dtv

Das umfassende Nachschlagewerk mit seinen mehr als 55 000 Einträgen ist auf dem neuesten Stand. Die Aktualisierung erfolgte auf der Basis des WAHRIG Textkorpus^{digital}. Alle Stichwörter haben exakte Bedeutungserklärungen und detaillierte Angaben zur Rechtschreibung, Aussprache, Betonung, Worttrennung, Grammatik, zu Schreibvarianten, Synonymen und Gegensätzen. Anwendungsbeispiele liefern wichtige Hinweise zum fehlerlosen Gebrauch von Fremd- und Lehnwörtern.
Mit ausgewählten Info-Kästen zu wichtigen Aspekten der Fremdwortschreibung.

Dr. Renate Wahrig-Burfeind, geboren 1959, studierte Germanistik und arbeitete an der Universität Bremen als wissenschaftliche Mitarbeiterin. Die promovierte Linguistin besitzt langjährige Erfahrung in der Betreuung von Wörterbüchern. Weitere Werke bei dtv: ›Universalwörterbuch Rechtschreibung‹ (dtv 32524) und ›Wörterbuch der deutschen Sprache‹ (dtv 3366).

WAHRIG

Fremdwörterlexikon

von Renate Wahrig-Burfeind

Deutscher Taschenbuch Verlag

An der ersten Ausgabe des WAHRIG-Fremdwörterlexikons
von 1974 haben unter Leitung von Prof. Dr. Gerhard Wahrig†
mitgearbeitet
Etymologie: Hans-Peter Wahrig
Redaktion: Cornelia Drucklieb, Gudrun Guckler
Marta Kučerová, Heide Rebel, Charlotte Warnecke u. a.

Leitung der Neuausgabe 2004
Dr. Renate Wahrig-Burfeind

Vollständig neu bearbeitete und aktualisierte Auflage

Redaktionsleitung: Dr. Sabine Krome
Redaktion: Oliver Mingers

Das WAHRIG Textkorpus^{digital} wurde aufgebaut und sprachtechnologisch ausgewertet
durch die CLT Sprachtechnologie GmbH Saarbrücken.
Sprachtechnologischer Berater: Prof. Dr. Manfred Pinkal, Universität des Saarlandes
Die Auswertung erfolgte u. a. auf der Basis aktueller Jahrgänge folgender Zeitungen
und Zeitschriften: *Berliner Zeitung, BRAVO, Neue Zürcher Zeitung, Spektrum der Wissenschaft,
Der Spiegel, Der Standard, Süddeutsche Zeitung* (lizensiert durch die DIZ München GmbH).

Fragen zur Rechtschreibung, Grammatik und Zeichensetzung beantwortet
die WAHRIG-Sprachberatung unter (0190) 89 89 60
(1,86 Euro pro Minute deutschlandweit)
und unter der Internet-Adresse www.wahrig-sprachberatung.de

März 1999
7. Auflage Mai 2004
Deutscher Taschenbuch Verlag GmbH & Co. KG, München
www.dtv.de
Das Werk ist urheberrechtlich geschützt.
Sämtliche, auch auszugsweise Verwertungen bleiben vorbehalten.
© 1998/2004 Wissen Media Verlag GmbH, Gütersloh/München
Umschlagkonzept: Balk & Brumshagen
Umschlaggestaltung unter Verwendung des WAHRIG-Logos von Groothuis,
Lohfert, Consorten (glcons.de)
Druck und Bindung: Druckerei C. H. Beck, Nördlingen
Gedruckt auf säurefreiem, chlorfrei gebleichtem Papier
Printed in Germany · ISBN 3-423-34136-x

Vorwort

30 Jahre *WAHRIG Fremdwörterlexikon!* Die neue Ausgabe des *WAHRIG Fremdwörterlexikons* ist in mehrfacher Hinsicht eine Jubiläumsausgabe. Bei der 5. Auflage, der Neubearbeitung des 1974 von Gerhard Wahrig begründeten Fremdwörterlexikons, wurden zum einen ganz neue elektronische Suchverfahren nach häufig verwendeten Fremdwörtern im Deutschen angewendet, zum anderen wurde das Wörterverzeichnis völlig neu gestaltet.

Mit den neuen Suchverfahren des *WAHRIG Textkorpus^{digital}* wurden mehr als 2 000 neue Wörter ermittelt, die Eingang in die Neuausgabe des Fremdwörterlexikons gefunden haben. Dabei wurden grundsätzlich Fremdwörter aufgenommen, die in der deutschen Standardsprache gebräuchlich sind, dies betrifft ebenfalls eine Reihe von Fachwörtern, sofern sie auch allgemeinsprachlich verwendet werden. Viele Termini spezieller Fachsprachen sind jedoch heute in den entsprechenden Fachwörterbüchern verzeichnet und dort nachzuschlagen.

Ein großer Teil der neu aufgenommenen Wörter stammt aus dem Englischen und wurde während der letzten Jahre ins Deutsche übernommen. Der große Anteil, den unter den Neologismen die Anglizismen ausmachen, erstaunt nicht, da das Englische unangefochten an der Spitze der international gebrauchten Sprachen steht. Besonders aus den Bereichen EDV, Wirtschaft, Politik, Ökologie, Medizin, Biologie, Genetik, TV und Sport wurden neue Wörter ins Deutsche übernommen und fanden Eingang in das *WAHRIG Fremdwörterlexikon* (z. B. *Acrylamid, Applet, beamen, Bookbuilding, Clipboard, Dopamin, DVD, Factory-Outlet, Firewall, Hipness, homöotisch, Kanban, kultig, Launch, Manga, MMS, monoklonal, Netiquette, Organizer, simsen, teleportieren*). Dennoch besteht die von manchen beschworene Gefahr der Überfremdung des Deutschen mit Anglizismen nicht. Der Anteil der Fremdwörter ist weitaus geringer, als von vielen gefürchtet, und ist während der letzten Jahrzehnte konstant geblieben, da auch Fremdwörter dem Sprachwandel unterliegen und ein nicht geringer Teil nach einiger Zeit wieder außer Gebrauch kommt. Da viele Fremdwörter, insbesondere Anglizismen, häufig international gebraucht werden und die aktuellsten Trends aus Wissenschaft und Alltag repräsentieren, stechen sie mitunter besonders nachhaltig ins Auge.

Die neue Gestaltung des Stichwortverzeichnisses ermöglicht ein noch leichteres Auffinden der gesuchten Wörter: Ein farbiges Griffregister erleichtert die Suche nach den Stichwörtern, die auch innerhalb des Stichwortverzeichnisses deutlicher als bisher hervorgehoben wurden. Unterstützt wird dies noch durch das neue zweifarbige Layout. Ebenfalls farbig hervorgehoben sind die ins Stichwortverzeichnis integrierten Informationskästen zu wichtigen Aspekten der Fremdwortschreibung.

Darüber hinaus wurden die bereits verzeichneten Stichwörter überarbeitet und um neue Bedeutungen oder Verwendungsweisen ergänzt. Alle 55 000 Stichwörter des *WAHRIG Fremdwörterlexikons* enthalten ausführliche Informationen zu Schreibung, Bedeutung, Aussprache und Wortherkunft von Fremd- und Lehnwörtern. Außerdem sind Betonung, Worttrennung, Schreibvarianten, Synonyme, Gegensätze, verwandte oder weiterführende Begriffe sowie Stilebenen und Fachgebiete angegeben. Ebenfalls verzeichnet sind die wichtigsten Wortbildungselemente, die teilweise sehr produktiv für die Neubildung von Fremdwörtern sind. Ausführlichere Informationen über Herkunft, Funktion und Gebrauch von Fremdwörtern werden in dem Beitrag »Fremdwörter im Deutschen« gegeben.

Renate Wahrig-Burfeind

Hinweise zur Benutzung

1. Die **Stichwörter** sind streng nach dem Alphabet geordnet, Umlaute werden wie nicht umgelauteten Buchstaben behandelt, ä, ö, ü entsprechen also a, o, u. Das gesamte Stichwortverzeichnis wurde auf die neue Rechtschreibung umgestellt.

1.1 Die **Worttrennung** wird durch das Zeichen | angegeben, z. B.
    qua|li|fi|zie|ren

1.1.1 **Orthographische** oder **Worttrennungsvarianten** sind durch den Hinweis *auch:*, der dem zweiten Stichworteintrag vorangeht, gekennzeichnet oder es wird im Stichworttext auf sie verwiesen (→ a. 1), z. B.
    Cold|cream *auch:* **Cold Cream**
    Co|gnac *auch:* **Cog|nac**

1.1.2 Folgt eine größere Anzahl gleichartiger Worttrennungsvarianten aufeinander, so ist die entsprechende **Buchstabenfolge** in einem blau unterlegten Kasten markiert, z. B.

> ◆ Die Buchstabenfolge **ar|thr...** kann auch **arth|r...** getrennt werden.

◆ **Ar|thral|gie** ⟨f.; -, -n; Med.⟩ Gelenkschmerz [<grch. *arthron* »Gelenk, Glied«, - ...*algie*
◆ **Ar|thri|ti|ker** ⟨m.; -s, -; Med.⟩ jmd., der an Arthritis leidet
◆ **Ar|thri|ti|ke|rin** ⟨f.; -, -rin|nen; Med.⟩ weibl. Person, die an Arthritis leidet

1.2 Die **Betonungszeichen** stehen im Stichwort oder in der Lautschrift unter dem betonten Vokal.

1.2.1 Wird der Vokal kurz gesprochen, so ist er mit einem Punkt gekennzeichnet, z. B.
    Kạn|tor
    Lange Vokale sind dagegen unterstrichen, z. B.
    Ich|thy|ol

2. Die **Aussprache** wird, wenn sie von den Regeln der deutschen Aussprache abweicht, in der internationalen Transkription (s. Tabelle S. 8) angegeben.

3. Die **Wortart** (Abkürzungen s. S. 14 ff.) steht am Anfang der spitzen Klammer nach der Aussprache, z. B.
    intonieren ⟨V.⟩
    parallel ⟨Adj.⟩

3.1 Bei **Substantiven** ist anstelle der Wortart das **Genus** (grammatisches Geschlecht) angegeben (m. = maskulinum, f. = femininum, n. = neutrum). Das Stichwort selbst steht im Nominativ Singular; im Anschluss an das Genus sind der Genitiv Singular und der Nominativ Plural angeführt.
Daraus lassen sich alle übrigen Kasus (Fälle) ableiten, z. B. bedeutet:
Formation ⟨f.; -, -en⟩
die/eine Formation (Nominativ Singular)
der/einer Formation (Genitiv Singular)
die/- Formationen (Nominativ Plural)

3.1.1 Auf die adjektivische Deklination wird durch eine Ziffer hingewiesen, z. B.
    Leptosome(r) ⟨m. 1⟩, **Illustrierte** ⟨f. 2⟩, **Dimere(s)** ⟨n. 3⟩

m. 1

	Maskulinum	
	Singular	**Plural**
Nom.	ein Leptosomer	Leptosome
Gen.	eines Leptosomen	Leptosomer
Dat.	einem Leptosomen	Leptosomen
Akk.	einen Leptosomen	Leptosome
Nom.	der Leptosome	die Leptosomen
Gen.	des Leptosomen	der Leptosomen
Dat.	dem Leptosomen	den Leptosomen
Akk.	den Leptosomen	die Leptosomen

f. 2

	Femininum	
	Singular	**Plural**
Nom.	eine Illustrierte	Illustrierte
Gen.	einer Illustrierten	Illustrierter
Dat.	einer Illustrierten	Illustrierten
Akk.	eine Illustrierte	Illustrierte
Nom.	die Illustrierte	die Illustrierten
Gen.	der Illustrierten	der Illustrierten
Dat.	der Illustrierten	den Illustrierten
Akk.	die Illustrierte	die Illustrierten

n. 3

	Neutrum	
	Singular	**Plural**
Nom.	ein Dimeres	Dimere
Gen.	eines Dimeren	Dimerer
Dat.	einem Dimeren	Dimeren
Akk.	ein Dimeres	Dimere
Nom.	das Dimere	die Dimeren
Gen.	des Dimeren	der Dimeren
Dat.	dem Dimeren	den Dimeren
Akk.	das Dimere	die Dimeren

3.2 Substantive, die nur im Singular üblich sind, werden durch den Hinweis »unz.« (= unzählbar) gekennzeichnet. Manchmal gilt diese Einschränkung nur für bestimmte Bedeutungen. Im Zweifelsfall wird der Hinweis »zählb.« (= zählbar) gegeben, d. h., dass sowohl Singular als auch Plural üblich sind, z. B.
Medizin ... 1 ⟨unz.⟩ ... Wissenschaft... **2** ⟨zählb.⟩ Heilmittel...

4. **Synonyme** (Wörter gleicher Bedeutung) und **Antonyme** (Wörter mit in wesentlichen Merkmalen entgegengesetzten oder komplementären Bedeutungen) sind durch die Abkürzungen »Sy« und »Ggs« gekennzeichnet, z. B.
Induktion...1 ...; *Sy* Epagoge; *Ggs* Deduktion

4.1 Auf Synonyme und orthographische Varianten (s. u.) wird durch das Zeichen »=« hingewiesen, z. B.
Otologe ... **2** = Otiater
Moreske ... = Maureske

4.2 **Orthographische Varianten** (rechtschreibliche Doppelformen) sind durch die Abkürzung »oV« gekennzeichnet (→ a. 1.1.1), z. B.
Chicorée ...; *oV* Schikoree

4.3 Am Ende der Worterklärung sind in manchen Fällen noch verwandte oder weiterführende Begriffe angefügt, z. B.
Infertilität ...; → *a.* Sterilität

5. Angaben zum **Stil** weisen darauf hin, dass manche Wörter oder Wendungen nicht in jeder beliebigen Situation verwendet werden, z. B. »umg.« (umgangssprachlich) oder »geh.« (gehoben).

5.1 **Fachsprache** und **Sondersprache** werden ebenfalls angegebene, z. B.
Medium ... **2** ⟨Phys.⟩... **5** ⟨Gramm⟩...
medio ... ~ *Mai* ⟨Kaufmannsspr.⟩ ...

6. Der **Aufbau eines Wörterbuchartikels** richtet sich nach den Bedeutungen eines Wortes, die mit den halbfetten Ziffern **1, 2, 3** usw., eventuell auch mit einer Untergliederung **1.1, 1.2, 1.3** usw. nummeriert werden. Auf diese Ziffern wird auch bei Rückverweisen verwiesen, z. B.
Circulus vitiosus ...1 ...; *Sy* Hysteteron-Proteron
Hysteron-Proteron ... = Circulus vitiosus (1)

6.1 Wörter, die buchstabengetreu gleich geschrieben werden, sich aber durch ihre Herkunft (Etymologie) oder bezüglich ihrer Wortart oder ihres Genus unterscheiden, werden dagegen mit hochgestellten Ziffern nummeriert, z. B.
Messe[1]
Messe[2]

6.2 Die **Tilde** (~) ersetzt das Stichwort innerhalb eines Artikels.

6.3 Die Schriften bedeuten:
a) **halbfett** für das Stichwort
b) *kursiv* für Beispiele, die den Gebrauch des Stichwortes verdeutlichen sollen
c) gerade für die Bedeutungserklärungen
d) Hinweise zu Grammatik, Stil, Situation, Fachgebiet u. a. Erklärungen zur Verwendung der Wörter stehen in gerader Schrift in spitzen Klammern ⟨⟩.

7. Die Angaben zur **Etymologie** (Herkunft der Wörter) sind am Ende eines Wortartikels in eckigen Klammern [] angegeben. Im Wesentlichen werden für die Wörter – und zwar nur für die Grundwörter, nicht für die Ableitungen und Zusammensetzungen – die Formen angegeben, die sie in ihrer historischen Entwicklung einmal gehabt haben.
Die Sprachen, aus denen ein Wort stammt, sind gerade gedruckt, die historischen Formen und die verwandten Wörter *kursiv*, während die Angaben zur Bedeutung eines Wortes gerade und in Anführungszeichen (»...«) gesetzt sind. Das Zeichen < bedeutet: »... stammt aus der ... Sprache, hat sich aus dem folgenden Wort entwickelt, ist aus dem folgenden Wörtern gebildet worden«. Das Zeichen * bedeutet, dass es sich um eine durch Sprachvergleich erschlossene Form handelt. Im Allgemeinen wird zu den Herkunftswörtern die Bedeutung angegeben. Fehlt diese Angabe, so bedeutet es, dass das Wort dieselbe Bedeutung hat wie das fett gedruckte Stichwort.

8. Abkürzungen und Zeichen sind auf S. 14ff. aufgeführt.

Tabelle der Aussprachezeichen

I. Vokale

[ː] der Doppelpunkt bezeichnet die Länge eines Vokals; Vokale ohne Doppelpunkt sind kurz bis halblang zu sprechen
[a] kurzes a (wie in k*a*nn)
[aː] langes a (wie in H*ah*n)
[æ] sehr offenes, meist kurzes, dem [a] zuneigendes ä (wie in G*a*ngway [gæŋweɪ])
[æː] langes ä (wie in engl. H*a*nds [hæːndz])
[ʌ] dumpfes, kurzes a (wie in C*u*p [kʌp])
[ã] kurzes, nasaliertes a (wie in frz. Ch*a*mps-Élysées [ʃãzelizeː])
[ãː] langes, nasaliertes a (wie in Ren*an* [rənãː])
[aɪ] Zwielaut (wie in Br*ei*, L*aib*)
[aʊ] Zwielaut (wie in k*au*m)
[e] kurzes, geschlossenes e (wie in D*e*but)
[eː] langes, geschlossenes e (wie in R*eh*)
[ə] kurzes, dumpfes e (wie in Pini*e* [-iə], G*e*birg*e*)
[ɛ] kurzes, offenes e (wie in F*e*st, G*ä*nse)
[ɛː] langes, offenes e (wie in B*ä*r)
[ɛ̃] kurzes, nasaliertes e (wie in t*i*mbrieren [tɛ̃briːrən])
[ɛ̃ː] langes, nasaliertes e (wie in frz. jard*in* [ʒardɛ̃ː])
[ɛɪ] Zwielaut (wie in Homep*age* [hoʊmpɛɪdʒ])
[ɪ] kurzes i (wie in b*i*n)
[iː] langes i (wie in W*ie*n)
[ɔ] kurzes, offenes o (wie in R*o*ss)
[ɔː] langes, offenes o, ein dem a angenähertes o (wie in engl. W*a*llstreet [wɔːlstriːt])
[ɔ̃] offenes, nasaliertes o (wie in M*on*t Bl*anc* [mɔ̃blãː])
[ɔ̃ː] langes, nasales o (wie in F*on*ds [fɔ̃ː])
[ɔɪ] Zwielaut (wie in L*eu*te)
[o] kurzes, geschlossenes o (wie in V*o*kal)
[oː] langes, geschlossenes o (wie in L*oh*n, L*o*s)
[oʊ] Zwielaut (wie in Sh*ow* [ʃoʊ])
[œ] kurzes ö (wie in K*ö*ln)
[œː] offenes, langes ö (wie in G*ir*l [gœːl])
[ø] kurzes ö (wie in Ph*ö*nizier)
[øː] langes, geschlossenes ö (wie in K*öh*ler)
[œ̃] kurzes, nasales ö (wie in frz. *un* [œ̃])
[œ̃ː] langes, nasales ö (wie in Verd*un* [vɛrdœ̃ː])
[u] kurzes u (wie in r*u*nd)
[uː] langes u (wie in Gr*uß*)
[y] kurzes ü (wie in J*ü*nger)
[yː] langes ü (wie in f*üh*ren)

II. Konsonanten

[b] stimmhafter Verschlusslaut wie in *B*ad
[d] stimmhafter Verschlusslaut wie in *d*ort
[f] stimmloser Reibelaut wie in *F*eld
[g] stimmhafter Verschlusslaut wie in *g*ut
[h] Hauchlaut wie in *h*eute
[j] stimmhafter Reibelaut wie in *j*a
[k] stimmloser Verschlusslaut wie in *K*ind
[l] Liquida (Fließlaut) wie in *l*eben
[m] Nasal wie in *M*ann
[n] Nasal wie in *N*ase
[p] stimmloser Verschlusslaut wie in Pi*l*z
[r] Liquida (Verschlusslaut) wie in *R*eich
[t] stimmloser Verschlusslaut wie in *T*ag
[ç] ch (wie in i*ch*)
[ŋ] ng (wie in Lä*n*ge, Ba*n*k [baŋk])
[s] stimmloses s (wie in mü*ss*en)
[ʃ] stimmloses sch (wie in *Sch*af)
[ʒ] stimmhafter sch-Laut (wie in Etage [etaːʒə])
[θ] stimmloser Lispellaut (wie in engl. *th*ing [θɪŋ])
[ð] stimmhafter Lispellaut (wie in engl. mo*th*er [mʌðə(r)])
[v] w (wie in *W*asser)
[w] mit stark gewölbten Lippen gesprochenes englisches w (wie in *W*ells [wɛlz])
[x] ch (wie in ma*ch*en)
[z] stimmhaftes s (wie in Wei*s*e)

Buchstaben, die zwei Laute wiedergeben, werden in der Lautschrift durch zwei Zeichen dargestellt, z. B.
[ts] z wie in rei*z*en [raɪtsən]
[ks] x wie in He*x*e [hɛksə]

Fremdwörter im Deutschen

Was ist ein Fremdwort?

Ein Fremdwort ist ein Wort, das einer fremden Sprache entstammt und in der eigenen Sprache als »fremd« empfunden wird. Die deutsche Sprache enthält – wie andere Sprachen auch – eine beträchtliche Anzahl von Wörtern, die aus anderen Sprachen übernommen wurden und in Bezug auf ihre Aussprache, Schreibung, Wortbestandteile oder ihren Wortakzent vom Deutschen abweichen oder deren Bedeutung uns nicht geläufig ist.

Im Wortschatz des Deutschen ist grundsätzlich zu unterscheiden zwischen den so genannten Erbwörtern und den Lehnwörtern. **Erbwörter** sind genuin deutsche Wörter, die aus älteren Sprachstufen, dem Althochdeutschen und dem Mittelhochdeutschen, stammen und Bestandteile des neuhochdeutschen Grundwortschatzes geworden sind. Ein Teil der uns heute als »deutsch« empfundenen Wörtern sind jedoch **Lehnwörter**, die ursprünglich aus einer anderen Sprache (häufig dem Lateinischen oder Griechischen) stammen und vollständig in den deutschen Wortschatz übergegangen sind. Diese Wörter, wie z. B. *Fenster* [<lat. *fenestra*], *Keks* [<engl. *cakes*], *Kette* [<lat. *catena*], *Kirche* [<grch. *kyrios* »Herr«], *Natur* [<lat. *natura*] oder *Wein* [< lat. *vinum*], werden von uns nicht mehr als Fremdwörter empfunden, da sie der deutschen Sprache vollständig angepasst worden sind. Als Fremdwörter werden auch die so genannten **Lehnwortbildungen** aufgefasst, also Wörter, die mit Hilfe von entlehnten Wörtern und Wortstämmen und Affixen gebildet worden sind, die keine Entsprechung in der Herkunftssprache besitzen. Man spricht hierbei von **Scheinentlehnungen**. Sehr produktiv ist im Deutschen z. B. das Suffix *-ismus* (z. B. *Sadismus, Idealismus, Kommunismus, Faschismus, Realismus*). Scheinentlehnungen im Deutschen sind oft auch auf das Englische zurückzuführen, wie die Wörter *Handy* oder *Twen* belegen, die im Englischen gar nicht gebräuchlich sind.

Warum empfinden wir ein Fremdwort als »fremd«?

Als »fremd« werden Wörter empfunden, die in einer oder mehrfacher Hinsicht (noch) nicht vollständig der deutschen Sprache angepasst sind. Sie können charakterisiert sein durch

- eine vom Deutschen **abweichende Aussprache** (z. B. *Browser, Roulett, cool, Lasagne, Trainer, Skateboard*)
- eine schwierige bzw. **auffällige Schreibweise** (z. B. *Mythos, Reggae, recyclen, pizzicato, Vabanque*)
- als **fremd empfundene Wortbestandteile** bzw. Vor- oder Nachsilben (z. B. *ex*tensiv, *Kommunismus*, *prä*disponieren, *Re*pression, *in*konsequent, *kon*zipieren, *heter*ogen, *bibliophil*)
- **abweichenden Wortakzent**, der nicht – wie üblicherweise bei deutschen Wörtern – auf der ersten oder der Stammsilbe liegt (z. B. *Elán, Mikrofón, Prosodíe, proportionál*)
- eine **Bedeutung**, die uns nicht geläufig ist bzw. deren Verständnis ein gewisses Fachwissen voraussetzt (z. B. *Katalysator, Storno, utopisch, vehement, Ritornell*)
- Unsicherheit bei der **Genuszuweisung** oder der **Pluralbildung** (z. B. *Single, Apostroph, Kritizismus*)

Bei vielen dieser fremden Wörter sind gleich mehrere der genannten Kriterien erfüllt.

Der Anpassungsprozess von Fremdwörtern

Je stärker ein Fremdwort der deutschen Sprache angeglichen wurde, desto weniger wird es als »fremd« empfunden. Die Angleichung der grammatischen und lautlichen Eigenschaften an die deutsche Sprache kann ein langer Prozess sein. In erster Linie hängt es davon ab, welchen Stellenwert ein Fremdwort im deutschen Wortschatz besitzt und wie häufig es gebraucht wird und ob es (z. B. aufgrund seiner Lautung) überhaupt anpassungsfähig ist. Wörter wie *adagio, Gentleman, recyclen* oder *Update* sind nur bedingt anpassungsfähig, sie werden bezüglich ihrer Schreibung und Aussprache ihren Fremdwortcharakter behalten, im Gegensatz zu Wörtern wie *Büro, Tarif, Strophe* oder *Telefon*, die nicht unbedingt als Fremdwörter empfunden werden.

Bei Fremdwörtern sind wir häufig unsicher, welches Genus sie besitzen, wie der Plural zu bilden ist oder wie ein Verb zu konjugieren ist. Im Englischen gibt es für Substantive nur ein Genus (*the* oder *a*), was bei den in die deutsche Sprache übernommenen Anglizismen die Genuszuweisung erschweren kann. In den meisten Fällen wird das Genus nach bereits im Deutschen vorhandenen ähnlichen Begriffen gebildet, z. B. *der Clog* (vgl. *der Schuh*), *der Backpack (der Rucksack)*, *das Buzzword (das Schlagwort)*. Auch die Wortendung bestimmt in vielen Fällen die Genuszuweisung, z. B. *das Attachment* (vgl. die im Deutschen bereits vorhandenen Wörter *Element, Segment, Regiment, Aliment, Instrument, Ferment* usw., die ebenfalls Neutra sind), ebenso bezeichnet die Wortendung *-er* in

9

der Regel Maskulina, insbesondere auch Wörter, die eine männliche Person bezeichnen (z. B. *Müller, Redner, Kämpfer* usw.). Wörter wie *Cleanser* oder *Cluster* werden dann aufgrund dieser Gegebenheiten als Maskulinum ins Deutsche aufgenommen.

Das Wort *Trainer* ist aufgrund des häufigen Gebrauchs bereits weitgehend ins Deutsche integriert worden, neben dem Genus wurde auch die Aussprache [treːnər] dem Deutschen angeglichen und auch die Deklination erfolgt nach deutschem Muster: *der Trainer, des Trainers, die Trainer, den Trainern* usw. (Im Englischen wird dagegen der Plural mit *-s* gebildet: *the trainers*.) Andere Wörter können dagegen häufig nicht eindeutig einem bestimmten Genus zugeordnet werden und werden im Deutschen mit unterschiedlichem grammatischem Geschlecht verwendet, z. B. sind die Formen *die E-Mail* oder *das E-Mail* in Gebrauch. Auch fremdsprachliche Verben werden dem deutschen Sprachsystem angepasst, so werden die englischen Verben *downloaden* und *updaten* nach deutschem Muster konjugiert: *er hat downgeloaded; sie updatet das Programm.*

Sprachen in Kontakt:
Der Weg der Fremdwörter ins Deutsche

Aus anderen Sprachen übernommene Wörter waren und sind die Folge von **Sprachkontakten** und interkulturellem Austausch. Wirtschaftliche, kulturelle, politische, militärische oder menschliche Beziehungen zwischen zwei oder mehreren Völkern bzw. Sprachgemeinschaften befördern die gegenseitige Entlehnung fremdsprachlicher Begriffe. Fremdwörter füllen häufig eine **Bezeichnungslücke** im Wortschatz aus, die Platz für einen neuen Begriff bzw. ein neues Wort bietet, im Deutschen sind das z. B. die Fremdwörter *Automat, Konfirmation, privat, Sekunde.* Die Übernahme von neuen oder neu entwickelten Gegenständen oder Sachverhalten beinhaltet die Eingliederung des entsprechenden Wortes. Viele Fremdwörter werden also mit dem Begriff oder der Sache, die sie bezeichnen, in eine Sprache eingeführt. Dies gilt auch für die Aneignung neuer Lebensformen, Verhaltens- und Denkweisen sowie für technische Bereiche (z. B. *Browser, CD-ROM, Computertomograph, Camcorder*), aber auch für Begriffe aus dem kulinarischen Wortschatz. Wörter wie *Pizza, Hamburger, Raclette* oder *Fastfood* werden mit den Dingen selbst, die in einer Gesellschaft modern geworden sind, übernommen.

Es gibt auch Fremdwörter, die aus einer anderen Sprache nur unvollständig übernommen wurden, dabei wurde aber nur eine von ursprünglich mehreren Bedeutungen eines Wortes in eine andere Sprache übertragen. Beispielsweise bedeutet das Wort *Spleen* in der englischen Herkunftssprache auch »Milz«, dieses Wort war jedoch im Deutschen bereits vorhanden und es bestand keine Notwendigkeit, das Wort *Spleen* in dieser Bedeutung in den deutschen Wortschatz zu integrieren. Viele der fremden Sprachanleihen verschwinden nach einiger Zeit wieder, andere werden jedoch dauerhaft ins Deutsche übernommen. Man unterscheidet deshalb zwischen langlebigen und kurzlebigen Fremdwörtern, d. h. solchen, die bereits seit langer Zeit in der deutschen Sprache gebräuchlich sind und anderen (Mode-)Wörtern, die häufig aus den Bereichen Presse, Politik, Fachsprache oder Jugendsprache stammen und mit dem Abflauen bestimmter Erscheinungen oder Moden wieder ungebräuchlich werden, z.B. *Letkiss* (Tanz der 60er Jahre), *Antiskating* (Vorrichtung an Schallplattenspielern), *Flowerpower* usw.

Die Herkunft der Fremdwörter im Deutschen

Fremde Wörter gelangen einerseits aufgrund des Kontaktes zwischen mehreren Sprachgemeinschaften in eine andere Sprache oder aufgrund kultureller, wirtschaftlicher oder politischer Beziehungen. Das Deutsche besitzt eine Reihe unmittelbarer Nachbarsprachen (Niederländisch, Französisch, Dänisch, Polnisch, Tschechisch usw.). In den jeweiligen Grenzregionen sprechen viele Menschen mehrere Sprachen oder Dialekte, wodurch viele Begriffe in andere Sprachen gelangen und dort der eigenen Sprache bezüglich Form, Aussprache, Deklination, Konjugation usw. mehr oder weniger angepasst werden. Häufig sind kulturelle oder wirtschaftliche Gründe, z. B. Handelsbeziehungen zwischen verschiedenen Staaten, ausschlaggebend für sprachliche Einflussnahme. Der wirtschaftliche Aspekt spielt eine maßgebliche Rolle beim Sprachkontakt. So war beispielsweise während der Blütezeit der Hanse das Niederdeutsche im Nord- und Ostseeraum die wichtigste Handelssprache. Heute ist die internationale Wirtschaftssprache das Englische, das den größten Anteil an **Neologismen** in der deutschen Sprache hat.

Im Laufe der sprachlichen Entwicklung haben zahlreiche fremde Sprachen das Deutsche beeinflusst. Vom 1. bis 5. Jahrhundert n. Chr. bestand ein enger kultureller Kontakt zwischen Römern und Germanen; in dieser Zeit sind viele fremde Wörter aus dem **Lateinischen** in die deutsche Sprache gelangt. Sie entstammen den unterschiedlichsten Lebensbereichen und werden von uns heute nicht mehr als Fremdwörter empfunden (z. B. *Pfeil, Kaiser, Pferd, Kerze, Tisch*).

Während der Zeit des Althochdeutschen von ca. 800 bis 1100 n. Chr. sind viele Entlehnungen aus dem **Kirchenlateinischen** bzw. dem **Mittellateinischen** ins Deutsche gekommen, die den kirchlichen und religiösen Bereich betreffen (z. B. *Mönch, Dechant, Pfründe, Almosen*). Außerdem gelangten viele Wörter aus dem Griechischen, teilweise vermittelt über das Lateinische, in die deutsche Sprache (z. B. *Ketzer, Kirche, Pfarrer, Pfingsten, Teufel*). Bis ins hohe Mittelalter wurden mit der aufblühenden Klosterkultur in Deutschland weitere Wörter aus dem Lateinischen und Griechischen übernommen (z. B. *Abt, Satan, Kruzifix, Orgel, Legende, Melodie, Harmonie, Takt*).

Durch das Aufblühen der Wissenschaften während des Spätmittelalters vom 14. bis 16. Jahrhundert fanden viele Begriffe aus dem Mittellateinischen bzw. dem Gelehrtenlatein Eingang in unsere Sprache. Teilweise stammen sie auch aus dem Griechischen oder wurden über das **Altfranzösische** vermittelt. Diese Begriffe betreffen insbesondere die Bereiche Theologie, Philosophie, Rechtswesen, Politik, Verwaltung, Bildung, Dichtung, Alchemie, Medizin, Mathematik, Geographie, Astronomie usw. (z. B. *Definition, Logik, Advokat, Justiz, Regent, Kommilitone, Dialog, Autor, Orthographie, Anatomie*). Im 15. und 16. Jahrhundert dominiert Italien in den Bereichen Handel und Musik, was im Deutschen anhand zahlreicher Entlehnungen aus dem **Italienischen** zu erkennen ist (z. B. *Avis, Bank, allegro, Oper, Cello*).

Fremdwörter als Spiegel der Zeit

Im 17. Jahrhundert führte der sprachliche Einfluss des **Italienischen** und **Französischen** während des Dreißigjährigen Krieges (1618–1648) zur Entlehnung zahlreicher militärischer Begriffe (z. B. *Alarm, desertieren, Dragoner, Proviant, Batterie*). Während der Alamode-Zeit im 17. und 18. Jahrhundert war es in höheren Gesellschaftskreisen üblich – und galt als besonders vornehm –, **Französisch** zu sprechen oder wenigstens hier und da französische Begriffe zu verwenden. Die Entlehnungen aus dieser Zeit entstammen den verschiedensten Lebensbereichen (z. B. *Galan, Cousine, Terrasse, Frikassee, Marmelade, Brokat*).

Wörter aus dem **Englischen** finden erst vergleichsweise spät Eingang in die deutsche Sprache, nämlich erst seit dem 18. Jahrhundert. Dies betrifft Begriffe wie *Robinsonade, Agitator, Streik, Lokomotive*. Im 19. Jahrhundert nimmt der Einfluss des Englischen auf das Deutsche dann stark zu: Wörter wie *Baby, Gentleman, Pudding, Whiskey* oder *Sherry* etablieren sich im Deutschen. Im 20. Jahrhundert ist ein beständiges Anwachsen der **Anglizismen** im Deutschen zu verzeichnen, es sind Begriffe wir *Jazz, Song, Teenager, Thriller, Output* usw. Diese Tendenz ist bis heute ungebrochen und resultiert aus der dominierenden Rolle, die das Englische als internationale Wirtschafts- und Wissenschaftssprache besitzt.

Neben dem Einfluss der so genannten »klassischen« Sprachen Latein und Griechisch hat also der Einfluss des Italienischen, Französischen und Englischen den Fremdwortschatz des Deutschen maßgeblich geprägt. Es werden jedoch nicht nur Wörter aus fremden Sprachen ins Deutsche übernommen, sondern es gibt umgekehrt auch zahlreiche deutsche Begriffe, die in andere Sprachen (z. B. in das Englische) Eingang gefunden haben, z. B. die Wörter *Bratwurst, Kindergarten, Kitsch, Gemütlichkeit* und *Weltschmerz*.

Überfremden die Fremdwörter die deutsche Sprache?

Der Anteil der aus anderen Sprachen in den deutschen Wortschatz übernommenen fremden Wörter beträgt etwa 25%, wenn man als Wortschatz des Deutschen 400 000 Wörter ansetzt, von denen ca. 100 000 nicht indigen sind. Die von uns wirklich als »fremd« empfundenen Wörter machen ca. 10% des Deutschen aus. Den größten Anteil der Fremdwörter bilden die Substantive, gefolgt von den Adjektiven und Verben. Bei der etwa 2 800 Wörtern des deutschen Grundwortschatzes entspricht der Fremdwortanteil 6%; in Zeitungstexten beträgt der Anteil der Fremdwörter ca. 8%.

Es kann also durchaus nicht von einer »Überflutung« unserer Sprache mit fremden Wörtern die Rede sein. Allerdings entstammen viele neue Fremdwörter, insbesondere die Anglizismen, den entwicklungsträchtigsten und sich rasch erneuernden Bereichen unserer Gesellschaft und stehen häufig für modische, gesellschaftliche oder technische Trends (*Internet, Jobsharing, surfen, Last-Minute-Reise* usw.). Diese Trend- oder Modewörter werden nicht selten als **Schlagwörter** gebraucht und besitzen eine Signalfunktion, die oft sehr vehement den Zeitgeist repräsentiert. Fremdwörter unterliegen – wie die deutschen Wörter auch – dem **Sprachwandel**. Die Fluktuation von Fremdwörtern ist allerdings stärker als die von deutschen Wörtern, da sie in vielen Fällen bereits nach kürzerer Zeit unmodern werden und außer Gebrauch kommen. So ist der Anteil an Fremdwörtern, zum Beispiel in Zeitungstexten, in den letzten Jahrzehnten konstant geblieben.

Das Englische steht unangefochten an der Spitze der international gebrauchten Sprachen, deshalb stammen viele der heute neu im Deutschen verwendeten Neologismen aus dem Englischen bzw. Amerikanischen. Man nennt diese englischen Fremdwörter **Anglizismen**, international verbreitete Wörter werden als **Internationalismen** bezeichnet, dies sind Wörter wie *Aids, Computer, Pizza* usw.

Welche Funktionen besitzen Fremdwörter im Deutschen?

Fremdwörter werden häufig aus einer anderen Sprache übernommen, um eine Lücke im Wortschatz zu schließen, d. h. einen Sachverhalt oder ein Ding zu benennen, für den bzw. das es noch keinen treffenden Ausdruck gibt. Darüber hinaus erfüllen Fremdwörter wichtige Funktionen im Rahmen der alltäglichen und der fachspezifischen Kommunikation. Dies betrifft insbesondere die Differenzierung von **Stilebenen**:

- Fremdwörter besitzen häufig eine **Signalfunktion** und werden sowohl in mündlicher als auch in schriftlicher Kommunikation gezielt eingesetzt. Dies betrifft insbesondere die Bereiche Presse, Werbung, Marketing, Wirtschaft, TV usw. (z. B. *Teleshopping, Fundraising, New Economy, Factory-Outlet*)
- Fremdwörter können einen **gehobenen Sprachstil** kennzeichnen und damit Bildung und Kompetenz implizieren (z. B. *Impetus, instrumentalisieren, larmoyant, Canossagang, Damoklesschwert*)
- Fremdwörter können **Themen versachlichen, verharmlosen** oder **aufbauschen** (z. B. *Suizid* statt *Selbstmord, Demission* statt *Kündigung, Riverboatshuffle* statt *Bootsfahrt*)
- Fremdwörter können **komplexe Sachverhalte ausdrücken, präzisieren** und **verkürzen** (z. B. *Automat, Algebra, coachen, intelligent*)
- Fremdwörter können (bes. in Fachsprachen) die **internationale Verständigung** befördern (z. B. *Internet, Browser, BSE, äquivalent, Logarithmus, Joule*)
- Fremdwörter können als **Synonyme**, zur Differenzierung des Ausdrucks bedeutungsgleicher Wörter, eingesetzt werden, um die mehrfache Wiederholung eines Wortes zu vermeiden (z. B. *implizieren* anstelle von *mit einbeziehen, mit meinen, einbegreifen*; *abrupt* anstelle von *plötzlich, ohne Übergang*)
- Fremdwörter können **Inhalte nuancieren** und bestimmte **Assoziationen** (konnotative Wortbedeutungen) hervorrufen: *expressiv* beinhaltet z. B. die zusätzliche Bedeutung *in künstlerischem Sinne ausdrucksstark* gegenüber dem deutschen Adjektiv *ausdrucksvoll*; mit dem Verb *kontaktieren* wird nicht nur die Bedeutung *eine Beziehung knüpfen*, sondern auch *eine vorteilhafte Verbindung zu jmdm. beginnen* assoziiert. Für eine Nuancierung von kommunizierten Inhalten ist die Verwendung von Fremdwörtern unumgänglich.
- Fremdwörter können (umgangssprachliche, gehobene, poetische, fachsprachliche u. a.) **Stilebenen differenzieren** (*integrieren* statt *einbeziehen*; *Konstrukt* statt *Entwurf*; *Gourmet* statt *Feinschmecker*; *kredenzen* statt *einschenken*)

Gibt es Regeln zum richtigen Gebrauch von Fremdwörtern?

Regeln zum richtigen Gebrauch von Fremdwörtern gibt es jedoch nicht, es ist häufig eine Frage des **Stils** oder des Sprachempfindens, ob man in einem Gespräch oder in einem schriftlichen Text Fremdwörter verwenden sollte. Wenn man Fremdwörter verwendet, sollte man jedoch ihre Bedeutung kennen und sie dem Sinn nach korrekt verwenden. Teilweise lassen sich Fremdwörter mit deutschen Entsprechungen austauschen, jedoch nicht immer. Häufig sind es nur Bedeutungsnuancen, die die Verwendung des einen oder des anderen Begriffes erforderlich machen. Manche Zusammenhänge lassen sich mit einem Fremdwort besser als mit einem deutschen Wort ausdrücken, so können wir beispielsweise von der *Integration von Ausländern* sprechen, nicht jedoch von einer *Integration (= Einbeziehung) aller Anwesenden*. Im Alltag in der gesprochenen Sprache verwenden wir deutlich weniger Fremdwörter als in der Schriftsprache oder in Fachtexten. Wörter wie *Kathete* oder *Computer* lassen sich nicht verdeutlichen, ohne dabei lächerlich zu wirken. Niemand spricht heute von einer *Rechenmaschine*, wenn er seinen Computer meint. Dies würde geradezu lächerlich wirken und auch den bezeichneten Gegenstand unzureichend benennen.

Andererseits zeugt es auch nicht von gutem Sprachstil, wenn man zu viele oder für den Gesprächspartner unverständliche Fremdwörter verwendet. Der Gebrauch von Fremdwörtern sollte nicht dazu dienen, andere von der Kommunikation auszugrenzen, indem man eine Vielzahl von Fremdwörtern verwendet. Es ist auch nicht positiv zu bewerten, wenn in der Werbesprache mithilfe von fremden oder sogar fehlerhaft gebildeten Wörtern die Aufmerksamkeit auf bestimmte Produkte gelenkt werden soll. Auch die Fremdwortschreibung unterliegt den Regeln der deutschen Orthographie, und ungrammatische Schreibungen, wie Großbuchstaben innerhalb eines Wortes (z. B. in *CityCall*), sollten unbedingt vermieden werden.

Aspekte der Fremdwortschreibung

Die Neuregelung der deutschen Rechtschreibung, die am 1.8.1998 in Kraft getreten ist, beinhaltet auch einige neue Richtlinien zur Fremdwortschreibung. Die Neuregelung zielt insbesondere darauf ab, die **Integration von Fremdwörtern** hinsichtlich ihrer Schreibweise zu erleichtern. Die Eingliederung von fremden Wörtern in die deutsche Sprache ist meistens ein längerfristiger Prozess, in dessen Verlauf häufig mehrere Schreibvarianten nebeneinander gebraucht werden (z. B. *Foto/Photo, Mayonnaise/Ma-*

jonäse, Geografie/Geographie usw.). Mit der Neuregelung der deutschen Rechtschreibung wurden einige Begriffe um eingedeutschte Varianten erweitert, d. h., es können sowohl die aus der fremden Sprache stammenden Schreibweisen als auch die der deutschen Lautung angepassten Schreibungen verwendet werden.

Generell können alle Wörter mit den Morphemen *phon, phot, graph* statt mit *ph* auch mit *f* geschrieben werden, also, *fon, fot, graf* (z. B. *Phonetik/Fonetik; Photometrie/Fotometrie; Choreographie/Choreografie*). Daneben gibt es eine Reihe von einzelnen Wörtern wie *Chicorée/Schikoree, Delphin/Delfin, Ketchup/Ketschup, Necessaire/Nessessär, Portemonnaie/ Portmonee* oder *Thunfisch/Tunfisch*, bei denen nun auch eingedeutschte Schreibvarianten verwendet werden können. Auch Akzente können teilweise entfallen *(Defilé/Defilee)*. Im Zuge der Rechtschreibreform wurde auch das so genannte Stammprinzip stärker berücksichtigt. Schrieb man z. B. das von dem Substantiv *Potenz* abgeleitete Adjektiv früher nur *potentiell*, so kann es heute – seinem Wortstamm entsprechend – auch *potenziell* geschrieben werden.

Ebenfalls betroffen von der Neuregelung der deutschen Rechtschreibung ist der Bereich der **Getrennt- und Zusammenschreibung**; die dort fixierten Regeln gelten teilweise auch für Fremdwörter. Grundsätzlich gilt für fremdsprachige Komposita die im Deutschen übliche Zusammenschreibung. Von dieser Regel sind fachsprachliche Begriffe ausgenommen, wie z. B. *Basic English, Basic Needs, Lord Mayor*. Verbindungen aus Adjektiv + Substantiv, die in der Herkunftssprache getrennt geschrieben werden, können zusammengeschrieben werden, z. B. *Happyend auch: Happy End*. Mitunter ist schwer zu entscheiden, ob ein Wort fachsprachlich oder allgemeinsprachlich verwendet wird, also nur in Getrenntschreibung oder auch in der dem Deutschen folgenden Zusammenschreibung angegeben werden sollte. Bei Wortverbindungen, die unübersichtliche Zusammensetzungen ergeben, im Deutschen üblicherweise getrennt geschrieben und in der Regel fachsprachlich gebraucht werden, wie z. B. *Electronic Publishing*, wurde im Wörterverzeichnis auf die Angabe der zusammengeschriebenen Variante verzichtet.

Bindestrichvarianten sind grundsätzlich bei allen Stichwörtern angegeben, die als Hauptvariante mit Bindestrich geschrieben werden, z. B. *Come-back auch: Comeback*. Darüber hinaus ist das Setzen eines Bindestrichs bei allen unübersichtlichen Wortzusammensetzungen möglich, aus Umfangsgründen wurden jedoch Bindestrichvarianten nur bei der Zusammensetzung mit Eigennamen aufgeführt, z. B. *Bessemerbirne auch: Bessemer-Birne* und bei Verbindungen zweier Substantive, die in der Herkunftssprache getrennt geschrieben werden, z. B. *Factory-outlet auch: Factory-Outlet*.

Bei der **Worttrennung** kann vielfach eine Trennung nach Wortbestandteilen oder nach Sprechsilben erfolgen. Manchmal kann zusätzlich die konsonantische Trennung, bei der der letzte Konsonant einer Konsonantenfolge auf die nächste Zeile gesetzt wird, angewendet werden. Bei einer beträchtlichen Anzahl von Stichwörtern gibt es mehrere Trennungsvarianten. Das Wort *Interesse* [<lat. *inter* »zwischen« + *esse* »sein«] kann zum Beispiel sowohl nach der Wortherkunft In|ter|es|se als auch nach Sprechsilben In|te|res|se getrennt werden.

Einige wichtige Neuerungen bezüglich der Fremdwortschreibung sind im Stichwortverzeichnis durch Informationskästen hervorgehoben.

Welche Informationen bietet das *WAHRIG Fremdwörterlexikon*?

Das Anliegen eines Fremdwörterlexikons ist es, bei Verständigungs-, Verstehens- oder Schreibschwierigkeiten eine Hilfestellung zu bieten. Zu jedem aufgeführten Stichwort werden deshalb möglichst vollständige Informationen gegeben. Dies sind im Einzelnen die Angabe

- der korrekten **Schreibweise** (ggf. mit Schreibvarianten)
- der **Worttrennung** am Stichwort (ggf. auch Angabe von Trennungsvarianten)
- der **Aussprache** bei schwieriger Lautung des betreffenden Wortes
- der **Wortart** und bei Substantiven Angabe des Genus und der Deklination (Genitiv- und Pluralendungen)
- der **Fachgebiete**
- der **Stilebene**
- der **Bedeutung(en)**, die häufig durch Anwendungsbeispiele ergänzt werden
- der **Etymologie** (Wortherkunft)

Was die Stichwortauswahl betrifft, so sind im *WAHRIG Fremdwörterlexikon* diejenigen Fremdwörter verzeichnet, die in der deutschen Alltagssprache gebräuchlich sind, fachsprachlicher Wortschatz ist bes. für die Gebiete aufgenommen worden, die auch außerhalb ihrer Fachgebiete im Deutschen Verwendung finden, z. B. die Bereiche EDV, Medizin, Technik usw. Das Stichwortverzeichnis wurde mithilfe des *WAHRIG Textkorpus*[digital] um zahlreiche häufig verwendete Fremdwörter der Alltagssprache und neu in die Sprache aufgenommene Neologismen ergänzt.

Abkürzungen und Zeichen

a.	auch	eskim.	eskimoisch	jmd.	jemand
Abk.	Abkürzung	europ.	europäisch	jmdm.	jemandem
Adj.	Adjektiv	evang.	evangelisch	jmdn.	jemanden
Adv.	Adverb			jmds.	jemandes
aengl.	altenglisch	f.	femininum	Jur.	Jura
afrik.	afrikanisch	fachspr.	fachsprachlich		
afrz.	altfranzösisch	Fem.	Femininum	Kart.	Kartenspiel
ägypt.	ägyptisch	fig.	figürlich, im über-	Kartogr.	Kartographie
ahd.	althochdeutsch		tragenen Sinne	kath.	katholisch
aind.	altindisch	Finanzw.	Finanzwesen	Kfz	Kraftfahr-
Akk.	Akkusativ	finn.	finnisch		zeug(technik)
allg.	allgemein	finn.-ugr.	finnisch-ugrisch	Kochk.	Kochkunst
amerikan.	amerikanisch	Flugw.	Flugwesen	Konj.	Konjunktion
Anat.	Anatomie	Forstw.	Forstwirtschaft	Kosmol.	Kosmologie
anord.	altnordisch	Fot.	Fotografie	Kunstw.	Kunstwort
Anthrop.	Anthropologie	frz.	französisch	Kurzw.	Kurzwort
apers.	altpersisch	Funkw.	Funkwesen	Kyb.	Kybernetik
aram.	aramäisch	Fußb.	Fußball(spiel)		
Arch.	Architektur			Landw.	Landwirtschaft
Archäol.	Archäologie	galloroman.	galloromanisch	lat.	lateinisch
Art.	Artikel	geh.	gehoben	lit.	litauisch
Astrol.	Astrologie	Gen.	Genitiv	Lit.	Literatur(wissen-
Astron.	Astronomie	Geogr.	Geographie		schaft)
AT	Altes Testament	Geol.	Geologie	Luftf.	Luftfahrt
		Geom.	Geometrie		
Bankw.	Bankwesen	germ.	germanisch	m.	maskulinum
Bauw.	Bauwesen	Gesch.	Geschichte	MA	Mittelalter
bes.	besonders	Ggs	Gegensatz	malai.	malaiisch
Bez.	Bezeichnung	Gramm.	Grammatik	Mal.	Malerei
Bgb.	Bergbau	grch.	griechisch	Mar.	Marine
Bibliotheksw.	Bibliothekswesen			Mask.	Maskulinum
Biol.	Biologie	hebr.	hebräisch	Math.	Mathematik
Bot.	Botanik	Her.	Heraldik	mdt.	mitteldeutsch
Buchw.	Buchwesen	hl.	heilig	Med.	Medizin
bulg.	bulgarisch			mengl.	mittelenglisch
bzw.	beziehungsweise	i. Allg.	im Allgemeinen	Met.	Metallurgie
		idg.	indogermanisch	Meteor.	Meteorologie
ca.	circa	i. e. S.	im engeren	mfrz.	mittelfranzösisch
Chem.	Chemie		Sinne	mgrch.	mittelgriechisch
chin.	chinesisch	Ind.	Industrie	mhd.	mittelhoch-
Chir.	Chirurgie	Inf.	Infinitiv		deutsch
Dat.	Dativ	insbes.	insbesondere	Mil.	Militärwesen
d. h.	das heißt	Int.	Interjektion	Min.	Mineralogie
dt.	deutsch	intr.	intransitiv	mlat.	mittellateinisch
Dtschld.	Deutschland	ir.	irisch	mnddt.	mittelnieder-
		isl.	isländisch		deutsch
EDV	Elektronische Da-	ital.	italienisch	mndrl.	mittelniederlän-
	tenverarbeitung	i. w. S.	im weiteren Sinne		disch
ehem.	ehemalig			Myth.	Mythologie
eigtl.	eigentlich	Jagdw.	Jagdwesen		
Eisenb.	Eisenbahn	jap.	japanisch	n.	neutrum
El.	Elektrizität	jav.	javanisch	nddt.	niederdeutsch
engl.	englisch	Jh.	Jahrhundert	ndrl.	niederländisch

Neutr.	Neutrum	scherzh.	scherzhaft	zählb.	zählbar
nhd.	neuhochdeutsch	Schiff.	Schifffahrt		(mit Plural)
Nom.	Nominativ	Schulw.	Schulwesen	z. B.	zum Beispiel
norddt.	norddeutsch	schweiz.	schweizerisch	Zeitungsw.	Zeitungswesen
norweg.	norwegisch	serbokr.	serbokroatisch	Zig.	Zigeunersprachen
NT	Neues Testament	Sing.	Singular	Zool.	Zoologie
Num.	Numerale	skand.	skandinavisch	Zus.	Zusammensetzung
o. Ä.	oder Ähnliche(s)	slaw.	slawisch		
oberdt.	oberdeutsch	Soziol.	Soziologie	þ	Runenzeichen
Obj.	Objekt	Sprachw.	Sprachwissenschaft		(»Thorn«)
od.	oder				für den Laut [θ]
Okk.	Okkultismus	Sprichw.	Sprichwort	→	siehe
Ökol.	Ökologie	Stat.	Statistik	→ a.	siehe auch
ostdt.	ostdeutsch	Subst.	Substantiv	=	Hinweis auf ein
österr.	österreichisch	süddt.	süddeutsch		Wort mit gleicher
oV	orthographische Variante	Sy	Synonym		Bedeutung
		syr.	syrisch	*	durch Sprachvergleich erschlossene Form eines
Päd.	Pädagogik	Tel.	Telekommunikation		Wortes; bei Personen: geboren
Parapsych.	Parapsychologie	Textilw.	Textilwesen	<	kommt aus der
Part.	Partizip	Theat.	Theater		Sprache ..., hat
Path.	Pathologie	Theol.	Theologie		sich aus dem folgenden Wort entwickelt, ist aus
Perf.	Perfekt	tibet.	tibet(an)isch		den folgenden
pers.	persisch	turktat.	turktatarisch		Wörtern gebildet
Pharm.	Pharmazie	TV	Fernsehen		worden
Philol.	Philologie	Typ.	Typographie	†	gestorben
Philos.	Philosophie			®	Markenzeichen
phön.	phönizisch	u.	und		
Phon.	Phonetik	u. a.	unter anderem, und anderes		
Phonol.	Phonologie			Die Endungen -isch und -lich	
Phys.	Physik	u. Ä.	und Ähnliche(s)	sind oft abgekürzt.	
Physiol.	Physiologie	ukr.	ukrainisch	Weitere Abkürzungen befinden	
Pl.	Plural	umg.	umgangssprachlich	sich im Wörterverzeichnis als	
poet.	poetisch			Stichwörter.	
Pol.	Politik	undekl.	undeklinierbar		
portug.	portugiesisch	ungar.	ungarisch		
präd.	prädikativ	unz.	unzählbar		
Präf.	Präfix		(ohne Plural)		
Präp.	Präposition	urspr.	ursprünglich		
Präs.	Präsens	usw.	und so weiter		
Pron.	Pronomen				
prov.	provenzalisch	V.	Verb		
Psych.	Psychologie	Vet.	Veterinärmedizin		
		viell.	vielleicht		
rätorom.	rätoromanisch	Völkerk.	Völkerkunde		
Raumf.	Raumfahrt	volksetym.	volksetymologisch		
Rechtsw.	Rechtswesen	Vors.	Vorsilbe		
refl.	reflexiv, rückbezüglich	vulgärlat.	vulgärlateinisch		
Rel.	Religion	Waffenk.	Waffenkunde		
relig.	religiös	Web.	Weberei		
Rhet.	Rhetorik	westdt.	westdeutsch		
roman.	romanisch	Wirtsch.	Wirtschaft		
rotw.	rotwelsch	wiss.	wissenschaftlich		
Sammelbez.	Sammelbezeichnung	Wissth.	Wissenschaftstheorie		

Abduktion

a 1 ⟨Abk. für⟩ Ar 2 ⟨Physik; Astron.; Abk. für⟩ annus (Jahr) 3 ⟨bei Maßeinheiten Abk. für⟩ Atto-
A 1 ⟨Abk. für⟩ Anno 2 ⟨Physik; Zeichen für⟩ Ampere 3 ⟨auf der Stellscheibe von Uhren Abk. für⟩ Avance (5) (zeigt an, dass man eine Schraube od. einen Hebel in der bezeichneten Richtung verstellen muss, um ein Schnellergehen der Uhr zu bewirken); *Sy* F (1); *Ggs* R (5)
à ⟨Adv.⟩ (für) je; *20 Stück ~ 8 €* [frz.]
Å ⟨Spektrographie; Zeichen für⟩ Ångström-Einheit, nicht mehr zulässige Lichtwellen-Längeneinheit

a-, A- (*Einzelvokalabtrennung*) Einzelvokale können als einzelne Silben behandelt werden und eine eigene Trennfuge bilden. Dies gilt am Wortanfang und im Wortinnern, jedoch nicht am Wortende.
In vielen Fällen stimmt die so entstehende Trennung mit der Herkunft des Wortes überein (*Abasie:* ⟨grch. *a...* »nicht« + *bainein* »gehen«), sie kann ihr jedoch auch zuwiderlaufen (→*a.* Abolition). Grundsätzlich bleibt es in diesen Fällen dem Schreibenden überlassen, wo er die Trennfuge setzt.
Es ist jedoch zu beachten, dass eine mechanisch vorgenommene Einzelvokalabtrennung unter Umständen sinnentstellend wirken kann.

a...¹, A...¹ ⟨vor Vokalen⟩ an...¹, An...¹ ⟨Vorsilbe⟩ nicht (verneinende Vorsilbe) [grch.]
a...², A...² ⟨Vorsilbe⟩ = ab..., Ab... [lat.]
āā ⟨auf Arztrezepten Zeichen für⟩ ana partes aequales [grch.]

+ lat., »zu gleichen Teilen, in gleicher Menge«]
a. a. ⟨Abk. für lat.⟩ ad acta
AAD ⟨Abk. für⟩ analog aufgenommen, analog abgemischt u. digital abgespielt (bei CDs); →*a.* ADD (1), DDD
ab..., Ab... ⟨vor einigen Konsonanten⟩ a...², A...² ⟨vor t u. c (= z)⟩ abs..., Abs... ⟨Vorsilbe⟩ ab..., ent..., weg... [lat.]
A|ba ⟨f.; -, -s⟩ ärmelloser Mantelumhang der Araber [arab.]
A|bad|don ⟨m.; - od. -s; unz.⟩ 1 ⟨AT⟩ Totenwelt, Ort der Verdammnis 2 ⟨NT⟩ Engel des Verderbens [hebr.]
a|bais|sie|ren ⟨[-bɛs-] V.⟩ senken [<frz. *abaisser* »senken«]
a|bais|siert ⟨[-bɛs-] Adj.; Her.⟩ ~e *Adlerflügel* mit den Spitzen nach unten gerichtete Adlerflügel
A|ba|ka ⟨m.; -s; unz.⟩ zu Tauen, Matten u. Hüten verwendete Faserbanane: Musa textilis; *Sy* Manilahanf [indones.]
A|ba|kus ⟨m.; -, -⟩ 1 Rechenbrett 2 Säulendeckplatte über dem Kapitell [<lat. *abacus* <grch. *abax* »Brett«]
A|ba|lie|na|ti|on ⟨f.; -, -en⟩ Entfremdung, Veräußerung
a|ba|lie|nie|ren ⟨V.⟩ entfremden, veräußern [<lat. *abalienare*]
A|ban|don ⟨[-bãdõ:] m.; -s, -s⟩ Preisgabe von Rechten od. Vermögensrechten, bes. in der Seeversicherung; *Sy* Abandonnement [<frz. *abandon* <ahd. *bann* »Verbot«]
A|ban|don|ne|ment ⟨[-bãdɔnə-mã:] n.; -s, -s⟩ = Abandon [frz.]
a|ban|don|nie|ren ⟨[-bãdɔ-] V.⟩ preisgeben
A|ba|sie ⟨f.; -; unz.⟩ Unfähigkeit zu gehen (bei erhaltener Körperkraft) [<grch. *a...* »nicht« + *bainein* »gehen«]
A|ba|te ⟨m.; -n, -n od. -ti; Titel für⟩ italienischer Weltgeistlicher; *oV* Abbate [ital.]
A|ba|ton ⟨m.; -s, -ta; grch.-orthodoxe Kirche⟩ das Allerheiligste [grch.]
Ab|ba ⟨m.; im NT Anrede für⟩ Gott [aram., »Vater«]
Ab|ba|te ⟨m.; -n, -n od. -ba|ti⟩ = Abate
Ab|bé ⟨m.; -s, -s; Rel.⟩ niederer katholischer französischer

Weltgeistlicher [frz., »Abt, Priester«]
Ab|be|vil|li|en ⟨[abəvɪljɛ̃:] n.; -s; unz.⟩ Kulturstufe der frühen Altsteinzeit Westeuropas; →*a.* Chelléen [nach dem frz. Fundort *Abbeville*]
Ab|bre|via|ti|on ⟨[-vi-] f.; -, -en⟩ = Abbreviatur
Ab|bre|via|tur ⟨[-vi-] f.; -, -en⟩ Abkürzung; *Sy* Abbreviation
ab|bre|vi|ie|ren ⟨[-vi-] V.⟩ abkürzen [<lat. *abbreviare*; zu *brevis* »kurz«]
Abc-Code ⟨[-ko:d] m.; -s; unz.⟩ auf dem Abc beruhender, internationaler Telegrammschlüssel
ab|che|cken ⟨[-tʃɛkən] V.⟩; verstärkend⟩ checken, prüfen, kontrollieren
ABC-Staa|ten ⟨Pl.⟩ Argentinien, Brasilien u. Chile (seit Abschluss des Schiedsgerichtsvertrages zwischen ihnen am 25. 5. 1915)
ABC-Waf|fen ⟨Pl.⟩ atomare, biologische u. chemische Kampfmittel; *Ggs* konventionelle Waffen
Ab|de|rit ⟨m.; -en, -en⟩ einfältiger Mensch [nach den Einwohnern der altgrch. Stadt *Abdera* in Kleinasien, den Schildbürgern des Altertums]
ab|de|ri|tisch ⟨Adj.⟩ einfältig (wie ein Abderit)
Ab|di|ka|ti|on ⟨f.; -, -en⟩ Abdankung [<lat. *abdicatio*; zu *abdicere* »lossagen«]
ab|di|zie|ren ⟨V.⟩ abdanken [<lat. *abdicere*]
Ab|do|men ⟨n.; -s, - od. -mi|na⟩ 1 ⟨Anat.⟩ Bauch, Unterleib 2 ⟨Zool.⟩ Hinterleib; *~ der Insekten* [lat.]
ab|do|mi|nal ⟨Adj.⟩ zum Abdomen gehörend, das Abdomen betreffend [→ *Abdomen*]
Ab|do|mi|nal|gra|vi|di|tät ⟨[-vi-] f.; -, -en; Med.⟩ Bauchhöhlenschwangerschaft
ab|drif|ten ⟨V.; a. fig.⟩ vom Kurs abweichen, (in eine andere Richtung) getrieben werden
Ab|duk|ti|on ⟨f.; -, -en⟩ 1 Abspreizen; *~ beweglicher Körperteile* 2 ⟨Philos.⟩ Wahrscheinlichkeitsschluss in der Art des Syllogismus [zu lat. *abducere* »wegführen«]

17

Abduktor

Ab|duk|tor ⟨m.; -s, -to̲|ren⟩ Abspreizmuskel
Ab|du̲|zens ⟨m.; -; unz.; Anat.⟩ 6. Gehirnnerv, der die äußeren geraden Augenmuskeln versorgt
ab|du|zi̲e|ren ⟨V.⟩ 1 abspreizen 2 eine Abduktion (2) durchführen [→ *Abduktion*]
...a|bel ⟨Nachsilbe; zur Bildung von Adj.⟩ ...fähig, die Möglichkeit einer Handlung od. eines Verhaltens bezeichnend; *akzeptabel; deklinabel; respektabel* [<frz. *-able* <lat. *habilis* »fähig, geeignet«]
A̲|bel|mo|schus ⟨m.; -; unz.; Bot.⟩ trop. Strauch, Gattung der Malvazeen [neulat., <arab. *abu al-misk* »Vater des Moschus«]
Ab|er|ra|ti̲on ⟨f.; -, -en⟩ 1 Abweichung, Abirrung 2 ⟨Astron.⟩ scheinbare Ortsveränderung der Gestirne infolge Erdbewegung 3 ⟨Optik⟩ 3.1 Abbildungsfehler, der durch Linsen usw. hervorgerufen wird u. ein Bild verzerrt wiedergibt 3.2 Abbildungsfehler, bei dem die Bilder farbige Säume zeigen 3.3 *chromatische* ~ = Farbabweichung [<lat. *aberratio*; zu *aberrare* »abirren«]
Ab|er|ra|ti̲ons|zeit ⟨f.; -, -en; Astron.⟩ Lichtzeit
ab|er|ri̲e|ren ⟨V.⟩ abweichen [→ *Aberration*]
Ab|es|si̲v ⟨a. ['---] m.; -s, -e [-və]; Gramm.⟩ Kasus in den finnisch-ugrischen Sprachen, der das Fehlen von etwas bezeichnet [zu lat. *abesse* »fehlen«]
ab|ge|fuckt ⟨[-fʌkt] Adj.; umg.; derb⟩ heruntergekommen, verwahrlost; *eine ~e Kneipe* [zu engl. *fuck* »ficken, koitieren«]
ab|ge|spact ⟨[-speɪst] Adj.; umg.; Jugendspr.⟩ beeindruckend, außergewöhnlich, leicht verrückt; *die Musik dieser Band ist völlig ~; sie sieht total ~ aus* [zu engl. *space* »Raum; Weltall« <frz. *espace*, <lat. *spatium* »Raum, Zwischenraum«]
ab|hor|res|zi̲e|ren ⟨V.; veraltet⟩ verabscheuen; *Sy* abhorrieren [<lat. *abhorrescere*]
ab|hor|ri̲e|ren ⟨V.; veraltet⟩ = abhorressieren
A|bi̲|li|ty ⟨[əbɪlɪtɪ] f.; -, -s; Psych.⟩ Eignung, Begabung, Können,

(aufgrund der Veranlagung bedingte) Leistungsfähigkeit [engl.]
A|bio|ge|ne̲|se ⟨f.; -; unz.⟩ Urzeugung; *oV* Abiogenesis; *Sy* Archigonie [<*A...*[1] + *bio...* + *Genese*]
A|bio|ge|ne̲|sis ⟨f.; -; unz.⟩ = Abiogenese
A|bi|o̲|se ⟨f.; unz.⟩ Lebensunfähigkeit, Leblosigkeit [<*A...*[1] + grch. *bios* »Leben«]
a|bi|o̲|tisch ⟨Adj.⟩ ohne Leben, leblos [<*a...*[1] + grch. *bios* »Leben«]
A|bio|tro̲|phie ⟨f.; -, -n⟩ vorzeitiges Absterben einzelner Gewebe u. Organe aus Mangel an Widerstandskraft [<*A...*[1] + grch. *bios* »Leben« + *...trophie*]
A|bi|tur *auch:* **A|bi|tur** ⟨n.; -s, -e; Pl. selten⟩ Abschlussprüfung an Oberschule u. Gymnasium, Reifeprüfung [<lat. *abire* »abgehen«]
A|bi|tu|ri̲ent *auch:* **A|bi|tu|ri̲ent** ⟨m.; -en, -en⟩ männl. Person, die die Reifeprüfung ablegen will od. abgelegt hat
A|bi|tu|ri̲en|tin *auch:* **A|bi|tu|ri̲en|tin** ⟨f.; -, -tin|nen⟩ weibl. Person, die die Reifeprüfung ablegen will od. abgelegt hat
Ab|ju|di|ka|ti̲on ⟨f.; -, -en; Rechtsw.⟩ Aberkennung [→ *abjudizieren*]
ab|ju|di|zi̲e|ren ⟨V.; Rechtsw.⟩ aberkennen [<lat. *abiudicare* »richterlich aberkennen«]
Ab|ju|ra|ti̲on ⟨f.; -, -en⟩ Abschwörung
ab|ju|ri̲e|ren ⟨V.⟩ abschwören [<lat. *abiurare* »abschwören«]
ab|ka|pi|teln ⟨V.; veraltet⟩ *jmdn.* ~ jmdn. heftig schelten, schimpfen [→ *Kapitel*]
ab|kom|man|di̲e|ren ⟨V.⟩ *jmdn.* ~ (durch Befehl) zu einer besonderen Tätigkeit bestimmen, irgendwohin beordern, abordnen
Ab|lak|ta|ti̲on ⟨f.; -, -en⟩ Vorgang, Tätigkeit des Ablaktierens, Abstillen
ab|lak|ti̲e|ren ⟨V.⟩ 1 ⟨allg.⟩ abstillen 2 ⟨Bot.⟩ *Kulturpflanzen* ~ dadurch veredeln, dass man sie zusammenwachsen lässt [<lat. *ablactare* »entwöhnen«]
Ab|la|ti̲on *auch:* **Ab|la|ti̲on** ⟨f.; -, -en⟩ 1 Abtragung der Erdober-

fläche durch Wasser u. Wind 2 Abschmelzung von Gletschern durch Sonneneinstrahlung 3 Abtragung von Material durch große Hitzeeinwirkung, die z. B. bei der Ablationskühlung von Weltraumfahrzeugen beim Wiedereintritt in die Erdatmosphäre genutzt wird 4 ⟨Med.⟩ Ablösung; ~ *der Netzhaut* [<lat. *ablatio*; → *Ablativ*]
A̲b|la|tiv *auch:* **A̲b|la|tiv** ⟨m.; -s, -e [-və]; Gramm.⟩ Kasus der indogerman. Sprachen, der die Richtung »von... weg« bezeichnet, im Latein auch als Instrumentalis gebraucht; ~ *des Mittels* [verkürzt <lat. *casus ablativus* »Fall, der die Entfernung, die Trennung bezeichnet«; zu *ablatus* »fortgetragen, entfernt, getrennt«]
A̲b|la|ti̲vus ab|so|lu̲|tus *auch:* **A̲b|la̲|ti|vus ab|so|lu̲|tus** ⟨[-vus] m.; - -, -vi [-vi] -ti; Gramm.⟩ eine syntaktische Konstruktion im Lateinischen, die aus einem Ablativ u. einem Partizip im gleichen Kasus besteht, im Deutschen meist mit einem Nebensatz wiedergegeben
Ab|le̲|gat ⟨m.; -en, -en⟩ päpstlicher Gesandter zweiten Ranges [zu lat. *ablegare* »wegschicken«]
A|blep|si̲e *auch:* **A|ble̲p|sie** ⟨f.; -; unz.; Med.⟩ Blindheit [<*A...*[1] + grch. *blepein* »sehen«]
ab|lu|i̲e|ren ⟨V.⟩ abwaschen, abspülen, reinigen [<lat. *abluere* »abspülen, abwaschen«]
Ab|lu|ti̲on ⟨f.; -, -en⟩ 1 Abtragung von noch nicht verfestigten Meeresablagerungen durch Meeresströmung 2 liturgische Handwaschung des kath. Priesters u. Reinigung des Messkelches [<lat. *ablutio* »das Abwaschen, Abspülen«]
ABM 1 ⟨[eɪbiɛm] Abk. für engl.⟩ Anti-Ballistic-Missile (Abwehrrakete) 2 ⟨Abk. für⟩ Arbeitsbeschaffungsmaßnahme
A̲b|mo|de|ra|ti̲on ⟨f.; -, -en; TV⟩ Schlussworte des Moderators; *Ggs* Anmoderation
a̲b|mo|de|ri̲e|ren ⟨V.; TV⟩ als Moderator die Schlussworte sprechen; *Ggs* anmoderieren; *eine Sendung* ~

ab|norm ⟨Adj.⟩ **1** nicht normal, gegen die Regel **2** krankhaft, ungewöhnlich [<lat. *abnormis*; zu *norma* »Richtschnur«]

ab|nor|mal ⟨Adj.⟩ österr. u. schweiz.; umg.⟩ nicht normal

Ab|nor|mi|tät ⟨f.; -, -en⟩ **1** Regelwidrigkeit **2** ungewöhnliche krankhafte Erscheinung

A|bo ⟨n.; -s, -s; kurz für⟩ Abonnement

abo|lie|ren *auch:* ⟨V.⟩ **1** *etwas* ~ abschaffen, aufheben **2** *jmdn.* ~ begnadigen [<lat. *abolere* »vernichten, aufheben«]

Abo|li|ti|on *auch:* **A|bo|li|ti|on** ⟨f.; -, -en⟩ **1** Abschaffung, Aufhebung der Sklaverei in den USA **2** ⟨Rechtsw.⟩ ~ *eines Verfahrens* Einstellung, Verzicht auf Weiterführung, Niederschlagung

Abo|li|ti|o|nist *auch:* **A|bo|li|ti|o|nist** ⟨m.; -en, -en⟩ Anhänger der Abolition (1)

Abo|li|ti|o|nis|tin *auch:* **A|bo|li|ti|o|nis|tin** ⟨f.; -, -tin|nen⟩ Anhängerin der Abolition (1)

abo|mi|na|bel *auch:* **a|bo|mi|na|bel** ⟨Adj.⟩ abscheulich, widerwärtig; *ein abominables Verbrechen* [<frz. *abominable* <lat. *abominari* »wegwünschen«]

A|bon|ne|ment ⟨[-n(ə)mã:] *od.* schweiz. *a.* [-nəmɛnt] n.; -s, -s⟩ **1** Bezug von Waren (meist Zeitungen, Zeitschriften, Bücher) auf bestimmte Zeit **2** Bezug von Theater-, Kino-, Konzertkarten für die Dauer einer Spielzeit, Anrecht **3** Dauerfahrkarte, Zeitkarte [frz.]

A|bon|ne|ment|preis ⟨[-n(ə)mã:-] m.; -es, -e⟩ Vorzugspreis für Abonnenten

A|bon|ne|ment|vor|stel|lung ⟨[-n(ə)mã:-] f.; -, -en⟩ Theateraufführung für Abonnenten

A|bon|nent ⟨m.; -en, -en⟩ Inhaber eines Abonnements [→ *abonnieren*]

A|bon|nen|tin ⟨f.; -, -tin|nen⟩ Inhaberin eines Abonnements

a|bon|nie|ren ⟨V.⟩ ein Abonnement abschließen, eingehen über; *(auf) eine Konzertreihe ~; eine Zeitschrift* ~ eine Z. im Abonnement beziehen [<frz. *abonner*]

Abo|ri|gi|ne *auch:* **A|bo|ri|gi|ne** ⟨[æbərɪdʒɪnɪ] m.; -s, -s; meist Pl.⟩ Ureinwohner Australiens [engl. <lat. *Aborigines* »Stammvolk der Latiner«, vielleicht unregelmäßig zu *ab origine* »(Einwohner) von Beginn an«]

Ab|ort *auch:* **A|bort** ⟨m.; -s, -e; Med.⟩ Fehlgeburt; *Sy* Abortus [<lat. *abortus*, Part. Perf. zu *aboriri* »abgehen«]

abor|tie|ren *auch:* **a|bor|tie|ren** ⟨V.; Med.⟩ eine Fehlgeburt haben

abor|tiv *auch:* **a|bor|tiv** ⟨Adj.; Med.⟩ von einem Abort(us) herrührend, abtreibend

Abor|ti|vum *auch:* **A|bor|ti|vum** ⟨[-vum] n.; -s, -va [-va]; Med.⟩ **1** Mittel zur Herbeiführung einer Fehlgeburt **2** Mittel, das die Dauer einer Krankheit verkürzt [→ *Abort*]

Ab|or|tus *auch:* **A|bor|tus** ⟨m.; -, -or|ti; Med.⟩ = Abort

ab o|vo ⟨[-vo]⟩ von Anfang an, weit ausholend [lat., nach Horaz, Satire 3,6: *ab ovo usque ad mala* »vom Ei (= Vorspeise) bis zu den Äpfeln (= Nachspeise)«]

ab|qua|li|fi|zie|ren ⟨V.⟩ *jmdn.* ~ abwertend beurteilen

Ab|ra|sion ⟨f.; -, -en⟩ **1** ⟨Geol.⟩ durch die Meeresbrandung bewirkte Abschleifung, Abtragung der Küste **2** ⟨Med.⟩ ~ *der Gebärmutter* Ausschabung, Auskratzung [<lat. *abrasio*; zu *abradere* »abkratzen«]

A|bra|xas *auch:* **Ab|ra|xas** ⟨m.; -; unz.⟩ mystisches Wort der Gnostiker, Zauberformel auf Amuletten [lat. <grch.]

ab|re|a|gie|ren ⟨V.⟩ **1** *eine Spannung od. Erregung* ~ durch eine Reaktion zum Abklingen bringen **2** *sich* ~ durch eine Reaktion eine Spannung, Erregung loswerden

Ab|re|ak|ti|on ⟨f.; -, -en⟩ das Abreagieren, das Sichabreagieren

A|bri *auch:* **Ab|ri** ⟨m.; -s, -s⟩ steinzeitliche Wohnstelle unter Felsvorsprüngen [frz., »Schutz, Unterschlupf« <lat. *apricare* »warm halten«]

Ab|ro|ga|ti|on ⟨f.; -, -en⟩ **1** ~ *eines Gesetzes* Abschaffung, Aufhebung **2** ~ *eines Auftrages* Zurücknahme, Zurückziehung [→ *abrogieren*]

ab|ro|gie|ren ⟨V.; veraltet⟩ abschaffen, aufheben, zurücknehmen [<lat. *abrogare* »abschaffen«]

ab|rupt *auch:* **a|brupt** ⟨Adj.⟩ **1** abgebrochen, zusammenhanglos **2** plötzlich [<lat. *abruptus*, Part. Perf. zu *abrumpere* »abreißen«]

abs…, Abs… ⟨Vorsilbe⟩ ab…, Ab…

ab|sal|ven ⟨[-sɛɪvən] V.; umg.⟩ **1** ⟨allg.⟩ *etwas* ~ prüfen, sichern **2** ⟨EDV⟩ Computerdaten sichern, (ab-)speichern [<engl. *save* »retten, aufbewahren«]

Abs|ci|sin|säu|re ⟨f.; -, -n; Bot.⟩ Pflanzenhormon, das Entblätterung, Fruchtabfall u. winterschlafähnliche Zustände herbeiführt [zu lat. *abscidere* »abhauen, abschneiden«]

Ab|sence ⟨[absãːs] f.; -, -n; bes. Med.⟩ geistige Abwesenheit, kurze Bewusstseinstrübung [frz., »Abwesenheit« <lat. *absentia*]

ab|sent ⟨Adj.⟩ abwesend; *Ggs* präsent [<lat. *absens* »abwesend«]

Ab|sen|ter ⟨m.; -s, -; veraltet⟩ ständig von seinen Gütern abwesender Grundbesitzer [→ *absent*]

ab|sen|tie|ren ⟨V.; umg.; veraltet⟩ *sich* ~ sich entfernen [<frz. *s'absenter* »sich entfernen«; zu frz. *absent* »abwesend« <lat. *absens*]

Ab|sen|tis|mus ⟨m.; -, -tis|men; veraltet⟩ Abwesenheit; ~ *(eines Grundbesitzers von seinen Gütern* [→ *absent*]

Ab|senz ⟨f.; -, -en; veraltet⟩ **1** Abwesenheit **2** ⟨schweiz.⟩ = Absence [<lat. *absentia* »Abwesenheit«]

Ab|sinth ⟨m.; -(e)s, -e⟩ Trinkbranntwein aus Wermut [<grch. *absinthion* »Wermut« <pers. *sipand*]

Ab|sin|thin ⟨n.; -s; unz.⟩ Alkaloid der Wermutpflanze

ab|so|lut ⟨Adj.⟩ **1** unabhängig, losgelöst, für sich, einzeln betrachtet; *Ggs* relativ **1.1** ~*e Atmosphäre* ⟨Zeichen: ata⟩ veraltete, nicht mehr zulässige Druckeinheit, ersetzt durch die Einheit Bar (z. B.) **1.2** ~*e Bewegung* (physikalisch nicht denkbare) Bewegung ohne Bezugssystem **1.3** ~*e Feuchtigkeit* Feuchtigkeitsgehalt der Luft **1.4** ~*es Gehör* Fähigkeit, ohne vergleich-

Absolute(s)

bare Töne die Höhe eines Tones zu erkennen **1.5** ~*e Helligkeit* Helligkeit eines Sternes, ungeachtet der durch seine Entfernung bedingten Sichtbarkeit am Himmel **1.6** ~*e Mehrheit* Mehrheit von mehr als 50% **2** unbeschränkt, völlig **2.1** ~*er Superlativ* = Elativ **2.2** ~*e Monarchie* = Absolutismus **2.3** ~*es Vertrauen* unbedingtes Vertrauen ohne jede Einschränkung **2.4** ~*es Maßsystem* auf den Grundgrößen Zentimeter, Gramm u. Sekunde beruhendes physikal. Maßsystem, heute abgelöst durch das MKSA-System; *Sy* CGS-System **2.5** ~*er Nullpunkt* die tiefste erreichbare Temperatur (-273,15 °C) **2.6** ~*e Temperatur* auf den absoluten Nullpunkt bezogene Temperatur **2.7** ~*e Zahl* eine ohne Vorzeichen betrachtete Zahl **3** unbedingt **3.1** ~*e Kunst* ungegenständl., abstrakte K. **3.2** ~*e Musik* Musik, der keine außermusikalischen Vorstellungen zugrunde liegen **3.3** ~*e Rechte* Rechte, die gegenüber jedem wirksam sind **4** rein; ~*er Alkohol* wasserfreier Äthylalkohol **5** ⟨adv.⟩ durchaus, gänzlich, überhaupt, völlig; *das ist* ~ *unmöglich* [<lat. *absolutus*, Part. Perf. zu *absolvere* »loslösen«]

Ab|so|lu|te(s) ⟨n. 3; unz.; Philos.⟩ das in sich ruhende Sein

Ab|so|lut|heit ⟨f.; -; unz.⟩ absolute Beschaffenheit; *etwas mit* ~ *wissen*

Ab|so|lut|heits|an|spruch ⟨m.; -(e)s, -sprüche; bes. wiss.⟩ Beanspruchung absoluter Gültigkeit der eigenen Meinung; *seine neue philosophische Lehre erhebt einen* ~

Ab|so|lu|tion ⟨f.; -, -en; bes. Rel.⟩ Freisprechung, Lossprechung von Sünden; *jmdm.* ~ *erteilen* [<lat. *absolutio*]

Ab|so|lu|tis|mus ⟨m.; -; unz.⟩ Alleinherrschaft durch einen Monarchen, der oberster Gesetzgeber, Gerichtsherr, Regierungsoberhaupt u. Militärbefehlshaber war; *Sy* absolute Monarchie [→ *absolut*]

Ab|so|lu|tist ⟨m.; -en, -en⟩ Anhänger des Absolutismus

Ab|so|lu|tis|tin ⟨f.; -, -tin|nen⟩ Anhängerin des Absolutismus

ab|so|lu|tis|tisch ⟨Adj.⟩ den Absolutismus betreffend [→ *absolut*]

Ab|so|lu|to|ri|um ⟨n.; -s, -ri|en; veraltet⟩ **1** Urteil od. Bescheinigung über Freispruch od. Lossprechung **2** ⟨österr.⟩ Bescheinigung über die Reifeprüfung [→ *absolut*]

Ab|sol|vent ⟨[-vɛnt] m.; -en, -en⟩ jmd., der eine Ausbildung, Schule, einen Lehrgang, ein Studium erfolgreich beendet hat [zu lat. *absolvere* »loslösen«]

Ab|sol|ven|tin ⟨[-vɛn-] f.; -, -tin|nen⟩ weibl. Person, die eine Ausbildung, Schule, einen Lehrgang, ein Studium erfolgreich beendet hat

ab|sol|vie|ren ⟨[-vi:-] V.⟩ **1** befreien, los-, freisprechen **2** *eine Ausbildung, einen Lehrgang, ein Pensum* ~ durchlaufen, erfolgreich beenden, abschließen **3** *ein Gastspiel* ~ geben, beenden [<lat. *absolvere* »loslösen«]

Ab|sor|bens ⟨n.; -, -ben|tien od. -ben|tia; Chemie⟩ Stoff, der bei der Absorption einen anderen aufnimmt [lat., Part. Perf. zu *absorbere* »verschlucken«]

ab|sor|bent ⟨Adj.⟩ aufsaugend

Ab|sor|ber ⟨m.; -s, -⟩ **1** Einrichtung, Anlage zum Absorbieren (1); *Ggs* Kompressor (1) **2** Kühlschrank mit Absorptionsverfahren; *Ggs* Kompressor (2) **3** ⟨Höchstfrequenztechnik⟩ Widerstand zur Dämpfung von Zentimeterwellen in Leitern, die als Rohre ausgebildet sind [engl.; zu lat. *absorbere* »verschlucken«]

ab|sor|bie|ren ⟨V.⟩ **1** *etwas* ~ einsaugen, aufsaugen, aufzehren **2** *jmdn.* ~ völlig in Anspruch nehmen [<lat. *absorbere* »verschlucken«]

Ab|sorp|tion ⟨f.; -, -en⟩ **1** Einsaugung, Aufsaugung, Aufzehrung **2** ⟨Chemie⟩ Aufnahme eines Gases od. Dampfes durch feste Körper od. Flüssigkeit unter vollständiger Durchdringung **3** ⟨Physik⟩ Energieabgabe einer Wellen- od. Teilchenstrahlung an einen Stoff, durch den die Strahlen gehen [zu lat. *absorbere* »verschlucken«]

Ab|sorp|tions|spek|trum *auch:* **Ab|sorp|ti|ons|spek|trum** ⟨n.; -s, -spek|tren od. -spek|tra; Physik⟩ eine Substanz kennzeichnende Anzahl von Absorptionslinien

ab|sorp|tiv ⟨Adj.⟩ auf Absorption beruhend, sie bewirkend [→ *absorbieren*]

Ab|sorp|tiv ⟨n.; -s, -e [-və]; bes. Chemie⟩ Stoff, der von einem anderen bei der Absorption aufgenommen wird

ab|sti|nent *auch:* **abs|ti|nent** ⟨Adj.⟩ **1** (i. e. S.) enthaltsam **2** (i. w. S.) Rauschmittel meidend, auf Geschlechtsverkehr verzichtend [<lat. *abstinens*; Part. Perf. zu *abstinere* »abhalten, zurückhalten«]

Ab|sti|nenz *auch:* **Abs|ti|nenz** ⟨f.; -; unz.⟩ Enthaltsamkeit, das Fasten [→ *abstinent*]

Ab|sti|nenz|ler *auch:* **Abs|ti|nenz|ler** ⟨m.; -s, -⟩ jmd., der abstinent lebt

Ab|sti|nenz|le|rin *auch:* **Abs|ti|nenz|le|rin** ⟨f.; -, -rin|nen⟩ weibl. Person, die abstinent lebt

◆ Die Buchstabenfolge **ab|str...** kann auch **abs|tr...** getrennt werden.

◆ **Ab|stract** ⟨[æ:bstrækt] m.; -s, -s⟩ kurze (meist schriftlich abgefasste) Inhaltsangabe eines Vortrages, Artikels o. Ä. [engl., »Abriss, Auszug«]

◆ **ab|stra|hie|ren** ⟨V.⟩ **1** ⟨veraltet⟩ abziehen **2** von etwas absetzen **3** das Wesentliche aus dem Zufälligen herausheben **4** zum Begriff erheben, verallgemeinern [<lat. *abstrahere* »wegziehen«]

◆ **ab|strakt** ⟨Adj.⟩ von der Wirklichkeit abgetrennt, begrifflich verallgemeinert, nur gedacht, unanschaulich; *Ggs* konkret; ~*e Kunst* Kunstrichtung, die durch frei erfundene Formen Eigenes schaffen will, das seine Vorlage unabhängig von der uns umgebenden Wirklichkeit findet; ~*es Rechtsgeschäft* ein selbständiges, vom Rechtsgrund unabhängiges Rechtsgeschäft [<lat. *abstractus*; Part. Perf. zu *abstrahere* »wegziehen«]

◆ **Ab|strak|ti|on** ⟨f.; -, -en⟩ 1 Verallgemeinerung zum Begriff, Begriffsbildung 2 allgemeiner Begriff [→ *abstrakt*]

◆ **Ab|strak|tum** ⟨n.; -s, -strak|ta⟩ 1 durch Abstraktion gewonnener, allgemeiner, ungegenständl. Begriff 2 ⟨Gramm.⟩ begriffl. Substantiv; *Ggs* Konkretum [→ *abstrakt*]

◆ **ab|strus** *auch:* **abst|rus** ⟨Adj.⟩ verworren, schwer verständlich; *ein ~es Gerede* [<lat. *abstrusus* »verborgen, heimlich«]

ab|surd ⟨Adj.⟩ 1 abwegig, widersinnig 2 unsinnig, unvernünftig [<lat. *absurdus* »misstönend«]

Ab|sur|di|tät ⟨f.; -, -en⟩ Unsinn, Widersinn, Unvernunft [→ *absurd*]

◆ Die Buchstabenfolge **ab|sze...** kann auch **abs|ze...** getrennt werden.

◆ **ab|sze|die|ren** ⟨V.⟩ 1 sich absondern, entfernen 2 eitern, einen Abszess bilden [<lat. *abscedere* »weggehen«]

◆ **Ab|szess** ⟨m.; -es, -e⟩ durch Einschmelzung entstandene Eiteransammlung im Gewebe [<lat. *abscessus* »Weggang, Entfernung«]

◆ **ab|szin|die|ren** ⟨V.⟩ (ab)trennen [<lat. *abscindere* »abreißen«]

◆ **Ab|szis|se** ⟨f.; -, -n⟩ parallel zur Abszissenachse abgemessener Linienabschnitt; *Ggs* Ordinate [<lat. *abscissus*, Part. Perf. zu *abscindere* »abreißen«]

◆ **Ab|szis|sen|ach|se** ⟨f.; -, -n; Math.⟩ waagerechte Achse im Koordinatensystem; *Sy* x-Achse; *Ggs* Ordinatenachse

ab|tör|nen ⟨V.⟩ = abturnen

ab|trai|nie|ren ⟨[-trɛ-] V.; bes. Sport⟩ *Gewicht ~* hartes Training betreiben, um Gewicht zu verlieren

ab|tur|nen ⟨[-tœ:-] V.; umg.⟩ die Begeisterung nehmen, lustlos machen; *oV* abtörnen; *Ggs* anturnen (2) [zu engl. *turn* »drehen, wenden«]

A|bu ⟨in arab. Eigennamen⟩ Vater des ...; *~ Hassan*

A|bu|lie ⟨f.; -, -n; Med.⟩ Willenlosigkeit, Willensschwäche, Unentschlossenheit [<*A...*¹ + grch. *bulesthai* »wollen«]

a|bu|lisch ⟨Adj.; Med.⟩ auf Abulie beruhend, willenlos

ab|un|dant *auch:* **a|bun|dant** ⟨Adj.⟩ reichlich (vorhanden), häufig, überflüssig [<lat. *abundare* »reichlich vorhanden sein«]

Ab|un|danz *auch:* **A|bun|danz** ⟨f.; -; unz.⟩ 1 ⟨Biol.⟩ durchschnittliche Zahl tierischer od. pflanzlicher Individuen, bezogen auf eine bestimmte Flächen- bzw. Raumeinheit 2 ⟨EDV; Math.⟩ Überschuss von Zeichen über die zur einwandfreien Übertragung od. Darstellung der Information notwendige Zeichenmenge hinaus 3 ⟨Sprachw.⟩ Überfülle des Ausdrucks; *Sy* Pleonasmus [<lat. *abundantia* »Überfluss«]

ab ur|be con|di|ta ⟨Abk.: a. u. c.⟩ »seit Gründung der Stadt (Rom)«, altröm. Zeitrechnung ab 753 v. Chr. [lat.]

A|bus ⟨m.; -, -⟩ 1 Missbrauch, übermäßige Dosierung von Arznei- od. Genussmitteln [lat., urspr. »Verbrauch«, dann »Missbrauch«]

a|bys|sal ⟨Adj.⟩ zum Tiefseebereich gehörend, in großer Tiefe [<grch. *abyssos* »Abgrund«]

A|bys|sus ⟨m.; -; unz.⟩ Abgrund, Tiefe der Erde, Unergründliches [lat., »grundlose Tiefe, Meeresgrund, Hölle« <grch. *abyssos* »Abgrund«]

a c. ⟨Abk. für⟩ a conto

a. c. ⟨Abk. für⟩ anni currentis

Ac ⟨chem. Zeichen für⟩ Actinium

à c. ⟨Abk. für⟩ à condition

A|ca|de|my A|ward ⟨[əkǽdəmi əwɔ:d] m.; - - od. - -s, - -s⟩ = Oscar [engl., »Preis der Akademie«]

A|ca|jou|nuss ⟨[-ʒu:-] f.; -, -nüsse⟩ = Cashewnuss [portug.]

a ca|pel|la ⟨Musik⟩ 1 nach Art der Sängerkapellen, auch mit Instrumentalbegleitung 2 für Singstimmen allein [ital., »wie in der Kapelle oder Kirche«]

A-ca|pel|la-Chor ⟨[-ko:r] m.; -(e)s, -Chö|re; Musik⟩ Chor, der ohne Begleitung von Instrumenten singt

a ca|pric|cio *auch:* **a ca|pric|cio** ⟨[-kaprɪtʃo:] Musik⟩ nach Belieben, im freien Zeitmaß (zu spielen) [ital.]

accel. ⟨[atʃɛl] Abk. für⟩ accelerando

ac|ce|le|ran|do ⟨[atʃe-] Abk.: accel.⟩ *Musik*⟩ schneller werdend, beschleunigend (zu spielen) [ital.]

Ac|cent ai|gu ⟨[aksātɛgy:] m.; - -, -s -s [aksātɛgy:]; Zeichen: ´⟩ = Akut [frz. »scharfes Ton-, Aussprachezeichen«]

Ac|cent cir|con|flexe ⟨[aksāsɪrkɔ̃flɛks] m.; - -, -s -s; Zeichen: ˆ⟩ = Zirkumflex [frz. »gebogenes Ton-, Aussprachezeichen«]

Ac|cent grave ⟨[aksāgra:v] m.; - -, -s -s; Zeichen: `⟩ = Gravis [frz. »schweres Ton-, Aussprachezeichen«]

Ac|ces|soire ⟨[aksɛsoa:(r)] n.; -s, -s; meist Pl.⟩ modisches Zubehör [<frz. *accessoir* »Nebensache, Zubehör«]

Ac|com|pa|gna|to *auch:* **Ac|com|pa|gna|to** ⟨[-nja:-] n.; -s, -s od. -gna|ti⟩ vom Orchester begleitetes Rezitativ; *Ggs* Seccorezitativ [zu ital. *accompagnare* »begleiten«]

Ac|cor|da|tu|ra ⟨f.; -; unz.; Musik⟩ übliche Einstimmungsweise von Saiteninstrumenten [ital.]

Ac|count ⟨[əkaʊnt] m. od. n.; -s, -s; EDV⟩ (aus Benutzernamen u. Kennwort bestehende) Zugangsberechtigung zu einem Netzwerk- od. Onlinesystem [engl., »Konto; Rechnung«]

Ac|coun|tant ⟨[əkaʊntənt] m.; - od. -s, -s; in Großbritannien u. Irland⟩ Wirtschaftsprüfer [engl.]

Ac|count|ma|na|ger ⟨[əkaʊntmænɪdʒə(r)] m.; -s, -⟩ Kundenberater (in einer Handelskette) [engl.]

Ac|count|ser|vice ⟨[əkaʊntsœ:vɪs] m.; - od. -s; unz.⟩ Kundenberatung (in einer Handelskette) [engl.]

accresc. ⟨Musik; Abk. für⟩ accrescendo

ac|cre|scen|do ⟨[-krɛʃɛndo:] Abk.: accresc.; Musik⟩ = crescendo [ital., »anwachsend«]

Ac|cro|cha|ge ⟨[akroʃa:ʒ(ə)] f.; -, -n; Mal.⟩ Ausstellung eigener Bestände (in einer Privatgalerie) [frz., »Befestigen, Aufhängen«]

Ace

Ace ⟨[eɪs] n.; -s [-sɪz], -s [-sɪz]; Sport⟩ **1** = Ass (4) **2** ⟨Golf⟩ das Erreichen des Loches mit einem Schlag [engl., »Ass«]

A|ce|ro|la ⟨[-tse-] f.; -, -s; Bot.⟩ aus Mittelamerika stammende Kirschenart (Westindische Kirsche), die den höchsten Vitamin-C-Gehalt aller Früchte besitzt [span. <arab. *az-zu'rur*]

A|cet|al|de|hyd ⟨m.; -s; unz.⟩ stechend riechende, nicht beständige Flüssigkeit, aus Acetylen gewonnen, Zwischenprodukt für Essigsäuresynthese, Bunagewinnung u. a.; *oV* Azetaldehyd; *Sy* Äthanal [lat. *acetum* »Essig« + *Aldehyd*]

A|ce|tat ⟨n.; -s, -e; Chemie⟩ Salz, Ester der Essigsäure; *oV* Azetat [<lat. *acetum* »Essig«]

A|ce|tat|sei|de ⟨f.; -, -n; Textilw.⟩ aus Cellulose mit Hilfe von Essigsäure gewonnene Chemiefaser mit seidenähnl. Eigenschaften; *oV* Azetatseide

A|ce|to Bal|sa|mi|co ⟨[-tʃɛːto-] m.; - -; unz.⟩ (aus Traubenmost u. Weinessig gewonnener) milder Essig, Balsamessig [ital. *aceto* »Essig« + *balsamico* »würzig, balsamisch«]

A|ce|ton ⟨n.; -s; unz.⟩ einfachster Vertreter der Verbindungsklasse der Ketone, farblose Flüssigkeit, gutes Lösungsmittel für zahlreiche organ. Verbindungen; *oV* Azeton [<lat. *acetum* »Essig«]

A|ce|ton|ä|mie *auch:* **A|ce|to|nä|mie** ⟨f.; -, -n⟩ Auftreten von Aceton im Blut; *oV* Azetonämie [<*Aceton* + ...*ämie*]

A|ce|ton|u|rie *auch:* **A|ce|to|nu|rie** ⟨f.; -, -n⟩ Auftreten von Aceton im Harn; *oV* Azetonurie [<*Aceton* + ...*urie*]

A|ce|tyl... ⟨Chemie; in Namen von organ. Verbindungen; fachsprachl.⟩ = Azetyl...

A|ce|tyl|cho|lin ⟨[-ko-] n.; -(e)s, -e; Biochemie; fachsprachl.⟩ = Azetylcholin

A|ce|ty|len ⟨n.; -s; unz.⟩ farbloses, eigentümlich riechendes, brennbares Gas, das aus Calciumcarbid u. Wasser entsteht; *oV* Azetylen; *Sy* Äthin [<lat. *acetum* »Essig«]

A|chä|ne ⟨[-xɛː-] f.; -, -n; Bot.⟩ Schließfrucht von Korbblütlern, die nur einen Samen trägt [<*A...*¹ + grch. *chainein* »gähnen, klaffen«]

A|chat ⟨[-xaːt] m.; -(e)s, -e⟩ Mineral, Edelstein, aus Kieselsäurelösungen entstanden, häufig in Lagen verschiedener Färbung aufgebaut [nach dem Fluss *Achates* im südl. Sizilien, in dem der Achatstein zuerst gefunden worden sein soll]

a|che|ron|tisch ⟨[-xe-] Adj.⟩ unterweltlich [<grch. *achos* »Leid« + rhein »fließen« (nach dem Fluss *Acheron* in der Unterwelt der grch. Sage)]

A|cheu|lé|en ⟨[-ʃøleɛ̃ː] n.; -s; unz.⟩ Kulturstufe der älteren Altsteinzeit [nach dem Fundort *St.-Acheul* bei Amiens in Frankreich]

A|chil|les|fer|se ⟨[axɪl-] f.; -, -n⟩ **1** ⟨grch. Myth.⟩ einzige Stelle, an der Achilles verwundbar war **2** ⟨fig.⟩ empfindliche, verwundbare Stelle, schwacher Punkt [nach *Achill*, dem Helden der grch. Sage]

a|chla|my|de|isch *auch:* **ach|la|my|de|isch** ⟨[axla-] Adj.; Bot.⟩ ohne Blütenhülle [<*a...*¹ + grch. *chlamys* »Mantel, Kleid«]

A|chlor|hy|drie *auch:* **A|chlor|hyd|rie** ⟨[-kloːr-] f.; -; unz.; Med.⟩ Mangel an Magensaft [<*A...*¹ + grch. *chloros* »hellgrün, gelb« + *hydor* »Wasser«]

A|chlor|op|sie *auch:* **A|chlo|rop|sie** ⟨[-kloːr-] f.; -, -n; Med.⟩ Grünblindheit; *Sy* Deuteranopie [<*A...*¹ + grch. *chloros* »grün« + ...*opsie*]

A|chol|lie ⟨[-xo-] f.; -; unz.; Med.⟩ fehlende Ausscheidung von Gallenflüssigkeit [<*A...*¹ + grch. *chole* »Galle«]

a. Chr. (n.) ⟨Abk. für⟩ ante Christum (natum)

A|chro|ma|sie ⟨[-kro-] f.; -, -n⟩ Ausgleich der Farbverzerrung in optischen Instrumenten durch Kombination von Prismen od. (u.) Linsen; *Sy* Achromatismus [<*A...*¹ + grch. *chroma* »Farbe«]

A|chro|mat ⟨[-kro-] m.; -(e)s, -e od. n.; -(e)s, -e⟩ gegen Farbverzerrung korrigierte Linse

A|chro|ma|tin ⟨[-kro-] n.; -s; unz.⟩ nicht färbbarer Teil der Zellkernsubstanz

a|chro|ma|tisch ⟨[-kro-] Adj.⟩ die Eigenschaft eines Achromats habend, auf ihm beruhend

A|chro|ma|tis|mus ⟨[-kro-] m.; -, -tɪsmen⟩ = Achromasie

A|chro|mat|op|sie *auch:* **A|chro|ma|top|sie** ⟨[-kro-] f.; -; unz.; Med.⟩ Farbenblindheit [<*A...*¹ + grch. *chroma* »Farbe« + *opsis* »das Sehen«]

A|chro|mie ⟨[-kro-] f.; -, -n⟩ das Fehlen von Pigmenten in der Haut [<*A...*¹ + grch. *chroma* »Farbe«]

a|chro|nis|tisch ⟨[-kro-] Adj.; Sprachw.⟩ ohne Berücksichtigung eines zeitlichen Zusammenhangs verwendet; ~*e Zeitform* [<*a...*¹ + grch. *chronos* »Zeit«]

A|chyl|lie ⟨[-xy-] od. [-çy-] f.; -; unz.; Med.⟩ mangelhafte od. fehlende Magensaftbildung [<*A...*¹ + grch. *chylos* »Saft«]

A|cid ⟨[æsɪd] n.; - od. -s; unz.⟩ **1** ⟨Drogenszene⟩ LSD (ein Halluzinogen) **2** ⟨kurz für⟩ Acidhouse [engl., »Säure; ätzend«]

A|cid|house *auch:* **A|cid House** ⟨[æsɪdhaus] n.; (-) -; unz.; Musik⟩ (in den 80er Jahren in Amerika entstandene) Musikrichtung mit tiefen u. schnellen Bassrhythmen u. begleitendem Sprechgesang, Vorläufer des Techno; *Sy* Acid (2) [<*Acid* + engl. *house* »Haus«]

A|ci|di|me|trie *auch:* **A|ci|di|met|rie** ⟨f.; unz.⟩ Verfahren zur Bestimmung der Konzentration von Säuren in einer Lösung durch Neutralisationsreaktionen; *oV* Azidimetrie [<lat. *acidus* »sauer« + ...*metrie*]

A|ci|di|tät ⟨f.; -; unz.⟩ Säuregrad einer Lösung; *oV* Azidität [<lat. *acidus* »sauer«]

A|ci|do|se ⟨f.; -, -n; Med.⟩ krankhafte Steigerung des Säuregehaltes im Blut; *oV* Azidose

A|ci|dum ⟨n.; -s, -ci|da⟩ Säure; ~ *citricum* Citronensäure [zu lat. *acidus* »sauer«]

Ack|ja ⟨m.; - od. -s, -s⟩ bootförmiger (Rettungs-)Schlitten der Lappen [schwed.]

à cond. ⟨Abk. für⟩ à condition

à con|di|ti|on ⟨[-kɔ̃disjɔ̃ː] Abk.: c.; à cond.; bes. im Buchhandel⟩ auf Bedingung, nicht fest (zu liefern od. geliefert) [frz.]

ad absurdum

A|co|ni|tin ⟨n.; -s, -e⟩ = Akonitin [zu grch. *akone* »Feldstück«]

a con|to ⟨Abk.: a c.⟩ **1** auf Rechnung von..., des... **2** *einen Betrag ~ schreiben lassen* nicht bar zahlen, sondern vom Konto abschreiben lassen; →*a.* Akonto [ital.]

Ac|quit ⟨[-ki:] n.; -s, -s; veraltet⟩ Empfangsbescheinigung; *Sy* Quittung (1) [frz., »Freimachung, Quittung«]

◆ Die Buchstabenfolge **a|cr...** kann auch **ac|r...** getrennt werden.

◆ **A|cre** ⟨[ɛɪkə(r)] m.; -s, -s⟩ englisches u. nordamerikanisches Flächenmaß, 4046,8 m² [engl.; verwandt mit *Acker*]

◆ **A|cri|din** ⟨n.; -s; unz.⟩ aus Anthracenöl gewonnene Verbindung, Ausgangsstoff für Arzneimittel

◆ **A|crol|ein** ⟨n.; -s; unz.⟩ ungesättigter, aliphatischer Aldehyd, CH₂=CH-CHO, stechend riechende, augenreizende Flüssigkeit, zur Herstellung von Parfümen, Lacken u. zur Synthese von Glycerin sowie als Tränengas verwendet; *oV* Akrolein [< lat. *acer* »scharf« + *olere* »riechen«]

◆ **a|cross the board** ⟨[əkrɔs ðə bɔ:d]⟩ **1** jeden betreffend, allgemein **2** ⟨TV⟩ an mehreren aufeinander folgenden Tagen zur gleichen Zeit gesendet; *ein ~ gesendeter Werbespot* [engl., »allgemein, generell«]

◆ **A|cryl** ⟨n.; -s; unz.⟩; Kurzwort für⟩ Polyacrylnitril

◆ **A|cryl|a|mid** ⟨n.; -(e)s, -e; Chemie⟩ vermutlich Krebs erregende, genetische Schäden hervorrufende u. in höheren Dosen nervenschädigende Substanz, die beim Erhitzen (Frittieren, Rösten, Braten, Grillen od. Backen) von stärkehaltigen Nahrungsmitteln entsteht, bes. in Pommes frites, Kartoffelchips, Knäckebrot u. Frühstückscerealien

◆ **A|cryl|glas** ⟨n.; -es; unz.⟩ = Plexiglas

◆ **A|cryl|harz** ⟨Pl.⟩ Gruppe von Kunstharzen, die durch Polymerisation von Acrylsäure od. Methacrylsäure gewonnen werden u. klare, durchsichtige, thermoplastische, wetterfeste Massen ergeben, die leicht spanabhebend zu bearbeiten sind; *oV* Akrylharze [zu lat. *acer* »scharf«]

◆ **A|cryl|säu|re** ⟨f.; -, -n⟩ einfachste, ungesättigte Carbonsäure; *oV* Akrylsäure

Act ⟨[ækt] m.; -s, -s; Jugendspr.⟩ **1** (besonders) bekannte od. erfolgreiche Popmusikgruppe; *Main~; Top~* **2** Liveauftritt einer Band; *Live~* [engl., »Akt, (Programm-)Nummer«]

Ac|ta ⟨Pl.; Sing.: Actum; im antiken Rom⟩ **1** schriftl. fixierte Amtshandlungen, Verordnungen, Protokolle, Tagesberichte, Akten **2** ⟨Theol.⟩ **2.1** *~ Apostolorum* die Apostelgeschichte des NT **2.2** *~ Sanctorum* Sammlung von Berichten u. Legenden über christl. Heilige [< lat. *acta*, Pl. zu *actus* »Handlung, Tat«; *apostolorum*, Gen. Pl. zu *apostolus* »Apostel«; *sanctorum*, Gen. Pl. zu *sanctus* »Heiliger«]

Ac|tin ⟨n.; -s, -e; Biochemie⟩ = Aktin

Ac|ting|ma|na|ger ⟨[æktɪŋmænɪdʒə(r)] m.; -s, -; im amerikan. Theat.⟩ Organisator, Leiter einer Tournee [< engl. *acting* »Darstellung, Schauspielerei« + *Manager*]

Ac|ting-out *auch:* **Ac|ting|out** ⟨[æktɪŋaʊt] n.; - od. -s, -s⟩ Abreagieren (von Aggressionen o. Ä.) [engl.]

Ac|ti|ni|den ⟨Pl.; veraltet⟩ = Actinoide; *oV* Aktinoide

Ac|ti|ni|um ⟨n.; -s; unz.; chem. Zeichen: Ac⟩ radioaktives chemisches Element, Ordnungszahl 89; *oV* Aktinium [neulat. < grch. *aktinos* »Strahl«]

Ac|ti|no|ide ⟨Pl.; Sammelbez. für⟩ die im Periodensystem der chem. Elemente auf das Actinium folgenden Elemente mit den Ordnungszahlen 90-103, alle radioaktiv, zum Teil nur künstlich herstellbar; *oV* Aktinoide; *Sy* Actiniden, Aktiniden

Ac|tion ⟨[ækʃn] f.; -; unz.; Film⟩ (Film-)Handlung, in der Ereignisse rasch aufeinander abfolgen [engl.]

Ac|tion di|rec|te ⟨[aksjɔ̃: dirɛkt] f.; - -; unz.⟩ (bis in die 1960er Jahre aktive) links gerichtete terroristische Vereinigung in Frankreich [frz., eigtl. »unmittelbare Handlung«]

Ac|tion|film ⟨[ækʃn-] m.; -s, -e⟩ Spielfilm, meist Kriminalfilm, mit spannungs- u. abwechslungsreicher Handlung u. wenig Dialog [< engl. *action* »Handlung«]

Ac|tion|pain|ting ⟨[ækʃnpeɪntɪŋ] n.; - od. -s; unz.⟩ moderne Richtung innerhalb der amerikanischen abstrakten Malerei, in der der physische Schaffensprozess sichtbar wird [engl., »Aktionsmalerei«]

Ac|tion|thril|ler ⟨[ækʃnθrɪlə(r)] m.; -s, -⟩ Thriller (Buch od. bes. Film) mit abwechslungsreicher, turbulenter Handlung [engl.]

Ac|tor ⟨[æktə(r)] m.; -s, -s⟩ Darsteller, Schauspieler [engl.]

Ac|tress *auch:* **Act|ress** ⟨[æktrəs] f.; -, -es [-sɪz]⟩ Darstellerin, Schauspielerin [engl.]

a|cy|clisch *auch:* **a|cyc|lisch** ⟨Adj.⟩ *~e Verbindungen* = aliphatische Verbindungen

ad ⟨Präp.⟩ zu; →*a.* ad acta [lat.]

Ad ⟨[æd] n.; -s, -s; umg.; salopp; kurz für⟩ Advertisement [engl.]

AD ⟨m.; -s, -s; Abk. für engl.⟩ Artdirector

a d. ⟨Abk. für lat.⟩ a dato

ad..., Ad... ⟨vor f⟩ af..., Af..., ⟨vor g⟩ ag..., Ag..., ⟨vor k (eingedeutscht)⟩ ak..., Ak..., ⟨vor l⟩ al..., Al..., ⟨vor n⟩ an..., An..., ⟨vor p⟩ ap..., Ap..., ⟨vor r⟩ ar..., Ar..., ⟨vor s⟩ as..., As..., ⟨vor t⟩ at..., At... ⟨Vorsilbe⟩ an, zu, heran [lat.]

a. D. ⟨Abk. für⟩ außer Dienst (hinter den Namen von Beamten od. Offizieren)

A. D. ⟨Abk. für⟩ Anno Domini (im Jahre des Herrn)

ADA, A|da ⟨f.; -; unz.; EDV⟩ eine von Pascal abgeleitete Programmiersprache [nach Augusta *Ada* Byron, 1815-1852]

ad ab|sur|dum *eine Behauptung ~ führen* jmdm. die Unsinnigkeit einer Behauptung beweisen, indem man ihm ihre (unmöglichen) Folgen vor Augen führt

23

ad acta

u. sie dadurch lächerlich macht [lat., »zur Untauglichkeit (führen)«]

ad ac|ta ⟨Abk.: a. a.⟩ zu den Akten; *etwas ~ legen* ⟨fig.⟩ als erledigt betrachten, weglegen [lat.; → *Acta*]

a|da|gio ⟨[-dʒo:] Adj.; Musik⟩ langsam, ruhig (zu spielen) [ital.]

a|da|gis|si|mo ⟨[-dʒɪs-] Musik⟩ sehr langsam (zu spielen)

A|dak|ty|lie ⟨f.; -; unz.; Med.⟩ angeborenes Fehlen von Fingern od. Zehen [<*A...*[1] + grch. *daktylos* »Finger«]

A|da|man|ti|nom ⟨n.; -s, -e; Med.⟩ von den schmelzbildenden Zellen ausgehende Kiefergeschwulst [zu grch. *adamantinos* »stählern, fest, hart«]

A|da|mit ⟨m.; -en, -en; Rel.⟩ Angehöriger einer religiösen Sekte im 2. Jh., die den paradiesischen Zustand des Menschen wiederherstellen wollte u. angeblich nackt zu den Gottesdiensten erschien [nach *Adam*, dem ersten Menschen nach biblischer Überlieferung]

♦ Die Buchstabenfolge **ad|ap...** kann auch **a|dap...** getrennt werden.

♦ **ad|ap|ta|bel** ⟨Adj.⟩ passend, Anpassungsvermögen besitzend; *adaptables Verhalten*

♦ **Ad|ap|ta|bi|li|tät** ⟨f.; -, -en⟩ Anpassungsvermögen [→ *adaptieren*]

♦ **Ad|ap|ta|ti|on** ⟨f.; -, -en⟩ **1** Anpassung(svermögen) an Umweltverhältnisse **2** Anpassung von Sinnesorganen an äußere Reize; *Sy* Adaption; *~ des Auges an Licht* [→ *adaptieren*]

♦ **Ad|ap|ta|ti|ons|syn|drom** ⟨n.; -s, -e⟩ Gesamtheit aller unspezifischen Reaktionen des Organismus auf Stress, Anpassungssyndrom

♦ **Ad|ap|ter** ⟨m.; -s, -⟩ Vorrichtung, um elektrische Geräte an eine von der Betriebsspannung abweichende Netzspannung anschließen zu können sowie zum Koppeln mehrerer Geräte mit unterschiedl. Betriebsspannung [engl., »Verbindungsstück«]

♦ **ad|ap|tie|ren** ⟨V.⟩ **1** anpassen; *an die Umwelt ~* **2** (österr.) herrichten; *eine Wohnung ~* [<lat. *adaptare* »anpassen«]

♦ **Ad|ap|ti|on** ⟨f.; -, -en⟩ = Adaptation

♦ **Ad|ap|ti|ons|po|ten|ti|al** ⟨n.; -s, -e⟩ = Adaptionspotenzial

♦ **Ad|ap|ti|ons|po|ten|zi|al** ⟨n.; -s, -e⟩ Maß für das Vermögen eines Naturraumes, für den Menschen Lebensbedingungen zu bieten, denen er sich problemlos anpassen kann; *oV* Adaptionspotential; *Sy* Naturraumpotenzial

♦ **ad|ap|tiv** ⟨Adj.⟩ auf Adaptation beruhend

♦ Die Buchstabenfolge **ad|äqu...** kann auch **a|däqu...** getrennt werden.

♦ **Ad|äquanz** ⟨f.; -; unz.⟩ Angemessenheit, Üblichkeit (einer Verhaltensweise) [→ *adäquat*]

♦ **Ad|äquanz|theo|rie** ⟨f.; -; unz.; Rechtsw.⟩ Theorie zur Bestimmung der Schadensersatzpflicht, wenn die Entstehung eines Schadens unter generellen (u. nicht unter besonderen) Umständen verursacht wird; →*a.* Äquivalenztheorie (1)

♦ **ad|äquat** ⟨Adj.⟩ angemessen, entsprechend; *Ggs* inadäquat [<lat. *adaequatus* »gleich gemacht«; zu *adaequare*]

♦ **Ad|äquat|heit** ⟨f.; -; unz.⟩ adäquate Beschaffenheit

♦ **Ad|äqua|ti|on** ⟨f.; -, -en⟩ **1** (veraltet) Angleichung, Anpassung **2** Übertragung sozialwissenschaftlicher Begriffe in statistische Größen

a da|to ⟨Abk.: a d.; auf Wechseln⟩ vom Tag (der Ausstellung) an [lat. »vom gegebenen (Tag) an« <*a* »von, von her« + *dare* »geben«]

Ad|bus|ting ⟨[ædbʌstɪŋ] n.; - od. -s, -s⟩ das Verfremden von Markenzeichen u. Werbung, z. B. indem ein Logo mit einem anderen Namen versehen wird [verkürzt <*Ad*vertising + engl. *bust* »kaputt machen«]

ad ca|len|das grae|cas bis zu den griechischen Kalenden, bis zu einem niemals eintretenden Zeitpunkt; *etwas ~ verschieben*

etwas verschieben, um es niemals zu tun [<lat. *calendae*, die römische Benennung der ersten Monatstage; die Griechen hatten keine Kalenden]

Ad-Click ⟨[ædklɪk] m.; -s, -s; EDV⟩ Anklicken eines Werbebanners bzw. -links od einer Webseite [verkürzt <*Ad*vertising + engl. *click* »klicken, ticken«]

Ad|cock|an|ten|ne *auch:* **Ad|cock-An|ten|ne** ⟨[ædkɔk-] f.; -, -n⟩ Antenne zur Funkpeilung [nach dem engl. Erfinder F. *Adcock*]

ADD 1 ⟨Abk. für⟩ analog aufgenommen, digital abgemischt u. digital abgespielt (bei CDs); →*a.* AAD, DDD **2** ⟨Psych.; Abk. für engl.⟩ Attention Deficit Disorder (Aufmerksamkeitsdefizitstörung)

Ad|ded Va|lues ⟨[ædɪd væljuːz] Pl.; Wirtsch.⟩ zusätzliche Dienstleistungen, zusätzliche Produktnutzung (um höhere Umsätze zu erzielen) [engl.; *add* »hinzufügen« + *value* »Wert, Nutzen«]

ad|den ⟨[ædən] V.; umg.; salopp⟩ hinzufügen; *Termine im Kalender ~* [<engl. *add*]

Ad|dend ⟨m.; -en, -en⟩ = Summand [<lat. *addendum* »was hinzugefügt werden muss«; zu *addere* »hinzufügen«]

Ad|den|dum ⟨n.; -s, -da⟩ Nachtrag, Zusatz, Ergänzung [<lat. *addendus*; → *Addend*]

Ad|di|bi|li|tät ⟨f.; -; unz.⟩ Vermehrbarkeit [→ *Addition*]

ad|die|ren ⟨V.⟩ **1** hinzufügen, dazugeben **2** zusammenzählen; *Zahlen, Summen, Belege ~* [<lat. *addere* »hinzufügen«]

Ad|dik|ti|on ⟨f.; -; unz., Psych.⟩ Sucht, Drogenabhängigkeit [<engl. *addiction* <lat. *addictio* »Zuerkennung, Preisgabe«]

ad|dik|tiv ⟨Adj.; geh.⟩ süchtig machend, Sucht erzeugend; *~e Medikamente* [zu engl. *addictive*; zu lat. *addicere* »zusprechen, zuerkennen; preisgeben«]

Ad|ding-up-Theo|rem ⟨[ædɪŋ-] n.; -s; unz.; Wirtsch.⟩ gewinnloses Produktionsverfahren, bei dem die Produktionskosten dem Gesamterlös entsprechen,

Euler'sches Theorem [zu engl. *add-up* »zusammenzählen«]

ad|dio ⟨Grußwort⟩ adieu, auf Wiedersehen [ital.]

Ad|di|ta|men|tum ⟨n.; -s, -men|ta; Buchw.⟩ Anhang, Ergänzung [lat., »Zugabe, Zusatz«]

Ad|di|ti|on ⟨f.; -, -en⟩ **1** das Addieren, Zusammenzählen **2** Ergebnis des Addierens [<lat. *additio* »Hinzufügen, Zusammenzählung«]

ad|di|ti|o|nal ⟨Adj.⟩ zusätzlich, nachträglich [→ *Addition*]

Ad|di|ti|ons|al|go|rith|mus ⟨m.; -, -men; Math.⟩ Vorschrift zur Addition von Zahlen (im Dualsystem)

ad|di|tiv ⟨Adj.⟩ auf Addition beruhend; *~e Gesamtschule* Typ der Gesamtschule, bei dem verschiedene, nebeneinander bestehende Schularten in gemeinsamen Gebäuden untergebracht sind; *Sy* kooperative Gesamtschule; *Ggs* integrative Gesamtschule

Ad|di|tiv ⟨n.; -s, -e [-və]⟩ Zusatz, der die gewünschte Eigenschaft eines chem. Stoffes wesentlich verbessert, z. B. zur Steigerung der Oktanzahl bei Treibstoffen

ad|di|zie|ren ⟨V.⟩ zuerkennen, zusprechen, zuschreiben; *ein Gemälde, das keine Signatur trägt, einem Maler ~* [<lat. *addicere*]

Add-on ⟨[ˈædɔn] n.; - od. -s, -s; EDV⟩ Erweiterung eines Systems od. Hilfsprogramms, z. B. Bildschirmkarten [engl., »Zusatz«]

Ad|duk|ti|on ⟨f.; -; unz.⟩ das Anziehen, Anlegen von Gliedmaßen, bewegl. Körperteilen an den Körper [zu lat. *adducere* »heranführen«]

Ad|duk|tor ⟨m.; -s, -to|ren; Anat.⟩ an den Körper heranziehender Muskel, Schließmuskel [zu lat. *adducere* »heranführen«]

ad|du|zie|ren ⟨V.⟩ anziehen, heranziehen [<lat. *adducere*]

ade ⟨volkstüml. Form von⟩ adieu, leb wohl; *jmdm. ~/Ade sagen* [<mhd. *ade* <frz. *adé* <lat. *ad Deum* »ich empfehle (dich) Gott«]

A|de ⟨n.; -s, -s⟩ Abschieds-, Lebewohlgruß; *jmdm. ein ~ zurufen, zuwinken*

A|del|phie ⟨f.; -, -n; Bot.⟩ Verwachsung von Staubblättern bei Blütenpflanzen zu Bündeln [<grch. *adelphos* »Bruder«]

A|del|pho|ga|mie ⟨f.; -, -n⟩ **1** ⟨Bot.⟩ Bestäubung zwischen zwei aus einer gemeinsamen Mutterpflanze hervorgegangenen Geschwisterpflanzen **2** Geschwisterehe, eine Form der Inzucht bei manchen Ameisen- u. Termitenarten [<grch. *adelphos* »Bruder« + ...*gamie*]

A|del|pho|kar|pie ⟨f.; -, -n; Bot.⟩ Fruchtbildung durch Adelphogamie [<grch. *adelphos* »Bruder« + *karpos* »Frucht«]

A|de|nin ⟨n.; -s, -e; Biochemie⟩ Purinbase, wichtiger Baustein von Nukleinsäuren, wichtig für die Thymin [<grch. *aden* »Drüse«]

A|de|ni|tis ⟨f.; -, -ti|den; Med.⟩ Lymphknotenentzündung [<grch. *aden* »Drüse«]

a|de|no..., **A|de|no...** ⟨in Zus.⟩ drüsen..., Drüsen... [→ *Adenom*]

A|de|no|ge|ne|sis ⟨f.; -; unz.; Med.⟩ Drüsenbildung [<*Adeno...* + *Genesis*]

A|de|no|hy|po|phy|se ⟨f.; -, -n; Anat.⟩ Vorderlappen der Hypophyse

a|de|no|id ⟨Adj.⟩ drüsenähnlich, lymphknotenähnlich [→ *Adenom*]

A|de|no|id|kar|zi|nom ⟨n.; -s, -e; Med.⟩ mit drüsenartiger Struktur wachsendes Karzinom (Krebs) [<*Adeno...* + *Karzinom*]

A|de|nom ⟨n.; -s, -e; Med.⟩ gutartige Geschwulst, die ihren Ursprung in der Drüsengewebe hat; *oV* Adenoma [<grch. *aden* »Drüse«]

A|de|no|ma ⟨n.; -s, -ta; Med.⟩ = Adenom

a|de|no|ma|tös ⟨Adj.; Med.⟩ adenomartig

A|de|no|sin ⟨n.; -s; unz.; Biochemie⟩ Baustein der Ribonucleinsäure, wirkt als Pharmazeutikum gefäßerweiternd [→ *Adenom*]

A|de|no|sin|tri|phos|phat ⟨n.; -s; unz.; Abk.: ATP; Biochemie⟩ Nucleosid, aufgebaut aus Adenin, Ribose u. 3 Molekülen Phosphorsäure, eine Speicherform von Energie in der Zelle [<*Adeno...* + grch. *tria* »drei« + *Phosphat*]

A|de|no|to|mie ⟨f.; -; unz.; Med.⟩ operative Entfernung der vergrößerten Rachenmandel [<*Adeno...* +...*tomie*]

A|de|no|virus ⟨[-viː-] m.; -, -vi|ren [-viː-]⟩ Erreger von Halsentzündungen [<*Adeno...* + *Virus*]

Ad|ept *auch:* **Ad|ept** ⟨m.; -en, -en⟩ **1** Meister seines Fachs, Eingeweihter **2** dessen Jünger, Schüler, Gehilfe [<lat. *adeptus* »wer etwas erreicht hat«, Part. Perf. zu *adipisci* »erreichen«]

A|der|min ⟨n.; -s; unz.; Biochemie⟩ Vitamin B₆, hauptsächlich in der Hefe vorkommend, notwendig für den Stoffwechsel von Aminosäuren

A|des|po|ta ⟨Pl.⟩ Schriften unbekannter Verfasser [<*A...*¹ + grch. *despotes* »Herr«]

A|des|siv ⟨m.; -s, -e [-və]; Sprachw.⟩ Kasus (in den finnisch-ugrischen Sprachen), der ausdrückt, woran od. wobei sich jmd. od. etwas befindet [<lat. *adesse* »da, vorhanden sein«]

à deux mains ⟨[a dø mɛ̃:] Musik⟩ zweihändig (zu spielen) [frz., »mit beiden Händen«]

Ad|hä|rens ⟨n.; -, -ren|ti|en⟩ Anhaftendes, Zubehör [<lat. *adhaerens*, Part. Präs. zu *adhaerere* »anhangen, anhaften«]

ad|hä|rent ⟨Adj.⟩ anhaftend, aneinander hängend

Ad|hä|renz ⟨f.; -, -en⟩ das Anhangen, Anhänglichkeit [→ *adhärieren*]

ad|hä|rie|ren ⟨V.⟩ **1** anhangen, anhaften **2** zustimmen [<lat. *adhaerere* »anhangen, anhaften«]

Ad|hä|si|on ⟨f.; -, -en⟩ **1** Beitritt, Mitgliedschaft **2** ⟨Med.⟩ Verwachsung zweier Organe miteinander **3** ⟨Physik⟩ das Haften verschiedener flüssiger u. fester Stoffe aneinander, z. B. Kreide an der Tafel, Wasser an der Tasse [<lat. *adhaesio* »das Anhängen, Anhaften«]

Ad|hä|si|ons|klau|sel ⟨f.; -, -n⟩ Zusatzklausel in einem Völkervertrag, nach der weitere Staaten dem Vertrag beitreten können

ad|hä|siv ⟨Adj.⟩ haftend, anklebend, auf Adhäsion beruhend [→ *adhärieren*]

ad hoc

ad hoc eigens zu diesem Zweck, hierfür [lat., »für dieses«]
Ad-hoc-Pu|bli|zi|tät auch: **Ad-hoc-Pub|li|zi|tät** ⟨f.; -; unz.; Börse⟩ Verpflichtung von Aktiengesellschaften, Informationen, die eine Änderung des Börsenkurses verursachen könnten (z. B. Übernahmeangebote, Abweichungen vom wirtschaftlichen Gesamtergebnis einer Aktiengesellschaft), unverzüglich bekannt zu machen
Ad|ho|cra|cy ⟨[ædhɔkrəsı] f.; -, -s; Wirtsch.⟩ anpassungsfähige Organisationsform, die nur ein Minimum an hierarchischen Strukturen beinhaltet [engl.; → *ad hoc*]
ad|hor|ta|tiv ⟨Adj.⟩ ermahnend, auffordernd [zu lat. *adhortari* »ermahnen«]
Ad|hor|ta|tiv ⟨m.; -s, -e [-və]; Gramm.⟩ Imperativ der 1. Person Plural, z. B. »fangen wir an!«
ADI ⟨Abk. für engl.⟩ Acceptable Daily Intake (duldbare tägliche Aufnahme), Menge eines Fremdstoffes, die bei täglicher Aufnahme während des ganzen Lebens kein erkennbares Risiko darstellt
A|dia|ba|te ⟨f.; -, -n⟩ Kurve, die das Verhalten einer abgeschlossenen Gasmenge hinsichtlich Druck u. Volumen beschreibt, wenn kein Wärmeaustausch mit der Umgebung stattfindet [<*A*...¹ + grch. *diabasis* »Übergang, Durchgang«]
a|dia|ba|tisch ⟨Adj.⟩ ohne Wärmeaustausch mit der Umgebung verlaufend [<*a*...¹ + grch. *diabainein* »hindurch-, hinübergehen«]
A|dia|fon ⟨n.; -s, -e; Musik⟩ = Adiaphon
A|dia|phon ⟨n.; -s, -e; Musik; früher⟩ Tasteninstrument, bei dem Stimmgabeln anstelle von Saiten angeschlagen werden; oV Adiafon
A|dia|pho|ron ⟨n.; -s, -phora⟩ (vom sittl. Standpunkt aus) Gleichgültiges, Erlaubtes, Belangloses, weder Gutes noch Böses [<*A*...¹ + grch. *diaphoros* »verschieden«]
a|dieu ⟨[adjøː]⟩ Grußwort] lebe wohl!, auf Wiedersehen!; *jmdm.*

~/*Adieu sagen* [<frz. *à Dieu* »Gott befohlen«; → *ade*]
A|dieu ⟨[adjøː] n.; -s, -s⟩ Lebewohl-, Abschiedsgruß; *jmdm. ein* ~ *zurufen, zuwinken*
Ä|di|ku|la ⟨f.; -, -ku|lä⟩ 1 kleine Kapelle 2 ⟨in Kirchen⟩ Nische für Standbilder, Sarkophage [<lat. *aedes* »Haus, Tempel«]
Ä|dil ⟨m.; -en od. -s, -en⟩ altrömischer hoher Polizeibeamter, dem Polizeiaufsicht, Lebensmittelversorgung u. Ausrichtung der öffentl. Spiele oblagen [<lat. *aedilis*]
ad in|fi|ni|tum bis ins Unendliche, unaufhörlich; *und so weiter* ~; *Sy* in infinitum [lat., »bis ins Grenzenlose, Unendliche«]
a|di|pös ⟨Adj.⟩ ⟨tierisches⟩ Fett enthaltend, fettreich
A|di|po|si|tas ⟨f.; -; unz.⟩ Fettleibigkeit, Fettsucht [<lat. *adepas*, Gen. *adipis* »Fett«]
A|dip|sie ⟨f.; -, -n; Med.⟩ Abneigung zu trinken [<*A*...¹ + grch. *dipsa* »Durst«]
A|di|tiv ⟨m.; -s, -e [-və]; Sprachw.⟩ Kasus, der die Bewegungsrichtung anzeigt [<lat. *aditus* »Annäherung«]
Ad|jek|tiv ⟨n.; -s, -e [-və]; Gramm.⟩ Wortart, die ein Substantiv od. Verb näher bestimmt u. meist dekliniert werden kann, Eigenschaftswort [<lat. *adiectio* »Hinzufügung«]
ad|jek|ti|vie|ren ⟨[-viː-] V.; Gramm.⟩ *ein Substantiv od. Verb* ~ zu einem Adjektiv machen, z. B. Wind - windig
Ad|jek|ti|vie|rung ⟨[-viː-] f.; -, -en; Gramm.⟩ das Adjektivieren
ad|jek|ti|visch ⟨Adj.⟩ das Adjektiv betreffend, als Adjektiv verwendet; ~*e Form;* ~*er Gebrauch; ein Wort* ~ *gebrauchen*
Ad|ju|di|ka|ti|on ⟨f.; -, -en⟩ das Adjudizieren, Zuerkennen
ad|ju|di|ka|tiv ⟨Adj.⟩ zuerkennend
ad|ju|di|zie|ren ⟨V.⟩ zuerkennen [<lat. *adiudicare* »richterlich zuerkennen«]
Ad|junkt ⟨m.; -en, -en⟩ Helfer, Amtsgehilfe [<lat. *adiunctus*, Part. Perf. zu *adiungere* »an-, hinzufügen«]
Ad|junk|ti|on ⟨f.; -, -en⟩ 1 = Disjunktion (3) 2 ⟨Math.⟩ Hinzufügung
Ad|jus|ta|ble|peg auch: **Ad|jus|tab|le Peg** ⟨[ədʒʌstəbl-] m.; (-) -s,

(-) -s⟩ stufenweise Regulierung der Währungsparität [<engl. *adjustable* »verstellbar, variabel« + *peg* »Pflock, Haken«]
Ad|jus|ta|ge ⟨[-ʒ(ə)] f.; -, -n; Technik⟩ 1 Einrichtung, Einstellung einer Maschine od. eines Werkzeuges 2 Abteilung in einem Walzwerk, in der Bleche bearbeitet werden [→ *adjustieren*]
ad|jus|tie|ren ⟨V.⟩ 1 anpassen, zurichten 2 ⟨Technik⟩ eichen, berichtigen 3 ⟨österr.⟩ ausrüsten, mit Dienstkleidung versehen [<*ad*... + *justieren*]
Ad|jus|tie|rung ⟨f.; -, -en⟩ 1 das Adjustieren, Anpassung, Zurichtung 2 Eichung, Berichtigung 3 ⟨österr.⟩ Dienstkleidung, Uniform
Ad|just|ment ⟨[ədʒʌstmənt] n.; -s; unz.; Psych.⟩ Anpassung [engl.]
Ad|ju|tant ⟨m.; -en, -en⟩ 1 einem höheren Offizier beigeordneter Offizier, Helfer des Kommandeurs; *er ist mein persönlicher* ~ 2 ⟨schweiz.⟩ Kompaniefeldwebel [<lat. *adiutans*, Part. Präs. zu *adiutare* »helfen, unterstützen«]
Ad|ju|tan|tur ⟨f.; -, -en⟩ Amt des Adjutanten
Ad|ju|tor ⟨m.; -s, -to|ren⟩ Helfer, Gehilfe [lat.]
Ad|ju|tum ⟨n.; -s, -ten⟩ Zuschuss, Beihilfe [<lat. *adiuvare* »helfen«]
Ad|ju|vans ⟨[-vans] n.; -, -van|tia od. -van|zi|en⟩ die Wirkung verstärkender bzw. unterstützender Zusatz zu einer Arznei [<lat. *adiuvare* »helfen, unterstützen«]
ad l. ⟨Abk. für⟩ ad libitum
Ad|la|tus ⟨m.; -, -od. -ten⟩ 1 Beistand, Helfer 2 Amtsgehilfe [<lat. *ad latus* »zur Seite, zur Hilfe« (stehend)]
ad lib. ⟨Abk. für lat.⟩ ad libitum
ad li|bi|tum ⟨Abk.: ad l., ad. lib.⟩ 1 ⟨allg.⟩ nach Belieben 2 ⟨Musik⟩ nach Belieben zu benutzen od. wegzulassen (bzgl. eines Instruments); *Ggs* obligat (2)
Ad-li|bi|tum-Be|set|zung ⟨f.; -, -en; Musik⟩ Besetzung, bei der ein Instrument nach Belieben benutzt od. weggelassen werden kann [lat.]

ad majorem dei gloriam ⟨[-de:i-]⟩ Abk.: A. M. D. G.⟩ zur höheren Ehre Gottes (Wahlspruch der Jesuiten) [lat.]

Ad|mi|nis|tra|ti|on ⟨f.; -, -en⟩ Verwaltung, Verwaltungsbehörde [<lat. *administratio* »Leitung, Verwaltung«]

ad|mi|nis|tra|tiv *auch:* **Ad|mi|nist|ra|tiv** ⟨Adj.⟩ zur Verwaltung gehörend, auf dem Verwaltungswege [→ *administrieren*]

Ad|mi|nis|tra|tor *auch:* **Ad|mi|nist|ra|tor** ⟨m.; -s, -to|ren⟩ Verwalter, Vertreter, Bevollmächtigter [lat., »Leiter, Verwalter«]

ad|mi|nis|trie|ren *auch:* **ad|mi|nist|rie|ren** ⟨V.⟩ **1** verwalten, anordnen **2** *das Sakrament* ~ austeilen, spenden [<lat. *administrare* »leiten, verwalten«]

ad|mi|ra|bel ⟨Adj.; veraltet⟩ bewundernswert; *ein admirables Verhalten* [<lat. *admirabilis*]

Ad|mi|ral ⟨m.; -s, -e od. (österr.) -rä|le⟩ **1** Offizier der Seestreitkräfte im Generalsrang **2** Tagesschmetterling mit rotem Band u. weißen Flecken auf schwarzen Flügeln **3** ⟨Kochk.⟩ Rotwein mit Vanille (od. anderen Gewürzen) erhitzt u. mit Eigelb verquirlt [<arab. *amir al bahr* »Fürst, Befehlshaber auf dem Meere«]

Ad|mi|ra|li|tät ⟨f.; -, -en⟩ Gesamtheit der Admirale, Marineleitung

Ad|mi|ral|stab ⟨m.; -s, -stä|be⟩ oberste Leitung der Seestreitkräfte

Ad|mis|si|on ⟨f.; -, -en⟩ Zulassung, Zutritt [<lat. *admissio*]

Ad|mit|tanz ⟨f.; -, -en; Physik⟩ Kehrwert des komplexen Wechselstromwiderstandes [zu lat. *admittere* »zulassen«]

ad|mo|nie|ren ⟨V.; veraltet⟩ ermahnen, verwarnen [<lat. *admonere* »ermahnen«]

Ad|mo|ni|ti|on ⟨f.; -, -en; veraltet⟩ Ermahnung, Verwarnung [<lat. *admonitio*]

Ad|nek|to|mie ⟨f.; -, -n; Med.⟩ = Adnexektomie

Ad|nex ⟨m.; -es, -e⟩ **1** Anhang **2** ⟨Anat.⟩ Eierstock u. Eileiter der Frau, als Anhängsel der Gebärmutter [<lat. *adnexus* »Verbindung«]

Ad|nex|ek|to|mie ⟨f.; -, -n; Med.⟩ operative Entfernung der Eileiter u. Eierstöcke; *Sy* Adnektomie [<*Adnex* + *Ektomie*]

Ad|ne|xi|tis ⟨f.; -, -ti|den; Med.⟩ Entzündung des Adnexes (2)

ad|no|mi|nal ⟨Adj.; Gramm.⟩ ~*es Wort,* ~*es Attribut,* ~*er Kasus* zu einem Nomen gehörig; ~*er Ausdruck* einem Nomen entsprechend [<*ad…* + *nominal*]

ad no|tam *etwas* ~ *nehmen* zur Kenntnis nehmen, vormerken, beachten [lat., »zum Kennzeichen«]

ad o|cu|los *etwas* ~ *demonstrieren* vor Augen führen, durch Augenschein beweisen [lat., »vor Augen«]

a|do|les|zent ⟨Adj.⟩ in der Adoleszenz stehend, im Heranwachsen begriffen, im jugendl. Alter stehend [→ *Adoleszenz*]

A|do|les|zent ⟨m.; -en, -en⟩ Jugendlicher, Heranwachsender

A|do|les|zenz ⟨f.; -; unz.⟩ Jugendalter [<lat. *adolescentia* »Jünglingsalter, Jugend«]

a|do|les|zie|ren ⟨V.⟩ heranwachsen [<lat. *adolescere*]

A|do|nai ⟨m.; -; unz.; Bibel⟩ mein Herr (Anrede Gottes im AT) [hebr., eigtl. »meine Herren«]

A|do|nis ⟨m.; -, -se⟩ schöner Jüngling, schöner Mann; *er ist ein* ~ [nach *Adonis*, dem schönen Jüngling aus der grch. Sage]

a|do|nisch ⟨Adj.⟩ **1** schön (wie Adonis) **2** ~*er Vers* altes griechisches Versmaß aus Daktylus u. Trochäus; *Sy* Adonius

A|do|nis|rös|chen ⟨n.; -s, -; Bot.⟩ Angehöriger einer Gattung der Hahnenfußgewächse

A|do|ni|us ⟨m.; -; unz.⟩ = adonischer Vers

♦ Die Buchstabenfolge **a|dop…** kann auch **ad|op…** getrennt werden.

♦ **ad|op|tie|ren** ⟨V.⟩ **1** sich aneignen **2** *ein Kind* ~ an Kindes statt annehmen [<lat. *adoptare* »als etwas annehmen«]

♦ **Ad|op|ti|on** ⟨f.; -, -en; allg.⟩ Aneignung **2** ~ *eines Kindes* Annahme an Kindes statt [<lat. *adoptio*]

♦ **ad|op|tiv** ⟨Adj.⟩ auf Adoption beruhend

♦ **Ad|op|tiv|el|tern** ⟨Pl.⟩ Eltern durch Adoption, Pflegeeltern

♦ **Ad|op|tiv|kind** ⟨n.; -(e)s, -er⟩ als Eigen angenommenes Kind

a|do|ra|bel *auch:* **a|dor|a|bel** ⟨Adj.; veraltet⟩ anbetungswürdig; *ein adorabler Roman* [<lat. *adorabilis*]

a|do|ral *auch:* **a|dor|al** ⟨Adj.; Med.⟩ zum Mund hin gelegen [<lat *ad* »zu« + *os*, Gen. *oris* »Mund«]

A|do|rant *auch:* **A|dor|ant** ⟨m.; -en, -en⟩ **1** Anbetender **2** anbetende, kniende Gestalt (in Kunstwerken) [<lat. *adorans*, Part. Präs. zu *adorare* »anbeten«]

A|do|ra|ti|on *auch:* **A|dor|a|ti|on** ⟨f.; -, -en⟩ Anbetung [<lat. *adoratio*]

a|do|rie|ren *auch:* **a|dor|ie|ren** ⟨V.⟩ anbeten [<lat. *adorare*]

ad re|fe|ren|dum ⟨f.⟩ zur Berichterstattung [lat., »zum Berichten«]

ad rem ⟨geh.⟩ zur Sache [lat.]

Ad-rem-Ver|fah|ren ⟨n.; -s; unz.⟩ Methode zur Analyse von Werbung u. Werbemitteln mit Hilfe von Testpersonen

♦ Die Buchstabenfolge **a|dr…** kann auch **ad|r…** getrennt werden.

♦ **a|dre|nal** ⟨Adj.; Med.⟩ zur Nebenniere gehörig [<lat. *ad* »zu« + *renes* »Nieren«]

♦ **A|dre|na|lin** ⟨n.; -s; unz.⟩ im Nebennierenmark gebildetes Hormon [<*Ad…* + lat. *renes* »Nieren«]

♦ **A|dre|nos|te|ron** *auch:* **A|dre|nos|te|ron** ⟨n.; -s; unz.⟩ Hormon der Nebennierenrinde [<*Ad…* + lat. *renes* »Nieren« + grch. *stereos* »starr, hart, fest«]

♦ **A|dres|sant** ⟨m.; -en, -en⟩ ~ *einer Postsendung* jmd., der eine Sendung adressiert, Absender [→ *Adresse*]

♦ **A|dres|san|tin** ⟨f.; -, -tin|nen⟩ weibl. Adressant

♦ **A|dres|sat** ⟨m.; -en, -en⟩ jmd., an den eine (Post-)Sendung adressiert ist, Empfänger [→ *Adresse*]

♦ **A|dres|sa|tin** ⟨f.; -, -tin|nen⟩ weibl. Adressat

♦ **A|dres|se** ⟨f.; -, -n⟩ **1** Anschrift, Namens- u. Wohnungsangabe;

A

per ~ ⟨auf Briefen; Abk.: p. A., p.adr.⟩ an die Anschrift (einer dritten Person), zu erreichen über; *Herrn Heinrich Schulze, p. A. Familie Müller* **2** schriftl. Kundgebung, Eingabe **3** Glückwunschschreiben; *eine* ~ *an jmdn. richten* **4** ⟨Gentechnik⟩ *chromosomale* ~ durch eine DNA-Sequenz markierte Stelle mit einmaligem Vorkommen im Genom **5** ⟨EDV⟩ Nummer eines bestimmten Speicherortes ud. -systems [< frz. *adresse* < lat. *ad* »zu« + mlat. *directiare* »richten, lenken«]

◆a|dres|sie|ren ⟨V.⟩ mit der Adresse, Anschrift versehen

◆a|drett ⟨Adj.⟩ hübsch u. zugleich nett, sauber; *ein ~es Mädchen;* ~ *angezogen sein* [< frz. *adroit* »geschickt« < lat. *ad* »zu« + *directus,* Part. Perf. zu *dirigere* »gerade richten«]

◆A|dria ⟨n.; - od. -s; unz.; Textilw.⟩ **1** hochwertiger Kammgarnstoff in Schrägbindung **2** Gewebe mit Ripsfigurierung in Diagonalrichtung [Kunstwort]

ADSL ⟨EDV; Abk. für engl.⟩ Asymmetric Digital Subscriber Line (asymmetrische digitale Übertragungsleitung), Verfahren zur schnellen Übertragung von digitalen Signalen über das Telefonnetz

Ad|sor|bens ⟨n.; -, -ben|tia od. -ben|zi|en⟩ Stoff, der einen anderen Stoff adsorbiert; *oV* Adsorber

Ad|sor|ber ⟨m.; -s, -⟩ = Adsorbens

ad|sor|bier|bar ⟨Adj.⟩ zur Adsorption fähig

ad|sor|bie|ren ⟨V.⟩ Gase oder gelöste Stoffe ~ auf der Oberfläche fester Stoffe verdichten, anlagern [< *ad...* + lat. *sorbere* »hinunterschlucken, in sich ziehen«]

Ad|sorp|ti|on ⟨f.; -, -en⟩ das Adsorbieren, das Adsorbiertwerden [→ *adsorbieren*]

Ad|sorp|ti|ons|ana|ly|se ⟨f.; -, -n; Chemie⟩ Analyse, die auf der unterschiedlichen Adsorbierbarkeit chemischer Verbindungen beruht

ad|sorp|tiv ⟨Adj.⟩ zur Adsorption fähig

Ad|sorp|tiv ⟨n.; -s, -e [-və]⟩ Stoff, der von einem anderen Stoff adsorbiert wird; →*a.* Adsorbens

Ad|strin|gens ⟨n.; -, -gen|zi|en od. -gen|tia⟩ zusammenziehendes, blutstillendes Heilmittel [lat., Part. Präs. zu *adstringere* »festbinden, zusammenziehen«]

ad|strin|gie|ren ⟨V.⟩ zusammenziehen [< lat. *adstringere* »festbinden, zusammenziehen«]

a due ⟨[-du:e] Musik⟩ in doppelter Besetzung (zu spielen); *Sy* due [ital., »zu zweit«]

A|du|lar ⟨m.; -s, -e; Min.⟩ reiner, weißer Feldspat, Halbedelstein [fälschl. nach dem Bergrücken *Adula* am St. Gotthard, wo er nicht vorkommt]

a|dult ⟨Adj.⟩ erwachsen, geschlechtsreif [< lat. *adultus,* Part. Perf. von *adolescere* »heranwachsen«]

A|dult ⟨[ædʌlt] m.; -s, -s⟩ Erwachsene(r) [engl.]

Adult-Edu|ca|tion *auch:* **A|dult-E|du|ca|tion** ⟨[ædʌltedjukeɪʃn] f.; -; unz.⟩ Erwachsenenbildung [engl.]

ad us. prop. ⟨Abk. für lat.⟩ ad usum proprium

ad u|sum ⟨geh.⟩ zum Gebrauch von...; ~ *Delphini,* in *usum Delphini* zum Gebrauch für den Schüler, (urspr.) zum Gebrauch des Dauphins, des französ. Kronprinzen; ~ *medici* zum ärztlichen Gebrauch (auf ärztlichen Rezepten); ~ *proprium* zum eigenen Gebrauch (auf ärztlichen Rezepten) [lat. *ad usum* »zum Gebrauch«; lat. *Delphini,* Gen. zu *Delphinus* »Dauphin«; lat. *medici,* Gen. zu *medicus* »Arzt«; lat. *proprium,* Neutrum von *proprius* »eigen«]

ad va|lo|rem ⟨[-va-]⟩ dem Werte nach [lat.]

Ad|van|tage ⟨[ədvɑːntɪdʒ] m.; -s, -s; Sport; Tennis⟩ Pluspunkt, Vorteil nach dem Einstand; →*a.* Deuce [engl., »Vorteil«]

Ad|vek|ti|on ⟨[-vɛk-] f.; -, -en⟩ die überwiegend horizontale Heranführung von Luftmassen; *Ggs* Konvektion (1) [< lat. *advectio* »das Heranbringen«]

ad|vek|tiv ⟨[-vɛk-] Adj.⟩ auf Advektion beruhend

Ad|vent ⟨[-vɛnt] m.; -(e)s, -e⟩ Zeit vor Weihnachten; *erster* ~ der erste der vier Sonntage vor Weihnachten, Beginn des Kirchenjahres [< lat. *adventus* »Ankunft«]

Ad|ven|tis|mus ⟨[-vɛn-] m.; -; unz.; Rel.⟩ Glaubenslehre der Adventisten

Ad|ven|tist ⟨[-vɛn-] m.; -en, -en; Rel.⟩ Angehöriger der evang. Freikirche der Adventisten, die die Wiederkunft Christi erwarten

Ad|ven|tis|tin ⟨[-vɛn-] f.; -, -tin|nen; Rel.⟩ weibl. Adventist

Ad|ven|tiv|knos|pe ⟨[-vɛn-] f.; -, -n; Bot.⟩ Nebenknospe an ungewöhnl. Stelle, z. B. am Stamm, am Blatt [zu lat. *advenire* »hinzukommen«]

Ad|ven|tiv|kra|ter ⟨[-vɛn-] m.; -s, -⟩ Nebenkrater

Ad|ven|tiv|wur|zel ⟨[-vɛn-] f.; -, -n; Bot.⟩ Nebenwurzel an ungewöhnl. Stelle, z. B. am Spross

Ad|verb ⟨[-vɛrb] n.; -s, -en od. -bi|en; Gramm.⟩ Wortart, die ein Adjektiv, Verb od. anderes Adverb genauer bestimmt, Umstandswort; *Sy* Adverbium [< lat. *adverbium* »Umstandswort«]

ad|ver|bi|al ⟨[-vɛr-] Adj.; Gramm.⟩ das Adverb betreffend, in der Art eines Adverbs, umstandswörtlich; *ein Wort* ~ *gebrauchen; oV* adverbiell

Ad|ver|bi|al|be|stim|mung ⟨[-vɛr-] f.; -, -en; Gramm.⟩ = Adverbiale

Ad|ver|bi|a|le ⟨[-vɛr-] n.; -s, -li|en; Gramm.⟩ Satzglied, das angibt, unter welchen Umständen (Ort, Zeit, Art u. Weise) ein im Satz ausgedrücktes Geschehen sich abspielt, Umstandsbestimmung; *Sy* Adverbialbestimmung, adverbielle Bestimmung

Ad|ver|bi|al|satz ⟨[-vɛr-] m.; -es, -sät|ze; Gramm.⟩ Nebensatz, der anstelle einer Adverbialbestimmung steht, Umstandssatz

ad|ver|bi|ell ⟨[-vɛr-] Adj.; Gramm.⟩ **1** = adverbial **2** ~*e Bestimmung* = Adverbiale

Ad|ver|bi|um ⟨[-vɛr-] n.; -s, -bi|en; veraltet⟩ = Adverb

Ad|ver|sa|ri|um ⟨[-vɛr-] n.; -s, -ri|en od. -ria⟩ unverarbeitete Aufzeichnung, Kladde [< lat. *adversaria* »Rechnungsbuch, Kladde«]

ad|ver|sa|tiv ⟨[-vɛr-] Adj.⟩ gegensätzlich, entgegensetzend, entgegenstellend [<lat. *adversus* »gegenüberstehend«]

Ad|ver|tain|ment ⟨[ədvətɛɪnmənt] n.; -s; unz.; TV⟩ auf Werbung ausgerichtete Art der Unterhaltung [engl.; gekürzt <*adver*tisement »Werbung« + enter*tainment* »Unterhaltung«]

Ad|ver|tise|ment ⟨[ədvœːtɪsmənt] od. [ædvətaɪs-] n.; -s, -s; Abk.: Ad⟩ Werbung, Anzeige, Inserat [engl.]

Ad|ver|ti|sing ⟨[ædvətaɪzɪŋ] n.; -s, -s⟩ **1** Werbung durch Anzeigen **2** Werbeindustrie [engl.]

Advertisingagency, Advertising Agency (*Getrennt- u. Zusammenschreibung*) Grundsätzlich gilt für aus Fremdsprachen entlehnte oder übernommene Komposita die im Deutschen übliche Zusammenschreibung. Verbindungen aus Adjektiv und Substantiv können jedoch auch entsprechend der Herkunftssprache getrennt geschrieben werden.

Ad|ver|ti|sing|agen|cy *auch:* **Ad|ver|ti|sing Agen|cy** ⟨[ædvətaɪzɪŋ ɛɪdʒənsɪ] f.; (-) -, (-) -s⟩ Werbeagentur [engl.]

Ad|ver|to|ri|al ⟨[ædvətɔrɪəl] n.; -s, -s⟩ Anzeige mit einem ausführlichen Werbetext, der in der Art eines informativen Zeitungsartikels verfasst ist [verkürzt <engl. *adver*tisement »Anzeige« + edi*torial* »Leitartikel, Redaktions...«]

Ad|vo|ca|tus Dei ⟨[-vo- deːi] m.; - -, -ca̱|ti -⟩ der die Anerkennung Betreibende im Heilig- od. Seligsprechungsprozess der kath. Kirche [lat., »Anwalt Gottes«]

Ad|vo|ca|tus Di|a|bo|li ⟨[-vo-] m.; - -, -ca̱|ti -⟩ **1** der die Bedenken geltend Machende im Heilig- od. Seligsprechungsprozess **2** ⟨fig.⟩ jmd., der (ohne Bedenken od. innere Teilnahme) eine schlechte Sache vertritt [lat., »Anwalt des Teufels«]

Ad|vokat ⟨[-vo-] m.; -en, -en; veraltet⟩ Anwalt, Rechtsanwalt [<lat. *advocatus* »der Herbeigerufene; Rechtsbeistand«]

Ad|vo|ka|tur ⟨[-vo-] f.; -, -en; veraltet⟩ **1** Stand, Amt eines Advokaten, Anwaltschaft **2** Kanzlei eines Advokaten

A|dy|na|man|drie *auch:* **A|dy|na|man|dri̱e** ⟨f.; -; unz.; Bot.⟩ Unfruchtbarkeit von Pollen auf der Narbe der eigenen Blüte [<*A...*¹ + grch. *dynamis* »Kraft« + *aner*, Gen. *andros* »Mann«]

A|dy|na|mie ⟨f.; -, -n⟩ Kraftlosigkeit [<*A...*¹ + grch. *dynamis* »Kraft«]

a|dy|na|misch ⟨Adj.⟩ auf Adynamie beruhend, kraftlos, schwach

A|dy|na|mo|gy|nie ⟨f.; -; unz.; Bot.⟩ Funktionsunfähigkeit der weiblichen Fortpflanzungsorgane von Blüten [<*A...*¹ + grch. *dynamis* »Kraft« + *gyne* »Weib«]

A|dy|na|ton ⟨n.; -s, -ta; Rhet.⟩ Form der Begriffsumschreibung durch den Vergleich mit einer offensichtlichen Unmöglichkeit [grch., »das Unmögliche«]

A|dy|ton ⟨n.; -s, -ta; in grch. u. röm. Tempeln⟩ das Allerheiligste [<*A...*¹ + grch. *dyein* »betreten«]

AE ⟨Abk. für⟩ astronomische Einheit

A|er|ä|mie *auch:* **A|er|ä|mi̱e** ⟨[aer-] f.; -, -n; Med.⟩ Bildung von Stickstoff im Blut [<grch. *aer* »Luft« + ...*ämie*]

A|er|en|chym *auch:* **A|er|en|chy̱m** ⟨[aer-] n.; -s, -e; Bot.⟩ Durchlüftungsgewebe der Wasserpflanzen [<*Aero...* + grch. *egchein* »eingießen, einfüllen«]

A|e|ri|al ⟨[ae-] n.; -s; unz.⟩ der freie Luftraum als Lebensraum der Landtiere

a|e|ro..., A|e|ro... ⟨[aeːro] od. [ɛːro] vor Vokalen⟩ aer..., Aer... ⟨in Zus.⟩ Luft, Gas [<lat. *aer* »Luft« <grch. *aer*]

a|e|rob ⟨[ae-] Adj.; Biol.⟩ mit Sauerstoff lebend; Ggs anaerob [<*aero...* + grch. *bios* »Leben«]

A|e|ro|bic ⟨[ɛ-] n.; -; unz.⟩ tänzerische Gymnastik [engl.; eigtl. »nur mit Sauerstoff lebensfähig«]

A|e|ro|bi|er ⟨[ae-] m.; -s, -⟩ von freiem Sauerstoff der Luft lebendes Lebewesen; *Sy* Aerobi-

ont; Ggs Anaerobier, Anaerobiont [<*Aero...* + grch. *bios* »Leben«]

A|e|ro|bi|o|lo|gie ⟨[ae-] f.; -; unz.⟩ Teilgebiet der Biologie, das sich mit der Erforschung der Mikroorganismen in der Atmosphäre befasst [<*Aero...* + *Biologie*]

A|e|ro|bi|ont ⟨[ae-] m.; -en, -en⟩ = Aerobier

A|e|ro|bi|os ⟨[ae-] m.; -; unz.⟩ Gesamtheit der Lebewesen des freien Luftraums [<*Aero...* + grch. *bios* »Leben«]

A|e|ro|bi|o|se ⟨[ae-] f.; -; unz.⟩ auf Luftsauerstoff angewiesene Lebensvorgänge; Ggs Anaerobiose [<*Aero...* + ...*biose*]

A|e|ro|bus ⟨m.; -busses, -busse⟩ Hubschrauber im Zubringerdienst [verkürzt <*Aero...* + Omni*bus*]

A|e|ro|drom ⟨[ae-] n.; -s, -e; veraltet⟩ Flugplatz [<*Aero...* + grch. *dromos* »Lauf«]

A|e|ro|dy|na|mik ⟨[ae-] f.; -; unz.⟩ Lehre von den strömenden Gasen u. den ihnen zugrunde liegenden Gesetzmäßigkeiten [<*Aero...* + grch. *dynamis* »Kraft«]

a|e|ro|dy|na|misch ⟨[ae-] Adj.⟩ die Aerodynamik betreffend, auf ihr beruhend; ~*er Widerstand* Widerstand, den ein bewegter Körper durch die ihn umströmende Luft erfährt, Luftwiderstand

A|e|ro|e|las|tik ⟨[ae-] f.; -; unz.⟩ = Aeroelastizität

A|e|ro|e|las|ti|zi|tät ⟨[ae-] f.; -; unz.⟩ Zweig der Mechanik, der sich mit dem Verhalten elastischer Bauteile gegenüber aerodynamischen Kräften (Flattern, Schwingen) bei Flugzeugen befasst; *Sy* Aeroelastik [<*Aero... + Elastizität*]

A|e|ro|fon ⟨[ae-] n.; -s, -e⟩ = Aerophon

A|e|ro|fo|to|gra|fie ⟨[ae-] f.; -; unz.⟩ **1** Luftbild **2** Luftbildwesen

A|e|ro|fo|to|gram|me|trie *auch:* **A|e|ro|fo|to|gram|me|tri̱e** ⟨[ae-] f.; -; unz.⟩ = Aerophotogrammetrie

a|e|ro|gen ⟨[ae-] Adj.⟩ **1** ⟨Biol.⟩ Gas bildend (bei Mikroorganismen) **2** ⟨Med.⟩ durch die Luft übertragen, z. B. bei Infek-

aerogen A

29

Aerokartograf

tionen [<*aero...* + grch. *gennan* »erzeugen«]

Ae|ro|kar|to|graf ⟨[ae-] m.; -en, -en⟩ = Aerokartograph

Ae|ro|kar|to|graph ⟨[ae-] m.; -en, -en⟩ Gerät, das Luftbildaufnahmen entzerrt u. so ihre kartographische Auswertung ermöglicht; *oV* Aerokartograf

Ae|ro|kli|ma|to|lo|gie ⟨[ae-] f.; -; unz.⟩ Klimatologie der freien Atmosphäre

Ae|ro|klub ⟨[ae-] m.; -s, -s; Sport⟩ Luftsportverein

Ae|ro|lith ⟨[ae-] m.; -en, -en⟩ = Meteorit [<*Aero...* + *...lith*]

Ae|ro|lo|gie ⟨[ae-] f.; -; unz.⟩ meteorolog. Erforschung der höheren, von den Bodenschichten unbeeinflussten Atmosphäre [<*Aero...* + *...logie*]

ae|ro|lo|gisch ⟨[ae-] Adj.⟩ die Aerologie betreffend, auf ihr beruhend

Ae|ro|me|cha|nik ⟨[ae-] f.; -; unz.⟩ Lehre von der Mechanik der Gase [<*Aero...* + *Mechanik*]

Ae|ro|me|di|zin ⟨[ae-] f.; -; unz.⟩ Teilgebiet der Medizin, das sich mit den physischen Einwirkungen der Luftfahrt auf den Organismus befasst

Ae|ro|me|ter ⟨[ae-] n.; -s, -⟩ Gerät zum Messen von Dichte u. Gewicht der Luft [<*Aero...* + *...meter*]

Ae|ro|naut ⟨[ae-] m.; -en, -en; veraltet⟩ Luftschiffer, Flieger [<*Aero...* + *...naut*]

Ae|ro|nau|tik ⟨[ae-] f.; -; unz.; veraltet⟩ Luftfahrt [<*Aero...* + *Nautik*]

ae|ro|nau|tisch ⟨[ae-] Adj.; veraltet⟩ die Aeronautik betreffend, auf ihr beruhend

Ae|ro|no|mie ⟨[ae-] f.; -; unz.⟩ Lehre von den elektr. Erscheinungen in der Ionosphäre u. der Exosphäre [<*Aero...* + *...nomie*]

Ae|ro|pha|gie ⟨[ae-] f.; -; unz.; Med.⟩ krankhaftes Schlucken von Luft [<*Aero...* + *...phagie*]

Ae|ro|phon ⟨[ae-] n.; -s, -e; Musik⟩ Musikinstrument, das durch Luft zum Tönen gebracht wird, z. B. Blasinstrument; *oV* Aerofon [<*Aero...* + grch. *phone* »Stimme«]

Ae|ro|phor ⟨[ae-] m.; -s, -e; Musik⟩ Gerät, mit dem Blasinstrumente unabhängig vom Atem gespielt werden können [<*Aero...* + *...phor*[r]]

Ae|ro|pho|to|gram|me|trie auch: **Ae|ro|pho|to|gram|met|rie** ⟨[ae-] f.; -; unz.⟩ Herstellung von Landkarten mit Hilfe von aus der Luft aufgenommenen Fotografien, Luftbildmessung; *oV* Aerofotogrammetrie

Ae|ro|phyt ⟨[ae-] m.; -en, -en; Bot.⟩ Pflanze, die auf einer anderen Pflanze (z. B. auf einem Baum) lebt [<*Aero...* + *...phyt*]

Ae|ro|sol® ⟨[ae-] n.; -s, -e⟩ kolloidal verteilte, unsichtbare, feste od. flüssige Schwebstoffe in Luft u. a. Gasen

Ae|ro|son|de ⟨[ae:-] f.; -, -n⟩ von einem Ballon in die oberen Schichten der Atmosphäre getragenes meteorolog. Messinstrument

Ae|ro|sphä|re auch: **Ae|ro|sphä|re** ⟨[ae-] f.; -; unz.⟩ Atmosphäre [<*Aero...* + *Sphäre*]

Ae|ro|stat ⟨[ae-] m.; -en, -en; veraltet⟩ Luftfahrzeug, das leichter als Luft ist [<*Aero...* + *...stat*]

Ae|ro|sta|tik ⟨[ae-] f.; -; unz.⟩ Lehre von den Gleichgewichtszuständen der Gase

ae|ro|sta|tisch ⟨[ae-] Adj.⟩ auf Aerostatik beruhend

Ae|ro|ta|xis ⟨[ae-] f.; -; unz.; Biol.⟩ durch Sauerstoff ausgelöste Taxie [<*Aero...* + *Taxie*]

ae|ro|therm ⟨[ae-] Adj.⟩ mit Hilfe von heißer Luft hergestellt, behandelt

a. f. ⟨Abk. für lat.⟩ anni futuri

af..., **Af...** ⟨Vorsilbe⟩ = ad..., Ad...

a|fe|bril auch: **a|feb|ril** ⟨Adj.; Med.⟩ fieberfrei [<*a...*[1] + lat. *febris* »Fieber«]

Af|fä|re ⟨f.; -, -n⟩ **1** Angelegenheit, (unangenehmer) Vorfall, Streitsache **2** Liebesverhältnis, -abenteuer; *Liebes*~ [<frz. *affaire* »Angelegenheit«]

Af|fekt ⟨m.; -(e)s, -e⟩ heftige Gemütsbewegung; *im* ~ *handeln; etwas (unüberlegt) im* ~ *tun* [<lat. *affectus* »Gemütsstimmung, Erregung«]

Af|fek|ta|ti|on ⟨f.; -, -en⟩ Ziererei, Getue [<lat. *affectatio* »eifriges Streben, Künstelei«]

af|fek|tie|ren ⟨V.; veraltet⟩ *sich* ~ sich zieren, sich gekünstelt benehmen [<lat. *affectare* »nach etwas greifen, eifrig nach etwas trachten«]

af|fek|tiert ⟨Adj.⟩ geziert, gekünstelt; ~*es Benehmen, Reden;* ~*e Person;* ~*er Stil*

Af|fek|ti|on ⟨f.; -, -en⟩ **1** Erregung, Reizung **2** Zuneigung, Gunst **3** Liebhaberei [<lat. *affectio* »Einwirkung, Beschaffenheit, Stimmung, Neigung«]

af|fek|ti|o|niert ⟨Adj.⟩ aus Affektion handelnd, geschehend [→ *Affektion*]

Af|fek|ti|ons|in|te|res|se auch: **Af|fek|ti|ons|in|te|res|se** ⟨n.; -s, -n⟩ = Affektionswert

Af|fek|ti|ons|wert ⟨m.; -(e)s, -e⟩ Liebhaberwert; *Sy* Affektionsinteresse

af|fek|tiv ⟨Adj.⟩ = emotional [→ *Affekt*]

Af|fek|ti|vi|tät ⟨[-vi-] f.; -; unz.⟩ Ansprechbarkeit des Gefühls, Gesamtheit der Gefühlsregungen

Af|fekt|pro|jek|ti|on ⟨f.; -, -en; Psych.⟩ Übertragung eigener Affekte auf andere Personen, Tiere od. Dinge

Af|fekt|psy|cho|se ⟨f.; -, -n; Psych.⟩ manisch-depressive Erkrankung

af|fe|rent ⟨Adj.⟩ zuführend, zuleitend (bes. von Nervenbahnen, die von einem Sinnesorgan zum Zentralnervensystem führen); *Ggs* efferent [<lat. *afferre* »herbeitragen«]

Af|fe|renz ⟨f.; -, -en⟩ Leitung von Sinneswahrnehmungen durch die Sinnesorgane über die Nervenfasern zum Zentralnervensystem; *Ggs* Efferenz

af|fet|tu|o|so ⟨Adv.; Musik⟩ gemütvoll, empfindungsstark, mit viel Ausdruck (zu spielen) [ital.]

Af|fi|che ⟨[afiʃ(ə)] f.; -, -n; veraltet⟩ Aushang, Anschlagzettel, Plakat [frz.]

af|fi|chie|ren ⟨[-ʃi:-] V.; veraltet⟩ durch Affiche bekannt geben, anschlagen, plakatieren

Af|fi|da|vit ⟨n.; -s, -s; Rechtsw.⟩ **1** eidesstattl. Bürgerschaftserklärung für einen Einwanderer [mlat., »er hat versichert«]

affi|gie|ren ⟨V.; Sprachw.⟩ *Wortstämme* ~ mit einem Affix versehen

Affi|gie|rung ⟨f.; -, -en⟩ das Affigieren

Affi|li|a|tion ⟨f.; -, -en⟩ Aufnahme, Annahme, Angliederung [‹*Ad...* + lat. *filius* »Sohn«]

affi|li|ie|ren ⟨V.⟩ aufnehmen, annehmen, angliedern [→ *Affiliation*]

affin ⟨Adj.⟩ auf Affinität beruhend, Affinität betreffend [‹lat. *affinis* »angrenzend«]

Affi|na|tion ⟨f.; -; unz.; Chemie⟩ Scheidung von legierten Metallen

affi|nie|ren ⟨V.; Chemie⟩ scheiden; *Metall aus Legierungen* ~ [‹frz. *affiner* »reinigen«; zu *fin* »fein«]

Affi|ni|tät ⟨f.; -, -en⟩ **1** Verwandtschaft durch Heiratsschwägerschaft **2** Neigung zur Verbindung, Annäherung **3** ⟨Chemie⟩ chem. Verwandtschaft, Kraft, sich mit Atomen od. Gruppen von Atomen zu verbinden **4** ⟨Geom.⟩ Verwandtschaft zwischen einem ebenen Bild u. dessen Abbildung auf eine andere Ebene durch Parallelprojektion [→ *affin*]

Affi|ni|ty|group ⟨[əfɪnɪtɪgru:p] f.; -, -s⟩ soziale Bezugsgruppe [‹engl. *affinity* »Verbundenheit, Affinität« + *group* »Gruppe«]

Affi|ni|ty|mar|ke|ting ⟨[əfɪnɪtɪ-] n.; -s; unz.⟩ Form des Marketings, die Beziehungen zu bestimmten Affinitygroups auszunutzen sucht [‹engl. *affinity* »Verbundenheit, Affinität« + *Marketing*]

Affir|ma|tion ⟨f.; -, -en⟩ Bejahung; *Ggs* Negation [‹lat. *affirmatio* »Beteuerung«]

affir|ma|tiv ⟨Adj.⟩ bejahend; *Ggs* negativ [‹lat. *affirmare* »bekräftigen«]

Affir|ma|ti|ve ⟨f.; -, -n⟩ bejahende Meinung, Aussage

affir|mie|ren ⟨V.⟩ bejahen; *Ggs* negieren [‹lat. *affirmare* »bekräftigen«]

Af|fix ⟨a. ['--] n.; -es, -e⟩ vorangesetztes od. angefügter Wortteil (Morphem), Präfix u. (od.) Suffix [‹lat. *affixus,* Part. Perf. zu *affigere* »anheften«]

af|fi|zie|ren ⟨V.⟩ **1** (auf die Sinne) einwirken, erregen **2** ⟨Med.⟩ krankhaft verändern, reizen [‹lat. *afficere* »einwirken«]

Af|fo|dill ⟨m.; -s, -e; Bot.⟩ ein Liliengewächs, Gattung der Liliazeen; *Sy* Asphodele, Asphodill

Af|fri|ka|ta ⟨f.; -, -ka|tä; Phon.⟩ = Affrikate

Af|fri|ka|te ⟨f.; -, -n; Phon.⟩ Explosivlaut mit nachfolgendem, der Artikulationsstelle entsprechendem Spiranten, angeriebener Laut, z. B. [pf], [ts]; *oV* Affrikata [zu lat. *affricare* »anreiben«]

af|fri|zie|ren ⟨V.; Phon.⟩ *einen Verschlusslaut* ~ in eine Affrikate verwandeln

Af|front ⟨[afrɔ̃:] m.; -s, -s⟩ Beleidigung, Kränkung, Verhöhnung [frz., »Beschimpfung«]

af|frös ⟨Adj.; veraltet⟩ abscheulich, hässlich [frz. *affreux* »abscheulich«]

Af|ghan ⟨m.; - od. -s, -s⟩ meist aus Afghanistan stammender, handgeknüpfter Wollteppich mit streng geometr. Musterung

Af|gha|ne ⟨m.; -n, -n⟩ Windhunderasse [nach *Afghanistan*, wo er zuerst gezüchtet wurde]

Af|gha|ni ⟨m.; - od. -s, - od. -s⟩ afghan. Währungseinheit

A|fla|to|xi|ne *auch:* **Af|la|to|xi|ne** ⟨Pl.⟩ Stoffwechselprodukte verschiedener Schimmelpilze [verkürzt ‹lat. *A*spergillus *flav*us + *Toxin*]

AFN ⟨Abk. für engl.⟩ American Forces Network (Netzwerk amerikan. Streitkräfte, die Rundfunkanstalt der außerhalb der USA stationierten US-amerikan. Streitkräfte

a|fo|kal ⟨Adj.⟩ ohne Brennpunkt [‹*a...*[1] + lat. *focus* »Feuerstätte, Herd«]

à fonds per|du ⟨[a fɔ̃: pɛrdy:] geh.⟩ auf das Verlustkonto, ohne Aussicht auf Wiedererlangen [frz.; »bei verlorenem Kapital«]

à for|fait ⟨[a fɔrfɛ:]⟩ ohne Rückgriff (Klausel zur Aufgabe von Rechten beim Ankauf von Forderungen, die bes. einen Rückgriff auf den vorherigen Eigentümer ausschließen) [frz., »Pauschal..., in Bausch u. Bogen«]

AFP ⟨Abk. für frz.⟩ Agence France Presse (französische Nachrichtenagentur)

◆ Die Buchstabenfolge **afr...** kann auch **afr...** getrennt werden.

◆ **A|fri|kaans** ⟨n.; -; unz.⟩ Sprache der Buren in Südafrika
◆ **A|fri|ka|na** ⟨Pl.⟩ Bücher, Bilder usw. über Afrika [‹lat. *Africanus* »afrikanisch«]
◆ **A|fri|ka|nist** ⟨m.; -en, -en⟩ Kenner, Erforscher, Lehrer, Student der Afrikanistik
◆ **A|fri|ka|nis|tik** ⟨f.; -; unz.⟩ die Wissenschaft von der Kultur, der Geographie u. den Sprachen Afrikas
◆ **A|fri|kan|thro|pus** *auch:* **Afri|kan|thro|pus** ⟨m.; -; unz.⟩ in Afrika gefundene, aus der Altsteinzeit stammende Frühform des Menschen [‹*Africana* + grch. *anthropos* »Mensch«]
◆ **a|fro...,** **A|fro...** ⟨in Zus.⟩ Afrika betreffend, von dort stammend; *afroasiatisch; Afrolook*
◆ **A|fro|a|me|ri|ka|ner** ⟨m.; -s, -⟩ aus Afrika stammender Amerikaner, amerikanischer Schwarzer
◆ **a|fro|a|me|ri|ka|nisch** ⟨Adj.⟩ **1** die Afroamerikaner betreffend, von ihnen stammend **2** Afrika u. Amerika betreffend
◆ **a|fro|a|si|a|tisch** ⟨Adj.⟩ zu Afrika u. Asien gehörig, beide betreffend
◆ **A|fro|look** ⟨[-luk] m.; -s, -s⟩ Frisur mit sehr dichtem gekräuseltem Haar, das vom Kopf absteht [‹*Afro...* + engl. *look* »Aussehen«]

After-Sales-Ser|vice ⟨[-seɪlzsœ:vɪs] m.; -; unz.⟩ Kundenbetreuung nach dem Einkauf; *~ für Mobiltelefone* [‹engl. *after* »nach« + *sale* »verkaufen« + *Service*[2]]

After|shave ⟨[-ʃeɪv] n.; -s, -s; kurz für⟩ Aftershavelotion

After|shave|lo|tion ⟨[-ʃeɪvlouʃn] f.; -, -s⟩ Rasierwasser; *Sy* Aftershave [‹engl. *after* »nach« + *shave* »rasieren« + *lotion* »Lotion, Gesichtswasser«]

After-Work-Par|ty ⟨[-wœ:k-] f.; -, -s⟩ Party, geselliges Zusammensein von Berufstätigen

ag..., Ag...

gleich nach der Arbeit, um frühzeitig schlafen gehen zu können [<engl. *after* »nach« + *work* »arbeiten« + *Party*]

ag..., Ag... ⟨Vorsilbe⟩ = ad..., Ad...

Ag ⟨chem. Zeichen für⟩ Silber (Argentum)

AG, AG., A. G., A.-G. ⟨Abk. für⟩ Aktiengesellschaft

Aga ⟨m.; -s, -s; in der früh. Türkei⟩ *o*V Agha **1** unterer feudaler u. Offiziersrang **2** türk. Gutsbesitzer od. Kaufmann [türk., »Herr«]

A|ga|lak|tie ⟨f.; -, -n; Med.⟩ Fehlen der Milchbildung [<*A...¹* + grch. *gala*, Gen. *galaktos* »Milch«]

a|gam ⟨Adj.; Biol.⟩ ohne vorausgehende Befruchtung zeugend [<grch. *agamos* »ungeschlechtlich«]

A|ga|me ⟨f.; -, -n; Zool.⟩ Vertreterin einer Familie der Echsen [<*A...¹* + ...*game*]

A|ga|met ⟨m.; -en, -en; Biol.⟩ Zelle niederer Lebewesen, die durch Agamogonie entstanden ist u. der Fortpflanzung dient [<*A...¹* + *Gamet*]

A|ga|mie ⟨f.; -; unz.⟩ Ehelosigkeit [<*A...¹* +...*gamie*]

a|ga|misch ⟨Adj.; -⟩ **1** ehelos **2** ungeschlechtlich [<grch. *agamos* »unverheiratet«]

A|ga|mo|ge|ne|se ⟨f.; -; unz.; Biol.⟩ ungeschlechtliche Vermehrung durch Zellteilung [<grch. *agamos* »unverheiratet« + *Genese*]

A|ga|mo|go|nie ⟨f.; -; unz.; Biol.⟩ Fortpflanzung ohne Befruchtung [<grch. *agamos* »unverheiratet« +...*gonie*]

A|ga|pe ⟨f.; -, -n⟩ **1** ⟨unz.⟩ die Liebe Gottes **2** ⟨zählb.; in altchristl. Gemeinden⟩ Liebesmahl mit Armenspeisung [grch., »Liebe«]

A|gar-A|gar ⟨m. od. n.; -s; unz.⟩ sülzartiger Stoff aus Rotalgenarten für Nährböden von Bakterienkulturen, z. B. als Gelatine [malai.]

A|ga|ve ⟨[-və] f.; -, -n⟩ Gattung der Amaryllisgewächse in Amerika [<grch. *agauos* »edel«]

A|gen|cy|the|o|rie ⟨[ɛɪdʒənsɪ-] f.; -; unz.; Wirtsch.⟩ Bereich der Wirtschaftstheorie, der sich mit der Beziehung zwischen Agent u. Auftraggeber (z. B. Anteilseigner u. Vorstand) beschäftigt u. von der Annahme ausgeht, dass jeder Agent auch ein Eigeninteresse verfolgt u. damit nicht immer im Sinne des Auftraggebers agiert [<engl. *agency* »Agentur« + *Theorie*]

A|gen|da ⟨f.; -, -gen|den⟩ **1** Merkbuch, Notizkalender **2** Schreibtafel **3** Tagesordnung [lat., »das zu Betreibende«; → *agieren*]

A|gen|de ⟨f.; -, -n⟩ Handbuch für die Gottesdienstordnung

A|ge|ne|sie ⟨f.; -; unz.; Med.⟩ Fehlen od. Verkümmerung einer Organanlage [<*A...¹* + grch. *genesis* »Entstehung«]

A|gens ⟨n.; -, A|gen|zi|en⟩ **1** handelnde Kraft **2** ⟨Philos.⟩ tätiges, wirksames, handelndes Prinzip **3** ⟨Med.⟩ Mittel, das eine Wirkung, einen Einfluss ausübt **4** ⟨Sprachw.⟩ Träger eines Geschehens innerhalb eines Satzes; *Ggs* Patiens [lat., Part. Präs. zu *agere*; → *agieren*]

A|gent ⟨m.; -en, -en⟩ **1** Vertreter, Vermittler, Beauftragter, der z. B. Künstlern Engagements vermittelt **2** Spion [<lat. *agens*, Part Präs. zu *agere*; → *agieren*]

A|gen|tie ⟨f.; -, -n; österr.⟩ Geschäftsstelle [→ *Agent*]

a|gen|tie|ren ⟨V.; österr.⟩ als Handlungsagent arbeiten

A|gen|tin ⟨f.; -, -tin|nen⟩ weibl. Agent

A|gen|tiv ⟨m.; -s, -e [-və]; in der Kasusgrammatik⟩ Träger der Verbalhandlung [→ *agieren*]

Agent Provocateur / Agent provocateur (*Groß- und Kleinschreibung*) In mehrteiligen, getrennt geschriebenen fremdsprachigen Substantiven richtet sich die Groß- und Kleinschreibung nach der Wortart des zweiten Bestandteils. Kann der zweite Teil einer solchen Fügung als Substantiv oder als Adjektiv angesehen werden, sind beide Schreibvarianten zulässig.

A|gent Pro|vo|ca|teur *auch:* **A|gent pro|vo|ca|teur** ⟨[aʒãː prɔvokatøːr] m.; - -, -s -s [aʒãː prɔvokatøːr]⟩ Lockspitzel [frz., »Unruhestifter«]

A|gen|tur ⟨f.; -, -en⟩ **1** Vertretung, Geschäftsnebenstelle **2** Geschäftsstelle eines Agenten, Vermittlungsstelle [→ *Agent*]

A|gen|zi|en ⟨Pl. von⟩ Agens

A|ge|ra|tum ⟨n.; -s; unz.; Bot.⟩ Leberbalsam, ein Korbblütler [lat.; zu grch. *ageratos* »nicht alt werdend«]

A|geu|sie ⟨f.; -, -n; Med.⟩ Verlust des Geschmacksvermögens; →*a.* Hypergeusie, Hypogeusie [<*A...¹* + grch. *geusis* »Geschmack«]

Ag|fa® ⟨f.; -; unz.; Abk. für⟩ Aktiengesellschaft für Anilinfabrikation (Markenzeichen für fotografische Artikel)

Ag|glo|me|rat ⟨n.; -(e)s, -e⟩ **1** aus eckigen u. scharfkantigen Lavabrocken bestehende Gesteinsmasse **2** ⟨Met.⟩ Vorprodukt der Hüttenfabrikation aus oberflächlich zusammengeschmolzenen, feinkörnigen Erzen [→ *agglomerieren*]

Ag|glo|me|ra|ti|on ⟨f.; -, -en⟩ Anhäufung, Zusammenballung [→ *agglomerieren*]

ag|glo|me|rie|ren ⟨V.⟩ (sich) anhäufen, (sich) zusammenballen [<lat. *agglomerare* »fest anschließen«]

Ag|glu|ti|na|ti|on ⟨f.; -, -en⟩ **1** Verklebung, Verklumpung, Zusammenballung **2** ⟨Gramm.⟩ Anhängen von Wortteilen (Morphemen) an den unveränderten Stamm [→ *agglutinieren*]

ag|glu|ti|nie|ren ⟨V.⟩ **1** zusammenballen, verklumpen, verkleben **2** ~*de Sprachen* Sprachen, bei denen die grammat. Beziehungen durch Agglutination ausgedrückt werden, z. B. die altaischen Sprachen u. das Ungarische [<lat. *agglutinare* »ankleben«]

Ag|glu|ti|nin ⟨n.; -s, -e; Med.⟩ im Blutserum gebildeter Stoff, der die Agglutination der Blutkörperchen bewirkt

Ag|gra|va|ti|on ⟨[-va-] f.; -, -en⟩ Erschwerung, Verschlimmerung [zu lat. *aggravare* »schwerer machen, vergrößern«]

ag|gra|vie|ren ⟨[-viː-] V.⟩ verschlimmern, verschlechtern,

Agonistik

erschweren [<lat. *aggravare* »schwerer machen, vergrößern«]

Ag|gre|gat ⟨n.; -(e)s, -e⟩ **1** Anhäufung, mehrgliedriges Ganzes **2** ⟨Math.⟩ durch »+« od. »-« verbundene mehrgliedrige Größe **3** ⟨Techn.⟩ Koppelung mehrerer Maschinen, bes. von Kraft- u. Arbeitsmaschinen **4** ⟨Min.⟩ Gestein, das aus mehreren mineralischen Bestandteilen zusammengesetzt ist [<lat. *aggregare* »beigesellen«]

Ag|gre|ga|ti|on ⟨f.; -, -en⟩ Vereinigung mehrerer Moleküle zu einem größeren Molekül [zu lat. *aggregare* »beigesellen«]

Ag|gre|gat|zu|stand ⟨m.; -(e)s, -stän|de⟩ eine der drei Erscheinungsformen der Materie; *gasförmiger, flüssiger, fester ~* [→ *Aggregation*]

ag|gre|gie|ren ⟨V.⟩ zu einer Masse vereinigen, anhäufen [<lat. *aggregare* »beigesellen«]

Ag|gres|si|on ⟨f.; -, -en⟩ Angriff, Überfall [<lat. *aggredi* »hinzugehen, angreifen«]

ag|gres|siv ⟨Adj.⟩ **1** angreifend **2** angriffslustig, streitsüchtig [→ *Aggression*]

ag|gres|si|vie|ren ⟨[-vi:-] V.⟩ aggressiv machen

Ag|gres|si|vi|tät ⟨[-vi-] f.; -; unz.⟩ aggressive Art, Angriffslust, streitsüchtiges Verhalten; *sein Verhalten ist oft von starker ~ gekennzeichnet*

Ag|gres|sor ⟨m.; -s, -so|ren⟩ Angreifer [→ *Aggression*]

A|gha ⟨m.; -s, -s⟩ = Aga

A|gho|ra ⟨verhüllende Bez. für⟩ Schiwa

Ä|gi|de ⟨f.; -; unz.⟩ Obhut, Leitung, Schutz; *unter der ~ von* [<lat. *aegis*, Gen. *aegidis* <grch. *aigis* »der Schild des Zeus«]

a|gie|ren ⟨V.⟩ handeln; *~ als* wirken als, eine Rolle darstellen [<lat. *agere* »handeln, treiben, wirken«]

a|gil ⟨Adj.⟩ flink, gewandt, beweglich [<lat. *agilis* »beweglich«]

A|gi|li|tät ⟨f.; -; unz.⟩ agiles Wesen, Flinkheit, Gewandtheit, Beweglichkeit

A|ging ⟨[ɛɪdʒɪŋ] n.; - od. -s; unz.⟩ das Reifen (bestimmter Tabaksorten) [amerikan.-engl. (engl.

Schreibweise *ageing*), »Altern, Älterwerden«]

A|gio ⟨[-dʒio] od. [-dʒo] n.; -s, -s⟩ **1** Aufgeld, Aufschlag **2** ⟨Börse⟩ Betrag, um den der Kurs einer Währung od. eines Wertpapiers über dem Nennwert steht; *Ggs* Disagio [<ital. *aggio*; zu *aggiungere* »hinzufügen« <lat. *adiungere* »hinzufügen« cd. <ital. *aggio* »Bequemlichkeit«]

A|gio|ta|ge ⟨[-dʒiotaːʒə] f.; -, -n⟩ Börsenspekulation unter Ausnutzung des Agios

A|gio|teur ⟨[-dʒiotøːr] m.; -s, -e⟩ Börsenspekulant, der das Agio ausnutzt

a|gio|tie|ren ⟨[-dʒio-] V.⟩ unter Ausnutzung des Agios an der Börse spekulieren

A|gi|ta|ti|on ⟨f.; -, -en⟩ aggressive politische Werbung, politische Propaganda [<lat. *agitatio* »Betreiben, Tätigkeit«]

a|gi|ta|to ⟨[-dʒi-] Adj.⟩ Musik) sehr bewegt, erregt (zu spielen) [ital.]

A|gi|ta|tor ⟨m.; -s, -to|ren⟩ jmd., der (für etwas) agitiert

a|gi|ta|to|risch ⟨Adj.⟩ die Agitation betreffend, auf ihr beruhend, mit ihrer Hilfe

a|gi|tie|ren ⟨V.⟩ werben, polit. Propaganda treiben; *für eine Idee, eine Sache ~* [<lat. *agitare* »in Bewegung setzen«]

A|git|prop ⟨f. od. m.; - od. -s; unz.⟩ klassenkämpferische Agitation [verkürzt <*Agitation* + *Prop*aganda]

A|glo|bu|lie auch: **A|glo|bu|lie** ⟨f.; -; unz.; Med.⟩ Verminderung der Zahl der roten Blutkörperchen [lat.]

A|gly|kon auch: **A|gly|kon** ⟨n.; -s, -e⟩ zuckerfreier Glykosidbestandteil [<grch. *a* »nicht« + *glykys* »süß«]

◆ Die Buchstabenfolge **a|gn…** kann auch **ag|n…** getrennt werden.

◆ **A|gnat** ⟨m.; -en, -en; im alten Rom⟩ **1** jede Person, die durch Geburt od. Adoption der väterlichen Gewalt unterstand; *Ggs* Kognat (2) **2** männlicher Verwandter im Mannesstamm [<lat. *agnatus* »Verwandter väterlicherseits«]

◆ **A|gni|ti|on** ⟨f.; -, -en⟩ Anerkennung [<lat. *agnitio*]

◆ **A|gno|men** ⟨n.; -s, -gno|mi|na⟩ Beiname; *~ eines berühmten Mannes, z. B. der Große, Asiaticus* [lat.]

◆ **A|gno|sie** ⟨f.; -, -n⟩ **1** ⟨Path.⟩ Unfähigkeit, sich das sinnlich Wahrgenommene bewusst zu machen, Seelenblindheit, -taubheit **2** ⟨Philos.⟩ das Nichtwissen [<*A…*¹ + …*gnosie*]

◆ **A|gnos|ti|ker** ⟨m.; -s, -⟩ Anhänger des Agnostizismus

◆ **a|gnos|tisch** ⟨Adj.⟩ zum Agnostizismus gehörend, auf ihm beruhend; *oV* agnostizistisch

◆ **A|gnos|ti|zis|mus** ⟨m.; -; unz.⟩ Lehre von der Unerkennbarkeit des wahren Seins, d. h. der übersinnl. Welt od. (nach Kant) des Dinges an sich [<*A…*¹ + *Gnostizismus*]

◆ **a|gnos|ti|zis|tisch** ⟨Adj.⟩ = agnostisch

◆ **a|gnos|zie|ren** ⟨V.⟩ **1** anerkennen **2** ⟨österr.⟩ *Tote ~* identifizieren [<lat. *agnoscere* »anerkennen«]

◆ **A|gnus Dei** ⟨[-deːi] n.; - -; unz.⟩ Lamm Gottes (Bez. Christi nach Joh. 1,29) [lat.]

A|go|gik ⟨f.; -; unz.; Musik⟩ lebendige Gestaltung eines Musikstückes, im Unterschied zur mechanisch-exakten Wiedergabe (wie bei der Spieldose) [<grch. *agoge* »Führung«]

a|go|gisch ⟨Adj.; Musik⟩ die Agogik betreffend, auf ihr beruhend

à go|go ⟨umg.⟩ in Hülle u. Fülle; *Hits ~* [frz.]

A|gon ⟨m.; -s, -e; im antiken Griechenland⟩ **1** sportl. od. geistiger Wettkampf **2** Hauptteil der attischen Komödie [grch., »Wettkampf«]

A|go|ne ⟨f.; -, -n⟩ Verbindungslinie zwischen Orten, an denen die Kompassnadel keine Missweisung zeigt [<*A…*¹ + grch. *gonia* »Winkel, Ecke«]

A|go|nie ⟨f.; -, -n⟩ Todeskampf [<grch. *agonia* »Kampf; Angst«]

A|go|nist ⟨m.; -en, -en⟩ Wettkämpfer [<grch. *agonistes* »Kämpfer«]

A|go|nis|tik ⟨f.; -; unz.⟩ Wettkampfkunde [→ *Agon*]

33

Agora

A

A|go|ra ⟨f.; -; unz.⟩ in altgrch. Städten⟩ Markt- u. politischer Versammlungsplatz [grch.]
A|go|ra|pho|bie ⟨f.; -; unz.; Med.⟩ krankhafte Furcht, einen freien Platz zu überqueren, Platzangst [<grch. *agora* »öffentlicher Platz« + *Phobie*]

◆ Die Buchstabenfolge a|gr... kann auch a|gr... getrennt werden.
Davon ausgenommen sind Zusammensetzungen, in denen die fremdsprachigen bzw. sprachhistorischen Bestandteile deutlich als solche erkennbar sind, z. B. *-grammatismus* (→*a.* Ideogramm).

◆ **A|gra|fe** ⟨f.; -, -n⟩ **1** ⟨urspr.⟩ Spange zum Zusammenhalten von mehreren Kleidungsstücken **2** ⟨danach⟩ Schmuckspange, Brosche **3** ⟨Med.⟩ Wundklammer [<frz. *agrafe* »Haken, Spange«]
A|gra|fie ⟨f.; -, -n⟩ = Agraphie
A|gram|ma|tis|mus ⟨m.; -, -tis|men; Sprachw.⟩ **1** ⟨unz.⟩ entwicklungs- od. krankheitsbedingte Sprachstörung, bei der grammatische Zusammenhänge fehlerhaft ausgedrückt werden **2** ⟨zählb.⟩ grammatikalisch falsche Wortbildung (als Erscheinung des Unvermögens, Wörter richtig zu verbinden) [<*A...¹* + *Grammatik*]
A|gra|nu|lo|zy|to|se ⟨f.; -, -n; Med.⟩ Mangel an, Schwund der weißen Blutkörperchen [<*A...¹* + lat. *granulum* »Körnchen« + grch. *kytos* »Höhlung, Zelle«]
A|gra|pha ⟨Rel.; nur Pl.⟩ Aussprüche Christi, die nicht in den Evangelien überliefert sind [<*A...¹* + grch. *graphein* »schreiben«]
A|gra|phie ⟨f.; -, -n; Med.⟩ durch Ausfall bestimmter Zentren der Hirnrinde verursachte Unfähigkeit zu schreiben, Schriftblindheit; *oV* Agrafie [<*A...¹* + *...graphie*]
◆ **a|grar..., A|grar...,** ⟨in Zus.⟩ landwirtschaftlich, Landwirtschafts... [<lat. *agrarius* »zu den Feldern gehörig«; zu *ager* »Acker, Feld«]

◆ **A|grar|bio|lo|gie** ⟨f.; -; unz.⟩ = Agrobiologie
◆ **A|grar|che|mie** ⟨[-çe-] f.; -; unz.⟩ = Agrikulturchemie
◆ **A|grar|ex|port** ⟨m.; -(e)s, -e⟩ Export von landwirtschaftlichen Erzeugnissen
◆ **A|grar|geo|gra|fie** ⟨f.; -; unz.⟩ = Agrargeographie
◆ **A|grar|geo|gra|phie** ⟨f.; -; unz.⟩ Teilgebiet der Geographie, das sich mit den landwirtschaftlich erschlossenen Gebieten der Erdoberfläche befasst; *oV* Agrargeografie
◆ **A|gra|ri|er** ⟨m.; -s, -⟩ **1** Landwirt, Gutsbesitzer **2** ⟨im kaiserl. Dtschld.⟩ Vertreter landwirtschaftl. Interessen, bes. des Großgrundbesitzes [<lat. *agrarius*; → *Agrar...*]
◆ **A|grar|im|port** ⟨m.; -(e)s, -e⟩ Import von landwirtschaftlichen Erzeugnissen
◆ **a|gra|risch** ⟨Adj.⟩ landwirtschaftlich
◆ **A|grar|land** ⟨n.; -es, -län|der⟩ **1** ⟨unz.⟩ landwirtschaftlich genutzter Boden **2** ⟨zählb.⟩ = Agrarstaat
◆ **A|grar|po|li|tik** ⟨f.; -; unz.⟩ Maßnahmen zur Förderung der Landwirtschaft
◆ **a|grar|po|li|tisch** ⟨Adj.⟩ zur Agrarpolitik gehörend, sie betreffend
◆ **A|grar|pro|dukt** ⟨n.; -(e)s, -e⟩ in der Landwirtschaft hergestelltes Erzeugnis
◆ **A|grar|re|form** ⟨f.; -, -en⟩ eine landwirtschaftl. Reform, z. B. Bodenreform
◆ **A|grar|sek|tor** ⟨m.; -s; unz.⟩ Landwirtschaftssektor
◆ **A|grar|staat** ⟨m.; -(e)s, -en⟩ Staat mit überwiegend landwirtschaftl. Erzeugung; *Sy* Agrarland (2); *Ggs* Industriestaat
◆ **A|grar|tech|nik** ⟨f.; -, -en⟩ in der Landwirtschaft angewendete Technik (zur Bodenbearbeitung); *oV* Agrotechnik
◆ **A|grar|wis|sen|schaft** ⟨f.; -, -en⟩ Landwirtschaftswissenschaft
◆ **A|gree|ment** ⟨[əgri:mənt] n.; -s, -s⟩ Vereinbarung, formlose, aber bindende Übereinkunft; →*a.* Gentleman's Agreement [engl., »Übereinstimmung« <frz. *agrément* »Zustimmung«

<*gré* »Gefallen« <lat. *gratum* »das Angenehme«]
◆ **a|gre|ie|ren** ⟨V.⟩ genehmigen [<frz. *agréer* »genehmigen«; zu *gré* »Gefallen« <lat. *gratum* »das Angenehme«
◆ **A|grél|ment** ⟨[agremā:] n.; -s, -s; Politik⟩ Zustimmung einer Regierung zum Empfang eines ausländischen Diplomaten [frz.; → *Agreement*]
◆ **a|gri..., A|gri...,** ⟨in Zus.⟩ landwirtschaftlich, Landwirtschafts... [<lat. *ager* »Feld, Acker«]
◆ **ä|grie|ren** ⟨V.; veraltet⟩ erbittern [<frz. *aigre* »sauer« <lat. *acrum*; zu *acer* »scharf«]
◆ **A|gri|kul|tur** ⟨f.; -; unz.⟩ Ackerbau, Landwirtschaft
◆ **A|gri|kul|tur|che|mie** ⟨[-çe-] f.; -; unz.⟩ Chemie des Ackerbaus; *Sy* Agrarchemie, Agrochemie
◆ **a|gro..., A|gro...,** ⟨in Zus.⟩ landwirtschaftlich, Landwirtschafts... [<grch. *agros* (lat. *ager*) »Feld, Acker«]
◆ **A|gro|bio|lo|gie** ⟨f.; -; unz.⟩ Lehre von den biologischen Aspekten u. Phänomenen der Landwirtschaft; *oV* Agrarbiologie
◆ **A|gro|che|mie** ⟨[-çe-] f.; -; unz.⟩ = Agrikulturchemie
◆ **A|gro|nom** ⟨m.; -en, -en⟩ landwirtschaftl. Sachverständiger, Wissenschaftler auf dem Gebiet der Landwirtschaft
◆ **A|gro|no|mie** ⟨f.; -; unz.⟩ Ackerbaulehre [→ *Agronom*]
◆ **A|gros|to|lo|gie** ⟨f.; -; unz.⟩ Gräserkunde [<grch. *agros* »Feld, Acker« + *...logie*]
◆ **A|gro|tech|nik** ⟨f.; -, -en⟩ = Agrartechnik
◆ **A|gro|ty|pus** ⟨m.; -, -pen⟩ Kulturpflanzensorte (als Produkt einer Pflanzenzüchtung)
◆ **A|gru|men** ⟨Pl.⟩ die Zitrusgewächse; *Sy* Agrumi [<mlat. *agrumen* »säuerlich, scharf schmeckende Früchte«; zu lat. *acer* »scharf«]
◆ **A|gru|mi** ⟨Pl.⟩ = Agrumen
◆ **A|gryp|nie** ⟨f.; -; unz.⟩ Schlaflosigkeit [<grch. *agrypnia*]
A|gu|ti ⟨m. od. n.; -s, -s⟩ Goldhase, Angehöriger einer Gattung südamerikan. Nagetiere von Kaninchengröße mit nur je drei Zehen an den Hinterfüßen; *Sy* Paka

Airlift

Ägyp|to|lo|ge ⟨m.; -n, -n⟩ Lehrer, Student der Ägyptologie [<lat. *Aegyptus*, grch. *Aigyptos* »Ägypten« + ...*loge*]

Ägyp|to|lo|gie ⟨f.; -; unz.⟩ Wissenschaft von Sprache u. Kultur des ägyptischen Altertums

Ägyp|to|lo|gin ⟨f.; -, -tin|nen⟩ Lehrerin, Studentin der Ägyptologie [<lat. *Aegyptus*, grch. *Aigyptos* »Ägypten« + ...*loge*]

ägyp|to|lo|gisch ⟨Adj.⟩ die Ägyptologie betreffend, zu ihr gehörig

Ah ⟨Zeichen für⟩ Amperestunde

A|has|ver ⟨[-ve:r] od. [-'--] m.; -, -s od. -e⟩ *oV* Ahasverus **1** ⟨veraltet⟩ ruhelos umherirrender Mensch **2** ⟨unz.⟩ der ewige Jude [Sagengestalt des Mannes, der Jesus auf dem Weg nach Golgatha roh abgewiesen haben soll, worauf er verflucht wurde, so lange ruhelos zu wandern, bis Jesus wiederkehrt; nicht identisch mit *Achaschverosch*, hebr. Form des Namens des pers. Königs *Xerxes* (486-465 v. Chr.), der nach dem Buch Esther die Juden vor ihren Feinden rettete]

a|has|ve|risch ⟨[-ve:-] Adj.⟩ ruhelos umherirrend [→ *Ahasver*; zu hebr. *ahaschverosch*]

A|has|ve|rus ⟨[-ve:-] m.; -, -se⟩ = Ahasver

a|he|re|di|tär ⟨Adj.; Med.⟩ nicht erblich (bes. von Krankheiten); *Ggs* hereditär

a|his|to|risch ⟨Adj.⟩ nicht historisch, ohne geschichtliche Gesichtspunkte; *eine ~e Betrachtungsweise* [<*a...*[1] + *historisch*]

ai ⟨Abk. für engl.⟩ amnesty international

Ai ⟨n.; -s, -s⟩ in Südamerika beheimatetes Dreizehenfaultier [lautmalend]

Aide-mémoire ⟨[ɛːdmemoaːr] n.; -, - od. -s⟩ nachträgl. Niederschrift mündl. diplomatischer Erklärungen [frz., »Hilfe (für das) Gedächtnis«]

AIDS, Aids ⟨[ɛɪdz] ohne Artikel; Abk. für⟩ Acquired Immune Deficiency Syndrome (erworbenes Immunschwächesyndrom), durch ein Virus hervorgerufenes Syndrom von Immunschwäche, das im Verlauf der Krankheit zum Zusammenbruch des körpereigenen Abwehrsystems führen kann [engl.]

AIDS, Aids ⟨*Abkürzungen*⟩ Für die Schreibung von Abkürzungen, die aus Fremdsprachen übernommen und im Deutschen aber häufig wie ein eigenes Wort behandelt werden, gibt es keine eindeutige Regelung. Daher ist in solchen Fällen die Schreibung in Großbuchstaben ebenso zulässig wie die Schreibung nach den für deutsche Wörter verbindlichen Regeln. Bei mehrsilbigen Abkürzungen ist eine Worttrennung der Schreibung mit Großbuchstaben nicht üblich (→*a.* NATO/Nato).

Aids|test ⟨[ɛɪdz-] m.; -(e)s, -e od. -s; Med.⟩ Test zum Nachweis der Infektion mit dem HIV-Virus, das Aids hervorruft

Ai|gret|te *auch:* **Ai|gret|te** ⟨[ɛgrɛtə] f.; -, -n⟩ Federbusch (als Hut- od. Kopfschmuck) [<prov. *augreta*; zu *aigron* = nordfrz. *heron* »Reiher« <fränk. **haigiro*; <ahd. *heigir*]

Ai|gui|è|re ⟨[ɛgjɛːrə] f.; -, -n⟩ zierliche Wasserkanne aus Edelmetall mit Schnabel, Henkel u. Fuß, bes. in der französ. Renaissance beliebt [frz., »Wasserkanne«]

Ai|ken|code *auch:* **Ai|ken-Code** ⟨[ɛɪkənkoʊd] m.; -s; unz.; EDV⟩ Code, bei dem jeder Dezimalziffer eine aus vier Binärziffern aufgebaute Zahl zugeordnet wird [nach dem amerikan. Mathematiker Howard H. *Aiken*, 1900-1973]

Ai|ki|do ⟨n.; -s; unz.; Sport⟩ (als Sport betriebene) Form der Selbstverteidigung; →*a.* Jiu-Jitsu [jap.]

Air[1] ⟨[ɛːr] n.; -s, -s⟩ **1** Aussehen **2** Haltung **3** Benehmen; *sich ein ~ geben* vornehm tun, sich wichtig machen, angeben; *sich ein ~ von Künstlertum geben* [frz., »Aussehen, Auftreten« <afrz. *aire* »Wesen, Natur, Herkunft« <lat. *ager* «Grundstück; Heimat«]

Air[2] ⟨[ɛːr] n.; -s, -s od. f.; -, -s; Musik⟩ **1** Lied, Arie **2** liedartiges Instrumentalstück [frz., »Melodie« <ital. *aria* »Weise, Melodie«]

air..., Air... ⟨[ɛːr] in Zus.⟩ luft..., Luft...; *Airbag; Airline* [engl.]

Air|bag ⟨[ɛːrbæg] m.; -s, -s⟩ **1** mit Luft gefülltes Kissen **2** ⟨Kfz⟩ in der Lenksäule (u. oft auf der Beifahrerseite) von Kraftfahrzeugen untergebrachte Kunststoffhülle, die sich im Falle eines Aufpralles innerhalb von Sekundenbruchteilen aufbläst u. den Aufprall des Fahrers auf das Lenkrad dämpft [<engl. *air* »Luft« + *bag* »Tasche, Sack«]

Air|brush ⟨[ɛːrbrʌʃ] n.; -s, -s⟩ Stilrichtung in Malerei u. Grafik, in der eine Spritzpistolentechnik angewendet wird [<engl. *air* »Luft« + *brush* »bürsten; Bürste, Pinsel«]

Air|bus ⟨[ɛːr-] m.; -ses, -se; Serienname für⟩ von einem europäischen Gemeinschaftsunternehmen entwickeltes Flugzeug für Nah- u. Mittelstrecken [<engl. *air* »Luft« + *Bus*]

Air|con|di|tion ⟨[ɛːr]kɔndɪʃn] f.; -; unz.⟩ Regelung von Raumtemperatur u. Luftfeuchtigkeit durch eine Klimaanlage; *Sy* Airconditioning [<engl. *air* »Luft« + *condition* »Bedingung, Beschaffenheit«]

Air|con|di|tio|ning ⟨[ɛː(r)kɔndɪʃənɪŋ] n.; - od. -s, -s⟩ = Aircondition

Aire|dale|ter|ri|er ⟨[ɛːrdɛɪl-] m.; -s, -⟩ mittelgroße Hunderasse mit kurzem, gelocktem Fell, hellbraun, Rücken u. Oberseite von Hals u. Kopf schwarz [<engl. *Airedale*, Tal des Flusses *Aire* im nordengl. Yorkshire]

Air Force ⟨[ɛːr fɔː(r)s] f.; - -; unz.; Mil.; in England u. Amerika⟩ Luftstreitkräfte; →*a.* Royal Air Force [engl.]

Air|fresh ⟨[ɛːrfrɛʃ] n.; -s, -s⟩ Mittel zur Verbesserung der Luft im Raum [<engl. *air* »Luft« + *fresh* »frisch«]

Air|glow ⟨[ɛːrgloʊ] n.; -s, -s⟩ Leuchterscheinung von Gasen in der Atmosphäre zwischen 70 u. 300 km, Luftleuchten [engl.]

Air|lift ⟨[ɛːr-] m.; -(e)s, -e od. -s⟩ **1** Beförderung auf dem Luft-

Airline

weg **2** Verfahren zur Förderung von Erdöl durch den Druck von eingepresster Luft od. Edelgas [engl.]

Air|line ⟨[ɛːrlaɪn] f.; -, -s⟩ Fluggesellschaft, Fluglinie [engl.]

Air|li|ner ⟨[ɛːrlaɪnə(r)] m.; -s, -; umg.⟩ **1** großes Passagierflugzeug **2** Angestellter einer Fluggesellschaft [engl.]

Air|mail ⟨[ɛːrmeɪl] f.; -; unz.⟩ Luftpost [engl.]

Air|play ⟨[ɛːrpleɪ] n.; -s; unz.⟩ (häufiges) Spielen eines Musiktitels im Rundfunk [engl.]

Air|port ⟨[ɛːr-] m.; -s, -s⟩ Flughafen; *Sy* Airterminal [engl.]

Air|show ⟨[ɛːrʃoʊ] f.; -, -s⟩ Flugschau, Darbietung von Kunstflügen [engl.]

Air|shut|tle auch: **Air|shutt|le** ⟨[ɛːrʃʌtl] m. od. n.; -s, -s⟩ zwischen zwei Orten hin- u. herfahrendes Transportmittel im Luftverkehr [engl.]

Air|ter|mi|nal ⟨[ɛːr)təmɪnəl] m. od. n.; -s, -s⟩ = Airport [engl.]

Aja|tol|lah ⟨m.; -, -s⟩ = Ayatollah

à jour ⟨[-ʒuːr]⟩ **1** auf dem Laufenden; *mit einer wissenschaftlichen Arbeit ~ sein* **2** durchsichtig, durchbrochen (bei Gewebe) **3** (ein)gefasst (bei Edelsteinen) [frz., »zeitgemäß; durchbrochen«; zu *jour* »Tag«]

Ajour|ar|beit ⟨[-ʒuːr-] f.; -, -en⟩ durchbrochene Arbeit (bei Stickerei)

ak..., Ak... ⟨Vorsilbe⟩ = ad..., Ad...

Aka|de|mie ⟨f.; -, -n⟩ **1** Vereinigung, Gesellschaft von Gelehrten, Dichtern u. Ä.; *~ der schönen Künste; ~ der Wissenschaften; Dichter~; Sprach~* **2** Fachschule **3** Anstalt zur Förderung der Wissenschaften, Lehr- u. Forschungsanstalt; *Berg~; Kunst~; Musik~* **4** ⟨österr.⟩ literar. od. musikal. Veranstaltung [<grch. *akademia*, angebl. nach dem Heros *Akademos* benannter Lusthain bei Athen, wo Plato lehrte]

Aka|de|mi|ker ⟨m.; -s, -⟩ **1** ⟨selten⟩ Mitglied einer Akademie **2** ⟨allg.⟩ jmd., der auf einer Akademie, bes. auf der Universität, studiert hat

Aka|de|mi|ke|rin ⟨f.; -, -rin|nen⟩ weibl. Akademiker

aka|de|misch ⟨Adj.⟩ **1** eine Akademie betreffend, zu ihr gehörig, auf ihr beruhend **2** einer Hochschule zukommend, von ihr stammend, zu ihr gehörend; *der ~e Nachwuchs* die Studierenden; *~e Bildung; ~ ausgebildet* **2.1** *~e Freiheit* Freiheit des Studierenden, sich seinen Studienplan selbst zusammenzustellen u. sich die Hochschule auszuwählen; die Lehrfreiheit des Dozenten **2.2** *~er Grad* Stufe in der Laufbahn des Hochschullehrers nach bestimmten Prüfungen, z. B. Doktor **2.3** *~es Viertel* Viertelstunde nach der (für den Beginn der Vorlesungen) angegebenen Zeit **3** ⟨fig.⟩ weltfremd, trocken, überlieferungstreu, irrelevant [→ *Akademie*]

aka|de|mi|sie|ren ⟨V.; meist abwertend⟩ betont wissenschaftlich betreiben, verwissenschaftlichen; *eine Fragestellung, ein Thema ~* [→ *Akademie*]

Aka|de|mi|sie|rung ⟨f.; -, -en⟩ das Akademisieren

Aka|de|mis|mus ⟨m.; -; unz.⟩ weltfremde, in Regeln erstarrte Ausübung bzw. Auffassung einer Kunst od. Wissenschaft

aka|lo|risch ⟨Adj.⟩ keine Kalorien enthaltend

Akan|tha|ri|er ⟨Pl.; Zool.⟩ im Meer lebende Einzeller [<grch. *akantha* »Dorn«]

Akan|thit ⟨m.; -s; unz.⟩ dunkelgraues Mineral, chem. Silbersulfid, Glaserz, Silberglanz [<grch. *akantha* »Dorn«]

Akan|thus ⟨m.; -, -; Bot.⟩ Gattung der Akanthusgewächse, deren mediterrane Arten als Zierpflanzen gezogen werden, Bärenklau [<grch. *akantha* »Dorn«]

Aka|ri|a|sis ⟨f.; -; unz.⟩ durch Milben hervorgerufene Hautkrankheit [<spätgrch. *akari* »Milbe«]

Aka|ri|ne ⟨f.; -, -n; Zool.⟩ Milbe [<spätgrch. *akari* »Milbe«]

Aka|ri|zid ⟨n.; -s, -e⟩ Mittel zur Bekämpfung von Milben [<spätgrch. *akari* »Milbe« + *...zid*²]

Aka|ro|id|harz ⟨n.; -es, -e⟩ gelbes u. rotes Naturharz, das aus den Stämmen von Bäumen der austral. Gattung Xanthorrhoea gewonnen wird, Rohstoff für die Herstellung von Firnissen [<spätgrch. *akari* »Milbe«]

Aka|ro|lo|gie ⟨f.; -; unz.; Zool.⟩ Gebiet der Zoologie, das sich mit der Untersuchung von Milben u. Zecken befasst [<spätgrch. *akari* »Milbe« + *logos* »Rede, Kunde«]

Aka|ryo|bi|ont ⟨m.; -en, -en; Biol.⟩ Mikroorganismus, dem ein abgegrenzter Zellkern fehlt; *Sy* Anukleobiont [<*A...*¹ + *karyo...* + grch. *bios* »Leben«]

Aka|ry|ont ⟨m.; -en, -en; Biol.⟩ kernlose Zelle [→ *akaryot*]

aka|ry|ot ⟨Adj.; Biol.⟩ kernlos (von Zellen) [<grch. *a* »nicht« + *karyon* »Kern«]

aka|ta|lek|tisch ⟨Adj.; Metrik⟩ unverkürzt, vollständig; *Ggs* katalektisch; *~er Vers* (antiker) Vers mit vollständigem letztem Fuß [<*a...*¹ + *katalektisch*]

Aka|tho|lik ⟨m.; -en, -en; Rel.⟩ Nichtkatholik

aka|tho|lisch ⟨Adj.⟩ nicht katholisch

akau|sal ⟨Adj.⟩ nicht kausal, ohne Grund, ohne Ursache [<*a...*¹ + *kausal*]

Aka|zie ⟨[-tsjə] f.; -, -n; Bot.⟩ **1** Gattung der Mimosengewächse (Mimosaceae) mit zahlreichen Bäumen u. Sträuchern der warmen Klimazonen: Acacia **2** *falsche ~* = Robinie [<grch. *akakia* <*ake* »Spitze«]

Ake|lei ⟨f.; -, -en; Bot.⟩ Gattung der Hahnenfußgewächse; *Gemeine ~* 30-70 cm hohe Pflanze mit violettblauen, rosa od. weißen Blüten [<ahd. *agaleia, ag(e)leia* <mlat. *aquileia*; vermutlich <lat. *aquila* »Adler«]

Aki ⟨f.; -, -s; Bot.⟩ westafrikanische Frucht mit einer glatten, orangefarbenen Schale, die bei voller Reife in drei Fächer mit je einem braunen Samen aufspringt, genießbar ist nur der Samenmantel [<engl. *akee*, frz. *akée d'Afrique*]

Aki|do|pei|ras|tik ⟨f.; -, -en; Med.⟩ = Akupunktur [<grch. *akidos* »Spitze, Splitter« + *peiran* »versuchen, auf die Probe stellen«]

Aki|na|kes ⟨m.; -, -⟩ altpers.- u. skyth. Kurzschwert [grch. <pers.]

A|ki|ne|sie ⟨f.; -, -n; Med.⟩ **1** Bewegungslosigkeit, Bewegungshemmung **2** ~ *von Tieren* Totstellen [<*A...*¹ + grch. *kinesis* »Bewegung«]

a|ki|ne|tisch ⟨Adj.; Med.⟩ die Akinesie betreffend, auf ihr beruhend

Ak|kla|ma|ti|on ⟨f.; -, -en⟩ **1** bestimmender Zuruf; *jmdn. durch* ~ *wählen* durch Zuruf wählen **2** Beifall [<lat. *acclamatio* »Zuruf«]

ak|kla|mie|ren ⟨V.⟩ *jmdm.* ~ jmdm. beistimmen, jmdn. (durch Zuruf) annehmen, ihm Beifall spenden [<lat. *acclamare* »zurufen«]

Ak|kli|ma|ti|sa|ti|on ⟨f.; -; unz.⟩ das Akklimatisieren, das Sichakklimatisieren, Gewöhnung, Anpassung an veränderte Klimaod. Umweltbedingungen; *Sy* Akklimatisierung

ak|kli|ma|ti|sie|ren ⟨V.⟩ *sich* ~ an veränderte Klima- od. Umweltbedingungen gewöhnen, sich diesen anpassen

Ak|kli|ma|ti|sie|rung ⟨f.; -; unz.⟩ = Akklimatisation

Ak|ko|la|de ⟨f.; -, -n⟩ **1** zeremonielle Umarmung beim Ritterschlag u. bei der Aufnahme eines Ritters in einen Orden **2** ⟨Zeichen: { }⟩ geschweifte Klammer [<frz. *accolade* »Umarmung«; <lat. *ad* »zu« + *collum* »Hals«]

ak|kom|mo|da|bel ⟨Adj.; veraltet⟩ **1** anpassungsfähig **2** zweckmäßig; *ein akkommodabler Vorschlag* [<frz. *accommodable*; → *akkommodieren*]

Ak|kom|mo|da|ti|on ⟨f.; -; unz.⟩ Anpassung, Scharfeinstellung des Auges durch Anpassung der Augenlinse an die Entfernung des Gegenstandes [<frz. *accommodation* »Anpassung«; → *akkommodieren*]

ak|kom|mo|die|ren ⟨V.⟩ **1** anpassen, angleichen **2** durch Anpassung an die erforderliche Entfernung die Sehschärfe der Augenlinse (unwillkürlich) einstellen [<frz. *accommoder* »in Ordnung bringen, zurechtmachen«]

Ak|kom|mo|do|me|ter ⟨n.; -s, -⟩ Instrument zur Prüfung der Augeinstellungsfähigkeit [<frz. *accommodation* »Anpassung« + grch. *metron* »Maß«]

Ak|kom|pa|gne|ment *auch:* **Ak|kom|pa|gne|ment** ⟨[-panjəmāː] n.; -s, -s; Musik; veraltet⟩ Begleitung [<frz. *accompagnement*]

ak|kom|pa|gnie|ren *auch:* **ak|kom|pa|gnie|ren** ⟨[-panjīː-] V.; Musik; veraltet⟩ begleiten [frz. *accompagner*]

Ak|kord ⟨m.; -(e)s, -e⟩ **1** Übereinstimmung **2** ⟨Rechtsw.⟩ Vergleich, Vereinbarung (mit Gläubigern); *einen* ~ *abschließen* **3** ⟨Musik⟩ Zusammenklang von drei od. mehr Tönen verschiedener Höhe; *einen* ~ *anschlagen, greifen* **4** ⟨unz.; kurz für⟩ Akkordlohn; *im* ~ *arbeiten* [<frz. *accord* »Übereinstimmung« <lat. *ac* »an« + *cor*, Gen. *cordis* »Herz«]

ak|kor|dant ⟨Adj.; Geol.⟩ die Akkordanz betreffend, auf ihr beruhend

Ak|kor|dant ⟨m.; -en, -en; schweiz.⟩ Kleinunternehmer (bes. im Bauwesen)

Ak|kor|danz ⟨f.; -; unz.; Geol.⟩ Anpassung jüngerer Gesteine an vorhandene Strukturelemente der Erdkruste [<vulgärlat. **accordare* »in Übereinstimmung bringen«]

Ak|kor|de|on ⟨n.; -s, -s; Musik⟩ Handharmonika mit gleichem Ton bei Zug u. Druck [→ *Akkord*; Kunstwort des Erfinders]

ak|kor|die|ren ⟨V.⟩ **1** vereinbaren **2** einen Lohnvertrag übernehmen **3** einen Akkord (2) abschließen über [<frz. *accorder* »in Einklang bringen«]

ak|kor|disch ⟨Adj.; Musik⟩ in Akkorden, mit Akkorden

Ak|kord|lohn ⟨m.; -(e)s, -löh|ne⟩ nach der Menge der geleisteten Arbeit bemessener Lohn, Stücklohn, Leistungslohn; *Sy* Akkord (4)

ak|kre|di|tie|ren ⟨V.⟩ **1** *jmdn.* ~ jmdm. Kredit einräumen od. verschaffen **2** *Diplomaten* ~ bevollmächtigen, beglaubigen **3** *eine Bank* ~ zur Zahlung an jmdn. anweisen [<frz. *accréditer* »in Ansehen bringen«; <lat. *credere* »glauben«]

Ak|kre|di|tie|rung ⟨f.; -, -en⟩ das Akkreditieren

Ak|kre|di|tiv ⟨n.; -s, -e [-və]⟩ **1** Kreditbrief **2** Zahlungsauftrag, Anweisung; ~ *an eine Bank* **3** Beglaubigungsschreiben; ~ *für Diplomaten* [→ *akkreditieren*]

Ak|kres|zenz ⟨f.; -, -en⟩ Anwachsen, Zuwachs; ~ *eines Erbteils* [zu lat. *accrescere* »hinzuwachsen«]

ak|kres|zie|ren ⟨V.⟩ anwachsen, sich vergrößern, z. B. ein Erbteil [lat. *accrescere* »hinzuwachsen«]

Ak|kre|ti|on ⟨f.; -, -en; Astron.⟩ durch die Gravitation bedingte Zunahme an Masse durch Aufsammeln von Materie (von Sternen) [<lat. *accretio* »Zuwachs«]

ak|kre|tiv ⟨Adj.⟩ zunehmend, anwachsend [→ *Akkretion*]

Ak|ku ⟨m.; -s, -s; kurz für⟩ Akkumulator

Ak|kul|tu|ra|ti|on ⟨f.; -, -en; Völkerk.⟩ die gegenseitige od. auch einseitige Angleichung von Kulturen verschiedener Herkunft aufeinander aufgrund enger Berührung, Kulturkontakt [<*Ad*... + *Kultur*]

ak|kul|tu|rie|ren ⟨V.; Völkerk.⟩ anpassen, angleichen

Ak|ku|mu|la|ti|on ⟨f.; -, -en⟩ **1** Anhäufung **2** ⟨Geol.⟩ **2.1** Aufschüttung von vulkan. Lockermassen zu Vulkankegeln od. von Gesteinsmaterial durch Flüsse (Schotter) od. Gletscher (Moränen) **2.2** Anreicherung von Erdöl in Strukturen (Antiklinalen u. a.) der Erdkruste **3** ⟨Wirtsch.⟩ Anhäufung von Gewinn zur Bildung von Kapital [<lat. *accumulare* »anhäufen«]

Ak|ku|mu|la|tor ⟨m.; -s, -to|ren⟩ *Sy* Akku **1** Gerät zum Speichern elektr. Energie mittels elektrochem. Vorgänge **2** in Druckwasserbehälter mit konstantem Wasserdruck für hydraulische Pressen [<lat. *accumulator* »Anhäufer«]

ak|ku|mu|lie|ren ⟨V.⟩ anhäufen, sammeln, speichern [<lat. *accumulare* »aufhäufen«]

ak|ku|rat ⟨Adj.⟩ genau, sorgfältig, sehr ordentlich; *Ggs* inakkurat; ~ *arbeiten* [<lat. *accuratus* »sorgfältig«]

37

Akkuratesse

Ak|ku|ra|tes|se ⟨f.; -; unz.⟩ Genauigkeit, Sorgfalt [<ital. *accuratezza* <lat. *accuratus* »sorgfältig«]

Ak|ku|sa|ti|ons|prin|zip ⟨n.; -s, -pi|en od. (selten) -e; Rechtsw.⟩ im Strafprozessrecht gültiges Prinzip, nach dem das Gericht ein Strafverfahren erst übernimmt, nachdem die Staatsanwaltschaft Anklage erhoben hat [<lat. *accusatio* »Anklage, Anschuldigung«]

Ak|ku|sa|tiv ⟨m.; -s, -e [-və]; Gramm.⟩ 4. Fall (Kasus) der Deklination, Wenfall [<lat. *casus accusativus* »der die Anklage betreffende Fall«; nicht korrekt übersetzt <grch. *ptosis aitiatike* »der die Ursache u. die Wirkung betreffende Fall«]

Ak|ku|sa|tiv|ob|jekt ⟨n.; -(e)s, -e; Gramm.⟩ Satzergänzung im Akkusativ bes. nach transitiven Verben, erfordert ggf. bestimmte Präpositionen; *er trägt »einen Hut«; sie gewinnt »den Preis«*

Ak|me ⟨f.; -; unz.⟩ Höhepunkt (bes. einer Krankheit) [grch., »Spitze«; höchste Blüte«]

Ak|ne ⟨f.; -, -n⟩ eine von den Talgdrüsen ausgehende, bes. in den Entwicklungsjahren vorkommende eitrige Hauterkrankung: Acne vulgaris [grch., vermutl. Entstellung von *Akme* »Blüte«]

A|ko|luth ⟨m.; -s od. -en, -en⟩ kath. Geistlicher im 4. (obersten) Grad der niederen Weihen [zu grch. *akoluthos* »folgend«]

A|ko|nit ⟨n.; -s, -e; Bot.⟩ Angehöriges einer Gattung der Hahnenfußgewächse, Eisenhut, Sturmhut [→ *Akonitin*]

A|ko|ni|tin ⟨n.; -s; unz.⟩ sehr giftiger Wirkstoff aus den Knollen des blauen Sturmhutes (Aconitum napellus); *oV* Aconitin [<grch. *akoniton* <*akone* »Felsstück«]

A|kon|to ⟨n.; -s, -s od. -kon|ten; bes. österr.⟩ An-, Teilzahlung [→ *a conto*]

A|kon|to|zah|lung ⟨f.; -, -en⟩ Zahlung zum Löschen eines Teils einer Schuld [→ *a conto*]

a|ko|ty|le|don ⟨Adj.; Bot.⟩ keimblattlos [<*a*...¹ + grch. *kotyledon* »Keimblatt«]

A|ko|ty|le|do|ne ⟨f.; -, -n; Bot.⟩ keimblattlose Pflanze

ak|qui|rie|ren ⟨V.⟩ 1 *etwas* ~ anschaffen, erwerben 2 *Kunden* ~ gewinnen [<lat. *acquirere* »dazuerwerben«]

Ak|qui|si|teur ⟨[-tø:r] m.; -s, -e⟩ Werber von Kunden für Anzeigen in einer Zeitung [< frz. *acquisiteur*; <lat. *acquirere* »dazuerwerben«]

Ak|qui|si|ti|on ⟨f.; -, -en⟩ 1 Anschaffung, Erwerbung 2 Werbung [<lat. *acquisitio* »Erwerb«; zu *acquirere* »dazuerwerben«]

ak|qui|si|tiv ⟨Adj.⟩ angenommen, erworben

ak|qui|si|to|risch ⟨Adj.⟩ in der Art von, mit Hilfe von Kundenwerbung [→ *Akquisiteur*]

♦ Die Buchstabenfolge **a|kr...** kann auch **ak|r...** getrennt werden. Davon ausgenommen sind Zusammensetzungen, in denen die fremdsprachigen bzw. sprachhistorischen Bestandteile deutlich als solche erkennbar sind, z. B. *-kritisch* (→*a.* hyperkritisch).

♦ **A|kra|ni|er** ⟨m.; -s, -⟩ Gruppe von Wirbeltieren ohne Schädel, Schädellose; *Ggs* Kraniote [<*A*...¹ + mlat. *cranium* »Schädel« <grch. *kranion*]

♦ **A|kren** ⟨Pl.⟩ hervorstehende Körperteile wie Nase, Kinn, Finger, Zehen [zu grch. *akros* »äußerst«]

♦ **A|kren|ze|pha|lon** ⟨n.; -s, -pha|la⟩ = Telenzephalon [<grch. *akros* »zuoberst« + *egkephalos* »Gehirn«]

♦ **A|kri|bie** ⟨f.; -; unz.⟩ peinliche Genauigkeit, höchste Sorgfalt [<grch. *akribeia*]

♦ **a|kri|bisch** ⟨Adj.⟩ sehr sorgfältig u. gründlich [→ *Akribie*]

a|kri|tisch ⟨Adj.⟩ unkritisch, kritiklos

♦ **A|kro|bat** ⟨m.; en, -en⟩ Turner, der besondere körperl. Kraft, Gewandtheit u. Beweglichkeit erfordernde Übungen vollbringt, Turnkünstler, Schlangenmensch, Seil-, Trapezkünstler [<grch. *akros* »zuoberst« + *bainein* »gehen«]

♦ **A|kro|ba|tik** ⟨f.; -; unz.⟩ besondere körperl. Kraft, Gewandtheit u. Beweglichkeit erfordernde Turnkunst, Kunstturnen, Trapezkunst [→ *Akrobat*]

♦ **A|kro|ba|tin** ⟨f.; -, -tin|nen⟩ weibl. Akrobat

♦ **a|kro|ba|tisch** ⟨Adj.⟩ die Akrobatik betreffend, zu ihr gehörig, wie ein(e) Akrobat(in)

♦ **A|kro|dy|nie** ⟨f.; -, -n; Med.⟩ Schmerz in den Gliederenden [<grch. *akros* »spitz« + *odyne* »Schmerz«]

♦ **A|kro|dys|to|nie** ⟨f.; -, -n⟩ Krampf in den Gliederenden [<grch. *akros* »spitz« + *Dystonie*]

♦ **a|kro|ke|phal** ⟨Adj.⟩ mit nach oben spitz zulaufendem Schädel versehen, spitzköpfig; *oV* akrozephal [<grch. *akros* »spitz« + ...*kephal*]

♦ **A|kro|ke|pha|lie** ⟨f.; -, -n; Anat.⟩ spitz nach oben verlaufende Schädelform, Spitzköpfigkeit; *oV* Akrozephalie [→ *akrokephal*]

♦ **A|kro|le|in** ⟨n.; -s; unz.⟩ = Acrolein

♦ **A|kro|lith** ⟨m.; -s od. -en, -e od. -en⟩ grch. Statue, bei der die bekleideten Körperteile aus gemaltem od. vergoldetem Holz u. die unbekleideten aus Marmor bestehen [<grch. *akros* »zuoberst« + *lithos* »Stein«]

♦ **A|kro|me|ga|lie** ⟨f.; -, -n; Med.⟩ hormonal bedingte Form des Riesenwuchses, die etwa vom 3. Lebensjahr an auftritt u. auf einer Überproduktion des Wachstumshormons der Hypophyse beruht; *Sy* Pachyakrie [<grch. *akros* »zuoberst« + *megas*, Gen. *megalon* »groß«]

♦ **A|kro|nym** ⟨n.; -s, -e⟩ aus den Anfangsbuchstaben mehrerer Wörter gebildetes Kurzwort, z. B. UNO [<grch. *akros* »zuoberst« + *onyma* »Name«]

♦ **a|kro|pe|tal** ⟨Adj.⟩ *Ggs* basipetal 1 ⟨Bot.⟩ aufsteigend (der jüngste Spross einer Pflanze ist oben, der älteste unten) 2 ⟨allg.⟩ aufwärts strebend [<grch. *akros* »zuoberst« + lat. *petere* »erstreben«]

♦ **A|kro|po|lis** ⟨f.; -, -po|len⟩ altgrch., auf einem Hügel gelegene Stadtburg (bes. die von Athen) [<grch. *akros* »oberst« + *polis* »Stadt«]

Akrostichon ⟨[-çɔn] n.; -s, -tichen od. -ticha⟩ Gedicht od. Lied, bei dem die Anfangsbuchstaben bzw. -wörter der Strophen od. Verszeilen ein Wort bzw. einen Satz ergeben [<grch. *akros* »der Höchste, Äußerste« + *stichos* »Zeile, Vers«]

◆ **Akroterie** ⟨[-riə] f.; -, -n⟩ = Akroterion

◆ **Akroterion** ⟨n.; -s, -ri|en⟩ Verzierung von Tempelgiebeln od. kleinen Denkmälern durch Reliefs in Form von Ranken, Blättern u. a.; *oV* Akroterie, Akroterium [<grch. *akroteria;* zu *akros* »spitz«]

◆ **Akroterium** ⟨n.; -s, -ri|en⟩ = Akroterion

◆ **Akrotyleuton** ⟨n.; -s, -leu|ten od. -leu|ta; Metrik⟩ Gedicht aus einer Verbindung von Akrostichon u. Telestichon, bei dem die Anfangs- u. Endbuchstaben das gleiche Wort ergeben [<grch. *akroteleution* »Refrain« <*akros* »der Äußerste« + *teleute* »Schluss«]

◆ **akrozephal** ⟨Adj.⟩ = akrokephal

◆ **Akrozephalie** ⟨f.; -, -n⟩ = Akrokephalie

◆ **Akrylharze** ⟨Pl.⟩ = Acrylharze

◆ **Akrylsäure** ⟨f.; -, -n⟩ = Acrylsäure

Akt 1 ⟨m.; -(e)s, -en⟩ = Akte **2** ⟨m.; -(e)s, -e⟩ **2.1** Handlung, Vorgang, Tätigkeit, Tat; *ein ~ der Menschlichkeit, Höflichkeit, Verzweiflung; ein symbolischer, feierlicher ~* **2.2** Vorführung; *Zirkus~* **2.3** Teil eines Bühnenwerkes, Aufzug; *ein Drama mit fünf ~en* **2.4** Darstellung des nackten menschlichen Körpers; *einen ~ zeichnen; ein männlicher, weiblicher ~* **2.5** ⟨kurz für⟩ Geschlechtsakt, Begattung, Koitus [<lat. *actus* »Handlung, Geschehen«; zu *agere* »handeln, betreiben«]

Aktant ⟨m.; -en, -en; Sprachw.⟩ **1** Handelnder, Sprecher **2** vom Verb gefordertes Satzglied [<frz. *actant* »Handelnder«]

Akte ⟨f.; -, -n⟩ schriftl. Unterlagen eines geschäftl. od. gerichtl. Vorgangs; *Sy* Akt (1); *Gerichts~, Polizei~, Prozess~; jmdn. in den ~n führen* Unterlagen über ihn besitzen; *etwas zu den ~n legen* zu den schon vorhandenen, gesammelten Schriftstücken über den gleichen Vorgang od. (fig.) als erledigt betrachten [<lat. *acta* »Handlungen, Taten«; → *Acta*]

Aktei ⟨f.; -, -en⟩ Sammlung von Akten [→ *Akte*]

Akteur ⟨[-tø:r] m.; -s, -e⟩ **1** Handelnder **2** Schauspieler [<frz. *acteur* »Schauspieler«; <lat. *agere* »handeln, betreiben«]

Aktie ⟨[-tsjə] f.; -, -n⟩ Urkunde über den Anteil am Grundkapital einer Aktiengesellschaft; *die ~n stehen (nicht) gut; die ~n steigen, fallen* (a. fig.) die Aussichten sind gut (schlecht); *sein Geld in ~n anlegen* [<lat. *actio* »Handlung, Tätigkeit«]

Aktien|fonds ⟨[-fɔ̃] m.; - [-fɔ̃s], - [-fɔ̃:s]; Börse⟩ Investmentfonds, der zu mehr als 50 Prozent aus unterschiedlichen Aktien besteht

Aktien|gesellschaft ⟨f.; -, -en; Abk.: AG, AG., A.G., A.-G.⟩ Handelsgesellschaft, deren Grundkapital aus den Einlagen der Gesellschafter besteht, mit denen diese (beschränkt od. voll) haften u. aus denen sie in Form von Dividenden Erträge beziehen

Aktien|index ⟨m.; - od. -es, -e od. -dices od. -dizes⟩ Messzahl des durchschnittlichen Börsenkurses der Aktien der bedeutendsten Aktiengesellschaften, deren Aktien regelmäßig an der Börse notiert werden

Aktin ⟨n.; -s, -e; Biochemie⟩ am Aufbau der Muskelstruktur beteiligtes Eiweiß; *oV* Actin

Aktiniden ⟨Pl.⟩ = Actinoide; *oV* Actiniden

Aktinie ⟨[-njə] f.; -, -n; Bot.⟩ Ordnung der Hexacorallia, festsitzende, meist lebhaft gefärbte, einzeln lebende Polypen des Meeres, Seerose [<grch. *aktis*, Gen. *aktinos* »Strahl«]

aktinisch ⟨Adj.⟩ durch Strahlung hervorgerufen [<grch. *aktis*, Gen. *aktinos* »Strahl«]

Aktinium ⟨n.; -s; unz.⟩ = Actinium

aktino..., Aktino... ⟨in Zus.⟩ Strahl [<grch. *aktis*, Gen. *aktinos* »Strahl«]

Aktino|graf ⟨m.; -en, -en⟩ = Aktinograph

Aktino|graph ⟨m.; -en, -en⟩ mit einem Aktinometer verbundenes Schreibgerät; *oV* Aktinograf [<*Aktino...* + *...graph*]

Aktino|ide ⟨Pl.⟩ = Actinoide

Aktino|lith ⟨m.; -s od. -en, -e od. -en; Min.⟩ dunkelgrünes Mineral aus der Gruppe der Hornblendeasbeste, Strahlstein [<grch. *aktis*, Gen. *aktinos* »Strahl« + *lithos* »Stein«]

Aktino|meter ⟨n.; -s, -⟩ Apparat zum Messen der Strahlung von Lichtquellen, hauptsächl. der Sonne [<*Aktino...* + *...meter*]

Aktino|metrie *auch:* **Aktino|metrie** ⟨f.; -, -n⟩ **1** ⟨Physik⟩ Strahlungsmessung **2** ⟨Astron.⟩ Sternenkatalog mit genauer Angabe der Helligkeit; *Yerkes-~; Göttinger ~* [<*Aktino...* + *...metrie*]

aktino|morph ⟨Adj.⟩ strahlungssymmetrisch [<*aktino...* + *...morph*]

Aktino|mykose ⟨f.; -, -n⟩ Strahlenpilzkrankheit: Actinomycosis [<*Aktino...* + *Mykose*]

Aktino|myzet ⟨m.; -en, -en⟩ Strahlenpilz [<*Aktino...* + *...myzet*]

Aktino|myzin ⟨n.; -s, -e⟩ ein aus Streptomycesarten gewonnenes Antibiotikum [<*Aktino...* + grch. *mykes* »Pilz«]

Aktion ⟨f.; -, -en⟩ **1** Handlung, Vorgehen, Unternehmung; *eine gemeinsame ~ starten; in ~ treten* zu handeln, zu wirken beginnen **2** Maßnahme **3** Ereignis, Geschehnis [<lat. *actio* »Handlung«; zu *agere* »handeln, betreiben«]

Aktionär ⟨m.; -s, -e; Börse⟩ Aktienbesitzer, Teilhaber, Mitglied einer Aktiengesellschaft [→ *Aktie*]

Aktionismus ⟨m.; -; unz.⟩ **1** Versuch, durch (künstlerische, revolutionäre) Aktionen das Bewusstsein der Menschen od. gesellschaftliche Zustände zu verändern **2** übermäßiger Tätigkeitsdrang [→ *Aktion*]

aktionistisch ⟨Adj.⟩ auf Aktionismus beruhend, übermäßig aktiv

Aktionsart ⟨f.; -, -en; Gramm.⟩ die durch das Verb ausgedrück-

Aktionsradius

te Handlung in Bezug auf ihren zeitlichen Verlauf, Handlungsart, z. B. Beginn (Inchoativum), Dauer (Durativum), Vollendung (Perfektivum), Wiederholung (Iterativum); →*a*. Kausativum

Ak|ti|ons|ra|di|us ⟨m.; -, -di|en⟩ 1 Strecke, die ein Fahr- od. Flugzeug zurücklegen kann, ohne neuen Treibstoff aufzunehmen; *einen großen, kleinen ~ haben* 2 ⟨fig.⟩ Reichweite, Wirkungsbereich

Ak|ti|ons|strom ⟨m.; -(e)s, -ströme⟩ Fluss elektr. Stromes in biolog. Geweben

Ak|ti|ons|tur|bi|ne ⟨f.; -, -n⟩ Turbine, bei der vor dem Laufrad die gesamte Nutzfallhöhe (Gesamtenergie) in Bewegungsenergie umgesetzt wird

Ak|ti|ons|zen|trum *auch:* **Ak|ti|ons|zent|rum** ⟨n.; -s, -zen|tren; Meteor.⟩ Gebiet überwiegend hohen od. tiefen Luftdrucks, das nach Intensität, Ausdehnung u. beschränkt veränderlicher Lage für die Witterung größerer Teile der Erdoberfläche maßgebend ist

ak|tiv ⟨a. ['--] Adj.⟩ 1 tätig, wirksam, unternehmend; *Ggs* passiv; *~e Handlungsbilanz* H. eines Landes, bei der die Ausfuhr die Einfuhr übersteigt; *~e Immunisierung* ⟨Med.⟩ Immunisierung durch Übertragung lebender od. abgetöteter Krankheitserreger, wobei der Körper selbst Antikörper bildet; *~es Wahlrecht* das Recht zu wählen; *~er Wortschatz* W., den jmd. in einer Sprache beherrscht u. auch verwendet 2 ⟨Gramm.⟩ zum Aktiv ⟨1-us⟩ gehörig, im Aktiv stehend 3 ⟨Mil.⟩ ständig im Dienst stehend; *Ggs* inaktiv; *~er Offizier; die ~e Truppe* [<lat. *activus* »tätig«; zu *agere* »handeln, betreiben«]

Ak|tiv¹ ⟨n.; -s; unz.; Gramm.⟩ Ausdrucksform des Verbs, bei der das Subjekt syntaktisch Träger eines Geschehens ist, Tatform, Tätigkeitsform; *Sy* Aktivum; *Ggs* Passiv

Ak|tiv² ⟨n.; -s, -e od. -e; DDR⟩ Gruppe von Personen, die gemeinsam eine gesellschaftl. Aufgabe erfüllen

Ak|ti|va ⟨[-va] Pl.; Sing.: Aktivum⟩ Vermögenswerte, Guthaben, Sollseite; *Sy* Aktivposten; *Ggs* Passiva; *~ und Passiva* Vermögenswerte u. Schulden

Ak|ti|va|tor ⟨[-va:-] m.; -s, -to|ren; Chemie⟩ 1 Stoff, der das Reaktionsvermögen eines anderen Stoffes steigert 2 Beimengung zu einem Katalysator, der dessen Wirksamkeit erhöht 3 Substanz, die einem für sich allein nicht fluoreszenz- od. phosphoreszenzfähigen Stoff nach Bestrahlung mit Licht zum Leuchtstoff macht [→ *aktiv*]

Ak|tiv|bür|ger ⟨m.; -s, -⟩ Staatsbürger, der das Wahlrecht besitzt u. gewählt werden kann; *Ggs* Passivbürger

Ak|tiv|ge|schäft ⟨n.; -(e)s, -e; Wirtsch.⟩ aktives Wertpapier- u. Kreditgeschäft der Banken; *Ggs* Passivgeschäft [→ *aktiv*]

ak|ti|vie|ren ⟨[-vi:-] V.⟩ in Tätigkeit setzen, in Schwung bringen, zu größerer Wirkung bringen; *Ggs* inaktivieren [→ *aktiv*]

Ak|ti|vie|rung ⟨[-vi:-] f.; -, -en⟩ das Aktivieren

Ak|ti|vie|rungs|ana|ly|se ⟨[-vi:-] f.; -, -n⟩ = Neutronenaktivierungsanalyse

ak|ti|visch ⟨[-vɪʃ] Adj.; Gramm.⟩ = aktiv

Ak|ti|vis|mus ⟨[-vɪs-] m.; -; unz.⟩ 1 Tätigkeitsdrang 2 betont zielbewusstes Handeln [→ *aktiv*]

Ak|ti|vist ⟨[-vɪst] m.; -en, -en⟩ 1 politisch tatkräftiger Mensch 2 zielbewusst Handelnder 3 ⟨DDR⟩ Arbeiter od. Angestellter, der für überdurchschnittliche Leistungen ausgezeichnet worden ist [→ *aktiv*]

Ak|ti|vis|tin ⟨[-vɪst-] f.; -, -tin|nen⟩ weibl.Aktivist

Ak|ti|vi|tät ⟨[-vi-] f.; -, -en⟩ *Ggs* Inaktivität 1 aktives Verhalten, (Geschäfts-)Tätigkeit 2 Wirksamkeit, Wirkungsfähigkeit

Ak|tiv|koh|le ⟨f.; -, -n⟩ durch Verkohlen von Holz (Holzkohle), Knochen (Knochenkohle) od. Tierblut (Blutkohle) gewonnene Kohle mit großer Oberfläche, verwendet als Adsorptionsmittel

Ak|tiv|pos|ten ⟨Pl.⟩ = Aktiva

Ak|tiv|ru|der ⟨n.; -s, -⟩ Steuerruderblatt, an dessen hinterem Ende zusätzlich ein über einen Elektromotor angetriebener kleiner Propeller eingebaut ist, bewirkt durch ständige Umströmung des Ruderblattes mit Wasser eine verbesserte Manövrierfähigkeit, vor allem für große Schiffe

Ak|ti|vum ⟨[-vum] n.; -s; unz.; Gramm.⟩ 1 = Aktiv¹ 2 ⟨Sing. von⟩ Aktiva

Ak|tiv|zin|sen ⟨Pl.⟩ aus dem Aktivgeschäft erwirtschaftete Zinsen, Sollzinsen

Ak|tri|ce *auch:* **Ak|tri|ce** ⟨[-tri:s(ə)] f.; -, -n⟩ Schauspielerin [<frz. *actrice*]

ak|tu|al ⟨Adj.⟩ 1 wirklich vorhanden, tatsächlich gegeben, sich vollziehend; *Ggs* potenziell (1) 2 eine Tatsache ausdrückend, eindeutig; *Ggs* potenzial (2)

ak|tu|a|li|sie|ren ⟨V.⟩ aktuell, zeitnah machen

Ak|tu|a|lis|mus ⟨m.; -; unz.⟩ Auffassung, dass die Kräfte u. Gesetze der Natur- u. Kulturentwicklung in früheren Zeitaltern auf die gleiche Weise wirksam waren, wie sie es heute sind [<mlat. *actualis* »tatsächlich«; zu lat. *actus* »Handlung«]

Ak|tu|a|li|tät ⟨f.; -; unz.⟩ Bedeutung für die Gegenwart, Zeitnähe [<lat. *actualitas* <lat. *actus* »Handlung«]

ak|tu|ell ⟨Adj.⟩ für die Gegenwart bedeutsam, zeitgemäß; *eine ~e Frage, ein ~es Theaterstück* [<frz. *actuel* »wirklich« <mlat. *actualis* <lat. *actus* »Handlung«]

Aku|em ⟨n.; -s, -e⟩ 1 ⟨Psych.⟩ einen psychischen Zustand durch Laute kennzeichnendes Merkmal 2 ⟨Phon.⟩ dem Phonem entsprechender Affektausdruck [<grch. *akouein* »hören«]

Aku|i|tät ⟨f.; -; unz.⟩ akuter Krankheitsverlauf

Aku|me|trie *auch:* **Aku|met|rie** ⟨f.; -; unz.⟩ = Audiometrie [<grch. *akouein* »hören« + ...*metrie*]

Aku|pres|sur ⟨f.; -, -en⟩ der Akupunktur entsprechende Heilbehandlung, wobei anstelle der Nadeln der Druck der Finger benutzt wird [zu lat. *acus* »Nadel« + *pressare* »drücken, pressen«]

Akupunkteur ⟨[-tøːr] m.; -s, -e⟩ jmd., der eine Akupunktur durchführt

akupunktieren ⟨V.⟩ mittels Akupunktur behandeln

Akupunktur ⟨f.; -, -en⟩ jahrtausendealtes chines., heute auch in Europa wiederaufgenommenes Heilverfahren, bei dem durch Einstich goldener u. silberner Nadeln an lehrmäßig festgelegten Hauptpunkten erkrankte innere Organe beeinflusst werden, heute u. a. zur Anästhesie verwendet; *Sy* Akidopeirastik [<lat. *acus* »Nadel« + *punktura* »das Stechen«]

Akustik ⟨f.; -; unz.⟩ **1** Lehre vom Schall **1.1** ⟨Musik⟩ Lehre von den Tönen **2** Klangwirkung, Beschaffenheit eines Raumes bezügl. des Widerhalls von Klang; *der Saal hat eine gute ~* [<grch. *akouein* »hören«]

Akustiker ⟨m.; -s, -⟩ Wissenschaftler, Techniker auf dem Gebiet der Akustik

Akustikerin ⟨f.; -, -rinnen⟩ Wissenschaftlerin, Technikerin auf dem Gebiet der Akustik

Akustikgitarre ⟨f.; -, -n; Musik⟩ Gitarre ohne elektronische Verstärkung (bei akustischen Instrumenten wird mechanische Energie in Schallenergie umgewandelt)

Akustikkoppler ⟨m.; -s, -⟩ Gerät zur Übertragung von Daten über das Fernsprechnetz

akustisch ⟨Adj.⟩ **1** die Akustik betreffend, auf ihr beruhend **2** das Gehör, den Schall betreffend **3** mit dem Gehör wahrnehmbar; *~e Sinneseindrücke* **4** *~er Typ* Menschentyp, der sich Gehörtes besser merken kann als Gesehenes; *Ggs* visueller Typ

akut ⟨Adj.⟩ **1** plötzlich auftretend, scharf, heftig **2** vordringlich **3** ⟨Med.⟩ rasch u. heftig verlaufend; *Ggs* chronisch [<lat. *acutus* »scharf, spitz«]

Akut ⟨m.; -(e)s, -e; Zeichen: ´⟩ Zeichen für Länge, Betonung od. geschlossene Aussprache eines Vokals, z. B. im Ungarischen u. Französischen; *Sy* Accent aigu [→ *akut*]

akzedieren ⟨V.; geh.⟩ *jmdm. ~* beipflichten, zustimmen [<lat. *accedere* »hinzutreten, beipflichten«]

Akzeleration ⟨f.; -, -en⟩ Beschleunigung [→ *akzelerieren*]

akzelerieren ⟨V.⟩ beschleunigen [<lat. *accelerare*]

Akzent ⟨m.; -s, -e; Zeichen: ´, `, ˆ⟩ **1** Zeichen für Betonung, Qualität od. Quantität eines Lautes, Akut, Gravis, Zirkumflex; *einen Buchstaben mit einem ~ versehen* **2** Betonung, Nachdruck; *auf ein Wort, eine Aussage besonderen ~ legen; ~e setzen; der ~ liegt auf der ersten Silbe, dem ersten Wort* **3** Aussprache, Tonfall, Sprachmelodie; *mit ausländischem, englischem, süddeutschem ~ sprechen* [<lat. *accentus* »Betonung«]

Akzentuation ⟨f.; -, -en⟩ das Akzentuieren, Betonen

akzentuieren ⟨V.⟩ **1** mit Nachdruck betonen **2** abgemessen, genau aussprechen; *akzentuiert sprechen* [→ *Akzent*]

Akzepisse ⟨n.; -, -; veraltet⟩ Empfangsschein [zu lat. *accepisse* »erhalten zu haben« *<accipere* »annehmen«]

Akzept ⟨n.; -(e)s, -e⟩ **1** durch Unterschrift angenommener Wechsel **2** schriftl. Annahmeerklärung auf dem Wechsel; *einen Wechsel mit ~ versehen* [<lat. *acceptus*, Part. Perf. zu *accipere* »annehmen«]

akzeptabel ⟨Adj.⟩ so beschaffen, dass man es akzeptieren kann, annehmbar; *Ggs* inakzeptabel; *dieser Vorschlag ist (nicht) ~; akzeptable Bedingungen* [<frz. *acceptable* »annehmbar« <lat. *acceptare* »annehmen«]

Akzeptant ⟨m.; -en, -en⟩ jmd., der einen Wechsel akzeptiert, Bezogener [<frz. *acceptant*, Part. Präs. zu *accepter* »annehmen« <lat. *acceptare*]

Akzeptanz ⟨f.; -; unz.⟩ das Akzeptieren, das Bereitsein, etwas anzunehmen; *in der Bevölkerung besteht keine ~ für den weiteren Ausbau der Atomenergie* [→ *Akzeptant*]

Akzeptation ⟨f.; -, -en⟩ das Akzeptieren, Annahme [<frz. *acceptation* <lat. *acceptare* »annehmen«]

akzeptieren ⟨V.⟩ annehmen; *einen Vorschlag, Wechsel ~* [<frz. *accepter* »annehmen« <lat. *acceptare*]

Akzeptkredit ⟨m.; -(e)s, -e⟩ Recht, auf Dritte Wechsel zu ziehen

Akzeptor ⟨m.; -s, -toren⟩ **1** ⟨Physik⟩ Störstelle im Kristallgitter eines Isolators od. Halbleiters, die ein Elektron einfangen kann; *Ggs* Donator **2** ⟨Chemie⟩ Stoff, der bei einer chem. Reaktion frei werdende Atome bindet **3** ⟨Kyb.⟩ System, das Elemente od. Informationen von einem anderen System aufnimmt; *Ggs* Donator [<lat. *acceptus*, Part. Perf. zu *accipere* »annehmen«]

Akzess ⟨m.; -es, -e⟩ **1** Zutritt **2** ⟨österr.⟩ Zulassung (zum Gerichts- u. Verwaltungsdienst) [<lat. *accessus* »Zutritt«; zu *accedere* »hinzukommen, hinzutreten«]

Akzession ⟨f.; -, -en⟩ **1** Zugang, Erwerb **2** ⟨Völkerrecht⟩ der Beitritt eines Staates zu einem bereits von anderen Staaten abgeschlossenen Vertrag [<lat. *accessio* »Zutritt«]

Akzessist ⟨m.; -en, -en⟩ **1** ⟨Barockzeit⟩ Anwärter auf eine Musikantenstelle, Hilfsmusiker **2** ⟨österr.⟩ Anwärter für den Gerichts- u. Verwaltungsdienst [<lat. *accessus* »Zutritt«; zu *accedere* »hinzukommen, hinzutreten«]

Akzessit ⟨n.; -s, -s; veraltet; bei Preisangaben⟩ zweiter Preis od. Nebenpreis [<lat. *accessit* »er ist hinzugetreten«; → *Akzess*]

Akzessorietät ⟨[-rieː-] f.; -; unz.⟩ **1** Zugänglichkeit **2** Zulassbarkeit **3** ⟨Rechtsw.⟩ die Abhängigkeit des Nebenrechts von einem Hauptrecht [→ *akzessorisch*]

akzessorisch ⟨Adj.⟩ **1** hinzutretend **2** nebensächlich **3** *~e Mineralien* in einem Gestein geringfügig vorkommende, für die Gesteinsart unbedeutende Mineralien [<lat. *accedere* »hinzukommen, hinzutreten«]

Akzessorium ⟨n.; -s, -rien⟩ **1** Nebensache, Beiwerk **2** Nebenanspruch [zu lat. *accedere* »hinzukommen, hinzutreten«]

Ak|zi|dens ⟨n.; -, -den|zi|en⟩ Hinzukommendes, unwesentl. Eigenschaft [<lat. *accidens*; → *akzidentiell*]

Ak|zi|den|ta|li|en ⟨Pl.⟩ Nebenpunkte (bei Rechtsgeschäften); *Ggs* Essenzialien [→ *Akzidens*]

ak|zi|den|tiell ⟨Adj.⟩ = akzidentiell

ak|zi|den|ti|ell ⟨[-tsjɛl] Adj.⟩ zufällig (eintretend, hinzutretend), unwesentlich; *oV* akzidenziell, akzidentell [<frz. *accidentel* »unwesentlich« <lat. *accidere* »sich ereignen«]

Ak|zi|denz ⟨f.; -, -en⟩ 1 bes. wirkungsvoll gestalteter, meist im Handsatz hergestellter Druck, z. B. Zeitungskopf, Werbeanzeige 2 Nebeneinnahme, Gelegenheitsauftrag 3 ⟨Musik⟩ Versetzungszeichen

ak|zi|den|zi|ell ⟨Adj.⟩ = akzidentiell

Ak|zi|se ⟨f.; -, -n⟩ 1 ⟨bis zum 19. Jh.⟩ indirekte Steuer 2 ⟨DDR⟩ Preisaufschlag auf die in den Läden der Handelsorganisation (HO) verkauften Waren [<frz. *accise* »Verbrauchsteuer« <lat. *accidere* »anschneiden, beschneiden«]

Al ⟨Zeichen für⟩ Aluminium

Al. ⟨Abk. für⟩ Alinea

al..., Al... ⟨Vorsilbe⟩ = ad..., Ad...

...al ⟨Nachsilbe; zur Bildung von Adj.⟩ 1 wie etwas, in der Art von etwas; *phänomenal; rational* 2 in Bezug auf etwas; *hormonal; kantonal* [lat.]

a. l. ⟨Abk. für lat.⟩ ad libitum

à la nach Art von; *er versucht einen Stil ~ Thomas Bernhard zu schreiben;* →*a.* alla [frz.]

à la baisse ⟨[- bɛːs] Börse⟩ ~ *spekulieren* spekulieren, indem man mit dem Fallen der Kurse rechnet [frz.; → *Baisse*]

Al|a|bas|ter ⟨m.; -s, -⟩ 1 marmorähnliche, feinkörnige, reinweiße, durchscheinende Abart des Gipses, monoklin 2 weißer od. gelber, durchscheinender Kalksinter, härter als Gips, Werkstoff für Schalen, Vasen u. a. Kunstgegenstände [<grch. *alabastron,* nach der oberägypt. Stadt *Alabastron*]

à la bonne heure ⟨[- bɔnœːr]⟩ recht so, bravo [frz., eigtl. »(das) kommt« zur rechten Stunde«]

à la carte ⟨[- kaː(r)t]⟩ ~ *essen* nach der Speisekarte, nicht das Menü essen [frz.]

à la hausse ⟨[- oːs]⟩ ~ *spekulieren* spekulieren, indem man mit dem Steigen der Kurse rechnet [frz.; → *Hausse*]

à la jar|di|ni|è|re ⟨[- ʒardinjɛːr(ə)]⟩ bunt angerichtet, mit Gemüse u. a. [frz., »nach Art der Gärtnerin«]

Al|a|lie ⟨f.; -; unz.; Med.⟩ Unfähigkeit, artikuliert zu sprechen [<*A...*[1] + grch. *lalein* »reden«]

à la longue ⟨[- lɔ̃ːg]⟩ auf die Dauer [frz.]

à la mode ⟨[- mɔd]⟩ *sich ~ kleiden* sich nach der Mode kleiden [frz.]

A|la|mo|de|li|te|ra|tur ⟨[-mɔd-] f.; -; unz.; Lit.⟩ die Unterhaltungsliteratur des 17. Jh. in Dtschld., von ausländ. Vorbildern, bes. vom gekünstelten Stil der vorherrschenden frz. Literatur beeinflusst [→ *à la mode*]

A|la|nin ⟨n.; -s, -e; Biochemie⟩ in Eiweißkörpern vorkommende Aminosäure, die aus α-Chlorpropionsäure u. Ammoniak hergestellt werden kann, chemisch α-Aminopropionsäure [Kunstwort]

Al|arm ⟨m.; -(e)s, -e⟩ 1 Ruf zur Bereitschaft, Warnung, Gefahrmeldung, Gefahrensignal; *Feind~; Feuer~; Flieger~; ~ blasen, geben, läuten, schlagen; blinder, stiller Alarm* ~ **2** ⟨im 2. Weltkrieg⟩ die Zeit der Gefahr, vom Signal bis zur Entwarnung [<frz. *à l'arme!* »zur Waffe!«]

a|lar|mie|ren ⟨V.⟩ **1** *jmdn. ~* jmdm. Alarm geben, jmdn. warnen, zum Einsatz aufrufen; *die Feuerwehr, Funkstreife, Polizei ~* **2** ⟨fig.⟩ beunruhigen, Sorgen bereiten [→ *Alarm*]

A|laun ⟨Pl.; Chemie⟩ als Doppelsalze auskristallisierende Sulfate ein- u. dreiwertiger Metalle, die bes. schön geformte (meist oktaedrische) Kristalle bilden, am bekanntesten das Kaliumaluminiumsulfat KAl(SO$_4$)$_2$, das meist als Alaun bezeichnet wird [<mhd. *alun,* engl. *alum* <lat. *alumen*]

Al|ba[1] ⟨f.; -, Al|ben⟩ langes, weißes liturg. Hemd; *oV* Albe [<ahd. *alba* »weißes Chorhemd«, engl. *alb* <lat. *albus* »weiß«]

Al|ba[2] ⟨f.; -, -s⟩ Tagelied der Troubadoure [<afrz. »Morgenröte«; <lat. *albus* »hell«]

Al|ba|tros *auch:* **Al|bat|ros** ⟨m.; -od. -ses, -se⟩ **1** ⟨Zool.⟩ Angehöriger einer Familie der Sturmvögel, vorzügliche, ausdauernde Segelflieger der Südozeane **2** ⟨Sport; Golf⟩ das Spielen des Loches mit drei Schlägen weniger als vorgegeben [<engl. *albatross* <portug. *alcadroz* <span. *alcaduz* »Brunnenrohr« <arab. *al kadus* »der Krug« (wegen der hornigen Röhre, in der sich die Nasenhöhle des Vogels auf dem Oberschnabel fortsetzt)]

Al|be ⟨f.; -, -n⟩ = Alba[1]

Al|be|do ⟨f.; -, -s⟩ Verhältnis des auf eine nicht spiegelnde Fläche auffallenden Lichtes zum zurückgestrahlten Licht, Rückstrahlung [<lat. *albere* »weiß sein«]

Al|ben ⟨Pl. von⟩ Album

Al|ber|go ⟨n.; -s, -s od. -ber|ghi⟩ Gasthaus, Hotel, Herberge [<ital. *albèrgo;* zu *albergare* »beherbergen, Unterkunft gewähren«]

Al|bi|gen|ser ⟨m.; -s, -⟩ = Katharer

Al|bi|nis|mus ⟨m.; -; unz.; Physiol.⟩ Unfähigkeit od. mangelhafte Fähigkeit, in Augen, Haut u. Haaren Farbstoff zu bilden; *Sy* Leukodermie [→ *Albino*]

Al|bi|no ⟨m.; -s, -s⟩ Mensch od. Tier mit mangelhafter od. fehlender Farbstoffbildung, Weißling [<portug. <span. *albo* »weiß« <lat. *albus*]

al|bi|no|tisch ⟨Adj.⟩ den Albinismus betreffend, auf ihm beruhend, in der Art eines Albinos

Al|bit ⟨m.; -s; unz.; Min.⟩ zur Gruppe der Feldspate gehörendes weißes od. schwach gefärbtes Mineral [zu lat. *albus* »weiß«]

Al|bum ⟨n.; -s, Al|ben⟩ **1** Gedenkbuch, Sammelbuch; *Foto~; Poesie~* **2** ⟨Musik⟩ (früher auf Langspielplatten veröffentlichte) Sammlung von Musikstücken einer Popgruppe od. eines

Musikers auf einer (Doppel-) CD [lat., »das Weiße« (bei den Römern eine weiße Tafel zum Eintragen öffentl. Verordnungen, Namenlisten usw.)]

Al|bu|men ⟨n.; -s; unz.⟩ Eiweiß der Eier von Vögeln u. Reptilien [<lat. *albus* »weiß«]

Al|bu|min ⟨n.; -s, -e⟩ **1** (i. e. S.) bekanntester Eiweißstoff, Hühnereiweiß **2** ⟨i. w. S.⟩ in Wasser lösliches, schwefelreiches Eiweiß, in Eiern, Milch, Blutserum u. verschiedenen Pflanzen enthalten [<lat. *albus* »weiß«]

al|bu|mi|no|id ⟨Adj.⟩ eiweißähnlich, wie Eiweiß [*<Albumin* + ...*id*]

al|bu|mi|nös ⟨Adj.⟩ eiweißhaltig [→ *Albumin*]

Al|bu|min|u|rie *auch:* **Al|bu|mi|nu|rie** ⟨f.; -, -n; Med.⟩ Ausscheidung von Eiweiß im Harn [*<Albumin* + ...*urie*]

Al|bu|mo|se ⟨f.; -, -n⟩ Produkt der Eiweißspaltung [zu lat. *albus* »weiß«]

Al|bus ⟨m.; -, unz.⟩ Weißpfennig, vom 14. bis zum 19. Jh. in West- u. Süddtschld. gebräuchl. Scheidemünze, 3-5 Cent [<lat. *albus* »weiß«]

al|cä|isch ⟨Adj.⟩ = alkäisch

Al|can|ta|ra ⟨n.; - od. -s; unz.; Textilw.⟩ ein textiler Kunststoff mit samtiger, veourslederartiger Oberfläche (für Kostüme, Mäntel u. Ä.)

Al|che|mie ⟨[-çe-] f.; -; unz.⟩ = Alchimie

Al|che|mist ⟨[-çe-] m.; -en, -en⟩ = Alchimist

al|che|mis|tisch ⟨[-çe-] Adj.⟩ = alchimistisch

Al|chi|mie ⟨[-çi-] f.; -; unz.⟩ mittelalterl. Chemie, bes. Goldmacherkunst; *oV* Alchemie [<arab. *al-kimia* <grch. *chemeia*; → *Chemie*]

Al|chi|mist ⟨[-çi-] m.; -en, -en⟩ jmd., der sich mit Alchimie beschäftigt, Goldmacher; *oV* Alchemist

al|chi|mis|tisch ⟨[-çi-] Adj.⟩ zur Alchimie gehörend, auf ihr beruhend; *oV* alchemistisch

al|cy|o|nisch ⟨Adj.⟩ *oV* alkyonisch, halkyonisch **1** friedlich, ruhig **2** windstill [<grch. *halkyon* »Eisvogel«, da dieser in einer meist windstillen Zeit brütet]

Al|de|hyd ⟨m.; -s, -e; Chemie⟩ aliphat. od. aromat. chem. Verbindung, die die Aldehydgruppe(-CHO) enthält [verkürzt <neulat. *alcohol dehyd*rogenatus »eines Teils seines Wasserstoffs beraubter Alkohol«]

al den|te ⟨Kochk.⟩ bissfest, nicht ganz weich gekocht (von Nudeln); *Spaghetti* ~ [ital., »halb gar, körnig«]

Al|der|man ⟨[ɔːldə(r)mæn] m.; -s, -men [-mən]⟩ Gemeindeältester, (ältester) Ratsherr [engl.]

Al|di|ne ⟨f.; -, -n⟩ durch hervorragende Qualität ausgezeichneter Druck (bes. antiker Klassiker) des venezianischen Druckers Aldus Manutius (1450-1515)

Al|do|he|xo|se ⟨f.; -, -n; Chemie⟩ organ.-chem. Verbindung mit sechs Kohlenstoffatomen, die zur Gruppe der Monosaccharide zählt u. eine endständige Aldehydgruppe (-CHO) trägt [*<Aldol* + *Hexose*]

Al|dol ⟨n.; -s, -e; Chemie⟩ aliphat. Aldehyd, der sich wie Alkohol u. Aldehyd zugleich verhält, Zwischenprodukt zur Herstellung von Butanol, Buna, Aldehydharzen u. Buttersäure [verkürzt *<Alde*hyd + Alkoh*ol*]

Al|do|sen ⟨n.; -s, -e; Chemie⟩ Gruppe einfacher Zucker mit einer Aldehydgruppe im Molekül

Ale ⟨[eɪl] n.; -s; unz.⟩ helles englisches Bier [engl.]

a|lea iac|ta est ⟨geh.⟩ der Würfel ist gefallen (angebl. Ausspruch Cäsars, als er 49 v. Chr. den Rubikon überschritt u. damit den Bürgerkrieg veranlasste) [lat.]

A|le|a|to|rik ⟨f.; -; unz.⟩ Kompositionstechnik, die den musikal. Verlauf in groben Zügen festlegt, dem Zufall aber einen gewissen Raum lässt [<lat. *alea* »Würfel«]

a|le|a|to|risch ⟨Adj.⟩ vom Zufall abhängend

A|lep|po|beu|le ⟨f.; -, -n⟩ = Orientbeule [nach der syrischen Stadt *Aleppo*]

a|lert ⟨Adj.⟩ munter, flink, aufgeweckt [<frz. *alerte* <ital. *all'erta* »auf der Hut«]

A|leu|ron ⟨n.; -s; unz.; Chemie⟩ die Backfähigkeit von Mehl be-

wirkender Eiweißstoff, Kleber; *Sy* Gluten [grch., »Weizenmehl«]

A|le|vit ⟨[-viːt] m.; -en, -en⟩ Anhänger einer mystischen islamischen Glaubensgemeinschaft [nach dem Religionsführer *Ali*, dem Schwiegersohn Mohammeds]

a|le|vi|tisch ⟨[-vi-] Adj.⟩ die Aleviten betreffend, zu ihnen gehörend

A|lex|an|dri|ner[1] *auch:* **A|le|xand|ri|ner** ⟨m.; -s, -⟩ **1** Einwohner von Alexandria **2** unter den röm. Kaisern in Alexandria (Ägypten) geprägtes Provinzialgeld aus legiertem Silber

A|lex|an|dri|ner[2] *auch:* **A|le|xand|ri|ner** ⟨m.; -s, -; Metrik⟩ alexandrin. Vers, sechsfüßiger, jambischer, gereimter Vers mit 12 od. 13 Silben [nach dem frz. Epen des 12. Jh. um *Alexander* den Großen, in denen er bes. verwendet wurde]

a|lex|an|dri|nisch *auch:* **a|le|xand|ri|nisch** ⟨Adj.⟩ **1** Alexandria betreffend, aus ihm stammend, zu ihm gehörig **2** in der Art eines Alexandriners[2]

A|lex|an|drit *auch:* **A|le|xand|rit** ⟨m.; -s, -e⟩ grüne, bei Lampenlicht rote, fettig wie Glas glänzende Abart des Chrysoberylls [nach dem russ. Zaren *Alexander* II]

A|le|xie ⟨f.; -, -n; Neurol.⟩ Unfähigkeit, trotz vorhandener Sehvermögens Buchstaben u. Wörter zu erkennen (bei bestimmten Gehirnkrankheiten), Wortblindheit, Buchstabenblindheit, Leseblindheit [*<A...*[1] + grch. *lexis* »Rede, Wort«]

A|le|xin ⟨n.; -s, -e; meist Pl.⟩ eiweißartiger Schutzstoff im Blutserum gegen Bakteriengifte [zu grch. *alexein* »fernhalten«]

a|le|zi|thal ⟨Adj.; Biol.⟩ ohne Dotter, dotterarm (von Eiern) [*<a...*[1] + *Lezithin*]

Al|fa|gras ⟨n.; -es, -gräser; Bot.⟩ = Espartogras; *oV* Halfagras [<grch. *halfa*]

Al|fal|fa ⟨f.; -; unz.; Bot.⟩ = Luzerne [span. <arab. *al-fafaah*]

Al|fe|nid ⟨n.; -s; unz.; Chemie⟩ versilberte Neusilberlegierung

al fine

A (60% Kupfer, 30% Zink, 10% Nickel), Chinasilber [nach dem Erfinder *Alphen*]

al fi|ne ⟨Musik⟩ (nochmals) bis zum Schluss (eines Musikstückes zu spielen); *da capo* ~ [ital.]

al fres|co ⟨bes. Mal.⟩ auf frischen Kalk, auf die feuchte Kalkwand (malen); *Ggs* al secco [<ital. *a, al* »an, auf« + *fresco* »frisch«]

Al|ge ⟨f.; -, -n; Bot.⟩ chlorophyllhaltige niedere Pflanze aus der sehr arten- u. formenreichen gleichnamigen Gruppe Phycophyta [<lat. *alga* »Seegras, Tang«]

Al|ge|bra *auch:* **Al|geb|ra** ⟨österr. [-'--] f.; -; unz.; Math.⟩ Lehre von den Gleichungen [<arab. *aldschebr* »Verbindung getrennter Teile«]

al|ge|bra|isch *auch:* **al|geb|ra|isch** ⟨Adj.; Math.⟩ die Algebra betreffend, zu ihr gehörig, auf ihr beruhend, mit ihrer Hilfe

Al|gen|pilz ⟨m.; -es, -e; Bot.⟩ Klasse der echten Pilze, niedere Pilze, Fadenpilze

Al|ge|sie ⟨f.; -, -n; Med.⟩ (Empfindlichkeit gegen) Schmerz [<grch. *algos* »Schmerz«]

Al|ge|si|o|lo|gie ⟨f.; -; unz.; Med.⟩ Lehre vom Schmerzempfinden

...al|gie ⟨Nachsilbe; zur Bildung weibl. Subst.⟩ Schmerz; *Aortalgie* [<grch. *algos*]

Al|gi|na|te ⟨Pl.; Biol.⟩ Salze u. Ester der Alginsäure; *oV* Alginate

Al|gi|ne ⟨Pl.; Biol.⟩ = Alginate

Al|gin|säu|re ⟨f.; -, -n; Biol.⟩ gallertartiges Polysaccharid der Algenzelle

AL|GOL ⟨n.; -; unz.; EDV⟩ Programmiersprache für mathematische, naturwissenschaftliche u. technische Probleme [verkürzt <engl. *algorithmic language*]

Al|go|lag|nie *auch:* **Al|go|lag|nie** ⟨f.; -; unz.⟩ sexuelles Lustempfinden beim Zufügen od. Erleiden von Schmerzen, übergeordneter Begriff für Sadismus u. Masochismus [<grch. *algos* »Schmerz« + *lagneia* »Wollust«]

Al|go|lo|ge ⟨m.; -n, -n⟩ Algenforscher

Al|go|lo|gie ⟨f.; -; unz.⟩ Lehre von den Algen [<*Alge* + *...logie*]

Al|gon|kin¹ ⟨m.; - od. -s, - od. -s⟩ Angehöriger einer Gruppe nordamerikanischer Indianerstämme

Al|gon|kin² ⟨n.; -s; unz.⟩ nordamerikanische Sprachfamilie

al|gon|kisch ⟨Adj.⟩ **1** das Algonkium betreffend **2** die Algonkin¹ od. ihre Sprache betreffend, von ihnen stammend, zu ihnen gehörig

Al|gon|ki|um ⟨n.; -s; unz.⟩ zweitälteste Formation der Erdgeschichte, jüngerer Abschnitt des Proterozoikums mit ersten Lebensspuren, vor 1,2 Mrd. bis 580 Mill. Jahren; *Sy* Eozoikum [nach dem nordamerikan. Indianerstamm der *Algonkin*]

al|go|rith|misch ⟨Adj.; Math.⟩ den Algorithmus betreffend, zu ihm gehörend; *~e Sprache* ⟨EDV⟩

Al|go|rith|mus ⟨m.; -, -rith|men; Math.⟩ Anleitung für Rechenverfahren [nach Abu-Ja'far Mohammed Ibn-Musa *Al-Chwarizmi*, pers. Mathematiker des 9. Jh.]

Al|gra|fie ⟨f.; -, -n⟩ = Algraphie

Al|gra|phie ⟨f.; -, -n⟩ Flachdruckverfahren mit geätzten Aluminiumplatten an Stelle von Zinkplatten, Aluminiumdruck; *oV* Algrafie [verkürzt <*Al*uminium + *...graphie*]

Al|hi|da|de ⟨f.; -, -n⟩ bewegl. Ableseinrichtung (Zeiger, Nonius u. dgl.) an Winkelmessern, Sextanten, Oktanten usw. [zu mlat. *alhidadah* <arab. *al-hidadah*]

ali|as ⟨Adv.⟩ anders, eigentlich; *Hans Weber* ~ *Schulze* [zu lat. *alius* »ein anderer«]

Ali|as ⟨[ɛɪliəs] n.; -, -⟩ falscher Name, Pseudonym [engl.]

Ali|a|sing ⟨[ɛɪliəsɪŋ] n.; -s, -s⟩ **1** verfälschtes Signal **2** ⟨EDV⟩ gezacktes Erscheinungsbild bestimmter Grafikelemente aufgrund der begrenzten Auflösungsfähigkeit des Bildschirms [engl.]

Ali|bi ⟨n.; -s, -s⟩ Nachweis der Abwesenheit vom Tatort zur Tatzeit; *ein (kein)* ~ *haben; sein* ~ *nachweisen können* [lat., »anderswo«]

Ali|bi|funk|ti|on ⟨f.; -, -en⟩ einer Sache od. einer Person zugeteilte Funktion, die einen Tatbestand od. Missstand verschleiern soll

alicyclisch, alizyklisch (*orthographische Varianten*) Viele ursprünglich ausschließlich fachsprachlich verwandte Begriffe sind durch häufigen Gebrauch zumindest teilweise in die Standardsprache eingegangen. Dies hat in einigen Fällen zu unterschiedlichen Schreibungen geführt.
Während das Adjektiv *alicyclisch* in der Schreibung mit *c* eher im fachsprachlichen Kontext verwendet wird, ist die lautlich an die deutsche Aussprache angepasste Schreibung mit *z* bzw. *k* ebenso zulässig.

a|li|cy|clisch *auch:* **a|li|cy|clisch** ⟨Adj.; Chemie⟩ *~e Verbindungen* gesättigte, organische Verbindungen mit bis zu 30 ringförmig angeordneten Kohlenstoffatomen; *oV* alizyklische Verbindungen; *Sy* Naphthene; *Ggs* aliphatische Verbindungen [verkürzt <*ali*phatisch + *cyclisch*]

Ali|en ⟨[ɛɪliən] m. od. n.; -s, -s⟩ außerirdisches Lebewesen [engl.]

Ali|e|na|ti|on ⟨[-li:e-] f.; -, -en⟩ **1** Entfremdung **2** Veräußerung, Verkauf **3** ⟨Med.⟩ Geistesabwesenheit [<lat. *alienatio* »Entfremdung«]

ali|e|nie|ren ⟨[-li:e-] V.⟩ **1** entfremden **2** veräußern, verkaufen [<lat. *alienare* »entfremden«]

Al|li|gne|ment *auch:* **Al|lig|ne|ment** ⟨[-lɪnjəmãː] n.; -s, -s⟩ Absteckung einer Richtlinie (beim Eisenbahn- od. Straßenbau) [frz. »Ausrichtung«]

al|li|gnie|ren *auch:* **al|lig|nie|ren** ⟨[-lɪnji:-] V.⟩ abmessen, abstecken [<frz. *aligner* »ausrichten«; zu *ligne* »Linie«]

Ali|ment ⟨n.; -(e)s, -e; meist Pl.⟩ Unterhaltsbeitrag, bes. Unterhaltspflicht gegenüber unehelichen Kindern [<lat. *alimentum* »Nahrung«]

ali|men|tär ⟨Adj.⟩ ernährungsbedingt [zu lat. *alimentum* »Nahrung«]

alkoholisieren

A|li|men|ta|ti|on ⟨f.; -, -en⟩ Gewährung von Lebensunterhalt, von Alimenten [zu lat. *alimentum* »Nahrung«]

a|li|men|tie|ren ⟨V.⟩ *jmdm. ~* jmdm. Lebensunterhalt gewähren, für jmdn. Alimente zahlen

A|li|nea ⟨n.; -s, -s; Abk.: Al.⟩ Absatz, neue Zeile [< lat. *a linea* »von der Zeile«]

A|li|pha|ten ⟨Pl.⟩ = aliphatische Verbindungen

a|li|pha|tisch ⟨Adj.⟩ *~e Verbindungen* Gruppe organischer Verbindungen, deren das Grundgerüst bildende Kohlenstoffatome zu geraden oder verzweigten (aber nicht in sich geschlossenen) Ketten angeordnet sind, Hauptbestandteile der Fette u. Wachse; *Sy* Aliphaten, acyclische Verbindungen; *Ggs* aromatische Verbindungen, alicyclische Verbindungen [< grch. *aleiphar*, Gen. *aleiphatos* »Fett«]

a|li|quant ⟨Adj.⟩ nicht ohne Rest teilend; *~er Teil einer Zahl* Teil einer Zahl, durch den sie nur mit Rest teilbar ist [< lat. *aliquantum* »irgendwieviel«]

a|li|quot ⟨Adj.⟩ ohne Rest teilend; *~er Teil einer Zahl* Teil einer Zahl, durch den sie ohne Rest teilbar ist [< lat. *aliquot* »einige, mehrere«, *aliquotus* »einige Mal«]

A|li|quo|te ⟨f.; -, -n; Math.⟩ gleichteilende Zahl, die im Ganzen ohne Rest aufgeht [→ *aliquot*]

A|li|quot|flü|gel ⟨m.; -s, -; Musik⟩ Hammerflügel (Klavier) mit über den Anschlagsaiten angebrachten, höher mitschwingenden Aliquotsaiten

A|li|quot|sai|te ⟨f.; -, -n; Musik⟩ Resonanzsaite, mit der angeschlagenen Saite mitschwingende Saite

A|li|quot|ton ⟨m.; -(e)s, -tö|ne; Musik⟩ mitschwingender Oberton

A|liud|lie|fe|rung ⟨f.; -, -en; Wirtsch.⟩ Falschlieferung [< lat. *aliud* »etwas anderes«]

A|li|yah ⟨f.; -; unz.⟩ jüd. Organisation, die die Übersiedlung von Juden nach Israel organisiert [hebr., eigtl. »Aufstieg«]

A|li|za|rin ⟨n.; -s; unz.⟩ Naturfarbstoff in der Krappwurzel, synthetisch durch Schmelzen von anthrachinonsulfosaurem Natrium mit Natriumhydroxid u. Kaliumchlorat gewonnen [< span. *Alzari* »Krappwurzel« < *alizari* »levant. Krapp«]

a|li|zy|klisch *auch:* **a|li|zyk|lisch** ⟨Adj.⟩ = alicyclisch

Alk ⟨m.; -(e)s, -en; Zool.⟩ Angehöriger einer Familie der regenpfeiferartigen Vögel, Schwimmvogel der Nordozeane: Alcidae [< isländ., schwed. *alka*]

Al|ka|hest ⟨m. od. n.; -(e)s, -e⟩ alchimist. Mittel, angebl. zur Lösung aller Stoffe [neulat.]

al|kä|isch ⟨Adj.⟩ *oV* alcäisch **1** den grch. Dichter Alkaios (um 600 v. Chr.) betreffend, von ihm stammend **2** *~e Strophe* Strophe der grch. Ode aus vier alkäischen Versen **3** *~er Vers* altgrch. Versmaß aus 8-11 Silben

Al|kal|de ⟨m.; -n, -n⟩ span. Gemeindevorsteher, Bürgermeister [< span. *alcalde* »Schultheiß, Richter eines Dorfes in Spanien« < arab. *al-qa'di* »der Richter«]

Al|ka|li ⟨n.; -s, -li|en; Chemie⟩ = Base [< arab. *al-qalaj* »die salzhaltige Asche, die man aus der Pflanze Salicornia gewinnt«; zu arab. *qalaj* »rösten«]

Al|ka|li|me|tal|le ⟨Pl.; Chemie⟩ die Elemente Lithium, Natrium, Kalium, Rubidium, Caesium u. Francium

Al|ka|li|me|trie *auch:* **Al|ka|li|met|rie** ⟨f.; -, -n; Chemie⟩ Verfahren der Maßanalyse zur Bestimmung von Basen od. basischen Salzen durch Neutralisation mit Säuren bekannter Konzentrationen [< *Alkali* + *...metrie*]

al|ka|lisch ⟨Adj.; Chemie⟩ = basisch

al|ka|li|sie|ren ⟨V.; Chemie⟩ Alkalien zusetzen

Al|ka|lo|id ⟨n.; -(e)s, -e; Chemie⟩ alkalisch reagierende giftige (heterocyclische) Verbindungen, z. B. in Pflanzen, Genuss-, Rausch- u. Heilmitteln (Coffein, Chinin, Morphin, Cocain, Nicotin) [< *Alkali* + *...id*]

Al|ka|ne ⟨Pl.⟩ = Paraffin (3)

Al|kan|na ⟨f.; -; unz.; Bot.⟩ **1** Gattung der Raublattgewächse **2** die Wurzel der Alcanna tinctoria, die den harzigen roten Farbstoff Henna enthält [< span. *alcana* < arab. *alhinna* »eine rotfärbende Wurzel«]

Al|ka|zar ⟨[-sar] od. [-θar] od. [--'-] m.; -s, -e⟩ Burg, Schloss, Palast in Spanien [< span. *alcazar* »Burg, Schloss« < arab. *al-qasr* »die Burg« < lat. *castrum* »Kastell, befestigter Platz«]

Al|ke|ne ⟨Pl.⟩ = Olefine

Al|ki|ne ⟨Pl.; Chemie⟩ Gruppe aliphat., organ. Verbindungen, die durch eine Dreifachbindung im Molekül gekennzeichnet sind, einfachster Vertreter: Acetylen, CH ≡ CH

Al|ko|hol ⟨m.; -s, -e⟩ **1** (i. w. S.) organ. chem. aliphat. od. aromat. Verbindung, in der ein od. mehrere Wasserstoffatome durch eine od. mehrere Hydroxyl-(OH-)Gruppen ersetzt sind, allg. Formel für einwertige, aliphat., gesättigte Alkohole, Ausgangsprodukte für org. Synthesen, gute Lackzusätze, Lösungsmittel **2** ⟨m.; -; unz.; i. e. S.⟩ = Äthylalkohol [< arab. *alkohol* »Bleiglanz zum Färben der Brauen«]

Al|ko|ho|lat ⟨n.; -(e)s, -e⟩ salzartige Verbindung, die durch Einwirkung von Alkalimetall (z. B. Natrium) auf einen Alkohol unter Wasserstoffabspaltung entsteht u. nur unter Feuchtigkeitsausschluss beständig ist, z. B. Natriumäthylat

Al|ko|ho|li|ka ⟨nur Pl.⟩ alkoholische Getränke

Al|ko|ho|li|ker ⟨m.; -s, -⟩ jmd., der dem Alkohol verfallen ist, gewohnheitsmäßiger Trinker

Al|ko|ho|li|ke|rin ⟨f.; -, -rin|nen⟩ weibl. Person, die dem Alkohol verfallen ist, gewohnheitsmäßige Trinkerin

al|ko|ho|lisch ⟨Adj.⟩ **1** *~es Getränk* Alkohol enthaltendes Getränk **2** *~e Gärung* Gärung, bei der Alkohol entsteht

al|ko|ho|li|sie|ren ⟨V.⟩ **1** *Most ~* mit Alkohol versetzen, vermischen, um die Gärung zu unterbrechen **2** *jmdn. ~* ⟨umg.⟩ Alkohol einschenken, betrunken machen

45

Alkoholismus

Al|ko|ho|lis|mus ⟨m.; -; unz.⟩ **1** Erkrankung durch übermäßigen Alkoholgenuss **2** Trunksucht
Al|ko|ho|lo|me|ter ⟨n.; -s, -⟩ Messgerät zur Ermittlung des Alkoholgehalts einer Flüssigkeit [<*Alkohol* + ...*meter*]
Al|ko|hol|spie|gel ⟨m.; -s, -⟩ Menge des im Blut enthaltenden Alkohols; *ein ~ von 1,5‰*
Al|ko|ven ⟨[-vən] m.; -s, -⟩ **1** Bettnische **2** sehr kleiner Nebenraum an einem Zimmer [<span. *alcoba* »Schlafgemach« <arab. *al-qobbah* »Gemach, Gewölbe«]
Al|kyl ⟨n.; -s, -e; Chemie⟩ = Alkylradikal
Al|kyl|grup|pe ⟨f.; -, -n; Chemie⟩ = Alkylradikal
al|ky|lie|ren ⟨V.; Chemie⟩ *chem. Verbindung ~* mit Alkylradikal versetzen
Al|kyl|ra|di|kal ⟨n.; -s, -e; Chemie⟩ einwertiger aliphatischer Kohlenwasserstoffrest der allgemeinen Form C_nH_{2n+1}-, der äußerst kurz beständig ist; *Sy* Alkyl, Alkylgruppe [verkürzt <*Alkali* + ...*yl*]
al|ky|o|nisch ⟨Adj.⟩ = alcyonisch
al|la ⟨Adv.⟩ nach Art, in der Art von; →*a.* à la [ital.]
al|la bre|ve ⟨[-və] Musik⟩ auf kurze Weise, mit verkürztem Tempo im Alla-breve-Takt [ital.]
Al|la-bre|ve-Takt ⟨m.; -(e)s; unz.; Musik⟩ Takt, bei dem statt $^4/_4$ nur $^2/_2$ gezählt werden, um ein bewegteres Tempo zu erreichen
Al|lah ⟨a. [-'-] m.; -s; unz.; im Islam⟩ Gott [arab.]
al|la mar|cia ⟨[ma:(r)tʃa] Musik⟩ in der Art eines Marsches, im Marschtempo [ital.]
al|la mi|su|ra ⟨Musik⟩ wieder im Takt [ital.]
Al|lan|to|in ⟨n.; -s, -e⟩ (bei manchen Wirbeltieren) Endprodukt des Harnstoffwechsels [<grch. *allas*, Gen. *allantos* »Wurst«]
al|la po|lac|ca ⟨Musik⟩ in der Art einer Polonäse, im Polonäsenrhythmus [ital.]
al|la pri|ma ⟨Mal.⟩ auf erste Art; *~ malen* in nur einer Farbschicht ohne Unter- od. Übermalen od. Lasieren [ital.]

al|lar|gan|do ⟨Musik⟩ breiter u. langsamer werdend (zu spielen); *Sy* largando [zu ital. *allargare* »erweitern, ausdehnen«]
al|la rin|fu|sa ⟨Wirtsch.⟩ in unverpacktem Zustand, lose zu verladen [ital., »durcheinander«]
al|la te|des|ca ⟨Musik⟩ nach Art eines deutschen Tanzes [ital.]
Al|la|tiv ⟨m.; -s, -e [-və]; Sprachw.⟩ Kasus, der das Ziel angibt [zu lat. *allatum* »herbeigebracht«]
al|la tur|ca ⟨Musik⟩ nach türk. Art, in der Art der Janitscharenmusik [ital.]
al|la zin|ga|re|se ⟨Musik⟩ nach Art der Zigeunermusik [ital.]
Al|lee ⟨f.; -, -n⟩ von Bäumen gesäumte Straße, von Bäumen eingefasster Weg [frz.; zu *aller* »gehen«]
Al|le|gat ⟨n.; -(e)s, -e⟩ **1** Berufung (auf ein Schriftwort) **2** zitierte Stelle [zu lat. *allegare* »vorbringen, geltend machen«]
Al|le|ga|ti|on ⟨f.; -, -en⟩ Zitat, Anführung, Berufung auf
al|le|gie|ren ⟨V.⟩ *eine Schriftstelle ~* anführen, zitieren [<lat. *allegare* »vorbringen, geltend machen«]
Al|le|go|re|se ⟨f.; -, -n; Lit.⟩ allegorische Deutung eines Textes [→ *Allegorie*]
Al|le|go|rie ⟨f.; -, -n; Kunst; Lit.⟩ bildhafte Darstellung eines Begriffs od. Vorgangs mit enger, erkennbarer Verbindung zu diesem, Sinnbild, Gleichnis, z. B. Frau mit Waage u. verbundenen Augen für »Gerechtigkeit«; *Ggs* Symbol (4) [<grch. *allegoria*; zu *allegorein* »etwas anderes sagen«]
Al|le|go|rik ⟨f.; -; unz.⟩ **1** Gesamtheit der allegor. Elemente (einer künstler. Darstellung) **2** allegor. Darstellungsweise
al|le|go|risch ⟨Adj.⟩ in der Art einer Allegorie, mit ihrer Hilfe, sinnbildlich, gleichnishaft
al|le|go|ri|sie|ren ⟨V.⟩ durch eine Allegorie darstellen, verdeutlichen, gleichnishaft darstellen, versinnbildlichen
Al|le|go|ris|mus ⟨m.; -, -ris|men⟩ Anwendung einer allegorischen Darstellungsweise
al|le|gret|to *auch:* **al|leg|ret|to** ⟨Musik⟩ ein wenig allegro,

mäßig bewegt (zu spielen) [Verkleinerungsform zu *allegro*]
Al|le|gret|to *auch:* **Al|leg|ret|to** ⟨n.; -s, -s od. -gret|ti; Musik⟩ mäßig bewegtes Musikstück od. Teil eines solchen
al|le|gro *auch:* **al|leg|ro** ⟨Adj.; Musik⟩ schnell, lebhaft (zu spielen) [ital., »munter«]
Al|le|gro *auch:* **Al|leg|ro** ⟨n.; -s, -s od. -le|gri; Musik⟩ schnelles, lebhaftes Musikstück od. Teil davon
al|lel ⟨Adj.; Genetik⟩ sich entsprechend; *~er Chromosomensatz*
Al|lel ⟨n.; -s, -e; Genetik⟩ eines der einander entsprechenden Gene eines diploiden Chromosomensatzes, z. B. die Erbanlage für die Augenfarbe des männl. u. weibl. Elternteils [<grch. *allelon* »einander, gegenseitig«]
al|le|lu|ja = halleluja
Al|le|lu|ja ⟨n.; -s, -s⟩ = Halleluja
Al|le|man|de ⟨[almã:d(ə)] f.; -, -; Musik⟩ **1** ⟨16. Jh.⟩ ruhiger alemann. Volkstanz im $^4/_4$-Takt **2** ⟨danach⟩ Gesellschaftstanz im $^3/_4$-Takt **3** ruhiger Tanzsatz, bes. als Teil der Suite [<frz. *(danse) allemande* »deutsch(er Tanz)«]

◆ Die Buchstabenfolge **allerg...** kann auch **al|lerg...** getrennt werden.

◆ **al|lerg** ⟨Adj.⟩ **1** = allergisch **2** *~e Wirtschaft* W., in der die Einkommen nicht mittels der eigenen Arbeitsleistung erwirtschaftet werden, sondern aufgrund des Besitzes knapper Produktionsmittel; *Ggs* auterg [→ *Allergie*]
◆ **Al|ler|gen** ⟨n.; -s, -e⟩ eine allerg. Krankheit bewirkender Stoff [<*Allo...* + ...*gen*]
◆ **Al|ler|gie** ⟨f.; -, -n⟩ Überempfindlichkeit gegen bestimmte Stoffe [<*Allo...* + grch. *ergon* »Werk«]
◆ **Al|ler|gi|ker** ⟨m.; -s, -⟩ jmd., der allergisch auf bestimmte Stoffe reagiert
◆ **Al|ler|gi|ke|rin** ⟨f.; -, -rin|nen⟩ weibl. Person, die allergisch auf bestimmte Stoffe reagiert

alloplastisch

◆ **al|ler|gisch** ⟨Adj.⟩ **1** auf Allergie beruhend; ~*e Reaktion* **2** überempfindlich gegen bestimmte Stoffe; ~ *gegen Erdbeeren sein*
◆ **Al|ler|go|lo|gie** ⟨f.; -; unz.⟩ Lehre von den Allergien [<*Allergie* + ...*logie*]
◆ **Al|ler|go|se** ⟨f.; -, -n⟩ allergische Krankheit [→ *Allergie*]
al|lez! ⟨[ale:] Int.⟩ vorwärts! [frz.]
Al|li|ance ⟨[aliā:s] f.; -, -n⟩ = Allianz [frz.]
Al|li|anz ⟨f.; -, -en⟩ Bündnis, Vereinigung, Interessengemeinschaft; *oV* Alliance; *die Heilige* ~ Bündnis zwischen Preußen, Russland u. Österreich 1815 [<frz. *alliance* »Bündnis«]
Al|li|cin ⟨n.; -s; unz.⟩ Wirkstoff des Knoblauchs, der beruhigend auf den Bakterienhaushalt des Magen-Darm-Kanals einwirkt; *oV* Allizin [<lat. *allium* »Knoblauch«]
Al|li|ga|tor ⟨m.; -s, -to|ren; Zool.⟩ Angehöriger einer Familie der Krokodile mit verhältnismäßig kurzer Schnauze: Alligatoridae [<span. *el lagarto* »die Eidechse« <lat. *lacerta* »Eidechse«]
al|li|ie|ren ⟨V.⟩ *sich* ~ eine Allianz schließen, sich verbünden, sich vereinigen [<frz. *s'allier* »sich verbünden«]
Al|li|ier|te(r) ⟨f. 2 (m. 1)⟩ Angehörige(r) einer Allianz, Verbündete(r); *die* ~*n gegen Dtschld.* verbündete Länder im Ersten u. Zweiten Weltkrieg
Al|li|in ⟨n.; -s; unz.⟩ im Knoblauch vorkommende geruchlose Verbindung, die keine antibakterielle Wirkung besitzt, Vorstufe des Allicins [zu lat. *allium* »Knoblauch«]
all in|clusive ⟨[ɔ:l ɪnklu:sɪv]⟩ alle Kosten inbegriffen; *eine 14tägige Reise* ~ *buchen* [engl.]
Al|li|te|ra|ti|on ⟨f.; -, -en⟩ Gleichklang, Gleichheit der Anfangsbuchstaben mehrerer (mittelbar od. unmittelbar) aufeinander folgender Wörter, z. B. Stabreim [<*Ad*... + lat. *littera* »Buchstabe«]
al|li|te|rie|ren ⟨V.⟩ den gleichen Anlaut haben [→ *Alliteration*]
Al|li|zin ⟨n.; -s; unz.⟩ = Allicin
al|lo..., All|lo... ⟨vor Vokalen⟩ all..., All... ⟨in Zus.⟩ anders [<grch. *allos*]

Al|lo|bar ⟨n.; -s, -e; Physik⟩ Element mit einer nicht natürlich vorkommenden Isotopenzusammensetzung
Al|lo|cho|rie ⟨[-ko-] f.; -; unz.; Bot.⟩ Verbreitung von Samen u. Früchten bei Pflanzen durch Außenkräfte, z. B. durch Wind, Wasser u. Tiere [<*Allo*... + grch. *chorizein* »verbreiten«]
al|lo|chro|ma|tisch ⟨[-kro-] Adj.⟩ ~*e Mineralien* durch geringe Beimengung anderer Stoffe von ihrer eigentlichen Farbe abweichende Mineralien [<*allo*... + *chromatisch*]
al|lo|chthon *auch:* **al|loch|thon** ⟨[alɔxto:n] Adj.⟩ *Ggs* autochthon **1** von fremdem Boden od. aus fremdem Land stammend **2** ⟨Geol.⟩ aus ortsfremdem Material gebildet [<*allo*... + grch. *chthon* »Erde«]
Al|lo|fon ⟨n.; -s, -e; Phon.⟩ = Allophon
al|lo|gam ⟨Adj.⟩ fremdbestäubend, von anderen Pflanzen bestäubt werdend; *oV* allogamisch [<*allo*... + ...*gam*]
Al|lo|ga|mie ⟨f.; -; unz.⟩ Fremdbestäubung [→ *allogam*]
al|lo|ga|misch ⟨Adj.⟩ = allogam
Al|lo|graf ⟨n.; -s, -e; Sprachw.⟩ = Allograph
Al|lo|graph ⟨n.; -s, -e; Sprachw.⟩ Variante eines Graphems, z. B. das ou od. u in »Bravour« u. »Bravur« od. die Großschreibung eines sonst kleingeschriebenen Wortes am Satzanfang; *oV* Allograf [<grch. *allos* »anders« + *graphein* »schreiben«]
Al|lo|iso|me|rie ⟨f.; -; unz.; Chemie⟩ = Cis-trans-Isomerie
Al|lo|kar|pie ⟨f.; -, -n; Bot.⟩ Fruchtbildung nach Fremdbestäubung [<*Allo*... + grch. *karpos* »Frucht«]
Al|lo|ka|ti|on ⟨f.; -, -en; Wirtsch.⟩ (kostengünstige) Verteilung finanzieller Mittel [<*Al*... + lat. *locus* »Ort, Platz, Stelle«]
Al|lo|ku|ti|on ⟨f.; -, -en⟩ Ansprache des Papstes an die Kardinäle über eine kirchliche od. politische Angelegenheit [<frz. *allocution* »Ansprache«]
al|lo|morph ⟨Adj.⟩ = allotrop
Al|lo|morph ⟨n.; -s, -e; Sprachw.⟩ Variante eines Morphems, z. B. die Formen »gab« und »gib« des Verbums »geben« [<grch. *allos* »anders« + ...*morph*]
Al|lo|mor|phie ⟨f.; -; unz.⟩ = Allotropie [<*allo*... + ...*morphie*]
all'on|ga|re|se ⟨Musik⟩ = all'ungherese
Al|lon|ge ⟨[alɔ̃:ʒ(ə)] f.; -, -n⟩ Verlängerungsstreifen (an Wechseln für zusätzl. Erklärungen) [frz., »Verlängerungsstück«]
Al|lon|ge|pe|rü|cke ⟨[alɔ̃:ʒ(ə)-] f.; -, -n; 17. u. 18. Jh.⟩ Männerperücke mit langen Locken
al|lons! ⟨[alɔ̃:]⟩ vorwärts!, auf! [frz., »gehen wir!, lasst uns gehen!«]
al|lo|nym *auch:* **al|lo|nym** ⟨Adj.⟩ den Namen eines anderen (als Decknamen) tragend
Al|lo|nym *auch:* **Al|lo|nym** ⟨n.; -s, -e⟩ Name einer anderen Person als Deckname; →*a.* Pseudonym [<*Allo*... + grch. *onyma* »Name«]
Al|lo|path ⟨m.; -en, -en; Med.⟩ Vertreter, Anhänger der Allopathie, nach der Allopathie arbeitender Arzt; *Ggs* Homöopath [<*Allo*... + ...*path*]
Al|lo|pa|thie ⟨f.; -; unz.; Med.⟩ das (übliche) Heilverfahren, gegen eine Krankheit Mittel anzuwenden, die eine der Krankheitsursache entgegengesetzte Wirkung haben; *Ggs* Homöopathie [<*Allo*... + ...*pathie*]
Al|lo|pa|thin ⟨f.; -, -tin|nen; Med.⟩ Vertreterin, Anhängerin der Allopathie, nach der Allopathie arbeitende Ärztin; *Ggs* Homöopathin [<*Allo*... + ...*path*]
al|lo|pa|thisch ⟨Adj.⟩ die Allopathie betreffend, zu ihr gehörig, auf ihr beruhend, mit ihrer Hilfe; *Ggs* homöopathisch; ~*er Arzt*; ~*es Mittel*
Al|lo|phon ⟨n.; -s, -e; Phon.⟩ Variante eines Phonems, z. B. ch [ç] u. [x] in »ich« u. »ach«; *oV* Allofon [<*Allo*... + ...*phon*ʳ]
Al|lo|plas|tik ⟨f.; -, -en; Med.⟩ **1** Verfahren, Gewebe durch körperfremde leblose Stoffe zu ersetzen; *Sy* Heteroplastik **2** das Ersatzstück für das Gewebe; *Ggs* Homöoplastik [<*Allo*... + *Plastik*]
al|lo|plas|tisch ⟨Adj.; Med.⟩ mit Hilfe einer Alloplastik

Allorrhizie

Al|lor|rhi|zie ⟨f.; -, -n⟩ von einer Hauptwurzel ausgehendes Wurzelsystem der Dikotylen [<*Allo...* + grch. *rhiza* »Wurzel«]

Al|lo|sem ⟨n.; -s, -e; Sprachw.⟩ Variante eines Semems [<*Allo...* + *Sem*]

al|lo|ste|risch *auch:* **al|los|te|risch** ⟨Adj.⟩ ~*er Effekt* Veränderung der räumlichen Struktur eines Enzyms derart, dass das Substrat nicht mehr an das Enzym angelagert werden kann [<grch. *allos* »anderer« + *stereos* »starr, fest«]

al|lo|thi|gen ⟨Adj.⟩ durch tekton. Vorgänge (Wind- u. Wassereinwirkung) von ihrem Entstehungsort entfernt (bei Gesteinen u. Mineralien); *Ggs* authigen [<grch. *allothi* »anderswo« + *...gen¹*]

Al|lo|tria *auch:* **Al|lo|tria** ⟨n.; -s, -; früher Pl.⟩ **1** ⟨urspr.⟩ nicht zur Sache gehörige Dinge **2** ⟨allg.⟩ Unfug, Unsinn, Dummheiten; ~ *treiben* [zu grch. *allotrios* »fremd, fremdartig«]

al|lo|trop ⟨Adj.⟩ in der Art der Allotropie (auftretend); *Sy* allomorph [<*allo...* + *...trop¹*]

Al|lo|tro|pie ⟨f.; -; unz.; Chemie⟩ das Vorkommen eines chem. Elements in zwei verschiedenen festen Zustandsformen (Modifikationen), beim Kohlenstoff z. B. Graphit u. Diamant; *Sy* Allomorphie [<*Allo...* + *...tropie*]

all'ot|ta|va ⟨Abk.: all'ott. od. 8va; Musik⟩ **1** eine Oktave höher (zu spielen) **2** ~ *bassa* eine Oktave tiefer (zu spielen) [ital., »in der Oktave«]

All-o|ver-... ⟨[ɔːlouvə(r)] in Zus.⟩ gänzlich, ganzflächig; *All-over-Musterung* [engl.]

all right! ⟨[ɔːlraɪt]⟩ = alright

All-Risks-Ver|si|che|rung ⟨[ɔːl-] f.; -, -en⟩ Versicherung, die grundsätzlich alle Gefahren umfasst [engl. *all* »alle« + *risk* »Risiko, Gefahr«]

All|round... ⟨[ɔːlraʊnd] in Zus.⟩ sehr vielseitig, auf vielen Gebieten Bescheid wissend od. Fertigkeiten habend [<engl. *all* »alles« + *round* »rund(um)«]

All|roun|der ⟨[ɔːlraʊndə(r)] m.; -s, -⟩ **1** jmd., der umfassende Fähigkeiten besitzt u. vielseitig einsetzbar ist, z. B. Sportler, Unterhaltungskünstler; *er ist ein erfahrener ~* **2** etwas, das vielseitig verwendbar ist; *die Fahrzeuge der neuen Serie sind kompakte ~* [→ *Allround...*]

All|round|man ⟨[ɔːlraʊndmæn] m.; - od. -s, -men [-mən]⟩ jmd., der auf vielen Fachgebieten Bescheid weiß u. die verschiedensten Aufgaben erfüllen kann [<*Allround...* + engl. *man* »Mann, Mensch«]

All|round|sport|ler ⟨[ɔːlraʊnd-] m.; -s, -⟩ Sportler, der in verschiedenen Sportarten gleichermaßen erfolgreich ist

All|round|sport|le|rin ⟨[ɔːlraʊnd-] f.; -, -rin|nen⟩ Sportlerin, die in verschiedenen Sportarten gleichermaßen erfolgreich ist

All-Star-... ⟨[ɔːlstɑː(r)] in Zus. mit Subst.⟩ aus berühmten Künstlern (oft Musikern) bestehend; ~*Band;* ~*Trio* [engl.]

all'un|ghe|re|se ⟨Musik⟩ nach Art der ungarischen Musik; *oV* all'ongarese [ital.]

all'u|ni|so|no ⟨Musik⟩ = unison

All|ü|ren ⟨Pl.⟩ (ungewöhnliches) Benehmen, (auffallende) Umgangsformen, Gewohnheiten; ~ *haben* [<frz. *allure* »Gangart«]

al|lu|vi|al ⟨[-vi-] Adj.; Geol.⟩ das Alluvium betreffend, aus ihm stammend, zu ihm gehörig, angeschwemmt; *Sy* holozän

Al|lu|vi|on ⟨[-vi-] f.; -, -en; Geol.⟩ **1** Anschwemmung **2** angeschwemmtes Land (an Ufern u. Küsten) [→ *Alluvium*]

Al|lu|vi|um ⟨[-vi-] n.; -s; unz.; Geol.⟩ = Holozän [<lat. *alluere* »anspülen«]

Al|lyl ⟨n.; -s, -e⟩ = Allylradikal

Al|lyl|grup|pe ⟨f.; -, -n⟩ = Allylradikal

Al|lyl|ra|di|kal ⟨n.; -s, -e; Chemie⟩ ungesättigte aliphatische Verbindung, einwertiger Rest CH₂=CH-CH₂-, wie er im Allylalkohol zu finden ist; *Sy* Allyl, Allylgruppe [<lat. *allium* »Knoblauch« + *...yl*]

Al|ma Ma|ter ⟨f.; - -; unz.; poet.⟩ Hochschule, Universität [lat., »nährende Mutter«]

Al|ma|nach ⟨m.; -s, -e⟩ **1** Kalender **2** Jahrbuch mit Bildern **3** Verlagsverzeichnis mit Textproben aus neuen Büchern [<mlat. *almanachus* <grch. *alemenichiaka* »Kalender«]

Al|man|din ⟨m.; -s, -e; Min.⟩ blutrotes bis schwarzes, glas- od. harzglänzendes Mineral, in Gneis u. Glimmerschiefer [nach dem Fundort *Alabanda* in Kleinasien]

Al|o|dine-Ver|fah|ren® ⟨[-daɪn-] n.; -s; unz.⟩ Verfahren zum Schutz von Aluminium vor Korrosion durch künstl. Erzeugung dünner Oxidschichten (die auch färbbar sind) auf der Oberfläche, vor allem bei der Verwendung von Aluminium als Außenhaut von Gebäudefassaden

A|loe ⟨[-loeː] f.; -, -n; Bot.⟩ Gattung der Liliengewächse mit stammartigen Achsen, die rosettig angeordnete, meist dickfleischige Blätter tragen [lat. <grch. *aloe* <hebr. *ahalim*]

a|lo|gisch ⟨Adj.⟩ unlogisch, nicht logisch, der Logik widersprechend [<*a...¹* + *logisch*]

A|lo|pe|zie ⟨f.; -; unz.; Med.⟩ Haarschwund, Kahlheit [<grch. *alopekia* »Fuchsräude«]

Al|pa|ka® ⟨n.; -s; unz.⟩ oberflächlich versilberte Neusilberlegierung mit etwa 55 bis 60% Kupfer, 16 bis 26% Nickel, 19 bis 31% Zink

Al|pa|ka ⟨n.; -s, -s⟩ **1** ⟨zählb.⟩ südamerikan. Kamelschaf, das zur Fleisch- u. Wollgewinnung in den Anden halbwild gehalten wird: Lama pacos **2** ⟨unz.⟩ dessen Wolle [<span. *alpaca* <Aymara *allpaca*]

al pa|ri ⟨Wirtsch.⟩ ~ *kaufen,* ~ *stehen* zum Nennwert (von Wertpapieren) [ital. »zum gleichen (Wert)«]

Al|pha ⟨n.; -s, -s; Zeichen: α, A⟩ erster Buchstabe des grch. Alphabets; *das ~ und das Omega* der Anfang u. das Ende

Al|pha|bet ⟨n.; -(e)s, -e⟩ **1** die geordnete Folge der Buchstaben einer Sprache, das Abc; *Wörter, Nachnamen nach dem ~ ordnen* **2** *musikalisches ~* die Buchstabenfolge zur Bezeichnung der 7 Stammtöne c, d, e, f, g, a, h (od. ut (do), re, mi, fa, sol, la, si) [<lat. *alphabetum* <grch.

alphabetos <alpha + beta <hebr. aleph + beth (den beiden ersten Buchstaben des Alphabets)]

al|pha|be|tisch ⟨Adj.⟩ nach dem Alphabet, in der Ordnung des Alphabets; *Namen, Wörter in ~er Reihenfolge aufschreiben*

al|pha|be|ti|sie|ren ⟨V.⟩ **1** *Begriffe, Nachnamen, Wörter ~* nach dem Alphabet ordnen **2** im Lesen u. Schreiben unterrichten; *Analphabeten ~*

Al|pha|feh|ler ⟨m.; -s, -; Wirtsch.⟩ Entscheidungsfehler (erster Art) bei statistischen Testverfahren, bei denen eine Voraussetzung od. Annahme trotz ihrer Richtigkeit verworfen bzw. ausgeschlossen wird; →a. Betafehler

al|pha|nu|me|risch ⟨Adj.⟩ *~e Zeichen* ⟨EDV⟩ Zeichen aus Dezimalziffern u. Buchstaben [*<Alpha* + *Numerus*]

Al|pha|strahl ⟨m.; -(e)s, -en⟩ = Alphateilchen

Al|pha|teil|chen ⟨n.; -s, -; Chemie; Physik⟩ aus zwei Neutronen u. zwei Protonen bestehender Kern des Heliumatoms, der bei vielen Kernreaktionen wegen seiner großen Stabilität als selbständiges Teilchen aus größeren Atomkernen abgespalten wird; *Sy* Alphastrahl [nach *Alpha,* dem ersten Buchstaben des grch. Alphabets]

Al|pha|zei|chen ⟨n.; -s, -; EDV⟩ (Groß-)Buchstaben in Codes u. Passwörtern [nach *Alpha,* dem ersten Buchstaben des grch. Alphabets]

al|pi|disch ⟨Adj.⟩ zu den Alpen gehörig, die Alpenbildung betreffend

al|pin ⟨Adj.⟩ **1** die Alpen, das Hochgebirge betreffend, Alpen-, Hochgebirgscharakter zeigend, in der Art der Alpen **2** *~e Stufe* ⟨Geogr.⟩ eine landschaftsökolog. Höhenstufe der Vegetation im Gebirge, die die Region des Hochgebirges bezeichnet

Al|pi|na|ri|um ⟨n.; -s, -ri|en⟩ Naturpark in einem Hochgebirge

Al|pi|ni ⟨Pl.; Sing.: Alpino⟩ die ital. Alpen-, Gebirgsjäger

Al|pi|nis|mus ⟨m.; -; unz.⟩ = Alpinistik

Al|pi|nist ⟨m.; -en, -en⟩ jmd., der Alpinistik betreibt, Bergsteiger in den Alpen, im Hochgebirge

Al|pi|nis|tik ⟨f.; -; unz.⟩ sportlich betriebenes Bergsteigen (in den Alpen, im Hochgebirge); *Sy* Alpinismus

Al|pi|nis|tin ⟨f.; -, -tin|nen⟩ weibl. Person, die Alpinistik betreibt, Bergsteigerin in den Alpen, im Hochgebirge

Al|pi|num ⟨n.; -s, -s⟩ Steingarten mit Alpenpflanzen

Al Qa|i|da ⟨ohne Artikel⟩ = El Kaida

al|right! ⟨[ɔːlraɪt]⟩ *oV* all right! **1** in Ordnung!, es ist recht! **2** wird gemacht! **3** einverstanden! [engl., »(es ist) alles recht; in Ordnung«]

Al|se ⟨f.; -, -n; Zool.⟩ Maifisch, Heringsfisch, der bes. im Mai in Schwärmen auftritt [<frz. *alose* <lat. *alausa*]

al sec|co ⟨Mal.⟩ auf trockenen Putz, auf die trockene Kalkwand (malen); *Sy* Seccomalerei; *Ggs* al fresco [ital., »auf das Trockene«]

al se|gno *auch:* **al se|gno** ⟨[- zɛnjo] Musik⟩ vom Zeichen an (noch einmal zu spielen) [ital., »bis zum Zeichen«]

Alt ⟨m.; -s, -e; Musik⟩ **1** ⟨unz.⟩ tiefe Stimmlage bei Frauen u. Knaben; *Sy* Altstimme; *sie hat einen sehr schönen ~* **2** ⟨unz.⟩ Gesamtheit der Altstimmen im Chor **3** ⟨zählb.⟩ Sänger od. Sängerin, der od. die Partien für Altstimme singt **4** ⟨unz.⟩ tiefe Tonlage bei Musikinstrumenten; *~flöte; ~klarinette* [<ital. *alto* »hoch« <lat. *altus* (urspr. Bezeichnung einer sehr hohen Männerstimme)]

Al|ta Mo|da ⟨f.; -; unz.⟩ italien. Modeschöpfung [ital., »hohe Mode«]

Al|tan ⟨m.; -(e)s, -e⟩ = Altane

Al|ta|ne ⟨f.; -, -n; Arch.⟩ unterstützter balkonartiger Vorbau am oberen Geschoss eines Hauses, Söller; *oV* Altan [<ital. *altana*]

Al|tar ⟨m.; -s, -tä|re⟩ Opferstein, Opferstätte, block- od. tischartiger Platz zur Darbietung von Opfern [<ahd. *altari, altar(e), altre, alter,* engl. *altar* <lat. *altare* »Opfertisch«]

Alternative

Al|tar|sa|kra|ment *auch:* **Al|tar|sak|ra|ment** ⟨n.; -(e)s, -e⟩ das Sakrament des Abendmahles

Al|te|ra|ti|on ⟨f.; -, -en⟩ **1** Gemütsbewegung, Aufregung, Erregung **2** Verwirrung **3** Abänderung **4** ⟨Med.⟩ = alterative Entzündung **5** ⟨Musik⟩ chromat. Veränderung [<frz. *altération* »Veränderung, Verschlimmerung, Schreck«; zu lat. *alter* »der andere«]

al|te|ra|tiv ⟨Adj.; Med.⟩ *~e Entzündung* E. mit Gewebeschädigung; *Sy* Alteration (4)

Al|ter Ego ⟨n.; - -; unz.⟩ **1** das andere Ich, zweites Ich **2** ⟨fig.⟩ treuer Freund [lat., »das andere Ich«]

al|te|rie|ren ⟨V.⟩ **1** ⟨veraltet⟩ erregen; *sich ~* sich aufregen, sich erregen, sich ärgern **2** verändern; *einen Akkord ~* ihn chromatisch verändern; *alterierte Akkorde* [<lat. *alterare* »verändern«]

Al|ter|nan|te ⟨f.; -, -n; Sprachw.⟩ Variante, alternierendes Element eines Graphems, Morphems od. Phonems [<lat. *alternare* »abwechseln«]

Al|ter|nanz ⟨f.; -, -en⟩ **1** = Alternation **2** ⟨Bot.⟩ Wechsel zwischen Ertrag bringenden u. ertraglosen Jahren (bei Obstbäumen)

Al|ter|nat ⟨n.; -(e)s; unz.⟩ bei Staatsverträgen üblicher Wechsel der Unterschrift, wobei jeder Beteiligte die für ihn bestimmte Vertragsurkunde zuerst unterschreibt

Al|ter|na|ti|on ⟨f.; -, -en⟩ *Sy* Alternanz (1) **1** Wechsel zwischen zwei Möglichkeiten, Dingen usw. **2** ⟨Metrik⟩ Wechsel zwischen einsilbiger Hebung u. Senkung [frz., »Abwechslung«; zu lat. *alter* »der andere«]

al|ter|na|tiv ⟨Adj.⟩ **1** zwischen zwei Möglichkeiten, Dingen usw. abwechselnd, wahlweise, wechselweise **2** ⟨umg.⟩ anders als die übrigen, anders als üblich; *~e Lebens-, Ernährungsweise; ~ leben* [<frz. *alternatif* »abwechselnd«; zu lat. *alter* »der andere«]

Al|ter|na|ti|ve ⟨[-və] f.; -, -n⟩ Wahl, Entscheidung zwischen zwei Möglichkeiten, Dingen, Personen usw.; *vor einer ~ ste-*

Alternative(r)

hen; jmdn. vor die ~ stellen, das eine oder das andere zu tun [frz., »Wahl zwischen zwei Dingen«; zu lat. *alter* »der andere«]

Al|ter|na|ti|ve(r) ⟨f. 2 (m. 1)⟩ jmd., der eine alternative (2) Auffassung vertritt

Al|ter|na|tiv|e|ner|gie ⟨f.; -, -n⟩ sich erneuernde, regenerative Energie, z. B. Wind- od. Sonnenenergie

Al|ter|na|tor ⟨m.; -s, -to̱ren; El.; EDV⟩ alternierendes Schaltelement

al|ter|nie|ren ⟨V.⟩ **1** ⟨allg.⟩ wechseln, abwechseln zwischen zweien; ~*d singen* **2** ⟨Metrik⟩ regelmäßig zwischen einsilbiger Hebung u. Senkung wechseln **3** ⟨Math.⟩ das Vorzeichen wechseln; ~*de Reihe* Reihe mit wechselnden Vorzeichen der einzelnen Glieder **4** ⟨El.⟩ ~*der Strom* Wechselstrom **5** ⟨Med.⟩ ~*des Fieber* Wechselfieber [frz. *alterner* »regelmäßig abwechseln«; zu lat. *alter* »der andere«]

Al|ters|dis|po|si|ti|on ⟨f.; -; unz.⟩ Anfälligkeit bzw. Überempfindlichkeit für bestimmte Krankheiten auf Grund des Lebensalters

Al|thee ⟨[-te̱:(ə)] f.; -, -n [-te̱:ən]⟩ **1** ⟨zählb.⟩ Eibisch, malvenähnl. Heilpflanze: Althaea officinalis **2** ⟨unz.⟩ aus deren Wurzel gewonnenes Hustenmittel [<frz. *althée* <grch. *althai*; zu *althein* »heilen«]

Al|ti|graf ⟨m.; -en, -en; Meteor.⟩ = Altigraph

Al|ti|graph ⟨m.; -en, -en; Meteor.⟩ Höhenschreiber, registrierender Höhenmesser; *oV* Altigraf [<lat. *altus* »hoch« + ...*graph*]

Al|ti|me|ter ⟨n.; -s, -; Meteor.⟩ Höhenmesser [<lat. *altus* »hoch« + ...*meter*]

Al|tist ⟨m.; -en, -en; Musik⟩ Knabe mit Altstimme, Altsänger [→ *Alt*]

Al|tis|tin ⟨f.; -, -tin|nen; Musik⟩ Sängerin mit Altstimme, Altsängerin

Al|to|ku|mu|lus ⟨m.; -, -mu|li; Meteor.⟩ mittelhohe Haufenwolke [<lat. *altus* »hoch« + *Kumulus*]

Al|to|stra|tus ⟨m.; -, -stra|ti; Meteor.⟩ mittelhohe Schichtwolke [<lat. *altus* »hoch« + *Stratus*]

Al|tru|is|mus *auch:* **Alt|ru|is|mus** ⟨m.; -; unz.⟩ durch Rücksicht auf andere gekennzeichnete Denk- u. Handlungsweise, Selbstlosigkeit, Uneigennützigkeit; *Ggs* Egoismus [<frz. *altruisme* »Nächstenliebe«; zu lat. *alter* »der andere«]

Al|tru|ist *auch:* **Alt|ru|ist** ⟨m.; -en, -en⟩ selbstloser, stets uneigennütziger Mensch [<frz. *altruiste* »Menschenfreund«; zu lat. *alter* »der andere«]

al|tru|is|tisch *auch:* **alt|ru|is|tisch** ⟨Adj.⟩ auf Altruismus beruhend, selbstlos, uneigennützig; *Ggs* egoistisch

Alt|stim|me ⟨f.; -, -n; Musik⟩ = Alt (1)

Al|tus ⟨m.; -, Al|ti; Musik; früher für⟩ Alt

Alu[1] ⟨n.; - od. -s; unz.; kurz für⟩ Aluminium

Alu[2] ⟨f.; -, -s; Biochemie⟩ Gruppe genetischer Sequenzen im menschlichen Genom

Alu|mi|nat ⟨n.; -(e)s, -e⟩ bei der Reaktion des wasserunlöslichen, amphoteren Aluminiumhydroxids mit Alkalihydroxiden entstehende wasserlösliche Verbindung [<lat. *alumen* »Alaun«]

Alu|mi|nit ⟨m.; -s; unz.; Chemie⟩ Aluminiummineral, kristallisiertes Aluminiumsulfat [<lat. *alumen* »Alaun«]

Alu|mi|ni|um ⟨n.; -s; unz.; chem. Zeichen: Al⟩ chem. Element, silberweißes Leichtmetall, Ordnungszahl 13 [<lat. *alumen* »Alaun«]

Alu|mi|no|ther|mie ⟨f.; -; unz.⟩ chem. Verfahren, bei dem (sonst schwer reduzierbaren) Metalloxiden der Sauerstoff eine Zumischung von Aluminiumpulver u. anschließendes Entzünden des Gemisches entzogen wird, auch zum Verschweißen der Stoßlücken von Eisenbahnschienen, Thermitverfahren [<*Aluminium* + ...*therm*]

Alum|nat ⟨n.; -(e)s, -e⟩ **1** = Internat **2** ⟨österr.⟩ Ausbildungsstätte mit Internat für Geistliche [→ *Alumnus*]

Alum|ne ⟨m.; -n, -n⟩ = Alumnus

Alum|nus ⟨m.; -, -lum|nen⟩ Zögling, Schüler eines Alumnats;

oV Alumne [<lat. *alumnus* »Zögling«; verwandt mit *Alimente, Alma Mater*]

Alun|dum ⟨n.; -s; unz.⟩ blättrigkristallines, als Schleifmittel verwendetes Aluminiumoxid [verkürzt <*Al*uminiumoxid + Kor*undum*]

al|ve|o|lar ⟨[-ve-] Adj.; Phon.⟩ einen Alveolar betreffend [→ *Alveole*]

Al|ve|o|lar ⟨[-ve-] m.; -s, -e; Phon.⟩ mit der Zungenspitze am Zahndamm der Schneidezähne gebildeter Konsonant, z. B. d, t, n, sch

al|ve|o|lär ⟨[-ve-] Adj.; Med.⟩ in Form einer Alveole (gebildet)

Al|ve|o|le ⟨[-ve-] f.; -, -n⟩ **1** Zahnfach **2** Lungenbläschen [<lat. *alveolus*, Verkleinerungsform zu *alveus* »Höhlung«]

Am ⟨chem. Zeichen für⟩ Americium

AM ⟨Abk. für⟩ Amplitudenmodulation

a. m. ⟨Abk. für⟩ **1** ante meridiem (vormittags) **2** anno mundi, im Jahre (nach der Erschaffung) der Welt

a|ma|bi|le ⟨[-le:] Musik⟩ liebenswürdig, lieblich (zu spielen) [ital.]

a|mag|ne|tisch *auch:* **a|magne̱|tisch** ⟨Adj.⟩ nicht magnetisch; ~*er Stahl* S., der besonders im Kriegsschiffbau verwendet wird, um eine Ortung durch den Gegner auszuschließen

a ma|io|ri ad mi|nus ⟨Sprichwort⟩ vom Größeren aufs Kleinere [lat.]

A|mal|gam ⟨n.; -s, -e; Chemie⟩ Lösung bzw. Legierung von Metall mit Quecksilber, z. B. für Zahnfüllungen [<arab. *al-malgham* <grch. *malagma* »Erweichung«]

A|mal|ga|ma|ti|on ⟨f.; -, -en⟩ Gewinnung von Gold u. Silber aus Erz durch Quecksilber

a|mal|ga|mie̱|ren ⟨V.⟩ *Gold, Silber* ~ mit Quecksilber legieren, mit Quecksilber aus Erzen gewinnen

A|ma|nu|en|sis ⟨m.; -, -en|ses⟩ **1** (im alten Rom) Sklave für Schreibarbeiten **2** ⟨danach⟩ Gehilfe, Sekretär eines Gelehrten [lat., »Schreiber« <lat. *a, ab* »von« + *manus* »Hand«]

A|ma|rant ⟨m.; -s, -e; Bot.⟩ den Gänsefußgewächsen nahe stehende Pflanzengattung: Amarantus [<grch. *amrantos* »unverwelklich« <*a...*[1] + grch. *marainein* »welken«]

a|ma|rant ⟨Adj.⟩ dunkelrot; *oV* amaranten [→ *Amarant*]

a|ma|ran|ten ⟨Adj.⟩ = amarant

A|ma|rel|le ⟨f.; -, -n; Bot.⟩ eine Art Sauerkirsche [<ital. *amarello;* zu lat. *amarus* »bitter«; verwandt mit *Ammer* »Sauerkirsche«, *Marille*]

A|ma|ret|to ⟨m.; -s, -⟩ ital. Mandellikör [zu ital. *amaretto* »etwas bitter«]

A|ma|rum ⟨n.; -s, -ma|ra; meist Pl.⟩ Bittermittel, das die Bildung von Speichel u. Magensaft fördert [zu lat. *amarus* »bitter«]

A|ma|ryl ⟨m.; -s, -e⟩ künstl. hergestellter hellgrüner Saphir [<grch. *Amaryllis;* zu *amaryssein* »glänzen«]

A|ma|ryl|lis ⟨f.; -, -ryl|len; Bot.⟩ Gattung der Amaryllisgewächse, den Liliengewächsen ähnl. einkeimblättrige Stauden [<grch. *amaryssein* »glänzen«]

A|ma|teur ⟨[-tø:r] m.; -s, -e⟩ männl. Person, die eine Beschäftigung aus Liebhaberei, nicht als Beruf betreibt; ~*sportler* [frz., »Liebhaber, Verehrer, Freund«]

A|ma|teu|rin ⟨[-tø:-] f.; -, -rin|nen⟩ weibl. Person, die eine Beschäftigung aus Liebhaberei, nicht als Beruf betreibt; *Amateurfotografin*

A|ma|teur|re|gio|nal|li|ga ⟨[-tø:r-] f.; -, -li|gen; Sport⟩ höchste Spielklasse der Amateure im Fußball

A|ma|ti ⟨f.; -, -s; Musik⟩ Geige aus der Werkstatt der ital. Geigenbauerfamilie Amati (bes. 16. u. 17. Jh.)

A|mau|ro|se ⟨f.; -, -n; Path.⟩ völlige Blindheit ohne jede Lichtempfindlichkeit, schwarzer Star [<grch. *amauros* »dunkel«]

A|mau|se ⟨f.; -, -n; mittelalterl. Name für⟩ Email u. künstl. Schmucksteine aus Glas [<frz. *émaux,* Pl. zu *émail* »Email«]

A|ma|zo|ne ⟨f.; -, -n⟩ **1** ⟨grch. Myth.⟩ Angehörige eines krieger. Frauenvolkes in Kleinasien **2** ⟨fig.⟩ Reiterin, Kriegerin [<grch. *amazon* <*A...*[1] »nicht« + *mazos* »weibl. Brust«]

A|ma|zo|nit ⟨m.; -s, -e; Min.⟩ grüner Edelstein aus der Gruppe der Feldspate [→ *Amazone,* da der Stein in Südamerika gefunden wurde, nach der indian. Sage nach *Amazonen* gegeben hat]

Am|bas|sa|de ⟨frz. [ãbasa:d(ə)] f.; -, -n; veraltet⟩ Botschaft, Gesandtschaft [frz.; verwandt mit *Amt*]

Am|bas|sa|deur ⟨[-dø:r] m.; -s, -e; veraltet⟩ Botschafter, Gesandter [frz.; → *Ambassade*]

Am|be ⟨f.; -, -n⟩ **1** ⟨Lotto⟩ Doppeltreffer; *oV* ⟨österr.⟩ Ambo[1] **2** ⟨Math.⟩ Verbindung zweier Größen in der Kombinationsrechnung [<ital., lat. *ambo* »beide«]

Am|ber ⟨m.; -s, -n od. Am|bra⟩ = Ambra [<frz. *ambre*]

am|bi..., Am|bi... ⟨in Zus.⟩ doppel..., Doppel..., nach beiden Seiten [zu lat. *ambo* »beide«]

Am|bi|ance ⟨[ãbiã:s(ə)] f.; -; unz.; schweiz.⟩ Atmosphäre, Stimmung, besonderes Ambiente; *eine entspannte ~ schaffen* [<frz. *ambiance* »Umwelt«; zu lat. *ambi* »um herum«]

am|bi|dex|ter ⟨Adj.⟩ mit beiden Händen gleich geschickt [<lat. *ambo* »beide« + *dexter* »rechts«]

Am|bi|ent ⟨[æ:mbiənt] n.; - od. -s; unz.; meist ohne Artikel; Musik⟩ Stilrichtung der Popmusik, die aus flächenhaften, sphärischen Klängen u. dezenten Beats eine Hintergrundmusik erzeugt [<engl. *ambience* »Ambiente, Umgebung«]

Am|bi|en|te ⟨n.; -; unz.⟩ **1** ⟨Mal.⟩ das eine Gestalt Umgebende (Licht, Gegenstände usw.) **2** ⟨allg.⟩ die Umgebung, in der jmd. lebt, Umwelt [<ital., lat. *ambi* »um herum«]

am|big ⟨Adj.⟩ zweideutig, doppelsinnig; *oV* ambige [<lat. *ambiguus* »zwei-, doppeldeutig«]

am|bi|gue ⟨[-guə] Adj.⟩ = ambig

Am|bi|gui|tät ⟨f.; -, -en⟩ Doppelsinn, Zwei-, Mehrdeutigkeit [<lat. *ambiguitas*]

am|bi|guos ⟨Adj.⟩ zweideutig [→ *ambig*]

Am|bi|ti|on ⟨f.; -, -en⟩ Ehrgeiz, Bestrebung; *in dieser Richtung habe ich keine ~en* [<lat. *ambitio* »regelmäßige Bewerbung um ein Amt, Ehrgeiz«]

am|bi|ti|o|niert ⟨Adj.⟩ ehrgeizig, sehr strebsam; *Sy* ambitiös

am|bi|ti|ös ⟨[-tsjø:s] Adj.⟩ = ambitioniert

Am|bi|tus ⟨m.; -, -⟩ Umfang einer Melodie vom tiefsten bis zum höchsten Ton [lat., »Umlauf, Kreisbahn«]

am|bi|va|lent ⟨[-va-] Adj.⟩ *~e Gefühle* doppelwertige, zwiespältige Gefühle [<lat. *ambo* »beide« + *valent*]

Am|bi|va|lenz ⟨[-va-] f.; -, -en⟩ Doppelwertigkeit, Möglichkeit bei Gefühlen, ihr Gegenteil mit einzuschließen, z. B. Hassliebe [→ *ambivalent*]

Am|bly|o|pie *auch:* **Am|bly|o|pie** ⟨f.; -; unz.; Med.⟩ Schwachsichtigkeit [<grch. *amblys* »stumpf« + *...opie*]

Am|bo[1] ⟨m.; -s, -s od. Am|ben; österr.⟩ = Ambe (1)

Am|bo[2] ⟨m.; -s, -bo|nen⟩ erhöhtes Lesepult frühchristl. Kirchen, Vorläufer der Kanzel; *oV* Ambon [<grch. *ambon;* zu *ambainein, anabainein* »hinaufsteigen«]

Am|bon ⟨m.; -s, -bo|nen⟩ = Ambo[2]

Am|bra *auch:* **Am|bra** ⟨f.; -, -s od. m.; -s, -s⟩ Ausscheidung des Pottwals, die in der Parfümerie verwendet wird; *Sy* Amber [<arab. *anbar*]

Am|bro|sia *auch:* **Am|bro|sia** ⟨f.; -; unz.⟩ **1** ⟨grch. Myth.⟩ Speise der Götter, der sie die Unsterblichkeit verdanken **2** ⟨fig.⟩ köstliche, wohlschmeckende Speise [<grch. *ambrosios* »unsterblich«]

am|bro|si|a|nisch *auch:* **am|bro|si|a|nisch** ⟨Adj.⟩ auf den Kirchenlehrer Aurelius Ambrosius (um 340-397) zurückgehend, von ihm geschaffen; *~e Liturgie* vom hl. Ambrosius geschaffene L.; *~er Lobgesang* das Tedeum (angebl. auf Ambrosius zurückgehend)

am|bro|sisch *auch:* **am|bro|sisch** ⟨Adj.⟩ **1** himmlisch, göttlich **2** Unsterblichkeit verleihend; *~e Götter* **3** köstlich; *~e Düfte*

ambulant

[<grch. *ambrosios* »unsterblich«]

am|bu|lant ⟨Adj.⟩ **1** herumziehend, wandernd; *Ggs* stationär (3) **2** ~*es Gewerbe* das im Umherziehen von Ort zu Ort betriebene G. **3** ⟨Med.⟩ zur Behandlung jeweils den Arzt aufsuchend, die Behandlung während der ärztl. Sprechstunde erhaltend; *Sy* ambulatorisch; *Ggs* stationär (4) [zu lat. *ambulare* »einher-, umhergehen«]

Am|bu|lanz ⟨f.; -, -en⟩ **1** ⟨urspr.⟩ leicht bewegl. Feldlazarett; *Sy* Ambulatorium **2** ⟨heute⟩ Einrichtung für ambulante Behandlung in einem Krankenhaus **3** = Ambulanzwagen [→ *ambulant*]

Am|bu|lanz|wa|gen ⟨m.; -s, -; veraltet⟩ Krankenwagen; *Sy* Ambulanz (3)

am|bu|la|to|risch ⟨Adj.⟩ = ambulant (3) [<lat. *ambulatorius* »beweglich«; zu *ambulare* »einhergehen«]

Am|bu|la|to|ri|um ⟨n.; -s, -ri|en; veraltet⟩ = Ambulanz (1) [<lat. *ambulatorius* »beweglich«; zu *ambulare* »einhergehen«]

A. M. D. G. ⟨Abk. für⟩ Ad Maiorem Dei Gloriam

A|me|lio|ra|ti|on ⟨f.; -, -en⟩ Verbesserung; ~ *des Bodens* [<frz. *amélioration* »Verbesserung«; zu lat. *melior* »besser«]

a|me|lio|rie|ren ⟨V.⟩ verbessern; *den Boden* ~ [<frz. *améliorer* »(sich) verbessern«; zu lat. *melior* »besser«]

A|men ⟨n.; -s, -⟩ Zustimmung der Gemeinde zu Rede, Segen, Gebet usw., Gebets-, Segensschluss; *sein* ~ *zu etwas geben* ⟨fig.⟩ sein Einverständnis erklären; *zu allem Ja und* ~ *sagen* ⟨fig.⟩ mit allem einverstanden sein, sich allem fügen [hebr., »wahrhaftig, gewisslich, so sei es, so geschehe es« (aus der israelit. Rechtsordnung in den christl. u. islam. Gottesdienst übernommen)]

A|men|de|ment ⟨[amādmā́:] n.; -s, -s⟩ Zusatz-, Abänderungs-, Berichtigungsvorschlag zu einem Gesetz; *oV* Amendment [frz., »Verbesserung«; zu lat. *mendum* »Fehler«]

a|men|die|ren ⟨V.⟩ ein Amendement einreichen zu, verbessern, berichtigen [<frz. *amender* »verbessern«; zu lat. *mendum* »Fehler«]

A|men|die|rung ⟨f.; -, -en⟩ das Amendieren

A|mend|ment ⟨[əmɛ́ndmənt] n.; -s, -s⟩ = Amendement [engl.]

A|me|nor|rhö ⟨f.; -, -en; Med.⟩ = Amenorrhöe

A|me|nor|rhöe ⟨[-rǿː] f.; -, -n; Med.⟩ Ausbleiben der Menstruation; *Sy* Amenorrhö [<*A...*¹ + *Menorrhöe*]

a|me|nor|rho|isch ⟨Adj.; Med.⟩ auf Amenorrhöe beruhend

A|men|tia ⟨f.; -, -ti|en; Med.⟩ = Amenz

A|menz ⟨f.; -, -zi|en; Med.⟩ vorübergehende geistige Verwirrtheit; *Sy* Amentia [<lat. *amentia*]

A|me|ri|ca|na ⟨Pl.⟩ Amerika betreffende Sammlung, Bücher über Amerika

A|me|ri|can Bar ⟨[əmɛ́rɪkən-] f.; - -, - -s⟩ bereits vormittags geöffnete (Hotel-)Bar [engl.]

A|me|ri|can Foot|ball ⟨[əmɛ́rɪkən fʊtbɔːl] n.; - -s; unz.⟩ amerikan. Mannschaftsspiel (Variante des Rugby); *Sy* Football [engl.]

A|me|ri|can Way of Life ⟨[əmɛ́rɪkən weɪ ɔf laɪf] m.; - - - -; unz.⟩ amerikan. Art zu leben, amerikan. Lebensstil [engl.]

A|me|ri|ci|um ⟨n.; -s; unz.; chem. Zeichen: Am⟩ künstl. hergestelltes radioaktives Element, Ordnungszahl 95; *oV* Amerizium [nach *Amerika*]

a|me|ri|ka|ni|sie|ren ⟨V.⟩ Sitten u. Gebräuche der USA einführen

A|me|ri|ka|nis|mus ⟨m.; -, -nis|men⟩ **1** Eigentümlichkeit des amerikan. Englisch **2** dem amerikan. Englisch nachgebildete Spracheigentümlichkeit in einer anderen Sprache **3** die Eigenart der Bevölkerung der USA in Geisteshaltung, Lebensstil, Wirtschafts- u. Kulturform; *ein ausgeprägter* ~

A|me|ri|ka|nist ⟨m.; -en, -en⟩ Wissenschaftler der Amerikanistik

A|me|ri|ka|nis|tik ⟨f.; -; unz.⟩ **1** Lehre von den Sprachen u. der Kultur der indian. Urbevölkerung Amerikas **2** Lehre von den Sprachen u. der Kultur der USA

A|me|ri|ka|nis|tin ⟨f.; -, -tin|nen⟩ Wissenschaftlerin der Amerikanistik

a|me|ri|ka|nis|tisch ⟨Adj.⟩ die Amerikanistik betreffend, auf ihr beruhend

A|me|ri|zi|um ⟨n.; -s; unz.; Chemie⟩ = Americium

a me|tà zur Hälfte, Gewinn u. Verlust geteilt; *conto* ~, *conto metà* auf halbe Rechnung [ital., »zur Hälfe«]

a|me|tho|disch ⟨Adj.⟩ unmethodisch, planlos

A|me|thyst ⟨m.; -(e)s, -e; Min.⟩ Mineral, Halbedelstein von violetter Farbe, Abart des Quarzes [<grch. *amethystos* <*A...*¹ »nicht« + *methyein* »trunken sein« (galt als Talisman gegen Trunkenheit); verwandt mit *Met*]

A|me|trie *auch:* **A|me|trie** ⟨f.; -, -n⟩ Ungleichmäßigkeit, Missverhältnis [<*A...*¹ + *metrie*]

a|me|trisch *auch:* **a|me|trisch** ⟨Adj.⟩ ungleichmäßig, ungleich

A|me|tro|pie ⟨f.; -; unz.⟩ Abweichung von der normalen Brechkraft des Auges [<grch. *ametros* »ungleichmäßig« + ...*opie*]

A|meu|ble|ment *auch:* **A|meub|lement** ⟨[amøbləmā́ː] n.; -s, -s⟩ Zimmer-, Wohnungseinrichtung [frz., »Mobiliar, Hauseinrichtung«]

A|mi¹ ⟨m.; -, -s; meist im Nom.⟩ Freund, Geliebter [frz.]

A|mi² ⟨m.; -s, -s; umg.; kurz für⟩ Nordamerikaner, bes. als Besatzungssoldat

A|mi|ant ⟨m.; -s, -e; Min.⟩ langfaseriges, grasgrünes, seidenglänzendes Mineral [<*A...*¹ »nicht« + grch. *miainein* »beflecken«]

A|mid ⟨n.; -s, -e; Chemie⟩ Derivat organ. Säuren, bei dem die Hydroxylgruppe der Carboxylgruppe durch eine Aminogruppe ersetzt ist, z. B. Acet~ [verkürzt <*Ammoniak* + ...*id*]

A|mi|da|se ⟨f.; -, -n; Biochemie⟩ Amide spaltendes Enzym [<*Amid* + ...*stase*]

A|mi|do... ⟨in Zus.; Chemie⟩ = Amino...

A|mi|do|phe|nol ⟨n.; -s; unz.; Chemie⟩ = Aminophenol

...ä|mie ⟨Nachsilbe; zur Bildung weibl. Subst.⟩ Blutkrankheit; *oV* ...hä|mie [<grch. *haima* »Blut«]

A|mi|go ⟨m.; -s, -s; umg.⟩ Freund, Vertrauter (bes. in geschäftl. Hinsicht) [span.]

a|mi|kal ⟨Adj.; geh.⟩ wohlwollend, freundschaftlich; ~*es Prinzip* [<frz. *amical* <lat. *amicus* »Freund«]

a|mi|kro|sko|pisch *auch:* a|mi|kros|ko|pisch ⟨a. ['-----] Adj.⟩ mit dem Mikroskop nicht mehr erkennbar [<*a...¹* + *Mikroskop*]

A|min ⟨n.; -s, -e; Chemie⟩ basisch reagierendes Derivat des Ammoniaks, bei dem ein od. mehrere Wasserstoffatome durch Alkyle od. Aryle ersetzt sind, z. B. Methyl~ [→ *Ammoniak*]

a|mi|nie|ren ⟨V.; Chemie⟩ eine Aminogruppe zufügen; *eine organische Verbindung* ~

A|mi|nie|rung ⟨f.; -, -en; Chemie⟩ Zufügen einer Aminogruppe in eine organische Verbindung

A|mi|no... ⟨in Zus.; Chemie⟩ organisches Radikal mit der Aminogruppe - NH₂ (organische Verbindungen); *oV* Amido... [→ *Amin*]

A|mi|no|ben|zol ⟨n.; -s; unz.; Chemie⟩ = Anilin

A|mi|no|grup|pe ⟨f.; -, -n; Chemie⟩ die Atomgruppierung -NH₂, die vor allem in vielen organ. Verbindungen als die Eigenschaften des Moleküls bestimmende Gruppe auftritt

A|mi|no|phe|nol ⟨n.; -s; unz.; Chemie⟩ Derivat des Phenols, bei dem Wasserstoff durch die Aminogruppe ersetzt wird; *Sy* Amidophenol

A|mi|no|plast ⟨n.; -(e)s, -e; Chemie⟩ durch Polykondensation von Formaldehyd u. Harnstoff hergestelltes Harnstoffharz [<*Amin* + grch. *plastos* »gebildet, geformt«]

A|mi|no|säu|re ⟨f.; -, -n; Chemie⟩ organ. Säure, bei der der Wasserstoff der Kohlenstoffkette durch die Aminogruppe ersetzt ist, z. B. Aminoessigsäure

A|mi|to|se ⟨f.; -, -n; Biol.⟩ Zellteilung ohne vorhergehende Auflösung der Kernmembran u. ohne gesetzmäßige Verteilung der Chromosomen; *Ggs* Mitose [<*A...¹* + grch. *mitos* »Faden, Kette«]

a|mi|to|tisch ⟨Adj.⟩ die Amitose betreffend, auf ihr beruhend; *Ggs* mitotisch

Am|min|salz ⟨n.; -es, -e⟩ = Ammoniakat

Am|mon ⟨n.; -s, -e; kurz für⟩ Ammonium

Am|mo|ni|ak ⟨a. ['----] n.; -s; unz.; Chemie⟩ farbloses, stechend riechendes Gas, NH₃ [<grch. *ammoniakon*, eine Pflanze, die in der Nähe des dem Jupiter *Ammon* geweihten Tempels in der Oase *siwa* (im Altertum *Ammonion*) in Libyen wuchs]

am|mo|ni|a|ka|lisch ⟨Adj.⟩ Ammoniak enthaltend, basisch reagierend

Am|mo|ni|a|kat ⟨n.; -(e)s, -e; Chemie⟩ chem. Verbindung aus Ammoniak u. Metallsalzen; *Sy* Amminsalz

Am|mo|ni|ak|sal|ze ⟨a. ['------] Pl.⟩ = Ammoniumsalze

Am|mo|nit ⟨m.; -en, -en⟩ ausgestorbener Kopffüßer mit sehr großen Kalkschalen, als Versteinerungen erhalten; *Sy* Ammonshorn (1) [nach den Widderhörnern des ägypt. Gottes *Ammon*]

Am|mo|ni|um ⟨n.; -s; unz.; kurz für⟩ Ammoniumgruppe

Am|mo|ni|um|car|bo|nat ⟨n.; -(e)s; unz.; Chemie⟩ Hirschhornsalz, Salz der Kohlensäure mit der Ammoniumgruppe; *oV* Ammoniumkarbonat

Am|mo|ni|um|grup|pe ⟨f.; -, -n; Chemie⟩ die in ihrem chemischen Verhalten den Alkalimetallen entsprechende Molekülgruppe NH₄⁺, bildet sich beim Einleiten von Ammoniak in Wasser; *Sy* Ammonium [→ *Ammoniak*]

Am|mo|ni|um|kar|bo|nat ⟨n.; -(e)s; unz.⟩ = Ammoniumcarbonat

Am|mo|ni|um|sal|ze ⟨Pl.; Chemie; Sammelbez. für⟩ die aus Säuren u. der Ammoniumgruppe aufgebauten Salze, z. B. Ammoniumcarbonat, Ammoniumchlorid (Salmiak)

Am|mons|horn ⟨n.; -s, -hör|ner⟩ **1** = Ammonit **2** hornartig gekrümmter Teil im Großhirn der Säugetiere

Am|ne|sie *auch:* Am|ne|sie ⟨f.; -, -n; Med.⟩ Gedächtnisstörung, (vorübergehender) Gedächtnisverlust [<*A...¹* + grch. *mnesis* »Erinnerung«; verwandt mit *Amnestie*]

A|mnes|tie *auch:* Am|nes|tie ⟨f.; -, -n⟩ Straferlass, Begnadigung für eine ganze Gruppe von Gefangenen [<grch. *amnestia* »Vergessen«; verwandt mit *Amnesie*]

a|mnes|tie|ren *auch:* am|nes|tie|ren ⟨V.⟩ *jmdn.* ~ durch Gesetz begnadigen, jmdm. die Strafe erlassen

a|mnes|ty in|ter|na|tio|nal *auch:* am|nes|ty in|ter|na|tio|nal ⟨[ˈæmnɪstɪ ɪntərnæʃənəl] f.; - -; unz.; Abk. ai⟩ internationale Menschenrechtsorganisation, die sich um die Freilassung politischer Gefangener bemüht [engl.]

Am|ni|on ⟨m.; -s; unz.⟩ innerste, gefäßlose Embryonalhülle der höheren Wirbeltiere [<grch. *amnos* »Lamm«]

Am|ni|o|skop *auch:* Am|ni|os|kop ⟨n.; -s, -e; Med.⟩ Endoskop zur Fruchtwasserbetrachtung [<grch. *amnos* »Lamm« + *skopein* »sehen«]

Am|ni|o|sko|pie *auch:* Am|ni|os|ko|pie ⟨f.; -; unz.; Med.⟩ Fruchtwasserbetrachtung mit Hilfe des Amnioskops zur Überwachung erhöht gefährdeter Feten [→ *Amnioskop*]

Am|ni|o|te ⟨m.; -n, -n; Zool.⟩ Angehöriger einer der drei obersten Wirbeltierklassen (Reptilien, Vögel u. Säugetiere), die sich mit Amnion entwickeln; *Ggs* Anamnier

am|ni|o|tisch ⟨Adj.⟩ das Amnion betreffend, auf ihm beruhend, sich mit ihm entwickelnd

Am|ni|o|zen|te|se ⟨f.; -, -n; Med.⟩ Punktion der Fruchtblase für eine Fruchtwasseruntersuchung während der Schwangerschaft [<*Amnion* + grch. *kentesis* »das Stechen«]

A|möl|bä|um ⟨n.; -s, -bäa⟩ = Amoibaion

A|mö|be ⟨f.; -, -n; Zool.⟩ Gattung der einfach gebauten, einzelligen Wurzelfüßer: Amoeboidae, Amoebozoae [<grch. *amoibe* »Wechsel«]

amöboid

a|mö|bo|id ⟨Adj.⟩ amöbenartig, von wechselnder Gestalt [<*Amöbe* + ...*id*]

A|moi|ba|ion ⟨n.; -s, -baia⟩ Wechselgesang in der grch. Tragödie; *oV* Amöbäum [grch.]

A|mok... ⟨in Zus.⟩ in einem Anfall von affektbetonter Geistesverwirrung blindwütig zerstörend u. tötend, z. B. Amokläufer, -fahrer, -schütze [<malai. *amuk* »Wut«]

A|mok|lau|fen ⟨n.; -s; unz.⟩ Geistesstörung, bei der ein Bewaffneter blindwütig Menschen erschießt od. niedersticht, die ihm in den Weg kommen

A|mom ⟨n.; -s, -e; Bot.⟩ = Amomum

A|mo|mum ⟨n.; -s, -mo̱ma; Bot.⟩ südostasiatische Gewürzpflanze; *oV* Amom [<grch. *amomon*]

A|mo|ral ⟨f.; -; unz.⟩ Unmoral, Fehlen von Moral

a|mo|ra|lisch ⟨a. [--'--] Adj.⟩ **1** sich über die Moral hinwegsetzend, unmoralisch **2** jenseits der Moralbegriffe [<*a*...¹ + *moralisch*]

A|mo|ra|lis|mus ⟨m.; -; unz.⟩ **1** Gleichgültigkeit gegenüber der (herrschenden) Moral **2** Ablehnung aller Moralgesetze; *Ggs* Moralismus; →a. Antimoralismus

a|mo|ra|lis|tisch ⟨Adj.⟩ in der Art des Amoralismus

A|mo|ra|li|tät ⟨f.; -; unz.⟩ Lebenshaltung, die keine Moralgesetze für sich gelten lässt; *Ggs* Moralität (1)

A|mor|ces ⟨[amɔrs] Pl.⟩ **1** Zündblättchen **2** Abfälle von belichteten Filmen [frz., »Zündpulver, Lunte«]

A|mo|ret|te ⟨f.; -, -n; bildende Kunst⟩ der Liebesgott als geflügeltes Kind; *Sy* Eros (3) [<ital. *amoretto*, Verkleinerungsform zu *amore* »Liebe«]

A̱|mor Fa̱|ti ⟨m.; - -; unz.; Philos.; bei Nietzsche⟩ Bejahung des Notwendigen, Unausweichlichen [lat., »Liebe zum Schicksal«]

a|mo|ro̱|so ⟨Adj.; Musik⟩ zärtlich, zart, innig (zu spielen) [ital., »verliebt, zärtlich«]

a|morph ⟨Adj.⟩ *oV* amorphisch **1** formlos, gestaltlos, ohne Kristallform; *Ggs* kristallin, kristallisch **2** ~*e Sprachen* = isolierende Sprachen [<*a*...¹ + grch. ...*morph*]

A|mor|phie ⟨f.; -, -n⟩ **1** Gestaltlosigkeit, Formlosigkeit **2** ⟨Physik⟩ Zwischenstufe zwischen festem u. flüssigem Aggregatzustand [<*A*...¹ + ...*morphie*]

a|mor|phisch ⟨Adj.⟩ = amorph

A|mor|phis|mus ⟨m.; -; unz.⟩ Formlosigkeit, Gestaltlosigkeit

a|mor|ti|sa̱|bel ⟨Adj.⟩ durch Amortisation tilgbar; *amortisable Anleihen* [→ *amortisieren*]

A|mor|ti|sa|ti|on ⟨f.; -, -en⟩ *Sy* Amortisierung **1** ~ *einer Schuld* allmähl. Abtragung, Tilgung **2** Abwerfen von Gewinn [→ *amortisieren*]

a|mor|ti|sie̱|ren ⟨V.⟩ **1** tilgen, abschreiben **2** *sich* ~ Gewinn abwerfen [<mlat. *amortisare* <*ad* + lat. *mors* »Tod«]

A|mor|ti|sie̱|rung ⟨f.; -, -en⟩ = Amortisation

A|mour ⟨[amu:r] f.; -, -en⟩ **1** Liebe **2** ⟨nur Pl.⟩ ~*en* Liebschaften, Liebeleien [frz., »Liebe«]

A|mour bleu ⟨[amu:r blø:] f.; -; unz.⟩ Liebe zwischen Männern [frz., eigtl. »blaue Liebe«]

Amor Fati/Amour fou (*Groß- u. Kleinschreibung*) In Substantivkomposita, die aus Fremdsprachen übernommen worden sind, richtet sich die Groß- bzw. Kleinschreibung nach der Wortart des zweiten Bestandteils.
Während z. B. der lateinische Begriff *Amor Fati* (»Liebe zum Schicksal«) aus zwei Substantiven oder Sentenzen besteht, liegt beim französischen Begriff *Amour fou* (»verrückte Liebe«) eine Verbindung aus Substantiv und Adjektiv vor.
Als Zitatwörter gemeinte Substantive aus anderen Sprachen können auch kleingeschrieben werden, z. B. *cherchez la femme*.

A|mour fou ⟨[amu:r fu] f.; - -; unz.; geh.⟩ leidenschaftliche (u. verhängnisvolle) Liebe [frz., »verrückte Liebe«]

a|mou|rös ⟨[-mu-] Adj.⟩ eine Liebschaft betreffend, auf ihr beruhend; ~*es Abenteuer* [<frz. *amoureux* »verliebt«]

Am|pe|lo|gra|fie ⟨f.; -; unz.⟩ = Ampelographie

Am|pe|lo|gra|phie ⟨f.; -; unz.⟩ Rebsortenkunde; *oV* Ampelografie [<lat. *ampelos* »Weinstock« + ...*graphie*]

Am|pere ⟨[ampɛ:r] n.; - od. -s, -; Zeichen: A⟩ Maßeinheit der elektr. Stromstärke [nach dem frz. Mathematiker u. Physiker André Marie *Ampère*, 1775-1836]

Am|pere|me|ter ⟨[ampɛ:r-] n.; -s, -⟩ Gerät zum Messen der elektr. Stromstärke

Am|pere|se|kun|de ⟨[ampɛ:r-] f.; -, -n; Zeichen: As⟩ die elektr. Ladung, die transportiert wird, wenn Strom von einem Ampere eine Sekunde lang fließt

Am|pere|stun|de ⟨[ampɛ:r-] f.; -, -n; Zeichen: Ah⟩ die elektr. Ladung, die transportiert wird, wenn ein Strom von einem Ampere eine Stunde lang fließt, entspricht 3600 Amperesekunden

Am|pex|ver|fah|ren ⟨n.; -s; unz.⟩ Verfahren zur Aufzeichnung von Bildfolgen auf Magnetband (bes. beim Fernsehen) [verkürzt <engl. *automatic programming system extended* »erweitertes automatisches Programmiersystem«]

Am|phe|ta|min *auch:* **Am|phe|ta|mi̱n** ⟨n.; -s; unz.⟩ Weckamin mit zentral erregender Wirkung

am|phi..., Am|phi... ⟨in Zus.⟩ zweifach, doppel... [<grch. *amphi* »zweifach; von beiden, allen Seiten, um... herum«]

am|phib ⟨Adj.⟩ = amphibisch

Am|phi̱|bie ⟨[-bjə] f.; -, -n; Zool.⟩ Tier, das im Wasser u. auf dem Land leben kann, Lurch; *oV* Amphibium [<grch. *amphibion* <*Amphi*... »zweifach« + *bios* »Leben«]

Am|phi|bi|en|fahr|zeug ⟨n.; -(e)s, -e⟩ Kraftfahrzeug, das auf dem Wasser u. auf dem Land fahren kann

Am|phi|bi|en|flug|zeug ⟨n.; -(e)s, -e⟩ Flugzeug mit speziellem Fahrgestell, das sowohl auf dem Wasser als auch auf dem Land starten u. landen kann

am|phi̱|bisch ⟨Adj.⟩ *oV* amphib **1** die Amphibien betreffend,

amusisch

ihnen eigentümlich **2** im Wasser u. auf dem Land lebend, sich bewegend
Am|phi|bi|um ⟨n.; -s, -bi|en; Zool.⟩ = Amphibie
am|phi|bol ⟨Adj.⟩ = amphibolisch
Am|phi|bol ⟨m.; -s, -e⟩ = Amphibolit
Am|phi|bo|lie ⟨f.; -, -n⟩ Mehrdeutigkeit, Doppelsinn
am|phi|bo|lisch ⟨Adj.⟩ mehrdeutig, doppelsinnig; *oV* amphibol [<grch. *amphibolos* »zweideutig« <*amphie* »zweifach« + *ballein* »werfen«]
Am|phi|bo|lit ⟨m.; -s, -e⟩ Hornblende; *oV* Amphibol [→ *amphibolisch*]
Am|phi|brach ⟨m.; -(e)s od. -en, -e od. -en⟩ = Amphibrachys
Am|phi|bra|chys ⟨m.; -, - od. -bra|chen; Metrik⟩ dreisilbiger, antiker Versfuß nach dem Silbenschema kurz - lang - kurz; *oV* Amphibrach [grch., »auf beiden Seiten kurz«]
Am|phi|go|nie ⟨f.; -; unz.; Biol.⟩ zweigeschlechtige Fortpflanzung durch Ei u. Samenzelle; *Ggs* Monogenese, Monogonie [<*Amphi*... + ...*gonie*]
Am|phi|kar|pie ⟨f.; -; unz.; Biol.⟩ **1** Vorhandensein von zweierlei Fruchtformen an einer Pflanze **2** Fruchtreife über u. unter der Erde [<*Amphi*... + grch. *karpos* »Frucht«]
Am|phik|ty|o|ne *auch:* **Am|phik|ty|o|ne** ⟨m.; -n, -n⟩ Mitglied einer Amphiktyonie [<grch. *amphiktyones* »Umwohner« (des delphischen Apollotempels)]
Am|phik|ty|o|nie *auch:* **Am|phik|ty|o|nie** ⟨f.; -, -n⟩ altgrch. kultisch-politischer Verband von Stämmen od. (Stadt-)Staaten zum Schutz eines Heiligtums u. zu gemeinsamen religiösen Feiern [→ *Amphiktyone*]
am|phi|mik|tisch ⟨Adj.⟩ durch Amphimixis entstanden
Am|phi|mi|xis ⟨f.; -; unz.⟩ Vermischung väterl. u. mütterl. Erbanlagen durch Amphigonie [<*Amphi*... + grch. *mixis* »Vermischung«]
Am|phi|o|le ⟨f.; -, -n; Med.⟩ Ampulle mit spritzfertigem Arzneimittel [vermutl. verkürzt <*Am*pulle + *Phiole* (<grch. *phiale* »Kessel, Urne, Schale«)]

Am|phi|o|xus ⟨m.; -; unz.⟩ niedrigste Form der Wirbeltiere, auf dem Meeresgrund lebend, Lanzettfisch [<*Amphi*... + grch. *oxys* »scharf«]
Am|phi|po|de ⟨m.; -n, -n; Zool.⟩ Angehöriger einer Ordnung der Krebstiere, Flohkrebs [<*Amphi*... + ...*pode*]
Am|phi|pro|sty|los *auch:* **Am|phi|pro|sty|los** ⟨m.; -, -sty|len⟩ altgrch. Tempel mit je einer Säulenvorhalle an der Vorder- u. Rückseite [<*Amphi*... + *Prostylos*]
Am|phi|the|a|ter ⟨n.; -s, -⟩ **1** ⟨in der Antike⟩ Theater unter freiem Himmel mit kreisrundem od. elliptischem Grundriss u. ansteigenden Sitzreihen **2** ⟨allg.⟩ Theater mit im Halbkreis ansteigenden Sitzreihen [<grch. *amphitheatron* <*amphi* »auf allen Seiten, um ... herum« + *theatron* »Schauspielhaus«]
am|phi|the|a|tra|lisch *auch:* **am|phi|the|a|tra|lisch** ⟨Adj.⟩ im Kreis od. Halbkreis ansteigend
Am|pho|ra ⟨f.; -, -pho|ren⟩ grch. Vase in Form eines Krugs mit zwei Henkeln; *oV* Amphore [<lat. *amphora* <grch. *amphoreus* »Gefäß, das auf beiden Seiten einen Henkel hat« <*amphie* »auf beiden Seiten« + *pherein* »tragen«; verwandt mit *Ampel*, *Ampulle*]
Am|pho|re ⟨f.; -, -n⟩ = Amphora
am|pho|ter ⟨Adj.; Chemie⟩ in einer sauren Lösung basisch, in einer basischen Lösung sauer reagierend [<grch. *amphoteros* »beide, beidseitig«]
Am|pli|fi|ka|ti|on ⟨f.; -, -en⟩ **1** Erweiterung, Ausdehnung **2** weitere Ausführung einer Rede usw.) [<lat. *amplificatio* »Erweiterung, Vergrößerung«]
Am|pli|fi|ka|tiv|suf|fix ⟨n.; -es, -e⟩ = Augmentativsuffix
am|pli|fi|zie|ren ⟨V.⟩ *eine Rede, Erzählung* ~ erweitern, vergrößern, weiter ausdehnen [<lat. *amplificare* »erweitern, vergrößern«]
Am|pli|tu|de *auch:* **Am|pli|tu|de** ⟨f.; -, -n⟩ größter Ausschlag eines Schwingungsvorgangs, z. B. beim Pendel [frz., »Umfang in Länge u. Breite«]

Am|pli|tu|den|mo|du|la|ti|on *auch:* **Am|pli|tu|den|mo|du|la|ti|on** ⟨f.; -, -en; Abk.: AM⟩ Modulation niederfrequenter Wellen auf die Amplitude hochfrequenter Wellen, die als Trägerwellen dienen
Am|pul|le ⟨f.; -, -n⟩ **1** bauchiges Gefäß, bauchige Flasche **2** zugeschmolzenes Glasröhrchen mit sterilen Lösungen zum Einspritzen **3** ⟨Anat.⟩ kolbenartig erweiterter Teil röhrenförmiger Organe (Mastdarm, Eileiter) [<lat. *ampulla* »kleine Flasche« <**amporla*, Verkleinerungsform zu *amp(h)ora*; verwandt mit *Ampel*, *Amphora*]
Am|pu|ta|ti|on ⟨f.; -, -en; Med.⟩ operative Entfernung; ~ *eines Körpergliedes* [<lat. *amputatio* »das Abschneiden«]
am|pu|tie|ren ⟨V.⟩ *ein Körperglied* ~ durch Operation abtrennen [<lat. *amputare* »ringsum beschneiden, abschneiden«]
A|mu|lett ⟨n.; -(e)s, -e⟩ kleiner Gegenstand, der als vermeintl. Zauberschutzmittel gegen böse Mächte am Körper getragen wird (meist um den Hals) [vermischt <lat. *amdimentum* »Abwehrmittel« + lat. *amylum* »Speise, Brei aus Kraftmehl«]
a|mü|sant ⟨Adj.⟩ unterhaltsam, belustigend [<frz. *amusant*]
A|muse|gueule *auch:* **A|muse-Gueule** ⟨[amyzgœːl] n.; -, -od. -s [-gœː]⟩; Kochk.⟩ leckere Kleinigkeit, Appetithäppchen (besonders als Zwischengericht bei Menüs); *ein* ~ *servieren* [<frz. *amuser* »unterhalten« + *gueule* »Mund«]
A|muse|ment ⟨[amjuːzmənt] n.; -s, -s⟩ = Amüsement [engl.]
A|müse|ment ⟨[-mãː] n.; -s, -s⟩ Belustigung, Unterhaltung, heiterer Zeitvertreib; *oV* Amusement [<frz. *amusement* »Unterhaltung, Belustigung«]
a|mü|sie|ren ⟨V.⟩ unterhalten, belustigen, vergnügen; *die Geschichte hat mich amüsiert; wir haben uns prächtig, königlich amüsiert* [<frz. *amuser* »unterhalten, belustigen«]
a|mu|sisch ⟨Adj.⟩ unempfänglich für Kunst, ohne Kunstverständnis; *Ggs* musisch [<*a*...[1] + *musisch*]

Amygdalin

A|myg|da|lin ⟨n.; -s; unz.; Biol.⟩ in den Kernen von bitteren Mandeln u. Kernobst enthaltenes blausäurehaltiges Glukosid [‹grch. *amygdale* »Mandel«]

A|myl ⟨n.; -s; unz.; Chemie⟩ einwertiger aliphatischer Kohlenwasserstoffrest [‹grch. *amylon* »Stärke« + ...*yl*]

A|myl|a|ce|tat ⟨n.; -s; unz.; Chemie⟩ aus Essigsäure u. Amylalkohol hergestellter Ester mit birnenartigem Geschmack, Birnenäther, Birnenöl, Fruchtäther

A|myl|al|ko|hol ⟨m.; -s; unz.; Chemie⟩ im Fuselöl vorkommender, giftiger Alkohol

A|myl|a|se ⟨f.; -, -n⟩ = Diastase (1)

A|my|len ⟨n.; -s, -e; Chemie⟩ Kohlenwasserstoff mit 5 Kohlenstoffatomen sowie einer Doppelbindung

a|mylo..., A|mylo... ⟨in Zus.⟩ stärke..., Stärke... [‹grch. *amylon* »Stärke«]

a|my|lo|id ⟨Adj.⟩ stärkeähnlich

A|my|lo|id ⟨n.; -s, -e⟩ eiweißartiger Stoff, der sich als Zeichen der Gewebsentartung bei verschiedenen Krankheiten bildet [‹*Amylo...* + ...*id*]

A|my|lo|ni|trit *auch:* **A|my|lo|nit|rit** ⟨n.; -s, -e; Pharm.⟩ eine gelbliche, fruchtartig riechende Flüssigkeit, Mittel zur Blutdrucksenkung

A|my|lo|se ⟨f.; -; unz.⟩ wasserlöslicher Bestandteil der Stärke [‹grch. *amylon* »Stärke«]

an...¹, An...¹ ⟨Vorsilbe⟩ = a...¹, A...¹

an...², An...² ⟨Vorsilbe⟩ = ana..., Ana...

a|na..., A|na... ⟨vor Vokalen⟩ an...², An...² ⟨Vorsilbe⟩ auf, hinauf, zurück, wieder, nach Art von [grch.]

...a|na ⟨Pluralendung⟩ an einen Eigennamen angefügt als Titel für Sammlungen, die sich mit der betreffenden Person od. Sache befassen, z. B. Amerikana, Goetheana, Mozartiana; *oV* ...*i|a|na*

A|na|bap|tis|mus ⟨m.; -; unz.⟩ Lehre der Wiedertäufer

A|na|bap|tist ⟨m.; -en, -en⟩ Wiedertäufer [‹*Ana...* + *Baptist*]

A|na|bap|tis|tin ⟨f.; -, -tin|nen⟩ Wiedertäuferin

A|na|ba|sis ⟨f.; -; unz.⟩ 1 ⟨urspr.⟩ Hinaufmarsch, bes. Kriegszug vom Meer in die asiatische Hochebene 2 ⟨danach⟩ Titel eines Geschichtswerks von Xenophon [grch., »das Aufsteigen«]

a|na|ba|tisch ⟨Adj.⟩ ~*e Winde* ⟨Meteor.⟩ vom Boden aufsteigende Winde [‹grch. *anabasis* »das Hinaufsteigen«]

A|na|bi|o|se ⟨f.; -; unz.; Biol.⟩ Wiederaufleben von Pflanzen u. niederen Tieren nach Eintreten günstiger Lebensbedingungen, nachdem zuvor durch lang andauernde Hitze, Kälte od. Trockenheit die Lebenstätigkeit auf ein Minimum herabgesetzt war [‹*Ana...* + ...*biose*]

a|na|bol ⟨Adj.; Biol.⟩ auf Anabolie beruhend

A|na|bo|lie ⟨f.; -, -n; Biol.⟩ 1 Aufbaustoffwechsel 2 Abänderung während der späten ontogenet. Entwicklung [‹grch. *anabole* »Erdaufwurf«]

A|na|bo|li|kum ⟨n.; -s, -li|ka; Pharm.⟩ den Aufbaustoffwechsel fördernder Wirkstoff [‹grch. *anabole* »Erdaufwurf«]

A|na|bo|lis|mus ⟨m.; -; unz.; Biol.⟩ Gesamtheit der aufbauenden Stoffwechselprozesse; *Ggs* Katabolismus

A|na|cho|ret ⟨[-xo-] m.; -en, -en; im Frühchristentum⟩ Einsiedler [‹grch. *anachorein* »zurückweichen«]

a|na|cho|re|tisch ⟨[-xo-] Adj.⟩ einsiedlerisch

A|na|chro|nis|mus ⟨[-kro-] m.; -, -nis|men⟩ 1 einem bestimmten Zeitabschnitt nicht Entsprechendes 2 das Verlegen von Erscheinungen u. Sachen, die für die Gegenwart kennzeichnend sind, in die Vergangenheit u. umgekehrt [zu grch. *anachronizein* »in eine andere Zeit versetzen«; zu *chronos* »Zeit«]

a|na|chro|nis|tisch ⟨[-kro-] Adj.⟩ zeitlich falsch eingeordnet, in den betreffenden Zeitabschnitt nicht hineingehörend

A|na|dy|o|me|ne ⟨f.; -; unz.⟩ »die aus dem Meer Auftauchende«, Beiname der Göttin Aphrodite, da sie nach der Sage aus dem Meeresschaum geboren wurde [‹lat., grch. *anadyomene* »die Auftauchende«]

an|ae|rob ⟨[-ae-] Adj.⟩ ~*e Bakterien* ohne Sauerstoff lebende Bakterien; *Ggs* aerob [‹*a*...¹ + *aerob*]

An|ae|ro|bi|er ⟨[-ae-] m.; -s, -⟩ *Sy* Anaerobiont; *Ggs* Aerobier 1 *fakultativer* ~ Bakterium, das sowohl in Gegenwart als auch in Abwesenheit von Sauerstoff wachsen kann 2 *obligater* ~ Bakterium, das nur in Abwesenheit von Sauerstoff wächst [→ *anaerob*]

An|ae|ro|bi|ont ⟨[-ae-] m.; -en, -en⟩ = Anaerobier; *Ggs* Aerobiont

An|ae|ro|bi|o|se ⟨[-ae-] f.; -; unz.⟩ Lebensvorgänge, die ohne Luftsauerstoff ablaufen; *Ggs* Aerobiose [‹*A*...¹ + *aero...* + ...*biose*]

A|na|ge|ne|se ⟨f.; -; unz.; Biol.⟩ Höherentwicklung der Lebewesen im Lauf der Stammesentwicklung [‹*Ana...* + *Genese*]

A|na|gly|phen|druck ⟨m.; -(e)s, -e⟩ Druckverfahren, bei dem ein Bild in zwei Komplementärfarben übereinander gedruckt wird u. beim Betrachten mit einer zweifarbigen Brille einen räumlichen Eindruck vermittelt [‹grch. *ana* »auf ihn, über ihn« + *glyphe* »Skulpturwerk«]

A|na|go|ge ⟨f.; -; unz.⟩ 1 ⟨Philos.⟩ Aufstieg des Geistes vom Besonderen zum Allgemeinen (Induktion) 2 Auslegung von Texten, die zu einer höheren Deutung führt [‹*Ana...* + grch. *agein* »führen, leiten«]

a|na|go|gisch ⟨Adj.⟩ in der Art der Anagoge, sie betreffend

A|na|gramm ⟨n.; -s, -e⟩ 1 Buchstabenversetzrätsel 2 Wortumbildung durch Buchstabenod. Silbenversetzung, z. B. Lampe - Palme [‹grch. *anagramma*; zu *anagraphein* »umschreiben«]

a|na|gram|ma|tisch ⟨Adj.⟩ in der Form, nach Art eines Anagramms

A|na|kar|de ⟨f.; -, -n; Bot.⟩ Nierenbaum, Angehöriger einer Gattung von Bäumen u. Sträuchern mit nierenförmigen Steinfrüchten: Anacardia [‹grch. *ana* »nach Art von« + *kardia* »Herz«]

56

A|na|kar|die ⟨[-djə] f.; -, -n; Bot.⟩ Nierenbaum, Gattung von Bäumen u. Sträuchern mit nierenförmigen Steinfrüchten: Anacardia [→ *Anakarde*]

A|na|ki|ter ⟨Pl.; Rel.⟩ = Enakiter

A|na|kla|se ⟨f.; -; unz.; Rhet.⟩ = Anaklasis

A|na|kla|sis ⟨f.; -; unz.; Rhet.⟩ *oV* Anaklase **1** (emphatische) Wiederholung des gleichen Wortes im Dialog **2** ⟨Metrik⟩ Wechsel des Versfußes innerhalb eines Metrums [grch., »Umbiegung, Brechung«]

a|na|klas|tisch ⟨Adj.⟩ die Anaklasis betreffend, sie enthaltend

a|na|kli|tisch ⟨Adj.; Med.⟩ ~*e Depression* depressives Syndrom, das bei Säuglingen aufgrund der Trennung von Bezugspersonen auftritt, Vorform des Hospitalismus [zu grch. *anaklinein* »anlehnen«]

An|a|ko|luth *auch:* **A|na|ko|luth** ⟨m.; -s, -e; Rhet.⟩ folgewidrige Fortsetzung einer angefangenen Satzkonstruktion, als Stilmittel gebraucht [<*a...*¹ + grch. *akolouthein* »folgen«]

A|na|kon|da ⟨f.; -, -s; Zool.⟩ südamerikan. ungiftige Riesenschlange

A|na|kre|on|tik ⟨f.; -; unz.; Lit.⟩ lit. Richtung des 18. Jhs., die den heiteren Stil des grch. Dichters Anakreon (um 500 v. Chr.), mit dem er die Liebe u. den Wein besang, nachahmte

A|na|kre|on|ti|ker ⟨Pl.; Lit.⟩ Dichtergruppe der Anakreontik

a|na|kre|on|tisch ⟨Adj.; Lit.⟩ die Anakreontik betreffend, in der Art der Anakreontik

A|na|kru|sis ⟨f.; -, -kru|sen; Metrik⟩ unbetonte Silbe am Anfang eines Verses, Auftakt [zu grch. *anakrouein* »aufschlagen«]

A|naks|söh|ne ⟨Pl.; Rel.⟩ = Enakssöhne

A|na|ku|sis *auch:* **A|na|ku|sis** ⟨f.; -; unz.; Med.⟩ Taubheit [<*An...*¹ + grch. *akouein* »hören«]

a|nal ⟨Adj.⟩ den After betreffend, in seiner Nähe liegend [<lat. *anus* »After«]

An|al|cim *auch:* **A|nal|cim** ⟨m.; -s, -e; Min.⟩ wasserhaltiges Silikat, farbloses Mineral [zu grch. *analkis* »kraftlos«]

A|na|lek|ta ⟨Pl.⟩ Sammlung od. Auslese von Aufsätzen, Gedichten, Sinnsprüchen usw.; *oV* Anelekten [<grch. *analekta*; zu *analegein* »sammeln, auflesen«]

A|na|lek|ten ⟨Pl.⟩ = Analekta

a|na|lek|tisch ⟨Adj.⟩ auswählend

An|a|lep|ti|kum ⟨n.; -s, -ti|ka⟩ Anregungsmittel für den Kreislauf, z. B. Koffein, Kampfer [zu grch. *analeptikos* »wiederherstellend«]

a|na|lep|tisch ⟨Adj.⟩ anregend, belebend

A|na|le|ro|tik ⟨f.; -; unz.⟩ **1** Interesse am eigenen analen Körperbereich im frühkindl. Entwicklungsstadium **2** Fixierung der sexuellen Wünsche auf den After u. dessen Bereich

A|na|le|ro|ti|ker ⟨m.; -s, -⟩ jmd., dessen sexuelle Wünsche auf den Afterbereich ausgerichtet sind

A|nal|fis|tel ⟨f.; -, -n; Med.⟩ Afterod. Mastdarmfistel [<*anal* + *Fistel*]

An|al|ge|ti|kum ⟨n.; -s, -e⟩ = Analgetikum

An|al|ge|sie ⟨f.; -, -n; Med.⟩ Aufhebung der Schmerzempfindung, Schmerzlosigkeit; *Sy* Analgie [<grch. *analgesia* <*a...*¹ + *algos* »Schmerz«]

An|al|ge|ti|kum ⟨n.; -s, -ti|ka; Pharm.⟩ schmerzstillendes Mittel; *Sy* Analgen

an|al|ge|tisch ⟨Adj.⟩ schmerzstillend

An|al|gie ⟨f.; -, -n⟩ = Analgesie [<*A...*¹ + *...algie*]

an|al|lak|tisch ⟨Adj.⟩ unveränderlich [<*a...*¹ + grch. *allattein* »verändern« (<*allos* »anders«)]

a|na|log ⟨Adj.⟩ entsprechend, ähnlich, sinngemäß (anwendbar); *oV* analogisch; *etwas* ~ *einer Vorlage gestalten* [<*ana...* + *...log*³]

A|na|lo|gat ⟨n.; -(e)s, -e; Philos.⟩ analoges Begriffsverhältnis

A|na|log-Di|gi|tal-Wand|ler ⟨m.; -s, -; EDV⟩ Gerät, das analoge Eingangssignale in digitale Ausgangssignale umwandelt; →a. Digital-Analog-Wandler

A|na|lo|gie ⟨f.; -, -n⟩ **1** Beziehung zwischen Dingen, Vorstellungen, Relationen u. komplexen Systemen, die in gewisser Hinsicht übereinstimmen, Ähnlichkeit, Entsprechung **2** sinngemäße Anwendung, Übertragung [→ *analog*]

A|na|lo|gie|bil|dung ⟨f.; -, -en; Sprachw.⟩ Wortform, die nicht nach grammat. Regeln, sondern nach dem Muster ähnl. Wörter gebildet ist, z. B. »morgendlich« mit eingeschobenem »d« analog zu »abendlich«

A|na|lo|gie|rech|ner ⟨m.; -s, -⟩ = Analogrechner

A|na|lo|gie|schluss ⟨m.; -es, -schlüs|se; Logik⟩ nicht zwingender, aber häufig angewendeter Schluss von der Ähnlichkeit zweier Dinge auf die Ähnlichkeit zweier anderer od. aller, *Sy* Analogismus

A|na|lo|gie|zau|ber ⟨m.; -s, -⟩ magische Handlung, durch die eine ähnl. Wirkung hervorgerufen werden soll, z. B. Bildung von Wolken u. damit Regen durch Entwicklung von Rauch

a|na|lo|gisch ⟨Adj.; selten⟩ = analog

A|na|lo|gis|mus ⟨m.; -, -gis|men⟩ = Analogieschluss

A|na|lo|gon ⟨n.; -s, -ga⟩ ähnl. Fall, ähnl. Gegenstand [→ *analog*]

A|na|log|rech|ner ⟨m.; -s, -; EDV⟩ Rechenanlage auf der Grundlage des Analogieprinzips, die mit kontinuierlichen Größen arbeitet; *Sy* Analogierechner, Differentialanalysator; *Ggs* Digitalrechner

An|al|pha|bet ⟨a. ['----] m.; -en, -en⟩ jmd., der nicht lesen u. schreiben kann [<*A...*¹ + *Alphabet*]

An|al|pha|be|tin ⟨a. ['----] f.; -, -tin|nen⟩ weibl. Person, die nicht lesen u. schreiben kann [<*A...*¹ + *Alphabet*]

an|al|pha|be|tisch ⟨a. ['-----] Adj.⟩ Schreiben u. Lesen nicht beherrschend

An|al|pha|be|tis|mus ⟨m.; -; unz.⟩ Zustand derer, die nicht schreiben u. lesen können

A|nal|ver|kehr ⟨m.; -s; unz.⟩ Geschlechtsverkehr, bei dem der Penis in den After eingeführt wird

A|na|ly|sand ⟨m.; -en, -en; Psych.⟩ jmd., der in einer psychotherapeut. Behandlung analysiert wird [→ *Analyse*]

Analysandin

A|naly|san|din ⟨f.; -, -din|nen; Psych.⟩ weibl. Person, die in einer psychotherapeut. Behandlung analysiert wird [→ *Analyse*]

A|naly|sa|tor ⟨m.; -s, -to|ren⟩ 1 ⟨Psych.⟩ jmd., der in einer psychotherapeut. Behandlung jmdn. analysiert 2 ⟨Physik⟩ 2.1 Vorrichtung zum Zerlegen einer unregelmäßigen Schwingung in ihre regelmäßigen, d. h. sinusförmigen Grundschwingungen 2.2 Einrichtung zum Nachweis von polarisiertem Licht

A|naly|se ⟨f.; -, -n⟩ Zergliederung eines Ganzen in seine Teile, genaue Untersuchung der Einzelheiten, Auflösung; Ggs Synthese; *qualitative ~* ⟨Chemie⟩ Bestimmung eines Stoffes nach der Art seiner Bestandteile; *quantitative ~* ⟨Chemie⟩ Bestimmung eines Stoffes nach der mengenmäßigen Zusammensetzung [<grch. *analysis* »Auflösung«; zu *analyein* »auflösen«]

a|naly|sie|ren ⟨V.⟩ eine Analyse machen von, zergliedern, in Einzelteile zerlegen, untersuchen

A|naly|sis ⟨f.; -; unz.; Math.⟩ 1 Zweig der Mathematik, der hauptsächlich Untersuchungen über Grenzwerte anstellt 2 Gebiet, das die Infinitesimalrechnung benutzt [grch.; → *Analyse*]

A|naly|st ⟨m.; -en, -en od. engl.: [ænəlɪst] m.; -s, -s; Börse⟩ berufsmäßiger Börsenfachmann

A|naly|tik ⟨f.; -; unz.⟩ 1 Lehre, Kunst od. Verfahren der Analyse; Ggs Synthetik 2 ⟨Math.⟩ zergliederndes, bes. rechnerisches Verfahren bei math. Problemen [→ *Analyse*]

A|naly|ti|ker ⟨m.; -s, -⟩ 1 die Analytik beherrschender Wissenschaftler 2 (kurz für) Psychoanalytiker

a|naly|tisch ⟨Adj.⟩ die Analyse betreffend, auf ihr beruhend, mit ihrer Hilfe zergliedernd, in Einzelteile zerlegen; Ggs synthetisch; *~e Chemie* der Teil der C., der die Analyse zum Gegenstand hat; *~e Geometrie* rechnerische G., die sich mit

Gebilde, wie Kurven u. Flächen, untersucht u. mit Hilfe von Funktionsgleichungen darstellt; *~e Sprachen* S., in denen die Flexion durch mehrere Wörter ausgedrückt wird, z.B »ich habe gelesen« im Unterschied zu lat. »legi«, od. »des Vaters« im Unterschied zu lat. »patris«; Ggs synthetische Sprachen; *~es Urteil* U., das durch Zergliederung der in einem Begriff enthaltenen Merkmale gewonnen wird

An|ä|mie auch: An|ä|mie ⟨f.; -, -n; Med.⟩ Mangel an roten Blutkörperchen, Blutarmut [<*A...*[1] + *...ämie*]

an|ä|misch auch: a|nä|misch ⟨Adj.; Med.⟩ auf Anämie beruhend, mit Anämie einhergehend, an Anämie leidend, blutarm

A|nam|ne|se auch: A|nam|ne|se ⟨f.; -, -n⟩ 1 ⟨Med.⟩ Vorgeschichte einer Krankheit 2 ⟨Philos.; bes. Plato⟩ Wiedererkennung der (vorgeburtl.) Ideen [<*Ana...* + grch. *mnesis* »Erinnerung«]

a|nam|nes|tisch auch: a|nam|nes|tisch ⟨Adj.; Med.⟩ = anamnetisch

a|nam|ne|tisch auch: a|nam|ne|tisch ⟨Adj.; Med.⟩ die Anamnese betreffend, auf ihr beruhend, mit ihrer Hilfe; oV anamnestisch

An|am|ni|er auch: An|am|ni|er ⟨m.; -s, -; Zool.⟩ Wirbeltier, das sich ohne Amnion entwickelt; Ggs Amniote [<*A...*[1] + grch. *amnos* »Lamm«]

A|na|mor|pho|se ⟨f.; -, -n; Mal.⟩ verzerrt erscheinende Darstellung eines Gegenstandes [zu spätgrch. *anamorphoun* »umwandeln«]

A|na|mor|phot ⟨m.; -en, -en; Kinotechnik⟩ optische Vorrichtung zur Erzeugung eines Breitwandbildes [<grch. *anamorphotes* »umwandelnd«]

a|na|mor|pho|tisch ⟨Adj.⟩ verzerrt, verkehrt, umgestaltet; *~e Optik* Linsensystem, das die Bilder verzerrt u. (bei Breitwandfilmen) bei der Vorführung wieder entzerrt

A|na|nas ⟨f.; -, -od. -se; Bot.⟩ 1 ausdauernde Tropenpflanze mit kurzem, dickem Stamm: ananas comosus 2 essbare

Frucht dieser Pflanze mit gelbem, saftigem Fruchtfleisch u. kurzen, derben Blütenblättern [<portug. *ananas* <indian. (Tupi, Brasilien)]

An|an|kas|mus auch: A|nan|kas|mus ⟨m.; -, -kas|men; Psych.⟩ Zwangsvorstellung, Zwangsneurose [→ *Ananke*]

An|an|ke auch: A|nan|ke ⟨f.; -; unz.; Philos.⟩ Notwendigkeit, Schicksal, Zwang [grch.]

A|na|nym ⟨n.; -s, -e⟩ Form des Pseudonyms, die aus den rückwärts gelesenen Buchstaben des wirklichen Namens besteht, z. B. Bergsiek [<*Ana...* + grch. *onyma* »Name«]

A|na|päst ⟨m.; -(e)s, -e; Metrik⟩ Versfuß mit zwei kurzen u. einer langen Silbe [zu grch. *anapaistos* »zurückgeschlagen« <*anapaiein* »zurückschlagen«]

A|na|pha|se ⟨f.; -, -n; Biol.⟩ bestimmtes Stadium der Kernteilung einer Zelle [<*Ana...* + *Phase*]

A|na|pher ⟨f.; -, -n⟩ oV Anaphora 1 ⟨Rhet.⟩ Wiederholung des Anfangswortes in aufeinander folgenden Sätzen od. Satzteilen, z. B. »das Wasser rauscht, das Wasser schwoll«; Ggs Epiphora 2 ⟨Sprachw.⟩ sprachliche Einheit, die auf etwas Vorausgegangenes verweist, z. B. »es« in dem Satz »Das Essen war gut, es war jedoch sehr reichhaltig.« [<grch. *anaphora* »Beziehung«; zu *anapherein* »heraufbringen«]

A|na|pho|ra ⟨f.; -, -rae [-rɛ:]⟩ = Anapher

A|na|pho|re|se ⟨f.; -, -n; Chemie⟩ Wanderung negativ geladener Teilchen zur Anode [zu grch. *anapherein* »heraufbringen, zurückbringen«]

a|na|pho|risch ⟨Adj.⟩ 1 ⟨Rhet.⟩ 1.1 auf einer Anapher beruhend 1.2 eine Anapher ausdrückend 2 ⟨Sprachw.⟩ zurückverweisend; *~a.* kataphorisch

An|a|phro|di|si|a|kum auch: An|aph|ro|di|si|a|kum ⟨n.; -s, -si|a|ka; Med.⟩ den Geschlechtstrieb herabsetzendes Mittel; Ggs Aphrodisiakum [<grch. *an* »nicht« + *Aphrodite*, der grch. Liebesgöttin]

a|na|phy|lak|tisch ⟨Adj.⟩ die Anaphylaxie betreffend; ~*er Schock* Schockreaktion gegen wiederholt zugeführte Allergene
A|na|phy|la|xie ⟨f.; -, -n; Med.⟩ Allergie gegen wiederholt eingespritztes artfremdes Eiweiß [<*Ana...* + grch. *phylassein* »(be)wachen«]
A|na|plas|mo|se ⟨f.; -, -n; Vet.⟩ durch Anämie u. Gelbsucht gekennzeichnete Tierseuche [<*Ana...* + *Plasma*]

◆ Die Buchstabenfolge **an|arch...** kann auch **a|narch...** getrennt werden.

◆ **an|arch** ⟨Adj.; selten für⟩ anarchisch
◆ **An|ar|chie** ⟨f.; -, -n⟩ **1** die vom Anarchismus geforderte Gesellschaftsordnung **2** Zustand der Gesetzlosigkeit, (polit.) Unordnung [<*A...*¹ + *...archie*]
◆ **an|ar|chisch** ⟨Adj.⟩ auf Anarchie beruhend; *oV* anarch
◆ **An|ar|chis|mus** ⟨m.; -; unz.⟩ polit. Lehre, die jede staatl. Ordnung ablehnt u. das menschl. Zusammenleben nur vom Willen u. von der Einsicht des Einzelnen bestimmt wissen will
◆ **An|ar|chist** ⟨m.; -en, -en⟩ Anhänger, Vertreter des Anarchismus
◆ **An|ar|chis|tin** ⟨f.; -, -tin|nen⟩ Anhängerin, Vertreterin des Anarchismus
◆ **an|ar|chis|tisch** ⟨Adj.⟩ den Anarchismus betreffend, auf ihm beruhend
◆ **An|ar|cho** ⟨m.; -s, -s; umg.⟩ jmd., der die bestehende bürgerliche Gesellschaftsordnung ablehnt (u. dem Anarchismus nahe steht)
An|ä|re|sis *auch:* **A|nä|re|sis** ⟨f.; -, -re|sen; Rhet.⟩ Widerlegung der gegnerischen Behauptung [grch., »Aufhebung«]
A|na|sta|sis *auch:* **a|na|sta|sis** ⟨f.; -; unz.; Kunst⟩ Darstellung der Auferstehung Christi [<grch. *ana* »wieder« + *stasis* »das Stehen«]
a|na|sta|tisch *auch:* **a|nas|ta|tisch** ⟨Adj.⟩ wiederauffrischend, neubildend; ~*er Druck* veraltetes Verfahren zur Herstellung einer neuen Druckform von alten Drucken durch Umdruck auf Stein od. Metall [<grch. *ana* »wieder« + *statisch*]
An|äs|the|sie *auch:* **A|näs|the|sie** ⟨f.; -, -n; Med.⟩ **1** ⟨unz.⟩ Unempfindlichkeit gegen Schmerzen **2** ⟨zählb.⟩ Betäubung von Schmerzen [<*A...*¹ + *...ästhesie*]
an|äs|the|sie|ren *auch:* **a|näs|the|sie|ren** ⟨V.; Med.⟩ schmerzunempfindlich machen, betäuben; *oV* anästhetisieren
An|äs|the|si|o|lo|gie *auch:* **A|näs|the|si|o|lo|gie** ⟨f.; -; unz.⟩ Lehre von der Schmerzbetäubung u. den Narkoseverfahren [<*A...*¹ + *...ästhesie* + *...logie*]
An|äs|the|sist *auch:* **A|näs|the|sist** ⟨m.; -en, -en⟩ Narkosefacharzt
An|äs|the|sis|tin *auch:* **A|näs|the|sis|tin** ⟨f.; -, -tin|nen⟩ Narkosefachärztin
An|äs|the|ti|kum *auch:* **A|näs|the|ti|kum** ⟨n.; -s, -ti|ka⟩ Arzneimittel, das schmerzunempfindlich macht [→ *Anästhesie*]
an|äs|the|tisch *auch:* **a|näs|the|tisch** ⟨Adj.⟩ auf Anästhesie beruhend, mit ihrer Hilfe
an|äs|the|ti|sie|ren *auch:* **a|näs|the|ti|sie|ren** ⟨V.⟩ = anästhesieren
An|as|tig|mat *auch:* **An|a|stig|mat** ⟨m.; -s, -e; Fot.⟩ Objektiv, das fehlerfreie (unverzerrte) Abbildungen gibt [<*Ana...* + grch. *stigma* »Stich, Punkt«]
an|as|tig|ma|tisch *auch:* **an|a|stig|ma|tisch** ⟨Adj.⟩ keine auf Astigmatismus beruhenden Fehler aufweisend
A|na|sto|mo|se *auch:* **A|nas|to|mo|se** ⟨f.; -, -n⟩ **1** ⟨Anat.⟩ Verbindung von Blutgefäßen, Lymphgefäßen od. Nerven untereinander **2** ⟨Med.⟩ operative Verbindung von Hohlorganen **3** ⟨Bot.⟩ Querverbindung zwischen Blattnerven [<grch. *anastomoun* »eine Mündung bilden«; zu *stoma* »Mund«]
A|na|stro|phe *auch:* **A|nas|tro|phe**, **A|nas|tro|phe** ⟨f.; -, -stro|phen; Sprachw.⟩ Umstellung der normalen Wortfolge, z. B. Röslein rot [zu grch. *anastrephein* »umwandeln«]
A|na|them ⟨n.; -s, -e; Rel.⟩ = Anathema
A|na|the|ma ⟨n.; -, -the|ma|ta; Rel.⟩ Verfluchung, Kirchenbann; *oV* Anathem [zu grch. *anatithenai* »(öffentlich) aufstellen, ausstellen«]
a|na|the|ma|ti|sie|ren ⟨V.; Rel.⟩ mit Anathema belegen, verfluchen
a|na|ti|o|nal ⟨a. ['-----] Adj.⟩ gleichgültig gegenüber Volk u. Nationalität, nicht national gesinnt [<*a...*¹ + *national*]
A|na|tom ⟨m.; -en, -en⟩ Kenner, Lehrer der Anatomie [zu grch. *anatemnein* »zerschneiden«]
A|na|to|mie ⟨f.; -, -n⟩ **1** ⟨unz.⟩ Wissenschaft, Lehre vom Körperbau der Lebewesen (der Pflanzen, Tiere u. des Menschen) **2** ⟨zählb.⟩ wissenschaftl. Institut für anatom. Studien **3** (i. w. S.) Strukturbestimmung [→ *Anatom*]
a|na|to|mie|ren ⟨V.⟩ zergliedern
a|na|to|misch ⟨Adj.⟩ die Anatomie betreffend, auf ihr beruhend, mit ihrer Hilfe
A|na|to|zis|mus ⟨m.; -, -men⟩ Verzinsung rückständiger Zinsen [zu grch. *anatokizein* »wieder verzinsen«]
an|a|xi|al ⟨a. ['-----] Adj.⟩ nicht in Achsenrichtung, ungleichachsig angeordnet; *Ggs* axial [<*a...*¹ + *axial*]
a|na|zy|klisch *auch:* **a|na|zy|klisch** ⟨Adj.⟩ vorwärts u. rückwärts gleichlautend (von Wörtern u. Sätzen), z. B. »Reittier«; → *a.* Palindrom
ANC ⟨m.; -; unz.; Abk. für engl.⟩ African National Congress (afrikan. Nationalkongress), 1912 gegründete Organisation des schwarzen Freiheitskampfes in Südafrika, die von 1960-1990 verboten war u. seit den Parlamentswahlen 1994 die stärkste Partei bildet [engl.]
An|chor|man ⟨[ˈɛŋkə(r)mæn] m.; - od. -s, -men [-mən]⟩ **1** ⟨bes. TV⟩ Koordinator, Ansager, Moderator **2** wichtige Person, Schlüsselfigur [engl., »Koordinator; Eckpfeiler«]
An|chor|wo|man ⟨[ˈɛŋkə(r)wumən] f.; -, -wo|men [-wɪmɪn]⟩ weibl. Anchorman [engl., »Koordinatorin; Eckpfeiler«]
An|cho|ve ⟨[-ˈçoːvə] f.; -, -n⟩ = Anschove
An|cho|vis ⟨[-ˈçoːvɪs] f.; -, -⟩ = Anschovis

Anciennität

An|ci|en|ni|tät ⟨[āsieni-] f.; -, -en⟩ **1** Dienstalter **2** Dienst-, Altersfolge [<frz. *ancienneté* »Alter, Dienst-, Amtsalter«]

An|ci|en Ré|gime ⟨[ãsjẽ: reʒi:m] n.; - -; unz.⟩ **1** ⟨urspr.⟩ das absolutist. Frankreich vor der Revolution 1789 **2** ⟨danach⟩ alte, überalterte Regierungsform od. Gesellschaftsordnung; *das sind Vorstellungen eines* ~ [frz., »alte Regierungsform«]

an|co|ra ⟨[-ko:-] Musik⟩ noch (einmal); ~ *piano* noch leise (zu spielen) [ital.]

...and ⟨Nachsilbe; zur Bildung männl. Subst.⟩ ⟨zur Bezeichnung von Personen, mit denen etwas geschehen soll od. die in sich in einem bestimmten Prozess befinden⟩; *Proband; Doktorand;* →a. ...ant [lat.]

An|da|lu|sit ⟨m.; -s, -e; Min.⟩ olivgrünes bis gelbliches, matt glänzendes Mineral [nach dem ersten Fundort in *Andalusien*]

an|dan|te ⟨Adj.; Musik⟩ gehend, ruhig (zu spielen); ~ *con moto* gehend, (doch) mit Bewegung (zu spielen) [ital., »gehend«]

An|dan|te ⟨n.; - od. -s, - od. -s; Musik⟩ Musikstück, Satz im Andante-Tempo

an|dan|ti|no ⟨Musik⟩ etwas rascher als andante (zu spielen) [ital., Verkleinerungsform zu *andante*]

An|dan|ti|no ⟨n.; -s, -s od. -ti̯ni; Musik⟩ kurzes Andante, Musikstück od. Satz im Andantinotempo

An|de|sin ⟨m.; -s, -e; Min.⟩ Mineral, Kalknatronfeldspat [nach den *Anden*, dem Hauptgebirge in Südamerika]

An|de|sit ⟨m.; -s, -e; Min.⟩ jüngeres Ergussgestein von dichter Grundmasse (mit Einsprenglingen von Plagioklas); [→ *Andensin*]

an|do|cken ⟨V.⟩ ankoppeln; *ein Raumschiff dockt an*

◆ Die Buchstabenfolge **an|dr...** kann auch **and|r...** getrennt werden.

◆**An|dra|go|gik** ⟨f.; -; unz.⟩ Erwachsenenbildung [<grch. *aner,* Gen. *andros* »Mensch, Mann« + *agein* »führen«]

◆**an|dra|go|gisch** ⟨Adj.⟩ die Andragogik betreffend, zu ihr gehörig, mit ihrer Hilfe

◆**an|dro..., An|dro...** ⟨in Zus.⟩ männlich [<grch. *aner,* Gen. *andros* »Mann«]

◆**An|dro|di|özie** ⟨f.; -; unz.; Bot.⟩ Auftreten von Pflanzen mit nur männl. Blüten neben solchen mit zwittrigen Blüten bei der gleichen Art [<*Andro...* + *Diözie*]

◆**An|dro|ga|met** ⟨m.; -en, -en; Biol.⟩ männliche Keimzelle; Ggs *Gynogamet* [<*Andro...* + *Gamet*]

◆**an|dro|gen** ⟨Adj.⟩ in der Art des Androgens, von der Wirkung des Androgens

◆**An|dro|gen** ⟨n.; -s; unz.⟩ männliches Geschlechtshormon [<*Andro...* + *...gen²*]

◆**An|dro|ge|ne|se** ⟨f.; -; unz.; Biol.⟩ Entwicklung eines Lebewesens aus einer befruchteten Eizelle, die nach dem Zugrundegehen des weiblichen Kerns nur durch den väterlichen Chromosomensatz bestimmt wird [<grch. *aner,* Gen. *andros* »Mann« + *Genese*]

◆**an|dro|gyn** ⟨Adj.⟩ die Merkmale der Androgynie zeigend; *oV* androgynisch [<*andro...* + grch. *gyne* »Weib«]

◆**An|dro|gy|nie** ⟨f.; -; unz.⟩ **1** Zweigeschlechtigkeit, mit weibl. Erscheinungsbild u. männl. Keimdrüsen: Pseudohermaphroditismus masculine **2** Zwitterbildung bei Pflanzen [→ *androgyn*]

◆**an|dro|gy|nisch** ⟨Adj.⟩ = androgyn

◆**An|dro|gy|no|phor** ⟨n.; -s, -en; Bot.⟩ stielartige Verlängerung der Blütenachse, die den Stempel u. die Staubblätter trägt [<*Andro...* + *Gynophor*]

◆**An|dro|i|de** ⟨m.; -n, -n⟩ künstlicher Mensch [grch. *aner,* Gen. *andros* »Mann« + *...logie*]

◆**An|dro|lo|ge** ⟨m.; -n, -en⟩ Facharzt für Andrologie

◆**An|dro|lo|gie** ⟨f.; -; unz.⟩ Lehre von den Männerkrankheiten; →a. Gynäkologie [<*Andro...* + *...logie*]

◆**an|dro|lo|gisch** ⟨Adj.⟩ die Andrologie betreffend, zu ihr gehörig

◆**An|dro|mon|ö|zie** auch: **And|ro|mo|nö|zie** ⟨f.; -; unz.; Bot.⟩ Vorkommen männlicher u. zwittriger Blüten auf derselben Pflanze [<*Andro...* + *Monözie*]

◆**An|dro|sper|mi|um** ⟨n.; -s, -mi|en⟩ ein Y-Chromosom enthaltendes, männl. Spermium

◆**An|dro|spo|re** ⟨f.; -, -n; Bot.⟩ Spore, aus der eine männl. Pflanze hervorgeht [<*Andro...* + *Spore*]

◆**An|dro|ste|ron** auch: **And|ros|te|ron** ⟨n.; -s; unz.⟩ Abbauprodukt des Testosterons mit schwach androgener Wirkung [verkürzt <*Andro...* + *Testosteron*]

◆**An|drö|ze|um** ⟨n.; -s; unz.; Bot.⟩ männl. Blütenteile, Gesamtheit der Staubblätter [<grch. *aner,* Gen. *andros* »Mann«]

An|ek|do|te auch: **A|nek|do|te** ⟨f.; -, -n⟩ kurze, witzige, unbeglaubigte, aber charakterist. Erzählung od. Begebenheit, meist eine bekannte Persönlichkeit od. ein histor. Ereignis betreffend [<*A...¹* + grch. *ektodon* »herausgegeben«]

an|ek|do|tisch auch: **a|nek|do|tisch** ⟨Adj.⟩ in der Art einer Anekdote

a|ne|mo..., A|ne|mo... ⟨Vorsilbe⟩ wind..., Wind... [<grch. *anemos* »Wind«]

A|ne|mo|cho|rie ⟨[-ko-] f.; -; unz.; Bot.⟩ Verbreitung von Samen u. Früchten durch den Wind [<*Anemo...* + grch. *chora* »Gegend, Land«]

a|ne|mo|gam ⟨Adj.; Bot.⟩ durch den Wind bestäubt; *Sy* anemophil [<*anemo...* + *...gam*]

A|ne|mo|ga|mie ⟨f.; -, -n; Bot.⟩ Bestäubung durch Wind [<*Anemo...* + *...gamie*]

A|ne|mo|graf ⟨m.; -en, -en⟩ = Anemograph

A|ne|mo|graph ⟨m.; -en, -en⟩ selbstschreibendes Anemometer; *oV* Anemograf [<grch. *anemos* »Wind« + *...graph*]

A|ne|mo|me|ter ⟨n.; -s, -⟩ Gerät zum Messen der Windstärke, Windmesser [<grch. *anemos* »Wind« + *...meter*]

A|ne|mo|ne ⟨f.; -, -n; Bot.⟩ Gattung der Hahnenfußgewächse, Windröschen [<grch. *anemone*]

a|ne|mo|phil ⟨Adj.⟩ = anemogam [<*anemo...* + *...phil*]

Anglizismus

An|e|ner|gie ⟨f.; -, -⟩ = Anergie
an|e|ner|gisch ⟨Adj.⟩ = anergisch
An|e|pi|gra|fa ⟨Pl.⟩ = Anepigrapha
An|e|pi|gra|pha ⟨Pl.⟩ unbetitelte Schriften; *oV* Anepigrafa [⟨grch. *an* »nicht« + *epigraphe* »Überschrift«⟩]
A|ner|gie ⟨f.; -; unz.⟩ bei Energieumwandlungen derjenige Teil der eingesetzten Energie, der durch Reibungs- u. Wärmeverluste für eine nachfolgende weitere Nutzung verloren geht; *oV* Anenergie [⟨*A*...^{1} + *Energie*⟩]
a|ner|gisch ⟨Adj.⟩ die Anergie betreffend, auf ihr beruhend; *oV* anenergisch
An|e|ro|id *auch:* **A|ne|ro|id** ⟨n.; -(e)s, -e⟩ = Aneroidbarometer
An|e|ro|id|ba|ro|me|ter *auch:* **A|ne|ro|id|ba|ro|me|ter** ⟨n.; -s, -⟩ Barometer ohne Flüssigkeit, bei dem eine luftleere Blechdose durch den Luftdruck verformt wird; *Sy* Aneroid [⟨*A*...^{1} + grch. *neros* »nass« + ...*id*⟩]
An|e|ry|thro|psie *auch:* **A|ne|ryth|rop|sie** ⟨f.; -; unz.; Med.⟩ Rotblindheit [⟨*A*...^{1} + grch. *erythros* »rot« + *opsis* »das Sehen«⟩]
A|ne|thol ⟨n.; -s; unz.; Chemie⟩ Methyläther des p-Propenylphenols, u. a. in der Likörfabrikation verwendet [⟨lat. *anethum* »Dill« + ...*ol*⟩]
an|eu|plo|id *auch:* **an|eu|plo|id** ⟨Adj.; Genetik⟩ eine ungleiche Anzahl der Chromosomen od. ein nicht ganzzahliges Vielfaches davon aufweisend; *Ggs* euploid [⟨*an*...^{1} + grch. *eu* »reichlich« + d*iploid*⟩]
An|eu|plo|i|die *auch:* **An|eu|plo|i|die** ⟨f.; -; unz.; Genetik⟩ Auftreten von unnormalen Chromosomenzahlen [→ *aneuploid*]
A|neu|rin *auch:* **An|eu|rin** ⟨n.; -s; unz.⟩ das Vitamin B$_1$ [⟨*A*...^{1} + grch. *neuron* »Nerv«⟩]
An|eu|rys|ma *auch:* **A|neu|rys|ma** ⟨n.; -s, -ta od. -rys|men; Med.⟩ örtl. begrenzte, sackartige Erweiterung eines Blutgefäßes (bes. Arterien, auch Herz) [zu grch. *aneurynein* »erweitern«]
an|fi|xen ⟨V.⟩ **1** ⟨Wirtsch.⟩ Baissespekulation betreiben **2** ⟨Drogenszene⟩ jmdn. ~ jmdm. zum ersten Mal ein Rauschmittel injizieren

an|ge|groovt ⟨[-gru:vt] Adj.; umg.; Drogenszene⟩ unter Drogeneinfluss stehend [zu engl. *to be in the groove* »in Stimmung sein«; zu *groovy* »irr, stark«]
An|ge|li|ka ⟨f.; -, -li|ken; Bot.⟩ Engelwurz, Heiliggeistwurz, Angehörige einer Gattung der Doldengewächse, deren Wurzeln arzneilich u. als aromatisches Bittermittel verwendet werden: Angelica [⟨lat. *angelica* »Engelwurz«⟩]
An|ge|lo|lo|gie ⟨f.; -; unz.⟩ Lehre von den Engeln [→ *Angelus*]
An|ge|lus ⟨m.; -; unz.⟩ Engel, Bote, Gesandter; ~ *Domini* Erzengel Gabriel (Verkündigungsengel) [⟨lat., grch. *angelos* »Bote«; nach dem Gebetsanfang *Angelus Domini nuntiavit Mariae* ... (des Herrn Engel brachte Maria die Botschaft ...)]
An|ge|lus|läu|ten ⟨n.; -s; unz.⟩ Glockenläuten zum abendl. Dankgebet (für Christi Menschwerdung)
An|gi|i|tis ⟨f.; -, -ti|den od. -ti|des; Med.⟩ Entzündung eines Gefäßes [⟨grch. *angeion* »Gefäß« + ...*itis*⟩]
An|gi|na ⟨f.; -, -gi|nen; Med.⟩ entzündl., fieberhafte Erkrankung des Halses mit Schwellung des Rachens u. der Mandeln [lat., »Beklemmung; Halsentzündung«]
An|gi|na Pec|to|ris ⟨f.; - -; unz.; Med.⟩ Anfälle von heftigen Herzschmerzen, Beklemmung der Brust u. Todesangst, auf einer chronischen Minderdurchblutung des Herzmuskels beruhend; *Sy* Stenokardie [lat., »Brustbeklemmung«]
an|gi|nös ⟨Adj.⟩ in der Art einer Angina, auf Angina beruhend
an|gio..., **An|gio...** ⟨Vorsilbe⟩ gefäß..., Gefäß... [⟨grch. *aggeion* »Gefäß«⟩]
An|gio|gra|fie ⟨f.; -, -n⟩ = Angiographie
An|gio|gra|phie ⟨f.; -, -n⟩ röntgenolog. Darstellung von Gefäßen nach Injektion eines Kontrastmittels; *oV* Angiografie [⟨*Angio*... + ...*graphie*⟩]
An|gi|o|lo|ge ⟨m.; -n, -n⟩ Wissenschaftler auf dem Gebiet der Angiologie

An|gi|o|lo|gie ⟨f.; -⟩ unz.⟩ Lehre von den Blut- u. Lymphgefäßen [⟨*Angio*... + ...*logie*⟩]
An|gi|o|lo|gin ⟨f.; -, -gin|nen⟩ Wissenschaftlerin auf dem Gebiet der Angiologie
an|gi|o|lo|gisch ⟨Adj.⟩ die Angiologie betreffend
An|gi|om ⟨n.; -s, -e; Med.⟩ vom Gefäßgewebe (der Blut- od. Lymphgefäße) ausgehende Geschwulst [⟨grch. *aggeion* »Gefäß«⟩]
An|gi|o|se ⟨f.; -, -n; Med.⟩ auf Stoffwechselstörungen beruhende Gefäßerkrankung
An|gi|o|sper|men ⟨Pl.; Bot.⟩ bedecktsamige Blütenpflanzen; *Ggs* Gymnospermen [⟨*Angio*... + *Sperma*⟩]

◆ Die Buchstabenfolge **an|gl...** kann auch **an|gl...** getrennt werden.

◆ **An|glaise** ⟨[ãglɛ:z] f.; -, -n⟩ aus dem engl. Volkstanz entwickelter, mäßig schneller Gesellschaftstanz im 18./19. Jh., meist im ^{2}/$_2$-Takt [frz., »englisch(er Tanz)«]
◆ **an|gli|ka|nisch** ⟨Adj.⟩ die engl. Staatskirche betreffend, ihr angehörend; ~*e Kirche* die engl. Staatskirche [⟨mlat. *Anglicanus*; zu lat. *Angli* »die Angeln, Engländer«⟩]
◆ **An|gli|ka|nis|mus** ⟨m.; -; unz.⟩ Lehre u. Ordnung der anglikan. Kirche
◆ **an|gli|sie|ren** ⟨V.⟩ dem engl. Wesen, der engl. Sprache, den engl. Sitten angleichen [zu lat. *Angli* »die Angeln, Engländer«]
◆ **An|glist** ⟨m.; -en, -en⟩ Wissenschaftler, Student der englischen Sprache u. Literatur [⟨lat. *Angli* »Angeln (= Engländer)«⟩]
◆ **An|glis|tik** ⟨f.; -; unz.⟩ Lehre von der engl. Sprache u. Literatur
◆ **An|glis|tin** ⟨f.; -, -tin|nen⟩ Wissenschaftlerin, Studentin der englischen Sprache u. Literatur [→ *Anglist*]
◆ **an|glis|tisch** ⟨Adj.⟩ die Anglistik betreffend, zu ihr gehörig
◆ **An|gli|zis|mus** ⟨m.; -, -zis|men⟩ engl. Spracheigentümlichkeit, bes. deren Übertragung in eine

Angloamerikaner

andere Sprache, z. B. »einmal mehr« aus »once more« (= noch einmal)

◆ **An|glo|a|me|ri|ka|ner** ⟨m.; -s, -⟩ **1** Amerikaner englischer Abstammung **2** ⟨nur Pl.⟩ Sammelbezeichnung für Engländer u. Amerikaner (hinsichtlich ihrer gemeinsamen Politik, bes. im 2. Weltkrieg)

◆ **an|glo|a|me|ri|ka|nisch** ⟨Adj.⟩ die Angloamerikaner betreffend, zu ihnen gehörig, von ihnen stammend

◆ **an|glo|fon** ⟨Adj.⟩ = anglophon

◆ **An|glo|fo|nie** ⟨f.; -; unz.⟩ = Anglophonie

◆ **An|glo|ma|nie** ⟨f.; -; unz.⟩ übertriebene Vorliebe für alles Englische [< lat. *Angli* »Angeln« (= Engländer) + grch. *mania* »Begeisterung«]

◆ **an|glo|phil** ⟨Adj.⟩ englandfreundlich

◆ **An|glo|phi|lie** ⟨f.; -; unz.⟩ Vorliebe für alles Englische [< lat. *Angli* »Angeln« (= Engländer) + ...*philie*]

◆ **an|glo|phob** ⟨Adj.⟩ allem Englischen abgeneigt

◆ **An|glo|pho|bie** ⟨f.; -, -n⟩ Abneigung gegen alles Englische [< lat. *Angli* »Angeln« (= Engländer) + *Phobie*]

◆ **an|glo|phon** ⟨Adj.⟩ englischsprachig; *oV* anglofon

◆ **An|glo|pho|nie** ⟨f.; -; unz.⟩ Englischsprachigkeit; *oV* Anglofonie [< lat. *Angli* »Angeln« (= Engländer)« + ...*phonie*]

An|go|ra|kat|ze ⟨f.; -, -n; Zool.⟩ Angehörige einer Katzenrasse mit langem, seidigem Haar von weißer, gelbl. od. grauer Färbung [nach der türk. Hauptstadt Ankara, früher: *Angora*]

An|go|ra|wol|le ⟨f.; -; unz.⟩ aus den Haaren der Angoraziege od. Angorakatze gewonnene Wolle mit bes. langem u. feinem Flor [→ *Angorakatze*]

An|gos|tu|ra® ⟨m.; -s, -s⟩ aus der Rinde des Angosturabaumes (Cusparia trifoliata) gewonnenes, bitter-würziges Aroma zur Bereitung von Likör [nach dem venezolan. Flusshafen *Angostura* (jetzt Ciudad Bolívar)]

An|gos|tu|ra|baum ⟨m.; -(e)s, -bäu|me; Bot.⟩ südamerikan. Art der Rautengewächse, aus der der Rohstoff für Angosturabitter gewonnen wird

Ång|ström *auch:* **Ångs|tröm, Ångs|tröm** ⟨[ɔŋstrøːm] n.; - od. -s, -; Zeichen: Å⟩ nicht mehr zulässige Maßeinheit für die Wellenlänge der Lichtstrahlen; 1 Å = 10^{-10} m = 0,1 nm [nach dem schwed. Astronomen u. Physiker Anders Jonas *Ångström*, 1814-1874]

an|gu|lar ⟨Adj.⟩ **1** den Winkel betreffend **2** eckig [< lat. *angularis* »winklig«; zu *angulus* »Winkel«]

An|gus|rind ⟨[æŋɡəs-] n.; -(e)s, -er; Zool.⟩ aus Schottland stammendes Fleischrind der Angusrasse [nach der schott. Stadt *Angus*]

An|hid|ro|se *auch:* **An|hid|ro|se** ⟨f.; -, -n; Med.⟩ Verminderung od. Fehlen der Schweißabsonderung [< *A...*¹ + grch. *hidros* »Schweiß«]

An|hyd|rid *auch:* **An|hy|drid** ⟨n.; -s, -e; Chemie⟩ Oxid, das mit Wasser reagiert u. dann eine Säure od. Base bildet [< *A...*¹ + grch. *hydor* »Wasser«]

An|hy|drit *auch:* **An|hyd|rit** ⟨m.; -s, -e⟩ ein Mineral, chem. Calciumsulfat [< *A...*¹ + grch. *hydor* »Wasser«]

An|hy|dro|bi|o|se *auch:* **An|hyd|ro|bi|o|se** ⟨f.; -, -n⟩ bei manchen Tieren nach Wasserentzug künstlich herbeiführbarer, mit im Wechsel der Jahreszeiten natürlich einsetzender Zustand verminderter Lebensaktivität, bei dem die Körperflüssigkeit auf das eben noch tragbare Mindestmaß herabgesetzt u. alle Lebensprozesse verlangsamt werden, Trockenstarre [< *A...*¹ + *hydro...* + ...*biose*]

Ä|nig|ma ⟨n.; -s, -ta od. -nig|men⟩ Rätsel; *oV* Enigma [< lat. *aenigma* < grch. *ainigma* »Rätsel«]

ä|nig|ma|tisch ⟨Adj.⟩ rätselhaft; *oV* enigmatisch

A|ni|lin ⟨n.; -s; unz.; Chemie⟩ Ausgangsstoff für viele Farb-, Kunststoffe u. Arzneimittel; *Sy* Phenylamin, Aminobenzol [< *Anil* (Indigopflanze in Indien) < arab. *an-il* »das Blaue« < Sanskrit *nila* »blau«]

A|ni|lin|druck ⟨m.; -(e)s, -e⟩ Lichtpausverfahren, bei dem Anilindämpfe als Entwickler dienen

A|ni|ma ⟨f.; -; unz.; Philos.; Psych.⟩ die Seele, das Innere (der menschl. Persönlichkeit) [lat., »Wind, Atem, Seele«]

a|ni|mal ⟨Adj.⟩ **1** lebend, lebendig **2** = animalisch [→ *animalisch*]

a|ni|ma|lisch ⟨Adj.⟩ *Sy* animal **1** tierisch, den Tieren eigentümlich **2** triebhaft, triebgesteuert **3** leiblich, (grob-)sinnlich [< lat. *animal* »Lebewesen, Geschöpf«]

a|ni|ma|li|sie|ren ⟨V.⟩ **1** in tierische Substanz verwandeln **2** *Zellulosefasern* ~ so behandeln, dass sie den tierischen Fasern (Wolle) ähnlich werden u. mit diesen zusammen weiterverarbeitet werden können [< lat. *animal* »Lebewesen, Geschöpf«]

A|ni|ma|lis|mus ⟨m.; -; unz.⟩ Verehrung als heilig angesehener Tiere

A|ni|ma|li|tät ⟨f.; -; unz.⟩ das Tiersein, tierische Wesensart [< lat. *animal* »Geschöpf, Lebewesen«]

A|ni|ma|teur ⟨[-tøːr] m.; -s, -e⟩ Angestellter eines Reiseunternehmens, der für die Unterhaltung u. Freizeitgestaltung einer Reisegesellschaft zuständig ist; *oV* Animator (2) [frz., »Unterhalter«]

A|ni|ma|teu|rin ⟨[-tøː-] f.; -, -rin|nen⟩ weibl. Animateur; *oV* Animatorin (2)

A|ni|ma|ti|on ⟨f.; -, -en⟩ **1** (von einem Animateur organisierte) Unterhaltung u. Freizeitgestaltung für Urlauber **2** ⟨EDV; Film⟩ Verfahren zur Belebung u. Bewegung von Bildern u. Figuren im Trickfilm [frz., »Unterhaltung«]

A|ni|ma|tis|mus ⟨m.; -; unz.⟩ = Animismus

a|ni|ma|tiv ⟨Adj.⟩ unterhaltend, anregend

a|ni|ma|to ⟨Musik⟩ belebt (zu spielen) [ital.]

A|ni|ma|tor ⟨m.; -s, -to|ren⟩ **1** Trickfilmzeichner **2** = Animateur [→ *animieren*]

A|ni|ma|to|rin ⟨f.; -, -rin|nen⟩ **1** Trickfilmzeichnerin **2** = Animateurin

A|ni|mier|da|me ⟨f.; -, -n⟩ Frau in aufreizender Aufmachung, die (in Nachtlokalen) die Gäste zum Trinken animiert

a|ni|mie|ren ⟨V.⟩ beleben, ermuntern, anregen, in Stimmung bringen; *jmdn. zu einem Streich* ~ [<lat. *animare* »beleben«]

A|ni|mier|lo|kal ⟨n.; -s, -e⟩ Gaststätte, Bar mit Animierdamen

A|ni|mis|mus ⟨m.; -; unz.⟩ Glaube an die Beseeltheit der Natur u. an die Existenz von Geistern; *oV* Animatismus [<lat. *animus* »Geist, Seele«]

a|ni|mis|tisch ⟨Adj.⟩ den Animismus betreffend, zu ihm gehörig

A|ni|mo ⟨n.; -s; unz.; österr.; umg.⟩ Stimmung, Schwung, Lust [ital., »Geist, Seele« <lat. *animus*]

a|ni|mos ⟨Adj.⟩ feindselig, gereizt [<lat. *animus* »Geist, Seele«]

A|ni|mo|si|tät ⟨f.; -, -en⟩ Gereiztheit, Feindseligkeit, Abneigung [→ *animos*]

a|ni|mo|so ⟨Musik⟩ bewegt, beherzt (zu spielen) [ital.]

A|ni|mus ⟨m.; -, -ni|mi⟩ 1 Geist, Seele 2 Neigung 3 Wille 4 ⟨umg.; scherzh.⟩ Ahnung [lat., »Geist, Seele«]

An|i|on *auch:* A|ni|on ⟨n.; -s, -en; El.⟩ negativ geladenes Teilchen, das im elektr. Feld zur (positiv geladenen) Anode wandert; *Ggs* Kation [zu grch. *anienai* »hinaufgehen«]

A|nis ⟨a. [-'-] m.; -es, -e; Bot.⟩ Gewürz- u. Arzneipflanze: Pimpinella anisum [<mlat. *anis, enis* <frz. *anis* <lat. *anisum* <grch. *anison*]

A|ni|sett ⟨m.; -s, -s⟩ mit Anis gewürzter Likör

An|i|so|ga|mie ⟨f.; -, -n⟩ Fortpflanzung niederer Pflanzen durch verschieden große Geschlechtszellen [<*An...*[1] + *Isogamie*]

an|i|so|trop ⟨Adj.⟩ nicht nach allen Richtungen hin gleiche (chem.-physikal.) Eigenschaften aufweisend; *Ggs* isotrop [<*an...*[1] + *isotrop*]

An|i|so|tro|pie ⟨f.; -; unz.⟩ Abhängigkeit der physikal. Eigenschaften eines Körpers (z. B. eines Kristalls) von der Richtung; *Ggs* Isotropie

An|kal|the|i|te ⟨f.; -, -n; Geom.⟩; im rechtwinkligen Dreieck eine der beiden dem rechten Winkel anliegenden Seiten

An|ky|lo|se ⟨f.; -, -n; Med.⟩ durch Verwachsung von Knochengewebe hervorgerufene Gelenkversteifung [zu grch. *ankylos* »gekrümmt«]

an|ky|lo|tisch ⟨Adj.⟩ auf Ankylose beruhend, sie betreffend, versteift

An|mo|de|ra|ti|on ⟨f.; -, -en; TV⟩ Begrüßungsworte des Moderators; *Ggs* Abmoderation

an|mo|de|rie|ren ⟨V.; TV⟩ die Begrüßungsworte als Moderator sprechen; *Ggs* abmoderieren; *eine Sendung* ~

An|na|len ⟨Pl.⟩ 1 ⟨im MA⟩ geschichtl. Jahrbücher 2 ⟨allg.⟩ (zeitgenöss.) Geschichtsbericht [<lat. *annales* »Jahrbücher«; zu *annus* »Jahr«]

An|na|lin ⟨n.; -s; unz.⟩ fein pulverisierter Gips

An|na|list ⟨m.; -en, -en; im MA⟩ Verfasser von Annalen

An|na|ten ⟨Pl.; früher⟩ jährliche Abgaben eines neuen kirchlichen Amtsinhabers an den Papst [zu lat. *annus* »Jahr«]

an|nek|tie|ren ⟨V.⟩ einen Staat, Teil eines Staates ~ sich einverleiben, sich (gewaltsam) aneignen, in Besitz nehmen [<lat. *annectere* »an-, hinzufügen«]

An|nek|tie|rung ⟨f.; -, -en⟩ = Annexion

An|ne|li|de ⟨f.; -, -n; Zool.⟩ Angehörige eines Stammes geringelter, wurmförmiger Tiere: Annelida; *Sy* Gliederwurm, Ringelwurm [<lat. *anellus*, Verkleinerungsform von *anulus* »Ring« + *...id*]

An|nex ⟨m.; -es, -e⟩ 1 Zubehör, Anhängsel, Beilage, Anhang 2 Anbau, Nebengebäude [<lat. *annexum*, Part. Perf. zu *annectere* »an-, hinzufügen«]

An|ne|xi|on ⟨f.; -, -en; Politik⟩ ~ *von Staatsgebiet* Einverleibung, (gewaltsame) Aneignung, Besitzergreifung; *Sy* Annektierung [lat. *annexio* »Verbindung«]

An|ne|xi|o|nis|mus ⟨m.; -; unz.; Politik⟩ Aneignung fremder Gebiete als politisches Ziel

An|ne|xi|o|nist ⟨m.; -en, -en⟩ Anhänger, Vertreter des Annexionismus

An|ne|xi|o|nis|tin ⟨f.; -, -tin|nen⟩ Anhängerin, Vertreterin des Annexionismus

an|ni cur|ren|tis ⟨Abk.: a. c.⟩ des laufenden Jahres [lat.]

an|ni fu|tu|ri ⟨Abk.: a. f.⟩ des kommenden Jahres [lat.]

An|ni|hi|la|ti|on ⟨f.; -, -en⟩ 1 Nichtigkeitserklärung 2 ⟨Atomphysik⟩ Umwandlung von Masse in Energie durch Zusammentreffen eines Teilchens mit dem entsprechenden Antiteilchen [→ *annihilieren*]

an|ni|hi|lie|ren ⟨V.⟩ 1 für nichtig erklären 2 ⟨Physik⟩ *Masse* ~ in Energie umwandeln [<*ad...* + lat. *nihil* »nichts«]

an|ni prae|te|ri|ti ⟨Abk.: a. p.⟩ des vergangenen Jahres [lat.]

An|ni|ver|sar ⟨[-ver-] n.; -s, -e⟩ = Anniversarium

An|ni|ver|sa|ri|um ⟨[-ver-] n.; -s, -ri|en; kath. Kirche⟩ jährlich wiederkehrende Gedächtnisfeier, z. B. Seelenmesse; *Sy* Anniversar [<lat. *anniversarius* »jedes Jahr wiederkehrend«]

an|no, An|no ⟨Abk.: a., A.⟩ im Jahre; *Anno dazumal* ⟨umg.⟩ in alter Zeit, einstmals; *anno od. Anno Domini 1492* ⟨Abk.: a. D. od. A. D.⟩ im Jahre des Herrn 1492, 1492 nach Christi Geburt; *anno od. Anno Tobak* ⟨umg.; scherzh.⟩ in alter Zeit [lat.]

An|non|ce ⟨[-nõ:sə] f.; -, -n⟩ Zeitungs-, Zeitschriftenanzeige; *Sy* Inserat; *eine ~ in einer Zeitung, Zeitschrift aufgeben* [frz., »Ankündigung, Anzeige«]

an|non|cie|ren ⟨[-nõsi:-] V.⟩ 1 durch Annonce veröffentlichen, ausschreiben, z. B. eine Stelle usw. 2 eine Zeitungsanzeige veröffentlichen lassen, aufgeben; *Sy* inserieren [<frz. *annoncer* »ankündigen, anzeigen«]

An|no|ta|ti|on ⟨f.; -, -en⟩ (schriftliche) Anmerkung, Vermerk, Aufzeichnung, Einzeichnung [<lat. *annotatio* »schriftliche Bemerkung, Anmerkung«]

an|no|tie|ren ⟨V.⟩ aufzeichnen, vermerken

an|nu|ell ⟨Adj.⟩ 1 ~*e Pflanzen* einjährige P. 2 jährlich [<frz. *annuel* »jährlich« <lat. *annualis*]

Annuelle

An|nu|el|le ⟨f.; -, -n; Bot.⟩ einjährige Pflanze [<frz. *annuel* <lat. *annualis* »jährlich«]
An|nu|i|tät ⟨f.; -, -en⟩ **1** jährl. Zahlung zur Tilgung u. Verzinsung einer Schuld **2** jährl. Einkommen [<engl. *annuity* »Jahresrente«; zu lat. *annus* »Jahr«]
an|nul|lie|ren ⟨V.⟩ für ungültig, für nichtig erklären, außer Kraft setzen [<frz. *annuler* »für ungültig erklären« <lat. *ad* »zu« + *nullus* »keiner«]
An|nul|lie|rung ⟨f.; -, -en⟩ das Annullieren
A|no|de ⟨f.; -, -n; El.⟩ positive Elektrode; *Ggs* Kathode [<grch. *anodos* »Aufgang«]
A|no|den|span|nung ⟨f.; -, -en; El.⟩ Spannung zwischen Kathode u. Anode in Elektronenröhren
A|no|den|strahl ⟨m.; -(e)s, -en⟩ Ionenstrahl, der von einer glühenden Anode ausgeht
A|no|den|strom ⟨m.; -(e)s; unz.⟩ der zur Anode einer Elektronenröhre führende Strom
a|no|disch ⟨Adj.⟩ die Anode betreffend; ~*e Oxidation* ⟨Chemie⟩ Abgabe von Elektronen aus Ionen od. Atomen an der Anode bei der Elektrolyse [→ *Anode*]
a|no|gen ⟨Adj.; Geol.⟩ aus der Tiefe an die Erdoberfläche gehoben, z. B. bei Eruptivgestein [<grch. *ana* »hinauf« + ...*gen¹*]
a|no|mal *auch:* **a|no|mal** ⟨Adj.⟩ nicht der Regel entsprechend, nicht normal; *oV* anormal [<grch. *anomalos* »uneben«]
A|no|ma|lie *auch:* **An|o|mal|lie** ⟨f.; -, -n⟩ **1** Regelwidrigkeit, Abweichung von der Regel; ~ *des Wassers* Erscheinung, dass das Wasser im Unterschied zu allen anderen Stoffen seine größte Dichte bei 4 °C hat **2** ⟨Biol.⟩ Missbildung, Abweichung von der Norm (Körperteil, Organ) **3** ⟨Physik⟩ Abweichung der Schwerkraft vom Normalwert **4** ⟨Astron.⟩ Winkelabstand eines Planeten od. Kometen vom Perihel seiner Bahn
a|no|ma|lis|tisch *auch:* **an|o|ma|lis|tisch** ⟨Adj.⟩ auf gleicher Anomalie [...] beruhend
A|no|mie *auch:* **An|o|mie** ⟨f.; -, -n⟩ **1** Fehlen von Gesetzen u. Normen **2** Fehlen der Fähigkeit, sich in die gesellschaftl. Ordnung einzufügen [<grch. *a* »nicht« + *nomos* »Gesetz«]
an|o|nym *auch:* **a|no|nym** ⟨Adj.⟩ ungenannt, namenlos, ohne Namensangabe; ~*er Brief* B. ohne Namensunterschrift; *das Buch ist* ~ *erschienen* ohne Angabe des Verfassers [<grch. *anonymos* »namenlos« <*an...* »nicht« + *onyma* »Name«]
an|o|ny|mi|sie|ren *auch:* **a|no|ny|mi|sie|ren** ⟨V.⟩ anonym machen, werden; *Personaldaten* ~ unkenntlich machen
An|o|ny|mi|tät *auch:* **A|no|ny|mi|tät** ⟨f.; -; unz.⟩ Verschweigung, Nichtangabe des Namens, Namenlosigkeit [→ *anonym*]
An|o|ny|mus *auch:* **A|no|ny|mus** ⟨m.; -, -ny|mi⟩ Anonymer, Ungenannter [→ *anonym*]
A|no|phe|les *auch:* **An|o|phe|les** ⟨f.; -, -; Zool.⟩ Gattung der Stechmücken, die die Malaria übertragen, Fiebermücke [grch., »die Schädliche«]
An|o|pie *auch:* **A|no|pie** ⟨f.; -; unz.⟩ = Anopsie
An|op|sie *auch:* **A|nop|sie** ⟨f.; -; unz.; Med.⟩ das Nichtsehen, Untätigkeit des gesunden Netzhaut; *oV* Anopie [<*A...¹* + grch. *ops*, Gen. *opis* »Auge«]
A|no|rak ⟨m.; -s, -s⟩ Windbluse, Windjacke, meist mit Kapuze [<eskim. *anoraq*]
An|or|ga|nik ⟨f.; -; unz.⟩ anorganische Chemie
an|or|ga|nisch ⟨Adj.⟩ unbelebt, nicht von Lebewesen stammend, nicht durch Lebewesen entstanden, keinen Kohlenstoff enthaltend; *Ggs* organisch (2.1); ~*e Chemie* Lehre von den Verbindungen, die keinen Kohlenstoff enthalten, von den Oxiden u. Metallverbindungen [<*a...¹* + *organisch*]
An|or|gas|mie ⟨f.; -, -n; Med.⟩ Fehlen, Ausbleiben des Orgasmus [<grch. *an* »nicht« + *Orgasmus*; zu *organ* »reifen, schwellen«]
a|nor|mal ⟨Adj.; umg.⟩ = abnorm, anomal
An|or|thit *auch:* **A|nor|thit** ⟨m.; -s; unz.; Min.⟩ ein Mineral, Kalkfeldspat [<*A...¹* + *orthos* »gerade«]
An|os|mie *auch:* **A|nos|mie** ⟨f.; -, -n⟩ Fehlen des Geruchsvermögens [<*An...¹* + grch. *osme* »Geruch, Duft«]
A|no|ther|mie ⟨f.; -; unz.; Geophysik⟩ Abnahme der Wassertemperatur in Gewässern mit zunehmender Wassertiefe; *Ggs* Katothermie [<*Ana...* + grch. *therme* »Wärme«]
An|ox|ä|mie *auch:* **An|ox|ä|mie** ⟨f.; -; unz.; Med.⟩ Sauerstoffmangel im Blut [<*A...¹* + grch. *oxys* »scharf, sauer« + ...*ämie*]
An|o|xie *auch:* **A|no|xie** ⟨f.; -; unz.; Med.⟩ Sauerstoffmangel in den Geweben [<*A...¹* + grch. *oxys* »scharf, sauer«]
An|scho|ve ⟨[-və] f.; -, -n⟩ = Anschovis
An|scho|vis ⟨[-vɪs] f.; -, -⟩ pikant zubereitete Sardelle od. Sardine; *oV* Anchove, Anchovis, Anschove [<ndrl. *ansjovis* <bask. *anchu*]
An|se ⟨f.; -, -n⟩ **1** Gabeldeichsel **2** kleine, seichte Bucht [<lat. *ansa* »Griff, Henkel, Handhabe«]
ANSI ⟨Abk. für engl.⟩ American National Standards Institute (nationales amerikanisches Standardisierungsinstitut)
ant...¹, **Ant...¹** ⟨Vorsilbe⟩ = ante..., Anti...
ant...², **Ant...²** ⟨Vorsilbe⟩ = anti..., Anti...
...ant ⟨Nachsilbe; zur Bildung männl. Subst.⟩ ⟨zur Bezeichnung von Personen, die aktiv eine bestimmte Tätigkeit ausüben⟩; *Demonstrant; Praktikant;* → *a. ...and* [lat.]
Ant|a|ci|dum ⟨n.; -s, -da⟩ Medikament, das überschüssige Magensäure neutralisiert; *oV* Antazidum [<*Ant...²* + lat. *acidus* »sauer«]
Ant|a|go|nis|mus *auch:* **An|ta|go|nis|mus** ⟨m.; -, -nis|men⟩ **1** Widerstreit, (unversöhnl.) Gegensätzlichkeit **2** Prinzip von Wirkung u. Gegenwirkung [→ *Antagonist*]
Ant|a|go|nist *auch:* **An|ta|go|nist** ⟨m.; -en, -en⟩ Gegner, Gegenspieler, Widersacher [<*Anti...* + grch. *agonistes* »Kämpfer«]
Ant|a|go|nis|tin *auch:* **An|ta|go|nis|tin** ⟨f.; -, -tin|nen⟩ Gegnerin, Gegenspielerin, Widersacherin

antagonistisch *auch:* **antagonistisch** ⟨Adj.⟩ **1** auf Antagonismus beruhend **2** widerstreitend, gegensätzlich

Antarktika ⟨f.; -; unz.⟩ Südpolarkontinent

Antarktis ⟨f.; -; unz.⟩ Gebiet um den Südpol [<*Anti...* + *Arktis*]

antarktisch ⟨Adj.⟩ die Antarktis betreffend, in der Antarktis gelegen

Antazidum ⟨n.; -s, -da⟩ = Antacidum

ante ⟨Präp.⟩ vor [lat.]

ante..., Ante... ⟨vor Vokalen⟩ ant..., Ant... ⟨Vorsilbe⟩ vor... [lat.]

Antebrachium ⟨[-xi-] n.; -s, -chia; Anat.⟩ Unterarm [lat.]

ante Christum (natum) ⟨Abk.: a. Chr. (n.)⟩ vor Christi (Geburt) [lat.]

antedatieren ⟨V.⟩ *ein Schriftstück* ~ vordatieren, mit einem späteren Datum versehen [<*ante...* + *datieren*]

ante diem vor der festgesetzten Zeit [lat., eigtl. »vor dem (festgesetzten) Tage«]

ante meridiem ⟨Abk.: a. m.⟩ vormittags [lat., »vor Mittag«]

ante mortem vor dem Tode (geschehend) [lat.]

Anten ⟨Pl.; Arch.⟩ die verlängerten Längswände des altgrch. Tempels [<lat. *ante* »vor«]

Antenne ⟨f.; -, -n⟩ **1** ein od. mehrere elektr. Leiter zum Empfang od. Senden elektromagnet. Wellen **2** ⟨Zool.⟩ Fühler **3** ⟨umg.⟩ Sinn, Feinfühligkeit; *dafür habe ich (k)eine* ~ [<lat. *antenna* «Segelstange, Rahe«]

Antentempel ⟨m.; -s, -⟩ altgrch. Tempel mit Vorhalle, die von Anten gebildet wird

Antepänultima ⟨f.; -, -timä od. -timen⟩ drittletzte Silbe [<*Ante...* + lat. *paene* »fast« + *ultima* »die Letzte«]

Antependium ⟨n.; -s, -dien⟩ Altarbekleidung [<*Ante...* + lat. *pendere* »hängen«]

antependierend ⟨Adj.; Med.⟩ vorzeitig, verfrüht auftretend [zu lat. *anteponere* »voranstellen«]

ante portas ⟨geh.⟩ im Kommen, im Anmarsch [lat., »vor den Toren«]

Anteposition ⟨f.; -, -en; Med.⟩ **1** Verlagerung eines Organs nach vorne **2** vorzeitiges Auftreten einer erblich bedingten Krankheit

Antezedens ⟨n.; -, -denzien⟩ **1** Grund, Ursache, Vorausgegangenes **2** Prämisse **3** ⟨nur Pl.; veraltet⟩ Antezedenzien Vorleben [<lat. *antecedens*, Part. Präs. zu *antecedere* »vorausgehen«]

Antezessor ⟨m.; -s, -soren⟩ Vorgänger (im Amt) [<lat. *antecessor* »Vorläufer«]

Anthelminthikum ⟨n.; -s, -thika; Pharm.⟩ Medikament gegen Wurmbefall der Eingeweide [<*Ant...*[2] + *Helminthe*]

Anthem ⟨[ænθəm] n.; -s, -s⟩ englisches, der Motette od. Kantate ähnliches Werk der Kirchenmusik [engl. <altengl. *antefn* <lat. *antiphona* »Wechselgesang«; → *Antiphone*]

Anthemion ⟨n.; -s, -mien; grch. Arch.⟩ Schmuckfries aus Palmblättern u. Lotosblüten [<grch. *anthos* »Blume«]

Anthemis ⟨f.; -, -; Bot.⟩ Gattung gelb blühender Korbblütler, Hundskamille [<grch. *anthos* »Blume«]

Anthere ⟨f.; -, -n; Bot.⟩ Staubbeutel [zu grch. *antheros* »blühend«]

Antheridium ⟨n.; -s, -dien; Bot.⟩ männl. Geschlechtsorgan niederer Pflanzen [zu grch. *antheros* »blühend«]

antho..., Antho... ⟨Vorsilbe⟩ Blume(n)..., Blüte(n)... [<grch. *anthos* »Blume«]

Anthocyan ⟨n.; -s; unz.⟩ roter, violetter od. blauer Farbstoff in Pflanzenzellen, bes. zum Färben der Blüten u. Blätter; *oV* Anthozyan [<*Antho...* + lat. *cyanus* »dunkelblau« (<grch. *kyanos*)]

Anthologie ⟨f.; -, -n⟩ Sammlung von Gedichten, Sprüchen od. Prosastücken; *Sy* Florilegium [<*Antho...* + ...*logie*]

anthologisch ⟨Adj.⟩ in der Art einer Anthologie, ausgewählt

Antholyse ⟨f.; -, -n; Bot.⟩ Auflösung der Blüte einer Pflanze durch Umwandlung ihrer Blütenteile in grüne Blätter [<*Antho...* + ...*lyse*]

Anthoxanthin ⟨n.; -s; unz.⟩ gelber Blütenfarbstoff [<*Antho...* + *Xanthin*]

Anthozoon ⟨n.; -s, -zoen⟩ Korallentier [<*Antho...* + *Zoon*]

Anthozyan ⟨n.; -s; unz.⟩ = Anthocyan

♦ Die Buchstabenfolge **anthr...** kann auch **anthr|r...** getrennt werden.

♦ **Anthracen** ⟨n.; -s, -e⟩ aus den höchst siedenden Fraktionen des Steinkohleteers gewonnener aromat. Kohlenwasserstoff, Ausgangsstoff für viele Farbstoffe; *oV* Anthrazen [<grch. *anthrax* »Kohle«]

♦ **Anthrachinon** ⟨[-çi-] n.; -s; unz.; Chemie⟩ Zwischenprodukt bei der Herstellung von Anthracen aus Steinkohleteer [verkürzt <*Anthra*cen + *Chinon*]

♦ **Anthrax** ⟨m.; -; unz.; Med.⟩ Milzbrand [grch., »Kohle«]

♦ **Anthrazen** ⟨n.; -s, -e⟩ = Anthracen

♦ **anthrazit** ⟨Adj.; undekl.⟩ = anthrazitfarben, anthrazitfarbig

♦ **Anthrazit** ⟨m.; -s, -e⟩ sehr harte, glänzende Steinkohle mit hohem Heizwert [<grch. *anthrax* »Kohle«]

♦ **anthrazitfarben** ⟨Adj.⟩ schwarzgrau; *oV* anthrazitfarbig; *Sy* anthrazit

♦ **anthrazitfarbig** ⟨Adj.⟩ = anthrazitfarben

♦ **anthropo..., Anthropo...** ⟨Vorsilbe⟩ Mensch..., menschlich... [<grch. *anthropos* »Mensch«]

♦ **Anthropobiologie** ⟨f.; -; unz.⟩ Lehre von der biolog. Beschaffenheit des Menschen

♦ **Anthropochorie** ⟨[-ko-] f.; -; unz.⟩ Verbreitung von Samen u. Früchten durch den Menschen [<*Anthropo...* + grch. *chora* »Gegend, Land«]

♦ **anthropogen** ⟨Adj.⟩ vom Menschen geschaffen, von ihm beeinflusst [<*anthropo...* + ...*gen*]

♦ **Anthropogenese** ⟨f.; -, -n⟩ = Anthropogenie

♦ **Anthropogenie** ⟨f.; -, -n⟩ Lehre von der stammesgeschichtl. Entwicklung des Menschen;

Anthropogenetik

Sy Anthropogenese [→ *anthropogen*]
- **An|thro|po|ge|ne|tik** ⟨f.; -; unz.⟩ Humangenetik
- **an|thro|po|id** ⟨Adj.⟩ menschenähnlich [<*anthropo...* + ...*id*]
- **An|thro|po|id** ⟨m.; -en, -en⟩ Menschenaffe; *oV* Anthropoide [<*Anthropo...* + ...*id*]
- **An|thro|po|i|de** ⟨m.; -n, -n⟩ = Anthropoid
- **An|thro|po|la|trie** *auch:* **Anth|ro|po|la|trie** ⟨f.; -; unz.⟩ kultische Verehrung eines Menschen [<*Anthropo...* + ...*latrie*]
- **An|thro|po|lo|ge** ⟨m.; -n, -n⟩ Wissenschaftler auf dem Gebiet der Anthropologie
- **An|thro|po|lo|gie** ⟨f.; -; unz.⟩ Wissenschaft vom Menschen, von den Menschenrassen [<*Anthropo...* + ...*logie*]
- **An|thro|po|lo|gin** ⟨f.; -, -ginnen⟩ Wissenschaftlerin auf dem Gebiet der Anthropologie
- **an|thro|po|lo|gisch** ⟨Adj.⟩ die Anthropologie betreffend, zu ihr gehörig
- **An|thro|po|me|trie** *auch:* **Anth|ro|po|me|trie** ⟨f.; -; unz.⟩ Lehre von den Maßverhältnissen des menschl. Körpers [<*Anthropo...* + ...*metrie*]
- **an|thro|po|me|trisch** *auch:* **anth|ro|po|me|trisch** ⟨Adj.⟩ die Anthropometrie betreffend, zu ihr gehörig
- **an|thro|po|morph** ⟨Adj.⟩ von menschl. Gestalt, menschenähnlich, vermenschlicht [<*anthropo...* + ...*morph*]
- **An|thro|po|mor|phis|mus** ⟨m.; -, -phis|men⟩ Vermenschlichung
- **An|thro|po|nym** ⟨n.; -s, -e⟩ Personenname [<grch. *anthropos* »Mensch« + *onyma* »Name«]
- **An|thro|po|pha|ge** ⟨m.; -n, -n⟩ = Kannibale [<grch. *anthropos* »Mensch« + *phagein* »essen«]
- **An|thro|po|pha|gie** ⟨f.; -; unz.⟩; bei Naturvölkern] = Kannibalismus [<*Anthropo...* + ...*phagie*]
- **An|thro|po|pho|bie** ⟨f.; -; unz.⟩ Menschenscheu [<*Anthropo...* + *Phobie*]
- **An|thro|po|soph** ⟨m.; -en, -en⟩ Anhänger der Anthroposophie
- **An|thro|po|so|phie** ⟨f.; -; unz.⟩ von R. Steiner (1861-1925) begründete Lehre vom Menschen in seiner Beziehung zur übersinnl. Welt [<*Anthropo...* + ...*sophie*]
- **An|thro|po|so|phin** ⟨f.; -, -phinnen⟩ Anhängerin der Anthroposophie
- **an|thro|po|so|phisch** ⟨Adj.⟩ die Anthroposophie betreffend, auf ihr beruhend
- **an|thro|po|zen|trisch** *auch:* **anth|ro|po|zen|trisch** ⟨Adj.⟩ den Menschen in den Mittelpunkt setzend
- **An|thro|pus** ⟨m.; -; unz.⟩ fossiler Frühmensch, z. B. Pithekanthropus [latinisiert <grch. *anthropos* »Mensch«]

An|thu|rie ⟨[-riə] f.; -, -n; Bot.⟩ Flamingoblume (Aronstabgewächs) [<grch. *anthos* »Blume« + *oura* »Schwanz, Schweif«]

an|ti..., **An|ti...** ⟨vor Vokalen⟩ ant...², Ant...² ⟨Vorsilbe⟩ gegen..., Gegen... [grch.]

An|ti|al|ko|ho|li|ker ⟨a. ['-------] m.; -s, -⟩ Alkoholgegner [<*Anti...* + *Alkohol*]

An|ti|al|ko|ho|li|ke|rin ⟨a. ['-------] f.; -, -rin|nen⟩ Alkoholgegnerin [<*Anti...* + *Alkohol*]

an|ti|al|ko|ho|lisch ⟨a. ['-------] Adj.⟩ keinen Alkohol, keine alkoholischen Zutaten enthaltend; ~*es Getränk*; ~*er Cocktail*

An|ti|a|me|ri|ka|nis|mus ⟨a. ['-------] m.; -; unz.⟩ ablehnende Haltung gegenüber der Politik u. Kultur der USA

an|ti|au|to|ri|tär ⟨Adj.⟩ nicht autoritär, gegen Autorität eingestellt, Autorität ablehnend; ~*e Erziehung*

An|ti|ba|by|pil|le ⟨[-beː|bi-] f.; -, -n⟩ empfängnisverhütendes Arzneimittel auf hormoneller Grundlage

an|ti|bak|te|ri|ell ⟨Adj.⟩ gegen Bakterien wirkend [<*anti...* + *bakteriell*]

An|ti|bap|tist ⟨m.; -en, -en⟩ Gegner der Taufe

An|ti|bap|tis|tin ⟨f.; -, -tin|nen⟩ Gegnerin der Taufe

An|ti|bar|ba|rus ⟨m.; -, -ba|ri; früher⟩ Titel von Büchern, die gegen Sprachverstöße kämpfen [<*Anti...* + lat. *barbarus* »ausländisch, fremd«]

An|ti|bi|ont ⟨m.; -en, -en; Biol.⟩ Mikroorganismus, von dem die Antibiose ausgeht [<*Anti...* + grch. *bios* »Leben«]

An|ti|bi|o|se ⟨f.; -; unz.⟩ hemmende od. abtötende Wirkung eines Mikroorganismus auf einen anderen [<*Anti...* + ...*biose*]

An|ti|bi|o|ti|kum ⟨n.; -s, -ti|ka; Pharm.⟩ Stoff, der Antibiose bewirkt, als Arzneimittel verwendet, z. B. Penicillin

an|ti|bi|o|tisch ⟨Adj.⟩ auf Antibiose beruhend, sie bewirkend

An|ti|blo|ckier|sys|tem ⟨n.; -s, -e; Abk.: ABS; bei Kfz⟩ Vorrichtung, die das Blockieren der Räder beim Bremsvorgang verhindert u. dadurch eine optimale Bremsleistung ermöglicht

an|ti|cham|brie|ren *auch:* **an|ti|chamb|rie|ren** ⟨[-ʃam-] V.⟩ **1** im Vorzimmer warten **2** ⟨fig.⟩ um Gunst betteln, sich einschmeicheln [<frz. *antichambre* »Vorzimmer« <lat. *ante* »vor« + *camera* »(gewölbter) Raum«]

An|ti|chlor ⟨[-kloːr] n.; -s; unz.⟩ chem. Stoff, der Chlor unwirksam macht u. Chlor (aus Geweben nach dem Bleichen) entfernt

An|ti|christ ⟨[-krist] **1** ⟨m.; -en, -en⟩ Gegner des Christentums **2** ⟨m.; -s, -e⟩ Widerchrist, der Teufel [<*Anti...* + *Christus*]

An|ti|de|pres|si|vum ⟨[-vum] n.; -s, -si|va [-va]; Pharm.⟩ Medikament zur Behandlung von Depressionen

An|ti|dot ⟨n.; -(e)s, -e⟩ = Antidoton

An|ti|do|ton ⟨n.; -s, -ta⟩ Gegengift; *oV* Antidot [<grch. *antidoton* »dagegen gegeben« <*anti* »gegen« + *didonai* »geben«]

An|ti|en|zym ⟨n.; -s, -e⟩ gegen Enzyme gerichteter Antikörper; *Sy* Antiferment

An|ti|fak|tor ⟨m.; -s, -en⟩ natürlicher Hemmstoff der Blutgerinnung [<*Anti...* + *Faktor*]

An|ti|fa|schis|mus ⟨m.; -; unz.⟩ polit. Gegnerschaft sowie Bewegung gegen Nationalsozialismus u. Faschismus

an|ti|fa|schis|tisch ⟨Adj.⟩ den Antifaschismus betreffend, zu ihm gehörig

An|ti|fe|brin *auch:* **An|ti|febr|in** ⟨n.; -s, -e⟩ Arzneimittel gegen Fieber [<*Anti...* + lat. *febris* »Fieber«]

Antimaterie

An|ti|fer|ment ⟨n.; -(e)s, -e⟩ = Antienzym

An|ti|fer|ro|ma|gne|tis|mus *auch:* **An|ti|fer|ro|ma|gne|tis|mus** ⟨m.; -; unz.; Physik⟩ verborgener Magnetismus einiger Stoffe, z. B. der Eisenoxide; *Ggs* Ferromagnetismus

An|ti|fon ⟨f.; -, -en⟩ = Antiphon

An|ti|fo|nar ⟨n.; -s, -ri|en⟩ = Antiphonar

An|ti|fo|ne ⟨f.; -, -n⟩ = Antiphone

An|ti|fo|nie ⟨f.; -, -n⟩ = Antiphonie

an|ti|fo|nisch ⟨Adj.⟩ = antiphonisch

An|ti|form ⟨f.; -, -en; Chemie; Med.⟩ = Trans-Form

An|ti|fouling ⟨[-fau-] n.; -, -s; unz.⟩ Anstrich für den unter Wasser liegenden Teil von Schiffsrümpfen, um das Ansiedeln von tierischen u. pflanzlichen Organismen zu verhindern [<engl. *fouling* »Verunreinigung«]

An|ti|fouling|far|be ⟨[-fau-] f.; -, -n⟩ Anstrichstoff für den unter Wasser liegenden Teil von Schiffsrümpfen, der eine Besiedlung mit Algen od. Muscheln verhindern soll

An|ti|gen ⟨n.; -s, -e⟩ artfremder Eiweißstoff, der im Blut von Mensch u. Tier die Bildung von Antikörpern anregt [<*Anti...* + *...gen*]

an|ti|gliss ⟨Adj.; undekl.⟩ rutschsicher (bes. von Skianzügen) [<*Anti...* + frz. *glisser* »rutschen«]

An|ti|held ⟨m.; -en, -en; bes. mod. Drama; Roman⟩ negativ wirkende, passiv verhaltende Hauptfigur, im Unterschied zum traditionell aktiv handelnden Helden

An|ti|his|ta|mi|ni|kum *auch:* **An|ti|hist|a|mi|ni|kum** ⟨n.; -s, -ni|ka⟩ Medikament gegen eine bestimmte Allergie [<*Anti...* + *Histamin*]

An|ti|im|pe|ria|lis|mus ⟨m.; -; unz.; Politik⟩ gegen den Imperialismus gerichtete Ideologie

an|ti|im|pe|ria|lis|tisch ⟨Adj.; Politik⟩ den Antiimperialismus betreffend, auf ihm beruhend, nicht imperialistisch

an|tik ⟨Adj.⟩ **1** die Antike betreffend, zu ihr gehörend, aus ihr stammend **2** alt, altertümlich [<frz. *antique* »altertümlich« <lat. *antiquus* »alt«]

Antikaglien (*Worttrennung am Zeilenende*) In Fremdwörtern finden sich z. T. konsonantische Lautverbindungen, die sich auch nicht mit Hilfe der deutschen Laut-Buchstaben-Zuordnung darstellen lassen. Dies gilt z. B. für die italienische Konsonantenverbindung -*gl*-, die [-lj-] gesprochen wird. Es bleibt dem Schreibenden überlassen, ob er diese Verbindungen den Sprechsilben entsprechend ungetrennt beibehält oder die Trennfuge zwischen den beiden Konsonanten setzt.

An|ti|ka|glien *auch:* **An|ti|kag|li|en** ⟨[-kaljən] Pl.⟩ kleine, antike Kunstwerke [<ital. *anticaglia*, Verkleinerungsform zu *antica* »Antike«]

An|ti|ka|pi|ta|lis|mus ⟨m.; -; unz.⟩ gegen den Kapitalismus gerichtete Ideologie

an|ti|ka|pi|ta|lis|tisch ⟨Adj.⟩ den Antikapitalismus betreffend, auf ihm beruhend, nicht kapitalistisch

An|ti|ka|tho|de ⟨f.; -, -n; El.⟩ die der Kathode gegenüberstehende Anode der Röntgenröhre, von der aus die Röntgenstrahlen ausgehen; *Sy* Gegenkathode

An|ti|ke ⟨f.; -, -n⟩ **1** ⟨unz.⟩ das grch.-röm. Altertum u. seine Kultur **2** ⟨nur Pl.⟩ ~n Denkmäler des Altertums, antike Kunstwerke [→ *antik*]

an|ti|kisch ⟨Adj.⟩ der Antike nachstrebend, die Antike nachahmend

an|ti|ki|sie|ren ⟨V.⟩ nach antikem Vorbild gestalten, altertümlich machen

an|ti|kle|ri|kal ⟨Adj.⟩ gegen den Klerus gerichtet, kirchenfeindlich

An|ti|kli|max ⟨f.; -, -e; Stilistik⟩ Übergang vom stärkeren zum schwächeren Ausdruck; *Ggs* Klimax (1)

an|ti|kli|nal ⟨Adj.; Geol.⟩ sattelförmig [<*anti...* + grch. *klinein* »beugen, neigen«]

An|ti|kli|na|le ⟨f.; -, -n; Geol.⟩ Sattel einer geolog. Falte; *oV* Antikline (1)

An|ti|kli|ne ⟨f.; -, -n⟩ **1** ⟨Geol.⟩ = Antiklinale **2** senkrechte Zellwand einer Pflanze

An|ti|kom|mu|nis|mus ⟨a. ['------] m.; -; unz.⟩ gegen den Kommunismus gerichtete Ideologie

An|ti|kon|zep|ti|on ⟨f.; -; unz.; Med.⟩ Empfängnisverhütung [<*Anti...* + *Konzeption*]

an|ti|kon|zep|ti|o|nell ⟨Adj.; Med.⟩ empfängnisverhütend

An|ti|kon|zep|ti|vum ⟨n.; -s, -ti|va; Med.⟩ empfängnisverhütendes Mittel [→ *Antikonzeption*]

An|ti|kör|per ⟨m.; -s, -; Med.⟩ durch ein Antigen im Körper gebildeter Schutzstoff gegen Krankheitserreger; *Sy* Immunkörper

An|ti|kri|tik ⟨f.; -, -en⟩ Antwort auf eine Kritik, Gegenkritik

An|ti|le|go|me|non ⟨n.; -s, -na⟩ **1** ⟨unz.⟩ Schrift aus dem NT, deren Zugehörigkeit in den Kanon früher umstritten war **2** ⟨nur Pl.⟩ *Antilegomena* Werke antiker Schriftsteller, deren Echtheit umstritten ist [<*Anti...* + grch. *legein* »sagen«]

an|ti|li|be|ral ⟨Adj.; Politik⟩ den Antiliberalismus betreffend, auf ihm beruhend, nicht liberal

An|ti|li|be|ra|lis|mus ⟨m.; -; unz.⟩ Politik gegen den Liberalismus gerichtete Ideologie

An|ti|lo|gie ⟨f.; -, -n; Philos.⟩ Auseinandersetzung über das Für u. Wider eines Lehrsatzes [<grch. *antilogia* »Gegenrede«]

An|ti|lo|pe ⟨f.; -, -n; Zool.⟩ Unterfamilie der Rinder in Asien u. Afrika, zierlich gebaut, rasch laufend: Antilopinae [<frz. *antilope* <engl. *antelope* <mlat. *antalopus* <spätgrch. *antholops* »Blumenauge«]

An|ti|ma|te|rie ⟨[-riə] f.; -; unz.⟩ theoretisch mögliche u. als einzelne Atome auch bereits gewonnene Form der Materie, die sich nur aus Antiteilchen aufbaut, d. h. negativ geladene Atomkerne u. positiv geladene Elektronenhüllen aufweist (Existenz größerer Mengen im Weltraum bisher nicht bewiesen)

antimetaphysisch

an|ti|me|ta|phy|sisch ⟨Adj.⟩ der Metaphysik entgegengesetzt, ihr abgeneigt

an|ti|mi|kro|bi|ell auch: **an|ti|mik|ro|bi|ell** ⟨Adj.⟩ nicht mikrobiell, keine Mikroorganismen betreffend

An|ti|mi|li|ta|ris|mus ⟨m.; -; unz.⟩ Haltung, Bewegung gegen den Militarismus

An|ti|mon ⟨a. ['---] n.; -s; unz.; chem. Zeichen: Sb⟩ chem. Element, ein Metall, silberweiß glänzend, in Legierungen für Letternmetall u. für lichtelektr. Zellen verwendet, Ordnungszahl 51; Sy Stibium [<mlat. *antimonium* <arab. *al-ithmidun* »Spießglanz«]

an|ti|mo|nar|chisch auch: **an|ti|mo|narchisch** ⟨Adj.⟩ gegen die Monarchie gerichtet, ihr feindlich gesinnt

an|ti|mo|nar|chis|tisch auch: **an|ti|mo|nar|chis|tisch** ⟨Adj.⟩ gegen den Monarchismus gerichtet, ihm feindlich gesinnt

An|ti|mon|blü|te ⟨f.; -, -n; Min.⟩ kristallines Mineral, chem. Antimonoxid

An|ti|mon|glanz ⟨m.; -es; unz.; Min.⟩ wichtiges Antimonerz, chem. Antimonsulfid, das in Form grau glänzender Kristalle auftritt

An|ti|mo|nit ⟨n.; -s, -e; Min.⟩ wichtiges Antimonerz, bildet stahlgraue, glänzende Kristalle, chem. Antimontrisulfid

An|ti|mo|ra|lis|mus ⟨m.; -; unz.⟩ gegen die herrschende Moral gerichtete Einstellung, Meinung; →a. Amoralismus

An|ti|neu|ral|gi|kum auch: **An|ti|neu|ral|gi|kum** ⟨n.; -s, -gi|ka; Pharm.⟩ schmerzlinderndes Arzneimittel, das auf das Zentralnervensystem einwirkt [<*Anti...* + *Neuralgie*]

An|ti|neu|tron auch: **An|ti|neut|ron** ⟨n.; -s, -tro|nen; Physik⟩ das Antiteilchen des Neutrons, das sich von diesem durch das entgegengesetzte Vorzeichen seines magnet. Moments unterscheidet

An|ti|no|mie ⟨f.; -, -n⟩ **1** Widerspruch innerhalb eines Satzes **2** Unvereinbarkeit zweier gültiger Sätze [<*Anti...* + *...nomie*]

an|ti|no|misch ⟨Adj.⟩ in der Art einer Antinomie, widersprüchlich

An|ti|oxi|dans ⟨n.; -, -dan|ti|en od. -dan|zi|en; Chemie⟩ Stoff, der die in anderen Substanzen ablaufenden oxidativen u. damit schädl. Reaktionen unterbricht, wird z. B. Parfümen, Ölen, Kunststoffen zugesetzt [<*Anti...* + *oxidieren*]

an|ti|oxi|dan|tie|ren ⟨V.⟩ *Lebensmittel* ~ Antioxidantien zuführen

an|ti|oxi|da|tiv ⟨Adj.⟩ nicht oxidativ, gegen Oxidation wirkend

an|ti|pa|ra|llel auch: **an|ti|pa|ra|llel** ⟨Adj.; Geom.⟩ parallel, aber mit entgegengesetzter Richtung der Normalen

An|ti|par|ti|kel ⟨f.; -, -n⟩ = Antiteilchen

An|ti|pas|sat ⟨m.; -(e)s, -e; Meteor.⟩ die jeweils obere Strömung der beiden Passatwinde, Gegenpassat

An|ti|pas|to ⟨n. od. m.; -s, -pas|ti; ital. Kochk.⟩ Vorspeise

An|ti|pa|thie ⟨f.; -, -n⟩ Abneigung, Widerwille; Ggs Sympathie [<*Anti...* + *...pathie*]

an|ti|pa|thisch ⟨Adj.⟩ = unsympathisch

An|ti|phlo|gis|ti|kum ⟨n.; -s, -ti|ka; Pharm.⟩ Arzneimittel zur lokalen Behandlung von Entzündungen

An|ti|phon ⟨f.; -, -en⟩ = Antiphonie; oV Antifon

An|ti|pho|nar ⟨n.; -s, -ri|en⟩ Sammlung von Antiphonien; oV Antifonar

An|ti|pho|ne ⟨f.; -, -n⟩ = Antiphonie; oV Antifone

An|ti|pho|nie ⟨f.; -, -n⟩ liturg. Wechselgesang; Sy Antiphonie, Sy Antiphon, Antiphone [<*Anti...* + *...phonie*]

an|ti|pho|nisch ⟨Adj.⟩ in der Art der Antiphonie, sie betreffend; oV antifonisch

An|ti|phra|se ⟨f.; -, -n; Rhet.⟩ Stilmittel, bei dem der Gegensatz von dem gemeint ist, was gesagt wird, z. B. »das ist ja heiter« für etwas Unangenehmes

An|ti|po|de ⟨m.; -n, -n⟩ **1** auf dem entgegengesetzten Punkt der Erdkugel lebender Mensch, Gegenfüßler **2** ⟨fig.⟩ Mensch, der den entgegengesetzten Standpunkt vertritt, Mensch von gegensätzlicher Natur, Eigenart [<*Anti...* + *...pode*]

An|ti|pol ⟨m.; -(e)s, -e⟩ Gegenpol

An|ti|pro|ton ⟨n.; -s, -to|nen; Physik⟩ Antiteilchen des Protons mit der Elementarladung -1

An|ti|py|re|ti|kum ⟨n.; -s, -ti|ka⟩ Arzneimittel gegen Fieber [<*Anti...* + grch. *pyretos* »Fieber« (<*pyr* »Feuer«)]

an|ti|py|re|tisch ⟨Adj.⟩ fiebersenkend [→ *Antipyretikum*]

An|ti|py|rin ⟨n.; -s; unz.; Pharm.⟩ schmerzlinderndes u. fiebersenkendes Arzneimittel [<grch. *anti* »gegen« + *pyr* »Feuer«]

An|ti|qua ⟨f.; -, -s⟩ rundbogige Lateinschrift; Sy Italienne [lat., fem. Form von *antiquus* »alt«]

An|ti|quar ⟨m.; -s, -e⟩ **1** jmd., der mit gebrauchten (oft wertvollen) Büchern handelt **2** (selten) Antiquitätenhändler [<lat. *antiquarius* »Altertümler, Liebhaber der alten Literatur«]

An|ti|qua|ri|at ⟨n.; -(e)s, -e⟩ **1** Handel mit gebrauchten (oft wertvollen) Büchern **2** Ladengeschäft dafür **3** Handel mit Antiquitäten; *modernes* ~

an|ti|qua|risch ⟨Adj.⟩ alt, gebraucht, aus zweiter Hand

An|ti|qua|ri|um ⟨n.; -s, -ri|en⟩ Sammlung von Altertümern [→ *Antiquar*]

an|ti|quie|ren ⟨V.⟩ veralten, nicht mehr zeitgemäß sein

an|ti|quiert ⟨Adj.⟩ veraltet; ~*e Denkweise* [<lat. *antiquus* »alt«]

An|ti|quiert|heit ⟨f.; -; unz.⟩ antiquierte Beschaffenheit, das Antiquiertsein, altmodischer Brauch

An|ti|qui|tät ⟨f.; -, -en⟩ altertüml. Kunstwerk, altertüml. (kostbarer) Gegenstand [<lat. *antiquus* »alt«]

An|ti|ras|sis|mus ⟨m.; -; unz.⟩ gegen den Rassismus gerichtete Ideologie

an|ti|ras|sis|tisch ⟨Adj.⟩ den Antirassismus betreffend, auf ihm beruhend, nicht rassistisch

An|tir|rhi|num ⟨n.; -s; unz.; Bot.⟩ Löwenmaul

An|ti|se|mit ⟨m.; -en, -en⟩ Judengegner, Judenfeind; Ggs Philosemit [<grch. *anti* »gegen« + *Semit*]

an|ti|se|mi|tisch ⟨Adj.⟩ judenfeindlich

An|ti|se|mi|tis|mus ⟨m.; -; unz.⟩ Judenfeindschaft [→ *Antisemit*]

An|ti|sep|sis ⟨f.; -; unz.; Med.⟩ Abtötung von Krankheitserregern; *oV* Antiseptik [<*Anti...* + *Sepsis*]

An|ti|sep|tik ⟨f.; -; unz.; Med.⟩ = Antisepsis

An|ti|sep|ti|kum ⟨n.; -s, -ti|ka⟩ Arzneimittel zur Antisepsis

an|ti|sep|tisch ⟨Adj.⟩ die Antisepsis betreffend, auf ihr beruhend

An|ti|se|rum ⟨n.; -s, -se|ren od. -se|ra⟩ Heilserum, das Antikörper gegen spezielle Krankheitserreger od. Gifte enthält

An|ti|ska|ting ⟨[-skɛɪ-] n.; -s; unz.⟩ (am Tonarm von Schallplattenspielern befestigte) Vorrichtung, die durch Auftragen einer Flüssigkeit ein frühzeitiges Abnutzen der Schallplatten verhindert [<*Anti...* + engl. *skate* »gleiten«]

An|ti|spas|mo|di|kum ⟨n.; -s, -di|ka⟩ Arzneimittel gegen Krampf; *Sy* Spasmolytikum [<*Anti...* + neulat. *spasmodicus* »krampfig, örtlichen Krämpfen ausgesetzt«; → *spasmodisch*]

an|ti|spas|tisch ⟨Adj.⟩ krampflösend

An|ti|sta|tik|mit|tel ⟨n.; -s, -⟩ Verbindung, die auf die Oberfläche von Kunststoffen, Schallplatten od. Folien aufgetragen wird u. deren elektrostat. Aufladung u. dadurch Staub anziehende Wirkung verhindern soll

an|ti|sta|tisch ⟨Adj.⟩ sich elektrisch nicht aufladend

An|ti|si|tes ⟨m.; -, -tis|tes [-te:s]⟩ **1** ⟨Antike⟩ Priestertitel **2** ⟨in der Schweiz früher⟩ Titel des reformierten Oberpfarrers **3** Titel des kath. Bischofs u. Abtes [lat., »Vorsteher«]

An|ti|stro|phe ⟨f.; -, -n; Lit.⟩ **1** die von der zweiten Hälfte des antiken Chores gesungene Gegenstrophe **2** der zweite Teil der pindarischen Ode

An|ti|teil|chen ⟨n.; -s, -; Physik⟩ Elementarteilchen mit sehr kurzer Lebensdauer, das gegenüber den »normalen« Elementarteilchen eine Vertauschung von Ladung, Drehmoment u. a. Zustandsgrößen aufweist; *Sy* Antipartikel

An|ti|the|se ⟨a. ['----] f.; -, -n⟩ der These gegenübergestellte Behauptung, Gegenbehauptung, Entgegenstellung

an|ti|the|tisch ⟨Adj.⟩ gegensätzlich, entgegenstellend

An|ti|to|xin ⟨n.; -s, -e; Med.⟩ im Blutserum enthaltener Antikörper [<*Anti...* + *Toxin*]

An|ti|tus|si|vum ⟨[-vum] n.; -s, -si|va [-va]; Pharm.⟩ Arzneimittel gegen Husten [<*Anti...* + lat. *tussis* »Husten«]

an|ti|vi|ral ⟨[-vi-] Adj.⟩ gegen Viren wirkend, nicht durch Viren bedingt, nicht viral

an|ti|zi|pan|do ⟨Adj.⟩ vorwegnehmend, im Voraus [<lat. *anticipando* »durch Vorwegnahme«; zu *anticipare* »vorwegnehmen«]

An|ti|zi|pa|ti|on ⟨f.; -, -en⟩ Vorwegnahme [<lat. *anticipatio* »ursprüngliche Vorstellung, Vorbegriff«]

an|ti|zi|pa|tiv ⟨Adj.⟩ etwas vorwegnehmend, vorgreifend [→ *antizipieren*]

an|ti|zi|pa|to|risch ⟨Adj.⟩ etwas (bewusst) vorwegnehmend, (absichtlich) vorgreifend

an|ti|zi|pie|ren ⟨V.⟩ vorwegnehmen [<lat. *anticipare* »vorwegnehmen«]

an|ti|zy|klisch *auch:* **an|ti|zyk|lisch** ⟨Adj.⟩ unregelmäßig wiederkehrend

an|ti|zy|klo|nal *auch:* **an|ti|zyk|lo|nal** ⟨Adj.; Meteor.⟩ durch eine Antizyklone verursacht, hohen Luftdruck verursachend, nicht zyklonal

An|ti|zy|klo|ne *auch:* **An|ti|zyk|lo|ne** ⟨f.; -, -n; Meteor.⟩ Gebiet hohen Luftdrucks, Hochdruckgebiet; *Ggs* Zyklone

An|ti|zy|mo|ti|kum ⟨n.; -s, -ti|ka⟩ gärungshemmendes Mittel [<*Anti...* + grch. *zyme* »Gärstoff«]

An|to|no|ma|sie *auch:* **An|to|no|ma|sie** ⟨f.; -, -n⟩ Umschreibung eines Eigennamens durch eine Eigenschaft od. Umschreibung eines Gattungsbegriffs durch einen Eigennamen, z. B. »der deutsche Dichterfürst« für Goethe od. »ein Adonis« für »ein schöner junger Mann« [<*Anti...* + grch. *onomazein* »nennen«]

an|to|nym *auch:* **an|to|nym** ⟨Adj.; Sprachw.⟩ eine gegensätzliche Bedeutung habend; *~e Wörter*

An|to|nym *auch:* **An|to|nym** ⟨n.; -s, -e; Sprachw.⟩ Wort von entgegengesetzter Bedeutung, z. B. »hell« im Gegensatz zu »dunkel« [<*Anti...* + grch. *onyma* »Name«]

An|to|ny|mie *auch:* **An|to|ny|mie** ⟨f.; -; unz.; Sprachw.⟩ Lehre von den Antonymen

an|tör|nen ⟨V.⟩ = anturnen

an|trai|nie|ren ⟨[-trɛ-] V.⟩ einüben, durch Training erzielen; *sich Muskeln ~*

an|tur|nen ⟨[-tœ:-] V.; umg.⟩ *oV* antörnen **1** Drogen nehmen **2** in einen Rauschzustand versetzen, begeistern; *diese Musik turnt mich an; Ggs* abturnen [zu engl. *turn* »wenden«]

A|nu|kle|o|bi|ont *auch:* **A|nu|kle|o|bi|ont** ⟨m., -en, -en⟩ = Akaryobiont [<*A...*[1] + *Nukleus* + grch. *bios* »Leben«]

An|u|ren *auch:* **A|nu|ren** ⟨Pl.⟩ Froschlurche [<*A...*[1] + grch. *oura* »Schwanz«]

An|u|rie *auch:* **A|nu|rie** ⟨f.; -, -n; Med.⟩ Unfähigkeit, Harn zu lassen [<*A...*[1] + ...*urie*]

A|nus ⟨m.; -, -⟩ After; ~ *praeter* künstlicher Darmausgang [lat.]

an|vi|sie|ren ⟨[-vi-] V.⟩ **1** ins Visier nehmen **2** sich als Ziel setzen, anstreben

A. O. C. ⟨Abk. für⟩ Appellation d'origine controlée (kontrollierte Herkunftsbezeichnung für die Kennzeichnung von Weinen) [frz.]

äo|lisch ⟨Adj.⟩ **1** ⟨Geol.⟩ durch Windeinwirkung entstanden **2** ⟨Musik⟩ *~er Kirchenton* Kirchentonart mit dem Grundton a **3** ⟨antike Metrik⟩ *~er Vers* Vers mit fester Silbenzahl, der aus verschiedenen Metren (Daktylus, Jambus, Trochäus) gemischt erscheint [nach *Aeolus*, latinisiert <grch. *Aiolos*, dem grch. Gott der Winde]

Äols|har|fe ⟨f.; -, -n⟩ Harfe, deren Saiten durch Luftzug zum Schwingen gebracht werden, Windharfe [→ *äolisch*]

Äon ⟨m.; -s, -en⟩ **1** unendl. Zeitraum, Ewigkeit **2** Abschnitt

Aorist

der Weltgeschichte, Zeitalter, Weltalter [<grch. *aion* »unermesslich lange Zeit, Ewigkeit«]

A|o|rist ⟨m.; -(e)s, -e; Gramm.⟩ Verbalform der indoeurop. Sprachen, die eine einmalige, abgeschlossene Handlung bezeichnet [<grch. *a...* »nicht« + *horizein* »begrenzen«]

A|or|ta ⟨f.; -, -or|ten; Anat.⟩ Hauptschlagader [<grch. *aorte;* zu *aeirein* »emporheben«]

A|or|ten|bo|gen ⟨m.; -s, -bö|gen; Arch.⟩ Verbindungsstück zwischen aufsteigender u. absteigender Aorta

AP ⟨Abk. für engl.⟩ Associated Press, ein US-amerikan. Nachrichtenbüro

a. p. ⟨Abk. für⟩ anni praeteriti

ap..., Ap... ⟨Vorsilbe⟩ = ad..., Ad...

A|pa|che ⟨[apatʃə] m.; -n, -n⟩ Angehöriger eines Indianerstammes im Westen der USA; *oV* Apatsche

apa|go|gisch *auch:* **a|pa|go|gisch** ⟨Adj.⟩ indirekt beweisend; ~*er Beweis* indirekter Beweis (durch Aufzeigen der Unrichtigkeit des Gegenteils) [<grch. *apagein* »wegführen«]

A|pa|na|ge ⟨[-ʒə] f.; -, -n⟩ Unterhalt für Angehörige regierender Fürsten [frz., »Leibgedinge, Erbteil« <mlat. *appanagium;* zu *appanare* »ausstatten« <lat. *ad* »zu« + *panis* »Brot«]

a|part ⟨Adj.⟩ **1** eigenartig, reizvoll; *ein ~es Kleid* **2** ungewöhnlich, besonders; *ein ~es Geschenk, eine ~e Idee* **3** abgesondert, beiseite [frz. *à part* »beiseite«]

à part ⟨[-pa:r] Theat.⟩ beiseite (sprechend) [frz.]

A|part|heid ⟨f.; -; unz.; bis 1991⟩ Rassentrennung (in der Republik Südafrika) [<Afrikaans <frz. *à part* »getrennt« + ndrl. Endung *-heid* (= nhd. *-heit*)]

A|part|ho|tel ⟨engl. [əpɑː(r)t-] n.; -s, -s; Kurzwort⟩ Hotel mit Appartements (anstelle von Einzelzimmern) [<*Apartment* + *Hotel*]

A|part|ment ⟨engl. [əpɑː(r)tmənt] n.; -s, -s⟩ = Appartement (2) [engl., »Zimmer, Wohnung« <frz. *appartement* »Wohnung«]

A|part|ment|haus ⟨engl. [əpɑː(r)tmənt-] n.; -es, -häu|ser⟩ Mietshaus mit einzelnen Kleinstwohnungen

A|pa|thie ⟨f.; -; unz.⟩ **1** Gleichgültigkeit, Teilnahmslosigkeit **2** Abstumpfung, Abgestumpftsein [<*A...*[1] + *...pathie*]

a|pa|thisch ⟨Adj.⟩ **1** teilnahmslos, gleichgültig **2** abgestumpft [→ *Apathie*]

A|pa|tit ⟨m.; -s, -e⟩ kristall. Mineral, chem. ein Calcium-Fluorod. Calcium-Chlor-Phosphat [<grch. *apatan* »trügen«]

A|pa|to|sau|ri|er ⟨m.; -s, -⟩ = Apatosaurus

A|pa|to|sau|rus ⟨m.; -, -ri|er⟩ Pflanzen fressender Riesensaurus aus der unteren Kreidezeit Nordamerikas; *oV* Apatosaurier; *Sy* ⟨früher⟩ Brontosaurus [zu grch. *apate* »Täuschung«]

A|pat|sche ⟨m.; -n, -n⟩ = Apache

A|per|çu ⟨[-sy:] n.; -s, -s⟩ geistreiche Bemerkung [frz., »Überblick, (geistreiche) Bemerkung«; zu *apercevoir* »bemerken«]

ape|ri|odisch ⟨Adj.⟩ nicht periodisch, zeitlich unregelmäßig

Ape|ri|tif ⟨m.; -s, -s⟩ alkohol. Getränk vor dem Essen [frz., »appetitanregend«; → *Aperitivum*]

Ape|ri|ti|vum ⟨[-vum] n.; -s, -ti|va [-va]; Pharm.⟩ **1** leichtes Abführmittel **2** appetitanregendes Mittel [<lat. *aperire* »öffnen«]

Ape|ro, Apé|ro ⟨m.; -s, -s; bes. schweiz.; kurz für⟩ Apéritif

A|per|tur ⟨f.; -, -en⟩ Öffnungsverhältnis der Blende eines Objektivs, dient zur Angabe der Leistungsfähigkeit (Lichtstärke) der Objektive [<lat. *apertus,* Part. Perf. zu *aperire* »öffnen«]

ape|tal ⟨Adj.; Bot.⟩ keine Blumenkrone besitzend [<*a...*[1] + grch. *petalon* »Blatt«]

A|pe|ta|le ⟨f.; -, -n; Bot.⟩ Pflanze, die Blüte keine Kronblätter aufweist [→ *apetal*]

A|pex ⟨m.; -, A|pi|zes⟩ **1** Spitze, Gipfel **2** ⟨Gramm.⟩ Zeichen für die Länge eines Vokals, z. B. Doppelpunkt dahinter: [a:] od. Strich darüber: [ā] **3** ⟨Astron.⟩ Zielpunkt einer Gestirnbewegung [lat., »Spitze, Gipfel«]

Aph|ä|re|se *auch:* **Aph|ä|re|se** ⟨f.; -, -n; Gramm.⟩ = Aphäresis

Aph|ä|re|sis *auch:* **Aph|ä|re|sis** ⟨f.; -, -sen; Gramm.⟩ Schwund des Anlautes, z. B. *»'s geht«* statt »es geht«; *oV* Aphärese; *Sy* Deglutination; *Ggs* Apokope [zu grch. *aphairein* »abnehmen«]

A|pha|sie ⟨f.; -, -n⟩ **1** ⟨Med.⟩ Verlust des Sprechvermögens infolge einer Störung im Gehirn **2** ⟨Philos.⟩ Enthaltung des Urteils [<*A...*[1] + grch. *phanai* »sprechen«]

Ap|hel *auch:* **Ap|hel, Aph|el** ⟨[apheː:l] od. [afeː:l] n.; -s, -e⟩ Punkt der größten Entfernung eines Himmelskörpers von der Sonne, Sonnenferne; *Sy* Aphelium; *Ggs* Perihel(ium) [<*Apo...* + grch. *helios* »Sonne«]

Ap|he|li|um *auch:* **Ap|he|li|um, Aph|e|li|um** ⟨[apheː-] od. [afeː-] n.; -s, -li|en⟩ = Aphel

Aph|i|den ⟨Pl.⟩ Blattläuse; *oV* Aphidinen

Aph|i|di|nen ⟨Pl.⟩ = Aphiden

Apho|ris|mus ⟨m.; -s, -ris|men⟩ in sich geschlossener, kurz u. treffend formulierter Gedanke, geistreicher Sinnspruch [<grch. *aphorizein* »abgrenzen«; → *Horizont*]

Apho|ris|tik ⟨f.; -; unz.⟩ Kunst, Aphorismen zu verfassen

Apho|ris|ti|ker ⟨m.; -s, -⟩ Verfasser von Aphorismen

Apho|ris|ti|ke|rin ⟨f.; -, -rin|nen⟩ Verfasserin von Aphorismen

apho|ris|tisch ⟨Adj.⟩ in der Art eines Aphorismus, kurz u. geistreich, treffend

Aph|ro|di|si|a|kum *auch:* **Aph|ro|di|si|a|kum** ⟨n.; -s, -si|a|ka⟩ den Geschlechtstrieb anregendes Mittel [nach *Aphrodite,* der grch. Göttin der Liebe]

Aph|ro|di|sie *auch:* **Aph|ro|di|sie** ⟨f.; -; unz.; Med.⟩ krankhaft gesteigerte geschlechtl. Erregbarkeit [nach *Aphrodite,* der grch. Göttin der Liebe]

aph|ro|di|sisch *auch:* **aph|ro|di|sisch** ⟨Adj.⟩ **1** = aphroditisch **2** den Geschlechtstrieb steigernd

aph|ro|di|tisch *auch:* **aph|ro|di|tisch** ⟨Adj.⟩ *oV* aphrodisisch (1) **1** die Liebesgöttin Aphrodite betreffend **2** auf die Liebe bezüglich

Aph|the ⟨f.; -, -n; meist Pl.; Med.⟩ Mundfäule, Bläschen-

Apollofalter

ausschlag im Mund [<grch. *aphthai* »böser Ausschlag (bes. im Mund), Schwämmchen«]

A|phyl|lie ⟨f.; -; unz.; Bot.⟩ Blattlosigkeit [<*A...*¹ + grch. *phyllon* »Blatt«]

a|phyl|lisch ⟨Adj.; Bot.⟩ blattlos [→ *Aphyllie*]

a pia|ce|re ⟨[-tʃeː-] Musik⟩ nach Belieben (zu spielen) [ital.]

A|pi|a|ri|um ⟨n.; -s, -ri|en⟩ Bienenhaus, -stand [<lat. *apis* »Biene«]

a|pi|kal ⟨Adj.⟩ den Apex betreffend, an der Spitze gelegen [→ *Apex*]

A|pi|zes ⟨Pl. von⟩ Apex

A|pla|nat ⟨m.; -s, -e; Optik⟩ Linsensystem, durch das die Aberration verhindert wird [<*A...*¹ + grch. *planasthei* »irren«]

a|pla|na|tisch ⟨Adj.⟩ die Aberration von Lichtstrahlen in Linsensystemen verhindernd [→ *Aplanat*]

Aplit auch: **A|plit** ⟨m.; -s, -e; Geol.⟩ aus Feldspat u. Quarz bestehendes feinkörniges Ganggestein [zu grch. *haplos* »einfach«]

A|plomb auch: **Aplomb** ⟨[-plɔ̃ː] m.; - od. -s; unz.⟩ **1** sicheres Auftreten, Dreistigkeit; *mit (großem)* ~ *erscheinen* **2** Nachdruck **3** ⟨Ballett⟩ Abfangen einer Bewegung [frz., »senkrechte Stellung« <*à plomb* »wie ein Bleilot«]

A|pnoe auch: **Ap|noe** ⟨[-pnoːə] f.; -, -n; Med.⟩ Atemstillstand [<*A...*¹ + grch. *pnoia*; zu *pnein* »atmen«]

A|po¹ ⟨f.; -; unz.; Politik⟩ außerparlamentarische Opposition

A|po² ⟨m.; -s, -s; Politik⟩ Angehöriger einer dieser Gruppen

a|po..., A|po... ⟨vor Vokalen⟩ ap..., Ap..., ⟨vor h⟩ aph..., Aph... ⟨Vorsilbe⟩ von, weg, ab [grch.]

A|po|chro|mat ⟨[-kro-] m.; -s, -e; Optik⟩ für Farbauszüge in der Reproduktionstechnik entwickeltes Objektiv, das die Aberration der Farben korrigiert [<*Apo...* + grch. *chroma* »Farbe«]

a|po|chro|ma|tisch ⟨[-kro-] Adj.⟩ durch den Apochromat bewirkt, auf ihm beruhend

a|pod ⟨Adj.; Zool.⟩ fußlos [grch.]

A|po|den ⟨Pl.; Zool.; Sammelbez. für⟩ Aale u. Muränen

A|po|dik|tik ⟨f.; -; unz.; Philos.⟩ Lehre vom Beweis [zu grch. *apodeiknynai* »aufzeigen«]

a|po|dik|tisch ⟨Adj.⟩ **1** die Apodiktik betreffend, auf ihr beruhend **2** unwiderleglich, unumstößlich **3** keinen Widerspruch duldend

A|po|do|sis ⟨f.; -, -do|sen; Gramm.⟩ Nachsatz, bes. der nachgestellte Hauptsatz eines Konditionalsatzes; *Ggs* Protasis [zu grch. *apodidonai* »zurückgeben«]

A|po|en|zym ⟨n.; -s, -e; Biochemie⟩ hochmolekularer Eiweißbestandteil eines Enzyms; *Sy* Apoferment [<*Apo...* + *Enzym*]

A|po|fer|ment ⟨n.; -s, -e⟩ = Apoenzym

A|po|ga|lak|ti|kum ⟨n.; -s, -ti|ken⟩ Punkt der größten Entfernung vom Zentrum des Milchstraßensystems während des Umlaufs eines Sternes um das Zentrum [<*Apo...* + *Galaxie*]

a|po|gam ⟨Adj.; Bot.⟩ sich ungeschlechtlich fortpflanzend [→ *Apogamie*]

A|po|ga|mie ⟨f.; -, -n; Bot.⟩ ungeschlechtl. Fortpflanzung [<*Apo...* + *...gamie*]

A|po|gä|um ⟨n.; -s, -gä|en; Astron.⟩ Punkt der größten Entfernung eines Himmelskörpers von der Erde, Erdferne; *Ggs* Perigäum [<*Apo...* + grch. *gaia, ge* »Erde«]

A|po|ka|lyp|se ⟨f.; -, -n⟩ **1** ⟨unz.; Rel.⟩ **1.1** prophet. Schrift über das Weltende **1.2** prophetische Offenbarung im NT **2** ⟨zählb.⟩ bildl. Darstellung des Weltuntergangs [zu grch. *apokalyptein* »enthüllen« <*apo* »von, weg« + *kalyptein* »verhüllen«]

A|po|ka|lyp|tik ⟨f.; -, -en⟩ **1** ⟨Rel.⟩ Gesamtheit der Schriften über die Apokalypse **2** Lehre vom Weltende

A|po|ka|lyp|ti|ker ⟨m.; -s, -; Rel.⟩ Verfasser od. Ausleger einer Apokalypse

a|po|ka|lyp|tisch ⟨Adj.⟩ **1** ⟨Rel.⟩ die Apokalypse betreffend, auf ihr beruhend, in der Apokalyptik vorkommend; *die Apokalyptischen Reiter* die vier in der Offenbarung des Johannes geschilderten, Pest, Krieg, Hungersnot u. Tod symbolisierenden Reiter **2** geheimnisvoll, dunkel

a|po|karp ⟨Adj.; Bot.⟩ aus mehreren, jeweils aus einem Fruchtblatt gebildeten Stempeln bestehend [<*apo...* + *...karp*]

A|po|kar|pi|um ⟨n.; -s, -pi|en⟩ aus mehreren Früchten zusammengesetzter Fruchtstand [<*Apo...* + grch. *karpos* »Frucht« (mit lat. Endung)]

A|po|koi|nu ⟨n.; - od. -s, -s; Rhet.⟩ Stilfigur, bei der sich ein Satzteil od. Wort sowohl auf den vorangegangenen als auch auf den folgenden Satzteil bezieht, z. B. »die Tücher knattern im heißen Wind treibst du« (Enzensberger) [grch., »vom Gemeinsamen«]

A|po|ko|pe ⟨[-pe] f.; -, -n; Gramm.⟩ Auslautschwund, z. B. »im Haus« statt »im Hause«; *Ggs* Aphärese [zu grch. *apokoptein* »abschneiden«]

a|po|ko|pie|ren ⟨V.; Gramm.⟩ *ein Wort* ~ durch Apokope verkürzen

a|po|krin ⟨Adj.⟩ ~*e Schweißdrüsen* neben Schweiß auch Teile ihrer Zellen absondernde Schweißdrüsen [<grch. *apokrinein* »absondern«]

a|po|kryph ⟨Adj.⟩ **1** zu den Apokryphen gehörend **2** unecht, später hinzugefügt; ~*e Bücher* (bes. der Bibel); *Ggs* kanonische Bücher

A|po|kryph ⟨n.; -es, -en⟩ = Apokryphe

A|po|kry|phe ⟨f.; -, -n⟩ unechte, später hinzugefügte Schrift, bes. der Bibel; *oV* Apokryph; *Ggs* Kanon (3.3) [<grch. *apokryphos* »verborgen, untergeschoben« <*apo* »von, weg« + *kryptein* »verbergen«]

a|po|li|tisch ⟨Adj.⟩ unpolitisch (in der Einstellung, Haltung)

a|pol|li|nisch ⟨Adj.⟩ **1** ⟨grch. Myth..⟩ den grch. Gott Apoll betreffend **2** harmonisch, maßvoll; *Ggs* dionysisch

A|pol|lo ⟨m.; -s, -s; Zool.⟩ = Apollofalter

A|pol|lo|fal|ter ⟨m.; -s, -; Zool.⟩ Angehöriger einer Gattung der Tagfalter; *Sy* Apollo

Apolog

A|pollog ⟨m.; -(e)s, -e⟩ (lehrhafte) Fabel od. Erzählung [<*Apo...* + *...log*^{r}]

A|pollolget ⟨m.; -en, -en⟩ Verteidiger eines Bekenntnisses, einer Anschauung od. Lehre (bes. des christl. Glaubens) [<grch. *apologeisthai* »sich mit Worten verteidigen«]

A|pollolgetik ⟨f.; -, -en⟩ 1 Verteidigung eines Bekenntnisses usw. 2 Rechtfertigungslehre, Fundamentaltheologie

a|pollolgetisch ⟨Adj.⟩ verteidigend, rechtfertigend

A|pollolgie ⟨f.; -, -n⟩ (bes. in religiösen Auseinandersetzungen) Verteidigungs-, Rechtfertigungsrede, -schrift, Verteidigung, Rechtfertigung

a|pollolgisch ⟨Adj.⟩ (kurz u. treffend) erzählend [→ *Apologet*]

a|pollolgi|sielren ⟨V.⟩ verteidigen, rechtfertigen [→ *Apologet*]

a|polmikltisch ⟨Adj.⟩ sich ohne Befruchtung fortpflanzend [<*apo...* + grch. *miktos* »vermischt«]

A|polmi|xis ⟨f.; -; unz.; Oberbegriff für⟩ verschiedene Formen der ungeschlechtl. Fortpflanzung [<*Apo...* + grch. *mixis* »Vermischung, Begattung«]

A|polmor|phin ⟨n.; -s; unz.⟩ aus Morphin gewonnenes Brechmittel

a|polphanltisch ⟨Adj.⟩ 1 darlegend, behauptend 2 nachdrücklich [<grch. *apophantikos*]

A|polphthelgma auch: **A|poph|thegma** ⟨n.; -s, -phthegmen od. -malta⟩ witziger, treffender Ausspruch, Sinnspruch [<grch. *apophtheggesthai* »seine Meinung aussprechen«]

A|polphylse ⟨f.; -, -n⟩ 1 ⟨Anat.⟩ Knochenfortsatz im Übergang zu den Muskeln 2 ⟨Geol.⟩ seitl. Fortsetzung eines (erzhaltigen) Ganges 3 ⟨Bot.⟩ Verdickung auf den Zapfenschuppen der Kiefer, Anschwellung unterhalb der Mooskapsel [<*Apo...* + *...physe*]

a|polplekltisch ⟨Adj.⟩ zur Apoplexie neigend

A|polplelxie ⟨f.; -, -n; Med.⟩ Schlaganfall [<grch. *apoplexia*; zu *apoplessein* »niederschlagen«]

A|pop|tolse auch: **A|popltolse** ⟨f.; -, -n; Biol.⟩ genetisch begründetes Absterben von Zellen, programmierter Zelltod; *bestimmte Autoimmunerkrankungen sind auf zu geringe ~ zurückzuführen; die Rolle der ~ bei der Entstehung von Krebs* [<*Apo...* + grch. *ptosis* »Fall, Sturz«]

A|polrem ⟨n.; -s, -e od. -relmalta; Philos.⟩ logische Schwierigkeit, unlösbares Problem [<grch. *aporos* »ratlos, schwierig«]

a|polrelmaltisch ⟨Adj.; Philos.⟩ zweifelhaft, schwierig

A|polreltik ⟨f.; -; unz.⟩ Auseinandersetzung mit philosoph. Problemen [→ *Aporem*]

A|po|reltiker ⟨m.; -s, -⟩ 1 jmd., der die Aporetik betreibt 2 Zweifler, Skeptiker

a|polreltisch ⟨Adj.⟩ 1 die Aporetik betreffend, zu ihr gehörig 2 zweifelnd

A|polrie ⟨f.; -, -n⟩ 1 Auswegslosigkeit 2 Unmöglichkeit, eine philos. Frage zu lösen [<grch. *aporia*; zu *aporos* »weglos, ratlos«]

A|polrolgalmie ⟨f.; -, -n; Bot.⟩ Befruchtungsvorgang bei Blütenpflanzen, bei dem der vom Pollen vorgetriebene Schlauch der Samenanlage auf einem Umweg erreicht [<grch. *aporos* »unwegsam« + *...gamie*]

A|polsilolpelse ⟨f.; -, -n; Rhet.⟩ Stilmittel, bei dem der Satz nicht beendet u. dem Hörer die Vollendung überlassen wird, z. B. *dir werde ich gleich ...* [<grch. *aposiopesis*; zu *aposiopan* »verstummen«]

A|polspolrie ⟨f.; -; unz.; Biol.⟩ Überspringen der Sporenbildung bei Blütenpflanzen u. Farnen im Generationswechsel [<*Apo...* + grch. *spora* »Same«]

◆ Die Buchstabenfolge **a|polst...** kann auch **a|posit...** getrennt werden. Davon ausgenommen sind Zusammensetzungen, in denen die fremdsprachigen bzw. sprachhistorischen Bestandteile deutlich als solche erkennbar sind, z. B. *Aposteriori*.

◆ **A|polstalsie** ⟨f.; -, -n⟩ Abfall (vom Glauben) [<grch. *apostasia* <*apo* »ab, weg« + *histanai* »stehen«]

◆ **A|polstat** ⟨m.; -en, -en⟩ Abtrünniger, vom Glauben Abgefallener [→ *Apostasie*]

◆ **A|polstel** ⟨m.; -s, -⟩ 1 Sendbote, Verkünder einer neuen Lehre, Vorkämpfer 2 Jünger Jesu [<grch. *apostolos* <*apo* »von, weg« + *stellein* »senden«]

A|posltelri|olri ⟨n.; -, -⟩ a posteriori aufgestellte Aussage, Erfahrungssatz; *Ggs* Apriori [→ *a posteriori*]

a poslteri|olri ⟨Philos.⟩ 1 aus der Erfahrung stammend 2 nachträglich, später; *Ggs* a priori [lat., »vom Späteren her«]

a|posltelri|olrisch ⟨Adj.⟩ a posteriori gegeben; *Ggs* apriorisch

◆ **A|polstilb** ⟨n.; -s, -; Zeichen: asb⟩ nicht mehr zulässige Maßeinheit der Leuchtdichte; 1 asb = 10^{-4}/π Stilb (sb)

◆ **A|polstille** ⟨f.; -, -n⟩ 1 ⟨Lit.⟩ Randbemerkung 2 ⟨Rechtsw.⟩ vereinfachte Form der Legalisierung einer Urkunde, beglaubigte Nachschrift [<grch. *apostellein*; → *Apostel*]

◆ **A|posltollat** ⟨n.; -(e)s, -e⟩ 1 Amt eines Apostels 2 geistl. Auftrag

◆ **A|posltolliker** ⟨m.; -s, -⟩ 1 ⟨MA⟩ Angehöriger einer sektiererischen Bewegung der christlichen Kirche, die ihr christliches Verständnis an der apostolischen Zeit orientierte, Apostelbruder 2 Angehöriger der neuapostolischen Gemeinde

◆ **A|posltollikum** ⟨n.; -s; unz.; Rel.⟩ das Apostolische Glaubensbekenntnis [<lat. *symbolum apostolicum* <grch. *aposteles*; → *Apostel*]

◆ **A|posltollisch** ⟨Adj.; Rel.⟩ die Apostel od. ihre Lehre betreffend; *Apostolischer Delegat* päpstlicher Gesandter; *das Apostolische Glaubensbekenntnis* ältestes Bekenntnis des Christentums; *Apostolischer Stuhl* Päpstlicher Stuhl, Heiliger Stuhl, der Bischofssitz in Rom; *~e Väter* die Verfasser einiger Schriften des nachapostolischen Zeitalters, die den Schriften des NT im Rang meist gleichgestellt bzw. ihnen zugezählt werden

◆ **A|po|stroph** auch: **A|post|roph** ⟨m.; -s, -e; Zeichen: '⟩ Zeichen für einen ausgefallenen Vokal (bes. e), z. B. »er ist's« statt »er ist es«, Auslassungszeichen [<*Apo...* + *strephein* »wenden«]

◆ **A|po|stro|phe** auch: **A|post|ro|phe** ⟨a. [--'--] f.; -, -stro|phen⟩ feierliche Anrede an abwesende Personen od. auch an Dinge [→ *Apostroph*]

◆ **a|po|stro|phie|ren** auch: **a|post|ro|phie|ren** ⟨V.⟩ **1** mit einer Apostrophe versehen **2** mit einer Apostrophe feierl. anreden; *jmdn.* ~ als bezeichnen als

A|po|the|ci|um ⟨n.; -s, -ci|en⟩ Fruchtkörper bei Flechten u. Schlauchpilzen [<*Apo...* + grch. *theke* »Behälter«]

A|po|the|ke ⟨f.; -, -n⟩ **1** Verkaufs- u. Herstellungsstelle für Arzneimittel **2** ⟨umg.; scherzh.⟩ Geschäft mit hohen Preisen [<*Apo...* + grch. *tithenai* »legen«]

A|po|the|ker ⟨m.; -s, -⟩ jmd., der (nach Hochschulstudium u. Praktikumszeit) berechtigt ist, eine Apotheke zu leiten

A|po|the|ker|ge|wicht ⟨n.; -(e)s, -e⟩ im Handel sonst ungebräuchl. Gewichtsgröße für Arzneimittel, z. B. Gran, Lot, Unze

A|po|the|ke|rin ⟨f.; -, -rin|nen⟩ weibl. Person, die (nach Hochschulstudium u. Praktikumszeit) berechtigt ist, eine Apotheke zu leiten

A|po|the|o|se ⟨f.; -, -n⟩ **1** Vergöttlichung **2** Verherrlichung **3** ⟨Theat.⟩ verherrlichendes Schlussbild [<grch. *apotheoun* »vergöttern« <*Apo...* »ver...« + *theos* »Gott«]

A|po|thyl|lit ⟨m.; -s, -e; Min.⟩ ein Mineral aus der Gruppe der Hornblenden [<*Apo...* + grch. *phyllon* »Blatt«]

a po|ti|o|ri größtenteils, der Hauptsache nach [lat., »vom Stärkeren her«]

Ap|pa|rat ⟨m.; -(e)s, -e⟩ **1** aus mehreren Teilen zusammengesetztes Gerät **2** ⟨kurz für⟩ Telefon~, Foto~ usw. **3** kritischer ~ Anmerkungsteil der wiss. Ausgabe eines Werkes mit den verschiedenen Lesearten, Auslegungen, Kommentaren usw. **4** ⟨fig.⟩ Gesamtheit aller für eine Tätigkeit od. Arbeit nötigen Hilfsmittel u. Personen; *Verwaltungs~* [<lat. *apparatus* »Zubereitung, Werkzeug« <*ad* »zu« + *parare* »bereiten«]

ap|pa|ra|tiv ⟨Adj.⟩ mit Hilfe eines Apparates; *~e Diagnostik* Diagnostik mit Hilfe von technischen Geräten

Ap|pa|rat|schik ⟨m.; -s, -s; abwertend⟩ Staats- bzw. Parteifunktionär in kommunistisch regierten Staaten

Ap|pa|ra|tur ⟨f.; -, -en⟩ **1** Gesamtheit von Apparaten **2** aus mehreren Apparaten zusammengesetztes Werk

Ap|pa|ri|ti|on ⟨f.; -, -en⟩ ~ *von Gestirnen* Erscheinung, Sichtbarwerden [frz., »Erscheinung«; zu *apparaitre* »erscheinen«]

Ap|par|te|ment ⟨[apart(ə)mã:] od. [-mɛnt] n.; -s, -s⟩ **1** ~ *im Hotel* Zimmerflucht aus Wohn- u. Schlafzimmer, meist mit Bad **2** Kleinstwohnung aus 1 Zimmer, Bad u. Küche bzw. Kochnische; *oV* Apartment [frz., »Wohnung«]

ap|pas|sio|na|to ⟨Adj.; Musik⟩ leidenschaftlich (zu spielen); *oV* passionato [ital., »leidenschaftlich«; zu lat. *pati* »leiden«]

Ap|peal ⟨[əpi:l] m.; -s; unz.⟩ Anziehungskraft, Anreiz [engl.]

Ap|pease|ment ⟨[əpi:z-] n.; -s; unz.⟩ Beschwichtigungspolitik, Politik des Nachgebens [engl., »Beschwichtigung«]

Ap|pell ⟨m.; -s, -e⟩ **1** Aufruf, Mahnruf; *einen* ~ *an jmdn. richten* **2** ⟨Mil.⟩ das Versammeln, Antreten; *zum* ~ *antreten* **3** ⟨Jägerspr.⟩ Gehorsam des Hundes; *guten, schlechten* ~ *haben* [<frz. *appel* »Anruf«]

ap|pel|la|bel ⟨Adj.⟩ durch Berufung anfechtbar; *Ggs* inappellabel [→ *appellieren*]

Ap|pel|lant ⟨m.; -en, -en⟩ **1** jmd., der an etwas appelliert, an jmdn. einen Appell richtet **2** ⟨geh.; Rechtsw.⟩ Berufungskläger [→ *appellieren*]

Ap|pel|lat ⟨m.; -en, -en; Rechtsw.⟩ Berufungsbeklagter [→ *appellieren*]

Ap|pel|la|ti|on ⟨f.; -, -en⟩ Berufung

Ap|pel|la|ti|ons|ge|richt ⟨n.; -(e)s, -e⟩ Berufungsgericht; *Sy* Appellationshof

Ap|pel|la|ti|ons|hof ⟨m.; -es, -höfe⟩ = Appellationsgericht

Ap|pel|la|tiv ⟨n.; -s, -e [-və]⟩ = Appellativum

Ap|pel|la|ti|vum ⟨[-vum] n.; -s, -ti|va [-va]; Gramm.⟩ Nomen, das ein zu Benennendes als Vertreter einer Klasse von Dingen, Personen, Vorgängen begreift, Gattungsname; *oV* Appellativ; *Ggs* Eigenname; →a. Kollektivum [→ *appellieren*]

ap|pel|lie|ren ⟨V.⟩ ~ *an* sich wenden an, jmdn. od. etwas anrufen [<lat. *appellare* »anreden, anrufen«]

Ap|pen|dek|to|mie auch: **Ap|pen|dek|to|mie** ⟨f.; -, -n; Med.⟩ operative Entfernung des Wurmfortsatzes des Blinddarms, (fälschlich dafür) Blinddarmoperation [<*Appendix* + *Ektomie*]

Ap|pen|dix ⟨m.; -, -di|zes⟩ **1** Anhang, Zusatz **2** Wurmfortsatz des Blinddarms [lat., »Anhang«; zu *appendere, adpendere* »zuwägen«]

Ap|pen|di|zi|tis ⟨f.; -, -ti|den⟩ Entzündung des Appendix (2), (fälschlich dafür) Blinddarmentzündung; →a. Typhlitis [→ *Appendix*]

Ap|per|ti|nen|zi|en ⟨Pl.; Sing.: Appertinens⟩ Zubehör [zu lat. *appertinere* »gehören zu« <*tenere* »halten«]

Ap|per|zep|ti|on ⟨f.; -, -en⟩ bewusste Wahrnehmung eines Sinneseindrucks; *Ggs* Perzeption; ~ *eines Gegenstandes* [<*Ad...* + lat. *perceptio* »Wahrnehmung«]

ap|per|zi|pie|ren ⟨V.⟩ bewusst wahrnehmen [<*ad...* + lat. *percipere* »wahrnehmen«]

Ap|pe|tenz|ver|hal|ten ⟨n.; -s, -; bei Tieren⟩ Suchen nach der Auslösesituation für die triebbefriedigende Behandlung [zu lat. *appetere* »anstreben«]

Ap|pe|tit ⟨m.; -(e)s; unz.⟩ Verlangen nach einer Speise [<frz. *appétit* <lat. *appetitus* »Begehren«; zu *appetere* »anstreben«]

ap|pe|tit|lich ⟨Adj.⟩ **1** appetitanregend, lecker **2** ansprechend, angenehm

Appetizer

Ap|pe|ti|zer ⟨[æpətaɪzə(r)] m.; -s, -⟩ Aperitif [engl., »appetitanregendes Getränk«]

ap|pla|nie|ren ⟨V.⟩ (ein)ebnen, ausgleichen [<frz. *aplanir* »(ein)ebnen« <lat. *ad* »zu« + *planus* »flach, eben«]

ap|plau|die|ren ⟨V.⟩ *jmdm.* ~ Beifall spenden, klatschen [<lat. *applaudere* »schlagen, Beifall schlagen« <*ad* »zu« + *plaudere* »klatschend schlagen«]

Ap|plaus ⟨m.; -es, -e; Pl. selten⟩ Beifall, Händeklatschen; *begeisterter, donnernder, starker ~; ~ (auf offener Szene) erhalten* [<lat. *applausus*, Part. Perf. zu *applaudere*; → *applaudieren*]

Ap|plet ⟨[æplət] m.; - od. -s, -s; EDV⟩ zusätzliches Computerprogramm, das die Ausführung bestimmter Arbeiten unterstützt, z. B. verschlüsselten Datentransfer od. das Animieren von Figuren auf Internetseiten [verkürzt <engl. *application program* »Anwendungsprogramm«]

Ap|ple|ton|schicht *auch:* **Appleton-Schicht** ⟨[æpəltən-] f.; -; unz.⟩ Schicht der Ionosphäre mit hoher Elektronendichte u. Temperaturen von 10 bis 100°C in 200 bis 400 km Höhe, die Kurzwellen reflektiert, F-Schicht [nach dem Entdecker, dem engl. Physiker Sir Edward *Appleton*, 1892–1965]

Ap|pli|ca|ti|on|en|gi|neer ⟨[æplɪkeɪʃnɪnɪˈɪə] m.; -s, -s; EDV; Berufsbez.⟩ jmd., der für eine Firma praktische Hilfestellung für das erfolgreiche Funktionieren von Computerprogrammen leistet [<engl. *application* »Anwendung« + *engineer* »Ingenieur«]

ap|pli|ka|bel ⟨Adj.⟩ anwendbar [→ *applizieren*]

Ap|pli|ka|bi|li|tät ⟨f.; -; unz.⟩ Anwendbarkeit

Ap|pli|kant ⟨m.; -en, -en⟩ Bewerber, Bittsteller [<lat. *applicans*, Part. Präs. zu *applicare*; → *applizieren*]

Ap|pli|ka|ti|on ⟨f.; -, -en⟩ 1 ⟨veraltet⟩ Gesuch, Bittschrift 2 ~ *von Heilmitteln* Anwendung, Verabreichung 3 aufgenähtes Muster 4 ⟨EDV⟩ Anwendung, Programm zur Ausführung bestimmter Funktionen; *eine ~ zur Bildbearbeitung* [→ *applizieren*]

Ap|pli|ka|tiv ⟨m.; -s, -e [-və]; Gramm.⟩ Form des Verbs in afrikanischen od. kaukasischen Sprachen, die eine für das Objekt günstige Handlung bezeichnet

Ap|pli|ka|tur ⟨f.; -, -en⟩ 1 zweckmäßiger Gebrauch 2 ⟨Musik⟩ Fingersatz (beim Instrumentalspiel) [→ *applizieren*]

ap|pli|zie|ren ⟨V.⟩ 1 *Stoff, Gewebe* ~ aufnähen 2 *Heilmittel* ~ anwenden, verabreichen 3 *Farben* ~ auftragen [<lat. *applicare* »zusammenfügen« <*ad* »zu« + *plicare* »zusammenfalten«]

Ap|pog|gia|tur ⟨[-dʒa-] f.; -, -en; Musik⟩ langer Vorschlag [<ital. *appoggiare* »stützen« <lat. **adpodiare*; zu *podium* »Erhöhung«]

Ap|point ⟨[apoɛ̃ː] m.; -s, -s⟩ 1 Ausgleich, Rest einer Schuld 2 Wechsel, der eine restliche Schuld deckt 3 Scheidemünze [<frz. *à point* »auf den Punkt (genau)«]

Ap|point|ment ⟨[əˈpɔɪntmənt] n.; -s, -s⟩ Verabredung, Termin [engl.]

ap|port! such!, bring (es) her! (Befehl an den Hund) [<frz. *apporte* »bring her!«]

Ap|port ⟨m.; -s, -e⟩ 1 Sach- statt Bargeldeinlage (bei Kapitalgesellschaften) 2 ⟨Jagdw.⟩ das Herbeibringen des erlegten Wildes durch den Hund 3 ⟨Okkultismus⟩ angebliches Herbeibringen von Gegenständen durch Geisterhand [→ *apportieren*]

ap|por|tie|ren ⟨V.⟩ *der Hund apportiert erlegtes Wild* bringt es herbei [<frz. *apporter* »herbeibringen«]

Ap|po|si|ti|on ⟨f.; -, -en⟩ ein substantivisches Attribut, das im gleichen Kasus steht wie das Substantiv od. Personalpronomen, zu dem es gehört, Beisatz [<lat. *apponere* »hinzufügen« <*ad* »zu« + *ponere* »setzen, stellen«]

ap|po|si|ti|o|nell ⟨Adj.⟩ als Apposition verwendet

Ap|po|si|ti|ons|au|ge ⟨n.; -s, -n⟩ Einzelauge des Facettenauges, das durch einen vielzelligen Pigmentmantel isoliert ist [<lat. *apponere* »hinzufügen«]

ap|po|si|tiv ⟨Adj.⟩ als Apposition verwendet

Ap|prai|sal ⟨[əˈpreɪsəl] n.; -s, -s⟩ Beurteilungsgespräch meist mit Zielvereinbarungen zwischen Vorgesetztem u. Mitarbeiter; *Leistungs~; Gehalts~* [engl., »Abschätzung, Beurteilung«]

Ap|pre|hen|si|on ⟨f.; -, -en⟩ 1 Erfassung eines Gegenstandes durch die Sinne, Auffassung 2 Besorgnis, Furcht [<lat. *apprehendere* »ergreifen« <*ad* »zu« + *prehendere* »greifen«]

ap|pre|hen|siv ⟨Adj.⟩ 1 furchtsam 2 reizbar, leicht gekränkt [→ *Apprehension*]

Ap|pret ⟨n. od. m.; -s, -s⟩ 1 Mittel zur Appretur 2 appretierte Stoffeinlage [<frz. *apprêt* »Zurichtung, Ausrüstung«; zu frz. *prêt* »bereit«]

Ap|pre|teur ⟨[-tøːr] m.; -s, -e⟩ Facharbeiter, der Gewebe appretiert [<frz. *apprêteur* »Zurichter, Ausrüster«; zu *prêt* »bereit«]

ap|pre|tie|ren ⟨V.⟩ *Textilien* ~ bearbeiten, um ihnen besseres Aussehen, Glanz, höhere Festigkeit zu verleihen [<frz. *apprêter* »zubereiten«; zu *prêt* »bereit«]

Ap|pre|tur ⟨f.; -, -en⟩ 1 das Appretieren 2 Ort, an dem Textilien appretiert werden [→ *appretieren*]

Ap|proach ⟨[əˈproʊtʃ] m.; -s, -s; geh.⟩ 1 Vorgehensweise, Ansatz, Annäherung (an wissenschaftliche Probleme) 2 wirkungsvoller Werbespruch 3 ⟨Sport; Golf⟩ Annäherungsschlag 4 ⟨Flugw.⟩ Landeanflug [engl., »Annäherung, Herangehen«]

Ap|pro|ba|ti|on ⟨f.; -, -en⟩ 1 Genehmigung, Bewilligung, Zuerkennung 2 staatl. Genehmigung zur Berufsausübung für Ärzte u. Apotheker 3 ⟨kath. Kirche⟩ 3.1 Bestätigung eines Priesters, Ordens usw. 3.2 amtliche kirchliche Erlaubnis zum Druck von Schriften [<lat. *approbatio* »Billigung, Zustimmung«]

Ap|pro|bie|ren ⟨V.⟩ genehmigen, bewilligen; *einen Arzt, Apotheker* ~ zur Berufsausübung zulassen; *approbierter Arzt* [< lat. *approbare* »billigen«]

Ap|pro|pri|a|ti|on *auch:* **Ap|prop|ri|a|ti|on** ⟨f.; -, -en⟩ Zuneigung, Abneigung, Besitzergreifung [< lat. *appropriare* »sich zuneigen« < *ad* »zu« + *proprius* »eigen«]

ap|pro|vi|si|o|nie|ren ⟨[-vi-] V.⟩ österr.; Mil.⟩ mit Lebensmitteln versorgen [< frz. *approvisionner* »versorgen«; zu *provision* »Vorrat«]

Ap|pro|xi|ma|ti|on ⟨f.; -, -en⟩ **1** Annäherung **2** ⟨Math.⟩ Näherungswert [< lat. *approximare* »sich annähern«, < lat. *ad* »zu« + *proximus* »der nächste«]

ap|pro|xi|ma|tiv ⟨Adj.⟩ annähernd

ap|pro|xi|mie|ren ⟨V.; geh.⟩ sich annähern, (ein)schätzen

◆ Die Buchstabenfolge **apr...** kann auch **apr...** getrennt werden. Davon ausgenommen sind Zusammensetzungen, in denen die fremdsprachigen bzw. sprachhistorischen Bestandteile deutlich als solche erkennbar sind, z. B. *Apriori* (→ *a.* Aposteriori).

◆ **A|près-Ski** ⟨[-preʃiː] n.; -; unz.⟩ **1** bequeme, modische Kleidung nach dem Skilaufen **2** geselliges Beisammensein mit Tanz am Abend nach dem Skilaufen [< frz. *après* »nach« + *Ski*]

◆ **a|pri|cot** ⟨[-koː] Adj.⟩ aprikosenfarben [frz.]

◆ **A|pri|ko|se** ⟨f.; -, -n; Bot⟩ Frucht des Aprikosenbaumes [< ndrl. *abrikoos*, engl. *apricot*, frz. *abricot* < arab. *albarkok* < lat. *praecocium* »das Frühreife«]

◆ **A|pri|ko|sen|baum** ⟨m.; -(e)s, -bäu|me; Bot.⟩ Steinobstgewächs aus der Familie der Rosengewächse mit eiförmigen, orangefarbenen Früchten

◆ **A|pril** ⟨m.; - od. -s, -e⟩ vierter Monat des Jahres [< lat. *Aprilis*]

a pri|ma vis|ta ⟨[-vɪs-] Musik⟩ *etwas* ~ *spielen* vom Blatt, ohne vorheriges Üben [ital., »auf den ersten Anblick«]

a pri|o|ri ⟨Philos.⟩ ohne Erfahrungsgrundlage (gegeben), allein aus der Vernunft, dem Denken stammend, rein begrifflich, von vornherein; *Ggs* a posteriori [< lat., »vom Früheren her«]

A pri|o|ri ⟨n.; -, -⟩ a priori aufgestellte Aussage, Vernunftsatz; *Ggs* Aposteriori [→ *a priori*]

a|pri|o|risch ⟨Adj.⟩ a priori gegeben; *Ggs* aposteriorisch

A|pri|o|ris|mus ⟨m.; -, -ris|men⟩ Lehre, die eine von der Erfahrung unabhängige Erkenntnis annimmt [→ *a priori*]

◆ **a|pro|pos** ⟨[-poː] Adv.⟩ nebenbei (bemerkt), übrigens, was ich noch sagen wollte [< frz. *à propos* »bei passender Gelegenheit«; zu *propos* »Gesprächsthema«]

Ap|si|de ⟨f.; -, -n⟩ **1** ⟨Astron.⟩ kleinste u. größte Entfernung eines Planeten von dem Zentralgestirn, um das er sich bewegt **2** ⟨Arch.⟩ = Apsis

ap|si|di|al ⟨Adj.⟩ in der Art einer Apsis

Ap|sis ⟨f.; -, -si|den; Arch.⟩ Altarnische, äußerstes Ende des Chors; *Sy* Apside (2), Konche (2) [< grch. *hapsis* »Verbindung, Führung, Rundung, Wölbung«]

Ap|te|rie *auch:* **Ap|te|rie** ⟨f.; -; unz.; bei Insekten⟩ Flügellosigkeit [< *A...*[1] + grch. *pteron* »Flügel«]

ap|te|ry|got *auch:* **ap|te|ry|got** ⟨Adj.⟩ flügellos [< *a...*[1] + grch. *pteryx*, Gen. *pterygos* »Flügel«]

Ap|te|ry|go|ten *auch:* **Ap|te|ry|go|ten** ⟨Pl.; Zool.⟩ flügellose Insekten [→ *apterygot*]

ap|tie|ren ⟨V.⟩ anpassen, herrichten [< lat. *aptare* »genau anfügen, anpassen«]

Ap|ti|tude ⟨[æptɪtjuːd] f.; -; unz.; Psych.⟩ (anlagebedingte) Lern- u. Leistungsfähigkeit [engl.]

aq. dest. ⟨Abk. für⟩ Aqua destillata

a|qua..., A|qua... ⟨Vorsilbe⟩ wasser..., Wasser... [< lat. *aqua*]

A|qua des|til|la|ta *auch:* **A|qua de|stil|la|ta** ⟨n.; -; -; unz.; Abk.: aq. dest.⟩ destilliertes Wasser [lat.]

A|quä|dukt ⟨n.; -(e)s, -e⟩ altröm. Wasserleitung in Gestalt einer Brücke, die eine Rinne trägt [< lat. *aquaeductus* < *aqua* »Wasser« + *ducere* »führen«]

Aquarium

A|qua|far|ming ⟨n.; - od. -s; unz.⟩ Art der Fischzucht in Gehegen im Meerwasser, bei der den Fischen häufig Medikamente, bes. Antibiotika verabreicht werden [< lat. *aqua* »Wasser« + engl. *farming* »Landwirtschaft, Viehzucht«]

A|qua|kul|tur ⟨f.; -, -en⟩ **1** systemat. Bewirtschaftung des Meeres **2** Anlage zur Fischzüchtung u. -produktion [< *Aqua...* + *Kultur*]

ä|qual ⟨Adj.⟩ gleich, entsprechend, ebenso [< lat. *aequalis* »gleich, gleichartig«]

A|qua|ma|ni|le ⟨n.; -s, -n; im MA⟩ Gefäß, aus dem während der gottesdienstl. Handlungen dem Priester Wasser über die Hände gegossen wurde [< *Aqua...* + *manus* »Hand«]

A|qua|ma|rin ⟨m.; -s, -e; Min.⟩ Edelstein, meergrün- od. blaugefärbter Beryll [< lat. *aqua marina* »Meereswasser«]

A|qua|naut ⟨m.; -en, -en⟩ Tiefseeforscher

A|qua|nau|tik ⟨f.; -; unz.⟩ **1** Tiefseeforschung **2** Erforschung der Möglichkeiten für längere Aufenthalte von Menschen unter Wasser [< *Aqua...* + *Nautik*]

A|qua|nau|tin ⟨f.; -, -tin|nen⟩ Tiefseeforscherin

A|qua|pla|ning ⟨n.; - od. -s; unz.⟩ Gleiten, Rutschen der Reifen eines Kraftfahrzeuges auf einer nassen Fahrbahn [< *Aqua...* + engl. *planing* »Gleiten« (zu *plane* »gleiten«)]

A|qua|rell ⟨n.; -s, -e; Mal.⟩ mit Wasserfarben gemaltes Bild [< ital. *acquerello* »Wasserfarbe« < lat. *aqua* »Wasser«]

a|qua|rel|lie|ren ⟨V.⟩ *ein Bild* ~ mit Wasserfarben malen

A|qua|rel|list ⟨m.; -en, -en⟩ Künstler, der Aquarelle malt

A|qua|rel|lis|tin ⟨f.; -, -tin|nen⟩ Künstlerin, die Aquarelle malt

A|qua|rell|ma|le|rei ⟨f.; -; unz.⟩ Malerei mit Wasserfarben

A|qua|ria|ner ⟨m.; -s, -⟩ Aquarienliebhaber

A|qua|ris|tik ⟨f.; -; unz.⟩ Aquarienkunde

A|qua|ri|um ⟨n.; -s, -ri|en⟩ **1** Glasbehälter, in dem Fische u. a. Wassertiere gehalten od. gezüchtet werden **2** Gebäude

Aquastripping

(Museum) für kleine Wassertiere [<lat. *aquarius* »das Wasser betreffend«]

A|qua|strip|ping ⟨n.; - od. -s, -s⟩ (bei Flugzeugen angewendetes) Verfahren zur Entfernung von Farbschichten mittels Wassers [<*Aqua...* + engl. *strip* »abstreifen«]

A|qua|tin|ta ⟨f.; -, -tin|ten⟩ Kupferstichart, bei der die Zeichnung aus einer mit Kolophoniumstaub präparierten Platte herausgeätzt wird [<*Aqua...* + ital. *tinta* »gefärbt«]

a|qua|tisch ⟨Adj.⟩ dem Wasser zugehörig, im Wasser lebend; ~*e Lebewesen* [→ *aqua...*]

Ä|qua|tiv ⟨m.; -s, -e [-va];Gramm.⟩ Vergleichsstufe des Adjektivs (im Keltischen) od. des Kasus (in den kaukasischen Sprachen) [<mlat. *aequatio* »Entsprechung, Vergleich«]

A|qua|tone|ver|fah|ren ⟨[-to:n-] n.; -s; unz.⟩ ein Offsetdruckverfahren [<*Aqua...* + engl. *tone* »einfärben, tonen«]

Ä|qua|tor ⟨m.; -s, -to|ren; Pl. selten⟩ größter Breitenkreis auf der Erd- od. Himmelskugel; *Sy* Linie (5) [zu lat. *aequare* »gleichmachen«]

ä|qua|to|ri|al ⟨Adj.⟩ zum Äquator gehörig, in Äquatornähe befindlich

Ä|qua|tor|tau|fe ⟨f.; -, -n⟩ Brauch auf Schiffsfahrten, dass jeder, der zum ersten Mal über den Äquator fährt, »getauft«, d. h. unter Wasser getaucht wird

A|qua|vit ⟨[-vi:t] m.; -s, -e⟩ mit Kümmel gewürzter, farbloser Branntwein [<lat. *aqua vitae* »Lebenswasser«]

ä|qui..., Ä|qui... ⟨Vorsilbe⟩ gleich [<lat. *aequus*]

A|qui|clud ⟨m.; -s; unz.⟩ fachsprachl.⟩ Grundwasser stauende Schicht [<*Aqua...* + lat. *cludere* »schließen«]

Ä|qui|den|si|ten ⟨Pl.⟩ Linien gleicher Schwärzung od. Helligkeit auf fotograf. Aufnahmen, die aus normal aufgenommenen Fotos durch besondere Verfahren ausgesondert werden, sie ermöglichen eine bessere Deutung u. Auswertung der Fotos [<*Äqui...* + lat. *densitas* »Dichtheit«]

ä|qui|dis|tant ⟨Adj.⟩ gleich weit voneinander entfernt

Ä|qui|dis|tanz ⟨f.; -, -en⟩ identisch großer Abstand [<*Äqui...* + *Distanz*]

ä|qui|fa|zi|al ⟨Adj.⟩ ~*e Blätter* auf Ober- u. Unterseite gleichartig gebaut [<*äqui...* + *fazial*]

A|qui|fer ⟨m.; -s; unz.; Geol.; fachsprachl.⟩ Grundwasserleiter [<*Aqua...* + lat. *ferre* »verbreiten«]

Ä|qui|lib|ris|mus *auch:* **Ä|qui|lib|ris|mus** ⟨m.; -; unz.⟩ philosoph. Lehre, dass menschl. Handlungsfreiheit nur beim völligen Gleichgewicht aller Willensmotive herrschen soll [→ *Äquilibrium*]

Ä|qui|lib|rist *auch:* **Ä|qui|lib|rist** ⟨m.; -en, -en⟩ Artist, der seinen eigenen Körper (z. B. beim Seiltanz) so wie auch von ihm balancierte Gegenstände im Gleichgewicht hält, Gleichgewichtskünstler; *oV* Equilibrist [→ *Äquilibrium*]

Ä|qui|lib|ris|tik *auch:* **Ä|qui|lib|ris|tik** ⟨f.; -; unz.⟩ Kunst des Äquilibristen

ä|qui|lib|ris|tisch *auch:* **ä|qui|lib|ris|tisch** ⟨Adj.⟩ die Äquilibristik betreffend, zu ihr gehörend

Ä|qui|lib|ri|um *auch:* **Ä|qui|lib|ri|um** ⟨n.; -s; unz.⟩ Gleichgewicht [<*Äqui...* + lat. *libra* »Waage, Gewicht«]

ä|qui|mo|lar ⟨Adj.⟩ die gleiche Anzahl von Molen in einer bestimmten Volumeneinheit enthaltend [<*äqui...* + *Mol*]

ä|qui|nok|ti|al ⟨Adj.⟩ das Äquinoktium betreffend, zu ihm gehörig

Ä|qui|nok|ti|al|ge|gen|den ⟨Pl.⟩ Tropenländer

Ä|qui|nok|ti|um ⟨n.; -s, -ti|en⟩ Tagundnachtgleiche (21. März u. 23. Sept.) [<lat. *aequinoctium* <*äqui...* + *nox* »Nacht«]

ä|qui|pol|lent ⟨Adj.; Philos.⟩ von gleicher Bedeutung, aber verschieden ausgedrückt [<*Äqui...* + lat. *pollere* »vermögen«]

Ä|qui|pol|lenz ⟨f.; -, -en; Philos.⟩ gleiche Bedeutung bei verschiedener Formulierung

Ä|qui|tät ⟨f.; -; unz.⟩ Billigkeit, Rechtlichkeit [<lat. *aequitas* »Gleichheit«]

ä|qui|va|lent ⟨[-va-] Adj.⟩ gleichwertig [<*äqui...* + *valent*]

Ä|qui|va|lent ⟨[-va-] n.; -(e)s, -e⟩ Gegenwert, Entschädigung, vollwertiger Ersatz

Ä|qui|va|lent|do|sis ⟨[-va-] f.; -, -do|sen⟩ Größe zur Beschreibung biol. Wirkungen verschiedener Strahlenarten, Quotient aus Energiedosis u. Bewertungsfaktor (im Strahlenschutz)

Ä|qui|va|lent|ge|wicht ⟨[-va-] n.; -(e)s, -e⟩ Zahl, die sich als Quotient aus dem Atomgewicht eines Elementes u. der Wertigkeit, mit der es in einer bestimmten Verbindung auftritt, ergibt

Ä|qui|va|lenz ⟨[-va-] f.; -, -en⟩ Gleichwertigkeit [→ *äquivalent*]

Ä|qui|va|lenz|prin|zip ⟨[-va-] n.; -s; unz.⟩ **1** ⟨Wirtsch.⟩ Grundsatz der Ausgeglichenheit von öffentlich erhobenen Gebühren, Beiträgen u. Steuern **2** ⟨Physik⟩ Prinzip der Relativitätstheorie, wonach schwere u. träge Masse einander äquivalent sind

Ä|qui|va|lenz|the|o|rie ⟨[-va-] f.; -; unz.⟩ **1** ⟨Rechtsw.⟩ Theorie zur Bestimmung des Erfolges einer Handlung, wobei alle Bedingungen des Erfolges als äquivalent (gleichwertig) betrachtet werden; →*a.* Adäquanztheorie **2** Steuerrechtfertigungslehre

ä|qui|vok ⟨[-vo:k] Adj.⟩ zwei-, mehrdeutig, doppelsinnig [<*äqui...* + lat. *vox* »Stimme«]

Ä|qui|vo|ka|ti|on ⟨[-vo-] f.; -, -en⟩ Mehrdeutigkeit, Doppelsinnigkeit [<*Äqui...* + *Vokation*]

Ar[1] ⟨chem. Zeichen für⟩ Argon

Ar[2] ⟨n. od. m.; -s, -e; Zeichen: a⟩ Flächenmaß, 100 Quadratmeter; *oV* ⟨schweiz.⟩ Are [<frz. *are* »Flächenraum« <lat. *area*]

ar..., Ar... ⟨Vorsilbe⟩ = ad..., Ad...

A|ra ⟨m.; -s, -s; Zool.⟩ südamerikanische Papageiengattung mit langem, keilförmigem Schwanz; *oV* Arara [neulat.; vermutl. <Tupi *arara*]

Ä|ra ⟨f.; -, Ä|ren⟩ Zeitalter, Zeitabschnitt, Amtszeit; *die ~ Adenauer; eine neue ~ zieht herauf* [<lat. *aera* »Zeitalter«]

Archespor

A|ra|ber ⟨a. [-'--] m.; -s, -⟩ **1** Bewohner Arabiens **2** arabisches Vollblutpferd
A|ra|be|rin ⟨a. [-'---] f.; -, -rin|nen⟩ Bewohnerin Arabiens
A|ra|bes|ke ⟨f.; -, -n⟩ **1** Blatt- u. Rankenornament, Schnörkel **2** ⟨Musik⟩ heiteres Musikstück **3** ⟨Ballett⟩ Körperhaltung, bei der ein Bein waagerecht nach hinten gestreckt wird; *oV* Arabesque [<frz. *arabesque* »(arabische) Verzierung«, <ital. *arabesco* »arabisch«]
A|ra|besque ⟨[-bɛsk] f.; -, -s; Ballett⟩ = Arabeske (3)
A|ra|bist ⟨m.; -en, -en⟩ Wissenschaftler der arab. Sprache u. Literatur
A|ra|bis|tik ⟨f.; -; unz.⟩ Wissenschaft von der arab. Sprache u. Literatur
A|ra|bis|tin ⟨f.; -, -tin|nen⟩ Wissenschaftlerin der arab. Sprache u. Literatur
A|rach|ni|den ⟨Pl.⟩ = Arachnoiden
a|rach|no|id ⟨Adj.⟩ spinnenähnlich [<grch. *arachne* »Spinne« + *eidos* »Aussehen«]
A|rach|no|idea ⟨f.; -; unz.; Anat.⟩ mittlerer Teil der Hirnhaut, Spinnwebenhaut [→ *arachnoid*]
A|rach|no|iden ⟨Pl.; Zool.⟩ Spinnentiere; *oV* Arachniden [→ *arachnoid*]
A|rach|no|lo|gie ⟨f.; -; unz.⟩ Spinnenkunde [<grch. *arachne* »Spinne« + ...*logie*]
A|ra|go|nit ⟨m.; -s; unz.; Min.⟩ kristall., rhomb. Mineral, chem. Calciumcarbonat [nach *Aragon*, Landschaft im nordöstl. Spanien]
A|ra|lie ⟨[-li̯ə] f.; -, -n; Bot.⟩ stachelige Zierpflanze aus der Familie der Efeugewächse: Aralia [<neulat. *Aralia*]
A|ran|zi|ni ⟨Pl.⟩ überzuckerte Orangenschalen [<ital. *arancia* »Orange«]
A|räo|me|ter ⟨n.; -s, -⟩ Gerät zum Messen der Dichte od. des spezifischen Gewichts von Flüssigkeiten, Senkwaage [<grch. *araios* »dünn« + ...*meter*]
Ä|rar ⟨n.; -s, -e⟩ **1** Staatsschatz, Staatsvermögen, Staatskasse **2** Staatsarchiv [<lat. *aerarium*; zu *aes*, Gen. *aeris* »Erz, Gold«]
A|ra|ra ⟨m.; -s, -s⟩ = Ara
ä|ra|risch ⟨Adj.⟩ das Ärar betreffend, zu ihm gehörig, aus ihm stammend
A|rau|ka|rie ⟨[-ri̯ə] f.; -, -n; Bot.⟩ Nadelbaumgattung Südamerikas u. Australiens [nach dem südamerikan. Indianervolk der *Araukaner*]
A|raz|zo ⟨m.; -s, -raz|zi⟩ flandr. Wandteppich; *oV* Arrazzo [ital., nach der Stadt *Arras*]
Ar|bi|tra|ge *auch:* **Ar|bit|ra|ge** ⟨[-ʒə] f.; -, -n⟩ **1** Schiedsspruch, -gericht; *Sy* Arbitration **2** ⟨Börse⟩ Ausnutzung von Kursunterschieden im Börsengeschäft [frz., »Schiedsspruch« <lat. *arbiter* »Schiedsrichter«]
ar|bi|trär *auch:* **ar|bit|rär** ⟨Adj.⟩ willkürlich, nach Ermessen [<lat. *arbitrarius* »willkürlich angenommen«]
Ar|bi|tra|tion *auch:* **Ar|bit|ra|tion** ⟨f.; -, -en⟩ = Arbitrage (1)
ar|bi|trie|ren *auch:* **ar|bit|rie|ren** ⟨V.; Börse⟩ Kursunterschiede nutzen
Ar|bi|tri|um *auch:* **Ar|bit|ri|um** ⟨n.; -s, -tria⟩ Schiedsspruch, -gutachten [lat., »Spruch des Schiedsrichters«]
Ar|bo|re|tum ⟨n.; -s, -ten; Bot.⟩ Baumschule [zu lat. *arbor* »Baum«]
Ar|bu|se ⟨f.; -, -n; Bot.⟩ Wassermelone [<lat. *arbutum* »Erdbeere«]
arc ⟨Zeichen für⟩ arkus
Ar|ca|de ⟨f.; -, -n⟩ = Arkade (3)
Ar|ca|de|spiel ⟨n.; -(e)s, -e; EDV⟩ ein interaktives Computerspiel für einen od. mehrere Mitspieler
...arch ⟨Nachsilbe; zur Bildung männl. Subst.⟩ Herrscher, Anführer; *Monarch; Patriarch* [<grch. *archon*]
Ar|cha|ikum ⟨[-ça:-] n.; -s; unz.⟩ älteste Formation der Erdgeschichte, Teil des Proterozoikums, Erdurzeit; *oV* Archäikum [<grch. *archaios* »alt«]
Ar|chä|ikum ⟨[-çɛ:-] n.; -s; unz.⟩ = Archaikum
ar|cha|isch ⟨[-ça:-] Adj.⟩ aus der Frühzeit einer Kunst stammend, frühzeitlich, altertümlich; *eine ~e Denkweise* ⟨fig.⟩ eine altertümliche, altmodische Denkweise [<grch. *archaios* »alt, uranfänglich«; zu *arche* »Anfang«]
ar|chä|isch ⟨[-çɛ:-] Adj.⟩ das Archaikum betreffend, aus ihm stammend [<grch. *archaios;* → *archaisch*]
ar|cha|i|sie|ren ⟨[-ça-i-] V.⟩ altertüml. Sprach- u. Kunstformen verwenden, altertümlich machen, das Altertümliche nachahmen, altertümeln [zu grch. *archaios* »alt«]
Ar|cha|is|mus ⟨[-ça-] m.; -, -is|men⟩ **1** Wiederbelebung altertüml. Formen, Altertümelei **2** altertüml. Form [<grch. *archaios* »alt«]
Ar|cha|ist ⟨[-ça-] m.; -en, -en⟩ Anhänger, Vertreter des Archaismus
Ar|cha|is|tin ⟨[-ça-] f.; -, -tin|nen⟩ Anhängerin, Vertreterin des Archaismus
ar|cha|is|tisch ⟨[-ça-] Adj.⟩ den Archaismus betreffend, auf ihm beruhend
Ar|chä|o|lo|gie ⟨[-çɛ-] f.; -; unz.⟩ Wissenschaft von den nicht schriftlich überlieferten Kulturzeugnissen, bes. den durch Ausgrabungen gewonnenen Bodenfunden aus dem Altertum u. der Frühgeschichte [<grch. *archaios* »alt« + ...*logie*]
ar|chä|o|lo|gisch ⟨[-çɛ-] Adj.⟩ die Archäologie betreffend, zu ihr gehörig, auf ihr beruhend
Ar|chä|o|pte|ris *auch:* **Ar|chäo|pte|ris** ⟨[-çɛ-] f.; -, -ri|den⟩ ausgestorbener Farn des Devons [<grch. *archaios* »alt« + *pteris* »Farnkraut«; zu *pteron* »Feder, Flügel«]
Ar|chä|o|pte|ryx *auch:* **Ar|chäo|pte|ryx** ⟨[-çɛ-] f. od. m.; -, -e od. -pte|ry|ges⟩ Urvogel mit Reptilienmerkmalen [<grch. *archaios* »alt« + *pteryx* »Flügel«]
Ar|chä|o|zo|ikum ⟨[-çɛ-] n.; -s; unz.⟩ = Paläozoikum [<grch. *archaios* »alt« + ...*zoikum*]
Ar|che|go|ni|a|ten ⟨[-çə-] Pl.; ; Bot.; zusammenfassende Bez. für⟩ Moose u. Farne, die ein Archegonium ausbilden
Ar|che|go|ni|um ⟨[-çə-] n.; -s, -ni|en; Bot.⟩ weibl. Fortpflanzungsorgan bei Moosen u. Farnen [<grch. *archegonos* »uranfänglich, zuerst entstanden«]
Ar|che|spor ⟨[-çə-] n.; -s; unz.; Bot.⟩ Zellschicht, aus der die Sporen der Moose u. Farne so-

Archetyp

wie die Pollen der Blütenpflanzen hervorgehen [<grch. *archegonos* »uranfänglich, zuerst entstanden« + *spora* »Same«]

Ar|che|typ ⟨[-çə-] m.; -s, -en⟩ = Archetypus

ar|che|ty|pisch ⟨[-çə-] Adj.⟩ dem Archetyp entsprechend, ur-, vorbildlich, mustergültig

Ar|che|ty|pus ⟨[-çə-] m.; -, -typen⟩ 1 Urform, Urbild 2 älteste erreichbare Vorlage einer Handschrift od. eines Druckes 3 Muster, Vorbild [<grch. *arche* »Anfang« + *Typ*]

Ar|chi|dia|kon ⟨[-çi-] m.; -s, -e⟩ 1 ⟨kath. Kirche; 5.-16. Jh.⟩ Vorsteher des ministrierenden Klerus u. Stellvertreter des Bischofs, Erzdiakon 2 ⟨evang. Kirche⟩ zweiter Geistlicher [<grch. *archein* »anfangen, herrschen« + *Diakon*]

Ar|chi|dia|ko|nat ⟨[-çi-] n.; -(e)s, -e⟩ 1 Amt des Archidiakons 2 Amtsbereich des Archidiakons

...ar|chie ⟨Nachsilbe; zur Bildung weibl. Subst.⟩ Herrschaft; *Monarchie* [<grch. *arche*]

Ar|chi|go|nie ⟨[-çi-] f.; -; unz.⟩ = Abiogenese [<grch. *archein* »der erste sein, vorangehen« + ...*gonie*]

Ar|chi|le|xem ⟨[-çi-] n.; -s, -e; Sprachw.⟩ Wort, das die allgemeine Bedeutung eines Wortfeldes bezeichnet, z. B. »Baum« zu »Eiche, Linde, Buche« usw. [<grch. *archein* »vorangehen« + *Lexem*]

Ar|chi|man|drit *auch:* **Ar|chi|mandrit** ⟨[-çi-] m.; -en, -en; in der Ostkirche⟩ 1 Vorsteher eines Klosters, Abt 2 Titel höherer Geistlicher [<grch. *archein* »der Erste sein, vorangehen« + *mandra* »Kloster«]

ar|chi|me|disch ⟨[-çi-] Adj.⟩ von Archimedes entdeckt, erfunden; ~*es Prinzip* die Tatsache, dass der Auftrieb gleich dem Gewicht der von einem Körper verdrängten Flüssigkeitsmenge ist; ~*e Schraube* ein Schneckenrad für die Landbewässerung [nach dem grch. Physiker u. Mathematiker *Archimedes* (um 287-212 v. Chr.)]

Ar|chi|pel ⟨[-çi-] m.; -s, -e⟩ 1 ⟨urspr.⟩ Archipelagos, die Inseln zwischen Griechenland u. Kleinasien 2 Name auch anderer Inselgruppen; *Malaiischer* ~ [<grch. *archein* »der Erste sein, herrschen« + *pelagos* »Meer«]

Ar|chi|tekt ⟨[-çi-] m.; -en, -en⟩ Baufachmann, -künstler, der Bauwerke entwirft u. ihre Fertigstellung überwacht [<lat. *architectus* <grch. *architekton*, eigtl. »oberster Zimmermann« <*archein* »herrschen, anfangen« + *tekton* »Zimmermann«]

Ar|chi|tek|tin ⟨[-çi-] f.; -, -tin|nen⟩ weibl. Architekt

Ar|chi|tek|to|nik ⟨[-çi-] f.; -, -en⟩ 1 Wissenschaft von der Baukunst 2 Aufbau eines Bau- od. Kunstwerkes [→ *Architekt*]

ar|chi|tek|to|nisch ⟨[-çi-] Adj.⟩ die Architektonik od. Architektur betreffend, zu ihr gehörig, auf ihr beruhend, baulich, baukünstlerisch

Ar|chi|tek|tur ⟨[-çi-] f.; -, -en⟩ 1 Baukunst 2 Baustil

Ar|chi|trav *auch:* **Ar|chit|rav** ⟨[-çi-] m.; -s, -e; antike Arch.⟩ auf Säulen ruhender, den Oberbau tragender Querbalken; *Sy* Epistyl [<frz., ital. *architrave*, eigtl. »Hauptbalken« <grch. *archein* »anfangen, herrschen« + lat. *trabs* »Balken«]

Ar|chiv ⟨[-çi:f] n.; -s, -e [-və]⟩ 1 Sammlung von Schriften, Dokumenten, Urkunden 2 Raum zum Aufbewahren einer solchen Sammlung [<lat. *archivum* <grch. *archeion* »Obrigkeits-, Rathaus«]

Ar|chi|va|li|en ⟨[-çiva:-] Pl.; Sing.: -lium⟩ Urkunden, Schriftstücke, Archivakten

ar|chi|va|lisch ⟨[-çiva:-] Adj.⟩ zu einem Archiv gehörend, urkundlich; *oV* archivarisch

Ar|chi|var ⟨[-çiva:r] m.; -s, -e⟩ Angestellter, Leiter eines Archivs

Ar|chi|va|rin ⟨[-çiva:-] f.; -, -rin|nen⟩ Angestellte, Leiterin eines Archivs

ar|chi|va|risch ⟨[-çiva:-] Adj.⟩ = archivalisch

ar|chi|vie|ren ⟨[-çivi:-] V.⟩ 1 *eine Urkunde, ein Dokument* ~ in ein Archiv aufnehmen 2 ⟨EDV⟩ speichern, kopieren (bes. Dateien); *mehrere Dateien auf der Festplatte* ~

ar|chi|visch ⟨[-çi:viʃ] Adj.⟩ das Archiv betreffend, zu ihm gehörig

Ar|chi|vis|tik ⟨[-çivɪs-] f.; -; unz.⟩ Wissenschaft von der Einrichtung u. Führung von Archiven

Ar|chi|vol|te ⟨[-çivɔl-] f.; -, -n⟩ 1 meist bandartig profilierte Stirnseite eines Rundbogens 2 Bogen eines roman. od. got. Portals, oft mit Figuren besetzt [<ital. *archivolto* <*architrave* (→ *Architrav*) + *volto* »gebogen« (<lat. *volutus*, Part. Perf. zu *volvere* »wälzen, drehen«)]

Ar|chon ⟨[-çɔ:n] m.; -s, -chonten⟩ = Archont

Ar|chont ⟨[-çɔnt] m.; -en, -en; im antiken Athen⟩ einer der 9 höchsten Beamten; *oV* Archon [<grch. *archein* »herrschen«]

ar|den|te ⟨Musik⟩ feurig, lebhaft (zu spielen) [ital.]

Are ⟨f.; -, -n; schweiz.⟩ = Ar²

Area ⟨f.; -, Areen⟩ 1 Fläche, in lateinamerikan. Flächenmaß, in Kolumbien 10m², in Argentinien 100m² [span.]

are|al ⟨Adj.⟩ Verbreitungsgebiete betreffend [→ *Areal*]

Are|al ⟨n.; -s, -e⟩ 1 Fläche, Bezirk 2 Siedlungsgebiet 3 Verbreitungsgebiet; *von Tieren besiedeltes* ~ [<lat. *area* »freier, ebener Platz«]

Are|al|kun|de ⟨f.; -; unz.⟩ Lehre von der Verbreitung der Lebewesen in einem bestimmten Gebiet

Are|al|lin|gu|is|tik ⟨f.; -; unz.⟩ = Sprachgeographie

are|al|lin|gu|is|tisch ⟨Adj.⟩ die Areallinguistik betreffend, zu ihr gehörig

Are|ka|nuss ⟨f.; -, -nüs|se; Bot.⟩ = Betelnuss [neulat. *areca* <portug. <drawid.]

Are|ka|pal|me ⟨f.; -, -n; Bot.⟩ = Betelpalme

are|li|gi|ös ⟨Adj.⟩ nicht religiös

Are|na ⟨f.; -, Are|nen⟩ 1 mit Sand bestreuter Kampfplatz im Amphitheater 2 Sportplatz mit Zuschauersitzen 3 ⟨Zirkus⟩ = Manege (2) 4 ⟨österr.⟩ Sommerbühne [lat., »Sand«]

Aren|ga|pal|me ⟨f.; -, -n; Bot.⟩ Zuckerpalme, eine artenreiche Gattung der Palmen in Indien u. Malaysia, die einen zuckerhaltigen Saft sowie Sago u.

Arkade

Fasern liefern: Arenga [<javan. *arén*]

A|re|o|pag ⟨m.; -s, -e; im antiken Athen⟩ höchster Gerichtshof [<grch. *Areiopagos* <*Areios* »dem Ares (=Mars) geweiht« + *pagos* »Hügel«, auf dem die Sitzungen abgehalten wurden]

Ar|gali ⟨m. od. n.; - od. -s, -s; Zool.⟩ ein Riesenwildschaf, das in den Hochgebirgen Zentralasiens lebt [<mongol. *argol* »trockener Dung«]

Ar|gen|tan ⟨n.; -s; unz.; Chemie⟩ Neusilber [<lat. *argentum* »Silber«]

Ar|gen|tit ⟨m.; -s; unz.; Chemie⟩ Silberglanz, dunkelgraues Mineral, chemisch Silbersulfid [→ *Argentum*]

Ar|gen|to|me|trie auch: **Ar|gen|to|me|trie** ⟨f.; -; unz.⟩ Verfahren der chem. Maßanalyse, das die Schwerlöslichkeit vieler Silbersalze zum Nachweis von Metallen ausnützt [<lat. *argentum* »Silber« + ...*metrie*]

Ar|gen|tum ⟨n.; -s; unz.; chem. Zeichen: Ag⟩ Silber [lat.]

Ar|gon ⟨n.; -s; unz.; chem. Zeichen: Ar⟩ chem. Grundstoff, ein Edelgas, Ordnungszahl 18, in Leuchtröhren u. Glühlampen verwendet [zu grch. *argos* »untätig«]

Ar|go|naut ⟨m.; -en, -en⟩ grch. Sage⟩ Angehöriger der Besatzung des Schiffes »Argo«

Ar|got ⟨[-goː] n.; -s, -s⟩ **1** ⟨urspr.⟩ die französ. Gaunersprache **2** Jargon, Sondersprache einer bestimmten sozialen Gruppe od. Schicht, z. B. Schülersprache [frz., »Rotwelsch«]

Ar|go|tis|mus ⟨m.; -, -tis|men⟩ Wort od. Redewendung der Umgangssprache [→ *Argot*]

Ar|gu|ment ⟨n.; -(e)s, -e⟩ **1** stichhaltige Entgegnung, Beweis, Beweisgrund **2** ⟨Math.⟩ unabhängige Veränderliche einer Funktion [<lat. *argumentum* »Gehalt, Beweis«]

Ar|gu|men|ta|ti|on ⟨f.; -, -en⟩ Beweisführung, Begründung

ar|gu|men|ta|tiv ⟨Adj.⟩ Argumente betreffend, auf Argumenten beruhend

ar|gu|men|ta|to|risch ⟨Adj.⟩ in der Art eines Arguments, begründend, beweisend

ar|gu|men|tie|ren ⟨V.⟩ Argumente vorbringen, durch Schlüsse beweisen; *mit jmdm. über etwas* ~ [→ *Argument*]

Ar|gus|au|ge ⟨n.; -s, -n⟩ *etwas mit* ~*n beobachten* mit scharfem, wachsamem Blick darüber wachen [nach dem vieläugigen Riesen *Argus* der grch. Sage]

A|rhyth|mie ⟨f.; -, -n⟩ = Arrhythmie

a|rhyth|misch ⟨Adj.⟩ = arrhythmisch

A|ri|ad|ne|fa|den ⟨m.; -s; unz.⟩ rettendes Mittel, Hilfe aus der Wirrnis, Leitfaden [nach der grch. Sage von *Ariadne*]

a|rid ⟨Adj.; Geogr.⟩ ~*er Boden*, ~*es Klima* trocken, dürr [<lat. *aridus* »trocken«]

A|ri|di|tät ⟨f.; -; unz.; Geogr.⟩ Trockenheit, Dürre

A|rie ⟨[-riə] f.; -, -n; Musik⟩ kunstvolles Sologesangsstück mit Instrumentalbegleitung [<ital. *aria* »Wind, Melodie«, <lat. *aer* »Luft«]

A|ri|er ⟨m.; -s, -⟩ **1** Inder u. Iraner **2** ⟨nationalsozialist. Sprachgebrauch⟩ nicht semitische Angehörige der weißen Rasse [<grch. *Arioi*; zu idg. **ario*- »Herr, Gebieter«; zu indoiran. *arya*- »rechtmäßig, edel«; wurde zum Namen der idg. Einwohner auf pers. u. ind. Boden, im Unterschied zur farbigen Bevölkerung, danach der Ländername Iran, verwandt wohl auch mit grch. *aristos* »der Beste«]

A|ri|et|ta ⟨f.; -, -n; Musik⟩ kleine Arie; *oV* Ariette [ital.]

A|ri|et|te ⟨f.; -, -n; Musik⟩ = Arietta

a|ri|os ⟨Adj.; Musik⟩ sanglich, melodiös, arienartig; *oV* arioso [→ *Arie*]

a|ri|o|so ⟨Adj.; Musik⟩ = arios

A|ri|o|so ⟨n.; -s, -s od. -o|si; Musik⟩ **1** melodiöser, selbständig gewordener Teil des Rezitativs **2** kleines arien-, liedartiges Sologesangs- od. auch Instrumentalstück [→ *Arie*]

a|risch ⟨Adj.⟩ die Arier betreffend, zu ihnen gehörig, von ihnen stammend; ~*e Sprachen* der indoiran. Zweig der indogermanischen Sprachfamilie

a|ri|sie|ren ⟨V.; nationalsozialist.

Sprachgebrauch⟩ *jüdisches Eigentum* ~ durch Enteignung deutschen Eigentümern zuführen

A|ris|tie ⟨f.; -, -n⟩ literar. Preisung einer Heldentat (bes. in der Ilias) [<grch. *aristeia*; zu *aristos* »der Beste«]

A|ris|to|krat ⟨m.; -en, -en⟩ **1** Adliger **2** ⟨fig.⟩ Mann von vornehmer Gesinnung

A|ris|to|kra|tie ⟨f.; -, -n⟩ **1** Adel **2** Adelsherrschaft **3** Oberschicht; *Geld*~ [<grch. *aristos* »der Beste« + ...*kratie*]

A|ris|to|kra|tin ⟨f.; -, -tin|nen⟩ **1** Adlige **2** ⟨fig.⟩ Frau von vornehmer Gesinnung

a|ris|to|kra|tisch ⟨Adj.⟩ **1** die Aristokratie betreffend, zu ihr gehörig, von ihr stammend, ihr gemäß, adelig **2** vornehm

A|ris|to|lo|chia ⟨[-xia] f.; -, -chi|en; Bot.⟩ Gattung der Osterluzeigewächse, angeblich die Geburt fördernd [<grch. *aristos* »der Beste« + *locheia* »Geburt«]

a|ris|to|pha|nisch ⟨Adj.⟩ **1** Aristophanes u. seine Komödien betreffend **2** ironisch, zeitkritisch [nach dem grch. Komödiendichter *Aristophanes* (ca. 445–385 v. Chr.)]

A|ris|to|te|li|ker ⟨m.; -s, -; Philos.⟩ Anhänger der aristotelischen Lehre

a|ris|to|te|lisch ⟨Adj.; Philos.⟩ Aristoteles u. seine Lehre betreffend [nach dem grch. Philosophen *Aristoteles*]

A|rith|me|tik ⟨f.; -; unz.⟩ Lehre vom Rechnen mit Zahlen u. Buchstaben [<grch. *arithmos* »Zahl«]

A|rith|me|ti|ker ⟨m.; -s, -⟩ Wissenschaftler der Arithmetik

A|rith|me|ti|ke|rin ⟨f.; -, -rin|nen⟩ Wissenschaftlerin der Arithmetik

a|rith|me|tisch ⟨Adj.⟩ die Arithmetik betreffend, zu ihr gehörig; ~*es Mittel* die Summe mehrerer Zahlen geteilt durch ihre Anzahl

A|rith|mo|griph ⟨m.; -en, -en⟩ Zahlenrätsel [<grch. *arithmos* »Zahl« + *griphos* »Netz, Rätsel«]

Ar|ka|de ⟨f.; -, -n⟩ **1** auf Säulen od. Pfeilern ruhender Bogen **2** Bogenreihe, Bogengang

Arkadien

3 überdachte Einkaufspassage; *ov* Arcade [frz., »Schwibbogen« < lat. *arcus* »Bogen«]

Ar|ka|di|en ⟨n.; -s; unz.⟩ 1 Landschaft in Griechenland 2 ⟨sinnbildl. für⟩ Ort eines glücklichen, beschaulichen Lebens (auf dem Lande)

ar|ka|disch ⟨Adj.⟩ 1 Arkadien betreffend, zu ihm gehörig 2 ländlich, idyllisch, nach Art der Hirten; ~*e Dichtung* D. der Arkadier, Hirten-, Schäferdichtung

Ar|kan|sit ⟨m.; - od. -s; unz.; Min.⟩ Mineral mit metallartigem Glanz, chem. Titandioxid [nach dem Staat *Arkansas* in den USA]

Ar|ka|num ⟨n.; -s, -ka|na⟩ 1 Geheimlehre in religiösen Gemeinschaften 2 ⟨Pharm.⟩ Geheimmittel [zu lat. *arcanus* »geheim«]

Ar|ke|bu|se ⟨f.; -, -n⟩ 1 ⟨urspr.⟩ eine Armbrust 2 ⟨15. Jh.⟩ Handfeuerwaffe, beim Schießen in einen Haken zu hängen, Hakenbüchse [< frz. *arquebuse* »Büchse« < ital. *archibuso* < ndrl. *haakbus* »Hakenbüchse«, beeinflusst von lat. *arcus* »Bogen«]

Ar|ke|bu|sier ⟨m.; -s, -e⟩ Soldat mit Arkebuse

Ar|ko|se ⟨f.; -; unz.; Min.⟩ Feldspat u. Glimmer enthaltendes Sedimentgestein

Ark|ti|ker ⟨m.; -s, -⟩ Bewohner der Arktis

Ark|ti|ke|rin ⟨f.; -, -rin|nen⟩ Bewohnerin der Arktis

Ark|tis ⟨f.; -; unz.⟩ Nordpolargebiet [zu grch. *arktos* »Bär«]

ark|tisch ⟨Adj.⟩ die Arktis betreffend, zu ihr gehörig, aus ihr stammend

Ar|kus ⟨m.; -, -; Zeichen: arc; Math.⟩ ~ *eines Winkels* Bogen, Bogenmaß [< lat. *arcus* »Bogen«]

Ar|lec|chi|no ⟨[arlɛkiːno] m.; -s, -s od. -ni⟩ Harlekin der italien. Commedia dell'Arte, Geliebter der Kolombine [ital.]

Ar|ma|da ⟨f.; -, -s od. -ma|den⟩ 1 Kriegsflotte, vor allem die Flotte Philipps II. von Spanien 2 ⟨umg.⟩ Pulk, Anhäufung [span. < mlat. *armata* »Flotte, Heer«]

Ar|ma|gnac *auch:* **Ar|mag|nac** ⟨[-njak] m.; -s, -s⟩ ein französ. Weinbrand [nach der gleichnamigen frz. Landschaft]

Ar|ma|tur ⟨f.; -, -en⟩ 1 Zubehör von Maschinen u. technischen Anlagen 2 Bedienungsteil von Maschinen u. Apparaten [< lat. *armatura* »Bewaffnung«; zu *armare* »bewaffnen, ausrüsten«]

Ar|ma|tu|ren|brett ⟨n.; -(e)s, -er⟩ Schaltbrett, Tafel mit Schalt- u. Messgeräten

Arm|co-Ei|sen® ⟨n.; -s; unz.⟩ korrosionsbeständige Eisensorte mit einem Gehalt von über 99,85% Eisen [nach der *Armco Steel*, Middeltown, USA, von der es in den Handel gebracht wurde]

Ar|mee ⟨f.; -, -n⟩ 1 ⟨Mil.⟩ 1.1 Gesamtheit der (Land-, Luft-, u. See-)Streitkräfte 1.2 Truppenverband aus mehreren Divisionen 1.3 Teil 2 ⟨fig.⟩ große Menge von Menschen [< frz. *armée* »Heer«; zu frz. *armer* »bewaffnen«]

Ar|mee|korps ⟨[-koːɐ̯] n.; - [-koːɐ̯s], - [-koːɐ̯s]⟩ größter taktischer Truppenverband

ar|mie|ren ⟨V.; Mil.⟩ 1 *Mannschaften, Befestigungen* ~ ausrüsten, bewaffnen 2 *Beton, Kabel* ~ mit Stahleinlagen ausrüsten [< lat. *armare* »bewaffnen«]

Ar|mie|rung ⟨f.; -, -en⟩ 1 ⟨Mil.⟩ das Armieren 2 Stahleinlage

Ar|mie|rungs|trup|pe ⟨f.; -, -n; Mil.; bis zum 1. Weltkrieg⟩ meist unbewaffnete Truppe für Befestigungsarbeiten

Ar|mil|lar|sphä|re ⟨f.; -, -n; Astron.⟩ altes, aus mehreren Ringen bestehendes, astron. Instrument zum Messen der Sternkoordinaten [< lat. *armille* »Armreif« + *Sphäre*]

Ar|mi|ni|a|ner ⟨m.; -s, -⟩ Angehöriger einer niederländischen Glaubensgemeinschaft liberal-evangelischer Gesinnung [nach dem ndrl. Theologen Jakob *Arminius*, 1560-1609]

ar|mi|ni|a|nisch ⟨Adj.⟩ dem Arminianismus entsprechend, zu ihm gehörig

Ar|mo|ri|al ⟨n.; -s, -e⟩ Wappenbuch [frz., »heraldisch«; zu *armoiries* »Wappen«; zu *arme* »Waffe«]

Ar|ni|ka ⟨f.; -, -s; Bot.⟩ Gattung gelb blühender Korbblütler (Wohlverleih), Heilpflanze mit anregender Wirkung: Arnica (montana) [< neulat. *arnica*, eigtl. »Schafkraut« < grch. *arnos* »Lamm«]

A|ro|ma ⟨n.; -s, -s od. A|ro|men⟩ 1 würziger Wohlgeruch od. Wohlgeschmack 2 künstl. hergestellter Geschmacksstoff für Speisen [grch., »Würze«]

A|ro|ma|ten ⟨Pl.; Chemie⟩ = aromatische Kohlenwasserstoffe [→ *Aroma*]

A|ro|ma|the|ra|pie ⟨f.; -; unz.; Naturheilkunde⟩ die therapeutische Anwendung von unverfälschten ätherischen Ölen, Dufttherapie

a|ro|ma|tisch ⟨Adj.⟩ 1 voller Aroma, wohlriechend, wohlschmeckend, würzig; ~*e Wässer* Auszüge von Blüten u. Kräutern mit Duftstoffen 2 ⟨Chemie⟩ ~*e Kohlenwasserstoffe*, ~*e Verbindungen* ringförmige Kohlenwasserstoffe mit bestimmter Anordnung der Bindungen innerhalb des Ringes; *Sy* Aromaten; *Ggs* aliphatische Verbindungen

a|ro|ma|ti|sie|ren ⟨V.⟩ mit Aroma versehen

A|ron|ge|wächs ⟨n.; -es, -e; Bot.⟩ Angehöriger einer Familie der Kolbenblütler [zu lat. *arum* < grch. *aron*, nach einer ägypt. Bezeichnung; nicht nach dem bibl. *Aaron*, dessen Stab grünt u. blüht (4. Mose 17,23)]

A|ron|stab ⟨m.; -(e)s; unz.⟩ = Aronwurzel

A|ron|wur|zel ⟨f.; -; unz.⟩ Arongewächs mit tütenförmigem, grünem Hochblatt, violettem Blütenkolben u. Beerenfrüchten: Arum maculatum; *Sy* Aronstab

Ar|pa|net ⟨m.; -s; unz.; EDV⟩ in den 60er Jahren in den USA eingerichtetes Computernetzwerk; →*a.* Internet [verkürzt < engl. *Advanced Research Projects Agency* + *network* »Netzwerk«]

Ar|peg|gia|tur ⟨[-pedʒa-] f.; -, -en; Musik⟩ Reihe von Arpeggien [→ *arpeggio*]

ar|peg|gie|ren ⟨[-dʒi-] V.; Musik⟩ *einen Akkord* ~ arpeggio spielen

80

ar|peg|gio ⟨[-pɛdʒoː] Musik⟩ *die Töne eines Akkords ~ spielen* einzeln nacheinander, harfenartig [<ital. *arpeggiare* »auf der Harfe spielen«; zu *arpa* »Harfe«]

Ar|peg|gio ⟨[-pɛdʒoː] n.; -s, -s od. -peggien; Musik⟩ Akkord, dessen Töne arpeggio gespielt werden

Ar|peg|gio|ne ⟨[-dʒoːnə] f.; -, -n⟩ altes sechssaitiges Streichinstrument [→ *arpeggio*]

Ar|rak ⟨m.; -s, -s od. -e⟩ Branntwein aus Reis, Zuckerrohr u. Palmwein [<arab. *araq* »Saft«]

Ar|ran|ge|ment ⟨[arɑ̃ʒ(ə)mɑ̃ː] n.; -s, -s⟩ **1** Anordnung, Vorbereitung **2** Vergleich, Übereinkommen, Abmachung **3** Bearbeitung eines Musikstücks für andere Instrumente [frz., »Anordnung, Einrichtung«]

Ar|ran|geur ⟨[arɑ̃ʒøːr] m.; -s, -e⟩ jmd., der ein Musikstück arrangiert

ar|ran|gie|ren ⟨[arɑ̃ʒiː-] od. [arɑ̃ʒiː-] V.⟩ **1** *etwas ~* anordnen, vorbereiten **2** *sich ~* sich vergleichen, übereinkommen, abmachen **3** *Musikstücke ~* für andere Instrumente bearbeiten [<frz. *arranger* »(an)ordnen, einrichten«]

Ar|ray ⟨[əreɪ] m. od. n.; -s, -s⟩ **1** Anordnung, Aneihung gleichartiger Dinge **2** ⟨EDV⟩ Liste von Datenwerten gleichen Typs **3** ⟨El.⟩ reihenartige Anordnung gleichartiger elektronischer Bauelemente [engl., »Aufstellung, Ansammlung; (Daten-)Feld«]

Ar|ray|pro|zes|sor ⟨[əreɪ-] m.; -s, -en⟩ = Arrayrechner

Ar|ray|rech|ner ⟨[əreɪ-] m.; -s, -; EDV⟩ Rechner mit mehreren Rechenwerken, die miteinander verbunden sind u. parallel arbeiten; *Sy* Arrayprozessor

Ar|raz|zo ⟨m.; -s, -zi⟩ = Arazzo

Ar|rest ⟨m.; -(e)s, -e; Rechtsw.⟩ **1** *~ für Personen* Haft, Freiheitsentzug, leichte Freiheitsstrafe; *jmd. bekommt drei Tage leichten, schweren, verschärften ~* **2** *persönlicher ~* Verhaftung eines Schuldners **3** *~ von Sachen* vorläufige Beschlagnahme; *ein Schiff, Waren mit ~ belegen* **4** *dinglicher ~* vorläufige Pfändung, Eintragung einer Zwangshypothek zur Sicherung von Forderungen eines Gläubigers [<mlat. *arrestum* »Verhaftung« <lat. *ad* »zu« + *restare* »bleiben«]

Ar|res|ta|ti|on ⟨f.; -, -en; veraltet⟩ Festnahme [→ *Arrest*]

ar|res|tie|ren ⟨V.⟩ = arretieren

ar|re|tie|ren ⟨V.⟩ *oV* arrestieren **1** ⟨veraltet⟩ mit Arrest belegen, in Arrest nehmen, verhaften, einsperren **2** ⟨Techn.⟩ *bewegliche Teile eines Gerätes ~* sperren, blockieren [<frz. *arrêter* »an-, aufhalten, verhaften«]

Ar|re|tie|rung ⟨f.; -, -en⟩ **1** das Arretieren **2** Hemmung in der Uhr

Ar|rhe|no|blas|tom ⟨n.; -s, -e; Med.⟩ Eierstockgeschwulst, die Hormonstörungen verursacht u. zur Vermännlichung führt [<grch. *arrhen* »Mann, Männchen« + *Blastom*]

Ar|rhe|no|ge|nie ⟨f.; -, -n⟩ Erzeugung ausschließlich männlicher Nachkommen; *Ggs* Thelygenie [<grch. *arrhen* »männlich« + ...*genie*]

ar|rhe|no|id ⟨Adj.⟩ männl. Merkmale aufweisend [<grch. *arrhen* »männlich« + ...*oid*]

Ar|rhe|no|i|die ⟨f.; -, -n⟩ Vermännlichung weiblicher Individuen [→ *arrhenoid*]

Ar|rhe|no|to|kie ⟨f.; -, -n⟩ Entstehung männlicher Tiere aus unbefruchteten Eiern; *Ggs* Thelytokie [<grch. *arrhen* »männlich« + *tokos* »Geburt«]

Ar|rhyth|mie ⟨f.; -, -n⟩ *oV* Arhythmie **1** Störung im Rhythmus, Mangel an Ebenmaß **2** ⟨Med.⟩ Unregelmäßigkeit des Herzschlages [<*A*...¹ + grch. *rythmos*; → *Rhythmus*]

ar|rhyth|misch ⟨Adj.⟩ ohne Rhythmus, unrhythmisch; *oV* arhythmisch

Ar|riè|re|garde ⟨[ariɛːrga:(r)d(ə)] f.; -, -n⟩ **1** Gruppe von Personen, die (verspätet) jeden modischen Trend imitiert **2** Nachhut [<frz. *arrièregarde* »Nachhut«]

Ar|ri|val ⟨[əraɪvəl] n.; -s, -s; auf Flughäfen⟩ Ankunftshalle [engl., »Ankunft«]

ar|ri|ve|der|ci ⟨[-vedɛːrtʃi]⟩ auf Wiedersehen [ital.]

ar|ri|vie|ren ⟨[-viː-] V.⟩ Erfolg haben, beruflich vorwärtskommen, anerkannt werden; *arrivierter Komponist, Schriftsteller* [<frz. *arriver* »ankommen«]

Ar|ri|vier|te(r) ⟨[-viːr-] f. 2 (m. 1)⟩ jmd., der beruflich u. gesellschaftlich anerkannt u. erfolgreich ist

Ar|ri|vist ⟨[-vɪst] m.; -en, -en; abwertend⟩ jmd., der beruflich erfolgreich ist [→ *arrivieren*]

ar|ro|gant ⟨Adj.⟩ anmaßend, dünkelhaft, eingebildet, hochnäsig [frz., »anmaßend« <lat. *ad* »zu« + *rogare* »verlangen, fragen«]

Ar|ro|ganz ⟨f.; -; unz.⟩ Anmaßung, Dünkel [→ *arrogant*]

ar|ron|die|ren ⟨[-rõ-] V.⟩ *Grundbesitz ~* abrunden, zusammenlegen [<frz. *arrondir* »abrunden«; zu *rond* »rund«]

Ar|ron|die|rung ⟨[-rõ-] f.; -, -en⟩ Abrundung, Zusammenlegung (mehrerer nicht aneinander grenzender Grundstücke)

Ar|ron|dis|se|ment ⟨[-rõdɪs(ə)mɑ̃ː] n.; -s, -s⟩ Unterabteilung eines frz. Departements, kleinerer Verwaltungsbezirk [frz., »Abrundung, Zusammenlegung«; zu frz. *arrondir* »abrunden«]

Ar|ro|se|ment ⟨[-mɑ̃ː] n.; -s, -s; Bankw.⟩ = Arrosierung [frz.]

Ar|ro|sie|rung ⟨f.; -, -en⟩ Erhöhung der Verzinsung u. Aufschub der Rückzahlung (von Staatsanleihen); *Sy* Arrosement [zu frz. *arroser* »begießen; bestechen« <lat. *arrosare*]

Ar|ro|si|on ⟨f.; -, -en; Med.⟩ allmähl. fortschreitende Zerstörung (von Hohlorgan- u. Blutgefäßwänden) [zu lat. *arrodere* »benagen«]

Ar|row|root ⟨[ærouruːt] n.; -; unz.⟩ aus Knollen u. Wurzeln der Pfeilwurzel gewonnenes, als Nahrungsmittel verwendetes Stärkemehl [<engl. *arrowroot* »Pfeilwurzel«]

Ars A|man|di ⟨f.; - -; unz.⟩ Liebeskunst [lat.]

Ars an|ti|qua ⟨f.; - -; unz.⟩ die mehrstimmige Musik des 13. Jh. in Nordfrankreich; *Ggs* Ars nova [lat., »alte Kunst«]

Ar|schin ⟨m.; -s, - od. -en⟩ früheres russ. Längenmaß (71 cm) [<russ. *arsin* <turktatar.]

Arsen

Ar|sen ⟨n.; -s; unz.; chem. Zeichen: As⟩ ein chem. Grundstoff, Ordnungszahl 33, gefährliches Gift [<grch. *arsenikos* »männlich«]

Ar|se|nal ⟨n.; -s, -e⟩ **1** Geräte-, Waffenlager **2** Ansammlung, Anhäufung [frz. <ital. *arsenale* <arab. *dar(es)-sina's* »Haus der Handwerksarbeit, Schiffswerft«]

ar|se|nig ⟨Adj.⟩ arsenikhaltig; ~*e Säure* = Arsensauerstoffsäure

Ar|se|nik ⟨n.; -s; unz.; Chemie⟩ (sehr giftige) Verbindung des Arsens mit Sauerstoff

Ar|se|nit ⟨n.; -s; unz.; Chemie⟩ Salz der Arsensauerstoffsäure, Verwitterungsprodukt des Arsenkieses, als »Giftmehl« zur Schädlingsbekämpfung verwendet [→ *Arsen*]

Ar|sen|kies ⟨m.; -es; unz.; Chemie⟩ Mineral, chem. Eisen-Arsen-Sulfid

Ar|sen|oxid ⟨n.; -(e)s, -e; Chemie⟩ Verbindung des Arsens mit Sauerstoff

Ar|sen|sau|er|stoff|säu|re ⟨f.; -, -n; Chemie⟩ chem. Verbindung von Arsenoxid mit Wasser; *Sy* Arsensäure, arsenige Säure

Ar|sen|säu|re ⟨f.; -, -n; Chemie⟩ = Arsensauerstoffsäure

Ar|sis ⟨f.; -, Ar|sen⟩ **1** ⟨urspr.⟩ das Aufheben des Fußes beim Taktschlagen **2** ⟨antike Metrik⟩ unbetonter Teil des Versfußes; *Ggs* Thesis (1) **3** ⟨Musik⟩ unbetonter, von einer Aufwärtsbewegung der Arme begleiteter Taktteil [zu grch. *airein* »heben«]

Ars no|va ⟨[-va] f.; - -; unz.; Musik⟩ die von Florenz u. Frankreich ausgehende kontrapunktisch-mehrstimmige Musik des 14./15. Jh.s; *Ggs* Ars antiqua [lat., »neue Kunst«]

Art brut ⟨[a:r bry] f.; - -; unz.⟩ Stilrichtung der bildenden Kunst, die das Unbewusste, Spontane zum Qualitätsmerkmal stilisiert [verkürzt <frz. *art brutale*, rohe Kunst«]

Art|buy|er *auch:* **Art|bu|yer** ⟨[-baɪə(r)] m.; -s, -; Berufsbez.⟩ jmd., der Fotografien u. anderes Bildmaterial (bes. für Werbeagenturen) beschafft [engl., »Kunstkäufer«]

Art dé|co ⟨[a:r deko:] f.; - -; unz.⟩ dem Jugendstil u. dem Futurismus folgende Stilrichtung in der Kunst u. bes. im Kunstgewerbe von etwa 1920 bis 1940 [verkürzt <frz. *art décorative* »dekorative Kunst«]

Art|di|rec|tor ⟨[a:r)tdɪrɛkto(r)] m.; -s, -s; Abk.: AD⟩ künstlerischer Leiter einer Werbeabteilung [<engl. *art* »Kunst« + *director* »Direktor«]

Ar|te|fakt ⟨n.; -(e)s, -e⟩ **1** Erzeugnis menschlichen Könnens, Kunsterzeugnis **2** vorgeschichtliches Werkzeug **3** ⟨Med.⟩ künstl. hervorgerufener Körperschaden [<lat. *arte factum* »mit Kunst gemacht«]

ar|te|fi|zi|ell ⟨Adj.⟩ = artifiziell

Ar|tel ⟨a. [-tjɛl] n.; -s, -e; UdSSR⟩ einfache Form der Kollektivwirtschaft, Produktionsgenossenschaft [russ.]

Ar|te|rie ⟨[-riə] f.; -, -n; Anat.⟩ vom Herzen wegführendes Blutgefäß, Schlagader; *Ggs* Vene [<grch. *arteria*]

ar|te|ri|ell ⟨Adj.; Anat.⟩ die Arterie betreffend, aus ihr stammend; ~*es Blut* Sauerstoff enthaltendes Blut

Ar|te|ri|en|ver|kal|kung ⟨f.; -, -en; Med.⟩ Verhärten u. Verengen der Arterien durch Kalkablagerung; *Sy* Arteriosklerose

Ar|te|ri|itis ⟨f.; -, -ti|den; Med.⟩ Entzündung von Arterien

Ar|te|rio|gra|fie ⟨f.; -, -n; Med.⟩ = Arteriographie

Ar|te|rio|gra|phie ⟨f.; -, -n; Med.⟩ röntgenolog. Darstellung von Arterien mit Hilfe eines Kontrastmittels; *oV* Arteriografie [<*Arterie* + *...graphie*]

Ar|te|ri|o|le ⟨f.; -, -n; Med.⟩ kleinste Arterie

Ar|te|rio|skle|ro|se ⟨f.; -, -n; Med.⟩ = Arterienverkalkung [<*Arterie* + *Sklerose*]

ar|te|rio|skle|ro|tisch ⟨Adj.; Med.⟩ auf Arteriosklerose beruhend

ar|te|sisch ⟨Adj.⟩ ~*er Brunnen* durch Druck zutage tretendes Grundwasser, natürl. Springbrunnen od. Bohrbrunnen, dessen Wasser durch Überdruck steigt [nach der Grafschaft Artois in Frankreich]

Ar|tes li|be|ra|les ⟨Pl.⟩ die sieben freien Künste, d. h. die im MA eines freien Mannes würdigen Künste: Grammatik, Dialektik, Rhetorik, Arithmetik, Geometrie, Astronomie, Musik [lat., »freie Künste«]

♦ Die Buchstabenfolge **arthr...** kann auch **arth|r...** getrennt werden.

♦ **Ar|thral|gie** ⟨f.; -, -n; Med.⟩ Gelenkschmerz [<grch. *arthron* »Gelenk, Glied« + *...algie*]

♦ **Ar|thri|ti|ker** ⟨m.; -s, -; Med.⟩ jmd., der an Arthritis leidet

♦ **Ar|thri|ti|ke|rin** ⟨f.; -, -rin|nen; Med.⟩ weibl. Person, die an Arthritis leidet

♦ **Ar|thri|tis** ⟨f.; -, -ti|den; Med.⟩ Gelenkentzündung [<grch. *arthron* »Glied, Gelenk«]

♦ **ar|thri|tisch** ⟨Adj.; Med.⟩ in der Art einer Arthritis, mit Arthritis einhergehend

♦ **Ar|thro|po|de** ⟨m.; -n, -n; Zool.⟩ Gliederfüßer, Angehöriger eines Tierstammes mit einem Körper aus einer größeren Zahl gleichartiger, z. T. mit Füßen versehener Elemente: Arthropoda [<grch. *arthron* »Glied, Gelenk« + *...pode*]

♦ **Ar|thro|se** ⟨f.; -, -n; Med.⟩ degenerative Gelenkerkrankung [<grch. *arthron* »Glied, Gelenk«]

♦ **ar|thro|tisch** ⟨Adj.; Med.⟩ auf Arthrose beruhend

ar|ti|fi|zi|ell ⟨Adj.⟩ künstlich, gekünstelt; *oV* artefiziell [<frz. *artificiel* »künstlich« <lat. *artificium* »Kunstwerk«]

Ar|ti|kel ⟨a. [-tɪ-] m.; -s, -⟩ **1** das grammat. Geschlecht bezeichnende Wortart, Geschlechtswort **2** kleiner Aufsatz; *einen* ~ *schreiben*; *Zeitungs-* **3** Abschnitt, z. B. eines Gesetzes, Vertrages **4** Glaubenssatz; *Glaubens-* **5** Warengattung [<lat. *articulus* »Gelenk«, Verkleinerungsform zu *artus* »Gelenk, Glied«]

ar|ti|ku|lar ⟨Adj.; Anat.⟩ zum Gelenk gehörig [<lat. *artus* »Gelenk, Glied«]

Ar|ti|ku|la|te ⟨m.; -n, -n; Bot.⟩ Gliederblatt

Ar|ti|ku|la|ti|on ⟨f.; -, -en⟩ **1** ⟨Anat.⟩ Gliederung, Gelenkverbindung **2** ⟨Zahnmed.⟩ Art

Asianismus

der Bewegung der unteren Zahnreihe gegen die obere 3 ⟨Phon.⟩ 3.1 Lautbildung 3.2 (deutl. u. gegliederte) Aussprache 4 ⟨Musik⟩ beim Gesang Wiedergabe der Vokale u. Konsonanten, beim Instrumentalspiel Gliederung, Verbindung, Betonung der Töne (legato, staccato usw.) [→ *artikulieren*]

ar|ti|ku|la|to|risch ⟨Adj.⟩ die Artikulation betreffend, auf ihr beruhend

ar|ti|ku|lie|ren ⟨V.⟩ 1 *Laute* ~ (deutlich) aussprechen 2 *beim Singen Töne* ~ (sinnvoll) gliedern, verbinden, betonen 3 *Gedanken* ~ mit Worten wiedergeben 4 *sich* ~ sich ausdrücken [<lat. *articulare* »gliedern, deutlich aussprechen« <lat. *articulus*; → *Artikel*]

ar|ti|ku|liert ⟨Adj.⟩ gegliedert, deutlich; *Ggs* inartikuliert

Ar|ti|ku|lie|rung ⟨f.; -, -en⟩ das Artikulieren

Ar|til|le|rie ⟨f.; -, -n; Mil.⟩ 1 Geschützausrüstung 2 mit Geschützen ausgerüstete Truppe; *leichte, schwere, reitende* ~ [frz., eigtl. »Bestückung eines Festungswerks«; zu prov. *artilla* »Festungswerk« <zu lat. *ars* »Kunst«]

Ar|til|le|rist ⟨m.; -en, -en; Mil.⟩ der Artillerie angehörender Soldat

ar|til|le|ris|tisch ⟨Adj.; Mil.⟩ die Artillerie betreffend

Ar|ti|scho|cke ⟨f.; -, -n; Bot.⟩ in wärmeren Ländern angebaute, zu den Korbblütlern gehörende Gemüsepflanze [<ital. *articiocco* <frz. *artichaut* <span. *alcarchofa* <arab. *alcharsof*]

Ar|tist ⟨m.; -en, -en⟩ Varieté- od. Zirkuskünstler [<frz. *artiste* »Künstler« <zu lat. *ars* »Kunst«]

Ar|tis|ten|fa|kul|tät ⟨f.; -, -en⟩ mittelalterl. Fakultät der Universität (Vorläuferin der philosoph. Fakultät)

Ar|tis|tik ⟨f.; -; unz.⟩ 1 Kunst der Artisten 2 ⟨fig.⟩ große Geschicklichkeit

Ar|tis|tin ⟨f.; -, -tin|nen⟩ Varieté- od. Zirkuskünstlerin

ar|tis|tisch ⟨Adj.⟩ 1 die Artistik betreffend, zu ihr gehörend 2 künstlerisch

Art nou|veau ⟨[a:r nuvo:] f.; - -; unz.; in England u. Frankreich Bez. für⟩ Jugendstil [frz., »neue Kunst«]

Ar|to|thek ⟨f.; -, -en⟩ Sammlung von Werken der bildenden Kunst, die ausgeliehen werden [<lat. *ars*, Gen. *artis* »Kunst« + ...*thek*]

A|ryl ⟨n.; -s, -e; Chemie⟩ Rest eines Moleküls aromatischer Kohlenwasserstoffe, z. B. von Phenyl [verkürzt <*Aroma* + grch. *hyle* »Stoff«]

A|ryl|grup|pe ⟨f.; -, -n; Chemie⟩ einwertiger Rest eines aromat. Kohlenwasserstoffs

As¹ ⟨Zeichen für⟩ 1 ⟨Physik⟩ Amperesekunde 2 ⟨chem. Zeichen für⟩ Arsen

As² ⟨m.; -ses, -se⟩ altrömische Gewichts- u. Münzeinheit (12 Unzen) [→ *Ass*]

a/s ⟨Abk. für⟩ account of sales (Verkaufsrechnung) [engl.]

as..., As... ⟨Vorsilbe⟩ = ad..., Ad...

ASA ⟨Abk. für engl.⟩ American Standards Association, Maß für die Lichtempfindlichkeit von Filmen

A|sa foe|ti|da *auch:* **A|sa fö|ti|da** ⟨f.; - -; unz.; Bot.⟩ = Asant (2) [<mlat. *asa* »stark riechendes Harz« + lat. *foetida* »stinkend«]

A|sant ⟨m.; -(e)s, -e⟩ 1 ⟨zählb.; Biol.⟩ ein Doldengewächs aus dessen rübenförmiger Wurzel ein Gummiharz gewonnen wird, das an der Luft erstarrt u. in asiatischen Ländern als Gewürz dient 2 ⟨unz.; Bot.⟩ bei Koliken u. Krämpfen in der Tierheilkunde angewandter, widerlich riechender Pflanzenmilchsaft; *Sy* Asa foetida [<lat. *asa* »stark riechendes Harz«]

a. s. a. p., a|sap ⟨[æsəp] Abk. für engl.⟩ as soon as possible (so schnell wie möglich); *einen Auftrag* ~ *ausführen*

asb ⟨Abk. für⟩ Apostilb

As|best ⟨m.; -(e)s, -e; Min.⟩ faseriges, grausilbernes Mineral, Verwitterungsprodukt von Hornblende od. Serpentinstein, wärmedämmend, allerdings gesundheitsgefährdend [<grch. *asbestos* »unauslöschlich« <grch. *a*... »nicht« + *sbennyein* »löschen«]

As|bes|to|se ⟨f.; -, -n; Med.⟩ durch Asbeststaub verursachte Krankheit der Lunge

A|schan|ti|nuss ⟨f.; -, -nüs|se; österr.⟩ Erdnuss [nach dem westafrikan. Volk der *As(c)hanti*]

Asch|ke|na|sim ⟨Pl.⟩ die mittel- u. osteuropäischen Juden; →*a.* Sephardim [zu hebr. *Aschkenas* »Deutscher«; urspr. Bez. für ein Volk in Kleinasien, nach *Aschkenas*, dem Urenkel Noahs]

Asch|ram ⟨m. od. n.; -s, -s⟩ = Ashram

ASCII ⟨[aski] m.; - od. -s; unz.; kurz für⟩ ASCII-Code

ASCII-Code ⟨[askɪko:d] m.; - od. -s; unz.; Abk. für engl.⟩ American Standard Code for Information Interchange (amerikan. Code für Datenaustausch), ein Code für Fernschreiber, den Dialog zwischen Computern u. für Bildschirmtexte; *Sy* ASCII

As|cor|bin|säu|re ⟨f.; -, -n⟩ in Hagebutten, Zitronen, Kartoffeln u. a. enthaltenes Vitamin (C); *oV* Askorbinsäure [<*A*...¹ + *Skorbut*]

ASEAN ⟨Abk. für engl.⟩ Association of South-East Asian Nations (Vereinigung südostasiatischer Staaten)

A|se|bie ⟨f.; -, -n⟩ Frevel gegen die Götter, Gottlosigkeit; *Ggs* Eusebie [<grch. *asebeia* »Gottlosigkeit, Frevel«]

A|sep|sis ⟨f.; -; unz.; Med.⟩ 1 Keimfreiheit 2 = Aseptik [<*A*...¹ + *Sepsis*]

A|sep|tik ⟨f.; -; unz.; Med.⟩ keimfreie Wundbehandlung; *Sy* Asepsis (2)

a|sep|tisch ⟨Adj.; Med.⟩ keimfrei

a|se|xu|al ⟨a. [---'-] Adj.⟩ = asexuell

A|se|xu|a|li|tät ⟨a. [-----'-] f.; -; unz.⟩ 1 Fehlen des sexuellen Verlangens 2 Fehlen der Geschlechtsdrüsen [<*A*...¹ + *Sexualität*]

a|se|xu|ell ⟨a. [---'-] Adj.⟩ sexuell nichts empfindend, sexuell zurückgeblieben; *oV* asexual

Ash|ram ⟨[aʃ-] m. od. n.; -s, -s; im Hinduismus⟩ religiöses Zentrum zur Meditation; *oV* Aschram [Sanskrit]

A|si|a|nis|mus ⟨m.; -; unz.⟩ um 250 v. Chr. bis 1.Jh. n. Chr. in Kleinasien gebräuchlicher, schwüls-

Asiatika

tiger, jedoch witziger Redestil; →*a*. Attizismus

A|si|a|ti|ka ⟨Pl.⟩ Bücher, Bilder usw. über Asien [<mlat. *asiaticus* »Asien betreffend, asiatisch«]

As|ka|ris ⟨f.; -, -ri|den⟩ im Verdauungskanal von Menschen u. Tieren schmarotzende Gattung der Fadenwürmer, Spulwurm [<grch. *askaris* »Spulwurm«]

As|ke|se ⟨f.; -; unz.⟩ streng enthaltsame Lebensweise, Selbstüberwindung, Entsagung, Bußübung, um Begierden abzutöten u. Laster zu überwinden; *oV* Aszese [zu grch. *askein* »üben«]

As|ket ⟨m.; -en, -en⟩ jmd., der Askese übt; *oV* Aszet [<grch. *asketes* »Büßer«; zu *askein* »üben«]

As|ke|tik ⟨f.; -; unz.⟩ Lehre von der Askese

As|ke|ti|ker ⟨m.; -s, -⟩ Vertreter, Anhänger, Lehrer der Asketik

As|ke|tin ⟨f.; -, -tin|nen⟩ weibl. Person, die Askese übt; *oV* Aszetin

as|ke|tisch ⟨Adj.⟩ zur Askese gehörend, darauf beruhend, enthaltsam

as|kle|pi|a|de|isch *auch:* **ask|le|pi|a|de|isch** ⟨Adj.⟩ = asklepiadisch

As|kle|pi|a|de|us *auch:* **Ask|le|pi|a|de|us** ⟨m.; -, -dei od. -de|en; Metrik⟩ = asklepiadischer Vers

as|kle|pi|a|disch *auch:* **ask|le|pi|a|disch** ⟨Adj.⟩ *oV* asklepiadeisch **1** ~*er Vers* aus fünf von Abwandlungen des Choriambus beruhende antike Vers- u. Strophenform; *Sy* Asklepiadeus **2** den Dichter Asklepiades betreffend [nach dem grch. Dichter *Asklepiades*, 3.Jh. v.Chr.]

As|ko|gon ⟨n.; -s, -e; Bot.⟩ weibl. Geschlechtsorgan der höheren Schlauchpilze [zu lat. *ascus* »Blase« + *gonium* <grch. *gonos* »Keim«]

As|ko|my|zet ⟨m.; -en, -en; Bot.⟩ Schlauchpilz [<grch. *askos* »Schlauch« + *Myzet*]

As|kor|bin|säu|re ⟨f.; -, -n⟩ = Ascorbinsäure

Äs|ku|lap|stab ⟨m.; -(e)s, -stä|be⟩ der mit der Schlange, dem heiligen Tier des grch. Gottes der Heilkunde, Asklepios (lat. *Aesculapius*), umwundene Stab, Sinnbild der Heilkunde, heute noch Abzeichen der Ärzte

As|kus ⟨m.; -, ,As|zi⟩ schlauchförmiger Sporenbehälter der Schlauchpilze [<grch. *askos* »Schlauch«]

a|so|ma|tisch ⟨Adj.⟩ nicht somatisch, unkörperlich [<*a...*¹ + *somatisch*]

ä|so|pisch ⟨Adj.⟩ von dem altgriechischen Fabeldichter Äsop stammend, in der Art des Äsop

a|so|zi|al ⟨Adj.⟩ nicht sozial, unfähig zum Leben in der menschl. Gemeinschaft, die menschl. Gemeinschaft schädigend; *Ggs* sozial (2)

A|so|zi|a|le(r) ⟨f. 2 (m. 1)⟩ jmd., der asozial ist

A|so|zi|a|li|tät ⟨f.; -; unz.⟩ asoziales Verhalten

As|pa|ra|gin ⟨n.; -s; unz.⟩ im Spargel enthaltene Aminosäure [→ *Asparagus*]

As|pa|ra|gus ⟨a. [--'--] m.; -, -⟩ Spargel [<grch. *asparagos* »Spargel«]

As|pekt *auch:* **A|spekt** ⟨m.; -(e)s, -e⟩ **1** Blickrichtung, Ansicht, Gesichtspunkt **2** ⟨Gramm.⟩ Aktionsart des Verbums, die einen Vorgang danach bezeichnet, ob er vollendet ist od. nicht **3** ⟨Astron.⟩ bestimmte Stellung von Sonne, Mond u. Planeten zur Erde [<lat. *aspectus* »Anblick«]

as|pek|tisch *auch:* **a|spek|tisch** ⟨Adj.⟩ den Aspekt (2) betreffend

As|per|gill *auch:* **A|sper|gill** ⟨n.; -s, -e⟩ Weihwasserwedel [<lat. *aspergillum*; zu *aspergere* »benetzen«]

As|per|gil|lus *auch:* **A|sper|gil|lus** ⟨m.; -; unz.⟩ Gattung der Schlauchpilze, Gießkannenschimmel [<lat. *aspergere* »benetzen«]

a|sper|ma|tisch ⟨Adj.⟩ ohne Samenzellen (beim Ejakulat)

A|sper|ma|tis|mus ⟨m.; -; unz.⟩ fehlender Samenerguss trotz Orgasmus [<*A...*¹ + *Sperma*]

A|sper|mie ⟨f.; -, -n⟩ völliges Fehlen von Samenzellen im Ejakulat [<*A...*¹ + *Sperma*]

As|per|sion *auch:* **A|sper|sion** ⟨f.; -, -en⟩ Besprengung mit Weihwasser [<lat. *aspersio* »das Besprengen«]

As|phalt ⟨a. ['--] m.; -(e)s, -e⟩ **1** Rückstand der Erdöl- u. Teerdestillation, als Isoliermittel gegen Feuchtigkeit, im Straßenbau u. a. verwendet **2** ⟨Geol.⟩ aus Erdöl entstandenes, natürl., braunschwarzes Pech, Bergpech [<lat. *asphaltus* »Erdpech« <grch. *asphaltos*]

as|phal|tie|ren ⟨V.⟩ mit einer Asphaltdecke versehen

As|pho|de|le ⟨f.; -, -n⟩ = Affodill

As|pho|dill ⟨m.; -s, -e⟩ = Affodill [<*A...*¹ + grch. *sphodros, sphedandos* »heftig, stürmisch«]

a|sphyk|tisch *auch:* **as|phyk|tisch** ⟨Adj.; Med.⟩ die Asphyxie betreffend, auf ihr beruhend

A|sphy|xie *auch:* **As|phy|xie** ⟨f.; -, -n; Med.⟩ drohende Erstickung infolge Lähmung des Atemzentrums [<grch. *asphyktos* »pulslos« <*a...* »nicht« + *sphyzein* »heftig schlagen«]

♦ Die Buchstabenfolge **as|pi...** kann auch **a|spi...** getrennt werden.

♦ **As|pik** ⟨m. od. (bes. österr.) n.; -s, -e⟩ Sülze mit Fisch- od. Fleischeinlage; *Ente in* ~ [<lat. *aspis* »Natter« <grch. *aspis*]

♦ **As|pi|rant** ⟨m.; -en, -en⟩ **1** Anwärter, Bewerber **2** ⟨DDR⟩ Nachwuchswissenschaftler an der Hochschule, Anwärter auf ein Hochschullehramt [<lat. *aspirare* »zu einer Person oder Sache zu gelangen suchen«]

♦ **As|pi|ran|tur** ⟨f.; -, -en; DDR⟩ **1** Einrichtung zur Ausbildung des wissenschaftl. Nachwuchses **2** Stelle eines Aspiranten [→ *Aspirant*]

♦ **As|pi|ra|ta** ⟨f.; -, -ra|ten od. -ra|tä; Phon.⟩ mit einem deutlich hörbaren h ausgesprochener Laut, z. B. grch. rho, norddt. t [<lat. *aspirare* »zu-, einhauchen«]

♦ **As|pi|ra|ti|on** ⟨f.; -, -en⟩ **1** Streben, Bestrebung **2** Ehrgeiz, Hoffnung, ehrgeiziger Plan **3** Ansaugung von Luft, Flüssigkeiten usw. **4** ⟨Sprachw.⟩ behauchte Aussprache (eines Lautes) [<lat. *aspiratio* »das Hauchen«]

♦ **As|pi|ra|tor** ⟨m.; -s, -en; Technik⟩ Vorrichtung zum Ansaugen od. Wegblasen von Luft, Gasen usw. [zu lat. *aspirare* »einhauchen«]

♦ **as|pi|rie|ren** ⟨V.⟩ **1** erstreben, anstreben, erhoffen **2** ansaugen **3** *einen Konsonanten* ~ behaucht aussprechen **4** ⟨österr.⟩ *auf etwas* ~ sich um etwas bewerben, etwas anstreben [<lat. *aspirare* »einhauchen«]

♦ **As|pi|rin**® ⟨n.; -s; unz.; Pharm.⟩ ein Schmerz- u. Fiebermittel, chem. Acetylsalicylsäure [verkürzt <*Acetyl* + *Spir*säure]

♦ **As|pi|ro|me|ter** ⟨n.; -s, -⟩ Gerät zum Bestimmen der Luftfeuchtigkeit [<lat. *aspirare* »zu-, einhauchen« + ...*meter*]

Ass ⟨n.; -es, -e⟩ **1** ⟨urspr.⟩ die Eins auf dem Würfel **2** Spielkarte mit dem höchsten Wert; *Sy* Daus **3** ⟨fig.⟩ Spitzenkönner auf einem Gebiet, bes. im Sport; *ein od. das* ~ *im Boxen, auf der Geige* **4** ⟨Sport; Tennis⟩ ein für den Gegner unerreichbarer Aufschlag; *Sy* Ace [<frz. <lat. *as* »Einheit bei Münzen u. Gewichten«]

Ass. ⟨Abk. für⟩ **1** Assessor **2** Assistent(in)

as|sai ⟨Musik⟩ **1** sehr, viel **2** genug, ziemlich; *vivace* ~ sehr, ziemlich lebhaft (zu spielen) [ital.]

As|sam ⟨m.; -s, -s⟩ eine würzige Teesorte [nach dem ind. Bundesstaat *Assam*]

as|sa|nie|ren ⟨V.⟩ **1** gesunde Bodenverhältnisse schaffen für, z. B. durch Entwässerung **2** *eine Stadt* ~ für hygien. Verhältnisse sorgen [<lat. *ad* »zu« + *sanus* »gesund«]

As|sa|nie|rung ⟨f.; -, -en⟩ das Assanieren

As|sas|si|ne ⟨m.; -n, -n⟩ **1** Angehöriger einer mittelalterliche Sekte der Mohammedaner **2** Haschischesser **3** ⟨fig.; veraltet⟩ Meuchelmörder [<arab. *Haschischin*; → *Haschisch*]

As|saut ⟨[aso:] m.; -s, -s; Sport; Fechten⟩ Kampf, Gefecht [frz., »Angriff, Ansturm« <lat. *ad* »zu« + *saltus* »Sprung«]

As|se|ku|rant ⟨m.; -en, -en⟩ Versicherer, Träger einer Versicherung [→ *assekurieren*]

As|se|ku|ranz ⟨f.; -, -en; häufig als Firmenname⟩ Versicherung, Versicherungsgesellschaft [→ *assekurieren*]

As|se|ku|rat ⟨m.; -en, -en⟩ Versicherter

as|se|ku|rie|ren ⟨V.⟩ versichern [<ital. *assicurare* »versichern« <lat. *ad* »zu« + *securus* »sicher«]

As|sem|bla|ge ⟨[asãbla:ʒ(ə)] f.; -, -n [-ʒən]; Kunst⟩ aus verschiedenen Materialien zusammengefügtes reliefartiges Kunstobjekt [frz., »Zusammenfügen«]

As|sem|blee *auch:* **As|sem|blée** ⟨[asã-] f.; -, -n⟩ Versammlung [frz. *assamblée*]

As|sem|bler *auch:* **As|sembler** ⟨[əsɛmblə(r)] m.; -s, -⟩ eine maschinenorientierte, d. h. in ihrer Struktur einfache, Programmiersprache für Computer [<engl. *assemble* »zusammenstellen«]

As|sem|bling *auch:* **As|sembling** ⟨[əsɛmblɪŋ] n.; - od. s, -s⟩ Vereinigung, Zusammenschluss von Industriebetrieben zwecks Rationalisierung [zu engl. *assemble* »versammeln, zusammenziehen«]

as|sen|tie|ren ⟨V.⟩ **1** bei-, zustimmen **2** ⟨österr.⟩ für tauglich zum Militärdienst erklären [<lat. *assentiri* »bestimmen«]

as|se|rie|ren ⟨V.; Philos.⟩ feststellen, behaupten [<lat. *asserare* »bestimmen, erklären, aussprechen«]

As|ser|ti|on ⟨f.; -, -en⟩ Feststellung, einfache, bestimmte Behauptung [<lat. *assertio* »gerichtl. Behauptung, dass jmd. frei sei«]

as|ser|to|risch ⟨Adj.⟩ feststellend, bestimmt behauptend; ~*e Aussage* ⟨Philos.⟩ eine A., deren Prädikat ihrem Subjekt wirklich zukommt [→ *Assertion*]

As|ser|vat ⟨[-va:t] n.; -s, -e⟩ amtlich aufbewahrter Gegenstand (z. B. für eine Gerichtsverhandlung) [zu lat. *asservare* »aufbewahren, bewachen«]

As|ser|va|ten|kon|to ⟨[-va:-] n.; -s, -kon|ten od. -s⟩ **1** Konto für interne Buchungen **2** (zweckbestimmtes) Sonderkonto [<*Asservat* + *Konto*]

as|ser|vie|ren ⟨[-vi:-] V.⟩ (amtlich) aufbewahren [<lat. *asservare* »aufbewahren«]

As|sess|ment ⟨[əsɛsmənt] n.; -s, -s; Wirtsch.⟩ **1** Einschätzung, Beurteilung (eines Bewerbers od. eines Projektes) **2** Schätzung, (Steuer-)Veranlagung **3** ⟨kurz für⟩ Assessmentcenter [engl., »Schätzung, Bewertung; Besteuerung«]

As|sess|ment|cen|ter ⟨[əsɛsməntsɛntə(r)] n.; -s, -⟩ psycholog. Testverfahren (bes. zur Prognose der Eignung von Führungskräften); *Sy* Assessment [<engl. *assessment* »Einschätzung« + *center, centre* »Zentrum, Mittelpunkt«]

As|ses|sor ⟨m.; -s, -so|ren⟩ Anwärter auf die Beamtenlaufbahn im höheren Staatsdienst [lat., »Beisitzer, Gehilfe im Amt«; zu *assidere* »beisitzen«]

As|ses|so|rin ⟨f.; -, -rin|nen⟩ weibl. Assessor

as|ses|so|risch ⟨Adj.⟩ zu einem Assessor od. einer Assessorin gehörig

As|set ⟨[æsət] m.; -s, -s⟩ Vermögenswert eines Unternehmens (um Schulden begleichen zu können); →*a.* Aktiva [engl.]

As|set|ma|nage|ment ⟨[æsətmænɪdʒmənt] n.; -s, -s⟩ Betreuung von Vermögenswerten, insbes. Wertpapieren [<*Asset* + *Management*]

As|si|bi|la|ti|on ⟨f.; -, -en; Phon.⟩ **1** Verwandlung eines Verschlusslautes in einen Reibelaut, z. B. got. »ik« zu nhd. »ich« **2** Bildung eines Reibelautes zwischen Verschlusslaut u. nachfolgendem Vokal (i, e), z. B. das [s] in Nation [-tsion]; *Sy* Zetazismus [→ *assibilieren*]

as|si|bi|lie|ren ⟨V.; Phon.⟩ in einen Reibelaut verwandeln, als Reibelaut aussprechen [<*ad*... + lat. *sibilare* »zischen«]

As|si|bi|lie|rung ⟨f.; -, -en; Phon.⟩ das Assibilieren, Assibilation

As|si|gnant *auch:* **As|signant** ⟨[asɪnjant] m.; -en, -en⟩ jmd., der eine Geldanweisung ausstellt [→ *assignieren*]

As|si|gnat *auch:* **As|signat** ⟨[asɪnja:t] m.; -en, -en⟩ jmd., der auf eine Geldanweisung hin zahlen muss, der Angewiesene [→ *assignieren*]

As|si|gna|tar *auch:* **As|signatar** ⟨[asɪnja-] m.; -s, -e; Bankw.⟩

Assignation

Empfänger einer Geldanweisung

As|si|gna|ti|on *auch:* **As|sig|na|ti|on** ⟨[asinja-] f.; -, -en⟩ Geld-, Zahlungsanweisung [→ *assignieren*]

as|si|gnie|ren *auch:* **as|sig|nie|ren** ⟨[asinji̱:-] V.⟩ Geld ~ anweisen [< frz. *assigner* »an-, zuweisen«]

As|si|mi|lat ⟨n.; -(e)s, -e⟩ durch biolog. Assimilation (2) entstandenes Produkt, z. B. Stärke

As|si|mi|la|ti|on ⟨f.; -, -en⟩ *Sy* Assimilierung **1** Anpassung, Angleichung **2** ⟨Biol.⟩ die Bildung körpereigener organischer aus von außen aufgenommener anorgan. Substanz; *Ggs* Dissimilation **3** ⟨Politik⟩ das Aufgehen einer nationalen Minderheit in einem anderen Volk **4** ⟨Psych.⟩ Verschmelzung einer Vorstellung mit einer anderen, bereits vorhandenen **5** ⟨Gramm.⟩ Angleichung eines Lautes an den benachbarten, z. B. mhd. »zimber« an »Zimmer« [< lat. *assimilatio* »Angleichung« < *assimilare* »angleichen« < *ad* »an« + *similis* »ähnlich«]

as|si|mi|la|to|risch ⟨Adj.⟩ auf Assimilation beruhend, durch Assimilation

as|si|mi|lie|ren ⟨V.⟩ **1** angleichen **2** einverleiben, verschmelzen [< lat. *assimilare* »angleichen« < *ad* »an, zu« + *similis* »ähnlich«]

As|si|mi|lie|rung ⟨f.; -, -en⟩ = Assimilation

As|si|se ⟨f.; -, -n; Frankreich u. Schweiz⟩ **1** Schwurgericht **2** dessen Sitzungen [< frz. *cour d'assises* »Schwurgericht« < *assise* »Setzung, Festsetzung«; zu *asseoir* »(fest)setzen«]

As|sis|tent ⟨m.; -en, -en⟩ **1** (bes. wissenschaftl.) Helfer, Mitarbeiter zu einem Lehrstuhl zugeordneter Nachwuchswissenschaftler, der den Lehrstuhlinhaber in Forschung u. Lehre unterstützt; *Hochschul~; Labor~* [< lat. *assistens*, Part. Präs. zu *assistere*; → *assistieren*]

As|sis|ten|tin ⟨f.; -, -tin|nen⟩ weibl. Assistent

As|sis|tenz ⟨f.; -, -en⟩ Mitarbeit, Mitwirkung, Mithilfe; *~ leisten; die ~ übernehmen (bei)* [→ *Assistent*]

As|sis|tenz|arzt ⟨m.; -es, -ärz|te⟩ Hilfsarzt in einer Klinik od. Praxis

As|sis|tenz|ärz|tin ⟨f.; -, -tin|nen⟩ Hilfsärztin in einer Klinik od. Praxis

As|sis|tenz|pro|fes|sor ⟨m.; -s, -so|ren⟩ junger Wissenschaftler, Assistent, der zeitlich befristet mit den Aufgaben eines Hochschullehrers betraut wird

As|sis|tenz|pro|fes|so|rin ⟨f.; -, -so|rin|nen⟩ junge Wissenschaftlerin, Assistentin, die zeitlich befristet mit den Aufgaben einer Hochschullehrerin betraut wird

as|sis|tie|ren ⟨V.⟩ beistehen, helfen, mitarbeiten; *bei einer Operation ~* [< lat. *assistere* »sich dazustellen, dabeistehen«]

As|so|cia|ted Press ⟨[əsoʊʃieɪtɪd-] f.; - -; unz.⟩ ein US-amerikanisches Nachrichtenbüro [engl., »vereinigte Presse«]

As|so|cié ⟨[asɔsjeː] m.; -s, -s⟩ Teilhaber, Gesellschafter [frz., »Gesellschafter, Teilhaber«, < lat. *socius* »Gefährte«]

As|so|lu|ta ⟨f.; -, -s⟩ weiblicher Ballett- od. Opernstar [ital., Fem. zu *assoluto* »absolut, unbeschränkt«]

As|so|nanz ⟨f.; -, -en⟩ **1** Gleichklang **2** unvollständiger Reim, bei dem sich nur die Vokale reimen [< *ad...* + lat. *somus* »Schall, Klang«]

as|sor|tie|ren ⟨V.⟩ **1** mit Waren versehen, vervollständigen; *ein gut assortiertes Lager* **2** nach Warengattungen ordnen; *assortiert ist geordnet in, eingeteilt in* [< frz. *assortir* »passend zusammenstellen«; zu *sorte* »Art, Gattung«]

As|so|zia|ti|on ⟨f.; -, -en⟩ **1** Vereinigung, Zusammenschluss; *Ggs* Dissoziation **2** ⟨Psych.⟩ (unwillkürl.) Aneinanderreihung, Verknüpfung von Vorstellungen **3** ⟨Chemie⟩ Vereinigung mehrerer Moleküle in Flüssigkeiten zu größeren Gebilden, die durch zwischen den Molekülen wirkende Kräfte zusammengehalten werden **4** ⟨Bot.⟩ Pflanzengesellschaft **5** ⟨Astron.⟩ Gruppe von dicht beieinander stehenden Sternen mit ähnl. Eigenschaften [< frz. *association* »Verbindung, Vereinigung« < lat. *ad* »zu« + *socius* »Gefährte«]

as|so|zia|tiv ⟨Adj.⟩ verbindend, verknüpfend

As|so|zia|tiv|ge|setz ⟨n.; -es, -e; Math.⟩ Verknüpfungsgesetz, Gesetz der Mathematik, das besagt, dass es bei mehrmals nacheinander ausgeführten mathemat. Operationen nicht auf die Reihenfolge der Einzeloperationen ankommt, dem Assoziativgesetz gehorchen z. B. die Addition u. die Multiplikation, daher gilt: a + b + c = a + c + b bzw. a · b · c = a · c · b

as|so|zi|ie|ren ⟨V.⟩ **1** verbinden, verknüpfen **2** *sich ~* zu einer Handelsgesellschaft vereinigen [< frz. *associer* »zugesellen, verbinden« < lat. *ad* »zu« + *socius* »Gefährte«]

As|so|zi|ie|rung ⟨f.; -, -en⟩ **1** das Assoziieren, Assoziation **2** vertraglicher Zusammenschluss **3** (auf Teilbereiche beschränktes) Bündnis

as|su|mie|ren ⟨V.⟩ annehmen, gelten lassen, zugestehen [< lat. *assumere* »annehmen«]

As|sump|ti|o|nist ⟨m.; -en, -en⟩ Angehöriger der 1840 gegründeten französ. Kongregation der Augustiner von der Himmelfahrt Mariä [< lat. *assumptio*; → *Assumtion*]

As|sum|ti|on ⟨f.; -, -en⟩ Himmelfahrt Mariä [< lat. *assumptio* »Annahme, Aufnahme (Marias in den Himmel)«]

As|sun|ta ⟨f.; -, -sun|ten⟩ = Assunzione

As|sun|zi|o|ne ⟨f.; -, -n⟩ Darstellung der Himmelfahrt Mariä in der Kunst; *Sy* Assunta [ital., »die in den Himmel aufgenommene (Maria)«; → *Assumption*]

As|sy|ri|o|lo|ge ⟨m.; -n, -n⟩ Wissenschaftler der Assyriologie

As|sy|ri|o|lo|gie ⟨f.; -; unz.⟩ Wissenschaft von der assyr.-babylon. Kultur u. Sprache

As|sy|ri|o|lo|gin ⟨f.; -, -gin|nen⟩ Wissenschaftlerin der Assyriologie

as|sy|ri|o|lo|gisch ⟨Adj.⟩ die Assyriologie betreffend, zu ihr gehörig

as|sy|risch ⟨Adj.⟩ die Assyrer betreffend, zu ihnen gehörend, von ihnen stammend; ~e *Sprache* zum ostsemit. Zweig der hamitisch-semit. Sprachfamilie gehörende Sprache

◆ Die Buchstabenfolge a|sta... kann auch as|ta... getrennt werden.

◆ A|sta|sie ⟨f.; -, -n; Med.⟩ Unfähigkeit zu stehen; →*a.* Abasie [⟨*A...¹* + grch. *stasis* »das Stehen«⟩]

◆ a|sta|sie|ren ⟨V.; Physik⟩ ein (elektronisches) Messgerät ~ vor störender Beeinflussung durch äußere Kräfte (z. B. des Erdmagnetfeldes) schützen [→ *Astasie*]

◆ A|sta|sie|rung ⟨f.; -, -en; Physik⟩ das Astasieren

◆ A|sta|tin ⟨n.; -s; unz.; chem. Zeichen: At⟩ radioaktiver, künstl. hergestellter chem. Grundstoff, Ordnungszahl 85 [⟨grch. *astatos* »unstet« ⟨*a...* »nicht« + *statos* »gestellt«⟩]

◆ a|sta|tisch ⟨Adj.⟩ 1 ⟨Med.⟩ unruhig, unstet 2 ⟨Physik⟩ in jeder Lage im Gleichgewicht befindlich [⟨grch. *astatos* »unstet« ⟨*a...* »nicht« + *statos* »gestellt«⟩]

As|ter ⟨f.; -, -n; Bot.⟩ Gattung der Korbblütler mit sternförmig angeordneten Blütenblättern, Sternblume [grch., »Stern«]

as|te|risch ⟨Adj.⟩ sternähnlich [⟨grch. *aster* »Stern«⟩]

As|te|risk ⟨m.; -, -en; Zeichen: *⟩ *oV* Asteriskus 1 ⟨Sprachw.⟩ Markierung einer erschlossenen, nicht belegten Wortform 2 ⟨Typ.⟩ Sternchen (als Hinweis auf eine Anmerkung) [⟨grch. *asteriskos* »kleiner Stern«⟩]

As|te|ris|kus ⟨m.; -, -ris|ken; Zeichen: *; Sprachw.; Typ.⟩ = Asterisk

As|te|ro|id ⟨m.; -s od. -en, -en⟩ = Planetoid [⟨grch. *aster* »Stern« + ...*id*⟩]

A|sthe|nie *auch:* As|the|nie ⟨f.; -, -n; Med.⟩ allgemeine Körperschwäche, Kraftlosigkeit [⟨*A...¹* + *sthenos* »Kraft«⟩]

a|sthe|nisch *auch:* as|the|nisch ⟨Adj.⟩ die Asthenie betreffend, auf ihr beruhend, an ihr leidend

Äs|the|sie ⟨f.; -; unz.⟩ Empfindungsvermögen [zu grch. *aisthanesthai* »empfinden«]

Äs|the|si|o|lo|gie ⟨f.; -; unz.⟩ Lehre von den Sinnesorganen u. ihren Funktionen [⟨grch. *aisthanesthai* »empfinden« + ...*logie*⟩]

äs|the|si|o|lo|gisch ⟨Adj.⟩ die Ästhesiologie betreffend, zu ihr gehörig

Äs|thet ⟨m.; -en, -en⟩ (zuweilen schwärmerischer) Kenner u. Liebhaber des Künstlerischen sowie des ästhetischen Vollkommenen [→ *Ästhetik*]

Äs|the|tik ⟨f.; -; unz.⟩ Lehre von den Gesetzen u. Grundlagen des Schönen, bes. in Natur u. Kunst [⟨grch. *aisthetike;* zu *aisthanesthai* »empfinden«⟩]

Äs|the|ti|ker ⟨m.; -s, -⟩ Erforscher, Kenner, Lehrer der Ästhetik

Äs|the|tin ⟨f.; -, -tin|nen⟩ (zuweilen schwärmerische) Kennerin u. Liebhaberin des Künstlerischen sowie des ästhetisch Vollkommenen

äs|the|tisch ⟨Adj.⟩ 1 die Ästhetik betreffend, ihren Forderungen entsprechend, zu ihr gehörig, auf ihr beruhend 2 ausgewogen schön, geschmackvoll 3 appetitlich, ansehnlich, ansprechend

äs|the|ti|sie|ren ⟨V.⟩ einseitig nach den Gesetzen der Ästhetik urteilen od. gestalten

Äs|the|ti|zis|mus ⟨m.; -; unz.⟩ Lebenshaltung, die sich hauptsächlich am Schönen u. am Kunstgenuss orientiert u. sich sozialen Bindungen verweigert

Äs|the|ti|zist ⟨m.; -en, -en⟩ Anhänger des Ästhetizismus

Äs|the|ti|zis|tin ⟨f.; -, -tin|nen⟩ Anhängerin des Ästhetizismus

äs|the|ti|zis|tisch ⟨Adj.⟩ auf dem Ästhetizismus beruhend

Asth|ma ⟨n.; -s; unz.; Med.⟩ krampfhaft u. anfallsweise auftretende Atemnot, Kurzatmigkeit infolge einer Erkrankung entweder der Bronchien od. des Herzens; *Bronchial~, Herz~* [grch., »Engbrüstigkeit«]

Asth|ma|ti|ker ⟨m.; -s, -; Med.⟩ an Asthma Leidender

Asth|ma|ti|ke|rin ⟨f.; -, -rin|nen; Med.⟩ an Asthma Leidende

asth|ma|tisch ⟨Adj.; Med.⟩ Asthma betreffend, darauf beruhend, daran leidend

a|stig|ma|tisch *auch:* as|tig|ma|tisch ⟨Adj.⟩ Astigmatismus betreffend, darauf beruhend

A|stig|ma|tis|mus *auch:* As|tig|ma|tis|mus ⟨m.; -; unz.; Optik⟩ 1 Abbildungsfehler opt. Systeme, die an Stelle eines Punktes zwei verschiedene Linien zeigen 2 Brechungsfehler des Auges, so dass es in keiner Entfernung deutlich sieht [⟨*A...¹* + grch. *stigma* »Stich, Punkt«⟩]

A|stil|be *auch:* As|til|be ⟨f.; -, -n; Bot.⟩ Zierpflanze aus der Familie der Steinbrechgewächse, Prachtspiere [⟨*A...¹* + grch. *stilbein* »glänzen«⟩]

Äs|ti|ma|ti|on ⟨f.; -, -en⟩ Schätzung, Hochachtung, Achtung, Würdigung

äs|ti|mie|ren ⟨V.⟩ hoch achten, schätzen, würdigen [⟨lat. *aestimare* »schätzen, würdigen«⟩]

As|ti spu|man|te ⟨m.; - -; unz.⟩ ital. Schaumwein [nach der ital. Provinz *Asti* + ital. *spumante* »schäumend«]

◆ Die Buchstabenfolge as|tr... kann auch ast|r... getrennt werden. Davon ausgenommen sind Zusammensetzungen, in denen die fremdsprachigen bzw. sprachhistorischen Bestandteile deutlich als solche erkennbar sind, z. B. *-strophisch.*

◆ As|tra|chan ⟨[-xa:n] m.; -s, -s⟩ 1 südruss. Lammfell 2 Plüschgewebe mit eisblumenartiger Musterung [nach der Stadt *Astrachan* in Südrussland]

◆ as|tral ⟨Adj.⟩ die Sterne betreffend, zu ihnen gehörig, von ihnen stammend [zu lat. *astrum* »Gestirn, Sternbild«]

◆ As|tral|leib ⟨m.; -(e)s, -er; Okkultismus⟩ zweiter, ätherischer Leib des Menschen, Umhüllung der Seele

◆ As|tral|licht ⟨n.; -(e)s; unz.⟩ Lichtschimmer zwischen den Sternen der Milchstraße

◆ As|tra|lon ⟨n.; -s, -e⟩ durchsichtiger Kunststoff, der in der Landkartenbearbeitung verwendet wird

astro..., Astro...

◆ **as|tro..., As|tro...** ⟨Vorsilbe⟩ stern..., Stern... [<grch. *astron* »Gestirn«]
◆ **As|tro|bi|o|lo|gie** ⟨f.; -; unz.⟩ Wissenschaft, die sich mit dem Leben außerhalb der Erde (im Weltall u. auf anderen Planeten) befasst
◆ **As|tro|bo|ta|nik** ⟨f.; -; unz.⟩ Zweiggebiet der Astronomie, das sich mit dem Vorhandensein von Pflanzen auf anderen Sternen beschäftigt [<*Astro...* + *Botanik*]
◆ **As|tro|fo|to|gra|fie** ⟨f.; -; unz.⟩ Fotografie der Himmelskörper; *oV* Astrophotographie [<grch. *astron* »Gestirn« + *Fotografie*]
◆ **As|tro|gno|sie** *auch:* **As|trog|no|sie** ⟨f.; -, -n⟩ Beschreibung der Sternbilder u. des Sternhimmels [<*Astro...* + *...gnosie*]
◆ **As|tro|graf** ⟨m.; -en, -en⟩ = Astrograph
◆ **As|tro|gra|fie** ⟨f.; -; unz.⟩ = Astrographie
◆ **as|tro|gra|fisch** ⟨Adj.⟩ = astrographisch
◆ **As|tro|graph** ⟨m.; -en, -en⟩ fotograf. System für die Beobachtung des Sternenhimmels mit mehreren Linsen u. großem Öffnungswinkel; *oV* Astrograf [<*Astro...* + *...graph*]
◆ **As|tro|gra|phie** ⟨f.; -; unz.⟩ Beschreibung der Sterne; *oV* Astrografie
◆ **as|tro|gra|phisch** ⟨Adj.⟩ die Astrographie betreffend, zu ihr gehörig; *oV* astrografisch
◆ **As|tro|la|bi|um** ⟨n.; -s, -bi|en⟩ von den Arabern erfundenes Gerät zur Sternmessung [<*Astro...* + grch. *labis* »Zange«]
◆ **As|tro|lo|ge** ⟨m.; -n, -n⟩ jmd., der sich auf die Astrologie versteht, Sterndeuter [<*Astro...* + *...loge*]
◆ **As|tro|lo|gie** ⟨f.; -; unz.⟩ Lehre vom (angebl.) Einfluss der Gestirne auf das menschl. Schicksal, Sterndeutung [<*Astro...* + *...logie*]
◆ **As|tro|lo|gin** ⟨f.; -, -gin|nen⟩ weibl. Person, die sich auf die Astrologie versteht, Sterndeuterin
◆ **as|tro|lo|gisch** ⟨Adj.⟩ die Astrologie betreffend, zu ihr gehörig
◆ **As|tro|man|tie** ⟨f.; -; unz.⟩ Kunst des Wahrsagens aus Planeten u. Tierkreiszeichen [<*Astro...* + *...mantie*]
◆ **As|tro|me|trie** *auch:* **As|tro|met|rie** ⟨f.; -; unz.⟩ Zweig der Astronomie, der sich mit der Bestimmung der Stellung der Gestirne beschäftigt [<*Astro...* + *...metrie*]
◆ **As|tro|naut** ⟨m.; -en, -en⟩ Raumfahrer [<*Astro...* + *...naut*]
◆ **As|tro|nau|tik** ⟨f.; -; unz.⟩ Wissenschaft von der Raumfahrt sowie diese selbst [<*Astro...* + *Nautik*]
◆ **As|tro|nau|tin** ⟨f.; -, -tin|nen⟩ Raumfahrerin
◆ **as|tro|nau|tisch** ⟨Adj.⟩ die Astronautik betreffend, zu ihr gehörig
◆ **As|tro|na|vi|ga|tion** ⟨[-vi-] f.; -; unz.⟩ Verfahren zur Ortsbestimmung durch Vermessen der Standorte bekannter Gestirne
◆ **As|tro|nom** ⟨m.; -en, -en⟩ Kenner, Erforscher, Lehrer, Student der Astronomie, Sternkundiger, Himmelskundiger [<*Astro...* + *...nom*]
◆ **As|tro|no|mie** ⟨f.; -; unz.⟩ Wissenschaft von den Himmelskörpern, Sternkunde, Himmelskunde; *Sy* ⟨veraltet⟩ Uranologie [→ *Astronom*]
◆ **as|tro|no|misch** ⟨Adj.⟩ **1** die Astronomie betreffend, zu ihr gehörig, auf ihr beruhend **1.1** ~ Einheit ⟨Abk.: AE⟩ mittlere Entfernung der Erde von der Sonne, 1 AE = 149,6 Mill. km **1.2** ~*e Zeichen* Z. für Tage, Himmelskörper, Sternbilder, Konstellationen u. Mondphasen **1.3** ~*e Navigation* Standort- u. Richtungsbestimmung von Schiffen u. Flugzeugen durch Beobachtung der Gestirne **1.4** ~*er Ort* Richtung nach einem Gestirn vom Erdmittelpunkt aus; *Sy* Position (3.2) **1.5** ~*e Uhr* Präzisionsuhr für Sternwarten usw. **2** ⟨fig.⟩ riesenhaft, ungeheuer, sehr hoch; *er nannte für die Verluste* ~*e Zahlen;* ⟨scherzh.⟩ *eine* ~*e Miete zahlen*
a|stro|phisch ⟨Adj.⟩ nicht strophisch gegliedert [<*a...*[1] + *strophisch*]
◆ **As|tro|pho|to|gra|phie** ⟨f.; -; unz.⟩ = Astrofotografie
◆ **As|tro|phyl|lit** ⟨m.; -s, -e; Min.⟩ Mineral aus der Gruppe der Borosilicatmineralien [<*Astro...* + grch. *phyllon* »Blatt«]
◆ **As|tro|phy|sik** ⟨f.; -; unz.⟩ Wissenschaft von der physikal. Beschaffenheit der Himmelskörper, Zweig der Astronomie
◆ **as|tro|phy|si|ka|lisch** ⟨Adj.⟩ die Astrophysik betreffend, zu ihr gehörig
◆ **As|tro|phy|si|ker** ⟨m.; -s, -⟩ Wissenschaftler der Astrophysik
◆ **As|tro|phy|si|ke|rin** ⟨f.; -, -rin|nen⟩ Wissenschaftlerin der Astrophysik
◆ **As|tro|spek|tro|sko|pie** *auch:* **As|tro|spek|tros|ko|pie** ⟨f.; -; unz.⟩ Untersuchung der Spektren von Sternen
Äs|tu|ar ⟨n.; -s, -ri|en; Geogr.⟩ trichterartig erweiterte Flussmündung, z. B. der Elbe; *Sy* Ästuarium [<lat. *aestuarium* »buchtartige Flussmündung«]
Äs|tu|a|ri|um ⟨n.; -s, -ri|en; Geogr.⟩ = Ästuar
A|syl ⟨[azy:l] n.; -s, -e⟩ **1** Freistätte, Zufluchtsort (für Verfolgte); *politisches* ~ Obdach für polit. Flüchtlinge; *um* ~ *bitten* **2** (Obdachlosen-)Heim; *jmdm.* ~ *gewähren* [<grch. *asylon* »unberaubt, unverletzt« <*a...* »nicht« + *sylan* »berauben«]
A|sy|lant ⟨[azy-] m.; -en, -en⟩ jmd., der sich aus polit. Gründen um Asyl bewirbt bzw. dem aus polit. Gründen Asyl gewährt wird
A|sy|lan|tin ⟨[azy-] f.; -, -tin|nen⟩ Frau, die sich aus polit. Gründen um Asyl bewirbt bzw. der aus polit. Gründen Asyl gewährt wird
A|sy|lie|rung ⟨[azy-] f.; -, -en⟩ Aufnahme u. Unterkunft in einem Asyl
A|syl|recht ⟨[azy:l-] n.; -(e)s; unz.⟩ Recht eines Verfolgten auf Gewährung von Asyl an einem verfolgungssicheren Ort
A|sym|me|trie *auch:* **A|sym|met|rie** ⟨a. ['----] f.; -, -n⟩ Fehlen der Symmetrie, Uneben-, Ungleichmäßigkeit
a|sym|me|trisch *auch:* **a|sym|met|risch** ⟨a. ['----] Adj.⟩ nicht sym-

88

Äther

metrisch, uneben-, ungleichmäßig

A|sym|pto|te *auch:* **A|symp|to|te** ⟨f.; -, -n; Math.⟩ Gerade, der sich eine Kurve nähert, ohne sie (im Endlichen) zu erreichen [<grch. *asymptotos* »nicht zusammenfallend« <*A...*¹ »nicht« + *syn...* »zusammen« + *piptein* »fallen«]

a|sym|pto|tisch *auch:* **a|symp|to|tisch** ⟨Adj.⟩ die Asymptote betreffend, sich wie eine Asymptote verhaltend

a|syn|chron ⟨[-kroːn] Adj.⟩ nicht gleichzeitig; *Ggs* synchron

A|syn|chron|mo|tor ⟨[-kroːn-] m.; -s, -to|ren⟩ Elektromotor, der sich nicht im gleichen Takt mit dem Drehfeld dreht; *Ggs* Synchronmotor

a|syn|de|tisch ⟨Adj.⟩ auf einem Asyndeton beruhend, unverbunden; *Ggs* polysyndetisch

A|syn|de|ton ⟨n.; -s, -de|ta; Rhet.⟩ Stilfigur, das Aneinanderreihen von Wörtern od. Sätzen ohne Konjunktionen, z. B. Alles rennet, rettet, flüchtet; *Ggs* Polysyndeton [<*A...*¹ + *syn...* + grch. *deein* »binden«]

as|zen|dent *auch:* **a|szen|dent** ⟨Adj.; Geol.⟩ aufsteigend; *Ggs* deszendent

As|zen|dent *auch:* **A|szen|dent** ⟨m.; -en, -en⟩ *Ggs* Deszendent **1** Vorfahr **2** ⟨Astron.⟩ **2.1** aufgehendes Gestirn **2.2** Aufgangspunkt eines Gestirns [<lat. *ascendens*, Part. Präs. zu *ascendere* »hinaufsteigen«]

As|zen|denz *auch:* **A|szen|denz** ⟨f.; -, -en⟩ *Ggs* Deszendenz **1** Verwandtschaft in aufsteigender gerader Linie **2** ⟨Astron.⟩ Aufgang eines Gestirns [→ *Aszendent*]

as|zen|die|ren *auch:* **a|szen|die|ren** ⟨V.⟩ **1** aufsteigen; ~*des Gestirn* **2** ⟨veraltet⟩ befördert werden [<lat. *ascendere* »hinaufsteigen«]

As|zen|si|on *auch:* **A|szen|si|on** ⟨f.; -, -en⟩ Himmelfahrt Christi [<lat. *ascensio* »das Hinaufsteigen«]

As|ze|se ⟨f.; -; unz.⟩ = Askese

As|zet ⟨m.; -en, -en⟩ = Asket

As|ze|tin ⟨f.; -, -tin|nen⟩ = Asketin

at¹ ⟨[æt] Zeichen: @; EDV⟩ Zeichen, das bei E-Mail-Adressen hinter den Empfänger- bzw. Sendernamen gesetzt wird, um auszudrücken, dass die genannte Person »bei« der danach genannten Institution (Betrieb, Universität, Server usw.) zu erreichen ist [<engl. *at* »bei«]

at² ⟨Abk. für⟩ die nicht mehr zulässige Druckeinheit »technische Atmosphäre«, heute ersetzt durch die Einheit Bar

At ⟨chem. Zeichen für⟩ Astatin

at..., At... ⟨Vorsilbe⟩ = ad..., Ad...

ata ⟨Abk. für⟩ die nicht mehr zulässige Druckeinheit »absolute Atmosphäre«, heute ersetzt durch die Einheit Bar

a|tak|tisch ⟨Adj.⟩ auf Ataxie beruhend, ungleichmäßig, unregelmäßig [→ *Ataxie*]

A|ta|man ⟨m.; -s, -e⟩ Stammes- u. militär. Führer der Kosaken [russ.]

A|ta|rak|ti|kum ⟨n.; -s, -ti|ka; Pharm.⟩ Beruhigungsmittel [<grch. *a* »nicht« + *tarassein* »aufrühren, erregen«]

A|ta|ra|xie ⟨f.; -; unz.⟩ grch. Philos.⟩ Seelenruhe, Gleichmut, Unerschütterlichkeit [<*A...*¹ + grch. *tarassein* »aufrühren, erregen«]

A|ta|vis|mus ⟨[-vɪs-] m.; -, -men; Biol.⟩ **1** plötzliches Wiederauftreten stammesgeschichtlich früherer Merkmale **2** ⟨fig.⟩ Rückfall in primitives Verhalten [<lat. *atavus* »Vater des Großvaters, Vorfahr«]

a|ta|vis|tisch ⟨[-vɪs-] Adj.⟩ den Atavismus betreffend, auf ihm beruhend

A|ta|xie ⟨f.; -, -n; Med.⟩ Störung der geordneten Bewegung in Form von ausfahrenden, schleudernden Bewegungen (bei Erkrankungen des Zentralnervensystems) [<*A...*¹ + grch. *tassein* »stellen, ordnen«]

a|tek|to|nisch ⟨Adj.⟩ nicht den Gesetzen der Tektonik entsprechend, auf ihnen beruhend; *Ggs* tektonisch [<*a...*¹ + *Tektonik*]

A|te|li|er ⟨[-lje:] n.; -s, -s⟩ **1** Werkstatt (eines Künstlers od. Fotografen) **2** Raum für Filmaufnahmen **3** Modegeschäft, in dem Damenkleidung nach Maß angefertigt wird; *Mode*~ [<frz. »Werkstatt«; zu mlat. *astella* »Holzsplitter, Span«]

A|tel|la|ne ⟨f.; -, -n⟩ altröm. volkstüml. Stegreiflustspiel [nach der Stadt *Atella*]

a tem|po ⟨Musik⟩ **1** wieder im gleichen Tempo (zu spielen) **2** ⟨umg.⟩ schnell, sofort, lauf!; *aber* ~*!* [ital., »zur Zeit, im Zeitmaß«]

Ä|than ⟨n.; -s; unz.; Chemie⟩ als Heizgas verwendetes, geruch- u. geschmackloses Gas, chemisch ein Kohlenwasserstoff; *oV* Ethan [<grch. *aither* »die obere Luft«; → *Äther*]

Ä|tha|nal ⟨n.; -s; unz.; Chemie⟩ = Acetaldehyd; *oV* Ethanal

A|tha|na|sie ⟨f.; -; unz.⟩ Unsterblichkeit [<grch. *athanasia*]

Ä|tha|nol ⟨n.; -s; unz.; Chemie⟩ = Äthylalkohol; *oV* Ethanol [<*Äthan* + ...*ol*]

Ä|than|säu|re ⟨f.; -, -n; Chemie⟩ Essigsäure; *oV* Ethansäure

A|the|is|mus ⟨m.; -; unz.⟩ Weltanschauung ohne Gott, Ablehnung, Verneinung der Existenz Gottes [<*A...*¹ + *Theismus*]

A|the|ist ⟨m.; -en, -en⟩ Vertreter, Anhänger des Atheismus

A|the|is|tin ⟨f.; -, -tin|nen⟩ Vertreterin, Anhängerin des Atheismus

a|the|is|tisch ⟨Adj.⟩ den Atheismus betreffend, auf ihm beruhend

a|the|ma|tisch ⟨Adj.⟩ *Ggs* thematisch **1** ⟨Musik⟩ ohne Thema, das Thema nicht verarbeitend **2** ⟨Sprachw.⟩ ~ *es Verb* Verb ohne Themavokal, z. B. er geht

Ä|then ⟨n.; -s; unz.; Chemie⟩ = Äthylen; *oV* Ethen

A|the|nä|um ⟨n.; -s, -nä|en⟩ **1** Tempel der Göttin Athene **2** ⟨unz.⟩ Titel der von Fr. u. A. W. Schlegel herausgegebenen Literaturzeitschrift (1798-1800) [nach der grch. Göttin Pallas *Athene*]

Ä|ther ⟨m.; -s; unz.⟩ **1** Himmel, Himmelsluft **2** ⟨Chemie⟩ organ. Verbindung, bei der zwei gleiche od. verschiedene Alkyle über ein Sauerstoffatom miteinander verbunden sind **3** ⟨Med.⟩ Narkosemittel; *oV* Ether; *Äthyl*~ [<grch. *aither* »die obere Luft« (nach grch.

ätherisch

Vorstellung Feuerluft, in der die Sterne schweben u. die Götter wohnen)]

ä|the|risch ⟨Adj.⟩ **1** ätherhaltig, flüchtig; ~*e Öle* meist stark aromat. riechende, vollständig verdunstende, aus Pflanzen zu gewinnende Öle **2** himmlisch **3** (fig.) hauchzart, durchgeistigt

ä|the|ri|sie|ren ⟨V.⟩ mit Äther behandeln; *oV* etherisieren

a|ther|man ⟨Adj.⟩ nicht durchlässig für Wärmestrahlen; *Ggs* diatherman [verkürzt <*adiatherman* <*a...¹* + *dia...* + grch. *thermainein* »wärmen«]

A|the|rom ⟨n.; -s, -e; Med.⟩ Talgdrüsen-, Haarbalggeschwulst [<grch. *athere* »Brei aus Weizengraupen«]

A|the|sie ⟨f.; -, -n; geh.⟩ **1** ⟨unz.⟩ Zustand des Zweifelns **2** Unbeständigkeit, Treulosigkeit [<*A...¹* + grch. *thesis* »Behauptung, Lehrsatz«]

Äthin ⟨n.; -s; unz.; Chemie⟩ = Acetylen; *oV* Ethin

Ath|let ⟨m.; -en, -en⟩ **1** Kraftmensch **2** sportlich trainierter Mensch, Sportler, Wettkämpfer; *Leicht~, Schwer~* [<grch. *athletes* »Wettkämpfer«; zu *athlos* »Wettkampf«]

Ath|le|tik ⟨f.; -; unz.⟩ **1** Wettkampflehre **2** sportl. Wettkampf **3** Leibesübungen

Ath|le|ti|ker ⟨m.; -s, -⟩ starkknochiger, muskulöser Konstitutionstyp [→ *Athlet*]

Ath|le|tin ⟨f.; -, -tin|nen⟩ trainierte Sportlerin, Wettkämpferin; *Leicht~; Schwer~*

ath|le|tisch ⟨Adj.⟩ stark, starkknochig, kraftvoll, muskulös

Äthyl ⟨n.; -s; unz.; Chemie; kurz für⟩ Äthylgruppe; *oV* Ethyl

Äthyl|al|ko|hol ⟨m.; -s, -e; Chemie⟩ brennbare Flüssigkeit, trinkbar, wenn mit Wasser verdünnt, wirkt berauschend; *oV* Ethylalkohol; *Sy* Spiritus, Alkohol (2), Äthanol

Äthyl|chlo|rid ⟨[-klo:-] n.; -(e)s, -e; Chemie⟩ sehr flüchtige Flüssigkeit, die, auf die Haut gesprüht, zur Vereisung u. somit zur örtl. Betäubung führt; *oV* Ethylchlorid; *Sy* Chloräthyl

Äthy|len ⟨n.; -s; unz.; Chemie⟩ ungesättigter Kohlenwasserstoff, als Ausgangsprodukt für Kunstharze verwendet; *oV* Ethylen; *Sy* Äthen

Äthyl|grup|pe ⟨f.; -, -n; Chemie⟩ einwertiger Kohlenwasserstoffrest vieler organ. Verbindungen; *oV* Ethylgruppe; *Sy* Äthyl [<grch. *aither* »die obere Luft« + *...yl*]

Ä|tio|lo|gie ⟨f.; -; unz.; Med.⟩ Lehre von den Ursachen, bes. der Krankheiten [<grch. *aitia* »Ursache« + *...logie*]

ä|tio|lo|gisch ⟨Adj.; Med.⟩ die Ätiologie betreffend, auf ihr beruhend, zu ihr gehörig

At|lant ⟨m.; -en, -en; Arch.⟩ Männergestalt, die auf Haupt od. emporgehobenen Armen Gebäudeteile trägt; *Ggs* Karyatide [nach dem Riesen *Atlas* der grch. Sage, der die Welt auf seinen Schultern trägt]

At|lan|ten ⟨Pl. von⟩ **1** Atlant **2** Atlas¹

At|lan|tik ⟨m.; -s; unz.⟩ der Atlantische Ozean [<grch. *Atlantis* »Atlantischer Ozean«; nach dem Riesen *Atlas*; → *Atlant*]

at|lan|tisch ⟨Adj.⟩ den Atlantik betreffend, zu ihm gehörig

At|las¹ ⟨m.; - od. -ses, -se od. -lan|ten⟩ **1** Sammlung von Landkarten in Buchform **2** umfangreiches Buch mit Abbildungen aus einem Wissensgebiet; *Anatomie~* [nach Mercators kartographischem Werk *Atlas*, Duisburg 1595, das nach dem Riesen *Atlas* von Mauretanien benannt war; → *Atlant*]

At|las² ⟨m.; -; unz.; Anat.⟩ der oberste, den Kopf tragende Halswirbel der höheren Wirbeltiere [→ *Atlant*]

At|las³ ⟨m.; - od. -ses, -se⟩ **1** ⟨unz.; Web.⟩ Bindung mit glänzender Oberseite, auf der nur Kette od. Schuss sichtbar sind, u. matter, glatter Rückseite **2** ⟨zählb.⟩ Gewebe, meist Seide, in dieser Bindung [arab., »glatt«]

at|las|sen ⟨Adj.⟩ aus Atlas³

atm ⟨Abk. für⟩ die nicht mehr zulässige Druckeinheit »physikalische Atmosphäre«, ersetzt durch die Einheit Bar

At|man ⟨m. od. n.; - od. -s; unz.; indische Philos.⟩ Lebensprinzip, Seele des Individuums [Sanskrit, »Hauch; höchster Geist, Seele«]

At|mo|me|ter ⟨n.; -s, -⟩ Gerät zum Messen der Wasserverdunstung [<grch. *atmis* »Dampf« + *...meter*]

Atmosphäre (*Worttrennung am Zeilenende*) Auch Fremdwörter sollen in der Regel zwischen ihren einzelnen etymologischen Bestandteilen getrennt werden, also z. B. zwischen *Atmo-* [<grch. *atmos* »Dampf«] und *-sphäre* [<grch. *sphaira* »Kugel, Ball«].

Häufig sind jedoch diese ursprünglichen Bestandteile für den Benutzer nicht mehr erkennbar oder nicht nachvollziehbar. In diesen Fällen ist auch eine Trennung gemäß der Sprechsilben statthaft, also *At-mos-phä-re*.

At|mo|sphä|re *auch:* **At|mos|phä|re** ⟨f.; -, -n⟩ **1** Gashülle eines Planeten, bes. die Lufthülle der Erde **2** nicht mehr zulässige Maßeinheit für den Luftdruck **2.1** *physikalische ~* ⟨Abk.: atm⟩ nicht mehr zulässige Druckeinheit, definiert als der Druck einer Quecksilbersäule von 760 mm Länge, zu ersetzen durch die Einheit Bar; 1 atm = 1,013 bar **2.2** *technische ~* ⟨Abk.: at⟩ nicht mehr zulässige Druckeinheit, definiert als der Druck von 1 kg/cm², zu ersetzen durch die Einheit Bar; 1 at = 0,980 bar **3** (fig.) Umwelt, Einfluss, Stimmung; *eine ~ des Friedens; es herrscht eine gespannte ~* [<grch. *atmis* »Dampf« + *Sphäre*]

At|mo|sphä|ren|über|druck *auch:* **At|mos|phä|ren|über|druck** ⟨m.; -s; unz.; Abk.: atü⟩ nicht mehr zulässige Druckeinheit, bezeichnete die Druckdifferenz zwischen dem Druck von einer Atmosphäre u. dem in einem Gefäß herrschenden höheren Druck, z. B. entsprach ein Druck von 3 atü einem Gesamtdruck von 4 at

At|mo|sphä|ri|li|um *auch:* **At|mos|phä|ri|li|um** ⟨n.; -s, -li|en⟩ in der uns umgebenden Luft enthaltender Stoff

at|mo|sphä|risch ⟨Adj.⟩ die Atmosphäre (1) betreffend, zu ihr gehörig, auf ihr beruhend; *~e Dampfmaschine* auf dem Luftdruck beruhende alte Form der D.; *~e Elektrizität* die in der Luft enthaltene E., z. B. bei Gewitter; *~e Störungen* elektromagnet. Wellen u. Entladungen, die den Rundfunkempfang stören; *~e Zirkulation* Kreislauf der Luft innerhalb der Lufthülle der Erde

A|toll ⟨n.; -s, -e⟩ ringförmige Koralleninsel in den trop. Gebieten des Stillen Ozeans [<malai. *atolu*]

A|tom ⟨n.; -s, -e⟩ **1** kleinstes Teilchen eines chem. Elements **2** ⟨fig.⟩ winziges Teilchen, Winzigkeit [<grch. *atomos* »unteilbar« <*a...* »nicht« + *tome* »Schnitt«]

A|tom|an|trieb ⟨m.; -(e)s, -e⟩ Antrieb eines Fahrzeugs (vor allem eines Schiffes) durch die mit einem Kernreaktor erzeugte Energie; *Sy* Kernenergieantrieb

a|to|mar ⟨Adj.⟩ *oV* ⟨schweiz.⟩ atomisch **1** das Atom betreffend, auf ihm beruhend **2** die Atomwaffen betreffend, auf ihnen beruhend, mit ihrer Hilfe

A|tom|bat|te|rie ⟨f.; -, -n⟩ **1** ⟨veraltet⟩ = Kernreaktor **2** durch den radioaktiven Zerfall bestimmter Atome mit Energie belieferte Batterie, heute meist als Radionuklidbatterie bezeichnet

A|tom|bom|be ⟨f.; -, -n⟩ **1** ⟨i. w. S.⟩ Bombe mit Kernsprengstoff als Ladung **2** ⟨i. e. S.⟩ Kernspaltungsbombe, im Gegensatz zur Kernverschmelzungsbombe, Wasserstoffbombe

A|tom|e|ner|gie ⟨f.; -; unz.⟩ durch Kernspaltung od. -verschmelzung gewonnene Energie; *Sy* Kernenergie

A|tom|ge|ne|ra|tor ⟨m.; -s, -en⟩ = Radionuklidbatterie

A|tom|ge|wicht ⟨n.; -(e)s, -e⟩ Masse eines Atoms

A|tom|git|ter ⟨n.; -s, -⟩ Kristallgitter, dessen Gitterplätze nicht mit Ionen, sondern mit ungeladenen Atomen besetzt sind, tritt auf beim Diamanten u. vielen organischen Verbindungen

a|to|misch ⟨Adj.; schweiz.⟩ = atomar

A|to|mi|seur ⟨[-zœːr] m.; -s, -e⟩ Zerstäuber; *oV* Atomizer [frz., »Spraydose«]

a|to|mi|sie|ren ⟨V.⟩ in Atome zerkleinern, völlig zerstören

A|to|mis|mus ⟨m.; -; unz.⟩ = Atomistik

A|to|mist ⟨m.; -en, -en⟩ Vertreter, Anhänger der Atomistik

A|to|mis|tik ⟨f.; -; unz.⟩ von Demokrit begründete Lehre, dass alle Materie aus kleinsten unteilbaren Teilchen (Atomen) aufgebaut sei, Vorläuferin der materialist. Philosophie; *Sy* Atomismus [→ *Atom*]

a|to|mis|tisch ⟨Adj.⟩ die Atomistik betreffend, zu ihr gehörig, auf ihr beruhend

A|to|mi|zer ⟨[ˈætəmaɪzə(r)] m.; -s, -⟩ = Atomiseur [engl., »Zerstäuber«]

A|tom|kern ⟨m.; -s, -e⟩ zentraler Kern eines Atoms, um den die Elektronen kreisen

A|tom|kern|re|ak|ti|on ⟨f.; -, -en⟩ Umwandlung, die in einem Atomkern vor sich geht

A|tom|kraft|werk ⟨n.; -(e)s, -e⟩ Kraftwerk, das seine Energie durch die Spaltung von Uranatomen gewinnt; *Sy* Kernkraftwerk, Kernreaktor

A|tom|mei|ler ⟨m.; -s, -; umg.⟩ = Kernreaktor

A|tom|phy|sik ⟨f.; -; unz.⟩ Lehre von den Atomen u. ihrer Umwandlung

A|tom|re|ak|tor ⟨m.; -s, -en⟩ = Kernreaktor

A|tom|stopp ⟨m.; -s; unz.; umg.⟩ Einstellung der Produktion von Atomenergie u. Atomwaffen

A|tom|strom ⟨m.; -s; unz.⟩ elektr. Strom, der in Kernkraftwerken erzeugt wird

A|tom|the|o|rie ⟨f.; -; unz.⟩ Lehre, dass alle irdischen Stoffe aus kleinsten Teilen, den Atomen, bestehen

A|tom|uhr ⟨f.; -, -en⟩ auf der Eigenschwingungszahl bestimmter Atome beruhende Uhr höchster Genauigkeit

A|tom|vo|lu|men ⟨[-vo-] n.; -s, - od. -mi|na⟩ der Raum, den ein Grammatom eines Stoffes einnimmt [<*Atom* + *Volumen*]

A|tom|waf|fe ⟨f.; -, -n⟩ auf Atomkernumwandlung beruhende Waffe, z. B. die Atombombe

A|tom|wär|me ⟨f.; -; unz.⟩ Produkt aus spezif. Wärme u. Atomgewicht

a|to|nal ⟨Adj.; Musik⟩ nicht tonal, zwölftonig, nicht auf einen Grundton bezogen, gleichberechtigt (von den Tönen der Tonleiter); *~e Musik* Musik, die die 12 Töne der Tonleiter gleichberechtigt nebeneinander u. ohne Bezug auf einen Grundton verwendet, Zwölftonmusik; *Sy* Dodekaphonie [<*a...¹* + *Ton*]

A|to|na|list ⟨m.; -en, -en; Musik⟩ Vertreter der atonalen Musik

A|to|na|li|tät ⟨f.; -; unz.; Musik⟩ atonale Kompositionsweise; *Ggs* Tonalität

a|to|nisch ⟨Adj.⟩ die Atonie betreffend, auf ihr beruhend

A|to|non ⟨n.; -s, -to|na⟩ unbetontes Wort, das sich verkürzt an ein vorgehendes od. folgendes betontes Wort anlehnt, z. B. »können S'« statt »können Sie« [<*A...¹* + grch. *tonos* »Spannung, Spannkraft«]

A|tout ⟨[atuː] m.; -s, -s od. n.; -s, -s; Kart.⟩ Trumpf [zu frz. *à tout* »auf alles, für alles«]

a|tou|tie|ren ⟨[-tu-] V.; Kart.⟩ Trumpf ausspielen [→ *Atout*]

à tout prix ⟨[a tupriː]⟩ um jeden Preis [frz.]

a|to|xisch ⟨Adj.⟩ ungiftig [<*a...¹* + *toxisch*]

ATP ⟨Abk. für⟩ Adenosintriphosphat

A|tri|um *auch:* **At|ri|um** ⟨n.; -s, A|tri|en⟩ **1** Hauptraum u. Mittelpunkt des altrömischen Hauses **2** offener, auf 3-4 Seiten umbauter Hof od. Garten eines Gebäudes **3** Säulenvorbau altchristl. Kirchen **4** ⟨Anat.⟩ Vorhof des Herzens [lat., »Vorsaal, Vorhalle«]

A|tri|um|haus *auch:* **At|ri|um|haus** ⟨n.; -es, -häu|ser⟩ um einen Innenhof od. Garten herumgebaute Wohnanlage [→ *Atrium*]

A|tro|phie ⟨f.; -, -n; Med.⟩ Schwund, Schrumpfung von Muskeln, Zellgewebe od. Organen [<*A...¹* + *...trophie*]

atrophieren

a|tro|phie|ren ⟨V.⟩ schwinden, schrumpfen

a|tro|phisch ⟨Adj.⟩ die Atrophie betreffend, auf ihr beruhend

A|tro|pin *auch:* At|ro|pin ⟨n.; -s; unz.; Pharm.⟩ Arzneimittel, in der Tollkirsche enthaltenes starkes Gift, chem. das in der Atropa (Tollkirsche) entdeckte Alkaloid [<grch. *atropos* »unabwendbar« (wegen der tödl. Wirkung); <grch. *a...* »nicht« + *trepein* »wenden«]

at|tac|ca ⟨Musik⟩ unmittelbar (an das vorhergehende Stück) anschließend [ital., »häng an, befestige«; zu *attacare*]

At|ta|ché ⟨[-ʃe:] m.; -s, -s⟩ 1 Begleiter eines Gesandten, meist Nachwuchsdiplomat 2 Berater einer Auslandsvertretung; *Kultur~*; *Militär~* [<frz. *attacher* »befestigen«]

At|tache|ment ⟨[ataʃmã:] n.; -s, -s⟩ 1 Zuneigung 2 militär. Abteilung, die zur bes. Verwendung abkommandiert ist [frz., »Anhänglichkeit«; zu *attacher* »befestigen«]

at|ta|chie|ren ⟨[-ʃi:-] V.⟩ veraltet zuteilen, zu-, beigesellen [frz., *attacher* »befestigen«]

At|tach|ment ⟨[ətætʃmənt] n.; - od. -s, -s; EDV⟩ an eine E-Mail angehängte Datei; *ein ~ an eine E-Mail anhängen*; *ein ~ öffnen*; *eine E-Mail mit ~ versenden* [engl., »Anhängsel, Beiwerk«]

At|tack ⟨[ətæk] f.; -, -s; Musik⟩ 1 (Jazz) lautes u. nachhaltiges Anspielen eines Tones 2 Anschwellen des Tones bis zur maximalen Tonstärke (beim Synthesizer) [engl., »Angriff, Attacke«]

At|ta|cke ⟨f.; -, -n⟩ 1 ⟨urspr.⟩ Angriff mit der blanken Waffe, Reiterangriff; *~ reiten (gegen)* 2 Angriff, Anfall, bes. Krankheitsanfall; *Herz~* [<frz. *attaque* »Angriff«]

at|ta|ckie|ren ⟨V.⟩ 1 jmdn. ~ angreifen 2 ⟨fig.⟩ jmdm., zusetzen, jmdn. stark bedrängen [<frz. *attaquer* »angreifen«]

At|ten|tat ⟨a. ['---] n.; -(e)s, -e⟩ (polit.) Mordanschlag, Gewalttat; *ein ~ auf jmdn. verüben*; *ein ~ auf jmdn. vorhaben* ⟨umg.; scherzh.⟩ jmdn. um eine (große) Hilfeleistung bitten wollen

[frz., »Anschlag« <lat. *attentatum*; zu *attentare* »abtasten, beizukommen suchen«]

At|ten|tä|ter ⟨a. ['----] m.; -s, -⟩ jmd., der ein Attentat verübt (hat) [volksetymol. umgebildet nach *Missetäter*, *Übeltäter*]

At|ten|tä|te|rin ⟨a. ['-----] f.; -, -rin|nen⟩ weibl. Person, die ein Attentat verübt (hat)

At|ten|ti|on ⟨[atãsjõ:] f.; -; unz.⟩ Aufmerksamkeit, Achtung, Obacht (meist als Ausruf, Mahnung zur Vorsicht) [frz., »Aufmerksamkeit«]

At|ten|tis|mus ⟨m.; -; unz.⟩ Haltung eines Menschen, der mit seiner Entscheidung bis zum Ende eines Streites zwischen zwei Parteien wartet, um sich dann der erfolgreichen Partei anzuschließen [<lat. *attentio* »Anspannung des Geistes zu einem bestimmten Zweck, Aufmerksamkeit«]

at|ten|tis|tisch ⟨Adj.⟩ in der Art des Attentismus, abwartend

At|test ⟨n.; -(e)s, -e⟩ schriftl. (bes. ärztl.) Bescheinigung, Zeugnis [<lat. *attestari* »bezeugen«, *<ad* »zu« + *testis* »Zeuge«]

At|tes|ta|ti|on ⟨f.; -, -en; DDR⟩ 1 Bescheinigung unter Erlass eines Prüfungsnachweises 2 Titelverleihung als Anerkennung für langjährige Berufspraxis

at|tes|tie|ren ⟨V.⟩ in einem Attest ausstellen über, bescheinigen

At|tes|tie|rung ⟨f.; -, -en⟩ das Attestieren, Bescheinigung

At|ti|ka ⟨f.; -, -ti|ken; Arch.⟩ wandartiger, meist bildhauerisch verzierter Aufbau über dem Hauptgesims eines Gebäudes [<lat. *atticus* »attisch, athenisch«]

At|ti|la ⟨m.; -s, -s od. f.; -, -s⟩ schnürenbesetzte kurze Jacke, bes. Husarenjacke [ungar., nach dem Hunnenkönig *Attila*]

at|tisch ⟨Adj.⟩ 1 die grch. Halbinsel Attika betreffend, zu ihr gehörig, von ihr stammend 2 *~es Salz* geistreiche, witzige Bemerkung, feiner Witz, Geist

At|ti|tude ⟨[-tyːd] f.; -, -n; Ballett⟩ Körperhaltung, wobei ein Bein waagerecht nach hinten erhoben u. der Unterschenkel zu 90° abgewinkelt ist [frz.; → *Attitüde*]

At|ti|tü|de ⟨f.; -, -n⟩ 1 ausdrucksvolle Körperhaltung, Stellung, Gebärde 2 (innere) Einstellung [<frz. *attitude* »Haltung, Stellung(nahme)«]

At|ti|zis|mus ⟨m.; -; unz.⟩ Gegenbewegung gegen des Asianismus vom 1. Jh. v. Chr. bis 2. Jh. n. Chr., Pflege u. Nachahmung der attischen Dichter [nach der grch. Landschaft *Attika*]

At|to- ⟨Abk.: a; vor Maßeinheiten⟩ ein Trillionstel, 10^{-18}, der betreffenden Grundeinheit, z. B. 1 am = 10^{-18} Meter [norweg., dän. *atten* »achtzehn«]

At|trac|tants ⟨[ətræktənts] Pl.⟩ = Attraktanzien

At|trak|tan|zi|en ⟨Pl.⟩ Lockstoffe für Insekten; Sy *Attractants* [zu engl. *attract* »anziehen«]

At|trak|ti|on ⟨f.; -, -en⟩ 1 Anziehung, Anziehungskraft 2 ⟨Zirkus⟩ Glanznummer 3 ⟨Theat.⟩ Zugstück 4 bes. gut gehende Ware [<frz. *attraction* »Anziehung(skraft)«]

at|trak|tiv ⟨Adj.⟩ anziehend, anziehungskräftig [→ *Attraktion*]

At|trak|ti|vi|tät ⟨[-vi-] f.; -; unz.⟩ attraktive Beschaffenheit, Anziehungskraft

At|trap|pe ⟨f.; -, -n⟩ 1 Falle, Schlinge 2 ⟨täuschend ähnl.⟩ Nachbildung, Schaupackung; Sy *Dummy* 3 trüger. Schein 4 ⟨scherzh.⟩ Mensch, hinter dem nichts steckt, Blender [<frz. *attrape* »Falle«]

at|trap|pie|ren ⟨V.⟩ veraltet 1 überlisten 2 ertappen [<frz. *attraper* »fangen«]

at|tri|bu|ie|ren ⟨V.; Gramm.⟩ 1 zum Attribut machen, als Attribut gebrauchen; *attribuiertes Adjektiv* 2 mit einem Attribut versehen

At|tri|but ⟨n.; -(e)s, -e⟩ 1 wesentl. Merkmal, bleibende Eigenschaft 2 Kennzeichen, Beigabe, sinnbildl. zugehöriges Zeichen; *der Dreizack als ~ Neptuns* 3 ⟨Gramm.⟩ zu einem Nomen od. Verbum tretendes Wort, Satz(teil), Beifügung [<lat. *attributum*, Part. Perf. zu *attribuere* »zuschreiben, beilegen«]

at|tri|bu|tiv ⟨Adj.; Gramm.⟩ als Attribut gebraucht, beigefügt

At|tri|but|satz ⟨m.; -(e)s, -sät|ze; Gramm.⟩ Attribut in Form eines Gliedsatzes, Beifügungssatz

At|tri|ti|on ⟨f.; -; unz.; kath. Kirche⟩ die noch nicht vollkommene, nur aus Furcht vor Strafe empfundene Reue; *Ggs* Kontrition [<lat. *attritio;* zu *atterere* »anfassen, berühren«]

a|tü ⟨Zeichen für⟩ die nicht mehr zulässige Druckeinheit Atmosphärenüberdruck

a|ty|pisch ⟨Adj.⟩ nicht typisch, von der Regel abweichend

at-Zei|chen ⟨[æt-] n.; -s, -; Zeichen: @; EDV⟩ = at¹

Au ⟨chem. Zeichen für⟩ Gold (Aurum)

au|ber|gine ⟨[oberʒiːn] Adj.; undekl.⟩ dunkellila

Au|ber|gi|ne ⟨[oberʒiːnə] f.; -, -n; Bot.⟩ gurkenförmige, kürbisähnliche Frucht der Eierpflanze (Solanum melongena), Eierfrucht [frz. <katalan. *alberginia* <arab.]

a. u. c. ⟨Abk. für lat.⟩ ab urbe condita

au|di|a|tur et al|te|ra pars ⟨Rechtsw.⟩ auch der andere Teil muss gehört werden (bei Rechtsstreitigkeiten) [lat.]

Au|dience|flow ⟨[ɔːdɪənsfloʊ] m.; -s; unz.; TV⟩ Versuch der Fernsehsender, eine hohe Einschaltquote während der Werbung zu erzielen, indem sie die Werbeblöcke z. B. an den spannungsreichsten Stellen eines Films einbauen [engl., »Publikums-, Zuschauerfluss«]

Au|di|enz ⟨f.; -, -en⟩ 1 feierl. offizieller Empfang 2 Unterredung (mit hohen Würdenträgern) [<lat. *audientia* »Aufmerksamkeit, Gehör«]

Au|di|fon ⟨n.; -s, -e⟩ = Audiphon

Au|di|max ⟨n.; -; unz.; kurz für⟩ Auditorium maximum

Au|di|me|ter ⟨m.; -s, -⟩ Apparat, der die Einschaltzeit u. -dauer an Rundfunk- u. Fernsehgeräten (für statistische Zwecke) aufzeichnet [<lat. *audire* »hören« + ...*meter*]

au|dio..., Au|dio... ⟨in Zus.⟩ hör..., Hör..., gehör..., Gehör...; *Audiologie; audiovisuell* [<lat. *audire* »hören«]

Au|dio|file ⟨[-faɪl] m.; -s, -s; EDV⟩ Datei unterschiedlicher Formates, die digitalisierte Tö-

ne enthält, z. B. als Geräuschkulisse für Computerspiele [<lat. *audire* »hören« + engl. *file* »Akte, Ordner«]

au|dio|lin|gu|al ⟨Adj.⟩ das gehörte Wort als Grundlage nehmend (im Fremdsprachenunterricht) [<lat. *audire* »hören« + *lingua* »Zunge«]

Au|di|o|lo|gie ⟨f.; -; unz.⟩ Lehre vom Hören, vom menschl. Gehör [<lat. *audire* »hören« + ...*logie*]

Au|dio|me|trie *auch:* **Au|dio|metrie** ⟨f.; -; unz.⟩ Prüfung des Gehörs mit Hörmessgeräten; *Sy* Akumetrie [<lat. *audire* »hören« + ...*metrie*]

Au|di|on ⟨n.; -s, -s od. -o|nen⟩ Schaltung in Rundfunkempfängern mit Elektronenröhren zum Trennen der niederfrequenten (hörbaren) Schwingungen von der Trägerfrequenz [<lat. *audire* »hören«]

Au|dio-Vi|deo-Tech|nik ⟨[-viː-] f.; -; unz.⟩ Technik des Übertragens u. Empfangens von Ton u. Bild; →*a.* AVI-Format [<lat. *audire* »hören« + *videre* »sehen«]

Au|dio|vi|si|on ⟨[-vi-] f.; -; unz.⟩ Technik des Speicherns u. Wiedergebens von Ton u. Bild [<lat. *audire* »hören« + *visio* »das Sehen«]

au|dio|vi|su|ell ⟨[-vi-] Adj.⟩ das Hören u. Sehen betreffend [<lat. *audire* »hören« + *visuell*]

Au|di|phon ⟨n.; -s, -e⟩ Hörapparat für Schwerhörige; *oV* Audifon [<lat. *audire* »hören« + grch. *phonos* »Stimme«]

Au|dit ⟨[ˈɔːdɪt] n. od. m.; -s, -s; häufig in Zus.⟩ 1 ⟨Wirtsch.⟩ Wirtschaftsprüfung, Überprüfung, Revision; *oV* Auditing (1) 2 (an Unternehmen, Kommunen u. Ä. verliehenes) Zertifikat, Auszeichnung für besondere Verdienste in einem bestimmten Wirkungsbereich; *Umwelt~; Öko~* [engl., <lat. *auditio* »Anhören, Zuhören«]

Au|di|teur ⟨[-ˈtøːr] m.; -s, -e; früher⟩ Rechtsgelehrter beim Militärgericht [frz., »Zuhörer«]

Au|di|ting ⟨[ˈɔːdɪtɪŋ]⟩ 1 ⟨bes. Wirtsch.⟩ = Audit (1) 2 Prüfung zur Aufnahme in eine Sekte [engl.]

Augiasstall

Au|di|ti|on¹ ⟨f.; unz.; bes. Theol.⟩ Hören von Lauten, Worten od. Botschaften mit dem inneren Ohr [zu lat. *audire* »hören«]

Au|di|ti|on² ⟨[ɔdɪʃən] f.; -, -s⟩ Probebesprechen, Vorsingen od. Vortanzen für ein Engagement; *an einer ~ teilnehmen* [engl.]

Au|di|tie|rung ⟨f.; -, -en⟩ Verleihung eines Audits, Auszeichnung mit einem Audit

au|di|tiv ⟨Adj.⟩ 1 das Hören betreffend, auf ihm beruhend, mit seiner Hilfe, zum Hören dienend 2 vorwiegend mit Gehörsinn begabt; *ein ~er Typ* [<lat. *audire* »hören«]

Au|di|tor ⟨m.; -s, -to|ren⟩ 1 Richter, Beamter der Kurie 2 ⟨schweiz.⟩ Vorsitzender eines Militärgerichts [lat., »Zuhörer«]

Au|di|to|ri|um ⟨n.; -s, -ri|en⟩ 1 Hörsaal; *~ maximum* größter Hörsaal eines Universitätsgebäudes; *Sy* Audimax 2 Zuhörerschaft [lat., »Hörsaal«]

auf|ok|troy|ie|ren *auch:* **Au|fok|troy|ie|ren** ⟨[-troa-] V.⟩ = oktroyieren

au four ⟨[o fuːr]⟩ im Ofen gebraten, gebacken [frz., »im Backofen«]

auf|pop|pen ⟨V.⟩ 1 ⟨umg.⟩ poppig, auffällig gestalten 2 ⟨EDV⟩ (beim Anklicken) aufspringen; *ein Bildschirmfenster poppt auf;* →*a.* Pop-up-Fenster

auf|sty|len ⟨[-staɪ-] V.; umg.; salopp⟩ herausputzen, auffallend u. überladen zurechtmachen; *sich ~; du bist heute ganz schön aufgestylt!; Sy* auftunen (2) [→ *stylen*]

auf|tu|nen ⟨[-tjuː-] V.; umg.; salopp⟩ 1 wirkungsvoll, auffallend gestalten (bes. von Autos od. Motorrädern); *aufgetunte Mittelklassewagen* 2 = aufstylen [<engl. *tune* »(ab)stimmen; hinaufschrauben« (fig.)]

Au|gen|mi|grä|ne *auch:* **Au|gen|migrä|ne** ⟨f.; -, -n⟩ = Flimmerskotom

Au|gi|as|stall ⟨m.; -(e)s, -stäl|le⟩ 1 verschmutzter Raum 2 unordentl., vernachlässigte Arbeit [nach dem sagenhaften König *Augias* von Elis, der eine Herde von 3000 Rindern besaß, deren

Augit

in 30 Jahren nicht gereinigten Stall Herkules in einem Tag ausmistete, indem er einen Fluss hindurchleitete]

Au|git ⟨m.; -s, -e; Min.⟩ Mineral aus einem Silicat, dessen Kristallgitter in bestimmter Weise angeordnet ist; *Sy* Pyroxen [<grch. *auge* »Licht, Glanz«]

Aug|ment ⟨n.; -(e)s, -e⟩ **1** Zuwachs, Zusatz **2** ⟨Gramm.⟩ dem Verbstamm vorangesetzter Wortbildungsteil, bes. im Griechischen [<lat. *augmentum* »Vermehrung, Zuwachs«; zu *augere* »vermehren«]

Aug|men|ta|ti|on ⟨f.; -, -en⟩ **1** Vermehrung, Zusatz **2** ⟨Musik⟩ Vergrößerung der Notenwerte des Themas [→ *Augment*]

Aug|men|ta|tiv|suf|fix ⟨n.; -es, -e; Gramm.⟩ Vergrößerungssuffix, Nachsilbe, die eine Vergrößerung bezeichnet, z. B. ital. *-one* in *casone* »großes Haus« (zu *casa* »Haus«); *Ggs* Diminutivsuffix

aug|men|tie|ren ⟨V.⟩ vermehren, vergrößern

Au|gur ⟨m.; -en, -en⟩ altröm. Priester u. Wahrsager [lat., »Vogelschauer, Wahrsager aus dem Flug u. Geschrei der Vögel« <lat. *avis* »Vogel« + kelt. *gur* »Mann«]

Au|gu|ren|lä|cheln ⟨n.; -s; unz.⟩ verständnisinniges Lächeln unter Eingeweihten [nach den oft selbst ungläubigen *Auguren*]

Au|gust ⟨m.; -(e)s, -e⟩ der achte Monat im Jahr [<lat. *Augustus*; zu *Augustus* »der Erhabene, Ehrwürdige«, Ehrenname des Kaisers Oktavian; zu *augere* »vermehren«]

au|gus|te|isch ⟨Adj.⟩ den röm. Kaiser Augustus u. sein Zeitalter betreffend; *~es Zeitalter* kunstfreundl. Zeitalter [nach der Blütezeit der röm. Kunst und Literatur unter *Augustus*; → *August*]

Au|gus|ti|ner ⟨m.; -s, -⟩ Mönch des Augustinerordens [nach dem hl. *Augustinus*, 354-430 n. Chr.]

Auk|ti|on ⟨f.; -, -en⟩ Versteigerung [<lat. *auctio* »Vermehrung, Versteigerung«]

Auk|ti|o|na|tor ⟨m.; -s, -to|ren⟩ Versteigerer

auk|ti|o|nie|ren ⟨V.⟩ versteigern [<lat. *auctionari* »Versteigerung halten«; zu *augere* »vermehren«]

auk|to|ri|al ⟨Adj.; Lit.⟩ *~er Erzähler* aus einer übergeordneten, allwissenden Perspektive eingreifender Erzähler [<lat. *auctor* »Vermehrer, Urheber«]

Au|la ⟨f.; -, Au|len⟩ **1** Vorhof des griechischen Hauses **2** Festsaal in Schule od. Universität [<lat. *aula* <grch. *aule* »Vorhof an grch. Gebäuden; Königspalast«]

Au|le|tik ⟨f.; -; unz.⟩ solistisches Spielen des Aulos

Au|los ⟨m.; -, Au|loi od. Au|len⟩ antikes grch., der Schalmei ähnliches Blasinstrument mit doppeltem Rohrblatt [grch.]

au na|tu|rel ⟨[o natyrɛl]⟩ ohne künstl. Zusatz, natürlich (bei Speisen u. Getränken) [frz., »im natürlichen (Zustand)«]

au por|teur ⟨[o pɛːr]⟩ Leistung gegen Leistung, auf Gegenleistung, ohne Bezahlung [frz., »zum gleichen (Wert)«]

Aupairmädchen, Au-pair-Mädchen (*Getrennt- u. Zusammenschreibung*) Zusammengesetzte Begriffe aus Fremdsprachen werden grundsätzlich wie deutsche Komposita behandelt und daher zusammengeschrieben.

Allerdings kann der Schreibende zwischen den einzelnen Bestandteilen einen Bindestrich setzen, wenn einzelne Wörter hervorgehoben oder unübersichtliche Verbindungen vermieden werden sollen (→a. Desktoppublishing/ Desktop-Publishing).

Au|pair|mäd|chen *auch:* **Au-pair-Mäd|chen** ⟨[opɛːr] n.; -s, -⟩ Mädchen, das gegen Unterkunft, Verpflegung u. Taschengeld in einer Familie arbeitet u. dabei ihre Sprachkenntnisse verbessert [→ *au pair*]

au por|teur ⟨[o portøːr]⟩ auf den Inhaber lautend (bei Wertpapieren) [frz., »auf den Träger des Namens«]

Au|ra ⟨f.; -, Au|ren⟩ **1** ⟨fig.⟩ Gesamtheit der besonderen, geheimnisvollen Wirkungen, die von einem Menschen od. einem ausgehen; *er besitzt eine starke ~* **2** ⟨Med.⟩ Gesamtheit besonderer Wahrnehmungen unmittelbar vor einem epileptischen Anfall [lat., »Lufthauch, Luft«]

au|ral ⟨Adj.⟩ = aurikular [<lat. *auris* »Ohr«]

Au|ra|min ⟨n.; -s; unz.⟩ gelber Teerfarbstoff [<lat. *aurum* »Gold«]

Au|rar ⟨Pl. von⟩ Eyrir

au|ra|tisch ⟨Adj.⟩ die Aura betreffend, zu ihr gehörend; *eine ~e Stimmung erzeugen*

Au|re|o|le ⟨f.; -, -n⟩ **1** Heiligenschein (um die ganze Gestalt) **2** ⟨Astron.; Meteor.⟩ = Halo **3** ⟨Bgb.⟩ bläul. Lichterkranz an Grubenlampen bei Auftreten von Grubengas [<lat. *aureolus* »golden, schön, herrlich«; zu *aurum* »Gold«]

Au|re|us ⟨m.; -, Au|rei⟩ altröm. Goldmünze [lat.]

Au|ri|gna|ci|en *auch:* **Au|ri|gna|ci|en** ⟨[ɔrɪnjasjɛ̃ː] n.; -s; unz.⟩ Stufe der jüngeren Altsteinzeit [nach der südfrz. Stadt *Aurignac*]

Au|ri|gna|cras|se *auch:* **Au|rig|nac-ras|se** ⟨[ɔrɪnjak-] f.; -; unz.⟩ Menschenrasse des Aurignacien

Au|ri|kel ⟨f.; -, -n; Bot.⟩ Art der Primel: Primula auricula [<lat. *auricula* »Öhrchen«]

au|ri|ku|lar ⟨Adj.⟩ das Ohr betreffend, zu ihm gehörig; *oV* aurikulär; *Sy* aural [<lat. *auricularius* »zum Ohr gehörig«; zu *auris* »Ohr«]

au|ri|ku|lär ⟨Adj.⟩ = aurikular

Au|ri|pig|ment ⟨n.; -(e)s; unz.; Chemie⟩ goldgelbes Arsenmineral, chem. Arsentrisulfid, Rauschgelb [<lat. *aurum* »Gold« + *Pigment*]

Au|ro|ra ⟨f.; -; unz.⟩ Morgenröte [nach der röm. Göttin der Morgenröte]

Au|ro|ra|fal|ter ⟨m.; -s, -; Zool.⟩ zu den Weißlingen gehörige Schmetterlingsart: Anthocaris cardamines

Au|rum ⟨n.; - od. -s; unz.; chem. Zeichen: Au⟩ Gold [lat.]

aus|a|gie|ren ⟨V.; Psych.⟩ *eine Emotion ~* in Handlung umsetzen

94

Authentizität

aus|bal|do|wern ⟨V.; umg.⟩ erkunden, auskundschaften [→ *Baldower*]
aus|che|cken ⟨[-tʃɛkən] V.; Flugw.⟩ nach dem Verlassen des Flugzeugs die Kontrollen passieren [→ *checken*]
aus|chil|len ⟨[-tʃɪl-] V.; umg.⟩ = chillen
aus|flip|pen ⟨V.; umg.⟩ **1** sich (durch auffälliges Verhalten) den von der Gesellschaft gegebenen Normen u. Zwängen entziehen; *plötzlich brach er die Ausbildung ab u. flippte völlig aus* **2** die Nerven verlieren, sich über etwas sehr aufregen (und übermäßig darauf reagieren); *als er von ihrer Kündigung hörte, flippte er total aus* **3** sich für etwas stark begeistern, sich sehr über etwas freuen; *die Gewinnerin flippte vor Freude völlig aus* [zu engl. *flip* »wegschnipsen«]
aus|ge|pow|ert *auch:* **aus|ge|po|wert** ⟨[-paʊ-] Adj.; umg.⟩ ausgepumpt, kraftlos [zu engl. *power* »Kraft, Macht«]
aus|kno|cken ⟨[-nɔ-] V.⟩ **1** ⟨Sport; Boxen⟩ durch Knockout besiegen **2** ⟨fig.⟩ übertrumpfen, ausstechen
Aus|kul|tant ⟨m.; -en, -en; Rechtsw.⟩ **1** ⟨veraltet; urspr.⟩ Zuhörer **2** Beisitzer ohne Stimmrecht [<lat. *auscultans*, Part. Präs zu *auscultare* »horchen«]
Aus|kul|ta|ti|on ⟨f.; -, -en; Med.⟩ Abhorchen der Körpergeräusche mit Ohr od. Hörrohr; *~ von Herz und Lunge* [<lat. *auscultatio* »das Horchen«]
aus|kul|ta|to|risch ⟨Adj.; Med.⟩ durch Auskultation, mit ihrer Hilfe
aus|kul|tie|ren ⟨V.⟩ abhorchen (von Körpergeräuschen) [<lat. *auscultare* »zuhören, horchen«]
aus|log|gen ⟨V.; EDV⟩ beenden, abschalten, abmelden (Programm, Computer); *Ggs* einloggen [zu engl. *log* »eintragen«]
Aus|pi|zi|um ⟨n.; -s, -zi|en; meist Pl.; bei den alten Römern⟩ **1** Voraussage nach der Deutung des Vogelfluges **2** Aussicht, Hoffnung **3** Obhut, Leitung; *unter günstigen Auspizien* [lat.,

»Beobachtung der Wahrzeichen«]
aus|po|wern[1] ⟨V.⟩ **1** *jmdn., ein Land ~* ausplündern **2** arm machen, ausbeuten [<frz. *pauvre* »arm«]
aus|pow|ern[2] *auch:* **aus|po|wern**[2] ⟨[-paʊərn] V.; salopp⟩ **1** *jmdn. ~* ausschalten, ausbeuten **2** *ausgepowert sein* erschöpft, kraftlos sein [zu engl. *power* »Kraft, Macht«]
aus|quar|tie|ren ⟨V.⟩ *jmdn. ~* aus einer Unterkunft entfernen
Aus|quar|tie|rung ⟨f.; -, -en⟩ das Ausquartieren
aus|ran|gie|ren ⟨[-rɑ̃ʒiː-] od. [-rɑ̃ːʒiː-] V.⟩ **1** ⟨Eisenbahn⟩ durch Rangieren entfernen, ab-, wegschieben **2** ⟨fig.⟩ aussondern, aussortieren, wegwerfen; *alte Kleider ~*
aus|staf|fie|ren ⟨V.⟩ ausstatten, ausrüsten, einkleiden; *festlich ~; alte Kleider ~. neu ~*
aus|ta|rie|ren ⟨V.⟩ ins Gleichgewicht bringen; *eine Waage ~*
Aus|te|nit ⟨m.; -s, -e; Min.⟩ Eisenmischkristall, chem. Eisencarbid [nach dem Namen des engl. Forschers Roberts-*Austen*, 1843–1902]
Aus|ter ⟨f.; -, -n; Zool.⟩ essbare Muschel in warmen u. gemäßigten Meeren: Ostreidae [<nddt. *uster* <ndrl. *oester*, engl. *oyster* <lat. *osterum* <grch. *osteron* <idg. *ost(h)* »Knochen«]
Aus|te|ri|ty ⟨[ɔstɛrɪtɪ] f.; -; unz.; Politik⟩ wirtschaftl. Sparsamkeit [engl., »Strenge, Härte«]

◆ Die Buchstabenfolge **austr...** kann auch **austr...** getrennt werden. Davon ausgenommen sind Zusammensetzungen, in denen die fremdsprachigen bzw. sprachhistorischen Bestandteile deutlich als solche erkennbar sind, z. B. *-trainiert.*

aus|trai|niert ⟨[-trɛ-] Adj.; Sport⟩ (für einen Wettkampf) gut trainiert, bezüglich des Trainings optimal vorbereitet; *er wirkte nicht ganz ~*
◆ **aus|tral** ⟨Adj.⟩ südlich, auf der südl. Halbkugel [<lat. *australis* »zum Südwind gehörig«; zu *auster* »Südwind, Süden«]
◆ **aus|tra|lid** ⟨Adj.⟩ die Australiden betreffend, zu ihnen gehörig, Rassenmerkmale der Australiden zeigend [→ *austral*]
◆ **Aus|tra|li|de** ⟨m. 1⟩ Angehörige(r) einer in Australien lebenden Menschenrasse, Ureinwohner Australiens
◆ **aus|tra|lo|id** ⟨Adj.⟩ den Australiden ähnlich [→ *austral*]
◆ **Aus|tra|lo|i|de** ⟨m. 1⟩ Mensch mit den Australiden ähnl. Rassenmerkmalen
◆ **Aus|tra|lo|pi|the|kus** ⟨m.; -; unz.⟩ Angehöriger der ältesten u. ursprünglichsten Hominiden vom menschl. Typus [<*austral* + grch. *pithekos* »Affe«]
◆ **Aus|tri|a|zis|mus** ⟨m.; -, -zis|men⟩ nur im österr. Sprachraum übliche Spracheigentümlichkeit [nach *Austria*, dem neulat. Namen für Österreich]
aus|trick|sen ⟨V.; umg.⟩ *jmdn. ~* durch einen Trick überlisten, ausschalten [→ *Trick*]
aut..., Aut... ⟨Vorsilbe⟩ = auto..., Auto...
aut|ark *auch:* **au|tark** ⟨Adj.⟩ unabhängig, selbständig; *oV* autarkisch; *~e Wirtschaft* [→ *Autarkie*]
Aut|ar|kie *auch:* **Au|tar|kie** ⟨f.; -; unz.⟩ wirtschaftl. Selbständigkeit, Unabhängigkeit (vom Ausland) [<grch. *autarkeia* <*autos* »selbst« + *arkein* »genügen«]
aut|ar|kisch *auch:* **au|tar|kisch** ⟨Adj.⟩ = autark
aut|erg *auch:* **au|terg** ⟨Adj.⟩ *~e Wirtschaft* W., in der die Einkommen mittels eigener Arbeitsleistung erwirtschaftet werden; *Ggs* allerg [<grch. *autos* »selbst« + *ergon* »Werk, Arbeit«]
Au|then|tie ⟨f.; -, -n⟩ = Authentizität
au|then|ti|fi|zie|ren ⟨V.⟩ die Echtheit bezeugen, beglaubigen; *ein Dokument ~* [<*authentisch* + *...fizieren*]
au|then|tisch ⟨Adj.⟩ verbürgt, echt, zuverlässig; *~e Nachricht* [<grch. *authentikos* »gültig, echt, glaubwürdig«]
au|then|ti|sie|ren ⟨V.⟩ glaubwürdig machen
Au|then|ti|zi|tät ⟨f.; -, -en⟩ Echtheit, Glaubwürdigkeit, Zuver-

authigen

lässigkeit; *Sy* Authentie [→ *authentisch*]

au|thi|gen ⟨Adj.⟩ am heutigen Fundort entstanden (bei Mineralien u. Gesteinen); *Ggs* allothigen [<grch. *authigenes* »an Ort u. Stelle entstanden«]

Au|tis|mus ⟨m.; -; unz.; Psych.⟩ krankhafte Ichbezogenheit, das Sichabschließen von der Umwelt u. dauernde Beschäftigung mit der eigenen Fantasie, bes. bei Schizophrenie [<grch. *autos* »selbst«]

Au|tist ⟨m.; -en, -en⟩ jmd., der an Autismus leidet

au|tis|tisch ⟨Adj.⟩ auf Autismus beruhend

Au|to[1] ⟨n.; -s, -s; kurz für⟩ **1** Automobil **2** Autotypie

Au|to[2] ⟨n.; -s, -s⟩ einaktiges religiöses Schauspiel in Spanien u. Portugal, bes. im 12./13. Jh. bis zum 18. Jh. [span. <lat. *actus* »Akt, Handlung«]

au|to..., **Au|to...** ⟨vor Vokalen⟩ aut..., Aut... ⟨Vorsilbe⟩ selbst..., Selbst... [<grch. *autos* »selbst«]

Au|to|an|ti|kör|per ⟨m.; -s, -⟩ Antikörper, der gegen körpereigene Substanzen wirkt [<*Auto*... + *Antikörper*]

Au|to|bio|graf ⟨m.; -en, -en⟩ jmd., der eine Autobiografie schreibt; *oV* Autobiograph

Au|to|bio|gra|fie ⟨f.; -, -n⟩ Selbstbeschreibung, Beschreibung des eigenen Lebens; *oV* Autobiographie

Au|to|bio|gra|fin ⟨f.; -, -fin|nen⟩ Frau, die eine Autobiografie schreibt; *oV* Autobiographin

au|to|bio|gra|fisch ⟨Adj.⟩ eine Autobiografie betreffend, auf ihr beruhend, in der Art einer Autobiografie; *oV* autobiografisch

Au|to|bio|graph ⟨m.; -en, -en⟩ = Autobiograf

Au|to|bio|gra|phie ⟨f.; -, -n⟩ = Autobiografie

Au|to|bio|gra|phin ⟨f.; -, -phin|nen⟩ = Autobiografin

au|to|bio|gra|phisch = autobiografisch

Au|to|bus ⟨m.; -ses, -se⟩ = Omnibus [verkürzt <*Auto*mobil + Omni*bus*]

Au|to|car ⟨m.; -s, -s; schweiz.; Kurzwort⟩ Reisebus, Autobus, bes. für Gesellschaftsreisen [<*Auto*mobil + engl. *car* »Wagen«]

Au|to|cho|rie ⟨[-ko-] f.; -; unz.; Bot.⟩ Verbreitung von Samen u. Früchten durch die Pflanze selbst [<*Auto*... + grch. *chora* »Gegend, Land«]

Au|to|chrom ⟨[-kro:m] n.; -s, -e⟩ veraltetes Verfahren der Farbenfotografie durch mehrfarbiges Überdrucken [<*Auto*... + ...*chrom*]

au|to|chthon *auch*: **au|toch|thon** ⟨[-tɔxto:n] Adj.⟩ alteingesessen, bodenständig, eingeboren; *Ggs* allochthon [<*auto*... + grch. *chthon* »Erde«]

Au|to|chtho|ne(r) *auch*: **Au|toch|tho|ne(r)** ⟨[-tɔxto:-] f. 2 (m. 1)⟩ Ureinwohner(in), Eingeborene(r)

Au|to|cross *auch*: **Au|to-Cross** ⟨n.; -; unz.⟩ Geschicklichkeits- u. Vielseitigkeitswettbewerb für Autofahrer im Gelände [<*Auto*[1] + engl. *cross* »quer« (im Sinne von »querfeldein«)]

Au|to|cue ⟨[ˈɔːkjuː] m.; -s, -s; TV⟩ Teleprompter [engl.]

Au|to|da|fé ⟨[-feː] n.; -s, -s⟩ **1** (in Spanien; 12./13. Jh.-18. Jh.) öffentl. Bekanntgabe u. Vollstreckung von Ketzergerichtsurteilen **2** (fig.) öffentliche Verbrennung verbotener Bücher [<span.-portug. *auto da fé* <lat. *actus fidei* »Akt des Glaubens«]

Au|to|di|dakt ⟨m.; -en, -en⟩ jmd., der sich durch Selbstunterricht bildet od. gebildet hat [<*Auto*... + grch. *didaskein* »lehren«]

au|to|di|dak|tisch ⟨Adj.⟩ in der Art eines Autodidakten, sich im Selbstunterricht bildend

Au|to|di|ges|ti|on ⟨f.; -, -en⟩ = Autolyse [<*Auto*... + *Digestion*]

Au|to|drom ⟨n.; -s, -e⟩ **1** ringförmige Straße für Renn- u. Testfahrten **2** (österr.) Fahrbahn für Autoskooter [<*Auto*... + grch. *dromos* »Lauf«]

au|to|dy|na|misch ⟨Adj.⟩ selbstwirkend

Au|to|ero|tik ⟨a. [---'--] f.; -; unz.⟩ auf die eigene Person gerichtete Erotik, z. B. Selbstbefriedigung; →a. Autosex, Masturbation [<grch. *autos* »selbst« + *Erotik*]

Au|to|fo|kus ⟨m.; -, -; bei Fotokameras⟩ automatische Schärfeneinstellung [<*Auto*... + *Fokus*]

au|to|gam ⟨Adj.; Bot.⟩ sich selbst befruchtend [→ *Autogamie*]

Au|to|ga|mie ⟨f.; -, -n; Bot.⟩ Selbstbefruchtung [<*Auto*... + ...*gamie*]

au|to|gen ⟨Adj.⟩ ursprünglich, selbsttätig; ∼*es Schweißen und Schleifen* Bearbeitung von Metall durch die Stichflamme eines Gemisches aus Brenngas u. Sauerstoff; ∼*es Training* auf die eigene Person konzentrierte Entspannungsübungen [<*auto*... + ...*gen*[3]]

Au|to|gi|ro ⟨[-ʒiː-] n.; -s, -s⟩ Tragschrauber, Vorläufer des Hubschraubers [<*Auto*... + grch. *gyros* »Kreis«]

Au|to|gno|sie *auch*: **Au|tog|no|sie** ⟨f.; -; unz.; Philos.⟩ Selbsterkenntnis [<*Auto*... + ...*gnosie*]

Au|to|graf ⟨n.; -s, -e od. -en⟩ = Autograph

Au|to|gra|fie ⟨f.; -, -n⟩ = Autografie

au|to|gra|fie|ren ⟨V.⟩ = autografieren

au|to|gra|fisch ⟨Adj.⟩ = autografisch

Au|to|gramm ⟨n.; -s, -e⟩ handschriftl. Namenszug [<*Auto*... + ...*gramm*]

Au|to|graph ⟨n.; -s, -e od. -en⟩ eigenhändig geschriebenes Schriftstück (einer bedeutenden Person), Urschrift; *oV* Autograf [<*Auto*... + ...*graph*]

Au|to|gra|phie ⟨f.; -, -n⟩ veraltetes Vervielfältigungsverfahren durch Umdruck; *oV* Autografie; *Sy* Autolithographie

au|to|gra|phie|ren ⟨V.⟩ *oV* autografieren **1** eigenhändig schreiben **2** durch Autographie anfertigen

au|to|gra|phisch ⟨Adj.⟩ *oV* autografisch **1** eigenhändig geschrieben **2** die Autographie betreffend, auf ihr beruhend, mit ihrer Hilfe

Au|to|gra|vü|re ⟨[-vyː-] f.; -, -n; Typ.⟩ Tiefdruck mit Raster [<*Auto*... + *Gravüre*]

Au|to|hyp|no|se ⟨f.; -, -n⟩ Selbsthypnose, Hypnose ohne fremde Hilfe

Au|to|in|fek|ti|on ⟨f.; -, -en⟩ Infektion des eigenen Körpers durch

Autointoxikation ⟨f.; -, -en⟩ Selbstvergiftung (durch Fäulnisprodukte im eigenen Körper, z. B. im Darm)

Autokarpie ⟨f.; -; unz.; Bot.⟩ Fruchtbildung nach Selbstbestäubung [<*Auto…* + grch. *karpos* »Frucht«]

Autokatalyse ⟨f.; -, -n⟩ **1** selbsttätig ablaufende katalyt. Reaktion **2** Beschleunigung einer chem. Reaktion durch einen Stoff, der durch die Reaktion selbst gebildet wird

Autokephalie ⟨f.; -, -n⟩ kirchl. Unabhängigkeit, Eigenständigkeit (bes. der Ostkirche); *oV* Autozephalie [<*Auto…* + *…kephalie*]

Autokinese ⟨f.; -; unz.; Psych.⟩ scheinbare Bewegung eines (im Dunkeln fixierten) Gegenstandes aufgrund der Eigenbewegung der Augen [<*Auto…* + grch. *kinesis* »Bewegung«]

Autokino ⟨n.; -s, -s⟩ = Drive-in-Kino

Autoklav ⟨m.; -s, -en [-vən]⟩ Stahlgefäß für Arbeiten bei hohem Überdruck u. hoher Temperatur [<*Auto…* + lat. *clavis* »Schlüssel«]

Autokollimation ⟨f.; -, -en⟩ optisches Verfahren zur Justage, bei dem eine Messmarke auf sich selbst abgebildet wird [<*Auto…* + lat. *collimare*, richtiger *collineare*, *collineare* »richtig zielen«; zu *linea* »Linie«]

Autökologie ⟨f.; -; unz.⟩ Teilgebiet der Ökologie, das sich mit den Wirkungen der Umweltfaktoren auf ein einziges Individuum beschäftigt [<*Auto…* + Ökologie]

Autokorrektur ⟨f.; -, -en; EDV⟩ (bei Textverarbeitungsprogrammen) automatische Funktion, die vom Programm nicht (als richtig) erkennbare Wörter markiert u. ggf. Verbesserungsvorschläge liefert [<*Auto…* + Korrektur]

Autokorrelation ⟨f.; -, -en⟩ wechselseitige Beziehung zwischen den einzelnen Mitgliedern einer Reihe, die verhindert, dass sich die Variablen einer Reihe vertauschen lassen

Autokorso ⟨m.; -s, -s⟩ aus Autos bestehende Auffahrt als festliche Begleitung, z. B. bei einem Staatsempfang

Autokrat ⟨m.; -en, -en⟩ Selbstherrscher, Alleinherrscher, selbstherrliche Person

Autokratie ⟨f.; -, -n⟩ Selbst-, Alleinherrschaft [<*Auto…* + *…kratie*]

autokratisch ⟨Adj.⟩ die Autokratie betreffend, auf ihr beruhend, unumschränkt

Autolithografie ⟨f.; -, -n⟩ = Autolithographie

Autolithographie ⟨f.; -, -n⟩ = Autographie; *oV* Autolithografie

Autolyse ⟨f.; -, -n⟩ Selbstauflösung abgestorbener Lebewesen ohne Beteiligung von Bakterien od. anderen Lebewesen; *Sy* Autodigestion [<*Auto…* + *…lyse*]

autolytisch ⟨Adj.⟩ sich selbst auflösend

Automat ⟨m.; -en, -en⟩ **1** ⟨Kyb.⟩ ein System (z. B. Maschine), das Informationen aus der Umgebung aufnimmt, speichert, verarbeitet u. Informationen an die Umgebung abgibt **2** selbsttätiger Arbeits- od. Verkaufsapparat; *Musik~*; *Waren~* **3** selbsttätige Maschine [<grch. *automatos* »aus eigener Bewegung handelnd, freiwillig«]

Automatie ⟨f.; -, -n⟩ unwillkürliche Tätigkeit von Organen (z. B. Darmtätigkeit), unbewusst ablaufender Vorgang (z. B. Atmung)

Automatik ⟨f.; -, -en⟩ **1** ⟨unz.⟩ Lehre von der Selbsttätigkeit **2** ⟨zählb.⟩ automat. arbeitende Steuer- od. Kontrollvorrichtung **3** ⟨Kurzwort für⟩ Automatikgetriebe

Automation ⟨f.; -; unz.⟩ = Automatisierung (2)

automatisch ⟨Adj.⟩ **1** mithilfe eines Automaten, selbsttätig **2** ⟨fig.⟩ wie ein Automat, unwillkürlich, zwangsläufig

automatisieren ⟨V.⟩ automatisch machen, mit Automaten ausstatten

Automatisierung ⟨f.; -, -en⟩ **1** das Automatisieren **2** Einführung automatischer Arbeitsgänge; *Sy* Automation

Automatismus ⟨m.; -, -tismen⟩ dem Bewusstsein entzogener Ablauf von Bewegungen u. Sinneseindrücken, z. B. in der Hypnose

Automixis ⟨f.; unz.⟩ Vereinigung zweier Keimzellen gleicher Herkunft [<*Auto…* + grch. *mixis* »Vermischung, Begattung«]

Automobil ⟨n.; -s, -e⟩ Personenkraftwagen; *Sy* Auto [<*Auto…* + lat. *mobilis* »beweglich«]

Automobilindustrie *auch:* **Automobilindustrie** ⟨f.; -; unz.⟩ Gesamtheit der Fabriken, die Kraftfahrzeuge herstellen

Automobilist ⟨m.; -en, -en; österr.; schweiz.⟩ Kraftfahrer, Autofahrer

Automobilistin ⟨f.; -, -tinnen; österr.; schweiz.⟩ Kraftfahrerin, Autofahrerin

automobilistisch ⟨Adj.⟩ das Automobil betreffend, zu ihm gehörig

Automobilsalon ⟨[-lõ:] od. [-lɔŋ], österr. a. [-loːn] m.; -s, -s⟩ = Autosalon

automorph ⟨Adj.⟩ = idiomorph [<*auto…* + *…morph*]

autonom ⟨Adj.⟩ selbständig, unabhängig, nach eigenen Gesetzen lebend; *Ggs* heteronom; *~es Nervensystem* = vegetatives Nervensystem [<*auto…* + *…nom*¹]

Autonome(r) ⟨f. 2 (m. 1)⟩ Mitglied einer Gruppe von Anarchisten, die nach eigenen (staatsfeindlichen) Gesetzen leben u. teilweise an gewalttätigen Auseinandersetzungen teilnehmen

Autonomie ⟨f.; -, -n⟩ **1** *~ von Gemeinden od. Ländern* Recht, sich eigene Gesetze zu geben, Selbstverwaltung **2** Unabhängigkeit, Eigengesetzlichkeit; *Ggs* Heteronomie

Autonomist ⟨m.; -en, -en⟩ Anhänger der Autonomie, Kämpfer für die Autonomie

autonym *auch:* **autonym** ⟨Adj.⟩ = orthonym

Autophilie ⟨f.; -; unz.⟩ Selbst-, Eigenliebe [<*Auto…* + *philie*]

Autopilot ⟨m.; -en, -en; Flugw.⟩ Einrichtung an Flugzeugen, die einen vorgegebenen Kurs nach Richtung u. Flughöhe

autopoietisch

selbsttätig einhält [<*Auto...* + *Pilot*]
au|to|poi|e|tisch ⟨Adj.⟩ das eigene Schaffen, Wirken betreffend [<*auto...* + grch. *poiesis* »Dichtung, Dichtkunst«]
Au|to|pol|ling ⟨n.; - od. -s, -s; EDV⟩ = Polling
Au|to|po|ly|plo|i|die ⟨f.; -; unz.; Genetik⟩ Vervielfachung des arteigenen Chromosomensatzes [<*Auto...* + *Polyploidie*]
Au|top|sie auch: **Au|top|sie** ⟨f.; -, -n⟩ **1** Selbstbeobachtung, Selbstwahrnehmung, (eigener) Augenschein **2** Betrachtung, Beobachtung des Kranken, ohne diesen zu befragen **3** Leichenschau, Leichenöffnung [<*Auto...* + ...*opsie*]
Au|tor ⟨m.; -s, -to|ren⟩ Verfasser, Urheber; ~ *eines Kunst- od. Schriftwerkes* [<frz. *auteur* »Verfasser«, <lat. *auctor* »Vermehrer, Urheber«]
Au|to|ra|dio ⟨n.; -s, -s⟩ in ein Auto eingebautes Radio
Au|to|ra|di|o|gra|fie ⟨f.; -, -n⟩ = Autoradiographie
Au|to|ra|di|o|gra|phie ⟨f.; -, -n⟩ Biochemie⟩ Technik zur radiologischen Markierung u. Darstellung von DNA-Fragmenten; *oV* Autoradiografie
Au|to|re|peat ⟨[-ri:pi:t] n.; -s; unz.⟩ Wiederholautomatik (bei CD-Playern u. Kassettenrekordern) [<*Auto...* + engl. *repeat* »wiederholen«]
Au|to|re|verse ⟨[-rivœ:s] n.; -; unz.⟩ automatische Umstellung der Bandlaufrichtung (bei Tonbandgeräten u. Kassettenrekordern) [<grch. *autos* »selbst« + engl. *reverse* »Rückseite«]
Au|to|rin ⟨f.; -, -rin|nen⟩ Verfasserin, Urheberin; *Roman*~
Au|to|ri|sa|ti|on ⟨f.; -, -en⟩ Bevollmächtigung, Ermächtigung [→ *Autor*]
au|to|ri|sie|ren ⟨V.⟩ (als einzigen zu etwas) ermächtigen, Vollmacht erteilen; *jmdn. zu etwas ~; eine autorisierte Übersetzung* [→ *Autor*]
Au|to|ri|sie|rung ⟨f.; -, -en⟩ das Autorisieren, Bevollmächtigung
au|to|ri|tär ⟨Adj.⟩ **1** auf Autorität beruhend **2** mit (unumschränkter) Autorität herrschend; ~*es Regime;* ~*er Staat* [<frz. *autoritaire* »diktatorisch, herrisch«]
Au|to|ri|tät ⟨f.; -, -en⟩ **1** ⟨unz.⟩ Geltung, Ansehen, maßgebender Einfluss; *jmds. ~ untergraben; sich ~ verschaffen; seine ~ wahren* **2** ⟨zählb.⟩ Person mit maßgebendem Einfluss, Person, deren Wissen u. Urteil allgemein anerkannt wird, anerkannter Fachmann; *eine ~ auf einem Gebiet sein* [<frz. *autorité* »Machtbefugnis«, <lat. *auctoritas* »Bürgschaft, Sicherheit, Ermächtigung«]
au|to|ri|ta|tiv ⟨Adj.⟩ **1** auf Autorität beruhend, mit Hilfe einer Autorität **2** entscheidend, maßgebend
Au|tor|kor|rek|tur ⟨f.; -, -en; Typ.⟩ Korrektur durch den Autor selbst
Au|to Sa|cra|men|tal auch: **Au|to Sa|cra|men|tal** ⟨n.; -s, -s⟩ = Auto² [span.]
Au|to|sa|lon ⟨[-lɔ̃:] od. [-lɔŋ], österr. a. [-loːn] m.; -s, -s⟩ Ausstellung bzw. Ausstellungsort neuer Automodelle; *Sy* Automobilsalon
Au|to|save ⟨[-seɪv] n.; -; unz.; EDV⟩ automatische Speicherung [<*Auto...* + engl. *save* »retten, sichern«]
Au|to|se|man|ti|kum ⟨n.; -s, -ti|ka; Sprachw.⟩ Wort, das eine eigene lexikalische Bedeutung besitzt, z. B. »Stuhl«, »laufen«; →*a.* Synsemantikum [<*Auto...* + grch. *semantikos* »bezeichnend, bedeutend«]
Au|to|sen|si|bi|li|sie|rung ⟨f.; -, -en⟩ Bildung von Antikörpern im Organismus aufgrund körpereigener Substanzen
Au|to|sex ⟨m.; - od. -es; unz.⟩ **1** auf die eigene Person ausgerichtete Sexualität, z. B. Masturbation **2** ⟨umg.⟩ im Auto vollzogene geschlechtliche Handlung [<*Auto...* + lat. *sexus* »Geschlecht«]
Au|to|skoo|ter ⟨[-skuː-] m.; -s, -⟩ = Skooter
Au|to|som ⟨n.; -s, -e⟩ nicht geschlechtsgebundenes Chromosom [<*Auto...* + grch. *soma* »Körper«]
Au|to|stra|da ⟨f.; -, -s⟩ Autobahn [ital.]
Au|to|sug|ges|ti|on ⟨f.; -; unz.; Psych.⟩ Selbstbeeinflussung, Erweckung von Vorstellungen ohne äußere Einflüsse [<*Auto...* + lat. *suggerere* »von unten herantragen«]
au|to|sug|ges|tiv ⟨Adj.; Psych.⟩ sich selbst beeinflussend [→ *Autosuggestion*]
Au|to|to|mie ⟨f.; -, -n⟩ Selbstverstümmelung (von Tieren) [<*Auto...* + grch. *tome* »Schnitt«]
Au|to|to|xin ⟨n.; -s, -e⟩ im Körper selbst entstehendes Giftstoff [<*Auto...* + *Toxin*]
Au|to|trans|fu|si|on ⟨f.; -, -en; Med.⟩ Eigenblutübertragung [<*Auto...* + *Transfusion*]
au|to|troph ⟨Adj.; Bot.⟩ sich von anorganischen Stoffen ernährend; *Ggs* heterotroph [<*auto...* + ...*troph*]
Au|to|tro|phie ⟨f.; -; unz.; Bot.⟩ Fähigkeit der grünen Pflanzen, sich von anorganischen Stoffen zu ernähren; *Ggs* Heterotrophie
Au|to|tro|pis|mus ⟨m.; -; unz.; Bot.⟩ Bestreben der Pflanze, eine einmal erfolgte Krümmung durch Reize wieder auszugleichen u. in die Normallage zurückzukehren
Au|to|ty|pie ⟨f.; -, -n; Buchdruck⟩ *Sy* Auto¹ **1** Druckstock **2** das davon hergestellte Druckbild, mit durch Raster entstandenen Halbtönen im Gegensatz zur Strichätzung; *Sy* Rasterätzung [<*Auto...* + ...*typie*]
Au|to|xi|da|ti|on ⟨f.; -, -en⟩ durch Einwirkung von Luftsauerstoff bei nur wenig erhöhten Temperaturen ablaufende Oxidationsvorgänge in manchen Stoffen, z. B. das Rosten von Eisen od. das Vermodern organischer Stoffe [<*Auto...* + *Oxidation*]
Au|to|ze|pha|lie ⟨f.; -, -n⟩ = Autokephalie
Au|to|zid|me|tho|de ⟨f.; -; unz.⟩ Methode der biolog. Schädlingsbekämpfung, bei der die Anzahl der unbefruchteten Eier durch den Zusatz sterilisierter Männchen erhöht wird [<*Auto...* + ...*zid*¹]
Au|to|zoom ⟨[-zuːm] n.; -s, -s⟩ Zoomobjektiv mit automat. Schärfeneinstellung [<grch. *autos* »selbst« + *Zoom*]

Avis

au|tum|nal ⟨Adj.⟩ Herbst…, herbstlich [<lat. *autumnus* »Herbst, herbstlich«]

Au|tu|nit ⟨n.; -s; unz.; Min.⟩ ein Uranmineral [nach dem Fundort in der Nähe der frz. Stadt *Autun*]

Au|xa|no|me|ter ⟨n.; -s, -; Bot.⟩ Messgerät für das Pflanzenwachstum [<grch. *auxanein* »vermehren« + …*meter*]

aux fines herbes ⟨[o:fɛ̃zɛrb] Kochk.⟩ mit feingehackten Kräutern (u. Pilzen) [frz., »mit feinen Kräutern«]

au|xi|li|ar ⟨Adj.⟩ zur Hilfe dienend, helfend, Hilfs… [<lat. *auxiliaris* »helfend«]

Au|xi|li|ar|verb ⟨n.; -s, -en; Gramm.⟩ Hilfsverb, z. B. haben, sein, werden

Au|xin ⟨n.; -s, -e; Bot.⟩ Pflanzenwuchsstoff [<grch. *auxin* »wachsen«]

a v. ⟨Abk. für⟩ a vista

A|val ⟨[-vaːl] m.; -s, -e od. (selten) n.; -s, -e⟩ Wechselbürgschaft [frz.]

a|va|lie|ren ⟨[-va-] V.⟩ als Wechselbürge unterschreiben [→ *Aval*]

A|van|ce ⟨[avãːs(ə)] f.; -, -n⟩ **1** Vorsprung **2** Vorteil, Gewinn **3** (Geld-)Vorschuss **4** Entgegenkommen, Ermutigung; *jmdm. ~n machen* sich jmdm. annähern, jmdm. Komplimente machen **5** ⟨Abk. A; Zeichen: +; auf der Stellscheibe von Uhren⟩ Zeichen, dass man eine Schraube od. einen Hebel in der bezeichneten Richtung stellen muss, um ein Schnellergehen der Uhr zu bewirken [frz., »Vorsprung«]

A|van|ce|ment ⟨[avãs(ə)mãː] n.; -s, -s; bes. Mil.⟩ Beförderung [frz., »Vorrücken«]

a|van|cie|ren ⟨[avãsiːrən] V.⟩; bes. Mil.⟩ vorrücken, in eine höhere Stellung, einen höheren Rang aufrücken [<frz. *avancer* »vorrücken«]

A|van|ta|ge ⟨[avãtaːʒ(ə)] f.; -, -n⟩ **1** Vorteil, Nutzen **2** Vorgabe [frz.]

A|van|ta|geur ⟨[avãtaʒøːr] m.; -s, -e⟩ Fahnenjunker, Offiziersanwärter [→ *Avantage*]

A|vant|gar|de ⟨[avã-] f.; -; unz.⟩ **1** ⟨bes. Mil.⟩ Vorhut **2** Gruppe von Vorkämpfern (für eine Idee od. Bewegung) **3** ⟨Lit.⟩ literarische Richtung gegen Ende des 19. Jhs., die für neue Ideen u. Formen eintrat [frz., »Vorhut (einer Streitmacht)«]

A|vant|gar|dist ⟨[avã-] m.; -en, -en⟩ Angehöriger der Avantgarde, Vorkämpfer

A|vant|gar|dis|tin ⟨[avã-] f.; -, -tin|nen⟩ Angehörige der Avantgarde, Vorkämpferin

a|vant|gar|dis|tisch ⟨[avã-] Adj.⟩ zur Avantgarde gehörig, vorkämpferisch

a|van|ti! ⟨[-van-]⟩ vorwärts! [ital.]

A|va|tar ⟨[-va-] m.; -s, -e od. -s⟩ **1** ⟨Buddhismus⟩ Gott der indischen Mythologie, der in menschlicher Gestalt zu den Menschen herabsteigt **2** ⟨engl. [ævəta(r)] EDV⟩ **2.1** meist an Comicfiguren angelehnte Kunstfigur in der virtuellen Welt des Internets, z. B. »Lara Croft« **2.2** meist bildhafte Darstellung od. Figur als grafisches Pseudonym eines Internetnutzers; *ein ~ in Gestalt einer Kugel* [<Sanskrit]

A|va|ta|rin ⟨[-va-] f.; -, -rin|nen; EDV⟩ weibl. Avatar (2)

avdp ⟨Abk. für frz.⟩ Avoirdupois

A|ve ⟨[-ve]⟩ **1** sei gegrüßt!, lebe wohl! **2** ⟨verkürzt für⟩ Avemaria

A|ve|ma|ria ⟨[-veː-] n.; - od. -s, - od. -s⟩ nach seinen Anfangsworten »Ave Maria« (Gegrüßt seist du, Maria) benanntes kath. Gebet, englischer Gruß; *ein ~ beten*

A|ven|tu|rin ⟨[-vɛn-] m.; -s, -e; Min.⟩ von zahlreichen kleinen Rissen durchzogener, gelber, roter od. brauner Quarz [<frz. *aventure* »unerwartetes Ereignis« (nach seiner zufälligen Entstehung)]

A|ve|nue ⟨[avəny:] f.; -, -n⟩ Prachtstraße, Allee [frz., »breite Zufahrtsstraße«]

A|ve|rage ⟨[ævərɪdʒ] m.; -, -s⟩ **1** ⟨zählb.⟩ Durchschnittswert **2** ⟨unz.; Mar.⟩ Havarie [engl., »Durchschnitt, Mittelwert« <frz. *avarie* <ital. *avaria*, entlehnt <arab. *'awar* »Schaden«]

A|ver|bo ⟨[-vɛːr-] n.; -s, -s od. -ver|bi [-vɛːr-]⟩ Gesamtheit der Stammformen des Verbums, aus denen sich die übrigen Formen ableiten lassen, z. B. laufen, lief, gelaufen [<lat. *a verbo* »vom Tätigkeitswort«]

A|vers ⟨[-vɛːrs] m.; -es, -e⟩ Ggs Revers[2] **1** *~ einer Münze* Vorderseite **2** *~ einer Medaille* Bildseite [frz.]

A|ver|sal|sum|me ⟨[-vɛr-] f.; -, -n⟩ = Aversum

A|ver|sion ⟨[-vɛr-] f.; -, -en⟩ Abneigung, Widerwille [<lat. *aversio* »das Abwenden«; zu *avertere* »abwenden«]

A|ver|si|o|nal|sum|me ⟨[-vɛr-] f.; -, -n⟩ = Aversum

a|ver|si|o|nie|ren ⟨[-vɛr-] V.⟩; veraltet⟩ abfinden [<lat. *emptio per aversionem* »Kauf mit Abwendung, ohne genaue Besichtigung«]

a|ver|tie|ren ⟨[-vɛr-] V.⟩ **1** benachrichtigen **2** einen Wink geben [<frz. *avertir* »benachrichtigen«]

A|ver|tis|se|ment ⟨[avɛrtɪs(ə)mãː] n.; -s, -s⟩ Benachrichtigung, Wink [frz., »Benachrichtigung, Warnung«]

A|vi|a|ri|um ⟨[-vi-] n.; -s, -ri|en; Zool.⟩ großes Vogelhaus [<lat. *avis* »Vogel«]

A|vi|a|tik ⟨[-vi-] f.; -; unz.; veraltet⟩ Flugtechnik, Flugwesen [<lat. *avis* »Vogel«]

A|vi|a|ti|ker ⟨[-vi-] m.; -s, -; veraltet⟩ Flieger, Kenner des Flugwesens

a|vi|a|tisch ⟨[-vi-] Adj.⟩ die Flugtechnik betreffend

AVI-For|mat ⟨n.; -(e)s, -e; EDV; Abk. für engl.⟩ Audio Video Interleaved, Format zur Speicherung von Bild u. Ton, welches das Abspielen von entsprechend bearbeiteten Videosequenzen auf dem Bildschirm ermöglicht; →*a.* Audio-Video-Technik [zu engl. *interleave* »durchschießen, durchsetzen«]

a|vi|ru|lent ⟨[-vi-] Adj.⟩ nicht virulent, nicht ansteckend, nicht ansteckungsfähig; Ggs virulent

A|vis ⟨[-viː] n.; -, - / [aviː(s)] od. m.; -es [-zəs], -e [-zə]⟩ *oV* ⟨österr.⟩ Aviso[1] **1** Nachricht, Anzeige, schriftl. Ankündigung (einer Sendung) **2** briefl. Mitteilung über die Ausstellung eines Wechsels an denjenigen,

avisieren

der die Zahlung leisten soll [frz., »Benachrichtigung«]
a|vi|sie|ren ⟨[-vi-] V.⟩ *jmdm. etwas ~* **1** jmdn. benachrichtigen, in Kenntnis setzen von etwas **2** ⟨veraltet⟩ schriftlich ankündigen [→ *Avis*]
A|vi|so[1] ⟨[-vi:-] n.; -s, -s; österr.⟩ = Avis
A|vi|so[2] ⟨[-vi:-] n.; -s, -s; kurz für⟩ Avisoboot
A|vi|so|boot ⟨[-vi:-] n.; -(e)s, -e⟩ schnelles, kleines Kriegsschiff; *Sy* Aviso[2] [span. od. ital., »Eilschiff zur schnellen Nachrichtenübermittlung«]
a vis|ta ⟨[-vɪs-] Finanzw.⟩ **1** auf od. bei Sicht, bei Vorlage fällig (z. B. Wechsel) **2** ⟨Musik⟩ vom Blatt (zu spielen); *ein Stück ~ spielen* [ital., »bei Sicht«]
A|vis|ta|wech|sel ⟨[-vɪs-] m.; -s, -⟩ Sichtwechsel [→ *a vista*]
A|vi|ta|mi|no|se *auch:* A|vi|ta|mi|no|se ⟨[-vit-] f.; -, -n⟩ Vitaminmangelkrankheit [<*A...*[2] + *Vitamin*]
A|vi|va|ge ⟨[viva:ʒə] f.; -, -n⟩ Nachbehandlung von Geweben, um ihnen Glanz zu geben
a|vi|vie|ren ⟨[-vivi:-] V.⟩ *gefärbtes Gewebe ~* ihm Glanz geben [<frz. *aviver* »beleben«]
A|vo|ca|do ⟨[-vo-] f.; -, -s; Bot.⟩ *oV* Avokado **1** kleiner Baum aus der Familie der Lorbeergewächse mit birnenförmigen, dunkelgrünen bis braunroten Früchten: Persea gratissima **2** dessen Frucht [span. *aguacate* <Nahuatl *ahuacatl* verkürzt <*ahuacatl* »Hoden« + *cuahuitl* »Baum« (als Aphrodisiakum angesehen)]
A|voir|du|pois ⟨frz. [-voaːrdypoːa] od. engl. [ævədəpɔɪs] n.; -; unz.; Abk.: avdp⟩ nordamerikan. u. engl. Handelsgewichtseinheit, 453,593 g [frz., eigtl. *avoir du poids* »Gewicht haben«]
A|vo|ka|do ⟨[-vo-] f.; -, -s; Bot.⟩ = Avocado
A|vus ⟨[-vus] f.; -; unz.⟩ Autorennstrecke bei Berlin [verkürzt <*A*utomobil-*V*erkehrs- und *Ü*bungs*s*traße]
AWACS ⟨Abk. für engl.⟩ Airborne Warning and Control System, von den USA entwickeltes Radarfrüherkennungssystem, das in Flugzeuge vom Typ Boeing 707 eingebaut wurde [engl., eigtl. »(in der Luft befindliches) Bordwarn- und Kontrollsystem«]
A|ward ⟨[əwɔːd] m.; -s, -s⟩ von einem Expertenausschuss verliehener Preis; *der ~ für den besten Song wurde einer Boygroup verliehen; Academy ~; Design ~; National Book ~* [engl., »Preis, Auszeichnung«]
A|wes|ta ⟨n.; -; unz.⟩ Sammlung heiliger Schriften der Parsen [<pers. *Apastak* »Grundtext«]
a|wes|tisch ⟨Adj.⟩ das Awesta betreffend, zu ihm gehörig
a|xi|al ⟨Adj.⟩ **1** auf eine Achse bezogen **2** symmetrisch angeordnet; *~er Schriftsatz; Ggs* anaxial [<lat. *axis* »Achse«]
A|xi|a|li|tät ⟨f.; -; unz.⟩ Bezogenheit auf eine Achse, axiale Anordnung, axiale Beschaffenheit
a|xil|lar ⟨Adj.⟩ **1** ⟨Anat.⟩ die Achselhöhle betreffend, zu ihr gehörig, in ihr gelegen **2** ⟨Bot.⟩ in der Blattachsel stehend [<lat. *axilla* »Achselhöhle«]
A|xil|lar|knos|pe ⟨f.; -, -n; Bot.⟩ in der Blattachsel stehende Knospe
A|xi|nit ⟨m.; -s, -e; Min.⟩ ein Silicatmineral von unterschiedl. Färbung, oft als Schmuckstein verwendet
A|xi|o|lo|gie ⟨f.; -; unz.; Philos.⟩ Wertlehre [<grch. *axios* »wert(voll)« + ...*logie*]
a|xi|o|lo|gisch ⟨Adj.⟩ die Axiologie betreffend, auf ihr beruhend
A|xi|om ⟨n.; -s, -e⟩ **1** grundlegender Lehrsatz, der ohne Beweis einleuchtet **2** Annahme als Grundlage eines wissenschaftl. Systems [<grch. *axioma*; zu *axioun* »für recht halten«]
A|xi|o|ma|tik ⟨f.; -; unz.⟩ Lehre von den Axiomen
a|xi|o|ma|tisch ⟨Adj.⟩ **1** auf Axiomen beruhend **2** gewiss, unmittelbar einleuchtend
a|xi|o|ma|ti|sie|ren ⟨V.⟩ zum Axiom erklären; *eine mathematische Tatsache ~*
A|xo|lotl ⟨m.; -s, -; Zool.⟩ mexikan. Wassermolch, der schon im Larvenstadium fortpflanzungsfähig ist: Amblystoma mexicanum [aztek., »Diener des Wassers«]

A|xon ⟨n.; -s, A|xo|ne⟩ Neurit der Nervenzelle [<grch. *axon* »Achse«]
A|xo|no|me|trie *auch:* A|xo|no|me|trie ⟨f.; -, -n; Math.⟩ eine geometr. Parallelprojektion, deren Bilder den Eindruck perspektiv. Abbildungen machen, nur dass parallele Linien wieder parallel erscheinen; *Sy* Parallelperspektive [<grch. *axon* »Achse« + *metron* »Maß«]
A|ya|tol|lah ⟨m.; -, -s; Islam⟩ hoher Geistlicher der Schiiten; *oV* Ajatollah [pers. *ayatullah* »Zeichen Gottes«]
Aye-Aye ⟨[ajaɪ] n.; -, -s; Zool.⟩ 50 cm langer, geschweifter, nachts aktiver Halbaffe Madagaskars mit langen, schlanken Fingern (Fingertier): Daubertonia madagaskariensis [<frz. <madegass. *ajai*]
A|yur|ve|da ⟨[-ve:-] m.; - od. -s; unz.⟩ Sammlung der bedeutendsten Lehrbücher der altindischen Medizin (bei der ärztlichen Behandlung werden überwiegend pflanzl. Arzneien angewendet); *oV* Ayurweda [<Sanskrit *weda* »Wissen«]
A|yur|we|da ⟨m.; - od. -s; unz.⟩ = Ayurveda
A|za|lee ⟨[-leːə] f.; -, -n [-leːən]; Bot.⟩ Gattung der Erikagewächse, meist immergrüne Sträucher, mit dem Rhododendron verwandt; *oV* Azalie [<grch. *azaleos* »dürr«]
A|za|lie ⟨[-ljə] f.; -, -n; Bot.⟩ = Azalee
A|za|ro|le ⟨f.; -, -n; Bot.⟩ kleine, mispelartige Frucht der mittelmeerischen ital. Mispel: Crataegus azarolus [<span. *acerola* <arab. *azzurur* »Mispel«]
a|zen|trisch *auch:* a|zen|trisch ⟨Adj.⟩ nicht auf ein Zentrum bezogen
a|ze|o|trop ⟨Adj.⟩ *~es Gemisch* ⟨Chemie⟩ aus zwei oder mehr Flüssigkeiten bestehendes Gemisch, das einen konstanten Siedepunkt aufweist, der von den Siedepunkten der Einzelbestandteile abweicht [<*a...*[2] + grch. *zein* »sieden« + ...*trop*[1]]
A|zet|al|de|hyd ⟨m.; -s; unz.; Chemie⟩ = Acetaldehyd
A|ze|tat ⟨n.; -(e)s, -e; Chemie⟩ = Acetat

Azetatseide ⟨f.; -, -n; Textilw.⟩ = Acetatseide
Azeton ⟨n.; -s; unz.⟩ = Aceton
Azetonämie auch: **Azetonämie** ⟨f.; -, -n; Med.⟩ = Acetonämie
Azetonurie auch: **Azetonurie** ⟨f.; -, -n; Med.⟩ = Acetonurie
Azetyl... ⟨Chemie; im Namen von organ. Verbindungen Bez. für⟩ Atomgruppierung -CO-CH; oV ⟨fachsprachl.⟩ Acetyl... [< lat. *acetum* »Essig« + grch. *hyle* »Holz, Stoff«]
Azetylcholin ⟨[-ko-] n.; -s, -e; Biochemie⟩ biogenes Amin, Gegenspieler des Adrenalins, wird bes. bei der Erregung der Nervenzellen des parasympathischen u. motorischen Nervensystems gebildet; oV ⟨fachsprachl.⟩ Acetylcholin [< *Azetyl...* + grch. *chole* »Galle«]
Azetylen ⟨n.; -s; unz.; Chemie⟩ = Acetylen
Azetylsäure ⟨f.; -, -n; Chemie⟩ = Acetylsäure
Azid ⟨n.; -(e)s, -e; Chemie⟩ Salz der Stickstoffwasserstoffsäure [→ *Azot*]
Azidimetrie auch: **Azidimetrie** ⟨f.; -; unz.⟩ = Acidimetrie
Azidität ⟨f.; -; unz.⟩ = Acidität
Azidose ⟨f.; -, -n⟩ = Acidose
Azimut ⟨n.; -s, -e od. n.; -s, -e⟩ Winkel, den ein Vertikal- od. Höhenkreis mit dem Meridian bildet [< arab. *as-sumut* »die Wege«]
azimutal ⟨Adj.⟩ auf den Azimut bezogen, ihn betreffend
Azimutalprojektion ⟨f.; -, -en; Kartogr.⟩ Kartenprojektion, bei der eine die Erde in einem Punkt berührende Ebene die Projektionsfläche bildet [< *Azimut* + *Projektion*]
Azine ⟨Pl.; Chemie⟩ Stickstoffverbindungen (Grundstoff für Azinfarbstoffe) [→ *Azot*]
azo..., Azo... ⟨in Zus.⟩ stickstoff..., Stickstoff... [< frz. *azote* < grch. *a...* »nicht« + *zoe* »Leben«]
Azofarbstoff ⟨m.; -(e)s, -e⟩ Stoff aus einer Gruppe von Teerfarbstoffen, die eine bes. Stickstoffgruppe enthalten u. zum Färben von Wolle, Baumwolle, Seide u. Leinen verwendet werden, in zahlreichen Farbtönen herstellbar [→ *Azot*]

Azogruppe ⟨f.; -, -n; Chemie⟩ chem. Verbindungen, die die Stickstoffverbindung -N=N- enthalten [→ *Azot*]
Azoikum ⟨n.; -s; unz.⟩ ältestes Erdzeitalter ohne Lebewesen [< *A...*¹ + *...zoikum*]
azoisch ⟨Adj.⟩ das Azoikum betreffend, zu ihm gehörig
Azoospermie ⟨[-tso:o-] f.; -; unz.; Med.⟩ Fehlen der Samenzellen in der Samenflüssigkeit [< *A...*¹ + *Zoon* + *Sperma*]
Azot ⟨n.; -s; unz.; Chemie⟩ Stickstoff [< frz. *azote* < grch. *a...* »nicht« + *zoe* »Leben«]
azotieren ⟨V.; Chemie⟩ *organische Verbindungen* ~ Stickstoff in organ. Verbindungen einführen [→ *Azot*]
Azulejos ⟨[-suleχɔs] Pl.⟩ bunte (bes. blaue) span. Wandfliesen, von den Mauren eingeführt [span.; zu *azul* »blau«]
Azulen ⟨n.; -s, -e; Chemie⟩ aromatischer Kohlenwasserstoff mit blauer bis violetter Farbe u. keimtötender Wirkung, kommt im Kamillenöl vor [< span. *azul* »blau«]
Azur ⟨m.; -s; unz.⟩ Himmelsblau, Himmelsbläue [< frz. *azur* < ital. *azzurro* < pers. *ladschuward* »Lazurstein, Blaustein«]
Azureelinien ⟨Pl.⟩ waagerechtes Linienfeld in Vordrucken für Wertangaben
azuriert ⟨Adj.⟩ mit Azureelinien versehen
Azurit ⟨m.; -s, -e; Min.⟩ Mineral, chem. basisches Kupfercarbonat, Kupferlasur [→ *Azur*]
azurn ⟨Adj.⟩ azurblau, azurfarben, himmelblau
Azyanopsie auch: **Azyanopsie** ⟨f.; -; unz.; Med.⟩ Farbenblindheit für blaue Farben [< *A...*¹ + grch. *kyaneos* »dunkelblau« + *...opsie*]
azyklisch auch: **azyklisch** ⟨Adj.⟩ **1** nicht zyklisch, nicht kreisförmig; →a. acyclisch **2** zeitlich unregelmäßig **3** ⟨Med.⟩ unregelmäßig verlaufend (ohne die übl. Zwischenräume) **4** ⟨Bot.⟩ spiralig
Azymon ⟨n.; - od. -s, -ma; jüd. Rel.⟩ ungesäuertes Brot, Matze [< *A...*¹ + grch. *zyme* »Sauerteig, Gärungsstoff«]

Azzurri ⟨Pl.; Sport⟩ italienische Fußballnationalmannschaft, die traditionell mit blauen Trikots u. blauen Stutzen spielt [zu ital. *azzurro* »blau«]

B

B 1 ⟨chem. Zeichen für⟩ Bor **2** ⟨EDV; Abk. für⟩ Byte **3** ⟨Abk. für⟩ Baht
Ba ⟨chem. Zeichen für⟩ Barium
Baal ⟨m.; -s, -e od. -im; im Vorchristentum⟩ Gottheit [hebr.]
Baas ⟨m.; -es, -e; nddt.⟩ Herr, Meister, Vorgesetzter [ndrl.]
Baba¹ ⟨m.; -, -s⟩ türkischer religiöser Ehrentitel, angesehener Geistlicher [türk., »alter Vater«]
Baba² ⟨f.; -, -s; slawische Kurzform u. Kosename für⟩ Großmutter [zu russ. *babuschka* »Großmutter, Mütterchen«]
Baba³ ⟨f.; -, -s⟩ russisch-polnisch hoher Napfkuchen, der mit Rum getränkt wird [poln.]
Babbittmetall ⟨[bæbɪt-] n.; -s, -e; Sammelbez. für⟩ eine Gruppe von Blei- u. Zinnbronzen
Babesien ⟨Pl.; Med.⟩ durch Zeckenbiss auf Mensch u. Tier übertragbare einzellige Krankheitserreger, z. B. des weltweit verbreiteten Texasfiebers der Rinder [nach dem rumän. Mediziner V. *Babes*, 1854-1926]
Babismus ⟨m.; -; Rel.⟩ ursprünglich islamische Sekte, gegründet von Mirza Ali Mohammed (1819-1850), der mit seiner Offenbarung hervortrat u. sich »bab« (Tor) nannte, durch das man in die Erlösung eingehen werde; →a. Bahaismus [< arab. *bab* »Tor«]
Babist ⟨m.; -en, -en; Rel.⟩ Anhänger des Babismus
Babu ⟨m.; -s, -s⟩ **1** ⟨unz.⟩ (gebildeter) Mann, Herr (als Titel in

Babusche

Indien) **2** ⟨zählb.⟩ Träger dieses Titels [Hindi, »Fürst«]
Ba|bu|sche ⟨f.; -, -n⟩ Stoffpantoffel, Hausschuh; *oV* Pampusche [<frz. *babouche* »Schlappschuh« <arab. *bâbûs* <pers. *pâpûs*]

Baby (*Deklination von Fremdwörtern*) Fremdwörter, die in die deutsche Standardsprache eingegangen sind, werden nach den für deutsche Wörter geltenden Regeln dekliniert. Dementsprechend lautet der Plural des Wortes »Baby« im Deutschen »Babys« und nicht wie im Englischen »Babies« (→a. Hobby).

Ba|by ⟨[beːbi] n.; -s, -s⟩ Säugling, kleines Kind [engl.]
Ba|by... ⟨[beːbi] in Zus.⟩ Säuglings...; ~*sprache* vereinfachte Sprache, die mit Kleinkindern gesprochen wird [engl.]
Ba|by|boom ⟨[beːbibuːm] m.; -s; unz.; umg.⟩ plötzliches Ansteigen der Geburtenrate [<*Baby* + engl. *boom* »Aufschwung«]
Ba|by|fon ⟨[beːbi-] n.; -s, -e⟩ Funkgerät, das Geräusche aus dem Schlafzimmer von Babys od. Kindern überträgt; *oV* Babyphon
Ba|by|jahr ⟨[beːbi-] n.; -s, -e⟩ auf die Rente von Frauen angerechnetes Jahr für die Erziehung eigener Kinder
ba|by|lo|nisch ⟨Adj.⟩ Babylonien betreffend, aus ihm stammend; ~*e Sprache* zu den ostsemitischen Sprachen gehörende Sprache der Babylonier; ~*e Sprachverwirrung* Sprachendurcheinander (nach Gen. 11,9)
Ba|by|phon ⟨[beːbi-] n.; -s, -e⟩ = Babyfon
ba|by|sit|ten ⟨[beːbi-] V.⟩ als Babysitter tätig sein
Ba|by|sit|ter ⟨[beːbi-] m.; -s, -⟩ männl. Person, die während der Abwesenheit der Eltern auf das Baby Acht gibt [<*Baby* + engl. *sit* »sitzen«]
Ba|by|sit|te|rin ⟨[beːbi-] f.; -, -rinnen⟩ weibl. Person, die während der Abwesenheit der Eltern auf das Baby Acht gibt
Ba|by|strich ⟨[beːbi-] m.; -(e)s; unz.; umg.⟩ Prostitution Minderjähriger; *auf den ~ gehen*

Bac|ca|rat ⟨[-ra] n.; -s; unz.⟩ = Bakkarat
Bac|cha|nal ⟨[-xa-] n.; -s, -e⟩ **1** Fest zu Ehren des röm. Weingottes Bacchus **2** ⟨fig.⟩ wüstes Trinkgelage
Bac|chant ⟨[-xant] m.; -en, -en⟩ **1** Diener des Bacchus **2** trunkener Schwärmer
bac|chan|tisch ⟨[-xan-] Adj.⟩ ausgelassen, ausschweifend, trunken
bac|chisch ⟨[-xɪʃ] Adj.⟩ Bacchus betreffend, zu ihm gehörig
Ba|cchi|us ⟨[-xi-] m.; -, -chi|en; Sprachw.⟩ antiker, bes. röm. Versfuß aus einer Hebung u. zwei Senkungen
Ba|che|lor ⟨[bætʃələ(r)] m.; - od. -s, -s⟩ = Bakkalaureus [engl., »Bakkalaureus; Junggeselle«]
Ba|cil|lus ⟨m.; -, -ci|llen⟩ = Bazillus
back ⟨Adv.; Seemannsspr.⟩ zurück, hinten [engl., »zurück«]
Back ⟨[bæk] m.; -s; schweiz.; Sport; Fußb.⟩ Verteidiger [engl.]
Back|bone ⟨[bækboʊn] n. od. m.; -s, -s; EDV⟩ leistungsfähiges Basisnetz, an das andere Netzwerke angeschlossen werden können [engl., eigtl. »Rückgrat«]
back|bord(s) ⟨Adv.; Mar.⟩ links; *Ggs* steuerbord(s)
Back|bord ⟨n.; -s; unz.⟩ linke Schiffsseite; *Ggs* Steuerbord [<engl. *backboard* <*back* »Rücken« (in alter Zeit war das Steuer auf der rechten Seite des Schiffes, sodass die linke dem Steuermann im Rücken lag) + *board* »Brett, Schiffsbord«]
Back|fire|an|ten|ne ⟨[bækfaɪə(r)-] f.; -, -n⟩ Antenne, die die von ihr empfangene Sendeenergie rückwärts gerichtet auf eine Reflexionswand wieder abstrahlt [<engl. *backfire* »Gegenfeuer; Fehlzündung«]
Back|gam|mon ⟨[bækgæmən] n.; - od. -s; unz.⟩ Brettspiel [<engl. *back* »zurück« + mengl. *gamen*, *gammon* »Spiel«]
Back|ground ⟨[bækgraʊnd] m.; - od. -s; unz.⟩ **1** Hintergrund **2** ⟨fig.⟩ ursächlicher Zusammenhang **3** Lebenserfahrung **4** ⟨Jazz⟩ Klanghintergrund beim Solo **5** ⟨Theat.⟩ Projektion als Hintergrund der Bühne **6** Hintergrund bei Film- u. Fernsehaufnahmen [engl.]
Back|ground|mu|sic ⟨[bækgraʊndmjuːzɪk] f.; -; unz.⟩ leise (Hintergrund-)Musik als Untermalung von Gesprächen
Back|ground|sän|ger ⟨[bækgraʊnd-] m.; -s, -⟩ Sänger einer Pop- od. Rockgruppe, dessen Gesang die Musik untermalt; *Ggs* Leadsänger
Back|ground|sän|ge|rin ⟨[bækgraʊnd-] f.; -, -rin|nen⟩ Sängerin einer Pop- od. Rockgruppe, deren Gesang die Musik untermalt; *Ggs* Leadsängerin
Back|hand ⟨[bækhænd] f.; -, -s; Sport; bes. Tennis⟩ Rückhand(schlag); *Ggs* Forehand [engl.]
Back|line ⟨[bæklaɪn] f.; -; unz.; Musik⟩ Ausrüstung, insbes. Instrumente einschließlich Verstärkern u. Effektgeräten, die für den Hintergrundsound einer Band benötigt werden; *die ~ wurde um acht Musiker verstärkt* [<engl. *back* »zurück, hinten« + *line* »Linie«]
Back|list ⟨[bæk-] f.; -, -s⟩ Verzeichnis der (neben den Neuerscheinungen) lieferbaren Bücher eines Verlages [<engl. *back* »zurück« + *list* »Liste«]
Back|pack ⟨[bækpæk] m.; -s, -s⟩ modischer Rucksack, häufig auch als Schulranzen gebraucht [engl., »Rucksack«]
Back|slash ⟨[bækslæʃ] m.; -s, -s; Zeichen: \⟩ Schrägstrich von links oben nach rechts unten; *Ggs* Slash [<engl. *back* »zurück« + *slash* »Strich, Schnitt«]
Back|spin ⟨[bæk-] m.; -s, -s; Sport; Golf; Tennis⟩ mit Rückwärtsdrall geschlagener Ball [<engl. *back* »zurück« + *spin* »wirbeln, drehen«]
Back|spring ⟨[bæksprɪŋ] m.; -s; Sport; Boxen⟩ sprungähnliche Rückwärtsbewegung, um einem gegnerischen Schlag auszuweichen od. sich aus der Reichweite seines Gegners zu entfernen [<engl. *back* »rückwärts« + *spring* »springen«]
Back|stage ⟨[bæksteɪdʒ] f. od. n.; -, -s; meist in Zus.; Musik⟩ Bereich hinter der Bühne; *der Sänger ist noch in der ~; ~pass;*

~*karten verlosen* [engl., »Hinterbühne«]

Back|stop|tech|no|lo|gie ⟨[bæk-stɔp-] f.; -; unz.; Wirtsch.⟩ Technologie, die auf den Einsatz nicht recycelbarer Energien verzichtet, Auffangtechnologie [engl.]

Back|tra|cking ⟨[bæktrækɪŋ] n.; - od. -s; unz.; EDV⟩ Programmier- bzw. Suchstrategie, die von bestimmten Problempunkten ausgehend Lösungswege entwickelt, wobei der bis dahin aktuelle (Daten-)Bestand gesichert (u. gegebenenfalls rückverfolgt) wird, falls sich der Weg als eindeutig falsch erweist [engl., »Rückverfolgung«]

Back-up *auch:* **Back|up** ⟨[bækʌp] n. od. m.; - od. -s, -s⟩ **1** ⟨EDV⟩ Sicherungskopie von Computerdateien auf einem zweiten Speichermedium (neben der Festplatte) od. in komprimierter Form **2** ⟨umg.; bes. Sport⟩ Ersatzmann, -spieler [<engl. *backup* »Rückendeckung, Unterstützung; Sicherheitskopie«]

Back-up-Line *auch:* **Back|up|line** ⟨[bækʌplaɪn] f.; -, -s; Wirtsch.⟩ Gesamtheit der Kreditmöglichkeit, die ein Kreditnehmer im Bedarfsfall (vor allem bei einer kurzfristigen Anleihe von Aktien) beanspruchen kann [<engl. *backup* »Unterstützung, Hilfe« + *line* »Linie, Strategie«]

Back|war|da|tion ⟨[bækwɔ(r)deɪʃn] f.; -; unz.; Börse⟩ Aufpreis für sofort lieferbare Ware (insbes. Rohstoffe) gegenüber dem Preis für Dreimonatsware [engl., »Kursabschlag, Deport«]

Ba|con ⟨[beɪkən] m.; -s; unz.⟩ durchwachsener Speck [engl.]

Badge[1] ⟨[bædʒ] n.; -s, -s [-dʒɪz]⟩ ansteckbares Namensschildchen [engl.]

Badge[2] ⟨[bædʒ] f.; -, -s [-dʒɪz] od. m.; -, -s [-dʒɪz]; Her.⟩ Abzeichen, Symbol im Wappen [engl.]

Ba|dia ⟨f.; -, -di|en⟩ Abtei, Abteikirche [ital.]

Ba|di|an ⟨m.; -s; unz.; Biol.⟩ ein Magnoliengewächs mit sternförmigen Früchten, die als Gewürz verwendet werden, Sternanis [<arab. *badia* »Wüstenschloss«]

Ba|di|na|ge ⟨[-ʒə] f.; -, -n; Musik⟩ = Badinerie

Ba|di|ne|rie ⟨f.; -, -n; Musik⟩ schneller, heiterer Satz der Suite, bes. im 18.Jh.; *Sy* Badinage [frz., »Spaß, Schäkerei«]

Bad|lands ⟨[bæːdlændz] Pl.; Geol.⟩ **1** ⟨urspr.⟩ Name eines karg bewachsenen Gebietes im heutigen US-Bundesstaat South Dakota **2** ⟨danach⟩ vegetationsarme, häufig durch Felsgestein u. Felsformationen gekennzeichnete Landschaftsform [engl., »Ödland«]

Bad|min|ton ⟨[bædmɪntən] n.; -s; unz.; Sport⟩ Federballtennis [nach *Badminton*, dem Besitztum des Herzogs von Beaufort in England]

Bad|trip *auch:* **Bad Trip** ⟨[bæːd-] m.; (-) -s, (-) -s⟩ = Horrortrip [engl., »schlechte Reise«]

Ba|fel ⟨m.; -s; unz.⟩ **1** Ausschussware **2** Gerede, Geschwätz [<talmud. *babel*, *Bafel* »minderwertige Ware«]

Ba|ga|ge ⟨[-ʒ(ə)] f.; -, -n⟩ **1** (Reise-)Gepäck **2** ⟨Mil.⟩ Tross **3** ⟨fig.; umg.⟩ Gesindel, Pack [frz., »Reisegepäck«]

Ba|gas|se ⟨f.; -, -n⟩ Rückstand bei der Rohzuckergewinnung; *oV* Begasse [frz., »ausgepresster Stängel des Zuckerrohrs«]

Ba|ga|tell|de|likt ⟨n.; -(e)s, -e⟩ kleineres Vergehen mit geringer Schuld des Täters

Ba|ga|tel|le ⟨f.; -, -n⟩ **1** ⟨Musik⟩ kurzes, leicht spielbares Musikstück **2** Kleinigkeit, Geringfügigkeit [frz., »Kleinigkeit«; zu lat. *baca* »Beere«]

ba|ga|tel|li|sie|ren ⟨V.⟩ als Bagatelle behandeln, als geringfügig hinstellen

Ba|ga|tell|sa|che ⟨f.; -, -n; österr.; schweiz.⟩ geringfügige Rechtssache, Streitigkeit [→ *Bagatelle*]

Ba|gel ⟨[beɪɡəl] m.; -s, -⟩ ringförmiges Gebäck, dessen Teig erst in kochendes Wasser gegeben und dann gebacken wird (bes. in Amerika als Frühstücksgebäck mit süßer od. herzhafter Füllung verbreitet) [engl.-amerikan., <jidd. *beygl*, <ahd. *boug* »Ring«]

Bag|ger ⟨m.; -s, -⟩ Maschine zum Bewegen (Lösen, Heben u. Ausschütten) von Erdreich [zu mndrl. *baggher* »Schlamm«]

bag|gern ⟨V.⟩ **1** mit dem Bagger arbeiten **2** mit dem Bagger ausheben, ab-, wegtragen

Ba|gno *auch:* **Bag|no** ⟨[banjo] n.; -s, -s od. Ba|gni [banji]; in Italien u. Frankreich⟩ Kerker [ital., »Badehaus«]

Bag|pipe ⟨[bæɡpaɪp] f.; -, -s⟩ Dudelsack [engl., »Sackpfeife«]

Ba|guette ⟨[-ɡɛt]⟩ **1** ⟨f.; -, -n⟩ Schliffform für Brillanten u. andere Edelsteine **2** ⟨n.; -s, -s⟩ langes, dünnes frz. Weißbrot [frz., »dünner Stab«]

Ba|ha|is|mus ⟨m.; -; unz.; Rel.⟩ Religionsgemeinschaft, die sich aus dem Babismus entwickelt hat, begründet von Mirza Hussein Ali Nuri (1817-1892), der den Ehrentitel Baha'u'llah trug [zu arab. *Baha'u'llah* »Glanz Gottes«]

Ba|har ⟨m. od. n.; - od. -s, - od. -s⟩ ostindisches Handelsgewicht [arab.]

Ba|hir ⟨m.; -s; unz.⟩ Buch der Kabbala [hebr.]

Bahn|card ⟨f.; -, -s⟩ kostenpflichtiger Ausweis der Dt. Bahn für die Ermäßigung des Fahrtarifes [<engl. *card* »Karte«]

Baht ⟨m.; -, -; Abk.: B⟩ Währungseinheit in Thailand, 100 Satang

Bai ⟨f.; -, -en⟩ Meeresbucht [<frz. *baie* »Bucht«]

Bai|ram ⟨m.; - od. -s, -s⟩ türk. Fest am Ende des Fastenmonats Ramadan; *oV* Beiram [<türk. *bairam* »Fest«]

Bai|ser ⟨[bɛzeː] n.; -s, -s⟩ Schaumgebäck aus Eischnee u. Zucker; *Sy* Meringe, Meringel [frz., »Kuss«]

Bais|se ⟨[bɛːs] f.; -, -n; Börse⟩ Kurssturz, niedriger Stand (von Aktien), Preisfall; *Ggs* Hausse; *auf (die)* ~ *spekulieren* fallende Kurse ausnützen, Wertpapiere bei niedrigem Stand einkaufen, um sie dann bei höherem Stand wieder zu verkaufen [frz., »Senkung, Abstieg«]

Bais|se|klau|sel ⟨[bɛːs-] f.; -, -n; Wirtsch.⟩ **1** Handelsklausel, nach der der Käufer zurücktreten darf, wenn er die Ware von

Baissespekulant

anderer Seite billiger beziehen kann **2** Handelsklausel, nach der Preisnachlässe, die in der Zeit zwischen Vertragsabschluss u. Lieferungstermin eintreten, zugunsten des Käufers bei der Preisgestaltung berücksichtigt werden [<frz. *baisse* »Senkung, Abstieg«]

Baisse|spe|ku|lant ⟨[bɛːs-] m.; -en, -en; Börse⟩ jmd., der auf Baisse spekuliert

Bais|sier ⟨[bɛsjeː] m.; -s, -s; Börse⟩ Baissespekulant; *Sy* Bear; *Ggs* Haussier

Ba|ja|de|re ⟨f.; -, -n⟩ ind. Tempeltänzerin [<portug. *bailadeira* »Tänzerin«]

Ba|ja|do ⟨[-xaː-] m.; -s, -s; Geogr.⟩ Trockenfluss im Mittelmeergebiet, der aufgrund seiner tendenziell flachen Schottersohle im Sommer meist komplett ausdörrt; →*a.* Torrente [<span. *bajada* »Gefälle, Talfahrt« od. *bajamar* »Ebbe«]

Ba|jaz|zo ⟨m.; -s, -s⟩ Spaßmacher, Hanswurst [<ital. *pagliaccio* »Strohsack« (wegen seiner sackähnl. Bekleidung)]

Ba|jo|nett ⟨n.; -(e)s, -e⟩ an der Seite getragene, auf den Gewehrlauf aufsteckbare Stoß- u. Stichwaffe für den Nahkampf, Seitengewehr; *das ~ auf den Gewehrlauf stecken* [<frz. *baïonnette*, nach dem Herstellungsort, der Stadt *Bayonne* im südwestl. Frankreich]

Ba|jo|nett|fas|sung ⟨f.; -, -en⟩ Fassung für elektr. Glühlampen mit Bajonettverschluss

ba|jo|net|tie|ren ⟨V.⟩ **1** mit dem Bajonett kämpfen **2** *jmdn. ~* mit dem B. aufspießen

Ba|jo|nett|ver|schluss ⟨m.; -es, -schlüs|se⟩ dem Aufstecken des Bajonetts ähnl., leicht lösbares Verbindungsstück von Rohren, Hülsen, elektr. Lampen usw.

Ba|ke|lit® ⟨n.; -s, -e⟩ von der Bakelite GmbH hergestellter Kunststoff verschiedener Zusammensetzung; *oV* Bakelite [nach dem Erfinder, dem belg. Chemiker L. H. *Baekeland*]

Ba|ke|lit ⟨n.; -s, -e; urspr.⟩ einer der ersten Kunststoffe, eine Pressmasse aus Phenolharzen; *oV* Bakelite [→ *Bakelit®*]

Ba|ke|li|te ⟨n.; -s, -⟩ = Bakelit(®)

Bak|ka|lau|re|at ⟨n.; -s, -e; in England, Frankreich u. den USA⟩ unterster akademischer Grad [→ *Bakkalaureus*]

Bak|ka|lau|re|us ⟨m.; -, -rei [-reːi]⟩ Inhaber des Bakkalaureats; *Sy* Bachelor [<mlat. *baccalarius,* eigtl. »Ritter, der einem anderen untergeordnet ist, Knappe«; beeinflusst von lat. *laurea* »Lorbeer«]

Bak|ka|rat ⟨[-ra] n.; -s; unz.⟩ Glücksspiel mit zwei Whistkartenspielen, bei dem ein Bankhalter gegen zwei Partner spielt; *oV* Baccarat [<frz. *baccara*]

Bak|ken ⟨m.; - od. -s, -; Sport⟩ (Skisprung-)Schanze [norweg.]

Bak|la|va *auch:* **Bak|la|va** ⟨[-va] f.; -, -s⟩ süße Blätterteigpastete mit Nüssen od. Pistazien u. Zuckersirup [grch. <türk.]

Bak|schisch ⟨n.; -s, -e⟩ **1** kleines Geschenk, Almosen, Trinkgeld **2** Bestechungsgeld [<pers. *bakschisch* »Geschenk«]

Bak|te|ri|ä|mie ⟨f.; -, -n; Med.⟩ Vorhandensein von Bakterien im Blut [<*Bakterium* + ...*ämie*]

Bak|te|rie ⟨[-riə] f.; -, -n; umg. für⟩ Bakterium

bak|te|ri|ell ⟨Adj.⟩ die Bakterien betreffend, durch Bakterien hervorgerufen; *~e Infektion*

Bak|te|ri|en|kul|tur ⟨f.; -, -en⟩ auf einem Nährboden gezüchtete Bakterien

Bak|te|ri|o|lo|ge ⟨m.; -n, -n; Med.⟩ Wissenschaftler auf dem Gebiet der Bakteriologie

Bak|te|ri|o|lo|gie ⟨f.; -; unz.⟩ Wissenschaft von den Bakterien, Erforschung der Bakterien [<*Bakterium* + ...*logie*]

Bak|te|ri|o|lo|gin ⟨f.; -, -gin|nen; Med.⟩ Wissenschaftlerin auf dem Gebiet der Bakteriologie

bak|te|ri|o|lo|gisch ⟨Adj.⟩ die Bakteriologie betreffend, auf ihr beruhend, mit ihrer Hilfe

Bak|te|ri|o|ly|se ⟨f.; -, -n⟩ Auflösung von Bakterien durch Antikörper [<*Bakterium* + ...*lyse*]

Bak|te|ri|o|ly|sin ⟨n.; -s, -e; meist Pl.; Med.⟩ Antikörper, der sich im Blut entwickelt u. mit Hilfe von Proteinen bestimmte Bakterien vernichtet [<*Bakterium* + *Lysin*]

bak|te|ri|o|ly|tisch ⟨Adj.⟩ Bakterien auflösend, vernichtend [→ *Bakteriolyse*]

bak|te|ri|o|phag ⟨Adj.; Med.⟩ Bakterien zerstörend [<*Bakterium* + ...*phag*]

Bak|te|ri|o|pha|ge ⟨m.; -n, -n⟩ Bakterien zerstörendes Virus [<*Bakterium* + ...*phage*]

Bak|te|ri|o|se ⟨f.; -, -n⟩ durch Bakterien verursachte Pflanzenkrankheit

Bak|te|ri|o|sta|se *auch:* **Bak|te|ri|o|sta|se** ⟨f.; -, -n⟩ Hemmung des Wachstums u. der Vermehrung von Bakterien [<*Bakterium* + ...*stase*]

bak|te|ri|o|sta|tisch *auch:* **bak|te|ri|os|ta|tisch** ⟨Adj.⟩ das Wachstum u. die Vermehrung von Bakterien hemmend, ohne sie dabei zu vernichten

Bak|te|ri|um ⟨n.; -s, -ri|en⟩ einzelliges, stäbchenförmiges, pflanzl. Lebewesen, Gärungs-, Fäulnis-, Krankheitserreger, Spaltpilz [<lat. *bacterium*, nach *bakterion* »Stäbchen«]

bak|te|ri|zid ⟨Adj.⟩ Bakterien tötend [<*Bakterium* + ...*zid*ᵈ]

Bak|te|ri|zid ⟨n.; -s, -e⟩ Bakterien tötender Stoff

Ba|la|din ⟨[-dɛ̃ː] m.; -s, -s [-dɛ̃ːs]⟩ Schmierenkomödiant, Witzbold, Groteск(ballett)tänzer des alten französischen Theaters [frz.]

Ba|la|di|ne ⟨[-diːn] f.; -, -n⟩ Possenreißerin, Schmierenkomödiantin, Ballettänzerin [frz.]

Ba|la|lai|ka ⟨f.; -, -s od. -lai|ken; Musik⟩ russ. Zupfinstrument mit drei Saiten, dreieckigem Klangkörper u. langem Hals [russ. <tatar.]

Ba|lance ⟨[balãːs(ə)] f.; -, -n⟩ Gleichgewicht; *die ~ halten; die ~ verlieren* [frz., »Waage«]

Ba|lance|akt ⟨[balãːs(ə)-] m.; -(e)s, -e⟩ **1** Vorführung einer schwierigen Gleichgewichtsübung auf dem Seil **2** ⟨fig.⟩ schwierige, einfühlsame Handlungsweise, bei der man nach mehreren Seiten hin Rücksicht nehmen u. vorsichtig sein muss

Ba|lance|ment ⟨[balãs(ə)mãː] m.; -s; unz.; beim Klavichordspiel⟩ Bebung, Schwingung durch rasch wechselnden Druck auf die Taste [frz., »Wiegen, Hin-

Ballett

u. Herschwanken, Schwingung«]

Balance of Power auch: **Balance of Power** ⟨[bæləns ɔv pauə(r)] f.; - - -; unz.; Politik⟩ **1** kontinental- od. globalmilitärischer Zustand, bei dem keine Großmacht eine entscheidende Vormachtstellung gegenüber anderen Nationen od. Großmächten hat **2** ein daraus resultierender kontinental- od. globalpolitischer Zustand, bei dem keine einzelne Nation eine diplomatische Schlüsselfunktion ausüben kann [engl., »Gleichgewicht der Kräfte«]

Balancier ⟨[balãsjeː] m.; -s, -s⟩ **1** waagerechter Balken einer Waage **2** Unruhegangregler an Uhren **3** zwischen Kolben u. Pleuelstange befindl. Schwinghebel an älteren Dampfmaschinen [frz., »Pendel«]

balancieren ⟨[-lãsiː-] V.⟩ **1** (sich) im Gleichgewicht halten; *auf einem dünnen Baumstamm ~* **2** ⟨fig.⟩ ausgeglichen sein; *der Etat balanciert* **3** *etwas ~* im Gleichgewicht halten; *einen Ball (auf einem Finger) ~* [<frz. *balancer* »schaukeln«]

Balanitis ⟨f.; -, -tiden; Med.⟩ Entzündung der Eichel des männl. Gliedes [<grch. *balanos* »Eichel«]

Balata ⟨a. [-'--] f.; -; unz.⟩ dem Naturkautschuk ähnlicher Stoff (wird u. a. für die Herstellung von Golfbällen verwendet) [span. <karib.]

Balatum® ⟨a. [-'--] n.; -s; unz.⟩ mit Kautschuklösung getränkte Wollfilzpappe als Fußbodenbelag [→ *Balata*]

balbieren ⟨V.⟩ = barbieren; *jmdn. über den Löffel ~* ⟨fig.⟩ jmdn. (rücksichtslos) betrügen [vielleicht nach der unzarten, unhöflichen Angewohnheit mancher Barbiere, alten Kunden beim Rasieren einen Löffel in die Wangen zu stecken, um sich die Arbeit zu erleichtern, urspr. also »rücksichtslos behandeln«]

Balboa ⟨m.; - od. -s, -s od. (bei Zahlenangaben) -⟩ Währungseinheit in Panama [nach dem span. Entdecker Vasco Nuñez de *Balboa*, 1475-1517]

Baldachin ⟨[-xin] m.; -s, -e⟩ **1** Dach aus Stoff über einem Thron, einem Bett **2** Traghimmel (bei Prozessionen) **3** steinernes Schutzdach über got. Standbildern **4** ⟨Arch.⟩ Altarüberdachung [<ital. *baldacchino*, eigtl. »golddurchwirkter Seidenstoff aus Bagdad« <*Baldacco*, ital. Bezeichnung für *Bagdad*]

Baldower ⟨m.; -s, -⟩ Gauner, Betrüger [<hebr. *baal* »Mann« + *dowor* »Wort«; eigtl. »Herr des Wortes, Betrüger, Mensch, der zu überreden sucht«]

Balester ⟨m.; -s, -⟩ Armbrust, bei der mit Kugeln (statt mit Pfeilen) geschossen wird [<ital. *balestra* »Armbrust« <lat. *ballistarium* »Wurfmaschine«; → *Balliste*]

Balestra auch: **Ballestra** ⟨f.; -, -tren; Sport⟩ Angriff beim Fechten, bei dem der Arm mit der Waffe u. das entsprechende Bein nach vorne bewegt werden

balkanisieren ⟨V.⟩ *ein Land ~* in Kleinstaaten aufteilen, zersplittern [nach der *Balkanhalbinsel* in Südosteuropa, die nach der Auflösung des Osmanischen Reichs u. der Donaumonarchie in Kleinstaaten aufgeteilt wurde]

Balkanisierung ⟨f.; -, -en⟩ die Aufteilung, Zersplitterung eines Landes in Kleinstaaten, das Balkanisieren

Balkanistik ⟨f.; -; unz.⟩ = Balkanologie

Balkanologie ⟨f.; -; unz.⟩ Wissenschaft von den Sprachen u. Kulturen des Balkans; *Sy* Balkanistik

Balkon ⟨[-kõː] od. [-kɔn] m.; -s, -s od. [-kõːn] m.; -s, -e⟩ **1** durch Gitter od. Brüstung abgeschlossener Vorbau eines Hauses **2** erster Rang (im Theater); *Mittel~; Seiten~* [<frz. *balcon* <langobard. **balko-*; verwandt mit *Balken*]

Ball ⟨m.; -(e)s, Bälle⟩ (größeres) Tanzvergnügen; *einen ~ eröffnen; einen ~ geben; auf den ~ gehen* [<frz. *bal* »Tanz«; zu lat. *ballare* »tanzen«; verwandt mit *Ballade, Ballett, Ballerina, Bajadere*]

Ballade ⟨f.; -, -n⟩ **1** ⟨Musik; urspr.⟩ Tanzlied **2** ⟨Lit.⟩ episches, dramatisch bewegtes Gedicht [<engl. *ballad* »erzählendes Gedicht sagenhaften Inhalts« <afrz. *balade* »Tanzlied« <prov. *balada* »Tanz«; zu *balar* »tanzen«; → *Ball*]

balladesk ⟨Adj.⟩ balladenhaft

Balladoper ⟨[bæləd‿əpərə] f.; -, -s; Theat.⟩ im 18. Jh. in England entstandene Form der Oper, in der volkstümliche Stoffe u. Melodien (vielfach aus zeitgenössischen Balladen entnommen) verwendet werden [<engl. *ballad* »Ballade« + *opera* »Oper«]

Ballast ⟨m.; -(e)s, -e⟩ **1** wertlose Fracht zum Ausgleich des Gewichts od. (bei Schiffen) des Tiefgangs **2** ⟨fig.⟩ unnützes Beiwerk, Bürde, Last, Belastung [erster Wortteil unklar: <*bar* »bloß« od. <aengl. *bearm scipes* »Schoß des Schiffes« od. <anord. *barmr* »Rand« od. <ahd. *balu* »schlecht«]

Ballastionen ⟨Pl.; Geol.⟩ (für die Nährstoffabdeckung der Pflanzen sekundäre) auswechselbare Ionen im Erdboden, die über die Wurzelenden aufgesogen werden [<*Ballast* + *Ion*]

Ballawatsch ⟨m.; -(e)s; unz.; österr.⟩ *oV* Pallawatsch **1** Durcheinander **2** Unsinn [ital.]

Ballei ⟨f.; -, -en⟩ Verwaltungsbezirk eines Ritterordens, mehrere Komtureien [<mlat. *ballia* <*ballivus* »Rechtspfleger u. Verwalter eines Bezirks, einer Stadt usw.« <lat. *baiulus* »Lastträger«]

Ballerina ⟨f.; -, -rinen⟩ Ballettsolistin, Tänzerin; *oV* Ballerine [ital., »Kunsttänzerin«; zu *ballo* »Tanz, Tanzfest«; → *Ball*]

Ballerine ⟨f.; -, -n⟩ = Ballerina

Ballerino ⟨m.; -s, -s⟩ (Solo-)Tänzer im Ballett [ital., »Kunsttänzer«]

Ballet de Cour ⟨[-lɛ də kuːr] n.; - - -, -s [-lɛ] - -⟩ glanzvoll ausgestattetes Ballett der französischen Barockepoche [frz., eigtl. »(Fürsten-)Hofballett«]

Ballett ⟨n.; -(e)s, -e⟩ **1** Bühnentanz **2** Bühnentanzgruppe [<ital. *balletto* »kleines Tanzfest«]

105

Ballettensemble

Bal|lett|en|sem|ble *auch:* **Ballett-ensemble** ⟨[-āsā:bl] n.; -s, -s⟩ alle Tänzer(innen) eines Balletts [→ *Ensemble*]

Bal|let|teu|se ⟨[-tø:zə] f.; -, -n⟩ Balletttänzerin [< *Ballett* + frz. Endung]

Bal|lett|korps ⟨[-ko:r] m.; - [-ko:rs], - [-ko:rs]⟩ Tänzergruppe, die die Solisten umrahmen [→ *Korps*]

Bal|lett|meis|ter ⟨m.; -s, -⟩ Leiter, Ausbilder eines Balletts

Bal|lett|tanz ⟨m.; -es, -tän|ze⟩ (klassischer) Tanz auf einer Bühne

Bal|lis|te ⟨f.; -, -n⟩ antike Wurfmaschine [< lat. *ballista* »Wurfmaschine«; zu grch. *ballein* »werfen«]

Bal|lis|tik ⟨f.; -; unz.⟩ Lehre von den Flugbahnen geworfener od. geschossener Körper [→ *Balliste*]

Bal|lis|ti|ker ⟨m.; -s, -⟩ Wissenschaftler, der sich mit der Ballistik beschäftigt

bal|lis|tisch ⟨Adj.⟩ die Ballistik betreffend, zu ihr gehörig, auf ihr beruhend; ~e *Kurve* Bahn, die ein geworfener od. geschossener Körper unter dem Einfluss der Luftreibung beschreibt

Bal|lo|elek|tri|zi|tät *auch:* **Ballo-elektrizität** ⟨f.; -; unz.⟩ durch Auflagen feiner Wassertröpfchen beim freien Fall bewirkte Luftelektrizität

Bal|lon ⟨[balɔ̃:] od. [balɔ̃] m.; -s, -s od. [balo:n] m.; -s, -e⟩ **1** mit Gas gefüllter Ball aus dünner Gummihaut, Kinderspielzeug; *Luft*~ **2** mit Gas (od. Heißluft) gefülltes, ballförmiges Luftfahrzeug, leichter als Luft; *Fessel*~; *Frei*~; *Heißluft*~ **3** große, bauchige Flasche (zum Aufbewahren von Säuren, Herstellen von Most usw.) [frz., »großer Ball« < ital. *pallone*; zu *palla* »Kugel«; beeinflusst von frz. *balle* »Ball« < fränk. **balla*]

Bal|lon|as|tro|no|mie *auch:* **Ballonastronomie** ⟨[balɔ̃:-] od. [ba-lɔ̃-] od. [balo:n-] f.; -; unz.; Astron.⟩ Wissenschaftsbereich der Astronomie, in dem kosmische Objekte aus Stratosphärenballons heraus fotografiert u. untersucht werden

Bal|lo|nett ⟨n.; -(e)s, -e⟩ Luftsack im Inneren von Luftschiffen u. Fesselballonen

Bal|lon|rei|fen ⟨[-lɔ̃:-] od. [-lɔŋ-] od. [-lo:n-] m.; -s, -⟩ Reifen mit relativ weicher Laufsohle u. niedrigem Luftdruck für Fahrräder u. andere Fahrzeuge geringerer Geschwindigkeit

Bal|lon|te|le|skop *auch:* **Ballonteleskop** ⟨[balɔ̃:-] od. [balɔŋ-] od. [balo:n-] n.; -s, -e⟩ Teleskop, das durch Stratosphärenballons bis in 40 Kilometer Höhe getragen wird u. bei der Fotografie von Sonne, Planeten u. neuerdings im Bereich der Infrarotastronomie Anwendung findet [< *Ballon* + *Teleskop*]

Bal|loo|ning ⟨[bælu:nɪŋ] n.; - od. -s; unz.; Sport; Golf⟩ das Verschlagen des Balles in die Höhe [zu engl. *balloon* »hoch in die Luft schlagen«; zu *balloon* »(Luft-)Ballon«]

Bal|lot[1] ⟨[balo:] n.; -s, -s⟩ kleiner Warenballen [frz., »kleiner Ballen«; zu *balle* »Kugel, Warenballen« < fränk. **balla* »Kugel, Ball«]

Bal|lot[2] ⟨[bælət] n.; -s, -s; in England u. den USA⟩ Geheimabstimmung [< engl. *ballot* »Wahlkugel, Stimmzettel«; → *Ballot*[1]]

Bal|lo|ta|de ⟨f.; -, -n; hohe Schule⟩ Sprungübung des Pferdes in der hohen Schule, bei der die Vorderbeine angezogen u. alle vier Hufe nach hinten gestreckt werden [zu frz. *ballotter* »hin u. her werfen, schaukeln«; zu *ballotte* »kleine Kugel«; → *Ballot*[2]]

Bal|lo|ta|ge ⟨[-ʒ(ə)] f.; -, -n⟩ geheime Abstimmung durch verdeckte Abgabe von weißen od. schwarzen Kugeln [frz., »Stichwahl« < *ballotte* »kleine Kugel, Stimmkugel«; → *Ballot*[2]]

bal|lo|tie|ren ⟨V.⟩ durch Ballotage abstimmen [→ *Ballot*[2]]

Bal|ly|hoo ⟨[bælɪhu:] n.; - od. -s; unz.⟩ lautstarke Propaganda, aufdringliche Reklame [engl.]

bal|neo..., Bal|neo... ⟨in Zus.⟩ bad..., Bad... [< lat. *balneum* »Badezimmer, -wanne, Bad«]

Bal|ne|o|gra|fie ⟨f.; -; unz.⟩ = Balneographie

Bal|ne|o|gra|phie ⟨f.; -; unz.⟩ Beschreibung der Wirkung von Heilbädern; *oV* Balneografie [< lat. *balneum* »Bad« + ...*graphie*]

Bal|ne|o|lo|gie ⟨f.; -; unz.⟩ Bäderkunde [< lat. *balneum* »Bad« + ...*logie*]

Bal|ne|o|the|ra|pie ⟨f.; -, -n⟩ Behandlung mit Heilbädern [< lat. *balneum* »Bad« + *Therapie*]

Bal pa|ré ⟨[-pare:] m.; - -, -s -s [- pare:]⟩ bes. festl. Ball [frz., »geschmückter Ball«]

Bal|sa[1] ⟨n.; -s; unz.⟩ Holz des Balsabaumes; *Sy* Balsaholz [span.]

Bal|sa[2] ⟨f.; -, -s⟩ Floß der südamerikanischen Indianer aus Balsaholz od. Binsenbündeln; *oV* Balse [span.]

Bal|sa|baum ⟨m.; -(e)s, -bäu|me; Bot.⟩ Baum aus dem trop. Amerika, der außerordentl. leichtes, festes Holz liefert: Ochroma lagopus

Bal|sa|holz ⟨n.; -es; unz.⟩ = Balsa[1]

Bal|sam ⟨m.; -s; unz.⟩ **1** natürl. Gemisch von Harzen u. ätherischen Ölen **2** ⟨fig.; poet.⟩ Linderung, Wohltat [< ahd. *balsamo*, engl. *balm* < lat. *balsamum* < grch. *balsamon* »Balsamstrauch u. sein Harz«]

bal|sa|mie|ren ⟨V.⟩ mit Balsam behandeln, einsalben

Bal|sa|mi|nen|ge|wächs ⟨n.; -es, -e; Bot.⟩ einjähriges Kraut mit aufspringenden Kapselfrüchten (z. B. Springkraut): Balsaminaceae [< lat. *balsamina* < grch. *balsamine*; → *Balsam*]

bal|sa|misch ⟨Adj.⟩ **1** von Balsam herrührend, wie Balsam **2** lindernd, wohlriechend; ~e *Düfte*

Bal|se ⟨f.; -, -s⟩ = Balsa[2]

Bal|tis|tik ⟨f.; -; unz.⟩ Wissenschaft der baltischen Sprachen u. Literaturen; *Sy* Baltologie [nach dem lat. Namen *Baltia*, der ein Bernsteingebiet im Ostseeraum bezeichnet]

Bal|to|lo|ge ⟨m.; -n, -n⟩ Wissenschaftler der Baltologie

Bal|to|lo|gie ⟨f.; -; unz.⟩ = Baltistik

Bal|to|lo|gin ⟨f.; -, -gin|nen⟩ Wissenschaftlerin der Baltologie

bal|to|lo|gisch ⟨Adj.⟩ die Baltologie betreffend, zu ihr gehörig

Ba|lus|ter ⟨m.; -s, -⟩ kleine Säule als Geländerstütze [< frz. *balus-*

tre »Geländersäule, Gitterstab« ‹ital. *balaustro* ‹mlat. *balaustium* ‹grch. *balaustion* »Blüte des wilden Granatbaumes« (nach der ähnl. Form auf die Verzierung des Geländers übertragen)]

Ba|lus|tra|de *auch:* **Ba|lust|ra|de** ⟨f.; -, -n⟩ **1** Geländer, Brüstung mit Balustern **2** Balkon mit Balustergeländer [frz., »Geländer«, ‹ital. *balaustrata;* → *Baluster*]

Bally̌k ⟨m.; -; unz.⟩ getrockneter Rücken des Störs [russ.]

Bam|bi|no ⟨m.; -s, -bi|ni; umg.⟩ kleines Kind [ital.]

Bam|bu|le ⟨f.; -, -n⟩ Aufruhr in Heimen od. Strafanstalten; ~ *machen* [‹frz. *bamboula* »Tanz der Schwarzen zur Trommel, Trommel der Schwarzen«]

Bam|bus ⟨m.; -ses, -se; Bot.⟩ tropische Riesengraspflanze, deren Stängel verholzen [‹malai. *bambu, manbu*]

Ba|mi|go|reng ⟨n.; - od. -s, -s; Kochk.⟩ indones. Nudelgericht mit Fleisch u. Gemüse [‹malai. *bambi goreng* »gebratene Nudeln«]

Ban[1] ⟨m.; -s, -e⟩ *oV* Banus **1** ungar. Statthalter der südlichen Grenzmarken **2** ⟨bis 1918⟩ kroatischer Würdenträger neben dem Fürsten [serbokr., »Herr«]

Ban[2] ⟨m.; -s, -i⟩ rumän. Münze, $^1/_{100}$ Leu

ba|nal ⟨Adj.⟩ alltäglich, geistlos, abgedroschen, nichts sagend, fade [frz., »gemeinnützig, gewöhnlich«; zu afrz. *ban* »Gerichtsbezirk« ‹fränk. **ban* »Gerichtsbarkeit u. deren Gebiet«]

ba|na|li|sie|ren ⟨V.⟩ (einen Sachverhalt) ins Banale herabziehen

Ba|na|li|tät ⟨f.; -, -en⟩ **1** ⟨unz.⟩ Alltäglichkeit, Geistlosigkeit, Fadheit **2** ⟨zählb.⟩ banale Bemerkung, banaler Witz

Ba|na|ne ⟨f.; -, -n; Bot.⟩ **1** ⟨i. w. S.⟩ Gattung trop. Pflanzen, die Früchte od. Fasern liefern: Musa **2** ⟨i. e. S.⟩ krautartige Pflanze, die länglich gelbe Früchte liefert: Musa paradisiaca; *Sy* Pisang **3** deren Frucht [‹frz. *banane* ‹portug. *banana* ‹Kongospr. *banam*]

Ba|na|nen|re|pu|blik *auch:* **Ba|na|nen|re|pub|lik** ⟨f.; -, -en; fig.; abwertend⟩ Land, in dem die wirtschaftlischen, politischmoralischen od. rechtlichen Verhältnisse unsicher od. korrupt sind

Ba|na|nen|split ⟨n.; -s, -s⟩ Eisbecher mit einer halbierten Banane, Sahne u. Schokoladensoße [‹engl. *banana split* »geteilte Banane«]

Ba|na|nen|ste|cker ⟨m.; -s, -⟩ kleiner, schmaler Stecker für elektrische Leitungen

Ba|nat ⟨n.; -(e)s, -e; urspr.⟩ einem Ban unterstehende ungar. Grenzmark

Ba|nau|se ⟨m.; -n, -n⟩ Mensch ohne Kunstverständnis, ohne Sinn für Kunst, Spießbürger [‹grch. *banausos* »Handwerker«]

ba|nau|sisch ⟨Adj.⟩ wie ein Banause, ohne Sinn für Kunst; *ein ~er Vorschlag*

Band ⟨[bænd] f.; -, -s; Musik⟩ Kapelle für Pop-, Rock-, Schlagermusik od. Jazz [engl., »Kapelle; Schar« ‹frz. *bande* »Schar«; verwandt mit (Verbrecher-)*Bande*]

Ban|da ⟨f.; -, Ban|de; Musik⟩ **1** Gruppe der Blechblasinstrumente eines Orchesters **2** Bühnen(blas)orchester (in der Oper) [ital.]

Ban|da|ge ⟨[-ʒə] f.; -, -n⟩ **1** elastische Binde zum Wickeln (als Stütz- od. Schutzverband) **2** Stahlreifen für Räder von Eisenbahnwagen u. Lokomotiven [frz., »Verband«; zu got. *bindan* od. fränk. **bindan;* verwandt mit *binden*]

ban|da|gie|ren ⟨[-ʒiː-] V.⟩ eine Bandage anlegen; *den Fuß ~; einem Pferd die Vorderbeine ~*

Ban|da|gist ⟨[-ʒɪst] m.; -en, -en⟩ ausgebildeter Hersteller od. Verkäufer von Bandagen u. künstl. Gliedmaßen

Ban|de ⟨f.; -, -n⟩ **1** innere Umrandung des Billardtisches **2** Einfassung der Reitbahn u. der Zirkusmanege **3** seitl. Begrenzung einer Kegel- od. Eisbahn [‹frz. *bande* »Binde« ‹got. *binda* »Binde«; → *Bandage*]

Ban|deau ⟨[bãdoː] n.; -s, -s; veraltet⟩ Stirnband [‹frz. *bande* »Binde«; → *Bandage*]

Ban|ded|pack *auch:* **Ban|ded Pack** ⟨[bændədpæk] n.; (-) -s, (-) -s; Wirtsch.⟩ verkaufsfördernde Strategie, bei der zwei od. mehr sich ergänzende Produkte in einer Verpackung offeriert werden, z. B. Unterhemd mit Boxershorts, Hemd mit Krawatte [‹engl. *banded pack* »zusammengeschnürtes Paket«]

Ban|de|lier ⟨n.; -s, -e; veraltet⟩ **1** Schulterriemen **2** Wehrgehänge [‹frz. *bandoulière* »Schultergehänge«]

Ban|den|spek|trum *auch:* **Ban|den|spekt|rum** ⟨n.; -s, -tren⟩ aus vielen einzelnen Linien od. zu Bändern verschmolzenen Linien bestehendes Spektrum

Ban|de|ril|la ⟨[-rɪlja] f.; -, -s⟩ geschmückter Spieß mit Widerhaken, den der Stierkämpfer dem Stier in den Nacken stößt [span., Verkleinerungsform zu *banda* »Fahne«]

Ban|de|ril|le|ro ⟨[-rɪljeːro] m.; -s, -s⟩ Stierkämpfer, der den Stier mit Banderillas reizt

Ban|de|ro|le ⟨f.; -, -n⟩ **1** Steuerband, bes. an Tabakwaren **2** Spruchband [frz., »Wimpel, Streifband« ‹ital. *banderuola;* zu *bandiera* »Fahne«]

ban|de|ro|lie|ren ⟨V.⟩ mit Banderole(n) versehen, versteuern

Band|ge|ne|ra|tor ⟨m.; -s, -en⟩ elektrostatisches Gerät zur Erzeugung einer sehr hohen Gleichspannung, wird meist zur Beschleunigung elektrisch geladener Teilchen verwandt

Ban|dit ⟨m.; -en, -en⟩ **1** gewerbsmäßiger Verbrecher, Räuber **2** ⟨fig.⟩ zügelloser Herumtreiber [‹ital. *bandito* »des Landes Verwiesener«; zu *bandire* »verbannen«]

Band|lea|der ⟨[bændliːdə(r)] m.; -s, -; Musik⟩ **1** ⟨i. e. S.⟩ im traditionellen Jazz Mitglied einer Band, die der Führungsstimme (Lead), meist Trompete od. Kornett, übernimmt **2** ⟨i. w. S.⟩ Leiter einer Jazz-, Rock- od. Popband [engl.]

Ban|do|la ⟨f.; -, -do|len; Musik⟩ = Bandurria [span., »Laute«]

Ban|do|la Rio ⟨f.; - -, -do|len -s; Musik⟩ südamerikanisches Zupfinstrument [‹span. *bandola* »Laute« *rio* »Fluss«]

Ban|do|ne|on ⟨n.; -s, -s⟩ im Querschnitt quadrat. Handharmo-

Bandonion

nika mit Knopfreihen an beiden Seiten; *oV* Bandonion [nach dem Erfinder Heinrich *Band*, 1821-1860]

Ban|do|ni|on ⟨n.; -s, -s⟩ = Bandoneon

Ban|du|ra ⟨f.; -, -s; Musik⟩ aus der Ukraine stammendes, lautenartiges Saiteninstrument, das meist 12 od. 36 Saiten aufweist [russ., <ital. *pandura* <lat., grch. *pandura* »dreisaitiges Musikinstrument«]

Ban|dur|ria ⟨f.; -, -s; Musik⟩ spanisches Zupfinstrument mit einem birnenähnlichen Korpus, einem kurzen, breiten Hals u. zwölf Saiten, das mit einem Muschelplektron gespielt wird; *Sy* Bandola [span.]

Ba|ni ⟨Pl. von⟩ Ban²

Ban|jan ⟨Pl.⟩ Angehörige der Kaste der ind. Geschäftsleute, bes. in den früheren Provinzen Bombay u. Bengalen [Sanskrit]

Ban|jo ⟨a. engl. [bændʒo] n.; -s, -s; Musik⟩ fünf- bis neunsaitiges Zupfinstrument der nordamerikan. Schwarzen mit kreisrundem Klangkörper u. langem Hals [→ *Bandura*]

Bank ⟨f.; -, -en⟩ **1** Anstalt, Unternehmen für Geldverkehr; *Deutsche* ~; *Dresdner* ~ *(Namen); Geld auf die* ~ *einzahlen; ein Konto bei einer* ~ *eröffnen; bei der* ~ *sein* Bankangestellter sein **2** ⟨Glücksspiel⟩ die vom Bankhalter verwaltete Kasse; → a. Spielbank; *die* ~ *halten* das Amt des Bankhalters ausüben, gegen alle Mitspieler spielen; *die* ~ *sprengen* das gesamte Geld des Bankhalters gewinnen [<ital. *banca*, mhd. *banc* »Tisch des Wechslers, Wechselbank«]

Bank|ak|zept ⟨n.; -s, -e; Bankw.⟩ Annahme eines Wechsels durch eine Bank [zu frz. *accepter* »annehmen«]

Ban|ker ⟨a. engl. [bæŋ-] m.; -s, -e⟩ Bankkaufmann, Bankfachmann [engl.; → *Bank*]

Ban|ke|rott ⟨m.; -s, -e⟩ = Bankrott

Ban|kett¹ ⟨n.; -(e)s, -e⟩ Festmahl, Festessen [<frz. *banchetto* »Festmahl« <ital. *banchetto*; → *Bank*]

Ban|kett² ⟨n.; -(e)s, -e⟩ **1** unterster Absatz einer Grundmauer **2** Auftritt für Schützen (in der Festung) **3** waagerechter Absatz einer Böschung; *Sy* Berme **4** = Bankette [<frz. *banquette* »Schützenauftritt, Gehweg«]

Ban|ket|te ⟨f.; -, -n⟩ schmaler Seitenweg neben einem Fahrweg; *oV* Bankett² (4) [<frz. *banquette* »Schützenauftritt, Gehweg«]

ban|ket|tie|ren ⟨V.⟩ ein Bankett¹ abhalten, festl. tafeln

Ban|ki|er ⟨[baŋkje:] m.; -s, -s⟩ Inhaber einer Bank [<frz. *banquier* »Bankier«]

Ban|king ⟨[bæŋkɪŋ] n.; - od. -s; unz.⟩ Bankwesen, Geldhandel [engl.]

Bank|kon|to ⟨n.; -s, -kon|ten od. -s; Bankw.⟩ Geschäftsverbindung in der Form eines Kontokorrents zwischen einem Kreditinstitut u. einem Unternehmen od. einer Privatperson, über die der bargeldlose Zahlungsverkehr abgewickelt wird [→ *Konto*]

Bank|o|mat ⟨m.; -en, -en⟩ Geldautomat eines Kreditinstituts, an dem auch außerhalb der Geschäftszeiten Geld abgehoben werden kann [verkürzt <*Bank* + *Automat*]

bank|rott *auch:* **ban|krott** ⟨Adj.⟩ zahlungsunfähig (von Geschäftsleuten), pleite; ~ *sein, werden*

Bank|rott *auch:* **Ban|krott** ⟨m.; -(e)s, -e⟩ Zahlungsunfähigkeit, finanzieller Zusammenbruch, Pleite; *oV* Bankerott; *seinen* ~ *erklären;* ~ *gehen, machen* zahlungsunfähig werden; *betrügerischer* ~ strafbare Bankrotterklärung mit der Absicht, seine Gläubiger zu benachteiligen, indem man nicht mehr vorhandenes Vermögen verheimlicht [<ital. *bancarotta* »zerbrochene Bank«; → *Bank*]

Bank|rot|teur *auch:* **Ban|krot|teur** ⟨[-tø:r] m.; -s, -e⟩ jmd., der Bankrott gemacht hat

bank|rot|tie|ren *auch:* **ban|krot|tie|ren** ⟨V.⟩ Bankrott machen

Ban|ner|head|line ⟨[bænə(r)hɛdlaɪn] f.; -, -s⟩ in großen Buchstaben gedruckte Überschrift des Leitartikels in Zeitungen [<engl. *banner* »Spruchband« + *headline* »Schlagzeile«]

Ban|schaft ⟨f.; -, -en⟩ ehemals Verwaltungsbezirk im Königreich Jugoslawien [→ *Ban¹*]

Ban|tam|ge|wicht ⟨n.; -(e)s, -e; Sport⟩ Gewichtsklasse in der Schwerathletik [nach dem zum Hahnenkampf benutzten *Bantam*huhn]

Ban|tam|huhn ⟨n.; -s, -hüh|ner; Zool.⟩ engl. Zwerghuhnrasse [nach der Hafenstadt *Bantam* an der Nordwestküste Javas]

Ban|tu ⟨m.; -, - od. -s⟩ Angehöriger der Gruppe von etwa 200 Eingeborenenstämmen in Mittel- u. Südafrika

Ban|tu|is|tik ⟨f.; -; unz.⟩ Wissenschaft der Sprachen u. Kulturen der Bantu

Ban|tu|spra|che ⟨f.; -, -n⟩ ~*n* Familie von Sprachen in Mittel- u. Südafrika mit Agglutination u. grammatischen Klassen, z. B. (Ki)Suaheli, Sulu [→ *Bantu*]

Ba|nus ⟨m.; -, -⟩ = Ban¹

Ba|o|bab ⟨m.; -s, -s⟩ Affenbrotbaum [vermutl. afrikan. Name]

Bap|tis|mus ⟨m.; -; unz.⟩ Lehre christl. Gemeinschaften, die nur Erwachsene taufen [<grch. *baptizein* »untertauchen, taufen«]

Bap|tist ⟨m.; -en, -en⟩ Anhänger des Baptismus

Bap|tis|te|ri|um ⟨n.; -s, -ri|en⟩ **1** Taufkirche, Taufkapelle **2** antikes Schwimmbad [lat. <grch. *baptisterion* »Badeplatz«]

Bap|tis|tin ⟨f.; -, -tin|nen⟩ Anhängerin des Baptismus

bap|tis|tisch ⟨Adj.⟩ zum Baptismus gehörend, die Baptisten betreffend

Bar¹ ⟨n.; -, -; Meteor.; Zeichen: bar⟩ neben der Einheit Pascal allein zulässige Maßeinheit des Druckes, 1bar = 10^5 Newton/Quadratmeter (N/m²) = 0,986 atm [<grch. *baros* »Schwere«]

Bar² ⟨f.; -, -s⟩ **1** Gaststätte od. Raum mit erhöhter Theke zur Einnahme von Getränken **2** Nachtlokal **3** der Schanktisch selbst **4** engl. Anwaltskammer [engl., »Stange, Schranke, Schanktisch«; → *Barre, Barren*]

Ba|ra|cke ⟨f.; -, -n⟩ einfacher, flacher, nicht unterkellerter Bau (als Notwohnung od. Schuppen) [<frz. *baraque*]

Ba|ratt ⟨m.; -s; unz.⟩ Warentausch [<ital. *baratto* <mlat.

108

baratum »Handel, Tausch« <grch. *prattein* »handeln«]

Ba|rat|te|rie ⟨f.; -, -n; Mar.⟩ **1** Unredlichkeit des Kapitäns u. der Schiffsmannschaft gegenüber Reeder u. Eigentümer der Fracht **2** durch die Besatzung verschuldeter Schaden [<ital. *baratteria* »Tauschhandel, Betrug« <mlat. *barataria*; → *Baratt*]

Ba|ratt|han|del ⟨m.; -s; unz.⟩ Tauschhandel

ba|rat|tie|ren ⟨V.⟩ *Waren* ~ austauschen [→ *Baratt*]

Bar|ba|ka|ne ⟨f.; -, -n⟩ bei Befestigungsanlagen des Mittelalters ein Außenwerk vor dem Festungstor [roman.]

Bar|bar ⟨m.; -en, -en⟩ Ungebildeter, Rohling [<lat. *barbarus* <grch. *barbaros* »Nichtgrieche, Ausländer«]

Bar|ba|rei ⟨f.; -, -en⟩ **1** Rohheit, Unmenschlichkeit, Grausamkeit **2** völlige Unbildung, Kulturlosigkeit

Bar|ba|res|ken|staat ⟨m.; -(e)s, -en; 16./19. Jh.⟩ einer der mohammedan. Seeräuberstaaten der Berber [<ital. *barbaresco* »berbisch«]

bar|ba|risch ⟨Adj.⟩ **1** unmenschlich, roh, grausam **2** völlig ungebildet, unkultiviert [→ *Barbar*]

Bar|ba|ris|mus ⟨m.; -, -ris|men⟩ **1** Verstoß gegen die Sprachregeln od. die Sprachreinheit **2** sprachwidriger Ausdruck

Bar|be ⟨f.; -, -n⟩ **1** ⟨Zool.⟩ Karpfenfisch (sub)tropischer Gewässer **2** ⟨früher⟩ ein Band aus Spitze an Frauenhauben [<ahd. *barbo* <lat. *barba* »Bart«]

Bar|be|cue ⟨[-bɪkjuː] n.; -s, -s⟩ **1** Gartenfest mit gegrilltem Fleisch **2** Gerät zum Grillen ganzer Tiere [amerikan.]

Bar|bie® ⟨f.; -, -s; seit 1959⟩ blondhaarige Spielzeugpuppe aus Hartplastik mit langen Beinen, schmaler Taille, u. vollem Busen; *mit* ~*s spielen; wie eine* ~*puppe aussehen* [amerikan. Kunstwort]

Bar|bier ⟨m.; -s, -e⟩ Bart- u. Haarschneider [frz.; zu *barbe* »Bart«]

bar|bie|ren ⟨V.; veraltet⟩ rasieren; *oV* balbieren [→ *Barbier*]

Bar|bi|ton ⟨n.; -s, -s⟩ = Barbitos

Bar|bi|tos ⟨m. od. f.; -, -toi; Musik⟩ altgrch. harfenartiges Saiteninstrument; *oV* Barbiton [grch.]

Bar|bi|tu|rat ⟨n.; -(e)s, -e⟩ Medikament, das als Schlaf- u. Beruhigungsmittel verabreicht wird [nach der *Barbitursäure*, die von dem dt. Chemiker Adolf von Baeyer (1835-1917) zum ersten Mal dargestellt u. von ihm nach dem weibl. Vornamen *Barbara* benannt wurde]

Bar|bi|tur|säu|re ⟨f.; -, -n; Pharm.⟩ aus Malonsäureester u. Harnstoff hergestelltes Schlaf- u. Beruhigungsmittel [nach dem wiss. Namen der Bartflechte: Usnea *barbata*]

Bar|boy ⟨[-bɔɪ] m.; -s, -s⟩ knie- od. hüfthoher, beweglicher Schanktisch [<*Bar*² + *Boy*¹]

Bar|ca|ne ⟨f.; -, -n⟩ = Barkane

Bar|co|ne ⟨f.; -, -n⟩ = Barkane

Bar|chan ⟨[-ˈxaːn] m.; -s, -e; Geogr.⟩ Binnendüne in der Form eines Bogens [russ.]

Bar|chent ⟨m.; -s, -e; Textilw.⟩ einseitig angerautes Flanell-, Baumwollgewebe [<mhd. *barchan(t)* <mlat. *barraccanus* <arab. *barrakan* »grober Stoff«]

Bar|ches ⟨m.; -, -⟩ Sabbatbrot, süßes Weißbrot im jüdischen Kult- u. Hausgebrauch [hebr.]

Bar|code ⟨[-koːd] m.; -s, -s⟩ Strichcode, eine Form der Verschlüsselung binärer Daten über die Darstellung von Balken mit verschiedenen Breiten u. Zwischenräumen, z. B. der EAN-Code [engl., »Balkencode«]

Bar|de¹ ⟨m.; -n, -n⟩ **1** kelt. Dichter u. Sänger **2** ⟨fig.⟩ Heldensänger [frz., <mlat. *bardus* <kelt. *bard* »Sänger«]

Bar|de² ⟨f.; -, -n; Kochk.⟩ Speckscheibe um gebratenes Geflügel [frz., »Speckschnitte« (zum Braten von Vögeln) <span. *albarda* »Saumsattel, Speckschnitte« <arab. *albarda*; zu *barda ah* »Sattelunterlage«]

bar|die|ren ⟨V.⟩ mit einer Barde² umwickeln

Bar|diet ⟨n.; -(e)s, -e⟩ *oV* Bardit **1** vaterländ. Lied im Ton der Barden¹ **2** Drama mit Gesängen der Barden¹ [von Klopstock geprägte Bez. <lat. *barditus* »Schlachtgesang der alten Germanen, mit dem zur Verstärkung des Schalles an den Mund gehaltenen Schilde«]

Bar|di|glio *auch:* **Bar|di|g|lio** ⟨[-ˈdɪljo] m.; -s; unz.⟩ ungewöhnlich fester, weißer Marmor, der in der Umgebung von Florenz gewonnen wird [ital.]

bar|disch ⟨Adj.⟩ in der Art der Barden¹, sie betreffend, von ihnen stammend

Bar|dit ⟨n.; -(e)s, -e⟩ = Bardiet

Ba|rett ⟨n.; -(e)s, -e⟩ schirmlose, flache Kopfbedeckung (bes. zur Amtstracht von Geistlichen, Richtern, Professoren usw.) [<frz. *barrette* »zusammenlegbare Mütze« <ital. *baretta* <mlat. *barretum, birretum*; zu lat. *birrus* »Oberkleid, Mantel mit Kapuze«]

Bar|gai|ning ⟨[-geɪnɪŋ] n.; - od. -s; unz.; Wirtsch.⟩ **1** ⟨i. w. S.⟩ **1.1** jede Form von Verhandlung zwischen zwei Parteien in der freien Wirtschaft **1.2** erfolgreicher Abschluss dieser Verhandlungen **2** ⟨i. e. S.⟩ Verhandlungen zwischen Gewerkschaftsfunktionären u. Arbeitgebervertretern über Flächentarife; *Collective* ~ [<engl. *bargain* »Geschäft, Handel«]

Ba|ri|bal ⟨m.; -s, -s; Zool.⟩ braun bis schwarz gefärbter Bär Nordamerikas, der bis zu zwei Metern groß wird [lat. <grch.]

Ba|ri|o|la|ge ⟨[-ˈʒ(ə)] f.; -, -n; Musik⟩ beim Violinspiel mit besonderer Klangwirkung gespielte schnelle Tonfolge, wobei die höheren Töne auf der tiefer gestimmten Saite u. umgekehrt gespielt werden [frz., <lat. *variolagium* »Abwechslung«]

ba|risch ⟨Adj.⟩ den Luftdruck betreffend, auf ihm beruhend; ~*es Windgesetz* ⟨Meteor.⟩ Regel, nach der sich die Luft von einem Gebiet hohen zu einem Gebiet niederen Luftdrucks bewegt u. dabei auf der Nordhalbkugel der Erde eine Ablenkung nach rechts, auf der Südhalbkugel nach links erfährt [<grch. *baros* »Schwere«]

Ba|ri|ton ⟨m.; -s, -e⟩ **1** Männerstimme in der Mittellage

baritonal

2 Sänger mit dieser Stimme **3** = Baryton [< ital. *baritono* < grch. *barys* »schwer, tief« + *tonos* »Ton«]

ba|ri|to|nal ⟨Adj.; Musik⟩ in der Stimmlage Bariton

Ba|ri|um ⟨n.; -s; unz.; chem. Zeichen: Ba⟩ Element, Erdalkalimetall, Ordnungszahl 56 [zu grch. *barys* »schwer«]

Ba|ri|um|sul|fat ⟨n.; -(e)s, -e⟩ Bariumsalz der Schwefelsäure, in mineral. Form als »Schwerspat« bezeichnet (verwendet als weiße Malerfarbe u. Zusatz für Schwerbeton); *Sy* Baryt

Bark ⟨f.; -, -en⟩ Segelschiff mit mindestens drei Masten [< engl. *bark* »Barke, Nachen«, frz. *barque* »Kahn, Boot«]

Bar|ka|ne ⟨f.; -, -n⟩ zwei- od. dreimastiges Fischereifahrzeug im Mittelmeer; *oV* Barcane, Barcone, Barkone [< ital. *barcone*; Vergrößerungsform zu *barca* »Barke«]

Bar|ka|ro|le ⟨f.; -, -n; in Mittelmeerländern⟩ *oV* Barkerole **1** Ruderboot **2** Lied des Barkenführers, Schiffer-, Gondellied [< ital. *barcarola* »Liedchen der venezian. Gondolieri«]

Bar|kas|se ⟨f.; -, -n⟩ **1** größtes Beiboot von Kriegsschiffen **2** kleines Boot, Hafenverkehrsboot [< ndrl. *barkas*, span. *barcaza*, ital. *barcaccia*, Vergrößerungsform zu *barca* »Barke«]

Bar|ke ⟨f.; -, -n; bes. in Mittelmeerländern; a. poet.⟩ kleines Boot, Kahn [< frz. *barque*]

Bar|kee|per ⟨[-ki:pə(r)] m.; -s, -⟩ **1** Besitzer einer Bar **2** Kellner an, hinter der Bar [< *Bar²* + engl. *keeper* »Besitzer«]

Bar|ke|ro|le ⟨f.; -, -n⟩ = Barkarole

Bar|ko|ne ⟨f.; -, -n⟩ = Barkane

Bar|mi|xer ⟨m.; -s, -⟩ jmd., der Getränke an der Bar mixt

Bar-Miz|wa¹ ⟨m.; -s, -s; Rel.⟩ jüdischer Junge nach seinem 13. Geburtstag, der verpflichtet ist, die religiösen Vorschriften zu beachten [hebr., »Gebotspflichtiger«]

Bar-Miz|wa² ⟨f.; -, -s; Rel.⟩ Tag der Aufnahme eines 13-jährigen jüdischen Jungen in die Glaubensgemeinschaft

Barn ⟨n.; -s, -s; Zeichen: b⟩ Maßeinheit für Wirkungsquerschnitte, die nicht gesetzlich ist (bes. in der Kernphysik), 1b = 10^{-28} m² [engl.]

Bar|na|bit ⟨m.; -en, -en⟩ Angehöriger der 1530 in Mailand gegründeten Kongregation der Barnabiten [ital.; nach ihrem Sitz, dem *Barnabaskloster* in Mailand]

ba|ro..., Ba|ro... ⟨in Zus.⟩ den Luftdruck od. die Schwere betreffend; *barotrop*; *Barometer* [< grch. *baros* »Schwere«]

ba|rock ⟨Adj.⟩ **1** zum Barock gehörend, aus ihm stammend **2** ⟨fig.⟩ verschnörkelt, überladen

Ba|rock ⟨n. od. m.; -s; unz.⟩ **1** schmuckreicher, schwungvoller Kunststil vom Anfang des 17. bis zur Mitte des 18. Jh. **2** das Zeitalter selbst [zu portug. *barroco* »schiefrund«]

ba|ro|ckal ⟨Adj.⟩ barockgemäß, dem Barock entsprechend

Ba|rock|per|le ⟨f.; -, -n⟩ eine Perle mit Ungleichmäßigkeiten

Ba|ro|graf ⟨m.; -en, -en; Meteor.⟩ = Barograph

Ba|ro|gramm ⟨n.; -s, -e; Meteor.⟩ die Luftdruckaufzeichnung des Barographen

Ba|ro|graph ⟨m.; -en, -en; Meteor.⟩ selbstaufzeichnendes Barometer; *oV* Barograf [< grch. *baros* »Schwere« + ...*graph*]

ba|ro|klin ⟨Adj.; Meteor.⟩ atmosphärisch geschichtet, wenn sich die Flächen gleichen Luftdrucks u. gleicher Höhe schneiden, besonders beim Aufeinandertreffen warmer u. kalter Luftmassen [< *baro...* + grch. *klinein* »neigen«]

Ba|ro|me|ter ⟨n.; -s, -; Meteor.⟩ Gerät zum Messen des Luftdrucks, Luftdruckmesser [< *Baro...* + ...*meter*]

Ba|ro|me|trie *auch:* **Ba|ro|met|rie** ⟨f.; -, -n; Meteor.⟩ Luftdruckmessung [< *Baro...* + ...*metrie*]

ba|ro|me|trisch *auch:* **ba|ro|met|risch** ⟨Adj.; Meteor.⟩ das Barometer betreffend, mit seiner Hilfe; ~*e Höhenstufe* Höhenunterschied zweier Punkte mit einem Unterschied des Barometerstandes von 1 mm Quecksilbersäule (Durchschnitt 11 m) od. 1 Millibar (Durchschnitt 8 m)

Ba|ron ⟨m.; -s, -e⟩ **1** unterster dt. Adelstitel, Freiherr **2** ⟨urspr.⟩ Adliger, der sein Lehen unmittelbar vom König erhalten hat **3** ⟨fig.⟩ jmd., der als Besitzender in einem Wirtschaftszweig führend ist; *Kohlen~* [< frz. *baron* < mlat. *baro* »streitbarer Mann«]

Ba|ro|nat ⟨n.; -(e)s, -e⟩ Würde sowie Stammsitz eines Barons

Ba|ro|nes|se ⟨[-nɛs] f.; -, -n [-nɛsən]⟩ unverheiratete Tochter eines Barons, Freiin [französisierend zu *Baron* statt frz. *baronne*]

Ba|ro|net ⟨[bærənət] m.; -s, -s; Abk.: Bart.⟩ vererbbarer Titel des engl. unteren Adels in der Normal. Folge [< engl. *baronet* < frz. *baron*; → *Baron*]

Ba|ro|nie ⟨f.; -, -n⟩ = Baronat [< frz. *baronnie* »Freiherrschaft«]

Ba|ro|nin ⟨f.; -, -nin|nen⟩ Frau eines Barons, Freifrau

ba|ro|ni|sie|ren ⟨V.⟩ zum Baron machen

Ba|ro|ther|mo|graf ⟨m.; -en, -en; Meteor.⟩ = Barothermograph

Ba|ro|ther|mo|graph ⟨m.; -en, -en; Meteor.⟩ Verbindung von Barograph u. Thermograph; *oV* Barothermograf

Ba|ro|trau|ma ⟨n.; -s, -trau|ma od. -ta; Med.⟩ Taucherschaden, Luftdruckschaden, der aufgrund zu hoher Druckdifferenz zwischen lufthaltigen Körperhöhlen u. des sie umgebenden Wassers entsteht, z. B. ein Trommelfellriss [< *Baro...* + *Trauma*]

ba|ro|trop ⟨Adj.; Meteor.⟩ atmosphärisch geschichtet, wenn die Flächen gleichen Luftdrucks u. gleicher Temperatur parallel zueinander verlaufen [< *baro...* + ...*trop*]

Bar|ra|ge ⟨[-ʒ(ə)] f.; -, -n; österr.⟩ **1** Abdämmung, Sperrung **2** Schlagbaum [frz., »Absperrung«]

Bar|ra|ku|da ⟨m.; -s, -s; Zool.⟩ räuberischer Knochenfisch, Pfeilhecht [span.]

Bar|ran|co ⟨Pl.; Geogr.⟩ **1** Kleinformen linienhafter Erosionen **2** (auf den Kanarischen Inseln) an vulkanischen Kegelstümpfen radial angeordnete Erosionsrinnen [span., »Schlucht, Klamm«]

Bar|ran|da ⟨f.; -, -s⟩ Absperrbarriere in Stierkampfarenen [<span. *barra* »(Metall-)Barren, Stange«]

Bar|ras ⟨m.; -; unz.; süddt.⟩ 1 Kommissbrot 2 ⟨fig.⟩ Militär(wesen) [<jidd. *baras* »Fladenbrot«, dann »Militärbrot«]

Bar|re ⟨f.; -, -n⟩ 1 Sandbank, Schlammbank an Flussmündungen 2 Querstange, Metallstange, Schlagbaum, Schranke [frz., »Schranke«]

Bar|ré ⟨[-reː] n.; -s, -s⟩ 1 ⟨Musik⟩ Grifftechnik beim Gitarre- u. Lautenspiel, bei der mehrere od. alle Saiten auf das Griffbrett niedergedrückt werden; *Sy* Barrégriff 2 ⟨Textilw.⟩ deutlich quer gestreifter Kleiderstoff [zu frz. *barrer* »verriegeln, verschließen«]

Bar|ré|griff ⟨[-reː-] m.; -(e)s, -e; Musik⟩ = Barré (1)

Bar|rel ⟨[bærəl] n.; -s, -s⟩ engl. u. nordamerikan. Hohlmaß (158,7 l), z. B. für Bier, Öl [engl., »Fass, Tonne«]

Bar|rel|house ⟨[bærəlhaʊs] m.; -; unz.; Musik⟩ ein (Klavier-)Stil des klass. Blues u. des frühen klass. Jazz, Vorläufer des Ragtime [engl., eigtl. »Fasshaus, Schankstube« (wo diese Musik urspr. in den Südstaaten der USA gespielt wurde)]

Bar|ren ⟨m.; -s, -⟩ 1 Gussform (Stangen, Ziegel) der Edelmetalle als Zahlungsmittel; *Gold~; Silber~* 2 Turngerät aus zwei feststehenden, waagerechten Stangen [<frz. *barre* »Stab, Stange«]

Bar|ri|e|re ⟨f.; -, -n⟩ 1 Schranke, Schlagbaum, Sperre 2 ⟨fig.⟩ Hemmnis, Erschwernis [<frz. *barrière* »Schranke«; zu *barre* »Stange«]

Bar|ri|ka|de ⟨f.; -, -n⟩ 1 Schanze, Hindernis, Straßensperre (bes. zur Seitigung) 2 Sinnbild der Revolution; *auf die ~n gehen, steigen* ⟨fig.⟩ sich erheben, empören; *dafür würde ich auf die ~n gehen* dafür würde ich meine ganze Kraft u. mein Leben einsetzen [<frz. *barricade* (angelehnt an *barrique* »Stückfass«) <ital. *barricata* <galloroman. *barra »absperrender Balken«]

Bar|rique ⟨[-rɪk] n.; -s, -s⟩ 1 225 Liter fassendes Weinfass aus Eichenholz 2 früheres französisches Weinmaß [frz.]

Bar|rique|wein ⟨[-rɪk-] m.; -s, -e⟩ im Barrique gereifter Wein von meist gehobener Qualität

Bar|ris|ter ⟨[bær-] m.; -s, -; in Großbritannien⟩ Rechtsanwalt [engl., »Rechtsanwalt«; zu *bar* »Schranke«]

Bar|soi ⟨m.; -s, -s; Zool.⟩ russ. Windhund, Hetzhund [<russ. *borsoi* »schnell«]

Bar|sor|ti|ment ⟨n.; -s, -e; Buchw.⟩ Form des Zwischenbuchhandels, Verkaufslager von Büchern, um den Buchhändlern den Bezug von Büchern aus verschiedenen Verlagen zu erleichtern (urspr. nur gegen Barzahlung)

Bart. ⟨Abk. für⟩ Baronet

Ba|rut|sche ⟨f.; -, -n⟩ zweirädriger Wagen, zweirädrige Kutsche mit zwei Sitzen, die einander gegenüberliegen; *oV* Birutsche [<ital. *baroccio*, frz. *birouche*; zu lat. *birotus* »zweirädrig«]

ba|ry..., Ba|ry... (in Zus.) schwer..., Schwer...; *Barymetrik* [grch.]

Ba|ry|me|trik *auch:* **Ba|ry|met|rik** ⟨f.; -; unz.⟩ Berechnung des Lebendgewichtes von Schlachttieren aus dem Gewicht des Rumpfes [<grch. *barys* »schwer« + ...*metrie*]

Ba|ry|on ⟨n.; -s, -o̯nen; Physik⟩ schweres Elementarteilchen, z. B. Neutron, Protron, Hyperon; →a. Lepton (3), Meson [zu grch. *barys* »schwer«]

Ba|ry|sphä|re *auch:* **Ba|rys|phä|re** ⟨f.; -; unz.⟩ der Erdkern [<grch. *barys* »schwer« + *Sphäre*]

Ba|ryt ⟨m.; -(e)s, -e; Chemie⟩ = Bariumsulfat [zu grch. *barys* »schwer«]

Ba|ry|ton ⟨n.; -s, -e; Musik⟩ sechssaitiges Streichinstrument im 18. Jh., ähnl. dem Cello; *oV* Bariton (3) [→ *Bariton*]

Ba|ry|to|ne|se ⟨f.; -, -n; Metrik⟩ Vorverlegung des Akzents vom Wortende weg [<grch. *barys* »schwer« + *tonos* »Spannung«]

Ba|ry|to|non ⟨a. [--'--] n.; -s, -tona od. -to̯ne; Sprachw.⟩ Wort, dessen letzte Silbe unbetont ist [grch.-lat.]

Ba|ryt|weiß ⟨n.; -; unz.⟩ Bariumsulfat od. Schwerspat (als Malerfarbe verwendet)

ba|ry|zen|trisch *auch:* **ba|ry|zent|risch** ⟨Adj.⟩ das Baryzentrum betreffend

Ba|ry|zen|trum *auch:* **Ba|ry|zent|rum** ⟨n.; -s, -tren⟩ Schwerpunkt [<grch. *barys* »schwer« + *Zentrum*]

ba|sal ⟨Adj.; Anat.; Geol.⟩ unten, an der Grundfläche (Basis) gelegen, sie betreffend, von ihr stammend [→ *Basis*]

Ba|sa|li|om ⟨n.; -s, -e; Med.⟩ (meist gutartiger) Hauttumor [→ *Basis*]

Ba|salt ⟨m.; -(e)s, -e; Min.⟩ schwärzl. Vulkangestein in charakterist. säulenförmigen Absonderungen [<lat. *basaltes* <*basanites* (nach der ostpalästin. Landschaft *Basan*)]

Ba|sal|tem|pe|ra|tur ⟨f.; -, -en; Med.⟩ Temperatur morgens nach dem Erwachen, vor dem Aufstehen, die zur Feststellung des Ovulationszyklus gemessen wird

ba|sal|ten ⟨Adj.⟩ aus Basalt; *Sy* basaltisch

ba|sal|tisch ⟨Adj.⟩ = basalten

Ba|sar ⟨m.; -s, -e⟩ 1 oriental. Markt 2 offene Kaufhalle, Kaufhaus 3 Verkauf zu Wohltätigkeitszwecken; *oV* Bazar; *Wohltätigkeits~* [<pers., türk. *bazar* »Markt«]

Ba|sch|lik ⟨m.; -s, -s⟩ kaukas. Wollkapuze; *oV* Baschlyk [türk., »Kopfbedeckung«]

Ba|sch|lyk ⟨m.; -s, -s⟩ = Baschlik

Ba|se ⟨f.; -, -n⟩ Stoff, der in Wasser Hydroxidionen (OH⁻) bildet u. dadurch basisch wirkt (pH-Wert unter 7), in erster Linie die Hydroxide der Elemente der 1. u. 2. Gruppe des Periodensystems wie Lithium, Natrium, Kalium, Rubidium, Caesium sowie Magnesium, Calcium, Strontium u. Barium; *Sy* Alkali [zu grch. *basis* »der betretene Boden; Schritt«]

Base|ball ⟨[beɪsbɔːl] m.; -s; unz.; Sport⟩ nordamerikan., dem Schlagball ähnliches Ballspiel [<engl. *base* »Grundlage, Mal« + *ball* »Ball«]

Baseballer

Base|ball|er ⟨[bɛɪsbɔːlə(r)] m.; -s, -; ⟩ Sportler, der als Amateur od. als Profi das Baseballspiel betreibt [→ *Baseball*]

ba|se|dow|sche Krank|heit *auch:* **Ba|se|dow'sche Krank|heit** ⟨f.; -; unz.⟩ Schilddrüsenerkrankung [nach dem Arzt Karl v. *Basedow*, 1799-1854]

Base|line ⟨[bɛɪslaɪn] f.; -, -s⟩ **1** ⟨Sport⟩ beim Baseball die Verbindungslinie zwischen zwei Malen **2** ⟨allg.⟩ Grundlinie, Basis **3** die unterste Zeile, der Schlusssatz einer Anzeige; *Ggs* Headline [<engl. *base line* »Grundlinie«]

Base|man ⟨[bɛɪsmæn] m.; - od. -s, -men [-mən]; Sport⟩ Spieler der in der Defensive befindlichen Mannschaft beim Baseball, der an einem der Eckpunkte eines Baseballfeldes als Fänger fungiert [→ *Baseball*]

Base|ment ⟨[bɛɪs-] n.; -s, -s⟩ unter dem Straßenniveau liegendes Geschoss, Tiefgeschoss, bes. in Kaufhäusern [engl.]

Base|ment|store ⟨[bɛɪsməntstɔː(r)] m.; -s, -s⟩ **1** Verkaufsraum od. Geschäft im Souterrain **2** in einem Untergeschoss befindliche Verkaufsfläche [<engl. *basement* »Kellergeschoss, Untergeschoss« + *store* »Laden, Geschäft, Kauf-, Warenhaus«]

Ba|sen|paar ⟨n.; -(e)s, -e; Biochemie⟩ durch schwache Bindungen gekoppelte Basen (Adenin u. Thymin od. Cytosin u. Guanin), die zwei DNA-Stränge in Form einer Doppelhelix miteinander verbinden

BASIC ⟨[bɛɪsɪk] EDV; Abk. für engl.⟩ Beginner's All Purpose Symbolic Instruction Code (für Anfänger geeigneter Allzweck-Symbol-Instruktions-Code), eine weit verbreitete Programmiersprache zur Programmierung von Mikrocomputern

Ba|sic Eng|lish *auch:* **Ba|sic En|glish** ⟨[bɛɪsɪk ɪŋglɪʃ] n.; - -; unz.⟩ von C. K. Ogden (1889-1957) entwickelte, vereinfachte Form des Englischen mit 850 Grundwörtern (Versuch, Englisch zur Welthilfssprache zu machen) [engl., »Grundenglisch«]

Ba|sic Needs ⟨[bɛɪsɪk niːds] Pl.; Wirtsch.⟩ Grundbedürfnisse (bes. in der Entwicklungspolitik von Bedeutung) [engl., »Grundbedürfnisse«]

Basic Needs (*Getrennt- und Zusammenschreibung*) Grundsätzlich gilt für fremdsprachliche Komposita die im Deutschen übliche Zusammenschreibung. Von dieser Regel sind fachsprachlich verwendete oder nur in Fachsprachen gebrauchte Begriffe ausgenommen. Bei solchen (im Fremdwörterlexikon meist gekennzeichneten) Begriffen richtet sich die Schreibung in der Regel nach der in der Herkunftssprache üblichen Schreibweise.

Ba|sics ⟨[bɛɪsɪks] Pl.; umg.⟩ **1** Grundbegriffe, Grundausstattung; *ein Intensivkurs vermittelt die ~ des Inlineskatings* **2** gut kombinierbare Einzelteile als Grundausstattung an Kleidung; *warme ~ aus Wolle* **3** wichtige Bestandteile der menschlichen Grundversorgung, z. B. Nahrung, Wohnung usw. [engl., »das Wesentliche«]

Ba|si|die ⟨[-djə] f.; -, -n; Bot.⟩ Sporenträger der Ständerpilze [<grch. *basis* »Grundlage«]

Ba|si|dio|spo|re ⟨f.; -, -n⟩ von der Basidie abgeschnürte Spore [<*Basidie* + *Spore*]

ba|sie|ren ⟨V.⟩ *~ auf* beruhen, sich gründen, sich stützen auf [→ *Basis*]

ba|si|klin ⟨Adj.; Bot.⟩ häufiger auf alkalischem als auf saurem Boden wachsend (von Pflanzen) [<*Base* + grch. *klinein* »beugen, neigen«]

Ba|si|lia|ner ⟨m.; -s, -⟩ Angehöriger eines griechisch-orthodoxen Mönchsordens [nach *Basilius* dem Großen, um 330-379]

Ba|si|lie ⟨[-ljə] f.; -, -n; Bot.⟩ = Basilikum

Ba|si|li|en|kraut ⟨n.; -(e)s; unz.; Bot.⟩ = Basilikum

Ba|si|li|ka ⟨f.; -, -li|ken; Arch.⟩ **1** altgrch. Amtsgebäude, altröm. Markt- u. Gerichtshalle **2** altchristl. Versammlungsraum der Gemeinde, Kirche mit Mittelschiff u. zwei niedrigeren Seitenschiffen, später vielfach abgewandelt [<grch. *stoa basilike* »Königshalle«; zu *basilikos*; → *Basilikum*]

ba|si|li|kal ⟨Adj.⟩ eine Basilika betreffend, zu ihr gehörig, in der Art einer Basilika

Ba|si|li|kum ⟨n.; -s; unz.; Bot.⟩ Basilikumöl enthaltender Lippenblütler, Würzpflanze, Hirnkraut: Ocimum basilicum; *Sy* Basilie, Basilienkraut [<grch. *basilikos* »königlich«; zu *basileus* »König«]

Ba|si|lisk ⟨m.; -en, -en⟩ **1** auf Bäumen lebender Leguan in Mittel- u. Südamerika: Basiliscus **2** schlangenhaftes Fabeltier oriental. Sagen mit tödl. Blick [<mhd. *basiliske* <lat. *basiliskos* »asiat. Königseidechse« (nach einem weißen, einer Krone ähnelnden Fleck auf dem Kopf)]

ba|si|pe|tal ⟨Adj.⟩ *Ggs* akropetal **1** ⟨allg.⟩ abwärts strebend **2** ⟨Bot.⟩ absteigend (der jüngste Spross einer Pflanze ist unten, der älteste oben) [<*Base* + lat. *petere* »streben, streben«]

Ba|sis ⟨f.; -, Ba|sen⟩ **1** Grundlage, Unterlage, Ausgangspunkt **2** ⟨Mil.⟩ Stützpunkt **3** ⟨Arch.⟩ Grundlage, Sockel, Unterbau **4** ⟨Math.⟩ **4.1** Grundzahl; *~ einer Potenz od. eines Logarithmus* **4.2** ⟨Geom.⟩ Grundlinie, Grundfläche **5** ⟨Sprachw.⟩ Grundwort, Wortwurzel **6** ⟨Politik⟩ breite Mitgliederschicht im Gegensatz zu den Führungsgremien u. Vorständen, z. B. in einer Partei, den Kirchen od. Verbänden **7** ⟨histor. Materialismus⟩ die ökonom. Struktur einer Gesellschaftsordnung (im Unterschied zum Überbau) [grch., »Schritt; der betretene Boden, Fundament«]

ba|sisch ⟨Adj.⟩ **1** ⟨Chemie⟩ einen pH-Wert von 7 aufweisend durch Gehalt an Hydroxidionen; *Sy* alkalisch **2** ⟨Geol.⟩ *~e Gesteine* Gesteine mit sehr niedrigem Kieselsäuregehalt

Ba|sis|de|mo|kra|tie ⟨f.; -, -n⟩ Art der Demokratie, in der die Bevölkerung aktiv mitarbeitet u. mitentscheidet

ba|sis|de|mo|kra|tisch ⟨Adj.⟩ in der Art der Basisdemokratie, im Sinne der Basisdemokratie

Ba|sis|frak|tur ⟨f.; -, -en; Med.⟩ Schädelbasisbruch

Ba|sis|grup|pe ⟨f.; -, -n; Politik⟩ (linksorientierte) Gruppe, die im Sinne der Basisdemokratie politische Aktivitäten entwickelt

Ba|si|zi|tät ⟨f.; -; unz.; Chemie⟩ Gehalt einer Lösung an Alkali als Maß für die Neutralisationskraft einer Säure [→ *basisch*]

Bas|ker|ville ⟨engl. [bæskə(r)vil] f.; -; unz.⟩ die Druckschriften Antiqua u. Kursiv [nach dem engl. Drucker u. Schriftgießer John *Baskerville*, 1706-1775]

Bas|ket|ball ⟨m.; -(e)s; unz.; Sport⟩ Korbball(spiel), das von zwei Mannschaften zu je fünf Spielern u. (regelgerecht) ohne körperl. Berührung gespielt wird [<engl. *basket* »Korb« + *ball* »Ball«]

Bas|kü|le ⟨f.; -, -n⟩ **1** Fensterverschluss, bei dem ein drehbarer Griff je eine Stange nach oben u. unten in zwei Vertiefungen od. an der Füllung befestigte Ösen schiebt **2** gute Manier (angezogene Vorderbeine u. runder Rücken) des Pferdes beim Überwinden eines Hindernisses [<frz. *bascule* »Klappe, Wippe«]

Bas|ma|ti ⟨m.; -; unz.⟩ langkörnige, aromatische Reissorte aus Indien [Hindi]

ba|so|phil ⟨Adj.⟩ mit basischen Farbstoffen färbbar; ~*e Zellkulturen*; ~*e Mikroorganismen* [<*Base* + ...*phil*]

Ba|so|pho|bie ⟨f.; -; unz.; Med.⟩ krankhafte Angst, nicht gehen zu können [<grch. *bainein* »gehen« + *phobos* »Furcht«]

Bas|re|lief ⟨[baˈrəljef] n.; -s, -s od. -e⟩ flaches od. halb erhabenes Relief; Ggs Hautrelief [<frz. *bas* »niedrig« + *Relief*]

Bass ⟨m.; -es, Bäs|se; Musik⟩ **1** ⟨kurz für⟩ Kontrabass **2** tiefste Tonlage bei Musikinstrumenten; ~*flöte*; ~*klarinette*; ~*trompete* **3** = Basso continuo **4** *bezifferter* ~ Basso continuo, mit Ziffern über od. unter den einzelnen Noten zur Ausführung auf einem Tasteninstrument **5** tiefste Tonlage der männl. Stimme **6** Sänger der tiefsten Stimmlage, Bassist **7** Gesamtheit der tiefen Stimmen bzw. Instrumente im Chor bzw. Orchester [<ital. *basso* <mlat. *bassus* »niedrig«]

bas|sa ⟨Adj.; Musik⟩ tief, niedrig; $8 \sim$, $8^{va} \sim$ eine Oktave tiefer zu spielen [ital., Fem. zu *basso*; → *Bass*]

Bass|ba|ri|ton ⟨m.; -s, -e; Musik⟩ **1** Stimmlage zwischen Bass u. Bariton **2** Sänger mit dieser Stimmlage

Bass|buf|fo ⟨m.; -s, -s od. -buf|fi; Musik⟩ Sänger komischer Bassrollen

Basse|lisse ⟨[baslıs] od. [baslɪs] f.; -, -n; Web.⟩ Wand- od. Bildteppich, der mit waagerechter Kette gewebt ist; Ggs Hautelisse [<frz. *basse lice* »tiefer Schaft«]

Basse|lisse|we|be|rei ⟨[baslıs-] od. [baslɪs-] f.; -, -en; Web.⟩ Weberei am niederschäftigen Webstuhl mit waagerechter Kette; Ggs Hautelisseweberei

Bas|se|na ⟨f.; -, -s; österr.⟩ von mehreren Mietparteien genutztes Wasserbecken im Flur eines alten Wohnhauses [österr.; → *Bassin*]

Bas|set ⟨frz. [basɛ], engl. [bæsɪt] m.; -s, -s⟩ kurzbeinige Jagdhunderasse [frz., eigtl. »kurzbeinig«; zu *bas* »niedrig«]

Bass|ett|horn ⟨n.; -s, -hör|ner; Musik⟩ Klarinette in Alttonlage, Altklarinette [→ *Bass*]

Bas|sin ⟨[basɛ̃:] n.; -s, -s⟩ künstlich ausgemauertes Wasserbecken; *Schwimm*~ [frz., »Becken«]

Bas|sist ⟨m.; -en, -en; Musik⟩ **1** Sänger mit Bassstimme **2** Spieler der Bassgeige

Bass|kla|ri|net|te ⟨f.; -, -n; Musik⟩ um eine Oktave tiefer gestimmte Klarinette

Bas|so ⟨m.; -, Bas|si; Musik⟩ **1** Bass **2** ⟨17. u. 18. Jh.⟩ = *continuo* Bassstimme zur Begleitung von Instrumentalstücken, meist auf Gambe od. (wenn beziffert) Tasteninstrument gespielt; Sy Bass (3), Generalbass **3** ~ *ostinato* ständig wiederkehrendes, variiertes Motiv im Bass; Sy ostinater Bass [ital.]

bas|ta! ⟨Int.⟩ genug!, Schluss jetzt!; *und damit* ~ und nun genug davon [ital.]

Bas|tard ⟨m.; - od. -, -e⟩ **1** ⟨Biol.⟩ Nachkommen von Eltern unterschiedl. Rasse, Gattung od. Art, Mischling; →*a.* Hybride **2** jmd., dessen Eltern verschiedenen typol. Bevölkerungsgruppen angehören [<afrz. *bastard* »anerkannter Sohn eines Adligen, der nicht von der rechtmäßigen Frau stammt«]

bas|tar|die|ren ⟨V.⟩ **1** ⟨Biol.⟩ mischen, kreuzen **2** ⟨fig.⟩ die Art verderben

Bas|tar|die|rung ⟨f.; -, -en⟩ Erzeugung, Züchtung von Bastarden, Kreuzung

Bas|te ⟨f.; -, -n; Kart.⟩ zweithöchste Trumpfkarte [frz. <span. *basto* »Treff«]

Bas|tei ⟨f.; -, -en⟩ = Bastion [<ital. *bastia* »Bollwerk«; → *Bastion*]

Bas|til|le ⟨[-ˈti:jə] f.; -, -n⟩ **1** befestigtes Schloss in Frankreich **2** die als Staatsgefängnis benutzte Burg in Paris; *die Stürmung der* ~ (bei der Frz. Revolution 1789) [frz., »Bastei«]

Bas|ti|on ⟨f.; -, -en⟩ vorspringender Teil eines Festungsbauwerkes; Sy Bastei [<ital. *bastione*, Vergrößerungsform von *bastia*; → *Bastei*]

bas|ti|o|nie|ren ⟨V.⟩ mit Bastionen versehen, befestigen

Bas|to|na|de ⟨f.; -, -n⟩ früher im Orient übl. Prügelstrafe, Hiebe mit dem Stock, bes. auf die Fußsohlen [<frz. *bastonnade* »Stockstreiche«]

Bat. ⟨veraltet; Abk. für⟩ Bataillon

Ba|taille ⟨[-ˈta:jə] od. [-ˈtaljə] f.; -, -n; veraltet⟩ Kampf, Schlacht [frz., »Schlacht«; zu *battre* »schlagen«]

Ba|tail|lon ⟨[-taljoːn] n.; -s, -e; Abk.: Bat.⟩ Truppenabteilung, Teil eines Regiments [frz.; zu *bataille* »Schlacht«]

Ba|ta|te ⟨f.; -, -n; Bot.⟩ Windengewächs aus Südamerika, dessen süße Wurzelknollen gegessen werden: Ipomaea batatas, Knollenwinde, Süßkartoffel [<span. *patata* <Taino *batata*]

Batch|pro|ces|sing ⟨[bætʃprouse-sıŋ] n.; - od. -s; unz.; EDV⟩ Arbeitsweise eines Computers, bei der eine Aufgabe nach der anderen erledigt wird, Stapelverarbeitung; Ggs Parallelbe-

B

Bathometer

trieb [<engl. *batch* »Schub, Stapel« + *processing* »Verarbeitung«]

Ba|tho|me|ter ⟨n.; -s, -⟩ = Bathymeter [<grch. *bathos* »Tiefe« + ...*meter*]

Ba|tho|pho|bie ⟨f.; -; unz.; Med.⟩ Schwindelgefühl beim Anblick großer Tiefen od. Höhen [<grch. *bathys* »tief« + *Phobie*]

ba|thy..., **Ba|thy...** ⟨in Zus.⟩ tief..., Tief... [<grch. *bathys* »tief«]

ba|thy|al ⟨Adj.; Geol.⟩ zum Bathyal gehörend, in ihm vorhanden

Ba|thy|al ⟨n.; -s; unz.; Geol.⟩ der Lebensbereich des Meeres in der wenig od. gar nicht mehr vom Licht beeinflussten Tiefe (unterhalb von etwa 200 Metern) [zu grch. *bathys* »tief«]

Ba|thy|bi|us ⟨m.; -; unz.⟩ schleimiger Niederschlag in der Tiefsee, früher für Lebewesen gehalten [<*Bathy...* + grch. *bios* »Leben«]

Ba|thy|gra|fie ⟨f.; -; unz.⟩ = Bathygraphie

ba|thy|gra|fisch ⟨Adj.⟩ = bathygraphisch

Ba|thy|gra|phie ⟨f.; -; unz.⟩ Tiefseeforschung; *oV* Bathygrafie [<*Bathy...* + ...*graphie*]

ba|thy|gra|phisch ⟨Adj.⟩ die Bathygraphie betreffend, auf ihr beruhend, mit ihrer Hilfe, tiefseekundlich; *oV* bathygrafisch

Ba|thy|me|ter ⟨n.; -s, -⟩ Gerät zum Messen der Meerestiefe; *oV* Bathometer [<*Bathy...* + ...*meter*]

Ba|thy|skaph ⟨m.; -en, -en⟩ von Piccard geschaffenes unterseebootartiges Tiefseetauchgerät [<*Bathy...* + grch. *skaphos* »Wanne, Schiff«]

Ba|thy|sphä|re auch: **Ba|thys|phä|re** ⟨f.; -, -n⟩ **1** Bereich der Tiefsee **2** magmahaltige Tiefenzone der Erde **3** von einem Begleitschiff aus bewegte Tiefseetauchkugel

Ba|tik ⟨f.; -, -en od. m.; -s, -en⟩ **1** ⟨unz.⟩ auf Java entwickeltes, kunstvolles Färbeverfahren für Gewebe, bei dem die Muster mit Wachs abgedeckt u. nacheinander gefärbt werden **2** ⟨zählb.⟩ gebatiktes Gewebe [javan., »gesprenkelt«]

ba|ti|ken ⟨V.⟩ mit Hilfe der Batik färben

Ba|tist ⟨m.; -(e)s, -e; Textilw.⟩ feines, leinwandartiges Gewebe [<frz. *batiste*, vermutl. nach einem Leinwandweber *Baptiste*, der im 13. Jh. in Cambrai gelebt haben soll]

ba|tis|ten ⟨Adj.⟩ aus Batist

Batt. ⟨Mil.; Abk. für⟩ Batterie (1)

Bat|ta|glia auch: **Bat|tag|lia** ⟨[-ta̱l-ja] od. [-ta̱:ja] f.; -, -gli|en [-ta̱l-jən] od. [-ta̱:jən]; Musik⟩ klangmalerische Darstellung eines Kampfes, Aufmarsches o. Ä. [ital., »Schlacht«]

Bat|te|ment ⟨[batmã̱:] n.; -s, -s; Musik⟩ trillerähnliches Vibrato [frz., »Schlagen, Klopfen«]

Bat|ter ⟨[bætə(r)] m.; -s, -; Sport; Baseball⟩ derjenige Spieler, der am Schlag ist [<engl. *bat* »Schläger, Schlagknüppel«]

Bat|te|rie ⟨f.; -, -n⟩ **1** ⟨Technik⟩ mehrere gleichartige Geräte, die hinter- od. nebeneinander gekuppelt od. zusammengeschlossen werden, um ihre Leistung zusammenzufassen; *Koksofen~; Dampfkessel~* **2** ⟨Mil.; Abk.: Batt(r).⟩ aus mehreren Geschützen (mit Bedienungsmannschaft) bestehende kleinste Artillerieeinheit **3** ⟨El.⟩ zu einer Stromquelle zusammengeschlossene elektr. Elemente; *Akkumulatoren~; Taschenlampen~* [frz., »Artillerie«; zu *battre* »schlagen«]

Battr. ⟨Mil.; Abk. für⟩ Batterie (2)

Bat|tu|ta ⟨f.; -, -tu|ten⟩ *oV* Battute **1** ⟨Musik⟩ Taktschlag; *a battuta* den vorherigen Taktschlag wiederaufnehmend **2** ⟨Sport; Fechten⟩ Schlag mit der Mitte der eigenen Klinge gegen die gegnerische Klinge [ital.]

Bat|tu|te ⟨f.; -, -n⟩ = Battuta

Baud ⟨a. [bo:d] n.; -s, -; Abk.: Bd⟩ Maßeinheit für die Schrittgeschwindigkeit der Datenübertragung, 1 Bit/Sekunde [nach dem frz. Ingenieur E. *Baudot*, 1845-1903]

Bau|de ⟨f.; -, -n; schles.⟩ **1** Bude **2** Bauernhof im Riesengebirge **3** Burggasthof [<tschech. *bouda*, nhd. *Bude*]

Bau|mé|grad auch: **Bau|mé-Grad**
⟨[bome̱:-] m.; -(e)s, -e; Zeichen: °Bé⟩ (nicht mehr zulässige) Maßeinheit für die Dichte von Flüssigkeiten [nach dem frz. Chemiker Antoine *Baumé*, 1728-1804]

Bau|mé|spin|del auch: **Bau|mé-Spin|del** ⟨[bome̱:-] f.; -, -n⟩ nach Baumégraden geeichtes Aräometer zur Bestimmung der Dichte von Flüssigkeiten [→ *Baumégrad*]

Bausch|quan|tum ⟨n.; -s, -quan|ten; österr.⟩ = Pauschquantum

Bau|ta|stein ⟨m.; -(e)s, -e⟩ den Runensteinen verwandter, unbearbeiteter Gedenkstein in Skandinavien aus der Bronzezeit, ohne Inschrift [<anord. *bauta*]

Baux|it ⟨m.; -s, -e; Min.⟩ wichtiges Aluminiummineral, Eisen- u. Titanoxid enthaltende Tonerdehydroxide [nach dem ersten Fundort *Les Baux* in Südfrankreich]

Ba|zar ⟨[-za:r] m.; -s, -e⟩ = Basar

ba|zil|lär ⟨Adj.⟩ Bazillen betreffend, durch Bazillen hervorgerufen

Ba|zil|le ⟨f.; -, -n; umg. für⟩ Bazillus

Ba|zil|lus ⟨m.; -, -zil|len⟩ stäbchenförmiger Spaltpilz, Sporen bildendes Bakterium; *oV* Bacillus [<lat. *bacillus* »Stäbchen«]

Ba|zoo|ka ⟨[-zu:ka] f.; -, -s⟩ amerikanische Panzerfaust [engl.; urspr. ein Musikinstrument]

B2B ⟨Abk. für engl.⟩ Business-to-Business

BBC ⟨[bibisi̱:] Abk. für engl.⟩ British Broadcasting Corporation, brit. Rundfunkgesellschaft

B2C ⟨Abk. für engl.⟩ Business-to-Consumer

B. c. ⟨Abk. für⟩ Basso continuo

B. C. ⟨Abk. für⟩ before Christ (vor Christus) [engl.]

BCD-Code ⟨[-ko:d] m.; -s, -s; EDV; Abk. für engl.⟩ Binary Coded Decimals Code (binär kodierter Dezimalzahlencode), ein in der EDV verwendeter 4-Bit-Code mit der Stellenfolge 8421

Bd ⟨Abk. für⟩ Baud

Be ⟨chem. Zeichen für⟩ Beryllium

Bé ⟨Zeichen für⟩ Baumé; → *a.* Baumégrad

Beefeater

bea|chen ⟨[biːtʃən] V.; Sport⟩ Beachvolleyball spielen; *er hatte vor, im Urlaub zu* ~

Beach|vol|ley|ball ⟨[biːtʃvɔle:-] n. od. m.; -s; unz.; Sport⟩ besondere Form des Volleyballs mit leicht modifizierten Regeln, die meist in Zweierteams auf Sand gespielt wird [<engl. *beach* »Strand« + *Volleyball*]

Bea|gle *auch:* **Bea|gle** ⟨[biːg(ə)l] m.; -s, - od. -s⟩ kurzbeinige, schwarz, braun u. weiß gescheckte Spürhunderasse [engl.]

Beam ⟨[biːm] m.; -s, -s⟩ Zielstrahl eines Satelliten [engl.]

Beam|an|ten|ne ⟨[biːm-] f.; -, -n⟩ Richtantenne mit besonders großer Empfangscharakteristik [<engl. *beam* »Strahl«]

bea|men ⟨[biːmən] V.; EDV; umg.⟩ **1** ⟨i. e. S.⟩ auf digitalem Weg verschwinden u. an anderer Stelle wieder auftauchen lassen; *sich ans Mittelmeer* ~ *lassen* **2** ⟨i. w. S.⟩ auf digitalem Weg übertragen, übersenden; *die Nachrichten wurden rund um den Globus gebeamt* [<engl. *beam* »strahlen, senden«]

Bea|mer ⟨[biː-] m.; -s, -; EDV⟩ Gerät, das die Abbildung eines Computerbildschirmes an die Wand od. auf eine Bildwand projiziert [→ *beamen*]

Bear ⟨[bɛːr] m.; -s, -s; umg.; Börse⟩ = Baissespekulant; *Ggs* Bull [engl., »Bär« (nach der Vorstellung, dass der Bär die Aktienkurse mit seiner Tatze nach unten schlägt)]

Beat ⟨[biːt] m.; -s, -s; Musik⟩ Art des Drive, Betonung eines Taktteiles od. rhythm. Verschiebung [engl., »Schlag«]

Beat|box ⟨[biːtbɔks] f.; -, -en; Popmusik⟩ programmierbare Rhythmusmaschine, die mit der Stimme *(Human* ~*)* od. elektronisch Rhythmen u. Klangeffekte erzeugt

bea|ten ⟨[biː-] V.; Musik⟩ **1** Musik im Beatstil spielen **2** zu dieser Musik tanzen [→ *Beat*]

Beat|fan ⟨[biːtfæn] m.; -s, -s; Musik⟩ jmd., der gern u. oft Beatmusik hört [→ *Beat*]

Beat|ge|ne|ra|tion ⟨[biːtdʒenəreɪʃn] f.; -; unz.⟩ Gruppe junger nordamerikan. Künstler nach dem 2. Weltkrieg, die in Ablehnung von Staat u. bürgerl. Gesellschaft, Neigung zum Zen-Buddhismus u. rauschhaftem Lebensstil nach metaphys. Erkenntnis strebte [engl., »geschlagene Generation«; zu *beat* »Schlag«]

Be|a|ti|fi|ka|tion ⟨f.; -, -en⟩ Seligsprechung [<lat. *beatus* »glückselig« + *...fikation*]

be|a|ti|fi|zie|ren ⟨V.⟩ selig sprechen [→ *Beatifikation*]

Beat|le *auch:* **Beat|le** ⟨[biːtl] m.; -s, -s⟩ **1** ⟨Musik⟩ Angehöriger der ehemaligen engl. Beatgruppe »The Beatles« **2** ⟨fig.; umg.⟩ junger Mann mit Pilzkopffrisur ähnlich der der Beatles

Beat|mu|sik ⟨[biːt-] f.; -; unz.⟩ Stil der Rockmusik, der stark rhythmisch geprägt ist [<engl. *beat* »Schlag«]

Beat|nik ⟨[biːt-] m.; -s, -s⟩ Angehöriger der Beatgeneration

Beat|pad ⟨[biːtpæd] m.; -s, -s⟩ Stelle, wo man Drogen kaufen kann [<engl. *beat* »Revier, Bereich« + *pad* »Weg, Pfad«]

Beau ⟨[boː] m.; -s, -s; scherzh.; spött.⟩ schöner (u. eitler) Mann, Stutzer, Geck [frz., »schön«]

Beau|fort|ska|la *auch:* **Beau|fort-Ska|la** ⟨[boːfɔt-] od. [bofɔːr-] f.; -; unz.⟩ früher 12-, heute 18-teilige Skala zur Einteilung der Windstärke [nach dem engl. Admiral Sir Francis *Beaufort,* 1774-1857]

Beau|jo|lais ⟨[boʒɔlɛ] m.; -, -⟩ aus der französischen Landschaft Beaujolais stammender Rotwein

Beau|té ⟨[boteː] f.; -, -s⟩ eine Schönheit, schöne Frau [frz., »Schönheit«]

Beau|ty ⟨[bjuːti] f.; -, -s⟩ Schönheit, schöne Frau [engl.]

Beau|ty|case ⟨[bjuːtikeɪs] n. od. m.; - od. -s [-sɪz], -s [-sɪz]⟩ kleiner Handkoffer für Damen, der die notwendigen Schmink- u. Pflegeutensilien enthält [<engl. *beauty* »Schönheit« + *case* »Koffer«]

Beau|ty|cen|ter ⟨[bjuːtisen-] n.; -s, -⟩ Geschäft, in dem Körperpflege- u. Kosmetikartikel gekauft u. meist unter fachkundiger Anweisung auch angewendet werden können [<engl. *beauty* »Schönheit« + *Center*]

Beau|ty|farm ⟨[bjuːti-] f.; -, -en⟩ Kuranstalt für kosmetische Behandlungen u. Schönheitspflege [<engl. *beauty* »Schönheit« + *farm* »Bauernhof«]

Beau|ty|fluid ⟨[bjuːti-] n.; -s, -s⟩ Creme zur Gesichtspflege [<engl. *beauty* »Schönheit« + *Fluid*]

Bé|bé ⟨[bebeː] n.; -s, -s; bes. schweiz.⟩ kleines Kind, Säugling [frz.]

Be|bop ⟨[biːbɔp] m.; -s, -s; Musik⟩ seit 1940 entwickelter, kunstvoller nordamerikan. Jazzstil [engl.; die bedeutungslosen Silben »bebop« sollen die verminderte Quinte, die bei dieser Jazzspielweise im Vordergrund steht, sprachl. nachahmen]

Bé|cha|mel|kar|tof|feln ⟨[beʃamɛl-] Pl.; Kochk.⟩ Kartoffelscheiben in Béchamelsoße [nach dem französischen Haushofmeister Ludwig XIV., Marquis de *Béchamel*]

Bé|cha|mel|so|ße ⟨[beʃamɛl-] f.; -, -n; Kochk.⟩ Soße aus Butter, Mehl, Milch u. Gewürzen [nach dem französ. Haushofmeister Ludwigs XIV., Marquis de *Béchamel*]

be|cir|cen ⟨V.⟩ = bezirzen

Bec|que|rel ⟨[bekərɛl] n.; - od. -s, -; Zeichen: Bq⟩ SI-Einheit für die Stärke der Radioaktivität: 1 Bq entspricht einem radioaktiven Zerfallsakt pro Sekunde [nach dem frz. Physiker H. A. *Becquerel,* 1852-1908]

Bed and Break|fast ⟨[bɛd ənd brɛkfəst] n.; - - -; unz.⟩ preisgünstige Form der Übernachtung in angelsächsischen Ländern (bes. in Großbritannien), bei der der Reisende in einem Privathaus Unterkunft u. Frühstück erhält [engl., »Bett und Frühstück«]

Be|du|ine ⟨m.; -n, -n⟩ nomadisch od. halbnomadisch lebender Araber [<arab. *bedawi* »in der Wüste umherstreifend«]

Beef|ea|ter ⟨[biːfiːtə(r)] m.; -s, -⟩ Leibgardist des englischen Königshauses [engl., eigtl. »Rindfleischesser«]

115

Beefsteak

Beef|steak ⟨[biːfsteːk] od. engl. [-steɪk] n.; -s, -s⟩ **1** engl. ~ gebratene Lendenscheibe vom Rind **2** *deutsches* ~ gebratenes Fleischklößchen **3** ~ *à la Tatare* Tatarenbeefsteak [<engl. *beef* »Rindfleisch« + *steak* »Fleischschnitte«]

Beef|tea ⟨[biːftiː] m.; -s, -s⟩ Rindfleischbrühe [<engl. *beef* »Rind« + *tea* »Tee«]

Be|el|ze|bub ⟨[beɛl-] od. [beːl-] od. [bel-] m.; -; unz.; NT⟩ Teufel; *den Teufel mit dem ~ austreiben* ein Übel durch ein schlimmeres bekämpfen [<hebr. *baal* »Herr« + *s'bub* »Fliege«; (eigtl.) Fliegenfürst, Oberteufel«]

Beep ⟨[biːp] m.; -s, -s⟩ Piepston (eines Beepers), Piep [engl.]

Bee|per ⟨[biː-] m.; -s, -⟩ **1** = Pager **2** Computerlautsprecher [engl.]

Bef|froi *auch:* **Beff|roi** ⟨[bɛfroa] m.; -s, -s⟩ Bergfried [frz., »Glockenstuhl, Wachtturm«]

Beg ⟨m.; -s, -s⟩ = Bei

Be|gard ⟨m.; -en, -en⟩ = Begarde

Be|gar|de ⟨m.; -n, -n; im MA⟩ Angehöriger einer mönchisch lebenden, aber nicht durch Gelübde gebundenen Vereinigung; *oV* Begard, Beghard, Begharde; → *a.* Begine [vermutlich nach dem Gründer Lambert le *Bègue* (»der Stotterer«, 12. Jh.) mit männlicher Endung ...*(h)ard*]

Be|gas|se ⟨f.; -, -n⟩ = Bagasse

Beg|hard ⟨m.; -en, -en⟩ = Begarde

Beg|har|de ⟨m.; -en, -en⟩ = Begarde

Beg|hi|ne ⟨f.; -, -n⟩ = Begine

Be|gi|ne ⟨f.; -, -n⟩ Angehörige einer klösterlich lebenden, aber nicht durch Gelübde gebundenen Frauenvereinigung; *oV* Beghine [vermutl. nach Lambert le *Bègue*, mit weibl. Endung ...*ine*; → Begard]

Be|go|nie ⟨[-nja] f.; -, -n; Bot.⟩ tropische Pflanzengattung, Zierpflanze mit unsymmetrischen Blättern, Schiefblatt: Begonia [nach Michel *Bégon*, † 1710, Gouverneur von Santo Domingo]

Be|gum ⟨f.; -, -en⟩ Titel indischer Fürstinnen [<Hindi *begam* »Mohammedanerin mit einem hohen gesellschaftl. Rang«]

Be|ha|is|mus ⟨m.; -; unz.⟩ = Bahaismus

Be|ha|vio|ris|mus ⟨[bihɛɪvjə-] m.; -; unz.⟩ von J. B. Watson begründete Richtung der Psychologie, die sich nur auf das Verhalten von Mensch u. Tier in wechselnder Umwelt stützt [<engl. *behavio(u)r* »Verhalten«]

be|ha|vio|ris|tisch ⟨[bihɛɪvjə-] Adj.⟩ den Behaviorismus betreffend, auf ihm beruhend

Be|hen|nuss ⟨f.; -, -nüs|se; Bot.⟩ = Bennuss [<span. <portug. *behén* <pers., arab. *behmen*]

Be|hind ⟨[bihaɪnd] n.; -s; unz.; schweiz.; Sport⟩ der hinter der Torlinie befindliche Auslauf an beiden Enden eines Fußballfeldes [engl., »(da-)hinter«]

Bei ⟨m.; -s, -s od. -e⟩ Herr, türk. Titel; *oV* Beg, Bey [<türk. *beg* »Herr«]

beige ⟨[beːʒ] od. [bɛːʒ] Adj.⟩ von der natürlichen Farbe der Wolle, sandfarben, gelbbraun [frz., »ungefärbt«]

Beige ⟨[beːʒ] od. [bɛːʒ] n.; -; unz.⟩ beige Farbe; *einen Raum in ~ halten* [→ *beige*]

Beig|net *auch:* **Beig|net** ⟨[bɛnjeː] m.; -s, -s⟩ ein Fettgebäck (mit Früchten) [frz., »Krapfen«]

Bei|ram ⟨m.; -s, -s⟩ = Bairam

Be|kas|si|ne ⟨f.; -, -n; Zool.⟩ Schnepfenvogel der nördl. Halbkugel mit langem Schnabel, Sumpfschnepfe: Gallinago [<frz. *bécassine*; zu *bec* »Schnabel«]

Bel ⟨n.; - od. -s, -; Zeichen: B⟩ auf dem dekadischen Logarithmus beruhendes Maß für die Dämpfung von Schwingungen [nach dem Erfinder des Telefons, dem engl.-amerikan. Physiologen A. G. *Bell*, 1847–1922]

Bel|ami ⟨m.; - od. -s, -s; iron.; scherzh.⟩ Liebling der Frauen, Frauenheld [<frz. *bel ami* »schöner Freund«]

Bel|can|tist ⟨m.; -en, -en⟩ = Belkantist

Bel|can|to ⟨m.; -; unz.⟩ = Belkanto bene Ordnung der Kopffüßler: Belemnoidea [<grch. *belemnon* »Geschoss« (nach dem Volksglauben durch Blitzschlag od. Donner entstanden; mit Unheil abwehrender Wirkung)]

Bel|es|prit *auch:* **Bel|es|prit** ⟨[bɛlɛspriː] m.; -s, -s⟩ Schöngeist [<frz. *bel esprit*]

Bel|eta|ge ⟨[belɛtaːʒ(ə)] f.; -, -n; veraltet⟩ erstes Stockwerk [<frz. *bel étage* »schönes Stockwerk«]

Be|li|al ⟨m.; -s; unz.⟩ Teufel [<hebr. *b'li* »nicht« + *ja'al* »Nutzen«]

Bel|kan|tist ⟨m.; -en, -en⟩ Belkantosänger; *oV* Belcantist [→ Belkanto]

Bel|kan|to ⟨m.; -s; unz.; urspr.; bes. im 17. bis 19. Jh.⟩ italien. Kunstgesang, bei dem der Hauptwert auf Klangschönheit gelegt wird; *oV* Belcanto [<ital. *bel canto* »schöner Gesang«]

Bel|la|do|nin ⟨n.; -s; unz.; Pharm.⟩ Alkaloid, das aus der Tollkirsche gewonnen wird; → *a.* Belladonna

Bel|la|don|na ⟨f.; -, -don|nen⟩ **1** Tollkirsche **2** ⟨Pharm.⟩ das aus der Tollkirsche gewonnene Alkaloid Belladonin [<ital. *bella donna* »schöne Frau« (weil der in die Augen geträufelte Extrakt die Pupillen weitet u. dem Augapfel ein interessantes Aussehen gibt)]

Belle Époque ⟨[bɛlepɔk] f.; - -; unz.⟩ Epoche eines geistigen u. wirtschaftlichen Aufschwunges in Frankreich zu Beginn des 20. Jh. [frz., »schöne Epoche«]

Bel|le|trist *auch:* **Bel|let|rist** ⟨m.; -en, -en⟩ Schriftsteller der Belletristik

Bel|le|tris|tik *auch:* **Bel|let|ris|tik** ⟨f.; -; unz.⟩ schöngeistiges Schrifttum, Unterhaltungsliteratur [<frz. *belles lettres* »schöne Literatur«]

Bel|le|tris|tin *auch:* **Bel|let|ris|tin** ⟨f.; -, -tin|nen⟩ Schriftstellerin der Belletristik

bel|le|tris|tisch *auch:* **bel|let|ris|tisch** ⟨Adj.⟩ in der Art der Belletristik, zu ihr gehörig

Bel|le|vue ⟨[bɛlvyː] n.; - od. -s, -s⟩ Name von Schlössern, die eine weit reichende Aussicht auf die umliegende Landschaft bieten; →*a.* Belvedere [<frz. *belle vue* »schöner Blick, schöne Aussicht«]

Bel|li|zis|mus ⟨m.; -; unz.⟩ Befürwortung des Krieges; *Ggs* Pazifismus

Bel|li|zist ⟨m.; -en, -en⟩ Anhänger, Befürworter des Krieges; *Ggs* Pazifist [zu lat. *bellicus* »zum Krieg gehörend«]

Bel|li|zis|tin ⟨f.; -, -tin|nen⟩ Anhängerin, Befürworterin des Krieges; *Ggs* Pazifistin

bel|li|zis|tisch ⟨Adj.⟩ kriegstreiberisch, den Krieg befürwortend [<lat. *bellicus* »kriegerisch«]

Bel|pa|e|se® *auch:* **Bel Pa|e|se** ⟨m.; (-) -; unz.⟩ ein ital. Weichkäse [<ital. *bello* »schön« + *paese* »Land, Dorf«]

Bel|u|ga ⟨f.; -, -s; Zool.⟩ bis 5 m langer Gründel(zahn)wal an den Nordküsten der nördl. Halbkugel, Weißwal: Delphinapterus leucas [<russ. *bjelyj* »weiß«]

Bel|utsch ⟨m.; -(e)s, -e⟩ handgeknüpfter Orientteppich (Gebetsteppich) mit geometrischer Musterung [nach dem Volk der *Belutschen*]

Bel|ve|de|re ⟨[-ve-] n.; - od. -s, -s⟩ →*a.* Bellevue **1** ⟨veraltet⟩ Aussichtspunkt **2** Name verschiedener Schlösser, die eine weit reichende Aussicht auf die umliegende Landschaft bieten [<ital. *bel vedere* »schöne Aussicht«]

Ben ⟨vor hebr. u. arab. Eigennamen⟩ Sohn, Engel; ∼ *Gurion;* ∼ *Bella*

Bench|mark ⟨[bɛntʃ-] f.; -; unz.; EDV⟩ Maßeinheit zur Ermittlung der Leistungsfähigkeit von Computern [engl., »Nivellierungszeichen« (z. B. an Messlatten) <*bench* »Schicht« + *mark* »Zeichen«]

Bench|mar|king ⟨[bɛntʃ-] n.; -s; unz.; Wirtsch.⟩ Ausrichtung an den jeweils höchsten Werten von konkurrierenden Unternehmen (als Orientierungshilfe in der Wirtschaftsführung) [→ *Benchmark*]

be|ne ⟨Adj.⟩ gut, schön [ital.]

be|ne|dei|en ⟨V.; poet.⟩ segnen; *gebenedeit seist du, Maria* [<mhd. *benedien* <lat. *benedicere* »Gutes wünschen, segnen«]

Be|ne|dic|tus ⟨n.; -, -; in der kath. Messe u. luther. Abendmahlsordnung⟩ Lobgesang nach Lukas 1,68 [lat., Part. Perf. zu *benedicere* »Gutes wünschen, loben, preisen«]

Be|ne|dik|ti|ner ⟨m.; -s, -⟩ **1** ⟨Rel.⟩ Mönch des ältesten katholischen Ordens des Abendlandes, Ordo Sancti Benedicti, der im 6. Jh. gegründet wurde **2** französischer Kräuterlikör, nach einem Rezept der Benediktinerabtei Fécamp von 1510 [lat., nach *Benedikt* von Nursia, dem Ordensgründer]

Be|ne|dik|ti|on ⟨f.; -, -en⟩ Segnung [<lat. *benedictio* »Segnen«]

be|ne|di|zie|ren ⟨V.⟩ segnen [<lat. *benedicere*]

Be|ne|fiz ⟨n.; -es, -e⟩ **1** = Benefizvorstellung **2** Pfründe **3** = Benefizium [<frz. *bénéfice* »Vorteil, Nutzen« <lat. *beneficium* »Wohltat«]

Be|ne|fi|zi|ant ⟨m.; -en, -en⟩ **1** Wohltäter **2** Nutznießer einer Benefizvorstellung

Be|ne|fi|zi|ar ⟨m.; -s, -e⟩ = Benefiziat

Be|ne|fi|zi|at ⟨m.; -en, -en⟩ **1** Inhaber eines Benefiziums **2** Pfründner

Be|ne|fi|zi|um ⟨n.; -s, -zi|en; MA⟩ zur Nutzung überlassenes erbl. Land, Lehen; *oV* Benefiz (3)

Be|ne|fiz|vor|stel|lung ⟨f.; -, -en⟩ Theater- od. Musikaufführung zugunsten eines Künstlers od. eines wohltätigen Zweckes; *Sy* Benefiz (1)

Be|ne|lux|län|der ⟨Pl.⟩ die Länder Belgien, Niederlande und Luxemburg [verkürzt <*Be*lgique, *Ne*derland, *Lux*emburg]

Ben|gal ⟨f.; -; unz.; Textilw.⟩ kurzstapelige Baumwolle aus Indien [nach der indischen Landschaft *Bengalen*]

ben|ga|lisch ⟨Adj.⟩ Bengalen betreffend, zu ihm gehörend, aus ihm stammend

be|ni|gne *auch:* **be|nig|ne** ⟨Adj.; Med.⟩ gutartig; *Ggs* maligne; *eine* ∼ *Geschwulst* [<lat. *benignus* »gutmütig«]

Be|nig|ni|tät *auch:* **Be|nig|ni|tät** ⟨f.; -; unz.⟩ **1** Güte, Leutseligkeit, Milde **2** ⟨Med.⟩ Gutartigkeit; *Ggs* Malignität; ∼ *einer Geschwulst* [→ *benigne*]

Ben|ja|min ⟨m.; -s, -e; scherzh.⟩ Jüngster; *der* ∼ *der Familie* [hebr., in der Bibel jüngster Sohn Jakobs]

Ben|nuss ⟨f.; -, -nüs|se; Bot.⟩ *oV* Behennuss **1** Baum, der am Rande der arab. Wüste vorkommt u. dessen Früchte ein Speise- u. Schmieröl liefern: Moringa arabica **2** Frucht dieses Baumes [<arab. *ban*]

Ben|thal ⟨n.; -s; unz.; Biol.⟩ der Meeresboden als Lebensraum [<grch. *benthos* »Tiefe«]

ben|tho|nisch ⟨Adj.; Biol.⟩ zum Benthos gehörig

Ben|thos ⟨n.; -; unz.; Biol.⟩ Lebewesen (Tier- u. Pflanzenwelt) auf dem Boden von Gewässern [grch., »Tiefe«]

Ben|to|nit ⟨m.; -s, -e; Min.⟩ Tonmineral, das sich durch hohe Quell- u. Adsorptionsfähigkeit auszeichnet u. durch Verwitterung vulkanischer Tuffe entstanden ist, Quellton [nach dem ersten Fundstätte bei Fort *Benton*, USA]

Benz|al|de|hyd ⟨m.; -s, -e; Chemie⟩ nach bittern Mandeln riechender Aldehyd, Abkömmling des Benzols, kommt in Aprikosen- u. Bittermandelkernen vor, Bittermandelöl [<*Benzol* + *Aldehyd*]

Ben|zi|din ⟨n.; -s; unz.; Chemie⟩ Grundsubstanz für die Herstellung der Diazofarbstoffe zum Färben von Baumwolle

Ben|zin ⟨n.; -s, -e; Chemie⟩ die bis 200 °C siedenden Bestandteile des Erdöls, als Motorentreibstoff, Fleckentferner u. Lösungsmittel verwendet [→ *Benzoe*]

Ben|zo|at ⟨n.; -(e)s, -e; Chemie⟩ Salz der Benzoesäure

Ben|zoe ⟨[-tso:e:] f.; -; unz.⟩ wohlriechendes Harz des auf den Sundainseln vorkommenden Benzoebaumes; *Sy* Benzoeharz [<frz. *benjoin* <arab. *luban dschawi* »javanischer Weihrauch«]

Ben|zoe|baum ⟨[-tso:e:-] m.; -(e)s, -bäu|me; Bot.⟩ Baum aus der Familie der Styraxgewächse Indiens u. Malaysias: Styrax benzoin

Ben|zoe|harz ⟨[-tso:e:-] n.; -es, -e⟩ = Benzoe

Benzoesäure

Ben|zo|e|säu|re ⟨[-tsoːeː-] f.; -, -n; Chemie⟩ einfachste aromatische Carbonsäure

Ben|zol ⟨n.; -s; unz.; Chemie⟩ zur Darstellung vieler organ. Verbindungen verwendete, stark lichtbrechende, leicht entzündl. Flüssigkeit, einfachster Vertreter der Kohlenwasserstoffe der aromatischen Reihe [verkürzt <*Benzoe* + *Alkohol*]

Ben|zol|ring ⟨m.; -(e)s, -e; Chemie⟩ die ringförmige Verknüpfung der sechs, das Grundgerüst des Benzols bildenden Kohlenstoffatome

Ben|zo|yl ⟨n.; -s; unz.; Chemie⟩ die einwertige chem. Gruppierung -CO-C$_6$H$_5$ [verkürzt <*Benzoe* + grch. *hyle* »Materie«]

Ben|z|py|ren ⟨n.; -s; unz.; Chemie⟩ aus fünf Benzolringen aufgebauter Kohlenwasserstoff mit Krebs erzeugender Wirkung, kommt im Tabakrauch u. Holzkohlerauch vor [<*Benzol* + grch. *pyr* »Feuer«]

Ben|zyl ⟨n.; -s; unz.; Chemie⟩ die einwertige chem. Gruppierung —CH$_2$—C$_6$H$_5$ [verkürzt <*Benzol* + grch. *hyle* »Stoff«]

Ben|zyl|al|ko|hol ⟨m.; -s, -e; Chemie⟩ einfachster aromat. Alkohol, tritt in vielen Blütenölen auf u. wird in der Parfümindustrie verwendet [<*Benzoe* + ...*yl*]

Ben|zyl|grup|pe ⟨f.; -, -n; Chemie⟩ Restgruppe eines Moleküls mit der Struktur C$_6$H$_5$-CH$_2$- [<*Benzoe* + ...*yl*]

Beo ⟨m.; -s, -s; Zool.⟩ südostasiatischer Singvogel mit orangefarbenem Schnabel, der menschliche Laute täuschend echt nachahmen kann [indones.]

Ber|ber ⟨m.; -s, -⟩ **1** Angehöriger einer nordafrikanischen hamitischen, mohammedan. Völkergruppe **2** nordafrikan. Pferderasse **3** in Nordwestafrika hergestellter Teppich **4** ⟨umg.⟩ Nichtsesshafter, Obdachloser, Landstreicher [→ *Barbar*]

Ber|be|rin ⟨n.; -s; unz.⟩ gelber Farbstoff für Seide, Baumwolle u. Leder aus der Wurzeln zahlreicher Pflanzen, besonders aus der Berberitze

Ber|be|rit|ze ⟨f.; -, -n; Bot.⟩ **1** ⟨i. w. S.⟩ Gattung der Berberitzengewächse: Berberis **2** ⟨i. e. S.⟩ die in Deutschland heimische Art, Sauerdorn: Berberis vulgaris [<mlat. *berberis* <arab. *berbaris*]

Ber|ceu|se ⟨[-sø:zə] f.; -, -n; Musik⟩ Wiegenlied [frz.]

Bé|ret ⟨[bɛrɛ] n.; -s, -s; bes. schweiz.⟩ Baskenmütze [frz.]

Ber|ga|mas|ka ⟨f.; -, -mas|ken; Musik⟩ Tanzlied im 17. u. 18. Jh. [nach der oberital. Stadt *Bergamo*]

Ber|ga|mot|te ⟨f.; -, -n; Bot.⟩ **1** Pomeranzensorte mit länglichen, blassgelben, glattschaligen Früchten: Citrus aurantium var. bergamia **2** eine Birnensorte [<frz. *bergamote* <ital. *bergamotta* <türk. *beg armudy* »Herrenbirne«; beeinflusst vom Namen der ital. Stadt *Bergamo*]

Ber|ga|mott|öl ⟨n.; -s; unz.⟩ aus der Schale der Bergamotte (Pomeranze) gewonnenes Öl für Parfüme [→ *Bergamotte*]

Be|ri|be|ri ⟨f.; -; unz.; Med.⟩ eine Vitaminmangelkrankheit (bei Fehlen von Vitamin B$_1$) [<singhales. *beri* »Schwäche«]

BERI-In|dex ⟨m.; -es od. -, -e od. -di|ces od.-di|zes; Wirtsch.⟩ Abk. für engl.⟩ Business Environment Risk Index, Index zur Beurteilung der ökonomischen u. politischen Situation eines Staates

Ber|ke|li|um ⟨n.; -s; unz.; chem. Zeichen: Bk⟩ künstlich hergestelltes, radioaktives chem. Element, Ordnungszahl 97 [nach der Universitätsstadt *Berkeley* in Kalifornien]

Ber|li|na|le ⟨f.; -, -n; Film⟩ alljährl. in Berlin veranstaltete Filmfestspiele [analog zu *Biennale* gebildet]

Ber|lo|cke ⟨f.; -, -n⟩ kleiner Schmuckanhänger (für Uhrenketten usw.) [<frz. *berloque*, *breloque* »zierl. Kleinigkeit«]

Ber|me ⟨f.; -, -n⟩ = Bankett^2 (3) [<ndrl. *berm*]

Ber|mu|das ⟨Pl.; kurz für⟩ Bermudashorts

Ber|mu|da|shorts ⟨[-ʃɔːrts] Pl.⟩ knielange Shorts; *Sy* Bermudas [nach den *Bermuda*-Inseln im Atlantischen Ozean]

Ber|noul|li|prin|zip *auch:* **Ber|noul|li-Prin|zip** ⟨[-nuː|-] n.; -s, -pi|en; Wirtsch.⟩ Lösungsverfahren für Entscheidungsverhalten in Risikofällen, das besonders rationale Handlungsmuster bevorzugt [nach dem Schweizer Mathematiker Daniel *Bernoulli*, 1700-1782]

Ber|sa|gli|e|re *auch:* **Ber|sa|gli|e|re** ⟨[-saljeːrə] m.; -, -ri⟩ ital. Scharfschütze mit Filzhut u. Federbusch [<ital. *bersaglio* »Ziel«]

Ber|ser|ker ⟨m.; -s, -⟩ **1** ⟨altnord. Myth.⟩ Mann von außergewöhnl. Kraft, der in der Raserei ohne Waffe kämpft **2** ⟨fig.⟩ wütender Kämpfer [<anord. *berserkr*; eigtl. »in Bärenfell gehüllter Krieger« <*beri* »Bär« + *serkr* »Gewand«]

Be|ryll ⟨m.; -s, -e; Min.⟩ Edelstein, durchsichtiges od. durchscheinendes, glasglänzendes Mineral, chem. Beryllium-Aluminium-Silicat [<grch. *beryllos* <Sanskrit *waidūrya* »Meerwasserstein«]

Be|ryl|li|o|se ⟨f.; -, -n; Med.⟩ Staublungenerkrankung, die durch eingeatmeten Staub von Berylliumoxyd-Rauch od. anderen flüchtigen Berylliumverbindungen eintreten kann

Be|ryl|li|um ⟨n.; -s; unz.; chem. Zeichen: Be⟩ chem. Element, zweiwertiges Erdalkalimetall, Leichtmetall, Ordnungszahl 4 [→ *Beryll*]

Be|san ⟨m.; -s, -e⟩ Gaffelsegel am Besanmast [<ital. *mezzana* <arab. *mazzan* »Mast, dessen Segel das Schiff in gleichmäßiger Fahrt hält«]

Be|san|mast ⟨m.; -es, -e⟩ der hinterste Mast

Bessemerbirne / Bessemer-Birne
(*Schreibung mit Bindestrich*)
Ein Eigenname, der erster Bestandteil einer Zusammensetzung ist, kann mit Bindestrich abgetrennt werden, wenn er besonders hervorgehoben werden soll (→*a*. Gallupmethode / Gallup-Methode).

Bes|se|mer|bir|ne *auch:* **Bes|se|mer-Bir|ne** ⟨f.; -, -n; Met.⟩ ein feuerfest ausgekleideter Konbi..., Bi...

verter, in dem geschmolzenes Roheisen mittels hindurchgeblasener Luft von Verunreinigungen befreit wird [nach dem engl. Ingenieur Sir Henry Bessemer, 1813-1898]

bes|se|mern ⟨V.⟩ nach dem Verfahren mit der Bessemerbirne herstellen

bes|ti|a|lisch ⟨Adj.⟩ viehisch, unvorstellbar roh, grausam [<lat. *bestialis* »tierisch«; → *Bestie*]

Bes|ti|a|li|tät ⟨f.; -, -en⟩ viehische Rohheit, entsetzl. Grausamkeit

Bes|ti|a|ri|um ⟨n.; -s, -rien; im MA⟩ Sammlung von Tierbeschreibungen [zu lat. *bestiarius* »wilde Tiere betreffend«]

Bes|tie ⟨[-tjə] f.; -, -n⟩ **1** wildes Tier **2** (fig.) roher, grausamer Mensch [<lat. *bestia* »wildes Tier«]

Best-of-Al|bum ⟨n.; -s, -Alben; bes. Popmusik⟩ (Doppel-)CD mit den erfolgreichsten Stücken einer Popgruppe od. eines Musikers; *das* ~ *von Depeche Mode* [<engl. *best of* »das Beste von« + *Album*]

be|strei|ken ⟨V.⟩ mit Streik belegen, durch Streik arbeitsunfähig machen, dem Streik aussetzen; *einen Betrieb* ~; *bestreikter Betrieb*

Best|sel|ler ⟨m.; -s, -⟩ Buch mit großem Verkaufserfolg (in einem bestimmten Zeitraum) [<engl. *best* »am besten« + *sell* »verkaufen«]

Be|ta ⟨n.; -s, -s; Zeichen: β, B⟩ der zweite Buchstabe des grch. Alphabets [grch.]

Be|ta|blo|cker ⟨m.; -s, -; Pharm.⟩ kurz für⟩ Betarezeptorenblocker

Be|ta|feh|ler ⟨m.; -s, -; Wirtsch.⟩ Entscheidungsfehler (zweiter Art) bei statistischen Testverfahren, bei dem eine Voraussetzung od. Annahme trotz ihrer Fehlerhaftigkeit nicht verworfen bzw. abgeschlossen wird; →*a.* Alphafehler

Be|ta|in ⟨n.; -s; unz.⟩ Oxidationsprodukt des Cholins, kommt in vielen Pflanzenteilen, im Krabbenextrakt u. a. tierischen Produkten vor (senkt den Blutcholesterinspiegel u. regelt den Fettstoffwechsel) [<lat. *beta* »Rübe«]

Be|ta|ko|ef|fi|zi|ent ⟨m.; -en, -en; Wirtsch.⟩ Beta-Faktor, der das Verhältnis des Gewinns des Kapitalmarkts u. einer Aktie in einem bestimmten Zeitraum beschreibt; →*a.* Portefeuille (4)

Be|ta|re|zep|tor ⟨m.; -s, -en; Med.⟩ in der Membran von Zellen befindl. Rezeptor, der vom Transmitter Noradrenalin beeinflusst wird, die Erregbarkeit dieser Membranen kann durch bestimmte Pharmaka spezifisch gehemmt werden [<*Beta* + *Rezeptor*]

Be|ta|re|zep|to|ren|blo|cker ⟨m.; -s, -; Pharm.⟩ Substanz bzw. Medikament, das eine Hemmwirkung auf bestimmte Rezeptoren (3) ausübt, z. B. bei Bluthochdruck; *Sy* Betablocker

Be|ta|strahl ⟨m.; -(e)s, -en⟩ aus schnellen Elektronen bestehender Teilchenstrahl; *Sy* Betateilchen [→ *Beta*]

Be|ta|teil|chen ⟨n.; -s, -⟩ = Betastrahl

Be|ta|tron *auch:* **Be|ta|tron** ⟨n.; -s, -e; Kernphysik⟩ einfacher kreisförmiger Beschleuniger für Elektronen [<*Beta*strahlen + ...*tron*]

Be|tel ⟨m.; -s; unz.⟩ südostasiat. Genussmittel, in Scheiben geschnittene Nüsse der Arekapalme, vermischt mit Betelpfeffer u. a. Zusätzen, werden gekaut [portug. <malai. *butul* »echt, wahr; wirklich; einfaches, bloßes Blatt«]

Be|tel|nuss ⟨f.; -, -nüsse⟩ Frucht der Betelpalme; *Sy* Arekanuss

Be|tel|pal|me ⟨f.; -, -n; Bot.⟩ 10-15 m hohe Palme Südostasiens: Areka catechu; *Sy* Arekapalme

Be|ton ⟨[-tɔŋ] m.; -s, -s od. [beto:n] m.; -s, -e⟩ Mörtel aus Sand mit Zement, meist in Schalungen od. Formen eingebracht, ein Baustoff [frz., <lat. *bitumen* »Erdharz«]

Be|to|nie ⟨[-njə] f.; -, -n; Bot.⟩ zur Familie der Lippenblütler gehörende Wiesenblume [lat.]

be|to|nie|ren ⟨V.⟩ mit Beton befestigen, mit Beton ausfüllen

Be|to|nie|rung ⟨f.; -, -en⟩ das Betonieren, Befestigung mit Beton, das Betoniertsein

be|tucht ⟨Adj.; umg.⟩ wohlhabend, reich [<jidd. *betuche* »sicher«]

Be|va|tron *auch:* **Be|va|tron** ⟨a. [-va'-] n.; -s, -s od. -trone; Physik⟩ **1** Teilchenbeschleuniger **2** Bezeichnung für das in Berkeley (USA) stehende Protonen-Synchrotron, das Protonen mit Energien über 1000 Megaelektronenvolt liefert [verkürzt <engl. *billion* + *electron* + *volts* + *synchrotron*]

Bey ⟨m.; -s, -s od. -e⟩ = Bei

be|zir|zen ⟨V.; umg.; scherzh.⟩ bezaubern, verführen; *oV* becircen [nach der sagenhaften grch. Zauberin *Circe* od. *Kirke*, die Odysseus u. seine Gefährten in Schweine verwandelte]

Be|zo|ar ⟨m.; -s, -e⟩ kleiner Ballen aus Haaren, Pflanzenfasern u. a. im Magen mancher Säugetiere (Ziege, Gämse, Lama), früher als Heilmittel benutzt; *Sy* Bezoarstein [<frz. *bezoard* <arab. <pers. *bâdzahr* »Gegengift«]

Be|zo|ar|stein ⟨m.; -s, -e⟩ = Bezoar

Be|zo|ar|wur|zel ⟨f.; -, -n; Bot.⟩ Wurzel eines südamerikan. Maulbeergewächses, als Mittel gegen Schlangenbiss verwendet

Be|zo|ar|zie|ge ⟨f.; -, -n; Zool.⟩ graue bis schwarzbraune Wildziegenart aus Asien: Capra aegagrus

Bha|ga|wad|gi|ta ⟨f.; -; unz.⟩ ind. Lehrgedicht im 6. Buch des Mahabharata, das im Kern aus dem 2. Jh. vor Christus stammt, gehört zu den meistgelesenen Schriften der Hindu [Sanskrit, »Gesang des Erhabenen«]

Bhag|van ⟨[-van] m.; -s, -s; im Hinduismus⟩ (Träger des) Ehrentitel(s) für religiöse Lehrer; *oV* Bhagwan [Sanskrit, »der Erhabene«]

Bhag|wan ⟨[-van] m.; -s, -s; im Hinduismus⟩ = Bhagvan

Bhik|ku ⟨m.; -s, -s⟩ buddhistischer Bettelmönch [Sanskrit, »Bettler«]

bi ⟨Adj.; umg.; kurz für⟩ bisexuell (1) [lat.]

Bi ⟨chem. Zeichen für⟩ Wismut (Bismutum)

bi..., Bi... ⟨vor Vokalen a.⟩ bin..., Bin... ⟨Vorsilbe⟩ doppel..., Doppel..., zwei..., Zwei... [<lat. *bis* »doppelt«]

Bi|ar|chie ⟨f.; -, -n⟩ Doppelherrschaft, gleichzeitiges Herrschen zweier Regenten [<*Bi...* + grch. *arche* »Herrschaft«]

Bi|as ⟨[baɪəs] n.; -, -⟩ (durch falsche Untersuchungsmethoden) verzerrte statistische Erhebung [engl., »schief«]

Bi|ath|let ⟨m.; -en, -en; Sport⟩ Sportler, der den Biathlon ausübt [<*Bi...* + grch. *athletes* »Wettkämpfer«]

Bi|ath|le|tin ⟨f.; -, -tin|nen; Sport⟩ Sportlerin, die den Biathlon ausübt [<*Bi...* + grch. *athletes* »Wettkämpfer«]

Bi|ath|lon ⟨n. od. m.; -s, -s; Sport⟩ olympische Disziplin aus Skilanglauf (20 km) u. vier eingeschobenen Schießübungen [<*Bi...* + grch. *athlon* »Kampf«]

Bi|bel ⟨f.; -, -n⟩ **1** ⟨Rel.⟩ Buch der Bücher, Heilige Schrift, heiliges Buch der Christen **2** ⟨Lit.; fig.⟩ wichtiges, bedeutsames Buch; »*Der Mann ohne Eigenschaften*« *ist seine* ~ [<mhd. *biblie* <kirchenlat. *biblia* <grch. *biblia*, Pl. von *biblion* »Buch«; nach dem phönik. Hafen *Byblos* (heute Dschebel), von dem der Papyrus kam]

Bi|bel|kon|kor|danz ⟨f.; -, -en; Lit.; Rel.⟩ Verzeichnis aller in der Bibel vorkommenden wichtigen Wörter (Verbalkordanz) od. Begriffe (Realkonkordanz) u. der dazugehörigen Stellen

Bi|be|ret|te ⟨f.; -, -n; Textilw.⟩ **1** Stoff mit aufgerauter, plüschartiger Oberfläche **2** auf Biber gearbeitetes Kaninchenfell

Bi|ber|nel|le ⟨f.; -, -n; Bot.⟩ = Pimpernell

◆ Die Buchstabenfolge **bi|bl...** kann auch **bibl...** getrennt werden.

◆ **Bi|blia Pau|pe|rum** ⟨f.; - -, -bli|ae -; im MA⟩ Bilderbibel [<lat. *biblia* <grch. *biblion* »Buch«, lat. *pauper* »der, die Arme«]

◆ **bi|blio..., Bi|blio...** ⟨in Zus.⟩ Buch..., Bücher... [<grch. *biblion* »Buch«]

◆ **Bi|bli|o|graf** ⟨m.; -en, -en⟩ Kenner, Verfasser von Bibliografien; *oV* Bibliograph

◆ **Bi|bli|o|gra|fie** ⟨f.; -, -n⟩ *oV* Bibliographie **1** Bücherkunde,

Lehre von den Bücher- u. Literaturverzeichnissen **2** das Bücherverzeichnis selbst [<*Biblio...* + *...graphie*]

Bibliografie / Bibliographie (*orthographische Varianten*) Für fremdsprachige Präfixe und Suffixe, die durch eine deutsche Laut-Buchstaben-Zuordnung dargestellt werden können, gibt es häufig neben der etymologischen Schreibung auch eine integrierte Schreibweise. Dies betrifft insbesondere die Silben »*fon... / phon...*; *foto... / photo...* sowie *graf... / graph*« (→a. Orthographie / Orthografie).

◆ **bi|bli|o|gra|fie|ren** ⟨V.⟩ Titel, Verfasser, Erscheinungsjahr u. -ort, Auflage, Seiten- u. Bändezahl von Büchern aufschreiben, erfassen; *oV* bibliographieren

◆ **Bi|bli|o|gra|fin** ⟨f.; -, -fin|nen⟩ Kennerin, Verfasserin von Bibliografien; *oV* Bibliographin

◆ **bi|bli|o|gra|fisch** ⟨Adj.⟩ *oV* bibliographisch **1** bücherkundlich **2** die Bibliografie (2) betreffend **3** dem Büchernachweis dienend

◆ **Bi|bli|o|graph** ⟨m.; -en, -en⟩ = Bibliograf

◆ **Bi|bli|o|gra|phie** ⟨f.; -, -n⟩ = Bibliografie

◆ **bi|bli|o|gra|phie|ren** ⟨V.⟩ = bibliografieren

◆ **Bi|bli|o|gra|phin** ⟨f.; -, -phin|nen⟩ = Bibliografin

◆ **bi|bli|o|gra|phisch** ⟨Adj.⟩ = bibliografisch

◆ **Bi|bli|o|ma|ne** ⟨m.; -n, -n⟩ krankhaft leidenschaftl. Büchersammler, Büchernarr [→ *Bibliomanie*]

◆ **Bi|bli|o|ma|nie** ⟨f.; -; unz.⟩ Büchersammelwut [<*Biblio...* + *Manie*]

◆ **bi|bli|o|ma|nisch** ⟨Adj.⟩ der Bibliomanie verfallen

◆ **Bi|bli|o|man|tie** ⟨f.; -; unz.⟩ Wahrsagen durch wahllos aufgeschlagene Buchstellen

◆ **Bi|bli|o|pha|ge** ⟨m.; -n, -n⟩ leidenschaftl. Leser, Bücherfresser [<*Biblio...* + *...phage*]

◆ **bi|bli|o|phil** ⟨Adj.⟩ **1** Bücher liebend **2** für Bücherliebhaber gemacht; ~*e Ausgabe* kostbar u.

sorgfältig ausgestattete, häufig bes. schön illustrierte Ausgabe eines Buches [<*biblio...* + *...phil*]

◆ **Bi|bli|o|phi|le(r)** ⟨f. 2 (m. 1)⟩ jmd., der schöne u. seltene Bücher liebt u. sammelt, Bücherfreund, Bücherliebhaber; *Ggs* Bibliophobe

◆ **Bi|bli|o|phi|lie** ⟨f.; -; unz.⟩ Bücherliebhaberei; *Ggs* Bibliophobie [<*Biblio...* + *...philie*]

◆ **Bi|bli|o|pho|be(r)** ⟨f. 2 (m. 1)⟩ Bücherfeind(in); *Ggs* Bibliophile [<*Biblio...* + *...phob*]

◆ **Bi|bli|o|pho|bie** ⟨f.; -; unz.⟩ Abneigung gegen Bücher; *Ggs* Bibliophilie [<*Biblio...* + *...phobie*]

◆ **Bi|bli|o|thek** ⟨f.; -, -en⟩ **1** Büchersammlung, Bücherei **2** Raum od. Gebäude, in dem diese aufbewahrt wird; *Fach*~; *Leih*~; *Universitäts*~; *Werks*~ [<*Biblio...* + *...thek*]

◆ **Bi|bli|o|the|kar** ⟨m.; -s, -e⟩ Angestellter in einer Bibliothek mit drei- od. mehrjähriger Spezialausbildung

◆ **Bi|bli|o|the|ka|rin** ⟨f.; -, -rin|nen⟩ Angestellte in einer Bibliothek mit drei- od. mehrjähriger Spezialausbildung

◆ **bi|bli|o|the|ka|risch** ⟨Adj.⟩ den Bibliothekarsberuf betreffend, zu ihm gehörend

◆ **bi|blisch** ⟨Adj.⟩ die Bibel betreffend, zu ihr gehörend, aus ihr stammend; ~*es Alter* ⟨fig.⟩ sehr hohes Alter

◆ **Bi|bli|zis|mus** ⟨m.; -; unz.⟩ ein ungeschichtliches, wörtliches Bibelverständnis, durch das die ganze Bibel gleichmäßig als wahres u. unverbindliches Wort Gottes gilt

◆ **Bi|bli|zist** ⟨m.; -en, -en⟩ Person, die die Bibel wörtlich auslegt, die den Biblizismus vertritt

Bi|car|bo|na|te ⟨Pl.; Chemie; veraltet⟩ Salze der Kohlensäure, bei denen nur ein Wasserstoffatom durch ein Metallatom ersetzt wurde, heute: Hydrogencarbonate; *oV* Bikarbonate

bi|chrom ⟨[-kroːm] Adj.⟩ zweifarbig [<*bi...* + *...chrom*]

Bi|chro|ma|te ⟨[-kro-] Pl.⟩ = Dichromate [<*Bi...* + *Chrom*]

Bi|chro|mie ⟨[-kro-] f.; -; unz.⟩ Zweifarbigkeit

Bi|ci|ni|um ⟨n.; -s, -ni|en; Musik⟩ kurzes, zweistimmiges Vokalod. Instrumentalstück; *oV* Bizinie [lat.]

bi|cy|clisch *auch:* **bi|cy|clisch** ⟨Adj.⟩ aus zwei verknüpften Benzolringen od. zwei anderen Kohlenstoffringen aufgebaut; *oV* bizyklisch

Bi|da ⟨f.; -; unz.; Rel.⟩ alle islam. Handlungsweisen u. Glaubensvorstellungen, die in der Sunna gebilligt werden [arab., »Neuerung«]

Bi|det ⟨[-de:] n.; -s, -s⟩ Sitzbadebecken [frz., »kleine Waschwanne«]

Bid|jar ⟨m.; -s, -s od. -e⟩ ein schwerer, im Iran geknüpfter Teppich, der ein Blüten- od. Rankenmuster zeigt; *oV* Bidschar [nach der gleichnamigen Stadt in Iran]

Bi|don ⟨[-dõ:] n.; -s, -s; schweiz.⟩ 1 Blech- od. Kunststoffeimer mit gutem Verschluss 2 Benzinkanister [frz., »Kanister«]

Bi|don|ville ⟨[-dõvɪl] n.; -s, -s⟩ nordafrikan. Slum, Elendsviertel [< frz. *bidon* »Kanne, Kanister« + *ville* »Stadt«]

Bid|schar ⟨m.; -s, -s od. -e⟩ = Bidjar

bi|enn ⟨Adj.; Bot.⟩ zweijährig, von zweijähriger Lebensdauer; *oV* biennal (2) [→ *Biennium*]

bi|en|nal ⟨Adj.⟩ 1 zweijährlich, alle zwei Jahre stattfindend 2 = bienn [→ *Biennium*]

Bi|en|na|le ⟨f.; -, -n; Film⟩ internat. Ausstellung der bildenden Kunst u. Musik mit Filmschau in Venedig [→ *Biennium*]

Bi|en|ne ⟨f.; -, -n; Bot.⟩ zweijährige Pflanze

Bi|en|ni|um ⟨n.; -s, -ni|en⟩ Zeitraum von zwei Jahren [< lat. *bis* »zweimal« + *annus* »Jahr«]

bi|fi|lar ⟨Adj.; Technik⟩ zweifädig, zweifach; ~*e Wicklung* [< *bi...* + lat. *filum* »Faden«]

Bi|fi|lar|wick|lung ⟨f.; -, -en; Technik⟩ eine induktionsfreie Doppelwicklung für Widerstände, in der Mitte zusammengelegter Wicklungsdraht wird von dieser Stelle aus doppeldrahtig aufgewickelt, sodass die durchfließenden elektr. Ströme zueinander entgegengesetzt verlaufen [→ *bifilar*]

Bi|fo|kal|glä|ser ⟨Pl.; Optik⟩ Brillengläser mit zwei verschiedenen Linsen für Nah- u. Fernsicht; →*a.* Trifokalgläser [< *bi...* + *fokal*]

bi|form ⟨a. ['--] Adj.⟩ doppelgestaltig

Bi|fur|ka|ti|on ⟨f.; -, -en⟩ 1 Gabelung 2 Aufteilung in zwei Äste; ~ *der Luftröhre* 3 Spaltung eines Flusses in zwei Flusssysteme [< frz. *bifurcation* »Gabelung, Zweiteilung«; zu lat. *bifurcus* »zweizackig«; verwandt mit *Forke*]

Bi|ga ⟨f.; -, Bi|gen⟩ Zweigespann [lat.]

Bi|ga|mie ⟨f.; -, -n⟩ (strafbare) Doppelehe [< *Bi...* + *...gamie*]

bi|ga|misch ⟨Adj.⟩ in der Art der Bigamie; *oV* bigamistisch

Bi|ga|mist ⟨m.; -en, -en⟩ Mann, der in Bigamie lebt

Bi|ga|mis|tin ⟨f.; -, -tin|nen⟩ Frau, die in Bigamie lebt

bi|ga|mis|tisch ⟨Adj.⟩ = bigamisch

Big|band *auch:* **Big Band** ⟨[-bænd] f.; (-) -, (-) -s; Musik⟩ großes Jazzorchester [< engl. *big* »groß« + *Band*]

Big|bang *auch:* **Big Bang** ⟨[-bæŋ] m.; (-) -s, (-) -s⟩ Urknall [< engl. *big* »groß« + *bang* »Knall«]

Big Bro|ther ⟨[- brʌθə(r)] m.; - -s; unz.⟩ Überwacher als personifizierte Aufsicht des totalitären Staates, der alles u. jeden beobachtet u. kontrolliert [engl., »großer Bruder« (nach dem Roman »1984« von George Orwell)]

Big|busi|ness *auch:* **Big Busi|ness** ⟨[-bɪznɪs] n.; (-) -; unz.⟩ 1 Gesamtheit der Großunternehmen (u. ihre Geschäftswelt); *die Interessen des* ~ 2 einträgliches, großes Geschäft [< engl. *big* »groß« + *Business*]

Big|foot|ski *auch:* **Big-Foot-Ski** ⟨[-futʃi:] m.; -s, -er od. (süddt.) -⟩ Ski mit kurzem, breitem Brett [< engl. *big* »groß« + *foot* »Fuß«]

Big|man *auch:* **Big Man** ⟨[-mæ:n] m.; (-) - od. (-) -s, -men bzw. - Men [-mən]; umg.; salopp⟩ bedeutender u. in der Öffentlichkeit populärer Mann [engl., eigtl. »großer Mann«]

Big|mouth ⟨[-mauθ] n.; -, -s [-mauðz]; Jugendspr.⟩ Großmaul, Angeber(in), Klatschbase, Schwätzer(in) [engl.]

Bi|gno|nie *auch:* **Bi|gno|nie** ⟨[-njə] f.; -, -n; Bot.⟩ tropische Liane, die bes. im Urwald wächst u. ihn undurchdringlich macht: Bignonia [nach dem frz. Abbé *Bignon*, † 1743]

Bi|gos ⟨[-gɔʃ] m. od. n.; -; unz.; Kochk.⟩ polnischer Eintopf mit Schweinefleisch, Speck, Zwiebeln, Weißkohl u. Pilzen; *Sy* Bigosch [poln.]

Bi|gosch ⟨m. od. n.; -s; unz.⟩ = Bigos

bi|gott ⟨Adj.⟩ blindgläubig, frömmelnd, scheinheilig [< frz. *bigot* »abergläubisch, fromm, buchstabengläubig« < aengl. *bi god* »bei Gott«]

Bi|got|te|rie ⟨f.; -; unz.⟩ bigottes Verhalten, Frömmelei

Big|point *auch:* **Big Point** ⟨[-pɔɪnt] m.; (-) -s, (-) -s; Sport⟩ 1 (bes. Tennis) bes. wichtiger Punkt, der wegen seiner psychologischen Bedeutung wesentlich zum Ausgang eines Spiels beiträgt (z. B. Punkt zum Satzgewinn, Punkt nach langem Ballwechsel usw.); →*a.* Breakball 2 ⟨allg.⟩ ein wichtiger Kampf od. ein wichtiges Spiel, z. B. gegen den Abstieg aus einer Liga [< engl. *big* »groß« + *point* »Punkt«]

Big|push *auch:* **Big Push** ⟨[-puʃ] m.; (-) -, (-) -s; Wirtsch.⟩ hohe Kapitalunterstützung für ein Entwicklungsland zur Förderung eines langfristig ausgewogenes Wachstums [< engl. *big* »groß, kräftig« + *push* »Stoß«]

Bi|jou ⟨[-ʒu:] m.; -s, -s od. n.; -s, -s⟩ Kleinod, Juwel, Kostbarkeit [frz.]

Bi|kar|bo|na|te ⟨Pl.⟩ = Bicarbonate

Bike ⟨[baɪk] n.; -s, -s⟩ Sportfahrrad [engl., »Fahr-, Motorrad«]

bi|ken ⟨[baɪkən] V.; umg.⟩ 1 mit dem Fahrrad (vor allem Mountainbike) fahren 2 mit dem Motorrad fahren [→ *Bike*]

Bi|ker ⟨[baɪkə(r)] m.; -s, -; umg.⟩ 1 (Mountainbike-)Fahrradfahrer 2 Motorradfahrer

Bi|ki|ni ⟨m.; -s, -s⟩ knapper zweiteiliger Badeanzug für Damen [nach dem Atoll *Bikini* der Ralikinseln in der Gruppe der Marshall-Inseln]

Bikompositum

Bi|kom|po|si|tum ⟨n.; -s, -si|ta; Sprachw.⟩ Verb od. Verbalsubstantiv mit zwei Präfixen, z. B. »aus-er-wählen«, »Über-bewertung« [<*Bi...* + *Kompositum*]
bi|kon|kav ⟨Adj.; Optik⟩ ~*e Linse* beiderseits hohl geschliffene Linse
bi|kon|vex ⟨[-vɛks] Adj.; Optik⟩ ~*e Linse* beiderseits erhaben geschliffene Linse
bi|la|bi|al ⟨Adj.; Phon.⟩ mit beiden Lippen gebildet; ~*e Laute:* b, m, g
Bi|la|bi|al ⟨m.; -s, -e; Phon.⟩ mit beiden Lippen gebildeter Konsonant, Lippenlaut, z. B. b, m [<lat. *bis* »zweimal« + *Labium*]
Bi|lanz ⟨f.; -, -en⟩ **1** Übersicht über zwei verschiedene Zahlenreihen **2** das durch den Vergleich zweier verschiedener Zahlenreihen gewonnene Ergebnis **3** jährl. Kontenabschluss **4** ⟨fig.⟩ abschließender Überblick; *die ~ aufstellen, (die) ~ ziehen* ⟨a. fig.⟩ sich einen Überblick (über Vergangenes, Geschehenes) verschaffen, die Auswirkungen betrachten [<ital. *bilancio* <*bilancia* »Waage, Gleichgewicht«; verwandt mit *Balance*]
bi|lan|zi|ell ⟨Adj.⟩ die Bilanzen betreffend, auf ihnen beruhend; *das Unternehmen war ~ überschuldet*
bi|lan|zie|ren ⟨V.⟩ eine Bilanz aufstellen
Bi|lan|zie|rung ⟨f.; -, -en⟩ das Aufstellen einer Bilanz, das Bilanzieren
bi|la|te|ral ⟨Adj.⟩ zweiseitig; *ein ~er Vertrag* [<lat. *bis* »doppelt« + *latus* »Seite«]
Bi|la|te|ra|lia ⟨Pl.⟩ zweiseitig-symmetrisch gebaute, vielzellige Tiere; *oV* Bilateria [→ *bilateral*]
Bi|la|te|ria ⟨Pl.⟩ = Bilateralia
Bi|la|te|ra|lis|mus ⟨m.; -; unz.⟩ (auf der Basis von Staatsverträgen vereinbarte) Außenhandelsbeziehung zwischen zwei Ländern; →*a.* Multilateralismus [<*Bi...* + lat. *lateral* »die Seite betreffend«]
Bild|fre|quenz ⟨f.; -, -en; Film⟩ **1** Zahl der in einer Sekunde aufgenommenen bzw. vorgeführten Bilder (Stummfilm 16, Tonfilm 24) **2** Zahl der in einer Sekunde gesendeten Bilder (Europa 25, USA 30)
Bil|ge ⟨f.; -, -n⟩ Kielraum des Schiffes [engl., »Schiffsbauch«]
bi|li..., Bi|li... ⟨in Zus.⟩ galle(n)..., Galle(n)...; *biliös; Bilirubin* [<lat. *bilis*]
bi|li|är ⟨Adj.⟩ durch Galle hervorgerufen [<lat. *bilis* »Galle«]
bi|li|fer ⟨Adj.⟩ Gallenflüssigkeit leitend [<lat. *bilis* »Galle« + *ferre* »tragen, führen«]
bi|lin|gu|al ⟨Adj.; Sprachw.⟩ zweisprachig [<*bi...* + lat. *lingua* »Sprache«]
Bi|lin|gu|a|lis|mus ⟨a. ['------] m.; -; unz.; Sprachw.⟩ Zweisprachigkeit; *Sy* Bilinguität, Bilinguismus [→ *bilingual*]
Bi|lin|gue ⟨[-guə] f.; -, -n; Sprachw.⟩ in zwei Sprachen od. Schriften überliefertes Denkmal (Handschrift, Inschrift)
bi|lin|gu|isch ⟨a. ['----] Adj.; Sprachw.⟩ zweisprachig [<*bi...* + lat. *lingua* »Sprache«]
Bi|lin|gu|is|mus ⟨a. ['-----] m.; -; unz.; Sprachw.⟩ = Bilingualismus
Bi|lin|gu|i|tät ⟨a. ['-----] f.; -; unz.; Sprachw.⟩ = Bilingualismus
bi|li|ös ⟨Adj.⟩ gallig, gallehaltig [zu lat. *bilis* »Galle«]
Bi|li|ru|bin ⟨n.; -s; unz.⟩ roter Gallenfarbstoff, der durch Abbau des Hämoglobins entsteht [<lat. *bilis* »Galle« + *Rubin*]
Bi|lis ⟨f.; -; unz.⟩ Gallenflüssigkeit, Galle [lat.]
Bi|li|ver|din ⟨[-vɛr-] n.; -s; unz.⟩ grüner Gallenfarbstoff [<lat. *bilis* »Galle« + *viridis* »grün«]
Bill ⟨f.; -, -s; Politik⟩ Gesetz, Gesetzentwurf (im britischen Parlament) [engl., »Gesetzesvorlage«]
Bil|lard ⟨[bɪljart] od. österr. a. [bijaːr] n.; -s, -e od. -s⟩ ⟨auch als internat. Sport betriebenes⟩ Spiel, bei dem Kugeln mit Hilfe eines Stabes (Queue) auf einem stoffbespannten Tisch mit federndem Rand (Bande) gestoßen werden [frz., »krummer Stab« + *bille* »Kugel«]
bil|lar|die|ren ⟨[bɪljar-] V.⟩ Billard in unzulässiger Weise spielen
Bil|lard|queue ⟨[bɪljartkøː] od. österr. a. [bijaːrkøː] n.; -s, -s⟩ = Queue (1) [frz.]
Bill|ber|gia ⟨f.; -, -gi|en⟩ = Billbergie
Bill|ber|gie ⟨[-gjə] f.; -, -n⟩ Gattung der Ananasgewächse, häufig Zierpflanze; *oV* Billbergia [nach dem schwed. Botaniker G. J. *Billberg*, 1772-1844]
Bill|board ⟨[bɪlbɔː(r)d] n.; -s, -s⟩ großformatige Reklametafel [amerikan.-engl.]
Bil|le|teur ⟨[bɪljetøːr] m.; -s, -e od. -s⟩ **1** ⟨österr.⟩ Platzanweiser in Theater u. Kino **2** ⟨schweiz.⟩ Kartenausgeber, Schaffner [→ *Billett*]
Bil|lett ⟨[bɪljɛt] n.; -s, -s od. -e⟩ **1** Fahrkarte, Eintrittskarte **2** kurzes Schreiben, Zettel mit Nachricht, Briefchen **3** ⟨österr. a.⟩ Briefkarte [frz., »kleines (versiegeltes) Handschreiben«; verwandt mit *Bill, Bulle(tin)*]
Bil|li|arde ⟨f.; -, -n⟩ 1000 Billionen; *Sy* ⟨USA⟩ Quadrillon [<*Bi...* + *Milliarde*]
Bil|li|on ⟨f.; -, -en⟩ **1** ⟨Deutschland u. England⟩ 10^{12}, eine Million Millionen **2** ⟨Frankreich bis 1948; USA; Russland⟩ 10^9, 1000 Millionen = 1 Milliarde [<*Bi...* + *Million*]
Bil|lon ⟨[-ljɔ̃] m. od. n.; -s, -s⟩ **1** geringwertige Gold- od. Silberlegierung **2** Münze aus geringwertigem Metall [frz., »Metallbarren«]
Bi|lux|lam|pe ⟨f.; -, -n⟩ Lampe mit zwei Glühwendeln, für Fern- u. Abblendlicht in Kfz-Scheinwerfern verwendet [<*Bi...* + lat. *lux* »Licht«]
bi|ma|nu|ell ⟨a. ['----] Adj.⟩ zweihändig [<*bi...* + *manuell*]
Bi|mes|ter ⟨n.; -s, -⟩ Zeitraum von zwei Monaten; →*a.* Semester, Trimester [<lat. *bimestris* »zweimonatlich«]
Bi|me|tall ⟨n.; -s, -e⟩ zwei aufeinander geschweißte Metallstreifen mit verschiedenen Ausdehnungskoeffizienten
Bi|me|tal|lisch ⟨Adj.⟩ **1** auf zwei Metalle bezogen, sie betreffend **2** aus zwei Metallen bestehend
Bi|me|tal|lis|mus ⟨m.; -; unz.⟩ Doppelwährung (Gold u. Silber); *Ggs* Monometallismus
bin..., Bin... ⟨Vorsilbe⟩ = bi..., Bi...
bi|när ⟨Adj.⟩ *oV* binarisch **1** ⟨allg.⟩ aus zwei Einheiten (Stoffen,

Ziffern usw.) bestehend **2** ⟨Biol.⟩ ~*e Nomenklatur* die aus zwei Namen bestehende N. für die wissenschaftl. Systematik des Tier- u. Pflanzenreiches **3** ⟨Math.⟩ ~*es System* Darstellung eines Dualsystems, wie es z. B. in elektron. Rechensystemen verwendet wird [<frz. *binaire* »aus zwei Einheiten bestehend«; zu lat. *bini* »je zwei«]

Bi|när|code ⟨[-ko:d] m.; -s, -s; EDV⟩ aus zwei Zeichen bestehender Code

Bi|na|ris|mus ⟨m.; -; unz.; Sprachw.⟩ Theorie, die Sprachsysteme auf eine geringe Menge binärer Oppositionen reduziert [→ *binär*]

bi|na|risch ⟨Adj.⟩ = binär

Bi|när|sys|tem ⟨n.; -s; unz.; Math.⟩ Dualsystem, dyadisches System, Ziffernsystem mit der Grundzahl 2, bestehend aus den Ziffern 0 u. 1, mit denen alle natürl. Zahlen dargestellt werden können [→ *binär*]

Bi|när|ziffer ⟨f.; -, -n; EDV⟩ aus nur zwei verschiedenen Zeichen aufgebaute Zahl, z. B. nur aus 0 u. 1

bi|na|tio|nal ⟨a. ['-----] Adj.⟩ zwei Nationen od. Staaten betreffend [<*bi...* + *national*]

Bin|di ⟨n.; -s, -s⟩ **1** ⟨Hinduismus⟩ Farbpunkt (»drittes Auge«) in der Stirnmitte von Inderinnen als Zeichen der Wahrheit, göttlichen Kraft od. spirituellen Erleuchtung **2** ⟨Mode⟩ spirituelles Symbol der Hippie- und Technobewegung [<Sanskrit *bindu* »Punkt, Tropfen«]

bin|go! ⟨Int.; umg.⟩ getroffen, geschafft, es hat geklappt! [nach dem Ruf, mit dem ein Spieler beim *Bingo* die Übereinstimmung der genannten Zahlen mit den auf seiner Spielkarte vorhandenen anzeigt]

Bin|go ⟨n.; -s - od. -s; unz.⟩ Glücksspiel, bei dem jeder Mitspieler eine od. mehrere Karten mit unterschiedlichen Zahlenreihen erhält u. derjenige gewinnt, der als Erster eine zusammenhängende Reihe von fünf Zahlen vorzuweisen hat u. »Bingo« ruft [nach dem Ausruf des Gewinners; vielleicht zu engl. *bing* »kling« (lautmalend, den Klang einer angestoßenen Glocke nachahmend)]

Bin|go|card ⟨[-ka:d] f.; -, -s⟩ eine Karte mit darauf aufgedrucktem Zahlenfeld, aus dem ein(e) Spieler(in) eine bestimmte Anzahl von Zahlen durch Ankreuzen auswählen kann

Bin|o|de *auch:* **Bi|no|de** ⟨f.; -, -n; Physik⟩ zwei Systeme von Elektronenröhren innerhalb eines Glaskolbens [<lat. *bini* »zwei auf einmal« + grch. *hodos* »Weg«]

Bin|o|kel *auch:* **Bi|no|kel** ⟨n.; -s, -⟩ Brille, Fernrohr, Mikroskop für beide Augen [<frz. *binocle* <lat. *bini* »zwei auf einmal« + *oculus* »Auge«]

bin|o|ku|lar *auch:* **bi|no|ku|lar** ⟨Adj.⟩ für das Sehen mit beiden Augen eingerichtet [→ *Binokel*]

Bin|o|ku|lar *auch:* **Bi|no|ku|lar** ⟨n.; -s, -e⟩ für das Sehen mit beiden Augen eingerichtetes Vergrößerungsgerät (Lupe, Fernglas, Mikroskop)

Bi|nom ⟨n.; -s, -e⟩ **1** ⟨Math.⟩ mathemat. Ausdruck mit zwei Gliedern, z. B. (a + b) **2** ⟨Biol.⟩ zweigliedriger Tier- od. Pflanzenname [<*Bi...* + ...*nom²*]

Bi|no|mi|al|ko|ef|fi|zi|ent ⟨m.; -en, -en; Math.⟩ Koeffizient eines Gliedes im binomischen Lehrsatz

bi|no|misch ⟨Adj.; Math.⟩ in der Art eines Binoms, zweigliedrig; ~*er Lehrsatz* L. zur Entwicklung der Potenz eines Binoms, z. B. $(a + b)^2 = a^2 + 2ab + b^2$

bio..., Bio... ⟨in Zus.⟩ leben(s)..., Leben(s)... [<grch. *bios* »Leben«]

bi|o|ak|tiv ⟨Adj.⟩ biologisch aktiv

Bi|o|al|ko|hol ⟨m.; -s, -e⟩ Äthylalkohol, der als Treib- u. Brennstoff verwendet u. aus biologischen Abfällen gewonnen wird

Bi|o|as|tro|nau|tik *auch:* **Bi|o|as|tro|nau|tik** ⟨f.; -; unz.⟩ zusammenfassende Bezeichnung für biologische Fragestellungen u. dazugehörige Experimente, die in Raumstationen u.-fahrzeugen u. auch auf anderen Planeten durchgeführt werden

Bi|o|bi|b|li|o|gra|fie *auch:* **Bi|o|bi|b|li|o|gra|fie** ⟨f.; -, -n⟩ Verzeichnis aller Schriften über eine Persönlichkeit u. ihre Werke; *oV* Biobibliographie [<*Bio...* + *Bibliografie*]

Bi|o|bi|b|li|o|gra|phie *auch:* **Bi|o|bi|b|li|o|gra|phie** ⟨f.; -, -n⟩ = Biobibliografie

Bi|o|che|mie ⟨a. [-çemi:] f.; -; unz.⟩ **1** ⟨Chemie⟩ **1.1** ⟨i. w. S.⟩ Lehre von chem. Vorgängen im Organismus **1.2** ⟨i. e. S.⟩ Lehre vom Einfluss der Fermente auf die chem. Vorgänge in Organismen **2** ⟨Med.⟩ Heilverfahren aufgrund der Annahme, dass alle Krankheiten auf Störungen des Mineralsalzhaushalts beruhen

Bi|o|che|mi|ker ⟨a. [-çe:-] m.; -s, -⟩ jmd., der sich mit Biochemie beschäftigt, Kenner, Erforscher der Biochemie

Bi|o|che|mi|ke|rin ⟨a. [-çe:-] f.; -, -rin|nen⟩ weibl. Person, die sich mit Biochemie beschäftigt, Kennerin, Erforscherin der Biochemie

bi|o|che|misch ⟨a. [-çe:-] Adj.⟩ auf Biochemie beruhend, zu ihr gehörig

Bi|o|chip ⟨[-tʃɪp] m.; -s, -s⟩ Computerchip, der aus organischen Halbleitereigenschaften besteht, eine sehr hohe Schaltelementdichte aufweist u. in Zukunft den Siliziumchip ersetzen wird

Bi|o|chor ⟨[-ko:r] n.; -s, -en⟩ = Biochorion

Bi|o|cho|re ⟨[-ko:-] f.; -, -n⟩ = Biochorion

Bi|o|cho|ri|on ⟨[-ko:-] n.; -s, -ri|en⟩ engerer Lebensbereich innerhalb eines bestimmten Biotops; *oV* Biochor, Biochore [<*Bio...* + grch. *chora* »Raum, Ort, Land«]

Bi|o|di|ver|si|tät ⟨[-vɛr-] f.; -; unz.; Biol.⟩ **1** biologische Vielfalt der Arten innerhalb eines geografischen Raumes **2** genetische Variation innerhalb einer Art

Bi|o|dy|na|mik ⟨f.; -; unz.⟩ Wissenschaft von der Wirkung von Außeneinflüssen auf Lebewesen

bi|o|dy|na|misch ⟨Adj.⟩ **1** auf Biodynamik beruhend, zu ihr gehörig **2** ⟨i. e. S.⟩ ohne Zusatz von chemischen Stoffen; ~*er Landbau*

Bioelektrizität

Bi|o|e|lek|tri|zi|tät auch: **Bi|o|e|lek-tri|zi|tät** ⟨f.; -; unz.⟩ Gesamtheit der elektrischen Erscheinungen im lebenden Organismus [<*Bio...* + *Elektrizität*]

Bi|o|e|le|ment ⟨n.; -(e)s, -e⟩ Mineralstoff, der von Lebewesen nur in sehr geringer Menge benötigt wird, Spurenelement

Bi|o|e|ner|ge|tik ⟨f.; -; unz.⟩ Teilgebiet der Biophysik, das sich mit der Gewinnung u. Umwandlung von Energie im Organismus befasst [<*Bio...* + *Energetik*]

> **Bioethik** (*Abtrennung von Einzelvokalen*) Einzelvokale können als einzelne Silben behandelt werden und eine eigene Trennfuge bilden. Dies gilt prinzipiell auch für Einzelvokale in Komposita. Irreführende Trennungen wie etwa »Bioe-thik« oder »Bi-oethik« sollten jedoch nach Möglichkeit vermieden werden.

Bi|o|e|thik ⟨f.; -; unz.⟩ Lehre, die sich mit moralischen Fragen hinsichtlich bestimmter Entwicklungstendenzen der biologisch-medizin. Forschung u. Therapie beschäftigt

Bi|o|feed|back ⟨[-fi:dbæk] n.; -s, -s⟩ Rückkoppelung innerhalb eines Regelkreises biologischer Systeme [<*Bio...* + engl. *feedback* »Rückmeldung, Rückkoppelung«]

Bi|o|feed|back|me|tho|de ⟨[-fi:d-bæk-] f.; -; unz.⟩ Verfahren, um selbstständige, vom Menschen kaum wahrgenommene Körperfunktionen durch Apparate zu kontrollieren u. aufgrund der aufgezeichneten Ergebnisse zu beeinflussen

Bi|o|gas ⟨n.; -es, -e⟩ bei der Vergärung organischer Abfälle entstehendes Gas

bi|o|gen ⟨Adj.⟩ von Lebewesen stammend [<*bio...* + ...*gen*ʳ]

Bi|o|ge|ne|se ⟨f.; -, -n⟩ Sy Biogenie 1 Entstehung des Lebens 2 Entstehungsgeschichte der Lebewesen [<*Bio...* + *Genese*]

bi|o|ge|ne|tisch ⟨Adj.⟩ die Biogenese betreffend, zu ihr gehörig, auf ihr beruhend; ~*e Grundregel* Regel, nach der die Entwicklung eines Einzelwesens einer verkürzten Stammesentwicklung entspricht

Bi|o|ge|nie ⟨f.; -; unz.⟩ = Biogenese

Bi|o|ge|o|gra|fie ⟨f.; -; unz.⟩ = Biogeographie

bi|o|ge|o|gra|fisch ⟨Adj.⟩ = biogeographisch

Bi|o|ge|o|gra|phie ⟨f.; -; unz.⟩ Lehre von der Verbreitung der Lebewesen auf der Erde, bes. der Tiere u. Pflanzen; oV Biogeografie

bi|o|ge|o|gra|phisch ⟨Adj.⟩ die Biogeographie betreffend, zu ihr gehörig, auf ihr beruhend; oV biogeografisch

Bi|o|ge|o|zö|no|se ⟨f.; -, -n; Biol.⟩ Wechselwirkung zwischen Lebewesen u. der sie umgebenden, unbelebten Umwelt [<grch. *bios* »Leben« + *ge* »Erde« + *koinos* »gemeinsam«]

Bi|o|graf ⟨m.; -en, -en; Lit.⟩ Verfasser einer Biografie; oV Biograph

Bi|o|gra|fie ⟨f.; -, -n; Lit.⟩ Lebensbeschreibung; oV Biographie [<*Bio...* + ...*grafie*]

Bi|o|gra|fin ⟨f.; -, -fin|nen; Lit.⟩ Verfasserin einer Biografie; oV Biographin

bi|o|gra|fisch ⟨Adj.⟩ auf die Biografie, Lebensbeschreibung bezogen, auf ihr beruhend, sie betreffend; oV biographisch

Bi|o|gramm ⟨n.; -s, -e⟩ Aufzeichnung der Lebensläufe der Mitglieder einer zusammengehörigen Gruppe u. der sich darin abspielenden Vorgänge

Bi|o|graph ⟨m.; -en, -en; Lit.⟩ = Biograf

Bi|o|gra|phie ⟨f.; -, -n; Lit.⟩ = Biografie

Bi|o|gra|phin ⟨f.; -, -phin|nen; Lit.⟩ = Biografin

bi|o|gra|phisch ⟨Adj.⟩ = biografisch

Bi|o|ka|ta|ly|sa|tor ⟨m.; -s, -en⟩ Wirkstoff, der in kleinsten Mengen Stoffwechselvorgänge steuert

bi|o|kli|ma|tisch ⟨Adj.⟩ die Bioklimatologie betreffend, zu ihr gehörig

Bi|o|kli|ma|to|lo|gie ⟨f.; -; unz.⟩ Wissenschaft vom Einfluss des Klimas auf Lebewesen

Bi|o|ky|ber|ne|tik ⟨f.; -; unz.⟩ Wissenschaft von den Steuerungs- u. Regelungsvorgängen in biolog. Systemen

bi|o|ky|ber|ne|tisch ⟨Adj.⟩ auf Biokybernetik beruhend, zu ihr gehörig

Bi|o|lith ⟨m.; -s od. -en, -e od. -en⟩ von Lebewesen stammendes Sediment [<*Bio...* + ...*lith*]

Bi|o|lo|ge ⟨m.; -n, -n⟩ Wissenschaftler auf dem Gebiet der Biologie

Bi|o|lo|gie ⟨f.; -; unz.⟩ Wissenschaft vom Leben u. von den Lebewesen [<*Bio...* + ...*logie*]

Bi|o|lo|gin ⟨f.; -, -gin|nen⟩ Wissenschaftlerin auf dem Gebiet der Biologie

bi|o|lo|gisch ⟨Adj.⟩ 1 die Biologie betreffend, zu ihr gehörig, auf ihr beruhend 2 naturbedingt, natürlich; ~*e Waffen* Bakterien, Viren u. a. Seuchen verbreitende Mittel einer (bisher nicht angewendeten) Kriegsführung

bi|o|lo|gisch-dy|na|misch ⟨Adj.⟩ Aussaat, Pflege u. Anbau von Kulturpflanzen ohne chemische Stoffe betreffend; ~*er Gemüseanbau*

Bi|o|lo|gis|mus ⟨m.; -; unz.; meist abwertend⟩ Verwendung biologischer Begriffe u. Vorstellungen in anderen Wissenschaftsgebieten [<*Bio...* + *Logismus*]

bi|o|lo|gis|tisch ⟨Adj.⟩ den Biologismus betreffend, auf ihn bezogen, in seinem Sinn

Bi|o|lu|mi|nes|zenz ⟨f.; -, -en⟩ durch biochemische Vorgänge hervorgerufene Eigenleuchterscheinung bestimmter Lebewesen, z. B. bei Tiefseefischen u. Bakterien

Bi|o|ly|se ⟨f.; -, -n⟩ Zersetzung von organ. Substanz durch lebende Organismen [<grch. *bios* »Leben« + *lysis* »Lösung«]

bi|o|ly|tisch ⟨Adj.⟩ auf Biolyse beruhend

Bi|om ⟨n.; -s, -e⟩ Gesamtheit der in einem Lebensraum in Abhängigkeit voneinander existierenden Lebensgemeinschaften [<grch. *bios* »Leben«]

Bi|o|mant ⟨m.; -en, -en⟩ Person, die sich mit der Biomantie beschäftigt

Bi|o|man|tie ⟨f.; -; unz.⟩ = Biomantik

Bio|man|tik ⟨f.; -; unz.⟩ Voraussagen über die Lebensdauer aus körperl. Zeichen oder Vorgängen, z. B. Handlinien, Pulsschlag; Sy Biomantie [*<Bio... + ...mantie*]

Bio|man|tin ⟨f.; -, -nen⟩ weibl. Person, die sich mit der Biomantie beschäftigt

Bio|mas|se ⟨f.; -, -n⟩ Gesamtheit der durch Lebewesen entstehenden organischen Substanz

Bio|me|cha|nik ⟨a. [-ˈca:-] f.; -; unz.;⟩ Lehre von den mechanischen Vorgängen in Organismen

bio|me|cha|nisch ⟨a. [-ˈca:-] Adj.⟩ die Biomechanik betreffend, auf ihr beruhend

Bio|me|trie auch: **Bio|me|trie** ⟨f.; -; unz.⟩ Lehre von der Anwendung mathematisch-statistischer Methoden auf die Maß- u. Zahlenverhältnisse von Lebewesen u. ihrer Merkmale, z. B. die Identifizierung von Personen aufgrund ihres Fingerabdruckes; oV Biometrik; Sy Biostatistik

Bio|me|trik auch: **Bio|me|trik** ⟨f.; -; unz.⟩ = Biometrie

bio|me|trisch auch: **bio|me|trisch** ⟨Adj.⟩ die Biometrie betreffend, auf ihr beruhend

Bio|mo|ni|to|ring ⟨[-mɔnɪtərɪŋ] n.; - od. -s, -s⟩ Verfahren zur Beurteilung der Umweltbelastung eines bestimmten Gebietes mittels Erhebung von Daten zur Luft-, Wasser- u. Bodenverschmutzung, Beobachtung u. Untersuchung der Tier- u. Pflanzenwelt; →a. Monitoring [*<Bio... + engl. monitor* »überwachen«]

bio|morph ⟨Adj.⟩ von den natürlichen Lebensvorgängen beeinflusst [*<bio... + ...morph*]

Bio|mor|pho|se ⟨f.; -; unz.⟩ im Laufe eines Lebens auftretende Veränderung eines Organismus [*<Bio... + Morphose*]

bio|mor|pho|tisch ⟨Adj.⟩ die Biomorphose betreffend, auf ihr beruhend

Bio|mo|tor ⟨m.; -s, -en⟩ Apparat zur künstl. Lungenbeatmung [*<Bio... + Motor*]

Bio|nik ⟨f.; -; unz.⟩ neues Wissenschaftsgebiet, das technische Probleme nach dem Vorbild der Funktion von Körperorganen zu lösen versucht [verkürzt *<Biologie + Technik*]

bi|o|nisch ⟨Adj.⟩ die Bionik betreffend, zu ihr gehörig

Bio|no|mie ⟨f.; -; unz.⟩ Lehre von den Gesetzen des organischen Lebens [*<Bio... + ...nomie*]

...bi|ont ⟨Nachsilbe; zur Bildung von männl. Subst.⟩ Lebewesen; *Epibiont; Halobiont* [*<grch. bios* »Leben« + *on*, Gen. *ontos* »seiend«]

bio|phar|ma|zeu|tisch ⟨a. [ˈ------] Adj.⟩ die Biopharmazie betreffend, zu ihr gehörend

Bio|phar|ma|zie ⟨a. [ˈ-----] f.; -; unz.⟩ Fachgebiet der Pharmazie, in dem die physikalisch-chemischen Eigenschaften der Arzneien untersucht u. Schlüsse auf ihre Wirkung gezogen werden [*<Bio... + Pharmazie*]

Bio|pho|ne|tik ⟨a. [ˈ-----] f.; -; unz.⟩ Lehre von Art u. Erzeugung der Laute im Hinblick auf die biologischen Voraussetzungen [*<Bio... + Phonetik*]

Bio|phy|sik ⟨a. [ˈ----] f.; -; unz.⟩ Wissenschaft von den physikalischen Vorgängen in Lebewesen

bio|phy|si|ka|lisch ⟨a. [ˈ------] Adj.⟩ die Biophysik betreffend, auf ihr beruhend

Bio|pro|tek|ti|on ⟨f.; -, -en⟩ Bemühung, sowohl den Lebensraum als auch die Lebewesen in ihm vor Schäden aller Art zu bewahren

Bi|op|sie ⟨f.; -, -n⟩ Untersuchung von Gewebe, das einem lebenden Organismus entnommen ist [*<Bio... + ...opsie*]

bi|op|tisch ⟨Adj.⟩ auf Biopsie beruhend, zu ihr gehörig

Bio|rhyth|mik ⟨f.; -; unz.⟩ = Biorhythmus

Bio|rhyth|mus ⟨m.; -, -rhythmen⟩ der rhythm. Lebensablauf von Organismen; Sy Biorhythmik

Bi|os ⟨m.; -; unz.⟩ das Leben [grch.]

Bio|sa|tel|lit ⟨m.; -en, -en⟩ mit Tieren besetzter Satellit zur Erforschung der Lebensbedingungen in der Schwerelosigkeit [*<Bio... + Satellit*]

...bio|se ⟨Nachsilbe; zur Bildung weibl. Subst.⟩ Lebensweise; *Symbiose* [*<grch. biosis* »Lebensweise« *<bios* »Leben«]

Bio|se ⟨f.; -, -n; Chemie⟩ Kohlenhydrat mit zwei Sauerstoffatomen, z. B. Glykolaldehyd

Bio|sen|sor ⟨m.; -s, -so|ren⟩ elektronisches Messgerät für chemische u. physikalische Vorgänge im Körper

Bio|so|zio|lo|gie ⟨a. [------ˈ-] f.; -; unz.⟩ Lehre von den Gemeinschaften der Lebewesen

bio|so|zio|lo|gisch ⟨a. [-----ˈ--] Adj.⟩ die Biosoziologie betreffend, zu ihr gehörend

Bio|sphä|re auch: **Bi|os|phä|re** ⟨f.; -, -n⟩ der von Lebewesen bewohnte od. bewohnbare Raum

Bio|sta|tis|tik ⟨f.; -; unz.⟩ = Biometrie

Bio|syn|the|se ⟨f.; -, -n⟩ Aufbau organischer Substanzen in der lebenden Zelle

Bio|tech|nik ⟨f.; -; unz.⟩ die physikal. Grundsätze in Bau u. Funktion organ. Körper, die für die Technik vorbildlich wurden

bio|tech|nisch ⟨Adj.⟩ die Biotechnik betreffend, zu ihr gehörig, auf ihr beruhend

Bio|tech|no|lo|gie ⟨f.; -; unz.⟩ Erforschung der wirtschaftl. Bedeutung von Mikroorganismen

bio|tech|no|lo|gisch ⟨Adj.⟩ die Biotechnik betreffend, zu ihr gehörig, auf ihr beruhend

Bio|tin ⟨n.; -s; unz.⟩ das Vitamin H [*<grch. bios* »Leben«]

bi|o|tisch ⟨Adj.⟩ auf Lebewesen, auf das Leben bezüglich, lebens..., Lebens... [zu grch. *bios* »Leben«]

Bio|tit ⟨m.; -s, -e; Min.⟩ dunkle Abart des Glimmers [nach dem frz. Physiker J. B. Biot]

Bio|to|nus ⟨m.; -; unz.; Psych.⟩ die Beschaffenheit der Spannung u. Energie des menschl. Körpers [*<Bio... + Tonus*]

Bio|top ⟨m. od. n.; -s, -e⟩ Lebensraum von Tier- u. Pflanzenarten, die ähnliche Umweltbedingungen verlangen [*<Bio... + grch. topos* »Ort«]

bio|trop ⟨Adj.⟩ aufgrund klimatischer od. physikalischer Veränderungen den Körper beeinflussend [*<bio... + ...trop*[1]]

Bio|tro|pie ⟨f.; -, -n⟩ Empfindlichkeit des Organismus ge-

Biotyp

genüber Wetterschwankungen [<*Bio...* + *...tropie* »Veränderung«]

Bi|o|typ ⟨m.; -s, -en; Biol.⟩ reinerbige Nachkommenschaft; *Sy* Biotypus [<grch. *bios* »Leben« + *zypos* »Muster«]

Bi|o|ty|pus ⟨m.; -, -ty|pen; Biol.⟩ = Biotyp

Bi|o|wis|sen|schaf|ten ⟨Pl.⟩ Gesamtheit der mit biologischen Forschungen beschäftigten Wissenschaften, wie Biologie, Medizin, Pharmazie, Pharmakologie, Land- u. Forstwirtschaft

bi|o|zen|trisch *auch:* **bi|o|zent|risch** ⟨Adj.⟩ das Leben in den Mittelpunkt stellend; *Ggs* logozentrisch

Bi|o|zid ⟨n.; -s, -e⟩ = Pestizid [<grch. *bios* »Leben« + *...zid²*]

Bi|o|zö|no|lo|gie ⟨f.; -; unz.; Biol.⟩ Wissenschaft von den biologischen Lebensgemeinschaften [<*Bio...* + grch. *koinos* »gemeinsam« + *...logie*]

Bi|o|zö|no|se ⟨f.; -, -n; Biol.⟩ Lebensgemeinschaft verschiedener Arten von Lebewesen, die ähnl. Umweltbedingungen verlangen [<*Bio...* + grch. *koinos* »gemeinsam«]

bi|o|zö|no|tisch ⟨Adj.; Biol.⟩ die Biozönose betreffend, auf ihr beruhend

Bi|pe|de ⟨m.; -n, -n⟩ Zweifüßer [zu lat. *bipes* »zweifüßig«]

Bi|pe|die ⟨f.; -; unz.⟩ Zweifüßigkeit [→ *Bipede*]

bi|pe|disch ⟨Adj.⟩ zweifüßig

Bi|phe|nyl ⟨n.; -s, -e; Chemie⟩ kristallisierender Kohlenwasserstoff, der u. a. zur Konservierung von Zitrusfrüchten verwendet wird [<*Bi...* + *Phenyl*]

bi|po|lar ⟨Adj.⟩ zweipolig

Bi|po|la|ri|tät ⟨f.; -, -en⟩ Zweipoligkeit

Bi|qua|drat *auch:* **Bi|quad|rat** ⟨n.; -(e)s, -e; Math.⟩ Quadrat des Quadrats, 4. Potenz, z. B.$(5^2)^2 = 5^4$

bi|qua|dra|tisch *auch:* **bi|quad|ra|tisch** ⟨Adj.; Math.⟩ in die 4. Potenz erhoben

Bir|die ⟨[bœːdɪ] n.; -s, -s; Sport; Golf⟩ Erreichen des Golfloches mit einem Schlag weniger als vorgeschrieben [engl., eigtl. »Vögelchen«]

Bi|re|me ⟨f.; -, -n⟩ antikes Kriegsschiff mit zwei Ruderreihen übereinander [<frz. *birème* »Zweiruderer« <lat. *bis* »doppelt« + *remus* »Ruder«]

Bi|rut|sche ⟨f.; -, -n⟩ = Barutsche

Bi|sam ⟨m.; -s, -e od. -s⟩ **1** Fell der Bisamratte **2** ⟨unz.⟩ = Moschus

Bi|sek|trix *auch:* **Bi|sekt|rix** ⟨f.; -, -tri|zes⟩ Winkelhalbierende zwischen den optischen Achsen eines Kristalls [<*Bi...* + lat. *sector* »Zerschneider«]

bi|se|riert ⟨Adj.⟩ ~*e Magnesia* doppelt gebrannte Magnesia [<*bi...* + lat. *serum* »Flüssigkeit nach dem Absetzen fester Stoffe«; eigtl. »zweimal getrocknet«]

Bi|se|xu|a|li|tät ⟨f.; -; unz.⟩ **1** Zweigeschlechtigkeit **2** Zuneigung zum eigenen als auch zum anderen Geschlecht

bi|se|xu|ell ⟨Adj.⟩ **1** mit beiden Geschlechtern verkehrend, sowohl homo- als auch heterosexuell; *Sy* ⟨umg.⟩ bi **2** zweigeschlechtig

Bi|se|xu|el|le(r) ⟨f. 2 (m. 1)⟩ jmd., der bisexuell ist

Bis|kot|te ⟨f.; -, -n; österr.⟩ Biskuitkleingebäck [→ *Biskuit*]

Bis|kuit ⟨[-kvɪt] n. od. m.; -s, -s od. -e⟩ leichtes, feines Gebäck aus Eiern, Mehl u. Zucker ohne Fett [<frz. *biscuit* <lat. *bis* »doppelt« + *coctus* »gebacken«]

Bis|kuit|por|zel|lan ⟨[-kvɪt-] n.; -s, -e⟩ zweimal gebranntes, unglasiertes Porzellan

Bis|mu|tit ⟨m.; -s, -e; Min.⟩ gelblich grünes, graues od. strohgelbes Mineral, chem. ein basisches Wismutcarbonat

Bis|mu|tum ⟨n.; -s; unz.⟩ chem. Zeichen: Bi⟩ das chemische Element Wismut [latinisiert <*Wismut*]

Bi|son ⟨m.; -s, -s; Zool.⟩ in Nordamerika heimisches, braunes Wildrind mit schwarzer Mähne: Bison bison [lat. <germ. *wisund*; verwandt mit *Wisent*]

bi|sta|bil ⟨a. ['---] Adj.⟩ doppelt stabil, durch zwei dauerhafte Zustände gekennzeichnet, insbes. von elektronischen Bauelementen [<*bi...* + *stabil*]

Bis|ter ⟨m. od. n.; -s; unz.⟩ aus Ruß gewonnener brauner

Aquarellfarbstoff [zu frz. *bistre* »schwarzbraun«]

Bis|tro *auch:* **Bist|ro** ⟨[-troː] n.; -s, -s; in Frankreich⟩ kleines Gasthaus; *oV* Bistrot [frz., »Wein-, Gartenhändler«]

Bis|trot *auch:* **Bist|rot** ⟨[-troː] n.; -s, -s; in Frankreich⟩ = Bistro

Bi|sul|fat ⟨n.; -(e)s, -e; veraltete Bez. für⟩ Hydrogensulfat

bi|syl|la|bisch ⟨Adj.⟩ zweisilbig

Bit ⟨n.; - od. -s, -s od. bei Mengenangaben: -; EDV; Zeichen: bt⟩ Maßeinheit für den Informationsgehalt, entsprechend einer Binärziffer o od. 1 [verkürzt <engl. *binary digit* »Binärziffer«]

Bit|map ⟨[-mæp] f.; -, -s; EDV⟩ (ein von Microsoft® entwickeltes) Datenformat, mit dessen Hilfe eine aus Pixeln bestehende Grafik direkt im Arbeitsspeicher des Computers od. der Grafikkarte abgebildet wird [<engl. *bit* »kleinste Dateneinheit im Computer« + *map* »Bild, Karte, Mappe«]

bi|to|nal ⟨Adj.⟩ **1** ⟨Musik⟩ auf zwei gleichzeitig verwendete Tonarten bezogen **2** ⟨Med.⟩ doppelt tönend; ~*er Husten*

Bi|to|na|li|tät ⟨f.; unz.; Musik⟩ gleichzeitiges Verwenden zweier Tonarten, häufigste Form der Polytonalität

Bit|ter|le|mon *auch:* **Bit|ter Le|mon** ⟨[-lɛmən] n.; (-) - od. (-) -s, (-) -⟩ chininhaltige Limonen- u. Zitronenlimonade [engl., »bittere Zitrone«]

Bit|ter|oran|ge ⟨[-ɔrãʒə] f.; -, -n; Bot.⟩ = Pomeranze

Bi|tu|men ⟨n.; -s, -⟩ natürlich vorkommendes Gemisch aus Fetten, Wachsen, Harzen, Lignin, Eiweißstoffen u. Kohlenhydraten, das aus niedrigen Organismen entstanden ist [lat.; → *Beton*]

bi|tu|mig ⟨Adj.⟩ bitumenhaltig, bitumenartig

bi|tu|mi|nie|ren ⟨V.⟩ mit Bitumen bestreichen, behandeln

bi|tu|mi|nös ⟨Adj.⟩ bitumenhaltig

Bi|val|via ⟨[-valvia] Pl.⟩ Muscheln [lat., »Zweitürige«]

bi|va|lent ⟨[-va-] Adj.⟩ zweiwertig [<*bi...* + *...valent*]

Bi|va|lenz ⟨[-va-] f.; -; unz.⟩ Zweiwertigkeit

Bi|wak ⟨n.; -s, -e od. -s⟩ **1** Lager im Freien **2** ⟨Mil.⟩ Feldlager [<frz. *bivouac* <nddt. *biwake* »Beiwache im Freien neben der in einem Bau untergebrachten Hauptwache«]

bi|wa|kie|ren ⟨V.; a. Mil.⟩ ein Biwak aufschlagen, im Freien lagern

bi|zarr ⟨Adj.⟩ **1** seltsam, ungewöhnlich **2** wunderlich, verschroben [<frz. *bizarre* »seltsam« <ital. *bizarro*]

Bi|zar|re|rie ⟨f.; -, -n⟩ **1** bizarres Wesen, ungewöhnl. wunderl. Verhalten **2** Grille, Schrulle

Bi|zeps ⟨m.; - od. -es, -e; Anat.⟩ zweiköpfiger Muskel, z. B. am Oberarm u. am Oberschenkel [<lat. *biceps* »zweiköpfig«; zu *bis* »doppelt« + *caput* »Kopf«]

Bi|zi|nie ⟨[-njə] f.; -, -n; Musik⟩ = Bicinium

bi|zy|klisch *auch:* **bi|zyk|lisch** ⟨Adj.⟩ = bicyclisch

Bk ⟨chem. Zeichen für⟩ Berkelium

Black|box *auch:* **Black Box** ⟨[blæk-] f.; (-) -, (-) -es [-bɔksɪz]; Kyb.⟩ **1** System, das nicht od. nicht vollständig bekannt ist, auf dessen Verhalten man aber durch Beobachtung von Eingabe u. Ausgabe schließen kann **2** Gerät zur Aufzeichnung von Flugdaten, Flugschreiber [engl., »schwarzer Kasten«]

Black|box|sys|tem ⟨[blæk-] n.; -s; unz.; Kyb.⟩ Methode, mit der unbekannte Systeme erfasst werden

Black|jack *auch:* **Black Jack** ⟨[blækdʒæk] n.; (-) -, (-) -⟩ ein amerikanisches Kartenglücksspiel (Siebzehn u. Vier) [<engl. *black* »schwarz« + *jack* »Bube (im Kartenspiel)«]

Black|mail ⟨[blækmeɪl(ɪŋ)] n.; -s; unz.⟩ Erpressung; *Sy* Blackmailing [engl.]

Black|mai|ling ⟨[blækmeɪl(ɪŋ)] n.; - od. -s; unz.⟩ = Blackmail

Black-out *auch:* **Black|out** ⟨[blækaʊt] n.; -s, -s⟩ **1** ⟨Theat.⟩ **1.1** kurze, meist witzige Szene, bei der direkt nach der Pointe das Licht ausgeschaltet wird **1.2** plötzl. Verdunkeln der Bühne beim Szenenschluss **2** ⟨umg.⟩ plötzlich vorübergehende Bewusstseinstrübung **3** ⟨Raumf.⟩ **3.1** vorübergehender Verlust der Sehfähigkeit infolge hoher Beschleunigung **3.2** vorübergehendes Aussetzen der Funkverbindung mit Raumfahrzeugen beim Eintritt in die Atmosphäre [<engl. *blackout* »Ohnmachtsanfall«]

Black Pan|ther ⟨[blæk pænθə(r)] m.; - -s, - -⟩ **1** eine kleine, militante Organisation der schwarzen Bürgerrechtsbewegung in den USA **2** Angehörige(r) der Black Panther Organisation [engl., »schwarzer Panther«]

Black|po|wer *auch:* **Black Pow|er** ⟨[blækpaʊə(r)] f.; (-) -; unz.⟩ Freiheitsbewegung der nordamerikan. Schwarzen [engl., »schwarze Macht, Kraft«]

bla|ma|bel ⟨Adj.⟩ eine Blamage verursachend, beschämend; *eine blamable Vorstellung* [<frz. *blâmable* »tadelnswert«]

Bla|ma|ge ⟨[-ʒə] f.; -, -n⟩ beschämende, peinl. Bloßstellung, Schande [frz.; zu *blâmer* »tadeln«]

bla|mie|ren ⟨V.⟩ bloßstellen, zum Gespött machen; *da habe ich mich ja schön blamiert!; jmdn. vor allen Leuten ~* [<frz. *blâmer* »tadeln«]

Blanc de Blancs ⟨[blɑ̃ də blɑ̃:] m.; - - -, -s - - [-blɑ̃:]⟩ ein französ. Weißwein, der nur aus weißen Trauben gekeltert wird [<frz. *blanc* »weiß; Weißwein«]

Blanc fixe ⟨[blɑ̃ fɪks] n.; - -; unz.⟩ = Permanentweiß

blan|chie|ren ⟨[blãʃiː-] V.; Kochk.⟩ *Speisen ~* abbrühen; *Geflügel ~* [<frz. *blanchir* »weiß machen«]

bland ⟨Adj.⟩ **1** reizlos, mild; *~e Diät* **2** ruhig verlaufend; *~e Krankheit* [<lat. *blandus* »gewinnend, sanft«]

Blank ⟨[blæŋk] n.; -s, -s; EDV⟩ Leerstelle, Leerstellentaste [engl., »leer; Lücke«]

Blan|ket ⟨[blæŋkɪt] n.; -s, -s; Physik⟩ (bei Kern- bzw. Brutreaktoren) Inkubationszone inner- od. außerhalb der Spaltzone [<engl. *blanket* »Decke«]

Blan|kett ⟨n.; -s, -e⟩ **1** ⟨Wirtsch.⟩ Wertpapiervordruck, der noch nicht vollständig ausgefüllt u. deshalb noch nicht rechtsgültig ist **2** nicht vollständig ausgefülltes, unterschriebenes Formular [→ *blanko*]

blan|kie|ren ⟨V.⟩ verkaufen, was man selbst noch nicht gekauft hat [→ *blanko*]

blan|ko ⟨Adj.⟩ leer, nicht vollständig ausgefüllt; *Formulare, Schecks ~ unterschreiben* [<ital. *bianco* »weiß, unbeschrieben«]

Blan|ko|ak|zept ⟨n.; -(e)s, -e⟩ Akzept auf einem nicht vollständig ausgefüllten Wechsel

Blan|ko|scheck ⟨m.; -s, -s⟩ Scheck, bei dem der Betrag nicht eingesetzt ist

Blan|ko|voll|macht ⟨f.; -, -en⟩ unbeschränkte Vollmacht

Blank|vers ⟨m.; -es, -e; Metrik⟩ reimloser fünffüßiger Jambus [<engl. *blank verse* »reiner, leerer, reimloser Vers«]

bla|siert ⟨Adj.⟩ eingebildet, eitel, hochnäsig (ohne wirklich etwas darzustellen); *ein ~es Gehabe, Getue* [<frz. *blasé* »übersättigt«]

Bla|son ⟨[-zɔ̃:] m.; -s, -s⟩ Wappen(schild) [frz., »Wappen«]

bla|so|nie|ren ⟨V.⟩ *ein Wappenschild ~* kunstgerecht beschreiben od. ausmalen [<frz. *blasonner* »Wappen malen, erklären«]

Blas|phe|mie ⟨f.; -, -n⟩ Beschimpfung, Verhöhnung von Heiligen, Gotteslästerung [<grch. *blasphemia* »Lästerung«]

blas|phe|mie|ren ⟨V.⟩ Gott lästern, eine Blasphemie aussprechen

blas|phe|misch ⟨Adj.⟩ in der Art einer Blasphemie, Gott lästernd, lästerlich, Heiliges verhöhnend; *oV* blasphemistisch

Blas|phe|mist ⟨m.; -en, -en⟩ Gotteslästerer [→ *Blasphemie*]

blas|phe|mis|tisch ⟨Adj.⟩ = blasphemisch

...blast ⟨Nachsilbe; zur Bildung männl. Subst.⟩ Keim, Zelle, Knospe; *Leukoblast* [<grch. *blastos* »Keim, Gewächs, Spross; Abkömmling«]

Blas|tem ⟨n.; -s, -e; Biochemie⟩ aus undifferenzierten Zellen bestehendes Bildungsgewebe [<grch. *blastos* »Spross, Keim«]

Blas|to|derm ⟨n.; -s; unz.⟩ epithelartig angeordnete Furchungszellen der Blastula [<grch. *blastos* »Spross, Keim« + *...derm*]

Blastogenese

Blas|to|ge|ne|se ⟨f.; -, -n⟩ **1** ungeschlechtl. Vermehrung durch Knospung des Muttertieres **2** bei der geschlechtl. Vermehrung das früheste Embryonalstadium vor dem Beginn der Organbildung [<grch. *blastos* »Spross, Keim + *Genese*]

Blas|tom ⟨n.; -s, -e⟩ Neubildung von Gewebe, Geschwulst [<grch. *blastos* »Spross, Keim«]

Blas|to|me|re ⟨f.; -, -n⟩ Furchungszelle im ersten Entwicklungsstadium einer Blastula [<grch. *blastos* »Spross, Keim« + ...*mer*]

Blas|to|my|zet ⟨m.; -en, -en⟩ Sprosspilz [<grch. *blastos* »Spross« + *Myzet*]

Blas|to|zöl ⟨n.; -s, -e⟩ Furchungshöhle der Blastula [<grch. *blastos* »Spross, Keim« +*koilos* »hohl«]

Blas|to|zy|te ⟨f.; -, -n; Biol.⟩ undifferenzierte Zelle des Lebewesens in ihrem embryonalen Stadium [<grch. *kytos* »Höhlung, Urne«< grch. *blastos* »Spross, Keim« + mlat. *cytus* »Zelle«]

Blas|tu|la ⟨f.; -; unz.; Biol.⟩ frühe embryonale Entwicklungsstufe der mehrzelligen Tiere, Keimblase [<grch. *blastos* »Spross, Keim«]

Bla|zer ⟨[ble:zə(r)] od. engl. [bleɪzə(r)] m.; -s, -⟩ hüftlange Jacke mit aufgesetzten Taschen [engl.]

Blea|ching ⟨[bli:tʃɪŋ] n.; - od. -s; unz.; Zahnmed.⟩ Bleichen (der Zähne) [engl.]

Blei|oxid ⟨n.; -(e)s, -e; Chemie⟩ Sauerstoffverbindung des Bleis, chem. Bleioxid, Ausgangsstoff zur Herstellung von Mennige; *Sy* Massicot, Lithargyrum

Blend ⟨m. od. n.; -s, -s⟩ Verschnitt, Mischung aus versch. Sorten (von Tee, Tabak, Whiskey u. a.); ~*ed Whiskey* [engl., »vermischen; Mischung«]

Blen|nor|rhö ⟨f.; -, -en; Med.⟩ = Blennorrhöe

Blen|nor|rhöe ⟨[-rø:] f.; -, -n; Med.⟩ eitrige Schleimhautabsonderung, bes. bei Tripper; *oV* Blennorrhö [<grch. *blenna* »Schleim« + ...*rrhö*]

bles|sie|ren ⟨V.⟩ verletzen, verwunden [<frz. *blesser* »verwunden«]

Bles|sur ⟨f.; -, -en⟩ das Blessiertsein, Verletzung, Verwundung [<frz. *blessure* »Wunde, Verwundung«]

bleu ⟨[blø:] Adj.⟩ grünlich blau [frz., »blau«]

Bleu ⟨[blø:] n.; -s; unz.⟩ (oft blasse) grünlich blaue Farbe; *ein Kleid in* ~ [frz., »Blau«]

Blimp ⟨m.; -s, -s; Flugw.⟩ meist unbemanntes u. für Werbezwecke eingesetztes kleineres Luftschiff [engl., »Kleinluftschiff«]

Blind|date *auch:* **Blind Date** ⟨[blaɪnddeɪt] n.; (-) -s, (-) -s; umg.⟩ Treffen, Verabredung mit einer Person, die man nicht persönlich kennt (vor allem bei der Partnersuche) [<engl. *blind* + *date* »Verabredung«]

Blis|ter ⟨m.; -s, -⟩ **1** ⟨unz.⟩ ein salbenähnl. Mittel zur Versorgung u. Therapie von Verletzungen im Beinbereich von Pferden **2** ⟨zählb.⟩ Produktverpackung aus Kunststofffolie [engl., »Blase« *<blister pack* »Klarsichtpackung«]

blis|tie|ren ⟨V.⟩ (bei Lahmheit) Pferdebeine mit einem scharfen Mittel einreiben, um eine die Durchblutung fördernde künstliche Entzündung hervorzurufen (wird auch verbotenerweise bei Springpferden angewendet, um eine größere Schmerzempfindlichkeit beim Berühren von Hindernissen zu bewirken) [<engl. *blister* »Zugmittel auflegen«]

Bliz|zard ⟨[blɪzəd] m.; -s, -s; Meteor.⟩ Schneesturm in Nordamerika [engl.]

Blo|cka|de ⟨f.; -, -n⟩ **1** Absperrung eines Staatsgebiets von jegl. Zufuhr; *Hunger*~ **2** ⟨Med.⟩ Ausschaltung von Teilen des Nervensystems zu Heilzwecken **3** ⟨Typ.⟩ blockierte Stelle [<ital. *bloccata*; → *blockieren*]

Block|bus|ter ⟨[-bʌstə(r)] m.; -s, -⟩ Knüller, Renner, Kassenerfolg; *der Film ist ein* ~ [engl., eigtl. »große Bombe«]

blo|ckie|ren ⟨V.⟩ **1** sperren, absperren **2** ⟨Eisenbahn⟩ durch Block sperren **3** ⟨Typ.⟩ *eine fehlende Stelle im Wort* ~ durch auf den Kopf gestellte Typen kennzeichnen [<frz. *bloquer* »blockieren, sperren«; → *Block*]

Block|kon|den|sa|tor ⟨m.; -s, -en⟩ Kondensator, der aus einem blockförmig gewickelten Metallfolienband besteht

Block|sys|tem ⟨n.; -s, -e⟩ Sperr- u. Signalsystem zur Sicherung von Eisenbahnstrecken

blond ⟨Adj.⟩ **1** hell, gelblich; ~*es Haar* **2** hellhaarig; ~*es Mädchen* **3** *ein* ~*es Gift* ⟨umg.; scherzh.⟩ eine stark zurechtgemachte Frau mit blondiertem Haar **4** *ein (kühles) Blondes* ⟨umg.; scherzh.⟩ ein Glas helles Bier [frz.]

blon|die|ren ⟨V.⟩ *Haar* ~ künstlich aufhellen

Bloo|dy Ma|ry ⟨[blʌdi mæri] f.; - -, - -s⟩ alkoholisches Cocktailgetränk, zu dessen Bestandteilen neben Wodka u. Tomatensaft auch verschiedene Gewürze gehören [<engl. *bloody* »blutig« + *Mary* »Maria«]

Blou|son ⟨[bluzɔ̃:] od. [bluzɔŋ] m. od. n.; -s, -s⟩ weit geschnittene Sportjacke mit auf den Hüften eng anliegendem Bund [frz.; zu *blouse* »Bluse«]

Blow-out *auch:* **Blowout** ⟨[blouaut] m.; -s, -s⟩ unkontrolliertes Entweichen von Erdöl oder Erdgas aus einem Bohrloch [engl., »Ölausbruch; Schlemmerei«]

> **Blow-up / Blowup** (*Schreibung mit Bindestrich*) Abweichend von der generellen Regelung, nach der auch fremdsprachliche Komposita zusammengeschrieben werden, sind Aneinanderreihungen, die als substantivischer Infinitiv gebraucht werden, in der Regel durch Bindestrich zu trennen. Es steht den Schreibenden allerdings frei, die Grundregel auch auf solche Zusammensetzungen anzuwenden (→ *a.* Black-out / Blackout).

Blow-up *auch:* **Blowup** ⟨[blouʌp] n.; - od. -s, -s⟩ **1** Aufbauschung, Vergrößerung **2** Vergrößerung eines Fotos od. Fernsehbildes [engl., »Vergrößerung«]

Blue|ba|by *auch:* **Blue Ba|by** ⟨[blu:be:bi] n.; (-) -s, (-) -s; Med.⟩ Neugeborenes mit angeborenem schwerem Herzfehler, das deshalb zur Blausucht neigt [<engl. *blue* »blau« + *baby* »Neugeborenes, Säugling«]

Blue|box *auch:* **Blue Box** ⟨[blu:-] f.; (-) -, (-) -es [-bɔksɪz]; TV⟩ Projektionsgerät für das Blueboxverfahren [<engl. *blue* »blau« + *box* »Kasten, Kiste, Schachtel«]

Blue|box|ver|fah|ren ⟨[blu:-] n.; -s, -; TV⟩ Projektionsverfahren für Aufnahmen in Fernsehstudios, bei dem ein zuvor gefilmter od. fotografierter Hintergrund auf eine blau gefärbte (heute auch andersfarbige) Spezialwand projiziert u. von dort als Hintergrund in die Aufnahmekamera weitergeleitet wird; *Sy* Bluescreenverfahren [→ *Bluebox*]

Blue|chip *auch:* **Blue Chip** ⟨[blu:-tʃɪp] m.; (-) -s, (-) -s; meist Pl.; Wirtsch.⟩ sichere, Gewinn bringende Investition (bes. in Form von Wertpapieren) [<engl. *blue chip* »blaue Wertmarke (beim Glücksspiel im Casino); erstklassig, sicher«]

Blue|jeans *auch:* **Blue Jeans** ⟨[blu:dʒi:nz] od. ['--] Pl.⟩ blaue Drillichhosen, Jeans [<engl. *blue* »blau« + *Jeans*]

Blue|note *auch:* **Blue Note** ⟨[blu:noʊt] f.; (-) -, (-) -s; Musik⟩ beim Blues der um einen Halbton erniedrigte 3. bzw. 7. Ton der Durtonleiter [<engl. *blue* »blau« + *note* »(Musik-)Note«]

Blues ⟨[blu:z] m.; -, -; Musik⟩ **1** schwermütiges Tanzlied der nordamerik.. Schwarzen **2** daraus hervorgegangener langsamer Gesellschaftstanz im ⁴/₄-Takt [verkürzt <engl. *blue devils* »Anfall von Schwermut«]

Blue|screen|ver|fah|ren ⟨[blu:-skri:n-] n.; -s; unz.; TV⟩ = Blueboxverfahren

Bluff ⟨[blʌf] od. [blœf] m.; -s, -s⟩ **1** auf Prahlerei beruhende Irreführung **2** durch dreistes Auftreten, Verblüffung erzielte Täuschung [engl., »Täuschung«]

bluf|fen ⟨[blʌfən] od. [blœfən] V.⟩ durch prahlerische Behauptungen, dreistes Auftreten, Verblüffung irreführen, täuschen [<engl. *bluff* »täuschen«]

blü|me|rant ⟨Adj.; veraltet; umg.⟩ schwindlig, schwach; *mir ist, wird ganz ~(zumute)* [<frz. *bleumourant* »mattblau«, eigtl. »sterbendes Blau«]

b. m. ⟨Abk. für lat.⟩ brevi manu

BMI ⟨Abk. für⟩ Body-Mass-Index

BMX-Rad ⟨n.; -s, -(e)s, -Räder⟩ kleines, geländegängiges Sportfahrrad mit Spezialrädern, die ein grobes Profil besitzen (bes. bei Radrennen im offenen Gelände verwendet) [verkürzt <engl. *bicycle motocross*]

Bö ⟨f.; -, -en⟩ heftiger Windstoß; *oV* Böe; *eine Wind~; Sturm~* [<ndrl. *bui, buy(de)e*]

Boa ⟨f.; -, -s; Zool.⟩ **1** Riesenschlange **2** ⟨umg.⟩ langer, schmaler Damenpelz aus Umlegen **3** Umhang aus Straußenfedern [lat., -(e)s, -»Wasserschlange«]

Board ⟨[bɔ:(r)d] n.; -s, -s⟩ **1** ⟨umg.; kurz für⟩ Skateboard, Surf-, Snowboard **2** ⟨Sport; Squash⟩ Playboard, die Fehlerzone an der Frontwand; *Sy* Tin **3** ⟨Wirtsch.⟩ Führungsgremium, Aufsichtsrat einer Firma od. eines Konzerns, der über die globale Unternehmensführung entscheidet [<engl. *board* »Brett; Ausschuss, Komitee«]

boar|den ⟨[bɔ:(r)dən] V.⟩ **1** ⟨Touristik⟩ den Sitzplatz im (Schiff, Flugzeug usw.) einnehmen; *Passagiere ~* ⟨Sport⟩ mit einem Board **(2)** fahren, gleiten od. surfen [<engl. *board* »den Sitzplatz einnehmen«]

Boar|der ⟨[bɔ:(r)-] m.; -s, -; Sport⟩ jmd., der mit einem Board **(2)** fährt, gleitet od. surft

Boar|der|cross ⟨[bɔ:(r)-] n.; -; unz.; Sport⟩ Wettkampfdisziplin der Snowboarders, bei der sechs bis zehn Fahrer gleichzeitig nebeneinander auf einer mit Buckeln, Wellen, Sprüngen usw. präparierten Piste gegeneinander antreten [<*Board* + *cross* »kreuzen, überqueren«]

Boar|ding ⟨[bɔ:(r)dɪŋ] n.; - od. -s, -s; Touristik⟩ Vorgang des Boardens; *die Fluggäste werden zum ~ aufgerufen* [engl.]

Boar|ding|house ⟨[bɔ:(r)dɪŋhaʊs] n.; -, -s [-haʊsɪz]⟩ Fremdenheim, Familienpension [engl.]

Boar|ding|school ⟨[bɔ:(r)dɪŋsku:l] f.; -, -s⟩ Schulform (insbes. in Großbritannien), bei der die Schüler ähnlich wie in einem Internat auf dem Schulgelände leben u. in Alters- u. Zimmergemeinschaften organisiert sind [engl., »Internat«]

Boat|peo|ple *auch:* **Boat|peo|ple** ⟨[boʊtpi:pl] Pl.⟩ auf Booten beförderte Flüchtlinge (bes. aus Vietnam) [engl., eigtl. »Bootsmenschen«]

Bob ⟨m.; -s, -s; Sport; kurz für⟩ Bobsleigh

bob|ben ⟨V.⟩ beim Fahren mit dem Bobsleigh den Oberkörper regelmäßig u. ruckweise nach vorn bewegen, um die Geschwindigkeit zu vergrößern

Bob|by ⟨m.; -s, -s; volkstüml. engl. Bez. für⟩ Polizist [nach dem Reorganisator der engl. Polizei, Robert *(Bobby)* Peel]

Bo|bi|ne ⟨f.; -, -n⟩ **1** ⟨Web.⟩ Garnspule **2** ⟨Bgb.⟩ Trommel für Förderbänder [frz., »Spule«]

Bo|bi|net ⟨n.; -s, -s; Textilw.⟩ engl. Tüll [verkürzt <engl. *bobbin* »Spule« + *net* »Netz«]

Bob|sleigh ⟨[-sleɪ] m.; -s, -s; Sport⟩ lenkbarer Rennschlitten für 4-6 Personen; *Sy* Bob [<engl. *bob* »sich ruckweise bewegen« + *sleigh* »Schlitten«]

Bob|tail ⟨[-teɪl] m.; -s, -s; Zool.⟩ langhaariger, zottiger, grauer Hütehund [engl., eigtl. »gestutzter Schwanz« *bob* »Quaste, Gehänge« + *tail* »Schwanz«]

Boc|cia ⟨[bɔtʃa] n.; -; unz. od. f.; -; unz.⟩ ital. Rasenspiel, bei dem eine Kugel mit anderen Kugeln getroffen werden muss [ital., »Kugel«]

Boche ⟨[bɔʃ] m.; -, -s; frz. Schimpfwort für⟩ Deutsche(r) [frz.; zu *alboche* <*allemoche*, umg. für *allemand* »deutsch, Deutscher« + *caboche* »großer Kopf« < *tête de boche* »Holzkopf«]

Bo|de|ga ⟨f.; -, -s⟩ **1** spanische Weinstube **2** Keller, Weinlager **3** Warenlager in Seehäfen [span., »Weinschenke« <grch. *apotheke* »Behälter«; verwandt mit *Apotheke, Budike, Bottich*]

Bo|dhi|satt|wa ⟨m.; -s, -s; Buddhismus⟩ Heiliger, (oft) Nothelfer, Vorstufe zum Buddha [Sanskrit, »für die Erleuchtung bestimmtes Wesen, zukünftiger Buddha«]

Body

Bo|dy ⟨[bɔdɪ] m.; -s, -s⟩ **1** ⟨allg.; umg.⟩ Körper, Leib, Rumpf **2** ⟨Textilw.⟩ = Bodysuit [engl., »Körper«]

Bo|dy|buil|der ⟨[bɔdɪbɪl-] m.; -s, -⟩ jmd., der Bodybuilding betreibt [→ Bodybuilding]

Bo|dy|buil|ding ⟨[bɔdɪbɪl-] n.; - od. -s; unz.⟩ körperl. Training zur Ausbildung guter Körperformen [engl., »Körperaufbau«]

Bo|dy|care ⟨[bɔdɪkɛː(r)] f.; -; unz.⟩ Körperpflege [engl.]

Bo|dy|check ⟨[bɔdɪtʃɛk] n.; -s; unz.; Sport; Eishockey⟩ zulässiges Anrempeln des Gegners mit dem am eig. Körper angelegten Arm [<engl. *body* »Körper« + *check* »anhalten, zum Stillstand bringen«]

Bo|dy|dou|ble auch: **Bo|dy|doub|le** ⟨[bɔdɪduːbl] n.; -s, -s; Film⟩ Darsteller, der den Star eines Films in Szenen, in denen lediglich der Körper zu sehen ist (insbes. Sexszenen), vertritt [<*Body* + *Double*]

Bo|dy|guard ⟨[bɔdɪgaːd] m.; -s, -s⟩ Beschützer, Leibwächter (einer möglichen Gewalttaten ausgesetzten Persönlichkeit) [<engl. *body* »Körper« + *guard* »beschützen«]

Bo|dy|lo|tion ⟨[bɔdɪ-] f.; -, -en od. engl. [bɔdɪlouʃn] f.; -, -s⟩ flüssiges, pflegendes Kosmetikum für den Körper [<engl. *body* »Körper« + *lotion* »Gesichtswasser«]

Bo|dy-Mass-In|dex ⟨[bɔdɪmæs-] m.; -es od. -, -e od. -di|zes od. -di|ces [-tseːs]; Abk.: BMI⟩ Körpermasseindex, der aus Körpergröße in Kilogramm geteilt durch das Quadrat der Körpergewicht in Metern ermittelt wird [engl.]

Bo|dy|pain|ting ⟨[bɔdɪpɛɪntɪŋ] n.; - od. -s; unz.⟩ (Aktions-)Kunstrichtung, in der menschliche Körper bemalt wird [engl., »Körperbemalung«]

Bo|dy|styling ⟨[bɔdɪstaɪlɪŋ] n.; -s; unz.⟩ gymnastisch-sportliches Training, das vor allem der Straffung der Muskulatur u. der Erhaltung des Äußeren dient [<*Body* + *Styling*]

Bo|dy|suit ⟨[bɔdɪsjuːt] m.; - od. -s, -s; Textilw.⟩ eng am Körper anliegende, einteilige Unterbekleidung für Frauen u. Mädchen, die den Rumpf bedeckt, oft aus Baumwolle; *Sy* Body (2) [<engl. *body* »Körper« + *suit* »Anzug, Kostüm«]

Bœ|e ⟨f.; -, -n⟩ = Bö

Bœuf Stro|ga|noff ⟨[bœf-] n.; - -, - -; Kochk.⟩ geschnetzeltes, gut gewürztes Rinderfilet in einer mit saurer Sahne angereicherten Soße [<frz. *bœuf* »Rind«; nach dem Grafen Sergej Grigorjewitsch *Stroganow*, der einem russischen Kaufmannsgeschlecht entstammte, das im 16. Jh. im Ural herrschte]

Bo|gey ⟨[bougɪ] m.; -s, -s; Sport; Golf⟩ Loch, das mit einem Schlag mehr als festgelegt gespielt wird [engl.]

Bog|head|koh|le ⟨[-hɛd-] f.; -; unz.⟩ eine dunkelbraune Abart der Braunkohle [nach dem Fundort *Boghead* in Schottland]

Bo|heme ⟨[boɛːm] f.; -; unz.⟩ unbürgerl. Welt od. ungebundenes Leben der Studierenden u. Künstler [<frz. *bohème* »Künstlerwelt, Künstlerleben« <*Bohème* »Böhme; Zigeuner«]

Bo|he|mi|en ⟨[boemjɛ̃ː] m.; -s, -s⟩ Angehöriger der Boheme, jmd., der in der Art der Boheme lebt [zu frz. *bohémien* »böhmisch; zigeunerisch«]

Boi ⟨m.; -s, -s; Textilw.⟩ Wollod. Baumwollflanell; *oV* Boy[2] [<frz. *boi* »Wollstoffart« (der früher in Amiens hergestellt wurde)]

bö|ig ⟨Adj.⟩ **1** in Böen wehend; *~er Wind* **2** mit Böen einhergehend; *~es Wetter* [→ Bö]

Boi|ler ⟨m.; -s, -⟩ elektr. Warmwasserbereiter [engl., »Kessel«; zu *boil* »kochen« (Wasser)]

boi|sie|ren ⟨[boa-] V.⟩ mit Holz verkleiden, täfeln [<frz. *boiser* »täfeln«]

Bo|jar ⟨m.; -en, -en⟩ Angehöriger des hohen Adels im alten Russland, Ratgeber der Großfürsten u. Zaren [<russ. *bojarin* »vornehmer Herr«]

Bo|je ⟨f.; -, -n⟩ fest verankerter Schwimmkörper, Seezeichen [<mndrl. *bo(e)ye* <afrz. *boye* »niederfränk. **bokan* »Zeichen« <germ. **baukna*-] verwandt mit *Bake*]

Bok|mål ⟨[-mɔːl] n.; - od. -s; unz.⟩ = Riksmål [norweg., »Buchsprache«]

Bol ⟨m.; -(e)s, -e⟩ = Bolus (1)

Bo|la ⟨f.; -, -s⟩ südamerikan. Schleuderwaffe [span., »Kugel«]

Bo|le|ro ⟨m.; -s, -s⟩ **1** ⟨Musik⟩ **1.1** mäßig schneller span. Tanz im 3/4-Takt **1.2** Orchesterstück von M. Ravel ⟨['---] schweiz.⟩ kurzes Damenjäckchen [span., <*bola* »Kugel«; Lüge; Fantasie« <frz. *boule* »Kugel« <lat. *bulla* »Blase«]

Bo|le|tus ⟨m.; -, -le|ti; Bot.⟩ Pilz der Gattung der Röhrlinge, z. B. Steinpilz [lat., »Pilz«]

Bo|lid ⟨m.; -s od. -en, -e od. -en⟩ **1** großer, heller Meteor, Feuerball, Feuerkugel **2** schwerer Rennwagen; *oV* Bolide [<grch. *bolis* »Geschoss«]

Bo|li|de ⟨m.; -n, -n⟩ = Bolid (2)

Bo|li|var ⟨[-var] m.; -s, -⟩ Währungseinheit in Venezuela, 100 Centimos [nach dem südamerikanischen Nationalhelden Simón *Bolívar*, 1783-1830]

Bo|li|vi|a|no ⟨[-vi-] m.; - od. -s, -s od. (bei Zahlenangaben) -⟩ Währungseinheit in Bolivien, 100 Centavos

Bol|let|te ⟨f.; -, -n; österr.⟩ amtl. Bescheinigung [<ital. *boletta*; zu *bollo* »Siegel«; verwandt mit *Bulle*]

Bo|log|ne|se auch: **Bo|log|ne|se** ⟨[bɔlɔnjeːzə] m.; -n, -n⟩ **1** Zwerghunderasse **2** ⟨Pl.⟩ *Spaghetti ~* Spaghetti mit einer Hackfleischsoße mit Tomaten [nach der ital. Stadt *Bologna*]

Bo|lo|me|ter ⟨n.; -s, -⟩ Gerät zum Messen von Strahlungsenergie [<grch. *bole* »Wurf, Strahl« + *...meter*]

bo|lo|me|trisch auch: **bo|lo|met|risch** ⟨Adj.⟩ mittels eines Bolometers

Bo|lo|skop auch: **Bo|los|kop** ⟨n.; -s, -e⟩ Gerät zum Aufspüren von Fremdkörpern in der Körper [<grch. *bolis* »Geschoss« + *skopein* »schauen«]

Bol|sche|wik ⟨m.; -en, -en⟩ **1** ⟨1917-1952⟩ Angehöriger der Kommunist. Partei der Sowjetunion; *oV* Bolschewist **2** ⟨abwertend für⟩ Kommunist [<russ. *bolšinstvo* »Mehrheit«]

Bol|sche|wi|kin ⟨f.; -, -kin|nen⟩ **1** ⟨1917-1952⟩ Angehörige der Kommunist. Partei der Sowjetunion; *oV* Bolschewistin **2** ⟨abwertend für⟩ Kommunistin
bol|sche|wi|kisch ⟨Adj.⟩ = bolschewistisch
bol|sche|wi|sie|ren ⟨V.⟩ den Bolschewismus einführen
Bol|sche|wis|mus ⟨m.; -; unz.; Politik⟩ auf der leninschen Auslegung des Marxismus beruhende Doktrin der Kommunist. Partei der Sowjetunion; *Ggs* Menschewismus
Bol|sche|wist ⟨m.; -en, -en⟩ = Bolschewik (1)
Bol|sche|wis|tin ⟨f.; -, -tin|nen⟩ = Bolschewikin (1)
bol|sche|wis|tisch ⟨Adj.⟩ den Bolschewismus betreffend, zu ihm gehörig, auf ihm beruhend; *Sy* bolschewikisch
Bo|lus ⟨m.; -, Bo|li⟩ **1** ⟨unz.⟩ fette, rotbraun-gelbe Tonerde; *oV* Bol **2** ⟨zählb.; Med.⟩ Bissen, der durch meist längeres Kauen schluckgerecht geformt wird **3** ⟨zählb.; Pharm.⟩ Pille von überdurchschnittlicher Größe [<grch. *bolos* »Klumpen«]
Bo|lus|in|jek|ti|on ⟨f.; -, -en; Pharm.⟩ intravenöse Schnellinjektion
Bo|lus|tod ⟨m.; -es; unz.⟩ Schocktod durch Ersticken aufgrund eines verschluckten Fremdkörpers [→ *Bolus*]
Bom|ba|ge ⟨[-ʒə] f.; -, -n⟩ **1** Aufwölbung der Deckel von Konservendosen infolge Zersetzung des Inhalts **2** Umbördeln von Blech [→ *bombieren*]
Bom|bar|de ⟨f.; -, -n⟩ **1** ⟨urspr.⟩ altes Steinschleudergeschütz **2** ⟨Musik⟩ **2.1** tiefes Orgelregister **2.2** der Schalmei ähnliches Holzblasinstrument; *Sy* Pommer [frz. <ital. *bombarda* »Bassbrummer«]
Bom|bar|de|ment ⟨[-mãː] n.; -s, -s; Mil.⟩ Beschießung mit schweren Waffen od. Abwurf von Bomben [frz.]
bom|bar|die|ren ⟨V.⟩ **1** ⟨Mil.⟩ mit Bomben angreifen, belegen **2** ⟨umg.; scherzh.⟩ bewerfen **3** ⟨fig.⟩ bedrängen; *jmdn. mit Fragen, Vorwürfen ~* [<frz. *bombarder* »beschießen«; zu *bombarde* »Donnerbüchse«]

Bom|bar|don ⟨[-dõː] n.; -s, -s; Musik⟩ Blechblasinstrument, Vorläufer der Basstuba [<ital. *bombarda* »Bassbrummer«]
Bom|ba|sin ⟨m.; -s, -e⟩ Gewebe aus Halbseide [<frz. *bombasin* <lat. *bombacium* <grch. *bombyx* <pers. *panba* »Baumwolle«]
Bom|bast ⟨m.; -es; unz.⟩ **1** ⟨urspr.⟩ Baumwollstoff zum Aufbauschen der Kleider **2** ⟨umg.⟩ Prunk, Überladenheit **3** Schwulst (des Schreib- od. Redestils), Wortschwall [engl., »Schwulst«; → *Bombasin*]
bom|bas|tisch ⟨Adj.⟩ **1** mit viel Bombast, schwülstig, hochtrabend **2** prunkvoll, überladen; *eine ~e Feier*
Bom|be ⟨f.; -, -n⟩ **1** mit Sprengstoff gefüllter, geschlossener Metallbehälter mit Zünder; *Brand~; Spreng~; ~n abwerfen, zünden; eine ~ platzt, schlägt ein, detoniert; eine Stadt mit ~n belegen bombardieren* **2** ⟨fig.⟩ runder Gegenstand; *Eis~* **3** unerhörtes, unerwartetes Ereignis; *die Nachricht schlug wie eine ~ ein; die ~ ist geplatzt, ging hoch* ⟨a. fig.⟩ es hat einen Skandal gegeben; *die Wahrheit ist ans Licht gekommen; ~n und Granaten!* ⟨veraltet; umg.⟩ das ist erstaunlich! [frz. <ital. *bomba* <lat. *bombus* »dumpfes Geräusch«]
bom|bie|ren ⟨V.⟩ **1** wölben, umbördeln; *Blech ~* **2** sich wölben, auftreiben; *Konservendosen ~* [<frz. *bomber* »wölben, ausbauchen«]
bon ⟨[bõː] Adj.⟩ gut, wohl [frz.]
Bon ⟨[bõː] od. [bɔŋ] m.; -s, -s⟩ **1** Gutschein **2** Kassenzettel [frz., »gut; Gutschein«]
bo|na fi|de ⟨Adv.⟩ guten Glaubens, auf Treu u. Glaube [lat., »in gutem Glauben«]
Bo|na|par|tis|mus ⟨m.; -; unz.; Politik⟩ polit. Richtung in Frankreich, die für die Wiedereinsetzung des Hauses Bonaparte eintrat
Bo|na|par|tist ⟨m.; -en, -en⟩ Anhänger des Bonapartismus
Bon|bon ⟨[bõbõː] od. [bɔŋbɔŋ] n. od. m.; -s, -s⟩ kleines Zuckerzeug, Zuckerware [frz., → *bon*]
Bon|bon|nie|re ⟨[bõbɔnjɛːrə] f.; -, -n⟩ = Bonbonniere

Bon|bon|nie|re ⟨[bõbɔnjɛːrə] f.; -, -n⟩ Geschenkpackung mit Pralinen; *oV* Bonboniere [frz.]
Bond ⟨m.; -s, -s⟩ engl. u. amerikan. verzinsliche Schuldverschreibung [engl., »Schuldverschreibung«]
Bon|dage ⟨[bɔndɪdʒ] f.; -; unz.⟩ sadomasochistische Sexualpraktik, bei der ein Partner durch Stricke o. Ä. gefesselt u. in seiner Bewegungsfreiheit stark eingeschränkt wird [<engl. *bondage* »Fesselung; Leibeigenschaft«]
Bon|der ⟨m.; -, -⟩ Phosphorsäurelösung zur Behandlung von Rostflecken auf Metalloberflächen
bon|dern ⟨V.⟩ mit einem Bonder behandeln
Bonds|ra|te ⟨f.; -, -n; Wirtsch.⟩ Kapitalmarktzins; *Ggs* Diskontrate, Diskontsatz
bon|gen ⟨V.; umg.⟩ **1** einen Bon an der Registrierkasse ausstellen (bes. in Gastwirtschaften); *Sy* bonieren **2** festmachen, verabreden; *das ist gebongt* ⟨umg.⟩ das geht in Ordnung [→ *Bon*]
Bon|go ⟨[bɔŋɡo] n.; -s, -s od. f.; -, -s; Musik⟩ kuban. Trommel im Jazzorchester, paarweise verwendet, mit den Fingern geschlagen [span. (kuban.)]
Bon|go|si ⟨n.; -s; unz.⟩ dunkelbraunes, sehr schweres Laubholz aus Afrika; *oV* Bongossi
Bon|gos|si ⟨n.; -s; unz.⟩ = Bongosi
Bon|heur ⟨[bɔnœːr] m.; -s; unz.⟩ Glück, Zufall; *→ a. à la bonne heure* [frz., »Glück«]
Bon|ho|mie ⟨[bɔnɔmiː] f.; -; unz.⟩ Gutmütigkeit, Einfalt, Biederkeit [frz.]
Bon|homme ⟨[bɔnɔm] m.; -s, -s⟩ gutmütiger, (aber) einfältiger Mensch, Biedermann [frz.]
bo|nie|ren ⟨V.⟩ = bongen (1) [→ *Bon*]
Bo|ni|fi|ka|ti|on ⟨f.; -, -en⟩ **1** Entschädigung, Vergütung **2** ⟨bes. Kaufmannsspr.⟩ Entschädigung für unbrauchbare Ware **3** Rückvergütung von Einfuhrzöllen u. Steuerrückerstattung bei Ausfuhrgeschäften [<frz. *bonification* »Vergütung«]
bo|ni|fi|zie|ren ⟨V.⟩ vergüten, entschädigen [<frz. *bonifier* »vergüten«]

Bonität

Bo|ni|tät ⟨f.; -, -en⟩ **1** ⟨allg.⟩ Güte, innerer Wert **2** ⟨Forstw.⟩ Bodengüte **3** ⟨Kaufmannsspr.⟩ Zahlungsfähigkeit, Sicherheit **4** kaufmänn. Ruf [<lat. *bonitas* »gute Beschaffenheit einer Sache, Güte«]

bo|ni|tie|ren ⟨V.⟩ veranschlagen, schätzen; *Grundstücke, die Bodenqualität ~* [→ *Bonität*]

Bo|ni|tie|rung ⟨f.; -, -en⟩ **1** ⟨allg.⟩ das Bonitieren **2** ⟨Bot.⟩ Beobachtung u. Beurteilung der Pflanzen in einem Zuchtgarten als Grundlage für die Auslese von Einzelpflanzen, aus denen neue Sorten entstehen [→ *Bonität*]

Bo|ni|to ⟨m.; -s, -s; Zool.⟩ ungenießbarer Thunfischart: Thynnus pelamys [<span. *bonito* <arab. *bainit*]

Bon|mot [bɔ̃moː] ⟨n.; -s, -s⟩ treffende geistreiche Wendung, witzige Bemerkung [<frz. *bon mot* »Witz«]

Bon|ne ⟨f.; -, -n; früher Bez. für⟩ Amme, Kindermädchen, Erzieherin [frz.]

Bon|ne|te|rie ⟨f.; -, -n; schweiz.⟩ Kurzwarenhandlung [frz., »Trikotagen(industrie)«]

Bon|sai ⟨m.; -, -s; Bot.⟩ durch Verschneiden der Wurzeln und Zweige künstlich klein gehaltener Baum, jap. Zwergbaum [jap., »Baum im Topf«]

Bo|nus ⟨m.; - od. -ses, - od. -se od. Bo|ni⟩ **1** zusätzl. Gewinnanteil **2** Sondervergütung, z. B. an Groß- od. Dauerabnehmer als zusätzl. Rabatt **3** staatl. Prämien für förderungswürdige Geschäfte; *Export~* **4** aufwertender Zuschlag auf Zensuren; Ggs Malus [lat., »gut«]

Bon|vi|vant [bɔ̃vivãː] ⟨m.; -s, -s⟩ **1** Lebemann **2** ⟨Theat.⟩ Rollenfach des eleganten Salonhelden [<frz. *bon* »gut, wohl« + *vivre* »leben«]

Bon|ze ⟨m.; -n, -n⟩ **1** lamaistischer Priester, Mönch **2** ⟨fig.; umg.; abwertend⟩ engstirniger, überheblicher, einflussreicher Funktionär; *Partei~; Gewerkschafts~* [<jap. *bonso* »buddhist. Priester«]

Bon|zo|kra|tie ⟨f.; -, -n; abwertend⟩ Bonzenherrschaft [<*Bonze* + ...*kratie*]

Boof|ke ⟨m.; -s, -s⟩ Tölpel, Dummkopf [vermutl. Vermischung <talmud. *bafel* »minderwertige Ware« + nhd. *bofel* »minderwertig« (Nebenform zu *Pöbel*) + nddt. ...*ke*]

Boo|gie-Woo|gie [bʊgiwʊgi] ⟨m.; - od. -s, -s; Musik⟩ nordamerikan. Swingtanz, dessen Melodie im Bass wiederholt wird [<engl. (amerikan. Slang) *boogie* »Schwarzendarsteller« + (dazu durch Reim gebildetes) *woogie*]

Book|buil|ding ⟨[bʊkbɪldɪŋ] n.; - od. -s; unz.; Börse⟩ Verfahren bei der Erstzulassung von Aktien, die an der Börse gehandelt werden, wobei der Aktienkurs aufgrund unverbindlicher Angebote von Kaufinteressenten festgelegt wird; *der Einführungspreis einer Aktie wird im ~verfahren ermittelt* [<engl. *book* »notieren; buchen« + *build* »bauen, gründen«]

Boo|king ⟨[bʊ-] n.; - od. -s; unz.⟩ das Buchen (von Musikern, DJs, Models, Hotels u. a.); *eine für das Management und ~ von Models verantwortliche Agentur* [engl., »Bestellung, Buchen«]

Book|let ⟨[bʊklɪt] n.; -s, -s⟩ Broschüre, Büchlein [engl.]

Book|mark ⟨[bʊkmaː(r)k] f.; -, -s od. n.; -s, -s; EDV⟩ Speicherung einer häufig benutzten Internetadresse in einem persönlichen Ordner, die es erlaubt, eine gewünschte Webseite schnell wieder aufzurufen [engl., »Lesezeichen«]

book|mar|ken ⟨[bʊk-] V.; EDV⟩ *eine Internetadresse ~* mithilfe einer Bookmark speichern

boole|sche Al|ge|bra auch: **Boole'sche Al|ge|bra** ⟨[bʊːl-] f.; -n -; unz.; Math.; Kyb.⟩ zum Zweck logischer Untersuchungen entwickelte abstrakte, formale Algebra [nach dem engl. Mathematiker George *Boole*, 1815–1864]

Boom [buːm] ⟨m.; -s, -s; Kaufmannsspr.⟩ plötzlicher kurzer wirtschaftl. Aufschwung; *Multimedia~* [engl., »Hochkonjunktur«]

boo|men ⟨[buː-] V.; umg.⟩ einen plötzlichen, wirtschaftl. Aufschwung erleben, florieren; *das Geschäft boomt; der Buchverkauf boomt* [→ *Boom*]

Boom|town ⟨[buːmtaʊn] f.; -, -s; Wirtsch.⟩ Stadt, die (z. B. durch Ansiedelung neuer Industrien) innerhalb einer vergleichsweise kurzen Zeitspanne einen starken wirtschaftlichen Aufschwung nimmt, z. B. viele Handelsmetropolen Asiens wie Singapur, Kuala Lumpur, Shanghai od. Bangkok [<engl. *boom* »Aufschwung, Hochkonjunktur« + *town* »Stadt« + *boom town* »Goldgräberstadt«]

Boos|ter ⟨[buːs-] m.; -s, -; Technik⟩ Sy Boosterantrieb **1** ⟨allg.⟩ Zusatzteil, das leistungsverstärkend wirkt **2** Erststufe von mehrstufigen Raketen [<engl. *booster* »Zusatzgerät, Verstärker«]

Boos|ter|an|trieb ⟨[buːs-] m.; -(e)s, -e⟩ = Booster

Boos|ter|di|o|de ⟨[buːs-] f.; -, -n; Technik⟩ eine Diode im Hochspannungsteil eines Fernsehempfängers, mit der ein Teil der Energie bei der Erzeugung des horizontalen Ablenkstromes zurückgewonnen wird

Boos|ter|ef|fekt ⟨[buːs-] m.; -(e)s, -e; Med.⟩ gesteigerte Bildung von Antikörpern im Blut durch wiederholte Einwirkung des gleichen spezifischen Antigens auf den menschlichen Organismus, z. B. bei der Zweitimpfung gegen Tetanus

boo|ten ⟨[buː-] V.; EDV⟩ einen Computer mittels der Resettaste erneut starten [<engl. *boot*, eigtl. »jmd. od. etw. einen Tritt versetzen«]

Boot|leg ⟨[buːt-] m.; - od. -s, -s; Musik⟩ eine verbotenerweise aufgezeichneter Mitschnitt eines Rock- od. Popkonzerts, der auf dem Schwarzmarkt vertrieben wird [zu engl. *bootleg* »schwarz gebrannt; schwarz mitgeschnitten«]

Boot|leg|ger ⟨[buːt-] m.; -s, -; amerikan. Bez. für⟩ **1** Alkoholschmuggler **2** jmd., der illegal Schnaps brennt (insbes. zur Zeit der Prohibition) [engl., »Schwarzhändler«]

Boots ⟨[buːts] Pl.⟩ über die Knöchel reichende Schuhe zum Schnüren [engl., »Stiefel«]

Boot|strap|ping ⟨[buːtstræpɪŋ] n.; -s, -s; EDV⟩ Computerstartprogramm, bei dem der Betriebssystemkern mit Hilfe des Urladers in den Hauptspeicher des Rechners geladen wird [<engl. *boot* »(ur-)laden« + *strapp(ing)*, eigtl. »festschnallen; stramm«]
Bop ⟨m.; -s, -s; kurz für⟩ Bebop
Bor ⟨n.; -s; unz.; chem. Zeichen: B⟩ chem. Element mit der Ordnungszahl 5, schwärzlich graues, sehr hartes Nichtmetall, kommt in der Natur nur in Verbindungen vor [<frühnhd. *borros* <spätmhd. *buras* <mlat. *boray*; → *Borax*]
Bo|ra ⟨f.; -, -s; Meteor.⟩ ein kalter Fallwind, bes. an der Nordostküste der Adria [vermutl. <slaw. *burja* »Sturm«; verwandt mit grch.-lat. *boreas* »Nordostwind«]
Bo|ra|go ⟨m.; -s; unz.; Bot.⟩ = Borretsch
Bo|ra|ne ⟨Pl.; Chemie⟩ Wasserstoffverbindungen des Bors, die höhermolekularen Borane werden als Raketentreibstoff verwendet
Bo|rat ⟨n.; -(e)s, -e; Chemie⟩ Salz der Borsäure
Bo|rax ⟨n.; -es; unz.; Chemie⟩ Natriumsalz der Borsäure [mlat. <arab. *burak* <pers. *burah* »borsaures Natron«]
Bo|ra|zit ⟨m.; -s, -e; Min.⟩ farbloses od. bläuliches, grünliches, gelblich glasglänzendes Mineral [→ *Bor*, *Borax*]
Bord[1] ⟨m.; -(e)s, -e⟩ **1** ⟨allg.⟩ Deck-, Seitenplatte **1.1** Rand, Einfassung **1.2** oberster Rand des Schiffes **2** ⟨Her.⟩ Schildrand [<ahd. *bort*, engl. *board*; vermutl. verwandt mit *Bord*[2]]
Bord[2] ⟨n.; -(e)s, -e⟩ Gestell, Regal, Brett; *Bücher~*; *Wand~* [<nddt. *b(o)ord*, engl. *board*; vielleicht verwandt mit *Bord*[1]]
Bord|case ⟨[-kɛɪs] n.; -, - od. -s [-sɪz]⟩ kleiner, flacher Koffer (als Handgepäck im Flugzeug) [<*Bord*[1] + engl. *case* »Kasten, Behälter«]
Bord|com|pu|ter ⟨[-pjuː-] m.; -s, -⟩ Computeranlage auf Schiffen, in Autos, Flugzeugen u. Raumfähren zur Datenauswertung u. -anzeige

bor|deaux ⟨[bɔrdoː] Adj.; undekl.⟩ = bordeauxrot
Bor|deaux ⟨[bɔrdoː] m.; -, -⟩ **1** Rotwein aus der Umgebung der frz. Stadt Bordeaux **2** ⟨n.; -; unz.⟩ = Bordeauxrot
bor|deaux|rot ⟨[bɔrdoː-] Adj.⟩ weinrot, dunkelrot; *Sy* bordeaux
Bor|deaux|rot ⟨[bɔrdoː-] n.; -s, - od. -s⟩ bordeauxrote Farbe; *Sy* Bordeaux (2)
Bor|de|le|se ⟨m.; -n, -n⟩ Einwohner der frz. Stadt Bordeaux
Bor|de|le|sin ⟨f.; -, -sin|nen⟩ Einwohnerin der frz. Stadt Bordeaux
Bor|dell ⟨n.; -s, -e⟩ Einrichtung zur Ausübung der Prostitution [<frz. *bordel*, urspr. »Hütte« <mlat. *bordellum*; zu mhd. *bort* »Brett«]
Bor|de|reau ⟨[bɔrdəro:] m. od. n.; -s, -s⟩ Verzeichnis, Liste eingereichter Wechsel od. Wertpapiere [frz., »Verzeichnis«]
Bor|der|line ⟨[bɔːdə(r)laɪn] f.; -, -s; Med.⟩ **1** ⟨kurz für⟩ Borderlinesyndrom **2** Gewebe an der Grenze zum Bösartigen [engl., »Grenze, Grenzlinie«]
Bor|der|line|syn|drom ⟨[bɔːdə(r)laɪn-] n.; -s, -e; Med.⟩ eine psychische Erkrankung mit (alternierenden) neurotischen u. psychotischen Symptomen
Bor|der|preis ⟨m.; -es, -e; Wirtsch.⟩ Preis (für Erdgas) bis zur Grenze des Abnehmerstaates [<engl. *border* »Grenze«]
Bor|dia|mant ⟨m.; -en, -en; Min.⟩ eine Bor-Aluminium-Kohlenstoff-Verbindung, die annähernd dieselbe Härte u. den gleichen Glanz aufweist wie ein echter Diamant
bor|die|ren ⟨V.⟩ mit Borte besetzen, einfassen [<frz. *border* »den Rand besetzen, einfassen« <altfränk. **bord* »Rand«]
Bor|dun ⟨m.; -s, -e; Musik⟩ **1** Orgelpunkt (lang ausgehaltener Basston, über dem sich die übrigen Stimmen bewegen) **2** tiefes Orgelregister [<lat. *bordunus*]
Bor|düre ⟨f.; -, -n⟩ **1** Einfassung, Besatz (für Kleider) **2** den Rand betonende Musterung (bei Geweben, Tapeten) **3** umrahmendes Ornament (eines Bildes)

[<frz. *bordure* »Rand, Saum«; → *bordieren*]
Bo|re ⟨f.; -, -n; Geogr.⟩ eine Gezeitenwelle, die in trichterförmigen Flussmündungen zu einer Brandungswelle umgeformt wird, z. B. in den engl. Flüssen Severn u. Trent sowie in den frz. Flüssen Seine u. Gironde u. bes. im indischen Ganges [ind., »Sprungwelle«]
bo|re|al ⟨Adj.; Geogr.⟩ nördlich, kalt-gemäßigt [→ *Boreas*]
Bo|re|al ⟨n.; -s; unz.⟩ = Borealzeit
Bo|re|al|zeit ⟨f.; -; unz.⟩ erste Wärmeperiode nach der Eiszeit; *Sy* Boreal
Bo|re|as ⟨m.; -; unz.; Meteor.⟩ kalter Nordwind [grch.-lat., »Nordostwind, Nordwind«]
Bo|retsch ⟨m.; -es; unz.; Bot.⟩ = Borretsch
Bor|gis ⟨f.; -; unz.⟩ ein Schriftgrad (9 Punkt) [<frz. *bourgeois* »Bürger«]
Bo|rid ⟨n.; -s, -e; Chemie⟩ Verbindung aus Bor u. einem Metall, Einlagerungsverbindung [→ *Bor*]
Bor|ne|ol ⟨n.; -s; unz.⟩ Alkohol mit kampfer- u. pfefferminzähnlichem Duft, der in den Ölen spezieller Bäume auf Borneo enthalten ist [nach der Sundainsel *Borneo*]
bor|niert ⟨Adj.; abwertend⟩ geistig beschränkt, engstirnig [<frz. *borné* »beschränkt«]
Bor|re|li|en ⟨Pl.; Med.⟩ Gattung von gramnegativen Spiralmikroben, die aktiv flexibel sind [nach dem frz. Bakteriologen Amédée *Borrel*, 1867-1936]
Bor|re|li|o|se ⟨f.; -, -n; Med.⟩ von Borrelien hervorgerufene Infektionskrankheit, die bes. durch Läuse od. Zecken übertragen wird, Rückfallfieber
Bor|retsch ⟨m.; -es; unz.; Bot.⟩ als Salatgewürz verwendete Gartenpflanze mit kurzröhriger, radförmiger od. breitglockenförmiger, von den Staubblättern überragter Blumenkrone; *Gemeiner* ~: Borrago officinalis; *oV* Boretsch, *Sy* Borago [<frz. *bourrache* <mlat. *borago* <arab. *abu'araq* »Vater des Schweißes«; → *Arrak*]
Bor|sa|li|no ⟨m.; -s, -s⟩ breitkrempiger Herrenhut aus Filz [nach

Borsäure

dem ital. Fabrikanten Teresio *Borsalino*, 1867-1939]
Bor|säu|re ⟨f.; -, -n; Chemie⟩ wässerige Lösung von Bortrioxid, eine schwache Säure, natürl. Vorkommen in vielen vulkan. Quellen, als mildes Antiseptikum in Form von Borsalbe od. Borwasser u. zur Lebensmittelkonservierung verwendet
bör|sen|ko|tiert ⟨Adj.; schweiz. für⟩ börsennotiert
bör|sen|no|tiert ⟨Adj.⟩ ~*es Unternehmen* U., dessen Aktien an der Börse gehandelt werden; *oV* ⟨schweiz.⟩ börsenkotiert
Borschtsch ⟨m.; -; unz.; Kochk.⟩ russische Kohlsuppe mit Fleisch, roten Rüben u. a. [russ., »Roterübensuppe«; Bez. für die Pflanze »Bärenklau«]
Bör|se ⟨f.; -, -n⟩ **1** Geldbeutel, Geldtäschchen; *Geld~* **2** ⟨Kaufmannsspr.⟩ regelmäßige Zusammenkunft von Händlern bestimmter Warengattungen od. Effekten zu Geschäftsabschlüssen; *Waren~*; *Wertpapier~* **3** das Gebäude hierfür [<mlat. *bursa* »Geldbeutel«; zu grch. *byrsa* »Leder«]
Bör|si|a|ner ⟨m.; -s, -⟩ jmd., der an der Börse spekuliert
Bo|rus|sia ⟨f.; -; unz.⟩ Frauengestalt als Versinnbildlichung Preußens (oft auch Namenspatronin für Vereine) [lat., »Preußen«]
Bo|sat|su ⟨m.; -; unz.⟩ japanischer Titel buddhistischer Heiliger, entspricht dem Titel Bodhisattwa [Sanskrit]
Bos|kett ⟨n.; -s, -e⟩ Parkwäldchen, Buschwäldchen [<ital. *boschetto*, Verkleinerungsform zu *bosco* »Wald«]
Bos|kop ⟨m.; -s, -⟩ Apfelsorte [nach dem ndrl. Ort *Boskoop*]
Bo|so|nen ⟨Pl.; Physik⟩ Gruppe von Elementarteilchen mit ganzzahligem Spin [nach dem ind. Physiker S. N. *Bose*]
Boss ⟨m.; -es, -e⟩ **1** Arbeitgeber, Chef **2** Parteiführer **3** Anführer einer Bande [<engl. *boss* »Meister, Arbeitgeber, Vorgesetzter« <ndrl. *baas* »Herr, Meister«]
Bos|sa No|va ⟨[-va] m.; - -, - -s⟩ lateinamerikan. Modetanz [portug., eigtl. »neue Neigung, neue Tendenz«]

bos|sel|ie|ren ⟨V.⟩ = bossieren
bos|sie|ren ⟨V.⟩ *oV* bosselieren **1** *Stein* ~ grob behauen, meißeln **2** *weiches Material* ~ formen [<frz. *bosseler* »Reliefarbeit machen«; zu *bosse* »Beule, Reliefarbeit«; <altfränk. **botan*«(aus)schlagen, sprießen«]
Bos|sie|rer ⟨m.; -s, -⟩ Former (von weichem Material)
Bos|sier|wachs ⟨[-ks] n.; -es, -e⟩ Wachs zum Modellieren
Bos|sing ⟨n.; - od. -s; unz.⟩ ständiges Schlechtmachen u. Verunglimpfen eines Mitarbeiters durch seinen Chef (mit dem Ziel, ihn zum Kündigen seines Arbeitsplatzes zu bewegen); →*a.* Mobbing [<engl. *boss* »Arbeitgeber, Vorgesetzter«]
Bos|ton[1] ⟨n.; -s; unz.⟩ Kartenspiel unter 4 Spielern (mit 104 Whistkarten) [nach der amerikan. Stadt *Boston*, Hauptstadt des Staates Massachusetts]
Bos|ton[2] ⟨m.; -s, -s; Musik⟩ langsamer amerikanischer Walzer [→ *Boston*[1]]
Bot ⟨m.; -s; EDV⟩ Hilfs- bzw. Suchprogramm im Internet, das automatisch eine bestimmte Funktion ausübt [engl.; verkürzt <*robot* »Roboter«]
Bo|ta|nik ⟨f.; -; unz.⟩ Pflanzenkunde [<grch. *botane* »Kraut, Gewächs«]
Bo|ta|ni|ker ⟨m.; -s, -⟩ Pflanzenkundler, -forscher
Bo|ta|ni|ke|rin ⟨f.; -, -rin|nen⟩ Pflanzenkundlerin, -forscherin
bo|ta|nisch ⟨Adj.⟩ die Botanik betreffend, zu ihr gehörig; ~*er Garten* G., in dem Pflanzen aus allen Erdteilen gezogen u. zu Unterrichtszwecken verwendet werden; ~*es Institut* Pflanzenforschungsstelle
bo|ta|ni|sie|ren ⟨V.⟩ Pflanzen sammeln [zu grch. *botane* »Kraut, Gewächs«]
Bo|tel ⟨n.; -s, -s⟩ zum Hotel ausgebautes Schiff [verkürzt <*Boot* + *Hotel*]
Bot|ryo|my|ko|se auch: **Bo|try|o|my|ko|se** ⟨f.; -, -n; Med.⟩ Traubenpilzkrankheit [<grch. *botrys* »Traube« + *Mykose* <grch. *mykes* »Pilz«]
Bot|te|li|er ⟨m.; -s, -s; Mar.⟩ Verwalter der Verpflegungsvorräte auf einem Schiff; *oV* Bottler

[ndrl. <frz. *bouteillier* »Kellermeister«; → *Bouteille*, *Butler*]
Bot|tle|neck auch: **Bott|le|neck** ⟨[bɔtlnɛk] m.; -s, -s; Musik; bes. Reggae⟩ Form des Gitarrespiels, bei der ein Metall- od. Hartplastikhut über einen Finger der Griffhand gestülpt u. an den Saiten entlanggeführt wird, wodurch ein anhaltender, hoher Ton (ähnlich dem einer »singenden Säge«) erzeugt wird [<engl. *bottleneck* »Flaschenhals«, weil urspr. abgebrochene Flaschenhälse für diese Art des Gitarrespiels verwendet wurden]
Bot|tle|par|ty auch: **Bott|le|par|ty** ⟨[bɔtl-] f.; -, -s⟩ Party, zu der die Gäste ihre Getränke selbst mitbringen müssen [<engl. *bottle* »Flasche« + *Party*]
Bott|ler ⟨m.; -s, -⟩ = Bottelier
Bot|tom|ness ⟨[bɔtəmnɪz] f.; -; unz.; Physik⟩ = Beauty (2) [engl.; zu *bottom* »Grund, Boden«]
Bo|tu|lis|mus ⟨m.; -; unz.; Med.⟩ Fleisch-, Wurstvergiftung [<lat. *botulus* »Wurst«]

Bouclé / Buklee ⟨*Laut-Buchstaben-Zuordnung*⟩ In die Alltagssprache eingegangene Fremdwörter können in vielen Fällen künftig neben der in der Herkunftssprache üblichen Schreibung auch eine integrierte Schreibung aufweisen, die sich an der deutschen Laut-Buchstaben-Zuordnung orientiert. Häufig sind integrierte Schreibweisen schon seit langem Bestandteil des Deutschen (→*a.* Bouquet / Bukett). Zudem können diakritische Zeichen in Zweifelsfällen auch durch unmarkierte Buchstaben ersetzt werden. Dies gilt auch für das aus dem Französischen entlehnte »*é*«, das im Deutschen durch die Doppelung des entsprechenden Vokals gekennzeichnet wird.

Bou|clé[1] auch: **Buk|lee**[1] ⟨[bukleː] n.; -s, -s⟩ frotteeartiges Garn mit Knoten u. Schlingen; *oV* Buklee[1] [frz., »gelockt«]
Bou|clé[2] auch: **Buk|lee**[2] ⟨[bukleː] m.; -s, -s⟩ daraus hergestelltes

Bowlinggreen

Gewebe od. Teppiche; *oV* Buklee²; *Mantel~; ~teppich* [→ *Bouclé*]

Bou|doir ⟨[budo̯a:r] n.; -s, -s⟩ kleines, elegantes privates Damenzimmer [frz.]

Bouf|fon|ne|rie ⟨[buf-] f.; -, -n; bes. Theat.⟩ Ulk, Scherz, Possenreißerei [frz.]

Bou|gain|vil|lea ⟨[bugɛ̃vɪlea] f.; -, -s; Bot.⟩ als Topfpflanze kultivierter, in den Tropen u. im südl. Mittelmeergebiet heim. Kletterstrauch mit rosa-violetten Blütenständen [nach L. A. *Bougainville,* frz. Seefahrer, 1729-1811]

Bou|gie ⟨[buʒi:] f.; -, -s; Med.⟩ Stab für Erweiterung bzw. Dehnung krankhaft verengter Gänge, z. B. der Harnröhre [frz., »Kerze; Sonde, Katheter«]

bou|gie|ren ⟨[buʒi:-] V.⟩ mit der Bougie dehnen, erweitern

Bouil|la|baisse ⟨[bujabɛ:s] f.; -, -s [-bɛ:s]⟩ starkgewürzte provenzalische Fischsuppe [prov.]

Bouil|lon ⟨[buljɔ̃:] od. [buljɔ̃:] od. österr. [bujɔ̃:] f.; -, -s⟩ Fleischbrühe [frz.]

Boul|der ⟨[bɔl-] od. [boʊl-] m.; -s, -⟩ Felsblock [engl.]

boul|dern ⟨[bɔl-] od. [boʊl-] V.⟩ (Funsport) an einem Stück Felsen ohne Seil u. Haken in Absprunghöhe klettern [zu engl. *bouldering* »das Klettern«]

Boule ⟨[bu:l] n.; - od. -s; unz. od. f.; -; unz.⟩ französisches Kugelspiel (ähnlich dem Boccia) [frz., »Kugel«]

Bou|le|vard ⟨[bul(ə)va:(r)] m.; -s, -s⟩ Ring-, Prachtstraße, urspr. anstelle früherer Festungswerke (bes. in Paris) [frz. <mndrl. *bolwerc;* verwandt mit *Bollwerk*]

Bou|le|var|di|er ⟨[bul(ə)va(r)die:] m.; -(s) od. -s, -s; veraltet⟩ Autor leichter, unterhaltsamer Theaterstücke [frz., eigtl. »Lebemann«]

bou|le|var|di|sie|ren ⟨[bul(ə)va:(r)-] V.⟩ die wichtigsten Inhalte zusammenfassen u. illustrieren, z. B. durch die Schriftgröße [→ *Boulevard*]

Bou|le|vard|pres|se ⟨[bul(ə)va:(r)-] f.; -; unz.⟩ in hohen Auflagen gedruckte, billige Sensationszeitungen u. -zeitschriften [→ *Boulevard* (da diese Zeitungen früher überwiegend auf der Straße angeboten wurden)]

Bou|le|vard|zei|tung ⟨[bul(ə)va:(r)-] f.; -, -en⟩ reißerisch aufgemachte Zeitung der Boulevardpresse [→ *Boulevard*]

Bounce ⟨[baʊns] f. od. m.; -; unz.; Musik⟩ Art der Jazzmusik, bei der der Rhythmus besonders betont wird [zu engl. *bounce* »hopsen, springen«]

Bounce|light ⟨[baʊnslaɪt] n.; -s, -s; Fot.⟩ Aufnahmetechnik für Fotografien mit Blitzlicht, bei der das Licht nicht auf den zu fotografierenden Gegenstand, sondern auf eine Reflexionsfläche gerichtet wird, wodurch sich die Lichtwellen gleichmäßig im gesamten Raum verteilen [<engl. *bounce* »hopsen« + *light* »Licht«]

boun|cen ⟨[baʊnsən] V.⟩ **1** ⟨EDV⟩ zurücksenden, hin- und herschicken; *das Bouncen von fehlerhaft versendeten E-Mails* **2** ⟨Fot.⟩ eine Fotografie mithilfe des Bouncelights anfertigen **3** ⟨salopp⟩ hin- und herspringen, -hüpfen; *eine Comicfigur zum ~den Leben erwecken* [<engl. *bounce* »hopsen«]

Boun|cing ⟨[baʊntsɪŋ] n.; - od. -s, -s⟩ das Bouncen

Bou|quet ⟨[buke:] n.; -s, -s⟩ Duft, Blume des Weins; *oV* Bukett (3) [frz.]

Bou|qui|nist ⟨[buki-] m.; -en, -en⟩ Büchertrödler; *oV* Bukinist [<frz. *bouquiniste;* zu *bouquin* »Schmöker«]

Bour|bon ⟨[bœ:bən] m.; -s, -s⟩ amerikan. Whiskey, dessen Rohmasse zu mindestens 51% aus Mais besteht [nach dem Bezirk *Bourbon* im US-Bundesstaat Kentucky]

bour|geois ⟨[burʒo̯a] Adj.⟩ die Bourgeoisie betreffend, zu ihr gehörend; bürgerlich

Bour|geois ⟨[burʒo̯a] m.; -, -⟩ (wohlhabender) Bürger [frz., »Bürger«]

Bour|geoi|sie ⟨[burʒo̯azi:] f.; -, -n⟩ das (besitzende) Bürgertum (als Klasse) [frz., »Bürgertum«]

Bour|rée ⟨[bure:] f.; -, -s; Musik⟩ altfrz., der Gavotte ähnl. Tanz mit synkopiertem Rhythmus [frz., »ländlicher Tanz in der Auvergne«]

Bour|ret|te ⟨[burɛt] f.; -, -n; Textilw.⟩ **1** Abfall bei der Seidengewinnung **2** Gewebe hieraus [frz., »rohe Seide (erste Lage am Kokon)«]

Bou|teil|le ⟨[butɛ:j(ə)] f.; -, -n⟩ Flasche [frz. <spätlat. *buticula;* Verkleinerungsform zu lat. *buttis* »Fass« <grch. *buttis* »Tonne«; verwandt mit *Buddel, Bütte, Butler, Bottelier*]

Bou|tique ⟨[buti:k] f.; -, -n [-kən]⟩ kleiner Laden (für Modeartikel); *oV* Butike [frz.; → *Budike*]

Bou|zou|ki ⟨[buzu:-] f.; -, -s; Musik⟩ = Busuki

Bow|den|zug *auch:* **Bow|den-Zug** ⟨[baʊdən-] m.; -s, -züge; Technik⟩ in biegsamen Hohlkörpern (Rohren, Spiralen od. Schläuchen) geführter Draht (auch Drahtkabel) zum Übertragen von Zugkräften [nach dem engl. Erfinder Sir *Bowden,* 1880-1960]

Bo|wie|mes|ser *auch:* **Bo|wie-Mes|ser** ⟨n.; -s, -⟩ langes Jagdmesser [nach dem amerikan. Oberst James *Bowie,* 1796-1836]

Bow|le ⟨[bo:lə] f.; -, -n⟩ **1** Getränk aus Wein, Früchten, Gewürzen u. Zucker mit Sekt **2** Gefäß, in dem das Getränk angesetzt wird [<engl. *bowl* »Napf, Schale«]

bow|len ⟨[bo:-] V.⟩ Bowling spielen [<engl. *bowl* »kegeln«]

Bow|ler¹ ⟨[bo:-] m.; -s, -⟩ steifer Herrenhut, Melone [engl., nach dem engl. Hutmacher *Bowler*]

Bow|ler² ⟨[boʊ-] m.; -s, -; Sport; Kricket⟩ Werfer der Partei, die auf das gegenerische Tor wirft [zu engl. *bowl* »rollen, kegeln, (beim Kricket) den Ball werfen«]

Bow|ling ⟨[bo:lɪŋ] n.; - od. -s, -s⟩ **1** amerikan. Art des Kegelspiels mit 10 Kegeln, die in einem gleichseitigen Dreieck angeordnet sind **2** engl. Kugelspiel auf Rasenplätzen [engl.; zu *bowl* »Kugel«]

Bow|ling|green ⟨[bo:lɪŋgri:n] n.; -s, -s; in England⟩ Rasenfläche, auf der Bowling gespielt wird

135

Box

[<*Bowling* + engl. *green* »Grün, Rasenfläche«]
Box ⟨f.; -, -en⟩ **1** Abteil im Pferdestall od. in der Garage; *Auto~*; *Stall~* **2** Unterstellraum, Montageplatz (z. B. für Rennwagen) **3** Behältnis, Schachtel; *Kühl~* **4** einfache fotograf. Kamera in Kastenform **5** meist kastenförmiger Lautsprecher **6** (EDV) **6.1** Dialogfeld, -fenster **6.2** ⟨kurz für⟩ Mailbox [engl., »Kasten«]
Box|calf ⟨n.; -s, -s; schweiz.⟩ = Boxkalf
bo|xen ⟨V.; Sport⟩ **1** den sportl. Faustkampf nach bestimmten Regeln ausüben **2** schlagen, prügeln [<engl. *box* »mit der Hand schlagen, boxen«]
Bo|xen ⟨n.; -s; unz.; Sport⟩ sportlicher Faustkampf, der zwischen zwei Personen in einem quadratischen Boxring (Seitenlänge zw. 4,90 m u. 6,10 m) nach best. Regeln u. unter Aufsicht eines Schiedsrichters ausgetragen wird [→ *boxen*]
Bo|xer ⟨m.; -s, -s⟩ **1** ⟨Sport⟩ Faustkämpfer **2** gedrungener, doggenartiger Hund mit gestutztem Schwanz
bo|xe|risch ⟨Adj.; Sport⟩ das Boxen betreffend, zu ihm gehörend
Bo|xer|mo|tor ⟨m.; -s, -en⟩ Kolbenmotor mit einander gegenüberliegenden Zylindern
Box|kalf ⟨a. engl. [-ka:f] n.; -s, -s⟩ chromgegerbtes, feinnarbiges Kalbsleder für Schuhe; *oV* Boxcalf [<engl. *box calf* »in Lattenverschlägen (= *box*) versandtes Kalbsleder«]
Boy[1] ⟨[bɔɪ] m.; -s, -s⟩ Laufjunge, Bote, jugendl. Angestellter in Hotels [engl., »Knabe, junger Mann, Diener, Soldat«]
Boy[2] ⟨[bɔɪ] m.; -s, -s⟩ = Boi
Boy|friend ⟨[bɔɪfrɛnd] m.; -s, -s; umg.⟩ Freund, Liebhaber eines Mädchens (vor allem bei Teenagern) [engl.]
Boy|group ⟨[bɔɪgru:p] f.; -, -s; Musik⟩ aus Teenagern od. jungen Männern bestehende Band, die Popmusik spielt u. sich dabei vor allem am weibl. Publikum orientiert; →*a.* Girlgroup [<engl. *boy* »Junge« + *group* »Gruppe«]

Boy|kott ⟨[bɔɪ-] m.; -(e)s, -e⟩ wirtschaftl., soziale od. polit. Verrufserklärung, Absperrung, Weigerung des Warenein- od. -verkaufs; *jmdm. den ~ erklären*; *den ~ über etwas verhängen*; *jmdn. mit ~ belegen* [nach dem irischen Gutsverwalter *Boycott*, über den die irische Landliga 1880 ihren Bann aussprach, so dass niemand für ihn arbeitete oder mit ihm verkehrte]
boy|kot|tie|ren ⟨[bɔɪ-] V.⟩ mit Boykott belegen [→ *Boykott*]
Boy|scout *auch:* **Boy-Scout** ⟨[bɔɪskaʊt] m.; -s, -s⟩ Pfadfinder [<*Boy* + *scout* »Weggefährte« <mengl. *scouten* <afrz. *escouter* <lat. *auscultare* »zuhören«]
bpi ⟨[bipiaɪ] Abk. für engl.⟩ bit per inch, Maß für die Speicherfähigkeit eines Magnetbandes, gemessen in Zahl der Bits pro Zoll (inch) des Bandes
bps ⟨[bipiɛs] Abk. für engl.⟩ bit per second, Maß für die Übertragungsleistung einer Nachrichtenstrecke, gemessen als Zahl der pro Sekunde (second) übermittelten Bits
Bq ⟨Zeichen für⟩ Becquerel
Br ⟨chem. Zeichen für⟩ Brom
bra|chi|al ⟨[-xi-] Adj.⟩ **1** den Oberarm betreffend, zu ihm gehörig **2** mit grober, brutaler Gewalt [<lat. *bracchialis* »zum Arm gehörig, Arm-«; zu *bracchium* »Arm«; verwandt mit *Bratsche*, *Brasselett*]
Bra|chi|al|ge|walt ⟨[-xi-] f.; -; unz.⟩ rohe Körperkraft; *eine Tür mit ~ öffnen*
Bra|chio|sau|ri|er ⟨[-xi-] m.; -, -rier⟩ Pflanzen fressender Dinosaurier mit langen Vorderbeinen [<grch. *brachion* »Arm« + *sauros* »Eidechse«]
bra|chy..., Bra|chy... ⟨[-xy] in Zus.⟩ kurz..., Kurz... [<grch. *brachys* »kurz«]
Bra|chy|dak|ty|lie ⟨[-xy-] f.; -, -n; Med.⟩ angeborene Kurzfingerigkeit [<*Brachy...* + grch. *daktylos* »Finger«]
bra|chy|ke|phal ⟨[-xy-] Adj.⟩ kurz-, rundköpfig; *oV* brachyzephal [<*brachy...* + *...kephal*]
Bra|chy|ke|pha|lie ⟨[-xy-] f.; -, -n⟩ Rund-, Kurzköpfigkeit; *oV* Brachyzephalie

Bra|chy|lo|gie ⟨[-xy-] f.; -, -n⟩ gedrängte Kürze, Knappheit des Ausdrucks, Einsparung gleicher Wörter u. Wortteile; *Sy* Breviloquenz
bra|chy|ze|phal ⟨[-xy-] Adj.⟩ = brachykephal
Bra|chy|ze|pha|lie ⟨[-xy-] f.; -, -n⟩ = Brachykephalie

Brackets (*Worttrennung am Zeilenende*) Analog zur Worttrennung im Deutschen gilt auch für Fremdwörter, dass die Konsonantenverbindung »ck« ungetrennt bleibt.

Bra|ckets ⟨[brækɪts] Pl.; Zahnmed.⟩ an den Zähnen befestigte Metallklammern (für kieferorthopäd. Korrekturen) [engl., »Klammern«]
bra|dy..., Bra|dy... ⟨[-y-] in Zus.; Med.⟩ langsam..., Verlangsamungs...; *Bradykinesie* [<grch. *bradys*]
Bra|dy|kar|die ⟨f.; -; unz.; Med.⟩ Verlangsamung des Herzschlags [<grch. *bradys* »langsam« + *kardia* »Herz«]
Bra|dy|ki|ne|sie ⟨f.; -, -n; Med.⟩ allgemeine Verlangsamung der Bewegungen [<grch. *bradys* »langsam« + *kinesis* »Bewegung«]
Bra|dy|phre|nie ⟨f.; -, -n; Med.⟩ Verlangsamung der geistigen Funktionen [<grch. *bradys* »langsam« + *phren* »Verstand, Gemüt«]
Brah|ma[1] ⟨n.; -; unz.⟩ Grundbegriff der ind. Weltdeutung, urspr. vedischer Zauberspruch beim Opfer, dann beherrschendes Weltprinzip, Urgrund allen Seins [Sanskrit, »das höchste Wesen, der Weltschöpfer«]
Brah|ma[2] ⟨m.; -, -s⟩ Verkörperung in einer männl. Gottheit [→ *Brahma*[1]]
Brah|ma|ne ⟨m.; -n, -n⟩ Angehöriger der obersten Kaste der Hindus, Priester, Gelehrter; *oV* Brahmine [→ *Brahma*]
brah|ma|nisch ⟨Adj.; Rel.⟩ den Brahmanismus betreffend, zu ihm gehörig, von ihm stammend
Brah|ma|nis|mus ⟨m.; -; unz.; Rel.⟩ indische Religion, Kult des Brahma

Bravourstück

Brah|mi|ne ⟨m.; -n, -n⟩ = Brahmane

Braille|schrift ⟨[bra:j(ə)-] f.; -; unz.⟩ Blinden-(Punkt-)Schrift [nach ihrem Erfinder, dem frz. Blindenlehrer Louis *Braille*]

Brain|drain ⟨[brɛɪndrɛɪn] m.; -s; unz.⟩ Abwanderung von führenden Wissenschaftlern ins Ausland [<engl. *brain* »Verstand« + *drain* »trockenlegen, entwässern«]

Brai|nie ⟨[brɛɪni] m.; -s, -s; umg.; salopp⟩ kluger Mensch [<engl. *brain* »Gehirn«]

Brain|stor|ming ⟨[brɛɪnstɔ:mɪŋ] n.; - od. -s; unz.⟩ Methode (bei Konferenzen, Versammlungen), durch das Sammeln u. Auswerten spontan vorgebrachter Einfälle zu einem Problem die beste Lösung zu finden [<engl. *brain* »Verstand« + *storming* »das Stürmen«]

Brain|trust ⟨[brɛɪntrʌst] m.; -(e)s, -e od. -s⟩ Gruppe von Wissenschaftlern, die eine Regierung in wirtschaftl. Fragen beraten [<engl. *brain* »Gehirn« + *Trust*]

Brain|wa|shing ⟨[brɛɪnwɔʃɪŋ] n.; - od. -s; unz.⟩ zwanghaft ausgeübte Umerziehung des menschlichen Denkens u. Willens in weltanschaulicher od. politischer Hinsicht, Gehirnwäsche [engl.]

Brak|te|at ⟨m.; -en, -en; im MA⟩ einseitig geprägte Münze [<lat. *bracteatus* »mit Goldblech überzogen«]

Bram ⟨f.; -, -en⟩ zweitoberste Verlängerung des Mastes [vermutl. <ndrl. *bram* »Prunk«]

Bra|mar|bas ⟨m.; -, -se⟩ Prahler, Großsprecher [Name eines Großsprechers in der anonymen Satire »Cartell des *Bramarbas* an Don Quixote« (1710); <span. *bramar* »schreien«]

bra|mar|ba|sie|ren ⟨V.⟩ prahlen, großtun

Bran|che ⟨[brã:ʃə] f.; -, -n; Kaufmannsspr.⟩ **1** Geschäfts-, Wirtschaftszweig **2** Fachgebiet [frz., »Zweig«]

Bran|chi|at ⟨[-çi-] m.; -en, -en; Zool.⟩ durch Kiemen atmendes Glieder- od. Wirbeltier [<grch. *branchos* »Kehle«]

Bran|chie ⟨[-çiə] f.; -, -n⟩ Kieme [<grch. *branchis* »Kiemen«]

Bran|chi|o|sau|rus ⟨[-çi-] m.; -, -ri|er⟩ Vertreter ausgestorbener geschwänzter Amphibien des Karbons [<*Branchie* + grch. *sauros* »Eidechse«]

Bran|chi|u|re ⟨[-çi-] m.; -n, -n; Zool.⟩ Angehöriger einer meist an Fischen schmarotzenden Ordnung der niederen Krebse, Kiemenschwanz, Fischlaus [→ *Branchie*]

Bran|ding ⟨[brændɪŋ] n.; -s; unz.⟩ **1** (Wirtsch.) Kennzeichnung von (neuen) Produkten mit Markennamen **2** das Einbrennen von Mustern in die Haut mittels Nadeln [<engl. *brand* »Marke, Brandzeichen, Brandmal«]

Bran|dy ⟨[brændi] m.; -s, -s⟩ Branntwein [<engl. *brandy* <*brand(y)wine* »Branntwein«]

Bra|sil¹ ⟨m.; -s, -e od. -s⟩ Tabak-, Kaffeesorte

Bra|sil² ⟨f.; -, -⟩ Zigarre aus dunklem Brasiltabak

Bra|si|let|to|holz ⟨n.; -es; unz.⟩ unechtes Brasilholz [span.]

Bra|sil|holz ⟨n.; -es, -höl|zer⟩ Farbholz verschiedener Arten der Caesalpinia, das seinen Farbstoff Brasilin leicht an kochendes Wasser abgibt

Bra|si|lin ⟨n.; -s; unz.⟩ aus Brasilholz gewonnener roter Beizenfarbstoff für Wolle u. Baumwolle

Brass|band *auch:* **Brass Band** ⟨[brɑ:sbænd] f.; -(-) -, (-) -s; Musik⟩ **1** Jazzband **2** Marschkapelle mit Blechblasinstrumenten u. Schlagzeug [engl., »Blaskapelle, Blechmusik«]

Bras|se ⟨f.; -, -n; Mar.⟩ Haltetau zum Drehen (Brassen) der Rahen [<ndrl. *bras* <frz. *bras* »Arm«]

Bras|se|lett ⟨n.; -s, -s⟩ **1** Armband **2** ⟨Pl.; Gaunerspr.⟩ ~*s* Handschellen [<frz. *bracelet* »Armband«]

bras|sen ⟨V.; Mar.⟩ Segel ~ die Rahen mit der Brasse nach dem Wind drehen [→ *Brasse*]

Bras|se|rie ⟨f.; -, -n⟩ Gastwirtschaft [frz., »(Bier-)Brauerei; Speisehaus«]

Bras|siè|re ⟨[brasjɛ:rə] f.; -, -n⟩ sehr kurzes Oberteil, das nur bis zur Taille reicht [frz., eigtl. »(Baby-)Jäckchen, Leibchen]

Brat|sche ⟨f.; -, -n; Musik⟩ das Alt-Instrument im Streichquartett; *Sy* Viola (2), Viola da braccio [verkürzt <*Bratschgeige*, übersetzt <ital. *viola da braccio* »Armgeige«; verwandt mit *brachial, Brasse, Brasselett*]

Brat|scher ⟨m.; -s, -; Musik⟩ = Bratschist

Brat|sche|rin ⟨f.; -, -rin|nen; Musik⟩ = Bratschistin

Brat|schist ⟨m.; -en, -en; Musik⟩ Bratschenspieler; *Sy* Bratscher

Brat|schis|tin ⟨f.; -, -tin|nen; Musik⟩ Bratschenspielerin; *Sy* Bratscherin

Brau|nel|le¹ ⟨f.; -, -n; Zool.⟩ Angehörige einer Gattung den Finken ähnlicher Singvögel: Prunella [<lat. *prunella;* zu *prunum* »Pflaume«]

Brau|nel|le² ⟨f.; -, -n; Bot.⟩ Lippenblütler mit aufsteigendem Stängel u. in Scheinähren stehenden Blüten mit blauvioletter Krone, Braunheil: Prunella vulgaris; *oV* Brunelle [<spätmhd. *brunelle*, eigtl. »Heilmittel gegen Bräune« <frz. *brunelle*; zu *brun* »braun«]

Bra|va|de ⟨[-va:də] f.; -, -n; veraltet⟩ Prahlerei, Trotz [frz., »beleidigende Prahlerei«; zu *braver* »trotzen«]

bra|vis|si|mo! ⟨[-vɪs-] ausgezeichnet, vortrefflich (als Beifallskundgebung) [ital., Superlativ zu *bravo*]

bra|vo! ⟨[-vo] ~*!* gut! (als Beifallskundgebung) [ital., »meisterhaft, tüchtig«]

Bra|vo¹ ⟨[-vo] n.; -s, -s⟩ Beifallsruf

Bra|vo² ⟨[-vo] m.; -s, -s⟩ Meuchelmörder, Räuber [ital., eigtl. »Meister in seinem Handwerk als Haudegen od. Mörder«]

Bra|vour ⟨[-vu:r] f.; -, -en⟩ *oV* Bravur **1** Geschicklichkeit, Meisterschaft **2** Kühnheit; *etwas mit großer* ~ *meistern* [<frz. *bravoure* »Tapferkeit«; verwandt mit *brav*]

bra|vou|rös ⟨[-vu-] Adj.⟩ großes technisches Können erfordernd, technisch meisterhaft; *oV* bravurös; ~*es Musikstück; sie hat es* ~ *gespielt* [→ *Bravour*]

Bra|vour|stück ⟨[-vu:r-] n.; -(e)s, -e⟩ *oV* Bravurstück **1** ⟨Musik⟩

137

technisch schwieriges Musikstück, dessen Wiedergabe Virtuosität erfordert **2** ⟨allg.⟩ Glanzstück

Bra|vur ⟨[-vuːr-] f.; -, -en⟩ = Bravour

Bra|vur|stück ⟨[-vuːr] n.; -(e)s, -e⟩ = Bravourstück

Break[1] ⟨[brɛik] n.; -s, -s⟩ **1** ⟨Jazz⟩ ein Gesangs- od. Instrumentalsolo, das im Jazz mit scharf entgegengesetztem Rhythmus das Spiel der anderen Musiker unterbricht **2** ⟨Sport⟩ **2.1** ⟨allg.⟩ = Fastbreak **2.2** ⟨Tennis⟩ Spielgewinn bei gegnerischem Aufschlagsrecht [engl., »Durchbruch, Wechsel, Umschwung«]

Break[2] ⟨[brɛik] m.; -s, -s; EDV⟩ Beendigung bzw. Unterbrechung eines laufenden Programms [→ *Break*[1]]

Break[3] ⟨[brɛik] m. od. n.; -s, -s⟩ offene, lange Kutsche für Jagdu. Gesellschaftsfahrten [engl., »Wagen zum Einfahren junger Pferde, Kremser«]

Break|ball ⟨[brɛik-] m.; -(e)s, -bälle; Sport; bes. Tennis⟩ Ball bzw. Punkt, der dem Rückschläger fehlt, um das gegnerische Aufschlagspiel zu gewinnen; →*a.* Bigpoint [→ *Break*[1]]

Break|dance ⟨[brɛikdaːns] od. amerikan. [-dæns] m.; -; unz.⟩ amerikan. Modetanz, bei dem roboterhafte, akrobatische Bewegungen nach gleich bleibenden Rhythmen ausgeführt werden [<engl.-amerikan. *break* »(zer)brechen; Bruch, Unterbrechung« + *dance* »Tanz«]

brea|ken ⟨[brɛikən] V.; Sport; Tennis⟩ ein Spiel bei gegnerischem Aufschlag gewinnen [→ *Break*[1]]

Break|even ⟨[brɛikiːvən] m.; -s, -; Pl. selten; Wirtsch.⟩ = Breakevenpunkt

Break|even|ana|ly|se *auch:* **Break-even-Ana|ly|se** ⟨[brɛikiːvən-] f.; -, -n; Wirtsch.⟩ Feststellung des Gesamtumsatzbetrags, der die Gewinn- bzw. Verlustschwelle einer Firma markiert

Break|even|punkt *auch:* **Break-even-Punkt** ⟨[brɛikiːvən-] m.; -(e)s, -e; Pl. selten; Wirtsch.⟩ Zeitpunkt, zu dem der Gewinn aus dem Verkauf eines Produktes die während der Produktionszeit entstandenen Vorabinvestitionen deckt, Kostendeckungspunkt; *Sy* Breakeven [engl., »Gewinnschwelle«]

Break|fast ⟨[brɛkfəst] n.; -s, -s⟩ Frühstück [engl.]

Brec|cie ⟨[brɛtʃə] f.; -, -n⟩ zertrümmertes Sedimentgestein [<ital. *breccia* <frz. *brèche*; → Bresche]

Bre|douil|le ⟨[-duljə] f.; -; unz.; umg.⟩ Verlegenheit, Bedrängnis; *in der* ~ *sein; in die* ~ *geraten* [frz., »Matsch beim Tricktrackspiel«]

Bree|ches ⟨[briːtʃiz] Pl.⟩ oben weite, um die Waden eng anliegende Kniehose, Reithose [engl., »Knie-, Reithose«]

Bree|der ⟨[briː-] m.; -s, -⟩ = Brutreaktor [engl.; zu *breed* »brüten«]

Breg|ma ⟨n.; -s, -ta od. Breg|men; Med.⟩ **1** Bereich des Schädels, an dem beide Stirnbeinhälften u. beide Scheitelbeine zusammentreffen **2** (nach Aristoteles) Schädelschnittpunkt der Pfeilu. Kreuznaht [grch., »Vorderkopf, Oberschädel«]

Brek|tie ⟨[-tsjə] f.; -, -n⟩ = Breccie

Brenz|ca|te|chin ⟨[-çiːn] n.; -s; unz.; Chemie⟩ organ. Verbindung aus der Klasse der Phenole, als Pelz- u. Haarfärbemittel u. fotograf. Entwickler verwendet [<oberdt. *Brenz* »Destillat« (zu *brenzlig, brennen*) + *Catechin* »im Katechu enthaltener Farbstoff«]

Bre|sche ⟨f.; -, -n⟩ **1** ⟨Mil.⟩ Lücke in einer Befestigung, an der man angreifen kann; *eine* ~ *schlagen* eine Lücke in eine Befestigung schlagen. Front schlagen, den Weg zum Angriff freimachen **2** ⟨fig.⟩ Widerstand überwinden, Bahn brechen; *in die* ~ *springen* ⟨fig.⟩ einspringen, zu Hilfe kommen [<frz. *brèche* »Bruch, Riss, Scharte« <fränk. **breka* »Bruch«; verwandt mit *brechen*]

Bre|ve ⟨[-və] n.; -s, -s od. -n⟩ (kurzes) päpstliches Schreiben [lat., »kurz«]

Bre|vet ⟨[-veː] n.; -s, -s⟩ **1** Gnadenbrief der französischen Königs **2** ⟨heute⟩ Verleihungsurkunde für Diplome, Patente u. Ä. [frz., »offener Gnadenbrief des Königs, Diplom«; zu *bref* »kurz«; verwandt mit *Brief, Brevier, Brimborium*]

bre|ve|tie|ren ⟨[-veː-] V.⟩ ein Brevet ausstellen über

Bre|vi|ar ⟨[-vi-] n.; -s, -ri|en⟩ kurze Übersicht, Auszug; *Sy* Breviarium [<lat. *breviarium* »kurzes Verzeichnis«; zu *brevis* »kurz«]

Bre|vi|a|ri|um ⟨[-vi-] n.; -s, -ri|en⟩ = Breviar

Bre|vier ⟨[-viːr] n.; -s, -e⟩ **1** Gebetbuch der kath. Geistlichen **2** kleine Auswahl aus den Werken eines Dichters; *Goethe-*~ [<lat. *breviarium*; → Breviar]

Bre|vi|lo|quenz ⟨[-vi-] f.; -; unz.⟩ = Brachylogie [<lat. *breviloquentia* »Kürze im Ausdruck«, <*brevis* »kurz«+ *loqui* »sprechen«]

bre|vi ma|nu ⟨[-vi -] Abk.: b. m., br. m.⟩ kurzerhand [lat., »mit kurzer Hand«]

bre|vi ma|nu tra|di|tio ⟨[-vi -] Wirtsch.⟩ Übereignung kurzerhand [lat.]

Bre|vis ⟨[-vis] f.; -, Bre|ves [-veːs]; Musik⟩ Note im Wert von zwei ganzen Noten, dargestellt als ein quer liegendes Rechteck; →*a.* Alla-breve-Takt [ital.]

Bri|ard ⟨[-aːr] m.; -s, -s⟩ große frz. Schäferhundrasse

Bric-à-brac ⟨[brikabrak] n.; - od. -s; unz.⟩ **1** Trödel(kram), Gerümpel, Ramsch **2** Sammlung von kleinen Kunstgegenständen [frz.]

Bridge ⟨[brɪdʒ] n.; -; unz.; Kart.⟩ aus dem Whist entstandenes Kartenspiel zu viert mit frz. Karten [engl., eigtl. »Brücke«]

bri|die|ren ⟨V.; Kochk.⟩ *Geflügel* ~ abstehende Beine u. Flügel mit einem kräftigen Faden fest mit dem Rumpf verbinden (wenn Geflügel unverlegt gebraten. od. gekocht werden soll) [<frz. *brider* »fesseln«]

Brie ⟨m.; -s, -s⟩ frz. Weichkäsesorte [nach der frz. Landschaft *Brie*, östlich von Paris]

brie|fen ⟨V.⟩ **1** informieren **2** Anweisungen, Instruktionen erteilen [<engl. *brief* »kurz«; beauftragen]

Brie|fing ⟨n.; - od. -s, -s⟩ **1** Information, Anweisung, Informa-

tionsgespräch **2** Lagebesprechung [engl.; → *briefen*]
Bri|ga|de ⟨f.; -, -n⟩ **1** ⟨Mil.⟩ Einheit aus mehreren Truppenteilen derselben Waffe **2** ⟨DDR⟩ Gruppe mehrerer Arbeiter od. Angestellter im Wettbewerb **3** ⟨Kochk.⟩ die Gesamtheit der in einem Betrieb beschäftigten Köche von mindestens fünf selbständig arbeitenden Köchen unter der Leitung eines Küchenmeisters [frz., »Trupp« ‹ital. *brigata* »Streithaufen«]
Bri|ga|dier[1] ⟨[-dje:] m.; -s, -s⟩ Brigadegeneral
Bri|ga|dier[2] *auch:* **Bri|ga|dier** ⟨[-dje:] od. [-di:r] m.; -s, -s od. -e; DDR⟩ Leiter einer Brigade
Bri|gant ⟨m.; -en, -en⟩ Räuber, Bandit [‹ital. *brigante* »Fußsoldat; Straßenräuber«]
Bri|gan|ti|ne ⟨f.; -, -n; im 15. u. 16. Jh.⟩ **1** Schuppenpanzerhemd **2** Segelschiff, Briggschoner [→ *Brigg*]
Brigg ⟨f.; -, -s⟩ Segelschiff mit zwei Masten [‹engl. *brig* ‹*brigantine* »Brigantine, kleiner Zweimaster« ‹ital. *brigantino* »Raubschiff«]
Bri|ghel|la ⟨[-gɛla] m.; -, -s od. -ghel|le⟩ Figur in der italienischen Commedia dell'Arte, die einen intriganten Diener verkörpert [ital.]
Bri|kett ⟨n.; -(e)s, -s od. -e⟩ in Form gepresste Braun- od. Steinkohle [‹frz. *briquette*, Verkleinerungsform zu *brique* »Backstein, Ziegel«]
bri|ket|tie|ren ⟨V.⟩ in Briketts pressen
Bri|ko|le ⟨f.; -, -n; Sport; Billard⟩ Rückprall des Balles von der Bande [frz.]
bri|ko|lie|ren ⟨V.; Sport; Billard⟩ durch Brikole treffen
bril|lant ⟨[brɪljant] Adj.⟩ glänzend, hervorragend [frz., »glänzend«; verwandt mit *Beryll*; → *brillieren*]
Bril|lant ⟨[brɪljant] m.; -en, -en⟩ **1** geschliffener Edelstein, bes. Diamant **2** ⟨Typ.⟩ ein Schriftgrad (3 Punkt) [→ *brillant*]
bril|lan|te ⟨[brɪljan-] Adj.; Musik⟩ bravourös, virtuos, perlend (zu spielen) [ital.]
Bril|lan|tin ⟨[brɪljan-] n.; -s; unz.; österr.⟩ = Brillantine

Bril|lan|ti|ne ⟨[brɪljan-] f.; -, -n⟩ Haarpomade, parfümiertes Haarfett; *oV* Brillantin
Bril|lanz ⟨[brɪljants] f.; -; unz.⟩ **1** Glanz **2** gestochene Schärfe von Fotos **3** virtuose Fertigkeit (künstler. Darbietung) [→ *brillant*]
bril|lie|ren ⟨[brɪlji:rən] V.⟩ sich durch bes. Leistungen hervortun, glänzen [‹frz. *briller* »glänzen, strahlen«]
Brim|bo|ri|um ⟨n.; -s; unz.; umg.⟩ unnützes Zeug, Umschweife, Geschwätz [‹frz. *brimborion* »Kleinigkeit, Lappalie« ‹lat. *breviarium; → Breviar*]
Bri|nell|här|te ⟨f.; -; unz.; Abk.: HB⟩ Maß der Härte eines Werkstoffs [nach dem schwedischen Eiseningenieur Johann August *Brinell*, 1849-1925]
Brink|man|ship ⟨[brɪŋkmænʃɪp] f.; -; unz.⟩ politische Haltung, die sich durch eine bes. hohe Risikobereitschaft (bei diplomatischen Verhandlungen usw.) auszeichnet [engl., »Spiel mit dem Feuer«]
Bri|oche ⟨[-'ɔʃ] f.; -, -s⟩ ein Hefegebäck [frz.]
bri|o|so ⟨Musik⟩ = con brio [ital., »lebhaft«]
bri|sant ⟨Adj.⟩ zermalmend, mit großer Sprengkraft [zu frz. *briser* »zerschlagen, zerbrechen«]
Bri|sanz ⟨f.; -, -en⟩ **1** Sprengkraft **2** ⟨unz.; fig.⟩ zündende Aktualität; *ein Thema von großer ~* ein heikles Thema [→ *brisant*]
Bri|se ⟨f.; -, -n⟩ gleichmäßiger Wind mittlerer Geschwindigkeit, guter Segel-, Fahrtwind; *eine frische, steife ~* [‹engl. *breeze* »leichter Wind«]
Bri|se|so|leil ⟨[bri:zɔlɛj] m.; - od. -s, -s⟩ aus Lamellen bestehendes, leichtes Rollo außen am Fenster [frz., eigtl. »Sonnenbrecher« ‹ *briser* »zerbrechen« + *soleil* »Sonne«]
Bri|so|lett ⟨n.; -s, -e⟩ = Brisolette
Bri|so|let|te ⟨f.; -, -n; Kochk.⟩ gebratenes Kalbfleischklößchen; *oV* Brisolett [frz.; → *Brisesoleil*]
Bri|tan|ni|a|me|tall ⟨n.; -s; unz.⟩ Legierung mit silberähnlichem Glanz aus Zinn, Antimon u. Kupfer
Britsch|ka ⟨f.; -, -s⟩ leichter, offener Wagen [poln.]

br. m. ⟨Abk. für lat.⟩ brevi manu
Broad|cas|ting ⟨[brɔ:dka:stɪŋ] n.; - od. -s; unz.⟩ das Senden, Ausstrahlen (von Rundfunk- u. Fernsehprogrammen) [zu engl. *broadcast* »senden«]
Broad|side|tech|nik ⟨[brɔ:dsaɪd-] f.; -, -en; Motorsport⟩ Driften [‹engl. *broadside*, eigtl. »Breitseite« + *Technik*]
Broad|way ⟨[brɔ:dweɪ] m.; -s; unz.⟩ Hauptverkehrsstraße von New York, Sitz zahlreicher Theater, bes. für Musicals [engl.; zu *broad way* »breiter Weg«]
Broc|co|li ⟨a. [bro:-] Pl.⟩ = Brokkoli
Bro|ché ⟨[-'ʃe:] m.; -s, -s; Textilw.⟩ brochiertes Gewebe mit Mustern, die wie aufgestickt wirken [zu frz. *broché* »durchwirkt«]
bro|chie|ren ⟨[-ʃi:-] V.⟩ = broschieren
Bro|de|rie ⟨f.; -, -n⟩ Stickerei, gestickte Einfassung [frz., »Stickerei«]
bro|die|ren ⟨V.⟩ sticken, einfassen, verbrämen [‹frz. *broder* »sticken«]
Broi|ler ⟨m.; -s, -; DDR⟩ gegrilltes Hähnchen [engl.; zu *broil* »schmoren«]
Bro|kat ⟨m.; -(e)s, -e; Textilw.⟩ schwerer, gemusterter Seidenstoff mit eingewebten Gold- od. Silberfäden; *Gold~; Silber~* [‹ital. *broccato* »mit Kräuselungen versehen«; zu *brocco* »Kräuselung«]
Bro|ka|tell ⟨m.; -s, -e; Textilw.⟩ schwerer, halbseidener Stoff mit erhabenem Muster
bro|ka|ten ⟨Adj.; Textilw.⟩ aus Brokat bestehend, hergestellt
Bro|kat|glas ⟨n.; -es; unz.⟩ Glas, in das im noch flüssigen bis halbweichen Zustand Gold- u. Silberfäden eingedrückt wurden
Bro|ker ⟨[brou-] m.; -s, -; Börse⟩ **1** ⟨i. w. S.⟩ berufsmäßiger Wertpapierhändler u. -berater, bes. in den angelsächsischen Ländern u. Japan **2** ⟨i. e. S.⟩ an der Londoner Börse zugelassener Wertpapierhändler, der Aufträge durchführen darf; *Ggs* Jobber (1) [engl., »Vermittler, Makler«]

Brokkoli

Brok|ko|li ⟨a. [bro:-] Pl.⟩ dem Blumenkohl ähnliches Gemüse mit grünen Blütensprossen [<ital. *broccolo* »Kohlsprossen, eine Art Blumenkohl«]

Brom ⟨n.; -s; unz.; chem. Zeichen: Br⟩ chem. Element, ein Halogen, Ordnungszahl 35, rotbraune, die Schleimhaut reizende Dämpfe entwickelnde Flüssigkeit [<grch. *bromos* »Gestank«]

Bro|mat ⟨n.; -(e)s, -e; Chemie⟩ Salz der Bromsäure

Brom|ä|thyl ⟨n.; -s, -e; Chemie⟩ Bromwasserstoffsäureester des Äthylalkohols, zur Inhalationsnarkose verwendet

Bro|ma|to|lo|gie ⟨f.; -; unz.⟩ Lehre von den Zubereitungsmethoden der Nahrungs- u. Genussmittel [<grch. *broma* »Speise« + ...*logie*]

Bro|me|lie ⟨[-ljə] f.; -, -n; Bot.⟩ Ananasgewächs [nach dem schwedischen Botaniker Olaf *Bromel*, † 1705]

Bro|mid ⟨n.; -(e)s, -e; Chemie⟩ Salz der Bromwasserstoffsäure

bro|mie|ren ⟨V.; Chemie⟩ Brom einführen; *eine organische Verbindung* ~ [→ *Brom*]

Bro|mis|mus ⟨m.; -, -mis|men; Med.⟩ Bromvergiftung

Bro|mit ⟨m.; -s, -e; Min.⟩ im Wesentl. aus Bromsilber bestehendes Mineral

Brom|ka|li|um ⟨n.; -s; unz.; Chemie⟩ = Kaliumbromid

Bro|mo|form ⟨n.; -(e)s; unz.; Chemie⟩ süßlich riechende Flüssigkeit, Beruhigungsmittel

Brom|sil|ber ⟨n.; -s; unz.; veraltete Bez. für⟩ Silberbromid

Bron|che ⟨[-çə] f.; -, -n; Anat.⟩ = Bronchie

bron|chi|al ⟨[-çi-] Adj.; Anat.⟩ die Bronchien betreffend, Luftröhren...

Bron|chi|al|asth|ma ⟨[-çi-] n.; -s; unz.; Med.⟩ krampfhafte Anfälle von Atemnot, bes. Erschwerung der Ausatmung

Bron|chi|al|ka|tarr ⟨[-çi-] m.; -s, -e; Med.⟩ = Bronchialkatarrh

Bron|chi|al|ka|tarrh ⟨[-çi-] m.; -s, -e; Med.⟩ = Bronchitis; *oV* Bronchialkatarr

Bron|chie ⟨[-çiə] f.; -, -n; Anat.⟩ Ast der Luftröhre; *oV* Bronche, Bronchus

Bron|chi|o|le ⟨[-çi-] f.; -, -n; Anat.⟩ feiner Zweig der Bronchien

Bron|chi|tis ⟨[-çi:-] f.; -, -ti|den; Med.⟩ entzündl. Erkrankung der Schleimhaut der Bronchien; *Sy* Bronchialkatarrh

Bron|cho|gra|fie ⟨[-ço-] f.; -, -n; Med.⟩ = Bronchographie

Bron|cho|gra|phie ⟨[-ço-] f.; -, -n; Med.⟩ Röntgenaufnahme der Bronchien; *oV* Bronchografie [<*Bronchie* + ...*graphie*]

Bron|cho|skop *auch:* **Bron|chos|kop** ⟨[-ço-] n.; -s, -e; Med.⟩ Gerät mit Spiegel zur Untersuchung der Bronchien

Bron|cho|sko|pie *auch:* **Bron|chos|ko|pie** ⟨[-ço-] f.; -, -n; Med.⟩ Untersuchung der Bronchien mit dem Bronchoskop [<*Bronchie* + ...*skopie*]

Bron|chus ⟨[-çʊs] m.; -, -chen; Anat.⟩ = Bronchie

Bron|to|sau|ri|er ⟨m.; -s, -⟩ = Brontosaurus

Bron|to|sau|rus ⟨m.; -, -ri|er⟩ riesiger, Pflanzen fressender Dinosaurier aus der unteren Kreidezeit Nordamerikas; *oV* Brontosaurier [<grch. *bronte* »Donner« + *sauros* »Eidechse«]

Bron|ze ⟨[brɔ̃:sə] od. [brɔ̃sə] f.; -, -n⟩ 1 eine Kupferlegierung 2 daraus hergestellter Kunstgegenstand 3 ⟨unz.⟩ rotbrauner Farbton 4 Mischung von Metallstaub mit Anstrichmitteln zur Erzielung eines Metalleffektes [frz. <mlat. *bronzium*; viell. <pers. *biring* »Kupfer«]

bron|zen ⟨[brɔ̃:sən] od. [brɔ̃sən] Adj.⟩ aus Bronze, bronzefarben

bron|zie|ren ⟨[brɔ̃si:-] V.⟩ mit Bronzefarbe überziehen

Bron|zit ⟨m.; -s, -e; Min.⟩ Mineral der Pyroxengruppe (Augit) [→ *Bronze*]

Bro|sche ⟨f.; -, -n⟩ Schmuckstück mit Nadel zum Anstecken [<frz. *broche* »Spieß«]

bro|schie|ren ⟨V.⟩ *oV* brochieren 1 *einen Druckbogen* ~ heften; *broschierte Bücher* geheftete, nicht gebundene Bücher 2 *Gewebe* ~ Stickereieffekt in Gewebe einweben [<frz. *brocher*]

Bro|schur ⟨f.; -, -en⟩ 1 ⟨unz.⟩ das Heften 2 ⟨zählb.⟩ das Geheftete [<frz. *brochure*]

Bro|schü|re ⟨f.; -, -n⟩ 1 geheftetes Buch 2 kleine, nicht eingebundene Druckschrift od. Flugschrift [<frz. *brochure* »Broschüre, kleine Schrift«]

Bros|sa|ge ⟨[-ʒə] f.; -; unz.; Textilw.⟩ das Aufbürsten des Flors bei der Tuchherstellung [frz., »Bürsten«; zu *brosser* »bürsten, ausbürsten«]

Brow|nie ⟨[braʊni] m.; -s, -s⟩ ein amerikanisches Schokoladengebäck [engl., urspr. »Kobold«]

Brow|ning ⟨[braʊ-] m.; -s, -s⟩ Selbstladepistole, Handfeuerwaffe mit mehrschüssigem Magazin [nach dem amerikan. Erfinder J. M. *Browning*, 1855-1925]

Brow|ning|pis|to|le *auch:* **Browning-Pis|to|le** ⟨[braʊnɪŋ-] f.; -, -n⟩ Selbstladepistole, Handfeuerwaffe mit mehrschüssigem Magazin [→ *Browning*]

brow|sen ⟨[braʊ-] V.; EDV⟩ *im Internet* ~ mithilfe eines Browsers nach Adressen im Internet suchen

Brow|ser ⟨[braʊ-] m.; -s, -; EDV⟩ Programm, das einen Zugriff auf das World Wide Web im Internet ermöglicht [zu engl. *browse* »schmökern«]

BRT ⟨Abk. für⟩ Bruttoregistertonne

Bru|cel|la ⟨[-tsɛla] f.; -, -cel|len; meist Pl.; Med.⟩ gramnegative, unbewegliche Bakterien (als Gattungsbez.) [nach dem engl. Mediziner D. *Bruce*, 1855-1931]

Bru|cel|lo|se ⟨f.; -, -n; Med.; Sammelbez. für⟩ Erkrankungen bei Mensch u. Tier, die durch Bakterien der Gattung Brucella hervorgerufen werden [nach dem engl. Mediziner D. *Bruce*, 1855-1931]

Bru|cin ⟨n.; -s; unz.; Chemie⟩ zu den Alkaloiden gehörende, sehr giftige, in der Wirkung dem Strychnin ähnl. chem. Verbindung; *oV* Bruzin

Bru|i|tis|mus ⟨[bryi-] m.; -; unz.; Musik⟩ musikal. Stilrichtung, die alltäglichen Geräusche in Kompositionen verwendet [zu frz. *bruit* »Geräusch, Lärm«]

Brunch ⟨[brʌntʃ] m. od. n.; -(e)s, -(e)s od. -e⟩ Frühstück u. Mittagessen zugleich am späten Vormittag; *einen* ~ *einnehmen*

[verkürzt <engl. *br*eakfast »Frühstück« + *lunch* »Mittagessen«]
brun|chen ⟨[brʌntʃən] V.⟩ an einem Brunch teilnehmen, einen Brunch veranstalten, abhalten [→ *Brunch*]
Bru|nel|le ⟨f.; -, -n; Bot.⟩ = Braunelle²
brü|nett ⟨Adj.⟩ bräunlich, braunhaarig [<frz. *brunette* »braunhaarig«; zu *brun* »braun«]
Brü|net|te(r) ⟨f. 2 (m. 1)⟩ braunhaarige Person mit bräunlicher Gesichtshaut [→ *brünett*]
brü|nie|ren ⟨V.; Chemie⟩ *Metallteile* ~ auf chem. Wege zum Schutze der Oberfläche mit einer dünnen bräunl. (auch bläul. schwarzen) Oxidschicht überziehen [<frz. *brunir* »bräunen, braun färben«]
brüsk ⟨Adj.⟩ barsch, schroff [<frz. *brusque*]
brüs|kie|ren ⟨V.⟩ brüsk, kränkend behandeln [→ *brüsk*]
brut ⟨[bryt] Adj.⟩ trocken (von Champagner) [frz., »roh, unbearbeitet«]
bru|tal ⟨Adj.⟩ roh, gewaltsam, rücksichtslos [<lat. *brutalis* »unvernünftig«; zu *brutus* »schwerfällig, gefühllos«]
bru|ta|li|sie|ren ⟨V.⟩ brutal machen, zu Brutalität führen [<frz. *brutaliser* »grob behandeln, misshandeln«]
Bru|ta|li|tät ⟨f.; -, -en⟩ Rohheit, Gewaltsamkeit, Rücksichtslosigkeit
Brut|re|ak|tor ⟨m.; -s, -en; Atomphysik⟩ ein Kernreaktor, der während seiner Betriebszeit mehr spaltbares Material erzeugt als er selbst zur Aufrechterhaltung einer Energie liefernden Kettenreaktion verbraucht; *Sy* Breeder
brut|to ⟨Adj.; Kaufmannsspr.⟩ *Ggs* netto **1** einschl. Verpackung **2** ohne Abzug von Rabatt **3** ohne Steuerabzug (bei Gehältern) [ital., »roh« <lat. *brutus* »schwerfällig«]
Brut|to|er|trag ⟨m.; -(e)s, -erträge⟩ Gesamtertrag ohne Abzüge; *Sy* Bruttogewinn; *Ggs* Nettoertrag [→ *brutto*]
Brut|to|ge|wicht ⟨n.; -(e)s, -e⟩ Gewicht einer Ware einschließlich der Verpackung

Brut|to|ge|winn ⟨m.; -(e)s, -e⟩ = Bruttoertrag; *Ggs* Nettogewinn
Brut|to|in|lands|pro|dukt ⟨n.; -(e)s, -e; Wirtsch.⟩ die Summe aller produktiven Leistungen, die von sämtl. im Inland aktiven (also auch ausländ.) Produktionsfaktoren erbracht werden; →*a.* Bruttosozialprodukt
Brut|to|pro|duk|ti|on ⟨f.; -, -en⟩ Produktion von Gütern u. Diensten einschließlich Eigenverbrauch zuzüglich der Bestandsveränderungen an Halb- u. Fertigwaren aus eigener Produktion u. der selbst erstellten Anlagen
Brut|to|re|gis|ter|ton|na|ge ⟨[-ʒə] f.; -, -n⟩ Aufnahmefähigkeit eines Schiffes, ausgedrückt in Bruttoregistertonnen
Brut|to|re|gis|ter|ton|ne ⟨f.; -, -n; Abk.: BRT⟩ Raummaß für Schiffe (2,8316 m³); *Ggs* Nettoregistertonne
Brut|to|so|zi|al|pro|dukt ⟨n.; -(e)s, -e⟩ die Summe der von den ständigen Bewohnern des Wirtschaftsbereiches (Inländern) im In- u. Ausland erzielten Nettoproduktionswerte, bewertet zu Marktpreisen; →*a.* Bruttoinlandsprodukt
Bru|xis|mus ⟨m.; -; unz.; Med.⟩ Zähneknirschen während des Schlafes [grch.]
Bruy|ère|holz *auch:* **Bruy|ère|holz** ⟨[bryjɛːr-] n.; -es; unz.⟩ rötlich gemasertes Wurzelholz der Baumheide [<frz. *bruyère* »Heidekraut«]
Bru|zin ⟨n.; -s; unz.⟩ = Brucin
Bry|o|lo|gie ⟨f.; -; unz.⟩ Lehre von den Moosen [<grch. *bryon* »Moos« + *…logie*]
Bry|o|nie ⟨[-njə] f.; -, -n; Bot.⟩ Kletterpflanze, Gattung der Kürbisgewächse: Bryonia [<grch. *bryonia*; zu *bryein* »üppig wachsen«]
Bry|o|phyt ⟨m.; -en, -en; Bot.⟩ Moospflanze [<grch. *bryon* »Moos« + *…phyt*]
Bry|o|zo|on ⟨n.; -s, -zoen; Zool.⟩ Moostierchen [<grch. *bryon* »Moos« + *Zoon*]
BSE ⟨Abk. für engl.⟩ Bovine Spongiform Encephalopathy (bovine spongiforme Enzephalopathie), tödlich verlaufende Gehirnerkrankung, durch infiziertes Tiermehl verursachte Rinderseuche
BSE-krank ⟨Adj.⟩ an der Rinderseuche BSE erkrankt; ~*e Kühe*
BSE-Test ⟨m.; -(e)s, -e od. -s⟩ medizinischer Test zum Nachweis der Rinderseuche BSE
bt ⟨Zeichen für⟩ Bit
btto. ⟨Abk. für⟩ brutto
Btx ⟨Abk. für⟩ Bildschirmtext
Bub|ble|gum *auch:* **Bub|ble|gum** ⟨[bʌblgʌm] m. od. n.; -s, -s⟩ Kaugummi [<engl. *bubble* »Blase« + *gum* Gummi«]
Bu|bo ⟨m.; -s, -bonen; Med.⟩ entzündl. Schwellung der Lymphknoten in der Leistengegend, bes. bei Geschlechtskrankheiten, bei der Beulenpest usw. [<grch. *boubon* »Unterleib«]
Bu|cin|to|ro ⟨[-tʃin-] m.; -s, -s⟩ = Buzentaur [ital. <grch.]
Buck|ram ⟨m.; -s; unz.⟩ Bucheinbandstoff aus gepresstem Leinen- oder Baumwollgewebe mit dichter u. glatter Oberfläche [engl.; nach der Stadt *Buchara* in Usbekistan]
Buck|skin ⟨m.; -s, -s; Textilw.⟩ **1** weiches Schaf- od. Hirschleder **2** Gewebe in Köperbindung von meliertem Aussehen [engl., »Bockshaut«]
Bud|dha ⟨m.; -s, -s⟩ Begründer (560-480 v. Chr.) der nach ihm benannten indischen Religion, des Buddhismus [zu Sanskrit *buddha* »erwacht, erleuchtet« <*bodhati, bodhate* »er erwacht, versteht«]
Bud|dhis|mus ⟨m.; -; unz.⟩ die von Buddha gestiftete Religion
Bud|dhist ⟨m.; -en, -en⟩ Anhänger des Buddhismus
Bud|dhis|tin ⟨f.; -, -tinnen⟩ Anhängerin des Buddhismus
bud|dhis|tisch ⟨Adj.⟩ auf dem Buddhismus beruhend, zu ihm gehörend
Bud|dy ⟨[bʌdi] m.; -s, -s; umg.⟩ Freund, Kumpel, Gefährte [amerikan.-engl.]
Bud|get ⟨[bydʒeː] (österr. u. schweiz. nur so) od. engl. [bʌdʒət] n.; -s, -s⟩ Haushaltsplan od. Voranschlag öffentlicher Körperschaften [<engl. *budget* »Vorrat, verfügbare Mittel, Staatshaushaltsplan«]

budgetär

bud|ge|tär ⟨[bydʒe-] Adj.⟩ das Budget betreffend, auf das Budget bezogen

bud|ge|tie|ren ⟨[bydʒe-] V.⟩ ein Budget aufstellen, einen Voranschlag machen

Bud|ge|tie|rung ⟨[bydʒe-] f.; -, -en⟩ Aufstellung eines Budgets, das Budgetieren [→ *Budget*]

Bu|di|ke ⟨f.; -, -n; veraltet⟩ **1** kleiner (Kram-)Laden; →a. Boutique **2** Kneipe [<frz. *boutique* »Kaufmannsladen« <grch. *apotheke* »Speicher«]

Bu|do ⟨n.; -; unz.; Sport; Sammelbez. für⟩ die jap. Sportarten Judo, Aikido, Karate, Jiu-Jitsu, Kendo, Kyudo u. Taekwondo [jap.]

Bu|do|ka ⟨m.; -s, -s; Sport⟩ jmd., der Budo betreibt

Bü|fett ⟨n.; -(e)s, -e od. österr.: n.; -s, -s⟩ *o V* Buffet, Büffet **1** Anrichte, Porzellan- u. Glasschrank **2** Schanktisch **3** *kaltes ~* **3.1** Tisch zum Selbstbedienen mit kalten Speisen **3.2** die auf dem kalten Büfett gereichten Speisen selbst [<frz. *buffet* »Speiseschrank, Anrichte, Schenktisch«]

Buf|fa ⟨f.; -, -s; Musik⟩ = Opera buffa

Buf|fa|o|per ⟨f.; -, -n; Musik⟩ = Opera buffa

Buf|fer|stock ⟨[bʌfə(r)stɔk] m.; -s; Wirtsch.⟩ Maßnahme, durch die bei Produktionsüberschüssen bzw. -engpässen (bes. von Agrarerzeugnissen) durch An- bzw. Verkäufe versucht wird, den Rohstoffpreis stabil zu halten sowie die weltweite Versorgung zu sichern [engl., »Rohstofflager«]

Buf|fet ⟨[byfe:] od. schweiz. a. [byfe:] n.; -(e)s, -s⟩ = Büfett

Büf|fet ⟨[byfe:] od. schweiz. a. [byfe:] n.; -(e)s, -s⟩ = Büfett

Buf|fi ⟨Pl. von⟩ Buffo

Buf|fo ⟨m.; -s, -s od. Buf|fi⟩ Sänger einer komischen Rolle in der Oper; *Tenor~; Bariton~; Bass~* [ital.]

buf|fo|nesk ⟨Adj.⟩ die Buffooper betreffend, im Stil der Buffooper, komisch

Buf|fo|o|per ⟨f.; -, -n⟩ = Opera buffa

Bug ⟨[bʌg] m.; -s, -s; EDV⟩ Fehler in einer Software, der dessen Funktionsfähigkeit einschränkt od. es unbenutzbar macht [<engl. *bug* »Käfer, Wanze, Bazillus«]

Bug|gy ⟨[bʌgi] m.; -s, -s⟩ leichter, zusammenklappbarer Kindersportwagen [engl.]

bug|sie|ren ⟨V.⟩ **1** ⟨Mar.⟩ ins Schlepptau nehmen, lotsen, lenken **2** ⟨fig.; umg.⟩ an einen bestimmten Ort, ans Ziel geleiten; *jmdn. nach Hause ~* [<ndrl. *boegseeren*; zu *boeg* »Bug«, <lat. *pulsare* »stoßen«]

Bug|sier|er ⟨m.; -s, -⟩ Schleppdampfer

Bu|ka|ni|er ⟨m.; -(e)s, -⟩ = Flibustier [<frz. *boucanier* »Büffeljäger, Seeräuber«]

Bu|kett ⟨n.; -(e)s, -e⟩ **1** Blumenstrauß **2** Duft von Parfümemischen **3** = Bouquet [<frz. *bouquet* »Blumenstrauß«]

Bu|ki|nist ⟨m.; -en, -en⟩ = Bouquinist

buk|kal ⟨Adj.; Zahnmed.⟩ zur Backe gehörend, auf der Backenseite [<lat. *bucca* »Backe«]

Bu|klee[1] auch: **Buk|lee**[1] ⟨n.; -s, -s⟩ = Bouclé[1]

Bu|klee[2] auch: **Buk|lee**[2] ⟨m.; -s, -s⟩ = Bouclé[2]

Bu|ko|lik ⟨f.; -; unz.; Lit.⟩ Hirtendichtung [<grch. *bukolos* »Rinderhirt, Hirt«]

Bu|ko|li|ka ⟨Pl.; Lit.⟩ Hirtengedichte

Bu|ko|li|ker ⟨m.; -s, -; Lit.⟩ Hirtendichter

bu|ko|lisch ⟨Adj.; Lit.⟩ schäferlich, ländl. idyllisch; *~e Dichtung* Hirtendichtung

bul|bär ⟨Adj.; Anat.⟩ zum verlängerten Mark gehörend [→ *Bulbus*]

Bul|bär|pa|ra|ly|se ⟨f.; -, -n; Med.⟩ Lähmung des verlängerten Rückenmarks

Bul|bär|spra|che ⟨f.; -, -n; Med.⟩ durch Sprachstörungen verwaschene Sprache

bul|bös ⟨Adj.⟩ knollig [<lat. *bulbus* »Zwiebel«]

Bul|bül ⟨m.; -s, -s; Zool.⟩ Angehöriger einer wegen ihres Gesangs beliebten Familie der Singvögel: Pychnonotidae [<pers. <arab.]

Bul|bus ⟨m.; -, Bul|bi od. Bul|ben⟩ **1** ⟨Med.⟩ Anschwellung, dickere Stelle **2** ⟨Anat.⟩ *~ oculi* Augapfel **3** ⟨Bot.⟩ Zwiebel [lat., »Zwiebel«]

Bu|let|te ⟨f.; -, -n; Kochk.⟩ gebratenes künstliches herbeigeführtes Kloßklößchen [frz. *boulette*, eigtl. »Kügelchen«]

Bu|li|mie ⟨f.; -; unz.; Med.⟩ psychosomatische Erkrankung, bei der versucht wird, Heißhungerattacken mit unkontrollierter Nahrungsaufnahme durch künstlich herbeigeführtes Erbrechen zu korrigieren [<grch. *bulimia* »Heißhunger, Ochsenhunger«]

Bu|lin ⟨f.; -, -en⟩ = Buline

Bu|li|ne ⟨f.; -, -n⟩ Haltetau für Rahsegel; *o V* Bulin [<engl. *bouline*, eigtl. »Bugleine«]

Bulk ⟨m.; -s, -e; schweiz.⟩ Fahrzeug mit besonderen Ladevorrichtungen; *Mehl~; Zement~* [engl., »lose Schiffsladung«]

Bulk|car|ri|er ⟨[bʌlkkærɪə(r)] m.; -s, -⟩ Frachter für Schüttgüter [<engl. *bulk* »lose Schiffsladung« + *carrier* »Beförderer«]

Bulk|la|dung ⟨f.; -, -en; Mar.⟩ Schüttgut

Bull ⟨m.; -s, -s; Börse⟩ = Haussier; *Ggs* Bear [engl., »Bulle« (nach der Vorstellung, dass der Bulle die Aktienkurse mit seinen Hörnern nach oben treibt)]

Bul|la ⟨f.; -, Bul|lae [-lɛ:]⟩ Blase (in den Hautschichten) [<lat. *bulla* »Blase, Buckel«]

Bull|au|ge ⟨n.; -s, -n⟩ rundes Fenster an Schiffen [<engl. *bull's eye* »Ochsenauge«]

Bull|dog ⟨m.; -s, -s⟩ Zugmaschine mit einem Einzylindermotor [→ *Bulldogge*]

Bull|dog|ge ⟨f.; -, -n; Zool.⟩ stämmige engl. Hunderasse [<engl. *bulldog*, urspr. »Hund für Stierhetze«]

Bull|do|zer ⟨[-do:zə(r)] m.; -s, -⟩ Raupenfahrzeug, das mit einer besonderen Stahlschneide das Gelände einebnet, Geländehobel [engl.]

Bul|le ⟨f.; -, -n⟩ **1** Kapsel für Urkundensiegel **2** das Urkundensiegel selbst **3** Urkunde mit Metallsiegel; *Goldene ~* kaiserl. bzw. königl. Urkunde **4** päpstl. Erlass [<lat. *bulla* »Blase, Buckel, Kapsel«]

Bul|le|tin ⟨[byl(ə)tɛ̃:] n.; -s, -s⟩ **1** Tagesbericht **2** Kriegsbericht

Bul|lion ⟨a. engl. [ˈbuljən] n.; -s, -s⟩ Gold- od. Silberbarren [engl.]

bul|lös ⟨Adj.⟩ blasig [→ *Bulla*]

Bull|shit ⟨[ˈbulʃit] m.; -s; unz.; derb⟩ Unsinn, Scheiße [engl.; eigtl. »Bullenscheiße«]

Bull|ter|ri|er ⟨m.; -s, -; Zool.⟩ eine Hunderasse, Kreuzung von Bulldogge u. Terrier

Bul|ly ⟨n.; -s, -s; Sport⟩ Freistoß beim Eishockey nach einer Spielunterbrechung [engl.]

Bul|ly|ing ⟨n.; - od. -s; unz.⟩ (von Kindern u. Jugendlichen ausgeübte) verbale od. körperl. Gewalt gegenüber einem Mitschüler; →*a.* Mobbing [engl.; zu *bully* »Tyrann«]

Bu|me|rang ⟨m.; -s, -e od. -s⟩ gekrümmtes Wurfholz, das zum Werfer zurückkehrt, wenn es sein Ziel verfehlt [<austral. *wumera* »Wurfbrett«]

Bu|na® ⟨m. ode n.; -s; unz.; Chemie⟩ synthet., durch Polymerisation von Butadien hergestellter Kautschuk [verkürzt <*Bu*tadien + *Na*trium]

Bun|ga|low ⟨[ˈbuŋgaloː] m.; -s, -s⟩ **1** ⟨urspr.⟩ leicht gebautes, einstöckiges Haus der Europäer in Indien **2** (i. w. S.) ein- od. anderthalbstöckiges Wohnhaus mit flachem Dach [engl. <ind. (bengali) *bangla*]

Bun|gee|jum|ping ⟨[ˈbʌndʒɪdʒʌmpɪŋ] n.; - od. -s; unz.⟩ ⟨als Sport betriebenes⟩ Springen aus großer Höhe an einem am Fuß befestigten elastischen Halteseil, das den Springendenkurz vor Erreichen des Bodens abfängt [<engl. *bungee* »elastische Schnur« + *jump* »springen«]

Bun|ker ⟨m.; -s, -⟩ **1** Schutzraum, betonierter Unterstand; *Luftschutz~* **2** Sammelbehälter für Kohle, Getreide usw. **3** Sandloch beim Golfspiel [engl., »Kohlenbunker«]

bun|kern ⟨V.; Mar.⟩ Kohle, Massengüter ~ in den Bunker laden, dort speichern

Buph|thal|mie ⟨f.; -, -n; Med.⟩ krankhafte Vergrößerung des Augapfels [<grch. *bous* »Rind, Ochse« + *ophthalmos* »Auge«]

Buph|thal|mus ⟨m.; -; unz.; Med.⟩ Augenwassersucht; *Sy* Hydrophthalmus [<grch. *bouphthalmon* »Ochsenauge«]

Bur|ber|ry® ⟨[ˈbœːbəri] m.; -, -s⟩ **1** ⟨Textilw.⟩ sehr fester englischer Kammgarnstoff **2** Mantel aus diesem Stoff [nach dem engl. Tuchhändler Thomas *Burberry*]

Bu|re ⟨m.; -n, -n⟩ Südafrikaner niederländ. Herkunft [<ndrl. *boer* »Bauer«]

Bü|ret|te ⟨f.; -, -n⟩ Glasröhrchen zum Abmessen von Flüssigkeiten [<frz. *burette* »Krug, Kännchen, bes. Maßkännchen«]

...bur|ger ⟨[ˈbœːgə(r)] Nachsilbe; zur Bildung männl. Subst.⟩ in der Art eines Hamburgers, gefülltes Brötchen; *Cheese~; Fish~* [<engl. ham*burger*]

Bur|gun|der ⟨m.; -s, -⟩ sehr guter französischer Rot- od. Weißwein aus Burgund [<frz. *Bourgogne* »Burgund« (frz. Region mit der Hauptstadt Dijon)]

bu|risch ⟨Adj.⟩ die Burenstaaten u. die Buren betreffend, zu ihnen gehörig

Bur|lak ⟨m.; -en, -en; im alten Russland⟩ Treidler an der Wolga [russ.]

bur|lesk ⟨Adj.⟩ possenhaft, derb, komisch [<ital. *burlesco*; zu *burla* »Posse«]

Bur|les|ke ⟨f.; -, -n⟩ Schwank, Posse

Burn-in *auch:* **Burn|in** ⟨[ˈbœːn-] n.; -s; unz.⟩ Verfahren zur Steigerung der Zuverlässigkeit von technischen Produkten, das durch (längere) probeweise Inbetriebnahme das Risiko eines Frühschadens minimiert [zu engl. *burn in* »einbrennen«]

Bur|ning-out *auch:* **Bur|ning|out** ⟨[ˌbœːnɪŋaʊt] n.; -s, -s; unz.⟩ andauernder Erschöpfungszustand aufgrund körperlicher, geistiger u. seelischer Überanstrengung (durch Beruf, Familie u. a.) [<engl. *burn* »brennen« + *out* »aus«]

Burn-out *auch:* **Burn|out** ⟨[ˈbœːn-aʊt] n.; - od. -s; unz.⟩ **1** Brennschluss bei Raketen **2** durch unzureichende Kühlung bewirktes Durchschmelzen der Hüllrohre von Brennelementen in Kernreaktoren [<engl. *burn* »brennen« + *out* »aus«]

Bur|nus ⟨m.; - od. -ses, -se⟩ Mantel mit Kapuze) der Beduinen [<frz. *burnous* <arab. *burnus*]

Bü|ro ⟨n.; -s, -s⟩ **1** ein od. mehrere Räume, in denen schriftl. Arbeiten erledigt werden **2** kleine Firma; *Schreib~* **3** Geschäftsstelle **4** Gesamtheit der in einem Büro (1) Tätigen [<frz. *bureau* »Schreib-, Arbeitstisch«; zu *bure* »grober Wollstoff« (da ursprünglich mit diesem Stoff überzogen)]

Bü|ro|krat ⟨m.; -en, -en⟩ **1** Angehöriger der Bürokratie **2** Buchstabenmensch, Pedant [<*Büro* + ...*krat*]

Bü|ro|kra|tie ⟨f.; -, -n⟩ **1** Beamtenherrschaft **2** der gesamte, aus den Beamten bestehende Verwaltungsstab **3** ⟨fig.⟩ engstirnige Beamtenwirtschaft

bü|ro|kra|tisch ⟨Adj.⟩ **1** in der Art einer Bürokratie **2** beamtenhaft **3** ⟨fig.⟩ kleinlich, schematisch

bü|ro|kra|ti|sie|ren ⟨V.⟩ bürokrat. Ordnung einführen, einen Vorgang od. Sachverhalt genauen Formen u. Schemata unterwerfen

Bü|ro|kra|tis|mus ⟨m.; -; unz.⟩ umständliche Wortklauberei bei Behörden, engstirnige Auslegung von Vorschriften

Bur|sa ⟨f.; -, Bur|sae [-zeː]⟩ **1** ⟨Rel.⟩ Tasche in Gottesdienstgewändern **2** ⟨Med.⟩ Hohlraum des Körpers in Form eines (Schleim-)Beutels od. einer Tasche [grch.-lat.]

bur|schi|kos ⟨Adj.⟩ **1** jungenhaft ungezwungen, formlos **2** studentisch flott [<*Bursche* »Student« + grch.-lat. Endung]

Bur|schi|ko|si|tät ⟨f.; -; unz.⟩ ungezwungenes Benehmen

Bur|se ⟨f.; -, -n⟩ **1** ⟨im MA⟩ Geldbeutel, Säckel **2** ⟨danach⟩ Studentenheim, in dem die Bewohner aus einer gemeinsamen Kasse lebten [<mlat. *bursa* »Geldbeutel« <grch. *byrsa* »Fell, Leder«]

Bur|si|tis ⟨f.; -, -ti|den; Med.⟩ Schleimbeutelentzündung [<lat. *bursa* »Beutel«]

Burst ⟨[bœːst] m.; -s, -s⟩ plötzl. Strahlungsausbruch der Sonne

Bus¹

im Radiowellenbereich durch eine Sonneneruption [<engl. *burst* »bersten, platzen, sprengen; Sprengung«]

Bus¹ 〈m.; -ses, -se; kurz für〉 Autobus, Omnibus

Bus² 〈engl. [bʌs] m.; - od. -ses; unz.; EDV〉 Sammelleitung fürden Datenaustausch zwischen den einzelnen Komponenten eines EDV-Systems; →*a.* Bussystem [<engl. *bus(bar)* »elektr. Sammelschiene«]

Büse 〈f.; -, -n; Mar.〉 Boot zum Heringsfang [<ndrl. *buis*]

Bu|shel 〈[-ʃəl] m.; -s, -s od. -〉 engl.-amerikan. Trockenhohlmaß, 36,37 bzw. 35,24 Liter [engl., »Scheffel«]

Bu|si|ness 〈[bɪznɪs] n.; -; unz.〉 **1** Geschäft, Handel **2** 〈fig.〉 Geschäftsleben [<engl. *business*]

Bu|si|ness|class 〈[bɪznɪskla:s] f.; -; unz.; im Flugverkehr〉 Beförderungsklasse für Geschäftsreisende [engl.]

Bu|si|ness-De|ve|lop|ment 〈[bɪznɪsdɪvɛləpmənt] n.; - od. -s; unz.; Wirtsch.〉 Geschäftsentwicklung, strategische Unternehmensplanung [<*Business* + engl. *development* »Entwicklung«]

Bu|si|ness|man 〈[bɪznɪzmæn] m.; -, -men [-mən]〉 (erfolgreicher) Geschäftsmann, Manager [engl.]

Bu|si|ness-to-Bu|si|ness 〈[bɪznɪs tu bɪznɪs] n.; -; unz.; Abk.: B2B〉 Geschäftstransaktionen zwischen Unternehmen [engl.]

Bu|si|ness-to-Con|su|mer 〈[bɪznɪs tu kɔnsjuːmə(r)] n.; -; unz.; Abk.: B2C〉 Geschäftstransaktionen zwischen Anbietern u. Konsumenten [engl.]

Bu|si|ness-U|nit 〈[bɪznɪsjuːnɪt] f.; -, -s; Wirtsch.〉 = Profitcenter

Bus|sard 〈m.; -s, -e; Zool.〉 Unterfamilie der Raubvögel mit kräftiger Gestalt u. breiten Flügeln: Buteonina [<frz. *busard* »Feldweih«]

Bus|so|le 〈f.; -, -n〉 **1** 〈Mar.〉 Kompass **2** 〈El.〉 elektr. Messgerät, in dem der durch eine Spule hindurchgehende Strom eine Magnetnadel ablenkt [<frz. *boussole*]

Bus|sys|tem 〈[bʌs-] n.; -s, -e; EDV〉 Geräteeinheit zur Übertragung von Informationen in EDV-Systemen über spezielle Datensammelwege; →*a.* Bus² [engl.]

Bus|tier 〈[bystje:] n. od. m.; -s, -s〉 sehr kurzes, ärmelloses, eng anliegendes Oberteil für Frauen; →*a.* Bodysuit [<frz. *buste* »Oberkörper«]

Bus|tro|phe|don *auch:* **Bus|tro|phe|don, Bust|ro|phe|don** 〈n.; -s; unz.〉 alte griechische Furchenschrift, abwechselnd links- u. rechtsläufig [<grch. *bustrophedon* <*bus* »Rind« + *strephein* »wenden«]

Bu|su|ki 〈f.; -, -s; Musik〉 grch., der Laute ähnliches Zupfinstrument; *oV* Bouzouki [<grch. *mpouzouki;* viell. zu türk. *bozuk* »ruiniert, verdorben«]

Bu|ta|di|en 〈n.; -s; unz.; Chemie〉 ungesättigter Kohlenwasserstoff, Ausgangsstoff für Kunstkautschuk (Buna) [→ *Butan*]

Bu|tan 〈n.; -s; unz.; Chemie〉 gasförmiger, aus Erdöl u. Erdgas gewonnener, aliphatischer gesättigter Kohlenwasserstoff, verwendet für Heizzwecke, als Motorentreibstoff sowie zur Herstellung von Butadien [zu lat. *butyrum* »fette Bestandteile der Milch«]

Bu|ta|nol 〈n.; -s; unz.; Chemie〉 vom Butan abgeleiteter Alkohol; *Sy* Butylalkohol

butch 〈[bʊtʃ] Adj.; undekl.; umg.〉 von markant maskulinem Äußeren od. mit bes. maskulinen Attributen ausgestattet [engl., »maskulin«]

Bu|ten 〈n.; -s; unz.; Chemie〉 ein Kohlenwasserstoff mit vier Kohlenstoffatomen und einer Doppelbindung; *Sy* Butylen

Bu|tike 〈f.; -, -n〉 = Boutique

But|ler 〈[bʌt-] m.; -s, -〉 ranghöchster Diener, Haushofmeister in engl. Herrenhäusern [engl., »Kellermeister« zu frz. *bouteille* »Flasche«]

But|ter|fly 〈[bʌtə(r)flaɪ] m.; - od. -s, -s; Sport〉 **1** 〈Kunstturnen〉 ein seitwärts gestreckt ausgeführter Salto **2** 〈Eiskunstlauf〉 eine ähnlich der oben genannten Turnfigur angelegter Spreizsprung **3** 〈unz.; Schwimmen〉 Schmetterlingsstil [engl., »Schmetterling(-sstil)«]

But|ter|fly|stil 〈[bʌtə(r)flaɪ-] m.; -s; unz.; Sport〉 Schwimmstil, bei dem die Arme von hinten nim Kreis nach vorn geführt werden, Schmetterlingsstil; *Sy* Butterfly (3) [<engl. *butterfly* »Schmetterling«]

But|ton 〈[bʌtn] m.; -s, -s〉 **1** Plakette mit Aufschrift, durch der der Träger seine Meinung zu einer (meist polit.) Frage kundgibt **2** 〈umg.; bes. EDV〉 Betätigungsknopf, -schalter [engl., »Knopf«]

Bu|tyl 〈n.; -s; unz.; Chemie〉 vom Butan abgeleiteter, zweiwertiger Alkylrest [verkürzt <lat. *butyrum* »fette Bestandteile der Milch« + …*yl*]

Bu|tyl|al|ko|hol 〈m.; -(e)s; unz.; Chemie〉 = Butanol

Bu|ty|len 〈n.; -s; unz.; Chemie〉 = Buten

Bu|ty|ro|me|ter 〈n.; -s, -〉 Gerät zum Messen des Fettgehaltes der Milch [<lat. *butyrum* »fette Bestandteile der Milch« + …*meter*]

Buy-back *auch:* **Buy|back** 〈[baɪbæk] m. od. n.; - od. -s, -s; Wirtsch.〉 Rückkauf einer Beteiligung (bes. in Form von Aktien) durch den Veräußerer [engl., »Rückkauf«]

Buy-out *auch:* **Buy|out** 〈[baɪaʊt] m. od. n.; -s, -s; Wirtsch.〉 kurz für〉 Management-Buy-out [engl., »Aufkauf«]

Bu|zen|taur 〈m.; -en, -en〉 *oV* Bucintoro **1** Sagenungeheuer, Stiermensch der grch. Sage **2** venezianisches Prunkschiff [<grch. *bus* »Stier«+ *kentauros* »Zentaur«]

Buzz|word 〈[bʌzwɔːd] n.; -s, -s〉 einen bestimmten Trend od. eine neue Entwicklung bezeichnendes Modewort [engl., »Schlagwort«]

bye-bye! 〈[baɪbaɪ] umg.〉 auf Wiedersehen! [engl., Weiterbildung von *good bye*]

By|pass 〈[baɪ-] m.; -es, -es od. -päs|se; Med.〉 Umgehungstransplantat (bei Herzoperationen) [engl., »Umgehung«]

By|ro|nis|mus 〈[baɪrə-] m.; -; unz.〉 die Nachahmung der weltschmerzlichen Dichtung des englischen Lords Byron (1788-1824)

Bys|sus ⟨m.; -; unz.⟩ **1** ⟨Antike⟩ feines Gewebe **1.1** baumwollener Netzhemdenstoff **2** von Muscheln (Bivalvia) erzeugte, zähe, hornartige Fäden, mit deren Hilfe sich die frei auf dem Untergrund liegenden Tiere anheften können, z. B. die Miesmuschel [<grch. *byssos* »feine Leinwand«]

Byte ⟨[baɪt] n.; - od. -s, -s od. (bei Zahlenangaben) -⟩; Zeichen: B; EDV⟩ kleinste Recheneinheit einer EDV-Anlage, umfasst meist acht Bit als Datenträger u. ein od. zwei Prüfbits [engl., erweiterte Form zu *Bit*]

By|zan|ti|ner ⟨m.; -s, -⟩ **1** Einwohner von Byzanz (Konstantinopel) **2** ⟨fig.; veraltet⟩ Schmeichler, Kriecher

by|zan|ti|nisch ⟨Adj.⟩ **1** Byzanz betreffend, zu Byzanz gehörig **2** ⟨fig.; veraltet⟩ schmeichlerisch, unterwürfig

By|zan|ti|nis|mus ⟨m.; -; unz.⟩ **1** byzantinischer Hof-, Staatsform **2** ⟨fig.; veraltet⟩ kriecher. Unterwürfigkeit

By|zan|ti|nis|tik ⟨f.; -; unz.⟩ Wissenschaft von der Geschichte u. Kultur des Byzantinischen Reiches [nach der Stadt *Byzanz*, heute Istanbul]

c ⟨Zeichen für⟩ Zenti…

C 1 ⟨röm. Zahlzeichen für⟩ hundert **2** ⟨in röm. Inschriften Abk. für⟩ Caesar, Gajus (Cajus), Censor u. a. **3** ⟨Physik; Zeichen für⟩ Coulomb, Celsius (°C) **4** ⟨chem. Zeichen für⟩ Kohlenstoff (Carboneum) **5** ⟨postal. Zeichen für⟩ Zentrum (3) **6** ⟨EDV⟩ vielseitig verwendbare, maschinennahe Programmiersprache, die zusammen mit dem Betriebssystem Unix entwickelt wurde [zu 1: <lat. *centum*]

ca. ⟨Abk. für⟩ zirka

Ca 1 ⟨chem. Zeichen für⟩ Calcium **2** ⟨Med.; Abk. für⟩ Karzinom

Ca|bal|et|ta ⟨f.; -, -s od. -let|ten; Musik⟩ **1** kurze Arie mit einem einfachen, gleichbleibenden Rhythmus **2** rhythmisch gesteigerter Schlussteil einer Arie; →a. Stretta **3** Wiederholungs- od. Zwischenteil einer Arie [ital.; zu frz. *couplet* »Strophe« <lat. *copula* »Band«]

Ca|bal|le|ro ⟨[kavaljeːro] m.; -s, -s; span. Bez. für⟩ **1** Ritter **2** ⟨in der Anrede⟩ Herr [span., »Ritter; Herr«]

Ca|ba|nos|si ⟨f.; -, -⟩ = Kabanossi

Ca|ba|ret ⟨[kabareː] od. [kabareː] n.; -s, -s⟩ = Kabarett

Ca|ble|trans|fer *auch:* **Ca|ble|transfer** ⟨[keɪbl trænsfœː] m.; (-) -s, (-) -s⟩ telegrafische Geldübermittlung [<engl. *cable* »Kabel« + *transfer* »(Geld-)Übertragung«]

Ca|bo|chon ⟨[kaboʃɔ̃ː] m.; -s, -s⟩ rund geschliffener Edelstein [frz.; zu *caboche* »Kuppe«]

Ca|bo|ta|ge ⟨[-ʒə] f.; -, -n⟩ = Kabotage

Cab|rio *auch:* **Ca|brio** ⟨n.; -s, -s⟩ = Kabrio

Cab|ri|o|let *auch:* **Ca|bri|o|let** ⟨[-leː] n.; -s, -s⟩ = Kabriolet

Cac|cia ⟨[katʃa] f.; -, -s; Musik⟩ **1** ⟨allg.⟩ Jagdstück **2** mit zwei Solostimmen besetzter Kanon (in der italienischen Musik des 14.-16. Jh.); →a. Ars nova [ital., »Jagd«]

Cache ⟨[kæʃ] od. [kaʃ] m.; -, -s; EDV⟩ zwischen Arbeitsspeicher u. Prozessor geschaltete Speichereinheit, Pufferspeicher [engl., »Versteck«]

Ca|che|lot ⟨[-ʃɔlɔt] m.; -s, -s⟩ = Kaschelott

Ca|che|nez ⟨[kaʃ(ə)neː] n.; -, - [-neːs]⟩ Halstuch [frz. »Schal«]

Ca|chet ⟨[kaʃeː] n.; -s, -s⟩ **1** Siegel **2** Gepräge, Eigenart [frz., »Siegel, Handstempel«]

ca|chie|ren ⟨[-ʃiː-] V.⟩ = kaschieren

Ca|chou ⟨[kaʃuː] n.; -s, -s⟩ **1** Lakritzsaft, Hustenmittel **2** gerbstoffhaltiger Pflanzensud [frz. <malai. *kachu*]

Ca|chu|cha ⟨[-tʃuːtʃa] f.; -, -s⟩ dem Bolero ähnlicher, andalusischer Solotanz im Dreivierteltakt [span.]

Cac|ta|ce|ae ⟨[-tseːeː] Pl.; Bot.⟩ = Kakteen; *oV* Kaktazeen [→ *Kaktus*]

CAD ⟨[cæd] EDV; Abk. für engl.⟩ Computer-Aided Design, ⟨computerunterstütztes Design⟩ computerunterstütztes Konstruieren od. Entwerfen von Bauteilen, wobei die Bauteile mittels eines Computers u. Bildschirms aufgebaut u. den auftretenden Belastungszuständen unterworfen werden; →a. CAM

c. a. d. ⟨Wirtsch.; Abk. für engl.⟩ cash against documents

Ca|da|ve|rin ⟨[-ve-] n.; -s; unz.⟩ = Kadaverin

Cad|die ⟨[kædɪ] m.; -s, -s⟩ **1** Junge, der die Schläger von Golfspielern trägt **2** ⟨®⟩ Einkaufswagen (in Lebensmittelmärkten) [engl.]

cad|mie|ren ⟨V.; Chemie⟩ mit einer Schicht Cadmium überziehen; *oV* kadmieren; *Sy* verkadmen

Cad|mi|um ⟨n.; -s; unz.; chem. Zeichen: Cd⟩ silberweißes Metall, chem. Element, Ordnungszahl 48; *oV* Kadmium [<grch. *kadmia, kadmeia* »Zinkerz«]

Cad|re|par|tie *auch:* **Cad|re|partie** ⟨[-drə-] f.; -, -n; Sport⟩ bestimmte Partie im Billard, bei der die Spielfläche in Felder aufgeteilt ist; *oV* Kaderpartie [<frz. *cadre* »Rahmen« + *Partie*]

CAE ⟨[siːeːiː] EDV; Abk. für engl.⟩ Computer-Aided Engineering (computerunterstütztes Ingenieurwesen)

Cae|cum ⟨n.; -s, -ca; Med.⟩ = Zäkum

Cae|re|mo|ni|a|le ⟨n.; -, -li|en od. -lia; kath. Kirche⟩ amtliche Sammlung von Anweisungen für die Liturgie feierlicher Gottesdienste [zu lat. *caeremonia* »heilige Handlung«]

Cae|si|um ⟨n.; -s; unz.; chem. Zeichen: Cs⟩ chemisches Element, silberweißes, sehr weiches Alkalimetall, Ordnungszahl 55; *oV* Cäsium, Zäsium [<lat. *caesius* »blaugrau«]

Café

Ca|fé ⟨[-fe:] n.; -s, -s⟩ Kaffeehaus, Konditorei [frz., »Kaffee, Café«]

Ca|fé com|plet auch: **Ca|fé complet** ⟨[-kɔ̃plɛ] m.; - -, -s [-fe:] - [kɔ̃plɛ]; schweiz.⟩ Kaffee mit Brötchen, Butter u. Marmelade [<frz. *café* »Kaffee« + *complet* »vollständig«]

Ca|fé crème ⟨[-krɛ:m] m.; - -, -s [-fe:] - [-krɛ:m]; schweiz.⟩ Kaffee mit Sahne [<frz. *café* »Kaffee, Café« + *crème (fraîche)* »(frische) Sahne«]

Ca|fe|te|ria ⟨f.; -, -ri|en⟩ kleines Lokal, Kaffeehaus (bes. innerhalb von Betrieben, Universitäten u. Ä.); oV Cafeterie [<span. *cafeteria* »Kaffeehaus«]

Ca|fe|te|rie ⟨f.; -, -n⟩ = Cafeteria

CAI ⟨[si:ɛɪaɪ] EDV; Abk. für engl.⟩ **1** Computer-Aided Instruction (computerunterstützter Unterricht); →a. CAL **2** Computer-Aided Industry (computerunterstützter Industriebetrieb)

Cai|pi|rin|ha ⟨[kaɪpɪrɪŋja] m.; -s, -s od. f.; -, -s⟩ Cocktail aus weißem Rum, braunem Zucker, Limettensaft u. zerstoßenen Eisstückchen [portug.]

Cairn|ter|ri|er ⟨[kɛ:(r)n-] m.; -s, -; Zool.⟩ Angehöriger einer kleinen Hunderasse mit kurzen Beinen u. langem Fell [<engl. *cairn* »Steinhügel« + *Terrier*]

Cais|son ⟨[kɛsɔ̃:] m.; -s, -s⟩ unten offener Kasten für Arbeiten unter Wasser, Senkkasten [frz., »Kastenwagen, Senkkasten«]

Cais|son|krank|heit ⟨[kɛsɔ̃:-] f.; -, -en⟩ Taucherkrankheit, Durchblutungsstörungen infolge Bildung von Gasbläschen bei plötzlichem Rückgang des Luftdrucks, z. B. beim Ausstieg aus einem Caisson, nach dem Tauchen usw.

Cake ⟨[keɪk] m.; -s, -s; schweiz.⟩ in einer länglichen Form gebackene Sandkuchenart [engl., »Kuchen«]

Cake|walk ⟨[keɪkwɔːk] m.; - od. -s, -s; Musik⟩ **1** (urspr.) traditioneller Rundtanz nordamerikanischer Sklaven um einen dabei zu gewinnenden Kuchen **2** (danach) (um Anfang des 20. Jh. in Europa eingeführter) mit Jazzrhythmen unterlegter Gesellschafts- u. Bühnentanz ohne Partner [<engl. *cake* »Kuchen« + *walk* »Schritt, Spaziergang«]

cal ⟨Abk. für⟩ die nicht mehr zulässige Energieeinheit Kalorie

CAL ⟨[si:ɛɪɛl] EDV; Abk. für engl.⟩ Computer Aided Learning (computerunterstütztes Lernen); →a. CAI

Ca|la|ma|res ⟨Pl.; Kochk.⟩ frittierte Tintenfischringe [<span. *calamar* »Kalamar«]

Ca|la|mus ⟨m.; -, -la|mi⟩ **1** (im Altertum) rohrförmiges Schreibgerät **2** unterer, hohler Teil der Vogelfeder, Spule [<lat. *calamus* »Rohr, Stängel«]

ca|lan|do ⟨Musik⟩ abnehmend in Tempo u. Lautstärke (zu spielen) [ital., »nachlassend«]

Ca|lan|que ⟨[kalã:k] f.; -, -s; Geol.⟩ während des nacheiszeitlichen Meeresspiegelanstiegs entstandene Küstenform mit überfluteten Unterläufen von Trockentälern in Kalkgesteinen, typisch ausgebildet an der französischen Mittelmeerküste südöstlich von Marseille [frz., »kleine Bucht, Schlupfhafen«]

Cal|ca|ne|us ⟨m.; -, -nei [-nei]; Anat.⟩ Fersenbein [<lat. *calcaneum* »Ferse«]

Cal|ce|o|la|ria ⟨f.; -, -ri|en⟩ = Kalzeolarie

Cal|ci|fe|rol ⟨n.; -s, -e⟩ Vitamin D; oV Kalziferol [<*Calcium* + lat. *ferre* »tragen«]

Cal|ci|na|tion ⟨f.; -, -en; Chemie⟩ oV Kalzination **1** ⟨unz.⟩ das Calcinieren **2** ⟨zählb.⟩ Produkt des Calcinierens [<lat. *calx*, Gen. *calcis* »Kalk«]

cal|ci|nie|ren ⟨V.; Chemie⟩ *feste Stoffe* ~ zum Entfernen von Kristallwasser od. zum Abspalten von Kohlendioxid erhitzen

Cal|ci|spon|gi|ae ⟨[-gie:] Pl.⟩ Kalkschwämme [<lat. *calx*, Gen. *calcis* »Kalk« + *Spongia*]

Cal|cit ⟨m.; -s, -e; Min.⟩ Kalkspat; oV Kalzit [zu lat. *calx*, Gen. *calcis* »Kalk«]

Cal|ci|um ⟨n.; -s; unz.⟩ chem. Zeichen: Ca⟩ chem. Element, Erdalkalimetall, Ordnungszahl 20; oV Kalzium [<lat. *calx*, Gen. *calcis* »Kalk«]

Calcium / Kalzium (*orthographische Varianten*) Viele Fremdwörter haben über verschiedene Fachsprachen Eingang in die deutsche Standardsprache gefunden. Daher gibt es für eine Reihe ursprünglich fachsprachlich verwendeter Termini neben der an der Herkunftssprache orientierten fachsprachlichen Schreibung auch eine integrierte Schreibweise mit integrierter Laut-Buchstaben-Zuordnung (→a. Coupon/Kupon).

Cal|ci|um|bro|mid ⟨n.; -s; unz.; Chemie⟩ Calciumsalz der Bromwasserstoffsäure; oV Kalziumbromid

Cal|ci|um|car|bid ⟨n.; -(e)s, -e; Chemie⟩ Ausgangsstoff für viele chem. Synthesen u. zur Darstellung von Acetylen; oV Kalziumkarbid; Sy ⟨i. e. S.⟩ Carbid

Cal|ci|um|car|bo|nat ⟨n.; -(e)s, -e; Chemie⟩ Calciumsalz der Kohlensäure, in mineral. Form als Kalk weit verbreitet; oV Kalziumkarbonat

Cal|ci|um|chlo|rid ⟨[-klo:-] n.; -(e)s, -e; Chemie⟩ hygroskop. Abfallprodukt beim Ammoniaksodaverfahren; oV Kalziumchlorid; Sy Chlorcalcium

Cal|ci|um|flu|o|rid ⟨n.; -(e)s, -e; Chemie⟩ Flussmittel in Hüttenwerken, Glasfabrikat, Antiseptikum, in mineral. Form als Fluorit bezeichnet; oV Kalziumfluorid

Cal|ci|um|hy|dro|xid auch: **Cal|ci|um|hy|dro|xid** ⟨n.; -s; unz.; Chemie⟩ starke Base, entsteht durch Auflösen von gebranntem Kalk in Wasser; oV Kalziumhydroxid

Cal|ci|um|oxid ⟨n.; -(e)s, -e; Chemie⟩ gebrannter Kalk; oV Kalziumoxid

Cal|ci|um|phos|phat ⟨n.; -(e)s, -e; Chemie⟩ Düngemittel; oV Kalziumphosphat

Cal|ci|um|sul|fat ⟨n.; -(e)s, -e; Chemie⟩ Gips; oV Kalziumsulfat

Cal|de|ra ⟨f.; -, -de|ren; Geol.⟩ durch Einsturz od. explosionsartigen Auswurf von Material entstandener Vulkantrichter [span., »Kessel«]

Cal|en|dae ⟨Pl.⟩ = Kalenden
Cal|en|du|la ⟨f.; -, -lae [-lɛː]; Bot.⟩ Ringelblume aus der Familie der Korbblütler [spätlat.]
Calf ⟨a. engl. [kaːf] n.; -s; unz.⟩ Kalbsleder
Cal|i|che ⟨[kaliːtʃə] f.; -; unz.⟩ Ausgangsstoff für die Gewinnung von Chilesalpeter [span., »Kalkflocke«]
Cal|i|for|ni|um ⟨n.; -s; unz.; chem. Zeichen: Cf⟩ künstl. hergestelltes chem. Element mit der Ordnungszahl 99; *oV* Kalifornium [nach *California*, Bundesstaat der USA]
Cal|i|na ⟨f.; -, -s; Meteor.⟩ (während des Sommers auftretende) Lufttrübung durch heiße Staubmassen im Innenland Spaniens [span., »Dunst«]
Call ⟨[kɔː] m.; -s, -s⟩ **1** ⟨Börse⟩ Kaufoption **2** ⟨salopp⟩ Telefongespräch **3** ⟨wiss.⟩ ∼ *for Papers* Aufruf, Vorträge für eine Tagung anzumelden [engl., »Ruf, Schrei; Anruf«]
Cal|la ⟨f.; -, -s⟩ = Kalla
Cal|la|ne|tics® ⟨[kælənɛːtɪks] Pl.⟩ gymnast. Training bestimmter Muskelschichten [nach der Amerikanerin *Callan* Pickney]
Cal|la|in|it ⟨m.; -s, -e; Min.⟩ = Variszit
Call|boy ⟨[kɔːlbɔɪ] m.; -s, -s⟩ Prostituierter, den man telefonisch bestellt [engl., eigtl. »Hotelpage« *<call* »anrufen« + *boy* »Junge«]
Call-by-Call ⟨[kɔːlbaɪkɔːl] n.; - od. -s; unz.; meist ohne Artikel⟩ Verfahren, bei dem der Anrufer bei jedem Telefonat mittels einer bestimmten Vorwahl darüber entscheiden kann, über welche Telefongesellschaft er ein Gespräch führen möchte [<engl. *call by call* »Anruf für Anruf«]
Call|cen|ter ⟨[kɔːlsɛntə(r)] n.; -s, -; Wirtsch.⟩ **1** Telemarketingbetrieb, in dem Anrufe der Kunden entgegengenommen u. bearbeitet werden **2** Abteilung eines Unternehmens, die Fragen u. Reklamationen entgegennimmt [<engl. *call* »anrufen« + *Center*]
cal|len ⟨[kɔːl-] V.; umg.; salopp⟩ **1** anrufen, telefonieren **2** nennen [<engl. *call*]

Call|girl ⟨[kɔːlɡœːl] n.; -s, -s⟩ Prostituierte, die man telefonisch bestellt [<engl. *call* »anrufen« + *girl* »Mädchen«]
Call-in ⟨[kɔːlɪn] n.; - od. -s, -s; TV⟩ Sendung, während der die Zuschauer anrufen können [<engl. *call* »anrufen«]
Call|ing|card ⟨[kɔːlɪŋkaːd] f.; -, -s⟩ **1** Visitenkarte **2** international gültige Telefonkarte [<engl. *call* »anrufen« + *card* »Karte«]
Cal|lus ⟨m.; -, -lus|se⟩ = Kallus
cal|ma|to ⟨Musik⟩ beruhigend, beruhigt (zu spielen) [ital.]
Cal|me ⟨f.; -, -n⟩ = Kalme
Ca|lor ⟨m.; -s; unz.; Med.⟩ Wärme, Hitze (als Folge einer Entzündung) [lat.]
cal|lo|ri|sie|ren ⟨V.⟩ = kalorisieren
Cal|lu|met ⟨n.; -s, -s⟩ = Kalumet
Cal|lu|tron *auch*: **Cal|lu|tron** ⟨n.; -s, -e od. -s; Kernphysik⟩ Gerät zur Trennung von Isotopen [verkürzt <engl. *Cal*ifornia *U*niversity *Cyclotron*]
Cal|va ⟨[-va] f.; -, -ven; Anat.⟩ = Kalva
Cal|va|dos ⟨[kalva-] m.; -, -⟩ ein Apfelbranntwein [frz., nach dem gleichnamigen frz. Département in der Normandie]
Cal|va|ria ⟨[-vaː-] f.; -, -ri|ae [-riɛː]; Anat.⟩ knöchernes Schädeldach [<lat. *calvus* »kahl«]
Cal|vi|nis|mus ⟨[-vi-] m.; -; unz.⟩ = Kalvinismus
Cal|vi|nist ⟨[-vi-] m.; -en, -en⟩ = Kalvinist
cal|vi|nis|tisch ⟨[-vi-] Adj.⟩ = kalvinistisch
Cal|vi|ties ⟨[-viː-] f.; -; unz.; Med.⟩ Kahlheit [lat.]
Calx ⟨f.; -, Cal|ces⟩ **1** ⟨Anat.⟩ Ferse **2** Kalk [<lat. *calx* »Kalkstein; Ferse, Huf«]
Ca|ly|ces ⟨Pl. von⟩ Calyx
cal|ly|ci|nisch ⟨Adj., Bot..⟩ kelchartig (von der Blütenhülle) [→ *Calyx*]
Ca|lyp|so ⟨m.; -s, -s⟩ **1** ⟨urspr.⟩ Tanz der Schwarzen in Mittelamerika **2** ⟨danach⟩ Modetanz im Samba- u. Rumbarhythmus **3** ⟨grch. Myth.⟩ Nymphe aus der homerischen Odyssee, die Odysseus einige Jahre gefangen hielt [Herkunft nicht bekannt]
Ca|lyp|tra *auch*: **Ca|lyp|tra** ⟨f.; -, -tren⟩ = Kalyptra
Ca|lyx ⟨m.; -, -ly|ces; Bot.⟩ **1** Blü-

tenkelch **2** Körperteil der Haarsterne [<grch. *kalyx* »Kelch«]
CAM ⟨[kæm] EDV; Abk. für engl.⟩ Computer-Aided Manufacturing (computerunterstützte Herstellung von Werkzeugen u. Maschinen); →*a.* CAD
Cam|bia|ta ⟨f.; -, -a|ten; Musik⟩ Wechselnote, die den auf dem leichten Taktteil stehenden dissonanten Nebenton bezeichnet u. in einen konsonierenden Ton abspringt [zu ital. *cambiare* »wechseln«]
Cam|bio ⟨m.; -s; ital. Bez. für⟩ Geldumtausch
Cam|bi|um ⟨n.; -s, -bi|en⟩ = Kambium
Cam|cor|der ⟨[kæmkɔːdə(r)] od. [kæmkɔːdə(r)] m.; -s, -⟩ tragbare Kamera zur Aufzeichnung von Videoaufnahmen, die auch über eine Abspiel- u. Ansichtsfunktion verfügt; *Sy* Kamerarekorder [<engl. *cam*era »Kamera« + re*corder* »Rekorder«]
Ca|mem|bert ⟨[kamɛ̃bɛːr] m.; -s, -s⟩ vollfetter Weichkäse mit leichtem Schimmelbelag u. champignonartigem Geschmack [nach dem frz. Ort *Camembert* in der Normandie]
Ca|meo ⟨[kæmɪoʊ] m.; -s, -s⟩ kurzer Auftritt eines bekannten Schauspielers, Schriftstellers o. Ä. in einem Film od. auf der Bühne [engl., eigtl. »Miniatur(-rolle)«]
Ca|me|ra ob|s|cu|ra *auch*: **Ca|me|ra obs|cu|ra** ⟨f.; - -, -rae -rae⟩ einfachste Form einer Kamera mit kleinem Loch statt Linse, Lochkamera [lat., »dunkle Kammer«]
Ca|mi|on ⟨[kamjɔ̃ː] m.; -s, -s; schweiz.⟩ Lastkraftwagen [frz., »Lastwagen«]
Ca|mi|on|na|ge ⟨[kamjɔnaːʒə] f.; -; unz.; schweiz.⟩ Spedition [frz., »An- u. Abfuhr (von Kaufmannsgütern)«]
Ca|mi|on|neur ⟨[kamjɔnøːr] m.; -s, -e; schweiz.⟩ Spediteur [frz., »Lastwagenfahrer«]
Ca|mor|ra ⟨f.; -; unz.⟩ = Kamorra
Ca|mou|fla|ge *auch*: **Ca|mouf|la|ge** ⟨[kamuflaːʒ(ə)] f.; -, -n⟩ **1** Irreführung, Täuschung, Betrug **2** ⟨Kosmetik⟩ Make-up zum Überdecken von Hautfehlern; *Pigmentflecken lassen sich mit* ∼

147

camouflieren

abdecken 3 ⟨frz. Mil.⟩ Tarnung 4 ⟨Textilw.⟩ natur- u. khakifarbene Freizeitbekleidung im Militärstil [frz., »Tarnung«]
ca|mou|flie|ren *auch:* **ca|mouf|lie|ren** ⟨[-mu-] V.⟩ täuschen, betrügen, überdecken; *die Unternehmen ~ ihre Defizite geschickt* [→ *Camouflage*]
Camp ⟨[kæmp] n.; -s, -s⟩ 1 Feld-, Zelt-, Gefangenenlager 2 USamerikan. Militärstützpunkt [engl.]
Cam|pa|gne *auch:* **Cam|pag|ne** ⟨[-panjə] f.; -, -n⟩ = Kampagne
Cam|pai|gner *auch:* **Cam|paig|ner** ⟨[-pɛɪnə(r)] m.; -s, -⟩ jmd., der an einer Kampagne (3) teilnimmt; *Werbe~* [engl.]
Cam|pa|ni|le ⟨m.; -, -⟩ = Kampanile
Cam|pa|nu|la ⟨f.; -, -lae; Bot.⟩ Glockenblume; *oV* Kampanula [ital., »Glockenblume«; zu *campana* »Glocke«]
Cam|pa|ri® ⟨m.; -s, -⟩ roter, wermuthaltiger Bitterlikör [nach der ital. Firma D. *Campari*]
Cam|pe|che|holz ⟨[kampɛtʃə-] n.; -es; unz.⟩ Blauholz [nach dem mexikanischen Staat *Campeche*]
cam|pen ⟨[kæm-] V.; umg.⟩ zelten [→ *Camp*]
Cam|per ⟨[kæm-] m.; -s, -⟩ 1 jmd., der Camping betreibt 2 motorisierter Wohnwagen, Wohnmobil
Cam|pe|si|no ⟨m.; -s, -s; span. Bez. für⟩ Bauer, Landarbeiter
Cam|phen ⟨n.; -s; unz.; Chemie⟩ aus Terpentinöl gewonnenes, in ätherischen Ölen vorkommendes Terpen; *oV* Kamphen [<engl. *camphene*, verkürzt <*camphor* »Kampfer« + *terpene* »Terpen«]
cam|pie|ren ⟨V.; schweiz.⟩ = campen
Cam|pi|gni|en *auch:* **Cam|pig|ni|en** ⟨[kāpɪnjɛ̄:] n.; - od. -s; unz.⟩ Kulturstufe am Ende der Mittelsteinzeit [nach dem Hügel *Campigny* bei Blagny-sur-Bresle im Département Seine-Inférieure, Frankreich]
Cam|ping ⟨[kæm-] n.; - od. -s; unz.⟩ Freizeit- u. Feriengestaltung mit Zelt od. Wohnwagen; *zum ~ ans Mittelmeer fahren* [engl.]

Cam|ping|platz ⟨[kæm-] m.; -es, -plät|ze⟩ Platz zum Aufstellen von Zelten u. Wohnwagen (meist mit sanitären Anlagen)
Camp|mee|ting ⟨[kæmpmi:tɪŋ] n.; - od. -s, -s; bes. in den USA⟩ im Freien od. in einem Zelt abgehaltener Gottesdienst [<engl. *camp* »Lager« + *meeting* »Treffen, Zusammenkunft«]
Cam|po ⟨m.; -s, -s; meist Pl.; Geogr.⟩ baumloses Grasland im Inneren Südamerikas [span., portug., »Feld«]
Cam|po|san|to ⟨m.; -s od. -ti⟩ Friedhof [ital.]
Cam|pus ⟨m.; -; unz.⟩ Universitäts-, Collegegelände [engl. <lat. *campus* »Lager«]
Ca|nail|le ⟨[kanaljə] f.; -, -n⟩ Lump, Schurke [frz., »Gesindel, Lumpenpack« <lat. *canis* »Hund«]
Ca|na|le ⟨m.; -s, -na|li⟩ Kanal; *~ Grande* [ital.]
Ca|na|lis ⟨m.; -, -na|les; Med.⟩ Körperkanal [lat.]
Ca|na|pé ⟨[-pe:] n.; -s, -s⟩ = Kanapee
Ca|nas|ta ⟨n.; -s; unz.; Kart.⟩ in Südamerika erfundenes Kartenspiel mit 2 mal 52 Karten u. 6 Jokern für 2 bis 6 Personen; *oV* Kanaster [span., »Körbchen«]
Can|can ⟨[kākā:] m.; -s, -s⟩ Bühnentanz in schnellem Tempo mit Hochwerfen der Beine [Herkunft unsicher]
can|celn ⟨[ka:nsəln] od. [kæ:nsəln] V.⟩ absagen; *einen Reise, einen Flug ~* [<engl. *cancel* »absagen, entwerten« <lat. *cancellare* »mit Gittern durchstreichen«; zu *cancelli* »Gitter, Schranken«]
Can|cer ⟨m.; -s, -; Med.⟩ Krebs, Krebsgeschwür [lat. *cancer*]
can|ce|ro|gen ⟨Adj.; Med.⟩ = kanzerogen
Can|ce|ro|gen ⟨n.; -es, -e; Med.⟩ = Kanzerogen
Can|ce|ro|id ⟨n.; -s, -e; Med.⟩ = Kanzeroid
Can|ción ⟨[-ɕi̯on] od. [-θi̯on] n.; -s, -s; Lit.⟩ 1 (urspr.) fünfzeiliges spanisches Lied des 15./16. Jh. 2 (dann) lyrisches Gedicht mit regelmäßigem Strophenaufbau [span., »Lied«]
cand. ⟨Abk. für⟩ candidatus (= Kandidat)

Can|de|la ⟨[-de:-] f.; -, -; Physik; Zeichen: cd⟩ Einheit der Lichtstärke, 1 cd wird von einem schwarzen Körper bei einer Temperatur von 2042,5 K (Erstarrungstemperatur von reinem Platin) mit einer Öffnung von $^1/_{60}$ cm^2 ausgesandt [lat., »Wachslicht«]
Can|di|da ⟨f.; -, -dae [-dɛ:]⟩ Gattung der Sprosspilze, auf Haut u. Schleimhaut von Mensch u. Tier schmarotzend [zu lat. *candidus* »weiß, glänzend«]
Can|dle|light|din|ner ⟨[kændəllaɪt-] n.; -s, -⟩ abendl. Festessen bei Kerzenlicht [<engl. *candle* »Kerze« + *light* »Licht« + *dinner* »Abendmahlzeit«]
Ca|ni|nus ⟨m.; -, -ni|ni; Anat.⟩ Eckzahn [<lat. *caninus* »bissig«]
Ca|ni|ties ⟨f.; -; unz.; Med.⟩ Veränderung der Haarfarbe, Ergrauen [lat.]
Can|na ⟨f.; -, -s; Bot.⟩ = Kanna
Can|na|bis ⟨m.; -; unz.; Bot.⟩ 1 Hanf 2 Haschisch, Marihuana [<lat. *cannabis* »Hanf«]
Can|nae ⟨n.; -; -; geh.⟩ verheerende Niederlage; *oV* Kannä [nach der Schlacht bei *Cannae*, wo Hannibal 216 v. Chr. das röm. Heer vernichtend schlug]
Can|nel|lo|ni ⟨Pl.; Kochk.⟩ Röllchen aus Nudelteig, mit Hackfleisch gefüllt u. mit Käse überbacken [ital., Pl. zu *cannellone*, Vergrößerungsform zu *cannello* »Röhrchen«]
Can|ning ⟨[kænɪŋ] n.; - od. -s, -s; Physik⟩ Brennstoffumhüllung in Kernreaktoren [engl., eigtl. »Konservenherstellung«; zu *can* »Konserve, Blechkanne«]
Ca|ñon ⟨[kanjɔn] od. [kanjo:n], engl. [kænjən] m.; -s, -s⟩ enges, steiles Flusstal, Schlucht; *oV* Canyon [<span. *cañón* »Röhre«]
Ca|no|ni|cus ⟨m.; -, -ci⟩ = Kanoniker [ital.]
Ca|nos|sa|gang ⟨m.; -s, -gän|ge⟩ = Kanossagang
Cant ⟨[kænt] m.; -s; unz.⟩ 1 (urspr.) Gaunersprache 2 (dann) Heuchelei [engl.]
can|ta|bi|le ⟨[-le:] Musik⟩ gesangvoll, beseelt (zu spielen); *Andante ~* [ital., »singbar; beseelt«]

can|tan|do ⟨Musik⟩ singend (zu spielen) [ital.]
Can|ta|te 1 ⟨f.; -, -n; Musik⟩ = Kantate¹ **2** ⟨Rel.; ohne Artikel⟩ = Kantate²
Can|tha|ri|din ⟨n.; -s; unz.⟩ = Kantharidin
Can|ti|le|na ⟨f.; -, -nen; Musik⟩ = Kantilene
Can|to ⟨m.; -s, -s od. -ti; Musik⟩ Gesang [ital.]
Can|tus fir|mus ⟨m.; - -, - -fir|mi; Musik⟩ Hauptmelodie im kontrapunktischen Satz [lat.]
Can|vas|sing ⟨[kænvæsɪŋ] n.; - od. -s; unz.⟩ **1** Stimmenwerbung, Wahlpropaganda **2** Kundenwerbung, Reklame [engl.]
Can|yon ⟨[kænjɔn] m.; -s, -s⟩ = Cañon; *der Grand ~ des Colorado River* [engl., »Schlucht«]
Can|yo|ning ⟨[kænjənɪŋ] n.; - od. -s; unz.⟩ Bungeejumping in Schluchten
Can|zo|ne ⟨f.; -, -n; Musik⟩ = Kanzone [ital.]
Ca|o|da|is|mus ⟨a. [kau-] m.; -; unz.⟩ vietnamesische Religion mit buddhistischen, christl., taoistischen u. a. Elementen [nach der Gottheit *Cao-Dai*]
CAP ⟨[cæp] EDV; Abk. für engl.⟩ **1** Computer-Aided Planning (computergestützte Planung) **2** Computer-Aided Publishing (computerunterstütztes Erstellen von Publikationen); →*a.* Desktoppublishing
Ca|pa ⟨f.; -, -s⟩ farbiger Mantel des Stierkämpfers [span.]
Cape ⟨[ke:p] n.; -s, -s⟩ ärmelloser Umhang [engl., »Umhang«]
Ca|pe|a|dor ⟨m.; -s, -es⟩ Stierkämpfer, der den Stier mit der Capa herausfordert; *oV* Kapeador [span.]
ca|pi|to? ⟨umg.⟩ (hast du es) begriffen? [ital.; zu *capire* »verstehen«; → *kapieren*]
Ca|pi|tu|lum ⟨n.; -s, -la; Anat.⟩ Gelenkköpfchen [lat. *capitulum* »Köpfchen«; zu *caput* »Kopf«]
Ca|po|ei|ra ⟨[kapoɛ:ra] f.; -; unz.⟩ **1** ⟨urspr.⟩ Freiheits-, Kampftanz afrikan. Sklaven in Brasilien **2** ⟨heute⟩ moderner disziplinierter Kampf- u. Lebensstil, der die Beherrschung von Geist u. Körper umfasst [portug., eigtl. »Hühnerstall«]

Cap|puc|ci|no ⟨[-tʃi:-] m.; - od. -s, - od. -s⟩ ital. Kaffee mit wenig Milch u. Schlagsahne obenauf [ital., »Kapuziner«, nach der braunen Farbe der Kutte]

◆ Die Buchstabenfolge **capr...** kann auch **cap|r...** getrennt werden.

◆ **Ca|pric|cio** ⟨[-prɪtʃo] n.; -s, -s⟩ **1** heiteres, eigenwilliges Musikstück **2** Laune, Grille; *oV* Capriccio [ital., »Laune«]
◆ **ca|pric|cio|so** ⟨[-tʃo:-] Musik⟩ launig, heiter (zu spielen) [ital.]
◆ **Ca|pri|ce** ⟨[-sə] f.; -, -n⟩ = Capriccio (2) [frz., »Laune, launischer Einfall«]
◆ **Ca|pro|lak|tam** ⟨n.; -s; unz.⟩ = Kaprolaktam
◆ **Ca|pron|säu|re** ⟨f.; -, -n⟩ = Kapronsäure
Cap|si|cum ⟨n.; -s; unz.; Bot.⟩ = Kapsikum
Cap|si|en ⟨[-siɛ̃:] n.; - od. -s; unz.⟩ Kulturstufe der Alt- u. Mittelsteinzeit [nach dem Fundort *Capsa* (= Gafsa) in Tunesien]
Cap|tain ⟨[kæptən] m.; -s, -s; engl. Bez. für⟩ Kapitän
Cap|ta|tio Be|ne|vo|len|ti|ae ⟨f.; - -; unz.⟩ Werbung um die Gunst des Zuhörers od. Lesers [lat., »Trachten nach Wohlwollen«]
Ca|pu|chon ⟨[-pyʃɔ̃:] m.; -s, -s⟩ (Damen-)Mantel mit Kapuze [frz., »Kapuze, Kappe«]
Ca|put ⟨m.; -, Ca|pi|ta⟩ **1** Kopf **2** Gelenk- od. Muskelkopf [<lat. *caput* »Kopf, Haupt«]
Ca|put mor|tu|um ⟨n.; - -; unz.; Chemie⟩ das beim Glühen von Eisen-III-sulfat entstehende braunrote Eisen-III-oxid, zum Polieren von Glas u. Metallen u. als Malerfarbe verwendet, Venezianischrot; *Sy* Kolkothar [lat., »toter Kopf«]
CAQ ⟨[si:eɪkju:] Abk. für engl.⟩ Computer-Aided Quality (computerunterstützte Qualitätskontrolle)
Car ⟨m.; -s, -s; schweiz.⟩ Wagen, Auto [engl.]
Ca|ra|bi|ni|e|re ⟨[-njɛ:rə] m.; - od. -s, -ri⟩ = Karabiniere
Ca|ra|cal|la ⟨f.; -, -s⟩ in der Antike⟩ langer Kapuzenmantel [lat.]

Car al|pin ⟨[ka:r alpɛ̃:] m.; - -, -s -s [ka:rzalpɛ̃:]; schweiz.⟩ Bergfahrtwagen [frz., »Alpen-Reiseomnibus«]
Ca|ram|ba! Verdammt!, Donnerwetter! [span. Fluchwort]
Ca|ram|bo|la ⟨f.; -, -s⟩ = Karambola
Ca|ra|van ⟨a. [-va:n] m.; -s, -s⟩ **1** Kombiwagen **2** Wohnwagenanhänger für Kraftwagen [engl., »Wohnwagen«]
Ca|ra|va|ning ⟨[-va-] n.; - od. -s; unz.⟩ das Reisen u. Leben im Caravan; *er ist ein Fan des ~s* [engl.]
Ca|ra|vel|le ⟨[-vɛl-] f.; -, -n⟩ = Karavelle
carb..., Carb... ⟨in Zus.; vor Vokalen⟩ = carbo..., Carbo...
Carb|amid *auch:* **Carb|a|mid** ⟨n.; -s; unz.; Chemie⟩ Diamid der Kohlensäure, Endprodukt des Eiweißabbaues im Säugetierorganismus, Harnstoff; *oV* Karbamid [< *Carb*id + *Amid*]
Carb|a|zol *auch:* **Carb|a|zol** ⟨n.; -s; unz.; Chemie⟩ chemische Verbindung, die als Ausgangsstoff zur Herstellung von Kunst- u. Farbstoffen verwendet wird; *oV* Karbazol
Car|bid ⟨n.; -es, -e; Chemie⟩ **1** Verbindung von Kohlenstoff mit einem Metall od. Halbmetall; *oV* Karbid **2** ⟨i. e. S.⟩ = Calciumcarbid [<lat. *carbo* »Kohle« + ...*id*]
car|bo..., Carb|o... ⟨in Zus.⟩ Kohle..., Kohlen... [<lat. *carbo* »Kohle«]
car|bo|cy|clisch *auch:* **car|bo|cyc|lisch** ⟨Adj.⟩ = isocyclisch
Car|bo|dy|na|mit ⟨n.; -s; unz.⟩ Dynamit mit Holzkohle aus Kork, die Wasser aufsaugend wirkt [< *Carbo* + *Dynamit*]
Car|bo|li|ne|um ⟨n.; -s; unz.; Chemie⟩ aus Braunkohlenteer gewonnenes, braunes, schweres, karbolsäurehaltiges Öl, Anstrichmittel zur Erhaltung des Holzes od. zur Bekämpfung von Baumschädlingen sowie gegen Wildfraß; *oV* Karbolineum [→ *Karbol*]
Car|bo|nat ⟨n.; -(e)s, -e; Chemie⟩ Salz der Kohlensäure; *oV* Karbonat [<lat. *carbo* »Kohle«]
Car|bo|ne|um ⟨n.; -s; unz.; chem. Zeichen: C⟩ Kohlenstoff [lat.]

Carbonisation

Car|bo|ni|sa|ti|on ⟨f.; -; unz.; Chemie⟩ Umwandlung in Karbonat
car|bo|ni|sie|ren ⟨V.; Chemie⟩ in Carbonat verwandeln, verkohlen lassen; *oV* karbonisieren
car|bo|ni|trie|ren *auch:* **car|bo|nit|rie|ren** ⟨V.; Chemie⟩ *Werkstücke* ~ gleichzeitig Kohlenstoff u. Stickstoff an der Oberfläche von W. aus Stahl durch Glühen in Kohlenstoff u. Stickstoff abgebenden Mitteln anreichern; *oV* karbonitrieren
Car|bon|säu|re ⟨f.; -, -n; Chemie⟩ organische Säure, die die Carboxylgruppe COOH enthält; *oV* Karbonsäure
Car|bo|ny|le ⟨Pl.; Chemie⟩ Gruppe metall-organischer Verbindungen, bei denen die CO-Gruppe direkt an Metallatome gebunden ist; *oV* Karbonyle
Car|bo|nyl|grup|pe ⟨f.; -, -n; Chemie⟩ die zweiwertige Atomgruppe CO in organischen Verbindungen; *oV* Karbonylgruppe; *Sy* Ketogruppe
Car|bo|rund ⟨n.; -(e)s; unz.; Min.⟩ natürlich vorkommendes Mineral großer Härte, chem. Siliciumcarbid; *oV* Karborund [< *Carbo*... + *Korund*]
Car|bo|run|dum ⟨n.; -s; unz.⟩ künstlich hergestelltes Schleifmittel aus Silicium- u. Aluminiumverbindungen [< *Carbo*... + *Korund*]
Car|bo|xyl|grup|pe *auch:* **Car|bo|xyl|grup|pe** ⟨f.; -, -n; Chemie⟩ in den Carbonsäuren enthaltene Gruppe COOH; *oV* Karboxylgruppe [< *Carbon* + *Oxid* + ...*yl*]
Car|di|gan ⟨[kɑːdɪgən] m.; -s, -s⟩ sportliche, geknöpfte Strickweste [engl., nach J. T. Brudenell, 1797-1868, Graf von *Cardigan*]
CARE ⟨[kɛːr]⟩ **1** ⟨1946-1958; Abk. für engl.⟩ Cooperative for American Remittances to Europe, US-amerikanische Vereinigung zur Organisation von Hilfssendungen (Care-Pakete) in das Nachkriegsdeutschland **2** ⟨ab 1958; Abk. für engl.⟩ Cooperative for American Relief to Everywhere, US-amerikan. Vereinigung zur Organisation von Hilfssendungen in Notlagengebiete in aller Welt

care of ⟨[kɛːr ɔv] Abk.: c/o; in engl. u. amerikan. Anschriften⟩ wohnhaft bei [engl.]
ca|rez|zan|do ⟨Musik⟩ zärtlich, liebkosend (zu spielen) [ital.]
Car|go ⟨m.; -s, -s⟩ = Kargo
CARICOM ⟨Abk. für engl.⟩ Caribbean Community, Wirtschafts- u. Handelsgemeinschaft karibischer Staaten
Ca|ries ⟨f.; -; unz.; Zahnmed.⟩ = Karies
Ca|ril|lon ⟨[karijɔ̃ː] n.; -s, -s; Musik⟩ **1** Glockenspiel **2** Musikstück für Glockenspiel od. in Art eines Glockenspiels [frz., »Glockenspiel«]
Ca|ri|na ⟨f.; -, -nae [-nɛː]; Anat.⟩ Kamm auf dem Brustbein von Vögeln, der als Ansatzfläche für die Flugmuskulatur dient [< lat. *carina* »Schiffskiel«]
ca|rin|thisch ⟨Adj.⟩ kärntnerisch, Kärnten betreffend; *Carinthischer Sommer* kulturelle Festwochen in Kärnten [lat., nach der röm. Provinz *Cartana*]
Ca|ri|o|ca ⟨f.; -, -s⟩ ein lateinamerikan. Modetanz [portug., < Tupi]
Ca|ri|tas ⟨f.; -; unz. kurz für⟩ Deutscher Caritasverband; *oV* Karitas [lat., »Hochschätzung, aus Hochachtung entspringende Liebe«]
Ca|ri|tas|ver|band ⟨m.; -(e)s; unz.⟩ kath. Verband zur Wohlfahrtspflege
ca|ri|ta|tiv ⟨Adj.⟩ wohltätig
Car|ja|cking ⟨[kaːdʒækɪŋ] n.; -od. -s, -s⟩ das Rauben eines Autos unter Anwendung von Gewalt gegenüber dem Fahrer [< engl. *car* »Wagen, Auto« + hi*jacking* »Flugzeugentführung«]
Car|ma|gno|le *auch:* **Car|ma|gno|le** ⟨[-manjoːlə] f.; -, -n⟩ **1** frz. Revolutions- u. Tanzlied **2** kurzes Wams **3** Jakobinerjacke [vermutl. < lat. *carminare* »Wolle krempeln«]
Car|men ⟨n.; -s, -mi|na⟩ = Karmen
Car|nal|lit ⟨m.; -s; unz.; Chemie⟩ = Karnallit
Carnet de Passage ⟨[karnɛː də pasaːʒ] n.; - - -, -s [karnɛː] - -⟩ Sammelheft für Zollpassierscheine für Kraftfahrzeuge [< frz. *carnet* »Notizheft« + *passage* »Durchgang, Durchfahrt«]

Ca|rol ⟨[kærəl] n.; -s, -s; Musik; seit dem 16. Jh.⟩ englisches Volkslied; *Christmas* ~ Weihnachtslied [engl.]
Ca|ro|tin ⟨n.; -s; unz.; Chemie⟩ gelbroter Pflanzenfarbstoff, dient im Organismus als Ausgangsstoff für den Aufbau von Vitamin A; *oV* Karotin [< lat. *carota* »Karotte«]
Ca|ro|ti|no|i|de ⟨Pl.; Sammelbez. für⟩ eine Gruppe gelbroter Pflanzenfarbstoffe; *oV* Karotinoide
Ca|ro|tis ⟨f.; -, -ti|den; Anat.⟩ = Karotis
Car|pac|cio ⟨[-patʃo] n.; -s, -s; ital. Kochk.⟩ Speise aus sehr fein geschnittenem rohem Fleisch
Car|pa|lia ⟨Pl.; Anat.⟩ die Handwurzelknochen [→ *Carpus*]
Car|park ⟨m.; -s, -s⟩ Areal für das Parken von Kraftfahrzeugen [engl., »Parkplatz«]
Car|pe di|em! ⟨geh.⟩ nutze, genieße den Tag! [lat.; Spruch aus einer Ode des Horaz]
Car|port ⟨m.; -s, -s⟩ überdachtes Areal für das Abstellen von Kraftfahrzeugen [engl.]
Car|pus ⟨m.; -, Car|pi; Anat.⟩ Handwurzel [latinisiert < grch. *karpos* »Handwurzel«]
Car|ra|gen ⟨n.; -s, -e⟩ gelb bildender Stoff aus Rotalgen [nach dem irischen Küstenort *Carragheen*]
Car|ri|er ⟨[kærɪə(r)] m.; -s, -; internationale Bez. für⟩ **1** Transport-, Luftverkehrsgesellschaft **2** = Vancarrier [engl., »Spediteur, Beförderer«]
Car|sha|ring ⟨[kaːʃɛrɪŋ] n.; -s; unz.⟩ abwechselnde (leihweise) Nutzung eines Kraftfahrzeugs von mehreren Personen [< engl. *car* »Auto« + *share* »teilen«]
Carte blanche ⟨[kart blãːʃ] f.; - -, -s -s [kart blãːʃ]⟩ unbeschränkte Vollmacht [frz., »weiße Karte«]
car|te|si|a|nisch ⟨Adj.; Philos.⟩ = kartesianisch (1)
Car|te|si|a|nis|mus ⟨m.; -; unz.; Philos.⟩ = Kartesianismus
Car|tha|min ⟨n.; -s; unz.⟩ = Karthamin
Car|toon ⟨[kaːtuːn] m. od. n.; -s, -s⟩ **1** gezeichnete od. gemalte, häufig satirische Geschichte in Bildern **2** = Comicstrip [engl.]

150

Car|too|nist ⟨[-tu-] m.; -en, -en⟩ jmd., der Cartoons zeichnet

Car|too|nis|tin ⟨[-tu-] f.; -, -tinnen⟩ weibl. Person, die Cartoons zeichnet

car|ven ⟨[-vən] V.; Sport⟩ (mit Carvingskiern) Bögen auf den Skikanten fahren, ohne zu rutschen [< engl. *carve* »schnitzen, einritzen; bahnen«]

Car|ving ⟨n.; - od. -s; unz.; Sport⟩ das Carven

Car|ving|ski ⟨[-vɪnʃiː] m.; -s, -er; Sport⟩ in der Mitte schmaler u. an den Enden breiter werdender Ski für das Carving

Ca|sa|no|va ⟨[-va] m.; -s, -s⟩ Frauenheld; *er benimmt sich wie ein ~* [nach dem ital. Abenteurer u. Schriftsteller Giacomo Girolamo Casanova, 1725-1798]

Cä|sar(e)o|pa|pis|mus ⟨m.; -; unz.⟩ Vereinigung der weltl. u. kirchl. Macht in der Hand eines weltl. Herrschers [< *cäsarisch* + *Papismus*]

cä|sa|risch ⟨Adj.⟩ **1** kaiserlich **2** diktatorisch [nach dem römischen Feldherrn u. Diktator Gajus Julius Caesar, 100-44 v. Chr.]

Cä|sa|ris|mus ⟨m.; -; unz.⟩ Diktatur, Alleinherrschaft [→ *cäsarisch*]

CASE ⟨[kɛɪs] EDV; Abk. für engl.⟩ Computer-Aided Software Engineering (rechnerunterstützte Softwareentwicklung)

Ca|se|in ⟨n.; -s; unz.⟩ in Milch u. Milchprodukten enthaltener Eiweißbestandteil; *oV* Kasein

Case|work ⟨[kɛɪswœːk] f.; -, -s; Soziol.⟩ individuelle Betreuung eines Einzelfalles (einschließlich des Studiums von Vorgeschichte u. Milieu einzelner Personen od. Familien) [engl., »Einzelfallarbeit«]

Cash ⟨[kæʃ] n.; -; unz.⟩ **1** Bargeld **2** kleine chines. Münze [engl., »Bargeld«]

cash against do|cu|ments ⟨[kæʃ əgenst dɔkjumənts] Abk.: c. a. d.; Wirtsch.⟩ Bezahlung gegen Dokumente [engl.]

cash and car|ry ⟨[kæʃ ənd kæri] Abk.: C und C; Wirtsch.⟩ Vertriebsform des Handels, bei der der Käufer die Ware selbst transportiert u. bar bezahlt

[engl., »zahle bar und transportiere (selbst)«]

Cash-and-car|ry-Klau|sel ⟨[kæʃ ənd kæri -] f.; -; unz.⟩ Vertragsklausel, nach der der Käufer die Ware beim Verkäufer abholen u. sofort bar bezahlen muss [engl., »kaufe bar u. transportiere (selbst)«]

Cash-and-carry-Klausel (*Schreibung mit Bindestrich*) In mehrteiligen Zusammensetzungen, die eine Wortgruppe mit Bindestrich enthalten, setzt man zwischen jeden einzelnen Bestandteil einen Bindestrich.

cash be|fore de|li|ve|ry ⟨[kæʃ bɪfɔː(r) dɪlɪvəri] Abk.: c. b. d.; Wirtsch.⟩ Vertriebsform des Handels, bei der der Kaufpreis für eine Ware vor ihrer Übergabe zu bezahlen ist [engl., »Bezahlung vor Auslieferung«]

Cash|cow ⟨[kæʃkau] f.; -, -s; umg.; salopp⟩ erfolgreiches, Gewinn bringendes Geschäft od. Produkt (das andere Unternehmungen finanziert) [engl., eigtl. »Geldkuh«]

ca|shen ⟨[kæʃən] V.; umg.; salopp⟩ Geld machen, verdienen, kassieren; *sie ~ in ganz Europa* [< engl. *cash* »kassieren«]

Ca|shew|nuss ⟨[kæʃuː-] od. [kæʃuː-] f.; -, -nüs|se⟩ Frucht des aus Brasilien stammenden Acajubaumes: Anacardium occidentale; *Sy* Acajounuss [< engl. *cashew* < portug. *acaju* < indian.]

Cash|flow ⟨[kæʃflou] m.; - od. -s; unz.; Wirtsch.⟩ nach Abzug aller Unkosten verbleibender Gewinn, Überschuss [< engl. *cashflow* »Kassenzufluss, Bruttoertragsziffer« < *cash* »Geld, Bargeld« + *flow* »fließen; Fluss«]

Cash|ma|nage|ment ⟨[kæʃmænɪdʒmənt] n.; -s, -s; Wirtsch.⟩ elektronisches Informationssystem, das einen aktuellen Überblick über die finanzielle Situation (einschließlich aller Konten) eines Unternehmens gibt

Cash|mere ⟨[kæʃmɪə(r)] m. od. n.; - od. -s; unz.⟩ = Kaschmir [engl.]

cash on de|li|ve|ry ⟨[kæʃ ɔn dɪlɪvəri] Abk.: c. o. d.; Wirtsch.⟩

Vertriebsform des Handels, bei der der Kaufpreis für eine Ware bei ihrer Übergabe zu bezahlen ist [engl., »Bezahlung bei Lieferung, per Nachnahme«]

Ca|si|no ⟨n.; -s, -s⟩ = Kasino

Cä|si|um ⟨n.; -s; unz.; Chemie⟩ = Caesium

Cas|sa ⟨f.; -; unz.⟩ Kasse, Bargeld; *per ~* in bar [ital., »Kasten, Kiste«]

Cas|sa|ta ⟨f. od. n.; -, -s⟩ ital. Eis mit kandierten Fruchtstücken u. Krokant [ital., »Gefrorenes«]

Cas|set|te ⟨f.; -, -n⟩ = Kassette

Cas|sis ⟨m.; -; unz.⟩ frz. Johannisbeerlikör [frz.]

Cas|sou|let ⟨[kasulɛː] n.; - od. -s, -s; Kochk.⟩ französischer Eintopf aus weißen Bohnen, Schweine- u. Geflügelfleisch [frz., < südfrz. *cassolo*, Verkleinerungsform zu *casso* »Kasserole, Topf«]

Cast ⟨n.; -s; unz.⟩ Gesamtheit der Mitwirkenden an einem Film [→ *casten*]

cas|ten ⟨V.⟩ die Mitwirkenden für einen Film od. eine Fotoproduktion o. Ä. auswählen; *Darsteller ~; sich für eine Show ~ lassen* [< engl. *cast* »(Rollen) besetzen; Rollenverteilung«]

Cas|ting ⟨n.; - od. -s; unz.⟩ **1** Auswahl der Mitwirkenden (bes. Schauspieler) für einen Film **2** Auswahl von Models (für eine Fotoproduktion) [engl., »Rollenbesetzung«]

Cas|tle *auch:* **Cas|tle** ⟨[kaːsl] n.; -, -s⟩ Schloss, Burg [engl.]

Cas|tor® ⟨m.; -s, -s od. -to|ren; Abk. für engl.⟩ cask for storage and transport of radioactive material (Fass, Behälter für die Lagerung u. den Transport radioaktiven Materials); *Sy* Castorbehälter

Cas|tor|be|häl|ter ⟨m.; -s, -⟩ = Castor

Ca|su|al|wear *auch:* **Ca|su|al Wear** ⟨[kæʒuəlwɛː(r)] f.; (-) -; unz.⟩ Freizeitkleidung, sportliche Kleidung für den Alltag [engl., *casual* »lässig« + *wear* »Kleidung«]

Ca|su|a|ri|na ⟨f.; -, -nen⟩ = Kasuarina

Ca|sus ⟨m.; -, -⟩ **1** ⟨Gramm.⟩ = Kasus **2** ~ *Belli* Kriegsursache, zum Krieg führendes

Cat

Ereignis 3 ~ *Foederis* Ereignis, das ein Bündnis in Kraft setzt 4 ⟨Gramm.⟩ 4.1 ~ *obliquus* abhängiger Fall, jeder Beugungsfall außer dem Nominativ 4.2 ~ *rectus* unabhängiger Fall, Nominativ u. Vokativ [lat., »Kriegsfall«]

Cat ⟨m.; -s, -s; Wassersport⟩ = Kat (2)

Ca|tal|pa ⟨f.; -, -pen⟩ = Katalpe

Cat|boot ⟨[kæt-] n.; -(e)s, -e⟩ kleines, einmastiges Segelboot [zu engl. *catboat*]

Catch ⟨[kætʃ] m.; -; unz.; Abk. für⟩ Catch-as-catch-can (1) [engl. »Fang, Fangen«]

Catch-as-catch-can ⟨[kætʃ əz kætʃ kæn] n.; -; unz.⟩ 1 von Berufsringern ausgeübte Abart des Freistilringens 2 ⟨fig.⟩ Handlungsweise, bei der jeder für sich das meiste und Beste zu erringen sucht [engl., »greif, wie (du) greifen kannst«]

cat|chen ⟨[kætʃən] V.⟩ im Freistil ringen [<engl. *catch* »fangen«]

Cat|cher ⟨[kætʃə(r)] m.; -s, -; Sport⟩ Freistilringkämpfer [engl.]

Ca|te|chin ⟨[-çiːn] n.; -s, -e; meist Pl.; Chemie⟩ in Pflanzen enthaltene organ. Verbindung, die als Grundlage für natürl. Gerbstoffe verwendet wird [lat.]

Ca|te|rer ⟨[kɛɪ-] m.; -s, -⟩ Person od. Firma, die das Catering für eine Party, eine Veranstaltung, für Fluggäste o. Ä. übernimmt

Ca|te|ring ⟨[kɛɪtərɪŋ] n.; - od. -s; unz.⟩ Herstellung, Anlieferung u. Bereitstellung von Speisen u. Getränken für eine größere Anzahl von Personen, z. B. im Flugzeug, bei Kongressen od. Partys [zu engl. *cater* »für das leibliche Wohl sorgen«]

ca|tern ⟨[kɛɪ-] V.⟩ Catering betreiben; *eine Fluggesellschaft* ~

Ca|ter|pil|lar ⟨[kætə(r)pɪlə(r)] m.; -s, - od. -s; Technik⟩ (beim Straßenbau eingesetzter) Raupenschlepper [engl., eigtl. »Raupe«]

Cat|gut ⟨a. [kætgʌt] n.; -s, -s⟩ aus Schafsdarm gewonnener, für chirurg. Nähte verwendeter Faden, der vom Körper absorbiert wird [engl., »Darmsaite«]

Cat|li|nit ⟨m.; -s, -e; Min.⟩ rötlicher Tonstein (von den nordamerikanischen Indianern für die Fertigung von Pfeifenköpfen verwendet) [nach dem amerikan. Maler George *Catlin*, 1796-1872]

Cat|suit ⟨[kætsjuːt] m.; -s, -s⟩ eng am ganzen Körper anliegendes, einteiliges Kleidungsstück, Hosenanzug [engl.]

Catt|le|ya ⟨[-laɪa], engl. [kætlɛɪa] f.; -, -le|yen; Bot.⟩ Angehörige einer im tropischen Amerika beheimateten Orchideengattung [nach dem engl. Orchideenzüchter William *Cattley*, † 1832]

Cat|walk ⟨[kætwɔːk] m.; -s, -s⟩ Laufsteg, auf dem weibl. u. männl. Models neue Kleiderkollektionen vorführen [engl., »Steg, Laufsteg« *cat* »Katze« + *walk* »Gang«, weil Katzen elegant u. sicher auf schmalen Stegen laufen können]

Cau|che|mar ⟨[koʃmaːr] m.; -s, -s; geh.⟩ 1 schrecklicher Gedanke, Alp-, Angsttraum 2 Schreckgespenst [frz. <afrz. *cauchier* »treten« + *mare* »Vampir« <mndrl. *mare* »Gespenst«, also ein »Gespenst, das einen (auf die Brust) tritt«]

Cau|da ⟨f.; -, Cau|dae [-dɛː]⟩ 1 ⟨Med.⟩ Endstück eines Organs od. Körperteils 2 ⟨Musik⟩ 2.1 ⟨in der Mensuralnotation⟩ senkrechter Strich am Notenkopf, der die Veränderung des Notenwertes anzeigt 2.2 selbständige Melodiezeile als Liedanhang; →*a*. Koda 3 Schleppe (an liturgischen Gewändern) [lat., »Schweif, Schwanz«]

Cau|dex ⟨m.; -, -di|ces; Anat.⟩ tiefer gelegener Teil des Gehirns beim Menschen u. bei Säugetieren 2 ⟨Bot.⟩ nicht verholzter Stamm der Palmen [lat., »Baumstamm«]

Cau|dil|lo ⟨[kaudɪljo] m.; -s, -s⟩ politischer (u. militärischer) Machthaber, Diktator [span., urspr. »Häuptling«]

Cau|sa ⟨f.; -, -sae [-sɛː]⟩ 1 Ursache, Grund 2 Rechtsgrund, Rechtsfall [lat., »Ursache, Angelegenheit, Rechtssache«]

Cause célèbre *auch:* **Cause célèbre** ⟨[koːz selɛːbrə] f.; - -, - -s [koːz selɛːbrə]⟩ Aufsehen erregender Rechtsfall [frz., »berühmter Rechtsstreit, berühmte Angelegenheit«]

Cau|se|rie ⟨[koːzə-] f.; -, -n⟩ Plauderei, leichte Unterhaltung [frz., »Plauderei«]

Cau|seur ⟨[koːzøːr] m.; -s, -e⟩ 1 Plauderer 2 Schwätzer [frz., »gesprächiger Mann«]

Cau|seu|se ⟨[koːzøːzə] f.; -, -n⟩ 1 Plauderin 2 Schwätzerin 3 kleines Sofa [<frz., »gesprächige Frau; Sofa für zwei Personen«]

Caus|ti|cum ⟨n.; -s, -ti|ca; Med.⟩ = Kaustikum

Cal|va|ti|ne ⟨[-va-] f.; -, -n; Musik⟩ = Kavatine

ca|ve ca|nem ⟨[-və-]⟩ Vorsicht, bissiger Hund (als Aufschrift an altröm. Häusern) [lat.]

Ca|vi|tät ⟨[-vi-] f.; -, -en⟩ = Kavität

Ca|vum ⟨n.; -s, -va⟩ Höhlung, Hohlraum [lat. *cavum* »Höhlung«]

Ca|yen|ne|pfef|fer ⟨[kajɛn-] m.; -s; unz.⟩ scharfes Gewürz aus gemahlenen Chillies (Capsicum frutescens), einer paprikaähnl. Beerenfrucht eines in Afrika, Indien u. Japan angebauten Nachtschattengewächses [nach *Cayenne*, der Hauptstadt von Französisch-Guayana]

c. b. d. ⟨Wirtsch.; Abk. für engl.⟩ cash before delivery

CB-Funk ⟨m.; -s; unz.⟩ gebührenfreier Amateurfunk [<engl. *CB (Citizen's Band)* »Frequenzband des Bürgers« + *Funk*]

cbm ⟨früher Abk. für⟩ Kubikmeter

Cc ⟨bes. EDV; Abk. für⟩ Kopie (bei E-Mails), Durchschlag (bei Briefen, Dokumenten) [verkürzt <engl. *carbon copy* »(Kohle-)Durchschlag«]

CC ⟨Abk. für⟩ Corps consulaire

CCD ⟨Abk. für engl.⟩ Charge Coupled Device (ladungsgekoppeltes Bauelement), als Bildsensor u. Strahlungsempfänger eingesetztes Ladeverschiebeelement (bei Videokameras)

ccm ⟨früher Abk. für⟩ Kubikzentimeter

cd ⟨Zeichen für⟩ Candela

Cd ⟨Zeichen für⟩ Cadmium

CD ⟨Abk. für⟩ 1 Corps diplomatique (diplomatischer Korps)

2 Compactdisc **3** ⟨Bankw.⟩ Certificate of Deposit (Depositenzertifikat), Einlage von Nicht-Banken bei Banken
c. d. ⟨Abk. für⟩ colla destra
cdm ⟨früher Abk. für⟩ Kubikdezimeter
cDNA ⟨Gentechnik; Abk. für engl.⟩ complementary (od. copy) DNA, künstlich erzeugte Kopie der Sequenzen eines Gens [<engl. *complementary* »ergänzend« + *copy* »Kopie« + *DNA*]
CD-Play|er *auch:* **CD-Pla|yer** ⟨[tse:-de:ˈpleɪə(r)] m.; -s, -⟩ Gerät zum Abspielen von Compactdiscs; *Sy* CD-Spieler [<*CD* + engl. *player* »Abspielgerät«]
CD-ROM ⟨[tse:de:-] f.; -, -s; EDV; Abk. für engl.⟩ Compact Disc Read Only Memory, eine optische Speicherplatte mit großer Speicherkapazität, die nur gelesen, aber nicht beschrieben werden kann [engl., »kompakte Platte (mit) nur Lesespeicher«]
CD-Spiel|er ⟨[tse:de:-] m.; -s, -⟩ = CD-Player
Ce ⟨Zeichen für⟩ Cer
Ce|ci|die ⟨f.; -, -n; Bot.⟩ = Zezidie
Ce|dil|le ⟨[seˈdiːj(ə)] f.; -, -n [-jən]⟩ diakritisches Zeichen, Häkchen unter dem c (ç) in frz. u. portugies. Wörtern, in denen vor a, o, u das c wie s auszusprechen ist, od. im Türk., Rumän. u. a. Sprachen, in denen ç wie tsch ausgesprochen wird [span., »kleines c«]
Cein|tu|ron ⟨[sɛ̃tyˈrõ] n.; -s, -s; schweiz.⟩ Ledergurt der Soldatenuniform [frz., »Leibriemen«]
Ce|le|bret *auch:* **Ce|leb|ret** ⟨n.; -s, -s; kath. Kirche⟩ = Zelebret
Ce|les|ta ⟨[tʃe-] f.; -, -s od. -lesten; Musik⟩ Glockenspiel mit hohlen Stahlstäben in klavierähnl. Gehäuse, mit Tasten gespielt [zu ital. *celeste* »himmlisch«]
Cel|la ⟨f.; -, Cel|lae⟩ *oV* Zella **1** Kultraum im antiken Tempel mit dem Götterbild **2** Mönchszelle, Klause **3** Vorratskammer [lat., »Kammer, Zelle«]
Cel|list ⟨[tʃɛl-] m.; -en, -en⟩ Musiker, der Cello spielt [verkürzt <*Violoncellist*]

Cel|lis|tin ⟨[tʃɛl-] f.; -, -tin|nen⟩ Musikerin, die Cello spielt
Cel|lo ⟨[tʃɛl-] n.; -s, -s od. Cel|li [tʃɛl-]; Musik⟩ Streichinstrument in der Form einer Violine, doch größer, beim Spielen zwischen den Knien gehalten u. auf einem Stachel ruhend [verkürzt <*Violoncello*]
Cel|lo|phan ⟨n.; -s; unz.⟩ durchsichtige, glasklare Folie aus Viskose; *oV* Zellophan
Cel|lu|la ⟨f.; -, -lu|lae [-lɛː]; Anat.⟩ kleine Körperzelle [lat., Verkleinerungsform zu *cella* »Zelle«]
Cel|lu|li|tis ⟨f.; -, -ti|den; Med.⟩ = Zellulitis
Cel|lu|lo|id ⟨n.; -(e)s; unz.⟩ = Zelluloid
Cel|lu|lo|se ⟨f.; -; unz.⟩ = Zellulose
Cel|lu|lo|se|ni|trat *auch:* **Cel|lu|lo|se|nit|rat** ⟨n.; -(e)s, -e; Chemie⟩ = Nitrozellulose; *oV* Zellulosenitrat
Cel|si|us ⟨Zeichen: °C⟩ internationale Maßeinheit der Temperatur, z. B. + 10°C [nach dem schwed. Naturforscher Anders *Celsius*, 1701-1744]
Cel|si|us|ska|la ⟨f.; -; unz.⟩ Temperaturskala mit 100-Grad-Einteilung
Cem|ba|list ⟨[tʃɛm-] m.; -en, -en⟩ Musiker, der Cembalo spielt
Cem|ba|lis|tin ⟨[tʃɛm-] f.; -, -tin|nen⟩ Musikerin, die Cembalo spielt
cem|ba|lis|tisch ⟨[tʃɛm-] Adj.⟩ **1** das Cembalo betreffend, zu ihm gehörig **2** in der Art des Cembalos
Cem|ba|lo ⟨[tʃɛm-] n.; -s, -s od. -bal|li; Musik⟩ altes Tasteninstrument, bei dem die Saiten nicht angeschlagen, sondern angerissen werden; *Sy* Klavizimbel [ital. <lat. *cymbalum* »Zimbel«]
Ce|no|man ⟨n.; -s; unz.; Geol.⟩ unterste Stufe der oberen Kreideformation [nach der röm. Stadt *Cenomanum*, heute Le Mans]
Cent ⟨m.; - od. -s, -s od. (bei Zahlenangaben) -⟩; Abk.: c. od. ct.⟩ hundertster Teil verschiedener Währungseinheiten (z. B. in Europa, in den USA, Kanada u. a.); *Euro~* [<lat. *centum* »hundert«]

Cen|ta|vo ⟨[sɛntaˈvo] od. span. [θɛn-] m.; - od. -s, -s od. (bei Zahlenangaben) -⟩ kleine Münze in verschiedenen Ländern (Süd- u. Mittelamerika u. a.) [lat. *centum* »hundert«]
Cen|te|nar ⟨m.; -s, -e⟩ = Zentenar
Cen|te|nar|fei|er ⟨f.; -, -n⟩ = Zentenarfeier
Cen|ter ⟨[sɛntə(r)] n.; -s, -⟩ Ort, Mittelpunkt bestimmter Tätigkeiten od. Dienstleistungen; *Vergnügungs~; Eros~; Einkaufs~; Garten~* [engl. (amerikan.) »Mittelpunkt« <frz. *centre* <lat. *centrum*; → *Zentrum*]
Cen|te|si|mo ⟨[tʃɛn-] m.; - od. -s, -mi⟩ frühere italien. Münze [<lat. *centum* »hundert«]
Cen|té|si|mo ⟨[sɛntɛ-] m.; - od. -s, -s od. (bei Zahlenangaben) -⟩ Münze in Panama u. Uruguay [<lat. *centum* »hundert«]
Cen|time ⟨[sãˈtiːm] m.; - od. -s [-tiːms], -s [-tiːm] od. (bei Zahlenangaben) -; Abk.: ct.; früher⟩ frz., belg., luxemburg. Münze [→ *Centesimo*]
Cén|ti|mo ⟨[sɛn-] od. span. [θɛn-] m.; - od. -s, -s od. (bei Zahlenangaben) -⟩ Münze in Venezuela, Paraguay u. Costa Rica [<lat. *centum* »hundert«]
Cen|ti|mor|gan ⟨[-ˈmɔːɡən] Gentechnik⟩ Maßeinheit der Rekombinationsfähigkeit (1 C. entspricht beim Menschen ca. 1 Million Basenpaaren) [<lat. *centum* »hundert« + nach dem amerikan. Genetiker Thomas Hunt *Morgan*, 1866-1945]
Cen|to ⟨[tsɛn-] m.; - od. -s, -s od. -to|nen⟩ zusammengeflicktes Gedicht aus Versen verschiedener Dichter [lat., »Flickwerk«]

◆ Die Buchstabenfolge **cen|tr...** kann auch **cent|r...** getrennt werden.

◆ **Centre|court** ⟨[sɛntə(r)kɔːt] m.; - od. -s, -s; Sport; Tennis⟩ Hauptspielfeld bei Tennisturnieren [<engl. *centre* »Mittelpunkt« + *court* »Spielfeld«]
◆ **Centre|for|ward** ⟨[sɛntə(r)ˈfɔː(r)wəd] m.; -s, -s; schweiz.⟩ Mittelstürmer [engl.]
◆ **Centre|half** ⟨[sɛntə(r)haːf] m.; -, -halves [-haːvz]; schweiz.; Sport⟩ Mittelläufer [engl.]

Centrosom

◆**Cen|tro|som** ⟨n.; -s, -e; Biochemie⟩ = Zentrosom
◆**Cen|trum** ⟨n.; -s, Cen|tren⟩ = Zentrum
Cen|tu|rie ⟨[-riə] f.; -, -n⟩ = Zenturie [lat.]
CEO ⟨[siːiːou] Abk. für engl.⟩ Chief Executive Officer
ce|phal|o..., **Ce|phal|o...** ⟨in Zus.⟩ = zephalo..., Zephalo...
CEPT ⟨Abk. für frz.⟩ Conférence Européenne des Administrations des Postes et des Télécommunication, ständige Konferenz der Postverwaltungen der europäischen Länder
Cer ⟨n.; -s; unz.; chem. Zeichen: Ce⟩ chem. Element, silberweißes Metall aus der Gruppe der Seltenen Erden, Ordnungszahl 58; *oV* Zer, Zerium [nach dem Asteroiden *Ceres*, nach der röm. Göttin *Ceres* benannt]
Ce|ra ⟨f.; -, Ce|ren⟩ Bienenwachs [<lat.]
Ce|ran® ⟨n.; -s, -e⟩ Werkstoff (für Kochflächen) aus Glaskeramik
Ce|ran|feld ⟨n.; -(e)s, -er⟩ ebenes Kochfeld aus Glaskeramik
Cer|be|rus ⟨m.; -s, -se⟩ = Zerberus
Cer|cla|ge *auch:* **Cerc|la|ge** ⟨[-ʒə] f.; -, -n⟩ **1** kreisförmige Naht **2** ⟨Med.⟩ Einsetzen eines Kunststoffbändchens um den Gebärmutterhals während der Schwangerschaft, wenn sich der Muttermund zu früh öffnet [frz.]
Cer|cle *auch:* **Cerc|le** ⟨[sɛrkl] m.; -s, -s⟩ **1** kleiner Kreis, geschlossene Gesellschaft **2** ⟨österr.⟩ die vorderen Reihen im Theater od. Konzertsaal [frz., »Kreis«]
Ce|re|a|li|en ⟨Pl.⟩ = Zerealien (1) [lat.]
Ce|re|bel|lum ⟨n.; -s, -bel|la; Anat.⟩ = Zerebellum
ce|re|bral *auch:* **ce|reb|ral** ⟨Adj.⟩ = zerebral
Ce|re|brum *auch:* **Ce|reb|rum** ⟨n.; -s, -re|bra; Anat.⟩ = Zerebrum
Cer|ei|sen ⟨n.; -s; unz.; Chemie⟩ Legierung aus Cer u. Eisen für Gasglühstrümpfe, Feuersteine in Feuerzeugen u. a.
Ce|re|sin ⟨n.; -s; unz.; Chemie⟩ aus hochmolekularen Kohlenwasserstoffen bestehende, wachsähnl. Verbindung, genutzt als Schmiermittel; *oV* Zeresin; *Sy* Ozokerit

ce|rise ⟨[səriːz] Adj.; undekl.⟩ kirschrot [frz. »Kirsche«]
Ce|rit ⟨m.; -s, -e; Min.⟩ graubraunes bis graurotes Mineral; *oV* Zerit [→ *Cer*]
Cer|met ⟨n.; -s, -s⟩ durch Erhitzen verfestigter Werkstoff aus Metall u. Keramik [engl.; verkürzt <*ceramics* »Keramik« + *metal* »Metall«]
CERN ⟨Abk. für frz.⟩ Conseil Européen pour la Recherche Nucléaire (Europäische Organisation für Kernforschung)
Ce|ro|tin|säu|re ⟨f.; -, -n; Chemie⟩ = Zerotinsäure
Cer|to|sa ⟨[tʃɛr-] f.; -, -sen⟩ Kartäuserkloster [ital., »Kartause«]
Ce|ru|men ⟨n.; -s; unz.⟩ = Zerumen
Ce|rus|sit ⟨m.; -s, -e; Min.⟩ bes. in Blei-Zinkerz-Lagerstätten vorkommendes Mineral, Weißbleierz; *oV* Zerussit [zu lat. *cerussa* »Bleiweiß«]
Cer|ve|lat ⟨[sɛrvəla] m.; -s, -s od. (selten) f.; -, -s⟩; schweiz.⟩ Brühwurst aus Rindfleisch mit Schwarten- u. Speckstückchen, *oV* Servela; →*a.* Zervelatwurst [<frz. *servelas*]
Cer|vix ⟨f.; -, Cer|vi|ces; Anat.⟩ Hals (der Gebärmutter) [<lat. *cervi* »Nacken, Hals«]
Cé|sar ⟨[sezaːr] m.; -s, -s; Film⟩ französ., dem amerikan. Oscar entsprechender Filmpreis
c'est la guerre! ⟨[sɛ la gɛːr]⟩ so ist der Krieg!, im Krieg hört jede Rücksicht auf [frz., »das ist der Krieg!«]
c'est la vie! ⟨[sɛ la viː]⟩ so ist das Leben (nun einmal)! [frz., eigtl. »das ist das Leben«]
c'est le ton qui fait la mu|sique ⟨[sɛ lə tɔ̃ ki fɛ la myziːk]⟩ der Ton macht die Musik [frz.]
ce|te|ris pa|ri|bus unter sonst gleichen Bedingungen [lat.]
ce|te|rum cen|seo ⟨geh.⟩ im Übrigen bin ich der Meinung ... (als Einleitung einer wiederholt vorgebrachten Überzeugung) [lat.; verkürzt <*ceterum censeo Carthaginem esse delendam* »im Übrigen bin ich der Meinung, dass Karthago zerstört werden muss« (Schlusssatz einer Rede des Cato)]
Če|vap|či|ći *auch:* **Ce|vap|ci|ci** ⟨[tʃɛvaptʃitʃi] Pl.⟩ scharf gewürzte,

gegrillte Hackfleischröllchen [mit serb. Verkleinerungsform <türk. *kebab* »gegrilltes Fleisch«]
cf ⟨Seehandel; Abk. für engl.⟩ cost and freight (Verladekosten u. Fracht im Preis eingeschlossen) [engl.]
Cf ⟨chem. Zeichen für⟩ Californium
cf., **cfr.** ⟨Abk. für⟩ confer!
cg ⟨Zeichen für⟩ Zentigramm
CGI ⟨EDV; Abk. für engl.⟩ Common Gateway Interface (allgemeine Schnittstelle)
CGS-Sys|tem ⟨n.; -s; unz.; Physik⟩ auf den Einheiten Zentimeter, Gramm u. Sekunde beruhendes physikal. Maßsystem, heute durch das SI-System ersetzt; *Sy* MKSA-System
CH ⟨Abk. für lat.⟩ Confoederatio Helvetica
Cha|blis *auch:* **Chab|lis** ⟨[ʃabliː] m.; -, -⟩ frz. Weißwein aus Burgund [nach der frz. Stadt *Chablis*]
Cha-Cha-Cha ⟨[tʃa-] m.; - od. -s, -s⟩ Gesellschaftstanz aus Südamerika mit zwei langsamen und drei schnellen Schritten [span.]
Cha|co|na ⟨[tʃa-] f.; -, -s; Musik⟩ *oV* Chaconne, Ciacona **1** älter span. Reigentanz **2** Variationssatz der Barocksuite [frz., <span. *chacona* »Reigentanz«]
Cha|con|ne ⟨[ʃakɔn] f.; -, -s od. -n [-nən]; Musik⟩ = Chacona
cha|cun à son goût ⟨[ʃakœ̃ːn a sɔ̃ guː]⟩ jeder nach seinem Geschmack [frz.]
Cha|gas|krank|heit *auch:* **Cha|gas-Krank|heit** ⟨[ʃaːgas-] f.; -, -en⟩ tropische Infektionskrankheit [nach dem brasilian. Bakteriologen C. *Chagas*]
Cha|grin *auch:* **Chag|rin** ⟨[ʃagrɛ̃ː] n. od. m.; -s; unz.; Textilw.⟩ **1** ein Seidengewebe in Taftbindung **2** = Chagrinleder
cha|gri|nie|ren *auch:* **chag|ri|nie|ren** ⟨[ʃa-] V.; Textilw.⟩ *Leder* ~ künstl. mit einer Narbung versehen
Cha|grin|le|der *auch:* **Chag|rin|le|der** ⟨[ʃagrɛ̃ː] n.; -s, -; Textilw.⟩ Leder, dem die Narbung eines anderen Leders maschinell aufgeprägt ist [frz., »narbiges Leder aus der Haut von Pferden,

Channelsurfing

Eseln, Seehunden u. a.« ‹türk. *sagri* »Pferderücken«]
Chair|man ⟨[tʃɛːrmæn] m.; -s, -men [-mən]⟩ Vorsitzender [engl.]
Chai|se ⟨[ʃɛːzə] f.; -, -n; veraltet⟩ **1** Stuhl, Sessel **2** Kutsche mit Halbverdeck **3** ⟨umg.; kurz für⟩ Chaiselongue [frz.]
Chai|se|longue ⟨[ʃɛːz(ə)lɔ̃ːg] f.; -, -n [-gən]⟩ Liegesofa ohne Rückenlehne; *Sy* Chaise (3) [‹frz. *chaise longue* »langer Stuhl, Liegestuhl«]
Cha|la|zi|on ⟨[ça-] n.; -s, -zi|en; Med.⟩ Entzündung am Augenlid, Hagelkorn; *oV* Chalazium [‹grch. *chalaza* »Hagel«]
Cha|la|zi|um ⟨[ça-] n.; -s, -zi|en; Med.⟩ = Chalazion
Chal|ce|don ⟨[kal-] m.; -s, -e; Min.⟩ Quarzmineral; *oV* Chalzedon [nach der Landschaft *Chalzedonien* in Kleinasien]
Cha|let ⟨[ʃalɛː] n.; -s, -s⟩ schweiz. Landhaus [frz., »Schweizerhaus, Sennhütte«]
Chal|li|ko|se ⟨[ça-] f.; -, -n; Med.⟩ Erkrankung der Lunge durch Kalkablagerungen beim ständigen Einatmen von Kalkstaub, Kalklunge [‹grch. *chalix*, Gen. *chalikos* »Kalk«]
chal|ko..., Chal|ko... ⟨[çal-] in Zus.⟩ Erz..., Metall..., Kupfer... [‹grch. *chalkos* »Erz, Kupfer«]
Chal|ko|che|mi|gra|fie ⟨[çal-] f.; -; unz.⟩ = Chalkochemigraphie
Chal|ko|che|mi|gra|phie ⟨[çal-] f.; -; unz.⟩ die Kunst, Metalle zu gravieren; *oV* Chalkochemigrafie [‹*Chalko...* + *Chemie* + ...*graphie*]
Chal|ko|gen ⟨[çal-] n.; -s, -e; meist Pl.; Chemie⟩ Element der 6. Hauptgruppe des Periodensystems [‹*Chalko...* + ...*gen²*]
Chal|ko|graf ⟨[çal-] m.; -en, -en⟩ = Chalkograph
Chal|ko|gra|fie ⟨[çal-] f.; -, -n⟩ = Chalkographie
Chal|ko|graph ⟨[çal-] m.; -en, -en⟩ Kupferstecher; *oV* Chalkograf [‹*Chalko...* + ...*graph*]
Chal|ko|gra|phie ⟨[çal-] f.; -, -n⟩ *oV* Chalkografie **1** ⟨unz.; veraltet⟩ Kupferstechkunst **2** ⟨zählb.⟩ Kupferstich [→ *Chalkograph*]

Chal|ko|lith ⟨[çal-] m.; -s od. -en, -e od. -en; Min.⟩ ein Uranmineral, Kupferuranglimmer [‹*Chalko...* + ...*lith*]
Chal|ko|li|thi|kum ⟨[çal-] n.; -s; unz.⟩ Kupferzeit [‹*Chalko...* + ...*lithikum*]
Chal|ko|se ⟨[çal-] f.; -, -n; Med.⟩ **1** Verkupferung des Auges **2** Ablagerung von Kupfer im Blut [‹grch. *chalkos* »Kupfer«]
Chal|wa ⟨[xal-] n.; - od. -s; unz.⟩ = Halwa
Chal|ze|don ⟨[kal-] m.; -s, -e; Min.⟩ = Chalcedon
chal|ze|do|nisch ⟨[kal-] Adj.⟩ **1** Chalzedonien betreffend, von ihm stammend **2** ⟨Bot.⟩ *Chalzedonische Lichtnelke* Feuernelke
Cha|mä|le|on ⟨[ka-] n.; -s, -s⟩ **1** Baumeidechse mit Klebzunge, die ihre Hautfarbe der Umgebung anpasst **2** ⟨umg.⟩ seine Überzeugung oft wechselnder Mensch [‹grch. *chamai* »am Boden« + *leon* »Löwe«]
Cham|bre sé|pa|rée *auch:* **Chambre sé|pa|rée** ⟨[ʃɑ̃ːbrə separɛː] n.; - -, -s -s [ʃɑ̃ːbrə separɛː]⟩ kleiner Raum in Restaurants, in dem man ungestört ist [frz., »abgetrenntes Zimmer«]
cha|mois ⟨[ʃamoa̯] Adj.⟩ gämsfarben, gelbbraun
Cha|mois ⟨[ʃamoa̯] n.; -; unz.; Textilw.⟩ = Chamoisleder
Cha|mois|le|der ⟨[ʃamoa̯] n.; -s, -; Textilw.⟩ Gämsleder, Sämischleder; *Sy* Chamois [‹frz. *chamois* »Gämse«]
Champ ⟨[tʃæmp] m.; -s, -s; kurz für⟩ Champion
cham|pa|gner *auch:* **cham|pa|gner** ⟨[ʃampanjər] Adj.⟩ zart gelblich
Cham|pa|gner *auch:* **Cham|pa|gner** ⟨[ʃampanjər] m.; -s, -⟩ frz. Sekt; *Sy* Schampus [nach der frz. Landschaft *Champagne*]
Cham|pi|gnon *auch:* **Cham|pi|gnon** ⟨[ʃampinjɔŋ] od. [ʃɑ̃ːpinjõː] m.; -s, -s⟩ Speisepilz, Egerling: Psalliota [frz., »Pilz«, ‹lat. *campus* »Feld«]
Cham|pi|on ⟨[tʃæmpjən] od. frz. [ʃɑ̃pjõ:] m.; -s, -s⟩ Meistersportler, z. Z. erfolgreichster Sportler einer Sportart [engl., frz., »Meister (Sport), Vorkämpfer«, ‹lat. *campus* »Feld«]

Cham|pi|o|nat ⟨[ʃam-] n.; -(e)s, -e⟩ Meisterschaft im Sport [‹frz. *championnat*]
Cham|pi|on|ship ⟨[tʃæmpjənʃip] f.; -, -s; Sport; bes. Tennis⟩ Meisterschaft [engl.]
Cham|pi|ons|league ⟨[tʃæmpjənsliːg] f.; -; unz.; Sport; bes. Fußb.⟩ europäischer Fußballpokalwettbewerb der Landesbzw. Vizemeister, bei dem aus acht Vierergruppen die besten acht Mannschaften ermittelt werden, die anschließend im K.o.-Modus gegeneinander spielen [‹*Champion* + engl. *league* »Verband, Liga«]
Cham|ple|vé ⟨[ʃãləvɛː] n.; -; unz.⟩ Emailarbeit, bei der die flüssige Emailmasse in ausgestochene Vertiefungen des Metalls eingeschmolzen wird, Grubenschmelz [frz.]
Chan ⟨m.; -s, -e⟩ = Khan
Cha|nat ⟨n.; -s, -e⟩ = Khanat
Chan|ce ⟨[ʃãːs(ə)] f.; -, -n⟩ **1** günstige Gelegenheit, Aussicht auf einen glücklichen Zufall; *eine ~ haben, das Spiel zu gewinnen* **2** *jmdm. eine ~ bieten* Möglichkeit zur Bewährung geben **3** *er hat bei ihr (keine) ~n* er ist ihr (nicht) sehr sympathisch [frz., »Zufall«]
Chan|cel|lor ⟨[tʃɑːnsələ(r)] m.; -s, -; engl. Bez. für⟩ Kanzler
Chan|cen|gleich|heit ⟨[ʃãːsən-] f.; -; unz.; Bildungspol.⟩ Gleichheit aller (schulischen u. beruflichen) Chancen; *~ für alle*
Change ⟨[tʃɛ̃ɪndʒ] m.; -; unz.⟩ **1** Tausch, Wechsel **2** Geldwechsel [engl., »Wechsel, Wandel« ‹frz. *change*]
chan|ge|ant ⟨[ʃãʒã:] Adj.; Textilw.⟩ schillernd (von Stoffen)
Chan|ge|ant ⟨[ʃãʒã:] m.; -s, -s; Textilw.⟩ in verschiedenen Farben schillerndes Gewebe [frz., »veränderlich«]
chan|gie|ren ⟨[ʃãʒiː-] V.⟩ **1** schillern **2** ⟨Jägerspr.⟩ *Jagdhunde ~* wechseln von einer Fährte auf eine andere [‹frz. *changer* »(sich) verändern«]
Chan|nel|sur|fing ⟨[tʃænəlsœːfiŋ] n.; - od. -s; unz.; umg.⟩ häufiges Hin- u. Herschalten zwischen verschiedenen Fernsehkanälen; →*a.* Zapping [‹engl. *channel* »Kanal« + *Surfing*]

Chanson

Chan|son ⟨[ʃãsõː] n.; -s, -s; Musik⟩ **1** ⟨urspr.⟩ singbares lyrisches od. episches Gedicht in der altfrz. Dichtung **2** Lied im Kabarett [frz., »Lied«]

Chan|son de geste ⟨[ʃãsõː də ʒɛst] n.; - - -, -s [ʃãsõː] - -⟩ afrz. episches Heldenlied, das die Taten Karls d. Gr. besingt [frz.]

Chan|so|net|te ⟨[ʃãsɔnɛt(ə)] f.; -, -n⟩ = Chansonnette

Chan|so|ni|er ⟨[ʃãsɔnje:] m.; -s, -s⟩ = Chansonnier

Chan|so|ni|è|re ⟨[ʃãsɔnjɛːrə] f.; -, -n⟩ = Chansonnière

Chan|son|net|te ⟨[ʃãsɔnɛt(ə)] f.; -, -n⟩ *oV* Chansonette **1** ⟨urspr.⟩ kleines Lied, meist komischer od. frivoler Art **2** ⟨im Dt.⟩ Sängerin im Kabarett [frz., »Liedchen, Couplet«]

> **Chansonnier / Chansonier** (*Laut-Buchstaben-Zuordnung*) In die Alltagssprache eingegangene Fremdwörter können in vielen Fällen künftig neben der in der Herkunftssprache üblichen Schreibung auch eine integrierte Schreibung aufweisen, die sich an der deutschen Laut-Buchstaben-Zuordnung orientiert (→a. Chansonnette / Chansonette).

Chan|son|ni|er ⟨[ʃãsɔnje:] m.; -s, -s⟩ Sänger im Kabarett; *oV* Chansonier [frz., »Chansondichter, -sänger«]

Chan|son|ni|è|re ⟨[ʃãsɔnjɛːrə] f.; -, -n⟩ = Chansonnette (2); *oV* Chansonière

Chan|til|ly|spit|ze ⟨[ʃãtiji:-] f.; -, -n⟩ feine Klöppelspitze aus weißer od. schwarzer Seide [nach der frz. Stadt *Chantilly*, dem früheren Herstellungsort]

chan|tisch ⟨[xan-] Adj.⟩ die Chanten betreffend, zu ihnen gehörig, von ihnen stammend; ~*e Sprache* zur ugr. Gruppe der finn.-ugr. Sprachen gehörende Sprache der Chanten (früher: ostjakische Sprache)

Cha|nuk|ka ⟨[xa-] f.; -; unz.; jüd. Rel.⟩ achttägiges Lichterfest zur Erinnerung an die Tempelweihe im Dezember [hebr., »Einweihung, Weihe«]

Cha|os ⟨[kaːɔs] n.; -; unz.⟩ **1** ⟨Myth.⟩ der ungeordnete Urstoff vor der Weltschöpfung **2** (i. w. S.) Durcheinander, Wirrwarr [grch., »wirre, gestaltlose Masse«]

Cha|os|the|o|rie ⟨[kaːɔs-] f.; -; unz.⟩ mathematisch-physikalische Theorie, die die Eigenschaften u. Gesetzmäßigkeiten chaotischer Systeme in Natur u. Gesellschaft untersucht

Cha|ot ⟨[ka-] m.; -en, -en; umg.⟩ jmd., der Unruhe u. Durcheinander verbreitet, ungezielt handelt

Cha|o|tik ⟨[ka-] f.; -; unz.⟩ chaotische Beschaffenheit

cha|o|tisch ⟨[ka-] Adj.⟩ ungeordnet, wirr [→ *Chaos*]

cha|o|ti|sie|ren ⟨[ka-] V.⟩ *etwas* ~ durcheinander bringen, ein Chaos in etwas veranstalten; *eine Versammlung* ~

Cha|peau ⟨[ʃapoː] m.; -s, -s; veraltet⟩ Hut [frz., »Hut«]

Cha|peau Claque *auch:* **Cha|peau claque** ⟨[ʃapoklak] m.; - -, - -x -s [ʃapoklak]⟩ zusammenklappbarer Zylinder [<frz. *chapeau* »Hut« + *claque* »Schlag (mit der Hand)«]

Chap|li|na|de *auch:* **Chap|li|na|de** ⟨[tʃa-] f.; -, -n⟩ komisches Auftreten, groteskes Vorkommnis [nach dem engl. Schauspieler Charlie *Chaplin*, 1889–1977]

chap|li|nesk *auch:* **chap|li|nesk** ⟨[tʃa-] Adj.⟩ von ähnlicher Komik wie die Darstellungen des engl. Schauspielers Charlie Chaplin

Chaps ⟨[tʃæps] Pl.⟩ lederne Überziehhosen zum Reiten [engl.]

chap|ta|li|sie|ren ⟨[ʃap-] V.⟩ *Wein* ~ durch Zuckerzusatz verbessern [nach dem frz. Arzt u. Chemiker Antoine *Chaptal*, 1756-1832]

Cha|rak|ter ⟨[ka-] m.; -s, -te|re⟩ **1** ⟨unz.⟩ Merkmal, Gepräge, Eigenart; *der* ~ *einer Landschaft, einer Schrift* **2** ⟨unz.⟩ sittl. Veranlagung, Wesensart; *einen ausgeprägten, guten, schwierigen* ~ *haben; ein Mann von* ~ ein M., der zu seiner Meinung steht; ~*beweisen* eine feste Haltung einnehmen; *er hat keinen* ~ *ist wankelmütig* **3** ⟨zählb.⟩ Mensch von ausgeprägter Eigenart **4** Schriftzeichen [grch., »Gepräge«]

cha|rak|te|ri|sie|ren ⟨[ka-] V.⟩ kennzeichnen, schildern

Cha|rak|te|ris|tik ⟨[ka-] f.; -, -en⟩ **1** Kennzeichnung, treffende Beschreibung **2** ⟨Math.⟩ Kennziffer

Cha|rak|te|ris|ti|kum ⟨[ka-] n.; -s, -ti|ka⟩ kennzeichnendes Merkmal

cha|rak|te|ris|tisch ⟨[ka-] Adj.⟩ kennzeichnend, unterscheidend

cha|rak|ter|lich ⟨[ka-] Adj.⟩ den Charakter (eines Menschen) betreffend; ~*e Schwächen*

Cha|rak|te|ro|lo|ge ⟨[ka-] m.; -n, -n⟩ Forscher auf dem Gebiet der Charakterologie

Cha|rak|te|ro|lo|gie ⟨[ka-] f.; -; unz.⟩ Wissenschaft vom Wesen u. Entwicklung des Charakters, Persönlichkeitsforschung, Charakterkunde

cha|rak|te|ro|lo|gisch ⟨[ka-] Adj.⟩ die Charakterologie betreffend, auf ihr beruhend

Cha|rak|ter|rol|le ⟨[ka-] f.; -, -n⟩ Bühnenrolle eines Menschen mit bes. ausgeprägtem Charakter

Cha|rak|ter|stück ⟨[ka-] n.; -(e)s, -e⟩ **1** ⟨Theat.⟩ Schauspiel, dessen Handlung sich im wesentl. aus dem Charakter des Helden entwickelt **2** ⟨Musik⟩ kurze Instrumentalkomposition, meist für Klavier, mit für das Thema charakterist. Ausdruck, z. B. Träumerei

Char|don|nay ⟨[ʃardɔnɛ] m.; -s; unz.⟩ französische Rebsorte gehobener Qualität (für Weißweine u. Champagner) [frz.]

Charge[1] ⟨[ʃarʒə] f.; -, -n⟩ **1** Würde, Rang, Amt; ~ *in einer Studentenverbindung* **2** ⟨Mil.⟩ Dienstgrad **3** ⟨Technik⟩ Beschickung eines metallurg. Ofens, z. B. des Hochofens [frz., »Last, Bürde«]

Charge[2] ⟨[ʃarʒə] f.; -, -n; Theat.⟩ kleine, aber scharf ausgeprägte Charakterrolle, die übertreibend dargestellt wird [frz., »Übertreibung«]

Char|gen|spie|ler ⟨[ʃarʒən-] m.; -s, -; Theat.⟩ Schauspieler, der kleine, aber sehr ausgeprägte Rollen spielt [→ *Charge*[2]]

char|gie|ren[1] ⟨[ʃarʒiː-] V.⟩ **1** *einen Hochofen* ~ füllen **2** jmdn. be-

Château

auftragen 3 ⟨Studentenspr.⟩ in Amtstracht od. Farben erscheinen [<frz. *charger* »beladen, beauftragen«]

char|gie|ren² ⟨[ʃarʒiː-] V.; Theat.⟩ eine Rolle überdeutlich gestalten, in der Darstellung übertreiben [<frz. *charger* »übertreiben«]

Char|gier|te(r) ⟨[ʃarʒiːr-] m. 1⟩ Amtsträger in einer Studentenverbindung

Cha|ris|ma ⟨[çaː-] od. [-'--] n.; -, -ris|ma|ta od. -ris|men⟩ göttl. Gnadengabe, Berufung [grch., »Gnadengeschenk«]

cha|ris|ma|tisch ⟨[ça-] Adj.⟩ einem Charisma entsprechend

Cha|ri|té ⟨[ʃariteː] f.; -; unz.⟩ Krankenhaus (bes. in Berlin u. Paris) [frz., »Nächstenliebe«]

Cha|ri|va|ri ⟨[ʃarivaː-] n.; -s, -s⟩ 1 Wirrwarr 2 Katzenmusik 3 ⟨in Frankreich⟩ Polterabend [frz., »Wirrwarr, Lärm, Polterabend« (vermutl. lautmalend)]

Charles|ton ⟨[tʃaː(r)lstən] m.; -s, -s⟩ 1 Tanz nordamerikan. Schwarzer 2 1926 eingeführter Modetanz im 4/4-Takt [nach der amerik. Stadt *Charleston*]

Char|lot|te ⟨[ʃar-] f.; -, -n; Kochk.⟩ kalte Süßspeise aus Früchten od. Fruchtmus in einer mit Biskuits ausgelegten Form [frz.]

char|mant ⟨[ʃar-] Adj.⟩ von gewinnendem Wesen, liebenswürdig, bezaubernd; *oV* scharmant

Charme ⟨[ʃarm] m.; -s; unz.⟩ Zauber, Liebreiz, gewinnendes Wesen; *oV* Scharm

Char|meur ⟨[ʃarmøːr] m.; -s, -s⟩ Schmeichler, betont liebenswürdiger Mensch [frz., »Zauberer, Ausgezeichneter«]

Char|meuse ⟨[ʃarmøːz] f.; -, -n⟩ 1 Seidenstoff 2 kunstseidenes Trikotgewebe [frz.]

char|ming ⟨[tʃaː.mɪŋ] Adj.; salopp⟩ liebenswürdig, charmant, entzückend [engl.]

Char|ming|boy *auch:* **Char|ming Boy** ⟨[tʃaː.mɪŋbɔɪ] m.; (-) -s, (-) -s⟩ charmanter junger Mann [engl., »charmanter Junge«]

Chart ⟨[tʃaː(r)t] m. od. n.; -s, -s⟩ grafische Darstellung od. Diagramm von Zahlenreihen o. Ä.; →*a.* Charts [engl.]

Char|ta ⟨[kar-] f.; -, -s⟩ 1 ⟨Antike⟩ Papierblatt zum Schreiben 2 ⟨im MA⟩ Urkunde 2.1 ⟨heute⟩ Verfassungsurkunde; ~ *der Vereinten Nationen* [<lat. *charta* »Papier« <grch. *chartes* »Blatt der Papyrusstaude«; vermutl. <ägypt.; verwandt mit *Karte*]

Char|te ⟨[ʃartə] f.; -, -n⟩ Verfassungsurkunde [frz., »Urkunde« <lat. *charta*; → *Charta*]

Char|te|par|tie ⟨[ʃartə-] f.; -, -n; Mar.⟩ Frachtvertrag [<frz. *charepartie*, eigtl. »geteiltes Blatt«, da urspr. der Vertrag zerrissen wurde u. jeder Vertragspartner ein Stück davon erhielt]

Char|ter ⟨[(t)ʃa(r)-] m.; -s, -s⟩ 1 Schutzbrief, Freibrief 2 Miete eines Schiffes, Schiffsraums zum Befrachten 3 Frachtvertrag [engl., »Urkunde«, <lat. *charta*; → *Charta*]

Char|te|rer ⟨[(t)ʃa(r)-] m.; -s, -⟩ Mieter eines Schiffes od. Flugzeugs [engl., »Mieter eines Schiffes«; → *Charter*]

Char|ter|ma|schi|ne ⟨[(t)ʃa(r)-] f.; -, -n; Flugw.⟩ gechartertes Flugzeug

char|tern ⟨[(t)ʃa(r)-] V.⟩ 1 *ein Schiff od. Flugzeug* ~ zur Beförderung von Fracht od. Personen mieten 2 *sich ein Fahrzeug* ~ es sich zu Beförderungszwecken sichern [<engl. *charter* »(Schiff) mieten«; → *Charter*]

Charts ⟨[tʃaːts] Pl.⟩ Liste der Spitzenschlager [engl.]

Cha|ryb|dis ⟨[ça-] f.; -; unz.; grch. Myth.⟩ 1 Felsenschlund mit Meeresstrudel 2 *zwischen Scylla und* ~ ⟨sprichwörtl.⟩ zwischen zwei bedrohlichen Übeln [lat.-grch., Name für einen Meeresstrudel gegenüber der → *Scylla* in der Straße von Messina]

Chal|san ⟨[xa-] m.; -s, -e; jüd. Rel.⟩ Vorbeter in der Synagoge [hebr.]

Chase ⟨[tʃeɪz] n. od. f.; -; unz.; Jazz⟩ Improvisation zweier sich abwechselnder Solisten [engl., »Jagd, Verfolgung«]

chas|mo|gam ⟨[ças-] Adj.; Bot.⟩ auf Chasmogamie beruhend, durch sie gekennzeichnet; ~*e Pflanzen*; *Ggs* kleistogam

Chas|mo|ga|mie ⟨[ças-] f.; -, -n; Bot.⟩ Fremdbestäubung bei sich öffnender Blüte; *Ggs* Kleis-

togamie [<grch. *chasma* »Spalt, Schlund« + ...*gamie*]

Chasse ⟨[ʃas] f.; -; unz.⟩ 1 Billardspiel mit 15 Kugeln 2 ⟨Musik; im 14. Jh. in Frankreich⟩ dreistimmiger Kanon 3 Jagdstück [frz., »Jagd«]

chas|sen ⟨[ʃas-] V.; umg.; schweiz. für⟩ = schassen

Chas|si|dim ⟨[xas-] Pl.⟩ Anhänger einer jüd. osteurop. Glaubensrichtung im 16. u. 17. Jh. [hebr., »die Frommen«]

Chas|si|dis|mus ⟨[xas-] m.; -; unz.; Rel.⟩ →*a.* Kabbala 1 ⟨i. w. S.⟩ jüdische religiöse Bewegung, im mittelalterlichen Deutschland eine mystische, aber populäre Parallelströmung zur Kabbala 2 ⟨i. e. S.⟩ in der Mitte des 18. Jh. von Israel ben Elieser (1699–1760) begründeter osteuropäischer C., aus dem Ressentiment gegen die offizielle, rabbinisch beherrschte Religion sich wieder an die volkstüml., lebendigere Form der Kabbala des 16./17. Jh. annäherte [→ *Chassidim*]

Chas|sis ⟨[ʃasiː] n.; - [ʃasiːs], - [ʃasiːs]⟩ 1 Fahrgestell; *Ggs* Karosserie; ~ *eines Autos* 2 Gestell, das die Bauteile trägt; ~ *eines Rundfunkempfängers* [<frz. *châssis* »Einfassung, Rahmen«]

Chat ⟨[tʃæt] m.; -s, -s; EDV; umg.⟩ Unterhaltung, Kommunikation (im Internet); ~*räume für Internetbenutzer* [<engl. *chat* »Plauderei«]

Château / Chateau (*Schreibung mit diakritischen Zeichen*) Es bleibt in der Regel dem Schreibenden überlassen, ob er in der Herkunftssprache üblichen diakritischen Zeichen wie etwa den französischen Accent circonflexe berücksichtigt oder auf diesen verzichtet. Allerdings sollte durch einen Verzicht auf diakritische Zeichen nicht die Bedeutung eines Begriffes in Frage gestellt werden, wie dies etwa bei frz. »Collège« und engl. »College« der Fall wäre (→*a.* Čevapčići / Cevapcici).

Châ|teau *auch:* **Cha|teau** ⟨[ʃatoː] n.; -s, -s⟩ Schloss, Land-, Weingut [frz., »Schloss«]

Chateaubriand

Cha|teau|bri|and ⟨[ʃatobriã:] n.; - od. -s, -s⟩ gebratene Rindslende [nach dem frz. Schriftsteller François-René Vicomte de *Chateaubriand*, 1768-1848]

Chat|room ⟨[tʃætru:m] m.; -s, -s; EDV⟩ im Internet angebotenes Forum, in dem mit anderen Internetbenutzern kommuniziert werden kann [< engl. *chat* »Plauderei« + *room* »Raum«]

chat|ten ⟨[tʃætən] V.; EDV; umg.⟩ im Internet kommunizieren; *er verbringt viele Stunden ~d vor dem PC* [< engl. *chat* »plaudern«]

Chat|ter ⟨[tʃæt-] m.; -s, -; EDV⟩ jmd., der im Internet kommuniziert [→ *chatten*]

Chau|deau ⟨[ʃodo:] m.; -s, -s; Kochk.⟩ Sauce aus Wein, Eischnee, Eidotter u. Zucker mit Zitronensaft, wird zu Mehlspeisen u. Puddings serviert, dient auch als Getränk [frz.]

Chauf|feur ⟨[ʃɔfø:r] m.; -s, -e⟩ Kraftwagenfahrer, der beruflich Prominente, Politiker(innen) u. Vorgesetzte (von meist größeren Unternehmen) fährt [frz., urspr. »Lokomotivheizer«]

Chauf|feu|se ⟨[ʃofø:zə] f.; -, -n⟩ Kraftwagenfahrerin, die beruflich Prominente, Politiker(innen) u. Vorgesetzte (von meist größeren Unternehmen) fährt

chauf|fie|ren ⟨[ʃɔf-] V.⟩ einen Kraftwagen lenken, den Beruf des Chauffeurs, der Chauffeuse ausüben [→ *Chauffeur*]

Chaul|moo|gra|öl *auch:* **Chaulmoog|ra|öl** ⟨[tʃɔ:lmu:gra-] n.; -s, -e⟩ Samenöl des ind. Baumes Hydnocarpus kurzii, als Mittel gegen Lepra verwendet u. in Form der darin wirksamen Chaulmoograsäure auch synthet. hergestellt [< Bengali *ca(u)lmugra*]

Chaus|see ⟨[ʃɔs-] f.; -, -n; veraltet⟩ Landstraße [< frz. *chaussée* »Fahrdamm, Straßendecke«; verwandt mit *Kalk*]

Chau|vi ⟨[ʃo:vi] m.; -s, -s; umg.⟩ Vertreter des männlichen Chauvinismus

Chau|vi|nis|mus ⟨[ʃovi-] m.; -; unz.⟩ übertriebene Liebe zum eigenen Vaterland, verbunden mit Hass u. Verachtung gegen andere Völker; *männlicher ~* Zurschaustellen männlicher Überlegenheit gegenüber der Frau [nach dem Rekruten *Chauvin*, einer Figur in dem 1831 in Paris aufgeführten Lustspiel »La cocarde tricolore« der Brüder Cogniard]

Chau|vi|nist ⟨[ʃovi-] m.; -en, -en⟩ Anhänger des Chauvinismus

chau|vi|nis|tisch ⟨[ʃovi-] Adj.⟩ auf Chauvinismus beruhend, ihm anhängend

Cheat|code ⟨[tʃi:tkoʊd] m.; -s, -s; EDV⟩ Betrugsbefehl, um bei Computerspielen eine zusätzl. Waffe, ein weiteres Leben o. Ä. zu bekommen [< engl. *cheat code*]

chea|ten ⟨[tʃi:tən] V.; EDV; bes. bei Computerspielen⟩ betrügen, schummeln (mithilfe eines Cheatcodes) [< engl. *cheat* »betrügen, prellen«]

Check ⟨[tʃɛk] m.; -s, -s; Eishockey⟩ erlaubte Behinderung eines Gegenspielers [engl., »Hindernis, Hemmnis; Probe, Kontrolle«]

che|cken ⟨[tʃɛkən] V.; umg.⟩ vergleichen, vergleichend prüfen, abstimmen; *Texte, Termine ~* [< engl. *check*]

Che|cker ⟨[tʃɛkɐ(r)] m.; -s, -⟩ jmd., der etwas checkt, eine Kontrollliste o. Ä. führt bzw. überprüft [engl., »Prüfer«]

Check-in ⟨[tʃɛkɪn] n. od. m.; -s, -s⟩ Abfertigung der Fluggäste vor dem Flug [< engl. *check* »Kontrolle« + *in* »hinein«]

Check|lis|te ⟨[tʃɛk-] f.; -, -n⟩ Kontrollliste (bes. zur Überprüfung techn. Apparate) [< engl. *check* »Kontrolle« + *list* »Liste«]

Check-out ⟨[tʃɛkaʊt] n.; -s, -s⟩ 1 Abfertigung der Fluggäste nach dem Flug 2 (abschließende) Kontrolle u. Funktionsprüfung von technischen Geräten [< engl. *check* »Kontrolle« + *out* »aus, heraus«]

Check|point ⟨[tʃɛk-] m.; -s, -s⟩ Kontrollpunkt an der Grenze [< engl. *check* »Kontrolle« + *point* »Punkt, Stelle«]

Check-up ⟨[tʃɛkap] m.; -s, -s⟩ 1 ⟨allg.⟩ Inspektion, Untersuchung, Wartung 2 ⟨Med.⟩ sorgfältige, umfassende Vorsorgeuntersuchung 3 ⟨Technik⟩ Abschlusskontrolle in der Luft- u. Raumfahrt zwecks optimaler Funktionstüchtigkeit u. Fehlerlosigkeit der Betriebssysteme (bes. bei bemannter Raumfahrt) [engl.]

Ched|dar ⟨[tʃɛdər] m.; -s; unz.⟩ fette Hartkäsesorte [nach dem engl. Ort *Cheddar*]

Che|der ⟨[xɛ:-] f.; -; unz.⟩ jüdische Kinder- od. Knabenschule, die seit der Aufklärung nur noch in streng orthodoxen Gemeinschaften vorkommt, Chederschule [< hebr. *cheder* »Stube, Zimmer«]

chee|ren ⟨[tʃi:-] V.⟩ als Cheerleader auftreten; *vor einer wogenden Menge ~* [< engl. *cheer* »zujubeln«]

chee|rio! ⟨[tʃiriou̯] 1 zum Wohl! 2 Auf Wiedersehen! [engl.; zu *cheer* »Hurra, Beifallsruf«]

Cheer|lea|der ⟨[tʃi:rli:də(r)] m.; -s, -; Sport⟩ Mitglied einer Gruppe von jungen Mädchen od. Frauen, die bei sportlichen Großveranstaltungen während der Spielpausen einstudierte Choreografien u. Sprechgesänge vortragen u. dadurch die Zuschauer zur Unterstützung der Heimmannschaft anfeuern [< engl. *cheer* »Anfeuerungsruf, Beifall« + *leader* »Anführer«]

Cheese|bur|ger ⟨[tʃi:zbœ:gə(r)] m.; -s, -⟩ Hamburger mit einer Scheibe Käse [< engl. *cheese* »Käse« + *Hamburger*]

Chef ⟨[ʃɛf] m.; -s, -s⟩ 1 Vorgesetzter 2 Vorsteher, Leiter einer Dienststelle 3 Arbeitgeber, Unternehmer 4 ⟨umg.; scherzh.⟩ Anführer [frz., »Führer, Oberhaupt«]

Chef|arzt ⟨[ʃɛf-] m.; -es, -ärzte; Med.⟩ leitender Arzt (eines Krankenhauses)

Chef|ärz|tin ⟨[ʃɛf-] f.; -, -tin|nen; Med.⟩ leitende Ärztin (eines Krankenhauses)

Chef|coach ⟨[ʃɛfkoʊtʃ] m.; -s, -s; Sport⟩ = Cheftrainer [engl.]

Chef de Cui|sine ⟨[ʃɛf də kɥizi:n] m.; - - -, -s [ʃɛf] - -; frz. Bez. für⟩ Küchenchef

Chef de Mis|si|on ⟨[ʃɛf də misjɔ̃:] m.; - - -, -s [ʃɛf] - -⟩ (bei Großveranstaltungen) verantwortlicher Leiter einer, meist nationalen, sportlichen Abteilung,

z. B. bei Weltmeisterschaften od. der Olympiade [frz., »Leiter der Mission, Delegation«]
Chef|dol|met|scher ⟨[ʃɛf-] m.; -s, -⟩ führender, verantwortlicher Übersetzer; *er war bei der internationalen Handelsmesse der ~*
Chef|dol|met|sche|rin ⟨[ʃɛf-] f.; -, -rin|nen⟩ führende, verantwortliche Übersetzerin
Chef|etage ⟨[ʃɛfetaːʒə] f.; -, -n⟩ 1 (allg.) Stockwerk in einem Firmengebäude, in dem sich die Büros der Geschäftsführung befinden 2 (fig.; umg.) leitende Funktion, Führungsposition; *sie hat den Sprung in die ~ geschafft*
Chef|ide|ollo|ge ⟨[ʃɛf-] m.; -n, -n; umg.⟩ 1 (allg.) maßgeblicher Theoretiker u. Wortführer einer politischen Richtung od. Partei 2 (westl. Bez. für) wichtiger Ideologe einer kommunistischen Partei od. Regierung
Chef|ide|ollo|gie ⟨[ʃɛf-] f.; -, -n; umg.⟩ Leitlinie einer politischen Richtung od. Partei, die der Regierungs- bzw. Parteichef vorgibt
Chef|ide|ollo|gin ⟨[ʃɛf-] f.; -, -gin|nen; umg.⟩ weibl. Chefideologe
Chefin ⟨[ʃɛ-] f.; -, -fin|nen⟩ 1 weiblicher Chef 2 Ehefrau des Chefs
Chef|in|ge|nieur ⟨[ʃɛfɪnʒənjøːr] m.; -s, -e⟩ leitender technischer Angestellter
Chef|lek|tor ⟨[ʃɛf-] m.; -s, -en⟩ Leiter eines Verlagslektorats
Chef|lek|to|rin ⟨[ʃɛf-] f.; -, -rin|nen⟩ Leiterin eines Verlagslektorats
Chef|öko|nom ⟨[ʃɛf-] m.; -en, -en⟩ Leiter der wirtschaftswissenschaftlichen Abteilung (eines Unternehmens o. Ä.)
Chef|pi|lot ⟨[ʃɛf-] m.; -s, -en⟩ erster, leitender Pilot im Flugzeug
Chef|pi|lo|tin ⟨[ʃɛf-] f.; -, -tin|nen⟩ erste, leitende Pilotin im Flugzeug
Chef|re|dak|teur ⟨[ʃɛf-] m.; -s, -e⟩ Hauptschriftleiter einer Zeitung, Abteilungsleiter einer Verlagsredaktion
Chef|re|dak|teu|rin ⟨[ʃɛf-] f.; -, -rin|nen⟩ Hauptschriftleiterin einer Zeitung, Abteilungsleiterin einer Verlagsredaktion

Chef|re|dak|ti|on ⟨[ʃɛf-] f.; -, -en⟩ leitende Redaktion (2), Gesamtheit der leitenden Redakteure
Chef|se|kre|tär ⟨[ʃɛf-] m.; -s, -e⟩ 1 erster, verantwortlicher Sekretär eines leitenden Vorgesetzten 2 = Generalsekretär
Chef|se|kre|tä|rin ⟨[ʃɛf-] f.; -, -rin|nen⟩ erste, verantwortliche Sekretärin eines leitenden Vorgesetzten
Chef|trai|ner ⟨[ʃɛftrɛː-] m.; -s, -; Sport⟩ leitender Trainer einer Mannschaft bzw. eines Sportvereins; *Sy* Chefcoach
Chef|trai|ne|rin ⟨[ʃɛftrɛː-] f.; -, -rin|nen; Sport⟩ leitende Trainerin einer Mannschaft bzw. eines Sportvereins
Chei|li|tis ⟨[çaɪ-] f.; -, -ti|den; Med.⟩ = Cheilose
Chei|lo|se ⟨[çaɪ-] f.; -, -n; Med.⟩ Entzündung an der Lippenschleimhaut; *Sy* Cheilitis [< grch. *cheilos* »Lippe«]
Chei|ro|no|mie ⟨[çaɪ-] f.; -; unz.⟩ *oV* Chironomie 1 (Musik) Leitung eines Chores durch festgelegte Handzeichen, die neben dem Tempo auch den Melodieverlauf angeben 2 (in der Tanzkunst gebräuchliche) Ausdrucksweise für Gedanken, Gefühle u. Geschehen, die über die mimische u. gestikulierende Symbolsprache der Handbewegungen verläuft [< grch. *cheir*, Gen. *cheiros* »Hand« + ...*nomie*]
chei|ro|no|misch ⟨[çaɪ-] Adj.⟩ zur Cheironomie gehörig, auf ihr beruhend, mit Hilfe ihrer Methoden arrangiert; *oV* chironomisch
Chei|ro|spas|mus ⟨[çaɪ-] m.; -, -spas|men⟩ = Chirospasmus
Chel|ize|re ⟨[çe-] f.; -, -n; Zool.⟩ Kieferfühler, gehört zu den Mundgliedmaßen der Spinnen [< grch. *chele* »Schere« + *keras* »Horn«]
Chel|lé|en ⟨[ʃɛleɛ̃ː] n.; - od. -s; unz.⟩ = Abbevillien [nach der alten frz. Bezeichnung *Chelléen* für Westeuropa]
Chel|sea|por|zel|lan ⟨[tʃɛlsɪ-] n.; -s; unz.; Sammelbez. für⟩ Erzeugnisse der um 1745 gegründeten, ältesten englischen Porzellanfabrik in Chelsea, die bunt bemaltes Geschirr u. Mode- u. Schmuckwaren hergestellt [nach dem Londoner Stadtteil *Chelsea* + *Porzellan*]
Che|mi|cal|mace *auch:* **Che|mi|cal Mace** ⟨[kɛmɪkəlmɛɪs] f.; (-) -, (-) -s [-mɛɪsɪz]; engl. Bez. für⟩ chemische Keule, von der Polizei verwendetes Gerät zum Versprühen von Reizstoffen
Che|mie ⟨[çe-] od. süddt., österr. [ke-] f.; -; unz.⟩ Wissenschaft von den chem. Grundstoffen u. den chem. Verbindungen sowie deren Veränderungen, soweit sie nicht auf Atomkernreaktionen beruhen [< grch. *chemeia*, *chymeia*; zu *chymos* »Flüssigkeit«]
Che|mie|fa|ser ⟨[çe-] f.; -, -n; Textilw.⟩ auf chem. Weg hergestellter Faserstoff, sowohl aus Naturstoffen (z. B. Kunstseide) wie auch aus vollsynthetischen Produkten (z. B. Nylon, Perlon)
Che|mie|la|bo|rant ⟨[çe-] m.; -en, -en⟩ chemisch-technischer Assistent, der in Forschungs- u. Entwicklungslaboratorien chemische bzw. chemisch-physikalische Analysen durchführt
Che|mie|la|bo|ran|tin ⟨[çe-] f.; -, -tin|nen⟩ chemisch-technische Assistentin, die in Forschungs- u. Entwicklungslaboratorien chemische bzw. chemisch-physikalische Analysen durchführt
Che|mi|graf ⟨[çe-] m.; -en, -en; Typ.⟩ = Chemigraph
Che|mi|gra|fie ⟨[çe-] f.; -; unz.⟩ = Chemigraphie
che|mi|gra|fisch ⟨[çe-] Adj.; Typ.⟩ = chemigraphisch
Che|mi|graph ⟨[çe-] m.; -en, -en; Typ.⟩ jmd., der mit chem. Mitteln Druckstöcke anfertigt; *oV* Chemigraf; → *a.* Klischee (1) [< *Chemie* + ...*graph*]
Che|mi|gra|phie ⟨[çe-] f.; -; unz.⟩ Verfahren zur Herstellung von Druckstöcken für den Hochdruck auf fotografischem Weg; *oV* Chemigrafie
che|mi|gra|phisch ⟨[çe-] Adj.; Typ.⟩ mittels der Chemigraphie entwickelt, auf ihr beruhend, sie betreffend; *oV* chemigrafisch
Che|mi|ka|lie ⟨[çemɪkaːljə] f.; -, -li|en⟩ auf chem. Weg hergestelltes Erzeugnis

Chemikant

Che|mi|kant ⟨[çe-] m.; -en, -en⟩ in der chemischen Industrie tätiger Facharbeiter

Che|mi|kan|tin ⟨[çe-] f.; -, -tinnen⟩ in der chemischen Industrie tätige Facharbeiterin

Che|mi|ker ⟨[çe:-] m.; -s, -⟩ auf dem Gebiet der Chemie arbeitender Wissenschaftler

Che|mi|lu|mi|nes|zenz ⟨[çe-] f.; -, -en⟩ durch chemische Reaktionen bewirkte Lumineszenz; *oV* Chemolumineszenz

che|misch ⟨[çe:-] Adj.⟩ die Chemie betreffend, mit Stoffumwandlung verbunden; ~*es Element*, ~*er Grundstoff* einer der mit Hilfe chem. Methoden nicht weiter in einfachere Stoffe zerlegbaren Grundbestandteile der Materie; ~*e Formel* symbol. Darstellung der chem. Verbindungen; ~*e Gleichung* in Form einer Gleichung aufgeschriebene symbol. Darstellung einer chem. Reaktion; ~*e Reaktion* Vorgang, durch den verschiedene chem. Stoffe od. Verbindungen ineinander überführt werden; ~*e Reinigung* R. von Kleidungsstücken durch chem. Lösungsmittel; ~*es Zeichen* für chem. Grundstoffe verwendete(r) Buchstabe(n); ~*e Verbindung* V. der Atome mehrerer chem. Elemente zu einem Molekül

Che|mi|sett ⟨[ʃemizɛt] n.; -(e)s, -s od. -e⟩ = Chemisette

Che|mi|sette ⟨[ʃemizɛt] f.; -, -n⟩ Vorhemdchen, Chemisett [<frz. *chemisette* »Vorhemdchen, Mieder«]

Che|mi|sier|kleid ⟨[ʃemizje:-] n.; -(e)s, -er; schweiz.⟩ Hemdblusenkleid [<frz. *chemisier*]

Che|mis|mus ⟨[çe-] m.; -; unz.; österr.⟩ Ablauf chem. Stoffumsetzungen (bes. im Tier- u. Pflanzenkörper) [→ *Chemie*]

che|mo..., **Che|mo...** ⟨[çe-] od. süddt., österr. [ke:-] in Zus.⟩ auf der Chemie beruhend, mit ihrer Hilfe

Che|mo|bio|nik ⟨[çe-] f.; -; unz.⟩ Teilbereich der Bionik, der das Verhalten von Stoffen in biologischen Systemen (z. B. Zellen) erforscht, um die prinzipielle Übertragbarkeit des Stoffverhaltens auf chemische Verfahren zu prüfen [<*Chemo...* + *Bionik*]

Che|mo|keu|le ⟨[çe-] f.; -, -n; umg.⟩ Sprühgerät, dessen Inhaltsstoff Haut- u. Augenreizungen verursacht u. bei polizeilichen Großeinsätzen gegen Demonstrierende eingesetzt wird

Che|mo|lu|mi|nes|zenz ⟨[çe-] f.; -, -en⟩ = Chemilumineszenz

Che|mo|nas|tie ⟨[çe-] f.; -, -n⟩ durch chem. Mittel ausgelöste Nastie

Che|mo|plas|te ⟨[çe-] Pl.⟩ aushärtbare Kunstharze

Che|mo|re|sis|tenz ⟨[çe-] f.; -, -en⟩ Resistenz von Bakterienstämmen gegenüber Chemotherapeutika

Che|mo|re|zep|tor ⟨[çe-] m.; -s, -en⟩ Sinneszelle, die auf chem. Reize anspricht

Che|mo|syn|the|se ⟨[çe-] f.; -, -n; Biochemie⟩ Fähigkeit verschiedener Bakterien, hochmolekulare organ. Verbindungen aus anorgan. Stoffen ohne Sonnenlicht herzustellen

che|mo|tak|tisch ⟨[çe-] Adj.⟩ auf Chemotaxis beruhend

Che|mo|ta|xis ⟨[çe-] f.; -, -xi|en⟩ durch chem. Mittel ausgelöste Taxie

Che|mo|tech|nik ⟨[çe-] f.; -; unz.⟩ Technik der Chemie

Che|mo|tech|ni|ker ⟨[çe-] m.; -s, -⟩ an einer Fachschule ausgebildeter Chemiker

Che|mo|tech|ni|ke|rin ⟨[çe-] f.; -, -rin|nen⟩ an einer Fachschule ausgebildete Chemikerin

Che|mo|the|ra|peu|ti|kum ⟨[çe-] n.; -s, -ti|ka; Pharm.⟩ Medikament gegen Krankheitserreger, das aus chemischen Stoffen hergestellt ist

che|mo|the|ra|peu|tisch ⟨[çe-] Adj.; Pharm.⟩ die Chemotherapie betreffend, ihr entsprechend, auf ihr beruhend

Che|mo|the|ra|pie ⟨[çe-] f.; -; unz.; Med.⟩ Heilverfahren mit chemischen Stoffen (Chemotherapeutika)

Che|mo|tro|pis|mus ⟨[çe-] m.; -, -pis|men⟩ durch chem. Mittel ausgelöster Tropismus

Che|m|ur|gie ⟨[çe-] f.; -; unz.⟩ Lehre von der Gewinnung chemischer Produkte aus organ. Substanzen, die der Land- u. Forstwirtschaft entstammen [<*Chemie* + grch. *ergon* »Werk«]

Che|nil|le ⟨[ʃənɪljə] od. [ʃəni:jə] f.; -, -n; Textilw.⟩ Garn mit abstehenden Fasern, ein Raupenzwirn [frz., »Raupe«]

cher|chez la femme! ⟨[ʃɛrʃe: la fam]⟩ hinter dieser Angelegenheit steckt bestimmt eine Frau! [frz., eigtl. »sucht die Frau!«]

Che|ri|mo|ya ⟨[tʃe-] f.; -, -s; Bot.⟩ Rahmapfel, südamerikanische Frucht mit weißem, säuerlichem Fruchtfleisch, das überwiegend püriert verzehrt wird: Annona cherimola; *oV* Chirimoya [engl., <span. *chirimoya*]

Cher|ry|bran|dy ⟨[tʃɛribrændi] m.; -s, -s⟩ Kirschlikör [<engl. *cherry* »Kirsche« + *Brandy*]

Che|rub ⟨[çe-] m.; -s, -bim od. -bi|nen; AT⟩ Engel, Paradieswächter [hebr., urspr., »geflügeltes Wundertier mit menschlichem Antlitz«]

che|ru|bi|nisch ⟨[çe-] Adj.⟩ engelhaft, engelgleich

Ches|ter ⟨[tʃɛstə(r)] m.; -s, -; kurz für⟩ Chesterkäse

Ches|ter|kä|se ⟨[tʃɛstə(r)-] m.; -s, -⟩ harter Fettkäse; *Sy* Chester [nach der engl. Stadt *Chester*]

che|va|le|resk ⟨[ʃəva-] Adj.⟩ ritterlich [<frz. *chevaleresque*]

Che|va|li|er ⟨[ʃəvalje:] m.; -s, -s⟩ Ritter, Edelmann (frz. Adelstitel) [frz., »Ritter«]

Che|vi|ot ⟨[ʃɛviɔt] m.; -s, -s; Textilw.⟩ Kleiderstoff aus Schafwolle [nach den *Cheviot*bergen zwischen England u. Schottland wegen der Wolle der dort gezüchteten Schafe]

Che|vreau *auch:* **Chev|reau** ⟨[ʃəvro:] n.; -s; unz.; Textilw.⟩ feines Ziegenleder (für Schuhe) [<frz. *chevreau* »Zicklein«]

Che|vron *auch:* **Chev|ron** ⟨[ʃəvrõ:] m.; -s, -s⟩ **1** Dienstgradabzeichen **2** Mantelstoff mit diagonalem, fischgrätenähnlichem Muster **3** pfeilspitzenähnliche Verbindung zweier Schrägbalken im Wappen, Sparren [frz., »Dachsparren«]

Chew|ing|gum *auch:* **Chewing Gum** ⟨[tʃu:ɪŋgʌm] m.; (-) - od. (-) -s, (-) -s; engl. Bez. für⟩ Kaugummi

Chi ⟨[çi:] n.; - od. -s, -s; Zeichen: χ, X⟩ der 22. Buchstabe im grch. Alphabet [grch.]

Chi|an|ti ⟨[kjan-] m.; -s, -s⟩ ein ital. Rotwein [nach der gleichnamigen Weingegend in der Toskana, Italien]

Chi|as|ma ⟨[çi-] n.; -s, -as|men; Biol.⟩ Überkreuzung der Chromatiden eines Chromosomenpaares während der Reduktionsteilung [→ *Chiasmus*]

Chi|as|mus ⟨[çi-] m.; -; unz.⟩ Stilmittel, kreuzweise Gegenüberstellung von Gegensatzpaaren od. gleichen Begriffen [nach dem ein Kreuz bildenden grch. Buchstaben *Chi*]

chi|as|tisch ⟨[çi-] Adj.⟩ über Kreuz gestellt [→ *Chiasmus*]

chic ⟨[ʃik] Adj.⟩ = schick (1) [frz.]

Chic ⟨[ʃik] m.; -s; unz.⟩ = Schick [frz.]

Chi|ca|go|jazz auch: **Chi|ca|go Jazz** ⟨[ʃika:godʒæz] m.; (-) -; unz.; Musik⟩ Jazzstil der 1920er-Jahre, mit dem weiße Musiker den Jazz der Schwarzen (bes. L. Armstrong u. King Oliver) zu imitieren versuchten u. der zur Entwicklung des Swing beitrug; *Sy* Chicagostil

Chi|ca|go|stil ⟨[ʃika:go-] m.; -s; unz.; Musik⟩ = Chicagojazz

Chi|cha ⟨[tʃitʃa] f.; -, -s⟩ bierähnliches Rauschgetränk aus Mais (selten auch Reis od. Obst) im südamerikan. Andengebiet u. in Mittelamerika [indian.]

Chi|chi ⟨[ʃiʃi:] n.; - od. -s, - od. -s; umg.⟩ **1** ⟨unz.⟩ umständliches Gebaren, Getue **2** ⟨zählb.; meist Pl.⟩ falsche Locken [frz.]

Chi|co ⟨[tʃi:ko] od. [tʃiko] m.; - od. -s, -s⟩ kleiner Junge, kleiner Kerl [span.]

Chicorée / Schikoree (*Laut-Buchstaben-Zuordnung*) Diakritische Zeichen in Fremdwörtern können auch durch unmarkierte Buchstaben ersetzt werden. Dies gilt auch für das aus dem Französischen entlehnte »é«, das eine Vokallänge kennzeichnet, die im Deutschen durch die Doppelung des entsprechenden Vokals gekennzeichnet wird. Zusätzlich kann neben der ursprünglichen Schreibung eine integrierte Schreibweise mit angepasster Laut-Buchstaben-Zuordnung entstehen.
Dabei werden die Laute [ʃ] bzw. [k], die in Fremdsprachen häufig durch den Buchstaben »ch« bzw. »c« wiedergegeben werden, durch die deutschen Buchstaben »sch« bzw. »k« ersetzt. (→a. Pappmaché / Pappmaschee).

Chi|co|rée ⟨[ʃikɔreː] od. [ʃikɔre:] m. od. f.; - od. -s; unz.⟩ als Salat u. für Gemüse verwendeter bleicher Wintertrieb der Zichorie; *oV* Schikoree [frz.]

Chief ⟨[tʃiːf] m.; -s, -s⟩ Anführer, Chef [engl., »Chef, Häuptling; haupt..., Haupt...«]

Chief Exe|cu|tive Of|fi|cer ⟨[tʃiːf ɪgzekjuːtɪv ɔfisə(r)] Abk.: CEO; engl. Bez. für⟩ Vorstandsvorsitzende(r)

Chif|fon ⟨[ʃifɔ̃ː] m.; -s, -s; Textilw.⟩ sehr dünnes, schleierartiges Gewebe aus Seide od. Kunstseide [frz., »Lumpen, Lappen, Chiffon(stoff)«]

Chif|fre auch: **Chiffre** ⟨[ʃifər] od. [ʃifrə] f.; -, -n⟩ **1** Ziffer, Zahl **2** Kennziffer in Anzeigen **3** Namenszeichen, Monogramm **4** Geheimzeichen [frz., »Ziffer, Zahl«]

chif|frie|ren auch: **chiffrieren** ⟨[ʃif-] V.⟩ in Geheimschrift schreiben, verschlüsseln

Chif|frie|rung auch: **Chiffrierung** ⟨[ʃif-] f.; -, -en⟩ Verschlüsselung; *Ggs* Dechiffrierung

Chi|gnon auch: **Chignon** ⟨[ʃinjɔ̃ː] m.; -s, -s⟩ **1** Nackenknoten, Nackenzopf **2** Haarunterlage [frz., »Haarknoten«]

Chi|hu|a|hua ⟨[tʃiwaːwa] m.; -s, -s; Zool.⟩ kleiner, dem Zwergpinscher ähnelnder Hund [nach dem gleichnamigen mexikan. Bundesstaat]

Chi|le|sal|pe|ter ⟨[tʃiː-] od. [çiː-] m.; -s; unz.; Chemie⟩ aus den Nordprovinzen von Chile u. Peru stammender Natronsalpeter

Chi|li ⟨[tʃiːli] m.; -s, -s; Bot.⟩ paprikaähnliche Beerenfrucht eines in Afrika, Indien u. Japan angebauten Nachtschattengewächses, aus der Cayennepfeffer gewonnen wird: Capsicum frutescens; ~ *con Carne* scharf gewürztes Rinderragout [zu span. *chile* <Nahuatl]

Chi|li|a|de ⟨[çi-] f.; -, -n⟩ **1** Zahl, Reihe, Sammlung von Tausend **2** Jahrtausend [zu grch. *chilioi* »tausend«]

Chi|li|as|mus ⟨[çi-] m.; -; unz.⟩ Glaube an ein Tausendjähriges Reich (nach Christi Wiederkunft) [<grch. *chilioi* »tausend«]

Chi|li|ast ⟨[çi-] m.; -en, -en⟩ Anhänger des Chiliasmus

chi|li|as|tisch ⟨[çi-] Adj.⟩ dem Chiliasmus entsprechend

chil|len ⟨[tʃɪl-] V.; umg.⟩ sich erholen, sich entspannen, relaxen; *Sy* auschillen; *er muss erst einmal ~* [<engl. *chill out*]

Chi|mä|ra auch: **Chi|mä|re** ⟨[çi-] f.; -, -mä|ren⟩ **1** grch. Sagengeheuer (vorn Löwe, in der Mitte Ziege, hinten Drache) **2** Pflanze mit genotyp. verschiedenen Geweben, bedingt durch Plastidenspaltung, Mutationen, irreguläre Mitose oder künstl. Gewebeverschiebung durch Pfropfung, Pfropfbastard **3** = Schimäre [<grch. *chimaira* »Ziege«]

chi|mä|risch ⟨[çi-] Adj.⟩ = schimärisch

Chi|na|cra|cker ⟨[çiː-nakræka(r)] m.; -s, -⟩ ein Knall- bzw. Feuerwerkskörper, Chinakracher [nach *China + Cracker*]

Chi|na|gras ⟨[çiː-] od. süddt., österr. [kiː-] n.; -es, -grä|ser; Bot.⟩ = Ramie (2)

Chi|na|rin|de ⟨[çiː-] f.; -; unz.; Med.⟩ chininhaltige Rinde des Chinarindenbaumes (Cinchona), einer Gattung der Rötegewächse (Rubiaceae) mit fieberheilender Wirkung: Cortex Chinae; →a. Cinchona [<peruan. *quinaquina* »Rinde der Rinden«, d. h. »die Beste der Rinden«]

Chi|na|town ⟨[tʃaɪnataʊn] f.; -, -s⟩ Viertel einer Großstadt (bes. in Europa u. Nordamerika), das überwiegend von chines. Emigranten bewohnt wird; *die ~ in Newcastle upon Tyne gehört zu den Sehenswürdigkeiten der Stadt* [engl.; vermutlich in Anlehnung an die *Chinatown* von New York]

Chinawhite

Chi|na|white ⟨[tʃaɪnawaɪt] n.; -s; unz.; umg.⟩ Heroin von großer Reinheit [<engl. *china* »China« + *white* »weiß, rein«]

Chin|chil|la ⟨[tʃɪntʃɪlja:] f.; -, -s, österr.: n.; -s, -s⟩ **1** südamerikan. Nagetier aus der Familie der Hasenmäuse von 30 cm Körperlänge mit 20 cm langem, buschigem Schwanz: Lagidium viscaccia **2** Pelz der Chinchilla [span., »maulwurfähnliches Tier«]

Chi|nin ⟨[çi-] n.; -s; unz.; Chemie⟩ Alkaloid der Chinarinde (gegen Malaria) [<peruan. *quinaquina* »Rinde der Rinden«, d. h. »die Beste der Rinden«]

Chi|noi|se|rie ⟨[ʃinoazə-] f.; -, -n⟩ **1** Kunstgewerbe in chines. Manier **2** ⟨fig.⟩ Abgeschmacktheit [frz.; <*chinois* »chinesisch«]

Chi|no|ne ⟨[çi-] Pl.; Chemie⟩ Gruppe aromatischer, gelb bis rot gefärbter Verbindungen, wegen ihrer Reaktionsfreudigkeit Ausgangsstoffe für zahlreiche chem. Synthesen

Chinook ⟨[tʃinuk] m.; -s, -s⟩ **1** warmer, trockener Wind auf der Ostseite der Rocky Mountains **2** warmer, feuchter Südwestwind an der Küste im Nordwesten der USA [nordamerikan. Indianerspr.]

Chintz ⟨[tʃɪnts] m.; -(e)s, -e; Textilw.⟩ durch Wachsüberzug glänzend gemachter Baumwollstoff, meist bunt gemustert [engl., eigtl. »bedruckter od. bemalter Kattun aus Indien« <Hindi *chint*]

chint|zen ⟨[tʃɪntsən] V.; Textilw.⟩ *Stoff* ~ mit dünnem Wachsüberzug versehen

Chi|o|lith ⟨[çi-] m.; -s od. -en, -e od. -en; Min.⟩ schneefarbenes, körniges Mineral [<grch. *chion* »Schnee« + ...*lith*]

Chi|o|no|graf ⟨[çi-] m.; -en, -en; Meteor.⟩ = Chionograph

Chi|o|no|graph ⟨[çi-] m.; -en, -en; Meteor.⟩ Messapparat, der zur (Mengen-)Registrierung von Niederschlägen (bes. Schnee) dient; *oV* Chionograf [<grch. *chion* »Schnee« + ...*graph*]

chi|o|no|phil ⟨[çi-] Adj.; Bot.⟩ ~e *Pflanzen* Pflanzen, die während des Winters eine feste, schützende Schneedecke benötigen, Schnee liebende Pflanzen [<grch. *chion* »Schnee« + ...*phil*]

Chip ⟨[tʃɪp] m.; -s, -s⟩ **1** Splitter, Span **2** ⟨Roulett⟩ Spielmarke **3** ⟨nur Pl.⟩ ~*s* in Fett gebackene Scheibchen roher Kartoffeln, pikant gewürzt **4** Grundplatte einer elektron. Halbleiterschaltung **5** ⟨Golf⟩ = Chip-and-run [engl.]

Chip-and-run ⟨[tʃɪp ənd rʌn] m.; -, -; Golf⟩ aus dem Handgelenk geschlagener niedriger Annäherungsschlag, bei dem der Ball auf dem Grün noch weiterrollt; *Sy* Chip (5) [engl., eigtl. »anschlagen und rollen«]

Chip|kar|te ⟨[tʃɪp-] f.; -, -n⟩ (nahezu fälschungssichere) Plastikkarte mit integriertem Mikroprozessor u. Schaltkreis, die u. a. als Bargeldersatz eingesetzt wird, z. B. als Kreditkarte, Telefonkarte usw.; *Sy* Smartcard; →*a.* Chip (4)

chip|pen ⟨[tʃɪp -] V.; Sport; Golf⟩ aus dem Handgelenk anschlagen [<engl. *chip*]

Chip|pen|dale ⟨[tʃɪpəndeɪl] n.; - od. -s; unz.⟩ um 1750 in England entstandener Möbelstil [nach dem engl. Kunsttischler Thomas *Chippendale*, 1718–1779]

Chip|py ⟨[tʃɪpi] m.; -s, -s; umg.⟩ **1** ⟨Drogenszene⟩ jmd., der bei seinen ersten Drogenerfahrungen nur geringe Mengen konsumiert **2** ⟨umg.; bes. Großbritannien⟩ Imbissbude, Pommes-Frites-Bude [Verkleinerungsform zu engl. *chip* »Chip«]

chir..., **Chir...** ⟨[çir] in Zus.⟩ = chiro..., Chiro...

Chir|agra *auch:* **Chir|ag|ra** ⟨[çi:r-] n.; -s; unz.; Med.⟩ Gicht in den Handgelenken [<*Chiro*... + grch. *agra* »Fang«]

chi|ral ⟨[çi-] Adj.; Chemie⟩ wie Bild u. Spiegelbild geformt, spiegelbildlich [<grch. *cheir* »Hand«]

Chi|ri|mo|ya ⟨[tʃi-] f.; -, -s; Bot.⟩ = Cherimoya [span.]

chi|ro..., **Chi|ro...** ⟨[çiro] vor Vokalen⟩ chir..., Chir... ⟨in Zus.⟩ Hand... [<grch. *cheir*, Gen. *cheiros* »Hand«]

Chi|ro|graf ⟨[çi-] n.; -en, -en⟩ = Chirograph

chi|ro|gra|fisch ⟨[çi-] Adj.⟩ = chirographisch

Chi|ro|gra|fum ⟨[çi-] n.; -s, -gra|fen od. -ro|gra|fa⟩ = Chirographum

Chi|ro|graph ⟨[çi-] n.; -en, -en⟩ = Chirographum; *oV* Chirograf

chi|ro|gra|phisch ⟨[çi-] Adj.⟩ handschriftlich; *oV* chirografisch [<*chiro*... + ...*graphisch*]

Chi|ro|gra|phum ⟨[çi-] n.; -s, -grapha od. -gra|phen⟩ *oV* Chirografum **1** ⟨Spätantike⟩ Handschreiben **2** päpstl. Erlass an eine Einzelperson

Chi|ro|lo|gie ⟨[çi-] f.; -; unz.⟩ = Chiromantie [<*Chiro*... + ...*logie*]

Chi|ro|mant ⟨[çi-] m.; -en, -en⟩ Handlinendeuter [<*Chiro*... + ...*mant*]

Chi|ro|man|tie ⟨[çi-] f.; -; unz.⟩ Kunst, aus den Linien der Handfläche u. der Form der Hand den Charakter zu deuten, Handlesekunst; *Sy* Chirologie [<*Chiro*... + ...*mantie*]

Chi|ro|man|tin ⟨[çi-] f.; -, -tin|nen⟩ Handliniendeuterin

chi|ro|man|tisch ⟨[çi-] Adj.⟩ auf Chiromantie beruhend

Chi|ro|no|mie ⟨[çi-] f.; -; unz.⟩ = Cheironomie

chi|ro|no|misch ⟨[çi-] Adj.⟩ = cheironomisch

Chi|ro|prak|tik ⟨[çi-] f.; -; unz.; Med.⟩ Handheilverfahren für unvollständige Wirbelverrenkungen [<*Chiro*... + *Praktik*]

Chi|ro|prak|ti|ker ⟨[çi-] m.; -s, -; Med.⟩ Spezialist im Fachbereich der Chiropraktik

Chi|ro|prak|ti|ke|rin ⟨[çi-] f.; -, -rin|nen; Med.⟩ Spezialistin im Fachbereich der Chiropraktik

Chi|ro|pte|ra *auch:* **Chi|rop|te|ra** ⟨[çi-] Pl.; Zool.⟩ Fledermäuse [<*Chiro*... + grch. *pteron* »Flügel«]

Chi|ro|spas|mus ⟨[çi-] m.; -, -spas|men⟩ Schreibkrampf; *oV* Cheirospasmus [<*Chiro*... + *Spasmus*]

Chi|ro|the|ra|pie ⟨[çi-] f.; -; unz.; Med.⟩ von einem Arzt angewandte Chiropraktik

Chi|ro|the|ri|um ⟨[çi-] n.; -s, -ri|en⟩ nach handförmigen Abdrücken im Buntsandstein Thüringens benannte Saurierfährten eines primitiven Archosauriers

[<*Chiro...* + grch. *therion* »Tier«]
Chir|urg *auch:* **Chi|rurg** ⟨[çir-] od. süddt., österr. [kir-] m.; -en, -en; Med.⟩ **1** ⟨veraltet⟩ Wundarzt **2** Facharzt für Chirurgie; →*a.* Operateur [<grch. *cheirurgos*, eigtl. »Handarbeiter« <*cheir* »Hand« + *ergon* »Werk«]
Chir|ur|gie *auch:* **Chi|rur|gie** ⟨[çir-] od. süddt., österr. [kir-] f.; -; unz.; Med.⟩ **1** Heilkunst durch operative Eingriffe **2** chirurgische Klinik, chirurgische Station [→ *Chirurg*]
Chir|ur|gin *auch:* **Chi|rur|gin** ⟨[çir-] od. süddt., österr. [kir-] f.; -, -gin|nen; Med.⟩ Fachärztin für Chirurgie
chir|ur|gisch *auch:* **chi|rur|gisch** ⟨[çir-] od. süddt., österr. [kir-] Adj.; Med.⟩ zur Chirurgie gehörig, operativ
Chi|tar|ro|ne ⟨[ki-] m.; -s, -s od. -ro|ni od. f.; -, -n; Musik⟩ ⟨aus Italien stammende⟩ größte Form der Laute, die über zwei Wirbelkästen verfügt u. im 17. Jh. das Generalbassinstrument war [Vergrößerungsform zu ital.*chitarra* »(Schlag-)Gitarre« <grch. *kithara* »Zitter«]
Chi|tin ⟨[çi-] n.; -s, -; unz.⟩ stickstoffhaltiger Grundstoff des Panzers der Gliederfüßer [<grch. *chiton* »Panzer«]
chi|ti|nig ⟨[çi-] Adj.⟩ aus Chitin bestehend; *Sy* chitinös
chi|ti|nös ⟨[çi-] Adj.⟩ = chitinig
Chi|ton ⟨[çi-] m.; -s, -e⟩ altgrch. Gewand aus einem Stück, um die Hüften gegürtet od. lose fallend [<grch. *chiton* »Gewand, Panzer«]
chlad|ni|sche Klang|fi|gur *auch:* **Chlad|ni'sche Klang|fi|gur** ⟨[klad-] f.; -n -, -n -en⟩ Figur, die entsteht, wenn man eine Platte mitSand bestreut, an einem Punkt befestigt und - z. B. durch Anstreichen mit einem Geigenbogen - in Schwingungen versetzt [nach dem dt. Physiker Ernst Florens Friedrich *Chladni*, 1756-1827]
Chla|my|do|bak|te|ri|um ⟨[çla-] n.; -s, -ri|en⟩ Fadenbakterium [<grch. *chlamys*, Gen. *-ydos* »Mantel« + *Bakterium*]
Chla|mys ⟨[çla:-] f.; -, -⟩ altgrch. kurzer Überwurfmantel für Männer [grch., »Oberkleid, Mantel«]
Chlo|an|thit ⟨[klo-] m.; -s, -e; Min.⟩ zinnweißes, oft apfelgrün beschlagenes, metallglänzendes Mineral, Weißnickelkies [<*Chlor* + grch. *antheros* »blühend«]
Chlor ⟨[klo:r] n.; -s; unz.⟩ chem. Zeichen: Cl⟩ chem. Element, Ordnungszahl 17, gelbgrünes, stechend riechendes Gas, das in der Natur nicht frei vorkommt [<grch. *chloros* »hellgrün, gelb«]
Chlo|ral ⟨[klo-] n.; -s; unz.; Chemie⟩ durch Oxidation u. Chlorierung von Äthylalkohol mit Chlorkalk hergestellte, stechend riechende, farblose Flüssigkeit, chem. Trichloracetaldehyd [→ *Chlor*]
Chlo|ral|hy|drat *auch:* **Chlo|ral|hyd|rat** ⟨[klo-] n.; -(e)s; unz.; Chemie⟩ mit Wasser aus Chloral entstehende farblose Kristalle
Chlo|ra|min *auch:* **Chlo|ra|min** ⟨[klo:r-] n.; -s; unz.; Chemie⟩ farbloses, keimtötend wirkendes Kristall, das u. a. zur Wasserentkeimung verwendet wird
Chlo|rat ⟨[klo-] n.; -(e)s, -e; Chemie⟩ farbloses Salz der Chlorsäure, in Wasser leicht löslich, spaltet beim Erhitzen leicht Sauerstoff ab [→ *Chlor*]
Chlor|äthyl ⟨[klo:r-] n.; -s; unz.; Chemie⟩ = Äthylchlorid
Chlor|cal|ci|um ⟨[klo:r-] n.; -s; unz.; Chemie; veraltete Bez. für⟩ Calciumchlorid
Chlor|di|oxid ⟨[klo:r-] n.; -(e)s; unz.; Chemie⟩ Chlorverbindung, die als Bleichmittel u. zur Vernichtung von Krankheitserregern benutzt wird
Chlo|rel|la ⟨[klo-] f.; -, -rel|len; Bot.⟩ Gattung der Grünalgen [<grch. *chloros* »grün«]
chlo|ren ⟨[klo:-] V.; Chemie⟩ durch eine Behandlung mit Chlor keimfrei machen; *Sy* chlorieren (2)
Chlor|gas ⟨[klo:r-] n.; -es; unz.; Chemie⟩ = Chlor
Chlo|rid ⟨[klo-] n.; -(e)s, -e; Chemie⟩ Salz der Salzsäure
chlo|rie|ren ⟨[klo-] V.; Chemie⟩ **1** eine chem. Verbindung mit Chlor eingehen lassen **2** = chloren
chlo|rig ⟨[klo:-] Adj.; Chemie⟩ Chlor enthaltend, dem Chlor ähnlich; ~*e Säure* leicht zersetzliche Chlorsauerstoffsäure
Chlo|rit ⟨[klo-] n.; -s, -e; Chemie⟩ **1** Salz der chlorigen Säure **2** Mineral, grünes, wasserhaltiges Magnesiumsilicat
Chlor|kalk ⟨[klo:r-] m.; -s; unz.; Chemie⟩ Sauerstoff-Chlor-Verbindung des Calciums, Verwendung als Bleich- und Desinfektionsmittel
Chlor|kau|tschuk *auch:* **Chlor|kaut|schuk** ⟨[klo:r-] m.; -s; unz.; Chemie⟩ chlorierter Naturkautschuk für chemikalienfeste Anstriche
Chlor|knall|gas ⟨[klo:r-] n.; -es, -e; Chemie⟩ Gemisch aus gleichen Volumina Chlor u. Wasserstoff, das unter dem Einfluss des Lichtes explosionsartig unter Bildung von Chlorwasserstoff reagiert
Chlor|na|tri|um *auch:* **Chlor|nat|ri|um** ⟨[klo:r-] n.; -s; unz.; Chemie⟩ = Natriumchlorid
Chlo|ro|form ⟨[klo-] n.; -s; unz.; Chemie⟩ farblose, alkohol- u. ätherlösliche, nicht brennbare Flüssigkeit, die früher bei Narkosen verwendet wurde, chem. Trichlormethan [<*Chlor* + ...*form*[2]]
chlo|ro|for|mie|ren ⟨[klo-] V.; Chemie⟩ mit Chloroform betäuben
Chlo|ro|me|la|nit ⟨[klo-] m.; -s, -e; Min.⟩ dunkelgrünes Mineral [<grch. *chloros* »gelbgrün« + *melas* »schwarz«]
Chlo|ro|phan ⟨[klo-] m.; -s, -e; Min.⟩ dunkelgrüner Edelstein bzw. Korund [<grch. *chloros* »gelbgrün« + *phanein* »zeigen«]
Chlo|ro|phyll ⟨[klo-] n.; -s; unz.; Biol.⟩ grüner Farbstoff der Pflanzen, Blattgrün [<grch. *chloros* »gelbgrün« + *phyllon* »Blatt«]
Chlo|ro|phy|tum ⟨[klo-] n.; -s, -phy|ten; Bot.⟩ Grünlilie, eine Zierpflanze [<grch. *chloros* »gelbgrün« + *phyton* »Pflanze«]
Chlo|ro|phy|zee ⟨[klorofytse:ə] f.; -, -n; Bot.⟩ Grünalge [<grch. *chloros* »gelbgrün« + ...*phyzee*]
Chlo|ro|plast ⟨[klo-] m.; -en, -en; Biol.⟩ Organell der Pflanzenzelle, das Chlorophyll für die

Chloroxid

Fotosynthese enthält [<grch. *chloros* »gelbgrün« + *plastes* »Bildner«]

Chlor|o|xid ⟨[klo:r-] n.; -(e)s, -e; Chemie⟩ Verbindung zwischen Chlor und Sauerstoff

chlor|sau|er ⟨[klo:r-] Adj.; Chemie⟩ den Chlorsäuren angehörend, sie betreffend, mit Chlorsäure angereichert

Chlor|sau|er|stoff|säu|re ⟨[klor-] f.; -, -n; Chemie⟩ eine der vier Sauerstoffsäuren des Chlors: unterchlorige Säure (HClO), chlorige Säure (HClO$_2$), Chlorsäure (HClO$_3$), Perchlorsäure (HClO$_4$)

Chlor|säu|re ⟨[klo:r-] f.; -, -n; Chemie⟩ die Chlorsauerstoffsäure mit der chem. Formel HClO$_3$

Chlo|rür ⟨[klo-] n.; -s, -e; Chemie⟩ Salz der Salzsäure [<frz. *chlorure*; → *Chlor*]

Cho|a|ne ⟨[ko-] f.; -, -n; Anat.⟩ hintere Nasenöffnung zum Rachenraum [<grch. *choane* »Trichter«]

Choke ⟨[tʃoʊk] m.; -s, -s⟩ Luftklappe im Vergaser, die beim Start bei tiefen Temperaturen geschlossen wird, um ein fetteres u. damit zündfreudigeres Gemisch einzustellen; *oV* Choker [engl., »Starterklappe«; zu *choke* »drosseln«]

Cho|ker ⟨[tʃoʊkə(r)] m.; -s, -s⟩ = Choke

Choke|boh|rung ⟨[tʃoʊk-] f.; -, -en; Waffenk.⟩ spitz zulaufende Verengung der Schrotflintenmündung zur Minimierung der Schussstreuung [→ *Choke*]

chol..., Chol... ⟨[xol-] in Zus.; vor Vokalen; Med.⟩ = chole..., Chole...

Chol|an|gi|om *auch:* **Cho|lan|gi|om** ⟨[xol-] n.; -s, -e; Med.⟩ Geschwulst im Bereich der Gallenwege [<grch. *chole* »Galle« + *Angiom*]

Chol|an|gi|tis *auch:* **Cho|lan|gi|tis** ⟨[xol-] f.; -, -gi|ti|den; Med.⟩ Entzündung der Gallengänge [<grch. *chole* »Galle« + *aggeion* »Gefäß«]

Chol|an|säu|re ⟨[xo-] f.; -; unz.; Biochemie⟩ (beim Menschen am häufigsten vorkommende) Basissäure der Gallensäuren, die in der Leber gebildet u. in der Galle gespeichert wird; *oV* Cholsäure [<grch. *chole* »Galle«]

cho|le..., Cho|le... ⟨vor Vokalen⟩ chol..., Chol... ⟨[xo-] in Zus.; Med.⟩ gallen..., Gallen... [grch., »Galle«]

Cho|le|gra|fie ⟨[xo-] f.; -; unz.; Med.⟩ = Cholegraphie

cho|le|gra|fisch ⟨[xo-] Adj.; Med.⟩ = cholegrafisch

Cho|le|gra|phie ⟨[xo-] f.; -; unz.; Med.⟩ Sammelbezeichnung für die röntgenographische Darstellung der Gallenblase od. -gänge; *oV* Cholegrafie; *intravenöse ~; endoskopische ~* [<*Chole...* + grch. *graphein* »schreiben«]

cho|le|gra|phisch ⟨[xo-] Adj.; Med.⟩ zur Cholegraphie gehörend, sie betreffend, auf sie bezogen; *oV* cholegrafisch

Cho|le|lith ⟨[xo-] m.; -(e)s, -e; Med.⟩ Gallenstein [<grch. *chole* »Galle« + *lithos* »Stein«]

Cho|le|ra ⟨[ko:-] f.; -; unz.; Med.⟩ 1 *asiatische od. echte ~* schwere Infektionskrankheit mit heftigem Erbrechen, starkem Durchfall u. schnellem Kräfteverfall 2 *europäische od. unechte ~* Brechdurchfall, Sommercholera [grch., »Gallensucht«; zu *chole* »Galle, Zorn«]

Cho|le|ri|ker ⟨[ko-] m.; -s, -⟩ aufbrausende, jähzornige männl. Person [→ *Cholera*]

Cho|le|ri|ke|rin ⟨[ko-] f.; -, -rin|nen⟩ aufbrausende, jähzornige weibl. Person [→ *Cholera*]

Cho|le|ri|ne ⟨[ko-] f.; -, -n; Med.⟩ leichte Art der Cholera

cho|le|risch ⟨[ko-] Adj.⟩ aufbrausend, jähzornig [→ *Choleriker*]

Cho|les|te|rin ⟨[xo-] od. [ko-] n.; -s; unz.⟩ ein zuerst in der Galle gefundenes Fett aus der Klasse der Lipide, Hauptbestandteil der Gallensteine [<grch. *chole* »Galle« + *stear* »Fett«]

Cho|li|am|bus ⟨[xoljam-] m.; -, -ben⟩ in Spottgedichten angewandter jamb. Vers mit Trochäus im 6. Fuß; →*a.* Hinkjambus [<grch. *cholos* »lahm« + *Jambus*]

Cho|lin ⟨[xo-] n.; -s; unz.; Pharm.⟩ (für Medikamente genutzter) Gallenwirkstoff, der u. a. die Fettablagerung im Körper vermindert [<*Chol... + ...in*]

cho|lin|erg *auch:* **cho|lin|erg** ⟨[xo-] Adj.; Pharm.⟩ auf Cholin reagierend, durch Cholin angeregt [<*Cholin* + grch. *ergon* »Tätigkeit«]

cho|lo..., Cho|lo... ⟨[xo-] in Zus.; Med.; selten⟩ gallen..., Gallen...

Chol|säu|re ⟨[xo:l-] f.; -; unz.; Biochemie⟩ = Cholansäure

◆ Die Buchstabenfolge **chon|dr...** kann auch **chond|r...** getrennt werden.

◆**chon|dr..., Chon|dr...** ⟨[xɔn-] in Zus.; vor Vokalen; Med.⟩ = chondro..., Chondro...

◆**chon|dral** ⟨[xɔn-] Adj.; Med.⟩ den Knorpel betreffend, zu ihm gehörend [<grch. *chondros* »Knorpel«]

◆**Chon|dren** ⟨[xɔn-] Pl.; Geol.; Min.⟩ graueulichte, feinkörnige Gemenge od. Kügelchen (Olivin, Bronzit, Nickel-Eisen) in Steinmeteoriten [<grch. *chondros* »Korn«]

◆**chon|dri(o)..., Chon|dri(o)...** ⟨[xɔn-] in Zus.; Med.⟩ = chondro..., Chondro...

◆**Chon|drin** ⟨[xɔn-] n.; -s; unz.⟩ Knorpelleim, der aus der Substanz des Knorpelgewebes entnommen wird

◆**Chon|dri|o|i|de** ⟨[xɔn-] Pl.; Biol.⟩ = Mesosomen

◆**Chon|dri|o|som** ⟨[xɔn-] n.; -s, -en; meist Pl.; Biol.⟩ = Mitochondrium

◆**Chon|drit** ⟨[xɔn-] m.; -s, -e; Geol.; Min.⟩ Steinmeteorit, dessen Grundmasse aus Olivin, Orthopyroxen, Nickel-Eisen od. Gleichen) Glas besteht

◆**Chon|dri|tis** ⟨[xɔn-] f.; -, -ti|den; Med.⟩ Knorpelentzündung [<grch. *chondros* »Knorpel«]

◆**chon|dri|tisch** ⟨[xɔn-] Adj.; Geol.; Min.⟩ wie ein Chondrit aufgebaut, in einer ähnlichen Weise strukturiert

◆**chon|dro..., Chon|dro...** ⟨vor Vokalen⟩ chondr..., Chondr... ⟨[xɔn-] in Zus.; Med.⟩ 1 knorpel..., Knorpel...; *Chondroblastom* 2 körnchen..., Körnchen...; *Chondren* [<grch. *chondros* »Knorpel; Korn«]

◆**Chon|dro|blast** ⟨[xɔn-] m.; -en, -en; meist Pl.; Med.⟩ Zelle, die die Knorpelbildung auslöst; *Ggs* Chondroklast [<*Chondro...* + *...blast*]

◆**Chon|dro|blas|tom** ⟨[xɔn-] n.; -s, -e; Med.⟩ ein Knorpelgeschwulst; *Sy* Chondrom [<grch. *chondros* »Knorpel« + *Blastom*]

◆**Chon|dro|klast** ⟨[xɔn-] m.; -en, -en; meist Pl.; Med.⟩ Zelle, die Knorpel vernichtet; *Ggs* Chondroblast [<*Chondro...* + grch. *klaein* »zerbrechen«]

◆**Chon|drom** ⟨[xɔn-] n.; -s, -e; Med.⟩ = Chondroblastom

◆**Chon|dru|len** ⟨[xɔn-] Pl.; Min.⟩ kleine, runde Gesteinskörper in Meteoriten [→ *Chondren*]

Chop ⟨[tʃɔp] m.; -s, -s; Tennis⟩ kurz geschlagener Ball mit Rückwärtsdrall [engl., »(kurzer) Schlag«]

Chop|per ⟨[tʃɔp-] m.; -s, -⟩ = Easyrider (1) [engl., eigtl. »Hackmesser, Hackbeil«]

chop|pern ⟨[tʃɔp-] V.⟩ (in einer Gruppe) mit einem Easyrider (1) durch die Gegend fahren od. reisen

Chop|suey ⟨[tʃɔpsui] n.; - od. -s, -s; Kochk.⟩ chinesisches Reisgericht mit Fisch oder Fleisch und verschiedenen Gemüsen [<chines. *shap sui* »Überreste« <*shap* »gemischt« + *sui* »Stücke«]

Chor ⟨[koːr] m.; -(e)s, Chöːre⟩ **1** ⟨Antike⟩ Platz für den Kultgesang u. -tanz **2** Kulttanzgruppe **3** ⟨grch. Theat.⟩ derjenige Teil der Tragödie, der von mehreren Sprechern zugleich gesprochen - die Meinung des Volkes ausdrücken soll **4** ⟨Musik⟩ **4.1** mehrstimmige Gesangsgemeinschaft, größere Sängergruppe; *Knaben~*, *gemischter ~* **4.2** eine Vereinigung gleicher od. verwandter Instrumente; *Bläser~* **4.3** gemeinsamer, meist mehrstimmiger Gesang **4.4** Musikstück für eine Sängergruppe **5** ⟨selten a.: n.; -s, -e⟩ den Geistlichen vorbehaltener, das Kirchenschiff abschließender Raum mit Hochaltar u. Chorgestühl; *Sy* Presbyterium (1) [<lat. *chorus* »Rundtanz, Reigen, Chor«

<grch. *choros* »Reigentanz, Chor der Tänzer u. Sänger«]

Cho|ral ⟨[ko-] m.; -(e)s, -räːle; Musik⟩ **1** *gregorianischer ~* einstimmiger, unbegleiteter Chorgesang der röm. Kirche **2** protestant. Kirchenlied [verkürzt <*Choral*gesang <lat. cantus *choralis*; → *Chor*]

Cho|ral|kan|ta|te ⟨[ko-] f.; -, -n; Musik⟩ Kirchenkantate, die auf einem od. mehreren Chorälen beruht [<*Choral* + *Kantate*]

Cho|ral|no|ta|tion ⟨[ko-] f.; -, -en; Musik⟩ Notenschrift des gregorianischen Chorals, in der nur die Tonhöhe u. nicht die Tondauer aufgezeichnet ist [<*Choral* + *Notation*]

...chord ⟨[-kɔrd] Nachsilbe; zur Bildung sächl. Subst.⟩ Saite; *Monochord* [<grch. *chorde*]

Chor|da ⟨[kɔr-] f.; -, Chor|den [kɔr-]; Anat.⟩ *oV* Chorde **1** Sehne, Darmsaite **2** *~ dorsalis* knorpelige Vorstufe der Wirbelsäule beim Embryo der Wirbeltiere, Rückensaite [<grch. *chorde* »Darm, Darmsaite«]

Chor|da|te ⟨[kɔr-] m.; -n, -n; Zool.⟩ Angehöriger eines Tierstammes aus der Gruppe der Rückenmarktiere, deren Kennzeichen die Chorda dorsalis ist: Chordata; *Sy* Chordatier

Chor|da|tier ⟨[kɔr-] n.; -(e)s, -e; Zool.⟩ = Chordate [→ *Chorda*]

Chor|da|to|nal|or|gan ⟨[kɔr-] n.; -(e)s, -e; Zool.⟩ Sinnesorgan der Insekten für Erschütterung od. Schall, Saitensinnesorgan [<*Chorda* + *tonal*]

Chor|de ⟨[kɔr-] f.; -, -n; Anat.⟩ = Chorda

Chor|di|tis ⟨[kɔr-] f.; -, -ti|den; Med.⟩ Stimmbänderentzündung [<*Chorda* + *...itis*]

Chor|do|fon ⟨[kɔr-] n.; -s, -e; Musik⟩ = Chordophon

Chor|dom ⟨[kɔr-] n.; -s, -e; Med.⟩ etwa kirschgroßer Tumor an der Schädelbasis, der von den Resten der Chorda dorsalis ausgeht [→ *Chorda*]

Chor|do|phon ⟨[kɔr-] n.; -s, -e; Musik⟩ Instrument, das durch Saitenschwingungen klingt, z. B. Gitarre, Klavier; *oV* Chordofon [<*Chorda* + *...phon*]

Chor|do|to|nal|or|gan ⟨[kɔr-] n.; -(e)s, -e; Biol.⟩ Sinnesorgan der

Insekten für Erschütterung od. Schall, Saitensinnesorgan [<grch. *chorde* »Darmsaite« + *tonos* »Saite, Ton« + *organon* »Werkzeug«]

Cho|rea ⟨[ko-] f.; -; unz.⟩ Veitstanz [<grch. *choreia* »Tanz, Reigen«]

Cho|reg ⟨[ko-] m.; -en, -en⟩ für die Ausbildung u. den Unterhalt des altgrch. Chors verantwortl. Bürger; *oV* Chorege [<grch. *choregos* »Chorführer«]

Cho|re|ge ⟨[ko-] m.; -n, -n⟩ = Choreg

Cho|reo|graf ⟨[ko-] m.; -en, -en; Theat.⟩ jmd., der Tänze für Balletteinstudierungen entwirft; *oV* Choreograph [<grch. *choreia* »Tanz« + *...graph*]

Cho|reo|gra|fie ⟨[ko-] f.; -, -n; Theat.⟩ *oV* Choreographie **1** Schrift zum Beschreiben von Tänzen **2** Entwurf von Balletttänzen

cho|reo|gra|fie|ren ⟨[ko-] V.; Theat.⟩ Ballettänze entwerfen u. einstudieren; *oV* choreographieren

cho|reo|gra|fisch ⟨[ko-] Adj.; Theat.⟩ die Choreografie betreffend, zu ihr gehörig, auf ihr beruhend; *oV* choreographisch

Cho|reo|graph ⟨[ko-] m.; -en, -en; Theat.⟩ = Choreograf

Cho|reo|gra|phie ⟨[ko-] f.; -, -n; Theat.⟩ = Choreografie

cho|reo|gra|phie|ren ⟨[ko-] V.; Theat.⟩ = choreografieren

cho|reo|gra|phisch ⟨[ko-] Adj.; Theat.⟩ = choreografisch

Cho|re|us ⟨[ko-] m.; -, -re|en⟩ = Trochäus [<grch. *choreia* »Tanz, Reigen«]

Cho|reut ⟨[ko-] m.; -en, -en⟩ Tänzer, Chortänzer [<grch. *choreutes* »Chortänzer«]

Cho|reu|tik ⟨[ko-] f.; -; unz.⟩ Tanzkunst [<grch. *choreuein* »Reigen tanzen«]

cho|reu|tisch ⟨[ko-] Adj.⟩ die Choreutik betreffend, dazu gehörend, darauf beruhend

Chor|herr ⟨[koːr-] m.; -en, -en⟩ **1** Mitglied eines Domkapitels od. Stifts **2** = Kanoniker

Cho|ri|am|bus ⟨[koːrjam-] m.; -, -iam|ben; Metrik⟩ aus einem Choreus u. einem Jambus bestehender Versfuß, der besonders in der dramatischen Chor-

Chorioidea

lyrik verwendet wird [< *Choreus* + *Jambus*]
Cho|ri|o|i|dea ⟨[ko-] f.; -; unz.; Anat.⟩ Aderhaut des Auges [< *chorion* + grch. *eidos* »Form«]
Cho|ri|on ⟨[ko̲:-] n.; -s; unz.; Anat.⟩ **1** äußerste Hülle des Embryos von Mensch u. Säugetieren, Zottenhaut **2** Hülle der Insekteneier [grch., »Fell«]
Cho|ri|on|bi|op|sie ⟨[ko̲:-] f.; -, -n; Med.⟩ Gewebeentnahme aus dem Chorion des Embryos während der Frühschwangerschaft zur Bestimmung von Erbschäden [< *Chorion* + *Biopsie*]
cho|risch ⟨[ko̲:-] Adj.; Musik⟩ durch einen Chor ausgeführt
Cho|rịst ⟨[ko-] m.; -en, -en; Musik⟩ Mitglied eines Chors, Chorsänger
Chör|lein ⟨[kø:r-] n.; -s, -⟩ kleiner Erker [→ *Chor* (diente urspr. als Kapelle)]
Cho|ro|gra|fie ⟨[ko-] f.; -, -n; Geogr.⟩ = Chorographie
Cho|ro|gra|phie ⟨[ko-] f.; -, -n⟩ *oV* Chorografie; *Sy* Chorologie **1** ⟨Geogr.⟩ Raum-, Länder-, Landschaftsbeschreibung **2** ⟨Biol.⟩ Lehre vom Standort u. Verbreitung der Tiere u. Pflanzen [< grch. *chora* »Landstrich, Gegend, Boden« + ... *graphie*]
Cho|ro|lo|gie ⟨[ço-] od. [ko-] f.; -; unz.⟩ = Chorographie [zu grch. *chora* »Landstrich, Gegend, Boden« + ... *logie*]
cho|ro|lo|gisch ⟨[ço-] od. [ko-] Adj.⟩ die Chorologie betreffend, auf ihr beruhend, mit ihrer Hilfe; ~*e Pflanzengeographie*
Cho|rus ⟨[ko̲:-] m.; -, -se; Musik⟩ **1** Sängerchor **2** gemeinsames Lied **3** Refrain im Jazz [lat., »Rundtanz, Chor«; → *Chor*]
Cho|se ⟨[ʃo̲:zə] f.; -, -n⟩ = Schose
Chow-Chow ⟨[tʃaʊtʃaʊ] m.; -s, -s⟩ chines. Spitz mit blauer Zunge [engl. < chines.]
Chres|to|ma|thie ⟨[krɛs-] f.; -, -n⟩ Auswahl von (vorbildlichen) Prosawerken verschiedener Schriftsteller, bes. für den Unterricht [< grch. *chrestos* »brauchbar« + ... *mathie*]
Chri|sam ⟨[çri̲:zam] n. od. m.; -s; unz.⟩ geweihtes Öl, Salböl [< grch. *chriein* »salben«]

Chris|ma ⟨[çrɪs-] n.; -s; unz.⟩ geweihtes Öl, Salböl [zu grch. *chriein* »salben«; → *Christus*]
Christ[1] ⟨[krɪst] m.; -; unz.; Rel.⟩ volkstüml. für⟩ Christus; *der heilige* ~ Christkind [→ *Christus*]
Christ[2] ⟨[krɪst] m.; -en, -en; Rel.⟩ Anhänger des Christentums, Getaufter
Christ|de|mo|krat ⟨[krɪst-] m.; -en, -en⟩ Anhänger, Vertreter der Christdemokratie
Christ|de|mo|kra|tie ⟨[krɪst-] f.; -, -n; Politik⟩ Staatsform, die sich an christlich-demokratischen Grundsätzen orientiert
Christ|de|mo|kra|tin ⟨[krɪst-] f.; -, -tin|nen⟩ Anhängerin, Vertreterin der Christdemokratie
christ|de|mo|kra|tisch ⟨[krɪst-] Adj.⟩ auf der Christdemokratie beruhend, sie vertretend, zu ihr gehörig; *eine* ~*e Partei*
Chris|ten|tum ⟨[krɪs-] n.; -s; unz.; Rel.⟩ **1** religiöse, auf Jesus Christus zurückgeführte Lehre **2** christl. Glaube, die gelebte Lehre Christi [→ *Christus*]
chris|ti|a|ni|sie|ren ⟨[krɪs-] V.⟩ zum Christentum bekehren [< lat. *christianus* »christlich«]
Christian Science ⟨[krɪstʃən saɪəns] f.; -; unz.⟩ von Mary Baker Eddy 1866 gegründete relig. Weltanschauung u. metaphys. Heilmethode [engl., »Christliche Wissenschaft«]
Chris|tin ⟨[krɪs-] f.; -, -tin|nen; Rel.⟩ Anhängerin des Christentums, Getaufte
christ|lich ⟨[krɪst-] Adj.; Rel.⟩ zu Christus u. dem Christentum gehörend, dem Christentum entsprechend, von Christus stammend, auf ihn gerichtet
Christ|mas ca|rol ⟨[krɪsməskærəl] n.; -s, -s⟩ traditionelles engl. Weihnachtslied [engl.]
Christ|met|te ⟨[krɪst-] f.; -, -n; Rel.⟩ Gottesdienst in der Christnacht
Chris|to|gramm ⟨[krɪs-] n.; -s; unz.⟩ = Christusmonogramm
Chris|to|la|trie *auch:* **Chris|to|la|trịe** ⟨[krɪs-] f.; -; unz.⟩ übertriebene Christusverehrung, Anbetung Christi [< *Christus* + ... *latrie*]
Chris|to|lo|gie ⟨[krɪs-] f.; -, -n; Rel.⟩ die Lehre von der Person u. dem Werk Christi als dem Gottmenschen [< *Christus* + ... *logie*]
chris|to|lo|gisch ⟨[krɪs-] Adj.⟩ die Christologie betreffend, zur Christologie gehörig, ihr entsprechend
Chris|tus ⟨[krɪs-] m.; -ti; unz.⟩ **1** der Messias, Ehrenname Jesu **2** *nach* ~, nach Christo, nach Christi Geburt nach der Zeitrechnung; *vor* ~, vor Christo, vor Christi Geburt vor der Zeitrechnung [< grch. *Christos* »der Gesalbte«; zu *chriein* »salben«]
Chris|tus|mo|no|gramm ⟨[krɪs-] n.; -s; unz.⟩ die ineinander gesetzten grch. Anfangsbuchstaben des Namens Jesus Christus, Chi u. Rho; *Sy* Christogramm
...**chrom** ⟨[kro:m] Nachsilbe; zur Bildung von Adj.⟩ ... farbig; *monochrom* [< grch. *chroma* »Farbe«]
Chrom ⟨[kro:m] n.; -s; unz.⟩ chem. Zeichen: Cr⟩ Schwermetall, chem. Element, Ordnungszahl 24 [< grch. *chroma* »Farbe«]
chro|ma..., **Chro|ma...** ⟨[kro-] in Zus.⟩ farb..., Farb... [< grch. *chroma* »Farbe«]
chrom|af|fin ⟨[kro:m-] Adj.; Biochemie⟩ mit Chromsalzen anfärbbar; ~*e Zellen* [< *Chrom* + *affin*]
Chro|mat ⟨[kro-] n.; -(e)s, -e; Chemie⟩ Salz der Chromsäure
Chro|ma|ti|de ⟨[kro-] f.; -, -n; Biol.⟩ Chromosomenspalthälfte [< grch. *chroma* »Farbe«]
chro|ma|tie|ren ⟨[kro-] V.⟩ Chemie; Technik⟩ Metalle mit einer Schutzschicht aus Chromaten überziehen; *oV* chromatisieren [→ *Chromate*]
Chro|ma|tik ⟨[kro-] f.; -; unz.⟩ **1** ⟨Musik⟩ **1.1** die Erhöhung od. Erniedrigung der Stammtöne einer Tonleiter um einen halben Ton **1.2** durch Halbtonfolgen charakterisierte Musik; *Ggs* Diatonik **2** ⟨Optik⟩ Farbenlehre [< grch. *chroma* »Farbe«]
Chro|ma|tin ⟨[kro-] n.; -s, -e; Biol.⟩ bei basischen Färbungen sich bes. stark färbende Zellkernbestandteile [< grch. *chroma* »Farbe«]
chro|ma|tisch ⟨[kro-] Adj.⟩ **1** ⟨Musik⟩ in Halbtönen fortschreitend; ~*e Tonleiter* aus

den 12 Halbtönen gebildete Tonleiter; *Ggs* diatonisch **2** ⟨Optik⟩ auf Farbenzerlegung beruhend; *~e Aberration* [<grch. *chroma* »Farbe«]

chro|ma|ti|sie|ren ⟨[kro-] V.; Chemie; Technik⟩ = chromatieren

chro|ma|to..., Chro|ma|to... ⟨[kro-] in Zus.⟩ farb..., Farb... [<grch. *chroma*, Gen. *chromatos* »Farbe«]

Chro|ma|to|gra|fie ⟨[kro-] f.; -, -n; Chemie⟩ = Chromatographie

chro|ma|to|gra|fie|ren ⟨[kro-] V.; Chemie⟩ = chromatographieren

chro|ma|to|gra|fisch ⟨[kro-] Adj.; Chemie⟩ = chromatographisch

Chro|ma|to|gramm ⟨[kro-] n.; -s, -e; Chemie⟩ farbliche Darstellung des Analyseergebnisses einer Chromatographie [<*Chromato...* + *...gramm*]

Chro|ma|to|gra|phie ⟨[kro-] f.; -, -n; Chemie⟩ auf unterschiedl. Wanderungsgeschwindigkeiten von Stoffen in einem Lösungsmittel beruhendes analyt. Nachweisverfahren, wobei die einzelnen Substanzen durch Farbreaktionen erkennbar gemacht werden; *oV* Chromatografie

chro|ma|to|gra|phie|ren ⟨[kro-] V.; Chemie⟩ durch Chromatographie trennen; *oV* chromatografieren; *ein Stoffgemenge ~*

chro|ma|to|gra|phisch ⟨[kro-] Adj.; Chemie⟩ die Chromatographie betreffend, auf ihr beruhend, mit ihrer Hilfe durchgeführt; *oV* chromatografisch; *~e Methoden*

Chro|ma|to|me|ter ⟨[kro-] n.; -s, -⟩ Messgerät für Farbstärke

Chro|ma|to|phor ⟨[kro-] n.; -s, -en⟩ bei Tieren mit Farbstoff gefüllte Zelle, die eine Farbveränderung der Haut hervorrufen kann (Chamäleon) [<*Chromato...* + *...phor²*]

Chro|ma|top|sie *auch:* **Chro|ma|top|sie** ⟨[kro-] f.; -, -n; Med..⟩ Sehstörung, die mit falschen Farbwahrnehmungen verbunden ist; *Sy* Chromopsie [<*Chromato...* + *...opsie*]

Chro|ma|to|se ⟨[kro-] f.; -, -n; Med..⟩ abnorme Pigmentierung der Haut; *Sy* Dyschromie [<grch. *chroma* »Farbe«]

Chro|ma|to|skop *auch:* **Chro|ma|tos|kop** ⟨[kro-] n.; -(e)s, -e⟩ = Chromoskop

Chro|ma|to|ty|pie ⟨[kro-] f.; -, -n⟩ **1** ⟨unz.⟩ der Mehrfarbendruck **2** ⟨zählb.⟩ nach diesem Verfahren hergestelltes Druckerzeugnis [<grch. *chroma* »Farbe« + *typos* »Schlag, Abdruck«]

Chro|ma|tron *auch:* **Chro|mat|ron** ⟨[kro-] n.; -s, -e⟩ braunsche Röhre für die Wiedergabe von farbigen Fernsehbildern [<*Chroma...* + *...tron*]

Chro|ma|tro|pie ⟨[kro-] f.; -, -n⟩ Farbenspiel [<grch. *chroma* »Farbe« + *trope* »Wechsel«]

Chrom|gelb ⟨[kro:m-] n.; -s; unz.⟩ eine Chromfarbe, gelbe Maler- u. Druckfarbe

Chrom|grün ⟨[kro:m-] n.; -s; unz.⟩ eine Chromfarbe, grüne Maler- u. Druckfarbe

...chro|mie ⟨[kro-] Nachsilbe; zur Bildung weibl. Subst.⟩ **1** Färbung, Verfärbung 2 farbiger Druck [→ *chromieren*]

chro|mie|ren ⟨[kro-] V.⟩ **1** mit Chrom überziehen, verchromen **2** *Wolle ~* mit Chromsalzlösung behandeln [<grch. *chroma* »Farbe«]

Chro|mit ⟨[kro-] m.; -s, -e; Chemie⟩ einziges wichtiges Chromerz

Chrom|leder ⟨[kro:m-] n.; -s; unz.; Textilw.⟩ mit Chromsalzen gegerbtes u. dadurch widerstandsfähig gemachtes Leder

chro|mo..., Chro|mo... ⟨[kro-] in Zus.⟩ farb..., Farb... [<grch. *chroma* »Farbe«]

Chro|mo|lith ⟨[kro-] m.; -s, -e od. -en⟩ unglasiertes, farbiges Steinzeug

Chro|mo|li|tho|graf ⟨[kro-] m.; -en, -en⟩ = Chromolithograph

Chro|mo|li|tho|gra|fie ⟨[kro-] f.; -, -n⟩ = Chromolithographie

Chro|mo|li|tho|graph ⟨[kro-] m.; -en, -en⟩ in der Chromolithographie Tätiger; *oV* Chromolithograf

Chro|mo|li|tho|gra|phie ⟨[kro-] f.; -, -n⟩ *oV* Chromolithografie **1** ⟨unz.⟩ Mehrfarben-Steindruck **2** ⟨zählb.⟩ nach diesem Verfahren hergestelltes Druckerzeugnis; *~n herstellen* [<*Chromo...* + *Lithographie*]

Chromosomenanomalie

Chro|mo|mer ⟨[kro-] n.; -s, -en; meist Pl.; Genetik⟩ bestimmte Erbinformationen tragender Abschnitt des Chromosoms, der stark färbbar ist [<*Chromo...* + *...mer*]

Chro|mo|ne|ma ⟨[kro-] n.; -s, -nemen; Genetik⟩ spiralig aufgebauter Faden im Chromosom, Träger der Erbanlagen [<*Chromo...* + grch. *nema* »Faden«]

Chro|mo|pa|pier ⟨[kro:-] n.; -s, -e⟩ **1** ⟨urspr.⟩ glattes Papier für den farbigen Steindruck **2** ⟨heute⟩ einseitig weiß gestrichenes Papier, z. B. für Flaschenetiketten

Chro|mo|phor ⟨[kro-] m.; -s, -e; Chemie⟩ eine Atomgruppierung, die durch selektive Lichtabsorption der Verbindung Farbigkeit verleiht [<*Chromo...* + *phoros* »tragend«]

Chro|mo|plast ⟨[kro-] m.; -en, -en⟩ Farbstoffträger verschiedener Pflanzenzellen, der die Gelb- bis Rotfärbung zahlreicher Blüten u. Früchte bewirkt [<*Chromo...* + grch. *plastes* »Bildner«]

Chro|mo|pro|te|id ⟨[kro:-] n.; -(e)s, -e⟩ Eiweißkörper, der Farbstoff (z. B. Hämoglobin, Chlorophyll) enthält

Chro|mop|sie *auch:* **Chro|mop|sie** ⟨[kro-] f.; -, -n; Med.⟩ = Chromatopsie

Chro|mo|skop *auch:* **Chro|mos|kop** ⟨[kro-] n.; -s, -e⟩ Bildröhre für Farbfernsehen; *Sy* Chromatoskop [<grch. *chroma* »Farbe + *skopein* »schauen«]

Chro|mo|som ⟨[kro-] n.; -s, -en; Genetik⟩ hauptsächl. aus Chromatin bestehendes, bei der Kernteilung auftretendes Teilstück der Zellkernmasse, Träger der Erbanlagen, Kernschleife [<*Chromo...* + *Soma*]

chro|mo|so|mal ⟨[kro-] Adj.; Genetik⟩ das Chromosom betreffend, zu ihm gehörig

Chro|mo|so|men|a|ber|ra|tion ⟨[kro-] f.; -, -en; Genetik⟩ Abweichung von der normalen Chromosomenzahl od. -form, die Fehlgeburten od. Missbildungen verursacht

Chro|mo|so|men|a|no|mal|lie *auch:* **Chro|mo|so|men|a|no|mal|lie** ⟨[kro-] f.; -, -n; Genetik⟩ auf

167

Chromosomenmutation

Mutation beruhende Chromosomenveränderung
Chro|mo|so|men|mu|ta|ti|on ⟨[kro-] f.; -, -en; Genetik⟩ Strukturänderung im Erbgefüge der Chromosomen, Änderung des Erbguts
Chro|mo|so|men|re|duk|ti|on ⟨[kro-] f.; -, -en; Genetik⟩ Halbierung des Chromosomenbestandes durch indirekte Zellkernteilung
Chro|mo|so|men|re|kom|bi|na|ti|on ⟨[kro-] f.; -, -en; Genetik⟩ = Crossing-over
Chro|mo|sphä|re auch: **Chromosphä|re** ⟨[kro-] f.; -; unz.⟩ obere Schicht der Sonnenatmosphäre, besteht aus leichten Gasen, hauptsächl. aus Wasserstoff
Chro|mo|ty|pie ⟨[kro-] f.; -; unz.⟩ das Drucken mit mehr als einer Farbe (Mehrfarbendruck, oft Drei- u. Vierfarbendruck) [<*Chromo...* + grch. *typos* »Druck, Schlag«]
Chrom|rot ⟨[kro:m-] n.; -s; unz.⟩ eine Chromfarbe, rote Maler- u. Druckfarbe, chemisch basisches Bleichromat
Chrom|säu|re ⟨[kro:m-] f.; -, -n; Chemie⟩ **1** nicht beständige Säure des sechswertigen Chroms **2** ⟨häufig auch Bez. für⟩ das Anhydrid dieser Säure, das Chrom(VI)-Oxid (CrO$_3$)
Chro|nik ⟨[kro:-] f.; -, -en⟩ Bericht über geschichtl. Vorgänge in der Reihenfolge ihres Geschehens [<grch. *chronika biblia* »Zeitbuch«; zu *chronos* »Zeit«]
Chro|ni|ka ⟨[kro:-] Pl.⟩ die beiden jüngsten Geschichtsbücher des AT; *die Bücher der* ~
chro|ni|ka|lisch ⟨[kro-] Adj.⟩ in zeitl. Reihenfolge
Chro|nique scan|da|leuse ⟨[kro:ni:k skādalø:z] f.; - -; unz.⟩ Skandalgeschichte (nach dem Titel einer Schrift von Jean de Roye, 1488) [frz., »Skandalchronik«]
chro|nisch ⟨[kro:-] Adj.; Med.⟩ langsam, schleichend verlaufend; *Ggs* akut [<grch. *chronos* »Zeit«]
Chro|nist ⟨[kro:-] m.; -en, -en⟩ Verfasser einer Chronik
Chro|nis|tin ⟨[kro:-] f.; -, -tin|nen⟩ Verfasserin einer Chronik

Chro|ni|zi|tät ⟨[kro-] f.; -; unz.; Med.⟩ chronischer Verlauf einer Krankheit; *Ggs* Akuität [→ *chronisch*]
chro|no..., **Chro|no...** ⟨[kro-] in Zus.⟩ zeit..., Zeit... [<grch. *chronos* »Zeit«]
Chro|no|bio|lo|gie ⟨[kro:-] f.; -; unz.⟩ Wissenschaft von den zeitlichen Abläufen im Körper von Lebewesen, z. B. des Herzschlags, des Stoffwechsel- u. des Schlaf-Wach-Rhythmus
Chro|no|dis|ti|chon auch: **Chro|no|dis|ti|chon** ⟨[kro-] n.; -s, -chen⟩ Chronogramm in der Form eines aus einem Hexameter u. einem Pentameter zusammengesetzten Verses
Chro|no|graf ⟨[kro-] m.; -en, -en⟩ = Chronograph
Chro|no|gra|fie ⟨[kro-] f.; -, -n⟩ = Chronographie
chro|no|gra|fisch ⟨[kro-] Adj.⟩ = chronographisch
Chro|no|gramm ⟨[kro-] n.; -s, -e⟩ lat. Satz, häufig in Versform, in dem die lat. Buchstaben, die gleichzeitig die Funktion von Zahlen haben, nach Addition die Jahreszahl eines Ereignisses ergeben
Chro|no|graph ⟨[kro-] m.; -en, -en⟩ Messgerät zur Aufzeichnung der Zeitdauer eines Vorgangs; *oV* Chronograf
Chro|no|gra|phie ⟨[kro-] f.; -, -n⟩ Geschichtsschreibung nach der Zeitfolge; *oV* Chronografie
chro|no|gra|phisch ⟨[kro-] Adj.⟩ in der Art der Chronographie; *oV* chronografisch
Chro|no|lo|ge ⟨[kro-] m.; -n, -n⟩ Wissenschaftler, der sich mit der Chronologie befasst
Chro|no|lo|gie ⟨[kro-] f.; -, -n⟩ **1** Zeitkunde **2** Zeitfolge, zeitl. Ablauf; *eine* ~ *des vergangenen Jahrzehnts verfassen*
Chro|no|lo|gin ⟨[kro-] f.; -, -ginnen⟩ Wissenschaftlerin, die sich mit der Chronologie befasst
chro|no|lo|gisch ⟨[kro-] Adj.⟩ nach dem zeitl. Ablauf
Chro|no|me|ter ⟨[kro-] n.; -s, -⟩ **1** Zeit-, Taktmesser **2** sehr genau gehende Uhr
Chro|no|me|trie auch: **Chro|no|me|trie** ⟨[kro-] f.; -, -n⟩ Zeitmessung

chro|no|me|trisch auch: **chro|no|me|trisch** ⟨[kro-] Adj.⟩ auf genauer Zeitmessung beruhend
Chro|no|pa|tho|lo|gie ⟨[kro-] f.; -; unz.⟩ Lehre vom gestörten Zeitablauf der Lebensvorgänge [<*Chrono...* + *Pathologie*]
chro|no|pa|tho|lo|gisch ⟨[kro-] Adj.⟩ die Chronopathologie betreffend, auf ihr beruhend, zu ihr gehörig
Chro|no|phy|sio|lo|gie ⟨[kro-] f.; -; unz.⟩ Lehre vom Zeitablauf der Lebensvorgänge bei Mensch u. Tier [<*Chrono...* + *Physiologie*]
chro|no|phy|sio|lo|gisch ⟨[kro-] Adj.⟩ die Chronophysiologie betreffend, auf ihr beruhend, zu ihr gehörig
Chro|no|skop auch: **Chro|nos|kop** ⟨[kro-] n.; -s, -e⟩ Gerät zum Messen kleiner Zeitspannen [<*Chrono...* + ...*skop*]
Chro|no|sti|chon auch: **Chro|nos|ti|chon** ⟨[kro-] n.; -s, -sti|chen⟩ Chronogramm in der Form [<*Chrono...* + grch. *stichos* »Reihe, Vers«]
Chro|no|tron auch: **Chro|not|ron** ⟨[kro:-] n.; -s, -tro|nen; Physik⟩ sehr genaues Messgerät zur Ermittlung des Zeitunterschiedes zwischen zwei Impulsen im Nanosekundenbereich
chro|no|trop ⟨[kro-] Adj.; Med.⟩ die Schlagfrequenz des Herzens beeinflussend; ~ *wirkende Medikamente*
Chrot|ta ⟨[krɔt-] f.; -, -s od. Chrot|ten [krɔt-]; Musik⟩ = Crwth [lat.]
Chry|sa|li|de ⟨[çry-] f.; -, -n; Zool.⟩ Puppe einiger Schmetterlingsarten mit goldglänzenden Flecken, z. B. Pfauenauge; *oV* Chrysalis [zu grch. *chrysos* »Gold«]
Chry|sa|lis ⟨[çry-] f.; -, -li|den; Zool.⟩ = Chrysalide
Chry|san|the|me auch: **Chry|san|the|me** ⟨[krys-] od. [çrys-] f.; -, -n; Bot.⟩ Gattung der Korbblütler, Wucherblume: Chrysanthemum [<*Chryso...* + grch. *anthemion* »Blume«]
chry|so..., **Chry|so...** ⟨[çry-] od. [kry-] vor Vokalen⟩ chrys..., Chrys... ⟨in Zus.⟩ gold..., Gold... [<grch. *chrysos* »Gold«]
Chry|so|be|ryll ⟨[çry-] od. [kry-] m.; -en, -en; Min.⟩ durchschei-

nendes bis durchsichtiges grünes Mineral, Schmuckstein [<*Chryso...* + *Beryll*]

Chry|so|der|ma ⟨[çry-] n.; -s, -ta; Med.⟩ = Chrysose [<*Chryso...* + grch. *derma* »Haut«]

Chry|sol|idin ⟨[çry-] od. [kry-] n.; -s; unz.⟩ orangegelber Azofarbstoff, der zum Färben von Leder, Jute u. Kokosfaser sowie in der Mikroskopie verwendet wird [<grch. *chrysos* »Gold«]

Chry|so|lith ⟨[çry-] od. [kry-] m.; -en od. -s, -e; Geol.⟩ = Olivin [<*Chryso...* + ...*lith*]

Chry|so|pras *auch:* **Chry|sop|ras** ⟨[çry-] od. [kry-] m.; -es, -e; Min.⟩ apfelgrüne Abart des Chalcedons [<*Chryso...* + grch. *prason* »Lauch«]

chtho|nisch ⟨[çto:-] Adj.⟩ der Erde angehörend, irdisch; ~*e Götter* G. der Unterwelt [<grch. *chthon* »Erde«]

Chut|ba ⟨[xụt-] f.; -, Chụt|ben⟩ Predigt in islamischen Gottesdiensten an Frei- u. Feiertagen [arab.]

Chut|ney ⟨[tʃʌtni] n.; - od. -s, -s⟩ dickflüssige, scharf gewürzte Sauce aus Früchten; *Mango~* [engl., <Hindi *catni*; zu *catt-* »kosten, lecken«]

Chuz|pe ⟨[xụtspə] f.; -; unz.⟩ Dreistigkeit, Unverschämtheit [jidd.]

Chy|lus ⟨[çỵ-] m.; -; unz.⟩ an emulgierten Fetten reiche Lymphe [<grch. *chylos* »Saft«]

Chy|mi|fi|ka|ti|on ⟨[çy-] f.; -, -en⟩ Umwandlung der aufgenommenen Nahrung in den verflüssigten Speisebrei [<*Chymus* + ...*fikation*]

Chy|mo|sin ⟨[çy-] n.; -s; unz.⟩ Lab [→ *Chymus*]

Chy|mus ⟨[çỵ-] m.; -; unz.⟩ der mit Magensalzsäure durchsetzte Speisebrei im Magen [<grch. *chymos* »Flüssigkeit«]

Ci ⟨Abk. für⟩ die Maßeinheit der radioaktiven Strahlung Curie

CIA ⟨[si:aıɛı] Abk. für engl.⟩ Central Intelligence Agency, der US-amerikan. Geheimdienst

Cia|bat|ta ⟨[tʃa-] n.; -s, -s⟩ italienisches Weißbrot aus Hefeteig mit Olivenöl [ital.]

Cia|co|na ⟨[tʃako:na] f.; -, -s; Musik⟩ = Chacona [ital.]

ciao! ⟨[tʃau]⟩ = tschau [ital.]

Ci|bo|ri|um ⟨[tsi-] n.; -s, -ri|en⟩ = Ziborium

CIC[1] ⟨Abk. für lat.⟩ Codex Iuris Canonici

CIC[2] ⟨Abk. für engl.⟩ Counter Intelligence Corps, Dienststelle der Regierung der USA zur Spionageabwehr

Ci|ce|ro ⟨[tsi:tse-] f.; - unz.⟩ ein Schriftgrad (12 Punkt) [nach dem röm. Staatsmann Marcus Tullius *Cicero*, 106-43 v. Chr.]

Ci|ce|ro|ne ⟨[tʃitʃe-] m.; - od. -s, -s od. -ro|ni⟩ Fremden-, Kunstführer [ital., »Fremdenführer«; wegen ihrer Redseligkeit nach dem röm. Redner *Cicero*]

Ci|ce|ro|nia|ner ⟨[tsitse-] m.; -s, -⟩ Anhänger des mustergültigen Stils des röm. Schriftstellers Cicero

ci|ce|ro|nia|nisch ⟨[tsitse-] Adj.⟩ in der Art des röm. Staatsmannes u. Schriftstellers Cicero, mustergültig; *oV* ciceronisch

ci|ce|ro|nisch ⟨[tsitse-] Adj.⟩ = ciceronianisch

Ci|cis|beo ⟨[tʃitʃis-] m.; - od. -s, -s⟩ Hausfreund, Liebhaber [ital., »Begleiter u. Gesellschafter verheirateter Frauen«]

Ci|dre *auch:* **Cid|re** ⟨[si:drə] m.; -; unz.⟩ frz. Apfelwein; →*a.* Zider [frz., <lat. *sicera* <grch. *sikera* <hebr. *schekar* »berauschendes Getränk«; zu *schachar* »sich berauschen«]

Cie. ⟨Abk. für⟩ Kompanie

cif ⟨Abk. für engl.⟩ cost, insurance, freight (Handelsklausel beim Überseekauf, nach der Fracht, Versicherungs- u. Ladekosten im Kaufpreis enthalten sind) [engl., »Kosten, Versicherung, Fracht«]

CIM ⟨[si:aıɛm] EDV; Abk. für engl.⟩ Computer-Integrated Manufacturing (computergesteuerte Fertigung)

Cin|cho|na ⟨[sıntʃo:na] f.; -, -cho|nen; Bot.⟩ Gattung der Rötegewächse, dessen Rinde als Fiebermittel verwendet wird, Chinarindenbaum; →*a.* Chinarinde [nach der Gemahlin des Grafen *Cinchon*, Vizekönig von Peru im 17. Jh.]

Cin|cho|nin ⟨[-tʃo-] n.; -s; unz.⟩ bei der Herstellung von Chinin gewonnenes Alkaloid der Chinarinde [→ *Cinchona*]

Cin|de|rel|la|kom|plex ⟨[sın-] m.; -es, -e; Psych.⟩ Angst (bei Frauen), unabhängig zu sein u. Verantwortung übernehmen zu müssen [<engl. *Cinderella* »Aschenputtel« + *Komplex*]

Ci|ne|ast ⟨[si-] m.; -en, -en; Film⟩ **1** Filmfachmann, Filmschaffender **2** Filmfan

Ci|ne|as|tik ⟨[si-] f.; -; unz.; Film⟩ Filmkunst [zu frz. *cinéma* »Kino«]

Ci|ne|as|tin ⟨[si-] f.; -, -tin|nen; Film⟩ **1** Filmfachfrau, Filmschaffende **2** weiblicher Filmfan

ci|ne|as|tisch ⟨[si-] Adj.; Film⟩ die Cineastik betreffend, auf ihr beruhend, zu ihr gehörig

Ci|ne|ma|gic ⟨[sınəmædʒık] n.; -; unz.; Film⟩ das Mixen von Trick- u. Realaufnahmen für Trickfilmproduktionen [<engl. *cinema* »Kino« + *magic* »Magie, Zauberei, Zauberkunst«]

Ci|ne|ma|scope® *auch:* **Ci|ne|mas|cope**® ⟨[sinemasko:p] n.; -; unz.; Film⟩ auf einer breiten Konkavleinwand wiedergegebener, räuml. wirkender Film mit stereofoner Tonwiedergabe [<engl. *cinema* »Kino« + ...*scope* (→ ...*skop*)]

Ci|ne|ma|thek ⟨[si-] f.; -, -en; Film⟩ Sammlung von Filmen [<frz. *cinéma* »Kino« + ...*thek*]

Ci|ne|ra|ma® ⟨[si-] n.; -s; unz.; Film⟩ amerikan. System des dreidimensionalen Films, bei dem durch drei Vorführapparate drei verschiedene Kopien desselben Films gleichzeitig auf eine halbkreisförmige Leinwand geworfen werden [<engl. *cinema* »Kino« + *Panorama*]

Cin|gu|lum ⟨[tsıŋ-] n.; -s, -s od. -gu|la⟩ = Zingulum

Cin|que|cen|tist ⟨[tʃıŋkvetʃɛn-] m.; -en, -en⟩ Künstler des Cinquecentos

Cin|que|cen|to ⟨[tʃıŋkvetʃɛnto] n.; -s; unz.⟩ künstler. Stilepoche des 16. Jh. in Italien (Hochrenaissance) [ital., »500 (Jahre nach 1000 n. Chr.)«]

Cin|za|no® ⟨[tʃın-] m.; - od. -s, -s⟩ ein (roter od. weißer) ital. Wermut

c. i. p. ⟨Wirtsch.; Abk. für engl.⟩ freight, carriage and insurance

Cipollata

paid to (Käufer trägt Kosten u. Versicherungsgebühr)

Ci|pol|la|ta ⟨[tʃi-] f.; -, -s od. -latten⟩ **1** italienisches Gericht mit Zwiebeln, Möhren, Maronen, Speck u. Bratwürstchen **2** kleines Würstchen, das aus ähnlichen Zutaten wie Weißwürste hergestellt wird [ital., »Zwiebelgericht«]

Ci|pol|lin ⟨[tʃi-] m.; -s; unz.⟩ mit Streifen durchsetzter Marmor [<ital. *cipollino*, Verkleinerungsform zu *cipolla* »Zwiebel«]

cir|ca ⟨Abk.: ca.⟩ = zirka

Cir|ce ⟨[tsɪrtsə] f.; -, -n⟩ Zauberin, Verführerin [nach der grch. Zauberin *Kirke* (Homer, Odyssee); → *becircen*]

cir|cen|sisch ⟨[tsɪrtsɛn-] Adj.⟩ = zirzensisch

Cir|cuit|trai|ning ⟨[sœːkɪttrɛ:-] n.; - od. -s, -s⟩ Trainingssystem zur Verbesserung der allg. Kondition (Kreislaufleistung, Atmungsfähigkeit, Muskelkraft u. -ausdauer) aus mehreren Standardübungen an verschiedenen, im Kreis aufgestellten Geräten; *Sy* Zirkeltraining [<engl. *circuit* »Umdrehung, Kreislauf« + *Training*]

Cir|cu|lus viti|o|sus ⟨[vitsio:-] m.; - -, -li -si⟩ **1** Zirkelschluss, Aussage, in der etwas zu Beweisendes schon zur Beweisführung benutzt wird, z. B. Kaffee regt an, da er eine anregende Wirkung hat; *Sy* Hysteron-Proteron **2** Beseitigung eines Übels durch Einführung eines anderen Übels, Teufelskreis; *sich in einem* ~ *befinden* [lat., »Teufelskreis«]

Cir|cus ⟨m.; -, -se⟩ = Zirkus (2)

Cir|rus|wol|ke ⟨[tsɪr-] f.; -, -n; Meteor.⟩ = Zirruswolke

cis-…, Cis-… ⟨in Zus.; Chemie; Med.⟩ diesseits, auf derselben Seite einer Ebene liegend; *Cis-Form*; *Ggs* trans-…, Trans-… [lat.]

CISC ⟨EDV; Abk. für engl.⟩ Complex Instruction Set Computing, Prozessor, der über eine große Anzahl von Maschinenbefehlen verfügt; →*a.* RISC

Cis-trans-I|so|me|rie ⟨f.; -, -n; Chemie⟩ an doppelten Kohlenstoff-Kohlenstoff-Doppelbindungen vorhandene Stereoisomerie; *Sy* Alloisomerie [<*Cis-*… + lat. *trans* »jenseits« + *Isomerie*]

ci|ta|to lo|co ⟨[tsi-] Abk.: c. l.⟩ am angeführten Ort [lat.]

Citoyen (*Worttrennung am Zeilenende*) Im Französischen wird der Laut »y« verwendet, um einen vorausgehenden an einen folgenden Vokal zu binden. Im Deutschen bleibt es dem Schreibenden überlassen, ob er vor dem Konsonanten trennt oder die Buchstabengruppe »*oy*« als eigenen Laut [oaj] auffasst und dementsprechend hinter dem Konsonanten trennt (→*a.* Clairvoyance).

Ci|toy|en *auch:* **Ci|to|yen** ⟨[sitoaɛ̃ː] m.; -s, -s⟩ Staatsbürger [frz.]

Ci|trat *auch:* **Ci|trat** ⟨[tsi-] n.; -(e)s, -e; Chemie⟩ = Zitrat

Ci|trin *auch:* **Ci|trin** ⟨[tsi-] n.; -s, -e⟩ = Zitrin

Ci|trus *auch:* **Ci|trus** ⟨m.; -; unz.; Bot.⟩ Pflanzengattung, die große Bedeutung für den Obstanbau besitzt [<lat. *citrus* »Zitronenbaum«]

Ci|trus|frucht *auch:* **Ci|trus|frucht** ⟨f.; -, -früch|te; Bot.⟩ = Zitrusfrucht

City ⟨[sɪti] f.; -, -s⟩ Stadtkern, Zentrum einer Großstadt, Geschäftsviertel [engl., »Stadt; Altstadt«]

City|bike ⟨[sɪtibaɪk] n.; -s, -s⟩ Motorrad od. Motorroller von geringer Leistung, das bzw. der sich in erster Linie für den Stadtverkehr eignet [<*City* + motor*bike* »Motorrad«]

City|blues ⟨[sɪtiblu:z] m.; -, -; Musik⟩ Stilrichtung des volkstümlichen Blues [<*City* + *Blues*]

City|call ⟨[sɪtikɔːl] m.; -s, -s⟩ Sende- u. Empfangssystem, mit dessen Hilfe kurze Text- od. Zahlennachrichten gesendet werden können od. der Träger über Ereignisse informiert bzw. zum Rückruf aufgefordert werden kann; *Sy* Cityruf

City|ruf ⟨[sɪti-] m.; -(e)s, -e⟩ = Citycall

Civet ⟨[sivɛ:] od. [sivɛ] n.; -s, -s⟩ ein Wildfleischragout [frz.]

cl ⟨Abk. für⟩ Zentiliter

Cl ⟨chem. Zeichen für⟩ Chlor

Claim ⟨[klɛɪm] n.; -s, -s⟩ **1** Anspruch, Anrecht **2** Anteil (bes. an einer Goldmine) [engl.]

Clai|ret ⟨[klɛrɛ] n.; -s, -s⟩ = Klarett

Clair|ob|scur *auch:* **Clair|obs|cur** ⟨[klɛːrɔpskyːr] n.; -s, -; unz.; Mal.⟩ Stilmittel, bei dem die Wirkung durch den Kontrast von Hell u. Dunkel erreicht wird, Helldunkel [frz.]

Clai|ron ⟨[klɛrɔ̃ː] n.; -s, -s; Musik⟩ **1** Bügelhorn, Signalhorn **2** = Clarino [<frz. *clair* »hell, hell klingend«]

Clair|voy|ance *auch:* **Clair|vo|yance** ⟨[klɛːrvoajãːs] f.; -; unz.⟩ **1** Klarsicht, Weitblick **2** Hellsehen [frz.]

Clam ⟨[klæm] f.; -, -s; Zool.⟩ essbare Muschel, Venusmuschel [engl.]

Clan ⟨[klæːn] m.; -s, -s⟩ **1** alter schott. u. irischer Sippenverband **2** ⟨Völkerkunde⟩ Stammesgruppe **3** ⟨umg.⟩ Gruppen-, Familienverband mit festem Zusammenhalt; *er ist mit seinem gesamten* ~ *zur Feier erschienen* **4** ⟨Textilw.⟩ mehrfarbiger, großkarierter Wollstoff [engl., »schottischer Lehns- u. Stammverband«]

Claque ⟨[klak] f.; -; unz.; Theat.⟩ Gruppe bezahlter Beifallklatscher [frz.; zu *claquer* »klatschen«]

Cla|queur ⟨[-køːr] m.; -s, -e; Theat.⟩ bezahlter Beifallklatscher [→ *Claque*]

Cla|ri|no ⟨n.; -s, -s od. -ni; Musik⟩ **1** hohe Trompete, Bachtrompete **2** trompetenähnliche Zungenstimme der Orgel **3** hohes Register der Klarinette [ital., »helle Trompete«]

Clau|su|la ⟨f.; -, -lae [-lɛː]⟩ Klausel, Abmachung [lat.]

Cla|ve|cin ⟨[-vəsɛ̃ː] n.; -s, -s; Musik⟩ = Cembalo [frz.]

Cla|ves ⟨[-ves] Pl.; Musik⟩ kubanisches Rhythmusinstrument, das aus zwei harten Rundhölzchen besteht, die aneinander geschlagen werden [span., »Rumbastäbchen«]

Cla|vi|cem|ba|lo ⟨[-vitʃɛmbalo] n.; -s, -s od. -ba|li; Musik⟩ = Cembalo [<lat. *clavis* »Schlüssel, Taste« + *Cembalo*]

Cla|vi|chord ⟨[-vikɔrd] n.; -(e)s, -e⟩ = Klavichord

Cla|vi|cu|la ⟨[-vi:-] f.; -, -lae [-lɛ:]; Anat.⟩ Schlüsselbein; *o*V Klavikula [<lat. *clavicula* »Schlüsselchen«; zu *clavis* »Schlüssel«]

Cla|vis ⟨[-vɪs] f.; -, - od. Cla|ves [-veːs]; Musik⟩ **1** Orgel-, Klaviertaste **2** Notenschlüssel [lat., »Schlüssel«]

Cla|vus ⟨[-vʊs] m.; -, Cla|vi [-vi]⟩ **1** Besatzstreifen aus Gold od. Purpur an der römischen Tunica, der gleichzeitig den Rang angab **2** ⟨Med.⟩ Hühnerauge, Hornverdickung der Fußhaut; *o*V Klavus [lat., »Nagel«]

clean ⟨[kli:n] Adj.; umg.⟩ nicht mehr rauschgiftsüchtig [engl., »sauber«]

Clea|ner ⟨[kliːnə(r)] m.; -s, -⟩ **1** Firma od. einzelne Person, die für die Reinigung u. Pflege von öffentl. Gebäuden u. Büros zuständig ist **2** Reinigung, Reinigungsmittel **3** ⟨umg.; bes. USA⟩ professioneller Auftragsmörder; →a. Killer [engl., »Reinigung(-sfirma), Reiniger; (Auftrags-)Killer«]

Clean|pro|duc|tion auch: **Clean Pro|duc|tion** ⟨[kliːn prɔdʌkʃn] f.; (-) -; unz.; Wirtsch.⟩ umweltverträgliche Produktionsweise [<engl. *clean* »sauber« + *production* »Produktion«]

Clean|ser ⟨[klɛn-] m.; -s, -⟩ Lotion zur Gesichtsreinigung [engl., »Reinigungscreme«]

Clear-Air-Tur|bu|lenz ⟨[kliːr eːr-] f.; -, -en; Meteor.⟩ Turbulenz im wolkenfreien Raum [<engl. *clear air* »klare Luft« + *Turbulenz*]

Clea|rance ⟨[kliːrəns] f.; -, -s [-sɪz]⟩ **1** Unbedenklichkeitserklärung (nach Überprüfung einer Person, einer Maschine), z. B. im Militärwesen **2** ⟨Med.⟩ Maß für die Ausscheidung einer Substanz aus dem Blut [engl., »Reinigung, Beseitigung«]

clea|ren ⟨[kliː-] V.; Wirtsch.⟩ verrechnen (von gegenseitigen Forderungen) [→ *Clearing*]

Clea|ring ⟨[kliːrɪŋ] n.; - od. -s, -s⟩ Verrechnungsverfahren [engl.; zu *clear* »klar machen, klären«]

Clea|ring|ab|kom|men ⟨[kliːrɪŋ-] n.; -s, -; Wirtsch.⟩ Verrechnungsverfahren, das meist zwischen Staaten abgeschlossen wird; *bilaterales* ~ [→ *Clearing*]

Clea|ring|house ⟨[kliːrɪŋhaʊs] n.; -, -s [-haʊsɪz]; Wirtsch.⟩ Einrichtung, die Verrechnungen od. Transaktionen zwischen Unternehmen od. Börsenmitgliedern abwickelt [< *Clearing* + engl. *house* »Haus«]

Cle|ma|tis ⟨f.; -, -; Bot.⟩ = Klematis

Cle|men|ti|ne ⟨f.; -, -n; Bot.⟩ = Klementine

Clen|bu|te|rol ⟨n.; -s; unz.; Pharm.⟩ entkrampfend wirkender Stoff, der in einigen Asthma- u. Hustenmitteln medizinisch eingesetzt wird (gelegentlich gesetzeswidrig als Anabolikum zur Leistungssteigerung im Spitzensport u. bei der Kälbermast verwendet)

Clerk ⟨[klaː(r)k] m.; -s, -s⟩ **1** Gerichtsschreiber **2** Buchhalter, Handlungsgehilfe, kaufm. Angestellter **3** (niederer) Geistlicher der anglikan. Kirche [engl., »Sekretär, Buchhalter, Kontorist«]

cle|ver ⟨[klɛvə(r)] Adj.⟩ schlau, durchtrieben, gewandt [engl., »klug«]

Cle|ver|ness ⟨[klɛvə(r)nɛs] f.; -; unz.⟩ Schlauheit, Gewandtheit, Durchtriebenheit [engl.]

Cli|ché ⟨[-ʃeː] n.; -s, -s; fig.⟩ = Klischee [frz.]

Click ⟨m.; -s, -s; kurz für⟩ Mouseclick [→ *clicken*]

cli|cken ⟨V.; umg.; EDV⟩ die Mouse(taste) drücken; *sich im Internet zu einer Datenbank* ~ [<engl. *click* »klicken, ticken«]

Cli|ent ⟨[klaɪənt] m.; -s, -s; EDV⟩ Personalcomputer, der als Teil der Client/Server-Struktur dem Benutzer alle (individuellen) Anwendungen ermöglicht (in dem als Server genutzten Computer ist dagegen die Datenverwaltung, die alle als Client genutzten Computern zur Verfügung steht, zentralisiert) [engl., »Kunde, Klient«]

Cliff|dwel|ler ⟨[klɪf-] m.; -s, -s⟩ vorgeschichtl. Höhlenbewohner im Colorado-Cañon (USA) [engl., »Felsenbewohner«]

Cliff|han|ger ⟨[-hæŋə(r)] m.; -s, -⟩ spannungsgeladenes Ende einer Fernseh- od. Radiofolge, das neugierig macht auf die Fortsetzung [engl., eigtl. »Superthriller«]

Clinch ⟨[klɪntʃ] od. [klɪnʃ] m.; -es; unz.⟩ **1** ⟨Boxen⟩ Umklammerung des Gegners **2** ⟨allg.⟩ allzu feste, unangenehme Verbindung, Streit; *im* ~ *liegen* sich streiten [engl.]

clin|chen ⟨[klɪn(t)ʃən] V.; Sport; Boxen⟩ den Gegner so umklammern, dass er keine od. nur sehr kurze Schläge austeilen kann [<engl. *clinch* »umklammern«]

Clip ⟨m.; -s, -s⟩ **1** = Klipp (2) **2** ⟨kurz für⟩ Videoclip

Clip|board ⟨[-bɔːd] n.; -s, -s⟩ **1** Klemmbrett für Notizblätter **2** Gestell mit plakatgroßen Blättern für Besprechungen u. Konferenzen; *Pläne mit Filzstift auf ein* ~ *zeichnen* [engl.; <*clip* »Klammer« + *board* »Brett«]

Clip|per® ⟨m.; -s, -⟩ schnelles amerikanisches Verkehrsflugzeug, das Überseestrecken fliegt [engl., »Schnellsegler«]

Clique ⟨[klɪkə] od. [kliːk] f.; -, -n⟩ durch gemeinsame Interessen verbundene (selbstsüchtige) Gruppe, Sippschaft, Bande, Klüngel [frz. »Sippschaft«]

Cli|via ⟨[-via] f.; -, -vi|en; Bot.⟩ Gattung der Amaryllisgewächse, beliebte Zierpflanze mit langen, schmalen Blättern u. roten od. orangefarbenen Blüten; *o*V Klivie [nach einer engl. Herzogin, Lady *Clive*]

Clo|chard ⟨[klɔʃaːr] m.; -s, -s⟩ Vagabund in Großstädten, bes. in Paris, Stadtstreicher [frz.]

Cloche ⟨[klɔʃ] f.; -, -s⟩ Metallhaube, unter der Gerichte warm gehalten werden u. die besonders in besseren Restaurants verwendet wird [frz., »(Glas-)Glocke«]

Clog ⟨m.; -s, -s; meist Pl.⟩ pantoffelähnlicher Schuh mit Holzsohle [engl.]

Cloi|son|né ⟨[kloazɔneː] n.; -s, -s⟩ Emailarbeit, bei der das flüssige Email in kleine Zellen aus Metallstegen gegossen wird, Zellenschmelz [frz.; <*cloisonner* »abschlagen, durch eine Scheidewand trennen«]

Clon ⟨m.; -s, -e⟩ = Klon
clonen ⟨V.⟩ = klonen (2)
Cloning ⟨n.; -s, -s⟩ = Kloning
Clonus ⟨m.; -, -nus|se⟩ = Klon
Cloqué ⟨[klɔkeː] m.; -s, -s; Textilw.⟩ Gewebe mit blasenartig erhöhtem, eingewebtem Muster [frz.; <*cloquer* »blasig werden«; zu *cloque* »Wasserblase«]
Closed|shop|be|trieb auch: **Closed-Shop-Be|trieb** ⟨[klouzdʃɔp-] m.; -(e)s, -e; Wirtsch.; in GB u. den USA⟩ von einer Gewerkschaft kontrolliertes od. unter dem Einfluss einer Gewerkschaft stehendes Unternehmen, das nur Gewerkschaftsmitglieder beschäftigt [<engl. *closed* »geschlossen« + *shop* »Produktionsstätte«]
Close-up ⟨[klouzʌp] n.; -s, -s; Film⟩ Nah- bzw. Großaufnahme einer Person, eines Gegenstands od. einer Lokalität; *die Szene endete mit einem ~ der Hauptdarstellerin* [<engl. *close-up* »Nah-, Großaufnahme«]
Clos|tri|di|um auch: **Clos|tri|di|um** ⟨n.; -s, -di|en⟩ Gattung anaerober, Sporen bildender Bakterien (Krankheitserreger) [latinisiert <grch. *kloster* »Spindel« + *eidos* »Form, Gestalt«]
Cloth ⟨[klɔθ] m.; -; unz.; Textilw.⟩ dichtes Atlasgewebe [<engl. *cloth* »Tuch«]
Clo|thing ⟨[klouθɪŋ] n.; -od. -s; unz.; Textilw.⟩ Konfektionsware [engl., »Bekleidung«]
Clou ⟨[kluː] m.; -s, -s⟩ **1** Höhepunkt **2** Zugstück, Schlager; *das war der ~!; der ~ der Saison, der Vorstellung; der ~ vom Ganzen* [frz., »Nagel; Höhepunkt«]
Clown ⟨[klaun] m.; -s, -s⟩ **1** ⟨urspr.⟩ die lustige Person der engl. Bühne **2** ⟨heute⟩ Spaßmacher in Zirkus u. Varietee [engl.]
Clow|ne|rie ⟨[klau-] f.; -, -n⟩ Betragen eines Clowns, Spaßmacherei, Albernheit
clow|nesk ⟨[klau-] Adj.⟩ in der Art eines Clowns; *~es Verhalten*
Club ⟨engl. [klʌb] m.; -s, -s⟩ = Klub
club|ben ⟨[klʌb-] V.; umg.; salopp⟩ sich in einen Club aufhalten; *in einem gepflegten Ambiente ~* [<engl. *club*]

Club of Rome ⟨[klʌb ɔf roum] m.; - - -; unz.; 1968 in Rom gegründeter⟩ internat. Zusammenschluss von Politikern, Industriellen u. Wissenschaftlern, die sich mit den Problemen u. der Zukunft der Menschen beschäftigen [engl.]
Clus|ter ⟨[klʌs-] m.; -s, -⟩ **1** ⟨Musik⟩ flächenhafter Klang (durch übereinander geschichtete Intervalle) **2** ⟨Physik⟩ System, Menge von Einzelteilchen **3** ⟨Sprachw.⟩ Häufung, ungeordnete Menge (semantischer Merkmale) **4** ⟨EDV⟩ aus mehreren Rechnern bestehendes Netzwerk [engl., »Büschel, Haufen, Menge«]
Clus|ter|ana|ly|se ⟨[klʌs-] f.; -, -n; Stat.⟩ Verfahren, durch das große Elementmengen durch Bildung homogener Klassen u. Gruppen sinnvoll strukturiert werden sollen; →*a.* Dendrogramm
cm ⟨Abk. für⟩ Zentimeter
cm² ⟨Abk. für⟩ Quadratzentimeter
cm³ ⟨Abk. für⟩ Kubikzentimeter
Cm ⟨chem. Zeichen für⟩ Curium
cm/s ⟨Abk. für⟩ Zentimeter in der Sekunde (Geschwindigkeitseinheit)
CNC ⟨EDV; Abk. für engl.⟩ Computerized Numerical Control, numerische Steuerung per Computer (von Werkzeugmaschinen)
c/o ⟨Abk. für engl.⟩ care of
Co 1 ⟨chem. Zeichen für⟩ Kobalt **2** ⟨Abk. für⟩ Kompanie
Coach ⟨[koutʃ] m.; -s, -s⟩ Trainer von Sportlern (gekürzt <engl. *coachman* »Kutscher, jmd., der die Pferde lenkt«]
coa|chen ⟨[koutʃən] V.⟩ *jmdn. ~* als Coach betreuen, trainieren [→ *Coach*]
Coa|ching ⟨[koutʃɪŋ] n.; -od. -s; unz.; Sport⟩ das Betreuen eines Sportlers od. einer Mannschaft, insbesondere während einer Sportveranstaltung [→ *Coach*]
Co|a|gu|lum ⟨n.; -s, -gu|la; Med.⟩ = Koagulum
Coat ⟨[kout] m.; -s, -s⟩ **1** Mantel, lange Jacke **2** Kittel [engl.]
Coa|ted|par|ti|cles auch: **Coated Par|ti|cles** ⟨[koutɪdpɑːtɪklz] Pl.; Kernphysik⟩ (in Hochtem-

peraturreaktoren verwendeter) Brennstoff, dessen Uranoxid-, Urancarbid- u. Thoriumoxidpartikel zum Schutz gegen Austritt von Spaltprodukten mit Graphit- od. Siliciumcarbidschichten umgeben sind [engl., »beschichtete Partikel«]
Coa|ting ⟨[koutɪŋ] m.; -od. -s, -s; Textilw.⟩ **1** ⟨unz.⟩ Kammgarnstoff in der Webart »Köperbindung« **2** ⟨zählb.⟩ Schutzbeschichtung für Kleidungsstücke **3** ⟨zählb.⟩ Wachs- bzw. Harzbelag, der u. a. Lebensmittel vor qualitätsbeeinträchtigender Aufnahme von Wasser u. tierischen Schädlingen sowie negativen Auswirkungen durch Transport u. Lagerung schützen soll [engl., »Überzug, Schicht; Anstrich«]
Co|au|tor ⟨m.; -s, -en⟩ = Koautor
Co|au|to|rin ⟨f.; -, -rin|nen⟩ = Koautorin
Cob ⟨m.; -s, -s; Zool.⟩ kleines, gedrungenes Pferd, das zum Reiten u. Fahren eingesetzt wird; *Welsh ~* [engl., »kleines Pferd«]
Co|balt ⟨n.; -(e)s; unz.; chem. Zeichen: Co⟩ graues, glänzendes, magnetisches Metall, Ordnungszahl 27, in Legierungen u. als Katalysator verwendet; *o*V Kobalt [nach *Kobold* (Hausgeist), nach dem alten Bergmannsglauben, das für wertlos angesehene *Cobalt* sei von Bergsteigern untergeschoben worden, nachdem das wertvolle Silber geraubt wurde]
Co|balt|it ⟨m.; -(e)s, -e; Chemie⟩ silberweißes Mineral, chem. Cobalt-Arsen-Sulfid (CoAsS); *Sy* Kobaltglanz
Cob|bler auch: **Cob|bler** ⟨m.; -s, -⟩ alkoholhaltiges Erfrischungsgetränk mit Kristalleis u. Früchten [engl.]
COBOL ⟨n.; -; unz.; EDV⟩ Programmiersprache für kommerzielle u. betriebswirtschaftliche Aufgaben [verkürzt <engl. *c*ommon *b*usiness *o*riented *l*anguage]
Co|ca-Co|la® ⟨n. od. f.; -, -s⟩ mit Kohlensäure versetztes, koffeinhaltiges Erfrischungsgetränk [<indian. *coca* (nach dem in der Andenkette Süd-

amerikas heimischen Strauch Erythroxylon; → *Kokain*) + westafrikan. Eingeborenensprache *cola* (nach der im tropischen Afrika heimischen *Kola*nuss)]

Coc|ci|di|o|se ⟨f.; -, -n⟩ = Kokzidiose

Coc|co|lo|ba ⟨f.; -, -s; Bot.⟩ aus Südamerika stammender Strauch aus der Familie der Nachtschattengewächse mit pflaumengroßen Früchten: Moringa coccoloba [span.]

Coc|cus ⟨m.; -, Coc|cen⟩ = Kokkus

Co|che|nil|le ⟨[-ʃəniːjə] f.; -, -n⟩ = Koschenille

Coch|lea ⟨[kɔx-] f.; -, -le|ae [leːɛ:]⟩ Teil des Innenohrs, Hörschnecke [lat. »Schnecke«]

Co|cker|spa|ni|el ⟨m.; -s, -; Zool.⟩ engl. Jagdhundrasse [<engl. *cocker* »Schnepfenjäger« + *Spaniel*]

Cock|ney[1] ⟨[kɔkni] n.; - od. -s; unz.⟩ Dialekt der unteren Schichten im Osten Londons [<engl., mengl. *coken*, Pl. von *cok* »Hahn« + *ey* »Ei«, urspr. »kleines, missratenes Ei (von einem Hahn)«, später (abwertend) »Stadtbewohner«]

Cock|ney[2] ⟨[kɔkni] m.; -s, -s⟩ jmd., der Cockney¹ spricht [→ *Cockney*¹]

Cock|pit ⟨n.; -s, -s⟩ **1** ⟨Mar.⟩ tief gelegener Sitz des Steuermanns **2** Vorratsraum des Schiffes **3** ⟨Luftf.⟩ Pilotensitz [engl., eigtl. »Kampfplatz (urspr. für Hahnenkämpfe)«]

Cock|tail ⟨[kɔkteɪl] m.; -s, -s⟩ alkohol. Mischgetränk [<engl. *cock* »Hahn« + *tail* »Schwanz«, urspr. »Hahnenschwanz«, später »Halbblut (mit gestutztem Schweif)«, dann »Mischung«]

Cock|tail|kleid ⟨[kɔkteɪl-] n.; -(e)s, -er⟩ festliches Kleid mit kurzem Rock [→ *Cocktail*]

Cock|tail|par|ty ⟨[kɔkteɪl-] f.; -, -s⟩ zwanglose Gesellschaft in den frühen Abendstunden

COCOM, Co|com ⟨Abk. für engl.⟩ Coordinating Committee for East-West-Trade-Policy (Koordinierungskomitee für den Ost-West-Handel), 1950 gegründete Komitee der NATO, das die Ausfuhr von militär. u. strategisch nutzbaren Waren u. Technologien in die Ostblockstaaten regelt; →a. Cocomliste

Co|com|lis|te ⟨f.; -; unz.⟩ Verzeichnis von Waren u. Technologien (z. B. Computer), die aufgrund ihrer militär. u. strategischen Nutzbarkeit nicht in die Ostblockstaaten exportiert werden dürfen

Co|coo|ning ⟨[kəku:nɪŋ] n.; - od. -s; unz.; Psych.⟩ vollständiger Rückzug in die Privatsphäre als Angst- od. Abwehrreaktion [<engl. *cocoon* »Kokon«]

Co|cot|te ⟨[kɔkɔtə] f.; -, -n; veraltet⟩ = Kokotte (1) [frz.]

c. o. d. ⟨Wirtsch.; Abk. für engl.⟩ cash on delivery

cod., Cod. ⟨Abk. für⟩ Kodex, Codex

Co|da ⟨f.; -, -s⟩ = Koda

Code[1] ⟨[koːd] m.; -s, -s⟩ Gesetzbuch; ~ *civil* [koːd sivɪːl] auf Veranlassung von Napoleon 1804 geschaffenes frz. Zivilgesetzbuch; ~ *Napoléon* [koːd napoleɔ̃:] Code civil im ersten u. zweiten frz. Kaiserreich [frz. »(Bürgerliches) Gesetzbuch«, <lat. *codex*; → *Codex*]

Code[2] ⟨[koʊd] m.; -s, -s⟩ **1** = Kode **2** verschlüsselte Nachricht **3** ⟨EDV⟩ Passwort, das den Zugang zu einem Programm schützt; *ein geheimer* ~; *einen* ~ *knacken* **4** *genetischer* ~ ⟨Med.⟩ = DNS [engl., <lat. *codex*; → *Codex*]

Co|de|in ⟨n.; -s; unz.; Chemie⟩ ein Alkaloid der Morphingruppe, das als hustenstillendes Mittel, aber auch als Ersatzdroge verwendet wird; *oV* Kodein

Co|der ⟨[koːdə(r)] m.; -s, -⟩ **1** ⟨Fernsehtechnik⟩ Einrichtung zur Erzeugung eines Farbfernsehsignals **2** ⟨Rundfunktechnik⟩ Einrichtung zur Erzeugung eines Stereosignals aus dem Rechts- u. Linkssignal einer Stereoaufnahmeeinrichtung; →a. Decoder [→ *Code*]

Code|swit|ching ⟨[koːdswɪtʃɪŋ] n.; - od. -s, -s; Sprachw.⟩ Wechsel von einer Sprachform in eine andere (bes. Übergang von der Hochsprache zum Dialekt) [<engl. *code* <frz. *code* »Gesetzbuch, Vorschriftensammlung« + *switching* »Übergang, Wechsel«]

Co|dex ⟨m.; -, -di|ces [-tseːs]⟩ handgeschriebenes Buch im MA; →a. Kodex; ~ *argenteus* gotische Bibelhandschrift des Wulfila (6. Jh) in silberverziertem Einband; ~ *aureus* mittelalterl. Prachthandschrift mit goldverziertem Einband; ~ *Iuris Canonici* ⟨Abk.: CIC⟩ Gesetzbuch der kath. Kirche von 1917; ~ *Rubricarum* ein von Papst Johannes XXIII. veröffentlichtes Reformwerk zur Rubrikenvereinfachung, vom 1.1.1961 [lat., »Rechnungsbuch, Verzeichnis«]

co|die|ren ⟨V.⟩ = kodieren; *Ggs* decodieren

Co|die|rung ⟨f.; -, -en⟩ = Kodierung; *Ggs* Decodierung

Co|don ⟨n.; -s, -do|ne(n); Biochemie⟩ Einheit aus drei aufeinander folgenden Basen der Nukleinsäure des genetischen Codes, die die verschlüsselte Information für eine Aminosäure trägt [<*Code* + Endung ...*on*]

Coe|cum ⟨[tsøː-] n.; -s, -ca⟩ = Zäkum; *oV* Zökum

Coe|no|bit ⟨[tsø-] m.; -en, -en⟩ = Zönobit

Coe|no|bi|um ⟨[tsø-] n.; -s, -bi|en⟩ = Zönobium

Coeur ⟨[køːr] n.; - od. -s, - od. -s; Kart.⟩ Spielkartenfarbe, Herz, Rot [frz., »Herz«]

Cof|fee|shop ⟨[kɔfiʃɔp] m.; -s, -s⟩ **1** Cafeteria, Imbissraum (bes. innerhalb von Betrieben od. Hotels) **2** ⟨verhüllend für⟩ Lokal, in dem Haschisch u. Marihuana verkauft wird (bes. in den Niederlanden) [<engl. *coffee* »Kaffee« + *shop* »Laden«]

Cof|fe|in ⟨n.; -s; unz.⟩ = Koffein

Cof|fi|nit ⟨n.; -s; unz.; Min.⟩ uran- u. radiumhaltiges, stark radioaktives Mineral [nach dem amerikan. Geologen R. *Coffin*]

co|gi|to, er|go sum ich denke, also bin ich (Hauptgrundsatz des frz. Philosophen Descartes) [lat.]

co|gnac *auch:* **cog|nac** ⟨[kɔnjak] Adj.; undekl.⟩ = cognacfarben

Co|gnac *auch:* **Cog|nac** ⟨[kɔnjak] m.; -s, -s od. -e⟩ in Cognac hergestellter Weinbrand; →a. Kognak [nach der frz. Stadt *Cognac* an der Charente]

cognacfarben

co|gnac|far|ben *auch:* **cog|nac|far-ben** ⟨[kɔnjak-] Adj.⟩ in der Farbe des Cognacs, goldbraun; *Sy* cognac; *eine ~e Jacke*
Coignomen *auch:* **Cog|no|men** ⟨m.; -s, - od. -mi|na⟩ = Kognomen
Coif|feur ⟨[koafø:r] m.; -s, -e⟩ Friseur, Haarkünstler [frz.]
Coif|feu|se ⟨[koafø:z(ə)] f.; -, -n⟩ Friseuse [frz.]
Coif|fure ⟨[koafy:r] f.; -, -n⟩ kunstvolle Frisur, Haarputz [frz.]
Coin ⟨[kɔɪn] m.; -s, -s⟩ Wertmarke, Münze aus Kunststoff od. Metall für Einkaufswagen u. Ä. [engl., »Münze«]
Coin|treau® *auch:* **Coint|reau®** ⟨[koētro:] m.; -; unz.⟩ frz. Orangenlikör
Co|ir ⟨f.; -; unz. od. n.; - od. -s; unz.⟩ Kokosfasergarn [<Tamil *kayiru* »Seil«]
Co|itus ⟨m.; -; unz.⟩ **1** = Koitus **2** *~ interruptus* unterbrochener Geschlechtsverkehr, bei dem das männl. Glied vor dem Samenerguss aus der Scheide gezogen wird; *Sy* Interruptus [→ *Koitus*]
Coke ⟨[kouk] n. od. f.; -, -s; umg. Abk. für⟩ Coca Cola
col. ⟨Buchw.; Abk. für⟩ columna (Spalte) [lat.]
Co|la ⟨f.; -, -s od. n.; - od. -s, -s; kurz für⟩ Coca-Cola
Col|chi|cin ⟨[-çitsi:n] n.; -s; unz.⟩ giftiges Alkaloid des Herbstzeitlosensamens; *oV* Kolchizin [nach *colchicum autumnale* »Herbstzeitlose«]
cold ⟨[kould] Adj.; Drogenszene⟩ nüchtern, nicht unter dem Einfluss von Drogen stehend [engl., eigtl. »kalt«]
Cold|cream *auch:* **Cold Cream** ⟨[kouldkri:m] f.; (-) -, (-) -s⟩ viel Feuchtigkeit enthaltende u. dadurch kühlende Fettcreme [engl., »Kühlsalbe«]
Cold|rub|ber *auch:* **Cold Rub|ber** ⟨[kouldrʌbə(r)] m.; (-) - od. (-) -s; unz.⟩ Synthetikkautschuk, dessen Fabrikation eine sehr niedrige Temperierung erfordert [engl., »kalter Kautschuk, kaltes Gummi«]
Cold|tur|key *auch:* **Cold Tur|key** ⟨[kouldtœ:ki] f. od. n.; (-) - od. (-) -s, (-) -s [-kɪz]; umg.⟩ **1** radikale Drogenentziehungskur, die mit einem sofortigen völligen Entzug beginnt **2** das Befinden desjenigen, der die Entziehungskur macht [engl., eigtl. »kalter Truthahn« od. (fig.) »ohne Umschweife«]
Co|le|op|te|ra *auch:* **Co|le|op|te|ra** ⟨f.; -, -pte|re(n); Biol.⟩ = Koleoptere
Co|li|tis ⟨f.; -, -ti|den⟩ = Kolitis
col|la des|tra *auch:* **col|la des|tra** ⟨Musik; Abk.: c. d.⟩ mit der rechten Hand (zu spielen) [ital., »mit der Rechten«]
Col|la|ge ⟨[-ʒə] f.; -, -n; Mal.⟩ aus Papier od. anderem Material geklebtes Bild [frz., »Klebearbeit«; zu *colle* »Klebstoff«]
col|la|gen ⟨Adj.⟩ = kollagen
col|la|gie|ren ⟨[-ʒi:-] V.; Mal.⟩ eine Collage anfertigen, zu einer Collage zusammenfügen; *Fotografien ~*
col|la par|te ⟨Musik⟩ mit der Hauptstimme im Einklang (zu spielen) [ital., »mit der Hauptstimme«]
coll'ar|co ⟨Abk.: arc.; Musik⟩ (für Streichinstrumente) mit den Bogenhaaren (zu streichen) [ital., »mit dem Bogen«]
Col|lar|gol® ⟨n.; -s; unz.; Pharm.⟩ Salbe zur Abtötung von Bakterien
col|la si|nis|tra *auch:* **col|la si|nist-ra** ⟨Abk.: c. s.; Musik⟩ mit der linken Hand (zu spielen) [ital., »mit der Linken«]
col|lé ⟨Adj.⟩ (beim Billardspiel) nahe an der Bande platziert [frz., »angeklebt, angeleimt«]
Col|lec|ta|nea ⟨a. [--'---] Pl.⟩ = Kollektanea
Col|lec|ta|ne|en ⟨a. [--'---] Pl.⟩ = Kollektanea
Col|lege ⟨[kɔlidʒ] n.; - od. -s [-dʒɪz], -s [-dʒɪz]⟩ **1** ⟨England⟩ Haus, in dem die Studenten u. Lehrer zusammen wohnen, vielfach den Universitäten angegliedert, mit Stipendien u. Freistellen **1.1** *University ~* Unterrichts- u. Forschungsinstitut der Universitäten bzw. die Universität selbst **1.2** Akademie, die noch nicht Volluniversität ist **2** ⟨USA⟩ **2.1** höhere Lehranstalt, die, auf der Highschool aufbauend, nach 4-jährigem Kurs zur Bachelor-Prüfung führt **2.2** Universitätsinstitut od. Fachhochschule einzelner Fakultäten [engl., »Kollegium, Kolleg, Universität«]
Col|lège ⟨[kɔlɛːʒ] n.; - od. -s, -s; Frankreich, Belgien, frz. Schweiz⟩ höhere Schule [frz., »Kollegium, städtische höhere Schule«]
Col|le|gi|um ⟨n.; -s, -gia⟩ **1** = Kollegium **2** *~ Germanicum* 1552 gegründetes deutsches Priesterseminar in Rom **3** *~ musicum* **3.1** ⟨i. e. S.⟩ Musikvereinigung an Universitäten, bes. im 17. u. 18. Jh. **3.2** ⟨i. w. S.⟩ Vereinigung von Musikern, die sich der Pflege alter Musik widmen **4** *~ publicum* öffentl. Universitätsvorlesung [lat., »Deutsches Kollegium«]
col le|gno *auch:* **col leg|no** ⟨[kɔl leɲo] Musik⟩ musikalische Anweisung für Streicher, mit dem Holz des Bogens zu spielen [ital., »mit dem Holz«]
Col|li|co ⟨m.; -s, -s⟩ von der Dt. Bahn AG verwendete Transportkiste mit genormten Abmessungen
Col|lie ⟨m.; -s, -s; Zool.⟩ schott. Schäferhund [engl. <kelt.]
Col|lier ⟨[kɔlje:] n.; -s, -s⟩ = Kollier
Col|lo|qui|um ⟨n.; -s, -qui|en⟩ = Kolloquium
Col|lum ⟨n.; -s, Col|la; Anat.⟩ Hals [lat.]
Co|lón ⟨[kɔlɔn] m.; - od. -s, -s od. (bei Zahlenangaben) -⟩ Währungseinheit in Costa Rica u. El Salvador [nach der span. Form des Namens *Kolumbus*]
Co|lo|nel ⟨engl. [kœ:nəl] od. frz. [kɔlɔnɛl] m.; -s, -s⟩ Oberst [engl. u. frz., »Oberst«]
col|or…, Co|lor… ⟨a. ['--] in Zus.⟩ farbig, in Farbe [lat., »Farbe, Färbung«]
Co|lo|ra|do|kä|fer ⟨m.; -s, -; Zool.⟩ = Koloradokäfer
Co|lor|bild ⟨a. ['---] n.; -(e)s, -er; Fot.⟩ Farbbild
Co|lor|film ⟨a. ['---] m.; -s, -e; Fot.⟩ Farbfilm [<*Color…* + *Film*]
co|lo|rie|ren ⟨V.⟩ = kolorieren
Co|lo|rie|rung ⟨f.; -, -en⟩ = Kolorierung
Co|lo|rit ⟨n.; -(e)s, -e⟩ = Kolorit

Co|los|to|mie ⟨f.; -, -n; Med.⟩ = Kolostomie

Colt® ⟨[kɔlt] m.; -s, -s⟩ ein Revolver [nach dem amerikan. Ingenieur Samuel Colt, 1814-1862]

Col|tan ⟨n.; -s; unz.; Min.⟩ ein Erz (auch Columbit-Tantalit od. Niobit-Tantalit genannt), das aus Columbrium u. Tantal besteht u. aus dem das selten vorkommende Metall Tantal gewonnen wird

Com|bi|ne auch: **Com|bine** ⟨engl. [kɔmbaɪn] f.; -, -n od. ⟨engl.⟩ -s⟩ = Kombine [engl., »Mähdrescher«]

Com|bine|pain|ting auch: **Combine Painting** ⟨[kɔmbaɪnpeɪntɪŋ] n.; (-) -s; unz.; Mal.⟩ (von R. Rauschenberg entwickelter) Montagestil, der Collagen u. Malerei mit dreidimensionalen Objekten verschiedenster Art kombinierte u.damit Einfluss auf die Pop-Art nahm [engl., »kombiniertes Malen«]

Com|bo ⟨f.; -, -s; Jazz⟩ Kapelle mit kleiner Besetzung [engl.; zu *combination* »Vereinigung, Verknüpfung«]

Come-back auch: **Come|back** ⟨[kʌmbæk] n.; - od. -s, -s⟩ Wiederauftreten eines bekannten Künstlers, Politikers od. Sportlers nach längerer Pause [engl., »Rückkehr, Zurückkommen«]

COMECON auch: **Co|me|con** ⟨[kɔmәkɔn] m. od. n.; -; unz.; Abk. für engl.⟩ Council for Mutual Economic Assistance (Aid), Rat für gegenseitige Wirtschaftshilfe (1991 aufgelöste Wirtschaftsorganisation der Ostblockstaaten)

Come-down auch: **Come|down** ⟨[kʌmdaʊn] n.; -s, -s⟩ Zeitraum, über den die Wirkung einer harten Droge nachlässt [<engl. *come down* »herunterkommen, sich beruhigen«]

Co|me|dy ⟨[kɔmɪdɪ] f.; -, -s; TV⟩ **1** als Einzelbeitrag od. (häufiger) als Serie produzierte Komödie **2** ⟨kurz für⟩ Comedyshow [engl., »Komödie«]

Co|me|dy|show ⟨[kɔmɪdɪʃoʊ] f.; -, -s; TV⟩ Unterhaltungssendung im Fernsehen, deren Programm vor allem aus einzelnen Sketch- und Gageinlagen besteht u. in der verschiedene Schauspieler(innen) kurze, witzige Szenen spielen

Co|mes ⟨m.; -, - od. Co|mi|tes; Musik⟩ Beantwortung (bzw. Wiederholung) des Fugenthemas; →a. Dux [lat., »Begleiter«]

co|me so|pra auch: **co|me sop|ra** ⟨Musik⟩ wie oben, wie zuletzt (zu spielen) [ital.]

Co|mes|ti|bles auch: **Co|mes|tib|les** ⟨[kɔmәstiːbl] Pl.; schweiz.⟩ Esswaren, Feinkost [frz., »Lebensmittel«]

Co|me|ta|bo|lis|mus ⟨m.; -; unz.; Biol.⟩ Teil des Stoffwechsels, der den Organismus von eingedrungenen Fremdstoffen entgiftet (wichtig für den Abbau von Umweltgiften) [<lat. *con*... »mit« + *Metabolismus*]

Co|mic ⟨[kɔmɪk] m.; -, -s; kurz für⟩ Comicstrip

Co|mic|strip ⟨[kɔmɪkstrɪp] m.; -, -s⟩ gezeichnete Bilderfolge in Streifen mit komischem od. abenteuerlichem Inhalt; *Sy* Cartoon (2) [engl., eigtl. »drolliger Streifen«]

Co|ming|man auch: **Co|ming Man** ⟨[kʌmɪŋmæːn] m.; (-) - od. (-) -s, -men od. - Men [-mәn]⟩ jmd., der großes Talent od. bes. Anlagen u. Fähigkeiten besitzt u. von dem allg. erwartet wird, dass er eine glänzende Karriere vor sich hat [engl., »der kommende Mann«]

Co|ming-out auch: **Co|ming|out** ⟨[kʌmɪŋaʊt] n.; - od. -s, -s⟩ **1** öffentliches Bekanntmachen, Herausstellen, Herauskommen; *das ~ eines neuen Filmstars* **2** ⟨umg.⟩ öffentliches Bekenntnis zur eigenen Homosexualität [engl.]

comme çi, comme ça (*Schreibung von Zitaten und zitatähnlichen Fügungen*) Die Schreibung von Zitaten und zitatähnlichen Fügungen, die unverändert aus einer Fremdsprache übernommen werden, richtet sich in der Regel nach den in der jeweiligen Herkunftssprache gültigen Regeln.

comme çi, comme ça ⟨[kɔm siː kɔm sa]⟩ mittelmäßig, nicht besonders [frz.]

Compactdisc

Com|me|dia dell'Ar|te ⟨f.; - -; unz.⟩ um 1550 entstandenes ital. Stegreiflustspiel [ital., eigtl. »Kunstlustspiel«]

comme il faut ⟨[kɔm il foː]⟩ wie es sich gehört, musterhaft, vorbildlich [frz., »wie es (sein) muss«]

Com|mer|cial ⟨[kɔmœːʃәl] m. od. n.; -s, -s⟩ kurzer Werbefilm im Kino od. im Fernsehen [engl., »Werbefilm, Werbespot«]

Com|mis ⟨[-miː] m.; -, -⟩ = Kommis

com|mit|ten ⟨V.; umg.⟩ sich zu etwas verpflichten [<engl. *commit*]

Com|mit|ment ⟨n.; -s, -s; Wirtsch.⟩ **1** Verpflichtung, Bekenntnis, bindende Vereinbarung **2** positive Identifikation eines Mitarbeiters mit dem Unternehmen, dem er angehört [engl.]

com|mo|do ⟨Musik⟩ = comodo

Common Law ⟨[kɔmәn lɔː] n.; - -; unz.; Rechtsw.⟩ das durch den Gebrauch vor ordentlichen Gerichten weiterentwickelte u. kodifizierte engl. Gewohnheitsrecht [engl., »allgemeines Recht«]

Com|mon|sense auch: **Common Sense** ⟨[kɔmәn sɛns] m.; (-) -; unz.⟩ gesunder Menschenverstand; →a. Sensus communis [engl.]

Com|mon|wealth ⟨[kɔmәnwɛlθ] n.; -; unz.⟩ Gemeinwesen, Völkergemeinschaft, Staatenbund; *~ of Australia* [-ɔv ɔːstreɪlɪә] der Austral. Bund (Australien u. Tasmanien); *~ of Nations* [-ɔv neɪʃәnz] die Staatengemeinschaft des Brit. Empires [engl., »Gemeinwesen, Freistaat«, insbes. »der Britische Staatenbund«]

co|mo|do ⟨Musik⟩ ruhig, gemäßigt (zu spielen); *oV* commodo [ital.]

Com|pact|disc auch: **Compact Disc** ⟨[kɔmpɛkt dɪsk] f.; (-) -, (-) -s; Abk.: CD⟩ kleine optische Speicherplatte, die zum Lesen der digitalen Daten mit einem Laserstrahl abgetastet wird, wodurch eine störungs- u. rauschfreie Wiedergabe gewährleistet ist [engl., eigtl. »kompakte, dichte Platte«]

Compagnie

Com|pa|gnie *auch:* **Com|pa|gnie** ⟨[-paniː] f.; -, -n⟩ = Kompanie

Com|pa|gnon *auch:* **Com|pag|non** ⟨[-panjɔ̃ː] od. ['---] m.; -s, -s⟩ Kompagnon

Com|pi|la|tion ⟨[kɔmpɪleɪʃn] f.; -, -s; Musik⟩ thematisch od. konzeptionell begründete Zusammenstellung mehrerer Musikstücke auf einem Tonträger [engl., »Zusammenstellung; Sammelwerk«]

Com|pi|ler ⟨[-paɪ] m.; -s, -s; EDV⟩ Computerprogramm, das ein in einer anderen Maschinensprache geschriebenes Programm in eine für die betreffende EDV-Anlage verwertbare Programmiersprache übersetzt [<engl. *compile* »zusammenstellen«]

Com|plet ⟨[kɔ̃mpleː] m.; -s, -s; Mode⟩ mehrere (meist zwei) Kleidungsstücke, die sich in Farbe, Muster u. Schnitt ergänzen [zu frz. *compléter* »(sich) ergänzen«]

Com|pli|ance ⟨[-plaɪəns] f.; -; unz.⟩ **1** ⟨Psych.⟩ Maß der Bereitschaft des Patienten, die diagnostischen u. therapeut. Vorgaben od. wohlwollenden Empfehlungen des Therapeuten zu befolgen **2** ⟨Med.⟩ *pulmonale ~* (bes. die Lunge betreffende) Maßangabe der Volumendehnbarkeit [engl., »Einverständnis«]

Com|po|ser ⟨m.; -s, -⟩ Schreibmaschine mit Kugelkopf u. verstellbarem Zwischenraum zwischen den Wörtern, die ein satzähnliches Manuskript liefert [<engl. *compose* »zusammensetzen«]

Com|pound|kern ⟨[-paʊnd-] m.; -(e)s, -e; Kernphysik⟩ durch Beschuss eines Atomkernes mit einem Teilchen entstehender neuer, hochangeregter Kern, der nach kurzer Zeit durch Kernumwandlung weiterreagiert [<engl. *compound* »zusammengesetzt«]

Com|pound|ma|schi|ne ⟨[-paʊnd-] f.; -, -n⟩ Verbunddampfmaschine [engl., »zusammengesetzt«]

Com|pound|öl ⟨[-paʊnd-] n.; -s, -e; Technik⟩ Mineralöl mit hohem Fettgehalt u. damit einhergehender hoher Schmierfähigkeit [<engl. *compound* »zusammengesetzt«]

Com|pound|trieb|werk ⟨[-paʊnd-] n.; -(e)s, -e; Technik⟩ Flugzeugtriebwerk mit Verbundmotor(en) zur Verstärkung der Leistung [<engl. *compound* »zusammengesetzt«]

Comp|ton|ef|fekt *auch:* **Comp|ton-Ef|fekt** ⟨[kɔmptən-] m.; -(e)s; unz.; Physik⟩ die Erscheinung, dass Lichtwellen mit Elektronen in Wechselwirkung treten können, verbunden mit Impulsänderung der Elektronen u. Erniedrigung der Wellenlänge des Lichts [nach dem amerikan. Physiker A. H. *Compton* (1892-1962)]

Com|pur|ver|schluss ⟨m.; -es, -schlüs|se⟩ Zentralverschluss für Fotokameras, bei dem sich die Lamellen sternförmig von der Mitte aus öffnen

Com|pu|ta|tio|na|lis|mus ⟨[-pju-] m.; -; unz.⟩ Richtung der Philosophie u. der kognitiven Psychologie, die von der Annahme ausgeht, dass das menschliche Gehirn wie ein Computer funktioniert

Com|pu|ter ⟨[-pjuː-] m.; -s, -; EDV⟩ elektron. Datenverarbeitungsmaschine [zu engl. *compute* »berechnen, schätzen« <lat. *computare* »berechnen, zusammenrechnen«]

Com|pu|ter|ani|ma|tion ⟨[-pjuː-] f.; -, -en; EDV⟩ bewegte, mehrdimensionale computererzeugte Bildsequenz, die z. B. in Videoclips u. Kinofilmen verwendet wird

Com|pu|ter|di|a|gnos|tik *auch:* **Com|pu|ter|di|ag|nos|tik** ⟨[-pjuː-] f.; -; unz.; Med.⟩ Teilgebiet der Diagnostik, in dem die EDV zur Krankheitserkennung eingesetzt wird

Com|pu|ter|ge|ne|ra|tion ⟨[-pjuː-] f.; -, -en; EDV⟩ **1** ⟨i. e. S.⟩ Zeitabschnitt in der Computerentwicklung, der durch eine bestimmte Konstruktionsart gekennzeichnet ist **2** ⟨i. w. S.⟩ Generation (3), die durch den frühen u. häufigen Gebrauch von Computern gekennzeichnet ist

com|pu|ter|ge|ne|riert ⟨[-pjuː-] Adj.; EDV⟩ mithilfe eines Computers erzeugt, bearbeitet; *seine Fotos sind ~*

com|pu|te|ri|sie|ren ⟨[-pjuː-] V.; EDV⟩ **1** für die Eingabe in einen Computer aufbereiten, lesbar machen **2** mit Hilfe eines Computers bearbeiten, speichern; *Daten, Informationen ~*

Com|pu|ter|kid ⟨[-pjuː-] n.; -s, -s; EDV⟩ Kind od. Jugendlicher, das bzw. der schon frühzeitig mit der Handhabung eines Computers vertraut ist; *die neue Generation der ~s*

Com|pu|ter|kri|mi|na|li|tät ⟨[-pjuː-] f.; -; unz.; EDV⟩ Straftaten, die im Zusammenhang mit EDV-Anlagen stehen, z. B. Computersabotage, Datenmissbrauch

Com|pu|ter|kunst ⟨[-pjuː-] f.; -; unz.; EDV; Sammelbez. für⟩ mittels Computers hergestellte musikalische, literarische od. grafische Kunstwerke

Com|pu|ter|lin|gu|is|tik ⟨[-pjuː-] f.; -; unz.; EDV⟩ Teilgebiet der Linguistik, das die EDV zur Auswertung u. zur Beschreibung sprachlicher Phänomene nutzt

com|pu|tern ⟨[-pjuː-] V.; EDV; umg.⟩ am Computer arbeiten, den Computer benutzen

Com|pu|ter|si|mu|la|tion ⟨[-pjuː-] f.; -, -en; EDV⟩ Methode, bei der von einem Vorgang eine vom Computer zu bearbeitende Modellvorstellung entwickelt wird, um Informationen über den Verlauf des Vorgangs zu gewinnen

Com|pu|ter|sys|tem ⟨[-pjuː-] n.; -s, -e; EDV⟩ Gesamtheit der externen u. internen Komponenten (Hard- u- Software) eines Computers

Com|pu|ter|to|mo|gra|fie ⟨[-pjuː-] f.; -, -n; Med.⟩ = Computertomographie

Com|pu|ter|to|mo|gra|phie ⟨[-pjuː-] f.; -, -n; Med.⟩ computerunterstütztes Röntgenschichtverfahren mit hoher Kontrastauflösung, *oV* Computertomografie

Com|pu|ter|vi|rus ⟨[-pjuːtə(r)vi-] m. od. n.; -, -vi|ren⟩ (in zerstörerischer Absicht) in ein Computersystem unbemerkt eingeschaltetes Programm, welches das System verändern u. schädigen kann

Consulting

Comte ⟨[kõ:t] m.; -, -s⟩ französischer Graf [frz.]
con..., Con... ⟨in Zus.⟩ = kon..., Kon... [<lat. *con, cum* »mit«]
con a|mo|re ⟨Musik⟩ innig, zärtlich (zu spielen); *Sy* amoroso [ital.]
con|a|xi|al ⟨Adj.⟩ = koaxial
con brio ⟨Musik⟩ mit Feuer, lebhaft (zu spielen) [ital., »mit Lebhaftigkeit«]
Con|cen|tus ⟨[-tsɛn-] m.; -, -; Musik⟩ melodisch vorgetragene Variante des Gregorianischen Chorals in der katholischen u. evangelischen Liturgie [<lat. *concentus* »Einklang, Harmonie, Gesang«]
Con|cept|art *auch:* **Con|cept-Art** ⟨[-sɛpt-] f.; -; unz.; Kunst⟩ moderne Kunstrichtung, in der der Entwurf für ein Projekt das eigentliche Kunstwerk ersetzt [engl.]
con|cer|tan|te ⟨[-tʃɛrtantə] Adj.⟩ = konzertant [ital.]
Con|cer|to gros|so ⟨[-tʃɛr-] n.; - -, -ti gros|si; Musik⟩ Konzert für Orchester u. Soloinstrumente in der Barockmusik [ital., »großes Konzert«]
Con|ci|erge ⟨[kõsjɛrʒ] m. od. f.; -, -s [kõsjɛrʒ] od. -n [-sjɛrʒən]⟩ Hausmeister(in), Pförtner(in) [frz.]
con|ci|ta|to ⟨[kɔntʃi-] Musik⟩ erregt, aufgeregt (zu spielen) [ital.]
Con|clu|sio ⟨f.; -, -si|o|nes; fachsprachl.⟩ = Konklusion [lat.]
Con|cours hip|pique ⟨[kõku:r ipik] m.; - -, - -s [ipik]⟩ pferdesportliches Turnier, bes. mit Springwettbewerben [frz.]
con|di|tio si|ne qua non ⟨f.; - - - -; unz.⟩ unerlässliche Bedingung [lat., »Bedingung, ohne die (etwas) nicht (eintreten kann)«]
Con|dot|tie|re ⟨[-tje:-] m.; -s, -ri⟩ = Kondottiere
Con|duc|tus ⟨m.; -, -; Musik; im MA⟩ ursprünglich einstimmiger, die Liturgie begleitender Gesang in lat. Sprache, später auch mehrstimmig mit weltl. Inhalt [lat., »Eingangslied«]
Con|du|i|te ⟨[kõdyi:t(ə)] f.; -; unz.; veraltet⟩ = Konduite
con es|pres|si|o|ne ⟨Musik⟩ ausdrucksvoll (zu spielen); *Sy* espressivo [ital.]

conf. ⟨Abk. für⟩ confer!
con|fer! ⟨Abk.: cf., cfr., conf.⟩ vergleiche! (in wissenschaftl. Arbeiten zur Angabe von Belegstellen) [lat.]
Con|fé|rence ⟨[kõferɑ̃:s] f.; -, -n⟩ witzig-unterhaltende Ansage in Rundfunk u. Kabarett [frz., »Konferenz; Vortrag«]
Con|fé|ren|ci|er ⟨[kõferɑ̃sje:] m.; -s, -s⟩ unterhaltender Ansager [frz., »Vortragender«]
con|fe|rie|ren ⟨V.; österr.⟩ Darbietungen ansagen; →*a.* konferieren [<frz. *conférer;* in der Bedeutung beeinflusst von *Conférencier*]
Con|fes|sio ⟨f.; -, -si|o|nes; Theol.⟩ **1** Bekenntnis des Glaubens, Bekenntnisschrift **2** Sündenbekenntnis, Beichte [lat., »Eingeständnis, Bekenntnis«]
Con|fi|se|rie ⟨f.; -, -n⟩ = Konfiserie
Con|foe|de|ra|tio Hel|ve|ti|ca ⟨[-ve:-] f.; - -; unz.; Abk.: CH⟩ Schweizerische Eidgenossenschaft [lat.]
con for|za ⟨Musik⟩ mit Kraft (zu spielen) [ital.]
con fu|o|co ⟨Musik⟩ mit Feuer (zu spielen) [ital.]
Con|ga ⟨f.; -, -s; Musik⟩ **1** (bes. im modernen Jazz verwendete) kuban. Trommel **2** ein kuban. Tanz [amerikan.-span., nach dem afrikan. Staat *Kongo*]
Con|ge|li|frak|ti|on ⟨f.; -, -en; Geol.⟩ **1** Verwitterung durch Frosteinwirkung **2** Absprengung von Gesteinsblöcken durch Frostwechsel [<*Con...* + lat. *gelidus* »eisig, eiskalt« + *Fraktion*]
con im|pe|to ⟨Musik⟩ stürmisch, ungestüm, heftig (zu spielen); *Sy* impetuoso [ital.]
con mo|to ⟨Musik⟩ bewegt (zu spielen) [ital., »mit Bewegung«]
Con|nais|seur ⟨[-nɛsø:r] m.; -s, -s⟩ Kenner, qualifizierter Gutachter, Sachverständiger, Feinschmecker; *ein ~ guten Weines* [frz.; zu *connaître* »kennen«]
Con|nec|tions ⟨[kɔnɛkʃəns] Pl.; umg.; bes. Jugendspr.⟩ Beziehungen, Kontakte, Verbindungen; *er hat gute ~ zur Chefetage* [engl.]
Con|nec|ti|vi|ty ⟨[-vɪ-] f.; -, -s; EDV⟩ **1** ⟨unz.⟩ Vernetzbarkeit,

Netzwerkfähigkeit von PCs, z. B. Vernetzung der PC von Unternehmen, Kunden u. Lieferanten **2** ⟨zählb.⟩ Verbindung zu Netzwerken insbes. zum Internet, Internetzugang [engl.; zu *connect* »verbinden«]
con pie|tà ⟨Musik⟩ mitleidsvoll, andächtig (zu spielen); *Sy* pietoso [ital.]
Con|se|cu|tio Tem|po|rum ⟨f.; - -; unz.; Gramm.⟩ Zeitenfolge im zusammengesetzten Satz [lat., »Zeitfolge«]
Con|seil ⟨[kõsɛ:j] m.; -s, -s⟩ Rat, Ratsversammlung [frz., »Berat(schlag)ung, Rat, beratende Versammlung«]
Con|sen|sus ⟨m.; -, -⟩ = Konsens
con sen|ti|men|to ⟨Musik⟩ gefühlvoll, mit Gefühl (zu spielen) [ital.]
Con|si|li|um ⟨n.; -s, -li|en⟩ **1** = Konsilium **2** *~ Abeundi* ⟨[-beun-]⟩ Androhung der Verweisung von einer höheren Schule [lat., »Rat abzugehen«]
Con|sis|ten|cy ⟨[-sɪstənsɪ] f.; -, -s⟩ Grad der Gleichförmig- bzw. Einheitlichkeit der Angaben innerhalb einer Befragungsreihe [engl., »Folgerichtigkeit, Übereinstimmung«]
Con|som|mé ⟨[kõsɔme:] f.; -, -s od. n.; -s, -s⟩ bes. kräftige, klare Fleischbrühe; *oV* Konsommee [zu frz. *consommer* »verbrauchen, aufzehren«, weil die Brühe während des Kochens den gesamten Fleischsaft aufzehrt]
con sord. ⟨Abk. für⟩ con sordino
con sor|di|no ⟨Abk.: con sord.; Musik⟩ mit Dämpfer, gedämpft (zu spielen) [ital.]
con spi|ri|to ⟨Musik⟩ spritzig, geistvoll (zu spielen) [ital., »mit Geist«]
Cons|ti|tu|an|te ⟨[kõstityɑ̃:t] f.; -, -s [-ɑ̃:t]⟩ grundlegende, verfassungsgebende Nationalversammlung, bes. die der Französ. Revolution von 1789; *oV* Konstituante (1) [frz., »bildend, konstituierend«]
Con|sul|tant ⟨[kɔnsʌltənt] m.; -s, -s; Wirtsch.⟩ Unternehmensberater [engl., »Berater«]
Con|sul|ting ⟨[kɔnsʌltɪŋ] n.; - od. -s; unz.; Wirtsch.⟩ (Unternehmens-)Beratung [<engl. *consult* »beraten, konsultieren, zu Rate

Container

ziehen« <lat. *consultare* »beraten«]

Con|tai|ner ⟨[-teː-] od. engl. [-teɪ-] m.; -s, -⟩ Großbehälter zur Güterbeförderung od. zum Sammeln von Abfall; *Altglas~* [engl., »Behälter«]

con|tai|ne|ri|sie|ren ⟨[-te-] V.⟩ in Containern transportieren (von Waren od. Fluggepäck)

Con|tai|ner|schiff ⟨[-teː-] n.; -(e)s, -e⟩ für die Beförderung von Containern bes. eingerichtetes Schiff

Con|tai|ner|ter|mi|nal ⟨[-teɪnə(r)-tœ:mɪnəl] m.; -s, -s⟩ Hafen zum Umschlag von Containern [engl.]

Con|tain|ment ⟨[-teɪn-] n.; -s, -s⟩ **1** äußere Betonhülle um Kernreaktoren **2** Politik der Eindämmung, Beschwichtigung [engl., »Einschließung; Zügelung, Beherrschbarkeit«]

Con|te ⟨m.; -, Con|ti od. -s⟩ Graf [ital.]

Con|te|nance ⟨kɔ̃:tənɑ̃:s⟩ f.; -; unz.⟩ Selbstbeherrschung, Haltung, Fassung, Gelassenheit (in schwierigen Situationen); *oV* Kontenance [frz., <lat. *continentia* »Selbstbeherrschung, Mäßigung«]

con te|ne|rez|za ⟨Musik⟩ zärtlich, zart (zu spielen); *Sy* teneramente [ital.]

Con|tent ⟨a. [-'-] m.; -s, -s; bes. EDV⟩ (bes. im Internet od. in Onlinediensten zu nutzender) Inhalt, z. B. Nachrichten, Informationen, Lexika u. Datenbanken [engl., »Inhalt«]

Con|tent-Ma|nage|ment ⟨[-mæ-nɪdʒmənt] n.; -s; unz.; EDV⟩ Verwaltung des Auftritts (einer Firma) im Internet, professionelle Produktion u. Pflege von redaktionellen Inhalten mittels einer Datenbank [engl., »Inhalteverwaltung«]

Con|tent-Ma|nage|ment-Sys|tem ⟨[-mænɪdʒmənt-] n.; -s, -e; EDV⟩ computergestütztes Datenbanksystem, das zur datentechn. einheitl. (u. layoutunabhängigen) Herstellung, Redigierung u. Archivierung von (redaktionellen) Inhalten dient [→ *Content-Management*]

Con|tent-Pro|vi|der ⟨[-prɔvaɪ-də(r)] m.; -s, -; bes. EDV⟩ Unternehmen, das Inhalte (z. B. Nachrichten, Informationen, Lexika u. Datenbanken) bes. im Internet od. in anderen Onlinediensten anbietet [engl., »Inhaltelieferant«]

Con|ter|gan® ⟨n.; -s; unz.; Pharm.⟩ das Schlaf- u. Beruhigungsmittel Thalidomid, das 1961 aus dem Handel gezogen wurde, da es bei schwangeren Frauen schwere Schädigungen des Kindes verursachte

Con|ter|gan|kind ⟨n.; -(e)s, -er; umg.⟩ missgebildetes Kind, dessen Mutter in der Schwangerschaft Contergan eingenommen hat

Con|tes|sa ⟨f.; -, -tes|sen⟩ Gräfin [ital.]

Con|test ⟨m.; -s, -s⟩ (musikal. od. sportl.) Wettbewerb [engl.]

Con|ti|nuo ⟨Musik; kurz für⟩ Basso continuo

◆ Die Buchstabenfolge **con|tr...** kann auch **contr...** getrennt werden.

◆ **con|tra** ⟨Präp. mit Akk.⟩ gegen; *oV* kontra; *Ggs* pro (1) [lat.]

◆ **Con|tra|dic|tio in Ad|jec|to** ⟨f.; - - -; unz.⟩ Widerspruch in der Beifügung, z. B. kleinere Hälfte [lat., »Widerspruch in der (adjektivischen) Beifügung«]

◆ **Con|tras** ⟨Pl.⟩ Gegner der Sandinisten im nicaraguanischen Bürgerkrieg [→ *contra*]

◆ **Con|tra|te|nor** ⟨m.; -s, -te|nö|re; im frühen mehrstimmigen Satz; Musik⟩ Gegenstimme zum Tenor innerhalb des Bereichs der Tenorstimmlage; *oV* Kontratenor; →a. Countertenor

◆ **Con|tre|coup** ⟨[kɔ̃traku:] m.; -s, -s; veraltet⟩ Gegenstoß, Rückstoß [frz., »Gegenschlag, Gegenstoß«]

◆ **Con|tre|tanz** ⟨[kɔtrə-] m.; -es, -tän|ze; Musik⟩ = Kontertanz

◆ **con|trol|len** ⟨[-troʊl-] V.; Wirtsch.⟩ Controlling betreiben, als Controller tätig sein; *ein Unternehmen, eine Abteilung erfolgreich ~*

◆ **Con|trol|ler** ⟨[-troʊːlə(r)] m.; -s, -⟩ Prüfer **2** Leiter des Rechnungswesens **3** = Kontroller [engl.]

◆ **Con|trol|ling** ⟨[kɔntroʊ-] n.; -s; unz.; Wirtsch.⟩ von der Unternehmensleitung ausgeübte Planungs- u. Kontrollfunktionen [engl., »Überwachung, Prüfung«]

Con|ur|ba|tion ⟨[kɔnœːbeɪʃn] f.; -, -s; Soziol.⟩ spezielle Form der städtischen Zusammenballung durch bauliche Konzentration u. hohe Bevölkerungsdichte, Ballungsgebiet; *oV* Konurbation [engl., »Ballungsgebiet, Ballungsraum«]

Co|nus ⟨m.; -, Co|ni⟩ = Konus

Con|ve|ni|ence ⟨[kɔnviːnjəns] f.; -; unz.⟩ (individueller) Komfort, Bequemlichkeit, Lebensqualität; *der Trend zu mehr ~* [engl.]

Con|ve|ni|ence|food ⟨[kɔnviː-njənsfuːd] n.; - od. -s; unz.⟩ (meist nährstoffarmes) Nahrungsmittel, das ohne großen Zeit- u. Arbeitsaufwand zuzubereiten ist, Fertiggericht [engl., »Fertiggericht«]

Con|ve|ni|ence|goods ⟨[kɔnviː-njənsgʊdz] Pl.; Wirtsch.⟩ Waren des alltäglichen Bedarfs, bei denen der Kunde keinen differenzierten Preisvergleich vornimmt, z. B. Brot, Obst, Zigaretten [<engl. *convenience* »Bequemlichkeit; Nutzen« + *goods* »Güter«]

Con|vent ⟨[-vɛnt] m.; -s, -e⟩ = Konvent

Con|ven|tion ⟨[kɔnvɛnʃn] f.; -, -s⟩ Kongress, Tagung, Versammlung, Treffen (auf internationaler Ebene); →a. Konvention; *eine ~ zum Thema »Ökologische Landwirtschaft«* [engl., »Zusammenkunft, Versammlung«]

Con|ver|gence ⟨[-vœːdʒəns] f.; -; unz.⟩ = Konvergenz (1) [engl.]

Con|ver|ter ⟨[-vɛr-] m.; -s, -⟩ = Konverter

Con|ver|tible|bonds *auch:* **Con|ver|ti|ble Bonds** ⟨[kɔnvœːtɪbl-bɔndz] Pl.; Wirtsch.⟩ (in England u. den USA übl.) Schuldverschreibungen, die ab einem vorbestimmten Termin jederzeit vom Inhaber in Aktien umgetauscht werden können [<engl. *convertible* »wechselbar« + *Bond*]

Con|vey|er *auch:* **Con|vey|or** ⟨[kɔn-veɪjə(r)] m.; -s, -⟩ auf Schienen laufendes Becherwerk, das zum

Transport verschiedener Materialien innerhalb großer Fabriken usw. dient, Pendelbecherwerk [engl., »Beförderungsmittel, laufendes Band«]

Coo|kie ⟨[kŭki] m.; -s, -s⟩ **1** Keks, Plätzchen; ~*s essen* **2** ⟨EDV⟩ Datei, die von Anbietern des World Wide Web auf der Festplatte hinterlassen wird [engl.]

cool ⟨[kuːl] Adj.; umg.; salopp⟩ **1** kühl, nicht erregt, distanziert, lässig; *ein ~es Verhalten; ein ~er Typ* ⟨umg.⟩ jmd., der sich (trotz einer schwierigen Situation) gelassen verhält; *Sy* funkig; *Ggs* uncool **2** ⟨Drogenszene⟩ glückselig im Drogenrausch [engl., »kühl«]

Cool-down *auch:* **Cool|down** ⟨[kuːldaŭn] n.; - od. -s; unz.; Sport⟩ Regenerationsphase bzw. -programm zur Abkühlung u. Lockerung der beanspruchten Muskelpartien nach langer, intensiver sportlicher Betätigung [engl., »Abkühlen«]

Coo|ler ⟨[kuː-] m.; -s, -⟩ **1** Longdrink, anregendes alkoholisches Mischgetränk **2** Kühlschrank, -automat [<engl. *cool* »kühl, frisch«]

Cool|jazz *auch:* **Cool Jazz** ⟨[kuːldʒæz] m.; (-) -; unz.; Musik⟩ moderne, undynamische Form des Jazz

Cool|ness ⟨[kuːlnɛs] f.; -; unz.; umg.⟩ **1** Kaltblütigkeit, Kaltschnäuzigkeit **2** Kühle [engl.]

Cool|wool *auch:* **Cool Wool** ⟨[kuːlwuːl] f.; (-) -; unz.; Textilw.⟩ leichter Sommerwollstoff [engl.]

Co|or|di|na|tes ⟨[-nɛɪts] Pl.; Mode⟩ mehrere farblich u. stilgerecht aufeinander abgestimmte Kleidungsstücke, die verschiedenartig kombinierbar sind [engl.; zu *coordinate* »aufeinander abstimmen«]

Cop ⟨m.; -s, -s; umg.⟩ amerikan. Bez. für⟩ Polizist

Co|pi|lot ⟨m.; -en, -en⟩ = Kopilot

Co|pi|lo|tin ⟨f.; -, -tin|nen⟩ = Kopilotin

Co|ping ⟨[koŭpɪŋ] n.; - od. -s, -s⟩ versuchte (Stress-)Bewältigung, z. B. durch verdrängte Krankheit od. Bagatellisierung von stressintensiven Arbeitsanforderungen [zu engl. *cope* »zurechtkommen, bewältigen«]

Co|pro|duk|ti|on ⟨f.; -, -en⟩ = Koproduktion

Co|pro|du|zent ⟨m.; -en, -en⟩ = Koproduzent

Co|pro|du|zen|tin ⟨f.; -, -tin|nen⟩ = Koproduzentin

co|pro|du|zie|ren ⟨V.⟩ = koproduzieren

Co|py|right ⟨[kɔpɪraɪt] n.; -s, -s⟩ Urheberrecht [engl.]

Co|py|shop ⟨[kɔpiʃɔp] m.; -s, -s⟩ Geschäft, in dem man Kopien anfertigen kann [<engl. *copy* »kopieren, verfielfältigen« + *shop* »Geschäft«]

Co|py|test ⟨[kɔpi-] m.; -s, -s od. -e⟩ verschiedene Testverfahren der Media- u. Werbewirkungsforschung zur Untersuchung des Mediennutzungsverhaltens durch Ermittlung von Kontaktwahrscheinlichkeiten [engl.]

Coq au Vin ⟨[kɔkovɛ̃] m. od. n.; - - -; unz.; Kochk.⟩ Hähnchen in Burgundersoße [frz.]

Co|quille ⟨[kokiːjə] f.; -, -n⟩ **1** Muschelschale **2** ⟨Kochk.⟩ in einer Muschelschale serviertes Fisch- bzw. Muschelragout [frz., »Muschel«]

Cor ⟨n.; -; unz.; Anat.⟩ Herz [lat.]

co|ram pu|bli|co *auch:* **co|ram pub|li|co** in aller Öffentlichkeit; *etwas ~ aussprechen, sagen* [lat.]

Cord ⟨m.; -(e)s, -e od. -s⟩ = Kord

Cor|don bleu ⟨[-dɔ̃blø:] n.; - - -, -s [-dɔ̃blø:]; Kochk.⟩ zwei dünne, zusammengeklappte Kalbsschnitzel, gefüllt mit Schinken u. Käse, paniert u. gebraten [frz., »blaues Band« (als Ausdruck für die besondere Wertschätzung dieses Gerichts)]

Core ⟨[kɔː(r)] n.; -s, -s; Physik⟩ innerer Teil eines Kernreaktors, in dem die Kernreaktion abläuft [engl., »Kern, Kerngehäuse«]

Co|ri|o|lis|kraft ⟨f.; -, -kräf|te; Physik⟩ Trägheitskraft, die auf einen Körper wirkt, der sich in einem rotierenden Bezugssystem bewegt u. die über die Erde strömenden Luftmassen beeinflusst [nach dem frz. Physiker u. Ingenieur Gustave G. *Coriolis*, 1792-1843]

Co|ri|um ⟨n.; -s; unz.; Anat.⟩ Lederhaut [lat.]

Cor|nea ⟨f.; -; unz.⟩ = Kornea

Cor|ned|beef *auch:* **Cor|ned Beef** ⟨[kɔː(r)n(ə)dbiːf] n.; (-) -; unz.⟩ gepökeltes Rindfleisch (in Büchsen) [engl., »eingesalzenes Rindfleisch«]

Cor|ner ⟨[kɔːnə(r)] m.; -s, -⟩ **1** ⟨Sport⟩ **1.1** Ringecke beim Boxen **1.2** ⟨österr.; schweiz.; Fußb.⟩ Eckstoß, Ecke beim Fußball **2** ⟨Finanzw.⟩ provozierter Kursanstieg an Effekten- u. Warenbörsen [engl., »Ecke, Winkel«]

Cor|net|to ⟨n.; -s, -s u. -net|ti; Musik⟩ = Kornett (1)

Corn|flakes ⟨[kɔː(r)nfleıks] Pl.⟩ knusprig geröstete Maisflocken [<engl. *corn* »Mais« + *flake* »Flocke«]

Cor|ni|chon ⟨[kɔrniʃɔ̃ː] n.; -s, -s⟩ kleine Pfeffergurke [frz.]

Cor|no ⟨[-; -s, Cor|ni; Musik⟩ Horn; ~ *da Caccia* Jagdhorn [ital., <lat. *cornu* »Horn«]

Co|rol|la ⟨f.; -, -rol|len; Bot.⟩ *oV* Korolla **1** Gesamtheit der Kronblätter einer Blüte **2** Gesamtheit aller Blütenblätter einer Blüte [lat., »Kränzchen«; zu *corona* »Kranz«]

Co|rol|la|ri|um ⟨n.; -s, -ri|en; im antiken Rom⟩ versilberter od. vergoldeter Ehrenkranz [lat.]

Co|ro|ner ⟨[-rənə(r)] m.; -s, -s⟩ Beamter, der Todesfälle mit nicht eindeutig geklärter Todesursache untersucht [engl., eigtl. »Untersuchungsrichter, Leichenbeschauer«]

Cor|po|ra ⟨Pl. von⟩ Corpus

Cor|po|rate I|den|ti|ty ⟨[kɔːpərɪt aɪdɛntɪtɪ] f.; - -; unz.⟩ Selbstdarstellung, Präsentation eines Unternehmens in der Öffentlichkeit (durch Kenntlichmachung, Verpackung ihrer Produkte u. Ä..) [engl., »Unternehmensidentität« <*corporate* »gemeinsam, korporativ« + *identity* »Identität«]

Corps ⟨[kɔːr] n.; - [kɔːrs], - [kɔːrs]⟩ *oV* Korps **1** ~ *consulaire* ⟨[-leːr] n.; - -, - -s [-leːr] Abk.: CC⟩ die Angehörigen der Konsulate fremder Staaten in einem Land **2** ~ *de Ballet* ⟨[- də balɛ] n.; - - -, - - -⟩ Ballettgruppe **3** ~ *diplomatique* ⟨[-tɪk] n.; - -, - -s [-tɪk] Abk.: CD⟩ diplomatisches Korps [frz.]

Corpus

Cor|pus ⟨n.; -, -po|ra⟩ *oV* Korpus **1** ~ *Delicti* **1.1** Beweisstück, Tatbestand **1.2** Gegenstand eines Verbrechens **2** ~ *Iuris* Rechtsbuch, Gesetzsammlung [lat., »Gesamtwerk; Körper«]

Cor|ren|te ⟨f.; -, -n; Musik⟩ Courante [ital.]

Cor|ri|da de To|ros ⟨f.; - - -, -s - -⟩ Stierkampf [span.]

Cor|ri|gen|dum ⟨n.; -s, -da⟩ = Korrigendum

cor|ri|ger la for|tune ⟨[kɔriʒe: la fɔrty:n]⟩ falsch spielen, betrügen [frz., »das Glück verbessern«]

Cor|sa|ge ⟨[-ʒə] f.; -, -n⟩ = Korsage

Cor|so ⟨m.; -s, -s⟩ = Korso

Co|star ⟨m.; -s, -s⟩ Star, der gemeinsam mit anderen Akteuren in einer Produktion eine der Hauptrollen spielt [<engl. *co-* <lat. *con*... »mit« + *Star*]

Cortes ⟨Pl.⟩ span. Parlament [span., Plural von *corte* »Hof, Gerichtshof« <mlat. *curtis*]

Cor|tex ⟨m.; -es, -e; Anat.⟩ *oV* Kortex **1** Rinde, Schale (eines Organs) **2** Faserschicht des Haares [lat., »Rinde«]

Cor|ti|co|ste|ron *auch:* **Cor|ti|cos|te|ron** ⟨n.; -s, -e; Med.⟩ in der Nebennierenrinde gebildetes Steroidhormon; *oV* Kortikosteron [→ *Cortex*]

cortisches / Corti'sches Organ
(*Groß- und Kleinschreibung von Eigennamen*) Adjektivisch gebrauchte Ableitungen von Eigennamen sind in der Regel wie normale Adjektive zu behandeln und werden kleingeschrieben.
Wird jedoch die Grundform des Eigennamens durch die Verwendung eines Apostrophs besonders hervorgehoben, so gilt dies als Substantivierung und man schreibt entsprechend groß (→ *a.* d'hondtsches / D'Hondt'sches System).

cor|ti|sche(s) Or|gan *auch:* **Cor|ti'sche(s) Or|gan** ⟨n.; -n -(e)s, -n -e; Anat.⟩ Organ in der Schnecke des Innenohres, das die schallempfindlichen Sinneszellen enthält [nach dem ital. Anatomen *Corti*, 1822-1876]

Cor|ti|son ⟨n.; -s; unz.; Pharm.⟩ = Kortison

Co|ry|za ⟨f.; -; unz.; Med.⟩ = Koryza

cos ⟨Abk. für⟩ Kosinus

Co|sa Nos|tra *auch:* **Co|sa Nos|t|ra** ⟨f.; - -; unz.⟩ kriminelle Vereinigung in den USA, organisiert nach dem Vorbild der sizilianischen Mafia [ital., »unsere Sache«]

cosec ⟨Abk. für⟩ Kosekans

Cos|mea ⟨f.; -, -meen; Bot.⟩ Korbblütler mit gespaltenen Blättern u. schmückenden Blüten [neulat. <grch. *kosmos* »Schmuck, Zierde«]

Cos|mid ⟨n.; -s, -e; Biochemie⟩ künstlich hergestellter Klonierungsträger, der das zu klonierende DNA-Segment enthält u. in Plasmide von Bakterienwirten eingebaut werden kann [<*cos*-Gen + Plas*mid*]

Cos|mid|kar|te ⟨f.; -, -n; Biochemie⟩ aus ca. 100.000 Bakterien u. der ihnen eingebauten Cosmide bestehende physikalische Karte

Cos|mo|tron *auch:* **Cos|mot|ron** ⟨n.; -s, -s od. -tro|ne; Physik⟩ = Kosmotron

Cos|ta¹ ⟨f.; -, -tae [-tɛ:]; Anat.⟩ Rippe [lat.]

Cos|ta² ⟨f.; -, -s; Geogr.⟩ Küste; ~ *Brava,* ~ *del Sol* [span.]

cost and freight ⟨[- ənd freɪt]⟩ = cf [engl.]

Cos|ting ⟨[kɔs-] n.; - od. -s, -s; Wirtsch.⟩ Kalkulation [engl., »Kostenberechnung «]

cost, in|su|rance, freight ⟨[- ɪnʃuː-rəns freɪt]⟩ = cif [engl.]

cot ⟨Abk. für⟩ Kotangens

cotg ⟨Abk. für⟩ Kotangens

Co|til|lon ⟨[kɔtɪljɔ:] od. [kɔtijɔ̃:] m.; -s, -s⟩ = Kotillon

Cot|tage ⟨[kɔtɪdʒ] n.; -, -s [-dʒɪz]⟩ **1** (kleines) Landhaus **2** ⟨österr.⟩ Villenviertel [engl., »Hütte, Kate, Landhaus«]

Cot|tage Cheese ⟨[kɔtɪdʒ tʃiːz] m.; - -; unz.⟩ Hüttenkäse (körnig zubereiteter Quark) [engl.]

Cot|ton ⟨[kɔtən] m. od. n.; -s; unz.; Textilw.⟩ Baumwolle; →*a.* Kattun [engl.]

Cot|ton|ma|schi|ne *auch:* **Cot|ton-Ma|schi|ne** ⟨[kɔtən-] f.; -, -n; Textilw.⟩ Rundstrickmaschine zur Herstellung von Strümpfen [nach dem brit. Ingenieur William *Cotton*, 1786-1866]

Couch ⟨[kaʊtʃ] f. od. ⟨schweiz.⟩ m.; -, -(e)s od.-en⟩ breites Liegesofa mit niedriger Lehne [engl., »Liegesofa«]

Couch|po|ta|to ⟨[kaʊtʃpəteɪtoʊ] f.; -, -es [-toʊs]; umg.; abwertend⟩ jmd., der gerne fernsehend auf der Couch sitzt od. liegt, Stubenhocker [engl., »Dauerglotzer«]

Coué|is|mus ⟨[kue:ɪs-] m.; -; unz.⟩ autosuggestive Heilmethode [nach dem frz. Apotheker Emile *Coué*, 1857- 1926]

Couleur ⟨[kuløːr] f.; -, -s od. -en⟩ **1** Farbe **2** ⟨Kart.⟩ Trumpf **3** Farbe einer student. Verbindung [frz., »Farbe«]

Coulis ⟨[kuliː] f.; -, -⟩ durchgeseihter Fleischsaft, Gemüsebrühe u. Ä. als Grundlage für Soßen u. Suppen [zu frz. *couler* »fließen«]

Cou|loir ⟨[kuloaːr] m.; -s, -s⟩ **1** Flur, Wandel, Verbindungsgang **2** Schlucht, Rinne, Eisbruch [frz., »Gang, Flur«]

Coulomb ⟨[kulɔ̃ː] n.; -s, -; chem. Zeichen: C⟩ Maßeinheit der elektr. Ladung, 1 C ist diejenige Ladungsmenge, die von einem elektr. Strom von 1 Ampere (A) Stärke in 1 Sekunde (s) transportiert wird, 1 C = 1 As [nach dem frz. Physiker Charles A. de *Coulomb*, 1736-1806]

Count ⟨[kaʊnt] m.; -s, -s; in England⟩ Titel der nicht engl. Grafen; →*a.* Earl [engl., »Graf«]

Count-down *auch:* **Count|down** ⟨[kaʊntdaʊn] n.; -s; unz.⟩ **1** lautes Rückwärtszählen von einer beliebigen Ausgangsziffer bis zum Start eines Vorgangs, um die bis dahin verbleibende Zeit anzuzeigen, z. B. beim Start von Raketen **2** die dafür festgelegte Zeitspanne [engl., »herunterzählen«]

Coun|ter ⟨[kaʊntə(r)] m.; -s, -⟩ Abfertigungsschalter auf Flughäfen [engl., »Ladentisch, Theke, Schalter«]

Coun|ter|cul|ture ⟨[kaʊntə(r)-kʌltʃə(r)] f.; -s, -s⟩ Gegen-Subkultur; *Woodstock ist ein Inbegriff der* ~ [engl.]

Coun|ter|dis|play ⟨[kaʊntə(r)dɪs-pleɪ] n.; -s, -s⟩ werbende Abbil-

dung einer Ware auf dem Ladentisch od. als Thekenaufsteller; *Sy* Thekendisplay [engl.]
Coun|ter|part ⟨[kaʊn-] m.; -s, -s⟩ Ergänzung(sstück), Gegenstück, Pendant [engl.]
Coun|ter|te|nor ⟨[kaʊn-] m.; -s, -te|nö|re⟩ männl. Altstimme, hoher Tenor; →*a.* Contratenor [<engl. *counter* »entgegengesetzt« + *Tenor*]
Coun|tess ⟨[kaʊntɪs] f.; -, -tes|sen od. -tes|ses [-sɪz]⟩ Gräfin (Frau eines Earls od. Counts) [engl.]
Coun|try|mu|sic *auch:* **Country-music** ⟨[kʌntrimjuːzɪk] f.; -; unz.⟩ amerikan. Volksmusik [engl.]
Coun|ty ⟨[kaʊnti] f.; -, -s⟩ engl. Grafschaft (Verwaltungsbezirk) [engl.]
Coup ⟨[kuː] m.; -s, -s⟩ **1** Schlag, Hieb **2** Trick, Kunstgriff **3** überraschendes Vorgehen; ~ *d'État* [- detaˈ] Staatsstreich [frz., »Schlag, Stoß«]
Coupe ⟨[kuːp] f. od. m.; -, -s [kuːp]⟩ **1** ⟨Sport⟩ Pokal, Cup (1, 2, 3) **2** ⟨bes. schweiz.⟩ Eisbecher [frz.]
Cou|pé ⟨[kupeː] n.; -s, -s; noch österr.⟩ **1** Eisenbahnabteil **2** geschlossener Wagen (Auto od. Kutsche) **2.1** sportl. Personenkraftwagen mit abgeflachtem Dach [<frz. *coupé* »abgeschnitten, durchschnitten«]
cou|pie|ren ⟨[ku-] V.; bes. schweiz.; österr.⟩ = kupieren (1)
Coup|let *auch:* **Coup|let** ⟨[kupleː] n.; -s, -s⟩ witzig-satir. od. polit. Lied mit Kehrreim, bes. im Kabarett [frz., »Strophe, Lied«]
Cou|pon ⟨[kupɔŋ] od. [kupɔ̃ː] m.; -s, -s⟩ = Kupon
Cour ⟨[kuːr] f.; -; unz.; veraltet⟩ **1** Hof, Hofhaltung **2** feierlicher Empfang bei Hofe [frz., »Hof«]
Cou|ra|ge ⟨[kuraːʒə] f.; -; unz.⟩ Mut, Entschlossenheit [frz.]
cou|ra|giert ⟨[kuraʒiːrt] Adj.⟩ mutig, tapfer
Cou|ran|te ⟨[kurãːt(ə)] f.; -, -n; Musik⟩ *oV* Corrente **1** altfrz. Tanz **2** schneller Satz der Suite [frz., »eilend, laufend«]
Cour|bet|te ⟨[kurbɛt(ə)] f.; -, -n; hohe Schule⟩ = Kurbette [frz.]
Course ⟨[kɔːs] m.; -, -s [-sɪz]; Sport; Golf⟩ Golfbahn [engl., »Strecke, Rennbahn«]

Court ⟨[kɔːt] m.; -s, -s; Sport⟩ Spielfeld (bei Tennis- u. Squashturnieren); →*a.* Centrecourt [engl.]
Cour|ta|ge ⟨[kurtaːʒə] f.; -, -n; Wirtsch.⟩ Maklergebühr bei Börsen- u. Immobiliengeschäften [frz.]
Cour|toi|sie ⟨[kurtoaziː] f.; -, -n⟩ ritterl. Höflichkeit [frz., »Höflichkeit«; zu *cour;* → *Cour*]
Cous|cous ⟨[kʊskus] m.; -; unz.; Kochk.⟩ = Kuskus
Cou|sin ⟨[kuzɛ̃ː] m.; -s, -s⟩ Vetter [frz.]
Cou|si|ne ⟨[ku-] f.; -, -n⟩ = Kusine [frz.]
Cou|tu|ri|er ⟨[kutyrjeː] m.; -s, -s⟩ Schneider [frz.]
Cou|veu|se ⟨[kuvøːzə] f.; -, -n; Med.⟩ Brutschrank (Wärmebett) für Frühgeborene [frz., »Bruthenne, Brutkasten«]
Co|ver ⟨[kʌvə(r)] n.; -s, -⟩ **1** ⟨Musik⟩ Schallplattenhülle **2** Titelseite (von Illustrierten) [engl., eigtl. »Bedeckung«]
Co|ve|rage ⟨[kʌvərɪdʒ] f.; -, -s; Wirtsch.⟩ **1** Marktabdeckung, Verbreitung, Reichweite; *die lückenlose ~ eines Produktes* **2** Besetzung (innerhalb eines Schichtarbeitsplanes) **3** Berichterstattung [engl.]
Co|ver|boy ⟨[kʌvə(r)bɔɪ] m.; -s, -s⟩ Bild eines (meist attraktiven) jungen Mannes auf der Titelseite von Illustrierten; →*a.* Covergirl [<*Cover* + *boy* »Junge«]
Co|ver|coat ⟨[kʌvə(r)koʊt] m.; -od. -s, -s⟩ **1** leichter Herrenmantel aus diesem Stoff **2** imprägnierter Wollstoff für Regenbekleidung [engl., »Übermantel«]
Co|ver|girl ⟨[kʌvə(r)gœːl] n.; -s, -s⟩ Bild eines (meist attraktiven) Mädchens auf der Titelseite von Illustrierten; →*a.* Coverboy [<engl. *cover* »Deckel, Einband« + *girl* »Mädchen«]
Co|ve|ring ⟨[kʌvə(r)ɪŋ] n.; -, -s od. -s; unz.; Wirtsch.⟩ Risikoausschaltung bei Devisengeschäften durch den Abschluss eines Devisentermingeschäfts [engl., »Abdeckung«]
co|vern ⟨[kʌvə(r)n] V.⟩ nachspielen, imitieren; *einen Musiktitel ~* [engl., eigtl. »bedecken«]

Co|ver|sto|ry ⟨[kʌvə(r)stɔrɪ] f.; -, -s⟩ der Bericht einer Zeitung od. Zeitschrift, der auf dem Titelblatt angekündigt bzw. besonders herausgestellt wird [engl., »Titelgeschichte«]
Co|ver-up *auch:* **Co|ver|up** ⟨[kʌvə(r)ʌp] n.; -, -s⟩ **1** ⟨Sport; Boxen⟩ das Einnehmen einer vollständig gedeckten Position durch Anwinkeln beider Arme vor dem Körper u. Schützen des Gesichtsfeldes durch die geballten Fäuste **2** ⟨allg.⟩ Vertuschung, Verschleierung, z. B. eines Skandals **3** das Beseitigen bzw. Überstechen eines Tattoos, indem ein neues integriert wird [<engl. *cover-up* »Vertuschung«]
Co|ver|ver|sion ⟨[kʌvə(r)vœːʃn] f.; -, -s; Musik⟩ erneute, häufig »modernisierte« Aufnahme eines älteren Musiktitels durch einen anderen Interpreten; *Pappa Bear wurde durch seine ~ von Stings »Every Breath You Take« bekannt* [<engl. *cover* »Deck…« + *version* »Version«]
Cow|boy ⟨[kaʊbɔɪ] m.; -s, -s⟩ berittener nordamerikan. Rinderhirt; →*a.* Vaquero [engl.-amerikan., »Rinderhirt«]
Cow|girl ⟨[kaʊgœːl] n.; -s, -s⟩ berittene nordamerikan. Rinderhirtin [engl.-amerikan.]
Cow|per|ap|pa|rat *auch:* **Cow|per-Ap|pa|rat** ⟨[kaʊ-] m.; -(e)s, -e⟩ Winderhitzer für Hochofenanlagen [nach dem engl. Ingenieur Edward Alfred *Cowper,* 1819-1893]
Co|xa ⟨f.; -, -xae [-ksɛː]; Anat.⟩ Hüfte [lat., »Hüfte«]
Cox|al|gie *auch:* **Co|xal|gie** ⟨f.; -, -n; Med.⟩ = Koxalgie
Cox|i|tis *auch:* **Co|xi|tis** ⟨f.; -, -ti|den; Med.⟩ = Koxitis
Cox Orange ⟨[-orãːʒ] m.; -, -, -; Bot.⟩ Winterapfelsorte mit rötlich gelber Schale [nach dem engl. Züchter Richard *Cox,* 1776-1845]
Co|yo|te ⟨m.; -n, -n⟩ = Kojote
CPU ⟨engl. [siːpiːjuː] EDV; Abk. für engl.⟩ Central Processing Unit (zentrale Verarbeitungseinheit) eines Computers, übernimmt die Ablaufsteuerung der Zentraleinheit
Cr ⟨chem. Zeichen für⟩ Chrom

cr. ⟨Abk. für⟩ currentis

Crab|meat ⟨[kræbmi:t] n.; -s; unz.⟩ Krabbenfleisch [<engl. *crab* »Krabbe, Krebs« + *meat* »Fleisch«]

Crab|ne|bel ⟨[kræb-] m.; -s; unz.; Astron.⟩ krabbenförmiger Nebel im Sternbild des Stiers, der Radio- u. Röntgenstrahlen aussendet [<engl. *crab* »Krabbe, Krebs«]

Crack¹ ⟨[kræk] m.; -s, -s; Sport⟩ **1** Spitzensportler **2** hervorragendes Rennpferd [engl., »Elite, erstklassiger Sportler«]

Crack² ⟨[kræk] n.; -s; unz.; Drogenszene⟩ (bes. in den USA verbreitetes) kokainhaltiges Rauschmittel [engl., eigtl. »zerspringen«]

cra|cken ⟨[kræ-] V.; Chemie⟩ *hoch siedende Bestandteile des Erdöls* – durch Einsatz von Katalysatoren u. Hitze in niedrig siedende Komponenten spalten, angewandt zur Erhöhung der Benzinausbeute aus Erdöl; *oV* kracken [<engl. *crack* »knacken, spalten«]

Cra|cker ⟨[kræ-] m.; -s, -s⟩ **1** hartes, sprödes, gesalzenes Kleingebäck **2** Knallkörper, Feuerwerkskörper **3** ⟨EDV⟩ = Crasher **4** Anlage zum Cracken von Erdöl [engl.]

Cra|co|vi|enne ⟨[krakovjɛn] f.; -, -s; Musik⟩ = Krakowiak

Cram|pus ⟨m.; -, Cram|pi⟩ = Krampus¹

Cra|ni|um ⟨n.; -s, -nia; Anat.⟩ der menschliche Schädel; *oV* Kranium [lat., »Schädel«]

Cra|quelé ⟨[krakəle:] m.; -s, -s⟩ *oV* Krakelee **1** ⟨zählb.; Textilw.⟩ Kreppgewebe mit rissiger, narbiger Oberfläche **2** ⟨unz.⟩ Haarrisse in der Glasur von Glas u. Keramik **3** ⟨zählb.⟩ Porzellan mit feinen Haarrissen [frz., »Töpferware mit rissiger Glasur; rissig«]

Crash ⟨[kræʃ] m.; -s, -s⟩ **1** ⟨umg.⟩ Zusammenstoß, (Auto-)Unfall **2** ⟨bes. EDV⟩ Zusammenbruch (bes. von EDV-Systemen) **3** ⟨Wirtsch.⟩ plötzlicher Zusammenbruch eines Unternehmens od. des Effektenhandels; *Börsen~* **4** ⟨Textilw.⟩ knittriges, leicht gekräuseltes Gewebe [engl.]

cra|shen ⟨[kræʃən] V.⟩ **1** ⟨allg.⟩ zusammenstoßen **2** ⟨Textilw.⟩ kräuseln, mit knittriger Oberfläche versehen [→ *Crash*]

Cra|sher ⟨[kræʃə(r)] m.; -s, -; umg.; EDV⟩ jmd., der in Rechnernetze eindringt u. dort willkürlich Datenbestände u. Programme zerstört; *Sy* Cracker (3); →*a.* Computervirus

Crash|kid ⟨[kræʃ-] n.; -s, -s⟩ Jugendlicher, der Autos aufbricht, um sie anschließend beim Fahren zu zerstören

Crash|kurs ⟨[kræʃ-] m.; -es, -e⟩ Intensivkurs zur Vermittlung von komprimiertem Unterrichtsstoff

Crash-o|ver *auch:* **Crash|o|ver** ⟨[kræʃoʊvə(r)] n.; -s, -s⟩ plötzliches, explosionsartiges Ausbreiten eines Feuers [<*Crash* + engl. *over* »über«]

Crash|test ⟨[kræʃ-] m.; -s, -s od. -e⟩ Test, um das Verhalten von Kraftfahrzeugen bei Unfällen zu erproben [→ *Crash*]

Crawl ⟨[krɔːl] n.; -s od. -; unz.⟩ = Kraul [engl.]

craw|len ⟨[krɔːlən] V.⟩ = kraulen

Crawl|stil ⟨[krɔːl-] m.; -s, -; unz.; Sport⟩ = Kraulstil [engl.]

Cra|yon *auch:* **Cray|on** ⟨[krɛjɔ̃ː] m.; -s, -s; veraltet⟩ = Krayon

Cream ⟨[kriːm] f.; -; unz.⟩ Creme, Sahne, Rahm [engl.]

Création ⟨[kreasjɔ̃ː] f.; -, -s⟩ = Kreation

Cre|dit ⟨[krɛdɪt] **1** ⟨m.; -s, -s⟩ = Kredit **2** ⟨nur Pl.; Film⟩ ~s Danksagungen am Ende eines Films [engl., »Kredit; Vor-, Nachspann«]

Cre|dit|crunch ⟨[krɛdɪtkrʌntʃ] m.; - od. -s, -s; Wirtsch.⟩ Verknappung von Krediten (bes. bei einem Einbruch der Konjunktur) [<*Credit* + *crunch* »kritischer Punkt«]

Cre|do ⟨n.; -s, -s⟩ **1** das Apostol. Glaubensbekenntnis, Teil der kath. Messe **2** ⟨allg.⟩ Glaubensbekenntnis; *oV* Kredo; *diese Auffassung ist sein* ~ [<lat. *credo* »ich glaube«, nach der Einleitung des Apostol. Glaubensbekenntnisses Credo in unum deum »Ich glaube an den einen Gott«]

Creek ⟨[kriːk] m.; -s, -s; Geogr.⟩ nur zur Regenzeit Wasser führender Fluss [engl., »Bucht«; engl. (amerikan.) »kleiner Fluss«]

creme ⟨[krɛːm] od. [kreːm] Adj.⟩ gelblich weiß

Creme ⟨[krɛːm] od. [kreːm] f.; -, -s⟩ *oV* Kreme **1** ⟨zählb.⟩ **1.1** steife, die Form haltende, schlagsahne- od. salbenähnliche Flüssigkeit **1.2** feine, mit Sahne zubereitete Süßspeise als Füllung für Süßigkeiten u. Torten **2** Hautsalbe **3** ⟨fig.⟩ das Erlesenste; *die ~ der Gesellschaft* gesellschaftl. Oberschicht [<frz. *crème* <lat. *chrisma* <grch. *chrisma*; zu grch. *chrein* »salben«]

Creme / Krem / Kreme (*Laut-Buchstaben-Zuordnung*) Viele aus Fremdsprachen übernommene Begriffe weisen im Laufe der sprachlichen Entwicklung neben der normierten Schreibung eine integrierte Schreibung nach deutschen Lautungsregeln auf. Dabei werden die Laute [k] und [ts], die in Fremdsprachen häufig durch den Buchstaben »c« wiedergegeben werden, im Deutschen durch die Buchstaben »k« bzw. »z« ersetzt. Es bleibt dem Schreibenden überlassen, welche Schreibweise er vorzieht (→*a.* Calcit / Kalzit; Club /Klub).

Crème de la crème ⟨[krɛːm də la krɛːm] f.; - - - -; unz.; umg.; meist abwertend od. scherzh.⟩ erlesener Kreis der gesellschaftlichen Oberschicht; *bei dem Empfang war die ganze ~ vertreten* [frz., eigtl. »Sahne der Sahne«]

Crème dou|ble *auch:* **Crème doub|le** ⟨[krɛːm duːbəl] f.; - -, - -s [krɛːm duːbəl]⟩ Sahne mit mindestens 40% Fettgehalt, Doppelrahm [<*Creme* + frz. *double* »doppelt«]

Crème fraîche ⟨[krɛːm frɛʃ] f.; - -, -s -s [krɛːm frɛʃ]; Kochk.⟩ (bes. zur Verfeinerung von Soßen verwendete) fetthaltige saure Sahne [frz., »frische Sahne«]

cre|men ⟨V.; kurz für⟩ eincremen, mit Creme einreiben; *sich die Hände ~*

Cre|o|le ⟨f.; -, -n⟩ ringförmiger Ohrring; *oV* Kreole (3)
Crêpe¹ ⟨[krɛp] m.; -s, -s⟩ = Krepp; ~ de Chine [~ də ʃiːn] leichter Seiden- od. Kunstseidengewebe in Taftbindung, Chinakrepp; ~ *Georgette* [~ ʒɔrʒɛt] durchsichtiger Seiden- od. Kunstseidenkrepp; ~ *Satin* [~ satɛ̃ː] doppelseitig verwendbarer Krepp in Atlasbindung [frz.]
Crêpe² ⟨[krɛp] m.; -s, -s od. f.; -, -s⟩ sehr dünner Eierkuchen, der mit verschiedenen Zutaten gefüllt und mit Alkohol flambiert werden kann [frz.]
Cre|pon ⟨[-põː] m.; -s, -s; Textilw.⟩ = Krepon
cresc. ⟨Abk. für⟩ crescendo
cre|scen|do ⟨[krɛʃɛndo] Abk.: cresc.; Musik; Zeichen: <⟩ lauter werdend, anschwellend (zu spielen); *Sy* accrescendo; *Ggs* decrescendo [ital., »wachsend«]
Cre|scen|do ⟨[krɛʃɛndo] n.; -s, -s od. -di; Musik⟩ Anschwellen im Ton, zunehmende Lautstärke; *Ggs* Decrescendo
Cre|tonne ⟨[-tɔn] f.; -, -s od. m.; -, -; Textilw.⟩ Baumwollgewebe in Leinwandbindung; *oV* Kreton [nach dem frz. Dorf *Creton*]
Cre|vette ⟨[-vɛt] f.; -, -n⟩ = Krevette [frz.]
Crew ⟨[kruː] f.; -, -s⟩ **1** Besatzung (eines Schiffes, Flugzeugs usw.) **2** Gruppe, Team [engl., »Belegschaft, Schiffsmannschaft«]
Cri|cket ⟨n.; -s, -s; Sport⟩ = Kricket
Crime ⟨[kraɪm] m.; -s, -s⟩ **1** Verbrechen, Gewalttat **2** ⟨o.Pl.; Sammelbez. für⟩ Kriminalität; →*a.* Sex and Crime [engl.]
Crin|kle *auch:* **Crink|le** ⟨[krɪŋkl] m.; -s, -s⟩ Stoff aus Seide, Baumwolle od. Kunstfasern mit charakteristischem, knittrigem Erscheinungsbild, das durch eine Wärmebehandlung hervorgerufen wird [<engl. *crinkle* »(Knitter-)Falte«]
Cris|to|bal|lit ⟨m.; -s, -e; Min.⟩ unter hohen Temperaturen milchig weiße Kristalle ausbildendes Mineral; *oV* Kristobalit [nach dem mexikanischen Fundort San *Christóbal*]
Croft ⟨m.; -s, -e od. -s⟩ landwirtschaftlicher Nebenerwerbsbetrieb in Schottland [engl., »kleines Pachtgut«]
Crois|sé ⟨[kroazeː] n.; - od. -s, -s⟩ **1** ⟨Textilw.⟩ ein Gewebe in Köperbindung; →*a.* Coating (1) **2** ein Tanzschritt mit kreuzweisem Übersetzen des einen Fußes neben den anderen [frz., »gekreuzt«]
crois|siert ⟨[kroa-] Adj.; Textilw.⟩ gekörpert [→ *Croisé*]
Crois|sant ⟨[kroasɑ̃ː] n.; -s, -s⟩ Hörnchen aus Blätterteig [frz., eigtl. »Halbmond«]
Cro|ma|gnon|ras|se *auch:* **Cro|mag|non|ras|se** ⟨[kroːmanjõː-] f.; -; unz.⟩ Menschenrasse der jüngeren Altsteinzeit [nach dem Fundort der Skelette bei *Cro-Magnon* in Südwestfrankreich]
Crom|ar|gan® *auch:* **Cro|mar|gan®** ⟨n.; -s; unz.⟩ rostfreie Legierung aus Chrom u. Nickel mit silberartigem Glanz, für Besteck u. Geschirr verwendet [<*Chrom* + *Argentan*]
Crom|lech ⟨a. [-lɛk] m.; -s, -e od. -s⟩ = Kromlech
Croo|ner ⟨[kruː-] m.; -s, -; Musik; meist abwertend⟩ Schnulzensänger, Interpret sentimentaler Lieder [→ *Crooning*]
Croo|ning ⟨[kruː-] n.; - od. -s; unz.; Musik; meist abwertend⟩ Schnulze, überaus sentimentaler Schlagergesang [<engl. *croon* »leise, sanft singen«]
Cro|quette ⟨[krɔkɛta] f.; -, -n⟩ = Krokette
Cro|quis ⟨[krɔkiː] n.; -, -⟩ = Kroki
cross ⟨[krɔs] Adj.; Sport⟩ diagonal [engl.]
Cross ⟨[krɔs] m.; -, -⟩ **1** ⟨Sport, Badminton; Tennis⟩ diagonal über den Platz geschlagener Ball; *Ggs* Longline **2** ⟨kurz für⟩ Crosscountry [engl.]
Cross|check ⟨[krɔstʃɛk] m.; -s, -s; Sport; (Eis-)Hockey⟩ das Behindern des Gegners durch einen regelwidrigen Einsatz des Schlägers [engl.]
Cross|coun|try *auch:* **Cross|country** ⟨[krɔskʌntrɪ] n.; -s, -s; Sport⟩ *Sy* Cross (2) **1** ⟨bes. Radsport⟩ Geländelauf **2** Querfeldeinrennen der Pferde [<engl. *cross-country* »querfeldein«]
Cros|sing-over *auch:* **Cros|sing|over** ⟨[krɔsɪŋouvə(r)] n.; -s; unz.⟩ Mechanismus, der zum Austausch von Chromosomensegmenten führt; *oV* Crossover¹; *Sy* Chromosomenrekombination [engl., »Überkreuzen«]
Cross|lauf ⟨[krɔs-] m.; -(e)s, -läufe; Sport⟩ Geländelauf, Querfeldeinlauf; →*a.* Crosscountry [zu engl. *cross* »quer, schräg«]
Cross-over¹ *auch:* **Cross|over¹** ⟨[krɔsouvə(r)] n.; -s; unz.⟩ = Crossing-over
Cross-over² *auch:* **Cross|over²** ⟨[krɔsouvə(r)] m.; - od. -s, -; Musik⟩ Mischung aus unterschiedlichen Musikstilen, z. B. aus Rock u. Reggae, wobei die einzelnen Stilrichtungen erkennbar bleiben
Cross|pro|mo|tion ⟨[krɔsprəmouʃən] f.; -, -s; Wirtsch.⟩ Marketingstrategie, bei der zwei Unternehmen in ihren Werbemaßnahmen jeweils auch für ein Produkt des anderen Unternehmens werben [<engl. *cross* »Kreuz« + *Promotion*]
Cross|rate ⟨[krɔsreɪt] f.; -; unz.; Wirtsch.⟩ Vergleichsabrechnung zweier Währungen unter Bezugnahme auf die offizielle Parität (meist US-Dollar) zwecks Feststellung des echten Wertes einer Währung im Vergleich zur amtlich festgesetzten Parität; →*a.* Parität (2) [engl., eigtl. »Kreuzkurs«]
Cro|ton|öl ⟨n.; -s; unz.⟩ = Krotonöl
Crou|pa|de ⟨[kru-] f.; -, -n; hohe Schule⟩ = Kruppade
Crou|pier ⟨[krupjeː] m.; -s, -s⟩ Bankhalter (einer Spielbank) [frz.]
Crou|pon ⟨[krupõː] m.; -s, -s⟩ Rückenteil der (gegerbten) Rindshaut [frz., »Kernstück der Rinderhaut«]
Croûton ⟨[krutõː] m.; -s, -s⟩ gerösteter Brotbrocken (als Suppeneinlage o. Ä.) [frz., »Brotkruste«; zu *croûte* »Kruste«]
Crowd ⟨[kraud] f.; -, -s; Popmusik⟩ Publikum bei Popkonzerten, in Diskotheken o. Ä.; *bereits zu den ersten Takten johlte die* ~ [engl., »Menschenmenge«]
Cru ⟨[kryː] n.; -s, -s⟩ ⟨Qualitätsbezeichnung für⟩ Lage u.

Wachstum französischer Weine; *Grand* ~ [frz., »Gewächs«; zu *croître* »wachsen«]

Cru|ci|fe|rae ⟨Pl.; Bot.⟩ = Kruzifere

Cruise|mis|sile *auch:* **Cruise-Missile** ⟨[kruːz mɪsaɪl] n.; -s, -s; Mil.⟩ gelenkter Flugkörper der US-amerikan. Streitkräfte, der von Schiffen od. vom Boden aus eingesetzt werden kann [<engl. *cruise* »kreuzen, segeln« + *missile* »Geschoss«]

crui|sen ⟨[kruːzən] V.⟩ **1** ⟨umg.⟩ ruhig u. behaglich (ohne ein bestimmtes Ziel) durch die Gegend fahren od. reisen **2** ⟨Mar.; Flugw.⟩ mit Reisegeschwindigkeit fliegen od. fahren [<engl. *cruise* »kreuzen, segeln«]

Crui|ser ⟨[kruːzə(r)] m.; -s, -⟩ sportl. Fahrzeug (Auto, Motorrad od. Motorboot zum Cruisen; *Day~* (Sportmotorboot) [engl.]

Crui|sing ⟨[kruːzɪŋ] n.; - od. -s, -s; umg.⟩ die Suche nach einem Sexualpartner [→ *cruisen*]

crun|chen ⟨[krʌntʃən] V.; EDV⟩ *Daten* ~ mit großer Geschwindigkeit komprimieren; *gecrunchte Daten* [<engl. *crunch* »knirschen, knacken«]

Crus ⟨n.; -, Cru|ra; Anat.⟩ **1** Schenkel **2** schenkelartiger Teil eines menschlichen Organs; ~ *Laterale* seitlicher Schenkel des Zwerchfells [lat.]

Crus|ta ⟨f.; -, Crus|tae [-teː]; Med.⟩ Kruste, Schorf [lat., »Erstarrtes«]

Crux ⟨f.; -; unz.⟩ **1** Kreuz **2** ⟨fig.⟩ Last, Bürde, Kummer, Leid; *das ist eine* ~ *!* das ist ein Kreuz, eine schwierige Sache!; *oV* Krux [lat., »Kreuz«]

Crwth ⟨[kruːθ] f.; -, -; Musik⟩ keltisches Saiteninstrument der Barden, das noch bis ins 19. Jh. gespielt wurde; *Sy* Chrotta [kelt., <mittelir. *crott* »Harfe«]

Cs ⟨chem. Zeichen für⟩ Caesium

c. s. ⟨Abk. für⟩ colla sinistra

Csár|dás *auch:* **Csar|das** ⟨[tʃaːrdaʃ] m.; -, -⟩ ungar. Nationaltanz im ²/₄-Takt; *oV* Tschardasch

ČSFR ⟨[tʃɛ-] 1990-1992 Abk. für⟩ Československá Socialistiká Federativní Republika, Tschechoslowakische Sozialistische Föderative Republik

CSI ⟨n.; - od. -s, - od. -s; Abk. für frz.⟩ Concours de Saut d'Obstacle International, internationales Reit- u. Springturnier

Csi|kós ⟨[tʃiːkoːʃ] m.; -, -⟩ ungar. Pferdehirt; *oV* Tschikosch

CSIO ⟨n.; - od. -s, - od. -s; Abk. für frz.⟩ Concours de Saut d'Obstacle International Officiel, internationales offizielles Reit- u. Springturnier, das jedes europäische Land nur einmal veranstalten darf u. bei dem ein Preis der Nationen ausgeschrieben ist (in der Bundesrepublik Deutschland in Aachen ausgetragen)

ČSR ⟨[tʃɛ-] 1918-1960 Abk. für⟩ Československá Republika, Tschechoslowakische Republik

ČSSR ⟨[tʃɛ-] 1960-1990 Abk. für⟩ Československá Socialistická Republika, Tschechoslowakische Sozialistische Republik

Ct, ct. ⟨Abk. für⟩ Cent

c. t. ⟨Abk. für lat.⟩ cum tempore

CTG ⟨Abk. für⟩ Kardiotokograph

Cu ⟨chem. Zeichen für⟩ Kupfer; →*a.* Cuprum

cui bo|no? wem nützt es?, wer hat davon einen Vorteil? [lat., »wem (dient es) zum Guten?«]

cu|jus re|gio, e|ius rel|li|gio wessen Land, dessen Religion (Formel für das Recht des Landesherren, die Konfession seiner Untertanen zu bestimmen) [lat.]

Cul de Pa|ris ⟨[kyː dǝ pa|riː] m.; - - -, -s [kyː] - -; im 18. u. 19. Jh.⟩ hinten unter dem Kleiderrock getragenes Gestell, Gesäßpolster [frz., »Pariser Gesäß«]

Cu|lot|te ⟨[kylɔt(ǝ)] f.; -, -n⟩ von der ⟨frz.⟩ Aristokratie im 18. Jh. getragene Kniehose; →*a.* Sansculotte [zu frz. *cul* »Gesäß«]

Cul|pa ⟨f.; -; unz.⟩ **1** ⟨Rechtsw.⟩ Schuld, Verschulden, Fahrlässigkeit **1.1** ~ *lata* grobe Fahrlässigkeit **1.2** ~ *levis* leichte Fahrlässigkeit **2** *mea* ~ ⟨umg.⟩ Eingeständnis der eigenen Schuld (eigtl. Bestandteil des kath. Glaubensbekenntnisses) [lat., »Schuld«]

Cu|ma|rin ⟨n.; -s; unz.; Chemie⟩ = Kumarin

Cu|ma|ron ⟨n.; -s; unz.; Chemie⟩ = Kumaron

Cum|ber|land|so|ße ⟨[kʌmbǝ(r)lænd-] f.; -, -n; Kochk.⟩ dickflüssige süßliche Gewürzsoße aus Johannisbeergelee u. a. Zutaten (bes. zu kaltem Wild) [nach dem engl. Herzog von *Cumberland*]

cum gra|no sa|lis nicht ganz wörtlich zu nehmen, mit einer gewissen Einschränkung zu verstehen [lat., »mit einem Körnchen Salz«]

Cu|min ⟨m.; -s; unz.; Biol.⟩ ein Doldengewächs, dessen Früchte als Gewürz verwendet werden, Kreuzkümmel [<lat. *cuminum* »Kümmel«]

cum lau|de mit Auszeichnung (bestanden) (bei akadem. Prüfungen) [lat., »mit Lob«]

cum tem|po|re ⟨Abk.: c. t.⟩ mit dem akademischen Viertel, eine Viertelstunde nach der angegebenen Zeit; *Ggs* sine tempore [lat., »mit Zeit«]

Cu|mu|lus ⟨m.; -, -mu|li; kurz für⟩ Cumuluswolke

Cu|mu|lus|wol|ke ⟨f.; -, -n⟩ = Kumuluswolke

C und C ⟨kurz für engl.⟩ cash and carry

Cun|ni|lin|gus ⟨m.; -, -lin|gi⟩ sexuelle Stimulierung der Klitoris durch Lecken [<lat. *cunnus* »weibl. Scham« + *lingere* »lecken«]

Cup ⟨[kʌp] m.; -s, -s⟩ **1** Pokal **2** Ehrenpreis bei Sportwettkämpfen **3** der Wettkampf selbst; *Davis~* **4** Körbchengröße von Büstenhaltern [engl., »Pokal; Schale«]

Cu|pi|do ⟨f.; -; unz.; veraltet⟩ = Kupido

Cu|pra|ma *auch:* **Cup|ra|ma** ⟨f.; -; unz.⟩ eine Kupferzellwolle [<lat. *cuprum* »Kupfer« + *Ammoniak*]

Cu|pre|sa *auch:* **Cup|re|sa** ⟨f.; -; unz.; Kunstwort⟩ eine Kupferkunstseide [zu lat. *cuprum* »Kupfer«]

Cu|prum *auch:* **Cup|rum** ⟨n.; -s; unz.; chem. Zeichen: Cu⟩ Kupfer [lat.]

Cu|pu|la ⟨f.; -, -pu|le:]⟩ **1** Fruchtbecher bei Buchengewächsen **2** gallertartige Substanz in den Gleichgewichtsorganen der Wirbeltiere u. des Menschen [lat., »Kuppel, kleine Tonne«]

Cu|ra|çao® ⟨[kyrasaːo] m.; - od. -s, -s⟩ aus den Schalen einer

Pomeranzenart hergestellter Likör, Apfelsinenlikör [nach der Insel *Curaçao* im Karibischen Meer]

Cu|ra|re ⟨n.; -s od. -; unz.⟩ = Kurare

Cur|cu|ma ⟨a. ['---] f.; -, -cu|men⟩ = Kurkuma

Cu|ré ⟨[kyre:] m.; -s, -s [kyre:]⟩ katholischer Geistlicher in Frankreich [frz., »Pfarrer«]

Cu|ret|ta|ge ⟨[kyrəta:ʒə] f.; -, -n; Med.⟩ Ausschabung (der Gebärmutter) [frz.]

Cu|rie ⟨[kyri:] n.; -, -; chem. Zeichen: Ci⟩ früher gebrauchte Maßeinheit der radioaktiven Strahlung, 1 Ci entspricht 3,7·10¹⁰ Zerfallsakten je Sekunde in einem radioaktiven Material [nach dem frz. Physiker-Ehepaar Pierre, 1859-1906 u. Marie Curie, 1867-1934]

Cu|ri|um ⟨n.; -s; unz.; chem. Zeichen: Cm⟩ künstl. hergestelltes chem. Element, Ordnungszahl 96 [nach dem Ehepaar *Curie*]

cur|len ⟨[kœ:lən] V.; Sport⟩ Curling betreiben; *wir haben zwei Stunden gecurlt*

Cur|ling ⟨[kœ:lɪŋ] n.; - od. -s; unz.; Sport⟩ schott. Eisschießen [engl., nach *curling stone*, »eiförmiger Stein«]

cur|ren|tis ⟨Abk.: cr.⟩ des laufenden Jahres od. Monats [lat.]

cur|ri|cu|lar ⟨Adj.⟩ das Curriculum betreffend, zu ihm gehörig, auf ihm beruhend

Cur|ri|cu|lum ⟨n.; -s, -cu|la⟩ 1 Lehrplan einschließlich der Inhalte u. Ziele, Methoden u. Ergebnisse 2 ~ *Vitae* Lebenslauf [lat., »Lebenslauf«]

Cur|ry ⟨[kʌrɪ] od. [kœrɪ] m. od. n.; -; unz.⟩ Mischung scharfer ind. Gewürze [engl., <Tamil *kari*]

Cur|sor ⟨[kœ:sə(r)] m.; -s, -; EDV⟩ bewegl. Markierung auf dem Bildschirm, die anzeigt, an welcher Stelle des Bildschirmes neue Zeichen od. Informationen eingegeben werden können [engl., eigtl. »Läufer«]

Cus|tard ⟨[kʌstəd] m.; -, -; Kochk.⟩ eine Süßspeise mit Milch u. Ei [engl.]

Cus|to|di|an ⟨[kʌstoudjən] m.; - od. -s, -s⟩ Verwalter eines unter fremdstaatlicher Verfügung stehenden Vermögens [engl., »Wächter«]

Cus|to|mi|za|tion ⟨[kʌstəmaɪzɛɪʃn] f.; -; unz.; Wirtsch.⟩ = Customizing

Cus|to|mi|zing ⟨[kʌstəmaɪzɪŋ] n.; - od. -s; unz.; Wirtsch.⟩ Anpassen, Gestalten eines Produktes od. einer Dienstleistung (z. B. der Software) zur Erfüllung individueller Kundenwünsche; *Sy* Customization [zu engl. *customize* »anpassen«]

Cut¹ ⟨[kʌt] m.; -s, -s; umg.; Film⟩ 1 Schnitt in Ton- u. Filmaufnahmen 2 Bearbeitung von Ton- u. Filmaufnahmen durch den Cutter od. den Regisseur; →*a.* Director's Cut [engl., »Schnitt, Schnittwunde«]

Cut² ⟨[kʌt] m.; - od. -s, -s⟩ 1 ⟨kurz für⟩ Cutaway 2 ⟨Sport; Golf⟩ bestimmte Anzahl an Schlägen zur Finalqualifikation; *nach zwei Runden am ~ scheitern*

Cut|a|way ⟨[kʌtəweɪ] m.; - od. -s, -s⟩ Herrenschoßrock mit vorn stark abgerundeten Schößchen; *Sy* Cut² [<engl. *cutaway coat*; *cut away* »wegschneiden«]

Cu|ti|cu|la ⟨f.; -, -cu|lae [-lɛ:]; Biol.⟩ *oV* Kutikula 1 bei bestimmten Tieren u. Pflanzen ein von den Zellen der Körperoberfläche ausgeschiedenes, dünnes Häutchen 2 Schuppenschicht des Haares [lat., »Häutchen«; Verkleinerungsform von *cutis* »Haut«]

Cu|tis ⟨f.; -; unz.; Anat.⟩ *oV* Kutis 1 die Haut, bestehend aus Ober- u. Lederhaut 2 nachträglich verkorktes Pflanzengewebe [lat., »Haut«]

cut|ten ⟨[kʌtən] V.⟩ Tonband- oder Filmaufnahmen ~ aus dem Tonband od. Filmstreifen herausschneiden, nach künstlerischen Gesichtspunkten umstellen u. wieder zusammenkleben; *oV* cuttern [<engl. *cut* »schneiden«]

Cut|ter ⟨[kʌtə(r)] m.; -s, -⟩ 1 Mitarbeiter bei Film u. Rundfunk, der Film- od. Magnetbandstreifen durch Herausschneiden von Teilen nach künstler. Gesichtspunkten gestaltet, Schnittmeister 2 Gerät mit rotierenden Messern zum Zerkleinern von Fleisch [engl., »Schneidender«]

Cut|te|rin ⟨[kʌt-] f.; -, -rin|nen⟩ weibl. Cutter (1), Schnittmeisterin

cut|tern ⟨[kʌt-] V.⟩ = cutten [engl.]

Cu|vée ⟨[kyve:] f.; -, -s od. n.; -s, -s⟩ Mischung von Weinen zur Herstellung von Schaumwein einer bestimmten Qualität [frz.]

Cy|an ⟨n.; -s; unz.; Chemie; fachsprachl.⟩ = Zyan

Cy|a|nat ⟨n.; -(e)s, -e; Chemie⟩ Salz der Cyansäure; *oV* Zyanat; *Kalium~*

Cy|an|grup|pe ⟨f.; -, -n; Chemie⟩ die Molekülgruppe CN, die in vielen anorgan. u. organ. Verbindungen enthalten ist, mit Wasserstoff bildet sie Cyanwasserstoff (Blausäure), eine hochgiftige Verbindung; *oV* Zyangruppe

Cy|a|ni|de ⟨Pl.; Chemie⟩ Salze der Blausäure, hochgiftige Verbindung, z. B. Kaliumcyanid, KCN (Zyankali); *oV* Zyanide

Cy|a|nit ⟨m.; -s; unz.⟩ = Disthen [zu lat. *cyanus* <grch. *kyaneos* »dunkelblau«]

Cy|an|ka|li ⟨n.; -s; unz.; Chemie⟩ = Zyankali

Cy|a|no|se ⟨f.; -, -n; Med.⟩ = Zyanose

Cy|an|säu|re ⟨f.; -, -n; Chemie⟩ wässerige Lösung von Cyanwasserstoff, stark giftig, bildet mit Metallen die Cyanide, Blausäure; *oV* Zyansäure

Cy|an|was|ser|stoff ⟨m.; -(e)s; unz.; Chemie⟩ gasförmige Verbindung, stark giftig, bildet mit Wasser die Cyansäure; *oV* Zyanwasserstoff

cy|ber..., **Cy|ber...** ⟨[saɪbə(r)-] in Zus.⟩ (mithilfe von Computern) virtuell erzeugte Scheinwelten betreffend; *Cybersex; Cyberspace* [<engl. *cyber* <grch. *kybernetike* »Steuermannskunst«]

Cy|ber|sex ⟨[saɪbə(r)-] m.; -; unz.; EDV⟩ 1 ⟨i. e. S.⟩ mithilfe von speziellen Geräten im virtuellen Raum vollzogene sexuelle Handlungen 2 ⟨i. w. S.⟩ mithilfe digitaler Medien (Internet, CD-ROM usw.) verbreitete

Darstellung sexueller Handlungen od. elektronisches Anbieten von sexuellen Handlungen u. Dienstleistungen [engl.; <grch. *kybernetike* »Steuermannskunst« + *Sex*]
Cy|ber|space ⟨[saɪbə(r)speɪs] m.; -; unz.; EDV⟩ nur in einem EDV-System existenter Raum, in dem nahezu wirklichkeitsgetreue Wahrnehmung u. Fortbewegung mithilfe spezieller Geräte (wie Datenhandschuhe, Raumbrille usw.) möglich ist; *Sy* digitale Welt [engl.; <grch. *kybernetike* »Steuermannskunst« + engl. *space* »Raum«]
Cy|borg ⟨[saɪbɔː(r)g] m.; -s, -s⟩ menschliches Wesen, dessen organische Struktur durch Einsatz von künstlichen od. industriell gefertigten Körperbestandteilen besonders widerstandsfähig gemacht wird [<engl. *cyb*ernetic + *org*anism »Organismus«]

♦ Die Buchstabenfolge **cy**|**cl**... kann auch **cycl**... getrennt werden.

♦ **cy|clam** ⟨Adj.⟩ = zyklam
♦ **Cy|cla|mat** ⟨n.; -(e)s, -e⟩ Salz der Cyclohexylsulfansäure, als künstl. Süßstoff verwendet; *oV* Zyklamat
♦ **Cy|cla|men** ⟨n.; -s, -; Bot.⟩ = Zyklamen
♦ **cy|clisch** ⟨Adj.; Chemie⟩ ringförmig; *~e Verbindung* chem. Verbindung mit ringförmiger Anordnung der Atome; *oV* zyklische Verbindung
♦ **Cy|clo|al|ka|ne** ⟨Pl.; Chemie⟩ Gruppe gesättigter organischer Verbindungen mit ringförmiger Anordnung der Kohlenstoffatome; *oV* Zykloalkane
♦ **Cy|clops** ⟨m.; -, -pi|den; Zool.⟩ niederer Krebs [lat. *kyklops* »Rundauge«]
Cym|bal ⟨n.; -s, -e od. -s; Musik⟩ = Zimbal
cy|ril|lisch ⟨Adj.⟩ = kyrillisch
Cy|to|sin ⟨n.; -s; unz.; Biol.⟩ wichtiger Bestandteil der Nukleinsäure, bildet zusammen mit Guanin eines der beiden Basenpaare, die als Sprossenverbindung in der Doppelhelix vorhanden sind; →*a.* Adenin,

Thymin [<grch. *kytos* »Höhlung, Urne«]
Čzk ⟨Abk. für⟩ tschech. Krone

d 1 ⟨Math.; Zeichen für⟩ Differenzial **2** ⟨Zeichen für⟩ Durchmesser **3** ⟨Abk. für⟩ Denar, Penny, Pence **4** ⟨vor Maßeinheiten Zeichen für⟩ dezi $^1/_{10}$ **5** ⟨Physik; Astron.; Abk. für⟩ Tag **6** ⟨Chemie; Zeichen für⟩ dextrogyr
D 1 ⟨röm. Zahlzeichen für⟩ fünfhundert **2** ⟨chem. Zeichen für⟩ Deuterium **3** ⟨Abk. für⟩ Dezimalpotenz (zur Bezeichnung der Verdünnung 1:10 von homöopath. Medikamenten)
D. ⟨Abk. für⟩ Deutschverzeichnis
d- 1 ⟨chem. Zeichen für⟩ rechtsdrehend **2** Zusatzbez. für optisch aktive Verbindungen, die die gleiche Konfiguration wie die rechtsdrehende d-Weinsäure haben [<lat. *dextrogyr*]
da ⟨Abk. für⟩ Deziar, Deka...
da ca|po ⟨Musik; Abk.: d. c.⟩ noch einmal von vorn [ital., »vom Kopf (= Anfang) an«]

da ca|po al fi|ne ⟨*Groß- und Kleinschreibung von fachsprachlichen Begriffen*⟩ Fachsprachliche Begriffe sind häufig länderübergreifend gebräuchlich oder auf internationaler Ebene festgelegt. Ihre Schreibung richtet sich daher meist nach den Regeln der jeweiligen Herkunftssprache. Dies gilt z. B. auch für musikalische Fachausdrücke, die mehrheitlich aus dem Italienischen übernommen sind.

da ca|po al fi|ne ⟨Musik⟩ vom Anfang bis hierher wiederholen [ital., »vom Kopf (= Anfang) bis zum Ende«]

Da|ca|po|a|rie *auch:* **Da|ca|po-A|rie** ⟨[-ariːə] f.; -, -n; Musik⟩ zu wiederholende Arie; *oV* Dakapoarie
d'ac|cord ⟨[dakɔːr]⟩ einig, einer Meinung; *mit jmdm. ~ gehen* [frz.]
Da|da ⟨m.; - od. -s; unz.; kurz für⟩ **1** Dadaismus **2** Vertreter des Dadaismus
Da|da|is|mus ⟨m.; -; unz.⟩ literar.-künstler. Bewegung nach dem 1. Weltkrieg, die bewusste Sinnentfremdung pflegte [nach dem Stammellaut *dada*]
Da|da|ist ⟨m.; -en, -en⟩ Anhänger des Dadaismus
Da|da|is|tin ⟨f.; -, -tin|nen⟩ Anhängerin des Dadaismus
da|da|is|tisch ⟨Adj.⟩ den Dadaismus betreffend, in der Art des Dadaismus; *ein Kunstwerk mit ~en Zügen*
Dad|dy ⟨[dædɪ] m.; -s, -s; umg. für⟩ Vater, Papa [engl.]
dag ⟨Abk. für⟩ Dekagramm
Da|guer|re|o|ty|pie ⟨[-gero-] f.; -, -n⟩ **1** ⟨unz.⟩ eine jodierte Silberplatte mithilfe eines Apparates fotogr. Verfahren **2** ⟨zählb.⟩ danach hergestelltes Lichtbild [nach dem frz. Erfinder Louis *Daguerre*, 1787-1851]
Dah|lie ⟨[-ljə] f.; -, -n⟩ Angehörige der Familie der Korbblütler [nach dem schwed. Botaniker A. *Dahl*]
Dai|ly|soap *auch:* **Daily Soap** ⟨[deɪlɪ soʊp] f.; (-) -, (-) -s; TV⟩ während der Woche täglich ausgestrahlte Fernsehserie mit einer eher einfach strukturierter Handlung u. festen Charakteren, z. B. »Marienhof«, »Gute Zeiten, Schlechte Zeiten«; →*a.* Soap, Soapopera [<engl. *daily* »täglich« + *soap* »Seife; Seifenoper«]
Dai|mio ⟨m.; -s, -s⟩ altjap. Adliger, Lehnsfürst [jap., »großer Name«]
Dai|mo|ni|on ⟨n.; -s, -nia⟩ = Dämonium
Da|ka|po ⟨n.; -s, -s; Musik⟩ Wiederholung; →*a.* da capo
Da|ka|po|a|rie *auch:* **Da|ka|po-A|rie** ⟨[-ariːə] f.; -, -n; Musik⟩ = Dacapoarie
Da|ko|ta[1] ⟨m.; - od. -s, - od. -s⟩ Angehöriger eines nordamerikanischen Indianervolkes

Dakota² ⟨n.; - od. -s; unz.⟩ Sprache der Dakotas
daktylieren ⟨V.⟩ sich durch Gebärden- u. Zeichensprache verständigen [zu grch. *daktylos* »Finger«]
daktylisch ⟨Adj.⟩ im Versmaß des Daktylus abgefasst, auf ihn bezogen [<grch. *daktylos* »Finger«]
Daktylitis ⟨f.; -, -tiden⟩ = Panaritium [<grch. *daktylos* »Finger«]
Daktylo ⟨f.; -, -s; schweiz.; kurz für⟩ Daktylographin
daktylo..., Daktylo... ⟨in Zus.⟩ finger..., Finger..., schreibmaschinen..., Schreibmaschinen... [<grch. *daktylos* »Finger«]
Daktylografie ⟨f.; -; unz.; schweiz.⟩ = Daktylographie
Daktylografin ⟨f.; -, -finnen; schweiz.⟩ = Daktylographin
Daktylogramm ⟨n.; -s, -e⟩ Fingerabdruck [<*Daktylo...* + *...gramm*]
Daktylographie ⟨f.; -; unz.; schweiz.⟩ das Maschineschreiben; *oV* Daktylografie [<*Daktylo...* + *...graphie*]
Daktylographin ⟨f.; -, -phinnen; schweiz.⟩ Maschinenschreiberin; *oV* Daktylografin
Daktylologie ⟨f.; -; unz.⟩ Finger- u. Gebärdensprache der Taubstummen
Daktyloskopie *auch:* **Daktyloskopie** ⟨f.; -, -n⟩ Fingerabdruckverfahren [<*Daktylo...* + *...skopie*]
daktyloskopisch *auch:* **daktyloskopisch** ⟨Adj.⟩ die Daktyloskopie betreffend, auf ihr beruhend
Daktylus ⟨m.; -, -tylen⟩ Versfuß aus einer langen, betonten u. zwei kurzen, unbetonten Silben [<grch. *daktylos* »Finger«]
dal ⟨Abk. für⟩ Dekaliter
Dalai-Lama ⟨m.; - od. -s, -s⟩ kirchliches Oberhaupt der Tibeter [<mongol. *dalai* »Meer« + *Lama*]
Dalk ⟨m.; -(e)s, -e⟩ Umhang eines Mönchs od. Derwischs [<pers. *dalq*]
Dalles ⟨m.; -; unz.; umg.⟩ Geldmangel, Geldverlegenheit, Armut; *den ~ haben; im ~ sein* [<hebr. *dalluth* »Armut«]

Dalmatika ⟨f.; -, -ken; kath. Kirche⟩ festl., liturg. Gewand [nach der Landschaft *Dalmatien* (Jugoslawien), wo das Gewand zuerst getragen wurde]
Dalmatiner ⟨m.; -s, -⟩ **1** Einwohner von Dalmatien **2** eine Hunderasse **3** Wein aus Dalmatien
dal segno *auch:* **dal segno** ⟨[- ˈzɛnjo] Abk.: d. s.; Musik⟩ vom Zeichen an (zu wiederholen) [ital.]
Daltonismus ⟨m.; -; unz.; Med.⟩ angeborene Farbenblindheit [nach dem engl. Physiker John *Dalton*, 1766-1844]
Damagazelle ⟨f.; -, -n; Zool.⟩ Antilopenart von etwa 90 cm Schulterhöhe, die mit mehreren lokalen Formen im Sudan u. in Nordafrika verbreitet ist: Gazella dama
Damast ⟨m.; -(e)s, -e; Textilw.⟩ Gewebe mit eingewebtem gleichfarbigem Muster [nach der syrischen Hauptstadt *Damaskus*]
damasten ⟨Adj.; Textilw.⟩ aus Damast, wie Damast beschaffen
Damaszenerstahl ⟨m.; -es; unz.⟩ durch Zusammenschweißen dünner, harter u. weicher Stahlstäbe u. deren Bearbeiten (Damaszieren) hergestellter Stahl mit adrigem od. flammigem Ziermuster [nach der syrischen Hauptstadt *Damaskus*]
damaszieren ⟨V.⟩ Stahl ~ in der Art des Damaszenerstahls bearbeiten
Dame¹ ⟨f.; -, -n⟩ **1** ⟨zählb.⟩ **1.1** ⟨urspr.⟩ adlige Frau **1.2** ⟨danach⟩ vornehme, kultivierte Frau od. Mädchen aus guter Familie; *meine ~n und Herren!* (Anrede); *nach dem Tanz führt der Herr seine ~ an ihren Platz zurück; die ~ des Hauses* Hausherrin, Gastgeberin; ⟨scherzh.⟩ *die ~ seines Herzens; eine alte, ältere, junge, jüngere, vornehme, würdige ~; eine junge ~ möchte Sie sprechen* **1.3** Tischnachbarin, Tanzpartnerin **1.4** ⟨Kart.⟩ dritthöchste Spielkarte; *die ~ ausspielen* **1.5** höchster Stein des Damespiels **1.6** ⟨Schach⟩ die Königin **2** ⟨unz.; kurz für⟩ Damespiel [frz., urspr. »Frau von Stande«]

Dame² ⟨[dɛɪm] f.; -; unz.⟩ Titel für Ordensträgerinnen im Ritterstand [engl., »Frau, Dame, Ordensträgerin«]
Dammar ⟨n.; -s; unz.⟩ = Dammarharz
Dammarfichte ⟨f.; -, -n; Bot.⟩ = Kaurifichte
Dammarharz ⟨n.; -es; unz.⟩ schwach aromatisch riechendes Harz der hauptsächl. auf Sumatra wachsenden Öldrüsenpflanze Shorea wiesneri, als Bindemittel für Lacke u. a. verwendet; *Sy* Dammar [<malai. *damar* »Harz«]
damnatur ⟨Buchw.⟩ Formel der früheren Zensur, durch die der Druck eines Buches untersagt wurde; Ggs imprimatur [lat., »es wird verworfen«]
Damno ⟨m. od. n.; -s; unz.⟩ = Damnum
Damnum ⟨n.; -s; unz.; bes. Bankw.⟩ Schaden, Einbuße, Verlust; *oV* Damno [<ital. *damno* »Schaden, Verlust«]
Damoklesschwert *auch:* **Damoklesschwert** ⟨n.; -(e)s; unz.; fig.⟩ die im Glück ständig drohende Gefahr; *ein ~ schwebt über seinem Haupt* [nach *Damokles*, Höfling des jüngeren Dionysos von Syrakus, 396-337 v. Chr.]
Dämon ⟨m.; -s, -monen⟩ **1** Teufel, böser Geist **2** übermenschliches Wesen, guter oder böser Geist; *von seinem ~ getrieben* [<grch. *daimon* »Gott, Teufel, Schicksal«]
Dämonie ⟨f.; -, -n⟩ die unüberschaubare Gefährlichkeit (einer Person od. Sache)
dämonisch ⟨Adj.⟩ **1** teuflisch **2** urgewaltig **3** unheimlich, im Besitz übernatürl. Kräfte
dämonisieren ⟨V.⟩ jmdm. od. etwas übernatürliche Kräfte zusprechen, in einen Dämon verwandeln; *eine Person ~*
Dämonismus ⟨m.; -; unz.⟩ **1** Geisterglaube **2** = Satanismus ⟨1⟩
Dämonium ⟨n.; -s, -nien; Philos.; bei Sokrates⟩ warnende, innere Stimme; *oV* Daimonion [<grch. *daimonion* »göttliches Wesen, Dämon, böser Geist, göttliche Fügung«]
Dämonologie ⟨f.; -, -n⟩ Lehre von den Dämonen

Danaergeschenk

Da|na|er|ge|schenk ⟨n.; -(e)s, -e⟩ Unglück bringendes Geschenk (wie das Trojanische Pferd), unwillkommenes Geschenk [nach dem *Danaern*, Bezeichnung der Griechen bei Homer]

Da|na|i|den|ar|beit ⟨f.; -, -en⟩ mühsame, vergebliche Arbeit [nach den *Danaiden*, den 50 Töchtern des Danaos, die Wasser in ein durchlöchertes Fass schöpfen mussten]

Dance|floor ⟨[da:nsflɔ:(r)] od. [dæns-] m.; -s, -s; Jugendspr.⟩ **1** Tanzfläche (vor allem einer Diskothek) **2** ⟨kurz für⟩ Dancefloormusic, ein Musikstil der 80er Jahre, bei dem insbes. die Tanzbarkeit der Musikstücke berücksicht wird [<engl. *dancefloor* »Tanzfläche«]

Dan|cing ⟨[da:nsɪŋ] od. [dæn-] n.; - od. -s, -s; umg.⟩ Tanz (in Diskotheken u. Ä.) [engl., »das Tanzen«]

Dan|dy ⟨[dændi] m.; -s, -s⟩ Angeber, Geck, Modenarr [engl.]

dan|dy|haft ⟨[dændi-] Adj.⟩ in der Art eines Dandys

Da|ne|brog *auch:* **Da|ne|bro|g** ⟨m.; -s; unz.⟩ die dänische Flagge [dän., »Dänentuch«]

Danse ma|ca|bre *auch:* **Danse ma|cab|re** ⟨[dɑ̃:s makaːbrə] m.; - -, -s -s [dɑ̃:s makaːbrəs]⟩ Totentanz [<frz. *danse* »Tanz« + *macabre* »makaber«]

dan|tesk ⟨Adj.⟩ von der Größe, Bedeutung des ital. Dichters Dante Alighieri (1265-1321)

Daph|ne ⟨f.; -, -n; Bot.⟩ Seidelbast [grch., »Lorbeerbaum«]

Daph|nia ⟨f.; -, -n⟩ Wasserfloh; *oV* Daphnie [nach der grch. Sagengestalt *Daphne*, Tochter des Flussgottes Peneus]

Daph|nie ⟨f.; -, -n⟩ = Daphnia

Dar|jee|ling ⟨[-dʒiː-] m.; -s, -s⟩ indische Teesorte [nach der indischen Distrikthauptstadt *Darjiling*]

Dark|room *auch:* **Dark Room** ⟨[daː(r)kruːm] m.; (-) -s, (-) -s⟩ in von Homosexuellen frequentierten Gaststätten od. Diskotheken eingerichtetes Zimmer zur sexuellen Kontaktaufnahme [engl., eigtl. »Dunkelkammer«]

Dar|ling ⟨m.; -s, -s; umg.⟩ Liebling [engl.]

Darm|flo|ra ⟨f.; -, -ren⟩ Gesamtheit der im Darm lebenden Bakterien

Darts ⟨Pl.⟩ engl. Wurfspiel, bei dem kleine Pfeile auf eine runde Scheibe geworfen werden [<engl. *dart* »Wurfspieß, Speer«]

Dar|wi|nis|mus ⟨m.; -; unz.; Biol.⟩ die Annahme, dass die zu große Zahl der Nachkommen von Lebewesen auf der Erde zu einem Kampf ums Dasein führt, bei dem nur die am besten angepassten überleben werden [nach dem engl. Naturforscher Charles *Darwin*, 1809 - 1882]

Dar|wi|nist ⟨m.; -en, -en; Biol.⟩ Anhänger des Darwinismus

dar|wi|nis|tisch ⟨Adj.; Biol.⟩ auf dem Darwinismus beruhend

Dash ⟨[dæʃ] m.; -s, -s⟩ kleine Menge Flüssigkeit, Spritzer (bei der Zubereitung von Getränken) [<engl. *dash* »Beimischung, Zuschuss«]

Da|sy|me|ter ⟨n.; -s, -; Physik⟩ Gaswaage [<grch. *dasys* »dicht« + ...*meter*]

DAT ⟨Abk. für engl.⟩ Digital Audio Tape (Digitaltonband)

dat. ⟨Abk. für⟩ datum

Date ⟨[deɪt] n.; -s, -s; umg.⟩ Verabredung, Termin oder Person, mit der man sich trifft; *er hat heute Abend ein ~* [engl., »Datum«]

Da|tei ⟨f.; -, -en⟩ **1** Sammlung sachlich zusammengehöriger Daten **2** ⟨EDV⟩ ein digital gespeicherter Bestand an Daten [verkürzt <*Daten* + Kar*tei*]

Da|tel ⟨n.; -s; unz.; internationale Bez. für⟩ öffentliches Fernsprechnetz zur Übermittlung von Daten [verkürzt <engl. *data telecommunications* »Fernmeldewesen«]

Da|ten ⟨Pl. von⟩ Datum

Da|ten|bank ⟨f.; -, -en; EDV; kurz für⟩ Datenbanksystem

Da|ten|bank|sys|tem ⟨n.; -s, -e; EDV⟩ System aus einer EDV-Anlage, einer Menge von Daten einschließlich der Menge von Beziehungen zwischen diesen Daten u. speziellen Verwaltungsprogrammen, die mehreren Benutzern einen schnellen Zugriff auf die Daten ermöglichen; *Sy* Datenbank

Da|ten|high|way ⟨[-haɪweɪ] m.; -s, -s; EDV⟩ technisch hoch entwickeltes Kabelnetz (meist unter Nutzung der Glasfasertechnik) zur schnellen Übertragung von Datenmengen od. zur Telekommunikation allgemein, z. B. das DSL-Netz der Deutschen Telekom [<*Daten* + engl. *highway* »Autobahn, Schnellstraße«]

Da|ten|pool ⟨[-puːl] m.; -s, -s; EDV⟩ zentraler Datenbestandteil einer Datenbank, Datenbasis [zu engl. *pool* »Kasse, Zentrale«]

Da|ten|trä|ger ⟨m.; -s, -; EDV⟩ Mittel (Lochkarte, -streifen, Magnetband, Diskette usw.) zum Speichern von Daten, die maschinell lesbar sind

Da|ten|trans|fer ⟨m.; -s, -s; EDV⟩ alle Bewegungen von Daten innerhalb einer od. mehrerer Datenverarbeitungseinheiten

Da|ten|ty|pis|tin ⟨f.; -, -tin|nen⟩ weibl. Person, die Daten (4) auf Datenträger überträgt

Da|ten|ver|ar|bei|tung ⟨f.; -; unz.; Abk.: DV; EDV⟩ Sammeln, Sichten, Speichern u. Auswerten von (digitalisierten) Informationen, die als Größen u. Werte miteinander in Beziehung gesetzt werden können; *elektronische ~*

Da|ten|ver|ar|bei|tungs|ma|schi|ne ⟨f.; -, -n; EDV⟩ elektron. Maschine zur Datenverarbeitung

da|tie|ren ⟨V.⟩ **1** mit Datum versehen (Brief) **2** die Entstehungszeit bestimmen **3** ~ *von* stammen von, herrühren von [→ *Datum*]

Da|tie|rung ⟨f.; -, -en⟩ Angabe des Datums

Da|tiv ⟨m.; -s, -e [-və]; Abk.: Dat.; Gramm.⟩ 3.Fall der Beugung, Wemfall [verkürzt <lat. *casus dativus* »Gebefall«; zu lat. *dare* »geben«; → *Datum*]

Da|tiv|ob|jekt ⟨n.; -(e)s, -e; Gramm.⟩ Satzergänzung im Dativ, z. B. sie reicht »ihm« die Schüssel; → *a*. Objekt (3)

da|to ⟨Adv.; Kaufmannsspr.⟩ **1** heute **2** *drei Monate ~* binnen drei Monaten [→ *datum*]

Da|to|wech|sel ⟨m.⟩ Wechsel, dessen Einlösetermin auf einen bestimmten Termin

nach der Ausstellung festgelegt wurde, Fristwechsel
DAT-Re|cor|der ⟨m.; -s, -⟩ = DAT-Rekorder
DAT-Re|kor|der ⟨m.; -s, -⟩ Aufnahme- u. Wiedergabegerät für Digitaltonbänder; *oV* DAT-Recorder
Dat|scha *auch:* **Da|tscha** ⟨f.; -, -s od. -schen⟩ = Datsche
Dat|sche *auch:* **Da|tsche** ⟨f.; -, -n⟩ russ. Landhaus, Sommerwohnung; *oV* Datscha [<russ. *dača*]
da|tum ⟨Abk.: dat.⟩ geschrieben, verfügt [lat.; »gegeben«; zu *litteras dare* »einen Brief schreiben«]
Da|tum ⟨n.; -s, -ten⟩ **1** bestimmter Zeitpunkt; *die Daten der Weltgeschichte; Daten aus dem Leben eines Künstlers* **2** Angabe eines Tages nach dem Kalender; *~ des Poststempels; unter dem heutigen ~; welches ~ haben wir heute?* **3** ⟨meist Pl.⟩ Tatsache, Angabe **4** ⟨Informatik; Pl.⟩ *Daten* Informationen über Größen u. Werte [lat., Part. Perf. zu *dare* »geben«]
Dau ⟨f.; -, -en⟩ arabisches Segelschiff mit Lateinsegel; *oV* Dhau [<arab. *dawa*]
Dau|las ⟨n.; -; unz.; Textilw.⟩ = Dowlas
Dau|phin ⟨[dofɛ̃ː] m.; -s, -s⟩ Titel des französ. Thronfolgers 1349-1830 [frz.]
Daus ⟨m.; -es, -e od. Däu|ser⟩ **1** ⟨dt. Kartenspiel⟩ Ass **2** ⟨Würfelspiel⟩ zwei Augen [<spätahd. *dus* <südfrz. *daus* »zwei Augen im Würfelspiel« (= frz. *deux*) <lat. *duo* »zwei«]
Da|vis cup *auch:* **Da|vis-Cup** ⟨[dɛɪvɪskʌp] m.; -s; unz.⟩ = Davispokal
Da|vis po|kal *auch:* **Da|vis-Po|kal** ⟨[dɛɪvɪs-] m.; -s; unz.; Sport⟩ (seit 1900 ausgespielter) Wanderpreis im Tennis; *Sy* Daviscup [nach dem amerikan. Stifter Dwight F. *Davis*]
Da|vit ⟨[dɛɪvɪt] od. [daːvɪt] m.; -s, -s; Mar.⟩ schwenk- od. kippbarer eiserner Kranbalken zum Bewegen kleiner Lasten an Bord, z. B. für Rettungsflöße, Bei- u. Rettungsboote [engl.]
da|vy|sche Lam|pe *auch:* **Da|vy'sche Lam|pe** ⟨[dɛɪvɪʃə-] f.; -n -, -n -n; Bgb.⟩ Grubenlampe [nach dem engl. Chemiker Sir Humphry *Davy*, 1778-1829]
Day|tra|ding ⟨[dɛɪtreɪdɪŋ] n.; - od. -s; unz.; Börse⟩ Kauf und Verkauf von Wertpapieren u. Futures innerhalb eines Handelstages, um bei kurzfristigen Kursbewegungen Gewinne zu erzielen [engl., »Tageshandel«]
dB ⟨Abk. für⟩ Dezibel
d. c. ⟨Abk. für⟩ da capo
DD ⟨Abk. für⟩ Differenzialdiagnose
Dd. ⟨Abk. für⟩ Doktorand (doctorandus)
d. d. ⟨Abk. für lat.⟩ de dato
D-Day ⟨[diːdeɪ] m.; -s, -s; Mil.⟩ **1** ⟨urspr.⟩ Tag der Landung alliierter Truppen in der Normandie, 6. Juni 1944 **2** ⟨danach⟩ Auftakt, erster Tag einer größeren militärischen Operation [Herkunft umstritten, wahrscheinl. kurz für engl. *decision day* »Tag der Entscheidung«]
DDD ⟨Abk. für⟩ digital aufgenommen, digital abgemischt u. digital abgespielt (bei CDs); →*a.* AAD, ADD (1)
DDT ⟨Abk. für⟩ Dichlordiphenyltrichlormethan, ein Berührungsgift für Insekten
de..., De... ⟨vor Vokalen⟩ des..., Des... ⟨Vorsilbe⟩ von, weg, ent... [lat., frz. <lat. *de*]
Dead|heat *auch:* **Dead Heat** ⟨[dɛdhiːt] n.; (-) - od. (-) -s, (-) -s; Sport⟩ Rennen, das wegen des gleichzeitigen Einlaufs zweier od. mehrerer Teilnehmer nicht gewertet werden kann u. wiederholt werden muss [<engl. *dead* »tot« + *heat* »(Ausscheidungs-)Lauf«]
Dead|line ⟨[dɛdlaɪn] f.; -, -s⟩ letztmöglicher Termin, äußerste Frist [engl., eigtl. »Grenzlinie«]
Dead|lock ⟨[dɛd-] m.; -s; unz.⟩ Situation, in der eine Beschlussfassung od. Einigung nicht (mehr) möglich ist, weil beide verhandelnden Parteien nicht zu weiteren Kompromissen bereit sind, z. B. bei Tarifverhandlungen od. zwischenstaatlichen Verträgen [engl., »Stillstand, toter Punkt; Sackgasse«]
Dead|weight ⟨[dɛdweɪt] n.; -s, -s; meist Sg.; Schiff.⟩ maximale Tragfähigkeit eines Schiffes [engl.]
de|ak|ti|vie|ren ⟨[-viː-] V.⟩ *Ggs* aktivieren **1** aus- od. abschalten **2** = desaktivieren [<*de...* + lat. *agere* »treiben, handeln«]
Deal ⟨[diːl] m.; -s, -s; umg.⟩ Handel, Geschäft (mit Rauschgift) [engl.]
dea|len ⟨[diː-] V.; umg.⟩ mit Drogen handeln [<engl. *deal* »handeln«]
Dea|ler ⟨[diː-] m.; -s, -⟩ Drogenhändler [engl.]
Dea|le|rin ⟨[diː-] f.; -, -rin|nen⟩ Drogenhändlerin
De|ba|kel ⟨n.; -s, -⟩ Zusammenbruch, Niederlage [<frz. *débâcle* »Zusammenbruch«]
De|bar|deur ⟨[-dœːr] m.; -s, -e⟩ Auslader (von Schiffen) [<frz. *débadeur* »Transport-, Dockarbeiter«]
de|bar|die|ren ⟨V.⟩ ausladen (Schiffe), die Ladung löschen [<frz. *débarder* »abladen«]
De|bat|te ⟨f.; -, -n⟩ **1** Erörterung; *zur ~ stehen* erörtert werden; *etwas zur ~ stellen* veranlassen, dass etwas erörtert, verhandelt wird **2** Wortgefecht; *sich in eine ~ einlassen* **3** Verhandlung vor einem Parlament; *Bundestags~* [<frz. *débat* »Debatte«]
de|bat|tie|ren ⟨V.⟩ *etwas od. über etwas ~* etwas mündlich verhandeln, erörtern
De|bet ⟨n.; -s, -s⟩ Soll, Schuldposten, die linke Seite, Sollseite des Kontos; *Ggs* Kredit (3); *einen Betrag in das ~ stellen* [lat., »er schuldet«]
de|bil ⟨Adj.⟩ an Debilität leidend [<frz. *débile* »schwächlich« <lat. *debilis* »schwach«]
De|bi|li|tät ⟨f.; -; unz.⟩ **1** körperl. od. geistige Schwäche **2** ⟨Med.⟩ leichteste Form des Schwachsinns [<lat. *debilitas* »Gebrechlichkeit, Entkräftung«]
De|bit ⟨[-biː] m.; -s; unz.; veraltet⟩ **1** Warenabsatz **2** Ausschank [<frz. *débit*]
de|bi|tie|ren ⟨V.; Kaufmannsspr.⟩ **1** verkaufen **2** ein Konto belasten [<frz. *débiter*]
De|bi|tor ⟨m.; -s, -to|ren⟩ Kaufmannsspr.; Schuldner; *Ggs* Kreditor [lat.]
de|blo|ckie|ren ⟨V.⟩ **1** berichtigen, ergänzen **2** eine Blockade auf-

Debrecziner

heben 3 ⟨Typ.⟩ *blockierte Buchstaben oder Ziffern* ~ durch die endgültige ersetzen

De|bre|czi|ner *auch:* **Deb|rec|zi|ner** ⟨[-tsi-] n.; -s, -; meist Pl.⟩ scharf gewürztes Würstchen; *oV* Debreziner [nach der ungar. Stadt *Debrecen*]

De|brez|i|ner *auch:* **Deb|re|zi|ner** ⟨n.; -s, -; meist Pl.⟩ = Debrecziner

de|bug|gen ⟨[di:bʌg-] V.; EDV⟩ (in einem Programm) nach Fehlern suchen u. sie beseitigen; *eine Software* ~ [engl.]

De|bug|ging ⟨[dibʌgɪŋ] n.; - od. -s, -s; EDV⟩ Fehlersuche im Programm [engl., »Entstörung«]

De|büt ⟨[deby:] n.; -s, -s⟩ **1** erstes öffentl. Auftreten, bes. auf der Bühne **2** erste Vorstellung bei Hofe; *sein ~ geben, liefern* [< frz. *début* »Anspiel, erstes Auftreten«]

De|bü|tant ⟨m.; -en, -en⟩ jmd., der sein Debüt gibt [< frz. *débutant* »Anfänger, Neuling«]

De|bü|tan|tin ⟨f.; -, -tin|nen⟩ **1** ⟨i. w. S.⟩ Frau, die ihr Debüt gibt **2** ⟨i. e. S.⟩ junges Mädchen, das in die Gesellschaft eingeführt wird

de|bü|tie|ren ⟨V.⟩ sein Debüt geben; *sie debütierte am Stadttheater in Bielefeld* [< frz. *débuter* »(Spiel) anfangen, zum ersten Mal an die Öffentlichkeit treten«]

De|cha|nat ⟨[-ça-] n.; -(e)s, -e⟩ = Dekanat (4)

De|cha|nei ⟨[-ça-] f.; -, -en⟩ = Dekanei

De|chant ⟨[-çant] m.; -en, -en⟩ = Dekan

De|char|ge ⟨[deʃarʒ(ə)] f.; -, -n [-ʒən]⟩ Entlastung, Entladung, Abschluss [< frz. *décharge* »Entlastung, Erleichterung«]

de|char|gie|ren ⟨[-ʃarʒi:-] V.⟩ entlasten, entbinden, lossprechen [< frz. *décharger*]

de|chif|frie|ren *auch:* **de|chiff|rieren** ⟨[-ʃifri:-] V.⟩ **1** entziffern **2** entschlüsseln [< frz. *déchiffrer*]

De|chif|frie|rung *auch:* **De|chiff|rierung** ⟨[-ʃifri:-] f.; -, -en⟩ das Dechiffrieren; *Ggs* Chiffrierung; →*a.* Decodierung; ~ *eines Geheimtextes*

De|co|der ⟨m.; -s, -⟩ Gerät zum Entschlüsseln kodierter Nachrichten [→ *dekodieren*]

de|co|die|ren ⟨V.; fachsprachl.⟩ = dekodieren

De|co|die|rung ⟨[-ko-] f.; -, -en⟩ Entschlüsselung; ~ *einer verschlüsselten Information; oV* Dekodierung; *Ggs* Codierung; →*a.* Dechiffrierung

De|co|ding ⟨engl. [dikoʊ-] n.; - od. -s, -s⟩ das Entschlüsseln einer Nachricht; *Ggs* Encoding [< lat. *De...* + engl. *code* »Chiffre, Schlüssel«]

De|col|la|ge ⟨[-ʒə] f.; -, -n; Mal.⟩ Kunstwerk, das durch Zerstörung der Oberfläche entsteht [< *De...* + *Collage*]

Dé|col|le|té ⟨[dekɔlte:] n.; -s, -s⟩ = Dekolletee

de|cou|ra|gie|ren ⟨[dekuraʒi:-] V.; geh.⟩ entmutigen, mutlos machen [< frz. *décourager*]

de|cou|vrie|ren *auch:* **de|couv|rieren** ⟨[-ku-] V.⟩ = dekuvrieren

De|cre|scen|do ⟨[dekreʃɛndo] Abk.: decresc.; Zeichen: >; Musik⟩ leiser werdend (zu spielen); *oV* decrescendo; *Sy* diminuendo; *Ggs* crescendo [ital., »abnehmend«]

De|cre|scen|do ⟨[dekreʃɛndo] n.; -s, -s od. -di; Musik⟩ Abnahme der Lautstärke, allmähliches Verklingen; *oV* Decrescendo; *Sy* Diminuendo; *Ggs* Crescendo [ital.]

de da|to ⟨Abk.: d. d.⟩ vom Ausstellungstag an [lat., »vom Tag des Schreibens an«; → *datum*]

De|di|ka|ti|on ⟨f.; -, -en⟩ **1** Widmung, Zueignung **2** Geschenk [< lat. *dedicatio* »Weihung, Widmung«]

de|di|tie|ren ⟨V.⟩ eine Schuld tilgen [< *de...* + lat. *ditare* »bereichern«]

de|di|zie|ren ⟨V.⟩ **1** widmen, zueignen **2** schenken [< lat. *dedicare* »weihen, widmen«]

De|duk|ti|on ⟨f.; -, -en; Philos.⟩ Ableitung des Besonderen aus dem Allgemeinen; *Ggs* Induktion [< lat. *deductio* »Hinführung«]

de|duk|tiv ⟨Adj.; Philos.⟩ das Besondere aus dem Allgemeinen erschließend, folgernd; *Ggs* induktiv [< lat. *deductus*, Part. Perf. zu *deducere*; → *deduzieren*]

de|du|zie|ren ⟨V.; Philos.⟩ deduktiv ableiten, folgern; *Ggs* induzieren (1) [< lat. *deducere* »fortführen, ableiten«]

De|em|pha|sis ⟨f.; -; unz.; Funkw.⟩ Beseitigung der Vorverzerrung; *Ggs* Preemphasis [< *De...* + *Emphase*]

Deep|free|zer ⟨[di:pfri:zə(r)] m.; -s, -⟩ Tiefkühltruhe [engl.]

De|es|ka|la|ti|on ⟨f.; -, -en; bes. Politik⟩ stufenweise Verringerung, Abschwächung (bes. bei militärischen Konflikten)

de|es|ka|lie|ren ⟨V.; bes. Politik⟩ sich stufenweise abschwächen, verringern; *Ggs* eskalieren; *einen Streit* ~

de fac|to ⟨Adv.; Rechtsw.⟩ tatsächlich, den Tatsachen entsprechend, nach Lage der Tatsachen; *Ggs* de jure [lat., »von der Tatsache aus«]

De|fai|tis|mus ⟨[defɛ-] m.; -; unz.⟩ = Defätismus

De|fä|ka|ti|on ⟨f.; -, -en; Med.⟩ Kotentleerung [< lat. *defaecatio* »Reinigung, Abklärung«]

de|fä|kie|ren ⟨V.; Med.⟩ Kot ausscheiden; *oV* defäzieren [< lat. *defaecare* »reinigen«]

De|fa|ti|ga|ti|on ⟨f.; -, -en; veraltet⟩ Überanstrengung, Ermüdung [< lat. *defatigatio* »Ermüdung«]

De|fä|tis|mus ⟨m.; -; unz.⟩ Unglaube an den Sieg, Schwarzseherei, Untergangsstimmung, Miesmacherei; *oV* Defaitismus [< frz. *défaitisme* »Überzeugung, militärisch geschlagen zu werden«]

De|fä|tist ⟨m.; -en, -en⟩ Schwarzseher, Miesmacher [< frz. *défaitiste* »einer, der von der militärischen Niederlage überzeugt ist«]

De|fä|tis|tin ⟨f.; -, -tin|nen⟩ Schwarzseherin, Miesmacherin

de|fä|tis|tisch ⟨Adj.⟩ in der Art des Defätismus, schwarzseherisch

de|fä|zie|ren ⟨V; Med.⟩ = defäkieren

de|fekt ⟨Adj.⟩ **1** fehlerhaft, mangelhaft **2** beschädigt, schadhaft [< lat. *defectus* »geschwächt, mangelhaft«]

De|fekt ⟨m.; -(e)s, -e⟩ **1** Mangel, Fehler, Gebrechen; *körperlicher, geistiger* ~ **2** Beschädi-

Deformierung

gung, Schaden; *Motor*~ **3** Ausfall, Fehlbetrag [→ *defekt*]
De|fekt|e|lek|tron *auch:* **De|fekt elek|tron** ⟨n.; -s, -en; Physik⟩ Lücke, unbesetzter Platz in der Elektronenhülle eines Atoms od. im Kristallgitter eines Halbleiters
de|fek|tiv ⟨Adj.⟩ **1** fehlerhaft **2** lückenhaft **3** ⟨Gramm.⟩ ~*es Nomen, Verbum* = Defektivum
De|fek|ti|vi|tät ⟨[-vi-] f.; -; unz.⟩ Mangelhaftigkeit, Fehlerhaftigkeit [→ *defekt*]
De|fek|ti|vum ⟨[-vum] n.; -s, -va [-va]; Gramm.⟩ flektierbares Wort, bei dem Flexionsformen fehlen, z. B. Dank, Leute, rosa [→ *defekt*]
De|fe|mi|na|ti|on ⟨f.; -, -en; Med.⟩ Frigidität, Verlust der weiblichen (Geschlechts-)Empfindungen [<*De...* + lat. *femina* »Frau«]
de|fen|siv ⟨Adj.⟩ abwehrend, verteidigend; *Ggs* offensiv (1) [<lat. *defendere* »verteidigen«]
De|fen|si|ve ⟨[-və] f.; -, -n⟩ Abwehr, Verteidigung, Abwehrstellung; *Ggs* Offensive [<frz. *défensive* »Verteidigungsstellung«]
De|fen|si|vi|tät ⟨[-vi-] f.; -; unz.⟩ zurückhaltendes, abwehrendes Verhalten; *Ggs* Offensivität
De|fen|sor ⟨m.; -s, -so|ren⟩ Verteidiger, Sachwalter [lat., »Verteidiger«]
De|fen|sor Fi|dei ⟨[-dei] m.; - - od. -s -; unz.⟩ Ehrentitel des engl. Königs, der erstmals 1521 an Heinrich VIII. wegen seines Eintretens für den katholischen Glauben verliehen wurde [lat., »Verteidiger des Glaubens«]
De|fe|ren|ti|tis ⟨f.; -, -ti|den; Med.⟩ Entzündung des Samenleiters [<lat. *deferre* »herabführen«]
de|fe|rie|ren ⟨V.⟩ **1** *Eid* ~ zuschieben **2** *Gesuch* ~ bewilligen, zuerkennen [<frz. *déférer* »übertragen, zuerkennen«]
De|fer|ves|zenz ⟨[-ves-] f.; -; unz.⟩ Nachlassen des Fiebers, Entfieberung [<*De...* + lat. *fervescere* »heiß, glühend werden«]
De|fi|bra|tor *auch:* **De|fi|bra|tor** ⟨m.; -s, -to|ren⟩ Maschine zur Zerfaserung von Holz mit Hilfe von Heißdampf zur Herstellung von Holzfaserplatten u. Halbzellstoff [<*De...* +*Fiber*]
de|fi|bri|nie|ren *auch:* **de|fi|bri|nieren** ⟨V.⟩ von Fibrin befreien u. dadurch ungerinnbar machen; *defibriniertes Blut* [<*de...* + *Fibrin*]
De|fi|cit|spen|ding ⟨[dɛfɪsɪtspɛndɪŋ] n.; - od. -s; unz.; Wirtsch.⟩ **1** Finanzierung notwendiger öffentl. Investitionen durch Neuverschuldung **2** Haushaltsplan, der Verluste vorsieht [<engl. *deficit* »Defizit« + *spend* »ausgeben, verauslagen«]
De|fi|lee ⟨n.; -s, -s⟩ **1** ⟨Geogr.⟩ Engpass, Hohlweg **2** ⟨Mil.⟩ feierlicher Vorbeimarsch **3** ⟨Mode⟩ Modenschau, Modepräsentation in kleinem Rahmen [<frz. *défilé*]
de|fi|lie|ren ⟨V.⟩ **1** einen Engpass durchziehen **2** ⟨Mil.⟩ feierlich vorbeimarschieren [<frz. *défiler*]
De|fi|ni|en|dum ⟨n.; -s, -en|da; Sprachw.⟩ zu definierender Begriff, das, was definiert werden soll; *Ggs* Definiens
De|fi|ni|ens ⟨n.; -, -en|tia; Sprachw.⟩ Begriff, der etwas definiert, etwas, das zur Definition dient; *Ggs* Definiendum
de|fi|nier|bar ⟨Adj.⟩ so beschaffen, dass man es definieren kann; *Ggs* undefinierbar; *eine* ~*e Vorstellung*
de|fi|nie|ren ⟨V.⟩ (genau) erklären, begrifflich bestimmen, festlegen [<lat. *definire* »abgrenzen, bestimmen«]
de|fi|nit ⟨Adj.⟩ bestimmt, festgelegt, endgültig; *eine* ~*e Menge* [→ *definitiv*]
De|fi|ni|ti|on ⟨f.; -, -en⟩ **1** Begriffsbestimmung **2** ⟨kath. Kirche⟩ unfehlbare Entscheidung in dogmat. Fragen [<lat. *definitio* »Begriffsbestimmung«]
de|fi|ni|tiv ⟨Adj.⟩ endgültig, bestimmt; *ein* ~*er Beschluss; eine* ~*e Entscheidung* [<lat. *definitivus* »bestimmend, entscheidend«]
De|fi|ni|ti|vum ⟨n.; -s, -va⟩ endgültiger Zustand [→ *definitiv*]
de|fi|ni|to|risch ⟨Adj.⟩ mit Hilfe einer Definition
de|fi|zi|ent ⟨Adj.; geh.⟩ unvollständig [<frz. *déficient* »ungenügend entwickelt«]

De|fi|zi|ent ⟨m.; -en, -en; veraltet⟩ Dienstuntauglicher [zu lat. *deficiens* »ermattend, schwach werdend«]
De|fi|zit ⟨a. [--'-] n.; -s, -e⟩ **1** Mangel **2** Fehlbetrag **3** Einbuße, Verlust [zu lat. *deficit* »es fehlt«]
de|fi|zi|tär ⟨Adj.⟩ ein Defizit ergebend, Mängel aufweisend [<frz. *déficitaire* »mit Verlust abschließend«]
De|fla|gra|ti|on *auch:* **De|fla|gra|tion** ⟨f.; -, -en⟩ verhältnismäßig langsames Abbrennen eines Sprengstoffes ohne Explosion; →*a.* Detonation [zu lat. *deflagrare* »niederbrennen«]
De|fla|ti|on ⟨f.; -, -en⟩ **1** ⟨Wirtsch.⟩ starke Einschränkung des Geldumlaufs ohne entsprechende Verringerung der Produktion; *Ggs* Inflation; *eine Zeit der* ~ **2** ⟨Geol.⟩ Abtragung von lockerem Gestein u. Sand [<*De...* + In*flation*]
de|fla|ti|o|när ⟨Adj.; Wirtsch.⟩ = deflatorisch; *Ggs* inflationär
de|fla|ti|o|nie|ren ⟨V.; Wirtsch.⟩ durch die Senkung des Geldumlaufs eine Deflation bewirken; *Ggs* inflationieren
de|fla|ti|o|nis|tisch ⟨Adj.; Wirtsch.⟩ = deflatorisch; *Ggs* inflationistisch
de|fla|to|risch ⟨Adj.; Wirtsch.⟩ eine Deflation bewirkend; *oV* deflationär, deflationistisch; *Ggs* inflatorisch
De|flek|tor ⟨m.; -s, -to|ren⟩ Rauchkappe, Luftsaugkappe als Schornsteinaufsatz [<lat. *deflectere* »ablenken«]
De|flo|ra|ti|on ⟨f.; -, -en⟩ Entjungferung [→ *deflorieren*]
de|flo|rie|ren ⟨V.⟩ entjungfern [<lat. *deflorare*, eigtl. »der Blüte berauben«]
de|form ⟨Adj.⟩ missgestaltet, verunstaltet [<*de...* + lat. *forma* »Form, Gestalt«]
De|for|ma|ti|on ⟨f.; -, -en⟩ **1** Gestalt-, Formveränderung **2** Verunstaltung **3** Missbildung [<lat. *deformatio* »Entstellung«]
de|for|mie|ren ⟨V.⟩ **1** verformen **2** verunstalten, entstellen [<lat. *deformare* »entstellen«]
De|for|mie|rung ⟨f.; -, -en⟩ **1** das Deformieren **2** das Deformiertsein

Deformität

De|for|mi|tät ⟨f.; -, -en⟩ Missbildung [<lat. *deformitas* »Missgestalt«]
De|fros|ter ⟨m.; -s, -⟩ **1** am Kraftwagen Heizvorrichtung zum Freihalten der Schutzscheibe von Schnee u. Eis **2** am Kühlschrank Vorrichtung zum Abtauen des Gefrierfachs [engl.]
De|ga|ge|ment ⟨[-ga:ʒ(ə)mãː] n.; -s, -s⟩ **1** Befreiung von einer Verpflichtung **2** Zwanglosigkeit [<frz. *dégagement* »Beseitigung, Loslösung«]
de|ga|gie|ren ⟨[-ʒiː-] V.⟩ jmdn. ~ (von einer Verpflichtung) befreien [<frz. *dégager* »beseitigen, loslösen«]
de|ga|giert ⟨[-ʒiːrt] Adj.⟩ **1** frei, befreit, losgelöst **2** zwanglos
De|ge|ne|ra|ti|on ⟨f.; -, -en⟩ Rückbildung, Entartung; *Ggs* Regeneration (1) [<lat. *degeneratio*]
de|ge|ne|ra|tiv ⟨Adj.⟩ auf Degeneration beruhend
de|ge|ne|rie|ren ⟨V.⟩ sich zurückbilden, entarten; *Ggs* regenerieren (1) [<lat. *degenerare* »entarten«]
De|glu|ti|na|ti|on ⟨f.; -, -en⟩ = Aphärese [<*De…* + lat. *glutinare* »zusammenleimen«]
De|gor|ge|ment ⟨[-ʒ(ə)mãː] n.; -s, -s⟩ das Degorgieren
de|gor|gie|ren ⟨[-ʒiː-] V.⟩ **1** Heferückstände aus dem Flaschenhals entfernen (bei Schaumwein) **2** wässern (von Fleisch) [<frz. *dégorger* »reinigen«]
De|gout ⟨[-guː] m.; -s; unz.; veraltet⟩ Ekel, Widerwille, Abneigung [<frz. *dégoût*]
de|gou|tant ⟨[-gu-] Adj.; veraltet⟩ ekelhaft, abstoßend, widerlich [<frz. *dégoûtant*]
De|gra|da|ti|on ⟨f.; -, -en⟩ **1** ⟨Mil.⟩ = Degradierung **2** ⟨Landw.⟩ ~ *des Bodens* Verschlechterung des Bodens durch Entzug wertvoller Nährstoffe **3** ⟨Physik⟩ ~ *der Energie* **3.1** Zerstreuung der Energie **3.2** Aufspaltung einer Energie in andere, weniger nutzbare Energiearten [<frz. *dégradation* »Degradierung, Herabwürdigung«]
de|gra|die|ren ⟨V.⟩ **1** ⟨Mil.⟩ jmdn. ~ im Rang herabsetzen; *einen Offizier zum Gefreiten* ~ **2** *den Boden* ~ durch Entzug wertvoller Nährstoffe verschlechtern

3 ⟨Physik⟩ *Energie* ~ zerstreuen [<frz. *dégrader* »degradieren, herabsetzen«]
De|gra|die|rung ⟨f.; -, -en⟩ das Degradieren, das Degradiertwerden; *Sy* Degradation (1)
de|grais|sie|ren *auch:* **de|grais|sie|ren** ⟨[degrɛs-] V.; Kochk.⟩ Fett abschöpfen (von Soßen, Brühen u. Suppen) [<frz. *dégraisser* »entfetten«]
De|gres|si|on ⟨f.; -, -en; Wirtsch.⟩ **1** Verringerung des Steuersatzes bei abnehmendem Einkommen **2** Kostenverringerung bei steigender Produktion [<frz. *dégression* »Abnahme«]
de|gres|siv ⟨Adj.⟩ **1** nachlassend, abnehmend, sinkend **2** ~*e Werte* im Verhältnis zu einer Bezugsgröße weniger werdende Werte; →*a.* linear (2), progressiv (2) **3** ~*e Abschreibung* A., bei der ein Prozentsatz auf den Restbuchwert bezogen wird [<frz. *dégressif* »abnehmend«]
De|gus|ta|ti|on ⟨f.; -, -en; bes. schweiz.⟩ Kostprobe [frz.]
de gus|ti|bus non est dis|pu|tan|dum über Geschmack(sfragen) lässt sich nicht streiten [lat.]
de|gus|tie|ren ⟨V.; schweiz.⟩ probieren, kosten, versuchen [<frz. *déguster* »probieren, kosten, genießen«]
De|hors ⟨[daɔːr] nur Pl.⟩ äußerer Schein, gesellschaftl. Anstand; *die* ~ *wahren* [frz., »draußen«]

♦ Die Buchstabenfolge **de|hydr…** kann auch **de|hyd|r…** getrennt werden.

♦ **De|hy|dra|se** ⟨f.; -, -n; Chemie⟩ Ferment, das aus einer zu oxidierenden Substanz Wasserstoff abspaltet u. ihn auf eine andere überträgt; *Sy* Dehydrogenase [<*De…* + grch. *hydor* »Wasser«]
♦ **De|hy|dra|ta|ti|on** ⟨f.; -, -en; Chemie⟩ Entzug von Wasser [<*De…* + *Hydratation*]
♦ **De|hy|dra|ti|on** ⟨f.; -, -en; Chemie⟩ Entzug von Wasserstoff; *oV* Dehydrierung [→ *dehydrieren*]
♦ **de|hy|dra|ti|sie|ren** ⟨V.; Chemie⟩ chem. *Verbindungen* ~ Wasser aus chem. Verbindungen abspalten

♦ **De|hy|dra|ti|sie|rung** ⟨f.; -, -en; Chemie⟩ **1** Abspalten von Wasser innerhalb eines Moleküls **2** Entwässerung kristallwasserhaltiger Verbindungen **3** = Dehydratation [<*De…* + grch. *hydor* »Wasser«]
♦ **de|hy|drie|ren** ⟨V.; Chemie⟩ Wasserstoff entziehen [<*de…* + *hydrieren*]
♦ **De|hy|drie|rung** ⟨f.; -, -en; Chemie⟩ = Dehydration
♦ **De|hy|dro|ge|na|se** ⟨f.; -, -n; Chemie⟩ = Dehydrase
Dei|fi|ka|ti|on ⟨f.; -, -en⟩ **1** Vergötterung **2** Vergottung [<*Deus* + …*fikation*]
dei|fi|zie|ren ⟨V.⟩ **1** vergöttern **2** vergotten [→ *Deifikation*]
Dei gra|tia ⟨[deːiː-] Adv.⟩ Abk.: D. G.⟩ von Gottes Gnaden (beim Titel von geistl. u. weltl. Würdenträgern) [lat.]
deik|tisch ⟨a. [deːɪk-] Adj.; Sprachw.⟩ hinweisend, zeigend, durch Beispiele lehrend; ~ *begründet* [<grch. *deiktikos* »hinweisend«]
De|in|king ⟨engl. [di-] n.; - od. -s; unz.⟩ das Entfernen von Druckerschwärze während des Altpapierrecyclings [zu engl. *ink* »Tinte, Druckfarbe«]
De|is|mus ⟨m.; -; unz.; Philos.⟩ religionsphilos. Anschauung, die aus Vernunftsgründen einen Weltschöpfer anerkennt, aber den Glauben an sein weiteres Einwirken auf das Weltgeschehen ablehnt [<lat. *deus* »Gott«]
De|ist ⟨m.; -en, -en; Philos.⟩ Anhänger des Deismus
de|is|tisch ⟨Adj.; Philos.⟩ den Deismus betreffend, in seinem Sinne verfahrend
Dei|xis ⟨a. [deːɪ-] f.; -; unz.; Sprachw.⟩ Hinweisfunktion (von Wörtern) [zu grch. *deiknynai* »zeigen«]
Dé|jà-vu ⟨[deʒavyː] n.; - od. -s, -s⟩ Begebenheit, von der man glaubt, diese schon einmal erlebt zu haben, Erinnerungstäuschung [<frz. *déjà* »schon« + *vu* »gesehen«]
De|jekt ⟨n.; -(e)s, -e⟩ Auswurf, Kot [<lat. *deiectus*, Part. Perf. zu *deicere* »abwerfen«]
De|jek|ti|on ⟨f.; -, -en⟩ Entleerung (von Kot, Auswurf) [<lat. *deiectio* »Ausstoßung«]

Deklination

de ju|re ⟨Adv.⟩ von Rechts wegen, auf rechtlicher Grundlage; *Ggs* de facto [<lat. *de iure* »vom Recht her«]

De|ka ⟨n.; - od. -s, -; österr.; kurz für⟩ Dekagramm

de|ka..., De|ka... ⟨vor Vokalen⟩ dek..., Dek... ⟨Abk.: da⟩ zehn..., Zehn...; bei Maßeinheiten das Zehnfache der genannten Einheit; *Dekameter* [<grch. *dek* »zehn«]

De|ka|brist auch: **De|kab|rist** ⟨m.; -en, -en⟩ **1** ⟨urspr.⟩ Dezembermann **2** Teilnehmer am Aufstand von 26.(14.)12.1825 in St. Petersburg gegen Zar Nikolaus I. [<russ. *dekabr* »Dezember«]

De|ka|de ⟨f.; -, -n⟩ **1** zehn Stück **2** Zeitraum von zehn Tagen [<frz. *décade* »Dekade«; zu grch. *deka* »zehn«]

de|ka|dent ⟨Adj.⟩ kulturell, sittlich heruntergekommen, entartet [<frz. *décadent*]

De|ka|denz ⟨f.; -; unz.⟩ **1** ⟨urspr.⟩ im 19. Jh. begründete Stilrichtung, die sich aufgrund eines vorausgeahnten Kulturverfalls in eine subjektiv-individualistische Grundhaltung flüchtet u. sich von bürgerlichen Werten u. Normen distanziert **2** kultureller Niedergang, sittl. Verfall, Kraftlosigkeit, Entartung [<frz. *décadence*]

de|ka|disch ⟨Adj.⟩ auf der Zehn beruhend, zehnteilig; ~es *System* = Dezimalsystem

De|ka|eder ⟨n.; -s, -; Geom.⟩ ein von zehn (kongruenten) Vielecken begrenzter Körper, Zehnflach, Zehnflächner

De|ka|gon ⟨n.; -s, -e; Geom.⟩ Zehneck [<*Deka...* + *...gon*]

De|ka|gramm ⟨n.; -(e)s, -; Abk.: dag, österr.: dkg⟩ zehn Gramm

De|ka|liter ⟨n.; -s, -; Abk.: dal⟩ zehn Liter

De|ka|kier|pa|pier ⟨n.; -s; unz.⟩ Papier für Abziehbilderdruck [zu frz. *décalquer* »(Bild) abziehen«]

De|ka|log ⟨m.; -(e)s; unz.; Rel.⟩ die Zehn Gebote [<*Deka...* + *...log*′]

Dek|a|me|ron auch: **De|ka|me|ron** ⟨n.; -s; unz.⟩ = Dekamerone

Dek|a|me|ro|ne auch: **De|ka|me|ro|ne** ⟨n.; -s; unz.; Lit.⟩ Boccaccios Sammlung von Novellen, die an zehn Tagen erzählt wurden; *oV* Dekameron [<*Deka...* + grch. *hemera* »Tag«]

De|ka|me|ter ⟨n.; -s, -; Abk.: dam⟩ zehn Meter

De|kan ⟨m.; -s, -e⟩ **1** Leiter einer Hochschulfakultät **2** ⟨kath. Kirche⟩ Vorsteher eines geistlichen Kollegiums, Erzpriester; *oV* Dechant **3** ⟨evang. Kirche⟩ Superintendent [<lat. *decanus* »Führer von 10 Mann; Vorgesetzter von 10 Mönchen«; zu *decem* »zehn«]

De|ka|nat ⟨n.; -(e)s, -e⟩ **1** Verwaltung einer Fakultät **2** Amt eines Dekans (1) **3** ⟨kath. Kirche⟩ Amtsbezirk eines Dekans (3); *oV* Dechanat **4** ⟨evang. Kirche⟩ Amtsbezirk eines Superintendenten

De|ka|nei ⟨f.; -, -en⟩ Wohnung eines Dekans (3); *oV* Dechanei

de|kan|tie|ren ⟨V.; Chemie⟩ *Flüssigkeit* ~ vom Bodensatz abgießen [<frz. *décanter* »abklären, abgießen«]

de|ka|pie|ren ⟨V.; Chemie⟩ *geglühte Metalle* ~ auf chem. Wege vom Zunder reinigen [<frz. *décaper* »abbeizen, entrosten«]

De|ka|po|de ⟨m.; -n, -n; Zool.⟩ Zehnfußkrebs [<*Deka...* + *...pode*]

De|kar auch: **De|kar** ⟨n.; -s, -e od. (bei Zahlenangaben) -⟩ zehn Ar; *oV* Dekare [<*Deka* + *Ar*]

De|ka|re auch: **De|ka|re** ⟨f.; -, -n; schweiz.⟩ = Dekar

de|kar|tel|lie|ren, de|kar|tel|li|sie|ren ⟨V.⟩ *Kartelle* ~ entflechten [<*de...* + *kartellieren*]

De|ka|ster ⟨m.; -s, -e od. -s od. (bei Zahlenangaben) -⟩ zehn Ster (zehn Kubikmeter, ein veraltetes Holzmaß) [<*Deka...* + *Ster*]

De|ka|teur ⟨[-tø:r] m.; -s, -e; Textilw.⟩ jmd., der Stoffe dekatiert; *Sy* Dekatierer

de|ka|tie|ren ⟨V.; Textilw.⟩ *Stoffe* ~ mit Wasserdampf behandeln, damit sie nach der Verarbeitung nicht mehr einlaufen [<frz. *décatir* »dekatieren, krimpen«]

De|ka|tie|rer ⟨m.; -s, -; Textilw.⟩ = Dekateur

De|ka|tron auch: **De|kat|ron** ⟨n.; -s, -tro|ne; EDV⟩ in Rechen- u. Zählschaltungen vorhandene Gasentladungsröhre mit zehn Kathoden zur Verarbeitung u. Darstellung der Ziffern 0 bis 9 [<grch. *deka* »zehn« + *...tron*]

De|kla|ma|ti|on ⟨f.; -, -en⟩ **1** kunstgerechter Vortrag, z. B. einer Dichtung **2** ⟨Musik⟩ Einheit von sprachl. u. musikal. Gestaltung **3** ⟨umg.; scherzh.⟩ übertreibender, pathetischer sprachlicher Ausdruck [<lat. *declamatio* »Redeübung, Vortrag«]

De|kla|ma|tor ⟨m.; -s, -to|ren⟩ **1** Vortragskünstler **2** ⟨umg.; scherzh.⟩ jmd., der mit übertriebenem Pathos redet

de|kla|ma|to|risch ⟨Adj.⟩ **1** in der Art einer Deklamation (1, 2) **2** ⟨umg.; scherzh.⟩ übertrieben pathetisch [<lat. *declamatorius* »rednerisch«]

de|kla|mie|ren ⟨V.⟩ **1** ausdrucksvoll vortragen **2** deutlich sprechen, z. B. beim Gesang **3** ⟨umg.; scherz.⟩ übertrieben pathetisch sprechen [<lat. *declamare* »laut vortragen«]

De|kla|rant ⟨m.; -en, -en⟩ jmd., der eine Deklaration abgibt [<lat. *declarans,* Part. Präs. zu *declarare; → deklarieren*]

De|kla|ra|ti|on ⟨f.; -, -en⟩ **1** offizielle Erklärung **2** Zoll-, Steuererklärung **3** Inhalts-, Wertangabe [<lat. *declaratio* »Kundgebung, Erklärung«]

de|kla|ra|tiv ⟨Adj.⟩ in Art und Form einer Deklaration; *oV* deklaratorisch

de|kla|ra|to|risch ⟨Adj.⟩ = deklarativ

de|kla|rie|ren ⟨V.⟩ **1** eine Deklaration abgeben über, erklären **2** Inhalt, Wert angeben von [<lat. *declarare* »deutlich machen, ausdrücken, darlegen«]

de|klas|sie|ren ⟨V.⟩ *jmdn.* ~ in eine (sozial) niedrigere Klasse verweisen, herabsetzen [<frz. *déclasser* »umordnen, aus der Bahn werfen, die Standesunterschiede verwischen«]

de|kli|na|bel ⟨Adj.; Gramm.⟩ durch Flexion veränderbar; *Ggs* indeklinabel; *deklinable Wortarten* [<lat. *declinabilis* »abänderbar, beugbar«]

De|kli|na|ti|on ⟨f.; -, -en⟩ **1** ⟨Gramm.⟩ ~ *des Nomens, Pronomens* Beugung, Flexion; *star-*

Deklinator

ke ~; *schwache* ~ **2** ⟨Astron.⟩ Winkelabstand eines Gestirns vom Himmelsäquator **3** ⟨Geophysik⟩ Abweichung der Richtung einer Magnetnadel von der wahren Nordrichtung, Missweisung [< lat. *declinatio* »Abbiegung, Beugung«]

De|kli|na|tor ⟨m.; -s, -to|ren⟩ = Deklinatorium

De|kli|na|to|ri|um ⟨n.; -s, -ri|en⟩ Kompass zum Messen der Abweichung der Magnetnadel; *oV* Deklinator [zu lat. *declinare* »abweichen«]

de|kli|nie|ren ⟨V.; Gramm.⟩ *ein Nomen, Pronomen* ~ seine vier Fälle bilden, beugen [< lat. *declinare* »abbiegen, abändern, beugen«]

De|ko ⟨f.; -, -s; umg.; salopp⟩ modische Dekoration, schmückende Dinge; *leuchtende Farben u. üppige* ~; *Weinblätter als farbige* ~ *auf dem Büfett; karierter* ~*stoff*

de|ko|die|ren ⟨V.⟩ *einen Text, eine Nachricht* ~ die Zuordnung zu einem Kode (1 od. 2) rückgängig machen; *oV* ⟨fachsprachl.⟩ decodieren; *Ggs* kodieren

De|ko|die|rung ⟨f.; -, -en⟩ = Decodierung

De|kokt ⟨n.; -(e)s, -e; Pharm.⟩ Abkochung [< lat. *decoctus*, Part. Perf. zu *decoquere* »ab-, auskochen«]

De|kol|le|té ⟨[-kɔlteː] n.; -s, -s⟩ = Dekolletee

De|kol|le|tee ⟨n.; -s, -s⟩ tiefer Kleidausschnitt; *oV* Décolleté, Dekolleté [< frz. *décolleté*]

de|kol|le|tie|ren ⟨[-kɔl-] V.⟩ mit einem Dekolletee versehen [< frz. *décolleter*]

de|ko|lo|rie|ren ⟨V.⟩ entfärben, ausbleichen

De|kom|pen|sa|ti|on ⟨f.; -, -en⟩ deutlich erkennbares Nachlassen der Leistungsfähigkeit eines Organs, bes. des Herzens, das durch Kompensation überbeansprucht wurde; *Ggs* Kompensation (3)

de|kom|po|nie|ren ⟨V.⟩ in seine Bestandteile auflösen, zerlegen

De|kom|po|si|ti|on ⟨f.; -, -en⟩ Auflösung

De|kom|po|si|tum ⟨n.; -s, -ta od. -si|ten; Gramm.⟩ **1** Ableitung von einem zusammengesetzten Wort, z. B. »schriftstellern« **2** mehrfach zusammengesetztes Wort, z. B. »Mitternachtssonne«

De|kom|pres|si|on ⟨f.; -, -en; Technik⟩ Druckabfall, Druckentlastung

De|kom|pres|si|ons|kam|mer ⟨f.; -, -n; Technik⟩ abgeschlossener Raum, in dem für einen Organismus eine allmähl. Druckreduzierung erfolgt, nachdem dieser sich längere Zeit in Überdruckräumen aufgehalten hat

de|kom|pri|mie|ren ⟨V.; Technik⟩ von etwas den Druck reduzieren; *Ggs* komprimieren

◆ Die Buchstabenfolge **de|kon|str...** kann auch **de|konstr...** oder **dekonstr...** getrennt werden.

◆ **de|kon|stru|ie|ren** ⟨V.⟩ zergliedern, abbauen; *Ggs* konstruieren

◆ **De|kon|struk|ti|on** ⟨f.; -, -en⟩ Zergliederung, Demontage; *Ggs* Konstruktion

◆ **de|kon|struk|tiv** ⟨Adj.⟩ zergliedernd, einer Entwicklung entgegenwirkend; *Ggs* konstruktiv

◆ **De|kon|struk|ti|vis|mus** ⟨[-vɪs-] m.; -; unz.⟩ eine, z. B. in der Literatur u. Architektur, seit den siebziger bzw. achtziger Jahren auftretende Strömung, die herkömmlichen Texttechniken bzw. Baumaterialien aufgliedert u. in neue Bezüge zueinander stellt; →a. Konstruktivismus, Postmoderne

◆ **de|kon|struk|ti|vis|tisch** ⟨[-vɪs-] Adj.⟩ auf dem Dekonstruktivismus beruhend, ihn betreffend

De|kon|ta|mi|na|ti|on ⟨f.; -, -en; Kernphysik⟩ Reinigung von Lebewesen oder Gegenständen von radioaktiv strahlenden Stoffen; *Sy* Dekontaminierung; *Ggs* Kontamination (2)

de|kon|ta|mi|nie|ren ⟨V.; Kernphysik⟩ **1** *Spaltprodukte, die Neutronen absorbieren,* ~ aus einem Kernreaktor entfernen **2** von radioaktiven Stoffen reinigen

De|kon|ta|mi|nie|rung ⟨f.; -, -en; Kernphysik⟩ = Dekontamination

De|kon|zen|tra|ti|on *auch:* **De|kon|zent|ra|ti|on** ⟨f.; -, -en⟩ Zerstreuung, Zersplitterung, Auflösung, Verteilung; *Ggs* Konzentration

de|kon|zen|trie|ren *auch:* **de|kon|zent|rie|ren** ⟨V.⟩ zerstreuen, zersplittern, auflösen; *Ggs* konzentrieren

De|kor ⟨m. od. n.; -s, -s od. -e⟩ **1** Schmuck, Verzierung, Muster (auf Glas- u. Tonwaren) **2** Ausstattung (eines Theaterstücks) [< frz. *décor*]

De|ko|ra|teur ⟨[-tøːr] m.; -s, -e⟩ **1** Handwerker für die Ausstattung von Innenräumen **2** ⟨Film; Theat.⟩ Handwerker für die Ausstattung der Bühne u. Szenen [< frz. *décorateur*]

De|ko|ra|teu|rin ⟨[-tøː-] f.; -, -rin|nen⟩ = Dekorateurin

De|ko|ra|ti|on ⟨f.; -, -en⟩ **1** Ausschmückung, Schmuck; *oV* Dekorierung **2** Ausstattung; *Bühnen*~ **3** Orden, Ehrenzeichen [< frz. *décoration* »Ausschmückung, Ausstattung«]

de|ko|ra|tiv ⟨Adj.⟩ wirkungsvoll schmückend [< frz. *décoratif*]

de|ko|rie|ren ⟨V.⟩ **1** schmücken, verzieren **2** ausstatten **3** auszeichnen; *er ist mit einem Orden dekoriert worden* [< frz. *décorer*]

De|ko|rie|rung ⟨f.; -, -en⟩ das Dekorieren; *oV* Dekoration (1)

De|kort ⟨a. [-koːr] m.; -s, -e; bei Zahlungen⟩ Abzug [< *De...* ← ital. *corto* »kurz«]

de|kor|tie|ren ⟨V.⟩ *einen Betrag der Rechnung* ~ abziehen, kürzen [→ *Dekort*]

De|ko|stoff ⟨m.; -(e)s, -e; Textilw.⟩ Gewebe für Vorhänge, Möbelbezug, Schaufenster- u. Bühnenausschmückung [verkürzt <Dekoration + *Stoff*]

de|ko|tie|ren ⟨V.; Börse⟩ *ein Wertpapier von der Börse* ~ die Börsenzulassung aufgeben; *Ggs* kotieren

De|ko|tie|rung ⟨f.; -, -en; Börse⟩ Rückgabe der Börsenzulassung; *Ggs* Kotierung; ~ *von Wertpapieren*

de|kre|di|tie|ren ⟨V.⟩ den Kredit herabsetzen von [< frz. *décréditer* » in Verruf bringen«]

De|kre|ment ⟨n.; -(e)s, -e⟩ **1** Abnahme, Verminderung, Verfall

Delirium

2 ⟨Math.⟩ kleine Abnahme einer Größe; *Ggs* Inkrement [zu lat. *decrescere* »abnehmen, sich vermindern«]
de|kre|men|tie|ren ⟨V.⟩ um einen bestimmten Wert verringern [zu lat. *decrementum* »Abnahme, Verminderung«; zu *decrescere* »kleiner werden, im Wachstum abnehmen«]
De|kre|pi|ta|ti|on ⟨f.; -, -en⟩ Zerfall, Zerplatzen von Kristallen beim Erhitzen, was mit knisterndem Geräusch verbunden ist [<frz. *décrépitation* »das Knistern«]
de|kre|pi|tie|ren ⟨V.⟩ zerfallen, zerplatzen [<frz. *décrépiter* »knistern, prasseln«]
de|kre|scen|do ⟨[-ʃɛn-] Musik⟩ = decrescendo
De|kre|scen|do ⟨[-ʃɛn-] n.; -s, -s od. -di; Musik⟩ = Decrescendo
De|kres|zenz ⟨f.; -, -en⟩ Abnahme [<lat. *decrescere* »an Wachstum abnehmen, sich vermindern«]
De|kret ⟨n.; -(e)s, -e⟩ behördl. Verordnung, Verfügung; *ein ~ erlassen* [<lat. *decretum* »Beschluss, Verordnung«]
De|kre|ta|le ⟨n.; -, -n od. -li|en⟩ päpstl. Entscheidung [<lat. *decretum* »Beschluss«]
de|kre|tie|ren ⟨V.⟩ ein Dekret erlassen über, verordnen, verfügen [<mlat. *decretare* »beschließen, verordnen«]
de|kryp|tie|ren ⟨V.⟩ ohne Kenntnis des Schlüssels einen Geheimtext zu entschlüsseln versuchen [<*de...* + grch. *kryptos* »versteckt, verborgen«]
de|ku|pie|ren ⟨V.⟩ mit der Dekupiersäge abschneiden, aussägen, ausschneiden [<frz. *découper* »zer-, ausschneiden«]
De|ku|pier|sä|ge ⟨f.; -, -n⟩ Tischlersäge mit senkrecht stehendem, sehr schmalem Blatt
De|ku|rie ⟨[-riə] f.; -, -n; im antiken Rom⟩ Abteilung von 10 Mann [<lat. *decuria* »Abteilung von zehn Leuten«; zu *decem* »zehn«]
De|ku|rio ⟨m.; -s od. -o|nen, -o|nen⟩ Führer einer Dekurie [lat.]
de|kus|siert ⟨Adj.; Bot.⟩ *~e Blattstellung* kreuzweise gegenständige B. [<lat. *decussare* »kreuzweise abteilen«]

De|ku|vert ⟨[-vɛːr] n.; -s, -s⟩ **1** Ausfall einer Einnahme **2** unbeglichene Schuld **3** Mangel an Wertpapieren [<frz. *découvert*, eigtl. »aufgedeckt, entblößt«]
de|ku|vrie|ren *auch:* de|kuv|rie|ren ⟨[-vriː-] Adj.⟩ *oV* decouvrieren **1** *etwas ~* aufdecken, offenbaren, verraten **2** *jmdn. ~* erkennen, entlarven, entdecken [<frz. *decouvrir* »auf-, entdecken«]
del. ⟨Abk. für⟩ **1** deleatur, Deleatur **2** delineavit
De|lay ⟨[dɪlɛɪ] n.; -s, -s⟩ zeitliche Verzögerung (bei Liveübertragungen, im Internet, Flugverkehr o. Ä. [engl., »Verzug, Verspätung«]
de|le|a|tur ⟨Abk.: del.; Zeichen: ⌿; Typ.⟩ es werde getilgt, gestrichen (Anweisung zum Streichen beim Schriftsatz) [lat., »es möge zerstört werden«]
De|le|a|tur ⟨n.; -, -; Abk.: del.; Zeichen: ⌿⟩ Tilgungszeichen
De|le|gat ⟨m.; -en, -en⟩ **1** Abgeordneter **2** päpstl. Bevollmächtigter [<lat. *delegatus*, Part. Perf. zu *delegare* »überweisen, zuweisen«]
De|le|ga|ti|on ⟨f.; -, -en⟩ **1** Abordnung **2** Übertragung (einer Vollmacht, Befugnis, Schuld) [<lat. *delegatio* »Zuweisung, Überweisung«]
de|le|gie|ren ⟨V.⟩ **1** abordnen; *jmdn. zu einer Besprechung, Tagung ~* **2** ⟨Rechtsw.⟩ übertragen [<lat. *delegare* »zuweisen, überweisen«]
De|le|gier|te(r) ⟨f. 2 (m. 1)⟩ jmd., der zu etwas delegiert ist, Abgeordnete(r), Mitglied einer Delegation; *eine Delegiertenversammlung einberufen*
De|le|gie|rung ⟨f.; -, -en⟩ das Delegieren, das Delegiertwerden
de|le|gi|ti|mie|ren ⟨V.⟩ für nicht rechtmäßig erklären, seiner Legitimation berauben; *Ggs* legitimieren (1)
De|le|ti|on ⟨f.; -, -en⟩ **1** ⟨Sprachw.⟩ Weglassprobe zur Bestimmung syntakt. Strukturen **2** ⟨Med.⟩ Verlust eines Chromosomenabschnittes [<lat. *deletio* »Vertilgung«]
Del|fin ⟨m.; -s, -e; Zool.⟩ = Delphin

Del|fi|na|ri|um ⟨n.; -s, -ri|en⟩ = Delphinarium
De|li|be|ra|ti|on ⟨f.; -, -en⟩ Beratung, Überlegung [<lat. *deliberatio* »Erwägung, Überlegung«]
De|li|be|ra|tiv|stim|me ⟨f.; -, -n; in polit. Körperschaften⟩ nur beratende Stimme; *Ggs* Dezisivstimme
de|li|be|rie|ren ⟨V.⟩ beraten, überlegen [<lat. *deliberare* »erwägen, überlegen«]
de|li|kat ⟨Adj.⟩ **1** köstlich, lecker; *~e Speise* **2** empfindlich, zart fühlend; *Ggs* indelikat **3** heikel, behutsam zu behandeln; *eine ~e Angelegenheit* [<frz. *délicat*]
De|li|ka|tes|se ⟨f.; -, -n⟩ **1** ⟨zählb.⟩ köstliche Speise **2** ⟨unz.⟩ Behutsamkeit; *eine Sache mit ~ behandeln* [<frz. *délicatesse*]
De|likt ⟨n.; -(e)s, -e⟩ strafbare Handlung [<lat. *delictum* »Vergehen, Fehltritt«]
de|lik|tisch ⟨Adj.; schweiz.⟩ auf einem Delikt beruhend, ungesetzlich, strafbar; *~ erworbenes Geld*
de|li|ne|a|vit ⟨Abk.: del. od. delin.⟩ er hat (es) gezeichnet (bes. auf Kupferstichen nach dem Namen des Künstlers) [lat.]
de|lin|quent ⟨Adj.⟩ straffällig
De|lin|quent ⟨m.; -en, -en⟩ Missetäter, Übeltäter, Verbrecher [<lat. *delinquens*, Part. Präs. zu *delinquere* »sich vergehen, einen Fehltritt begehen«]
De|lin|quen|tin ⟨f.; -, -tin|nen⟩ Misse-, Übeltäterin, Verbrecherin
De|lin|quenz ⟨f.; -; unz.⟩ Straffälligkeit
de|lin|quie|ren ⟨V.; schweiz.⟩ straffällig werden, ein Delikt begehen
de|li|rie|ren ⟨V.⟩ irre reden, irre sein [<lat. *delirare* »wahnwitzig sein«]
De|lir ⟨n.; -s, -ri|en⟩ = Delirium
De|li|ri|um ⟨n.; -s, -ri|en⟩ Zustand der Verwirrung mit Wahnvorstellungen (im Fieber, Rausch); *Sy* Delir; *~ tremens* nach chron. Alkoholvergiftung akut auftretende, schwere Bewusstseinstrübung mit Sinnestäuschungen, Wahnerlebnissen u. Ä. [<lat. *delirium* »Wahnsinn« <lat. *delirium tremens* lat., »zitternder Wahnsinn«]

delisch

de|lisch ⟨Adj.⟩ Delos betreffend, zu Delos gehörig; *Delisches Problem* geometr. Aufgabe aus dem grch. Altertum, zu einem gegebenen Würfel den Würfel doppelten Inhalts zu konstruieren (mit Zirkel u. Lineal allein nicht lösbar) [nach dem Orakel zu *Delos*]

de|li|zi|ös ⟨Adj.⟩ fein, köstlich [frz. *délicieux*]

Del|kre|de|re ⟨n.; -, -⟩ Haftung für eine Forderung; ~ *stehen für*... [<ital. *del credere* »(Bürgschaft) des Glaubens«]

de|lo|gie|ren ⟨[-ʒi:-] V.; bes. österr.⟩ zum Räumen, Ausziehen aus der Wohnung zwingen, vertreiben [<frz. *déloger* »(aus einer Wohnung) ausziehen, ausquartieren«]

De|lo|gie|rung ⟨[-ʒi:-] f.; -, -en⟩ das Delogieren, das Delogiertwerden

Delphin / Delfin (*Laut-Buchstaben-Zuordnung*) Die aus dem Griechischen stammende phSchreibung kann bei den Silben »-fon / -phon, -fot / -phot, -graf / -graph« durch die integrierte Schreibung mit »f« ersetzt werden. Ebenso kann künftig in weiteren Einzelfällen die integrierte Schreibweise verwendet werden (→ *a.* Megaphon / Megafon).

Del|phin ⟨m.; -s, -e; Zool.⟩ Angehöriger einer Familie der Zahnwale mit schnabelartig verlängertem Schädel, beide Kiefer mit zahlreichen kegelförmigen Zähnen, hauptsächlich Fischfresser: Delphinida; *oV* Delfin [<lat. *delphinus* <grch. *delphis*]

Del|phi|na|ri|um ⟨n.; -s, -ri|en⟩ großes Aquarium für Delphine; *oV* Delfinarium [<*Delphin* + *Aquarium*]

del|phisch ⟨Adj.⟩ Delphi betreffend, zu ihm gehörig, von ihm stammend, von, in Delphi; *ein ~es Orakel* ein doppelsinniges Orakel; ⟨aber⟩ *das ~e Orakel* das in Delphi gesprochene Orakel [nach der antiken grch. Stadt Delphi, grch. *Delphoi*]

Del|ta 1 ⟨n.; -s od. -, -s; Zeichen: δ, Δ⟩ **1.1** griechischer Buchstabe **1.2** ⟨Math.⟩ Symbol für das Dreieck od. den Zuwachs einer Größe **2** ⟨n.; -s, -s od. De̲l|ten⟩ **2.1** dreieckförmige Flussmündung **2.2** das von den äußeren Mündungsarmen umschlossene Gebiet [nach der Form des grch. Buchstabens *Delta* (Δ)]

Del|ta|me|tall ⟨n.; -s, -e⟩ Kupfer-Zink-Legierung mit rd. 55 bis 60% Kupfer, 36-42% Zink u. bis 2% Eisen sowie Mangan- u. Bleizusätzen

Del|ta|mus|kel ⟨m.; -s, -; Anat.⟩ etwa dreieckiger Oberarmmuskel

Del|ta|strah|len ⟨Pl.⟩ Elektronenstrahlen, die nicht direkt von einer radioaktiven Substanz ausgesandt werden, sondern z. B. von den Gammastrahlen beim Stoß auf Atome (sekundär) ausgelöst sind

Del|to|id ⟨n.; -(e)s, -e; Geom.⟩ Viereck aus zwei gleichschenkligen Dreiecken, Drachenviereck [<*Delta* + ...*id*]

Del|to|id|do|de|ka|e|der ⟨n.; -s, -; Geom.⟩ Kristallform, die von zwölf Deltoiden begrenzt wird

de Luxe ⟨[də lyks] Adv.⟩ aufs Beste ausgestattet, bes. fein (als Zusatz zur Markenbezeichnung von Waren) [<frz. *de* »mit« + *luxe* »Luxus«]

dem..., Dem... ⟨in Zus.⟩ = Demo..., demo...

Dem|a|go|ge *auch:* **De|ma|go|ge** ⟨m.; -n, -n⟩ **1** ⟨urspr.⟩ Volksführer **2** ⟨heute abwertend für⟩ Aufwiegler, Volksverführer [<*Demo*... + grch. *agein* »führen«]

Dem|a|go|gie *auch:* **De|ma|go|gie** ⟨f.; -; unz.⟩ Aufwiegelung, Volksverführung [→ *Demagoge*]

Dem|a|go|gin *auch:* **De|ma|go|gin** ⟨f.; -, -gin|nen⟩ Aufwieglerin, Volksverführerin

dem|a|go|gisch *auch:* **de|ma|go|gisch** ⟨Adj.⟩ hetzerisch, die Wahrheit verfälschend

De|mant ⟨m.; -(e)s, -e; poet. für⟩ = Diamant

de|man|ten ⟨Adj.; poet. für⟩ diamanten

De|man|to|id ⟨m.; -(e)s, -e; Min.⟩ grüner Kalkeisengranat

De|mar|che ⟨[-marʃ(ə)] f.; -, -n⟩ diplomat. Schritt, polit. Vorgehen; *eine ~ unternehmen (bei)* ⟨frz. *démarche* »Schritt, Maßnahme«⟩

De|mar|ka|ti|on ⟨f.; -, -en⟩ Abgrenzung, Ortsbestimmung [<frz. *démarcation* »Grenzziehung, Abgrenzung, Trennungsstrich«]

De|mar|ka|ti|ons|li|nie ⟨[-njə] f.; -, -n; Politik; Mil.⟩ vereinbarte Grenze, auch zwischen verschiedenen Interessengebieten

de|mar|kie|ren ⟨V.⟩ begrenzen, eine Grenze festsetzen; → *a.* markieren [→ *Demarkation*]

de|mas|kie|ren ⟨V.⟩ **1** *jmdn.* ~ jmdm. die Maske abnehmen **2** ⟨fig.⟩ jmdn. entlarven **3** *Geschütze* ~ die Tarnung von G. entfernen [<frz. *démasquer*]

De|ma|te|ri|a|li|sa|ti|on ⟨f.; -, -en⟩ Auflösung von Materie bis zur Unsichtbarkeit; *Ggs* Materialisation (2), Rematerialisation

de|ma|te|ri|a|li|sie|ren ⟨V.⟩ **1** Materie bis zur Unsichtbarkeit auflösen, in einen nicht körperl. Zustand bringen; *Ggs* materialisieren, rematerialisieren **2** ⟨Wirtsch.⟩ das Materialaufkommen verringern

De|men|ti ⟨n.; -s, -s⟩ **1** Ableugnung **2** Widerruf **3** Richtigstellung (einer Nachricht) [<frz. *démenti*]

De|men|tia ⟨f.; -, -ti|ae [-tsjɛː]; Med.⟩ erworbene Geistesschwäche, Schwachsinn, Blödsinn; *oV* Demenz [<lat. *dementia* »Wahnsinn«]

de|men|tie|ren ⟨V.⟩ **1** leugnen, bestreiten **2** widerrufen **3** berichtigen [<frz. *démentir* »Lügen strafen, dementieren, widerlegen, ableugnen«]

De|menz ⟨f.; -, -en; Med.⟩ = Dementia

De|me|rit ⟨m.; -en, -en; kath. Kirche⟩ straffälliger Geistlicher [zu frz. *démériter* »sündigen, der göttlichen Gnade verlustig gehen«]

De|mi|john ⟨[-dʒɔn] m.; -s, -s⟩ (bauchige) Korbflasche, Ballon [<engl. *demi-john* <frz. *dame-jeanne* »große Flasche, Glasballon«, eigtl. »Dame Johanna«]

de|mi|li|ta|ri|sie|ren ⟨V.; Mil.⟩ = entmilitarisieren

De|mi|li|ta|ri|sie|rung ⟨f.; -, -en; Mil.⟩ = Entmilitarisierung

Demoralisation

De|mi|monde ⟨[dəmimɔ̃ːd] f.; -; unz.⟩ Halbwelt [frz.]
De|mi|ne|ra|li|sa|ti|on ⟨f.; -; unz.⟩ Verarmung des Körpers an Salzen [<*De...* + *Mineral*]
de|mi|ne|ra|li|sie|ren ⟨V.⟩ *etwas ~* die Mineralsalze aus etwas entfernen; *Ggs* mineralisieren
de|mi|nu|tiv ⟨Adj.⟩ = diminutiv
de|mi-sec ⟨[dəmisɛk] Adj.⟩ halbtrocken (von Weinen) [<frz. *demi* »halb« + *sec* »trocken«]
De|mis|si|on ⟨f.; -, -en⟩ *oV* ⟨außer österr. u. schweiz.⟩ Dimission **1** Abdankung, Rücktritt; *die ~ eines Ministers* **2** Entlassung, Verabschiedung [<frz. *démission*]
De|mis|si|o|när ⟨m.; -s, -e⟩ jmd., der seine Demission nimmt
de|mis|si|o|nie|ren ⟨V.⟩ seine Demission nehmen, abdanken, zurücktreten [<frz. *démissionner* »seinen Rücktritt erklären, zurücktreten«]
De|mi|urg ⟨m.; -s od. -en; unz.⟩ Weltschöpfer [<grch. *demiurgos* <*demos* »Volk« + *ergon* »Werk, Tat«]
De|mo ⟨f.; -, -s; umg.; kurz für⟩ Demonstration (3)
de|mo..., De|mo... ⟨vor Vokalen⟩ **dem..., Dem...** ⟨in Zus.⟩ volk..., Volk... [<grch. *demos* »Volk«]
De|mo|bi|li|sa|ti|on ⟨f.; -, -en; Mil.⟩ = Demobilisierung [<frz. *démobilisation*]
de|mo|bi|li|sie|ren ⟨V.; Mil.⟩ vom Kriegszustand in den Friedenszustand zurückführen, abrüsten; *Ggs* mobilisieren (2) [<frz. *démobiliser*]
De|mo|bi|li|sie|rung ⟨f.; -, -en; Mil.⟩ das Demobilisieren, Abrüsten; *Sy* Demobilisation, Demobilmachung
De|mo|bil|ma|chung ⟨f.; -, -en; Mil.⟩ = Demobilisierung
De|mo|du|la|ti|on ⟨f.; -, -en; Physik⟩ Auftrennung modulierter Schwingungen in ihre Einzelbestandteile, d. h. Abtrennung einer einer niederfrequenten Schwingung aufmodulierten Hochfrequenzteiles
De|mo|du|la|tor ⟨m.; -s, -*to*|ren; Physik⟩ Gerät zur Demodulation von Schwingungen
de|mo|du|lie|ren ⟨V.; Physik⟩ *Schwingungen ~* die Informa-

tion enthaltende Modulationsfrequenz aus der modulierten Schwingung rückgewinnen [<*de...* + lat. *modulari* »einrichten, regeln«]
De|mo|graf ⟨m.; -en, -en⟩ = Demograph
De|mo|gra|fie ⟨f.; -, -n⟩ = Demographie
de|mo|gra|fisch ⟨Adj.⟩ = demographisch
De|mo|graph ⟨m.; -en, -en⟩ Kenner, Erforscher, Lehrer, Student der Demographie, Bevölkerungskundler; *oV* Demograf
De|mo|gra|phie ⟨f.; -, -n⟩ Beschreibung, Darstellung von Struktur u. Bewegung der Bevölkerung aufgrund der Bevölkerungsstatistik, Bevölkerungslehre; *oV* Demografie [<*Demo...* + *...graphie*]
de|mo|gra|phisch ⟨Adj.⟩ zur Demographie gehörend; *oV* demografisch
De|moi|sel|le ⟨[dəmoazɛl] f.; -, -n; veraltet⟩ Fräulein [frz.]
De|m|öko|lo|gie ⟨f.; -; unz.⟩ Teilgebiet der Ökologie, das sich mit den Wirkungen der Umweltfaktoren auf die Gesamtheit einer Population befasst [<grch. *demos* »Land, Gebiet, Volk« + *Ökologie*]
De|mo|krat ⟨m.; -en, -en⟩ Anhänger, Vertreter der Demokratie [→ *Demokratie*]
De|mo|kra|tie ⟨f.; -, -n⟩ Volksherrschaft, Staatsform, bei der ein Staat nach dem Willen des Volkes regiert wird [<*Demo...* + *...kratie*]
De|mo|kra|tin ⟨f.; -, -*tin*|nen⟩ Anhängerin, Vertreterin der Demokratie
de|mo|kra|tisch ⟨Adj.⟩ der Demokratie entsprechend, nach den Grundsätzen der Demokratie verfahrend; *Ggs* undemokratisch
de|mo|kra|ti|sie|ren ⟨V.⟩ **1** zur Demokratie machen; *einen Staat ~* **2** nach demokrat. Gesichtspunkten umformen
De|mo|kra|ti|sie|rung ⟨f.; -, -en⟩ das Demokratisieren
de|mo|lie|ren ⟨V.⟩ niederreißen, zerstören [<frz. *démolir* »ab-, niederreißen«]
de|mo|ne|ti|sie|ren ⟨V.⟩ *Münzen ~* einziehen, entwerfen [<frz. *dé-

monétiser <lat. *de* »von, weg« + *moneta* »Münze«]

◆ Die Buchstabenfolge **de|mons-tr...** kann auch **de|monst|r...** getrennt werden.

◆ **De|mons|trant** ⟨m.; -en, -en⟩ Teilnehmer an einer Demonstration [<lat. *demonstrans*, Part. Präs. zu *demonstrare* »genau zeigen«]
◆ **De|mons|tran|tin** ⟨f.; -, -*tin*|nen⟩ Teilnehmerin an einer Demonstration
◆ **De|mons|tra|ti|on** ⟨f.; -, -en⟩ **1** Beweisführung, Darlegung **2** anschaul. Schilderung, Schau, Vorführung; *Flotten~* **3** Massenkundgebung, Protestkundgebung [<lat. *demonstratio* »das Zeigen, Darlegung«]
◆ **de|mons|tra|tiv** ⟨Adj.⟩ **1** beweisend **2** anschaulich darlegend **3** absichtlich, betont, drohend; *~er Beifall; ~ jmdm. zustimmen* **4** ⟨Gramm.⟩ hinweisend
◆ **De|mons|tra|tiv** ⟨n.; -s, -e [-və]; Gramm.⟩ Pronomen, das auf ein od. mehrere bestimmte Exemplare einer durch ein Wort benannten Klasse von Personen, Gegenständen od. Sachverhalten hinweist, hinweisendes Fürwort, z. B. *diese(r); oV* Demonstrativum
◆ **De|mons|tra|ti|vum** ⟨[-vum] n.; -s, -va [-va]; Gramm.⟩ = Demonstrativ
◆ **De|mons|tra|tor** ⟨m.; -s, -*to*|ren⟩ **1** jmd., der etwas demonstriert **2** Beweisführer **3** Vorführer
◆ **de|mons|trie|ren** ⟨V.⟩ **1** anschaulich vorführen, darlegen, beweisen; *etwas ad oculos ~* etwas anschaulich vor Augen führen **2** eine Demonstration (3) veranstalten, an ihr teilnehmen [<lat. *demonstrare* »genau zeigen, aufmerksam machen«]
De|mon|ta|ge ⟨[-ʒə] f.; -, -n; Technik⟩ Abbau, Abbruch, bes. von Industrieanlagen [<frz. *démontage* »Abbau, Abbruch«]
de|mon|tie|ren ⟨V.; Technik⟩ **1** in seine Bestandteile zerlegen **2** abbauen, abtragen [<frz. *démonter* »abbauen«]
De|mo|ra|li|sa|ti|on ⟨f.; -; unz.⟩ Untergrabung, Zersetzung der Moral, Sittenverfall [<frz. *dé-*

demoralisieren

moralisation »Entsittlichung, Verderbnis«]
de|mo|ra|li|sie|ren ⟨V.⟩ **1** *jmdn.* ~ jmds. Moral u. Sitte untergraben **2** entmutigen [<frz. *démoraliser* »demoralisieren«]
de mor|tu|is nil ni|si be|ne über Tote (rede man) nur gut [lat.]
De|mos ⟨m.; -, De|men⟩ **1** altgrch. Stadtstaat **2** ⟨heute⟩ kleinste grch. Verwaltungseinheit [grch., »Volk«]
De|mo|skop *auch:* **De|mos|kop** ⟨m.; -en, -en⟩ Meinungsforscher
De|mo|sko|pie *auch:* **De|mos|ko|pie** ⟨f.; -, -n⟩ Meinungsforschung [<*Demo...* + *...skopie*]
De|mo|sko|pin *auch:* **De|mos|ko|pin** ⟨f.; -, -pin|nen⟩ Meinungsforscherin
de|mo|sko|pisch *auch:* **de|mos|ko|pisch** ⟨Adj.⟩ die Meinungsforschung betreffend, auf ihr beruhend; ~*es Institut* Institut für Meinungsforschung
de|mo|tisch ⟨Adj.⟩ ~*e Schrift* altägyptische kursive Gebrauchsschrift [<grch. *demotikos* »volkstümlich«]
De|mo|ti|va|ti|on ⟨[-va-] f.; -; unz.⟩ das Demotivieren, Abschwächung der Motivation, des Interesses für eine Sache; *schlechte Noten sind häufig eine* ~ *für Schüler*
de|mo|ti|vie|ren ⟨[-vi:-] V.⟩ die Motivation, das Interesse für eine Sache geringer machen; *solche Tadel* ~ *sie*
De|mul|ga|tor ⟨m.; -s, -to|ren; Chemie⟩ Substanz, die die Entmischung einer Emulsion bewirkt, Emulsionsspalter; *oV* Dismulgator; *Ggs* Emulgator
de|mul|gie|ren ⟨V.; Chemie⟩ eine Emulsion (1) entmischen; *Ggs* emulgieren [<*de...* + lat. *mulgere* »melken«]
De|nar ⟨m.; -s, -e; Abk.: d⟩ **1** kleine altröm. Silbermünze **2** ⟨MA⟩ Silbermünze, der spätere Pfennig [<lat. *denarius* (römische Hauptsilbermünze), eigtl. »je zehn enthaltend«]
de|na|tu|rie|ren ⟨V.⟩ **1** *Alkohol* ~ vergällen, ungenießbar machen **2** *Eiweißstoffe* ~ irreversibel verändern [<frz. *dénaturer* »vergällen, verfälschen«]

de|na|zi|fi|zie|ren ⟨V.⟩ entnazifizieren [<*de...* + *Nazi* + lat. *facere* »machen«]

♦ Die Buchstabenfolge **den|dr...** kann auch **dendr...** getrennt werden.

♦ **Den|drit** ⟨m.; -en, -en⟩ **1** bäumchenartig verzweigter Plasmafortsatz an der Oberfläche von Nervenzellen **2** durch Manganod. Eisenlösungen in Gesteinen hervorgerufene pflanzenähnl. Zeichnung [<grch. *dendron* »Baum«]
♦ **den|dri|tisch** ⟨Adj.⟩ verzweigt, verästelt
♦ **den|dro...**, **Den|dro...** ⟨in Zus.⟩ Baum, Holz [<grch. *dendron* »Baum«]
♦ **Den|dro|bi|um** ⟨n.; -s; unz.; Bot.⟩ in Südasien u. Polynesien heimische, sehr artenreiche Orchideengattung, Baumwucherer [→ *dendron...*]
♦ **Den|dro|chro|no|lo|gie** ⟨[-kro-] f.; -; unz.⟩ Wissenschaft der Altersbestimmung von Bäumen [<*Dendro...* + *Chronologie*]
♦ **Den|dro|gramm** ⟨n.; -(e)s, -e; Wirtsch.⟩ Baumdiagramm zur hierarchischen Darstellung von Elementenmengen (Clustern) [<*Dendro...* + *...gramm*]
♦ **Den|dro|kli|ma|to|lo|gie** ⟨f.; -; unz.⟩ Beurteilung früherer Klimaverhältnisse u. ihrer Veränderungen nach den Jahresringen alter Bäume [<grch. *dendron* »Baum« + *Klimatologie*]
♦ **Den|dro|lo|gie** ⟨f.; -; unz.; Bot.⟩ Lehre von den Bäumen u. anderen Holzgewächsen
♦ **Den|dro|me|ter** ⟨n.; -s, -⟩ Gerät zum Messen von Höhe u. Stärke stehender Bäume
Den|gue|fie|ber ⟨[dεŋɡe-] n.; -s, -; Med.⟩ in den Tropen u. Mittelmeerländern auftretende, durch Stechmücken übertragene Viruskrankheit, gekennzeichnet durch hohes Fieber zu Beginn u. seltsam gespreizten Gang [<span. *dengue* »Zimperlichkeit, Ziererei«]
De|nier ⟨[dənje:] n.; - od. -s, -; Abk.: den; Textilw.⟩ Maß für die Feinheit einer Textilfaser, in Gramm angegebenes Gewicht eines 9000 m langen Fa-

dens [frz., »Heller, Denier«; zu lat. *denarius* »je zehn enthaltend«]
De|nim® ⟨[dεˈ-] m. od. n.; -s; unz.⟩ blauer Jeansstoff [<frz. *de Nîmes* »aus (der Stadt) Nîmes«]
de|ni|trie|ren *auch:* **de|ni|trie|ren** ⟨V.; Chemie⟩ organische Verbindungen ~ die Nitrogruppe -NO₂ aus organischen Verbindungen entfernen [→ *Nitrat*]
De|ni|tri|fi|ka|ti|on *auch:* **De|ni|tri|fi|ka|ti|on** ⟨f.; -; unz.; Chemie⟩ durch Bakterien hervorgerufene, unerwünschte Umwandlung von Nitraten u. Nitriten (z. B. in Kunstdünger) in Stickoxide bzw. Stickstoff, die für die Düngung keine Bedeutung haben
de|no|bi|li|tie|ren ⟨V.⟩ *jmdn.* ~ jmdm. den Adelstitel entziehen [<*de...* + *nobilitieren*]
De|no|mi|na|ti|on ⟨f.; -, -en⟩ **1** Benennung, Vorschlag **2** Anzeige **3** Ernennung zu einem Amt **4** ⟨amerikan. Bez. für⟩ religiöses Bekenntnis [<lat. *denominatio* »Benennung«]
De|no|mi|na|tiv ⟨n.; -s, -e [-və]; Sprachw.⟩ von einem Nomen abgeleitetes Wort, z. B. »bäuerlich«
de|no|mi|nie|ren ⟨V.⟩ ernennen, benennen [<lat. *denominare*]
De|no|tat ⟨n.; -s, -e; Sprachw.⟩ das Bezeichnete, das (vom Sprecher) Gemeinte [zu lat. *denotare* »bezeichnen«]
De|no|ta|ti|on ⟨f.; -, -en; Sprachw.⟩ Bedeutung (eines Wortes), Grundbedeutung; Begriffsumfang; *Ggs* Konnotation [zu lat. *denotare* »bezeichnen«]
de|no|ta|tiv ⟨a. ['----] Adj.; Sprachw.⟩ die Denotation betreffend
de|no|tie|ren ⟨V.; Sprachw.⟩ bezeichnen, den Begriffsumfang (eines sprachlichen Zeichens) bestimmen [<lat. *denotare* »bezeichnen«]
Den|si|me|ter ⟨n.; -s, -⟩ Gerät zur Bestimmung der Dichte von Flüssigkeiten [<lat. *densus* »dicht« + *...meter*]
Den|si|tät ⟨f.; -, -en⟩ Dichte, Dichtigkeit [<lat. *densitas* »Dichtheit«]
Den|si|to|me|ter ⟨n.; -s, -⟩ Instrument zum Messen der Schwär-

ze (Dichte) fotograf. Schichten [<lat. *densitas* »Dichtheit« + ...*meter*]

Den|si|to|me|trie *auch:* **Den|si|to-me|trie** ⟨f.; -; unz.⟩ Bestimmung der Dichte von Stoffen

den|tal ⟨Adj.; Phon.⟩ zu den Zähnen gehörig [<lat. *dens* »Zahn«]

Den|tal ⟨m.; -s, -e; Phon.⟩ mit der Zungenspitze an den Schneidezähnen gebildeter Konsonant, Zahnlaut, z. B. engl. »th« [ð] [→ *dental*]

Den|tal|gie *auch:* **Den|tal|gie** ⟨f.; -, -n; Med.⟩ Zahnschmerz [<lat. *dens*, Gen. *dentis* »Zahn« + ...*algie*]

Den|ti|fi|ka|ti|on ⟨f.; -, -en; Med.⟩ Zahnbildung [<lat. *dens*, Gen. *dentis* »Zahn« + ...*fikation*]

Den|tin ⟨n.; -s; unz.; Med.⟩ Zahnbein [<lat. *dens* »Zahn«]

Den|tist ⟨m.; -en, -en; bis 1952⟩ Zahntechniker mit Fachschulausbildung, der in begrenztem Umfang die Zahnheilkunde ausüben durfte [<lat. *dens*, Gen. *dentis* »Zahn«]

Den|ti|ti|on ⟨f.; -, -en; Med.⟩ Zahndurchbruch, das Zahnen [<lat. *dens*, Gen. *dentis* »Zahn«]

den|to|gen ⟨Adj.; Med.⟩ von den Zähnen herrührend; *Sy* odontogen; ~*e Schmerzen*

Den|to|lo|gie ⟨f.; -; unz.⟩ Zahnheilkunde [<lat. *dens*, Gen. *dentis* »Zahn« + ...*logie*]

De|nu|da|ti|on ⟨f.; -, -en⟩ **1** Entblößung **2** ⟨Geol.⟩ **2.1** ⟨i. e. S.⟩ flächenhafte Abtragung von Gesteinen an Wasserscheiden; *Ggs* Erosion **2.2** ⟨i. w. S.⟩ Abtragung verwitterter Gesteinstrümmer durch Wasser, Gletschereis u. Wind [zu lat. *denudare* »entblößen«]

De|nun|zi|ant ⟨m.; -en, -en⟩ jmd., der andere denunziert [<lat. *denuntians*, Part. Präs. zu *denuntiare* »ankündigen, anzeigen«]

De|nun|zi|an|tin ⟨f.; -, -tin|nen⟩ weibl. Person, die andere denunziert

De|nun|zi|a|ti|on ⟨f.; -, -en⟩ Anzeige aus niedrigen, meist persönlichen Beweggründen [zu lat. *denuntiare* »anzeigen«]

de|nun|zie|ren ⟨V.⟩ **1** aus niedrigen Beweggründen anzeigen **2** bloßstellen, brandmarken, öffentl. verurteilen; *jmdn. aus polit. Gründen* ~ [<lat. *denuntiare* »ankündigen, anzeigen«]

Deo ⟨n.; -s, -s; kurz für⟩ Deodorant

De|o|do|rant ⟨n.; -s, -e od. -ti|en; umg.⟩ kosmet. Mittel gegen Körpergeruch; *oV* Desodorans, Desodorant; *Sy* Deo [engl. <lat. *de* »von, weg« + *odor* »Geruch«]

De|o|do|rant|spray ⟨[-ʃpreː] od. [-spreɪ] n.; -s, -s⟩ Flüssigkeit (im Zerstäuber) gegen Körpergeruch

de|o|do|rie|ren ⟨V.⟩ = desodorieren

De|o|do|rie|rung ⟨f.; -, -en⟩ = Desodorierung

de|o|do|ri|sie|ren ⟨V.⟩ = desodorieren

De|o|do|ri|sie|rung ⟨f.; -, -en⟩ = Desodorisierung

Deo gra|ti|as! Gott (sei) Dank! [lat.]

De|on|tik ⟨f.; -; unz.; Philos.⟩ (von J. Bentham beeinflusste) Form der Modallogik, die sich mit dem sprachlichen, logischen Aufbau von Sollensaussagen u. Imperativen in der Ethik u. Rechtswissenschaft auseinander setzt [<grch. *deon*, Gen. *deontos* »das Nötige«]

de|on|tisch ⟨Adj.; Philos.⟩ die Deontik betreffend, zu ihr gehörig, auf ihr beruhend

De|on|to|lo|gie ⟨f.; -; unz.; Philos.⟩ Pflichtenlehre im Bereich menschlicher Ethik [<grch. *deon* »das Seinsollende« + ...*logie*]

Deo op|ti|mo ma|xi|mo ⟨Abk.: D. O. M.⟩ einleitende Weihinschrift; →*a*. Iovi optimo maximo [lat., »Gott, dem Besten und Größten«]

De|o|rol|ler ⟨m.; -s, -⟩ Deodorant in Form eines rollbaren Deostiftes

De|o|spray ⟨[-ʃpreː] od. [-spreɪ] n.; -s, -s; kurz für⟩ Deodorantspray; *ein* ~ *benutzen*

De|o|stick ⟨m.; -s, -s⟩ Deodorant in Form eines Stabes, Deostift [engl.; verkürzt <*deo*dorant + *stick* »Stock, Stab«]

De|par|te|ment ⟨[departmãː] od. schweiz. a. [-mɛnt] n.; -s, -s⟩ **1** Verwaltungs-, Geschäftsbezirk **2** ⟨Schweiz⟩ Ministerium **3** ⟨Frankreich⟩ Regierungsbezirk [<frz. *département*]

De|par|ture ⟨[dɪpaːtʃə(r)] f.; -; unz.; auf Flughäfen⟩ Abflughalle [engl., »Weggehen, Abreise, Abflug«]

De|pen|dance ⟨[depãdãːs] f.; -, -n; schweiz. für⟩ = Dependenz

de|pen|den|ti|ell ⟨Adj.⟩ = dependenziell

De|pen|denz ⟨f.; -, -en⟩ *oV* ⟨schweiz.⟩ Dependance **1** Abhängigkeit, Unselbständigkeit; *Ggs* Independenz **2** Nebengebäude (bes. eines Hotels) [<frz. *dépendance*]

De|pen|denz|gram|ma|tik ⟨f.; -; unz.; Sprachw.⟩ Grammatik, die das Verb bei der syntaktischen Analyse in den Mittelpunkt stellt [zu lat. *dependere* »abhängen«]

de|pen|den|zi|ell ⟨Adj.; Sprachw.⟩ sich auf die Dependenzgrammatik beziehend, ihr methodisch folgend; *oV* dependentiell

De|per|so|na|li|sa|ti|on ⟨f.; -, -en⟩ **1** Entpersönlichung **2** Entfremdungserlebnis, Herabsetzung des Persönlichkeitsgefühls u. Wirklichkeitsbewusstseins

De|pe|sche ⟨f.; -, -n⟩ Eilnachricht, Telegramm, Funkspruch [<frz. *dépêche*]

de|pe|schie|ren ⟨V.; veraltet⟩ Eilnachricht senden

De|phleg|ma|ti|on ⟨f.; -, -en⟩ Abkühlen eines Dampfgemischs auf eine bestimmte Temperatur, so dass der niedriger siedende Anteil der Dämpfe kondensiert

De|phleg|ma|tor ⟨m.; -s, -to|ren⟩ Gerät, das zur Dephlegmation dient [<*De*... + grch. *phlegein* »brennen, verbrennen«]

De|pig|men|tie|rung ⟨f.; -, -en⟩ Entfernung od. Verlust der Pigmentierung der Haut

De|pi|la|ti|on ⟨f.; -, -en⟩ **1** (künstl.) Enthaarung **2** (krankhafter) Haarausfall [<*De*... + lat. *pilus* »Haar«]

De|pi|la|to|ri|um ⟨n.; -s, -ri|en⟩ Enthaarungsmittel [<*De*... + lat. *pilus* »Haar«]

de|pi|lie|ren ⟨V.⟩ enthaaren [<*de*... + lat. *pilus* »Haar«]

De|place|ment ⟨[deplasmãː] n.; -s, -s⟩ **1** Umstellung, das Ver-

Deplantation

rücken, Verschiebung **2** ⟨Mar.⟩ die vom Schiffskörper verdrängte Wassermenge [<frz. *déplacement* »Verschiebung, Ortsveränderung, Wasserverdrängung«]

De|plan|ta|ti|on ⟨f.; -, -en⟩ Umpflanzung, Verpflanzung [<frz. *déplantation*]

de|plan|tie|ren ⟨V.⟩ umpflanzen, verpflanzen [<frz. *déplanter*]

de|plat|zie|ren ⟨V.⟩ **1** versetzen, an eine andere Stelle setzen **2** verdrängen [<frz. *déplacer* »umstellen, versetzen«]

de|plat|ziert ⟨Adj.⟩ fehl am Platze, unangebracht, unpassend; *seine Bemerkung war* ~

de|plo|ra|bel ⟨Adj.; geh.⟩ bedauernswert, jämmerlich; *der Zustand der Fresken ist* ~ [zu lat. *deplorare* »beklagen«]

De|po|la|ri|sa|ti|on ⟨f.; -, -en⟩ **1** Aufhebung der chem. Polarisation in galvanischen Elementen **2** Umwandlung polarisierten Lichts in unpolarisiertes, d. h. natürliches Licht

De|po|la|ri|sa|tor ⟨m.; -s, -to̱|ren⟩ **1** Stoff, der in einem galvan. Element die Depolarisation bewirkt **2** Gerät zur Depolarisation von Licht

de|po|la|ri|sie|ren ⟨V.⟩ eine Polarisation aufheben bei [<*de...* + *polarisieren*]

De|po|nat ⟨n.; -s, -e⟩ etwas, das deponiert, hinterlegt wurde [<lat. *deponere* »hinterlegen«]

De|po|nens ⟨n.; -, -nen|ti|en od. -nen|tia⟩ Verbum in passiver Form mit aktiver Bedeutung, z. B. lat. *hortari* »ermahnen« [lat., Part. Präs. zu *deponere* »niederlegen«]

De|po|nent ⟨m.; -en, -en⟩ jmd., der etwas deponiert [<lat. *deponens*, Part. Präs. zu *deponere* »niederlegen«]

De|po|nie ⟨f.; -, -n⟩ Lager(platz); *Müll*~ [→ *deponieren*]

de|po|nie|ren ⟨V.⟩ hinterlegen, in Verwahrung geben [<lat. *deponere* »niederlegen«]

De|po|nie|rung ⟨f.; -; unz.⟩ das Deponieren

De|po|pu|la|ti|on ⟨f.; -, -en; veraltet⟩ Entvölkerung [<lat. *depopulatio*]

De|port ⟨[depo:r] od. [depɔrt] m.; -, -s od. -e; Börse⟩ Unterschied zwischen dem Tages- u. dem niedrigeren Lieferungskurs, Kursabschlag [<frz. *déport*]

De|por|ta|ti|on ⟨f.; -, -en⟩ Zwangsverschickung, Verbannung; *die ~ von Juden im 2. Weltkrieg* [<frz. *déportation* »Zwangsverschleppung«]

de|por|tie|ren ⟨V.⟩ zwangsverschicken, verbannen [<frz. *déporter* <lat. *deportare* »forttragen«]

De|por|tie|rung ⟨f.; -, -en⟩ = Deportation

De|po|si|tar ⟨m.; -s, -e⟩ jmd., der deponierte Werte verwaltet; *oV* Depositär [<frz. *dépositaire* »Depositar, Verwahrer, Treuhänder«]

De|po|si|tär ⟨m.; -s, -e⟩ = Depositar

De|po|si|ten ⟨nur Pl.⟩ als Einlagen verzinsl. angelegte Guthaben [zu lat. *depositus*, Part. Perf. zu *deponere* »niederlegen«]

De|po|si|ti|on ⟨f.; -, -en⟩ **1** Hinterlegung **2** Absetzung (bes. von Geistlichen) [→ Depositen]

De|po|si|to|ri|um ⟨n.; -s, -ri|en⟩ Hinterlegungsort, Tresor.

De|po|si|tum ⟨n.; -s, -ta od. -si|ten⟩ **1** etwas, das deponiert wird, das Hinterlegte **2** Einlage [<lat. *depositus*; → Depositen]

De|pot ⟨[depo:] n.; -s, -s⟩ **1** Niederlage, Aufbewahrungsort; *Bank*~ **2** die im Depot (einer Bank aufbewahrten Gegenstände **3** Straßenbahnhof; *Straßenbahn*~ **4** Archiv, Magazin, Lager **5** ⟨Med.⟩ Speicher, Ansammlung, Ablagerung **6** Behandlung mit Depotpräparaten **7** Einsatz, Hinterlage für Geliehenes, Pfand [<frz. *dépôt* »Verwahrung, verwahrter Gegenstand, Verwahrungsort«]

De|pot|be|hand|lung ⟨[depo:-] f.; -, -en; Med.⟩ Verabreichung von Depotpräparaten

De|pot|fett ⟨[depo:-] n.; -(e)s; unz.⟩ bes. im Unterhautzellgewebe gespeichertes Fett, das bei Hunger als Energielieferant diente

De|pot|fund ⟨[depo:-] m.; -(e)s, -e⟩ Fund von mehreren vorgeschichtl. Gegenständen

De|pot|ge|schäft ⟨[depo:-] n.; -(e)s, -e⟩ Verwahrung u. Verwaltung von Wertgegenständen u. -papieren, bes. durch eine Bank

De|pot|prä|pa|rat ⟨[depo:-] n.; -(e)s, -e; Pharm.⟩ Arzneimittel, dessen bes. chem. u. physikal. Eigenschaften nach einmaligem Einnehmen lang anhaltende Wirkung ermöglicht

De|pra|va|ti|on *auch:* **De|pra|va|ti|on** ⟨[-va-] f.; -, -en⟩ **1** Verderbnis, Entartung **2** Verschlechterung eines Krankheitszustandes **3** Verringerung des Edelmetallgehalts von Münzen [<lat. *depravatio* »Verdrehung, Entstellung«]

de|pra|vie|ren *auch:* **de|pra|vie|ren** ⟨[-vi:-] V.⟩ entarten, (sich) verschlechtern [<lat. *depravare* »verdrehen, verderben«]

De|pres|si|on ⟨f.; -, -en⟩ **1** ⟨Psych.⟩ Niedergeschlagenheit, gedrückte Stimmung; *~en haben, bekommen* **2** ⟨Astron.⟩ der unter dem Horizont liegende Teil des Höhenkreises eines Gestirns **3** ⟨Wirtsch.⟩ Konjunkturphase mit fallender Tendenz; *Ggs* Prosperität (2) **4** ⟨Meteor.⟩ = Zyklone **5** ⟨Geogr.⟩ unter dem Meeresspiegel liegendes Land **6** ⟨Physik⟩ Absinken unter einen Normalwert **7** ⟨Bgb.⟩ Unterdruck bei der Grubenbewetterung [zu lat. *depressus*, Part. Perf. zu *deprimere* »niederdrücken«]

de|pres|siv ⟨Adj.; Psych.⟩ an Depressionen leidend, niedergeschlagen, verstimmt [<lat. *depressus*; → Depression]

De|pres|si|vi|tät ⟨[-vi-] f.; -; unz.; Psych.⟩ Niedergeschlagenheit [→ *depressiv*]

de|pri|mie|ren ⟨V.⟩ niederdrücken, entmutigen [<lat. *deprimere* »niederdrücken«]

De|pri|va|ti|on ⟨[-va-] f.; -, -en⟩ **1** Absetzung (eines Geistlichen) **2** ⟨Psych.⟩ Entzug, bes. Liebesentzug [<*De...* + *Privation*]

De|pri|va|ti|ons|syn|drom ⟨[-va-] n.; -s, -e; Psych.⟩ seelische u. körperliche Entwicklungsstörung bei Kindern infolge fehlender mütterlicher Zuwendung; →*a.* Hospitalismus

de|pri|vie|ren ⟨[-vi:-] V.⟩ jmdn. etwas entbehren lassen, jmdm. etwas (z. B. eine Bezugsperson) entziehen [<*de...* + lat. *privare* »berauben«]

De pro|fun|dis ⟨n.; - -; unz.⟩ Klageruf [lat., »Aus der Tiefe rufe ich, Herr, zu dir«, Anfangsworte des 130. Psalms]

De|pu|rans ⟨n.; -, -ran|tia od. -ran|zi|en; Med.⟩ Abführmittel [zu lat. *depurare* »reinigen«]

De|pu|tant ⟨m.; -en, -en⟩ jmd., der auf ein Deputat Anspruch hat

De|pu|tat ⟨n.; -(e)s, -e⟩ **1** in Naturalien entrichteter Teil des Lohnes; ~*kohle* **2** zukommender Anteil [<lat. *deputatum* »zugewiesener Anteil«; zu *deputare* »einem etwas zuweisen«]

De|pu|ta|ti|on ⟨f.; -, -en⟩ Abordnung, Ausschuss [<lat. *deputare* »einem etwas zuweisen«]

de|pu|tie|ren ⟨V.⟩ abordnen [<lat. *deputare* »einem etwas zuweisen«]

De|pu|tier|te(r) ⟨f. 2 (m. 1)⟩ jmd., der deputiert ist, Abgeordnete(r), Mitglied einer Deputation

De|qua|li|fi|zie|rung ⟨f.; -, -en⟩ als Folge von gesteigerten Rationalisierungs- u. Automatisierungsmaßnahmen abnehmende Nutzung und zunehmende Entwertung der zur Verfügung stehender beruflicher Qualifikationen [<*De...* + *qualifizieren*]

De|ran|ge|ment ⟨[derãʒ(ə)mãː] n.; -s, -s; veraltet⟩ Störung, Verwirrung, Zerrüttung [<frz. *dérangement* »Unordnung«]

de|ran|gie|ren ⟨[-rãʒiː-] V.; veraltet⟩ stören, verwirren, zerrütten, verschieben, in Unordnung bringen [<frz. *déranger*]

Der|by ⟨engl. [dœːbɪ] od. [daːbɪ] n.; -s, -s; Sport⟩ **1** Pferderennen **2** Wettkampf [nach engl. Lord *Derby*, der das Rennen 1780 gründete]

de|re|gu|lie|ren ⟨V.⟩ Normen u. Regeln aufheben; *Ggs* regulieren [<*de...* + lat. *regulare* »regeln, einrichten«]

De|re|gu|lie|rung ⟨f.; -, -en⟩ das Deregulieren; *Ggs* Regulierung

De|re|lik|ti|on ⟨f.; -, -en; Rechtsw.⟩ Besitzaufgabe [<*De...* + lat. *relictum*, Part. Perf. zu *relinquere* »zurücklassen«]

De|ri|van|tia ⟨[-vạn-] Pl.; Sing.: Derivans⟩ ableitende Mittel, Hautreizmittel (zur Förderung der Durchblutung von Organen) [zu lat. *derivare* »ableiten«]

De|ri|vat ⟨[-vạːt] n.; -(e)s, -e⟩ **1** chem. Verbindung, die aus einer anderen durch Ersatz (Substitution) von Atomen durch andere Atome oder Atomgruppen abgeleitet u. dargestellt wird **2** durch Derivation (1) gebildetes Wort **3** ⟨Börse⟩ Handelsobjekt, das von einem Basiswert (von Aktien, Anleihen, Devisen, Rohstoffe u. a.) abgeleitet ist; ~*e von Aktien nennt man Aktienoptionen* [zu lat. *derivatus*, Part. Perf. zu *derivare* »ableiten«]

De|ri|va|ti|on ⟨[-va-] f.; -, -en⟩ **1** ⟨Sprachw.⟩ Ableitung neuer Wörter aus einem Ursprungswort u. einem Affix sowie (od.) Umlaut od. Ablaut, z. B. Bau-bauen **2** ⟨Mil.⟩ seitliche Abweichung eines Geschosses von der Visierlinie [<lat. *derivatio* »Ableitung«]

De|ri|va|ti|ons|win|kel ⟨[-va-] m.; -s, -⟩ Winkel, den die Längsachse eines drehenden Schiffes mit der Ausgangsfahrtrichtung bildet

de|ri|va|tiv ⟨[-va-] Adj.⟩ durch Derivation entstanden [<lat. *derivare* »ableiten«]

De|ri|va|tiv ⟨[-va-] n.; -s, -e [-və]; Sprachw.⟩ durch Derivation (1) gebildetes Wort [→ *derivativ*]

De|ri|va|tor ⟨[-vạː-] m.; -s, -to|ren; Geom.⟩ Gerät zur Bestimmung der Tangente an eine gezeichnet vorliegenden Kurve [zu lat. *derivare* »ableiten«]

de|ri|vie|ren ⟨[-viː-] V.; Sprachw.⟩ *Wörter* ~ durch Derivation bilden [<lat. *derivare* »ableiten«]

...derm 1 ⟨Nachsilbe; zur Bildung sächl. Subst.⟩ Haut, ...haut, ...häute **2** Keimblatt [<grch. *derma* »Haut«]

Der|ma ⟨n.; -s, -ta; Anat.⟩ Haut [grch.]

der|mal ⟨Adj.; Med.⟩ die Haut betreffend, zur Haut gehörig [→ *Derma*]

Derm|al|gie *auch:* **Der|mal|gie** ⟨f.; -, -n; Med.⟩ Hautnervenschmerz [<*Derma...* + *...algie*]

Der|ma|ti|kum ⟨n.; -s, -ti|ka; Pharm.⟩ Hautmittel [zu grch. *derma* »Haut«]

der|ma|tisch ⟨Adj.; Med.⟩ die Haut betreffend, zur Haut gehörig, haut... [<grch. *derma* »Haut«]

Der|ma|ti|tis ⟨f.; -, -ti|den; Med.⟩ Hautentzündung

der|ma|to..., **Der|ma|to...** ⟨Med.; in Zus.⟩ haut..., Haut... [<grch. *derma*, Gen. *dermatos* »Haut«]

Der|ma|to|lo|ge ⟨m.; -n, -n; Med.⟩ Facharzt für Hautkrankheiten

Der|ma|to|lo|gie ⟨f.; -; unz.; Med.⟩ Lehre von den Hautkrankheiten [<*Dermato...* + *...logie*]

Der|ma|to|lo|gin ⟨f.; -, -gin|nen; Med.⟩ Fachärztin für Hautkrankheiten

Der|ma|tom ⟨n.; -s, -e; Med.⟩ **1** Hautabschnitt, Hautsegment, Hautgeschwulst **2** Instrument zur Ablösung von Hautlappen für Transplantationszwecke [<grch. *derma* »Haut«]

Der|ma|to|my|ko|se ⟨f.; -, -n; Med.⟩ Pilzerkrankung der Haut

Der|ma|to|phyt ⟨m.; -en, -en; Med.⟩ Hautpilz

Der|ma|to|plas|tik ⟨f.; -, -en; Med.⟩ = Dermoplastik

Der|ma|top|sie *auch:* **Der|ma|top|sie** ⟨f.; -; unz.⟩ Fähigkeit, mit der Körperoberfläche Licht wahrzunehmen, Hautlichtsinn [<*Dermato...* + *...opsie*]

Der|ma|to|se ⟨f.; -, -n; Med.⟩ Hautkrankheit [<grch. *derma* »Haut«]

Der|ma|to|zo|on ⟨n.; -s, -zo|en; Zool.⟩ Tier, das auf der Haut schmarotzt, z. B. Milbe, Zecke [<*Dermato...* + *Zoon*]

Der|ma|to|zo|o|no|se ⟨[-tso:o-] f.; -, -n; Med.⟩ Hautkrankheit, die durch Dermatozoen hervorgerufen wird

...der|mie ⟨Nachsilbe; zur Bildung weibl. Subst.; Med.⟩ Veränderung, Krankheit der Haut [<grch. *derma* »Haut«]

...der|mis ⟨Nachsilbe; zur Bildung sächl. Subst.; Anat.⟩ Haut, Gewebe, Zellschicht [<grch. *derma* »Haut«]

der|mo..., **Der|mo...** ⟨in Zus.; Med.⟩ = dermato..., Dermato... [<grch. *derma* »Haut«]

Dermograf

Der|mo|graf ⟨m.; -en, -en⟩ = Dermograph

Der|mo|gra|fie ⟨f.; -, -n; Med.⟩ = Dermographie

Der|mo|gra|fis|mus ⟨m.; -; unz.; Med.⟩ = Dermographismus

Der|mo|graph ⟨m.; -en, -en⟩ Stift zum Prüfen der Hautbeschaffenheit; *oV* Dermograf [<grch. *derma* »Haut« + *graphein* »schreiben«]

Der|mo|gra|phie ⟨f.; -, -n; Med.⟩ = Dermographismus; *oV* Dermografie

Der|mo|gra|phis|mus ⟨m.; -; unz.; Med.⟩ Entstehung einer deutlich sichtbaren, vorübergehenden Hautreaktion auf einen leichten mechan. Reiz, auf einer Überregbarkeit der Gefäßnerven beruhend, Hautschrift; *oV* Dermografismus; *Sy* Dermografie

Der|mo|plas|tik ⟨f.; -, -en⟩ *oV* Dermatoplastik **1** ⟨Med.⟩ Übertragung eines Stückes Haut von einer gesunden auf eine verletzte Stelle, Hautverpflanzung, Hautplastik **2** Verfahren zum möglichst lebensgetreuen Präparieren größerer Tiere

der|mo|trop ⟨Adj.⟩ auf die Haut wirkend, sie beeinflussend [<grch. *derma* »Haut« + *trepein* »wenden«]

Der|ni|er Cri ⟨[dɛrnje: kri:] m.; - -, -s -s [-nje: kri:]⟩ letzte Modeneuheit, das Allermodernste [frz., »letzter Schrei«]

De|ro|ga|ti|on ⟨f.; -, -en; Rechtsw.⟩ **1** Beeinträchtigung, Beschränkung **2** (teilweise) Aufhebung eines Gesetzes durch ein neues [<lat. *derogatio* »teilweise Aufhebung, Abschaffung«]

de|ro|ga|tiv ⟨Adj.; Rechtsw.⟩ **1** beschränkend, beeinträchtigend **2** (teilweise) aufhebend; *Sy* derogatorisch [<lat. *derogare* »abschaffen, teilweise entziehen«]

de|ro|ga|to|risch ⟨Adj.; Rechtsw.⟩ = derogativ

de|ro|gie|ren ⟨V.; Rechtsw.⟩ **1** einschränken **2** aufheben [<lat. *derogare* »teilweise entziehen«]

De|route ⟨[-ru:t(ə)] f.; -, -n⟩ **1** ⟨Mil.⟩ Auflösung, Zusammenbruch **2** ⟨Finanzw.⟩ Kurs-, Preissturz [<frz. *déroute* »wilde Flucht, Zusammenbruch«]

de|rou|tie|ren ⟨[-ru-] V.; veraltet⟩ **1** vom Wege abbringen, verwirren, zerstreuen **2** vereiteln [<frz. *dérouter* »auf eine falsche Fährte führen, irreführen«]

Der|rick|kran ⟨m.; -s, -kräne⟩ als Gittermastkonstruktion ausgeführter, sehr hoher Kran für den Hochbau [<engl. *derrick* »Henker, Galgen« (nach einem engl. Henker namens *Derrick*, der im 17. Jh. lebte)]

Der|wisch ⟨m.; -(e)s, -e⟩ mohammedanischer Bettelmönch [<frz. *derviche* <türk. *derviş* »mohammedan. Bettelmönch« <pers. *darwēs* »Bettler«]

des. ⟨Abk. für⟩ designatus

des..., Des... ⟨Vorsilbe⟩ = de..., De...

des|ak|ti|vie|ren ⟨[-vi:-] V.; Chemie⟩ in einen nicht aktiven Zustand versetzen; *ein Atom* ~; *oV* deaktivieren (2); *Ggs* aktivieren

des|ami|nie|ren ⟨V.; Chemie⟩ eine Aminogruppe aus einer organischen Verbindung abtrennen; *Ggs* aminieren [<*des*... + *Amin*]

Des|an|ne|xi|on ⟨f.; -, -en⟩ Aufhebung einer Annexion [<frz. *désannexion*]

des|ar|mie|ren ⟨V.; Mil.⟩ entwaffnen [<frz. *désarmer* »entwaffnen, abrüsten«]

De|sas|ter ⟨n.; -s, -⟩ Unglück, Unheil, Zusammenbruch [<frz. *désastre* »Katastrophe, Unheil, Zusammenbruch«]

de|sas|trös *auch:* **de|sas|trös** ⟨Adj.⟩ dem Ausmaß eines Desasters entsprechend, katastrophal, verheerend; *der Zustand der Partei ist* ~

des|avou|ie|ren *auch:* **des|a|vou|ie|ren** ⟨[-vu-] V.; geh.⟩ **1** ableugnen, missbilligen **2** für unbefugt erklären **3** bloßstellen [<frz. *désavouer* »widerrufen, nicht anerkennen«]

De|sen|si|bi|li|sa|tor ⟨m.; -, -toren⟩ Farbstoff, der fotograf. Schichten gegen Licht unempfindlich macht

de|sen|si|bi|li|sie|ren ⟨V.⟩ **1** eine Überempfindlichkeit herabsetzen **2** ⟨Fot.⟩ lichtunempfindl. machen

De|sen|si|bi|li|sie|rung ⟨f.; -, -en⟩ das Desensibilisieren

De|ser|teur ⟨[-tø:r] m.; -s, -e; Mil.⟩ Fahnenflüchtiger [<frz. *déserteur*]

de|ser|tie|ren ⟨V.⟩ Fahnenflucht begehen; *zum Feind* ~ überlaufen [<frz. *déserter* »verlassen, im Stich lassen«]

De|ser|ti|fi|ka|ti|on ⟨f.; -, -en⟩ das Vordringen der Wüste durch übermäßige Nutzung u. Ausbeutung des Bodens [zu lat. *desertus* »verlassen, leer, öde«]

De|ser|ti|on ⟨f.; -, -en; Mil.⟩ Fahnenflucht [<frz. *désertion*]

Dés|ha|bil|lé ⟨[dezabije:] n.; od. -s, -s; veraltet⟩ **1** eleganter Morgenrock **2** ⟨Mode; bes. im 18. Jh.⟩ im Stil der Reifrockmode gehaltenes Haus- u. Morgenkleid [zu frz. *déhabiller* »(sich) entkleiden, ausziehen«]

de|si|de|ra|bel ⟨Adj.; geh.⟩ wünschenswert, erstrebenswert; *eine desiderable Publikation* [<lat. *desiderabilis*]

de|si|de|rat ⟨Adj.⟩ **1** eine Lücke schließend, einen Mangel behebend **2** dringend erforderlich; →*a.* Desiderat

De|si|de|rat ⟨n.; -(e)s, -e; bes. bei Büchern in Bibliotheken⟩ Gewünschtes, Fehlendes, Lücke; →*a.* desiderat [<lat. *desideratus* »das Gewünschte«]

De|si|de|ra|ti|vum ⟨[-vum] n.; -s, -va [-va]; Sprachw.⟩ einen Wunsch, ein Verlangen ausdrückendes Verb

De|sign ⟨[dizain] n.; -s, -s⟩ **1** zeichner. Entwurf, Form, Entwurf, Modell; *Möbel*~; *Mode*~ **2** formgerechte u. funktionelle Gestaltung, Stil; *modernes, ultramodernes, kühles, dezentes* ~ [<engl.]

♦ Die Buchstabenfolge **design**... kann auch **de|sign**... getrennt werden.

♦ **De|si|gnat** ⟨n.; -(e)s, -e; Sprachw.⟩ das durch eine Bezeichnung Bezeichnete; →*a.* Signifikat

♦ **De|si|gna|ti|on** ⟨f.; -, -en⟩ **1** Bestimmung, Bezeichnung **2** vorläufige Ernennung [<lat. *designatio* »Bezeichnung«]

♦ **de|si|gna|tus** ⟨Adj.; Abk.: des.⟩ bestimmt, im Voraus ernannt, vorgesehen, z. B. für ein Amt

[lat., Part. Perf. zu *designare* »bezeichnen«]

◆ **de|si|gnen** ⟨[dizaınən] V.⟩ entwerfen, gestalten, eine funktionelle Form geben; *ein neues Modell ~* [engl.]

◆ **De|si|gner** ⟨[dizaınə(r)] m.; -s, -⟩ jmd., der für ein Produkt eine Form, ein Muster entwirft; →*a.* Dessinateur [engl.]

◆ **De|si|gner|dro|ge** ⟨[dizaınə(r)-] f.; -, -n⟩ auf chemischer Basis synthetisch hergestelltes Rauschmittel, z. B. Ecstasy

◆ **De|si|gner|food** ⟨[dizaınə(r)-fu:d] n.; - od.-s; unz.⟩ **1** ⟨Sport⟩ speziell auf den Nährstoffausgleich bei sportlichem Training abgestimmtes Nahrungsmittel **2** ⟨scherzh.⟩ Gesamtheit aller gentechnisch erzeugten od. behandelten Lebensmittel [<*Designer* + engl. *food* »Nahrung(-smittel)«]

◆ **De|si|gne|rin** ⟨[dizaı-] m.; -s, -⟩ weibl. Person, die für ein Produkt eine Form, ein Muster entwirft

◆ **De|si|gner|mo|de** ⟨[dizaınə(r)-] f.; -, -n⟩ Kleidung, die von Modedesignern entworfen u. ursprünglich nur in geringer Stückzahl produziert wurde

◆ **de|si|gnie|ren** ⟨V.⟩ für ein Amt vorsehen, bestimmen; *designierter Nachfolger* [<lat. *designare* »bezeichnen«]

Des|il|lu|si|on ⟨f.; -, -en⟩ Ernüchterung; *Ggs* Illusion (1) [<frz. *désillusion* »Enttäuschung«]

des|il|lu|si|o|nie|ren ⟨V.⟩ die Illusionen nehmen, ernüchtern, enttäuschen [<frz. *désillusionner*]

Des|il|lu|si|o|nis|mus ⟨m.; -; unz.⟩ nüchterne, illusionslose Betrachtung der Wirklichkeit [<*Des...* + *Illusionismus*]

Des|in|fek|ti|on ⟨f.; -, -en⟩ **1** Vernichtung von Krankheitserregern mit chem. od. physikal. Mitteln **2** Entseuchung [<*Des...* + *Infektion*]

Des|in|fek|tor ⟨m.; -s, -to̱ren⟩ **1** jmd., der desinfiziert **2** das Gerät zum Desinfizieren

Des|in|fi|zi|ens ⟨n.; -, -zi|entien od. -zi|en|tia⟩ Mittel zum Desinfizieren [<*Des...* + lat. *inficiens*, Part. Präs. zu *inficere* »vergiften, anstecken«]

des|in|fi|zie|ren ⟨V.⟩ **1** durch Desinfektion keimfrei machen **2** entseuchen

Des|in|fla|ti|on ⟨f.; -, -en; Wirtsch.⟩ dauerhafter Rückgang von Inflationsraten

Des|in|for|ma|ti|on ⟨f.; -, -en⟩ (bewusst) falsche Information [<lat.-frz. *des- »weg von«* + *Information*]

des|in|for|mie|ren ⟨V.⟩ jmdn. ~ (bewusst) falsch informieren

Des|in|sek|ti|on ⟨f.; -, -en⟩ Bekämpfung von Ungeziefer, bes. von Insekten [<*Des...* + *Insekt*]

Des|in|te|gra|ti|on *auch:* **Des|in|teg|ra|ti|on** ⟨f.; -, -en⟩ Auflösung, Aufteilung eines Ganzen, Zerstreuung, Zerspaltung; *Ggs* Integration (1) [<*Des...* + *Integration*]

Des|in|te|res|se *auch:* **Des|in|te|res|se** ⟨n.; -s; unz.⟩ mangelndes Interesse, Gleichgültigkeit; *sein ~ offen bekunden* [<*Des...* + *Interesse*]

des|in|te|res|siert *auch:* **des|in|te|res|siert** ⟨Adj.⟩ **1** nicht interessiert, gleichgültig; *bei dem Gespräch zeigte er sich ~* **2** unbeteiligt, unparteiisch

des|in|ves|tie|ren ⟨[-ves-] V.; Wirtsch.⟩ eine Desinvesition vornehmen, den Bestand an Gütern, Unternehmensbeteiligungen o. Ä. reduzieren; *Ggs* investieren (2)

Des|in|ves|ti|ti|on ⟨[-ves-] f.; -, -en; Wirtsch.⟩ **1** Verringerung des Bestandes an Gütern, Unternehmensbeteiligungen u. Ä. zwecks Rückgewinnung von Vermögenswerten; *Sy* Divestment; *Ggs* Investition (1) **2** Rückzahlung von Beteiligungen nach zwei bis acht Jahren; *Ggs* Investition (2) [<*Des...* + *Investition*]

de|sis|tie|ren ⟨V.; veraltet⟩ von etwas abstehen, ablassen [<lat. *desistere* »ab-, unterlassen«]

Des|ja|ti|ne ⟨f.; -, -n⟩ = Dessjatine

Desk|re|search ⟨[-rızœ:tʃ] n.; - od. -s; - od. -es [-tʃız]; Markt- u. Meinungsforschung⟩ Auswertung von (empirisch gewonnenen) Daten am Schreibtisch; *Ggs* Fieldresearch [engl., »Schreibtischarbeit«]

de|skri|bie|ren *auch:* **des|kri|bie|ren, des|kri|bie|ren** ⟨V.⟩ beschreiben; *ein Bild ~* [<lat. *describere* »beschreiben«]

De|skrip|ti|on *auch:* **De|skrip|ti|on, Des|krip|ti|on** ⟨f.; -, -en⟩ Beschreibung [<lat. *descriptio* »Abriss, Beschreibung«]

de|skrip|tiv *auch:* **des|krip|tiv, des|krip|tiv** ⟨Adj.⟩ beschreibend; *Ggs* präskriptiv; *~e Sprachwissenschaft* diejenige Einstellung zur Sprache, die die überlieferten Ausdrucksformen der wissenschaftlichen Untersuchung zugrunde legt u. logische Widersprüche im System in Kauf nimmt [→ *Deskription*]

De|skrip|tor *auch:* **Des|krip|tor, Des|krip|tor** ⟨m.; -s, -to̱ren⟩ **1** ⟨Bibliothekswiss.⟩ eines der Schlüsselworte, mit denen die Informationen in einem Dokument inhaltlich beschrieben werden **2** (EDV) Schlüsselwort, durch das der Inhalt einer Information im Speicher eines Computers charakterisiert wird

Desk|top ⟨m.; -s, -s; EDV⟩ **1** auf dem Schreibtisch installierter Personalcomputer; →*a.* Laptop, Tower **2** Benutzeroberfläche von Softwareprodukten, über die durch das Anwählen von Symbolen auf dem Bildschirm bestimmte Funktionen aufgerufen werden können [engl., »Schreibtischplatte«]

Desk|top|pu|bli|shing *auch:* **Desktop-Pu|bli|shing** ⟨[-pʌblıʃıŋ] n.; -s; unz.; Abk.: DTP⟩ Textgestaltung bis zur Veröffentlichungsreife per Computer [<engl. *desktop* »Schreibtischplatte« + *publish* »veröffentlichen«]

Des|min ⟨m.; -s, -e; Min.⟩ farbloses, gelblich braunes, glasglänzendes Mineral, Strahlzeolith; *Sy* Stilbit [<grch. *desme* »Büschel«]

Des|mi|tis ⟨f.; -, -ti|den; Med.⟩ Bänder- od. Sehnenentzündung [<grch. *demos* »Band« + *...itis*]

Des|mo|dont ⟨n.; -s; unz.; Med.⟩ Wurzelhaut des Zahnes (als Bestandteil des Zahnhalteapparates) [<grch. *desmos* »Band« + *odon*, Gen. *odontos* »Zahn«]

Desodorans

◆ Die Buchstabenfolge des|o|do... kann auch de|so|do... getrennt werden.

◆ **Des|o|do|rans** ⟨n.; -, -ran|ti|en⟩ = Deodorant [<*Des...* + lat. *odorans*, Part. Präs. zu *odorare* »riechend machen«]
◆ **Des|o|do|rant** ⟨n.; -s, -s⟩ = Deodorant
◆ **des|o|do|rie|ren** ⟨V.⟩ *etwas* ~ den schlechten Geruch von etwas beseitigen od. überdecken; *oV* deodorieren, desodorisieren, desodorisieren [<*des...* + lat. *odorare* »riechend machen«]
◆ **Des|o|do|rie|rung** ⟨f.; -, -en⟩ das Desodorieren; *oV* Deodorierung, Deodorisierung, Desodorisation, Desodorisierung
◆ **Des|o|do|ri|sa|ti|on** ⟨f.; -, -en⟩ = Desodorierung
◆ **des|o|do|ri|sie|ren** ⟨V.⟩ = desodorieren
◆ **Des|o|do|ri|sie|rung** ⟨f.; -, -en⟩ = Desodorierung
de|so|lat ⟨Adj.⟩ **1** einsam, öde **2** hoffnungslos, traurig; *sie fand ihren Freund in einem ~en Zustand* [<lat. *desolatus* »vereinsamt, verödet«]
Des|or|dre *auch:* **De|sor|dre** ⟨[dezɔrdrə] n. od. m.; -s, -s; geh.⟩ Unordnung, Durcheinander [<frz. *désordre*]
Des|or|ga|ni|sa|ti|on ⟨f.; -, -en⟩ **1** Auflösung, Zerrüttung (einer Ordnung) **2** mangelhafte Organisation
des|or|ga|ni|sie|ren ⟨V.⟩ die Ordnung auflösen von, in Unordnung bringen
Des|or|ga|ni|sie|rung ⟨f.; -, -en⟩ das Desorganisieren; *Ggs* Organisierung
des|ori|en|tie|ren ⟨V.⟩ (bewusst) falsch unterrichten, verwirren
Des|ori|en|tie|rung ⟨f.; -, -en⟩ **1** das Desorientieren, das Desorientiertsein **2** ⟨Med.⟩ Störung im Zeit- u. Raumempfinden, was zu realitätsentfremdeten Verhaltensweisen führen kann; *Ggs* Orientierung
De|sorp|ti|on ⟨f.; -, -en; Chemie⟩ das Freisetzen eines adsorbierten oder absorbierten Stoffes, z. B. das Entweichen absorbierter Gase aus Flüssigkeiten durch Erhitzen [zu lat. *desorbere* »verschlingen«]

Des|oxi|da|ti|on ⟨f.; -, -en; Chemie⟩ Entzug von Sauerstoff aus einer chemischen Verbindung [<*Des...* + *Oxidation*]
des|oxi|die|ren ⟨V.; Chemie⟩ Sauerstoff entziehen
Des|oxy|ri|bo|nu|cle|in|säu|re *auch:* **Des|oxy|ri|bo|nuc|le|in|säu|re** ⟨f.; -; unz.; Abk.: DNA, DNS; Biochemie; fachsprachl.⟩ = Desoxyribonukleinsäure
Des|oxy|ri|bo|nu|kle|in|säu|re *auch:* **Des|oxy|ri|bo|nuk|le|in|säu|re** ⟨f.; -; unz.; Abk.: DNA, DNS; Biochemie⟩ Hauptbestandteil der Chromosomen, der als Träger der Erbinformation der stoffliche Substanz der Gene bildet; *oV* ⟨fachsprachl.⟩ Desoxyribonucleinsäure [<lat. *des-* »von weg, ent-« + *Ribonukleinsäure*]
Des|oxy|ri|bo|se ⟨f.; -; unz.⟩ Zuckerbestandteil der Desoxyribonucleinsäure [<*Des...* + *oxi...* + *Ribose*]
de|spek|tier|lich *auch:* **des|pek|tier|lich** ⟨Adj.; geh.⟩ unehrerbietig, respektlos, verächtlich [<lat. *despectare* »herabsehen, verachten«]
De|spe|ra|do *auch:* **Des|pe|ra|do** ⟨m.; -s, -s⟩ **1** jmd., der zu jeder Verzweiflungstat fähig ist **2** Bandit, Umstürzler [span., »verzweifelt«]
de|spe|rat *auch:* **des|pe|rat** ⟨Adj.⟩ verzweifelt, hoffnungslos; *in eine ~e Situation geraten* [<lat. *desperatus*]
Des|pot ⟨m.; -en, -en⟩ Gewaltherrscher, Willkürherrscher [<grch. *despotes* »Herr, Herrscher«]
Des|po|tie ⟨f.; -, -n; Politik⟩ Gewaltherrschaft, willkürl. Herrschaft eines Einzelnen [→ *Despot*]
des|po|tisch ⟨Adj.; Politik⟩ **1** herrisch, rücksichtslos **2** gewalttätig, willkürlich [<grch. *despotikos* »herrisch«]
des|po|ti|sie|ren ⟨V.; Politik⟩ despotisch behandeln, despotisch herrschen über
Des|po|tis|mus ⟨m.; -; unz.; Politik⟩ System der Gewaltherrschaft [→ *Despot*]
Des|qua|ma|ti|on *auch:* **Des|qua|ma|ti|on** ⟨f.; -, -en; Geol.⟩ **1** Abschuppung, Ablösung schaliger Gesteinsplatten, z. B. durch große Temperaturunterschiede **2** Abstoßen von Oberhautzellen (Haut- u. Kopfschuppen) **3** Abstoßen der Oberschicht der Gebärmutterschleimhaut bei der Menstruation [<lat. *desquamatio* »von weg, weg-« + *squama* »Schuppe«]
Des|sert ⟨[dɛseːr] n.; -s, -s [dɛseːrs]⟩ Nachtisch [frz.]
Des|sert|wein ⟨[dɛseːr-] m.; -s, -e⟩ Südwein, Süßwein
Des|sin ⟨[dɛsɛ̃ː] n.; -s, -s⟩ **1** Zeichnung **2** Muster, Vorlage **3** Entwurf [<frz.]
Des|si|na|teur ⟨[-tøːr] m.; -s, -e; Textilw.⟩ Musterzeichner; →a. Designer
des|si|nie|ren ⟨V.; Textilw.⟩ (ab)zeichnen, entwerfen, z. B. Muster [<frz. *dessiner*]
des|si|niert ⟨Adj.; Textilw.⟩ mit einem Muster versehen, gemustert [<frz. *dessiner* »(ab)zeichnen, entwerfen«]
Des|sja|ti|ne ⟨f.; -, -n⟩ russ. Feldmaß (1,093 ha); *oV* Desjatine [<russ. *desjatina*]
Des|sous ⟨[dəsuː] n.; -, - [-suːs]⟩ Damenunterwäsche [frz., »unterhalb«]
de|sta|bi|li|sie|ren ⟨V.⟩ instabil, unbeständig machen; *Ggs* stabilisieren; *politische od. familiäre Beziehungen, Verhältnisse ~*
De|sta|bi|li|sie|rung ⟨f.; -, -en⟩ das Destabilisieren; *Ggs* Stabilisierung

◆ Die Buchstabenfolge **des|ti...** kann auch **des|ti...** getrennt werden.

◆ **De|stil|lat** ⟨n.; -(e)s, -e⟩ Produkt der Destillation [<lat. *destillatus* »herabgeträufelt«]
◆ **De|stil|la|teur** ⟨[-tøːr] m.; -s, -e⟩ **1** Schankwirt **2** Branntweinbrenner
◆ **De|stil|la|ti|on** ⟨f.; -, -en⟩ **1** Schankwirtschaft **2** Verdampfung u. anschließende Kondensation (Wiederverflüssigung durch Abkühlen) einer Flüssigkeit zur Abtrennung einer Flüssigkeit von darin gelösten Feststoffen u. zur Trennung verschiedener Flüssigkeiten [<lat. *destillare* »herabträufeln«]

Determinativkompositum

◆ **De|stil|le** ⟨f.; -, -n; umg.⟩ kleine Schankwirtschaft [verkürzt <*Destillation(sanstalt)*]
◆ **de|stil|lie|ren** ⟨V.⟩ durch Destillation trennen
◆ **De|sti|na|tar** ⟨m.; -s, -e; auf Seefrachtbriefen⟩ Empfänger von Schiffsfrachten; *oV* Destinatär [<frz. *destinataire* »Empfänger«]
◆ **De|sti|na|tär** ⟨m.; -s, -e; auf Seefrachtbriefen⟩ = Destinatar
◆ **De|sti|na|ti|on** ⟨f.; -, -en⟩ Bestimmung, Bestimmungsort, Endzweck [frz., »Bestimmung, Bestimmungsort«]
De|s|to|se ⟨f.; -; unz.⟩ Süßstoff, der aus rohem Stärkesirup gewonnen wird

◆ Die Buchstabenfolge **de|stru...** kann auch **destru...** oder **dest-ru...** getrennt werden.

◆ **De|stru|ent** ⟨m.; -en, -en; Ökol.⟩ letztes Glied einer Nahrungskette, der organische in anorganische Substanz umwandelt
◆ **de|stru|ie|ren** ⟨V.⟩ zerstören [<lat. *destruere* »vernichten«]
◆ **De|struk|ti|on** ⟨f.; -, -en⟩ Zerstörung [<lat. *destructio*]
◆ **de|struk|tiv** ⟨Adj.⟩ zerstörend, zersetzend, auf Umsturz bedacht [→ *Destruktion*]
◆ **De|struk|ti|vi|tät** ⟨[-vi-] f.; -; unz.⟩ destruktive, zerstörerische Art od. Handlungsweise
de|szen|dent *auch:* **Des|zen|dent** ⟨Adj.; Geol.⟩ absteigend; *Ggs* aszendent
De|szen|dent *auch:* **Des|zen|dent** ⟨m.; -en, -en⟩ **1** Abkömmling, Nachkomme **2** ⟨Astron.⟩ **2.1** untergehendes Gestirn **2.2** Punkt, an dem ein Gestirn untergeht; *Ggs* Aszendent [<lat. *descendens*, Part. Präs. zu *descendere* »herabsteigen«]
De|szen|denz *auch:* **Des|zen|denz** ⟨f.; -, -en⟩ **1** ⟨unz.⟩ Abstammung, Nachkommenschaft **2** ⟨Astron.; zählb.⟩ Untergang eines Gestirns; *Ggs* Aszendenz [zu lat. *descendere* »herabsteigen«]
de|szen|die|ren *auch:* **des|zen|die|ren** ⟨V.⟩ absteigen, sinken [<lat. *descendere* »herabsteigen«]

dé|ta|ché ⟨[detaʃe:] Adj.; Musik⟩ kräftig, kurz, zwischen Auf- und Abstrich des Bogens gesetzt (zu spielen) [frz., »lose, getrennt«]
Dé|ta|ché ⟨[detaʃe:] n.; -s, -s; Musik⟩ Bogenstrich, der kurz u. kräftig zwischen Auf- u. Abstrich gesetzt wird
De|ta|che|ment ⟨[detaʃmãː] n.; -s, -s od. schweiz. [detaʃmɛnt] n.; -(e)s, -e; veraltet; Mil.⟩ Truppenabteilung mit besonderer Aufgabe [<frz. *détachement* »Abteilung«; → *detachieren*]
De|ta|cheur ⟨[-ˈʃøːr] m.; -s, -e⟩ **1** ⟨Müllerei⟩ Maschine zur Auflockerung des Mahlguts **2** ⟨chem. Reinigung⟩ Fachmann für Fleckenentfernung [frz.; → *detachieren*]
De|ta|cheu|se ⟨[-ˈʃøːzə] f.; -, -n⟩ Fachfrau für Fleckenentfernung
de|ta|chie|ren ⟨[-ˈʃiː-] V.⟩ **1** ⟨Mil.⟩ *Soldaten, Truppenteile~* für eine Sonderaufgabe abordnen, abzweigen; *Ggs* attachieren **2** ⟨Müllerei⟩ *Mahlgut~* zerbröckeln **3** ⟨Chemie⟩ *Textilien~* Flecken aus T. entfernen [<frz. *détacher* »lösen, abtrennen«]
De|tail ⟨[-ˈtaj] n.; -s, -s⟩ etwas Einzelnes, Einzelheit; →a. *en détail; ins ~ gehen* [<frz. *détail*]
De|tail|han|del ⟨[-ˈta(ː)j-] m.; -s; unz.; Kaufmannsspr.; veraltet⟩ Einzelhandel, Kleinhandel; *Ggs* Engroshandel
De|tail|händ|ler ⟨[-ˈta(ː)j-] m.; -s, -; veraltet⟩ Einzelhändler; *Sy* Detaillist, ⟨österr.⟩ Engrossist
de|tail|lie|ren ⟨[-ˈtajiː-] V.⟩ **1** bis ins Detail erklären, darstellen **2** ⟨Kaufmannsspr.⟩ in kleinen Mengen, stückweise verkaufen
de|tail|liert ⟨[-ˈtajiːrt] Adj.⟩ in allen Einzelheiten, bis ins Detail, ausführlich, genauestens; *eine ~e Analyse vorbereiten*
De|tail|list ⟨[-ˈtajɪst] m.; -en, -en; veraltet⟩ = Detailhändler
De|tek|tei ⟨f.; -, -en⟩ Büro eines Detektivs
de|tek|tie|ren ⟨V.⟩ durch zielgerichtetes Untersuchen und Recherchieren herausfinden od. aufspüren; →a. *Detektiv*
De|tek|tiv ⟨m.; -s, -e [-vo]⟩ privater, berufsmäßiger Ermittler

von Straftaten u. zivilrechtl. Angelegenheiten; *Privat~*; →a. detektieren [<engl. *detective*; → *Detektor*]
De|tek|ti|vin ⟨[-vɪn] f.; -, -vin|nen [-vɪn-]⟩ private, berufsmäßige Ermittlerin von Straftaten u. zivilrechtl. Angelegenheiten; *Privat~*
de|tek|ti|visch ⟨[-vɪʃ] Adj.⟩ der Art eines Detektivs ähnlich
De|tek|tor ⟨m.; -s, -to|ren⟩ **1** ⟨Funkw.⟩ Gleichrichter für Hochfrequenzströme; *Sy* Kristall (1.2) **2** ⟨Technik⟩ Gerät od. Geräteteil zum Nachweis nicht direkt zugänglicher Stoffe od. Vorgänge [<lat. *detector* »Enthüller, Aufdecker«; zu *detegere* »aufdecken, enthüllen«]
Dé|tente ⟨[deˈtãːt] f.; -; unz.⟩ Entspannung (bes. politisch) [frz.]
De|ter|gens ⟨n.; -, -gen|zi|en od. -gen|tia [-tsja]⟩ **1** ⟨Chemie⟩ die Oberflächenspannung des Wassers herabsetzender Stoff, in Waschmitteln enthalten **2** wundreinigendes Mittel [zu lat. *detergere* »abwischen, reinigen«]
De|te|ri|o|ra|ti|on ⟨f.; -, -en⟩ Verschlechterung [zu lat. *deterior* »geringer, minder würdig, weniger gut«]
de|te|ri|o|rie|ren ⟨V.⟩ verschlechtern, verfallen lassen [<lat. *deterior* »geringer, minder würdig, weniger gut«]
De|ter|mi|nan|te ⟨f.; -, -n⟩ **1** Teilchen ungeklärter chemischer Natur, das die Entwicklung eines Eies oder Embryos bestimmt **2** ⟨Math.⟩ Rechenhilfsmittel der Algebra, wird als quadratisches Schema aus den Koeffizienten von linearen Gleichungen gebildet [<lat. *determinans*, Part. Präs. zu *determinare* »begrenzen«]
De|ter|mi|na|ti|on ⟨f.; -, -en⟩ **1** Begriffsbestimmung, Abgrenzung **2** der Vorgang, durch den eine bestimmte Entwicklungsrichtung eines Körperteils festgelegt wird [<lat. *determinatio* »Begrenzung«]
de|ter|mi|na|tiv ⟨Adj.; Sprachw.⟩ bestimmend, eingrenzend, festlegend [→ *determinieren*]
De|ter|mi|na|tiv|kom|po|si|tum ⟨n.; -s, -si|ta; Sprachw.⟩ Komposi-

Determinativpronomen

tum, bei dem das erste Glied das zweite näher bestimmt, z. B. Arztpraxis = die Praxis eines Arztes

De|ter|mi|na|tiv|pro|no|men ⟨n.; -s, - od. -mi|na; Gramm.⟩ = Determinativum

De|ter|mi|na|ti|vum ⟨[-vum] n.; -s, -ti|va [-va]; Gramm.⟩ Demonstrativpronomen mit bes. hervorhebender, auswählender Funktion, z. B. derjenige, derselbe; *Sy* Determinativpronomen

de|ter|mi|nie|ren ⟨V.; Sprachw.⟩ bestimmen, abgrenzen, entscheiden [<lat. *determinare* »begrenzen, bestimmen«]

De|ter|mi|niert|heit ⟨f.; -; unz.⟩ das Determiniertsein

De|ter|mi|nis|mus ⟨m.; -; unz.; Philos.⟩ Lehre, dass der menschl. Wille vo äußeren Ursachen bestimmt u. daher nicht frei sei; *Ggs* Indeterminismus [<lat. *determinare* »begrenzen, bestimmen«]

De|ter|mi|nist ⟨m.; -en, -en⟩ Anhänger des Determinismus

de|ter|mi|nis|tisch ⟨Adj.⟩ den Determinismus betreffend, in seinem Sinne aufgefasst, Willensfreiheit ausschließend

de|tes|ta|bel ⟨Adj.; veraltet⟩ verabscheuenswert, abscheulich; *eine detestable Affäre* [<frz. *détestable* <lat. *detestabilis*]

De|to|na|tion ⟨f.; -, -en⟩ eine unter Knallerscheinung u. Gasentwicklung sehr rasch vor sich gehende, schneller als eine Deflagration, aber langsamer als eine Explosion verlaufende, chem. Reaktion [<frz. *détonation*]

De|to|na|tor ⟨m.; -s, -to|ren⟩ Zünder, der eine Sprengladung zündet [<frz. *détonateur* + lat. Endung]

de|to|nie|ren ⟨V.⟩ **1** in Form einer Detonation verbrennen; →*a.* explodieren **2** unrein singen, spielen [<frz. *détoner*]

De|tri|ment *auch:* **De|tri|ment** ⟨n.; -(e)s, -e⟩ Schaden, Verlust (bes. durch Abnutzung), Einbuße [<frz. *détriment* »Schaden, Nachteil«]

De|tri|tus *auch:* **De|tri|tus** ⟨m.; -; unz.; Biol.⟩ feinste Teilchen anorgan. Substanzen u. zerfallender Tier- u. Pflanzenreste als Schwebestoffe od. Bodensatz im Wasser [lat., Part. Perf. zu *deterere* »ab-, zerreiben«]

det|to ⟨österr.⟩ = dito [ital., »das Besagte, Vorgenannte«]

De|tu|mes|zenz ⟨f.; -, -en⟩ Abschwellung, z. B. einer entzündl. Schwellung, bes. der Geschlechtsteile nach dem Geschlechtsakt; *Ggs* Intumeszenz [<*De...* + *tumescere* »schwellen«]

Deuce ⟨[djuːs] m.; -; unz.; Sport; bes. Tennis⟩ Einstand; →*a.* Advantage [engl., eigtl. »Zwei (im Kartenspiel)« <afrz. *deus* <lat. *duos* »zwei«]

De|us ⟨m.; -, Dei [deːi]⟩ **1** Gott **2** ~ *ex Machina* **2.1** ⟨im antiken Theater⟩ Göttergestalt, die durch eine mechan. Vorrichtung erschien u. den Konflikt löste **2.2** ⟨fig.⟩ plötzl. erscheinender Helfer, überraschende Lösung aus Konflikten [lat., »der Gott (aus der Maschine)«]

Deu|ter|ago|nist *auch:* **Deu|te|ra|go|nist** ⟨m.; -en, -en; Theat.⟩ der zweite Schauspieler im altgrch. Theater; →*a.* Protagonist (1), Tritagonist [<grch. *deuteros* »zweite(r, -s)« + *Agonist*]

Deu|ter|ano|ma|lie *auch:* **Deu|te|ra|no|ma|lie** ⟨f.; -, -n; Med.⟩ Grünschwäche, herabgesetzte Grünempfindlichkeit; *oV* Deuteroanomalie [<grch. *deuteros* »zweiter« + *Anomalie*]

Deu|ter|an|o|pie *auch:* **Deu|te|ra|no|pie** ⟨f.; -, -n; Med.⟩ Rotgrünblindheit; *Sy* Achloropsie; *oV* Deuteroanopie [<grch. *deuteros* »zweite(r, -s)« + *Anopie*]

Deu|te|ri|um ⟨n.; -s; unz.; chem. Zeichen: D od. ²H⟩ ein Isotop des Wasserstoffs mit dem Atomgewicht 2,015, natürliches Vorkommen im schweren Wasser, Verwendung als Fusionsmaterial für Wasserstoffbomben und zukünftige Fusionsreaktoren [<grch. *deuteros* »der zweite«]

Deu|te|ro|a|no|ma|lie ⟨f.; -, -n; Med.⟩ = Deuteranomalie

Deu|te|ro|a|no|pie *auch:* **Deu|te|ro|a|no|pie** ⟨f.; -, -n; Med.⟩ = Deuteranopie

Deu|te|ron ⟨n.; -s, -ro|nen; Kernphysik⟩ Atomkern des Deuteriums, bestehend aus einem Neutron u. einem Proton [grch., »das zweite«]

Deu|te|ro|no|mi|um ⟨n.; -s, -mien; AT⟩ das fünfte Buch Mosis [lat., eigtl. »Wiederholung des Gesetzes« <grch. *deuteros* »der zweite« + *nomos* »Gesetz, Vorschrift«]

Deu|te|ro|plas|ma ⟨n.; -s, -men; Biol.⟩ = Deutoplasma

Deu|te|ro|sto|mi|er *auch:* **Deu|te|ro|sto|mi|er** ⟨m.; -s, -; Zool.⟩ Tier, bei dem der Urmund zum After wird, während der Mund am anderen Ende des Urdarms neu entsteht [<grch. *deuteros* »der zweite« + *Stoma*]

Deu|to|plas|ma ⟨n.; -s, -men; Biol.⟩ im Plasma einer Zelle als Reservestoffe gespeicherte Eiweiße, Fette u. a.; *oV* Deuteroplasma [<grch. *deuteros* »der zweite« + *Plasma*]

Deux-pièces *auch:* **Deux-pièces** ⟨[døːpjɛːs] n.; -, -⟩ zweiteiliges Damenkleid [frz., »zwei Teile«]

De|va|lu|a|tion ⟨[-va-] f.; -, -en; Wirtsch.⟩ = Devalvation

De|val|va|tion ⟨[-valva-] f.; -, -en; Wirtsch.⟩ Abwertung, Herabsetzen des Wertes einer Währung; *oV* Devaluation [<frz. *dévaluation*]

de|val|va|ti|o|nis|tisch ⟨[-valva-] Adj.⟩ Devalvation bewirkend, abwertend; *Sy* devalvatorisch

de|val|va|to|risch ⟨[-valva-] Adj.⟩ = devalvationistisch

de|val|vie|ren ⟨[-valviː-] V.⟩ *eine Währung~* den Wert einer W. herabsetzen, eine W. abwerten [<frz. *dévaluer*]

De|va|na|ga|ri ⟨[-va-] f.; -; unz.⟩ wichtigste Schrift im heutigen Indien; *oV* Dewanagari [Sanskrit]

Devastation ⟨*Worttrennung am Zeilenende*⟩ Analog zur Worttrennung im Deutschen gilt auch für Fremdwörter, dass die Konsonantenverbindung »st« künftig zu trennen ist, da sie nicht für einen Einzellaut steht.

De|vas|ta|tion ⟨[-vas-] f.; -, -en⟩ Verwüstung, Verheerung [zu

lat. *devastare* »gänzlich verwüsten«]
De|vas|tie|ren ⟨[-vas-] V.⟩ verwüsten, verheeren; *eine Stadt, ein Land* ~ [<lat. *devastare* »gänzlich verwüsten«]
De|ve|lo|per ⟨[divɛləpə(r)] m.; -s, -; Fot.⟩ chem. Flüssigkeit zur Entwicklung von Fotografien [engl., »Entwickler«]
De|ver|ba|tiv ⟨[-vɛr-] n.; -s, -va [-va]; Gramm.⟩ von einem Verb abgeleitetes Wort (Substantiv od. Adjektiv), z. B. »Schenkung« von »schenken« [<*De...* + lat. *verbum* »Wort«]
de|ves|tie|ren ⟨[-vɛs-] V.; im MA⟩ Lehen od. Priesterwürde entziehen [<lat. *devestire* »entkleiden«]
De|ves|ti|tur ⟨[-vɛs-] f.; -, -en; im MA⟩ Entziehung des Lehens od. der Priesterwürde [zu lat. *devestire* »entkleiden«]
de|vi|ant ⟨[-vi-] Adj.; Soziol.⟩ von der Norm abweichend [<lat. *devians*, Part. Präs. von *deviare* »abweichen«]
De|vi|anz ⟨[-vi-] f.; -; unz.; Soziol.⟩ Abweichung von der Norm
De|vi|a|ti|on ⟨[-vi-] f.; -, -en⟩ **1** Abweichung von der Richtung, vom vorgeschriebenen Weg **2** Ablenkung der Kompassnadel **3** ⟨Stat.⟩ Abweichung vom Mittelwert **4** ⟨Genetik⟩ Abweichung der Merkmale einer Art von denen ihrer Stammart [→ *deviieren*]
de|vi|ie|ren ⟨[-vi-] V.⟩ abweichen [<lat. *deviare* »vom rechten Wege abweichen«; zu *via* »Weg«]
De|vi|se ⟨[-viː-] f.; -, -n⟩ **1** Wahlspruch **2** ⟨meist Pl.⟩ ~n Zahlungsmittel in ausländ. Währung [frz.]
De|vi|sen|swap ⟨[-viːzənswɔp] m.; -s, -s; Wirtsch.⟩ zeitgleiche Durchführung eines Kassa- u. eines Termingeschäfts am Devisenmarkt; →*a.* Swappgeschäft [zu engl. *swap* »austauschen«]
de|vi|tal ⟨[-vi-] Adj.⟩ leblos, abgestorben [<*de...* + lat. *vita* »Leben«]
De|vo|lu|ti|on ⟨[-vo-] f.; -, -en; Rechtsw.⟩ Übergang eines Rechtes od. Besitzes an einen anderen [→ *devolvieren*]

de|vol|vie|ren ⟨[-vɔlviː-] V.; Rechtsw.⟩ **1** abwälzen **2** an eine höhere Instanz gehen [<lat. *devolvere* »herabwälzen, herabrollen«]
De|von ⟨[-voːn] n.; -s od. -; unz.⟩ Formation des Paläozoikums vor 360-290 Mill. Jahren mit Meeresüberflutungen u. beginnender variszischer Gebirgsbildung [nach der engl. Grafschaft *Devon*shire]
de|vo|nisch ⟨[-voː-] Adj.⟩ zum Devon gehörend, aus dem Devon stammend
de|vo|rie|ren ⟨[-vo-] V.; Med.⟩ verschlucken [zu lat. *devorare* »verschlingen«]
de|vot ⟨[-voːt] Adj.⟩ unterwürfig, übertrieben ehrerbietig, kriecherisch, diensteifrig, ergeben [<lat. *devotus* »treu ergeben«]
De|vo|ti|on ⟨[-vo-] f.; -; unz.⟩ Ergebenheit, Unterwürfigkeit, hingebende Verehrung [<lat. *devotio* »Weihung, das Geloben«]
De|vo|ti|o|na|li|en ⟨[-vo-] nur Pl.⟩ Andachtsgegenstände, z. B. Rosenkranz [→ *Devotion*]
De|wa|na|ga|ri ⟨f.; -; unz.⟩ = Devanagari
De|xi|o|gra|fie ⟨f.; -; unz.⟩ = Dexiographie
de|xi|o|gra|fisch ⟨Adj.⟩ = dexiographisch
De|xi|o|gra|phie ⟨f.; -; unz.⟩ das Schreiben von links nach rechts; *oV* Dexiografie [<grch. *dexios* »rechts« + *...graphie*]
de|xi|o|gra|phisch ⟨Adj.⟩ zur Dexiographie gehörend, auf ihr beruhend; *oV* dexiografisch

♦ Die Buchstabenfolge **dex|tr...** kann auch **dextr...** getrennt werden.

♦ **Dex|trin** ⟨n.; -s, -e; Chemie⟩ Kohlenhydratgemisch wechselnder Zusammensetzung, das durch Einwirkung von Fermenten, Hitze od. Säuren auf Stärke entsteht, u. a. zur Herstellung von Klebstoffen für Appreturzwecke u. zum Verdicken von Druckfarben verwendet [zu lat. *dexter* »recht(s)«]

♦ **dex|tro|gyr** ⟨Adj., Physik; Zeichen: d⟩ die Ebene des polarisierten Lichtes im Uhrzeigersinne drehend, rechts drehend [<lat. *dexter* »recht(s)« + grch. *gyros* »Ring, Kreis, Windung«]

♦ **Dex|tro|pur**® ⟨n.; -s; unz.⟩ ein Traubenzuckerpräparat [<lat. *dexter* »recht(s)« + *purus* »rein«]

♦ **Dex|tro|se** ⟨f.; -; unz.⟩ = Glucose
Dez. ⟨Abk. für⟩ Dezember
De|zem ⟨m.; -s, -s; Gesch.; vom MA bis ins 19. Jh.⟩ Zehnt, Abgabe des zehnten Teils vom Ertrag eines Grundstücks an die katholische Kirche [<lat. *decem* »zehn«]
De|zem|ber ⟨m.; -s od. -, -; Abk.: Dez.⟩ der 12. Monat des Jahres [<lat. *december* »der zehnte (Monat) des mit dem März beginnenden altröm. Jahres«; *decem* »zehn«]
De|zem|vir ⟨[-vir] m.; -s od. -n, -n⟩ Mitglied des Dezemvirats [<lat. *decemviri* »Zehn-Männer-Kollegium, Zehn-Männer-Rat«]
De|zem|vi|rat ⟨[-vi-] n.; -(e)s, -e; im alten Rom⟩ Zehn-Männer-Kollegium [<lat. *decemviratus* »Amt des Zehn-Männer-Rates«]
De|zen|ni|um ⟨n.; -s, -ni|en⟩ Jahrzehnt [<lat. *decennium* »Jahrzehnt« <*decem* »zehn« + *annus* »Jahr«]
de|zent ⟨Adj.⟩ Ggs indezent **1** anständig, geziemend, schicklich **2** unauffällig, unaufdringlich [<lat. *decens* »schicklich, geziemend«]
de|zen|tral *auch:* **de|zent|ral** ⟨Adj.⟩ vom Mittelpunkt weg verlegt; Ggs zentral (1)
De|zen|tra|li|sa|ti|on *auch:* **De|zent|ra|li|sa|ti|on** ⟨f.; -, -en⟩ Aufgliederung, Übertragung von Aufgaben u. Befugnissen auf untergeordnete Behörden, Abteilungen od. Institutionen zur Selbstverwaltung; *oV* Dezentralisierung; Ggs Zentralisation
de|zen|tra|li|sie|ren *auch:* **de|zent|ra|li|sie|ren** ⟨V.⟩ auseinander legen, aufgliedern; Ggs zentralisieren
De|zen|tra|li|sie|rung *auch:* **De|zent|ra|li|sie|rung** ⟨f.; -, -en⟩ = Dezentralisation
de|zen|trie|ren *auch:* **de|zent|rie|ren** ⟨V.⟩ die Mitte, den Mittelpunkt aufgeben u. in einzelne

Dezenz

Bereiche aufgliedern; *Ggs* zentrieren

De|zenz ⟨f.; -; unz.⟩ *Ggs* Indezenz **1** Anstand, Schicklichkeit **2** Unauffälligkeit, Unaufdringlichkeit [<lat. *decentia* »Schicklichkeit, Anstand«]

De|zer|nat ⟨n.; -(e)s, -e⟩ Aufgaben-, Sachgebiet, Amts-, Geschäftsbereich [verkürzt u. irrtümlich aufgefasst aus dem lat. Aktenvermerk: *Decernat collega N.* »Kollege N. möge entscheiden«]

De|zer|nent ⟨m.; -en, -en⟩ Leiter eines Dezernats, Berichterstatter für eine übergeordnete Behörde [<lat. *decernens*, Part. Präs. zu *decernere* »entscheiden, bestimmen«]

De|zett ⟨n.; -(e)s, -e; Musik⟩ Komposition für zehn Soloinstrumente [<lat. *decem* »zehn«]

de|zi..., De|zi... ⟨Abk.: d; vor Maßeinheiten⟩ zehntel..., Zehntel... [<lat. *decem* »zehn«]

De|zi|ar ⟨n.; -s, -e od. (bei Zahlenangaben) -; Abk.: da⟩ $^{1}/_{10}$ Ar

De|zi|bel ⟨n.; -s, -; Abk.: dB⟩ $^{1}/_{10}$ Bel

de|zi|die|ren ⟨V.⟩ entscheiden [<lat. *decidere* »entscheiden«]

de|zi|diert ⟨Adj.⟩ entschieden, bestimmt; *sehr ~ Stellung nehmen*

De|zi|gramm ⟨n.; -s, -e od. (bei Zahlenangaben) -; Abk.: dg⟩ $^{1}/_{10}$ Gramm

De|zi|li|ter ⟨n. od. m.; -s, -; Abk.: dl⟩ $^{1}/_{10}$ Liter

de|zi|mal ⟨Adj.; Math.⟩ auf der Zahl Zehn beruhend [<lat. *decimus* »der Zehnte«]

De|zi|mal|bruch ⟨m.; -(e)s, -brüche; Math.⟩ durch Komma bezeichneter Bruch, dessen Nenner aus einer Zehnerpotenz (10, 100, 1000) gebildet ist, z. B. 0,52 = $^{52}/_{100}$

De|zi|ma|le ⟨f.; -, -n; Math.⟩ rechts vom Komma eines Dezimalbruchs stehende Zahl, Dezimalzahl, Dezimalstelle [<lat. *decimus* »der zehnte (Teil)«; zu *decem* »zehn«]

de|zi|ma|li|sie|ren ⟨V.; Math.⟩ auf das Dezimalsystem umstellen; *ein Gewichtssystem ~*

De|zi|mal|klas|si|fi|ka|ti|on ⟨f.; -; unz.; Abk.: DK; Math.⟩ von dem amerikan. Bibliothekar M. Dewey erfundenes System zur Ordnung des gesamten Wissens in 10 Klassen mit je 10 Divisionen u. wieder je 10 Sektionen usw.

De|zi|mal|po|tenz ⟨f.; -, -en; Pharm.⟩ Verdünnungsgrad von homöopathischen Arzneimitteln, der auf der Zahl 10 beruht

De|zi|mal|rech|nung ⟨f.; -; unz.; Math.⟩ Rechnung mit Dezimalbrüchen

De|zi|mal|sys|tem ⟨n.; -s; unz.; Math.⟩ auf der Zahl Zehn beruhendes Zahlen- u. Rechensystem; *Sy* dekadisches System

De|zi|mal|waa|ge ⟨f.; -, -n⟩ Waage, bei der das Verhältnis von Last u. aufgelegtem Gewicht 10:1 ist

De|zi|me ⟨f.; -, -n; Musik⟩ **1** der zehnte Ton der diaton. Tonleiter **2** zehnstufiges Intervall [<lat. *decima*, Fem. zu *decimus* »der Zehnte«; zu *decem* »zehn«]

De|zi|me|ter ⟨m. od. n.; -s, -; Abk.: dm⟩ $^{1}/_{10}$ Meter

de|zi|mie|ren ⟨V.⟩ **1** (urspr.) jeden zehnten Mann töten **2** (danach) stark vermindern, große Verluste zufügen [<lat. *decimare* »den zehnten Mann bestrafen«]

De|zi|si|on ⟨f.; -, -en; geh.⟩ Entscheidung [<lat. *decisio* »Abkommen, Vergleich«]

de|zi|siv ⟨Adj.⟩ entscheidend, bestimmt [<frz. *décisif*]

De|zi|siv|stim|me ⟨f.; -, -n; in polit. Körperschaften⟩ zur Abstimmung berechtigte Stimme; *Ggs* Deliberativstimme

De|zis|ter ⟨m.; -s od. -, -e od. -s (bei Zahlenangaben Pl.: -)⟩ $^{1}/_{10}$ Kubikmeter [<*Dezi*... +*Ster*]

De|zi|ton|ne ⟨f.; -, -n; Abk.: dt⟩ $^{1}/_{10}$ Tonne [<*Dezi*... + *Tonne*]

dg ⟨Abk. für⟩ Dezigramm

Dg ⟨früher Abk. für⟩ Dekagramm

D. G. ⟨Abk. für⟩ Dei gratia

Dham|ma ⟨[daṃa] n. od. m.; -s, -s⟩ = Dharma

Dhar|ma ⟨n. od. m.; -s, -s⟩ *oV* Dhamma **1** Zentralbegriff ind. Philosophien u. Religionen **2** die einer Sache innewohnende Eigengesetzlichkeit **3** ⟨Hinduismus⟩ göttliches Recht u. Pflicht zur Einhaltung der Gesetze **4** ⟨Buddhismus⟩ die Lehre Buddhas u. die wesenlosen Daseinselemente, die im Weltprozess zusammenwirken [Sanskrit, »Stütze, Halt, Gesetz«]

Dhau ⟨f.; -, -en⟩ = Dau

d'Hondt'sche(s) Sys|tem *auch:* **d'Hondt|sche(s) Sys|tem** ⟨n.; -n -s; unz.; Politik⟩ System der Sitzverteilung bei Verhältniswahlen [nach dem Rechtswissenschaftler Victor *d'Hondt*, 1841-1901]

di...[1], **Di...**[1] ⟨Vorsilbe⟩ = dis..., Dis...

di...[2], **Di...**[2] ⟨Vorsilbe⟩ doppelt, zwei [<grch. *dis* »zweimal«; zu *dyo* »zwei«]

di...[3], **Di...**[3] ⟨Vorsilbe⟩ = dia..., Dia...

Dia ⟨n.; -s, -s; kurz für⟩ Diapositiv

di|a..., Di|a... ⟨Vorsilbe⟩ **1** durch, hindurch **2** auseinander, getrennt [grch.]

Di|a|bas ⟨m.; -es, -e; Min.⟩ zähes, dunkelgrünes od. schwarzes, subvulkanisches Gestein aus Plagioklas, Augit, Hornblende, Olivin, als Pflasterstein u. Schottermaterial verwendet [<grch. *diabasis* »Übergang, Durchgang«]

Di|a|be|tes ⟨m.; -; unz.; Med.⟩ **1** mit starker Wasserausscheidung verbundene Krankheit **2** *~ insipidus* Erkrankung durch Störung des Zwischenhirns u. der Hirnanhangdrüse, führt zu starker Wasserausscheidung u. großem Durst **3** *~ mellitus* Störung des Kohlenhydratstoffwechsels durch mangelnde Insulinbildung im Körper, Zuckerharnruhr, Zuckerkrankheit **4** *~ renalis* eine Nierenanomalie, bei der die Niere bei normalem Kohlenhydratstoffwechsel vermehrt Zucker durchlässt, Nierendiabetes [grch., »Zirkel«; zu *diabainein* »hindurch-, hinübergehen«; zu 2: <neulat. *insipidus* »geschmacklos«; zu 3: <lat. *mellitus* »honigsüß«; zu 4: <lat. *renalis* »die Nieren betreffend«; zu *ren*, Gen. *renis* »Niere«]

Di|a|be|ti|ker ⟨m.; -s, -; Med.⟩ an Diabetes Erkrankter

Di|a|be|ti|ke|rin ⟨f.; -, -rin|nen; Med.⟩ an Diabetes Erkrankte

Dialektgeographie

di|a|be|tisch ⟨Adj.; Med.⟩ den Diabetes mellitus (Zuckerkrankheit) betreffend, zu ihm gehörig, von ihm stammend [→ *Diabetes*]

Di|a|be|to|lo|ge ⟨m.; -n, -n; Med.⟩ Wissenschaftler, der sich mit Diabetes befasst

Di|a|be|to|lo|gie ⟨f.; -; unz.; Med.⟩ Wissenschaft, die sich mit der Erforschung der Diabetes befasst

Di|a|be|to|lo|gin ⟨f.; -, -gin|nen; Med.⟩ Wissenschaftlerin, die sich mit Diabetes befasst

Di|a|bo|lie ⟨f.; -; unz.; geh.⟩ satanisches, teuflisches Naturell, gehässiger Charakter, diabolisches Verhalten; *Sy* Diabolik

Di|a|bo|lik ⟨f.; -; unz.⟩ = Diabolie

di|a|bo|lisch ⟨Adj.⟩ teuflisch, bösartig; *ein ~er Plan* [<grch. *diabolos* »Teufel«, eigtl. »Verleumder, Zwietrachtstifter«]

Di|a|bo|lo ⟨n.; -s, -s⟩ Spiel mit einem Doppelkegel, der mit Hilfe einer gespannten Schnur in Drehung versetzt, in die Höhe geworfen u. wieder aufgefangen wird [< ital. *diavolo* <grch. *diabolos* »Teufel«]

Di|a|bo|lus ⟨m.; -; unz.; geh.⟩ der Teufel [neulat.]

di|a|chron ⟨[-kroːn] Adj.; Sprachw.⟩ = diachronisch

Di|a|chro|nie ⟨[-kro-] f.; -; unz.; Sprachw.⟩ historisch-vergleichende Sprachwissenschaft; →*a.* Synchronie [<grch. *dia* »hindurch« + *chronos* »Zeit«]

di|a|chro|nisch ⟨[-kroː-] Adj.; Sprachw.⟩ den Aspekt der sprachgeschichtlichen Entwicklung betreffend; *Sy* diachron; →*a.* synchronisch

Di|a|dem ⟨n.; -s, -e⟩ Stirn- od. Kopfschmuck [<grch. *diadema* »Binde; das um den Turban des Perserkönigs geschlungene blau-weiße Band«]

Di|a|do|che ⟨[-xə] m.; -n, -n⟩ **1** ⟨urspr.⟩ einer der Feldherren u. Nachfolger Alexanders d. Gr. **2** Nachfolger eines Herrschers od. einer leitenden Persönlichkeit [<grch. *diadochos* »Nachfolger«]

Di|a|fo|nie ⟨f.; -, -n; Zus.⟩ = Diaphonie

Di|a|ge|ne|se ⟨f.; -, -n; Geol.⟩ langfristige Gesteinsverfestigung durch chemische u. physikal. Vorgänge; *Sy* Metamorphose (1) [<*Dia...* +*Genese*]

◆Die Buchstabenfolge **di|a|gn...** kann auch **di|agn...** getrennt werden.

◆**Di|a|gno|se** ⟨f.; -, -n⟩ **1** ⟨Med.⟩ Erkennung, Feststellung (einer Krankheit); *eine ~ stellen* **2** Bestimmung der systemat. Stellung einer Tier- od. Pflanzenart nach ihren Merkmalen [zu grch. *diagnoskein* »genau untersuchen, unterscheiden«]

◆**Di|a|gno|se|zen|trum** *auch:* **Di|agno|se|zent|rum** ⟨n.; -s, -zen|tren; Med.⟩ Klinik mit überwiegend diagnost. Aufgaben

◆**Di|a|gnos|tik** ⟨f.; -; unz.; Med.⟩ Lehre von der Diagnose (1)

◆**Di|a|gnos|ti|ker** ⟨m.; -s, -; Med.⟩ jmd., der eine Diagnose stellt

◆**Di|a|gnos|ti|ke|rin** ⟨f.; -, -rin|nen; Med.⟩ weibl. Person, die eine Diagnose stellt

◆**di|a|gnos|tisch** ⟨Adj.; Med.⟩ eine Diagnose betreffend

◆**di|a|gnos|ti|zie|ren** ⟨V.; Med.⟩ erkennen; *eine Krankheit als Scharlach ~*

di|a|go|nal ⟨Adj.⟩ **1** ⟨Geom.⟩ zwei nicht benachbarte Ecken eines Vielecks od. Vielflachs geradlinig verbindend **2** weder waagerecht noch senkrecht, sondern schräg laufend; ⟨umg.⟩ *ein Buch ~ lesen* sehr flüchtig [<lat. *diagonalis* <grch. *dia* »hindurch« + *gonia* »Winkel«]

Di|a|go|nal ⟨m.; - od. -s, -s; Textilw.⟩ Kleiderstoff mit Schrägstreifenbindung

Di|a|go|na|le ⟨f.; -, -n; Geom.⟩ Verbindungslinie zweier nicht benachbarter Ecken eines Vielecks od. Vielflächners

Di|a|graf ⟨m.; -en, -en⟩ = Diagraph

Di|a|gramm ⟨n.; -s, -e⟩ **1** ⟨Stat.⟩ grafische Darstellung von zahlenmäßigen Abhängigkeiten zwischen zwei od. mehreren Größen, Schaubild **2** schemat. Grundriss der Blüte; *Blüten~* [<grch. *diagramma* »Zeichnung, geometr. Figur«]

Di|a|graph ⟨m.; -en, -en⟩ Gerät zum Zeichnen von Körperumrissen; *oV* Diagraf [<grch. *diagraphein* »mit Linien umziehen, abzeichnen«]

Di|a|kaus|tik ⟨f.; -, -en; Optik⟩ durch opt. Linsen hervorgerufene Kaustik; *Ggs* Katakaustik

di|a|kaus|tisch ⟨Adj.; Optik⟩ die Diakaustik betreffend, auf ihr beruhend, von ihr stammend

Di|a|kon ⟨m.; -s od. -en, -en od. -e⟩ **1** niederer kath. Geistlicher **2** ⟨evang. Kirche⟩ Gemeindehelfer [<grch. *diakonos* »Diener«]

Di|a|ko|nat ⟨n.; -(e)s, -e⟩ **1** Amt eines Diakons **2** Wohnung eines Diakons

Di|a|ko|nie ⟨f.; -; unz.; in der evang. Kirche⟩ sozialer Hilfs- u. Pflegedienst an Armen u. Bedürftigen [→ *Diakon*]

di|a|ko|nisch ⟨Adj.⟩ die Diakonie betreffend, zu ihr gehörig, auf ihr beruhend; *Diakonisches Werk* Hilfs- u. Missionsorganisation der Evang. Kirche in Deutschland (seit 1957)

Di|a|ko|nis|se ⟨f.; -, -n⟩ = Diakonissin

Di|a|ko|nis|sin ⟨f.; -, -sin|nen; evang. Kirche⟩ Gemeindeschwester, Armen- u. Krankenpflegerin; *oV* Diakonisse [<kirchenlat. *diaconissa* »Kirchendienerin«; → *Diakon*]

Di|a|ko|nus ⟨m.; -, -ko|nen⟩ evang. Hilfsgeistlicher [→ *Diakon*]

Di|a|kri|se ⟨f.; -, -kri|sen⟩ Trennung, Unterscheidung (bes. von Krankheiten); *oV* Diakrisis; *Ggs* Synkrise, Synkrisis [<grch. *diakrisis* »Trennung, Unterscheidung«]

Di|a|kri|sis ⟨f.; -, -kri|sen⟩ = Diakrise

di|a|kri|tisch ⟨Adj.⟩ unterscheidend, zur Unterscheidung dienend; *Ggs* synkritisch; *~es Zeichen* ⟨Sprachw.⟩ einem Buchstaben hinzuzufügendes Zeichen für Unterschiede der Aussprache, z. B. die Cedille u. die Akzente [zu grch. *diakrisis* »Unterscheidung«]

Di|a|lekt ⟨m.; -(e)s, -e⟩ Mundart [<grch. *dialektos* »Unterredung, Redeweise«]

di|a|lek|tal ⟨Adj.⟩ mundartlich

Di|a|lekt|geo|gra|fie ⟨f.; -; unz.; Sprachw.⟩ = Dialektgeographie

Di|a|lekt|geo|gra|phie ⟨f.; -; unz.; Sprachw.⟩ Forschung, die die

209

Dialektik

Ausbreitung u. Grenzen der Dialekte feststellt; *oV* Dialektgeografie

Dialektik ⟨f.; -; unz.; Philos.⟩ **1** Kunst der wissenschaftl. Gesprächsführung, Fähigkeit zu diskutieren **2** Methode, durch Denken in Gegensatzbegriffen zur Erkenntnis u. zur Überwindung der Gegensätze zu gelangen [verkürzt <grch. *dialektike techne* »Kunst des (bes. wissenschaftlichen) Streitgesprächs«]

Dialektiker ⟨m.; -s, -⟩ **1** jmd., der die Rede, Diskutierkunst beherrscht **2** Vertreter der Dialektik (2)

dialektisch ⟨Adj.⟩ **1** mundartlich **2** die Dialektik betreffend, in der Art der Dialektik; *~er Materialismus* ⟨umg. Kurzwort: Diamat⟩ philosoph. Anschauung, nach der jede Entwicklung als Ergebnis der sich ständig dialektisch verwandelnden u. in Wechselbeziehung zueinander stehenden Formen der Materie anzusehen ist

Dialektismus ⟨m.; -, -tismen; Sprachw.⟩ dialektaler Ausdruck eines hochsprachlichen Wortes

Dialektologe ⟨m.; -n, -n; Sprachw.⟩ Wissenschaftler auf dem Gebiet der Dialektologie

Dialektologie ⟨f.; -; unz.; Sprachw.⟩ Mundartforschung [<*Dialekt* + ...*logie*]

Dialektologin ⟨f.; -, -ginnen; Sprachw.⟩ Wissenschaftlerin auf dem Gebiet der Dialektologie

dialektologisch ⟨Adj.; Sprachw.⟩ zur Dialektologie gehörend, auf ihr beruhend

Diallele ⟨f.; -, -n; Philos.⟩ logisch falscher Schluss [zu grch. *dia allelon* »durcheinander«]

Dialog ⟨m.; -(e)s, -e⟩ **1** Gespräch zwischen zweien od. mehreren, Wechselrede; *Ggs* Monolog **2** philosophische Erörterung **3** ⟨EDV⟩ Wechsel zwischen Frage u. Antwort im Rechnersystem [<*Dia*... + ...*log*¹]

dialogisch ⟨Adj.⟩ in Dialogform

dialogisieren ⟨V.⟩ in Dialogform (um)setzen

Dialogismus ⟨m.; -, -men; Lit.; Rhet.⟩ als Stilmittel eingesetztes Selbstgespräch, in dem der Redner Fragen an sich selbst richtet u. diese auch selbst beantwortet

Dialysat ⟨n.; -s, -e; Chemie⟩ Produkt der Dialyse

Dialysator ⟨m.; -s, -toren⟩ Gerät zum Durchführen einer Dialyse

Dialyse ⟨f.; -, -n⟩ **1** ⟨Chemie⟩ Verfahren zur Trennung niedermolekularer von höhermolekularen Stoffen (Kolloiden) mittels einer halb durchlässigen (semipermeablen) Hülle **2** ⟨Med.⟩ Reinigung des Blutes von Giftstoffen bei mangelhafter Nierenfunktion [<grch. *dialysis* »Auflösung«]

Dialyseapparat ⟨m.; -(e)s, -e; Med.⟩ Gerät zur Reinigung des Blutes von Giftstoffen (z. B. Harnstoff)

Dialysezentrum *auch:* **Dialyse-zentrum** ⟨n.; -s, -tren; Med.⟩ Spezialklinik, in der Dialysen durchgeführt werden

dialysieren ⟨V.; Chemie⟩ durch Dialyse (1) trennen

dialytisch ⟨Adj.⟩ auf Dialyse beruhend

diamagnetisch *auch:* **diamagnetisch** ⟨Adj.⟩ den Diamagnetismus betreffend, auf ihm beruhend; *Ggs* paramagnetisch

Diamagnetismus *auch:* **Diamagnetismus** ⟨m.; -; unz.⟩ Eigenschaft von Stoffen, deren Atome kein magnet. Moment aufweisen; *Ggs* Paramagnetismus

Diamant¹ ⟨m.; -en, -en; Min.⟩ aus reinem Kohlenstoff bestehendes, härtestes Mineral, ein wertvoller Edelstein wegen der hohen Lichtbrechung seiner Kristalle; *schwarze ~en* ⟨fig.⟩ Steinkohle [<frz. *diamant* <vulgärlat. *adiamante*, Kreuzung von grch. *adamas*, Gen. *adamantos* »der Unbezwingliche« + *diaphainein* »durchscheinen«]

Diamant² ⟨f.; -; unz.; Typ.⟩ ein Schriftgrad (4 Punkt)

Diamantbohrer ⟨m.; -s, -⟩ Bohrer mit Diamantspitze, z. B. in der Zahnmedizin verwendet

diamanten ⟨Adj.⟩ aus einem oder mehreren Diamanten bestehend, beschaffen, funkelnd wie ein Diamant; *von ~em Glanze* ⟨poet.⟩; *~e Hochzeit* 60. Hochzeitstag, ⟨landsch. a.⟩ 75. Hochzeitstag

Diamat ⟨m.; -; unz.; umg.; Politik; Kurzwort für⟩ dialektischer Materialismus

Diameter ⟨m.; -s, -⟩ Durchmesser [<*Dia*... + ...*meter*]

diametral *auch:* **diametral** ⟨Adj.⟩ **1** entgegengesetzt; *~e Punkte* beide Endpunkte eines Kreis- od. Kugeldurchmessers **2** ⟨fig.⟩ völlig anders [→ *Diameter*]

diametrisch *auch:* **diametrisch** ⟨Adj.⟩ dem Durchmesser entsprechend, auf den Durchmesser bezüglich [→ *Diameter*]

Diamid ⟨n.; -s; unz.; Chemie⟩ = Hydrazin [<*Di*...² + *Amid*]

Diamine ⟨Pl.; Chemie⟩ Stoffklasse organ. Verbindungen, die in ihrem Molekülgerüst zwei Aminogruppen (NH$_2$) enthalten [<*Di*...² + *Amin*]

Dianetik ⟨f.; -; unz.⟩ (stark umstrittene) Theorie, nach der alle Krankheitsbilder durch den Einsatz bestimmter psychotherapeutischer Mittel geheilt werden können (vertreten vom Scientologen L. R. Hubbard) [<grch. *dia* »durch« + *nous* »Seele, Denken«]

Diapason ⟨m. od. n.; -s, -s od. -sone; Musik⟩ **1** altgrch. Oktave **1.1** Orgelregister **2** ⟨m.; -s, -s⟩ Normalstimmungshöhe (Kammerton) **2.1** Stimmgabel [<grch. *dia pason* »durch alle hindurch« (d. h. alle acht Saiten od. Töne)]

Diapause ⟨f.; -, -n; bei wirbellosen Tieren⟩ Phase ausgeprägter Entwicklungsruhe mit herabgesetztem Stoffwechsel [<grch. *diapausis* »das Dazwischenausruhen«]

Diapedese ⟨f.; -, -n⟩ Austritt von Blutkörperchen durch die unverletzte Gefäßwand [zu grch. *diapedaein* »hindurchdringen«]

diaphan ⟨Adj.⟩ durchscheinend, durchsichtig [<grch. *diaphainein* »durchscheinen«]

Diaphanie ⟨f.; -, -n⟩ durchscheinendes, auf Glas gemaltes Bild

Diaphanität ⟨f.; -; unz.; Meteor.⟩ auf Lichtstrahlen bezogene Durchlässigkeit

Di|a|pha|no|skop auch: **Di|a|pha|nos|kop** ⟨n.; -s, -e⟩ Gerät zur Ausleuchtung von Körperhöhlen [<*diaphan* + ...*skop*]

Di|a|pha|no|sko|pie auch: **Di|a|pha|nos|ko|pie** ⟨f.; -, -n⟩ Ausleuchtung von Körperhöhlen [<*diaphan* + ...*skopie*]

Di|a|pho|nie ⟨f.; -, -n; Musik⟩ Missklang; *o*V Diafonie [<grch. *diaphonia* »Widerspruch, Disharmonie«]

Di|a|pho|ra ⟨f.; -; unz.; Rhet.⟩ **1** Betonung des Unterschiedes (zweier Dinge), Unstimmigkeit **2** Wiederholung eines Wortes innerhalb eines Satzes, jedoch mit anderer od. verstärkender Bedeutung [zu grch. *diapherein* »auseinander tragen, einen Unterschied machen«]

Di|a|pho|re|se ⟨f.; -; unz.⟩ das Schwitzen; *o*V Diaphoresis [<grch. *diaphorein* »verbreiten, zerteilen«]

Di|a|pho|re|sis ⟨f.; -; unz.⟩ = Diaphorese

Di|a|phrag|ma ⟨n.; -s, -phragmen⟩ **1** ⟨Anat.⟩ **1.1** Scheidewand zwischen Körperhöhlen **1.2** Zwerchfell **2** ⟨Technik⟩ poröse Scheidewand als Filter für Flüssigkeiten od. Gase **3** ⟨Optik⟩ Blende **4** mechanisches Empfängnisverhütungsmittel [<grch. *diaphragma* »Scheidewand«]

Di|a|phy|se ⟨f.; -, -n⟩ Mittelstück des Röhrenknochens [<*Dia*... + ...*physe*]

Di|a|pir ⟨m.; -s, -e; Geol.⟩ zumeist aus Salz bestehender Gesteinskörper, der bei Faltungen durch höhere Gesteinsschichten gepresst wurde, Salzdom, Salzhorst, Salzstock [zu grch. *diapeirein* »durchbohren«]

Di|a|po|si|tiv ⟨a. [----'-] n.; -s, -e [-və]; kurz: Dia⟩ durchsichtiges Lichtbild auf Glas od. Film (zur Projektion) [<*Diaskop* + *positiv*]

Di|a|pro|jek|tor ⟨m.; -s, -en⟩ Projektor für Diapositive; *Sy* Diaskop

Di|ä|re|se ⟨f.; -, -n⟩ *o*V Diäresis **1** Trennung, Zerreißung **2** getrennte Aussprache zweier nebeneinander stehender Vokale, von denen einer oft durch ein Trema bezeichnet wird, z. B.

»Aleǜten« **3** ⟨Metrik⟩ Gliederung, Einschnitt durch Zusammentreffen von Versfuß u. Wortende [<grch. *diaresis* »Trennung«]

Di|ä|re|sis ⟨f.; -, -re|sen⟩ = Diärese

Di|a|ri|um ⟨n.; -s, -ri|en⟩ **1** Notizbuch **2** Schul-, Schreibheft **3** Tagebuch [lat., »Buch für tägl. Eintragungen«; zu *dies* »Tag«]

Di|ar|rhö ⟨f.; -, -en; Med.⟩ = Diarrhöe

Di|ar|rhöe ⟨[-rø:] f.; -, -n; Med.⟩ Durchfall; *o*V Diarrhö

di|ar|rhö|isch ⟨Adj.; Med.⟩ mit Diarrhö verbunden

Di|ar|thro|se auch: **Di|arth|ro|se** ⟨f.; -, -n; Anat.⟩ Gelenk [zu grch. *diarthroein* »gliedern«]

dia|schist ⟨[-sçɪst] Adj.; Geol.⟩ nicht übereinstimmend mit der chem. Mischung artähnlicher Gesteine; *Ggs* aschist [<*dia*... + grch. *schisis* »Spaltung, Trennung«]

Di|a|skop auch: **Di|as|kop** ⟨n.; -s, -e⟩ = Diaprojektor [<*Dia*... + ...*skop*]

Di|a|spo|ra auch: **Di|as|po|ra** ⟨f.; -; unz.; Rel.⟩ **1** die Mitglieder einer Kirche u. ihre zerstreuten Gemeinden im Gebiet einer andersgläubigen Bevölkerung **2** kirchliche od. völkische Minderheit; *in der ~ leben* [<grch. *diaspora* »Zerstreuung«]

Di|a|sta|se auch: **Di|as|ta|se** ⟨f.; -, -n⟩ **1** Ferment des Kohlenhydratabbaus, das Stärke in Maltose umwandelt; *Sy* Amylase **2** das Auseinanderklaffen von Muskeln od. Knochen [<*Dia*... + ...*stase*]

Di|a|ste|ma auch: **Di|as|te|ma** ⟨n.; -s, -ma|ta⟩ bei Säugetieren vorkommender Zwischenraum in der Zahnreihe, Affenlücke [<grch. *diastema* »Zwischenraum, Abstand«]

Di|a|sto|le auch: **Di|as|to|le** ⟨f.; -, -sto|len; Med.⟩ **1** die auf die Kontraktion folgende Erweiterung der Herzkammern; *Ggs* Systole **2** Dehnung kurzer Vokale aus Verszwang [<grch. *diastole* »Trennung, Unterschied«]

dia|sto|lisch auch: **di|as|to|lisch** ⟨Adj.⟩ auf Diastole beruhend; *Ggs* systolisch

Di|a|sys|tem ⟨n.; -s, -e; Sprachw.⟩ einem od. mehreren Systemen übergeordnetes System

di|ät ⟨Adj.⟩ der Diät entsprechend, mäßig; *er lebt ~*

Di|ät ⟨f.; -, -en⟩ eine der Konstitution (des Kranken) gemäße Lebens- u. Ernährungsweise, Schonkost, Krankenkost; *(strenge) ~ (ein)halten; eine ~ verordnen; nach einer bestimmten ~ leben* [<lat. *diaeta* »vom Arzt verordnete Lebensweise« <grch. *diaita* »Leben, Lebensweise«]

Di|ät|as|sis|ten|tin ⟨f.; -, -tin|nen; in Krankenhäusern, Heimen⟩ Frau, die nach ärztlicher Anweisung Diätpläne für Patienten zusammenstellt (Berufsbezeichnung); *Sy* Diätistin

Di|ä|ten ⟨nur Pl.⟩ Tagegelder, Aufwandsentschädigung, Reisespesen, z. B. für Abgeordnete [<mlat. *dieta* »Tagelohn« <lat. *dies* »Tag«]

Di|ä|te|tik ⟨f.; -; unz.⟩ Lehre von der gesunden Ernährung u. Lebensweise [<grch. *diaitetike techne* »Kunst der gesunden Lebensweise«]

Di|ä|te|ti|kum ⟨n.; -s, -ka⟩ die Gesundheit förderndes Nahrungsmittel

di|ä|te|tisch ⟨Adj.⟩ die Diät betreffend, auf sie bezüglich, ihr gemäß

Di|a|thek ⟨f.; -, -en⟩ Sammlung von Diapositiven [<*Dia*positiv + ...*thek*]

di|a|ther|man ⟨Adj.⟩ durchlässig für Wärmestrahlen; *Ggs* atherman [→ Diathermie]

Di|a|the|se ⟨f.; -, -n; Med.⟩ besondere Empfänglichkeit für eine Krankheit [<grch. *diathesis* »Einrichtung, Ordnung«]

di|ä|tisch ⟨Adj.⟩ die Ernährung betreffend, zu ihr gehörig

Di|ä|tis|tin ⟨f.; -, -tin|nen⟩ = Diätassistentin

Di|a|to|mee ⟨[-me:ə] f.; -, -n; Bot.⟩ braune, einzellige Alge von mannigfaltigen Formen, Kieselalge: Diatomeae [<grch. *diatomos* »halb durchgeschnitten«]

Di|a|to|meen|er|de ⟨f.; -; unz.; Min.⟩ sehr leichtes, hellgraues od. rötliches Pulver, das sich bei niederen Temperaturen im

Diatomit

Süßwasser durch Ablagerung von Diatomeen bildet, Kieselgur

Di|a|to|mit ⟨m.; -s; unz.; Min.⟩ poröses, toniges Diatomeengestein, technisch zur Wärmeisolierung verwendet

Di|a|to|nik ⟨f.; -; unz.; Musik⟩ **1** Tonfolge, die sich überwiegend durch Ganztonschritte bewegt **2** das abendland. Dur-Moll-System; *Ggs* Chromatik [zu grch. *diatonos* »durchtönend, verschieden tönend«]

di|a|to|nisch ⟨Adj.; Musik⟩ **1** sich überwiegend durch Ganztonschritte bewegend **2** in der Tonfolge einer Dur- od. Molltonleiter; *Ggs* chromatisch; *~es Tonsystem* = Diatonik

di|a|to|pisch ⟨Adj.; Sprachw.⟩ regional, ortsspezifisch; *~e Sprachvariante* [< grch. *dia* »(hin)durch« + *topos* »Ort«]

Di|a|tri|be *auch:* **Di|a|tri|be** ⟨f.; -, -n; Lit.⟩ Streit-, Schmähschrift, gelehrte Abhandlung od. Unterhaltung [< grch. *diatribe* »Zeitverlust, Zeitvertreib, Beschäftigung, Gespräch«]

Di|a|vo|lo ⟨[-vo-] m.; -, -vo|li⟩ Teufel [ital.]

Di|a|zi|ne ⟨Pl.; Chemie⟩ Gruppe organischer Verbindungen mit sechsgliedriger Ringsystemen, bei denen zwei Stickstoffatome in das Ringgerüst eingebaut sind [< *di...*² + *Azot*]

Di|a|zo|ver|bin|dung ⟨f.; -, -en; Chemie⟩ organisch-chemische Verbindung, die im Gegensatz zu den Azoverbindungen die Azogruppe (-N = N-) an ringförmige Kohlenwasserstoffreste gebunden enthält [< *Di...*² + *Azot*]

dib|beln ⟨V.; Landw.⟩ die Aussaat (mit Hilfe einer Maschine) in Reihen mit großen Zwischenräumen einbringen [engl.]

Dib|buk ⟨m.; - od. -s, -s; in der Kabbalistik⟩ sündige Seele eines Toten, die als böser Geist von einem Menschen Besitz ergreift u. ihn quält; *oV* Dybbuk [hebr., »Anhaftung«]

Di|bra|chys ⟨[-xys] m.; -, -⟩ antiker Versfuß, der aus zwei Kürzen besteht [< grch. *di* »zweimal« + *brachys* »kurz«]

Di|car|bon|säu|re ⟨f.; -, -n; Chemie; fachsprachl.⟩ = Dikarbonsäure

Di|cen|tra *auch:* **Di|cen|tra** ⟨f.; -, -trae [-tre:]; Bot.⟩ zur Familie der Mohngewächse gehörige Gattung, zu der z. B. die Gartenzierpflanze »Tränendes Auge« gehört [< grch. *di* »zweimal« + *kentron* »Sporn«]

Di|cha|si|um ⟨[-cạ:-] n.; -s, -si|en; Bot.⟩ Sprosssystem, bei dem zwei Seitenzweige eines Hauptprosses die Verzweigung in gleicher Weise fortsetzen [< grch. *dicha* »zweifach, getrennt«]

Di|cho|ga|mie ⟨[-ço-] f.; -; unz.; Bot.⟩ zeitlich getrennter Reifeprozess der weiblichen u. männlichen Geschlechtsorgane bei einer Zwitterblüte, wodurch eine Selbstbefruchtung verhindert wird; *Ggs* Homogamie; →a. Heterogamie [< grch. *dicha* »auseinander, zweifach, getrennt« + ...*gamie*]

Di|cho|re|us ⟨[-ço-] m.; -, -re|en⟩ antiker Versfuß, der aus zwei Choreen besteht [< grch. *di* »zweimal« + *choreia* »Tanz«]

di|cho|tom ⟨[-ço-] Adj.⟩ gabelartig, zweiteilig; *oV* dichotomisch [< grch. *dicha* »zweifach« + *tome* »Schnitt«]

Di|cho|to|mie ⟨[-ço-] f.; -, -n⟩ **1** ⟨Bot.⟩ gabelartige Verzweigung, einfache Aufspaltung in Richtung der Längsachsen **2** ⟨Philos.⟩ Zweiteilung, Gliederung nach zwei Gesichtspunkten

di|cho|to|misch ⟨[-ço-] Adj.⟩ = dichotom

Di|chro|is|mus ⟨[-kro-] m.; -; unz.⟩ die Eigenschaft doppelbrechender Kristalle, nach ihren beiden opt. Richtungen im polarisierten Licht verschiedene Farben zu zeigen [< grch. *dichroos* »zweifarbig«]

di|chro|i|tisch ⟨[-kro-] Adj.⟩ den Dichroismus betreffend, auf ihm beruhend

Di|chro|ma|sie ⟨[-kro-] f.; -, -n; Med.⟩ = Dichromatopsie

Di|chro|ma|te ⟨[-kro-] Pl.; Chemie⟩ Salze der Dichromsäure mit den Säurerest Cr_2O_7; *Sy* ⟨veraltet⟩ Bichromate [< *Di...*² + *Chromat*]

di|chro|ma|tisch ⟨[-kro-] Adj.⟩ zweifarbig

Di|chro|ma|top|sie *auch:* **Di|chro|ma|top|sie** ⟨[-kro-] f.; -, -n; Med.⟩ angeborene Farbenblindheit, bei der nur zwei der drei Grundfarben wahrgenommen werden; *Sy* Dichromasie [< *Di...*² + grch. *chroma* »Farbe« + ...*opsie*]

Di|chro|mie ⟨[-kro-] f.; -, -n⟩ unterschiedliche Färbung von Tieren der gleichen Art, die in den häufigsten Fällen vom Geschlecht abhängt [< *Di...*² + ...*chromie*]

Di|chro|skop *auch:* **Di|chro|skop** ⟨[-kro-] n.; -s, -e⟩ bes. von Juwelieren benutztes Instrument zur Untersuchung von Kristallen auf Doppelbrechung [< grch. *dichroos* »zweifarbig« + *skopein* »schauen«]

dic|tan|do ⟨Adv.⟩ diktierend, beim Diktieren; *oV* diktando [lat., »durch Vorsprechen, in die Feder sagend«]

Dic|ti|on|naire ⟨[dɪksjɔnɛ:r] n.; -s, -e od. m.; -s, -e⟩ = Diktionär [frz.]

Dic|tum ⟨n.; -s, -ta⟩ = Diktum

Di|dak|tik ⟨f.; -; unz.; Päd.⟩ Theorie des Unterrichts, Unterrichtslehre [< grch. *didaktike techne* »zum Unterricht gehörende, belehrende Kunst«; zu *didaskein* »lehren«]

Di|dak|ti|ker ⟨m.; -s, -; Päd.⟩ **1** jmd., der in der Didaktik erfahren ist **2** jmd., der sich wissenschaftlich mit Didaktik beschäftigt

Di|dak|ti|ke|rin ⟨f.; -, -rin|nen; Päd.⟩ weibl. Didaktiker

di|dak|tisch ⟨Adj.; Päd.⟩ **1** die Didaktik betreffend, auf ihr beruhend **2** belehrend, lehrhaft

di|dak|ti|sie|ren ⟨V.; Päd.⟩ einen Lehrstoff im Hinblick auf seine didaktische Vermittelbarkeit vorbereiten

Di|dak|ti|sie|rung ⟨f.; -, -en; Päd.⟩ das Didaktisieren

Did|dl® ⟨f.; -, -s⟩ Spielzeug mit dem Aussehen einer lustigen Springmaus mit großen Füßen [zu engl. *diddle* »beschwindeln, betrügen; müßig gehen«]

Didge|ri|doo *auch:* **Didge|ri|doo** ⟨[dɪdʒərɪduː] n.; -s, -s; Musik⟩ ein dem Aussehen nach dem

212

Differenzialrechnung

Alphorn ähnliches, aus Holz od. Bambus gefertigtes, rohrartiges Blasinstrument der austral. Ureinwohner [Ursprung unklar, vermutlich aus der Aboriginessprache]

Di|dot|sys|tem *auch:* **Di|dot-System** ⟨[dido:-] n.; -s; unz.⟩ typograf. Punktsystem [nach dem frz. Buchdrucker François-Ambroise *Didot,* 1730-1804]

Di|dym ⟨n.; -s; unz.; Min.⟩ aus den beiden Metallen der seltenen Erden, Neodym u. Praseodym, bestehendes Mineralgemisch [zu grch. *didymos* »zweifach«]

Di|dy|mi|tis ⟨f.; -, -ti|den; Med.⟩ Hodenentzündung [< grch. *didymos* »zweifach, doppelt«]

Di|e|ge|se ⟨f.; -, -n⟩ Darstellung, Erzählung, Bericht [< grch. *diegesis* »Erörterung, Erzählung, Bericht«]

Di|e|lek|tri|kum *auch:* **Di|e|lek|trikum** ⟨n.; -s, -tri|ka; El.⟩ = Isolator (2) [< *dielektrisch;* → *elektrisch*]

di|e|lek|trisch *auch:* **di|e|lek|trisch** ⟨Adj.; El.⟩ nicht leitend, isolierend [< *dia…* + *elektrisch*]

Di|e|lek|tri|zi|täts|kons|tan|te *auch:* **Di|e|lek|tri|zi|täts|kon|stan|te** ⟨f.; -, -n; El.⟩ Zahl, die bezeichnet, um wie viel höher ein Kondensator aufgeladen werden kann, bei dem zwischen den Kondensatorplatten an Stelle von Luft ein Dielektrikum verwendet wird

Di|e|ne ⟨Pl.; Chemie⟩ Gruppe ungesättigter Kohlenwasserstoffe mit zwei Doppelbindungen im Molekül; *Sy* Diolefine

Di|es a|ca|de|mi|cus ⟨m.; - -; unz.⟩ Feiertag an der Universität [lat., »akademischer Tag«]

Di|e|se ⟨f.; -, -n⟩ = Diesis

Di|es I|rae ⟨m.; - -; unz.⟩ Tag des Zorns [lat., Anfang eines lat. Hymnus auf das Weltgericht]

Di|e|sis ⟨f.; -, -e|sen; Zeichen: #; Musik⟩ Zeichen für die Erhöhung um einen halben Ton, Kreuz; *oV* Diese [zu grch. *diienai* »durchlassen«]

Diff|a|ma|ti|on ⟨f.; -, -en⟩ Verleumdung, Herabsetzung

diff|a|ma|to|risch ⟨Adj.⟩ herabsetzend, verleumderisch

Diff|a|mie ⟨f.; -, -n⟩ verleumderische Äußerung, herabsetzende Behauptung

diff|a|mie|ren ⟨V.⟩ herabsetzen, Übles nachreden, verleumden; *jmdn. (bei anderen)* ~ [< lat. *diffamare* »unter die Leute bringen, in üblen Ruf bringen«]

Diff|a|mie|rung ⟨f.; -, -en⟩ das Diffamieren

diffe|rent ⟨Adj.⟩ unterschiedlich, verschieden, ungleich; *in diesem Punkt haben sie ~e Meinungen* [< lat. *differe* »verschieden sein«]

diffe|ren|ti|al ⟨Adj.⟩ = differenzial

Diffe|ren|ti|al ⟨n.; -s, -e⟩ = Differenzial

Diffe|ren|ti|al|a|na|ly|sa|tor ⟨m.; -s, -en⟩ = Differenzialanalysator

Diffe|ren|ti|al|di|a|gno|se *auch:* **Diffe|ren|ti|al|di|ag|no|se** ⟨f.; -, -n; Abk.: DD; Med.⟩ = Differenzialdiagnose

Diffe|ren|ti|al|ge|o|me|trie *auch:* **Diffe|ren|ti|al|ge|o|met|rie** ⟨f.; -s; unz.⟩ = Differenzialgeometrie

Diffe|ren|ti|al|ge|trie|be ⟨n.; -s, -⟩ = Differenzialgetriebe

Diffe|ren|ti|al|glei|chung ⟨f.; -, -en; Math.⟩ = Differenzialgleichung

Diffe|ren|ti|al|quo|ti|ent ⟨m.; -, -en; Math.⟩ = Differenzialquotient

Diffe|ren|ti|al|rech|nung ⟨f.; -; unz.; Math.⟩ = Differenzialrechnung

Diffe|ren|ti|a|ti|on ⟨f.; -, -en⟩ = Differenziation

diffe|ren|ti|ell ⟨Adj.⟩ = differenziell

Diffe|renz ⟨f.; -, -en⟩ **1** ⟨allg.⟩ Unterschied **2** ⟨Math.⟩ Ergebnis einer Subtraktion; *die ~ zwischen 10 u. 15 ist 5* **3** Rest, Restposten, Fehlbetrag **4** Streit, Meinungsverschiedenheit; →*a.* Divergenz [< lat. *differentia* »Verschiedenheit, Unterschied«; zu *differe* »verschieden sein«]

Diffe|ren|zen|rech|nung ⟨f.; -; unz.; Math.⟩ Zweig der Analysis (1), der die Grundlagen der veränderlichen Funktionen im Hinblick auf die Variablen untersucht, von denen sie abhängen; →*a.* Integralrechnung

diffe|ren|zial ⟨Adj.⟩ einen Unterschied begründend, einen Unterschied darstellend; *oV* differential, differenziell [→ *different*]

differenzial / differential (*Laut-Buchstaben-Zuordnung*) Bei der Schreibung abgeleiteter Adjektive wird künftig stärker das Stammprinzip berücksichtigt. Lässt sich die flektierte Form auf ein Substantiv, das auf »z« endet, wie z. B. »*Differenz*«, zurückführen, gilt künftig die Stammschreibung als Hauptvariante (→*a.* dependenziell / dependentiell).

Diffe|ren|zi|al ⟨n.; -s, -e⟩ *oV* Differential **1** sehr kleine Größe in der Differenzialrechnung **2** = Differenzialgetriebe [→ *different*]

Diffe|ren|zi|al|a|na|ly|sa|tor ⟨m.; -s, -en⟩ = Analogrechner; *oV* Differentialanalysator

Diffe|ren|zi|al|di|a|gno|se *auch:* **Diffe|ren|zi|al|di|ag|no|se** ⟨f.; -, -n; Abk.: DD; Med.⟩ verfeinerte, gegen ähnliche Krankheiten abgrenzende Diagnose; *oV* Differentialdiagnose

Diffe|ren|zi|al|ge|o|me|trie *auch:* **Diffe|ren|zi|al|ge|o|met|rie** ⟨f.; -; unz.; Geom.⟩ Zweig der Geometrie, der geometrische Eigenschaften von Kurven u. Flächen mit Hilfe der Infinitesimalrechnung untersucht; *oV* Differentialgeometrie

Diffe|ren|zi|al|ge|trie|be ⟨n.; -s, -⟩ Planetengetriebe, das den Antrieb zweier Wellen von einer Antriebswelle aus mit gleichem od. verschiedenem Drehmoment gestattet, wobei die angetriebenen Wellen mit verschieden großer Umdrehung laufen können, Ausgleichsgetriebe; *oV* Differentialgetriebe; *Sy* Differential

Diffe|ren|zi|al|glei|chung ⟨f.; -, -en; Math.⟩ Gleichung zwischen den Variablen einer Funktion u. deren Ableitungen; *oV* Differentialgleichung

Diffe|ren|zi|al|quo|ti|ent ⟨m.; -, -en; Math.⟩ in Differenzialgleichungen auftretende Größe; *oV* Differentialquotient

Diffe|ren|zi|al|rech|nung ⟨f.; -; unz.; Math.⟩ Teilgebiet der

Differenziation

Mathematik, das sich mit dem Übergang von endlichen zu unendlich kleinen Größen der mathematischen Analysis befasst; *oV* Differentialrechnung; *Sy* Differenziation (3)

Dif|fe|ren|zi|a|ti|on ⟨f.; -, -en⟩ *oV* Differentiation **1** Aussonderung, verschiedenartige Entwicklung **2** ⟨Geol.⟩ Zerfall eines Magmas in stofflich verschiedene Gesteine, z. B. Granitmagma in Diorit, Syenit, Gabbro, Serpentin **3** ⟨Math.⟩ = Differenzialrechnung [→ *differenzieren*]

dif|fe|ren|zi|ell ⟨Adj.⟩ = differenzial; *oV* differentiell

Dif|fe|ren|zier|bar|keit ⟨f.; -; unz.⟩ Eigenschaft mathematischer Funktionen, die sich differenzieren lassen

dif|fe|ren|zie|ren ⟨V.⟩ **1** unterscheiden, Unterschiede betonen zwischen, trennen **2** abstufen, verfeinern; *ein differenzierter Charakter; eine differenzierte Maschine* **3** *sich ~* Gestalt, Form, Konturen gewinnen [→ *Differenz*]

Dif|fe|ren|zie|rung ⟨f.; -, -en⟩ **1** Betonung der Unterschiede **2** Verfeinerung, Abstufung **3** Auseinanderentwicklung, Herausbildung von Unterschieden, von Abweichungen, Sonderung, Aufspaltung, Gliederung

dif|fe|rie|ren ⟨V.⟩ verschieden sein, abweichen, anderer Meinung sein [<frz. *différer* »aufschieben, verzögern, voneinander abweichen« <lat. *differre*]

dif|fi|zil ⟨Adj.⟩ **1** schwierig **2** sehr genau **3** heikel [<lat. *difficilis*, frz. *difficile* »schwierig«]

Dif|flu|enz ⟨f.; -, -en; Geol.⟩ Teilung eines Gletscherstromes; *Ggs* Konfluenz [zu lat. *diffluentia* »das Zerfließen«]

dif|form ⟨Adj.⟩ missgestaltet [<frz. *difforme*; <lat. *forma* »Gestalt«]

Dif|for|mi|tät ⟨f.; -, -en⟩ Missbildung, Missgestalt

dif|frakt ⟨Adj.⟩ zerbrochen [<lat. *diffractus*]

Dif|frak|ti|on ⟨f.; -, -en; Optik⟩ Abweichung vom geradlinigen Strahlengang, Beugung

dif|fun|die|ren ⟨V.⟩ eine Diffusion erfahren [<lat. *diffundere* »ausgießen, ausbreiten«]

dif|fus ⟨Adj.⟩ **1** zerstreut **2** nicht klar abgegrenzt, verschwommen, wirr; *~es Gerede* [<lat. *diffusus* »ausgedehnt, weitläufig, zerstreut«]

Dif|fu|si|on ⟨f.; -, -en⟩ **1** Zerstreuung **2** Verschmelzung **3** die auf der Wärmebewegung (brownschen Bewegung) der Moleküle beruhende, selbständige Vermischung von Gasen, Lösungen od. mischbaren Flüssigkeiten **4** Prozess der räumlichen u. zeitlichen Ausbreitung einer fortschrittlichen Neuerung

Dif|fu|si|o|nis|mus ⟨m.; -; unz.⟩ **1** Arbeitsrichtung vor allem der nordamerikan. Völkerkunde, die die Weiterverbreitung u. eventuelle gleichzeitige Veränderung einzelner Kulturelemente u. -komplexe untersucht unter Außerachtlassung von Zeit, Ursache u. Art u. Weise **2** eine völkerkundl. Theorie, die jede frühe Kulturentwicklung auf einen einzigen Entstehungsherd (Ägypten) zurückführen will; *Sy* heliolithische Theorie

Dif|fu|si|ons|pum|pe ⟨f.; -, -n⟩ Öl- od. Quecksilberdampfstrahlpumpe zur Erzeugung höchster Vakua, wobei das wegzupumpende Gas diffundiert

Dif|fu|sor ⟨m.; -s, -so|ren⟩ **1** Rohrteil mit sich erweiterndem Querschnitt **2** transparente Plastikscheibe zur gleichmäßigen Helligkeitsverteilung des einfallenden Lichts

di|gen ⟨Adj.; Biol.⟩ entstanden durch die Verschmelzung zweier Zellen [<*di...*[2] + *...gen*]

di|ge|rie|ren ⟨V.⟩ **1** auslaugen **2** verdauen [<lat. *digerere* »auseinander bringen, trennen, einteilen«]

Di|gest ⟨[daɪdʒəst] m. od. n.; -s, -s⟩ Auswahl, Überblick, Zusammenstellung von Auszügen aus Zeitschriften, Büchern u. a. [engl., »Abriss, Auszug, Sammlung« <lat. *digesta* »Geordnetes, Sammlung«; Neutr. Pl. des Part. Perf. zu *digerere*; → *digerieren*]

Di|ges|tif ⟨a. [-ʒɛs-] m.; -s, -s⟩ alkoholisches Getränk nach dem Essen zur Verdauungsförderung [frz., »verdauungsfördernd«; zu lat. *digerere* »verdauen«; analog zu *Aperitif*]

Di|ges|ti|on ⟨f.; -, -en⟩ **1** Auszug **2** Auslaugung **3** Verdauung [→ *digerieren*]

di|ges|tiv ⟨Adj.⟩ die Verdauung betreffend [→ *digerieren*]

Di|ges|ti|vum ⟨[-vum] n.; -s, -ti|va [-va]⟩ verdauungsförderndes Mittel [→ *digestiv*]

di|gi|gen ⟨V.⟩ **1** ⟨umg.⟩ *etwas ~* begreifen, durchschauen **2** ⟨Drogenszene⟩ Drogen konsumieren [<engl. *dig* »begreifen«, eigtl. »graben«]

Dig|ger ⟨m.; -s, -; früher⟩ (Eigen-)Bezeichnung der Goldschürfer [<engl. *digger* »Gräber« <*dig* »graben«]

Di|git ⟨[-dʒɪt] n.; -s, -s; EDV⟩ (Stelle einer) Ziffer auf elektronischen Anzeigegeräten [engl.; zu lat. *digitus* »Finger«]

di|gi|tal ⟨Adj.⟩ **1** in Ziffern darstellbar, mittels Ziffern **2** ⟨EDV⟩ *~e Signale* Signale, bei denen der Informationsgehalt stufenweise durch Ziffern angezeigt wird; *Ggs* kontinuierliche Signale; *~e Welt* = Cyberspace [<lat. *digitus* »Finger«]

Di|gi|tal-A|na|log-Kon|ver|ter ⟨[-ver-] m.; -s, -; EDV⟩ = Digital-Analog-Wandler; *Ggs* Analog-Digital-Konverter

Di|gi|tal-A|na|log-Wand|ler ⟨m.; -s, -; EDV⟩ elektronisches Gerät zur Umsetzung digitaler in analoge Signale; *Sy* Digital-Analog-Konverter; *Ggs* Analog-Digital-Wandler

Di|gi|tal|auf|nah|me ⟨f.; -, -n⟩ Aufnahmetechnik, bei der die Schallwellen in einem Zahlencode gespeichert u. dann durch einen Decoder in Schallwellen zurückverwandelt werden

Di|gi|ta|lis ⟨f.; -; unz.; Bot.⟩ Fingerhut, giftige, als Herz- u. Kreislaufmittel verwendete, Glykoside enthaltende Gattung der Rachenblütler: Digitalis [<lat. *digitus* »Finger«]

di|gi|ta|li|sie|ren ⟨V.⟩ **1** ⟨Med.⟩ eine Krankheit mit Digitalispräparaten behandeln **2** ⟨EDV⟩ Daten u. Informationen von der analogen in die digitale Darstellung umsetzen

Diktion

Di|gi|tal|ka|me|ra ⟨f.; -, -s; Fot.⟩ (aus der Technik der Videokamera u. des Scanners entstandene) Kamera, die auf einer digitalen Speicherkarte (z. B. einer Diskette) Bilder erstellt, die auf den Computer heraufgeladen u. dort bearbeitet werden können

Di|gi|tal|rech|ner ⟨m.; -s, -; EDV⟩ mit diskreten Einheiten (Ziffern, Buchstaben) arbeitende Rechenanlage, Ziffernrechner; *Ggs* Analogrechner

Di|gi|tal|tech|nik ⟨f.; -; unz.⟩ **1** Umwandlung kontinuierlicher in digitale Werte **2** ⟨Messtechnik⟩ die Umsetzung von Zeigerausschlägen in Ziffern **3** ⟨Regeltechnik⟩ Auflösung des Regelwerts in einzelne Schritte

Di|gi|tal|ton|band ⟨n.; -(e)s, -bänder⟩ schmales Magnetband, das Schallsignale in digitalisierter Form aufnimmt

Di|gi|tal|uhr ⟨f.; -, -en⟩ Uhr, die die Zeit nicht mit Zeigern auf einem Zifferblatt, sondern in drei- od. vierstelligen Ziffern angibt, z. B. 13:04

Di|gi|ti|zer ⟨[dɪdʒɪtaɪzə(r)] m.; -s, -; EDV⟩ Eingabeeinheit, die Linienführungen (Handschrift, Skizzen) aufnimmt u. digitalisiert an ein EDV-System weitergibt, ermöglicht z. B. handschriftl. Dateneingabe [engl.; zu *digitize, digitise* »umwandeln (von Daten)«]

Di|gi|to|xin ⟨n.; -s; unz.; Pharm.⟩ Glykosid, das aus den Digitalisblättern gewonnen wird und insbesondere zur Behandlung von Herzkrankheiten eingesetzt wird [<*Digitalis* + *Toxin*]

Di|gi|tus ⟨m.; -, -ti⟩ **1** Finger **2** Zehe [lat.]

Di|glos|sie ⟨f.; -, -n; Sprachw.⟩ Existenz mehrerer Sprachen (die als Hoch- u. Umgangssprache verwendet werden) in einem Gebiet [<*Di...*² + *glossa* »Sprache, Zunge«]

Di|glyph ⟨m.; -s, -e; Arch.⟩ Block mit zwei senkrechten Rinnen auf einem Architrav [<*Di...*² + grch. *glyphis* »Kerbe«]

Di|gni|tar auch: **Di|gni|tar** ⟨m.; -s, -e⟩ Würdenträger [<frz. *dignité* »Würde«]

Di|gni|tät auch: **Dig|ni|tät** ⟨f.; -, -en⟩ hohes Amt, hohe Würde [<frz. *dignité* »Würde«]

Digraf / Digraph (*Laut-Buchstaben-Zuordnung*) Für die Silben »-fon, -fot, -graf« kann die eingedeutschte (integrierte) Lautschreibung künftig generell verwendet werden. Die Schreibung mit »ph« bleibt jedoch auch weiterhin, vor allem in fachsprachlichen Texten, zulässig (→*a.* Diktafon / Diktaphon).

Di|graf ⟨m. od. n.; -s, -e od. -en; Sprachw.⟩ = Digraph

Di|graph ⟨m. od. n.; -s, -e od. -en; Sprachw.⟩ Verbindung von zwei Buchstaben zur Wiedergabe eines Lautes, z. B. [ch] im Deutschen; *oV* Digraf; *Sy* Diagramma

Di|gres|sion ⟨f.; -, -en⟩ Abweichung, Abschweifung; *astronomische* ~ der Winkel zwischen dem Vertikalkreis eines polnahen Sterns u. der Nordrichtung [<lat. *digressio* »das Auseinandergehen, Abschweifung (in der Rede)«]

di|gyn ⟨Adj.; Bot.⟩ mit zwei Griffeln ausgestattet [<*di...*² + grch. *gyne* »Frau«]

di|hy|brid auch: **di|hyb|rid** ⟨Adj.; Biol.⟩ in zwei erblichen Merkmalen sich unterscheidend

Di|hy|bri|de auch: **Di|hyb|ri|de** ⟨m.; -n, -n; Biol.⟩ Bastard, dessen Eltern sich in zwei Merkmalen unterscheiden

Di|iam|bus ⟨m.; -, -ben⟩ = Dijambus

Di|jam|bus ⟨m.; -, -ben⟩ doppelter Jambus, ein antiker Versfuß; *oV* Diiambus [<*Di...*² + *Jambus*]

Di|kar|bon|säu|re ⟨f.; -, -n; Chemie⟩ organ. Säure, die zwei Karboxylgruppen (-COOH) im Molekül enthält; *oV* ⟨fachsprachl.⟩ Dicarbonsäure

Di|ka|ry|ont ⟨n.; -s; unz.; Bot.⟩ Zweikernstadium, in dem vor der Befruchtung bei höher entwickelten Pilzen die Zelle jeweils einen männl. u. einen weibl. haploiden Kern enthält [<*Di...*² + grch. *karyon* »Nuss, Fruchtkern«]

Di|ke|ri|on ⟨n.; -s, -ri|en⟩ zu den Insignien des Bischofs in den Ostkirchen gehörender zweiarmiger Leuchter [<*Di...*² + grch. *kerion* »Wachslicht«]

di|klin ⟨Adj.; Bot.⟩ ~*e Blüten* eingeschlechtliche Blüten, die entweder nur Staubblätter od. nur Fruchtblätter enthalten [<*di...*² + grch. *kline* »Lager«]

di|ko|tyl ⟨Adj.; Bot.⟩ zweikeimblättrig; *Ggs* monokotyl [<*di...*² + grch. *kotyl* »Höhlung«]

Di|ko|ty|le ⟨f.; -, -n; Bot.⟩ zweikeimblättrige Pflanze; *oV* Dikotyledone [<*Di...*² + grch. *kotyledon* »hohles Knöpfchen, Keimblatt«]

Di|ko|ty|le|do|ne ⟨f.; -, -n; Bot.⟩ = Dikotyle

Dik|ta|fon ⟨n.; -s, -e⟩ = Diktaphon

Dik|tam ⟨m.; -s; unz.⟩ = Diptam

dik|tan|do ⟨Adv.⟩ = dictando

Dik|ta|phon ⟨n.; -s, -e⟩ Diktiergerät, Diktiermaschine; *oV* Diktafon [verkürzt <*Diktat* + *Mikrophon*]

Dik|tat ⟨n.; -(e)s, -e⟩ **1** Ansage (zum Nachschreiben) **2** Nachschrift nach Ansage (als Rechtschreibeübung in der Schule) **3** ⟨fig.⟩ aufgezwungene Verpflichtung, aufgezwungener Friede [<lat. *dictare*]

Dik|ta|tor ⟨m.; -s, -to|ren⟩ **1** ⟨im antiken Rom⟩ in Notzeiten für sechs Monate eingesetztes Regierungsoberhaupt mit höchster Gewalt **2** ⟨allg.⟩ Herrscher mit unbeschränkter Gewalt [<lat. *dictator*]

dik|ta|to|risch ⟨Adj.⟩ **1** in der Art eines Diktators **2** herrisch, keinen Widerspruch duldend

Dik|ta|tur ⟨f.; -, -en⟩ Herrschaft eines Diktators, unbeschränkte Gewalt; ~ *des Proletariats*; *unter einer* ~ *leben, stehen* [<lat. *dictatura* »Diktatur, Würde eines Diktators«]

dik|tie|ren ⟨V.⟩ **1** zum Nachschreiben vorsprechen; *jmdm. einen Brief* ~ **2** aufzwingen, befehlen; *jmdm. einen Vertrag, Bedingungen* ~ [<lat. *dictare* »vorsprechen; vorschreiben«; zu *dicere* »sagen«]

Dik|ti|on ⟨f.; -; unz.⟩ Stil, Schreibart, Ausdrucksweise, Sprech-

Diktionär

weise [<lat. *dictio* »das Sagen, Aussprechen, Vortrag, Redeweise«]

Dik|ti|o|när ⟨n. od. m.; -s, -e⟩ (bes. fremdsprachl.) Wörterbuch; *oV* Dictionnaire [<frz. *dictionnaire*]

Dik|tum ⟨n.; -s, Dik|ta⟩ (bedeutsamer) Ausspruch [<lat. *dictum*, Part. Perf. zu *dicere* »sagen«]

Dik|ty|o|ge|ne|se ⟨f.; -, -n; Geol.⟩ großflächiger Faltungsprozess der Erdkruste, Gerüstbildung [<grch. *diktyon* »Netz« + *Genese*]

di|la|ta|bel ⟨Adj.⟩ dehnbar; *dilatable Buchstaben* [<lat. *dilatabilis*, frz. *dilatable* »dehnbar«]

Di|la|ta|bi|lis ⟨m.; -, -les⟩ (zum Ausfüllen der Zeile) in die Breite gezogener, hebräischer Buchstabe [neulat., eigtl. *littera dilatabilis* »dehnbarer Buchstabe«]

Di|la|ta|ti|on ⟨f.; -, -en⟩ 1 Ausdehnung, Dehnung 2 Vergrößerung des Kambiumringes beim Dickenwachstum von Holzgewächsen 3 Erweiterung von Hohlorganen [frz., »Ausdehnung, Ausweitung«; <lat. *dilatare* »ausbreiten, ausdehnen«]

Di|la|ta|ti|ons|fu|ge ⟨f.; -, -n; Arch.⟩ Dehnungsfuge in lang gestreckten Bauwerken zum Ausgleich von Spannungen im Bauwerk durch unterschiedliche Bodensetzung [<frz. *dilatation* »Ausdehnung«]

Di|la|ta|tor ⟨m.; -s, -to|ren⟩ 1 erweiternder Muskel 2 Instrument zum Erweitern von Körperhöhlen

di|la|tie|ren ⟨V.⟩ erweitern [<lat. *dilatare*]

Di|la|ti|on ⟨f.; -, -en⟩ Aufschub, Frist, Verzögerung [<lat. *dilatio*]

Di|la|to|me|ter ⟨n.; -s, -⟩ Gerät zum Bestimmen der Längenausdehnung von Körpern bei Temperaturerhöhungen [<lat. *dilatare* »erhöhen« + ...*meter*]

di|la|to|risch ⟨Adj.⟩ aufschiebend, verzögernd, hinhaltend; *Ggs* peremptorisch; ~*e Einrede* (vor Gericht) [→ *Dilation*]

Dil|do ⟨m.; -s, -s⟩ künstl. Penis [engl.; weitere Herkunft unbekannt]

Di|lem|ma ⟨n.; -s, -s od. -ma|ta⟩ schwierige Wahl (zwischen zwei Übeln), Zwangslage; *sich in einem ~ befinden* [<*Di...*[2] + grch. *lemma* »Annahme«]

Di|let|tant ⟨m.; -en, -en⟩ 1 jmd., der eine Tätigkeit nicht berufsmäßig, sondern aus Liebhaberei betreibt, Laie, Liebhaber, Nichtfachmann 2 ⟨abwertend⟩ Pfuscher [<ital. *dilettante* »Liebhaber einer Kunst, die er nur zum Vergnügen betreibt«; zu *dilettare* »erfreuen, ergötzen«]

dil|let|tan|tisch ⟨Adj.⟩ 1 in der Art eines Dilettanten, laienhaft, als od. aus Liebhaberei 2 ⟨abwertend⟩ sachunkundig, oberflächlich, pfuscherhaft

Di|let|tan|tis|mus ⟨m.; -; unz.⟩ 1 nichtberufl. Betätigung, z. B. aus Liebhaberei 2 ⟨abwertend⟩ Pfuscherei

di|let|tie|ren ⟨V.⟩ sich als Dilettant, aus Liebhaberei mit od. in etwas betätigen; *in einer Kunst, einem Hobby o. Ä. ~*

di|lu|ie|ren ⟨V.; Med.; Pharm.⟩ verdünnen [<lat. *diluere* »auflösen«]

Di|lu|ti|on ⟨f.; -, -en; Pharm.; Med.⟩ Verdünnung

di|lu|vi|al ⟨[-vi-] Adj.⟩ das Diluvium betreffend, zu ihm gehörig, aus ihm stammend, eiszeitlich

Di|lu|vi|al|zeit ⟨[-vi-] f.; -, -en⟩ = Diluvium

Di|lu|vi|um ⟨n.; -s, -vi|en⟩ Eiszeit; *Sy* Diluvialzeit, Pleistozän [lat., »Überschwemmung, Wasserflut«]

dim. ⟨Musik; Abk. für⟩ diminuendo

Dime ⟨[daɪm] m.; -s, -s od. (bei Zahlenangaben) -⟩ nordamerikan. Münze, 10 Cent [engl. <frz. *dime* »Zehnt« (Steuer) <lat. *decima* »der zehnte (Teil)«]

Di|men|si|on ⟨f.; -, -en⟩ 1 Richtungserstreckung eines Körpers (Breite, Höhe, Tiefe), Ausdehnung 2 ⟨a. fig.⟩ Erstreckung, Abmessung; *ein Raum von ungeheuren ~en* [<lat. *dimensio* »Ausmessung«]

di|men|si|o|nal ⟨Adj.⟩ 1 auf eine Dimension bezüglich 2 Dimensionen besitzend; *drei~, zwei~*

di|men|si|o|nie|ren ⟨V.; selten⟩ ab-

messen, die Dimension(en) bestimmen

di|mer ⟨Adj.; Chemie⟩ zweiteilig, zweigliedrig; *~e Moleküle* [<*di...*[2] + ...*mer*]

Di|mer ⟨n.; -s, -e; Chemie⟩ = Dimere(s)

Di|me|re(s) ⟨n. 3; Chemie⟩ Polymeres aus zwei Grundmolekülen; *oV* Dimer [→ *dimer*]

Di|me|rie ⟨f.; -, -n; Chemie⟩ Eigenschaft eines Dimeren

Di|me|ri|sa|ti|on ⟨f.; -, -en; Chemie⟩ Verbindung zweier gleicher Moleküle zu einem Molekül [→ *Dimer, Dimere(s)*]

Di|me|ter ⟨m.; -s, -; Metrik⟩ Versform aus zwei gleichen Versfüßen [<*Di...*[2] + ...*meter*]

di|mi|nu|en|do ⟨Adv.; Abk.: dim.; Musik⟩ = descrescendo [ital., »schwächer werdend«]

Di|mi|nu|en|do ⟨n.; -s, -s od. -di; Musik⟩ = Decrescendo

di|mi|nu|ie|ren ⟨V.⟩ verkleinern, verringern, vermindern [<lat. *deminuere, diminuere*]

Di|mi|nu|ti|on ⟨f.; -, -en⟩ 1 Verkleinerung, Verminderung 2 ⟨Musik⟩ Wiederholung eines Themas mit kürzeren Notenwerten [<lat. *deminutio* »Verringerung, Verminderung«]

di|mi|nu|tiv ⟨Adj.⟩ verkleinernd; *oV* deminutiv [<lat. *deminuere* »vermindern«]

Di|mi|nu|tiv ⟨n.; -s, -e [-və]⟩ Verkleinerungsform, z. B. Häuschen, Männlein [→ *diminutiv*]

Di|mi|nu|tiv|suf|fix ⟨n.; -es, -e; Sprachw.⟩ Verkleinerungsnachsilbe, die eine Verkleinerung bezeichnet, z. B. »-chen«, »-lein«, frz. »-ette«; *Ggs* Augmentativsuffix

Di|mis|si|on ⟨f.; -, -en⟩ = Demission

di|mit|tie|ren ⟨V.; veraltet⟩ entlassen, verabschieden [<lat. *dimittere* »fortschicken«]

dim|men ⟨V.⟩ die Helligkeit elektrischen Lichtes mit einem Dimmer regeln; *Lampen stufenlos ~; eine Stehlampe zum Dimmen* [<engl. *dim* »verdunkeln, abblenden«]

Dim|mer ⟨m.; -s, -⟩ Lichtschalter zur stufenlosen Regelung der Helligkeit elektrischen Lichtes

di|morph ⟨Adj.; Biol.⟩ zweigestaltig [<*di...*[2] + ...*morph*]

Di|mor|phie ⟨f.; -; unz.; Biol.⟩ = Dimorphismus

Di|mor|phis|mus ⟨m.; -; unz.; Biol.⟩ Neben- od. Nacheinanderbestehen zweier verschiedener Formen der gleichen Tierod. Pflanzenart; *Sy* Dimorphie

DIN 1 ⟨urspr. Abk. für⟩ Deutsche Industrie-Norm **2** Zeichen für die in den Publikationen des Deutschen Normenausschusses veröffentlichten Arbeitsergebnisse u. Empfehlungen

Di|nar ⟨m.; -s, -e⟩ Währungseinheit im früheren Jugoslawien (100 Para), im Irak (1000 Fils) u. Iran ($^{1}/_{100}$ Rial) [<pers. *dinar* <lat. *denarius*; → *Denar*]

di|na|risch ⟨Adj.⟩ einem Menschentyp aus dem europiden Rassenkreis angehörend [nach den *Dinarischen* Alpen]

Di|ner ⟨[-ˈneː] n.; -s, -s⟩ **1** Mittagessen **2** festl. Essen, Festmahl **3** ⟨in Frankreich⟩ die am Abend eingenommene Hauptmahlzeit des Tages [<frz. *dîner* »Abendessen«]

DIN-For|mat ⟨n.; -(e)s, -e⟩ nach DIN festgelegtes Papierformat

Din|ghi ⟨n.; -s, -s⟩ kleines Beiboot für zwei od. drei Mann; *oV* Dingi [<bengal. *dingi*]

Din|gi ⟨n.; -s, -s⟩ = Dinghi

Din|go ⟨m.; -s, -s; Zool.⟩ austral. Rasse wilder Hunde: Canis familiaris dingo [austral.]

DIN-Grad ⟨m.; -(e)s, -e⟩ nach DIN festgelegte Maßeinheit für die Lichtempfindlichkeit eines Films

di|nie|ren ⟨V.⟩ ein Diner einnehmen, (festlich) zu Mittag od. Abend speisen [<frz. *dîner* »zu Abend essen«]

Di|ning|room ⟨[ˈdaɪnɪŋruːm] m.; -s, -s⟩ Speise-, Esszimmer [engl.]

Dinks ⟨Pl.; Sing.: Dink⟩ Partner einer kinderlosen Ehe- od. Lebensgemeinschaft, in der beide berufstätig sind [engl.; Abk. für *d*ouble *i*ncome, *n*o *k*ids »doppeltes Einkommen, keine Kinder«]

Din|ner ⟨n.; -s, -; in England⟩ die am Abend eingenommene Hauptmahlzeit des Tages [engl.]

Din|ner|ja|cket ⟨[-dʒækɪt] n.; -s, -s⟩ weißes Smokingjackett für gesellschaftl. Anlässe [<engl. *dinner* »Abendmahlzeit, Festessen« + *jacket* »Jacke«]

Di|no ⟨m.; -s, -s; umg.; kurz für⟩ Dinosaurier

Di|no|sau|ri|er ⟨m.; -s, -⟩ Angehöriger der ausgestorbenen Reptilordnungen Saurischia u. Ormithischia; *Sy* Dinosaurus, ⟨umg.⟩ Dino [<grch. *deinos* »furchtbar« + *sauros* »Eidechse«]

Di|no|sau|rus ⟨m.; -, -ri|er⟩ = Dinosaurier

Di|no|the|ri|um ⟨n.; -s, -ri|en; Zool.⟩ ausgestorbene Gattung 5 m hoher Elefanten [<grch. *deinos* »furchtbar« + *therion* »wildes Tier«]

Di|o|de ⟨f.; -, -n; El.⟩ früher eine Elektronenröhre, heute ein Halbleiterbauelement mit einer Grenzschicht zwischen zwei Halbleitermaterialien zum Gleichrichten von Strömen, da ein Stromdurchgang nur in einer Richtung möglich ist [<*Di...*² + *...ode*]

Di|o|le|fi|ne ⟨Pl.; Chemie⟩ = Diene

Di|o|len® ⟨n.; -s; unz.; Textilw.⟩ eine Polyesterfaser

Di|o|ny|si|en ⟨Pl.; im antiken Athen⟩ Dionysosfest, Fest zu Ehren des Gottes Dionysos (im März/April) mit dramat. Aufführungen

di|o|ny|sisch ⟨Adj.⟩ **1** Dionysos betreffend, zu ihm gehörig **2** ⟨fig.⟩ rauschhaft, wild; *Ggs* apollinisch [<*Dionysos*, dem grch. Gott der Ekstase]

di|o|phan|tisch ⟨Adj.; Math.⟩ ~*e* Gleichung G. mit mehreren Unbekannten u. unbestimmt vielen Lösungen [nach dem grch. Mathematiker *Diophantos*, um 250 n. Chr.]

Di|op|ter ⟨m.; -s, -; Optik⟩ Visiervorrichtung, bes. an optischen Geräten [<*Dia...* + grch. *optos* »sichtbar«]

Di|op|trie *auch:* **Di|op|trie** ⟨f.; -, -n; Abk.: dptr; Optik⟩ Maßeinheit der opt. Brechkraft [→ *Diopter*]

di|op|trisch *auch:* **di|op|trisch** ⟨Adj.; Optik⟩ **1** die Dioptrie betreffend, mit ihrer Hilfe **2** lichtbrechend, durchsichtig [→ *Dioptrie*]

Di|o|ra|ma ⟨n.; -s, -ra|men⟩ **1** ⟨urspr.⟩ plast. Darstellung mit gemaltem Hintergrund **2** Bild auf durchscheinendem Stoff, mit Lichteffekten zur Schaustellung benutzt [<*Dia* + grch. *horama* »Anblick«]

Di|o|ris|mus ⟨m.; -, -men⟩ Begriffsbestimmung [<grch. *diorizein* »abgrenzen«]

Di|o|rit ⟨m.; -s, -e; Min.⟩ dunkles bis schwarzes Tiefengestein [<grch. *diorezein* »abgrenzen, unterscheiden«]

Di|os|ku|ren ⟨Pl.⟩ **1** Zwillingsgötter, bes. die beiden Söhne des Zeus, Kastor u. Pollux **2** ⟨fig.⟩ unzertrennl. Freunde [<grch. *Dios*, Gen. zu *Zeus* + *kouros* »Knabe, Sohn«]

Di|o|xan ⟨n.; -s; unz.; Chemie⟩ organisch-chem. Verbindung, ein Lösungsmittel

Di|o|xid ⟨a. [- -ʹ-] n.; -(e)s, -e; Chemie⟩ Oxid mit zwei Sauerstoffatomen; *oV* Dioxyd [<*Di...*² + *Oxid*]

Di|o|xin ⟨n.; -s, -e; Chemie⟩ **1** (i. e. S.) das hochgiftige 2,3,7,8-Tetrachlordibenzodioxin (TCDD), das als unerwünschtes Nebenprodukt bei einigen industriellen Verfahren u. bei Verbrennungsprozessen auftreten kann **2** (i. w. S.) ~*e* Gruppe von 75 verschiedenen chem. Verbindungen, bei denen zwei Benzolringe durch zwei Sauerstoffatome miteinander verknüpft sind

Di|o|xyd ⟨a. [- -ʹ-] n.; -(e)s, -e; Chemie⟩ = Dioxid

di|ö|ze|san ⟨Adj.⟩ zu einer Diözese gehörend, von ihr ausgehend

Di|ö|ze|san ⟨m.; -en, -en⟩ Angehöriger einer Diözese

Di|ö|ze|se ⟨f.; -, -n⟩ Amtsbereich eines Bischofs [<grch. *dioikesis* »Haushaltung, Verwaltung«]

Di|ö|zie ⟨f.; -; unz.; Bot.⟩ Vorkommen von männl. u. weibl. Blüten auf verschiedenen Individuen derselben Art, Zweihäusigkeit, Getrenntgeschlechtigkeit; *Sy* Diözismus; *Ggs* Monözie [<*Di...*² + grch. *oikos* »Haus«]

di|ö|zisch ⟨Adj.; Bot.⟩ Diözie aufweisend, getrenntgeschlechtig, zweihäusig; *Ggs* monözisch

Di|ö|zis|mus ⟨m.; -; unz.; Bot.⟩ = Diözie

Dip

Dip ⟨m.; -s, -s⟩ dicke, gewürzte Soße, in die man kleine Bissen (Brot, Fleisch u. a.) eintaucht [zu engl. *dip* »eintauchen«]

Di|pep|tid ⟨n.; -s, -e; Chemie⟩ Verbindung zweier Aminosäuren [<*Di...*² + *Peptid*]

Di|pep|ti|da|se ⟨f.; -, -n; Chemie⟩ Enzym, das Dipeptide spaltet [<*Di...*² + *Peptidase*]

Diph|the|rie ⟨f.; -, -n; Med.⟩ infektiöse Hals- u. Rachenerkrankung, Rachenbräune [<grch. *diphthera* »Fell, Leder«]

diph|the|risch ⟨Adj.; Med.⟩ zur Diphtherie gehörend, auf ihr beruhend

Diph|thong auch: **Diph|thong** ⟨m.; -s, -e; Phon.⟩ Zwielaut aus zwei Vokalen, die bei der Aussprache ineinander übergehen; Ggs Monophtong [<*Di...*² + grch. *phthongos* »Laut«]

diph|thon|gie|ren auch: **diph|thon|gie|ren** ⟨V.; Phon.⟩ vom einfachen Vokal zum Diphthong werden; Ggs monophthongieren

diph|thon|gisch auch: **diph|thon|gisch** ⟨Adj.; Phon.⟩ als Diphthong lautend; Ggs monophthongisch

di|phy|le|tisch ⟨Adj.; Biol.⟩ stammesgeschichtlich aus zwei Ursprüngen herleitbar; Ggs monophyletisch; →a. polyphyletisch [<*di...*² + grch. *phyle* »(Volks-)Stamm«]

Di|phy|odon|tie ⟨f.; -; unz.; Med.; Biol.⟩ zweimalige Dentition; Ggs Monophyodontie; →a. Polyphyodontie [<grch. *diphyes* »zweifach, doppelt« + *odon*, Gen. *odontis* »Zahn«]

Dipl. ⟨Abk. für⟩ Diplom

♦ Die Buchstabenfolge **dipl...** kann auch **dipl|l...** getrennt werden.

♦ **Di|ple|gie** ⟨f.; -, -n; Med.⟩ doppelseitige Lähmung [<*Di...*² + grch. *plege* »Schlag«]

Dipl.-Ing. ⟨Abk. für⟩ Diplomingenieur

♦ **Di|plo|do|kus** ⟨m.; -, -kok|ken⟩ Angehöriger einer Familie fünfzehiger Saurier: Diplodocidae [<grch. *diploos* »doppelt, paarweise« + *dokos* »Balken«]

♦ **di|plo|id** ⟨Adj.; Genetik⟩ mit normalem (doppeltem) Chromosomensatz; Ggs haploid [<grch. *diploos* »doppelt, paarweise« + *...id*]

♦ **Di|plo|i|die** ⟨f.; -; unz.; Biol.⟩ das Auftreten des normalen (doppelten) Chromosomensatzes in der Zelle; Ggs Haploidie [→ *diploid*]

Di|plo|kok|kus ⟨m.; -, -kok|ken⟩ zu einem Paar vereinigte Kokken [<grch. *diploos* »doppelt« + *Kokkus*]

♦ **Di|plom** ⟨n.; -(e)s, -e; Abk.: Dipl.⟩ 1 ⟨urspr.⟩ amtl. Schriftstück 2 ⟨heute⟩ Zeugnis, Urkunde über eine Auszeichnung od. abgelegte Prüfung, bes. von einer höheren Schule od. Universität [<grch. *diploma*, urspr. »gefaltetes (Schreiben)«; zu *diploun* »doppelt zusammenlegen«]

♦ **Di|plo|mand** ⟨m.; -en, -en⟩ Student, der im Begriff ist, sein Diplom zu machen

♦ **Di|plo|man|din** ⟨f.; -, -din|nen⟩ Studentin, die im Begriff ist, ihr Diplom zu machen

♦ **Di|plo|mat** ⟨m.; -en, -en⟩ 1 ⟨urspr.⟩ Hersteller von Diplomen 2 ⟨heute⟩ Staatsmann, höherer Beamter des auswärtigen Dienstes 3 ⟨fig.; umg.⟩ vorsichtig, aber geschickt verhandelnder Mensch [<frz. *diplomate*; → *Diplom*]

♦ **Di|plo|ma|tie** ⟨f.; -; unz.⟩ 1 Regelung zwischenstaatl. Beziehungen 2 Gesamtheit der Diplomaten 3 ⟨fig.⟩ geschickte Berechnung, vorsichtiges Verhandeln

♦ **Di|plo|ma|tik** ⟨f.; -; unz.⟩ Urkundenlehre [→ *Diplomat*]

♦ **Di|plo|ma|ti|ker** ⟨m.; -s, -⟩ Urkundenforscher, -kenner

♦ **Di|plo|ma|tin** ⟨f.; -, -nen⟩ weibl. Diplomat [<frz. *diplomate*; → *Diplom*]

♦ **di|plo|ma|tisch** ⟨Adj.⟩ 1 die Diplomatie betreffend, zu ihr gehörig, auf ihr beruhend 2 zwischenstaatlich; ~*es Korps* die bei einem Staat akkreditierten Vertreter anderer Staaten

♦ **di|plo|mie|ren** ⟨V.⟩ ein Diplom erteilen

♦ **Di|plont** ⟨m.; -en, -en; Biol.⟩ Organismus, dessen Körperzellen den doppelten Chromosomensatz aufweisen [<grch. *diploos* »doppelt, paarweise« + *on*, Gen. *ontos* »seiend«]

♦ **Di|plo|pie** ⟨f.; -, -n; Med.⟩ Sehstörung, bei der die beiden von den Augen aufgenommenen Bilder infolge Augenmuskellähmung od. Gehirnerkrankung nicht miteinander verschmolzen werden, Doppeltsehen, Doppelsichtigkeit [<grch. *diploos* »doppelt« + *opsis* »das Sehen«]

♦ **di|plo|ste|mon** auch: **dip|lo|ste|mon** ⟨Adj.; Bot.⟩ mit zwei Staubblattkreisen ausgestattet, deren äußerer über den Kelchblättern u. deren innerer über den Kronblättern versetzt steht [<grch. *diplos* »doppelt« + *stemon* »Kettfäden, Kette (am Webstuhl)«]

Di|po|die ⟨f.; -, -n; Metrik⟩ Einheit aus zwei gleichen Versfüßen, bes. Jamben od. Trochäen; Ggs Monopodie; →a. Tripodie [<grch. *di...*² »doppelt« + *pous*, Gen. *podos* »Fuß«]

di|po|disch ⟨Adj.⟩ in der Art einer Dipodie, aus zwei gleichen Versfüßen bestehend

Di|pol ⟨m.; -s, -e; El.⟩ zwei gleich große, einander entgegengesetzte elektr. od. magnet. Ladungen [<*Di...*² + *Pol*]

Di|pol|an|ten|ne ⟨f.; -, -n; El.⟩ für UKW-Rundfunk, Fernsehen u. Radar verwendete, aus einem Dipol bestehende Antenne

Di|pol|mo|ment ⟨n.; -(e)s, -e; El.⟩ beim elektr. Dipol das Produkt aus Ladung u. Abstand

dip|pen ⟨V.⟩ 1 eintauchen, eintunken; *Brot in eine Soße* ~ 2 *die Flagge* ~ zum Gruß niederholen u. wieder hissen [<engl. *dip* »eintauchen«]

Dip|so|ma|nie ⟨f.; -, -n; Med.⟩ periodische Trunksucht, Alkoholabhängigkeit [<grch. *dipsa* »Durst« + *Manie*]

Dip|tam ⟨m.; -s; unz.; Bot.⟩ auf Kalkboden wachsendes, bis 1 m hohes Rautengewächs: Dictamnus albus; oV Diktam [<mlat. *diptamus* <grch. *diktamnos*]

Dip|te|re auch: **Dip|te|re** ⟨m.; -n, -n; Zool.⟩ Zweiflügler (Insekt) [<*Di...*² + *...ptere*]

218

Dipteros *auch:* **Dipteros** ⟨m.; -, -teroi⟩ grch. Tempel mit doppeltem Säulenumgang [<grch. *di...* »doppelt« + *pteron* »Flügel«]

Diptychon *auch:* **Diptychon** ⟨n.; -s, -chen od. -cha⟩ **1** ⟨Antike⟩ Paar von rechteckigen, zusammenklappbaren Holz-, Elfenbein- od. Edelmetalltäfelchen mit Wachseinlage zum Schreiben **2** ⟨MA⟩ Altarbild aus zwei Flügeln [zu grch. *diptychos* »doppelt gefaltet«]

Dipylon ⟨n.; -s; unz.⟩ Eingangstor der antiken Athen [grch., »Doppeltor«]

Dirae ⟨Pl.; Lit.⟩ altröm. Verwünschungsgedichte u. Schmähverse

Directbanking *auch:* **Direct Banking** ⟨[daɪrɛkt bæŋkɪŋ] n.; (-) - od. (-) -s; unz.⟩ Abwicklung von Bankgeschäften mithilfe der Telekommunikation rund um die Uhr; →*a.* Electronic Banking, Homebanking [<engl. *direct* »direkt + *banking* »Bankwesen«]

Directmailing *auch:* **Direct Mailing** ⟨[daɪrɛkt meɪ-] n.; (-) - od. (-) -s, (-) -s; Werbung⟩ Form der briefl. Direktwerbung; →*a.* Directmarketing [engl., »direkter Postversand«]

Directmarketing *auch:* **Direct Marketing** ⟨[daɪrɛkt-] n.; (-) - od. (-) -s; unz.; Wirtsch.⟩ sich ohne Zwischenstufen direkt an bestimmte Zielgruppen richtende Werbe- u. Distributionsmethode; *oV* Direktmarketing; →*a.* Direktmailing [engl., »direktes Marketing«]

Directoire ⟨[dirɛktoar] n.; -s; unz.⟩ = Direktorium (2) [frz.]

Director's Cut ⟨[dɪrɛktəs kʌt] od. amerikan. [daɪ-] m.; - - od. - -s, - -s; Film⟩ (meist längere) Version eines (Spiel-)Films, die abweichend von der offiziellen Filmstudiofassung vom Regisseur favorisiert u. zeitversetzt im Kino u./od. auf Video aufgeführt wird [<engl. *director* »Regisseur« + *Cut*]

direkt ⟨a. ['--] Adj.⟩ **1** geradlinig, ohne Umweg; *eine ~e Verbindung von Hamburg nach München; wenden Sie sich ~ an den Chef; ich komme ~ von zu Hause* **2** ganz nahe bei; *~ am Flugplatz* **3** unmittelbar; *Ggs* indirekt **3.1** *~e Rede* wörtlich (in Anführungszeichen) angeführte R.; *Sy* Oratio recta; *Ggs* indirekte Rede **3.2** *~e Steuer* von einer Person od. Gruppe von Personen erhobene Steuer **3.3** *Direktwahl* W. eines Kandidaten ohne Mittelsperson **4** ⟨adv.⟩ **4.1** geradezu; *du hast ja ~ einen Roman erlebt; das ist mir ~ peinlich* **4.2** genau; *der Ball flog mir ~ ins Gesicht* [<lat. *directus* »gerade gerichtet, geleitet«, Part. Perf. zu *dirigere* »leiten, lenken«]

Direktexport ⟨m.; -(e)s, -e; Wirtsch.⟩ direkter Absatz von Produkten auf ausländischen Märkten ohne Einschaltung von Exporthandelsbetrieben

Direktion ⟨f.; -, -en⟩ Leitung, Verwaltung, Vorstand [<lat. *directio* »Richtung, Leitung«]

direktiv ⟨Adj.⟩ Regeln (des Verhaltens) festsetzend [<frz. *diretif, directive* »leitend«]

Direktive ⟨[-və] f.; -, -n⟩ Weisung, Anweisung, Richtlinie, Verhaltensmaßregel [<frz. *directive* »Richtlinie, Weisung«]

Direktmandat ⟨n.; -(e)s, -e; Politik⟩ Wählerauftrag in direkter Wahl

Direktmarketing ⟨n.; -s; unz.; Wirtsch.⟩ = Directmarketing

Direktor ⟨m.; -s, -toren; Abk.: Dir.⟩ Leiter, Vorsteher; *Bank~; Fabrik~; Schul~* [<lat. *director* »der Leitende«; zu *dirigere* »leiten, lenken«]

Direktorat ⟨n.; -(e)s, -e⟩ **1** Amt des Direktors **2** Dienstraum des Direktors

direktorial ⟨Adj.⟩ den Direktor betreffend, zu ihm gehörig, ihm zustehend, von ihm veranlasst

Direktorin ⟨f.; -, -rinnen⟩ Leiterin, Vorsteherin; *Schul~*

Direktorium ⟨n.; -s, -rien⟩ **1** aus mehreren Personen bestehender Vorstand, leitende Behörde **2** oberste französische Staatsbehörde 1795-99; *Sy* Directoire [→ *Direktor*]

Direktrice *auch:* **Direktrice** ⟨[-triːs(ə)] f.; -, -n⟩ leitende Angestellte, Abteilungsleiterin (bes. in Bekleidungsgeschäften) [<frz. *directrice* »Direktorin, Leiterin«]

Direktrix *auch:* **Direktrix** ⟨f.; -; unz.; Geom.⟩ senkrecht auf der Hauptachse eines Kegelschnitts stehende Gerade, die zur Definition des Kegelschnitts dienen kann, Leitlinie [<lat. *directrix* »die Leitende«; → *Direktor*]

Direx ⟨m.; -, -e; Schülerspr.⟩ Direktor

Dirigat ⟨n.; -s, -e; Musik⟩ (einmaliges) Dirigieren (eines Konzertes, einer Oper)

Dirigent ⟨m.; -en, -en; Musik⟩ Leiter eines Orchesters od. Chores [zu lat. *dirigens*, Part. Präs. zu *dirigere* »leiten, lenken«]

Dirigentin ⟨f.; -, -tinnen; Musik⟩ Leiterin eines Orchesters od. Chores

dirigieren ⟨V.⟩ **1** Takt schlagen **2** leiten; *ein Orchester, einen Chor* ~ **3** verwalten **4** ⟨umg.⟩ *jmdn.* ~ in eine Richtung, an einen Ort weisen [<lat. *dirigere* »leiten, lenken«]

Dirigismus ⟨m.; -; unz.; Politik⟩ Lenkung der Wirtschaft durch den Staat

dirigistisch ⟨Adj.; Politik⟩ auf Dirigismus beruhend, in der Art des Dirigismus

dirimieren ⟨V.⟩ **1** entfremden, trennen **2** ⟨österr.⟩ im Fall einer Stimmgleichheit zu einer Entscheidung führen [<lat. *dirimare* »entfremden, trennen««]

Dirttrackrennen *auch:* **Dirt-Track-Rennen** ⟨[dœːrttræk-] n.; -s, -⟩ Rennen für Fahr- od. Kraftäder auf der Aschen- od. Schlackenbahn; *Sy* Speedwayrennen [<engl. *dirt-track* »weiche Sandbahn, Aschenbahn«]

dirty ⟨[dœːtɪ] Adj.; Drogenszene⟩ **1** bei der Polizei registriert **2** süchtig von Rauschmitteln [engl., »dreckig«]

dis..., Dis... ⟨Vorsilbe⟩ **1** auseinander **2** hinweg **3** gegensätzlich [lat.]

Disaccharid ⟨[-saxa-] n.; -(e)s, -e; Chemie⟩ aus zwei Monosacchariden entstandenes Kohlenhydrat; *oV* Disaccharid [<*Di...*² + *Saccharid*]

Disaccharid ⟨[-saxa-] n.; -(e)s, -e; Chemie⟩ = Disaccharid

Disagio

Dis|a|gio ⟨[-a:dʒo] n.; -s; unz.⟩ Betrag, um den ein Kurs unter dem Nennwert liegt; Ggs Agio [ital., »Abschlag«]

dis|am|bi|gu|ie|ren ⟨V.; Sprachw.⟩ 1 ein sprachliches Zeichen einer Mehrdeutigkeit entheben, indem man es in bestimmte syntakt. u. semant. Kontexte einordnet 2 Uneindeutigkeiten auflösen; →a. Ambiguität [<*dis...* + lat. *ambigare* »etwas in Zweifel ziehen, streiten«]

Dis|can|tus ⟨m.; -, - [-tu:s]; Musik⟩ = Diskant

Dis|ci|ples of Christ *auch:* **Dis|ciples of Christ** ⟨[dɪsaɪpəls ɔv kraɪst] Pl.⟩ eine Gruppe innerhalb der baptistischen Kirche (vor allem in Kanada u. den USA) [engl., »Anhänger, Jünger Christi«]

Disc|jo|ckey ⟨[-dʒɔki] od. [-dʒɔ-ke] m.; -s, -s⟩ = Diskjockei

Disc|man® ⟨[dɪskmæn] m.; -s, -s⟩ ein nach dem Vorbild des Walkmans entwickelter tragbarer CD-Spieler mit Knopfkopfhörern [<engl. *disc* »Platte, Scheibe« + Walk*man*]

Dis|co ⟨[-ko] f.; -, -s⟩ = Disko

Dis|co|fox ⟨[-ko-] m.; - od. -es, -e⟩ = Diskofox

Dis|co|queen ⟨[-kokwi:n] f.; -, -s⟩ = Diskoqueen

Dis|co|rol|ler ⟨a. [-koroulə(r)] m.; -s, -⟩ = Diskoroller

Dis|co|sound ⟨[-kosaʊnd] m.; -s; Musik⟩ = Diskosound

Dis|count ⟨[-kaʊnt] m.; -s, -s⟩ Verkauf von Waren zu einem niedrigen Preis [<engl. *discount* »Rabatt«]

Dis|coun|ter ⟨[-kaʊn-] m.; -s, -⟩ Inhaber, Geschäftsführer eines Discountladens

Dis|count|ge|schäft ⟨[-kaʊnt-] n.; -(e)s, -e⟩ Einzelhandelsgeschäft (meist Teil einer Kette), in dem Markenartikel z. T. unter Weitergabe des Großhandelsrabatts zu günstigen Preisen an Endverbraucher weiterverkauft werden [zu engl. *discount* »Preisnachlass, Rabatt, Skonto«]

Dis|count|la|den ⟨[-kaʊnt-] m.; -s, -läden⟩ einfach eingerichteter Laden, in dem Waren zu niedrigen Preisen verkauft werden [<engl. *discount* »Rabatt«]

Dis|en|ga|ge|ment ⟨[-ɛngɛɪdʒ-mənt] n.; -s; unz.⟩ militärisches Auseinanderrücken von Staatsmächten [engl. <lat. *dis-* »ent-« + engl. *engagement* »Verpflichtung, Verbindlichkeit«]

Di|seur ⟨[-zø:r] m.; -s, -e⟩ Vortragskünstler im Kabarett [frz., »Vortragskünstler« <*dire* »sprechen«]

Di|seu|se ⟨[-zø:-] f.; -, -n⟩ Vortragskünstlerin im Kabarett

dis|gru|ent ⟨Adj.⟩ nicht übereinstimmend; Ggs kongruent [<*dis...* + lat. *congruens,* Part. Präs. von *congruere* »übereinstimmen«]

Dis|har|mo|nie ⟨f.; -, -n⟩ 1 unharmonischer Klang, Missklang 2 (fig.) Unstimmigkeit, Uneinigkeit; Ggs Harmonie

dis|har|mo|nie|ren ⟨V.⟩ Ggs harmonieren 1 eine Disharmonie bilden, nicht od. schlecht zusammenklingen 2 (fig.) uneinig sein

dis|har|mo|nisch ⟨Adj.⟩ 1 in der Art einer Disharmonie, misstönend 2 (fig.) uneinig, uneins; Ggs harmonisch

Dis|junk|ti|on ⟨f.; -, -en⟩ 1 Trennung, Sonderung, Scheidung 2 Gegenüberstellung sich ausschließender, aber zusammengehörender Begriffe, z. B. Frau - Mann, schwarz - weiß 3 ⟨Logik⟩ Aussagenverbindung in Form einer Alternative, die die Gestalt »entweder p oder q« hat; Sy Adjunktion; Ggs Konjunktion (2) [<lat. *disiunctio* »Trennung, Abweichung«]

dis|junk|tiv ⟨Adj.⟩ einander ausschließend, trennend, gegensätzlich; Ggs konjunktiv; ~*e* Begriffe einander ausschließende, aber in einer höheren Gattung zusammengehörige Begriffe; ~*e Konjunktion* Konjunktion, die eine Alternative ausdrückt, z. B. entweder - oder [→ *Disjunktion*]

Dis|kant ⟨m.; -s, -e; Musik⟩ *oV* Discantus 1 = Sopran (1) 2 höchste Tonlage eines Instrumentes 3 rechte Hälfte der Tastatur des Klaviers u. ähnlicher Instrumente 4 Melodieseite der Handharmonika [<mlat. *discantus,* eigtl. »Gegengesang«]

Dis|kant|schlüs|sel ⟨m.; -s; unz.; Musik⟩ C-Schlüssel, Sopranschlüssel

Dis|ket|te ⟨f.; -, -n; EDV⟩ flexible Magnetplatte zur Datenaufzeichnung für Computer [<engl. *disk* »Scheibe« (mit frz. Verkleinerungsform)]

Disk|jo|ckei ⟨[-dʒɔki] od. [-dʒɔ-ke] m.; -s, -s; Abk.: DJ⟩ Conférencier, der im Rundfunk, Fernsehen, in Diskotheken usw. CDs präsentiert; *oV* Discjockey [<engl. *disc* »Schallplatte« + *Jockey*]

Dis|ko ⟨f.; -, -s; kurz für⟩ Diskothek (2); *oV* Disco

Dis|ko|fox ⟨m.; - od. -es, -e⟩ ein an den Foxtrott angelehnter Tanz mit schnellerem Rhythmus, der zu Popmusik getanzt wird; *oV* Discofox [<*Diskothek* + *Foxtrott*]

Dis|ko|gra|fie ⟨f.; -, -n⟩ = Diskographie

Dis|ko|gra|phie ⟨f.; -, -n⟩ *oV* Diskografie 1 der Bibliografie ähnl. Katalogisierung von CDs u. a. Tonträgern 2 Schallplattenkatalog [<engl. *disc* »Schallplatte« + *...graphie*]

Dis|ko|lo|gie ⟨f.; -; unz.⟩ Lehre von den Möglichkeiten der Interpretation u. Aufzeichnung von Musik im Bereich der Tonträger sowie von deren Vertrieb [<engl. *disc* »Scheibe, Schallplatte« + *...logie*]

Dis|ko|look ⟨[-luk] m.; -s; unz.; umg.⟩ Kleidung (mit Zubehör), wie sie bes. in Diskotheken getragen wird (z. B. Jacken aus glänzenden Stoffen, kleine Täschchen) [<*Diskothek* + engl. *look* »Aussehen«]

Dis|ko|my|zet ⟨m.; -en, -en; Bot.⟩ Scheibenpilz [<grch. *diskos* »Scheibe« + *Myzet*]

Dis|kont ⟨m.; -s, -e; Bankw.⟩ Zinsabzug bei Zahlung einer noch nicht fälligen Forderung; *oV* Diskonto [<ital. *disconto* »Abrechnung«; → *Konto*]

Dis|kon|ten ⟨Pl.; Bankw.⟩ Wechsel des Diskonts

Dis|kont|ge|schäft ⟨n.; -(e)s, -e; Bankw.⟩ Wechselgeschäft

dis|kon|tie|ren ⟨V.; Bankw.⟩ 1 den Diskont abziehen von 2 Wechsel ~ vor Fälligkeit mit Zinsabzug kaufen

dis|kon|ti|nu|ier|lich ⟨Adj.⟩ mit zeitlicher od. räumlicher Unterbrechungen aufeinander folgend; *Ggs* kontinuierlich
Dis|kon|ti|nu|i|tät ⟨f.; -, -en⟩ zeitl. od. räuml. unterbrochener Zusammenhang; *Ggs* Kontinuität
Dis|kon|to ⟨m. od. n.; -, -s od. -kon|ti; Bankw.⟩ = Diskont
Dis|kon|tra|te ⟨f.; -, -n; Bankw.⟩ = Diskontsatz
Dis|kont|satz ⟨m.; -(e)s, -sät|ze; Bankw.; Börse⟩ Zinssatz, der beim Kauf von Wechseln u. a. Diskontpapieren gültig ist, Bankrate; *Sy* Diskontrate; *Ggs* Bondsrate
Dis|ko|pa|thie ⟨f.; -, -n; Med.⟩ Bandscheibenschaden, Bandscheibenleiden [<grch. *diskos* »Scheibe« + *pathos* »Leiden«]
Dis|ko|queen ⟨[-kwiːn] f.; -, -s; umg.⟩ *oV* Discoqueen **1** eine Interpretin, die durch Lieder im Funk- u. Diskostil bekannt wird; *Amanda Lear war die ~ der 70er Jahre* **2** attraktives Mädchen od. junge Frau, die durch ihr Aussehen, Tanzen u. Verhalten in Diskotheken auffällt u. häufig von Männern angesprochen wird; *an diesem Abend war sie die ~* [<*Disko* + engl. *queen* »Königin«]
dis|kor|dant ⟨Adj.⟩ nicht übereinstimmend; *Ggs* konkordant; *~er Akkord* auf Dissonanzen (nicht Dur od. Moll) aufgebauter A.; *~e Gesteinsschichten* ungleichmäßig, ungleichförmig gelagerte G. [<lat. *discordans*, Part. Präs. zu *discordare* »uneinig sein, nicht übereinstimmen«]
Dis|kor|danz ⟨f.; -, -en⟩ **1** Ungleichmäßigkeit; *Ggs* Konkordanz (1) **2** diskordant aufgebauter Akkord **3** diskordant gelagerte Gesteinsschichten **4** nicht übereinstimmende Merkmale, z. B. bei Zwillingen **5** Uneinigkeit, Misshelligkeit [<lat. *discordare* »uneinig sein, nicht übereinstimmen«]
Dis|ko|rol|ler ⟨a. [-roʊlə(r)] m.; -s, -⟩ Rollschuh mit knöchelhohem, meist in Neonfarben gehaltenem Schaft u. vier in zwei Reihen parallel angeordneten, besonders breiten u. oft bunten Rollen u. vorne gelegenem Stopper; *oV* Discoroller [<*Disko* + engl. *roll* »rollen«]
Dis|ko|sound ⟨[-saʊnd] m.; -s, -s; Musik⟩ *oV* Discosound **1** ⟨unz.; allg.⟩ Musikstil, der den Rhythmus bes. betont, die Melodie durch den oft weibl. Gesang unterstützt u. bes. zum Tanzen geeignet ist **2** ⟨zählb.⟩ Titel im Diskosound (1) [<*Disko* + engl. *sound* »Musik«, eigtl. »Geräusch«]
Dis|ko|thek ⟨f.; -, -en⟩ **1** Schallplatten-, CD-Sammlung **2** Lokal, in dem zu Musik von CDs getanzt wird [<engl. *disc* »Schallplatte« + …*thek*]
Dis|ko|the|kar ⟨m.; -s, -e⟩ Verwalter einer Diskothek (1)
Dis|kre|dit ⟨m.; -s; unz.⟩ Misskredit, schlechter Ruf; *Ggs* Kredit (2); *jmdn. in ~ bringen*
dis|kre|di|tie|ren ⟨V.⟩ in Diskredit, in Misskredit bringen, in Verruf bringen, verleumden
dis|kre|pant ⟨Adj.⟩ abweichend, unstimmig, zwiespältig, widersprüchlich [<lat. *discrepans*, Part. Präs. zu *discrepare* »uneinig, verschieden sein; nicht übereinstimmen«]
Dis|kre|panz ⟨f.; -, -en⟩ Abweichung, Unstimmigkeit, Zwiespalt, Widerspruch, Missverhältnis [<lat. *discrepantia* »Uneinigkeit«]
dis|kret ⟨Adj.⟩ **1** verschwiegen, taktvoll, unauffällig; *Ggs* indiskret; *~es Benehmen; ~e Behandlung; ~en Gebrauch von einer Mitteilung machen; eine Angelegenheit ~ behandeln* **2** *Ggs* kontinuierlich **2.1** ⟨Math.⟩ nicht zusammenhängend, vereinzelt, gesondert **2.2** ⟨Physik⟩ unstetig, in endlichen Schritten [<frz. *discret* »zurückhaltend, taktvoll«]
Dis|kre|ti|on ⟨f.; -; unz.⟩ diskretes Wesen, diskrete Behandlung, Verschwiegenheit, Takt, Unauffälligkeit; *Ggs* Indiskretion; *~ Ehrensache!* unauffällige u. taktvolle Behandlung wird zugesichert [<frz. *discrétion*]
Dis|kri|mi|nan|te ⟨f.; -, -n; Math.⟩ Größe, die zur Unterscheidung od. Kennzeichnung der bei der Lösung einer algebraischen Aufgabe auftretenden Spezialfälle dient [<lat. *discriminans*, Part. Präs. zu *discriminare* »absondern, trennen«]
Dis|kri|mi|na|ti|on ⟨f.; -; unz.⟩ = Diskriminierung
dis|kri|mi|nie|ren ⟨V.⟩ **1** aussondern, unterschiedlich behandeln **2** herabsetzen [<lat. *discriminare* »trennen«]
Dis|kri|mi|nie|rung ⟨f.; -, -en⟩ das Diskriminieren
dis|kur|rie|ren ⟨V.; veraltet⟩ lebhaft verhandeln, eifrig etwas erörtern, sich unterhalten [<frz. *discourir* »lang u. breit reden, sich unterhalten«]
Dis|kurs ⟨m.; -es, -e⟩ lebhafte Erörterung [<frz. *discours* »Ansprache, Abhandlung«]
dis|kur|siv ⟨Adj.⟩ *Ggs* intuitiv **1** gesprächsweise **2** ⟨Philos.⟩ schlussfolgernd [<frz. *discursif*]
Dis|kus ⟨m.; - od. -ses, -se od. Dis|ken; Sport⟩ hölzerne Wurfscheibe mit Metallbeschlag; *~werfen* [<grch. *diskos* »Wurfscheibe«]
Dis|kus|si|on ⟨f.; -, -en⟩ lebhafte Erörterung, Meinungsaustausch [<frz. *discussion* »Erörterung«; → *diskutieren*]
dis|ku|ta|bel ⟨Adj.⟩ so beschaffen, dass man darüber diskutieren kann od. sollte, erwägenswert; *Ggs* indiskutabel; *ein diskutabler Vorschlag* [<frz. *discutable* »bestreitbar, anfechtbar«]
Dis|ku|tant ⟨m.; -en, -en; geh.⟩ jmd., der an einer Diskussion teilnimmt
Dis|ku|tan|tin ⟨f.; -, -tin|nen; geh.⟩ weibl. Person, die an einer Diskussion teilnimmt
dis|ku|tie|ren ⟨V.⟩ lebhaft erörtern, Meinungen austauschen (über) [<lat. *discutere* »auseinander schlagen, auflösen«]
Dis|lo|ka|ti|on ⟨f.; -, -en⟩ **1** Verlegung, Verteilung (von Truppen) **2** Störung der Lagerung im Gestein **3** ⟨Med.⟩ Lageveränderung, Verschiebung, z. B. der Bruchenden bei Knochenbrüchen [<lat. *dislocation* »Verteilung«]
Dis|lo|ka|ti|ons|be|ben ⟨n.; -s, -; Geol.⟩ durch tektonische Bewegungen hervorgerufenes Erdbeben
Dis|lo|ka|ti|ons|me|ta|mor|pho|se ⟨f.; -, -n⟩ = Dynamometamorphose

disloyal

dis|loy|al auch: **dis|lo|yal** ⟨[-loaja:l] Adj.; bes. Politik⟩ gegen die (eigene) Regierung eingestellt [<*dis...* + *loyal*]

dis|lo|zie|ren ⟨V.⟩ **1** verlagern, verteilen **2** auseinander legen **3** ⟨Med.⟩ sich verschieben, seine Lage verändern [<mlat. *dislocare*]

Dis|mem|bra|ti|on auch: **Dis|mem|bra|tion** ⟨f.; -, -en⟩ Zerstückelung, z. B. von Ländereien bei Erbschaften [<*Dis...* + lat. *membrum* »Glied«]

Dis|mem|bra|tor auch: **Dis|memb|ra|tor** ⟨m.; -s, -to|ren⟩ Mühle mit Schlagstiften zum Zerkleinern weniger harter Materialien, wie Ton u. Kalk [<*Dis...* + lat. *membrum* »Glied, Körperglied«]

Dis|mul|ga|tor ⟨m.; -s, -to|ren; Chemie⟩ = Demulgator

Dis|mu|ta|ti|on ⟨f.; -, -en; Chemie⟩ chem. Reaktion, bei der sich aus Aldehyden Alkohol abspaltet, z. B. bei der alkohol. Gärung [<*Dis...* + lat. *mutatio* »Veränderung«]

Dis|pa|che ⟨[-paʃ(ə)] f.; -, -n⟩ anteilige Berechnung von Seeschäden für die Beteiligten [frz., »Seeschadensregelung«]

Dis|pa|cheur ⟨[-ʃø:r] m.; -s, -e⟩ Sachverständiger, der eine Dispache aufstellt [frz., »Schiedsrichter für Seeschadensregelung«]

dis|pa|chie|ren ⟨[-ʃi:-] V.⟩ eine Dispache aufstellen über

dis|pa|rat ⟨Adj.⟩ ungleichartig, nicht zueinander passend, sich widersprechend [<lat. *disparatum*, Part. Perf. zu *disparare* »absondern, trennen«]

Dis|pa|ri|tät ⟨f.; -, -en⟩ Ungleichheit, Abweichung; *Ggs* Parität [<lat. *dispar* »ungleich, verschieden«]

Dis|pat|cher ⟨[-pætʃə(r)] m.; -s, -⟩ leitender Angestellter in Großbetrieben, der die Arbeiten in den Produktionsabteilungen aufeinander abstimmt [<engl. *dispatch* »abschicken, erledigen«]

Dis|pens ⟨m.; -es, -e od. im kath. Kirchenrecht: f.; -, -en⟩ Befreiung (von einer Verpflichtung), Ausnahmebewilligung; ~ *einholen, erhalten* [<kirchenlat. *dispensa* »Erlass einer Pflicht«]

dis|pen|sa|bel ⟨Adj.; veraltet⟩ erlässlich; *Ggs* indispensabel

Dis|pen|sa|ri|um ⟨n.; -s, -ri|en⟩ Arzneibuch; *Sy* Dispensatorium [<lat. *dispensare* »gleichmäßig austeilen, einrichten, austeilend abwägen«]

Dis|pen|sa|ti|on ⟨f.; -, -en⟩ **1** Befreiung (von einer Verpflichtung), Ausnahmebewilligung **2** Herstellung u. Abgabe von Arznei [<lat. *dispensatio* »genaue, gleichmäßige Einteilung, Verwaltung, Bewirtschaftung«]

Dis|pen|sa|to|ri|um ⟨n.; -s, -ri|en⟩ = Dispensarium

Dis|pen|ser ⟨m.; -s, -⟩ **1** (Vorrats)Behälter zur Verteilung von kleinen Mengen einer Ware **2** zur Verkaufsförderung eingesetztes Hilfsmittel bei Sonderaktionen, z. B. Stellregal, Verkaufsbox [<engl. *dispenser* »Automat; Austeiler, Verteiler«]

dis|pen|sie|ren ⟨V.⟩ **1** befreien, beurlauben; *jmdn. vom Amt, vom Dienst, von der Arbeit* ~ **2** Arzneien~ zubereiten u. abgeben [<lat. *dispensare* »gleichmäßig austeilen, einrichten, austeilend abwägen«]

Dis|pen|sie|rung ⟨f.; -, -en⟩ **1** Befreiung, Beurlaubung **2** Zubereitung u. Abgabe einer Arznei [→ *dispensieren*]

Dis|per|gens auch: **Dis|per|gens** ⟨n.; -, -gen|zi|en od. -gen|tia; Chemie⟩ Stoff, in dem eine Dispersion vorgenommen wird [zu lat. *dispergere* »zerstreuen«]

dis|per|gie|ren auch: **dis|per|gie|ren** ⟨V.; Chemie⟩ zerstreuen, fein verteilen, verbreiten [<lat. *dispergere* »zerstreuen«]

Dis|per|mie ⟨f.; -, -n; Biol.⟩ Eindringen zweier Spermien in dieselbe Eizelle [<*Di...²* + *Sperma*]

dis|pers auch: **dis|pers** ⟨Adj.⟩ auf Dispersion beruhend, zerstreut, fein verteilt [<lat. *dispersus* »zerstreut«]

Dis|per|si|on auch: **Dis|per|sion** ⟨f.; -, -en⟩ **1** Zerstreuung, Verbreitung **2** Brechung von Licht in verschiedene Farben **3** feinste Verteilung eines Stoffes in einem anderen in der Art, dass seine Teilchen in dem anderen schweben **4** Verteilung verschiedener Individuen einer Art innerhalb eines Lebensraumes **5** Streuung der Werte in der Wahrscheinlichkeitsrechnung [<lat. *dispersio* »Zerstreuung«]

Dis|per|si|tät auch: **Dis|per|si|tät** ⟨f.; -, -en⟩ **1** Zerteilung **2** Zerteilungsmöglichkeit

Dis|placed Per|son ⟨[dɪspleɪst pœ:sn] f.; - -, - -s; Abk.: DP⟩ im 2. Weltkrieg nach Deutschland (od. in die von deutschen Truppen besetzten Gebiete) verschleppte Person [engl.]

Dis|play ⟨[-pleɪ] n.; -s, -s⟩ **1** optisch wirksames Zurschaustellen (von Waren, Werbematerial u. a.) **2** Anzeigeeinheit an elektron. Geräten (z. B. Taschenrechnern u. Computern), heute entweder mit Leuchtdioden od. als Flüssigkristallanzeige [engl.]

Dis|play|er auch: **Dis|play|er** ⟨[-pleɪə(r)] m.; -s, -⟩ Grafiker(in) od. Schauwerbegestalter(in), der od. die hauptsächlich mit dem Entwurf von Warenverpackungen od. (Schaufenster-)Dekorationen (für den Einzelhandel) beschäftigt ist [<engl. *display* »Schaukasten, Schaufenster«]

Dis|po ⟨m.; -s, -s; kurz für⟩ Dispositionskredit

Dispondeus / Disponenden
(*Worttrennung am Zeilenende*)
Besteht ein Fremdwort aus einer Vorsilbe und einem eigenständigen zweiten Morphem wie z. B. »Spondeus«, so ist die Trennfuge zwischen den einzelnen Bestandteilen zu setzen. Ist dagegen keine Zusammensetzung erkennbar, wird nach Sprechsilben bzw. zwischen zwei aufeinander folgenden Konsonanten getrennt.

Dis|pon|de|us ⟨m.; -, -de|en; Metrik⟩ antiker Versfuß aus zwei Spondeen [<*Di...²* + *Spondeus*]

Dis|po|nen|den ⟨nur Pl.⟩ vom Sortimenter nicht verkaufte Bücher, die er mit Genehmigung des Verlegers weiter bei sich lagert [<lat. *disponenda* »das zu Verteilende, Einzuteilende«]

Dis|po|nent ⟨m.; -en, -en⟩ Angestellter, Abteilungsleiter mit begrenzter Vollmacht [<lat. *disponens*, Part. Präs. zu *disponere* »einteilen, verteilen«]

dis|po|ni|bel ⟨Adj.⟩ so beschaffen, dass man darüber disponieren kann, verfügbar; *Ggs* indisponibel; *disponible Werte* [<lat. *disponere* »einteilen, verteilen«]

Dis|po|ni|bi|li|tät ⟨f.; -; unz.⟩ disponible Beschaffenheit, Verfügbarkeit

dis|po|nie|ren ⟨V.⟩ **1** ordnen, gliedern, einteilen **2** verfügen (über) [<lat. *disponere* »verteilen, einteilen, anordnen«]

dis|po|niert ⟨Adj.⟩ **1** gestimmt, aufgelegt, bereit, imstande; *der Sänger ist (nicht)* ~ (nicht) gut bei Stimme; *Ggs* indisponiert **2** empfänglich (für eine Krankheit)

Dis|po|si|ti|on ⟨f.; -, -en⟩ **1** freie Verfügung; *zur* ~ *stehen* **2** Plan, Einteilung, Gliederung, Anordnung von gesammeltem Material **3** phys. u. psych. Verfassung, Anlage, Empfänglichkeit; ~ *für eine Krankheit* **4** *zur* ~ *stellen* ⟨Abk.: z. D.⟩ in den Wartestand od. einstweiligen Ruhestand versetzen [<lat. *dispositio* »Einteilung, Anordnung«]

dis|po|si|ti|ons|fä|hig ⟨Adj.⟩ geschäftsfähig, einsatzfähig

Dis|po|si|ti|ons|fonds ⟨[-fɔ̃ː] m.; -[-fɔ̃ːs], -[-fɔ̃ːs]⟩ Fonds zur freien Verfügung (in Staatshaushalt u. Kommunalwirtschaft)

Dis|po|si|ti|ons|kre|dit ⟨m.; -(e)s, -e⟩ Kredit, über den ein Kontoinhaber jederzeit verfügen kann, Überziehungskredit

dis|po|si|tiv ⟨Adj.⟩ anordnend, bestimmend, planend; ~*es Recht* Recht, das vertraglich abgeändert werden kann [<lat. *dispositus* »wohl geordnet«]

Dis|po|si|tiv ⟨n.; -s, -e [-vo]⟩ **1** Willenserklärung **2** Gesamtheit aller für einen Einsatz zur Disposition stehenden Personen u. Mittel

Dis|pro|por|ti|on ⟨f.; -, -en⟩ schlechte Proportion, Missverhältnis; *Ggs* Proportion

Dis|pro|por|ti|o|na|li|tät ⟨f.; -; unz.⟩ Missverhältnis

dis|pro|por|ti|o|niert ⟨Adj.⟩ unverhältnismäßig proportioniert, ungleich; *Ggs* proportioniert

Dis|pro|por|ti|o|nie|rung ⟨f.; -, -en; Chemie⟩ chem. Reaktion, bei der ein Ausgangsstoff gleichzeitig in eine Verbindung höherer und niedrigerer Wertigkeit übergeht

Dis|put ⟨m.; -(e)s, -e⟩ Streitgespräch, Wortgefecht [<frz. *dispute* »Wortwechsel, Wortgefecht«; <lat. *disputare* »erörtern«]

dis|pu|ta|bel ⟨Adj.; geh.⟩ so beschaffen, dass man darüber disputieren muss, strittig; *Ggs* indisputabel; *ein disputables Thema* [<frz. *disputable* »bestreitbar«]

Dis|pu|tant ⟨m.; -en, -en; geh.⟩ Teilnehmer an einem Disput [<lat. *disputans*, Part. Präs. zu *disputare* »erörtern«]

Dis|pu|tan|tin ⟨f.; -, -tin|nen; geh.⟩ Teilnehmerin an einem Disput

Dis|pu|ta|ti|on ⟨f.; -, -en⟩ Meinungsaustausch, wissenschaftl. Streitgespräch [<lat. *disputatio* »Erörterung, Abhandlung«]

dis|pu|tie|ren ⟨V.⟩ **1** in Worten (gelehrt) streiten **2** seine Meinung gegeneinander verfechten [<lat. *disputare* »erörtern«]

Dis|qua|li|fi|ka|ti|on ⟨f.; -, -en⟩ *Sy* Disqualifizierung **1** Untauglichkeit **2** Untauglichkeitserklärung **3** ⟨Sport⟩ Ausschluss von sportl. Wettkämpfen als Strafe wegen Vergehens gegen die sportl. Regeln

dis|qua|li|fi|zie|ren ⟨V.⟩ **1** für untauglich erklären **2** vom Wettkampf (zur Strafe) ausschließen; *jmdn. wegen eines regelwidrigen Verhaltens* ~

Dis|qua|li|fi|zie|rung ⟨f.; -, -en⟩ = Disqualifikation

Diss. ⟨f.; -, -; umg. Abk. für⟩ Dissertation

Dis|se|mi|na|ti|on ⟨f.; -, -en; Med.⟩ Verbreitung; ~ *von Krankheitserregern im Körper* [<lat. *disseminare* »aussäen«]

dis|se|mi|nie|ren ⟨V.; Med.⟩ verbreiten; *Krankheitserreger, Seuchen* ~ [<lat. *disseminare* »aussäen, ausstreuen«]

dis|sen ⟨V.; umg.; salopp⟩ *jmdn. od. etwas* ~ herabsetzen, ablehnen, verachten; *eine Boygroup disst die andere; sie wurde wegen ihrer alten Turnschuhe ge-*

---

dissidieren

disst [<engl. *diss* »provozieren (von Konkurrenten)«]

Dis|sens ⟨m.; -es, -e⟩ Meinungsverschiedenheit, z. B. beim Abschluss eines Vertrages; *Ggs* Konsens [<lat. *dissensus* »Meinungsverschiedenheit«; zu *dissentire* »anders denken, anderer Meinung sein«]

Dis|sen|ter ⟨m.; -s, -s; Rel.⟩ in England) nicht der anglikan. Staatskirche angehörender Protestant; *Sy* Dissident (2), Nonkonformist (2); *Ggs* Konformist (2) [engl.]

dis|sen|tie|ren ⟨V.⟩ **1** anderer Meinung sein; *Ggs* konsentieren **2** sich von einer Kirche trennen [<lat. *dissentire* »anderer Meinung sein, nicht beistimmen«]

Dis|se|pi|ment ⟨n.; -(e)s, -e; Biol.⟩ **1** Scheidewand im Körper von Korallen **2** falsche Scheidewand in der Frucht [<*dis...* + lat. *saepimentum* »Zaun, Wall«]

Dis|ser|tant ⟨m.; -en, -en⟩ jmd., der an seiner Dissertation arbeitet; →*a.* Doktorand

Dis|ser|tan|tin ⟨f.; -, -tin|nen⟩ weibl. Person, die an ihrer Dissertation arbeitet; →*a.* Doktorandin

Dis|ser|ta|ti|on ⟨f.; -, -en; Abk.: Diss.⟩ wissenschaftl. Arbeit (bes. zum Erlangen der Doktorwürde) [<lat. *dissertatio* »Erörterung«]

dis|ser|tie|ren ⟨V.⟩ eine Dissertation schreiben; *über ein Thema* ~ [<lat. *dissertare* »auseinandersetzen«]

dis|si|dent ⟨Adj.⟩ anders denkend, von der herrschenden Meinung abweichend [<lat. *dissidens*, Part. Präs. zu *dissidere* »beiseite sitzen, uneinig sein«]

Dis|si|dent ⟨m.; -en, -en⟩ **1** jmd., der zu keiner staatl. anerkannten Religionsgemeinschaft gehört **2** = Dissenter **3** ⟨allg.⟩ jmd., der von einer offiziellen Lehrmeinung od. Ideologie abweicht

Dis|si|denz ⟨f.; -, -en⟩ eine oppositionell bzw. widerständisch ausgerichtete Bewegung

dis|si|die|ren ⟨V.⟩ **1** anders denken **2** aus der Kirche austreten [<lat. *dissidere* »mit jmdm. uneinig sein«, eigtl. »beiseite sitzen«]

223

Dissimilation

Dis|si|mi|la|ti|on ⟨f.; -, -en⟩ 1 Beseitigung od. Verlust der Ähnlichkeit; *Ggs* Assimilation 2 ⟨Phon.⟩ 2.1 das Unähnlichwerden zweier benachbarter ähnl. Konsonanten, z. B. nhd. fünf <mhd. fimpf 2.2 das Ausstoßen eines von zwei gleichen od. ähnlichen Konsonanten, z. B. nhd. Welt <mhd. werlt 3 ⟨Biol.⟩ Stoffwechselvorgänge, bei denen unter Freisetzung von Energie höhere organ. Verbindungen in niedere zerlegt werden; *Ggs* Assimilation (2) [→ *dissimilieren*]

dis|si|mi|lie|ren ⟨V.⟩ einer Dissimilation unterwerfen [<lat. *dissimilis* »unähnlich«]

Dis|si|mu|la|ti|on ⟨f.; -, -en; Med.⟩ absichtliche Verheimlichung von Krankheitszeichen; *Ggs* Simulation (1) [<lat. *dissimulatio* »Verstellung«]

dis|si|mu|lie|ren ⟨V.; Med.⟩ Krankheitszeichen verheimlichen; *Ggs* simulieren (1) [<lat. *dissimulare* »verheimlichen, sich verstellen«]

Dis|si|pa|ti|on ⟨f.; -, -en; Physik; Kyb.⟩ Aufspaltung einer Energie in mehrere andere; ist dafür verantwortlich, dass Energieumwandlungen niemals vollständig in einer Richtung verlaufen, da immer ein Teil der eingesetzten Energie als Reibungsenergie oder dgl. verloren geht und nicht mehr für die weitere Nutzung zur Verfügung steht [<lat. *dissipatio* »Zerstreuung«]

dis|si|pie|ren ⟨V.; Physik; Kyb.⟩ zerstreuen, streuen, umwandeln [<lat. *dissipare* »auseinander werfen, zerstreuen«]

dis|so|lu|bel ⟨Adj.; Chemie⟩ löslich, schmelzbar, zerlegbar [<lat. *dissolubilis* »auflösbar«]

dis|so|lut ⟨Adj.⟩ haltlos, zügellos [<lat. *dissolutus* »aufgelöst, ungebunden, liederlich«]

Dis|so|lu|ti|on ⟨f.; -, -en⟩ 1 Auflösung, Trennung 2 ⟨fig.⟩ Zügellosigkeit [<lat. *dissolutio* »Auflösung, Ungebundenheit, Leichtsinn«]

Dis|sol|ven|tia ⟨[-vɛn-] Pl.; Sing.: Dis|sol|vens⟩ auflösende (Arznei-)Mittel [<lat. *dissolvere* »auflösen, zerlegen«]

dis|so|nant ⟨Adj.; Musik⟩ 1 misstönend, nicht zusammenklingend 2 nach Auflösung verlangend; *Ggs* konsonant [→ *dissonieren*]

Dis|so|nanz ⟨f.; -, -en; Musik⟩ 1 Missklang; *Ggs* Konsonanz (1) 2 ⟨fig.⟩ Unstimmigkeit

dis|so|nie|ren ⟨V.; Musik⟩ 1 in einer Dissonanz zusammenklingen 2 ⟨fig.⟩ nicht übereinstimmen [<*dis...* + lat. *sonare* »tönen, ertönen, erschallen«]

Dis|sous|gas ⟨[dɪsuː-] n.; -es; unz.⟩ in Aceton gelöstes, in Stahlflaschen aufbewahrtes Acetylen als Brenngas für Schweißvorgänge [<frz. *dissous* »aufgelöst«]

Dis|so|zi|a|ti|on ⟨f.; -, -en⟩ 1 Trennung, Zerfall; *Ggs* Assoziation 2 ⟨Psych.⟩ Auflösung von im Bewusstsein zusammenhängenden Vorstellungen 3 ⟨Chemie⟩ 3.1 Spaltung von Molekülen in geladene Ionen unter dem Einfluss eines Lösungsmittels 3.2 Spaltung von Molekülen bei hohen Temperaturen [<frz. *dissociation* »Zerfall, Trennung« <lat. *dis...* + *socius* »Gefährte«]

Dis|so|zi|a|ti|ons|kon|stan|te *auch:* **Dis|so|zi|a|ti|ons|kons|tan|te** ⟨f.; -, -n; Chemie⟩ Konstante, die das Gleichgewicht zwischen den getrennten Teilchen (Ionen od. Atome) ausdrückt

dis|so|zi|a|tiv ⟨Adj.⟩ die Dissoziation betreffend, auf ihr beruhend

dis|so|zi|ie|ren ⟨V.⟩ 1 trennen, auflösen 2 ⟨Chemie⟩ 2.1 in Ionen zerfallen 2.2 chemisch aufspalten; *ein Gemisch* ~ [<frz. *dissocier* »zersetzen, trennen«]

◆ Die Buchstabenfolge **dist...** kann auch **dist...** getrennt werden. Davon ausgenommen sind Zusammensetzungen, in denen die fremdsprachigen bzw. sprachhistorischen Bestandteile deutlich als solche erkennbar sind, z. B. *-trahieren, -tribuieren* (→*a.* kontrahieren, kontribuieren).

◆ **dis|tal** ⟨Adj.; Med.⟩ vom Mittelpunkt, von der Mittellinie des Körpers entfernt; *Ggs* proximal [<lat. *distare* »entfernt sein«]

◆ **Dis|tanz** ⟨f.; -, -en⟩ Abstand, Entfernung; *einen Gegenstand auf eine* ~ *von 10 km erkennen; das Rennen geht über eine* ~ *von 5000 m;* ~ *wahren (von od. zu jmdm.)* Vertraulichkeit vermeiden [<lat. *distantia* »Abstand, Verschiedenheit«; zu *distare* »entfernt sein«]

◆ **Dis|tanz|ge|schäft** ⟨n.; -(e)s, -e; Wirtsch.⟩ Geschäft zwischen Personen an verschiedenen Orten, Fernkauf bzw. -verkauf; *Ggs* Lokogeschäft

◆ **dis|tan|zie|ren** ⟨V.⟩ 1 (im Wettkampf) überbieten, hinter sich lassen 2 *sich* ~ *von etwas od. jmdm.* ~ von etwas od. jmdm. abrücken, nichts damit od. mit ihm zu tun haben wollen; *davon distanziere ich mich*

◆ **dis|tan|ziert** ⟨Adj.⟩ Abstand wahrend, Zurückgezogenheit bevorzugend

◆ **Dis|tanz|re|lais** ⟨[-rəlɛː] n.; - [-lɛːs], - [-lɛːs]; El.⟩ Relais, das als Schutzrelais in Hochspannungssystemen fungiert; *Sy* Impedanzrelais

◆ **Dis|tanz|ritt** ⟨m.; -(e)s, -e⟩ Dauerritt, Ritt über eine sehr lange Strecke

◆ **Di|sthen** ⟨m.; -s, -e; Min.⟩ Mineral, chem. Aluminiumsilicat; *Sy* Kyanit, Zyanit [<*Di...*² + grch. *sthenos* »Kraft«]

◆ **dis|tich** ⟨Adj.; Bot.⟩ in zwei gegenüberstehenden Reihen angeordnet [<*di...*² + grch. *stichos* »Reihe«]

◆ **dis|ti|chisch** ⟨[-çi-] Adj.⟩ das metrische Schema zweier verschiedener Verse im Wechsel gebrauchend; *oV* distichitisch; *Ggs* monostichisch

◆ **dis|ti|chi|tisch** ⟨[-çi-] Adj.⟩ = distichisch

◆ **Dis|ti|chon** ⟨[-çɔn] n.; -s, -chen⟩ aus einem Hexameter u. einem Pentameter zusammengesetzte Verseinheit; →*a.* Elegeion [<*Di...*² + grch. *stichos* »Reihe, Vers«]

◆ **dis|tin|gu|ie|ren** ⟨a. [-gi-] V.⟩ unterscheiden, auszeichnen, hervorheben [<frz. *distinguer* »unterscheiden«]

◆ **dis|tin|gu|iert** ⟨a. [-tɪŋgiːrt] Adj.⟩ (aus der Allgemeinheit)

hervorgehoben, ausgezeichnet, vornehm; *ein ~es Benehmen, Verhalten* [<frz. *distinguer* »unterscheiden«]

◆ **dis|tinkt** ⟨Adj.⟩ unterschieden, deutlich (erkennbar), verständlich [<lat. *distinctus* »gesondert, bestimmt, deutlich«]

◆ **Dis|tink|ti|on** ⟨f.; -, -en⟩ **1** Auszeichnung, (hoher) Rang, Würde **2** (österr.) Rangabzeichen [<lat. *distinctio* »Sonderung, Unterscheidung«]

◆ **dis|tink|tiv** ⟨Adj.⟩ **1** unterscheidend **2** auszeichnend [→ *distinkt*]

dis|to|nie|ren ⟨V.; Musik⟩ vom Ton abweichen, den Ton herauf- od. herunterziehen [<*dis...* + grch. *tonos* »Ton«]

Dis|tor|si|on ⟨f.; -, -en⟩ **1** ⟨Med.⟩ Verstauchung **2** ⟨Optik⟩ Verzerrung, Verzeichnung [frz., »Verzerrung« <lat. *distortio* »Verzerrung«]

dis|tra|hie|ren ⟨V.⟩ auseinander ziehen, trennen, zerstreuen [<lat. *distrahere* »auseinander ziehen, trennen«]

Dis|trak|ti|on ⟨f.; -, -en⟩ **1** das Auseinanderziehen, Zerstreuung **2** seitl. Auseinanderweichen von Erdschollen **3** Behandlung von Knochenbrüchen mit Streckverbänden [<lat. *distractio* »Trennung«; zu *distrahere* »auseinander ziehen, trennen«]

Dis|trak|tor ⟨m.; -s, -to|ren⟩ eine der falschen Anworten, die bei einem Multiplechoiceverfahren angeboten werden [→ *Distraktion*]

Dis|tri|bu|ent ⟨m.; -en, -en; veraltet⟩ Verteiler [<lat. *distribuens* »zuteilen, verteilend«; zu *distribuere*]

dis|tri|bu|ie|ren ⟨V.⟩ verteilen, austeilen [<lat. *distribuere* »verteilen, zuteilen«]

Dis|tri|bu|ti|on ⟨f.; -, -en⟩ **1** Verteilung, Austeilung, Auflösung **2** ⟨Logik⟩ Gültigkeit für jedes Objekt, das unter einen bestimmten Begriff fällt [<lat. *distributio* »Anordnung, Verteilung«; zu *distribuere* »verteilen, austeilen«]

dis|tri|bu|tiv ⟨Adj.⟩ auf eine Distribution bezüglich, verteilend

Dis|tri|bu|tiv|ge|setz ⟨n.; -es; unz.; Math.⟩ Gesetz, das die Handhabung mathematischer Größen bei Addition u. Subtraktion koordiniert

Dis|tri|bu|ti|vum ⟨[-vum] n.; -s, -ti|va [-va]; Gramm.⟩ = Distributivzahl

Dis|tri|bu|tiv|zahl ⟨f.; -, -en; Gramm.⟩ Einteilungszahl zur Einteilung in jeweils gleiche Mengen, z. B. je 3; *Sy* Distributivum

◆ **Dis|trikt** *auch:* **Dist|rikt** ⟨m.; -s, -e⟩ **1** Verwaltungsbezirk **2** abgeschlossener Bereich [<mlat. *districtus* »Gerichtszwang, Gerichtsgebiet«; zu lat. *distringere* »auseinander ziehen, straff spannen, zwingen«]

Dis|zes|si|on ⟨f.; -, -en⟩ **1** Weggang **2** Abzug **3** Übertritt zu einer anderen Partei [<lat. *discessio* »das Auseinandergehen, Trennung«]

◆ Die Buchstabenfolge **dis|zipl…** kann auch **dis|zipl…** getrennt werden.

◆ **Dis|zi|plin** ⟨f.; -, -en⟩ **1** ⟨unz.⟩ Zucht, Ordnung, Einordnung, Unterordnung; *~ halten; die ~ wahren; eiserne* ⟨fig.⟩, *strenge ~; Ggs* Indisziplin **2** ⟨zählb.⟩ **2.1** wissenschaftliche Fachrichtung **2.2** Sportart [<lat. *disciplina* »Unterricht; Zucht, Ordnung«]

◆ **dis|zi|pli|när** ⟨Adj.⟩ eine Disziplin (2) betreffend, zu ihr gehörend

◆ **Dis|zi|pli|nar|ge|walt** ⟨f.; -; unz.⟩ die dem Staat seinen Beamten u. Soldaten gegenüber zustehende Gewalt u. das Recht, Disziplinarstrafen zu verhängen, Dienststrafgewalt

◆ **dis|zi|pli|na|risch** ⟨Adj.⟩ **1** die Disziplin od. Disziplinargewalt betreffend, auf ihr beruhend, mit Hilfe einer Disziplinarstrafe; *oV* disziplinell **2** ⟨fig.⟩ streng

◆ **Dis|zi|pli|nar|stra|fe** ⟨f.; -, -n⟩ Strafe für ein Vergehen eines Beamten od. Soldaten gegen dienstl. Anordnungen od. Befehle, Dienststrafe

◆ **dis|zi|pli|nell** ⟨Adj.⟩ = disziplinarisch

◆ **dis|zi|pli|nie|ren** ⟨V.⟩ **1** in Disziplin halten, an Disziplin gewöhnen **2** maßregeln

◆ **dis|zi|pli|niert** ⟨Adj.⟩ an Disziplin gewöhnt

◆ **Dis|zi|pli|nie|rung** ⟨f.; -, -en⟩ das Disziplinieren, das Diziplinertwerden

◆ **dis|zi|plin|los** ⟨Adj.⟩ ohne Disziplin, keine Disziplin haltend

Di|thy|ram|be ⟨f.; -, -n⟩ *oV* Dithyrambus **1** Chor- u. Reigenlied auf den Gott Dionysos **2** kunstvolles, stroph. gegliedertes Festlied (seit 600 v. Chr.) **3** unregelmäßig gebaute, odenartige Hymne **4** ⟨fig.⟩ Loblied, überschwängl. Lied [<grch. *dithyrambos*; ursp. Beiname des Dionysos]

di|thy|ram|bisch ⟨Adj.⟩ **1** wie eine Dithyrambe **2** ⟨fig.⟩ begeistert, überschwänglich

Di|thy|ram|bus ⟨m.; -, -ram|ben⟩ = Dithyrambe

di|to ⟨Adv.; Abk.: do., dto.⟩ gleichfalls, ebenso (wird gebraucht, um sich auf Rechnungen usw. mehrmals vorkommende Bezeichnungen od. Erklärungen zu ersparen); *oV* (österr.) detto, ditto [<ital. *ditto, detto* <lat. *dictum*; → *Diktum*]

Di|tro|chä|us ⟨[-xɛ:-] m.; -, -chä|en [-xɛ:-]⟩ doppelter Trochäus [<*Di...*² + *Trochäus*]

dit|to ⟨Adv.; österr.⟩ = dito

Dit|to|gra|fie ⟨f.; -, -n⟩ = Dittographie

Dit|to|gra|phie ⟨f.; -, -n⟩ *oV* Dittografie **1** Doppellesart bei antiken Schriftstellern **2** fehlerhafte Doppelschreibung eines od. mehrerer Buchstaben im Text; *Ggs* Haplographie [<grch. *dittos* »doppelt« + *graphie* »schreiben«]

Di|u|re|se ⟨f.; -, -n; Med.⟩ Harnausscheidung [zu grch. *diourein* »harnen«]

Di|u|re|ti|kum ⟨n.; -s, -ti|ka; Med.⟩ harntreibende Arznei [→ *Diurese*]

di|u|re|tisch ⟨Adj.; Med.⟩ die Harnausscheidung anregend, harntreibend [→ *Diurese*]

Di|ur|nal ⟨n.; -s, -e⟩ = Diurnale

Di|ur|na|le ⟨n.; -s, -lia⟩ Gebetbuch katholischer Geistlicher mit den Stundengebeten, Auszug aus dem Brevier; *oV* Diurnal [<lat. *diurnus* »täglich«; zu *dies* »Tag«; verwandt mit *Journal*]

div. ⟨Abk. für lat.⟩ divisi

D

Di|va ⟨[-va] f.; -s, -s od. Di|ven [-ven]⟩ gefeierte Künstlerin, bes. bei Bühne u. Film [ital., »die Göttliche«]

Diver|bia ⟨[-vɛr-] Pl.; Lit.⟩ die in der altrömischen Komödie und dem altrömischen Drama gesprochenen Dialog- u. Wechselgesprächpartien [< lat. *diverbium*]

di|ver|gent ⟨[-ver-] Adj.⟩ auseinander strebend, in entgegengesetzter Richtung verlaufend; *Ggs* konvergent [frz., »gegensätzlich, abweichend«]

Di|ver|genz ⟨[-ver-] f.; -, -en⟩ *Ggs* Konvergenz **1** Auseinanderstreben **2** Meinungsverschiedenheit [< frz. *divergence* »Verschiedenheit«]

di|ver|gie|ren ⟨[-ver-] V.⟩ *Ggs* konvergieren **1** auseinander gehen, abweichen **2** anderer Meinung sein [< frz. *diverger* »auseinander gehen«]

di|vers ⟨[-vɛrs] Adj.⟩ **1** verschieden **2** ~*e* mehrere **3** *Diverses* verschiedene Gegenstände, die man (in Aufstellungen usw.) nicht in die gegebenen Rubriken einordnen kann [< lat. *diversus* »abgekehrt, entgegengesetzt«]

Di|ver|sa ⟨[-ver-] Pl.⟩ Vermischtes, Mixtur; *oV* Diverse; →*a*. divers

Di|ver|sant ⟨[-ver-] m.; -en, -en; DDR⟩ Saboteur, Störer [< lat. *diversus* »abgekehrt, entgegengesetzt«]

Di|ver|se ⟨[-vɛr-] Pl.⟩ = Diversa

Di|ver|si|fi|ka|ti|on ⟨[-ver-] f.; -, -en⟩ Vorgang, Ergebnis des Diversifizierens

di|ver|si|fi|zie|ren ⟨[-ver-] V.⟩ *ein Unternehmen, einen Konzern ~* auf verschiedene Wirtschaftszweige umstellen, um von Entwicklungsschwankungen einzelner Branchen unabhängig zu werden

Di|ver|si|fi|zie|rung ⟨[-ver-] f.; -, -en⟩ das Diversifizieren

Di|ver|si|on ⟨[-ver-] f.; -, -en⟩ **1** Ablenkung, Richtungsänderung **2** ⟨DDR⟩ polit. Störung, Sabotage, Versuch der Spaltung [zu lat. *diversus* »abgekehrt, entgegengesetzt«]

Di|ver|si|tät ⟨[-ver-] f.; -; unz.⟩ Vielfältigkeit, Vorhandensein eines breiten Spektrums, Mannigfaltigkeit

Di|ver|ti|kel ⟨[-ver-] n.; -s, -⟩ Ausstülpung, Ausbauchung von Hohlorganen od. Körperhöhlen [< lat. *diverticulum* »Abweichung, Seitenweg«]

Di|ver|ti|ku|li|tis ⟨[-ver-] f.; -, -ti|den; Path.⟩ Entzündung eines Divertikels

Di|ver|ti|men|to ⟨[-ver-] n.; -s, -s od. -men|ti; Musik⟩ mehrstimmiges, mehrsätziges, unterhaltsames Musikstück [ital., »Vergnügen«]

Di|ver|tis|se|ment ⟨[-vɛrtis(ə)mã:] n.; -s, -s; Musik; frz. Schreibung für⟩ Divertimento [frz., »Unterhaltung, Belustigung«]

Di|vest|ment ⟨[-vɛst-] n.; -s, -s; Wirtsch.⟩ = Desinvestition (1)

di|vi|de et im|pe|ra! ⟨[-vi-]⟩ teile und herrsche!, stifte Unfrieden unter deinen Feinden, um sie zu beherrschen! (Grundprinzip der Außenpolitik im antiken Rom) [lat.]

Di|vi|dend ⟨[-vi-] m.; -en, -en; Math.⟩ Zahl, durch die eine andere Zahl zu teilen ist; Zähler (eines Bruches); *Ggs* Divisor [< lat. *dividendus (numerus)* »die zu teilende (Zahl)«]

Di|vi|den|de ⟨[-vi-] f.; -, -n; Bankw.⟩ auf eine Aktie entfallender Gewinnanteil [< lat. *dividenda* »die zu teilende (Summe)« < *dividere*]

di|vi|die|ren ⟨[-vi-] V.; Math.⟩ der Division unterziehen, teilen [< lat. *dividere* »teilen«]

Di|vi|na|ti|on ⟨[-vi-] f.; -, -en⟩ Ahnung, Ahnungsvermögen [< lat. *divinatio* »Ahnungsvermögen, Sehergabe«]

di|vi|na|to|risch ⟨[-vi-] Adj.⟩ seherisch, vorahnend

Di|vi|ni|tät ⟨[-vi-] f.; -; unz.⟩ **1** Göttlichkeit **2** göttl. Wesen [< lat. *divinitas* »Göttlichkeit«]

Di|vis ⟨[-vi:s] n.; -es, -e⟩ Bindestrich, Silbentrennungszeichen [frz., »geteilt« < lat. *divisus*, Part. Perf. zu *dividere* »teilen«]

di|vi|si ⟨[-vi:-] Pl. Abk.: div.; bei Doppelgriffen auf Streichinstrumenten⟩ geteilt, d. h. von zwei Instrumenten zu spielen [ital., Pl. zu *diviso* »geteilt«]

di|vi|si|bel ⟨[-vi-] Adj.⟩ so beschaffen, dass man es dividieren kann, dividierbar, teilbar [< frz. *divisible* »teilbar«]

Di|vi|si|o|nist ⟨[-vi-] m.; -en, -en⟩ Anhänger, Vertreter des Divisionismus

Di|vi|si|on ⟨[-vi-] f.; -, -en⟩ **1** ⟨Math.⟩ Aufteilung einer Zahl (Dividend) in so viele gleiche Teile, wie eine andere Zahl (Divisor) angibt **2** ⟨Mar.⟩ Teil der Schiffsbesatzung in Stärke einer Kompanie **3** ⟨Mil.⟩ großer Kampfverband [< lat. *divisio* »Teilung«]

Di|vi|si|o|nis|mus ⟨[-vi-] m.; -; unz.⟩ neoimpressionistische Richtung der modernen französ. Malerei (punktartiges Nebeneinandersetzen der Farbpartikel); →*a*. Pointillismus [< lat. *divisio* »Teilung«]

Di|vi|sor ⟨[-vi:-] m.; -s, -so|ren⟩ Zahl, durch die eine andere Zahl geteilt wird, Nenner (eines Bruches); *Ggs* Dividend [< lat. *divisor (numerus)* »teilende Zahl«; zu *dividere* »teilen«]

Di|vot ⟨[-vɔt] m. od. n.; -s, -s; Sport; Golf⟩ mit dem Golfschläger herausgeschlagenes Rasenstück [engl.]

Di|wan ⟨m.; -s, -e⟩ **1** gepolsterte Liege ohne Rückenlehne **2** ehemaliger türk. Staatsrat **3** orientaI. Gedichtsammlung; *Westöstlicher ~* (Goethe) [< frz. *divan* < pers. *diwan* »Geheimer Staatsrat des Herrschers, Gerichtshof, Schriftensammlung«]

di|xi **1** ich habe (es) gesagt **2** basta!, punktum! (als Schlusswort) [lat.]

Di|xie ⟨m.; - od. -s; unz.; Musik; kurz für⟩ Dixieland

Di|xie|land ⟨[dɪksilænd] m.; - od. -s; unz.; Musik⟩ früheste Art des Jazz; *Sy* Dixie [nach *Dixie*, dem Namen für die Südstaaten der USA in dem gleichnamigen Lied von Daniel D. Bennet (1859)]

di|zy|got ⟨Adj.; Biol.⟩ zweieiig; *~e Zwillinge* Zwillinge, die sich aus zwei befruchteten Eizellen entwickelt haben; *Ggs* monozygot [< grch. *di-* »doppelt« + *zygon* »Joch«]

DJ ⟨[di:dʒɛɪ] m.; -s, -s; kurz für⟩ Diskjockei [engl.]

DJane ⟨[dɪdʒɛɪn] f.; -, -s⟩ weibl. DJ

Djel|la|ba ⟨[dʒɛl-] f.; -, -s⟩ nordafrikan. Kapuzengewand für Männer aus grobem Wollstoff [arab.]

Ji|had ⟨m.; -s; unz.⟩ = Dschihad

DK ⟨Abk. für⟩ Dezimalklassifikation

dkg ⟨österr. Abk. für⟩ Dekagramm

dkr ⟨Abk. für⟩ dänische Krone

dl ⟨Abk. für⟩ Deziliter

Dl ⟨früher Abk. für⟩ Dekaliter

dm ⟨Abk. für⟩ Dezimeter

d. m. ⟨Abk. für⟩ dextra mano (rechte Hand); →a. mano dextra

Dm ⟨früher Abk. für⟩ Dekameter

dm² ⟨Abk. für⟩ Quadratdezimeter

dm³ ⟨Abk. für⟩ Kubikdezimeter

DNA ⟨Abk. für⟩ Desoxyribonucleinsäure

DNA-Fin|ger|ab|druck ⟨m.; -(e)s, -drü|cke⟩ molekulartechnische Analyse der DNA eines Individuums

DNS ⟨Abk. für⟩ Desoxyribonucleinsäure

Do ⟨n.; -, -; Musik⟩ Ton C, in der Tonika-Do-Methode jeweils der Grundton einer Tonleiter; →a. Solmisation [ital., frz.]

do. ⟨Abk. für⟩ dito

doch|misch ⟨Adj.⟩ in der Art eines Dochmius

Doch|mi|us ⟨m.; -, -mi|en⟩ fünffüßiger, aus Jambus u. Kretikus zusammengesetzter Versfuß [<grch. *dochmios* »in die Quere gehend«]

Dock ⟨n.; -s, -s od. -e⟩ Anlage zum Trockensetzen von Schiffen, entweder als Schwimmkörper (*Schwimm~*) od. als Becken, das leer gepumpt wird (*Trocken~*) [engl.]

do|cken ⟨V.⟩ **1** ins Dock legen **2** im Dock liegen

Docker ⟨m.; -s, -⟩ Dockarbeiter [engl.]

Docking|ma|nö|ver ⟨[-vər] n.; -s, -; Raumf.⟩ Flugmanöver, bei dem ein Raumfahrzeug an ein anderes angekoppelt wird; *das ~ zwischen Spaceshuttle u. Mir verlief ohne Komplikationen* [zu engl. *dock* »andocken«]

do|cu|men|ta ⟨f.; -, -s; in der Stadt Kassel⟩ in mehrjährigen Abständen veranstaltete Ausstellung zeitgenössischer Kunst

Do|de|ka|dik ⟨f.; -; unz.⟩ = Duodezimalsystem

do|de|ka|disch ⟨Adj.⟩ = duodezimal [<grch. *dodeka* »zwölf«]

Do|de|ka|e|der ⟨n.; -s, -; Geom.⟩ von zwölf Flächen begrenzter Körper, Zwölfflach, Zwölfflächner; →a. Pentagondodekaeder [<grch. *dodeka* »zwölf« + …*eder*]

Do|de|ka|fo|nie ⟨f.; -; unz.; Musik⟩ = Dodekaphonie

Do|de|ka|gon ⟨n.; -s, -e; Geom.⟩ Zwölfeck

Do|de|ka|pho|nie ⟨f.; -; unz.; Musik⟩ = atonale Musik; *oV* Dodekafonie [<grch. *dodeka* »zwölf« + …*phonie*]

Does|kin® ⟨[ˈdoʊskɪn] m.; -s; unz.⟩ starkes, glattes Wollgewebe für Herrenmäntel [engl., eigtl. »Rehfell, Rehleder«]

Do|ga|res|sa ⟨f.; -, -res|sen; Gesch.⟩ Frau des Dogen [ital.]

Dog|cart ⟨m.; -s, -s⟩ offener, zweirädriger Einspänner [engl., eigtl. »Hundewagen«]

Do|ge ⟨[ˈdoːʒə] od. ital. [ˈdɔdʒə] m.; -n, -n⟩ Oberhaupt der ehem. Republiken Venedig u. Genua [ital. <lat. *dux* »Führer«]

Dog|ge ⟨f.; -, -n; Zool.⟩ Angehörige einer Gruppe von Hunderassen, große schlanke (*deutsche ~*) bis kurzbeinige, schwere Arten [<engl. *dog* »Hund«]

Dog|ger¹ ⟨m.; -s; unz.⟩ mittlere Abteilung des Juras, brauner Jura [engl., Gesteinsbezeichnung engl. Steinbrucharbeiter in der Grafschaft Yorkshire]

Dog|ger² ⟨m.; -s, -⟩ = Doggerboot

Dog|ger|boot ⟨n.; -(e)s, -e⟩ niederländ. Fischerfahrzeug; *Sy* Dogger² [<ndrl. *dogger* »Kabeljau«]

Dog|ma ⟨n.; -s, -men⟩ **1** festgelegte Meinung, die nicht angezweifelt wird **2** systematisch formulierte, aber nicht bewiesene Anleitung zum Handeln **3** von einer Glaubensgemeinschaft formulierte u. offiziell proklamierte Grundlage eines Bekenntnisses, Glaubenssatz [grch., »Meinung, Verordnung, Lehrsatz«]

Dog|ma|tik ⟨f.; -, -en⟩ **1** Lehre vom Dogma **2** starre Verfechtung bestimmter Dogmen

Dog|ma|ti|ker ⟨m.; -s, -⟩ **1** Lehrer der Dogmatik **2** starrer Verfechter bestimmter Dogmen

dog|ma|tisch ⟨Adj.⟩; *Ggs* undogmatisch **1** ein Dogma betreffend, zu ihm gehörig, darauf beruhend, daran gebunden **2** ⟨fig.⟩ ohne Prüfung der Voraussetzungen, unkritisch, starr an einem Dogma festhaltend

dog|ma|ti|sie|ren ⟨V.⟩ zum Dogma machen

Dog|ma|tis|mus ⟨m.; -; unz.⟩ **1** starres Festlegen von od. Festhalten an Dogmen **2** unkritisches Denken, starre Buchstabengelehrsamkeit

Dog|skin ⟨n.; -s; unz.; Textilw.⟩ aus Schaffell gefertigtes, kräftiges Leder [engl., eigtl. »Hundefell« < engl. *dog* »Hund« + *skin* »Haut«]

Do-it-yourself-Bewegung
(*Schreibung mit Bindestrich*)
Zwischen allen Bestandteilen mehrteiliger Zusammensetzungen, in denen eine Wortgruppe mit Bindestrich auftritt, wird ein Bindestrich gesetzt.

Do-it-your|self-Be|we|gung ⟨[ˈduːɪt jɔː(r)self-] f.; -; unz.⟩ von den USA ausgehende Bewegung der handwerkl. Eigenarbeit [engl., »tu es selbst«]

Do|ki|ma|sie ⟨f.; -; unz.⟩ *oV* Dokimastik **1** (im antiken Griechenland) Prüfung der Männer für den Staatsdienst **2** Prüfung eines Stoffes auf seinen Gehalt an Edelmetallen [<grch. *dokimazein* »prüfen, untersuchen«]

Do|ki|mas|tik ⟨f.; -; unz.⟩ = Dokimasie

do|ki|mas|tisch ⟨Adj.⟩ die Dokimasie betreffend, auf ihr beruhend

Dok|tor ⟨m.; -s, -to|ren; Abk.: Dr.⟩ **1** akademischer Grad u. Titel nach besonderer Prüfung **1.1** *Dr. agr. (agronomiae), Dr. sc. agr. (scientiarum agrariarum) ~* der Landwirtschaft **1.2** *Dr. disc. pol. (disciplinarum politicarum) ~* der Sozialwissenschaften **1.3** *Dr. forest. (scientiae re-*

Doktorand

rum forestalium) ~ der Forstwirtschaft **1.4** *Dr. habil (habilitatus)* habilitierter ~; ⟨in Verbindung wie⟩ Dr. phil. habil. **1.5** *Dr. h. c. (honoris causa)* ~ ehrenhalber (nur verliehener Titel) **1.6** *Dr. -Ing.* ~ der Ingenieurwissenschaften **1.7** *Dr. i. u. (iuris utriusque)* ~ beider Rechte (des weltl. u. kanon.) **1.8** *Dr. jur. (juris)* ~ der Rechte **1.9** *Dr. jur. utr.* →*a.* Dr. i. u. **1.10** *Dr. med. (medicinae)* ~ der Medizin **1.11** *Dr. med. dent. (medicinae dentariae)* ~ der Zahnheilkunde **1.12** *Dr. med. univ. (medicinae universae)* ⟨österr.⟩ ~ der gesamten Medizin **1.13** *Dr. med. vet. (medicinae veterinariae)* ~ der Tierheilkunde **1.14** *Dr. nat. techn. (rerum naturalium technicarum)* ⟨österr.⟩ ~ der Bodenkultur **1.15** *Dr. oec. (oeconomiae)* ~ der Wirtschaftswissenschaften **1.16** *Dr. oec. publ. (oeconomiae publicae)* ~ der Volkswirtschaft **1.17** *Dr. öc. troph.* ~ der Ökotrophologie **1.18** *Dr. paed. (paedagogiae)* ~ der Pädagogik **1.19** *Dr. pharm. (pharmaciae)* ~ der Pharmazie **1.20** *Dr. phil. (philosophiae)* ~ der Philosophie **1.21** *Dr. phil. nat. (philosophiae naturalis), Dr. rer. nat. (rerum naturalium), Dr. sc. nat. (scientiarum naturalium)* ~ der Naturwissenschaften **1.22** *Dr. rer. camer. (rerum cameralium)* ⟨schweiz.⟩ ~ der Staatswissenschaften **1.23** *Dr. rer. comm. (rerum commercialium)* ⟨österr.⟩ ~ der Handelswissenschaften **1.24** *Dr. rer. hort. (rerum hortensium)* ~ der Gartenbauwissenschaft **1.25** *Dr. rer. mont. (rerum montanarum)* ~ der Bergbauwissenschaften **1.26** *Dr. rer. nat.* →*a.* Dr. phil. nat. **1.27** *Dr. rer. oec. (rerum oeconomicarum)* ~ der Wirtschaftswissenschaft **1.28** *Dr. rer. pol. (rerum politicarum), Dr. sc. pol. (scientiarum politicarum)* ~ der Staatswissenschaften **1.29** *Dr. rer. publ. (rerum publicarum)* ~ der Zeitungswissenschaft **1.30** *Dr. rer. soc. oec. (rerum socialium oeconomicarumque)* ⟨österr.⟩ ~ der Sozial- u. Wirtschaftswissenschaften **1.31** *Dr. rer. techn. (rerum technicarum), Dr. sc. math. (scientiarum mathematicarum)* ~ der mathemat. Wissenschaften **1.32** *Dr. sc. (scientiarum)* ⟨DDR⟩ ~ der Wissenschaften (entspricht dem Dr. habil.) **1.33** *Dr. sc. agr.* →*a.* Dr. agr. **1.34** *Dr. sc. math.* →*a.* Dr. rer. techn. **1.35** *Dr. sc. nat.* →*a.* Dr. rer. nat. **1.36** *Dr. sc. pol.* →*a.* Dr. rer. pol. **1.37** *Dr. sc. techn. (scientiarum technicarum)* ⟨österr.⟩ ~ der technischen Wissenschaften **1.38** *Dr. theol. (theologiae)* ~ der Theologie **2** ⟨umg.⟩ Arzt [<lat. *doctor* »Lehrer«; zu *docere* »lehren«; → *Dozent*]

Dok|to|rand ⟨m.; -en, -en⟩ jmd., der im Begriff ist, die Doktorprüfung abzulegen

Dok|to|ran|din ⟨f.; -, -din|nen⟩ weibl. Person, die im Begriff ist, die Doktorprüfung abzulegen

dok|to|rie|ren ⟨V.⟩ die Doktorprüfung ablegen

Dok|to|rin ⟨f.; -, -rin|nen⟩ weibl. Doktor

◆ Die Buchstabenfolge **doktr...** kann auch **doktr...** getrennt werden.

◆ **Dok|trin** ⟨f.; -, -en⟩ **1** Lehre, Lehrsatz **2** ⟨fig.⟩ starre Meinung [<lat. *doctrina* »Unterricht, Wissenschaft«]

◆ **dok|tri|när** ⟨Adj.⟩ **1** auf einer Doktrin (1) beruhend, in der Art einer Doktrin **2** sich auf starre Meinungen versteifend, einseitig theoretisierend, engstirnig [<frz. *doctrinaire*]

◆ **Dok|tri|när** ⟨m.; -s, -e⟩ Verfechter einer Doktrin, jmd., der starr an einer Lehre festhält

◆ **Dok|tri|na|ris|mus** ⟨m.; -; unz.⟩ starres, wirklichkeitsfremdes Festhalten an einer Lehrmeinung

◆ **dok|tri|nell** ⟨Adj.⟩ eine Doktrin betreffend, in der Art einer Doktrin

Do|ku|ment ⟨n.; -(e)s, -e⟩ **1** Aufzeichnung, Schriftstück, das als Grundlage für weitere Arbeiten dienen kann **2** Urkunde, amtl. Bescheinigung, amtl. Schriftstück **3** als Beweis dienendes Schriftstück **4** ⟨EDV⟩ Einheit einer formatierten Menge von Daten, Datei [<lat. *documentum* »Lehre, Beweis, Zeugnis«]

Do|ku|men|ta|list ⟨m.; -en, -en; DDR⟩ fachlich ausgebildeter Mitarbeiter einer Einrichtung für Dokumentation

Do|ku|men|ta|lis|tik ⟨f.; -; unz.⟩ wissenschaftliche Disziplin, die sich mit der Sammlung, Speicherung u. Abrufung von Informationen befasst

Do|ku|men|tar ⟨m.; -s, -e⟩ in der Dokumentation (3) fachlich od. wissenschaftlich ausgebildeter Mitarbeiter

Do|ku|men|tar|film ⟨m.; -(e)s, -e⟩ Film, der tatsächl. Begebenheiten realistisch, überzeugend u. beweiskräftig darbietet

do|ku|men|ta|risch ⟨Adj.⟩ auf Grund von, mit Hilfe von Dokumenten, durch Dokumente belegbar, urkundlich

Do|ku|men|ta|ri|um ⟨n.; -s, -ri|en⟩ Dokumentensammlung

Do|ku|men|tar|spiel ⟨n.; -(e)s, -e; TV⟩ Fernsehsendung, die histor. od. aktuelle Geschehnisse dramaturgisch bearbeitet u. in Form eines Spielfilms od. Dokumentationsdramas ausgestrahlt wird

Do|ku|men|ta|ti|on ⟨f.; -, -en⟩ **1** Beweisführung durch Dokumente **2** Sammlung u. Nutzung von Dokumenten aller Art **3** Beurkundung

do|ku|men|tie|ren ⟨V.⟩ **1** durch Dokumente belegen, beweisen **2** beurkunden

Do|lan® ⟨n.; -s; unz.⟩ Fasern auf der Basis von Polyacrylnitrilen

Dol|by|sys|tem *auch:* **Dol|by-System** ⟨n.; -s; unz.; Musik⟩ System der elektromagnet. Tonaufzeichnung u. -wiedergabe zur Unterdrückung von Störgeräuschen wie Rauschen od. Klirren [nach dem engl. Elektrotechniker R. M. Dolby]

dol|ce ⟨[-tʃə] Adj.⟩ **1** ⟨Musik⟩ sanft, süß, lieblich (zu spielen) **2** *Dolce far niente* süß (ist es), nichts zu tun **3** *Dolce stil nuovo* »süßer neuer Stil«, im 13. Jh. der den Minnesang ablösende Stil der ital. Liebeslyrik **4** *Dolce Vita* »süßes Leben«, müßiggänger. Leben gewisser oberer Gesellschaftskreise [ital.]

Dominante

Dol|ce|far|ni|en|te ⟨[-tʃə-] n.; -; unz.⟩ süßes Nichtstun [ital.]
Dol|ci|an ⟨m.; -s, -e; Musik; seit dem 15. Jh.⟩ *oV* Dulzian **1** ein der Schalmei ähnl. Blasinstrument **2** ⟨nach 1600 auch Bez. für⟩ Fagott **3** ein Orgelregister [< ital. *dolce* »süß«]
Dol|drum *auch:* **Dold|rum** ⟨a. engl. [-drəm] n.; -s, -s⟩ windstille Zone am Äquator [< engl. *doldrums* (Pl.) »Stillliegen, Windstille«]
do|li|cho|ke|phal ⟨[-ço-] Adj.⟩ langköpfig; *oV* dolichozephal [< grch. *dolichos* »lang« + ...*kephal*]
Do|li|cho|ke|pha|lie ⟨[-ço-] f.; -; unz.⟩ Langköpfigkeit; *oV* Dolichozephalie
do|li|cho|ze|phal ⟨[-ço-] Adj.⟩ = dolichokephal
Do|li|cho|ze|pha|lie ⟨[-ço-] f.; -; unz.⟩ = Dolichokephalie
do|lie|ren ⟨V.⟩ = dollieren
Do|li|ne ⟨f.; -, -n⟩ trichterförmige Einsenkung, die durch Auflösung von Kalkstein im Karstgebiet entstanden ist [< slaw. *dolina* »Tal«]
Dol|lar ⟨m.; -s, -s od. (bei Zahlenangaben) -; Zeichen: $⟩ Währungseinheit in den USA, 100 Cents [engl. < nddt. *daler* »Taler«]
dol|lie|ren ⟨V.⟩ *Felle* ~ innen abschleifen; *oV* dolieren [< frz. *doler* »hobeln, dünn schaben«]
Dol|ly ⟨m.; - od. -s, -s⟩ fahrbares Gestell mit aufmontierter Kamera [engl., eigtl. »Püppchen«]
Dol|man ⟨m.; -s, -e⟩ **1** mit Schnüren besetzte Husarenjacke **2** Männerrock der alttürkische Tracht [< ungar. *dolmány* < türk. *dolaman* »langes Gewand aus Tuch«]
Dol|men ⟨m.; -s, -⟩ vorgeschichtliche große Steingrabkammer [< breton. *dol* »Tafel« (od. neubreton. *toul* »Loch«) + *men* »Stein«]
Dol|metsch ⟨m.; -es, -e⟩ **1** Fürsprecher **2** ⟨österr. a.⟩ = Dolmetscher
dol|met|schen ⟨V.⟩ als Dolmetscher tätig sein, mündlich übersetzen
Dol|met|scher ⟨m.; -s, -⟩ jmd., der mündlich übersetzt, das Gespräch zwischen zwei Personen übermittelt, die nicht dieselbe Sprache sprechen [< mhd. *tolmetsche* < ungar. *tolmács* < türk. *tilmač, tilmadz* < Mitannispr. *talami* »Dolmetsch«]
Dol|met|sche|rin ⟨f.; -, -rin|nen⟩ weibl. Person, die mündlich übersetzt, das Gespräch zwischen zwei Personen übermittelt, die nicht dieselbe Sprache sprechen
Do|lo|mit ⟨m.; -s, -e; Min.⟩ **1** gelbes od. braunes Mineral, chem. Calcium-Magnesium-Carbonat **2** Gestein, das überwiegend aus dem Mineral Dolomit besteht [nach dem frz. Mineralogen *Dolomieu*, † 1810]
Do|lo|mit|spat ⟨m.; -(e)s, -e; Min.⟩ farbloses, graues od. gelbes gesteinsbildendes Mineral, chemisch ein Calcium-Magnesium-Carbonat (braun verwitternder Dolomit, Braunspat) [nach dem frz. Mineralogen *Dolomieu*]
do|lo|ros ⟨Adj.⟩ = dolorös
do|lo|rös ⟨Adj.⟩ schmerzhaft, schmerzlich; *oV* doloros [zu lat. *dolor* »Schmerz«]
do|lo|ro|so ⟨Musik⟩ schmerzlich, klagend (zu spielen) [ital.; zu *dolore* »Schmerz« < lat. *dolor*]
do|los ⟨Adj.⟩ **1** heimtückisch, arglistig, auf Täuschung bedacht **2** vorsätzlich [< lat. *dolosus* »arglistig, trügerisch«]
Do|lus ⟨m.; -; unz.; geh.⟩ **1** Arglist, auf Täuschung gerichteter Wille **2** Vorsatz; ~ *eventualis* bedingter Vorsatz [< lat. *dolus* »List, Täuschung«; lat. *eventualis* »etwaig, bedingt«]
D. O. M. ⟨Abk. für⟩ Deo Optimo Maximo, Gott, dem Besten u. Größten
Dom[1] ⟨m.; -(e)s, -e⟩ **1** Bischofskirche **2** Hauptkirche einer Stadt [verkürzt < *Domkirche*, Kirche, die zum *domus (ecclesiae)* gehört, zum »Gemeinde- u. Wohnhaus der Geistlichen«]
Dom[2] ⟨m.; -(e)s, -e⟩ **1** gewölbte Decke **2** gewölbter Aufsatz, Kappe, Haube (auf Dampfkesseln) [< frz. *dôme* < lat. *doma* »Dachform« < grch. *doma* »Söller«]
Dom[3] ⟨m.; -; unz.⟩ »Herr« (portugiesischer Titel) [< lat. *dominus* »Herr«]

Do|ma ⟨n.; -s, Do|men⟩ zwei dachartig geneigte, symmetrisch angeordnete Kristallflächen [lat., »Dachform«, grch. *doma* »Söller«]
Do|main ⟨[doumeɪn] f. od. n.; - od. -s, -s; EDV⟩ **1** miteinander verbundene Gruppe von Computern in einem Netzwerk **2** logisch (z. B. nach Anbietern von Onlinediensten) abgegrenztes Teilsystem im Internet [engl., »Domäne«]
Do|mä|ne ⟨f.; -, -n⟩ **1** staatliches od. landesherrliches Landgut **2** ⟨fig.⟩ Arbeitsgebiet, Wissensgebiet, auf dem man bes. gut Bescheid weiß [< frz. *domaine* »(staatl.) Landgut« < lat. *dominium* »Herrschaft«]
do|mai|ni|al ⟨Adj.⟩ eine Domäne betreffend, zu ihr gehörig
Do|mes|tik ⟨m.; -en, -en; heute meist abwertend⟩ Dienstbote, Diener; *oV* Domestike [< frz. *domestique* »Hausangestellte(r)« < lat. *domesticus* »häuslich«]
Do|mes|ti|ka|ti|on ⟨f.; -; unz.⟩ **1** Zähmung wild lebender Tiere zu Haustieren **2** Züchtung wild wachsender Pflanzen zu Kulturpflanzen [zu lat. *domesticus* »häuslich«]
Do|mes|ti|ke ⟨m.; -n, -n⟩ = Domestik
Do|mes|ti|kin ⟨f.; -, -kin|nen⟩ masochistisch veranlagte Frau, Masochistin
do|mes|ti|zie|ren ⟨V.⟩ **1** *wilde Tiere* ~ zu Haustieren machen, zähmen **2** *wilde Pflanzen* ~ zu Kulturpflanzen züchten [< lat. *domesticus* »häuslich«]
Do|mi|na ⟨f.; -, -nae [-nɛ:]⟩ **1** ⟨veraltet⟩ Hausherrin **2** Kloster-, Stiftsvorsteherin **3** ⟨umg.⟩ Prostituierte, die ihre Kunden züchtigt [< lat., »Herrin«]
do|mi|nant ⟨Adj.⟩ **1** vorherrschend, beherrschend **2** ⟨Genetik⟩ andere Erbanlagen überdeckend; *Ggs* rezessiv [< lat. *dominans*, Part. Präs. zu *dominari* »herrschen«]
Do|mi|nant|ak|kord ⟨m.; -(e)s, -e; Musik⟩ Akkord auf der Dominante [→ *dominant*]
Do|mi|nan|te ⟨f.; -, -n⟩ **1** vorherrschendes Merkmal **2** ⟨Musik⟩ fünfter Ton einer Tonleiter

229

3 ⟨Musik⟩ Dreiklang über diesem Ton
Do|mi|nant|sept|ak|kord ⟨m.; -(e)s, -e; Musik⟩ Akkord aus Dur-Dreiklang u. zusätzlicher kleiner Septime auf der Dominante
Do|mi|nanz ⟨f.; -, -en; Vererbungslehre⟩ Vorherrschen bestimmter Merkmale; Ggs Rezessivität [zu lat. *dominari* »herrschen«]
Do|mi|ni|ca ⟨f.; -; unz.; kath. Kirche⟩ Sonntag [lat.; verkürzt <*dominica dies* »der Tag des Herrn«]
do|mi|nie|ren ⟨V.⟩ herrschen, vorherrschen [<lat. *dominari* »herrschen«]
Do|mi|ni|ka|ner ⟨m.; -s, -s; offiz. Abk.: O. P.⟩ Angehöriger des vom hl. Dominikus 1215 gegründeten Bettel- u. Predigerordens
do|mi|ni|ka|nisch ⟨Adj.⟩ die Dominikaner betreffend, zu ihnen gehörig, von ihnen stammend
Do|mi|ni|on ⟨[-njən] n.; -s, -s od. -ni|en⟩ überseeischer Teil des Brit. Reiches mit eigener Regierung [engl., »Herrschaft, Herrschaftsgebiet« <lat. *dominium* »Herrschaft«]
Do|mi|ni|um ⟨n.; -s, -s od. -ni|en⟩ Domäne, Rittergut [lat., »Herrschaft«]
Do|mi|no¹ ⟨m.; -s, -s⟩ **1** Maskenanzug mit langem, weitem Mantel u. Kapuze **2** Person in diesem Anzug [ital., »Herr, Geistlicher; langer Winterrock des Geistlichen« <lat. *dominus* »Herr«, mlat. »Dom-, Stiftsherr«]
Do|mi|no² ⟨n.; -s, -s⟩ Spiel mit 28 Steinen, von denen jeder zwei Felder (mit 0-6 Augen) hat, die jeweils mit der gleichen Augenzahl aneinander gelegt werden müssen, es gewinnt derjenige, der zuerst alle Steine gelegt hat
Do|mi|nus ⟨m.; -, -mi|ni⟩ Herr, Gebieter; ~ *vobiscum!* »der Herr sei mit euch« (in der kath. Liturgie Gruß des Priesters an die Gemeinde) [lat.]
Do|mi|zil ⟨n.; -s, -e⟩ **1** Wohnsitz **2** Zahlungsort (bei Wechseln) [<lat. *domicilium* »Wohnung, Wohnsitz«]

do|mi|zi|lie|ren ⟨V.⟩ **1** seinen Wohnsitz haben, ansässig sein **2** *Wechsel* ~ an einem anderen Ort als dem Wohnsitz des Bezogenen zur Zahlung anweisen [→ *Domizil*]
Dom|ka|pi|tel ⟨n.; -s, -; kath. Kirche⟩ Mitglieder des Domstiftes, Kollegium der Geistlichen eines Domes als bischöflischer Beirat
do|mo → *pro domo* [zu lat. *domus* »Haus«]
Domp|teur ⟨[-tøːr] m.; -s, -e⟩ jmd., der wilde Tiere dressiert u. Dressurakte vorführt, Tierbändiger [frz., »Tierbändiger«]
Domp|teu|se ⟨[-tøːzə] f.; -, -n⟩ weibl. Person, die wilde Tiere dressiert u. Dressurakte vorführt, Tierbändigerin [frz.]
Dom|ra ⟨f.; -, -s od. Dom|ren⟩ russisches Zupfinstrument [russ. <türk.]
Don ⟨m.; -s, -s⟩ Herr (span. Anrede; in Italien Ehrentitel für Geistliche u. Adelige) [span., »Herr« <lat. *dominus* »Herr«]
Do|ña ⟨[dɔnja] f.; -, -s⟩ Frau (span. Anrede) [span., »Herrin« <lat. *domina* »Herrin«]
Do|na|ti|on ⟨f.; -, -en; veraltet⟩ Schenkung [<lat. *donatio* »Schenkung«]
Do|na|tor ⟨m.; -s, -to|ren⟩ **1** ⟨veraltet⟩ Geber, Schenkender **2** Störstelle im Kristallgitter eines Isolators od. Halbleiters, die ein Elektron abgeben kann; Ggs Akzeptor **3** ⟨Kyb.⟩ System, das Elemente od. Informationen an ein anderes System abgibt; Ggs Akzeptor [lat., »Geber eines Geschenkes«]
Dö|ner ⟨m.; -s, -⟩ = Dönerkebab
Dö|ner|ke|bab ⟨m.; - od. -s, - od. -s⟩ = Dönerkebap
Dö|ner|ke|bap ⟨m.; - od. -s, - od. -s⟩ türk. Gericht mit Fleischstückchen, die von einem am senkrechten Drehspieß gegrillten Stück Hammelfleisch abgeschnitten werden; oV Dönerkebab; Sy Döner [<türk. *döner kebap* »Hammel-, Spießbraten«; zu *döner* »sich drehend«]
Don|ja ⟨f.; -, -s; eindeutschend für⟩ **1** Doña **2** ⟨scherzh.; leicht abwertend⟩ Geliebte, Freundin
Don|jon ⟨[dʒɔ̃ː] m.; -s, -s; in Frankreich⟩ Wohnturm,

Hauptturm einer Burg [frz., »Bergfried«]
Don Ju|an ⟨[dɔn xuan] m.; - - od. - -s, - -s⟩ Frauenheld, Verführer; *ist ein* ~; *sich wie ein* ~ *benehmen, aufführen* [nach einer Gestalt der span. Literatur]
Don|key ⟨[dɔŋki] m.; -s, -s; Seefahrt⟩ häufig auf Handelsschiffen eingebauter, kleiner Zusatzkessel, mit dessen Hilfe bei Bedarf die Lade- u. Entladeeinrichtungen (Kräne usw.) des Schiffes betrieben werden können [engl., eigtl. »Esel«]
Don|na ⟨f.; -, -s od. Don|nen; in der ital. Anrede⟩ Frau, Fräulein [<lat. *domina* »Herrin«]
Don|qui|chot|te|rie ⟨[-kiʃɔtəriː] f.; -, -n⟩ ein durch weltfremden Idealismus zum Scheitern verurteiltes Unternehmen [nach *Don Quichotte*, span. *Don Quijote*, dem Helden des satir. Romans »Don Quijote de la Mancha« von Miguel de Cervantes Saavedra, 1547-1616]
Dont|ge|schäft ⟨[dɔ̃ː-] n.; -(e)s, -e⟩ Börsengeschäft, von dem der Käufer gegen eine best. Zahlung (Dontprämie) zurücktreten kann [<frz. *dont* »davon (im Sinne von Prämie)«]
Do|nut ⟨[dounʌt] m.; -s, -s⟩ ringförm. Hefeteilchen, auch mit Füllung u. einer Zucker- od. Schokoladenglasur; oV Doughnut [engl.-amerikan.]
doo|deln ⟨[duːdəln] V.⟩ während des Verrichtens anderer Tätigkeiten (z. B. beim Telefonieren) nebenbei geometrische Figuren o. Ä. auf Papier od. andere Unterlagen zeichnen od. kritzeln [<engl. *doodle* »Männchen malen«]
Do|pa|min ⟨n.; -s, -e; Med.⟩ Neurotransmitter, ein Nervenbotenstoff, der im Gehirn der Kommunikation zw. Nervenzellen regelt, die Bewegungen steuern (wird auch als Medikament bei der Parkinsonsyndrom eingesetzt) [Kurzwort <*Dopa* (<grch. *dis* »zweifach« + *oxys* »scharf« + Phenyl + *A*lanin) + *Amin*]
Dope ⟨[doːp] n.; -s; unz.; umg.⟩ Rauschmittel [engl.]
do|pen ⟨V.; Sport⟩ *jmdn.* ~ durch verbotene Anregungsmittel zur

Doughnut

Höchstleistung zu bringen versuchen [<engl. *dope* »Rauschgift, Narkotikum«]

Do|per ⟨m.; -s, -; umg.⟩ **1** Drogenhändler **2** jmd., der drogenabhängig ist [→ *Dope*]

Do|ping ⟨n.; -s, -s; Sport⟩ unerlaubte Anwendung von Anregungsmitteln vor Wettkämpfen [engl.]

Dop|pel|he|lix ⟨f.; -; unz.; Biochemie⟩ doppelt wendelförmige Struktur der DNA (Desoxyribonucleinsäure) [→ *Helix*]

Dop|pik ⟨f.; -; unz.⟩ doppelte Buchführung

Do|ra|de ⟨f.; -, -n; Zool.⟩ räuberischer Makrelenfisch mit sehr schmackhaftem Fleisch, Goldmakrele: Coryphaena hippurus [frz., »Vergoldete«; zu *dorer* »vergolden«]

Do|ra|do ⟨n.; -s, -s; kurz für⟩ = Eldorado (2)

do|risch ⟨Adj.⟩ zu den Dorern gehörig, von ihnen stammend; ~*e Säule* altgrch. Säule mit kanneliertem Schaft und wulstförmigem Kapitell; ~*e Tonart* altgrch. Tonart, erste Kirchentonart [nach dem indogerman.-grch. Volksstamm der *Dorer*]

Dor|meu|se ⟨[-møːzə] f.; -, -n; veraltet⟩ **1** Schlafhaube **2** bequemer Sessel **3** Reisewagen mit Liegeplatz [frz.; zu *dormir* »schlafen«]

Dor|mi|to|ri|um ⟨n.; -s, -ri|en; früher⟩ Schlafsaal der Mönche [mlat.]

Do|ro|ni|cum ⟨n.; -s, -; Bot.⟩ zur Gattung der Korbblütler gehörende Pflanze mit großen gelben Blüten, Gämswurz [<grch. *doron* »Geschenk« + *nike* »Sieg«]

dor|sal ⟨Adj.; Med.⟩ den Rücken betreffend, nach dem Rücken zu gelegen [zu lat. *dorsum* »Rücken«]

Dor|sal ⟨m.; -s, -e; Phon.⟩ mit dem Zungenrücken gebildeter Konsonant, z. B. g, k; *Sy* Dorsallaut [<lat. *dorsum* »Rücken«]

Dor|sa|le ⟨n.; -s, -⟩ Rückwand des Chorgestühls

Dor|sal|laut ⟨m.; -(e)s, -e; Phon.⟩ = Dorsal

dor|si|ven|tral *auch:* **dor|si|vent|ral** ⟨[-ven-] Adj.; bei Pflanzen u. Tieren⟩ mit spiegelbildl. Seitenteilen, aber verschiedener Bauch- u. Rückenseite [<lat. *dorsum* »Rücken« + *venter* »Bauch«]

dor|so|ven|tral *auch:* **dor|so|vent|ral** ⟨[-ven-] Adj.; Anat.⟩ in Richtung vom Rücken zum Bauch hin gelegen [→ *dorsiventral*]

DOS ⟨kurz für⟩ MS-Dos

dos à dos ⟨[dozadoː] Adv.; Ballett⟩ Rücken an Rücken [frz.]

do|sie|ren ⟨V.⟩ zumessen, zuteilen [→ *Dosis*]

Do|sie|rung ⟨f.; -, -en⟩ **1** ⟨unz.⟩ das Dosieren **2** ⟨zählb.⟩ das Dosiertsein, Dosis; *auf die richtige* ~ *achten*

Do|si|me|ter ⟨n.; -s, -; Physik⟩ Gerät zur Messung von radioaktiven Strahlungen [<*Dosis* + ...*meter*]

Do|si|me|trie *auch:* **Do|si|met|rie** ⟨f.; -; unz.; Physik⟩ Bemessung von Dauer u. Stärke der Röntgenstrahlen [<*Dosis* + ...*metrie*]

Do|sis ⟨f.; -, Do|sen⟩ **1** bestimmte Menge eines die Gesundheit beeinflussenden Stoffes **2** ärztlich verordnete Menge für die jeweilige Einzelgabe einer Arznei; *eine kleine, hohe, geringe* ~ *Chinin* [grch., »Gabe«]

Dos|si|er ⟨[dɔsjeː] m. od. schweiz. n.; -s, -s⟩ alle zu einem Vorgang gehörigen Akten, Aktenbündel [frz., »Rückenlehne, Aktenbündel«]

dos|sie|ren ⟨V.⟩ abschrägen [<frz. *dossier* »Rückenlehne«]

Dos|sie|rung ⟨f.; -, -en; fachsprachl.⟩ **1** das Dossieren **2** flache Böschung

Dot ⟨[dɔt] m.; -s, -s⟩ Punkt (z. B. bei E-Mail- u. Internetadressen) [engl.]

Do|ta|ti|on ⟨f.; -, -en⟩ Schenkung, Zuwendung, bes. für öffentl. Einrichtungen u. (an Personen) für besondere Verdienste um den Staat [<lat. *dotare* »aussteuern, ausstatten«]

Dot|com ⟨f.; -, -s; meist ohne Artikel; EDV; kurz für⟩ Dot-Com-Firma [verkürzt <engl. *dot* »Punkt« (nach dem Punkt, der das Ende einer Internetadresse anzeigt) + *commerce* »Handel«]

Dot-Com-Fir|ma ⟨f.; -, -Fir|men⟩ kommerzieller Anbieter im Internet od. E-Commerce, dessen Internetadresse auf ».com« endet; *Sy* Dotcom [<engl. *dot* »Punkt« + *com*, kurz für *commerce* »Handel« + *Firma*]

do|tie|ren ⟨V.⟩ **1** schenken, zuwenden, mit Einkünften versehen **2** *einen Preis mit 5000 Euro* ~ ausschreiben, ausstatten **3** *Halbleiter* ~ Fremdatome zusetzen, um die elektrische Leitfähigkeit zu erhöhen [<lat. *dotare* »ausstatten« u. frz. *doter* »aussteuern, dotieren«]

Do|tie|rung ⟨f.; -, -en⟩ **1** das Dotieren **2** Ausstattung mit Geld od. Sachwerten

Dou|ane ⟨[duaːn] f.; -, -n⟩ Zoll, Zollamt [<frz. »Zoll(amt), -verwaltung«]

Dou|a|ni|er ⟨[duanjeː] m.; -s, -s⟩ Zollaufseher, Zollbeamter [frz., »Zollbeamter«]

dou|beln ⟨[duː-] V.⟩ **1** eine Rolle als Double spielen; *einen Schauspieler* ~ **2** = synchronisieren [→ *Double*]

♦ Die Buchstabenfolge **doubl...** kann auch **doubl...** getrennt werden.

♦ **Double** ⟨[duːbl] n.; -s, -s⟩ **1** Doppel **2** Doppelgänger **3** Schauspieler od. Artist, der dem Hauptdarsteller ähnelt u. ihn bei Proben u. Aufnahmen ersetzt, wenn dieser die vorgeschriebenen Aufgaben (artist. Übungen) nicht selbst darstellen kann **4** ⟨Musik⟩ Variation eines Satzes der Suite [frz., »doppelt«]

♦ **Doub|lé** ⟨[dubleː] n.; -s, -s⟩ **1** ⟨Musik⟩ Doppelschlag **2** ⟨schweiz.⟩ = Dublee (1) **3** ⟨Billard⟩ = Dublee (2) [zu frz. *doubler* »verdoppeln«]

♦ **Dou|ble|face** ⟨[duːblfaːs] n.; -; unz.; Textilw.⟩ aus natürl. od. künstl. Fasern bestehendes Gewebe mit unterschiedlich farbigen Seiten [<frz. *double* »doppelt« + *face* »Gesicht«]

♦ **Doub|lette** ⟨[duː-] f.; -, -n⟩ = Dublette

♦ **doub|lie|ren** ⟨[du-] V.⟩ = dublieren

Dough|nut ⟨[dounʌt] m.; -s, -s⟩ Donut [engl.]

Douglasie

Dou|gla|sie ⟨[dugla:siə] f.; -, -n; Bot.⟩ nordamerikan. Kieferngewächs, Douglasfichte, Douglastanne [nach dem schott. Botaniker D. *Douglas*]

Dou|ri|ne ⟨[duriːnə] f.; -, -n; Vet.⟩ Beschälseuche der Pferde; *oV* Durine [frz. <arab. *darin* »schmutzig«]

Do ut des ich gebe, damit du (auch) gibst [lat.]

Dow-Jones-In|dex ⟨[daʊdʒoʊnz-] m.; - od. -es; unz.; seit 1897⟩ tägl. ermittelter Durchschnittskurs der wichtigsten an der New Yorker Börse gehandelten Aktien; *der ~ steht hoch* [nach den Amerikanern Charles H. *Dow*, 1851-1902 + Edward D. *Jones*, 1856-1920]

Dow|las ⟨[daʊləs] n.; -; unz.; Textilw.⟩ dichtes Baumwollgewebe für Wäsche; *oV* Daulas [engl., »grobe Leinwand«; nach der Stadt *Daoulas* in der Bretagne]

down ⟨[daʊn] Adj.; nur präd.; umg.⟩ **1** erschöpft; *ich bin total ~* **2** bedrückt, niedergeschlagen [engl.]

Down|cy|cling *auch:* **Down|cyc|ling** ⟨[daʊnsaɪklɪŋ] n.; - od. -s; unz.⟩ Form des Recyclings, bei der ein minderwertiges Produkt entsteht [<engl. *down* »unten, herunter« + *cycle* »Kreislauf, Zyklus«]

Dow|ner ⟨[daʊ-] m.; -s, - od. Downs ⟨[daʊnz]; Drogenszene⟩ beruhigendes Arzneimittel [engl.; zu *down* »unten, herunter«]

Dow|ning Street ⟨[daʊnɪŋ striːt] f.; - -; unz.⟩ Amtssitz des englischen Premierministers [nach dem engl. Diplomaten Sir George *Downing*, 1624-1684]

Down|load ⟨[daʊnloʊd] n. od. m.; -s, -s; EDV; *Ggs* Upload⟩ **1** Programm, das ein Herunterladen von Dateien (z. B. aus dem Internet) auf die Festplatte ermöglicht **2** die heruntergeladenen Dateien selbst [<engl. *down* »unter; herab, herunter« + *load* »laden«]

down|loa|den ⟨[daʊnloʊdən] V.; EDV⟩ Dateien von einem anderen Computer od. Netz (z. B. Internet) auf die eigene Festplatte herunterladen [→ *Download*]

Down|mar|ket ⟨[daʊn-] m.; -s; unz.; Wirtsch.⟩ Handelsbereich von Waren mit eher niedrigem Preis- u. Qualitätsniveau; *Ggs* Upmarket; *für den ~ produzieren* [engl.]

Down|si|zing ⟨[daʊnsaɪzɪŋ] n.; - od. -s; unz.⟩ **1** ⟨Wirtsch.⟩ **1.1** Reduktion von Arbeitskräften **1.2** Verringerung der Produktion **2** ⟨EDV⟩ Ersetzen eines zentralen Rechnersystems durch kleinere, miteinander vernetzte Systeme [<engl. *down* »hinunter, herunter« + engl. *size* »größenmäßig ordnen«]

Down|syn|drom *auch:* **Down-Syn-drom** ⟨[daʊn-] n.; -s; unz.⟩ = Mongolismus [nach dem brit. Arzt. J. L. H. *Down* + *Syndrom*]

Do|xa|le ⟨n.; -s, -s⟩ in Barockkirchen kunstvoll gearbeitetes Gitter zwischen dem Chor u. dem Hauptschiff [<grch. *doxa* »Glaube, Ruhe, Ehre, Glanz«]

Do|xo|lo|gie ⟨f.; -, -n⟩ formelhafter Lobpreis der Dreifaltigkeit [<grch. *doxa* »Ruhm, Ehre, Glanz, Herrlichkeit« + ...*logie*]

Doy|en *auch:* **Do|yen** ⟨[doajɛ̃ː] m.; -s, -s⟩ dienstältester Leiter eines diplomatischen Korps [frz., »Dienstältester, Dekan«]

Do|zent ⟨m.; -en, -en⟩ Lehrer an einer Hochschule od. Volkshochschule [<lat. *docens*, Part. Präs. zu *docere* »lehren«]

Do|zen|tin ⟨f.; -, -tin|nen⟩ Lehrerin an einer Hochschule od. Volkshochschule

Do|zen|tur ⟨f.; -, -en⟩ Lehrauftrag als Dozent

do|zie|ren ⟨V.⟩ **1** lehren, Vorlesungen halten **2** ⟨fig.⟩ lehrhaft vortragen [→ *Dozent*]

dpi ⟨Abk. für engl.⟩ dots per inch (Punkte pro Zoll), Messgröße für die Auflösung eines Bildschirms od. Ausdrucks

d. R. ⟨Abk. für⟩ der Reserve

Dr. ⟨Abk. für⟩ Doktor

Drach|me ⟨f.; -, -n; früher⟩ **1** alt- u. neugrch. Währungseinheit, 100 Lepta **2** altes Apothekergewicht, $^1/_8$ Unze, 3,75 g [grch.]

draf|ten ⟨V.; umg.; bes. Sport⟩ auswählen, unter Vertrag nehmen, abkommandieren; *jmdn. ins Team ~* [<engl.-amerikan. *draft* »einziehen, einberufen«]

Drag and drop ⟨[dræg ənd drɔp] n.; - - -; unz.; EDV⟩ das Anklicken eines Objektes, das auf dem Computerbildschirm (in eine andere Datei bzw. an eine andere Stelle) verschoben u. dort wieder losgelassen wird [<engl. *drag* »ziehen« + *and* »und« + *drop* »fallen lassen«]

Dra|gée *auch:* **Dra|gee** ⟨[-ʒeː] n.; -s, -s od. f.; -, -n⟩ **1** überzuckerte Frucht **2** mit Zuckermasse überzogene Pille [frz., urspr. »Mandel mit Zuckerüberzug«]

dra|gie|ren ⟨[-ʒiː-] V.⟩ mit einer Zuckerglasur überziehen [→ *Dragée*]

Dra|go|man ⟨m.; -s, -e⟩ Einheimischer in den Gebieten des Nahen Ostens, der als Fremdenführer u. Dolmetscher tätig ist, Übersetzer [arab.]

Dra|go|na|de ⟨f.; -, -n⟩ **1** zwangsweise Einquartierung von Dragonern zur gewaltsamen Bekehrung von Protestanten unter Ludwig XIV. **2** ⟨fig.⟩ gewaltsame Regierungsmaßnahme [<frz. *dragonnade*]

Dra|go|ner ⟨m.; -s, -⟩ **1** ⟨Mil.⟩ leichter Reiter **1.1** ⟨urspr.⟩ berittener Infanterist **1.2** ⟨dann⟩ Kavallerist **2** ⟨österr.⟩ Rückenspange am Rock oder Mantel **3** ⟨fig.; umg.; scherzh.⟩ sehr energische, derbe (bes. weibl.) Person [<frz. *dragon* (Feuer speiender) Drache«, Name einer Feuerwaffe, mit der im 16. Jh. leichte Reiter ausgerüstet wurden, dann diese selbst]

Drag|queen ⟨[dræːgkwiːn] f.; -, -s; umg.⟩ **1** ⟨allg.⟩ Mann, der sich gerne in Frauenkleidern zeigt, Transvestit **2** (i. e. S.) männl. Performancekünstler, der eine Frau darstellt [<engl. *drag* »Frauenkleidung« + *queen* »Königin«]

Drags|ter ⟨[drægstə(r)] m.; -s, -⟩ Rennwagen für Autorennen, die auf einer glatten Asphaltbahn mit stehendem Start für die Distanz einer Viertelmeile (402 m) ausgetragen werden [engl.-amerikan., (umg.) »frisiertes Auto«]

Dr. agr. → *Doktor*

Drain ⟨[drɛ̃ː] od. [drɛː] m.; -s, -s⟩ = Drän [engl., »Abfluss, künstl. Abflusskanal«]

Drai|na|ge ⟨[drɛnaːʒə] f.; -, -n⟩ = Dränage [engl., »Entwässerung«]

drai|nie|ren ⟨[drɛ-] V.⟩ = dränieren [<engl. *drain* »(Wasser) abfließen lassen«]

Drai|si|ne ⟨[drɛ-] f.; -, -n⟩ *oV* Draisine **1** Laufmaschine, Vorläufer des Fahrrades **2** kleines Schienenfahrzeug zur Kontrolle von Eisenbahnstrecken [nach dem Erfinder Karl Friedrich *Drais* Frh. v. Sauerbronn, 1785–1851]

dra|ko|nisch ⟨Adj.⟩ sehr streng, rücksichtslos; *~e Maßnahmen ergreifen* [nach dem athen. Gesetzgeber *Drakon* (Gesetzgebung 621 v. Chr.)]

Dra|lon® ⟨n.; -s; unz.⟩ Fasern auf der Basis von Polyacrylnitrilen

Dra|ma ⟨n.; -s, Dra|men⟩ **1** Schauspiel; *~ in fünf Akten; ein ~ von Shakespeare* **2** Gesamtheit der dramatischen Dichtungen (eines Landes); *das deutsche ~; das ~ zur Zeit Shakespeares* **3** aufregendes, häufig trauriges Geschehen; *das Unglück ist das reinste ~!* [grch., »Handlung«]

Dra|ma|tik ⟨f.; -; unz.⟩ **1** Dichtkunst, die sich mit dem Schauspiel beschäftigt **2** ⟨fig.⟩ Spannung, Lebendigkeit, bewegter Ablauf; *die ~ eines Stückes, einer Darstellung*

Dra|ma|ti|ker ⟨m.; -s, -⟩ Dichter von (Theater-)Schauspielen

dra|ma|tisch ⟨Adj.⟩ **1** das Schauspiel od. die Dramatik betreffend, dazu gehörig, darauf beruhend **2** ⟨fig.⟩ spannend, bewegt, lebendig, mitreißend

dra|ma|ti|sie|ren ⟨V.⟩ **1** zu einem Schauspiel umarbeiten; *einen Roman ~* **2** ⟨fig.⟩ *etwas ~ übertreiben*

Dramatis Personae (*Groß- und Kleinschreibung*) In fremdsprachlichen Fügungen, die als Ganzes die Funktion eines Substantivs haben, werden alle substantivischen Bestandteile großgeschrieben (→*a.* Alter Ego).

Dra|ma|tis Per|so|nae ⟨Pl.⟩ **1** ⟨Theat.⟩ die in einem Schauspiel auftretenden Personen **2** ⟨fig.⟩ die an einem Unternehmen beteiligten Personen [lat.]

Dra|ma|turg ⟨m.; -en, -en; Theat.⟩ Mitarbeiter am Theater u. Fernsehen, der Schauspiele aussucht u. bearbeitet u. bei der Aufführung beratend mitwirkt [<*Drama* + grch. *ergon* »Werk«]

Dra|ma|tur|gie ⟨f.; -; unz.; Theat.⟩ **1** Wissenschaft vom Schauspiel u. seiner Gestaltung auf der Bühne, Schauspielkunde **2** Tätigkeit des Dramaturgen **3** Sammlung von Theaterkritiken; *Lessings Hamburgische ~*

Dra|ma|tur|gin ⟨f.; -, -gin|nen; Theat.⟩ Mitarbeiterin am Theater u. Fernsehen, die Schauspiele aussucht u. bearbeitet u. bei der Aufführung beratend mitwirkt

dra|ma|tur|gisch ⟨Adj.; Theat.⟩ die Dramaturgie betreffend, zu ihr gehörig, mit Hilfe der Dramaturgie (2)

Dram|ma per mu|si|ca ⟨f.; - - -, Dram|mae [-meː] - -; Theat.⟩ Drama mit (eigtl. für) Musik, die früheste, in Oberitalien entwickelte Form der Oper [ital.]

Drän ⟨m.; -s, -s od. -e⟩ *oV* Drain **1** Entwässerungsgraben, Abwasserröhre **2** ⟨Med.⟩ Gummiröhrchen mit seitl. Öffnungen zur Dränage [<frz. *drain* »Abzugsrohr, -kanal«]

Drä|na|ge ⟨[-ʒə] f.; -, -n⟩ *oV* Drainage, Dränung **1** Entwässerung **2** Entwässerungsanlage **3** ⟨Med.⟩ Ableitung von Wundflüssigkeit od. Eiter mittels Gummiröhrchen od. Gazestreifen [<frz. *drainage* »Entwässerung« <engl. *drainage*]

drä|nie|ren ⟨V.⟩ *oV* drainieren **1** durch Röhren entwässern **2** ⟨Med.⟩ durch Dräns ableiten [<frz. *drainer* »entwässern« <engl. *drain*]

Drä|nung ⟨f.; -, -en⟩ = Dränage

Drap ⟨[dra] m.; -; unz.; Textilw.⟩ lederähnliches gemachtes Gewebe [frz., »Tuch, Stoff, Gewebe«]

Dra|pé ⟨[-peː] m.; -s, -s⟩ feines, dichtes Wollgewebe in Atlasbindung [<frz. *drap* »Tuch«]

Dra|peau ⟨[-poː] m.; -s, -s; veraltet⟩ Fahne, Banner [frz., »Fahne«]

Dra|pee ⟨m.; -s, -s⟩ = Drapé

Dra|pe|rie ⟨f.; -, -n⟩ Faltenwurf [frz., »Draperie, Vorhang, Gewandung, Faltenwurf«]

dra|pie|ren ⟨V.⟩ **1** wirkungsvoll in Falten legen **2** schmücken, ausschmücken, behängen [<frz. *draper* »mit Tuch überziehen, in Falten legen, verhüllen«]

Dra|pie|rung ⟨f.; -, -en⟩ **1** das Drapieren **2** = Draperie

drapp ⟨Adj.; österr.; kurz für⟩ drappfarben

drapp|far|ben ⟨Adj.; österr.⟩ sandfarben; *Sy* drapp [zu frz. *drap* »Tuch«]

Drä|si|ne ⟨f.; -, -n⟩ = Draisine

Dras|tik ⟨f.; -; unz.⟩ drastische Beschaffenheit; *die ~ dieser Szene*

dras|tisch ⟨Adj.⟩ **1** schnell u. stark wirkend, durchgreifend; *~es Mittel; ~e Maßnahme* **2** derb, deutlich, handgreiflich; *einen Sachverhalt ~ ausdrücken, erklären* [<grch. *drastikos* »wirksam«; zu *dran* »tun«; verwandt mit *Drama*]

Draw|back ⟨[drɔːbæk] n.; - od. -s, -s⟩ Rückvergütung des Einfuhrzolls (bes. bei Waren, die wieder ausgeführt werden) [engl.]

dra|wi|disch ⟨Adj.⟩ die vorderind. Völkergruppe der Drawida betreffend, zu ihr gehörig, von ihr stammend; *~e Sprachen* Gruppe von hauptsächlich in Vorderindien gesprochenen ind. Sprachen, z. B. Tamil, Telugu

Draw|ing|room ⟨[drɔːɪŋruːm] m.; -s, -s⟩ **1** Empfangszimmer, Aufenthaltsraum (eines Landsitzes o. Ä.) **2** Malzimmer [<engl. *withdraw* »sich zurückziehen« bzw. *draw* »malen, zeichnen« + *room* »Raum, Zimmer«]

Dra|zä|ne ⟨f.; -, -n; Bot.⟩ Angehörige einer trop. Gattung baum- od. strauchartiger Liliengewächse, Drachenbaum [<neulat. *dracaena* <grch. *drakaina* »weibl. Drache, weibl. Schlange«]

Dr. disc. pol. → *Doktor*

Dread|locks ⟨[drɛd-] Pl.⟩ Haarfrisur (bes. für Männer), bei der das Haupthaar zu kleinen, oft mit farbigen Kugeln befestigten Zöpfchen verflochten wird,

Dreadnought

Bestandteil der Rastafari- bzw. Reggaekultur; *Sy* Dreads [<engl. *dread* »Angst, Furcht« + *lock* »(Haar-)Locke«]

Dread|nought ⟨[drɛdnɔːt] m.; -s, -s⟩ **1** erster engl. Schlachtschifftyp von 1906 **2** ⟨allg.; veraltet⟩ Großkampfschiff [engl., eigtl. »fürchte nichts«]

Dreads ⟨[drɛds] Pl.; kurz für⟩ Dreadlocks

Dream|team ⟨[driːmtiːm] n.; -s, -s; Sport⟩ aus bes. guten Spielern zusammengesetzte Mannschaft, Traummannschaft [<engl. *dream* »Traum« + *team* »Mannschaft«]

Dredge ⟨[drɛdʒ] f.; -, -n⟩ = Dredsche

Dred|sche ⟨f.; -, -n⟩ Schleppnetz für Austern u. andere am Meeresboden lebende Tiere; *oV* Dredge; *Sy* Dregge (2) [engl., »Grund-, Schleppnetz«]

Dreg|ge ⟨f.; -, -n⟩ **1** kleiner Anker **2** = Dredsche [<engl. *drag* »Hemmung, Bremse«]

dreg|gen ⟨V.⟩ mit der Dredge fischen

Dreh|kon|den|sa|tor ⟨m.; -s, -toren⟩ elektr. Kondensator mit stetig veränderbarer Kapazität

Dres. ⟨Abk. für lat.⟩ doctores (Doktoren, wenn mehrere Personen gemeint sind); *die ~ Ebel und Kluge*

Dress ⟨m.; - od. -es, -e; Sport⟩ **1** Anzug, bes. der des Jockeis beim Pferderennen **2** ⟨allg.⟩ Sportkleidung; *Sport~* [engl., »Kleidung«]

Dres|sat ⟨n.; -(e)s, -e⟩ **1** einstudierte Tierdressur **2** ⟨Psych.⟩ Reaktions- u. Verhaltensweise, die automatisch vollzogen wird [zu frz. *dresser* »abrichten«]

Dres|seur ⟨[-søːr] m.; -s, -e⟩ jmd., der Tiere dressiert, Tierlehrer [frz., »Dressierer«]

dres|sie|ren ⟨V.⟩ **1** *Tiere ~* lehren, abrichten **2** *Speisen ~* gefällig anrichten **3** *Filzhüte ~* in eine Form pressen [<frz. *dresser* »abrichten«]

Dres|sing ⟨n.; - od. -s, -s; Kochk.⟩ gewürzte Soße oder Gewürzmischung für Salate, Braten u. a. [engl., »Soße, Füllung, Zubereitung«]

Dres|sing|gown ⟨[-gaʊn] m.; -s, -s⟩ großzügig geschnittener, mit einem Hochkragen u. Gürtel versehener, Bade- bzw. Morgenmantel (meist für Herren) [<engl. *dressing* »Ankleiden« + *gown* »Kleid, Zwirn«]

Dress|man ⟨[-mæn] m.; -s, -men [-mən]⟩ männl. Mannequin [<engl. *dress* »Kleidung« + *man* »Mann«]

Dres|sur ⟨f.; -, -en⟩ **1** Abrichtung (von Tieren) **2** ⟨Reitsport; kurz für⟩ Dressurreiten

Dr. forest., Dr. habil., Dr. h. c. → *Doktor*

drib|beln ⟨V.; Sport; Fußb.⟩ den Ball in kurzen Stößen vor sich her u. an gegner. Spielern vorbeitreiben [<engl. *dribble* »tröpfeln«]

Drib|bler *auch:* **Dribb|ler** ⟨m.; -s, -; Sport; bes. Fußb.⟩ technisch versierter Spieler, der gut mit dem Ball am Fuß laufen kann; → *a.* dribbeln

Drib|bling *auch:* **Dribb|ling** ⟨n.; - od. -s, -s; Sport; bes. Fußb.⟩ das Dribbeln

Drift ⟨f.; -, -en⟩ **1** durch regelmäßigen Wind hervorgerufene Strömung auf der Meeresoberfläche **2** von Menschen od. Maschinen nicht beeinflusstes Treiben eines schwimmenden Körpers auf dem Wasser [engl., »das Treiben, Getriebenwerden«]

drif|ten ⟨V.⟩ treiben; →*a.* abdriften [<engl. *drift* »getrieben werden, treiben«]

Drill ⟨m.; -s, -s⟩ kleinerer, mit dem Mandrill verwandter Kindskopfaffe: Mandrillus lucophaeus [engl., »Pavian«]

Dr.-Ing. → *Doktor*

Drink ⟨m.; -s, -s; umg.⟩ Trunk, alkohol. Getränk, (bes.) Mixgetränk [engl.]

Dr. i. u. ⟨Abk. für lat.⟩ Doctor iuris utriusque; →*a.* Doktor

Drive ⟨[draɪv] m.; -s, -s⟩ **1** ⟨Jazz⟩ rhythmische Intensität u. Spannung mittels Beats od. Breaks **2** ⟨Sport; Golf; Tennis⟩ Treibschlag [<engl. *drive* »treiben«]

Drive-in ⟨[draɪv-] n.; -s, -s; kurz für⟩ Drive-in-Kino, Drive-in-Restaurant [engl., »hineinfahren«]

Drive-in-Ki|no ⟨[draɪv-] n.; -s, -s⟩ Kino, bei dem man im Auto hineinfahren u. sitzen bleiben kann, Autokino [<engl. *drive in* »hineinfahren«]

Drive-in-Res|tau|rant ⟨[draɪvɪnrestorãː] n.; -s, -s⟩ Restaurant, Imbiss, bei dem man am Auto bedient wird [<engl. *drive in* »hineinfahren«]

dri|ven ⟨[draɪvən] V.; Sport; Golf⟩ einen Ball mittels eines zum Treiben geeigneten Golfschlägers über eine weite Distanz spielen

Dri|ver ⟨[draɪvə(r)] m.; -s, -; Sport⟩ Golfschläger, der für den Drive verwendet wird [engl., eigtl. »Fahrer«]

Dri|ving|range ⟨[draɪvɪŋreɪndʒ] f. od. n.; -, -s [-dʒɪz]; Sport; Golf⟩ Übungsplatz [<engl. *drive* »treiben, fahren« + *range* »Platz, Fahrbahn«]

Dr. j. u. ⟨Abk. für lat.⟩ Doctor juris utriusque; →*a.* Doktor

Dr. jur., Dr. jur. utr., Dr. med., Dr. med. dent., Dr. med. univ., Dr. med. vet., Dr. nat. techn., Dr. oec., Dr. oec. publ., Dr. öc. troph. → *Doktor*

Dro|ge ⟨f.; -, -n⟩ **1** pflanzl. od. tier. Erzeugnis, das zu Arzneien verwertet wird, auch das daraus hergestellte Präparat **2** Rauschgift [<frz. *drogue* »chemisches Material« (14. Jh.); zu nddt. *droge* »trocken«]

Dro|gen|dea|ler ⟨[-diː-] m.; -s, -⟩ = Dealer

Dro|ge|rie ⟨f.; -, -n⟩ Ladengeschäft für Drogen (1), Wasch- u. Putzmittel, Kosmetika u. Ä.

Dro|gist ⟨m.; -en, -en⟩ Inhaber od. Angestellter einer Drogerie mit dreijähriger Ausbildung

Dro|gis|tin ⟨f.; -, -tin|nen⟩ Inhaberin od. Angestelltin einer Drogerie mit dreijähriger Ausbildung

Dro|me|dar ⟨a. [--'-] n.; -s, -e; Zool.⟩ Kamel mit einem Höcker: Camelus dromedarius [<mlat. *dromedarius* »Kamelreiter« + afrz. *dromedaire* »Dromedar« <grch. *dromas* »laufend«]

Dro|ni|te ⟨f.; -, -n; Zool.⟩ Familie ausgerotteter großer flugunfähiger Tauben: Raphida [frz.; angebliche aus einer Eingeborenenmundart der Insel Mauritius]

Drop|kick ⟨[drɔp-] m.; -s, -s; Sport⟩ beim Fußball u. Rugby das Wegschlagen des Balls im Augenblick seines Aufprallens auf den Boden [<engl. *drop* »heruntertropfen« + *kick* »Schuss«]

Drop-out[1] *auch:* **Drop|out**[1] ⟨[drɔpaut] m.; - od. -s, -s⟩ jmd., der sich aus seiner sozialen Schicht gelöst hat od. ausgebrochen ist [<engl. *drop out* »herausfallen«]

Drop-out[2] *auch:* **Drop|out**[2] ⟨[drɔpaut] n.; -s, -s; EDV⟩ Ausfall eines Signals

drop|pen ⟨V.; Sport; Golf⟩ einen neuen Spielball einbringen (durch die Art des Fallenlassens kenntlich gemacht) [<engl. *drop* »fallen lassen«]

Drops ⟨m.; -, -; meist Pl.⟩ saures Fruchtbonbon [engl., »Tropfen« (Pl.)]

Drop|shot ⟨[-ʃɔt] m.; -s, -s; Sport⟩ **1** ⟨Tennis⟩ ein relativ hart geschlagener, unterschnittener Stoppball, der gleich nach Überquerung des Netzes mit extremem Rückwärtsdrall auftippt **2** ⟨Squash⟩ für den Gegner unerreichbarer Ball, der knapp oberhalb des Tins die Wand berührt [<engl. *drop* »Tropfen« + *shot* »Schuss«]

Drosch|ke ⟨f.; -, -n⟩ *Pferde~* leichtes Pferdefahrzeug, Mietpferdekutsche [<russ. *drožki* »leichter Wagen«]

Dro|se|ra ⟨f.; -, -rae [-rɛ:]; Bot.⟩ Sonnentau, eine Fleisch fressende Pflanze [<grch. *droseros* »tauig, betaut«]

Dro|so|phi|la ⟨f.; -, -lae [-lɛ:]; Zool.⟩ Taufliege, beliebtes Versuchstier für die Vererbungsforschung [<grch. *drosos* »Tau« + ...*phil*]

Dr. paed., Dr. pharm., Dr. phil., Dr. phil. nat., Dr. rer. camer., Dr. rer. comm., Dr. rer. hort., Dr. rer. mont., Dr. rer. nat., Dr. rer. oec., Dr. rer. pol., Dr. rer. publ., Dr. rer. soc. oec., Dr. rer. techn., Dr. sc., Dr. sc. agr., Dr. sc. math., Dr. sc. nat., Dr. sc. pol., Dr. sc. techn., Dr. theol. → *Doktor*

Drug|store ⟨[drʌgstɔ:(r)] m.; -s, -s⟩ amerikan. Gemischtwarengeschäft [engl.]

Dru|ide ⟨m.; -n, -n⟩ kelt. Priester [<lat. *druides* (Cäsar), *druidae* (Cicero u. Tacitus) <urkelt. **dru-uid-* »eichenkundig«; <**d(a)ru-* »Eiche« + idg. **ueid-* »sehen«]

Dru|iden|or|den ⟨m.; -s; unz.; Gesch.⟩ im 18. Jh. in England gegründete Gesellschaft, die sich am altkeltischen Druiden- u. Bardentum orientierte u. humanitäre Ziele verfolgte

dru|idisch ⟨Adj.⟩ zu den Druiden gehörend, von ihnen stammend

Drum ⟨[drʌm] f.; -, -s; Musik⟩ **1** Trommel **2** ⟨Pl.; Popmusik; Jazz⟩ *~s* Schlagzeug [engl.]

Drum|com|pu|ter ⟨[drʌmkɔmpju:tə(r)] m.; -s, -; Musik⟩ prozessorgesteuerte Recheneinheit zur Erzeugung synthetischer Töne, mit denen man Liedern einen vorprogrammierten Beatrhythmus unterlegen kann [<engl. *drum* »Trommel, Schlagzeug« + *Computer*]

Drum|lin ⟨engl. [drʌm-] m.; -s, -s⟩ linsenförmige Aufschüttung von Grundmoränenmaterial aus der Eiszeit [irisch]

Drum|mer ⟨[drʌmə(r)] m.; -s, -; Popmusik; Jazz⟩ Schlagzeuger [→ *Drum*]

Dru|se ⟨m.; -n, -n⟩ Angehöriger einer syr.-islam. Sekte [<arab. *Durus*, nach dem Gründer *Ad-Darasi*, 1017 n. Chr.]

dry ⟨[drai] Adj.⟩ trocken, herb, ohne Zuckerzusatz (bei Wein u. Sekt) [engl.]

Dry|a|de ⟨f.; -, -n; Myth.⟩ grch. Baumnymphe [<grch. *drys* »Eiche, Baum«]

Dry|as ⟨f.; -; unz.⟩ zur Gattung der Rosengewächse gehörender Zwergstrauch, bes. in Hochgebirgen, arktischen u. subarktischen Gebieten wächst, Silberwurz [lat., »Baumnymphe«]

Dry|far|ming *auch:* **Dry Far|ming** ⟨[draifa:miŋ] n.; (-) - od. (-) -s; unz.; Landw.⟩ Anbaumethode in Gebieten mit einer ungewöhnlich niedrigen Niederschlagsrate, bei der auf ein normales Anbaujahr ein Jahr ohne Nutzung der Fläche folgt, damit diese genug Feuchtigkeit für die nächste Wachstumsperiode sammeln kann [<engl. *dry* »trocken« + *farming* »Landwirtschaft«]

d. s. ⟨Musik; Abk. für⟩ dal segno

Dscha|i|na ⟨m.; -s, -s⟩ = Jaina

Dscha|i|nis|mus ⟨m.; -; unz.⟩ = Jainismus

Dschi|had ⟨m.; -s; unz.; im Islam⟩ »heiliger Krieg«, der gegen Ungläubige (Anhänger anderer Glaubensrichtungen) geführt wird; *oV* Djihad [arab., »zielgerichtete Mühen«]

Dschinn ⟨m.; -s, - od. -en⟩ Geist, Dämon [arab.]

Dschi|u-Dschit|su ⟨n.; - od. -s; unz.⟩ = Jiu-Jitsu

Dschon|ke ⟨f.; -, -n⟩ = Dschunke

Dschun|gel ⟨m. od. n.; -s, -⟩ **1** subtropischer Urwald **2** ⟨fig.⟩ undurchdringliches Dickicht; *Daten~; Paragraphen~* [<engl. *jungle* <Hindi *dschangal* »öder, unbebauter Boden«]

Dschun|ke ⟨f.; -, -n⟩ chines. Segelschiff [<malai. *dschung* »großes Schiff«]

DSL ⟨EDV; Abk. für engl.⟩ Digital Subscriber Line (digitaler Teilnehmeranschluss), Technik zur digitalen Übertragung von Daten

D. theol. ⟨Abk. für⟩ Doctor theologiae, Doktor der Theologie (ehrenhalber), im Unterschied zum Dr. theol.

dto. ⟨Abk. für⟩ dito

DTP ⟨Abk. für⟩ Desktoppublishing

du|al ⟨Adj.⟩ eine Zweiheit, etwas Zweifaches bildend; *~es System* System der Müllverwertung, bei dem wiederverwertbarer Abfall getrennt von dem übrigen Abfall gesammelt wird

Du|al ⟨m.; -s, -e; Gramm.⟩ Numerus, der eine Zweiheit, ein Zweifaches ausdrückt, z. B. bair. »enk« = euch beiden; →*a.* Singular, Plural [zu lat. *duo* »zwei«]

Du|a|lis ⟨m.; -, -a|le; Gramm.⟩ = Dual

du|a|li|sie|ren ⟨V.⟩ verdoppeln, verzweifachen

Du|a|lis|mus ⟨m.; -; unz.⟩ **1** jede Lehre, die zwei Grundprinzipien des Seins annimmt, z. B. Licht u. Finsternis, männliches u. weibliches Prinzip, Yin u. Yang, Geist u. Materie usw.

Dualist

2 der Widerstreit von zwei einander entgegengesetzten Kräften; *Ggs* Singularismus **3** ⟨Physik⟩ Auftreten elektromagnetischer Strahlung in Form von Wellen od. Teilchen in Abhängigkeit vom jeweiligen Experiment

Du|a|list ⟨m.; -en, -en⟩ Anhänger des Dualismus

du|a|lis|tisch ⟨Adj.⟩ **1** die Dualität betreffend, auf ihr beruhend **2** den Dualismus betreffend, auf ihm beruhend

Du|a|li|tät ⟨f.; -; unz.⟩ **1** zwei eng zusammengehörige Einheiten, Begriffe; Zweiheit **2** Vertauschbarkeit, Wechselseitigkeit [zu lat. *duo* »zwei«]

Du|al|sys|tem ⟨n.; -s; unz.⟩ auf der Basis **2** aufbauendes Zahlensystem, das nur die Ziffern 1 u. 0 zur Darstellung von Zahlen benutzt; *Sy* binäres Zahlensystem, Dyadik

Dub ⟨[dʌb] m.; - od. -s; unz.; Popmusik⟩ Stilrichtung der Popmusik mit verschmelzenden Hallräumen u. psychedelischen Klangflächen [engl.]

dub|ben ⟨[dʌb-] V.; Popmusik⟩ Dub spielen

Dub|bing ⟨[dʌb-] n.; - od. -s; unz.; Popmusik⟩ das Spielen von Popmusik in der Stilrichtung des Dub

du|bi|os ⟨Adj.⟩ zweifelhaft; *oV* dubiös [<lat. *dubiosus*]

du|bi|ös ⟨Adj.⟩ = dubios

Du|bi|o|sen ⟨Pl.; Sing.: Dubiosum⟩ **1** zweifelhafte Dinge, Geschehnisse **2** unsichere Außenstände

du|bi|ta|tiv ⟨Adj.⟩ Zweifel ausdrückend [<lat. *dubitare* »zweifeln«]

◆ Die Buchstabenfolge du|bl... kann auch dubl... getrennt werden.

◆ **Du|blee** ⟨n.; -s, -s⟩ **1** Metall mit Edelmetallüberzug; *oV* Doublé (2) **2** ⟨Billard⟩ Stoß, bei dem der Ball die Bande einmal berührt; *oV* Doublé (3) [<frz. *doublé(e)* »plattierte Arbeit«; <*double* »doppelt«]

◆ **Du|blet|te** ⟨f.; -, -n⟩ *oV* Doublette **1** Doppelstück (besonders in Sammlungen) **2** zusammengesetzter Edelstein, Nachahmung **3** ⟨Billard⟩ Doppeltreffer **4** ⟨Typ.⟩ schlechter, unscharfer, durch doppelten Rand des Schriftbildes gekennzeichneter Druck [<frz. *doublet*]

◆ **du|blie|ren** ⟨V.⟩ *oV* doublieren **1** verdoppeln **2** Dublee herstellen von **3** Garne ~ aus mehreren Fäden zusammendrehen **4** ⟨Billard⟩ *einen Ball* ~ so spielen, dass er von der Bande abprallt [<frz. *doubler* »verdoppeln«]

◆ **Du|blo|ne** ⟨f.; -, -n⟩ alte span. Goldmünze,1 Pistole [<frz. *doubon* <span. *doblon* »Doppelstück«]

◆ **Du|blü|re** ⟨f.; -, -n⟩ Unterfutter, Aufschlag an Uniformen [<frz. *doublure* »Unterfutter«]

Duc ⟨[dyk] m.; - od. -s, -s; frz. Adelstitel für⟩ Herzog [<lat. *dux*, Gen. *ducis* »Führer«]

Du|ca ⟨m.; -, -s od. Du|chi; ital. Adelstitel für⟩ Herzog [<lat. *dux*, Gen. *ducis* »Führer«]

Du|ce ⟨[duːtʃe] m.; -s; unz.⟩ Titel des italienischen Diktators B. Mussolini (1883-1945) [ital., »Führer«]

Du|cen|to ⟨[-tʃɛnto] n.; - od. -s; unz.⟩ = Duecento

Du|chess ⟨[dʌtʃɪs] f.; -, -es [-tʃɪsɪz]; engl. Adelstitel für⟩ Herzogin [<lat. *dux*, Gen. *ducis* »Führer«]

Du|ches|sa ⟨[-kɛs-] f.; -, -se; ital. Adelstitel für⟩ Herzogin [→ *Duca*]

Du|ches|se ⟨[dyʃɛs] f.; -, -n [-sən]; frz. Adelstitel für⟩ Herzogin [<lat. *dux*, Gen. *ducis* »Führer«]

Du|ches|se|spit|ze ⟨[dyʃɛs-] f.; -, -n; Textilw.⟩ Spitze, die aus aneinander genähten, einzeln geklöppelten Mustern besteht

Duck ⟨[dʌk] m.; -s; unz.; Textilw.⟩ sehr fester, starker Leinwandstoff, z. B. für Planen [engl., »Segeltuch«]

Duck|dal|be ⟨f.; -, -n; meist Pl.⟩ in Hafenbecken od. längs des Kais eingerammter Pfahl zum Festmachen von Schiffen; *oV* Dückdalbe [<ndrl. *dukdalf* <frz. *Duc d'Albe* »Herzog von Alba«; im Jahr, nachdem Herzog Alba 1567 niederländ. Boden betreten hat, erscheint in dem ihm anhängenden Amsterdam *duc Dalba* für »Pfahlgruppen, die zur Befestigung von Schiffen in den Hafen eingerammt sind«; viell. auch zu *dallen* »Pfähle« + *ducken* »sich neigen« (nach Kluge, Etymologisches Wörterbuch)]

Dück|dal|be ⟨f.; -, -n; meist Pl.⟩ = Duckdalbe

Duc|tus ⟨m.; -, -; Med.⟩ Gang, Kanal; →*a.* Duktus [<lat. *ductus* »Zug, Führung«; zu *ducere* »führen«]

due ⟨[duːɔ] Musik⟩ = a due

Due|cen|tist ⟨[-tʃɛn-] m.; -en, -en⟩ Künstler des Duecentos

Due|cen|to ⟨[-tʃɛnto] n.; - od. -s; unz.⟩ künstlerische Stilepoche des 13. Jh. in Italien; *oV* Ducento [ital., »200 (Jahre nach 1000 n. Chr.)«]

Du|ell ⟨n.; -s, -e⟩ Zweikampf; *ein* ~ *auf Pistolen, Säbel* [<lat. *duellum* (ältere Form von *bellum* »Krieg«; volksetym. an *duo* »zwei« angelehnt]

Du|el|lant ⟨m.; -en, -en⟩ Kämpfer im Duell

du|el|lie|ren ⟨V.⟩ *sich* ~ im Duell bekämpfen; *sich auf Pistolen* ~

Du|en|ja ⟨f.; -, -s; veraltet⟩ Anstandsdame [<span. *dueña* »Herrin« <lat. *domina* »Herrin«; → *Doña*]

Du|ett ⟨n.; -(e)s, -e; Musik⟩ Musikstück für zwei Singstimmen od. zwei gleiche Instrumentalstimmen; *Flöten~; im* ~ *spielen, singen*; →*a.* Duo [<ital. *duetto* »Gesang zu Zweien«]

du|et|tie|ren ⟨V.; Musik⟩ im Duett spielen; *die beiden Musiker* ~ *grandios*

Düf|fel ⟨m.; -s, -⟩ dickes, raues Halbwollgewebe [nach der belg. Stadt *Duffel*]

Duf|fing ⟨[dʌf-] n.; - od. -s, -s; Golf⟩ = Sclaffing [engl.; vielleicht zu (umg.) *duff* »fester Pudding mit Rosinen u. a.; (verrotteter) Waldboden« <engl. *dough* »Teig«]

Duf|fle|coat *auch:* **Duf|fle|coat** ⟨[dʌflkout] m.; -s, -s⟩ dreiviertellanger, meist fester mit Schlingen u. Knebeln zu schließender Mantel aus Popeline od. Gardine [engl., »Mantel aus Düffel«; → *Düffel*]

Du|gong ⟨m.; -s, -s od. -e; Zool.⟩ Art der Seekühe trop. Meere

mit gegabeltem Schwanz: Halicore dugong [<malai. *dujong*]
du jour ⟨[dy ʒuːr] Adv.; veraltet⟩ **1** vom Tage **2** vom Dienst; ~ *sein* an diesem Tage Dienst haben [frz., »des Tages«]
Du|ka|ten ⟨m.; -s, -⟩ alte, urspr. italien. Goldmünze von hohem Feingehalt [<mhd. *ducate* <ital. *ducato*, nach dem Beinamen Kaiser Konstantins X., *Dukas*, der während seiner Regierungszeit (1059-1067) den byzantin. Goldmünzen aufgeprägt wurde; dann umgedeutet <mlat. *ducatus* »Herzogtum«]
Duke ⟨[djuːk] m.; -s, -s⟩ Herzog (höchster engl. Adelsrang) [engl., <lat. *dux* »Führer«]
duk|til ⟨Adj.⟩ gut verformbar durch Walzen, Ziehen, Hämmern [<frz. *ductile* »dehnbar, streckbar«; zu lat. *ducere* »ziehen, führen«]
Duk|ti|li|tät ⟨f.; -; unz.⟩ Verformbarkeit (bes. metallische Werkstoffe)
Duk|tus ⟨m.; -, -⟩ **1** Schriftart **2** die Art, beim Schreiben die Feder zu führen; *magerer, teigiger, zügiger* ~; →*a.* Ductus [<lat. *ductus* »Zug, Führung«; zu *ducere* »führen«]
Dul|zi|an ⟨m.; -s, -e; Musik⟩ = Dolcian
Dul|zi|nea ⟨f.; -s -od. -ne|en; fig.; scherzh.⟩ Freundin, Geliebte [nach der Geliebten Don Quijotes]
Du|ma ⟨f.; -, -s⟩ **1** (im zaristischen Russland) russ. Ratsversammlung der fürstl. Gefolgsleute **2** das russ. Parlament 1906-17 **3** Stadtverordnetenversammlung **4** (seit 1994) russ. Parlament [russ., »Gedanke, Rat«]
Dumb|show *auch:* **Dumb Show** ⟨[dʌmʃou] f.; (-) -, (-) -s⟩ **1** (allg.) pantomimische Einlage **2** (früher im engl. Drama) häufig der eigentl. Vorstellung vorangestellte pantomimische Erläuterung der Handlung [<engl. *dumb* »stumm« + *show* »Veranstaltung, Vorführung«]
Dum|dum ⟨n.; - od. -s, - od. -s⟩ Dumdumgeschoss
Dum|dum|ge|schoss ⟨n.; -es, -e⟩ wie ein Sprenggeschoss wirkendes Infanteriegeschoss mit abgeknickter Spitze u. dadurch freiliegendem Bleikern, verursacht schwere Wunden; *Sy* Dumdum [<ind. *damdam* »Hügel, Erdwall«, nach dem Standort der bengal. Artillerie bei Kalkutta, in dem die Geschosse zuerst hergestellt wurden]

Dum|ka ⟨f.; -, Dum|ki; Musik⟩ **1** balladenartiges slaw. Volkslied **2** Instrumentalstück in Moll [Verkleinerungsform zu ukrain. *duma* »Lied«]

Dum|my ⟨[dʌmi] m.; -s, -s⟩ **1** Schaupackung; *Sy* Attrappe **2** Exemplar eines in Vorbereitung befindl. Buches mit größtenteils leeren Seiten, einzelnen Textproben, Illustrationen usw. **3** Puppe in Lebensgröße zu Testzwecken; *Crashtest~* **4** ⟨Kart.⟩ Strohmann [engl.]

dum|pen ⟨[dʌm-] V.⟩ Dumping betreiben, unter dem Marktwert verkaufen; *Preise* ~

Dum|ping ⟨[dʌm-] n.; - od. -s; unz.⟩ Verkauf von Waren unter dem Marktpreis [engl., »Unterbieten der Preise«]

Dum|ping|preis ⟨[dʌm-] m.; -es, -e⟩ Preis einer Ware, der erheblich unter dem Marktpreis liegt; *etwas zu ~en verkaufen* [→ *Dumping*]

Dun|ci|a|de ⟨[-tsi-] f.; -, -n⟩ literar. Spottgedicht [<engl. *dunce* »Dummkopf«, nach der Satire »The Dunciad« von Alexander Pope, 1688-1744]

Dunk ⟨[dʌŋk] m.; -s, -s; Sport; Basketball⟩ Form des Korblegens, bei dem der Spieler den Ball mit den Händen von oben in den Ring legt [zu engl. *dunk* »eintauchen«]

Dun|king ⟨[dʌŋkɪŋ] n.; - od. -s, -s; Sport; Basketball⟩ »Legen« des Balles von oben herab in den Korb (während des Sprungs) [→ *Dunk*]

Duo ⟨n.; -s, -s; Musik⟩ **1** Musikstück für zwei selbständige, meist verschiedene Instrumentalstimmen **2** die beiden ein Duo (1) spielenden Musiker [lat., »(für) zwei«]

du|o|de|nal ⟨Adj.; Med.⟩ das Duodenum betreffend, zu ihm gehörig, von ihm ausgehend

Du|o|de|ni|tis ⟨f.; -, -ti|den; Med.⟩ Zwölffingerdarmentzündung

Du|o|de|num ⟨n.; -s, -na; Anat.⟩ Zwölffingerdarm [<lat. *duodecim* »zwölf«]

Du|o|dez ⟨n.; -es; unz.; Zeichen: 12°⟩ als Buchformat eingefalzter Papierbogen mit 12 Blättern (24 Seiten) [zu lat. *duodecim* »zwölf«]

Du|o|dez|for|mat ⟨n.; -(e)s; unz.; Zeichen: 12°⟩ Buchformat, bei dem der Papierbogen zwölfmal gefaltet wird [zu lat. *duodecim* »zwölf«]

Du|o|dez|fürst ⟨m.; -en, -en⟩ Herrscher eines Duodezstaates

du|o|de|zi|mal ⟨Adj.⟩ zwölfteilig, in der Art des Duodezimalsystems, auf ihm beruhend; *Sy* dodekadisch

Du|o|de|zi|mal|sys|tem ⟨n.; -s, -e⟩ Zahlensystem mit der Zahl zwölf als Recheneinheit; *Sy* Dodekadik [<lat. *duodecim* »zwölf«]

Du|o|de|zi|me ⟨f.; -, -n; Musik⟩ **1** zwölfter Ton der diatonischen Tonleiter **2** Intervall im Abstand von zwölf diaton. Tonstufen [<lat. *duodecima*, Fem. zu *duodecimus* »der Zwölfte«; <*duo* »zwei« + *decimus* »der zehnte«]

Du|o|dez|staat ⟨m.; -(e)s, -en⟩ lächerlich kleiner Staat, Zwergstaat, Ländchen [<lat. *duodecim* »zwölf, Dutzend«, eigtl. »Dutzendstaat«]

Du|o|di|o|de ⟨f.; -, -n; El.⟩ Doppelzweipolröhre, die aus der Vereinigung zweier Dioden entsteht [<*Duo…* + *Diode*]

Du|o|kul|tur ⟨f.; -, -en; Landw.⟩ Anbau von zwei verschiedenen Kulturpflanzen auf demselben Feldstück

Du|o|le ⟨f.; -, -n⟩ musikal. Figur mit zwei anstatt drei gleichwertigen Noten [<lat. *duo* »zwei« + *…ole*]

dü|pie|ren ⟨V.⟩ täuschen, übertölpeln, zum Besten haben, foppen [<frz. *duper* »hintergehen, betrügen«]

Du|plet ⟨[dupleː] n.; -s, -s⟩ aus zwei Linsen zusammengesetzte Lupe [zu lat. *duplex* »doppelt«]

Du|plex ⟨n.; -; unz.⟩ zwei aus Wirkstoffen zusammengeklebte Bahnen zur Herstellung von Stoffhandschuhen [lat., »doppelt«]

Duplex... ⟨in Zus.⟩ Doppel... [→ *Duplex*]

Du|plex|be|trieb ⟨m.; -(e)s; unz.; EDV⟩ Verfahren, das eine Datenübertragung in beiden Richtungen gleichzeitig zulässt

du|plie|ren ⟨V.⟩ verdoppeln [<lat. *duplus* »zweifach«]

Du|plik ⟨f.; -, -en⟩ Antwort, Gegenantwort auf eine Replik [<lat. *duplicare* »verdoppeln«]

Du|pli|kat ⟨n.; -(e)s, -e⟩ **1** Doppel (einer Urkunde, eines Schriftstücks) **2** Abschrift, Kopie, Durchschlag [<lat. *duplicatus*, Part. Perf. zu *duplicare* »verdoppeln«]

Du|pli|ka|ti|on ⟨f.; -, -en⟩ das Duplizieren, Verdoppelung [<lat. *duplicatio* »Verdoppelung«]

Du|pli|ka|tur ⟨f.; -, -en⟩ Verdoppelung, Doppelbildung [<lat. *duplicare* »verdoppeln«]

du|pli|zie|ren ⟨V.⟩ verdoppeln [<lat. *duplicare* »verdoppeln«]

Du|pli|zi|tät ⟨f.; -, -en⟩ Zweiheit, Zweimaligkeit; ~ *der Fälle* zufälliges Zusammentreffen zweier gleicher od. ähnl. Ereignisse [<lat. *duplex* »doppelt« u. frz. *duplicité* »Doppelheit«]

Du|plum ⟨n.; -s, Du|pla⟩ Doppel, Duplikat [lat.]

Du|pren® *auch:* **Dup|ren®** ⟨n.; -s; unz.⟩ ein synthet. Kautschuk

Du|que ⟨[duːkə] m.; - od. -s, -s⟩ höchster spanischer Adelsrang [span. <lat. *dux* »Führer«]

Du|que|sa ⟨[dukeːsa] f.; -, -s⟩ Titel der Frau des Duque

Dur ⟨n.; -s; unz.; Musik⟩ Tongeschlecht mit großer Terz im Dreiklang der Tonika; *G*gs Moll [<mlat. *b durum* »der Ton h«, eigtl. »hartes b«]

Du|ra ⟨f.; -; unz.; Anat.⟩ die harte äußere Hirnhaut; *Syn* Dura Mater [zu lat. *durus* »hart«]

du|ra|bel ⟨Adj.⟩ dauerhaft, beständig (wetter)fest; *durable Konstruktion* [<lat. *durabilis* »dauerhaft«]

Du|ra|bi|li|tät ⟨f.; -; unz.⟩ durable Beschaffenheit, Beständigkeit

du|ral ⟨Adj.; Med.⟩ zur Dura gehörend, diese betreffend

Du|ral ⟨n.; -s; unz.⟩ = Duralumin

Du|ra|lu|min® *auch:* **Du|ra|lu|min®** ⟨n.; -s; unz.⟩ härtbare Aluminiumlegierung; *Sy* Dural [<lat. *durus* »hart« + *Aluminium*]

Du|ra Ma|ter ⟨f.; - -; unz.; Anat.⟩ = Dura [<lat. *dura mater*, eigtl. »harte Mutter«]

du|ra|tiv ⟨a. [--'-] Adj.⟩ verlaufend, dauernd

Du|ra|tiv ⟨n.; -s, -e [-və]; Gramm.⟩ **1** Aktionsart des Verbums, bezeichnet die Dauer eines Vorgangs od. Zustandes ohne zeitl. Begrenzung **2** Verbum in dieser Aktionsart, z. B. blühen, leben, schlafen, wohnen [zu lat. *durare* »dauern«]

durch|che|cken ⟨[-tʃɛkən] V.; umg.⟩ gründlich checken, genau überprüfen, genau untersuchen, durchdenken; *ich muss das nochmal* ~

durch|sty|len ⟨[-staɪ-] V.; umg.⟩ nach der neuesten Mode ausstatten, in einem einheitlichen Stil gestalten; *sie ist völlig durchgestylt; einen Wohnraum neu* ~ [→ *stylen*]

Du|ri|an|baum ⟨m.; -(e)s, -bäu|me; Bot.⟩ in Malaysia wachsendes Wollbaumgewächs, dessen kastaniengroße Samen zwar wohlschmeckend, aber auch von einem übel riechenden Samenkern umzogen sind [<malai. *durian*]

Du|ri|ne ⟨f.; -, -n; Vet.⟩ = Dourine

Du|rit ⟨m.; -s, -e; Geol.⟩ aus stark zersetzten Pflanzen entstandene Streifenkohle mit hohem Ascherückstand [Kunstwort; zu lat. *durus* »hart«]

Du|ro|me|re ⟨Pl.⟩ = Duroplaste [<lat. *durus* »hart« + grch. *meros* »Teil«]

Du|ro|plas|te ⟨Pl.⟩ Gruppe von Kunststoffen, die zwar nach dem Zusammenmischen ihrer Komponenten einmal durch Hitze aushärtbar sind, sich aber nicht wieder erweichen lassen; *Sy* Duromere

Dur|ra ⟨f.; -; unz.; Bot.⟩ in Afrika u. Indien wachsende Hirse, Mohrenhirse: Sorghum durra [<arab. *dhura*]

Du|rum|wei|zen ⟨m.; -s; unz.; Bot.⟩ Hartweizen [zu lat. *durus* »hart«]

Dü|se ⟨f.; -, -n⟩ **1** Rohrleitung mit allmählich abnehmendem Querschnitt, wodurch sich die Geschwindigkeit eines hindurchströmenden Mediums erhöht, sein statischer Druck dagegen abnimmt **2** Vorrichtung zum Zerstäuben von Flüssigkeit [<tschech. *duše* »Seele, das Innere (von Geschützrohren)«]

Dust ⟨[dʌst] m.; - od. -s; unz.⟩ besonders fein gesiebte Teemischung [<engl. *dust*, eigtl. »Staub«]

Du|ty|free|shop *auch:* **Du|ty-free-Shop** ⟨[djuːtɪ friː ʃɔp] m.; -s, -s; auf Flugplätzen u. Ä.⟩ Laden, in dem Waren zollfrei verkauft werden [engl.]

Du|um|vir ⟨[-viː] m.; -n, -n od. -vi|ri⟩ **1** altröm. Behörde aus zwei Beamten für die verschiedensten Ämter **2** altröm. Beamtentitel [lat., »Mitglied eines Zwei-Männer-Rates«]

Du|um|vi|rat ⟨[-vi-] n.; -(e)s, -e⟩ Amt, Würde der Duumvirn [<lat. *duumviratus* <*duo* »zwei« + *vir* »Mann«]

Du|vet ⟨[dyvɛ] n.; -s, -s; schweiz.⟩ Daunendecke, Federbett [frz., »Flaum«]

Duve|tine ⟨[dyvtiːn] m.; -s, -s; Textilw.⟩ samtiges Gewebe aus Baumwolle (Kette) u. Wolle (Schuss) [<frz. *duvet* »Flaum«]

Dux ⟨m.; -, Du|ces; Musik⟩ Grundgestalt eines Fugenthemas; →*a.* Comes [lat., »Führer«]

Dvan|dva ⟨n.; - od. -s, - od. -s; Sprachw.⟩ Wortzusammensetzung, bei der durch die Aneinanderreihung der einzelnen Glieder eine neue Bedeutung entsteht, z. B. Kopfnuss, siebzehn; *oV* Dwandwa [Sanskrit, »Paar«]

DVD ⟨Abk. für engl.⟩ Digit Versatile Disc, eine beidseitig beschichtete CD mit sehr großer Speicherkapazität, in der Filme (in hoher Bild- u. Tonqualität) gespeichert werden [engl., »digitale vielseitige Scheibe«]

DVD-Play|er *auch:* **DVD-Pla|yer** ⟨[-plɛɪjə(r)] m.; -s, -⟩ Gerät zum Abspielen von DVDs; *Sy* DVD-Spieler [<*DVD* + engl. *player* »Abspielgerät«]

DVD-Spie|ler ⟨m.; -s, -⟩ = DVD-Player

Dwand|wa ⟨n.; - od. -s, - od. -s; Sprachw.⟩ = Dvandva

dwt ⟨Abk. für⟩ Pennyweight

Dy ⟨chem. Zeichen für⟩ Dysprosium

Dy|a|de ⟨f.; -, -n⟩ Zusammenfassung von zwei Einheiten [<grch. *dyas* »Zweiheit«]
Dy|a|dik ⟨f.; -; unz.⟩ Dualsystem
dy|a|disch ⟨Adj.⟩ **1** das Dualsystem betreffend, auf ihm beruhend, aus zwei Einheiten bestehend **2** ⟨Geol.⟩ zur Dyas gehörend, aus ihr stammend
Dy|as ⟨f.; -, -a|den⟩ zwei eng zusammengehörige Einheiten, Begriffe, Paar [grch., »Zweiheit«]
Dyb|buk ⟨m.; - od. -s, -s⟩ = Dibbuk
dyn ⟨Zeichen für⟩ Dyn
Dyn ⟨n.; -s, -; Zeichen: dyn⟩ nicht mehr zulässige Maßeinheit für Kräfte, 1 dyn = 1 g cm/s^2 = 10^{-5} Newton [verkürzt <grch. *dynamis* »Kraft«]
Dy|na|mik ⟨f.; -; unz.⟩ **1** Lehre von der Bewegung von Körpern unter dem Einfluss von Kräften; *Ggs* Statik **2** ⟨Musik⟩ Lehre von der Abstufung der Tonstärke **2.1** die Abstufung selbst **3** ⟨fig.⟩ Triebkraft, Kraftentfaltung, Schwung, Lebendigkeit, lebendige, lebhafte, rhythm. Bewegung [<grch. *dynamis* »Kraft«]
Dy|na|mis ⟨f.; -; unz.; Philos.⟩ Kraft, Vermögen [grch.]
dy|na|misch ⟨Adj.⟩ **1** die Dynamik betreffend, auf ihr beruhend; *Ggs* statisch **2** triebkräftig, voll innerer Kraft, lebendig wirksam, lebendig, lebhaft, bewegt; *ein ~es Auftreten*
dy|na|mi|sie|ren ⟨V.⟩ vorantreiben, dynamisch gestalten, dem veränderten Lebensstandard anpassen; *Renten ~*
Dy|na|mis|mus ⟨m.; -; unz.⟩ **1** Lehre, dass alle Erscheinungen auf der Wirkung von Kräften beruhen **2** ⟨bei Naturvölkern⟩ der Glaube, dass manchen Menschen u. Dingen übernatürl. Kräfte innewohnen
dy|na|mis|tisch ⟨Adj.⟩ in der Art des Dynamismus, ihn betreffend, zu ihm gehörig
Dy|na|mit ⟨n.; -s; unz.⟩ Sprengstoff auf der Basis von Glycerintrinitrat [<grch. *dynamis* »Kraft«]
Dy|na|mo ⟨a. ['---] m.; -s, -s⟩ = Generator (1)
Dy|na|mo|graf ⟨m.; -en, -en; Technik⟩ = Dynamograph

Dy|na|mo|graph ⟨m.; -en, -en; Technik⟩ registrierendes Dynamometer; *oV* Dynamograf
Dy|na|mo|me|ta|mor|pho|se ⟨f.; -, -n; Geol.⟩ durch tektonische Vorgänge verursachte Umformung von Mineralien u. Gesteinen; *Sy* Dislokationsmetamorphose
Dy|na|mo|me|ter ⟨n.; -s, -⟩ Vorrichtung zum Messen von Kräften u. mechan. Leistung, Kraftmesser [<grch. *dynamis* »Kraft« + ...*meter*]
Dy|nast ⟨m.; -en, -en⟩ (regierender) Angehöriger einer Dynastie, Herrscher (über ein kleineres Gebiet), kleiner Fürst [<grch. *dynastes* »Machthaber, Fürst«]
Dy|nas|tie ⟨f.; -, -n⟩ Herrscherhaus, Herrscherfamilie [<grch. *dynasteia* »Macht, Herrschaft«]
dy|nas|tisch ⟨Adj.⟩ eine Dynastie betreffend, zu ihr gehörig, auf ihr beruhend
Dyn|ode *auch:* **Dy|no|de** ⟨f.; -, -n; El.⟩ Elektronenröhre mit mehreren zusätzlichen Elektroden zur besseren Steuerung und Verstärkung des zugeführten Stromes [<grch. *dynamis* »Kraft, Stärke« + ...*ode*]
dys..., Dys... ⟨in Zus.⟩ schlecht, schwierig, widrig [<grch.]
Dys|a|ku|sis *auch:* **Dys|a|ku|sis** ⟨f.; -; unz.; Path.⟩ **1** krankhafte Empfindlichkeit des Gehörs gegenüber bestimmten Tönen **2** Gehörabnahme bis zur Schwerhörigkeit [<*Dys...* + grch. *akouein* »hören«]
Dys|ar|thrie *auch:* **Dy|sar|thrie** ⟨f.; -, -n; Med.⟩ Störung der Sprachkoordination (Gliederung, Aussprache) aufgrund organischer Fehlfunktionen im Bereich der Sprechwerkzeuge; →*a.* Dysglossie [<*Dys...* + grch. *arthroun* »gliedern; artikulierte Laute hervorbringen«]
Dys|äs|the|sie *auch:* **Dy|säs|the|sie** ⟨f.; -; unz.; Psych.⟩ Unempfindlichkeit, Stumpfheit der Sinne [<grch. *dys-* »miss-, schlecht« + *aistanesthai* »empfinden«]
Dys|chro|mie ⟨[-kro-] f.; -, -n; Med.⟩ = Chromatose
Dys|en|te|rie *auch:* **Dy|sen|te|rie** ⟨f.; -, -n; Med.⟩ infektiöse Darmerkrankung, die durch mehrere Typen von Bakterien od. einzellige Lebewesen übertragen wird, Ruhr [<*Dys...* + grch. *enteron* »Darm, Eingeweide«]
dys|en|te|risch *auch:* **dy|sen|te|risch** ⟨Adj.; Med.⟩ ruhrartig
Dys|funk|ti|on ⟨f.; -, -en; Med.⟩ Funktionsstörung (eines Organs)
dys|funk|ti|o|nal ⟨Adj.; Med.⟩ eine Dysfunktion betreffend, auf einer Dysfunktion beruhend
Dys|glos|sie ⟨f.; -, -n; Med.⟩ Störung der Sprachartikulation durch Fehlbildungen der Sprechwerkzeuge; →*a.* Dysarthrie [<*Dys...* + grch. *glossa* »Sprache«]
Dys|gna|thie ⟨f.; -, -n; Med.⟩ Fehlentwicklung, die zu abnormer Zahnstellung, Kieferverformungen u. -funktionsstörungen führt [<*Dys...* + grch. *gnathos* »Kiefer«]
Dys|kal|ku|lie ⟨f.; -; unz.; Med.⟩ (zumeist bei Kindern auftretende) Rechenschwäche, die durch mangelndes Logik-, Mengen- u. Zahlenverständnis verursacht wird u. oft von Orientierungs- u. Rechts-Links-Unterscheidungsschwierigkeiten begleitet ist [<*Dys...* + lat. *calculatio* »Berechnung«]
Dys|kal|ku|li|ker ⟨m.; -s, -; Med.⟩ jmd., der an Dyskalkulie leidet
Dys|ki|ne|sie ⟨f.; -, -n; Med.⟩ ohne ersichtliche organische Störung auftretende funktionelle Störung [<*Dys...* + grch. *kinesis* »Bewegung«]
Dys|la|lie ⟨f.; -, -n; Med.⟩ Stammeln [<*Dys...* + grch. *lalia* »Gerede, Geplauder«]
Dys|me|nor|rhö ⟨f.; -, -en; Med.⟩ Dysmenorrhöe
Dys|me|nor|rhöe ⟨[-rø:] f.; -, -n; Med.⟩ gesteigerte Schmerzhaftigkeit der Menstruation; *oV* Dysmenorrhö
Dys|pep|sie ⟨f.; -, -n; Med.⟩ Verdauungsstörung
Dys|pha|gie ⟨f.; -, -n; Med.⟩ Schluckstörung [<*Dys...* + grch. *phagein* »essen«]
Dys|pha|sie ⟨f.; -, -n; Med.⟩ gestörtes Sprechen [<*Dys...* + grch. *phasis* »Sprache«]
Dys|pho|nie ⟨f.; -, -n; Med.⟩ Stimmstörung mit heiserer,

Dysphrenie

belegter Stimme [<*Dys...* + grch. *phone* »Stimme«]
Dys|phre|nie ⟨f.; -, -n⟩ seel. Störung [<*Dys...* + *phren* »Seele«]
Dys|pla|sie ⟨f.; -, -n; Med.⟩ Fehlbildung, Unterentwicklung
Dys|pro|si|um ⟨n.; -s; unz.⟩ chem. Element aus der Reihe der Metalle der Seltenen Erden, Ordnungszahl 66 [<grch. *dysprositos* »schwer zu erlangen«]
Dys|te|le|o|lo|gie ⟨f.; -; unz.⟩ Lehre von der Zweckwidrigkeit (in der Natur); Ggs Teleologie
Dys|to|kie ⟨f.; -, -n; Med.⟩ Störung beim Verlauf einer Geburt; Ggs Eutokie [<*Dys...* + grch. *tokos* »Geburt«]
Dys|to|nie ⟨f.; -, -n; Med.⟩ Störung des normalen Verhaltens; Ggs Eutonie; ~ *der Muskeln, Gefäße, Nerven*
Dys|to|pie ⟨f.; -, -n; Med.⟩ Fehlbzw. Verlagerung von Organen; Ggs Eutopie [<*Dys...* + grch. *topos* »Ort«]
dys|troph ⟨Adj.; Med.⟩ auf Dystrophie beruhend, sie bewirkend
Dys|tro|phie ⟨f.; -, -n; Med.⟩ **1** Ernährungsstörung **2** ungenügende Versorgung von Organen, Muskeln usw. mit Nährstoffen, Ernährungskrankheit
Dys|u|rie *auch:* **Dy|su|rie** ⟨f.; -, -n; Med.⟩ gestörte Harnentleerung [<*Dys...* + grch. *ouron* »Harn«]

e ⟨Abk. für⟩ Elektron bzw. elektrische Elementarladung
E ⟨Abk. für⟩ ⟨engl.⟩ East, ⟨frz.⟩ Est (Osten)
€ ⟨Zeichen für⟩ Euro
e..., **E...** ⟨Vorsilbe⟩ = ex...², Ex...²
Ea|gle *auch:* **Eagle** ⟨[iːgl] m.; -s, -s⟩ **1** ⟨Sport; Golf⟩ Erreichen des Loches mit zwei Schlägen weniger als vorgegeben **2** alte amerikan. 10-Dollar-Goldmünze [engl., »Adler«]
EAN-Code ⟨[eːaːɛnkoːd] m.; -s; unz.; Kurzwort für⟩ Europäischer Artikelnummern-Code, innerhalb der EU standardisierter Strichcode für Lebensmittel u. andere Handelsgüter in computerlesbarer Ausführung; →a. Barcode
Earl ⟨[œːl] m.; -s, -s⟩ Graf (engl. Adelsrang)
Earl Grey ⟨[œːl grɛɪ] m.; - -s; unz.⟩ Teesorte, die mit dem Öl der Bergamotte aromatisiert ist [nach dem engl. Politiker Sir Edward Viscount *Grey* of Fallodon, 1862-1933]
Early English ⟨[œːlɪ ɪŋglɪʃ] n.; - -; unz.⟩ Stilepoche der engl. Frühgotik (ca. 1175-1250) [engl., »frühes Englisch«]
EARN ⟨Abk. für engl.⟩ European Academic Research Network, ein geschlossenes Computernetzwerk, an dem fast alle europäischen sowie einige nord- u. südamerikanische Universitäten beteiligt sind
East ⟨[iːst] m.; -; unz.; Abk.: E⟩ Osten [engl.]
ea|sy ⟨[iːzɪ] Adj.; undekl.; umg.⟩ angenehm u. leicht, einfach, locker [engl.]

Easyliving / Easy Living
(*Getrennt- und Zusammenschreibung*) Fremdsprachliche Zusammensetzungen mit Substantiven werden wie deutsche Komposita zusammengeschrieben. Besteht ein Kompositum aus einem Adjektiv und einem Substantiv kann in Anlehnung an die Herkunftssprache auch getrennt geschrieben werden. Hat der zweite Wortbestandteil die Funktion eines Substantivs sind beide Teile großzuschreiben (→a. Fairplay / Fair Play).
Wenn fremdsprachliche Fügungen als Zitatwörter gemeint sind, können sie auch als Ganzes kleingeschrieben werden (*easy living*).

Ea|sy|li|ving *auch:* **Ea|sy Li|ving** ⟨[iːzɪ lɪvɪŋ] n.; (-)- od. (-)-s; unz.; salopp⟩ angenehme, unbeschwerte Lebensweise; *eine neue Art des ~* [<engl. *easy* »leicht« + *live* »leben«]
Ea|sy|ri|der *auch:* **Ea|sy Ri|der** ⟨[iːzɪ raɪdə(r)] m.; (-) -s, (-) -⟩ **1** Motorrad mit hoher, in der Mitte geteilter Lenkstange und Rückenlehne; Sy Chopper **2** Jugendlicher, der ein solches Motorrad fährt [<engl. *easy* »leicht« + *rider* »Fahrer«]
Eat-Art ⟨[iːtaːrt] f.; -; unz.⟩ Kunstrichtung, deren Kunstobjekte zum Genuss als Nahrungsmittel geeignet sind [<engl. *eat* »Essen« + *art* »Kunst«, <lat. *ars* »Kunst«]
Eau de Co|lo|gne *auch:* **Eau de Co|logne** ⟨[oː də kɔlɔnjə] n.; - - -, -x [oː] - -⟩ Lösung von natürl. ätherischen Ölen in 75-85% Alkohol zum Erfrischen und Parfümieren, Kölnischwasser [frz., »Wasser aus Köln«]
Eau de Ja|vel ⟨[oː də ʒavɛl] n.; - - -, -x [oː] - -⟩ Bleich- u. Desinfektionsmittel, wässrige Lösung von Kaliumhypochlorit u. Kaliumchlorid [frz., »Wasser aus Javel«, nach der Ortschaft *Javel* (heute ein Stadtteil von Paris)]
Eau de La|bar|raque ⟨[oː də -rak] n.; - - -, -x [oː] - -⟩ unbeständige, wässrige Lösung von Natriumhypochlorit, Bleich- u. Oxidationsmittel [frz., nach dem Erfinder A. *Labarraque*]
Eau de Par|füm ⟨[oː də parfœ̃ː] n.; - - -, -x [oː] - -⟩ Duftwasser, das stärker ist als Eau de Toilette u. schwächer als Parfüm [<frz. *eau* »Wasser« + *de* »von« + *parfum* »Parfüm«]
Eau de Toi|let|te ⟨[oː də toalɛt] n.; - - -, -x [oː] - -⟩ Duftwasser, das stärker ist als Eau de Cologne u. schwächer als Parfüm [<frz. *eau* »Wasser« + *de* »von« + *toilette* »Aufmachung, Kleidung«; Toilette«; → *Toilette*]
Eau de Vie ⟨[oː də viː] n.; - - -, -x [oː] - -⟩ Schnaps, Branntwein [frz.]
E-Ban|king ⟨[iːbæŋkɪŋ] n.; -s; unz.; kurz für⟩ Electronic Banking
E|bi|o|nit ⟨m.; -en, -en⟩ Mitglied einer (von Paulus abgelehnten) Sekte der Judenchristen aus

dem 1. u. 2. Jh. n. Chr., die sich an Moses' Weisungen orientierte [hebr., »der Arme«]

E|bo|la|fie|ber ⟨n.; -s; unz.; Med.⟩ (durch das Ebolavirus verursachte) seuchenartige, akute Infektionskrankheit mit meist tödlichem Ausgang, deren Übertragung durch Körperflüssigkeiten erfolgt [nach dem Fluss *Ebola* in Zaire]

E|bo|nit® ⟨n.; -s; unz.⟩ aus Kautschuk durch Vulkanisation mit hohem Schwefelanteil gewonnenes Hartgummi [< engl. *ebony* < lat. *ebenus* »Ebenholz«]

E-Book ⟨[i:buk] n.; -s, -s; kurz für⟩ Electronic Book

E|bur|ne|a|ti|on ⟨f.; -, -en⟩ elfenbeinartige, übermäßige Verknöcherung; *Sy* Eburnifikation [< lat. *ebur* »Elfenbein«]

E|bur|ni|fi|ka|ti|on ⟨f.; -, -en⟩ = Eburneation

E-Busi|ness ⟨[i:bɪznɪs] n.; -, -s; kurz für⟩ Electronic Business

e. c. ⟨Abk. für⟩ exempli causa

EC ⟨Abk. für⟩ Eurocity

E|cart ⟨[eka:r] m.; -s, -s⟩ = Ekart

E|car|té ⟨[ekarte:] n.; -s, -s⟩ = Ekarté

E-Cash ⟨[i:kæʃ] n.; -, -s; kurz für⟩ Electronic Cash

Ec|ce ⟨[ɛktsə] n.; -, -⟩ jährliche Totengedenkfeier [lat., »siehe da«]

Ec|ce-Ho|mo ⟨[ɛktsə-] n.; - od. -s, - od. -s⟩ Darstellung Christi mit der Dornenkrone (als Motiv der Kunst, z. B. in Andachtsbildern) [lat., »Seht, (welch) ein Mensch!« (Ausspruch des Pilatus angesichts des dornengekrönten Jesus)]

Ec|cle|sia ⟨[ɛkle:-] f.; -; unz.⟩ Gemeinde, Kirche; ~ *militans* die streitbare Kirche; ~ *triumphans* die triumphierende Kirche, die Kirche im Zustand der Vollendung; *oV* Ekklesia; →a. Ekklesiastik [lat., »Kirche« < grch. *ekklesia* »Volksversammlung«]

Ec|dy|son ⟨n.; -s; unz.; Bot.⟩ = Ekdyson

E|chap|pé ⟨[eʃape:] n.; -s, -s⟩ Sprungfigur (im Ballett), die aus einer geschlossenen Fußposition heraus in einer geöffneten endet [< frz. *échappé* »Entsprungene(r), Entlaufene(r)«]

E|chap|pe|ment ⟨[eʃap(ə)mã:] n.; -s, -s⟩ **1** Flucht **2** Auslösung (einer Mechanik) **3** Hemmung (in der Uhr) [frz., »das Ausströmen, Hemmung«]

e|chap|pie|ren ⟨[-ʃa-] V.; veraltet⟩ entfliehen, entwischen [< frz. *échapper*]

e|chauf|fie|ren ⟨[eʃofi:-] V.⟩ *sich* ~ sich erhitzen, aufregen [< frz. *échauffer* »erhitzen, erregen«]

E|chec ⟨[eʃɛk] m.; -s, -s⟩ **1** Schach **2** ⟨veraltet⟩ Niederlage, Schlappe [< frz. *échec* »Misserfolg«]

E|che|ve|ria ⟨[ɛtʃeve:-] f.; -, -ri|en⟩ Angehörige einer Gattung der Dickblattgewächse: Crassulacea [nach dem mexikan. Pflanzenzeichner *Echeverria*, 19. Jh.]

E|chi|nit ⟨[eçi-] m.; -s od. -en, -e od. -en⟩ versteinerter Seeigel [< grch. *echinos* »Igel«]

e|chi|no..., E|chi|no... ⟨[eçi-] in Zus.⟩ Igel, Stachel [< grch. *echinos* »Igel«]

E|chi|no|der|me ⟨[eçi-] m.; -n, -n; Zool.⟩ radial-symmetrisches meeresbewohnendes Tier, dessen Haut durch von starren Stacheln aus Kalk bedeckt ist, Stachelhäuter

E|chi|no|kak|tus ⟨[eçi-] m.; -, -te|en; Bot.⟩ Kaktus mit meist kugelförmigem Stamm: Echinocactus, Igelkaktus [< *Echino...* + *Kaktus*]

E|chi|no|kok|kus ⟨[eçi-] m.; -, -kok|ken; Zool.⟩ Art des Bandwurms, Blasenwurm [< *Echino...* + *...kokkus*]

E|chi|nus ⟨m.; -, -⟩ **1** ⟨Zool.⟩ Seeigel **2** Wulst am Kapitell der dorischen Säule [lat., »Seeigel«]

E|cho ⟨[ɛço] n.; -s, -s⟩ **1** reflektierte Schallwellen, die an ihrem Ausgangspunkt wieder wahrgenommen werden, Widerhall; *ein mehrfaches* ~ **2** Beachtung, Anteilnahme; *der Vortrag fand begeistertes, lebhaftes* ~; *der Zwischenfall fand sein* ~ *in der Presse* **3** ⟨fig.⟩ Anklang, Zustimmung; *das Stück fand kein* ~ *bei den Zuschauern* **4** ⟨fig.; umg.⟩ Nachbeten fremder Meinungen; *sie ist nur das* ~ *ihres Mannes* [grch., »Schall«]

e|cho|en ⟨[-ço-] V.⟩ **1** widerhallen **2** ⟨fig.⟩ etwas nachsagen, nachbeten, wiederholen

E|cho|en|ze|pha|lo|gra|fie ⟨[-ço-] f.; -, -n; Med.⟩ = Echoenzephalographie

E|cho|en|ze|pha|lo|gra|phie ⟨[-ço-] f.; -, -n; Med.⟩ Anwendung des Impuls-Echo-Verfahrens zur Diagnostik intrakranieller Prozesse, z. B. von Blutungen unterhalb der Hirnhaut; *oV* Echoenzphalografie [< *Echo* + grch. *egkephalos* »Gehirn« + ...*graphie*]

E|cho|gra|fie ⟨[-ço-] f.; -, -n⟩ = Echographie

E|cho|gra|phie ⟨[-ço-] f.; -, -n⟩ in der Medizin u. Werkstoffprüfung angewandtes Verfahren, bei dem die Dichte eines Gewebes oder Stoffes mit Hilfe von (Ultra-)Schallwellen erfasst wird; *oV* Echografie

E|cho|kar|dio|gra|fie ⟨[-ço-] f.; -, -n; Med.⟩ = Echokardiographie

E|cho|kar|dio|gra|phie ⟨[-ço-] f.; -, -n; Med.⟩ Herzdiagnostik mittels Ultraschalls; *oV* Echokardiografie; *Sy* Ultraschallkardiographie [< *Echo* + *kardio*... + ...*graphie*]

E|cho|la|lie ⟨[-ço-] f.; -, -n; Med.; Psych.⟩ mechanisches, manchmal zwanghaftes Nachsprechen von Gehörtem ohne inhaltlichen u. situativen Bezug (bes. bei Schizophrenie); *Sy* Echophrasie [< *Echo* + grch. *lalein* »reden, schwätzen«]

E|chol|lot ⟨[-ço-] n.; -(e)s, -e⟩ Gerät zur Entfernungs- u. Tiefenmessung mit Hilfe von Schallwellen; *Sy* Behmlot

E|cho|phra|sie ⟨[-ço-] f.; -, -n; Med.; Psych.⟩ = Echolalie [< *Echo* + grch. *phrasis* »das Sprechen, der Ausdruck«]

É|clair *auch:* **Ec|lair** ⟨[ekle:r] n.; -s, -s⟩ längliches Gebäck mit Cremefüllung u. Glasur od. Schokoladenüberzug [< frz. *éclair* »Blitz, Liebesknochen (Gebäck)«]

E-Com|merce ⟨[i:kɔmœ:s] m.; -; unz.; kurz für⟩ Electronic Commerce

E|co|no|mi|ser ⟨[ɪkɔnəmaɪzə(r)] m.; -s, -⟩ = Ekonomiser

E|co|no|my|class ⟨[ɪkɔnəmɪklɑ:s] f.; -; unz.; Flugw.⟩ billigste Beförderungsklasse; *Sy* Economyklasse [< engl. *economy* »Wirtschaftlichkeit« + *class* »Klasse«]

241

Economyklasse

E|co|no|my|klas|se ⟨[ıkɔnɔmı-] f.; -; unz.⟩ = Economyclass
E|cos|sai|se ⟨[ekɔsɛzə] f.; -, -n⟩ = Ekossaise

> **Economyclass / Economyklasse**
> (*integrierte Schreibweisen*) Für viele aus Fremdsprachen ins Deutsche übernommene Begriffe bilden sich im Laufe der Zeit integrierte Schreibweisen. Dies betrifft nicht nur die Laut-Buchstaben-Zuordnung, sondern kann auch dazu führen, dass ganze Wortbestandteile eingedeutscht werden. In der Regel bleibt es dem Schreibenden überlassen, welche Schreibvariante er wählt.

E|cra|sé|le|der *auch:* E|cra|se|le|der ⟨n.; -s, -⟩ gefärbtes, grobnarbiges Ziegenleder [<frz. *écraser* »zerquetschen«]
e|cru *auch:* ec|ru ⟨[ekry] Adj.⟩ = ekrü
Ec|sta|sy *auch:* Ecs|ta|sy ⟨[ɛkstəsı] n.; -s; unz. od. f.; -; unz.⟩ eine Designerdroge, künstlich synthetisiertes Rauschmittel, das auch in der Psychotherapie angewendet wird [engl., »Ekstase«]
ECU, Écu ⟨[eky] m.; - od. -s, -s od. (bei Zahlenangaben) -; Abk. für⟩ European Currency Unit (Europäische Währungseinheit), Bezugsgröße für den Wechselkurs
ed. ⟨auf Titelblättern von Büchern Abk. für⟩ **1** ediert (herausgegeben) **2** edidit (hat (es) herausgegeben) [lat.]
Ed. ⟨Abk. für⟩ Edition, Editor
E|da|phon ⟨n.; -s; unz.⟩ = Edaphon
e|da|phisch ⟨Adj.⟩ die physikal. u. chem. Eigenschaften des Bodens betreffend, davon abhängig
E|da|phon ⟨n.; -s; unz.⟩ Bodenorganismen (pflanzl. u. tier. Lebewesen, die in den oberen Erdschichten leben); *oV* Edafon [<grch. *edaphos* »Erdboden«]
edd. ⟨auf Titelblättern von Büchern Abk. für⟩ ediderunt, haben (es) herausgegeben [lat.]
E|den ⟨n.; -s; unz.⟩ **1** ⟨AT⟩ Paradies; Garten ~ **2** ⟨fig.⟩ herrlicher Ort [hebr., »Wonne, Lust«]
E|den|ta|ten ⟨Pl.; Zool.⟩ Ordnung der zahnarmen Säugetiere, zu denen Ameisenbären, Faultiere u. Gürteltiere gehören [<*E.*... + lat. *dens,* Gen. *dentis* »Zahn«]
...eder ⟨Nachsilbe zur Bildung von Subst.⟩ ...flächner [<grch. *hedra* »Sitz; Fläche«]
EDG ⟨Abk. für⟩ Elektrodermatogramm
e|die|ren ⟨V.⟩ herausgeben, veröffentlichen (Bücher, Musikalien) [<lat. *edere* »herausgeben«]
e|diert ⟨Adj.; Abk.: ed.⟩ herausgegeben (von)
E|dikt ⟨n.; -(e)s, -e⟩ **1** Erlass 2 behördl. Verordnung 3 Bekanntmachung; Regierungs~ [<lat. *edictum* »amtliche Bekanntmachung«]
E|di|son|fas|sung *auch:* E|di|son-Fas|sung ⟨f.; -, -en; El.⟩ Fassung mit Rundgewinde an den Sockeln der elektr. Glühlampen [nach dem Erfinder Thomas Alva *Edison*, 1847–1931]
e|di|tie|ren ⟨V.; EDV⟩ *Daten* ~ Daten eintippen, bearbeiten, umwandeln [<engl. *edit,* eigtl. »herausgeben«]
E|di|ti|on ⟨f.; -, -en; Abk.: Ed.⟩ Ausgabe, Auflage (von Büchern, Musikalien) [<lat. *editio* »Herausgabe«]
E|di|tio prin|ceps ⟨f.; - -, -ti|o|nes -ci|pes⟩ Erstausgabe (eines Buches) [lat.]
E|di|tor[1] ⟨m.; -s, -to|ren; Abk.: Ed.⟩ Herausgeber [zu lat. *edere* »herausgeben«]
E|di|tor[2] ⟨[ɛditə(r)] m.; -s, -s; EDV⟩ Programm, mit dessen Hilfe Texte u. Programme in den Computer eingegeben u. korrigiert werden können [engl., eigtl. »Herausgeber«]
E|di|to|ri|al ⟨a. engl. [-tɔrıəl] n.; -s, -s⟩ **1** Vorbemerkung des Herausgebers **2** Leitartikel (einer Zeitung) [→ *Edition*]
e|di|to|risch ⟨Adj.⟩ **1** eine Edition betreffend **2** die Arbeit des Herausgebers betreffend
E|du|ka|ti|on ⟨f.; -, -en; geh.⟩ Erziehung [<lat. *educatio* »Erziehung«]
E|dukt ⟨m.; -(e)s, -e⟩ aus Rohstoffen ausgeschiedener Stoff, Auszug, z. B. Zucker aus Zuckerrüben [<lat. *eductus,* Part. Perf. zu *educere* »herausziehen«]
E|du|tain|ment *auch:* E|du|tain-ment ⟨[ɛdjuteın-] n.; -s; unz.⟩ interaktive Form der Wissensvermittlung, bei der Lerninhalte u. kulturelle Informationen über eine Mischung aus Text, Bild, Ton u. Filmsequenzen auf CD-ROM spielerisch u. unterhaltsam vermittelt werden; → *a.* Infotainment [engl.; verkürzt <*education* »Erziehung, (Aus-)Bildung« + enter*tainment* »Unterhaltung«]
EDV ⟨Abk. für⟩ elektronische Datenverarbeitung
EEG ⟨Abk. für⟩ Elektroenzephalogramm, Elektroenzephalographie
Ef|fekt ⟨m.; -(e)s, -e⟩ **1** Wirkung, Eindruck; Licht~ **2** Ergebnis, Erfolg **3** ⟨Physik⟩ Arbeitsleistung [<lat. *effectus* »Wirkung, Erfolg«]
Ef|fek|ten ⟨nur Pl.⟩ **1** Wertpapiere, Urkunden über langfristige Kapitalanlagen **2** bewegl. Habe, Besitz (an Waren)
Ef|fek|ten|bör|se ⟨f.; -, -n⟩ Börsenabteilung, in der überwiegend der Effektenhandel stattfindet
ef|fek|tiv ⟨Adj.⟩ **1** tatsächlich, wirklich; ~*e Leistung* (bei Maschinen) die nutzbare Leistung; *Ggs* indizierte Leistung **2** wirksam; *Ggs* ineffektiv [→ *Effekt*]
Ef|fek|tiv ⟨n.; -s, -e [-və]; Sprachw.⟩ Verb, das eine Veränderung des Substantivs, von dem es abgeleitet ist, ausdrückt, z. B. »standardisieren« (= einem Standard anpassen) [<lat. *effectivus* »bewirkend«]
Ef|fek|tiv|do|sis ⟨f.; -, -do|sen; Med.⟩ der tatsächlich wirksame Anteil einer zugeführten Strahlen- od. Medizindosis, liegt niedriger als die zugeführte Gesamtmenge
ef|fek|ti|vie|ren ⟨[-vi:-] V.⟩ *etwas* ~ die Wirksamkeit, Wirkkraft von etwas erhöhen, steigern
Ef|fek|ti|vi|tät ⟨[-vi-] f.; -; unz.⟩ Wirksamkeit, Wirkkraft
Ef|fek|tiv|lohn ⟨m.; -(e)s, -löh|ne⟩ tatsächlich bezahlter Lohn, der mindestens mit dem Tariflohn

242

übereinstimmt, im Allgemeinen aber Sonderleistungen enthält

Effektivwert ⟨m.; -(e)s, -e⟩ quadratischer Mittelwert einer sich zeitlich ändernden Wechselstromgröße

Effektkohle ⟨f.; -; unz.⟩ in Bogenlampen verwendeter Kohlenstab mit Mineralsalzzusatz zur Verbesserung der spektralen Zusammensetzung des Bogenlichts

Effektor ⟨m.; -s, -toren⟩ Nerv, der Reize zu den Organen weiterleitet u. dort Reaktionen hervorruft [<lat. *effector* »Urheber, Schöpfer«]

effektuieren ⟨V.; Kaufmannsspr.⟩ **1** ausführen, bewerkstelligen **2** leisten, zahlen **3** versenden

Effemination ⟨f.; -; unz.⟩ weibliche Sexualempfindung beim Mann [<lat. *effiminare* »weiblich machen, verweichlichen«]

effeminieren ⟨V.⟩ verweiblichen [→ *Effemination*]

effeminiert ⟨Adj.⟩ (als Mann) verweiblicht, z. B. in (Sexual-)Empfindungen

efferent ⟨Adj.; Med.⟩ herausführend (bei Organen); *Ggs* afferent [<lat. *effere* »hinausführen«]

Efferenz ⟨f.; -, -en; Med.⟩ Herausleitung von Sinneswahrnehmungen vom Zentralnervensystem zur Peripherie (bes. zu Muskeln); *Ggs* Afferenz

Effet ⟨[ɛfɛː] od. [ɛfɛ:] m. od. n.; -s, -s⟩ **1** Wirkung **2** ⟨Sport⟩ Drehung des Balles, so dass er beim An- od. Aufschlagen von der Richtung abweicht [frz., »Wirkung«; → *Effekt*]

effettuoso ⟨Musik⟩ wirkungsvoll (zu spielen) [ital.]

Efficiency ⟨[ɪfɪʃənsɪ] f.; -; unz.⟩ größtmögliche Wirkung, Wirtschaftlichkeit [engl.]

effilieren ⟨V.⟩ Haar ~ gleichmäßig herausschneiden, ausdünnen [<frz. *effiler* »ausfransen, ausfasern«]

effizient ⟨Adj.⟩ wirksam, wirkungsvoll; *Ggs* ineffizient [<lat. *efficient*]

Effizienz ⟨f.; -; unz.⟩ Wirkung, Wirksamkeit; *Ggs* Ineffizienz [<engl. *efficiency*]

effizieren ⟨V.⟩ bewirken [<lat. *efficere* »schaffen, hervorbringen«]

Efflation ⟨f.; -, -en; Med.⟩ = Eruktation [<lat. *efflare* »herausblasen«]

Effloreszenz ⟨f.; -, -en⟩ **1** das Aufblühen, Blütezeit **2** krankhafte Hautveränderung, Hautblüte **3** Mineralüberzug auf Gesteinen [→ *effloreszieren*]

effloreszieren ⟨V.⟩ auf-, ausblühen [<lat. *efflorescere* »erblühen«]

effluieren ⟨V.⟩ ausfließen, -strömen [zu lat. *effluere* »ausfließen, ausströmen«]

effusiv ⟨Adj.; Geol.⟩ durch Effusion entstanden, hervorgerufen

Effusivgestein ⟨n.; -s, -e; Min.⟩ = Vulkanit [→ *Effusion*]

Effusion ⟨f.; -, -en; Geol.⟩ Erguss, Ausströmung, z. B. von Lava [<lat. *effusio* »das Ausgießen«]

EFTA ⟨Abk. für engl.⟩ European Free Trade Association, Europäische Freihandelszone

EG ⟨f.; -; unz.; Abk. für⟩ Europäische Gemeinschaft (→ *a.* europäisch)

egal ⟨Adj.⟩ **1** gleichartig, gleichmäßig **2** gleichgültig [<frz. *égal* »gleichmäßig«]

egalisieren ⟨V.⟩ gleich(mäßig) machen, ausgleichen

egalitär ⟨Adj.⟩ auf politische, soziale usw. Gleichheit gerichtet

Egalitarismus ⟨m.; -; unz.⟩ Streben nach größtmöglicher Gleichheit aller Menschen

Egalität ⟨f.; -; unz.⟩ Gleichheit

Egalité ⟨[-teː] f.; -; unz.⟩ Gleichheit (Schlagwort der Französ. Revolution); → *a.* Liberté, Fraternité [frz.]

Egestion ⟨f.; -, -en; Med.⟩ Stuhlgang [zu lat. *egerere* »herausbringen«]

EGG ⟨Abk. für⟩ Elektrogastrogramm

Egghead ⟨[ɛɡhɛd] m.; -s, -s; scherzh.⟩ Intellektueller [engl., »Eierkopf«]

ego ich [lat.]

Ego ⟨n.; -; unz.⟩ das Ich; → *a.* Alter Ego

Egoismus ⟨m.; -; unz.⟩ Ichbezogenheit, Selbstsucht, Eigennutz, Eigenliebe; *Ggs* Altruismus [<frz. *égoïsme* »Selbstsucht« <lat. *ego* »ich«]

Egoist ⟨m.; -en, -en⟩ jmd., der egoistisch ist [<frz. *égoïste* »selbstsüchtig« <lat. *ego* »ich«]

Egoistin ⟨f.; -, -tin|nen⟩ weibl. Person, die egoistisch ist

egoistisch ⟨Adj.⟩ eigen-, selbstsüchtig

egoman ⟨Adj.⟩ krankhaft u. übersteigert selbstbezogen

Egomane ⟨m.; -n, -n⟩ jmd., der egoman ist

Egomanie ⟨f.; -; unz.⟩ krankhaft übersteigerte Selbstbezogenheit [<*Ego* + *Manie*]

Egotismus ⟨m.; -; unz.⟩ Neigung, sich selbst in den Vordergrund zu stellen [<frz. *égotisme* »Ichbezogenheit«]

Egotist ⟨m.; -en, -en⟩ **1** jmd., der sich selbst in den Vordergrund stellt **2** Verfasser von Romanen in Ichform

Egotrip ⟨m.; -s, -s; umg.⟩ egozentrische Lebenseinstellung; *auf dem* ~ *sein* [<lat. *ego* »ich« + engl. *trip* »Ausflug«]

Egoutteur ⟨[eɡutøːr] m.; -s, -e⟩ zwischen den Saugern einer Langsiebpapiermaschine gelagerte, leichte, mit einem Sieb umkleidete Walze, auf der die Wasserzeichen aufgelötet sind, Vordruckwalze, Wasserzeichenwalze [frz.]

Egozentrik *auch*: **Egozentrik** ⟨f.; -; unz.⟩ egozentrische Haltung; *Sy* Egozentrismus, Egozentrizität [<*Ego* + *Zentrum*]

Egozentriker *auch*: **Egozentriker** ⟨m.; -s, -⟩ männl. Person, die egozentrisch ist

Egozentrikerin *auch*: **Egozentrikerin** ⟨f.; -, -rin|nen⟩ weibl. Person, die egozentrisch ist

egozentrisch *auch*: **egozentrisch** ⟨Adj.⟩ das eigene Ich in den Mittelpunkt stellend, nur vom eigenen Ich aus denkend u. handelnd, alles auf das eigene Ich beziehend; ~ *sein*

Egozentrismus *auch*: **Egozentrismus** ⟨m.; -; unz.⟩ = Egozentrik

Egozentrizität *auch*: **Egozentrizität** ⟨f.; -; unz.⟩ = Egozentrik

egrenieren *auch*: **egrenieren** ⟨V.⟩ entkörnern, aussamen; *Baumwolle* ~ [<frz. *égrener* »entkernen, entkörnen«]

egressiv

e|gres|siv auch: **eg|res|siv** ⟨Adj.; Sprachw.⟩ Verlauf u. Abschluss eines Vorgangs ausdrückend (von Verben); *Ggs* ingressiv, inchoativ

E|gres|siv auch: **Eg|res|siv** ⟨n.; -s, -va [-va]; Sprachw.⟩ *Ggs* Ingressiv, Inchoativ **1** Aktionsart des Verbums, die den Verlauf u. das Ende eines Vorgangs ausdrückt, z. B. »verbrennen«, »zerbrechen« **2** Verb in dieser Aktionsart [<lat. *egressus* »Ausgang«]

Egyptienne auch: **E|gyp|ti|en|ne** ⟨[eʒɪpsjɛn] f.; -; unz.; Typ.⟩ eine Druckschrift [frz., »ägyptisch«]

ei|a|po|peia ⟨Kinderspr.⟩ (Ausdruck, um ein Kind in den Schlaf zu wiegen); ~ *machen* ein Schlaflied singen, ein Kind in den Schlaf wiegen, schlafen gehen [<grch. *eia pop eia* »wohlan, ha, wohlan!«]

Ei|de|tik ⟨f.; -; unz.⟩ **1** Fähigkeit, früher Wahrgenommenes als anschauliches Bild wieder vor sich zu sehen **2** ⟨Philos.⟩ = Eidologie [<grch. *eidos* »Bild«]

Ei|de|ti|ker ⟨m.; -s, -⟩ jmd., der zu eidetischen Vorstellungen fähig ist

Ei|do|lo|gie ⟨f.; -; unz.; Philos.⟩ Theorie, nach der über die Gestalt eines Dinges dessen Wesen ergründet werden kann; *Sy* Eidetik (2)

Ei|do|phor ⟨n.; -s, -e⟩ Gerät, das Fernsehbilder vergrößert auf eine Leinwand wirft [<grch. *eidos* »Bild« + ...*phor*]

Ei|dos ⟨n.; -; unz.; Philos.⟩ **1** Aussehen, Gestalt **2** Begriff, Idee [<grch. *eidos* »Bild«]

Ei|ko|nal ⟨n.; -s, -e⟩ der in der geometrischen Optik längs eines Strahls gemessene Weg des Lichts [<grch. *eikon* »Bild«]

ein|bal|sa|mie|ren ⟨V.⟩ nach dem Tode mit fäulnishindernden Stoffen zum Schutz vor Verwesung bearbeiten; *Leichen ~*

ein|che|cken ⟨[-tʃɛkən] V.; Flugw.⟩ beim Abflug abgefertigt werden, die Kontrollen passieren; *die Passagiere checken ein* [→ *checken*]

ein|fen|zen ⟨V.; selten⟩ mit Zaun versehen, einzäunen [zu engl. *fence* »Zaun«]

ein|log|gen ⟨V.; EDV⟩ ein-, anschalten (Programme, Computer); *Ggs* ausloggen [zu engl. *log* »eintragen«]

ein|quar|tie|ren ⟨V.⟩ in Quartieren, Privathäusern unterbringen; *Truppen ~* [→ *Quartier*]

Ein|quar|tie|rung ⟨f.; -, -en⟩ das Einquartieren (von Truppen), Unterbringen (von Gästen)

ein|scan|nen ⟨a. [-skænən] V.; EDV⟩ ein Bild od. einen Text mittels eines Scanners als digitale Computerdatei einlesen; →*a.* Scanner [<engl. *scan* »absuchen, abtasten«]

Ein|stei|ni|um ⟨n.; -s; unz.; chem. Zeichen: Es⟩ radioaktives künstl. chem. Element, Ordnungszahl 99 [nach dem Physiker Albert *Einstein*, 1879-1955]

Ei|sen|chlo|rid ⟨[-klo:-] n.; -(e)s, -e; Chemie⟩ Verbindung von Chlor u. Eisen, schwarzbraune, glänzende Kristalle

Ei|sen|sul|fat ⟨n.; -(e)s, -e; Chemie⟩ als Beize in der Zeugfärberei u. zur Darstellung von Berliner Blau verwendete chem. Verbindung

Ei|sen|vi|tri|ol auch: **Ei|sen|vit|ri|ol** ⟨[-vi-] n.; -s, -e; Chemie⟩ lichtgrünes, gelb verwitterndes, glasglänzendes Mineral; *Sy* Melanterit

Eja|cu|la|tio prae|cox ⟨f.; - -; unz.; Med.⟩ vorzeitiger Samenerguss [lat.]

Eja|ku|lat ⟨n.; -(e)s, -e⟩ ausgespritzte Samenflüssigkeit

Eja|ku|la|ti|on ⟨f.; -, -en⟩ Samenerguss (bei der Begattung)

eja|ku|lie|ren ⟨V.⟩ Samen ausspritzen [<lat. *eiaculari* »herauswerfen, hervorschleudern«]

Ejek|ti|on ⟨f.; -, -en⟩ **1** Hinauswerfen, Vertreibung, Enteignung **2** Auswurf von vulkanischem Material [<lat. *eiectio* »Verbannung«]

Ejek|tiv ⟨m.; -s, -e [-və]; Phon.⟩ bes. in afrikan. Dialekten verbreiteter stimmloser Verschlusslaut, bei dessen Artikulation die Stimmritzen verschlossen sind; *Ggs* Injektiv [→ *ejizieren*]

Ejek|tor ⟨m.; -s, -to̱ren⟩ Dampfstrahlpumpe [<lat. *eicere* »heraustreiben, vertreiben, verstoßen«]

eji|zie|ren ⟨V.⟩ hinauswerfen, vertreiben [<lat. *eicere* »heraustreiben, verstoßen«]

ejus|dem men|sis ⟨Abk.: e. m.⟩ desselben Monats [lat.]

ek..., Ek... ⟨vor Vokalen und h⟩ **ex..., Ex...** ⟨Vorsilbe⟩ aus, heraus [grch.]

Ekart ⟨[eka:r] m.; -s, -s⟩ Kursunterschied, Spielraum, Aufschlag; *oV* Ecart [<frz. *écart* »Abstand, Unterschied, Spielraum«]

Ekar|té ⟨[-te:] n.; -s, -s⟩ *oV* Ecarté **1** französ. Kartenspiel **2** ⟨Fechten⟩ Grätsche **3** ⟨Tanzkunst⟩ Abspreizen des gestreckten Beines [<frz. *écarté*, eigtl. »beiseite gelegt«; verwandt mit *Skat*]

Ek|chon|drom ⟨[-çɔn-] n.; -s, -e⟩ Wucherung von Knorpelgewebe [<*Ek...* + grch. *chondros* »Knorpel«]

Ek|chy|mo|se ⟨[-çy-] f.; -, -n⟩ flächenhafter Bluterguss [<*Ek...* + grch. *chymos* »Saft«]

ek|de|misch ⟨Adj.⟩ auswärts befindlich, abwesend; *Ggs* endemisch [<grch. *ekdemos* »außer Landes, abwesend«]

Ek|dy|son ⟨n.; -s; unz.; Bot.⟩ Verpuppungshormon der Insekten; *oV* Ecdyson [<grch. *ekdysis* »das Herauskriechen«]

EKG, Ekg ⟨Abk. für⟩ Elektrokardiogramm

Ek|kle|sia ⟨f.; -; unz.⟩ = Ecclesia

Ek|kle|si|as|tik ⟨f.; -; unz.⟩ Lehre von der christl. Kirche; *Sy* Ekklesiologie [→ *Ecclesia*]

Ek|kle|si|as|ti|kus ⟨m.; -; unz.⟩ in der Vulgata) das Buch Jesus Sirach [<lat. *ecclesiasticus* »Geistlicher, Kirchendiener«]

Ek|kle|si|o|lo|gie ⟨f.; -; unz.⟩ = Ekklesiastik

ek|krin ⟨Adj.⟩ = exokrin [<*ek...* + grch. *grinein* »trennen, scheiden«]

◆ Die Buchstabenfolge **e|kl...** kann auch **ek|l...** getrennt werden.

◆ **Ek|lamp|sie** ⟨f.; -, -n⟩ Krampfanfall beim eklamptischen Syndrom [<grch. *eklampein* »hervorleuchten«]

◆ **e|klamp|tisch** ⟨Adj.⟩ Eklampsie bewirkend, auf Eklampsie beruhend, sie betreffend; ~*es Syndrom* gefährliche Schwangerschaftserkrankung, wahrscheinlich durch Stoffwechselüberlastung hervorgerufene Vergiftung (Schwangerschaftstoxikose)

◆ **E|klat** ⟨[ekla:] m.; -s, -s⟩ **1** Auftritt, Krach, Skandal **2** Glanz, Aufsehen **3** Knall [<frz. *éclat* »Knall, Lichtblitz, Getöse, Krach«]

◆ **e|kla|tant** ⟨Adj.⟩ **1** offenbar, offenkundig **2** Aufsehen erregend, glänzend [<frz. *éclatant* »glänzend, hell, laut schallend, Aufsehen erregend«]

◆ **E|klek|ti|ker** ⟨m.; -s, -⟩ **1** Denker, der sich aus mehreren Lehren eine scheinbar neue Philosophie aufbaut **2** Künstler, der unschöpferisch andere Stile nachahmt [zu grch. *eklegein* »auswählen«]

◆ **e|klek|tisch** ⟨Adj.; veraltet⟩ **1** prüfend, auswählend **2** unschöpferisch, nicht eigenständig, nachahmend

◆ **E|klek|ti|zis|mus** ⟨m.; -; unz.⟩ **1** Zusammenstellung von verschiedenen Gedanken od. Stilelementen zu etwas scheinbar Neuem **2** unschöpferisches Denken u. Schaffen

◆ **e|klek|ti|zis|tisch** ⟨Adj.⟩ = eklektisch (2)

◆ **E|klip|se** ⟨f.; -, -n⟩ Sonnen- od. Mondfinsternis [<grch. *ekleipsis* »Ausbleiben«]

◆ **E|klip|tik** ⟨f.; -, -en⟩ die scheinbare Sonnenbahn am Himmel [→ *Eklipse* (in der *Ekliptik* treten *Eklipsen*, d. h. Sonnen- u. Mondfinsternisse, auf)]

◆ **e|klip|tisch** ⟨Adj.⟩ die Ekliptik betreffend; auf sie bezogen

◆ **E|klo|ge** ⟨f.; -, -n⟩ Hirten-, Schäfergedicht [grch., »Auswahl, ausgewähltes Stück«]

◆ **E|klo|git** ⟨m.; -s, -e; Min.⟩ schweres metamorphes, im Wesentlichen aus Granat u. natronreichem, auffallend grünem Augit (Omphazit) bestehendes Gestein [→ *Ekloge*]

Ek|mne|sie ⟨f.; -, -n; Med.⟩ krankhafte Störung des Zeiterlebens, wobei meist die Vorstellung der Vergangenheit als Gegenwart vorherrscht [<*Ek...* + *Mneme*]

E|ko|no|mi|ser ⟨[ɪkɔnəmaɪzə(r)] m.; -s, -⟩ Speisewasservorwärmer für Dampfkesselanlagen zur wirtschaftlichen Ausnutzung des Abdampfes; *oV* Economiser [<engl. *economize* »sparsam wirtschaften«]

E|kos|sai|se ⟨[ekɔsɛːzə] f.; -, -n; Musik⟩ *oV* Ecossaise **1** langsamer schott. Volkstanz **2** lebhafter Gesellschaftstanz [frz., eigtl. *danse* od. *valse ecossaise* »schott. Tanz od. Walzer«]

Ek|pho|rie ⟨f.; -, -n⟩ Wiederholung eines Reizes, Erinnerungsvorgang [<grch. *ek* »aus, heraus« + neulat. *phoria* <grch. *pherein* »tragen«]

E|kra|sit *auch:* **Ek|ra|sit** ⟨n.; -s; unz.⟩ im Wesentlichen aus Pikrinsäure bestehender Sprengstoff [zu frz. *écraser* »zermalmen, zerschmettern«]

e|krü *auch:* **ek|rü** ⟨Adj.; Textilw.⟩ roh, ungebleicht, naturfarben; *oV* ecru [<frz. *écru* »ungebleicht, ungefärbt« <*cru* <lat. *crudus* »roh, ungebrannt«]

E|krü|sei|de *auch:* **Ek|rü|sei|de** ⟨f.; -; unz.; Textilw.⟩ eine Rohseide

EKS ⟨n.; -; unz.; Abk. für⟩ energo-kybernetisches System, (von W. Mewes entwickelte) Managementlehre, die mit der Zielsetzung einer erfolgreichen Entwicklungsförderung eine enge Verbindung von Manager, Umwelt u. zu steuerndem Unternehmen zugrunde legt

Eks|ta|se *auch:* **Eks|ta|se** ⟨f.; -, -n⟩ **1** Außersichsein, Verzückung, Entrückung **2** übermäßige Begeisterung; *beim Konzert in ~ geraten* [→ *Ekstatik*]

Eks|ta|tik *auch:* **Eks|ta|tik** ⟨f.; -; unz.⟩ Lehre von der Ekstase [<grch. *ekstasis* »das Außersichgeraten«]

Eks|ta|ti|ker *auch:* **Eks|ta|ti|ker** ⟨m.; -s, -⟩ leicht begeisterungsfähiger Mensch, Schwärmer

eks|ta|tisch *auch:* **eks|ta|tisch** ⟨Adj.⟩ **1** in Ekstase befindlich, entrückt **2** verzückt, schwärmerisch

Ek|ta|sie ⟨f.; -, -n; Med.⟩ Ausdehnung, Erweiterung (von Hohlorganen) [<grch. *ektasis* »Ausdehnung«]

Ekthlip|sis *auch:* **Ekth|lip|sis** ⟨f.; -, -sen⟩ = Elision

Ektoskelett

ek|to..., Ek|to... ⟨in Zus.⟩ außerhalb, heraus [<grch. *ektos*]

Ek|to|derm ⟨n.; -s, -e; Med.⟩ äußeres Keimblatt des tierischen Embryos; *Ggs* Entoderm [<*Ekto...* + *...derm*]

ek|to|der|mal ⟨Adj.; Med.⟩ aus dem äußeren Keimblatt entstehend; *Ggs* entodermal

Ek|to|der|mie ⟨f.; -, -n; Med.⟩ operative Entfernung eines Organs od. eines Organteiles [zu grch. *ektemnein* »herausschneiden«]

Ek|to|en|zym ⟨n.; -s, -e⟩ Enzym, das von Zellen abgetrennt wird u. außerhalb der Zellen wirkt, z. B. im Darm; *Ggs* Endoenzym

Ek|to|mie ⟨f.; -, -n; Med.⟩ operative Entfernung eines Organs od. eines Organteiles [<*Ek...* + *...tomie*]

Ek|to|pa|ra|sit ⟨m.; -en, -en⟩ auf der Körperoberfläche (seines Wirtes) lebender pflanzl. od. tier. Schmarotzer; *Sy* Ektosit [<*Ekto...* + *Parasit*]

ek|to|phy|tisch ⟨Adj.; Med.⟩ nach außen herauswachsend; *Ggs* endophytisch [<*ekto...* + grch. *phyein* »wachsen«]

ek|to|pisch ⟨Adj.; Med.⟩ an nach außen verlagerter, nicht normaler Stelle liegend (von Organen)

Ek|to|plas|ma ⟨n.; -s; unz.⟩ äußere Schicht des Protoplasmas; *Ggs* Entoplasma

Ek|to|sit ⟨m.; -en, -en⟩ = Ektoparasit

Ektoskelett / Ektoskopie (*Worttrennung am Zeilenende*) Bei zusammengesetzten Fremdwörtern, deren zweiter Bestandteil auch als eigenes Wort im Deutschen verwendet wird (z. B. »*Skelett*«), ist die Trennfuge zwischen den einzelnen Bestandteilen zu setzen. Ist der zweite Bestandteil (z. B. »*-skopie*«) hingegen kein selbständig gebrauchtes Wort im Deutschen, so kann die Trennfuge auch zwischen zwei Konsonanten gesetzt werden.

Ek|to|ske|lett ⟨n.; -(e)s, -e⟩ Außenskelett bei Wirbellosen u. Wirbeltieren; *Ggs* Endoskelett [<*Ekto...* + *Skelett*]

245

Ektoskopie

Ek|to|sko|pie *auch:* **Ek|tos|ko|pie** ⟨f.; -; unz.⟩ Erkennen von Krankheiten mit bloßem Auge [<*Ekto...* + *...skopie*]

Ek|to|to|xin ⟨n.; -s, -e; meist Pl.⟩ wärmeempfindliches, eiweißartiges Gift, das von lebenden Bakterien in den menschlichen bzw. tierischen Organismus abgesondert wird, z. B. das Tetanustoxin; →*a.* Endotoxin [<*Ekto...* + *Toxin*]

ek|to|troph ⟨Adj.; Bot.⟩ sich außerhalb der Wirtspflanze ernährend; *Ggs* endotroph [<*ekto...* + *...troph*]

Ek|tro|pi|um *auch:* **Ek|tro|pi|um** ⟨n.; -s, -pien; Med.⟩ Auswärtsdrehung, Umstülpung; *Ggs* Entropium; ~ *des freien Augenlidrandes* [<grch. *ektrepein* »nach außen kehren«]

Ek|zem ⟨n.; -s, -e; Med.⟩ nicht ansteckender, meist auf Überempfindlichkeit beruhender Hautausschlag [<*Ek...* + grch. *zeein* »kochen, sieden«]

Ek|ze|ma|ti|ker ⟨m.; -s, -; Med.⟩ jmd., der an einem Ekzem leidet

ek|ze|ma|tös ⟨Adj.; Med.⟩ von Ekzemen befallen

Ela|bo|rat ⟨n.; -(e)s, -e; geh.⟩ **1** schriftliche Arbeit, Ausarbeitung **2** ⟨abwertend⟩ Geschreibsel, Pfuscharbeit, Machwerk [<lat. *elaboratus*, Part. Perf. zu *elaborare* »ausarbeiten«]

ela|bo|rie|ren ⟨V.; geh.⟩ bis in feine Einzelheiten ausarbeiten, ausbilden; *elaborierter Kode* differenzierte Sprache (der Ober- u. Mittelschicht einer Gesellschaft); *Ggs* restringierter Kode [<lat. *elaborare* »(sorgfältig) ausarbeiten«]

Ela|i|din|säu|re ⟨f.; -; unz.; Chemie⟩ durch Einwirkung von Stickstoffdioxid auf flüssige, normale Ölsäure entstehende feste Form der Ölsäure [<grch. *elaion* »Ölstoff«]

Ela|in ⟨n.; -s; unz.; Chemie⟩ in vielen tier. und pflanzl. Fetten u. fetten Ölen vorkommender ungesättigter Kohlenwasserstoff, u. a. Bestandteil der Ölsäure [<grch. *elaion* »Öl«]

Elan ⟨[elaː]n] od. [elaː] m.; -s; unz.⟩ Schwung, Begeisterung, Stoßkraft [<frz. *élan*]

Elan vi|tal ⟨[elã vi-] m.; - -; unz.; Philos.⟩ die (von H. Bergson) im Gegensatz zum Darwinismus angenommene schöpferische, die Entwicklung der Lebewesen von innen vorantreibende »Lebensschwungkraft« [frz., »Lebenskraft«]

Elas|te ⟨Pl.; kurz für⟩ Elastomere

Elas|tik ⟨n.; -s, -s od. f.; -, -en⟩ ein dehnbares Gewebe [→ *elastisch*]

Elas|tin ⟨n.; -s; unz.; Biochemie⟩ Gerüsteiweißstoff, Grundsubstanz des elastischen Gewebes

elas|tisch ⟨Adj.⟩ **1** dehnbar, biegsam, nachgebend, federnd; *ein ~es Gewebe* **2** ⟨fig.⟩ spannkräftig, schwungvoll [<frz. *élastique* »elastisch, federnd, dehnbar«]

Elas|ti|zi|tät ⟨f.; -; unz.⟩ **1** Dehnbarkeit, Federkraft, Biegsamkeit **2** ⟨fig.⟩ Schwung, Spannkraft [<frz. *élasticité* »Elastizität, Schnellkraft, Federkraft, Dehnbarkeit«]

Elas|ti|zi|täts|ko|ef|fi|zi|ent ⟨m.; -en, -en⟩ = Elastizitätsmodul

Elas|ti|zi|täts|mo|dul ⟨m.; -s, -n⟩ Widerstandsfähigkeit eines Stoffes gegen Formänderungen, Messgröße der Elastizität; *Sy* Elastizitätskoeffizient

Elas|to|me|re ⟨Pl.; Chemie⟩ gummiartige Kunststoffe, z. B. Buna, Mipolam, Oppanol; *Sy* Elaste [<*elastisch* + *...mer*]

Ela|tiv ⟨m.; -s, -e [-və]; Gramm.⟩ Steigerungsform der Adjektive, z. B. »sehr schön« gegenüber »am schönsten«; *Sy* absoluter Superlativ [<lat. *elatus* »erhaben, erhöht«]

Elder states|man *auch:* **El|der States|man** ⟨[ɛldə(r) stɛɪtsmæn] m.; (-) -, (-) -men [-mən]⟩ einflussreicher, sehr erfahrener älterer Politiker [<engl. *elder* »ältere(r, s)« + *statesman* »Staatsmann«]

El|do|ra|do ⟨n.; -s, -s⟩ **1** ⟨sagenhaftes⟩ Goldland **2** ⟨fig.⟩ Wunsch-, Traumland, Paradies; *oV* Dorado [<span. *el dorado* »der Vergoldete«, nach einem myth. Chibchakönig in Südamerika, der sich bei gewissen relig. Festen mit Goldstaub puderte]

E-Lear|ning ⟨[iːlœːnɪŋ] n.; - od. -s; unz.; EDV; kurz für⟩ Electronic Learning

Ele|a|ten ⟨Pl.; Philos.⟩ Mitglieder einer altgrch. Philosophenschule (5./6. Jh. v. Chr.), z. B. Xenophanes [nach der Stadt *Elea* in Unteritalien]

ele|a|tisch ⟨Adj.; Philos.⟩ zu den Eleaten gehörig, von ihnen stammend

Ele|a|tis|mus ⟨m.; -; unz.; Philos.⟩ Lehre der Eleaten, nach der das Seiende frei von Entstehen, Vergehen u. Bewegung, also identisch mit dem Denken ist

♦ Die Buchstabenfolge **electr...** kann auch **electr...** getrennt werden.

♦ **Elec|tro|nic Ban|king** ⟨[ɪlektrɒnɪk bæŋkɪŋ] n.; - -s; unz.⟩ computerunterstützter Zahlungsverkehr der Banken; *Sy* E-Banking, Internetbanking, Telebanking [engl.]

♦ **Elec|tro|nic Book** ⟨[ɪlektrɒnɪk bʊk] n.; - - od. - -s, (-) -s; EDV⟩ ein elektronisches Lesegerät, auf dem man Texte (z. B. aus dem Internet) speichern kann; *Sy* E-Book [engl., »elektronisches Buch«]

♦ **Elec|tro|nic Busi|ness** ⟨[ɪlektrɒnɪk bɪznɪs] n.; - -; unz.; EDV⟩ auf elektronischem Weg, bes. über das Internet abgewickeltes Geschäft; *Sy* E-Business; →*a.* Electronic Commerce [engl., »elektronisches Geschäft«]

♦ **Elec|tro|nic Cash** ⟨[ɪlektrɒnɪk kæʃ] n.; - -; unz.⟩ bargeldlose Zahlweise (mit Scheck- od. Kreditkarte) an computerunterstützten Kassen; *Sy* E-Cash [engl., »elektronisches Bargeld«]

♦ **Elec|tro|nic Com|merce** ⟨[ɪlektrɒnɪk kɒmɜːs] m.; - -; unz.; EDV⟩ computerunterstützter Handel mit Waren u. Dienstleistungen, insbesondere über das Internet; *Sy* E-Commerce [engl., »elektronischer Handel«]

♦ **Elec|tro|nic Lear|ning** ⟨[ɪlektrɒnɪk lœːnɪŋ] n.; - - od. - -s; unz.; EDV⟩ computergestütztes Lernen, Weiterbildung mithilfe von elektron. Lernprogrammen; *Sy* E-Learning [engl., »elektronisches Lernen«]

Elektrizität

◆ **E|lec|tro|nic Mail** ⟨[ɪlɛktrɔnɪk meɪl] f.; od. n.; - -, - -s⟩ = E-Mail [engl., »elektronische Post«]

◆ **E|lec|tro|nic Mar|ke|ting** ⟨[ɪlɛktrɔnɪk -] n.; - - od. - -s; unz.; EDV⟩ Marketing per Internet; *Sy* E-Marketing [engl., »elektronisches Marketing«]

◆ **E|lec|tro|nic Post** ⟨[ɪlɛktrɔnɪk -] f.; - -; unz.; EDV⟩ elektronischer Schriftverkehr innerhalb eines Computernetzwerkes (per E-Mail); *Sy* E-Post [engl., »elektronische Post«]

◆ **E|lec|tro|nic Pub|li|shing** ⟨[ɪlɛktrɔnɪk pʌblɪʃɪŋ] n.; - -s; unz.; EDV⟩ *Sy* E-Publishing **1** elektron. Verlagswesen **2** elektron. Publizieren, z. B. Herausgabe von computerlesbaren Texten auf CD-ROM od. (Erst-)Veröffentlichung im Internet [<engl. *electronic* »elektronisch« + *publishing* »Herausgeben, Veröffentlichen«]

E|le|fan|ti|a|sis ⟨f.; -, -sen⟩ = Elephantiasis

e|le|gant ⟨Adj.⟩ **1** modisch, geschmackvoll **2** ausgesucht, gewählt, fein, gewandt [<frz. *élégant* »fein, zierlich, elegant, geschmackvoll«]

E|le|ganz ⟨f.; -; unz.⟩ **1** modischer Geschmack **2** Feinheit, Gewandtheit [<frz. *elegance* »Eleganz, Feinheit, Zierlichkeit«]

E|le|gei|on ⟨n.; -s; unz.⟩ aus Hexameter u. Pentameter zusammengesetzte, elegische Verseinheit; →a. Distichon [→ *Elegie*]

E|le|gie ⟨f.; -, -n; Lit.⟩ **1** ⟨in der Antike⟩ Gedicht in Distichen **2** wehmutsvolles, klagendes Gedicht [<grch. *elegeia* »lyrisch-episches, in Distichen verfasstes Gedicht«]

E|le|gi|ker ⟨m.; -s, -⟩ Dichter von Elegien

e|le|gisch ⟨Adj.⟩ **1** in der Art einer Elegie, in Distichen gedichtet **2** ⟨fig.⟩ klagend, wehmütig, traurig

E|le|gi|am|bus ⟨m.; -, -ben⟩ antikes, jambisches Versmaß [<*Elegie* + *Jambus*]

E|le|i|son *auch:* **E|lei|son** ⟨[-laɪ-] od. [-leːi-] n.; -s, -s⟩ gottesdienstlicher Gesang; →a. Kyrie eleison [grch., »erbarme dich«]

E|lek|ti|on ⟨f.; -, -en⟩ Wahl, Auswahl [<lat. *electio* »sorgfältige Wahl«]

e|lek|tiv ⟨Adj.⟩ auswählend

E|lek|tor ⟨m.; -s, -to|ren⟩ **1** Wähler **2** Wahlmann **3** Kurfürst [<lat. *eligere* »sorgfältig auswählen«]

E|lek|to|rat ⟨n.; -(e)s, -e⟩ Kurfürstenwürde [→ *Elektor*]

◆ Die Buchstabenfolge **elektr...** kann auch **elektr...** getrennt werden.

◆ **E|lek|tra|kom|plex** ⟨m.; -es; unz.; Psych.⟩ bei weibl. Personen auftretende, übersteigerte Bindung an den Vater; →a. Ödipuskomplex [nach der grch. Sagengestalt *Elektra*]

◆ **E|lek|tret** ⟨m.; -en, -en; Physik⟩ Körper, in dem ein permanenter Zustand elektrischer Polarisation auch ohne beständige Ladungszufuhr besteht [<*elektr*isch + Magn*et*]

◆ **E|lek|tri|fi|ka|ti|on** ⟨f.; -, -en⟩ das Elektrifizieren; *Sy* Elektrifizierung [<*elektrisch* + ...*fikation*]

◆ **e|lek|tri|fi|zie|ren** ⟨V.⟩ **1** auf elektrischen Betrieb u., umstellen; *Eisenbahn* ~ **2** mit elektrischen Geräten ausstatten [<*elektrisch* + ...*fizieren*]

◆ **E|lek|tri|fi|zie|rung** ⟨f.; -; unz.⟩ = Elektrifikation

◆ **E|lek|trik** ⟨f.; -; unz.; Kurzwort für⟩ Elektrotechnik

◆ **E|lek|tri|ker** ⟨m.; -s, -; Kurzwort für⟩ Elektrotechnik

◆ **E|lek|tri|ke|rin** ⟨f.; -, -rin|nen; Kurzwort für⟩ Elektrotechnikerin

◆ **e|lek|trisch** ⟨Adj.⟩ **1** mit Elektrizität verbunden, zusammenhängend **1.1** *~es Feld* Magnetfeld um elekt. Leiter **1.2** *~e Festigkeit* Beständigkeit eines Dielektrikums gegen Durchschlag od. Überschlag bei einer Spannungsbeanspruchung **1.3** *~e Leitfähigkeit* die Fähigkeit, elektrischen Strom zu leiten **1.4** *~e Ladung* Überschuss an positiver od. negativer Ladung eines Körpers, gemessen in Vielfachen der elektrischen Elementarladung, in Volt **1.5** *~er Strom* Bewegung von Elektronen **1.6** *~er Widerstand* der W., den ein Leiter dem Durchgang eines elektr. Stromes entgegensetzt **2** mit Elektrizität betrieben; *etwas ~ betreiben, beleuchten* **2.1** *~e Anlage* Anordnung u. Zusammenschaltung von Einrichtungen u. Geräten zum Gewinnen u. Benutzen von elektr. Energie **2.2** *~es Klavier* = mechanisches Klavier **2.3** *~e Maschinen* umlaufende od. ruhende M., die elektr. Energie in mechan. Energie umwandeln od. umgekehrt **2.4** *~e Musikinstrumente* elektroakust. M. **2.5** *~e Steuerung* Auslösung u. Lenkung von Antrieben u. Maschinen durch elektr. Hilfsgeräte **3** von Elektrizität bewirkt; *~e Arbeit* die von elektr. Strom bei gegebener Spannung u. Zeiteinheit geleistete A. **4** Elektrizität benutzend **4.1** *~e Bäder* B., bei denen die Elektroden in das Wasser getaucht werden u. die elektr. Ströme auf diesem Umweg auf den menschl. Körper einwirken **4.2** *~e Linse* in statisches elektr. Feld, das auf Elektronenstrahlen in gleicher Weise wirkt wie eine optische L. auf Lichtstrahlen **4.3** *~e Messtechnik* Verfahren, Schaltungen, Geräte u. Instrumente für die Anzeige u. Aufzeichnung elektr. Messgrößen wie Strom, Spannung, Widerstand, Leistung, Frequenz od. solcher, die sich in elektr. Größen umwandeln lassen **5** elektrisch erzeugend; *~e Fische* F., die in elektr. Organen bis zu 600 Volt Spannung erzeugen **6** Elektrizität leitend **6.1** *~e Leitung* L. für den Transport elektr. Energie **6.2** *~er Zaun* elektr. geladener Draht als Umzäunung [<lat. *electrum* »Bernstein« <grch. *elektron*; zu *elektor* »strahlende Sonne«]

◆ **e|lek|tri|sie|ren** ⟨V.⟩ **1** elektr. Ladungen erzeugen u. übertragen auf **2** mit elektr. Strom behandeln **3** ⟨fig.⟩ aufschrecken, aufrütteln, begeistern [<frz. *électriser* »elektrisieren«]

◆ **E|lek|tri|zi|tät** ⟨f.; -; unz.⟩ alle Erscheinungen, die von elektrischen Ladungen u. den sie umgebenden Feldern ausgehen [<frz. *électricité*]

elektro..., Elektro...

◆ **e|lek|tro..., E|lek|tro...** ⟨in Zus.⟩ die Elektrizität betreffend, auf ihr beruhend, zu ihr gehörig [→ *elektrisch*]
◆ **E|lek|tro|akus|tik** ⟨f.; -; unz.; Physik⟩ Wissenschaft u. Technik der Umwandlung in Schall, in elektr. Wellen u. umgekehrt
◆ **e|lek|tro|akus|tisch** ⟨Adj.; Physik⟩ auf Elektroakustik beruhend
◆ **E|lek|tro|ana|ly|se** ⟨f.; -, -n⟩ quantitative Bestimmung von Metallen durch Elektrolyse
◆ **E|lek|tro|au|to** ⟨n.; -s, -s⟩ mit Elektromotor ausgerüstetes Kraftfahrzeug
◆ **E|lek|tro|che|mie** ⟨[-çe-] f.; -; unz.⟩ Teil der physikal. Chemie, untersucht die Zusammenhänge zwischen chemischen u. elektr. Erscheinungen
◆ **e|lek|tro|che|misch** ⟨[-çe-] Adj.⟩ auf Elektrochemie beruhend, mit ihrer Hilfe
◆ **E|lek|tro|chir|ur|gie** *auch:* **E|lek|tro|chi|rur|gie** ⟨[-çir-] f.; -; unz.; Med.⟩ operative Eingriffe u. Gewebszerstörungen mit Hilfe des elektr. Stromes
◆ **e|lek|tro|chir|ur|gisch** *auch:* **e|lek|tro|chi|rur|gisch** ⟨[-çir-] Adj.; Med.⟩ auf Elektrochirurgie beruhend, mit ihrer Hilfe
◆ **E|lek|tro|de** ⟨f.; -, -n⟩ Ein- od. Austrittsstelle des elektr. Stromes in Flüssigkeiten, Gasen od. im Vakuum [<*Elektro...* + *...ode*]
◆ **E|lek|tro|der|ma|to|gramm** ⟨n.; -(e)s, -e; Abk.: EDG⟩ Messung u. Aufzeichnung der elektr. Leitfähigkeit bzw. des Widerstands der Haut [<*Elektro...* + *dermato...* + *...gramm*]
◆ **E|lek|tro|di|a|gnos|tik** *auch:* **E|lek|tro|di|a|gno|stik** ⟨f.; -; unz.⟩ **1** (i. w. S.) alle elektrophysikal. Verfahren zur Krankheitserkennung, z. B. Elektrokardiogramm **2** (i. e. S.) Prüfung der elektr. Nerven- u. Muskelerregbarkeit
◆ **E|lek|tro|dy|na|mik** ⟨f.; -; unz.⟩ Lehre von der mechan. Wirkung strömender Elektrizität; *Ggs* Elektrostatik
◆ **e|lek|tro|dy|na|misch** ⟨Adj.⟩ auf Elektrodynamik beruhend
◆ **E|lek|tro|dy|na|mo|me|ter** ⟨n.; -s, -⟩ elektrisches Messgerät, bei dem mittels einer festen u. einer drehbaren stromdurchflossenen Spule ein Zeigerausschlag bewirkt wird
◆ **E|lek|tro|en|ze|pha|lo|gra|fie** ⟨f.; -; unz.; Abk.: EEG⟩ = Elektroenzephalographie
◆ **E|lek|tro|en|ze|pha|lo|gra|phie** ⟨f.; -; unz.; Abk.: EEG⟩ Ableitung u. Aufzeichnung (Elektroenzephalogramm) der durch die Tätigkeit der Hirnrinde entstehenden feinen Ströme u. Auswertung der Unterschiede gegenüber den normalen Kurven zur Krankheitserkennung; *oV* Elektroenzephalografie
◆ **e|lek|tro|e|ro|die|ren** ⟨V.⟩ durch Elektroerosion bearbeiten
◆ **E|lek|tro|e|ro|si|on** ⟨f.; -; unz.⟩ Verfahren zum Bearbeiten sehr harter Legierungen zwischen zwei Elektroden, was an einer Elektrode zur Abtragung des Werkstückes führt
◆ **E|lek|tro|fahr|zeug** ⟨n.; -s, -e⟩ = Elektromobil
◆ **E|lek|tro|fon** ⟨n.; -s, -e⟩ = Elektrophon
◆ **E|lek|tro|gas|tro|gramm** *auch:* **E|lek|tro|gas|tro|gramm** ⟨n.; -(e)s, -e; Abk.: EGG⟩ Ableitung u. Aufzeichnung der Aktionsströme des Magens [<*Elektro...* + *gastro...* + *...gramm*]
◆ **E|lek|tro|in|ge|ni|eur** ⟨[-ʒənjøːr] m.; -s, -e; Berufsbez.⟩ auf einer techn. Hochschule ausgebildeter Elektrotechniker
◆ **E|lek|tro|in|ge|ni|eu|rin** ⟨[-ʒənjøː-] f.; -, -rin|nen; Berufsbez.⟩ auf einer technischen Hochschule ausgebildete Elektrotechnikerin
◆ **e|lek|tro|ka|lo|risch** ⟨Adj.⟩ auf der Wärmewirkung des elektrischen Stromes beruhend
◆ **E|lek|tro|kar|di|o|graf** ⟨m.; -en, -en⟩ = Elektrokardiograph
◆ **E|lek|tro|kar|di|o|gra|fie** ⟨f.; -; unz.⟩ = Elektrokardiographie
◆ **E|lek|tro|kar|di|o|gramm** ⟨n.; -(e)s, -e; Abk.: EKG od. Ekg⟩ **1** Aufzeichnung der Herzmuskelströmebewegungen **2** die dadurch entstandene Verlaufskurve
◆ **E|lek|tro|kar|di|o|graph** ⟨m.; -en, -en⟩ Gerät zur Herstellung eines Elektrokardiogramms; *oV* Elektrokardiograf
◆ **E|lek|tro|kar|di|o|gra|phie** ⟨f.; -; unz.⟩ Verfahren zur Herstellung von Elektrokardiogrammen; *oV* Elektrokardiografie
◆ **E|lek|tro|kar|ren** ⟨m.; -s, -⟩ kleines, durch Akkumulatoren betriebenes Fahrzeug
◆ **E|lek|tro|kaus|tik** ⟨f.; -; unz.; Med.⟩ Zerstörung von Gewebe durch elektr. Strom
◆ **E|lek|tro|kau|ter** ⟨m.; -s, -; Med.⟩ Gerät zur Elektrokaustik
◆ **E|lek|tro|lu|mi|nes|zenz** ⟨f.; -, -en⟩ durch elektr. Entladungen od. starke elektr. Felder bewirkte Leuchterscheinung, z. B. das Elmsfeuer
◆ **E|lek|tro|ly|se** ⟨f.; -, -n⟩ Zersetzung chem. Verbindungen (Basen, Salze, Säuren) durch elektr. Strom [<*Elektro...* + *...lyse*]
◆ **E|lek|tro|ly|seur** ⟨[-zøːr] m.; -s, -e⟩ Vorrichtung, mit der man Elektrolysen ausführen kann
◆ **e|lek|tro|ly|sie|ren** ⟨V.⟩ mit Gleichstrom zersetzen; *eine chemische Verbindung ~*
◆ **E|lek|tro|lyt** ⟨m.; -s od. -en, -e od. -en⟩ Stoff, der in wässriger Lösung den elektr. Strom leitet [<*Elektro...* + grch. *lytos* »lösbar« («*lyein* »lösen«»]
◆ **e|lek|tro|ly|tisch** ⟨Adj.⟩ die Elektrolyse betreffend, auf ihr beruhend
◆ **E|lek|tro|lyt|kon|den|sa|tor** ⟨m.; -s, -to|ren⟩ Kondensator hoher Kapazität bei kleinen Abmessungen, zwischen dessen beiden Belägen sich elektrolytisch aufgebrachte, dünne Oxidschichten als Dielektrikum befinden
◆ **E|lek|tro|ma|gnet** *auch:* **E|lek|tro|ma|gnet** ⟨m.; -en, -en⟩ Gerät zur Erzeugung eines Magnetfeldes durch elektrischen Strom
◆ **e|lek|tro|ma|gne|tisch** *auch:* **e|lek|tro|ma|gne|tisch** ⟨Adj.⟩ auf Elektromagnetismus beruhend; *~e Wechselwirkung* eine der vier fundamentalen Wechselwirkungen mit unbegrenzter Reichweite, die zwischen allen elektrisch geladenen Teilchen u. dem Foton existiert; *~e Wellen* Schwingungen des elektrischen u. magnetischen Feldes,

die sich im Raum wellenförmig mit Lichtgeschwindigkeit (300 000 km/sec) ausbreiten
◆ **E|lek|tro|ma|gne|tis|mus** *auch:* **E|lek|tro|mag|ne|tis|mus** ⟨m.; -; unz.⟩ Gesamtheit der Effekte, die durch die Wechselwirkung zwischen elektrischen u. magnetischen Feldern verursacht werden
◆ **E|lek|tro|me|cha|nik** ⟨f.; -; unz.⟩ Gebiet der Elektrotechnik u. der Feinmechanik, das die Umwandlung elektrischer Vorgänge in mechanische behandelt
◆ **E|lek|tro|me|cha|ni|ker** ⟨m.; -s, -⟩ Facharbeiter, der auf dem Gebiet der Elektrotechnik u. Feinmechanik Maschinen montiert u. instand hält
◆ **E|lek|tro|me|cha|ni|ke|rin** ⟨f.; -, -rin|nen⟩ Facharbeiterin, die auf dem Gebiet der Elektrotechnik u. Feinmechanik Maschinen montiert u. instand hält
◆ **e|lek|tro|me|cha|nisch** ⟨Adj.⟩ auf mechan. Vorgängen fußend, die durch elektr. Strom ausgelöst wurden
◆ **E|lek|tro|me|di|zin** ⟨f.; -; unz.⟩ Bereich der medizin. Technik, in dem elektr. Strom für Heilzwecke verwendet wird
◆ **E|lek|tro|me|tall|ur|gie** *auch:* **E|lek|tro|me|tal|lur|gie** ⟨f.; -; unz.⟩ die Gewinnung von Metallen (Elektrometallen) durch Nass- od. Schmelzelektrolyse
◆ **E|lek|tro|me|ter** ⟨n.; -s, -⟩ Gerät zum Messen elektr. Ladungen u. Spannungen
◆ **E|lek|tro|mo|bil** ⟨n.; -s, -e⟩ durch Akkumulatoren betriebenes Fahrzeug; *Sy* Elektrofahrzeug
◆ **E|lek|tro|mo|tor** ⟨m.; -s, -en⟩ umlaufende Maschine, die elektrische Energie in mechanische Energie umwandelt
◆ **E|lek|tro|my|o|gramm** ⟨n.; -s, -e; Abk.: EMG⟩ Aufzeichnung der Aktionsströme der Muskeln
◆ **E|lek|tron** ⟨a. ['---] n.; -s, -tro|nen⟩ negativ geladenes, leichtes Elementarteilchen [<grch. *elektron* »Bernstein«]
◆ **E|lek|tro|nen|ak|zep|tor** ⟨m.; -s, -to|ren⟩ Atom, das in seine Elektronenschale Elektronen eines anderen Atoms einbauen kann

◆ **E|lek|tro|nen|do|na|tor** ⟨m.; -s, -to|ren⟩ Atom, das aus seiner Elektronenschale leicht Elektronen an ein anderes Atom abgebenkann
◆ **E|lek|tro|nen|mi|kro|skop** *auch:* **E|lek|tro|nen|mik|ros|kop** ⟨n.; -s, -e⟩ Mikroskop, das zur Abbildung sehr kleiner Objekte keine Licht-, sondern Elektronenstrahlen benutzt; *Sy* Übermikroskop
◆ **e|lek|tro|nen|mi|kro|sko|pisch** *auch:* **e|lek|tro|nen|mik|ros|ko|pisch** ⟨Adj.⟩ mit Hilfe des Elektronenmikroskops
◆ **E|lek|tro|nen|op|tik** ⟨f.; -; unz.⟩ Gebiet der Elektronik, das sich mit der Optik ähnlichen Eigenschaften der Elektronenstrahlen befasst
◆ **e|lek|tro|nen|op|tisch** ⟨Adj.⟩ mit Hilfe der Elektronenoptik, die Elektronenoptik betreffend
◆ **E|lek|tro|nen|ra|di|us** ⟨m.; -, -di|en⟩ aus der Annahme kugelförmiger Elektronen sich ergebender halber Durchmesser eines Elektrons, wichtig bei der Untersuchung chemischer Bindungsverhältnisse
◆ **E|lek|tro|nen|röh|re** ⟨f.; -, -n⟩ elektrisches Steuerungs- u. Verstärkungsgerät aus einem luftleer gepumpten Glas- od. Metallgefäß, in dem mindestens zwei Elektroden, die Kathode u. die Anode, angeordnet sind
◆ **E|lek|tro|nen|spin** ⟨m.; -s; unz.⟩ (Messgröße für den) Eigendrehimpuls eines Elektrons
◆ **E|lek|tro|nen|strahl** ⟨m.; -s, -en⟩ aus rasch bewegten Elektronen bestehender Teilchenstrahl
◆ **E|lek|tro|nen|ver|viel|fa|cher** ⟨m.; -s, -⟩ = Multiplier
◆ **E|lek|tro|nen|volt** ⟨[-vɔlt] n.; - od. -s, -; Zeichen: eV⟩ Einheit der Kernphysik für die Arbeit bzw. Energie; *oV* Elektronvolt
◆ **E|lek|tro|nik** ⟨f.; -; unz.⟩ Gebiet der Elektrotechnik, das sich mit dem Verhalten des elektr. Stromes in Vakuum, Gasen u. Halbleitern, seiner Verwendung zur Steuerung von Licht- u. Schallwellen sowie techn. Prozessen u. Rechenoperationen beschäftigt
◆ **E|lek|tro|ni|ker** ⟨m.; -s, -⟩ jmd.,

der im Bereich der Elektronik beruflich tätig ist
◆ **E|lek|tro|ni|ke|rin** ⟨f.; -, -rin|nen⟩ weibl. Person, die im Bereich der Elektronik beruflich tätig ist
◆ **e|lek|tro|nisch** ⟨Adj.⟩ auf Elektronik beruhend; *~e Musik* mit elektron. Klangmitteln erzeugte, auf Lautsprecher übertragene Musik; *~e Datenverarbeitung* ⟨Abk.: EDV⟩ D. mittels elektronischer Geräte, die ohne mechanisch bewegte Teile, d. h. mit Elektronenröhren u. Transistoren gesteuert werden; *~es Publizieren* = Electronic Publishing
◆ **E|lek|tron|volt** ⟨[-vɔlt] n.; - od. -s, -⟩ = Elektronenvolt
◆ **e|lek|tro|op|tisch** ⟨Adj.⟩ auf Elektronen beruhend, die ähnlich wie Lichtstrahlen durch elektromagnet. Linsen u. Felder gebeugt u. abgelenkt werden
◆ **e|lek|tro|phil** ⟨Adj.⟩ zur Aufnahme elektrischer Ladungen neigend, Elektronen suchend; *Ggs* elektrophob [<*elektro... + ...phil*]
◆ **e|lek|tro|phob** ⟨Adj.⟩ nicht zur Aufnahme elektrischer Ladungen neigend; *Ggs* elektrophil [<*elektro... + ...phob*]
◆ **E|lek|tro|phon** ⟨n.; -s, -e; Musik⟩ Musikinstrument, das elektronische Schwingungen erzeugt u. über Lautsprecher od. Kopfhörer Töne bzw. Klänge hervorbringt, ohne mechan. klingende Elemente zu verwenden; *oV* Elektrofon [<*Elektro... + Phon*]
◆ **E|lek|tro|phor** ⟨m.; -s, -e⟩ Gerät zum Trennen elektrischer Ladungen durch Influenz [<*Elektro... + ...phor²*]
◆ **E|lek|tro|pho|re|se** ⟨f.; -; unz.⟩ Bewegungen kolloider od. suspendierter Teilchen in einem elektr. Feld nach einer der beiden Elektroden
◆ **e|lek|tro|pho|re|tisch** ⟨Adj.⟩ auf der Elektrophorese beruhend, sie betreffend
◆ **e|lek|tro|po|lie|ren** ⟨V.; Technik⟩ *eine Metallplatte ~* eine M. durch das elektrochemische Verfahren der Galvanisation reinigen, zum Glänzen brin-

Elektrorezeptor

gen; →a. Galvanisation [<*elektro...* + *polieren*]
◆ E|lek|tro|re|zep|tor ⟨m.; -s, -to|ren⟩ Sinnesorgan einiger Fische, das auf elektr. Strom anspricht [<*Elektro...* + *Rezeptor*]
◆ E|lek|tro|schock ⟨m.; -s, -s⟩ durch elektr. Strom künstlich erzeugter Schock als (umstrittenes) Heilverfahren bei psychotischen Erkrankungen
◆ E|lek|tro|skop *auch:* E|lek|tros|kop ⟨n.; -s, -e⟩ Instrument, mit dem elektr. Ladungen nachgewiesen werden [<*Elektro... + ...skop*]
◆ E|lek|tro|smog ⟨m.; - od. -s; unz.⟩ Vorhandensein übermäßiger elektromagnetischer Strahlung, die schädigend wirkt [<*Elektro...* + *Smog*]
◆ E|lek|tro|sta|tik ⟨f.; -; unz.⟩ Lehre von den ruhenden elektr. Ladungen u. ihren Feldern; *Ggs* Elektrodynamik
◆ e|lek|tro|sta|tisch ⟨Adj.⟩ auf Elektrostatik beruhend, mit ihrer Hilfe
◆ E|lek|tro|strik|ti|on ⟨f.; -, -en⟩ Längen- u. Volumenänderung von Kristallen beim Anlegen eines elektr. Feldes
◆ E|lek|tro|tech|nik ⟨a. [-'----] f.; -; unz.⟩ Lehre von der Erzeugung u. Anwendung von Elektrizität u. der Herstellung von elektr. Maschinen u. Geräten; *Sy* Elektrik
◆ E|lek|tro|tech|ni|ker ⟨m.; -s, -⟩ Handwerker od. Ingenieur in der Elektrotechnik
◆ E|lek|tro|tech|ni|ke|rin ⟨f.; -, -rin|nen⟩ Handwerkerin od. Ingenieurin in der Elektrotechnik
◆ e|lek|tro|tech|nisch ⟨Adj.⟩ auf Elektrotechnik beruhend, mit ihrer Hilfe
◆ E|lek|tro|the|ra|pie ⟨f.; -, -n⟩ direkte Anwendung von elektrischem Strom auf den menschlichen Körper zu Heilzwecken [<*Elektro...* + *Therapie*]
◆ E|lek|tro|to|mie ⟨f.; -, -n⟩ operative Entfernung von Gewebswucherungen mit einer nadelartigen Elektrode [<*Elektro... + ...tomie*]
E|le|ment ⟨n.; -(e)s, -e⟩ 1 ⟨in der Antike⟩ Urstoff; *die vier ~e* Feuer, Wasser, Luft u. Erde; *das nasse ~* ⟨umg.⟩ das Wasser

2 Grundlage, Grundbestandteil; *die ~e der Mathematik, einer Wissenschaft* 3 Grundsatz, Grundbegriff 4 das einem Menschen Angemessene; *er ist in seinem ~* ⟨fig.; umg.⟩ er hat das ihm Gemäße gefunden, das, was er beherrscht od. worin er sich wohl fühlt 5 ⟨Chemie⟩ = chemisches Element 6 ⟨El.⟩ = galvanisches Element 7 ⟨Mengenlehre⟩ abstrakte Einheit, die als Eigenschaft von Objekten nur ihre Zugehörigkeit zu einer Menge gelten lässt 8 ⟨fig.; umg.⟩ abwertend; meist Pl.⟩ Person, Mensch; *gefährliche, schlechte, üble ~e* [<lat. *elementum* »Grundstoff«]
e|le|men|tar ⟨Adj.⟩ *oV* elementarisch 1 grundlegend, wesentlich 2 anfänglich, Anfangs... 3 naturhaft, urwüchsig 4 heftig
E|le|men|tar|ana|ly|se ⟨f.; -, -n⟩ Bestimmung der Bestandteile, bes. des Kohlen- u. Wasserstoffgehaltes organischer Verbindungen durch Wiegen der bei der Verbrennung einer Substanz entstehenden Mengen an Kohlendioxid u. Wasser
e|le|men|ta|risch ⟨Adj.⟩ = elementar
E|le|men|tar|la|dung ⟨f.; -, -en⟩ kleinste bisher beobachtete elektr. Ladung, elektr. Ladungen können nur als ganzzahlige Vielfache der E. von einem Stoff auf einen anderen übertragen werden
E|le|men|tar|mag|net *auch:* E|le|men|tar|ma|gnet ⟨m.; -en, -en⟩ kleinstes Teilchen mit einem magnetischen Moment
E|le|men|tar|quan|tum ⟨n.; -s, -ten⟩ 1 kleinste Einheit einer Wirkung 2 ⟨Atomphysik⟩ kleinster Betrag, der eine Wirkung auslösen kann, plancksches Wirkungsquantum
E|le|men|tar|teil|chen ⟨n.; -s, -⟩ 1 ⟨urspr.⟩ Bauteil des Atoms (Elektron, Proton, Neutron) 2 ⟨heute⟩ alle Teilchen, die nach dem heutigen Stand der Forschung als unteilbar (nicht mehr aus einfacheren Teilchen zusammengesetzt) angesehen werden
E|le|mi ⟨n.; -; unz.⟩ weißes, gelbes od. grünes, an äther. Ölen rei-

ches Harz verschiedener trop. Bäume, das Firnissen, Druckfarben u. Lacken zugesetzt wird, um sie geschmeidiger zu machen [span. <arab.]
E|len ⟨m. od. (österr. nur) n.; -s, -⟩ Elch [<lat. *elnis* <idg. *eln-*; verwandt mit *Elch*]
E|le|phan|ti|a|sis ⟨f.; -, -ti|a|sen; Med.⟩ krankhafte Verdickung der Haut u. des Unterhautbindegewebes als Folge wiederholter Entzündungen u. Stauungen in den Lymphwegen, kann zu außerordentlicher Unförmigkeit von Gliedmaßen u. der Geschlechtsteile führen; *oV* Elefantiasis; *Sy* Pachydermie [<lat. *elephantus* »Elefant« <grch. *elephas*]
E|leu|si|ni|en ⟨Pl.⟩ Mysterienspiele der antiken grch. Stadt Eleusis
e|leu|si|nisch ⟨Adj.⟩ die Stadt Eleusis betreffend, zu Eleusis gehörend; *die Eleusinischen Mysterien*
E|le|va|ti|on ⟨[-va-] f.; -, -en⟩ 1 Erhöhung, das Auf-, Emporheben 2 ⟨kath. Kirche⟩ das Emporheben der Hostie u. des Kelches in der Messe nach der Wandlung 3 Erhebung eines Gestirns über den Horizont [<lat. *elevare* »emporheben«]
E|le|va|ti|ons|win|kel ⟨[-va-] m.; -s, -; Math.; Ballistik⟩ Erhöhungswinkel
E|le|va|tor ⟨[-va:-] m.; -s, -to|ren⟩ Eimer-, Förderwerk zum Heben u. Befördern von körnigem Material (Getreide usw.) [<lat. *elevare* »emporheben«]
E|le|ve ⟨[-vә] m.; -n, -n⟩ Schüler, Lehrling (bes. in der Land- u. Forstwirtschaft u. auf Schauspielschulen) [<frz. *élève* »Schüler«]
E|le|vin ⟨[-vin] f.; -, -vin|nen⟩ Schülerin, weibl. Lehrling
El Fa|tah ⟨[-tax] f.; - -; unz.⟩ palästinensische Befreiungsbewegung [zu arab. *fath* »Sieg«]
e|li|die|ren ⟨V.; Gramm.⟩ *einen Vokal~* auslassen, abstoßen [<lat. *elidere* »heraustreiben«]
E|li|mi|na|ti|on ⟨f.; -, -en⟩ das Eliminieren [<frz. *élimination* »Beseitigung, Ausschaltung, Entfernung«]
e|li|mi|nie|ren ⟨V.⟩ 1 ⟨allg.⟩ entfernen, ausscheiden 2 ⟨Math.⟩ ei-

ne unbekannte Größe aus der Gleichung ~ *durch eine Rechenoperation beseitigen* [<frz. *éliminer* »entfernen, beseitigen«]

e|li|sa|be|tha|nisch 〈Adj.〉 zum Zeitalter Elisabeths I. von England (1558-1603) gehörig, daraus stammend; *das Elisabethanische England* E. unter der Regierung Elisabeths I.

Eli|si|on 〈f.; -, -en〉 Ausstoßen, Weglassen eines Vokals, z. B. in Fried und Freud; *Sy* Ekthlipsis [<lat. *elisio* »das Heraustreiben«]

eli|tär 〈Adj.〉 zu einer Elite gehörend od. sich ihr zurechnend, wie in einer Elite üblich

Eli|te 〈f.; -, -n〉 Auslese, das Beste, die Besten [<frz. *élite* »erstklassige Auswahl«]

Eli|ti|sie|rung 〈f.; -, -en〉 1 Elitebildung, Zuweisung zu einer Elite 2 Entwicklung zum Vorrecht einer Elite

Eli|xier 〈n.; -s, -e〉 1 Zaubertrank der Alchimisten; *Lebens*~ 2 alkohol. Auszug aus pflanzl. Substanzen, dem Zucker, äther. Öle u. a. zugesetzt sind [<Alchimistenlat. *elixirium* »Heiltrank« <arab. *al-iksir* »Stein der Weisen« <grch. *xerion* »trockenes Heilmittel«]

El Ka|i|da 〈ohne Artikel〉 islamist. Terrororganisation mit einem weltweiten Netz von Mitgliedern; *oV* Al Qaida [arab., »die Basis«]

...ell 〈Nachsilbe; zur Bildung von Adj.〉 1 in der Art von etwas, auf etwas ausgerichtet; *rationell* 2 in Bezug auf etwas; *instrumentell; visuell* [<frz., <lat.]

El|lip|se 〈f.; -, -n〉 1 〈Geom.〉 ein Kegelschnitt, zentrisch-symmetr., geschlossene Kurve, bei der für jeden Punkt die Summe der Entfernungen von zwei Festpunkten (den Brennpunkten) konstant ist 2 〈Sprachw.〉 Satz, in dem nur die Hauptbegriffe ausgedrückt sind, Auslassungssatz, z. B. Ende gut, alles gut [<grch. *elleipein* »unterlassen, auslassen, ermangeln«]

el|lip|so|id 〈Adj.〉 ellipsenähnlich, ellipsenförmig

El|lip|so|id 〈n.; -s, -e; Geom.〉 zentrisch-symmetr. krumme Flä-che mit einem Mittelpunkt, durch den drei aufeinander senkrechte Achsen gehen [<*Ellipse* + ...*id*]

el|lip|tisch 〈Adj.〉 wie eine Ellipse

Elms|feu|er 〈n.; -s, -〉 auf Elektrolumineszenz beruhende, leuchtende elektrische Gasentladung der Atmosphäre an spitzen Gegenständen wie Masten oder Turmspitzen [vielleicht nach dem hl. *Elmo* (ital. für *Erasmus*)]

El|na 〈f.; -, -nae [-nɛː]; Anat.〉 Elle, den Ellenbogen bildender Vorderarmknochen [lat.]

Elo|ge 〈[eloːʒə] f.; -, -n〉 1 Lob, Lobrede 2 Schmeichelei; *jmdm.* ~*n machen* [<frz. *éloge* »Lob, Lobrede«]

Elon|ga|ti|on 〈f.; -, -en〉 1 größter Abstand eines schwingenden Pendels von der Ruhelage 2 Entfernung, Winkelabstand zwischen einem Planeten u. der Sonne für unser Auge [<*ex*...² + lat. *longus* »lang«]

elo|quent 〈Adj.〉 beredt, beredsam [<lat. *eloquens* »beredt, wohlredend«]

Elo|quenz 〈f.; -; unz.〉 Beredsamkeit [<lat. *eloquentia* »Beredsamkeit«]

Elo|xal 〈n.; -s; unz.; Chemie〉 Überzug durch anodische Oxidation auf Aluminium u. Aluminiumlegierungen zur Erhöhung der Korrosionsbeständigkeit [verkürzt <*el*ektrisch *ox*idiertes *Al*uminium]

elo|xie|ren 〈V.; Chemie〉 mit Eloxal überziehen

elu|ie|ren 〈V.; Chemie〉 absorbierte Stoffe herauslösen [<lat. *eluere* »auswaschen, reinigen«]

Elu|ti|on 〈f.; -, -en〉 das Austreiben adsorbierter Stoffe aus einem Adsorptionsmittel [<lat. *elutio* »das Ab-, Ausspülen«]

elu|vi|al 〈[-vi-] Adj.; Geol.〉 1 Erzlagerstätten, bei denen das Material vom Ausgangsort nicht wesentl. transportiert wurde, betreffend, von ihnen stammend 2 〈Bodenkunde〉 durch Auslaugung u. Durchschlämmung verarmte Böden betreffend, von ihnen stammend

Elu|vi|um 〈[-vi-] n.; -s; unz.; Geol.〉 grobkörniger, am Bil-dungsort verbliebener Rückstand der Abtragungsvorgänge [<lat. *eluere* »Auswaschen«]

ely|sä|isch 〈Adj.〉 *oV* 〈österr.〉 elysisch 1 zum Elysium gehörig 2 〈fig.〉 wonnevoll; *Sy* paradiesisch [→ *Elysium*]

Ely|see 〈n.; -s; unz.〉 Amtssitz des frz. Präsidenten in Paris

ely|sie|ren 〈V.〉 *kleine Werkstoffteilchen* ~ elektrolytisch abtragen, wobei das Werkstück als Anode, das Werkzeug als Kathode geschaltet wird [<*Elektrolyse*]

ely|sisch 〈Adj.; bes. österr.〉 = elysäisch

Ely|si|um 〈n.; -s; unz.〉 Paradies [lat. »Wohnsitz der Seligen« <grch. *elysion pedion*]

Ely|tron *auch:* **Ely|tron** 〈n.; -s, E-lytren; Zool.〉 vorderes Flügelpaar, Deckflügel (bei Insekten) [grch., »Hülle, Behälter«]

El|ze|vir 〈[ɛlzəviːr] f.; -; unz.; Typ.〉 eine Antiquaschriftart [nach der holländ. Buchdruckerfamilie *Elzevier*, die 1583-1712 bes. in Leiden, Amsterdam u. Brüssel bedeutende Druckereien besaß]

Em 〈Zeichen für〉 Emanation

em. 〈Abk. für〉 emeritus

e. m. 〈Abk. für lat.〉 ejusdem mensis

em..., Em... 〈Vorsilbe〉 = en..., En...

E-Mail (*Schreibung mit Bindestrich*) Zusammensetzungen, die einen Einzelbuchstaben, eine Abkürzung oder eine Ziffer enthalten, werden durch Bindestrich getrennt. Dies kann auch der Unterscheidung von orthographisch identischen Wörtern unterschiedlicher Bedeutung dienen (→*a*. Email).

E-Mail 〈[iːmeɪl] f. od. n.; -, -s; kurz für〉 Electronic Mail, digitalisierte schriftliche Nachricht an einen anderen Teilnehmer via Computernetzwerk od. Internet, aber auch als Telefax [engl., »elektronische Post«]

Email 〈[emaːj] od. [emaɪl] n.; -s, -s〉 = Emaille

E-Mail-A|dres|se *auch:* **E-Mail-Ad|res|se** 〈[iːmeɪl-] f.; -, -n〉 Adresse für E-Mails mit Angabe des

emailen

Empfänger- bzw. Sendernamens sowie des Servers, der den E-Mail-Verkehr abwickelt

e|mai|len *auch:* **e-mai|len** ⟨[iːmɛɪlən] V.; EDV⟩ eine E-Mail verschicken, per E-Mail kommunizieren

Emaille ⟨[emaljə] *od.* [emaːj] f.; -, -n [-jən]⟩ meist farbige, Metallgegenständen als Schutz *od.* Schmuck aufgeschmolzene Glasmasse, z. B. bei Kochtöpfen; *oV* Email; *Sy* Schmalt [<frz. *émail* <fränk. **smalt*]

e|mail|lie|ren ⟨[emajiː-] *od.* [emaljiː-] V.⟩ mit Email überziehen

E|man ⟨n.; -s, -; Physik⟩ Maßeinheit für Radioaktivität, bes. des Quellwassers [verkürzt <*Emanation*]

E|ma|na|ti|on ⟨f.; -, -en⟩ **1** Ausströmen, Ausstrahlung **2** ⟨Philos.⟩ das Entstehen aller Dinge aus dem höchsten Einen (Gott) [<lat. *emanatio* »das Ausströmen«]

e|ma|nie|ren ⟨V.⟩ ausfließen, ausstrahlen [<lat. *emanare* »ausströmen«]

E|man|ze ⟨f.; -, -n; umg.; abwertend für⟩ emanzipierte Frau, Anhängerin der Frauenbewegung

E|man|zi|pa|ti|on ⟨f.; -, -en⟩ **1** Befreiung von Abhängigkeit u. Bevormundung **2** Gleichstellung [<lat. *emancipatio* »Entlassung eines Sohnes aus der väterlichen Gewalt«]

e|man|zi|pa|tiv ⟨Adj.⟩ in der Art der Emanzipation, auf Emanzipation gerichtet; *Sy* emanzipatorisch

e|man|zi|pa|to|risch ⟨Adj.⟩ = emanzipativ

e|man|zi|pie|ren ⟨V.⟩ aus Abhängigkeit u. Bevormundung befreien, selbständig machen, gleichstellen [<lat. *emancipare* »einen Sohn aus der väterlichen Gewalt entlassen«]

e|man|zi|piert ⟨Adj.⟩ befreit, frei (von Beschränkungen, Vorurteilen), selbständig; *eine ~e Frau*

E-Mar|ke|ting ⟨[iː-] n.; - *od.* -s; unz.; EDV; kurz für⟩ Electronic Marketing

EMAS (Abk. für engl.) Environmental Management and Audit Scheme (europäisches System für Umweltmanagement u. Umweltbetriebsprüfung); →a. Ökoaudit

Em|bal|la|ge ⟨[ãbalaːʒə] f.; -, -n⟩ Verpackung (einer Ware) [frz., »Verpackung, Verpackungsmaterial«]

em|bal|lie|ren ⟨[ãbal-] V.⟩ verpacken [<frz. *emballer* »verpacken, einpacken«]

Em|bar|go ⟨n.; -s, -s⟩ **1** Beschlagnahme eines (eigenen *od.* fremden) Schiffes u. seiner Ladung **2** Ausfahr-, Ausfuhrverbot [span., »Beschlagnahme, Sperre«]

Em|ba|te|ri|on ⟨n.; -s, -ri|en⟩ Marschgesang der spartanischen Soldaten [<grch. *embaterios* »zum Marsch gehörig«]

Em|blem *auch:* **Em|blem** ⟨[ɛmbleːm] *od.* [ˈɛbleːm] n.; -s, -e⟩ Kennzeichen, Sinnbild [<grch. *emblema* »eingelegte Arbeit, Zierrat«]

Em|ble|ma|tik *auch:* **Em|ble|ma|tik** ⟨f.; -; unz.⟩ Wissenschaft von den Emblemen

em|ble|ma|tisch *auch:* **emb|le|ma|tisch** ⟨Adj.⟩ sinnbildlich

Em|bo|lie ⟨f.; -, -n⟩ plötzl. Verschluss einer größeren *od.* kleineren Schlagader durch einen Embolus [<grch. *emballein* »hineinschleudern«]

Em|bo|lis|mus ⟨m.; -; unz.⟩ **1** ⟨Astron.⟩ die Einfügung eines Schaltmonats in den julian. Kalender **2** ⟨Liturgie⟩ Gebet im Anschluss an die letzte Bitte des Vaterunsers in der kath. Messe, einmündend in die Doxologie der Gemeinde

Em|bo|lus ⟨m.; -, -bo|li⟩ im Blutstrom wandernder Blutgerinnsel, Fetttröpfchen, Luftbläschen *od.* Fremdkörperchen [<grch. *embolos* »Keil«]

◆ Die Buchstabenfolge **embry...** kann auch **emb|ry...** getrennt werden.

◆ **Em|bryo** ⟨m. *od.* österr. n.; -s, -s *od.* -o|nen⟩ **1** sich aus der befruchteten Eizelle entwickelndes Lebewesen **2** Lebewesen vor der Geburt, vor dem Schlüpfen [<grch. *embryon*; zu *bryein* »quellen, keimen«]

◆ **Em|bryo|ge|ne|se** ⟨f.; -; unz.⟩ Keimesentwicklung [<*Embryo...* + *Genese*]

◆ **Em|bryo|lo|gie** ⟨f.; -; unz.⟩ Lehre von der Entwicklung des Embryos, des Lebewesens vor der Geburt

◆ **em|bryo|lo|gisch** ⟨Adj.⟩ *oV* embryonisch **1** zum Embryo gehörend, im Zustand des Embryos **2** unentwickelt, unreif

◆ **Em|bryo|nen|trans|fer** ⟨m.; -s, -s; Med.⟩ Übertragung eines Embryos, bei der reife Eizellen in vitro mit Samenzellen befruchtet u. nach zwei Tagen in die hormonell behandelte Gebärmutter eingesetzt werden; *oV* Embryotransfer [<*Embryo* + *Transfer*]

◆ **em|bryo|nisch** ⟨Adj.; Med.⟩ = embryologisch

◆ **Em|bryo|pa|thie** ⟨f.; -, -n; Med.⟩ Krankheit *od.* Schädigung des Embryos während der ersten drei Schwangerschaftsmonate, die zu Missbildungen führt [<*Embryo* + *...pathie*]

◆ **em|bryo|pa|thisch** ⟨Adj.; Med.⟩ zur Embryopathie gehörend, sie betreffend

◆ **Em|bryo|trans|fer** ⟨m.; -s, -s; Med.⟩ = Embryonentransfer

Emen|da|ti|on ⟨f.; -, -en; geh.⟩ Verbesserung, Berichtigung (bes. von Textfehlern bei der Textkritik) [<lat. *emendatio* »Verbesserung«]

emen|die|ren ⟨V.; geh.⟩ verbessern, berichtigen [<lat. *emendare* »verbessern, von Fehlern freimachen, säubern«]

Emer|genz ⟨f.; -, -en⟩ **1** ⟨Bot.⟩ pflanzl. Anhangsorgan, an dem außer der Oberhaut auch tiefer liegende Gewebe beteiligt sind, z. B. Stacheln **2** ⟨Ökol.⟩ die Menge ausgewachsener, flugfähiger Wasserinsekten, die auf einer begrenzten Wasserstrecke im Jahr entsteht [<lat. *emergere* »auftauchen, zum Vorschein kommen«]

Emer|genz|phi|lo|so|phie ⟨f.; -; unz.⟩ Lehre (der neueren englischen Metaphysik, nach der die Dinge aus dem Grund der Welt »auftauchen« u. sich in einer »emergenten Evolution« immer höher entwickeln, wobei jede höhere Seinsstufe

Emphase

durch neu hinzutretende Qualitäten charakterisiert ist

Eme|rit ⟨m.; -en, -en⟩ jmd., der emeritiert ist; *oV* Emeritus

e|me|ri|tie|ren ⟨V.⟩ in den Ruhestand versetzen; *Geistliche, Hochschullehrer* ~ [<lat. *emeritus* »ausgedienter Soldat«]

e|me|ri|tiert ⟨Adj.; Abk.: em.⟩ in den Ruhestand versetzt

Eme|ri|tie|rung ⟨f.; -, -en⟩ das Emeritieren, das Emeritiertwerden

e|me|ri|tus ⟨Adj.; Abk.: em.; einem Titel nachgestellt⟩ im Ruhestand [lat., »ausgedienter Soldat«]

E|me|ri|tus ⟨m.; -, -ti⟩ = Emerit

emers ⟨Adj.⟩ über der Wasseroberfläche lebend; *Ggs* submers [<lat. *emersus*, Perf. von *emergere* »auftauchen«]

E|mer|si|on ⟨f.; -, -en⟩ **1** ⟨Geophysik⟩ Auftauchen einer Landmasse über den Meeresspiegel infolge tekton. Hebung od. eustatischer Meeresspiegelsenkung; *Ggs* Submersion **2** ⟨Astron.⟩ Hervortreten eines Mondes aus seinem Planetenschatten [→ *emers*]

E|me|sis ⟨f.; -; unz.; Med.⟩ Erbrechen [zu grch. *emein* »sich erbrechen«]

Eme|ti|kum ⟨n.; -s, -ka; Med.⟩ Brechmittel [<grch. *emein* »ausbrechen, sich erbrechen«]

eme|tisch ⟨Adj.; Med.⟩ Brechreiz, Erbrechen bewirkend

EMG ⟨Abk. für⟩ Elektromyogramm

Emi|grant *auch:* **Emig|rant** ⟨m.; -en, -en⟩ **1** Auswanderer; *Ggs* Immigrant **2** Flüchtling (aus polit. od. relig. Gründen) [<lat. *emigrans*, Part. Präs. zu *emigrare* »auswandern«]

Emi|gran|ten|li|te|ra|tur *auch:* **Emig|ran|ten|li|te|ra|tur** ⟨f.; -, -en⟩ Gesamtheit der Werke, die emigrierte Schriftsteller außerhalb ihres ursprünglichen Sprachraums verfassen; → a. Exilliteratur

Emi|gran|tin *auch:* **Emig|ran|tin** ⟨f.; -, -tin|nen⟩ **1** Auswanderin; *Ggs* Immigrantin **2** Flüchtling (aus polit. od. relig. Gründen)

Emi|gra|ti|on *auch:* **Emig|ra|ti|on** ⟨f.; -, -en⟩ **1** Auswanderung **2** Flucht (bes. aus polit. u. relig. Gründen); *Ggs* Immigration [<lat. *emigratio* »Auswanderung«]

e|mi|grie|ren *auch:* **e|mig|rie|ren** ⟨V.⟩ auswandern; *Ggs* immigrieren [<lat. *emigrare* »auswandern«]

E|min ⟨m.; -s, -e⟩ arab. u. türk. Aufseher, Präfekt [<arab. *amin* »zuverlässig, treu«]

e|mi|nent ⟨Adj.⟩ hervorragend, außerordentlich [<lat. *eminens*, Part. Präs. zu *eminere* »hervorragend«]

Emi|nenz ⟨f.; -, -en⟩ Titel der Kardinäle, auch als Anrede; *die graue* ~ jmd., der im Hintergrund Entscheidungen trifft (Beiname für Père Joseph, den Berater Richelieus, sowie für Baron Friedrich von Holstein) [<lat. *eminentia* »das Hervorragende«]

E|mir ⟨a. [-'-] m.; -s, -e⟩ Titel arab. Stammeshäuptlinge u. Fürsten [<arab. *emir, amir* »Befehlshaber«; verwandt mit *Admiral*]

E|mi|rat ⟨n.; -(e)s, -e⟩ arab. Fürstentum, Herrschaftsgebiet eines Emirs

e|misch ⟨Adj.; Sprachw.⟩ bedeutungsdifferenzierend, diskriktiv (von sprachlichen Zeichen); *Ggs* etisch; *Morpheme u. Präfixe sind* ~ *e Einheiten* [verkürzt <*(phon)emisch*]

E|mis|sär ⟨m.; -s, -e⟩ **1** Kundschafter, Abgesandter **2** Agent [<frz. *émissaire* »(Geheim-)Bote, Kundschafter«]

Emis|si|on ⟨f.; -, -en⟩ **1** Ausgabe neuer Anleihen oder Wertpapiere **2** ⟨schweiz.⟩ Rundfunksendung **3** ⟨Physik⟩ Ausstrahlung, das Aussenden von Schadstoffen in die Umwelt; → a. Immission [<lat. *emissio* »das Entsenden, das Herauslassen«]

Emis|si|ons|schutz ⟨m.; -es; unz.⟩ Schutzmaßnahmen gegen das Aussenden von Schadstoffen in die Umwelt

Emis|si|ons|spek|trum *auch:* **Emis|si|ons|spekt|rum** ⟨n.; -s, -spektren⟩ von einem Atom od. Molekül ausgesandtes Spektrum nach vorheriger Energiezufuhr

E|mit|tent ⟨m.; -en, -en⟩ jmd., der Wertpapiere ausgibt [<lat. *emittens*, Part. Präs. zu *emittere* »aussenden«]

E|mit|ter ⟨m.; -s, -⟩ Teil eines Transistors, über den der in der Halbleiterschicht des Transistors verstärkte Strom abfließt

e|mit|tie|ren ⟨V.⟩ **1** *Wertpapiere* ~ ausgeben, in Umlauf setzen **2** *Strahlen* ~ ⟨Physik⟩ aussenden [<lat. *emittere* »aussenden, entlassen«]

E|mo|ti|con ⟨n.; -s, -s; EDV⟩ aus Satzzeichen bestehendes Symbol, das ein Gesicht darstellen u. damit Gefühle ausdrücken soll, z. B. Smileys wie :-) für »fröhlich«, :-(für »traurig«, :-| für »gleichgültig« [verkürzt <*Emotion + Icon*]

E|mo|ti|on ⟨f.; -, -en⟩ Gefühls-, Gemütsbewegung, Erregung [<frz. *émotion* »Erregung, Rührung«]

e|mo|ti|o|nal ⟨Adj.⟩ gefühlsmäßig; *oV* emotionell; *Sy* affektiv

e|mo|ti|o|na|li|sie|ren ⟨V.; geh.⟩ emotional machen, Emotionen hervorrufen, entfachen

E|mo|ti|o|na|li|tät ⟨f.; -; unz.⟩ emotionales Empfinden, Verhalten; *mit großer* ~ *sprechen*

e|mo|ti|o|nell ⟨Adj.⟩ = emotional

e|mo|tiv ⟨Adj.; geh.⟩ gefühlsmäßig erregt, auf Emotivität beruhend, sie betreffend [<engl. *emotive* »gefühlvoll«]

E|mo|ti|vi|tät ⟨[-vi-] f.; -; unz.; geh.⟩ Neigung zur gefühlsmäßigen Erregung, starke Gemütsbewegung [<frz. *émotivité* »(leichte) Erregbarkeit«]

Em|pa|thie ⟨f.; -, -n; Psych.⟩ Neigung u. Befähigung, sich in andere Menschen einzufühlen sowie die damit verbundene Fähigkeit, neue soziale Rollen zu übernehmen u. fremde (Wert-)Vorstellungen in die eigenen zu integrieren [<engl. *empathy* »Einfühlung«)«]

em|pa|thisch ⟨Adj.; Psych.⟩ gewillt u. befähigt sein, sich in (Wert-)Vorstellungen anderer einzufühlen [<engl. *empathize* »sich einfühlen, sich hineinversetzen«]

Em|pha|se ⟨f.; -; unz.⟩ Nachdruck, Redeschwung, Leidenschaftlichkeit (im Ausdruck)

253

emphatisch

[<grch. *emphasis* »Kraft des Ausdrucks«]

em|pha|tisch ⟨Adj.⟩ nachdrücklich, ausdrücklich, schwungvoll, leidenschaftlich [<grch. *emphatikos* »nachdrücklich«]

Em|phy|sem ⟨n.; -s, -e⟩ abnorme Ansammlung von Luft u. a. Gasen in Geweben od. Organen (Haut, Lunge) [<*En...* + grch. *physan* »blasen«]

em|phy|se|ma|tisch ⟨Adj.⟩ aufgebläht (durch eingedrungene Luft) [→ *Emphysem*]

Em|pire[1] ⟨[ãpiːr] n.; -s; unz.⟩ 1 das ehemalige frz. Kaiserreich unter Napoleon I. 2 der Kunststil dieser Zeit, Empirestil [frz.]

Em|pire[2] *auch:* **Em|pi|re**[2] ⟨[ɛmpaɪə(r)] n.; - od. -s; unz.⟩ das britische Weltreich [engl., »Weltmacht«; → *Imperium*]

Em|pi|rem ⟨n.; -s, -e⟩ Erfahrungstatsache [→ *Empirie*]

Em|pi|rie ⟨f.; -; unz.⟩ 1 Sinneserfahrung, Erfahrung 2 auf Erfahrung beruhende Erkenntnis [<grch. *empeiria* »Erfahrung«]

Em|pi|rik ⟨f.; -; unz.⟩ das Empirische, Art u. Wesen des Erfahrbaren

Em|pi|ri|ker ⟨m.; -s, -⟩ Anhänger, Vertreter des Empirismus

Em|pi|ri|ke|rin ⟨f.; -, -rin|nen⟩ Anhängerin, Vertreterin des Empirismus

Em|pi|rio|kri|ti|zis|mus ⟨m.; -; unz.; Philos.⟩ von Richard Avenarius begründete Lehre, nach der die Dinge nur als Erscheinungen des Bewusstseins erfassbar sind, d. h. die den Erfahrungsbegriffen nur eine beschreibende Bestimmung zugesteht [<*empirisch* + *Kritizismus*]

Em|pi|rio|kri|ti|zist ⟨m.; -en, -en; Philos.⟩ Anhänger od. Vertreter des Empiriokritizismus

em|pi|risch ⟨Adj.⟩ auf der Erfahrung beruhend, aus eigener Erfahrung gewonnen [→ *Empirie*]

Em|pi|ris|mus ⟨m.; -; unz.⟩ Lehre, dass alle Erkenntnis nur auf Erfahrung beruhen kann; *Ggs* Rationalismus (2) [→ *Empirie*]

Em|pi|rist ⟨m.; -en, -en⟩ Anhänger, Vertreter des Empirismus

em|pi|ris|tisch ⟨Adj.⟩ mit Hilfe des Empirismus, ihm entsprechend, auf ihm beruhend

Em|po|ri|um ⟨n.; -s, -ri|en⟩ Haupthandels-, Stapelplatz [lat., »Handelsplatz« <grch. *emporion* »Handelsplatz«]

Em|pow|er|ment *auch:* **Em|po|wer|ment** ⟨[-paυə(r)-] n.; - od. -s; unz.⟩ Stärkung der Gestaltungs- u. Entscheidungsmacht für benachteiligte Gruppen innerhalb der Gesellschaft [engl., »Selbstbefähigung, Ermächtigung«]

Em|py|re|um ⟨n.; -s; unz.⟩ 1 ⟨in der Antike⟩ der höchste, der Feuerhimmel 2 ⟨im Christentum⟩ Ort des Lichts, der Seligkeit, Himmel (z. B. bei Dante) [zu grch. *empyros* »im Feuer stehend, brennend«; zu *pyr* »Feuer«]

Emu ⟨m.; -s, -s⟩ straußenähnlicher, flugunfähiger Vogel Australiens, der zusammen mit einer verwandten Art u. den Kasuaren zu der Ordnung Casuarii gehört: Dromaeus novaehollandiae [engl.; verkürzt <portug. *ema di gei* »Erdkranich«]

E|mu|la|tion ⟨f.; -; unz.⟩ 1 ⟨veraltet⟩ 1.1 Wetteifer 1.2 Neid, Eifersucht 2 ⟨EDV⟩ Nachahmung von Soft- u. Hardwareeigenschaften, um in einem Computersystem Programme zu benutzen, die für ein fremdes Computersystem geschrieben sind [<lat. *aemulatio* »das Streben, es einem anderen gleich zu machen; Wetteifer; Eifersucht, Rivalität«]

E|mu|la|tor ⟨m.; -s, -to|ren; EDV⟩ zusätzliche Hardware zur Zentraleinheit einer EDV-Anlage, die die Durchführung von Programmen eines bestimmten Anlagetyps auf einer anderen Anlage ermöglicht

E|mul|ga|tor ⟨m.; -s, -to|ren; Chemie⟩ Hilfsstoff bei der Herstellung von Emulsionen, der die Oberflächenspannung herabsetzt; *Ggs* Demulgator

e|mul|gie|ren ⟨V.; Chemie⟩ 1 aufschwemmen; *einen Stoff* ~ in einem anderen fein verteilen 2 zu einer Emulsion verbinden

e|mu|lie|ren ⟨V.; EDV⟩ in der Art einer Emulation (2) an ein anderes Computersystem anpassen bzw. dessen Funktionen nachahmen; *eine Software entwickeln, mit deren Hilfe sich eine alte Hardware* ~ *lässt*

E|mul|sin ⟨n.; -(e)s; unz.⟩ Enzymverbindung, die vor allem in bitteren Mandeln vorkommt [→ *emulgieren*]

E|mul|si|on ⟨f.; -, -en⟩ 1 feinste Verteilung einer Flüssigkeit in einer anderen, nicht mit ihr mischbaren 2 die lichtempfindliche fotogr. Schicht [→ *emulgieren*]

en..., En... ⟨vor b, m, p, ph⟩ em..., Em... ⟨Vorsilbe⟩ in, an, auf [grch.]

E|na|ki|ter ⟨Pl.⟩ *oV* Anakiter; *Sy* Enakssöhne 1 ⟨Rel.⟩ als riesenhaft geltende Sippen in Hebron u. Umgebung, die von Josua u. Kaleb vernichtend besiegt wurden 2 ⟨umg.⟩ riesenhafte Menschen [nach der Sippe des *Anak*, z. B. in 4. Moses 13,22.28.33, 5. Moses 1,28 u. Josua 11,21f.]

E|naks|söh|ne ⟨Pl.⟩ = Enakiter

En|al|la|ge ⟨[-ge:] f.; -; unz.⟩ = Hypallage [<grch. *enallassein* »verwechseln«]

en|an|tio|trop ⟨Adj.; Chemie⟩ zur Enantiotropie fähig [<grch. *enantios* »gegenüber, entgegen« + *...trop*[1]]

En|an|tio|tro|pie ⟨f.; -; unz.; Chemie⟩ reversibel ineinander umwandelbare Modifikationen

E|na|ti|on ⟨f.; -, -en; Bot.⟩ Entwicklung von Auswüchsen auf vormals glatten Oberseiten pflanzlicher Organe [zu lat. *enatus*, Part. Perf. von *enascor* »herauswachsen«]

en avant! ⟨[ãnavãː]⟩ vorwärts!, voran! [frz.]

en bloc ⟨[ãblɔk] Adv.⟩ im Ganzen, in Bausch u. Bogen; *alle Stehplatzkarten* ~ *verkaufen* [frz., »im Ganzen«]>

En|ceinte ⟨[ãsɛ̃ːt(ə)] f.; -, -n⟩ Umwallung, Festungsgürtel [frz., »Einfriedung«]

En|ce|pha|li|tis ⟨f.; -, -ti|den; Med.⟩ = Enzephalitis

En|ce|pha|lon ⟨n.; -s, -la; Anat.⟩ Gehirn; *oV* Enzephalon [<grch. *egkephalos* »Gehirn«]

Endometrium

en|chan|té ⟨[ãʃāte:] veraltet⟩ sehr erfreut, (ich bin) entzückt [frz.]
En|chan|te|ment ⟨[ãʃātəmã:] n.; -s; unz.; veraltet⟩ Zauber, Bezauberung [frz., »Verzauberung, Zauber, Entzücken«]
en|chan|tiert ⟨[āsā-] Adj.; veraltet⟩ entzückt, begeistert [<frz. *enchanté* »ver-, bezaubert, entzückt«]
En|chi|ri|di|on ⟨[-çi-] n.; -s, -di|en⟩ Handbuch, kleines Lehrbuch [<grch. *en* »in« + *cheir* »Hand«]
en|chon|dral ⟨[-çɔn-] Adj.⟩ im Knorpel liegend; *Sy* endochondral [<*en...* + grch. *chondros* »Knorpel«]
En|chon|drom ⟨[-çɔn-] n.; -s, -e⟩ Knorpel [<*En...* + grch. *chondros* »Knorpel«]
en|co|die|ren ⟨V.⟩ = enkodieren
En|co|die|rung ⟨f.; -, -en⟩ = Enkodierung
En|co|ding ⟨engl. [ɪn-] n.; - od. -s, -s; Nachrichtentechnik⟩ das Verschlüsseln einer Nachricht (mit einem Chiffrierapparat); *Ggs* Decoding [engl.; zu *encode* »verschlüsseln, codieren«]
En|coun|ter ⟨[ɪnkaʊntə(r)] n. od. m.; -s, -s⟩ **1** ⟨allg.⟩ Aufeinandertreffen **2** ⟨Psych.⟩ Form der Gruppentherapie, vor allem spontane u. gefühlsbetonte Reaktionen trainiert u. analysiert [<engl. *encounter* »Begegnung, Zusammenstoß«]
En|coun|ter|grup|pe ⟨[ɪnkaʊn-] f.; -, -n; Psych.⟩ (von einem Therapeuten geleitete) Gruppe zur Selbsterfahrung und Persönlichkeitsentwicklung, z. B. in der Drogentherapie [zu engl. *encounter* »begegnen«]
En|de|mie ⟨f.; -, -n; Med.⟩ in bestimmten Gebieten ständig vorkommende Krankheit (z. B. Malaria, Kropf in Gebirgsgegenden); *Ggs* Epidemie [zu grch. *endemos* »einheimisch«]
en|de|misch ⟨Adj.⟩ **1** einheimisch **2** ⟨Bot.; Zool.⟩ nur auf eng umgrenzten Gebieten (z. B. Inseln) vorkommend; *Ggs* ekdemisch **3** ⟨Med.⟩ in bestimmten Gebieten ständig auftretend; *Ggs* epidemisch; ~*e Infektionskrankheiten*
En|de|mis|mus ⟨m.; -; unz.; Ökol.⟩ begrenztes Vorkommen von Tieren u. Pflanzen in einem bestimmten Gebiet
En|de|mit ⟨n.; -en, -en; meist Pl.; Biol.⟩ Lebewesen (Pflanze od. Tier), dessen Ausbreitung auf einen oft natürl. eingeschränkten Lebensraum festgelegt ist [→ *Endemie*]
end|er|go|nisch *auch:* **en|der|go|nisch** ⟨Adj.; Chemie; Physik⟩ von außen zugeführte Energie benötigend; *Ggs* exergonisch; *eine* ~*e Reaktion* [<*endo...* + grch. *ergon* »Werk«]
en|der|mal ⟨Adj.; Med.⟩ in der Haut befindlich, in die Haut eingeben; *eine* ~*e Injektion* [<*en...* + *dermal*]
en|des|mal ⟨Adj.; Med.⟩ im Bindegewebe befindlich [<*en...* + grch. *desmos* »Band«]
en détail ⟨[ãdeta:j] Adv.⟩ **1** in Einzelheiten, im Kleinen **2** im Einzelhandel; *Ggs* en gros [frz., »im Einzelnen«]
En|di|vie ⟨[-vjə] f.; -, -n; Bot.⟩ Salatpflanze, Art der Zichorie (1): Cichorium endivia; *Sy* Eskariol [<mlat., ital. *endivia,* lat. *intibus, intybus, intubus;* zu grch. *entybion,* eigtl. »im Januar (wachsend)«; zu *tybi* »Januar«]
End|mo|rä|ne ⟨f.; -, -n; Geol.⟩ eine um die Gletscherstirn abgelagerte wallartige Moräne, die entweder bei einem Gletschervorstoß (Vorstoßmoräne) od. einem Eisrückzug (Rückzugsmoräne) entsteht; *Long Island hat aus schon zwei* ~*n gebildet* [→ *Moräne*]
en|do..., En|do... ⟨Vorsilbe⟩ innerhalb; *Endokarpium, endokrin* [<grch. *endon*]
En|do|bi|ont ⟨m.; -en, -en; Biol.⟩ Partner der Endobiose; *Ggs* Epibiont [<*Endo...* + grch. *bios* »Leben«]
En|do|bi|o|se ⟨f.; -, -n; Biol.⟩ Gemeinschaft verschiedenartiger Lebewesen, von denen eines im andern lebt [<*Endo...* + *...biose*]
En|do|car|di|tis ⟨f.; -, -ti|den; Med.⟩ = Endokarditis
en|do|chon|dral ⟨[-çɔn-] Adj.⟩ = enchondral
En|do|der|mis ⟨f.; -, -men⟩ für wasserlösliche Stoffe schwer durchlässige, innerste Rindenschicht der Wurzel
En|do|en|zym ⟨n.; -s, -e⟩ Enzym, das sich im Zelleninnern befindet u. den organischen Stoffwechsel leitet; *Ggs* Ektoenzym [<*Endo...* + *Enzym*]
En|do|ga|mie ⟨f.; -, -n⟩ Heirat innerhalb einer Gruppe od. eines Stammes, Verwandtenehe
en|do|gen ⟨Adj.⟩ **1** von innen kommend **2** im Innern entstehend, im Innern befindlich **3** im Erdinnern erzeugt [<*Endo... + ...gen¹*]
En|do|kard ⟨n.; -(e)s, -e; Anat.⟩ = Endokardium
En|do|kar|di|tis ⟨f.; -, -ti|den; Med.⟩ Herzinnenhautentzündung, bes. Herzklappenentzündung; *oV* Endocarditis [<*Endo...* + *Karditis*]
En|do|kar|di|um ⟨n.; -s, -di|en; Anat.⟩ Herzinnenhaut [<*Endo...* + grch. *kardia* »Herz«]
En|do|karp ⟨n.; -s, -e; Bot.⟩ innere Schicht der Fruchtwand; *Ggs* Exokarp [<*Endo... + ...karp²*]
en|do|krin ⟨Adj.; Med.⟩ **1** mit innerer Sekretion, nach innen, ins Blut absondernd; ~*e Drüse* **2** nach innen, ins Blut abgesondert; ~*es Sekret* [<*Endo...* + grch. *krinein* »trennen«]
En|do|kri|no|lo|ge ⟨m.; -n, -n; Med.⟩ Wissenschaftler im Fachbereich der Endokrinologie
En|do|kri|no|lo|gie ⟨f.; -; unz.; Med.⟩ Lehre von der Funktion endokriner Drüsen [<*endokrin + ...logie*]
En|do|kri|no|lo|gin ⟨f.; -, -gin|nen; Med.⟩ Wissenschaftlerin im Fachbereich der Endokrinologie
En|do|lym|phe ⟨f.; -, -n; Anat.⟩ Lymphe im Gleichgewichtssinnesorgan der Wirbeltiere, in den Bogengängen des Ohrlabyrinths
En|do|ly|sin ⟨n.; -s, -e; meist Pl.⟩ im Zelleninnern auftretendes (Bakterio-)Lysin, das Bakterien zersetzt [<*Endo... + Lysin*]
En|do|me|tri|tis *auch:* **En|do|me|tri|tis** ⟨f.; -, -ti|den; Med.⟩ Entzündung der Gebärmutterschleimhaut [<*Endo...* + grch. *metra* »Gebärmutter«]
En|do|me|tri|um *auch:* **En|do|me|tri|um** ⟨n.; -s, -tri|en; Med.⟩ Schleimhaut des Gebärmutter-

E

255

Endomitose

körpers [<*Endo...* + grch. *metra* »Gebärmutter«]
En|do|mi|to|se ⟨f.; -, -n; Biol.⟩ unvollständige, indirekte Kernteilung ohne Auflösung der Kernmembran u. ohne anschließende Zellteilung
en|do|morph ⟨Adj.⟩ **1** ⟨Geol.⟩ die Endomorphose betreffend, durch sie verursacht; *Ggs* exomorph **2** ⟨Med.⟩ die Endomorphie betreffend; →*a.* pyknisch [<*endo...* + *...morph*]
En|do|mor|phie ⟨f.; -; unz.; Med.⟩ Körperverfassung eines Menschentyps von gedrungener Gestalt u. Veranlagung zur Fettleibigkeit; →*a.* Pykniker [<*Endo...* + *...morphie*]
En|do|mor|phis|mus ⟨m.; -, -men; Math.⟩ Homomorphismus einer Menge in sich selbst
En|do|mor|pho|se ⟨f.; -, -n; Geol.⟩ innere Gestaltsveränderung des Eruptivgesteins, die durch den Einfluss des Nebengesteins verursacht wird; *Ggs* Exomorphose
En|do|my|ces ⟨Pl.⟩ krankheitserregende Hefepilze des Menschen; *oV* Endomyzes [<*Endo...* + grch. *mykes* »Pilz«]
En|do|my|zes ⟨Pl.⟩ = Endomyces
En|do|pa|ra|sit ⟨m.; -en, -en; Biol.⟩ im Körper seines Wirtes lebender Schmarotzer [<grch. *endon* »innen« + *Parasit*]
En|do|phle|bi|tis ⟨f.; -, -ti|den; Med.⟩ Innenhautentzündung einer Vene [<*Endo...* + *Phlebitis*]
En|do|phyt ⟨m.; -en, -en⟩ in anderen Pflanzen od. Tieren schmarotzende Pflanze [<*Endo...* + *...phyt*]
en|do|phy|tisch ⟨Adj.; Med.⟩ nach innen wachsend; *Ggs* ektophytisch; *ein* ~*er Tumor* [<*endo...* + grch. *phyomai* »wachsen«]
En|do|plas|ma ⟨n.; -s; unz.⟩ = Entoplasma
en|do|plas|ma|tisch ⟨Adj.⟩ im Zellplasma gelegen; ~*es Retikulum* mit Ribosomen besetztes Membransystem innerhalb des Zellplasmas
En|dor|phin ⟨n.; -s, -e; meist Pl.; Med.⟩ körpereigener Wirkstoff, der im Zentralnervensystem gebildet wird u. eine opiatbzw. morphinähnl., schmerzstillende Wirkung besitzt [<*Endo...* + *Morphin*]
En|do|pro|the|se ⟨f.; -, -n; Med.⟩ künstl. Ersatzstück, das im Organismus den geschädigten Körperteil ersetzt [<grch. *endon* »drinnen, innerhalb« + *Prothese*]
En|do|ske|lett ⟨n.; -(e)s, -e⟩ Innenskelett bei Wirbellosen u. Wirbeltieren; *Ggs* Ektoskelett [<*Endo...* + *Skelett*]
En|do|skop *auch:* **En|dos|kop** ⟨n.; -s, -e; Med.⟩ Instrument mit elektr. Lichtquelle u. Spiegel zur Untersuchung von Körperhöhlen [<*Endo...* + *...skop*]
En|do|sko|pie *auch:* **En|dos|ko|pie** ⟨f.; -, -n; Med.⟩ Untersuchung von Körperhöhlen mit dem Endoskop
en|do|sko|pisch *auch:* **en|dos|ko|pisch** ⟨Adj.; Med.⟩ **1** das Endoskop betreffend, mit Hilfe des Endoskops **2** die Endoskopie betreffend
en|do|so|ma|tisch ⟨Adj.⟩ innerhalb des Körpers [<*endo...* + *somatisch*]
En|do|sperm ⟨n.; -s, -e⟩ Nährgewebe im Pflanzensamen [<*En-do...* + grch. *sperma* »Samen«]
En|do|spo|re ⟨f.; -, -n⟩ Spore, die im Inneren eines Sporenbehälters ausgebildet wird [<*Endo...* + *Spore*]
En|do|sym|bi|o|se ⟨f.; -, -n⟩ Symbiose zwischen Gliedertieren, die von Holz, Pflanzensäften, Wirbeltierblut leben, u. Mikroorganismen, die im Innern ihrer Wirtstiere bes. ausgebildete Wohnstätten besiedeln [<*Endo...* + *Symbiose*]
En|do|thel ⟨n.; -s, -e⟩ Zellschicht, die Blut-, Lymphgefäße u. Körperhöhlen auskleidet [<*Endo...* + grch. *thele* »Mutterbrust, Saugwarze«]
en|do|therm ⟨Adj.⟩ Wärme von außen aufnehmend; *Ggs* exotherm; ~*e Prozesse* Prozesse, die nur bei Energiezufuhr von außen ablaufen, z. B. bei chem. Reaktionen, die nur durch Erhitzen in Gang gehalten werden können [<*Endo...* + *...therm*]
En|do|to|xin ⟨n.; -s, -e; meist Pl.⟩ wärmestabiles, von der Leibessubstanz abhängiges u. erst nach Zersetzung der Bakterien ausströmendes Bakteriengift, das nicht so viele Antikörper erzeugt als ein Ektotoxin; →*a.* Ektotoxin
en|do|troph ⟨Adj.; Bot.⟩ sich innerhalb der Wirtspflanze ernährend; *Ggs* ektotroph
en|do|zen|trisch *auch:* **en|do|zent|risch** ⟨Adj.; Sprachw.⟩ ~*e Konstruktion;* sprachl. K., die zu derselben Formklasse zählt wie mindestens eines ihrer konstituierenden Elemente, z. B. rote Rosen - Rosen; *Ggs* exozentrisch [<*endo...* + *zentrisch*]
E|ner|geia ⟨f.; -; unz.; Philos.⟩ Tätigkeit, Wirksamkeit, tätige Kraft [grch.]
E|ner|ge|tik ⟨f.; -; unz.⟩ **1** ⟨Philos.⟩ Auffassung, dass Energie die Grundlage u. das Wesen allen Seins sei **2** ⟨Physik⟩ Lehre von der Umwandlung der Energie [→ *Energie*]
E|ner|ge|ti|ker ⟨m.; -s, -⟩ Anhänger, Vertreter der Energetik
e|ner|ge|tisch ⟨Adj.⟩ die Energetik betreffend, zu ihr gehörend, auf ihr beruhend
e|ner|gi|co ⟨[-dʒiko] Musik⟩ energisch, bestimmt (zu spielen) [ital., »energisch«]
E|ner|gi|de ⟨f.; -, -n; Biol.⟩ physiolog. eigenständiger Zytoplasmabereich mit Zellkern, der ohne abgrenzende Membranen mehrfach nebeneinander in Schlauchalgen u. Pilzen vorkommt, gilt als Vorstufen einer vielzelligen Organisation [zu grch. *energos* »wirksam, tätig«]
E|ner|gie ⟨f.; -, -n⟩ **1** ⟨Physik; Chemie; Biol.⟩ Fähigkeit eines Körpers, Arbeit zu leisten; *Erhaltung, Umwandlung von* ~; *chemische* ~; *Reibungs*~; *Wärme*~ **2** ⟨allg.⟩ Tatkraft, Kraft, Schwung, Nachdruck [<grch. *energeia* »Tatkraft«]
e|ner|gie|in|ten|siv ⟨Adj.⟩ viel Energie verbrauchend; ~*e Wirtschaftszweige*
E|ner|gie|kon|zern ⟨m.; -s, -e⟩ Großunternehmen, das Energie (z. B. aus Stein- od. Braunkohle, Erdöl, Erdgas, Kernkraftwerken) gewinnt u./od. Import, Verteilung und Vertrieb von Energie betreibt

E|ner|gie|kri|se ⟨f.; -, -n⟩ durch plötzliche Verteuerung bisher preiswerter Energiequellen od. deren Verknappung ausgelöste Wirtschaftskrise

E|ner|gie|trä|ger ⟨m.; -s, -⟩ Stoff, aus dem Energie gewonnen wird, z. B. Kohle, Gas, Öl

E|ner|gie|ver|sor|gung ⟨f.; -; unz.⟩ Erzeugung sowie Verteilung von vor allem elektrischer Energie durch spezielle Abläufe u. Anlagen

e|ner|gisch ⟨Adj.⟩ **1** voller Energie, tatkräftig, kräftig, tätig; ~ *durchgreifen* **2** entschlossen, Energie verratend

e|ner|go|che|misch ⟨[-çe:-] Adj.; Chemie⟩ durch eine chemische Reaktion produziert

En|er|gy|drink ⟨[ɛnerdʒɪ-] m.; -s, -s⟩ bes. bei Partys beliebtes alkoholfreies Getränk, das Energie liefern soll [<engl. *energy* »Energie« + *drink* »Getränk«]

E|ner|va|ti|on ⟨[-va-] f.; -, -en⟩ = Enervierung

e|ner|vie|ren ⟨[-vi:-] V.⟩ **1** entnerven, entkräften, die Nerven erschöpfen **2** Nerven operativ entfernen aus [<frz. *énerver* »nervös machen, aufregen, entnerven, entkräften«]

E|ner|vie|rung ⟨[-vi:-] f.; -, -en⟩ *oV* Enervation **1** das Enervieren **2** = Denervierung

en face ⟨[ãfas:] Adv.; veraltet⟩ **1** von vorn (gesehen); *Ggs* en profil **2** gegenüber [frz., »gegenüber«; in der Bedeutung beeinflusst von *de face* »von vorn«; zu *face* »Gesicht«]

en fa|mille ⟨[ãfami:j] Adv.⟩ (nur) in der Familie, im engsten Verwandtenkreis, unter sich [frz., »in der Familie«]

En|fant ter|ri|ble *auch:* **En|fant ter|rib|le** ⟨[ãfã teri:bl] n.; - -, -s -s [ãfã teri:bl]⟩ jmd., der (durch zu große Offenheit) seine Mitmenschen ständig in Verlegenheit bringt od. schockiert [frz., »schreckliches Kind«]

En|fleu|ra|ge ⟨[ãfløra:ʒ(ə)] f.; -; unz.⟩ Gewinnung von Duftstoffen u. Blütenölen aus Blüten u. a. Pflanzenteilen [<frz. *en* »in, an, aus« + *fleur* »Blume, Blüte«]

En|ga|ge|ment ⟨[ãgaʒ(ə)mã:] n.; -s, -s⟩ **1** Verpflichtung (bes. zur Zahlung od. Leistung) **2** Stellung, Anstellung (von Künstlern) **3** Aufforderung zum Tanz **4** ⟨unz.⟩ das Sicheinsetzen, persönliches Bemühen; *er zeigt großes ~ für die Sache* [frz., »Verpflichtung«]

en|ga|gie|ren ⟨[ãgaʒi:rən] V.⟩ **1** anstellen, einstellen; *Künstler, Darsteller ~* **2** zum Tanz auffordern **3** *sich ~* sich binden, sich festlegen **4** *sich für etwas ~* sich einsetzen

en|ga|giert ⟨[ãgaʒi:rt] Adj.⟩ **1** sehr beschäftigt **2** sich stark einsetzend (für etwas oder jmdn.) [<frz. *engager* »verpflichten«]

en garde ⟨[ãgard] Fechten⟩ Kommando zum Einnehmen der Kampfposition [frz., »aufgepasst«]

En|gi|nee|ring ⟨[-dʒini:-] n.; - od. -s; unz.; kurz für⟩ Human Engineering, Industrial Engineering [engl.]

English spo|ken ⟨[ɪŋɡlɪʃ spoukən] Hinweis auf Ladenschildern o. Ä.⟩ (hier wird) Englisch gesprochen

English|waltz *auch:* **English Waltz** ⟨[ɪŋɡlɪʃ wɔ:lts] m.; (-) -, (-) -⟩ langsamer Walzer [engl.]

En|go|be ⟨[ãgo:bə] f.; -, -n⟩ dünne, glänzende, oft farbige Überzugmasse für Tonwaren u. Ziegel [frz., »Überzugmasse für Keramik«]

en|go|bie|ren ⟨[ãgo-] V.⟩ mit Engobe überziehen

En|gramm ⟨n.; -s, -e⟩ bleibende Spur eines geistigen Eindruckes, eines Erinnerungsbildes in der Großhirnrinde, Erinnerungsbild [<*En...* + *...gramm*]

en gros ⟨[ãgro:] Adv.⟩ im Großen, in großen Mengen; *Ggs* en détail [frz., »im Großen«]

En|gros|han|del ⟨[ãgro:-] m.; -s; unz.⟩ Großhandel; *Ggs* Detailhandel

En|gros|sist ⟨[ã-] m.; -en, -en; österr.⟩ Engroshändler, Großhändler

En|har|mo|nik ⟨f.; -; unz.; Musik⟩ Gleichheit, Vertauschbarkeit zweier gleich klingender, aber verschieden geschriebener u. benannter Töne od. Akkorde, z. B. ais u. b [<*En...* + *Harmonik*]

en|har|mo|nisch ⟨Adj.; Musik⟩ mit einem gleich klingenden, aber verschieden geschriebenen od. benannten Ton od. Akkord austauschbar; ~*e Verwechslung* Verwandlung eines Tones od. Akkordes in einen gleich klingenden, aber anders geschriebenen u. benannten Ton od. Akkord

E|nig|ma ⟨n.; -s, -ta⟩ = Änigma

e|nig|ma|tisch ⟨Adj.⟩ = änigmatisch

En|jam|be|ment ⟨[ãʒãb(ə)mã:] n.; -s, -s; Metrik⟩ Übergreifen eines Satzes über das Ende einer Verszeile in die nächste [frz., »Hinübergreifen« (eines Verses); zu *enjamber* »überschreiten, überspringen«]

en|kaus|tie|ren ⟨V.; Mal.⟩ **1** enkaust. Farben auftragen auf, mit ihnen bemalen **2** *Gips-* od. *Marmorbildwerke ~* mit flüssigem Wachs überziehen

En|kaus|tik ⟨f.; -; unz.; Mal.⟩ **1** antike Maltechnik, bei der enkaust. Farben heiß mit Pinsel od. kalt mit heißem Spachtel aufgetragen werden **2** Verfahren, Gips- od. Marmorbildwerke mit flüssigem Wachs zu überziehen, um ihnen ein elfenbeinähnl. Aussehen zu geben [<*En...* + *Kaustik*]

en|kaus|tisch ⟨Adj.; Mal.⟩ die Enkaustik betreffend, auf ihr beruhend, mit ihrer Hilfe; ~*e Farben* mit Wachs gebundene u. dadurch gegen Feuchtigkeit sehr unempfindl. Farben

En|kla|ve ⟨f.; -, -n⟩ fremdes Staatsgebiet, das vom eigenen eingeschlossen ist; *Ggs* Exklave [<frz. *enclave* »rings umschlossenes Grundstück« < lat. *clavis* »Schlüssel«]

En|kli|se ⟨f.; -, -n; Sprachw.⟩ Anlehnung eines unbetonten Wortes (Enklitikon) an ein vorausgehendes, stärker betontes, z. B. »haben S'« statt »haben Sie«; *oV* Enklisis; *Ggs* Proklise [zu grch. *enklinein* »anlehnen«]

En|kli|sis ⟨f.; -, -klisen; Sprachw.⟩ = Enklise

En|kli|ti|kon ⟨n.; -s, -tika; Sprachw.⟩ unbetontes Wort, das sich an das vorhergehende, stärker betonte Wort anlehnt; →*a.* Enklise; *Ggs* Proklitikon

enklitisch

en|kli|tisch ⟨Adj.; Sprachw.⟩ in der Art einer Enklise, sich an ein vorangehendes, stärker betontes Wort anlehnend; *Ggs* proklitisch

en|ko|die|ren ⟨V.; verstärkend für⟩ kodieren; *oV* encodieren

En|ko|die|rung ⟨f.; -, -en⟩ das Enkodieren, Kodieren; *oV* Encodierung

En|ko|mi|on ⟨n.; -s, -mi|en⟩ Lobrede, Lobschrift; *oV* Enkomium [<*En...* + grch. *komos* »festl. Feier«]

En|ko|mi|um ⟨n.; -s, -mi|en⟩ = Enkomion

en|kra|ti|tisch ⟨Adj.⟩ enthaltsam, asketisch [nach den *Enkratiten*, grch., »die Enthaltsamen«, deren Kennzeichen eine asketische Geisteshaltung war]

En|kri|nit ⟨m.; -en, -en⟩ eine zur Familie der Crinoideae gehörige Versteinerung [zu grch. *krinon* »Lilie«]

En|kul|tu|ra|ti|on ⟨f.; -, -en⟩ das Hineinwachsen in die Gesellschaft (als soziokultureller Prozess) [<*En...* + *Kultur*]

en masse ⟨[āmas] Adv.⟩ in Masse(n), massenhaft, in großer Zahl, in Hülle u. Fülle [frz.]

en mi|ni|a|ture ⟨[āminjaty:r] Adv.⟩ in kleinem Maßstab, im Kleinen [frz.]

en|nu|yie|ren *auch:* **en|nu|yie|ren** ⟨[ānyi:-] V.; veraltet⟩ langweilen, lästig sein [<frz. *ennuyer* »langweilen, verdrießen«]

en|oph|thal|misch ⟨Adj.; Med.⟩ den Enophthalmus betreffend

En|oph|thal|mus ⟨m.; -; unz.; Med.⟩ weites Zurücksinken des Augapfels in die Augenhöhle, oft durch Schwund des orbitalen Fettgewebes verursacht [<*En...* + grch. *ophthalmos* »Auge«]

e|norm ⟨Adj.⟩ 1 sehr groß, riesig 2 erstaunlich 3 herrlich, wunderbar; *~e* Summen; *das ist (ja) ~!*; *~ groß* [<frz. *énorme* »ungeheuer«]

E|nor|mi|tät ⟨f.; -, -en⟩ 1 außergewöhnliche Größe od. Ausdehnung 2 Überfülle

en pas|sant ⟨[āpasā:] Adv.⟩ im Vorübergehen, beiläufig; *eine Sache ~ erwähnen* [frz.]

en pro|fil ⟨[ā-] Adv.; veraltet⟩ im Profil, von der Seite; *Ggs* en face [<frz. *de profil* »von der Seite«; zu *profil* »Seitenansicht«]

En|quete ⟨[āke:t] od. [āke:t] f.; -, -s⟩ 1 amtliche Untersuchung, Umfrage, Rundfrage 2 ⟨österr.⟩ Arbeitstagung [<frz. *enquête* »Ermittlung, Umfrage«]

En|quete|kom|mis|si|on ⟨[āke:t-] od. [āke:t-] f.; -, -en⟩ vom Parlament gebildeter Ausschuss, der ein bestimmtes Vorkommnis od. Vorhaben (z. B. Gesetz) eingehend untersucht u. berät

en|ra|giert ⟨[ārazi:rt] Adj.⟩ 1 sehr von etwas eingenommen 2 wütend [<frz. *enrager* »wütend werden«]

en route ⟨[āru:t] Adv.⟩ unterwegs [frz.]

Ens ⟨n.; -; unz.; Philos.⟩ 1 das Wesen, Seiende, Ding 2 ⟨in der Scholastik⟩ das Seiende im Unterschied zu seiner Wesenheit (Essentia) 3 *~ reale* das wirklich Seiende 4 *~ rationis* nur in unserem Denken Existierende [<lat. *ens* »das Ding«]

En|sem|ble *auch:* **En|sem|ble** ⟨[āsā:bl] n.; -s, -s⟩ 1 Gesamtheit 2 alle Schauspieler eines Theaterstückes 3 Gemeinschaft von Künstlern, die zusammen spielen od. musizieren, von denen einer als Star hervortritt 4 kleines Orchester; *Musik~* 5 Gesangs-, Tanzgruppe; *Gesangs~, Tanz~* 6 Spiel des Orchesters, im Unterschied zum Spiel der Solisten [frz., »zusammen; Gesamtheit«]

En|si|lage ⟨[āsila:ʒə] f.; -; unz.⟩ 1 im Silo aufbewahrtes, eingesäuertes Futter 2 Einbringen von Futter in das Silo [frz.]

en suite ⟨[āsyi:t] Adv.⟩ 1 im Folgenden, demzufolge 2 hintereinander, unmittelbar folgend [<frz. *de suite* »hintereinander«]

ent|an|o|ny|mi|sie|ren *auch:* **ent|a|no|ny|mi|sie|ren** ⟨V.; EDV⟩ den Schutz der Namenlosigkeit personenbezogener Daten außer Kraft setzen [→ *anonym*]

Ent|an|o|ny|mi|sie|rung *auch:* **Ent|a|no|ny|mi|sie|rung** ⟨f.; -, -en⟩ das Entanonymisieren

En|ta|se ⟨f.; -, -n⟩ Verdickung des Säulenschaftes; *oV* Entasis [zu grch. *enteinein* »anspannen«]

En|ta|sis ⟨f.; -, -sen⟩ = Entase

En|te|le|chie ⟨f.; -, -n⟩ 1 ⟨nach Aristoteles⟩ Fähigkeit, sich nach der ursprüngl. angelegten Form zu entwickeln 2 zielstrebige Kraft eines Organismus, die seine Entwicklung und Gestaltung lenkt [<grch. *entelecheia* »en telei echein« »in Vollendung haben oder sein«]

en|te|le|chisch ⟨Adj.⟩ die Entelechie betreffend, auf ihr beruhend

En|tente ⟨[ātā:t] f.; -, -n⟩ freundschaftl. Bündnis zwischen Staaten; *~ cordiale* herzl. Einvernehmen [frz., »Verständnis, Einvernehmen«]

En|ter ⟨n.; -s; unz.; EDV⟩ Taste zur Befehlsbestätigung auf der Computertastatur [<engl. *enter* »eintreten; einschreiben«]

en|te|ral ⟨Adj.; Med.⟩ den Darm betreffend, zum Darm gehörig, Darm... [<grch. *enteron* »Darm«]

En|ter|al|gie *auch:* **En|te|ral|gie** ⟨f.; -; Med.⟩ Leibschmerz, Darmkolik

En|te|ri|tis ⟨f.; -, -ti|den; Med.⟩ Entzündung des Dünndarms [→ *entral*]

en|tern ⟨V.⟩ 1 in das Takelwerk eines Schiffes klettern; *auf~, hinauf~* 2 *ein Schiff~* auf dem Meer stürmen, erobern [<ndrl. *enteren* »in feindl. Schiff besteigen, um es zu überwältigen« <frz. *entrer* »eintreten« <lat. *intrare*]

en|te|ro..., En|te|ro... ⟨in Zus.; Med.⟩ darm..., Darm... [<grch. *enteron*]

En|te|ro|dy|nie ⟨f.; -, -n; Med.⟩ Leibschmerz, Darmschmerz [<*Entero...* + grch. *odyne* »Schmerz«]

en|te|ro|gen ⟨Adj.; Med.⟩ vom Darm ausgehend, im Darm entstanden [<grch. *enteron* »Darm« + *gennan* »erzeugen«]

En|te|ro|kok|ken ⟨Pl.; Med.⟩ zur natürlichen Darmflora des Menschen gehörende Bakterien [<*Entero...* + *Kokken*]

En|te|ron ⟨n.; -s, -te|ra; Med.⟩ 1 Darm, insbes. Dünndarm 2 Eingeweide [grch.]

En|te|ro|neu|ro|se ⟨f.; -, -n; Med.⟩ nervöse Darmreizung [<*Entero...* + *Neurose*]

En|te|rop|to|se auch: **En|te|rop|to|se** ⟨f.; -, -n; Med.⟩ Darm- od. Eingeweidesenkung infolge verringerter Gewebespannung, die oft nach Abmagerung od. Entbindung entsteht

En|te|ro|skop auch: **En|te|ros|kop** ⟨n.; -s, -e; Med.⟩ Instrument zum Untersuchen des Dickdarms, Darmspiegel [<*Entero...* + ...*skop*]

En|te|ro|sko|pie auch: **En|te|ros|ko|pie** ⟨f.; -, -n; Med.⟩ Untersuchung des Darms mit dem Enteroskop

En|te|ro|sto|mie auch: **En|te|ros|to|mie** ⟨f.; -, -n; Med.⟩ das Anlegen eines künstl. Afters [<*Entero...* + grch. *stoma* »Mund«]

En|te|ro|to|mie ⟨f.; -, -n; Med.⟩ operative Darmöffnung, Darmschnitt [<grch. *enteron* »Darm« + *tome* »Schnitt«]

En|te|ro|ze|le ⟨f.; -, -n; Med.⟩ Darmbruch [<*Entero...* + grch. *kele* »Bruch«]

en|ter|tai|nen ⟨[-tɛɪ-] V.⟩ berufsmäßige Unterhaltung bieten; *es gelang ihm auf Anhieb, den ganzen Saal zu* ~ [<engl. *entertain*]

En|ter|tai|ner ⟨a. [-tɛɪ-] m.; -s, -⟩ jmd., der andere berufsmäßig unterhält, z. B. Conférencier, Diskjockey [engl.]

En|ter|tain|ment ⟨[-tɛɪn-] n.; -s; unz.⟩ Unterhaltung in der Art einer Show [engl.]

Ent|hal|pie ⟨f.; -, -n; Physik⟩ Größe der Thermodynamik, definiert als die innere Energie eines Systems, die es unter den gerade herrschenden Zustandsbedingungen aufweist [<grch. *en* »darin« + *thalpein* »warm machen«]

Ent|hel|min|the ⟨f.; -, -n; meist Pl.⟩ Eingeweidewurm [<*Ento...* + *Helminthe*]

en|thu|si|as|mie|ren ⟨V.; geh.⟩ in Enthusiasmus versetzen, begeistern, entzücken

En|thu|si|as|mus ⟨m.; -; unz.⟩ Begeisterung, Entzücken [<grch. *enthusiasmos,* eigtl. »Gottesbegeisterung«; zu *entheos* »voll von Gott«]

En|thu|si|ast ⟨m.; -en, -en⟩ leicht begeisterte Person, Schwärmer [<grch. *enthusiastes,* eigtl. »von Gott Begeisterter«; zu *entheos* »voll von Gott«]

en|thu|si|as|tisch ⟨Adj.⟩ begeistert, entzückt

En|thy|mem ⟨n.; -s, -e; Philos.⟩ unvollständiger Schluss, dessen Voraussetzung in Gedanken zu ergänzen ist [zu grch. *enthymeistai* »zu Herzen nehmen, zu Gemüte ziehen«, eigtl. »das zu Beherzigende«]

En|ti|ty-Re|la|ti|on|ship-Mo|dell ⟨[ɛntɪtɪ rɪlɛɪʃənʃɪp -] n.; -s; unz.; EDV⟩ Datenverarbeitungsmethode, bei der Objekte u. Beziehungen zwischen einzelnen Objekten grafisch dargestellt u. in einem Diagramm veranschaulicht werden können [<engl. *entity* »Einheit, Element« + *relationship* »Verhältnis, Beziehung«]

En|ti|tät ⟨f.; -, -en⟩ das Dasein eines Dinges im Unterschied zu seinem Wesen; *Ggs* Quiddität [<lat. *ens,* Präs. zu *esse* »sein«]

ent|ma|te|ri|a|li|sie|ren ⟨V.⟩ den materiellen Zustand auflösen, sich verflüchtigen, unsichtbar werden; *der Klang scheint sich zu* ~

ent|mi|li|ta|ri|sie|ren ⟨V.⟩ *ein Land, Gebiet* ~ Streitkräfte u. Waffen daraus entfernen; *Sy* demilitarisieren

Ent|mi|li|ta|ri|sie|rung ⟨f.; -; unz.⟩ *Sy* Demilitarisierung **1** das Entmilitarisieren **2** Beseitigung des Militärs u. der militär. Ausrüstung, das Entmilitarisiertwerden

Ent|my|tho|lo|gi|sie|rung ⟨f.; -; unz.⟩ Befreiung von einem Weltbild, das sich auf mytholog. Vorstellungen gründet

Ent|na|zi|fi|zie|rung ⟨f.; -, -en⟩ das Entnazifizieren, das Entnazifiziertwerden, nach 1945 von den Alliierten in Dtschl. vorgenommene Entfernung ehemaliger Nationalsozialisten aus staatl., polit. u. wirtschaftl. Stellungen u. Beseitigung aller nationalsozialist. Einflüsse

ent|ner|ven ⟨V.⟩ **1** der Nervenkraft, der Energie berauben, nervös machen **2** (durch zu starke Mittel) der nervl. Reaktionsfähigkeit berauben

ent|nervt ⟨Adj.⟩ **1** schwach, übernervös, gereizt; *er war völlig* ~ **2** nur noch durch sehr starke Mittel beeinflussbar

Entourage

en|to..., En|to... ⟨Vorsilbe⟩ innen..., Innen... [<grch. *entos* »drinnen«]

En|to|blast ⟨n.; -(e)s, -e; Med.⟩ = Entoderm

En|to|derm ⟨n.; -s, -e; Med.⟩ inneres Keimblatt (des menschl. u. tier. Embryos); *Sy* Entoblast, Hypoblast; *Ggs* Ektoderm [<*Ento...* + ...*derm*]

en|to|der|mal ⟨Adj.; Med.⟩ aus dem inneren Keimblatt entstehend, das innere Keimblatt betreffend; *Ggs* ektodermal

en|to|mo|gam ⟨Adj.; Bot.⟩ insektenblütig; ~*e Blume* B., deren Blüten auf die Bestäubung durch Insekten zweckeingerichtet sind

En|to|mo|ga|mie ⟨f.; -, -n; Bot.⟩ Bestäubung von Blüten durch Insekten, Insektenblütigkeit [zu grch. *entomos* »eingeschnitten« + ...*gamie*]

En|to|mo|lo|ge ⟨m.; -n, -n⟩ Wissenschaftler, Student der Entomologie; *Sy* Insektologe

En|to|mo|lo|gie ⟨f.; -; unz.⟩ Wissenschaft von den Gliedertieren, bes. den Insekten; *Sy* Insektologie [<grch. *entomos* »eingeschnitten« + ...*logie*]

En|to|mo|lo|gin ⟨f.; -, -gin|nen⟩ Wissenschaftlerin, Studentin der Entomologie; *Sy* Insektologin

en|to|mo|lo|gisch ⟨Adj.⟩ zur Entomologie gehörend, auf ihr beruhend

En|to|pa|ra|sit ⟨m.; -en, -en; Biol.⟩ Parasit, der im Innern von Pflanzen od. Tieren lebt, Binnenschmarotzer

En|to|plas|ma ⟨n.; -s; unz.⟩ die oft innen gelegene, flüssige Komponente des Protoplasmas; *oV* Endoplasma; *Ggs* Ektoplasma

ent|op|tisch auch: **en|top|tisch** ⟨Adj.; Med.⟩ im Innern des Auges gelegen [<*ento...* + Stamm *op-* »sehen; Auge«]

en|to|tisch auch: **en|tot|isch** ⟨Adj.; Med.⟩ im Ohr enstehend [<*ento...* + *ous,* Gen. *otos* »Ohr«]

En|tou|ra|ge ⟨[ɑ̃turaːʒ(ə)] f.; -; unz.⟩ **1** personelles Umfeld einer bekannten Person **2** Gefolgschaft, bes. eines polit. Machthabers [frz., »Umgebung, Gesellschaft«]

Entoxismus

En|to|xis|mus ⟨m.; -, -men; Med.⟩ Vergiftung(serscheinung) [<*En...* + lat. *toxicum* »Pfeilgift«]

En|to|zo|on ⟨n.; -s, -zo|en od. -zoa; Biol.⟩ tier. Schmarotzer im Innern anderer Organismen [<*Ento...* + *Zoon*]

◆ Die Buchstabenfolge **en|tr...** kann auch **entr...** getrennt werden. Davon ausgenommen sind Zusammensetzungen, in denen die fremdsprachigen bzw. sprachhistorischen Bestandteile deutlich als solche erkennbar sind, z. B. *-tropie* (→ *a.* Biotropie).

◆ **En|tre|akt** ⟨[ātrə-] od. [ātr-] m.; -(e)s, -e⟩ Zwischenakt(spiel), Zwischenaktmusik [<frz. *entracte* »Zwischenakt, Pause«]

◆ **En|tre|chat** ⟨[ātrəʃa] m.; -s [-ʃa], -s [-ʃa]; Ballett⟩ Kreuzsprung, Sprung in die Höhe, bei dem man die Füße mehrmals rasch übereinander schlägt [frz., »Luft-, Kreuzsprung« < ital. *intrecciato (salto)* »verflochtener, d. h. mit verschlungenen Füßen gemachter Kreuzsprung beim Ballett«]

◆ **En|tre|cote** ⟨[ātrəko:t] n.; -s, -s⟩ Rippenstück vom Rind [<frz. *entrecôte*]

◆ **En|tree** ⟨[ātre:] n.; -s, -s⟩ **1** Eingang, Zugang **2** Vorzimmer, Diele, Korridor **3** Eintritt, Zutritt **4** Eintrittsgeld **5** erster Gang, Vorspeise **6** ⟨17. Jh.⟩ Instrumentalstück zur Einleitung eines Ballettes, während dessen die Tänzer hereinkamen **7** selbständiger Auftritt (z. B. eines Clowns) im Zirkus [<frz. *entrée* »Eingang, Einleitung, Eintrittspreis«]

◆ **En|tre|fi|let** ⟨[ātrəfile:] n.; -s, -s⟩ **1** ⟨Publ.⟩ eingeschobener, meist prägnant formulierter Kurzkommentar in Zeitungen, heute durch die Glosse abgelöst; → *a.* Glosse (3) **2** ⟨Kochk.⟩ kurz gebratenes Fleischgericht vom Lendenstück von Schwein od. Rind [frz.]

◆ **En|tre|lacs** ⟨[ātrəla] n.; -, -⟩ verschlungene Linien, Bänder usw. als Ornament in Kunstgewerbe u. Baukunst [frz., »Flechtwerk, Geflecht, Schnörkel«]

◆ **En|tre|més** ⟨[ɛntremęs] n.; -, -⟩ **1** ⟨urspr.⟩ einaktiges komisches Festspiel, Possenspiel **2** ⟨danach⟩ komisches Zwischenspiel bei mehraktigen Dramen [span., »Zwischenspiel«]

◆ **En|tre|me|tier** ⟨[ātrəmetje:] m.; -s, -s; Kochk.⟩ ⟨Abteilungs-⟩Koch, der Suppen, Kartoffeln, Gemüse u. kleinere Zwischengerichte zubereitet; → *a.* Brigade (3) [<frz. *entre* »zwischen« + *métier* »Handwerk; Beruf«]

◆ **En|tre|mets** ⟨[ātrəme:] n.; -, -; Kochk.⟩ **1** kleines Zwischengericht **2** Dessert [<frz. *entre* »zwischen« + *mettre* »stellen, legen«]

◆ **en|tre nous** ⟨[ātrə nu:]⟩ unter uns, ungezwungen, vertraulich; *hier sind wir* ~ [frz., »unter uns«]

◆ **En|tre|pot** ⟨[ātrəpo:] m.; -s, -s⟩ **1** Speicher, Lagerhaus, -raum **2** Niederlage beim Zoll (für Waren vor dem Verzollen) [<frz. *entrepôt* »Lagerhaus, Zollspeicher«]

◆ **En|tre|pre|neur** ⟨[āntrəprənø:r] m.; -s, -e; Wirtsch.⟩ Begründer einer neuen Marktidee, Gründer eines innovativen Unternehmens, Veranstalter (von Konzerten, Vorträgen usw.) [frz., »Unternehmer«]

◆ **En|tre|pre|neur|ship** ⟨[āntrəprənø:rʃɪp] n.; - od. -s; unz.; Wirtsch.⟩ Versuch, neue Ideen am Markt durchzusetzen, innovatives Unternehmertum [<*Entrepreneur* + engl. *...ship* »...schaft, ...tum«]

En|tro|pie ⟨f.; -, -n⟩ **1** Zustandsgröße der Thermodynamik **2** Maß für die »Unordnung« in einem abgeschlossenen System, die bei allen natürlich ablaufenden Prozessen zunimmt **3** ⟨Kommunikationstheorie⟩ Größe des Nachrichtengehaltes einer nach statist. Gesetzen gesteuerten Nachrichtenquelle **4** ⟨Wahrscheinlichkeitsrechnung⟩ Maß für den Grad der Ungewissheit für den Ausgang eines Versuches [<grch. *entrepein* »umkehren, umwenden«]

En|tro|pi|um ⟨n.; -s, -pi|en; Med.⟩ krankhafte Einwärtsdrehung des freien Lidrandes; *Ggs* Ektropium [zu grch. *entrepein* »umkehren«]

Ent|schei|dungs|feh|ler ⟨m.; -s, -s; Wirtsch.⟩ Oberbegriff für die zwei möglichen Inkorrektheiten bei statistischen Testverfahren; → *a.* Alphafehler, Betafehler

E|nu|kle|a|ti|on ⟨f.; -, -en; Med.⟩ **1** ⟨chirurgische⟩ Ausschälung, z. B. des Augapfels **2** Entfernung eines Zellkerns [→ enukleieren]

e|nu|kle|ie|ren *auch:* **e|nuk|le|ie|ren** ⟨V.⟩ **1** konstruieren, erschaffen, erklären **2** ⟨Med.⟩ durch einen ärztlichen Eingriff entfernen; *eine Geschwulst* ~; *einen Tumor* ~ [<lat. *enucleare* »aus-, entkernen«]

Enumeration (*Schreibung nach Stammerhaltungsprinzip*) Im Deutschen richtet sich die Schreibung abgeleiteter Wortformen nach dem Stammerhaltungsprinzip. Dementsprechend wird das Verb »nummerieren« analog zum Substantiv »*Nummer*« mit einem Doppelkonsonanten geschrieben. Bei nicht in die Alltagssprache integrierten Fremdwörtern richtet sich hingegen die Schreibung nach der etymologischen Herkunft, bei der lateinischen Form *enumerare*.

E|nu|me|ra|ti|on ⟨f.; -, -en; veraltet⟩ Aufzählung [lat.]

e|nu|me|ra|tiv ⟨Adj.; veraltet⟩ aufzählend

e|nu|me|rie|ren ⟨V.; veraltet⟩ aufzählen [<lat. *enumerare* »berechnen, aufzählen«]

E|nu|re|se *auch:* **E|nu|re|se** ⟨f.; -, -n; Med.⟩ Bettnässen, unwillkürl. Harnabgang [<*En...* + grch. *ourein* »harnen«]

En|ve|lop|pe ⟨[āvəlɔp(ə)] f.; -, -n⟩ **1** Hülle, Briefumschlag, Futteral **2** ⟨Math.⟩ einhüllende Kurve [frz., »Hülle, Umhüllung«]

En|vers ⟨[āvɛ:r] m.; -, -; veraltet⟩ Kehrseite [frz.]

En|vi|ron|ment ⟨[ɪnvaɪərən-] n.; -s, -s; moderne Kunst⟩ Arrangement aus Gegenständen und Bildern, oft mit Geräuschen verbunden, das den Betrachter einbeziehen u. eine bestimmte Wirkung auf ihn ausüben soll [engl., »Umgebung«]

En|vi|ron|to|lo|gie ⟨[ɛnvi-] f.; -; unz.⟩ Umweltforschung [<frz. *environne* »umgeben« + ...*logie*]

en vogue ⟨[ãvɔ̃g] od. [ãvoːk] Adv.⟩ beliebt, in Mode, im Schwange [frz.]

En|ze|pha|li|tis ⟨f.; -, -ti|den; Med.⟩ Gehirnentzündung; *oV* Encephalitis [<grch. *egkephalos* »Gehirn«]

En|ze|pha|lo|gra|fie ⟨f.; -, -n; Med.⟩ = Enzephalographie

En|ze|pha|lo|gramm ⟨n.; -s, -e; Med.⟩ Aufzeichnung der elektrischen Ströme im Gehirn [<grch. *egkephalos* »Gehirn« + ...*gramm*]

En|ze|pha|lo|gra|phie ⟨f.; -, -n; Med.⟩ Röntgenaufnahme des Gehirns mittels punktierter Luft- bzw. Gasfüllung einzelner Hirnkammern; *oV* Enzephalografie; →*a.* Elektroenzephalographie, Echoenzephalographie

En|ze|pha|lon ⟨n.; -s, -pha|la; Anat.⟩ = Encephalon

En|zo|o|tie ⟨[-tso:o-] f.; -, -n⟩ Tierseuche mit beschränkter Ausbreitung; *Ggs* Epizootie [<*en...* + *Zoon*]

En|zy|kli|ka *auch:* **En|zyk|li|ka** ⟨f.; -, -kli|ken⟩ päpstl. Erlass, Rundschreiben [<grch. *enkyklios* »im Kreise laufend«; → *Zyklus*]

en|zy|klisch *auch:* **en|zyk|lisch** ⟨Adj.⟩ **1** einen Kreis durchlaufend **2** ~*e Bildung* ⟨MA⟩ die auf den sieben freien Künsten beruhende B. [<grch. *enkyklios* »im Kreise laufend«]

En|zy|klo|pä|die *auch:* **En|zyk|lo|pä|die** ⟨f.; -, -n⟩ **1** Gesamtheit des Wissens **2** Nachschlagewerk über alle Wissensgebiete in lexikal. Form [<grch. *enkyklios* »im Kreise laufend« + ...*pädie*]

En|zy|klo|pä|di|ker *auch:* **En|zyk|lo|pä|di|ker** ⟨m.; -s, -⟩ Verfasser einer Enzyklopädie

en|zy|klo|pä|disch *auch:* **en|zyk|lo|pä|disch** ⟨Adj.⟩ eine Enzyklopädie betreffend, auf ihr beruhend, in der Art einer Enzyklopädie

En|zy|klo|pä|dist *auch:* **En|zyk|lo|pä|dist** ⟨m.; -en, -en⟩ Mitarbeiter an der französ. Enzyklopädie unter Diderot u. d'Alembert in der 2. Hälfte des 18. Jh.

En|zym ⟨n.; -s, -e⟩ = Ferment [<grch. *zyme* »Sauerteig«]

en|zy|ma|tisch ⟨Adj.⟩ durch Enzyme bewirkt

En|zy|mo|lo|gie ⟨f.; unz.⟩ Lehre von den Enzymen, Wirkstoffen [<*Enzym* + ...*logie*]

en|zys|tie|ren ⟨V.; Biol.⟩ *Kleinlebewesen*~ kapseln sich ein, um in den Zysten Perioden ungünstiger Lebensbedingungen zu überdauern [<grch. *kystis* »Blase«]

eo ip|so 1 eben dadurch, gerade dadurch **2** von selbst, selbstverständlich [lat., »durch sich selbst«]

Eo|li|enne ⟨[-ljɛn] f.; -; unz.⟩ **1** ⟨Textilw.⟩ Seiden- od. Halbseidengewebe in Taftbindung **2** ⟨Metrik⟩ = Sizilienne [frz., Adj. (weibl. Form) zu *Eole* <grch. *Aiolos* (Name des Gottes der Winde)]

Eo|lith ⟨m.; -s od. -en, -e od. -en⟩ vermeintlich vorgeschichtliches Werkzeug aus Feuerstein [<*Eo...* + ...*lith*]

Eo|li|thi|kum ⟨n.; -s; unz.⟩ wegen der Eolithenfunde fälschlicherweise vermutete, früheste kulturgeschichtliche Periode [<*Eo...* + ...*lithikum*]

Eo|sin ⟨n.; -s; unz.; Chemie⟩ wasserlöslicher roter Farbstoff, einer der ersten fotografischen Sensibilatoren, auch zur Herstellung von roter Tinte od. Lippenstiften verwendet, chem. Natriumsalz des Tetrabromfluoreszeins [<grch. *eos* »Morgenröte«]

eo|si|nie|ren ⟨V.; Chemie⟩ mit Eosin rot färben

eo|si|no|phil ⟨Adj.⟩ **1** ⟨Chemie⟩ mit Eosin färbbar **2** ⟨Med.⟩ ~*e Zellen* Z., die sich leicht mit (sauren) Eosinfarbstoffen verbinden [<*Eosin* + ...*phil*]

Eo|si|no|phi|lie ⟨f.; -; unz.; Med.⟩ Vermehrung der eosinophilen Zellen (bes. Leukozyten) auf über 4% der weißen Blutkörperchen, z. B. bei allergischen Prozessen [<*Eosin* +...*philie*]

eo|zän ⟨Adj.; Geol.⟩ das Eozän betreffend, aus ihm stammend

Eo|zän ⟨n.; -s; unz.; Geol.⟩ mittlere Stufe des Paläozäns [<*Eo...* + ...*zän*]

Eo|zo|ikum ⟨n.; -s; unz.; Geol.⟩ = Algonkium [<*Eo...* + ...*zoikum*]

eo|zo|isch ⟨Adj.; Geol.⟩ das Eozoikum betreffend, zu ihm gehörig, aus ihm stammend

Eo|zo|on ⟨n.; -s, -zo|en; Geol.⟩ erdurzeitliche, in Nordamerika entdeckte, mineralische Objekte, die inkorrekterweise als organ. Fossilien galten [<*Eo...* + *Zoon*]

ep..., Ep... ⟨Vorsilbe⟩ = epi..., Epi...

Ep|a|go|ge *auch:* **Ep|a|go|ge** ⟨f.; -, -n; Philos.⟩ = Induktion [<grch. *epagein* »hinauf-, herbeiführen«]

ep|a|go|gisch *auch:* **e|pa|go|gisch** ⟨Adj.⟩ in der Art der Epagoge; *Sy* induktiv

Ep|ak|te *auch:* **Ep|ak|te** ⟨f.; -, -n⟩ Zahl, die angibt, wie viele Tage zwischen dem Neumond des vergangenen Jahres u. dem 1. Januar verstrichen sind, wichtig für die Berechnung des Osterfestes [<grch. *epaktos* »hinzugebracht, hinzugesetzt«]

Ep|a|na|lep|se *auch:* **Ep|a|na|lep|se** ⟨f.; -, -n; Rhet.⟩ Wiederholung eines Wortes od. einer Wortgruppe im Satz; *oV* Epanalepsis; *Sy* Epizeuxis [<grch. *epanalepsis* »Wiederholung«]

Ep|a|na|lep|sis *auch:* **Ep|a|na|lep|sis** ⟨f.; -, -lep|sen; Rhet.⟩ = Epanalepse

Ep|a|no|dos *auch:* **Ep|a|no|dos** ⟨f.; -, -o|doi; Rhet.⟩ Redefigur, Wiederholung eines Satzes in umgekehrter Reihenfolge, z. B. das Ende ist nah, nah ist das Ende [grch., »Rückkehr, Rückweg«]

Ep|arch *auch:* **Ep|arch** ⟨m.; -en, -en⟩ **1** Bischof der grch.-orthodoxen Kirche **2** Statthalter einer oström. Provinz [<grch. *eparchos* »Statthalter«; zu *arche* »Herrschaft«]

Eparchie

Ep|ar|chie auch: **E|par|chie** ⟨f.; -, -n⟩ **1** Amtsbezirk eines Eparchen **2** oström. Provinz
E|pau|lett ⟨[epolɛt] n.; -s, -s⟩ = Epaulette
E|pau|let|te ⟨[epolɛt(ə)] f.; -, -n⟩ Achselstück der Offiziersuniform; oV Epaulett [< frz. épaulette »Schulterstück«; zu épaule »Schulter«]
E|pei|ro|ge|ne|se ⟨f.; -, -n; Geol.⟩ = Epirogenese
E|pen ⟨Pl. von⟩ Epos
Ep|en|dym auch: **Ep|en|dym** ⟨n.; -s; unz.⟩ ektodermale, dünnhäutige Zellauskleidung der Hirnhöhlen sowie des zentralen Rückenmarkkanals [zu grch. endyma »(Ober-)Kleidung«]
Ep|en|the|se auch: **E|pen|the|se** ⟨f.; -, -n; Sprachw.⟩ Einfügung, Einschaltung eines Lautes zur Erleichterung der Aussprache, z. B. des t in »wissentlich«; oV Epenthesis [< grch. epi »hinzu« + enthesis »Hineinsetzung«]
Ep|en|the|sis auch: **E|pen|the|sis** ⟨f.; -, -the|sen; Sprachw.⟩ = Epenthese
ep|en|the|tisch auch: **e|pen|the|tisch** ⟨Adj.; Sprachw.⟩ auf Epenthese beruhend, in der Art einer Epenthese
Ep|ex|e|ge|se auch: **E|pex|e|ge|se** ⟨f.; -, -n; Rhet.⟩ ergänzende Erklärung in der Art einer Apposition, z. B. oben auf dem Dach [< epi... + Exegese]
ep|ex|e|ge|tisch auch: **e|pex|e|ge|tisch** ⟨Adj.; Rhet.⟩ in der Art einer Epexegese formuliert
eph..., **Eph...** ⟨Vorsilbe; vor h⟩ epi..., Epi... [grch.]

◆ Die Buchstabenfolge **eph|e...** kann auch **e|phe...** getrennt werden.

◆ **Eph|e|be** ⟨m.; -n, -n; im alten Griechenland⟩ Jüngling zwischen 18 u. 20 Jahren [< grch. ephebos »Jüngling«]
◆ **Eph|e|dra** auch: **Eph|e|dra** ⟨f.; -, -drae [-drɛ:] od. -e|dren; Bot.⟩ Ephedrin enthaltende Gattung der Rutensträucher mit kleinen, schuppenförmigen Blättern [neulat., »Pferdeschwanz« < grch. ephedros »sitzend auf«]
◆ **Eph|e|drin®** auch: **Eph|ed|rin®** ⟨n.; -s; unz.⟩ Alkaloid verschiedener Arten der Ephedra mit Kreislaufwirkung, bei Kreislaufschwäche, Schnupfen, Asthma u. a. verordnet
◆ **Eph|e|li|de** ⟨f.; -, -n⟩ Sommersprosse [< grch. ephelides »Sommersprossen«]
◆ **ephe|mer** ⟨Adj.⟩ oV ephemerisch **1** nur einen Tag dauernd **2** ⟨fig.⟩ vergänglich, vorübergehend, nur kurze Zeit dauernd [< grch. ephemeros »auf den Tag«]
◆ **Eph|e|mer|i|de** ⟨f.; -, -n⟩ **1** Eintagsfliege **2** Erscheinung, Vorgang von kurzer Dauer **3** Buch, in dem die tägl. Stellungen der Gestirne für ein od. mehrere Jahre im Voraus verzeichnet sind **4** periodische Veröffentlichung mit den in zeitl. Reihenfolge aufgezeichneten Tagesereignissen [→ ephemer]
◆ **eph|e|me|risch** ⟨Adj.⟩ = ephemer
Eph|hi|dro|se auch: **Eph|hid|ro|se** ⟨f.; -; unz.; Med.⟩ = Hyperhidrose [< Epi... + grch. hidros »Schweiß«]
E|phor ⟨m.; -en, -en; im antiken Sparta⟩ einer der fünf vom Volk gewählten obersten Beamten [< grch. ephoros »Aufseher«]
E|pho|rat ⟨n.; -(e)s, -e⟩ **1** Amt der Ephoren **2** Amt des Ephorus
E|pho|rie ⟨f.; -, -n⟩ Amtsbezirk eines Ephorus
E|pho|rus ⟨m.; -, -pho|ren⟩ = Superintendent [< grch. ephoros »Aufseher«]
e|pi..., **Epi...** ⟨vor Vokalen⟩ ep..., Ep... ⟨Vorsilbe⟩ auf, darüber, an der Oberfläche, hinzu [grch.]
E|pi|bi|ont ⟨m.; -en, -en; Biol.⟩ Lebewesen, das auf einem anderen lebt; Ggs Endobiont [< epi... + grch. bios »Leben«]
E|pi|bi|o|se ⟨f.; -; unz.; Biol.⟩ Gemeinschaft verschiedenartiger Lebewesen, bei denen ein Partner auf dem anderen lebt [< Epi... + ...biose]
E|pi|cö|num ⟨[-tsø:-] n.; -s, -cö|na; Sprachw.⟩ Hauptwort, welches ein Geschöpf mit natürlichem Geschlecht (ein Tier) benennt, jedoch für das männl. sowie das weibl. Tier denselben Artikel besitzt, z. B. Wal, Fledermaus [< lat. epicoenum < grch. epikoinon »Wort, das für beide Geschlechter gilt«, eigtl. »gemeinsam«]
E|pi|deik|tik ⟨f.; -; unz.; Rhet.⟩ **1** wortgewandt u. künstlerisch ausgefeilte Fest- u. Ehrenrede **2** allgemeiner Vortragsstil bei Feiern u. Preisverleihungen [< Epi... + grch. deixis »das Aufzeigen, Hinweisen«]
e|pi|deik|tisch ⟨Adj.⟩ **1** ⟨Rhet.⟩ Epideiktik betreffend, mit Hilfe der Epideiktik **2** prunkend, strahlend
E|pi|de|mie ⟨f.; -, -n; Med.⟩ ansteckende, sich rasch u. weit verbreitende, plötzl. auftretende u. abflauende Massenerkrankung, Seuche; Ggs Endemie [< grch. epidemios »im Volke verbreitet«; zu demos »Volk«]
E|pi|de|mi|o|lo|ge ⟨m.; -n, -n; Med.⟩ Wissenschaftler im Bereich der Epidemiologie
E|pi|de|mi|o|lo|gie ⟨f.; -; unz.; Med.⟩ Lehre von den Epidemien [< Epidemie + grch. logos »Rede, Kunde«]
E|pi|de|mi|o|lo|gin ⟨f.; -, -gin|nen; Med.⟩ Wissenschaftlerin im Bereich der Epidemiologie
e|pi|de|mi|o|lo|gisch ⟨Adj.; Med.⟩ die Epidemiologie betreffend, zu ihr gehörig
e|pi|de|misch ⟨Adj.⟩ in der Art einer Epidemie; Ggs endemisch
e|pi|der|mal ⟨Adj.; Biol.⟩ der Epidermis betreffend, zu ihr gehörig
E|pi|der|mis ⟨f.; -, -der|men; Biol.⟩ **1** äußerste Schicht der Haut der Wirbeltiere **2** pflanzl., meist einschichtiges Abschlussgewebe [< Epi... + ...dermis]
E|pi|di|a|skop auch: **E|pi|di|as|kop** ⟨n.; -s, -e⟩ Projektor zum Abbilden durchsichtiger u. undurchsichtiger Bilder auf einer Wand, Kombination von Diaskop u. Episkop
E|pi|di|dy|mis ⟨f.; -, -mi|den; Anat.⟩ Nebenhoden [grch.]
E|pi|gas|tri|um auch: **E|pi|gast|ri|um** ⟨n.; -s, -tri|en; Anat.⟩ Magengrube [< Epi... + grch. gaster »Bauch, Unterleib, Magen«]
E|pi|ge|ne|se ⟨f.; -, -n⟩ **1** ⟨Biol.⟩ nach K. F. Wolff (1759) die Ent-

Epiphanienfest

wicklung des Organismus durch dauernde Neubildungen, ohne Steuerung durch erbl. Faktoren, heute veraltet **2** ⟨Geol.⟩ Beeinflussung geolog. u. morpholog. Bildungen durch vergangene geolog. u. orographische Verhältnisse [<*Epi...* + *Genese*]

e|pi|ge|ne|tisch ⟨Adj.; Biol.; Geol.⟩ auf Epigenese beruhend, durch sie entstehend

Epi|glot|tis ⟨f.; -, -glot|tes; Anat.⟩ Kehldeckel [<*Epi...* + *Glottis*]

e|pi|go|nal ⟨Adj.⟩ in der Art eines Epigonen, unschöpferisch nachahmend; *Sy* epigonenhaft

Epi|go|ne ⟨m.; -n, -n⟩ der Nachkommende, jmd., der Vorhergehendes unschöpfer. nachahmt od. anwendet [<grch. *epigonos* »nachgeboren«]

e|pi|go|nen|haft ⟨Adj.⟩ = epigonal

Epi|graf ⟨m.; -s, -e⟩ = Epigraph

Epi|gra|fik ⟨f.; -; unz.⟩ = Epigraphik

Epi|gra|fi|ker ⟨m.; -s, -⟩ = Epigraphiker

Epi|gramm ⟨n.; -s, -e⟩ **1** altgrch. Auf- od. Inschrift **2** kurzes, meist zweizeiliges Sinn- od. Spottgedicht [<grch. *epigramma* »Auf-, Inschrift«]

Epi|gram|ma|tik ⟨f.; -; unz.⟩ Dichtung von Epigrammen, Kunst, Epigramme zu dichten

Epi|gram|ma|ti|ker ⟨m.; -s, -⟩ Verfasser von Epigrammen

e|pi|gram|ma|tisch ⟨Adj.⟩ in der Art eines Epigramms, treffend, geistreich, witzig

Epi|graph ⟨n.; -s, -e⟩ (bes. antike) Inschrift, Aufschrift; *oV* Epigraf [<grch. *epigraphein* »darauf schreiben«]

Epi|gra|phik ⟨f.; -; unz.⟩ Teil der Altertumswissenschaft, der sich mit überlieferten Inschriften beschäftigt; *oV* Epigrafik; *Sy* Inschriftenkunde

Epi|gra|phi|ker ⟨m.; -s, -⟩ Kenner, Erforscher von Epigraphen, Inschriftenforscher; *oV* Epigrafiker

e|pi|gyn ⟨Adj.⟩ mit unterständigem Fruchtknoten versehen [<*epi...* + grch. *gyne* »Weib«]

Epik ⟨f.; -; unz.; Lit.⟩ Gattung der erzählenden Vers- u. Prosadichtung [<lat. *epicus* »episch« <grch. *epos;* → *Epos*]

Epi|kan|thus ⟨m.; -; unz.; Anat.⟩ angeborene sichelförmige Hautfalte am Innenrand des Oberlids, die sich zum Unterlid spannt u. die Vereinigungsstelle von Ober- u. Unterlid am inneren Augenwinkel verdeckt; *Sy* Mongolenfalte [<*Epi...* + grch. *kanthos* »Augenwinkel«]

Epi|kard ⟨n.; -(e)s, -e; Med.⟩ (bei Wirbeltieren u. Menschen) dem Herzen anliegendes Hautblatt des Herzbeutels [<*Epi...* + grch. *kardia* »Herz«]

Epi|karp ⟨n.; -s, -e; Biol.⟩ äußerste Schicht der Pflanzenfrucht [<*Epi...* + *...karp²*]

Epi|ker ⟨m.; -s, -⟩ Dichter epischer Werke

Epi|kle|se *auch:* **Epi|kle|se** ⟨f.; -, -n; in der kath. u. grch.-orthodoxen Kirche⟩ das Anrufen des Heiligen Geistes beim Abendmahl [<grch. *epiklesis* »Benennung«]

Epi|ko|tyl ⟨n.; -s, -e; Biol.⟩ Abschnitt einer Keimpflanze zwischen den Keimblättern u. dem nächsten Blatt; →*a.* Hypokotyl [<*Epi...* + grch. *kotyle* «»Höhlung«]

Epi|kri|se ⟨f.; -, -n; Med.⟩ Abschluss der Krankengeschichte mit dem endgültigen Urteil über Diagnose, Verlauf u. Behandlungsergebnis [<grch. *epikrinein* »entscheiden«]

Epi|ku|re|er ⟨m.; -s, -⟩ **1** Anhänger der Lehre des grch. Philosophen Epikur (341-27 v. Chr.) **2** ⟨fig.⟩ Genussmensch

e|pi|ku|re|isch ⟨Adj.⟩ **1** die Lehre des Epikur betreffend, auf ihr beruhend **2** ⟨fig.⟩ genießerisch, wohllebend

Epi|ku|re|is|mus ⟨m.; -; unz.⟩ **1** Lehre des Epikur **2** ⟨fig.⟩ Lebensauffassung, die den Genuss an die erste Stelle setzt

Epi|la|ti|on ⟨f.; -, -en⟩ künstliche Entfernung von Haaren, Enthaarung [<frz. *épilation* »Haarentfernung«; zu lat. *pilus* »Haar«]

Epi|lep|sie ⟨f.; -, -n; Med.⟩ zeitweilig auftretende Krämpfe am ganzen Körper mit Bewusstlosigkeit [<grch. *epilepsia,* eigtl. »Angriff, Anfall«]

Epi|lep|ti|ker ⟨m.; -s, -⟩ jmd., der an Epilepsie leidet

Epi|lep|ti|ke|rin ⟨f.; -, -rin|nen⟩ weibl. Person, die an Epilepsie leidet

e|pi|lep|tisch ⟨Adj.⟩ die Epilepsie betreffend, auf ihr beruhend

e|pi|lie|ren ⟨V.⟩ enthaaren, ausdünnen; *die Augenbrauen ~* [<frz. *épiler* »enthaaren« <lat. *pilus* »Haar«]

Epi|lim|ni|on ⟨n.; -s, -ni|en; Biol.⟩ Oberflächenschicht eines Gewässers u. seine Organismenwelt; *oV* Epilimnium; *Ggs* Hypolimnion [<*Epi...* + grch. *limne* »(stehendes) Gewässer«]

Epi|lim|ni|um ⟨n.; -s, -ni|en; Biol.⟩ = Epilimnion

Epi|log ⟨m.; -(e)s, -e⟩ *Ggs* Prolog **1** Nachwort, Schlusswort (eines Buches) **2** Nachspiel (eines Theaterstückes) **3** Schlussworte eines Schauspielers an das Publikum [<*Epi...* + *...log¹*]

Epi|me|let ⟨m.; -en, -en; im antiken Griechenland⟩ Staatsbeamter für kultische u. wirtschaftl. Aufgaben [<grch. *epimeletes* »Fürsorger, Verwalter«]

Epi|nas|tie ⟨f.; -, -n; Biol.⟩ einseitiges Wachstum eines dorsiventralen Pflanzenorgans unter dem Einfluss von Licht u. Wärme, bewirkt z. B. das Öffnen von Blütenblättern; *Ggs* Hyponastie [<*Epi...* + *Nastie*]

Epin|glé *auch:* **Epin|glé** ⟨[epɛ̃gle:] m.; -s, -s; Textilw.⟩ gerippter, klein gemusterter Stoff aus Baumwolle, Kammgarn, Seide od. Halbseide als Kleider- u. Dekorationsstoff [<frz. *velours epinglé* »Rippsamt«]

Epi|ni|ki|on ⟨n.; -s, -ki|en⟩ altgrch. Preisgesang für den Sieger bei Festspielen [<grch. *epinikion* »Siegeslied«]

Epi|pa|läo|li|thi|kum ⟨n.; -s; unz.⟩ Mittelsteinzeit; *Sy* Mesolithikum [<*Epi...* + *Paläolithikum*]

Epi|pha|ni|as ⟨n.; -; unz.⟩ = Epiphanienfest

Epi|pha|nie ⟨f.; -, -n⟩ das Erscheinen einer Gottheit; *Sy* Theophanie [<grch. *epiphaneia* »Erscheinung«]

Epi|pha|ni|en|fest ⟨n.; -(e)s; unz.⟩ Fest der Erscheinung Christi, urspr. sein Geburts-, dann sein Tauffest, in der kath. Kirche zugleich Fest der Hl. Drei Könige [→ *Epiphanie*]

263

Epiphänomen

E|pi|phä|no|men ⟨n.; -s, -e⟩ Begleiterscheinung, Auswirkung [<*Epi...* + *Phänomen*]

E|pi|pher ⟨f.; -, -n; Rhet.⟩ = Epiphora (2)

E|pi|pho|ra ⟨f.; -, -rä⟩ **1** ⟨Med.⟩ Tränenfluss **2** ⟨Rhet.⟩ Wiederholung eines Wortes am Ende mehrerer aufeinander folgender Sätze od. Satzteile; *Sy* Epipher; *Ggs* Anapher [<grch. *epipherein* »nachtragen«]

E|pi|phyl|lum ⟨n.; -s, -phyl|len; Biol.⟩ Blattkaktus [<*Epi...* + grch. *phyllon* »Blatt«]

E|pi|phy|se ⟨f.; -, -n; Biol.⟩ **1** Endstück der großen Röhrenknochen der Wirbeltiere **2** Falte der oberen (dorsalen) Zwischenhirnwand der Wirbeltiere, die sich zu besonderen Organen ausbildet, z. B. zur Zirbeldrüse bei Säugetieren u. Mensch [<*Epi...* + ...*physe*]

E|pi|phyt ⟨m.; -en, -en; Biol.⟩ Pflanze, die nicht im Boden wurzelt, sondern auf anderen Pflanzen, meist Bäumen, oft mit Hilfe bes. Haftwurzeln festgewachsen ist [<*Epi...* + ...*phyt*]

E|pi|plo|on ⟨[-plɔɔn] n.; -s, -ploa; Med.⟩ = Omentum [grch., »Netz um die Eingeweide«]

e|pi|ro|gen ⟨Adj.; Geol.⟩ durch Epirogenese entstanden

E|pi|ro|ge|ne|se ⟨f.; -, -n; Geol.⟩ langzeitige kontinentweite Auf- od. Abwärtsbewegung der Erdkruste; *oV* Eperiogenese; *Ggs* Orogenese [<grch. *epeiros* »Festland« + *Genese*]

e|pi|ro|ge|ne|tisch ⟨Adj.; Geol.⟩ die Epirogenese betreffend

e|pisch ⟨Adj.; Lit.⟩ die Epik, das Epos betreffend, in der Art eines Epos, erzählend; *~e Breite* breit ausmalende Erzählform; *~e Dichtung* erzählende D.; *~es Theater* moderne dramatische Form, bei welcher es weniger um individuelle Schicksale als um gesellschaftliche Beziehungen geht, die z. T. verfremdend dargestellt werden [<grch. *poiesis epikos* »epische Dichtung«; → *Epos*]

E|pi|sem ⟨n.; -s, -e; Sprachw.⟩ die semantische, inhaltliche Ebene eines Grammems; →*a.* Tagmem [<*Epi...* + *Sem*]

E|pi|se|mem ⟨n.; -s, -e; Sprachw.⟩ die Bedeutungsebene eines Tagmems [<*Epi...* + *Sem*]

E|pi|si|o|to|mie ⟨f.; -, -n; Med.⟩ Einschneiden des Damms bei einem drohenden Dammriss, Dammschnitt [<grch. *episeion* »Schamgegend« + ...*tomie*]

E|pi|sit ⟨m.; -en, -en⟩ Raubtier [<*Epi...* + grch. *sitos* »Speise«]

E|pis|kle|ri|tis *auch:* **E|pi|skle|ri|tis, E|pis|kle|ri|tis** ⟨f.; -, -ti|den; Med.⟩ Entzündung des Bindegewebes an der Lederhaut des Auges [<*Epi...* + *Skleritis*]

♦ Die Buchstabenfolge **e|pis|ko...** kann auch **e|pi|sko...** getrennt werden.

E|pi|skop ⟨n.; -s, -e⟩ Projektor für undurchsichtige Bilder [<grch. *episkopein* »nach oder auf etwas sehen«]

e|pi|sko|pal ⟨Adj.⟩ den Bischof betreffend, zu ihm gehörig, bischöflich

E|pi|sko|pa|le(r) ⟨f. 2 (m. 1)⟩ Anhänger(in), Vertreter(in) der anglikan. Kirche

E|pi|sko|pa|lis|mus ⟨m.; -; unz.⟩ **1** ⟨kath. Kirche⟩ kirchenrechtliche Ordnung, nach der die Gesamtheit der Bischöfe (das Konzil) die höchste Kirchengewalt besitzt, also bei Streitfragen über dem Papst steht **2** ⟨evang. Kirche⟩ Auffassung von der Kirchenhoheit des Landesherrn, die auf Grund der Reformation als Rechtsnachfolger der kath. Bischöfe betrachtet wird; *Ggs* Kurialismus, Papalismus [→ *Episkopus*]

♦ **E|pi|sko|pa|list** ⟨m.; -en, -en⟩ Anhänger, Vertreter des Episkopalismus

♦ **E|pi|sko|pal|kir|che** ⟨f.; -; unz.⟩ Kirche mit bischöfl. Leitung, bes. die anglikan. Kirche

♦ **E|pi|sko|pat** ⟨n. od. m.; -(e)s, -e⟩ **1** Bischofsamt, Bischofswürde **2** Gesamtheit der Bischöfe [→ *Episkopus*]

♦ **e|pi|sko|pisch** ⟨Adj.⟩ mit dem Episkop

♦ **E|pi|sko|pus** ⟨m.; -, -pi⟩ Bischof [<grch. *episkopos* »Aufseher«]

E|pi|so|de ⟨f.; -, -n⟩ **1** ⟨im altgrch. Drama⟩ zwischen die Chorgesänge eingeschobene Handlung **2** ⟨im Drama u. Roman⟩ eingeschobene Nebenhandlung **3** ⟨Musik⟩ Zwischenspiel in der Fuge **4** ⟨allg.⟩ nebensächl. Ereignis od. Erlebnis, Zwischenspiel; *eine unbedeutende ~* [<frz. *épisode* <grch. *epeisodion* »Handlung zwischen zwei Chorgesängen«]

e|pi|so|disch ⟨Adj.⟩ wie eine Episode, kurz, nebensächlich

♦ Die Buchstabenfolge **e|pist...** kann auch **e|pi|st...** getrennt werden.

♦ **E|pi|sta|se** ⟨f.; -, -n; Genetik⟩ Überdecken der äußeren Erscheinung eines Gens durch ein zweites, das einem anderen Chromosomenpaar zugeordnet ist [<*Epi...* + ...*stase*]

♦ **E|pi|sta|sie** ⟨f.; -, -n; Genetik⟩ Form der gegenseitigen Beeinflussung von Genen, bei der ein Gen die Ausprägung der äußeren Erscheinung eines anderen Gens beeinflusst, das einem fremden Chromosomenpaar angehört; *oV* Epistasis [<*Epi...* + grch. *stasis* »Stehen, Feststehen«]

♦ **E|pi|sta|sis** ⟨f.; -, -sta|sen; Genetik⟩ = Epistasie

♦ **e|pi|sta|tisch** ⟨Adj.⟩ auf Epistase basierend, beeinflussend, überlagernd

♦ **E|pi|sta|xis** ⟨f.; -; unz.; Med.⟩ Nasenbluten [<*Epi...* + grch. *stazein* »tröpfeln«]

♦ **E|pi|stel** ⟨f.; -, -n⟩ **1** längerer (kunstvoller) Brief **2** Apostelbrief im NT **3** für den Gottesdienst vorgeschriebene Lesung aus der Apostelgeschichte od. den Apostelbriefen; *jmdm. die ~ lesen* ⟨fig.⟩ jmdn. ermahnen, jmdm. eine Strafpredigt halten [<lat. *epistula* »Brief« <grch. *epistole* »Sendung«]

♦ **e|pis|te|misch** ⟨Adj.⟩ = epistemologisch

♦ **E|pis|te|mo|lo|gie** ⟨f.; -; unz.⟩ Erkenntnislehre, Lehre vom Wissen [<grch. *episteme* »Wissenschaft« + ...*logie*]

♦ **e|pis|te|mo|lo|gisch** ⟨Adj.⟩ auf Epistemologie beruhend, erkenntnistheoretisch; *oV* epistemisch

Epode

◆ **E|pis|to|lar** ⟨n.; -s, -e⟩ = Epistolarium
◆ **E|pis|to|la|ri|um** ⟨n.; -s, -ri|en⟩ Handbuch mit den Episteln für die Lesung in Gottesdienst; *Sy* Epistolar
◆ **E|pis|to|lo|gra|fie** ⟨f.; -; unz.⟩ = Epistolographie
◆ **E|pis|to|lo|gra|phie** ⟨f.; -; unz.⟩ die Kunst des Briefschreibens; *oV* Epistolografie
◆ **E|pi|stro|pheus** *auch:* **Epist|ro|pheus** ⟨m.; -; unz.; Med.⟩ zweiter Halswirbel, der bei den höheren Wirbeltieren mit dem ersten Halswirbel zusammen das Drehgelenk des Kopfes bildet [<grch. *epistrephein* »umwenden«]
◆ **E|pis|tyl** ⟨n.; -s, -e⟩ = Epistylion
◆ **E|pis|ty|li|on** ⟨n.; -s, -li|en⟩ = Architrav; *oV* Epistyl [<*Epi...* + grch. *stylos* »Säule«]
E|pi|taph ⟨n.; -s, -e⟩ *oV* Epitaphium **1** Grabinschrift **2** Gedenktafel in der Kirchenwand od. an einem Pfeiler mit Inschrift, oft bildhauerisch verziert, nicht identisch mit dem Grabstein [<grch. *epitaphion* »Grabschrift«; zu *taphos* »Grab«]
E|pi|ta|phi|um ⟨n.; -s, -phi|en⟩ = Epitaph
E|pi|ta|sis ⟨f.; -, -ta|sen⟩ Höhepunkt, Verwicklung, sich steigernde Spannung im (dreiaktigen) Drama [grch., eigtl. »Anspannung«]
E|pi|ta|xie ⟨f.; -, -n⟩ Bildung von Kristallen eines Stoffes auf Kristallen eines anderen Stoffes mit weitgehend ähnlichem Kristallgitter [<*Epi...* + *Taxie*]
E|pi|tha|la|mi|um ⟨n.; -s, -mi|en⟩ Hochzeitslied der alten Griechen u. Römer [<grch. *epi* »bei, an« + *thalamos* »Brautgemach«]
E|pi|thel ⟨n.; -s, -e⟩ ⟨Biol.; kurz für⟩ = Epithelgewebe
E|pi|thel|ge|we|be ⟨n.; -s, -; Biol.⟩ ein- od. mehrschichtige Zelllagen des tierischen Gewebes, die äußere Oberflächen u. innere Hohlräume begrenzen; *Sy* Epithel [<*Epi...* + grch. *thele* »Mutterbrust, Saugwarze«]
e|pi|the|li|al ⟨Adj.; Biol.⟩ zum Epithel gehörig
E|pi|the|li|om ⟨n.; -s, -e; Med.⟩ Geschwulst des Epithelgewebes

E|pi|the|li|sa|ti|on ⟨f.; -, -en⟩ Bildung von Epithelgewebe
E|pi|thel|kör|per|chen ⟨Pl., Biol.⟩ Drüsen innerer Sekretion bei Wirbeltieren, die entwicklungsgeschichtlich dem Epithel des Kiemendarmes entstammen, Nebenschilddrüsen: Glandulae parathareoideae
E|pi|them ⟨n.; -s, -e; Bot.⟩ der Wasserausscheidung dienendes Gewebe [<grch. *epithema* »das Daraufgesetzte«]
e|pi|ther|mal ⟨Adj.⟩ Lagerstätten betreffend od. von ihnen stammend, die Mineralien enthalten, welche sich zwischen 100 u. 200 °C abscheiden
E|pi|the|se ⟨f.; -, -n; Sprachw.⟩ Anfügen von etymologisch unbegründeten Lauten zur besseren Aussprache, z. B. dt. »Sekt« aus frz. »(vin) sec« [zu grch. *epithetos* »hinzugefügt, künstlich«]
E|pi|the|ta or|nan|tia ⟨Pl. von⟩ Epitheton ornans
E|pi|the|ton ⟨n.; -s, -ta; Sprachw.⟩ Beiwort, als Attribut verwendetes Adjektiv od. Partizip; ~ *ornans* schmückendes Beiwort [<grch. *epithetos* »hinzugefügt« + lat. *ornans*, Part. Präs. zu *ornare* »schmücken«]
E|pi|to|me ⟨f.; -, -to|men⟩ Auszug aus einem größeren Schriftwerk [<grch. *epitome* »das Abschneiden, das Beschneiden«]
E|pi|tra|chel|i|on ⟨⟨-xe-⟩ n.; -s, -li|en; Ostkirche⟩ der Stola ähnliches, um den Hals getragenes Band der Priester [<*Epi...* + grch. *trachelos* »Nacken«]
E|pi|trit *auch:* **Epit|rit** ⟨m.; -en, -en; Metrik⟩ antikes, vierteiliges Versmaß aus drei langen u. einer kurzen Silbe, in unterschiedl. Reihenfolge [<grch. *epi* »darüber« + *tritos* »der Dritte«, eigtl. »(ein Ganzes u.) ein Drittel darüber«]
E|pi|tro|pe ⟨f.; -, -n; Rhet.⟩ Formulierung od. Redensart, die ein vorläufiges Zugeständnis bzw. Einlenken vortäuscht [grch., »das Anheimstellen«]
e|pi|tro|pisch ⟨Adj.; Rhet.⟩ auf einer Epitrope beruhend, in Form einer Epitrope
E|pi|zen|trum *auch:* **Epi|zent|rum** ⟨n.; -s, -zen|tren⟩ senkrecht

über einem Erdbebenherd liegender Punkt der Erdoberfläche [<*Epi...* + *Zentrum*]
E|pi|zeu|xis ⟨f.; -, -zeu|xes; Rhet.⟩ = Epanalepse [zu grch. *epizeugnyai* »hinzufügen«]
e|pi|zo|isch ⟨Adj.; Biol.⟩ durch Tiere verbreitet; ~*e Bakterien, Samen* [→ *Epizoon*]
E|pi|zo|ne ⟨f.; -; unz.; Geol.⟩ obere Tiefenzone der Erdkriste mit Temperaturen zwischen 100 u. 300°C, in der sich durch leichte Metamorphose Phyllit u. Chloritschiefer u. a. bilden [<*Epi...* + *Zone*]
E|pi|zo|on ⟨n.; -s, -zo|en od. -zoa; Biol.⟩ Tier, das als Schmarotzer auf anderen Lebewesen siedelt [<*Epi...* + *Zoon*]
E|pi|zo|o|no|se ⟨[-tso:o-] f.; -, -n; Med.⟩ durch tierische Hautparasiten hervorgerufene Hautkrankheit [<*Epizoon* + grch. *nosos* »Krankheit«]
E|pi|zo|o|tie ⟨[-tso:o-] f.; -, -n; Med.⟩ Tierseuche mit größerer Ausbreitung; *Ggs* Enzootie [<*Epi...* + *Zoon*]
E|pi|zy|klo|i|de *auch:* **E|pi|zyk|lo|i|de** ⟨f.; -, -n; Math.⟩ Kurve, die von einem auf einem Kreis befindlichen Punkt beschrieben wird, wenn dieser Kreis abrollt [<*Epi...* + *Zyklus* + *...id*]
e|po|chal ⟨Adj.⟩ **1** für eine Epoche geltend **2** Epoche machend, Aufsehen erregend
E|po|che ⟨f.; -, -n⟩ **1** ⟨bedeutsamer⟩ Zeitabschnitt **2** histor. Wendepunkt; ~ *machen* durch ein bedeutsames Ereignis einen neuen Zeitabschnitt einleiten **3** ⟨Astron.⟩ bestimmter Zeitpunkt, auf den irgendwelche Angaben bezogen werden, z. B. die Bahnelemente der Planeten, das Minimum im Lichtwechsel veränderlicher Sterne **4** ⟨unz.; Philos.⟩ Zurückhalten des Beifalls od. Urteils, Beifalls-, Urteilsenthaltung [grch., »Innehalten, Haltepunkt in der Zeitrechnung, bedeutsamer Zeitpunkt«]
E|po|de *auch:* **E|po|de** ⟨f.; -, -n⟩ **1** ⟨in der altgrch. Dichtung⟩ die auf Strophe u. Gegenstrophe folgende, anders aufgebaute 3. Strophe, ähnl. dem Abgesang im Meistergesang **2** ⟨altgrch. u.

265

Eponym

röm. Dichtung⟩ lyrischer, auf eine längere Zeile folgender Kurzvers **3** ⟨danach⟩ lyr. Strophe mit regelmäßig wechselndem langem u. kurzem Vers **4** Gedicht nach diesem Schema [<grch. *epodos* »Nach-, Schlussgesang«]

E|po|nym *auch:* **E|po|nym** ⟨n.; -s, -e; Sprachw.⟩ auf einen Eigennamen zurückgehende Bezeichnung einer Gattung, z. B. »Zeppelin« für »Luftschiff«, »Guillotine« für »Fallbeil« [<grch. *eponymos* »danach benannt«]

E|po|pöe ⟨f.; -, -n⟩ Epos, bes. Götter-, Heldenepos [<grch. *epopoiia*, eigtl. »Verfertigung des Epos«]

E|pos ⟨n.; -, E|pen⟩ **1** langes, erzählendes Gedicht in gleichmäßiger Versform; *Vers~* **2** groß angelegte, breit ausgemalte Prosadichtung; *Helden~* [grch., »Wort, Ausspruch, Erzählung, Gedicht«]

E-Post ⟨[i:-] f.; -; unz.; EDV; kurz für⟩ Electronic Post

E|po|xid *auch:* **E|po|xid** ⟨n.; -s, -e; Chemie⟩ chem. Verbindung, die durch Anlagerung von Sauerstoff an Olefine gewonnen wird, ein wichtiges das Äthylenoxid ist [<*Epi...* + *Oxid*]

E|po|xid|har|ze *auch:* **E|po|xid|har|ze** ⟨Pl.; Chemie⟩ durch Kondensation von Epichlorhydrin mit Diphenylolpropan u. anschließende Versetzung mit Härtern hergestellter Kunststoff; *Sy* Äthoxylinharze

E|prou|vet|te *auch:* **E|prou|vet|te** ⟨[epruvɛt] f.; -, -n; österr.⟩ Probierröhrchen (für chem. Versuche usw.), Reagenzglas [<frz. *éprouvette* »Probestab«]

Ep|si|lon ⟨n.; -s, -s; Zeichen: ε, E⟩ 5. Buchstabe des grch. Alphabets, kurzes e [grch.]

Ep|so|mit ⟨m.; -(e)s, -e⟩ = Magnesiumsulfat [nach der engl. Stadt *Epsom*]

EPU ⟨Abk. für engl.⟩ European Payments Union (Europäische Zahlungsunion)

E-Pu|b|li|shing *auch:* **E-Publishing** ⟨[iːpʌblɪʃɪŋ] n.; - od. -s; unz.; EDV; kurz für⟩ Electronic Publishing

Ep|u|lis *auch:* **E|pu|lis** ⟨f.; -, -li|den; Med.⟩ Zahnfleischgeschwulst [<*Ep...* + grch. *oulon* »Zahnfleisch«]

E|qua|li|zer ⟨[iːkwəlaɪzə(r)] m.; -s, -⟩ Gerät zur Entzerrung od. Veränderung des Klangbildes an Verstärkern o. Ä. [engl.; zu *equalize* »ausgleichen«]

E|qui|den ⟨Pl.⟩ pferdeartige Tiere in Verstärkern o. Ä. [<lat. *equus* »Pferd« + *...id*]

E|qui|li|b|rist *auch:* **E|qui|li|b|rist** ⟨m.; -en, -en⟩ = Äquilibrist

E|qui|pa|ge ⟨[ɛk(v)iːpaːʒə] f.; -, -n⟩ **1** elegante Kutsche **2** Schiffsbesatzung **3** Ausrüstung (eines Offiziers) [<frz. *équipage*]

E|qui|pe ⟨[ekiːp(ə)] f.; -, -n⟩ **1** Reitermannschaft **2** ⟨schweiz.⟩ Sportsmannschaft, Künstlergruppe **3** ⟨österr.⟩ ausgewählte Mannschaft für einen Wettkampf; *die siegreiche österreichische* ~ [<frz. *équipe* »Trupp, Mannschaft«]

E|quip|ment ⟨[ɪkwɪpmənt] n.; -s; unz.⟩ Ausrüstung, Ausstattung [<frz. *équiper* »ausstatten«]

E|qui|ty|me|tho|de ⟨[ɛkwiti-] f.; -; unz.; Wirtsch.⟩ Form der Bilanzierung von längerfristigen Unternehmensbeteiligungen beim Jahresabschluss, bei der dem Anschaffungswert der Beteiligung der aktuelle Kurswert gegenübergestellt wird [<engl. *equity* »Gerechtigkeit, Billigkeit«]

Er ⟨chem. Zeichen für⟩ Erbium

Er|bi|um ⟨n.; -s; unz.; chem. Zeichen: Er⟩ chem. Element aus der Reihe der Metalle der seltenen Erden, Ordnungszahl 68 [nach der Stadt *Ytterby* in Schweden]

Erd|al|ka|li|en ⟨Pl.⟩ = Erdalkalimetalle

Erd|al|ka|li|me|tal|le ⟨Pl.; Sammelbez. für⟩ die Elemente Beryllium, Magnesium, Calcium, Strontium, Barium und Radium: wegen ihres überwiegend gesteinsbildenden Auftretens und der Eigenschaft ihrer Oxide, mit Wasser starke Basen zu bilden; *Sy* Erdalkalien

Erd|mag|ne|tis|mus *auch:* **Erd|mag|ne|tis|mus** ⟨m.; -; unz.⟩ der durch den erdmagnet. Feld bewirkte Magnetismus

E|re|bos ⟨m.; -; unz.; Myth.⟩ Unterwelt, Totenreich; *oV* Erebus [<grch. *erebos*]

E|re|bus ⟨m.; -; unz.; Myth.⟩ = Erebos

e|rek|til ⟨Adj.⟩ = eigibel [<lat. *erigere* »emporrichten« u. *erectio* »das Emporrichten«]

E|rek|ti|on ⟨f.; -, -en⟩ das Aufrichten, Anschwellen, Straffen der äußeren Geschlechtsorgane bei geschlechtl. Erregung [<lat. *erectio* »das Emporrichten«]

E|re|mit ⟨m.; -en, -en⟩ **1** Einsiedler; *Ggs* Zönobit **2** Einsiedlerkrebs [<grch. *eremites*; zu *eremos* »einsam, verlassen«; verwandt mit *arm, Arbeit, Erbe*]

E|re|mi|ta|ge ⟨[-ʒə] f.; -, -n⟩ *oV* Ermitage **1** Wohnung eines Eremiten, Einsiedelei **2** Gartenhaus in Parkanlagen **3** ⟨unz.⟩ Bildergalerie in Leningrad [→ *Eremit*]

E|re|mu|rus ⟨m.; -; unz.; Bot.⟩ Gattung der Liliengewächse in den Steppen West- u. Zentralasiens, z. B. Steppenkerze, Steppenlilie u. Lilienschweif [<mlat. *eremus* »Wüste, Einsamkeit«]

E|rep|sin ⟨n.; -s; unz.; Med.⟩ Enzymgemisch, das die Eiweißspaltung u. -verdauung im Magen vollendet [aus grch. *erepthestai* »rupfen; verzehren« + *Pepsin*]

e|re|thisch ⟨Adj.⟩ bes. leicht erregbar [→ *Erethismus*]

E|re|this|mus ⟨m.; -; unz.⟩ krankhaft erhöhte Erregbarkeit [<grch. *erethizein* »reizen«]

Erg ⟨n.; -s; unz.; Zeichen: erg⟩ nicht mehr zulässige Maßeinheit der Energie, ersetzt durch die Einheit Joule (Zeichen: J), 1 erg = 10^{-7} [<grch. *ergon* »Arbeit«]

Er|ga|tiv ⟨m.; -s; unz.; Sprachw.⟩ in einigen Sprachen: Kasus, der den Handlungsträger des transitiven Verbs bezeichnet [zu grch. *ergates* »Handelnder«]

er|go ⟨Konj.⟩ also, folglich, infolgedessen; ~ *bibamus!* also lasst uns trinken (mittelalterlicher Trinkspruch, bes. in Trinkliedern) [lat.]

er|go..., Er|go... ⟨in Zus.⟩ Arbeit [<grch. *ergon* »Werk, Arbeit«]

Erotik

Er|go|graf ⟨m.; -en, -en⟩ = Ergograph
Er|go|gra|fie ⟨f.; -, -n⟩ = Ergographie
Er|go|graph ⟨m.; -en, -en⟩ Messgerät zum Aufzeichnen der Arbeitsleistung von Muskeln; *oV* Ergograf; *Sy* Ergostat [<*Ergo...* + *...graph*]
Er|go|gra|phie ⟨f.; -, -n⟩ *oV* Ergografie **1** Aufzeichnung der Muskelarbeit mit Hilfe des Ergographen **2** Werdegang eines Gelehrten, dargestellt im Hinblick auf sein Lebenswerk
Er|go|lo|gie ⟨f.; -; unz.⟩ Erforschung der volkstüml. Arbeitsgeräte u. -bräuche [<*Ergo...* + *...logie*]
er|go|lo|gisch ⟨Adj.⟩ die Ergologie betreffend, auf ihr beruhend
Er|go|me|ter ⟨n.; -s, -; Med.⟩ Gerät, mit dem in der Leistungsphysiologie sowie in der Sportmedizin Arbeit bzw. Leistung von Muskeln gemessen wird; *Laufband~; Fahrrad~*
Er|go|me|trie *auch:* **Er|go|met|rie** ⟨f.; -; unz.; Med.⟩ Berechnung der physischen Arbeits- bzw. Leistungsfähigkeit eines Menschen anhand eines Ergometers [<*Ergo...* + *...metrie*]
er|go|me|trisch *auch:* **er|go|met|risch** ⟨Adj.; Med.⟩ **1** zum Ergometer gehörend **2** auf die Ergometrie bezogen, sie betreffend
Er|gon ⟨n.; -; unz.; Philos.⟩ Werk, abgeschlossene Tätigkeit [grch.]
Er|go|nom ⟨m.; -en, -en⟩ Wissenschaftler bzw. Stud. im Fachbereich der Ergonomie
Er|go|no|mie ⟨f.; -; unz.⟩ Zweig der Arbeitswissenschaft, der sich mit den Leistungsmöglichkeiten des arbeitenden Menschen befasst u. die Technik seiner Arbeit anzupassen versucht; *oV* Ergonomik [<grch. *ergon* »Arbeit, Werk« + *nomos* »Gesetz«]
Er|go|no|mik ⟨f.; -; unz.⟩ = Ergonomie
Er|go|no|min ⟨f.; -, -min|nen⟩ Wissenschaftlerin od. Studentin im Fachbereich der Ergonomie
er|go|no|misch ⟨Adj.⟩ die Ergonomie betreffend, auf ihr beruhend, zu ihr gehörig; *Arbeitsplätze ~ gestalten*
Er|go|stat *auch:* **Er|gos|tat** ⟨m.; -en, -en⟩ = Ergograph [<*Ergo...* + *...stat*]
Er|go|ste|rin *auch:* **Er|gos|te|rin** ⟨n.; -s; unz.; Chemie⟩ organ.-chem. Verbindung aus der Gruppe der Sterine [<frz. *ergot* »Mutterkorn« + Chole*sterin*]
Er|go|ta|min ⟨n.; -s; unz.⟩ Hauptalkaloid des Mutterkorns, bewirkt Blutdruckanstieg [<frz. *ergot* »Mutterkorn« + *Amin*]
Er|go|the|ra|peut ⟨m.; -en, -en⟩ jmd., der eine Ergotherapie leitet bzw. die Patienten bei einer Ergotherapie betreut
Er|go|the|ra|peu|tin ⟨f.; -, -tin|nen⟩ weibl. Person, die eine Ergotherapie leitet bzw. die Patienten bei einer Ergotherapie betreut
Er|go|the|ra|pie ⟨f.; -; unz.⟩ Beschäftigungs- und Arbeitstherapie [<grch. *ergon* »Arbeit, Werk« + *Therapie*]
Er|go|tis|mus ⟨m.; -; unz.; Med.⟩ Vergiftung durch Mutterkorn, schwere Nerven- u. Gehirnstörungen, Mutterkornvergiftung [<frz. *ergot* »Mutterkorn«]
er|go|trop ⟨Adj.; Pharm.⟩ die eigene Energie verstärkend, leistungssteigernd [zu grch. *ergon* »Arbeit, Werk« + *tropos* »Wendung«]
e|ri|gi|bel ⟨Adj.⟩ aufrichtbar, schwellfähig (Organ, bes. die äußeren Geschlechtsorgane); *Sy* erektil [<lat. *erigere* »emporrichten«]
e|ri|gie|ren ⟨V.⟩ sich aufrichten, anschwellen (von Organen, bes. vom männl. Glied) [<lat. *erigere* »emporrichten«]
Eri|ka ⟨f.; -, E|ri|ken; Bot.⟩ Angehörige einer Gattung der Heidekrautgewächse (Glockenheide): Erica tetralix [<ital. *erica* <lat. *erica* <grch. *ereike*]
E|rin|nye ⟨[-rɪnjə] f.; -, -ny|en; grch. Myth.⟩ = Erinnys
E|rin|nys ⟨f.; -, -ny|en; grch. Myth.⟩ in der Unterwelt wohnende Rächerin, bes. des Mordes; *oV* Erinnye [<grch. *Erinys*]
E|ris|ap|fel ⟨m.; -s; unz.⟩ Zankapfel [nach dem *Apfel* mit der Aufschrift »der Schönsten«, den *Eris*, die grch. Göttin der Zwietracht, in eine Götterversammlung warf; <grch. *eris* »Streit, Hader«]
E|ris|tik ⟨f.; -; unz.; Philos.⟩ Kunst des wissenschaftlichen Streitgesprächs [<grch. *eris* »Streit, Hader«]
E|ris|ti|ker ⟨m.; -s, -; meist Pl.; Philos.⟩ Philosoph, der ausgeprägtes Interesse an wissenschaftlicher Diskussion besitzt bzw. in der Eristik sehr erfahren ist
e|ris|tisch ⟨Adj.; Philos.⟩ auf der Eristik beruhend, sie betreffend
Er|mi|ta|ge ⟨[-taːʒə] f.; -, -n⟩ = Eremitage [<frz.; zu *ermit* »Eremit«]
e|ro|die|ren ⟨V.⟩ *Land ~* auswaschen, wegschwemmen [<lat. *erodere* »abnagen, wegbeizen«]
e|ro|gen ⟨Adj.⟩ geschlechtliche Erregung bewirkend, dafür empfänglich; *~e Zonen* Körperstellen, deren Berührung (Reizung) sexuell erregt; *oV* erotogen [<*Eros* + *...gen*[1]]
E|ro|ge|ni|tät ⟨f.; -; unz.⟩ geschlechtliche Erregbarkeit
e|ro|i|co ⟨Adj.; Musik⟩ heldisch, heldenhaft (zu spielen) [ital.]
Eros ⟨a. [ɛrɔs] m.; -, E|ro|ten⟩ **1** ⟨unz.⟩ ⟨sinnl.⟩ Liebe **2** ⟨Philos.⟩ Trieb nach Erkenntnis u. schöpferischer geistiger Tätigkeit **3** ⟨zählb.⟩ = Amorette [<grch. *eros* »Liebe, Liebesgott«]
E|ros|cen|ter ⟨a. [ɛrɔssɛn-] n.; -s, -⟩ mehrere Appartements für Prostituierte mit einem gemeinsamen Raum für den ersten Kontakt mit den Kunden
E|ro|si|on ⟨f.; -, -en⟩ **1** Abtragen, Auswaschung (von Land durch Wind od. Wasser) **2** Haut- od. Schleimhautabschürfung [<lat. *erosio* »Zernagung, Durchfressung«]
e|ro|siv ⟨Adj.⟩ durch Erosion (1) entstanden
E|ro|te|ma ⟨n.; -s, -te|ma|ta⟩ **1** Frage **2** Fragesatz [zu grch. *erotan* »fragen«]
E|ro|ten ⟨Pl. von⟩ Eros (3)
E|ro|tik ⟨f.; -; unz.⟩ **1** Liebeskunst, das (veregistigte) Liebes- u. Geschlechtsleben **2** Sinnlichkeit **3** Liebeslehre [→ *Eros*]

267

Erotika

E|ro|ti|ka ⟨Pl.; Sing.: Erotikon⟩ Werke, Dichtungen über die Liebe u. das Liebesleben

E|ro|ti|ker ⟨m.; -s, -s⟩ **1** sinnlicher Mensch **2** Verfasser von Liebesliedern u. erot. Schriften **3** Liebeskünstler

E|ro|ti|kon ⟨n.; -s, -ti|ka; meist Pl.⟩ Werk, Dichtung über die Liebe u. das Liebesleben

e|ro|tisch ⟨Adj.⟩; *Ggs* unerotisch **1** die Liebeskunst betreffend, auf sie bezüglich, auf ihr beruhend **2** sinnlich das Liebes- u. Geschlechtsleben betonend od. anreizend [<grch. *erotikos* »die Liebe betreffend«]

e|ro|ti|sie|ren ⟨Adj.⟩ jmdn. ~ in jmdm. erotisches Verlangen wecken; *die ~de Wirkung eines Films*

E|ro|tis|mus ⟨m.; -; unz.⟩ Betonung des Erotischen; *oV* Erotizismus

E|ro|ti|zis|mus ⟨m.; -; unz.⟩ = Erotismus

e|ro|to|gen ⟨Adj.⟩ = erogen

E|ro|to|lo|gie ⟨f.; -; unz.⟩ wissenschaftliche Forschung über die Phänomene der Erotik sowie ihrer sinnlichen u. geistig-seelischen Basis beim Menschen; →*a.* Erotik (3) [<*Eros* + *...logie*]

E|ro|to|ma|nie ⟨f.; -; unz.⟩ Liebeswahnsinn, krankhafte Übersteigerung des Geschlechtstriebes [<grch. *eros* »Liebe« + *...manie*]

ERP ⟨Abk. für engl.⟩ European Recovery Program (Marshallplan)

Er|pas|sat ⟨m.; -(e)s; unz.⟩ konstante Ostwindzone, die an beiden Seiten des Äquators maximal bis zum 30. Breitengrad reicht [→ *Passat*]

Er|ra|re hu|ma|num est Irren ist menschlich [lat.]

Er|ra|ta ⟨Pl. von⟩ Erratum

er|ra|tisch ⟨Adj.⟩ verstreut, verirrt; *~er Block* eiszeitl. Gesteinsbrocken, Findling [<frz. *bloc erratique* »wandernder Stein« <lat. *errare* »irren«]

Er|ra|tum ⟨n.; -s, -ta⟩ **1** Irrtum, Versehen **2** Druckfehler [lat., »Irrtum, Versehen«]

e|ru|ie|ren ⟨V.⟩ ermitteln, herausbringen, ergründen, erforschen [<lat. *eruere* »herausgraben, ausfindig machen«]

E|ru|ie|rung ⟨f.; -, -en; geh.⟩ das Eruieren, Ermitteln, Erforschen

E|ruk|ta|ti|on ⟨f.; -, -en; Med.⟩ Aufstoßen, Rülpsen, Bäuerchen (bei Säuglingen); *Sy* Efflation, Ruktation [<lat. *eructare* »ausrülpsen, ausspeien, auswerfen«]

e|ruk|tie|ren ⟨V.; Med.⟩ aufstoßen, rülpsen, Bäuerchen machen (bei Säuglingen)

e|rup|tie|ren ⟨V.; Geol.⟩ auswerfen, ausbrechen, z. B. von Vulkanmagma, Asche od. Gas

E|rup|ti|on ⟨f.; -, -en; Geol.⟩ **1** Ausbruch (von Magma aus Vulkanen, von Gas auf der Sonne) **2** ⟨Med.⟩ Auftreten eines Hautausschlags sowie dieser selbst **3** ⟨Med.⟩ Erbrechen [<lat. *eruptio* »Ausbruch«]

e|rup|tiv ⟨Adj.⟩ durch Eruption entstanden, hervorbrechend [<lat. *eruptio* »Ausbruch«; zu *erumpere* »hervorbrechen«]

E|rup|tiv|ge|stein ⟨n.; -s, -e⟩ aus Magma entstandenes, erstarrtes Gestein

Er|ve [-və] ⟨f.; -, -n; Bot.⟩ als Futterpflanze angebaute Art der Wicken (Linsenwicke): Vicia ervilia [<lat. *ervum* »eine Art Wicke«]

E|ry|si|pel ⟨n.; -s; unz.; Med.⟩ schwere infektiöse Entzündung der Haut u. des Unterhautzellgewebes, Rose, Wundrose

E|ry|them ⟨n.; -s, -e; Med.⟩ Rötung der Haut infolge von Hyperämie [<grch. *erythainein* »rot werden«]

◆ Die Buchstabenfolge e|ry|thr... kann auch e|ryth|r... getrennt werden.

◆ e|ry|thro..., E|ryth|ro... ⟨Vorsilbe⟩ rot, rot gefärbt, rötlich [grch.]

◆ E|ry|thrin[1] ⟨m.; -s; unz.⟩ perlmuttartiges Mineral, Kobaltblüte [zu grch. *erythros* »rot«]

◆ E|ry|thrin[1] ⟨n.; -s; unz.⟩ **1** ⟨unz.⟩ in manchen Flechten vorkommender Ester des Erythrits **2** ⟨zählb.⟩ scharlachroter Azofarbstoff [zu grch. *erythros* »rot«]

◆ E|ry|thrit ⟨n.; -s; unz.; Chemie⟩ vierwertiger, aliphat. Alkohol, mit zwei asymmetrischen Kohlenstoffatomen

◆ e|ry|thro..., E|ryth|ro... ⟨Vorsilbe; vor Vokalen⟩ = erythr..., Eryth...

◆ E|ry|thro|blast ⟨m.; -en, -en; Med.⟩ kernhaltige, unreife Zelle, aus der durch Teilung rote Blutkörperchen entstehen [<*Erythr...* + *blastos* »Spross, Keim«]

◆ E|ry|thro|der|mie ⟨f.; -, -n; Med.⟩ ausgedehnte, entzündliche Rötung u. Schuppung der Haut [<grch. *erythros* »rot« + *...dermie*]

◆ E|ry|thro|ly|se ⟨f.; -, -n⟩ Auflösung der roten Blutkörperchen [<grch. *erythros* »rot« + *...lyse*]

◆ E|ry|thro|my|cin ⟨n.; -s; unz.; Pharm.⟩ ein Antibiotikum mit großer Wirkungsbreite [<grch. *erythros* »rot« + *mykes* »Pilz«]

◆ E|ry|throp|sie ⟨f.; -, -n; Med.⟩ zumeist durch eine starke Blendung verursachtes Rotsehen [<*Erythr...* + *opsis* »Sehen«]

◆ E|ry|thro|sin ⟨n.; -s; unz.; Med.⟩ chem. hergestellter, rotbrauner Farbstoff, der als Einfärb-Plaque-Indikator u. Sensibilisator genutzt wird [<*Erythr...* + *Eosin*]

◆ E|ry|thro|zyt ⟨m.; -en, -en; Med.⟩ rotes Blutkörperchen [<grch. *erythros* »rot« + *...zyt*]

◆ E|ry|thro|zy|to|se ⟨f.; -; unz.; Med.⟩ krankhafte Vermehrung der roten Blutkörperchen

erz..., Erz... ⟨in Zus. mit Subst. u. Adj.⟩ ⟨zur Steigerung od. Verstärkung des Begriffes⟩; *erzdumm; Erzgauner* [<grch. *archi...* »der Erste, Oberste«]

Erz|bi|schof ⟨m.; -s, -schö|fe; kath. Kirche⟩ **1** der erste Bischof einer Kirchenprovinz, dem die anderen Bischöfe unterstehen **2** Ehrentitel eines verdienten regierenden Bischofs [<grch. *archiepiskopos*]

Es **1** ⟨Abk. für⟩ Escudo; *oV* Esc **2** ⟨chem. Zeichen für⟩ Einsteinium

ESA ⟨Abk. für engl.⟩ European Space Agency, europäische Weltraumbehörde, die die Aktivitäten der einzelnen Mitgliedsländer im Weltraum zu koordinieren versucht u. europäische Weltraumprogramme entwickelt

Esc ⟨Abk. für⟩ Escudo; *oV* Es (1)

Es|ca|lope ⟨[-lɔp] n.; -, -s [-lɔps]; meist Pl.; Kochk.⟩ feine, gebratene Fisch-, Fleisch- od. Geflügelscheibe [frz., »Schnitzel«]

Es|cape ⟨[ɪskeɪp] n.; -s; unz.; EDV⟩ Taste auf einer Computertastatur, die das schnelle Verlassen von Programmen od. den Abbruch eines begonnenen Rechenprozesses ermöglicht [<engl. *escape* »fliehen, entkommen«]

Es|cha|to|lo|gie ⟨[ɛsça-] f.; -; unz.⟩ Lehre vom Weltende u. vom Anbruch einer neuen Welt, von den letzten Dingen, dem Tode u. der Auferstehung [<grch. *eschaton* »das Äußerste, das Letzte« + ...*logie*]

es|cha|to|lo|gisch ⟨[ɛsça-] Adj.⟩ die Eschatologie betreffend, auf ihr beruhend

Es|cu|do ⟨m.; - od. -s, -s od. (bei Zahlenangaben) -; Abk.: Es, Esc; Zeichen: ⟩ *oV* Eskudo **1** frühere span., portug. u. südamerikan. Goldmünze **2** frühere portugies. Währungseinheit (100 Centavos) [span., »Schild, Wappenschild«]

...esk ⟨Nachsilbe; zur Bildung von Adj.⟩ in der Art von jmdm. od. etwas, wie jmd. od. etwas; *clownesk; kafkaesk* [<frz. ...*esque*, <ital. ...*esco*, ...*esca* »in der Art von«]

Es|ka|der ⟨f.; -, -s; veraltet⟩ Schiffsgeschwader, -verband [<frz. *escadre* »Geschwader«, urspr. »quadratische Schlachtordnung«]

Es|ka|dron *auch:* **Es|kad|ron** ⟨f.; -, -en⟩ = Schwadron [<frz. *escadron*, Vergrößerungsform zu *escadre* »Geschwader«]

Es|ka|la|de ⟨f.; -, -n⟩ Ersteigung einer Festungsmauer mit Leitern [<frz. *escalade* »das Ersteigen« <lat. *scala* »Leiter«]

es|ka|la|die|ren ⟨V.⟩ **1** mit Sturmleitern erstürmen (Festung) **2** an der Eskaladierwand turnen [<frz. *escalader* »er-, übersteigen, er-, überklettern«]

Es|ka|la|dier|wand ⟨f.; -, -wände; Sport⟩ Holzwand für Kletterübungen

Es|ka|la|ti|on ⟨f.; -, -en⟩ durch Wechselwirkung hervorgerufene Steigerung eines (militär.) Konfliktes

es|ka|lie|ren ⟨V.⟩ durch Wechselwirkung einen Konflikt steigern; *Ggs* deeskalieren [<engl. *escalation;* zu *escalator* »Rolltreppe« <lat. *scala* »Leiter«]

Es|ka|lie|rung ⟨f.; -, -en⟩ das Eskalieren, die Eskalation

Es|ka|mo|ta|ge ⟨[-ʒə] f.; -, -n⟩ Taschenspielerei, Taschenspielerkunststück, Verschwindenlassen eines Gegenstandes [<frz. *escamotage* »Taschenspielerei, Gaukelei«]

Es|ka|mo|teur ⟨[-tøːr] m.; -s, -e⟩ Taschenspieler, Zauberkünstler [<frz. *escamoteur* »Taschenspieler«]

es|ka|mo|tie|ren ⟨V.⟩ wegzaubern, verschwinden lassen [<frz. *escamoter* »wegzaubern«]

Es|ka|pa|de ⟨f.; -, -n⟩ **1** falscher Sprung eines Reitpferdes **2** ⟨fig.⟩ Seitensprung, mutwilliger Streich [<frz. *escapade* »Seitensprung, unüberlegter Streich«]

Es|ka|pis|mus ⟨m.; -; unz.⟩ realitätsferne (Abwehr-)Haltung; *politischer ~* [zu engl. *escape* »fliehen«]

es|ka|pis|tisch ⟨Adj.⟩ auf Eskapismus beruhend, ihn betreffend, realitätsfern, vor der Realität flüchtend; *ein ~es Vorgehen*

Es|ka|ri|ol ⟨m.; -s; unz.⟩ = Endivie [<frz. *escarole*]

Es|kar|pins ⟨[-pɛ̃ːs] Pl.⟩ **1** Schnallenschuhe, Tanzschuhe, im Rokoko mit Kniehosen getragen **2** ⟨fälschl. a.⟩ die Kniehosen selbst [<frz. *escarpins* »leichte Tanzschuhe«]

Es|ki|mo 1 ⟨m.; - od. -s, - od. -s⟩ Ureinwohner Grönlands und Alaskas **2** ⟨Textilw.⟩ nach den Eskimos (1) benannter schwerer Mantelstoff [<indian., »Rohfleischesser«]

es|ki|mo|isch ⟨Adj.⟩ die Eskimos betreffend, zu ihnen gehörig

Es|ki|mo|rol|le ⟨f.; -, -n; Sport⟩ Drehung eines Kajaks um die Längsachse, wobei das Boot nach dem Kentern, ohne dass der Fahrer aussteigt, mit Hilfe des Paddels wieder aufgerichtet wird

es|ki|mo|tie|ren ⟨V.⟩ mit einem Kajak die Eskimorolle ausführen

Es|komp|te ⟨[ɛskɔ̃ːt(ə)] m.; -s, -s; Wirtsch.⟩ **1** ⟨Börse⟩ Beeinflussung der Wirkung eines vermuteten bevorstehenden Ereignisses auf einen Börsenkurs durch eine entsprechende Kursgestaltung **2** Preisnachlass [<frz. *escompte* »Abzug, Diskont, Skonto«]

es|komp|tie|ren ⟨[ɛskɔ̃-] V.; Wirtsch.⟩ **1** ⟨Börse⟩ die Wirkung eines vermuteten bevorstehenden Ereignisses auf einen Börsenkurs durch eine entsprechende Kursgestaltung beeinflussen **2** einen Preisnachlass gewähren [<frz. *escompter* »(Wechsel) diskontieren«]

Es|kor|te ⟨f.; -, -n⟩ Begleitmannschaft, Geleit, Bedeckung; *der Bundespräsident wurde von einer ~ begleitet* [<frz. *escorte* »Begleitung, Geleit«]

es|kor|tie|ren ⟨V.⟩ das Geleit geben, sichern, bewachen; *jmdn. feierlich ~* [<frz. *escorter* »geleiten«]

Es|ku|do ⟨m.; - od. -s, -s⟩ = Escudo

Es|me|ral|da ⟨f.; -, -s; Musik⟩ ein spanischer Tanz [span., »Smaragd, Edelstein«]

Eso|te|rik ⟨f.; -; unz.⟩ **1** nur Eingeweihten zugängliche Lehre, Geheimlehre **2** esoterische Beschaffenheit [→ *esoterisch*]

Eso|te|ri|ker ⟨m.; -s, -⟩ in eine Geheimlehre Eingeweihter; *Ggs* Exoteriker [→ *esoterisch*]

Eso|te|ri|ke|rin ⟨f.; -, -rin|nen⟩ in eine Geheimlehre Eingeweihte; *Ggs* Exoterikerin

eso|te|risch ⟨Adj.⟩ nur für Eingeweihte zugänglich od. begreiflich, geheim; *Ggs* exoterisch [zu grch. *esoteros* »der innere«]

Eso|trip ⟨m.; -s, -s; umg.⟩ *auf dem ~ sein* sich intensiv mit Esoterik beschäftigen, einer esoterischen Lehre anhängen [verkürzt <*Esoterik* + *Trip*]

ESP ⟨n.; -; unz.; Kfz; Abk. für engl.⟩ Electronic Stability Program (elektronisches Stabilitätssystem)

Es|pa|da ⟨m.; -s, -s⟩ der den Degen führende Stierkämpfer [span., »Degen«]

Espadrille

Es|pa|dril|le auch: **Es|pad|ril|le** ⟨[-dri̯jə] f.; -, -s [-dri̯jəs]; meist Pl.⟩ flacher Stoffschuh mit einer Sohle aus Espartogras [span.; frz.]

Es|pa|gno|le auch: **Es|pag|no|le** ⟨[-njoː] f.; -, -n⟩ ein span. Tanz [< frz. *danse espagnole* »span. Tanz«]

Es|pa|gno|let|te auch: **Es|pag|no|let|te** ⟨[espanjo-] f.; -, -n⟩ 1 drehbarer Fensterverschluss 2 Drehriegel [zu frz. *espagnol* »spanisch«]

Es|pa|gno|let|te|ver|schluss auch: **Es|pag|no|let|te|ver|schluss** ⟨[-njo-] m.; -es, -schlüs|se⟩ = Espagnolette

Es|par|set|te ⟨f.; -, -n; Bot.⟩ Schmetterlingsblütlergattung, Kräuter od. Halbsträucher, zuweilen auch Dornsträucher: Onobrychis; *Gemeine ~* 30–60 cm hohe, rosa blühende Art, sehr gute Futterpflanze: Onobrychis sativa [< frz. *esparcet(te)* »Süßklee«]

Es|par|to ⟨m.; -s; unz.; Bot.⟩ *Sy* Alfagras, Espartogras, Halfagras, Spart 1 zu Flechtarbeiten u. als Rohstoff zur Papierherstellung verwendetes Süßgras trockener, steiniger Hochflächen des westl. Mittelmeergebietes: Lygeum spartum u. (od.) Stipa Tenacissima 2 die Blätter dieser Gräser [zu span. *esparto* »trockenes Gras, Heu«]

Es|par|to|gras ⟨n.; -es, -grä|ser; Bot.⟩ = Esparto

Es|pe|ran|tist ⟨m.; -en, -en⟩ Kenner, Anhänger des Esperanto

Es|pe|ran|to ⟨n.; - od. -s; unz.⟩ künstliche Welthilfssprache [< *esperanto* »der Hoffende«; unter diesem Decknamen veröffentlichte der Warschauer Arzt Dr. L. Zamenhof 1887 seine selbst erfundene Sprache]

Es|pe|ran|to|lo|ge ⟨m.; -n, -n⟩ Wissenschaftler auf dem Gebiet des Esperanto

Es|pe|ran|to|lo|gie ⟨f.; -; unz.⟩ Lehre der Sprache u. Literatur des Esperanto

Es|pe|ran|to|lo|gin ⟨f.; -, -gin|nen⟩ Wissenschaftlerin auf dem Gebiet des Esperanto

es|pi|ran|do ⟨Adj.; Musik⟩ erlöschend, ersterbend, verhauchend (zu spielen) [ital.]

Es|pla|na|de ⟨f.; -, -n⟩ 1 ⟨bei Festungen⟩ freier Raum zwischen der Zitadelle u. der inneren Umwallung 2 ⟨allg.⟩ großer freier Platz [frz., »freier Platz, Vorplatz«]

es|pres|si|vo ⟨[-vo] Musik⟩ ausdrucksvoll (zu spielen) [ital., »ausdrucksvoll«]

Es|pres|si|vo ⟨[-vo] n.; -s, -s od. si|vi [-vi]; Musik⟩ ausdrucksstarke Vortragsweise in der Musik [ital.]

Es|pres|so[1] ⟨m.; - od. -s, -s od. -pres|si⟩ mit der Kaffeemaschine zubereiteter, starker Kaffee nach ital. Art [ital., »absichtlich, extra; eigens für den Gast zubereiteter (eter Kaffee)«]

Es|pres|so[2] ⟨n.; - od. -s, -s od. -s⟩ kleines Lokal, in dem man Espresso[1] trinken kann

Es|prit auch: **Esp|rit** ⟨[-priː] m.; - od. -s; unz.⟩ geistreicher Witz, beschwingte, scharfsinnige Geistigkeit [frz., »Geist«]

Esq. ⟨Abk. für⟩ Esquire

Es|qui|re ⟨[eskwaɪ̯ə(r)] m.; -s, -s; Abk.: Esq.⟩ 1 ⟨urspr.⟩ engl. Adelstitel 2 ⟨danach; veraltet⟩ Höflichkeitstitel in engl. Anschriften, Wohlgeboren [engl.]

Es|säer ⟨Pl.⟩ = Essener

Es|sai ⟨[esɛː] m. od. n.; -s, -s⟩ = Essay [frz., »Versuch«]

Es|say ⟨[ɛsɛɪ] m. od. n.; -s, -s⟩ literar. Kunstform, Abhandlung in knapper, geistvoller, allgemein verständl. Form, auch als Gattungsbegriff [engl., »Versuch«]

Es|say|ist auch: **Es|sa|yist** ⟨[ɛsɛɪ-] m.; -en, -en⟩ Verfasser von Essays

Es|say|is|tik auch: **Es|sa|yis|tik** ⟨[ɛsɛɪ-] f.; -; unz.; Lit.⟩ Form u. Kunst des Essays

es|say|is|tisch auch: **es|sa|yis|tisch** ⟨[ɛsɛɪ-] Adj.⟩ in der Art eines Essays (abgefasst)

Es|se|ner ⟨Pl.; Rel.⟩ frühjüdische Glaubensgemeinschaft zwischen 150 v. Chr.–70 n. Chr., die bei einigen antiken Autoren als äußerst asketisch u. vereinsähnlich organisiert beschrieben wird; *oV* Essäer

es|sen|ti|al ⟨Adj.⟩ = essenzial

Es|sen|ti|al ⟨[-tʃəl] n.; -s, -s; meist Pl.⟩ Kernpunkt, Hauptaussage, das Wesentlichste [engl.]

Es|sen|ti|a|li|en ⟨Pl.⟩ = Essenzialien

es|sen|ti|ell ⟨Adj.⟩ = essenziell

Es|senz ⟨f.; -, -en⟩ 1 ⟨unz.⟩ Wesen, Wesenheit, Hauptbegriff 2 ⟨zählb.⟩ konzentrierte Lösung von Geschmacks- od. Duftstoffen zur Aromatisierung von Nahrungs- u. Genussmitteln [< lat. *essentia* »Wesen«; zu *esse* »sein«]

es|sen|zi|al ⟨Adj.⟩ = essenziell; *oV* essential

Es|sen|zi|a|li|en ⟨Pl.⟩ Hauptpunkte (bei Rechtsgeschäften); *oV* Essentialien; *Ggs* Akzidentialien [→ *essential*]

essenziell / essentiell (*Laut-Buchstaben-Zuordnung*) Bei der Schreibung abgeleiteter Adjektive wird künftig stärker das Stammprinzip berücksichtigt. Lässt sich die flektierte Form auf ein Substantiv, das auf »z« endet, wie z. B. »*Essenz*«, zurückführen, gilt die Stammschreibung als Hauptvariante (→ *a.* existentiell / existenziell).

es|sen|zi|ell ⟨Adj.⟩ wesentlich, wesenhaft; *oV* essentiell; *Ggs* inessenziell [< frz. *essentiel* »wesentlich«; → *Essenz*]

Es|siv ⟨m.; -s; unz.; Sprachw.⟩ Kasus in den finnougrischen Sprachen, der ausdrückt, dass sich etwas in einem Zustand befindet [zu lat. *esse* »sein«]

Es|tab|lish|ment auch: **Es|tab|lish|ment** ⟨[ɪstæblɪʃ-] n.; -s; unz.⟩ Gesamtheit der Personen, die in einer modernen Gesellschaftsordnung einflussreiche Stellen innehaben [engl.]

Es|ta|fet|te ⟨f.; -, -n; früher⟩ reitender Eilbote [frz., »Meldegänger, -fahrer« < ital. *staffa* »Steigbügel«; → *Stafette*]

Es|tam|pe auch: **Es|tam|pe** ⟨[ɛstãːp(ə)] f.; -, -n⟩ Abdruck eines Kupfer-, Stahl- od. Holzstichs [frz., »Kupferstich, Prägestempel«]

Es|tan|zia auch: **Es|tan|zia** ⟨f.; -, -s⟩ südamerikan. Farm (mit Viehwirtschaft) [< span. *estancia* »Gehöft, Landgut«]

Es|ter ⟨m.; -s, -; Chemie⟩ chem. Verbindung, die aus einem Alkohol u. einer organischen (od.

anorganischen) Säure unter Wasserabspaltung entsteht [verkürzt <*Essig + Äther*]

Es|te|ra|se ⟨f.; -, -n; Chemie⟩ Enzym, das Esterbindungen durch chemische Reaktionen mit Wasser in Alkohol u. Säure spaltet

Es|ter|harz ⟨n.; -es, -e; Chemie⟩ = Polyester

es|tin|guen|do ⟨Musik⟩ verlöschend, ersterbend (zu spielen) [ital.]

Es|to|mi|hi der 7. Sonntag vor Ostern [lat., nach dem 31. Psalm, »Sei mir (ein starker Fels)«]

Es|tra|de *auch:* **Es|tra|de, Est|ra|de** ⟨f.; -, -n⟩ **1** erhöhter Teil des Fußbodens, erhöhter Platz (an Fenstern usw.) **2** ⟨DDR⟩ volkstümliche künstler. Veranstaltung mit verschiedenartigen Nummern (aus Musik, Artistik usw.) [frz.]

Es|tra|gon *auch:* **Est|ra|gon** ⟨m.; -s; unz.; Bot.⟩ Korbblütler, der als Zusatz zu Essig u. als Gewürz benutzt wird: Artemisia dracunculus [<frz. *targon, estragon* <lat. *drancunculus*, eigtl. »kleiner Drache«; zu *draco* »Drache«]

Es|tre|ma|du|ra *auch:* **Est|re|ma|du|ra** ⟨f.; -; unz.; Textilw.⟩ ein Baumwollgarn [nach der span. Landschaft *Estremadura*]

et ⟨lat. Bez. für⟩ und

Eta ⟨n.; - od. -s, -s; Zeichen: η, H⟩ grch. Buchstabe, langes, offenes e, später i [grch.]

ETA ⟨f.; -; unz.; Abk. für bask.⟩ Euzkadi Ta Azkatasuna, Terrororganisation mit dem Ziel der Eigenständigkeit des Baskenlandes

e|ta|blie|ren *auch:* **e|tab|lie|ren** ⟨V.⟩ **1** gründen, errichten **2** ⟨refl.⟩ *sich* ~ **2.1** sich niederlassen (als Geschäftsmann), ein Geschäft eröffnen **2.2** ⟨fig.⟩ innerhalb der Gesellschaft eine angesehene (u. einflussreiche) Stellung einnehmen [<frz. *établir* »festsetzen, gründen«]

e|ta|bliert *auch:* **e|tab|liert** ⟨Adj.⟩ fest gegründet, einen sicheren Platz einnehmend; *~e Gesellschaft(sschicht)*

E|ta|blis|se|ment *auch:* **E|tab|lis|se|ment** ⟨[-blɪs(ə)mãː] n.; -s, -s⟩ **1** Geschäft, Unternehmen, Niederlassung **2** Vergnügungsstätte [<frz. *établissement* »Einrichtung, Gründung«]

E|ta|ge ⟨[-ʒə] f.; -, -n⟩ **1** Stockwerk, Obergeschoss **2** Etagenwohnung [<frz. *étage* »Stockwerk«]

E|ta|ge|re ⟨[-ʒɛːrə] f.; -, -n⟩ Bücherbrett, Wandgestell, Tischaufsatz [<frz. *étagère*]

et al. ⟨Abk. für lat.⟩ et alia (und andere)

E|ta|la|ge ⟨[-ʒə] f.; -, -n⟩ Schaufensterauslage, Ausstellung [<frz. *étalage* »Warenauslage, Darbietung«]

E|ta|lon ⟨[-lõː] m.; -s, -s⟩ Bezugsgröße, Prototyp für eine Maßeinheit, z. B. Eichmaß [<frz. *étalon*]

E|ta|min ⟨n.; -s; unz.; Textilw.⟩ = Etamine

E|ta|mi|ne ⟨f.; -; unz.; Textilw.⟩ steifes, gazeartiges Seiden-, Kunstseiden- od. Baumwollgewebe; *oV* Etamin [<frz. *étamine* »Seihtuch«]

E|tap|pe ⟨f.; -, -n⟩ **1** Teilstrecke, Abschnitt, Stufe **2** ⟨Mil.⟩ Hinterland, Nachschubgebiet; *Ggs* Front (2) [<frz. *étape* »Rastplatz, Tagesmarsch, Wegstrecke«, eigtl. »Verpflegungsplatz für das Heer« <mndrl. *stapel* »Stapelplatz«]

e|tap|pie|ren ⟨V.; schweiz.⟩ in Abschnitte, Teilstrecken, Stufen aufteilen, in Etappen realisieren; *ein Bauvorhaben* ~

Etat ⟨[etaː] m.; -s, -s⟩ **1** Voranschlag, Haushaltsplan, Staatshaushalt **2** ⟨umg.⟩ Summe, mit der man eine bestimmte Zeitspanne auskommen muss **3** Vermögensstand, Bestand **4** ⟨schweiz.⟩ Mitglieder-, Funktionärverzeichnis (eines Verbandes) [<frz. *état* »Stand, Zustand, Verzeichnis, Staat«]

e|ta|ti|sie|ren ⟨V.⟩ in den Etat aufnehmen

E|ta|zis|mus ⟨m.; -; unz.; Phon.⟩ Aussprache des altgrch. Buchstabens Eta als langes e und nicht als i; *Ggs* Itazismus

etc. ⟨Abk. für⟩ et cetera

et ce|te|ra ⟨Abk.: etc.⟩ und so weiter [lat., »und die übrigen«]

et ce|te|ra pp. und so weiter [pp.: Abk. für lat. *perge, perge* »fahre fort«]

e|te|pe|te|te ⟨Adj.; undekl.; umg.; abwertend⟩ zimperlich, geziert, übertrieben wählerisch [<*öte, ete (-öde)* in der nddt. Bedeutung »spröde, geziert« + *petete* (Berliner Umformung von frz. *peut-être* »vielleicht«, wobei Rhythmus u. Reim suggestiv gewirkt haben mögen; andere Deutung: <frz. *être, peut-être* »(kann) sein, vielleicht«]

E|ter|nit® ⟨m. od. n.; -s; unz.⟩ feuerfester Faserzementschiefer in Plattenform [zu lat. *aeternus* »ewig«]

E|te|sien ⟨[eteːsiən] Pl.; Meteor.⟩ jahreszeitl. Winde im östl. Mittelmeergebiet [zu grch. *etos* »Jahr«]

E|te|si|en|kli|ma ⟨[etesiən-] n.; -s; unz.; Meteor.⟩ Klima mit trockenen Sommern und niederschlagsreichen Wintern

E|than ⟨n.; -s; unz.; Chemie⟩ = Äthan

E|tha|nal ⟨n.; -s; unz.; Chemie⟩ = Äthanal

E|tha|nol ⟨n.; -s; unz.; Chemie⟩ = Äthanol

E|then ⟨n.; -s; unz.; Chemie⟩ = Äthen

E|ter ⟨m.; -s; unz.; Chemie⟩ = Äther (2)

e|the|ri|sie|ren ⟨V.⟩ = ätherisieren

E|ther|net ⟨[iːθə(r)net] n.; -s; unz.; EDV⟩ ⟨Anfang der 70er-Jahre entwickeltes⟩ lokales, dezentrales Computernetzwerk ohne übergreifende Kontrollinstanz, in dem etwa 1000 Rechenstationen miteinander verbunden werden können [<engl. *ether* »Äther« + *net* »Netz«]

E|thik ⟨f.; -, -en⟩ Lehre vom sittl. od. moral. Verhalten des Menschen [<grch. *ethikos* »sittlich«]

E|thi|ker ⟨m.; -s, -⟩ Vertreter der Ethik

E|thi|ke|rin ⟨f.; -, -rin|nen⟩ Vertreterin der Ethik

E|thik|kom|mis|si|on ⟨f.; -, -en⟩ Kommission, die den Einsatz von Medikamenten od. medizinische (insbes. gentechnische) Verfahren im Hinblick auf ihre ethische Vertretbarkeit beurteilt; *die ~ der Bundesärztekammer*

E|thin ⟨n.; -s; unz.; Chemie⟩ = Äthin

ethisch

e|thisch ⟨Adj.⟩ **1** die Ethik betreffend, in ihr Gebiet gehörig, sittlich, moralisch **2** sittl. gut [⟨grch. *ethikos* »sittlich«⟩]

Eth|nie ⟨f.; -, -n⟩ Volksstamm, der in kultureller, sozialer, historischer u. genetischer Hinsicht eine Einheit bildet; *einer anderen ~ angehören* [→ *ethno..., Ethno...*]

eth|nisch ⟨Adj.⟩ **1** die Ethnologie betreffend, in ihr Gebiet gehörig, auf ihr beruhend **2** volkseigentümlich; *~e Minderheiten* [zu grch. *ethnos* »Volk«]

ethno..., Ethno... ⟨in Zus.⟩ volks..., Volks..., völker..., Völker... [⟨grch. *ethnos*⟩]

Eth|no|ge|ne|se ⟨f.; -, -n⟩ Vorgang der Herausbildung eines Volkes od. einer anderen sprachlich u. kulturell homogenen Gruppe [⟨*Ethno...* + *Genese*⟩]

Eth|no|graf ⟨m.; -en, -en⟩ = Ethnograph

Eth|no|gra|fie ⟨f.; -; unz.⟩ = Ethnographie

Eth|no|gra|fin ⟨f.; -, -fin|nen⟩ = Ethnographin

eth|no|gra|fisch ⟨Adj.⟩ = ethnographisch

Eth|no|graph ⟨m.; -en, -en⟩ Wissenschaftler der Ethnographie; *oV* Ethnograf

Eth|no|gra|phie ⟨f.; -; unz.⟩ beschreibende Völkerkunde; *oV* Ethnografie [⟨*Ethno...* + *...graphie*⟩]

Eth|no|gra|phin ⟨f.; -, -phin|nen⟩ Wissenschaftlerin der Ethnographie; *oV* Ethnografin

eth|no|gra|phisch ⟨Adj.⟩ zur Ethnographie gehörend, auf ihr beruhend; *oV* ethnografisch

Eth|no|lin|gu|is|tik ⟨f.; -; unz.; Sprachw.⟩ sprachwissenschaftlicher Fachbereich, in dem die Sprache u. die Sprachträger gemeinsam unter kulturhistorischen Aspekten betrachtet

Eth|no|lo|ge ⟨m.; -n, -n⟩ Wissenschaftler, Student der Ethnologie, Völkerkundler

Eth|no|lo|gie ⟨f.; -, -n⟩ vergleichende Völkerkunde

Eth|no|lo|gin ⟨f.; -, -gin|nen⟩ Wissenschaftlerin, Studentin der Ethnologie, Völkerkundlerin

eth|no|lo|gisch ⟨Adj.⟩ die Ethnologie betreffend, auf ihr beruhend, völkerkundlich

Eth|no|pop ⟨m.; -s; unz.; Musik⟩ Form der Popmusik, die auf volksmusikalische Elemente, Melodien und Motive (vor allem afrikanischer u. südamerikanischer Völker) zurückgreift [⟨grch. *ethnos* »Volk« + *Pop...*⟩]

Eth|no|zen|tris|mus *auch:* **Eth|no|zent|ris|mus** ⟨m.; -; unz.⟩ Form des Nationalbewusstseins, die die Überlegenheit des eigenen Volkes vor allen anderen Völkern in den Mittelpunkt stellt [⟨*Ethno...* + *Zentrismus*⟩]

Eth|no|zid ⟨m.; -(e)s, -e⟩ Ausrottung archaischer Gesellschaften infolge eines gewaltsamen Assimilierungsprozesses, der zur Auflösung der traditionellen Wertvorstellungen u. Lebensgrundlagen der technisch unterlegenen Gesellschaft führt [⟨*Ethno...* + *...zid*⟩]

Etho|lo|ge ⟨m.; -n, -n⟩ Wissenschaftler auf dem Gebiet der Ethologie, Verhaltensforscher

Etho|lo|gie ⟨f.; -; unz.⟩ **1** Lehre von den Sitten u. Gebräuchen eines Volkes, Charakterforschung **2** Lehre von der Lebensweise der Tiere [⟨*Ethos* + *...logie*⟩]

Etho|lo|gin ⟨f.; -, -gin|nen⟩ Wissenschaftlerin im Fachbereich der Ethologie, Verhaltensforscherin

etho|lo|gisch ⟨Adj.⟩ die Ethologie betreffend, zu ihr gehörend

Ethos ⟨n.; -; unz.⟩ auf den Normen der Ethik beruhendes Verhalten der Menschen [grch., »Gewohnheit, Sitte«]

Ethyl ⟨n.; -s; unz.; Chemie⟩ = Äthyl

Ethy|len ⟨n.; -s; unz.; Chemie⟩ = Äthylen

Eti|enne ⟨[etjɛn] f.; -; unz.⟩ eine Antiquaschrift [nach der frz. Buchdruckerfamilie *Estienne*, die 1502-1610 in Paris u. Genf bedeutende Druckereien besaß]

Eti|kett ⟨n.; -(e)s, -e od. -s⟩ Warenkennzeichen, Aufschrift, Preiszettel, -schild; *oV* Etikette (2) [⟨frz. *étiquette* »Stift zum Anheften eines Zettels; Bezeichnungszettel; Zettel mit der Hofrangordnung; Inbegriff der (bei Hof geübten) Förm-

lichkeiten« ⟨nddt. *stikke* »Stiftchen«⟩]

Eti|ket|te ⟨f.; -, -n⟩ **1** feine Sitte, gesellschaftl. Umgangsformen **2** = Etikett **3** ⟨unz.; Golf⟩ in neun Punkten festgelegte Verhaltensmaßregeln auf dem Golfplatz, die u. a. Rücksichtnahme auf andere Spieler u. die Beseitigung von Beschädigungen der Rasenfläche vorschreiben [→ *Etikett*]

e|ti|ket|tie|ren ⟨V.⟩ mit einem Etikett versehen, bekleben

Eti|ket|tie|rung ⟨f.; -, -en⟩ **1** das Etikettieren **2** das Etikett

Etio|le|ment ⟨[etiɔl(ə)mã:] n.; -s; unz.; Biol.⟩ krankhaftes Wachstum von Pflanzen bei Lichtmangel, Bleichwerden der Blätter im Dunkeln [⟨frz. *étiolement* »das Verkümmern, Dahinsiechen«]

e|tio|lie|ren ⟨V.⟩ bleichen (als Veredelung) [⟨frz. *étioler* »verkümmern, vergeilen«]

e|tisch ⟨Adj.; Sprachw.⟩ formal unterschieden, aber nicht bedeutungsdifferenzierend, nicht disktinktiv (von sprachl. Zeichen); Ggs emisch; *Allophone sind ~e Einheiten* [verkürzt ⟨(phon)*etisch*⟩]

Etü|de ⟨f.; -, -n; Musik⟩ Musikstück zum Üben der Fingerfertigkeit [⟨frz. *étude* »Studium, Entwurf«]

Etui (*Worttrennung am Zeilenende*) Einzelvokale können künftig auch am Wortanfang abgetrennt werden. Dies gilt jedoch nicht für Einzelvokale am Wortende, da das notwendige Trennzeichen den gleichen Raum einnähme wie der zu trennende Vokal.

Etui ⟨[etvi:] od. [etyi:] n.; -s, -s⟩ Futteral, Behälter; *Brillen~, Füllhalter~, Zigaretten~* [⟨frz. *étui* »Futteral, Gehäuse, Behälter«]

Etui|kleid ⟨[etvi:-] od. [etyi:-] n.; -(e)s, -er⟩ enges, schlicht geschnittenes, kurzes Kleid

ety|misch ⟨Adj.; Sprachw.⟩ das Stammwort bzw. die ursprüngliche Bedeutung betreffend

Ety|mo|lo|ge ⟨m.; -n, -n; Sprachw.⟩ Kenner u. Forscher

euphorisieren

auf dem Gebiet der Etymologie

E|ty|mo|lo|gie ⟨f.; -, -n⟩ **1** ⟨unz.⟩ Lehre von der Herkunft der Wörter, Wortforschung **2** ⟨zählb.⟩ Herkunft, Geschichte u. Bedeutung eines Wortes [<grch. *etymos* »wahrhaft« + *...logie*]

E|ty|mo|lo|gin ⟨f.; -, -gin|nen; Sprachw.⟩ Kennerin u. Forscherin auf dem Gebiet der Etymologie

e|ty|mo|lo|gisch ⟨Adj.; Sprachw.⟩ mittels der Etymologie, sie betreffend, auf ihr beruhend

e|ty|mo|lo|gi|sie|ren ⟨V.; Sprachw.⟩ *ein Wort* ~ seine Etymologie untersuchen

E|ty|mon ⟨n.; -s, -ma; Sprachw.⟩ Stamm-, Wurzelwort [<grch. *etymos* »wahrhaft«]

Et-Zei|chen ⟨[ɛt-] n.; -s, -⟩ Und-Zeichen (&)

Eu ⟨chem. Zeichen für⟩ Europium

EU ⟨f.; -; unz.; Abk. für⟩ Europäische Union; →*a.* europäisch

eu..., Eu... ⟨Vorsilbe⟩ gut, wohl, schön [grch.]

Eu|bi|o|tik ⟨f.; -; unz.⟩ Lehre von der gesunden Lebensweise [<*Eu...* + grch. *bios* »Leben«]

eu|bi|o|tisch ⟨Adj.⟩ in der Art der Eubiotik, einer gesunden Lebensweise entsprechend

Eu|bu|lie ⟨f.; -; unz.; geh.⟩ Wohlberatenheit, Klugheit, Einsicht [grch.]

Eu|cha|ris|tie ⟨[-ça-] f.; -, -n⟩ **1** Dankgebet vor dem Abendmahl **2** ⟨kath. Kirche⟩ Gegenwart von Jesus Christus in den Gestalten von Brot u. Wein bei der Kommunion **3** ⟨evang. Kirche⟩ Abendmahl [<*Eu...* + grch. *charis* »Huld, Dank«]

eu|cha|ris|tisch ⟨[-ça-] Adj.⟩ das Abendmahl, die Eucharistie betreffend; *Eucharistischer Kongress* Treffen von Katholiken aus aller Welt zur Verehrung des Altarsakraments [→ *Eucharistie*]

Eu|dä|mo|nie ⟨f.; -; unz.⟩ Glückseligkeit [<grch. *eudaimon* »glückselig«, eigtl. »einen guten Dämon habend«]

Eu|dä|mo|nis|mus ⟨m.; -; unz.⟩ philosophische Auffassung, dass die Glückseligkeit Ziel allen Handelns u. nur durch sittl. Verhalten zu erreichen sei

Eu|dä|mo|nist ⟨m.; -en, -en⟩ Vertreter, Anhänger des Eudämonismus

eu|dä|mo|nis|tisch ⟨Adj.⟩ auf dem Eudämonismus beruhend

Eu|do|xie ⟨f.; -, -n⟩ sicheres Urteil, guter Ruf [<*Eu...* + *doxa* »Meinung, Ruf«]

Eu|fo|nie ⟨f.; -, -n; Musik⟩ = Euphonie

eu|fo|nisch ⟨Adj.; Musik⟩ = euphonisch

Eu|fo|ni|um ⟨n.; -s, -ni|en; Musik⟩ = Euphonium

Eu|ge|ne|tik ⟨f.; -; unz.⟩ = Eugenik

eu|ge|ne|tisch ⟨Adj.⟩ = eugenisch

Eu|ge|nik ⟨f.; -; unz.⟩ prakt. Anwendung der Erkenntnisse der Humangenetik, z. B. bei der Erhaltung erwünschter Erbanlagen; *Sy* Eugenetik [<grch. *eugenes* »wohlgeboren« <*eu* »gut« + *gennan* »erzeugen«]

eu|ge|nisch ⟨Adj.⟩ die Eugenik betreffend, auf ihr beruhend; *Sy* eugenetisch

Eu|gna|thie *auch:* **Eu|gna|thie** ⟨f.; -; unz.; Med.⟩ die der Norm entsprechende Entwicklung u. Leistungsfähigkeit des Gebisses u. der Zähne [<*Eu...* + grch. *gnathos* »Kinnbacken«]

Eu|ka|lyp|tus ⟨m.; -, -lyp|ten od. -; Bot.⟩ Gattung der Myrtengewächse, bis 150 m hoher Baum, der seine Blätter zur Vermeidung von Wasserverlust parallel zur Sonneneinstrahlung stellen kann: Eucalyptus [<*Eu...* + grch. *kalyptos* »bedeckt« (wegen der Kelchform)]

Eu|ka|ry|on|ten ⟨Pl.⟩ Organismen, deren Zellen einen echten Zellkern besitzen; *Ggs* Prokaryonten [<*Eu...* + *karyon* »Kern«]

Eu|ki|ne|tik ⟨f.; -; unz.⟩ Lehre von der schönen u. harmonischen Bewegung [<*Eu...* + *Kinetik*]

eu|kli|disch *auch:* **eu|kli|disch** ⟨Adj.⟩ ~*e Geometrie* die auf den von Euklid aufgestellten Axiomen beruhende Geometrie [nach dem altgrch. Mathematiker *Euklid*, 300 v. Chr.]

Eu|ko|lie ⟨f.; -; unz.; veraltet⟩ heitere Zufriedenheit, heiterer Sinn [zu grch. *eukolos* »heiter, vergnügt«]

Eu|me|ni|de ⟨f.; -, -n; beschönigender Name für⟩ Erinnye [<grch. *Eumenides* »die Wohlgesinnten, Wohlwollenden«]

Eu|nuch ⟨m.; -en, -en⟩ Kastrat als Haremswächter [<grch. *eunuchos* »Bettüter«]

Eu|pe|la|gi|al ⟨n.; -s; unz.⟩ Meeresregion im Tiefseebereich (ab mehr als 2400 Meter) [<*Eu...* + *Pelagial*]

eu|pe|la|gisch ⟨Adj.⟩ den Tiefseebereich von mehr als 2400 m Tiefe betreffend; ~*e Lebensweise* L. der Organismen, die sich stets im Tiefseebereich aufhalten

Eu|phe|mis|mus ⟨m.; -, -mis|men⟩ beschönigende Bezeichnung, sprachl. Verhüllung [<*Eu...* + grch. *pheme* »Rede«]

eu|phe|mis|tisch ⟨Adj.⟩ beschönigend, verhüllend, umschreibend; ~*er Ausdruck*

Eu|pho|nie ⟨f.; -, -n; Musik⟩ Wohlklang, Wohllaut; *oV* Eufonie; *Ggs* Kakophonie [<*Eu...* + grch. *phone* »Stimme«]

eu|pho|nisch ⟨Adj.; Musik⟩ *oV* eufonisch; *Ggs* kakophonisch **1** wohllautend, wohlklingend **2** des Wohlklangs wegen (eingeschoben), z. B. das »t« in »allenthalben« [→ *Euphonie*]

Eu|pho|ni|um ⟨n.; -s, -ni|en; Musik⟩ Kornett in Baritonlage; *oV* Eufonium [→ *Euphonie*]

Eu|phor|bia ⟨f.; -, -bi|en⟩ Wolfsmilch; *oV* Euphorbie [<*Eu...* + grch. *phorbe* »Weide, Futter«]

Eu|phor|bie ⟨f.; -, -n⟩ = Euphorbia

Eu|phor|bi|um ⟨n.; -s; unz.; Vet.⟩ aus einer Wolfsmilchart (Euphorbia resinifera) gewonnenes Gummiharz, in der Veterinärmedizin als Hautreizmittel verwendet

Eu|pho|rie ⟨f.; -; unz.⟩ Gefühl gesteigerten Wohlbefindens, z. B. nach dem Genuss von Rauschmitteln od. (bei Kranken) unmittelbar vor dem Tode [<grch. *euphoria* »das leichte Ertragen, das Wohlbefinden«]

Eu|pho|ri|kum ⟨n.; -s, -ka⟩ Anregungs-, Rauschmittel

eu|pho|risch ⟨Adj.⟩ auf Euphorie beruhend

eu|pho|ri|sie|ren ⟨V.⟩ in Euphorie versetzen

273

Euphuismus

Eu|phu|is|mus ⟨m.; -; unz.; Lit.⟩ überladener Stil der engl. Barockdichtung [nach *Euphues*, dem Namen des Helden zweier Werke von John Lyly, 1554-1606; zu grch. *euphyes* »schön gewachsen«]

eu|plo|id *auch:* **eu|plo|id** ⟨Adj.; Genetik⟩ ausschließlich vollständige Chromosomensätze in den Zellen aufweisend; Ggs aneuploid [<grch. *eu* »reichlich« + d*iploid*]

Eu|plo|i|die *auch:* **Eu|plo|i|die** ⟨f.; -; unz.; Genetik⟩ das Auftreten ausschließlich vollständiger Chromosomensätze; Ggs Aneuploidie [→ *euploid*]

Eu|pnoe ⟨[-pno:e:] f.; -; unz.; Med.⟩ das normale, mühelose Atmen [<*Eu...* + *pnoe* »Atem«]

EUR ⟨Zeichen für⟩ Euro

Eu|ra|si|en ⟨n.; -s; unz.⟩ Europa und Asien (als größte verbundene Landfläche der Erde)

Eu|ra|si|er ⟨m.; -s, -⟩ **1** Bewohner Eurasiens **2** Mischling aus einem europäischen u. einem indischen Elternteil

eu|ra|sisch ⟨Adj.⟩ Europa u. Asien, die Eurasier betreffend, zu ihnen gehörig, von ihnen stammend

EURATOM, Eu|ra|tom ⟨f.; -; unz.; Abk. für⟩ Europäische Atomgemeinschaft, Organisation der EU zur friedlichen Nutzung der Kernenergie

Eu|re|ca ⟨Abk. für engl.⟩ European Research Coordination Agency (Europäische Forschungsgemeinschaft)

Eu|rhyth|mie ⟨f.; -; unz.; *oV* Eurythmie **1** Ebenmaß, schöne Ausgeglichenheit von Bewegung u. Ausdruck; *oV* Eurhythmik, Eurythmik **2** ⟨Med.⟩ Regelmäßigkeit von Herz- u. Pulsschlag **3** ⟨Tanz⟩ Harmonie zwischen den Bewegungen der Gliedmaßen u. denen des ganzen Körpers **4** ⟨Anthroposophie⟩ die von R. Steiner gegründete Ausdruckskunst auf Grund der Vereinigung von Bewegung mit Sprache od. Gesang, wobei den Bewegungen bestimmte Bedeutungen zugeordnet werden

Eu|rhyth|mik ⟨f.; -; unz.⟩ Eurhythmie (1); *oV* Eurythmik

Eu|ro ⟨m.; - od. -s, -s od. (bei Zahlenangaben) -⟩ europäische Währungseinheit

eu|ro..., Eu|ro... ⟨vor Vokalen⟩ eur..., Eur... ⟨in Zus.⟩ Europa betreffend, zu ihm gehörig; *eurozentrisch; Eurowährung; Eurovision* [der Kontinent *Europa* ist benannt nach der gleichnamigen phönikischen Königstochter, die von Zeus nach Kreta entführt wurde]

Eu|ro|card® ⟨f.; -, -s⟩ Kreditkarte (für bargeldlosen Zahlungsverkehr)

Eu|ro|cent ⟨m.; - od. -s, -s od. (bei Zahlenangaben) -⟩ europäische Währungseinheit, 100 ~ = 1 Euro

Eu|ro|ci|ty ⟨[-sɪtɪ] m.; -, -s; Abk.: EC⟩ Schnellzug des europäischen Eisenbahnnetzes [<*Euro*pa + engl. *city* »Stadt«]

Eu|ro|con|trol *auch:* **Eu|ro|con|trol** ⟨f.; -; unz.; Flugw.⟩ Organisation zur Sicherung des Flugverkehrs in Europa [<*Euro*pa + engl. *control* »überwachen«]

Eu|ro|figh|ter ⟨[-fai-] m.; -; Mil.⟩ ein europäisches Kampfflugzeug [<*Euro...* + engl. *fighter* »Kämpfer«]

Eu|ro|kom|mu|nis|mus ⟨m.; -; unz.⟩ westeuropäische Richtung des Kommunismus, die den sowjet. Führungsanspruch nicht akzeptierte

Eu|ro|kom|mu|nist ⟨m.; -en, -en⟩ Anhänger, Vertreter des Eurokommunismus

Eu|ro|kom|mu|nis|tin ⟨f.; -, -tinnen⟩ Anhängerin, Vertreterin des Eurokommunismus

Eu|ro|land ⟨n.; -(e)s; unz.; umg.⟩ Gesamtheit der europäischen Ländern, in denen die europäischen Währungseinheiten gelten

Eu|ro|norm ⟨f.; -, -en⟩ in der EU gültige Norm für Maße, Erzeugnisse u. a.

Eu|ro|pa|cup ⟨[-kʌp] m.; -s, -s; Sport⟩ zwischen den besten od. den nach einem festgelegten Modus qualifizierten Mannschaften ausgetragener Vereinswettbewerb auf europ. Ebene, z. B. der UEFA-Pokal [<*Europa* + engl. *cup* »Pokal«]

Eu|ro|pä|er ⟨m.; -s, -⟩ Bewohner des europäischen Kontinents

Eu|ro|pä|e|rin ⟨f.; -, -rin|nen⟩ Bewohnerin des europäischen Kontinents

eu|ro|pä|id ⟨Adj.⟩ europäisch anmutend, in der Art der Europäer

eu|ro|pä|isch ⟨Adj.⟩ Europa betreffend, zu ihm gehörig, von ihm stammend; *Europäische Gemeinschaft* ⟨Abk.: EU⟩ seit 1.11.1993 Nachfolgeorganisation der Europäischen Gemeinschaft (am 7.2.1992 im Vertrag von Maastricht gegründet); *Europäische Kommission; Europäisches Parlament* Parlament der EU; *Europäisches Währungsunion* ⟨Abk.: EWU⟩; *Europäische Wirtschaftsgemeinschafts- u. Währungseinheit* ⟨Abk.: EWWU⟩; *Europäische Wirtschaftsgemeinschaft* ⟨Abk.: EWG⟩; *Europäische Zentralbank* ⟨Abk.: EZB⟩; →*a*. ECU, Euro

eu|ro|pä|i|sie|ren ⟨V.⟩ **1** der europäischen Lebensart angleichen **2** nach europäischem Vorbild umgestalten

Eu|ro|pa|par|la|ment ⟨n.; -(e)s; unz.; kurz für⟩ Europäisches Parlament

eu|ro|pid ⟨Adj.⟩ zum Kreis der europiden (und der ihnen verwandten) Rassen gehörend [<*Europa* + ...*id*]

Eu|ro|pi|de(r) ⟨f. 2 (m. 1)⟩ Angehörige(r) des Kreises der europiden Rassen

Eu|ro|pi|um ⟨n.; -s; unz.; chem. Zeichen: Eu⟩ chem. Element aus der Reihe der Metalle der Seltenen Erden, Ordnungszahl 63

eu|ro|po|id ⟨Adj.⟩ dem europiden Rassenkreis nahe stehend

Eu|ro|pol ⟨f.; -; unz.⟩ europäisches Kriminalamt [verkürzt <*Euro*päisches *Pol*izeiamt]

eu|ro|skep|tisch ⟨Adj.; umg.⟩ der Europäischen Union gegenüber kritisch eingestellt; *Großbritannien gilt weithin als besonders ~*

Eu|ro|vi|si|on ⟨[-vi-] f.; -; unz.⟩ Zusammenschluss von mehreren westeuropäischen Rundfunk- u. Fernsehanstalten zur gleichzeitigen Ausstrahlung von Sendungen; →*a*. Intervision [<*Europa* + *Television*]

eu|ry|ök ⟨Adj.⟩ die Euryökie betreffend, auf ihr beruhend; Ggs stenök [<grch. *eurys* »breit, weit«+ *oik, oikos* »Haus«]

Eu|ry|ö|kie ⟨f.; -; unz.⟩ Eigenschaft eines Lebewesens, das hinsichtlich bestimmter Lebensbedingungen seiner Umwelt in weiten Grenzen angepasst ist; Ggs Stenökie

eu|ry|therm ⟨Adj.⟩ unabhängig von Temperaturschwankungen lebensfähig; Ggs stenotherm [<grch. *eurys* »breit, weit« + ...*therm*]

Eu|ryth|mie ⟨f.; -; unz.⟩ = Eurhythmie

Eu|ryth|mik ⟨f.; -; unz.⟩ = Eurhythmik

eu|ry|top ⟨Adj.⟩ weit, mannigfach verbreitet; Ggs stenotop [<grch. *eurys* »breit, weit« + ...*top*]

Eu|se|bie ⟨f.; -; unz.⟩ Gottergebenheit, Gottesfurcht, Frömmigkeit; Ggs Asebie [lat. <grch. *eusebes* »gottesfürchtig«]

eus|ta|chisch ⟨[-çıʃ] Adj.; Anat.⟩ ~*e Röhre* Verbindungsgang zwischen Mittelohr u. Rachenraum, Ohrtrompete [nach dem italienischen Arzt B. *Eustachio*, 1524-1574]

Eu|sta|sie auch: **Eus|ta|sie** ⟨f.; -, -n; Geol.⟩ ein geolog. Vorgang, der Schwankungen des Meeresspiegels bewirkt [<*Eu...* + grch. *stasis* »Stellung, Stand«]

eu|sta|tisch auch: **eus|ta|tisch** ⟨Adj.; Geol.; in der Wendung⟩ ~*e Bewegung* = Eustasie

Eu|tek|ti|kum ⟨n.; -s, -ka⟩ sehr feines Gemenge von zwei oder mehreren ineinander im festen Zustande nicht löslichen Kristallarten, bei dem das Gemisch den tiefstmöglichen Schmelzpunkt hat [<grch. *eutektos* »leicht schmelzend«]

eu|tek|tisch ⟨Adj.⟩ das Eutektium betreffend, ihm entsprechend

Eu|tek|to|id ⟨n.; -s, -e⟩ aus einem Eutektikum ausgeschiedenes Gemisch aus zwei oder mehr Substanzen [<grch. *eutektos* »leicht schmelzend« + ...*id*]

Eu|tha|na|sie ⟨f.; -; unz.⟩ Erleichterung des Todeskampfes durch Medikamente (strafbar, wenn damit eine Verkürzung des Lebens verbunden ist)

[<*Eu...* + grch. *thanatos* »Tod«]

Eu|to|kie ⟨f.; -, -n; Med.⟩ leichte Entbindung; Ggs Dystokie [<*Eu...* + grch. *tokos* »Geburt«]

Eu|to|nie ⟨f.; -; unz.; Med.⟩ normaler Spannungszustand der Muskeln u. Gefäße; Ggs Dystonie [<*Eu...* + ...*tonie*]

Eu|to|pie ⟨f.; -; unz.; Med.⟩ normale Lage von Organen; Ggs Dystopie [<*eu...* + grch. *topos* »Platz«]

eu|troph ⟨Adj.⟩ Ggs oligotroph **1** ⟨Ökol.⟩ nährstoffreich (von Binnengewässern); ~*e Seen, Gewässer* **2** ⟨Bot.⟩ nährstoffreich u. hochproduktiv (von Böden) [<*eu...* + grch. *trophe* »Ernährung«]

Eu|tro|phie ⟨f.; -; unz.; Ökol.⟩ Reichtum an Nährstoffen

eu|tro|phie|ren ⟨V.; Ökol.⟩ *ein See eutrophiert* der Nährstoffgehalt eines Sees wird überhöht, der See wird überdüngt, z. B. durch verstärkte Abwassereinleitung

Eu|tro|phie|rung ⟨f.; -; unz.; Ökol.⟩ Nährstoffanreicherung in einem Gewässer u. damit verbundenes übermäßiges, schädliches Pflanzenwachstum

eu|xi|nisch ⟨Adj.⟩ ~*es Meer* sauerstoffarmes, schwefelwasserstoffreiches Meer; ~*e Sedimente* S., die unter solchen Bedingungen entstehen [<lat. *Pontus Euxinus* »Schwarzes Meer«, in dem diese Erscheinung heute auftritt]

eV ⟨Zeichen für⟩ Elektronenvolt

ev. ⟨Abk. für⟩ evangelisch

E|va|ku|a|ti|on ⟨[-va-] f.; -, -en⟩ **1** das Evakuieren, Entleerung **2** Luftleermachen eines Raumes [<frz. *evacuation* »Entleerung, Räumung«; zu lat. *vacuus* »leer«]

e|va|ku|ie|ren ⟨[-va-] V.⟩ **1** leer, luftleer machen, leer pumpen (Raum) **2** *ein Gebiet* ~ *von Bewohnern räumen; Bewohner* ~ *aussiedeln* [<frz. *évacuer* »entleeren, abtransportieren, räumen« <lat. *vacuus* »leer«]

E|va|ku|ie|rung ⟨[-va-] f.; -, -en⟩ das Evakuieren

E|va|lu|a|ti|on ⟨[-va-] f.; -, -en⟩ = Evaluierung

e|va|lu|a|tiv ⟨[-va-] Adj.⟩ abschätzend, wertend

e|va|lu|ie|ren ⟨[-va-] V.⟩ *ein Programm, eine Maßnahme* ~ ihren Wert, Nutzen bestimmen [<engl. *evaluate* <frz. *évaluer* »abschätzen, veranschlagen«]

E|va|lu|ie|rung ⟨[-va-] f.; -, -en⟩ **1** ⟨zählb.⟩ Ergebnis des Evaluierens **2** ⟨unz.⟩ das Evaluieren

E|val|va|ti|on ⟨[-valva-] f.; -, -en⟩ die Nutzbestimmung, Werteinschätzung [→ *evaluieren*]

e|val|vie|ren ⟨[-valvi:-] V.⟩ bewerten, abschätzen

E|van|gel|li|ar ⟨[-vaŋ-] n.; -s, -e od. -ri|en⟩ = Evangelienbuch

E|van|ge|li|a|ri|um ⟨[-vaŋ-] n.; -s, -ri|en⟩ = Evangelienbuch

E|van|ge|li|en|buch ⟨[-vaŋ-] n.; -(e)s, -bü|cher⟩ Buch mit dem vollständigen Text der vier Evangelien, häufig mit Miniaturen u. kostbarem Einband; Sy Evangeliar, Evangeliarium [→ *Evangelium*]

E|van|ge|li|en|har|mo|nie ⟨[-vaŋ-] f.; -, -n⟩ zusammenfassende Darstellung des Lebens Jesu aus allen vier Evangelien

e|van|ge|li|kal ⟨[-vaŋ-] Adj.⟩ Anhänger der Evangelikalen, in der Art der Evangelikalen, sie betreffend

E|van|ge|li|ka|le(r) ⟨[-vaŋ-] f. 2 (m. 1)⟩ Bezeichnung für ein Mitglied von Erweckungsbewegungen, die fundamentalistisch an der Autorität der Evangelien od. des gesamten Neuen Testaments glauben, wie die engl. »Low Church« od. die deutsche Freikirche

E|van|ge|li|sa|ti|on ⟨[-vaŋ-] f.; -, -en⟩ das Evangelisieren

e|van|ge|lisch ⟨[-vaŋ-] Adj.⟩ **1** das Evangelium betreffend, auf ihm beruhend **2** die durch die Reformation entstandenen Kirchen betreffend, auf ihnen beruhend; →a. protestantisch; ~-*lutherisch* ⟨Abk.: ev.-ref.⟩ die Reformationskirche Zwinglis u. Calvins betreffend, zu ihr gehörend, auf ihr beruhend [<lat. *evangelicus* (11. Jh.) »zum Neuen Testament gehörig« <grch. *euaggelion* »gute Botschaft«]

E|van|ge|li|sie|rung ⟨[-vaŋ-] f.; -, -en⟩ das Evangelisieren

e|van|ge|li|sie|ren ⟨[-vaŋ-] V.⟩ *jmdn.* ~ jmdm. das Evangeli-

Evangelist

um nahe bringen, jmdn. zum Evangelium bekehren

Evan|ge|list ⟨[-vaŋ-] m.; -en, -en⟩ **1** Verfasser eines der vier Evangelien **2** Wanderprediger [<lat. *evangelista* <grch. *euaggelistes*]

Evan|ge|lis|tar ⟨[-vaŋ-] n.; -s, -e⟩ Buch mit Abschnitten aus den vier Evangelien für Lesungen im Gottesdienst, oft mit Miniaturen u. kostbarem Einband; *Sy* Perikopenbuch

Evan|ge|li|um ⟨[-vaŋ-] n.; -s, -li|en⟩ **1** die Botschaft Jesu **2** die vier Schriften des NT über das Leben Jesu von Matthäus, Markus, Lukas u. Johannes **2.1** jede der vier Schriften **3** ⟨fig.⟩ Wort, Schriftwerk o. Ä., das einem heilig ist, an das man bedingungslos glaubt [<grch. *euaggelion* »gute Botschaft«]

Eva|po|ra|tion ⟨[-va-] f.; -, -en⟩ das Evaporieren, Verdampfung, Ausdünstung

Eva|po|ra|tor ⟨[-va-] m.; -s, -to|ren⟩ Gerät zum Evaporieren, Verdampfer

eva|po|rie|ren ⟨[-va-] V.⟩ verdampfen, Wasser entziehen; *evaporierte Milch* eingedampfte Milch, Milch, der man Wasser entzogen hat [<lat. *evaporare* »verdampfen, verdunsten«; zu *vapor* »Dampf, Dunst«]

Eva|po|ri|me|ter ⟨[-va-] n.; -s, -⟩ Messgerät für Flüssigkeitsverdunstung; *oV* Evaporometer [<*Evaporation* + *...meter*]

Eva|po|rit ⟨[-va-] n.; -s; unz.⟩ durch chem. Ausscheidung entstandenes Salzgestein

Eva|po|ro|me|ter ⟨[-va-] n.; -s, -⟩ = Evaporimeter

Eva|sion ⟨[-va-] f.; -, -en⟩ **1** das Entweichen, Flucht; →*a.* Invasion **2** Ausflucht [<frz. *évasion* »Flucht, Entweichen« <lat. *ex* »aus, hinaus« + *vadere* »gehen«]

eva|siv ⟨[-va-] Adj.⟩ **1** auf Evasion beruhend, ausweichend **2** Ausflüchte suchend; *oV* evasorisch [<frz. *évasif* »ausweichend«; → *Evasion*]

eva|so|risch ⟨[-va-] Adj.⟩ = evasiv

Event ⟨[ɪvɛnt] m. od. n.; -, -s⟩ (bes.) Ereignis, Veranstaltung, Wettkampf; →*a.* Hypeevent [engl.]

even|tu|al ⟨[-vɛn-] Adj.; selten⟩ = eventuell [<mlat. *eventualis* »zufällig, möglich« <lat. *eventus* »Ereignis, Begebenheit«]

Even|tu|a|li|tät ⟨[-vɛn-] f.; -, -en⟩ Möglichkeit, möglicher, unvorhergesehener Fall; *sich gegen alle ~en schützen*

even|tu|a|li|ter ⟨[-vɛn-] Adv.⟩ möglicherweise [lat.]

even|tu|ell ⟨[-vɛn-] Adj.; Abk.: evtl.⟩ möglicherweise (eintretend), gegebenenfalls, vielleicht, unter Umständen [<frz. *éventuel* »etwaig, möglich« <lat. *eventus* »Ereignis«]

Ever|green ⟨[ɛvərgriːn] m. od. n.; -s, -s⟩ Schlager, der Jahre hindurch immer wieder gespielt wird [engl., »immergrün«]

Ever|te|brat *auch:* **Ever|te|brat** ⟨[-vɛr-] m.; -en, -en; Zool.⟩ wirbelloses Tier; *Sy* Invertebrat; *Ggs* Vertebrat [<*Ex...* + lat. *vertebra* »Wirbel (der Wirbelsäule)«]

Every|body's Dar|ling ⟨[ɛvrɪbɔdiz daːlɪŋ] ohne Artikel; meist abwertend⟩ jmd., der darum bemüht ist, allseits beliebt zu sein; *der neue Kollege stand schnell im Ruf, ~ zu sein* [<engl. *everybody* »jedermann« + *Darling*]

evi|dent ⟨[-vi-] Adj.⟩ **1** augenscheinlich, offenkundig, offenbar **2** einleuchtend [<lat. *evidens* »augenscheinlich, offenbar«]

Evi|denz ⟨[-vi-] f.; -; unz.⟩ **1** Augenschein, Offenkundigkeit, völlige Klarheit **2** ⟨österr.⟩ handliche Übersicht; *er wird in ~ geführt* er steht auf der Liste [<lat. *evidentia* »Augenscheinlichkeit, Offensichtlichkeit«]

Evik|tion ⟨[-vik-] f.; -, -en⟩ Besitzentziehung (auf jurist. Wege) [<lat. *evictio* »Sicherstellung«]

evin|zie|ren ⟨[-vin-] V.⟩ *jmdn. ~* jmdm. (auf jurist. Wege) Besitz entziehen [<lat. *evincere* »ganz überwinden, durchsetzen«]

ev.-luth. ⟨Abk. für⟩ evangelisch-lutherisch

Evo|ka|tion ⟨[-vo-] f.; -, -en⟩ **1** ⟨veraltet⟩ Vorladung (eines Beklagten) **2** Erweckung von Vorstellungen (bei der Kunstbetrachtung) [<lat. *evocatio*]

evo|ka|tiv ⟨[-vo-] Adj.⟩ bestimmte Vorstellungen hervorrufend, bewirkend; *Sy* evokatorisch [<lat. *evocare* »hervorrufen«]

evo|ka|to|risch ⟨[-vo-] Adj.⟩ = evokativ

Evo|lu|te ⟨[-vo-] f.; -, -n; Math.⟩ der geometr. Ort der Krümmungsmittelpunkte einer Kurve [<lat. *(linea) evoluta* »abgewickelte (Linie)«; zu *evolvere* »abwickeln«]

Evo|lu|tion ⟨[-vo-] f.; -, -en⟩ allmähl. Entwicklung, bes. die der Lebewesen von niederen zu höheren Formen [<lat. *evolutio* »Entwicklung, Entfaltung«]

evo|lu|ti|o|när ⟨[-vo-] Adj.⟩ in der Art der Evolution, auf ihr beruhend, die ⟨polit.⟩ Evolution befürwortend

Evo|lu|ti|o|nis|mus ⟨[-vo-] m.; -; unz.⟩ auf der Naturphilosophie des 18./19. Jh. beruhende Auffassung in den historisch orientierten Geistes- u. Sozialwissenschaften, wonach alles Geschehen als Evolution abläuft

Evo|lu|ti|o|nist ⟨[-vo-] m.; -en, -en⟩ Vertreter, Anhänger des Evolutionismus

evo|lu|ti|o|nis|tisch ⟨[-vo-] Adj.⟩ auf dem Evolutionismus beruhend, ihn betreffend

Evo|lu|ti|ons|the|o|rie ⟨[-vo-] f.; -, -n⟩ **1** ⟨Biol.⟩ Abstammungslehre **2** ⟨Astron.⟩ Theorie, nach der das Weltall in ständiger Expansion begriffen ist

evo|lu|tiv ⟨[-vo-] Adj.⟩ die Evolution betreffend, auf ihr beruhend

Evol|ven|te ⟨[evɔlvɛntə] f.; -, -n; Math.⟩ Kurve, die entsteht, wenn man einen gespannten Faden mit einem Ende im Berührungspunkt befestigt, auf eine Evolute aufwickelt u. mit dem 2. Endpunkt des Fadens eine Kurve zeichnet [<lat. *(linea) evolvens* »abwickelnde (Linie)«]

Evol|ven|ten|ver|zah|nung ⟨[-vɔl-vɛn-] f.; -, -en⟩ für rasch kämmende Zahnräder eingesetzte Art der Verzahnung, bei der die Zahnprofile als Evolventen ausgebildet sind

evol|vie|ren ⟨[-vɔlviː-] V.⟩ entwickeln, entfalten [<lat. *evolvere* »abwickeln«]

Evonymus ⟨[-voː-] m.; -; unz.; Bot.⟩ Pfaffenhütchen, Zierstrauch mit roten Früchten, die dem Barett der Priester ähneln: Evonymus europaea [zu grch. *euonymos* »von gutem Namen«]

evozieren ⟨[-vo-] V.⟩ **1** ⟨veraltet⟩ vorladen; *einen Beklagten* ~ **2** hervorrufen; *Vorstellungen* ~ [<lat. *evocare* »herausrufen, aufrufen, vorladen«]

ev.-ref. ⟨Abk. für⟩ evangelisch-reformiert

evtl. ⟨Abk. für⟩ eventuell

evviva ⟨[eviːva]⟩ er, sie lebe hoch! [ital.; zu lat. *vivere* »leben«]

EWG ⟨f.; -; unz.; Abk. für⟩ Europäische Wirtschaftsgemeinschaft (ersetzt durch die EU); →*a.* europäisch

Ew. M. ⟨Abk. für⟩ Eure Majestät

EWU ⟨Abk. für⟩ Europäische Währungsunion

EWWU ⟨Abk. für⟩ Europäische Wirtschafts- u. Währungsunion

ex 1 aus, heraus **2** ⟨umg.⟩ aus, vorbei, zu Ende, Schluss; *die Freundschaft zwischen den beiden ist längst* ~; *(auf)* ~ *trinken* das Glas (mit einem Zug) leer trinken [lat., »aus«]

Ex...[1] ⟨Vorsilbe⟩ ehemalig [lat.]

ex...[2], **Ex...**[2] ⟨vor Konsonanten⟩ e..., E... ⟨Vorsilbe⟩ aus, heraus, von ...her [lat.]

ex...[3], **Ex...**[3] ⟨Vorsilbe⟩ = ek..., Ek... [grch.]

ex abrupto *auch:* **ex abrupto** überraschend, plötzlich, unversehens [lat., »jählings«, eigtl. »aus der Versunkenheit«]

ex aequo in gleicher Weise, ebenso [lat.]

◆ Die Buchstabenfolge **exa...** kann auch **e|xa...** getrennt werden. Davon ausgenommen sind Zusammensetzungen, in denen die fremdsprachigen bzw. sprachhistorischen Bestandteile deutlich als solche erkennbar sind, z. B. *-artikulation*.

◆ **Exaggeration** ⟨f.; -, -en⟩ unangemessen übersteigerte Darlegung von Krankheitserscheinungen, teilweise auch Simulation [zu lat. *exaggerare* »vergrößern, steigern«]

◆ **exakt** ⟨Adj.⟩ **1** genau, sorgfältig, pünktlich; *Ggs* inexakt **2** streng wissenschaftlich; *die ~en Wissenschaften* Mathematik u. Naturwissenschaften [<lat. *exactus* »genau, pünktlich, vollkommen«]

◆ **Exaktheit** ⟨f.; -; unz.⟩ Sorgfältigkeit, Genauigkeit, Pünktlichkeit

◆ **Exaltation** ⟨f.; -, -en⟩ **1** hyster. Aufregung **2** übertriebene Begeisterung **3** krankhaft gehobene Stimmung, Überspanntheit [frz., »Begeisterung, Überschwänglichkeit«]

◆ **exaltieren** ⟨V.⟩ **1** *sich* ~ sich überschwänglich begeistern, sich verzückt gebärden **2** sich hysterisch erregen

◆ **exaltiert** ⟨Adj.⟩ **1** aufgeregt **2** überschwänglich begeistert, überspannt [<frz. *exalté* »begeistert, überspannt«]

◆ **Examen** ⟨n.; -s, - od. -mina⟩ **1** ⟨veraltet⟩ Verhör **2** Prüfung (bes. als Abschlussprüfung eines Hochschulstudiums) [lat., »Prüfung«; zu *exagere, exigere* »untersuchen, abwägen, prüfen«]

◆ **Examinand** ⟨m.; -en, -en⟩ Prüfling [<lat. *examinandus* »der zu Prüfende«]

◆ **Examinandin** ⟨f.; -, -din|nen⟩ weibl. Prüfling

◆ **Examinator** ⟨m.; -s, -toren⟩ Prüfer, Prüfender [lat.]

◆ **examinieren** ⟨V.⟩ **1** ⟨veraltet⟩ verhören **2** prüfen [<lat. *examinare* »prüfen, untersuchen«]

◆ **Exanthem** ⟨n.; -s, -e; Med.⟩ Hautausschlag [<grch. *exanthema* »das Aufgeblühte«; zu *anthos* »Blume, Blüte«]

◆ **exanthematisch** ⟨Adj.; Med.⟩ mit einem Hautausschlag behaftet

◆ **Exaration** ⟨f.; -, -en; Geol.⟩ die von Gletschern auf den Untergrund ausgeübte, absplitternde Wirkung [<lat. *exaratio* »das Ausackern«]

◆ **Exarch** ⟨m.; -en, -en⟩ **1** byzantin. Statthalter einer Provinz in Italien **2** ⟨Ostkirche⟩ Oberbischof, Obermetropolit [<grch. *exarchos* »Vorsteher«; zu *arche* »Herrschaft«]

◆ **Exarchat** ⟨[-çaːt] n.; -s, -e⟩ Gebiet eines Exarchen

◆ **Exaudi** der 6. Sonntag nach Ostern [lat., nach dem 27. Psalm, Vers 7: »(Herr,) höre (meine Stimme)« <*ex*... + lat. *audire* »hören«]

exc. ⟨Abk. für⟩ excudit

ex cathedra *auch:* **ex cathedra** von maßgebender Seite, (bes.) aus päpstl. Vollmacht; *etwas* ~ *erklären* [lat., »vom Lehrstuhl aus«]

Exceptio ⟨f.; -, -ones; Rechtsw.⟩ Bestreiten der in der Klage vorgebrachten Behauptung durch Anführen gegenteiliger beweiskräftiger Tatsachen, Einrede [lat., »Ausnahme«]

Exchange ⟨[ɪkstʃeɪndʒ] f.; -, -n [-dʒən]⟩ **1** Wechselstube **2** Geldwechsel [engl., »Austausch, Wechsel, Börse«]

excudit ⟨Abk.: exc.⟩ »er hat (es) gedruckt« (auf Kupferstichen od. in älteren Büchern hinter dem Namen des Druckers) [lat.]

◆ Die Buchstabenfolge **exe...** kann auch **e|xe...** getrennt werden.

◆ **Exeat** ⟨n.; -; unz.⟩ Erlaubnisschein des Bischofs für einen Geistlichen, in einem anderen Sprengel Amtshandlungen vorzunehmen [lat., »Er gehe hinaus!«; zu *exire* »hinausgehen«]

◆ **Exedra** *auch:* **Exedra** ⟨f.; -, -edren; antike Arch.⟩ halbrunde od. rechteckige Nische am Ende eines Säulengangs mit Bank [<grch. *exedra* »Außensitz«; zu *hedra* »Sitz«]

◆ **Exegese** ⟨f.; -, -n⟩ Feststellung, Erklärung des Inhalts, Auslegung; *Bibel~* [<grch. *exegesis* »Ausführung, Erklärung«]

◆ **Exeget** ⟨m.; -en, -en⟩ jmd., der eine Exegese vorlegt [<grch. *exegetes* »Erklärer«]

◆ **Exegetik** ⟨f.; -; unz.⟩ Wissenschaft der Exegese

◆ **exegetisch** ⟨Adj.⟩ die Exegese betreffend, mit ihrer Hilfe, erklärend, auslegend

◆ **exekutieren** ⟨V.⟩ **1** *ein Urteil* ~ vollziehen, vollstrecken **2** *jmdn.* ~ hinrichten **3** ⟨österr.⟩ pfänden [<*Exekution* + frz. *exécuter* »ausführen, vollziehen, hinrichten«]

Exekution

◆ **Ex|e|ku|ti|on** ⟨f.; -, -en⟩ 1 Vollstreckung, Vollzug; ~ eines Urteils 2 Hinrichtung; ~ einer Person [<lat. ex(s)ecutio »Vollzug, Vollstreckung«; zu exsequi »vollziehen«]

◆ **ex|e|ku|tiv** ⟨Adj.⟩ ausführend, vollziehend, vollstreckend; ~e Gewalt = Exekutive

◆ **Ex|e|ku|ti|ve** ⟨[-və] f.; -; unz.⟩ Teil der Staatsgewalt, der den Vollzug der von Judikative u. Legislative aufgestellten Rechtsnormen u. Entscheidungen zu gewährleisten hat; Sy exekutive Gewalt [<frz. exécutif »ausübend, vollziehend«]

◆ **Ex|e|ku|tor** ⟨m.; -s, -to|ren⟩ 1 Vollstrecker 2 ⟨österr. a.⟩ Gerichtsvollzieher [→ Exekution, exekutieren]

◆ **ex|e|ku|to|risch** ⟨Adj.⟩ mit Hilfe der Exekution, durch Zwang (erfolgend)

◆ **Ex|em|pel** ⟨n.; -s, -⟩ 1 Aufgabe, Rechenaufgabe; die Probe aufs ~ machen die Richtigkeit einer Annahme, Behauptung durch Probieren nachweisen 2 Beispiel; etwas zum ~ nehmen als B. anführen; ein ~ statuieren ein abschreckendes Beispiel geben [<lat. exemplum »Beispiel«]

◆ **Ex|em|plar** auch: **Ex|em|plar** ⟨n.; -s, -e; Abk.: Expl.⟩ Einzelstück, Muster; Beleg~, Frei~ [lat., »Abschrift, Abbild, Muster«]

◆ **ex|em|pla|risch** auch: **e|xem|pla|risch** ⟨Adj.⟩ 1 mit Hilfe eines Exempels 2 nachdrücklich 3 beispielhaft, musterhaft

◆ **ex|em|pli cau|sa** ⟨Abk.: e. c.⟩ beispielsweise, zum Beispiel [lat., »wegen eines Beispiels«]

◆ **Ex|em|pli|fi|ka|ti|on** ⟨f.; -; -en⟩ das Exemplifizieren, Erläuterung durch Beispiel

◆ **ex|em|pli|fi|ka|to|risch** ⟨Adj.⟩ zum Zweck der Erläuterung von Beispielen

◆ **ex|em|pli|fi|zie|ren** ⟨V.⟩ durch Beispiele erläutern; den Sinngehalt einer These ~

◆ **ex|empt** ⟨Adj.⟩ von bestimmten Lasten od. Pflichten befreit; Sy eximiert [<lat. exemptum, Part. Perf. zu eximere »wegnehmen, freimachen«]

◆ **Ex|emp|ti|on** ⟨f.; -, -en⟩ 1 Befreiung von bestimmten Lasten od. Pflichten 2 Befreiung von der bischöfl. Gerichtsbarkeit u. Unterstellung unter einen höheren Vorgesetzten od. unter den Papst selbst [<lat. exemptio »Befreiung«]

◆ **Ex|e|qua|tur** ⟨n.; -s, -tu|ren⟩ Bestätigung eines Konsuls in seinem Amt; das ~ erteilen [<lat. exsequatur »man möge vollziehen«]

◆ **Ex|e|qui|en** ⟨nur Pl.; kath. Kirche⟩ Totenfeier [<lat. exsequiae »feierl. Leichenbegängnis«]

◆ **ex|e|qui|e|ren** ⟨V.⟩ 1 vollstrecken, vollziehen 2 eintreiben [<lat. exsequi »vollziehen, vollstrecken«]

◆ **Ex|er|gie** ⟨f.; -, -n⟩ bei Energieumwandlungen der Teil der Energie, der tatsächlich in die gewünschte Energieform umgewandelt wird

◆ **ex|er|go|nisch** ⟨Adj.; Chemie; Physik⟩ Energie erzeugend; Ggs endergonisch [<ex... + grch. ergon »Werk«]

◆ **ex|er|zie|ren** ⟨V.⟩ üben; Truppen ~ ausbilden [<lat. exercere »ausbilden, üben«]

◆ **Ex|er|zi|ti|um** ⟨n.; -s, -ti|en⟩ 1 ⟨kath. Kirche⟩ geistl. Übung 2 ⟨veraltet⟩ schriftl. Hausarbeit für die Schule [<lat. exercitium »Übung«]

◆ **ex|eunt** ⟨[-e:unt] Theat.⟩ sie gehen, treten ab (als Regieanweisung) [lat., »sie gehen hinaus«; zu exire »hinausgehen«]

Ex|fo|li|a|tiv|zy|to|lo|gie ⟨f.; -; unz.; Med.⟩ bes. zur Krebsfrüherkennung eingesetzte Diagnosemethode, bei der in einem abgestoßene od. abgelöste Zellen untersucht werden [<lat. exfoliativus »entblätternd« + Zytologie]

Ex|ha|la|ti|on ⟨f.; -, -en⟩ 1 Ausatmung, Ausdünstung 2 Ausströmen, z. B. von Gasen aus vulkan. Gestein [<lat. exhalatio »Ausdünstung«]

ex|ha|lie|ren ⟨V.⟩ 1 ausdünsten, ausströmen 2 ausatmen [→ Exhalation]

Ex|hä|re|se ⟨f.; -, -n; Med.⟩ das Herausschneiden von Organteilen (bes. bei Nerven) [<grch. exairesis »Herausnahme«]

Ex|haus|ti|on ⟨f.; -, -en; Med.⟩ Erschöpfung [lat.]

ex|haus|tiv ⟨Adj.⟩ vollständig, umfassend [<lat. exhaustus, Part. Perf. exhaurire »ausschöpfen«]

Ex|haus|tor ⟨m.; -s, -to|ren⟩ Vorrichtung zum Absaugen von Gasen, Dämpfen, Staub usw., Entlüfter [lat., »der Ausschöpfer, Ausleerer«; zu exhaurire »ausschöpfen«]

ex|hi|bie|ren ⟨V.⟩ oV exhibitionieren 1 aushändigen, ausstellen; Papiere ~ 2 darlegen, vorzeigen [<lat. exhibere »vorführen, darbieten«]

Ex|hi|bit ⟨n.; -s, -e⟩ Eingabe; oV Exhibitum [<lat. exhibitus, Part. Perf. zu exhibere »vorführen, darbieten«]

Ex|hi|bi|ti|on ⟨f.; -, -en⟩ Zurschaustellung [<lat. exhibitio »Darbietung, das Zeigen«]

ex|hi|bi|ti|o|nie|ren ⟨V.⟩ = exhibieren

Ex|hi|bi|ti|o|nis|mus ⟨m.; -; unz.⟩ 1 krankhafte Neigung zum öffentlichen Entblößen der Geschlechtsteile 2 ⟨allg.⟩ auffälliges Verhalten mit dem Ziel, Aufmerksamkeit zu erregen

Ex|hi|bi|ti|o|nist ⟨m.; -en, -en⟩ jmd., der an Exhibitionismus (1) leidet

ex|hi|bi|ti|o|nis|tisch ⟨Adj.⟩ 1 zu Exhibitionismus neigend 2 auf Exhibitionismus beruhend, ihn betreffend

Ex|hi|bi|tum ⟨n.; -s, -bi|ten od. -bi|ta⟩ = Exhibit

Ex|hu|ma|ti|on ⟨f.; -, -en⟩ = Exhumierung

ex|hu|mie|ren ⟨V.⟩ eine Leiche~ (zu gerichtl. Untersuchungen) wieder ausgraben [<Ex...¹ + lat. humare »bestatten«]

Ex|hu|mie|rung ⟨f.; -, -en⟩ das Exhumieren; Sy Exhumation

E|xil ⟨n.; -s, -e⟩ 1 Verbannung 2 Verbannungsort 3 Zufluchtsstätte [<lat. exsilium »Verbannung«]

E|xi|lant ⟨m.; -en, -en⟩ männl. Person, die im Exil lebt

E|xi|lan|tin ⟨f.; -, -tin|nen⟩ weibl. Person, die im Exil lebt

e|xi|lie|ren ⟨V.⟩ jmdn.~ ins Exil schicken, verbannen

e|xi|lisch ⟨Adj.⟩ aus der Exilzeit stammend, von ihr geprägt

E|xil|li|te|ra|tur ⟨f.; -, -en⟩ die von den im Exil lebenden Schriftstellern geschriebenen Werke, bes. zur Zeit des Nationalsozialismus in Deutschland; →a. Emigrantenliteratur

Exilregierung ⟨f.; -, -en⟩ eine durch meist militär. Ereignisse nicht mehr im Heimatstaat, sondern auf fremdem Staatsgebiet amtierende Regierung

eximieren *auch:* **eximieren** ⟨V.⟩ (von einer Pflicht) befreien [<lat. *eximere* »wegnehmen, freimachen«]

eximiert *auch:* **eximiert** ⟨Adj.⟩ = exemt

existent ⟨Adj.⟩ existierend, vorhanden, wirklich; *Ggs* inexistent [<lat. *exsistens*, Part. Präs. zu *exsistere* »ins Leben treten«]

existential ⟨Adj.⟩ = existenzial

Existentialismus ⟨m.; -; unz.⟩ = Existenzialismus

Existentialist ⟨m.; -en, -en⟩ = Existenzialist

Existentialphilosophie ⟨f.; -; unz.⟩ = Existenzialphilosophie

existentiell ⟨Adj.⟩ = existenziell

Existenz ⟨f.; -, -en⟩ **1** wirkliches Vorhandensein, Leben, Dasein; *Ggs* Inexistenz; *die ~ dieser Sache ist absolut nicht zu leugnen* **2** Grundlage des Lebens, Lebensinhalt, Auskommen; *sich eine ~ aufbauen; eine sichere ~ haben* **3** ⟨umg.⟩ Mensch; *jmd. ist eine dunkle, fragwürdige, gescheiterte ~* [<neulat. *existentia*; zu lat. *exsistere* »ins Leben treten«]

existenzial ⟨Adj.⟩ = existenziell

Existenzialismus ⟨m.; -; unz.⟩ Richtung der modernen Philosophie, die den Menschen im Hinblick auf seine, sich selbst zum Problem gewordene, Existenz betrachtet, dabei führt Angst als eine Grunderfahrung des Menschen (die sich aus seiner Einsamkeit begründet) zum Selbstsein, zur Selbstbestimmung u. zur Freiheit des Menschen; *oV* Existentialismus; *Sy* Existenzialphilosophie, Existenzphilosophie

Existenzialist ⟨m.; -en, -en⟩ Vertreter, Anhänger des Existenzialismus; *oV* Existentialist

existenzialistisch ⟨Adj.⟩ den Existenzialismus betreffend, zu ihm gehörig, auf ihm beruhend; *oV* existentialistisch

Existenzialphilosophie ⟨f.; -; unz.⟩ = Existenzialismus; *oV* Existentialphilosophie

existenziell ⟨Adj.⟩ die Existenz, das Dasein betreffend, auf das Dasein bezüglich; *oV* existenzial, existentiell

Existenzminimum ⟨n.; -s; unz.⟩ Mindestmaß des Einkommens, mit dem der Mensch gerade noch leben kann

Existenzphilosophie ⟨f.; -; unz.⟩ = Existenzialismus

existieren ⟨V.⟩ **1** vorhanden sein, bestehen, leben; *hier existiert nicht einmal ein Krankenhaus* **2** auskommen; *damit, davon kann ja niemand ~* [<lat. *exsistere* »ins Leben treten«]

exit ⟨Theat.⟩ er, sie geht ab (als Regieanweisung) [lat., »er, sie geht hinaus, tritt ab««; zu *exire* »hinausgehen«]

Exit ⟨m.; -s, -s⟩ (speziell markierter) Ausgang, Notausgang z. B. in öffentlichen Gebäuden, Flugzeugen usw.

Exitus *auch:* **Exitus** ⟨m.; -; unz.⟩ Tod, Todesfall [lat., »Ausgang«]

Exkardination ⟨f.; -, -en; kath. Kirche⟩ *~ eines Geistlichen* Entlassung aus einer Diözese mit nachfolgender Einsetzung in einer anderen [<*Ex...*² + Inkardination]

Exkavation ⟨[-va-] f.; -, -en⟩ **1** Aushöhlung, Ausschachtung **2** ⟨Med.⟩ Ausbohrung [zu lat. *excavere* »aushöhlen«]

Exkavator ⟨[-va:-] m.; -s, -toren⟩ **1** ⟨Technik⟩ Ausschachtungsmaschine bei Erdarbeiten **2** ⟨Med.⟩ löffelähnliches Gerät zur Herauslösung kariösen Zahnbeins

exkavieren ⟨[-vi:-] V.⟩ aushöhlen, ausbohren [<lat. *excavere*]

exkl. ⟨Abk. für⟩ exklusive

Exklamation ⟨f.; -, -en⟩ Ausruf [<lat. *exclamatio* »Ausruf«]

exklamatorisch ⟨Adj.⟩ verkündend, ausrufend

exklamieren ⟨V.⟩ ausrufen, verkünden [→ *Exklamation*]

Exklave ⟨f.; -, -n⟩ von fremdem Staatsgebiet umschlossener Gebietsteil eines Staates; *Ggs* Enklave [gebildet nach frz. *enclave* (→ *Enklave*) <*Ex...*² + lat. *clavis* »Schlüssel«]

exkludieren ⟨V.⟩ ausschließen; *Ggs* inkludieren [<lat. *excludere* »ausschließen«]

Exklusion ⟨f.; -, -en⟩ Ausschluss, Ausschließung [<lat. *exclusio* »Ausschließung«]

exklusiv ⟨Adj.⟩ **1** ausschließend, nur für bestimmte Personen od. Zwecke bestimmt; *in einer Illustrierten ~ über eine Entführung berichten* **2** ⟨gesellschaftl.⟩ abgeschlossen, abgesondert, sich gegenüber anderen abhebend (u. in der allgemeinen Wertschätzung hoch stehend); *eine ~e Gesellschaft; ein ~er Kreis* **3** höchsten Ansprüchen genügend, luxuriös, teuer; *ein ~es Geschäft* [<engl. *exclusive* »sich absondernd«; zu lat. *excludere* »ausschließen«]

Exklusivbericht ⟨m.; -(e)s, -e⟩ Bericht, der ausschließlich einer bestimmten Zeitung, Fernsehanstalt u. Ä. verkauft wird

exklusive ⟨[-və] Präp. mit Gen.; Abk.: exkl.⟩ ausschließlich, mit Ausschluss von..., ausgenommen; *Ggs* inklusive; *~ Mehrwertsteuer*

Exklusive ⟨[-və] f.; -; unz.; Gesch.⟩ von katholischen Potentaten verlangtes Recht, unerwünschte Kandidaten bei der Papstwahl nicht berücksichtigen zu müssen

Exklusivität ⟨[-vi-] f.; -; unz.⟩ **1** Ausschließlichkeit **2** ⟨gesellschaftl.⟩ Abgesondertsein

Exkommunikation ⟨f.; -, -en⟩ Ausschluss aus der Kirchengemeinschaft [<lat. *excommunicatio* »Ausschluss aus der Kirchengemeinschaft« <*ex* »aus« + *communis* »gemeinsam«]

exkommunistisch ⟨Adj.⟩ den früheren Kommunismus betreffend, von ihm stammend

exkommunizieren ⟨V.⟩ aus der Kirchengemeinschaft ausschließen

Exkoriation ⟨f.; -, -en⟩ Hautabschürfung [<*Ex...*² + lat. *corium* »Haut, Fell«]

Exkrement ⟨n.; -(e)s, -e⟩ Ausscheidung, Kot, Harn [<lat. *excrementum* »Ausscheidung, Speichel«; zu *excernere* »aussondern, ausscheiden«]

Exkret ⟨n.; -(e)s, -e⟩ Ausscheidung, nicht weiter verwendbares, ausgeschiedenes Stoffwechselprodukt [<lat. *excretus*, Part. Perf. zu *excernere* »aussondern«]

Ex|kre|ti|on ⟨f.; -, -en⟩ Ausscheidung [<neulat. *excretio* »Aussonderung«]

ex|kre|to|risch ⟨Adj.⟩ ausscheidend, nach außen absondernd, als Exkret

Ex|kul|pa|ti|on ⟨f.; -, -en⟩ Rechtfertigung, Entlastung von Schuld [<neulat. *exculpatio* »Rechtfertigung« < lat. *ex* »aus, weg von« + *culpa* »Schuld«]

ex|kul|pie|ren ⟨V.⟩ rechtfertigen, von Schuld entlasten [<neulat. *exculpare* »von Schuld befreien, rechtfertigen«]

Ex|kurs ⟨m.; -es, -e⟩ **1** Abschweifung **2** Erörterung **3** Anhang [<lat. *excursus* »das Auslaufen«]

Ex|kur|si|on ⟨f.; -, -en⟩ Ausflug, bes. unter wissenschaftl. Leitung [< lat. *excursio* »das Hervorlaufen, Ausflug« < *ex* »aus« + *currere* »laufen«]

ex|lex ⟨Adv.⟩ außerhalb des Gesetzes (stehend), vogelfrei, geächtet [lat., »gesetzlos, an kein Gesetz gebunden, ohne Gesetz«]

Ex|li|bris *auch:* **Ex|lib|ris** ⟨n.; -, -⟩ in Bücher geklebter Zettel mit Namen od. Zeichen des Eigentümers, meist künstlerisch gestaltet [< lat. *ex libris*... »aus den Büchern, aus der Bücherei (des...)«]

Ex|ma|tri|kel *auch:* **Ex|mat|ri|kel** ⟨f.; -, -n⟩ Abgangsbescheinigung beim Verlassen der Hochschule [<*Ex...*² + *Matrikel*]

Ex|ma|tri|ku|la|ti|on *auch:* **Ex|mat|ri|ku|la|ti|on** ⟨f.; -, -en⟩ **1** Weggang von einer Hochschule **2** Streichung aus der Matrikel (1.1)

ex|ma|tri|ku|lie|ren *auch:* **ex|mat|ri|ku|lie|ren** ⟨V.⟩ aus der Matrikel (1.1) streichen

Ex|mis|si|on ⟨f.; -, -en⟩ *Sy* Exmittierung **1** Zwangsräumung (von Wohnungen) **2** gerichtliche Ausweisung (von Personen) [<neulat. *exmissio* »Vertreibung, Ausstoßung«; → *exmittieren*]

ex|mit|tie|ren ⟨V.⟩ zwangsweise entfernen, gerichtlich ausweisen aus [< lat. *exmittere* »hinauswerfen, vertreiben«]

Ex|mit|tie|rung ⟨f.; -, -en⟩ = Exmission

exo..., Exo... ⟨Vorsilbe⟩ außerhalb..., außen... [<grch. *exo*]

Exo|bio|lo|ge ⟨m.; -n, -n; Biol.⟩ Wissenschaftler auf dem Gebiet der Exobiologie

Exo|bio|lo|gie ⟨f.; -; unz.; Biol.⟩ Teilgebiet der Biologie, das sich mit den Problemen des Lebens im Weltraum befasst [<*Exo...* + *Biologie*]

Exo|bio|lo|gin ⟨f.; -, -ginnen; Biol.⟩ Wissenschaftlerin auf dem Gebiet der Exobiologie

Exo|der|mis ⟨f.; -; unz.; Bot.⟩ verkorktes Wurzelgewebe, das die frühzeitig absterbende Epidermis ersetzt

Exo|dos *auch:* **Ex|odos** ⟨m.; -, -⟩ Schlussgesang des Chores im altgrch. Drama [grch., »Ausgang«]

Exo|dus ⟨m.; -; unz.⟩ Auszug (der Juden aus Ägypten), zweites Buch Mosis [<grch. *exodos* »Ausgang, Auszug«]

ex officio von Amts wegen, d. h. ohne dass ein Antrag vorliegt [lat., »aus dem Amt«]

Exo|ga|mie ⟨f.; -, -n⟩ Heirat außerhalb des eigenen Stammes

exo|gen ⟨Adj.⟩ **1** von außen stammend, von außen wirkend **2** von außen (in den Körper) eingeführt **3** ⟨Bot.⟩ außen entstehend; *~es Blatt, ~e Knospe* **4** ⟨Geol.⟩ von außen auf die Erdoberfläche einwirkend

Exo|karp ⟨n.; -s, -e; Biol.⟩ äußerste Schicht der Fruchtwand; *Ggs* Endokarp [<*Exo...* + *...karp*²]

exo|krin ⟨Adj.; Med.; bei Drüsen⟩ nach außen absondernd; *Sy* ekkrin [<*Exo...* + grch. *krinein* »trennen, scheiden«]

exo|morph ⟨Adj.; Geol.⟩ die Exomorphose betreffend, durch sie verursacht; *Ggs* endomorph (1)

Exo|mor|pho|se ⟨f.; -, -n; Geol.⟩ äußere Gestaltsveränderung des Nebengesteins durch den Kontakt mit dem Eruptivgestein; *Ggs* Endomorphose [<*Exo...* + grch. *morphe* »Gestalt«]

Exon ⟨n.; -s, -s; Biochemie⟩ DNA-Sequenz eines Gens, die Proteine kodiert; →*a.* Intron

Ex|o|nym *auch:* **Ex|onym** ⟨n.; -s, -e; Sprachw.⟩ Ortsnamenbildung, die von dem offiziellen Namen abweicht u. nur im Ausland benutzt wird, z. B. (in Amerika) Munich für München; *oV* Exonymon [<*Exo...* + grch. *onyma* »Name«]

Ex|o|ny|mon *auch:* **Ex|ony|mon** ⟨n.; -s, -ma; Sprachw.⟩ = Exonym

ex|or|bi|tant *auch:* **ex|or|bi|tant** ⟨Adj.⟩ außerordentlich, übertrieben [< lat. *exorbitans*, Part. Präs. zu *exorbitare* »von der Bahn abweichen«]

Ex|or|bi|tanz *auch:* **Ex|or|bi|tanz** ⟨f.; -, -en⟩ Übertreibung, Übermaß

Ex|or|di|um ⟨n.; -s, -dia⟩ Einleitung, Eingang (einer Rede) [lat., »Anfang, Einleitung«]

ex oriente lux aus dem Osten (kommt) das Licht (ursprüngl. auf den Sonnenaufgang bezogen, dann auf das Christentum u. die Kultur übertragen) [lat.]

ex|or|zie|ren *auch:* **ex|orzie|ren** ⟨V.⟩ *Dämonen, böse Geister ~* austreiben, beschwören; *oV* exorzisieren [<grch. *exorkizein* »beschwören«]

ex|or|zi|sie|ren *auch:* **ex|or|zi|sie|ren** ⟨V.⟩ = exorzieren [<grch. *exorkizein* »beschwören«]

Ex|or|zis|mus *auch:* **Ex|or|zis|mus** ⟨m.; -, -men⟩ Beschwörung, Austreibung (böser Geister)

Ex|or|zist *auch:* **Ex|or|zist** ⟨m.; -en, -en⟩ **1** Geisterbeschwörer **2** ⟨kath. Kirche⟩ Träger des dritten der vier niederen Weihegrade

ex|or|zis|tisch *auch:* **ex|or|zis|tisch** ⟨Adj.⟩ den Exorzismus betreffend, von ihm stammend

Exo|ske|lett ⟨n.; -(e)s, -e; Biol.⟩ Außenskelett, z. B. Chitinhülle der Kerbtiere

Exos|mo|se ⟨f.; -; unz.; Biol.⟩ Wasseraustritt aus einer lebenden Pflanzenzelle, der durch eine sie umgebende Lösung mit hoher Konzentration verursacht wird [<*Ex...*² + *Osmose*]

Exo|sphä|re *auch:* **Exos|phä|re** ⟨f.; -, -n⟩ **1** höchste Schicht der Atmosphäre, jenseits von ca. 1000 km Höhe **2** ⟨nach anderer Auffassung⟩ der äußere Teil der Ionosphäre, in 400 km Höhe beginnend [<*Exo...* + *Sphäre*]

Exot ⟨m.; -en, -en⟩ = Exote
Exotarium ⟨n.; -s, -rien; Bot.⟩ Anlage, in der aus den Tropen stammende Tiere gehalten werden [< *Exote* + Terr*arium*]
Exote ⟨m.; -n, -n⟩ **1** Mensch, Tier od. Pflanze aus einem fernen, meist trop. Land **2** Wertpapier eines solchen Landes **3** Baumwolle, die nicht aus den USA od. Ägypten stammt
Exoteriker ⟨m.; -s, -⟩ Nichteingeweihter, Außenstehender; *Ggs* Esoteriker [→ *exoterisch*]
Exoterikerin ⟨f.; -, -rin|nen⟩ Nichteingeweihte, Außenstehende; *Ggs* Esoterikerin
exoterisch ⟨Adj.⟩ für weitere Kreise bestimmt, allgemein verständlich; *Ggs* esoterisch [<grch. *exoteros* »der Äußere«]
exotherm ⟨Adj.⟩ Wärme abgebend; *Ggs* endotherm; *~e Prozesse* Prozesse, die ohne Energiezufuhr von außen ablaufen, z. B. chem. Reaktionen, die spontan einsetzen u. unter Wärmeentwicklung verlaufen [<*exo...* + ...*therm*]
Exotik ⟨f.; -; unz.⟩ **1** exot. Wesen, exotische Beschaffenheit, das Fremdländische (einer Person od. Sache) **2** die Anziehungskraft von Fremd-, bes. Tropenländischem
Exotika ⟨Pl.⟩ Kunstwerke und kunsthandwerkliche Gegenstände aus fernen Ländern
Exotin ⟨f.; -, -tin|nen⟩ weibl. Exote
exotisch ⟨Adj.⟩ **1** fremd, fremdländisch **2** aus den Tropen stammend [<grch. *exotikos* »ausländisch«]
Exotismus ⟨m.; -, -tis|men; Sprachw.⟩ **1** fremdsprachiges Wort, dessen Bedeutung u. Benutzung auf einen fremdsprachigen Begriff begrenzt bleibt, z. B. Cowboy, Iglu **2** ⟨unz.; Mal.⟩ realistische Kunstströmung während des Fin de Siècle, die sich mit der Imitation od. Darstellung exotischer Motive befasste [→ *exotisch*]
Exotoxin ⟨n.; -s, -e⟩ = Ektotoxin
ex ovo ⟨[-vo]⟩ = ab ovo [lat., »aus dem Ei«]
exozentrisch *auch:* **exozentrisch** ⟨Adj.; Sprachw.⟩ *~e Konstruktion* sprachl. K., deren Teile zu anderen Formklassen gehören als die K. selbst, z. B. kann weder »hinter« noch »mir« dieselbe Funktion im Satzbau ausfüllen wie »hinter mir«
Expander ⟨m.; -s, -⟩ Turngerät zum Kräftigen bes. der Armmuskeln, aus zwei durch Stahlfedern verbundenen Handgriffen bestehend, die auseinander gezogen werden müssen [→ *expandieren*]
expandieren ⟨V.⟩ **1** auseinander ziehen **2** ausdehnen, ausbreiten [<lat. *expandere* »ausspannen, ausbreiten«]
expansibel ⟨Adj.⟩ so beschaffen, dass man es expandieren kann, ausdehnbar; *expansibles Gewebe* [<frz. *expansible* »ausdehnbar«]
Expansion ⟨f.; -, -en⟩ Vergrößerung des Volumens, Ausdehnung, (bes.) Ausdehnung des staatl. Machtbereichs [<neulat. *expansio* »Ausbreitung, Ausdehnung«]
Expansionismus ⟨m.; -; unz.⟩ **1** ⟨Politik⟩ Politik, die auf Erweiterung des staatl. Machtbereichs zielt; *Sy* Expansionspolitik **2** ⟨Wirtsch.⟩ Unternehmensstrategie, die auf Umsatzsteigerung u. Erhöhung des Marktanteils ausgerichtet ist
expansionistisch ⟨Adj.⟩ den Expansionismus betreffend, zu ihm gehörig
Expansionspolitik ⟨f.; -; unz.⟩ = Expansionismus (1)
expansiv ⟨Adj.⟩ (sich) ausdehnend, auf Expansion gerichtet, nach Expansion strebend [<frz. *expansif* »ausdehnend«]
expatriieren *auch:* **expatriieren** ⟨V.⟩ *jmdn. ~* jmdn. ausbürgern, aus dem Vaterland verweisen, jmdm. die Staatsbürgerschaft entziehen; *→a.* repatriieren [<frz. *expatrier* »aus dem Heimatland ausweisen«; zu lat. *patria* »Vaterland«]
Expatriierung *auch:* **Expatriierung** ⟨f.; -, -en⟩ das Expatriieren, das Expatriiertwerden
Expediatur ⟨n.; -s, -tu|ren⟩ Ausfertigungsvermerk [lat., »es möge ausgefertigt werden«]
Expedient ⟨m.; -en, -en⟩ **1** jmd., der eine Sendung expediert, Versender **2** kaufmänn. Angestellter, der die zum Versand einer Ware nötigen schriftl. Arbeiten ausführt od. überwacht; *Sy* Expeditor [<lat. *expediens*, Part. Präs. zu *expedire* »ausfertigen, erledigen«]
expedieren ⟨V.⟩ zum Versand fertig machen, versenden, aufgeben [<lat. *expedire* »ausfertigen, erledigen«]
Expedit ⟨n.; -s, -e; österr.⟩ Versandabteilung (einer Firma)
Expediteur ⟨[-tøːr] m.; -s, -e; österr. für⟩ Spediteur [<frz. *expéditeur* »Absender«]
Expedition ⟨f.; -, -en⟩ **1** das Fertigmachen zum Versand **2** Versendung **3** Versandabteilung (einer Firma) **4** Forschungsreise **5** Kriegszug [<lat. *expeditio* »Erledigung«]
expeditiv ⟨Adj.⟩ zur Expedition gehörend, sie betreffend
Expeditor ⟨m.; -s, -to|ren⟩ = Expedient
Expektorans ⟨n.; -, -ran|ti|en od. -ran|tia; Med.⟩ = Expektorantium
Expektorantium ⟨n.; -s, -ti|en; Med.⟩ auswurfförderndes, schleimlösendes Arzneimittel; *oV* Expektorans [<lat. *expectorantia* »aus der Brust entfernend(e Mittel)«; → *expektorieren*]
Expektoration ⟨f.; -, -en; Med.⟩ **1** das Expektorieren **2** expektorierter Schleim, Auswurf; *Sy* Sputum **3** ⟨fig.⟩ Herzensergießung, Aussprechen von Gefühlen
expektorieren ⟨V.; Med.⟩ aushusten, auswerfen; *Schleim, Blut ~* [<lat. *expectorare* »aus der Brust entfernen« <*ex* »aus« + *pectus* »Brust«]
Expellantium ⟨n.; -s, -tia od. -tien; Pharm.⟩ aus-, abtreibendes Mittel [lat., »austreibendes (Mittel)«]
expellieren ⟨V.; veraltet⟩ austreiben, verjagen [<lat. *expellere* »austreiben«]
Expensen ⟨nur Pl.⟩ Auslagen, Kosten [<lat. *expensa* »Geldausgaben«]
expensiv ⟨Adj.⟩ kostspielig, teuer [<lat. *expensum* »Geldausgabe«]
Experiment ⟨n.; -(e)s, -e⟩ **1** wissenschaftlicher Versuch **2** ⟨fig.⟩

experimental

(gewagtes) Unternehmen [<lat. *experimentum* »Probe, Versuch«]

ex|pe|ri|men|tal ⟨Adj.⟩ = experimentell

Ex|pe|ri|men|tal... ⟨in Zus.⟩ auf Experimenten beruhend, Versuchs...

Ex|pe|ri|men|tal|phy|sik ⟨f.; -; unz.⟩ Physik, die ihre Ergebnisse aus dem Experiment gewinnt, experimentelle Physik

Ex|pe|ri|men|ta|tor ⟨m.; -s, -to|ren⟩ jmd., der Experimente durchod. vorführt

ex|pe|ri|men|tell ⟨Adj.⟩ auf einem Experiment beruhend, mit Hilfe eines Experimentes; *oV* experimental; *eine Theorie, ein Modell ~ erproben*

ex|pe|ri|men|tie|ren ⟨V.⟩ Experimente durchführen, Versuche machen

ex|pert ⟨Adj.⟩ erfahren, sachverständig; *auf einem Gebiet ~ sein* sich darin auskennen [<lat. *expertus* »erfahren«]

Ex|per|te ⟨m.; -n, -n⟩ Sachverständiger, Fachmann

Ex|per|tin ⟨f.; -, -tin|nen⟩ Sachverständige, Fachfrau

Ex|per|ti|se ⟨f.; -, -n⟩ sachverständige Begutachtung, z. B. durch einen Experten [frz., »Sachverständigengutachten«]

Expl. ⟨Abk. für⟩ Exemplar

Ex|pla|na|ti|on ⟨f.; -, -en⟩ *~ eines Textes* Erklärung des sachlichen Inhalts

ex|pla|na|tiv ⟨Adj.⟩ erklärend, erläuternd

ex|pla|nie|ren ⟨V.⟩ in der Art einer Explanation erklären; *Texte, Literaturwerke ~* [<lat. *explanare* »genau erörtern, erklären«]

Ex|plan|ta|ti|on ⟨f.; -, -en; Med.⟩ Gewebezüchtung, Untersuchungsmethode der Zell- u. Gewebeforschung, bei der lebendes Gewebe außerhalb des Körpers auf einem künstlichen Nährboden in einer Gewebekultur gezüchtet wird, um Wachstum u. Vermehrung zu studieren u. mit den Vorgängen am lebenden Organismus zu vergleichen [<*Ex...* + lat. *planta* »Setzling, Pflanze«]

ex|plan|tie|ren ⟨V.; Med.⟩ *Gewebe, Organe~* entnehmen, meist zur Züchtung in einem geeigneteren Medium od. zur Transplantation in einen fremden Organismus

Ex|ple|tiv ⟨n.; -s, -e [-və]; Sprachw.⟩ Wort, das für die inhaltliche Satzaussage kaum od. keine Bedeutung hat, Gesprächspartikel, z. B. *hast du mich »denn« nicht gehört?* [zu lat. *expletivus* »füllend, ergänzend«]

ex|pli|cit es ist erörtert, es ist zu Ende (am Schluss alter Handschriften od. Drucke); *Ggs* incipit [<lat. *explicitus est* »es ist ausgebreitet, erörtert worden«; → *explizieren*]

Ex|pli|cit ⟨n.; -s, -s⟩ Schlussworte in mittelalterlichen Handschriften od. Inkunabeln

Ex|pli|ka|ti|on ⟨f.; -, -en⟩ das Explizieren, Erklärung, Erläuterung [<lat. *explicatio* »Entfaltung, Auseinandersetzung«]

ex|pli|zie|ren ⟨V.⟩ erklären, erläutern [<lat. *explicare* »entfalten, ausbreiten, erörtern«]

ex|pli|zit ⟨Adj.⟩ ausdrücklich, deutlich, ausführlich

ex|pli|zi|te ⟨[-te:] Adv.⟩ ausdrücklich, deutlich; *Ggs* implizite [<lat. *explicite* »entfaltet, ausgebreitet, erörtert«; zu *explicare*; → *explizieren*]

ex|plo|die|ren ⟨V.⟩ **1** mit Getöse bersten, platzen **2** in der Art einer Explosion verlaufen; *Ggs* implodieren; →*a.* detonieren **3** ⟨fig.; umg.; scherzh.⟩ in Zorn ausbrechen [<lat. *explodere* »(Schauspieler) ausklatschen«; → *applaudieren*]

Ex|ploi|ta|ti|on ⟨[-ploa-] f.; -; unz.; veraltet⟩ das Exploitieren, Ausnutzung, Ausbeutung [frz., »Nutzbarmachung«]

Ex|ploi|teur ⟨[-ploatø:r] m.; -s, -e; veraltet⟩ jmd., der eine Sache od. Person exploitiert, Ausbeuter [frz., »Ausbeuter«]

ex|ploi|tie|ren ⟨[-ploa-] V.; veraltet⟩ **1** ⟨allg.⟩ ausbeuten **2** *Bodenschätze, Naturkräfte ~* fördern, gewinnen, erzeugen **3** *jmdn.~* aus der Arbeitskraft eines anderen unredlichen Gewinn ziehen [<frz. *exploiter*]

Ex|plo|ra|ti|on ⟨f.; -, -en⟩ **1** das Explorieren, Aus-, Erforschung, Erkundung **2** (ärztliche) Untersuchung [<lat. *exploratio* »Erforschung«]

Ex|plo|rer ⟨[ɪkspl:-] m.; -s, -⟩ Name mehrerer US-amerikan. künstl. Erdsatelliten, die zur Erforschung der kosm. Strahlung, des Strahlungsgürtel um die Erde, der Mikrometeoriten usw. dienten [engl.; zu *explore* »erforschen«]

ex|plo|rie|ren ⟨V.⟩ **1** erforschen, prüfen, erkunden **2** untersuchen; *Kranke ~* [<lat. *explorare* »erforschen«]

ex|plo|si|bel ⟨Adj.⟩ = explosiv; *Ggs* inexplosibel; *explosibles Gefahrengut* [<frz. *explosible* »explosionsfähig«]

Ex|plo|si|on ⟨f.; -, -en⟩ **1** das Explodieren **1.1** sehr schnell verlaufendes Abbrennen eines Sprengstoffes; →*a.* Detonation **1.2** Bersten eines Hohlkörpers durch Druck von innen; *Ggs* Implosion **2** ⟨fig.; umg.⟩ plötzlicher Zornesausbruch

Ex|plo|si|ons|mo|tor ⟨m.; -s, -en; ungenaue Bez. für⟩ Verbrennungsmotor

ex|plo|siv ⟨Adj.⟩ **1** leicht explodierend; *Sy* explosibel; *~e Stoffe* **2** ⟨fig.; umg.⟩ leicht erregbar, leicht aufbrausend, zu Zornesausbrüchen neigend; *ein ~es Temperament* [<frz. *explosif*]

Ex|plo|siv ⟨m.; -s, -e [-və]; Phon.⟩ Konsonant, der durch plötzliches Öffnen der verschlossenen Mundhöhle entsteht, Verschlusslaut, z. B. p, b, t, d, k, g; *Sy* Explosivlaut, Okklusiv

Ex|plo|si|vi|tät ⟨[-vi-] f.; -; unz.⟩ explosive Beschaffenheit od. Form

Ex|plo|siv|laut ⟨m.; -(e)s, -e; Phon.⟩ = Explosiv

Ex|po ⟨f.; -, -s; kurz für⟩ Exposition (1), Weltausstellung; *die ~ 2000 hat in Hannover stattgefunden*

Ex|po|nat ⟨n.; -(e)s, -e⟩ Ausstellungs-, Museumsstück [<lat. *exponere* »öffentl. darstellen«]

Ex|po|nent ⟨m.; -en, -en⟩ **1** ⟨Math.⟩ Hochzahl einer Potenz, die angibt, wie oft eine Zahl mit sich selbst multipliziert werden soll, z. B. 4^3 = 4 · 4 · 4 (lies: vier hoch drei) **2** ⟨fig.⟩ herausgehobener Vertreter einer Sache, z. B. einer

Partei [<lat. *exponens*, Part. Präs. zu *exponere* »offen darstellen«]

Ex|po|nen|ti|al|funk|ti|on ⟨f.; -, -en; Math.⟩ **1** ⟨i. w. S.⟩ Gleichung der Form y = a^x, in der die Variable als Exponent auftritt **2** ⟨i. e. S.⟩ die e-Funktion mit y = e^x (e = Basis der natürl. Logarithmen)

Ex|po|nen|ti|al|glei|chung ⟨f.; -, -en; Math.⟩ transzendente Gleichung, bei der die Unbekannte auch als Exponent vorkommt, z. B. ae^x = bx + c

ex|po|nen|ti|ell ⟨Adj.; Math.⟩ nach einer Exponentialfunktion verlaufend

ex|po|nie|ren ⟨V.⟩ **1** heraus-, hervorheben; *sich ~* sich hervortun u. damit Angriffen aussetzen; sich einer Gefahr aussetzen **2** darlegen, auseinander setzen **3** dem Licht aussetzen, belichten; *einen Film ~* [<lat. *exponere* »öffentl. darstellen«]

ex|po|niert ⟨Adj.⟩ hervor-, herausgehoben (u. dadurch angreifbar); *an ~er Stelle stehen*

Ex|port ⟨m.; -(e)s, -e⟩ Ausfuhr (von Waren); *Ggs* Import [engl. »Ausfuhr«; → *exportieren*]

Ex|port|bier ⟨n.; -(e)s, -e⟩ helles, nicht sehr bittere Biersorte [urspr. für den *Export* bestimmtes Bier]

Ex|por|te ⟨f.; -, -n; meist Pl.⟩ Ausfuhrware; *Ggs* Importe

Ex|por|teur ⟨[-tø:r] m.; -s, -e⟩ Kaufmann im Exporthandel, Ausfuhrkaufmann; *Ggs* Importeur [→ *exportieren* (mit frz. Endung)]

ex|por|tie|ren ⟨V.⟩ ausführen (Waren); *Ggs* importieren [<lat. *exportare* »hinaustragen«]

Ex|port|in|dus|trie *auch:* **Ex|port|industrie** ⟨f.; -; unz.; Wirtsch.⟩ Gesamtheit der Unternehmen, die Produkte für das Ausland produzieren bzw. diese ins Ausland ausführen

Ex|po|sé ⟨[-se:] n.; -s, -s⟩ = Exposee

Ex|po|see ⟨n.; -s, -s⟩ *oV* Exposé **1** Denkschrift, Bericht **2** Erläuterung **3** ausgearbeiteter Plan zu einem Schriftwerk **4** Handlungsskizze für einen Film [frz., »Darstellung, Übersicht«]

Ex|po|si|ti|on ⟨f.; -, -en⟩ **1** Ausstellung **2** Darlegung **3** Einleitung **4** Einführung in die Dramenhandlung, Darlegung der vor Beginn des Dramas liegenden Handlung (meist im 1. Akt) **5** ⟨Musik⟩ der erste Teil eines Sonatensatzes **6** ⟨Fot.⟩ Belichtung [<lat. *expositio* »Darstellung, Darlegung«]

ex|po|si|to|risch ⟨Adj.⟩ erläuternd, darlegend, zusammenfassend, z. B. eine ~e Einleitung [→ *Exposition*]

Ex|po|si|tur ⟨f.; -, -en⟩ **1** auswärtiges Zweiggeschäft **2** Nebenkirche **3** ⟨österr. a.⟩ Nebenbehörde, Teil einer Schule im Nebengebäude [→ *Expositus*]

Ex|po|si|tus ⟨m.; -, -ti⟩ Pfarrer, dem ein bestimmter Teil einer Pfarrei untersteht [<*Ex...* + lat. *positus* »gelegt«; zu *ponere* »setzen, stellen, legen«]

ex|press ⟨Adj.⟩ eilig, mit Eilpost; *eine Ware, Postsendung ~ schicken* [<lat. *expresse* »ausdrücklich«; zu *exprimere* »ausdrücken«; Expressbote »Extrabote« wird »Eilbote«, daher die Bedeutung »eilig«]

Ex|press ⟨m.; -pres|ses, -zü|ge⟩ **1** Fernschnellzug, Expresszug **2** ⟨unz.⟩ *eine Sendung per ~ senden* durch Eilboten [→ *express*]

Ex|press|gut ⟨n.; -(e)s, -gü|ter⟩ Transportgut, welches aufgrund spezieller Konditionen auf dem schnellsten Weg zum Bestimmungsort befördert wird

Ex|pres|si|on ⟨f.; -, -en; geh.⟩ Ausdruck [<lat. *expressio* »Ausdruck«; → *Expressionismus*]

Ex|pres|si|o|nis|mus ⟨m.; -; unz.⟩ Kunstrichtung Anfang des 20. Jh., gekennzeichnet durch Streben nach Vergeistigung u. Objektivierung unter Verzicht auf sachl. getreue Wiedergabe der Wirklichkeit (Malerei, bildende Kunst), durch Ausdruck von Leidenschaft, Gefühl mit sparsamsten Mitteln (Literatur) bzw. durch Dissonanzen, scharfe Rhythmen usw. (Musik) [<lat. *expressio* »Ausdruck«; zu *exprimere* »ausdrücken«]

Ex|pres|si|o|nist ⟨m.; -en, -en⟩ Vertreter, Anhänger des Expressionismus

Ex|pres|si|o|nis|tin ⟨f.; -, -tin|nen⟩ Vertreterin, Anhängerin des Expressionismus

ex|pres|si|o|nis|tisch ⟨Adj.⟩ zum Expressionismus gehörend, auf ihm beruhend

ex|pres|sis ver|bis ⟨[-si:s vɛr-]⟩ ausdrücklich [lat., »mit ausdrücklichen Worten«]

ex|pres|siv ⟨Adj.⟩ ausdrucksvoll, ausdrucksstark, Ausdruck... [<frz. *expressif* »ausdrucksvoll«]

Ex|pres|si|vi|tät ⟨[-vi-] f.; -; unz.⟩ **1** Ausdrucksfülle, Ausdrucksstärke; *ein Werk von großer ~* **2** ⟨Genetik⟩ Durchschlagskraft, Ausprägung

ex pro|fes|so 1 von Berufs wegen, von Amts wegen **2** absichtlich, vorsätzlich [lat., »von Amts wegen«; zu *profiteri* »öffentlich bekennen«]

Ex|pro|mis|si|on ⟨f.; -, -en⟩ freiwillige Übernahme (einer fremden Schuld od. Verbindlichkeit) [<*Ex...* + lat. *promissio* »Versprechen«; zu *promittere* »versprechen«]

Ex|pro|pri|a|ti|on *auch:* **Ex|pro|pria|ti|on** ⟨f.; -, -en⟩ Enteignung; *~ von Privatbesitz* [frz.]

ex|pro|pri|ie|ren *auch:* **ex|pro|priie|ren** ⟨V.⟩ enteignen; *Privatbesitz, einen Betrieb ~* [<frz. *exproprier* »enteignen«]

Ex|pul|si|on ⟨f.; -, -en; Med.⟩ Abführung, Austreibung [<lat. *expulsio* »Vertreibung«]

ex|pul|siv ⟨Adj.; Med.⟩ **1** austreibend **2** abführend [lat. *expellere* »austreiben« u. *expulsio* »Vertreibung«]

ex|qui|sit ⟨Adj.⟩ auserlesen, vorzüglich; *ein ~er Geschmack* [<lat. *exquisitus* »ausgesucht, ausgezeichnet«]

ex|se|krie|ren *auch:* **ex|sek|rie|ren** ⟨V.; kath. Kirche⟩ **1** entweihen **2** verfluchen [<lat. *exsecrari* »verwünschen, verfluchen«]

Ex|sic|cans ⟨[-kans] n.; -, -can|zi|en od. -can|tia; fachsprachl.⟩ = Exsikkans

Ex|sik|kans ⟨n.; -, -kan|zi|en od. -kan|tia⟩ austrocknendes, Flüssigkeit aufsaugendes Mittel; *oV* Exsiccans [zu lat. *exsiccare* »austrocknen«]

Ex|sik|kat ⟨n.; -(e)s, -e; Bot.⟩ getrocknete Pflanzenprobe [zu lat. *exsiccare* »austrocknen«]

Exsikkation

Ex|sik|ka|ti|on ⟨f.; -, -en⟩ Austrocknung [<lat. *exsiccare* »austrocknen«]

ex|sik|ka|tiv ⟨Adj.⟩ auf Exsikkation beruhend, austrocknend

Ex|sik|ka|tor ⟨m.; -s, -to̱ren⟩ mit Wasser entziehenden Chemikalien beschicktes gläsernes Gefäß zum Trocknen wasserhaltiger u. zum Aufbewahren wasserfreier chem. Präparate [<lat. *exsiccare* »austrocknen«]

Ex|sik|ko|se ⟨f.; -; unz.; Med.⟩ Flüssigkeitsverlust des Körpers [<lat. *exsiccare* »austrocknen«]

Ex|spek|ta|ti|on ⟨f.; -; unz.; Med.⟩ abwartende Behandlung [<lat. *exspectatio* »Erwartung«]

ex|spek|ta|tiv ⟨Adj.; Med.⟩ abwartend [<lat. *exspectare* »warten, erwarten«]

Ex|spi|ra|ti|on ⟨f.; -, -en; Med.⟩ Ausatmung; *Ggs* Inspiration (3) [<lat. *exspiratio* »Aushauchung«]

ex|spi|ra|to|risch ⟨Adj.⟩ **1** ⟨Med.⟩ auf Exspiration beruhend; *Ggs* inspiratorisch **2** ⟨Phon.⟩ auf starker Betonung beruhend, mit Nachdruck (gesprochen); *~er Akzent*

ex|spi|rie|ren ⟨V.⟩ **1** ausatmen **2** ⟨fig.⟩ sterben [<lat. *exspirare* »aushauchen«]

Ex|stir|pa|ti|on ⟨f.; -, -en; Med.⟩ vollständige Entfernung eines kranken Organs oder einer Geschwulst auf chirurg. Wege [<lat. *exstirpatio* »Ausrottung«]

ex|stir|pie|ren ⟨V.; Med.⟩ völlig entfernen; *ein krankes Organ ~* [<lat. *exstirpare* »ausrotten«]

Ex|su|dat ⟨n.; -(e)s, -e⟩ (infolge Entzündung) abgesondertes Produkt, abgesonderte Flüssigkeit [<lat. *exsudatus*, Part. Perf. zu *exsudare* »ausschwitzen«]

Ex|su|da|ti|on ⟨f.; -, -en⟩ Absonderung (infolge Entzündung)

ex|su|da|tiv ⟨Adj.⟩ die Exsudation betreffend, auf ihr beruhend [<lat. *exsudare* »ausschwitzen«]

ex tem|po|re ⟨[-re:]⟩ aus dem Stegreif [<lat., »aus dem Augenblick«]

Ex|tem|po|re ⟨[-re:] n.; -s, -s; Theater⟩ Einfall eines Schauspielers während des Spiels, Zugabe, Zusatz aus dem Stegreif [→ *ex tempore*]

ex|tem|po|rie|ren ⟨V.⟩ aus dem Stegreif spielen od. sprechen [→ *ex tempore*]

Ex|ten|ded ⟨[ɪkstɛndɪd] f.; -; unz.⟩ eine Drucktype auf Grundlage der Antiquaschrift [<engl. *extended* »ausgedehnt«]

Ex|ten|der ⟨[ɪkstɛndə(r)] m.; -s, -⟩ chem. Lösungs- od. Verdünnungsmittel, das teuren Rohstoffen hinzugefügt wird, um sie zu strecken [<engl. *extend* »ausdehnen, weiten«]

ex|ten|die|ren ⟨V.⟩ ausdehnen, ausweiten, ausstrecken, erweitern [<lat. *extendere* »ausdehnen, ausspannen«]

ex|ten|si|bel ⟨Adj.⟩ so beschaffen, dass man es extendieren kann, ausdehnbar; *extensible Wirtschaft* [<frz. *extensible* »dehnbar, streckbar«]

Ex|ten|si|bi|li|tät ⟨f.; -; unz.⟩ extensible Beschaffenheit, Ausdehnbarkeit

Ex|ten|si|on ⟨f.; -, -en⟩ **1** Ausdehnung, Ausstreckung **2** ⟨Med.⟩ Streckverband [<lat. *extensio* »Ausdehnung«]

ex|ten|si|o|nal ⟨Adj.⟩ **1** auf der Extension (1) beruhend, auf sie bezogen; *Ggs* intensional (1) **2** umfangsidentisch (bes. in der Mengenlehre); *Ggs* intensional (2)

Ex|ten|si|tät ⟨f.; -; unz.⟩ *oV* Extensivität **1** Ausdehnung; *Ggs* Intensität (1) **2** Umfang

ex|ten|siv ⟨Adj.⟩ **1** in die Breite gehend **2** viel Raum, Zeit od. Material verwendend; *~e Landwirtschaft* auf großer Fläche mit wenig Mitteln betriebene L.; *Ggs* intensive Landwirtschaft **3** ⟨Rechtsw.⟩ ausdehnend, erweiternd; *Ggs* restriktiv; *~e Auslegung eines Gesetzes* [<frz. *extensif* »ausdehnend«]

ex|ten|si|vie|ren ⟨[-vi:-] V.⟩ verbreitern, in die Breite wirken; *Ggs* intensivieren

Ex|ten|si|vi|tät ⟨[-vi-] f.; -; unz.⟩ = Extensität

Ex|ten|sor ⟨m.; -s, -so̱ren; Anat.⟩ Streckmuskel [neulat., eigtl. »Ausdehner, Strecker«]

Ex|te|ri|eur ⟨[-ø:r] n.; -s, -e⟩ **1** Äußeres, Außenseite; *Ggs* Interieur (1) **2** Körperbau im Hinblick auf Zuchtziele u. sportliche Leistungsfähigkeit (bei Pferden) **3** Erscheinung [<frz. *extérieur* »äußerlich«]

Ex|te|ri|o|ri|tät ⟨f.; -, -en⟩ Äußeres, Außenseite, Oberfläche

Ex|ter|mi|na|ti|on ⟨f.; -, -en⟩ **1** Vertreibung, Ausweisung aus dem Lande **2** Ausrottung, Vertilgung [<lat. *exterminatio* »Entfernung«]

ex|ter|mi|nie|ren ⟨V.⟩ **1** vertreiben, des Landes verweisen **2** ausrotten, vertilgen [<lat. *exterminare* »vertreiben, entfernen«]

ex|tern ⟨Adj.⟩ ⟨Päd.⟩ draußen befindlich, auswärtig, fremd; *Ggs* intern (1); *~er Schüler* Sch., der nicht im Schülerheim od. Internat wohnt [<lat. *externus* »außerhalb befindlich«]

Ex|ter|na ⟨Pl. von⟩ Externum

ex|ter|na|li|sie|ren ⟨V.; Psych.⟩ nach außen verlegen; *Ggs* internalisieren; *einen Konflikt, ein Problem ~* [→ *extern*]

Ex|ter|na|li|sie|rung ⟨f.; -, -en; Psych.⟩ das Externalisieren; *Ggs* Internalisierung

Ex|ter|nat ⟨n.; -(e)s, -e⟩ Lehranstalt, deren Schüler außerhalb der Schule wohnen; *Ggs* Internat [→ *extern*]

Ex|ter|ne(r) ⟨f. 2 (m. 1)⟩ **1** Schüler(in) einer Schule, der (die) nicht im Internat wohnt **2** Schüler(in), dem (der) eine Schule zur Abschlussprüfung zugewiesen wird, der (sie) vorher nicht besucht hat; *Ggs* Interne(r)

Ex|tern|spei|cher ⟨m.; -s, -; EDV⟩ mit einer EDV-Anlage verbundener Speicher, der seine Daten bei Bedarf an deren Arbeitsspeicher abgibt, Außenspeicher [→ *extern*]

Ex|ter|num ⟨n.; -s, -na⟩ äußerlich anzuwendendes Arzneimittel [→ *extern*]

ex|ter|ri|to|ri|al ⟨Adj.⟩ außerhalb der Landeshoheit stehend

Ex|ter|ri|to|ri|a|li|tät ⟨f.; -; unz.⟩ Unabhängigkeit von der Landeshoheit, z. B. Gerichtsbarkeit des Staates, in dem man sich aufhält

Ex|tink|ti|on ⟨f.; -, -en⟩ **1** ⟨veraltet⟩ Auslöschung, Tilgung **2** Abschwächung des Sonnenlichtes u. des Lichtes der anderen Himmelskörper durch die Atmosphäre **3** durch Absorption

Extrauteringravidität

und Streuung bedingte Lichtabschwächung im Meerwasser [<lat. *extinctio* »Vernichtung«]

◆ Die Buchstabenfolge **ex|tr...** kann auch **extr...** getrennt werden. Davon ausgenommen sind Zusammensetzungen, in denen die fremdsprachigen bzw. sprachhistorischen Bestandteile deutlich als solche erkennbar sind, z. B. *-trahieren, -trakt* (→ *a.* sub|trahieren, Kontrakt).

◆ **ex|tra** ⟨Adj.; undekl.; umg.⟩ **1** besondere(s, -r), über das Übliche hinausgehend; *eine ~ Belohnung; das ist ~* **2** ⟨adv.⟩ **2.1** besonders; *etwas ~ Feines; ~ mild, stark; es geht mir nicht ~* ⟨umg.⟩ nicht besonders (gut) **2.2** gesondert, getrennt; *ich bezahle ~; legen Sie es ~* ⟨umg.⟩ **2.3** eigens, ausschließlich; *er hat es ~ für seine Kinder getan* **2.4** ⟨umg.⟩ absichtlich, um jmdn. zu ärgern; *das macht er immer ~!* **3** *etwas Extraes* ⟨umg.⟩ Besonderes, besonders Feines [lat., »außerhalb«]

◆ **Ex|tra** ⟨n.; -s, -s⟩ Leistungen u. Zubehör, die nicht im Grundpreis enthalten sind od. über die übliche Ausstattung hinausgehen; *dieses Auto besitzt als ~ einen Airbag*

◆ **ex|tra..., Ex|tra...** ⟨in Zus.⟩ **1** außer..., außerhalb **2** Sonder..., außerordentlich

◆ **Ex|tra|blatt** ⟨n.; -(e)s, -blät|ter⟩ aktuelle Sonderausgabe (einer Zeitung)

◆ **ex|tra dry** ⟨[-draɪ]⟩ auf Etiketten bei Süß- od. Schaumwein; bes. trocken, bes. herb [<*extra* + engl. *dry* »trocken«]

◆ **ex|tra|ga|lak|tisch** ⟨Adj.⟩ außerhalb unseres Sternsystems (der Milchstraße) gelegen

◆ **ex|tra|ge|ni|tal** ⟨Adj.; Med.⟩ außerhalb des Genitalbereichs, von ihm unabhängig (gelegen), z. B. die Ursachenlokalisierung von bestimmten Geschlechtskrankheiten [<*extra...* + *genital*]

Ex|tra|hent ⟨m.; -en, -en⟩ **1** jmd., der etwas extrahiert, herausschreibt **2** ⟨Rechtsw.⟩ jmd., auf dessen Antrag eine Verfügung erlassen wird [<lat. *extrahens*, Part. Präs. zu *extrahere* »herausziehen«]

ex|tra|hie|ren ⟨V.⟩ **1** herausschreiben; *aus einem Buch ~* **2** herausziehen; *Zähne, Fremdkörper aus dem Körper ~; gelöste Stoffe aus einer Lösung ~* [<lat. *extrahere* »herausziehen«]

◆ **ex|tra|in|tes|ti|nal** ⟨Adj.; Med.⟩ außerhalb des Darmkanals, der Eingeweide (gelegen) [<*extra...* + *intestinal*]

◆ **ex|tra|kor|po|ral** ⟨Adj.; Med.⟩ außerhalb des Körpers; *Ggs* inkorporal; *~e Befruchtung* [<lat. *extra* »außerhalb« + *corpus*, Gen. *corporis* »Körper«]

Ex|trakt ⟨m.; -(e)s, -e⟩ Auszug; *~ aus Büchern; ~ aus Heilpflanzen; Pflanzen~* [<lat. *extractus*, Part. Perf. zu *extrahere* »herausziehen«]

Ex|trak|teur ⟨[-tøːr] m.; -s, -e⟩ Apparat für eine Extraktion [<frz. *extracteur* »Auszieher, Extraktionsapparat«]

Ex|trak|ti|on ⟨f.; -, -en⟩ **1** das Extrahieren, das Herausziehen, Ausziehen, Auszug **2** Herstellung eines Extraktes **3** die künstl. Entwicklung der Geburt des Kindes, eventuell mittels Zange **4** das Ziehen eines Zahnes [<lat. *extractio* »das Herausziehen«]

ex|trak|tiv ⟨Adj.⟩ **1** ausziehend **2** auslaugend **3** löslich ausziehbar **4** durch Extraktion (erfolgend) [<frz. *extractif* »herausziehend«; → *Extraktion*]

◆ **ex|tra|lin|gual** ⟨Adj.; Sprachw.⟩ außersprachlich, außerhalb des Sprachsystems (gelegen); *Ggs* intralingual [<*extra...* + lat. *lingua* »Sprache«]

◆ **ex|tra|mun|dan** ⟨Adj.⟩ außerweltlich; *Ggs* intramundan [<*extra* + lat. *mundanus* »weltlich«; zu *mundus* »Welt«]

◆ **ex|tra|mu|ral** ⟨Adj.⟩ außerhalb der Stadtmauern (befindlich) [<*extra...* + lat. *murus* »Mauer«]

◆ **ex|tra mu|ros** außerhalb der Stadtmauern (befindlich) [lat.]

◆ **ex|tra|or|di|när** ⟨Adj.⟩ außergewöhnlich [<frz. *extraordinaire* »außerordentlich«]

◆ **Ex|tra|or|di|na|ri|um** ⟨n.; -s, -ri|en⟩ außerordentl. Haushaltsplan (des Staates), der die einmaligen Einnahmen u. Ausgaben umfasst [lat., »das Außerordentliche, Außergewöhnliche«]

◆ **Ex|tra|or|di|na|ri|us** ⟨m.; -, -ri|en⟩ außerordentl. Professor [lat., »außerordentlich, außergewöhnlich«]

◆ **Ex|tra|po|la|ti|on** ⟨f.; -, -en⟩ Schluss auf einen Sachverhalt, der außerhalb eines experimentell zugängl. Bereiches liegt; *Ggs* Interpolation (1); *die Sonnen- u. Mondfinsternisse werden durch ~ vorausberechnet*

◆ **ex|tra|po|lie|ren** ⟨V.⟩ **1** eine Extrapolation durchführen **2** durch Extrapolation berechnen; *Ggs* interpolieren (1) [<*extra...* + inter*polieren*]

◆ **Ex|tra|po|si|ti|on** ⟨f.; -, -en; Sprachw.⟩ meist mit »es« eingeleitete Herausstellung eines Satzteils, z. B. *es freut ihn, dass ihr kommt* [<*Extra* + *Position*]

◆ **Ex|tra|sys|to|le** ⟨f.; -, -n; Med.⟩ außerhalb des normalen Herzschlagrhythmus erfolgende, vorzeitige od. verspätete Herzschläge [<*Extra...* + *Systole*]

◆ **Ex|tra|sys|to|lie** ⟨f.; -, -n; Med.⟩ durch verstärktes Auftreten von Extrasystolen verursachte Herzrhythmusstörung, die zusätzlich Arrhythmien des Pulses zur Folge hat

◆ **Ex|tra|ter|res|trik** *auch:* **Ex|tra|ter|restrik** ⟨f.; -; unz.; Physik⟩ Disziplin der Physik, die sich mit den physikalischen Vorgängen außerhalb der Erde u. ihrer Atmosphäre befasst

◆ **ex|tra|ter|res|trisch** *auch:* **ex|tra|ter|restrisch** ⟨Adj.⟩ nicht von dieser Erde stammend, außerirdisch; *eine ~e Erscheinung* [<*extra* + lat. *terra* »Erde«]

◆ **ex|tra|ter|ri|to|ri|al** ⟨Adj.⟩ außerhalb eines Territoriums gelegen, ihm nicht zugehörig, es nicht betreffend

◆ **Ex|tra|tour** ⟨[-tuːr] f.; -, -en; umg.⟩ eigenwillige, eigenmächtige Handlungsweise innerhalb einer Gruppe

◆ **ex|tra|ute|rin** ⟨Adj.; Med.⟩ außerhalb der Gebärmutter gelegen [<*extra...* + *Uterus*]

◆ **Ex|tra|ute|rin|gra|vi|di|tät** ⟨[-vi-] f.; -, -en; Med.⟩ Schwanger-

extravagant

schaft, bei der sich die befruchtete Eizelle nicht in der Gebärmutter, sondern im Eileiter entwickelt u. oft in die Bauchhöhle durchbricht [<*extrauterin* + *Gravidität*]
- **ex|tra|va|gant** ⟨a. ['--va-] Adj.⟩ 1 ungewöhnlich 2 ausgefallen, überspannt; *ein ~es Benehmen; eine ~e Frau; ~e Kleidung* [frz., »überspannt, närrisch«]
- **Ex|tra|va|ganz** ⟨[-va-] f.; -, -en⟩ 1 ⟨unz.⟩ extravagante Beschaffenheit, extravagantes Wesen 2 ⟨zählb.⟩ extravagante Handlung; *er leistet sich viele ~en* [< frz. *extravagance* »Überspanntheit, Narrheit«]
- **Ex|tra|ver|si|on** ⟨[-ver-] f.; -; unz.⟩ ⟨Psych.⟩ (in der Typenlehre C. G. Jungs) die vorwiegende Einstellung des Denkens, Fühlens und Handelns auf die Außenwelt; *Ggs* Introversion [<*Extra*... + lat. *versus*, Part. Perf. von *vertere* »wenden«]
- **ex|tra|ver|tiert** ⟨[-ver-] Adj.⟩ 1 nach außen gewandt, weltoffen 2 allen äußeren Einflüssen zugänglich; *Ggs* introvertiert [<*extra*... + lat. *vertere* »wenden«]
- **ex|tra|zel|lu|lär** ⟨Adj.⟩ außerhalb der Zelle [<*extra*... + lat. *cellula* »kleine Zelle«]
- **ex|trem** ⟨Adj.⟩ 1 äußerst, höchst od. niedrigst; *~e Werte* Maximum od. Minimum 2 übersteigert, übertrieben; *~e Ansichten* 3 ⟨Politik⟩ einseitig orientiert; *die ~e Linke, Rechte; eine ~e Partei* [<lat. *extremus* »der äußerste«]
- **Ex|trem** ⟨n.; -s, -e⟩ 1 höchster od. niedrigster Grad, äußerste Grenze; *die ~e berühren sich* die äußersten Gegensätze führen zu denselben Folgerungen 2 höchster od. tiefster Wert (Maximum od. Minimum) einer Reihe von Messungen od. Benennungen 3 ⟨Übertreibung⟩ *von einem ~ ins andere fallen* einen Übelstand durch übertriebene Gegenmaßnahmen zu beseitigen suchen; Behauptungen durch übertriebene Gegenbehauptungen zu widerlegen suchen
- **ex|tre|mi|sie|ren** ⟨V.⟩ extrem machen, zum Extremen führen

- **Ex|tre|mi|sie|rung** ⟨f.; -, -en⟩ das Extremisieren
- **Ex|tre|mis|mus** ⟨m.; -; unz.⟩ übersteigert extreme, radikale Haltung
- **Ex|tre|mist** ⟨m.; -en, -en⟩ Anhänger, Vertreter einer extremen Richtung, übersteigert radikal eingestellter Mann
- **Ex|tre|mis|tin** ⟨f.; -, -tin|nen⟩ Anhängerin, Vertreterin einer extremen Richtung, übersteigert radikal eingestellte Frau
- **ex|tre|mis|tisch** ⟨Adj.⟩ auf Extremismus beruhend, extrem, übersteigert radikal
- **Ex|tre|mi|tät** ⟨f.; -, -en⟩ 1 äußerste Begrenzung 2 ⟨unz.⟩ von der gesellschaftl. Norm abweichendes Verhalten 3 ⟨Anat.; meist Pl.⟩ *~en* Gliedmaßen (Arme, Beine) [<lat. *extremitas* »das Äußerste, Grenze«]
- **Ex|trem|sport** ⟨m.; -(e)s, -e⟩ (meist gefahrvolle) Sportart, die körperlich sehr anstrengend ist, z. B. Bungeejumping, Freeclimbing
- **Ex|trem|sport|ler** ⟨m.; -s, -⟩ jmd., der eine Extremsportart ausübt
- **Ex|trem|sport|le|rin** ⟨f.; -, -rin|nen⟩ weibl. Person, die eine Extremsportart ausübt
- **Ex|tre|mum** ⟨n.; -s, -ma⟩ = Extremwert
- **Ex|trem|wert** ⟨m.; -(e)s, -e; Math.⟩ Bereich einer mathemat. Funktion oder Kurve, in dem sie gegenüber ihrer Umgebung einen höchstmöglichen Wert erreicht; *Sy* Extremum
- **ex|trin|sisch** ⟨Adj.; bes. Psych.⟩ von außen kommend, von außen bewirkt; *Ggs* intrinsisch; *~e Motivation* von außen bewirkte Motivation, z. B. durch Strafen, äußere Zwänge [<engl. *extrinsic* <lat. *extrinsecus* »von außen«]
- **ex|trors** ⟨Adj.; Bot.⟩ nach außen gewendet; *Ggs* intrors; *~e Staubbeutel* [<lat. *extrorsus* »nach außen gewendet«]
- **ex|tro|ver|tiert** ⟨[-ver-] Adj.; fälschl. für⟩ extravertiert
- **Ex|tru|der** ⟨n.; -s, -; Technik⟩ zur Verarbeitung thermoplastischer Stoffe eingesetzte Presse, bei der das Material durch entsprechend geformte Düsen gedrückt wird u. anschließend erstarrt [<lat. *extrudere* »heraus-, wegtreiben«]
- **ex|tru|die|ren** ⟨V.; Technik⟩ mit dem Extruder formen; *Kunststoffe ~*
- **Ex|tru|si|on** ⟨f.; -, -en⟩ 1 ⟨Geol.⟩ das Ausfließen von Magma aus Vulkanen auf die Erdoberfläche in Gestalt von Decken u. Strömen 2 ⟨Med.⟩ 2.1 Ausscheidung eines Sekrets aus Drüsenzellen 2.2 anomales Herausragen der Zähne aus dem Kiefer [<lat. *extrusus*, Part. Perf. von *extrudere* »hinausstoßen, -treiben«]
- **ex|tru|siv** ⟨Adj.; Geol.⟩ von einer Extrusion (1) herrührend (von Gestein) [→ *Extrusion*]
- **Ex|tru|siv|ge|stein** ⟨n.; -(e)s, -e; Geol.⟩ aus dem nach einer Extrusion erstarrten Magma gebildetes Gestein

- Die Buchstabenfolge **exu**... kann auch **exu**... getrennt werden. Davon ausgenommen sind Zusammensetzungen, in denen die fremdsprachigen bzw. sprachhistorischen Bestandteile deutlich als solche gekennzeichnet sind, z. B. *ex usu*.

- **ex|u|be|rant** ⟨Adj.⟩ üppig, überschwänglich [<lat. *exuberare* »reichlich hervorkommen«]
- **Ex|u|be|ranz** ⟨f.; -, -en⟩ Überfluss, Überschwänglichkeit, Üppigkeit [→ *exuberant*]
- **Ex|u|lant** ⟨m.; -en, -en; veraltet⟩ Verbannter, Vertriebener [<lat. *exsulans* »in der Verbannung lebend«]
- **ex usu** aus der Erfahrung, dem Brauch nach [lat., »aus dem Gebrauch heraus«]
- **Ex|u|via** ⟨[-via] f.; -, -vi|en [-vjən]⟩ 1 ⟨Zool.⟩ abgestreifte Haut (von Schlangen, Krebsen usw.) 2 Siegesbeute 3 als Reliquie aufbewahrtes Gewand [<lat. *exuviae* »abgezogene Tierhaut«]
- **ex voto** ⟨[vo̯:-]⟩ aufgrund eines Gelübdes (Formel in altröm. Weihinschriften) [lat., »aus einem Gelübde heraus«]
- **Exz.** ⟨Abk. für⟩ Exzellenz
- **ex|zel|lent** ⟨Adj.⟩ hervorragend, ausgezeichnet; *ein ~er Vertrag*

[<lat. *excellens*, Part. Präs. zu *excellere* »hervorragen«]

Ex|zel|lenz 〈f.; -, -en; Abk.: Exz.〉 Titel von Ministern u. hohen Beamten sowie von Gesandten u. Botschaftern [<lat. *excellentia* »Erhabenheit, hervorragende Persönlichkeit«]

ex|zel|lie|ren 〈V.; geh.〉 hervorragen, glänzen [<lat. *excellere* »hervorragen, sich auszeichnen«]

ex|zel|si|or! höher (hinauf)! [<lat. *excelsior* »höher emporragend«]

Ex|zen|ter 〈m.; -s, -〉 Scheibe, deren Drehpunkt außerhalb des Mittelpunktes liegt [<*Ex... + Zentrum*]

Ex|zen|ter|pres|se 〈f.; -, -n〉 Presse, deren Druckwirkung durch einen Exzenter erzeugt wird

Ex|zen|trik *auch:* **Ex|zent|rik** 〈f.; -; unz.〉 **1** mit Komik dargebotene Artistik **2** Überspanntheit **3** Absonderlichkeit

Ex|zen|tri|ker *auch:* **Ex|zent|ri|ker** 〈m.; -s, -〉 **1** Artist der Exzentrik **2** jmd., der exzentrisch (2) ist

Ex|zen|tri|ke|rin *auch:* **Ex|zent|ri|ke|rin** 〈f.; -, -rin|nen〉 **1** Artistin der Exzentrik **2** weibl. Person, die exzentrisch (2) ist

ex|zen|trisch *auch:* **ex|zent|risch** 〈Adj.〉 **1** 〈Math.〉 *~e Kreise* K. ohne gemeinsamen Mittelpunkt **2** 〈fig.〉 überspannt, zu merkwürdigen Einfällen neigend, absonderlich, verstiegen [<*Ex... + Zentrum*]

Ex|zen|tri|zi|tät *auch:* **Ex|zent|ri|zi|tät** 〈f.; -; unz.〉 **1** das Abweichen vom, der Abstand zum Mittelpunkt **2** 〈fig.〉 exzentr. Wesen, Überspanntheit **3** 〈Math.〉 **3.1** *lineare~* Abstand zwischen Brennpunkt u. Mittelpunkt von Kegelschnitten **3.2** *numerische ~* Verhältnis zwischen linearer *~* u. großer Halbachse

Ex|zep|ti|on 〈f.; -, -en〉 Ausnahme, Einrede, Einwand [<lat. *exceptio* »Ausnahme«; → *exzipieren*]

Ex|zep|ti|o|na|lis|mus 〈m.; -; unz.; Geol.〉 (heute verworfene) Lehre, dass in der Erdgeschichte früher Kräfte wirksam waren, die heute nicht mehr tätig sind

ex|zep|ti|o|nell 〈Adj.〉 ausnahmsweise (eintretend), außergewöhnlich; *ein ~es Talent* [<frz. *exceptionnel* »außergewöhnlich«; zu lat. *exceptio* »Ausnahme«]

ex|zep|tiv 〈Adj.〉 ausschließend, ausnehmend, Ausnahme...

Ex|zep|tiv|satz 〈m.; -es, -sät|ze; Gramm.〉 Nebensatz, der einen irrealen Fall als Bedingung für die Aufhebung der Aussage des Hauptsatzes angibt, z. B. »das Schiff kann nicht auslaufen, es sei denn, der Sturm ließe nach«

ex|zer|pie|ren 〈V.〉 (aus Büchern) herausschreiben, herausziehen, Auszüge machen [<lat. *excerpere* »herausnehmen, auslesen«]

Ex|zerpt 〈n.; -(e)s, -e〉 Auszug; *~ aus einem Buch* [<lat. *excerptum*, Part. Perf. zu *excerpere* »herausnehmen«]

Ex|zerp|ti|on 〈f.; -; unz.〉 das Exzerpieren

Ex|zess 〈m.; -es, -e〉 **1** Ausschreitung, Ausschweifung, Überschreitung gebotener Grenzen **2** *sphärischer ~* 〈Math.〉 Überschuss der Winkelsumme eines Kugeldreiecks über 180° [<lat. *excessus* »das Herausgehen, Überschreiten«; zu *excedere* »herausgehen«]

Exzess (*Laut-Buchstaben-Zuordnung*) Die im Deutschen übliche Kennzeichnung eines kurzen Vokals durch Verdoppelung des Folgekonsonanten wird auch auf Fremdwörter angewendet. Nach kurzem Vokal wird daher auch bei Fremdwörtern mit dem Buchstabe »ß« künftig durch die Schreibung »ss« ersetzt (→*a.* Express).

ex|zes|siv 〈Adj.〉 **1** übertrieben, übermäßig, maßlos **2** 〈Meteor.〉 *~es Klima* Kontinentalklima [<frz. *excessif* »übermäßig«]

ex|zi|die|ren 〈V.〉 herausschneiden [<lat. *excidere* »ausschneiden, abhauen«]

ex|zi|pie|ren 〈V.〉 ausnehmen, als Ausnahme hinstellen [<lat. *excipere* »ausnehmen, eine Ausnahme machen«]

Ex|zi|si|on 〈f.; -, -en; Med.〉 das Herausschneiden, operative Entfernung; *~ von Gewebe, Geschwülsten* [→ *exzidieren*]

Ex|zi|ta|bi|li|tät 〈f.; -; unz.; Med.; Psych.〉 Reizbarkeit, Erregbarkeit [<lat. *excitare* »erregen«]

Ex|zi|tans 〈n.; -, -tan|ti|en; Med.〉 Herz, Kreislauf od. Nervensystem anregendes Arzneimittel [<lat. *excitare* »erregen«]

Ex|zi|ta|ti|on 〈f.; -, -en; Med.; Psych.〉 Erregung(szustand)

ex|zi|tie|ren 〈V.; Med.〉 (durch Medikamente) stimulieren, anregen; *den Kreislauf ~* [<lat. *excitare* »antreiben, erregen«, eigtl. »heraustreiben«]

Ex|zi|ton 〈n.; -s, -e; El.〉 bewegungsfähiges Gebilde in Halbleitern oder Isolatoren, bestehend aus angeregtem Elektron u. dem durch die Anregung zurückgelassenen positiven Zustand [→ *exzitieren*]

Eye|cat|cher 〈[ˈa͜ɪkætʃə(r)] m.; -s, -〉 **1** 〈Zeitungsw.〉 auf der ersten Seite zentral positionierte, oft durch ein Foto unterstützte Artikelüberschrift **2** etwas, das bes. auffällig dekoriert od. gestaltet ist (um die Aufmerksamkeit auf eine bestimmte Ware od. ein Produkt lenkt) [<engl. *eyecatcher* »Blickfang«]

Eye|li|ner 〈[ˈa͜ɪla͜ɪnə(r)] m.; -s, -〉 kosmet. Stift od. Pinsel u. Farbstoff für einen Lidstrich; *Sy* Liner (3) [engl.]

Ey|rir 〈m. od. n.; -s, Au͜rar〉 isländ. Währungseinheit, $^1/_{100}$ Krona [isländ.]

EZB 〈f.; -; unz.; Abk. für〉 Europäische Zentralbank

E|zine 〈[ˈiːziːn] n.; -s, -s; EDV; Kurzwort für engl.〉 Electronic Magazine (elektronische Zeitschrift, Internetmagazin); →*a.* Fanzine

f 1 〈Zeichen für〉 die nicht mehr zulässige Längeneinheit Fermi **2** 〈bei Maßeinheiten Abk. für〉 Femto- **3** 〈Abk. für〉 Frequenz **4** 〈Abk. für〉 forte

F

F 1 ⟨auf der Stellscheibe von Uhren Abk. für engl.⟩ fast (schnell); *Sy* A (3); *Ggs* R (5) **2** ⟨Zeichen für⟩ Farad **3** ⟨chem. Zeichen für⟩ Fluor
f. ⟨Abk. für⟩ Femininum
Fa ⟨n.; -, -; Musik⟩ Ton F, in der Tonika-Do-Methode jeweils der vierte Ton einer Tonleiter; →*a.* Solmisation [ital. u. frz.]
Fa. ⟨Abk. für⟩ Firma
Fa|bel ⟨f.; -, -n⟩ **1** lehrhafte, oft witzig-satirische Erzählung, in der die Tiere so wie Menschen handeln u. in der eine allgemeine Wahrheit od. Moral zum Ausdruck gebracht wird **2** der einfache Handlungsablauf ohne Nebenhandlungen, Grundplan einer Dichtung **3** erdichtete, unglaubl. Geschichte [<mhd. *fabele* »(unwahre) Erzählung, Märchen« <afrz. *fable* <lat. *fabula*]

◆ Die Buchstabenfolge **fa|br...** kann auch **fab|r...** getrennt werden.

◆**Fa|brik** ⟨f.; -, -en⟩ Stätte zur maschinellen Herstellung von Halb- od. Fertigfabrikaten [<frz. *fabrique* »Herstellung, Herstellungsart« (17. Jh.), »Gebäude zur Herstellung von Waren« <lat. *fabrica* »Handwerkerarbeit«; zu *faber* »Handwerker«]
◆**Fa|bri|kant** ⟨m.; -en, -en⟩ Inhaber einer Fabrik, Hersteller von Fabrikwaren [<frz. *fabricant*]
◆**Fa|bri|kan|tin** ⟨f.; -, -tin|nen⟩ Inhaberin einer Fabrik, Herstellerin von Fabrikwaren
◆**Fa|bri|kat** ⟨n.; -(e)s, -e⟩ in einer Fabrik hergestelltes Erzeugnis [<lat. *fabricatium* »das Hergestellte«]
◆**Fa|bri|ka|ti|on** ⟨f.; -, -en⟩ das Fabrizieren, Herstellen von Waren in einer Fabrik [<lat. *fabricatio* »Herstellung«]
◆**fa|bri|ka|to|risch** ⟨Adj.⟩ die Fabrikation betreffend, zu ihr gehörend, herstellungsmäßig; ~*e Mängel beheben*
◆**fa|bri|zie|ren** ⟨V.⟩ **1** in einer Fabrik herstellen **2** ⟨fig.; umg.; scherzh.⟩ (laienhaft) herstellen, zurechtbasteln; *da hast du ja wieder etwas Schönes fabriziert!*

[<lat. *fabricare* »verfertigen, herstellen«]
Fa|bu|la do|cet die Fabel, Geschichte lehrt... (die Moral von der Geschichte ist...) [lat.]
Fa|bu|lant ⟨m.; -en, -en⟩ **1** fantasiebegabter Plauderer **2** ⟨abwertend⟩ Schwätzer [<lat. *fabulans*, Part. Präs. zu *fabulari* »plaudern, schwatzen«]
fa|bu|lie|ren ⟨V.⟩ **1** Fabeln erdichten **2** Geschichten erfinden **3** fantasievoll erzählen [<lat. *fabulari* »plaudern, schwatzen«]
Fa|bu|list ⟨m.; -en, -en⟩ **1** Dichter, Dichter von Fabeln **2** Plauderer [<frz. *fabuliste* »Fabeldichter«]
fa|bu|lös ⟨Adj.; umg.; scherzh.⟩ **1** fabel-, märchenhaft **2** unwirklich, unwahrscheinlich
face ⟨[faːs]⟩ → *en face* [frz.]
Face|lif|ting ⟨[fɛɪs-] n.; -s, -s⟩ kosmet. Gesichtsoperation zur Beseitigung von altersbedingten Hautfalten [<engl. *face* »Gesicht« + *lifting* »Anheben«]
Face-to-Face-Kom|mu|ni|ka|ti|on ⟨[fɛɪstufɛɪs-] f.; -, -en; bes. Wirtsch.⟩ Kommunikation zwischen Gesprächspartnern, die sich direkt gegenüberstehen [<engl. *face to face* »von Angesicht zu Angesicht«]

Facette / Fassette ⟨*Laut-Buchstaben-Zuordnung*⟩ In die Alltagssprache eingegangene Fremdwörter können in vielen Fällen künftig neben der in der Herkunftssprache üblichen Schreibung auch eine integrierte Schreibung aufweisen, die sich an der deutschen Laut-Buchstaben-Zuordnung orientiert. Häufig sind integrierte Schreibweisen schon seit langem Bestandteil des Deutschen (→*a.* Façon / Fasson).

Fa|cet|te ⟨[fasɛtə] f.; -, -n⟩ *oV* Fassette **1** geschliffene Fläche an Edelsteinen od. Glas **2** ⟨Typ.⟩ schräger Rand des Klischees zum Befestigen auf der Druckunterlage **3** ⟨fig.⟩ Aspekt, Gesichtspunkt; *die vielen ~n der zeitgenössischen Literatur* [<frz. *facette*, Verkleinerungsform zu *face* »Gesicht«; → *en face*]
Fa|cet|ten|au|ge ⟨[fasɛtən-] n.; -s, -n⟩ aus mehreren einzelnen

Augen zusammengesetztes Sinnesorgan der Gliederfüßer, Komplexauge, Netzauge; *oV* Fassettenauge
fa|cet|tie|ren ⟨[fasɛt-] V.⟩ *oV* fassettieren **1** mit Facetten versehen **2** abschrägen
Fa|ci|a|lis ⟨[fatsi-] m.; -; unz.; Anat.⟩ = Fazialis
Fa|ci|es ⟨[faːtsies] f.; -, -; Med.⟩ **1** Gesicht **2** Außenfläche von Knochen u. Organen **3** typischer Gesichtsausdruck bei bestimmten Krankheiten **4** = Fazies [lat., »Gesicht«]
Fa|ci|li|ty ⟨[fəsɪlɪti] f.; -, -s; Wirtsch.⟩ **1** Ausstattung, Service, bes. Abfertigungseinheit in der Operationsforschung, z. B. Kasse, Telefonzelle **2** Gesamtheit der Möglichkeiten, bei Banken einen Kredit aufzunehmen [engl., »Möglichkeit, Einrichtung«]
Fa|ci|li|ty-Ma|nage|ment ⟨[fəsɪlɪtimænɪdʒmənt] n.; (-) -s, (-) -s; Wirtsch.⟩ **1** Betreuung von Gewerbeimmobilien (Banken, Kaufhäusern u. Ä.), Gebäudemanagement **2** durch Optimierung der Flächen von betrieblich genutzten Grundstücken u. Gebäude erzielte Kostensenkung [<engl. *facility* »Leichtigkeit; Erleichterung« + *Management*]
Fa|çon ⟨[fasɔ̃ː] f.; -, -s⟩ = Fasson
Fa|çon|né ⟨[fasɔneː] m.; - od. -s, -s; Textilw.⟩ Gewebe mit kleinen Bindungsmustern, die längs, quer od. gekreuzt angeordnet sind; →*a.* Fasson (2) [<frz. *façonner* »mustern«]
Fact ⟨[fækt] m.; -s, -s; umg.; salopp⟩ Faktum, Tatsache; *das sind die ~s* [engl.]
Fac|tion ⟨[fækʃn] f.; -; unz.; Lit.; Film⟩ Literatur- od. Filmgattung, in der wahre Begebenheiten verarbeitet werden [verkürzt <engl. *fact* »Tatsache« + *fiction* »Erdichtung, Erfindung«]
Fac|tion|pro|sa ⟨[fækʃn-] f.; -; unz.; Lit.⟩ auf Fakten gestützte Prosa mit dokumentar. Absicht unter Verwendung authentischer Personennamen, Kartenskizzen, Tonbänder u. Ä.
Fac|to|ring ⟨[fæktərɪŋ] n.; - od. -s; unz.; Wirtsch.⟩ Methode

der Absatzfinanzierung über eine Finanzierungsgesellschaft (z. B. Kreditinstitut), die die Lieferungsforderungen erwirbt [<engl. *factor* »Vertreter«]

Fac|to|ry-Out|let ⟨[fæktərɪaʊtlet] n.; -s, -s; Wirtsch.⟩ (bes. in den USA populäres) Einkaufszentrum mehrerer Hersteller, in dem Markenprodukte im Direktverkauf erheblich günstiger angeboten werden als im Einzelhandel; *Sy* Outlet [<engl. *factory* »Fabrik« + *outlet* »Verkaufsstelle«]

Fa|cul|tas Do|cen|di ⟨f.; - -; unz.⟩ Lehrbefähigung, Berechtigung, (an einer Hochschule) zu lehren [lat., »die Befähigung des Lehrens, zu lehren«]

Fa|den|mo|le|kül ⟨n.; -s, -e⟩ lang gestrecktes Makromolekül

Fa|des|se ⟨[-dɛs-] f.; -, -s; österr.⟩ langweiliges Gehabe, seichtes Gerede, Belanglosigkeit [<frz. *fadaise*]

Fa|ding ⟨[feɪdɪŋ] n.; -s; unz.; Funkw.⟩ **1** An- u. Abschwellen des Tones **2** Ausblenden des Tones durch stetige Abnahme der Lautstärke (bes. bei der Wiedergabe von Musikstücken) **3** ⟨Kfz-Technik⟩ Nachlassen der Bremswirkung bei anhaltender Betätigung der Bremsen aufgrund von Überhitzung, Schwund [engl., »Schwundeffekt«; zu *fade* »dahinschwinden«]

fa|di|sie|ren ⟨V.; österr.⟩ *sich* ~ sich langweilen

Fa|do ⟨port. [faːðu] m.; -s, -s; Musik⟩ schwermütiges portugiesisches Volkslied [portug., eigtl. »Schicksal«]

Fa|gott ⟨n.; -(e)s, -e; Musik⟩ tiefstes Holzblasinstrument mit geknicktem Blasrohr u. zweiblättrigem Rohrblatt [<ital. *fagotto* »Reisigbündel« (nach dem Aussehen des früher gestreckten Ansatzrohres)]

Fa|got|tist ⟨m.; -en, -en; Musik⟩ Fagottbläser

Fa|got|tis|tin ⟨f.; -, -tin|nen; Musik⟩ Fagottbläserin

Fah|ren|heit ⟨Zeichen: °F⟩ Maßeinheit einer Temperaturskala, deren Nullpunkt bei 17,78 °C liegt, 0 °C = + 32 °F, 100 °C = 212 °F [nach dem dt. Physiker Daniel Gabriel *Fahrenheit*, 1686-1736]

Fai|ble *auch:* **Faible** ⟨[fɛːbl] od. engl. [fɛɪbl] n.; -s, -s⟩ Vorliebe, Neigung, Schwäche; *ein ~ für etwas od. jmdn. haben* [frz., »schwach, schwache Stelle«]

Fail|le ⟨[faːj] od. [faljə] f.; -; unz.; Textilw.⟩ taftähnlicher Ripsstoff für Kleider u. Mäntel aus Seide od. Chemiefäden [frz.]

fair ⟨[fɛːr] Adj.⟩ ehrlich, anständig (bes. im Sport); *Ggs* unfair; ~ *spielen* ehrlich spielen, die Spielregeln einhalten [engl., »gerecht, unparteiisch«]

Fair|ness ⟨[fɛːr-] f.; -; unz.⟩ faires Wesen, Ehrlichkeit, Anständigkeit (bes. im Sport) [<engl. *fairness* »Ehrlichkeit, Unparteilichkeit«]

Fair|play *auch:* **Fair Play** ⟨[fɛːrpleɪ] n.; (-) -; unz.; Sport⟩ faires Spiel [engl.]

Fair|way ⟨[fɛːrweɪ] n.; -s, -s; Sport; Golf⟩ gepflegte Spielbahn [engl., »Fahrwasser«]

Fai|ry|chess ⟨[fɛːritʃes] n.; -; unz.⟩ Teilgebiet des Problemschachs mit neuen Figuren od. abgewandeltem Spielbrett [<engl. *fairy* »Fee« + *chess* »Schachspiel«]

Fait ac|com|pli *auch:* **Fait ac|comp|li** ⟨[fɛtakɔ̃pliː] n.; - -, - -s [fɛzakɔ̃pliː]⟩ vollendete Tatsache [frz.]

fä|kal ⟨Adj.⟩ von Fäkalien herrührend, aus Fäkalien bestehend, kotig [zu lat. *faeces* »Kot«]

Fä|kal|dün|ger ⟨m.; -s, -⟩ aus Fäkalien bestehender Dünger [→ *fäkal*]

Fä|ka|li|en ⟨Pl.⟩ menschl. Ausscheidungen, Kot, Harn

Fake ⟨[feɪk] m. od. n.; -s, -s; umg.; salopp⟩ **1** Simulation, Täuschung; *die Geschichte ist ein ~* **2** Fälschung, Imitation eines teuren Markenproduktes; *die Uhr hat sich als ~ entpuppt* [engl.]

Fa|kih ⟨m.; -s, -s⟩ Lehrer des islamischen Rechts [arab.]

Fa|kir ⟨m.; -s, -ki|re⟩ indischer Asket, Gaukler [<arab. *faqir* »arm«]

Fak|si|mi|le ⟨[-leː-] n.; -s, -s⟩ (bes. gedruckte) originalgetreue Nachbildung; ~ *einer Handschrift, eines Druckes* [<lat. *fac simile* »mach (es) ähnlich«]

Fak|si|mi|le|druck ⟨[-leː-] m.; -s, -e⟩ fotomechanische, originalgetreue Nachbildung von alten Handschriften, Frühdrucken u. a. historisch bedeutenden Schriftwerken

fak|si|mi|lie|ren ⟨V.⟩ ein Faksimile machen von, originalgetreu nachbilden; *eine Handschrift* ~; *einen Druck* ~

Fakt ⟨m. od. n.; -(e)s, -en⟩ = Faktum

Fak|ta ⟨Pl. von⟩ Faktum

Fak|ten ⟨Pl. von⟩ Faktum

...fak|ti|on ⟨in Zus.⟩ das Machen [<lat. *facere* »machen«]

Fak|ti|on ⟨f.; -, -en⟩ bes. aktive od. radikale Gruppe innerhalb einer Partei, deren Auffassungen u. Ziele nicht mit denen der Partei übereinstimmen [<lat. *factum* »Tat, Handlung«]

fak|ti|ös ⟨Adj.⟩ Partei ergreifend, aufwieglerisch [<frz. *factieux* <lat. *factiosus* »parteisüchtig, aufrührerisch«]

fak|tisch ⟨Adj.⟩ tatsächlich, wirklich im Hinblick auf die Fakten, in Wirklichkeit; *das bedeutet ~ den Zusammenbruch; es ist ~ unmöglich; das kommt ~ auf dasselbe heraus* [→ *Faktum*]

fak|ti|tiv ⟨Adj.⟩ bewirkend; ~*es Verbum* = Faktitivum, Kausativum [zu lat. *factum* »Handlung, Tat«]

Fak|ti|tiv ⟨n.; -s, -e [-və]⟩ = Kausativ

Fak|ti|zi|tät ⟨f.; -; unz.⟩ Tatsächlichkeit; *Ggs* Logizität

fak|to|lo|gisch ⟨Adj.⟩ die Fakten betreffend, auf ihnen beruhend

Fak|tor ⟨m.; -s, -to|ren⟩ **1** Leiter einer Faktorei **2** Werkmeister in einer Druckerei od. Setzerei **3** Zahl, die mit einer anderen multipliziert wird; →*a.* Multiplikand, Multiplikator **4** ⟨fig.⟩ maßgebender Umstand, Triebfeder, bestimmendes Element [<lat. *factor* »derjenige, der etwas tut, schafft«]

Fak|to|rei ⟨f.; -, -en⟩ überseeische Handelsniederlassung

fak|to|ri|ell ⟨Adj.⟩ nach Faktoren (4) aufgefächert, in Faktoren unterteilt

Fak|to|tum ⟨n.; -s, -s od. -to|ten⟩ Helfer für alle Arbeiten, Mäd-

Faktum

chen für alles [<lat. *fac totum* »tu alles, mach alles«]
Fak|tum ⟨n.; -s, Fak|ta od. Fak|ten⟩ *oV* Fakt **1** Tatsache; *die Fakten sprechen gegen ihn, gegen seine Behauptung* **2** Geschehnis [<lat. *factum* »Tat, Handlung«]
Fak|tur ⟨f.; -, -en⟩ *oV* Faktura **1** Rechnung (für eine Ware) **2** Lieferschein [<ital. *fattura* »Warenverzeichnis mit Berechtigung«; → *Faktum*]
Fak|tu|ra ⟨f.; -, -ren⟩ = Faktur
fak|tu|rie|ren ⟨V.⟩ **1** Fakturen (aus)schreiben **2** *eine Ware ~ berechnen* [→ *Faktur*]
Fak|tu|rier|ma|schi|ne ⟨f.; -, -n⟩ kombinierte Schreib- u. Rechenmaschine zum Erfassen von Waren u. zur Ausfertigung von Rechnungen
Fak|tu|rist ⟨m.; -en, -en⟩ kaufmänn. Angestellter, der Fakturen schreibt u. prüft
fä|ku|lent ⟨Adj.⟩ kotartig [zu lat. *faeces* »Kot«]
Fa|kul|tas ⟨f.; -, -täl|ten⟩ Lehrbefähigung [<lat. *facultas* »Fähigkeit, Befähigung«]
Fa|kul|tät ⟨f.; -, -en⟩ **1** Gruppe zusammengehöriger Wissenschaften, z. B. Naturwissenschaften, Philosophie **2** eine Gruppe von Wissenschaften umfassende Hochschulabteilung; *juristische, medizinische, naturwissenschaftliche, philosophische ~* **3** das Gebäude, in dem gelehrt wird **4** ⟨unz.; Math.; Zeichen: !⟩ das Produkt aller natürl. Zahlen von 1 bis n (geschrieben: n!, gesprochen: n Fakultät), z. B. 5! = 1 · 2 · 3 · 4 · 5 = 120 [<lat. *facultas* »Fertigkeit in einem Wissenszweig; Wissenszweig, Forschungsgebiet«]
fa|kul|ta|tiv ⟨Adj.⟩ = optional; *Ggs* obligatorisch; *~e Fächer* [<frz. *facultatif* »beliebig, unverbindlich«]
Fa|lan|ge ⟨span. [-laŋxə] f.; -; unz.⟩ faschistische Partei Spaniens
Fa|lan|gist ⟨span. [-laŋxıst] m.; -en, -en⟩ **1** Anhänger der Falange **2** Mitglied der rechtsgerichteten, christlichen Falangepartei im Libanon
Fal|bel ⟨f.; -, -n; Textilw.⟩ Besatz von gefälteltem Stoff [<frz. *falbala* <prov. *farbello* »Falte«]

fäl|beln ⟨V.; Textilw.⟩ **1** in kleine Falten legen **2** mit einer Falbel besetzen [→ *Falbel*]
Fal|ko|nett ⟨n.; -s, -e; im 16. u. 17. Jh.⟩ leichtes Geschütz mit kleinem Kaliber, Feldschlange [<ital. *falconetto*]
Fal|la|zi|en ⟨Pl.; Philos.⟩ formal unrichtige Schlüsse [<lat. *fallacia* »Täuschung, Betrug«]
fal|lie|ren ⟨V.⟩ die Zahlungen einstellen, in Konkurs gehen [<ital. *fallire* »verfehlen, versäumen, täuschen«]
Fal|li|ment ⟨n.; -s, -e⟩ = Fallissement [ital.; → *fallieren*]
Fal|lis|se|ment ⟨[falis(ə)mãː] n.; -s, -s⟩ Zahlungsunfähigkeit, Konkurs [<frz. (in Frankreich nicht gebräuchl.) *faillissement*; zu *faillir* »in Konkurs geraten«]
fal|lit ⟨Adj.⟩ zahlungsunfähig [<ital. *fallito* »Zahlungsunfähiger«; → *fallieren*]
Fal|lot ⟨m.; -en, -en; österr.⟩ Betrüger; *oV* Falott [<frz. *falot* »lustiger Bursche«; vermutl. <engl. *fellow;* → *Fellow*]
Fall-out auch: **Fall|out** ⟨[fɔːlaʊt] n. od. m.; -s, -s⟩ Niederschlag von radioaktiven Stoffen aus der Atmosphäre, die z. B. bei Kernwaffenexplosionen entstehen [engl., »radioaktiver Niederschlag«]
Fal|lott ⟨m.; -en, -en⟩ = Fallot
Fal|sa ⟨Pl. von⟩ Falsum
False|friend auch: **False Friend** ⟨[fɔːlsfrend] m.; (-) -, (-) -s; Sprachw.; engl. Bez. für⟩ Fauxamis [engl., eigtl. »falscher Freund«]
Fal|sett ⟨n.; -(e)s, -e; Musik⟩ durch Brustresonanz verstärkte Kopfstimme der Männer; *Sy* Falsettstimme; *→a.* Fistelstimme [<ital. *falsetto*]
fal|set|tie|ren ⟨V.; Musik⟩ Falsett singen, mit Falsettstimme singen
Fal|set|tist ⟨m.; -en, -en; Musik⟩ Sänger, der mit Falsettstimme singt
Fal|sett|stim|me ⟨f.; -, -n; Musik⟩ = Falsett
Fal|si|fi|kat ⟨n.; -(e)s, -e⟩ Fälschung, gefälschter Gegenstand [zu lat. *falsificatum* »gefälscht«]
Fal|si|fi|ka|ti|on ⟨f.; -, -en⟩ **1** ⟨veraltet⟩ Fälschung, das Fälschen

2 das Falsifizieren (2); *Ggs* Verifikation [zu lat. *falsificare* »fälschen«]
fal|si|fi|zie|ren ⟨V.⟩ **1** ⟨veraltet⟩ fälschen **2** *eine Hypothese ~* widerlegen, bei Überprüfung als falsch erkennen; *Ggs* verifizieren [<lat. *falsificare*]
Fal|sum ⟨n.; -s, Fal|sa; veraltet⟩ **1** Irrtum **2** etwas Falsches, Fälschung, Betrug [lat., »das Falsche«]
Fa|ma ⟨f.; -; unz.⟩ **1** Gerücht, Nachrede **2** Leumund, Ruf **3** ⟨röm. Myth.⟩ die Personifikation des Gerüchts als weibl. Dämon mit vielen Augen, Ohren u. Zungen [lat., »Gerücht, öffentliche Meinung«]
fa|mi|li|al ⟨Adj.⟩ die Familie als soziale Gruppe betreffend, zu ihr gehörig
fa|mi|li|är ⟨Adj.⟩ **1** die Familie betreffend **2** vertraut, zwanglos **3** vertraulich, aufdringlich vertraut [<lat. *familiaris* »zum Hauswesen gehörig«]
Fa|mi|li|a|re ⟨m.; -n, -n⟩ **1** Leibeigener Diener im Kloster [<lat. *familiaris* »zum Hauswesen gehörig, Sklave, Bediensteter«]
Fa|mi|li|a|ri|tät ⟨f.; -, -en⟩ **1** familiäres Benehmen, familiäre Beschaffenheit, Vertrautheit, Zwanglosigkeit **2** Vertraulichkeit, Zudringlichkeit [<lat. *familiaritas* »vertrauter Umgang«]
Fa|mi|lie ⟨[-ljə] f.; -, -n⟩ **1** ⟨i. e. S.⟩ Eltern u. Kinder; *~ Müller; eine ~ ernähren; eine fünfköpfige, große, kleine, kinderreiche ~; (keine) ~ haben* (nicht) verheiratet sein u. (keine) Kinder haben; *die Heilige ~* Maria, Joseph u. das Jesuskind **2** ⟨i. w. S.⟩ Geschlecht, Sippe, alle Verwandten **3** ⟨Biol.⟩ auf Grund von Regeln der Abstammungslehre verwandte Gattungen [<lat. *familia* »Hausgenossenschaft, Hauswesen«]
Fa|mi|lis|mus ⟨m.; -; unz.⟩ allzu starke Bindung an die Familie bei der Bildung von Sozialkontakten
fa|mos ⟨Adj.; umg.⟩ großartig, herrlich [<lat. *famosus* »viel besprochen, berühmt, berüchtigt«; zu *fama* »Gerücht«; im

18. Jh. beeinflusst von frz. *fameux* »berühmt«]
Fa|mu|la ⟨f.; -, -lae [-lɛː]⟩ weibl. Famulus
Fa|mu|lant ⟨m.; -en, -en⟩ = Famulus (2)
Fa|mu|la|tur ⟨f.; -, -en⟩ Praktikum eines Famulus (2) od. einer Famula im Krankenhaus
fa|mu|lie|ren ⟨V.⟩ als Famulus tätig sein, eine Famulatur absolvieren
Fa|mu|lus ⟨m.; -, -mu|li⟩ **1** Assistent eines Hochschulprofessors **2** Medizinstudent, der im Krankenhaus sein Praktikum ableistet; *oV* Famulant [lat., »Sklave, Diener«; zu *familia* »Hausgenossenschaft, Hauswesen«]
Fan ⟨[fæn] m.; -s, -s⟩ begeisterter Anhänger; *Film~; Jazz~; Sport~; er ist Kylies größter ~* [engl.; verkürzt <*fanatic* »begeisterter Liebhaber«]
Fa|nal ⟨n.; -s, -e⟩ **1** Feuerzeichen **2** (fig.) Zeichen für den Beginn großer Ereignisse [frz., »Signal-, Schiffslaterne, Leuchtfeuer«]
Fa|na|ti|ker ⟨m.; -s, -⟩ Eiferer, unduldsamer Verfechter einer Überzeugung [<lat. *fanaticus* »von der Gottheit ergriffen, rasend«; zu *fanum*, »heiliger Ort«; → *profan*]
Fa|na|ti|ke|rin ⟨f.; -, -rin|nen⟩ Eiferin, unduldsame Verfechterin einer Überzeugung
fa|na|tisch ⟨Adj.⟩ sich blind-leidenschaftl. einsetzend, unduldsam eifernd u. zu überzeugen versuchend; *er ist ein ~er Umweltaktivist* [→ *Fanatiker*]
fa|na|ti|sie|ren ⟨V.⟩ zum Fanatismus aufpeitschen, aufhetzen
Fa|na|tis|mus ⟨m.; -; unz.⟩ blindübertriebener u. unduldsamer Eifer (für eine Überzeugung)
Fan|cy|dress *auch:* **Fan|cy Dress** ⟨[fænsɪ-] n.; (-) -, (-) -es [-sɪz]⟩ fantasievolles Kostüm [engl., »Maskenkostüm«]
Fan|cy|drink *auch:* **Fan|cy Drink** ⟨[fænsɪ-] m.; (-) -s, (-) -s⟩ Getränk aus mehreren Substanzen, wobei Rezeptur, Menge u. verwendete Zutaten wechseln können [<engl. *fancy* »fantastisch, fantasievoll« + *drink* »Getränk, Trunk«]

Fan|cy|work *auch:* **Fan|cy Work** ⟨[fænsɪwœːk] n.; (-) -s, (-) -s⟩ aus Tauen od. Seilen geflochtene Figuren, Verzierungen u. Kunstknoten [engl., »feine Handarbeiten«]
Fan|dan|go ⟨m.; -s, -s; Musik⟩ feuriger span. Tanz im $^3/_4$-, $^3/_8$- od. $^6/_8$-Takt [span.]
Fan|fa|re ⟨f.; -, -n; Musik⟩ **1** Trompetensignal **2** kurzes, signalähnl. Musikstück bes. für Trompete od. Horn **3** helle, ventillose Trompete [frz., »Trompetengeschmetter«; Herkunft unsicher]
Fan|glo|me|rat *auch:* **Fang|lo|me|rat** ⟨n.; -(e)s, -e; Geogr.; in Trockengebieten⟩ Schlammablagerungen aus nur zeitweise Wasser führenden Flüssen [<engl. *fan* »Schlammkegel« (nach dem Muster von *Agglomerat* gebildet)]
Fan|go ⟨m.; -s; unz.⟩ Mineralschlamm vulkanischer Herkunft für Bäder, Packungen u. Umschläge, bes. bei rheumat. Erkrankungen verwendet [ital., »Schlamm«]
Fan|klub ⟨[fæn-] m.; -s, -s⟩ Klub, Zusammenschluss von Fans, von Anhängern eines Stars
Fan|ta|sia ⟨f.; -, -s⟩ **1** arab. Reiterkampfspiel **2** ⟨Musik⟩ = Fantasie (1)
Fan|ta|sie ⟨f.; -, -n⟩ *oV* Phantasie **1** Musikstück in freier Form; *oV* Fantasia (2) **2** ⟨unz.⟩ Einbildungskraft, schöpferisches Denken, Erfindungsgabe; *viel ~ besitzen* **3** Trugbild, Wahngebilde; *einer ~ aufsitzen* **4** Träumerei, vorgestelltes Bild [<grch. *phantasie* »Erscheinung, Aussehen, Vorstellung«; zu grch. *phainein* »sichtbar machen«]
fan|ta|sie|ren ⟨V.⟩ *oV* phantasieren **1** sich den wechselnden Bildern der Fantasie hingeben, wach träumen **2** im Fieber unzusammenhängende Dinge reden **3** ⟨Musik⟩ ohne Noten, frei gestaltend spielen, improvisieren **4** ⟨umg.⟩ Unsinn reden; *er fantasiert gerne herum*
Fan|tast ⟨m.; -en, -en⟩ Träumer, Schwärmer, männl. Person mit überspannten Ideen; *oV* Phantast [<mlat. *phantasta* <grch.

phantastes »Prahler«; zu *phainein* »sichtbar machen«]

Fantasterei / Phantasterei (*Laut-Buchstaben-Zuordnung*) Die aus dem Griechischen stammende ph-Schreibung kann bei den Silben »-*phon*«, »-*phot*« und »-*graph*« durch die integrierte Schreibung mit »f« ersetzt werden. Ebenso kann künftig in weiteren Einzelfällen, bei denen bereits heute teilweise integrierte Schreibungen üblich sind (→*a.* phantastisch / fantastisch), die neue integrierte Schreibweise verwendet werden (→*a.* Vibraphon / Vibrafon).

Fan|tas|te|rei ⟨f.; -, -en⟩ überspannte, unwirkliche Idee, verrücktes Zeug, Unsinn; *oV* Phantasterei
Fan|tas|tik ⟨f.; -; unz.⟩ das Fantastische, das einer Sache od. einem Vorgang innewohnt, Zauber, Märchenhaftigkeit o. Ä.; *oV* Phantastik
Fan|tas|tin ⟨f.; -, -tin|nen⟩ Träumerin, Schwärmerin, weibl. Person mit überspannten Ideen; *oV* Phantastin
fan|tas|tisch ⟨Adj.⟩ *oV* phantastisch **1** nur in der Fantasie bestehend, nicht wirklich **2** verstiegen, überspannt, etwas verrückt **3** (fig.) merkwürdig, seltsam **4** (fig.; umg.) wunderbar, herrlich; *~es Wetter*
Fan|ta|sy ⟨[fæntəsɪ] f.; -; unz.⟩ Unterhaltungsliteratur od. Filmgattung, in der Märchen- u. Traumwelten dargestellt werden [engl., »Fantasie, Trugbild«]
Fan|zine ⟨[fænziːn] n.; -s, -s; Musik⟩ Zeitschrift, die nur über eine bestimmte Person, Gruppe od. einen bestimmten Bereich berichtet u. sich damit an die entsprechenden Fans richtet (bes. in der Popmusik) [verkürzt <engl. *Fan* + engl. *magazine* »Magazin«]
FAQ ⟨[ɛfaːkjuː] ohne Artikel; Abk. für engl.⟩ Frequently Asked Questions (häufig gestellte Fragen)
Fa|rad ⟨n.; - od. -s, -; Zeichen: F⟩ Maßeinheit der elektr. Kapazi-

Faradaykäfig

tät [nach dem engl. Physiker u. Chemiker Michael *Faraday*, 1791-1867]

Fa|ra|day|kä|fig *auch:* **Fa|ra|day-Käfig** ⟨[færədı-] m.; -s, -e⟩ Käfig aus Drahtgeflecht od. Blechen, der gegen elektrische Felder abschirmt, faradayscher Käfig [→ *Farad*]

fa|ra|disch ⟨Adj.; Med.⟩ ~*er Strom* niederfrequenter Wechselstrom in der Elektrotherapie [→ *Farad*]

fa|ra|di|sie|ren ⟨V.; Med.⟩ eine *Krankheit* ~ mit faradischem Strom behandeln

Farb|me|trik *auch:* **Farb|met|rik** ⟨f.; -; unz.⟩ Teilgebiet der Farbenlehre mit der Aufgabe, jede Farbe durch wenige Angaben so festzulegen, dass sie jederzeit reproduziert werden kann

Far|ce ⟨[-s(ə)] f.; -, -n⟩ **1** ⟨Theat.⟩ **1.1** ⟨14./16. Jh.⟩ selbständiges, kurzes, possenhaftes Spiel von Versen, in dem menschliche Schwächen verspottet wurden; *Sy* Posse **1.2** derb-komische Einlage im frz. Mirakelspiel **2** ⟨fig.⟩ lächerl. Streich **3** Verhöhnung **4** als wichtig hingestellte, im Grunde aber belanglose Angelegenheit **5** ⟨Kochk.⟩ Füllung für Geflügel, Pasteten usw. aus gehacktem Fleisch, Fisch, Ei, Gemüse, Kräutern u. a. [frz., »Schwank, Posse(nspiel)«, eigtl. »Füllsel im Schauspiel, lustiger Zwischenakt«; zu *farcir* »füllen«]

Far|ceur ⟨[-søːr] m.; -s, -e⟩ Possenreißer [frz., »Spaßvogel«; → *Farce*]

far|cie|ren ⟨[-siː-] V.; Kochk.⟩ mit Farce (6) füllen

Far|fal|le ⟨Pl.⟩ schmetterlingsförmige Nudeln [ital.]

Fa|rin ⟨m.; -s; unz.⟩ *Sy* Farinade, Farinzucker **1** Staub-, Puderzucker **2** geringwertiger Zucker [< lat. *farina* »Mehl«]

Fa|ri|na|de ⟨f.; -, -n⟩ = Farin

Fa|rin|zu|cker ⟨m.; -s; unz.⟩ = Farin

Farm ⟨f.; -, -en⟩ Landgut, bes. mit Tierzucht; *Geflügel*~; *Pelztier*~; *Sy* Ranch (2) [engl., »landwirtschaftl. Betrieb«]

Far|mer ⟨m.; -s, -⟩ Besitzer od. Bewirtschafter einer Farm [engl., »Landwirt«]

Far|me|rin ⟨f.; -, -rin|nen⟩ Besitzerin od. Bewirtschafterin einer Farm

Far|ming ⟨n.; -s; unz.⟩ Landwirtschaft, Viehzucht [engl.]

Fas ⟨n.; -; unz.; im antiken Rom⟩ Gesamtheit des nach göttlichem Gesetz im Unterschied zum menschlichen Recht Erlaubten; *Ggs* Nefas [lat., »göttliches Recht, das Erlaubte«]

fas, f. a. s. ⟨Abk. für engl.⟩ free alongside ship

Fas|ces ⟨Pl.⟩ = Faszes

Fa|sche ⟨f.; -, -n; österr.⟩ Binde [< ital. *fascia* »Binde«]

fa|schen ⟨V.; österr.⟩ bandagieren [< ital. *fasciare* »mit Binde umwickeln«]

fa|schie|ren ⟨V.⟩ durch die Faschiermaschine treiben [→ *farcieren*]

Fa|schier|ma|schi|ne ⟨f.; -, -n⟩ Fleischwolf

Fa|schi|ne ⟨f.; -, -n⟩ fest zusammengeschnürtes Reisigbündel, zum Deichbau od. Befestigen des Ufers [< ital. *fascina* »Reisigbündel« < *fascio* »Rutenbündel« < lat. *fascis*]

fa|schi|sie|ren ⟨V.; Politik; abwertend⟩ einen faschistischen Einschlag geben; *einen Staat* ~; *das Militär* ~

Fa|schi|sie|rung ⟨f.; -, -en; Politik⟩ das Faschisieren, das Faschisiertwerden

Fa|schis|mus ⟨m.; -; unz.; Politik⟩ **1** zentralistische u. autoritäre polit. Bewegung mit äußerst nationalistischer Zielsetzung, mit den Mitteln der Gewaltanwendung u. strenger Zensur gegen die Opposition **2** die von Mussolini ins Leben gerufene nationalistische Bewegung mit dem Ziel der Diktatur in Italien 1919-1945 [< ital. *Fascismo*; zu *fascio* »Rutenbündel« (Emblem der von Mussolini geschaffenen Bewegung) < lat. *fascis*]

Fa|schist ⟨m.; -en, -en; Politik⟩ Vertreter, Anhänger des Faschismus

Fa|schis|tin ⟨f.; -, -tin|nen; Politik⟩ Vertreterin, Anhängerin des Faschismus

fa|schis|tisch ⟨Adj.; Politik⟩ den Faschismus betreffend, zu ihm gehörend, auf ihm beruhend

fa|schis|to|id ⟨Adj.; Politik⟩ dem Faschismus ähnlich, mit ihm verwandt

Fa|scho ⟨m.; -s, -s; umg.; kurz für⟩ Faschist

Fa|se ⟨f.; -, -n⟩ abgeschrägte Kante [< frz. *face* »Gesicht«]

Fa|shion ⟨[fæʃən] f.; -; unz.⟩ **1** Mode **2** guter Ton, Lebensart [engl., »Mode«]

fa|shio|na|ble *auch:* **fa|shio|nab|le** ⟨[fæʃənəbl] Adj.⟩ modisch, elegant [engl., »modern, elegant«]

Fa|so|le ⟨f.; -, -n; Bot.⟩ Bohne [< grch. *phaseolos*, Nebenform zu *phaselos* »Schwertbohne«]

Fas|sa|de ⟨f.; -, -n⟩ Außenansicht, Vorderfront, Schauseite; *nichts als eine hübsche* ~ ⟨fig.; umg.; abwertend⟩ ein hübsches Gesicht u. nichts dahinter [< *Facciade* (17. Jh.) < ital. *facciata* »Gesichtsseite«; zu lat. *facies* »Gesicht«]

Fas|set|te ⟨f.; -, -n⟩ = Facette

Fas|set|ten|au|ge ⟨n.; -s, -n⟩ = Facettenauge

fas|set|tie|ren ⟨V.⟩ = facettieren

Fa|son ⟨[-sõː] od. umg. [-sɔŋ] f.; -, -s, österr. a. [-soːn] -, -en⟩ *oV* Façon **1** Art u. Weise, Form, Muster; *einer Sache* ~ *geben* ⟨a. fig.⟩ sie in die rechte Form bringen, an dem ihr zustehenden Platz einordnen; *aus der* ~ *geraten* ⟨umg.⟩ dick werden (od. auch) die Beherrschung verlieren **2** Schnitt, Sitz, Form; *die* ~ *eines Anzugs, einer Frisur* **3** Lebensart; *jeder soll nach seiner* ~ *selig werden* [< frz. *façon* »Ausführung, Verarbeitung, Machart«]

fa|so|nie|ren ⟨V.⟩ **1** in Fasson (1) bringen, passend formen, gestalten **2** ⟨österr.⟩ *Haare* ~ H. in Fasson schneiden

Fas|so|nie|rung ⟨f.; -, -en⟩ eingravierte Verzierung am Rand von Geschirr aus Keramik od. Metall

Fas|son|schnitt ⟨[-sõː-] od. umg. [-sɔŋ-] m.; -s, -e⟩ kurzer Haarschnitt in bestimmter, meist stufenloser Form [→ *Fasson*]

Fas|ta|ge ⟨[-ʒə] f.; -, -n⟩ Leergut (leere Fässer, Kisten), *oV* Fustage [zu frz. *fûst* »Fass«]

Fast|back *auch:* **Fast Back** ⟨[faːstbæk] n.; -s, -s⟩ schräg nach hinten abfallendes Autodach, das ohne Abstufung in das Heck übergeht, Fließheck [engl., »(Wagen mit) Fließheck«]

Fast|break *auch:* **Fast Break** ⟨[fɑːstbrɛɪk] n.; (-) -s, (-) -s; Sport⟩ nach einem überraschenden Ballgewinn während des gegnerischen Aufbaus rasch ausgeführter Angriff u. Durchbruch durch die aufgerückte Verteidigung (vor allem beim Hand- u. Basketball), Konter; *Sy* Break (1, 2) [<engl. *fast* »schnell« + *break* »Durchbruch; Wechsel, Umschwung«]

Fast|food *auch:* **Fast Food** ⟨[fɑːstfuːd] n.; (-) - od. (-) -s; unz.⟩ schnell zubereiteter Imbiss, z. B. Hamburger [<engl. *fast* »schnell« + *food* »Essen«]

Fas|ti|di|um ⟨n.; -s; unz.; Med.⟩ Ekel, Abneigung [lat.]

Fas|zes ⟨Pl.⟩ Rutenbündel, Symbol der Gewalt über Leben u. Tod, Amtszeichen der altröm. Liktoren; *oV* Fasces [<lat. *fasces*, Pl. zu *fascis* »Bund, Bündel«; Rutenbündel mit herausragendem Beil« (die als Zeichen der Gerichtsbarkeit von den Liktoren, Gerichtsdienern, den Magistrat im alten Rom vorangetragen wurden)]

fas|zi|al ⟨Adj.⟩ bündelweise

Fas|zi|a|ti|on ⟨f.; -, -en⟩ bandförmige Verbreiterung der Pflanzenstängel infolge von Wachstumsstörungen, Verbänderung [<lat. *fascis* »Bündel«]

Fas|zie ⟨[-tsjə] f.; -, -n⟩ **1** bindegewebige Haut, die besonders die Muskeln, aber auch die sehnenartige Fortsetzung von Muskeln einhüllt **2** ⟨Med.⟩ **2.1** Binde **2.2** Verband aus Binden [<lat. *fascis* »Bündel«]

Fas|zi|kel ⟨m.; -s, -⟩ **1** Akten-, Handschriftenbündel, Heft **2** Teillieferung eines in Fortsetzung erscheinenden wissenschaftlichen Buches [<lat. *fasciculus*, Verkleinerungsform zu *fascis* »Bündel«]

fas|zi|ku|lie|ren ⟨V.⟩ aktenmäßig bündeln, heften

Fas|zi|na|ti|on ⟨f.; -, -en⟩ Bezauberung, Bann, Verblendung [<lat. *fascinatio* »Bezauberung, Behexung«]

fas|zi|nie|ren ⟨V.⟩ bezaubern, (ver)blenden, fesseln; *ein ~des Schauspiel* [<lat. *fascinare* »bezaubern, behexen«]

Fas|zi|no|sum ⟨n.; -s; unz.; geh.⟩ etwas auf geheimnisvolle Weise Anziehendes, Faszinierendes; *das ~ der Höhlenmalerei; das ~ mittelalterlicher Burgen*

Fa|ta ⟨Pl. von⟩ Fatum

fa|tal ⟨Adj.⟩ **1** verhängnisvoll, widrig **2** unangenehm, peinlich [<lat. *fatalis* »vom Schicksal gesandt«; → *Fatum*]

Fa|ta|lis|mus ⟨m.; -; unz.⟩ Glaube, dass alles Geschehen durch das Schicksal vorbestimmt sei, Schicksalsergebenheit, Schicksalsglaube [→ *fatal*]

Fa|ta|list ⟨m.; -en, -en⟩ Anhänger des Fatalismus, Schicksalsgläubiger

fa|ta|lis|tisch ⟨Adj.⟩ blind ergeben, schicksalsgläubig

Fa|ta|li|tät ⟨f.; -, -en⟩ Verhängnis, Missgeschick [<frz. *fatalité* »Verhängnis, Schicksalsfügung«]

Fa|ta Mor|ga|na ⟨f.; - -, - -s od. - -galnen⟩ **1** durch Luftspiegelung hervorgerufenes Bild, bes. über Wüsten **2** ⟨fig.⟩ Sinnestäuschung, Wahn-, Traumbild [ital., »Fee Morgana« (nach dem Volksglauben die Urheberin der in der Straße von Messina bes. häufigen Luftspiegelungen) <ital. *fata* »Fee« + arab. *margan* »Koralle« (<grch. *margarites* »Perle«, als Frauenname aufgefasst)]

Fa|thom ⟨[fæðəm] n.; -s, - od. -s⟩ altes engl. Längenmaß, vor allem in der Schifffahrt verwendet, 1,828 m [engl., »Faden«]

fa|tie|ren ⟨V.⟩ **1** ⟨veraltet⟩ bekennen, angeben **2** ⟨österr.⟩ Steuererklärung abgeben [<lat. *fateri* »bekennen, gestehen«]

Fa|tum ⟨n.; -s, Fa|ta⟩ (das unabänderliche) Schicksal [lat., »Götterspruch, Schicksal, Verhängnis«]

Fau|bourg ⟨[fobuːr] m.; -s, -s⟩ Vorstadt [frz., <lothring. *fors* »außerhalb« + *borc* »Burg« <lat. *burgus*]

Fault ⟨[fɔːlt] m.; -s, -s; Sport⟩ Fehler (bes. beim Aufschlag beim Tennis, Badminton u. Squash) [engl.]

Faun ⟨m.; -s, -e⟩ **1** gehörnter, bocksfüßiger Wald- u. Weidegeist **2** ⟨fig.⟩ lüsterner Mensch [<lat. *Faunus* (bocksfüßiger Feld- u. Waldgott); → *Fauna*]

Fau|na ⟨f.; -, Fau|nen⟩ **1** Tierwelt eines bestimmten Gebietes; *die ~ Afrikas* **2** Tierwelt eines bestimmten Lebensbereiches; *Süßwasser~* [lat., Name der altröm. Fruchtbarkeitsgöttin, Tochter (od. Gemahlin) des *Faunus*]

fau|nisch ⟨Adj.; fig.⟩ wie ein Faun

Fau|nist ⟨m.; -en, -en⟩ Wissenschaftler auf dem Gebiet der Faunistik

Fau|nis|tik ⟨f.; -; unz.⟩ Teilgebiet der Tiergeographie, das sich mit den in einem bestimmten Gebiet lebenden Tierarten beschäftigt

Fau|nis|tin ⟨f.; -, -tin|nen⟩ Wissenschaftlerin auf dem Gebiet der Faunistik

fau|nis|tisch ⟨Adj.⟩ die Tierwelt betreffend, zu ihr gehörig

Fausse ⟨[foːs] f.; -, -; Kart.⟩ leere Karte, Fehlfarbe; *oV* Foße [<frz. *fausse carte* »falsche Karte«]

faute de mieux ⟨[foːt də mjøː]⟩ in Ermangelung eines Besseren [frz.]

Fau|teuil ⟨[fotøːj] m.; -s, -s⟩ Arm-, Lehnsessel [frz., »Lehn-, Armstuhl, Sessel« <fränk. **faldistol* »Faltstuhl«]

Fau|vis|mus ⟨[fovɪs-] m.; -; unz.; Mal.⟩ Richtung der französischen Malerei als Gegenbewegung gegen den Impressionismus [nach dem Spottnamen für diese Malerei, *les Fauves* »die Wilden«]

Fau|vist ⟨[fovɪst] m.; -en, -en; Mal.⟩ Vertreter des Fauvismus

fau|vis|tisch ⟨[fovɪs-] Adj.; Mal.⟩ im Stil des Fauvismus, den Fauvismus betreffend, zu ihm gehörig; *ein ~es Bild*

Faux a|mis *auch:* **Faux A|mis** ⟨[fozamiː] Pl.; Sprachw.⟩ Wörter aus verschiedenen Sprachen, die ähnlich od. gleich klingen, aber eine unterschiedl. Bedeutung haben, z. B. dt. »kalt« u. ital. »caldo« (warm); →*a.* Falsefriend [frz., »falsche Freunde«]

Faux|bour|don ⟨[foburdɔ̃ː] m.; -s, -s; Musik; 15. Jh.⟩ einfache kontrapunktische Notation auf der

Fauxpas

Grundlage zweier Akkorde [frz., »falscher Bordun«]

Faux|pas ⟨[fopaː] m.; -, - [-paːs]⟩ Verstoß gegen die gute Sitte, Taktlosigkeit [<frz. *faux pas* »Fehltritt«]

Fa|vel|la ⟨[-vɛ:-] f.; -, -s⟩ südamerikan. Slum, Elendsquartier [portug.]

fa|vo|ra|bel ⟨[-vo-] Adj.⟩ günstig, vorteilhaft [<lat. *favorabilis* »begünstigt, beliebt«]

fa|vo|ri|sie|ren ⟨[-vo-] V.⟩ 1 begünstigen, bevorzugen; *sie favorisiert eher Rotwein* 2 ⟨Sport⟩ als voraussichtl. Sieger im Wettkampf nennen; *ein hoch favorisierter Sportler* [<frz. *favoriser* »begünstigen«]

Fa|vo|rit ⟨[-vo-] m.; -en, -en⟩ 1 Günstling, Liebling 2 ⟨Sport⟩ voraussichtlicher Sieger im Wettkampf [<frz. *favori*, Fem. *favorite* »beliebt; Günstling«]

Fa|vo|ri|tin ⟨[-vo-] f.; -, -tin|nen⟩ 1 weibl. Günstling, Liebling 2 ⟨Sport⟩ voraussichtliche Siegerin im Wettkampf

Fa|vus ⟨[-vus] m.; -; unz.; Med.⟩ 1 chron. Pilzerkrankung der Haut bei Mensch u. Tier, bes. behaarter Körperstellen, wobei die Haarwurzeln zerstört werden 2 Wachsscheibe im Bienenstock [lat., »Honigwabe« (nach dem Aussehen)]

Fax ⟨n.; -, -e; kurz für⟩ Telefax (2)

fa|xen ⟨V.⟩ kurz für: telefaxen

Fa|yence *auch:* **Fa|ence** ⟨[fajãːs] f.; -, -n⟩ glasierte Tonware; *Sy* Majolika [<frz. *faïence*, nach der ital. Stadt Faenza]

Fa|zen|da ⟨f.; -, -s⟩ brasilianisches Landgut [portug., »Vermögen, Besitz« <lat. *facienda*, Gerundivum zu *facere* »machen«]

Fä|zes ⟨Pl.⟩ Ausscheidungen, Kot, Stuhl [<lat. *faeces*]

Fa|ze|ti|en ⟨[-tsjən] Pl.; Sing.: -tie (selten)⟩ 1 witzige Einfälle, Scherze 2 satirisch zugespitzte, kurze Erzählungen, Schwänke [<lat. *facetia* »launiger Witz, Stichelei«]

fa|zi|al ⟨Adj.; Anat.⟩ das Gesicht, den Gesichtsnerv betreffend, Gesichts... [→ *Fazialis*]

Fa|zi|a|lis ⟨m.; -; unz.; Anat.⟩ der Gesichtsnerv; *oV* Facialis [<lat. *facialis* »zum Gesicht gehörig«]

fa|zi|ell ⟨Adj.; Geol.⟩ die Fazies (1) betreffend, auf ihr beruhend

Fa|zi|es ⟨f.; -, -; Geol.⟩ *oV* Facies (4) 1 die verschiedenartige äußere Erscheinung von gleichaltrigen Schichten (bezieht sich auf Gesteinsart od. Fossilinhalt od. beides) 2 die bei der Bildung von Sedimentgestein herrschenden Umweltfaktoren; *Wüsten~; Sumpf~* 3 kleinste Einheit einer Pflanzengesellschaft [<lat. *facies* »Gesicht«]

Fa|zi|li|tät ⟨f.; -, -en⟩ 1 (veraltet) Leichtigkeit, Gewandheit, Umgänglichkeit, Willfährigkeit 2 ⟨Wirtsch.⟩ (für einen Notfall in Aussicht gestellte) Unterstützung bei Kreditbedarf bzw. Erleichterung bei Zahlungskonditionen [<lat. *facilitas* »Gefälligkeit, Leichtigkeit im Handeln«]

Fa|zit ⟨n.; -s, -e od. -s⟩ Endsumme, Ergebnis; *das ~ ziehen* [<lat. *facit* »es macht«]

FBI ⟨Abk. für engl.⟩ Federal Bureau of Investigation, bundesstaatliche geheime Polizei der USA

FCKW ⟨Abk. für⟩ Fluorchlorkohlenwasserstoffe, organische Verbindungen, in denen Fluor- u. Chloratome der Kohlenwasserstoffatome des Kohlenwasserstoffs ersetzen, ihr Einsatz (bes. als Treibmittel in Spraydosen) wird eingeschränkt od. ist bereits verboten, da sie vermutlich die Ozonschicht zerstören

Fe ⟨chem. Zeichen für⟩ Eisen (Ferrum)

Fea|si|bi|li|ty|stu|die ⟨[fiːzəbɪlətɪ-ʃtudiː] f.; -, -n; Wirtsch.⟩ (bei Geldanlage- u. anderen Großprojekten) vorab durchgeführte Untersuchung der techn. u. ökonom. Durchführbarkeit des Gesamtplanes [<engl. *feasibility* »Durchführbarkeit, Machbarkeit« + *Studie*]

Fea|ture ⟨[fiːtʃə(r)] n.; -s, -s od. f.; -, -s; Zeitungsw.⟩ 1 aus aktuellem Anlass durch die Aufmachung hervorgehobener Bild- u. (od.) Textbericht 2 ⟨Radio, TV⟩ Dokumentarsendung, -spiel 3 Hauptfilm, Spielfilm [engl., »charakteristisches Merkmal, wichtiger Bestandteil«]

Febr. ⟨Abk. für⟩ Februar

fe|bril *auch:* **feb|ril** ⟨Adj.⟩ fieberhaft [<lat. *febrilis* »fiebrig«; zu *febris* »Fieber«]

Fe|bru|ar *auch:* **Feb|ru|ar** ⟨m.; - od. -s, -e; Abk.: Febr.⟩ zweiter Monat des Jahres [<lat. *februarius*; zu *februare* »reinigen« (gegen Ende des letzten Monats im röm. Jahr fanden Sühneopfer statt)]

fec. ⟨Abk. für⟩ fecit

fe|cit ⟨Abk.: fec.⟩ hat (es) gemacht (Zusatz hinter dem Namen des Künstlers, bes. auf Kupferstichen); →*a. fudit* [lat.]

Fed|da|jin ⟨Pl.⟩ Mitglieder einer palästinensischen Untergrundorganisation [arab. *fida'iyun* »die sich Opfernden«]

Fee ⟨f.; -, -n⟩ zarte, anmutige, schöne od. düstere weibl. Märchengestalt; *die böse u. die gute ~* [<frz. *fée* <vulgärlat. *fata* »Schicksalsgöttin« <lat. *fatua* »Weissagerin«]

Feed-back *auch:* **Feed|back** ⟨[fiːd-bæk] od. [-'-] n.; -s, -s od. -s, -s⟩ 1 ⟨in Steuerungssystemen⟩ zurückkehrende Reaktion, Rückkopplung 2 ⟨Psych.⟩ Reaktion, Rückmeldung der anderen auf das eigene Verhalten; *ein gutes, schlechtes ~ erhalten* [engl., »Rückmeldung; Rückkoppelung; Reaktion«]

Fee|der ⟨[fiː-] m.; -s, -⟩ Leitung zum Versorgen von Antennen mit Energie [zu engl. *feed* »füttern«]

Fee|ling ⟨[fiː-] n.; -s, -s; umg.⟩ 1 Einfühlungsvermögen, Gespür; *ein ~ für einen Stil, eine Musik haben* 2 Gefühl, Empfinden, Erregung; *ein starkes, intensives ~* [engl., »Gefühl«]

Fee|rie ⟨[feːə-] f.; -, -n; Theat.⟩ Zauber-, Märchenspiel mit großer Ausstattung [<frz. *féerie*]

Feet ⟨[fiːt] Pl. von⟩ Foot [engl.]

FEI ⟨f.; -; unz.; Pferdesport; Abk. für frz.⟩ Fédération Equestre Internationale (Internationale Reiterliche Vereinigung); →*a.* FN

fe|kund ⟨Adj.; Med.⟩ fruchtbar [<lat. *fecundus* »fruchtbar«]

Fe|kun|da|ti|on ⟨f.; -, -en; Med.⟩ Befruchtung [<lat. *fecunditas* »Fruchtbarkeit«]

Fe|kun|di|tät ⟨f.; -; unz.; Med.⟩ Fruchtbarkeit [<lat. *fecunditas* »Fruchtbarkeit«]

Fel|bel ⟨m.; -s; unz.; Textilw.⟩ glänzendes Samtgewebe, Seidenplüsch, z. B. für Zylinder [<ital., span., portug. *felpa*]

Feld|elek|tro|nen auch: **Feld|elek|tro|nen** ⟨Pl.⟩ Elektronen, die aus Metallen durch hohe elektr. Feldstärken herausgelöst werden

Fel|iden ⟨Pl.; Biol.⟩ Familie der katzenartigen Tiere [<lat. *feles* »Katze«]

Fel|la|che ⟨m.; -n, -n⟩ ägypt. Bauer; *Sy* Fellah [<arab. *fallah* »Pflüger«]

Fel|la|chin ⟨f.; -, -chin|nen⟩ ägypt. (mohammedan.) Bäuerin

fel|la|chisch ⟨Adj.⟩ die Fellachen betreffend, zu ihnen gehörend; *die ~e Tradition*

Fel|lah ⟨m.; -s, -s⟩ = Fellache

Fel|la|tio ⟨f.; -; unz.⟩ Reizung der männl. Geschlechtsteile mit Lippen u. Zunge [zu lat. *fellare* »saugen«]

fel|la|tio|nie|ren ⟨V.⟩ durch Fellatio sexuell erregen

Fel|low ⟨[fɛlou] m.; -s, -s; in England⟩ **1** Mitglied einer wissenschaftl. Vereinigung **2** Mitglied eines Colleges [engl., »Gefährte; Bursche; Mitglied einer Körperschaft«]

Fel|low|ship ⟨[fɛlouʃip] f.; -, -s⟩ **1** Mitgliedschaft eines Fellows **2** Stipendium eines Fellows (2) [engl.]

Fel|low|tra|vel|ler ⟨[fɛloutrævələ(r)] m.; -s, -⟩ **1** ⟨i. e. S.⟩ Parteiloser, der aber bestimmten (insbes. kommunist.) politischen Ideen zuneigt **2** ⟨i. w. S.⟩ jmd., der mit einer politischen Ideologie sympathisiert, ohne aktiv für diese einzutreten [engl., »Reisegefährte; Sympathisant«]

Fe|lo|nie ⟨f.; -, -n; im MA⟩ **1** Treuebruch gegen den Lehnsherrn **2** Tücke, Verrat, Treulosigkeit [<frz. *félonie*]

Fe|lu|ke ⟨f.; -, -n⟩ zweimastiges Küstenschiff im Mittelalter [<arab. *felukah*]

fe|mi|nie|ren ⟨V.⟩ *oV* feminisieren **1** ⟨Biol.⟩ verweiblichen durch Entfernung der Geschlechtsdrüsen od. durch Überpflanzung von Eierstöcken beim männl. Tier od. beim Mann **2** sich als Mann äußerlich wie eine Frau benehmen [<lat. *femininus* »weiblich«]

fe|mi|nin ⟨Adj.⟩ **1** weiblich **2** weibisch [<lat. *femininus* »weiblich«; zu *femina* »Weib«]

Fe|mi|ni|num ⟨a. [--'--] n.; -s, -nina; Abk.: f.; Gramm.⟩ **1** weibl. Geschlecht **2** weibl. Substantiv [lat., »das Weibliche«]

Fe|mi|ni|sa|ti|on ⟨f.; -, -en⟩ = Feminisierung

fe|mi|ni|sie|ren ⟨V.⟩ = feminieren

Fe|mi|ni|sie|rung ⟨f.; -, -en⟩ das Feminisieren; *oV* Feminisation

Fe|mi|nis|mus ⟨m.; -, -nis|men⟩ **1** ⟨unz.⟩ Bewegung der Feministinnen, Frauenbewegung **2** ⟨zählb.⟩ weibl. Verhalten, Wesen beim Mann (bes. bei Homosexuellen) [→ *feminin*]

Fe|mi|nis|tin ⟨f.; -, -tin|nen⟩ Frau, die gegen die Benachteiligung der Frau im gesellschaftl. u. privaten Bereich kämpft

fe|mi|nis|tisch ⟨Adj.⟩ **1** in der Art der Feministinnen **2** auf Feminismus beruhend

fe|misch ⟨Adj.; Geol.⟩ eisen- u. magnesiumreich; *Ggs* salisch [verkürzt <lat. *ferrum* »Eisen« + Magnesium]

Femme fa|tale ⟨[fam fata:l] f.; - -, -s -s [fam fata:l]⟩ verführerische Frau, die Männern häufig zum Verhängnis wird [frz., »verhängnisvolle Frau«]

Fem|to- ⟨Zeichen: f; Vorsilbe; vor Maßeinheiten⟩ das 10^{-15}fache der betreffenden Grundeinheit, z. B. 1 fm = 10^{-15} Meter

Fe|mur ⟨n.; -s, -mu|ra; Anat.⟩ Oberschenkelknochen [lat., »Oberschenkel«]

Fen|chel ⟨m.; -s; unz.; Bot.⟩ eine Gewürz- u. Heilpflanze [<lat. *feniculum*; zu *fenum* »Heu« (wegen des Geruches)]

Fen|der ⟨m.; -s, -⟩ Puffer aus Tauwerk, Kork, Holz od. Gummi, zw. Schiffswand u. Anlegestelle zu hängen, um Beschädigungen durch Stöße zu verhindern [engl., »Schutzvorrichtung, Puffer«]

Fe|nek ⟨m.; -s, -s; Zool.⟩ Wüstenfuchs, hundeartiges Raubtier in den Wüsten Nordafrikas: Fennecus zerda; *oV* Fennek [arab.]

Feng|shui ⟨n.; -; unz.⟩ chinesisches Prinzip der harmonischen Gestaltung des Wohn- u. Lebensraumes [chines.]

Fen|nek ⟨m.; -s, -s; Zool.⟩ = Fenek

Fenz ⟨f.; -, -en⟩ Einfriedung, Zaun, Hecke [<engl. *fence* »Zaun, Gehege«]

...fe|re ⟨Nachsilbe; zur Bildung von Subst.⟩ tragend, (Merkmal) besitzend; *Foraminifere* [<lat. *ferre* »tragen«]

Fe|ria ⟨f.; -, -e⟩ in der kath. Liturgie Wochentag im Gegensatz zum Sonn- u. Feiertag [mlat., »Wochentag«]

Fe|ri|al|tag ⟨m.; -(e)s, -e; österr.⟩ Ferientag, Feiertag [→ *Ferien*]

Fe|ri|en ⟨nur Pl.⟩ mehrtägige od. -wöchige Arbeitspause, Urlaub; *Semester~; Schul~; die großen ~* Sommerferien in der Schule; *~ vom Ich machen* vom Alltag völlig ausspannen [<lat. *feriae* »Feiertage«, seit 1521 »geschäftsfreie Tage«]

Fer|man ⟨m.; -s, -e⟩ Erlass eines islam. Herrschers [pers., »königl. Befehl, Erlass«]

Fer|ma|te ⟨f.; -, -n; Musik; Zeichen: ⌢⟩ Verlängerungs-, Aushaltezeichen über einem Ton od. einer Pause [<ital. *fermata* »Halt«]

Fer|me ⟨f.; -, -n⟩ Pachthof, Landgut in Belgien od. Frankreich [frz., »Pachthof, Bauernhof«]

Fer|ment ⟨n.; -s, -e; Biochemie⟩ in lebenden Zellen gebildeter Katalysator, dessen Gegenwart für bestimmte biochem. Umwandlungen im Körper notwendig ist; *Sy* Enzym [lat., »Sauerteig«]

Fer|men|ta|ti|on ⟨f.; -, -en; Biochemie⟩ Bildung von Gärungsfermenten, insbes. bei der Aufbereitung von Genussmitteln (Tee, Tabak u. a.) [zu lat. *fermentare* »gären (lassen)«]

fer|men|ta|tiv ⟨Adj.⟩ **1** von Fermenten bewirkt **2** auf Fermentation beruhend

Fer|men|ter ⟨m.; -s, -⟩ Apparat für die industrielle Herstellung von Mikroorganismen, in dem optimale Nahrungs- u. Temperaturbedingungen herrschen [→ *Ferment*]

fer|men|tie|ren ⟨V.⟩ durch Fer-

Fermi

mentation genießbar machen; *Tabak~*

Fer|mi ⟨n.; - od. -s, -; Kernphysik; Zeichen: f⟩ nicht mehr zulässige Längeneinheit, 1 f 10^{-15} m = 1 Femtometer (fm) [nach dem ital.-amerikan. Kernphysiker E. *Fermi*, 1901-1954]

Fer|mi-Di|rac-Sta|tis|tik ⟨f.; -, -en⟩ die Regeln zur statistischen Behandlung einer Gesamtheit sehr vieler atomarer Teilchen, die sich nach den quantentheoret. Bewegungsgesetzen verhalten u. dem Ausschließungsprinzip unterworfen sind [nach E. *Fermi* + dem engl. Physiker P. A. M. *Dirac*, 1902-1984]

Fer|mi|on ⟨n.; -s, -en⟩ Elementarteilchen mit halbzahligem Spin, das der Fermi-Dirac-Statistik genügt [<*Fermi* + *Ion*]

Fer|mi|um ⟨n.; -s; unz.; chem. Zeichen: Fm⟩ radioaktives, 1952 künstlich hergestelltes chem. Element, Ordnungszahl 100; *Sy* ⟨veraltet⟩ Zenturium [→ *Fermi*]

Fer|nam|buk|holz ⟨n.; -es, -hölzer⟩ = Pernambukholz

fe|ro|ce ⟨[fəroːtʃə] Musik⟩ ungestüm, wild (zu spielen) [ital.]

Fer|rat ⟨n.; -s, -e; Chemie⟩ chem. Verbindung des 6-wertigen Eisens [<lat. *ferrum* »Eisen«]

Fer|ri... ⟨in Zus.; veraltet⟩ dreiwertiges Eisen enthaltend; *~chlorid (Eisen(III)-chlorid)* [<lat. *ferrum* »Eisen«]

Fer|rit ⟨m.; -s; unz.⟩ **1** mikroskop. kleine Kristalle reinen Eisens in Eisenlegierungen (z. B. Stahl) **2** keram. Magnetwerkstoff aus kristallinen Verbindungen aus Eisen(III)-Oxid u. anderen Metalloxiden [<lat. *ferrum* »Eisen«]

Fer|rit|an|ten|ne ⟨f.; -, -n⟩ häufig drehbar angeordnete Stabantenne aus magnetisch hochwirksamem Material mit einer daraufgewickelten Spule, wirkt als Richtantenne

fer|ro..., Fer|ro... ⟨in Zus.⟩ **1** Eisen u. größere Mengen anderer Metalle enthaltend **2** sich wie Eisen verhaltend [<lat. *ferrum* »Eisen«]

Fer|ro|e|lek|tri|zi|tät *auch:* **Fer|ro|e|lek|tri|zi|tät** ⟨f.; -; unz.⟩ dem Ferromagnetismus analoges Verhalten einiger Kristalle, bei denen sich elektr. Dipolmomente in mehr od. weniger großen Kristallbereichen parallel ausrichten [<*Ferro*... + *Elektrizität*]

Fer|ro|graf ⟨m.; -en, -en; Physik⟩ = Ferrograph

Fer|ro|graph ⟨m.; -en, -en; Physik⟩ Messgerät zur Ermittlung der Magnetisierungskurve eines ferromagnetischen Werkstoffs; *oV* Ferrograf [<*Ferro*... + ...*graph*]

Fer|ro|le|gie|rung ⟨f.; -, -en; Chemie⟩ Legierung des Eisens mit anderen Metallen od. Nichtmetallen

Fer|ro|mag|ne|ti|kum *auch:* **Fer|ro|mag|ne|ti|kum** ⟨n.; -s, -ka; Physik⟩ ferromagnetische Substanz [<*Ferro*... + mlat. *magneticum* »das Magnetische«]

fer|ro|mag|ne|tisch *auch:* **fer|ro|mag|ne|tisch** ⟨Adj.⟩ wie Eisen magnetisches Verhalten zeigend

Fer|ro|mag|ne|tis|mus *auch:* **Fer|ro|mag|ne|tis|mus** ⟨m.; -; unz.⟩ Eigenschaft von nickel-, kobalt- u. eisenhaltigen Stoffen, dauernd magnetisch sein zu können

Fer|ro|man|gan ⟨n.; -s; unz.; Chemie⟩ Eisenlegierung mit 20-90 Mangan, Eisenmangan

Fer|ro|mo|lyb|dän ⟨n.; -s; unz.; Chemie⟩ Eisenlegierung mit bis zu 85% Molybdän

Fer|rum ⟨n.; -s; unz.; chem. Zeichen: Fe⟩ Eisen [lat.]

fer|til ⟨Adj.; Med.⟩ fruchtbar; *Ggs* infertil, steril (2) [<lat. *fertilis* »fruchtbar«]

Fer|ti|li|sa|ti|on ⟨f.; -, -en; Med.⟩ Befruchtung [→ *fertil*]

Fer|ti|li|tät ⟨f.; -; unz.; Med.⟩ Fruchtbarkeit; *Ggs* Sterilität (2)

Fes ⟨m.; - od. -es, - od. -e⟩ rote, kegelstumpfförmige orientalische Kopfbedeckung; *oV* Fez; *Sy* Tarbusch [nach der marokkan. Stadt *Fes*, wo diese Kopfbedeckung zuerst hergestellt worden sein soll]

Fes|ti|val ⟨[-val], engl. [-vəl] n.; -s, -s⟩ große festl. Veranstaltung, Festspiel; *Film~* [engl., <lat. *festivitas* »Festgenuss, Vergnügen«]

Fes|ti|vi|tät ⟨[-vi-] f.; -, -en; umg.; scherzh.⟩ Fest, Festlichkeit [<lat. *festivitas* »Festgenuss, Vergnügen«]

fes|ti|vo ⟨[-voː] Musik⟩ feierlich, festlich (zu spielen); *Sy* festoso [ital.]

Fes|ton ⟨[-tɔ̃ː] n.; -s, -s⟩ Girlande aus Blumen, Blättern, Früchten (auch als Bauornament) [frz.]

fes|to|nie|ren ⟨V.⟩ mit einem Feston schmücken [<frz. *festonner*]

fes|to|so ⟨Musik⟩ = festivo [ital.]

Fes|zen|ni|nen ⟨Pl.⟩ altital. Festlieder voll drastischen Spotts, improvisierte Neckverse (bes. auf Hochzeiten) [<lat. *Fescenninus* (Adj.); nach der etruskischen Stadt *Fescennium*]

Fe|ta ⟨m.; -s; unz.⟩ griechischer Schafskäse [neugrch.]

fe|tal ⟨Adj.; Med.⟩ den Fetus betreffend, zu ihm gehörig; *oV* fötal [<neulat. *foetalis* »die Leibesfrucht betreffend«]

Fe|te ⟨f.; -, -n; umg.⟩ Fest, Feier [<frz. *fête* »Fest«]

Fe|tisch ⟨m.; -s, -e; urspr. bei Naturvölkern⟩ Gegenstand religiöser Verehrung, dem übernatürl. Kräfte zugeschrieben werden; *~ Verehrung, Zauber* [<portug. *feitiço* »Träger magischer Kraft bei afrikanischen u. westindischen Schwarzen, Zauber« <lat. *facitius* »künstlich«]

fe|ti|schi|sie|ren ⟨V.⟩ zum Fetisch machen

Fe|ti|schis|mus ⟨m.; -; unz.⟩ **1** Fetischkult, Verehrung von Fetischen **2** ⟨Psych.⟩ geschlechtl. Erregung durch Gegenstände, die einer Person zugeordnet werden

Fe|ti|schist ⟨m.; -en, -en⟩ **1** Anhänger des Fetischismus **2** jmd., der Fetischismus (2) erlebt

Fe|ti|schis|tin ⟨f.; -, -tin|nen⟩ **1** Anhängerin des Fetischismus **2** weibl. Person, die Fetischismus (2) erlebt

fe|ti|schis|tisch ⟨Adj.⟩ in der Art des Fetischismus, ihn betreffend, auf ihm beruhend, zu ihm gehörend

Fet|tuc|ci|ne ⟨[fetutʃiː-] f.; -, -; ital. Kochk.⟩ Bandnudeln

Fe|tus ⟨m.; -ses, -se; Med.⟩ Leibesfrucht vom dritten Monat an; *oV* Fötus [<lat. *foetus* »Leibesfrucht«]

feu|dal ⟨Adj.⟩ **1** lehnsrechtlich, auf dem Lehnsrecht beruhend, Lehns... **2** ⟨fig.; umg.⟩ reich (ausgestattet), prunkvoll, vornehm; *ein ~es Haus; eine ~e Zimmereinrichtung* [<mlat. *feudalis* »das Lehnswesen betreffend«; zu *feudum* »Lehngut«; zu ahd. *fihu* »Vieh«, got. *faihu* »Vermögen, Gut«]

Feu|dal|herr|schaft ⟨f.; -; unz.⟩ auf dem Feudalismus beruhende Herrschaft

Feu|da|lis|mus ⟨m.; -; unz.⟩ *Sy* Feudalsystem **1** Lehnswesen **2** dessen Zeitalter **3** soziales, wirtschaftl. u. polit. System, in dem die Geburtsadel u. der Grund besitzende Adel weit gehende Hoheitsrechte genießt

feu|da|lis|tisch ⟨Adj.⟩ den Feudalismus betreffend, auf ihm beruhend

Feu|da|li|tät ⟨f.; -; unz.⟩ **1** Lehnsverhältnis, Lehnsherrlichkeit **2** ⟨fig.; umg.⟩ Prunk, Vornehmheit

Feu|dal|sys|tem ⟨n.; -s; unz.⟩ = Feudalismus

Feuil|la|ge ⟨[fœjaːʒ(ə)] f.; -, -n; Plastik u. Malerei⟩ Laubwerk [frz.]

Feuil|le|ton ⟨[fœjətõː] n.; -s, -s⟩ **1** ⟨urspr.⟩ Zeitungsbeilage **2** ⟨heute⟩ kultureller Teil der Zeitung (Aufsätze, Geschichten, Kritiken usw.) [frz., Verkleinerungsform zu *feuille* »Blatt« < lat. *folium*]

Feuil|le|to|nis|mus ⟨[fœjətõ-] m.; -; unz.⟩ oft abwertend⟩ zwischen Bericht u. Dichtung stehender (journalist.) Schreibstil, der sich bestimmter rhetorischer Mittel, z. B. Wortspiele, bedient, um die Darstellung zu beleben u. die Meinung des Lesers zu beeinflussen

Feuil|le|to|nist ⟨[fœjətõ-] m.; -en, -en⟩ **1** Verfasser von Artikeln im Feuilleton **2** ⟨abwertend⟩ oberflächlich, unwissenschaftlich arbeitender Schriftsteller, jmd., der im Plauderstil schreibt

feuil|le|to|nis|tisch ⟨[fœjətõ-] Adj.⟩ **1** im Stil des Feuilletons, zum Feuilleton gehörig **2** oberflächlich, unwissenschaftlich (geschrieben)

Fez ⟨[feːz] m.; - od. -es, - od. -e⟩ = Fes

ff ⟨Musik; Abk. für⟩ fortissimo

FF ⟨Abk. für⟩ französische(r) Franc(s)

fff ⟨Musik; Abk. für⟩ fortefortissimo

FIA ⟨Abk. für frz.⟩ Féderation Internationale de l'Automobile (Internationaler Automobilverband)

Fi|a|ker ⟨m.; -s, -; österr.⟩ Mietkutsche, Pferdedroschke [nach dem Hôtel St. Fiacre in Paris, in dem man seit 1640 Lohnkutscher mieten konnte]

Fi|a|le ⟨f.; -, -n⟩ schlankes, gotisches Türmchen über Strebepfeilern [<grch. *phiale* »Urne«]

fi|an|chet|tie|ren ⟨[-kɛt-] V.; Schach⟩ das Spiel mit dem Fianchetto eröffnen

Fi|an|chet|to ⟨[-kɛt-] n.; - od. -s, -s od. -chet|ti; Schach⟩ Spieleröffnung zum Vorbereiten eines Flankenangriffs [ital., Verkleinerungsform zu *fianco* »Seite«]

Fi|as|ko ⟨n.; -s, -s⟩ **1** ⟨Theat.⟩ Durchfallen eines Theaterstückes od. eines Künstlers (beim Publikum) **2** ⟨allg.⟩ Misserfolg, Zusammenbruch; *ein ~ erleben, erleiden* scheitern; *ein ~ fabrizieren* Misserfolg haben [<frz. *faire fiasco* »einen Fehler machen«, wobei ital. *fiasco* »Flasche« für frz. *bouteille* »Flasche«, Fehler, Schnitzer« steht]

Fi|bel[1] ⟨f.; -, -n⟩ **1** Lehrbuch für Anfänger; *Garten~* **2** bebildertes Lesebuch für Schulanfänger [nach der kindl. Aussprache von *Bibel* als ersten Abc-Büchern enthielten Lesestücke aus der Bibel)]

Fi|bel[2] ⟨f.; -, -n⟩ german. Spange, Gewandnadel; *oV* Fibula (2) [<lat. *fibula* »Spange«]

Fi|ber ⟨f.; -, -n⟩ **1** Muskel-, Pflanzenfaser **2** = Vulkanfiber [<lat. *fibra* »Faser«]

◆ Die Buchstabenfolge **fibr...** kann auch **fib|r...** getrennt werden.

◆ **fi|bril|lär** ⟨Adj.⟩ aus Fibrillen zusammengesetzt

◆ **Fi|bril|le** ⟨f.; -, -n⟩ **1** feiner, fadenförmiger Ausläufer von Muskelfasern od. Nerven- u. Bindegewebszellen **2** faseriger Baustein der pflanzlichen od. Holzfaserzellwand [<lat. *fibra* »Faser«]

◆ **fi|bril|lie|ren** ⟨V.⟩ **1** ⟨Papierindustrie⟩ Papiergrundstoffe zerfasern **2** ⟨Med.⟩ zucken, zittern; *ein Muskelfaserbündel fibrilliert* [→ Fibrille]

◆ **Fi|brin** ⟨n.; -s; unz.⟩ Faserstoff des Blutes, der bei der Blutgerinnung entsteht, Blutfaserstoff [<lat. *fibra* »Faser«]

◆ **Fi|bri|no|gen** ⟨n.; -s; unz.⟩ im Blut vorkommendes Protein, Vorstufe des Fibrins [<*Fibrin* + ...*gen*[1]]

◆ **fi|bri|nös** ⟨Adj.; Med.⟩ fibrinhaltig, fibrinreich

◆ **Fi|bro|blas|ten** ⟨Pl.⟩ Vorstufe der Fibrozyten [<lat. *fibra* »Faser« + grch. *blastos* »Schößling«]

◆ **Fi|bro|in** ⟨n.; -s; unz.⟩ ein Protein, wesentl. Bestandteil der Naturseide [<lat. *fibra* »Faser«]

◆ **Fi|bro|lin** ⟨n.; -s; unz.⟩ ein Protein, Bestandteil der Naturseide [<lat. *fibra* »Faser«]

◆ **Fi|brom** ⟨n.; -s, -e; Med.⟩ Fasergeschwulst [<lat. *fibra* »Faser«]

◆ **Fi|bro|ma|to|se** ⟨f.; -, -n; Path.⟩ tumorähnliche Vermehrung von Bindegewebe mit gleichzeitigem Organzellenrückgang [→ *Fibrom*]

◆ **fi|brös** ⟨Adj.; Med.⟩ faserig, aus derbem Bindegewebe bestehend; *~e Geschwulst* [→ *Fibrin*]

◆ **Fi|bro|se** ⟨f.; -, -n; Path.⟩ Vermehrung des Bindegewebes [<lat. *fibra* »Faser«]

◆ **Fi|bro|zyt** ⟨m.; -en, -en⟩ spindelförmige Zelle des Bindegewebes [<lat. *fibra* »Faser« + grch. *kytos* »Höhlung, Zelle«]

Fi|bu|la ⟨f.; -, -lae [-lɛː]⟩ **1** ⟨Anat.⟩ Wadenbein **2** = Fibel

Fiche ⟨[fiʃ] m.; -s, -s; kurz für⟩ Mikrofiche

Fi|chu ⟨[-ʃyː] n.; -s, -s; Ende 18. Jh.⟩ dreieckiges, auf der Brust überkreuztes u. auf dem Rücken zur Schleife gebundenes Tuch, Brust-, Miedertuch [frz., »Halstuch«]

Fiction ⟨[fikʃn] f.; -; unz.⟩ erzählende Literatur, Prosaliteratur, Belletristik; *Ggs* Nonfiction; → *a.* Faction [engl.]

Ficus

Fi|cus ⟨m.; -, Fi|ci [-tsi]; Bot.⟩ Feigenbaum [lat., »Feigenbaum, Feige«]

Fi|de|i|kom|miss ⟨[-de:i-] n.; -es, -e; im frühen dt. Recht⟩ unveräußerl., meist aus Grundbesitz bestehende, nur als Ganzes vererbl. Vermögensmasse, deren Inhaber nur über ihren Ertrag verfügen konnte [<lat. *fidei commissum* »auf Treu u. Glauben Anvertrautes«; zu *fides* »Treue, Glauben« + *committere* »anvertrauen«]

Fi|de|is|mus ⟨m.; -; unz.⟩ **1** ⟨i. e. S.⟩ Anschauung, dass die religiösen Wahrheiten nur dem Glauben, nicht der Vernunft zugänglich sind **2** ⟨i. w. S.⟩ Weltanschauung, die sich auf den Glauben gründet; Ggs Szientismus (1) [zu lat. *fides* »Glaube«]

Fi|de|ist ⟨m.; -en, -en⟩ Anhänger des Fideismus

fi|de|is|tisch ⟨Adj.⟩ auf dem Fideismus beruhend, ihn betreffend

fi|del ⟨Adj.⟩ vergnügt, fröhlich, lustig, heiter; *ein ~es Fest; eine ~e Gesellschaft; immer ~ sein* [<lat. *fidelis* »treu; lustig«; studentensprachl., zuerst in Jena um 1750, unter dem Einfluss des Krambambuli-Liedes]

Fi|del ⟨f.; -, -n; Musik⟩ kleines Streichinstrument in MA, Renaissance u. Barock, Vorform der Geige [<ahd. *fidula*, engl. *fiddle* <germ. *fidula* <vulgärlat. *vitula* »Saiteninstrument«; zu lat. *vitulari* »frohlocken«]

Fi|de|li|tas ⟨f.; -; unz.⟩ = Fidelität [<lat. *fidelitas* »Treue, Zuverlässigkeit«; → *fidel*]

Fi|de|li|tät ⟨f.; -; unz.⟩ oV Fidelitas **1** Fröhlichkeit, Lustigkeit **2** geselliges Vergnügen

Fi|di|bus ⟨m.; - od. -ses, -se⟩ (gefalteter) Papierstreifen od. Holzspan zum Feueranzünden [vermutl. studentensprachl. Umdeutung von Horaz, Oden 1,36: Et ture et *fidibus* iuvat placare deos »mit Weihrauch und Saitenspiel lasst uns die Götter besänftigen« in »mit Tabakrauch und Anzündern...«]

Fi|duz ⟨n.; -; unz.; umg.⟩ Vertrauen; *kein ~ zu etwas (od. jmdm.) haben* [<lat. *fiducia* »Vertrauen, Zuversicht«]

fi|du|zi|a|risch ⟨Adj.; Rechtsw.⟩ treuhänderisch; *~e Sicherheiten* hinsichtlich ihres Zustandekommens u. Fortbestehens vom Vorhandensein eines gesicherten Anspruchs unabhängige Kreditsicherheit [<lat. *fiduciarius;* zu *fiducia* »Vertrauen, Überlassung auf Treu und Glauben«]

Fi|du|zit ⟨n.; -; unz.; veraltet⟩ student. Zuruf beim Trinken [<lat. *fiducia sit!* »Es herrsche Vertrauen!«]

Field|stor ⟨m.; -s, -to|ren⟩ ein Feldtransistortyp, bei dem der Stromfluss durch das elektr. Feld gesteuert wird [verkürzt <engl. *field* »Feld« + trans*istor* »Transistor«]

Field|re|search ⟨[-rɪzœ:tʃ] n.; -s; unz.⟩ **1** ⟨allg.⟩ Feldforschung **2** ⟨Markt-, Meinungsforschung⟩ Befragung durch persönl. Gespräch u. (nicht allein durch) Fragebogen; *Sy* Fieldwork; *Ggs* Deskresearch [engl., »Feldforschung«]

Field|spa|ni|el ⟨a. [-spæ-] m.; -s, -s⟩ Jagdhund aus der Familie der Spaniel [engl.]

Field|work ⟨[-wœ:k] n.; -s; unz.; Markt- u. Meinungsforschung⟩ = Fieldresearch (2) [engl., »Feldforschung, Feldarbeit«]

Field|worker ⟨[-wœ:kə(r)] m.; -s, -⟩ jmd., der im Auftrag von Meinungsforschungsunternehmen zur Erhebung statistischer Daten Interviews mit Konsumenten durchführt [engl., »Feldforscher; Befrager, Praktiker«]

Fi|e|rant ⟨m.; -en, -en; österr.⟩ Markthändler, fahrender Händler [<ital. *fiera* »Festtag, Fest«]

fi|e|ro ⟨Musik⟩ wild, heftig, stolz (zu spielen) [ital.]

Fi|es|ta ⟨[-ɛsta] f.; -, -s⟩ großes Fest, Volksfest [span.]

FI|FA, Fi|fa ⟨f.; -; unz.⟩ Kurzwort für frz.⟩ Fédération Internationale de Football Association, Internationaler Fußballverband, u. a. zuständig für die Fußball-Weltmeisterschaft

fifty-fifty ⟨[fɪftɪfɪftɪ] umg.⟩ halb u. halb, zu gleichen Teilen, halbpart [engl., »fünfzig-fünfzig«]

Fig. ⟨Abk. für⟩ Figur (5)

Fi|ga|ro ⟨m.; -s, -s⟩ **1** Barbier **2** ⟨fig.⟩ witziger, redegewandter Mann [nach *Figaro*, dem Diener in Beaumarchais' Lustspiel u. Mozarts Oper »Die Hochzeit des *Figaro*«]

Fight ⟨[faɪt] m.; -s, -s; Sport⟩ **1** harter, verbissener Wettkampf **2** Boxkampf; *ein guter, fairer ~* [engl., »Kampf«]

fighten ⟨[faɪ-] V.; Sport⟩ draufgängerisch, hart kämpfen [<engl. *fight* »kämpfen«]

Fighter ⟨[faɪ-] m.; -s, -; Sport⟩ **1** jmd., der hart u. verbissen kämpft **2** Boxertyp, der den Nahkampf u. den schnellen Schlagwechsel sucht [engl., »Kämpfer«]

Figur ⟨f.; -, -en⟩ **1** Form des menschl. Körpers; *eine gute, schlanke, zierliche ~; eine gute ~ machen* einen guten äußeren Eindruck machen **2** menschen- od. tierähnl. Nachbildung, Gestalt; *eine ~ aus Holz, Stein* **3** geformtes Stück Holz, Metall usw. als zu bewegende Einheit in einem Spiel **4** ⟨umg.⟩ Person, Mensch; *er ist eine komische ~* **5** ⟨Abk.: Fig.⟩ gezeichnete Abbildung, Darstellung **6** ⟨Geom.⟩ Gebilde aus Linien u. Flächen **7** aus mehreren Elementen zusammengesetzter Ablauf einer Bewegung, z. B. im Tanz **8** ⟨Musik⟩ kurze Folge von Tönen, die melodisch u. (od.) rhythmisch zusammengehören **9** durch besondere Formen- od. Gedankenverbindungen gekennzeichnetes Mittel des literarischen Stils, z. B. Chiasmus, Metapher [<lat. *figura* »Gestalt«]

Fi|gu|ra ⟨f.; -; unz.; in der Wendung⟩ *wie ~ zeigt* wie an diesem Beispiel zu sehen ist, wie klar vor Augen liegt [lat., »Gestalt«]

fi|gu|ral ⟨Adj.⟩ mit Figuren versehen, verziert [<neulat. *figuralis* »mit Figuren versehen«]

Fi|gu|ra|li|tät ⟨f.; -; unz.⟩ figurale Beschaffenheit

Fi|gu|ral|mu|sik ⟨f.; -; unz.; Musik⟩ kunstvolle mehrstimmige Musik des Mittelalters

Fi|gu|rant ⟨m.; -en, -en; Theat.⟩ **1** stummer Darsteller **2** ⟨Ballett⟩ Gruppentänzer [<lat. *figurans*, Part. Präs. zu *figurare* »gestalten, formen«]

Fi|gu|ra|ti|on ⟨f.; -, -en; Musik⟩ Auflösung eines Akkords in gleichartige Figuren, Verzierung einer Melodie; *Sy* Figurierung [<lat. *figuratio* »Gestaltung, Bildung«]

fi|gu|ra|tiv ⟨Adj.⟩ figürlich, durch eine Abbildung, durch einen bildlichen Ausdruck; *Ggs* nonfigurativ [<lat. *figurare* »gestalten, formen«]

fi|gu|rie|ren ⟨V.⟩ **1** erscheinen, auftreten, eine Rolle spielen, darstellen **2** ⟨Theat.⟩ ohne Sprechrolle auftreten **3** ⟨Musik⟩ durch Figuration auflösen, verzieren [<lat. *figurare* »gestalten, formen«]

fi|gu|riert ⟨Adj.⟩ **1** gemustert; *~es Gewebe* **2** ⟨Musik⟩ verziert, ausgeschmückt; *~er Choral* mehrstimmiger Choralsatz mit bewegter, verzierter Mittelstimme

Fi|gu|rie|rung ⟨f.; -, -en⟩ = Figuration

Fi|gu|ri|ne ⟨f.; -, -n⟩ **1** Figürchen **2** kleine antike Statue **3** ⟨Mal.⟩ Gestalt im Hintergrund von Landschaftsbildern **4** ⟨Theat.⟩ kleiner Kostümentwurf, Modezeichnung [frz., <ital. *figurina*, Verkleinerungsform zu *figura* »Gestalt« <lat. *figura*]

fi|gür|lich ⟨Adj.⟩ **1** die Figur betreffend, bezüglich der Figur **2** in übertragenem Sinn gebraucht, anschaulich, bildlich dargestellt; *die ~e Bedeutung eines Wortes*

...fi|ka|ti|on ⟨Nachsilbe; zur Bildung von Subst.⟩ das Machen; *Identifikation* [zu lat. *facere*, *...ficere* »machen«]

Fikh ⟨n.; -; unz.⟩ Rechtswissenschaft des Islam [arab.]

Fik|ti|on ⟨f.; -, -en⟩ **1** etwas Erdachtes, Vorstellung, die der Wirklichkeit nicht entspricht **2** ⟨Lit.⟩ Darstellung von Sachverhalten in der Dichtung, die ganz od. teilweise fiktiv sind **3** ⟨Philos.⟩ Annahme, Unterstellung (eines nicht wirklichen Falles, um daraus Erkenntnisse abzuleiten) **4** ⟨Rechtsw.⟩ Gleichsetzung zweier gänzlich verschiedener Tatsachen [<lat.

fictio »Bildung, Formung, Gestaltung«]

fik|ti|o|nal ⟨Adj.⟩ auf einer Fiktion beruhend; *~e Dichtung, Darstellung*

fik|ti|o|na|li|sie|ren ⟨V.⟩ als Fiktion erscheinen lassen, abbilden

Fik|ti|o|na|lis|mus ⟨m.; -; unz.; Philos.⟩ philosophische These, nach der Fiktionen als methodisches Mittel der Grundlage jeden wissenschaftlichen Erkenntnisgewinns bilden

fik|tiv ⟨Adj.⟩ erdichtet, nur angenommen, auf einer Fiktion beruhend; *eine ~e Erzählung; seine Darstellung erwies sich als ~* [→ *Fiktion*]

Fil-à-Fil ⟨[filafil] n.; -; unz.; Textilw.⟩ Anzug- od. Kleiderstoff aus Wollkammgarnen, dessen karoartige Musterung durch die abwechselnde Anordnung von hellem u. dunklem Faden zustande kommt [frz., eigtl. »Faden an Faden«]

Fi|la|ment ⟨n.; -s, -e⟩ **1** ⟨Bot.⟩ Staubfaden, Teil der Staubblätter **2** ⟨Astron.; Pl.⟩ *~e* dunkel, lang gestreckte Gebilde in der Chromosphäre der Sonne, Protuberanzen in der Aufsicht [<neulat. *filamentum;* zu *filum* »Faden«]

Fi|lan|da ⟨f.; -, -lan|den⟩ Gerät zum Abhaspeln von Seidenkokons [ital., »Seidenspinnerei«]

Fi|la|ri|en ⟨Pl.⟩ Fadenwürmer, Erreger von Wurmkrankheiten [<lat. *filum* »Faden«]

Fi|la|ri|o|se ⟨f.; -, -n⟩ durch Filarien hervorgerufene Krankheit

File ⟨[faɪl] n. od. m.; -s, -s; EDV⟩ Datei [engl., eigtl. »Aktenstoß, Sammelmappe«]

File|ac|cess ⟨[faɪlækses] m.; -; unz.; EDV⟩ = Filesharing [<engl. *file* »Akte, (Computer-)Datei« + *access* »Zugang, Zugriff«]

File|sha|ring ⟨[faɪlʃeːrɪŋ] n.; -od. -s; unz.; EDV⟩ Netzwerktechnik innerhalb (betriebs-)interner Netze, bei der ein Benutzer von seinem PC aus partiell od. unbeschränkt auf Daten von anderen Computerarbeitsplätzen zugreifen kann; *Sy* Fileaccess [engl., »Dateiteilung«]

Fi|let ⟨[-leː] n.; -s, -s⟩ **1** ⟨Kochk.⟩ **1.1** entgrätetes Rückenstück

(vom Fisch) **1.2** Lendenstück (vom Schlachtvieh u. Wild) **1.3** abgelöstes Bruststück (vom Geflügel) **2** ⟨Textilw.⟩ **2.1** bei Spitzen auf quadratischem od. schrägem Netzgrund aufgestickte u. -gestopfte Musterung **2.2** durchbrochene Kettenwirkware [frz., »Netzstoff, Lendenstück«]

Fi|le|te ⟨f.; -, -n⟩ **1** Werkzeug des Buchbinders **2** die damit hergestellte feine, netzartige Verzierung auf Bucheinbänden, meist in Gold [frz., »Gewinde, Netzstoff«]

fi|le|tie|ren ⟨V.; Kochk.⟩ in Filets zerschneiden; *einen Fisch ~*

Fi|let|stück ⟨[-leː-] n.; -(e)s, -e⟩ **1** ⟨Kochk.⟩ Stück vom Filet (1) **2** ⟨fig.⟩ das Beste, Erlesenste, Angenehmste (eines Gesamtzusammenhangs)

Fi|li|a|le ⟨f.; -, -n⟩ Zweigstelle, -niederlassung, -geschäft [<mlat. *filialis,* »die Tochter betreffend, Tochter...«; zu lat. *filia* »Tochter«]

Fi|li|al|ge|ne|ra|ti|on ⟨f.; -, -en; Genetik⟩ Nachkommen aus einer Bastardkreuzung, Tochtergeneration

Fi|li|al|pro|ku|ra ⟨f.; -, -ku|ren; Wirtsch.⟩ nur für eine od. mehrere Filialen eines Unternehmens gültige Prokura

Fi|li|a|ti|on ⟨f.; -, -en⟩ **1** rechtmäßige Abstammung, Sohn-, Tochterverhältnis **1.1** Nachweis der Abstammung einer Person von einer anderen **1.2** legitime Abstammung eines Kindes von seinen Eltern **2** Abhängigkeit der Ordensmitglieder von den Oberen sowie die daraus erwachsende Gehorsamspflicht [<neulat. *filiatio* »Kindschaft«; zu lat. *filius* »Sohn« + *filia* »Tochter«]

Fi|li|bus|ter[1] ⟨[-bʌstə(r)] n.; -s, -; Politik⟩ Verzögerungstaktik durch langatmige Reden [engl., urspr. Bez. für gesetzlose Plünderer, die im 19. Jh. in mittel- u. südamerikan. Staaten einfielen <span. *filibustero* »Freibeuter«]

Fi|li|bus|ter[2] ⟨[-bʌstə(r)] m.; -s, -; Politik⟩ **1** Abgeordneter im amerikanischen Kongress, der durch lange Reden die Abstim-

filieren

mung über einen Antrag hinauszögerte **2** jmd., der das Filibuster betreibt [→ *Filibuster¹*]

fi|lie|ren ⟨V.⟩ **1** eine Filetarbeit herstellen, Netzwerk knüpfen, Fäden ausziehen, spinnen **2** zwei Spielkarten vertauschen [<frz. *filer* »spinnen«]

fi|li|form ⟨Adj.⟩ fadenförmig [zu lat. *filum* »Faden«]

fi|li|gran *auch:* **fi|li|gran** ⟨Adj.⟩ in der Art des Filigrans, sehr fein gearbeitet, sehr feine Formen aufweisend

Fi|li|gran *auch:* **Fi|li|gran** ⟨n.; -s, -e⟩ (Schmuckstück aus einem) Geflecht feiner Edelmetalldrähte [<ital. *filigrana* »feine Flechtarbeit aus Goldfäden u. Perlchen«, <lat. *filum* »Faden« + *granum* »Korn«]

Fi|li|gran|ar|beit *auch:* **Fi|li|gran|ar|beit** ⟨f.; -, -en⟩ **1** ⟨unz.⟩ Technik der Herstellung von Filigran; *er ist ein Meister der* ~ **2** durch Filigranarbeit hergestelltes Schmuckstück; *dieses Diadem ist eine* ~ **3** ⟨umg.⟩ besondere Konzentration u. Geschicklichkeit erfordernde, diffizile Verrichtung; *dieser Scherenschnitt ist eine* ~

Fi|li|gran|glas *auch:* **Fi|li|gran|glas** ⟨n.; -es; unz.⟩ Kunstglas, in das zur Verzierung weiße, miteinander verflochtene Glasfäden eingeschmolzen sind

Fi|li|us ⟨m.; -, -lii od. umg. -se; scherzh.⟩ Sohn [lat., »Sohn«]

Fil|lér ⟨[-le:r] m.; -s od. -, -⟩ ungarische Währungseinheit, ¹/₁₀₀ Forint

Film ⟨m.; -(e)s, -e⟩ **1** dünnes Häutchen, sehr dünne Schicht; *Öl-* ~ **2** mit einer lichtempfindl. Schicht überzogener dünner Streifen für fotograf. Aufnahmen; *Schwarz-Weiß~*; *Farb~*; *Negativ~*; *Positiv~*; *Umkehr~* **3** zur Vorführung im Kinematographen bestimmter Streifen mit Bildern; *Kino~*; *Farb~*; *Stumm~*; *einen* ~ *drehen, vorführen* **4** ⟨fig.⟩ *mir ist der* ~ *gerissen* mir fehlt die Erinnerung [engl., »Membran, dünnes Häutchen« <germ. *felmon »Haut«; → *Fell*, *Pelz*]

Film|mo|thek ⟨f.; -, -en⟩ *Sy* Kinemathek **1** Sammlung von Filmen **2** Raum od. Gebäude dafür

Fi|lo ⟨m.; -s, -s; Sport⟩ Fechtstoß, bei dem die angreifende Klinge an der gegnerischen entlanggleitet, um sie abzudrängen [ital., eigtl. »dünner Faden, Schneide«; zu lat. *filum* »Faden«]

Fi|lo|fax® ⟨engl. [faɪloufæks] m.; -, -e⟩ Terminkalender in Form eines Ringbuchs mit einlegbaren Tagesblättern, Adressenverzeichnissen, Karten, Registern u. diversen Accessoires [zu engl. *file* »Ordner, Akte«]

Fi|lou ⟨[-luː] m.; -s, -s⟩ **1** Spitzbube, Gauner **2** Schlaukopf, gerissener od. leichtsinniger Mensch [frz., »Spitzbube« <engl. *fellow* »Bursche«]

Fils ⟨m.; -, -⟩ irak. u. jordan. Währungseinheit, ¹/₁₀₀ Dinar

Fil|ter ⟨m.; -s, - od. Technik meist n.; -s, -⟩ **1** Vorrichtung zum Trennen fester Stoffe von Flüssigkeiten **2** ⟨Fot.⟩ gefärbte Glasscheibe zum Aufsetzen auf das Objektiv, um nur bestimmte Farben zurückgehalten werden; *Gelb~; Rot~* **3** ⟨Physik⟩ Material od. Gerät zur Veränderung der Intensität od. Zusammensetzung einer (elektromagnet. od. korpuskularen) Strahlung [<mlat. *filtrum* »Seihgerät aus Filz« <germ. *felti »Gestampftes«]

fil|tern ⟨V.⟩ **1** mit einem Filter trennen; *Flüssigkeit von festem Stoff ~; Lichtstrahlen, Schwingungen* ~ **2** klären, seihen; *Kaffee* ~

Fil|trat *auch:* **Filt|rat** ⟨n.; -(e)s, -e⟩ durch Filtern geklärte, gereinigte Flüssigkeit [<mlat. *filtratum*; zu *filtrare* »filtern«]

Fil|tra|ti|on *auch:* **Filt|ra|ti|on** ⟨f.; -, -en⟩ Trennen eines Feststoff-Flüssigkeits-Gemisches mittels Filter

fil|trie|ren *auch:* **filt|rie|ren** ⟨V.⟩ mit Hilfe eines Filters klären [<frz. *filtre* »filtern« <mlat. *filtrare*]

Fi|lü|re ⟨f.; -, -n⟩ Gewebe, Gespinst [<frz. *filure* »Gespinst«]

Fil|zo|kra|tie ⟨f.; -; unz.; scherzh.⟩ vielfach verflochtene Machtverhältnisse, Korruption in Bürokratie u. Demokratie [<*Filz* + grch. *kratein* »herrschen«; analog zu *Demokratie* gebildet]

fi|nal ⟨Adj.⟩ **1** abschließend, beendend **2** zweckbestimmt [<neulat. *finalis* »am Ende befindlich, das Ende, den Zweck betreffend«]

Fi|nal|cut *auch:* **Fi|nal Cut** ⟨[faɪnəl kʌt] m.; (-) - od. (-) -s, (-) -s; Film⟩ letzte Bearbeitung der Ton- u. Filmaufnahmen für die endgültige Fassung eines Films [engl., »endgültiger Schnitt«]

Fi|nal|de|cay *auch:* **Final Decay** ⟨[faɪnəl dɪkeɪ] n.; (-) - od. (-) -s, (-) -s; Musik⟩ **1** ⟨unz.⟩ Zeit, die nach dem letztmaligen Anschlagen einer Synthesizertaste vergeht, bis der angeschlagene Ton für das menschl. Ohr nicht mehr hörbar ist **2** der Ton selbst [<engl. *final* »endgültig, final« + *decay* »Absterben, Verfallen«]

Fi|na|le ⟨n.; -s, -⟩ **1** ⟨allg.⟩ Schlussteil **2** ⟨Musik⟩ Schlusssatz, Schlussteil; ~ *einer Sinfonie, Oper* **3** ⟨Sport⟩ Schlussrunde, Endkampf, Endspiel [ital., »Schlussstück«]

Fi|na|lis ⟨f.; -, -les; Musik⟩ Schlusston in einer Kirchentonart, durch den diese festgelegt wird [neulat.; → *final*]

fi|na|li|sie|ren ⟨V.; österr.; schweiz.⟩ **1** einem bestimmten Zweck, Ziel zuführen, beenden; *Verträge, Abkommen* ~ *zur Unterschrift bringen* **2** ⟨Sport⟩ an einem Finale teilnehmen; *die beiden Gruppensieger* ~

Fi|na|list ⟨m.; -en, -en; Sport⟩ Teilnehmer der Endrunde, des Schlusskampfes

Fi|na|lis|tin ⟨f.; -, -tin|nen; Sport⟩ Teilnehmerin der Endrunde, des Schlusskampfes

Fi|na|li|tät ⟨f.; -; unz.⟩ **1** Zweckbestimmtheit **2** Zielstrebigkeit

Fi|nal|satz ⟨m.; -es, -sät|ze; Gramm.⟩ Adverbialsatz des Zwecks, Zwecksatz

Fi|nan|cier ⟨[finɑ̃sje:] m.; -s, -s; veraltet; noch österr.⟩ = Finanzier

Fi|nanz ⟨f.; -, -en⟩ **1** Geldwesen **2** Geldgeschäft **3** Gesamtheit der Geldleute; *Hoch~* [<frz. *finances* <mlat. *finantia* »Beendigung, endgültiger Entscheid, Zahlungsbefehl, Zahlung« <*finare* »beenden«; zu lat. *finire* »beenden«]

Fi|nanz|aus|gleich ⟨m.; -(e)s, -e; Rechtsw.⟩ Verteilung der öffentlichen Gelder auf Länder u. Gemeinden

Fi|nan|zen ⟨nur Pl.⟩ **1** öffentliches Geldwesen, Staatshaushalt, Staatsgelder **2** Vermögen, Vermögenslage **3** ⟨umg.⟩ *meine ~ meine Geldmittel* [<frz. *finances* <mlat. *finantia* »Beendigung, endgültiger Bescheid, Zahlung(sbefehl)«; zu mlat. *finare* »beenden«, lat. *finire* »beenden«]

Fi|nan|zer ⟨m.; -s, -; österr.; umg.⟩ Zollbeamter

Fi|nanz|hol|ding ⟨f.; -, -s; Wirtsch.⟩ Unternehmen, das die Verwaltung des Vermögens anderer Firmen übernimmt (u. sie dadurch kontrolliert)

fi|nan|zi|ell ⟨Adj.⟩ die Finanzen, das Vermögen betreffend; geldlich

Fi|nan|zi|er ⟨[-tsjeː] m.; -s, -s⟩ *oV* ⟨österr.⟩ Financier **1** Geld-, Bankmann **2** Geldgeber, der etwas (ein Unternehmen usw.) finanziert [<frz. *financier* »Geldmann, Bankier«]

fi|nan|zier|bar ⟨Adj.⟩ so beschaffen, dass man es finanzieren kann; *~e öffentliche Bauvorhaben*

fi|nan|zie|ren ⟨V.⟩ mit Geldmitteln ausstatten, durch Geld ermöglichen

Fi|nanz|in|ves|tor ⟨[-vɛs-] m.; -s, -en⟩ jmd., der Forderungs- u. Beteiligungsrechte durch die Investition von Geldmitteln erwirbt

Fi|nanz|po|li|tik ⟨f.; -; unz.⟩ Ordnung u. Gestaltung der Finanzwirtschaft eines Landes

Fi|nanz|wirt|schaft ⟨f.; -; unz.⟩ Geldwirtschaft, planmäßiges Beschaffen u. Verteilen der öffentlichen Gelder

Fi|nanz|wis|sen|schaft ⟨f.; -; unz.⟩ Lehre von der Finanzwirtschaft der öffentlichen Körperschaften

fi|nas|sie|ren ⟨V.; geh.⟩ Intrigen, Ränke schmieden, mit Tricks arbeiten [<frz. *finasser*]

Fin|ca ⟨[-ka] f.; -, -s⟩ Landhaus, -gut [span.]

Fin de Siè|cle *auch:* **Fin de Siè|cle** ⟨[fɛ̃ː də sjɛkl] n.; - - -; unz.⟩ **1** das Ende des 19. Jh. **2** ⟨bildl. Bez. für⟩ die Verfeinerung u. die Verfallserscheinungen dieser Zeit [frz., »Ende des Jahrhunderts«]

Fi|ne ⟨Musik⟩ Schlusszeichen; *→ a. da capo al fine* [ital., »Ende, Schluss«]

Fine|li|ner ⟨[faɪnlaɪnə(r)] m.; -s, -⟩ sehr dünner Filzstift, der zum Schreiben u.Skizzieren geeignet ist; *Sy* Liner (4) [<engl. *fine* »fein« + *line* »Linie«]

Fines Herbes ⟨[finzɛrb] Pl.; Kochk.⟩ fein gehackte, in Fett gedünstete Kräuter (u. Pilze) [frz., »feine Kräuter«]

Fi|nes|se ⟨f.; -, -n⟩ Schlauheit, Feinheit, Kniff, Trick; *mit großer ~ vorgehen; mit allen ~n zu Werke gehen* [<frz., »Feinheit, Scharfsinn«]

Fine|tu|ning *auch:* **Fine Tu|ning** ⟨[faɪntjuːnɪŋ] n.; (-) - od. (-) -s; unz.⟩ **1** ⟨Wirtsch.⟩ wirtschaftspolitische Theorie, nach der bereits auf geringfügige konjunkturelle Schwankungen entsprechend reagiert werden muss, um größere Krisen zu vermeiden **2** ⟨allg.⟩ Feinabstimmung, Detailarbeit (z. B. am Ende eines umfassenden Projektes) [<engl. *fine-tuning* »Feinabstimmung«]

Fin|ger|food ⟨[-fuːd] n.; - od. -s; unz.⟩ Snacks, Häppchen, die aus der Hand u. ohne Besteck gegessen werden; *bei einem Stehempfang ~ reichen* [engl.; <*finger* »Finger« + *food* »Essen«]

Fin|ger|print ⟨m.; -s, -s⟩ bei der analytischen Auftrennung eines Stoffes entstehendes charakteristisches Muster, das sich z. B. durch Lage, Farbe, Form u. Größe von Flecken auf einem Trägermaterial zeigt, wodurch eine eindeutige Identifizierung der Substanz möglich wird [<engl. *fingerprint* »Fingerabdruck«]

fin|gie|ren ⟨V.⟩ vortäuschen, erdichten, unterstellen; *fingierter Briefwechsel* [<lat. *fingere* »bilden, gestalten, erdichten«]

Fi|ni|me|ter ⟨n.; -s, -⟩ Messgerät zur Überwachung des Sauerstoffvorrats bei Atemschutzgeräten [<lat. *finis* »Grenze« + ...*meter*]

Fi|nis ⟨n.; -; unz.⟩ **1** Ende, Schluss **2** Schlussvermerk in Druckwerken [lat., »Ende«]

Fi|nish ⟨[-nɪʃ] n.; -s, -s⟩ **1** letzter Schliff, Vollendung **2** ⟨Sport⟩ (spannender) Endkampf [engl., »Ende, Endkampf«]

fi|ni|shen ⟨[-ʃən] V.; Pferdesport⟩ am Schluss des Rennens das Pferd aufs Äußerste antreiben [→ *Finish*]

Fi|ni|sher ⟨[-ʃə(r)] m.; -s, -; Pferdesport⟩ Pferd, das im Finish besonders gut ist

Fi|nis|sa|ge ⟨[-saʒə] f.; -, -n; Kunst⟩ (feierl.) Beendigung einer Ausstellung [frz., »Endbearbeitung, Fertigstellung«; zu *finir* »beenden«]

fi|nit ⟨Adj.; Gramm.⟩ bestimmt; *~e Verbalform, ~es Verb* durch Person, Numerus (u. Genus) bestimmte Verbalform; *Sy* Verbum finitum; *Ggs* infinit [<lat. *finitus*]

Fi|ni|tum ⟨n.; -s, -ta; kurz für⟩ Verbum finitum [→ *finit*]

Finn-Din|ghi ⟨n.; -s, -s; Sport⟩ kleines Einmann-Segelboot für Segelsportwettbewerbe; *oV* Finn-Dingi [schwed., »finnisches Dinghi«]

Finn-Din|gi ⟨n.; -s, -s; Sport⟩ = Finn-Dinghi

Finn|lan|di|sie|rung ⟨f.; -, -en; Politik⟩ **1** ⟨abwertend; i. e. S.⟩ das verdeckte Abhängigkeitsverhältnis Finnlands von der ehem. Sowjetunion **2** ⟨i. w. S.⟩ das verdeckte Abhängigkeitsverhältnis eines Staates von einem anderen

fin|no|ug|risch *auch:* **fin|no|ug|risch** ⟨Adj.⟩ *~e* Sprachen nicht indogerman. Sprachgruppe, die im Wesentlichen die finnische, lappische, estnische u. ungarische Sprache umfasst

Fin|no|ug|rist *auch:* **Fin|no|ug|rist** ⟨m.; -en, -en⟩ Wissenschaftler auf dem Gebiet der finnougrischen Sprachen u. Literaturen

Fin|no|ug|ris|tin *auch:* **Fin|no|ug|ris|tin** ⟨f.; -, -tin|nen⟩ Wissenschaftlerin auf dem Gebiet der finnougrischen Sprachen u. Literaturen

Fin|te ⟨f.; -, -n⟩ **1** ⟨bes. Sport⟩ Scheinangriff, bes. Scheinhieb beim Boxen od. Scheinstoß beim Fechten **2** Täuschung

fintieren

3 ⟨fig.⟩ Vorwand, Ausflucht, List [<ital. *finta* »List«; → *fingieren, Fiktion*]

fin|tie|ren ⟨V.; Sport⟩ eine Finte (1), einen Scheinangriff ausführen

Fio|ri|tur ⟨f.; -, -en; Musik⟩ Verzierung beim Kunstgesang, z. B. Koloratur, Triller [<ital. *fioriture*; zu *fiorire* »blühen« + *fiore* »Blume«]

Fire|figh|ter ⟨[fa͜ɪə(r)faɪtə(r)] m.; -s, -⟩ jmd., der berufsmäßig zum Löschen von brennenden Ölquellen, Großbränden o. Ä. eingesetzt wird [engl., »Feuerwehrmann, Feuerbekämpfer«]

Fire|wall ⟨[fa͜ɪə(r)wɔ:l] f.; -, -s; EDV⟩ Schutzmechanismus für ein Computernetzwerk (z. B. ein Intranet od. Ortsnetz), der die Zulässigkeit von eingehenden Daten überprüfen u. so einen Schutz vor Computerviren od. unberechtigten Zugriffen von Hackern bieten soll [engl., »Brandmauer«]

firm ⟨Adj.⟩ fest, sicher, bewandert, beschlagen; *in einem Fachgebiet ~ sein* [<lat. *firmus* »fest«]

Fir|ma ⟨f.; -, Fir|men; Abk.: Fa.⟩ **1** Geschäft, Betrieb **2** Handels-, Geschäftsname [<ital. *firma* »(sichere) Unterschrift«; zu lat. *firmus* »fest«]

Fir|ma|ment ⟨n.; -(e)s, -e⟩ Himmel, Himmelsgewölbe [<lat. *firmamentum* »Himmelsgewölbe«; zu *firmus* »fest«]

fir|men ⟨V.⟩ *jmdn. ~* jmdm. die Firmung erteilen [<lat. *firmare* »befestigen«]

fir|mie|ren ⟨V.; Kaufmannsspr.⟩ einen Geschäftsnamen führen, mit diesem unterzeichnen [→ *Firma*]

Fir|mung ⟨f.; -, -en; kath. Kirche⟩ vom Bischof durch Salbung u. Handauflegen vollzogenes Sakrament, das der Kräftigung im Glauben dient [→ *firmen*]

Firm|ware ⟨[fœ:mwɛ:(r)] f.; -, -s; EDV⟩ Festspeicherprogrammierung [<engl. *firm* »fest« + *ware* »Ware«]

Fir|nis ⟨m.; -ses, -se⟩ **1** rasch trocknende Flüssigkeit, die eine feine, durchsichtige Schicht ergibt u. die darunterliegende Fläche (z. B. Gemälde) widerstandsfähig (gegen Lufteinflüsse usw.) macht **2** ⟨fig.⟩ äußerl. Hülle, äußerer Schein; *seine Bildung ist nur ~* [<mhd. *vernis* <frz. *vernis*]

fir|nis|sen ⟨V.⟩ mit Firnis überziehen

first class ⟨[fœ:st klɑ:s] Adj.; undekl.⟩ erstklassig, von der ersten Klasse; *das Hotel, Restaurant ist ~* [engl.]

First-Class-Ho|tel ⟨[fœ:stklɑ:s-] n.; -s, -s⟩ Hotel der besten Klasse, (meist großes) Luxushotel [engl.]

First-Day-Co|ver ⟨[fœ:stdeɪkʌvə(r)] m.; -s, -; Philatelie⟩ Schmuckbrief mit dem Exemplar einer am Tag des Poststempels neu eingeführten Briefmarke, Ersttagsbrief [engl.]

First La|dy ⟨[fœ:st leɪdɪ] f.; - -, - -s⟩ Ehefrau eines Staatsoberhauptes [engl., »erste Dame«]

Firth ⟨[fœ:θ] m.; -, -s [-θɪz]; in Schottland⟩ (den norwegischen Fjorden ähnliche) weit ins Landesinnere hineinreichende, schmale Meeresbucht od. Flussmündung, z. B. der *~ of Forth* (bei Edinburgh) [engl., »Förde, Meeresarm«]

Fi|sett|holz ⟨n.; -es; unz.⟩ **1** das Holz des Perückenstrauches (*Cotinus coggygria*), ungarisches Gelbholz **2** junges Fustikholz [Herkunft unbekannt]

Fish|bur|ger ⟨[fɪʃbœ:gə(r)] m.; -s, -⟩ weiches Brötchen, das mit einer Fischfrikadelle gefüllt ist [engl.; <*fish* »Fisch« + ...*burger*]

Fi|shing for Com|pli|ments ⟨[fɪʃɪŋ fɔ: kɔm-] n.; - - -; unz.; fig.⟩ das Äußern von selbstkritischen Bemerkungen mit dem Ziel, aufmunternde Anerkennung bzw. positive Äußerungen von anderen zu erfahren [engl., »nach Komplimenten angeln«]

Fi|si|ma|ten|ten ⟨nur Pl.; umg.⟩ **1** Ausflüchte, Umstände **2** lose Streiche, Flausen [<*visepatentes* (16. Jh.) <lat. *visae patentes (litterae)* »wordnungsgemäß verdientes Patent; überflüssige bürokratische Schwierigkeiten«; beeinflusst von mhd. *visament* »Zierrat«]

fis|kal ⟨Adj.⟩ = fiskalisch

Fis|kal ⟨m.; -s, -e⟩ Vertreter der staatlichen Finanzverwaltung [<lat. *fiscalis* »die Staatskasse betreffend«; → *Fiskus*]

fis|ka|lisch ⟨Adj.⟩ zum Fiskus gehörig, ihn betreffend; *oV* fiskal [<lat. *fiscalis* »die Staatskasse betreffend« <*fiscus*; → *Fiskus*]

Fis|ka|lis|mus ⟨m.; -; unz.⟩ das Bestreben der staatl. Finanzwirtschaft, die staatl. Verfügungsgewalt über das Volksvermögen übermäßig auszudehnen

fis|kal|po|li|tisch ⟨Adj.⟩ die finanzpolitischen Maßnahmen des Staates betreffend, zu ihnen gehörig

Fis|kus ⟨m.; -; unz.⟩ **1** Staatsvermögen **2** der Staat als Eigentümer von Vermögen **3** Finanzverwaltungsabteilung; *Steuer~* [<lat. *fiscus* »Geldkasse, Staatskasse«]

fis|sil ⟨Adj.⟩ spaltbar [<lat. *fissilis* »spaltbar«]

Fis|si|li|tät ⟨f.; -; unz.; fachsprachl.⟩ Spaltbarkeit, spaltbare Beschaffenheit

Fis|si|on ⟨f.; -, -en; fachsprachl. Bez. für⟩ Spaltung (z. B. Kernspaltung) [<lat. *fissio* »das Spalten, Zerteilen«]

Fis|sur ⟨f.; -, -en; Med.⟩ **1** Knochenriss **2** kleiner, schon heilender Schleimhautriss **3** Furche, Einschnitt, z. B. zwischen einzelnen Hirnlappen [<lat. *fissura* »Riss«]

Fis|tel ⟨f.; -, -n; Med.⟩ eine abnorme, natürl. od. künstl. kanalartige Verbindung zw. zwei Hohlorganen od. zw. Hohlorganen u. der Körperoberfläche; *Sy* Fistula (1) [<lat. *fistul* »tief gehendes Geschwür« <lat. *fistula* »Rohrpfeife«]

fis|teln ⟨V.⟩ mit Fistelstimme singen; *oV* fistulieren

Fis|tel|stim|me ⟨f.; -, -n⟩ **1** die hauchige, nicht durch Brustresonanz verstärkte Kopfstimme des Mannes; *→a.* Falsett **2** ⟨umg.⟩ sehr hohe, feine Stimme [→ *Fistel*]

Fist|fu|cking ⟨[-fʌkɪŋ] n.; -s, -s⟩ sexuelle Praktik, bei der dem Partner bzw. der Partnerin die geballte Faust in After od. Scheide eingeführt wird [<engl. *fist* »Faust« + *fucking* »Ficken, Koitieren«]

Fis|tu|la ⟨f.; -, -lae [-lɛ:]⟩ **1** ⟨Med.⟩ = Fistel **2** ⟨Musik⟩ **2.1** Flöte **2.2** Orgelpfeife, Orgelregister [lat., »Röhre, Rohrpfeife«]

fis|tu|lie|ren ⟨V.⟩ = fisteln

fit ⟨Adv.; bes. Sport⟩ leistungsfähig, gut in Form [engl., »passend, angemessen, tauglich«]

Fi|tis ⟨m.; - od. -ses, -se; Zool.⟩ zierlicher Vogel, Art der Laubsänger mit zart flötendem Gesang: Phyllosopus trochilus [lautmalend]

Fit|ness ⟨f.; -; unz.; bes. Sport⟩ das Fitsein, Leistungsfähigkeit [engl., »Angemessenheit, Tauglichkeit, Eignung«]

Fit|ness|cen|ter ⟨[-sɛn-] n.; -s, -; Sport⟩ Räumlichkeit, in der man verschiedene Sportgeräte zur Körperertüchtigung benutzen kann; Sy Fitnessstudio [< *Fitness* + *Center*]

> **Fitnessstudio** (*Laut-Buchstaben-Zuordnung*) Die im Deutschen übliche Kennzeichnung eines kurzen Vokals durch Verdoppelung des Folgekonsonanten wird auch auf Fremdwörter angewendet. Nach kurzem Vokal wird daher auch bei Fremdwörtern der Buchstabe »ß« durch die Schreibung »ss« ersetzt (→a. Exzess, Fairness). Treffen innerhalb von Komposita drei Konsonanten aufeinander, so werden sie entgegen der bisherigen Regelung grundsätzlich alle geschrieben (→a. Kongressstadt).

Fit|ness|stu|dio ⟨n.; -s, -s; Sport⟩ = Fitnesscenter

Fit|ness|trai|ning ⟨[-tre:-] n.; -s, -s; Sport⟩ sportliches Training zur Erlangung od. Erhaltung der körperlichen Leistungsfähigkeit

fit|ten ⟨V.⟩ **1** ⟨Technik⟩ anpassen; *eine Schablone ~* **2** ⟨Schiffsbau⟩ einen Kiel abtasten, um Verbiegungen festzustellen [→ *fit*]

Fit|ting ⟨n.; -s, -s; meist Pl.; Technik⟩ Verbindungs-, Anschlussstück für Rohrleitungen, z. B. für Gas- od. Wasserleitungen [engl., »Ausrüstung, Montage«]

Fitz... ⟨vor irischen Namen⟩ Sohn, z. B. Fitzgerald [< normannisch, entspr. neufrz. *fils* »Sohn« <lat. *filius*]

Five o'Clock Tea ⟨[faɪv ɔklɔk tiː] m.; - - -, - - -s [-tiːz]⟩ Fünfuhrtee [engl.]

Five|vow|el|word *auch:* **Five-Vowel-Word** ⟨ [faɪvvauəlwœːd] n.; -s, -s⟩ Wort, in dem jeder der fünf Vokale ein einziges Mal vorkommt, z. B. »education«, »speculation«; →a. Fourletterword [engl., »Wort mit fünf Vokalen«]

fix ⟨Adj.⟩ **1** fest, fest stehend, unverändert; *~e Kosten; der Vertreter erhält ein ~es Gehalt u. Provision; ~e Idee* Wahnvorstellung; *~ und fertig* ganz fertig od. erschöpft, abgearbeitet **2** flink, behände, schnell; *(mach) ~!; ein ~er Bursche, Junge* [<frz. *fixe* »fest stehend«; durch Wendungen wie »fixer Tänzer, fixer Fechter« im Sinne von »standhaft, sicher« entstand die figurative Bedeutung »gewandt, flink«]

Fi|xa|teur ⟨[-tø:r] m.; -s, -e⟩ Zerstäuber zum Auftragen von Fixativ [frz., »Fixiermittel«]

Fi|xa|ti|on ⟨f.; -, -en⟩ **1** Ruhigstellung gebrochener Gliedmaßen od. sonst kranker Gliedmaßen durch Verbände **2** die Befestigung von Organen, z. B. des Darmes durch das Gekröse [→ *fixieren*]

Fi|xa|tiv ⟨n.; -s, -e [-və]⟩ Mittel zum Härten, Festigen (z. B. von Filmen gegen Licht, von Haar bei der Dauerwelle, von Zeichnungen gegen Verwischen) [<frz. *fixatif*]

fi|xen ⟨V.⟩ **1** ⟨Kaufmannsspr.⟩ etwas auf Zeit verkaufen, auf Baisse spekulieren **2** ⟨umg.⟩ sich Rauschmittel einspritzen [<engl. *fix* »festlegen, bestimmen«]

Fi|xer ⟨m.; -s, -⟩ **1** ⟨Kaufmannsspr.⟩ Börsenspekulant, der auf Baisse rechnet **2** ⟨umg.⟩ jmd., der gewohnheitsmäßig fixt (2)

Fi|xe|rin ⟨f.; -, -rin|nen⟩ **1** ⟨Kaufmannsspr.⟩ Börsenspekulantin, die auf Baisse rechnet **2** ⟨umg.⟩ weibl. Person, die gewohnheitsmäßig fixt (2)

Fix|fo|kus|ob|jek|tiv ⟨n.; -s, -e [-və]; Fot.⟩ einfaches, lichtschwaches Objektiv mit großem Tiefenschärfebereich ohne Entfernungseinstellung

Fix|ge|schäft ⟨n.; -(e)s, -e⟩ fristgebundenes Geschäft

Fi|xier|bad ⟨n.; -s, -bä|der; Fot.⟩ Lösung mit Fixiersalz zum Fixieren (1)

fi|xie|ren ⟨V.⟩ **1** härten, festigen; *entwickelte Filme gegen Licht ~; dauergewelltes Haar ~* **2** festsetzen; *einen Zeitpunkt, Bestimmungen ~* **3** *jmdn. ~* starr ansehen, anstarren; →a. fixiert [<mlat. *fixare* »festsetzen, bestimmen« <frz. *fixer* »starr ansehen«]

Fi|xier|salz ⟨n.; -es; unz.⟩ in der Fotografie zum Fixieren verwendetes Natriumthiosulfat, Fixiernatron

fi|xiert ⟨in den Wendungen⟩ *auf etwas ~ sein* starr auf etwas gerichtet sein, etwas nicht aus den Augen lassen, etwas erstreben, haben wollen; *auf jmdn. ~ sein* an jmdn. gebunden, von jmdm. abhängig sein; →a. fixieren (3)

Fi|xie|rung ⟨f.; -, -en; Pl. selten⟩ das Fixieren, Härtung, Festigung

Fi|xing ⟨n.; -s, -s⟩ Festlegung der Börsenkurse [engl., »Festlegung, Bestimmung«]

Fi|xis|mus ⟨m.; -; unz.; Geol.⟩ die Annahme, dass Erdkrustenteile sich nicht über ihren Untergrund seitwärts bewegen; Ggs Mobilismus

Fix|punkt ⟨m.; -(e)s, -e⟩ **1** fester Punkt, der zum Eichen dient, z. B. Siede-, Gefrierpunkt **2** Festpunkt [→ *fix*]

Fix|stern ⟨m.; -(e)s, -e; Astron.⟩ sehr weit entfernter, selbst leuchtender Himmelskörper, der scheinbar feststeht, in Wirklichkeit aber seinen Ort sehr langsam ändert [→ *fix*]

Fi|xum ⟨n.; -s, Fi|xa⟩ festes Gehalt [lat., »fest, bleibend, unabänderlich«]

...fi|zie|ren ⟨Nachsilbe; zur Bildung von Verben⟩ machen; mumifizieren [<lat. *facere*]

Fizz ⟨[fɪs] m.; - od. -es, -e⟩ alkohol. Mischgetränk mit Fruchtsaft; *Gin ~* [zu engl. *fizz* »zischen, sprudeln«]

Fjäll ⟨m.; -s, -s⟩ meist baumlose Hochfläche (in Skandinavien);

Fjeld

oV Fjell, Fjeld [schwed., norweg.]

Fjeld ⟨m.; -(e)s, -s; ältere norweg. Form von⟩ Fjäll

Fjell ⟨m.; -s, -s⟩ = Fjäll

Fjord ⟨m.; -(e)s, -e⟩ schmaler, tief ins Festland eindringender Meeresarm (bes. in Norwegen) [norweg., schwed.]

Fla|con ⟨[-kɔ̃ː] n. od. m.; -s, -s⟩ = Flakon

Fla|gel|lant ⟨m.; -en, -en⟩ Angehöriger einer der Bruderschaften im MA, die sich aus religiösen Gründen (zur Buße, Kasteiung) selbst geißelten, Geißler, Geißelbruder [<lat. *flagellans*, Part. Präs. zu *flagellare* »peitschen«; zu *flagellum* »Peitsche, Geißel«]

Fla|gel|lan|tis|mus ⟨m.; -; unz.⟩ geschlechtliche Befriedigung durch Austeilen od. Erdulden von Schlägen; *Sy* Flagellomanie [→ *Flagellant*]

Fla|gel|lat ⟨m.; -en, -en; Biol.⟩ Geißeltierchen, Einzeller, der eine od. mehrere Geißeln besitzt u. sich autotroph od. heterotroph ernähren kann: Flagellata [<lat. *flagellatus*, Part. Perf. zu *flagellare* »peitschen«; zu *flagellum* »Peitsche, Geißel«]

Fla|gel|la|ti|on ⟨f.; -, -en⟩ Peitschen, Geißelung zur sexuellen Befriedigung [<lat. *flagellare* »peitschen«]

Fla|gel|lo|ma|nie ⟨f.; -; unz.⟩ = Flagellantismus

Fla|gel|lum ⟨n.; -s, -len⟩ 1 Geißel, Fortbewegungsorgan vieler Einzeller 2 Peitsche der Flagellanten [lat., »Peitsche, Geißel«]

Fla|geo|lett ⟨[-ʒɔlɛt] n.; -s, -e; Musik⟩ 1 kleine Flöte 2 Flötenregister der Orgel [<frz. *flageolet* »Art Flöte«]

Fla|geo|lett|ton ⟨[-ʒɔlɛt-] m.; -(e)s, -tö|ne; Musik⟩ Flötenton der Streichinstrumente u. der Harfe

Flag|ge ⟨f.; -, -n⟩ viereckige Fahne [<engl. *flag* »Fahne«]

flag|gen ⟨V.⟩ Flagge, Fahne aufziehen

Flag|gen|al|pha|bet ⟨n.; -(e)s; unz.⟩ Darstellung der Buchstaben durch Winkzeichen

Flagg|of|fi|zier ⟨m.; -s, -e⟩ Admiral bzw. Kommodore (der eine seinen Rang bezeichnende Flagge auf seinem Schiff zu führen berechtigt ist)

Flagg|schiff ⟨n.; -(e)s, -e⟩ Admiralsschiff, Kriegsschiff mit Admiralsflagge

fla|grant *auch:* **fla|rant** ⟨Adj.⟩ offenkundig, schlagend; →*a.* in flagranti [<lat. *flagrans*, Part. Präs. zu *flagrare* »brennen«]

Flair ⟨[flɛːr] n.; -s; unz.⟩ 1 Ausstrahlung u. äußere Aufmachung (einer Person); *sie hat ein besonderes* ~ 2 Ahnungsvermögen, Instinkt [frz., »Spürsinn«]

Fla|kon ⟨[-kɔ̃ː] n. od. m.; -s, -s⟩ geschliffenes Glas-, Riechfläschchen; *oV* Flacon [<frz. *flacon* »Fläschchen, Flakon«; verwandt mit *Flasche*]

Flam|beau ⟨[flãboː] m.; -s, -s⟩ 1 ⟨urspr.⟩ Fackel 2 ⟨heute⟩ hoher Kerzen-, Armleuchter [frz., »Fackel«]

Flam|berg ⟨m.; -(e)s, -e⟩ mit beiden Händen zu führendes Schwert mit geflammter Klinge, das als Symbol der Macht von den Landsknechten getragen wurde [<frz. *flamberge*]

flam|bie|ren ⟨V.⟩ 1 ⟨veraltet⟩ absengen 2 ⟨heute; Kochk.⟩ (eine Speise) mit Alkohol übergießen u. brennend auf den Tisch bringen [<frz. *flamber* »lodern, (ver-, ab)sengen«]

flam|boy|ant *auch:* **flam|bo|yant** ⟨[flãboajãː] Adj.⟩ 1 flammend, leuchtend bunt 2 kraftvoll, heftig [frz., »funkelnd, flammend«]

Flam|boy|ant *auch:* **Flam|bo|yant** ⟨[flãboajãː] n.; -s; unz.⟩ 1 ⟨Bot.⟩ Flammenbaum, ein auf Madagaskar heimisches Zäsalpiniengewächs mit scharlachroten bis orangen Blüten in Rispen, Zierbaum der Tropen u. Mittelmeergebiet: Poinciana regia 2 = Flamboyantstil

Flam|boy|ant|stil *auch:* **Flam|bo|yant|stil** ⟨[flãboajã-] m.; -(e)s; unz.⟩ spätgotischer französ. Stil mit Ornamenten in Form einer lang gezogenen Flamme; *Sy* Flamboyant (2)

Flame ⟨[fleɪm] m.; -s, -s od. n.; -s, -s; EDV⟩ die Konventionen missachtender, beleidigender Internetartikel [engl., eigtl. »Flamme«]

Fla|men ⟨m.; -, -mi|nes; meist Pl.; im antiken Rom⟩ Priester eines bestimmten Gottes, z. B. des Jupiter [lat.]

Fla|men|co ⟨m.; - od. -s, -s; Musik⟩ andalusischer Zigeunertanz u. Tanzlied mit starkem maurisch-arab. u. ind. Einfluss [span.]

Flame-out *auch:* **Flame|out** ⟨[fleɪmaʊt] m.; -s, -s; bei Flugzeugen⟩ Ausfall eines Triebwerks infolge Treibstoffmangels [<engl. *flame* »flammen, glühen« + *out* »aus«]

Fla|min|go ⟨m.; -s, -s; Zool.⟩ Angehöriger einer Ordnung tropischer u. subtropischer Vögel mit langen Beinen u. Hälsen sowie Schwimmhäuten: Phoenicopteri [<span. *flamengo* <lat. *flamma* »Flamme«]

Flam|me|ri ⟨m.; -s, -s; Kochk.⟩ einfache kalte Süßspeise aus Milch od. Fruchtsaft, gedickt mit Grieß, Stärke o. Ä. [<engl. *flummery* »Hafermehlbrei«]

Fla|nell ⟨m.; -s, -e⟩ weicher, gerauter Woll-, Zellwoll-, od. Baumwollstoff [<frz. *flanelle* <engl. *flannel* »Wollstoff« <kymr. *gwlanen*; zu *gwlan* »Wolle«]

Fla|neur ⟨[-nøːr] m.; -s, -e⟩ jmd., der flaniert, müßig umherschlendert, bummelt [frz., »Müßiggänger, Bummler«]

fla|nie|ren ⟨V.⟩ müßig umher-, auf- u. abschlendern, bummeln [<frz. *flâner*]

Flan|ke ⟨f.; -, -n⟩ 1 Seite; *dem Feind in die* ~ *fallen* ihn von der Seite her angreifen 2 ⟨Sport⟩ *eine* ~ *hereingeben* den Ball quer über das Spielfeld weitergeben 3 seitl. Sprung über ein Gerät mit Aufstützen der Hand; *eine* ~ *über Barren, Kasten, Pferd, Reck machen* 4 an der Seite gelegenes Teil, die seitl. Weichteile am Rumpf; *die* ~*n des Pferdes zitterten* 5 die Seite eines Zahnrades, von der die Kräfte übertragen werden [<frz. *flanc* »Weiche, Flanke« <fränk. **blanka* »Weiche, Hüfte, Lende«]

flan|kie|ren ⟨V.⟩ 1 *jmdn.* ~ an jmds. Seiten gehen, stehen 2 ⟨Mil.⟩ 2.1 von der Seite beschießen 2.2 von der Seite decken od. fassen **3** ⟨Schach⟩ *Figuren* ~ seitlich postieren od. entwickeln

Flap ⟨[flæp] n.; -s, -s; Flugw.⟩ an den Unterseiten von Flugzeugtragflächen zusätzlich angebrachte Strömungsklappen, die bei Start u. Landung zusätzlichen Auf- bzw. Abtrieb erzeugen [<engl. *flap* »Klappe«]

Flap|per ⟨[flæpə(r)] m.; -s, -; umg.; salopp⟩ selbstbewusstes, kesses Mädchen; →*a*. Bigmouth [<engl. *flap* »Klappe«, in der Bed. von »Großmaul«]

Flare ⟨[flɛ:(r)] n.; -s, -s; Astron.⟩ plötzliche, in Form von »Feuerlanzen« auftretende, chromosphärische Strahlung, die im Zusammenhang mit Sonnenflecken vorkommt [zu engl. *flare* »flackern, leuchten, lodern«]

Flash ⟨[flæʃ] m.; -s, -s⟩ **1** kurze Einblendung in eine Film- od. Bildfolge **2** Eintreten des Rauschzustandes mit gleichzeitigem Aufhören der Entzugsschmerzen **3** ⟨TV; Rundfunk⟩ Eilmeldung **4** ⟨EDV⟩ Programm für komplexe Animationen im Internet **5** ⟨kurz für⟩ Flashlight [engl., eigtl. »Blitz«]

Flash|back ⟨[flæʃbæk] m.; - od. -s, -s⟩ plötzlich wiederkehrender Rauschzustand einige Wochen nach dem eigentl. Rausch infolge verzögerter Reaktion des Gehirns auf ein Rauschmittel [engl., »Rückblende«]

Flash|light ⟨[flæʃlaɪt] n.; -s, -s⟩ (mit einer Lichtanlage erzeugter) Lichtblitz in geschlossenen Räumen, z. B. Diskotheken, Nightclubs usw.; *Sy* Flash (5) [<engl. *flashlight* »Blitzlicht«]

flat ⟨[flæt] Musik⟩ um einen halben Ton erniedrigt, z. B. D ~ = Des; *Ggs* sharp [engl., »flach, tief, erniedrigt«]

Flat|rate ⟨[flætreɪt] f.; -, -s; EDV⟩ monatlicher Pauschalbetrag für einen zeitlich nicht befristete Produktnutzung, z. B. beim Telefon od. Internet [engl., »Niedrigpreis, -tarif«]

Flat|screen ⟨[flætskri:n] m.; -s, -s; EDV; TV⟩ sehr flacher Bildschirm [engl., »Flachbildschirm«]

Flat|te|rie ⟨f.; -, -n; veraltet⟩ Schmeichelei [frz.]

Flat|teur ⟨[-tø:r] m.; -s, -e; veraltet⟩ Schmeichler

flat|tie|ren ⟨V.; veraltet⟩ schmeicheln [<frz. *flatter*]

Fla|tu|lenz ⟨f.; -, -en; Med.⟩ **1** Entstehung u. Ansammlung von Darmgasen **2** reichl. Abgang von Blähungen [<lat. *flare* »blasen«]

Fla|tus ⟨m.; -, -; Med.⟩ Blähung [lat., »Wind«]

flau|tan|do ⟨Adj.; Musik; für Streicher⟩ mit flötenartigem Klang (zu spielen); *oV* flautato [ital., »flötend«; zu *flauto* »Flöte«]

flau|ta|to ⟨Adj.; Musik; für Streicher⟩ = flautando

Flau|to ⟨m.; -s, -ti; Musik; frühere Bez. für⟩ Blockflöte; ~ *traverso* Querflöte [ital.]

Fla|von ⟨[-vo:n] n.; -s, -e⟩ gelber Pflanzenfarbstoff [<lat. *flavus* »gelb«]

Fleece ⟨[fli:s] n.; -; unz.; Textilw.⟩ aus Kunststofffasern hergestellter, stark wärmender u. zugleich Wasser abweisender Stoff, der sich vor allem für Skibekleidung u. Ä. eignet [<engl. *fleece* »Schaffell, Vlies«; (wegen des ähnlichen Aussehens u. der vergleichbaren Eigenschaften)]

Fleece|pul|lo|ver *auch:* **Fleece|pul-lo|ver** ⟨[fli:s-] m.; -s, -; Textilw.⟩ aus Fleecestoff hergestellter Pullover [→ *Fleece*]

Flei|er ⟨m.; -s, -⟩ Vorspinnmaschine mit Flügelspindeln; *oV* Flyer (2)

flek|tier|bar ⟨Adj.; Gramm.⟩ durch Flexion zu verändern, beugbar; *Sy* flexibel (2)

flek|tie|ren ⟨V.; Gramm.⟩ durch Flexion verändern, beugen; ~*de Sprachen* S., die die grammat. Beziehungen im Satz u. bestimmte allg. sachl. Kategorien (Numerus usw.) durch Prä- u. Suffixe ausdrücken [<lat. *flectere* »beugen«]

Fleu|rist ⟨a. [flø-] m.; -en, -en⟩ = Florist

Fleu|ris|tin ⟨a. [flø-] f.; -, -tinnen⟩ = Floristin

Fleu|ron ⟨[flørɔ̃:] m.; -s, -s⟩ Blumenornament in der Baukunst, als Verzierung am Schluss eines Kapitels im Buchdruck u. als (Gold-)Prägung auf Bucheinbänden [frz.]

Fleu|rop ⟨a. [flø:-] ohne Artikel⟩ Vereinigung von Blumenhändlern zur Übermittlung von Blumengeschenken in Europa [<lat. *Fl*ores *Eur*opae »Blumen Europas«]

Flex ⟨f.; -, -⟩ tragbares Elektrogerät zum Zersägen von Metall, Stein, Beton u. Ä. [verkürzt <*flexibel*]

fle|xen ⟨V.⟩ mit einer Flex zersägen; *Metalle schweißen u.* ~

fle|xi|bel ⟨Adj.⟩ *Ggs* inflexibel **1** biegsam, nachgiebig, veränderlich; *ein flexibler Bucheinband* **2** ⟨Gramm.⟩ = flektierbar **3** anpassungsfähig, ohne Schwierigkeiten veränderbar [<lat. *flexibilis* »biegsam«]

fle|xi|bi|li|sie|ren ⟨V.⟩ anpassungsfähiger werden, flexibler gestalten; *Arbeitszeiten* ~

Fle|xi|bi|li|tät ⟨f.; -; unz.⟩ *Ggs* Inflexibilität **1** Biegsamkeit **2** ⟨Psych.⟩ Anpassungsfähigkeit **3** ⟨Gramm.⟩ Beugbarkeit

Fle|xi|ble re|sponse *auch:* **Fle|xib-le Res|ponse** ⟨[flɛksɪblrɪspɔnz] f.; (-) -; unz.; Mil.⟩ in Zeiten des Kalten Krieges Abwehrstrategie der NATO, die bei feindlichen Aggressionen den Einsatz von taktischen Atomwaffen zur Verlangsamung des feindl. Vormarsches vorsah [engl., »flexible Antwort«]

Fle|xi|on ⟨f.; -, -en⟩ **1** ⟨Gramm.⟩ Veränderung der Wortform bei verschiedenen grammatischen Funktionen eines Wortes, um Kasus, Genus, Numerus, Person, Tempus, Modus u. Ä. auszudrücken, Beugung **1.1** ~ *des Nomens od. Pronomens* Deklination **1.2** ~ *des Verbs* Konjugation **2** ⟨Geol.⟩ = Flexur (2) [<lat. *flexio* »Biegung«]

Fle|xiv ⟨n.; -s, -e [-və]; Gramm.⟩ Morphem, das der Flexion eines Wortes dient, z. B. das Suffix »-te« im Präteritum schwacher Verben

fle|xi|visch ⟨[-vɪʃ] Adj.⟩ die Flexion betreffend, Flexion besitzend

Fle|xo|druck ⟨m.; -(e)s, -e; Typ.⟩ Gummidruck [<lat. *flexio* »Biegung«]

305

Flexor

Fle|xor ⟨m.; -s, -xo̱|ren; Anat.⟩ Beugemuskel [<mlat. »der Beuger«; zu *flectere* »beugen«]

Fle|xur ⟨f.; -, -en⟩ **1** Biegung, Krümmung **2** ⟨Geol.⟩ schräges Abwärtsziehen einer flachen Schichttafel, dabei Reduktion der Schichtmächtigkeit; *oV* Flexion (2) [<lat. *flexura* »Biegung, Krümmung«]

Fli|bus|tier ⟨[-tjər] m.; -s, -⟩ karibischer Seeräuber des 17. Jh.; *Sy* Bukanier [→ *Filibuster*]

Flic ⟨m., -s, -s; volkstüml. frz. Bez. für⟩ Polizist [<rotw. *flick* »Knabe«]

Flick|flack ⟨m.; -s, -s; Sport; Turnen⟩ mehrmaliger, schneller Überschlag rückwärts [zu frz. *flic flac* »klipp-klapp« (lautmalend)]

Flie|boot ⟨n.; -(e)s, -e⟩ kleines, schnelles Fischerboot [<engl. *flyboat* »schnell fahrendes Schiff«]

Flight ⟨[fla̱it] m.; -s, -s; Sport; Golf⟩ Gruppe von Golfspielern [engl., »Schar«, eigtl. »Flug«]

Flim|mer|sko|tom ⟨n.; -s, -e; Med.⟩ ein im Gesichtsfeld umherwandernder (dunkler) Fleck, der von flimmernden Zackenbildungen umgeben ist, entsteht durch vorübergehende Störung der Blutzirkulation, Augenmigräne; →a. Skotom [engl.]

Flint ⟨m.; -(e)s, -s⟩ Feuerstein [engl.]

Flint|glas ⟨n.; -es; unz.⟩ bleihaltiges optisches Glas mit hohem Brechungsindex

Flip ⟨m.; -s, -s⟩ **1** ⟨Eiskunst-, Rollschuhlauf; Skateboarden⟩ ein Drehsprung; *einen* ∼ *springen* **2** Cocktail, alkohol. Mischgetränk mit Zucker u. Ei [engl.]

Flip|chart ⟨[-tʃaːt] m. od. n.; -, -s⟩ meist fest aufmontierter, großformatiger Papierblock zur Aufnahme von Notizen u. Grobzeichnungen, dessen Blätter nach Benutzung nach hinten umgeschlagen werden können [<engl. *flip* »wenden« + *chart* »Karte«]

Flip|flop[1] ⟨n.; -s, -s⟩ Kippschaltung in elektron. Geräten, die nur zwischen zwei Schaltungszuständen hin- u. herwechseln kann [engl.; lautmalend]

Flip|flop[2] ⟨m.; -s, -s; meist Pl.; Mode⟩ Badeschuh aus Kunststoff mit zwischen den Zehen verlaufenden Riemen [engl., lautmalend]

flip|pen ⟨V.⟩ **1** ausflippen (3), sich stark begeistern **2** ausflippen (2), nervös werden, die Beherrschung verlieren **3** ⟨Chemie⟩ hin- u. herspringen zwischen verschiedenen Atomzuständen **4** ⟨EDV⟩ rasch auf dem Bildschirm durchrollen; *durch die Aktiencharts auf dem Computer* ∼ **5** schnipsen **6** ⟨Skisport⟩ Saltos springen [<engl. *flip* »wegschnipsen«]

Flip|per ⟨m.; -s, -s⟩ **1** Spielautomat, bei dem eine rollende Kugel Hindernisse passieren muss, wobei das Berühren bestimmter Stellen dem Spieler Plus- od. Minuspunkte einbringt, bis die Kugel zwischen zwei Flippern hindurchrollt **2** jmd., der so lange sämtliche Fernsehprogramme durchschaltet, bis er etwas Akzeptables gefunden hat; →a. Zapper [zu engl. *flip* »wegschnipsen; schnoddrig«]

flip|pern ⟨V.⟩ an einem Flipper spielen

Flip|pie ⟨m.; -s, -s; umg.⟩ jmd., der ausgeflippt ist, der außerhalb der Gesellschaft lebt [zu engl. *flip* »wegschnipsen; schnoddrig«]

flip|pig ⟨Adj.; umg.⟩ ausgeflippt, außerhalb der gesellschaftlichen Norm stehend; *ein* ∼*es Kleid; ein* ∼*er Typ*

Flirt ⟨[flœːt] m.; -s, -s⟩ Tändelei, Liebelei, Schmeichelei; *einen* ∼ *mit jmdm. beginnen; zu einem* ∼ *aufgelegt sein* [→ *flirten*]

flir|ten ⟨[flœː-] V.⟩ einem od. einer möglichen Liebespartner(in) gegenüber mit Worten u. Blicken spielen; *mit jmdm.* ∼ [<engl. *flirt* (um 1890) »sich benehmen wie ein Liebhaber«]

floa|ten ⟨[flou-] V.; Wirtsch.⟩ schwanken, den Wechselkurs freigeben; *eine Währung floatet* ihr Wechselkurs bewegt sich nicht innerhalb eines festgelegten Spielraums, sondern richtet sich nach Angebot u. Nachfrage [<engl. *float* »schweben, gleiten«]

Floa|ting ⟨[flou-] n.; unz.; Wirtsch.⟩ das Floaten [engl.]

Floa|ting|line *auch:* **Floa|ting Line** ⟨[floutɪŋlaɪn] f.; (-) -, (-) -s; Wirtsch.⟩ untere Sicherheitsgrenze für die ansonsten freien Entwicklung der Wechselkurse, die eingehalten werden muss, um die Stabilität einzelner Währungen nicht zu gefährden [<engl. *floating* »freigegeben; schwebend« + *line* »Linie, Grenze«]

Flock|print ⟨m.; -s, -s⟩ **1** ⟨unz.⟩ Aufdrucktechnik für Bekleidungsgegenstände, bei der auf die Textilie zunächst Klebstoff in der Form des gewünschten Motivs aufgetragen u. dieser anschließend mit kleinsten Textilfasern überschüttet wird **2** ⟨zählb.⟩ ein auf diese Weise bedrucktes Bekleidungsstück [<engl. *flock* »Haufen, Schar« + *print* »Druck«]

Flo|co|nné ⟨m.; - od. -s, -s; Textilw.⟩ dickes, weiches, aufgerautes Tuch, Flockenstoff [frz., »geflockt«; zu *flocon* »Flocke«]

Flo|ka|ti ⟨m.; -s, -s⟩ Teppich aus naturfarbenen, langen Wollfäden [grch.]

Flood|plain ⟨[flʌdpleɪn] f.; -, -s; Geogr.⟩ Flachlandebene, die generell überschwemmt wird [<engl. *flood* »Flut, Hochwasser« + *plain* »Ebene«]

Floor ⟨[flɔː(r)] m.; -s, -s; Wirtsch.⟩ **1** ⟨an Warenbörsen⟩ häufig vorhandener, separater Raum, in dem Handelsgeschäfte getätigt werden können **2** freiwillig vereinbarte Mindestrendite bei Geldanlagen mit variablem Zins [<engl. *floor*, eigtl. »Boden, Parkett«]

Flop ⟨m.; -s, -s; umg.⟩ Misserfolg, Fehlschlag, Reinfall; *das war ein* ∼ [engl., eigtl. »Plumps«]

flop|pen ⟨V.; umg.⟩ einen Flop erleiden, scheitern, einen Misserfolg haben

Flop|py ⟨f.; -, -s; kurz für⟩ Floppydisk

Flop|py|disk *auch:* **Flop|py Disk** ⟨f.; (-) -, (-) -s; EDV⟩ Datenträger einer kleineren EDV-Anlage in Form einer flexiblen, beidseitig beschichteten Magnetplatte; *Sy* Floppy [engl.,

»schlaffe (= biegsame) Scheibe«]

FLOPS ⟨Abk. für engl.⟩ Floating Point Operations per Second (Gleitkomma-Berechnungen pro Sekunde), eine Einheit zur Messung der Rechengeschwindigkeit von Großcomputern

Flor[1] ⟨m.; -s, -e⟩ **1** ⟨Bot.⟩ alle Blüten einer Pflanze, Blumenfülle **2** ⟨fig.⟩ Zierde, Schmuck, Gedeihen; *in ~ stehen* in voller Blüte [<lat. *flos,* Gen. *floris*]

Flor[2] ⟨m.; -s, -e⟩ **1** dünner Seidenstoff **2** Schleier **3** schwarzer Seidenstreifen um den Ärmel od. am Rockaufschlag als Zeichen der Trauer; *Trauer~* **4** haarige, wollige Oberschicht von Teppichen, Plüsch u. Samt [<ndrl. *floers* <afrz. *velous* <lat. *villosus* »haarig«; verwandt mit *Velours*]

Flo|ra ⟨f.; -, Flo|ren; Bot.⟩ **1** Pflanzenreich **2** systemat. Beschreibung der Pflanzenwelt **3** Buch zum Bestimmen von Pflanzen [lat., röm. Göttin der Blumen]

flo|ral ⟨Adj.; Bot.⟩ **1** die Flora betreffend, von ihr stammend, zu ihr gehörig **2** Blüten darstellend, geblümt; *~e Stoffe, Muster*

Flo|ren|ele|ment ⟨n.; -(e)s, -e; Bot.⟩ Gesamtheit der für ein bestimmtes Gebiet typischen od. darauf beschränkten Pflanzenarten [→ *Flora*]

Flo|ren|ti|ner ⟨m.; -s, -⟩ **1** Einwohner von Florenz **2** Damenstrohhut mit breiter, schwingender Krempe **3** süßes Gebäck in Oblatenform, mit gehackten Nüssen od. Mandeln u. Schokoladenüberzug **4** ~ *Flasche* Gefäß, aus dem zwei verschiedene Flüssigkeiten, die gemeinsam hineinlaufen, getrennt ablaufen können; (zu diesem Zweck ist das Gefäß mit zwei Überlaufrohren versehen, deren eines oben angebracht ist, während das andere bis zum Boden reicht) **5** ~ *Gürtel* Keuschheitsgürtel **6** ~ *Lack* ⟨Handelsbez. für⟩ Farblack aus brasilian. od. asiatischem Rotholz

Flo|res ⟨Pl.⟩ **1** ⟨Musik⟩ improvisierte Verzierungen im mittelalterlichen Gesang **2** ⟨Pharm.⟩ gewerblich od. therapeutisch nutzbare Trockenblüten verschiedener Pflanzen **3** ⟨Rhet.⟩ *~ rhetoricales* Redeschmuck aus rhetorischen Stilfiguren [lat., Pl. zu *flos* »Blüte«]

Flo|res|zenz ⟨f.; -, -en; Bot.⟩ **1** Blütezeit **2** Blütenstand [zu lat. *florescere* »aufblühen«]

Flo|rett ⟨n.; -(e)s, -e; Sport⟩ lange Stoß- u. Stichwaffe, beim Sportfechten Stoßwaffe für Damen u. Herren mit langer Klinge [<frz. *fleuret* <ital. *fioretto,* Verkleinerungsform zu *fiore* »Blume« (vermutl. nach dem knospenähnl. Kopf an seiner Spitze)]

flo|ret|tie|ren ⟨V.; Sport⟩ mit dem Florett fechten

flo|rid ⟨Adj.⟩ rasch fortschreitend; *~e Krankheit* [<lat. *floridus* »blühend«]

flo|rie|ren ⟨V.; a. fig.⟩ blühen, gedeihen [<lat. *florere*]

Flo|ri|le|gi|um ⟨n.; -s, -gi|en⟩ = Anthologie [<lat. *flos,* Gen. *floris* »Blüte, Blume« + *legere* »sammeln, auslesen«]

Flo|rin ⟨m.; -s, -e od. -s; früher⟩ **1** ⟨frz. Bez. für⟩ Gulden **2** engl. Silbermünze (2 Schilling) [<mlat. *florinus* <lat. *flos,* Gen. *floris* »Blume, Blüte« (nach der Lilie von Florenz auf der Rückseite des ersten Guldens); → *Forint*]

Flo|rist ⟨m.; -en, -en⟩ *oV* Fleurist **1** Kenner, Erforscher der Flora, Blumenfreund **2** Blumenzüchter **3** ⟨Berufsbez. für⟩ Blumenhändler, Blumenbinder [<frz. *fleuriste* »Blumenhändler«, beeinflusst von lat. *flos,* Gen. *floris* »Blume«]

Flo|ris|tik ⟨f.; -; unz.⟩ Teilgebiet der Botanik, das die Pflanzenwelt verschiedener Gebiete untersucht [→ *Flora*]

Flo|ris|tin ⟨f.; -, -tin|nen⟩ *oV* Fleuristin **1** Blumenkennerin **2** ⟨Berufsbez. für⟩ Blumenhändlerin **3** Blumenzüchterin

flo|ris|tisch ⟨Adj.⟩ die Flora betreffend, zu ihr gehörig, auf ihr beruhend, pflanzenkundlich

Flos|kel ⟨f.; -, -n⟩ leere Redensart, Formel; *Höflichkeits~* [<lat. *flosculus* »Blümchen, Zierde«]

Flo|ta|ti|on ⟨f.; -, -en⟩ Verfahren zur Aufbereitung sehr fein zerkleinerter Mineralien u. von taubem Gestein, wobei das im Wasser befindl. Gemisch durch Beigabe von Chemikalien Schaum bildet, in dem die zu gewinnenden Mineralien nach oben steigen u. das Gestein nach unten sinkt, Schaumschwimmaufbereitung

flo|ta|tiv ⟨Adj.⟩ zur Flotation gehörend, sie betreffend

flo|tie|ren ⟨V.⟩ durch Flotation aufbereiten [<frz. *flot* »Flut«]

flot|tie|ren ⟨V.⟩ **1** schwimmen **2** schweben, schwanken; *~de Schuld* schwebende, nicht fundierte, kurzfristige Schuld [<frz. *flotter* »schwimmen« <fränk.; verwandt mit *Flotte*]

Flot|til|le ⟨a. [-tɪljə] f.; -, -n⟩ Verband kleiner Kriegsschiffe [<span. *flotilla,* Verkleinerungsform zu *flota* »Flotte« <aengl. *flota* »Flotte«]

Flow ⟨[floʊ] m.; -s, -s; Med.⟩ Grad bzw. Geschwindigkeit des Durchströmens von Körperflüssigkeiten durch einzelne Körperteile od. Gefäße [<engl. *flow* »(Durch-)Fluss«]

Flow|er|pow|er *auch:* **Flow|er|pow|er** ⟨[flaʊə(r)paʊə(r)] f.; -; unz.⟩ in den 60er Jahren⟩ Leitwort der Hippies, das für Gewaltlosigkeit (durch Blumen symbolisiert) wirbt [<engl. *flower* »Blume« + *power* »Macht«]

Flu|at ⟨n.; -(e)s, -e; Chemie⟩ wasserlösliches Salz der Kieselfluorwasserstoffsäure [verkürzt <*Flu*or + Silik*at*]

flu|a|tie|ren ⟨V.; Chemie⟩ mit Fluaten behandeln

Fluf|fing ⟨[flʌfɪŋ] n.; -s, -s; Sport; Golf⟩ = Sclaffing [engl. zu *fluff* »Staub-, Federflocke; zu Flaum machen«]

flu|id ⟨Adj.⟩ flüssig, fließend [<lat. *fluidus* »fließend«]

Flu|id ⟨a. ['--] n.; -s, -a⟩ flüssiges Mittel

Flu|i|dal|struk|tur ⟨f.; -, -en; Geol.⟩ Mineralienanordnung bei Gesteinen, die eine Bewegung der Schmelze während der Erstarrung erkennen lässt

Flu|i|dics ⟨Pl.⟩ Schaltelemente auf pneumatischer Basis [→ *fluid* (mit anglisierender Endung)]

Flu|i|dik ⟨f.; -; unz.⟩ Teilgebiet der Strömungslehre, das sich

Fluidum

mit der techn. Anwendung u. Nutzung strömender Flüssigkeiten u. Gase befasst
Flu|i|dum ⟨n.; -s, -da⟩ **1** Flüssigkeit, etwas Fließendes **2** ⟨fig.⟩ die von etwas od. jmdm. ausgehende Wirkung [lat., »fließend«]
Fluk|tu|a|ti|on ⟨f.; -, -en⟩ **1** das Fluktuieren, das Hin- u. Herfluten, Schwanken, Schwankung **2** ⟨Astron.⟩ unregelmäßige Schwankungen der Erdrotation, die dazu führen, dass die »Erduhr« gegenüber einer völlig gleichmäßig laufenden Uhr bis zu rund einer halben Minute nach- od. vorgehen kann **3** Wechsel des Arbeitsplatzes innerhalb einer Volkswirtschaft [< lat. *fluctuatio* »das Schwanken, Wogen«]
fluk|tu|ie|ren ⟨V.⟩ hin- u. herfließen, schwanken, schnell wechseln [< lat. *fluctuare* »wanken, wogen«]
Flu|or ⟨n.; -s; unz.; chem. Zeichen: F⟩ nur in Verbindungen vorkommendes, zu den Halogenen gehörendes, gasförmiges Element von grünlich-gelber Farbe u. stechendem Geruch, Ordnungszahl 9 [lat., »das Fließen«; zu *fluere* »fließen«]
Fluo|res|ze|in ⟨n.; -s; unz.⟩ fluoreszierender Teerfarbstoff; *oV* Fluoreszin [→ *Fluoreszenz*]
Fluo|res|zenz ⟨f.; -; unz.⟩ Aufleuchten durch Bestrahlung [→ *Fluor*]
Fluo|res|zenz|mi|kro|sko|pie *auch:* **Fluo|res|zenz|mik|ros|ko|pie** ⟨f.; -; unz.⟩ mikroskop. Untersuchung, bei der das Fluoreszieren vieler organ. Stoffe ausgenutzt wird
fluo|res|zie|ren ⟨V.⟩ durch Bestrahlung aufleuchten
Fluo|res|zin ⟨f.; -(e)s; unz.⟩ = Fluoreszein
Fluo|ri|de ⟨Pl.⟩ Salze der Flusssäure, enthalten das negativ geladene Fluoridion F⁻ im Molekül [< *Fluor* + ...*id*]
fluo|ri|die|ren ⟨V.⟩ **1** mit Fluor anreichern (als Vorbeugung gegen Karies; *Sy* fluorieren, fluorisieren **2** ⟨Chemie⟩ Fluor in eine chemische Verbindung einfügen
fluo|rie|ren ⟨V.⟩ = fluoridieren (1)

fluo|ri|sie|ren ⟨V.⟩ = fluoridieren (1)
Flu|o|rit ⟨m.; -s, -e⟩ Flussspat
fluo|ro|gen ⟨Adj.⟩ mit den Eigenschaften der Fluoreszenz ausgestattet
Fluo|r|si|li|kat ⟨n.; -(e)s, -e; Chemie⟩ giftiges Salz der Kieselflusssäure [< *Fluor* + *Silikat*]
Flush ⟨[flʌʃ] m.; - od. -s, -s; Med.⟩ Hitzewallung mit Hautrötung [zu engl. *flush* »erröten«]
Flut|ter ⟨[flʌtə(r)] n.; -s; unz.; Musik⟩ (bei der Wiedergabe von Tonträgern) unruhiger Lauf, der durch die Vibrationen an beweglichen Komponenten von Wiedergabegeräten (Kassettenrekordern, Plattenspielern) entsteht [< engl. *flutter* »Flattern«]
flu|vi|al ⟨[-vi-] Adj.⟩ zum Fluss gehörig, auf den Fluss beruhend, flussbedingt, Fluss...; *oV* fluviatil [< lat. *fluvialis* »im oder am Flusse befindlich, Fluss...«]
flu|vi|a|til ⟨[-vi-] Adj.⟩ = fluvial
flu|vi|o|gla|zi|al ⟨[-vi-] Adj.; Geol.⟩ von Eisschmelzwässern herrührend od. darauf bezüglich [< lat. *fluvius* »Fluss, Strom« + *glazial*]
Flu|xi|on ⟨f.; -, -en⟩ **1** Fluss, Wallung **2** Blutandrang [zu lat. *fluctuare* »wanken, wogen«]
Flu|xi|ons|rech|nung ⟨f.; -; unz.; Math.⟩ ⟨Newtons Bez. für⟩ die heutige Infinitesimalrechnung
Fly-by *auch:* **Fly|by** ⟨[flaɪbaɪ] m. od. n.; - od. -s, -s; Raumf.⟩ *Sy* Swingby **1** ⟨urspr.⟩ Steuermanöver eines im All befindlichen Flugkörpers, bei dem die Nähe zu einem Himmelskörper u. dessen Anziehungskraft dazu genutzt wird, die Flugbahn des Flugkörpers zu verändern **2** ⟨allg.⟩ Raumflugmission, bei der es nicht zu einer Landung auf der Oberfläche eines Planeten kommt, sondern Daten (z. B. Fotos, atmosphärische Proben) aus größerer Distanz gesammelt werden; *der Mars war wiederholt Ziel amerikanischer ~-Missionen* [< engl. *fly by* »vorbeifliegen«]
Fly|er ⟨[flaɪə(r)] m.; -s, -⟩ **1** nur für kurze Strecken geeignetes

Rennpferd, Flieger **2** ⟨Spinnerei⟩ = Fleier **3** ⟨salopp⟩ Handzettel, Flugblatt [engl., »Flieger«]
Fly|ing Dutch|man ⟨[flaɪɪŋ dʌtʃmæn] m.; - -; unz.⟩ internationales Schwertboot, schnellster Bootstyp der olympischen Segelbootsklassen [engl., »Fliegender Holländer«]
Fly-o|ver *auch:* **Fly|over** ⟨[flaɪo:və(r)] m.; -s, - od. -s⟩ Überführung über eine größere Straße [< engl. *fly over* »darüber hinweg fliegen«]
Fm ⟨chem. Zeichen für⟩ Fermium
FM ⟨Abk. für⟩ Frequenzmodulation
FN ⟨f.; -; unz.; Pferdesport; Abk. für frz.⟩ Fédération Nationale, (der FEI angeschlossene) Nationale Pferdesportorganisation, z. B. die Deutsche Reiterliche Vereinigung
fob, f. o. b. ⟨Abk. für engl.⟩ free on board
fö|de|ral ⟨Adj.; selten⟩ = föderativ
fö|de|ra|li|sie|ren ⟨V.⟩ verbinden, zu einer Föderation vereinigen
Fö|de|ra|lis|mus ⟨m.; -; unz.; Politik⟩ Streben nach einem Staatenbund od. Bundesstaat mit weit gehender Selbstständigkeit der Einzelstaaten; *Ggs* Unitarismus, Zentralismus [< lat. *foedus*, Gen. *foederis* »Bündnis«]
Fö|de|ra|list ⟨m.; -en, -en; Politik⟩ Vertreter, Anhänger des Föderalismus
fö|de|ra|lis|tisch ⟨Adj.; Politik⟩ in der Art des Föderalismus, auf ihm beruhend
Fö|de|ra|ti|on ⟨f.; -, -en; Politik⟩ Bündnis, Staatenbund, Bundesstaat [zu lat. *foederatus* »verbündet«; zu *foedus* »Bündnis«]
fö|de|ra|tiv ⟨Adj.; Politik⟩ die Föderation betreffend, auf ihr beruhend, mit ihrer Hilfe; *oV* ⟨selten⟩ föderal
fö|de|rie|ren ⟨V.; Politik⟩ *sich ~* sich verbinden, sich zu einer Föderation zusammenschließen [zu lat., Gen. *foederis* »Bündnis, Vertrag«]
Fö|de|rier|te(r) ⟨f. 2 (m. 1); Politik⟩ Verbündete(r), verbündeter Staat
Fog ⟨m.; -s; unz.; nddt.⟩ (dichter) Nebel [engl.]

Fo|gosch ⟨m.; -(e)s, -e; österr. für⟩ Zander, im Süßwasser lebender Barsch, bis zu 1,30 m langer u. 15 kg schwerer wertvoller Speisefisch: Lucioperca sandra [<ungar. *fogas* »gezähmt« (nach den langen, spitzen Zähnen des Zanders)]

Foie gras ⟨[fo̯a gra̯] f.; - -, -s - [fo̯a gra̯]⟩ Gänseleberpastete [frz.]

fo|kal ⟨Adj.⟩ zum Fokus gehörig, von ihm ausgehend

Fo|kal|dis|tanz ⟨f.; -, -en; Optik⟩ Brennweite

Fo|ko|me|ter ⟨n.; -s, -; Optik⟩ Gerät zum Bestimmen der Brennweite von Linsen u. anderen optischen Vorrichtungen [<*Fokus* + ...*meter*]

Fo|kus ⟨m.; -, -⟩ **1** ⟨Optik⟩ Brennpunkt (von Linsen, Spiegeln u. Linsensystemen) **2** Streuherd für Bakterien (bes. in Mund u. Rachen) **3** ⟨Sprachw.⟩ = Rhema (2) [<lat. *focus* »Feuerstätte, Herd«]

fo|kus|sie|ren ⟨V.⟩ **1** *Lichtstrahlen ~* in einem Punkt vereinigen **2** ⟨Optik⟩ *Linsen ~* ausrichten **3** ⟨Sprachw.⟩ als Fokus (3) etablieren; →*a.* Rhematisierung

Fo|kus|sie|rung ⟨f.; -, -en⟩ **1** das Fokussieren **2** ⟨Sprachw.⟩ = Rhematisierung

Fol. ⟨Abk. für⟩ Folio

Fol|der ⟨[fo̯ʊldə(r)] m.; -s, -⟩ Faltblatt, kleine Broschüre, in der Leser über ein Thema informiert wird od. die Werbezwecken dient; *Informations~*; *Werbe~* [<engl. *folder* »Faltblatt, -prospekt, Broschüre«]

Fo|li|ant ⟨m.; -en, -en; Buchw.⟩ großformatiges, dickes Buch [→ *Folio*]

Fo|lie¹ ⟨[-li̯ə] f.; -, -n⟩ **1** dünnes Blättchen, dünne Haut aus Metall od. Kunststoffen; *Metall~*; *Plastik~* **2** (auf einen Bucheinband) aufgeprägte Farbschicht **3** ⟨fig.⟩ Hintergrund (von dem sich etwas abheben od. abheben soll); *einer Sache als ~ dienen* sie besonders deutlich hervortreten lassen [<mlat. *folia* »Metallblättchen«, Pl. zu lat. *folium* »Blatt«]

Fo|lie² ⟨f.; -, -n⟩ Narrheit, Torheit [<frz. *folie;* zu *fou,* Fem. *folle* »närrisch, wahnsinnig«]

fo|li|ie|ren ⟨V.⟩ **1** mit einer Folie unterlegen **2** mit Blattzahlen versehen [<lat. *folium* »Blatt«]

Fo|lio ⟨n.; -s, -s; Abk.: Fol.⟩ **1** ⟨Zeichen: 2°⟩ Buchformat, bei dem der Druckbogen nur einmal gefaltet wird **2** Blatt im Geschäftsbuch od. einer Handschrift [verkürzt <lat. *in folio* »in Blatt(größe)« <*folium* »Blatt«]

Fo|li|um ⟨n.; -s, -lia od. -li̯en; Bot.⟩ Blatt (einer Pflanze, bes. einer Droge) [lat., »Blatt«]

Folk ⟨[fo̯ʊk] m.; - od. -s; unz.; Musik⟩ meist englischsprachige, volkstümliche Musik mit Elementen der Rockmusik u. des Blues; *~ singen, spielen* [engl., eigtl. »Volk«]

Folk|e|ting ⟨n.; -s; unz.; Politik⟩ **1** ⟨urspr.⟩ zweite Kammer des dän. Reichstages **2** ⟨heute⟩ dän. Volksvertretung [dän.; <*folk* »Volk« + *ting* »Kammer«]

Fol|ke|vi|se ⟨[-vi-] f.; -, -r; Musik⟩ altdän. Tanzlied, bes. des 12.-14. Jh.; →*a.* Kämpevise [dän., »Volkslied«]

Folk|lo|re *auch:* **Folk|lo|re** ⟨f.; -; unz.⟩ **1** Kunst, Musik, Tanz, Dichtung usw. als Bestandteil von Lebensform u. (urspr.) Kultur eines Volkes **2** Volkskunde [engl.]

Folk|lo|rist *auch:* **Folk|lo|rist** ⟨m.; -en, -en⟩ Volkskundler, Kenner der Folklore

Folk|lo|ris|tik *auch:* **Folk|lo|ris|tik** ⟨f.; -; unz.⟩ Lehre von der Folklore, Volkskunde, bes. Volksliedforschung

Folk|lo|ris|tin *auch:* **Folk|lo|ris|tin** ⟨f.; -, -ti̯nnen⟩ Volkskundlerin, Kennerin der Folklore

folk|lo|ris|tisch *auch:* **folk|lo|ris|tisch** ⟨Adj.⟩ **1** die Folklore betreffend, zu ihr gehörig, auf ihr beruhend **2** volkskundlich

Folk|mu|sic ⟨[fo̯ʊkmju:zɪk] f.; -; unz.; Musik⟩ (besonders in Großbritannien u. den USA gepflegter) Musikstil, der die Melodien u. Texte traditioneller volkstümlicher Musik mit Elementen der modernen Popmusik verbindet [<engl. *folk* »Volk« + *music* »Musik«]

Folk|song ⟨[fo̯ʊk-] m.; -s, -s; Musik⟩ Volkslied in der Art des Folk [engl., »Volkslied«]

Fol|li|cu|li|tis ⟨f.; -, -ti̯den; Med.⟩ = Follikulitis

Fol|li|kel ⟨m.; -s, -; Biol.⟩ **1** kugeliges Gebilde, z. B. die Haarbälge, Lymphknötchen der Darmwand **2** ⟨i. e. S.⟩ Bläschen, das bei der follikulären Eibildung im Eierstock von Insekten u. Säugetieren von Hilfs- u. Nährzellen gebildet wird u. das heranreifende Ei umgibt [<lat. *folliculus* »kleiner Sack, Ballon, Schlauch, Hülle«; zu *follis* »Schlauch, Balg«]

Fol|li|kel|hor|mon ⟨n.; -s, -e; Biol.⟩ weibl. Geschlechtshormon

Fol|li|kel|sprung ⟨m.; -s, -sprünge; Biol.⟩ Freigabe eines befruchtungsfähigen Eies durch den Eierstock, Eisprung; *Sy* Ovulation

fol|li|ku|lar ⟨Adj.; Biol.⟩ zu einem Follikel gehörig, von ihm ausgehend, in der Art eines Follikels; *oV* follikulär

fol|li|ku|lär ⟨Adj.; Biol.⟩ = follikular

Fol|li|ku|li|tis ⟨f.; -, -ti̯den; Med.⟩ Haarbalgentzündung; *oV* Folliculitis [<lat. *folliculus* »kleiner Sack, Schlauch, Ballon, Hülle«]

Fol|low-up ⟨[fo̯loʊʌp] n.; -s, -s⟩ **1** Folgetreffen (einer internationalen Konferenz, eines politischen Gremiums o. Ä.) **2** einer Begutachtung folgende Beurteilung, nachfolgende Untersuchung **3** einem Film, Roman od. Theaterstück folgende Fortsetzung [engl., »nach...; Nachfolgeuntersuchung«]

Fol|säu|re ⟨f.; -; unz.⟩ zum Vitamin-B-Komplex gehörende Verbindung (bes. in frischem Blattgemüse, in der Hefe u. in der Milch vorkommend), die im Zellstoffwechsel wichtig ist [<lat. *folium* »Blatt« + *Säure*]

Fo|ment ⟨n.; -(e)s, -e⟩ = Fomentation

Fo|men|ta|ti|on ⟨f.; -, -en⟩ warmer Umschlag; *Sy* Foment [<lat. *fomentum* »Umschlag, Linderungsmittel«]

fon..., Fon... ⟨vor Vokalen; in Zus.⟩ = fono..., Fono...

...fon¹ ⟨Adj.; in Zus.⟩ = ...phon¹

...fon² ⟨n.; -s, -e; in Zus.⟩ = ...phon²

Fon¹ ⟨n.; -s, -e; umg.; kurz für⟩ Telefon

Fon² ⟨n.; -s, -; Zeichen: phon⟩ = Phon

Fo|na|ti|on ⟨f.; -, -en⟩ = Phonation

fon|cé ⟨[fɔ̃seː] Adj.; undekl.⟩ von dunkler Farbe, dunkel [frz.]

Fond ⟨[fɔ̃ː] m.; -s, -s⟩ **1** Grund(lage) **2** Hintergrund **3** Rücksitz (im Wagen) **4** als Soßengrundlage verwendeter Fleischsaft, der beim Anbraten in der Pfanne entsteht [frz., »Grund, Unter-, Hintergrund«]

Fon|dant ⟨[fɔ̃dã] m.; -s, -s, österr.: n.; -s, -s⟩ **1** Zuckermasse (für Pralinen u. Ä.) **2** Zuckerpraline [frz.; eigtl. »auf der Zunge zergehend«; zu *fondre* »schmelzen«]

Fonds ⟨[fɔ̃ː] m.; - [fɔ̃ːs], - [fɔ̃ːs]⟩ Geldmittel, Geldvorrat (für einen bestimmten Zweck) [frz., »Grundstück, Lager, Kapital«]

Fon|due ⟨[fɔ̃dyː] f.; -, -s od. n.; -s, -s⟩ Gericht, bei dem auf einem Spirituskocher entweder Fleischstückchen in siedendem Fett einzeln gebraten u. dann in pikante Soßen getunkt werden *(Fleisch~)* od. Käse geschmolzen und mit eingetunkten Brotstückchen gegessen wird *(Käse~)* [frz.; zu *fondre* »schmelzen«]

Fonem / Phonem (*Laut-Buchstaben-Zuordnung*) Die aus dem Griechischen stammende Silbe »*-phon*« wird in vielen alltagssprachlich gebräuchlichen Wörtern bereits in integrierter Schreibweise wiedergegeben (z. B. *Telefon*). Die f-Schreibung kann künftig generell verwendet werden. Die Schreibung mit »*ph*« bleibt jedoch auch künftig, vor allem in fremdsprachlichen Texten, zulässig (→ a. Kolophonium / Kolofonium).

Fo|nem ⟨n.; -(e)s, -e; Sprachw.⟩ = Phonem

Fo|ne|ma|tik ⟨f.; -; unz.; Sprachw.⟩ = Phonematik

fo|ne|ma|tisch ⟨Adj.; Sprachw.⟩ = phonematisch

Fo|ne|mik ⟨f.; -; unz.; Sprachw.⟩ = Phonemik

fo|ne|misch ⟨Adj.; Sprachw.⟩ = phonemisch

fo|nen ⟨V.; umg.; kurz für⟩ telefonieren

Fo|ne|tik ⟨f.; -; unz.; Sprachw.⟩ = Phonetik

Fo|ne|ti|ker ⟨m.; -s, -; Sprachw.⟩ = Phonetiker

Fo|ne|ti|ke|rin ⟨f.; -, -rin|nen; Sprachw.⟩ = Phonetikerin

fo|ne|tisch ⟨Adj.; Sprachw.⟩ = phonetisch

Fo|ni|a|ter *auch:* **Fo|nia|ter** ⟨m.; -s, -; Med.⟩ = Phoniater

Fo|ni|a|trie *auch:* **Fo|nia|trie** ⟨f.; -; unz.; Med.⟩ = Phoniatrie

...fo|nie ⟨Nachsilbe; zur Bildung weibl. Subst.⟩ = ...phonie

fo|nisch ⟨Adj.⟩ = phonisch

Fo|nis|mus ⟨m.; -men; meist Pl.; Med.⟩ = Phonismus

fo|no..., Fo|no... ⟨vor Vokalen⟩ fon..., Fon... ⟨in Zus.⟩ = phono..., Phono...

Fo|no|dik|tat ⟨n.; -(e)s, -e⟩ = Phonodiktat

fo|no|gen ⟨Adj.⟩ = phonogen

Fo|no|graf ⟨m.; -en, -en⟩ = Phonograph

Fo|no|gra|fie ⟨f.; -, -n⟩ = Phonographie

fo|no|gra|fisch ⟨Adj.⟩ = phonographisch

Fo|no|gramm ⟨n.; -(e)s, -e⟩ = Phonogramm

Fo|no|kof|fer ⟨m.; -s, -⟩ = Phonokoffer

Fo|no|la ⟨n.; -s, -s od. f.; -, -s⟩ = Phonola

Fo|no|lith ⟨m.; -s od. -en, -e od. -en⟩ = Phonolith

Fo|no|lo|ge ⟨m.; -n, -n⟩ = Phonologe

Fo|no|lo|gie ⟨f.; -; unz.⟩ = Phonologie

Fo|no|lo|gin ⟨f.; -, -gin|nen⟩ = Phonologin

fo|no|lo|gisch ⟨Adj.⟩ = phonologisch

Fo|no|ma|nie ⟨f.; -, -n⟩ = Phonomanie

Fo|no|me|ter ⟨n.; -s, -⟩ = Phonometer

Fo|no|me|trie *auch:* **Fo|no|met|rie** ⟨f.; -; unz.⟩ = Phonometrie

fo|no|me|trisch *auch:* **fo|no|met|risch** ⟨Adj.⟩ = phonometrisch

Fo|non ⟨n.; -s, -en⟩ = Phonon

Fo|no|thek ⟨f.; -, -en⟩ = Phonothek

Fo|no|ty|pis|tin ⟨f.; -, -tin|nen⟩ = Phonotypistin

Font ⟨m.; -s, -s; Drucktechnik; EDV⟩ Zeichensatz, besonders die verschiedenen innerhalb eines Textverarbeitungsprogrammes zur Verfügung stehenden Schriftsätze [engl., »(Textverarbeitungs-)Zeichensatz« *<fount* »Setzkasten (des Druckers)«]

Fon|tä|ne ⟨f.; -, -n⟩ Wasserstrahl eines Springbrunnens [<frz. *fontaine* »Quelle, Springbrunnen«]

Fon|ta|nel|le ⟨f.; -, -n; Anat.⟩ Knochenlücke des Schädels von Neugeborenen: Fonticuli [<ital. *fontanella* »kleine Quelle«; zu *fontana* »Quelle«]

Food ⟨[fuːd] n.; -s; unz.; umg.⟩ jegliche Form von Nahrungsmitteln, insbesondere kulinarische Spezialitäten aus den angelsächsischen Ländern [<engl. *food* »Essen, Nahrung«]

Food|de|sig|ner *auch:* **Food|de|sig|ner** ⟨[fuːddizaɪnə(r)] m.; -s, -⟩ (im Nahrungsmittelbereich tätiger) Gestalter, der Speisen für Werbefotos, Filmaufnahmen od. Schaufensterdekorationen appetitanregend u. optisch vorteilhaft zubereitet bzw. arrangiert

Food|en|gi|nee|ring ⟨[fuːd ɛndʒɪniːrɪŋ] n.; -s; unz.⟩ Produktion völlig künstlicher Lebensmittel [<engl. *food* »Lebensmittel« + *Engineering*]

Foot ⟨[fʊt] m.; -, Feet [fiːt]⟩ engl. Längenmaß, 30,5 cm [engl., »Fuß«]

Foot|ball ⟨[fʊtbɔːl] n.; -s; unz.⟩ = American Football

Foot|can|dle *auch:* **Foot|candle** ⟨[fʊtkændl] f.; -; Physik; in angelsächs. Ländern⟩ nicht metrische Maßeinheit für die Beleuchtungsstärke, entspricht 10,76 Lux [<engl. *foot* »Fuß (Maßeinheit: 30,5 cm)« + *candle* »Kerze (als Beleuchtungseinheit: Kerze(n) pro Fuß)«]

Foo|ting ⟨[fuːtɪŋ] n.; - od. -s, -s⟩ individuell u. dispositionell unterschiedlich hohe mittlere Laufgeschwindigkeit, bei der die Pulsfrequenz des Laufenden bei etwa 130 liegt [engl., »Stand, Halt«]

fop, f. o. p. ⟨Abk. für engl.⟩ free on plane

Fo|ra ⟨Pl. von⟩ Forum

Fo|ra|men ⟨n.; -s, - od. -mi|na⟩ Loch, Öffnung [lat.]

Fo|ra|mi|ni|fe|re ⟨f.; -, -n; Zool.⟩ meeresbewohnender Wurzelfüßer mit ein- od. vielkammerigem Gehäuse aus Kalk od. organischer Substanz: Foraminifera, Polythalamia; *Sy* Polythalamia [<lat. *foramen* »Loch, Öffnung« + ...*fere*]

Force ⟨[fɔrs] f.; -, -n⟩ Stärke, Gewalt, Kraft, Zwang; ~ *majeure* [maʒœ:r] höhere Gewalt [frz.]

Force de Frappe ⟨[fɔrsdəfrap] f.; - - -; unz.⟩ französische Atomstreitmacht [frz., »nukleare Schlagkraft«]

for|cie|ren ⟨[-si:-] V.⟩ **1** erzwingen, gewaltsam durchsetzen **2** ⟨fig.⟩ heftig vorantreiben, steigern, auf die Spitze treiben [<frz. *forcer* »be-, erzwingen«]

for|ciert ⟨[-si:rt] Adj.⟩ gezwungen, gewaltsam

For|dis|mus ⟨m.; -; unz.; Wirtsch.⟩ Art der Fließbandproduktion, die industrielle Massenprodukte weitestgehend rationalisiert u. standardisiert herstellt; → *a.* Taylorismus [nach dem amerikan. Industriellen Henry Ford, 1863-1947]

Fore ⟨[fɔ:(r)] Sport; Golf⟩ Achtung! (Warnruf) [engl., eigtl. »vorn«]

Fö|re ⟨f.; -; unz.⟩ Eignung des Schnees zum Skisport, Gefühigkeit; *Ski*~ [skand.]

Fore|che|cking ⟨[fɔ:(r)tʃɛkɪŋ] n.; -s, -s; Sport; bes. Eishockey⟩ erlaubtes Stören des gegner. Spielaufbaus bereits in der gegnerischen Hälfte [<engl. *fore* »vorn« + *check* »Hindernis, Hemmnis; Probe, Kontrolle«]

Fore|hand ⟨[fɔ:(r)hænd] f.; -, -s; Sport; bes. Tennis⟩ Vorhand(schlag); *Ggs* Backhand [engl.]

Fo|reign Office ⟨[fɔrən ɔfis] n.; - -; unz.⟩ das brit. Auswärtige Amt [engl.]

Fo|reign|talk *auch:* **Fo|reign Talk** ⟨[fɔrɪntɔ:k] n.; (-) -s; unz.; Sprachw.⟩ in Deutschland gegenüber sprachunkundigen Ausländern häufig gebrauchte, primitive Ausdrucksweise (die im Wesentlichen aus Substantiven u. Infinitiven besteht u. als Anrede das Du benutzt) [engl., »fremde Sprache«]

Fo|ren ⟨Pl. von⟩ Forum

fo|ren|sisch ⟨Adj.⟩ gerichtlich; ~*e Medizin* [<lat. *forensis* »zum Forum gehörig, auf dem Forum befindlich«; → *Forum*]

For|fai|teur ⟨[fɔrfetø:r] m.; -s, -e; Wirtsch.⟩ Finanzierungsgesellschaft (Kreditinstitut), die bei einer Forfaitierung die Forderungen aus einer Exportfinanzierung erwirbt [frz.]

for|fai|tie|ren ⟨[fɔrfe-] V.; Wirtsch.⟩ nach überschläglicher Berechnung verkaufen; *eine Forderung* ~ [→ *Forfaitierung*]

For|fai|tie|rung ⟨[fɔrfe-] f.; -, -en; Wirtsch.⟩ Methode der Exportfinanzierung über eine Finanzierungsgesellschaft (Kreditinstitut), die die Forderungen mit allen Risiken erwirbt [<frz. *forfait* »Pauschalvertrag«]

For|feit ⟨[fɔ:rfit] n.; - od. -s, -s; Kaufmannsspr.⟩ Abstandszahlung bei Vertragsrücktritt, Reuegeld [engl., »Geldbuße« <afrz. *forfait* »Untat, Frevel, Verbrechen« <lat. *foris facere* »draußen, d. h. außerhalb des Rechts handeln«]

Fo|rint ⟨m.; - od. -s, -s od. ⟨österr.⟩ -e od. (bei Zahlenangaben) -; Abk.: Ft.⟩ ungar. Währungseinheit (100 Fillér) [ungar. <ital. *fiorino* »Gulden« <*fiore* »Blume« <lat. *flos,* Gen. *floris;* → *Florin*]

...form[1] ⟨Nachsilbe; zur Bildung von Adj.⟩ *...förmig; konform* [<lat. *forma* »Form«]

...form[2] ⟨Nachsilbe; zur Bildung sächl. Subst.; Chemie⟩ von der Ameisensäure abgeleitete Verbindung; *Chloroform* [<lat. *formica* »Ameise«]

For|mag|gio ⟨[-ma:dʒo] m.; - od. -s, -mag|gi [-ma:dʒi] ital. Bez. für⟩ Käse

for|mal ⟨Adj.⟩ **1** die Form betreffend, auf einer Form beruhend; *die beiden Wörter sind* ~ *verschieden, bedeuten aber das Gleiche;* ~*e Logik* nach den Regeln der Mathematik in Formeln ausdrückbare Logik **2** ⟨Philos.⟩ die Form einer Gegebenheit betonend; *Ggs* material (2) [<lat. *formalis* »an eine gewisse Form gebunden, förmlich«]

for|mal|äs|the|tisch ⟨Adj.⟩ nur die äußere Form eines Kunstwerks betreffend, allein auf die formale Gestaltung bezogen; *ein Bild aufgrund* ~*er Kriterien bewerten*

For|mal|aus|bil|dung ⟨f.; -, -en; Mil.; neuere Bez. für⟩ Exerzieren

For|mal|de|hyd ⟨m.; -s; unz.; Chemie⟩ einfachster aliphatischer Aldehyd, H-CHO, stechend riechendes, farbloses Gas, entsteht durch Dehydrierung aus Methylalkohol, wenn dessen Dämpfe mit Luft über glühende Kupferspiralen od. Metalloxide geleitet werden; *Sy* Formalin, Formol [<lat. *formica* »Ameise« + *Aldehyd*]

For|ma|li|en ⟨Pl.⟩ Formalitäten, Förmlichkeiten

For|ma|lin ⟨n.; -s; unz.; Chemie⟩ = Formaldehyd

for|ma|li|sie|ren ⟨V.⟩ *eine Sache* ~ einer Sache eine bestimmte (strenge) Form geben, sich bei einer Sache an gegebene (strenge) Formen halten

For|ma|lis|mus ⟨m.; -; unz.⟩ **1** Überbetonung der Form, des Formalen, der Äußerlichkeiten **2** ⟨Math.⟩ Betrachtungsweise, für die die Mathematik nur aus formalen Strukturen besteht, also gewissermaßen ein Spiel mit den Symbolen ist

For|ma|list ⟨m.; -en, -en⟩ Anhänger des Formalismus

for|ma|lis|tisch ⟨Adj.⟩ auf dem Formalismus beruhend

For|ma|li|tät ⟨f.; -, -en⟩ **1** Förmlichkeit, Formsache, Äußerlichkeit; *die* ~*en beachten, erfüllen* **2** Formvorschrift; *Zoll*~

for|ma|li|ter ⟨Adv.⟩ förmlich, auf förml. Weise [<lat. *formalis*; → *formal*]

for|mal|ju|ris|tisch ⟨Adj.⟩ äußerlich dem Gesetz völlig gemäß; *rein* ~ *liegt der Sachverhalt klar*

For|mans ⟨n.; -, -man|tia od. -man|ti|en; Sprachw.⟩ Ableitungssilbe; Präfix, Infix, Suffix; *Sy* Formativ [lat.; Part. Präs. zu *formare* »gestalten«]

For|mat ⟨n.; -(e)s, -e⟩ **1** Gestalt, Größe **2** Maß, Ausmaß, Normgröße; *Papier*~*, Buch*~ **3** ⟨fig.⟩ überdurchschnittl. Tüchtigkeit, Bedeutung **4** Geradheit,

formatieren

gerade innere Haltung, Überlegenheit; *er hat kein ~; eine Frau, ein Mann, ein Chef von ~* [<lat. *formatus*, Part. Perf. zu *formare* »gestalten«]

for|ma|tie|ren ⟨V.; EDV⟩ *Disketten ~ D.* in bestimmte Bereiche einteilen, eine bestimmte Einteilung vorgeben; *Sy* initialisieren

For|ma|tie|rung ⟨f.; -, -en; EDV⟩ Strukturierung der Daten für die Verarbeitung durch eine EDV-Anlage, bei der Inbetriebnahme erforderliche Einteilung eines Datenträgers (Diskette, Festplatte)

For|ma|ti|on ⟨f.; -, -en⟩ **1** Gestaltung, Bildung **2** Aufstellung, Formierung, Gliederung; *in geschlossener ~ marschieren* **3** ⟨Geol.⟩ größerer Abschnitt der Erdgeschichte zwischen Zeitalter u. Abteilung **4** ⟨Bot.⟩ Zusammenfassung von Pflanzen gleicher Wuchsformen ohne Rücksicht auf die Verwandtschaft nach Arten, z. B. sommergrüner Laubwald; *Pflanzen~; Vegetations~* [<lat. *formatio* »Gestaltung, Bildung«]

For|ma|ti|ons|flug ⟨m.; -(e)s, -flüge; Luftf.⟩ Flug mehrerer Luftfahrzeuge im geschlossenen Verband, z. B. bei Flugschauen od. militärischen Operationen [→ *Formation*]

For|ma|ti|ons|tanz ⟨m.; -es, -tänze; Sport⟩ Tanzwettbewerb mit jeweils acht Paaren pro Mannschaft, die in vier Minuten möglichst synchron bei freier Wahl von Musik u. Choreografie alle neun Pflichttänze darbieten müssen

for|ma|tiv ⟨Adj.⟩ die Formation, die Gestalt(ung) betreffend, auf ihr beruhend, gestaltend [<frz. *formatif* »bildend, gestaltend«; zu lat. *formare* »gestalten«]

For|ma|tiv ⟨n.; -s, -e [-və]; Sprachw.⟩ = Formans

For|mel ⟨f.; -, -n⟩ **1** feststehender Ausdruck, Redensart; *Gruß~; Zauber~* **2** kurze, treffende Begriffsbestimmung **3** chem. Zeichen **4** Rechensatz, Buchstabengleichung; *chemische ~; mathematische ~* [<lat. *formula* »Vorschrift, Satzung«, Verkleinerungsform zu *forma* »Gestalt«]

for|mell ⟨Adj.⟩ **1** förmlich, die äußeren Formen, die Umgangsformen (genau) beachten; *Ggs* informell; *jmdm. einen ~en Besuch machen; den Empfang ~ bestätigen* **2** ausdrücklich **3** zum Schein [<frz. *formel* »ausdrücklich, förmlich«]

For|mi|at ⟨n.; -s, -e; Chemie⟩ Salz der Ameisensäure [<lat. *formica* »Ameise«]

For|mi|ca|tio ⟨f.; -; unz.; Med.⟩ Hautkribbeln, -jucken [lat., eigtl. »das Ameisenlaufen«]

for|mi|da|bel ⟨Adj.⟩ **1** schrecklich, Grauen erregend **2** großartig, beeindruckend [<frz. *formidable* »furchtbar, riesig«]

for|mie|ren ⟨V.⟩ formen, bilden, gestalten; *Truppen ~ aufstellen* [<frz. *former* »bilden, gestalten« <mhd. *formieren* <lat. *formare*]

For|mi|ka|ri|um ⟨n.; -s, -ri|en; Zool.⟩ zu Studien- u. Demonstrationszwecken künstlich angelegter (einsehbarer) Ameisenbau [<lat. *formica* »Ameise«]

For|mol ⟨n.; -s; unz.; Chemie⟩ = Formaldehyd

For|mu|lar ⟨n.; -s, -e⟩ gedrucktes Formblatt, gedruckter Fragebogen; *Anmelde~* [<neulat. *formularium*; → *Formel*]

for|mu|lie|ren ⟨V.⟩ in eine endgültige sprachl. Form bringen, in Worte fassen (Begriff, Vorstellung) [<lat. *formula* »Vorschrift«; → *Formel*]

For|mu|lie|rung ⟨f.; -, -en⟩ **1** das Formulieren **2** sprachl. Fassung, sprachl. Ausdruck

For|nix ⟨m.; -, -ni|ces; Anat.⟩ gewölbter Teil eines Organs; *~ Cerebri* Hirngewölbe [lat., »Wölbung, Bogen«]

For|sy|thie ⟨[-tsjə] f.; -, -n⟩ Goldflieder, Gattung der Ölbaumgewächse, beliebter Zierstrauch in Anlagen, mit gelben Blüten: Forsythia suspensa [nach dem engl. Botaniker W. A. Forsyth]

Fort ⟨[fo:r] n.; -s, -s⟩ Teil einer Befestigungsanlage, kleines Festungswerk; *Außen~* [<frz. *»*befestigter Platz« <lat. *fortis* »stark«]

for|te ⟨Adj.; Abk.: f; Musik⟩ **1** laut, stark **2** ⟨Pharm.⟩ stark (wirkend) [ital.]

For|te ⟨n.; -; unz.; Musik⟩ große Tonstärke

for|te|for|tis|si|mo ⟨Musik; Abk.: fff⟩ ganz bes. laut, ganz besonders stark

for|te|pi|a|no ⟨Musik⟩ laut u. gleich wieder leise [ital., »stark u. schwach«]

For|te|pi|a|no ⟨n.; -s; unz.; Musik⟩ **1** starke u. sofort nachlassende Tonstärke **2** = Pianoforte

For|ti|fi|ka|ti|on ⟨f.; -, -en⟩ **1** Befestigungskunst **2** Festungswerk [<frz. *fortification* <lat. *fortis* »stark« + *facere* »machen«]

for|ti|fi|ka|to|risch ⟨Adj.⟩ die Befestigung betreffend, mit ihrer Hilfe, auf ihr beruhend

for|ti|fi|zie|ren ⟨V.⟩ befestigen [<frz. *fortifier*; beeinflusst von Zusammensetz. mit ...*fizieren*]

For|tis ⟨f. od. m.; -, -tes [-te:s]; Sprachw.⟩ Verschluss- od. Reibelaut, der mit starkem Luftdruck artikuliert wird, z. B. p, t, k; *Ggs* Lenis [lat., »stark, kräftig«]

for|tis|si|mo ⟨Musik; Abk.: ff⟩ sehr laut, sehr stark [ital., »stark«]

For|tis|si|mo ⟨n.; -s, -s od. -mi; Musik⟩ sehr große Tonstärke

FORTRAN ⟨n.; -; unz.; EDV⟩ Programmiersprache für techn. u. mathemat.-wissenschaftl. Aufgaben [verkürzt <engl. *formula translator* »Formelübersetzer«]

For|tu|na ⟨f.; -; unz.⟩ ⟨Myth.⟩ altröm. Göttin von Glück u. Unglück, Schicksal u. Fügung **2** ⟨danach allg.⟩ Glück; *war ihm hold* er hatte Glück [lat., »Schicksal, Glück; Schicksals-, Glücksgöttin«]

For|tü|ne ⟨f.; -; unz.⟩ Glück, Erfolg; *er hatte keine ~* [<frz. *fortune* »Glück«]

Fo|rum ⟨n.; -s, Fo|ren od. Fo|ra⟩ **1** Markt- u. Gerichtsplatz im alten Rom; *~ Romanum* **2** ⟨fig.⟩ Gericht, Richterstuhl; *das ~ der Öffentlichkeit* **3** ⟨fig.⟩ Gruppe von Personen, bes. Fachleuten, bei denen eine sachverständige Untersuchung gewährleistet ist; *eine stritige Frage vor ein ~ von Medizinern bringen*

Fo|rums|dis|kus|si|on ⟨f.; -, -en⟩ öffentl. Diskussion von Fachleuten über eine aktuelle Frage

For|ward ⟨[fɔːwəd] m.; -s, -s; schweiz.; Fußb.⟩ Stürmer [engl.]

for|war|den ⟨[fɔːwɔːdən] V.; EDV⟩ weiterleiten; *eine E-Mail an andere Personen* ~ [<engl. *forward* »vorantreiben«]

for|zan|do ⟨Musik; Abk.: fz⟩ = sforzato

for|za|to ⟨Musik; Abk.: fz⟩ = sforzato

For|zeps ⟨m. od. f.; -, -zi|pes; Med.⟩ Zange, Geburtszange [<lat. *forceps* »Zange«]

Fos|bu|ry|flop *auch:* **Fos|bu|ry-Flop** ⟨[fɔsbəri-] m.; -s, -s; Sport⟩ (heute allg. übliche) Art des Hochsprungs, bei der die Latte in Rückenlage überquert wird [nach dem amerikan. Hochspringer R. *Fosbury*]

Fos|sa ⟨f.; -, -sae [-sɛː]; Med.⟩ = Fovea [lat., »Graben«]

Fo|ße ⟨f.; -, -n⟩ = Fausse

fos|sil ⟨Adj.; Geol.⟩ urweltlich, versteinert [<lat. *fossilis* »ausgegraben«]

Fos|sil ⟨n.; -s, -li|en; Geol.⟩ versteinerter Rest eines urweltl. Lebewesens

Fos|si|li|sa|ti|on ⟨f.; -, -en; Geol.⟩ Entstehung von Versteinerungen [→ *fossil*]

fos|si|li|sie|ren ⟨V.; Geol.⟩ zu einem Fossil werden

fot, f. o. t. ⟨Abk. für engl.⟩ free on truck

fö|tal ⟨Adj.; Med.⟩ = fetal

fö|tid ⟨Adj.; Med.⟩ stinkend, übel riechend [<lat. *foetidus*]

Foto.../ Photo... (*Laut-Buchstaben-Zuordnung*) Die aus dem Griechischen stammende Silbe »-*phot*« wird in vielen in der Alltagssprache gebräuchlichen Wörtern bereits in integrierter Schreibweise wiedergegeben (z. B. *Fotoapparat*). Die f-Schreibung kann künftig generell verwendet werden. Die Schreibung mit »*ph*« bleibt jedoch auch künftig, vor allem in fremdsprachlichen Texten, zulässig (→ *a. Fono.../ Phono...; Graf.../ Graph...*).

Fo|to ⟨n.; -s, -s od. schweiz. f.; -, -s; umg.; kurz für⟩ Fotografie (2)

fo|to..., Fo|to... ⟨in Zus.⟩ licht..., Licht..., Lichtbild...; *oV* photo..., Photo... [<grch. *phos*, Gen. *photos* »Licht«]

Fo|to|ap|pa|rat ⟨m.; -(e)s, -e⟩ Apparat zum Herstellen von Lichtbildern

Fo|to|bio|lo|gie ⟨f.; -; unz.; Biol.⟩ Teilgebiet der Biologie, das sich mit den Wechselwirkungen zwischen Licht u. Organismus befasst, z. B. Fotosynthese der Pflanzen; *oV* Photobiologie

fo|to|bio|lo|gisch ⟨Adj.; Biol.⟩ zur Fotobiologie gehörend, auf der Beziehung zwischen Licht u. Organismus beruhend; *oV* photobiologisch

Fo|to|che|mie ⟨[-çe-] f.; -; unz.; Chemie⟩ Teilgebiet der Chemie, das die durch Licht ausgelösten Wirkungen untersucht; *oV* Photochemie

fo|to|che|misch ⟨[-çe-] Adj.; Chemie⟩ zur Fotochemie gehörend, sie betreffend; *oV* photochemisch

Fo|to|che|mi|gra|fie ⟨[-çe-] f.; -; unz.⟩ Herstellung von Ätzungen aller Art auf fotograf. Wege; *oV* Photochemigraphie

fo|to|chrom ⟨[-kroːm] Adj.; Physik; Optik⟩ = fototrop; *oV* photochrom

Fo|to|ef|fekt ⟨m.; -(e)s, -e⟩ lichtelektrischer Effekt; *oV* Photoeffekt

fo|to|elek|trisch *auch:* **fo|to|elek|trisch** ⟨Adj.⟩ zur Fotoelektrizität gehörend, auf ihr beruhend; ~*er Effekt* lichtelektrischer Effekt; *oV* photoelektrisch

Fo|to|elek|tri|zi|tät *auch:* **Fo|to|elek|tri|zi|tät** ⟨f.; -; unz.⟩ durch Licht ausgelöste elektr. Vorgänge; *oV* Photoelektrizität

Fo|to|elek|tron *auch:* **Fo|to|elek|tron** ⟨n.; -s, -en⟩ durch Vorgänge der Photoelektrizität freigesetztes Elektron; *oV* Photoelektron

Fo|to|ele|ment ⟨n.; -(e)s, -e⟩ *oV* Photoelement **1** Halbleiterbauelement, dessen elektrischer Widerstand von der einwirkenden Helligkeit abhängig ist **2** = Fotozelle (2)

Fo|to|fi|nish ⟨[-nɪʃ] n.; -s, -s; Sport⟩ Entscheidung eines Rennens aufgrund des Zielfotos bei kaum od. nicht sichtbarem Abstand zwischen den Teilnehmern im Einlauf [<*Foto* + engl. *finish* »Ende, Schluss«]

fo|to|gen ⟨Adj.⟩ auf Fotografien, in Filmen gut aussehend, gut wirkend; ~ *sein* [<*foto... + ...gen¹*]

Fo|to|ge|ni|tät ⟨f.; -; unz.⟩ fotogenes Aussehen

Fo|to|graf ⟨m.; -en, -en⟩ jmd., der gewerbsmäßig fotografiert; *oV* Photograph

Fo|to|gra|fie ⟨f.; -, -n⟩ *oV* Photographie **1** Verfahren zur Erzeugung von dauerhaften Lichtbildern **2** ⟨zählb.⟩ Lichtbild [<*Foto... + ...graphie*]

Fo|to|gra|fin ⟨f.; -, -fin|nen⟩ weibl. Person, die gewerbsmäßig fotografiert; *oV* Photographin

fo|to|gra|fie|ren ⟨V.⟩ mit dem Fotoapparat ein Lichtbild aufnehmen; *oV* photographieren

fo|to|gra|fisch ⟨Adj.⟩ die Fotografie betreffend, auf ihr beruhend, mit ihren Mitteln; *oV* photographisch; *eine* ~*e Dokumentation*

Fo|to|gramm ⟨n.; -s, -e⟩ fotograf. Bild, auf dem zum Ausmessen des abgebildeten Objektes auch ein Koordinatensystem abgebildet ist, Messbild; *oV* Photogramm

Fo|to|gramm|me|trie ⟨f.; -; unz.⟩ Wissenschaft u. Technik der Aufnahme u. Auswertung von Fotogrammen zur Bestimmung von Größe u. Lage beliebiger Objekte, Bildmessung; *oV* Photogrammetrie [<*Foto... + ...gramm + ...metrie*]

fo|to|gramm|me|trisch *auch:* **fo|to|gramm|me|trisch** ⟨Adj.⟩ die Fotogrammetrie betreffend, auf ihr beruhend, mit ihrer Hilfe; *oV* photogrammetrisch

Fo|to|gra|vü|re ⟨[-vyː-] f.; -, -n⟩ = Heliogravüre [<*Foto... + Gravüre*]

Fo|to|ko|pie ⟨f.; -, -n⟩ fotograf. Wiedergabe von Schriftstücken od. Bildern, Ablichtung

fo|to|ko|pie|ren ⟨V.⟩ eine Fotokopie herstellen von, ablichten

Fo|to|la|bor ⟨n.; -s, -s⟩ Labor zum Entwickeln u. Vergrößern fotograf. Materials

Fotolyse

Fo|to|ly|se ⟨f.; -; unz.; Biol.⟩ Spaltung chemischer Verbindungen durch Lichteinwirkung; *oV* Photolyse [<*Foto*... + grch. *lysis* »Aus-, Auflösung«]

fo|to|me|cha|nisch ⟨[-ça:-] Adj.⟩ mechanisch mit Hilfe der Fotografie (vervielfältigend)

Fo|to|me|ter ⟨n.; -s, -⟩ Gerät, das die Lichtstärken zweier Lichtquellen vergleicht; *oV* Photometer

Fo|to|me|trie *auch:* **Fo|to|met|rie** ⟨f.; -; unz.⟩ Lehre vom Messen der Lichtstärke; *oV* Photometrie

fo|to|me|trisch *auch:* **fo|to|met|risch** ⟨Adj.⟩ auf Fotometrie beruhend, mit ihrer Hilfe; *oV* photometrisch

Fo|to|mo|dell ⟨n.; -s, -e⟩ jmd., der berufsmäßig für Fotos Modell steht; →a. Dressman, Mannequin

Fo|to|mon|ta|ge ⟨[-ʒə] f.; -, -n⟩ **1** ⟨unz.⟩ Zusammensetzung von Teilen verschiedener Aufnahmen zu einer fotograf. Vorlage **2** ⟨zählb.⟩ durch Fotografieren dieser Vorlage entstandenes Bild

Fo|ton ⟨n.; -s, -to|nen⟩ Elementarteilchen der elektromagnet. Strahlung (bes. des Lichts), das je nach Wellenlänge der Strahlung eine bestimmte Energie überträgt, Lichtquant; *oV* Photon [<grch. *phos*, Gen. *photos* »Licht«]

Fo|to|nas|tie ⟨f.; -, -n; Biol.⟩ durch Licht ausgelöste Nastie; *oV* Photonastie

fo|to|nisch ⟨Adj.⟩ das Foton betreffend, auf ihm beruhend, in der Art eines Fotons; *oV* photonisch

Fo|to|ob|jek|tiv ⟨n.; -s, -e [-və]⟩ Hauptbestandteil fotografischer Apparate, Kombination mehrerer Linsen, die durch Lichtstärke u. Brennweite gekennzeichnet sind

Fo|to|op|tik ⟨f.; -, -en; Pl. selten⟩ Gesamtheit der Objektive einer Fotokamera

Fo|to|pe|ri|o|dis|mus ⟨m.; -; unz.⟩ Reaktionsfähigkeit von Organismen auf die täglichen Licht- u. Dunkelperioden; *oV* Fotoperiodismus [<*Foto*... + grch. *phos*, Gen. *photos* »Licht« + *Periode*]

fo|to|phil ⟨Adj.; Biol.⟩ Licht bevorzugend, liebend (in Bezug auf Pflanzen u. Tiere); *oV* fotophil; *Sy* heliophil; *Ggs* fotophob [<*foto*... + ...phil]

fo|to|phob ⟨Adj.; Biol.⟩ das Licht scheuend, sich ihm fernhaltend (in Bezug auf Pflanzen u. Tiere); *oV* photophob; *Sy* heliophob; *Ggs* fotophil [<*foto*... + ...*phob*]

Fo|to|pho|bie ⟨f.; -, -n⟩ Lichtscheu; *oV* Photophobie

Fö|tor ⟨m.; -s; unz.⟩ übler Geruch [<lat. *foetor* »Gestank«]

Fo|to|re|a|lis|mus ⟨m.; -; unz.; Mal.⟩ Kunstrichtung der späten 1960er- u. der 1970er-Jahre, die durch bis zur Augentäuschung gehenden Detailrealismus von fotografischer Genauigkeit gekennzeichnet war u. vielfach Fotografien als Vorlage benutzte; *oV* Photorealismus

Fo|to|re|a|list ⟨m.; -en, -en; Mal.⟩ Vertreter des Fotorealismus; *oV* Photorealist

Fo|to|sa|fa|ri ⟨f.; -, -s⟩ Reise (bes. nach Afrika) zum Fotografieren wild lebender Tiere

Fo|to|set|ter ⟨m.; -s, -; Drucktechnik⟩ eine fotografische Setzmaschine [<*Foto* + engl. *setter* »Setzmaschine«]

Fo|to|sphä|re *auch:* **Fo|tos|phä|re** ⟨f.; -; unz.⟩ strahlende Gashülle der Sonne; *oV* Photosphäre

Fo|to|syn|the|se ⟨f.; -; unz.; Biol.⟩ Ausnutzung von Licht durch die grüne Pflanze für die Umwandlung von Kohlendioxid in Kohlenhydrate; *oV* Photosynthese

fo|to|syn|the|tisch ⟨Adj.; Biol.⟩ die Fotosynthese betreffend, auf ihr beruhend

fo|to|tak|tisch ⟨Adj.; Biol.⟩ Fototaxis aufweisend; *oV* phototaktisch

Fo|to|ta|xis ⟨f.; -, -xi|en⟩ durch Licht ausgelöste Taxis; *oV* Phototaxis

Fo|to|thek ⟨f.; -, -en⟩ Sammlung von Fotografien (bes. zu wissenschaftl. od. Gewerbezwecken) [<*Foto*... + ...*thek*]

Fo|to|the|ra|pie ⟨f.; -, -n⟩ Heilverfahren mit Licht; *oV* Phototherapie

fo|to|trop ⟨Adj.⟩ auf Fototropismus beruhend, durch ihn bewirkt; *oV* phototrop, fototropisch; *Sy* fototchrom [<*foto*... + *trop*[1]]

Fo|to|tro|pie ⟨f.; -; unz.; Chemie⟩ Farbwechsel kristallisierter Substanzen unter Lichteinfluss; *oV* Phototropie

fo|to|tro|pisch ⟨Adj.⟩ = fototrop; *oV* phototropisch

Fo|to|tro|pis|mus ⟨m.; -; unz.⟩ durch Licht ausgelöster Tropismus; *oV* Phototropismus

Fo|to|vol|ta|ik ⟨[-vɔl-] f.; -; unz.⟩ Gebiet der Technik, das sich mit der Gewinnung von elektrischer Energie durch Ausnutzung fotoelektrischer Erscheinungen befasst; *oV* Photovoltaik

fo|to|vol|ta|isch ⟨[-vɔl-] Adj.⟩ die Fotovoltaik betreffend, zu ihr gehörend; *oV* photovoltaisch

Fo|to|zel|le ⟨f.; -, -n⟩ *oV* Photozelle **1** (früher) Elektronenröhre mit einer lichtempfindlichen Kathode **2** (heute meist) Halbleiterbauelement, das beim Auftreffen von Licht durch Freisetzung von Elektronen einen Stromfluss einleitet; *Sy* Fotoelement (2)

Fo|to|zin|ko|gra|fie ⟨f.; -, -n⟩ **1** fotografisches Verfahren zur Herstellung von Zinkdrucken **2** mit diesem Verfahren hergestellter Zinkdruck

Fö|tus ⟨m.; -ses, -se; Med.⟩ = Fetus

fou|caul|t'sche(s) Pen|del *auch:* **Fou|cault'sche(s) Pen|del** ⟨[fu-ko-] n.; - -s, - -⟩ ⟨Phys.⟩ Pendel zum Nachweis der Erdrotation über die Abweichung der Schwingungsrichtung aufgrund der Corioliskraft [nach dem frz. Physiker J. B. *Foucault*, 1819-1868]

fou|droy|ant *auch:* **foud|ro|y|ant** ⟨[fudroajã:] Adj.; Med.⟩ plötzlich einsetzend (von Krankheiten) [frz., eigtl. »Blitze schleudernd«; zu *foudre* »Blitz«]

foul ⟨[faul] Adj.⟩ nur präd. od. adv.; ⟨Sport⟩ regelwidrig, unfair [engl., »schmutzig, unrein, faul, verdorben«]

Foul ⟨[faul] n.; -s, -s; Sport⟩ Verstoß gegen die Spielregeln [engl., »etwas Unreines; regelwidriger Schlag od. Stoß beim Sport«]

Foulard ⟨[fulaːr] m.; -s, -s; Textilw.⟩ ein beidseitig bedruckter, leichter, weicher Seidenstoff [frz., »Seidentuch, Seidentaft«]

Foulardine ⟨[fulardiːn] f.; -; unz.⟩ bedruckter Baumwollsatin

Foulé ⟨[fuleː] m.; - od. -s, -s; Textilw.⟩ weicher Wollstoff [frz., »gewalkt«]

foulen ⟨[faʊlən] V.; Sport⟩ regelwidrig, unfair spielen [→ *foul*]

Fouling ⟨[faʊlɪŋ] n.; - od. -s, unz.⟩ **1** (durch Bakterien, Pilze o. Ä. verursachte) Veränderung von Farben u. Lacken auf Holz u. Metall **2** Verschmutzung von Wärme übertragenden Flächen [zu engl. *foul* »unrein, schmutzig«]

Fourage ⟨[furaːʒə] f.; -; unz.; Mil.⟩ = Furage

Fourier ⟨[fuː-] m.; -s, -e; Mil.⟩ = Furier

Fourieranalyse *auch:* **Fourier-Analyse** ⟨[furieː-] f.; -, -n⟩ Verfahren der Schwingungslehre, mit dem sich eine unharmonische Schwingung in zwei od. mehr harmonische, sinusförmige Schwingungen zerlegen lässt; *Sy* harmonische Analyse [nach dem frz. Mathematiker Jean-Baptiste-Joseph de *Fourier*, 1768-1830]

Fourierismus ⟨[fu-] m.; -; unz.⟩ Lehre des frz. sozialist. Utopisten Charles Fourier (1772-1837)

Four-Letter-Word *auch:* **Four-Letter-Word** ⟨[fɔːlɛtə(r)wœːd] n.; -s, -s⟩ vulgäres Schimpfwort, z. B. »fuck«; →*a.* Fivevowelword [engl., eigtl. »Wort aus vier Buchstaben«]

Foursome ⟨[fɔːsʌm] m. od. n.; -s, -s; Sport; Golf⟩ Viererspiel, bei dem zwei Parteien mit je zwei Spielern, die abwechseind den Ball spielen, gegeneinander antreten [engl., »Quartett«]

foutieren ⟨[fu-] V.; geh.; schweiz.⟩ sich einer Sache entziehen, ihr aus dem Weg gehen, sich hinwegsetzen über etwas; *oV* futieren; *der Staat sollte sich nicht um seine sozialen Aufgaben ~* [<frz. *se foutre* »sich nicht interessieren«]

fow, f. o. w. ⟨Abk. für engl.⟩ free on waggon

Fovea ⟨[-veː] f.; -, -veae [-veːɛ]; Anat.⟩ Vertiefung, Grube; *Sy* Fossa [lat.]

Fox ⟨m.; - od. -es, -e; kurz für⟩ **1** Foxterrier **2** Foxtrott

Foxhound ⟨[-haʊnd] m.; -s, -s⟩ engl. Meutehund für die Parforcejagd [engl., »Fuchshund«]

Foxterrier ⟨m.; -s, -⟩ kleine engl. Hunderasse; *Sy* Fox [<engl. *foxterrier*, eigtl. »Fuchs-Terrier«; → *Terrier*]

Foxtrott ⟨m.; -(e)s, -e od. -s; Musik⟩ aus Nordamerika stammender Gesellschaftstanz im $^4/_4$-Takt [<engl. *fox-trot*, eigtl. »Fuchstrab«]

Foyer *auch:* **Foyer** ⟨[foajeː] n.; -s, -s; Theat.⟩ Wandelgang, -halle [frz., »Herd, Feuerstätte, Heim«]

fp ⟨Abk. für⟩ fortepiano

fr ⟨Abk. für⟩ **1** Franc **2** franko, frei

Fr ⟨chem. Zeichen für⟩ Francium

Fra ⟨nur vor Eigennamen⟩ Klosterbruder, Mönch, Ordensbruder; *~ Angelico* [ital.; verkürzt <*frate* »Bruder« <lat. *frater*]

Frack ⟨m.; -(e)s, Fräcke od. -s⟩ knielanger Herrenschoßrock mit rechtwinklig abgeschnittenen Vorderecken [<engl. *frock* »Kutte, Kittel, Kleid« <frz. *froc* »Kutte« <fränk. **hrok*, ahd. *roc(h)*]

fragil ⟨Adj.⟩ sehr zart, zerbrechlich, hinfällig [<lat. *fragilis* »zerbrechlich«]

Fragilität ⟨f.; -; unz.⟩ Zartheit, Hinfälligkeit, Zerbrechlichkeit

Fragment ⟨n.; -(e)s, -e⟩ **1** Bruchstück, übrig gebliebener Teil eines Ganzen **2** unvollendetes literarisches od. musikalisches Werk **3** ⟨Bildhauerei⟩ = Torso [<lat. *fragmentum* »abgebrochenes Stück, Bruchstück«]

fragmentarisch ⟨Adj.⟩ bruchstückhaft, unvollendet, lückenhaft

Fragmentation ⟨f.; -, -en⟩ **1** direkte Kernteilung, bei der die Zellkern in Teilstücke zerschnürt wird **2** ungeschlechtliche Vermehrung durch Zerteilung einer Mutterpflanze [→ *Fragment*]

fragmentieren ⟨V.⟩ in Fragmente, Teilstücke zerlegen

frais ⟨[frɛːz] Adj.; undekl.⟩ erdbeerfarben; *oV* fraise [<frz. *fraise* »Erdbeere«]

fraise ⟨[frɛːz] Adj.; undekl.⟩ = frais

fraktal ⟨Adj.⟩ komplex strukturiert, mehrfach gebrochen; *~es Modell* Modell zur Beschreibung irregulärer Strukturen (z. B. Blitzentladung, Küstenlinien) unter Hinzunahme von Fraktalen [→ *Fraktal*]

Fraktal ⟨n.; -s, -e⟩ Objekt mit unregelmäßiger Struktur, gebrochener Dimension u. oft selbstähnlicher Struktur, d. h. ein Ausschnitt seiner Struktur gleicht ihm selbst, z. B. eine Schneeflocke [<lat. *fractio* »Bruch«]

Fraktion ⟨f.; -, -en⟩ **1** ⟨Politik⟩ **1.1** die Vertreter einer Partei innerhalb der Volks- od. Gemeindevertretung **1.2** Gruppe innerhalb einer Partei **2** ⟨Chemie; Physik⟩ Teil eines Stoffgemisches, der durch eine physikal. od. chem. Methode davon abgetrennt wurde u. sich hinsichtlich der angewandten Trennungsmethode, also z. B. im Siedepunkt, der Kristallisationstemperatur, der Löslichkeit in einem Lösungsmittel, der Korngröße (bei festen Stoffen), einheitlicher verhält als das Ausgangsgemisch [<lat. *fractio* »Bruch«]

fraktionell ⟨Adj.⟩ eine Fraktion (1, 2) betreffend, zu ihr gehörend

Fraktionierapparat ⟨m.; -(e)s, -e; Chemie⟩ Apparat für die fraktionierte Destillation

fraktionieren ⟨V.; Chemie⟩ in Fraktionen trennen; *fraktionierte Destillation* Trennung von Gemischen verschiedener Flüssigkeiten auf Grund ihrer verschiedenen Siedepunkte; *fraktionierte Kristallisation* gleichzeitige Abscheidung u. Trennung verschiedener Stoffe aus einer Lösung durch stufenweise Abkühlung des Lösungsmittels

Fraktionierkolonne ⟨f.; -, -n; Chemie⟩ Anordnung von Geräten zur fraktionierten Destillation

Fraktionierung ⟨f.; -, -en; Chemie⟩ Trennung eines Flüssig-

Frak|ti|ons|chef ⟨[-ʃef] m.; -s, -s; Politik⟩ Vorsitzender einer Fraktion (1)

Frak|ti|ons|zwang ⟨m.; -(e)s, -zwän|ge; Pl. selten; Politik⟩ im Gesetz nicht vorgesehene Verpflichtung einer Parteifraktion zu einheitl. Stimmenabgabe

Frak|tur ⟨f.; -, -en⟩ **1** deutsche, sog. »gotische« Druckschrift mit »gebrochenen« Linien **2** *mit jmdm. ~ reden* ⟨fig.; umg.⟩ ihm deutlich die Meinung sagen **3** ⟨Med.⟩ Knochenbruch; *Schienbein~* [<lat. *fractura* »Bruch«]

Fram|bö|sie ⟨f.; -, -n; Med.⟩ der Lues ähnliche trop. Infektionskrankheit mit einem aus himbeerähnl. Knötchen bestehenden Hautausschlag, Himbeerpocken: Framboesia tropica [<frz. *framboise* »Himbeere«]

Fra|me[1] ⟨f.; -, -n⟩ germanischer Speer [<lat. *framea* »Wurfspieß der Germanen« <ahd. *brame*]

Frame[2] ⟨[frɛɪm] m.; -s, -s⟩ **1** Rahmen bei Fahrzeugen der Eisenbahn **2** ⟨Wirtsch.⟩ Methode zur Präsentation von Informationen über ein bestimmtes Objekt, bei der dem Objekt ein Rahmen zugeordnet wird, der alle bekannten Eigenschaften des Objekts enthält u. bewertet **3** ⟨Sprachw.⟩ Darstellung von Wissen in Form eines semantischen Netzes **4** ⟨EDV⟩ **4.1** als Datenblock zusammengefasste Übertragungseinheit **4.2** Fenster od. Bildelement als Bestandteil einer Webseite [engl., »Gefüge, Gerüst, Rahmen«]

Franc ⟨[frã:] m.; -, -s [frã:]; Abk.: fr.⟩ frühere Währungseinheit in Frankreich, Belgien, Luxemburg, 100 Centimes; *oV* Frank [frz.]

Fran|çaise ⟨[frãsɛ:zə] f.; -, -n⟩ frz. Kontertanz im ⁶/₈-Takt [<frz. <*danse française* »frz. Tanz«]

Fran|chise[1] ⟨[frãʃi:z] f.; -, -n [-zən]; veraltet⟩ **1** Freimut **2** unterhalb des Versicherungswertes liegender Prozentsatz eines Schadens, der nicht ersetzt zu werden braucht [frz., »Gebührenfreiheit, Freimut«]

Fran|chise[2] ⟨[fræntʃaɪz] n.; -; unz.; Wirtsch.⟩ Lizenz zur selbständigen Führung eines Betriebes im Rahmen eines Franchising [engl., »Wahlrecht; Konzession«]

Fran|chi|sing ⟨[fræntʃaɪzɪŋ] n.; - od. -s; unz.; Wirtsch.⟩ Einzelhandelsvertrieb von Produkten in Lizenz eines Unternehmens [→ *Franchise*]

Fran|ci|um ⟨n.; -s; unz.; chem. Zeichen: Fr⟩ radioaktives Alkalimetall, chem. Element, Ordnungszahl 87; *oV* Frankium, Franzium [<neulat. *Francia* »Frankreich«]

Frank ⟨m.; -en, -en⟩ = Franc

Fran|ka|tur ⟨f.; -, -en⟩ **1** das Freimachen von Postsendungen **2** die dazu verwendeten Briefmarken [<ital. *francatura* »das Freimachen« (von Postsendungen)]

fran|kie|ren ⟨V.⟩ *Postsendungen, Briefe~* freimachen, mit Briefmarke bekleben od. Frankiermaschine stempeln [<ital. *francare*]

Fran|ki|um ⟨n.; -s; unz.; Chemie⟩ = Francium

fran|ko ⟨Adj.⟩ (kosten-, porto-) frei (Aufschrift auf Postsendungen zum Zeichen, dass der Empfänger das Porto bezahlt) [ital., »frei, gebührenfrei« (von Postsendungen)]

fran|ko..., Fran|ko... ⟨in Zus.⟩ Frankreich u. das Französische betreffend, darauf bezogen [<lat. *Franco* »Franke«]

fran|ko|fon ⟨Adj.⟩ französischsprachig; *oV* frankophon

Fran|ko|ka|na|di|er ⟨m.; -s, -⟩ französisch sprechender Einwohner Kanadas

Fran|ko|ka|na|di|e|rin ⟨f.; -, -rinnen⟩ französisch sprechende Einwohnerin Kanadas

Fran|ko|ma|nie ⟨f.; -; unz.⟩ übertriebene Bewunderung Frankreichs u. alles Französischen; *Sy* Gallomanie

Fran|ko|mar|ke ⟨f.; -, -n; schweiz.⟩ Briefmarke [<ital. *franco* »gebührenfrei« + *Marke*]

fran|ko|phil ⟨Adj.⟩ eine Vorliebe für alles Französische zeigend; *Sy* gallophil; *Ggs* frankophob

Fran|ko|phi|lie ⟨f.; -; unz.⟩ Vorliebe für alles Französische; *Sy* Gallophilie; *Ggs* Frankophobie [<*Franko... + ...philie*]

fran|ko|phob ⟨Adj.⟩ allem Französischen abgeneigt; *Sy* gallophob; *Ggs* frankophil

Fran|ko|pho|bie ⟨f.; -; unz.⟩ Abneigung gegen alles Französische; *Sy* Gallophobie; *Ggs* Frankophilie [<*Franko... + Phobie*]

fran|ko|phon ⟨Adj.⟩ = frankofon

Frank|ti|reur ⟨[-røːr] m.; -s, -e⟩ frz. Freischärler während der Revolutionskriege u. im Dt.-Frz. Krieg 1870-71 [<frz. *franc-tireur* »Freischärler«]

Fran|zis|ka|ner ⟨m.; -s, -⟩ Angehöriger des Franziskanerordens, Bettelmönch, Minderbruder

Fran|zi|um ⟨n.; -s; unz.; Chemie⟩ = Francium

fran|zö|si|e|ren ⟨V.⟩ nach französischem Muster gestalten; *die Kochkunst ~; die Architektur ~*

frap|pant ⟨Adj.⟩ auffallend, schlagend, überraschend; *eine ~e Ähnlichkeit* [frz., »auffallend«; → *frappieren*]

Frap|pé ⟨m.; -s, -s; Textilw.⟩ = Frappee

Frap|pee ⟨m.; -s, -s; Textilw.⟩ *oV* Frappé **1** Stoff mit eingepresstem Muster **2** ⟨österr.⟩ eisgekühltes Getränk [zu frz. *frapper*; → *frappieren*]

frap|pie|ren ⟨V.⟩ **1** überraschen, stutzig machen; *eine ~de Antwort* **2** in Eis kühlen; *Sekt ~* [<frz. *frapper* »schlagen« <fränk. *hrapon* »rupfen«]

Fras|ca|ti ⟨m.; -, -⟩ ital. Weißwein [nach der ital. Stadt Frascati, in deren Umgebung der Anbau erfolgt]

Frä|se ⟨f.; -, -n⟩ **1** Werkzeug zur spanabhebenden Formgebung für Werkstoffe aus Holz, Metall usw. **2** Bodenfräse [<frz. *fraise* »Gekröse, Halskrause«]

frä|sen ⟨V.⟩ mit der Fräse bearbeiten [<frz. *fraiser* »fräsen«]

Fra|ter ⟨m.; -s, Fra|tres⟩ Ordens-, Klosterbruder, Mönch [lat., »Bruder«]

Fra|ter|ni|sa|ti|on ⟨f.; -, -en; bes. Mil.; Politik⟩ Verbrüderung [→ *fraternisieren*]

fra|ter|ni|sie|ren ⟨V.⟩ sich verbrüdern [<frz. *fraterniser* »sich verbrüdern«, <lat. *frater* »Bruder«]

frequent

Fra|ter|ni|tät ⟨f.; -, -en⟩ **1** ⟨unz.⟩ Brüderlichkeit **2** ⟨zählb.⟩ Bruder-, Genossenschaft [<lat. *fraternitas* »Brüderschaft«]

Fra|ter|ni|té ⟨f.; -; unz.⟩ Brüderlichkeit (Schlagwort der Französ. Revolution); →*a.* Egalité, Liberté [frz.]

Fra|tres *auch:* **Fra̱|tres** ⟨Pl. von⟩ Frater; ~ *minores* die Franziskaner, Minoriten [lat.]

Freak ⟨[fri:k] m.; -s, -s; umg.⟩ **1** unangepasster, verrückter Mensch **2** jmd., der eine bestimmte Sache intensiv, fanatisch betreibt; *Motorrad~; Musik~* **3** ⟨Drogenszene⟩ jmd., der in maßloser u. gefährlicher Weise Drogen konsumiert [engl., eigtl. »Laune, drolliger Einfall«]

frea|kig ⟨[fri:-] Adj.; Jugendspr.⟩ in der Art eines Freaks, unangepasst, verrückt; *ein ~er Auftritt*

free a|long|side ship ⟨[fri: ɔlɔŋ saɪd ʃɪp] Abk.: fas, f. a. s⟩ Handelsklausel in der Schifffahrt, nach der der Verkäufer Kosten u. Risiko des Transports der Ware bis zum Schiff übernimmt [engl., »frei (bis zur) Seite, frei (bis an) Bord des Schiffes«]

Free|call ⟨[fri:kɔ:l] m.; -s, -s; Nachrichtentechnik⟩ kostenloser Anruf [engl.]

Free|clim|ber ⟨[fri:klaɪmə(r)] m.; -s, -s; Sport⟩ jmd., der Freeclimbing betreibt [<engl. *free* »frei, Frei…« + *climber* »Kletterer«]

Free|clim|bing *auch:* **Free Climbing** ⟨[fri:klaɪmɪŋ] n.; (-) -s; unz.; Sport⟩ bes. Form des Bergsteigens, bei dem der Kletterer Hindernisse ohne jegliche Hilfsmittel (wie z. B. Haken od. Seile) bewältigen muss [<engl. *free* »frei« + *climbing* »Bergsteigen, Klettern«]

Free|dom|rides *auch:* **Free|dom-Rides** ⟨[fri:dəmraɪdz] Pl.⟩ **1** ⟨urspr.⟩ (in den USA entstandene) Protestform seit Ende der 50er Jahre, bei der protestwillige Weiße aus dem Norden der USA in kirchl. od. studentisch organisierten Busfahrten in die Südstaaten der USA gebracht wurden, um dort gegen die Rassendiskriminierung zu demonstrieren **2** ⟨danach⟩ Organisationsform bei Großdemonstrationen, bei der die Teilnehmer aus verschiedenen Richtungen sternförmig zu einem Sammelplatz laufen, Sternmarsch [<engl. *freedom* »Freiheit, Freiheits…« + *ride* »Fahrt«]

Free|float *auch:* **Free Float** ⟨[fri:floʊt] m.; (-) - od. (-) -s; unz.; Wirtsch.⟩ frei verfügbares Aktienkapital eines Unternehmens [<engl. *free* »frei« + *float* »schwimmen, im Umlauf sein; Startkapital«]

Free|hold ⟨[fri:hoʊld] n.; -s, -s; in England; früher⟩ Grundbesitz, der keinem Lehnsherr unterstellt war [<engl. *freehold property* »freier Grundbesitz«]

Free|hol|der ⟨[fri:hoʊldə(r)] m.; -s, -s; in England⟩ lehnsfreier Landbesitzer [engl., »Besitzer eines Freisassengutes«]

Free|jazz *auch:* **Free Jazz** ⟨[fri:dʒæz] m.; (-) -; unz.⟩ frei improvisierter Jazz [engl.]

Free|lance ⟨[fri:laːns] m.; -, -s [-sɪz]⟩ **1** Freiberufler, bes. freischaffender Musiker, Journalist od. Schriftsteller **2** freiberuflich tätiger Mitarbeiter [engl.]

Free|lan|cer ⟨[fri:laːnsə(r)] m.; -s, -⟩ jmd., der freiberuflich als Musiker, Schriftsteller, Journalist od. Redakteur tätig ist (im Gegensatz zum Angestellten) [<engl. *freelance* »Freiberufler, Freischaffender«]

free on board ⟨[fri: ɔn bɔːd] Abk.: fob, f. o. b.⟩ Handelsklausel, nach der der Verkäufer Kosten u. Risiko des Transports der Ware bis aufs Schiff übernimmt [engl., »frei an Bord«]

free on plane ⟨[fri: ɔn pleɪn] Abk.: fop, f. o. p⟩ Handelsklausel, nach der der Verkäufer Kosten u. Risiko des Transports der Ware bis ins Flugzeug übernimmt [engl., »frei ins Flugzeug«]

free on truck ⟨[fri: ɔn trʌk] Abk.: fot, f. o. t.⟩ Handelsklausel, nach der der Verkäufer Kosten u. Risiko des Transports der Ware bis auf den Lastwagen übernimmt [engl., »frei auf den Lastwagen«]

free on wag|gon ⟨[fri: ɔn wægən] Abk.: fow, f. o. w.⟩ Handelsklausel, nach der der Verkäufer Kosten u. Risiko des Transports der Ware bis auf den Eisenbahnwagen übernimmt [engl., »frei auf den Waggon«]

Free|sie ⟨[-zjə] f.; -, -n; Bot.⟩ Angehörige einer südafrikan. Gattung der Schwertliliengewächse, beliebte Zierpflanze mit weißen, gelben, lila, rosa od. roten, etwas gekrümmten Blüten: Freesia [nach dem Arzt H. Th. *Frees*]

Free|style ⟨[fri:staɪl] m.; -s; unz.; Sport⟩ frei gewählter Stil [engl., »Freistil«]

Free|ware ⟨[fri:wɛ:(r)] f.; -; unz.; EDV⟩ kostenlos zu nutzendes Computerprogramm [<engl. *free* »frei« + *ware* »Ware«]

Freeze ⟨[fri:z] n.; -; unz.; Politik⟩ Einstellung der Produktion zur atomaren Rüstung, z. B. während bestimmter Verhandlungsabschnitte bei Abrüstungskonferenzen [engl.; zu *freeze* »einfrieren«]

Fre|gat|te ⟨f.; -, -n⟩ **1** ⟨früher⟩ schnelles, dreimastiges Kriegsschiff **2** ⟨heute⟩ ein bes. zur U-Boot-Bekämpfung eingesetztes Kriegsschiff, ähnlich dem Zerstörer [<frz. *frégate*]

Fre|li|mo ⟨a. [-'--] f.; -; unz.; Kurzwort für⟩ Frente de Libertação de Moçambique, Befreiungsfront von Moçambique, seit 1977 Regierungspartei [portug.]

Fre|mi|tus ⟨m.; -; unz.; Path.⟩ Vibration der Brustwand über Luftansammlungen in der Lunge [lat., »dumpfes Geräusch, Rauschen«]

fre|ne|tisch ⟨Adj.⟩ leidenschaftlich, heftig, rasend; *~er Beifall* [<frz. *frénétique* »wahnsinnig, rasend« (nur in übertragener Bedeutung); → *phrenetisch*]

Fre|nu|lum ⟨n.; -s, -nu|la; Anat.⟩ **1** Bändchen **2** Hautfalte, die die Eichel des männl. Gliedes mit der Vorhaut verbindet, Vorhautbändchen [<lat. *frenum* »Band, Zügel«]

fre|quent ⟨Adj.⟩ **1** häufig, zahlreich, sehr besucht **2** ⟨Med.⟩ beschleunigt; *~er Puls* [<lat. *frequens,* »häufig, zahlreich«]

Frequentation

Fre|quen|ta|ti|on ⟨f.; -, -en⟩ 1 häufiger Besuch, Umgang 2 häufige Benutzung [< lat. *frequentatio* »häufiger Gebrauch«]

Fre|quen|ta|tiv ⟨n.; -s, -e [-və]; Sprachw.⟩ = Iterativ

Fre|quen|ta|ti|vum ⟨[-vum] n.; -s, -ti|va [-va]; Gramm.⟩ = Iterativum [→ *frequent*]

fre|quen|tie|ren ⟨V.⟩ häufig besuchen, benutzen, verkehren mit [< lat. *frequentare* »häufig besuchen«]

Fre|quenz ⟨f.; -, -en⟩ 1 Häufigkeit 2 Verkehr(sdichte) 3 Besucherzahl 4 Anzahl der Schwingungen pro Zeiteinheit (bei Schwingungs- od. Wellenvorgängen) [< lat. *frequentia* »zahlreiche Anwesenheit«]

Fre|quenz|mo|du|la|ti|on ⟨f.; -, -en⟩ Modulation von elektromagnet. Wellen, bei der ein Nachrichteninhalt durch verschiedene Frequenzen ausgedrückt wird

Fre|quenz|mo|du|la|tor ⟨m.; -s, -en; Rundfunk⟩ Gerät zum Modulieren von Frequenzen

Fres|ke ⟨f.; -, -n⟩ = Freske

Fres|ko ⟨n.; -s, Fres|ken⟩ auf den frischen Putz einer Wand gemaltes Bild, Wandgemälde; *oV* Freske [verkürzt < ital. *al fresco (muro)* »auf die frische (Wand)«]

Fres|ko|ma|le|rei ⟨f.; -, -en; Mal.⟩ 1 ⟨unz.⟩ Verfahren der Wandmalerei, bei dem die Farben auf den noch feuchten Kalkbewurf aufgetragen werden 2 ⟨zählb.⟩ in der Technik der Freskomalerei ausgeführtes Wandbild [→ *Freske*]

Fri|dat|te ⟨f.; -, -n; Kochk.⟩ = Frittate (2)

fri|de|ri|zia|nisch ⟨Adj.; Gesch.⟩ Friedrich II. von Preußen u. seine Zeit betreffend, aus ihr stammend; *das ~e Militär*

Fries ⟨m.; -es, -e⟩ 1 ⟨Textilw.⟩ flauschähnl., gerautes Wollgewebe 2 ⟨Arch.⟩ waagerechter ornamentaler od. figürl. Zierstreifen zur Gliederung od. zum Schmuck einer Wand [< frz. *frise*, eigtl. »krause Verzierung« < mlat. *frisium* »Franse, Zipfel« < fränk. *frisi* »Krause«; nach der Stammestracht der Friesen, dem Lockenhaar]

Fri|gen® ⟨n.; -s; unz.⟩ als Kältemittel in Kühlschränken u. Gefriergeräten genutzte Verbindung aus der Gruppe der Halogenkohlenwasserstoffe [zu lat. *frigidus* »kalt«]

fri|gid ⟨Adj.⟩ = frigide

Fri|gi|daire ⟨[-ʒidɛ:(r)] m.; -s, -s od. -⟩ Kühlschrank; *oV* Frigidär [frz.]

Fri|gi|där ⟨m.; -s, -s od. -⟩ = Frigidaire

Fri|gi|da|ri|um ⟨n.; -s, -ri|en⟩ 1 altrömisches kaltes Bad 2 kaltes Gewächshaus [lat., »Abkühlraum im altröm. Bad«]

fri|gi|de ⟨Adj.⟩ *oV* frigid 1 kühl, frostig 2 geschlechtlich nicht erregbar, gefühlskalt [< lat. *frigidus* »kalt, kühl, frostig«]

Fri|gi|di|tät ⟨f.; -; unz.⟩ 1 Kühle, Frostigkeit 2 geschlechtl. Empfindungslosigkeit [< neulat. *frigiditas* »Kälte, Kühle« < lat. *frigidus* »kalt, kühl«]

Fri|ka|del|le ⟨f.; -, -n⟩ gebratenes Fleischklößchen; *oV* Frikandelle (1) [< frz. *fricadelle* »Frikadelle, deutsches Beefsteak«]

Fri|kan|deau ⟨[-doː] n.; -s, -s⟩ vorderes Stück der Kalbskeule, gespickt, gebraten od. geschmort [< frz. *fricandeau* »Spickbraten«]

Fri|kan|del|le ⟨f.; -, -n⟩ 1 = Frikadelle 2 Scheibe aus gedämpftem Fleisch [Mischform < *Frikadelle* + *Frikandeau*]

Fri|kas|see ⟨n.; -s, -s; Kochk.⟩ klein geschnittenes Fleisch in heller, säuerlicher Soße; *Hühner~; Kalbs~* [< frz. *fricassée*]

fri|kas|sie|ren ⟨V.⟩ 1 zu Frikassee verarbeiten 2 ⟨umg.; scherzh.⟩ arg verprügeln

fri|ka|tiv ⟨Adj.; Phon.⟩ reibend, auf Reibung beruhend [< lat. *fricare* »reiben«]

Fri|ka|tiv ⟨m.; -s, -e [-və]; Phon.⟩ = Spirans

Fri|ka|tiv|laut ⟨m.; -(e)s, -e; Phon.⟩ = Spirans

Frik|ti|on ⟨f.; -, -en⟩ 1 Reibung 2 ⟨fig.⟩ Zwist, Misshelligkeit 3 ⟨Med.⟩ Abreibung, Reibmassage [< lat. *frictio* »das Reiben«; zu *fricare* »reiben«]

Fris|bee® ⟨[-biː] n.; -s, -s⟩ Wurfscheibe aus Plastik mit aufgewölbtem Rand [nach dem gleichnamigen amerikan. Firma, die diese Scheiben urspr. als Wegwerfteller produzierte]

Fri|sé ⟨[-zeː] n.; - od. -s; unz.; Textilw.⟩ Stoff von gekräuseltem Aussehen [zu frz. *frisé* »gekräuselt«, Part. maskul. von *friser* »kräuseln«]

Fri|sée ⟨[-zeː] m.; -s, -s⟩ Salatsorte mit stark gekräuselten Blättern [zu frz. *frisée* »gekräuselt«, Part. fem. von *friser* »kräuseln«]

Fri|seur ⟨[-zøːr] m.; -s, -e⟩ Haarschneider, -pfleger, -künstler, Bartschneider; *oV* Frisör [→ *frisieren*]

Fri|seu|rin ⟨[-zøː-] f.; -, -rin|nen; bes. österr.⟩ = Friseuse

Fri|seu|se ⟨[-zøː-] f.; -, -n⟩ Haarpflegerin, Haarkünstlerin; *oV* Frisöse; *Sy* Friseurin

fri|sie|ren ⟨V.⟩ 1 *jmdn. ~, jmdm. das Haar ~* jmdm. das Haar kämmen, formen 2 ⟨fig.⟩ *etwas ~* so ändern, dass es die gewünschte Wirkung erzielt; *eine Bilanz ~* die Bilanz beschönigend überarbeiten, in unredlicher Weise verbessern; *einen Motor ~* so umarbeiten, dass eine höhere Leistung erzielt wird [< frz. *friser* »kräuseln«]

Fri|sier|toi|let|te ⟨[-toa-] f.; -, -n⟩ kleine Kommode mit Spiegel

Fri|sör ⟨m.; -s, -e⟩ = Friseur

Fri|sö|se ⟨f.; -, -n⟩ = Friseuse

Fri|sur ⟨f.; -, -en⟩ 1 Haartracht 2 (unerlaubte) verbessernde Veränderung [< frz. *frisure* »Haartracht«]

Frit|flie|ge ⟨f.; -, -n; Zool.⟩ bis 3 mm lange, glänzend schwarze Halmfliege, deren Larven die Herztriebe des Getreides im Grunde zerstören: *Oscinella frit* [< engl. *frit-fly*]

Frit|ta|te ⟨f.; -, -n; Kochk.⟩ 1 Eierkuchen, Omelette 2 ⟨österr.⟩ in Streifen geschnittene Omelette als Suppeneinlage; *oV* ⟨österr.⟩ Fridatte [< ital. *frittata* »Eierkuchen«]

Frit|te ⟨f.; -, -n⟩ geschmolzene, glasartige Materialien zur Gewinnung von Glasuren [< ital. *fritta* »gebacken(e Masse)«]

frit|ten ⟨V.⟩ schmelzen u. zusammenbacken lassen; *Eisenfeilspäne, Sand, Glasmassen ~* [< engl. *frit* »zusammenbacken«; → *Fritte*]

Frit|ter ⟨m.; -s, -⟩ = Kohärer [engl. <mfrz. *friture* »Zusammengebackenes«]

Frit|teu|se ⟨[-tø:zə] f.; -, -n⟩ elektrisches Gerät zum Frittieren von Speisen, z. B. Kartoffeln od. Fleisch [→ *frittieren*]

frit|tie|ren ⟨V.; Kochk.⟩ in Fett schwimmend backen [<frz. *frit*, Part. Perf. von *frire* »backen«]

Frit|tung ⟨f.; -; unz.⟩ das Fritten

Frittüre (*Laut-Buchstaben-Zuordnung*) Die Schreibung von abgeleiteten Wörtern richtet sich nach der Schreibung des zugrunde liegenden Substantivs. Nach dem Stammerhaltungsprinzip sind demzufolge vom Grundwort »*Fritte*« abgeleitete Begriffe (→*a*. Fritteuse, frittieren) künftig mit Doppelkonsonant zu schreiben.

Frit|tü|re ⟨f.; -, -n⟩ **1** heißes Fett zum Ausbacken für Teig **2** das Gebackene selbst, Schmalzgebäck [<frz. *friture* »das Backen, Braten (in der Pfanne); Gebratenes«]

fri|vol ⟨[-vo:l] Adj.⟩ leichtfertig, schlüpfrig, zweideutig [<frz. *frivole* »oberflächlich, leichtfertig«]

Fri|vo|li|tät ⟨[-vo-] f.; -, -en⟩ **1** ⟨unz.⟩ Leichtfertigkeit, Zweideutigkeit, Schlüpfrigkeit **2** ⟨nur Pl.⟩ ~*en* mit Schiffchen hergestellte Handarbeit, Spitzen

Fro|mage ⟨[-ma:ʒ] m.; -, -s⟩ Käse [frz.]

Fron|de ⟨[frɔ̃:də] f.; -, -n; Politik⟩ **1** ⟨urspr.⟩ Bewegung in Frankreich gegen den Absolutismus im 17. Jh. **2** ⟨fig.⟩ regierungsfeindliche Partei [frz., »Schleuder«]

Fron|deur ⟨[frɔ̃dø:r] m.; -s, -s⟩ Anhänger der Fronde

fron|die|ren ⟨[frɔ̃-] V.⟩ Unzufriedenheit, Widerspruch bekunden, Opposition treiben [→ *Fronde*]

Front ⟨f.; -, -en⟩ **1** Vorderseite, Stirnseite; *die* ~ *eines Hauses, einer angetretenen Truppe; die* ~ *(einer Ehrenkompanie) abschreiten; der Sprinter lag bald in* ~ *an der Spitze;* ~ *machen* sich jmdm. zuwenden u. Haltung annehmen (als Ehrenbezeigung); *gegen jmdn. od. etwas* ~ *machen* sich wehren gegen, sich widersetzen **2** die dem Feind zugekehrte Seite einer Truppenaufstellung, Kampfgebiet; *Ggs* Etappe (2); *die Soldaten an der* ~; *jmdn. hinter die* ~ *abkommandieren; in vorderster* ~ in der Gefechtslinie **3** die kämpfende Truppe **4** Einheit einer Gruppe von Personen; *einer geschlossenen* ~ *gegenüberstehen; die* ~ *der Arbeiter u. Bauern* **5** politischer Block; *Arbeiter*~; *Rot*~ **6** ⟨Meteor.⟩ Grenzfläche von Luftmassen; *Kalt*~; *Warm*~ [frz., »Stirn, Vorderseite, Front«]

fron|tal ⟨Adj.⟩ **1** an der Stirnseite befindlich **2** von der Stirnseite kommend, von vorn

Fron|ta|li|tät ⟨f.; -; unz.; Mal.⟩ Prinzip der archaischen Kunst, Menschen unabhängig von ihrer Bewegung u. Haltung stets von vorne abzubilden

Front|frau ⟨f.; -, -en⟩ = Frontwoman

Fron|tis|piz *auch:* **Fron|tis|piz** ⟨n.; -es, -e⟩ **1** ⟨Buchw.⟩ dem Titelblatt eines Buches gegenüberstehendes Bild **2** ⟨Arch.⟩ Vordergiebel, Giebelstück über einem vorspringenden Gebäudeteil; *Sy* Fronton [<frz. *frontispice* »Stirnseite (eines Gebäudes), Titelblatt« <mlat. *frontispicium* <lat. *frons* »Stirn« + *spicere* »schauen«]

Front|man ⟨[frʌntmæn] m.; - od. -s, -men [-mən]⟩ = Frontmann

Front|wo|man ⟨[frʌntwumən] f.; -, -wo|men [-wımın]⟩ Musikerin einer Band, die bei Konzerten als Sängerin im Vordergrund auftritt; *Sy* Frontfrau; →*a*. Leadsängerin [<engl. *front* »Vorderseite, Vordergrund« + *woman* »Frau«]

Fros|ter ⟨m.; -s, -; in Kühlschränken⟩ Tiefkühlfach zum Einfrieren von Lebensmitteln

Frot|té ⟨m. od. n.; - od. -s, -s; Textilw.; schweiz. für⟩ Frottee

Frot|tee ⟨m. od. n.; - od. -s, -s; Textilw.⟩ (bes. saugfähiges) Gewebe mit gekräuselter Oberfläche; *oV* ⟨schweiz.⟩ Frotté [<frz. *frotté*, Part. Perf. zu *frotter* »reiben«]

frot|tie|ren ⟨V.⟩ zur besseren Durchblutung mit einem Tuch reiben, abreiben; *jmdn.* ~; *jmdm. den Rücken* ~ [<frz. *frotter* »reiben«]

Frot|to|la ⟨f.; -, -s od. -len; Musik⟩ mehrstimmiges Tanzlied der ital. Renaissance [ital.]

Frou|frou ⟨[frufru:] n. od. m.; -; unz.; um 1900 in der Damenmode⟩ das bei der Bewegung rüschengeschmückter Taftunterröcke entstehende Geräusch bzw. das Knistern u. Rascheln weiblicher Unterwäsche überhaupt [frz., »Rascheln, Knistern«]

Fruc|to|se ⟨f.; -; unz.⟩ ein einfacher Zucker, Fruchtzucker; *oV* Fruktose [<lat. *frux*, Gen. *frugis* »Frucht«]

fru|gal ⟨Adj.; geh.⟩ einfach, bescheiden, genügsam; *Ggs* opulent; *ein* ~*es Mahl* [<lat. *frugalis* »wirtschaftlich, einfach«]

Fru|ga|li|tät ⟨f.; -; unz.; geh.⟩ frugale Beschaffenheit, Einfachheit; *Ggs* Opulenz

Fru|gi|vo|re ⟨[-vo:-] m.; -n, -n; meist Pl.; Zool.⟩ Früchtefresser; *Sy* Fruktivore [<lat. *frux*, Gen. *frugis* »Frucht« + ...*vore*]

Fruk|ti|fi|ka|ti|on ⟨f.; -, -en⟩ **1** ⟨veraltet⟩ Nutzbarmachung, Verwertung **2** Fruchtbildung [<lat. *fructus* »Frucht« + ...*fikation*]

fruk|ti|fi|zie|ren ⟨V.⟩ **1** ⟨veraltet⟩ nutzbar machen, Nutzen ziehen aus **2** Frucht ansetzen, Früchte bilden [<lat. *fructus* »Frucht« + ...*fizieren*]

Fruk|ti|vo|re ⟨[-vo:-] m.; -n, -n; meist Pl.; Zool.⟩ = Frugivore

Fruk|to|se ⟨f.; -; unz.⟩ = Fructose

Frust ⟨m.; -s, -e; umg.; kurz für⟩ Frustration

frus|tran *auch:* **frus|tran** ⟨Adj.; geh.⟩ zu Frustration führend; ~*e Erlebnisse*

Frus|tra|ti|on *auch:* **Frus|tra|ti|on** ⟨f.; -, -en⟩ **1** Vereitelung, Behinderung **2** Enttäuschung

frus|tra|to|risch *auch:* **frust|ra|to|risch** ⟨Adj.⟩ **1** hindernd **2** auf Täuschung beruhend, enttäuschend **3** auf Täuschung bedacht [< lat. *frustrare* »vereiteln«]

frus|trie|ren *auch:* **frust|rie|ren** ⟨V.⟩ **1** *einen Plan* ~ vereiteln, behindern **2** *jmdn.* ~ täuschen, enttäuschen; *frustriert sein* enttäuscht, entmutigt [< lat. *frustare* »vereiteln«]

Fru|tti ⟨Pl.⟩ Früchte; ~ *di mare* kleine, mit dem Netz gefangene Meerestiere (eigtl.: Früchte des Meeres) [ital., Pl. zu *frutto* »Frucht«]

ft. ⟨Abk. für⟩ foot

Ft. ⟨Abk. für⟩ Forint

Fuch|sia ⟨[-ks-] f.; -, -si|en; Bot.⟩ = Fuchsie

Fuch|sie ⟨[fuksɪə] f.; -, -si|en; Bot.⟩ Angehörige einer Gattung meist strauchförmiger Nachtkerzengewächse in Zentral- u. Südamerika, beliebte Zierpflanze mit ansehnl., strahligen Blüten; *oV* Fuchsia [nach dem Botaniker Leonhart *Fuchs*, 1501-1566]

Fuch|sin ⟨[fuk-] n.; -s; unz.; Chemie⟩ Farbstoff für Druckfarben u. zur Anfärbung biologischer Präparate verwendeter Farbstoff [nach den Blüten der *Fuchsie*]

fu|dit hat (es) gegossen (auf gegossenen Kunstwerken, Glocken usw. hinter dem Namen des Künstlers); →*a.* fecit [lat.]

fu|gal ⟨Adj.; Musik⟩ wie eine Fuge, in der Art einer Fuge

fu|ga|to ⟨Musik⟩ fugiert, nach Art einer Fuge komponiert [ital., »fugenartig«; → *Fuge*]

Fu|ga|to ⟨n.; -s, -s od. -ti; Musik⟩ Musikstück od. Satz mit fugenartigem Anfang

Fu|ge ⟨f.; -, -n; Musik⟩ nach strengen Regeln aufgebautes Musikstück, bei dem ein Thema nacheinander durch alle Stimmen geführt wird, meist im Quart- od. Quintabstand [< mlat., ital. *fuga* »Wechselgang« < lat. *fuga* »Flucht«]

Fu|ghet|ta ⟨f.; -, -ghet|ten; Musik⟩ kleine, einfache Fuge [ital., Verkleinerungsform zu *fuga* »Fuge«; → *Fuge*]

fu|gie|ren ⟨V.; Musik⟩ in der Art einer Fuge komponieren

Ful|gu|rit ⟨m.; -(e)s, -e⟩ **1** infolge Blitzeinschlag im Sand durch Schmelzen gebildete, glasige Röhre, Blitzröhre **2** Erzeugnis aus Asbestzement [< lat. *fulgur* »Blitz«]

Ful|gu|ro|me|ter ⟨n.; -s, -⟩ Messgerät für Blitze [< lat. *fulgur* »Blitz« + ...*meter*]

Full|dress *auch:* **Full Dress** ⟨m.; (-) -; unz.⟩ Abendanzug, Gesellschaftskleidung [< engl. *full dress* »voller Anzug, volle Kleidung«]

Full|house *auch:* **Full House** ⟨[-haus] n.; (-) -, (-) -s [-zɪz]⟩ Pokerblatt, das aus einmal drei u. einmal zwei gleichen Karten besteht, z. B. drei Asse u. zwei Damen [engl., eigtl. »volles Haus«]

Full|ser|vice *auch:* **Full Service** ⟨[-sœːvɪs] m.; (-) -, (-) -s; meist in Zus.⟩ Dienstleistungsunternehmen, das alle im Rahmen eines Auftrages anfallenden Arbeiten durchführt [< engl. *full* »voll, Voll...« + *Service*]

Full|speed *auch:* **Full Speed** ⟨[-spiːd] m.; (-) - od. (-) -s; unz.; umg.⟩ Fahren mit der Höchstgeschwindigkeit, die ein Auto od. ein Motorrad zu erreichen vermag [engl., »volle Geschwindigkeit«]

Fulltimejob / Full-Time-Job
(*Schreibung mit Bindestrich*)
Zusammengesetzte Begriffe aus Fremdsprachen werden grundsätzlich wie deutsche Komposita behandelt und daher zusammengeschrieben. Allerdings kann der Schreibende zwischen den einzelnen Bestandteilen einen Bindestrich setzen, wenn einzelne Wörter hervorgehoben oder unübersichtliche Verbindungen vermieden werden sollen (→*a.* Aftershavelotion / After-Shave-Lotion).

Full|time|job *auch:* **Full-Time-Job** ⟨[-taɪmdʒɔb] m.; -s, -s⟩ Ganztagsbeschäftigung, Beschäftigung, Arbeit, die jmdn. ganz beansprucht [engl.]

ful|ly fa|shioned ⟨[fulɪ fæʃənd]⟩ nach Fasson gestrickt (Vermerk in Strickwaren) [engl., »mit (voller) Passform«]

Ful|mar ⟨m.; -s, -e; Zool.⟩ möwenähnl. Sturmvogel der Nordmeere, Hochseebewohner: Fulmarus glacialis, Eissturmvogel

ful|mi|nant ⟨Adj.⟩ glänzend, prächtig, auffallend, großartig, üppig [< lat. *fulminans*, Part. Präs. zu *fulminare* »blitzen«]

Ful|mi|nat ⟨n.; -(e)s, -e; Chemie⟩ sehr explosives Salz der Knallsäure [< lat. *fulminare* »blitzen«; zu *fulmen* »Blitz«]

Fu|ma|ro|le ⟨f.; -, -n⟩ Gas- u. Dampfausströmungen aus Spalten erstarrender Lavamassen [< ital. *fumaruola* »kleine Öffnung im Erdboden (in vulkan. Gegenden), aus der Dampf ausströmt«]

Fu|mi|gant ⟨m.; -en, -en⟩ zur Bodendesinfektion u. zum Vorratsschutz verwendetes Räucher- oder Begasungsmittel [zu lat. *fumicare* »beräuchern«]

Fun ⟨[fʌn] m.; -; unz.; umg.; salopp⟩ ~ *haben* Spaß haben, sich amüsieren, sich sorglos vergnügen [< engl. *fun* »Freude, Spaß«]

Func|tio|nal|food *auch:* **Functional Food** ⟨[fʌŋkʃənəl fuːd] n.; (-) - od. (-) -s; unz.⟩ Nahrungsmittel, das mit Vitaminen, Mineralien od. anderen Zusatzstoffen angereichert wird u. eine gesundheitsfördernde Wirkung ausüben soll [< engl. *functional* »funktionell« + *food* »Essen«]

Fun|da|ment ⟨n.; -(e)s, -e⟩ **1** Grundmauer **2** Platte, Sockel, worauf eine Maschine befestigt ist **3** Grundlage für weitere Entwicklung; *eine Lehre im Handwerk ist ein gutes ~ für ein technisches Studium* [< lat. *fundamentum* »Grundlage«]

fun|da|men|tal ⟨Adj.⟩ **1** das Fundament bildend, grundlegend **2** schwerwiegend; *ein ~er Irrtum*

Fun|da|men|tal|bass ⟨m.; -es, -bäs|se; Musik⟩ nur gedachter,

nicht erklingender Basston, der die Harmonie konstituiert
Fun|da|men|ta|lis|mus ⟨m.; -; unz.⟩ **1** orthodox-religiöse Welt- u. Lebensanschauung, Strenggläubigkeit, Buchstabengläubigkeit **2** strenggläubige Richtung der evang. Kirche in den USA gegen Bibelkritik u. Naturwissenschaft **3** kompromissloses Beharren auf politisch. Grundüberzeugungen
Fun|da|men|ta|list ⟨m.; -en, -en⟩ Anhänger, Vertreter des Fundamentalismus
fun|da|men|ta|lis|tisch ⟨Adj.⟩ auf dem Fundamentalismus beruhend, zu ihm gehörig
Fun|da|men|tal|the|o|lo|gie ⟨f.; -; unz.⟩ = Apologetik
fun|da|men|tie|ren ⟨V.⟩ *eine Sache ~ für eine Sache ein Fundament legen*, sie mit einem Fundament versehen
Fun|da|ti|on ⟨f.; -, -en; schweiz.⟩ Fundament, Fundamentierung, Grundlegung [<lat. *fundatio* »Gründung, Grundlegung«]
fun|die|ren ⟨V.⟩ **1** gründen, begründen; *fundiertes Wissen* fest, sicher begründetes Wissen; *fundierte Ansichten, Behauptungen* **2** mit Geldmitteln versehen, finanziell sicherstellen; *fundierte Schuld* sichergestellte Schuld (z. B. durch Grundbesitz) [<lat. *fundare* »mit einem Boden versehen, den Grund zu etwas legen«]
Fund|rai|ser ⟨[fʌndreɪzə(r)] m.; -s, -⟩ jmd., der Fundraising betreibt
Fund|rai|sing ⟨[fʌndreɪzɪŋ] n.; - od. -s; unz.; Wirtsch.⟩ Einsatz moderner Werbemethoden zur Akquirierung von Geldspenden für gemeinnützige Zwecke; *in der Vorweihnachtszeit verstärken viele Wohlfahrtsverbände die ~aktivitäten* [<engl. *fund* »Fonds, Kapital« + *raise* »wachsen; aufbringen«]
Fun|dus ⟨m.; -, -⟩ **1** Bestand, Grundlage, Grundstock; *Geld~* **2** ⟨Theat.⟩ Bestand der Ausstattungsstücke eines Theaters; *Kostüm~* [lat., »Boden, Grundstück u. Einkünfte daraus«]
fu|ne|bre *auch:* **fu|neb|re** ⟨[fynɛ:brə] Musik⟩ traurig, düster (zu

spielen) [<frz. *funèbre* <lat. *funebris* »zum Leichenbegängnis gehörig«; → *Funeralien*]
Fu|ne|ra|li|en ⟨Pl.⟩ Leichenbegängnis, Trauerfeier [<lat. *funus*, Gen. *funeris* »Leichenbegängnis, Bestattung«]
Fun|gi ⟨Pl.; in der Pflanzensystematik Bez. für⟩ echte Pilze [lat. *fungus*, Pl. *fungi* »Pilz«]
fun|gi|bel ⟨Adj.⟩ vertretbar; *fungible Sache* bewegl. Sache, die im Rechtsverkehr nach Maß, Zahl u. Gewicht bestimmt wird [<lat. *fungi* »verrichten, leisten, entrichten«]
Fun|gi|bi|li|tät ⟨f.; -; unz.⟩ fungible Beschaffenheit
fun|gie|ren ⟨V.⟩ **1** *jmd. fungiert als etwas* verrichtet ein Amt; *als Schiedsrichter ~* **2** *etwas fungiert als* wirkt wie; *ein Keilriemen fungiert als Transmission* [<lat. *fungi* »verrichten, besorgen, leisten«]
Fun|gis|ta|ti|kum *auch:* **Fun|gis|ta|ti|kum** ⟨n.; -s, -ka; Pharm.⟩ Mittel, das Pilzwachstum u. -vermehrung hemmt [<*Fungi* + grch. *stasis* »Stillstehen«]
fun|gis|ta|tisch *auch:* **fun|gis|ta|tisch** ⟨Adj.; Pharm.⟩ das Pilzwachstum hemmend
fun|gi|zid ⟨Adj.; Med.⟩ Pilze vernichtend, Pilze tötend [<lat. *fungus* »Pilz« + *...zid*¹]
Fun|gi|zid ⟨n.; -(e)s, -e; Pharm.⟩ Mittel zur Pilzvernichtung
fun|gös ⟨Adj.; Med.⟩ schwammig [zu lat. *fungus* »Pilz«]
Fun|go|si|tät ⟨f.; -; unz.; Med.⟩ schwammige Beschaffenheit [<lat. *fungus* »Pilz«]
Fun|gus ⟨m.; -, Fun|gi; Med.⟩ tuberkulöse, schwammige Geschwulst an Gelenken [lat., »Pilz«]
fu|ni|ku|lär ⟨Adj.; Med.⟩ einen Gewebestrang betreffend, zu ihm gehörend [<lat. *funiculus* »dünnes Seil«]
Fu|ni|ku|li|tis ⟨f.; -, -ti|den; Med.⟩ Samenstrangentzündung; *Sy* Spermatitis [<lat. *funis* »Seil, Strang« + *...itis*]
Funk ⟨[fʌŋk] m.; - od. -s; unz.; Musik⟩ Stilrichtung der Popmusik mit gleich bleibendem Rhythmus u. intonationslosen Melodien [amerikan.; zu *funky* »stinkend, schmutzig«]

Funktionalismus

Fun|kie ⟨[-kjə] f.; -, -n; Bot.⟩ Liliengewächs, Gartenzierpflanze mit weißem, blauen od. violetten Blütentrauben: Hosta [nach dem Apotheker H. Chr. Funk, 1771-1839]
fun|kig ⟨[fʌŋ-] Adj.⟩ **1** ⟨Musik⟩ in der Art des Funk, dem Funk ähnlich, entsprechend **2** ⟨allg.⟩ = cool [→ *funky*]
Funk|kol|leg ⟨n.; -s, -s od. -gi|en; Päd.⟩ von den Rundfunkanstalten gesendete Vorlesungen zum Selbststudium
Funk|spot ⟨[-spɔt] m.; -s, -s⟩ kurzer, ca. 10-30 Sekunden dauernder Beitrag im Hörfunk, in dem für ein Produkt od. eine Veranstaltung geworben wird [→ *Spot*]
Funk|ti|on ⟨f.; -, -en⟩ **1** Tätigkeit, Wirksamkeit; *die ~ des Herzens, der Schilddrüse; in ~ treten* zu arbeiten beginnen, tätig werden; *jmd. hat eine ~* ein Amt und Aufgabe (innerhalb einer Gemeinschaft); *etwas, ein Maschinenteil hat eine ~* einen Zweck **2** ⟨Math.; Logik⟩ gesetzmäßige u. eindeutige Zuordnung der Elemente zweier verschiedener Mengen zueinander **2.1** ⟨Zeichentheorie⟩ *~ eines Zeichens* Zuordnung einer Bedeutung zu einer in Lautzeichen, Buchstaben od. Symbolen dargestellten Form **2.2** ⟨Kyb.⟩ aus der Beziehung zwischen Eingabe u. Ausgabe eines dynamischen Systems zu erschließendes Verhalten des Systems [<lat. *functio* »Verrichtung«]
funk|ti|o|nal ⟨Adj.; selten für⟩ funktionell
Funk|ti|o|nal ⟨n.; -s, -e; Math.⟩ Abbildung von Elementen einer beliebigen Menge M (z. B. Vektoren, Kurven, Punkte) in die Menge der reellen od. komplexen Zahlen [→ *Funktion*]
funk|ti|o|na|li|sie|ren ⟨V.⟩ einer bestimmten Funktion entsprechend (rationell) gestalten
Funk|ti|o|na|lis|mus ⟨m.; -; unz.⟩ **1** Richtung der Baukunst, die bei der Gestaltung eines Gebäudes nur dessen Zweck berücksichtigt **2** Richtung der Völkerkunde, die in der Erforschung u. Darstellung der in-

neren Abhängigkeit der einzelnen Elemente einer Kultur voneinander u. daraus abzuleitender allgemein gültiger Gesetze von Kulturen das Ziel der Völkerkunde sieht

Funk|ti|o|na|list ⟨m.; -en, -en⟩ Anhänger, Vertreter des Funktionalismus

funk|ti|o|na|lis|tisch ⟨Adj.⟩ zum Funktionalismus gehörend, auf ihm beruhend

Funk|ti|o|na|li|tät ⟨f.; -; unz.⟩ funktionelle Beschaffenheit, Wirksamkeit, Zweckmäßigkeit [→ *funktionell*]

Funk|ti|o|när ⟨m.; -s, -e⟩ Beauftragter; ~ *eines Vereins, Verbandes, einer Partei od. Gewerkschaft* [<frz. *fonctionnaire* »Beamter«; beeinflusst von *Funktion*]

funk|ti|o|nell ⟨Adj.⟩ **1** ⟨allg.⟩ eine Funktion betreffend, auf einer Funktion beruhend **2** ⟨Med.⟩ ~*e Erkrankung* auf gestörter Funktion eines Organs beruhende Erkrankung **3** ⟨Chemie⟩ ~*e Gruppe* eine Anordnung von Atomen, die das Verhalten zahlreicher Moleküle, in denen sie auftritt, durch die von ihr bestimmten chem. Reaktionen prägt [<frz. *fonctionnel* »funktionell«; beeinflusst von *Funktion*]

funk|ti|o|nie|ren ⟨V.⟩ ordnungsgemäß, richtig arbeiten, einer bestimmten Funktion entsprechend wirksam sein; *die Maschine funktioniert gut, schlecht, nicht* [<frz. *fonctionner* »funktionieren«; beeinflusst von *Funktion*]

Funk|ti|ons|leis|te ⟨f.; -, -n; EDV⟩ Leiste mit Symbolen auf dem Computerbildschirm, durch deren Anklicken bestimmte Funktionen des Programms aktiviert werden, z. B. Änderungen der Schriftart, Ausdruck des Dokuments u. Ä.

Funk|ti|ons|verb ⟨[-vɛrb] n.; -s, -en; Gramm.⟩ fest mit einem Substantiv verbundenes Verb, das seine Eigenbedeutung eingebüßt hat, z. B. *Beachtung »finden«, in Erfüllung »gehen«*

Funk|tiv ⟨n.; -s, -e [-və]; Sprachw.⟩ (in der strukturalist. Sprachanalyse L. Hjelmslevs) jedes der zwei Glieder einer Funktion

Funk|tor ⟨m.; -s, -to|ren⟩ logisches Element, mit dessen Hilfe aus logischen Ausdrücken andere erzeugt werden, z. B. »und«, »oder«

fun|ky ⟨[fʌŋkɪ] Adj.; salopp⟩ **1** ⟨allg.⟩ modern, modisch, interessant, toll **2** ⟨Musik⟩ in der Art des Funks [engl.]

Fun|sport ⟨[fʌn-] m.; -s; unz.⟩ Sportart, bei der Spaß an der sportlichen Betätigung u. Entspannung im Vordergrund stehen u. Wettbewerbe bzw. Leistungsdruck (im Gegensatz zu anderen Sportarten) nebensächlich sind; *Beachvolleyball hat sich zu einem beliebten ~ entwickelt* [<engl. *fun* »Spaß« + *Sport*]

Fun|sport|ler ⟨[fʌn-] m.; -s, -⟩ jmd., der eine Funsportart betreibt

Fu|ra|ge ⟨[-ʒə] f.; -; unz.; Mil.⟩ Lebensmittel, Mundvorrat (für die Truppe) u. Futter (für die Pferde); *oV* Fourage [<frz. *fourrage* »Viehfutter«; <fränk. **fodr* »Viehfutter«]

fu|ra|gie|ren ⟨[-ʒiː-] V.; Mil.⟩ Furage auftreiben, empfangen [<frz. *fourrager* »Futter holen«]

Fu|ran ⟨n.; -s; unz.; Chemie⟩ organ-chem. Verbindung mit heterocyclisch gebundenem Sauerstoffatom u. chloroformartigem Geruch, durch Oxidation des Furans entsteht, lässt sich zu Tetrahydrofuran, einem sehr wichtigen Lösungsmittel, hydrieren [<lat. *furfur* »Kleie«]

Fur|fu|rol ⟨n.; -s; unz.; Chemie⟩ **1** Aldehyd des Furans, eine ölige Flüssigkeit mit aromat. Geruch, findet sich in Kleie, Holz u. Stroh, Fuselöl u. Holzessig **2** Furfurylaldehyd [<lat. *furfur* »Kleie« + ...*ol*]

Fur|fu|ryl ⟨n.; -s; unz.; Chemie⟩ der von Furan abgeleitete Rest C₄H₃O–, z. B. im Furfurylaldehyd (Furfurol) [<lat. *furfur* »Kleie« + ...*yl*]

Fu|ri|ant ⟨m.; -s, -s; Musik⟩ schneller böhm. Volkstanz im $^2/_4$- od. $^3/_4$-Takt [<lat. *furians*, Part. Präs. zu *furiare* »in Raserei versetzen«; zu *furia* »Raserei«]

fu|ri|bund ⟨Adj.; Med.⟩ tobsüchtig, rasend [<lat. *furibundus*]

Fu|rie ⟨[-riə] f.; -, -n⟩ **1** röm. Rachegöttin; *er floh wie von (den) ~n gehetzt;* →*a.* Erinnye **2** böse, zänkische Person [<lat. *Furia;* zu *fura* »Wut, Raserei«]

Fu|rier ⟨m.; -s, -e; früher⟩ Unteroffizier, der für die Furage zu sorgen hat; *oV* Fourier [<frz. *fourrier;* → *Furage*]

fu|ri|os ⟨Adj.⟩ wütend, hitzig, leidenschaftlich [<lat. *furiosus* »wütend, rasend«]

fu|ri|o|so ⟨Musik⟩ wild-leidenschaftlich (zu spielen) [ital., »sehr heftig, rasend«]

Fu|ri|o|so ⟨n.; -s, -s od. -si; Musik⟩ Musikstück od. Teil eines solchen in leidenschaftl. Tempo [→ *furioso*]

Fur|nier ⟨n.; -s, -e⟩ dünnes Deckblatt aus edlem Holz, das auf weniger wertvollem Holz befestigt wird (z. B. bei Möbeln) [→ *furnieren*]

fur|nie|ren ⟨V.⟩ mit Furnier versehen, bedecken [<frz. *fournir* »versehen, ausstatten«]

Fu|ror ⟨m.; -s; unz.⟩ Wut, Raserei; *~ teutonicus* wilder Kampfesmut, Wildheit der Teutonen, von dem römischen Dichter Lucanus (1. Jh. n. Chr.) für die Kampfentschlossenheit der Teutonen geprägter Ausdruck [lat.]

Fu|ro|re ⟨f.; -; unz. od. n.; -s; unz.⟩ *~ machen* Aufsehen erregen, großen Erfolg haben [ital., »Raserei«]

Fu|run|kel ⟨m. od. n.; -s, -; Med.⟩ durch Trauben- od. Kettenkokken hervorgerufene, eitrige Entzündung eines Haarbalgs u. seiner Talgdrüse [<lat. *furunculus* »Spitzbube; Nebentrieb am Rebstock; Furunkel«, Verkleinerungsform zu *fur* »Dieb«]

Fu|sel ⟨m.; -s, -⟩ Fuselöl enthaltender, schlechter Branntwein [<lat. *fusile* »das Flüssige«; zu *fundere* »gießen«]

Fü|si|lier ⟨m.; -s, -e⟩ **1** ⟨17. Jh.⟩ frz. Infanterist mit Steinschlossgewehr **2** ⟨danach⟩ Schütze der leichten Infanterie **3** ⟨bis 1918⟩ unterster Dienstgrad der deutschen Füsilierregimenter u. -bataillone [<frz. *fusilier* »Füsilier«; zu *fusil* »Flinte, Gewehr«]

fu|si|lie|ren ⟨V.; Mil.⟩ standrechtlich erschießen; *Soldaten, Meuterer* ~ [<frz. *fusilier* »erschießen«; zu *fusil* »Flinte«]

Fü|sil|la|de ⟨f.; -, -n; Mil.⟩ standrechtl. Massenerschießung von Soldaten [<frz. *fusillade* »Gewehrfeuer, Schießerei«; zu *fusil* »Flinte, Gewehr«]

Fu|si|on ⟨f.; -, -en⟩ Verschmelzung, Vereinigung; ~ *von zwei od. mehreren Firmen*; ~ *von Zellen od. Chromosomen*; ~ *von mehreren Atomkernen* [<lat. *fusio* »Guss«]

fu|si|o|nie|ren ⟨V.⟩ sich vereinigen (z. B. Unternehmen, Kapitalgesellschaften)

Fu|si|ons|re|ak|tor ⟨m.; -s, -en; Kernphysik⟩ physikal. Apparat zur Erzeugung von Energie durch Verschmelzung leichter Atomkerne zu schwereren

Fu|sit ⟨m.; -(e)s; unz.⟩ faseriger, noch deutlich holziger Gefügebestandteil der Kohle [<lat. *fusio* »Guss«]

Fus|ta|ge ⟨[-ʒə] f.; -, -n⟩ = Fastage

Fus|ta|nel|la ⟨f.; -, -nel|len⟩ bis zu den Knien reichender, weißer, baumwollener Männerrock, der in Griechenland u. Albanien getragen wird, Albaneserhemd [<frz. *fustanelle* <türk. *fustan* »Rock«, nach *Fostat* = Kairo, wo dieses Kleidungsstück zuerst angefertigt wurde]

Fus|ti ⟨Pl.⟩ **1** Unreinheiten, Abfall einer Ware **2** Preisnachlass, Vergünstigung für diese [ital., Pl. zu *fusto* »Steil, Stängel«]

Fus|tik|holz ⟨n.; -es, -höl|zer⟩ zur Farbstoffgewinnung geeignetes Holz, Gelbholz; *junges* ~ Fisettholz; *echtes od. altes* ~ Holz des Maulbeergewächses: Chlorophoras tinctoria, ein Baum des trop. Amerika [<lat. *fustetum* »Gerber- od. Färberbaum« <lat. *fustis* »Knüppel«]

Fut|hark ⟨[fuːθark] n.; -s, -e⟩ die Runenreihe, das Runenalphabet [<skand., nach den ersten sechs Buchstaben: *f, u, d* = (th), *o* = (a), *r, c* = (k)]

fu|tie|ren ⟨V.; geh.; schweiz.⟩ = foutieren

fu|til ⟨Adj.⟩ unbedeutend, nichtig, wertlos [<lat. *fut(t)ilis* »durchlässig; nichtig«]

Fu|ti|li|tät ⟨f.; -, -en⟩ Nichtigkeit, unbedeutende Kleinigkeit [<lat. *fut(t)ilitas* »Nichtigkeit«]

Fu|ton ⟨m.; -s, -s⟩ aus Japan stammende Art einer aus Baumwolle gefertigten, hart gepolsterten Schlafmatte [jap.]

Fut|te|ral ⟨n.; -s, -e⟩ dem aufzunehmenden Gegenstand in der Form angepasstes Behältnis aus Leder od. Kunststoff, Hülle; *Brillen*~ [<mlat. *fotrale, futrale* »Scheide, Kapsel«]

Fu|tur ⟨n.; -s, -e; Gramm.⟩ = Futurum

Fu|tu|ra ⟨f.; -; unz.; Typ.⟩ schlanke, feine Groteskschrift [lat., Fem. zu *futurus* »zukünftig«]

Fu|ture ⟨[fjuːtʃə(r)] m.; -s, -s; Wirtsch.⟩ eine Form des Warenterminsgeschäfts, bei der der jeweilige Titel an der Börse gehandelt wird [engl., eigtl. »Zukunft«]

fu|tu|risch ⟨Adj.; Gramm.⟩ in der Form des Futurums

Fu|tu|ris|mus ⟨m.; -; unz.⟩ von Italien ausgehende Kunstrichtung (bes. in Malerei u. Dichtung) vor dem 1. Weltkrieg, radikale Form des Expressionismus, die Krieg u. Technik verherrlicht (Darstellung des Maschinenzeitalters) u. alle überlieferten Formen ablehnt, z. B. das Nacheinander von Geschehnissen nebeneinander in einem Bilde vereinigt (Malerei), Wörter u. Laute als reinen Ausdruck des Inneren aneinander reiht usw. [→ *Futurum*]

Fu|tu|rist ⟨m.; -en, -en⟩ Vertreter, Anhänger des Futurismus

Fu|tu|ris|tik ⟨f.; -; unz.⟩ = Futurologie

fu|tu|ris|tisch ⟨Adj.⟩ **1** ⟨i. e. S.⟩ zum Futurismus gehörend, auf ihm beruhend **2** die Futurologie betreffend **3** ⟨i. w. S.⟩ in die Zukunft weisend; *ein* ~*er Entwurf; ein* ~*es Design*

Fu|tu|ro|lo|ge ⟨m.; -n, -n⟩ Wissenschaftler auf dem Gebiet der Futurologie, Zukunftsforscher

Fu|tu|ro|lo|gie ⟨f.; -; unz.⟩ systematische u. kritische Behandlung von Fragen, die sich aus der voraussichtlichen Entwicklung der Menschheit ergeben, Zukunftsforschung; *Sy* Futuristik [<*Futurum* + ...*logie*]

Fu|tu|ro|lo|gin ⟨f.; -, -gin|nen⟩ Wissenschaftlerin auf dem Gebiet der Futurologie, Zukunftsforscherin

fu|tu|ro|lo|gisch ⟨Adj.⟩ die Futurologie betreffend, zu ihr gehörend

Fu|tu|rum ⟨n.; -s, -tu|ra; Gramm.⟩ *oV* Futur **1** *erstes (einfaches)* ~ Zeitform des Verbums (Zukunft), die ein zukünftiges Geschehen bezeichnet, z. B. »ich werde gehen« **2** *zweites* ~, ~ *exactum* Zeitform des Verbums (vollendete Zukunft), die ein in der Zukunft vollendetes Geschehen bezeichnet, z. B. »ich werde gegangen sein« [lat., »das Zukünftige«]

Fuz|zy|lo|gic *auch:* **Fuz|zy Lo|gic** ⟨[fʌzɪlɔdʒɪk] f.; (-) -; unz.; Philos.⟩ Logik, bei der (im Gegensatz zur normalen Logik) für Elemente keine exakte Mengenzugehörigkeit u. für Regeln keine exakten Vorschriften existieren; *oV* Fuzzylogik; → *a.* Fuzzytheorie [<engl. *fuzzy* »unklar, verschwommen« + *logic* »Logik«]

Fuz|zy|lo|gik ⟨[fʌzɪ-] f.; -; unz.; Philos.⟩ = Fuzzylogic

Fuz|zy|the|o|rie ⟨[fʌzɪ-] f.; -; unz.; EDV⟩ bei Computersystemen mit künstlicher Intelligenz angewandter Ansatz der Simulierung menschl. Denkens u. Handelns auf der Grundlage der Fuzzylogic [<engl. *fuzzy* »unklar, verschwommen« + *Theorie*]

fz ⟨Musik; Abk. für⟩ forzando, forzato

g ⟨Abk. für⟩ Gramm
G ⟨bei Maßeinheiten Zeichen für⟩ Giga...
Ga ⟨chem. Zeichen für⟩ Gallium

Gabardine

Ga|bar|di|ne ⟨[-din(ə)] f.; -s; unz. od. f.; -; unz.; Textilw.⟩ fein gerippter Mantel- od. Kleiderstoff [nach der frz. Firma *Gabartin*]

Gab|bro *auch:* **Gabb|ro** ⟨m.; -s; unz.; Min.⟩ dunkelgraues bis schwarzes, meist mittel- bis grobkörniges Tiefengestein [ital., »korsischer Grünstein«]

Gad|get ⟨[gædʒɪt] n.; -s, -s⟩ Werbeartikel, der z. B. einem Einkäufer als Beigabe kostenlos offeriert wird; *Sy* Gimmick [engl., »Apparat, Gerät, technische Spielerei«]

Ga|do|li|nit ⟨m.; -s, -e; Min.⟩ ein Mineral der Seltenen Erden, aus dem das Metall Gadolinium erstmals isoliert wurde

Ga|do|li|ni|um ⟨n.; -s; unz.; chem. Zeichen: Gd⟩ chem. Element aus der Reihe der Metalle der Seltenen Erden, Ordnungszahl 64 [nach dem finn. Chemiker J. *Gadolin*, 1760-1852]

Gag ⟨[gæg] m.; -s, -s; Film; Komödie⟩ witziger, effektvoller, dramaturg. nicht notwendiger Einfall [engl., »komische Improvisation, Ulk«]

ga|ga ⟨Adj.; undekl.; umg.⟩ (aufgrund des Alters) vertrottelt, einfältig, weltfremd; *er ist schon ein bisschen ~; ~ reden* [frz.]

Ga|gat ⟨m.; -(e)s, -e; Min.⟩ = Jett [< mhd. *gagates* < grch.-lat. *gagates* »Glanzkohle«; nach dem Fluss u. der Stadt *Gagas* in Lykien]

Ga|ge ⟨[gaːʒə] f.; -, -n⟩ Gehalt (von Künstlern) [frz., »Pfand, Lohn« < fränk. *kwaddi* < germ. *wadja* »Handgeld, Unterpfand«]

Gag|ger ⟨[gæːgə(r)] m.; -s, -; Film; TV⟩ jmd., der Gags erfindet; *Sy* Gagman

Ga|gli|ar|de *auch:* **Gag|li|ar|de** ⟨[-ljar-] f.; -, -n; Musik⟩ *oV* Gaillarde **1** altital. Springtanz im $^3/_4$-Takt **2** Satz der Suite [< ital. *gagliarda* < frz. *gaillard* »lustig, ausgelassen«]

Gag|man ⟨[gægmæn] m.; -s, -men [-mən]⟩ Gagger

Gah|nit ⟨m.; -s, -e; Min.⟩ dunkelgrünes bis schwarzes Mineral; *Sy* Zinkspinell [nach dem schwed. Chemiker J. G. *Gahn*, 1745-1818]

Gail|lar|de ⟨[-jardə] f.; -, -n; Musik⟩ = Gagliarde [frz., Fem. zu *gaillard* »lustig, munter«]

Gal ⟨n.; -s, -⟩ veraltete Maßeinheit der Beschleunigung, 1 Gal = 1 cm/s^2 [nach dem ital. Naturforscher Galileio *Galilei*, 1564-1642]

Ga|la ⟨f.; -; unz.⟩ **1** Festkleidung, Festuniform **2** festliche Aufführung am Abend; *Opern~* [span., »Kleiderpracht« < arab. *chila* »Ehrengewand, wie es morgenländ. Herrscher ihren Günstlingen schenken«]

Ga|lak|ta|go|gum ⟨n.; -s, -ga; Med.⟩ Mittel, das die Milchabsonderung bei Wöchnerinnen fördert [< grch. *gala*, Gen. *galaktos* »Milch« + *agogos* »herbeiführend«]

ga|lak|tisch ⟨Adj.⟩ zur Galaxis gehörig

ga|lak|to..., **Ga|lak|to...** ⟨in Zus.⟩ milch..., Milch..., milchartig; *Galaktometer; Galaktose* [< grch. *gala*, Gen. *galaktos* »Milch«]

Ga|lak|to|me|ter ⟨n.; -s, -⟩ = Laktodensimeter

Ga|lak|tor|rhö ⟨f.; -, -en⟩ = Galaktorrhöe

Ga|lak|tor|rhöe ⟨[-røː] f.; -, -n⟩ krankhaft vermehrte Milchabsonderung, Milchfluss; *oV* Galaktorrhö [< grch. *gala*, Gen. *galaktos* »Milch« + *...rrhö*]

Ga|lak|to|sä|mie *auch:* **Ga|lak|to|sä|mie** ⟨f.; -; unz.; Med.⟩ erbliche, durch das Fehlen eines Enzyms bedingte Störung des Galaktosestoffwechsels, die zu gefährlichen Organveränderungen führt [< grch. *gala*, Gen. *galaktos* »Milch« + *...ämie*]

Ga|lak|to|se ⟨f.; -, -n⟩ eine Aldohexose (Zuckerart), die bei der hydrolyt. Spaltung von Milchsäure entsteht [< grch. *gala*, Gen. *galaktos* »Milch«]

Ga|lak|to|sta|se *auch:* **Ga|lak|tos|ta|se** ⟨f.; -, -n; Med.⟩ Milchstauung [< grch. *gala*, Gen. *galaktos* »Milch« + *...stase*]

Ga|lak|to|ze|le ⟨f.; -, -n; Med.⟩ Milchzyste (bei der Milchstauung in den Brustdrüsen) [< grch. *gala*, Gen. *galaktos* »Milch« + *kele* »Bruch«]

Ga|la|lith ⟨n.; -s; unz.⟩ Kunststoff aus gequollenem u. mit Formaldehyd gehärtetem Casein, hornähnlich und nicht brennbar [< grch. *gala* »Milch« + *...lith*]

Ga|lan ⟨m.; -s, -e⟩ vornehm auftretender Liebhaber; *als ~ auftreten; sich wie ein ~ benehmen* [< span. *galano* »in Gala gekleidet; höflich, artig«; → *Gala*]

ga|lant ⟨Adj.⟩ höflich, ritterlich, rücksichtsvoll, zuvorkommend (gegen Damen) [frz., »artig, höflich, liebenswürdig«]

Ga|lan|te|rie ⟨f.; -, -n⟩ **1** ⟨unz.⟩ galantes Verhalten **2** ⟨zählb.⟩ galante Bemerkung [frz., »Zuvorkommenheit, Liebenswürdigkeit«]

Ga|la|xie ⟨f.; -, -n; Astron.⟩ *oV* Galaxis **1** ⟨unz.⟩ die Milchstraße **2** ⟨zählb.⟩ eines der selbstständigen Sternsysteme außerhalb unseres eigenen Milchstraßen- od. galaktischen Systems im Weltall [< grch. *gala*, Gen. *galaktos* »Milch«]

Ga|la|xis ⟨f.; -, -xi|en; Astron.⟩ = Galaxie

Gal|le|as|se ⟨f.; -, -n⟩ kleines, anderthalbmastiges Küstenfrachtsegelschiff der Ostsee; *oV* Galjass [< frz. *galéace*, ital. *galeazza* < mlat. *galeass* »Ruderschiff«]

Gal|lee|re ⟨f.; -, -n⟩ **1** mittelalterl. langes Ruderschiff, meist mit mehreren Ruderbänken übereinander **2** Galeerenstrafe [< ital. *galera* < mlat. *galea* »Ruderschiff«]

Gal|le|nik ⟨f.; -; unz.; Pharm.⟩ (Lehre von der) Herstellung der Arzneimittel

Gal|le|ni|kum ⟨n.; -s, -ni|ka; Pharm.⟩ vom Apotheker nach den Vorschriften des Arzneibuches od. des Arztes zubereitetes Arzneimittel (im Gegensatz zu den Rohdrogen u. den fertigen Arzneispezialitäten der Industrie) [nach dem röm. Arzt *Galenus*, 129-199 n. Chr.]

ga|le|nisch ⟨Adj.⟩ **1** den röm. Arzt Galen betreffend, von ihm stammend **2** aus einem Galenikum zubereitet

Ga|le|nit ⟨m.; -s, -e; Min.⟩ bleigrau glänzendes Mineral, Bleiglanz, chem. Bleisulfid, PbS [< lat. *galena*]

Ga|le|o|ne ⟨f.; -, -n⟩ mittelalterl. drei- bis viermastiges Kriegs-

u. Handelsschiff mit drei bis vier Decks; *oV* Galione, Gallione [ital.; zu mlat. *galea* »Ruderschiff«]

Gal|e|ot ⟨m.; -en, -en⟩ Galeerensklave [→ *Galeere*]

Gal|e|o|te ⟨f.; -, -n⟩ kleines, einmastiges Küstensegelschiff; *oV* Galiote [<ital. *galeotta* <mlat. *galea* »Ruderschiff«]

Gal|e|rie ⟨f.; -, -n⟩ **1** (in Kirchen, Schlössern, im oberen Teil eines Saales) langer, an einer Seite offener od. verglaster Gang **2** Laufgang mit Schießscharten (an Festungen) **3** ⟨Theat.⟩ oberster Rang **4** balkonartiger Aufbau (am Heck von Kriegsschiffen) **5** ⟨Mal.⟩ Sammlung von Kunstwerken, bes. Gemälden *(Bilder~; Gemälde~)* sowie das Gebäude dafür **6** an einer Längsseite mit Öffnungen versehener Tunnel **7** ⟨österr. Gaunerspr.⟩ die Verbrecherwelt [frz., »gedeckter Gang«]

Gal|e|rie|wald ⟨m.; -es, -wäl|der; Geogr.⟩ an das Grundwasser von Flüssen u. an das an steilen Hängen auftretende Sickerwasser gebundener Waldstreifen in subtropischen Savannen- u. Steppengebieten

Gal|e|rist ⟨m.; -en, -en⟩ **1** Besitzer einer Gemäldesammlung **2** Veranstalter einer Verkaufsausstellung von Kunstgegenständen **3** ⟨österr. Gaunerspr.⟩ Angehöriger der Verbrecherwelt, der Unterwelt [→ *Galerie*]

Gal|e|ris|tin ⟨f.; -, -tin|nen⟩ **1** Besitzerin einer Gemäldesammlung **2** Veranstalterin von Verkaufsausstellungen von Kunstgegenständen [→ *Galerie*]

Gal|gant ⟨m.; -s; unz.; Bot.⟩ = Galgantwurzel

Gal|gant|wur|zel ⟨f.; -, -n; Bot.⟩ *Sy* Galgant **1** südchines. Ingwerpflanze, Fieberwurzel (für Heilzwecke verwendet), Wurzel des Ingwergewächses: Alpinia officinarum **2** appetitanregendes Mittel u. Gewürz: Rhizoma galangas [<ahd. *galgan* <mlat. *galanga* <arab.-pers. *chalandschan*]

Ga|li|ma|thi|as ⟨m. od. n.; -; unz.⟩ verworrenes Geschwätz, Gerede, ; *oV* Gallimathias [<frz. *galimatias* »verworrenes Ge-schwätz« <lat. *gallimathia*, eigtl. »Wissen eines Hahns«, <lat. *gallus* »Hahn; Disputant bei den Doktordissertationen der Pariser Universität im 16. Jh.« + grch. *matheia* »Wissen«]

Ga|li|on ⟨n.; -s, -s; früher⟩ erkerartiger Vorbau am Bug eines Holzschiffes; *oV* Gallion [<span. *galeón* »großes Schiff« <mlat. *galea* »Ruderschiff«]

Ga|li|o|ne ⟨f.; -, -n⟩ = Galeone

Ga|li|ons|fi|gur ⟨f.; -, -en⟩ **1** geschnitzte, meist weibl. Figur am Galion **2** (fig.; umg.) allgemein bekannte Person, die eine werbewirksame Position (an der Spitze einer Partei, einer Organisation o. Ä.) einnimmt

Ga|li|o|te ⟨f.; -, -n⟩ = Galeote

Gal|li|pot ⟨[-po:] m.; -s; unz.⟩ in festem Zustande gesammeltes Harz der Nadelbäume, Scharrharz, meistens von der Seestrandkiefer (Pinus pinaster); *oV* Gallipot [frz., »Fichtenharz«]

Ga|li|um ⟨n.; -s; unz.; Bot.⟩ Labkraut (Rötegewächs) [<grch. *galion* »Taubnessel«; zu *gala* »Milch«]

Gal|jass ⟨f.; -, -jas|sen⟩ = Galease

Gal|lat ⟨n.; -s, -e; Chemie⟩ Salz od. Ester der Gallussäure

Gal|le|ria ⟨f.; -, -s; Arch.⟩ hallenähnlicher Glasbau, der mehrere Gebäudeteile od. Räume miteinander verbindet (häufig als Einkaufszentrum) [ital., »Tunnel, Passage, Galerie«]

Gal|lert ⟨n.; -s, -e⟩ zähe, durchsichtige Masse, die entweder aus Gelatine od. durch Auskochen u. anschließendes starkes Einkochen von Fleischsaft bzw. Knochenbrühe gewonnen wird u. beim Erkalten erstarrt; *oV* Gallerte; *Sy* Gelee (2), Glace [zu mhd. *galreide, galrede, galered* <spätlat. *gelatria, geladia* <lat. *gelata* »gefroren«; zu *gelare* »gefrieren machen«]

Gal|ler|te ⟨f.; -, -n⟩ = Gallert

gal|ler|tig ⟨a. ['---] Adj.⟩ aus Gallert bestehend

gal|li|ka|nisch ⟨Adj.⟩ den Gallikanismus betreffend, zu ihm gehörig; *~er Gesang* Choral der merowing. Kirche vor der Einführung des gregorian. Chorals; *~e Kirche* die kath. Kirche in Frankreich vor der Französ. Revolution; *~e Liturgie* die französ. Sonderform des gregorian. Chorals im MA [nach *Gallia*, der lat. Bezeichnung für Frankreich]

Gal|li|ka|nis|mus ⟨m.; -; unz.⟩ **1** die Selbständigkeitsbestrebungen der gallikan. Kirche **2** die gallikan. Kirche

Gal|li|ma|thi|as ⟨m. od. n.; -; unz.⟩ = Galimathias

Gal|li|on ⟨n.; -s, -s⟩ = Galion

Gal|li|o|ne ⟨f.; -, -n⟩ = Galeone

Gal|li|pot ⟨[-po:] m.; -s; unz.⟩ = Galipot

gal|lisch ⟨Adj.⟩ Gallien betreffend, aus ihm stammend, zu ihm gehörig; *~er Hahn* Wappentier Frankreichs während der Französ. Revolution, Sinnbild französ. Geistes u. geistreichen Witzes [<lat. *gallus* »Gallier; Hahn«]

gal|li|sie|ren ⟨V.⟩ *Most ~* mit Zucker versetzen [nach dem Erfinder des Verfahrens, L. *Gall* (1851)]

Gal|li|um ⟨n.; -s; unz.; chem. Zeichen: Ga⟩ seltenes Metall, chemisches Element, Ordnungszahl 31 [nach *Gallia*, der lat. Bezeichnung für Frankreich]

Gal|li|zis|mus ⟨m.; -, -zis|men⟩ typ. französ. sprachl. Wendung in einer anderen Sprache [nach *Gallia*, der lat. Bezeichnung für Frankreich]

Gal|lo|ma|nie ⟨f.; -; unz.⟩ = Frankomanie [<*gallia*, der lat. Bezeichnung für Frankreich + *Manie*]

Gal|lon ⟨[gælən] m. od. n.; -s, -s⟩ = Gallone

Gal|lo|ne ⟨f.; -, -n⟩ altes engl. Hohlmaß, etwa 4,5 l; *oV* Gallon [<engl. *gallon*]

gal|lo|phil ⟨Adj.⟩ = frankophil

Gal|lo|phi|lie ⟨f.; -; unz.⟩ = Frankophilie [<*Gallia*, der lat. Bezeichnung für Frankreich + *...philie*]

gal|lo|phob ⟨Adj.⟩ = frankophob

Gal|lo|pho|bie ⟨f.; -; unz.⟩ = Frankophobie [<*Gallia*, der lat. Bezeichnung für Frankreich + *Phobie*]

gal|lo|ro|ma|nisch ⟨Adj.⟩ *~e Sprache* aus der Vermischung der gallischen Sprache mit dem

Galloway

Vulgärlatein entstandene Sprache, Vorstufe des Altfranzösischen [<*Gallia*, der lat. Bez. für Frankreich + *romanisch*]

Gal|lo|way ⟨[gǽləweɪ] n.; -s, -s; Zool.⟩ robuste Rinderrasse [nach der schott. Landschaft *Galloway*]

Gal|lup|me|tho|de *auch:* **Gal|lup-Me|tho|de** ⟨a. [gǽləp-] f.; -; unz.⟩ Methode der repräsentativen Meinungsumfrage, die auf der Auswertung systematischer Stichproben beruht [nach dem US-Amerikaner G. H. *Gallup*, 1901-1984]

Gal|lus|säu|re ⟨f.; -; unz.⟩ organ. Säure, die in zahlreichen Pflanzen auftritt [<lat. *galla* »Gallapfel«]

Gal|lus|tin|te ⟨f.; -; unz.⟩ mit Gallussäure hergestellte Tinte [zu lat. *galla* »Gallapfel«]

Gal|mei ⟨m.; -s, -e; Min.⟩ zinkhaltiges Mineral, chemisch Zinksulfid, ZnS; *Sy* Zinkspat [<mhd. *kalemine* <mlat. *calamina* <grch. *kadmia, kadmeia* »kohlensaures Zink«]

Ga|lon ⟨[galṓ:] m.; -s, -s⟩ = Galone

Ga|lo|ne ⟨f.; -, -n⟩ Tresse, Litze, Borte (an Uniformen als Rangabzeichen); *oV* Galon [<frz. *galon*]

ga|lo|nie|ren ⟨V.⟩ mit einem Galon versehen, betressen

Ga|lopp ⟨m.; -s, -e od. -s⟩ **1** Gangart des Pferdes, Lauf in Sprüngen; ~ *reiten; gestreckter* ~; *kurzer* ~ **2** in seitlichen Wechselschritten getanzter Spring-Rundtanz im $^2/_4$-Takt **3** ⟨fig.⟩ rascher Lauf, Geschwindigkeit, Schnelligkeit; *ein bisschen* ~, *bitte!* ein bisschen schnell; *im* ~ sehr schnell [→ *galoppieren*]

Ga|lop|pa|de ⟨f.; -, -n⟩ Art und Weise des Galopps bei Pferden; *das Pferd besitzt eine gute* ~

Ga|lop|per ⟨m.; -s, -⟩ Pferd für Galopprennen

ga|lop|pie|ren ⟨V.⟩ **1** im Galopp laufen *(Pferd)* **2** im Galopp reiten *(Person)* **3** ⟨Med.⟩ ~*de Schwindsucht* letztes Stadium der Schwindsucht, die schnell zum Tode führt [<frz. *galoper* <afrz. *waloper* <fränk. **wala hlaupan*, »wohl (= gut) laufen«]

Ga|lo|sche ⟨f.; -, -n⟩ Überschuh aus Gummi [<frz. *galoche* »Überschuh«]

Gal|to|nia ⟨f.; -, -s; Bot.⟩ = Galtonie

Gal|to|nie ⟨[-njə] f.; -, -n; Bot.⟩ südafrikanische Gattung der Liliengewächse (Liliaceae) mit glockenförmigen, in Trauben herabhängenden Blüten; *Sy* Galtonia [nach dem engl. Arzt u. Vererbungsforscher Sir Francis *Galton*, 1822-1911]

Gal|va|ni|sa|ti|on ⟨[-va-] f.; -, -en; Technik⟩ das Galvanisieren, das Galvanisiertwerden [→ *galvanisieren*]

gal|va|nisch ⟨[-va:-] Adj.; Technik⟩ auf Galvanisation beruhend, mit ihrer Hilfe; ~*es Bad* B. zum Galvanisieren

Gal|va|ni|seur ⟨[-vanizø:r] m.; -s, -e; Technik⟩ in der Galvanotechnik ausgebildeter Facharbeiter

gal|va|ni|sie|ren ⟨[-va-] V.; Technik⟩ *Werkstücke* ~ durch Elektrolyse mit Metall überziehen [nach dem ital. Naturforscher Luigi *Galvani*, 1737-1798]

Gal|va|nis|mus ⟨[-va-] m.; -; unz.⟩ Lehre von der Umwandlung chemischer in elektrische Energie

Gal|va|no ⟨[-va:-] n.; -s, -s⟩ im galvan. Bad hergestellter Druckstock für hohe Auflagen

gal|va|no..., **Galva|no...** ⟨[-va:-] in Zus.⟩ galvanisch [→ *galvanisieren*]

Gal|va|no|gra|fie ⟨[-va-] f.; -; unz.⟩ = Galvanographie

Gal|va|no|gra|phie ⟨[-va-] f.; -; unz.⟩ Verfahren zur Herstellung von Kupferplatten für verschiedene Druckverfahren; *oV* Galvanografie [<*Galvano*... +...*graphie*]

Gal|va|no|kaus|tik ⟨[-va-] f.; -; unz.; Med.⟩ Durchtrennung bzw. Zerstörung von Gewebe mit Instrumenten, die mit elektr. Strom glühend gemacht worden sind [<*Galvano*... + ...*Kaustik*]

Gal|va|no|kau|ter ⟨[-va-] m.; -s, -; Med.⟩ chirurg. Instrument für die Galvanokaustik

Gal|va|no|me|ter ⟨[-va-] n.; -s, -⟩ sehr empfindl. elektr. Messinstrument, das aus einer Spule im Feld eines Magneten besteht u. keine in Strom- od. Spannungswerten geeichte, sondern eine der Stromstärke proportional unterteilte Skala hat; *Sy* Galvanoskop [<*Galvano*... + ...*meter*]

Gal|va|no|plas|tik ⟨[-va-] f.; -; unz.⟩ galvanische Nachbildung von Druckstöcken; *Sy* Galvanotechnik

Gal|va|no|plas|ti|ker ⟨[-va-] m.; -s, -; Typ.⟩ Facharbeiter in der Galvanoplastik

gal|va|no|plas|tisch ⟨[-va-] Adj.⟩ auf Galvanoplastik beruhend, mit ihrer Hilfe

Gal|va|no|punk|tur ⟨[-va-] f.; -, -en⟩ Entfernung (von Haaren u. Ä.) mit einer durch galvanischen Strom erhitzten Nadel

Gal|va|no|skop *auch:* **Gal|va|nos-kop** ⟨[-va-] n.; -s, -e⟩ = Galvanometer [<*Galvano*... + ...*skop*]

Gal|va|no|ste|gie *auch:* **Gal|va|nos-te|gie** ⟨[-va-] f.; -; unz.; Technik⟩ Überziehen von Metalloberflächen mit galvanisch abgeschiedenen anderen Metallen [<*Galvano*... + grch. *stege* »Decke, Bedeckung«]

Gal|va|no|ta|xis ⟨[-va-] f.; -, -xen⟩ nur unter künstl. Bedingungen vorkommende Erscheinung, dass sich viele Einzeller u. manche Tiere in einem elektr. Feld einem der Pole zuwenden

Gal|va|no|tech|nik ⟨[-va-] f.; -; unz.⟩ = Galvanoplastik

Gal|va|no|the|ra|pie ⟨[-va-] f.; -, -n⟩ Heilbehandlung mit elektrischem Strom

...gam ⟨Nachsilbe; zur Bildung von Adj.⟩ **1** die Befruchtung, Bestäubung, Begattung betreffend; *allogam* **2** die Ehe betreffend; *monogam; polygam* [<grch. *gamos* »Ehe«]

Ga|man|der ⟨m.; -s, -; Bot.⟩ Angehöriger einer Gattung der Lippenblütler: Teucrium; *Echter* ~ mit purpurroten Blüten u. fünfzähnigem Kelch (Volksheilmittel gegen Bronchialkatarrh, Durchfall u. Gicht: T. chamaedrys) [<mhd. *gamandre* <mlat. *chamandros* <grch. *chmaidrys* »Bodeneiche«]

Ga|ma|sche ⟨f.; -, -n⟩ **1** Beinbekleidung vom Fuß bis zum Knie aus Stoff od. Leder;

Wickel~ **2** Fußbekleidung aus festem Stoff um den Knöchel u. über den Spann, durch einen Steg unter der Schuhsohle gehalten **3** Beinschutz für Reitpferde [<frz. *gamaches* »knöpfbare Überstrümpfe« <prov. *garamacha* <span. *gorromazos* »Reiterstiefel aus der Lederart *guadameci*« <arab. *gadamsi* »Leder aus Gadames (in Libyen)«]

Gam|be ⟨f.; -, -n; Musik⟩ Kniegeige des 16. bis 18. Jh., Vorläufer des Cellos; *Sy* Viola da gamba [<ital. *viola da gamba* »Kniegeige«, zu ital. *gamba* »Bein«]

Gam|bist ⟨m.; -en, -en; Musik⟩ Gambenspieler

Gam|bis|tin ⟨f.; -, -tin|nen; Musik⟩ Gambenspielerin

Gam|bit ⟨engl. [gæːmbɪt] n.; -s, -s⟩ **1** ⟨Schach⟩ Zug zur Eröffnung des Spiels, bei dem meist ein Bauer geopfert wird, um den Weg zu schnellem Angriff frei zu machen **2** ⟨fig.⟩ erster Schritt, geschickte Maßnahme [<span. *gambito* <arab. *ganbi* »seitlich«; zu *ganba* »Seite«]

Game ⟨[geɪm] n.; -s, -s; Tennis⟩ Spielgewinn (innerhalb eines Satzes) [engl., »Spiel«]

...ga|me ⟨Nachsilbe; zur Bildung männl. Subst.⟩ **1** befruchtende(s) Pflanze (Tier) **2** eine Ehe führender Mensch [→ *...gam*]

Game|boy® ⟨[geɪmbɔɪ] m.; -s, -s⟩ handflächengroßes, elektronisches Spielgerät, in das Disketten mit verschiedenen Computerspielen eingeführt u. über den integrierten Kleinbildschirm gespielt werden können [<engl. *game* »Spiel« + *boy* »Junge, (i. w. S.) Mensch«]

Ga|me|lan ⟨n.; -s, -s; Musik⟩ javan. Orchester mit Schlaginstrumenten, auch mit Blas- u. Streichinstrumenten, zu kult. Veranstaltungen u. Schattenspielen; *oV* Gamelang [malai.]

Ga|me|lang ⟨n.; -s, -s; Musik⟩ = Gamelan

Ga|mel|le ⟨f.; -, -n; schweiz.⟩ Ess- u. Kochgeschirr des Soldaten [frz., »Kochgeschirr«]

Game|show ⟨[geɪmʃoʊ] f.; -, -s; TV⟩ Form der Fernsehlivesendung, bei der Einzelkandidaten od. Gruppen im Rahmen verschiedener Spiele um den Gewinn hoher Sach- bzw. Geldpreise gegeneinander antreten [<engl. *game* »Spiel« + *Show*]

Ga|met ⟨m.; -en, -en; Biol.⟩ männl. od. weibl. Geschlechtszelle, Keimzelle [<grch. *gamein* »heiraten«]

Ga|met|an|gio|ga|mie *auch:* **Ga|me|tan|gio|ga|mie** ⟨f.; -, -n; Biol.⟩ Befruchtung durch Verschmelzen von Gametangien

Ga|met|an|gi|um *auch:* **Ga|me|tan|gi|um** ⟨n.; -s, -gi|en; Biol.⟩ Zellgruppe, aus der Gameten hervorgehen [<*Gamet* + grch. *aggeion* »Gefäß«]

Ga|me|to|ge|ne|se ⟨f.; -, -n; Biol.⟩ Gametenbildung [<*Gamet* + *Genese*]

Ga|me|to|ga|mie ⟨f.; -, -n; Biol.⟩ Verschmelzung von Gameten [<*Gamet* + grch. *gamein* »heiraten«]

Ga|me|to|phyt ⟨m.; -en, -en; Biol.⟩ männliche u. weibliche Keimzellen hervorbringende Generation bei Pflanzen mit Generationswechsel [<*Gamet* + *...phyt*]

Ga|me|to|zyt ⟨m.; -en, -en; Biol.⟩ ursprüngliche, noch undifferenzierte Zelle, aus der die Gameten hervorgehen [<*Gamet* + grch. *kytos* »Höhlung, Zelle«]

...ga|mie ⟨Nachsilbe; zur Bildung weibl. Subst.⟩ **1** Befruchtung, Bestäubung, Begattung; *Isogamie; Allogamie* **2** Ehe; *Monogamie; Polygamie* [→ *...gam*]

Ga|min ⟨[gamɛ̃ː] m.; -s, -s; frz. Bez. für⟩ Straßenjunge, Spitzbube

Gam|ma ⟨n.; -s, -s; Zeichen: γ, Γ⟩ dritter Buchstabe des grch. Alphabets

Gam|ma|glo|bu|lin ⟨n.; -s, -e⟩ als Abwehrstoff dienendes Globulin des Blutplasmas

Gam|ma|quan|ten ⟨Pl.⟩ = Gammastrahlen

Gam|ma|rus ⟨m.; -; unz.; Zool.⟩ Flohkrebs [lat.]

Gam|ma|spek|trum *auch:* **Gam|ma|spek|trum** ⟨n.; -s, -spek|tren od. -spek|tra; Zeichen: γ-Spektrum; Physik⟩ charakteristisches Spektrum der Energie von Gammastrahlen eines radioaktiven Stoffes, je nach Entstehung der Gammastrahlen kontinuierliches Spektrum od. Linienspektrum

Gam|ma|strah|len ⟨Pl.; Zeichen: γ-Strahlen; Physik⟩ sehr energiereiche, kurzwellige, elektromagnet. Strahlung, die bei Kernreaktionen freigesetzt wird u. in der Medizin zur Bestrahlung von Karzinomen dient; *Sy* Gammaquanten

Gam|ma|zis|mus ⟨m.; -; unz.; Sprachw.⟩ Sprachstörung, bei der die Konsonanten g u. k durch die Laute d u. t ersetzt werden [zu grch. *gamma*, 3. Buchstabe des grch. Alphabets (= g)]

Ga|mo|ne ⟨Pl.⟩ pflanzliche Sexualllockstoffe, die von den Gameten abgegeben werden [zu grch. *gamein* »heiraten«]

Ga|mont ⟨m.; -en, -en; Biol.⟩ Zelle der Protozoen, aus der Gameten hervorgehen [<grch. *gamos* »Ehe«]

Ga|na|sche ⟨f.; -, -n⟩ am Hinterrand des Pferdeunterkiefers ansetzende Jochmuskeln, deren starke Ausprägung es erschwert, das Pferd durch das Genick zu stellen [<frz. *ganache* <ital. *ganascia* »Kinnbacke«]

Ga|nef ⟨m.; -s, -e⟩ = Ganove [jidd.]

Ga|neff ⟨m.; -s, -e⟩ = Ganove [jidd.]

Gang ⟨[gæn] f.; -, -s⟩ Gruppe, Bande (von organisierten Verbrechern) [engl.-amerikan.]

♦ Die Buchstabenfolge **gangl...** kann auch **gangl...** getrennt werden.

♦ **Gan|gli|en** ⟨Pl. von⟩ Gangliom
♦ **Gan|gli|en|blo|cker** ⟨m.; -s, -; Pharm.⟩ die Reizübertragung im Nervensystem hemmende Substanz
♦ **Gan|gli|en|zel|le** ⟨f.; -, -n; Biol.; Med.⟩ Nervenzelle im Ganglion
♦ **Gan|gli|om** ⟨n.; -s, -e; Med.⟩ bösartiger Tumor, der von Ganglien des Sympathikus ausgeht
♦ **Gan|gli|on** ⟨n.; -s, -gli|en⟩ **1** ⟨Biol.; Med.⟩ knotenförmige Anhäufung von Nervenzellen in den Zentralnervensystemen

Ganglitis

der Würmer, Weich- u. Gliedertiere od. im Gehirn u. Rückenmark der Wirbeltiere u. des Menschen, Nervenknoten 2 ⟨Anat.⟩ Überbein [<grch. *gagglion* »Überbein, schmerzlose Geschwulst unter der Haut«]
♦ **Gan|gli|tis** ⟨f.; -, -ti|den; Med.⟩ Entzündung der Nervenknoten [→ *Ganglion*]
Gan|grä|ne auch: **Gang|rä|ne** ⟨f.; -, -n; Med.⟩ Brand; →a. Nekrose [<grch. *gaggraina* »kalter Brand«]
gan|grä|nes|zie|ren auch: **gangrä|nes|zie|ren** ⟨V.⟩ brandig werden *(Gewebe)*
gan|grä|nös auch: **gang|rä|nös** ⟨Adj.⟩ an Gangrän erkrankt, brandig
Gang|spill ⟨n.; -s, -s⟩ Ankerwinde [<ndrl. *gangspil;* zu *spill* »Winde«; verwandt mit *Spindel*]
Gangs|ter ⟨[gæŋ-] m.; -s, -⟩ Mitglied einer Gang, Krimineller, der skrupellos vorgeht [engl. (amerikan.)]
Gang|way ⟨[gæŋweɪ] f.; -, -s⟩ Laufsteg zum Besteigen von Schiff od. Flugzeug [engl., »Durchgang (zwischen Sitzreihen), Laufplanke«]
Ga|no|ve ⟨[-və] m.; -n, -n [-vən]⟩ Dieb, Gauner, Spitzbube [<jidd. *gannaw, gannowim* »Dieb«]
Ga|ny|med ⟨m.; -s, -e; umg.; scherzh.⟩ Kellner [nach dem Mundschenk der Götter in der grch. Mythologie]
Gap ⟨[gæp] m.; -s, -s; Wirtsch.⟩ Lücke in der techn. u. wissenschaftl. Entwicklung zwischen zwei od. mehr Staaten [engl., »Lücke«]
Gap|a|na|ly|se ⟨[gæp-] f.; -, -n; Wirtsch.⟩ Verfahren des strategischen Managements, die künftige Entwicklung des Geschäfts auf der Grundlage unterschiedlicher Voraussetzungen zu prognostizieren u. aus den Differenzen zwischen den einzelnen Entwicklungsverläufen mögliche Handlungsstrategien abzuleiten, Lückenanalyse [<engl. *gap* »Lücke«]
Ga|ra|ge ⟨[-ʒə] f.; -, -n⟩ Unterstellraum für Kraftfahrzeuge [frz.]

ga|ra|gie|ren ⟨[-ʒiː-] V.; österr.; schweiz.⟩ in der Garage unterbringen, einstellen *(Kraftfahrzeuge)*
Ga|ra|gist ⟨[-ʒɪst] m.; -en, -en; schweiz.⟩ Besitzer einer Autoreparaturwerkstatt
Ga|ra|mond ⟨[-mɔ̃] f.; -; unz.; Typ.⟩ eine Antiquadruckschrift; *o*V Garmond [nach dem frz. Stempelschneider u. Schriftgießer Claude *Garamond*, 1480–1561]
Ga|rant ⟨m.; -en, -en⟩ jmd., der etwas garantiert, für etwas bürgt, Gewährsmann [frz.]
Ga|ran|tie ⟨f.; -, -n⟩ Gewähr, Haftung, Bürgschaft; *ein Jahr ~ auf ein Gerät haben* Gewähr, dass ein G. 1 Jahr lang funktioniert (andernfalls wird es innerhalb dieser Frist von der Herstellerfirma kostenlos repariert); *dafür kann ich keine ~ übernehmen; dafür übernehme ich die volle ~* [frz.]
ga|ran|tie|ren ⟨V.⟩ *(jmdm.) (für) etwas ~* 1 etwas gewährleisten; *die Firma garantiert (für) die unbedingte Haltbarkeit, Zuverlässigkeit* 2 bürgen, haften, fest versprechen; *ich garantiere dir, dass so etwas nicht mehr vorkommt; dafür kann ich nicht ~* [<frz. *garantir* »gewährleisten, garantieren«]
ga|ran|tiert ⟨Adj.; umg.⟩ mit Sicherheit, unbedingt, bestimmt; *das ist ~!* darauf ist Verlass; *das hat er ~ vergessen*
Ga|ran|tin ⟨f.; -, -tin|nen⟩ weibl. Person, die etwas garantiert, für etwas bürgt
Garçon ⟨[-sɔ̃] m.; -s, -s; frz. Bez. für⟩ 1 junger Mann 2 Junggeselle 3 Gehilfe 4 Kellner [frz.]
Garçon|ni|è|re ⟨[-sɔnjɛːrə] f.; -, -n; österr.⟩ Junggesellenwohnung [frz.]
Gar|de ⟨f.; -, -n⟩ 1 ⟨urspr.⟩ Leibwache 2 ⟨dann⟩ Elitetruppe, meist mit prächtiger Uniform 3 ⟨fig.⟩ *einer von der alten ~* langjähriger Freund od. Kamerad, langjähriges bekanntes Mitglied eines Betriebes, Kreises o. Ä. [frz., »Bewachung, Bewahrung« fränk. *wardon *Sorge tragen für etwas«]
Gar|de|du|korps ⟨[-dykoːr] n.; - [-koːrs], - [-koːrs]⟩ 1 preuß.

Gardekavallerieregiment 2 ⟨allg.⟩ Leibgarde [<frz. *garde du corps* »Leibwache«]
Gar|de|korps ⟨[-koːr] n.; - [-koːrs], - [-koːrs]⟩ Gardetruppe, Gesamtheit der Garden [<frz. *garde* »Wache« + *corps* »Körperschaft«]
Gar|de|nie ⟨[-njə] f.; -, -n; Bot.⟩ 1 ⟨i. w. S.⟩ Gattung der Rötegewächse, Gardenia 2 ⟨i. e. S.⟩ in China heimische Art mit stark duftenden Blüten, die als Früchte die chinesischen Gelbschoten, ein Färbemittel, liefert: Gardenia jasminoides [nach dem engl. Arzt u. Naturforscher A. *Garden*, † 1719]
Gar|den|par|ty ⟨[ɡaːdənpaːtɪ] f.; -, -s⟩ in einem Garten stattfindende Feier, Gartenfest [engl.]
Gar|de|ro|be ⟨f.; -, -n⟩ 1 gesamte Kleidung, Vorrat an Kleidung 2 Umkleideraum (bes. von Schauspielern) 3 Vorraum (einer Wohnung, eines Theaters o. Ä.) mit Kleiderablage [<frz. *garderobe* »Kleidung, Kleiderstück«]
Gar|de|ro|bi|er ⟨[-bje:] m.; -s, -s; Theat.⟩ Aufseher über die Garderobe, Gewandmeister
Gar|de|ro|bi|e|re ⟨[-bjɛːrə] f.; -, -n⟩ 1 weibl. Garderobier 2 Garderobenfrau
Gar|dez ⟨[-deː] Schach⟩ Schützen Sie (Ihre Dame) (Warnung beim Angriff auf die Dame des Gegners) [frz.]
Gar|di|ne ⟨f.; -, -n⟩ 1 ⟨urspr.⟩ Bettvorhang 2 ⟨allg.⟩ Vorhang, (bes.) Fenstervorhang; *hinter schwedischen ~n sitzen* ⟨fig.⟩ hinter Gittern, im Gefängnis [<mndrl. *gordine* <frz. *courtine* <mlat. *cortina* »Bettvorhang«]
Gar|dist ⟨m.; -en, -en⟩ Soldat der Garde
gar|ga|ri|sie|ren ⟨V.; Med.⟩ gurgeln [<grch. *gargarizein* »gurgeln«]
Gar|mond ⟨[-mɔ̃] f.; -; unz.; süddt.; österr.; Typ.⟩ = Garamond
Gar|nasch ⟨m.; -s, -e od. -en; 13. Jh.⟩ Überrock mit halblangen, weiten, angeschnittenen Ärmeln [<span. *garnacha* <afrz. *garnache*]
Gar|nie|rit ⟨[-njeː] m.; -s, -e; Min.⟩ smaragd- bis blaugrünes,

nickelhaltiges Silikatmineral [nach dem frz. Geologen Jules Garnier, 1839-1904]

Gar|ne|le ⟨f.; -, -n; Zool.⟩ als »Krabbe« in den Handel eingeführte Unterordnung der Zahnfußkrebse: Natania [<*garnad*, *garnol* (16. Jh.), <mndrl. *geheernaert*; zu <mlat. *grano* »Barthaar« <mhd., mnddt. *gran(e)*; verwandt mit *Granne*]

gar|ni → *Hotel garni*

gar|nie|ren ⟨V.⟩ schmücken, verzieren; *einen Hut mit Blumen ~; Torte mit Schlagsahne ~; belegte Brötchen mit Petersilie ~* [<frz. *garnir* »mit etwas versehen« <fränk. *warnjan »sich vorsehen«]

Gar|nie|rung ⟨f.; -, -en⟩ **1** das Garnieren **2** das, was man zum Garnieren verwendet

Gar|ni|son ⟨f.; -, -en; Mil.⟩ **1** Quartier, Standort einer Truppe **2** dessen Besatzung **3** die Truppe selbst [<frz. *garnier*; → *garnieren*]

gar|ni|so|nie|ren ⟨V.; Mil.⟩ in Garnison liegen

Gar|ni|tur ⟨f.; -, -en⟩ **1** Besatz, Verzierung **2** Ausrüstung, Kleidung für einen bestimmten Zweck; *Ausgeh~*, *Dienst~* **3** Reihe, Anzahl zusammengehöriger Gegenstände, Satz (von Geschirr u. Ä.) **4** Damenhemd u. -schlüpfer bzw. Herrenunterhose u. -hemd (zusammenpassend) [<frz. *garniture*; → *garnieren*]

Gar|rot|te ⟨f.; -, -n⟩ Vorrichtung zum Erdrosseln bei der span. Art des Hinrichtens, Würgschraube [<frz. *garrotte* »Erdrosselung, Würgschraube«]

gar|rot|tie|ren ⟨V.⟩ mit der Garrotte hinrichten [<frz. *garotter*]

Ga|rúa ⟨f.; -; unz.; Meteor.⟩ nässender Küstennebel an der peruanischen u. chilenischen Küste [span., »Sprühregen«]

Gas ⟨n.; -es, -e⟩ **1** ein Aggregatzustand der Materie, in dem sie infolge freier Beweglichkeit der Moleküle keine bestimmte Gestalt hat, sondern jeden Raum, in den sie gebracht wird, völlig ausfüllt **2** Materie in diesem Zustand, z. B. Sauerstoff **3** gasförmiger Brennstoff; *Erd~; Heiz~; jmdm. das ~ ab-*

drehen ihm seine Existenzgrundlage nehmen **4** Flamme von diesem Brennstoff; *die Erbsen aufs ~ setzen* **5** Gemisch aus Luft u. Kraftstoff; *beim Autofahren ~ geben (wegnehmen)* die Zufuhr von Treibstoff verstärken (verringern) u. die Geschwindigkeit erhöhen (vermindern) [Bildung des Brüsseler Chemikers J. B. *van Helmont* (1577-1644), zur Bezeichnung von Luftarten, die von atmosphär. Luft verschieden sind <grch. *chaos* »wirre, gestaltlose Masse« (seit Paracelsus 1538 für »Luft« gebraucht)]

Gas|be|ton ⟨[-bet5] od. [-betɔn] m.; -s, -s od. [-beto:n] m.; -s, -e⟩ Leichtbeton, der durch Beimischung Gas bildender Stoffe (z. B. Aluminiumpulver) zu sämig-flüssigen Mörteln aus Zement od. Kalk u. feinkörnigen Zuschlagstoffen entsteht

Gas|dif|fu|si|ons|ver|fah|ren ⟨n.; -s, -⟩ Trennverfahren für die verschiedenen Isotope eines Elements, bei dem die unterschiedl. Wanderungsgeschwindigkeit der Isotope durch Trennwände ausgenützt wird

Ga|sel ⟨n.; -s, -e; Lit.⟩ = Gasele

Ga|se|le ⟨f.; -, -n; Lit.⟩ arab., pers., türk. u. ind. Gedichtform aus drei bis zehn Verspaaren, wobei der Reim des ersten Paares in allen geraden Zeilen wiederholt wird; *oV* Gasele, Ghasel, Ghasele [<arab. *ghazila* »verliebte Reden führen«]

Gas|in|ter|fe|ro|me|ter ⟨n.; -s, -⟩ Messgerät, das schlagende Wetter anzeigt

Gas|ödem ⟨n.; -s, -e; Med.⟩ = Gasphlegmone

Ga|s|ol|gen ⟨n.; -s, -e⟩ Stoff, aus dem Gas erzeugt, hergestellt werden kann [<*Gas* + grch. *gennan* »erzeugen«]

Ga|so|lin ⟨n.; -s; unz.; Chemie⟩ **1** ein bei der fraktionierten Destillation der natürlichen u. synthetischen Rohöle gewonnenes Leichtbenzin mit dem Siedebereich 40-70°C, wird als Lösungsmittel u. zur Carburierung von Stadtgas verwendet; *Sy* Petroläther, Gasäther **2** ⟨amerikan.-engl. für⟩ Benzin [→ *Gasol*]

Ga|so|me|ter ⟨m.; -s, -; falsche Bez. für⟩ Gasbehälter [<*Gas* + ...*meter*]

Gas|phleg|mo|ne ⟨f.; -, -n; Med.⟩ von einer Wunde ausgehende, lebensgefährl. Infektion, wobei die W. infolge Gasbildung anschwillt, Gasbrand [<*Gas* + *Phlegmone*]

◆ Die Buchstabenfolge **gastr...** kann auch **gastr...** getrennt werden.

◆ **Gas|träa** ⟨f.; -, -träen; Biol.⟩ von E. Haeckel angenommene Ur- bzw. Stammform aller mehrzelligen Tiere [<neulat. *gastraea* »tier. Urform«, <grch. *gaster* »Unterleib, Magen-Darm-System«]

◆ **gas|tral** ⟨Adj.; Med.⟩ Darm u. Magen betreffend, zu ihnen gehörig, von ihnen ausgehend [<grch. *gaster* »Unterleib«]

◆ **Gas|tr|al|gie** ⟨f.; -, -n; Med.⟩ Magenkrampf [<grch. *gaster* »Unterleib« + ...*algie*]

◆ **Gas|tr|ek|ta|sie** ⟨f.; -, -n; Med.⟩ Magenerweiterung [<grch. *gaster* »Unterleib« + *Ektasie*]

◆ **Gas|tr|ek|to|mie** ⟨f.; -, -n; Med.⟩ operative Entfernung des Magens [<grch. *gaster* »Unterleib« + *Ektomie*]

◆ **Gas|trin** ⟨n.; -s; unz.; Med.⟩ ein Peptidhormon, das am Magenausgang gebildet wird [zu grch. *gaster* »Unterleib«]

◆ **gas|trisch** ⟨Adj.; Med.⟩ den Magen betreffend, zu ihm gehörig, von ihm ausgehend [zu grch. *gaster* »Unterleib«]

◆ **Gas|tri|tis** ⟨f.; -, -ti|den; Med.⟩ entzündliche Erkrankung der Magenschleimhaut, die häufig mit einer Entzündung des Darms (Gastroenteritis) verbunden ist [→ *gastrisch*]

◆ **gas|tro...**, **Gas|tro...** ⟨in Zus.⟩ magen..., Magen..., darm..., Darm... [<grch. *gaster* »Bauch, Unterleib, Magen«]

◆ **gas|tro|du|o|de|nal** ⟨Adj.; Med.⟩ den Magen u. den Zwölffingerdarm betreffend [<*gastro...* + *duodenal*]

◆ **Gas|tro|du|o|de|ni|tis** ⟨f.; -, -ti|den; Med.⟩ Entzündung des Magens u. Zwölffingerdarms [<*Gastro...* + *Duodenitis*]

◆ **Gas|tro|en|te|ri|tis** ⟨f.; -, -ti|den; Med.⟩ Magen-Darm-Entzündung [<*Gastro...* + *Enteritis*]
◆ **Gas|tro|en|te|ro|lo|gie** ⟨f.; -; unz.; Med.⟩ Wissenschaft von den Magen-Darm-Krankheiten
◆ **gas|tro|in|tes|ti|nal** ⟨Adj.; Med.⟩ zum Magen u. Darm gehörend [<*gastro...* + *intestinal*]
◆ **Gas|tro|lith** ⟨m.; -en, -en; Med.⟩ Magenstein
◆ **Gas|tro|my|zet** ⟨m.; -en, -en; Med.⟩ Bauchpilz [<*Gastro...* + *Myzet*]
◆ **Gas|tro|nom** ⟨m.; -en, -en⟩ 1 Kochkünstler 2 Gastwirt (eines Restaurants mit feiner Küche) 3 Feinschmecker [<*Gastro...* + ...*nom³*]
◆ **Gas|tro|no|mie** ⟨f.; -; unz.⟩ 1 feine Kochkunst 2 Feinschmeckerei [→ *Gastronom*]
◆ **Gas|tro|no|min** ⟨f.; -, -min|nen⟩ 1 Kochkünstlerin 2 Gastwirtin (eines Restaurants mit feiner Küche) 3 Feinschmeckerin
gas|tro|no|misch ⟨Adj.⟩ die Gastronomie betreffend, zu ihr gehörig, auf ihr beruhend; ~*es Gewerbe* Gewerbe der Köche, gewerbl. Kochkunst
◆ **Gas|tro|pa|thie** ⟨f.; -, -n; Med.⟩ Magenleiden [<*Gastro...* + ...*pathie*]
◆ **Gas|tro|po|de** ⟨m.; -n, -n; meist Pl.; Zool.⟩ Schnecke [<*Gastro...* + ...*pode*]
◆ **Gas|tror|rha|gie** ⟨f.; -, -n; Med.⟩ Magenbluten [<grch. *gaster* »Unterleib« + grch. *rhegnysthai* »bersten«]
◆ **Gas|tro|skop** *auch:* **Gast|ros|kop** ⟨n.; -s, -e; Med.⟩ Magenspiegel [<*Gastro...* + ...*skop*]
◆ **Gas|tro|sko|pie** *auch:* **Gast|ros|ko|pie** ⟨f.; -, -n; Med.⟩ Magenspiegelung
◆ **Gas|tro|soph** ⟨m.; -en, -en⟩ jmd., der Tafelfreuden kundig genießt [<grch. *gaster* »Magen« + *sophos* »kundig, weise«]
◆ **Gas|tro|spas|mus** ⟨m.; -, -spas|men; Med.⟩ Magenkrampf [<*Gastro...* + *Spasmus*]
◆ **Gas|tro|sto|mie** *auch:* **Gast|ros|to|mie** ⟨f.; -, -n; Med.⟩ Anlage einer Magenfistel, um Nahrung direkt in den Magen zu bringen, wenn die Speiseröhre nicht funktionsfähig ist [<*Gastro...* + grch. *stoma* »Mund«]

◆ **Gas|tro|zöl** ⟨n.; -s, -e; Anat.⟩ Darmhöhle [<*Gastro...* + grch. *koilos* »hohl«]
◆ **Gas|tru|la** ⟨f.; -; unz.; Biol.⟩ embryonales Entwicklungsstadium der meisten Tiere, das durch Einfaltung den Urmund hervorbringt [neulat., Verkleinerungsform zu grch. *gaster* »Unterleib, Magen«]
◆ **Gas|tru|la|ti|on** ⟨f.; -; unz.; Biol.⟩ Abschnitt der Keimesentwicklung, in dem die Gastrula gebildet wird
Gate ⟨[geɪt] n.; -s, -s⟩ 1 Ankunfts-, Abflugstor eines Flugzeugs auf dem Flughafen; *die Passagiere nach Bangkok bitte zu ~ vier* 2 ⟨El.⟩ Elektrode eines Transistors [engl., »Tor, Ventil«]
Gate|fold ⟨[geɪtfoʊld] n.; -s, -s⟩ großformatige Seite in Zeitschriften u. Büchern (z. B. Poster, Schaubild usw.), die auf das eigtl. Buchformat zurechtgefaltet wird [<engl. *gate...* »Klapp...« + *fold* »Faltung, Faltblatt«]
Gate|kee|per ⟨[geɪtkiːpə(r)] m.; -s, -; Wirtsch.⟩ 1 jmd., der Informationsverbreitung zu u. in Einkaufsgremien steuert 2 marktwirtschaftl. Schlüsselposition eines Handelsbetriebes [engl., »Pförtner, Schrankenwärter«]
Gate|way ⟨[geɪtweɪ] n.; -s, -s; EDV⟩ 1 Verbindungsstelle zwischen mehreren Computernetzwerken 2 Verbindungsstelle zwischen einem Computernetzwerk u. einem Telefonanschluss [engl., »Torweg (bei mittelalterl. Stadtmauern etc.)«]
GATT ⟨Abk. für engl.⟩ General Agreement on Tariffs and Trade (allg. Tarif- u. Handelsabkommen), internationale Vereinbarung über den Abbau der Zoll- u. Handelsschranken
Gau|cho ⟨[-tʃo] m.; -s, -s⟩ berittener südamerikan. Viehhirt [span. <araukan. *cauchu* »berittener Bewohner der Pampas von Argentinien u. Uruguay«]
Gau|de|a|mus |gi|tur! Drum lasst uns fröhlich sein! (Beginn eines alten studentischen Trinkliedes) [lat.]

Gau|di ⟨f.; -; unz.; oberdt.⟩ Gaudium; *das gibt eine, war eine ~; wir haben eine große ~ gehabt*
gau|die|ren ⟨V.; noch schwäb.⟩ belustigen
Gau|di|um ⟨n.; -s; unz.⟩ Spaß, Freude [lat.]
Gauf|ra|ge *auch:* **Gauf|ra|ge** ⟨[goˈfraːʒ(ə)] f.; -, -n⟩ geprägte Musterung [frz.; zu *gaufrer* »Muster aufprägen«]
gauf|rie|ren *auch:* **gauf|rie|ren** ⟨[go-] V.; Technik⟩ *Papier, Gewebe* ~ mit dem Gaufrierkalander Muster aufprägen [<frz. *gaufrer* »Muster aufprägen«; zu *gaufre* »Honigwabe, Waffel«]
Gauf|rier|ka|lan|der *auch:* **Gauf|rier|ka|lan|der** ⟨[go-] m.; -s, -; Technik⟩ Walze zum Aufprägen von Mustern (auf Papier od. Gewebe)
Gauge ⟨[geɪdʒ] n.; -; unz.; Abk.: gg; Textilw.⟩ 1 Maß für die Feinheit des Gewirkes für Strümpfe 2 Einheit für die Stärke von Blechen u. Folien (1 g = 0,0254 mm) [engl., »Normalmaß, Spurweite (Eisenbahn)«]
Gaul|lis|mus ⟨[goˈlɪs-] m.; -; unz.; Politik⟩ frz. polit. Bewegung nach dem General u. Staatsmann Charles de Gaulle (1890-1970)
gaul|lis|tisch ⟨[go-] Adj.; Politik⟩ zum Gaullismus gehörend, auf ihm beruhend
Gaul|list ⟨[go-] m.; -en, -en; Politik⟩ Anhänger des Gaullismus
Gaul|lis|tin ⟨[go-] f.; -, -tin|nen; Politik⟩ Anhängerin des Gaullismus
Gault ⟨[goːlt] m.; -(e)s; unz.⟩ Stufe des Erdzeitalters der Kreide [engl., »Lagerungen von Ton zwischen oberem u. unterem Grünsand«]
Ga|vot|te ⟨[-vɔt(ə)] f.; -, -n; 17./18. Jh.; Musik⟩ heiterer, mäßig schneller Tanz im $^2/_3$- od. $^4/_4$-Takt [frz. <prov. *gavoto* <*gavot* »Alpenbewohner« <*gava* »Kropf«]
gay ⟨[geɪ] Adj.; umg.⟩ homosexuell; *Ggs* straight [engl., eigtl. »heiter«]
Gay ⟨[geɪ] m.; -s, -s; umg.⟩ Homosexueller [→ *gay*]
Ga|ze ⟨[-zə] f.; -; unz.; Textilw.⟩ durchsichtiger, schleierartiger

Stoff mit weitem Abstand der Kett- u. Schussfäden, aus verschiedenen Stoffen (Seide, Baumwolle, Leinen) od. Metalldrähten (für Fliegennetze) [frz. <span. *gasa* <arab. *kazz* »Rohseide«]

Ga|zel|le ⟨f.; -, -n; Zool.⟩ artenreiche Gattung der Antilopen, meist mit auffallender Kopfzeichnung, zierlich gebaute Tiere, die in Herden die afrikanischen u. asiatischen Steppen bewohnen: Gazella [<ital. *gazella* <arab. *ghazala* »wilde Ziege«]

Ga|zet|te ⟨a. [-zɛt(ə)] f.; -, -n⟩ Zeitung [frz. <ital. *gazzetta*]

Gaz|pa|cho ⟨[gazpatʃo] m.; -s, -s; span. Kochk.⟩ kalt servierte Gemüsesuppe (mit Knoblauch)

Gbit ⟨Zeichen für⟩ Gigabit

Gbyte ⟨[-baɪt] Zeichen für⟩ Gigabyte

Gd ⟨chem. Zeichen für⟩ Gadolinium

Ge ⟨chem. Zeichen für⟩ Germanium

ge|bongt ⟨Adj.⟩ erledigt, verabredet, festgemacht; *das ist* ~; →*a.* bongen

Ge|cko ⟨m.; -s, -s; Zool.⟩ kleine, gedrungene, abgeplattete Echse mit großem Kopf, großen Augen u. dicker Schwanz, Haftzeher: Gekkonidae [<ndrl. *gekko* <lautmalend *gekok,* nach seinen auffälligen Kehllauten]

Ge|gen|ka|tho|de ⟨f.; -, -n; El.⟩ = Antikathode; *oV* Gegenkatode

Ge|gen|ka|to|de ⟨f.; -, -n; El.⟩ = Gegenkathode

ge|han|di|kapt ⟨[gəhændɪkɛpt] Adj.⟩ behindert [→ *Handicap*]

Ge|hen|na ⟨f.; -; unz.⟩ Hölle [<lat. *gehenna* <hebr. *ge hinnom* »Hölle« <*ge ben Hinnom* »Tal des Sohnes Hinnoms« (am Südhang des Zion-Berges, wo dem Moloch Kinder geopfert wurden)]

Gei|sa ⟨Pl. von⟩ Geison

Gei|ser ⟨m.; -s, -⟩ = Geysir

Gei|sha ⟨[geːʃa] f.; -, -s⟩ Tanz- u. Singmädchen in jap. Teehäusern [<jap. *geisa*]

Gei|sir ⟨m.; -s, -e⟩ = Geysir

Gei|son ⟨n.; -s, -s od. -sa⟩ Kranzgesims [grch., »Vorsprung des Daches, Gesims«]

Gei|to|no|ga|mie ⟨f.; -; unz.; Biol.⟩ Bestäubung zwischen Blüten derselben Pflanze, Nachbarbestäubung [<grch. *geiton* »Nachbar« + ...*gamie*]

Gel ⟨n.; -s, -e⟩ **1** geleeartiges Haarkosmetikum **2** ⟨Chemie⟩ gallertartiges, wasserreiches Kolloid [verkürzt <*Gelatine*]

Ge|las|ma ⟨n.; -s, -ma|ta od. -las|men; Med.⟩ von bewusstlosem Niederstürzen begleiteter Lachkrampf; →*a.* Gelolepsie [grch., »Lachen«]

Ge|la|ti|ne ⟨[ʒe-] f.; -; unz.⟩ gereinigter, entfetteter (u. gefärbter) Knochenleim zur Herstellung u. zum Eindicken von Geleespeisen, Sülzen usw. [<neulat. (Alchimistensprache, 16. Jh.) *gelatina* »Gallertstoff«; zu lat. *gelare* »gefrieren«; verwandt mit *Gelee*]

ge|la|ti|nie|ren ⟨[ʒe-] V.⟩ zu Gelatine werden

ge|la|ti|nös ⟨[ʒe-] Adj.⟩ gelatineartig

Ge|lee ⟨[ʒe-] n. od. m.; -s, -s⟩ **1** mit Zucker eingekochter Fruchtsaft; *Erdbeer*~ **2** = Gallert **3** Glycerincreme [<frz. *gelée* »eingekochter Fruchtsaft«; → *gelieren, Gelatine, Gallert*]

Ge|lée roy|ale *auch:* **Ge|lée ro|yale** ⟨[ʒɔlɛ: roajal] n.; - -; unz.⟩ **1** wertvoller Futtersaft der Bienen, mit dem die Larven der Bienenköniginnen gefüttert werden (Bestandteil in Bienenhonig, Kosmetik- u. Reformhausprodukten) **2** ⟨fig.⟩ das Feinste vom Feinen [frz.; <*Gelee* + *royal* »königlich«]

ge|lie|ren ⟨[ʒe-] V.⟩ zu Gelee erstarren, halbfest werden; *Fruchtsaft, Fleischbrühe geliert* [<frz. *geler* »gefrieren, zum Gefrieren bringen« <lat. *gelare*]

Ge|lo|lep|sie ⟨f.; -, -n; Med.⟩ plötzliches bewusstloses Niederstürzen bei emotionaler Erregung (z. B. Lachen) infolge eines spontanen Ausfalls aller Muskeln; →*a.* Gelasma [<grch. *gelan* »lachen« + *lepsis* »Anfall«]

Ge|mel|lus ⟨m.; -, -li⟩ Zwilling; *Sy* Geminus [lat., »doppelt, zugleich geboren«]

Ge|mi|na|te ⟨f.; -, -n; Gramm.⟩ Doppelkonsonant, zwei gleiche Konsonanten nebeneinander, im Deutschen nur noch in der Schrift als Zeichen für die Kürze des vorangehenden Vokals üblich, in anderen Sprachen, z. B. im Italien., zur Verlängerung der Artikulation, die auf zwei Silben verteilt wird, z. B. bel-lo [<lat. *geminare* »verdoppeln«]

Ge|mi|na|ti|on ⟨f.; -, -en; Gramm.⟩ Bildung von Geminaten

ge|mi|nie|ren ⟨V.; Gramm.⟩ Geminaten bilden; *einen Konsonanten* ~ verdoppeln [<lat. *geminare* »verdoppeln«]

Ge|mi|nus ⟨m.; -, -ni⟩ Zwilling; *Sy* Gemellus [lat.]

Gem|me ⟨f.; -, -n⟩ **1** Halbedelstein mit vertieft eingeschnittenem Bild; *Sy* Intaglio; →*a.* Kamee **2** Spore von Pilzen [<lat., lat. *gemma* »Auge, Knospe am Rebstock, Edelstein«]

Gem|mo|glyp|tik ⟨f.; -; unz.⟩ Steinschneidekunst [<lat. *gemma* »Edelstein« + *Glyptik*]

Gem|mo|lo|ge ⟨m.; -n, -n⟩ Experte für Edelsteine [<lat. *gemma* »Edelstein« + ...*loge*]

Gem|mo|lo|gie ⟨f.; -; unz.⟩ Edelsteinkunde [<lat. *gemma* »Edelstein« + ...*logie*]

gem|mo|lo|gisch ⟨Adj.⟩ die Gemmologie betreffend, zu ihr gehörend

Gem|mu|la ⟨f.; -, -lae [-lɛː]; Biol.⟩ Brutknospe der Süßwasserschwämme [lat., Verkleinerungsform zu *gemma* »Knospe, Auge an einer Pflanze«]

Gen ⟨n.; -s, -e⟩ der eigtl. Träger der Vererbung u. der Erbanlagen, unter dessen Einfluss sich die Merkmale entwickeln, die das körperl. u. geistige Erscheinungsbild der Organismen prägen (in bestimmter Anordnung in den Chromosomen des Zellkerns, wahrscheinlich auch im Zellplasma befindlich u. aus Eiweißmolekülen bestehend) [<grch. *gennan* »erzeugen«]

gen..., Gen... ⟨in Zus.⟩ **1** die Gene betreffend, zu ihnen gehörig; *Genmanipulation; gentechnisch* **2** mithilfe der Gentechnologie erzeugt; *Genfood*

...gen[1] ⟨Nachsilbe; zur Bildung von Adj.⟩ **1** erzeugend, bildend

...gen² 2 erzeugt, entstanden 3 ...artig [‹grch. *gennan* »erzeugen«, *genos* »Geburt, Geschlecht, Art«; zu *gignesthai* »entstehen, erzeugt werden, geboren werden«]

...gen² ⟨Nachsilbe; zur Bildung von sächl. Subst.⟩ erzeugender Stoff; *Androgen; Cancerogen* [→ ...*gen¹*]

ge|nant ⟨[ʒɑ̃-] Adj.⟩ so beschaffen, dass man sich genieren muss, peinlich, unangenehm [‹frz. *gênant* »beschwerlich, lästig«; → *genieren*]

Gen|bank ⟨f.; -, -bän|ke; Genetik⟩ Einrichtung zur Sammlung u. Erhaltung von Erbgut bestimmter Pflanzenarten, das durch die Züchtung neuer, einheitlicher Sorten verloren zu gehen droht

Gen|chir|ur|gie *auch:* **Gen|chi|rur|gie** ⟨[-çir-] f.; -; unz.; Genetik⟩ operative Eingriffe in das Erbgut mit dem Ziel, neue Kombinationen von Erbanlagen herzustellen bzw. genetische Defekte zu beheben; →a. Gentechnologie

Gen|darm ⟨[ʒɑ̃-] od. [ʒan-] m.; -en, -en⟩ **1** ⟨urspr.⟩ Angehöriger der Leibgarde frz. Könige **2** ⟨danach⟩ Polizist, Landjäger **3** ⟨Zool.⟩ Feuerwanze [‹frz. *gendarme* »Polizeisoldat« ‹ *gens d'armes* »bewaffnete Männer«]

Gen|dar|me|rie ⟨[ʒɑ̃-] od. [ʒan-] f.; -, -n; in Frankreich⟩ Truppe der ländl. Polizei [frz.]

Gen|der-Main|strea|ming ⟨[dʒɛndə(r)mɛɪnstriːmɪŋ] n.; - od. -s; unz.; Politik⟩ gesetzlich verankertes Bestreben, eine Gleichstellung von Frauen u. Männern in allen Bereichen der Politik zu erreichen [‹engl. *gender* »Geschlecht, Geschlechterrolle« + *mainstream* »Hauptstrom, Hauptrichtung«]

Gene ⟨[ʒɛːn] f.; -; unz.⟩ (selbst auferlegter) Zwang, Unbehaglichkeit, Schüchternheit [‹frz. *gêne* »Marter, Qual, Zwang«]

Ge|ne|a|lo|ge ⟨m.; -n, -n⟩ Wissenschaftler auf dem Gebiet der Genealogie

Ge|ne|a|lo|gie ⟨f.; -; unz.⟩ **1** Lehre von den Geschlechtern bezüglich ihrer Abstammung (u. den sich daraus ergebenden gesellschaftl., rechtl. usw. Beziehungen), Familienforschung, Sippen-, Ahnen-, Stammbaumforschung **2** histor. Hilfswissenschaft von der Herkunft u. Zusammensetzung (bes. geschichtlich bedeutender) Geschlechtsverbände [‹grch. *genealogia* »Aufstellung des Stammbaumes, Stammbaum«, ‹ *genea* »Abstammung« + *logos* »Rede, Kunde«]

Ge|ne|a|lo|gin ⟨f.; -, -gin|nen⟩ Wissenschaftlerin auf dem Gebiet der Genealogie

ge|ne|a|lo|gisch ⟨Adj.⟩ die Genealogie betreffend, auf ihr beruhend, mit ihrer Hilfe

Ge|ne|ra ⟨Pl. von⟩ Genus

Ge|ne|ral ⟨m.; -s, -e od. -rä|le⟩ **1** zweithöchste Offiziersrangklasse **2** Offizier in dieser Rangklasse **3** oberster Vorsteher eines kath. geistl. Ordens oder einer Kongregation **4** der internationale Leiter der Heilsarmee **5** ⟨Zool.⟩ Feuerwanze [‹mhd. *general* ‹lat. *generalis* »allgemein«, kirchenlatein. »Haupt eines Mönchsordens«; militär. Bedeutung seit dem 15. Jh. vom Deutschen Orden, seit dem 16. Jh. beeinflusst von frz. *général* »General«]

Ge|ne|ral... ⟨in Zus.⟩ Haupt..., Allgemein...; *Generalvollmacht* [‹lat. *generalis* »allgemein«]

Ge|ne|ral|agent ⟨m.; -en, -en⟩ Hauptvertreter

Ge|ne|ral|agen|tur ⟨f.; -, -en⟩ Hauptgeschäftsstelle

Ge|ne|ral|bass ⟨m.; -es, -bäs|se⟩ = Basso continuo

Ge|ne|ral|di|rek|ti|on ⟨f.; -, -en⟩ Leitung, Hauptsitz eines großen Wirtschaftsunternehmens

Ge|ne|ral|di|rek|tor ⟨m.; -s, -en⟩ oberster Leiter eines großen Wirtschaftsunternehmens, Hauptdirektor

Ge|ne|ral|di|rek|to|rin ⟨f.; -, -rin|nen⟩ oberste Leiterin eines großen Wirtschaftsunternehmens

Ge|ne|ra|le ⟨n.; -s, -li|en⟩ allgemein Gültiges, allgemeine Angelegenheit [‹lat. *generalis* »allgemein«]

Ge|ne|ral En|ter|prise *auch:* **Ge|ne|ral Enterprise** ⟨[dʒɛnərəl ɛntə(r)praɪz] f.; (-) -, (-) -s [-sɪz]; Wirtsch.⟩ Arbeitsgemeinschaft aus einem Hauptunternehmer (meist im Baugewerbe) u. mehreren Unterunternehmern [engl., »Hauptunternehmertum«]

Ge|ne|ral|gou|ver|ne|ment ⟨[-guvɛrnəmɑ̃:] n.; -s, -s⟩ **1** große Provinz **2** ⟨im 2. Weltkrieg Bez. für⟩ das besetzte Polen

Ge|ne|ra|li|en ⟨Pl. von⟩ **1** Generale **2** ⟨österr.⟩ Personalien

Ge|ne|ral|in|spek|teur *auch:* **Ge|ne|ral|in|spek|teur** ⟨[-tøːr] m.; -s, -e⟩ ranghöchster Soldat der Bundeswehr, untersteht dem Bundesminister der Verteidigung

Ge|ne|ral|in|spek|ti|on *auch:* **Ge|ne|ral|ins|pek|ti|on** ⟨f.; -, -en⟩ allgemeine, umfassende Inspektion

Ge|ne|ral|in|ten|dant ⟨m.; -en, -en⟩ **1** oberster Beamter der Heeresverwaltung **2** oberster Leiter eines großen Theaters

Ge|ne|ra|li|sa|ti|on ⟨f.; -, -en⟩ Verallgemeinerung; *Gss* Individualisation [‹frz. *généralisation* »Verallgemeinerung«]

ge|ne|ra|li|sie|ren ⟨V.⟩ verallgemeinern; *Gss* individualisieren [‹frz. *généraliser* »verallgemeinern«]

ge|ne|ra|li|siert ⟨Adj.; Med.⟩ über den ganzen Körper ausgebreitet; *~e Krankheit*

Ge|ne|ra|li|sie|rung ⟨f.; -, -en⟩ Verallgemeinerung, Vereinfachung; *eine unangemessene ~ vornehmen*

Ge|ne|ra|lis|si|mus ⟨m.; -, -se od. -si|mi⟩ selbständiger Oberbefehlshaber [neulat., Superlativ zu lat. *generalis* »allgemein, die ganze Gattung betreffend«]

Ge|ne|ra|list ⟨m.; -en, -en⟩ jmd., der sich nicht auf ein bestimmtes Fachgebiet spezialisiert hat; *Gss* Spezialist

Ge|ne|ra|li|tät ⟨f.; -; unz.⟩ **1** Allgemeinheit **2** ⟨Mil.⟩ Gesamtheit der Generäle [→ *General*]

ge|ne|ra|li|ter ⟨Adv.; geh.⟩ im Allgemeinen, überhaupt, generell gesehen [lat.]

Ge|ne|ral|li|nie ⟨[-njə] f.; -, -n⟩ allgemeine Richtlinie

Ge|ne|ral|ma|jor ⟨m.; -s, -e; Mil.⟩ **1** ⟨unz.⟩ vorletzte Rangstufe vor dem General **2** ⟨zählb.⟩ Offizier in diesem Rang

genieren

Ge|ne|ral|pau|se ⟨f.; -, -n; Musik⟩ Pause vor allen Instrumente gleichzeitig

Ge|ne|ral|pro|be ⟨f.; -, -n⟩ letzte Probe vor der Aufführung; *öffentliche* ~ für das Publikum offene Generalprobe

Ge|ne|ral|se|kre|tär ⟨m.; -s, -e⟩ Hauptgeschäftsführer (einer politischen Vereinigung, eines Verbandes o. Ä.); *Sy* Chefsekretär (2)

Ge|ne|ral|staa|ten ⟨Pl.⟩ **1** ⟨in der ehemaligen Republik der Niederlande⟩ die Vertreter der sieben Provinzialstaaten **2** ⟨heute⟩ das niederländ. Parlament

Ge|ne|ral|stab ⟨m.; -(e)s, -stäbe⟩ Gruppe von hohen Offizieren zur Unterstützung der Heeresleitung u. des Oberbefehlshabers

Ge|ne|ral|streik ⟨m.; -s, -s⟩ allgemeiner Streik zur Lähmung der gesamten Wirtschaft

Ge|ne|ral|su|per|in|ten|dent ⟨m.; -en, -en; evang. Kirche⟩ leitender Geistlicher einer Landeskirche, heute meist durch den Bischof ersetzt

Ge|ne|ra|ti|on ⟨f.; -, -en⟩ **1** Menschenalter; *eine Entwicklung durch ~en hindurch* **2** einzelne Stufe der Geschlechtsfolge **3** Gesamtheit der zu dieser Stufe gehörenden Personen; *die ~ unserer Eltern; meine, deine ~; die ältere ~* die Eltern; *die junge ~* die Kinder od. Enkel; *etwas von einer ~ auf die andere vererben* [<lat. *generatio* »Zeugung«]

Ge|ne|ra|ti|ons|wech|sel ⟨m.; -s, -⟩ Wechsel zwischen einer sich geschlechtlich fortpflanzenden u. einer sich ungeschlechtlich vermehrenden Generation einer Tier- od. Pflanzenart

ge|ne|ra|tiv ⟨Adj.⟩ **1** ⟨Biol.⟩ die Zeugung betreffend, auf ihr beruhend, geschlechtlich, keimbildend, zeugungs... **2** *~e Grammatik* ⟨Sprachw.⟩ G., deren Regeln nach mathemat. Vorbild so eindeutig fixiert sind, dass man aus einfachen Formen komplizierte Formen erzeugen kann [<lat. *generare* »(er)zeugen«]

Ge|ne|ra|tor ⟨m.; -s, -to|ren; Technik⟩ **1** rotierende Maschine, die mechanische in elektrische Energie umformt; *Sy* Dynamomaschine **2** Gasgenerator [lat., »Erzeuger«]

Ge|ne|ra|tor|gas ⟨n.; -es; unz.⟩ im Gasgenerator erzeugtes Gas

ge|ne|rell ⟨Adj.⟩ allgemein (gültig), im Allgemeinen; *Ggs* speziell [<lat. *generalis* »allgemein«]

ge|ne|rie|ren ⟨V.⟩ erzeugen [<lat. *generare* »erzeugen, zeugen«]

Ge|ne|rie|rung ⟨f.; -; unz.⟩ das Generieren

ge|ne|risch ⟨Adj.⟩ die Gattung, das Geschlecht betreffend, Gattungs..., Geschlechts... [<lat. *genus*, Gen. *generis* »Geschlecht, Abstammung«]

ge|ne|rös ⟨Adj.⟩ freigebig, großzügig, edelmütig [<frz. *généreux* »großmütig, hochherzig«]

Ge|ne|ro|si|tät ⟨f.; -; unz.⟩ generöses Wesen, Freigebigkeit [<frz. *générosité* »Edelmut, Großmut«]

Ge|ne|se ⟨f.; -, -ne|sen⟩ Entstehung, Entwicklung, Werden, Bildung (des Lebens, der Lebewesen) [<grch. *genesis* »Erzeugung, Ursprung«]

Ge|ne|sis ⟨f.; -; unz.⟩ **1** ⟨allg⟩ Ursprung, Entstehung **2** ⟨Rel.⟩ die Schöpfungsgeschichte, 1. Buch Mosis [grch., »Erzeugung, Ursprung«]

Ge|ne|tik ⟨f.; -; unz.⟩ **1** (i. e. S.) Vererbungslehre **2** ⟨i. w. S.⟩ Wissenschaft von der Entstehung der Organismen [<grch. *genesis* »Ursprung, Erzeugung«]

Ge|ne|ti|ker ⟨m.; -s, -⟩ Forscher auf dem Gebiet der Genetik

Ge|ne|ti|ke|rin ⟨f.; -, -rin|nen⟩ Forscherin auf dem Gebiet der Genetik

ge|ne|tisch ⟨Adj.⟩ die Genetik betreffend, auf ihr beruhend, erblich bedingt, entstehungsgeschichtlich, Entstehungs...; *~e Information* Information über genetische Kodes; *~e Kartierung* Bestimmung der Positionen eines Gens auf dem DNA-Molekül; *~er Kode* in Form besonderer Strukturen der Eiweißmoleküle festgelegter Bau der Gene

Ge|ne|tiv ⟨m.; -s, -e [-və]; Gramm.⟩ = Genitiv

Ge|net|te ⟨[ʒənɛt(ə)] f.; -, -n; Bot.⟩ Gattung der Schleichkatzen mit dunkel geflecktem Fell, das als Pelzwerk geschätzt ist, Ginsterkatze: Genetta [frz. <span. <arab.]

Ge|ne|ver ⟨[ʒəneːvə(r)] m.; -s, -⟩ klarer Kornbranntwein mit Wacholdergeschmack [<frz. *genièvre* »Wacholder«]

Gen|ex|pres|si|on ⟨f.; -; unz.; Genetik⟩ Vorgang der Umwandlung des genetischen Kodes in die in den Zellen vorhandenen Strukturen

Gen|food ⟨[-fuːd] n.; -s; unz.; umg.⟩ = Novelfood

ge|ni|al ⟨Adj.⟩ im höchsten Maße begabt u. dabei schöpferisch [verkürzt <*genialisch*; → *Genie*]

ge|ni|a|lisch ⟨Adj.⟩ **1** nach der Art eines Genies, schöpferisch **2** ⟨fig.⟩ alles Durchschnittliche u. Konventionelle missachtend, überschwänglich

Ge|ni|a|li|tät ⟨f.; -; unz.⟩ geniale Veranlagung, Schöpferkraft

...ge|nie ⟨Nachsilbe; zur Bildung weibl. Subst.⟩ (Lehre von der) Entwicklung; *Ontogenie; Phylogenie* [zu grch. *genea* »Herkunft«; → *...gen*[?]]

Ge|nie ⟨[ʒə-] n.; -s, -s⟩ **1** ⟨unz.⟩ **1.1** höchste schöpferische Begabung **1.2** ⟨schweiz.⟩ militär. Ingenieurwesen **2** ⟨zählb.⟩ Mensch von höchster schöpferischer Begabung; *ein musikalisches ~; verbummeltes ~* ⟨umg.; scherzh.⟩ verbummelter Künstler, Bohemien **3** *verkanntes ~* **3.1** nicht zur Geltung kommender begabter Mensch **3.2** ⟨umg.; iron.⟩ jmd., der sich für sehr begabt hält [<frz. *génie*, eigtl. »Schutzgeist; feuriger Schöpfergeist« <lat. *genius*; → *Genius*]

Ge|nie|korps ⟨[ʒəniːkoːr] n.; -[-koːrs], [-koːrs]⟩ techn. Truppe, Pioniertruppe [<frz. *génie* »Ingenieurwesen, Kriegsbaukunst« + *corps* »Körperschaft«]

Ge|nie|of|fi|zier ⟨[ʒə-] m.; -s, -e; schweiz.⟩ Offizier des Geniekorps

ge|nie|ren ⟨[ʒe-] V.⟩ **1** *jmdn. ~* stören, belästigen; jmdm. peinlich sein; *geniert es Sie, wenn ich meine Jacke ausziehe?* **2** *sich*

genital

~ sich schämen, sich vor den anderen Leuten unsicher fühlen, schüchtern, gehemmt sein [< frz. *gêner* »drücken, quälen, hindern, hemmen«]

ge|ni|tal ⟨Adj.⟩ die Genitalien betreffend, zu ihnen gehörend [< lat. *genitalis* »zur Zeugung od. Geburt gehörig, zeugend, befruchtend«]

Ge|ni|tal ⟨n.; -s, -li|en; Anat.⟩ Geschlechtsteil, Geschlechtsorgan; *oV* Genitale [→ *genital*]

Ge|ni|ta|le ⟨n.; -s, -li|en⟩ = Genital

ge|ni|ta|lisch ⟨Adj.⟩ zum Genital gehörig, es betreffend

Ge|ni|tiv ⟨m.; -s, -e [-və]; Gramm.⟩ zweiter Fall der Deklination, Wesfall; *oV* Genetiv [< lat. *casus genitivus* »Fall, der die Abkunft, Herkunft, Zugehörigkeit bezeichnet« < grch. *genike (ptosis)* »für die Gattung bezeichnende Fall«]

ge|ni|ti|visch ⟨Adj.⟩ den Genitiv betreffend, zu ihm gehörig, auf ihm beruhend

Ge|ni|tiv|ob|jekt ⟨n.; -(e)s, -e; Gramm.⟩ Satzergänzung im Genitiv, z. B. er beschuldigte sie »eines Verbrechens«; sie enthielt sich »der Stimme«; →a. Objekt

Ge|ni|ti|vus ⟨[-vus] m.; -, -ti|vi [-vi]; Gramm.⟩ = Genitiv; ~ *obiectivus* Genitiv als Objekt einer Handlung, z. B. Bezwinger des Nanga Parbat; ~ *partitivus* Genitiv als Teil eines Ganzen, z. B. ein Becher Weins; ~ *possessivus* den Besitz bezeichnender Genitiv, z. B. das Haus meines Vaters; ~ *qualitatis* Genitiv als Bezeichnung einer Eigenschaft, z. B. eine Ware bester Güte; ~ *subiectivus* Genitiv als Subjekt einer Handlung, z. B. »die Ankunft des Zuges«

Ge|ni|us ⟨m.; -, Ge|ni|en⟩ **1** ⟨unz.⟩ schöpfer. Geist, schöpfer. Kraft **2** ⟨zählb.⟩ **2.1** Schutzgeist; ~ *Loci* Schutzgeist eines Ortes **2.2** ⟨Kunst⟩ geflügelte männl. od. weibl. niedere Gottheit [lat., »Personifikation der Zeugungskraft; Schutzgeist; Schöpfergeist«; → *Genie*]

Gen|ma|ni|pu|la|ti|on ⟨f.; -, -en; Genetik⟩ Umwandlung von Genen mit physikalischen od. chemischen Methoden u. die damit verbundene Veränderung der Erbsubstanz

gen|ma|ni|pu|liert ⟨Adj.; Genetik⟩ mithilfe der Genmanipulation verändert; ~*er Mais*

Gen|mu|ta|ti|on ⟨f.; -, -en; Genetik⟩ Strukturwandlung im Molekülbereich der Erbsubstanz aufbauenden chemischen Verbindungen; *Sy* Lokusmutation, Punktmutation, Transmutation

gen|ne|ma|tisch ⟨Adj.; Sprachw.⟩ die akust. Struktur von Sprachlauten betreffend; *Sy* gennemisch [→ *Genesis*]

gen|ne|misch ⟨Adj.; Sprachw.⟩ = gennematisch

Ge|nom ⟨n.; -s, -e; Genetik⟩ alle im haploiden Kern vereinigten Gene [→ *Gen*]

Ge|nom|ana|ly|se ⟨f.; -, -n; Genetik⟩ Untersuchung des Genbestandes der Zellen eines Organismus

ge|no|spe|zi|fisch ⟨Adj.; Genetik⟩ charakteristisch für das Genmaterial, ihm eigentümlich

ge|no|ty|pisch ⟨Adj.; Genetik⟩ den Genotypus betreffend, auf ihm beruhend

Ge|no|ty|pus ⟨m.; -, -ty|pen; Genetik⟩ **1** Gesamtheit der Erbanlagen **2** durch die Erbanlagen bedingte Beschaffenheit eines Lebewesens; *Ggs* Phänotypus [< *Gen* + *Typus*]

Ge|no|zid ⟨m. od. n.; -(e)s, -e od. -di|en; Rechtsw.⟩ Ausrottung bzw. schwere Schädigung eines Volkes od. einer bestimmten sozialen, ethnischen od. religiösen Gruppe; *der* ~ *an den Juden im Dritten Reich* [< lat. *genus* »Geschlecht« + ...*zid*]

Gen|re ⟨[ʒã:rə] n.; -s, -s⟩ Gattung, Art [frz., »Gattung, Art«]

Gen|re|bild ⟨[ʒã:rə-] n.; -(e)s, -er⟩ Bild, Schilderung aus dem Alltagsleben, Sittenbild

Gen|re|gu|la|ti|on ⟨f.; -; unz.⟩ Wechselwirkung zwischen DNA u. Protein in einem Gen

gen|re|haft ⟨[ʒã:rə-] Adj.⟩ in der Art eines Genrebildes

Gen|re|ma|le|rei ⟨[ʒã:rə-] f.; -; unz.⟩ Darstellung der Alltagswelt bestimmter Stände, bes. in der ndrl. Kunst des 17. Jh. [Lehnübersetzung < frz. *peinture de genre*]

Gens ⟨f.; -, Gen|tes; im antiken Rom⟩ Verband von Familien gleicher Abstammung, die den gleichen Geschlechternamen tragen [lat.]

Gent ⟨[dʒɛnt] m.; -s, -s⟩ Angeber, Geck [engl., »feiner Herr«; verkürzt <*gentleman*]

Gen|tech|nik ⟨f.; -; unz.⟩ = Gentechnologie

gen|tech|nisch ⟨Adj.⟩ die Gentechnik betreffend, auf ihr beruhend; ~ *verändertes Gemüse*

Gen|tech|no|lo|gie ⟨f.; -; unz.⟩ Technologie zur Neukombination u. Übertragung von Genen; *Sy* Gentechnik

Gen|the|ra|pie ⟨f.; -, -n; Med.⟩ Verfahren der Neukombination u. Übertragung von Genen zur Heilung von Krankheiten

Gen|ti|a|ne ⟨f.; -; unz.; Bot.⟩ Enzian [lat.]

gen|til ⟨[ʒɛnti:l] od. [ʒãti:l] Adj.⟩ fein, nett, gut erzogen [frz.]

Gen|til|homme ⟨[ʒãtijɔm] m.; -s, -s⟩ Mann von guter Lebensart [frz., »Edelmann«]

Gen|tle|man *auch:* **Gent|le|man** ⟨[dʒɛntlmæn] m.; -s, -men [-mən]⟩ Mann von vornehmer Gesinnung u. Lebensart [engl., »Mann von ritterl. Denkungs- u. Lebensart«]

gen|tle|man|like *auch:* **gent|le|man|like** ⟨[dʒɛntlmænlaɪk] Adj.⟩ vornehm, ehrenhaft [engl., »wie ein Gentleman«]

Gentlemen's Agreement (*Worttrennung am Zeilenende; Übernahme von semantischen Zeichen*) In Fremdwörtern können Buchstabenverbindungen aus Konsonant + l, n oder r entweder getrennt werden oder (entsprechend der Trennung nach Sprechsilben) ungetrennt auf die neue Zeile kommen. Werden Fügungen oder Redewendungen als Ganzes aus einer Fremdsprache übernommen, so werden in der Fremdsprache übliche semantische Zeichen in der Regel mit übernommen (→*a.* Director's Cut).

Gent|le|men's Ag|ree|ment *auch:* **Gent|le|men's Ag|ree|ment** ⟨[dʒɛntlmənz əgri:mənt] n.; -s, - -s⟩ Vereinbarung auf Treu

Geomagnetik

u. Glauben (bes. in der Diplomatie) [engl., »Übereinkommen zwischen Gentlemen«]

Gen|trans|fer ⟨m.; -s, -s; Biol.⟩ das Einfügen genetischer Informationen in einen Zellkern durch Übertragung isolierter DNA-Sequenzen aus einer anderen Zelle

Gentry auch: **Gent|ry** ⟨[dʒɛntrɪ] f.; -; unz.; in Großbritannien⟩ niederer Adel [engl.]

ge|nu|in ⟨Adj.⟩ angeboren, echt, natürlich [< lat. *genuinus* »angeboren, natürlich«]

Ge|nus ⟨n.; -, Ge|ne|ra⟩ **1** Gattung **2** ⟨Gramm.⟩ Geschlecht der Substantive u. Pronomen; ~ *commune* gemeinsames Geschlecht der Substantive (u. Pronomen), z. B. von Maskulinum u. Femininum im Niederländischen und Dänischen; ~ *Verbi* Ausdrucksform des Verbs, die das syntaktische Verhältnis des Subjekts zum Geschehen bezeichnet (Aktiv od. Passiv), Handlungsrichtung [lat. *genus*, »Geschlecht, Abstammung«; lat. *verbi*, Gen. zu *verbum* »Wort«]

geo..., **Geo...** ⟨in Zus.⟩ erd..., Erd...; *Geographie*; *geotrop* [< grch. *ge* »Erde«]

Ge|o|an|ti|kli|na|le ⟨f.; -, -n⟩ großflächiges Aufwölbungsgebiet der Erdoberfläche [< *Geo...* + *Antiklinale*]

Ge|o|bi|on|ten ⟨Pl.⟩ die im Erdboden lebenden Organismen [< *Geo...* + grch. *bios* »Leben«]

Ge|o|bo|ta|nik ⟨f.; -; unz.; Bot.⟩ Lehre von der Verteilung der Pflanzen auf der Erde, Pflanzengeographie; *Sy* Phytogeographie [< *Geo...* + *Botanik*]

ge|o|bo|ta|nisch ⟨Adj.; Bot.⟩ auf der Geobotanik beruhend, zu ihr gehörend; *eine ~e Expedition durchführen*

Ge|o|che|mie ⟨[-çe-] f.; -; unz.; Chemie⟩ Lehre vom chem. Aufbau der Erde

ge|o|che|misch ⟨[-çe:-] Adj.; Chemie⟩ auf der Geochemie beruhend, zu ihr gehörend

Ge|o|chro|no|lo|gie ⟨[-kro-] f.; -; unz.⟩ Lehre von der Bestimmung geologischer Zeitalter

Ge|o|dä|sie ⟨f.; -; unz.⟩ Erdmessung u. Vermessungskunde; *höhere ~* Erdmessung mit Berücksichtigung der Erdkrümmung; *niedere ~* Erdmessung ohne Berücksichtigung der Erdkrümmung [< *Geo...* + grch. *daiein* »teilen«]

Ge|o|dät ⟨m.; -en, -en⟩ jmd., der auf dem Gebiet der Geodäsie arbeitet [→ *Geodäsie*]

ge|o|dä|tisch ⟨Adj.⟩ auf der Geodäsie beruhend, zu ihr gehörend; *~e Linie* kürzeste Verbindung zweier Punkte auf einer Fläche

Ge|o|de ⟨f.; -, -n⟩ Sekretion mit ganz ausgefülltem Hohlraum [< grch. *geodes* »erdartig« < *ge* »Erde« + *eidos* »Aussehen, Gestalt«]

Ge|o|dy|na|mik ⟨f.; -; unz.⟩ Dynamik der festen Körper

Ge|o|fak|tor ⟨m.; -s, -to|ren; meist Pl.; Geogr.⟩ Bestandteil u. gestaltende Kraft von Landschaften u. Regionen, z. B. Vegetation, Bodenbeschaffenheit, Klima u. Ä. [< *Geo...* + *Faktor*]

Ge|o|fon ⟨n.; -s, -e⟩ = Geophon

Ge|o|ge|nie ⟨f.; -; unz.⟩ Teil der Geologie, Lehre von der Entwicklung der Erde; *oV* Geogonie [< *Geo...* + *genie*]

Ge|o|go|nie ⟨f.; -; unz.⟩ = Geogenie [< *Geo...* + *...gonie*]

Ge|o|graf ⟨m.; -en, -en⟩ = Geograph

Ge|o|gra|fie ⟨f.; -; unz.⟩ = Geographie

Ge|o|gra|fin ⟨f.; -, -fin|nen⟩ = Geographin

ge|o|gra|fisch ⟨Adj.⟩ = geographisch

Ge|o|graph ⟨m.; -en, -en⟩ Kenner, Lehrer, Student der Geographie, Erdkundler; *oV* Geograf

---

Geograf / Geograph (*Laut-Buchstaben-Zuordnung*) Für die Silben »-*fon*«, »-*fot*« u. »-*graf*« kann die eingedeutschte (integrierte) Lautschreibung künftig generell verwendet werden. Die Schreibung mit »*ph*« bleibt jedoch auch künftig, vor allem in fachsprachlichen Texten, zulässig (→ *a.* Saxophon / Saxofon).

Ge|o|gra|phie ⟨f.; -; unz.⟩ Erdkunde, Erdbeschreibung; *oV* Geografie [< *Geo...* + *...graphie*]

Ge|o|gra|phin ⟨f.; -, -phin|nen⟩ Kennerin, Erforscherin, Lehrerin, Studentin der Geographie; *oV* Geografin

ge|o|gra|phisch ⟨Adj.⟩ zur Geographie gehörend, auf ihr beruhend, erdkundlich; *oV* geografisch; *~e Koordinaten* die Koordinaten (Länge u. Breite) im Gradnetz der Erde; *~e Breite* in Grad gemessener Winkelabstand eines Punktes der Erdoberfläche vom Äquator; *~e Länge* in Grad gemessener Winkelabstand eines Punktes der Erdoberfläche vom Nullmeridian; *~e Lage* eines Ortes nach geograph. Koordinaten im Gradnetz; *~e Ortsbestimmung* Bestimmung von Punkten auf der Erdoberfläche durch ihre geographische Lage od. durch Triangulation u. Nivellement; *~e Karte* Karte im Maßstab kleiner als 1:200 000, die vorwiegend Forschungs- u. Beobachtungsergebnisse der Geographie enthält u. auf geodätischen bzw. topografischen Karten aufbaut

ge|o|hy|dro|lo|gisch auch: **ge|o|hyd|ro|lo|gisch** ⟨Adj.⟩ = hydrogeologisch

Ge|o|id ⟨n.; -(e)s, -e⟩ wegen der vertikalen Erhebungen u. Vertiefungen der Erdoberfläche von einem Rotationsellipsoid abweichende wahre Form der Erdfigur [< *Geo...* + *...id*]

Ge|o|iso|ther|me ⟨f.; -, -n⟩ Linie, die Punkte gleicher Temperatur im Erdinnern verbindet

ge|o|karp ⟨Adj.; Bot.⟩ unter der Erde reifend [< *geo...* + *Karpos* »Frucht«]

Ge|o|lo|ge ⟨m.; -n, -n⟩ Wissenschaftler, Student der Geologie

Ge|o|lo|gie ⟨f.; -; unz.⟩ Lehre vom Aufbau u. von der Entwicklung der Erde, Erdgeschichte

Ge|o|lo|gin ⟨f.; -, -gin|nen⟩ Wissenschaftlerin, Studentin der Geologie

ge|o|lo|gisch ⟨Adj.⟩ die Geologie betreffend, zu ihr gehörend, auf ihr beruhend

Ge|o|ma|gne|tik auch: **Ge|o|mag|ne|tik** ⟨f.; -; unz.⟩ Teilgebiet der Geophysik, das die Beobachtung erdmagnetischer Erscheinungen zur Erforschung der

geomagnetisch

geologischen Verhältnisse benutzt

ge|o|ma|gne|tisch auch: **ge|o|magne|tisch** ⟨Adj.⟩ die Geomagnetik betreffend, auf ihr beruhend

Ge|o|man|tie ⟨f.; -; unz.⟩ Wahrsagerei aus in Sand gekritzelten Zeichen [*<Geo… + …mantie*]

Ge|o|me|di|zin ⟨f.; -; unz.⟩ Wissenschaft vom Einfluss der Boden- u. Klimabedingungen auf Entstehung, Ausbreitung, Verlauf u. Heilung von Krankheiten

Ge|o|me|ter ⟨m.; -s, -⟩ Feldmesser, Landmesser

Ge|o|me|trie auch: **Ge|o|met|rie** ⟨f.; -; unz.⟩ Gebiet der Mathematik, behandelt die gestaltlichen Gesetzmäßigkeiten und Größenbeziehungen an u. zwischen Linien, Flächen u. Körpern [*<Geo… + …metrie*]

ge|o|me|trisch auch: **ge|o|met|risch** ⟨Adj.⟩ auf der Geometrie beruhend, den Gesetzen der Geometrie folgend; ~es Mittel die n-te Wurzel aus dem Produkt von Zahlen $a_1, a_2…, a_n$; ~er Ort Linien u. Flächen, auf denen alle Punkte liegen, die gegebenen Bedingungen genügen; ~e Reihe eine Reihe, bei der der Quotient zweier aufeinander folgender Glieder konstant ist, z. B. $1/3 + 1/9 + 1/26 + 1/81 + … + (1/3)^n$; ~er Stil Stil (bes. in der altgrch. Vasenmalerei), der Ornamente, Tier- u. Pflanzenmotive in den linearen Formen geometr. Figuren (Dreiecke, Rhomben) bevorzugt

Ge|o|mor|pho|lo|ge ⟨m.; -n, -n⟩ Wissenschaftler auf dem Gebiet der Geomorphologie

Ge|o|mor|pho|lo|gie ⟨f.; -; unz.⟩ Zweig der physischen Geographie, der sich mit den Oberflächenformen der Erde u. ihrer Entstehung befasst

Ge|o|mor|pho|lo|gin ⟨f.; -, -ginnen⟩ Wissenschaftlerin auf dem Gebiet der Geomorphologie

ge|o|mor|pho|lo|gisch ⟨Adj.⟩ die Geomorphologie betreffend, zu ihr gehörend, auf ihr beruhend

Ge|o|öko|lo|gie ⟨f.; -; unz.⟩ Forschungsrichtung der Geographie, die sich mit Funktionsweise, Verbreitung u. Zusammenhang der Ökosysteme auf der Erde befasst [*<Geo… + Ökologie*]

ge|o|pa|thisch ⟨Adj.⟩ durch geograph., klimatische, meteorologische u. Ä. Faktoren Krankheiten begünstigend; *Sy* geopathogen; ~e Zonen [*<grch. ge* »Erde« + *pathein* »leiden«]

ge|o|pa|tho|gen ⟨Adj.⟩ = geopathisch

Ge|o|pha|gie ⟨f.; -; unz.⟩ Sitte mancher Naturvölker, bestimmte salz-, ton- od. fetthaltige Erden zu essen, Erdeessen [*<Geo… + …phagie*]

Ge|o|phon ⟨n.; -s, -e⟩ akust. Hörgerät für geophysikal. Untersuchungen, z. B. zur Aufzeichnung der Ausbreitung von Schallwellen bei künstlich ausgelösten Sprengungen; *oV* Geofon [*<Geo… + …phon*]

Ge|o|phy|sik ⟨f.; -; unz.⟩ Lehre von den natürl. physikal. Erscheinungen auf u. in der Erde

ge|o|phy|si|ka|lisch ⟨Adj.⟩ die Geophysik betreffend, zu ihr gehörend, auf ihr beruhend

Ge|o|phy|si|ker ⟨m.; -s, -⟩ Wissenschaftler auf dem Gebiet der Geophysik

Ge|o|phy|si|ke|rin ⟨f.; -, -rin|nen⟩ Wissenschaftlerin auf dem Gebiet der Geophysik

Ge|o|phyt ⟨m.; -en, -en; Bot.⟩ Staudenpflanze mit unterirdischen Überwinterungsorganen (Zwiebeln, Knollen, Rhizomen) [*<Geo… + …phyt*]

Ge|o|plas|tik ⟨f.; -; unz.⟩ räuml. Darstellung eines Teils der Erdoberfläche

Ge|o|po|li|tik ⟨f.; -; unz.⟩ Lehre von der Wechselwirkung geographischer u. politischer Gegebenheiten

ge|o|po|li|tisch ⟨Adj.⟩ die Geopolitik betreffend, auf ihr beruhend, zu ihr gehörend

Ge|o|re|li|ef ⟨n.; -s, -s od. -e⟩ die Höhengestaltung der Erdoberfläche, Gegenstand der Geomorphologie [*<Geo… + Relief*]

Georgette ⟨[ʒɔrˈʒɛt] f.; -; unz.; Textilw.⟩ schleierartig dünner Stoff aus Seide, Wolle od. Baumwolle [nach der frz. Modistin *Georgette* de la Plante]

Ge|or|gi|ne ⟨f.; -, -n; Bot.⟩ = Dahlie [nach dem Petersburger Botaniker J. G. *Georgi*, 1738-1802]

Ge|o|sphä|re auch: **Ge|os|phä|re** ⟨f.; -; unz.⟩ die Erdoberfläche od. Erdhülle, in der sich Land, Wasser, Luft, Pflanzen- u. Tierwelt berühren u. durchdringen [*<Geo… + Sphäre*]

ge|o|sta|ti|o|när ⟨Adj.⟩ ~e Bahn Flugbahn von Weltraumsonden, die synchron mit der Erdumdrehung umlaufen u. so ständig über einem Punkt der Erdoberfläche zu stehen scheinen, genutzt bes. für Nachrichtensatelliten; *Sy* geosynchron [*<geo… + …stationär*]

ge|o|syn|chron ⟨[-kroːn] Adj.⟩ = geostationär

Ge|o|syn|kli|na|le ⟨f.; -, -n; Geol.⟩ absinkender, großräumiger u. lang gestreckter Teil der Erdkruste [*<Geo… + Synklinale*]

Ge|o|ta|xis ⟨f.; -, -xi|en⟩ durch die Schwerkraft ausgelöste Taxie

Ge|o|tech|nik ⟨f.; -; unz.⟩ Gebiet der Bautechnik, das die Anwendung geologischen Wissens bei Bauvorhaben umfasst, z. B. beim Tunnelbau, Brückenbau u. Ä. [*<Geo… + Technik*]

Ge|o|tek|to|nik ⟨f.; -; unz.⟩ Teilgebiet der Geophysik, das sich mit dem Aufbau und der Entwicklung der festen Erdkruste befasst [*<Geo… + Tektonik*]

ge|o|tek|to|nisch ⟨Adj.; Geol.⟩ zur Geotektonik gehörend, sie betreffend, auf ihr beruhend [*<geo… + tektonisch*]

Ge|o|ther|mik ⟨f.; -; unz.⟩ Verfahren zur Messung von Boden- u. Gesteinstemperaturen mit Hilfe von Bohrungen zur Analyse des Untergrundes

ge|o|ther|misch ⟨Adj.⟩ die Erdwärme betreffend; ~e Tiefenstufe im Durchschnitt 30-35 m breite Schicht, der beim Eindringen in die Erde eine Temperaturzunahme von 1 °C entspricht [*<geo… + thermisch*]

ge|o|trop ⟨Adj.⟩ auf Geotropismus beruhend; *positiv* ~ nach oben gerichtet; *negativ* ~ nach unten gerichtet [*<geo… + …trop*]

Ge|o|tro|pis|mus ⟨m.; -, -pis|men⟩ durch die Schwerkraft ausgelöster Tropismus [<*Geo...* + *Tropismus*]

Ge|o|wis|sen|schaf|ten ⟨Pl.; Sammelbez. für⟩ alle Wissenschaften, die sich mit der Erforschung der Erde befassen, z. B. Geographie, Geologie

ge|o|zen|trisch *auch:* **ge|o|zent|risch** ⟨Adj.⟩ **1** auf die Erde als Mittelpunkt der Welt bezogen **2** auf den Erdmittelpunkt bezogen **3** ⟨Wirtsch.⟩ *~e Unternehmung* Unternehmung, die in Orientierung u. Struktur auf ein internationales Agieren ausgerichtet ist

Ge|o|zoo|lo|gie ⟨[-tso:o-] f.; -; unz.⟩ Lehre von der Verbreitung der Tiere auf der Erde, Tiergeographie; *Sy* Zoogeographie [<*Geo...* + *Zoologie*]

ge|o|zy|klisch *auch:* **ge|o|zyk|lisch** ⟨Adj.⟩ den Umlauf der Erde um die Sonne betreffend

Ge|pard ⟨m.; -s, -e; Zool.⟩ zu den Katzen gehörendes schnellstes (über 100 km/h), zur Jagd abrichtbares Raubtier mit braunrotem, schwarz getüpfeltem Fell, Jagdleopard: Acinonyx jubatus [<frz. *guépard*]

Ge|ra|nie ⟨[-njə] f.; -, -n; Bot.⟩ **1** = Pelargonie **2** = Geranium

Ge|ra|ni|ol ⟨n.; -s; unz.⟩ zweifach ungesättigter Terpenalkohol, der im Geranium- u. Rosenöl als Hauptriechstoff vorkommt, für Parfüms u. Seifen [<*Geranium* + *...ol*]

Ge|ra|ni|um ⟨n.; -s, -ni|en; Bot.⟩ Gattung der Storchschnabelgewächse mit gefiederten od. bandförmig geteilten Blättern u. schnabelförmig verlängerten Fruchtgrannen, Storchschnabel; *oV* Geranie (2) [<grch. *geranos* »Kranich«, nach den Früchten, die dem Schnabel eines Kranichs ähnlich sehen]

Ge|ri|a|ter *auch:* **Ge|ri|at|er** ⟨m.; -s, -⟩ Facharzt für Geriatrie

Ge|ri|a|trie *auch:* **Ge|ri|at|rie** ⟨f.; -; unz.⟩ Lehre von den Krankheiten alternder u. alter Menschen, Alters-, Greisenheilkunde [<grch. *geron* »alt, bejahrt« + *...iatrie*]

Ge|ri|a|tri|kum *auch:* **Ge|ri|at|ri|kum** ⟨n.; -s, -tri|ka; Pharm.⟩ Arzneimittel zur Behandlung von Altersbeschwerden [→ *Geriatrie*]

ge|ri|a|trisch *auch:* **ge|ri|at|risch** ⟨Adj.⟩ die Geriatrie betreffend, auf ihr beruhend

ge|rie|ren ⟨V.; refl.⟩ *sich* ~ sich hervortun, sich erweisen als; *sich als Experte* ~ [zu lat. *se gerere* »sich benehmen«]

Ger|ma|nin ⟨n.; -s; unz.; Pharm.⟩ chemotherapeutisches Heilmittel, Medikament gegen die Schlafkrankheit, Bayer 205 [nach *Germania*, der latein. Bezeichnung für Deutschland]

ger|ma|ni|sie|ren ⟨V.⟩ der dt. Sprache, Kultur angleichen, eindeutschen

Ger|ma|nis|mus ⟨m.; -, -men⟩ in eine Sprache übernommene deutsche Spracheigentümlichkeit

Ger|ma|nist ⟨m.; -en, -en⟩ Wissenschaftler, Student der Germanistik

Ger|ma|nis|tik ⟨f.; -; unz.⟩ **1** ⟨i. w. S.⟩ Wissenschaft von der german. Sprache **2** ⟨i. e. S.⟩ Wissenschaft von der deutschen Sprache u. Literatur

Ger|ma|nis|tin ⟨f.; -, -tin|nen⟩ Wissenschaftlerin, Studentin der Germanistik

ger|ma|nis|tisch ⟨Adj.⟩ die Germanistik betreffend, zu ihr gehörig, auf ihr beruhend

Ger|ma|ni|um ⟨n.; -s; unz.; chem. Zeichen: Ge⟩ grauweißes, sprödes 2- u. 4-wertiges Metall, zur Herstellung von Transistoren u. Dioden verwendet, Ordnungszahl 32 [nach *Germania*, der lat. Bez. für Deutschland]

ger|ma|no|phil ⟨Adj.⟩ eine Vorliebe für alles Germanische, Deutsche zeigend [<*germanisch* + grch. *philos* »Freund«]

Ger|ma|no|phi|lie ⟨f.; -; unz.⟩ Vorliebe für alles Germanische, Deutsche

ger|ma|no|phob ⟨Adj.⟩ allem Germanischen, Deutschen abgeneigt, feindlich [<*germanisch* + grch. *phobos* »Furcht«]

Ger|ma|no|pho|bie ⟨f.; -; unz.⟩ Abneigung gegen alles Germanische, Deutsche

ger|mi|nal ⟨Adj.; Biol.⟩ Keim od. Geschlecht betreffend, zu ihm gehörig [<lat. *germen* »Keim, Spross«]

Ger|mi|nal|e ⟨[-ljə] f.; -, -n; Biol.⟩ Germinaldrüse, Keim-, Geschlechtsdrüse [<lat. *germen* »Keim, Spross«]

Ger|mi|na|ti|on ⟨f.; -, -en; Bot.⟩ Keimungsperiode [<lat. *germinatio* »Keimung«]

ger|mi|na|tiv ⟨Adj.; Bot.⟩ den Keim, die Keimung betreffend

Ge|ront ⟨m.; -en, -en⟩ Mitglied der Gerusia [<grch. *geron*, Gen. *gerontos* »Greis, Volksältester«]

ge|ron|to..., **Ge|ron|to...** ⟨in Zus.⟩ das fortgeschrittene Lebensalter, alte Menschen betreffend; *Gerontologie* [<grch. *geron*, Gen. *gerontos* »Greis, Volksältester«]

Ge|ron|to|lo|ge ⟨m.; -n, -n; Med.⟩ Arzt od. Wissenschaftler auf dem Gebiet der Gerontologie

Ge|ron|to|lo|gie ⟨f.; -; unz.⟩ **1** Lehre von den Alterungsvorgängen, Altersforschung **2** Lehre von den unterschiedlichen Krankheitsverlauf in den einzelnen Lebensaltern [<grch. *geron*, *gerontos* »alt, bejahrt« + *...logie*]

Ge|ron|to|lo|gin ⟨f.; -, -gin|nen; Med.⟩ Ärztin od. Wissenschaftlerin auf dem Gebiet der Gerontologie

ge|ron|to|lo|gisch ⟨Adj.⟩ die Gerontologie betreffend, zu ihr gehörig, auf ihr beruhend

Ge|run|di|um ⟨n.; -s, -di|en; Gramm.⟩ substantivierte Form des Verbums, die ein Objekt regieren kann, z. B. engl. »the art of writing letters«, lat. »ars litteras scribendi«: die Kunst, Briefe zu schreiben; *Sy* Gerundiv [lat., eigtl. »das zu Verrichtende«; zu *gerere* »durchführen, verrichten«]

Ge|run|div ⟨n.; -s, -e [-və]; Gramm.⟩ = Gerundivum

ge|run|di|visch ⟨[-vɪʃ] Adj.; Gramm.⟩ das Gerundivum betreffend, als Gerundivum (gebraucht)

Ge|run|di|vum ⟨[-vum] n.; -s, -va [-va]; Gramm.⟩ vom Infinitiv abgeleitetes Adjektiv mit passiv. Bedeutung (bes. im Latein), z. B. laudandus, ein zu Lobender, einer, der gelobt werden muss [verkürzt <*Modus gerundivus*]

Ge|ru|sia ⟨f.; -; unz.; im antiken Sparta⟩ Ältestenrat [<grch. *gerusia*; → *Geront*]

Gervais®

Gervais® ⟨[ʒɛrvɛː] m.; -, -⟩ ein milder französischer Frischkäse [nach dem Namen des Herstellers, Charles *Gervais*]

Geseire ⟨n.; -s; unz.; umg.; abwertend⟩ klagendes Gerede, Gejammer [< neuhebr. *gezera* »Behauptung, erregtes Gespräch«]

Gesponsˡ ⟨m.; -s, -e; poet.; a. scherzh.⟩ Bräutigam, Gatte, Ehemann [< lat. *sponsus, sponsa* »der, die Verlobte«]

Gespons² ⟨n.; -s, -e; poet.; a. scherzh.⟩ Braut, Gattin, Ehefrau [< lat. *sponsus, sponsa* »der, die Verlobte«]

Gessopainting ⟨[dʒɛsoʊpeɪntɪŋ] n.; -s, -s; Mal.⟩ eine Maltechnik, Verbindung aus Flachrelief u. Malerei, Gipsmalerei [engl., »Gipsmalerei«]

Gestagen ⟨n.; -s, -e; Med.⟩ = Progesteron [< lat. *gestare* »tragen« + ...*genˡ*]

Geste ⟨a. [ɡɛːs-] f.; -, -n⟩ **1** Bewegung, die etwas ausdrücken soll, Gebärde **2** unverbindl. Höflichkeitsformel [< lat. *gestus* »Gebärdenspiel des Schauspielers oder Redners«; zu *gerere* »tragen, tun, verrichten«]

Gestik ⟨a. [ɡɛː-] f.; -; unz.⟩ Gesamtheit der Gesten, Gebärdenspiel, Zeichensprache

Gestikulation ⟨f.; -; unz.⟩ das Gestikulieren [< lat. *gesticulatio* »Gebärdenspiel, Gebärdensprache«; zu *gestus*; → *Geste*]

gestikulieren ⟨V.⟩ Gesten, Gebärden machen, durch Bewegungen Zeichen geben, sich verständl. machen [< lat. *gesticulari* »heftige Gebärden machen«; zu *gesticulus* »pantomimische Bewegung«, Verkleinerungsform zu *gestus*; → *Geste*]

gestisch ⟨a. [ɡɛː-] Adj.⟩ **1** mit Hilfe von Gesten; *etwas ~ andeuten* **2** hinsichtlich der Gesten; *ein ~ ausdrucksvolles Spiel*

Gestose ⟨f.; -, -n; Med.⟩ durch Schwangerschaft hervorgerufene Krankheit [zu lat. *gestatio* »Tragen«]

Gestus ⟨m.; -; unz.⟩ **1** Gebärde, Verhalten; *er tritt mit dem ~ des Gönners, des Lebemannes auf* **2** ⟨selten⟩ Gestik [lat.]

Getter ⟨m.; -s, -⟩ Metallschicht zur chem. Bindung von Gasresten im Vakuum durch Adsorption an Metall- od. Metalloxidoberflächen [< engl. *get* »bekommen«]

gettern ⟨V.⟩ mit einem Getter ausstatten, mittels eines Getters binden [→ *Getter*]

Getterung ⟨f.; -, -en⟩ Bindung von Gasen mittels eines Getters [→ *Getter*]

Getto / Ghetto ⟨*Laut-Buchstaben-Zuordnung*⟩ Im Zuge der Integration fremdsprachlicher Wörter in die deutsche Standardsprache kann neben die ursprüngliche, der Herkunftssprache folgende Orthographie eine integrierte Schreibweise mit angepasster Laut-Buchstaben-Zuordnung treten. Es bleibt dem Schreibenden überlassen, welche Schreibweise er vorzieht (→*a.* Myrre / Myrrhe).

Getto ⟨n.; -s, -s⟩ *oV* Ghetto **1** ⟨früher⟩ abgeschlossenes Stadtviertel, bes. für Juden **2** ⟨abwertend⟩ Wohnviertel (unter)privilegierter Gruppen [< ital. *ghetto*; Etymologie umstritten]

Gettoblaster ⟨[-blaːstɐ(r)] m.; -s, -⟩ tragbarer Radiokassettenrekorder mit wattstarken Lautsprechern; *oV* Ghettoblaster [< *Getto* + engl. *blaster* »Explosion; Schmettern«]

gettoisieren ⟨V.⟩ in einem Getto unterbringen, (von anderen) isolieren; *oV* ghettoisieren; *Asylanten ~*

Geuse ⟨m.; -n, -n⟩ niederländ. Freiheitskämpfer gegen Spanien nach 1566 [< frz. *gueux* »Bettler«]

GeV ⟨Abk. für⟩ Gigaelektronenvolt, 1 Milliarde Elektronenvolt

Geysir ⟨m.; -s, -e⟩ in regelmäßigen Zeitabständen aufspringende heiße Quelle; *oV* Geiser, Geisir [< isl. *geysir*, eigtl. »Wüterich«; zu *geyse* »wüten«]

gg ⟨Abk. für⟩ Gauge

Ghasel ⟨n.; -s, -e⟩ = Gasele

Ghasele ⟨f.; -, -n⟩ = Gasele

Ghetto ⟨n.; -s, -s⟩ = Getto

Ghettoblaster ⟨[-blaːstɐ(r)] m.; -s, -⟩ = Gettoblaster

ghettoisieren ⟨V.⟩ = gettoisieren

Ghibelline ⟨m.; -n, -n⟩ Anhänger der Staufenkaiser in Italien u. Gegner der papsttreuen Guelfen; *oV* Gibelline [nach dem alten staufischen Besitz *Waiblingen* in Baden-Württemberg]

Ghost town ⟨[ɡoʊsttaʊn] n.; -s, -s⟩ menschenleere, verlassene Stadt od. Siedlung [engl., eigtl. »Geisterstadt«]

Ghostword ⟨[ɡoʊstwœːd] n.; -s, -s⟩ aufgrund eines Schreib-, Druck- od. Aussprachefehlers entstandene sprachliche Neuschöpfung; *Sy* Vox nihili [engl., eigtl. »Geisterwort«]

Ghostwriter ⟨[ɡoʊstraɪtə(r)] m.; -s, -⟩ ungenannter Verfasser von Reden, Aufsätzen, Büchern für einen anderen, meist für eine bekannte (polit.) Persönlichkeit [engl., »Geistschreiber«]

G. I. ⟨[dʒiːaɪ] m.; - od. -s, - od. -s; volkstüml. Bez. für⟩ amerikan. Soldat [engl.-amerikan.; Abk. für *general issue* »allg. Ausgabe« od. *government issue* »Regierungsausgabe«]

Giaur ⟨m.; -s, -s; verächtl. Bez. für⟩ Ungläubiger, Nichtmohammedaner [türk., »Ungläubiger« (Schimpfwort für alle Nichtmohammedaner)]

Gibbon ⟨m.; -s, -s; Zool.⟩ Familie der schwanzlosen, schmalnasigen Affen, deren lange Arme bei aufrechtem Gang den Boden berühren: Hylobatidae [frz. < Eingeborenenmundart Indiens]

Gibelline ⟨m.; -n, -n⟩ = Ghibelline

Gien ⟨n.; -s, -e; Mar.⟩ Hebezeug [< engl. *gin* »Art Kran, Hebemaschine« < frz. *engin* »Werkzeug, Maschine« < lat. *ingenium* »Erfindungsgeist«]

Gigˡ ⟨n.; -s, -s od. f.; -, -s⟩ **1** zweirädriger, offener Wagen (Einspänner) **2** leichtes Ruderboot (Kommandantenboot) als Beiboot eines Schiffes **3** Ruderboot mit Auslegern [engl.]

Gig² ⟨n.; -s, -s; Musik⟩ bezahlter Auftritt eines Musikers od. einer Band [engl.]

Giga... ⟨Zeichen: G; vor Maßeinheiten⟩ das 10⁹fache der betreffenden Grundeinheit, z. B.

1 GW = 10^9 Watt = 1 Milliarde Watt [<grch. *gigas*; → *Gigant*]

Gi|ga|bit ⟨n.; -s, -s⟩ 109 Bit (1024 Megabit)

Gi|ga|byte ⟨[-ba͜it] n.; -s, -s⟩ 10^9 Byte, 1024 Megabyte

Gi|ga|e|lek|tro|nen|volt *auch:* **Gi|ga|e|lek|tro͜nen|volt** ⟨n.; - od. -s, -; Physik; Zeichen: GeV⟩ 1 Milliarde Elektronenvolt

Gi|ga|hertz ⟨n.; -, -; Zeichen: Ghz⟩ 10^9 Hertz

Gi|ga|me|ter ⟨n.; -s, -; Zeichen: Gm⟩ 10^9 m = 1 000 000 000 m

Gi|gant ⟨m.; -en, -en⟩ Riese [<grch. *gigas* »Riese«; nach *Gigas*, Gen. *Gigantos*, Name eines Geschlechtes von Riesen]

gi|gan|tisch ⟨Adj.⟩ **1** riesenhaft, gewaltig **2** außerordentlich

Gi|gan|tis|mus ⟨m.; -, -tis|men⟩ (krankhafter) Riesenwuchs; *Sy* Hypersomie, Makromelie, Makrosomie

Gi|gan|to|ma|chie ⟨[-xi:] f.; -; unz.⟩; Myth.⟩ Kampf der Giganten gegen Zeus [<grch. *gigas*, Gen. *gigantos* »Riese« + *mache* »Kampf«]

Gi|gan|to|ma|nie ⟨f.; -; unz.⟩ Neigung, alles in riesenhaften Dimensionen anzulegen bzw. darzustellen; *die nationalsozialistische Architektur war ein Ausdruck von ~* [<grch. *gigas*, Gen. *gigantos* »Riese« + *Manie*]

gi|gan|to|ma|nisch ⟨Adj.⟩ die Gigantomanie betreffend, auf ihr beruhend

Gi|gan|to|pi|the|kus ⟨m.; -; unz.⟩ fossiler Menschenaffe aus dem Alt- u. Mittelpleistozän Südchinas, nach Zahn- u. Kieferfunden etwa 3m groß [<grch. *gigas*, Gen. *gigantos* »Riese« + *pithekos* »Affe«]

Gi|go|lo ⟨[ʒi:-] m.; -s, -s⟩ **1** Frauenheld, Schönling **2** Eintänzer [frz., »ausgehaltener Mann«; zu *gigolette* »Tanzmädchen; Prostituierte«; zu *giguer* »tanzen« <mfrz. *gigue* »Fiedel« <germ.]

Gigue ⟨[ʒi:g] f.; -, -n [ʒi:ɡən]⟩ schneller irisch-engl. Tanz im $^3/_4$- od. $^6/_8$-Takt, oft Schlusstanz der Suite od. Sonate [<frz. *gigue* <engl. *jig* »Gigue«, Gigue tanzen« <afrz. *giguer* »tanzen«; zu afrz. *gigue* »Geige« <fränk. *giga*]

Gi|let ⟨[ʒile:] n.; -s, -s; österr. u. schweiz.⟩ Weste [frz., »Weste«]

Gim|mick ⟨n. od. m.; -s, -s⟩ **1** = Gadget **2** plötzlicher, unerwarteter Effekt od. Scherz, der Aufmerksamkeit auf ein bestimmtes Produkt lenken soll (bes. in der Fernsehwerbung) [engl., »Reklamegag«]

Gim|pe ⟨f.; -, -n; Textilw.⟩ seiden- od. metallumsponnene Schnur (als Kleiderbesatz); →*a.* Gipüre [<engl. *gimp* »Besatzschnur«; verwandt mit *Wimpel*]

Gin ⟨[dʒɪn] m.; -s, -s⟩ Wacholderbranntwein [engl.]

Gin|fizz ⟨[dʒɪnfɪz] m.; -, -⟩ Cocktail aus Gin, Zitrone, Zuckerwasser u. Sodawasser [<*Gin* + engl. *fizz* »sprudeln«]

Gin|gan ⟨[gɪŋ-] m.; -s, -s; Textilw.⟩ = Gingang

Gin|gang ⟨[gɪŋ-] m.; -s, -s; Textilw.⟩ urspr. ostind., gestreiftes, geflammtes od. kariertes Baumwollgewebe; *oV* Gingan, Gingham [<malai. *gingan* »gestreift«]

Gin|ger ⟨[dʒɪndʒə(r)] m.; -s; unz.⟩ = Ingwer [engl.]

Gin|ger|ale ⟨[dʒɪndʒə(r)eɪl] n.; -s; unz.⟩ alkoholfreies Ingwerbier [<*Ginger* + *ale* »Bier«]

Ging|ham ⟨[gɪŋəm] m.; -s, -s⟩ = Gingang [engl.]

Gin|gi|vi|tis ⟨[-vi:-] f.; -, -ti|den; Med.⟩ Zahnfleischentzündung [<lat. *gingiva* »Zahnfleisch« + *...itis*]

Gink|go ⟨[gɪŋk(j)o] m.; -s, -s⟩ Fächerblattbaum, bis 40 m hoher Baum, dessen gelb- od. graugrüne Blätter gabelnervig u. manchmal in der Mitte tief eingeschnitten sind, beliebter Parkbaum: Ginkgo biloba; *oV* Ginkjo, Ginko [<jap. *ginkgo* od. chines. *kinko* »Goldfruchtbaum«]

Gink|jo ⟨m.; -s, -s; Bot.⟩ = Ginkgo

Gin|ko ⟨m.; -s, -s; Bot.⟩ = Ginkgo

Gin|seng ⟨m.; -s, -s; Bot.⟩ Efeugewächs, dessen Wurzel in China als Universalheilmittel geschätzt wird: Panax ginseng [<chines. *jenshen*]

Gin|to|nic ⟨[dʒɪntɔnɪk] m.; - od. -s, -⟩ alkoholisches Mixgetränk aus Gin u. Tonic mit Zitrone [<*Gin* + *Tonic (Water)*]

gio|co|so ⟨[dʒɔkoː-] Musik⟩ spielerisch, scherzend (zu spielen) [ital.]

Gips ⟨m.; -es, -e⟩ als Mineral auftretende Calciumverbindung der Schwefelsäure, die als Baustoff genutzt wird [<grch. <akkad.]

Gi|pü|re ⟨f.; -, -n; Textilw.⟩ Geflecht aus Gimpen, eine stark konturierte Spitzenart [<frz. *guipure* »mit gedrehter Seide übersponnene Spitze, erhabene Stickerei«; zu *guiper* »mit Seide überspinnen« <altnddt. *wipan* »winden«]

Gi|raf|fe ⟨schweiz. ['---] f.; -, -n⟩ **1** ⟨Zool.⟩ zu den Paarhufern gehörendes, Pflanzen fressendes Herdentier mit außerordentlich langem Hals: Giraffa camelopardalis **2** ⟨Film; scherzh.⟩ Gerät mit langem, schwenkbarem Arm, an den z. B. ein (nicht sichtbares) Mikrofon über die Szene gehängt werden kann, Galgen [<ital. *giraffa* <arab. *zarafa, zurafa*]

Gi|ral|geld ⟨[ʒi-] n.; -(e)s, -er⟩ Bankguthaben für bargeldlosen Zahlungsverkehr, Buchgeld [→ *girieren*]

Gi|ran|do|la ⟨[dʒi-] f.; -, -do|len⟩ *oV* Girandole **1** radförmig sprühender Feuerwerkskörper **2** Armleuchter [<ital. *girare* »im Kreise drehen«]

Gi|ran|do|le ⟨[ʒirã-] f.; -, -n⟩ = Girandola [frz., »Feuerrad, Armleuchter«]

Gi|rant ⟨[ʒi-] m.; -en, -en⟩ jmd., der in der Orderpapiere durch Indossament auf einen anderen überträgt; *Sy* Indossant, Indossent [→ *girieren*]

Gi|rat ⟨[ʒi-] m.; -en, -en⟩ = Giratar

Gi|ra|tar ⟨m.; -s, -e⟩ jmd., dem bei der Übertragung eines Orderpapiers ein Indossament erteilt wurde; *oV* Girat; *Sy* Indossat, Indossatar [→ *girieren*]

gi|rie|ren ⟨[ʒi-] V.⟩ übertragen, in Umlauf setzen; *Wechsel, Schecks ~* [<ital. *girare* »im Kreise bewegen«; → *Giro*]

Girl ⟨[gœːl] n.; -s, -s⟩ **1** Mädchen **2** Mitglied einer Mädchentanzgruppe [engl., »Mädchen«]

Girlande

Gir|lan|de ⟨f.; -, -n⟩ **1** Blumen-, Blättergewinde **2** bunte Papierkette (als festl. Schmuck) [<frz. *guirlande* »Blumen-, Laubgewinde« <ital. *ghirlanda* <afrz. *garlande, guerlande* »Kreis«]

Girl|group ⟨[gœ:lgru:p] f.; -, -s; Musik⟩ aus Teenagern od. jungen Frauen bestehende Band, die Popmusik spielt [<engl. *girl* »Mädchen« + *group* »Gruppe«]

Gir|lie ⟨[gœ:lɪ] n.; -, -s, -s; umg.⟩ Mädchen od. junge Frau, die kindliche, aber zugleich körperbetonte Kleidung trägt u. sich durch selbstbewusstes Auftreten auszeichnet [zu engl. *girly* »mädchenhaft«]

Girl|lie|look ⟨[gœ:lɪluk] m.; -s, -s; Pl. selten; umg.⟩ betont mädchenhaftes, an Vorbildern aus der Popmusikszene angelehntes, äußeres Erscheinungsbild bei jungen Frauen [<engl. *girly* »mädchenhaft« + *look* »Aussehen«]

Girl|pow|er *auch:* **Girl|po|wer** ⟨[gœ:lpauə(r)] f.; -; unz.; umg.⟩ **1** sich durch ein großes Selbstbewusstsein, betonte Weiblichkeit u. ein gewisses Maß an Freiheit auszeichnende Mädchenbewegung **2** kommerzielle Vermarktung der Girlpower (1) (bes. im Musikgeschäft)

Gi|ro ⟨[ʒi:-] n.; -s, -s od. (österr. a.) -ri⟩ **1** Umlauf von Wechseln u. Schecks **2** bargeldloser Zahlungsverkehr durch Verrechnung von einem Konto auf ein anderes **3** = Indossament [ital. *giro* »Kreis, Kreislauf« <lat. *gyros* »Kreisbewegung, Kreis« <grch. *gyros* »rund«]

Giro d'Ita|lia ⟨[dʒi:ro dita:lja] m.; - -; unz.⟩ Radrennen von Berufsfahrern in mehreren Etappen durch Italien [<ital. *giro* »Rundfahrt, Reise«]

Gi|ro|kon|to ⟨[ʒi:-] n.; -s od. -kon|ten⟩ Konto, das besonders dem Giroverkehr dient; *Geld auf ein ~ überweisen; ein ~ auflösen*

Gi|ron|de ⟨[ʒirɔ̃:d(ə)] f.; -; unz.⟩ gemäßigter Flügel der Republikaner zur Zeit der Französ. Revolution [nach dem Département *Gironde* im Südwesten Frankreichs, aus dem ihre Führer stammten]

Gi|ron|dist ⟨[ʒirɔ̃-] m.; -en, -en⟩ Anhänger der Gironde

Gi|ros ⟨n.; -, -; Kochk.⟩ = Gyros

Gi|ta|na ⟨[xi-] f.; -, -s⟩ **1** span. Zigeunerin **2** span. Zigeunertanz [span., »Zigeunerin«]

Gi|tar|re ⟨f.; -, -n; Musik⟩ sechssaitiges Zupfinstrument mit einem achtförmigen Körper [<span. *guitarra* <arab. *kittara* <grch. *kithara*; → Zither]

Gi|tar|rist ⟨m.; -en, -en⟩ Gitarrespieler

Gi|tar|ris|tin ⟨f.; -, -tin|nen⟩ Gitarrespielerin

Git|ter|spek|tro|skop *auch:* **Git|ter|spek|tros|kop** ⟨n.; -s, -e⟩ Spektralapparat, in dem die Zerlegung einer elektromagnet. Strahlung in ein Spektrum mit Hilfe eines opt. Beugungsgitters erfolgt

gius|to ⟨[dʒusto] Musik⟩ angemessen, normal (im Tempo) [ital., »richtig«]

Give-a|way ⟨[gɪvəweɪ] n.; -s, -s⟩ Werbegeschenk, kostenlose Warenprobe; *ein kleines ~ bekommen* [<engl. *giveaway* <*give* »geben« + *away* »weg«]

Glace ⟨[gla:s] f.; -, -s [gla:s]⟩ **1** Zuckerglasur **2** = Gallert **3** ⟨schweiz.⟩ Speiseeis [frz., »Eis, Zuckerguss«]

Gla|cé *auch:* **Gla|cee** ⟨[glase:] m.; -s od. -, -s⟩ **1** stark glänzendes Gewebe **2** ⟨kurz für⟩ Glacéleder [→ *glacieren*]

Gla|cee|le|der ⟨[glase:-] n.; -s, -⟩ = Glacéleder

Gla|cé|le|der ⟨[glase:-] n.; -s, -⟩ sehr weiches Leder aus Ziegen- od. Lammfell; *oV* Glaceeleder

gla|cie|ren ⟨[si-] V.⟩ mit Zuckerguss od. mit Glasur überziehen [<frz. *glacer* »gefrieren lassen«; mit Zuckerguss od. mit Glasur überziehen]

Gla|cis ⟨[-si:] n.; - [-si:s], - [-si:s]; Mil.⟩ **1** Abdachung der äußeren Brustwehr einer Festung **2** Vorfeld einer Befestigungsanlage [frz.]

Gla|di|a|tor ⟨m.; -s, -to|ren⟩ Fechter bei den altröm. Kampfspielen [lat., »Schwertkämpfer«; zu *gladius* »kurzes, zweischneidiges Schwert«]

Gla|di|o|le ⟨f.; -, -n; Bot.⟩ Zwiebelpflanze, Gattung der Schwertliliengewächse, Siegwurz: Gladiolus [<lat. *gladiolus* »kleines Schwert«; zu *gladius* »Schwert«]

gla|go|li|tisch ⟨Adj.⟩ ~*e Schrift* aus der grch. Minuskel entwickelte, älteste slawische (kirchenslaw.) Schrift [<slaw. *glagol* »Wort«, *glagolati* »sprechen«]

Gla|go|li|za ⟨f.; -; unz.⟩ glagolit. Schrift [→ *glagolitisch*]

Gla|mour ⟨[glæmə(r)] m. od. n.; - od. -s; unz.⟩ betörende Aufmachung, Blendwerk [engl., »Glanz, Blendwerk«]

Gla|mour|girl ⟨[glæmə(r)gœ:l] n.; -s, -s⟩ mit allen Mitteln aufgemachtes schönes Mädchen, Reklameschönheit [<engl. *glamour* »Glanz, Blendwerk« + *girl* »Mädchen«]

gla|mou|rös ⟨[-mu-] Adj.⟩ betörend aufgemacht, blendend herausgeputzt; *das Abendkleid machte sie zu einer ~en Erscheinung* [<engl. *glamorous* »bezaubernd«]

Glan|del ⟨f.; -, -n; Anat.⟩ Drüse: Glandula [<lat. *glandula* »Mandel, Drüse«, Verkleinerungsform zu *glans* »Eichel«]

glan|du|lär ⟨Adj.; Anat.⟩ zur Drüse gehörend [<lat. *glandula* »Mandel, Drüse«]

Glans ⟨f.; -, Glan|des; Anat.⟩ Eichel des männl. Gliedes [<lat. *glans* »Eichel«]

Glas|fa|ser|op|tik ⟨f.; -; unz.⟩ Teilgebiet der Optik, das sich mit den Gesetzmäßigkeiten der Lichtfortpflanzung in sehr dünnen Glasfasern befasst (heute wichtig in der Nachrichtentechnik, da sie den Aufbau äußerst leistungsfähiger Nachrichtennetze ermöglicht)

Glas|nost ⟨f.; -; unz.⟩ in der Sowjetunion) Politik der Offenheit und Transparenz [russ., »Öffentlichkeit«]

Glau|kom ⟨n.; -s, -e; Med.⟩ krankhafte Erhöhung des im Augeninneren herrschenden Drucks, grüner Star [<grch. *glaukos* »graublau«]

Glau|ko|nit ⟨m.; -s, -e; Min.⟩ Eisen-Aluminium-Silicat [<grch. *glaukos* »glänzend, bläulich«]

gla|zi|al ⟨Adj.; Geol.⟩ das Eis betreffend, Gletscher..., eiszeitlich [<lat. *glacialis* »eisig, Eis betreffend«; zu *glacies* »Eis«]

Glazial ⟨n.; -s; unz.; Geol.⟩ = Glazialzeit
Gla|zi|al|ero|si|on ⟨f.; -, -en; Geol.⟩ ausschürfende Tätigkeit des Eises, durch die trogförmige Täler u. Seebecken entstehen
Gla|zi|al|fau|na ⟨f.; -, -fau|nen⟩ Tierwelt der Eiszeit
Gla|zi|al|flo|ra ⟨f.; -, -flo|ren⟩ Pflanzenwelt der Eiszeit
Gla|zi|al|land|schaft ⟨f.; -, -en; Geol.⟩ eine durch ehemalige Gletscher u. Inlandeisbedeckung geformte Landschaft
Gla|zi|al|zeit ⟨f.; -, -en; Geol.⟩ erdgeschichtliche Periode mit starker Vergletscherung großräumiger Landflächen (Eiszeit), z. B. auf der Nordhalbkugel im Quartär; *Sy* Glazial
gla|zi|gen ⟨Adj.; Geol.⟩ durch die Wirkung von Gletschern oder Inlandeis entstanden, z. B. Ablagerungen od. Landschaftsformen [<*glazial* + ...*gen*]
gla|zi|o|flu|vi|al ⟨[-vi-] Adj.; Geol.⟩ unter dem Einfluss von Gletscherschmelzwasser entstanden
Gla|zi|o|lo|ge ⟨m.; -n, -n⟩ Wissenschaftler auf dem Gebiet der Glaziologie
Gla|zi|o|lo|gie ⟨f.; -; unz.⟩ Wissenschaft von den Vereisungserscheinungen auf der Erde, Gletscherkunde [<lat. *glacies* »Eis« + ...*logie*]
Gla|zi|o|lo|gin ⟨f.; -, -gin|nen⟩ Wissenschaftlerin auf dem Gebiet der Glaziologie
gla|zi|o|lo|gisch ⟨Adj.; Geol.⟩ die Glaziologie betreffend, auf ihr beruhend, zu ihr gehörend; *ein ~er Befund*
Gleit|mo|dul ⟨m.; -s, -n⟩ Maß für die elast. Verschiebung zweier benachbarter paralleler Querschnittsflächen eines Körpers gegeneinander unter dem Einfluss einer Schub- od. Scherungskraft, Schubmodul
Glen|check ⟨[glɛntʃɛk] m.; -s od. -, -s; Textilw.⟩ ein Gewebe mit einem Muster aus feinen Streifen, die in Karos verlaufen [<engl. *Clancheck*]
Glia ⟨f.; -; unz.; Anat.⟩ = Neuroglia [grch., »Leim«]
Gli|der ⟨[glaɪdə(r)] m.; -s, -; Flugw.⟩ **1** Segelflugzeug od. Segelgleiter ohne Hilfsmotor **2** Segeldrachen; *Sy* Paraglider [engl., »Gleiter«]
Gli|om ⟨n.; -s, -e; Med.⟩ vom Nervenstützgewebe ausgehende Geschwulst [<grch. *glia* »Leim«]
Glis|sa|de ⟨f.; -, -n⟩ Gleitschritt beim Tanzen [<frz., »Schleifschritt«; zu frz. *glisser* »gleiten«]
glis|san|do ⟨Musik⟩ gleitend (über mehrere Töne hinweg) [<frz. *glisser* »gleiten« + ital. Endung]
glo|bal ⟨Adj.⟩ **1** weltweit, welt-, erdumfassend **2** gesamt, umfassend, allgemein; *etwas ~ beurteilen* **3** *~es Management* ⟨Wirtsch.⟩ Management von Unternehmensaktivitäten auf dem weltweiten Markt, z. B. in der Luftfahrt- od. Automobilindustrie [→ *Globus*]
glo|ba|li|sie|ren ⟨V.⟩ **1** weltweit, weltumfassend beurteilen, verbreiten **2** im Ganzen, umfassend betrachten, allgemein, nicht differenzierend beurteilen **3** ⟨Wirtsch.⟩ weltweit verbreiten, verflechten (um neue Märkte für Absatz u. Produktion zu erschließen)
Glo|ba|li|sie|rung ⟨f.; -, -en⟩ das Globalisieren, weltweites Verbreiten, Verflechten
Glo|ba|list ⟨m.; -en, -en; bes. Wirtsch.⟩ jmd., der global denkt u. handelt
Glo|bal|mar|ke|ting *auch:* **Glo|bal Mar|ke|ting** ⟨[gloʊbl-] n.; (-) -s; unz.; Wirtsch.⟩ international angewandte Strategien zur Erschließung u. Sicherung von Absatzmärkten [<engl. *global* »weltumspannend« + *market* »Markt«]
Glo|bal|play|er *auch:* **Glo|bal Play|er** ⟨[gloʊblpleɪə(r)] m.; -s, -; Wirtsch.⟩ **1** Unternehmen, das sich im Rahmen einer Globalisierung der Weltwirtschaft an internationalen Produktions- u. Absatzmärkten orientiert **2** ⟨Politik⟩ führende Weltmacht [<engl. *global* »weltweit, global« + *player* »Spieler«]
Glo|bal|strah|lung ⟨f.; -; unz.⟩ die gesamte auf die Erde einfallende Sonnenstrahlung
Glo|ben ⟨Pl. von⟩ Globus

Glo|be|trot|ter ⟨[gloːbə-] m.; -s, -⟩ Weltenbummler [<engl. *globe* »Kugel« (<lat. *globus*) + *trot* »traben, sich schnell bewegen«]
Glo|bi|ge|ri|ne ⟨f.; -, -n; Zool.⟩ Foraminifere mit Gehäuse aus Kalk od. Sand, durch deren zahlreiche Löcher die Scheinfüßchen hervortreten: Globigerina [<lat. *globus* »Kugel« + *gerere* »tragen«]
Glo|bin ⟨n.; -s, -e; Med.⟩ farblose Eiweißkomponente des roten Blutfarbstoffes Hämoglobin [zu lat. *globus* »Kugel«]
Glo|bu|le ⟨f.; -, -n; Astron.⟩ rundlicher Dunkelnebel aus Staub u. Gas mit einem verhältnismäßig kleinen Durchmesser von nur 0,2–1,5 Lichtjahren [<lat. *globulus*, Verkleinerungsform zu *globus* »Kugel«]
Glo|bu|lin ⟨n.; -s, -e; Med.⟩ wasserlösliches, im Blutplasma, in der Gewebeflüssigkeit u. in der Milch vorkommendes Eiweiß
Glo|bu|lus ⟨m.; - , -bu|li; meist Pl.; Med.⟩ kleines Kügelchen mit homöopathisch wirksamen Stoffen [<lat. *globus* »Kugel«]
Glo|bus ⟨m.; - od. -ses, Glo|ben od. -bus|se⟩ (Nachbildung der) Erdkugel od. (der) Himmelskugel [lat., »Kugel«]
Glo|me|ru|lus ⟨m.; -, -ru|li; Anat.⟩ Kapillarknäuel der Nierenrinde [<lat. *glomus*, Gen. *glomeris* »Knäuel«]
Glo|ria ⟨n.; -s; unz.⟩ **1** Lobgesang, Teil der kath. Messe **2** Ehre, Ruhm [lat., »Ruhm«]
Glo|ria in ex|cel|sis Deo ⟨Rel.⟩ Ehre sei Gott in der Höhe (Hymnus in der christlichen Liturgie nach den Anfangsworten des Lobgesangs der Engel bei der Geburt Christi in Luk. 2,14) [lat.]
Glo|rie ⟨[-riə] f.; -, -n⟩ **1** ⟨unz.⟩ **1.1** Ruhm, Glanz **1.2** himmlische Herrlichkeit **2** ⟨zählb.⟩ Heiligenschein [<lat. *gloria* »Ruhm«]
Glo|ri|en|schein ⟨m.; -(e)s, -e⟩ **1** Heiligenschein **2** ⟨allg.⟩ atmosphär. Lichterscheinung, Strahlenkranz; *Sy* Gloriole
Glo|ri|fi|ka|ti|on ⟨f.; -, -en⟩ Verherrlichung [<lat. *gloria* »Ruhm« + ...*fikation*]

glorifizieren

glo|ri|fi|zie|ren ⟨V.⟩ verherrlichen [<lat. *gloria* »Ruhm« + ...*fizieren*]
Glo|ri|fi|zie|rung ⟨f.; -, -en⟩ das Glorifizieren
Glo|ri|o|le ⟨f.; -, -n⟩ = Glorienschein (2) [<lat. *gloriola*, Verkleinerungsform zu *gloria* »Ruhm«]
glo|ri|os ⟨Adj.⟩ *Sy* glorreich **1** herrlich, ruhmreich, glanzvoll **2** ⟨umg.; scherzh.⟩ herrlich, großartig; *eine ~e Idee* [<lat. *gloriosus* »ruhmreich«; zu *gloria* »Ruhm«]
glor|reich ⟨Adj.⟩ = glorios
Glos|sar ⟨n.; -s, -e⟩ *Sy* Glossarium **1** Glossensammlung **2** Wörterverzeichnis mit Erklärungen [<lat. *glossarium* »Glossensammlung«; → *Glosse*]
Glos|sa|ri|um ⟨n.; -s, -ri|en⟩ = Glossar
Glos|sa|tor ⟨m.; -s, -to|ren⟩ **1** Erklärer schwieriger Wörter **2** ⟨Pl.⟩ Juristen der mittelalterl. röm. Rechtsschule in Bologna, die das Corpus Iuris Civilis durch Randbemerkungen erläuterten [spätlat., »Textausleger«; → *Glosse*]
Glos|se ⟨f.; -, -n⟩ **1** ⟨urspr.⟩ schwieriges, unverständl. Wort **2** (seit dem MA) Übersetzung od. Erklärung eines schwierigen Wortes am Rand od. zwischen den Zeilen des Textes [<lat. *glossa* »schwieriges Wort, das der Erläuterung durch ein bekanntes bedarf« <grch. *glossa* »Zunge«]
Glos|sem ⟨n.; -s, -e; Sprachw.; in der Glossematik⟩ kleinste sprachliche Einheit; →*a.* Kenem, Plerem [zu grch. *glossa* »Zunge, Sprache«]
Glos|se|ma|tik ⟨f.; -; unz.; Sprachw.⟩ von dem dän. Linguistenkreis (L. Hjelmslev u. a.) entwickelte strukturalistische Sprachtheorie [zu grch. *glossa* »Zunge, Sprache«]
glos|sie|ren ⟨V.⟩ **1** mit Glossen versehen *(einen Text)* **2** ⟨umg.⟩ spöttische Bemerkungen machen über [<lat. *glossare* »auslegen, deuten«; → *Glosse*]
Glos|so|gra|fie ⟨f.; -, -n; Sprachw.⟩ = Glossographie
Glos|so|gra|phie ⟨f.; -, -n; Sprachw.⟩ Erklärung der Glossen (Vorläufer der Lexikographie); *oV* Glossografie [<lat. *glossa* »Texterläuterung« od. grch. *glossa* »Zunge« + ...*graphie*; → *Glosse*]
Glos|so|la|lie ⟨f.; -; unz.; Sprachw.⟩ ekstatisches, unverständl. Reden; *oV* Glottolalie [<grch. *glossa* »Sprache, Zunge« + *lalein* »sprechen, verkünden, rühmen«]
glot|tal ⟨Adj.; Phon.⟩ mit der Glottis gebildet; *ein ~er Verschlusslaut* im Deutschen nicht geschriebener, aber vor einem anlautenden Vokal hörbarer Verschlusslaut, z. B. in »aber« od. »an«
Glot|tal ⟨m.; -s, -e; Phon.⟩ in der Glottis gebildeter Laut, z. B. h; *Sy* Laryngal
Glot|tis ⟨f.; -, Glot|ti|des; Anat.⟩ Stimmritze im Kehlkopf [grch.]
Glot|to|chro|no|lo|gie ⟨[-kro-] f.; -; unz.; Sprachw.⟩ Teilgebiet der Sprachwissenschaft, das aufgrund von vergleichenden Wortschatzuntersuchungen Verwandtschaftsverhältnisse u. Lebensdauer von Wörtern zu ermitteln sucht; *Sy* Lexikostatistik [<grch. *glottis* »Stimmritze« + *Chronologie*]
Glot|to|la|lie ⟨f.; -; unz.; Sprachw.⟩ = Glossolalie [<grch. *glottis* »Stimmritze« + *lalein* »sprechen«]
Glo|xi|nie ⟨[-njə] f.; -, -n; Bot.⟩ **1** *Echte ~* ein aus Mexiko u. Brasilien stammendes Gesneriengewächs: Gloxinia **2** ⟨allg.⟩ aus Brasilien stammende krautige Zierpflanze aus der Familie der Gesneriengewächse mit aufrechten od. hängenden Blütenglocken: Sinningia speciosa [nach dem Straßburger Botaniker u. Arzt P. B. Gloxin, † 1784]
Glu|ca|gon ⟨n.; -s, -e; Biochemie⟩ ein Hormon der Bauchspeicheldrüse, bewirkt die Ausschüttung von Glucose, Gegenspieler des Insulins [<grch. *glyka* »Süßigkeit« + *agein* »führen«]
Glu|co|se ⟨f.; -; unz.; Biochemie⟩ einfacher, in der Natur weit verbreiteter Zucker, Traubenzucker; *oV* Glukose, Glykose; *Sy* Dextrose [<grch. *glykys* »süß«]

Glu|co|si|de ⟨Pl.; Biochemie⟩ = Glykoside
glüh|e|lek|trisch *auch:* **glüh|e|lektrisch** ⟨Adj.⟩ *~er Effekt* Austritt von Elektronen aus der Oberfläche glühender Metalle
Glüh|e|mis|si|on ⟨f.; -, -en⟩ = glühelektrischer Effekt
Glüh|ka|tho|de ⟨f.; -, -n; El.⟩ Kathode, die in einer Vakuumröhre zum Glühen gebracht u. damit zur Aussendung von Elektronen veranlasst wird; *oV* Glühkatode
Glüh|ka|to|de ⟨f.; -, -n; El.⟩ = Glühkathode
Glu|ko|se ⟨f.; -; unz.; Biochemie⟩ = Glucose
Glu|ko|si|de ⟨Pl.; Biochemie⟩ = Glykoside
Glu|ko|su|rie *auch:* **Glu|ko|su|rie** ⟨f.; -, -n; Med.⟩ = Glykosurie
Glu|on ⟨n.; -s, -en; Physik⟩ hypothetisches masseloses Teilchen, das analog zur Rolle des Photons für die elektromagnet. Wechselwirkung den Quarks vermitteln soll [zu engl. *glue* »kleben; Klebstoff«]
Glu|ta|mat *auch:* **Glu|ta|mat** ⟨n.; -(e)s, -e; Biochemie⟩ Natriumsalz der Glutaminsäure, das als Geschmacksverstärker zum Würzen von Speisen verwendet wird [→ *Glutamin*]
Glu|ta|min *auch:* **Glu|ta|min** ⟨n.; -s; unz.; Biochemie⟩ in den keimenden Samen vieler Pflanzen vorkommendes wasserlösliches Amid der Glutaminsäure [<*Gluten* + *Amin*]
Glu|ta|min|säu|re *auch:* **Glu|ta|min|säu|re** ⟨f.; -; unz.; Biochemie⟩ zweibasische Aminosäure, als wichtiger Eiweißbestandteil, bes. in den Muskeln u. in Getreidekörnern vorkommend; α-Aminoglutarsäure [→ *Glutamin*]
Glu|ten ⟨n.; -s; unz.⟩ die Backfähigkeit des Mehls bedingende bestimmte Eiweißstoffe im Mehlkörper der Getreidekörner, bes. Weizen; *Sy* Aleuron [→ *Glutin*]
Glu|tin ⟨n.; -s; unz.⟩ Protein, Hauptbestandteil des aus Knochen und Häuten gewonnenen Leims [<lat. *gluten* »Leim« u. *glutinare* »zusammenleimen«]

Gly|ce|rid ⟨n.; -s, -e; Chemie⟩ Ester des Glycerins; *oV* Glyzerid [→ *Glycerin*]

Gly|ce|rin ⟨n.; -s; unz.; Chemie⟩ dreiwertiger aliphat. Alkohol, aus der Luft Wasser anziehende, farblose Flüssigkeit von süßem Geschmack, Ölsüß; *oV* Glyzerin [zu grch. *glykeros* »süß«]

Gly|cin ⟨n.; -s; unz.; Chemie⟩ = Glykokoll; *oV* Glyzin

Glyk|ä|mie *auch:* **Gly|kä|mie** ⟨f.; -; unz.; Med.⟩ Zuckergehalt des Blutes [<*Glyko...* + *...ämie*]

gly|ko..., **Gly|ko...** ⟨vor Vokalen⟩ glyk..., Glyk... ⟨in Zus.⟩ Kohlenhydrat als Stärke od. Zucker enthaltend, z. B. Glykokoll [<grch. *glykys* »süß«]

Gly|ko|gen ⟨n.; -s; unz.; Biochemie⟩ als tierische Stärke bezeichnetes Polysaccharid, in dem oft Tausende von Molekülen Traubenzucker zu einem Makromolekül verbunden sind [<*Glyko...* + *...gen*]

Gly|ko|koll ⟨n.; -s; unz.; Chemie⟩ süß schmeckende einfachste Aminosäure, Baustein fast aller Eiweißstoffe, Leimzucker, -süß; *Sy* Glycin, Glyzin [<*Glyko...* + grch. *kolla* »Leim«]

Gly|kol ⟨n.; -s, -e; Chemie⟩ **1** ⟨i. e. S.⟩ zweiwertiger aliphatischer Alkohol, dickflüssiges Lösungsmittel für Harze, als Frostschutzmittel verwendet **2** ⟨i. w. S.⟩ zweiwertiger Alkohol [<*Glyko...* + *...ol*]

Gly|ko|ly|se ⟨f.; -; unz.; Biochemie⟩ biolog. Abbau der Glykose zu Milchsäure

gly|kos..., **Gly|kos...** ⟨in Zus.⟩ = Glyko..., Glyko...

Gly|ko|se ⟨f.; -; unz.; veraltet⟩ = Glucose [<grch. *glykys* »süß«]

Gly|ko|si|de ⟨Pl.; Biochemie⟩ organische Verbindungen von Zuckerarten mit zuckerfremden Bestandteilen; *oV* Glucoside, Glukoside [zu grch. *glykys* »süß«]

Gly|kos|u|rie *auch:* **Gly|ko|su|rie** ⟨f.; -, -n; Med.⟩ Zuckerausscheidung im Harn, z. B. bei der Zuckerkrankheit; *oV* Glukosurie [<*Glyko...* + *...urie*]

Gly|phe ⟨f.; -, -n⟩ **1** Vertiefung **2** mit Meißel od. Stichel in Stein eingegrabenes Zeichen [<grch. *glyphein* »eingraben, einschneiden«]

Glyp|te ⟨f.; -, -n⟩ geschnittener Stein [<grch. *glyphein* »eingraben, einschneiden«]

Glyp|tik ⟨f.; -; unz.⟩ **1** Steinschneidekunst **2** jede Art von Bildhauerei [→ *Glypte*]

Glyp|to|thek ⟨f.; -, -en⟩ **1** urspr. Sammlung von geschnittenen Steinen, später bes. von antiken Bildhauerarbeiten **2** öffentliches Gebäude hierfür [<*Glypte* + *...thek*]

Gly|san|tin ⟨n.; -s; unz.⟩ Frostschutzmittel, bes. als Kühlwasserzusatz bei Verbrennungsmotoren [Kunstwort; → *Glycerin*]

Gly|ze|rid ⟨n.; -s, -e⟩ = Glycerid

Gly|ze|rin ⟨n.; -s; unz.⟩ = Glycerin

Gly|zin ⟨n.; -s; unz.; Bot.⟩ = Glykokoll, Glycin

Gly|zi|ne ⟨[-njə] f.; -, -n; Bot.⟩ Schmetterlingsblütler, rankender Strauch mit großen wohlriechenden blauen Blüten: Wisteria sinensis; *oV* Glyzinie [zu grch. *glykys* »süß«]

Gly|zi|nie ⟨[-njə] f.; -, -n⟩ = Glyzine

Gm ⟨Zeichen für⟩ Gigameter

G-Man ⟨[dʒi:mæn] m.; -s, - Men [-mən]; kurz für⟩ Government-Man (Agent des FBI) [<engl. *government* »Regierung« + *man* »Mann«]

Gna|thol|lo|gie ⟨f.; -; unz.; Zahnmed.⟩ Lehre von der Kaubewegung des Kiefers [<grch. *gnathos* »Kinnbacken« + *...logie*]

Gnoc|chi ⟨[njɔki] Pl.; ital. Kochk.⟩ Klößchen (aus Kartoffelteig)

Gnom ⟨m.; -en, -en⟩ kleiner Erdgeist, Zwerg, Kobold [Wortschöpfung des Paracelsus (16. Jh.), vielleicht in Anlehnung an grch. *gnome* »Geist, Verstand«]

Gno|me ⟨[-me] f.; -, -n⟩ kurzer Sinnspruch (bes. in der antiken u. alten nahöstl. Literatur) [grch., »Erkenntnisvermögen, Verstand, Sinnspruch«]

Gno|mi|ker ⟨m.; -s, -⟩ Verfasser von Gnomen [→ *Gnome*]

gno|misch ⟨Adj.⟩ in Gnomen geschrieben, in der Art einer Gnome

Gno|mon ⟨m.; -s, -mo|ne⟩ **1** ältestes Gerät zum Messen der Sonnenhöhe, ein senkrechter, auf horizontaler Unterlage stehender, Schatten werfender Stab **2** Sonnenuhr(zeiger) [grch.]

Gno|se|o|lo|gie ⟨f.; -; unz.; Philos.⟩ Erkenntnislehre [<*Gnosis* + *...logie*]

gno|se|o|lo|gisch ⟨Adj.; Philos.⟩ zur Gnoseologie gehörend, den Erkenntnisprozess betreffend

...gno|sie ⟨Nachsilbe; zur Bildung weibl. Subst.⟩ Erkenntnis, Kenntnis; *Theognosie* [<grch. *gnosis* <*gignoskein* »erkennen«]

Gno|sis ⟨f.; -; unz.⟩ **1** Erkenntnis, Einsicht in eine relig. Gedankenwelt **2** religionsphilosoph. Strömung innerhalb des frühen Christentums [grch., »Urteil, Erkenntnis«]

Gnos|tik ⟨f.; -; unz.⟩ Lehre der Gnosis [<grch. *gnostes* »Kenner«]

Gnos|ti|ker ⟨m.; -s, -⟩ Anhänger der Gnosis [→ *Gnostik*]

gnos|tisch ⟨Adj.⟩ die Gnosis, den Gnostizismus betreffend, darauf beruhend

Gnos|ti|zis|mus ⟨m.; -; unz.⟩ jede religionsphilosoph. Richtung, die nach Erkenntnis Gottes strebt u. darin Erlösung sucht

Gno|to|bi|o|lo|gie ⟨f.; -; unz.⟩ Wissenschaft von der Züchtung u. Untersuchung keimfreier Tiere; *Sy* Gnotobiotik [<grch. *gnotos* »bekannt« + *Biologie*]

Gno|to|bi|o|tik ⟨f.; -; unz.⟩ = Gnotobiologie [<grch. *gnotos* »bekannt« + *bios* »Leben«]

Gnu ⟨n.; -s, -s; zool.⟩ Gattung der Kuhantilopen, die Merkmale von Antilope, Rind u. Pferd in sich vereint: Connochaetes [hottentot.]

Go ⟨n.; -; unz.⟩ jap. Brettspiel, bei dem mit Spielsteinen auf Schnittpunkten von Linien Ketten zu bilden od. vom Gegner besetzte Punkte einzuschließen sind [jap.]

Goal ⟨[goul] n.; -s, -s; Sport⟩ Tor, Treffer [engl., »Grenzmal, Ziel«]

Goal|get|ter ⟨[goul-] m.; -s, -; Sport; bes. Fußb.⟩ Stürmer mit ausgeprägtem Torinstinkt, der viele Tore erzielt [<engl. *goal* »Tor« + *get* »bekommen, machen«]

Goalkeeper

Goal|kee|per ⟨[ɡoʊlki:pə(r)] m.; -s, -⟩ bes. österr.; schweiz.⟩ Torwart [engl.]

Go|be|lin ⟨[ɡɔbəlɛ̃:] m.; -s, -s⟩ kunstvoll gewirkter Wandbildteppich [frz.; nach einer im 15. Jh. lebenden, aus Reims stammenden Färberfamilie]

Go|cart ⟨m.; -s, -s⟩ = Gokart

Gode|mi|ché ⟨[ɡo:dmiʃe:] m.; -s, -s⟩ künstl. Penis als Hilfsmittel zur sexuellen Befriedigung [frz. <lat. *gaude mihi* »mach mir Freude«]

Go|det ⟨[-de:] n.; -s, -s⟩ den Rock glockig machender, eingesetzter Stoffkeil [frz.]

God save the King (Queen) ⟨[ɡɔd seɪv ðə kɪŋ (kwiːn)]⟩ Gott schütze den König (die Königin) (Anfang der engl. Nationalhymne) [engl.]

Gog|gel|mog|gel ⟨m.; -s, -⟩ eiförmige Gestalt, die rechthaberisch ist u. ständig ihre Stärke zu beweisen sucht [nach der gleichnamigen Gestalt in Lewis Carrolls »Alice im Wunderland«]

Go-go-Boy ⟨[-bɔɪ] m.; -s, -s⟩ Vortänzer in einer Diskothek [<engl. *go* »gehen« + *boy* »Junge«]

Go-go-Girl ⟨[-ɡœːl] n.; -s, -s⟩ Vortänzerin in einer Diskothek [<engl. *go* »gehen« + *girl* »Mädchen«]

Goi ⟨m.; - od. -s, Gojim od. Gojim⟩ Nichtjude, Ungläubiger [hebr., »Nichtjude«]

Go-in ⟨n.; -s, -s⟩ Eindringen in eine offizielle Veranstaltung, um eine Diskussion über ein bestimmtes Ereignis od. Thema zu erzwingen; →a. Love-in, Sit-in, Teach-in [engl., »hineingehen«]

Go|ing-pub|lic auch: **Go|ing|pu|blic** ⟨[ɡɔːɪŋpʌblɪk] n.; - od. -s; unz.; Wirtsch.⟩ Börsengang eines Unternehmens; *das ~ einer Telefongesellschaft* [<engl. *going* »gehen« + *public* »öffentlich; Öffentlichkeit«]

Go|kart ⟨m.; -s, -s⟩ kleiner Rennwagen ohne Federung u. ohne Karosserie mit Motoren bis zu 200 cm³ Hubraum; *oV* Gocart [<engl. *go-cart* »Handwagen«]

Gol|den De|li|cious ⟨[ɡoʊldən dəlɪʃəs] m.; - -, - -⟩ Apfelsorte mit gelbgrüner Schale u. süßem Geschmack [<engl. *golden* »golden« + *delicious* »köstlich, wohlschmeckend«]

Gol|den|goal auch: **Gol|den Goal** ⟨[ɡoʊldənɡoʊl] n.; (-) -s, (-) -s; Sport; bes. Fußb.⟩ Entscheidung eines Spiels, das nach regulärer Spielzeit unentschieden steht durch das erste Tor, das in der Verlängerung fällt; *der deutsche Treffer zum 2:1 gegen Tschechien bei der EM 96 war das erste ~ bei einem europäischen Fußballturnier* [<engl. *golden* »golden« + *goal* »Tor«]

Gol|den Re|trie|ver auch: **Gol|den Retrie|ver** ⟨[ɡoʊldən rɪtriːvə(r)] m.; - -s, - -⟩ gold-, cremefarbener Jagdhund mit gewelltem Fell; *Sy* Retriever [<engl. *golden* »golden« + *retriever* »Apportierhund«]

Gol|den Twen|ties ⟨[ɡoʊldən twɛntiːz] Pl.⟩ die goldenen zwanziger Jahre (des 20. Jh.); *Sy* Roaring Twenties

Go|lem ⟨m.; -s; unz.; jüd. Myth.⟩ menschenähnliche, zeitweise zum Leben erwachende, helfende, aber auch Unheil anrichtende Lehmfigur [hebr., eigtl. »das Unentwickelte, Halbfertige«; zu *galam* »zusammenfalten«]

Golf¹ ⟨m.; -(e)s, -e⟩ Einschnitt des Meeres ins Festland, Meerbusen, Meeresarm [<ital. *golfo* <vulgärlat. *colphus* <grch. *kolpos* »Busen, Meerbusen, Bucht«]

Golf² ⟨n.; -s; unz.; Sport⟩ Rasenspiel, bei dem ein Hartgummiball mit möglichst wenig Schlägen mit Hilfe verschieden geformter Schläger in ein Loch getrieben wird [<engl. *golf* <mndrl. *colf, colve* »Keule« od. schott. *gowf* »schlagen«]

Gol|fer ⟨m.; -s, -⟩ 1 Golfspieler 2 Golfjacke

Gol|fe|rin ⟨f.; -, -rin|nen⟩ Golfspielerin

Gol|ga|tha ⟨n.; -; unz.⟩ 1 = Kalvarienberg (1) 2 ⟨Sinnbild für⟩ Schmerzensort, tiefster Schmerz [nach dem Hügel bei Jerusalem, der Kreuzigungsstätte Christi; aram., »Schädelstätte« <grch. *golgatha* <hebr. *gulgolta*; zu hebr. *gulgoleth* »Schädel«]

Gol|gi|ap|pa|rat auch: **Gol|gi-Ap|pa|rat** ⟨[ɡɔldʒi-] m.; -(e)s, -e⟩ am Stoffwechsel beteiligte, aus parallel angeordneten Membranpaaren u. Bläschen bestehendes Zellorganell [nach dem italienischen Histologen C. Golgi, 1844–1926]

Go|li|ath ⟨m.; -s, -s; fig.⟩ sehr großer, starker Mensch [nach dem riesenhaften Anführer der Philister, den David mit seiner Schleuder erschlug; Sam. 1,17]

Go|mor|ra, Go|mor|rha ⟨→ *Sodom* ...*gon* ⟨Nachsilbe; zur Bildung sächl. Subst.⟩ ...*eck*; *Nonagon* [<grch. *gonia* »Ecke«]

Gon ⟨n.; -s, -e⟩ der 100. Teil eines rechten Winkels, Neugrad [<grch. *gonia* »Winkel«]

Go|na|de ⟨f.; -, -n; Biol.; Med.⟩ Keimdrüse [<grch. *gone* »Erzeugung, Same«]

go|na|do|trop ⟨Adj.; Biol.; Med.⟩ auf die Keimdrüsen einwirkend (von Hormonen) [<*Gonade* + ...*trop*']

Gon|agra auch: **Gon|a|gra** ⟨n.; -s; unz.; Med.⟩ Gicht im Kniegelenk [<grch. *gony* »Knie« + *agra* »Fangeisen«]

Gon|ar|thri|tis auch: **Go|nar|thri|tis** ⟨f.; -, -ti|den; Med.⟩ Kniegelenkentzündung [<grch. *gony* »Knie« + *Arthritis*]

Gon|del ⟨f.; -, -n⟩ 1 leichtes, langes, schmales venezian. Boot mit schnabelartigem Bug u. Heck, im Stehen gerudert 2 Korb am Freiballon 3 Raum für Motoren u. Personen am Luftschiff 4 länglicher, frei stehender Verkaufsstand in Kaufhäusern [<ital. *gondola* »kleines Schiffchen, Nachen«]

gon|deln ⟨V.⟩ 1 mit der Gondel fahren 2 ⟨scherzh.; umg.⟩ 2.1 Kahn fahren 2.2 reisen

Gon|do|lie|re ⟨[-ljeː-] m.; -, -e|ri⟩ Ruderer der venezian. Gondeln, Gondelführer [ital., »Gondelführer«]

Gon|fa|lo|nie|re ⟨[-njeː-] m.; -s, -ri; MA⟩ bürgerl. Oberhaupt italienischer Städte [ital., »Bannerträger«; zu ital. *gonfalone* »Banner« <fränk. **gundfano* »Kampffahne«]

Gong ⟨m. od. n.; -s, -s⟩ ind.-malaiisches Schlaginstrument aus frei hängender Bronzescheibe mit nach unten gebogenem Rand [<engl. *gong* <malai. *(e)gung* »Gong«]

gon|gen ⟨V.⟩ den Gong schlagen

...go|nie ⟨Nachsilbe; zur Bildung weibl. Subst.⟩ **1** Fortpflanzung, Erzeugung; *Heterogonie* **2** Entstehung, Entwicklung; *Kosmogonie* [<grch. *gone* »Erzeugung, Geburt«; → *...gen¹*]

Go|ni|o|me|ter ⟨n.; -s, -; Technik⟩ Winkelmesser [<grch. *gonia* »Winkel« + *...meter*]

Go|ni|o|me|trie *auch:* **Go|ni|o|met|rie** ⟨f.; -; unz.⟩ **1** Winkelmessung **2** Berechnung der trigonometrischen Funktionen von Winkelsummen aus den Funktionen der einzelnen Winkel [<grch. *gonia* »Winkel« + *...metrie*]

go|ni|o|me|trisch *auch:* **go|ni|o|met|risch** ⟨Adj.⟩ die Goniometrie betreffend, auf ihr beruhend; ~*e Funktionen* Winkelfunktionen

Go|no|kok|kus ⟨m.; -, -kok|ken; Med.⟩ Erreger der Gonorrhö [<grch. *gone* »Erzeugung, Samen« + *Kokkus*]

Go|nor|rhö ⟨f.; -, -en; Med.⟩ = Gonorrhöe

Go|nor|rhöe ⟨[-rø:] f.; -, -n; Med.⟩ Geschlechtskrankheit; *oV* Gonorrhö; *Sy* Tripper [<grch. *gone* »Erzeugung, Samen« + *...rrhö*]

go|nor|rho|isch ⟨Adj.; Med.⟩ auf Gonorrhö beruhend

good|bye! ⟨[gudbaɪ]⟩ leb wohl!, lebt wohl!, leben Sie wohl!, auf Wiedersehen! [engl.]

Good|will ⟨[gudwɪl] m.; -s; unz.⟩ **1** ⟨Kaufmannsspr.⟩ Firmenwert **2** ⟨allg.⟩ Ansehen, Ruf [engl. »Wohlwollen; guter Ruf (einer Firma)«]

Good|will|rei|se ⟨[gudwɪl-] f.; -, -n⟩ Reise zur Erhaltung od. Wiederherstellung des eigenen Prestiges u. des guten Einvernehmens; *Sy* Goodwilltour

Good|will|tour ⟨[gudwɪltu:r] f.; -, -en od. -s⟩ = Goodwillreise [engl.]

gor|disch ⟨Adj.⟩ *ein* ~*er Knoten* eine unlösbar scheinende Aufgabe, große Schwierigkeit; *den* ~*en Knoten durchhauen* ⟨fig.⟩ eine schwierige Aufgabe mit einer energischen Maßnahme lösen [nach dem von dem altphryg. König *Gordios* geknüpften, unlösbaren Knoten, den Alexander der Große mit dem Schwert durchhieb]

Gore|tex® ⟨[go:r-] n.; -; unz.⟩ wasser- und windundurchlässiges, atmungsaktives Gewebe (für Mäntel u. Jacken) [nach der engl. Firma W. L. *Gore* & Co. + engl. *textiles* »Textilien«]

Gor|go ⟨f.; -, -go|nen; meist Pl.; grch. Myth.⟩ weibl. Ungeheuer mit versteinerndem Blick u. Schlangenhaar [<grch. *gorgos* »furchtbar, wild«]

Gor|go|nen|haupt ⟨n.; -(e)s, -häup|ter⟩ **1** ⟨grch. Myth.⟩ schlangenhaariges Haupt **2** ⟨fig.⟩ furchtbarer, versteinernder Anblick **3** ⟨Zool.⟩ Schlangenstern aus der Familie der Medusenstern: Gorgonocephalus eucnemis [→ *Gorgo*]

Gor|gon|zo|la ⟨m.; -s, -s⟩ vollfetter Edelschimmelkäse [nach dem Ort *Gorgonzola* in der ital. Provinz Mailand]

Go|ril|la ⟨m.; -s, -s; Zool.⟩ bis 2 m großer Menschenaffe, der oft in Familien die Wälder Äquatorialafrikas durchstreift: Gorilla gorilla (neulat. <grch. *Gorillai* (Bez. eines afrikan. Stammes behaarter Menschen)]

Gösch ⟨f.; -, -en; Mar.⟩ **1** kleine Bugflagge **2** dem Flaggenstock zugewandtes, oberes Eck von Flaggen [<ndrl. *geus(je)* »kleine, viereckige Flagge auf dem Bugspriet« <frz. *gueux* »Bettler«]

Go-slow ⟨[-slou] m. od. n.; -s, -s⟩ Dienstausübung übergenau nach Vorschrift, um den Arbeitsablauf zu verzögern u. dadurch bestimmte Forderungen durchzusetzen, Bummelstreik [engl., »geh langsam«]

Gos|pel ⟨n.; -s, -s; Musik; kurz für⟩ Gospelsong

Gos|pel|song ⟨m.; -s, -s; Musik⟩ christl.-relig. Lied der nordamerikan. Schwarzen, moderne Form des Spirituals, meist von Berufskünstlern komponiert u. vorgetragen; *Sy* Gospel [<engl. *gospel* »Evangelium« + *song* »Lied«]

Gos|pel|sän|ger ⟨m.; -s, -⟩ Interpret von Gospelsongs

Gos|pel|sän|ge|rin ⟨f.; -, -rin|nen⟩ Interpretin von Gospelsongs

Gos|po|dar ⟨m.; -s od. -en, -e od. -en⟩ = Hospodar

Gos|po|din ⟨m.; -s, -da⟩ Herr [russ., »Herr«]

Got|cha ⟨a. engl. [gɔtʃə] n.; -s; unz.⟩ sportlich ausgetragener, simulierter bewaffneter Nahkampf mit Handfeuerwaffen, bei dem Einzelpersonen od. Gruppen mit Farbmunitionen auf Angehörige des jeweils gegnerischen Teams schießen [<engl. *gotcha*, Slang für *got you* »hab dich« (nach dem Ruf des erfolgreichen Schützen)]

Got|lan|di|um ⟨n.; -s; unz.; Geol.; veraltet⟩ = Silur [nach der schwed. Insel *Gotland*]

Gou|ache ⟨[gua:ʃ] f.; -, -n [gua:ʃən]⟩ = Guasch

Gou|da ⟨[gau-] od. ndrl. [xau-] m.; -s, -s⟩ fester Schnittkäse nach Edamer Art mit 20-45% Fettgehalt [nach dem Ort *Gouda* in der niederländ. Provinz Südholland]

Gou|dron *auch:* **Goud|ron** ⟨[gudrõ:] m.; -s; unz.⟩ zum Abdichten verwendete Mischung aus echtem Asphalt mit Destillationsrückständen des Erdöls [frz., »Teer«]

Gourde ⟨[gurd] m.; -, -s⟩ haitische Währungseinheit, 100 Centimes [frz.(-amerikan.), <frz. *gourd* »starr, schwerfällig« <lat. *gurdus* »dumm, schwerfällig«]

Gour|mand ⟨[gurmã:] m.; -s, -s⟩ Vielesser, Schlemmer; →*a.* Gourmet [frz.]

Gour|man|di|se ⟨[gurmãdi:z(ə)] f.; -, -n⟩ Schlemmerei [frz.]

Gour|met ⟨[gurme:] od. [gurmɛ] m.; -s, -s⟩ **1** Feinschmecker **2** Weinkenner [frz.]

Gout ⟨[gu:] m.; -s; unz.; geh.⟩ Geschmack, Neigung, Wohlgefallen; *»bon* ~« *haben, verraten* guten Geschmack; *diese Arbeit ist überhaupt nicht nach seinem* ~ [<frz. *goût* »Geschmack«]

gou|tie|ren ⟨[guti:-] V.⟩ *oV* gustieren **1** kosten **2** an etwas Gefallen finden, gutheißen [<frz. *goûter* »schmecken«]

Gou|ver|nan|te ⟨[guvɛr-] f.; -, -n⟩ Erzieherin [frz.]

Gouvernante

G

345

gouvernantenhaft

gou|ver|nan|ten|haft ⟨[guvɐr-] Adj.⟩ auf altjüngferliche Weise belehrend

Gou|ver|ne|ment ⟨[guvɛrnəmãː] n.; -s, -s⟩ **1** Regierung **2** Verwaltung **3** Regierungsbezirk, Provinz [frz., »Regierung«]

gou|ver|ne|men|tal ⟨[guvɛrnəmãtaːl] Adj.; veraltet; noch schweiz.⟩ **1** regierungsfreundlich, von der Regierung ausgehend, Regierungs... **2** ein Gouvernement betreffend

Gou|ver|neur ⟨[guvɛrnøːr] m.; -s, -e⟩ Statthalter, oberster Beamter eines Gouvernements, einer Kolonie [frz., »Statthalter, Hofmeister, Erzieher«]

Go|ver|nance ⟨[gʌvɐrnæns] f.; -; unz.⟩ Politik⟩ **1** das Regieren **2** Leitung u. Vernetzung von staatlichen u. individuellen privaten Netzwerken zur Steigerung der Effizienz politischen Handelns [engl., »Steuerung, Leitung, Kontrolle«]

Gr. ⟨Abk. für⟩ Gros²

Graaf|fol|li|kel auch: **Graaf-Fol|li|kel** ⟨m.; -s, -; Med.⟩ das reife Ei enthaltendes Bläschen im Eierstock kurz vor dem Follikelsprung [nach dem ndrl. Anatom Reinier de *Graaf*, † 1673]

Grab|ber ⟨[græbə(r)] m.; -s, -; EDV⟩ **1** Videospeicher zum Empfang grafischer Daten von einer Videokamera od. einem anderen Aufnahmegerät für bewegte Bilder **2** Software, die den momentan angezeigten Bildschirminhalt festhält, indem der entsprechende Teil des Videospeichers auf einer Diskette abgelegt wird [zu engl. *grab* »zu-, ergreifen«]

gra|ci|o|so ⟨Musik⟩ = grazioso

grad ⟨Math.; Zeichen für⟩ Gradient

Grad ⟨m.; -(e)s, -e od. (bei Zahlenangaben) -⟩ **1** Abstufung, Stufe, Stärke, Maß; *Wirkungs~; Erfrierungen, Verbrennungen dritten ~es; einige ~e dunkler, heller; bis zu einem gewissen ~(e); im höchsten ~e ärgerlich* sehr, außerordentlich; *Cousine, Vetter zweiten ~es* Tochter od. Sohn einer Cousine od. eines Vetters **2** ⟨Zeichen: °⟩ Maßeinheit für Winkel, der 360. Teil eines Kreises; *Winkel von 90°* rechter Winkel; *~ Breite* Breitengrad; *34° nördlicher (südlicher) Breite; ~ Länge* Längengrad; *20° westlicher (östlicher) Länge* **3** Maßeinheit der Temperatur; *-20 °C (Celsius), +10 °F (Fahrenheit), 90 °R (Réaumur); das Thermometer zeigt 5 ~ minus* **4** ⟨Mil.⟩ Stufe in der militär. Rangordnung; *Dienst~* **5** ⟨Math.⟩ *eine Gleichung n-ten ~es* eine G. mit n als höchstem Exponenten der Veränderlichen in einer ganzen rationalen Funktion; *eine Gleichung zweiten ~es* = quadratische Gleichung [<lat. *gradus* »Schritt«]

gra|da|tim ⟨Adj.; geh.⟩ schrittweise, stufenweise [lat., »Schritt für Schritt, schrittweise«; zu *gradus* »Schritt«]

Gra|da|ti|on ⟨f.; -, -en⟩ **1** Einteilung nach Graden **2** Abstufung (z. B. des dichter. Ausdrucks) **3** Abstufung (z. B. der Schwärzung eines Negativs) **4** Massenvermehrung, starke Häufigkeitszunahme (einer Tierart in einem bestimmten Gebiet) [lat., »Steigerung«; zu *gradus* »Schritt«]

Gra|di|ent ⟨m.; -en, -en; Abk.: grad; Math.⟩ **1** Zuordnung eines räumlichen, zeitlichen od. physikalischen Gegebenheitsbereiches zu einem Feld von Vektoren **2** ⟨Meereskunde⟩ Druckgefälle in einem (physikalischen) Niveau eines Meeres **3** ⟨Meteor.⟩ Gefälle eines Witterungselementes auf einer Strecke **4** ⟨Biol.⟩ vom Zentrum zur Peripherie hin beobachtete Abnahme der Fähigkeit von Keimen u. Körperteilen, sich weiter zu entwickeln

Gra|di|en|te ⟨f.; -, -en⟩ Neigungslinie [<lat. *gradi* »schreiten«; zu *gradus* »Schritt«]

Gra|dier|ei|sen ⟨n.; -s, -⟩ gezähnter Bildhauermeißel

gra|die|ren ⟨V.⟩ **1** in Grade einteilen **2** abstufen **3** verstärken **4** *Salzlösung ~* durch Verdunsten konzentrieren **5** *die Farbe einer Goldlegierung ~* durch Behandeln mit Gradierwasser verbessern [→ *Grad*]

Gra|dier|werk ⟨n.; -(e)s, -e⟩ mit Reisig bedecktes Gerüst, über das Salzsole rieselt, die durch Verdunsten konzentriert wird (auch zu Heilzwecken bei Erkrankung der Atmungsorgane)

gra|du|al ⟨Adj.⟩ den Grad, Rang betreffend [→ *Grad*]

Gra|du|a|le ⟨n.; -s, -li|en; kath. Messe⟩ kurzer Zwischengesang nach dem Vorlesen der Epistel [<lat. *gradus* »Stufe«; eigtl. »Stufengesang«, da er auf den Altarstufen gesungen wurde]

Gra|du|a|ti|on ⟨f.; -, -en⟩ Einteilung nach Graden, z. B. auf Skalen, Messgeräten [<frz., engl. *graduation* »Abstufung«]

gra|du|ell ⟨Adj.⟩ **1** grad-, stufenweise, abgestuft **2** allmählich [<frz. *graduel* »stufenweise fortschreitend«; zu *grade* »Grad«]

gra|du|ie|ren¹ ⟨V.⟩ *etwas ~* in Grade einteilen [<frz. *graduer* »in Grade einteilen«; zu *grade* »Grad«]

gra|du|ie|ren² ⟨V.⟩ *jmdn. ~* jmdm. einen akadem. Grad erteilen [<engl. *graduate* »einen akademischen Grad erlangen«; zu *grade* »Grad, Rang, Stufe«]

gra|du|iert ⟨Adj.; Abk.: grad.⟩ über einen akademischen Grad, ein Abschlusszeugnis verfügend; *~er Ingenieur*

Gra|du|ier|te(r) ⟨f. 2 (m. 1)⟩ Person, die eine akademische Würde erlangt hat

Gra|du|ie|rung ⟨f.; -, -en⟩ das Graduieren (2), das Graduiertwerden; *die Voraussetzung für eine Bewerbung auf diese Position ist eine ~*

Grae|cum ⟨[grɛːkum] n.; -s; unz.⟩ Prüfung im Griechischen [lat., »das Griechische«]

...graf ⟨Nachsilbe; zur Bildung von Subst.⟩ = ...graph

Graf... / Graph... (*Laut-Buchstaben-Zuordnung*) Für die Silben »-fon«, »-fot«,»-graf« kann die eingedeutschte (integrierte) Lautschreibung künftig generell verwendet werden. Die Schreibung mit »ph« bleibt jedoch auch künftig, vor allem in fachsprachlichen Texten, zulässig (→a. Grafit / Graphit).

Graf ⟨m.; -en, -en⟩ = Graph
Gra|fem ⟨m.; -s, -e; Sprachw.⟩ = Graphem

Gra|fe|ma|tik ⟨f.; -; unz.; Sprachw.⟩ = Graphematik
gra|fe|ma|tisch ⟨Adj.; Sprachw.⟩ = graphematisch
Gra|fe|mik ⟨f.; -; unz.; Sprachw.⟩ = Graphemik
gra|fe|misch ⟨Adj.; Sprachw.⟩ = graphemisch
Gra|fe|o|lo|gie ⟨f.; -; unz.; Sprachw.⟩ = Grapheologie
gra|fe|o|lo|gisch ⟨Adj.⟩ = grapheologisch
Graf|fi|ti ⟨n.; - od. -s, -s⟩ Malerei od. Parole, die mittels Sprühdose auf eine Wand gespritzt wurde [ital.; Pl. von *Graffito*]
Graf|fi|to ⟨m. od. n.; -s, -ti⟩ in Mauerputz od. Stein geritzte Inschrift oder figürl. Darstellung; →a. Sgraffito [ital.]
...gra|fie ⟨Nachsilbe; zur Bildung weibl. Subst.⟩ = ...graphie
Gra|fik ⟨f.; -, -en⟩ *oV* Graphik **1** ⟨unz.⟩ Vervielfältigung von Schrift u. Druck **2** ⟨unz.⟩ die Kunst des Zeichnens, des Kupfer- u. Stahlstichs, des Holzstichs u. -schnitts **3** ⟨zählb.⟩ das einzelne Blatt einer Darstellung aus einer dieser Künste [<grch. *graphike techne* »die Kunst zu schreiben, zu zeichnen«]
Gra|fi|ker ⟨m.; -s, -⟩ *oV* Graphiker **1** in der Grafik arbeitender Künstler **2** Zeichner, der Vorlagen zum Vervielfältigen herstellt
Gra|fi|ke|rin ⟨f.; -, -rin|nen⟩ weibl. Grafiker; *oV* Graphikerin
Gra|fik|kar|te ⟨f.; -, -n; EDV⟩ Erweiterungskomponente für den Computer, durch die die Verarbeitung u. Darstellung von Grafiken möglich wird; *oV* Graphikkarte
gra|fisch ⟨Adj.⟩ mit Hilfe der Grafik, auf ihr beruhend, sie betreffend; ~*e Darstellung* zeichner., schemat. Darstellung, Schaubild; *oV* graphisch
Gra|fit ⟨a. [-fi:t] m.; -s, -e; Min.⟩ = Graphit
gra|fi|tisch ⟨a. [-fi:-] Adj.; Min.⟩ = graphitisch
gra|fo-, Gra|fo-... Gra|fo... ⟨in Zus.⟩ = grapho-..., Grapho-...
Gra|fo|lo|ge ⟨m.; -n, -n⟩ = Graphologe
Gra|fo|lo|gie ⟨f.; -; unz.⟩ = Graphologie

gra|fo|lo|gisch ⟨Adj.⟩ = graphologisch
Gra|fo|sta|tik ⟨f.; -; unz.⟩ = Graphostatik
Gra|ham|brot auch: **Gra|ham-Brot** ⟨n.; -(e)s, -e⟩ Weizenvollkornbrot ohne Zusatz von Sauerteig [nach dem amerikan. Arzt Sylvester *Graham*, 1794-1891]
Grain ⟨[greɪn] m.; -s, -s od. (bei Zahlenangaben) -⟩ **1** älteres kleines Juweliergewicht, ¼ Karat **2** Gewichts- u. Maßeinheit, 0,0648 g [engl., »Korn«, über afrz. <lat. *granum* »Korn«]
grai|nie|ren ⟨[grɛ-] V.; fachsprachl.⟩ die Oberfläche von Papier od. Pappe aufrauen [<frz. *grainer* »aufrauen, körnen«; zu *grain* »Korn«]
Grä|ko|ma|nie ⟨f.; -; unz.⟩ übertriebene Vorliebe für altgrch. Wesen, Griechenschwärmerei [<lat. *Graecus* »griechisch« + *Manie*]
Grä|kum ⟨n.; -s; unz.⟩ = Graecum
Gral ⟨m.; -s; unz.⟩ in der Dichtung des MA) Stein od. Gefäß mit Heilskraft, in dem einst Christi Blut aufgefangen worden ist [<mhd. *gral* »heiliges, wundertätiges Ding, heiliger Stein«, <altfrz. *graal* »heiliges, als Kelch gedachtes Gefäß, mit dem Christus das Sakrament spendete u. in dem Joseph von Arimathia das Blut Christi sammelte«; vermutl. <lat. *cratalis* »Schüssel, Topf«; zu lat. *cratis* »Flechtwerk« od. mlat. *gradalis* »Stufenkelch«; zu lat. *gradus* »Schritt«]
Gram|fär|bung ⟨f.; -, -en; Bakt.⟩ Färbemethode zur Unterscheidung von sehr ähnlich aussehenden Bakterien [nach dem dän. Bakteriologen H. Chr. *Gram*, 1853-1938]
Gra|mi|ne|en ⟨Pl.⟩ Familie der Süßgräser [<lat. *gramen* »Gras«]
...gramm ⟨Nachsilbe; zur Bildung von sächl. Subst.⟩ Geschriebenes, Gezeichnetes; *Autogramm; Monogramm* [<grch. *gramma* »Buchstabe, Schriftzeichen; Schrift«; zu *graphein* »schreiben«]
Gramm ⟨n.; -(e)s, -; Abk.: g⟩ Maßeinheit der Masse, (allg. gleichgesetzt mit) des Ge-

Grammmolekül

wichts, 1000 g = 1 kg [<frz. *gramme* <grch. *gramme*, eigtl. »Geschriebenes, Schriftzeichen«; zu *graphein* »schreiben«]
Gramm|äqui|va|lent ⟨[-va-] n.; -(e)s, -e; Chemie; Abk.: Val⟩ in Gramm ausgedrückte Menge eines chem. Stoffes, die sich mit einem Mol Wasserstoff verbindet od. ein Mol Wasserstoff in Verbindungen ersetzt
Gram|ma|tik ⟨f.; -, -en⟩ **1** Lehre vom Bau u. von den Regeln einer Sprache **2** Lehrbuch der Grammatik, Sprachlehre [<lat. *(ars) grammatica* »Sprachlehre« <grch. *grammatike (techne)* »Sprachwissenschaft als Lehre von den Elementen der Sprache«; zu *graphein* »schreiben«]
gram|ma|ti|ka|lisch ⟨Adj.⟩ die Grammatik betreffend, auf ihr beruhend; *Sy* grammatisch
gram|ma|ti|ka|li|sie|ren ⟨V.; Sprachw.; nur Passiv⟩ grammatikalisiert werden, zu einer grammatischen Kategorie werden, eine grammatische Funktion erhalten
Gram|ma|ti|ka|li|tät ⟨f.; -; unz.; Sprachw.⟩ grammatisch richtige Beschaffenheit; *Sy* Grammatizität
Gram|ma|ti|ker ⟨m.; -s, -⟩ Wissenschaftler auf dem Gebiet der Grammatik
Gram|ma|ti|ke|rin ⟨f.; -, -rin|nen⟩ Wissenschaftlerin auf dem Gebiet der Grammatik
gram|ma|tisch ⟨Adj.⟩ = grammatikalisch
Gram|ma|ti|zi|tät ⟨f.; -; unz.; Sprachw.⟩ = Grammatikalität
Gramm|atom ⟨n.; -s, -e; nicht mehr empfohlene Bez. für⟩ diejenige Menge eines Stoffes, die so viel Gramm enthält, wie sein Atomgewicht angibt, zu ersetzen durch die Einheit Mol
Gram|mem ⟨n.; -s, -e; Sprachw.⟩ das kleinste sprachliche Zeichen auf der Ebene des grammatischen Systems; →*a.* Episem; Tagmem
Gramm|mol ⟨n.; -s, -e; Chemie; kurz für⟩ Grammmolekül
Gramm|mo|le|kül ⟨n.; -s, -e; Chemie⟩ Masseneinheit, diejenige Menge eines Stoffes, deren Masse identisch dem Mole-

347

Grammofon

kulargewicht in Gramm ist; *Sy* Grammmol, Mol

Gram|mo|fon ⟨n.; -s, -e⟩ = Grammophon

Gram|mo|phon ⟨n.; -s, -e⟩ altertüml. mechan. Plattenspieler; *oV* Grammofon [<grch. *gramma* »Schrift, Geschriebenes« + ...*phon*²]

Gram|my ⟨[græmɪ] m.; - od. -s, -s⟩ US-amerikan. Schallplattenpreis [→ *Grammophon*]

gram|ne|ga|tiv ⟨Adj.⟩ sich bei der Gramfärbung rot färbend [→ *Gramfärbung*]

gram|po|si|tiv ⟨Adj.⟩ sich bei der Gramfärbung blau färbend [→ *Gramfärbung*]

Gran ⟨n.; -s, -e od. (bei Zahlenangaben) -; früher⟩ Gewichtseinheit für Arzneien u. Edelmetalle; *oV* Grän [<lat. *granum* »Korn«]

Grän ⟨n.; -s, -e od. (bei Zahlenangaben) -⟩ = Gran

Gra|na|dil|le ⟨f.; -, -n⟩ = Grenadille

Gra|nat ⟨m.; -(e)s od. (österr.) -en, -e od. (österr.) -en; Min.⟩ kubisches, gesteinsbildendes, schwer verwitterndes Mineral, Edelstein [<mlat. *(lapis) granatus* »körniger Stein« <lat. *granum* »Korn«]

Gra|nat|ap|fel|baum ⟨m.; -(e)s, -bäu|me; Bot.⟩ kleiner Strauch od. Baum mit purpurrotem Blütenblatt u. Kelchblättern, mit wohlschmeckender, apfelgroßer Frucht: Punica granatum [<lat. *malum granatum* »kernreicher Apfel«]

Gra|na|te ⟨f.; -, -n⟩ mit Sprengladung gefülltes Geschoss [<ital. *granata* »Granatapfel; ein mit einem Granatapfel verglichenes, mit einer Sprengladung gefülltes Hohlgeschoss«]

Grand ⟨[grã:] od. [grãŋ] m.; -s, -s⟩ höchstes Spiel beim Skat; ~ *ouvert* [uvɛ:r] G. mit aufgedeckten Spielkarten [<frz. *grand jeu* »Großspiel«; frz. *ouvert* »offen«]

Grand Cru ⟨[grã: kry:] m.; - -, -s [grã: kry:s]⟩ edler frz. Wein [frz.]

Gran|de ⟨m.; -n, -n⟩ **1** ⟨unz.⟩ höchster spanischer Adelstitel **2** ⟨zählb.⟩ Mitglied des spanischen Hof- od. Hochadels [span., »groß«]

Grande Nation ⟨[grã:d nasjɔ̃:] f.; - -; unz.; frz. Selbstbez. für⟩ Frankreich [frz., »große Nation«]

Gran|deur ⟨[grãdø:r] f.; -; unz.⟩ Größe, Großartigkeit, Erhabenheit [frz.]

Gran|dez|za ⟨f.; -; unz.⟩ Würde, anmutig-würdevolles, überlegen-liebenswürdiges Benehmen [<span. *grandeza* »Würde eines Granden«; zu *grande* »groß«]

Grand|ho|tel ⟨[grã:-] n.; -s, -s⟩ großes, vornehmes Hotel [<frz. *grand* »groß« + *Hotel*]

gran|di|os ⟨Adj.⟩ großartig, überwältigend [<ital. *grandioso* »großartig«; zu *grande* »groß«]

Gran|di|o|si|tät ⟨f.; -; unz.⟩ beeindruckende Pracht u. Schönheit, Großartigkeit [→ *grandios*]

gran|di|o|so ⟨Musik⟩ eindrucksvoll, erhaben (zu spielen) [ital.]

Grand Old La|dy ⟨[grænd oʊld leɪdɪ] f.; - - -, - - -s [leɪdɪs]⟩ bedeutende ältere Persönlichkeit; *die ~ des deutschen Films* [engl., »große alte Dame«]

Grand Old Man ⟨[grænd oʊld mæ:n] m.; - - -s, - - Men [-mən]⟩ bedeutende ältere männl. Persönlichkeit [engl., »großer alter Mann«]

Grand Prix *auch:* **Grand|prix** ⟨[grãpri:] m.; - (-) -, - (-) -s [grãpri:]⟩ Großer Preis [frz.]

Grand|sei|gneur *auch:* **Grand|seig|neur** ⟨[grãsɛnjœ:r] m.; -s, -s od. -e⟩ **1** Angehöriger des hohen Adels **2** ⟨fig.⟩ vornehmer, würdevoller Herr [frz., »großer, d. h. vornehmer Herr«]

Grand|slam *auch:* **Grand Slam** ⟨[grændslæm] m.; - (-) - od. (-) -s, (-) -s; Sport; Tennis⟩ Sieg eines Spielers in den austral., frz., engl. und US-amerikan. Meisterschaften innerhalb eines Jahres [engl., eigtl. »großer Schlag«]

grai|nie|ren ⟨V.⟩ zu Körnern zermahlen [zu lat. *granum* »Korn«]

Gra|nit ⟨m.; -s, -e; Min.⟩ Tiefengestein aus fein- bis grobkörnigen Teilen von Feldspat, Quarz u. Glimmer; *auf ~ beißen* ⟨fig.; umg.⟩ auf energischen Widerstand stoßen, nicht durchdringen können [<ital. *granito* <mlat. *granitum marmor* »gekörntes Marmorgestein«; zu lat. *granum* »Korn«]

Gra|nit|por|phyr ⟨m.; -s, -e; Geol.⟩ Granitgestein mit körniger Grundmasse u. größeren Einsprenglingen

Gran|ny Smith ⟨[grænɪ smɪθ] m.; - -, - -⟩ Apfelsorte mit glänzender, grüner Schale und saftigem, säuerlich schmeckendem Fruchtfleisch

gra|nu|lar ⟨Adj.⟩ = granulös

Gra|nu|lat ⟨n.; -(e)s, -e⟩ körniger Extrakt [<lat. *granulum* »Körnchen«]

Gra|nu|la|ti|on ⟨f.; -, -en⟩ **1** Körnchenbildung **2** das Auflöten von Gold- od. Silberkörnchen auf Schmuckstücke **3** ⟨Astron.⟩ das feinkörnige Aussehen der Sonnenoberfläche **4** ⟨Med.⟩ Entstehung von rötli., weichem, gefäßreichem neuem Bindegewebe bei Gewebsdefekten

Gra|nu|le ⟨f.; -, -n⟩ auf der Sonnenoberfläche auftretender, körniger Gaswirbel kurzer Beständigkeit mit einem Durchmesser bis etwa 1000 km [<lat. *granulum* »Körnchen«]

gra|nu|lie|ren ⟨V.⟩ **1** zu Körnern zermahlen, zerreiben **2** Gold- od. Silberkörnchen auflöten **3** Granulationsgewebe bilden; *granuliertes Gewebe* [<lat. *granulum* »Körnchen«]

gra|nu|liert ⟨Adj.; Med.⟩ körnig eingeschrumpft (in Bezug auf Gewebe), z. B. bei Nierendefekten [→ *granulieren*]

Gra|nu|lie|rung ⟨f.; -, -en⟩ das Granulieren, das Granuliertwerden

Gra|nu|lit ⟨m.; -s, -e; Min.⟩ dichtes, massiges Gestein aus Granat, Feldspat u. a. Mineralien, ohne Glimmer [<lat. *granulum* »Körnchen«]

Gra|nu|lom ⟨n.; -s, -e; Med.⟩ Granulationsgewebe geschwulstartigen Aussehens, das meist durch Krankheitserreger od. Fremdkörper entsteht [<lat. *granulum* »Körnchen«]

gra|nu|lös ⟨Adj.⟩ körnig, gekörnt, mit Körnern versehen

Gra|nu|lo|se ⟨f.; -, -n; Med.⟩ Bildung von Granulomen

Gra|nu|lo|zyt ⟨m.; -en, -en; Med.⟩ weißes Blutkörperchen mit körniger Struktur [<lat. *granulum* »Körnchen« + ...*zyt*]

Gra|nu|lum ⟨n.; -s, -nu|la; meist Pl.⟩ **1** ⟨Pharm.⟩ Arzneikörnchen **2** ⟨Anat.⟩ mikroskopisch kleines Körnchen im Zellplasma **3** ⟨Med.⟩ Knötchen im Granulationsgewebe [lat., »kleiner Kern, Körnchen«]

Grape|fruit ⟨[greɪpfruːt] f.; -, -s; Bot.⟩ kleine Form der Pampelmuse [engl.]

Graph ⟨m.; -en, -en⟩ *oV* Graf **1** abstrahierender zeichner. Darstellung von Größen u. den zwischen ihnen bestehenden Relationen als wissenschaftl. Hilfsmittel **2** ⟨Math.⟩ zeichner. Darstellung von Elementen in zweistelligen Relationen [<grch. *graphein* »schreiben«]

...graph ⟨Nachsilbe; zur Bildung männl. Subst.⟩ *oV* ...graf **1** Schreiber, Zeichner; *Stenograph* **2** Geschriebenes; *Autograph* **3** Beschreiber, Wissenschaftler; *Lexikograph* **4** wissenschaftl. Messgerät; *Pluviograph* [→ *Graph*]

Gra|phem ⟨n.; -s, -e; Sprachw.⟩ kleinste bedeutungsunterscheidende Einheit der geschriebenen Sprache, z. B. Buchstabe; *oV* Grafem [<*Graph* + Endung -*em*]

Gra|phe|ma|tik ⟨f.; -; unz.; Sprachw.⟩ Wissenschaft von den Graphemen; *oV* Graphemik, Grafematik [→ *Graph*]

gra|phe|ma|tisch ⟨Adj.; Sprachw.⟩ = graphemisch; *oV* grafematisch

Gra|phe|mik ⟨f.; -; unz.; Sprachw.⟩ = Graphematik; *oV* Grafemik; *Sy* Grapheologie (2)

gra|phe|misch ⟨Adj.; Sprachw.⟩ die Graphemik betreffend, zu ihr gehörig; *oV* grafemisch; *Sy* graphematisch

Gra|pheo|lo|gie ⟨f.; -; unz.; Sprachw.⟩ **1** Wissenschaft von den Schreibsystemen der Sprachen **2** = Graphemik; *oV* Grafeologie [<*Graph* + ...*logie*]

gra|pheo|lo|gisch ⟨Adj.; Sprachw.⟩ die Grapheologie betreffend, zu ihr beruhend, auf ihr grafeologisch

...gra|phie ⟨Nachsilbe; zur Bildung weibl. Subst.⟩ *oV* ...grafie **1** das Schreiben, Zeichnen; *Stenographie* **2** Geschriebenes; *Biographie* **3** Beschreibung, Wissenschaft; *Geographie* [<grch. *graphein* »schreiben«]

Gra|phik ⟨f.; -, -en⟩ = Grafik

Gra|phi|ker ⟨m.; -s, -⟩ = Grafiker

Gra|phi|ke|rin ⟨f.; -, -rin|nen⟩ = Grafikerin

Gra|phik|kar|te ⟨f.; -, -n; EDV⟩ = Grafikkarte

gra|phisch ⟨Adj.⟩ = grafisch

Gra|phit ⟨a. [-fɪt] m.; -s, -e; Min.⟩ feinkristalliner bis amorpher reiner Kohlenstoff; *oV* Grafit [<grch. *graphein* »schreiben«]

gra|phi|tisch ⟨a. [-fiː-] Adj.; Min.⟩ aus Graphit bestehend, es enthaltend; *oV* grafitisch

gra|pho..., Gra|pho... ⟨in Zus.⟩ schrift..., Schrift...; *oV* grafo..., Grafo... [<grch. *graphein* »schreiben«]

Gra|pho|lo|ge ⟨m.; -n, -n⟩ Kenner der Graphologie, Handschriftendeuter; *oV* Grafologe

Gra|pho|lo|gie ⟨f.; -; unz.⟩ Lehre, aus der Handschrift den Charakter zu deuten, Handschriftendeutung; *oV* Grafologie

Gra|pho|lo|gin ⟨f.; -, -gin|nen⟩ Kennerin der Graphologie, Handschriftendeuterin; *oV* Grafologin

gra|pho|lo|gisch ⟨Adj.⟩ die Graphologie betreffend, auf ihr beruhend; *oV* grafologisch; *ein ~es Gutachten erstellen*

Gra|pho|sta|tik ⟨f.; -; unz.⟩ zeichnerische Ermittlung von statischen Kräften im Bauwesen; *oV* Grafostatik [<grch. *graphein* »schreiben« + *Statik*]

Grap|pa ⟨m. - od. -s, - od. -s⟩ ital. Branntwein aus Trester [ital.]

Grap|to|lith ⟨m.; -s od. -en, -en⟩ ausgestorbener, mariner Tierstock des Silurs [<grch. *graphein* »schreiben« + ...*lith*]

Grass ⟨n.; -; unz.; umg.⟩ Marihuana [engl.]

gras|sie|ren ⟨V.⟩ um sich greifen, gehäuft auftreten, wüten; *~de Seuche; es ~ neue Gerüchte* ⟨fig.⟩ [<lat. *grassari* »umhergehen«]

Gra|ti|as ⟨[-tsjaː-] n.; -s, - od. -li|en⟩ **1** Dankgebet **2** Geschenk, Trinkgeld [<lat. *gratia* »Gunst, Gnade, Dank«]

Gra|ti|fi|ka|ti|on ⟨f.; -, -en⟩ **1** Sonderzuwendung, Ehrengabe; *Weihnachts~* **2** Entschädigung [<lat. *gratus* »erwünscht, willkommen, dankbar« + ...*fikation*]

gra|ti|fi|zie|ren ⟨V.; geh.⟩ vergüten [<lat. *gratificari* »eine Gefälligkeit erweisen«; zu lat. *gratus* »erwünscht, willkommen, dankbar« + *facere* »machen«]

Gra|tin ⟨[gratɛ̃ː] n.; -s, -s; Kochk.⟩ ⟨mit Käse⟩ überbackenes Gericht; *Kartoffel~*

Grä|ting ⟨f.; -, -s od. -e; Mar.⟩ Gitterauflage auf Schiffsdecks [<engl. *grating* »Gitter, Gitterwerk«]

gra|ti|nie|ren ⟨V.; Kochk.⟩ überbacken, um eine Kruste zu erzielen [<frz. *gratiner* »in geriebener Semmel backen«; zu *gratin* »Kruste, Abgeschabtes«; zu *gratter* »schaben, kratzen«]

gra|tis ⟨Adv.⟩ kostenlos, unentgeltlich, frei; *~ und franko* unentgeltlich u. portofrei [<lat. *gratis* »unentgeltlich«, eigtl. »um den bloßen Dank«; Ablativ Pl. zu *gratia* »Dank«]

Gra|tu|lant ⟨m.; -en, -en⟩ jmd., der seine Glückwünsche übermittelt [<lat. *gratulans*, Part. Präs. zu *gratulari* »Glück wünschen«]

Gra|tu|lan|tin ⟨f.; -, -tin|nen⟩ weibl. Gratulant

Gra|tu|la|ti|on ⟨f.; -, -en⟩ Übermittlung von Glückwünschen [<lat. *gratulatio* »Beglückwünschung«]

gra|tu|lie|ren ⟨V.⟩ jmdm. *~* jmdn. beglückwünschen; *du kannst dir ~, dass es so glimpflich abgegangen ist* du kannst froh sein [<lat. *gratulari* »Glück wünschen«]

Gra|va|men ⟨[-vaː-] n.; -s, -mi|na; meist Pl.; 15. u. 16. Jh.⟩ Beschwerde (gegen Kirche u. Klerus) [lat., »Beschwerde«; zu *gravis* »schwer«]

Gra|va|ti|on ⟨[-va-] f.; -, -en; veraltet⟩ Beschwerung, Belastung [zu lat. *gravis* »schwer«]

gra|ve ⟨[-vo] Musik⟩ ernst, getragen (zu spielen) [ital.]

Gra|ve ⟨[-və] n.; -s, -s; Musik⟩ sehr langsam, bedächtig u. getragen zu spielender Satz od. Satzteil (seit dem frühen 17. Jh.) [→ *grave*]

Gra|vet|tien ⟨[-vetjɛ̃ː] n.; -s; unz.⟩ Kulturstufe der Altsteinzeit [nach der frz. Fundort *La Gravette*]

Gra|veur ⟨[-vøːr] m.; -s, -e⟩ Handwerker, der das Gravieren berufsmäßig ausübt, z. B. Kupfer-, Stahlstecher, Steinschneider [frz., *‹graver*; → *gravieren*]

gra|vid ⟨[-viːd] Adj.; Med.⟩ schwanger [<lat. *gravidus*; zu *gravis* »schwer«]

Gra|vi|di|tät ⟨[-vi-] f.; -, -en; Med.⟩ Schwangerschaft [<lat. *graviditas*; zu *gravis* »schwer«]

gra|vie|ren[1] ⟨[-viː-] V.⟩ Metall, Stein, Glas ~ Verzierungen, Schrift od. Zeichen in Metall usw. schneiden, ritzen, stechen [<frz. *graver*]

gra|vie|ren[2] ⟨[-viː-] V.⟩ belasten, beschweren [<lat. *gravare*]

gra|vie|rend ⟨[-viː-] Adj.⟩ belastend, erschwerend; *ein ~er Fehler*

Gra|vie|rung ⟨[-viː-] f.; -, -en⟩ 1 das Gravieren 2 gravierte Verzierung, Schrift o. Ä.

Gra|vi|me|ter ⟨[-vi-] n.; -s, -s⟩ Gerät zum Messen der Schwerkraft [<lat. *gravis* »schwer« + ...*meter*]

Gra|vi|me|trie auch: **Gra|vi|met|rie** ⟨[-vi-] f.; -; unz.⟩ 1 Messung des Schwerefeldes der Erde 2 chem. Analyse, bei der das Gewicht der einzelnen Stoffe einer Verbindung festgestellt wird; *Sy* quantitative Analyse

gra|vi|me|trisch auch: **gra|vi|met|risch** ⟨[-vi-] Adj.⟩ auf Gravimetrie beruhend, mit ihrer Hilfe

Gra|vis ⟨[-vɪs] m.; -, -; Zeichen: `; Sprachw.⟩ Zeichen über einem Vokal zur Bezeichnung des fallenden Tons, im Italien. der Betonung der Silbe u. im Französ. der offenen Aussprache des Vokals; *Sy* Accent grave [lat., »schwer«]

Gra|vi|s|phä|re auch: **Gra|vis|phä|re** ⟨[-vi-] f.; -, -n; Physik; Astron.⟩ Bereich um einen Körper, in dem seine Schwerkraft die eines anderen Körpers überwiegt, bes. bei Himmelskörpern [<lat. *gravis* »schwer« + *Sphäre*]

Gra|vi|tät ⟨[-vi-] f.; -; unz.⟩ Würde, Erhabenheit, Gemessenheit [<lat. *gravitas* »Schwere, würdevolles Wesen«]

Gra|vi|ta|ti|on ⟨[-vi-] f.; -; unz.⟩ Eigenschaft von Massen, sich gegenseitig anzuziehen [→ *gravitieren*]

Gra|vi|ta|ti|ons|wel|le ⟨[-vi-] f.; -, -n⟩ wellenartige Ausstrahlung der Änderungen eines Schwerefeldes mit Lichtgeschwindigkeit, ihre Träger sind die Gravitonen

gra|vi|tä|tisch ⟨[-vi-] Adj.⟩ 1 würdevoll, hoheitsvoll 2 steif, gemessen

gra|vi|ta|tiv ⟨[-vi-] Adj.⟩ die Gravitation betreffend, auf ihr beruhend, der Schwerkraft unterliegend

gra|vi|tie|ren ⟨[-vi-] V.⟩ 1 infolge der Schwerkraft auf einen Punkt zustreben 2 angezogen werden, hinneigen (zu) [<lat. *gravitas* »Schwere, schweres Gewicht«]

Gra|vi|ton ⟨[-vi-] n.; -s, -to|nen; Physik⟩ bis jetzt noch nicht nachgewiesenes Elementarteilchen, das als Träger der Gravitationswellen angesehen wird

Gra|vur ⟨[-vuːr] f.; -, -en⟩ das Gravierte, gravierte Verzierung, Schrift usw. [→ *Gravüre*]

Gra|vü|re ⟨[-vyː-] f.; -, -n⟩ 1 Erzeugnis der Gravierkunst, Kupfer-, Stahlstich, Steinschnitt 2 Tiefdruckplatte 3 Druck davon [<frz. *gravure* »Kupferstecher-, Holzschneidekunst, Metallstich, Holzschnitt«]

Gray ⟨[greɪ] n.; -s, -s; Zeichen: Gy; Physik⟩ Einheit für die Energiedosis ionisierender Strahlen, 1 Gy = 1 J/kg = 100 rad [nach dem amerikan. Physiker Louis Harold *Gray*, 1905–1965]

Gra|zie ⟨[-tsjə] f.; -, -n⟩ 1 ⟨unz.⟩ Anmut; *ihre Bewegungen waren voller ~* 2 *die drei ~n* 2.1 ⟨röm. Myth.⟩ die drei Göttinnen der Anmut 2.2 ⟨fig.; scherzh.⟩ diese drei anmutigen jungen Damen [<lat. *gratia* »Wohlgefallen«]

gra|zil ⟨Adj.⟩ 1 schlank, zierlich, geschmeidig 2 schmächtig [<lat. *gracilis* »schlank, schmal, hager«]

Gra|zi|li|tät ⟨f.; -; unz.⟩ zierliche, schmächtige Beschaffenheit

gra|zi|ös ⟨Adj.⟩ anmutig, zierlich, geschmeidig, gewandt [<frz. *gracieux* »anmutig, lieblich«; → *Grazie*]

gra|zi|o|so ⟨Musik⟩ anmutig, lieblich (zu spielen); *oV* grazioso [ital.]

grä|zi|sie|ren ⟨V.⟩ nach grch. Vorbild formen, grch. Form geben; *einen Namen ~* [<lat. *Graecia*, dem lat. Namen für Griechenland]

Grä|zis|mus ⟨m.; -, -zis|men; Sprachw.⟩ 1 in eine andere Sprache übernommene altgrch. Spracheigentümlichkeit 2 dem Griech. nachgebildete Ausdrucksform 3 die Verwendung von Gräzismen [→ *gräzisieren*]

Grä|zist ⟨m.; -en, -en⟩ Wissenschaftler auf dem Gebiet der altgrch. Sprache u. Kultur

Grä|zis|tik ⟨f.; -; unz.⟩ Wissenschaft von Sprache u. Kultur des antiken Griechenlands [zu lat. *Graecia* »Griechenland«]

Grä|zis|tin ⟨f.; -, -in|nen⟩ Wissenschaftlerin auf dem Gebiet der altgrch. Sprache u. Kultur

grä|zis|tisch ⟨Adj.⟩ die Gräzistik betreffend, zu ihr gehörig; *~e Studien*

Grä|zi|tät ⟨f.; -; unz.⟩ Wesen der altgrch. Sprache u. Kultur

Green ⟨[griːn] n.; -s, -s; Golf⟩ Grün, um das Loch herum kurz geschnittene Rasenfläche [engl., »Grün, Rasen«]

Green|card auch: **Green Card** ⟨[griːn-] f.; (-) -, (-) -s⟩ 1 ⟨USA⟩ unbeschränkte u. lebenslänglich gültige Aufenthalts- u. Arbeitserlaubnis, die u. a. Ermäßigungen bei Studiengebühren u. einen Anspruch auf soziale Leistungen einschließt 2 ⟨in der BRD; seit 2000⟩ befristete Arbeits- u. Aufenthaltsgenehmigung für hoch qualifizierte Fachleute auf dem Gebiet der Kommunikations- u. Informationstechnik aus dem außereuropäischen Ausland [engl., »grüne Karte«]

Green|fee ⟨[griːnfiː] f.; -, -s; Golf⟩ Entgelt, das ein Golfspieler auf einem fremden

Platz zu entrichten hat [<engl. *green* »Grün, Rasen« + *fee* »Gebühr«]

Green|horn ⟨[griːn-] n.; -s, -s⟩ **1** Grünschnabel **2** ⟨fig.⟩ Neuling, Unerfahrener [engl.]

Green|peace ⟨[griːnpiːs] ohne Artikel⟩ durch spektakuläre Aktionen bekannt gewordene Umweltschutzorganisation [<engl. *green* »grün« + *peace* »Friede«]

Grège ⟨[grɛːʒ] f.; -; unz.; Textilw.⟩ Rohseidenfaden [<frz. *soi grège* »rohe, ungezwirnte Seide«, <ital. *greggio* »roh, unbearbeitet«]

Gre|go|ri|a|nik ⟨f.; -; unz.; Musik⟩ die Formen, Lehre u. Erforschung des gregorianischen Chorals [nach Papst *Gregor I.*, † 604]

gre|go|ri|a|nisch ⟨Adj.⟩ **1** ⟨Musik⟩ ~er *Choral*, ~er *Gesang* einstimmiger, unbegleiteter liturg. Gesang in kath. Gottesdienst **2** ~er *Kalender* 1582 eingeführte u. heute noch gültige Zeitrechnung [zu 1: nach Papst *Gregor I.*, † 604; zu 2: nach Papst *Gregor XIII.*, 1502-1585]

Gre|mi|um ⟨n.; -s, -mi|en⟩ Ausschuss, Körperschaft [lat., »Schoss, Bündel«]

Gre|na|dier ⟨m.; -s, -e; Mil.⟩ **1** ⟨urspr.⟩ mit Handgranaten ausgerüsteter Soldat **2** ⟨heute⟩ Infanteriesoldat besonderer Regimenter, z. B. der Garde [frz., (früher) »Granatenwerfer«; zu *grenade* »Granatapfel, Granate«; → *Granate*]

Gre|na|dil|le ⟨f.; -, -n; Bot.⟩ wohlschmeckende Frucht der Passionsblume; *oV* Granadille [frz. »Passionsblume« <span. *granadilla* »Passionsblume«, eigtl. »kleiner Granatapfel«]

Gre|na|di|ne[1] ⟨f.; -; unz.; Textilw.⟩ leichtes Seidengewebe [nach der span. Stadt *Granada*]

Gre|na|di|ne[2] ⟨f.; -; unz.⟩ Sirup von Granatäpfeln für alkoholfreie Getränke u. Cocktails [<frz. *grenadine*; zu *grenade* »Granatapfel«]

...gres|si|on ⟨Nachsilbe; zur Bildung weibl. Subst.⟩ das Gehen, Vordringen; *Aggression; Progression* [<lat. *...gressio*; zu *gradi*, *...gredi* »gehen, schreiten«]

Grey|er|zer ⟨m.; -s, -⟩ Greyerzer Käse, ein Hartkäse; *oV* Gruyère [nach dem westschweizer. Ort *Greyerz*]

Grey|hound ⟨[greɪhaʊnd] m.; -s, -s⟩ **1** ⟨Zool.⟩ zu den Windhunden gehörende, für Rennen gezüchtete engl. Hunderasse **2** ⟨USA⟩ über weite Strecken fahrender Omnibus [<engl. *grey* »grau« + *hound* »Jagdhund«]

Grif|fon ⟨[-fɔ̃ː] m.; -s, -s; Zool.⟩ bis 60 cm großer, drahthaariger Vorstehhund mit starkem Bart u. langer Behaarung des Nasenrückens [frz., »rauhaariger Vorstehhund«]

Gri|gnard|re|ak|ti|on *auch:* **Grignard-Re|ak|ti|on** ⟨[grɪnjaː-r-] f.; -, -en⟩ chem. Reaktion zur Synthese vieler organ. Stoffe mithilfe einer metallorganischen Magnesiumverbindung [nach dem frz. Chemiker V. Grignard, 1871-1935]

Grill ⟨m.; -s, -s⟩ **1** Ofen zum Grillen **2** Bratrost zum Grillen [engl. <frz. *gril*, *grille* <lat. *craticulum* »Flechtwerk, kleiner Rost«]

Gril|la|de ⟨[grijaːdə] f.; -, -n⟩ Bratstück (Fleisch, Fisch, Geflügel) vom Rost [frz., »das Rösten auf dem Grill, Rostbraten«]

gril|len ⟨V.⟩ *oV* ⟨schweiz.⟩ grillieren **1** ⟨urspr.⟩ am Spieß über offenem Feuer braten **2** ⟨heute⟩ auf dem Grill od. im Grill (mit wenig Fett in sehr heißem Ofen) braten [<engl. *grill* <frz. *griller* »auf dem Grill braten«]

gril|lie|ren ⟨[-liː-] od. [-jiː-] schweiz.⟩ = grillen

Grill|room ⟨[-ruːm] m.; -s, -s⟩ Raum od. Gaststätte, in der das Fleisch auf dem Rost gebraten wird [engl.]

Gri|mas|se ⟨f.; -, -n⟩ Verzerrung des Gesichts auf spaßige od. abstoßende Weise, Fratze; ~*n schneiden, ziehen; das Gesicht zu einer* ~ *verziehen; eine abstoßende, fürchterliche, Grauen erregende, spaßige, ulkige* ~ [<frz. *grimace* »Fratze« <span. *grimazo* »panischer Schrecken«; zu got. *grimms* »schrecklich«]

gri|mas|sie|ren ⟨V.⟩ das Gesicht verzerren

Grin|go ⟨[grɪŋgoː] m.; -s, -s; abwertende Bez. für⟩ Nichtromane in Südamerika [span., »Kauderwelsch«]

Gri|ot ⟨[griʲoː] m.; -s, -s⟩ herumziehender Possenreißer u. Sänger im Nordwesten Afrikas, dem magische Fähigkeiten zugeschrieben werden [frz.]

grip|pal ⟨Adj.; Med.⟩ auf Grippe beruhend, der Grippe ähnlich; *oV* grippös; ~*er Infekt* leichte Grippe

Grip|pe ⟨f.; -, -n; Med.⟩ **1** *echte* ~, *epidemische* ~ akute Viruskrankheit, die sich im Frühjahr u. Herbst epidemisch verbreitet, meist mit Fieber; *Sy* Influenza **2** leichtere akute Infektion, die vor allem zu katarrhalischen Erscheinungen an den oberen Luftwegen führt u. als Erkältungskrankheit bes. im Frühjahr auftritt [frz., »Grille, Laune«, vielleicht <russ. *chripu* »Heiserkeit«]

grip|pös ⟨Adj.⟩ = grippal

Gri|saille ⟨[grizaːj] f.; -, -n [-zaːjɔn]⟩ **1** ⟨unz.⟩ **1.1** ⟨Kunst⟩ Malerei, die nur Abstufungen von Grau verwendet **1.2** ⟨Textilw.⟩ schwarz-weiß gemustertes Seidengewebe **2** ⟨zählb.⟩ Gemälde in Grisaille-Technik [frz., »grau in grau, grauer Kleiderstoff«; zu *gris* »grau«]

Gri|set|te ⟨f.; -, -n⟩ **1** junge (urspr. Pariser) Putzmacherin **2** leichtlebiges Mädchen **3** ⟨unz.; Textilw.⟩ feinfädiger, leichter Kammgarnkleiderstoff [zu frz. *gris* »grau« (nach der grauen, schlichten Kleidung der Putzmacherinnen)]

Gris|li|bär ⟨[grɪsli-] m.; -en, -en; Zool.⟩ mit 2,5 m einer der größten Vertreter der Bären, lebt in den Felsengebirgen von Nordamerika: Ursus horribilis; *oV* Grizzlybär [<engl. *grizzly bear* »grauer Bär«]

Gri|son ⟨[grizɔ̃ː] m.; -s, -s; Zool.⟩ oberseitig hellgrau, unterseitig dunkelbraun gefärbter, von Südmexiko bis Patagonien verbreiteter Marder: Grison vittatus [frz.; zu *gris* »grau«]

Grit ⟨m.; -(e)s, -e⟩ grober Sand [engl.]

Grizz|ly|bär ⟨[grɪzli-] m.; -en, -en; Zool.⟩ = Grislibär

Grog

Grog ⟨m.; -s, -s⟩ Getränk aus Rum od. Weinbrand, heißem Wasser u. Zucker [engl., nach dem Spitznamen *Old Grog* (wegen seines Rockes aus Kamelhaar, engl. *grogam*) des engl. Admirals Vernon (18. Jh.), der befahl, den Rum der Matrosen zu verdünnen]

grog|gy ⟨[grɔgi] Adj.⟩ **1** ⟨Boxsport⟩ hart angeschlagen, halb betäubt **2** ⟨umg.⟩ erschöpft, matt [engl., »betrunken, unsicher auf den Beinen«; → *Grog*]

Groove ⟨[gruː] m.; -s; unz.; Musik⟩ gefühlsbetonte Art des Musikspiels, die sich auf die Zuhörerschaft überträgt [engl., eigtl. »Rille, Furche«, aber als Slangausdruck *to be in the groove* »in Stimmung sein«]

groo|ven ⟨[gruːvən] V.; Musik⟩ **1** eine Melodie so spielen, dass sich deren Gefühlslage auf das Publikum überträgt **2** sich dem emotionalen Gehalt einer Melodie hingeben [→ *Groove*]

Groo|ving ⟨[gruːvɪŋ] n.; - od. -s; unz.⟩ Einfräsung von Rillenprofilen in die Oberfläche von Straßen, um deren Griffigkeit zu erhöhen [<engl. *groove* »nuten, rillen«]

groo|vy ⟨[gruːvɪ] Adj.⟩ **1** einen Groove betreffend, zu einem Groove gehörig **2** ⟨umg.⟩ exzellent, klasse [→ *Groove*]

Gros¹ ⟨[groː] n.; -, -; [groː] od. [groːs]⟩ Hauptmasse, Hauptmenge; *das ~ des Heeres* [frz., eigtl. »groß, dick« <mlat. *grossus* »dick«]

Gros² ⟨n.; -ses, -se od. (bei Zahlenangaben) -; Abk.: Gr.⟩ 12 Dutzend, ein altes Zählmaß [<frz. *grosse (douzaine)* »großes Dutzend«]

Gros|sist ⟨m.; -en, -en⟩ Großhändler [→ *Gros¹; en gros*]

Groß|kli|ma ⟨n.; -s, -ta od. -te; Meteor.⟩ = Makroklima

Groß|mo|gul ⟨m.; -s, -n⟩ Herrscher der tatarischen, in Indien (1526-1858) regierenden Dynastie [<frz. *grand mogol* <pers. *mughul* »Mongole«; → *Mogul*]

gros|so mo|do ⟨Adv.⟩ ungefähr [ital.]

Grosz ⟨[grɔʃ] m.; -, -y⟩ polnische Münze, Groschen, ¹/₁₀₀ Złoty [poln. <tschech. *groš* <mlat.

(denarius) *grossus* »dicker (Dinar)«; verwandt mit *Groschen*]

gro|tesk ⟨Adj.⟩ derbkomisch, wunderlich, närrisch, lächerlich, überspannt [<frz. *grotesque* <ital. *grottesco*; zu *grotta* (→ *Grotte*), zunächst zur Kennzeichnung von Wandgemälden römischer Fundstätten]

Gro|tesk ⟨f.; -; unz.; Typ.⟩ Antiquaschrift ohne Serifen [→ *grotesk*]

Gro|tes|ke ⟨f.; -, -n⟩ **1** Rankenornament der röm. Antike mit menschl., tier., pflanzl. Darstellungen, in der Renaissance wieder verwendet **2** derbkomische, närrisch-seltsame Dichtung in Prosa oder in Versen **3** auf groteske Wirkung ausgehende Form des modernen Ausdruckstanzes

Grot|te ⟨f.; -, -n⟩ Felsenhöhle von geringer Tiefe, auch künstl. nachgebildet in Gärten [<ital. *grotta* <vulgärlat. *grupta* »Korridor, Kreuzgang, unterirdisches Gewölbe, Grotte, Gruft« <lat. *crypta*, grch. *krypte (kamara)* »bedeckter Gang, Gewölbe«; → *Krypta*]

Ground|hos|tess ⟨[graʊnd-] f.; -, -en; Flugw.⟩ Angestellte bei einer Fluggesellschaft, deren Aufgabe es ist, die Fluggäste während des Wartens auf den Abflug am Boden zu versorgen [<engl. *ground* »Boden« + *Hostess*]

Ground Ze|ro ⟨[graʊnd ziːroʊ] m.; - - od. - -s; unz.⟩ unmittelbare Umgebung des zusammengestürzten World Trade Centers in New York [engl.; <*ground* »Gebiet, Boden, Erde« + *zero* »null«]

Grou|pie ⟨[gruːpi] m. od. n.; -s, -s⟩ junge Bewunderin einer Beatgruppe od. eines Stars, die immer wieder versucht, mit der bewunderten Person in Kontakt zu kommen [<engl. *group* »Gruppe«]

Growl ⟨[graʊl] m. od. n.; -s, -s; Jazz⟩ Klangeffekt durch Veränderung, Dämpfen der natürlichen Klangfarbe [engl., »brummen«]

grub|bern ⟨V.⟩ mit dem Grubber auflockern; *oV* grubbern

Grub|ber ⟨m.; -s, -⟩ dreizinkige

Hacke od. mehrzinkiges, auf Rädern laufendes Gerät zum Auflockern des Bodens [engl.]

grub|bern ⟨V.⟩ = grubben

Grunge ⟨[grʌndʒ] m.; -; unz.; Musik⟩ Musikstil, der auf betont lässig vorgetragenem Gitarrenspiel basiert u. vielfältige Elemente der Rock- u. Punkmusik enthält [<engl. *grunge* »Abfall, Dreck«]

Grupp ⟨m.; -s, -s⟩ verschlossene Geldpackung, Geldpaket [<ital. *gruppo* »Klumpen, Pack«]

Grup|pen|dy|na|mik ⟨f.; -; unz.; Soziol.; Psych.⟩ Gesamtheit der Strukturen u. Prozesse, die in Gruppen auftreten u. das Verhalten sowohl der einzelnen Gruppenmitglieder als auch des Kollektivs prägen

grup|pen|dy|na|misch ⟨Adj.; Soziol.; Psych.⟩ die Gruppendynamik betreffend, auf ihr beruhend, zu ihr gehörend; *eine vorteilhafte Personenkonstellation Prozesse steuern; eine ~e*

Gru|si|cal ⟨[-kəl] m.; -s, -s; umg.; scherzh.⟩ Gruselfilm [verkürzt <*gruselig* + Mus*ical*]

Gru|yère ⟨[gryjɛːr] m.; -s, -⟩ = Greyerzer

G-String (Schreibung mit Bindestrich) Zusammensetzungen, die einen Einzelbuchstaben, eine Abkürzung oder eine Ziffer enthalten, werden durch Bindestrich verbunden.

G-String ⟨[dʒiːstrɪŋ] m.; -s, -s⟩ nur die primären Geschlechtsorgane verhüllendes Stofftuch, das an dünnen Bändern um die Hüften geschnürt wird (als Bekleidungsaccessoire für Erotikmodelle u. Stripteasetänzer(innen)) [engl., »G-Saite«]

Gu|a|jak|baum ⟨m.; -(e)s, -bäume; Bot.⟩ im tropischen Zentralamerika heimische Gattung der Jochblattgewächse: Guajacum [<span. *guayaco* <Taino *guayacan*]

Gu|a|jak|harz ⟨n.; -es; unz.⟩ Harz des Guajakbaums, das als Heilmittel Verwendung findet

Gu|a|ja|kol ⟨n.; -s; unz.⟩ im Buchenholzteer vorkommender Monomethyläther des Brenzcatechins, dem desinfizierende Wirkung zugeschrieben wird [< *Guajak*baum]

Gu|a|ja|ve ⟨[-və] f.; -, -n⟩ wohlschmeckende Frucht des Guajavenbaumes; *Sy* Guave

Gu|a|ja|ven|baum ⟨[-vən-] m.; -(e)s, -bäume; Bot.⟩ im trop. Amerika heimisches, als Obstbaum kultiviertes Myrtengewächs: Psidium guajava

Gu|a|na|ko ⟨m.; -s, -s; Zool.⟩ höckerloses Kamel Südamerikas, Stammform des Lamas: Lama huanacus [<span. *guanaco* <Ketschua *huanacu*]

Gu|a|ni|din ⟨n.; -s; unz.; Biochemie⟩ stärkste basische Stickstoffverbindung, deren Derivate in der Natur weit verbreitet sind [→ *Guano*]

Gu|a|nin ⟨n.; -s; unz.; Biochemie⟩ im Tier- u. Pflanzenreich weit verbreitetes Spaltprodukt der Nucleinsäure [→ *Guano*]

Gu|a|no ⟨m.; -s; unz.⟩ Kotablagerung von Seevögeln, stickstoff- u. phosphorhaltiger Naturdünger [span. <Ketschua *huanu* »Mist«]

Gu|a|ra|ni ⟨m.; -, -⟩ Währungseinheit in Paraguay, 100 Centimos

Guar|dia ci|vil ⟨[- sɪvi:l] f.; - -; unz.⟩ spanische Gendarmerie

Guar|di|an ⟨m.; -s, -e⟩ Vorsteher eines Franziskaner- od. Kapuzinerklosters [ital. *guardiano* »Wächter, Wärter«]

Guar|ne|ri ⟨f.; -, -s; Musik⟩ in der Werkstatt der ital. Geigenbauerfamilie Guarneri angefertigte Geige (aus dem 17. u. 18. Jh.)

Gu|asch ⟨f.; -, -en; Mal.⟩ *oV* Gouache 1 ⟨unz.⟩ das Malen mit deckenden Wasserfarben, die mit Weiß u. Gummiarabikum versetzt sind 2 ⟨zählb.; Mal.⟩ Bild mit dieser Art der Malerei [<frz. *gouache* »Wasserfarbenmalerei« <ital. *guazzo* »Wasserfarbe«, eigtl. »Pfütze« <lat. *aquatio* »Lache«; zu *aqua* »Wasser«]

Gu|a|ve ⟨[-və] f.; -, -n⟩ = Guajave

Gu|el|fe ⟨m.; -n, -n; im MA⟩ Anhänger des Papstes u. Gegner der deutschen Kaiser in Italien; →*a.* Ghibelline [ital., »Welfe«]

Gue|ril|la[1] ⟨[gerɪlja] f.; -; unz.⟩ Kleinkrieg von Partisanen, bes. in Spanien [span., Verkleinerungsform zu *guerra* »Krieg«]

Gue|ril|la[2] ⟨[gerɪlja] m.; -s, -s⟩ Guerillakämpfer, Partisan, Freischärler [→ *Guerilla*[1]]

Gue|ril|le|ro ⟨[gerɪlje:ro] m.; -s, -s; im span. u. portug. Sprachbereich⟩ = Partisan [span.; zu *guerilla*; → *Guerilla*]

Guide ⟨[gaɪd] od. frz. [gi:d] m.; -s, -s⟩ 1 Reisebegleiter, Reiseführer 2 gedruckter Reiseführer, Reisehandbuch [engl.]

Guide|line ⟨[gaɪdlaɪn] f.; -, -s⟩ Richtlinie, Richtschnur, Leitfaden [engl.]

Gui|gnol *auch:* **Guig|nol** ⟨[gɪɲɔl] m.; -s, -s; Theat.⟩ komische Figur des Lyoner Puppenspiels, die einen Bauern aus der Dauphiné darstellt, Kasperl [frz., »Hanswurst«]

Guil|loche ⟨[gi(l)jɔʃ] f.; -, -n [-ʃən]⟩ 1 graviertes Muster von verschlungenen Linien, als Verzierung auf Metall-, Stein-, Elfenbeingegenständen, zur Sicherung gegen Fälschung auf Geldscheinen u. Wertpapieren 2 Gerät zum Guillochieren [frz., »Grabstichel«; zu *gouge* »Hohlmeißel«]

Guil|lo|cheur ⟨[gɪ(l)jɔʃø:r] m.; -s, -e⟩ Handwerker, der guillochiert

guil|lo|chie|ren ⟨[gɪ(l)jɔʃi:-] V.⟩ mit Guillochen versehen

Guil|lo|ti|ne ⟨[gɪ(l)jɔti:nə] f.; -, -n⟩ 1 ⟨in der Frz. Revolution⟩ Maschine zum Hinrichten, bei der ein Beil mechan. durch Hebeldruck nach unten fällt, Fallbeil 2 Hinrichtungsstätte selbst 3 auf Übereinkunft beruhende zeitliche Beschränkung der Redezeit u. der Debatten im Parlament [nach dem frz. Arzt J. I. Guillotin, 1738-1814]

guil|lo|ti|nie|ren ⟨[gɪ(l)jɔ-] V.⟩ mit der Guillotine hinrichten

Gui|nea ⟨[gɪnɪ] f.; -, -s⟩ = Guinee

Gui|nee ⟨[gɪne(ə)] f.; -, -s⟩ 1662 geprägte engl. Münze (18 Schilling), im Umlauf bis 1816; *oV* Guinea [nach der *Guinea*-Küste, von der das zur Herstellung der Münzen gebrauchte Gold stammte]

Gu|lag ⟨m.; - od. -s; unz.; Kurzwort für⟩ das System der Straf- u. Arbeitslager in der UdSSR, 1930-1955 (seit A. Solschenizyns Werk »Der Archipel Gulag«

(1973ff.) im Westen verwendete Bez.) [<russ. *Glavnoe Upravlenije Lagerej* »Hauptverwaltung der Lager«]

Gu|lasch ⟨a. [gu:-] n.; -(e)s, -s od. (österr.) od. m.; -(e)s, -e od. -s⟩ (aus Ungarn stammendes) Gericht aus gewürfeltem Rind- od. anderem Fleisch mit scharf gewürzter Soße [<ungar. *gulyás*, verkürzt <*gulyás hús* »scharfes Fleischgericht, wie es von Rinderhirten im Kessel gekocht wird«; zu *gulyás* »Rinderhirt«, *gulya* »Rinderherde«]

Gul|ly ⟨m. od. n.; -s, -s⟩ Einlaufschacht für Straßenabwässer [engl., »Rinnstein, Gosse«]

Gum|ma ⟨n.; -s, -ma|ta od. Gum|men⟩ in verschiedenen inneren Organen vorkommende, hartgummiartige Geschwulst von Erbs- bis Walnussgröße bei Syphilis im Endstadium [neulat., eigtl. »Gummigeschwulst«]

Gum|mi ⟨n. od. (österr. nur) m.; -s, - od. -s⟩ 1 ⟨unz.; umg.⟩ = Kautschuk 2 ⟨zählb.; kurz für⟩ Gummiring, Radiergummi 3 in Pflanzensäften enthaltener, in Wasser quellfähiger, nicht kristallisierender Stoff; *Pflanzen*~ [<lat. *cummi(s)*, *gummi* <grch. *kommi* <altägypt.]

Gum|mi|a|ra|bi|kum ⟨n.; -s; unz.⟩ als Klebstoff u. Bindemittel für Arzneistoffe verwendetes Gummi (3) aus Akazien- u. Mimosenarten [<lat. *gummi arabicum* »arab. Gummi«]

gum|mie|ren ⟨V.⟩ mit wasserlösl. Gummi (3) als Klebmasse bestreichen, überziehen, z. B. bei Briefmarken u. Klebezetteln; *gummiertes Papier* [→ *Gummi*]

Gum|mi|gutt ⟨n.; -(e)s; unz.⟩ giftiges Gummiharz ostindischer Bäume, früher als Abführmittel, Firnis u. gelbe Wasserfarbe verwendet; *Sy* Gutti [<*Gummi* + malai. *getah* »Pflanzensaft, Baumharz«; → *Guttapercha*]

Gum|mi|pa|ra|graf ⟨m.; -en, -en; fig.⟩ = Gummiparagraph

Gum|mi|pa|ra|graph ⟨m.; -en, -en; fig.⟩ dehnbare Bestimmung, die auf verschiedenste Weise ausgelegt werden kann; *oV* Gummiparagraf; *Sy* Kautschukparagraph

gummös

gum|mös ⟨Adj.⟩ von Gumma befallen, Gummen bildend
Gum|mo|se ⟨f.; -, -n; Bot.⟩ Pflanzenkrankheit, bei der unter Auflösung von Zellwänden eine Gummimasse ausgeschieden wird (besonders bei Steinobstbäumen), Gummifluss [→ *Gummi*]
Gun ⟨[gʌn] f.; -, -s; Drogenszene⟩ Spritze zum Injizieren von Rauschgift [engl., eigtl. »Feuerwaffe«]
Gun|man ⟨[gʌnmæn] m.; -s, -men [-mən]; umg.⟩ bewaffneter Verbrecher, Killer [<engl. *gun* »Pistole, Feuerwaffe« + *man* »Mann«]
Gup|py ⟨m.; -s, -s; Zool.⟩ kleiner, lebend gebärender Zahnkarpfen, beliebter Aquarienfisch [nach dem engl. Entdecker R. J. L. *Guppy*, 19. Jh.]
Gup|ta ⟨m.; -s, -s⟩ Angehöriger einer nordind. Herrscherdynastie
Gur|kha ⟨m.; -s od. -, -s od. -⟩ **1** Angehöriger eines hinduistischen Volkes in Nepal **2** nepalesischer Soldat in der indischen bzw. britischen Armee
Gu|ru ⟨m.; -s, -s⟩ **1** geistlicher Lehrer **2** ⟨fig.; umg.⟩ berühmter Anführer, Idol der Massen; *wie ein ~ auftreten* ⟨fig.; umg.⟩ [Hindi <Sanskrit *guru* »schwer, ehrwürdig«]
Gus|la ⟨f.; -, -s od. Gus|len; Musik⟩ lautenförmiges Streichinstrument mit nur einer Saite, von den Balkanvölkern zum Gesang der Guslaren gespielt [<serb. *gusle*]
Gus|lar ⟨m., -en, -en⟩ balkan. Volkssänger [<serb.]
Gus|li ⟨f.; -, -s; Musik⟩ russisches zitherähnl. Zupfinstrument mit bis zu 28 Saiten [<russ.]
gus|tie|ren ⟨V.; umg.⟩ = goutieren [<lat. *gustare* »kosten, schmecken«; → *Gusto*]
gus|ti|ös ⟨Adj.; österr.; umg.⟩ appetitlich; *~e Speisen* [→ *gusto, gustieren*]
Gus|to ⟨m.; -s, -s; veraltet; noch bair. u. österr.⟩ Geschmack(srichtung), Appetit, Verlangen; *einen ~ auf etwas haben; das ist (nicht) nach meinem ~* [ital., span., »Geschmack« <lat. *gustus* »das Schmecken«]

Gus|to|me|trie auch: **Gus|to|met|rie** ⟨f.; unz.⟩ Prüfung des Geschmackssinnes [<lat. *gustus* »das Schmecken« + ...*metrie*]
Gut|ta|per|cha ⟨f.; unz. od. n.; -s od. -; unz.⟩ eingetrockneter, kautschukähnlicher brauner Milchsaft von südostasiatischen Bäumen (z. B. Papaquium gutta), guter elektr. Isolator [<malai. *getah* »Pflanzensaft, Baumharz« + *perčah*, Name des Baumes, von dem der Saft stammt]
Gut|ta|ti|on ⟨f.; unz.; Bot.⟩ Wasserausscheidung der Pflanzen durch Spaltöffnungen [<lat. *gutta* »Tropfen«]
Gut|ti ⟨n.; -s; unz.⟩ = Gummigutt
gut|tie|ren ⟨V.; Bot.⟩ Wasser absondern (von Pflanzen); *Pflanzen ~* [→ *Guttation*]
gut|tu|ral ⟨Adj.⟩ im Kehlkopf gebildet, zum K. gehörig; *~er Laut* [<lat. *guttur* »Kehle«]
Gut|tu|ral ⟨m.; -s, -e; Phon.⟩ kehlig klingender Laut; →a. Laryngal, Uvular, Velar
GWh ⟨Zeichen für⟩ 1 Milliarde Wattstunden
Gy ⟨Abk. für⟩ Gray
Gyn|an|dris|mus auch: **Gy|nand|ris|mus** ⟨m.; unz.⟩ Nebeneinander von männl. u. weibl. Merkmalen bei einem Individuum, wobei in phänotypisch männl. Teilen auch genotypisch weibl. Merkmale entstehen [<grch. *gyne* »Frau« + *aner*, Gen. *andros* »Mann« + *morphe* »Gestalt«]
Gym|kha|na ⟨n.; -s, -s⟩ sportl. Geschicklichkeitsspiel, Geschicklichkeitsaufgaben während eines Wettlaufs [verkürzt <*Gym*nastik + Hindi *ged-khana* »Tennisplatz« <pers. *khana* »Haus«]
Gym|na|est|ra|da auch: **Gym|na|est|ra|da** ⟨f.; -, -s; Sport⟩ alle vier Jahre stattfindendes Weltgymnastikfest ohne Wettbewerbe, auf dem gymnastische Lehrverfahren demonstriert werden [verkürzt <*Gym*nastik + span. *estrada* »Straße«]
gym|na|si|al ⟨Adj.⟩ das Gymnasium betreffend, zu ihm gehörig
Gym|na|si|ast ⟨m.; -en, -en⟩ Schüler eines Gymnasiums
Gym|na|si|as|tin ⟨f.; -, -tin|nen⟩ Schülerin eines Gymnasiums

Gym|na|si|um ⟨n.; -s, -si|en⟩ **1** ⟨in der Antike⟩ Raum für athlet. Schulung **2** ⟨danach⟩ höhere Schule mit Latein- u. Griechischunterricht **3** ⟨heute⟩ höhere Schule mit Abitur als Abschluss; *altsprachliches, neusprachliches, naturwissenschaftliches ~* [<lat. <grch. *gymnasion* »öffentl. Platz für Leibesübungen«, die nackt ⟨grch. *gymnos*⟩ vorgenommen wurden, dann »Versammlungsplatz der Philosophen«; → *Gymnastik*]
Gym|nast ⟨m.; -en, -en⟩ **1** ⟨im antiken Griechenland⟩ Lehrer der Athleten **2** ⟨heute⟩ = Gymnastiker
Gym|nas|tik ⟨f.; -; unz.⟩ Körperübung, Körperschulung durch rhythm. Bewegungen, auch zur Heilung gewisser Körperschäden; *Heil~; Kranken~* [<lat. *gymnastica ars* <grch. *gymnastike techne* »Kunst der Leibesübungen«; zu *gymnos* »nackt«, da die Leibesübungen nackt durchgeführt wurden]
Gym|nas|ti|ker ⟨m.; -s, -⟩ jmd., der Gymnastik betreibt
Gym|nas|tin ⟨f.; -, -tin|nen⟩ Lehrerin für Gymnastik
gym|nas|tisch ⟨Adj.⟩ die Gymnastik betreffend, auf ihr beruhend, mit ihrer Hilfe
gym|nas|ti|zie|ren ⟨V.; Reitsport⟩ *ein Pferd ~* durch gezieltes Training der Muskeln auf die Ausführung schwieriger Dressuraufgaben vorbereiten [→ *Gymnastik*]
Gym|no|sper|men ⟨Pl.; Bot.⟩ Nacktsamer; *Ggs* Angiospermen [<grch. *gymnos* »nackt« + *Sperma*]
gy|nä|ko..., **Gy|nä|ko...** ⟨in Zus.; Med.⟩ Frau, Frauen... [<grch. *gyne*, Gen. *gynaikos* »Weib«]
Gy|nä|ko|lo|ge ⟨m.; -n, -n; Med.⟩ Frauenarzt, Lehrer der Gynäkologie
Gy|nä|ko|lo|gie ⟨f.; -; unz.; Med.⟩ Lehre von den Frauenkrankheiten; →a. Andrologie [<*Gynäko...* + ...*logie*]
Gy|nä|ko|lo|gin ⟨f.; -, -gin|nen; Med.⟩ Frauenärztin, Lehrerin der Gynäkologie
gy|nä|ko|lo|gisch ⟨Adj.; Med.⟩ zur Gynäkologie gehörend, auf ihr beruhend, mit ihrer Hilfe; *~e*

habituell

Untersuchung; die ~e Abteilung eines Krankenhauses

Gy|nä|ko|sper|mi|um ⟨n.; -s, -mi-en; Med.⟩ Samenzelle, die ein X-Chromosom enthält [<grch. *gyne*, Gen. *gynaikos* »Frau« + *Spermium*]

Gyn|an|der *auch:* **Gy|nan|der** ⟨m.; -s, -; Biol.⟩ Individuum (Tier od. Mensch), das Gynandrie aufweist [<grch. *gyne* »Weib« + *aner*, Gen. *andros* »Mann«]

Gyn|an|drie *auch:* **Gy|nan|drie** ⟨f.; -; Biol.⟩ Nebeneinander von männl. u. weibl. Merkmalen bei einem Individuum, wobei in phänotypisch männl. Teilen auch genotypisch weibl. Merkmale entstehen [<grch. *gyne* »Weib« + *aner*, Gen. *andros* »Mann« + *morphe* »Gestalt«]

Gy|nä|ze|um ⟨n.; -s, -ze|en; Bot.⟩ weibl. Geschlechtsorgan der Blüte, Gesamtheit der Fruchtblätter [<grch. *gyne*, Gen. *gynaikos* »Weib«]

Gy|no|ga|met ⟨m.; -en, -en; Biol.⟩ Eizelle; *Ggs* Androgamet [<grch. *gyne* »Weib« + *Gamet*]

Gy|no|ge|ne|se ⟨f.; -; unz.; Biol.⟩ ungeschlechtliche Art der Fortpflanzung, Entwicklung einer Eizelle infolge des Eindringens eines Spermiums, ohne dass eine Befruchtung erfolgt ist, z. B. bei einigen Fischen [<grch. *gyne* »Frau« + *Genese*]

gy|ro|ma|gne|tisch *auch:* **gy|ro|magne|tisch** ⟨Adj.; Physik⟩ auf Gyromagnetismus beruhend, ihn betreffend

Gy|ro|ma|gne|tis|mus *auch:* **Gy|ro|magne|tis|mus** ⟨m.; -; unz.; Physik⟩ durch Wechselwirkung zwischen der Drehung eines Körpers und seinem magnetischen Moment bewirkter Magnetismus

Gy|ro|man|tie ⟨f.; -, -n⟩ = Hieromantie [<grch. *gyros* »rund« + *manteia* »Weissagung«]

Gy|ro|me|ter ⟨n.; -s, -⟩ den Gyromagnetismus nutzender Drehzahlmesser [<*Gyros* + *...meter*]

Gy|ros ⟨n.; -, -; Kochk.⟩ grch. Gericht mit Fleischstückchen, die an einem Drehspieß gegrillt u. stückchenweise abgeschnitten werden; *oV* Giros [grch., »Ring, Kreis, Windung«]

Gy|ro|skop *auch:* **Gy|ros|kop** ⟨n.; -s, -e; Physik⟩ Messgerät für den Nachweis der Achsendrehung der Erde [<grch. *gyros* »rund« + *...skop*]

Gy|ro|stat *auch:* **Gy|ros|tat** ⟨m.; -s od. -en, -e od. -en⟩ Schiffskreisel [<grch. *gyros* »rund« + *...stat*]

Gy|ro|va|ge ⟨[-va̱-] m.; -n, -n⟩ umherziehender Mönch [<grch. *gyros* »rund« + *vagus* »umherschweifend«]

Gytt|ja ⟨f.; -, Gytt|jen; Geol.⟩ graue bis schwarze schlammige Ablagerung aus organischen Stoffen (Tier- und Pflanzenresten) am Boden von Gewässern, Faulschlamm [schwed.]

h ⟨Zeichen für⟩ 1 hora 2 ⟨vor Maßeinheiten⟩ Hekto... 3 plancksches Wirkungsquantum

H 1 ⟨chem. Zeichen für⟩ Wasserstoff (Hydrogenium) 2 ⟨Zeichen für⟩ Einheit der magnet. Induktivität Henry

ha ⟨Abk. für⟩ Hektar

ha. ⟨Abk. für⟩ hoc anno

Ha|ba|ne|ra ⟨f.; -, -s; unz.; Musik⟩ span.-kuban. Tanz im $^2/_4$- od. $^4/_8$-Takt [nach der kuban. Stadt Habana]

Ha|be|as-Cor|pus-Ak|te ⟨f.; -; unz.⟩ engl. Verfassungsgesetz von 1679, nach dem niemand ohne richterl. Befehl verhaftet u. länger als zwei Tage ohne Verhör in Haft gehalten werden darf [lat., »du habest den Körper«]

ha|bil ⟨Adj.; veraltet⟩ fähig, gewandt, flink [<frz. *habile* »geschickt, gewandt« <lat. *habilis* »geschickt, geeignet, fähig«]

ha|bil. ⟨Abk. für⟩ habilitatis; →*a.* Doktor

Ha|bi|li|tand ⟨m.; -en, -en⟩ jmd., der sich an einer Universität habilitieren möchte

Ha|bi|li|tan|din ⟨f.; -, -din|nen⟩ weibl. Person, die sich an einer Universität habilitieren möchte

Ha|bi|li|ta|ti|on ⟨f.; -, -en⟩ Verfahren zum Erlangen der Berechtigung, an einer Universität zu lehren (durch Verfassen einer wiss. Arbeit); →*a.* Venia Legendi [→ *habilitieren*]

ha|bi|li|tie|ren ⟨V.⟩ *sich* ~ sich einer Habilitation unterziehen [<mlat. *habilitare* »geschickt machen«, <lat. *habilis* »geeignet, fähig«]

Ha|bit[1] ⟨m. od. n.; -s, -e⟩ 1 ⟨veraltet⟩ Amtstracht od. Ordenstracht 2 ⟨nur noch scherzh.⟩ Kleidung, Anzug; *Morgen~* [frz., »Kleidung, Anzug«]

Ha|bit[2] ⟨[hæbɪt] n. od. m.; -s, -s⟩ Gewohnheit, erworbene Fähigkeit [engl.]

Ha|bi|tat ⟨n.; -s, -e; Biol.⟩ 1 Wohnplatz, -gebiet (eines Tieres) 2 Unterwasserstation [zu lat. *habitare* »bewohnen«]

ha|bi|tu|a|li|sie|ren ⟨V.⟩ als Gewohnheit ausbilden, zur Gewohnheit machen [zu lat. *habitus* »Eigentümlichkeit, persönliche Eigenschaft«]

Ha|bi|tu|a|li|sie|rung ⟨f.; -, -en; Psych.⟩ Aneignung von Gewohnheiten [<lat. *habitus* »Eigentümlichkeit, persönliche Eigenschaft«]

Ha|bi|tu|a|ti|on ⟨f.; -, -en; Psych.⟩ Gewöhnung, Abnahme von Reaktionen auf häufig wiederkehrende Reize [engl., »Gewöhnung«]

Ha|bi|tu|a|ti|vum ⟨[-vum] n.; -s, -va [-va]; Gramm.⟩ 1 Aktionsart des Verbums, die einen gewohnheitsmäßigen Vorgang ausdrückt 2 Verb in dieser Aktionsart, z. B. arbeiten [zu lat. *habitualis* »gewohnt, üblich«]

Ha|bi|tué ⟨[-ty̱e̱] m.; -s, -s; veraltet; noch österr.⟩ ständiger Besucher, Stammgast [frz.]

ha|bi|tu|ell ⟨Adj.⟩ 1 den Habitus betreffend, auf ihm beruhend 2 aus Gewohnheit, einer Gewohnheit entsprechend 3 häufig (auftretend), ständig (vorhanden); *~e Krankheit* [<frz. *habituel* »gewohnt, üblich«]

Habitus

Ha|bi|tus ⟨m.; -; unz.⟩ **1** äußere Erscheinung **2** Körperbeschaffenheit, Haltung **3** Gesamtheit aller für ein Tier od. eine Tiergruppe charakteristischen, äußerlich erkennbaren Merkmale **4** Besonderheiten in der äußeren Gestalt, die auf bestimmte Krankheitsanlagen schließen lassen [lat., »Haltung, Erscheinungsbild«; zu *habere* »haben«]

Ha|boob ⟨[həbuːb] m.; - od. -s; unz.⟩ in Nordafrika u. Indien vorkommende, spezielle Form eines Sandsturms [arab.]

Há|ček ⟨[haːtʃek] n.; -s, -s; Zeichen: ˇ⟩ diakritisches Zeichen für die Aussprache, z. B. č [tʃ], š [ʃ], ž [ʒ]; *oV* Hatschek [tschech.; Verkleinerungsform zu *hák* »Haken«]

Ha|ché ⟨[-ˈʃeː] n.; -s, -s⟩ = Haschee [frz., »zerhackt, zerstückelt«]

Ha|ci|en|da ⟨[-si-] f.; -, -s⟩ = Hazienda

Hack ⟨[hæk] m.; -s, -s; kurz für⟩ Hackney [engl.]

Ha|cker ⟨[hækə(r)] m.; -s, -⟩ jmd., der sich über ein Datennetz unerlaubt in ein fremdes Rechnersystem einschaltet [zu engl. *hack* »hacken«]

Hack|ney ⟨[hæknɪ] m.; -s, -s⟩ Reitpferd, das keiner bestimmten Pferderasse zugeordnet werden kann; *Sy* Hack [engl.]

Had|dock ⟨[hædək] m.; -s, -s⟩ geräuchertes Filet vom Schellfisch [engl.]

Ha|des ⟨m.; -; unz.; grch. Myth.⟩ die nach dem Gott des Todes benannte Unterwelt, Totenreich; *in den ~ verbannt werden* [<grch. *Haides* »Hades«]

Ha|dith ⟨m.; -, -e⟩ religiös-moralische Sammlung von Verhaltensmaßregeln für Muslime, die dem Propheten Mohammed zugeordnet wird [arab., »Rede, Bericht«]

Ha|drom *auch:* **Had|rom** ⟨n.; -s, -e⟩ = Xylem

Ha|dron *auch:* **Had|ron** ⟨n.; -s, -en⟩ starken Wechselwirkungen unterliegende Elementarteilchen, z. B. Baryon [zu grch. *hadros* »voll ausgewachsen, groß, stark«]

Hadsch ⟨m.; -; unz.⟩ Pilgerfahrt nach Mekka, die jeder gläubige Mohammedaner wenigstens einmal im Leben unternehmen soll [<arab. *hadsch* »Wanderung«]

Had|schi ⟨m.; -s, -s⟩ **1** muslimischer Mekkapilger **2** christlicher Jerusalempilger [zu arab. *hadsch* »Wanderung«]

Haem|an|thus *auch:* **Hae|man|thus** ⟨[hɛm-] m.; -, -thi⟩ Narzissengewächs, Blutblume

Haem|oc|cult-Test® *auch:* **Hae|moc|cult-Test®** ⟨[hɛm-] m.; -(e)s, -s od. -e; Med.⟩ Untersuchung von Stuhlproben auf okkultes, mit bloßem Auge nicht sichtbares Blut bei der Darmkrebsvorsorgeuntersuchung od. bei der Diagnose von Geschwüren im Verdauungstrakt [<*Hämo...* + *okkult*]

Haf|ni|um ⟨n.; -s; unz.; chem. Zeichen: Hf⟩ dem Zirkonium ähnliches, vierwertiges Element, Ordnungszahl 72 [nach *Hafnia*, dem latinisierten Namen eines der Entdecker, Georg *Hevesy*]

Hag|ga|da(h) ⟨f.; -, -doth⟩ unterhaltsam-erläuternde Belehrung über Bibelzitate im Talmud, gilt nicht als verbindliche Lehre [hebr., »Schriftdeutung«]

Ha|gi|o|graf ⟨m.; -en, -en⟩ = Hagiograph

Ha|gi|o|gra|fie ⟨f.; -, -n⟩ = Hagiographie

ha|gi|o|gra|fisch ⟨Adj.⟩ = hagiographisch

Ha|gi|o|graph ⟨m.; -en, -en⟩ Verfasser von Heiligenbiografien; *oV* Hagiograf [<grch. *hagios* »heilig« + *...graph*]

Ha|gi|o|gra|phie ⟨f.; -, -n⟩ Lebensbeschreibung von Heiligen; *oV* Hagiografie [<grch. *hagios* »heilig« + *...graphie*]

ha|gi|o|gra|phisch ⟨Adj.⟩ die Hagiographie betreffend, zu ihr gehörig, auf ihr beruhend; *oV* hagiografisch

Ha|gi|o|la|trie *auch:* **Ha|gi|o|lat|rie** ⟨f.; -, -n⟩ Verehrung der Heiligen [<grch. *hagios* »heilig« + *...latrie*]

Ha|gi|o|lo|gie ⟨f.; -; unz.⟩ Wissenschaft vom Leben u. Wirken der Heiligen [<grch. *hagios* »heilig« + *...logie*]

ha|gi|o|lo|gisch ⟨Adj.⟩ die Hagiologie betreffend, zu ihr gehörig, auf ihr beruhend

Ha|gi|o|nym ⟨n.; -s, -e⟩ als Pseudonym verwendeter Heiligenname [<grch. *hagios* »heilig« + *onyma* »Name«]

Hai ⟨m.; -(e)s, -e; Zool.⟩ Fisch, dessen Skelett fast nur aus Knorpel besteht u. dessen Körper mit Schuppen bedeckt ist, die den Zähnen der höheren Wirbeltiere ähnlich sind, diese »Hautzähne« sind in der Mundgegend vergrößert u. dienen der Fang- u. Fressfunktion: Selachia; *Sy* Selachier [<ndrl., isländ. *hai*]

Hai|ku ⟨n.; - od. -s, -s; Lit.⟩ dreizeiliges japanisches Gedicht aus 17 Silben (5-7-5), eine Art Epigramm [jap., eigtl. *Haikai no Hokku* »scherzhaftes Kettengedicht«]

Hair|sty|list ⟨[hɛːrstaɪ-] m.; -en, -en⟩ Friseur, der modischkünstlerische Frisuren entwirft u. gestaltet [engl.]

Hair|sty|lis|tin ⟨[hɛːrstaɪ-] f.; -, -tin|nen⟩ Friseurin, die modisch-künstlerische Frisuren entwirft u. gestaltet [engl.]

Ha|ka|ma ⟨m.; - od. -s, -s; Sport⟩ schwarzer, japanischer Hosenrock, der beim Aikido u. Kendo getragen wird [jap.]

Ha|kim ⟨m.; -s, -s⟩ Arzt im Nahen Osten [arab., Part. von *hakama* »herrschen, richten, wissen«]

Hal|la|li ⟨od. [-ˈ--] n.; -s, -s⟩ Signal, Ruf, dass das Wild gestellt u. die Jagd beendet ist [frz., vielleicht <arab. *la ilah illa'llah* »es gibt keinen Gott außer Allah« (Kampfruf) od. <hebr. *Halali nafeshi 'eht-yehovah* »Preise, meine Seele, den Herrn« (Psalm 146,1)]

halb|part ⟨Adv.⟩ *~ machen* sich mit gleichen Anteilen beteiligen, den Gewinn teilen

Halb|vo|kal ⟨[-vo-] m.; -s, -e; Phon.⟩ Vokal, der die Funktion eines Konsonanten besitzt, da er nicht silbenbildend ist, z. B. das i in »Ration«

Halb|vol|ley ⟨[-vɔlɪ] od. [vɔleː] m.; -s, -s; Sport⟩ = Halfvolley

Hal|lér ⟨[-lɛːrʒ] m.; -, -⟩ Währungseinheit der Slowakei u. Tschechiens, 1/100 Krone; *Sy* Heller [tschech. <mhd. *hallære, haller, heller* »Heller«; nach (Schwäbisch) *Hall* (wo

die ersten Heller geprägt wurden)]
Half ⟨[ha:f] m.; -s, -s; veraltet; noch österr.; Sport; kurz für⟩ Halfback
Halfa ⟨f.; -; unz.; Bot.⟩ = Espartogras; *Sy* Halfagras
Halfagras ⟨n.; -es, -gräser; Bot.⟩ = Espartogras; *oV* Alfagras; *Sy* Halfa [<arab. *halfa*]
Halfback ⟨[ha:fbæk] m.; -s, -s; schweiz.; Sport⟩ Läufer einer Fußballmannschaft; *Sy* Half [engl., »Läufer«]
Halfcourt auch: **Half Court** ⟨[ha:fkɔ:t] m.; (-) -s, (-) -s; Sport; Tennis⟩ (unmarkierter) Mittelteil des Spielfeldes, Halbfeld [engl.]
Halfpenny ⟨[ha:fpɛni] m.; -s, -s, bei Währungsangaben: -pennies⟩ englische Münze
Halfpipe auch: **Half Pipe** ⟨[ha:fpaɪp] f.; (-) -, (-)-s; Sport⟩ Vorrichtung zum Skate- od. Snowboardfahren in Form einer längs halbierten Röhre bzw. nach diesem Vorbild aufgeschichteten Schnees [<engl. *half* »halb« + *pipe* »Röhre«]
Halfreihe ⟨[ha:f-] f.; -, -n; Sport; österr.⟩ Mittelfeldreihe einer Fußballmannschaft [→ *Half*]
Halftime auch: **Half Time** ⟨[ha:ftaɪm] f.; -, -s; schweiz.; Sport⟩ Halbzeit [engl.]
Halfvolley auch: **Half Volley** ⟨[ha:fvɔlɪ] od. [ha:fvɔle:] m.; (-) -s, (-) -s; Sport⟩ nicht in der Luft, sondern nach der Bodenberührung geschlagener od. getretener Ball; *Sy* Dropkick, Halbvolley [<engl. *half* »halb« + *Volley*]
Halit ⟨m.; -s, -e; Chemie⟩ = Halogenid; *Sy* Haloid
Halitus ⟨m.; -; unz.⟩ Hauch, Atem, Geruch [lat., »Hauch, Dunst«]
halkyonisch ⟨Adj.⟩ = alcyonisch
Hall ⟨[hɔ:l] f.; -, -s⟩ großer Vorraum, Diele in engl. Häusern [engl.]
Halleffekt auch: **Hall-Effekt** ⟨[hɔ:l-] m.; -(e)s; unz.⟩ Erscheinung, dass in einem stromdurchflossenen Leiter, der senkrecht zum Stromfluss von einem Magnetfeld durchsetzt wird, ein elektrisches Feld senkrecht zum Stromfluss u. zum Magnetfeld aufgebaut wird [nach dem amerikan. Physiker E. H. *Hall*, 1855-1938]
halleluja ⟨Rel.⟩ lobet Gott (in Kirchenliedern, Psalmen usw.); *oV* alleluja [<hebr. *hallal, hillel* »preisen« + *jah* (Abk. von *Jahwe*)]
Halleluja ⟨n.; -s, -s; Rel.⟩ jubelnder Gebetsruf; *oV* Alleluja; *ein ~ singen*
Halloween ⟨[hælouwɪ:n] n.; - od. -s, -s⟩ Abend vor Allerheiligen, 31. Oktober, an dem sich nach Volksglauben Gespenster umtun u. der bes. in den USA mit verschiedenen Riten gefeiert wird [<engl. *All-Hallow-Even* »Allerheiligenabend«]
Halluzination ⟨f.; -, -en⟩ Sinnestäuschung ohne äußeren Reiz [→ *halluzinieren*]
halluzinatorisch ⟨Adj.⟩ eine Halluzination betreffend, zu ihr gehörig, auf ihr beruhend
halluzinieren ⟨V.⟩ eine Halluzination haben [<lat. *(h)alucinari* »ins Blaue hinein reden, faseln, träumen«]
halluzinogen ⟨Adj.⟩ die Wirkung eines Halluzinogens betreffend, auf ihr beruhend
Halluzinogen ⟨n.; -s, -e⟩ Rauschmittel, das Halluzinationen hervorruft, z. B. Meskalin, LSD [<*halluzinieren* + ...*gen²*]
Halma ⟨n.; -s; unz.⟩ Brettspiel für zwei od. vier Personen mit einer größeren Anzahl von Steinen, die durch Ziehen od. Springen ins gegenüberliegende Feld gebracht werden müssen [grch., »Sprung«]
Halo ⟨m.; -s od. -, -s od. -lonen⟩ *Sy* Aureole, Hof **1** durch Brechung od. Reflexion an Eiskristallen in der oberen Atmosphäre entstehender, leicht farbiger Ring um Sonne od. Mond **2** durch fein verteilte interstellare Materie hervorgerufene ähnl. Erscheinung um Kometen od. Sternsysteme [<lat. *halos* »Hof um Sonne u. Mond« <grch. *halos* »Tenne«]
halobiont ⟨Adj.; Biol.⟩ salzreiche Umgebung liebend; *Sy* halophil
Halobiont ⟨m.; -en, -en; Biol.⟩ Lebewesen, das in einer salzreichen Umgebung gedeiht [<grch. *hals*, Gen. *halos* »Salz« + *Biont*]
Haloeffekt ⟨m.; -es; unz.; Psych.⟩ Erscheinung, wonach bei Persönlichkeitsbeurteilungen dadurch Fehler entstehen, dass der Befund einer Einzelbeobachtung des Untersuchers an der Testperson auf andere Persönlichkeitsmerkmale ausstrahlt, obwohl zwischen beiden Merkmalen kein Zusammenhang besteht [→ *Halo*]
halogen ⟨Adj.; Chemie⟩ Salz bildend [<grch. *hals*, Gen. *halos* »Salz« + ...*gen²*]
Halogen ⟨n.; -s, -e; Chemie⟩ Element aus der Gruppe der Halogene, hat die Fähigkeit, mit Metallen unmittelbar Salze zu bilden, Salzbildner
Halogene ⟨Pl.; Chemie; Sammelbez. für⟩ die Elemente der 7. Gruppe des Periodensystems: Fluor, Chlor, Brom, Jod, Astatin
Halogenid ⟨n.; -s, -e; Chemie⟩ Verbindung, die durch Reaktion von Halogenen mit anderen, stärker elektropositiven Elementen entsteht; *Sy* Halit, Haloid [<*Halogen* + ...*id*]
halogenieren ⟨V.; Chemie⟩ ein Halogen in organische Verbindungen einführen [→ *halogen*]
Halogenlampe ⟨f.; -, -n⟩ sehr leistungsfähige Glühlampe mit Füllung aus Edelgas u. Halogen (Brom od. Jod)
Halogenwasserstoffe ⟨Pl.; Chemie⟩ Verbindungen der Halogene mit Wasserstoff, vor allem gasförmige Verbindungen, die mit Wasser die Halogenwasserstoffsäuren bilden
Halogenwasserstoffsäuren ⟨Pl.; Chemie⟩ wässerige Lösungen der Halogenwasserstoffe, die starke Säuren darstellen, ihre Salze sind die Halogenide
Haloid ⟨n.; -s, -e; Chemie⟩ = Halogenid; *Sy* Halit
Halometer ⟨n.; -s, -⟩ Messgerät zur Bestimmung der Salzkonzentration von Lösungen [<grch. *hals*, Gen. *halos* »Salz« + ...*meter*]
Halon ⟨n.; -s, -e⟩ als Feuerlöschmittel verwendeter Halogenkohlenwasserstoff

Halonen

Ha|lo|nen ⟨Pl. von⟩ Halo
ha|lo|phil ⟨Adj.⟩ = halobiont
Ha|lo|phyt ⟨m.; -en, -en⟩ Pflanze, die auf salzhaltigem Boden gedeiht, Salzpflanze [<grch. *hals*, Gen. *halos* »Salz« + ...*phyt*]
Hal|te|re ⟨f.; -, -n; meist Pl.⟩ **1** ⟨im antiken Griechenland⟩ Metallod. Steingewichte, die beim Weitsprung zur Schwungverstärkung in der Hand gehalten worden sein sollen **2** ⟨Zool.⟩ rückgebildete Hinterflügel der Zweiflügler (z. B. Fliegen u. Mücken) u. Vorderflügel der Männchen der Fächerflügler, Stimulationsorgane für die Flugbewegung u. evtl. Gleichgewichtsorgan, Schwingkölbchen [<grch. *halteres* »Sprunggewichte, Hanteln«]
Ha|lun|ke ⟨m.; -n, -n⟩ Gauner, Betrüger, Schurke [<tschech. *holomek* »nackter Bettler«]
Hal|wa ⟨n.; - od. -s; unz.⟩ Süßware aus Zucker u. gerösteten Sesam- od. Sonnenblumensamen; oV Chalwa [<jidd. *halva* <türk. *helva* <arab. *halwa* »Süßspeise«]
häm..., Häm... ⟨in Zus.⟩ = hämo..., Hämo...
Ha|ma|da ⟨f.; -; unz.; Geogr.⟩ = Hammada
Ha|ma|dan ⟨m.; - od. -s, -s⟩ ein oriental. Teppich, dessen Grundgewebe aus Baumwolle u. dessen Flor aus strapazierfähiger Wolle von Bergschafen besteht [nach dem gleichnamigen iran. Stadt]
Häm|ag|glu|ti|na|ti|on auch: **Hämag|glu|ti|na|tion** ⟨f.; -, -en; Med.⟩ Verklumpung der roten Blutkörperchen [<Häm... + *Agglutination*]
Häm|ag|glu|ti|nin auch: **Hämag|glu|ti|nin** ⟨n.; -s, -e; Med.⟩ Stoff des Serums, der eine Agglutination der roten Blutkörperchen bewirkt
Ha|ma|me|lis ⟨f.; -; unz.; Zool.⟩ Gattung der Zaubernussgewächse, Zierstrauch, auch Heilpflanze, deren Blätter eine medizinisch u. kosmetische genützte, zusammenziehende Wirkung haben, Zaubernuss [grch., »eine Strauch- od. Baumart mit essbaren Früchten« (vielleicht Mispel)]

Ham and Eggs ⟨[hæm ənd ɛ:gz] ohne Artikel; in England⟩ Spiegeleier mit gebratenem Schinkenspeck (als Frühstück)
Häm|an|gi|om auch: **Häm|an|gi|om** ⟨n.; -s, -e; Med.⟩ meist angeborene, von den Blutgefäßen ausgehende (Ader-)Geschwulst [<Hämo... + *Angiom*]
hämat..., Hämat... ⟨in Zus.⟩ = hämato..., Hämato...
Hä|ma|tin ⟨n.; -s; unz.; Med.⟩ eisenhaltiger Bestandteil des roten Blutfarbstoffs [<grch. *haima* Gen. *haimatos* »Blut«]
Hä|ma|tit ⟨m.; -s, -e; Chemie⟩ stahlgraues bis schwarzes, oft farbig angelaufenes Mineral, Eisenglanz, Roteisenstein, Blutstein [→ *hämato...*]
hämato..., Hämato... ⟨in Zus.⟩ blut..., Blut... [<grch. *haima*, Gen. *haimatos* »Blut«]
Hä|ma|to|blast ⟨m.; -en, -en; Med.⟩ = Hämoblast
hä|ma|to|gen ⟨Adj.; Med.⟩ auf Blut beruhend, blutbildend [<*hämato...* + ...*gen*[1]]
Hä|ma|to|gramm ⟨n.; -s, -e; Med.⟩ in tabellarischer Zusammenfassung wiedergegebenes Blutbild [<Hämato... + ...*gramm*]
Hä|ma|to|lo|ge ⟨m.; -n, -n; Med.⟩ Arzt, Wissenschaftler auf dem Gebiet der Hämatologie
Hä|ma|to|lo|gie ⟨f.; -; unz.; Med.⟩ Lehre vom Blut [<Hämato... + ...*logie*]
Hä|ma|to|lo|gin ⟨f.; -, -gin|nen; Med.⟩ Ärztin, Wissenschaftlerin auf dem Gebiet der Hämatologie
hä|ma|to|lo|gisch ⟨Adj.; Med.⟩ die Hämatologie betreffend, zu ihr gehörig, auf ihr beruhend
Hä|ma|tom ⟨n.; -s, -e; Med.⟩ Blutung innerhalb des Körpergewebes, Bluterguss [<grch. *haima*, Gen. *haimatos* »Blut«]
Hä|ma|to|po|e|se ⟨f.; -; unz.; Med.⟩ Vorgang der Blutbildung in Knochenmark, Milz, Leber u. in den Lymphknoten [<Hämato... + grch. *poiein* »machen, schaffen«]
Hä|ma|tor|rhö ⟨[-rø:] f.; -, -en; Med.⟩ = Hämatorrhöe
Hä|ma|tor|rhöe ⟨[-rø:] f.; -, -n [-rø:ən]; Med.⟩; oV Hämatorrhö [<Hämato... + grch. *rhoe* »Fluss«]

Hä|ma|to|sko|pie auch: **Hä|ma|tosko|pie** ⟨f.; -, -n; Med.⟩ Blutuntersuchung [<Hämato... + ...*skopie*]
Hä|ma|to|xy|lin ⟨n.; -s; unz.; Chemie⟩ aus amerikan. Blauholz gewonnene, farblose chem. Verbindung, die mit Luftsauerstoff einen roten Farbstoff bildet, echter Beizenfarbstoff [<Hämato... + grch. *xylon* »Holz«]
Hä|ma|to|ze|le ⟨f.; -, -n; Med.⟩ geschwulstförmige Blutansammlung in Körperhöhlen [<Hämato... + grch. *kele* »Geschwulst, Bruch«]
Hä|ma|to|zo|on ⟨n.; -s, -zo|en; Biol.; Med.⟩ im Blut lebender tierischer Parasit [<Hämato... + *Zoon*]
Hä|ma|to|zy|to|ly|se ⟨f.; -, -n; Med.⟩ Auflösung der roten Blutkörperchen [<Hämato... + *Zytolyse*]
Hä|ma|tu|rie auch: **Hä|ma|tu|rie** ⟨f.; -, -n; Med.⟩ Blutharnen
Ham|bur|ger ⟨engl. [hæmbœ:gə(r)] m.; -s, -⟩ weiches Brötchen, das mit einer Scheibe Hackfleisch, Tomatenketschup, einem Blatt Salat u. a. gefüllt ist [verkürzt <*Hamburger Steak* (= Frikadelle)]
...hä|mie ⟨Nachsilbe; zur Bildung weibl. Subst.⟩ = ...ämie
Hä|min ⟨n.; -s, -e; Chemie⟩ chem.-organ. Verbindung, die entsteht, wenn der Blutfarbstoff Hämoglobin mit Salzsäure u. Natriumchlorid gespalten wird, besteht chemisch aus Porphyrin, dreiwertigem Eisen u. Chlor [<grch. *haima* »Blut«]
Ha|mit ⟨m.; -en, -en⟩ = Hamite
Ha|mi|te ⟨m.; -n, -n⟩ Angehöriger einer den Semiten nahe stehenden Völkergruppe in Nord(ost)afrika; oV Hamit [nach *Ham*, einem Sohn Noahs]
Ham|ma|da ⟨f.; -; unz.; Geogr.⟩ arabische Schutt- u. Steinwüste in der Sahara; oV Hamada
Ham|mam ⟨m.; - od. -s, -s⟩ (öffentliches) saunaähnliches arabisches Badehaus [arab.]
Ham|mond|or|gel ⟨[hæmənd-] f.; -, -n; Musik⟩ von dem Amerikaner L. Hammond entwickeltes elektroakustisches Tasteninstrument

hämo..., Hämo... ⟨vor Vokalen⟩ häm..., Häm... ⟨in Zus.⟩ blut..., Blut... [<grch. *haima* »Blut«]

Hä|mo|blast ⟨m.; -en, -en; Med.⟩ blutbildende Zelle im Knochenmark; *Sy* Hämotoblast [<*Hämo...* + ...*blast*]

Hä|mo|di|a|ly|se ⟨f.; -, -n; Med.⟩ Reinigung des Blutes von Schadstoffen [<*Hämo...* + *Dialyse*]

Hä|mo|dy|na|mo|me|ter ⟨n.; -s, -⟩ Blutdruckmessgerät [<*Hämo...* + *Dynamometer*]

Hä|mo|glo|bin ⟨n.; -s; unz.; Abk.: Hb; Med.⟩ Farbstoff der roten Blutkörperchen [<*Hämo...* + *Globin*]

Hä|mo|gramm ⟨n.; -s, -e; Med.⟩ **1** mikroskop. Untersuchung hinsichtl. der Zahl der roten u. weißen Blutkörperchen, des Blutfarbstoffes usw. **2** die so festgestellte Beschaffenheit des Blutes; *ein ~ erstellen; ein gutes, schlechtes ~ haben*

Hä|mo|lym|phe ⟨f.; -, -n; Med.⟩ Blutflüssigkeit wirbelloser Tiere mit offenem Blutgefäßsystem [<*Hämo...* + *Lymphe*]

Hä|mo|ly|se ⟨f.; -, -n; Med.⟩ Austreten des roten Blutfarbstoffes aus den Blutkörperchen u. blutige Verfärbung des Blutwassers durch Auflösung der roten Blutkörperchen

Hä|mo|ly|sin ⟨n.; -s, -e; Med.⟩ Stoff, der artfremde Blutkörperchen auflöst [→ *Hämolyse*]

hä|mo|ly|tisch ⟨Adj.; Med.⟩ die Hämolyse betreffend, zu ihr gehörig, auf ihr beruhend

Hä|mo|pa|thie ⟨f.; -, -n; Med.⟩ Blutkrankheit [<*Hämo...* + ...*pathie*]

Hä|mo|phi|lie ⟨f.; -, -n; Med.⟩ mangelhafte od. fehlende Gerinnungsfähigkeit des Blutes, Bluterkrankheit [<*Hämo...* + ...*philie*]

Hä|mor|rha|gie ⟨f.; -, -n⟩ Blutung [<*Hämo...* + ...*rrhagie*]

hä|mor|rha|gisch ⟨Adj.⟩ die Hämorrhagie betreffend, zu ihr gehörig, auf ihr beruhend; *~e Diathese* Neigung des Organismus zu abnormen Blutungen

hä|mor|rho|i|dal ⟨Adj.; Med.⟩ Hämorrhoiden betreffend, auf ihnen beruhend; *oV* hämorridal

Hä|mor|rho|i|den ⟨Pl.; Med.⟩ Mastdarmkrampfadern, die als knotenförmige Erweiterung der unteren Mastdarmvenen auftreten u. leicht bluten können; *oV* Hämorriden [<*Hämo...* + ...*rrhö* + ...*id*]

Hämorrhoiden / Hämorriden
(*Laut-Buchstaben-Zuordnung*) Aufgrund der Integration fremdsprachlicher Begriffe aus verschiedenen Fachsprachen in die Standardsprache kommt es vermehrt zu Variantenschreibungen.
Neben der an der etymologischen Herkunft angelehnte fachsprachliche Schreibung tritt eine integrierte Schreibweise, die der deutschen Laut-Buchstaben-Zuordnung folgt (→a. Shrimp / Schrimp).

hä|mor|ri|dal ⟨Adj.; Med.⟩ = hämorrhoidal

Hä|mor|ri|den ⟨Pl.; Med.⟩ = Hämorrhoiden

Hä|mo|to|xin ⟨n.; -s, -e; Med.⟩ Giftstoff, der die roten Blutkörperchen schädigt [<*Hämo...* + *Toxin*]

Hä|mo|zyt ⟨m.; -en, -en; Med.⟩ Blutkörperchen

han|deln ⟨[hæ:n-] V.; umg.⟩ regeln, koordinieren; *sie hat die komplizierte Technik souverän gehandelt* [<engl. *handle* »erledigen, behandeln«]

Hand|held ⟨[hændɦɛld] m.; -s, -s; EDV⟩ kurz für⟩ Handheldcomputer

Hand|held|com|pu|ter *auch:* **Handheld Computer** ⟨[hændhɛld-kɔmpju:tɐ(r)] m.; (-) -s, (-) -; EDV⟩ Kleincomputer, der mit einer Hand gehalten u. der anderen bedient werden kann (besonders im Transportwesen für den Datenaustausch mit einem Zentralcomputer verwendet); *Sy* Handheld, Palmtop; →*a.* Notepad [<engl. *hand-held computer* »in der Hand haltbarer Computer«]

Han|di|cap ⟨[hændɪkæp] n.; -s, -s⟩ = Handikap

Han|di|kap ⟨[hændɪkæp] n.; -s, -s⟩ *oV* Handicap **1** ⟨bei Wettkämpfen⟩ Gewichts-, Distanz-, Punktausgleich, Vorgabe für benachteiligte Teilnehmer **2** ⟨allg.⟩ Nachteil, Benachteiligung, Hemmnis [<engl. *handicap* »Ausgleichswettbewerb, Benachteiligung«]

han|di|kap|pen ⟨[hændɪkæpən] V.⟩ **1** ⟨Sport⟩ ausgleichen **2** benachteiligen, hemmen, behindern; *wir waren gehandikapt;* →*a.* gehandikapt [→ *Handicap*]

Han|di|kap|per ⟨[hændɪkæpɐ(r)] m.; -s, -⟩ Unparteiischer, der Handikaps festlegt

Hand|ling ⟨[hænd-] n.; -s, -s⟩ Handhabung, Verhalten, Gebrauch; *ein gutes, schlechtes ~* [<engl.; zu *handle* »handhaben«]

Hand-out *auch:* **Hand|out** ⟨[hændaʊt] n.; -s, -s⟩ Arbeitspapier (bei Vorträgen, Konferenzen o. Ä.) [<engl., »Erklärung, Werbezettel«]

Hand-out / Handout (*Schreibung mit Bindestrich*) Zusammensetzungen, die aus substantivisch gebrauchten Infinitiven mit zwei oder mehr Bestandteilen bestehen, werden durch Bindestrich getrennt. In diesen Fällen kann jedoch auch zusammengeschrieben werden (→*a.* Fall-out / Fallout).

Hands! ⟨[hæ:ndz] Fußb.; österr.; schweiz.⟩ Hand! (fehlerhaftes, absichtliches Berühren des Balles mit der Hand od. den Händen) [<engl., »Hände«]

Hand|shake ⟨[hændʃɛɪk] m.; -s, -s⟩ **1** Händeschütteln (als offizielle Begrüßungs- od. Abschiedszeremonie); *die Staatspräsidenten begrüßten sich mit einem herzlichen ~* **2** ⟨EDV⟩ Austausch von Signalen zwischen Computern, der anzeigt, dass eine Verbindung besteht bzw. eine Kommunikation möglich ist [engl.]

Han|dy ⟨[hændi] n.; -s, -s⟩ tragbares, schnurloses Telefon, das über ein Funknetz betrieben wird; *Sy* Mobiltelefon [nur im Dt. vorhandene Substantivierung zu engl. *handy* »handlich, praktisch«]

Han|gar ⟨[haŋga:r] od. [-'-] m.; -s, -s⟩ Flugzeug- od. Luftschiffhalle, -schuppen [frz. »Schuppen, Schutzdach«]

Hang-out

Hang-out auch: **Hang|out** ⟨[hæŋ‑aʊt] n.; -s, -s; umg.; salopp⟩ häufig besuchter Ort, Stammplatz; *Baden-Baden war früher ein ~ für Adelige* [engl.]

Hang-o|ver auch: **Hang|o|ver** ⟨[hæŋoʊvə(r)] m.; -s; unz.; umg.⟩ nach übermäßigem Alkoholgenuss auftretende Kopfschmerzen, Kater [<engl. *hang over* »überhängen, übrig bleiben«]

Han|ni|bal ad por|tas! (Warnruf vor drohender Gefahr) [lat., »Hannibal an den Toren!« (Alarmruf im antiken Rom)]

han|tie|ren ⟨V.⟩ **1** geschäftig sein, wirtschaften **2** *mit etwas ~* etwas handhaben, damit arbeiten, beschäftigt sein, damit umgehen; *in der Küche ~* [<mndrl. *hanteren, hantieren* »umgehen, mit jmdm. Handel treiben« <frz. *hanter* »umgehen mit jmdm. häufig besuchen« <ags. *hamettan* »beherbergen«]

Ha|o|ma ⟨m. od. n.; - od. -s; unz.⟩ kultisches Opfergetränk der Parsen; *oV* Hauma [awestisch]

Ha|o|ri ⟨m.; - od. -s, -s⟩ Oberbekleidung der klassischen jap. Tracht mit angeschnittenem Ärmel [jap.]

Ha|pax|le|go|me|non ⟨n.; -s, -na; Philol.⟩ in einer Sprache od. in der Literatur nur einmal belegtes, in seiner Bedeutung häufig nicht genau bestimmbares Wort [<grch. *hapax* »einmal« + *legein* »sagen«]

◆ Die Buchstabenfolge **ha|plo...** kann auch **hap|lo...** getrennt werden.

◆**ha|plo|dont** ⟨Adj.; Biol.⟩ wurzellos, kegelförmig (von Zähnen bestimmter Tiere)
◆**Ha|plo|dont** ⟨m.; -en, -en; Biol.⟩ wurzellos-kegelförmiger Zahn niedriger Wirbeltiere u. einiger Nagetiere [<grch. *haplous* »einfach« + *odous* »Zahn«]
◆**Ha|plo|gra|fie** ⟨f.; -, -n⟩ = Haplographie
◆**Ha|plo|gra|phie** ⟨f.; -, -n⟩ fehlerhafte Einfachschreibung eines doppelten Buchstabens; *oV* Haplografie; *Ggs* Dittographie (2) [<grch. *haplous* »einfach« + ...*graphie*]
◆**ha|plo|id** ⟨Adj.; Biol.⟩ nur einfachen Chromosomensatz enthaltend; *Ggs* diploid [<grch. *haplous* »einfach« + ...*id*]
◆**Ha|plo|i|die** ⟨f.; -; unz.; Biol.⟩ das Auftreten des einfachen Chromosomensatzes in der Zelle; *Ggs* Diploidie
◆**ha|plo|kau|lisch** ⟨Adj.; Bot.⟩ einachsig u. in einer Blüte endend (von Pflanzenstängeln) [zu grch. *haplous* »einfach« + lat. *caulis* »Stängel«]
◆**Ha|plo|lo|gie** ⟨f.; -, -n; Sprachw.⟩ Verschmelzung zweier aufeinander folgender gleicher Silben, z. B. Zauberin statt Zaubererin [zu grch. *haplous* »einfach« + ...*logie*]
◆**Ha|plont** ⟨m.; -en, -en; Biol.⟩ Organismus, dessen Zellen einen einfachen Chromosomensatz aufweisen [→ *haploid*]
◆**Ha|plo|pha|se** ⟨f.; -, -n; Biol.⟩ Phase des geschlechtlichen Fortpflanzungszyklus mit einfachem Chromosomensatz [<grch. *haplous* »einfach« + *Phase*]

Hap|pe|ning ⟨[hæpə-] n.; -s, -s⟩ künstler. Veranstaltung, oft groteske od. provozierender Art, unter Mitwirkung der Zuschauer [zu engl. *happen* »sich ereignen«]

Hap|pe|nist ⟨[hæp-] m.; -en, -en⟩ Aktionskünstler, der seine Kunstwerke der Öffentlichkeit im Rahmen von Happenings präsentiert [→ *Happening*]

hap|py ⟨[hæpɪ] Adj.; umg.; salopp⟩ glücklich, zufrieden, hocherfreut; *er war ganz ~ über die gute Nachricht* [engl.]

Hap|py|end auch: **Hap|py End** ⟨[hæpɪɛnd] n.; (-) - od. (-) -s, (-) -s⟩ guter Ausgang (einer Roman-, Film-, Bühnenhandlung) [<engl. *happy end*]

Hap|py Few auch: **Hap|py few** ⟨[hæpɪ fjuː] Pl.⟩ von den Umständen od. Verhältnissen begünstigte Minderheit [<engl. *happy few* »die glücklichen Wenigen«]

Hap|py|hour auch: **Hap|py Hour** ⟨[hæpɪaʊə(r)] f.; (-) -; unz.⟩ festgelegte Zeit in Restaurants u. Bars, in der alkoholische Getränke od. bestimmte Speisen billiger sind [<engl. *happy* »glücklich, zufrieden« + *hour* »Stunde«]

Hap|tik ⟨f.; -; unz.⟩ Lehre vom Tastsinn [zu grch. *haptein* »fassen«]

hap|tisch ⟨Adj.⟩ den Tastsinn betreffend, auf ihm beruhend; ~*e Täuschung* Gefühlstäuschung [→ *Haptik*]

Ha|ra|ki|ri ⟨n.; -s od. -, -s⟩ (feierl.) Selbstmord durch Bauchaufschlitzen (beim altjap. Adel); *Sy* Seppuku [<jap. *harakiri* <*hara* »Bauch« + *kiri* »schneiden«]

Ha|rass ⟨m.; -es, -e⟩ Kiste aus Latten zum Verpacken von Glas, Porzellan [<frz. *harasse* »Glas-, Porzellankiste«]

Har|dan|ger|sti|cke|rei ⟨f.; -, -en; Textilw.⟩ Stickart, bei der Fäden aus dem Gewebe gezogen u. die entstandenen Löcher umstickt werden, ergibt quadratisch gemusterte Gewebe [nach der norweg. Landschaft *Hardanger*]

Hard|bop ⟨[haː-d] m.; -s, -s; Musik⟩ Form des Jazz, in der die im Bebop angelegten Stilelemente weiter herausgearbeitet sind; →*a.* Bebop, Bop [<engl. *hard* »hart« + *Bop*]

Hard|card ⟨[haːdkaːd] f.; -, -s⟩ auf einer Steckkarte montierte Festplatte, die zusätzlich zur vorhandenen Festplatte in einen Computer eingeschoben werden kann [<engl. *hard*disc »Festplatte« + *card* »(Steck-)Karte«]

Hard|co|py auch: **Hard Co|py** ⟨[haːdkɔpɪ] f.; (-) -, (-) -s; EDV⟩ Ausdruck einer Bildschirmseite; *Sy* Screenshot [engl.]

Hard|core ⟨[haːdkɔː(r)] m.; -s, -s⟩ **1** ⟨Physik⟩ der harte, innere Kern von Elementarteilchen **2** ⟨in Zus.; meist scherzh.; umg.⟩ jmd., der eine Sache fanatisch betreibt od. einer polit. od. relig. Idee fanatisch anhängt; ~*radfahrer*; ~*kommunist* **3** ⟨Film; kurz für⟩ Hardcoreporno **4** ⟨Musik⟩ Stilrichtung harter, aggressiver Rockmusik [<engl. *hard* »hart« + *core* »Kern«]

Hard|core|film ⟨[haːdkɔː(r)-] m.; -s, -e⟩ = Hardcoreporno

Hard|core|por|no ⟨[ha:dkɔ:(r)-] m.; -s, -s⟩ Film mit überwiegend pornografischen Szenen u. flachem Handlungsgerüst, in dem der Geschlechtsakt deutlich (z. B. in Nahaufnahme) zu sehen ist; *Sy* Hardcore (3), Hardcorefilm; *Ggs* Softcoreporno [→ *Hardcore*]

Hardcourt / Hard Court (*Getrennt- und Zusammenschreibung*) Fremdsprachliche Zusammensetzungen mit Substantiven werden wie deutsche Komposita zusammengeschrieben. Besteht ein Kompositum aus einem Adjektiv und einem Substantiv kann in Anlehnung an die Herkunftssprache auch getrennt geschrieben werden. Hat das zweite Wortbestandteil die Funktion eines Substantivs, sind beide Bestandteile groß zu schreiben (→*a.* Hotdog / Hot Dog).

Hard|court *auch:* **Hard Court** ⟨[ha:dkɔ:t] m.; (-) -s, (-) -s; Sport; bes. Tennis⟩ Hartplatz [engl.]

Hard|co|ver *auch:* **Hard Co|ver** ⟨[ha:dkʌvə(r)] n.; (-) -s, (-) -⟩ Buch mit festem Einband; *Ggs* Paperback, Softcover [engl., »harter Deckel, Einband«]

Hard|disk *auch:* **Hard Disk** ⟨[ha:d-] f.; (-) -, (-) -s; EDV⟩ Festplatte eines lokalen Computers [<engl. *hard* »fest, hart« + *disk* »Platte, Scheibe«]

Hard|drink *auch:* **Hard Drink** ⟨[ha:d-] m.; (-) -s, (-) -s⟩ stark alkohol. Getränk; *Ggs* Softdrink [engl., »hartes Getränk«]

Hard|drug *auch:* **Hard Drug** ⟨[ha:ddrag] f.; (-) -, (-) -s; umg.⟩ harte Droge, die zur seelische u. körperliche Abhängigkeit führt, z. B. Crack, Heroin usw.; *Ggs* Softdrug [<engl. *hard* »hart« + *drug* »Droge«]

Hard|edge *auch:* **Hard Edge** ⟨[ha:dedʒ] f.; (-) -; unz.; Mal.⟩ moderner Malstil, der durch die Verwendung geometrischer Formen gekennzeichnet ist [engl., eigtl. »harte Kante«]

Hard|li|ner ⟨[ha:dlaɪnə(r)] m.; -s, -; Politik⟩ jmd., der eine bestimmte politische Richtung od. Doktrin kompromisslos vertritt u. linientreu gegen alle äußeren Widerstände durchzusetzen versucht [<engl. *hard* »hart, unnachgiebig« + *line* »Linie«]

Hard|rock *auch:* **Hard Rock** ⟨[ha:d-] m.; (-) -s; unz.⟩ sehr laute, stark rhythmisierte Rockmusik; *Sy* Heavymetal; *Ggs* Softrock [engl., »harter Rock«]

Hard|stuff *auch:* **Hard Stuff** ⟨[ha:dstʌf] m.; (-) -s, (-) -s⟩ starke Droge [engl., »harter Stoff«]

Hard|top *auch:* **Hard Top** ⟨[ha:d-] n. od. m.; (-) -s, (-) -s⟩ abnehmbares Verdeck (bei Sportwagen) [engl.]

Hard|ware ⟨[ha:dwɛ:(r)] f.; -; unz.; EDV⟩ Geräteteil von Rechenanlagen ohne Programm; →*a.* Software [engl., eigtl. »Eisenwaren, Investitionsgüter«]

Ha|rem ⟨m.; -s, -s⟩ **1** die streng abgeschlossenen Frauenräume des islam. Hauses **2** die darin wohnenden Frauen **3** die Gesamtheit der Ehefrauen eines Mohammedaners [<türk. *harem* »für Fremde unzugänglicher Frauenraum« <arab. *haram* »verboten«]

Hä|re|sie ⟨f.; -, -n; Theol.⟩ vom kirchl. Dogma abweichende Lehre, Ketzerei [<grch. *hairesis* »das Erwählte, Denkweise; Irrlehre«]

Hä|re|ti|ker ⟨m.; -s, -; Theol.⟩ jmd., der eine vom kirchl. Dogma abweichende Lehre vertritt, Ketzer [<grch. *hairetikos* »ketzerisch«; → *Häresie*]

hä|re|tisch ⟨Adj.; Theol.⟩ vom kirchl. Dogma abweichend, ketzerisch

Har|le|kin ⟨m.; -s, -e⟩ von der Commedia dell'Arte beeinflusste Abart des Hanswursts [<frz. *arlequin* <ital. *arlecchino*]

Har|le|ki|na|de ⟨f.; -, -n⟩ Harlekinspiel, -posse

har|le|ki|nisch ⟨a. [--'--] Adj.⟩ nach Art eines Harlekins

Har|mat|tan ⟨m.; -s, -s; Pl. selten; Meteor.⟩ staubführender, trockener Nordostwind, der aus der Sahara auf die atlantische Küste zuweht [afrikan.]

Har|mo|nie ⟨f.; -, -n⟩ *Ggs* Disharmonie **1** angenehme Übereinstimmung der Teile eines Ganzen; *Klang*~; *Farben*~; *die* ~ *ihres Wesens, ihrer Bewegungen* **2** regelmäßiger, gesetzmäßiger Aufbau der Töne eines Musikstückes u. ihr Zusammenklingen **3** friedliches Zusammenleben, gegenseitiges Verstehen, Eintracht; *in* ~ *miteinander leben* [<lat. *harmonia* »Einklang von Tönen, Harmonie« <grch. *harmonia* »Verbindung, Ebenmaß, Harmonie«]

Har|mo|nie|leh|re ⟨f.; -; unz.; Musik⟩ Lehre von der Harmonie (2), von den Gesetzen der Funktionen u. Verbindungen der Akkorde

har|mo|nie|ren ⟨V.⟩ *Ggs* disharmonieren **1** gut zusammenstimmen, zueinander passen; *Farben, Menschen* ~ **2** gut, friedlich zusammenleben

Har|mo|nik ⟨f.; -; unz.; Musik⟩ die Technik, Kunst der musikal. Klanggestaltung

Har|mo|ni|ka ⟨f.; -, -s od. -ni|ken; Musik⟩ **1** ⟨urspr.⟩ Glasharfe **2** Musikinstrument, bei dem ein Luftstrom Metallzungen in Schwingungen versetzt; →*a.* Akkordeon, Bandoneon, Harmonium; *Hand*~; *Zieh*~; *Mund*~ **3** in Falten gelegter, der Ziehharmonika ähnlicher Balg, z. B. zwischen D-Zug-Waggons [<lat. *harmonicus* <grch. *harmonikos* »ebenmäßig, harmonisch«]

har|mo|nisch ⟨Adj.⟩ **1** angenehm übereinstimmend; *Ggs* disharmonisch; ~*e Klänge, Farben, Bewegungen* **2** ⟨Musik⟩ regelmäßig im Sinne der Harmonielehre; *Ggs* disharmonisch; →*a.* enharmonisch; ~*e Molltonleiter* M., bei der nur die 7. Stufe erhöht ist; *Ggs* melodische Molltonleiter; ~*e Reihe* Reihe der Obertöne **3** ⟨Math.⟩ ~*e Teilung* T. einer Strecke AB so, dass ein neuer Teilpunkt C u. ein außerhalb von ihm liegender Punkt D das Verhältnis AC : CB = AD : DB ergeben; ~*er Punkt* Punkt einer harmonischen Teilung; ~*e Reihe* unendliche Reihe der Form $1 + 1/2 + 1/3 + 1/4 ...$; ~*es Mittel* reziproker

harmonisieren

Wert des arithmet. Mittels der reziproken Werte positiver Zahlen **4** ⟨Physik⟩ ~*e Schwingung, Bewegung,* S., B., die von einer Kreisbewegung abgeleitet gedacht (u. in einer Sinusfunktion beschrieben) werden kann; ~*e Analyse* = Fourier-Analyse [<lat. *harmonicus* »ebenmäßig« <grch. *harmonikos*]

har|mo|ni|sie|ren ⟨V.; Musik⟩ **1** mit passenden Begleitakkorden versehen (Melodie) **2** ⟨fig.⟩ in Übereinstimmung, in Einklang bringen, aufeinander abstimmen

har|mo|nis|tisch ⟨Adj.⟩ die Harmonie betreffend, nach ihr strebend [→ *Harmonie*]

Har|mo|ni|um ⟨n.; -s, -ni|en; Musik⟩ orgelartiges, nach dem Prinzip der Harmonika arbeitendes Instrument, bei dem ein mit den Füßen getretener Blasebalg den Luftstrom liefert [→ *Harmonie*]

Har|mo|no|gramm ⟨n.; -s, -e⟩ grafische Darstellung voneinander abhängiger Prozesse, z. B. zur besseren Koordination von Arbeitsabläufen [<*Harmonie* + grch. *graphein* »schreiben«]

Harp|si|chord ⟨[ha:(r)psikɔ:d] n.; -s, -e; Musik⟩ Cembalo; Sy Klavizimbel [engl.]

Har|pu|ne ⟨f.; -, -n⟩ speerartiges, eisernes Wurfgeschoss mit Widerhaken an der Spitze u. Fangleine, bes. für den Walfang [<ndrl. *harpoen* <frz. *harpon* »Eisenklammer, Harpune«; zu frz. *harpe* »Kralle, Klaue«]

Har|pu|nier ⟨m.; -s, -e⟩ jmd., der eine Harpune wirft bzw. abschießt [→ *Harpune*]

har|pu|nie|ren ⟨V.⟩ *ein Tier* ~ mit der Harpune nach einem Tier werfen

Har|py|ie ⟨[-jə] f.; -, -n⟩ **1** ⟨grch. Myth.⟩ geflügeltes weibliches Ungeheuer mit Vogelkrallen **2** ⟨fig.⟩ Wesen von unersättlicher Raubgier **3** großer, adlerartiger Raubvogel der Waldgebiete Süd- u. Mittelamerikas mit Schopf am Hinterkopf: Harpia harpyja [<lat. *Harpyia* <grch. *Harpyia*]

Har|ris|tweed® *auch:* **Har|ris Tweed®** ⟨[hærɪstwi:d] m.; (-) -s; unz.⟩ (bes. für Herrensakkos verwendeter) hochwertiger Oberbekleidungsstoff aus handgesponnenen Garnen [nach dem Herstellungsort *Harris,* dem südlichen Teil der Hebrideninsel Lewis + *Tweed*]

Har|ry ⟨[hærɪ] m.; - od. -s; unz.; Drogenszene⟩ Heroin [engl.]

Hart|schier ⟨m.; -s, -e⟩ **1** ⟨urspr.⟩ berittener Bogenschütze **2** ⟨später⟩ bayerischer Leibgardist [<ital. *arciere* »Bogenschütze«; zu *arco* »Bogen«]

Ha|rus|pex *auch:* **Ha|rus|pex** ⟨m.; -, -e od. -spi|zes⟩ etrusk. u. röm. Wahrsager, der aus den Eingeweiden von Opfertieren weissagte [lat.]

Ha|rus|pi|zi|um *auch:* **Ha|rus|pi|zi|um** ⟨n.; -s, -zi|en⟩ Wahrsagung aus den Eingeweiden von Opfertieren [<lat. *haruspicium*]

Ha|sard ⟨frz. [azaː(r)] n.; -(e)s; unz.; kurz für⟩ Hasardspiel [frz., »glückl. Zufall« <frz. *hasart* »Art Würfelspiel« <arab. *az-zahr* »Würfel zum Spielen«]

Ha|sar|deur ⟨[-døːr] m.; -s, -e⟩ **1** Glücksspieler **2** ⟨fig.⟩ waghalsiger Mensch, der alles auf eine Karte setzt [<frz. *hasarder* »aufs Spiel setzen« + frz. Endung]

ha|sar|die|ren ⟨V.⟩ **1** Glücksspiel spielen **2** ⟨fig.⟩ alles aufs Spiel setzen, alles auf eine Karte setzen [<frz. *hasarder* »aufs Spiel setzen, riskieren, wagen«]

Ha|sard|spiel ⟨frz. [azaː(r)] n.; -(e)s, -e⟩ **1** Glücksspiel, z. B. Würfeln **2** gewagtes, unsicheres Unternehmen [→ *Hasard*]

Hasch ⟨n.; - od. -s; unz.; umg.; kurz für⟩ Haschisch

Ha|schee ⟨n.; -s, -s⟩ **1** fein geschnittenes od. gehacktes Fleisch **2** Gericht daraus [frz., »zerhackt, zerstückelt«]

Ha|sche|mi|ten ⟨Pl.⟩ = Haschimiden

ha|schen ⟨V.; umg.⟩ Haschisch rauchen

ha|schie|ren ⟨V.⟩ (mit dem Wiegemesser) klein schneiden, hacken, zu Haschee machen [<frz. *hacher* »zerhacken, zerstückeln, zerschneiden«]

Ha|schi|mi|den ⟨Pl.⟩ *oV* Haschemiten **1** Geschlecht aus dem Stamm der Koreischiten in Mekka **2** arab. Herrscherhaus im Irak u. in Jordanien, wahrscheinlich von den Haschimiden (1) abstammend

Ha|schisch ⟨n.; - od. -s; unz.⟩ aus einer ind. Hanfart (Cannabis indica) gewonnenes Rauschmittel [<arab. *hašiš* »Gras, Kraut«]

Ha|tschek *auch:* **Ha|tschek** ⟨n.; -s, -s⟩ = Háček

Hat|trick ⟨[hætrɪk] m.; -s, -s; Sport⟩ dreimaliger Erfolg hintereinander durch denselben Sportler od. dieselbe Mannschaft [engl., »Huttrick«]

Hau|bit|ze ⟨f.; -, -n; Mil.⟩ Geschütz mit kurzem Rohr, bei dem man die Größe der Treibladung variieren kann [zu frühnhd. *hauf(e)niz* »großes Geschütz« <tschech. *houfnice* »Steinschleuder«]

Hau|ma ⟨m. od. n.; - od. -s; unz.⟩ = Haoma

Hau|sa ⟨m.; -, -⟩ = Haussa

Haus|sa ⟨m.; -, -⟩ Angehöriger eines mohammedan. Mischvolkes in Zentralafrika; *oV* Hausa

Haus|se ⟨[oːs(ə)] f.; -, -n; Wirtsch.⟩ **1** wirtschaftlicher Aufschwung **2** Hochstand der Börsenkurse von Wertpapieren; *Ggs* Baisse [frz., »Preissteigerung, Steigen der Kurse«]

Haus|si|er ⟨[osjeː] m.; -s, -s⟩ jmd., der auf Hausse spekuliert; *Ggs* Baissier

haus|sie|ren ⟨[osiːː] V.⟩ im Kurswert steigen, z. B. Wertpapiere

Haus|to|ri|um ⟨n.; -s, -ri|en; Bot.⟩ Saugorgan parasitisch lebender Pflanzen [zu lat. *haurire* »ausleeren, schöpfen, verzehren«]

Haut|bois ⟨[oboa] f.; -, -; Musik⟩ Oboe [<frz. *haut* »hoch, laut« + *bois* »Holz«]

Haute coif|fure *auch:* **Haute Coiffure** ⟨[oːt koafyːr] f.; (-) -; unz.⟩ schöpferische, für die neueste Mode maßgebliche Frisierkunst [frz., »hohe Frisierkunst«]

Haute cou|ture *auch:* **Haute Couture** ⟨[oːt kutyːr] f.; (-) -; unz.⟩ vollendete Schneiderkunst, das schöpferische Modeschaffen, bes. in Paris [frz., »hohe Schneiderkunst«]

Haute cou|tu|ri|er *auch:* **Haute Cou|tu|ri|er** ⟨[oːt kutyrjeː] m.; (-) - od. (-) -s, (-) -s⟩ Modeschöpfer [→ *Haute Couture*]

Haute|fi|nance *auch:* **Haute Finance** 〈[oːt finã:s] f.; (-) -; unz.〉 Hochfinanz, Geldaristokratie [<frz. *haute finance* »hohe Finanzherrschaft«]

Haute|lisse 〈[oːtlɪs] f.; -, -n; Textilw.〉 *Ggs* Basselisse **1** senkrechte Kette der Hautelisseweberei **2** mithilfe der Hautelisseweberei hergestellter Teppich [<frz. *haute lice* »Schaft mit senkrecht aufgezogener Kette«]

Haute|lisse|we|be|rei 〈[oːtlɪs-] f.; -, -en〉 Webart mit senkrechter Kette für Teppiche; *Ggs* Basselisseweberei [→ *Hautelisse*]

Haute|vo|lee 〈[oːtvɔleː] f.; -; unz.〉 die vornehme Gesellschaft, die oberen Zehntausend [<frz. *(des gens) de haute volée* »(Leute) von hohem Rang«, <*haut* »hoch« + *volée* »Rang«]

Haut|gout 〈[oːguː] m.; -s; unz.〉 **1** scharfer Geschmack nicht mehr frischen Fleisches (bes. von Wild) **2** 〈fig.〉 Anrüchigkeit [<frz. *haut-goût* »würziger od. Wildbretgeschmack«]

Haut|re|lief 〈[oːrɛljef] n.; -s, -s〉 Hochrelief, Relief mit stark erhaben herausgearbeiteten Figuren; *Ggs* Basrelief [frz.]

Ha|van|na[1] 〈[-van-] f.; -, -s〉 Zigarre aus Havannatabak [nach der kubanischen Hauptstadt *Havanna*]

Ha|van|na[2] 〈[-van-] m.; -s; unz.〉 feine Tabaksorte

Ha|va|rie 〈[-va-] f.; -, -n; Mar.; Flugw.〉 **1** Unfall, Bruch; ~ *eines Schiffes od. Flugzeugs*; ~ *erleiden, haben* **2** Unfall eines Kernreaktors [<frz. *avarie* »Seeschaden, Transportschaden« <ital. *avaria* <arab. *awarija* »beschädigte Ladung«]

ha|va|rie|ren 〈[-va-] V.; Mar.; Flugw.〉 bei einem Unfall, Zusammenstoß beschädigt werden [→ *Havarie*]

ha|va|riert 〈[-va-] Adj.〉 beschädigt, z. B. Schiff, Flugzeug od. (österr. a.) Kraftfahrzeug

Ha|va|rist 〈[-va-] m.; -en, -en〉 Eigentümer eines havarierten Schiffes

Ha|ve|lock 〈[-və-] m.; -s, -s〉 Herrenmantel mit Pelerine [nach dem engl. General Sir Henry *Havelock*, 1795-1857]

Ha|ve|rei 〈[-və-] f.; -, -en〉 Unfallkosten u. Schäden an Schiff u. Ladung [→ *Havarie*]

Ha|zi|en|da 〈f.; -, -s〉 Farm, Plantage in Mittel- u. Südamerika; *oV* Hacienda [<span. *hacienda* »Landgut«]

Hb 〈Abk. für〉 Hämoglobin

HB 〈Abk. für〉 Brinellhärte

h. c. 〈Abk. für〉 honoris causa

HDTV 〈Abk. für engl.〉 High Definition Television (hochauflösendes Fernsehen), Fernsehsystem mit geändertem Bildseitenverhältnis (16:9 statt 4:3) u. doppelter Zeilenzahl

h. e. 〈Abk. für〉 hoc est (entspricht dem dt.»d. i.« = das ist)

He 〈chem. Zeichen für〉 Helium

Head|crash 〈[hɛdkræʃ] m.; -s, -s; EDV〉 Vernichtung aller Daten auf der Festplatte, sobald sie mit dem Lesekopf des Computers in Berührung kommt [<engl. *read head* »(Lese-)Kopf« + *Crash*]

Head|hun|ter 〈[hɛdhʌntə(r)] m.; -s, -〉 **1** 〈urspr.; in den USA noch〉 jmd., der staatlich gesuchte Verbrecher auf eigene Rechnung jagt u. von den Fangprämien lebt **2** 〈danach〉 Personalberater, der Führungskräfte an Unternehmen vermittelt [engl., eigtl. »Kopfjäger«]

Head|hun|ting 〈[hɛdhʌntɪŋ] n.; - od. -s; unz.; Wirtsch.〉 die Vermittlung von Führungskräften für Unternehmen

Head|line 〈[hɛdlaɪn] f.; -, -s〉 Schlagzeile (in der Zeitung); *Ggs* Baseline [engl.]

Head|quar|ter 〈[hɛdkwɔːtə(r)] n.; -s, -〉 **1** 〈Mil.〉 Hauptquartier **2** 〈allg.〉 Zentrale, Hauptsitz einer größeren Firma od. Institution [engl.]

---

headsche / Head'sche Zonen (*Groß- und Kleinschreibung*) Adjektivisch gebrauchte Ableitungen von Personennamen schreibt man klein. Wird jedoch die Grundform des Eigennamens durch einen Apostroph hervorgehoben, liegt eine Substantivierung vor und man schreibt groß.

---

head|sche Zo|nen *auch:* **Head'-sche Zo|nen** 〈[hɛd-] Pl.〉 bestimmte Bezirke der Haut, die bei Erkrankung bestimmter, ihnen zugeordneter innerer Organe in Mitleidenschaft gezogen werden [nach dem Londoner Neurologen Sir Henry *Head*, 1861-1940]

Head|set 〈[hɛdset] n.; -s, -s〉 Kabel mit integriertem Mikrofon u. Kopfhörer, das in (Mobil-)Telefone eingestöpselt wird, um ein freies Telefonieren zu ermöglichen [engl., »Kopfhörer«]

Head|star|ter 〈[hɛdstaːtə(r)] m.; -s, -〉 **1** 〈TV〉 ein Fernsehprogramm, das Kinder im Vorschulalter auf das Lernen in der Schule vorbereiten soll **2** 〈allg.〉 jmd., der für einen optimalen od. bevorzugten Einstieg in einen Tätigkeitsbereich od. eine Aufgabe hat [engl.]

Health|food 〈[hɛlθfuːd] n.; -s; unz.〉 jede Art von Speise od. Nahrungsmittel, die frei von chemischen Zusätzen ist u. für gesundheitsförderlich erachtet wird, z. B. Vollkornbrot, ungespritzte Früchte usw. [<engl. *health* »Gesundheit« + *food* »Nahrung«]

Hea|ring 〈[hiːrɪŋ] n.; -s, -s〉 Anhörung von Sachverständigen u. Zeugen durch einen Parlamentsausschuss; *ein ~ beantragen, veranstalten* [engl., »Hören, Anhörung«]

Hea|vi|side|schicht *auch:* **Hea|vi|side-Schicht** 〈[hɛvɪsaɪd-] f.; -; unz.〉 elektr. leitende Schicht in der Atmosphäre, die bestimmte elektromagnet. Wellen reflektiert; *Sy* Kennelly-Heaviside-Schicht [nach dem engl. Physiker Oliver *Heaviside*, 1850-1925]

Hea|vy|me|tal *auch:* **Hea|vy Me|tal** 〈[hɛvɪmetəl] n.; (-) - od. (-) -s; unz.〉 = Hardrock [engl., eigtl. »Schwermetall«]

Hea|vy|rock *auch:* **Hea|vy Rock** 〈[hɛvɪrɔk] m.; (-) -s; unz.; Musik〉 Form der Rockmusik, die sich durch besonders aggressives Gitarren- u. Schlagzeugspiel auszeichnet [<engl. *heavy* »schwer« + *Rock*]

He|be|phre|nie 〈f.; -, -n; Med.; Psych.〉 schizophrene, wahnhafte Umbildung der Persön-

Hebraika

lichkeit ins Läppisch-Alberne, Jugendirresein [<grch. *hebe* »Jugend« + ...*phrenie*]

♦ Die Buchstabenfolge **he|bra...** kann auch **heb|ra...** getrennt werden.

♦ **He|bra|i|ka** ⟨Pl.⟩ Werke, Bilder über die hebräische Kultur
♦ **He|bra|i|kum** ⟨n.; -s; unz.⟩ Prüfung im Hebräischen (für Theologiestudenten) [<lat. *hebraicum* »das Hebräische«]
♦ **He|bra|is|mus** ⟨m.; -, -men⟩ in die hellenistische Literatur übernommene, hebr. Spracheigentümlichkeit [→ *Hebraistik*]
♦ **He|bra|ist** ⟨m.; -en, -en⟩ Kenner, Erforscher der Hebraistik
♦ **He|bra|is|tin** ⟨f.; -, -tin|nen⟩ Kennerin, Erforscherin der Hebraistik
♦ **He|bra|is|tik** ⟨f.; -; unz.⟩ Wissenschaft von der hebräischen Kultur [<lat. *Hebraeus* »hebräisch«]
♦ **he|bra|is|tisch** ⟨Adj.⟩ die Hebraistik betreffend, zu ihr gehörig, auf ihr beruhend

Hedge|ge|schäft ⟨[hεdʒ-] n.; -(e)s, -e⟩ Art des Warenterminsgeschäftes, bei der verschiedene Geschäfte miteinander verbunden werden, um Risiken wie z. B. Kurs- od. Nachfrageschwankungen zu minimieren [<engl. *hedge* »(Ab-)Sicherung; Hecke«]

He|do|nik ⟨f.; -; unz.⟩ = Hedonismus

He|do|ni|ker ⟨m.; -s, -; Philos.⟩ Anhänger des Hedonismus; *Sy* Hedonist

He|do|nis|mus ⟨m.; -; unz.; Philos.⟩ altgrch. Lehre, nach der Lust u. Genuss das höchste Gut des Lebens sind; *Sy* Hedonik [<grch. *hedone* »Lust«]

He|do|nist ⟨m.; -en, -en⟩ = Hedoniker

he|do|nis|tisch ⟨Adj.⟩ den Hedonismus betreffend, zu ihm gehörig, auf ihm beruhend

He|dschra *auch:* **He|dsch|ra** ⟨f.; -; unz.⟩ Aufbruch Mohammeds von Mekka nach Medina 622 n. Chr., Beginn der islam. Zeitrechnung [arab. »Loslösung, Auswanderung«]

He|ge|mon ⟨m.; -en, -en⟩ Herrscher, Führer, Oberkommandierender [grch.]

he|ge|mo|ni|al ⟨Adj.⟩ die Hegemonie, Vormachtstellung betreffend, nach ihr strebend; ~*e Ansprüche äußern* [→ *Hegemonie*]

He|ge|mo|nie ⟨f.; -, -n⟩ Vormachtstellung, Vorherrschaft, führende Rolle (eines Staates) [<grch. *hegemonia*; zu *hegeisthai* »vorangehen, führen«]

he|ge|mo|nisch ⟨Adj.⟩ die Hegemonie besitzend

Hei|duck ⟨m.; -en, -en⟩ **1** ⟨urspr.⟩ ungar. Viehhirt **2** ⟨seit dem 16. Jh.⟩ Angehöriger einer ungar. Söldnertruppe **3** ⟨18. Jh.⟩ Gerichtsdiener u. Diener hoher ungar. Adliger [<ungar. *hajdú* »Treiber, Hirt«]

Heim|trai|ner ⟨[-trε:-] m.; -s, -⟩ = Hometrainer

He|ka|tom|be ⟨f.; -, -n⟩ **1** ⟨urspr.⟩ Opfer von 100 Stieren **2** ⟨allg.⟩ riesige Menge (von Opfern, Verlusten) [<grch. *hekaton* »hundert« + *bous* »Rind«]

hekt..., Hekt... ⟨in Zus.⟩ = hekto..., Hekto...

Hekt|ar *auch:* **Hek|tar** ⟨a. ['--] n. od. m.; -s, -e od. (bei Zahlenangaben) -; Abk.: ha⟩ Flächenmaß von 100 Ar (10 000 m²) [<*Hekto...* + *Ar*]

Hekt|a|re *auch:* **Hek|ta|re** ⟨f.; -, -n; schweiz. für⟩ Hektar

Hek|tik ⟨f.; -; unz.⟩ hektisches Wesen, nervöse Betriebsamkeit; *sie leben in ständiger ~* [<grch. *hektikos* »einen dauernden Zustand habend«; zu *hexis* »Beschaffenheit, Zustand«]

Hek|ti|ker ⟨m.; -s, -⟩ jmd., der hektisch ist

Hek|ti|ke|rin ⟨f.; -, -rin|nen⟩ weibl. Person, die hektisch ist

hek|tisch ⟨Adj.⟩ **1** lange andauernd, hartnäckig **2** fiebrig, fieberhaft, erregt; ~*e Betriebsamkeit*

hek|to..., Hek|to... ⟨Zeichen: h; vor Maßeinheiten⟩ das 100fache der betreffenden Grundeinheit, z. B. 1 hl = 100 Liter [<grch. *hekaton* »hundert«]

Hek|to|graf ⟨m.; -en, -en⟩ = Hektograph

Hek|to|gra|fie ⟨f.; -, -n⟩ = Hektographie

hek|to|gra|fie|ren ⟨V.⟩ = hektographieren

Hek|to|gramm ⟨n.; -(e)s, -e; Abk.: hg⟩ Gewichtseinheit von 100 Gramm

Hek|to|graph ⟨m.; -en, -en⟩ Vervielfältigungsapparat, bei dem von einer mit Spezialtinte beschrifteten Leimplatte auf Papier gedruckt wird, heute veraltet; *oV* Hektograf [<*Hekto...* + ...*graph*]

Hek|to|gra|phie ⟨f.; -, -n⟩ Vervielfältigung mittels Hektographen; *oV* Hektografie

hek|to|gra|phie|ren ⟨V.⟩ vervielfältigen; *oV* hektografieren

Hek|to|li|ter ⟨a. ['----] n. od. umg. bzw. schweiz. nur m.; -s, -; Abk.: hl⟩ Flüssigkeitsmaß, 100 Liter

Hek|to|me|ter ⟨a. ['----] n. od. m.; -s, -; Abk.: hm⟩ Längenmaß, 100 m

Hek|to|pas|cal ⟨a. ['----] n.; -s, -; Zeichen: hPa⟩ Druckeinheit, 100 Pascal [<*Hekto...* + *Pascal*]

Hek|to|ster ⟨a. ['----] n.; -s, -; Abk.: hs⟩ Holzmaß, 100 Ster [<*Hekto...* + *Ster*]

Hek|to|watt ⟨a. ['----] n.; -s, -; Zeichen: hw⟩ Maßeinheit der elektr. Leistung, 100 Watt [<*Hekto...* + *Watt*]

Hel|an|ca® ⟨n.; -s; unz.; Textilw.⟩ ein hochelastisches, gekräuseltes Garn auf der Basis von Nylon

he|li..., He|li... ⟨in Zus.⟩ = helio..., Helio...

he|li|a|kisch ⟨Adj.⟩ auf die Sonne bezogen [zu grch. *helios* »Sonne«]

He|li|an|thus ⟨m.; -, -an|then; Bot.⟩ Gattungsname der Sonnenblume [<*Helio...* + grch. *anthos* »Blume«]

He|li|co|bac|ter Py|lo|ri ⟨m. od. n.; - -; unz.; Med.⟩ Bakterium, das die Entstehung von Gastritis begünstigt [zu grch. *helix*, Gen. *helikos* »Windung, Kreislauf« + lat. *bacterium* <grch. *bakterion* »Stäbchen« + *Pylorus*]

He|li|kon ⟨n.; -s, -s; Musik⟩ Blechblasinstrument der Militärkapellen, Bass- od. Kontrabasstuba [zu grch. *helikos* »gewunden, krummhörnig«]

He|li|kop|ter *auch:* **He|li|kop|ter** ⟨m.; -s, -⟩ Hubschrauber

[<grch. *helix*, Gen. *helikos* »Windung, Kreislauf, Spirale« + *pteron* »Flügel«]

he|lio..., He|lio... 〈in Zus.〉 licht..., sonnen..., Licht..., Sonnen... [<grch. *helios* »Sonne«]

He|lio|bio|lo|gie 〈f.; -; unz.; Biol.〉 Einfluss der Sonne auf die Biosphäre [<*Helio...* + *Biologie*]

he|lio|bio|lo|gisch 〈Adj.; Biol.〉 die Heliobiologie betreffend, auf ihr beruhend

He|lio|dor 〈m.; -s, -e; Min.〉 ein grüngelblicher Beryll [<grch. *helios* »Sonne« + *doron* »Geschenk«]

He|lio|graf 〈m.; -en, -en〉 = Heliograph

He|lio|gra|fie 〈f.; -, -n〉 = Heliographie

he|lio|gra|fisch 〈Adj.〉 = heliographisch

He|lio|graph 〈m.; -en, -en〉 *oV* Heliograf **1** Fernrohr mit Kamera zum Fotografieren der Sonne **2** Gerät zum Übermitteln opt. Signale mit Hilfe des Sonnenlichtes

He|lio|gra|phie 〈f.; -, -n〉 *oV* Heliografie **1** Tiefdruckverfahren auf fotomechan. Wege **2** das Zeichengeben mit dem Heliographen [<*Helio...* + ...*graphie*]

he|lio|gra|phisch 〈Adj.〉 die Heliographie betreffend, zu ihr gehörig, auf ihr beruhend, mit Hilfe des Heliographen; ~*e Koordinaten* Zahlenangaben zur Festlegung eines Punktes nach Länge u. Breite auf der Sonnenoberfläche; *oV* heliografisch [<*helio...* + *graphisch*]

He|lio|gra|vü|re 〈[-vy:-] f.; -, -n〉 **1** Tiefdruckverfahren ohne Raster **2** auf diese Weise bedrucktes Blatt; *Sy* Fotogravüre

He|lio|me|ter 〈n.; -s, -; Astron.〉 astronom. Instrument zum Bestimmen sehr kleiner Winkelabstände zwischen zwei Gestirnen [<*Helio...* + ...*meter*]

he|lio|phil 〈Adj.; Biol.〉 Sonnenlicht liebend; *Sy* photophil; *Ggs* heliophob [<*helio...* + ...*phil*]

he|lio|phob 〈Adj.; Biol.〉 Sonnenlicht meidend; *Sy* photophob; *Ggs* heliophil [<*helio...* + ...*phob*]

He|lio|skop *auch:* **He|li|os|kop** 〈n.; -s, -e; Astron.〉 die Helligkeit schwächendes Gerät zur Beobachtung der Sonne durch das Fernrohr [<*Helio...* + ...*skop*]

He|lio|stat *auch:* **He|li|os|tat** 〈m.; -en, -en; Astron.〉 Gerät mit Spiegeln, die durch ein Uhrwerk derart bewegt werden, dass das Bild eines Gestirns (der Sonne) ständig in ein fest stehendes Fernrohr geworfen wird [<*Helio...* + ...*stat*]

He|lio|the|ra|pie 〈f.; -; unz.; Med.〉 Behandlung mit Sonnenlicht u. -wärme zu Heilzwecken

he|lio|trop 〈Adj.〉 **1** helllila **2** auf Heliotropismus beruhend [<*helio...* + ...*trop*[1]]

He|lio|trop 〈n.; -s, -e〉 **1** 〈Bot.〉 eine Zierpflanze **2** ein Parfüm **3** ein Farbstoff für Baumwolle **4** 〈Geodäsie〉 Sonnenspiegel zur Beobachtung entfernter Punkte **5** dunkelgrüne Abart des Chalcedons mit blutroten Jaspiseinsprenglingen; *Sy* Blutjaspis [<*Helio...* + ...*trop*[2]]

He|lio|tro|pis|mus 〈m.; -; unz.; Biol.〉 Eigenschaft von Pflanzen u. Tieren, Wachstum u. Bewegung nach dem Licht auszurichten

he|lio|zen|trisch *auch:* **he|li|o|zent|risch** 〈Adj.〉 auf die Sonne als Mittelpunkt bezogen

He|lio|zo|on 〈n.; -s, -zo|en; Zool.〉 Klasse der Wurzelfüßler, meist im Süßwasser, mit einem Skelett aus zäher Gallerte od. Kieselsäure, Sonnentierchen [<*Helio...* + *Zoon*]

He|li|port 〈m.; -s, -s〉 Landefläche für Hubschrauber [verkürzt <*Heli*kopter + engl. *port* »Hafen«]

He|li|ski|ing 〈n.; -s; unz.; Sport〉 Tiefschneeskifahren auf schwer zugänglichen, meist nicht präparierten od. ausgewiesenen Pisten, zu denen die Skifahrer mit Hubschraubern gebracht werden [verkürzt <*Heli*kopter + engl. *Skiing* »Skifahren«]

He|li|um 〈n.; -s; unz.; chem. Zeichen: He〉 zu den Edelgasen gehörendes chem. Element, Ordnungszahl 2 [<grch. *helios* »Sonne«]

He|lix 〈f.; -; unz.〉 **1** 〈Anat.〉 äußerer Rand der menschl. Ohrmuschel, Ohrleiste **2** Helix pomatia: Weinbergschnecke **3** 〈Genetik〉 schraubenförmige Anordnung der Nucleotide eines DNS-Moleküls (Strukturmodell von Watson u. Crick) [<grch. *helix* »Windung, Spirale«]

He|li|zi|tät 〈f.; -; unz.; Physik〉 spiralförmige Bewegung eines Elementarteilchens; *positive ~* Bewegung nach rechts; *negative ~* Bewegung nach links [zu grch. *helix* »Windung, Kreislauf«]

hel|ko|gen 〈Adj.; Med.〉 aus einem Geschwür entstanden [zu grch. *helkos* »Geschwür«]

Hel|ko|lo|gie 〈f.; -; unz.; Med.〉 Lehre von den Geschwüren [<grch. *helkos* »Geschwür« + ...*logie*]

Hel|ko|se 〈f.; -, -n; Med.〉 Geschwürbildung [<grch. *helkos* »Geschwür«]

Hel|le|bo|rus 〈m.; -, -ri; Bot.〉 Nieswurz [lat.]

Hel|le|ne 〈m.; -n, -n〉 **1** 〈urspr.〉 Einwohner der altgriechischen Landschaft Hellas **2** (seit dem 17. Jh. v. Chr.) Grieche [<grch. *Hellas* (urspr. Bez. für eine Landschaft im südöstl. Thessalien, dann der gesamte von Griechen bewohnte Raum, bes. Mittelgriechenland; seit 1883 der Name des neugrch. Staats)]

hel|le|nisch 〈Adj.〉 auf Hellas, die Hellenen, Griechenland bezüglich, von ihnen stammend

hel|le|ni|sie|ren 〈V.〉 nach griechischem Vorbild gestalten

Hel|le|nis|mus 〈m.; -; unz.; Gesch.〉 Abschnitt der grch. Kultur von der Zeit Alexanders des Großen bis Augustus, gekennzeichnet durch das Verschmelzen mit Elementen der kleinasiat. u. ägypt. Kultur [von dem dt. Historiker J. G. Droysen geprägter Begriff; zu grch. *hellenizein* »griechisch sprechen, griechische Denkart haben«]

Hel|le|nist 〈m.; -en, -en〉 **1** (früher) **1.1** in der grch. Kultur gebildeter Gelehrter u. Schriftsteller des Alexandrinischen Zeitalters **1.2** 〈bes. im NT〉

Hellenistik

griechisch sprechender Jude der nachklassischen Zeit **2** Kenner, Erforscher der altgriechischen Sprache u. Kultur [→ *Hellene*]

Hel|le|nis|tik ⟨f.; -; unz.⟩ Wissenschaft von der altgriechischen Sprache u. Kultur [→ *Hellene*]

hel|le|nis|tisch ⟨Adj.⟩ den Hellenismus betreffend, zu ihm gehörig, auf ihn beruhend; ~*e Kunst; der ~e Staat*

Hel|minth|a|go|gum *auch:* **Helmin|tha|go|gum** ⟨n.; -s, -go|ga; Pharm.⟩ Mittel gegen Wurmkrankheiten [<grch. *helmins* »Wurm« + *agogos* »herbeiführend, anregend, treibend«]

Hel|min|the ⟨f.; -, -n; meist Pl.; Sammelbez. für⟩ Eingeweidewürmer [<grch. *helmins*, Gen. *helminthos* »Wurm«]

Hel|min|thi|a|sis ⟨f.; -; unz.; Med.⟩ Erkrankung durch Eingeweidewürmer; *Sy* Wurmkrankheit [<grch. *helmins*, Gen. *helminthos* »Wurm«]

Hel|min|tho|lo|gie ⟨f.; -; unz.; Med.⟩ Lehre von den Eingeweide- u. a. parasitischen Würmern [<grch. *helmins*, Gen. *helminthos* + ...*logie*]

He|lo|phyt ⟨m.; -en, -en; Bot.⟩ Sumpfpflanze [<grch. *helos* »Sumpf, Morast« + ...*phyt*]

He|lot ⟨m.; -en, -en⟩ *oV* Helote **1** ⟨im antiken Sparta⟩ Staatssklave **2** ⟨fig.⟩ Unterdrückter; →*a.* Spartiat [<grch. *heilos*, Gen. *heilotos* »Leibeigener«; vermutl. zu *helein* »gefangen nehmen«]

He|lo|te ⟨m.; -n, -n⟩ = Helot

Help|line ⟨[-laɪn] f.; -, -s⟩ Telefonservice, der Rat u. Informationen zu bestimmten Problemen od. Fragestellungen anbietet; *die Nummer einer ~ im Fernsehen einblenden* [<engl. *help* »Hilfe« + *line* »Leitung«]

Hel|ve|ti|er ⟨[-vḙː-] m.; -s, -⟩ Angehöriger eines keltischen, in die Schweiz eingewanderten Volksstammes [zu lat. *Helvetia* »Schweiz«]

Hel|ve|ti|ka ⟨[-vḙː-] Pl.⟩ Bücher, Bilder usw. über die Schweiz [<lat. *Helvetia* »Schweiz«]

hel|ve|tisch ⟨[-vḙː-] Adj.⟩ **1** Helvetia, die Schweiz betreffend, zu ihr gehörend, aus ihr stammend **2** *Helvetisches Bekenntnis* Glaubensbekenntnis der evang.-ref. Kirche **3** *die Helvetische Republik* die Schweiz

Hel|ve|tis|mus ⟨[-ve-] m.; -, -tis|men; Sprachw.⟩ in eine andere Sprache übernommene schweizerische Spracheigentümlichkeit [→ *Helvetika*]

He|man *auch:* **He-Man** ⟨[hiːmæn] m.; -s, -men [-mən]; umg.⟩ bes. männlich wirkender, kräftiger, muskulöser Mann [<engl. *he-man* »he« er; männliches Lebewesen« + *man* »Mann«]

He|me|ro|phyt ⟨m.; -en, -en; Bot.⟩ Pflanze, die nur im menschl. Kulturbereich gedeihen kann [<grch. *hemeros* »zahm« + ...*phyt*]

he|mi…, Hemi… ⟨in Zus.⟩ halb…, Halb… [<grch. *hemisys* »halb«]

He|mi|al|gie ⟨f.; -, -n; Med.⟩ einseitiger Kopfschmerz [<*Hemi…* + grch. *algos* »Schmerz«]

he|mi|fa|zi|al ⟨Adj.; Med.⟩ das Gesicht halbseitig betreffend [<*hemi…* + *Fazialis*]

He|mi|kra|nie ⟨f.; -, -n; Med.⟩ halbseitiger Kopfschmerz, Migräne [<grch. *hemikrania*]

he|mi|morph ⟨Adj.; Min.⟩ an entgegengesetzten Enden unterschiedl. entwickelt (von Kristallen) [<*hemi…* + ...*morph*]

He|mi|o|le ⟨f.; -, -n; Musik⟩ Veränderung des Metrums durch Festhalten eines Notenwertes über den Takt hinaus, wodurch eine synkopische Wirkung entsteht [zu grch. *hemiolios* »anderthalb«]

he|mi|pe|la|gisch ⟨Adj.⟩ **1** aus einer Meerestiefe zwischen 200–2700 Meter stammend (von Meeresablagerungen) **2** meist frei schwimmend (von Meerestieren, die während ihrer Jugend im freien Wasser, später am Meeresgrund leben) [<*hemi…* + *pelagisch*]

He|mi|ple|gie ⟨f.; -, -n; Med.⟩ Halbseitenlähmung [<*Hemi…* + grch. *plessein* »schlagen«]

He|mi|pte|re ⟨m.; -n, -n; Zool.⟩ Halbflügler (Wanzen) [<*Hemi…* + *pteron* »Flügel«]

He|mi|spas|mus ⟨m.; -, -spas|men; Med.⟩ halbseitiger Krampf

He|mi|sphä|re *auch:* **He|mis|phä|re** ⟨f.; -, -n⟩ **1** Halbkugel, Erdhälfte; *nördl., südl. ~* **2** ⟨Anat.⟩ Hälfte des Großhirns

he|mi|sphä|risch *auch:* **he|mis|phärisch** ⟨Adj.⟩ die Hemisphäre betreffend, zu ihr gehörig

He|mis|ti|chi|on *auch:* **He|mi|sti|chion** ⟨n.; -s, -chi|en; antike Metrik⟩ halber Vers einer durch Zäsur getrennten Verszeile; *oV* Hemistichium [<*Hemi…* + *stichos* »Vers«]

He|mis|ti|chi|um *auch:* **He|mi|sti|chi|um** ⟨n.; -s, -chi|en; antike Metrik⟩ = Hemistichion

He|mi|to|nie ⟨f.; -, -n; Med.⟩ halbseitiger Krampf mit raschem Wechsel der Muskelspannung [<*Hemi…* + ...*tonie*]

he|mi|to|nisch ⟨Adj.; Med.⟩ die Hemitonie betreffend, zu ihr gehörig, auf ihr beruhend

he|mi|zy|klisch *auch:* **he|mi|zyklisch** ⟨Adj.⟩ halbkreisförmig

Hem|lock|tan|ne ⟨f.; -, -n; Bot.⟩ Art der Schierlingstanne: Tsuga canadensis; *Sy* Tsuga [<engl. *hemlock* »Schierling«]

He|na|de ⟨f.; -, -n; Philos.⟩ = Monade (2)

Hen|de|ka|gon ⟨n.; -s, -e; Geom.⟩ Elfeck [<grch. *hendeka* »elf« + ...*gon*]

Hen|di|a|dy|o|in ⟨n.; -s; unz.; Stilistik⟩ Bezeichnung eines Begriffs durch zwei nebengeordnete, Stilfigur, bei der statt eines adjektivischen Attributs ein Substantiv gebraucht wird, z. B. »aus Bechern und Gold trinken wir« statt »aus goldenen Bechern«; *oV* Hendiadys [<grch. *hen dia dyoin* »eins durch zwei«]

Hen|di|a|dys ⟨n.; -; unz.; Stilistik⟩ = Hendiadyoin

Hen|ge|mo|nu|ment ⟨[hɛndʒ-] n.; -(e)s, -e⟩ vorgeschichtliche Anlage, die aus kreisförmig angeordneten u. mit Deckplatten versehenen Steinen besteht [nach dem Monument im engl. *Stonehenge*]

Hen|na ⟨f. od. n.; -; unz.⟩ **1** ⟨Bot.⟩ Strauch aus der Familie der Weiderichgewächse, der einen roten bis gelben Farbstoff u. ein wohlriechendes Öl zum Parfümieren u. Einbalsamieren liefert: Lawsonia inermis **2** der

herbizid

von dieser Pflanze gelieferte rote Farbstoff für Kosmetik [<arab. *al-hinna*]

Hen|nin ⟨[ɛnɛ̄ː] n.; -s, -s; 14./15. Jh.⟩ hohe, kegelförmige Kopfbedeckung für Frauen, mit hinten herabhängendem Schleier, bes. in Frankreich u. den Niederlanden getragen [frz.]

He|no|the|is|mus ⟨m.; -; unz.⟩ Verehrung eines unter mehreren Göttern bevorzugten Gottes [<grch. *hen* »eins« + *Theismus*]

he|no|the|is|tisch ⟨Adj.⟩ den Henotheismus betreffend, zu ihm gehörig, auf ihm beruhend

Hen|ri|quatre *auch:* **Hen|ri|qua|tre** ⟨[ãrikatrə] m.; -s, -s⟩ kurzer Spitzbart mit aufwärts gedrehtem Schnurrbart [nach *Henri Quatre* = König Heinrich IV. von Frankreich, 1553-1610]

Hen|ry ⟨n.; -, -; Zeichen: H; Physik⟩ Einheit der magnet. Induktivität, 1H = 1 Vs/A [nach dem nordamerikan. Physiker J. *Henry*, † 1878]

He|or|to|lo|gie ⟨f.; -; unz.⟩ Lehre von den kirchl. Feiertagen [<grch. *heorte* »Fest« + ...*logie*]

He|or|to|lo|gi|um ⟨n.; -s, -gi|en⟩ kirchl. Festkalender [<grch. *heorte* »Fest« + ...*logium*]

He|par ⟨n.; -s, -pa|ta; Med.⟩ Leber, Schwefelleber [grch.]

He|pa|rin ⟨n.; -s; unz.; Physiol.⟩ aus der Leber gewonnener Stoff mit gerinnungshemmenden Eigenschaften [<grch. *hepar* »Leber«]

He|pa|tal|gie *auch:* **He|pa|tal|gie** ⟨f.; -, -n; Med.⟩ Leberschmerz [<grch. *hepar*, Gen. *hepatos* »Leber« + ...*algie*]

He|pa|ti|ka ⟨f.; -, -ti|ken; Bot.⟩ Leberblümchen [<grch. *hepar*, Gen. *hepatos* »Leber«]

he|pa|tisch ⟨Adj.⟩ die Leber betreffend, von ihr ausgehend [→ *Hepar*]

He|pa|ti|tis ⟨f.; -, -ti|ti|den; Med.⟩ entzündl. Erkrankung der Leber, Leberentzündung [<grch. *hepar*, Gen. *hepatos* »Leber«]

he|pa|to..., **He|pa|to...** ⟨in Zus.; Med.⟩ leber..., Leber... [zu grch. *hepar*, Gen. *hepatos* »Leber«]

he|pa|to|gen ⟨Adj.; Med.⟩ in der Leber gebildet, von der Leber

herrührend; ~*e Erkrankungen* [<*hepato...* + ...*gen*]

He|pa|to|lith ⟨m.; -s, -e; Med.⟩ Leberstein, Gallenstein in den Gallengängen der Leber [<*Hepato...* + ...*lith*]

He|pa|to|lo|ge ⟨m.; -n, -n; Med.⟩ in der Hepatologie ausgebildeter Arzt

He|pa|to|lo|gie ⟨f.; -; unz.; Med.⟩ Lehre von der Leber u. ihren Krankheiten [<*Hepato...* + ...*logie*]

He|pa|to|lo|gin ⟨f.; -, -gin|nen; Med.⟩ in der Hepatologie ausgebildete Ärztin

he|pa|to|lo|gisch ⟨Adj.; Med.⟩ die Hepatologie betreffend, zu ihr gehörig, auf ihr beruhend

He|pa|to|se ⟨f.; -, -n; Med.⟩ degenerative Schädigung der Leberzellen [<grch. *hepar*, Gen. *hepatos* »Leber«]

He|phäst ⟨m.; -(e)s, -e; geh.⟩ Kunstschmied [nach dem grch. Gott des Feuers u. Schutzgott der Schmiedekunst *Hephaistos*]

hep|ta..., **Hep|ta...** ⟨vor Vokalen⟩ hept..., Hept... ⟨in Zus.⟩ sieben [<grch. *hepta* »sieben«]

Hep|ta|chord ⟨[-kɔrd] m. od. n.; -(e)s, -e; Musik⟩ die große Septime [<*Hepta...* + ...*chord*]

Hep|ta|eder ⟨n.; -s, -; Geom.⟩ von sieben Flächen (drei Quadraten u. vier Dreiecken) begrenzter Körper, Siebenflach, Siebenflächner

Hep|ta|gon ⟨n.; -s, -e; Geom.⟩ Siebeneck [<*Hepta...* + ...*gon*]

Hep|ta|me|ron ⟨n.; -s; unz.⟩ **1** Schöpfungswoche **2** ⟨Lit.⟩ Novellensammlung von Margarete v. Navarra, entstanden 1542-1549 [<*Hepta...* + grch. *hemera* »Tag«]

Hep|ta|me|ter ⟨m.; -s, -; Metrik⟩ siebenfüßiger Vers

Hep|tan ⟨n.; -s; unz.; Chemie⟩ aliphatischer Kohlenwasserstoff mit sieben Kohlenstoffatomen [<grch. *hepta* »sieben«]

Hep|t|ar|chie *auch:* **Hep|t|ar|chie** ⟨[-çiː] f.; -; unz.; Gesch.⟩ Staatenbund der sieben angelsächsischen Königreiche (Essex, Wessex, Sussex, Kent, Mercien, Ostanglien, Northumberland) [<*Hepta...* + ...*archie*]

Hep|ta|teuch ⟨m.; -s; unz.⟩ die ersten sieben Bücher des AT

[<*Hepta...* + grch. *teuchos* »Rüstzeug, Buch«]

Hep|ta|to|nik ⟨f.; -; unz.; Musik⟩ sieben Töne umfassende Tonleiter [<*Hepta...* + grch. *tonos* »Seil, Tau, Saite; Spannung, Spannkraft«]

Hep|to|de *auch:* **Hep|to|de** ⟨f.; -, -n; Physik⟩ Elektronenröhre mit sieben Elektroden [<*Hepta...* + ...*ode*]

Hep|to|se ⟨f.; -, -n; Chemie⟩ Monosaccharid mit sieben Kohlenstoffatomen [<grch. *hepta* »sieben«]

He|ra|ion ⟨n.; -s, -s⟩ Tempel der grch. Götterkönigin Hera, z. B. in Argos, Olympia u. Samos; *oV* Heräon

He|ra|kli|de *auch:* **He|ra|kli|de** ⟨m.; -n, -n; Gesch.⟩ **1** Nachkomme des Herakles **2** Selbstbezeichnung der Mitglieder des dorischen Fürstengeschlechts

He|ral|dik ⟨f.; -; unz.⟩ Wappenkunde [<frz. *(science) héraldique* »Heroldskunst«; zu afrz. *héralt*; → *Herold*]

He|ral|di|ker ⟨m.; -s, -⟩ Kenner, Erforscher der Wappenkunde

he|ral|disch ⟨Adj.⟩ zur Heraldik gehörig; ~*e Farben* die in der Heraldik verwendeten Farben Rot, Blau, Grün, Schwarz sowie die beiden Metalle Gold u. Silber

He|rä|on ⟨n.; -s, -s⟩ = Heraion

Her|ba ⟨Pl.⟩ Pflanzen od. Pflanzenteile, die als Drogen od. Drogenbestandteile medizinisch verwendet werden [<lat. *herba* »Kraut«]

Her|ba|list ⟨m.; -en, -en⟩ Pflanzensammler, Kräuterexperte [<lat. *herba* »Kraut, Pflanze«]

Her|bar ⟨n.; -s, -ri|en⟩ = Herbarium

Her|ba|ri|um ⟨n.; -s, -ri|en⟩ Sammlung von getrockneten Pflanzen; *Sy* Herbar [<lat. *herba* »Kraut, Pflanze«]

her|bi|vor ⟨[-voːr] Adj.⟩ ~*e Tiere* Pflanzen fressende Tiere; *Ggs* karnivor [<lat. *herba* »Pflanze« + ...*vor*]

Her|bi|vo|re ⟨[-voː-] m.; -n, -n⟩ Pflanzen fressendes Tier; *Ggs* Karnivore (1)

her|bi|zid ⟨Adj.⟩ Unkraut vernichtend [<lat. *herba* »Pflanze« + ...*zid*^{r}]

367

Herbizid

Her|bi|zid ⟨n.; -(e)s, -e⟩ chem. Mittel zur Bekämpfung von Unkraut
he|re|di|tär ⟨Adj.⟩ Ggs ahereditär **1** erblich, vererbbar **2** vererbt [<frz. *héréditaire* »erblich« <lat. *hereditas* »Erbschaft«]
He|re|di|tät ⟨f.; -; unz.⟩ **1** Erblichkeit, Vererbbarkeit **2** Vererbung **3** Erbfolge [<lat. *hereditas* »Erbschaft«]
He|re|do|pa|thie ⟨f.; -, -n⟩ Erbkrankheit [<lat. *heredium* »Erbgut« + ...*pathie*]
He|re|ro[1] ⟨m.; - od. -s, - od. -s⟩ Angehöriger eines südwestafrikan. Bantuvolkes
He|re|ro[2] ⟨n.; - od. -s; unz.⟩ Sprache eines südwestafrikan. Bantuvolkes
Her|ku|les|ar|beit ⟨f.; -; unz.⟩ übermenschl. Anstrengung erfordernde Arbeit [→ *herkulisch*]
her|ku|lisch ⟨Adj.⟩ **1** sehr stark u. groß, riesenstark; ~*er Gestalt*; ~*er Mensch* **2** übermenschlich, riesig; ~*e Kräfte* [nach dem grch. Sagenhelden *Herkules*]
Herm|a|phro|dis|mus auch: **Hermaphrodismus** ⟨m.; -; unz.⟩ = Hermaphroditismus
Herm|a|phro|dit auch: **Hermaphrodit** ⟨m.; -en, -en⟩ fortpflanzungsfähiges Lebewesen mit männl. u. weibl. Geschlechtsmerkmalen; *Sy* Zwitter; →*a.* Intersex [nach dem Sohn des grch. Gottes *Hermes* u. der Göttin *Aphrodite*]
herm|a|phro|di|tisch auch: **hermaphroditisch** ⟨Adj.; Biol.⟩ zwitterhaft
Herm|a|phro|di|tis|mus auch: **Hermaphroditismus** ⟨m.; -; unz.; Biol.⟩ Zwittrigkeit, Zwitterbildung; *oV* Hermaphrodismus; →*a.* Intersexualität
Her|me ⟨f.; -, -n⟩ rechteckiger Pfeiler, der oben die plast. Darstellung eines Kopfes trägt, urspr. nur der Hermes, dann anderer Götter, später auch berühmter Männer [nach dem grch. Gott *Hermes*]
Her|me|neu|tik ⟨f.; -; unz.; Lit.⟩ Kunst der Auslegung, Deutung von Schriften, Kunstwerken usw. [<grch. *hermeneutes* »Ausleger«]
her|me|neu|tisch ⟨Adj.; Lit.⟩ die Hermeneutik betreffend, zu ihr gehörig, auf ihr beruhend, auslegend, erklärend, deutend; *die* ~*e Methode; der* ~*e Zirkel*
Her|me|ti|ker ⟨m.; -s, -⟩ ⟨urspr.⟩ (schwärmender) Anhänger der Lehre des Hermes Trismegistos **2** ⟨heute; geh.⟩ Schriftsteller, Philosoph mit einer mehrdeutigen, schwer verständlichen Ausdrucksweise [→ *hermetisch*]
her|me|tisch ⟨Adj.⟩ luft- u. wasserdicht; ~ *verschlossen* [<mlat. Adj. *hermetice* (Paracelsus 1528), nach dem sagenhaften ägypt. Weisen *Hermes Trismegistos*, der die Kunst erfunden haben soll, eine Glasröhre mit einem geheimnisvollen Siegel luftdicht zu verschließen]
Her|me|tis|mus ⟨m.; -; unz.⟩ **1** ⟨Lit.; seit 1935⟩ Richtung der ital. Lyrik, die sich eines geheimnisvollen, unbestimmten Stils bedient **2** ⟨geh.⟩ Dunkelheit, Undurchdringlichkeit, Vieldeutigkeit eines literarischen Werkes, bes. innerhalb der Lyrik; *der* ~ *der modernen Lyrik* [→ *hermetisch*]
Her|nie ⟨[-njə] f.; -, -n⟩ **1** ⟨Med.⟩ Eingeweidebruch **2** durch den Pilz Plasmodiophora brassicae hervorgerufene Pflanzenkrankheit, bes. am Kohl, die an Wurzel od. Wurzelhals bruchähnliche Verdickungen hervorruft [<lat. *hernia* »Bruch«]
Her|ni|o|to|mie ⟨f.; -, -n; Med.⟩ Operation eines Eingeweidebruchs [<lat. *hernia* »Bruch« + ...*tomie*]
He|ro|en ⟨Pl. von⟩ Heros
He|ro|en|kult ⟨m.; -(e)s, -e; Pl. selten⟩ **1** ⟨antike Myth.⟩ kultische Verehrung eines Heros **2** ⟨geh.; meist abwertend⟩ Verehrung von als Helden betrachteten, zu Helden erklärten Männern [<grch. *heros* »Held« + *Kult*]
He|ro|i|de ⟨f.; -, -n; bes. im 16. Jh.⟩ Heldenbrief, fingierter Liebesbrief eines Heros od. einer Heroin [nach den »Epistulae« von Ovid; <grch. *heros* »Held«]
He|ro|ik ⟨f.; -; unz.; geh.⟩ Heldenhaftigkeit, Mut [→ *Heros*]
He|ro|in[1] ⟨f.; -, -in|nen⟩ Heldin [→ *Heros*]
He|ro|in[2] ⟨n.; -s; unz.⟩ wegen der außerordentl. Suchtgefahr kaum noch therapeutisch angewendetes Rauschmittel: Diacetylmorphin [»heroisch« bedeutet in der Heilkunde des Altertums u. MA »sehr stark wirkend«]
He|ro|i|ne ⟨f.; -, -n; Theat.; veraltet⟩ Darstellerin einer Heldin [<grch. *heros* »Held«]
He|ro|i|nis|mus ⟨m.; -; unz.⟩ Süchtigkeit nach Heroin[2]
he|ro|isch ⟨Adj.⟩ **1** einem Heros gemäß, entsprechend, wie ein Heros, heldisch, heldenhaft **2** ⟨Mal.⟩ ~*e Landschaft* ideale Landschaft mit mytholog. Staffagefiguren
he|ro|i|sie|ren ⟨V.⟩ zum Helden erheben, verherrlichen; *einen Popstar* ~ [→ *Heros*]
He|ro|is|mus ⟨m.; -; unz.⟩ Heldenmut, Heldentum [→ *Heros*]
He|rold ⟨m.; -(e)s, -e⟩ **1** ⟨MA⟩ Ausrufer, Fürstenbote **2** ⟨fig.⟩ Verkünder, Vorläufer [<spätmhd. *herall* <afrz. *hérall*, fränk. *heriwald* »Heeresbeamter«]
He|rons|ball ⟨m.; -(e)s, -bälle; Technik⟩ bereits im Altertum bekannte Art einer Pumpe, bei der der Druck zusammengepresster Luft zum Transport von Flüssigkeiten genutzt wird [nach dem altgrch. Physiker *Heron* von Alexandrien, um 100 v. Chr.]
He|ro|on ⟨n.; -s, -roa⟩ Heiligtum, Grabmal eines Heros [grch.]
He|ros ⟨m.; -, -ro|en⟩ **1** Held **2** Halbgott [grch.]
He|ro|strat auch: **He|ros|trat, He|rost|rat** ⟨m.; -en, -en⟩ Verbrecher aus Ruhmsucht [nach *Herostratos*, einem Bewohner von Ephesos, der den Artemistempel seiner Vaterstadt anzündete, um dadurch seinen Namen berühmt zu machen]
he|ro|stra|tisch auch: **he|ros|tra|tisch, he|rost|ra|tisch** ⟨Adj.⟩ aus Ruhmsucht verbrecherisch handelnd [→ *Herostrat*]
Herp|an|gi|na ⟨f.; -, -ne; Med.⟩ durch Virusinfektion hervorgerufene Entzündung der Mundhöhle mit Bläschenbildung [<lat. *Herpes* + *Angina*]
Her|pes ⟨m. od. f.; -; unz.; Med.⟩ einfacher, harmloser, aber störender u. zu Rückfällen neigender Bläschenausschlag, meist

an den Übergängen zw. Haut u. Schleimhaut: Herpes simplex [<grch. *herpein* »kriechen«]

her|pe|ti|form ⟨Adj.; Med.⟩ mit einem Bläschenausschlag wie beim Herpes auftretend, dem Herpes ähnlich; ~*e Hautkrankheiten, Hautausschläge*

her|pe|tisch ⟨Adj.; Med.⟩ den Herpes betreffend, wie Herpes aussehend

Her|pe|to|lo|gie ⟨f.; -; unz.; Zool.⟩ Lehre von den Amphibien u. Kriechtieren [<grch. *herpeton* »kriechendes Tier« + ...*logie*]

Hertz ⟨n.; -, -; Abk.: Hz; Physik⟩ Maßeinheit der Frequenz, 1Hz = 1 Schwingung pro Sekunde [nach dem Physiker Heinrich Rudolf *Hertz*, 1857-1894]

Hes|pe|ri|de ⟨f.; -, -n; meist Pl.; grch. Myth.⟩ Nymphe, die im Göttergarten die goldenen Äpfel des Lebens hütet [<grch. *Hesperides*; nach der Abendgöttin *Hesperis*; zu grch. *hesperos* »Abend«]

Hes|pe|ri|din ⟨n.; -s; unz.; Pharm.⟩ Glykosid aus den Fruchtschalen unreifer Orangen, pharmakologisch in Venen- u. Grippemitteln verwendet [nach den Äpfeln der *Hesperide(n)*]

Hes|pe|ros ⟨m.; -; unz.; grch. Myth.⟩ *oV* Hesperus **1** Abend, Abendstern **2** Westen [zu grch. *hesperos (aster)* »Abendstern«]

Hes|pe|rus ⟨m.; -; unz.; grch. Myth.⟩ = Hesperos

He|sy|chas|mus ⟨[-ças-] m.; -; unz.⟩ mystische Bewegung der Mönche der Ostkirche, die durch eine bestimmte Gebetstechnik (Nabelschau) u. Lichtmystik zur Schau des göttlichen Lichts zu gelangen versucht [zu grch. *hesychia* »Ruhe, Stille«]

He|sy|chast ⟨[-çast] m.; -en, -en⟩ Anhänger des Hesychasmus

He|tä|re ⟨f.; -, -n; im antiken Griechenland⟩ (meist sehr gebildete) Geliebte, Freundin eines bedeutenden Mannes [<grch. *hetaira* »Gefährtin, Freundin, Geliebte«]

He|tä|rie ⟨f.; -, -n⟩ **1** griechische polit. Gemeinschaft **2** seit 1800 gegen die Türken gerichteter Geheimbund [<grch. *hetairos* »Gefährte«]

he|te|ro..., **He|te|ro...** ⟨in Zus.⟩ fremd..., Fremd..., verschieden... [<grch. *heteros* »anders, verschieden«]

He|te|ro|au|xin ⟨n.; -s; unz.⟩ Abkömmling der Indolylessigsäure, der als Wuchsstoff in den höheren Pflanzen eine wichtige Rolle spielt [<*Hetero*... + grch. *auxin* »wachsen machen, vermehren«]

He|te|ro|chro|mie ⟨[-kro-] f.; -, -n⟩ verschiedene Färbung, z. B. eines Augenpaares [<*Hetero*... + ...*chromie*]

He|te|ro|chro|mo|som ⟨[-kro-] n.; -s, -en; Biol.⟩ geschlechtsbestimmendes Chromosom [<*Hetero*... + *Chromosom*]

he|te|ro|cy|clisch *auch:* **he|te|ro|zyc|lisch** ⟨Adj.; Chemie⟩ ~*e Verbindungen* V., an deren ringförmigem Aufbau außer Kohlenstoff noch andere Atome beteiligt sind; *oV* heterozyklisch

he|te|ro|dont ⟨Adj.; Biol.⟩ mit verschiedenartigen Zähnen versehen, z. B. Schneide-, Eck- u. Backenzähne; *Ggs* homodont [<*hetero*... + grch. *odons*, Gen. *odontos* »Zahn«]

He|te|ro|don|tie ⟨f.; -; unz.; Biol.⟩ Besitz verschieden geformter Zähne, z. B. Schneide-, Eck- u. Backenzähne [<*Hetero*... + grch. *odons* »Zahn«]

he|te|ro|dox ⟨Adj.⟩ andersgläubig, irrgläubig, von der herrschenden Lehre abweichend

He|te|ro|do|xie ⟨f.; -, -n⟩ Irrglaube, Irrlehre [<*Hetero*... + grch. *doxa* »Meinung«]

he|te|ro|fon ⟨Adj.; Musik⟩ = heterophon

He|te|ro|fo|nie ⟨f.; -; unz.; Musik⟩ = Heterophonie

He|te|ro|ga|mie ⟨f.; -; unz.; Biol.⟩ Fortpflanzung mit unterschiedlichen Sexualpartnern; *Ggs* Homogamie

he|te|ro|gen ⟨Adj.⟩ **1** ungleichartig, andersartig, verschiedenartig **2** nicht gleichartig zusammengesetzt; *Sy* inhomogen; *Ggs* homogen; ~*e Systeme* ⟨Chemie⟩ durch sichtbare Grenzflächen voneinander getrennte Bestandteile eines Gemisches [<*hetero*... + ...*gen¹*]

heterolog

He|te|ro|ge|ni|tät ⟨f.; -; unz.⟩ Verschiedenartigkeit, Ungleichartigkeit, verschiedenartige Zusammensetzung; *Sy* Inhomogenität; *Ggs* Homogenität

He|te|ro|go|nie ⟨f.; -; unz.⟩ *Ggs* Homogonie **1** ⟨Biol.⟩ Wechsel zwischen geschlechtl. u. ungeschlechtl. Fortpflanzung, dadurch unbeabsichtigtes Entstehen heterogener Spezies **2** ⟨Philos.; Psych.⟩ (bes. von W. Wundt betonte) Erfahrung, dass sich im Handlungsverlauf die ursprüngliche Zwecksetzung verändert u. unbeabsichtigte Nebenziele entstehen, die wiederum neue Motive für zukünftiges Handeln sind (Motivwandlung) [<*Hetero*... + ...*gonie*]

he|te|ro|grad ⟨Adj.; Stat.⟩ auf quantitative Merkmale, Unterschiede gerichtet; *Ggs* homograd; ~*e Statistik*, ~*e Fragestellung* [<*hetero*... + lat. *gradus* »Schritt«]

he|te|ro|graf ⟨Adj.⟩ = heterograph

He|te|ro|gra|fie ⟨f.; -; unz.⟩ = Heterographie

he|te|ro|graph ⟨Adj.; Sprachw.⟩ auf der Heterographie beruhend, zu ihr gehörig, mit ihrer Hilfe; *oV* heterograf

He|te|ro|gra|phie ⟨f.; -; unz.; Sprachw.⟩ unterschiedliche Schreibweise für gleich klingende Laute od. Wörter, z. B. Saite u. Seite; *oV* Heterografie

he|te|ro|klin ⟨Adj.⟩ sich durch Fremdbestäubung fortpflanzend [<*hetero*... + grch. *klinein* »neigen«]

He|te|ro|kli|sie ⟨f.; -; unz.; Gramm.⟩ Deklination eines Nomens nach verschiedenen Stämmen in den einzelnen Kasus [<*Hetero*... + grch. *klinein* »beugen«]

he|te|ro|kli|tisch ⟨Adj.; Gramm.⟩ nach Art eines Heteroklitons, nach Art der Heteroklisie

He|te|ro|kli|ton ⟨n.; -s, -klita; Gramm.⟩ Substantiv, dessen einzelne Kasus nach verschiedenen Stämmen dekliniert werden [→ *Heteroklisie*]

he|te|ro|log ⟨Adj.; Med.⟩ abweichend, nicht übereinstimmend, artfremd [<*hetero*... + ...*log*]

heteromer

he|te|ro|mer ⟨Adj.; fachsprachl.⟩ **1** aus unterschiedlichen od. ungleich vielen Abschnitten od. Teilen zusammengesetzt, bestehend; *Ggs* isomer **2** ⟨Bot.⟩ ungleichzählig (von den einzelnen Blattkreisen einer Blüte)
he|te|ro|morph ⟨Adj.⟩ **1** anders gestaltet, verschiedengestaltig **2** verschiedene Kristallformen bildend [<*hetero*... + ...*morph*]
He|te|ro|mor|phis|mus ⟨m.; -; unz.⟩ Eigenschaft mancher Stoffe, in verschiedenen Kristallgittern auszukristallisieren
He|te|ro|mor|pho|se ⟨f.; -, -n; bei Tieren u. Pflanzen⟩ Ersatz verloren gegangener Teile durch anders organisierte Teile od. Organe
he|te|ro|nom ⟨Adj.⟩ **1** von fremden Gesetzen abhängig; *Ggs* autonom **2** ungleichwertig; *Ggs* homonom [<*hetero*... + ...*nom'*]
He|te|ro|no|mie ⟨f.; -; unz.⟩ **1** Abhängigkeit von fremden Gesetzen; *Ggs* Autonomie (2) **2** Ungleichwertigkeit; *Ggs* Homonomie
he|te|ro|nym *auch:* **he|te|ro|nym** ⟨Adj.⟩ auf Heteronymie beruhend, zu ihr gehörig
He|te|ro|nym *auch:* **He|te|ro|nym** ⟨n.; -s, -e; Sprachw.⟩ **1** Ausdruck, der mit einem anderen eng zusammengehört, aber auf eine andere Wurzel zurückgeht, z. B. Base-Vetter **2** in einer anderen Sprache, Mundart synonym gebrauchtes Wort, z. B. Sonnabend-Samstag, Porree-Lauch [<*Hetero*... + grch. *onyma* »Name«]
He|te|ro|ny|mie *auch:* **He|te|ro|ny|mie** ⟨f.; -; unz.; Sprachw.⟩ **1** heteronyme Beziehung zwischen Wörtern; *bei diesem Begriffspaar liegt ~ vor* **2** das Vorhandensein von Heteronymen
he|te|ro|phag ⟨Adj.; Biol.; selten⟩ *Ggs* homophag **1** pflanzliche u. tierische Nahrung aufnehmend **2** auf verschiedenen Wirtstieren od. Pflanzen schmarotzend [<*hetero*... + ...*phag*]
he|te|ro|phon ⟨Adj.; Musik⟩ von der Einstimmigkeit abweichend; *oV* heterofon
He|te|ro|pho|nie ⟨f.; -; unz.; Musik⟩ gleichzeitiges Erklingen einer Melodie durch verschiedene Stimmen u. Instrumente, wobei die Hauptstimme von den übrigen Stimmen leicht umspielt wird, bes. in der südostasiatischen Musik; *oV* Heterofonie [<*Hetero*... + ...*phonie*]
He|te|ro|phyl|lie ⟨f.; -; unz.; Bot.⟩ verschiedenartige Ausgestaltung der Laubblätter in den verschiedenen Stockwerken der Triebe einer Pflanze [<*Hetero*... + grch. *phyllon* »Blatt«]
He|te|ro|plas|tik ⟨f.; -, -en; Med.⟩ Gewebsverpflanzung von einem Lebewesen der einen auf eins einer anderen Art; *Sy* Alloplastik (1); *Ggs* Homöoplastik
he|te|ro|plo|id *auch:* **he|te|rop|lo|id** ⟨Adj.; Genetik⟩ eine von der normalen Zelle abweichende Chromosomenanzahl enthaltend; →*a.* diploid
he|te|ro|po|lar ⟨Adj.⟩ entgegengesetzte elektr. Ladung od. entgegengesetzte magnet. Pole aufweisend [<*hetero*... + *polar*]
He|te|rop|te|ren *auch:* **He|te|rop|te|ren** ⟨Pl.; Zool.⟩ Wanzen [<*Hetero*... + ...*ptere*]
He|te|ro|se|mie ⟨f.; -, -n; Sprachw.⟩ verschiedene Bedeutung eines Wortes in unterschiedlichen Sprach- bzw. Dialektregionen, z. B. bezeichnet »Pfannkuchen« im Allgemeinen einen Eierkuchen, in Berlin jedoch einen zuckerbestreuten Krapfen [<*Hetero*... + grch. *sema* »Zeichen«]
He|te|ro|se|xu|a|li|tät ⟨f.; -; unz.⟩ Empfinden für das andere Geschlecht; *Ggs* Homosexualität; →*a.* Bisexualität (2)
he|te|ro|se|xu|ell ⟨Adj.⟩ andersgeschlechtlich, auf das andere Geschlecht bezogen, für das andere Geschlecht (sexuell) empfindend; *Ggs* homosexuell; →*a.* bisexuell (2)
He|te|ro|som ⟨n.; -s, -e; Genetik⟩ geschlechtsbestimmendes Chromosom [<*Hetero*... + grch. *soma* »Körper«]
He|te|ro|sphä|re *auch:* **He|te|ros|phä|re** ⟨f.; -; unz.⟩ in etwa 120 km Höhe beginnender oberer Teil der Atmosphäre (ab ca. 120 km Höhe); *Ggs* Homosphäre [<*Hetero*... + ...*Sphäre*]

he|te|ro|therm ⟨Adj.; Zool.⟩ wechselwarm (z. B. von Kriechtieren) [<*hetero*... + ...*therm*]
he|te|ro|top ⟨Adj.; Med.; Geol.⟩ = heterotopisch
he|te|ro|to|pisch ⟨Adj.⟩ **1** ⟨Med.⟩ an atypischer Stelle liegend, erfolgend, entstehend (z. B. von Organen, Reizen) **2** ⟨Geol.⟩ in unterschiedlichen Räumen gebildet (von Gestein); *oV* heterotop; *Ggs* isotopisch [<*hetero*... + grch. *topos* »Ort«]
he|te|ro|troph ⟨Adj.⟩ sich von organischen Stoffen ernährend, die von anderen Lebewesen stammen; *Ggs* autotroph [<*hetero*... + ...*troph*]
He|te|ro|tro|phie ⟨f.; -, -n⟩ Ernährung durch organische Stoffe; *Ggs* Autotrophie
he|te|ro|zy|got ⟨Adj.⟩ gemischterbig; *Ggs* homozygot [<*hetero*... + grch. *zygoun* »verbinden«]
He|te|ro|zy|go|tie ⟨f.; -; unz.; Biol.⟩ Erscheinung, dass sich eine Zygote od. ein Individuum aus der Vereinigung von erblich unterschiedlichen Keimzellen herleitet; *Ggs* Homozygotie [→ *heterozygot*]
he|te|ro|zy|klisch *auch:* **he|te|ro|zyk|lisch** ⟨Adj.⟩ = heterocyclisch
He|thi|ter ⟨m.; -, -s⟩ Angehörige eines indogerm. Volkes in Kleinasien; *oV* Hettiter
He|thi|to|lo|ge ⟨m.; -n, -n⟩ Wissenschaftler auf dem Gebiet der Hethitologie
He|thi|to|lo|gie ⟨f.; -; unz.⟩ Wissenschaft von der Sprache u. Kultur der Hethiter [<*Hethiter* + ...*logie*]
He|thi|to|lo|gin ⟨f.; -, -gin|nen⟩ Wissenschaftlerin auf dem Gebiet der Hethitologie
Het|man ⟨m.; -s, -e (od. österr.) -s; im Königreich Polen; Ukraine⟩ Oberbefehlshaber; →*a.* Ataman [poln. <tschech. *hejtman*<dt. Hauptmann]
Het|ti|ter ⟨m.; -, -s⟩ = Hethiter
heu|re|ka »ich hab's gefunden!« [grch.; zu *heuriskein* »finden« ⟨angebl. Ausruf des Archimedes, als er im Bad das Gesetz des Auftriebs entdeckte⟩]
Heu|ris|tik ⟨f.; -; unz.⟩ Lehre von den nicht mathematischen Methoden zur Gewinnung neuer

Erkenntnisse [grch., eigtl. »Findungs-, Erfindungskunst«; zu grch. *heuriskein* »finden«]

heu|ris|tisch ⟨Adj.⟩ die Heuristik betreffend, zu ihr gehörig, mit ihrer Hilfe

He|vea ⟨f.; -, -ve|ae [-vee:]; Bot.⟩ trop. Baum, aus dem Kautschuk gewonnen wird [‹ frz. *hévéa* ‹ südamerikan. Indianerspr. *hewe*]

he|xa..., He|xa... ⟨vor Vokalen⟩ hex... ⟨in Zus.⟩ sechs [‹ grch. *hex*]

He|xa|chord ⟨[-kɔrd] n. od. m.; -(e)s, -e⟩ Skala von sechs Tönen in der diaton. Tonleiter mit einem Halbtonschritt von der 3. zur 4. Stufe

He|xa|de ⟨f.; -, -n; EDV⟩ bei älteren Rechnern verwendete kleinste adressierbare Speichereinheit, bestehend aus sechs Bit [zu grch. *hex* »sechs«]

He|xa|de|zi|mal|sys|tem ⟨n.; -s, -e; Math.⟩ auf der Zahl 16 beruhendes Zahlensystem, das heute bei Computern wieder verwendet wird

he|xa|disch ⟨Adj.; Math.⟩ auf dem Hexadezimalsystem beruhend, zu ihm gehörig

He|xa|eder ⟨n.; -s, -; Geom.⟩ platonischer Körper, der von sechs Quadraten begrenzt wird, Sechsflach, Sechsflächner, Würfel [‹ *Hexa...* + *...eder*]

he|xa|ed|risch *auch:* **he|xa|ed|risch** ⟨Adj.; Geom.⟩ in der Form eines Hexaeders, würfelförmig

He|xa|ed|rit *auch:* **He|xa|ed|rit** ⟨m.; -(e)s, -e; Min.⟩ ein Eisenmeteorit mit wenig Nickelgehalt [‹ grch. *hexa* »sechs« + *hedra* »Grundfläche«]

He|xa|e|me|ron ⟨n.; -s; unz.; christl. Rel.⟩ das »Sechstagewerk« der Schöpfung, Schöpfungswoche (außer Sabbat) [‹ *Hexa...* + grch. *hemeron* »Tag«]

He|xa|gon ⟨n.; -s, -e; Geom.⟩ Sechseck; →*a.* Pentagon [‹ *Hexa...* + *...gon*]

he|xa|go|nal ⟨Adj.; Geom.⟩ in Form eines Hexagons, sechseckig

He|xa|gramm ⟨n.; -s, -e⟩ Sechsstern aus zwei gekreuzten gleichseitigen Dreiecken, Davidsstern

he|xa|mer ⟨Adj.; Bot.⟩ sechsteilig, sechszählig (z. B. von Blüten) [‹ *hexa...* + *...mer*]

Hex|a|me|ron *auch:* **He|xa|me|ron** ⟨n.; -s, -s; Lit.⟩ »Sechstage«geschichten, Sammlung von Novellen, die an sechs Tagen erzählt werden [‹ *Hexa...* + grch. *hemeron* »Tag«]

He|xa|me|ter ⟨m.; -s, -; Metrik⟩ Vers mit sechs Versfüßen, meist Daktylen

he|xa|me|trisch *auch:* **he|xa|met|risch** ⟨Adj.; Lit.⟩ in Hexametern gedichtet; ~*e* Verse

He|xa|min ⟨n.; -s; unz.; Chemie⟩ hochbrisanter Sprengstoff, der zur Füllung von Geschossen u. Torpedos verwendet wird; *Sy* Hexyl [verkürzt ‹ *Hexa*nitrodiphenyla*min*]

He|xan ⟨n.; -s; unz.⟩ im Erdöl vorkommender aliphat. Kohlenwasserstoff mit sechs Kohlenstoffatomen [‹ grch. *hex* »sechs«]

he|xa|plo|id *auch:* **he|xa|plo|id** ⟨Adj.; Genetik⟩ einen sechsfachen Chromosomensatz aufweisend

He|xa|po|de ⟨m.; -n, -n; meist Pl.; Zool.⟩ Insekt [‹ *Hexa...* + *...pode*]

He|xa|teuch ⟨m.; -s; unz.; christl. Rel.⟩ die ersten sechs Bücher des AT, 1. bis 5. Buch Mose u. Buch Josua [‹ *Hexa...* + grch. *teuchos* »Rüstzeug, Buch«]

He|xi|te ⟨Pl.; Chemie⟩ aus den Hexosen gewonnene sechswertige Alkohole [‹ grch. *hexa* »sechs« + Endung *...it*]

Hex|o|de *auch:* **He|xo|de** ⟨f.; -, -n; El.⟩ Elektronenröhre mit sechs Elektroden [‹ *Hexa...* + *...ode*]

He|xo|gen ⟨n.; -s; unz.; Chemie⟩ hochexplosiver Sprengstoff mit relativ hoher Stoßfestigkeit [‹ grch. *hexa* »sechs« (nach dem sechsgliedrigen Ring des Benzols) + *gennan* »erzeugen«]

He|xo|se ⟨f.; -, -n; Biochemie⟩ einfacher Zucker mit sechs Kohlenstoffatomen im Molekül [‹ grch. *hexa* »sechs« + Endung *...ose*]

He|xyl ⟨n.; -s; unz.; Chemie⟩ = Hexamin

Hf ⟨chem. Zeichen für⟩ Hafnium

HF ⟨Abk. für⟩ Hochfrequenz

hg ⟨Abk. für⟩ Hektogramm

Hg 1 → *mm Hg* **2** ⟨chem. Zeichen für⟩ Quecksilber (Hydrargyrum)

Hi|at ⟨m.; -s, -e⟩ *oV* Hiatus **1** ⟨Med.⟩ Öffnung, Kluft, Spalt, Lücke **2** ⟨Metrik⟩ Zusammentreffen zweier Vokale am Ende des einen u. am Anfang des folgenden Wortes (Missklang bes. in der antiken Metrik) [lat.]

Hi|a|tus ⟨m.; -, -⟩ = Hiat

Hi|ber|na|kel ⟨n.; -s, -n⟩ der vegetativen Vermehrung dienende Überwinterungsknospe vieler Wassergewächse [‹ lat. *hibernaculum* »Wintergemach«]

hi|ber|nal ⟨Adj.⟩ winterlich [‹ lat. *hibernus* »winterlich«]

Hi|ber|na|ti|on ⟨f.; -, -en⟩ **1** Überwinterung, Winterschlaf **2** ⟨Med.⟩ Heilschlaf [‹ lat. *hibernatio* »Überwinterung«; zu *hibernare* »im Winterquartier liegen«]

Hi|bis|kus ⟨m.; -, -bis|ken; Bot.⟩ Gattung der Malvengewächse: Hibiscus [‹ lat. *hibiscum* »Eibisch« ‹ grch. *ibiskos*]

hic et nunc hier und jetzt, sofort, augenblicklich [lat.]

Hi|ckory ⟨m.; -s, -s; Bot.⟩ nordamerikanische Gattung der Walnussgewächse: Carya; *Weißer* ~ liefert ein wertvolles Holz u. wird deshalb auch in Europa angepflanzt: Carya alba [‹ engl. *hickory* ‹ indian. *pawcohiccora,* Bez. für eine Zubereitung zerstampfter Kerne]

Hic Rho|dus, hic sal|ta! hier (jetzt) zeige, was du kannst! [lat., »Hier (ist) Rhodos, hier springe!«; nach einer Fabel des Äsop, in der sich ein Prahler rühmt, auf Rhodos einen riesigen Sprung getan zu haben]

Hi|dal|go ⟨m.; -s, -s; früher⟩ Angehöriger des niederen spanischen u. portugies. Adels [span., »Edelmann« ‹ altspan. *fijo d'algo* »Sohn von etwas; Sohn von Besitz« (zu *algo* »Besitz«) ‹ lat. *filius de aliquo* »Sohn von etwas«]

♦ Die Buchstabenfolge **hi|dr...** kann auch **hid|r...** getrennt werden.

♦ **Hi|dr|oa** ⟨Pl.⟩ Überempfindlichkeitserkrankung der Haut von

Hidrose

Kleinkindern, bei der sich nach Sonnenbestrahlung Bläschen u. Papeln bilden, Schwitzbläschen [<grch. *hidros* »Schweiß«]

◆ **Hi|dro|se** ⟨f.; -, -n; Med.⟩ Schweißabsonderung [<grch. *hidros* »Schweiß«]

◆ **Hi|dro|ti|kum** ⟨n.; -s, -ti|ka; Pharm.⟩ schweißtreibendes Mittel [→ *Hidrose*]

◆ **hi|dro|tisch** ⟨Adj.; Med.⟩ schweißtreibend

hi|er..., Hi|er... ⟨in Zus.⟩ = hiero..., Hiero...

Hi|er|arch *auch:* **Hi|e|rarch** ⟨[hi(e)-] m.; -en, -en⟩ Oberhaupt der Priester im antiken Griechenland [→ *Hierarchie*]

Hierarchie (*Worttrennung am Zeilenende*) Die Worttrennung richtet sich auch bei Fremdwörtern nach Sprechsilben, die sich bei langsamem Sprechen ergeben. In Einzelfällen ergeben sich durch Aussprachevarianten dabei unterschiedliche Trennmöglichkeiten.
So kann z. B. die Buchstabenfolge »ie« in »*Hierarchie*« als langer Vokal [i:] oder als Vokalfolge [i:e] gesprochen werden. In letzterem Fall kann das »*e*« als einzelne Sprechsilbe abgetrennt werden.

Hi|er|ar|chie *auch:* **Hi|e|rar|chie** ⟨[hi(e)-] f.; -, -n⟩ Rang-, Stufenfolge, Rangordnung, Aufbau in verschiedenen Stufen [<grch. *hieros* »heilig« + ...*archie*]

hi|er|ar|chisch *auch:* **hi|e|rar|chisch** ⟨[hi(e)-] Adj.⟩ die Hierarchie betreffend, zu ihr gehörig, auf ihr beruhend, streng gegliedert

hi|er|ar|chi|sie|ren *auch:* **hi|e|rar|chi|sie|ren** ⟨[hi(e)-] V.⟩ Hierarchien entwickeln, in Rangstufen mit von oben nach unter abnehmender Bedeutung gliedern, organisieren; *Personen, Gegenstände* ~ [→ *Hierarchie*]

hi|e|ra|tisch ⟨[hi(e)-] Adj.⟩ ~*e Schrift* (von den Priestern) zur Gebrauchsschrift vereinfachte Form der Hieroglyphen [<grch. *hieratikos* »priesterlich«]

hi|e|ro..., Hi|e|ro... ⟨[hi(e)-] vor Vokalen⟩ hier..., Hier... ⟨in Zus.⟩ heilig [<grch. *hieros* »heilig«]

Hi|e|ro|du|le[1] ⟨[hi(e)-] m.; -n, -n⟩ Tempeldiener, Tempelsklave [<*Hiero...* + grch. *doulos* »Sklave«]

Hi|e|ro|du|le[2] ⟨[hi(e)-] f.; -, -n⟩ Tempeldienerin, Tempelsklavin [<*Hiero...* + grch. *doulos* »Sklave«]

Hi|e|ro|gly|phe ⟨[hi(e)-] f.; -, -n⟩ **1** Zeichen der altägypt. Bilderschrift **2** ⟨umg.; scherzh.⟩ sehr schwer lesbare Schrift [<*Hiero...* + grch. *glyphein* »eingraben«]

Hi|e|ro|gly|phik ⟨[hi(e)-] f.; -; unz.⟩ Wissenschaft von der altägypt. Bilderschrift [→ *Hieroglyphe*]

hi|e|ro|gly|phisch ⟨[hi(e)-] Adj.⟩ **1** in Hieroglyphen geschrieben **2** ⟨fig.⟩ rätselhaft, nicht zu entziffern, z. B. Schrift, Zeichen

Hi|e|ro|krat ⟨[hi(e)-] m.; -en, -en⟩ **1** Angehöriger der Hierokratie **2** Geistlicher, der die Hierokratie anstrebt

Hi|e|ro|kra|tie ⟨[hi(e)-] f.; -, -n⟩ Priesterherrschaft [<*Hiero...* + ...*kratie*]

Hi|e|ro|mant ⟨[hi(e)-] m.; -en, -en⟩ jmd., der Hieromantie betreibt

Hi|e|ro|man|tie ⟨[hi(e)-] f.; -; unz.⟩ Wahrsagerei aus Tieropfern [<*Hiero...* + ...*mantie*]

Hi|e|ro|phant ⟨m.; -en, -en⟩ Oberpriester, der bes. bei den Eleusinischen Mysterien die heiligen Bräuche zu erklären hatte [<*Hiero...* + grch. *phainein* »zeigen«]

Hi-Fi ⟨[haɪfaɪ] Abk. für engl.⟩ High Fidelity

high ⟨[haɪ] umg.⟩ im Rauschzustand, erhoben; ~ *sein* [engl., »hoch«]

High|ball ⟨[haɪbɔːl] m.; -s, -s⟩ mit Mineralwasser verdünnter Whiskey od. Likör [engl.-amerikan., eigtl. »hoher Ball«, auch »schneller Zug«, urspr. Bez. für einen an einer Stange befestigten Metallball, der Zügen freie Durchfahrt signalisierte]

Highboard *auch:* **High Board** ⟨[haɪbɔːd] n.; (-) -s, (-) -s⟩ Möbelstück von mittlerer Größe u. Höhe, das neben einer Anzahl von Schubladen auch einen Vitrinenteil hat [engl., »Hochboard«]

High|brow ⟨[haɪbraʊ] m.; -s, -s⟩ **1** ⟨Zeitungsw.⟩ Zeitung mit einem besonders guten Ruf, seriöse Tageszeitung **2** ⟨umg.; leicht abwertend⟩ jmd., der sich für intellektuell od. kulturell bes. gebildet hält [<engl. *high brow* »hohe Augenbraue« + *highbrow* »Intellektuelle(r)«]

High Church ⟨[haɪ tʃœːtʃ] f.; - -; unz.⟩ die engl. Hochkirche; →*a.* Low Church [engl.]

High|end... ⟨[haɪ-] in Zus.⟩ (hinsichtlich der technischen Leistungsfähigkeit) qualitativ hochwertig u. sehr teuer; *ein* ~*handy für 200 Euro* [<engl. *high end* »oberes Ende«]

High Fi|de|li|ty *auch:* **High Fidelity** ⟨[haɪfɪdɛlɪtɪ] f.; (-) -; unz.; Abk.: Hi-Fi⟩ wirklichkeitsgetreue Tonwiedergabe durch Radio u. a. elektroakustische Geräte [engl.]

High|heels *auch:* **High Heels** ⟨[haɪhiːls] Pl.⟩ Schuhe (insbes. Stiefel) mit hohen Absätzen, Stöckelschuhe [<engl. *high* »hoch« + *heel* »Absatz, Ferse«]

High|im|pact *auch:* **High Im|pact** ⟨[haɪmpækt] m.; (-) -s, (-) -s⟩ hoher Grad an Belastung od. Beeinflussung [<engl. *high* »hoch, groß« + *impact* »Einschlag, Aufprall«]

High|ja|cker ⟨[haɪdʒækə(r)] m.; -s, -⟩ = Hijacker [engl.; Herkunft unsicher]

High|ja|cking ⟨[haɪdʒækɪŋ] n.; -s, -s⟩ = Hijacking [engl.; Herkunft unsicher]

Highlife *auch:* **High Life** ⟨[haɪlaɪf] n.; (-) -s; unz.⟩ **1** das Leben der vornehmen Welt **2** ⟨umg.⟩ ~ *machen* überschwänglich sein, sich ausgelassen benehmen [engl.]

Highlight ⟨[haɪlaɪt] n.; - od. -s, -s⟩ Höhepunkt, herausragendes, besonderes Ereignis; *der Film »Nichts bereuen« war das* ~ *des letzten Jahres* [engl.]

high|ligh|ten ⟨[haɪlaɪtən] V.; EDV⟩ optisch markieren, farbig hervorheben; *weiterführende Links* ~

High|noon *auch:* **High Noon** ⟨[haɪnuːn] m.; (-) -s, (-) -s⟩ erfolgreichster, aufregendster

Zeitabschnitt, Höhepunkt einer Periode [engl., eigtl. »hoch am Mittag«]

High|ri|ser ⟨[haɪraɪ-] m.; -s, -⟩ Fahr- od. Motorrad mit hohem Lenker u. einer am Sattel befestigten Rückenlehne [<engl. *high* »hoch« + *riser* »Setzstufe (senkrechter Teil einer Stufe)«]

High|school *auch:* **High School** ⟨[haɪsku:l] f.; (-) -, (-) -s; in den USA⟩ die an die Grundschule anschließende höhere Schule [engl.]

High|sno|bie|ty *auch:* **High Snobiety** ⟨[haɪ snɔbaɪətɪ] f.; -; unz.; abwertend⟩ Personengruppe mit snobistischem Verhalten, die sich der oberen Gesellschaftsschicht zugehörig fühlt [<engl. *high* »hoch« + *Snob*, analog zu *Highsociety* gebildet]

High|so|cie|ty *auch:* **High Society** ⟨[haɪ səsaɪətɪ] f.; (-) -; unz.⟩ die hohe Gesellschaftsschicht, die oberen Zehntausend [engl.]

High|tea *auch:* **High Tea** ⟨[haɪtiː] m.; (-) -s; unz.; in England⟩ am späten Nachmittag servierte kleine Mahlzeit, zu der Tee gereicht wird [<engl. *high* »hoch« + *tea* »Tee«]

High|tech *auch:* **High Tech** ⟨[haɪtɛk] f.; (-) -; unz.; kurz für⟩ High Technology

High-Tech-Job ⟨[haɪtɛkdʒɔb] m.; -s, -s⟩ Arbeitsplatz, berufl. Tätigkeit in der Hochtechnologie

High|tech|no|lo|gy *auch:* **High Technology** ⟨[haɪtɛknɔlədʒɪ] f.; (-) -; unz.; Kurzwort:⟩ High Tech, Hitech⟩ modernste, anspruchsvolle Technik, Technik auf moderner wissenschaftlicher Grundlage [engl., »hohe Technologie«]

High|way ⟨[haɪweɪ] m.; -s, -s⟩ Land-, Haupt- od. Schnellstraße in GB bzw. Amerika [engl.]

Hijacker (*Worttrennung am Zeilenende*) Analog zur Worttrennung im Deutschen gilt auch für Fremdwörter, dass die Konsonantenverbindung "*ck*" ungetrennt bleibt.

Hi|ja|cker ⟨[haɪdʒækə(r)] m.; -s, -⟩ *o*V Highjacker **1** Flugzeugentführer, Luftpirat **2** Autodieb [engl.; Herkunft unsicher]

Hi|ja|cking ⟨[haɪdʒækɪŋ] n.; - od. -s, -s⟩ *o*V Highjacking **1** Flugzeugentführung **2** Autoraub mithilfe von Waffengewalt, während der Fahrer im Auto sitzt [engl.; Herkunft unsicher]

Hi|la|ri|tät ⟨f.; -; unz.⟩ Heiterkeit [<lat. *hilaritas*, »Heiterkeit, Fröhlichkeit«; zu *hilaris* »heiter, fröhlich«]

Hill|bil|li|mu|sik ⟨f.; -; unz.; Musik⟩ = Hillbillymusic

Hill|bil|ly ⟨m.; -s, -s; abwertend⟩ jmd., der aus den ländl. Gebieten der Südstaaten der USA stammt, Hinterwäldler [<engl. *hill* »Hügel« + *Billy*, Koseform des amerikan. Männernamens *Bill*]

Hill|bil|ly|mu|sic ⟨[-mjuːzɪk] f.; -; unz.; Musik⟩ Volksmusik aus den südlichen Bundesstaaten der USA; *o*V Hillbillimusik [engl., <(abwertend) *hillbilly* »Hinterwäldler« + *music* »Musik«]

Hi|lum ⟨n.; -s, Hi|la; Bot.⟩ Stelle, an der der Samen einer Pflanze am Samenträger befestigt ist, Pflanzennabel [lat., »kleine Faser«]

Hi|lus ⟨m.; -, Hi|li; Anat.⟩ vertiefte Stelle an Organen, wo Nerven u. Gefäße ein- u. austreten, z. B. an Lunge, Niere, Milz [→ *Hilum*]

Hi|ma|tion ⟨n.; -s, -ti|en⟩ altgrch. Obergewand [grch.]

Hi|na|ya|na ⟨n.; - od. -s; unz.⟩ die ältere, südl. Form des Buddhismus; →*a.* Mahayana [Sanskrit, »kleines Fahrzeug«]

Hin|di ⟨n.; - od. -s; unz.⟩ neuind. Sprache, Amtssprache in Indien [<Hindi *hindī*; zu *Hindi* »Indien« <pers.]

Hin|du ⟨m.; - od. -s, - od. -s⟩ Anhänger, Vertreter des Hinduismus [pers.; zu *Hindi* »Indien«]

Hin|du|is|mus ⟨m.; -; unz.⟩ aus Vedismus u. Brahmanismus entstandene ind. Religionsform

hin|du|is|tisch ⟨Adj.⟩ zum Hinduismus gehörig, auf ihm beruhend

Hin|du|s|ta|ni *auch:* **Hin|du|sta|ni** ⟨n.; - od. -s; unz.; in Indien abgelehnte Bez. für⟩ Hindi u. Urdu, die gemeinsame Sprache der Hindu u. Moslems in Zentralnordindien [pers., »Sprache der Inder«]

Hink|jam|bus ⟨m.; -, -jam|ben; Metrik⟩ sechshebiger Jamb. Vers, in dem anstelle des 6. Jambus ein Trochäus od. Spondeus auftritt; *Sy* Choliambus

Hi|obs|bot|schaft ⟨f.; -, -en⟩ Schreckensnachricht [nach *Hiob*, aus dem Lehrbuch *Hiob* (Ijob) im AT]

hip ⟨Adj.; undekl.; umg.; salopp⟩ modern, aktuell, in, dem Trend entsprechend [engl.]

Hip|hop *auch:* **Hip-Hop** ⟨m.; -s; unz.; Musik⟩ Stilrichtung in der Popmusik, die Elemente der amerikan. Straßen- u. Subkultur enthält

hip|hop|pen ⟨V.; Musik⟩ **1** Hiphop spielen **2** zu Hiphopmusik tanzen; *swingen u.* ~

Hip|ness ⟨f.; -; unz.; umg.; salopp⟩ Modernität, Aktualität, Richtung einer neuen modischen Entwicklung, Trend; *sich von den Zwängen der* ~ *befreien* [zu engl. *hip* »modern, in«]

Hipp|a|ri|on *auch:* **Hip|pa|ri|on** ⟨n.; -s, -ri|en⟩ fossiles Urpferd [<grch. *hippos* »Pferd«]

Hipp|i|a|trie *auch:* **Hip|pi|a|trie** ⟨f.; -; unz.⟩ = Hippiatrik

Hipp|i|a|trik *auch:* **Hip|pi|a|trik** ⟨f.; -; unz.⟩ Pferdeheilkunde; *Sy* Hippiatrie [<*Hippo*... + *iatreia* »Heilung«]

Hip|pie ⟨m.; -s, -s⟩ Angehörige(r) einer Gruppe, die durch einfaches Leben, gewaltlosen Widerstand u. teilweise Verwendung bewusstseinserweiternder Drogen gegen die bürgerliche Leistungs- u. Konsumgesellschaft protestiert, Blumenkind [engl.]

Hip|pie|look ⟨[-luk] m.; -s; unz.; Mode⟩ betont lässiges, an die Kleidung der 60er und frühen 70er Jahre angelehntes, häufig bewusst verschlissenes Auftreten, z. B. Jeans mit Schlag, Fransenwesten, weite, lange Kleider im Batikverfahren, Stirnbänder, lange Haare usw. [<*Hippie* + engl. *look* »Aussehen«]

hip|po..., **Hip|po...** ⟨vor Vokalen⟩ hipp..., Hipp... ⟨in Zus.⟩ Pferd, Pferde... [<grch. *hippos* »Pferd«]

Hippodrom

Hip|po|drom ⟨n.; -s, -e; in der Antike⟩ Pferde- u. Wagenrennbahn [<*Hippo...* + grch. *dromos* »Lauf«]
Hip|po|gryph ⟨m.; -s od. -en, -e od. -en; bei älteren ital. Dichtern⟩ geflügeltes Ross mit Greifenkopf; →a. Pegasus [<*Hippo...* + grch. *gryps*, Gen. *grypos* »Greif«]
Hip|po|kra|ti|ker ⟨m.; -s, -⟩ Anhänger des Hippokrates [nach dem grch. Arzt *Hippokrates*, um 460-377 v. Chr., dem Begründer der wissenschaftl. Medizin u. ärztl. Ethik]
hip|po|kra|tisch ⟨Adj.⟩ **1** Hippokrates betreffend, von ihm stammend, auf seiner Lehre beruhend **1.1** ~*er Eid* Grundlage der ärztl. Ethik **1.2** ⟨früher⟩ Eid auf die Vorschriften der Ärztezunft **2** ~*es Gesicht* eingefallenes, weißes Gesicht bei Bauchfellentzündung
Hip|po|kre|ne ⟨f.; -; unz.; grch. Myth.⟩ durch den Hufschlag des Pegasus entstandene, zum Dichten anregende Quelle der Musen am Helikon [<*Hippo...* + *krene* »Quelle«]
Hip|po|lo|ge ⟨m.; -n, -n⟩ Wissenschaftler auf dem Gebiet der Hippologie
Hip|po|lo|gie ⟨f.; -; unz.⟩ Lehre vom Pferd
Hip|po|lo|gin ⟨f.; -, -gin|nen⟩ Wissenschaftlerin auf dem Gebiet der Hippologie
hip|po|lo|gisch ⟨Adj.⟩ die Hippologie betreffend, zu ihr gehörig [→ *Hippologie*]
Hip|po|po|ta|mus ⟨a. [-pɔ-] m.; -, -; Zool.⟩ Flusspferd [<*Hippo...* + grch. *potamos* »Fluss«]
Hip|po|the|ra|pie ⟨a. ['-----] f.; -, -n; Pl. selten; Med.⟩ Therapie, die körperliche od. seelische Schädigungen durch Reiten zu heilen versucht [<*Hippo...* + *Therapie*]
Hip|pu|rit ⟨m.; -en, -en⟩ ausgestorbene Meermuschel der Kreidezeit [<*Hippo...* + grch. *oura* »Schweif«]
Hip|pur|säu|re ⟨f.; -, -n⟩ im Harn der Pflanzenfresser enthaltene Säure [<*Hippo...* + grch. *ouron* »Harn«]
Hips|ter ⟨m.; -s, -⟩ **1** ⟨Musik⟩ Jazzfan **2** jmd., der über alles Bescheid weiß, was modern ist [engl.; zu *hip* »unterrichtet, eingeweiht«]
Hips|ters ⟨Pl.; Mode⟩ Art der Hüfthose mit weitem Schlag [<engl. *hip* »Hüfte«]
Hi|ru|din ⟨n.; -s; unz.⟩ Extrakt aus dem Kopf u. Schlund von Blutegeln, verzögert die Blutgerinnung [<lat. *hirudo* »Blutegel«]
His|bol|lah ⟨f.; -; unz.⟩ radikale Organisation der Schiiten
His|pa|nic ⟨[hɪspænɪk] m.; -s, -s⟩ Einwanderer aus Lateinamerika in die USA; *Sy* Latino [<engl. *hispanic* <span. *hispánico* »spanisch«]
his|pa|ni|sie|ren ⟨V.⟩ der spanischen Lebensweise angleichen, spanisch machen
His|pa|nis|mus ⟨m.; -, -nis|men; Sprachw.⟩ in eine andere Sprache übernommene Eigentümlichkeit der span. Sprache [nach *Hispania*, dem lat. Namen der Pyrenäenhalbinsel]
His|pa|nist ⟨m.; -en, -en⟩ Wissenschaftler der spanischen Sprache u. Literatur
His|pa|nis|tik ⟨f.; -; unz.⟩ Wissenschaft von der spanischen Sprache, Literatur u. Kultur
His|pa|nis|tin ⟨f.; -, -tin|nen⟩ Wissenschaftlerin der spanischen Sprache u. Literatur
His|pa|ni|tät ⟨f.; -; unz.⟩ das Bewusstsein aller Spanisch sprechenden Menschen um ihre gemeinsame Geschichte, Sprache u. Kultur [<span. *hispanidad* »Spaniertum«]
His|pa|no|ame|ri|ka|ner ⟨m.; -s, -⟩ Spanisch sprechender Bewohner des amerikan. Kontinents
His|pa|no|ame|ri|ka|ne|rin ⟨f.; -, -rin|nen⟩ Spanisch sprechende Bewohnerin des amerikan. Kontinents
His|pa|no|ame|ri|ka|nis|mus ⟨m.; -; unz.⟩ Bewusstsein aller Spanisch sprechenden Bewohner des amerikanischen Kontinents um ihre gemeinsame Geschichte, Sprache u. Kultur
Hist|amin *auch:* **Hist|a|min** ⟨n.; -s; unz.; Biochemie⟩ den Blutdruck senkendes Gewebehormon [<*Histidin* + *Amin*]
His|ti|din ⟨n.; -s; unz.; Biochemie⟩ eine Aminosäure [<grch. *histion* »Gewebe«]
his|to..., His|to... ⟨in Zus.; Med.⟩ Gewebe [<grch. *histion* »Gewebe«]
His|to|che|mie ⟨[-çe-] f.; -; unz.; Med.⟩ Lehre vom chem. Aufbau körpereigener Gewebe [<*Histo...* + *Chemie*]
his|to|che|misch ⟨[-çe:-] Adj.⟩ zur Histochemie gehörend, auf ihr beruhend
his|to|gen ⟨Adj.; Med.⟩ vom Gewebe stammend, von ihm ausgehend [<*histo...* + *...gen*]
His|to|ge|ne|se ⟨f.; -; unz.; Physiol.⟩ Lehre von der Entstehung der Gewebe; *Sy* Histogenie [<*Histo...* + *gennan* »erzeugen«]
his|to|ge|ne|tisch ⟨Adj.; Physiol.⟩ zur Histogenese gehörend, auf ihr beruhend
His|to|ge|nie ⟨f.; -; unz.; Physiol.⟩ = Histogenese [<*Histo...* + *...genie*]
His|to|gramm ⟨n.; -s, -e⟩ graf. Darstellung von Messwerten in Form nebeneinander gereihter Säulen, wobei die Höhe der einzelnen Säulen dem jeweiligen Messwert entspricht [<*Histo...* + *...gramm*]
His|to|lo|ge ⟨m.; -n, -n⟩ Wissenschaftler auf dem Gebiet der Histologie
His|to|lo|gie ⟨f.; -; unz.⟩ Lehre von den Körpergeweben [<*Histo...* + *...logie*]
His|to|lo|gin ⟨f.; -, -gin|nen⟩ weibl. Histologe
his|to|lo|gisch ⟨Adj.⟩ die Histologie betreffend, zu ihr gehörig
His|to|ly|se ⟨f.; -, -n⟩ Auflösung des Gewebes (durch Enzyme) [<*Histo...* + *...lyse*]
His|to|mat ⟨m.; -; unz.⟩ Kurzwort für: historischer Materialismus
His|to|ne ⟨Pl.⟩ basische Proteine, die an das genetische Material der Eukaryonten gebunden u. somit Bestandteil des Chromatins sind
His|to|pa|tho|lo|gie ⟨f.; -; unz.⟩ Lehre von den Erkrankungen des Körpergewebes [verkürzt <*Histologie* + *Pathologie*]
His|to|ra|di|o|gra|fie ⟨f.; -, -n; Med.⟩ = Historadiographie
His|to|ra|di|o|gra|phie ⟨f.; -, -n; Med.⟩ Herstellung von Röntgenbildern dünner Gewebeschnitte; *oV* Historadiografie

His|tör|chen ⟨n.; -s, -⟩ scherzhafte, unterhaltsame, (meist pikante) kleine Geschichte [scherzh. Verkleinerungsform zu *Historie*]

His|to|rie ⟨[-riə] f.; -, -n⟩ **1** Geschichte **2** Bericht, Kunde [<lat. *historia* »Geschichte« <grch. *historia* »Wissen, Kunde«]

His|to|ri|en|ma|le|rei ⟨f.; -, -en; Mal.⟩ Malerei mit Motiven aus der Geschichte, aus Sagen u. a.

His|to|rik ⟨f.; -; unz.⟩ Lehre von der Methode der Geschichtswissenschaft [<lat. *historia* »Geschichte«]

His|to|ri|ker ⟨m.; -s, -⟩ Wissenschaftler, Student auf dem Gebiet der Geschichte [<lat. *historia* »Geschichte«]

His|to|ri|ke|rin ⟨f.; -, -rin|nen⟩ Wissenschaftlerin, Studentin auf dem Gebiet der Geschichte

His|to|rio|graf ⟨m.; -en, -en⟩ = Historiograph

His|to|rio|gra|fie ⟨f.; -; unz.⟩ = Historiographie

His|to|rio|gra|fin ⟨f.; -, -fin|nen⟩ = Historiographin

His|to|rio|graph ⟨m.; -en, -en⟩ Geschichtsschreiber; *oV* Historiograf

His|to|rio|gra|phie ⟨f.; -; unz.⟩ Geschichtsschreibung; *oV* Historiografie [<lat. *historia* »Geschichte« + ...*graphie*]

His|to|rio|gra|phin ⟨f.; -, -phin|nen⟩ Geschichtsschreiberin; *oV* Historiografin

his|to|risch ⟨Adj.⟩ die Geschichte betreffend, von ihr stammend, zu ihr gehörig, geschichtlich; ~*e Dichtung* D., der ein überliefertes Ereignis zugrunde liegt; ~*es Drama*; ~*er Roman*; ~*e Hilfswissenschaften* für die Erforschung der Geschichte wichtige Wissenschaften: Urkundenlehre, Wappen-, Siegel-, Münzkunde, Genealogie; ~*er u. dialektischer Materialismus* de dem kommunist. Weltanschauung zugrunde liegende Lehre, nach der die geschichtliche Entwicklung der Produktivkräfte einer Gesellschaft beruht; ~*e Stätten* Stätte, an denen überlieferte Ereignisse stattgefunden haben; ~*e Landschaften*; ~*e Tat* für die geschichtl. Entwicklung entscheidende Tat [<lat. *historia* »Geschichte«]

his|to|ri|sie|ren ⟨V.⟩ das Geschichtliche einer Sache betonen [zu lat. *historia* »Geschichte«]

His|to|ris|mus ⟨m.; -; unz.⟩ *Sy* Historizismus **1** Denkweise, die die Erscheinung des Lebens nur aus ihren histor. Gegebenheiten u. ihrer histor. Entwicklung zu verstehen u. zu erklären sucht **2** Überbetonung des Geschichtlichen einer Sache [<lat. *historia* »Geschichte«]

His|to|rist ⟨m.; -en, -en⟩ **1** Anhänger, Vertreter des Historismus **2** das Geschichtliche einer Sache überbetonender Wissenschaftler od. Schriftsteller

His|to|ris|tin ⟨f.; -, -tin|nen⟩ weibl. Historist

his|to|ris|tisch ⟨Adj.⟩ **1** den Historismus betreffend, zu ihm gehörig, auf ihm beruhend **2** das Geschichtliche übermäßig betonend

His|to|ri|zis|mus ⟨m.; -; unz.⟩ = Historismus

His|to|ri|zi|tät ⟨f.; -; unz.⟩ Geschichtlichkeit, geschichtliche Beschaffenheit

His|tri|o|ne *auch:* **His|tri|o|ne** ⟨m.; -n, -n⟩ **1** ⟨urspr.⟩ etruskischer pantomimischer Tänzer **2** ⟨danach⟩ altrömischer Schauspieler **3** ⟨MA⟩ Gaukler [<lat. *histrio* »Schauspieler«]

Hit ⟨m.; -s, -s⟩ **1** ⟨Musik⟩ erfolgreiches Musikstück, Schlager **2** ⟨umg.⟩ Erfolg; *die Party war ein ~* **3** ⟨EDV⟩ von einer (Internet-)Suchmaschine angezeigter Treffer zu einem Schlagwort od. Suchbegriff **4** ⟨Snowboarden⟩ Sprunghügel [engl., »Treffer«]

hitch|hi|ken ⟨[hɪtʃhaɪkən] V.⟩ Autos anhalten u. sich unentgeltlich mitnehmen lassen, per Anhalter fahren, trampen [engl.; <*hitch* »sich festhaken« + *hike* »reisen, wandern«]

Hitch|hi|ker ⟨[hɪtʃhaɪkə(r)] m.; -s, -⟩ jmd., der sein Reiseziel durch Mitfahrgelegenheiten per Anhalter erreicht; *Sy* Tramper [engl.]

Hi|tech ⟨[haɪtɛk] f.; -; unz.; Kurzwort für⟩ Hightechnology

Hit|lis|te ⟨f.; -, -n; Musik⟩ (meist in wöchentlichem Turnus veröffentlichte) Liste der 100 erfolgreichsten bzw. meistverkauften Musiktitel

Hit|pa|ra|de ⟨f.; -, -n; Musik⟩ **1** Verzeichnis, Liste der erfolgreichsten (neuen) Hits **2** ⟨Radio; TV⟩ Sendung, in der Hits vorgestellt werden

HIV ⟨[haːiːfaʊ] m. od. n.; - od. -s; unz.; Abk. für engl.⟩ Human Immunodeficiency Virus (menschliches Immunschwächevirus), Erreger der Aidskrankheit [engl.]

HIV-ne|ga|tiv ⟨[haːiːfaʊ] Adj.⟩ nicht mit dem HIV-Erreger infiziert

HIV-po|si|tiv ⟨[haːiːfaʊ] Adj.⟩ mit dem HIV-Erreger infiziert

hl ⟨Abk. für⟩ Hektoliter

h. m. ⟨Abk. für lat.⟩ huius mensis

H. M. S. ⟨Abk. für⟩ His (Her) Majesty's Ship [engl., »Seiner (Ihrer) Majestät Schiff«]

Ho ⟨chem. Zeichen für⟩ Holmium

Hoax ⟨[hoʊks] m.; -, -⟩ **1** Täuschung, Streich **2** ⟨EDV⟩ vorsätzliche Falschmeldung über bösartige E-Mails u. Viren, die Festplatten löschen od. ähnliche Schäden anrichten können [engl.]

Ho|bo|ken|ver|zeich|nis *auch:* **Ho|bo|ken-Ver|zeich|nis** ⟨n.; -(e)s; unz.; Abk.: Hob.⟩ themat. Verzeichnis der Werke Joseph Haydns [nach dem ndrl. Musikwissenschaftler Anthony van *Hoboken*, 1887-1983]

Hob|by ⟨n.; -s, -s⟩ Liebhaberei, Steckenpferd [engl.]

hoc an|no ⟨Abk.: h. a.⟩ in diesem Jahre [lat.]

hoc est ⟨Abk.: h. e.⟩ das ist, das heißt [lat.]

Hoche|pot ⟨[ɔʃpoː] n.; -, -s; Kochk.⟩ pikantes Fleischragout mit Gemüse; *oV* Hotchpotch [<frz. *hocher* »schütteln« + *pot* »Topf«]

Hoch|fre|quenz ⟨f.; -, -en⟩ elektromagnetische Schwingungen oberhalb von etwa 20000 Hertz

Ho|ckey ⟨[hɔkeː] od. engl. [hɔkɪ] n.; -s; unz.⟩ Spiel zwischen zwei Mannschaften zu je elf Spielern, die einen kleinen Ball

hoc loco

mit hakenförmigen Schlägern ins gegner. Tor zu treiben versuchen, Stockball [engl.]
hoc lo|co ⟨Abk.: h. l.; veraltet⟩ an diesem Ort, hier [lat.]
Ho|do|graf ⟨m.; -en, -en⟩ = Hodograph
Ho|do|graph ⟨m.; -en, -en⟩ Kurve, die die Änderung des Betrages u. der Richtung der Geschwindigkeit eines auf einer beliebigen Bahn bewegenden Punktes darstellt; oV Hodograf
Ho|do|me|ter ⟨n.; -s, -⟩ Schrittzähler, Wegmesser [<grch. *hodos* »Weg« + ...*meter*]
Ho|do|skop auch: **Ho|dos|kop** ⟨n.; -s, -e⟩ Anordnung von Detektoren für den Nachweis (der Bahnen) von energiereichen Teilchen [<grch. *hodos* »Weg« + *skopein* »schauen«]
Hod|scha auch: **Hod|scha** ⟨m.; -s, -s⟩ mohammedan. Lehrer, Geistlicher [pers.-türk., »Meister, Herr, Lehrer«]
Ho|ke|tus ⟨m.; -, -ti; Musik⟩ Musizierform des 13. u. 14. Jh., in der die Stimmen abwechselnd von Pausen durchsetzt sind, so dass immer die eine singt, während die andere pausiert; oV Hoquetus [latinisiert <afrz. *hoquet* »Schluckauf«]
Ho|kus|po|kus ⟨m.; -; unz.⟩ **1** Formel bei Zauberkunststücken **2** Taschenspielerei, Zauberkunststück **3** ⟨fig.⟩ Täuschung, Blendwerk **4** Unfug, Spaß [volkstümliche Nachbildung der religiösen Formel bei der Wandlung *hoc est corpus meum* »dies ist mein Leib«]
hol|an|drisch auch: **hol|and|risch** ⟨Adj.; Med.⟩ Vererbung vom Mann auf sämtliche männl. Nachkommen; Ggs hologyn [<grch. *holos* »ganz« + *aner*, Gen. *andros* »Mann«]
Hol|ding ⟨f.; -, -s; Wirtsch.; kurz für⟩ Holdinggesellschaft
Hol|ding|ge|sell|schaft ⟨f.; -, -en; Wirtsch.⟩ Gesellschaft, die sich mit der Verwaltung von Geschäftsanteilen (bes. Aktien) anderer Firmen befasst u. sie dadurch kontrolliert; Sy Holding [<engl. *holding company* <*holding* »Anteile; Aktienbesitz« + *company* »Firma, Gesellschaft«]

Hole ⟨[houl] n.; -s, -s; Sport; Golf⟩ Loch [engl.]
Ho|lis|mus ⟨m.; -; unz.; Philos.⟩ Lehre, die auf der Annahme der Ganzheit sämtlicher Erscheinungen beruht [<engl. *holism*; zu grch. *holos* »ganz, vollständig«]
ho|lis|tisch ⟨Adj.⟩ im Sinne des Holismus, auf ihm beruhend, ihn betreffend, ganzheitlich
Holk ⟨m.; -s, -e od. -en od. f.; -, -e od. -en; im MA⟩ = Hulk (1) [<engl. *hulk*]
Hol|le|rith|ma|schine auch: **Hollerith-Ma|schi|ne** ⟨f.; -, -n⟩ Lochkartenmaschine, eine früher übliche Anlage der Datenverarbeitung, die mit Lochkarten arbeitete, heute kaum noch in Gebrauch [nach dem dt.-amerikan. Erfinder, H. *Hollerith*, 1860-1929]
Hol|ly|wood|schau|kel ⟨[-wud-] f.; -, -n⟩ wie eine Schaukel an einem Gerüst hängende Gartensitzbank [nach *Hollywood*, einem Stadtteil von Los Angeles, dem Hauptsitz der amerikan. Filmindustrie]
Hol|mi|um ⟨n.; -s; unz.; chem. Zeichen: Ho⟩ chem. Element aus der Reihe der Metalle der Seltenen Erden, Ordnungszahl 67 [nach *Stockholm*, der Hauptstadt Schwedens]
Hol|o|caust ⟨a. ['---] m.; -s, -e⟩ Brandopfer, Massenmord durch Verbrennen, bes. die Judenvernichtung während des Nationalsozialismus [<grch. *holos* »ganz« + *kausis* »das Verbrennen«]
Ho|lo|en|zym ⟨n.; -s, -e; Biochemie⟩ vollständiges, aus Apoenzym u. Koenzym bestehendes Enzym [<grch. *holos* »ganz, vollständig« + *Enzym*]
Ho|lo|gra|fie ⟨f.; -, -n⟩ = Holographie
ho|lo|gra|fie|ren ⟨V.⟩ = holographieren
ho|lo|gra|fisch ⟨Adj.⟩ = holographisch
Ho|lo|gramm ⟨n.; -s, -e⟩ Ergebnis der Holographie
Ho|lo|gra|phie ⟨f.; -, -n⟩ oV Holografie **1** ⟨unz.⟩ fotograf. Verfahren zum Erzeugen räumlicher Bilder mittels Laserstrahlen **2** ⟨zählb.⟩ auf diese Weise

erzeugtes Bild [<grch. *holos* »ganz, vollständig« + ...*graphie*]
ho|lo|gra|phie|ren ⟨V.⟩ eigenhändig schreiben; oV holografieren
ho|lo|gra|phisch ⟨Adj.⟩ eigenhändig geschrieben; oV holografisch
ho|lo|gyn ⟨Adj.; Med.⟩ Vererbung von einer Frau auf sämtliche weibl. Nachkommen; Ggs holandrisch [<grch. *holos* »ganz« + *gyne* »Weib«]
ho|lo|krin ⟨Adj.; Med.⟩ ~*e Drüsen* D., deren Zellen sich im abgesonderten Sekret aufgelöst haben; Ggs merokrin [<grch. *holos* »ganz« + *krinein* »scheiden, trennen«]
ho|lo|kris|tal|lin ⟨Adj.⟩ ganz kristallen [<grch. *holos* »ganz« + *Kristall*]
Ho|lo|me|ta|bo|lie ⟨f.; -, -n⟩ vollkommene Verwandlung durch das Auftreten eines Puppenstadiums (bei Insekten) [<grch. *holos* »ganz, völlig« + *Metabolie*]
Ho|lo|pa|ra|sit ⟨m.; -, -en⟩ Vollschmarotzer (bei Pflanzen) [<grch. *holos* »ganz, völlig« + *Parasit*]
ho|lo|phras|tisch ⟨Adj.; Sprachw.⟩ den Inhalt eines Satzes mit einem Wort ausdrückend, z. B. Geh!; ~*er Sprachbau* [<grch. *holos* »ganz« + *phrasis* »Ausdruck«]
ho|lo|sys|to|lisch ⟨Adj.; Med.⟩ während des gesamten Zusammenziehens des Herzmuskels andauernd, z. B. Herzgeräusche [<grch. *holos* »ganz« + *Systole*]
ho|lo|tisch ⟨Adj.⟩ ganz, völlig, vollständig [<grch. *holos* »ganz, völlig«]
ho|lo|zän ⟨Adj.⟩ zum Holozän gehörend; Sy ⟨veraltet⟩ alluvial
Ho|lo|zän ⟨n.; -s; unz.⟩ jüngste Abteilung des Quartärs mit Rückgang der Vereisung, seit 20000 Jahren; Sy ⟨veraltet⟩ Alluvium [<grch. *holos* »ganz« + ...*zän*]
Hom|a|tro|pin auch: **Ho|mat|ro|pin** ⟨n.; -s, -e; Chemie⟩ chem. Verbindung von Mandelsäure u. Tropin, das zur kurzfristigen Pupillenerweiterung verwendet wird [<*Homo*... + *Atropin*]

376

Home|ban|king ⟨[ho͟ʊmbæŋkɪŋ] n.; -s; unz.; EDV⟩ Wirtsch.⟩ Abwicklung von Bankgeschäften über einen Computer von zuhause aus; →*a.* Telebanking [<engl. *home* »Heim«… « + *banking* »Bankwesen«]

Home|base ⟨[ho͟ʊmbeɪs] n.; -, -s [-sɪz]; Sport⟩ die Markierung, die beim Baseballspiel zwischen den beiden Schlägerboxen auf dem Feld angebracht ist; Sy Homeplate [engl., eigtl. »Heimatstützpunkt«]

Home|com|pu|ter *auch:* **Home Com|pu|ter** ⟨[ho͟ʊmkɔmpjuː-] m.; (-) -s, (-) -⟩ kleiner kompakter Computer für den Hausgebrauch, Heimcomputer [<engl. *home* »Wohnung« + *Computer*]

Home|dress ⟨[ho͟ʊmdrɛs] n. od. m.; -, -es [-sɪz]⟩ sportliche, bequeme Kleidung für den Hausgebrauch; Sy Homewear [<engl. *home* »Wohnung« + *dress* »Bekleidung, Kleid«]

Home|figh|ter ⟨[ho͟ʊmfaɪtə(r)] m.; -s, -; Sport; Boxen⟩ derjenige Boxer, der bei einem Boxkampf das Heimrecht bzw. das Privileg der Ortswahl besitzt [engl., »Heimkämpfer«]

Home|land ⟨[ho͟ʊmlænd] n.; -s, -s; meist Pl.⟩ während der Apartheid in der Republik Südafrika) der farbigen Bevölkerung eingeräumtes Siedlungsland mit gewisser Selbstverwaltung [<engl. *home* »Heimat« + *land* »Land«]

Home|page ⟨[ho͟ʊmpeɪdʒ] f.; -, -s [-dʒɪz]; EDV⟩ Startseite im Internet mit Adressen u. Informationen einer Privatperson, Firma, eines Instituts o. Ä.; Sy Page; →*a.* Webseite [<engl. *home* »Heim« + *page* »Seite«]

Home|plate ⟨[ho͟ʊmpleɪt] n.; -s, -s⟩ = Homebase [engl.]

Ho|me|ri|de ⟨m.; -n, -n; im antiken Griechenland⟩ **1** Angehöriger einer Sängerschule der Insel Chios, die Homer als ihr Vorbild ansah **2** jmd., der in der Art Homers dichtete od. seine Gesänge vortrug [nach dem altgrch. Dichter *Homer*, 8. Jh. v. Chr.]

ho|me|risch ⟨Adj.⟩ Homer entsprechend, ihm ähnlich; ~*es*

Gelächter lautes, nicht enden wollendes G. [nach dem Gelächter der Götter an manchen Stellen der Ilias u. Odyssee]

Home|rule ⟨[ho͟ʊmruːl] f.; -; unz.⟩ seit 1877 geforderte u. 1921 erreichte Selbstregierung Irlands innerhalb des brit. Weltreiches [engl., »Selbstregierung«]

Home|run ⟨[ho͟ʊmrʌn] m.; -s, -s; Sport; Baseball⟩ ein Schlag, der so gut gelungen ist, dass der Spieler auch nach Abschlag das Feld vollständig umrunden kann, ehe es der Fängermannschaft gelingt, den Ball wieder zum Abschlag zu befördern [<engl. *home* »Heim« + *run* »Lauf«]

Home|shop|ping ⟨[ho͟ʊmʃɔpɪŋ] n.; -s; unz.; EDV⟩ Einsehen in Warenkataloge u. Abwicklung von Versandgeschäften über das Internet von zu Hause aus; Sy Teleshopping [<engl. *home* »Heim« + *shopping* »Einkaufen«]

Home|sit|ter ⟨[ho͟ʊm-] m.; -s, -⟩ jmd., der während der Abwesenheit des Hauseigentümers dessen Haus bewohnt u. behütet [<engl. *home* »Heim« + *sit* »sitzen«, analog zu *Babysitter* gebildet]

Home|sit|te|rin ⟨[ho͟ʊm-] f.; -, -rin|nen⟩ weibl. Homesitter

Home|spun ⟨[ho͟ʊmspʌn] n.; -s, -s⟩ urspr. in der schott. Heimindustrie hergestelltes, grobes, genopptes Wollgewebe für sportl. Kleidung [engl., »zu Hause gesponnen«]

Home|sto|ry ⟨[ho͟ʊmstɔːri] f.; -, -s⟩ Bericht über das Familienod. Privatleben einer bekannten Persönlichkeit, zu dem auch Fotos der Angehörigen, des Grundbesitzes sowie der Einrichtung usw. gehören [<engl. *home* »Heim« + *Story*]

Home|trai|ner ⟨[ho͟ʊmtreː-] m.; -s, -⟩ Gerät für sportliche Training daheim; Sy Heimtrainer [engl., »Heimtrainer«]

Home|wear ⟨[ho͟ʊmwɛː(r)] f.; -; unz.⟩ bequeme Kleidung, die nur für das Tragen in der eigenen Wohnung bestimmt ist [<engl. *home* »Heim« + *wear* »Kleidung«]

Ho|mi|let ⟨m.; -en, -en⟩ **1** Kenner, Erforscher der Homiletik **2** Kanzelredner, Prediger [<grch. *homilein* »verkehren, sich unterhalten, reden«]

Ho|mi|le|tik ⟨f.; -; unz.⟩ Lehre von der Predigt u. ihrer Geschichte

ho|mi|le|tisch ⟨Adj.⟩ zur Homiletik gehörend, auf ihr beruhend, mit ihrer Hilfe

Ho|mi|li|ar ⟨n.; -s, -ri|en⟩ = Homiliarium

Ho|mi|li|a|ri|um ⟨n.; -s, -ri|en⟩ Predigtsammlung; Sy Homiliar

Ho|mi|lie ⟨f.; -, -n; christl. Rel.⟩ erbaul. Auslegung eines Bibeltextes [<grch. *homilia* »Umgang, Unterredung«]

Ho|mi|ni|de ⟨m.; -n, -n⟩ Angehöriger entweder einer ausgestorbenen Menschenform od. einer heute lebenden Menschenrasse [<lat. *homo*, Gen. *hominis* »Mensch« + …*id*]

ho|mi|ni|sie|ren ⟨V.; Anthrop.⟩ zum Menschen entwickeln, den Prozess der Menschwerdung durchlaufen [zu lat. *homo* »Mensch«]

Ho|mi|nis|mus ⟨m.; -; unz.; Philos.⟩ philos. Lehre, die Erkenntnis u. Wahrheit nur in Bezug auf den Menschen gelten lässt

ho|mi|nis|tisch ⟨Adj.⟩ **1** zum Hominismus gehörend, ihn betreffend **2** nur für den Menschen geltend, auf ihn bezogen

Hom|mage ⟨[-ma͟ːʒ] f.; -, -n; Pl. selten⟩ Huldigung [frz.]

Homme de Let|tres *auch:* **Homme de Let|t|res** ⟨[ɔm də lɛtrə] m.; - - -, -s [ɔm-] - -⟩ **1** Schriftsteller **2** gebildeter Mensch [frz., eigtl. »Mann der Buchstaben, der Literatur«]

Ho|mo[1] ⟨m.; -; Ho|mi|nis, Ho|mi|nes⟩ Mensch; ~ *sapiens* von Linné geschaffene naturkundl. Bezeichnung für die höchstentwickelte Menschenart, den heutigen Menschen [<lat. *homo* »Mensch«, lat. *sapiens* »klug, weise, vernunftbegabt«]

Ho|mo[2] ⟨m.; -s, -s; umg.; kurz für⟩ Homosexueller

ho|mo…, Ho|mo… ⟨in Zus.⟩ gleich…, Gleich… [<grch. *homos* »gemeinsam, gleich«]

ho|mo|dont ⟨Adj.; Biol.⟩ mit gleichartigen Zähnen versehen;

Homoerotik

Ggs heterodont [<*homo...* + grch. *odous*, Gen. *odontos* »Zahn«]

Ho|mo|e|ro|tik ⟨f.; -; unz.⟩ auf das eigene Geschlecht gerichtete Erotik

ho|mo|e|ro|tisch ⟨Adj.⟩ **1** ⟨i. e. S.⟩ = homosexuell **2** ⟨i. w. S.⟩ in der Art der Homoerotik, darauf beruhend

Ho|mo Fa|ber ⟨m.; - -; unz.⟩ der Mensch als ein Wesen, das sich Werkzeuge, technische Hilfsmittel u. Ä. herstellen kann, der Mensch als Urheber der Zivilisation [lat., »der Mensch als Handwerker«]

ho|mo|fon ⟨Adj.⟩ = homophon

Ho|mo|fon ⟨n.; -s, -e⟩ = Homophon

Ho|mo|fo|nie ⟨f.; -; unz.⟩ = Homophonie

ho|mo|fo|nisch ⟨Adj.⟩ = homophonisch

Ho|mo|ga|mie ⟨f.; -; unz.⟩ **1** ⟨Bot.⟩ gleichzeitiges Reifen von Staubblättern u. Narben einer zwittrigen Blütenpflanze, so dass Selbstbestäubung möglich wird; *Ggs* Dichogamie **2** ⟨Soziol.⟩ Bevorzugung einer in Alter, sozialer Stellung, Bildung u. a. möglichst ähnl. Person bei der Partnerwahl; *Ggs* Heterogamie [<*Homo...* + ...*gamie*]

ho|mo|gen ⟨Adj.⟩ gleichartig, -äßig zusammengesetzt, übereinstimmend; *Ggs* heterogen [<*homo...* + ...*gen*¹]

ho|mo|ge|ni|sie|ren ⟨V.⟩ homogen machen, gleichmäßig verteilen

Ho|mo|ge|ni|tät ⟨f.; -; unz.⟩ Gleichartigkeit, gleichmäßige Zusammensetzung; *Ggs* Heterogenität

Ho|mo|go|nie ⟨f.; -; unz.; Philos.⟩ Entstehung aus Gleichartigem; *Ggs* Heterogonie

ho|mo|grad ⟨Adj.; Stat.⟩ auf qualitative Unterschiede bezogen; *Ggs* heterograd [<*homo...* + lat. *gradus* »Schritt«]

Ho|mo|graf ⟨n.; -s, -e; Sprachw.⟩ = Homograph

Ho|mo|graph ⟨n.; -s, -e; Sprachw.⟩ Wort, das wie ein anderes geschrieben wird, aber eine andere Aussprache bzw. Betonung u. Bedeutung hat, z. B. überholen u. überholen; *oV* Homograf

Ho|mo|io|nym ⟨n.; -s, -e; Sprachw.⟩ = Homöonym (2)

Ho|mo|io|te|leu|ton ⟨n.; -s, -leu|ta; Rhet.⟩ = Homöoteleuton

ho|mo|io|therm ⟨Adj.⟩ warmblütig; *~e Tiere* Warmblüter [<grch. *homoios* »gleichartig« + ...*therm*]

ho|mo|log ⟨Adj.⟩ **1** gleichliegend, gleichlaufend; *~e Reihen* ⟨Chemie⟩ organische Verbindungen, die sich in ihrer Formel um ein CH₂ od. ein Vielfaches voneinander unterscheiden **2** übereinstimmend; *~es Chromosom* gleichartiges Paar eines menschlichen Chromosomen **3** entsprechend; *~e Organe* Organe von gleicher entwicklungsgeschichtl. Herkunft, z. B. Arm u. Vogelflügel, Schwimmblase u. Lunge; *~e Rekombination* Einfügen eines Gens od. einer DNA-Sequenz an der passenden Stelle im Chromosom [<*homo...* + ...*log*¹]

Ho|mo|log ⟨n.; -s, -e; Chemie⟩ chemische Verbindung einer nahe verwandten Reihe von Verbindungen, die sich mit einer Reihenformel beschreiben lassen [→ *homolog*]

Ho|mo|lo|gie ⟨f.; -, -n⟩ **1** ⟨Philos.⟩ Übereinstimmung von Vernunft u. Handeln bzw. Leben (im Einklang mit der Natur) **2** ⟨Psych.⟩ Übereinstimmung von Verhaltensweisen

ho|mo|lo|gie|ren ⟨V.; Sport⟩ **1** ⟨Motorsport⟩ ein Rennfahrzeug verbindlich nach Bautyp u. Serienversion einstufen **2** ⟨Skisport⟩ eine Skirennstrecke nach offiziellen Normen anlegen

Ho|mo lu|dens ⟨m.; - -; unz.⟩ der spielende, d. h. schöpferische Mensch [lat., »spielender Mensch«]

ho|mo|morph ⟨Adj.; Math.⟩ einen Homomorphismus aufweisend, erzeugend; *~e Abbildung* [<*homo...* + grch. *morphe* »Gestalt«]

Ho|mo|mor|phis|mus ⟨m.; -; unz.; Math.⟩ ein mathemat. Abbildungsverfahren für algebraische Strukturen [<*Homo...* + grch. *morphe* »Form, Gestalt«]

ho|mo|nom ⟨Adj.⟩ gleichwertig, gleichartig (z. B. von den einzelnen Gliedern der Gliedertiere); *Ggs* heteronom (2) [<*homo...* + ...*nom*¹]

Ho|mo|no|mie ⟨f.; -; unz.⟩ Gleichwertigkeit, Gleichartigkeit; *Ggs* Heteronomie (2)

hom|o|nym *auch:* **ho|mo|nym** ⟨Adj.; Sprachw.⟩ gleichlautend, aber von verschiedener Bedeutung, mehrdeutig, doppelsinnig; *oV* ⟨veraltet⟩ homonymisch

Hom|o|nym *auch:* **Ho|mo|nym** ⟨n.; -s, -e; Sprachw.⟩ Wort, das mit einem anderen gleichlautet, aber eine andere Herkunft u. Bedeutung hat, z. B. das Steuer, die Steuer [<*homo...* + grch. *onyma* »Name«]

Hom|o|ny|mie *auch:* **Ho|mo|ny|mie** ⟨f.; -; unz.; Sprachw.⟩ lautliche Übereinstimmung inhaltlich verschiedener Wörter, z. B. Saite - Seite [<*Homo...* + grch. *onyma* »Name«]

hom|o|ny|misch *auch:* **ho|mo|ny|misch** ⟨Adj.; Sprachw.; veraltet⟩ = homonym

ho|möo..., **Ho|möo...** ⟨in Zus.⟩ gleich..., gleichartig [<grch. *homoios* »gleich«]

Ho|möo|nym ⟨n.; -s, -e; Sprachw.⟩ **1** ähnlich lautende Wörter od. Namen, z. B. Schmied-Schmidt **2** bedeutungsgleiches Wort, das nicht derselben Stilebene angehört, z. B. Geld-Zaster; *oV* Homoionym; *Sy* partielles Synonym [<*Homöo...* + grch. *onyma* »Name«]

Ho|möo|path ⟨m.; -en, -en; Med.⟩ jmd., der die Homöopathie anwendet; *Ggs* Allopath

Ho|möo|pa|thie ⟨f.; -; unz.; Med.⟩ Heilverfahren, bei dem der Kranke mit kleinsten Dosen von Mitteln behandelt wird, die beim Gesunden die gleichen Krankheitserscheinungen hervorrufen würden, nach dem Grundsatz: Ähnliches durch Ähnliches heilen; *Ggs* Allopathie [<grch. *homoios* »gleich« + ...*pathie*]

Ho|möo|pa|thin ⟨f.; -, -thin|nen; Med.⟩ weibl. Person, die die Homöopathie anwendet

ho|möo|pa|thisch ⟨Adj.⟩ auf Homöopathie beruhend, mit ihrer Hilfe, sie anwendend; *Ggs* allo-

pathisch; ~*er Arzt; jmdn.* ~ *behandeln*
Ho|mö|o|plas|tik ⟨f.; -, -en; Med.⟩ chirurg. Ersatz von Körpergewebe durch arteigenes Gewebe; *oV* Homoplastik; *Sy* Homotransplantation; *Ggs* Alloplastik (2), Heteroplastik [<*Homo…* + *Plastik*]
Ho|mö|o|se ⟨f.; -, -n; Biol.⟩ Entwicklungsweg eines bestimmten Organs [zu grch. *homoios* »gleich«]
Ho|mö|o|sta|se *auch:* **Ho|mö|os|ta|se** ⟨f.; -; unz.; Med.⟩ Aufrechterhaltung des sog. inneren Milieus des Körpers mithilfe des Kreislaufs, der Körpertemperatur, des pH-Wertes, des Wasser-, Elektrolyt- u. Hormonhaushaltes [<*Homöo…* + *…stase*]
Ho|mö|o|te|leu|ton ⟨n.; -s, -leu|ta; Rhet.⟩ Stilfigur mit Wiederkehr gleich lautender Endungen bei aufeinander folgenden Wörtern, Satzteilen od. Sätzen, z. B. Morgenrot bringt frühen Tod; *oV* Homoioteleuton [grch., »gleich endend«]
ho|mö|o|therm ⟨Adj.⟩ warmblütig, gleichbleibend warm (von Säugetieren u. Vögeln) [<grch. *homoios* »gleich« + …*therm*]
ho|mö|o|tisch ⟨Adj.; Biol.⟩ ~*es Gen* übergeordnetes Gen, das die Differenzierung von Zellen u. Geweben während der (embryonalen) Entwicklung steuert, indem Gengruppen aktiviert od. gehemmt werden
ho|mo|phag ⟨Adj.⟩ nur pflanzl. od. nur tier. Nahrung aufnehmend, auf nur einem Wirtsorganismus schmarotzend; *Ggs* heterophag [<*homo…* + grch. *phagein* »fressen«]
ho|mo|phil ⟨Adj.⟩ = homosexuell [<*homo…* + …*phil*]
Ho|mo|phi|lie ⟨f.; -; unz.⟩ = Homosexualität [<*Homo…* + …*philie*]
ho|mo|phob ⟨Adj.⟩ eine starke, krankhafte Abneigung gegen Homosexualität habend [<*homo…* + …*phob*]
Ho|mo|pho|bie ⟨f.; -, -n⟩ Verhalten, das durch eine starke Abneigung gegen Homosexualität gekennzeichnet ist [<*Homo…* + *Phobie*]

ho|mo|phon ⟨Adj.; Musik⟩ in der Art der Homophonie; *oV* homofon; *Sy* homophonisch; *Ggs* polyphon [<*homo…* + …*phon¹*]
Ho|mo|phon ⟨n.; -s, -e; Sprachw.⟩ Wort, das mit einem anderen gleich lautet, aber eine andere Schreibung u. Bedeutung hat, z. B. Leere - Lehre; *oV* Homofon
Ho|mo|pho|nie ⟨f.; -; unz.; Musik⟩ Kompositionsart, bei der alle Stimmen hinter der führenden Melodiestimme zurücktreten u. sie nur harmonisch begleiten; *oV* Homofonie; *Sy* Monodie (3); *Ggs* Polyphonie [<*Homo…* + …*phonie*]
ho|mo|pho|nisch ⟨Adj.; Musik⟩ = homophon; *oV* homofonisch
Ho|mo|plas|tik ⟨f.; -, -en; Med.⟩ = Homöoplastik
Ho|mo|seis|te ⟨f.; -, -n; meist Pl.; Geogr.; Kartogr.⟩ Linie, die Orte gleichzeitiger Erdbebenwirkung verzeichnet [<*Homo…* + grch. *seistos* »erschüttert«]
ho|mo|sem ⟨Adj.; Sprachw.⟩ synonym
Ho|mo|se|xu|a|li|tät ⟨f.; -; unz.⟩ geschlechtl. Liebe zwischen Angehörigen des gleichen Geschlechts; *Sy* Homophilie, Inversion (5); *Ggs* Heterosexualität; →*a.* Homoerotik, Bisexualität (2)
ho|mo|se|xu|ell ⟨Adj.⟩ zum gleichen Geschlecht hinneigend; *Sy* homoerotisch (1), homophil, invertiert; *Ggs* heterosexuell; →*a.* bisexuell (2)
Ho|mo|se|xu|el|le(r) ⟨f. 2 (m. 1)⟩ jmd., der homosexuell veranlagt ist
Ho|mo|sphä|re *auch:* **Ho|mos|phä|re** ⟨f.; -; unz.⟩ unterer Teil der Atmosphäre, in dem die verschiedenen Gasanteile der Luft gleichmäßig gemischt sind; *Ggs* Heterosphäre [<*Homo…* + *Sphäre*]
Ho|mo|trans|plan|ta|ti|on ⟨f.; -, -en; Med.⟩ = Homöoplastik
ho|mo|zen|trisch *auch:* **ho|mo|zent|risch** ⟨Adj.⟩ einen gemeinsamen Mittelpunkt habend
ho|mo|zy|got ⟨Adj.; Biol.⟩ reinerbig, mit gleichartigen Erbanlagen, gleicherbig; *Ggs* hete-

rozygot [<*homo…* + grch. *zygoun* »verbinden«]
Ho|mo|zy|go|tie ⟨f.; -; unz.; Biol.⟩ Reinerbigkeit, Gleichartigkeit von Erbfaktoren; *Ggs* Heterozygotie [<*Homo…* + *Zygote*]
Ho|mun|ku|lus ⟨m.; -, -ku|li⟩ **1** kleiner Mensch, Menschlein **2** ⟨in Goethes »Faust«⟩ künstlich erzeugter Mensch [<lat. *homunculus;* Verkleinerungsform zu lat. *homo* »Mensch«]
Ho|nan|sei|de ⟨f.; -, -n; Textilw.⟩ handgewebte chines. Seide in Taftbindung [nach den chines. Provinz *Honan*]
ho|nen ⟨V.⟩ feinschleifen [<engl. *hone* »mit einem Schleifstein schärfen«]
Ho|ney|moon ⟨[hʌnimu:n] m.; -s, -s⟩ Flitterwochen [<engl. *honey* »Honig« + *moon* »Mond«]
Ho|ni soit qui mal y pense ⟨[ɔni soa ki mal i pã:s]⟩ Ehrlos sei, wer Schlechtes dabei denkt (Inschrift des engl. Hosenbandordens, nach dem angebl. Ausruf König Eduards III. von England, als er das Strumpfband, das der Gräfin Salisbury entfallen war, aufnahm u. dabei versehentlich ihr Kleid etwas hob) [frz.]
Hon|neurs ⟨[ɔnø:rs] nur Pl.⟩ Ehrenbezeigung; *die* ~ *machen* Gäste willkommen heißen, empfangen u. vorstellen [frz., »Ehrenerweisung«, Pl. zu *honneur* »Ehre«]
ho|no|ra|bel ⟨Adj.; veraltet⟩ ehrbar, ehrenvoll [<frz. *honorable*]
Ho|no|rant ⟨m.; -en, -en⟩ jmd., der an Stelle des Bezogenen einen Wechsel annimmt u. honoriert; →*a.* Honorat [<lat. *honorans,* Part. Präs. zu *honorare* »ehren«]
Ho|no|rar ⟨n.; -s, -e⟩ Vergütung von Leistungen freier Berufe; *Autoren~; Stunden~* [<lat. *honorarium* »Ehrengabe, Belohnung«; zu *honor* »Ehre«]
Ho|no|rar|pro|fes|sor ⟨m.; -s, -en⟩ Professor honorarius, nebenamtl. Professor, Hochschullehrer, der aufgrund besonderer wissenschaftl. Leistungen einen Lehrauftrag bekommen hat [zu lat. *honorarius* »ehrenhalber geschehen, gegeben, erwählt«; zu lat. *honor* »Ehre«]

Honorat

Ho|no|rat ⟨m.; -en, -en⟩ jmd., für den ein anderer einen Wechsel zahlt (honoriert); →a. Honorant [<lat. *honoratus*, Part. Perf. zu *honorare* »ehren«]

Ho|no|ra|ti|o|ren ⟨nur Pl.⟩ die angesehensten Einwohner einer (kleinen) Stadt [<*honoratiores*, Komparativ zu lat. *honoratus*, Part. Perf. zu *honorare* »ehren«]

ho|no|rie|ren ⟨V.⟩ **1** dankbar anerkennen **2** bezahlen, vergüten (bes. freiberufl. Arbeit) **3** einlösen; *Wechsel ~* [<lat. *honorare* »ehren, belohnen, beschenken«]

ho|no|rig ⟨Adj.⟩ ehrenhaft, anständig, freigebig [<lat. *honor* »Ehre«]

ho|no|ris cau|sa ⟨Abk.: h. c.⟩ ehrenhalber; *Dr. phil. h. c.* [lat.]

Ho|no|ra|tät ⟨f.; -, -en⟩ **1** ⟨unz.⟩ Ehrenhaftigkeit, Anständigkeit **2** ⟨zählb.⟩ ehrenhafte, angesehene Person [<lat. *honor* »Ehre«]

Hon|véd ⟨[-ve:d] m.; -s, -s⟩ **1** ungarischer (freiwilliger) Landwehrsoldat **2** die 1848 von Kossuth gegen Österreich aufgestellte ungar. Nationalarmee **3** ⟨seit 1868⟩ ungarische Landwehr **4** ⟨seit 1918⟩ das ungar. Heer [ungar., »Vaterlandsverteidiger«]

---

hooked (*Worttrennung am Zeilenende*) Die Trennbarkeit von Fremdwörtern richtet sich in der Regel nach ihrer muttersprachlichen Aussprache. Da das Wort »hooked« [hukt] einsilbig ausgesprochen wird, ist es nicht trennbar.

---

hooked ⟨[hukt] Adj.; Drogenszene⟩ drogenabhängig [engl., »eingehakt«]

hoo|ken ⟨[hukən] V.⟩ Sport; Golf⟩ einen Hookspin spielen [→ *Hookspin*]

Hoo|ker ⟨[hukə(r)] m.; -s, -; Sport⟩ **1** ⟨Golf⟩ Golfspieler, der den Hookspin besonders gut beherrscht **2** ⟨Rugby⟩ Stürmer, der beim Anstoß in der vorderen Reihe steht u. den Angriff abblockt [<engl. *hook* »Haken«]

Hook|line ⟨[huklain] f.; -, -s; Musik⟩ Textzeile, die häufig im Refrain od. Chorus eines Musikstücks wiederholt wird; *eine eingängige ~* [<engl. *hook* »Haken; gefälliger Refrain« (der sich beim Hörer einhaken soll) + *line* »Linie«]

Hook|shot ⟨[hukʃɔt] m.; -s, -s; Sport; Basketball⟩ Sprungwurf, bei dem der Werfer den Ball mit dem ausgestreckten Arm seitlich an den Korb heranführt u. aus dem Handgelenk in den Ring wirft, Hakenwurf [<engl. *hook* »Haken« + *shot* »Schuss, Wurf«]

Hook|spin ⟨[huk-] m.; -s, -s; Sport; Golf⟩ mit Seitwärtsdrall geschlagener Ball [<engl. *hook* »Haken« + *spin* »Drehung«]

Hoo|li|gan ⟨[hu:ligən] m.; -s, -s⟩ **1** Halbstarker, Rowdy, vor Gewalt nicht zurückschreckender Mensch, bes. bei öffentl. Großveranstaltungen wie Fußballspielen u. Popkonzerten auftretend **2** jmd., der sich rücksichtslos über die Rechte u. Interessen anderer Personen hinwegsetzt [engl., vielleicht nach dem irischen Familiennamen *Hooligan*]

Hop ⟨m.; -s, -s; Sport; Leichtathletik⟩ der erste der drei Sprünge beim Dreisprung; →a. Jump (2), Stepp [<engl. *hop* »Hopser, Hüpfer«]

Hop|lit *auch:* **Hop|lit** ⟨m.; -en, -en⟩ altgrch. schwer bewaffneter Fußsoldat [<grch. *hoplites* »schwer bewaffneter Fußkämpfer im alten grch. Heer«; zu grch. *hopla* »Waffen«]

Ho|que|tus ⟨m.; -, -que|ti; Musik⟩ = Hoketus

ho|ra ⟨Zeichen:^{h}⟩ Stunde (bei Zeitangaben); 6^h 6 Uhr [<lat. <grch. *hora*; → *Hora*]

Ho|ra¹ ⟨f.; -, Ho|ren; meist Pl.⟩ **1** Zeit des kath. Stundengebetes **2** dieses selbst mit Hymnus, Psalmen u. Lesung [lat., »Stunde« <grch. »natürlicher Zeitabschnitt, Jahreszeit«]

Ho|ra² ⟨f.; -, Ho|ren⟩ = Hore (1)

Ho|ra|ri|um ⟨n.; -s, -ri|en⟩ = Stundenbuch [lat., »Uhr«; zu *hora* »Stunde«]

Hor|de|o|lum ⟨n.; -s, -o|len; Med.⟩ Gerstenkorn, Abszess der Liddrüsen [Verkleinerungsform zu lat. *hordeum* »Gerste«]

Ho|re ⟨f.; -, -n⟩ **1** ⟨grch. Myth.⟩ eine der (zwei, drei od. vier) Göttinnen der Jahreszeiten; *oV* Hora² **2** bei Hesiod eine der Göttinnen der Gesetzmäßigkeit, des Friedens **3** ⟨Pl.⟩ *~n* Titel einer 1795-97 von Schiller herausgegebenen literar. Zeitschrift [<grch. *hora* »natürlicher Zeitabschnitt, Jahreszeit«]

Ho|ri|zont ⟨m.; -(e)s, -e⟩ **1** waagerechte (scheinbare) Trennungslinie zwischen Himmel u. Erde, Gesichtskreis **2** Umfang der geistigen Interessen u. der Bildung; *geistiger ~*; *beschränkter ~*; *das geht über seinen ~* **3** ⟨Geol.; Archäol.⟩ waagerechte Fläche od. Schicht in der Erde mit bes. Merkmalen [<grch. *horizon kyklos* »begrenzender Kreis« <*horizein* »begrenzen« + *kyklos* »Kreis«]

ho|ri|zon|tal ⟨Adj.⟩ wie der Horizont (1) verlaufend, waagerecht; *Ggs* vertikal; *~es Gewerbe* ⟨umg.⟩ Prostitution

Ho|ri|zon|ta|le ⟨f. 2⟩ Waagerechte, waagerechte Linie, waagerechte Lage; *Ggs* Vertikale

Ho|ri|zon|tal|in|ten|si|tät ⟨f.; -; unz.⟩ Komponente des erdmagnet. Feldes, die horizontal zur Erdoberfläche wirkt; *Ggs* Vertikalintensität

Hor|mon ⟨n.; -s, -e; Biochemie⟩ vom Körper gebildeter Wirkstoff, der eine bestimmte Körperfunktion reguliert; →a. Inkret [<grch. *horman* »in Bewegung setzen, antreiben, anregen«; zu *horme* »Anlauf, Angriff, Antrieb«]

hor|mo|nal ⟨Adj.⟩ mit Hilfe der Hormone, auf ihnen beruhend

Hor|mon|prä|pa|rat ⟨n.; -(e)s, -e; Pharm.⟩ künstlich gewonnenes Hormon, das als Arzneimittel verwendet wird

Hor|mon|the|ra|pie ⟨f.; -, -n; Med.; Pharm.⟩ med. Behandlung mit Hormonpräparaten

Horn|back ⟨[hɔ:(r)nbæk] n. od. m.; -s, -s⟩ Hornhautrücken des Krokodils, der durch Feinschliff so bearbeitet wird, dass die Maserung besonders deutlich hervortritt [engl.]

Horn|pipe ⟨[hɔ:(r)npaip] f.; -, -s⟩ **1** volkstüml. Blasinstrument

Hostie

mit einfachem Rohrblatt u. einem Schallkörper aus Tierhorn, das auch als Melodiepfeife beim Dudelsack verwendet wird 2 engl. Volkstanz des 18. Jh. im $^3/_2$- od. $^4/_4$-Takt [engl., »Hornpfeife«]

Ho|rolog ⟨n.; -s, -e⟩ = Horologium

Ho|ro|lo|gi|um ⟨n.; -s, -gi|en⟩ Stundenanzeiger, Uhr; *oV* Horolog [<lat. *horologium* »Sonnen-, Wasseruhr« <grch. *horologion + legein* »lesen«]

Hor|op|ter auch: **Ho|rop|ter** ⟨m.; -s, -; Med.⟩ Linie des Gesichtsfeldes, auf der diejenigen Punkte liegen, die sich auf den sehrichtungsgleichen Stellen der Netzhaut abbilden u. daher mit beiden Augen nur einfach gesehen werden, Sehgrenze [<grch. *horos* »Grenze« + *opter* »Späher«]

Ho|ro|skop auch: **Ho|ros|kop** ⟨n.; -s, -e⟩ Aufzeichnung der Gestirnkonstellation als Grundlage zur Charakter- u. Schicksalsdeutung; *jmdm. das ~ stellen* [<*Hora* + *...skop*]

ho|ro|sko|pie|ren auch: **ho|ros|ko|pie|ren** ⟨V.⟩ ein Horoskop erstellen

ho|ro|sko|pisch auch: **ho|ros|ko|pisch** ⟨Adj.⟩ zum Horoskop gehörend, auf ihm beruhend

hor|rend ⟨Adj.⟩ 1 schrecklich; *ein ~es Erlebnis* 2 übermäßig, ungeheuer; *ein ~er Preis* [<lat. *horrendus* »schauderhaft«]

hor|ri|bel ⟨Adj.; geh.⟩ schrecklich, entsetzlich, grauenvoll, schauderhaft [<frz. *horrible* <lat. *horribilis*]

hor|ri|bi|le dic|tu schrecklich zu sagen (als Einfügung in der direkten Rede) [lat.]

Hor|ror ⟨m.; -s; unz.⟩ Grausen, Schauder, Abscheu [lat.]

Hor|ror|film ⟨m.; -(e)s, -e⟩ Film mit grausamen od. gruseligen Bildern

Hor|ror|trip ⟨m.; -s, -s⟩ mit Angst- u. Schreckensgefühlen verbundener Drogenrausch; *Sy* Badtrip [engl.]

Hor|ror Va|cui ⟨[vaː-] m.; - -; unz.⟩ (nach einer alten Vorstellung) Abscheu der Natur vor luftleeren Räumen [lat.]

hors con|cours ⟨[ɔr kɔ̃kuːr]⟩ außer Wettbewerb; *ein Pferd läuft beim Rennen ~* [frz.]

Hors|d'œu|vre auch: **Hors d'œuvre** ⟨[ɔrdœːvr(ə)] n.; -s, -s⟩ Vorspeise, Appetit anregendes Nebengericht [frz.]

Horse ⟨[hɔːs] n.; -; unz.; umg.⟩ Heroin [engl., eigtl. »Pferd« (verhüllend)]

Hor|ten|sie ⟨[-sjə] f.; -, -n; Bot.⟩ einer Gattung der Steinbrechgewächse angehörender Strauch mit kugeligen Blütenständen in vielen Farben: Hortensie hortensia [vom frz. Botaniker Ph. Commerson benannt nach *Hortense*, der Frau des Uhrmachers Le Paute (beide begleiteten Commerson, als er die Pflanze entdeckte)]

Hor|ti|kul|tur ⟨f.; -; unz.; Bot.⟩ Gartenbau [<lat. *hortus* »Garten« + *Kultur*]

ho|si|an|na! Freudenruf, Begrüßungsruf urspr. beim Einzug Jesu in Jerusalem! [<hebr. *hosia* »hilf« + Bittpartikel *na* »Hilf doch!« aus Psalm 118,25]

Hos|pi|tal ⟨n.; -s, -e od. -täl|er⟩ 1 ⟨allg.⟩ Krankenhaus 2 ⟨i. e. S.⟩ Anstalt zur längeren od. dauernden Aufnahme chronisch Kranker [<mhd. *hospital(e)* <ahd. *hospitalhus* <mlat. *hospitale* »Armen-, Krankenhaus«; zu lat. *hospes* »Gast«]

hos|pi|ta|li|sie|ren ⟨V.⟩ in ein Krankenhaus od. eine Pflegeanstalt einweisen; *einen Pflegebedürftigen ~*

Hos|pi|ta|li|sie|rung ⟨f.; -, -en⟩ das Hospitalisieren, das Hospitalisiertwerden

Hos|pi|ta|lis|mus ⟨m.; -; unz.; Sammelbez. für⟩ körperl., geistige u. seel. Schäden infolge lang dauernden Aufenthalts im Krankenhaus od. (bei Kindern) im Heim

Hos|pi|tant ⟨m.; -en, -en⟩ Gasthörer, -schüler [→ *hospitieren*]

Hos|pi|tan|tin ⟨f.; -, -tin|nen⟩ Gasthörerin, Gastschülerin

Hos|pi|tanz ⟨f.; -, -en⟩ vorübergehende Teilnahme, Anwesenheit als Gast (z. B. in einem Praktikum, in der Schule, in der Universität, in einer Fraktionssitzung u. Ä.) [→ *Hospitant*]

Hos|pi|ta|ti|on ⟨f.; -, -en⟩ das Hospitieren

hos|pi|tie|ren ⟨V.⟩ 1 als Gast teilnehmen; *am Unterricht ~* 2 als Gast Vorlesungen hören [<lat. *hospitari* »zu Gast sein«]

Hos|piz ⟨n.; -es, -e⟩ 1 von Mönchen errichtetes Übernachtungsheim 2 Sterbeklinik [<lat. *hospitium* »Gastfreundschaft, Bewirtung«; zu *hospes* »Gast«]

Hos|po|dar ⟨m.; -s od. -en, -e od. -en⟩ slawischer Fürstentitel in der Moldau u. Walachei; *oV* Gospodar [<slaw. *gospodarj* »Herr«]

Host ⟨[houst] m.; -s, -s⟩ 1 ⟨kurz für⟩ Hostcomputer 2 Adresse im Internet [engl., eigtl. »Gastgeber«]

Host|com|pu|ter auch: **Host Computer** ⟨[houstkɔmpjuː-] m.; (-) -s, (-) -⟩ ⟨kurz: Host; EDV⟩ EDV-Anlage, die eingesetzt wird, um im Rahmen von Rechnernetzen für andere Systeme Programme zu entwickeln od. auszuführen, Hauptrechner [<engl. *host* »Gastgeber« + *Computer*]

Hos|tel ⟨n.; -s, -s⟩ 1 Jugendherberge 2 einfaches Hotel, das preisgünstige Übernachtungsmöglichkeite anbietet; *ein ~ für Rucksacktouristen* [engl., <afrz. *(h)ostel*, <mlat. *hospitale* »Gasthaus; Krankenhaus«]

Hos|tess ⟨a. [-'-] f.; -, -tes|sen⟩ 1 Betreuerin, Begleiterin, Führerin in Ausstellungen 2 weibl. Person, die Auskünfte erteilt 3 ⟨verhüllend⟩ Bardame, Prostituierte [engl., »Wirtin, Gastgeberin« <afrz. *(h)ostesse* (nfrz. *hôtesse*), Fem. zu *(h)oste* (nfrz. *hôte*) »Gastgeber« <lat. *hospes* »Gastfreund«]

Hostess (*Laut-Buchstaben-Zuordnung*) Die im Deutschen übliche Kennzeichnung eines kurzen Vokals durch Verdoppelung des Folgekonsonanten wird auch auf Fremdwörter angewendet.
Nach kurzem Vokal wird daher auch bei Fremdwörtern der Buchstabe »ß« künftig durch die Schreibung »ss« ersetzt (→*a.* Dress; Fitness).

Hos|tie ⟨[-tjə] f.; -, -n⟩ das beim Abendmahl in Form einer klei-

hostil

nen Oblate gereichte ungesäuerte Brot [<lat. *hostia* »Opfertier«]
hos|til ⟨Adj.⟩ feindlich, feindselig [<lat. *hostilis* »feindlich«; zu *hostis* »Fremder, Feind«]
Hos|ti|li|tät ⟨f.; -; unz.⟩ Feindseligkeit
Hot ⟨m.; -s, -s; Musik⟩ leidenschaftlich bewegte Improvisation u. Synkopierung einer Jazzmelodie [engl., »heiß«]
Hotch|potch ⟨[hɔtʃpɔtʃ] n.; -, -es; Kochk.⟩ = Hochepot [engl., »Durcheinander, Mischmasch«]
Hot|dog *auch:* **Hot Dog** ⟨n. od. m.; (-) -s, (-) -s⟩ heißes Würstchen (mit Ketschup) in einem längs aufgeschnittenen Brötchen [engl., »heißer Hund«]
Ho|tel ⟨n.; -s, -s⟩ Betrieb für Unterkunft u. Verpflegung für gehobene Ansprüche; ~ *garni* Betrieb, der nur Unterkunft u. Frühstück gewährt [< frz. *hôtel* »großes, herrschaftl. Wohnhaus, vornehmes Gasthaus«; frz. *garni* »(gut) ausgestattet«]
Ho|te|lier ⟨[-lie̯ː] m.; -s, -s⟩ Besitzer, Pächter od. Leiter eines Hotels [<frz. *hôtelier* »Hotelbesitzer«]
Ho|tel|le|rie ⟨f.; -; unz.; schweiz.⟩ Gaststätten-, Hotelgewerbe [frz., »Gasthaus, Gasthof«]
Hot|jazz *auch:* **Hot Jazz** ⟨[-dʒæz] m.; (-) -; unz.⟩ scharf akzentuierender Jazzstil zwischen 1920 u. 1930 [engl., »heißer Jazz«]
Hot|key *auch:* **Hot Key** ⟨[-kiː] m.; (-) -s, (-) -s; EDV⟩ mittels einer Taste od. Tastenkombination ausgeführter Befehl, der ein anderes Programm (das sich im Schlafmodus befindet) aktiviert [<engl. *hot* »heiß« + *key* »Schlüssel«]
Hot|line ⟨[-lain] f.; -, -s; bes. TV⟩ schnelle, direkte Telefonverbindung, heißer Draht; ~ *zu einer Livesendung*; →*a.* Infoline [engl.]
Hot|pants *auch:* **Hot Pants** ⟨[-pænts] Pl.; bes. Anfang der 70er Jahre⟩ sehr kurze Shorts für Damen [engl., »heiße Höschen«]
Hot|spot *auch:* **Hot Spot** ⟨m.; (-) -s, (-) -s⟩ **1** ⟨Geol.⟩ Aufschmelzungspunkt im inneren Aufbau der Erde, an der Erdoberfläche am Vulkanismus zu erkennen **2** ⟨allg.⟩ Schlagwort für wichtige od. interessante Orte od. Sachverhalte [engl., »heißer Punkt«]
hot|ten ⟨V.⟩ Hot tanzen
Hour|di ⟨[urdiː] m.; -, -s [urdiː]⟩ lange, hohle Platte aus gebranntem Ton zur Herstellung von ebenen Steindecken [frz., »Mauerwerk od. Fachwerkausfüllung aus unbearbeiteten Bruchsteinen«]
House ⟨[haus] m.; -; unz.; kurz für⟩ Housemusic
House|mu|sic *auch:* **House Mu|sic** ⟨[hausmjuːzɪk] f.; (-) -; unz.; Musik⟩ Musikstil seit Mitte der 80er Jahre aus Chicago u. Detroit, der Funk- u. Souleelemente mit harten Rhythmen verbindet; →*a.* Techno [<engl. *house* »Haus« + *music* »Musik«]
House of Com|mons ⟨[haus ɔf kɔmɔns] n.; - - -; unz.⟩ Unterhaus, zweite Kammer des brit. Parlaments
House of Lords ⟨[haus ɔf -] n.; - - -; unz.⟩ Oberhaus, erste Kammer des brit. Parlaments
Housse ⟨[us] f.; -, -n⟩ = Husse [frz., »Decke, Überzug, Schoner«]
Ho|ver|craft ⟨[hɔvə(r)kraːft] n.; - od. -s, -s⟩ Wasserfahrzeug, das etwa 20 cm über dem Boden od. dem Wasser auf einem Luftkissen gleitet [engl., »Schwebefahrzeug«]
h. p. ⟨Abk. für⟩ horse-power, eine in angelsächs. Ländern übliche Einheit der Leistung, 1h. p. = 1,013 PS = 745,7 Watt
HPLC ⟨Abk. für⟩ Hochdruckflüssigkeitschromatographie [verkürzt <engl. *h*igh *p*ressure *l*iquid *c*hromatography]
hst ⟨Abk. für⟩ Hektoster
HTML ⟨EDV; Abk. für engl.⟩ Hypertext Markup Language (Hypertext-Markierungssprache), eine Programmiersprache, die insbes. zur einheitlichen Gestaltung von Webseiten im Internet verwendet wird
HTTP ⟨EDV; Abk. für engl.⟩ Hypertext Transfer Protocol (Hypertext-Übertragungsprotokoll), Kommunikationsprotokoll zur Übertragung von HTML-Dokumenten im Internet, das die entsprechenden Internetadressen mit »http://www.« einleitet
Hub ⟨[hʌb] m.; -s, -s; Flugw.⟩ zentraler internationaler Flughafen (als Knotenpunkt mehrerer Flughäfen) [engl., »(Rad-)Nabe, Zentrum«]
Hu|er|ta ⟨f.; -, -s; in Spanien⟩ durch ein Kanal- od. Grabensystem bewässertes, intensiv genutztes Gemüse- u. Obstanbauland [span.]
Hu|ge|not|te ⟨m.; -n, -n⟩ Protestant im alten Frankreich (seit 1560), von Ludwig XIV. 1685 verboten u. vertrieben [<frz. *Huguenot* <schweiz. *Ignot, Eignot* »Eidgenosse«]
Hughes|te|le|graf *auch:* **Hughes-Te|le|graf** ⟨[hjuːz-] m.; -en, -en⟩ Fernschreiber zur Telegrammübermittlung, wobei die Sendezeichen über Typendrucker in Lochschrift umgewandelt werden [nach dem engl. Erfinder David Edward *Hughes*, 1831-1900]
hu|ius an|ni ⟨Abk.: h. a.⟩ dieses Jahres [lat.]
hu|ius men|sis ⟨Abk.: h. m.⟩ dieses Monats [lat.]
Hu|ka ⟨f.; -, -s⟩ indische Wasserpfeife [<arab. *hukkah* »Schale, Gefäß«]
Huk|boot ⟨n.; -(e)s, -e⟩ = Huker
Hu|ker ⟨m.; -s, -⟩ Fahrzeug der Hochseefischerei mit umlegbarem Mast; *Sy* Hukboot [<engl. *hooker* »kleines Fischerboot«]
Hul|a-Hoop ⟨[hulɔhuːp] m.; -s, -s⟩ = Hula-Hopp
Hu|la-Hopp ⟨m.; -s, -s⟩ schmaler, leichter Plastikreifen, den man um die Hüften kreisen lässt; *oV* Hula-Hoop [<hawaiisch *hula* »Kulttanz« + engl. *hoop* »Reifen«]
Hulk ⟨engl. [hʌlk] m.; -s, -s⟩ **1** (im MA) dreimastiges Segelschiff; *oV* Holk **2** abgetakelter (Schiffs-)Rumpf, baufälliges Haus **3** grobschlächtiger, großer Kerl [engl.]
hu|man ⟨Adj.⟩ menschlich, menschenfreundlich, menschenwürdig; *Ggs* inhuman [<lat. *humanus* »menschlich«; zu *homo* »Mensch«]

Humor

Hu|man|bi|o|lo|gie ⟨f.; -; unz.⟩ Lehre von der Entstehung u. der Lebensweise des Menschen
hu|man|bi|o|lo|gisch ⟨Adj.⟩ zur Humanbiologie gehörend, sie betreffend
Hu|man|en|gi|nee|ring *auch:* **Human Engineering** ⟨[ˈjuːmənɛndʒɪniːrɪŋ] n.; (-) -; unz.⟩ Teilgebiet der Arbeitspsychologie, das die Anpassung der Voraussetzungen am Arbeitsplatz an die Bedürfnisse u. Fähigkeiten des Menschen erforscht; *Sy* Engineering, Social Engineering [<engl. *human* »menschlich« + *engineering* »Maschinenbau«; zu *engine* »Maschine«]
Hu|man|ge|ne|tik ⟨f.; -; unz.⟩ Wissenschaft, die sich mit den Erbvorgängen beim Menschen befasst
Hu|man|ge|ne|ti|ker ⟨m.; -s, -⟩ Wissenschaftler auf dem Gebiet der Humangenetik
Hu|man|ge|ne|ti|ke|rin ⟨f.; -, -rinnen⟩ Wissenschaftlerin auf dem Gebiet der Humangenetik
hu|man|ge|ne|tisch ⟨Adj.⟩ zur Humangenetik gehörend, sie betreffend
hu|ma|ni|sie|ren ⟨V.⟩ human, gesittet, menschlich machen [<lat. *humanus* »menschlich«]
Hu|ma|ni|sie|rung ⟨f.; -; unz.⟩ das Humanisieren, das Humanisiertwerden
Hu|ma|nis|mus ⟨m.; -; unz.⟩ **1** ⟨13.-16. Jh.⟩ von der Kultur der Antike beeinflusstes Bildungsideal **2** ⟨allg.⟩ Streben nach echter Menschlichkeit, nach edlem, menschenwürdigem Leben u. Denken [zu lat. *humanus* »menschlich«]
Hu|ma|nist ⟨m.; -en, -en⟩ **1** Vertreter, Anhänger des Humanismus **2** Kenner der latein. u. grch. Sprache **3** jmd., der ein humanistisches Gymnasium besucht hat
Hu|ma|nis|tin ⟨f.; -, -tin|nen⟩ **1** Vertreterin, Anhängerin des Humanismus **2** Kennerin der latein. u. grch. Sprache **3** weibl. Person, die ein humanistisches Gymnasium besucht hat
hu|ma|nis|tisch ⟨Adj.⟩ den Humanismus betreffend, zu ihm gehörig, aus ihm stammend; *~es Gymnasium* Gymnasium mit Unterricht in Griechisch u. Latein
hu|ma|ni|tär ⟨Adj.⟩ menschenfreundlich, wohltätig, mildtätig [<lat. *humanus* »menschlich«]
Hu|ma|ni|ta|ris|mus ⟨m.; -; unz.⟩ **1** menschenfreundliche Gesinnung **2** ⟨iron.⟩ überzogene u. realitätsfremde Menschenfreundlichkeit [zu lat. *humanitas* »Menschlichkeit, Menschenfreundlichkeit«]
Hu|ma|ni|tas ⟨f.; -; unz.; geh.⟩ Menschlichkeit [lat.]
Hu|ma|ni|tät ⟨f.; -; unz.⟩ echte Menschlichkeit, Sinn für das Gute u. Edle im Menschen; *Ggs* Inhumanität [<lat. *humanitas* »Menschlichkeit, edle Bildung, feiner Geschmack, Gefühl für Anstand u. Sitte«]
Hu|man|me|di|zin ⟨f.; -; unz.⟩ Medizin für den Menschen; →*a.* Veterinärmedizin
Hu|man|me|di|zi|ner ⟨m.; -s, -⟩ Arzt, Wissenschaftler auf dem Gebiet der Humanmedizin
Hu|man|me|di|zi|ne|rin ⟨f.; -, -rinnen⟩ Ärztin, Wissenschaftlerin auf dem Gebiet der Humanmedizin
hu|man|me|di|zi|nisch ⟨Adj.⟩ die Humanmedizin betreffend, zu ihr gehörig
Hu|man|öko|lo|gie ⟨f.; -; unz.⟩ Wissenschaft, die sich mit den Wechselbeziehungen des Menschen zur Umwelt befasst
hu|man|öko|lo|gisch ⟨Adj.⟩ zur Humanökologie gehörend, auf ihr beruhend
Hu|man|psy|cho|lo|gie ⟨f.; -; unz.⟩ Teilbereich der Psychologie, der sich mit dem menschlichen Seelenleben befasst
hu|man|psy|cho|lo|gisch ⟨Adj.⟩ zur Humanpsychologie gehörend, auf ihr beruhend
Hu|man|re|la|tions *auch:* **Human Relations** ⟨[ˈjuːmənrɪleɪʃənz] Pl.; Soziol.⟩ die Beziehungen der Menschen zueinander [engl.]
Hu|man|re|sour|ces *auch:* **Human Resources** ⟨[ˈjuːmənrɪsɔːsɪz] Pl.⟩ alle Leistungspotentiale, die einem Unternehmen durch sein Personal zur wirtschaftlichen Nutzung zur Verfügung stehen; *Sy* Humanvermögen [<engl. *human* »menschlich; Mensch« + *resource* »Mittel, Rohstoff«]
Hu|man|touch *auch:* **Human Touch** ⟨[ˈjuːməntʌtʃ] m.; (-) - od. -) -es [-tʃɪz]; unz.; geh.⟩ menschliche Note (die einer Sache anhaftet) [engl.]
Hu|man|ver|mö|gen ⟨n.; -s, -⟩ = Humanresources
Hu|man|wis|sen|schaft ⟨f.; -, -en⟩ Wissenschaft, deren Forschungsgegenstand der Mensch ist, z. B. Ethnologie, Soziologie
Hum|bug ⟨m.; -s; unz.; umg.⟩ **1** Blendwerk, Schwindel, Täuschung **2** Unsinn, Aufschneiderei; *das ist doch alles ~!* [engl.]
Hu|me|ra|le ⟨n.; -s, -li|en od. -lia⟩ Schultertuch des kath. Priesters [<lat. *humerus* »Schulter«]
Hu|me|rus ⟨m.; -, -ri; Anat.⟩ Oberarmknochen [<lat. *humerus* »Schulter«]
hu|mid ⟨Adj.⟩ feucht, nass, niederschlagsreich; *~es Klima* [<lat. *humidus* »feucht, nass«]
Hu|mi|di|tät ⟨f.; -; unz.⟩ humide Beschaffenheit [<lat. *humiditas* »Feuchtigkeit, Nässe«]
Hu|mi|fi|ka|ti|on ⟨f.; -; unz.⟩ Vermoderung, Humusbildung (durch Bakterien u. Ä.) [<lat. *humus* »Humus« + »Erdboden«]
hu|mi|fi|zie|ren ⟨V.⟩ vermodern lassen, zu Humus umwandeln
Hu|mi|fi|zie|rung ⟨f.; -; unz.⟩ = Humifikation
hu|mil ⟨Adj.; veraltet⟩ demütig, ergeben [<lat. *humilis* »niedrig, gering«]
Hu|min|säu|re ⟨f.; -, -n; Biol.⟩ dunkelbrauner Stoff, der beim biologischen Abbau von pflanzlichen Stoffen im Zuge der Humusbildung entsteht
Hu|mit ⟨a. [juˈmiːt] m.; -s, -e; Min.⟩ rhombisches, gelblichweißes bis rotes Mineral [nach dem engl. Geologen Abraham *Hume*, 1748-1838]
Hu|mor ⟨m.; -s; unz.⟩ Fähigkeit, auch die Schattenseiten des Lebens mit heiterer Gelassenheit u. geistiger Überlegenheit zu betrachten, überlegene Heiterkeit, heitere seel. Grundhaltung [lat., »Feuchtigkeit« (von der mittelalterl. Medizin auf die Körpersäfte angewendet,

383

humoral

die nach ihrer Lehre die innere Art des Menschen bestimmen)]

hu|mo|ral ⟨Adj.⟩ die Körpersäfte betreffend, auf ihnen beruhend [<lat. *humor* »Feuchtigkeit«]

Hu|mo|ral|pa|tho|lo|gie ⟨f.; -; unz.⟩ Krankheitslehre der hippokratischen u. galenischen Medizin, die eine falsche Mischung der Körpersäfte als Ursache der Krankheiten ansah

Hu|mo|res|ke ⟨f.; -, -n⟩ **1** kurze, humorvolle Erzählung **2** kurzes, heiteres, humorvolles Musikstück [→ *Humor*; nach *Groteske, Burleske* gebildet]

hu|mo|rig ⟨Adj.⟩ mit Humor, gemütlich-heiter, launig

Hu|mo|rist ⟨m.; -en, -en⟩ Verfasser od. Vortragender humorvoller Dichtungen

hu|mo|ris|tisch ⟨Adj.⟩ **1** auf Humor beruhend, im Sinne des Humors **2** mit Humor, liebenswürdig-scherzhaft, heiter

hu|mos ⟨Adj.⟩ reich an Humus [<lat. *humus* »Erdboden, Erdreich«]

Hu|mus ⟨m.; -; unz.⟩ oberste, aus organischen Resten gebildete (sehr fruchtbare) Bodenschicht bräunlicher Farbe [lat., »Erdboden, Erdreich«]

Hun|dred|weight *auch:* **Hund|red|weight** ⟨[hʌndrədweɪt] n.; -, -s od. (bei Zahlenangaben) -; Abk.: cwt.⟩ = Centweight [engl.]

Hun|ga|ri|ka ⟨Pl.⟩ Bücher, Bilder usw. über Ungarn [<lat. *Hungaria* »Ungarn«]

Hun|ga|ris|tik ⟨f.; -; unz.⟩ Lehre von der Sprache u. Kultur Ungarns

Hun|ter ⟨[hʌn-] m.; -s, -⟩ **1** engl. Jagdpferd **2** engl. Jagdhund [engl.; zu *hunt* »jagen«]

Hu|ri ⟨f.; -, -s⟩ nach mohammedan. Glauben) schöne Jungfrau im Paradies [<arab. *hur*, Pl. von *ahwar* »gazellenäugig, schönäugig«]

Hur|ling ⟨[hœ:lɪŋ] n.; - od. -s; unz.⟩ dem Hockey ähnliches, altes irisches Schlagballspiel [engl.; zu *hurl* »schleudern«]

Hur|ri|kan ⟨m.; -s, -e; Meteor⟩ Wirbelsturm in Mittelamerika [<engl. *hurricane* <span. *huracán* <Taino *huracán* <*hura*

»Wind; wegblasen«; verwandt mit *Orkan*]

Hu|sar ⟨m.; -en, -en⟩ **1** ⟨seit dem 15. Jh.⟩ berittener ungar. Soldat **2** ⟨seit dem 16. Jh. auch in anderen Ländern⟩ Angehöriger einer leichten Reitertruppe in ungar. Uniform [<ungar. *huszár* <serbokr. *kursar, gusar, husar* »Straßenräuber« <ital. *corsare, corsaro* <mlat. *cursarius* »Seeräuber«; verwandt mit *Korsar*]

Hus|ky ⟨[hʌski] m.; -s, -s⟩ Schlittenhund der Eskimos [engl.]

Hus|se ⟨f.; -, -n⟩ abnehmbarer Überzug für Sitzmöbel; *oV* Housse [→ *Housse*]

Hus|sit ⟨m.; -en, -en; Theol.⟩ Anhänger des böhm. Reformators Johann Hus

Hus|si|tis|mus ⟨m.; -; unz.; Theol.⟩ böhmische, national gesinnte Aufstandsbewegung der ersten Hälfte des 15. Jh. [nach dem Reformator Jan *Hus*, 1370-1415]

Hus|tle *auch:* **Hust|le** ⟨[hʌs(ə)l] m.; -; unz.; Musik⟩ in Amerika entstandener moderner Gesellschaftstanz, der paarweise (bes. in Diskotheken) getanzt wird [engl., eigtl. »Gedränge, Eile«]

Hust|ler ⟨[hʌslə(r)] m.; -s, -; umg.; salopp⟩ Kleinkriminelle(r) [engl., »Schwindler, Betrüger«]

HV ⟨Abk. für⟩ Vickershärte

Hy|a|de ⟨f.; -, -n⟩ **1** ⟨grch. Myth.⟩ in ein Sternbild verwandelte Nymphe **2** ⟨nur Pl.⟩ ~*n* Sternhaufen am Kopfe des Sternbilds Stier, Regengestirn [<grch. *hyein* »regnen«]

hy|a|lin ⟨Adj.⟩ glasartig [<grch. *hyalos* »Glas«]

Hy|a|lin ⟨n.; -s, -e; Med.⟩ glasige Eiweißmasse, die z. B. in Lymphknoten od. in Körperzellen vorkommt

Hy|a|lit ⟨m.; -s, -e; Min.⟩ glasklarer Quarz, Glasopal [<grch. *hyalos* »Glas«]

Hy|a|lo|gra|fie ⟨f.; -; unz.⟩ = Hyalographie

Hy|a|lo|gra|phie ⟨f.; -; unz.⟩ Glasdruckverfahren, Glasradierung; *oV* Hyalografie [<grch. *hyalos* »Glas« + ...*graphie*]

Hy|a|lo|phan ⟨m.; -s, -e; Min.⟩ Kalifeldspat [<grch. *hyalos*

»Glas« + *phainesthai* »erscheinen«]

Hy|a|lo|plas|ma ⟨n.; -s, -men; Biol.⟩ flüssige, durchscheinende Grundsubstanz des Zellplasmas [<grch. *hyalos* »Glas« + *Plasma*]

Hy|ä|ne ⟨f.; -, -n⟩ **1** ⟨Zool.⟩ Angehörige einer Familie der Raubtiere, nächtl. aktiver Aasfresser, der selten auch lebende Beute schlägt: Hyaenida **2** ⟨fig.⟩ hemmungslos gieriger Mensch, Plünderer [<grch. *hyaina*; zu *hys* »Schwein« (wegen des borstigen Rückens)]

Hy|a|zinth ⟨m.; -(e)s, -e; Min.⟩ = Zirkon [nach dem vorgrch. Gott *Hyakinthos*]

Hy|a|zin|the ⟨f.; -, -n; Bot.⟩ Liliengewächs, Zwiebelgewächs mit in lockeren od. dichten Trauben stehenden, röhrigen od. glockigen Blüten: Hyacinthus, (i. e. S.) H. orientalis [<grch. *hyakinthos* »violette Schwertlilie«; nach dem vorgrch. Gott *Hyakinthos*]

◆ Die Buchstabenfolge **hy|br...** kann auch **hybr...** getrennt werden.

◆ **hy|brid** ⟨Adj.; Biol.⟩ von zwei Elternteilen stammend, deren Geschlechtszellen sich in einer od. mehreren Eigenschaften unterscheiden; *oV* hybridisch [→ *Hybride*]

◆ **Hy|brid|an|trieb** ⟨m.; -(e)s, -e⟩ Antrieb durch zwei verschiedene Motorarten

◆ **Hy|bri|de(r)** ⟨f. 2 (m. 1); Biol.⟩ pflanzl. od. tier. Bastard, Kreuzung [<lat. *hybrida* »Mischling«]

◆ **Hy|brid|fahr|zeug** ⟨n.; -(e)s, -e⟩ Fahrzeug, das mit zwei verschiedenen Motoren angetrieben werden kann, z. B. durch Elektromotor u. Dieselmotor

◆ **Hy|bri|di|sa|ti|on** ⟨f.; -, -en; Biol.⟩ das Hybridisieren, Bastardisierung, Kreuzung

◆ **hy|bri|disch** ⟨Adj.⟩ = hybrid

◆ **Hy|bri|di|sie|ren** ⟨V.; Biol.⟩ kreuzen [→ *Hybride*]

◆ **Hy|bri|di|sie|rung** ⟨f.; -, -en⟩ **1** ⟨Biol.⟩ Bastardisierung, Entstehung von Nachkommen mit genetisch verschiedenen Eltern

2 ⟨Genetik⟩ Verschmelzung von genetisch verschiedenen Zellen, die die Genome beider Ausgangszellen enthalten [<lat. *hybrida* »Mischling«]
◆ **Hy|brid|ra|ke|te** ⟨f.; -, -n⟩ Rakete mit einem Triebwerk, das mit einem festen u. mit einem flüssigen Treibstoff betrieben wird
◆ **Hy|brid|rech|ner** ⟨m.; -s, -; EDV⟩ aus Analog- u. Digitalrechner bestehende Datenverarbeitungsanlage
◆ **Hy|brid|sys|tem** ⟨n.; -s, -e; EDV⟩ System innerhalb der Informatik, das mehrere Formen der Wissensdarbietung verwendet
◆ **Hy|bris** ⟨f.; -; unz.⟩ Übermut, frevelhafte Selbstüberhebung, bes. über die Götter [grch., »Übermut, Hochmut«]
Hyd|ar|thro|se auch: **Hyd|arth|ro|se** ⟨f.; -, -n; Med.⟩ = Hydrarthrose
Hy|da|ti|de ⟨f.; -, -n; Zool.⟩ Blasenwurm, Art des Bandwurms: Echinokokkus [<grch. *hydor*, Gen. *hydatos* »Wasser«]
hy|da|to|gen ⟨Adj.; Geol.⟩ unter Mitwirkung des Wassers od. aus wässrigen Lösungen entstanden; ~*e Ablagerung* [<grch. *hydor*, Gen. *hydatos* »Wasser« + ...*gen*']

◆ Die Buchstabenfolge **hydr...** kann auch **hydr...** getrennt werden.

◆ **hy|dr..., Hy|dr...** ⟨in Zus.⟩ = hydro..., Hydro...
◆ **Hy|dra** ⟨f.; -, Hy|dren⟩ **1** ⟨Zool.⟩ zeitlebens einzeln lebender, nicht stockbildender Süßwasserpolyp der Klasse Hydrozoa **2** ⟨Myth.⟩ neunköpfiges Wasserungeheuer **3** ⟨Astron.⟩ Sternbild der Wasserschlange [<grch. *hydor* »Wasser«]
◆ **Hy|dr|ä|mie** ⟨f.; -, -n; Med.⟩ erhöhter Wassergehalt des Blutes [<*Hydro...* + ...*ämie*]
◆ **Hy|drant** ⟨m.; -en, -en⟩ Wasserzapfstelle auf der Straße für die Feuerwehr [<grch. *hydor* »Wasser«]
◆ **Hy|dranth** ⟨m.; -en, -en; Zool.⟩ becherartig erweiterter Oberteil eines Polypen, das Mund u. Tentakeln trägt [<*Hydro...* + grch. *anthos* »Blume, Blüte«]

◆ **Hy|drar|gil|lit** ⟨m.; -s, -e; Min.⟩ weißes Aluminiummineral [<*Hydro...* + grch. *argyros* »Silber«]
◆ **Hy|drar|gy|ro|se** ⟨f.; -, -n; Med.⟩ = Hydrargysismus
◆ **Hy|drar|gy|rum** ⟨n.; -s; unz.; chem. Zeichen: Hg⟩ Quecksilber [<*Hydro...* + grch. *argyros* »Silber«]
◆ **Hy|drar|gy|sis|mus** ⟨m.; -; unz.; Med.⟩ Quecksilbervergiftung; *Sy* Hydrargyrose; [→ *Hydrargyrum*]
◆ **Hy|drar|thro|se** auch: **Hyd|rarth|ro|se** ⟨f.; -, -n; Med.⟩ Gelenkwassersucht; *oV* Hydarthrose [<*Hydro...* + *Arthrose*]
◆ **Hy|drat** ⟨n.; -(e)s, -e; Chemie⟩ anorganische od. organische Verbindung, die Wasser chem. gebunden enthält [<grch. *hydor* »Wasser«]
◆ **Hy|dra|ta|ti|on** ⟨f.; -; unz.; Chemie⟩ Bildung von Hydraten durch Anlagerung von Wasser an ein Molekül; *oV* Hydration
◆ **Hy|dra|ti|on** ⟨f.; -; unz.; Chemie⟩ = Hydratation
◆ **hy|dra|ti|sie|ren** ⟨V.; Chemie⟩ **1** Hydrate bilden **2** in Hydrate umwandeln
◆ **Hy|drau|lik** ⟨f.; -, -en; Technik⟩ **1** ⟨unz.⟩ techn. Anwendung der Lehre von ruhenden u. bewegten Flüssigkeiten **2** ⟨zählb.⟩ hydraulisches Getriebe, hydraulischer Antrieb [<*Hydro...* + grch. *aulos* »Rohr«]
◆ **hy|drau|lisch** ⟨Adj.; Technik⟩ **1** durch Flüssigkeit betrieben; ~*er Antrieb* = hydraulisches Getriebe; ~*e Bremse* B., der mittels einer Flüssigkeit Energie zugeführt wird; ~*es Getriebe* G., bei dem eine Flüssigkeit die benötigte Energie überträgt; ~*e Förderung* F. von Bodenschätzen mittels Wassers; ~*er Widder* veraltete Maschine zum Heben von Wasser, wobei eine große, fließende Wassermasse mittels Staudrucks eine kleine Menge nach oben befördert, Stoßheber **2** durch Hydration entstanden, auf Hydration beruhend; ~*e Bindemittel* B., die auch unter Wasser erhärten
◆ **Hy|drau|lit** ⟨m.; -s, -e; Bauw.⟩ kieselsäurereicher, Wasser bindender Zusatzstoff bei der Herstellung von Zement u. Beton

◆ **Hy|dra|zi|de** ⟨Pl.; Chemie⟩ salzartige Verbindungen des Hydrazins
◆ **Hy|dra|zin** ⟨n.; -s, -e; Chemie⟩ **1** ⟨nur Pl.⟩ ~*e* chemische Verbindung aus Wasserstoff u. Stickstoff **2** ⟨unz.⟩ farblose, wasserlösliche, rauchende Flüssigkeit mit schwachem Ammoniakgeruch; *Sy* Diamid [<grch. *hydor* »Wasser«]
◆ **Hy|dra|zin|gelb** ⟨n.; -s; unz.; Chemie⟩ gelbes, wasserlösliches Pulver, Lebensmittelfarbstoff
◆ **Hy|dra|zo|ne** ⟨Pl.; Chemie⟩ organische Verbindungen, die als Kondensationsprodukt von Hydrazin mit Aldehyden od. Ketonen entstehen
◆ **Hy|dria** ⟨f.; -, -dri|en⟩ grch. Wasserkrug mit zwei waagerechten Henkeln am Bauch u. einem senkrechten am Hals [<grch. *hydor* »Wasser«]
◆ **Hy|drid** ⟨n.; -(e)s, -e; Chemie⟩ Verbindung von Wasserstoff mit einem anderen Element [<grch. *hydor* »Wasser«]
◆ **hy|drie|ren** ⟨V.; Chemie⟩ unter dem Einfluss von Katalysatoren Wasserstoff an chem. Verbindungen anlagern; *Sy* hydrogenieren [<grch. *hydor* »Wasser«]
◆ **hy|dro..., Hy|dro...** ⟨vor Vokalen⟩ hydr..., Hydr... ⟨in Zus.⟩ wasser..., Wasser... [<grch. *hydor* »Wasser«]
◆ **hy|dro|a|ro|ma|tisch** ⟨Adj.; Chemie⟩ ~*e Verbindungen* organische Verbindungen, die durch Hydrierung des Benzols od. seiner Abkömmlinge entstehen
◆ **Hy|dro|bi|o|lo|ge** ⟨m.; -n, -n⟩ Wissenschaftler auf dem Gebiet der Hydrobiologie
◆ **Hy|dro|bi|o|lo|gie** ⟨f.; -; unz.⟩ Lehre von den im Wasser lebenden Pflanzen u. Tieren [<*Hydro...* + *Biologie*]
◆ **Hy|dro|bi|o|lo|gin** ⟨f.; -, -gin|nen⟩ Wissenschaftlerin auf dem Gebiet der Hydrobiologie
◆ **hy|dro|bi|o|lo|gisch** ⟨Adj.⟩ zur Hydrobiologie gehörend, sie betreffend, auf ihr beruhend
◆ **Hy|dro|chi|non** ⟨[-çi-] n.; -s; unz.; Chemie⟩ zweiwertiges

Hydrochorie

Phenolderivat, durch Reduktion von p-Chinon aus Anilin hergestellt, wichtiger fotograf. Entwickler

♦ **Hy|dro|cho|rie** ⟨[-ko-] f.; -; unz.; Biol.⟩ Verbreitung von Samen u. Früchten durch das Wasser [*<Hydro...* + grch. *chora* »Gegend, Land«]

♦ **Hy|dro|cor|ti|son** ⟨n.; -s; unz.; Biochemie⟩ ein Hormon der Nebennierenrinde; *oV* Hydrokortison

♦ **Hy|dro|dy|na|mik** ⟨f.; -; unz.⟩ Lehre von der Bewegung der Flüssigkeiten, von strömenden Flüssigkeiten; *Ggs* Hydrostatik

♦ **hy|dro|dy|na|misch** ⟨Adj.⟩ auf Hydrodynamik beruhend; *Ggs* hydrostatisch

♦ **hy|dro|elek|trisch** *auch:* **hyd|ro|elekt|risch** ⟨Adj.⟩ Elektrizität durch Wasserkraft gewinnend

♦ **hy|dro|ener|ge|tisch** ⟨Adj.⟩ die dem Wasser innewohnende Energie nutzend, Energie durch Wasserkraft gewinnend

♦ **hy|dro|gam** ⟨Adj.; Bot.⟩ die Blütenpollen von Wasserpflanzen durch das Wasser übertragend

♦ **Hy|dro|ga|mie** ⟨f.; -; unz.; Bot.⟩ Bestäubung von Wasserpflanzen durch Übertragung der Pollen durch das Wasser

♦ **hy|dro|gen** ⟨Adj.⟩ aus Wasser abgeschieden

♦ **Hy|dro|gen...** ⟨in Zus.; Chemie⟩ aus einer Säure von Salzen entstanden, z. B. ~carbonat [*<hydro...* + *...gen*]

♦ **Hy|dro|gen|car|bo|nat** ⟨n.; -(e)s, -e; Chemie⟩ Salz der Kohlensäure, bei dem nur eines der beiden Wasserstoffatome der Kohlensäure durch ein Metallatom ersetzt wurde; *Sy* ⟨veraltet⟩ Bicarbonat; *oV* Hydrogenkarbonat

♦ **hy|dro|ge|nie|ren** ⟨V.⟩ = hydrieren

♦ **Hy|dro|ge|ni|um** ⟨n.; -s; unz.; chem. Zeichen: H⟩ Wasserstoff

♦ **Hy|dro|gen|kar|bo|nat** ⟨n.; -(e)s, -e; Chemie⟩ = Hydrogencarbonat

♦ **Hy|dro|geo|gra|fie** ⟨f.; -; unz.⟩ = Hydrogeographie

♦ **Hy|dro|geo|gra|phie** ⟨f.; -; unz.⟩ Lehre von der Verteilung des Wassers auf u. unter der Erde; *oV* Hydrogeografie

♦ **Hy|dro|geo|lo|ge** ⟨m.; -n, -n⟩ Wissenschaftler auf dem Gebiet der Hydrogeologie

♦ **Hy|dro|geo|lo|gie** ⟨f.; -; unz.⟩ Grundwasserkunde, Lehre von den für die Bildung von Grundwasser geeigneten geologischen Verhältnissen; →*a.* Hydrologie

♦ **Hy|dro|geo|lo|gin** ⟨f.; -, -ginnen⟩ Wissenschaftlerin auf dem Gebiet der Hydrogeologie

♦ **hy|dro|geo|lo|gisch** ⟨Adj.⟩ zur Hydrogeologie gehörend, auf ihr beruhend; *Sy* geohydrologisch

♦ **Hy|dro|graf** ⟨m.; -en, -en⟩ = Hydrograph

♦ **Hy|dro|gra|fie** ⟨f.; -; unz.⟩ = Hydrographie

♦ **hy|dro|gra|fisch** ⟨Adj.⟩ = hydrographisch

♦ **Hy|dro|graph** ⟨m.; -en, -en⟩ Kenner, Erforscher der Hydrographie; *oV* Hydrograf

♦ **Hy|dro|gra|phie** ⟨f.; -; unz.⟩ Teil der Hydrologie, der sich mit dem Wasserkreislauf zwischen Niederschlag u. Rückfluss ins Meer befasst, Gewässerkunde; *oV* Hydrografie; →*a.* Hydrologie [*<Hydro...* + *...graphie*]

♦ **hy|dro|gra|phisch** ⟨Adj.⟩ zur Hydrographie gehörend, auf ihr beruhend; *oV* hydrografisch

♦ **Hy|dro|kar|pie** ⟨f.; -; unz.; Bot.⟩ das Ausreifen von Früchten im Wasser [*<Hydro...* + grch. *karpos* »Frucht«]

♦ **Hy|dro|kor|ti|son** ⟨n.; -s; unz.; Biochemie⟩ = Hydrocortison

♦ **Hy|dro|kul|tur** ⟨f.; -, -en; Bot.⟩ = Hydroponik

♦ **Hy|dro|la|se** ⟨f.; -, -n; Biochemie⟩ Enzym, das Verbindungen durch Wasseranlagerung spaltet

♦ **Hy|dro|lo|ge** ⟨m.; -n, -n⟩ Wissenschaftler auf dem Gebiet der Hydrologie

♦ **Hy|dro|lo|gie** ⟨f.; -; unz.⟩ Lehre vom Wasser, die sich mit den Eigenschaften u. Gesetzen der ober- u. unterirdischen sowie der stehenden u. fließenden Gewässer beschäftigt

♦ **Hy|dro|lo|gin** ⟨f.; -, -ginnen⟩ Wissenschaftlerin auf dem Gebiet der Hydrologie

♦ **Hy|dro|lo|gi|um** ⟨n.; -s, -gi|en⟩ = Klepsydra

♦ **Hy|dro|ly|se** ⟨f.; -, -n; Chemie⟩ Spaltung chemischer Verbindungen durch Reaktion mit Wasser [*<Hydro...* + *...lyse*]

♦ **hy|dro|ly|tisch** ⟨Adj.; Chemie⟩ auf Hydrolyse beruhend

♦ **Hy|dro|me|cha|nik** ⟨f.; -; unz.⟩ Lehre von den bewegten u. unbewegten Flüssigkeiten

♦ **hy|dro|me|cha|nisch** ⟨Adj.⟩ auf Hydromechanik beruhend, mit ihrer Hilfe

♦ **Hy|dro|me|tall|ur|gie** *auch:* **Hyd|ro|me|tall|ur|gie** ⟨f.; -; unz.⟩ Verfahren zur Gewinnung von Metallen aus wässerigen Lösungen von Metallsalzen

♦ **Hy|dro|me|teo|re** ⟨Pl.; Sammelbez. für⟩ Wolken u. Niederschläge

♦ **Hy|dro|me|ter** ⟨n.; -s, -⟩ Instrument zum Messen der durch eine Rohrleitung fließenden Wassermenge, Wassermesser [*<Hydro...* + *...meter*]

♦ **Hy|dro|me|trie** *auch:* **Hy|dro|met|rie** ⟨f.; -; unz.⟩ Messarbeiten an Gewässern

♦ **hy|dro|me|trisch** *auch:* **hyd|ro|met|risch** ⟨Adj.⟩ **1** die Hydrometrie betreffend, zu ihr gehörig, auf ihr beruhend **2** mit Hilfe des Hydrometers

♦ **Hy|dro|na|li|um**® ⟨n.; -s; unz.⟩ seewasserfeste, schweißbare Aluminiumlegierung [*<*grch. *hydor* »Wasser« + *Aluminium*]

♦ **Hy|dron|farb|stof|fe** ⟨Pl.⟩ Gruppe von Schwefelfarbstoffen mit bläulichen od. olivfarbenen Farbtönen

♦ **Hy|dro|path** ⟨m.; -en, -en⟩ mit Mitteln der Hydropathie behandelnder Heilkundiger od. Arzt

♦ **Hy|dro|pa|thie** ⟨f.; -; unz.⟩ Lehre von der Heilung durch Behandlung mit Wasser, Wasserheilkunde

♦ **hy|dro|pa|thisch** ⟨Adj.⟩ zur Hydropathie gehörig, auf ihr beruhend, mit ihrer Hilfe

♦ **Hy|dro|phan** ⟨m.; -s, -e; Min.⟩ durch Wasserverlust milchig gewordener Edelopal, der bei Wasseraufnahme kurzzeitig durchsichtig wird, Chamäleonstein, Milchopal

♦ **hy|dro|phil** ⟨Adj.⟩ **1** Wasser liebend **2** Wasser aufnehmend, Wasser anziehend

hygrisch

- **Hy|dro|phi|lie** ⟨f.; -; unz.⟩ Bestreben, Wasser anzuziehen [<*Hydro...* + *...philie*]
- **hy|dro|phob** ⟨Adj.⟩ **1** wasserfeindlich **2** Wasser abstoßend, nicht in Wasser löslich
- **Hy|dro|pho|bie** ⟨f.; -; unz.⟩ Wasserscheu [<*Hydro...* + *Phobie*]
- **hy|dro|pho|bie|ren** ⟨V.⟩ mit Wasser abweisenden Mitteln imprägnieren; *Steindenkmäler* ~ [<*hydro...* + grch. *phobos* »Furcht, Scheu«]
- **Hy|dro|pho|bie|rungs|mit|tel** ⟨n.; -s, -⟩ Wasser abweisender Stoff als Wirkstoff bei Wasser abweisenden Imprägnierungen [→ *Hydrophobie*]
- **Hy|dro|phor** ⟨m.; -s, -e⟩ Feuerlöschgerät, das mit Schläuchen Wasser ansaugt u. als Zubringer für Feuerspritzen dient [<*Hydro...* + *...phor²*]
- **Hy|dro|phthal|mus** *auch:* **Hydrophthalmus** ⟨m.; -; unz.; Med.⟩ Augenwassersucht; *Sy* Buphthalmus [<*Hydro...* + grch. *ophthalmos* »Auge«]
- **Hy|dro|phyt** ⟨m.; -en, -en; Bot.⟩ Wasserpflanze [<*Hydro...* + *...phyt*]
- **hy|dro|pisch** ⟨Adj.; Med.⟩ an Hydropsie leidend, wassersüchtig
- **Hy|dro|plan** ⟨m.; -s, -e⟩ **1** Wasserflugzeug **2** Gleitboot [<*Hydro...* + frz. *planer* »schweben«]
- **hy|dro|pneu|ma|tisch** ⟨Adj.⟩ durch eine Flüssigkeit u. Luft (angetrieben)
- **Hy|dro|po|nik** ⟨f.; -; unz.; Bot.⟩ Wasserkultur, Pflanzenaufzucht in Nährlösungen ohne Erde; *Sy* Hydrokultur [<*Hydro...* + grch. *ponos* »Arbeit«]
- **Hy|drops** ⟨m.; -; unz.; Med.⟩ = Hydropsie
- **Hy|drop|sie** ⟨f.; -; unz.; Med.⟩ krankhafte Ansammlung von wasserähnl., aus dem Blut stammender Flüssigkeit in Körperhöhlen, Gewebsspalten od. Zellen, Wassersucht; *oV* Hydrops [<*Hydro...* + grch. *opsis* »das Sehen«]
- **Hy|dro|pul|sor** ⟨m.; -s, -en; Technik⟩ hydraulischer Widder, der zur Ventilsteuerung ein rotierendes Schaltrad verwendet [<grch. *hydor* »Wasser« + lat. *pulsare* »schlagen«]

- **Hy|dro|sol** ⟨n.; -s, -e; Chemie⟩ kolloidale Verbindung, die Wasser als Lösungsmittel enthält [<*Hydro...* + *Sol²*]
- **Hy|dro|sphä|re** *auch:* **Hydrosphäre** ⟨f.; -; unz.⟩ Wasserhülle der Erde
- **Hy|dro|sta|tik** ⟨f.; -; unz.⟩ Lehre von den ruhenden Flüssigkeiten u. dem Gleichgewicht ihrer Kräfte; *Ggs* Hydrodynamik
- **hy|dro|sta|tisch** ⟨Adj.⟩ auf Hydrostatik beruhend; *Ggs* hydrodynamisch; *~er Druck* D., den eine ruhende Flüssigkeit ausübt; *~es Paradoxon* Erscheinung, dass der Druck, den eine Flüssigkeit auf den Boden eines Gefäßes ausübt, nur von ihrer Höhe, nicht aber von ihrer Menge abhängt; *~e Waage* W. zur Bestimmung der Dichte fester Körper
- **Hy|dro|tech|nik** ⟨f.; -; unz.⟩ Technik des Wasserbaus
- **hy|dro|the|ra|peu|tisch** ⟨Adj.; Med.⟩ zur Hydrotherapie gehörend, auf ihr beruhend, mit ihrer Hilfe
- **Hy|dro|the|ra|pie** ⟨f.; -; unz.; Med.⟩ medizinische Heilbehandlung mit Wasser, Wasserheilverfahren
- **hy|dro|ther|mal** ⟨Adj.⟩ aus verdünnten wässerigen Lagerstätten ausgefällt; *~e Erzlagerstätten* [<*hydro...* + *thermal*]
- **Hy|dro|tho|rax** ⟨m.; -(e)s; unz.; Med.⟩ Ansammlung von zell- u. eiweißarmer Flüssigkeit im Brustfellraum, Stauungserguss
- **Hy|dro|tro|pis|mus** ⟨m.; -, -pismen⟩ durch Wasser(dampf) ausgelöster Tropismus
- **Hy|dro|xid** ⟨n.; -(e)s, -e; Chemie⟩ die Hydroxidgruppe (OH) enthaltende anorgan. Verbindung; *oV* Hydroxyd [<*Hydro...* + *Oxid*]
- **Hy|dro|xid|grup|pe** ⟨f.; -, -n; Chemie⟩ die aus je einem Atom Wasserstoff u. Sauerstoff bestehende Gruppe (OH) in chem. Verbindungen; *oV* Hydroxydgruppe; *Sy* Hydroxylgruppe
- **hy|dro|xi|disch** ⟨Adj.; Chemie⟩ durch Hydroxide ausgelöst, auf dem Verhalten von Hydroxiden beruhend
- **Hy|dro|xyd** ⟨n.; -(e)s, -e; Chemie⟩ = Hydroxid

- **Hy|dro|xyl|a|min** *auch:* **Hydroxylamin** ⟨n.; -s, -e; Chemie⟩ Abkömmling des Ammoniaks, ein starkes Reduktionsmittel
- **Hy|dro|xyl|grup|pe** ⟨f.; -, -n; Chemie⟩ = Hydroxidgruppe
- **Hy|dro|ze|le** ⟨f.; -, -n; Med.⟩ Wasseransammlung in den die Hoden umgebenden Häuten, Wasserbruch [<*Hydro...* + grch. *kele* »Bruch«]
- **Hy|dro|ze|pha|lus** ⟨m.; -, -phalen; Med.⟩ Erweiterung der Gehirnkammern infolge Vermehrung der Gehirnflüssigkeit, Wasserkopf [<*Hydro...* + *...kephale*]
- **Hy|dro|zo|on** ⟨n.; -s, -zoen; Zool.⟩ zu den Nesseltieren gehöriger Wasserbewohner: Hydrozoa [<*Hydro...* + *Zoon*]
- **Hy|dro|zy|klon** *auch:* **Hydrozyklon** ⟨m.; -s, -e; Technik⟩ Gerät, das mit Hilfe der Zentrifugalkraft verschiedene Körnergrößen einer gekörnten Substanz trennt
- **Hy|e|to|graf** ⟨m.; -en, -en; Meteor.⟩ = Hyetograph
- **Hy|e|to|gra|fie** ⟨f.; -; unz.; Meteor.⟩ = Hyetographie
- **Hy|e|to|graph** ⟨m.; -en, -en; Meteor.⟩ = Pluviograph; *oV* Hyetograf
- **Hy|e|to|gra|phie** ⟨f.; -; unz.; Meteor.⟩ *oV* Hyetografie **1** Niederschlagsmessung **2** Beschreibung der Niederschlagsverteilung [<grch. *hyetos* »Regen« + *...graphie*]
- **Hy|e|to|me|ter** ⟨n.; -s, -; Meteor.⟩ = Pluviograph [<grch. *hyetos* »Regen« + *...meter*]
- **Hy|gi|e|ne** ⟨f.; -; unz.⟩ **1** Gesundheitslehre **2** Gesundheitspflege **3** vorbeugende Medizin [<grch. *hygieinos* »heilsam, der Gesundheit zuträglich«; zu *hygies* »gesund«]
- **Hy|gi|e|ni|ker** ⟨m.; -s, -⟩ Lehrer, Fachmann der Hygiene
- **Hy|gi|e|ni|ke|rin** ⟨f.; -, -rin|nen⟩ Lehrerin, Kennerin der Hygiene
- **hy|gi|e|nisch** ⟨Adj.⟩ **1** die Hygiene betreffend, auf ihr beruhend, ihr entsprechend; *~e Vorschriften in Krankenhäusern* **2** der Gesundheit dienend
- **hy|grisch** *auch:* **hyg|risch** ⟨Adj.; Meteor.⟩ sich auf Feuchtigkeit

hygro..., Hygro...

u. Niederschläge beziehend; *~e Jahreszeiten* die niederschlagsbedingten Jahreszeiten tropischer Gebiete

◆ Die Buchstabenfolge **hy|gro...** kann auch **hyg|ro...** getrennt werden.

◆ **hy|gro..., Hy|gro...** ⟨in Zus.⟩ feuchtigkeits..., Feuchtigkeits... [<grch. *hygros* »feucht, nass«]
◆ **Hy|gro|graf** ⟨m.; -en, -en⟩ = Hygrograph
◆ **Hy|gro|gramm** ⟨n.; -s, -e⟩ Aufzeichnung eines Hygrometers [<*Hygro...* + *...gramm*]
◆ **Hy|gro|graph** ⟨m.; -en, -en⟩ Gerät zur Aufzeichnung der Messdaten eines Hygrometers; *oV* Hygrograf
◆ **Hy|grom** ⟨n.; -s, -e; Med.⟩ bei Schleimbeutelentzündungen entstehende wasser- od. schleimartige Geschwulst [<grch. *hygros* »feucht, nass«]
◆ **Hy|gro|me|ter** ⟨n.; -s, -⟩ Gerät zur Messung der Luftfeuchtigkeit [<*Hygro...* + *...meter*]
◆ **Hy|gro|me|trie** *auch:* **Hy|gro|met|rie** ⟨f.; -, -n⟩ Messung der Luftfeuchtigkeit
◆ **hy|gro|me|trisch** *auch:* **hy|gro|met|risch** ⟨Adj.⟩ mit Hilfe des Hygrometers
◆ **Hy|gro|nas|tie** ⟨f.; -, -n; Biol.⟩ durch Luftfeuchtigkeit hervorgerufene Krümmungsbewegungen bei Pflanzen [<*Hygro...* + *Nastie*]
◆ **hy|gro|phil** ⟨Adj.; Biol.⟩ feuchte Standorte liebend; *Ggs* xerophil; *~e Pflanzen*
◆ **Hy|gro|phi|lie** ⟨f.; -; unz.; Biol.⟩ Vorliebe für feuchte Standorte (von Pflanzen); *Ggs* Xerophilie [<*Hygro...* + *...philie*]
◆ **Hy|gro|phyt** ⟨m.; -en, -en; Biol.⟩ Feuchtigkeit liebende Pflanzen; *Ggs* Xerophyt [<*Hygro...* + *...phyt*]
◆ **Hy|gro|skop** *auch:* **Hyg|ros|kop** ⟨n.; -s, -e⟩ Gerät zum Schätzen der relativen Luftfeuchtigkeit nach der Wirkung auf organische Stoffe (gedrehte Darmsaiten, Gelatine)
◆ **hy|gro|sko|pisch** *auch:* **hyg|ros|ko|pisch** ⟨Adj.⟩ Wasser anziehend

◆ **Hy|gro|sko|pi|zi|tät** *auch:* **Hyg|ros|ko|pi|zi|tät** ⟨f.; -; unz.⟩ Fähigkeit, Wasser an sich zu ziehen
◆ **Hy|gro|stat** *auch:* **Hyg|ros|tat** ⟨m.; -s od. -en, -e od. -en⟩ Einrichtung zur Aufrechterhaltung einer bestimmten Luftfeuchtigkeit in geschlossenen Räumen [<*Hygro...* + *...stat*]
◆ **Hy|gro|ta|xis** ⟨f.; -; unz.; Biol.⟩ Orientierungsbewegung von einigen Organismen u. Tieren auf Wasser od. Feuchträume hin [<*Hygro...* + *Taxis*]
Hyl|äa ⟨f.; -; unz.; Geogr.⟩ tropischer, immerfeuchter Regenwald des Amazonasbeckens [<grch. *hyle* »Wald«, geprägt von dem dt. Naturforscher Alexander von Humboldt, 1769-1859]
Hy|le ⟨[-le] f.; -; unz.⟩ **1** ⟨ion. Naturphilos.⟩ Stoff, Materie, Substanz **2** ⟨nach Aristoteles⟩ Urstoff, Möglichkeit, sich zur Substanz zu entwickeln [grch., »Stoff, Holz, Wald«]
Hy|le|mor|phis|mus ⟨[-le-] m.; -; unz.⟩ Anschauung des Aristoteles, dass die körperliche Substanz aus dem »Urstoff«, der bloßen Möglichkeit u. der verwirklichten Form bestehe [<grch. *hyle* »Stoff, Holz« + *morphe* »Gestalt«]
hy|lisch ⟨Adj.⟩ stofflich, körperlich [→ *Hyle*]
Hy|lo|zo|is|mus ⟨m.; -; unz.⟩ antike Naturphilos.⟩ Lehre von der ursprüngl. Belebtheit, Beseeltheit aller Materie [<grch. *hyle* »Stoff, Materie« + *Zoon*]
Hy|men[1] ⟨n.; -s, -; Anat.⟩ dünnes, ringförmiges Häutchen am Eingang der Scheide, das beim ersten Geschlechtsverkehr zerreißt, Jungfernhäutchen [grch., »Gewebe, Haut«]
Hy|men[2] ⟨m.; -s, -⟩ = Hymenaeus
Hy|me|nae|us ⟨[-nɛ:-] m.; -, -naei [-nɛ:iː]⟩ antikes Hochzeitslied, das beim Einzug der Braut ins Haus des Bräutigams von den Brautjungfern gesungen wurde; *Sy* Hymen[2] [nach *Hymenaios*, dem grch. Gott der Eheschließung]
hy|me|nal ⟨Adj.; Anat.⟩ das Jungfernhäutchen betreffend, zu ihm gehörig

Hy|me|ni|um ⟨n.; -s, -ni|en; Bot.⟩ Sporen bildende Fruchtschicht höherer Pilzarten [<grch. *hymen* »Gewebe, Haut«]

Hymenoptere (*Worttrennung am Zeilenende*) Bei fremdsprachlichen Zusammensetzungen, deren einzelne Bestandteile für den deutschen Muttersprachler nicht unbedingt ersichtlich sind, kann zwischen den einzelnen Bestandteilen (Morphemen) getrennt werden [<grch. *hymen* »Haut« + *...ptere* »Flügler«]. Möglich ist aber auch die Worttrennung nach Sprechsilben (→*a.* Helikopter).

Hy|me|no|pte|re *auch:* **Hy|me|nop|te|re** ⟨m.; -n, -n; Zool.⟩ Ordnung der Insekten mit vier durchsichtigen Flügeln, Hautflügler [<grch. *hymen* »Haut« + *...ptere*]
Hym|nar ⟨n.; -s, -e od. -ri|en⟩ Sammlung von Hymnen
Hym|ne ⟨f.; -, -n⟩ Lobgesang, feierl. Gedicht od. Gesangsstück weltl. Inhalts [<grch. *hymnos* »Lobgesang«]
Hym|nik ⟨f.; -; unz.⟩ Art, Form der Hymne, hymnische Art
Hym|ni|ker ⟨m.; -s, -; selten⟩ Dichter, der überwiegend Hymnen verfasst [→ *Hymne*]
hym|nisch ⟨Adj.⟩ **1** in der Art einer Hymne **2** ⟨fig.⟩ überschwänglich
Hym|no|lo|ge ⟨m.; -n, -n⟩ Wissenschaftler auf dem Gebiet der Hymnologie
Hym|no|lo|gie ⟨f.; -; unz.⟩ Wissenschaft von der (bes. christl.) Hymnendichtung [<grch. *hymnos* »Lobgesang« + *...logie*]
Hym|no|lo|gin ⟨f.; -, -gin|nen⟩ Wissenschaftlerin auf dem Gebiet der Hymnologie
hym|no|lo|gisch ⟨Adj.⟩ zur Hymnologie gehörig
Hym|nus ⟨m.; -, Hym|nen⟩ Gesang zum Lob Gottes od. der Götter [lat., <grch. *hymnos* »Lobgesang«]
Hy|os|zy|a|min ⟨n.; -s; unz.; Bot.⟩ Alkaloid einiger Nachtschattengewächse, als Arzneimittel in der Augenheilkunde verwendet [<grch. *hyoskyamos* »Saubohne, Bilsenkraut«]

Hypermetrie

hyp..., Hyp... ⟨in Zus.⟩ = hypo..., Hypo...

Hy|pa|ku|sis *auch:* **Hy|pa|ku|sis** ⟨f.; -; unz.; Med.⟩ Schwerhörigkeit [*<Hyp...* + grch. *akouein* »hören«]

Hy|pal|la|ge ⟨a. [--'--] f.; -, -n; Rhet.⟩ rhetorische Figur, Veränderung der Beziehungen von Wörtern zueinander, Veränderung u. Vertauschung von Satzteilen, z. B. »Segen des Himmels« u. »himmlischer Segen«; *Sy* Enallage [grch., »Vertauschung, Verwechslung«]

Hype ⟨[haɪp] m. od. n.; -s, -s; Pl. selten; umg.⟩ **1** künstliche Aufwertung bzw. übertriebene Präsentation einer Sache od. eines Ereignisses in der Werbung, z. B. eines Modetrends; *das war nichts als ein großer ~* **2** bewusst inszenierte Täuschung, Betrug [engl., »übertriebene Werbekampagne; großer Rummel«]

Hype|event ⟨[haɪpɪvɛnt] m.; -s, -s; umg.; salopp⟩ Aufsehen erregende Veranstaltung, bes. Medienspektakel [*<Hype* + engl. *event* »Ereignis«]

hy|pen ⟨[haɪ-] V.; umg.⟩ das künstliche Hochjubeln einer Person, Sache od. eines Ereignisses; *einen Popstar ~*

hy|per..., Hy|per... ⟨engl. [haɪpə(r)-] in Zus.⟩ über..., Über...; *Ggs* hypo..., Hypo... [*<*grch. *hyper* »über, über ... hinaus, übermäßig«]

hy|per|ak|tiv ⟨a. ['----] Adj.; Med.⟩ einen übersteigerten motorischen Drang bei psychischer Unruhe zeigend; *~es Kind* [*<hyper...* + *aktiv*]

Hy|per|a|ku|sie ⟨f.; -; unz.; Med.⟩ krankhaft gesteigertes Hörempfinden durch Überempfindlichkeit des Hörnervs [*<Hyper...* + grch. *akouein* »hören«]

hy|per|bar ⟨Adj.; Physik⟩ ein größeres spezifisches Gewicht besitzend als eine andere Flüssigkeit [*<hyper...* + grch. *baros* »Schwere«]

Hy|per|ba|sis ⟨f.; -, -ba|sen⟩ = Hyperbaton

Hy|per|ba|ton ⟨n.; -s, -ba|ta; Rhet.⟩ rhetorische Figur, bei der eine Wortgruppe (aufgrund der Metrik) syntaktisch umgestellt wird, z. B. »Bei euch, ihr Herrn, kann man das Wesen, gewöhnlich aus dem Namen lesen« (Goethe, Faust I); *Sy* Hyperbasis [*<*grch. *hyperbasis* »Überschreitung«, *hyperbatos* »übersteigend«]

Hy|per|bel ⟨f.; -, -n⟩ **1** ⟨Math.⟩ unendliche ebene Kurve aus zwei getrennten Ästen, die besteht aus allen Punkten, deren Abstände von zwei bestimmten Punkten eine konstante Differenz haben **2** ⟨Rhet.⟩ sprachl., dichter. Übertreibung, oft um komische Wirkung zu erzielen, z. B. »der Balken im Auge« [*<*grch. *hyperbole* <*hyper* »über... hinaus« + *ballein* »werfen«]

Hy|per|bel|funk|ti|on ⟨f.; -, -en; Math.⟩ mathemat. Funktion höheren Grades, ergibt sich aus der Addition od. Subtraktion von zwei od. mehr Exponentialfunktionen

Hy|per|bo|li|ker ⟨m.; -s, -⟩ jmd., der zu sprachlichen Übertreibungen neigt

hy|per|bo|lisch ⟨Adj.⟩ **1** hyperbelartig, in der Art einer Hyperbel **2** sprachlich übertreibend [*<*grch. *hyperbolikos* »übertrieben, übermäßig«]

Hy|per|bo|lo|id ⟨n.; -(e)s, -e; Geom.⟩ Fläche, die durch Drehung einer Hyperbel um eine ihrer Symmetrieachsen entsteht [*<Hyperbel* + *...id*]

Hy|per|bo|re|er ⟨m.; -s, -; nach altgrch. Auffassung⟩ **1** Angehöriger eines sagenhaften Volkes im Norden **2** Angehöriger der Polarvölker [*<Hyper...* + grch. *boreas* »Nordwind, Norden«]

hy|per|bo|re|isch ⟨Adj.⟩ im hohen Norden gelegen, dort wohnend [→ *Hyperboreer*]

Hy|per|cha|rak|te|ri|sie|rung ⟨[-ka-] f.; -, -en; Sprachw.⟩ mehrfache, überflüssige Kennzeichnung einer grammat. od. semant. Struktur, eines sprachlichen Ausdrucks

Hy|per|funk|ti|on ⟨f.; -, -en; Med.⟩ gesteigerte Tätigkeit, Überfunktion eines Organs; *Ggs* Hypofunktion

Hy|per|gly|kä|mie *auch:* **Hy|per|gly|kä|mie** ⟨f.; -; unz.; Med.⟩ vermehrter Blutzuckergehalt; *Ggs* Hypoglykämie

Hy|per|hi|dro|se *auch:* **Hy|per|hid|ro|se** ⟨f.; -; unz.; Med.⟩ krankhaft gesteigertes Schwitzen; *Sy* Ephidrose [*<Hyper...* + *hidros* »Schweiß«]

hy|per|ka|ta|lek|tisch ⟨Adj.; Metrik⟩ *~er Vers* Vers mit überzähliger Schlusssilbe [*<hyper...* + *katalektisch*]

Hy|per|ka|ta|le|xe ⟨f.; -, -n; Metrik⟩ Versfuß, der um eine od. mehrere Schlusssilben erweitert ist [*<Hyper...* + *Katalexe*]

Hy|per|ki|ne|se ⟨f.; -; unz.; Med.⟩ übermäßig gesteigerter Bewegungsdrang, Bewegungsunruhe; *Ggs* Hypokinese [*<Hyper...* + grch. *kinesis* »Bewegung«]

hy|per|ki|ne|tisch ⟨Adj.; Med.⟩ zur Hyperkinese gehörend, auf ihr beruhend; *Ggs* hypokinetisch

hy|per|kor|rekt ⟨Adj.⟩ in übertriebener Weise korrekt; *ein ~es Verhalten*

hy|per|kri|tisch ⟨Adj.⟩ übertrieben kritisch

Hy|per|kul|tur ⟨f.; -, -en; oft abwertend⟩ Überfeinerung der Kultur, übertriebene Kultiviertheit

Hy|per|link ⟨[haɪ-] m.; -s, -s; EDV⟩ erläuternder od. zu weiteren Informationen führender Hinweis, meist in Form eines beim Anklicken aufleuchtenden Feldes; *Sy* Link (2) [*<*engl. *hyper* »über, darüber hinaus« + *link* »Verbindung«]

hy|per|man|gan|sau|er ⟨Adj.; Chemie⟩ übermangansauer

Hy|per|me|dia ⟨[haɪpə(r)miːdɪə] Pl.; EDV⟩ Technik der netzartigen elektronischen Verknüpfung unterschiedlicher Medien (Text, Bild, Ton, Grafik, Video); →*a.* Hypertext [engl.]

Hy|per|me|ter ⟨m.; -s, -; Metrik⟩ Vers mit überzähliger (hyperkatalekt.) Schlusssilbe, die aber durch Elision mit der Anfangssilbe des folgenden Verses verschmolzen wird; *Sy* Hypermetron [*<Hyper...* + grch. *metron* »Maß«]

Hy|per|me|trie *auch:* **Hy|per|met|rie** ⟨f.; -, -n; Med.⟩ übermäßige, unkontrollierbare Bewegungen infolge einer Klein-

hypermetrisch

hirnerkrankung [<*Hyper*... + grch. *metron* »Maß«]

hy|per|me|trisch auch: **hy|per|met|risch** ⟨Adj.; Metrik⟩ in Hypermetra verfasst, sie aufweisend = Hypermeter

Hy|per|me|tron auch: **Hy|per|met|ron** ⟨m.; -s, -me|tra; Metrik⟩ = Hypermeter

Hy|per|me|tro|pie auch: **Hy|per|met|ro|pie** ⟨f.; -; unz.; Med.⟩ Übersichtigkeit, Weitsichtigkeit; Ggs Myopsie [<grch. *hypermetros* »übermäßig« + ...*opie*]

hy|per|me|tro|pisch auch: **hy|per|met|ro|pisch** ⟨Adj.; Med.⟩ weitsichtig; Ggs myop

hy|per|mo|dern ⟨Adj.⟩ übertrieben modern

hy|per|morph ⟨Adj.; Genetik⟩ ein Merkmal verstärkt ausprägend (von einem mutierten Gen); Ggs hypomorph [<*hyper*... + grch. *morphe* »Gestalt«]

Hy|pe|ron ⟨n.; -s, -ro|nen; Physik⟩ Elementarteilchen, dessen Masse größer ist als die des Neutrons [<*Hyper*... + *Ion*]

Hy|pe|ro|no|mie ⟨f.; -, -n; Sprachw.⟩ Form der semantischen od. lexikalischen Überordnung eines Oberbegriffs im Verhältnis zu anderen sprachlichen Zeichen; Ggs Hyponymie; →a. Hyperonym

Hy|pe|ro|nym ⟨n.; -s, -e; Sprachw.⟩ übergeordneter Begriff, z. B. »Tier« gegenüber »Pferd«; Ggs Hyponym [<*hyper*... + grch. *onoma, onyma* »Name«]

Hy|per|phy|sik ⟨f.; -; unz.⟩ Erklärung von Naturerscheinungen vom Übersinnlichen her

hy|per|phy|sisch ⟨Adj.⟩ zur Hyperphysik gehörend, übernatürlich

Hy|per|pla|sie ⟨f.; -, -n; Med.⟩ Größenzunahme von Organen durch Zellvermehrung

Hy|per|se|kre|ti|on ⟨f.; -, -en; Med.⟩ vermehrte Absonderung von Drüsensekret

hy|per|sen|si|bel ⟨Adj.⟩ übermäßig sensibel, allzu empfindlich; *er ist ein hypersensibler Mensch*

hy|per|sen|si|bi|li|sie|ren ⟨V.⟩ *etwas* ~ von etwas die Sensibilität, die Empfindlichkeit stark erhöhen

Hy|per|so|mie ⟨f.; -; unz.; Med.⟩ = Gigantismus, Riesenwuchs; Ggs Hyposomie [<*Hyper*... + grch. *soma* »Körper«]

hy|per|so|nisch ⟨Adj.⟩ im Bereich des Hyperschalls [<*hyper*... + lat. *sonor* »Ton, Klang«]

Hy|per|tel|lie ⟨f.; -; unz.; Med.⟩ übertriebene Entwicklung eines Körperteils [<*Hyper*... + grch. *telos* »Ziel«]

Hy|per|ten|si|on ⟨f.; -, -en; Med.⟩ = Hypertonie (2) [<*Hyper*... + *Tension*]

Hy|per|text ⟨[haɪ-] m.; -(e)s, -e; EDV⟩ Form der nicht-linearen Textdarbietung, die mit Hilfe von Knoten (Verzweigungspunkten) auf weiterführende Informations- u. Beschreibungsebenen führt; →a. Hypermedia, Internet [engl.]

Hy|per|text|li|te|ra|tur ⟨[haɪ-] f.; -; unz.⟩ Literatur für elektronische Medien (bes. für das Internet), die mit Hilfe von Querverweisen (Hyperlinks) interaktives Lesen ermöglicht

Hy|per|ther|mie ⟨f.; -, -n; Med.⟩ Hitzschlag [<*Hyper*... + grch. *thermos* »warm, heiß«]

Hy|per|thy|mie ⟨f.; -; unz.; Psych.⟩ übermäßig gehobene Stimmung [<*Hyper*... + grch. *thymos* »Aufwallung«]

Hy|per|thy|re|o|se ⟨f.; -; unz.; Med.⟩ Überfunktion der Schilddrüse; Ggs Hypothyreose [<*Hyper*... + grch. *thyreos* »Schild«]

Hy|per|to|nie ⟨f.; -, -n; Med.⟩ Ggs Hypotonie **1** übersteigerte Spannung (bes. von Muskeln) **2** erhöhter Blutdruck; Sy Hypertension

Hy|per|to|ni|ker ⟨m.; -s, -; Med.⟩ jmd., der an Hypertonie (2) leidet

hy|per|to|nisch ⟨Adj.; Med.⟩ **1** zur Hypertonie (2) gehörend, sie betreffend **2** ~*e Lösungen* L., die einen höheren osmotischen Druck als eine Vergleichslösung, z. B. Blut, besitzen; Ggs hypotonisch

hy|per|troph ⟨Adj.; Med.⟩ übermäßig vergrößert, z. B. bei Organen

Hy|per|tro|phie ⟨f.; -, -n; Med.⟩ übermäßige Vergrößerung, übermäßiges Wachstum (von Gewebe, Organen); Ggs Hypotrophie [<*Hyper*... + ...*trophie*]

Hy|per|ven|ti|la|ti|on ⟨[-ven-] f.; -; unz.; Med.⟩ erhöhte Atmungstätigkeit, übermäßige Beatmung der Lunge [<*Hyper*... + lat. *ventilare* »fächeln«]

hy|per|ven|ti|lie|ren ⟨[-vɛn-] V.; Med.⟩ erhöht atmen, die Lunge übermäßig beatmen

Hy|per|vit|a|mi|no|se auch: **Hy|per|vit|a|mi|no|se** ⟨[-vit-] f.; -, -n; Med.⟩ Schädigung des Körpers durch übermäßige Vitaminzufuhr; Ggs Hypovitaminose [<*Hyper*... + *Vitamin*]

Hyph|ä|re|se auch: **Hyph|ä|re|se** ⟨f.; -, -n; Sprachw.⟩ Ausstoßung eines kurzen Vokals vor einem anderen Vokal [<grch. *hyphairesis* »Entziehen, Entwenden«]

Hy|phe ⟨f.; -, -n⟩ aus einfachen Zellreihen bestehender Pilzfaden; →a. Paraphyse [grch., »das Weben, Gewebe«]

Hyph|en auch: **Hyph|en** ⟨n.; - od. -s, -; antike Gramm.⟩ Bindestrich zwischen den beiden Teilen eines zusammengesetzten Wortes [<grch. *hyph'hen* »in eins, zusammen«]

Hyp|no|a|na|ly|se ⟨f.; -, -n⟩ Psychoanalyse mit vorausgehender Hypnose [<grch. *hypnos* »Schlaf« + *Analyse*]

hyp|no|id ⟨Adj.; Psych.⟩ traumähnlich, der Hypnose ähnlich

Hyp|no|pä|die ⟨f.; -; unz.⟩ Lernmethode mittels Audiogeräten, die einen Lernstoff in der Zeit nach dem Einschlafen u. vor dem Erwachen wiederholen, Schlaflernmethode [<grch. *hypnos* »Schlaf« + ...*pädie*]

hyp|no|pä|disch ⟨Adj.⟩ zur Hypnopädie gehörend, auf ihr beruhend, mit ihrer Hilfe

Hyp|no|se ⟨f.; -, -n⟩ durch Suggestion herbeigeführter Schlaf, in dem der Schlafende auf Befehl des Hypnotiseurs Handlungen ausführen kann [→ *hypnotisch*]

Hyp|no|si|e ⟨f.; -, -n; Med.⟩ (von Trypanosomen verursachte) Infektionskrankheit, die über Bewusstlosigkeit zum Tode führen kann, Schlafkrankheit

Hyp|no|the|ra|peut ⟨m.; -en, -en⟩ Arzt, der Hypnotherapie anwendet

Hyponymie

Hyp|no|the|ra|peu|tin ⟨f.; -, -tinnen⟩ Ärztin, die Hypnotherapie anwendet

Hyp|no|the|ra|pie ⟨f.; -, -n⟩ mit Hilfe von Hypnose durchgeführte Psychotherapie

Hyp|no|tik ⟨f.; -; unz.⟩ Lehre von der Hypnose

Hyp|no|ti|kum ⟨n.; -s, -ti|ka; Pharm.⟩ Schlafmittel [<lat. *hypnoticum* »einschläfernd«]

hyp|no|tisch ⟨Adj.⟩ die Hypnose betreffend, auf ihr beruhend, mit ihrer Hilfe [<lat. *hypnoticus* <grch. *hypnotikos* »schläfrig, einschläfernd«; zu *hypnos* »Schlaf«]

Hyp|no|ti|seur ⟨[-zøːr] m.; -s, -e⟩ jmd., der einen anderen in Hypnose versetzt

hyp|no|ti|sie|ren ⟨V.⟩ **1** in Hypnose versetzen **2** ⟨fig.⟩ (durch Blick od. Bewegung) willenlos machen, widerstandslos machen

Hyp|no|tis|mus ⟨m.; -; unz.⟩ **1** Lehre von der Hypnose **2** Beeinflussung

hy|po..., Hy|po... ⟨vor Vokalen⟩ hyp..., Hyp... ⟨in Zus.⟩ unter..., darunter befindlich, Unter..., *Ggs* hyper..., Hyper... [<grch. *hypo* »unter, darunter«]

Hy|po|blast ⟨n.; -s, -e⟩ = Entoderm [<*Hypo*... +...*blast*]

Hy|po|chon|der ⟨[-xɔn-] m.; -s, -; Med.; Psych.⟩ **1** jmd., der an Hypochondrie leidet **2** schwermütiger Mensch [→ *hypochondrisch*]

Hy|po|chon|drie *auch:* **Hy|pochond|rie** ⟨[-xɔn-] f.; -; unz.; Psych.⟩ **1** die Einbildung, krank zu sein **2** krankhafte Schwermut, Trübsinn [→ *hypochondrisch*]

hy|po|chon|drisch *auch:* **hy|pochond|risch** ⟨[-xɔn-] Adj.; Psych.⟩ an Hypochondrie leidend [<grch. *hypochondriakos* »am Hypochondrion leidend«; zu *hypochondrion* »das unter dem Brustknorpel Befindliche« (d. h. die Organe des Unterleibs, die nach antiker Auffassung Sitz u. Ursache von Gemütskrankheiten waren)]

Hy|po|dak|ty|lie ⟨f.; -; unz.; Med.⟩ angeborenes Fehlen von Fingern u. Zehen [<*Hypo*... + grch. *daktylos* »Finger«]

Hy|po|derm ⟨n.; -s; unz.⟩ = Subkutis [<*Hypo*... +...*derm*]

Hy|po|do|chmi|us ⟨[-dɔx-] m.; -, -mi|en; Metrik⟩ anaklastische Variante des Dochmius, eines fünfgliedrigen antiken Versfußes

Hy|po|funk|ti|on ⟨f.; -, -en; Med.⟩ verminderte Arbeitsleistung, Unterfunktion eines Organs; *Ggs* Hyperfunktion

Hy|po|gast|ri|um *auch:* **Hy|po|gastri|um** ⟨n.; -s, -tri|en; Anat.⟩ Unterleib [<*Hypo*... + lat. *gaster* »Bauch«]

Hy|po|gly|kä|mie *auch:* **Hy|po|glykä|mie** ⟨f.; -; unz.; Med.⟩ Sinken des Blutzuckergehaltes unter den Normalwert; *Ggs* Hyperglykämie [<*Hypo*... + *Glykämie*]

Hy|po|go|na|dis|mus ⟨m.; -; unz.; Med.⟩ Unterentwicklung u. Unterfunktion der Keimdrüsen [<*Hypo*... + grch. *gone* »Erzeugung, Same«]

hy|po|gyn ⟨Adj.; Bot.⟩ mit oberständigem Fruchtknoten versehen; *oV* hypogynisch; →*a.* perigyn [<*hypo*... + grch. *gyne* »Weib«]

hy|po|gy|nisch ⟨Adj.; Bot.⟩ = hypogyn

Hy|po|id|ge|trie|be ⟨n.; -s, -; Technik⟩ Getriebe für Wellen, die sich in nur geringem Abstand kreuzen, vor allem im Kraftfahrzeugbau verwendet [verkürzt <*Hyperboloid*]

hy|po|kaus|tisch ⟨Adj.⟩ mittels eines Hypokaustums geheizt

Hy|po|kaus|tum ⟨n.; -s, -ten; in der Antike u. im MA⟩ Heizanlage unter dem Fußboden [<*Hypo*... + grch. *kaiein* »brennen, anzünden«]

hy|po|ki|ne|se ⟨f.; -; unz.; Med.⟩ verminderte Bewegungsaktivität; *Ggs* Hyperkinese [<*Hypo*... + grch. *kinesis* »Bewegung«]

hy|po|ki|ne|tisch ⟨Adj.; Med.⟩ zur Hypokinese gehörend, auf ihr beruhend, bewegungsarm; *Ggs* hyperkinetisch

Hy|po|ko|tyl ⟨n.; -s, -e; Bot.⟩ die Keimachse unterhalb der Keimblätter der Blütenpflanzen; →*a.* Epikotyl [<*Hypo*... + grch. *kotyle* »Höhlung«]

Hy|po|kri|sie ⟨f.; -; unz.⟩ Heuchelei, Verstellung, Scheinheiligkeit [<grch. *hypokrinesthai* »ein Urteil abgeben«; übertr. »als Schauspieler auftreten«]

hy|po|kris|tal|lin ⟨Adj.⟩ aus Kristallinen u. glasigen Bestandteilen zusammengesetzt (von Erstarrungsgestein) [<*hypo*... + grch. *krystallos* »Eis, Kristall«]

Hy|po|krit ⟨m.; -en, -en⟩ Heuchler [→ *Hypokrisie*]

hy|po|kri|tisch ⟨Adj.⟩ heuchlerisch, scheinheilig

Hy|po|lim|ni|on ⟨n.; -s, -ni|en; Biol.⟩ kaltes Tiefenwasser in Seen, das auch im Sommer vom warmen Oberflächenwasser getrennt ist; *Ggs* Epilimnion [<*Hypo*... + grch. *limne* »Teich, Landsee«]

Hy|po|ma|nie ⟨f.; -, -n; Med.; Psych.⟩ leichter Grad der Manie, mit gehobener Stimmung u. größerer Lebhaftigkeit, aber geringerer Beharrlichkeit im Denken u. Handeln verbunden [<*Hypo*... + *Manie*]

Hy|po|ma|ni|ker ⟨m.; -s, -⟩ jmd., der an Hypomanie leidet

hy|po|ma|nisch ⟨Adj.⟩ **1** ⟨Med.⟩ zur Hypomanie gehörend, an ihr leidend **2** ⟨Psych.⟩ *eine ~e Persönlichkeit* jmd., der einen heiteren, offenen, aber leicht oberflächlichen Charakter besitzt

Hy|po|mne|sie *auch:* **Hy|pom|ne|sie** ⟨f.; -, -n; Med.⟩ Störung od. Verlust des Erinnerungsvermögens [<*Hypo*... + grch. *mneme* »Gedächtnis«]

hy|po|morph ⟨Adj.; Genetik⟩ ein Merkmal schwächer ausprägend (von mutierten Genen); *Ggs* hypermorph [<*hypo*... + grch. *morphe* »Gestalt«]

Hy|po|nas|tie ⟨f.; -; unz.; Bot.⟩ verstärktes Wachstum der Unterseite von Trieben od. Blättern, das zu einer Krümmung nach oben führt; *Ggs* Epinastie [<*Hypo*... + *Nastie*]

Hy|po|nym *auch:* **Hy|po|nym** ⟨n.; -s, -e; Sprachw.⟩ untergeordneter Begriff, z. B. »Pferd« gegenüber »Tier«; *Ggs* Hyperonym [<*Hypo*... + grch. *onoma, onyma* »Name«]

Hy|po|ny|mie *auch:* **Hy|po|ny|mie** ⟨f.; -, -n; Sprachw.⟩ Form der lexikalischen Unterordnung von sprachlichen Zeichen un-

Hypophyse

ter einen gemeinsamen Oberbegriff; *Ggs* Hyperonymie [<*Hypo...* + grch. *onyma* »Name«]

Hy|po|phy|se ⟨f.; -, -n; Med.⟩ Hirnanhangdrüse [<*Hypo...* + *...physe*]

Hy|po|pla|sie ⟨f.; -, -n; Med.⟩ Unterentwicklung eines Organs od. eines Organsystems

hy|po|plas|tisch ⟨Adj.; Med.⟩ zur Hypoplasie gehörend, sie betreffend, sie aufweisend

hy|po|som ⟨Adj.; Med.⟩ an Hyposomie leidend, kleinwüchsig

Hy|po|so|mie ⟨f.; -; unz.; Med.⟩ Kleinwuchs; *Ggs* Hypersomie [<*Hypo...* + grch. *soma* »Körper«]

◆ Die Buchstabenfolge **hy|post...** kann auch **hy|pos|t...** getrennt werden.

◆ **Hy|po|sta|se** ⟨f.; -, -n⟩ **1** Grundlage, Unterlage **2** Stoff, Gegenstand (einer Abhandlung) **3** Wesen, Erscheinungsform (z. B. der Dreieinigkeit) **4** (nach altjüd. Vorstellungen, bei Zarathustra u. a.) **4.1** die Ablösung einer Eigenschaft von einer Gottheit (z. B. Weisheit, Gerechtigkeit) u. Verwandlung in ein selbständiges halbgöttl. Wesen **4.2** dieses Wesen selbst **5** Übergang von Wörtern aus einer Flexionsklasse in eine andere, z. B. teilhaben in Teilhaber, über Nacht in übernachten **6** Blutstauung, Blutüberfüllung eines Organs bei geschwächtem Blutkreislauf, bes. nach langem Liegen

◆ **hy|po|sta|sie|ren** ⟨V.⟩ **1** verselbständigen, vergegenständlichen, personifizieren **2** (als vorhanden) unterstellen

◆ **Hy|po|sta|sie|rung** ⟨f.; -, -en⟩ **1** (Sprachw.) Wechsel der Wortart, wobei das neue Wort morphologisch (z. B. durch ein Genitiv-s) gekennzeichnet ist: Name-namens, Seite-seitens **2** (geh.) das Hypostasieren

◆ **hy|po|sta|tisch** ⟨Adj.⟩ **1** durch Hypostase hervorgerufen, auf ihr beruhend **2** gegenständlich, wesentlich

◆ **Hy|po|sty|lon** ⟨n.; -s, -sty|la; Arch.⟩ *oV* Hypostylos **1** gedeck-

ter Säulengang, Säulenhalle **2** Tempel mit Säulengang [<grch. *hypo* »unten, darunter« + grch. *stylos* »Säule«]

◆ **Hy|po|sty|los** ⟨m.; -, -sty|loi⟩ = Hypostolon

hy|po|tak|tisch ⟨Adj.; Sprachw.⟩ auf Hypotaxe beruhend, in der Art einer Hypotaxe (1), unterordnend; *Ggs* paratakisch

Hy|po|ta|xe ⟨f.; -, -n⟩ **1** (Sprachw.) Unterordnung eines Satzteiles od. Sätze unter einen anderen, Satzgefüge; *Sy* Subjunktion (2); *Ggs* Parataxe (1) **2** mittlerer Stärkegrad der Hypnose [<*Hypo...* + grch. *tattein* »ordnen«]

Hy|po|ten|si|on ⟨f.; -, -en; Med.⟩ = Hypotonie

Hy|po|te|nu|se ⟨f.; -, -n; Geom.⟩ die dem rechten Winkel gegenüberliegende Seite eines Dreiecks [<*Hypo...* + grch. *teinein* »spannen, sich erstrecken«]

Hy|po|tha|la|mus ⟨m.; -, -la|mi; Anat.⟩ unter dem Thalamus liegender Teil des Zwischenhirns [<*Hypo...* + *Thalamus*]

Hy|po|thek ⟨f.; -, -en⟩ im Grundbuch eingetragenes, durch eine Zahlung erworbenes Recht an einem Grundstück in Form einer Forderung auf regelmäßige Zinszahlungen; *eine ~ auf ein Haus aufnehmen* [<grch. *hypotheke* »Unterlage; Unterpfand«; zu *hypotithenai* »daruntelegen«]

Hy|po|the|kar ⟨m.; -s, -e⟩ Hypothekengläubiger

hy|po|the|ka|risch ⟨Adj.⟩ eine Hypothek betreffend, auf einer H. beruhend, durch eine H.; *~e Eintragung; ~ belastete Güter*

Hy|po|ther|mie ⟨f.; -; unz.; Med.⟩ Unterkühlung, unter den Normalwert gesunkene Körpertemperatur [<*Hypo...* + grch. *thermos* »warm«]

Hy|po|the|se ⟨f.; -, -n⟩ **1** unbewiesene Voraussetzung, Unterstellung **2** noch unbewiesene Annahme als Hilfsmittel für wissenschaftl. Erkenntnisse [<grch. *hypothesis* »Unterstellung«; → *Hypothek*]

hy|po|the|tisch ⟨Adj.⟩ **1** auf einer Hypothese, einer bloßen Annahme beruhend **2** bedingt gültig; *Ggs* kategorisch (2)

Hy|po|thy|re|o|se ⟨f.; -; unz.;

Med.⟩ Unterfunktion der Schilddrüse; *Ggs* Hyperthyreose [<*Hypo...* + grch. *thyreos* »Schild«]

Hy|po|to|nie ⟨f.; -, -n; Med.⟩ *Ggs* Hypertonie **1** herabgesetzte Spannung (bes. von Muskeln) **2** verminderter Blutdruck; *Sy* Hypotension

Hy|po|to|ni|ker ⟨m.; -s, -; Med.⟩ jmd., der an Hypotonie leidet

hy|po|to|nisch ⟨Adj.⟩ **1** ⟨Med.⟩ zur Hypotonie gehörend, sie betreffend **2** *~e Lösungen* L., die einen niedrigeren osmotischen Druck als eine Vergleichslösung (z. B. Blut) besitzen; *Ggs* hypertonisch

Hy|po|tra|chel|li|on ⟨[-xɛ:-] n.; -s, -li|en; Arch.⟩ Teil der Säule unter dem Kapitell, Säulenhals [<*Hypo...* + grch. *trachelos* »Hals«]

Hy|po|tro|phie ⟨f.; -, -n; Med.⟩ mangelhafter Ernährungszustand u. verminderte Funktionsfähigkeit (von Organen od. Muskeln); *Ggs* Hypertrophie [<*Hypo...* + *...trophie*]

Hy|po|vit|a|mi|no|se *auch:* **Hy|po|vi|ta|mi|no|se** ⟨[-vit-] f.; -, -n; Med.⟩ Vitaminmangelkrankheit; *Ggs* Hypervitaminose

Hyp|ox|ä|mie *auch:* **Hyp|o|xä|mie** ⟨f.; -; unz.; Biochemie⟩ Spaltprodukt des Nucleinsäurestoffwechsels, oxidiert im Organismus zu Xanthin u. Harnsäure [<*Hypo...* + *Oxygenium* + *...ämie*]

Hyp|o|xan|thin ⟨n.; -s; unz.; Biochemie⟩ Spaltprodukt des Nucleinsäurestoffwechsels, oxidiert im Organismus zu Xanthin u. Harnsäure [<grch. *hypo* »unter« + *Xanthin*]

Hyp|ox|ie *auch:* **Hyp|o|xie** ⟨f.; -; unz.; Med.⟩ Sauerstoffmangel im Körper [→ *Hypoxämie*]

Hy|po|zen|trum *auch:* **Hy|po|zent|rum** ⟨n.; -s, -zen|tren⟩ Erdbebenherd

Hy|po|zyk|lo|i|de *auch:* **Hy|po|zyk|lo|i|de** ⟨f.; -, -n; Math.⟩ mathemat. Kurve, die von einem Punkt auf dem Umfang eines Kreises beschrieben wird, wenn dieser Kreis im Innern eines anderen festen Kreises abrollt

hyp|so|gra|fisch ⟨Adj.; Geol.⟩ = hypsographisch

hyp|so|gra|phisch ⟨Adj.; Geol.⟩ *~e Kurve* graf. Darstellung, die die verschiedenen Höhenstufen der Erdoberfläche veranschaulicht; *oV* hypsografische Kurve; *Sy* hypsometrische Kurve [<grch. *hypsos* »Höhe« + *graphein* »schreiben«]

Hyp|so|me|ter ⟨n.; -s, -; Geol.⟩ Thermometer zum Bestimmen der Höhe eines Ortes aus dem Siedepunkt des Wassers, der mit zunehmender Höhe abnimmt; *Sy* Hypsothermometer (1) [<grch. *hypsos* »Höhe« + *...meter*]

Hyp|so|me|trie *auch:* **Hyp|so|met|rie** ⟨f.; -, -n; Geol.⟩ Höhenmessung

hyp|so|me|trisch *auch:* **hyp|so|met|risch** ⟨Adj.; Geol.⟩ **1** auf Hypsometrie beruhend; *~e Kurve* = hypsographische Kurve **2** mithilfe des Hypsometers

Hyp|so|ther|mo|me|ter ⟨n.; -s, -; Technik⟩ **1** = Hypsometer **2** (Siede-)Thermometer mit einem Messbereich zw. 90 u. 102°C u. einer hohen Messgenauigkeit zur Bestimmung der Siedetemperatur von Wasser, Bestandteil des Hypsometers

Hys|ter|al|gie *auch:* **Hys|te|ral|gie** ⟨f.; -, -n; Med.⟩ Gebärmutterschmerz [<grch. *hystera* »Gebärmutter« + *algos* »Schmerz«]

Hys|ter|ek|to|mie *auch:* **Hys|te|rek|to|mie** ⟨f.; -, -n; Med.⟩ operative Entfernung der Gebärmutter [<grch. *hystera* »Gebärmutter« + *Ektomie*]

Hys|te|re|se ⟨f.; -; Physik⟩ das Zurückbleiben einer Wirkung hinter der sie verursachenden physikal. Kraft; *oV* Hysteresis [zu grch. *hysteros* »später, geringer«]

Hys|te|re|sis ⟨f.; -, unz.; Physik⟩ = Hysterese

Hys|te|rie ⟨f.; -, -n; Psych.⟩ Zustand, in dem seelische Erregung durch körperliche Veränderungen od. Funktionsstörungen äußert [<grch. *hystera* »Gebärmutter« (früher vermuteter Ausgangspunkt der *Hysterie*)]

Hys|te|ri|ker ⟨m.; -s, -⟩ jmd., der an Hysterie leidet, leicht hysterisch wird

Hys|te|ri|ke|rin ⟨f.; -, -rin|nen⟩ weibl. Person, die an Hysterie leidet, leicht hysterisch wird

hys|te|risch ⟨Adj.⟩ **1** auf Hysterie beruhend, an Hysterie leidend **2** ⟨fig.⟩ übertrieben leicht erregbar, übertrieben erregt

hys|te|ri|sie|ren ⟨V.⟩ *jmdn. ~* hysterisch machen

hys|te|ro|gen ⟨Adj.⟩ **1** auf Hysterie beruhend **2** Hysterie auslösend; *~e Zonen* Körperstellen, durch deren Berührung ein hysterischer Anfall ausgelöst wird

hys|te|ro|id ⟨Adj.; Med.; Psych.⟩ einer Hysterie ähnlich

Hys|te|ron-Pro|te|ron ⟨n.; -s, -tera-Pro|te|ra⟩ **1** ⟨Rhet.; urspr.⟩ das Spätere ist das Frühere, Redefigur, bei der zuerst der Gedanke steht, der nach Zeitfolge od. Logik nachstehen sollte **2** ⟨Logik⟩ = Circulus vitiosus (1) [grch., »Späteres früher«]

Hys|te|ro|phyt ⟨m.; -en, -en; Bot.⟩ Schmarotzerpflanze [<grch. *hysteros* »später« + *...phyt*]

Hys|te|ro|pto|se *auch:* **Hys|te|rop|to|se** ⟨f.; -, -n; Med.⟩ Gebärmuttervorfall [<grch. *hystera* »Gebärmutter« + *ptosis* »Fall«]

Hys|te|ro|sko|pie *auch:* **Hys|te|ros|ko|pie** ⟨f.; -, -n; Med.⟩ Untersuchung der Gebärmutter mithilfe des zystoskopähnlichen Gebärmutterspiegels [<grch. *hystera* »Gebärmutter« + *...skopie*]

Hys|te|ro|to|mie ⟨f.; -, -n; Med.⟩ Gebärmutterschnitt [<grch. *hystera* »Gebärmutter« + *...tomie*]

Hz ⟨Physik; Zeichen für⟩ Hertz

i ⟨Zeichen für⟩ imaginäre Zahl
I 1 ⟨röm. Zahlzeichen für⟩ 1 **2** ⟨Physik; Zeichen für⟩ Stromstärke **3** ⟨Chemie; in Großbritannien u. den USA Zeichen für⟩ Jod

IAEA ⟨Abk. für engl.⟩ International Atomic Energy Agency (Internationale Atomenergieorganisation), Organisation, die Empfehlungen zum Strahlenschutz veröffentlicht; →*a.* ICRP

Iam|bus ⟨m.; -, Iam|ben; Metrik⟩ = Jambus

...ia|na ⟨Pluralendung⟩ = ...ana

...ia|ter ⟨Nachsilbe; zur Bildung männl. Subst.⟩ Arzt; *Psychiater* [<grch. *iatros* »Arzt«]

◆ Die Buchstabenfolge i**a**t**r**... kann auch i**at**r... getrennt werden.

◆ **...ia|trie** ⟨Nachsilbe; zur Bildung weibl. Subst.⟩ Heilkunde; *Psychiatrie* [<grch. *iatreia* »Heilung«; zu *iatros* »Arzt«]

◆ **Ia|trik** ⟨f.; -; unz.⟩ Heilkunst [<grch. *iatrike*]

◆ **ia|trisch** ⟨Adj.⟩ zur Heilkunst gehörend [→ *Iatrik*]

◆ **Ia|tro|che|mie** ⟨[-çe-] f.; -; unz.⟩ von Paracelsus (1493/94-1541) begründete Forschungsrichtung (ca. 1530-1700), deren Hauptaufgabe die Erforschung der Lebensvorgänge u. die Schaffung von Heilmitteln war [<grch. *iatros* »Arzt« + *Chemie*]

◆ **ia|tro|gen** ⟨Adj.⟩ durch ärztl. Handlungen hervorgerufen [<grch. *iatros* »Arzt« + *...gen¹*]

◆ **Ia|tro|lo|gie** ⟨f.; -; unz.⟩ Lehre von der ärztlichen Heilkunst [<grch. *iatros* »Arzt« + *...logie*]

◆ **ia|tro|lo|gisch** ⟨Adj.⟩ die Iatrologie betreffend, zu ihr gehörend

ib., ibd. ⟨Abk. für⟩ ibidem

Ibe|rer ⟨m.; -s, -⟩ **1** Angehöriger eines vor- u. frühgeschichtl. Volkes auf der Pyrenäenhalbinsel, Vorfahr des Basken **2** Angehöriger eines ausgestorbenen Volksstammes südl. vom Kaukasus, im heutigen Georgien [nach der lat. Bezeichnung *Hiberus* »Spanier«, nach dem Iberus = Ebro]

Ibe|ris ⟨f.; -, -be|ren, Bot.⟩ krautiger od. halbstrauchiger Kreuzblütler, beliebte Gartenpflanze, Schleifenblume [lat. <grch. *iberis* »Giftkresse«]

i|be|risch ⟨Adj.⟩ **1** die Iberer betreffend, zu ihnen gehörig, von ihnen stammend **2** die Pyrenäenhalbinsel betreffend, zu ihr gehörig, von ihr stammend **3** ~*e Sprache* **3.1** isoliert stehende indogermanische Sprache der Iberer auf der Pyrenäenhalbinsel **3.2** zur iberisch-kaukasischen Sprachengruppe gehörende Sprache der Iberer südl. des Kaukasus

I|be|ro|a|me|ri|ka|ner ⟨m.; -s, -⟩ = Lateinamerikaner

I|be|ro|a|me|ri|ka|ne|rin ⟨f.; -, -rinnen⟩ = Lateinamerikanerin

i|be|ro|a|me|ri|ka|nisch ⟨Adj.⟩ = lateinamerikanisch

ibid. ⟨Abk. für⟩ ibidem

i|bi|dem ⟨Abk.: ib., ibd. od. ibid.⟩ ebenda, am angeführten Ort [lat., »ebenda«]

Ibis ⟨m.; -ses, -se; Zool.⟩ **1** ⟨allg.⟩ Angehöriger einer Familie kleinerer Schreitvögel mit sichelförmig abwärts gebogenem Schnabel: Threskiornithida **2** ⟨i. e. S.⟩ *Heiliger* ~ mit schwarzem Kopf, galt im antiken Ägypten als heilig: Threskionis aethiopica [lat. <grch. *ibis* »Nilreiher« <altägypt. *hbj*]

Ibn ⟨vor arab. Namen⟩ Sohn

I|bu|pro|fen ⟨n.; -s; unz.; Pharm.⟩ ein entzündungshemmendes Medikament, das häufig als Schmerzmittel bei der Behandlung von Arthritis od. Rheumatismus eingesetzt wird

IC 1 ⟨Abk. für engl.⟩ Integrated Circuit, eine integrierte Schaltung **2** ⟨Abk. für⟩ Intercityzug

IC-A|na|ly|se ⟨f.; -, -n; Abk. für⟩ Immediate-Constituents-Analyse, (unmittelbare) Konstituentenanalyse [engl.]

ICE ⟨m.; -s, -s; Abk. für⟩ Intercityexpresszug

Ich|neu|mon ⟨n. od. m.; -s, -e od. -s; Zool.⟩ Schleichkatze von 65 cm Körperlänge, frisst Schlangen u. Ratten, bei den alten Ägyptern heilig: Herpetes ichneumon [<grch. *ichneuein* »spüren«, zu *ichnos* »Spur«]

Ich|neu|mo|ni|den ⟨Pl.; Zool.⟩ Schlupfwespen [zu grch. *ichneuein* »spüren«]

Ich|no|gramm ⟨n.; -s, -e; Med.⟩ **1** Fußabdruck **2** Fußspur, Aufzeichnung einer Fußspur, z. B. bei Gehstörungen [<grch. *ichnos* »Spur« + ...*gramm*]

I|chor ⟨[íçoːr] m.; -s; unz.⟩ bei der Metamorphose von Gesteinen frei werdendes Wasser, das bei hohem Druck u. hoher Temperatur ein gutes Lösungsmittel für Silikate ist [grch., »Blutsaft«]

ich|thy..., Ich|thy|o..., Ich|thyo... ⟨vor Vokalen⟩ ichthy..., Ichthy... ⟨in Zus.⟩ fisch..., Fisch... [<grch. *ichthys* »Fisch«]

Ich|thy|ol ⟨n.; -s; unz.⟩ **1** Schiefer, der fossile Fischreste enthält **2** durch Destillation gewonnenes Öl zur Behandlung entzündlicher Erkrankungen [<*Ichthyo*... + ...*ol*]

Ich|thy|o|lith ⟨m.; -s od. -en, -e od. -en⟩ versteinerter Fischrest [<*Ichthyo*... + ...*lith*]

Ich|thy|o|lo|ge ⟨m.; -n, -n⟩ Fachmann auf dem Gebiet der Ichthyologie, Fischkundler

Ich|thy|o|lo|gie ⟨f.; -; unz.⟩ Fischkunde

Ich|thy|o|lo|gin ⟨f.; -, -gin|nen⟩ Fischkundlerin

ich|thy|o|lo|gisch ⟨Adj.⟩ zur Ichthyologie gehörend, fischkundlich

Ich|thy|o|pha|ge ⟨m.; -n, -n⟩ sich überwiegend von Fischen ernährender Mensch [<grch. *ichthys* »Fisch« + ...*phage*]

Ich|thy|o|sau|ri|er ⟨m.; -s, -⟩ fossile, fischähnliche Reptiliengruppe, Meeresbewohner von 1 bis 17 m Körperlänge, Fischechse [<*Ichthyo*... + grch. *sauros* »Eidechse«]

Ich|thy|o|se ⟨f.; -; unz.; Med.⟩ Fischschuppenkrankheit [<grch. *ichthys* »Fisch«]

Icing ⟨[aɪsɪŋ] n.; -s od. -s, -s; Sport; Eishockey⟩ regelwidriges Spielen des Pucks über zwei Linien aus der Verteidigung heraus, um einen Angriff abzuwehren, Befreiungsschuss [engl.]

I|con ⟨[aɪkən] n.; -s, -s; EDV⟩ Bildsymbol, Piktogramm (dessen Funktion durch Anklicken ausgelöst wird) [engl., »Bild, Symbol«]

ICRP ⟨Abk. für engl.⟩ International Commission on Radiological Protection (Internationale Kommission für Strahlenschutz), Kommission, die Richtlinien für den Strahlenschutz aufstellt; →*a.* IAEA

Ic|te|rus ⟨m.; -; unz.⟩ = Ikterus

Ic|tus ⟨m.; -, -od. -ten⟩ = Iktus

id. ⟨Abk. für⟩ idem

...id ⟨Nachsilbe; zur Bildung von Adj.⟩ zu einer Rasse gehörig, die Körpermerkmale einer Rasse habend; *mongoloid; negrid* [<grch. *eidos* »Aussehen«; zu *idea* »Erscheinung, Gestalt, Beschaffenheit, Form«; →*Idee*]

i|de|al ⟨Adj.⟩ **1** nur gedacht, nur in der Vorstellung existierend; *oV* ideell (1); ~*es Ziel* vollkommen, mustergültig; *ein* ~*er Reisegefährte; dieser Apparat ist einfach* ~ **3** ⟨umg.⟩ überaus schön, herrlich, wunderbar; *der See ist* ~ *zum Baden;* ~*es Wetter* **4** ~*e Landschaft* ⟨Mal.⟩ Darstellung einer harmon., meist bewaldeten sommerl. Landschaft [im 19. Jh. verkürzt <*idealisch*; →*Ideal*]

I|de|al ⟨n.; -s, -e⟩ **1** Inbegriff höchster Vollkommenheit, Mustergültiges, Leitgedanke; *einem* ~ *nachstreben* **2** erstrebenswertes Vorbild, Wunschbild; *ein* ~ *von einem Lehrer* [<lat. *idealis*; zu grch.-lat. *idea*; →*Idee*]

i|de|a|lisch ⟨Adj.⟩ im Sinne eines Ideals, einem Ideal entsprechend, ihm nahe kommend

i|de|a|li|sie|ren ⟨V.⟩ **1** veredeln, verschönern, vollkommener sehen, als es in Wirklichkeit ist **2** einem Ideal angleichen; *eine historische Gestalt in einem Drama, Roman idealisiert darstellen* [→*Ideal*; beeinflusst von frz. *idéaliser* »idealisieren«]

I|de|a|lis|mus ⟨m.; -; unz.⟩ **1** durch sittliche, nicht materielle Ziele bestimmte Anschauung u. Verhaltensweise, nach Idealen ausgerichtete Lebensführung; *Ggs* Realismus (2) **2** ⟨Philos.⟩ Auffassung, dass es die Wirklichkeit nur als rein geistiges Sein gibt u. die Materie dessen Erscheinungsform ist; *Ggs* Materialismus **3** ⟨fig.⟩ opferfreudige Begeisterung [→*ideal*]

I|de|a|list ⟨m.; -en, -en⟩ **1** Vertreter, Anhänger des Idealismus (1, 2); *Ggs* Realist (1), Materialist (1) **2** jmd., der sein Leben

ideologisch

nach Idealen ausrichtet; *Ggs* Materialist (2) **3** ⟨fig.; umg.⟩ Schwärmer, wirklichkeitsfremder Mensch; *Ggs* Realist (2)

I|de|a|lis|tin ⟨f.; -, -tin|nen⟩ **1** Vertreterin, Anhängerin des Idealismus (1, 2); *Ggs* Realistin (1), Materialistin (1) **2** weibl. Person, die ihr Leben nach Idealen ausrichtet; *Ggs* Materialistin (2) **3** ⟨fig.; umg.⟩ Schwärmerin, wirklichkeitsfremde weibl. Person; *Ggs* Realistin (2)

i|de|a|lis|tisch ⟨Adj.⟩ den Idealismus betreffend, zu ihm gehörig, auf ihm beruhend; *~e Sprachwissenschaft* = Neolinguistik; *Ggs* realistisch, materialistisch

I|de|a|li|tät ⟨f.; -; unz.⟩ **1** ideale Beschaffenheit; *Ggs* Realität (1) **2** das Sein als Idee od. Vorstellung; *Ggs* Realität (2)

i|de|a|li|ter ⟨Adj.; geh.⟩ im Idealfall

I|de|al|kon|kur|renz ⟨f.; -, -en; Rechtsw.⟩ Verletzung mehrerer Strafgesetze durch dieselbe Handlung, Tateinheit; *Ggs* Realkonkurrenz

I|de|al|spea|ker *auch:* **I|de|al Spea|ker** ⟨[adi:ǝlspi:kǝ(r)] m.; (-) -s, (-) -; Sprachw.⟩ (im Modell der generativen Transformationsgrammatik) Sprecher/Hörer mit als ideal angenommenen Sprechereigenschaften u. einer perfekten Sprachkompetenz [engl., »idealer Sprecher«]

I|de|al|typ ⟨m.; -s, -en⟩ *oV* Idealtypus **1** idealer Typus, dem Ideal nahe kommendes Einzelwesen **2** ⟨Human- u. Sozialwissenschaften⟩ Personen od. sozialen Gruppen zugeordnete typische Gestalt, wobei wesentliche Züge hervorgehoben, unwesentliche vernachlässigt werden

I|de|al|ty|pus ⟨m.; -, -ty|pen⟩ = Idealtyp

I|de|a|ti|on ⟨f.; -, -en⟩ Bildung einer Idee, eines Begriffs [→ *Idee*]

I|dee ⟨f.; -, -n⟩ **1** reiner Begriff; *die Lehre Platos von den ~n* **2** vorbildliche Urform; *die ~ einer Dichtung* **3** Gedanke, Vorstellung; *politische ~n; für eine ~ eintreten, kämpfen; fixe ~* Wahnvorstellung

4 Einfall, Gedanke, Ahnung; *ich habe eine ~; hast du eine ~, wie man…; du machst dir keine ~ davon, …; das ist gar keine schlechte ~; ein Plan nach seiner ~; keine ~!* keineswegs **5** *eine ~ Salz, Pfeffer* ganz wenig, eine Kleinigkeit, Spur [<grch. *idea* »Erscheinung, Gestalt, Beschaffenheit, Form; Urbild (Plato)«; beeinflusst von frz. *idée* <grch. *idea*]

Idée fixe ⟨[ide: fiks] f.; - -, -s -s [ide: fiks]⟩ **1** = fixe Idee (3) **2** ⟨Musik⟩ Kernthema, Hauptgedanke [frz.]

i|de|ell ⟨Adj.⟩ **1** die Idee, Vorstellung betreffend; *der ~e Gehalt eines Werkes (im Unterschied zum sachlichen, stofflichen Gehalt);* *oV* ideal **2** gedacht, nur in der Vorstellung vorhanden; *Ggs* materiell (2)

I|de|en|as|so|zi|a|ti|on ⟨f.; -, -en⟩ unwillkürliche Gedankenverbindung

i|dem ⟨Abk.: id.⟩ derselbe, dasselbe [lat.]

I|den ⟨Pl.; Sing.: Idus; röm. Kalender⟩ Monatsmitte, der 13. od. 15. des Monats [<lat. *idus* »Monatsmitte«]

I|den|ti|fi|ka|ti|on ⟨f.; -, -en⟩ **1** das Identifizieren, Feststellung der Identität **2** Gleichsetzung [<lat. *identitas* »Wesenseinheit« + *…fikation*]

i|den|ti|fi|zie|ren ⟨V.⟩ **1** *jmdn. ~* jmds. Identität feststellen **2** einander gleichsetzen **3** *etwas od. jmdn. ~* erkennen, feststellen als [<lat. *identitas* »Wesenseinheit« + *…fizieren*]

I|den|ti|fi|zie|rung ⟨f.; -, -en⟩ das Identifizieren, das Identifiziertwerden

i|den|tisch ⟨Adj.⟩ übereinstimmend, völlig gleich, ein u. dasselbe; *es stellte sich heraus, dass der Dateneingeber und der Setzer ~ sind* dieselbe Person

I|den|ti|tät ⟨f.; -; unz.⟩ völlige Übereinstimmung, Gleichheit, Wesenseinheit [<spätlat. *identitas* »Wesenheit« zu lat. *idem* »derselbe, dasselbe«]

I|den|ti|täts|aus|weis ⟨m.; -es, -e; Kurzwort: I-Ausweis; österr.⟩ Personalausweis

I|den|ti|täts|kar|te ⟨f.; -, -n; schweiz. für⟩ Personalausweis

I|den|ti|täts|nach|weis ⟨m.; -es, -e⟩ Nachweis, dass eine Person wirklich die ist, für die sich ausgibt od. für die man sie hält; *einen ~ erbringen*

ideo…, Ideo… ⟨in Zus.⟩ begriffs…, Begriffs… [<grch. *idea* »Erscheinung, Gestalt, Beschaffenheit, Form«]

I|de|o|gra|fie ⟨f.; -; unz.⟩ = Ideographie

i|de|o|gra|fisch ⟨Adj.⟩ = ideographisch

I|de|o|gramm ⟨n.; -s, -e⟩ Schriftzeichen, das einen ganzen Begriff ausdrückt, z. B. ein Zeichen der chinesischen Schrift

I|de|o|gra|phie ⟨f.; -; unz.⟩ Darstellung von Begriffen durch Bild od. Wortzeichen, Bilderschrift, Begriffsschrift; *oV* Ideografie

i|de|o|gra|phisch ⟨Adj.⟩ die Ideographie betreffend, zu ihr gehörig, mit Hilfe der Ideographie od. eines Ideogramms; *oV* ideografisch

I|de|o|ki|ne|se ⟨f.; -, -n; Med.⟩ (aufgrund gestörter Nervenbahnen) falsch ausgeführter Bewegungsablauf trotz klarer Vorstellung des normalen Ablaufs [<*Ideo…* + *…kinese*]

I|de|o|lo|ge ⟨m.; -n, -n⟩ **1** Vertreter einer Ideologie **2** polit. Theoretiker **3** weltfremder Theoretiker

I|de|o|lo|gem ⟨n.; -s, -e; geh.⟩ Gedankengebilde, Idee, Vorstellung [<*Ideo…* + grch. *logos* »Wort, Lehre« + Endung *…em* zur Bez. einer Einheit]

I|de|o|lo|gie ⟨f.; -, -n⟩ **1** die Gesamtheit der Anschauungen u. des Denkens einer bestimmten gesellschaftl. Schicht **2** polit. Theorie, polit. Anschauung; *die ~ des Kapitalismus, des Kommunismus* [<*Ideo…* + *…logie*]

I|de|o|lo|gie|kri|tik ⟨f.; -; unz.⟩ **1** Erforschung der Ursachen von Ideologien **2** Aufzeigen der einem Text od. einer Aussage zugrunde liegenden Ideologie

i|de|o|lo|gie|kri|tisch ⟨Adj.⟩ auf der Ideologiekritik beruhend, sie betreffend, die Ursachen von Ideologien erforschend

i|de|o|lo|gisch ⟨Adj.⟩ die Ideologie betreffend, auf ihr beruhend, ihr entsprechend

ideologisieren

i|de|o|lo|gi|sie|ren ⟨V.⟩ im Sinne einer bestimmten Ideologie erklären, auslegen; *einen Sachverhalt ~; einen Standpunkt ~*

I|de|o|lo|gi|sie|rung ⟨f.; -, -en⟩ das Ideologisieren, Erklärung od. Bewertung im Sinne einer bestimmten Ideologie

i|de|o|mo|to|risch ⟨Adj.⟩ unbewusst (ausgeführt) [<*ideo...* + *motorisch*]

id est ⟨Abk.: i. e.⟩ das ist, das heißt [lat.]

i|dio..., I|dio... ⟨in Zus.⟩ eigen..., Eigen..., selbst..., Selbst... [<grch. *idios* »eigen, eigentümlich«]

I|dio|blast ⟨m.; -en, -en; Bot.⟩ Einzelzelle, die in eine andere Zelle od. Zellengruppe von anderem Bau eingestreut ist [<*Idio...* + ...*blast*]

i|dio|chro|ma|tisch ⟨[-kro-] Adj.⟩ eigenfarbig; *~e Mineralien* M., die ohne Zusatz fremder Substanzen Farberscheinungen aufweisen

I|dio|fon ⟨n.; -s, -e⟩ = Idiophon

i|dio|gra|fisch ⟨Adj.⟩ = idiographisch

I|dio|gramm ⟨n.; -s, -e⟩ **1** eigenhändige Unterschrift **2** graf. Darstellung der Chromosomen eines Chromosomensatzes [<*Idio...* + ...*gramm*]

i|dio|gra|phisch ⟨Adj.⟩ eigenhändig; *oV* idiografisch

I|dio|la|trie *auch:* **I|dio|lat|rie** ⟨f.; -; unz.⟩ Selbstvergötterung [<*Idio* + ...*latrie*]

I|dio|lekt ⟨m.; -(e)s, -e⟩ Wortschatz u. besondere Ausdrucksweise eines einzelnen Menschen [<*Idio...* + Dia*lekt*]

i|dio|lek|tal ⟨Adj.; Sprachw.⟩ den Idiolekt betreffend, zu ihm gehörig, in der Art eines Idiolekts

I|di|om ⟨n.; -s, -e; Sprachw.⟩ Gesamtheit der Spracheigentümlichkeiten eines Menschen, eines Landes od. eines Standes, Eigentümlichkeit einer Mundart [<grch. *idioma* »Eigentümlichkeit, Besonderheit«; zu grch. *idios* »eigen, eigentümlich«]

I|dio|ma|tik ⟨f.; -; unz.⟩ Lehre von den Spracheigentümlichkeiten eines Landes und Standes, von den Eigentümlichkeiten einer Mundart [→ *Idiom*]

i|dio|ma|tisch ⟨Adj.⟩ der Sprache eines Landes od. eines Standes eigen, einer Mundart eigen

i|dio|ma|ti|siert ⟨Adj.⟩ zu einem Idiom geworden, als Idiom verwendet

I|dio|ma|ti|sie|rung ⟨f.; -, -en⟩ das Idiomatisieren, Standardisierung einer Wort- od. Satzbedeutung, die sich nicht mehr aus den Einzelbedeutungen ihrer Elemente erschließen lässt

i|dio|morph ⟨Adj.⟩ *~e Kristalle* K., die in einer Flüssigkeit auskristallisiert sind u. daher eine eigene Gestalt entwickeln konnten; *Sy* automorph

i|dio|pa|thisch ⟨Adj.⟩ selbständig, unabhängig (von Krankheiten) [<*idio...* + grch. *pathos* »Leiden«]

I|dio|phon ⟨n.; -s, -e; Musik⟩ Musikinstrument, dessen Körper selbst schwingt, z. B. Triangel; *oV* Idiofon [<grch. *idios* »eigen« + *phone* »Stimme«]

I|dio|plas|ma ⟨n.; -s; unz.; Biol.⟩ Keimplasma

I|dio|som ⟨n.; -s, -en; meist Pl.; Med.; Biol.⟩ **1** Chromosom **2** stark granulierte Plasmazone um das Zentrosom [<*Idio...* + grch. *soma* »Körper«]

I|dio|syn|kra|sie ⟨f.; -, -n⟩ **1** angeborene Überempfindlichkeit gegen bestimmte Stoffe **2** ⟨fig.⟩ heftige Abneigung, Widerwille [<*Idio...* + grch. *synkrasis* »Mischung«]

i|dio|syn|kra|tisch ⟨Adj.⟩ **1** auf Idiosynkrasie beruhend, überempfindlich **2** ⟨fig.⟩ von heftiger Abneigung erfüllt

I|di|ot ⟨m.; -en, -en⟩ **1** ⟨Med.⟩ an Idiotie leidende Person **2** ⟨fig.; umg.⟩ Dummkopf [<grch. *idiotes* »Privatmann, gewöhnlicher Mensch, unkundiger Laie, Stümper«; zu grch. *idios* »eigen, eigentümlich«]

I|dio|tie ⟨f.; -, -n⟩ **1** ⟨Med.⟩ schwere Form des angeborenen Schwachsinns **2** ⟨fig.; umg.⟩ Unsinnigkeit, große Dummheit **3** ganz u. gar unüberlegte Tat, unsinniger Einfall

I|dio|ti|kon ⟨n.; -s, -tika od. -tiken⟩ Mundartwörterbuch [<grch. *idios* »eigen(tümlich)«]

I|dio|tin ⟨f.; -, -tin|nen⟩ weiblicher Idiot

i|dio|tisch ⟨Adj.⟩ **1** ⟨Med.⟩ schwachsinnig **2** ⟨fig.; umg.⟩ sehr dumm, blöd, unsinnig

I|dio|tis|mus[1] ⟨m.; -; unz.⟩ = Idiotie [→ *Idiot*]

I|dio|tis|mus[2] ⟨m.; -, -men⟩ Sprach-, Mundarteigentümlichkeit, Element eines Idioms

i|dio|ty|pisch ⟨Adj.⟩ durch die Gesamtheit des Erbgutes festgelegt

I|dio|ty|pus ⟨m.; -, -ty|pen; Genetik⟩ Gesamtheit des Erbgutes

I|dio|va|ri|a|ti|on ⟨[-va-] f.; -, -en; Genetik⟩ sprunghaft auftretende Veränderung der Erbanlage

I|do|kras ⟨m.; -, -e; Min.⟩ = Vesuvian [<grch. *eidos* »Aussehen, Gestalt, Beschaffenheit«+ *krasis* »Mischung, Verbindung«]

I|dol ⟨n.; -s, -e⟩ Gegenstand der Verehrung, Abgott, Götzenbild [<grch. *eidolon* »Gestalt, Bild, Trugbild, Götzenbild«; zu *eidos* »Aussehen, Gestalt, Beschaffenheit«; verwandt mit *Idee, Ideal, Idyll(e)*]

I|do|la|trie *auch:* **I|do|lat|rie** ⟨f.; -; unz.⟩ = Idololatrie

i|do|li|sie|ren ⟨V.⟩ als Idol verehren, zum Idol erheben

I|do|li|sie|rung ⟨f.; -, -en⟩ das Idolisieren, etwas od. jmdn. zum Ideal erheben, als Idol verehren

I|do|lo|la|trie *auch:* **I|do|lo|lat|rie** ⟨f.; -, -n; österr.⟩ Verehrung von Götzenbildern, Abgötterei [<grch. *eidolon* »Götzenbild« + ...*latrie*; → *Idol*]

I|dus ⟨Sing. von⟩ Iden

I|dyll ⟨n.; -s, -e⟩ **1** Bild eines beschaul. einfachen Lebens sowie dieses Leben selbst **2** beschaul. Szene, friedl. Bild [<grch. *eidyllion* »Bildchen«, Verkleinerungsform zu *eidos* »Bild, Gestalt«; verwandt mit *Idee*]

I|dyl|le ⟨f.; -, -n⟩ lyrisch-dramat. od. lyrisch-epische Dichtung, die den ländl. Frieden, das beschaul. Leben einfacher Menschen schildert, Hirtendichtung [→ *Idyll*]

I|dyl|lik ⟨f.; -; unz.⟩ idyllische Beschaffenheit

i|dyl|lisch ⟨Adj.⟩ wie ein Idyll, ländlich-friedlich, beglückend, in der Art einer Idylle

i. e. ⟨Abk. für lat.⟩ id est

I. E. ⟨Abk. für⟩ Internationale Einheit

Illatum

i. f. ⟨Abk. für lat.⟩ ipse fecit

IFOR, Ifor ⟨f.; -; unz.; Kurzwort für engl.⟩ Implementation Force (Einsatztruppe), multinationale Einsatztruppe unter UN-Mandat zur Friedensstiftung u. Überwachung des Friedensabkommens von Daton in Bosnien-Herzegowina (Dez. 1995-Dez. 1996); →a. SFOR

Igelit® ⟨m.; -s; unz.⟩ Kunststoff auf der Basis von Polyvinylchlorid

Iglu auch: **Iglu** ⟨n. od. m.; -s, -s⟩ runde Schneehütte der Eskimos [eskim., »Schneehaus«]

◆ Die Buchstabenfolge **ign…** kann auch **ig|n…** getrennt werden.

◆ **Ignitron** ⟨n.; -s, -tro|ne od. -s; Physik⟩ Gasentladungsröhre mit einer über eine Hilfselektrode steuerbaren Zündung mit ähnlichen Eigenschaften wie ein Relais, das zur Steuerung hoher Ströme u. Leistungen eingesetzt wird [<lat. *ignis* »Feuer« + *…tron*]

◆ **ignorant** ⟨Adj.⟩ (aus Überheblichkeit od. Unwissenheit) unbeachtet lassend, nicht zur Kenntnis nehmend; *ein ~es Benehmen*

◆ **Ignorant** ⟨m.; -en, -en⟩ jmd., der (aus Borniertheit) unwissend ist [<lat. *ignorans*, Part. Präs. zu *ignorare* »nicht wissen«]

◆ **Ignoranz** ⟨f.; -; unz.⟩ Unwissenheit aus Borniertheit [<lat. *ignorantia* »Unwissenheit«]

◆ **ignorieren** ⟨V.⟩ absichtlich übersehen, unbeachtet lassen, keine Kenntnis nehmen von [<lat. *ignorare* »nicht wissen, nicht kennen, nicht kennen wollen«]

Iguana ⟨f.; -, -a|nen; Zool.⟩ in tropischen Gebieten Amerikas lebender großer Leguan mit sichelförmigem Kamm [span.]

Iguanodon auch: **Iguano|don** ⟨n.; -s, -s od. -o|don|ten⟩ großer Pflanzen fressender Dinosaurier der Jura- u. Kreidezeit [<span. *iguana* »Leguan« + *…odon*]

I. H. S. ⟨Abk. für⟩ **1** in hoc salus **2** in hocsigno

Ikebana ⟨n.; - od. -s; unz.⟩ die jap. Kunst des Blumensteckens [jap.]

Ikone ⟨f.; -, -n⟩ Heiligenbild der Ostkirche [<grch. *eikon* »Bild, Abbild«]

ikonisch ⟨Adj.⟩ **1** in der Art einer Ikone **2** bildhaft, abbildhaft darstellend, anschaulich

Ikonismus ⟨m.; -, -men⟩ abbildhafte, zeichenartige Darstellung

ikono…, Ikono… ⟨in Zus.⟩ Bild…, Bilder… [<grch. *eikon*, Gen. *eikonos* »Bild«]

Ikonodulie ⟨f.; -; unz.⟩ = Ikonolatrie [<*Ikono…* + grch. *douleia* »Unterwürfigkeit«]

Ikonograf ⟨m.; -en, -en⟩ = Ikonograph

Ikonografie ⟨f.; -; unz.⟩ = Ikonographie

ikonografisch ⟨Adj.⟩ = ikonographisch

Ikonograph ⟨m.; -en, -en⟩ *oV* Ikonograf **1** Kenner, Erforscher der Ikonographie **2** Instrument für Lithographen zum Übertragen von Zeichnungen auf Stein

Ikonographie ⟨f.; -; unz.⟩ *oV* Ikonografie **1** Wissenschaft der Bestimmung von Bildnissen aus dem Altertum **2** Betrachtung von Bildern bes. der christl. Kunst nach ihren Figuren, Gegenständen u. Symbolen u. die Lehre von ihrer Entwicklung u. ihren histor. Zusammenhängen; *Sy* Ikonologie [<*Ikono…* + *…graphie*]

ikonographisch ⟨Adj.⟩ die Ikonographie betreffend, zu ihr gehörig, auf ihr beruhend; *oV* ikonografisch

Ikonoklasmus ⟨m.; -; unz.; Mal.⟩ gewaltsame Entfernung u. Vernichtung von Bildern in Kirchen, bes. im 8. Jh. u. in der Reformation, Bildersturm

Ikonoklast ⟨m.; -en, -en; Mal.⟩ Teilnehmer am Ikonoklasmus, Bilderstürmer [<*Ikono…* + grch. *klaein* »zerbrechen«]

ikonoklastisch ⟨Adj.; Mal.⟩ den Ikonoklasmus betreffend, zu ihm gehörig, bilderstürmerisch

Ikonolatrie auch: **Ikonola|trie** ⟨f.; -; unz.⟩ Bilderverehrung; *Sy* Ikonodulie [<*Ikono…* + *…latrie*]

Ikonologie ⟨f.; -; unz.⟩ = Ikonographie (2) [<*Ikono…* + *…logie*]

Ikonometer ⟨n.; -s, -; Fot.⟩ Rahmensucher [<*Ikono…* + *…meter*]

Ikonoskop auch: **Ikonos|kop** ⟨n.; -s, -e⟩ Bildzerleger für die Aufnahme von Fernsehbildern [<*Ikono…* + *…skop*]

Ikonostas auch: **Ikonos|tas** ⟨m.; -, -e; in der orthodoxen Kirche⟩ = Ikonostase

Ikonostase auch: **Ikonos|ta|se** ⟨f.; -, -n; in der orthodoxen Kirche⟩ Bilderwand zwischen Gemeinde- u. Altarraum mit drei Türen; *oV* Ikonostas [<*Ikono…* + grch. *histanai* »(auf)stellen«]

Ikosaeder ⟨n.; -s, -; Geom.⟩ Körper, der von zwanzig gleichseitigen Dreiecken begrenzt wird, Zwanzigflach, Zwanzigflächner [<grch. *eikosa…* »zwanzig…«]

Ikositetraeder auch: **Ikositetrae|der** ⟨n.; -s, -; Geom.⟩ von 24 Flächen begrenzter Körper [<grch. *eikosi* »zwanzig«]

ikr ⟨Abk. für⟩ isländische Krone

ikterisch ⟨Adj.; Med.⟩ mit Ikterus einhergehend, an Ikterus leidend, gelbsüchtig

Ikterus ⟨m.; -; unz.; Med.⟩ Gelbsucht; *oV* Icterus [<grch. *ikteros*]

Iktus ⟨m.; -, - od. -ten⟩ **1** Stoß, Schlag **2** ⟨Metrik⟩ bes. starke Betonung, nachdrückl. Hervorhebung **3** ⟨Med.⟩ plötzlich auftretendes schweres Krankheitsmerkmal; *oV* Ictus [<lat. *ictus* »Hieb, Stoß«]

il…[1], Il…[1] ⟨Vorsilbe⟩ = in…[1], In…[1]

il…[2], Il…[2] ⟨Vorsilbe⟩ = in…[2], In…[2]

Ilang-Ilang ⟨n.; -s, -s⟩ = Ylang-Ylang

Ileitis ⟨f.; -, -iti|den; Med.⟩ Entzündung des Ileums

Ileum ⟨n.; -s, -lea; Anat.⟩ unterer Teil des Dünndarms, Krummdarm [<lat. *ile* »Darm«]

Ileus ⟨m.; -, Ile|en; Med.⟩ Darmverschluss [<lat. *ile* »Darm«]

Ilex ⟨f.; -; unz.; Bot.⟩ Stechpalme [lat.]

Illatum ⟨n.; -s, -la|ten od. -la|ta; Rechtsw.⟩ in die Ehe einge-

397

brachter Vermögensgegenstand der Frau [lat., »das Hereingebrachte«]

il|le|gal ⟨Adj.⟩ gesetzwidrig, ungesetzlich (Handlung, Organisation); Ggs legal [<*in...*² + *legal*]

Il|le|ga|li|tät ⟨f.; -; unz.⟩ illegale Beschaffenheit, Gesetzwidrigkeit, Ungesetzlichkeit; Ggs Legalität

il|le|gi|tim ⟨Adj.⟩ unrechtmäßig; Ggs legitim; ~*es Kind* uneheliches Kind [<*in...*² + *legitim*]

Il|le|gi|ti|mi|tät ⟨f.; -; unz.⟩ illegitime Beschaffenheit, Unrechtmäßigkeit, Ungesetzlichkeit; Ggs Legitimität

il|li|be|ral ⟨Adj.⟩ engherzig, unduldsam, kleinlich; Ggs liberal [<*in...*² + *liberal*]

Il|li|be|ra|li|tät ⟨f.; -, -en⟩ illiberales Wesen, illiberale Beschaffenheit, Engherzigkeit; Ggs Liberalität

il|li|quid ⟨Adj.⟩ nicht mit Geldmitteln versehen, zahlungsunfähig; Ggs liquid (2) [<*in...*² + *liquid*]

Il|li|qui|di|tät ⟨f.; -; unz.⟩ Mangel an »flüssigen« Mitteln, Zahlungsschwierigkeit, Zahlungsunfähigkeit; Ggs Liquidität

il|li|te|rat ⟨a. ['----] Adj.; geh.⟩ ungebildet [<lat. *illitteratus* »ungelehrt, wissenschaftlich ungebildet«]

Il|li|te|rat ⟨a. ['----] m.; -en, -en; geh.⟩ Ungelehrter, Ungebildeter [<lat. *illitteratus* »ungelehrt, wissenschaftl. ungebildet«]

Il|lo|ku|ti|on ⟨f.; -, -en; Sprachw.; Sprechakttheorie⟩ Handlungsaspekt, kommunikative Funktion eines Sprechaktes; Sy illokutiverAkt; →*a.* Lokution, Perlokution [<*il...*¹ + lat. *locutio* »das Reden, Redensart«; zu *loqui* »reden, sprechen«]

il|lo|ku|tiv ⟨Adj.; Sprachw.⟩ auf die Illokution bezogen, sie betreffend; ~*er Akt* = Illokution

il|loy|al *auch:* **il|lo|yal** ⟨[ɪloaja:l] Adj.⟩ Ggs loyal **1** vertragsbrüchig, pflichtwidrig **2** übel gesinnt, falsch, untreu, verräterisch [<*in...*² + *loyal*]

Il|loy|a|li|tät *auch:* **Il|lo|ya|li|tät** ⟨a. [ɪloajali-] f.; -; unz.⟩ illoyales Wesen od. Verhalten; Ggs Loyalität

Il|lu|mi|nat ⟨m.; -en, -en; 16./18. Jh.⟩ Angehöriger eines Geheimbundes, insbes. des Illuminatenordens [<lat. *illuminatus* »erleuchtet«, Part. Perf. von *illuminare* »erleuchten«]

Il|lu|mi|na|ten|or|den ⟨m.; -s; unz.⟩ 1776 gegründeter deutscher Geheimbund zur Verbreitung der Aufklärung

Il|lu|mi|na|ti|on ⟨f.; -, -en⟩ **1** Festbeleuchtung **2** Ausmalung (von Stichen, Drucken u. Ä.) **3** Buchmalerei [frz., »Beleuchtung, Erleuchtung« < lat. *illuminatio*]

Il|lu|mi|na|tor ⟨m.; -s, -to̱|ren⟩ **1** Beleuchtungsvorrichtung an opt. Geräten **2** Hersteller von Buchmalereien [→ *illuminieren*]

il|lu|mi|nie|ren ⟨V.⟩ **1** festlich erleuchten **2** ausmalen (Stich, Druck) **3** mit Buchmalerei verzieren [<frz. *illuminer* »be-, erleuchten« < lat. *illuminare*]

Il|lu|mi|nie|rung ⟨f.; -, -en⟩ = Illumination (1)

Il|lu|si|on ⟨f.; -, -en⟩ **1** trüger. Hoffnung, Selbsttäuschung, idealisierte, falsche Vorstellung von der Wirklichkeit; Ggs Desillusion; *jmdm. die* ~*en rauben; sich* ~ *en über jmdn. oder eine Sache hingeben; darüber mache ich mir keine* ~*en* **2** Vortäuschung von räumlicher Tiefe auf Bildern, im Theater od. Film mit den Mitteln der Perspektive; *Raum~; Tiefen~* **3** Täuschung durch ein Zauberkunststück **4** das Kunststück selbst [<lat. *illusio* »Ironie, Verspottung, Täuschung«]

il|lu|si|o|när ⟨Adj.⟩ auf einer Illusion beruhend

il|lu|si|o|nie|ren ⟨V.⟩ jmdm. etwas vormachen, mit Illusionen spielen od. arbeiten, in jmdm. Illusionen wecken

Il|lu|si|o|nis|mus ⟨m.; -; unz.⟩ philosophische Auffassung, dass Wahrheit, Schönheit usw. nur Illusion, Täuschung, Schein seien

Il|lu|si|o|nist ⟨m.; -en, -en⟩ **1** Vertreter, Anhänger des Illusionismus **2** jmd., der sich Illusionen hingibt, wirklichkeitsfremder Schwärmer, Träumer **3** Zauberkünstler

il|lu|si|o|nis|tisch ⟨Adj.⟩ **1** den Illusionismus betreffend, zu ihm gehörig, auf ihm beruhend **2** mit Hilfe der Perspektive, eine scheinbare Raum-, Tiefenwirkung hervorrufend

il|lu|so|risch ⟨Adj.⟩ **1** nur in der Illusion bestehend, eingebildet, trügerisch **2** hinfällig, vergeblich; *unsere Verabredung ist* ~ *geworden* erübrigt sich

il|lus|ter ⟨Adj.⟩ **1** glänzend, berühmt **2** vortrefflich, erlesen; *eine illustre Gesellschaft, Persönlichkeit* [<lat. *illustris* »erleuchtet, glänzend, berühmt« u. frz. *illustre* »hochberühmt«]

♦ Die Buchstabenfolge **il|lustr**... kann auch **il|lust|r...** getrennt werden.

♦ **Il|lus|tra|ti|on** ⟨f.; -, -en⟩ **1** Abbildung zu einem Text **2** ⟨unz.⟩ das Illustrieren, Illustrierung **3** ⟨unz.⟩ Veranschaulichung [<lat. *illustratio* »Erleuchtung, Erklärung« (bes. durch Abbildungen)« u. frz. *illustration* »Abbildung«]

♦ **il|lus|tra|tiv** ⟨Adj.⟩ mit Hilfe von Illustrationen, veranschaulichend

♦ **Il|lus|tra|tor** ⟨m.; -s, -to̱|ren⟩ jmd., der etwas illustriert hat

♦ **Il|lus|tra|to|rin** ⟨f.; -, -rin|nen⟩ weibl. Person, die etwas illustriert hat

♦ **il|lus|trie|ren** ⟨V.⟩ **1** mit Illustrationen versehen, bebildern; *ein Buch* ~; *illustrierte Zeitschrift* **2** veranschaulichen, erläutern; *Sachverhalte durch ein Beispiel* ~ **3** *stell dir das einmal illustriert vor!* (iron.) bildlich, anschaulich [<frz. *illustrer* »bebildern« <lat. *illustrare* »erleuchten, erhellen, anschaulich machen«]

♦ **Il|lus|trier|te** ⟨f. 2⟩ illustrierte Zeitschrift (häufig mit aufreißerischen Berichten)

♦ **Il|lus|trie|rung** ⟨f.; -, -en⟩ **1** das Illustrieren, Bebildern **2** Veranschaulichung, Erläuterung

Il|me|nit ⟨m.; -s, -e; Min.⟩ schwarzbraunes Eisentitanoxid, Mineral; Sy Titaneisen [nach der Gebirgskette *Ilmen* im Ural]

ILS ⟨Abk. für engl.⟩ Instrument Landing System, ein Navigationsverfahren für Flugzeuge, das eine Landung auch bei schlechten Sichtverhältnissen (nur durch Instrumentenanzeige) ermöglicht

I. M. ⟨Abk. für⟩ Ihre Majestät

im...¹, Im...¹ ⟨Vorsilbe⟩ = in...¹, In...¹

im...², Im...² ⟨Vorsilbe⟩ = in...², In...²

I|mage ⟨[ɪmɪdʒ] n.; -, -s [ɪmɪdʒɪz]⟩ **1** Leit-, Vorbild **2** Vorstellung von einer Persönlichkeit in der Öffentlichkeit [engl., »Bild« <lat. *imago*]

i|ma|gi|na|bel ⟨Adj.⟩ erdenkbar, vorstellbar [<frz. *imaginable* »denkbar«]

i|ma|gi|när ⟨Adj.⟩ nur in der Vorstellung bestehend, scheinbar, eingebildet; ~*e Zahl* ⟨Math.; Zeichen: i⟩ eine komplexe Zahl, die nicht real ist [<frz. *imaginaire* »nur vorgestellt«]

I|ma|gi|na|ti|on ⟨f.; -, -en⟩ **1** Einbildung **2** Einbildungskraft, Vorstellungskraft [<lat. *imaginatio* »Einbildung, Vorstellung«]

i|ma|gi|na|tiv ⟨Adj.⟩ auf Imagination beruhend

i|ma|gi|nie|ren ⟨V.⟩ sich einbilden, sich vorstellen

I|ma|go ⟨f.; -, -gi|nes; Zool.⟩ **1** erwachsenes geschlechtsreifes Insekt, Larve (1) **2** ⟨im antiken Rom⟩ wächserne Totenmaske von Vorfahren, die im Atrium des Hauses aufgestellt wurde **3** ⟨Psych.⟩ im Unterbewusstsein eingeprägtes Bild einer anderen Person [lat., »Bild«]

I|mam ⟨m.; -s, -s od. -e⟩ **1** mohammedan. Vorbeter in der Moschee **2** geistl., auf Mohammed zurückgeführtes Oberhaupt der Schiiten **3** Ehrentitel für mohammedan. Gelehrte [arab., »Vorsteher«]

I|man ⟨n.; -s; unz.; im Islam⟩ Glaube [arab.]

im|be|zil ⟨Adj.; Med.⟩ leicht schwachsinnig; *oV* imbezill [<lat. *imbecillus* »haltlos, schwach«]

im|be|zill ⟨Adj.; Med.⟩ = imbezil

Im|be|zil|li|tät ⟨f.; -; unz.; Med.⟩ leichtere Form angeborenen Schwachsinns

Im|bi|bi|ti|on ⟨f.; -, -en⟩ Durchdringung fester Körper (tierischen od. pflanzl. Gewebes) mit Flüssigkeiten [<lat. *imbibitio* »Durchdringung«; zu *imbibere* »einsaugen«]

Im|bro|glio *auch:* **Im|brog|lio** ⟨[-broljo] n.; -s, -s od. -bro|gli [-lji]⟩ **1** ⟨Musik⟩ das Nebeneinander zweier od. mehrerer Stimmen in unterschiedlichem Rhythmus bei gleichem Taktbau **2** Verwirrung, Verwicklung, Unordnung [ital., »Verwicklung, Schwindel, Verlegenheit«]

I|mid ⟨n.; -s, -e; Chemie⟩ anorgan. Verbindung, bei der die zweiwertige Gruppe = NH entweder an ein Metallatom gebunden ist oder als positiv geladener Bestandteil einer Verbindung auftritt; *Sy* Imidoverbindung [→ *Amid*]

I|mi|do|ver|bin|dung ⟨f.; -, -en; Chemie⟩ = Imid

I|min ⟨n.; -s, -e; Chemie⟩ organ. Verbindung, die als reaktionsbestimmenden Molekülteil eine zweiwertige Gruppe = NH enthält; *Sy* Iminoverbindung [→ *Amin*]

I|mi|no|ver|bin|dung ⟨f.; -, -en; Chemie⟩ = Imin

I|mi|tat ⟨n.; -(e)s, -e⟩ Nachbildung, Fälschung [→ *Imitation*]

I|mi|tat|garn ⟨n.; -s, -e⟩ Baumwoll- od. Zellwollgarn mit wollähnlichem Aussehen [→ *imitieren*]

I|mi|ta|ti|on ⟨f.; -, -en⟩ **1** Nachahmung; *die ~ eines Filmstars* **2** Fälschung **3** ⟨Musik⟩ Wiederholung eines Themas in gleicher (Kanon) od. anderer (Fuge) Tonhöhe [<lat. *imitatio* »Nachahmung«]

i|mi|ta|tiv ⟨Adj.⟩ auf Imitation beruhend, imitierend, nachahmend

I|mi|ta|ti|vum ⟨[-vum] n.; -s, -ti|va [-va]; Gramm.⟩ Verb, das eine Nachahmung ausdrückt, z. B. roboten »arbeiten wie ein Roboter«, sächseln »reden wie ein Sachse«

I|mi|ta|tor ⟨m.; -s, -to|ren⟩ jmd., der etwas imitieren kann, Nachahmer; *Tierstimmen~*

I|mi|ta|to|rin ⟨f.; -, -rin|nen⟩ weibl. Person, die etwas imitieren kann, Nachahmerin

i|mi|ta|to|risch ⟨Adj.⟩ auf Imitation beruhend, als Imitation, in der Art eines Imitators

i|mi|tie|ren ⟨V.⟩ **1** nachahmen; *imitiert* nachgeahmt, unecht **2** ⟨Musik⟩ wiederholen; *ein Thema ~* [<lat. *imitari* »nachahmen«]

i|mi|tiert ⟨Adj.⟩ nachgeahmt, nachempfunden, künstlich, unecht [<lat. *imitari* »nachahmen«]

Im|ma|cu|la|ta ⟨f.; -; unz.⟩ die Unbefleckte, die unbefleckt Empfangene, (Bez. für) Maria; *~ Conceptio* unbefleckte Empfängnis (Marias durch ihre Mutter Anna) [<lat. *immaculata* »die Unbefleckte«; zu *macula* »Fleck« (verwandt mit *Makel*); lat. *conceptio* »Empfängnis«]

im|ma|nent ⟨Adj.⟩ **1** innerhalb der Grenzen der Erfahrung, der Erkenntnis bleibend; *Ggs* transzendent (1); *eine ~e Erfahrung, Erscheinung* **2** enthalten in, innewohnend [<lat. *immanens*, Part. Präs. zu *immanere* »innewohnen, anhaften«]

Im|ma|nenz ⟨f.; -; unz.⟩ Enthaltensein, Innewohnen, Zugehörigkeit; *Ggs* Transzendenz (1) [→ *immanent*]

im|ma|nie|ren ⟨V.⟩ innewohnen, enthalten sein, behaftet sein mit etwas [<lat. *immanere* »anhaften, innewohnen«]

Im|ma|te|ri|al|gü|ter|recht ⟨n.; -(e)s, -e; Rechtsw.⟩ Recht an geistigen Produkten, z. B. Patent-, Warenzeichen-, Urheberrecht

Im|ma|te|ri|a|lis|mus ⟨m.; -; unz.⟩ nach Berkeley die Auffassung, dass die Materie keine Realität habe, sondern nur Geistiges wirklich sei; *Ggs* Materialismus

Im|ma|te|ri|a|li|tät ⟨a. ['-------] f.; -; unz.⟩ stoffloses Dasein, Körperlosigkeit [→ *immateriell*]

im|ma|te|ri|ell ⟨Adj.⟩ nicht stofflich, unkörperlich; *Ggs* materiell (2) [<frz. *immatériel* »unstofflich«]

Im|ma|tri|ku|la|ti|on *auch:* **Im|mat|ri|ku|la|ti|on** ⟨f.; -, -en⟩ Einschreibung in die Matrikel der Hochschule [→ *immatrikulieren*]

im|ma|tri|ku|lie|ren *auch:* **im|mat|ri|ku|lie|ren** ⟨V.⟩ in die Matrikel der Hochschule aufnehmen;

immatur

sich (an einer Hochschule) ~ lassen [<in...¹ + Matrikel]
im|ma|tur ⟨Adj.; Med.⟩ unreif, nicht voll entwickelt (vom Fetus) [<lat. *immaturus*]
im|me|di|at ⟨Adj.⟩ unmittelbar (dem Staatsoberhaupt od. der obersten Behörde unterstehend) [<lat. *immediatus* »unvermittelt«]
im|me|di|a|ti|sie|ren ⟨V.⟩ reichsunmittelbar machen, dem König unmittelbar unterstellen
im|mens ⟨Adj.⟩ unermesslich (groß), unendlich [<lat. *immensus* »unermesslich«]
Im|men|si|tät ⟨f.; -; unz.⟩ Unermesslichkeit, Unendlichkeit [<lat. *immensitas* »Unermesslichkeit«]
im|men|su|ra|bel ⟨Adj.⟩ unmessbar; Ggs mensurabel [<lat. *immensurabilis* »unermesslich«]
Im|men|su|ra|bi|li|tät ⟨f.; -; unz.⟩ immensurable Beschaffenheit od. Größe, Unermesslichkeit
Im|mer|si|on ⟨f.; -, -en⟩ 1 Eintauchen, Untertauchen 2 ⟨Astron.⟩ Eintritt des Mondes in den Schatten eines Planeten 3 ⟨Med.⟩ Dauerbad 4 ⟨Physik⟩ Einbettung eines Körpers od. Stoffes in einen anderen Stoff, der gewisse erwünschte physikalische Eigenschaften hat 5 ⟨Geol.⟩ der höchste Stand des Meeres bei einem Vordringen auf das Festland [<lat. *immersio* »das Eintauchen«]
Im|mer|si|ons|mi|kro|skop auch: **Im|mer|si|ons|mik|ro|skop** ⟨n.; -s, -e⟩ Mikroskop, bei dem die Objekte in eine die Lichtbrechung ändernde Flüssigkeit gebettet sind
Im|mi|grant auch: **Im|mig|rant** ⟨m.; -en, -en⟩ Einwanderer; Ggs Emigrant (1) [zu lat. *immigrans*, Part. Präs. zu *immigrare* »einwandern«]
Im|mi|gran|tin auch: **Im|mig|ran|tin** ⟨f.; -, -tin|nen⟩ Einwanderin; Ggs Emigrantin (1)
Im|mi|gra|ti|on auch: **Im|mig|ra|ti|on** ⟨f.; -, -en⟩ Einwanderung; Ggs Emigration [<lat. *immigratio* »Einwanderung«]
im|mi|grie|ren auch: **im|mig|rie|ren** ⟨V.⟩ einwandern; Ggs emigrieren [<lat. *immigrare* »einwandern«]

im|mi|nent ⟨Adj.⟩ drohend, nahe bevorstehend [<lat. *imminens*, Part. Präs. zu *imminere* »hineintragen, drohen«]
Im|mis|si|on ⟨f.; -, -en⟩ 1 Amtseinsetzung, Amtseinweisung 2 ⟨Rechtsw.⟩ Einwirkung auf das benachbarte Grundstück; ~ durch Rauch, Geruch o. Ä. 3 Einwirkung von Schadstoffen auf die Umwelt als Folge von Emissionen [<lat. *immissio* »das Hineinlassen«; zu *immittere* »hineinsenden, hineinlassen«]
Im|mis|si|ons|kon|zen|tra|ti|on auch: **Im|mis|si|ons|kon|zent|ra|ti|on** ⟨f.; -, -en⟩ Dichte luftfremder od. gesundheitsschädlicher Stoffe in der Atmosphäre
Im|mis|si|ons|schutz ⟨m.; -es; unz.⟩ (gesetzlicher) Schutz zur Vermeidung von umweltschädlichen Einwirkungen, Immissionen
Im|mis|si|ons|wert ⟨m.; -(e)s, -e⟩ behördlich festgelegter Grenzwert, bis zu dem luftfremde oder gesundheitsschädliche Stoffe in die Atmosphäre abgeleitet werden dürfen
im|mo|bil ⟨Adj.⟩ unbeweglich; Ggs mobil (1) [<lat. *immobilis* »unbeweglich«]
Im|mo|bi|li|en ⟨Pl.⟩ unbewegl. Besitz, Grundbesitz, Liegenschaften; Ggs Mobilien; ~händler [→ *immobil*]
Im|mo|bi|li|sa|ti|on ⟨f.; -, -en; Med.⟩ das Ruhigstellen von Gliedmaßen, z. B. durch Gipsverbände
Im|mo|bi|li|en|sek|tor ⟨m.; -s, -en⟩ Bereich, der sich mit dem Kauf u. Verkauf von Immobilien beschäftigt
im|mo|bi|li|sie|ren ⟨V.⟩ 1 *bewegl. Güter* ~ zu unbeweglichen Gütern machen 2 rechtlich wie eine Liegenschaft behandeln 3 *Gelenke, Glieder* ~ ⟨Med.⟩ unbeweglich machen, ruhig stellen
Im|mo|bi|li|sie|rung ⟨f.; -, -en; Med.⟩ das Immobilisieren, Immobilisiertwerden
Im|mo|bi|lis|mus ⟨m.; -; unz.; geh.⟩ (geistige) Unbeweglichkeit, Unnachgiebigkeit, Eigensinn; *der ~ von politischen Parteien*

im|mo|ra|lisch ⟨Adj.; Philos.⟩ unmoralisch, unsittlich; Ggs moralisch (2) [<in...² + *moralisch*]
Im|mo|ra|lis|mus ⟨m.; -; unz.; Philos.⟩ Ablehnung der herkömmlichen sittl. Grundsätze; Ggs Moralismus (2)
Im|mo|ra|list ⟨m.; -en, -en; Philos.⟩ Ggs Moralist (1) 1 Vertreter des Immoralismus 2 unsittlicher Mensch
Im|mo|ra|li|tät ⟨f.; -; unz.; Philos.⟩ Unmoral, Unsittlichkeit; Ggs Moralität (1)
im|mor|ta|li|sie|ren ⟨V.⟩ unsterblich machen, verewigen
Im|mor|ta|li|tät ⟨f.; -; unz.⟩ Unsterblichkeit; Ggs Mortalität (1) [<In...² + *Mortalität*]
Im|mor|tel|le ⟨f.; -, -n; Bot.⟩ Strohblume: *Helychrysum biacteatum*; *Rote* ~ *Kugelamarant* [frz., Fem. zu *immortel* »unsterblich«]
im|mun ⟨Adj.⟩ 1 ⟨a. fig.⟩ unempfänglich (gegen Krankheitserreger); *dagegen bin ich* ~ ⟨fig.⟩ das berührt, beeindruckt mich nicht, das kann mich nicht beeinflussen 2 Immunität (2) genießend, unantastbar [<lat. *immunis* »frei, unberührt, rein«; eigtl. »frei von Leistungen«]
Im|mun|bio|lo|gie ⟨f.; -; unz.⟩ Zweig der Biologie, der die Bedingungen der Immunisierung bei Lebewesen in physiolog. u. biochem. Hinsicht untersucht; Sy Immunologie
Im|mun|che|mie ⟨[-çe-] f.; -; unz.⟩ Teilgebiet der Immunologie, das sich mit den chemischen Vorgängen bei menschlichen u. tierischen Immunreaktionen befasst
Im|mun|glo|bu|lin ⟨n.; -s, -e; Biol.; Med.⟩ Protein des Blutplasmas mit Antikörperfunktion, dessen Bildung durch Antigene ausgelöst wird
im|mu|ni|sie|ren ⟨V.⟩ immun machen
Im|mu|ni|sie|rung ⟨f.; -, -en⟩ das Immunisieren, Immunisiertwerden
Im|mu|ni|tät ⟨f.; -; unz.⟩ 1 Unempfänglichkeit (gegen Krankheitserreger) 2 gesetzlicher Schutz für Parlamentsmitglieder u. Diplomaten vor Strafver-

folgung [<lat. *immunitas* »Freisein (von Leistungen)«]
Im|mun|kör|per ⟨m.; -s, -⟩ = Antikörper
Im|mu|no|lo|ge ⟨m.; -en, -en; Med.⟩ Wissenschaftler auf dem Gebiet der Immunologie
Im|mu|no|lo|gie ⟨f.; -; unz.; Med.⟩ = Immunbiologie
Im|mu|no|lo|gin ⟨f.; -, -gin|nen; Med.⟩ Wissenschaftlerin auf dem Gebiet der Immunologie
im|mu|no|lo|gisch ⟨Adj.; Med.⟩ zur Immunologie gehörend, auf ihr beruhend, sie betreffend
Im|mu|no|sup|pres|si|on ⟨f.; -, -en; Med.⟩ Unterdrückung einer Abwehrreaktion des Immunsystems
Im|mun|sys|tem ⟨n.; -s; unz.; Biol.; Med.⟩ Abwehrsystem des Körpers gegen Krankheitserreger
imp. ⟨Abk. für lat.⟩ imprimatur
Imp. ⟨Abk. für lat.⟩ Imperator
Im|pact ⟨[-pækt] m.; -s, -s; Werbung⟩ bemerkenswerter Eindruck [engl., eigtl. »Aufprall«]
im|pair ⟨[ɛ̃pɛːr] Adj.; Roulett⟩ ungerade (von Zahlen); *Ggs* pair [frz.]
Im|pakt ⟨m.; -s, -e; Geol.⟩ Deformation der Erdoberfläche durch Meteoriteneinschlag [→ *Impact*]
Im|pa|ri|tät ⟨f.; -; unz.⟩ Ungleichheit; *Ggs* Parität [<*In...*² + *Parität*]
Im|pas|to ⟨n.; -s, -s od. -ti; Mal.⟩ dicker Farbenauftrag [<ital. *pasta* »Teig«]
Im|peach|ment ⟨[ɪmpiːtʃmənt] n.; - od. -s, -s; in den USA⟩ öffentl. Anklage gegen einen hohen Staatsbeamten wegen eines Fehlverhaltens im Amt [engl.]
Im|pe|danz ⟨f.; -, -en; El.⟩ Scheinwiderstand beim Wechselstrom [zu lat. *impedire* »hindern, hemmen«]
Im|pe|danz|re|lais ⟨[-rəlɛː] n.; -[-lɛːs], -[-lɛːs]; El.⟩ = Distanzrelais
im|pe|ra|tiv ⟨Adj.; Gramm.⟩ Befehls..., zwingend, bindend
Im|pe|ra|tiv ⟨a. [---ˈ-] m.; -s, -e [-və]⟩ **1** ⟨Gramm.⟩ Modus des Verbs, Befehlsform **2** ⟨Philos.; bei Kant; heute allg.⟩ *kategorischer ~* Pflichtgebot, moralische Forderung [<lat. *(modus) imperativus* »Befehlsform«]
im|pe|ra|ti|visch ⟨Adj.⟩ in der Form des Imperativs
Im|pe|ra|tiv|satz ⟨m.; -es, -sät|ze; Gramm.⟩ Satz, in dem das Verb im Imperativ steht, Befehlssatz
Im|pe|ra|tor ⟨m.; -s, -to|ren; röm. Titel für⟩ **1** Feldherr u. Kaiser **2** Herrscher; *~ Rex* ⟨Abk.: I. R.⟩ Kaiser u. König [lat., »Gebieter, Feldherr, Kaiser«]
im|pe|ra|to|risch ⟨Adj.⟩ **1** den Imperator betreffend, in der Art eines Imperators **2** ⟨fig.⟩ gebieterisch
Im|pe|ra|trix *auch:* **Im|pe|ra|trix** ⟨f.; -, -tri|ces od. -tri|zes⟩ Kaiserin [lat., »Gebieterin, Herrscherin«]
Im|per|fekt ⟨n.; -s, -e; Gramm.⟩ = Präteritum [<lat. *imperfectum* »das Unvollendete«]
im|per|fek|tisch ⟨Adj.; Gramm.⟩ das Imperfekt betreffend, im Imperfekt gebildet
im|per|fek|tiv ⟨a. [---ˈ-] Adj.; Gramm.⟩ **1** im Imperfekt (gebraucht od. stehend) **2** unvollendet; *~er Aspekt der russischen Verben*
im|per|fo|ra|bel ⟨Adj.⟩ nicht durchbohrbar
Im|per|fo|ra|ti|on ⟨f.; -, -en⟩ angeborene Verwachsung einer Körperöffnung [<*In...*² + *Perforation*]
im|pe|ri|al ⟨Adj.⟩ **1** das Imperium, den Imperator betreffend, auf ihnen beruhend, ihnen gemäß **2** kaiserlich [<lat. *imperialis* »kaiserlich«; zu *imperator* »Kaiser« u. *imperium* »Befehl, Herrschaft, Staatsgewalt«]
Im|pe|ri|al ⟨n.; -s; unz.⟩ **1** veraltetes Papierformat, 57 x 78 cm **2** alte russische Goldmünze, 15 Rubel
Im|pe|ri|a|lis|mus ⟨m.; -; unz.; Politik⟩ Streben (eines Staates) nach Macht und Besitzerweiterung [<lat. *imperialis* »die Staatsgewalt betreffend, kaiserlich«; zu *imperium* »Befehl, Herrschaft, Staatsgewalt«]
Im|pe|ri|a|list ⟨m.; -en, -en; Politik⟩ Vertreter, Anhänger des Imperialismus
im|pe|ri|a|lis|tisch ⟨Adj.; Politik⟩ den Imperialismus betreffend, auf ihm beruhend

Im|pe|ri|um ⟨n.; -s, -ri|en⟩ Weltmacht, Weltreich, bes. das röm. Weltreich [lat., »Befehl, Herrschaft, Staatsgewalt«]
im|per|me|a|bel ⟨Adj.⟩ undurchlässig, undurchdringlich; *Ggs* permeabel [<*in...*² + *permeabel*]
Im|per|me|a|bi|li|tät ⟨f.; -; unz.⟩ Undurchdringlichkeit, Undurchlässigkeit; *Ggs* Permeabilität [→ *impermeabel*]
Im|per|so|na|le ⟨n.; -s, -li|en od. -na|lia; Gramm.⟩ unpersönl. Verb, Verb, das nur »es« als Subjekt haben kann, z. B. regnen [lat., Neutr. zu *impersonalis* »unpersönlich«]
im|per|ti|nent ⟨Adj.⟩ frech, ungehörig, unverschämt [<lat. *impertinens* »nicht dazu gehörig« <*in...*² + *pertinere* »sich erstrecken, sich beziehen auf etwas«]
Im|per|ti|nenz ⟨f.; -; unz.⟩ impertinentes Verhalten, Unverschämtheit, Frechheit
im|per|zep|ti|bel ⟨Adj.; Philos.⟩ unbemerkbar, nicht wahrnehmbar [<*in...*² + *perzeptibel*]
im|pe|ti|gi|nös ⟨Adj.; Med.⟩ in der Art der Impetigo, borkig
Im|pe|ti|go ⟨f.; -; unz.; Med.⟩ Eiterflechte [lat., »Räude«]
im|pe|tu|o|so ⟨Musik⟩ stürmisch (zu spielen) [ital., »ungestüm, heftig, bewegt«]
Im|pe|tus ⟨m.; -; unz.⟩ Anstoß, heftiger Antrieb, Schwung, Ungestüm [lat., »Ungestüm, Anlauf, Angriff«]
Im|plan|tat ⟨n.; -(e)s, -e; Med.⟩ **1** implantiertes Gewebestück **2** Einsetzung von Zähnen in die leeren Alveolen [→ *implantieren*]
Im|plan|ta|ti|on ⟨f.; -, -en; Med.⟩ **1** Einpflanzung körperfremder Gewebe od. Stoffe in den Körper **2** die Einnistung des befruchteten Säugetiereies in die Uterusschleimhaut; *Sy* Nidation **3** = Implantat (2) [→ *implantieren*]
im|plan|tie|ren ⟨V.; Med.⟩ einpflanzen; *Gewebe, Organteil, Zähne ~* [<*in...*² + lat. *plantare* »pflanzen«]
Im|plan|to|lo|gie ⟨f.; -; unz.; Med.⟩ Wissenschaft von den Möglichkeiten u. Techniken der Implantation

401

implementieren

im|ple|men|tie|ren ⟨V.⟩ ins Werk setzen, durchführen [zu lat. *implere* »erfüllen, ergänzen«]

Im|ple|men|tie|rung ⟨f.; -, -en⟩ Durchführung, Ausführung

Im|pli|ka|ti|on ⟨f.; -, -en⟩ **1** das Implizieren, Einbeziehung einer Sache in eine andere **2** logische »wenn... so«-Beziehung zwischen zwei Sachverhalten, von denen der eine den anderen in sich schließt od. schließen soll; *Sy* Subjunktion (1)

im|pli|zie|ren ⟨V.⟩ mit einschließen, einbeziehen, einbegreifen, mit meinen [<lat. *implicare* »hineinwickeln«]

im|pli|zit ⟨Adj.⟩ einbegriffen, mit einbezogen [→ *implizite*]

im|pli|zi|te ⟨[-te:] Adv.⟩ inbegriffen, einschließlich; *Ggs* explizite [<lat. *implicite* »einbegriffen«; → *implizieren*]

im|plo|die|ren ⟨V.⟩ durch eine Implosion zerstört werden; *Ggs* explodieren

Im|plo|si|on ⟨f.; -, -en⟩ Zerstörung eines Hohlkörpers, in dem verringerter Luftdruck herrscht, durch Druck von außen; *Ggs* Explosion [<*In...*¹ + *Explosion*]

Im|plo|siv ⟨m.; -s, -e [-və]; Phon.; kurz für⟩ Implosivlaut

Im|plo|siv|laut ⟨m.; -(e)s, -e; Phon.⟩ Verschlusslaut, der nicht nasal gebildet wird u. bei dem sich der Verschluss nicht löst, z. B. das p in »Lippen«; *Sy* Implosiv [→ *Implosion*]

Im|plu|vi|um *auch:* **Im|plu|vi|um** ⟨[-vi-] n.; -s, -vi|en od. -via [-vi-]; in altröm. Häusern⟩ in den Fußboden des Atriums eingelassenes Becken zum Auffangen des Regenwassers [lat., »Zisterne«; zu *pluvia* »Regen«]

im|pon|de|ra|bel ⟨Adj.⟩ unwägbar, unberechenbar; *Ggs* ponderabel

Im|pon|de|ra|bi|li|en ⟨Pl.⟩ unwägbare Einflüsse, Gefühle, Stimmungen von unberechenbarer Wirkung; *Ggs* Ponderabilien [<*in...*² + *ponderabel*]

Im|pon|de|ra|bi|li|tät ⟨f.; -; unz.⟩ Unwägbarkeit, Unberechenbarkeit

im|po|nie|ren ⟨V.⟩ *jmdm.* ~ großen Eindruck auf jmdn. machen, jmdm. Achtung od. Bewunderung einflößen; *ihre Leistung hat mir sehr imponiert* [<lat. *imponere* »auf(er)legen«]

Im|po|nier|ge|ha|be ⟨n.; -s; unz.⟩ selbstbewusstes Gehabe, das den Gegner od. Geschlechtspartner einschüchtern bzw. beeindrucken soll (bes. bei männl. Tieren)

Im|port ⟨m.; -(e)s, -e; Wirtsch.⟩ Einfuhr von Waren (aus dem Ausland); *Ggs* Export [engl., »Einfuhr«; zu lat. *importare* »hineintragen«]

Im|por|te ⟨f.; -, -n; meist Pl.; Wirtsch.⟩ **1** Einfuhrware; *Ggs* Exporte **2** (bes.) importierte Zigarre

Im|por|teur ⟨[-tø:r] m.; -s, -e; Wirtsch.⟩ Kaufmann, der Waren importiert, Einfuhrkaufmann; *Ggs* Exporteur [<*Import* + frz. Endung]

im|por|tie|ren ⟨V.; Wirtsch.⟩ (aus dem Ausland) einführen; *Ggs* exportieren; *Waren* ~ [<lat. *importare* »hineintragen«]

im|por|tun ⟨Adj.; veraltet⟩ ungeeignet, ungelegen, lästig, beschwerlich; *Sy* inopportun; *Ggs* opportun [<lat. *importunus* »unbequem, widrig«]

im|po|sant ⟨Adj.⟩ mächtig, stattlich, groß u. eindrucksvoll (Gebäude, Gestalt) [frz., »großartig, eindrucksvoll«]

Im|po|sanz ⟨f.; -; unz.⟩ eindrucksvolle Größe, stattliche, mächtige Beschaffenheit; *ein Gebäude von besonderer* ~

Im|post ⟨m.; -s, -en; veraltet⟩ Warensteuer [zu lat. *impositus* »auferlegt«, Part. Perf. zu *imponere* »auferlegen«]

im|po|tent ⟨Adj.⟩ *Ggs* potent (2) **1** (i. w. S.) unfähig zum Geschlechtsverkehr (bei Männern) **2** (i. e. S.) unfruchtbar, zeugungsunfähig [<lat. *impotens* »ohne Macht, schwach«]

Im|po|tenz ⟨f.; -; unz.⟩ **1** Unfähigkeit (des Mannes) zum Geschlechtsverkehr: Impotentia coeundi; *Ggs* Potenz (1) **2** Unfruchtbarkeit des Mannes: Impotentia generandi; *Ggs* Potenz (2) **3** ⟨fig.⟩ Unvermögen, Schwäche

impr. ⟨Abk. für⟩ imprimatur

Im|präg|na|ti|on *auch:* **Im|präg|na|ti|on** ⟨f.; -, -en⟩ **1** ⟨Geol.⟩ durch Eindringen von Lösungen in die Poren von Gesteinen entstandene feine Verteilung von Mineralien **2** ⟨Med.⟩ Befruchtung [→ *imprägnieren*]

im|präg|nie|ren *auch:* **im|präg|nie|ren** ⟨V.⟩ mit Chemikalien als Schutzmittel tränken, um gegen äußere Einflüsse widerstandsfähig zu machen; *ein Holz gegen Fäulnis* ~; *Gewebe* ~, *um sie wasserundurchlässig zu machen; ein imprägnierter Mantel* [<lat. *impraegnare* »schwängern«]

Im|präg|nie|rung *auch:* **Im|präg|nie|rung** ⟨f.; -, -en⟩ **1** das Imprägnieren, Imprägniertwerden **2** durch Imprägnieren erreichter Zustand, Schutz

im|prak|ti|ka|bel ⟨Adj.⟩ undurchführbar, nicht anwendbar; *Ggs* praktikabel (2) [<frz. *impraticable* »undurchführbar«]

Im|pre|sa|rio ⟨m.; -s, -s od. -ri⟩ Theater- u. Konzertunternehmer, jmd., der für einen Künstler Konzerte, Gastspiele usw. arrangiert, die Verträge für ihn vorbereitet u. für den reibungslosen Ablauf sorgt [ital., »Unternehmer«]

Im|pres|si|on ⟨f.; -, -en⟩ Eindruck, Empfindung, Sinneswahrnehmung [<lat. *impressio* »Eindruck« der Erscheinungen auf die Seele« u. frz. *impression* »Eindruck«]

Im|pres|si|o|nis|mus ⟨m.; -; unz.⟩ **1** ⟨Mal.⟩ Ende des 19. Jh. in Frankreich entstandene Richtung der Malerei, die die Wirklichkeit so wiedergeben will, wie sie dem Künstler im Augenblick erscheint, gekennzeichnet durch feine Farbabstufungen u. verwischte Konturen **2** ⟨Lit.⟩ die Wiedergabe von subjekt. Eindrücken, Seelenregungen u. Stimmungen durch feinste Abstufungen des Ausdrucks u. verfeinerte Ausdrucksmittel (Lautmalerei, Bilder, Vergleiche usw.) **3** ⟨Musik⟩ Wiedergabe subjektiver Eindrücke u. Stimmungen durch differenzierte, von der ostasiat. Musik beeinflusste Harmonik

Im|pres|si|o|nist ⟨m.; -en, -en⟩ Anhänger, Vertreter des Impressionismus

im|pres|si|o|nis|tisch ⟨Adj.⟩ in der Art des Impressionismus, auf ihm beruhend, zu ihm gehörend

im|pres|siv ⟨Adj.; geh.⟩ beeindruckend [→ *Impression*]

Im|pres|sum ⟨n.; -s, -pres|sen⟩ **1** für Zeitungen u. Zeitschriften vorgeschriebener Vermerk mit dem Namen des verantwortl. Herausgebers, des Schriftleiters u. der Druckerei sowie Angaben über Erscheinungsweise, Verlagsort usw. **2** in Büchern Vermerk mit dem Copyright, Verlagsort u. meist Erscheinungsjahr, der Auflagenhöhe u. dem Namen der Druckerei [lat., Part. Perf. zu *imprimere* »hineindrücken«]

im|pri|ma|tur ⟨Abk.: imp., impr.⟩ es werde gedruckt, es darf gedruckt werden (Vermerk des Auftraggebers einer Druckerei auf Korrekturabzügen); Buchnatur [frz.]

Im|pri|ma|tur ⟨n.; -s; unz.⟩ Druckerlaubnis [lat., »es möge gedruckt werden«; zu *imprimere* »hineindrücken«]

Im|pri|mé ⟨[ēprime:] m.; -s, -s; schweiz.⟩ bedruckter Seidenstoff [frz., »gedruckt, bedruckt«]

im|pri|mie|ren ⟨V.⟩ das Imprimatur (für die korrigierten Druckbogen) erteilen

Im|print ⟨n. od. m.; -s, -s; Buchw.⟩ Verlag, der einem größeren Verlag angeschlossen ist [engl., eigtl. »Impressum«]

Im|promp|tu ⟨[ēprōty:] n.; -s, -s⟩ **1** ⟨Lit.⟩ französ. Stegreifgedicht **2** ⟨Musik⟩ nach einem Einfall frei gestaltetes, der Improvisation ähnl. Musikstück, bes. für Klavier [frz., »improvisiert«]

Im|pro|vi|sa|teur ⟨[-vizatœ:r] m.; -s, -e⟩ jmd., der (am Klavier) improvisiert

Im|pro|vi|sa|ti|on ⟨[-vi-] f.; -, -en⟩ **1** unvorbereitete Handlung **2** etwas aus dem Stegreif Dargebotenes (Rede, Gedicht usw.) [<ital. *improvisazione* u. frz. *improvisation* »Stegreifvortrag«; → *improvisieren*]

Im|pro|vi|sa|tor ⟨[-vi-] m.; -s, -to|ren⟩ jmd., der improvisiert

im|pro|vi|sa|to|risch ⟨[-vi-] Adj.⟩ in der Art einer Improvisation, die Improvisation betreffend, behelfsmäßig

im|pro|vi|sie|ren ⟨[-vi-] V.⟩ **1** ohne Vorbereitung tun **2** aus dem Stegreif vortragen **3** ⟨Theat.⟩ etwas sprechen, einfügen, was nicht in der Rolle steht [<ital. *improvvisare* u. frz. *improviser* »aus dem Stegreif sprechen, dichten oder singen«; zu lat. *improvisus* nicht vorhergesehen, unvermutet«]

Im|puls ⟨m.; -es, -e⟩ **1** plötzl. Antrieb, Anstoß, Anregung **2** Augenblicksentschluss; *einen ~ geben* **3** ⟨Physik⟩ die Bewegungsgröße eines Körpers, das Produkt aus Masse u. Geschwindigkeit **4** Kraftstoß, Änderung der Bewegungsgröße bei einer kurzzeitig wirkenden Kraft (Schlag, Stoß) **5** kurzer elektr. Spannungs- od. Stromstoß [<lat. *impulsus* »angestoßen, angetrieben«, Part. Perf. zu *impellere* »anstoßen«]

Im|puls|e|cho|ver|fah|ren ⟨n.; -s; unz.; Technik⟩ Methode der zerstörungsfreien Werkstoffprüfung, die mit der Auswertung kurzer Ultraschallimpulse auf das zu untersuchende Werkstück arbeitet

Im|puls|ge|ne|ra|tor ⟨m.; -s, -en; Technik⟩ technische Vorrichtung zur Erzeugung elektrischer Impulse

im|pul|siv ⟨Adj.⟩ **1** durch einen Impuls veranlasst **2** einem Impuls folgend, rasch handelnd; *~ auf etwas reagieren*

Im|pul|si|vi|tät ⟨[-vi-] f.; -; unz.⟩ impulsives Verhalten, impulsives Wesen

Im|puls|mo|du|la|ti|on ⟨f.; -, -en⟩ Modulationsverfahren für elektromagnet. Wellen, bei dem als Trägerfrequenz keine kontinuierliche Welle, sondern eine Folge hochfrequenter Impulse verwendet wird

Im|puls|tech|nik ⟨f.; -; unz.⟩ Teilgebiet der Elektrotechnik, das sich mit der Erzeugung u. Anwendung elektrischer Impulse befasst

Im|pu|ta|bi|li|tät ⟨f.; -; unz.⟩ Unzurechnungsfähigkeit [<lat. *imputare* »zurechnen«]

Im|pu|ta|ti|on ⟨f.; -, -en; veraltet⟩ **1** ⟨Theol.⟩ von Luther betonter Grundbegriff der christl. Gnadenlehre, nach der dem Sünder durch seinen Glauben die göttliche Gerechtigkeit zugesprochen wird **2** (ungerechtfertigte) Beschuldigung, Unterstellung [<lat. *imputatio* »Anrechnung, Zuschreibung«]

in ⟨Adj.; präd.; umg.⟩ *~ sein* über alles Aktuelle, Modische Bescheid wissen, modern sein; *Ggs out sein* [engl., »in, innen, darin«]

in ⟨Abk. für⟩ Inch

In ⟨chem. Zeichen für⟩ Indium

in. ⟨Abk. für engl.⟩ inch

in...¹, In...¹ ⟨vor b, m, p⟩ im..., Im... ⟨vor l⟩ il..., Il... ⟨vor r⟩ ir..., Ir... ⟨Vorsilbe⟩ in hinein [lat.]

in...², In...² ⟨vor b, m, p⟩ im..., Im... ⟨vor l⟩ il..., Il... ⟨vor r⟩ ir..., Ir... ⟨Vorsilbe⟩ un..., nicht [lat.]

...in ⟨Nachsilbe⟩ **1** ⟨zur Bildung von Adj.⟩ *alpin; feminin* **2** ⟨zur Bildung sächl. Subst.⟩ *Benzin; Biotin; Nikotin* **3** ⟨zur Bildung männl. Subst.⟩ *Aventurin; Turmalin* [<lat. *...in(us)*]

in ab|sen|tia ⟨[-tsia]⟩ in Abwesenheit; *jmdn. ~ verurteilen* [lat.]

in ab|strac|to *auch:* **in abs|trac|to** von der Wirklichkeit abgesehen, rein begrifflich gedacht, im Allgemeinen; *Ggs in concreto* [lat.]

in|ad|ä|quat *auch:* **in|a|dä|quat** ⟨Adj.⟩ nicht passend, unangemessen, nicht entsprechend; *Ggs adäquat*

In|ad|ä|quat|heit *auch:* **In|a|dä|quat|heit** ⟨f.; -, -en⟩ **1** ⟨unz.⟩ Unangemessenheit; *Ggs Adäquatheit* **2** Fall von Unangemessenheit; *die ~en dieses Beschwerdebriefes sind nicht akzeptabel*

in ae|ter|num auf ewig, für immer [lat.]

in|ak|ku|rat ⟨Adj.⟩ flüchtig, ungenau, nachlässig; *Ggs akkurat*

in|ak|tiv ⟨Adj.⟩ *Ggs aktiv* **1** nicht zur Teilnahme an den Veranstaltungen eines Vereins verpflichtet (Mitglied) **2** untätig, unwirksam im Ruhestand befindlich (Beamter, Offizier)

In|ak|ti|ve(r) ⟨f. 2 (m. 1)⟩ nicht zur Teilnahme an den offiziellen

inaktivieren

Veranstaltungen verpflichtetes Mitglied einer studentischen Verbindung od. eines Vereins; *Ggs* Aktive(r)

in|ak|ti|vie|ren ⟨[-vi:-] V.⟩ *Ggs* aktivieren **1** unwirksam machen **2** in den Ruhestand versetzen

In|ak|ti|vi|tät ⟨[-vi-] f.; -; unz.⟩ **1** Untätigkeit, Unwirksamkeit; *Ggs* Aktivität **2** Ruhestand

in|ak|zep|ta|bel ⟨Adj.⟩ nicht annehmbar; *Ggs* akzeptabel; *eine inakzeptable Bedingung*

in|a|lie|na|bel ⟨[-alie-] Adj.⟩ unveräußerlich, unübertragbar [<frz. *inaliénable* <lat. *in* »nicht« + *alienare* »entfremden, entäußern«]

in|an *auch:* **I|nan** ⟨Adj.⟩ nichtig, leer, eitel [<lat. *inanis* »leer«]

In|a|ni|tät *auch:* **I|na|ni|tät** ⟨f.; -; unz.⟩ inane Beschaffenheit

in|ap|pel|la|bel ⟨Adj.; Rechtsw.⟩ nicht anfechtbar (durch Berufung); *Ggs* appellabel; *ein inappelables Urteil*

In|ap|pe|tenz ⟨f.; -; unz.; Med.⟩ fehlendes Verlangen [<*In...*[2] + *Appetenz*]

in|ar|ti|ku|liert ⟨Adj.⟩ ohne Gliederung, undeutlich (ausgesprochen); *Ggs* artikuliert

In|au|gu|ral|dis|ser|ta|ti|on ⟨f.; -, -en⟩ wiss. Arbeit, um die Doktorwürde zu erlangen, Doktorarbeit [→ *inaugurieren*]

In|au|gu|ra|ti|on ⟨f.; -, -en⟩ feierliche Einsetzung in ein akademisches Amt od. eine akademische Würde [<lat. *inauguratio* »Einweihung«]

in|au|gu|rie|ren ⟨V.⟩ **1** in ein Amt einsetzen **2** feierlich einweihen **3** beginnen, einleiten [<lat. *inaugurare* »einweihen«]

in bre|vi in kurzem, bald [lat.]

inc. ⟨Abk. für⟩ incidit

I. N. C. ⟨Abk. für⟩ In Nomine Christi

Inc. ⟨Abk. für⟩ incorporated

In|cen|tive ⟨[ınsɛntıv] m.; -s, -s⟩ **1** ⟨Wirtsch.⟩ Gratifikation od. Bonus, durch die bzw. den Mitarbeiter motiviert werden sollen **2** ⟨allg.⟩ Anreiz, eine bestimmte Tätigkeit auszuführen [engl., »Anreiz«]

Inch ⟨[ıntʃ] m. od. n.; -, -es od. (bei Zahlenangaben) -⟩ ⟨Abk.: in.; Zeichen: '⟩ engl. Längenmaß, Zoll, 2,54 cm [engl.]

in|cho|a|tiv ⟨[-ko-] Adj.; Gramm.⟩ den plötzlichen Beginn eines Vorgangs ausdrückend (von Verben); *Sy* ingressiv

In|cho|a|tiv ⟨[-ko-] n.; -s, -va [-va]⟩ den Beginn einer Handlung od. eines Vorgangs bezeichnendes Verb, z. B. erblühen, erröten, erwachen; *Sy* Ingressiv, Ingressivum [zu lat. *inchoare* »anfangen«]

in|chro|mie|ren ⟨[-kro-] V.⟩ gegen Korrosion schützen, indem man die Oberfläche mit Chrom anreichert; *Stahl* ~ [<*in...*[1] + *Chrom*]

in|ci|dit ⟨Abk.: inc.⟩ hat (es) geschnitten (auf alten Kupferstichen Vermerk vor od. hinter dem Namen des Künstlers) [lat.]

in|ci|pit ⟨Buchw.⟩ es beginnt (am Anfang alter Handschriften od. Drucke); *Ggs* explicit [lat.]

incl. ⟨Abk. für⟩ inklusive

in con|cert ⟨[-kɔnsət] Popmusik⟩ in einem Konzert, öffentlich auftretend; *Lloyd Cole* ~ [engl.]

in con|cre|to ⟨geh.⟩ *Ggs* in abstracto **1** in Wirklichkeit **2** im Einzelfall, im Besonderen [lat.]

in con|tu|ma|ciam ⟨Rechtsw.; nur in der Wendung⟩ ~; *verurteilen* in Abwesenheit [lat., »bei Widerspenstigkeit; gegen den Widerstand (des Beschuldigten, vor Gericht zu erscheinen)«]

in|cor|po|ra|ted ⟨[-kɔː(r)pəreɪtɪd] Abk.: Inc.⟩ (im Handelsregister) eingetragen (Verein, Firma) [engl.-amerikan.]

in cor|po|re 1 insgesamt **2** alle gemeinsam, geschlossen, zusammen [lat., »in der Gesamtheit«]

In|cus ⟨m.; -, -cu|des [-deːs]; Anat.⟩ mittleres Gehörknöchelchen [lat., »Amboss«]

I. N. D. ⟨Abk. für lat.⟩ **1** In Nomine Dei **2** In Nomine Domini

Ind. ⟨Abk. für⟩ **1** Indikativ **2** Industrie

Ind|amin *auch:* **In|da|min** ⟨n.; -e; Chemie⟩ sehr säureempfindlicher Teerfarbstoff mit grüner bis blauer Farbe [<*Indigo* + *Amin*]

Ind|an|thren® *auch:* **In|danth|ren**® ⟨n.; -s, -e⟩ licht- u. waschechter Farbstoff [<*Indigo* + *Anthrazen*]

in|de|fi|ni|bel ⟨Adj.⟩ nicht definierbar, unerklärlich [<*in...*[2] + lat. *definire* »bestimmen, begrenzen«]

in|de|fi|nit ⟨a. [---'-] Adj.; Gramm.⟩ unbestimmt; ~*er Artikel* [→ *Indefinitum*]

In|de|fi|nit|pro|no|men ⟨n.; -s, - od. -mi|na; Gramm.⟩ Pronomen, das anstelle einer nicht genannten Person steht, unbestimmtes Fürwort, z. B. man, einem; *Sy* Indefinitum

In|de|fi|ni|tum ⟨n.; -s, -ni|ta; Gramm.⟩ = Indefinitpronomen [<lat. *indefinitum*, »das Unbestimmte«; zu *definire* »bestimmen, abgrenzen«]

in|de|kli|na|bel ⟨Adj.⟩ nicht deklinierbar; *Ggs* deklinabel

In|dem|ni|sa|ti|on ⟨f.; -, -en⟩ Vergütung, Entschädigung [→ *indemnisieren*]

in|dem|ni|sie|ren ⟨V.⟩ vergüten, entschädigen [<lat. *indemnis* »schadlos, verlustlos«]

In|dem|ni|tät ⟨f.; -; unz.⟩ **1** Straffreiheit **2** nachträgl. Zustimmung der Volksvertretung zu einer verfassungswidrigen Maßnahme der Regierung [<lat. *indemnitas* »Schadlosigkeit«]

In|dent|ge|schäft ⟨n.; -(e)s, -e⟩ überseeisches Warengeschäft, bei dem ein Lieferant den Vertrag erst dann als bindend ansieht, wenn er selbst zu angemessenen Bedingungen einkaufen kann [zu lat. *indentare* »einzähnen, einkerben«, <*in...*[1] »hinein...«+ *dens* »Zahn«]

In|de|pen|dent ⟨m.; -en, -en⟩ Angehöriger einer Strömung der Puritaner in England im 17. Jh., die die Unabhängigkeit der Einzelgemeinden forderten [engl., »unabhängig«]

In|de|pen|denz ⟨f.; -; unz.⟩ Unabhängigkeit; *Ggs* Dependenz (1) [<*In...*[2] + lat. *dependere* »herabhängen, abhängig sein«]

in|de|ter|mi|na|bel ⟨a. [----'--] Adj.⟩ unbestimmbar; *ein indeterminabler Begriff*

In|de|ter|mi|na|ti|on ⟨f.; -; unz.⟩ **1** ⟨Philos.⟩ Unbestimmtheit **2** Unentschlossenheit [<*In...*[2] + *determinatio* »Abgrenzung«]

in|de|ter|mi|niert ⟨a. ['-----] Adj.⟩ **1** unbestimmt, nicht festgelegt, frei **2** unentschlossen [<*in...*[2] + lat. *determinare* »abgrenzen«]

In|de|ter|mi|nis|mus ⟨m.; -; unz.⟩ Lehre, dass der Mensch in seinem Handeln nicht zwingend von Ursachen bestimmt wird, sondern ein gewisses Maß an Willensfreiheit besitzt; *Ggs* Determinismus

In|dex ⟨m.; -es od. -, -e od. -di|ces od. -di|zes⟩ **1** Namen-, Sach-, Stichwortverzeichnis, Register; *ein Wort im ~ nachschlagen* **2** ⟨kurz für⟩ *~ librorum prohibitorum* Verzeichnis der von der katholischen Kirche verbotenen Schriften; *ein Buch auf den ~ setzen* **3** tief gestellte Ziffer verschiedener Funktionen, z. B. L_2 **4** zur Verbesserung der Übersichtlichkeit von Statistiken meist mit 100 gleichgesetzte Zahl, auf die die übrigen Werte einer Reihe bezogen werden, Maßzahl, Messziffer; *Sy* Indexzahl, Indexziffer, Relativzahl [lat., »Register, Verzeichnis«]

in|de|xie|ren ⟨V.⟩ *etwas ~* einen Index zu etwas anlegen

In|de|xie|rung ⟨f.; -, -en⟩ **1** das Indexieren **2** ⟨EDV⟩ Verfahren der Kennzeichnung, bei dem einem Dokument bestimmte vorher festgelegte beschreibende Elemente zugeordnet werden **3** Menge dieser zugeordneten Elemente eines Dokuments

In|dex|klau|sel ⟨f.; -, -n; Wirtsch.⟩ Wertsicherungsklausel, die einen Schuldbetrag bis zu seiner Zahlung an mögliche Erhöhungen bestimmter Preisindizes koppelt

In|dex|wäh|rung ⟨f.; -, -en; Wirtsch.⟩ Währungssystem, das sein Fundament nicht in einer von Wertmetallvorräten repräsentierten Geldmenge, sondern in Warenmengen bzw. -preisen hat u. sowohl der Stabilität des Geldwertes als auch dem Erhalt der Kaufkraft dient

In|dex|zahl ⟨f.; -, -en⟩ = Index (4)
In|dex|zif|fer ⟨f.; -, -n⟩ = Index (4)
in|de|zent ⟨Adj.⟩ unschicklich, unfein, unanständig; *Ggs* dezent

In|de|zenz ⟨f.; -; unz.⟩ Unschicklichkeit; *Ggs* Dezenz

In|dia|ca® ⟨a. [--'--] f.; -, -s; Sport⟩ kegelförmiger, mit Federn besetzter Lederball, der beim Indiaca verwendet wird [span.]

In|dia|ca ⟨a. [--'--] n.; - od. -s; unz.; Sport⟩ Mannschaftsspiel indianischen Ursprungs für 1-6 Spieler pro Team, bei dem eine Indiaca mit der flachen Hand über ein Netz geschlagen wird [span.]

In|dia|na|po|lis|start ⟨m.; -(e)s, -s; Sport⟩ fliegender Start bei Autorennen nach einer Einlaufrunde ab der Startlinie [nach der amerikan. Stadt *Indianapolis*, in der jährl. Autorennen auf einer 4 km langen Rennstrecke stattfinden]

in|dia|nisch ⟨Adj.⟩ die Indianer betreffend, zu ihnen gehörig, von ihnen stammend

In|dia|nist ⟨m.; -en, -en⟩ Wissenschaftler, Forscher auf dem Gebiet der Indianistik

In|dia|nis|tik ⟨f.; -; unz.⟩ Wissenschaft von den Sprachen u. Kulturen der Indianer

In|dia|nis|tin ⟨f.; -, -tin|nen⟩ Wissenschaftlerin, Forscherin auf dem Gebiet der Indianistik

In|di|ces ⟨Pl. von⟩ Index

In|di|enne ⟨[ɪndiɛ̃n] od. frz. [ɛ̃djɛn] f.; -; unz.; Textilw.⟩ indisches Baumwollgewebe [frz., Fem. zu *indien* »indisch«]

in|dif|fe|rent ⟨Adj.⟩ **1** auf keinen Reiz ansprechend, unbestimmt **2** gleichgültig, teilnahmslos [<*in...*[2] + lat. *differens*, Part. Präs. zu *differe* »sich unterscheiden«]

In|dif|fe|ren|tis|mus ⟨m.; -; unz.⟩ Gleichgültigkeit, Teilnahmslosigkeit, Verzicht auf Stellungnahme, auf keinen Reiz hin ansprechendes Verhalten; *ein stark ausgeprägter ~*

In|dif|fe|renz ⟨f.; -; unz.⟩ **1** Unbestimmtheit **2** Gleichgültigkeit, Wirkungslosigkeit [→ *indifferent*]

in|di|gen ⟨Adj.⟩ eingeboren, einheimisch [<lat. *indigena*]

In|di|ge|nat ⟨n.; -(e)s, -e⟩ Staatsangehörigkeit, Heimat-, Bürgerrecht [→ *indigen*]

In|di|ges|ti|on ⟨f.; -, -en⟩ Verdauungsstörung [<*In...*[2] + *Digestion*]

In|di|gna|ti|on *auch:* **In|dig|na|ti|on** ⟨f.; -; unz.⟩ Unwille, Entrüstung [<lat. *indignatio*]

in|di|gnie|ren *auch:* **in|dig|nie|ren** ⟨V.⟩ Unwillen, Entrüstung erregen [<lat. *indignari* »unwillig, entrüstet sein«]

in|di|gniert *auch:* **in|dig|niert** ⟨Adj.⟩ entrüstet, peinlich berührt

In|di|gni|tät *auch:* **In|dig|ni|tät** ⟨f.; -; unz.⟩ **1** ⟨Rechtsw.⟩ Erbunwürdigkeit **2** ⟨veraltet⟩ Unwürdigkeit

In|di|go ⟨n. od. m.; -s; unz.⟩ ältester blauer, lichtechter Küpenfarbstoff, der aus verschiedenen trop. Pflanzen gewonnen wird [span. <lat. *indicum* <grch. *indikon* »das Indische«]

In|di|go|lith ⟨m.; -s od. -en, -e od. -en; Min.⟩ Mineral, sehr seltener, blauer Turmalin [<*Indigo* + ...*lith*]

In|di|go|tin ⟨n.; -s; unz.; Chemie⟩ durch chem. Einwirkung von Schwefelsäure auf Indigo gewonnener blauer, wasserlöslicher Farbstoff

In|di|ka|ti|on ⟨f.; -, -en; Med.⟩ **1** Anzeichen, Merkmal, Hilfsanzeige, aus der Diagnose sich ergebende Veranlassung, ein bestimmtes Heilverfahren anzuwenden **2** ⟨gesetzl.⟩ Grund, einen Schwangerschaftsabbruch durchzuführen; *soziale, medizinische, ethische ~* [<lat. *indicatio* »Anzeige, Aussage«]

In|di|ka|ti|ons|mo|dell ⟨n.; -s; unz.; Med.⟩ Modell zur Freigabe eines medizinisch od. ethisch motivierten Schwangerschaftsabbruchs innerhalb einer gesetzlich festgelegten Frist [→ *Indikation*]

In|di|ka|tiv ⟨m.; -s, -e [-və]; Abk.: Ind.; Gramm.⟩ Wirklichkeitsform des Verbs, z. B. ich gehe, er schläft [<lat. (*modus*) *indicativus* »anzeigende Form« <*modus* »Art, Form« + *indicare* »anzeigen«]

in|di|ka|ti|visch ⟨Adj.; Gramm.⟩ im Indikativ (stehend)

In|di|ka|tor ⟨m.; -s, -to|ren⟩ **1** Stoff, der durch Farbänderung anzeigt, ob eine Lösung alkalisch, neutral od. sauer reagiert **2** Instrument zum Messen des Druckverlaufs von Dampf,

Indikatorpapier

Gas od. Flüssigkeiten in einem Zylinder [<lat. *indicator* »Anzeiger«]

In|di|ka|tor|pa|pier ⟨n.; -s, -e⟩ mit einem Indikator getränktes Papier zum Bestimmen des Säure- od. Basengrades einer Lösung

In|di|ka|trix *auch:* **In|di|ka|trix** ⟨f.; -; unz.⟩ bei Kartennetzentwürfen Maß zur Feststellung der Verzerrung, die dadurch entsteht, dass Kreise auf der Erdoberfläche auf der Karte als Ellipsen abgebildet werden, Verzerrungsellipse [<lat. *indicatrix*, Fem. zu *indicator* »Anzeiger«]

In|dik|ti|on ⟨f.; -, -en⟩ **1** Ansage, Ankündigung **2** kirchl. Aufgebot **3** Zyklus von 15 Jahren, sog. Römerzinszahl, seit dem 4. Jh. n. Chr. für die Datierung verwendet [<lat. *indictio* »Ankündigung«; zu *indicere* »ankündigen«]

In|dio ⟨m.; -s, -s⟩ mittel- u. südamerikan. Indianer [span.]

in|di|rekt ⟨Adj.⟩ *Ggs* direkt **1** auf Umwegen **2** mittelbar, abhängig; ~*e Beleuchtung* B. mit unsichtbarer (verdeckter) Lichtquelle; ~*er Druck* D. von einer Form mit seitenrichtigem Bild auf einen Gummizylinder, der das seitenverkehrte Motiv seitenrichtig auf den Druckträger überträgt; ~*e Rede* ⟨Gramm.⟩ nicht wörtliche R.; *Sy* Oratio obliqua; *Ggs* direkte Rede; ~*e Steuer* vom Staat erhobener Aufschlag auf bestimmte Waren *(Getränke-, Tabak-, Umsatz-, Vergnügungssteuer, Zölle)*;~*e Wahl* W. durch Mittelspersonen

in|dis|kret ⟨Adj.⟩ *Ggs* diskret (1) **1** nicht verschwiegen **2** neugierig, taktlos

In|dis|kre|ti|on ⟨f.; -, -en⟩ *Ggs* Diskretion **1** Mangel an Verschwiegenheit **2** Neugierde, Taktlosigkeit; *eine ~ begehen*

in|dis|ku|ta|bel ⟨Adj.⟩ keiner Erörterung wert, nicht in Frage kommend; *Ggs* diskutabel

in|dis|pen|sa|bel ⟨Adj.⟩ unerlässlich; *Ggs* dispensabel [<frz. *indispensable*]

in|dis|po|ni|bel ⟨Adj.⟩ nicht verwendbar, nicht verfügbar; *Ggs* disponibel

in|dis|po|niert ⟨Adj.⟩ unpässlich, nicht gut aufgelegt, in schlechter Verfassung (bes. stimmlich); *Ggs* disponiert (1)

In|dis|po|niert|heit ⟨a. [---'--] f.; -, -en⟩ Unpässlichkeit, schlechte Verfassung

In|dis|po|si|ti|on ⟨f.; -, -en⟩ Unpässlichkeit, Verstimmung, schlechte (stimml.) Verfassung

in|dis|pu|ta|bel ⟨Adj.⟩ unbestreitbar, unstreitig; *Ggs* disputabel; *indisputable Ergebnisse*

In|dis|zi|plin *auch:* **In|dis|zi|plin** ⟨f.; -; unz.⟩ Mangel an Disziplin, Zuchtlosigkeit; *Ggs* Disziplin (1)

in|dis|zi|pli|niert *auch:* **in|dis|zi|pli|niert** ⟨Adj.⟩ zuchtlos, durch Mangel an Disziplin gekennzeichnet

In|di|um ⟨n.; -s; unz.; chem. Zeichen: In⟩ chem. Element, silberweißes, sehr weiches Metall, Ordnungszahl 49 [→ *Indigo*; nach den charakteristischen *indigo*blauen Spektrallinien des Metalls]

in|di|vi|du|al..., In|di|vi|du|al... ⟨[-vi-] in Zus.⟩ das Individuum, das Einzelwesen betreffend

In|di|vi|du|al|di|a|gno|se *auch:* **In|di|vi|du|al|di|a|gno|se** ⟨[-vi-] f.; -, -n⟩ Verfahren zur Einschätzung der individuellen Persönlichkeit mit Hilfe von psychologischen Tests

In|di|vi|du|a|li|sa|ti|on ⟨[-vi-] f.; -, -en⟩ Sonderung im Einzelnen, Betrachtung od. Behandlung des Einzelwesens, Vereinzelung; *Ggs* Generalisation

in|di|vi|du|a|li|sie|ren ⟨[-vi-] V.⟩ *Ggs* generalisieren **1** Allgemeines in Einzelnes sondern **2** (den Menschen) als Einzelwesen betrachten, behandeln **3** (dem Einzelfall) gerecht werden

In|di|vi|du|a|li|sie|rung ⟨[-vi-] f.; -, -en⟩ = Individualisation

In|di|vi|du|a|lis|mus ⟨[-vi-] m.; -; unz.⟩ **1** Lehre, die dem Einzelwesen in der Gemeinschaft den Vorrang gibt **2** Betonung der Interessen des Einzelnen **3** Vertretung der eigenen Interessen

In|di|vi|du|a|list ⟨[-vi-] m.; -en, -en⟩ **1** Anhänger des Individualismus **2** Einzelgänger

In|di|vi|du|a|lis|tin ⟨[-vi-] f.; -, -tinnen⟩ **1** Anhängerin des Individualismus **2** Einzelgängerin

in|di|vi|du|a|lis|tisch ⟨[-vi-] Adj.⟩ auf dem Individualismus beruhend, ihm entsprechend

In|di|vi|du|a|li|tät ⟨[-vi-] f.; -, -en⟩ **1** ⟨unz.⟩ Gesamtheit der Eigenarten des Einzelwesens **2** ⟨zählb.⟩ das durch eigenes Gepräge gekennzeichnete Einzelwesen

In|di|vi|du|al|psy|cho|lo|gie ⟨[-vi-] f.; -; unz.⟩ psychologische Untersuchung u. Erforschung des Menschen in seiner individuellen Besonderheit im Unterschied zur Kollektiv- od. Völkerpsychologie

in|di|vi|du|al|psy|cho|lo|gisch ⟨[-vi-] Adj.⟩ zur Individualpsychologie gehörend, auf ihr beruhend, sie betreffend

In|di|vi|du|a|ti|on ⟨[-vi-] f.; -, -en⟩ **1** ⟨Philos.⟩ Vereinzelung, Herausbildung, Heraussonderung des Einzelnen aus dem Allgemeinen **2** ⟨Psych.⟩ die Entwicklung zur Individualität [<lat. *individuus* »unteilbar«; → *Individuum*]

in|di|vi|du|ell ⟨[-vi-] Adj.⟩ **1** das Individuum betreffend, zu ihm gehörig **2** eigentümlich, der Eigenart des Einzelnen entsprechend, persönlich; ~*e Bedienung, Behandlung; das ist ~ verschieden* [<frz. *individuel*]

in|di|vi|du|ie|ren ⟨[-vi-] V.⟩ ein individuelles Persönlichkeitsprofil ausbilden

In|di|vi|du|ie|rung ⟨[-vi-] f.; -, -en; Psych.⟩ das Individuieren, Prozess der Selbsterkenntnis u. Abgrenzung der eigenen Persönlichkeit von anderen; *Sy* Individuation

In|di|vi|du|um ⟨[-vi̱-] n.; -s, -duen⟩ **1** das Einzelwesen in seiner Besonderheit, im Verhältnis zur Gemeinschaft **2** ⟨umg.; verächtl.⟩ unbekannte Person, Lump; *ein verdächtiges ~* [<lat. *individuus* »unteilbar« <*in...* »nicht«+ *dividere* »teilen«]

In|diz ⟨n.; -es, -di|zi|en⟩ *oV* Indizium **1** Tatsache, die auf das Vorhandensein einer anderen

Induktionsapparat

schließen lässt **2** Tatsache, die eine Straftat nicht unmittelbar erweist, aber auf diese schließen lässt [<lat. *indicium* »Anzeichen, Beweis«]
In|di|zes ⟨Pl. von⟩ Index
in|di|zi|ell ⟨Adj.; Rechtsw.⟩ auf Indizien beruhend, sie betreffend
In|di|zi|en|be|weis ⟨m.; -es, -e; Rechtsw.⟩ Beweis aufgrund von Indizien
In|di|zi|en|pro|zess ⟨m.; -es, -e; Rechtsw.⟩ Prozess, der nur auf der Grundlage von Indizien geführt wird
in|di|zie|ren ⟨V.⟩ **1** anzeigen, hinweisen auf **2** auf den Index (2) setzen [→ *Indiz, Index*]
in|di|ziert ⟨Adj.⟩ **1** angezeigt, ratsam, Veranlassung gebend **2** eine bestimmte Heilbehandlung veranlassend **3** ~e Leistung Leistung einer Maschine im Innern, z. B. im Kolben einer Verbrennungskraftmaschine; *Ggs* effektive Leistung
In|di|zie|rung ⟨f.; -, -en⟩ das Indizieren, Indiziertwerden
In|di|zi|um ⟨n.; -s, -zi|en⟩ = Indiz
in|do|a|risch ⟨Adj.⟩ die Indoarier betreffend, von ihnen stammend; ~e *Sprachen* die Sprachen der etwa um 1500 v. Chr. in Indien eingewanderten Arier (alt-, mittel- u. neuindische Sprachen)
in|do|eu|ro|pä|isch ⟨Adj.⟩ von den Indoeuropäern stammend, zu ihnen gehörig; ~e *Sprachen* indogerman. Sprachen [Bez., mit der man die geograph. Verbreitung ihrer Träger, von den Indern bis zu den Kelten in Nordwesteuropa gerecht werden wollte]
In|do|ger|ma|ne ⟨m.; -n, -n⟩ Angehöriger der Völker, deren Sprachen zur indogerman. Sprachfamilie gehören
in|do|ger|ma|nisch ⟨Adj.; Abk.: idg.; Sprachw.⟩ zu den Indogermanen gehörig, von ihnen stammend; ~e *Sprachen* aus einer nicht überlieferten Ursprache entstandene, von Indien über Westasien bis Europa verbreitete Sprachfamilie
In|do|ger|ma|nist ⟨m.; -en, -en⟩ Wissenschaftler auf dem Gebiet der Indogermanistik

In|do|ger|ma|nis|tik ⟨f.; -; unz.⟩ sprachvergleichende Wissenschaft von den indogerman. Sprachen
In|do|ger|ma|nis|tin ⟨f.; -, -tin|nen⟩ Wissenschaftlerin auf dem Gebiet der Indogermanistik
In|dok|tri|na|ti|on *auch:* **In|dokt|ri|na|ti|on** ⟨f.; -; unz.⟩ das Indoktrinieren, das Indoktriniertwerden
in|dok|tri|na|tiv *auch:* **in|dokt|ri|na|tiv** ⟨Adj.; geh.⟩ auf indoktrinierende Art, auf Indoktrination beruhend, mit dem Ziel der Indoktrination; *eine* ~*e Rede; ein* ~*es Pamphlet*
in|dok|tri|nie|ren *auch:* **in|dokt|ri|nie|ren** ⟨V.⟩ ideologisch durchdringen, beeinflussen; *jmdm. eine Meinung* ~ [<*in*...¹ + *Doktrin*]
In|dok|tri|nie|rung *auch:* **In|dokt|ri|nie|rung** ⟨f.; -, -en⟩ das Indoktrinieren, das Indoktriniertwerden
In|dol ⟨n.; -s; unz.; Chemie⟩ eine heterocyclische Verbindung, Abkömmling des Benzols, natürliches Vorkommen in äther. Ölen
in|do|lent ⟨a. [--'-] Adj.⟩ **1** gleichgültig, träge **2** ⟨Med.⟩ unempfindlich (gegen Schmerz) [<lat. *indolens*]
In|do|lenz ⟨a. [--'-] f.; -; unz.⟩ indolentes Verhalten [<lat. *indolentia*]
In|do|lo|ge ⟨m.; -n, -n⟩ Forscher, Wissenschaftler auf dem Gebiet der Indologie
In|do|lo|gie ⟨f.; -; unz.⟩ Wissenschaft von den ind. Sprachen u. Kulturen [<lat. *India* »Indien« + ...*logie*]
In|do|lo|gin ⟨f.; -, -gin|nen⟩ Forscherin, Wissenschaftlerin auf dem Gebiet der Indologie
In|door... ⟨[-dɔːr] in Zus.⟩ in geschlossenen Räumen ausgetragene Betätigung, vor allem sportlicher Natur; *Ggs* Outdoor...; *Indoorfußball; Indoortennis* [<engl. *indoor* »Haus..., Zimmer..., Hallen...«]
In|door|fuß|ball ⟨[-dɔːr-] m.; -(e)s; unz.; Sport⟩ in einer Halle gespielter Fußball mit flexiblen, vom Feldfußball abweichenden Regeln hinsichtlich

Spielerzahl, Spielfeldgröße u. Bandenfunktion, Hallenfußball [→ *Indoor*...]
In|do|phe|nol ⟨n.; -s; unz.; Chemie⟩ Farbstoff für die Farbfotografie [<*Indigo + Phenol*]
in|dos|sa|bel ⟨Adj.⟩ durch Indossament übertragbar
In|dos|sa|ment ⟨n.; -(e)s, -e⟩ **1** Übertragung der Rechte an einem Wechsel o. Ä. an einen anderen; *Sy* Indossierung **2** der Übertragungsvermerk selbst; *Sy* Indosso, Giro (3) [→ *indossieren*]
In|dos|sant ⟨m.; -en, -en⟩ = Girant [→ *indossieren*]
In|dos|sat ⟨m.; -en, -en⟩ = Girat
In|dos|sa|tar ⟨m.; -s, -e⟩ = Girat
In|dos|sent ⟨m.; -en, -en⟩ = Girant
in|dos|sier|bar ⟨Adj.⟩ = indossabel
in|dos|sie|ren ⟨V.⟩ *einen Wechsel* ~ die Rechte an einem Wechsel o. Ä. auf jmdn. übertragen [<ital. *indossare* <*in* »in, auf« + *dosso* »Rücken«]
In|dos|sie|rung ⟨f.; -, -en⟩ = Indossament (1)
In|dos|so ⟨n.; -s, -s od. -dos|si⟩ = Indossament (2) [<ital. *in dosso* »auf den Rücken«]
in du|bio ⟨Rechtsw.⟩ im Zweifelsfall; ~ *pro reo* im Zweifelsfall (ist) für den Angeklagten (zu entscheiden) [lat.]
In|duk|tanz ⟨f.; -; unz.; El.⟩ induktiver Widerstand einer im Wechselstromkreis liegenden Spule [zu lat. *inducere* »hineinleiten«]
In|duk|ti|on ⟨f.; -, -en⟩ **1** ⟨Philos.⟩ Schlussfolgerung von Besonderen, vom Einzelfall auf das Allgemeine; *Sy* Epagoge; *Ggs* Deduktion **2** *vollständige* ~ ⟨Math.⟩ Beweisverfahren mit dem Ziel, eine von einer Anzahl n abhängige Beziehung B_n auch für die Anzahl n + 1 als gültig zu erweisen, Schluss von n auf n + 1 **3** ⟨El.⟩ Verknüpfung zeitlich veränderlicher elektrischer u. magnetischer Felder, die durch Bewegen eines elektrischen Leiters in einem Magnetfeld entstehen [<lat. *inductio* »das Hineinführen«; zu *inducere* »hineinführen«]
In|duk|ti|ons|ap|pa|rat ⟨m.; -(e)s, -e⟩ = Funkeninduktor

In|duk|ti|ons|krank|heit ⟨f.; -; unz.; Med.⟩ über die Psyche vermittelte krankhafte Störung bei Personen, die eng mit seelisch od. geistig Kranken zusammenleben, z. B. Krämpfe, Wahnideen [→ *Induktion*]

In|duk|ti|ons|ma|schi|ne ⟨f.; -, -n⟩ = Funkeninduktor

In|duk|ti|ons|ofen ⟨m.; -s, -ö|fen⟩ Industrieofen, in dem die für chem. Prozesse benötigte Wärme induktiv durch elektrischen Strom erzeugt wird

In|duk|ti|ons|strom ⟨m.; -(e)s; unz.⟩ durch Induktion hervorgerufener Strom

in|duk|tiv ⟨Adj.⟩ **1** ⟨Philos.⟩ aus Induktion gewonnen; *Sy* epagogisch; *Ggs* deduktiv **2** durch elektr. Induktion entstehend; ~*er Widerstand* durch ständigen Auf- u. Abbau des Magnetfeldes bedingter W. im Wechselstromkreis

In|duk|ti|vi|tät ⟨[-vi-] f.; -; unz.; Zeichen: I⟩ physikal. Größe, die die Größe einer Induktion angibt

In|duk|tor ⟨m.; -s, -to|ren⟩ Funkeninduktor [< lat. *inductor* »Einführer«]

in dul|ci ju|bi|lo 1 Anfang eines Weihnachtsliedes mit dt. u. lat. Text **2** ⟨fig.⟩ herrlich u. in Freuden [mlat., »in süßem Jubel«]

in|dul|gent ⟨Adj.⟩ nachsichtig, milde [< lat. *indulgens*, Part. Präs. zu *indulgere* »Nachsicht üben«]

In|dul|genz ⟨f.; -, -en⟩ **1** Nachsicht, Milde **2** Straferlass **3** Ablass [< lat. *indulgentia*]

In|dult ⟨m. od. n.; -(e)s, -e⟩ **1** Nachsicht, Stundung, Frist **2** Vergünstigung, Erlass [< lat. *indultum*, Part. Perf. zu *indulgere* »Nachsicht üben«]

in du|plo *auch:* **in dup|lo** doppelt, in zweifacher Ausfertigung [lat.]

In|du|ra|ti|on ⟨f.; -, -en; Med.⟩ Verhärtung von Gewebe infolge bindegewebiger Durchwachsung u. Bindegewebsvermehrung [< lat. *induratio* <*in*... »hinein...« + *durus* »hart«]

in|du|rie|ren ⟨V.; Med.⟩ sich verhärten (von Muskeln od. Geweben) [< lat. *indurare* »sich verhärten, hart werden«]

In|du|si ⟨f.; -; unz.; Kurzwort für⟩ induktive Zugsicherung, Überwachungsverfahren für Eisenbahnzüge, das auf der Auslösung von Induktionserscheinungen in zwischen den Gleisen verlegten Leiterschleifen beruht (bremst bei Nichtbeachtung von Haltesignalen den Zug automatisch)

In|du|si|um ⟨n.; -s, -si|en; Bot.⟩ häutiger Auswuchs des Farnblattes, der die Sporenbehälter überdeckt [lat., »Überkleid, Bast der Pflanzen«]

♦ Die Buchstabenfolge **in|dus|tr...** kann auch **in|dust|r...** getrennt werden.

♦ **In|dus|tri|al|de|sign** *auch:* **In|dust|ri|al De|sign** ⟨[ɪndʌstrɪəldɪzaɪn] n.; (-) -s, (-) -s⟩ Formgebung, ästhetische Gestaltung industriell gefertigter Waren [engl., »industrielle Gestaltung«]

♦ **In|dus|tri|al|en|gi|nee|ring** *auch:* **In|dust|ri|al En|gi|nee|ring** ⟨[ɪndʌstrɪəlendʒɪniːrɪŋ] n.; (-) -s; unz.⟩ Erforschung der Rationalisierung und Verbesserung von Arbeitsplätzen in der industriellen Fertigung; *Sy* Engineering [engl.]

♦ **in|dus|tri|a|li|sie|ren** ⟨V.⟩ *ein Land* ~ in einem Land die Industrie entwickeln, industrielle Herstellungsmethoden einführen

♦ **In|dus|tri|a|li|sie|rung** ⟨f.; -; unz.⟩ das Industrialisieren, die Expansion industrieller Fertigungsmethoden u. -stätten

♦ **In|dus|tri|a|lis|mus** ⟨m.; -; unz.⟩ Vorherrschen der Industrie in der Wirtschaft eines Landes

Industrie (*Worttrennung am Zeilenende*) Folgen mehr als zwei Konsonanten auf einen Vokal, so wird der letzte Konsonant abgetrennt oder die Worttrennung erfolgt nach Sprechsilben (→*a.* Illustration).

♦ **In|dus|trie** ⟨f.; -, -n⟩ **1** Herstellung großer Mengen gleichartiger Waren mit techn. Mitteln u. aufgrund von Arbeitsteilung in Großbetrieben od. in Heimarbeit; *Fabrik*~; *Heim*~; *Haus*~ **2** Gesamtheit der Fabrikbetriebe; *Metall*~, *Textil*~; *chemische, einheimische, keramische, weiterverarbeitende* ~ [frz. < lat. *industria* »Fleiß, Betriebsamkeit«]

♦ **In|dus|trie|hol|ding** ⟨f.; -, -s; Wirtsch.⟩ Gesellschaft, die sich mit der Verwaltung von Geschäftsanteilen (bes. Aktien) anderer Firmen befasst u. sie dadurch kontrolliert

♦ **In|dus|trie|kon|zern** ⟨m.; -s, -e⟩ Zusammenschluss mehrerer industrieller Unternehmen unter einer gemeinsamen Leitung

♦ **in|dus|tri|ell** ⟨Adj.⟩ die Industrie betreffend, zu ihr gehörig, mit Hilfe der Industrie (hergestellt); ~*e Revolution* Übergang von der Manufaktur zur maschinellen Industrie innerhalb eines Staates

♦ **In|dus|tri|el|le(r)** ⟨f. 2 (m. 1)⟩ Inhaber(in) eines Industriebetriebes

♦ **In|dus|trie|staat** ⟨m.; -(e)s, -en⟩ Staat, dessen Wirtschaft überwiegend auf Industrie beruht; *Ggs* Agrarstaat

in|du|zie|ren ⟨V.⟩ **1** ⟨Philos.⟩ durch Induktion (1) schließen; *Ggs* deduzieren **2** durch Induktion (3) erzeugen; *elektr. Strom* ~ [< lat. *inducere* »hineinführen, hineinleiten«]

In|e|di|tum ⟨n.; -s, -ta⟩ noch nicht veröffentlichte Schrift [lat.]

in|ef|fek|tiv ⟨Adj.⟩ unwirksam, nutzlos; *Ggs* effektiv

in ef|fi|gie ⟨[-gie:]⟩ bildlich; *jmdn.* ~ *hinrichten* ⟨früher⟩ am Bilde des Entflohenen das Urteil vollstrecken [lat., »im Abbild«]

in|ef|fi|zi|ent ⟨Adj.⟩ *Ggs* effizient **1** unwirksam, nicht leistungsfähig **2** unwirtschaftlich; *eine* ~*e Arbeitsweise*

In|ef|fi|zi|enz ⟨f.; -; unz.⟩ *Ggs* Effizienz **1** Unwirksamkeit, mangelnde Leistungsfähigkeit **2** Unwirtschaftlichkeit

in|e|gal ⟨a. [--'-] Adj.⟩ ungleich, ungleichmäßig [< frz. *inégal*]

in|ert *auch:* **i|nert** ⟨Adj.⟩ untätig, träge; ~*e Stoffe* Stoffe, die keine Reaktion miteinander eingehen [< frz. *inerte* »regungslos, leblos« < lat. *iners* »unfähig, untätig«]

In|er|ti|al|sys|tem *auch:* **I|ner|ti|al-sys|tem** ⟨n.; -s, -e; Physik⟩ Bezugssystem, in dem die von Newton formulierten Axiome für die Bewegung von Massenpunkten gelten [<lat. *inertia* »Trägheit«]

In|er|tie *auch:* **I|ner|tie** ⟨f.; -; unz.⟩ Trägheit (von Körperorganen) [→ *inert*]

in|es|sen|ti|ell ⟨Adj.⟩ = inessenziell

in|es|sen|zi|ell ⟨Adj.⟩ unwesentlich; *oV* inessentiell; *Ggs* essenziell

in|ex|akt *auch:* **in|e|xakt** ⟨Adj.⟩ *Ggs* exakt (1) **1** ungenau **2** unordentlich, nachlässig

in|e|xis|tent ⟨Adj.⟩ nicht vorhanden; *Ggs* existent [lat.]

In|e|xis|tenz ⟨f.; -; unz.⟩ **1** Nichtvorhandensein; *Ggs* Existenz **2** Existenz einer Sache in einer anderen

in|ex|plo|si|bel ⟨Adj.⟩ nicht explodierend, nicht explosiv; *Ggs* explosibel; *ein inexplosibler Stoff*

in ex|ten|so ⟨geh.⟩ ausführlich, vollständig [lat., »in ausgedehnter (Weise)«]

in ex|tre|mis *auch:* **in ex|tre|mis** in den letzten Zügen (liegend) [lat., »in den Äußersten, in den Letzten«]

Inf. ⟨Abk. für⟩ **1** Infinitiv **2** Infanterie

in fac|to ⟨geh.⟩ in Wirklichkeit [lat.]

in|fal|li|bel ⟨Adj.⟩ unfehlbar [<lat. *infallibilis* »unfehlbar« <lat. *in*... »un..., nicht« + *fallere* »täuschen«]

In|fal|li|bi|li|tät ⟨f.; -; unz.⟩ Unfehlbarkeit (des Papstes)

in|fam ⟨Adj.⟩ niederträchtig, abscheulich [<lat. *infamis* »verrufen«]

In|fa|mie ⟨f.; -, -n⟩ **1** ⟨unz.⟩ Niederträchtigkeit **2** ⟨zählb.⟩ niederträchtige Handlung [<lat. *infamia* »übler Ruf, Schande«]

In|fant ⟨m.; -en, -en; in Spanien u. Portugal Titel für⟩ Thronfolger [<span. *infante* <lat. *infans* »kleines Kind«]

In|fan|te|rie ⟨f.; -, -n; Abk.: Inf.⟩ zu Fuß kämpfende Truppe, die den größten Teil eines Heeres ausmacht, Fußtruppe [<ital. *infanteria*, Kollektivbildung zu *infante* »Fußsoldat«]

In|fan|te|rist ⟨m.; -en, -en⟩ Soldat der Infanterie

in|fan|te|ris|tisch ⟨Adj.⟩ zur Infanterie gehörig, sie betreffend

in|fan|til ⟨Adj.⟩ **1** kindisch **2** zurückgeblieben, unentwickelt; *ein ~es Verhalten* [<lat. *infantilis* »kindlich«; zu *infans* »Kind«]

in|fan|ti|li|sie|ren ⟨V.⟩ wie ein Kind behandeln, bevormunden, unselbstständig machen

In|fan|ti|li|sie|rung ⟨f.; -; unz.⟩ das Infantilisieren, das Infantilwerden

In|fan|ti|lis|mus ⟨m.; -; unz.⟩ Verharren der körperl., seel. u. geistigen Entwicklung auf kindl. Stufe

In|fan|ti|li|tät ⟨f.; -; unz.⟩ Kindlichkeit, kindisches Wesen, Zurückgebliebensein, Unreife

In|fan|tin ⟨f.; -, -tinnen; in Spanien u. Portugal Titel für⟩ Thronfolgerin

In|farkt ⟨m.; -(e)s, -e; Med.⟩ durch Unterbrechung der Blutversorgung abgestorbenes Gewebe eines begrenzten Organteils [<neulat. *infarctus* <lat. *infartus*, Part. Perf. zu *infarcire* »hineinstopfen«]

in|faust ⟨Adj.⟩ aussichtslos, ungünstig (bezüglich des Verlaufs einer Krankheit) [<lat. *infaustus* »unheilvoll, unglücklich«]

In|fekt ⟨m.; -(e)s, -e; Med.⟩ **1** vollzogene Ansteckung **2** ansteckende Krankheit **3** = Infektion [<lat. *infectum*, Part. Perf. zu *inficere* »vergiften, verderben, anstecken«]

In|fek|ti|on ⟨f.; -, -en; Med.⟩ Ansteckung, Übertragung von Krankheitserregern; →*a.* Invasion (3) [<lat. *infectio*; zu *inficere* »vergiften, verderben, anstecken«]

in|fek|ti|ös ⟨Adj.; Med.⟩ ansteckend, mit Krankheitserregern behaftet [→ *Infekt*]

In|fek|ti|o|si|tät ⟨f.; -; unz.; Med.⟩ Ansteckungsfähigkeit

In|fel ⟨f.; -, -n⟩ = Inful

In|fe|renz ⟨f.; -, -en⟩ Wissen, das durch logische Schlussfolgerungen gewonnen wurde [<lat. *inferre* »einbringen, folgern«]

in|fe|ri|or ⟨Adj.⟩ **1** untergeordnet **2** unterlegen **3** minderwertig [lat., »niedriger, geringer«]

In|fe|ri|o|ri|tät ⟨f.; -; unz.⟩ *Ggs* Superiorität **1** das Untergeordnetsein **2** Unterlegenheit **3** Minderwertigkeit

in|fer|nal ⟨Adj.; selten⟩ *oV* infernalisch **1** höllisch, teuflisch **2** ⟨umg.⟩ unerträglich; *~er Gestank* [<lat. *infernum* »das Untere, Unterwelt«]

in|fer|na|lisch ⟨Adj.; selten⟩ = infernal

In|fer|no ⟨n.; -s; unz.⟩ Hölle, Unterwelt [ital., »Hölle« <lat. *infernum* »das Untere, Unterwelt«]

in|fer|til ⟨a. ['---] Adj.⟩ unfruchtbar; *Ggs* fertil; →*a.* steril

In|fer|ti|li|tät ⟨a. ['-----] f.; -; unz.⟩ Unfähigkeit, eine Schwangerschaft bis zur Geburt eines lebensfähigen Kindes auszutragen; *Ggs* Fertilität; →*a.* Sterilität (4)

In|fi|bu|la|ti|on ⟨f.; -, -en⟩ nordostafrikanische Sitte, bei Mädchen als Keuschheitszeichen die Schamlippen zu vernähen [zu lat. *infibulatus* »zugeklammert«]

In|fight ⟨[ɪnfaɪt] n.; - od. -s, -s; Sport; Boxen⟩ = Infighting

In|figh|ting ⟨[ɪnfaɪtɪŋ] n.; -s, -s; Sport; Boxen⟩ Nahkampf; *oV* Infight [engl.]

In|fil|trat *auch:* **In|fil|trat** ⟨n.; -(e)s, -e⟩ durch Infiltration in Gewebe eingedrungene Substanz [→ *infiltrieren*]

In|fil|tra|ti|on *auch:* **In|fil|tra|ti|on** ⟨f.; -, -en⟩ **1** ⟨Med.⟩ das Eindringen von Gewebeteilen, Zellen od. Flüssigkeiten in anderes Gewebe, wo es normalerweise nicht hingehört **2** (ideologische) Unterwanderung [→ *infiltrieren*]

in|fil|tra|tiv *auch:* **in|fil|tra|tiv** ⟨Adj.⟩ **1** sich in der Art einer Infiltration ausbreitend **2** wie eine Infiltration wirkend, auf Infiltration abzielend

in|fil|trie|ren *auch:* **in|fil|trie|ren** ⟨V.⟩ **1** eindringen, einsickern **2** einflößen **3** ⟨Med.⟩ eine Infiltration (1) hervorrufen in, bei [<*in...*¹ + *filtrieren*]

In|fil|trie|rung *auch:* **In|fil|trie|rung** ⟨f.; -, -en⟩ das Infiltrieren, Infiltriertwerden

in|fi|nit ⟨a. [--'-] Adj.; Gramm.⟩ im Hinblick auf Person u. Nu-

infinitesimal

merus unbestimmt; *Ggs* finit; ~*es Verb;* ~*e Verbalform* nicht konjugierte Verbalform, z. B. Infinitiv, Partizip; *Sy* Verbum infinitum [→ *Infinitum*]
in|fi|ni|te|si|mal ⟨Adj.⟩ ins Kleinste, unendlich Kleine gehend [<*infinit* + ...*esim*..., nach lat. z. B. *vicesimus* »der zwanzigste« + ...*mal*, nach dezi*mal*]
In|fi|ni|te|si|mal|rech|nung ⟨f.; -; unz.; Math.; Sammelbez. für⟩ Differenzial- u. Integralrechnung
In|fi|ni|tis|mus ⟨m.; -; unz.; Philos.⟩ Lehre von der Unendlichkeit des Raumes u. der Zeit
In|fi|ni|tiv ⟨a. [---'-] m.; -s, -e [-və]; Abk.: Inf.; Gramm.⟩ Grundform des Verbs, Nennform, z. B. »gehen« [<lat. *(modus) infinitivus* »nicht näher bestimmte Zeitwortform« <*modus* »Art, Form« + *finire* »bestimmen, begrenzen«]
In|fi|ni|tiv|kon|junk|ti|on ⟨f.; -, -en; Gramm.⟩ Konjunktion, mit der infinite Verben angebunden werden können, z. B. »zu«, »um zu«, »anstatt zu«
In|fi|ni|tum ⟨n.; -s, -ni|ta⟩ Unendlichkeit, das Unendliche; →*a.* ad infinitum [lat., »unbegrenzt« <*in*... »nicht« + *finire* »begrenzen«]
In|fir|mi|tät ⟨f.; -; unz.⟩ Gebrechlichkeit [<lat. *infirmitas* »Schwäche«]
In|fix ⟨a. ['--] n.; -es, -e; Gramm.⟩ in den Wortstamm eingefügtes Bildungsglied, z. B. -n- in lat. frango »ich zerbreche«, gegenüber fractus »zerbrochen« [<lat. *infixus,* Part. Perf. zu *infigere* »hineinheften«]
in|fi|zie|ren ⟨V.⟩ anstecken, mit Krankheitserregern verseuchen [<lat. *inficere* »vergiften, anstecken«, eigtl. »hineintun«]
in fla|gran|ti *auch:* **in fla|gran|ti** ⟨Adv.⟩ auf frischer Tat; *jmdn.* ~ *ertappen* [lat., »im brennenden (Zustand)«]
in|flam|ma|bel ⟨Adj.⟩ entzündbar; *ein inflammabler Stoff* [<lat. *inflammare* »an-, entzünden«]
In|flam|ma|bi|li|tät ⟨f.; -; unz.; geh.⟩ Brennbarkeit, Entzündbarkeit; *die Imprägnierung senkt die* ~ *des Teppichbodens* [→ *inflammabel*]

In|flam|ma|ti|on ⟨f.; -, -en; Med.⟩ Entzündung [→ *inflammabel*]
in|flam|mie|ren ⟨V.⟩ entflammen, begeistern
in|fla|tie|ren ⟨V.; Wirtsch.⟩ durch Inflation entwerten, in die Inflation treiben
In|fla|ti|on ⟨f.; -, -en; Wirtsch.⟩ starke Ausweitung des Geldumlaufs ohne entsprechende Erhöhung der Produktion, Geldentwertung; *Ggs* Deflation [<lat. *inflatio* »Anschwellung, Aufblähung«]
in|fla|ti|o|när ⟨Adj.; Wirtsch.⟩ die Inflation betreffend, auf ihr beruhend, sie bewirkend; *Sy* inflationistisch, inflatorisch; *Ggs* deflationär
in|fla|ti|o|nie|ren ⟨V.; Wirtsch.⟩ durch Inflation entwerten; *Ggs* deflationieren
In|fla|ti|o|nie|rung ⟨f.; -, -en; Wirtsch.; selten⟩ das Inflationieren
In|fla|ti|o|nis|mus ⟨m.; -; unz.; Wirtsch.⟩ wirtschaftspolitische Position, die eine schleichende Inflation toleriert, wenn dadurch die Vollbeschäftigung aufrechterhalten werden kann
in|fla|ti|o|nis|tisch ⟨Adj.; Wirtsch.⟩ = inflationär; *Ggs* deflationistisch
In|fla|ti|ons|ra|te ⟨f.; -, -n; Wirtsch.⟩ Prozentsatz, um den eine Währung durch Inflation entwertet wird
in|fla|to|risch ⟨Adj.; Wirtsch.⟩ = inflationär; *Ggs* deflatorisch
in|fle|xi|bel ⟨Adj.⟩ *Ggs* flexibel **1** nicht biegbar, nicht biegsam, unveränderlich **2** ⟨Gramm.⟩ nicht flektierbar **3** ⟨allg.⟩ *inflexibles Verhalten* starres, nicht zu Kompromissen bereites Verhalten
In|fle|xi|bi|le ⟨n.; -, -bi|lia; Gramm.⟩ nicht flektierbares Wort, z. B. schon, immer
In|fle|xi|bi|li|tät ⟨f.; -; unz.⟩ *Ggs* Flexibilität **1** Unbiegsamkeit, Starrheit **2** ⟨Wirtsch.⟩ Unbeugbarkeit
In|flo|res|zenz ⟨f.; -, -en⟩ Blütenstand [<lat. *inflorescere* »anfangen zu blühen«; zu *flos,* Gen. *floris* »Blume, Blüte«]
in flo|ri|bus wohlauf, im Wohlleben, im Überfluss [lat., »in Blüten«]

In|flu|enz ⟨f.; -, -en⟩ **1** Einfluss, Einwirkung **2** Trennung der Ladungen eines ursprüngl. neutralen Körpers durch die Einwirkung eines elektrischen Feldes [zu lat. *influere* »hineinfließen«]
In|flu|en|za ⟨f.; -; unz.; Med.⟩ = echte Grippe [ital., »Beeinflussung, Einfluss (der Sterne, nach einem Aberglauben)«]
In|flu|enz|mi|ne ⟨f.; -, -n⟩ Sprengkörper, der durch die in ihm ausgelösten Influenzvorgänge bei der Annäherung eines metall. Körpers gezündet wird
In|fo ⟨n.; -s, -s; umg.; kurz für⟩ Information, Informationsblatt, -schrift
In|fo|e|lite ⟨f.; -, -n; umg.; Soziol.⟩ durch intensive Nutzung der verschiedensten Medienquellen (z. B. Zeitung, Fernsehen, Internet usw.) ständig umfassend informierte gesellschaftliche Gruppe
In|fo|line ⟨[-laın] f.; -, -s⟩ Telefonservice von Firmen, Instituten u. Initiativen, bei dem sich Anrufer über Produkte, Aufgaben od. Ziele eines Anbieters informieren können; →*a.* Hotline [verkürzt <engl. *information* »Auskunft, Information« + *telephone line* »Telefonverbindung«]
In|fo|mo|bil ⟨a. [---'-] n.; -s, -e; umg.⟩ zum mobilen Informationsstand ausgebautes großräumiges Fahrzeug od. Bus, mit dem Organisationen u. Institutionen für ihre Projekte werben od. über ihre Leistungen u. Angebote informieren können [<*Infor*mation + Auto*mobil*]
in|for|mal ⟨Adj.⟩ spontan, zwanglos, keiner vorgegeben Form folgend [engl.]
In|for|mand ⟨m.; -en, -en⟩ jmd., der von einem bzw. einer anderen zu informieren ist
In|for|man|din ⟨f.; -, -din|nen⟩ weibl. Person, die von einer bzw. einem anderen zu informieren ist
In|for|mant ⟨m.; -en, -en⟩ jmd., der einen anderen bzw. eine andere informiert
In|for|man|tin ⟨f.; -, -tin|nen⟩ weibl. Person, die eine andere bzw. einen anderen informiert

In|for|ma|tik ⟨f.; -; unz.⟩ **1** mathematische Lehre, die sich mit den Gesetzen bei der Übermittlung, Verarbeitung u. Wiedergewinnung von Informationen befasst; →*a.* Informationstheorie **2** Wissenschaft u. Technik zur Entwicklung u. zur Anwendung von Anlagen der EDV, Computerwissenschaft

In|for|ma|ti|ker ⟨m.; -s, -⟩ mit der Informatik beschäftiger Wissenschaftler, Techniker

In|for|ma|ti|ke|rin ⟨f.; -, -rin|nen⟩ mit der Informatik beschäftigte Wissenschaftlerin, Technikerin

In|for|ma|ti|on ⟨f.; -, -en⟩ **1** Auskunft, Nachricht, Aufklärung; ~*en einholen, erhalten; jmdm. eine* ~ *(über jmdn. od. etwas) geben* **2** ⟨Kyb.⟩ Einwirkung eines dynamischen Systems auf ein anderes, mit dem es gekoppelt ist, wobei Nachrichten über Zustände u. Vorgänge ausgetauscht werden [<lat. *informatio* »Formung, Bildung durch Unterweisung«]

in|for|ma|ti|o|nell ⟨Adj.⟩ Informationen betreffend

In|for|ma|ti|ons|ma|na|ge|ment ⟨[-mænɪdʒ-] n.; -s, -s; Wirtsch.⟩ Auswertung u. Koordination einer breiten Palette unterschiedlicher Informationsquellen (Internet, TV, Zeitschriften etc.) u. Steuerung der Weiterverwendung der eingegangenen Informationsfülle

In|for|ma|ti|ons|tech|no|lo|gie ⟨f.; -; unz.⟩ elektron. Datenverarbeitung mit dem Ziel, Vorgänge zu automatisieren u. die Kommunikation zwischen einzelnen Bereichen zu verbessern

In|for|ma|ti|ons|the|o|rie ⟨f.; -; unz.⟩ Lehre über die quantitativen Zusammenhänge bei Übertragung, Speicherung u. Empfang von Informationen; →*a.* Informatik

in|for|ma|tiv ⟨Adj.⟩ eine Information, Informationen enthaltend; *ein* ~*er Bericht, Artikel*

In|for|ma|tor ⟨m.; -s, -to|ren⟩ jmd., der Informationen gibt

in|for|ma|to|risch ⟨Adj.⟩ Information bezweckend, aufklärend, belehrend

In|for|mel ⟨[ɛ̃fɔrmɛl] n.; -; unz.; Kunst⟩ = informelle Malerei [frz.; verkürzt <art *informel* »nicht formale Kunst«]

in|for|mell ⟨a. [--'-] Adj.⟩ nicht formell, ohne Formalitäten; *Ggs* formell; ~*e Gruppe* Gruppe, deren Zusammengehörigkeit durch zufällige Gemeinsamkeiten bewirkt wird, z. B. Wohnungsnachbarschaft; ~*e Malerei* ⟨Kunst⟩ frei von geometr. u. kompositor. Regeln arbeitende Richtung der Malerei; *Sy* Informel

in|for|mie|ren ⟨V.⟩ **1** *jmdn.* ~ jmdm. Auskunft erteilen, jmdn. benachrichtigen **2** aufklären, belehren; *sich über etwas* ~ sich unterrichten, Erkundigungen einziehen [<lat. *informare* »formen, eine Gestalt geben, durch Unterweisung bilden« <*in...* »hinein...« + *forma* »Gestalt«]

In|fo|tain|ment ⟨[-teɪn-] n.; -s; unz.; Rundfunk; TV⟩ Verbindung von informativen u. unterhaltenden Beiträgen; →*a.* Edutainment [verkürzt <engl. *info*rmation »Information« + en*tertainment* »Unterhaltung«]

♦ Die Buchstabenfolge **in|fra...** kann auch **in|fra...** getrennt werden. Davon ausgenommen sind Zusammensetzungen, in denen die fremdsprachigen bzw. sprachhistorischen Bestandteile deutlich als solche erkennbar sind, z. B. *-fraktion* (→*a.* Refraktion).

♦ **in|fra..., In|fra...** ⟨Vorsilbe⟩ unterhalb [lat.]

♦ **In|frak|ti|on** ⟨f.; -, -en; Med.⟩ unvollständiger Knochenbruch, bei dem im Unterschied zur Fraktur der Knochen nicht durch-, sondern nur angebrochen ist

♦ **in|fra|rot** ⟨Adj.⟩ zum Bereich des Infrarots gehörend; *Sy* ultrarot

♦ **In|fra|rot** ⟨n.; -s; unz.⟩ die nicht sichtbare Wärmestrahlung, die sich im Spektrum mit steigender Wellenlänge an das Gebiet des roten Lichts anschließt; *Sy* Ultrarot

♦ **In|fra|rot|as|tro|no|mie** *auch:* **In|fra|rot|ast|ro|no|mie** ⟨f.; -; unz.⟩ Gebiet der Astronomie, das aus dem Weltall in die Erdatmosphäre eindringenden, nur in großen Höhen messbaren Infrarotstrahlungen untersucht; →*a.* Ballonteleskop

♦ **In|fra|rot|film** ⟨m.; -(e)s, -e⟩ fotograf. Film, der auf die von Körpern ausgehende Wärmestrahlung (Infrarotstrahlung) anspricht, erlaubt das Fotografieren bei Nebel od. Dunkelheit

♦ **In|fra|rot|mel|der** ⟨m.; -s, -⟩ auf die Wärmestrahlung erhitzter (brennender) Gegenstände ansprechender Feuermelder, im Intrusionsschutz auch auf die Körperstrahlung eindringender Personen ansprechendes Warngerät

♦ **In|fra|rot|spek|tro|sko|pie** *auch:* **In|fra|rot|spekt|ros|ko|pie** ⟨f.; -, -n⟩ mit Infrarotstrahlung arbeitendes chem. Analyseverfahren, das die unterschiedl. Absorptionsfähigkeit von Molekülen für infrarote Strahlung zu deren Nachweis ausnutzt

♦ **In|fra|schall** ⟨m.; -(e)s; unz.; Physik⟩ (nicht hörbare) Schallwellen von weniger als 16 Hz

♦ **In|fra|struk|tur** ⟨f.; -, -en⟩ alle für die Funktionsfähigkeit der Wirtschaft eines Landes notwendigen Verhältnisse, Einrichtungen u. Anlagen, z. B. Arbeitskräfte, Straßen, Kanalisation

♦ **in|fra|struk|tu|rell** ⟨Adj.⟩ zur Infrastruktur gehörend, auf ihr beruhend

♦ **In|fra|test** ⟨m.; -s, -s⟩ Messung der Einschaltquoten u. der Beliebtheit von Fernsehsendungen

In|ful ⟨f.; -, -n⟩ *oV* Infel **1** ⟨im antiken Rom⟩ Stirnbinde mit herunterhängenden Bändern als Weihezeichen **2** ⟨heute⟩ die Mitra mit den herunterhängenden Bändern [<lat. *infula* »Binde, Band«]

in|fu|lie|ren ⟨V.⟩ das Recht zum Tragen der Inful erteilen; *infuliert* zum Tragen der Inful berechtigt

In|fus ⟨n.; -es, -e⟩ Aufguss; *oV* Infusum [zu lat. *infusum* »auf-

Infusion

gegossen«, Part. Perf. zu *infundere* »aufgießen«]

In|fu|si|on ⟨f.; -, -en; Med.⟩ das Einführen größerer Flüssigkeitsmengen in den Körper mit Hohlnadeln [<lat. *infusio* »Aufguss«]

In|fu|so|ri|en|er|de ⟨f.; -; unz.⟩ Kieselgur

In|fu|so|ri|um ⟨n.; -s, -ri|en; meist Pl.; Biol.⟩ Wimpertierchen, das sich in Pflanzenaufgüssen entwickelt, Aufgusstierchen [<neulat. *(animalia) infusoria* »Aufgusstierchen«; zu lat. *infundere* »ein-, aufgießen«]

In|fu|sum ⟨n.; -s, -fu|sa⟩ = Infus

Ing. ⟨Abk. für⟩ Ingenieur

in ge|ne|re ⟨geh.⟩ im Allgemeinen [lat., »in der (ganzen) Gattung«]

in|ge|ne|riert ⟨Adj.⟩ angeboren [<lat. *ingenerare* »einpflanzen«]

In|ge|ni|eur ⟨[ɪnʒənjøːr] m.; -s, -e; Abk.: Ing.⟩ Techniker mit mehrjähriger wiss. Ausbildung [frz., bis ins 18. Jh. »Kriegsbaumeister«, <lat. *ingenium* »Scharfsinn«, mlat. »Kriegsgerät, Kriegsmaschine«]

In|ge|ni|eu|rin ⟨[ɪnʒənjøː-] f.; -, -rin|nen; Abk.: Ing.⟩ Technikerin mit mehrjähriger wiss. Ausbildung

in|ge|ni|eur|tech|nisch ⟨[ɪnʒənjøːr-] Adj.⟩ die Arbeit eines Ingenieurs betreffend, mit ihrer Hilfe

in|ge|ni|ös ⟨Adj.⟩ **1** erfinderisch **2** geistreich, sinnreich [<frz. *ingénieux* »geschickt, erfinderisch« <lat. *ingeniosus* »scharfsinnig«]

In|ge|nio|si|tät ⟨f.; -; unz.⟩ **1** Erfindungsgabe, -geist **2** Geist, Scharfsinn [<frz. *ingéniosité* »Scharfsinn« <lat. *ingeniosus* »scharfsinnig«]

In|ge|ni|um ⟨n.; -s, -ge|ni|en⟩ **1** Erfindungskraft, Geistesanlage, Begabung **2** Genie [lat., »Naturanlage, Begabung«]

In|ge|nu|i|tät ⟨f.; -; unz.⟩ Freimut, Offenheit, Aufrichtigkeit [<lat. *ingenuitas* »Stand der Freigeborenen, Edelmut, offener Sinn«]

In|ges|ti|on ⟨f.; -; unz.⟩ Nahrungsaufnahme [<lat. *ingestio* »das Hineinbringen«]

in glo|bo ⟨geh.⟩ im Ganzen, insgesamt [lat., »in der (ganzen) Kugel, im (ganzen) Haufen«]

In|got ⟨[ɪŋɡɔt] m.; -s, -s⟩ Metallbarren zum Einschmelzen od. Walzen [engl.]

In|grain|fär|bung ⟨[ɪŋɡrɛɪn-] f.; -, -en⟩ Färbung in der Wolle [zu engl. *ingrain* »in der Wolle gefärbt«]

In|grain|pa|pier ⟨[ɪŋɡrɛɪn-] n.; -s; unz.⟩ raues, mit Wollfasern durchsetztes Zeichenpapier [→ *Ingrainfärbung*]

In|gre|di|ens ⟨n.; -, -di|en|zi|en; meist Pl.⟩ = Ingredienz

In|gre|di|enz ⟨f.; -, -en; meist Pl.⟩ *oV* Ingredients **1** Zutat **2** Bestandteil; *die ~en einer Mischung, einer Arznei* [<lat. *ingrediens*, Part. Präs. zu *ingredi* »hineingehen«]

In|gress ⟨m.; -es, -e⟩ Eingang, Zugang, Zutritt [<lat. *ingressus* »Eintritt«]

In|gres|si|on ⟨f.; -, -en⟩ ruhig verlaufendes Eindringen des Meeres in ein durch Senkung entstehendes Becken [<lat. *ingressio* »Eintritt«]

in|gres|siv ⟨Adj. [---] ⟩ = inchoativ; *Ggs* egressiv

In|gres|siv ⟨[--'-] n.; -s, -si|va [-va]; Gramm.⟩ = Inchoativ

In|gres|si|vum ⟨[-vum] n.; -s, -si|va [-va]; Gramm.⟩ = Inchoativ

in gros|so ⟨geh.⟩ im Großen [ital.]

In|group ⟨[-gruːp] f.; -, -s⟩ Gruppe, der man sich zugehörig u. verbunden fühlt; *Ggs* Outgroup [<engl. *in* »in, innerhalb« + *group* »Gruppe«]

in|gui|nal ⟨Adj.⟩ an, in der Leistengegend befindlich, zur Leistengegend gehörig [<lat. *inguen* »Leistengegend«]

Ing|wä|o|nis|mus ⟨[-veo-] m.; -, -nis|men; Sprachw.⟩ sprachl. Einfluss des Ingwäonischen auf das Altsächsische

Ing|wer ⟨m.; -s; unz.; Bot.⟩ in den Tropen verbreitete Gewürzpflanze; *Sy* Ginger [<altfrz. *gingebre* <spätgrch. *zingiberis* <Sanskrit *srngavera* »hornartig« (nach seinen Wurzeln)]

In|ha|la|ti|on ⟨f.; -, -en⟩ das Einatmen von Dämpfen od. Gasen zu Heilzwecken od. zur Narkose [<lat. *inhalatio* »das Einhauchen, Hauch«; zu *inhalare* »einhauchen«]

In|ha|ler ⟨[-heɪlə(r)] m.; -s, -⟩ Gerät zur Inhalation (von Dämpfen, Gerüchen usw.); *Sy* Inhalator [zu engl. *inhale* »einatmen«; zu lat. *inhalare* »einhauchen«]

In|ha|la|tor ⟨m.; -s, -to|ren⟩ Gerät zum Inhalieren; *Sy* Inhaler

In|ha|la|to|ri|um ⟨n.; -s, -ri|en⟩ Raum zum Inhalieren

in|ha|lie|ren ⟨V.⟩ *Dämpfe, Gase ~* (zu Heilzwecken) einatmen [<lat. *inhalare* »einhauchen«]

in|hä|rent ⟨Adj.⟩ innewohnend, anhaftend [<lat. *inhaerens*, Part. Präs. zu *inhaerere* »an od. in etwas hängen, festsitzen«]

In|hä|renz ⟨f.; -; unz.⟩ **1** das Innewohnen **2** ⟨Philos.⟩ Verhältnis der Eigenschaften zu ihrem Träger [→ *inhärent*]

in|hä|rie|ren ⟨V.⟩ anhaften, innewohnen [<lat. *inhaerere* »an od. in etwas hängen, festsitzen«]

In|hi|bi|tor ⟨m.; -s, -to|ren⟩ Stoff, der biochemische Vorgänge hemmt, Hemmstoff, Hemmer [zu lat. *inhibere* »hemmen, zurückhalten«]

in hoc sa|lus ⟨Abk.: I. H. S.⟩ in diesem (ist) Heil (gemeint ist Christus, eine der Deutungen des Monogramms Christi) [lat.]

in hoc sig|no (vin|ces) *auch:* **in hoc sig|no (vin|ces)** ⟨Abk.: I. H. S.⟩ in diesem Zeichen (wirst du siegen) (Deutung der Inschrift den dem Kaiser Konstantin angeblich erschienenen Bildes mit dem Kreuz Christi) [lat.]

in|ho|mo|gen ⟨a. ['----] Adj.⟩ = heterogen

In|ho|mo|ge|ni|tät ⟨a. ['------] f.; -; unz.⟩ = Heterogenität

in ho|no|rem ⟨geh.⟩ zu Ehren [lat., »zur Ehre«]

in|hu|man ⟨a. ['---] Adj.⟩ *Ggs* human **1** unmenschlich, menschenunwürdig **2** rücksichtslos, hartherzig

In|hu|ma|ni|tät ⟨a. ['-----] f.; -; unz.⟩ Unmenschlichkeit; *Ggs* Humanität

in in|fi|ni|tum = ad infinitum [lat.]

in in|te|grum *auch:* **in in|teg|rum** ⟨in der Wendung⟩ *etwas ~ restituieren* den früheren Rechts-

inkarnieren

stand von etwas wiederherstellen [lat., »ins Unversehrte, noch Ganze«]

◆ Die Buchstabenfolge init... kann auch init... getrennt werden.

◆ **In|i|tial** ⟨[-tsja:l] n.; -s, -e⟩ = Initiale

Initial (*Laut-Buchstaben-Zuordnung*) Der Laut [ts] kann im Deutschen durch den Buchstaben »z« wiedergegeben werden, sofern sich die Schreibung auf ein Grundwort mit auslautendem »z« zurückführen lässt (→ a. Essenz; essenziell). Ist eine solche Zuordnung nicht möglich, richtet sich die Schreibung im Deutschen nach der Schreibung in der Herkunftssprache (→ a. Nation).

◆ **In|i|tial...** ⟨[-tsja:l] in Zus.⟩ Anfangs..., Erst...

◆ **In|i|ti|a|le** ⟨[-tsja:lə] f.; -, -n⟩ großer Anfangsbuchstabe (in Büchern des MA stark hervorgehoben u. reich verziert); *oV* Initial [< lat. *initialis* »anfänglich, am Anfang stehend«; zu *initium* »Anfang«]

◆ **in|i|ti|a|li|sie|ren** ⟨[-tsja-] V.; EDV⟩ = formatieren

◆ **In|i|ti|a|li|sie|rung** ⟨[-tsja-] f.; -, -en; EDV⟩ **1** Vorbereitung einer Diskette für die Benutzung mit einem Betriebssystem; → a. formatieren **2** Herstellung eines bestimmten Ausgangszustandes der Hard- u. Software eines Computers beim Starten

◆ **In|i|ti|al|spreng|stoff** ⟨[-tsja:l-] m.; -(e)s, -e⟩ für Stoß oder Schlag sehr empfindlicher Sprengstoff, der als Zünder für andere Sprengstoffe dient

◆ **In|i|ti|al|wort** ⟨[-tsja:l-] n.; -(e)s, -wörter; Sprachw.⟩ aus den Anfangsbuchstaben mehrerer Wörter gebildetes Kurzwort, z. B. AIDS; *Sy* Akronym

◆ **In|i|ti|al|zün|dung** ⟨[-tsja:l-] f.; -, -en⟩ **1** durch Initialsprengstoff ausgelöste Zündung eines anderen Sprengstoffes **2** ⟨bei Wasserstoffbomben⟩ die zur Einleitung der Kernfusion notwendige Zündung einer klei-

nen Spaltungskernwaffe (Uranbombe)

◆ **In|i|ti|and** ⟨[-tsjand] m.; -en, -en⟩ Anwärter auf eine Initiation

◆ **In|i|ti|ant** ⟨[-tsjant] m.; -en, -en⟩ jmd., der die Initiative ergreift [< lat. *initians*, Part. Präs. zu *initiare* »den Anfang machen, einführen, einweihen«; zu *initium* »Anfang«]

◆ **In|i|ti|a|ti|on** ⟨[-tsja-] f.; -, -en⟩ **1** Einweihung **2** Aufnahme in einen Geheimbund **3** ⟨bei Naturvölkern⟩ feierl. Aufnahme der mannbaren Jugendlichen in die Gemeinschaft der Erwachsenen [< lat. *initiare* »den Anfang machen, einführen, einweihen«]

◆ **in|i|ti|a|tiv** ⟨[-tsja-] Adj.⟩ **1** die Initiative ergreifend **2** Initiative besitzend

◆ **In|i|ti|a|tiv|an|trag** ⟨[-tsja-] m.; -(e)s, -träge⟩ Antrag zu einem Gesetzesentwurf

◆ **In|i|ti|a|ti|ve** ⟨[-tsjati:və] f.; -, -n⟩ **1** der erste Schritt zu einer Handlung; *die ~ ergreifen; auf jmds. ~ hin* **2** ⟨unz.⟩ Unternehmungsgeist, Entschlusskraft, Fähigkeit, aus eigenem Antrieb zu handeln; *er hat die nötige, keine ~* **3** Gruppe von Personen, die sich zur Durchsetzung best. Forderungen zusammengefunden haben; *Bürger~; Eltern~* **4** ⟨schweiz.⟩ Volksbegehren [< lat. *initiare* »den Anfang machen, einführen, einweihen«; zu *initium* »Anfang«]

◆ **In|i|ti|a|tiv|recht** ⟨[-tsja-] n.; -(e)s; unz.; Rechtsw.⟩ Recht, Gesetzesentwürfe ins Parlament einzubringen

◆ **In|i|ti|a|tor** ⟨[-tsja-] m.; -s, -to-ren⟩ Urheber, Anstifter; *~ einer Handlung* [< lat. *initiare* »den Anfang machen, einführen, einweihen«; zu *initium* »Anfang«]

◆ **in|i|ti|a|to|risch** ⟨[-tsja-] Adj.⟩ initiierend, veranlassend, den Anstoß gebend

◆ **In|i|ti|en** ⟨[ini:tsjən] Pl.⟩ Anfänge, Anfangsgründe [< lat. *initia*, Pl. zu *initium* »Anfang«]

◆ **in|i|ti|ie|ren** ⟨[-tsii:-] V.⟩ **1** den Anstoß geben für, in die Wege leiten **2** einweihen, in eine Gemeinschaft, einen Bund auf-

nehmen, in ein Amt einführen [< lat. *initiare* »den Anfang machen, einführen, einweihen«]

◆ **In|i|ti|ie|rung** ⟨[-tsii:-] f.; -, -en⟩ das Initiieren

In|jek|ti|on ⟨f.; -, -en⟩ **1** ⟨Med.⟩ Einspritzung in den Körper **2** Einschub von Magma in Spalten u. Hohlräume der Erdkruste **3** das Einspritzen von flüssigem Beton unter hohem Druck zum Ausbessern von Rissen im Bauwerk od. zum Verbessern des Baugrundes bei Bausenkung [< lat. *iniectio* »das Hineinwerfen, -tun«; → *injizieren*]

In|jek|tiv ⟨m.; -s, -e [-və]; Phon.⟩ bes. in afrikan. Dialekten verbreiteter Verschlusslaut, bei dessen Artikulation Luft angesaugt wird, z. B. Schnalzlaut; *Ggs* Ejektiv [→ *Injektion*]

In|jek|tor ⟨m.; -s, -to|ren⟩ Pumpe, die Wasser in Dampfkessel einspritzt [→ *injizieren, Injektion*]

in|ji|zie|ren ⟨V.; Med.⟩ (in den Körper) einspritzen [< lat. *inicere* »hineinwerfen, -bringen, -tun«]

In|ju|rie ⟨[-riə] f.; -, -n; Rechtsw.⟩ Beleidigung [< lat. *iniuria* »Unrecht, Rechtsverletzung«]

in|ju|ri|ie|ren ⟨V.; geh.⟩ beleidigen [< lat. *iniuriare* »gewalttätig behandeln«]

In|ka ⟨m.; - od. -s, - od. -s⟩ **1** Angehöriger eines altperuanischen Volksstammes **2** Adliger im präkolumbischen Peru [indianisch, »Herr«]

In|kar|di|na|ti|on ⟨f.; -, -en; kath. Kirche⟩ Eingliederung eines Geistlichen in einen Diözesanverband [< *In...*[1] + lat. *cardo*, Gen. *cardinis* »Türangel, Hauptkirche«; → *Kardinal*]

in|kar|nat ⟨Adj.⟩ fleischfarben

In|kar|nat ⟨n.; -(e)s; unz.⟩ Fleischfarbe (auf Gemälden); *Sy* Karnation [zu frz. *incarnat* »fleischfarben« < ital. *incarnato*]

In|kar|na|ti|on ⟨f.; -, -en⟩ **1** ⟨unz.⟩ Fleischwerdung, Menschwerdung (Christi) **2** ⟨zählb.⟩ Verkörperung (von etwas Geistigem) [< lat. *incarnatio* »Fleischwerdung«]

in|kar|nie|ren ⟨V.; geh.⟩ **1** verkörpern **2** ⟨Rel.⟩ Fleisch, Mensch

413

inkarniert

werden; *Christus ist der inkarnierte Sohn Gottes* [<lat. *incarnatus*]

in|kar|niert ⟨Adj.⟩ **1** Fleisch, Mensch geworden **2** verkörpert [<lat. *incarnare* »zu Fleisch werden«]

In|kas|sant ⟨m.; -en, -en; österr.⟩ Kassierer von fälligen Forderungen [zu ital. *incassare* »einkassieren«, eigtl. »in einen Kasten bringen«; zu *cassa* »Kasten«]

In|kas|so ⟨n.; -s, -s od. österr. -kas|si⟩ das Einziehen von fälligen Forderungen [<ital. *incassare* »einkassieren«, eigtl. »in einen Kasten bringen«; zu *cassa* »Kasten«]

In|kas|so|bü|ro ⟨n.; -s, -s⟩ Unternehmen, das im Auftrag Dritter fällige Geldforderungen einzieht

In|kas|so|in|dos|sa|ment ⟨n.; -s, -e; Wirtsch.⟩ Bevollmächtigung zum Einzug einer Wechselforderung im Auftrag des Wechselinhabers

inkl. (Abk. für) inklusive

In|kli|na|ti|on ⟨f.; -, -en⟩ **1** Neigung, Hang (zu), Vorliebe (für) **2** Neigung der Ebene einer Planetenbahn zur Ebene der Erdbahn [<lat. *inclinatio* »Neigung, Veränderung der Richtung«]

in|kli|nie|ren ⟨V.⟩ neigen (zu), einen Hang haben (zu), geneigt sein (gegen) [<lat. *inclinare* »neigen, ab- od. hinlenken«]

In|kli|no|me|ter ⟨n.; -s, -; Technik⟩ Gerät zur Messung von Abweichungen von der Horizontalen od. Vertikalen innerhalb eines Bohrloches bzw. in den zu verlegenden Röhren [<lat. *inclinatio* »Neigung, Veränderung der Richtung« + ...*meter*]

in|klu|die|ren ⟨V.⟩ einschließen; *Ggs* exkludieren [<lat. *includere* »einschließen«]

In|klu|si|on ⟨f.; -, -en⟩ Einschluss, Enthaltensein [zu lat. *inclusio* »Einschluss«]

in|klu|si|ve ⟨a. ['---və] Präp. mit Gen.; Abk.: inkl.⟩ einschließlich, eingeschlossen; *Ggs* exklusive; ~ *des Bearbeitungshonorars;* ⟨bei stark gebeugten Subst. ohne Artikel im Sing.

schwindet das Genitiv-s häufig⟩ ~ *Trinkgeld* [<mlat. *inclusivus* »eingeschlossen«; zu lat. *includere* »einschließen«]

in|ko|gni|to *auch:* **in|kog|ni|to** ⟨Adv.⟩ **1** unerkannterweise **2** unter anderem Namen; ~ *reisen* [<ital. *incognito* »unbekannt« <lat. *incognitus* »unbekannt«]

In|ko|gni|to *auch:* **In|kog|ni|to** ⟨n.; -s, -s⟩ Verheimlichung des Namens, Gebrauch eines fremden Namens, Unerkanntsein; *sein ~ enthüllen, fallen lassen, lüften, wahren* [→ *inkognito*]

in|ko|hä|rent ⟨Adj.⟩ unzusammenhängend; *Ggs* kohärent (1)

In|ko|hä|renz ⟨f.; -; unz.⟩ Zusammenhanglosigkeit; *Ggs* Kohärenz

in|kom|men|su|ra|bel ⟨Adj.⟩ nicht messbar, nicht mit den gleichen Maßen zu messen, nicht vergleichbar; *Ggs* kommensurabel; *inkommensurable Begriffe, Dinge, Leistungen*

In|kom|men|su|ra|bi|li|tät ⟨f.; -; unz.⟩ von inkommensurabler Art, Unvergleichbarkeit [<frz. *incommensurabilité*]

in|kom|pa|ra|bel ⟨Adj.⟩ *Ggs* komparabel **1** nicht vergleichbar **2** ⟨Gramm.⟩ nicht steigerungsfähig; *inkomparables Adjektiv*

In|kom|pa|ra|bi|le ⟨n.; -s, -bi|li|en od. -bi|lia⟩ nicht steigerungsfähiges Adjektiv, z. B. *»tot«* [<lat. *incomparabilis* »unvergleichlich«]

in|kom|pa|ti|bel ⟨Adj.⟩ *Ggs* kompatibel **1** ⟨allg.⟩ unvereinbar; *inkompatible Vorstellungen, Vorschläge, Ämter* **2** ⟨EDV⟩ nicht austauschbar, nicht vernetzbar; *inkompatible Computersysteme* **3** ⟨Med.⟩ unverträglich; *inkompatible Arzneimittel*

In|kom|pa|ti|bi|li|tät ⟨f.; -; unz.⟩ *Ggs* Kompatibilität **1** Unvereinbarkeit **2** Unverträglichkeit

in|kom|pe|tent ⟨Adj.⟩ *Ggs* kompetent **1** nicht zuständig, nicht befugt **2** nicht maßgebend, nicht urteilsfähig

In|kom|pe|tenz ⟨f.; -, -en⟩ Nichtzuständigsein, Nichtbefugnis; *Ggs* Kompetenz

in|kom|plett ⟨Adj.⟩ unvollständig, nicht vollzählig; *Ggs* komplett

in|kom|pres|si|bel ⟨Adj.⟩ nicht zusammendrückbar, sich auch bei Anwendung hohen Drucks nicht verändernd; *Ggs* kompressibel; *ein inkompressibler Stoff*

In|kom|pres|si|bi|li|tät ⟨f.; -; unz.⟩ ⟨Physik⟩ Eigenschaft eines Stoffes, bei Druckerhöhungen seine Dichte beizubehalten, z. B. von Flüssigkeiten; *Ggs* Kompressibilität

in|kon|gru|ent ⟨Adj.⟩ *Ggs* kongruent **1** nicht übereinstimmend **2** ⟨Math.⟩ nicht deckungsgleich; *~e Dreiecke*

In|kon|gru|enz ⟨f.; -; unz.⟩ Fehlen der Kongruenz, der Deckungsgleichheit; *Ggs* Kongruenz

in|kon|se|quent ⟨Adj.⟩ *Ggs* konsequent **1** nicht folgerichtig **2** unbeständig, wankelmütig; *eine ~e Erziehung*

In|kon|se|quenz ⟨f.; -, -en⟩ *Ggs* Konsequenz **1** Folgewidrigkeit **2** Wankelmut, Unbeständigkeit

in|kon|sis|tent ⟨Adj.⟩ nicht dauernd, unbeständig, unhaltbar; *Ggs* konsistent

In|kon|sis|tenz ⟨f.; -; unz.⟩ Unbeständigkeit, mangelnde Haltbarkeit; *Ggs* Konsistenz

in|kon|stant *auch:* **in|kons|tant** ⟨Adj.⟩ veränderlich, unbeständig; *Ggs* konstant

In|kon|stanz *auch:* **In|kons|tanz** ⟨f.; -; unz.⟩ Veränderlichkeit, Unbeständigkeit; *Ggs* Konstanz

in|kon|ti|nent ⟨a. [---'-] Adj.⟩ unfähig, Harn od. Stuhl zurückzuhalten

In|kon|ti|nenz ⟨a. [---'-] f.; -; unz.⟩ Unfähigkeit, den Harn od. Stuhl zurückzuhalten; *Ggs* Kontinenz [<*In...*[2] + lat. *continentia* »das Ansichhalten, Zurückhalten«]

In|kon|tro *auch:* **In|kont|ro** ⟨n.; -s, -s od. -tri; Sport⟩ Doppeltreffer beim Fechten, bei dem wegen eines Regelverstoßes dem Gegner ein Treffer angerechnet wird [zu ital. *incontro* »gegenüber«]

in|kon|ve|ni|ent ⟨[-ve-] Adj.⟩ dem Herkommen, Brauch, der Tradition nicht entsprechend, unpassend, ungehörig, unschicklich [<lat. *inconveniens* »nicht übereinstimmend«]

Inlineskates

In|kon|ve|ni|enz ⟨[-ve-] f.; -, -en⟩ Unbequemlichkeit, Unzuträglichkeit; *Ggs* Konvenienz (2)

in|kon|ver|ti|bel ⟨[-vɛr-] Adj.⟩ *Ggs* konvertibel **1** ⟨veraltet⟩ unwandelbar **2** nicht austauschbar (Währungen) **3** ⟨veraltet⟩ unbekehrbar

In|ko|nym *auch:* **In|ko|nym** ⟨a. ['---] n.; -s, -e; Sprachw.⟩ einem nebengeordnetet, dem gleichen Hyperonym subordinierten Begriff antithetisch gegenüberstehendes Lexem, z. B. »Eber« u. »Sau« zu »Schwein« [<*In…* + *ko…* + grch. *onoma, onyma* »Name«]

In|ko|ny|mie *auch:* **In|ko|ny|mie** ⟨a. ['----] f.; -, -n; Sprachw.⟩ semantische Beziehung zwischen Inkonymen [→ *Inkonym*]

in|kon|zi|li|ant ⟨Adj.⟩ nicht entgegenkommend, nicht umgänglich; *Ggs* konziliant

In|kon|zi|li|anz ⟨f.; -, -en⟩ mangelndes Entgegenkommen, Unverbindlichkeit; *Ggs* Konzilianz

In|ko|or|di|na|tion ⟨f.; -, -en⟩ fehlendes Zusammenwirken der Bewegungsmuskeln [<*In…*[2] + *Koordination*]

in|ko|or|di|niert ⟨Adj.⟩ nicht zusammenwirkend, nicht aufeinander abgestimmt

in|kor|po|ral ⟨Adj.; Med.⟩ im Körper befindlich; *Ggs* extrakorporal [<*in…*[1] + lat. *corpus* »Körper«]

In|kor|po|ra|tion ⟨f.; -, -en⟩ **1** ⟨Med.⟩ Aufnahme in eine Gemeinschaft, Körperschaft **2** Eingemeindung [<lat. *incorporatio* »Verkörperung«]

in|kor|po|rie|ren ⟨V.⟩ **1** einverleiben; ~*de Sprachen* = polysynthetische Sprachen **2** aufnehmen (in eine Körperschaft) **3** eingemeinden [<lat. *incorporare* »verkörpern«]

In|kor|po|rie|rung ⟨f.; -, -en⟩ das Inkorporieren, das Inkorporiertwerden

in|kor|rekt ⟨a. [--'-] Adj.⟩ ungenau, nicht fehlerfrei, nicht einwandfrei; *Sy* unkorrekt; *Ggs* korrekt

In|kor|rekt|heit ⟨a. [--'--] f.; -, -en⟩ *Ggs* Korrektheit **1** ⟨unz.⟩ Ungenauigkeit, Fehlerhaftigkeit, Unangemessenheit **2** Beispiel, Einzelfall für inkorrektes Verhalten; *solche ~en können wir ihm nicht durchgehen lassen*

In|kre|ment ⟨n.; -(e)s, -e; Math.⟩ kleiner Zuwachs einer Größe; *Ggs* Dekrement [<lat. *incrementum* »Wachstum«]

In|kret ⟨n.; -(e)s, -e; Med.⟩ von Drüsen mit innerer Sekretion abgesonderter Stoff; →*a.* Sekret [verkürzt <*inneres Sekret*]

In|kre|tion ⟨f.; -, unz.; Med.⟩ Absonderung ins Körperinnere [→ *Inkret*]

in|kre|to|risch ⟨Adj.; Med.⟩ ins Innere des Körpers absondernd

in|kri|mi|nie|ren ⟨V.⟩ *jmdn.* ~ jmdn. beschuldigen, jmdm. etwas zur Last legen [<frz. *incriminer* »beschuldigen« <lat. *crimen* »Verbrechen«]

in|kri|mi|niert ⟨Adj.⟩ beschuldigt, zur Last gelegt, zum Gegenstand einer Strafanzeige gemacht

In|krus|ta|tion ⟨f.; -, -en⟩ **1** Verzierung von Bauwerken durch verschiedenfarbige Steinplatten **2** Überzug von organischen od. anorganischen Körpern mit einer mineralischen Kruste

in|krus|tie|ren ⟨V.⟩ mit farbigen Steinen verzieren (Mauer, Säule) [<lat. *incrustare* »mit einer Rinde überziehen«; zu *crusta* »Rinde«]

In|krus|tie|rung ⟨f.; -, -en⟩ das Inkrustieren, das Inkrustiertwerden

In|ku|bant ⟨m.; -en, -en⟩ jmd., der sich einer Inkubation (3) unterzieht

In|ku|ba|tion ⟨f.; -, -en⟩ **1** ⟨Med.⟩ das Einnisten eines Krankheitserregers im Körper **2** Brutzeit der Vögel **3** ⟨in der Antike⟩ Schlaf an heiligen Stätten, um göttliche Offenbarungen od. Heilung von Krankheiten zu erlangen [<lat. *incubatio* »das Liegen auf den Eiern, das Brüten«]

In|ku|ba|tions|zeit ⟨f.; -, -en; Med.⟩ Zeit zwischen Ansteckung u. dem Auftreten der ersten Krankheitszeichen

In|ku|ba|tor ⟨m.; -s, -en⟩ Brutkasten

In|ku|bus ⟨m.; -, -ku|ben⟩ **1** ⟨bei den Römern⟩ Alpdrücken verursachender, böser Dämon **2** ⟨im MA⟩ mit einer Frau buhlender Teufel; *Ggs* Sukkubus [<lat. *incubus* »der sogen. Alp, den der gemeine Mann den Waldgöttern (Faunen u. Sylvanen) zuschrieb«]

in|ku|lant ⟨a. [--'-] Adj.⟩ nicht entgegenkommend (bes. im Geschäftsverkehr), ungefällig; *Ggs* kulant

In|ku|lanz ⟨a. [--'-] f.; -; unz.⟩ Mangel an Entgegenkommen (bes. im Geschäftsverkehr), Ungefälligkeit; *Ggs* Kulanz

In|kul|tu|ra|tion ⟨f.; -, -en⟩ Prozess der Durchdringung einer Kultur mit den Lebensformen u. Werten einer anderen

In|ku|na|bel ⟨f.; -, -n; Buchw.⟩ Buch aus dem 15. Jh., dem Jh. der Erfindung der Buchdruckerkunst, Wiegendruck [<lat. *incunabula* »Windeln, Wiege«; zu *cunae* »Wiege«]

in|ku|ra|bel ⟨a. ['----] Adj.; Med.⟩ unheilbar; *Ggs* kurabel; *ein inkurabler Fall* [<lat. *incurabilis* »unheilbar«]

In|kur|va|tion ⟨[-va-] f.; -, -en⟩ Biegung, Krümmung [<lat. *incurvare* »krümmen, biegen«]

In|laid ⟨[ɪnleɪd] n.; -s, -e; schweiz.⟩ farbig gemustertes Linoleum [engl., »eingelegt; Mosaik…«]

In|lay ⟨[ɪnleɪ] n.; -s, -s; Zahnmed.⟩ Zahnfüllung aus Gold [engl., »Einlage; Plombe«]

In|lett ⟨n.; -s, -s⟩ Bezugsstoff für Federbetten od. Daunendecken [<nddt. *inlat*; zu *inlaten* »einlassen«]

In|li|ner ⟨[-laɪnə(r)] m.; -s, -; meist Pl.⟩ = Inlineskates [zu engl. *in line* »in (einer) Reihe«]

in|line|ska|ten ⟨[ɪnlaɪnskeɪtən] V.⟩ sich mit Inlineskates fortbewegen; *ein Platz, auf dem niemand inlineskatet; ~de Kinder*

In|line|ska|ter ⟨[-laɪnskeɪtə(r)] m.; -s, -⟩ jmd., der Inlineskating betreibt

In|line|skates ⟨[-laɪnskeɪts] Pl.⟩ Rollschuhe mit (meist vier) hintereinander angeordneten Rollen, die eine hohe Geschwindigkeitsentwicklung ermöglichen; *Sy* Inliner [<engl. *in line* »in (einer) Reihe« + roller*skate* »Rollschuh«]

Inlineskating

In|line|ska|ting ⟨[-laınskeıtıŋ] n.; - od. -s; unz.⟩ das Laufen (Fahren) mit Inlinern (als Sportart) [<*Inliner* + engl. *skate* »gleiten«]

in ma|jo|rem Dei glo|ri|am ⟨[deːi]⟩ zum größeren Ruhme Gottes [lat.]

in me|di|as res ⟨geh.⟩ (unmittelbar) zur Sache [lat., »mitten in die Dinge hinein«]

in me|mo|ri|am ⟨geh.⟩ zum Andenken, zur Erinnerung an, zum Gedächtnis; (mit ungebeugtem Namen) ~ *J. F. Kennedy* [lat., »zum Andenken, zur Erinnerung«]

in na|tu|ra 1 in natürl. Gestalt, leibhaftig **2** in Form von Naturalien, in Waren [lat.]

In|ner|va|ti|on ⟨[-va-] f.; -; unz.; Med.⟩ **1** Versorgung eines Körperteils mit Nerven **2** Leitung nervöser Reize zu den Organen hin

in|ner|vie|ren ⟨[-viː-] V.; Med.⟩ **1** mit Nerven, Nervenreizen versorgen **2** ⟨fig.⟩ anregen

in|no|cen|te ⟨[-tʃen] Musik⟩ unschuldig, harmlos, ursprünglich (zu spielen) [ital.]

in No|mi|ne im Namen, im Auftrag; ~ *Christi* ⟨Abk.: I. N. C.⟩ im Namen Christi; ~ *Dei* ⟨Abk.: I. N. D.⟩ im Namen Gottes; ~ *Domini* ⟨Abk.: I. N. D.⟩ im Namen des Herrn [lat.]

In|no|va|ti|on ⟨[-va-] f.; -, -en⟩ Erneuerung, Neuerung [<lat. *innovatio* »Erneuerung«; zu *novus* »neu«]

in|no|va|tiv ⟨[-va-] Adj.⟩ erneuernd, Erneuerung erstrebend, einfallsreich

in|no|va|to|risch ⟨[-va-] Adj.⟩ auf Innovationen zielend, ausgerichtet

in|no|vie|ren ⟨[-viː-] V.⟩ erneuern [→ *Innovation*]

in nu|ce ⟨[-nuːtsə]⟩ im Kern, in Kürze, in knapper Form, in wenigen Worten [lat., »im Kern«]

in|of|fen|siv ⟨Adj.⟩ nicht angreifend, nicht angriffslustig; *Ggs* offensiv (1)

in|of|fi|zi|ell ⟨Adj.⟩ *Ggs* offiziell **1** nicht amtlich **2** vertraulich

in|of|fi|zi|ös ⟨Adj.⟩ unbestätigt von halbamtlichen Stellen (Pressenachrichten); *Ggs* offiziös

In|o|ku|la|ti|on ⟨f.; -, -en⟩ **1** Einimpfung **2** ⟨Bot.⟩ Aufpfropfung **3** ⟨Med.; früher⟩ absichtliche Übertragung von Krankheitserregern, bes. von Pockenviren, zur aktiven Immunisierung, Vorläufer der Vakzination

in|o|ku|lie|ren ⟨V.⟩ **1** einimpfen **2** ⟨Bot.⟩ aufpfropfen **3** ⟨Med.; früher⟩ Krankheitserreger absichtlich übertragen [<lat. *inoculare*]

In|o|ku|lum ⟨n.; -s, -kulla; Biol.; Pharm.⟩ Impfkultur, Reinkulturmenge von Mikroorganismen zur Auf- u. Weiterzucht [→ *inokulieren*]

in|o|pe|ra|bel ⟨Adj.⟩ nicht operierbar, durch Operation nicht (mehr) heilbar; *Ggs* operabel; *inoperable Geschwulst* [<frz. *inopérable* »nicht mehr zu operieren«]

in|op|por|tun ⟨a. ['----] Adj.⟩ ungünstig, unangebracht, im Augenblick unpassend; *Ggs* opportun

In|op|por|tu|ni|tät ⟨a. ['------] f.; -; unz.⟩ Ungelegenheit, Unangebrachtsein; *Ggs* Opportunität

In|o|sin ⟨n.; -s, -e; Biochemie⟩ im Fleisch und in der Hefe enthaltene Nucleinsäure [→ *Inosit*]

In|o|sit ⟨m.; -s, -e; Chemie⟩ Wuchsstoff für Hefe, chem. Hexahydrocyclohexan [<grch. *is*, Gen. *inos* »Muskelfaser«]

in|o|xi|die|ren ⟨V.; Chemie⟩ durch Überziehen mit einer widerstandsfähigen Oxidschicht vor Rost schützen; *oV* inoxydieren [<*in...*² + *oxidieren*]

in par|ti|bus in|fi|de|li|um ⟨kath. Kirche; früher; Abk.: i. p. i.⟩ Titelzusatz eines Bischofs in aufgelösten Diözesen, seit 1882 ersetzt durch die Bez. Titularbischof [lat., »in den Gebieten der Ungläubigen«]

in per|so|na ⟨geh.⟩ in Person, persönlich, selbst [lat.]

in pet|to *etwas ~ haben* in Bereitschaft, bereit, im Sinne haben; *eine Überraschung ~ haben* [ital., »in der Brust«]

in ple|no ⟨geh.⟩ **1** vollzählig **2** in od. vor der Vollversammlung [lat., »in voller (Menge od. Zahl)«]

in pon|ti|fi|ca|li|bus ⟨geh.⟩ in priesterlicher Kleidung, im feierlichen Ornat [lat., »in oberpriesterlichen (Gewändern)«]

in pra|xi ⟨geh.⟩ in Praxis, in Wirklichkeit, im wirkl. Leben [lat. <grch. *praxis* »Handlung«]

in punc|to ⟨geh.⟩ hinsichtlich, was ... betrifft [lat., »im Punkte«]

in punc|to punc|ti (sex|ti) ⟨geh.⟩ hinsichtlich des sechsten Gebotes, d. h. der Keuschheit [lat.]

In|put ⟨m. od. n.; -s, -s⟩ *Ggs* Output **1** ⟨EDV⟩ die Daten, die in eine elektron. Datenverarbeitungsanlage hineingegeben werden **2** ⟨Wirtsch.⟩ für die Produktion benötigter mengenmäßiger Einsatz von Produktionsmitteln in einem Betrieb [engl., »Eingabe; Investition«]

In|put-Out|put-A|naly|se ⟨[-aut-] f.; -, -n⟩ Analyse der Verflechtung der einzelnen Sektoren einer Volkswirtschaft miteinander

In|qui|lin ⟨m.; -en, -en; meist Pl.; Biol.⟩ Tier, das in Bauten anderer Arten lebt, Einmieter [<lat. *inquilinus* »Bewohner eines fremden Eigentums, Mieter, Hausgenosse«]

in|qui|rie|ren ⟨V.⟩ untersuchen, verhören, ausforschen [<lat. *inquirere*]

In|qui|si|ti|on ⟨f.; -, -en⟩ **1** ⟨unz.; vom 12. bis 18. Jh.⟩ Gericht der kath. Kirche (bes. in Spanien) gegen Abtrünnige **2** ⟨zählb.⟩ (strenge) Untersuchung [<lat. *inquisitio*]

In|qui|si|tor ⟨m.; -s, -to|ren⟩ **1** Richter der Inquisition **2** (strenger) Untersuchungsführer

in|qui|si|to|risch ⟨Adj.⟩ **1** die Inquisition betreffend, auf ihr beruhend **2** streng forschend, unerbittlich

I. N. R. I. ⟨Abk. für lat.⟩ Jesus Nazarenus Rex Judaeorum (Jesus von Nazareth, König der Juden) [lat.]

in sal|do im Rückstand, als Rest [ital., »im Rechnungsbestand, im Überrest«]

in sal|vo ⟨[-vo]⟩ in Sicherheit [lat.]

in|san ⟨Adj.; Med.⟩ geisteskrank [<lat. *insanus* »wahnsinnig«]

In|sa|nia ⟨f.; -; unz.; Med.⟩ Wahnsinn [lat.]
in|schal|lah ⟨islam. Int.⟩ wenn Allah will [arab.]
In|seat|video ⟨[-si:tvi-] n.; -s, -s; bei Flugzeugen⟩ in den Sitz eingebautes Videogerät [<engl. *in* »in, innerhalb« + *seat* »Sitz« + *Video*]
In|sekt ⟨n.; -(e)s, -en; Zool.⟩ nach der meist scharfen Einkerbung zwischen Kopf, Brust u. Hinterleib genannte Klasse der Tracheentiere aus dem Stamm der Gliederfüßer, Kerf, Kerbtier: Insecta, Hexapoda [<lat. *insectum*, Part. Perf. zu *insecare* »einschneiden«]
In|sek|ta|ri|um ⟨n.; -s, -ri|en; Zool.⟩ Anlage zur Aufzucht u. Beobachtung von Insekten, Insektenhaus
in|sek|ti|vor ⟨[-vo:r] Adj.; Zool.⟩ Insekten fressend [<*Insekt* + ...*vor*]
In|sek|ti|vo|re ⟨[-vo:-] m.; -n, -n; Zool.⟩ Insekten fressendes Säugetier, z. B. Maulwurf: Insectivora
in|sek|ti|zid ⟨Adj.⟩ Insekten tötend [<*Insekt* + ...*zid*ⁿ]
In|sek|ti|zid ⟨n.; -(e)s, -e⟩ Mittel zur Bekämpfung schädl. Insekten, Insektengift
In|sek|to|lo|ge ⟨m.; -n, -n; selten⟩ = Entomologe
In|sek|to|lo|gie ⟨f.; -; unz.; selten⟩ = Entomologie [<lat. *insectum* »Insekt« + grch. *logos* »Lehre, Kunde«]
In|sek|to|lo|gin ⟨f.; -, -gin|nen; selten⟩ = Entomologin
In|se|mi|na|tion ⟨f.; -, -en; Med.⟩ künstl. Befruchtung
in|se|mi|nie|ren ⟨V.; Med.⟩ künstl. befruchten [<lat. *inseminare* »befruchten, einsäen«]
in|sen|si|bel ⟨Adj.⟩ = unsensibel
In|sen|si|bi|li|tät ⟨f.; -; unz.⟩ Unempfindlichkeit, Unempfänglichkeit; *Ggs* Sensibilität
in|se|quent ⟨a. [--'-] Adj.; Geol.⟩ in keiner Beziehung zum Schichtenbau der Erde stehend (in Bezug auf den Verlauf von Flüssen); *Ggs* konsequent (3) [<*in*...² + lat. *sequens* »folgend«]
In|se|quenz ⟨a. [--'-] f.; -, -en; Geol.⟩ durch Unterbrechung od. Störung der Sedimentation entstandene Schichtlücke [<*in*...² + lat. *sequentia* »Folge«]
In|se|rat ⟨n.; -(e)s, -e⟩ = Annonce [lat., »er füge ein«; zu *inserere* »einfügen«]
In|se|rent ⟨m.; -en, -en⟩ Mann, der ein Inserat aufgibt od. aufgegeben hat [<lat. *inserens*, Part. Präs. zu *inserere* »einfügen«]
In|se|ren|tin ⟨f.; -, -tin|nen⟩ Frau, die ein Inserat aufgibt od. aufgegeben hat
in|se|rie|ren ⟨V.⟩ = annoncieren [<lat. *inserere* »einfügen«]
In|sert ⟨engl. [ɪnsœ:t] n.; -s, -s; TV⟩ Werbesendung od. graf. Darstellung, die in eine laufende Sendung eingeblendet wird [engl., »Einführung«]
In|ser|ti|on ⟨f.; -, -en⟩ **1** Veröffentlichung von Inseraten in der Zeitung **2** ⟨Bot.⟩ Ansatz u. Art der Befestigung von Pflanzenteilen, z. B. des Blattes am Stängel **3** Ansatz u. Art der Befestigung, bes. von Muskeln u. Sehnen am Knochen **4** Ansatz der Nabelschnur an der Plazenta [<lat. *insertio* »Einfügung«]
In|side ⟨[-saɪd] m.; -s, -s; Sport; Fußb.; schweiz.⟩ Innenstürmer [engl.]
In|si|der ⟨[-saɪ-] m.; -s, -⟩ jmd., der einen Bereich oder bestimmte Verhältnisse aus eigener Anschauung kennt, Eingeweihter; *Ggs* Outsider [engl.]
In|si|de|rin ⟨[-saɪ-] f.; -, -rin|nen⟩ weibl. Person, die einen Bereich oder bestimmte Verhältnisse aus eigener Anschauung kennt, Eingeweihte; *Ggs* Outsiderin
In|si|di|en ⟨nur Pl.; veraltet⟩ Nachstellungen, Hinterhalt [<lat. *insidiae*]
In|signe *auch:* **In|signe** ⟨n.; -s, -gni|en; meist Pl.⟩ Abzeichen, Kennzeichen eines Herrschers od. hohen (geistlichen) Würdenträgers, z. B. Zepter, Krone [<lat. *insignia* »Kennzeichen, Abzeichen«]
In|sig|ni|en *auch:* **In|sig|ni|en** ⟨nur Pl.⟩ Abzeichen, Kennzeichen eines Herrschers od. hohen Würdenträgers (Zepter, Krone usw.) [<lat. *insignia* »Kennzeichen«]
In|si|mu|la|tion ⟨f.; -, -en⟩ (grundlose) Beschuldigung, Verdächtigung [<lat. *insimulatio*]
in|si|mu|lie|ren ⟨V.⟩ (grundlos) beschuldigen, verdächtigen [<lat. *insimulare*]
In|si|nu|ant ⟨m.; -en, -en⟩ **1** jmd., der Unterstellungen, Verdächtigungen äußert **2** jmd., der sich bei anderen einschmeichelt [→ *insinuieren*]
In|si|nu|a|tion ⟨f.; -, -en⟩ **1** Einschmeichelung, Zuträgerei **2** Eingabe **3** gerichtl. Zustellung (eines Schriftstücks) [<lat. *insinuatio*]
in|si|nu|ie|ren ⟨V.⟩ **1** vorlegen, eingeben **2** gerichtlich zustellen **3** *sich* ~ sich einschmeicheln [<lat. *insinuare* »ins Innere dringen lassen, einschmeicheln«]
in|sis|tent ⟨Adj.⟩ beharrlich, hartnäckig; *ein ~er Fragensteller* [→ *insistieren*]
In|sis|tenz ⟨f.; -; unz.⟩ Unnachgiebigkeit, Standhaftigkeit, Beharrlichkeit; *ich kapituliere vor der ~, mit der er seine Forderungen vorträgt*
in|sis|tie|ren ⟨V.⟩ bestehen (auf), beharren (auf); *er insistierte darauf, den Bericht eigenhändig zu schreiben* [<lat. *insistere* »sich auf etwas stellen, bei etwas innehalten, beharren«]
in situ ⟨geh.⟩ an Ort u. Stelle, an der richtigen, ursprüngl. Stelle, am Fundort [lat., »in (natürlicher) Lage«]
in|skri|bie|ren *auch:* **ins|kri|bie|ren**, **inskri|bie|ren** ⟨V.⟩ einschreiben, in eine Liste eintragen; *sich in die Hörerliste an der Universität ~* [<lat. *inscribere* »einschreiben, aufschreiben«]
In|skrip|tion *auch:* **Ins|krip|tion**, **Inskrip|tion** ⟨f.; -, -en⟩ **1** Eintragung (bes. in die Hörerliste) **2** Inschrift [<lat. *inscriptio* »Einschreibung, Inschrift, Aufschrift«]
In|so|la|tion ⟨f.; -, -en⟩ **1** ⟨Meteor.⟩ Strahlung der Sonne auf die Erde, Einstrahlung **2** ⟨Med.⟩ Sonnenstich [<lat. *insolare* »der Sonne aussetzen«; zu *sol* »Sonne«]
in|so|lent ⟨a. [--'-] Adj.⟩ ungebührlich, anmaßend, unverschämt, patzig [<lat. *insolens*

Insolenz

»ungewohnt, übertrieben, frech«]

In|so|lenz ⟨a. [--'-] f.; -; unz.⟩ ungebührliches Benehmen, Unverschämtheit, Anmaßung [<lat. *insolentia* »Ungewohntheit, Übertriebenheit, Übermut«]

in|so|lie|ren ⟨V.⟩ den Sonnenstrahlen aussetzen [<lat. *insolare* »der Sonne aussetzen«; zu *sol* »Sonne«]

in|so|lu|bel ⟨Adj.; Chemie⟩ nicht löslich [<lat. *insolubilis*]

in|sol|vent ⟨[-vɛnt] Adj.⟩ zahlungsunfähig; Ggs solvent

In|sol|venz ⟨[-vɛnts] f.; -; unz.⟩ Zahlungsunfähigkeit; Ggs Solvenz

In|som|nie ⟨f.; -; unz.⟩ Med.⟩ Schlaflosigkeit [<lat. *insomnia* »Schlaflosigkeit«]

in spe in Zukunft, (zu)künftig; *mein Schwiegersohn* ~ [lat., »in der Hoffnung«]

♦ Die Buchstabenfolge in|sp... kann auch ins|p... getrennt werden.

♦ In|spek|teur ⟨[-tø:r] m.; -s, -e⟩ 1 Leiter einer Inspektion 2 Aufsichtsbeamter [<frz. *inspecteur*]

♦ In|spek|ti|on ⟨f.; -, -en⟩ 1 prüfende Besichtigung 2 Aufsicht, Überwachung 3 Prüf-, Aufsichtsstelle 4 Verwaltung, Behörde [<lat. *inspectio* »das Hineinsehen, Besichtigung«]

♦ In|spek|tor ⟨m.; -s, -to|ren⟩ 1 Aufsicht Führender 2 Aufseher, Verwaltungsbeamter [lat., »Betrachter, Besichtiger, Untersucher«]

♦ In|spek|to|rin ⟨f.; -, -rin|nen⟩ 1 Aufsicht Führende 2 Aufseherin, Verwaltungsbeamte

♦ In|spi|ra|ti|on ⟨f.; -, -en⟩ 1 Anregung, Einfall 2 Erleuchtung, Eingebung; *eine plötzliche ~ haben* 3 Einatmung; Ggs Exspiration [<lat. *inspiratio* »das Einhauchen, Eingebung«]

♦ in|spi|ra|tiv ⟨Adj.⟩ auf Inspiration beruhend, sie fördernd; *diese Bibliothek hat eine ~e Atmosphäre*

♦ In|spi|ra|tor ⟨m.; -s, -to|ren⟩ jmd., der einen anderen inspiriert, Anreger [lat., »Einhaucher, Einflößer«]

♦ in|spi|ra|to|risch ⟨Adj.⟩ auf Inspiration (3) beruhend; Ggs exspiratorisch; *~e Geräusche*

♦ in|spi|rie|ren ⟨V.⟩ 1 *jmdn. (zu etwas)* ~ jmdn. (zu etwas) anregen, (für etwas) begeistern, anfeuern 2 ⟨Theol.⟩ erleuchten [<lat. *inspirare* »einhauchen, einflößen«]

♦ In|spi|zi|ent ⟨m.; -en, -en⟩ 1 Aufsicht Führender (bes. bei Behörden) 2 ⟨Theat., Film, Fernsehen, Funk⟩ Mitarbeiter, der für den reibungslosen Ablauf der Aufführung sorgt [<lat. *inspiciens*, Part. Präs. zu *inspicere* »hineinsehen, besichtigen, untersuchen«]

♦ In|spi|zi|en|tin ⟨f.; -, -tin|nen⟩ weibl. Inspizient

♦ in|spi|zie|ren ⟨V.⟩ 1 prüfen, prüfend besichtigen 2 überwachen, beaufsichtigen [<lat. *inspicere* »hineinsehen, untersuchen«]

♦ In|spi|zie|rung ⟨f.; -, -en⟩ das Inspizieren, das Inspiziertwerden

♦ Die Buchstabenfolge in|sta... kann auch ins|ta... getrennt werden. Davon ausgenommen sind Zusammensetzungen, in denen die fremdsprachigen bzw. sprachhistorischen Bestandteile deutlich als solche erkennbar sind, z. B. *-stabil, -stabilität* (→ a. destabilisieren, Destabilität).

in|sta|bil ⟨Adj.⟩ Ggs stabil 1 ⟨allg.⟩ nicht stabil, nicht beständig 2 ⟨Chemie⟩ *~e Verbindungen* V., die sich innerhalb kurzer Zeit zersetzen 3 ⟨Physik⟩ *~e Atomkerne* A., die sich durch radioaktiven Zerfall in andere Atomkerne umwandeln

In|sta|bi|li|tät ⟨f.; -; unz.⟩ instabile Beschaffenheit; Ggs Stabilität

♦ In|stal|la|teur ⟨[-tø:r] m.; -s, -e⟩ Handwerker für Installationen; *Heizungs~* [<*Installation* mit frz. Endung]

♦ In|stal|la|teu|rin ⟨[-tø:-] f.; -, -rin|nen⟩ Handwerkerin für Installationen

♦ In|stal|la|ti|on ⟨f.; -, -en⟩ 1 das Einrichten von techn. Anlagen in Gebäuden (Wasser, Heizung, Gas, Elektrizität, Lüftung usw.) 2 ⟨Rel.⟩ Einweisung (von Geistlichen) in ein Amt [→ *installieren*]

♦ in|stal|la|tiv ⟨Adj.⟩ die Installation betreffend, auf ihr beruhend

♦ In|stal|ler ⟨[-stɔːlə(r)] m.; -s, -; EDV⟩ (meist auf CD-ROMs vorhandene) Software zur Programminstallation auf der Festplatte [zu engl. *install* »installieren, einbauen«]

♦ in|stal|lie|ren ⟨V.⟩ 1 einrichten, einbauen; *technische Anlagen* ~ 2 ⟨EDV⟩ eine Anwendung, Software auf der Computerfestplatte einrichten 3 in ein kirchl. Amt einweisen [<frz. *installer* »einweisen, einrichten, einbauen«; zu *stalle* »Sitz, Stuhl, Verschlag«]

♦ In|stant... ⟨a. [-stənt] in Zus.⟩ pulverisiert u. unmittelbar gebrauchsfertig; *Instantgetränk; Instantkaffee* [<engl. *instant* »sofortig, unmittelbar«]

♦ in|stan|ti|sie|ren ⟨V.⟩ *Lebensmittel~* durch physikal. od. chem. Behandlung pulverförmige Extrakte aus Lebensmitteln herstellen [→ *Instant...*]

♦ In|stant|ver|fah|ren ⟨[-stənt-] n.; -s, -⟩ Verfahren zur Herstellung pulverförmiger Extrakte

♦ In|stanz ⟨f.; -, -en; Abk.: Inst.⟩ 1 ⟨allg.⟩ zuständige Behörde 2 ⟨Rechtsw.⟩ zuständige Stufe des gerichtl. Verfahrens; *über die Arbeitsreform in erster ~ entscheiden* [<mhd. *instancie* <mlat. *instantia* »(drängendes) Daraufbestehen; beharrl. Verfolgung einer Gerichtssache; zuständige Stelle, vor der man sein Begehren vorträgt«]

♦ In|stan|zen|weg ⟨m.; -(e)s; unz.⟩ Dienstweg; *den* ~ *gehen*

in|sta|ti|o|när ⟨Adj.; Physik⟩ nicht gleich bleibend, schwankend, sich zeitlich verändernd

in sta|tu nas|cen|di ⟨geh.⟩ im Zustand des Entstehens [lat.]

in sta|tu quo ⟨geh.⟩ im gegenwärtigen Zustand; → *a.* Status quo [lat., »in dem Zustande, in dem (eine Sache sich befindet)«]

in sta|tu quo an|te ⟨geh.⟩ im früheren Zustand; → *a.* Status quo ante [lat., »in dem Zustande, in dem (eine Sache sich) vorher (befand)«]

instrumentell

- **in|stau|rie|ren** ⟨V.; veraltet⟩ instand setzen, wiederherstellen, erneuern [<lat. *instaurare* »instand setzen, veranstalten, erneuern«]

> ◆ Die Buchstabenfolge **in|sti**... kann auch **ins|ti**... getrennt werden.

- **In|stil|la|ti|on** ⟨f.; -, -en⟩ Einträufelung, tropfenweises Einbringen eines Arzneimittels in den Körper [<lat. *instillatio* »Einträufelung«]
- **in|stil|lie|ren** ⟨V.⟩ einträufeln [<lat. *instillare* »einträufeln«; zu *stilla* »Tropfen«]
- **In|stinkt** ⟨m.; -(e)s, -e⟩ **1** Naturtrieb, der Menschen u. Tiere auf bestimmte Umweltreize ohne Überlegung handeln lässt, unbewusster Antrieb; *seinem ~ folgen, gehorchen; etwas aus ~ tun; damit werden die niederigen ~e geweckt; mütterlicher ~* **2** sicheres Gefühl, Ahnungsvermögen; *mit feinem ~ das Richtige treffen* [<mlat. *instinctus (naturae)* »Naturtrieb«]
- **in|stink|tiv** ⟨Adj.⟩ einem Instinkt folgend, gefühlsmäßig, unwillkürlich
- **in|sti|tu|ie|ren** ⟨V.⟩ **1** einrichten, einsetzen **2** unterweisen [<lat. *instituere* »einsetzen«]
- **In|sti|tut** ⟨n.; -(e)s, -e⟩ Anstalt, Einrichtung, die bes. der Ausbildung, Erziehung u. wissenschaftl. Arbeit dient [<lat. *institutum* »Einrichtung«]
- **In|sti|tu|ti|on** ⟨f.; -, -en⟩ **1** ⟨unz.⟩ Einsetzung, Einweisung (in ein Amt) **2** ⟨staatl.⟩ Einrichtung, z. B. Parlament **3** Stiftung, Gesellschaft **4** Anordnung, Unterweisung [→ *Institution*]
- **in|sti|tu|ti|o|na|li|sie|ren** ⟨V.⟩ zu einer Institution machen
- **In|sti|tu|ti|o|na|li|sie|rung** ⟨f.; -, -en⟩ das Institutionalisieren, Institutionalisiertwerden
- **in|sti|tu|ti|o|nell** ⟨Adj.⟩ aufgrund einer, durch eine Institution

> ◆ Die Buchstabenfolge **in|str**... kann auch **ins|tr**..., **inst|r**... getrennt werden.

- **in|stra|die|ren** ⟨V.⟩ **1** den Beförderungsweg bestimmen von **2** ⟨schweiz.⟩ auf den Weg schicken, auf die rechte Bahn bringen, leiten [<ital. *instradare* »auf den Weg bringen« *in* »in, auf« + *strada* »Straße, Weg«]
- **in|stru|ie|ren** ⟨V.⟩ **1** in Kenntnis setzen (von), unterrichten (von) **2** Anweisungen, Verhaltensmaßregeln geben [<lat. *instruere* »aufschichten, ausrüsten, unterweisen«]
- **In|struk|teur** ⟨[-t*ö*:r] m.; -s, -e⟩ jmd., der Instruktionen erteilt, anleitet, unterweist, schult [<frz. *instructeur* »Ausbilder« <lat. *instructor* »Zurüster«]
- **In|struk|ti|on** ⟨f.; -, -en⟩ **1** Anweisung, Verhaltensmaßregel **2** Unterricht (bes. beim Militär), Unterweisung [<lat. *instructio* »Herrichtung, Ausrüstung, Unterweisung«]
- **in|struk|tiv** ⟨Adj.⟩ lehrreich, einprägsam, eindringlich, aufschlussreich [<frz. *instructif* »belehrend, lehrreich«; → *instruieren*]
- **In|stru|ment** ⟨n.; -(e)s, -e⟩ **1** Gerät, Werkzeug (bes. für wissenschaftl. Untersuchungen); *Mess~; chirurgische ~e* **2** Mittel; *ein ~ der Macht* **3** ⟨Musik⟩ Musikinstrument, z. B. Geige, Gitarre; *ein ~ beherrschen, erlernen, spielen* [<lat. *instrumentum* »Gerät, Werkzeug«]
- **in|stru|men|tal** ⟨Adj.⟩ mit Instrumenten versehen, mit Hilfe von Instrumenten
- **In|stru|men|tal** ⟨m.; -s, -e; Gramm.⟩ = Instrumentalis
- **In|stru|men|ta|lis** ⟨m.; -, -*les*; Gramm.⟩ Kasus (Deklinationsfall) des Mittels, antwortet auf die Frage »womit, wodurch« (im Deutschen nicht mehr vorhanden); *oV* Instrumental [<neulat. *casus instrumentalis* »Mittel od. Werkzeug bezeichnender Fall«]
- **in|stru|men|ta|li|sie|ren** ⟨V.⟩ **1** *jmdn. od. etwas ~* bewusst als Mittel zum Zweck einsetzen; *er instrumentalisiert seine Freunde für die Durchsetzung seiner Interessen* **2** ⟨Musik⟩ ein Gesangsstück zu einem Instrumentalstück umarbeiten
- **In|stru|men|ta|li|sie|rung** ⟨f.; -, -en⟩ das Instrumentalisieren, das Instrumentalisiertwerden
- **In|stru|men|ta|lis|mus** ⟨m.; -; unz.; Philos.⟩ von J. Dewey vertretene Variante des Pragmatismus
- **In|stru|men|ta|list** ⟨m.; -en, -en⟩ **1** ⟨Musik⟩ Spieler eines Instrumentes **2** ⟨Philos.⟩ Anhänger des Instrumentalismus
- **In|stru|men|ta|lis|tin** ⟨f.; -, -tinnen⟩ **1** ⟨Musik⟩ Spielerin eines Instrumentes **2** ⟨Philos.⟩ Anhängerin des Instrumentalismus
- **In|stru|men|tal|mu|sik** ⟨f.; -; unz.⟩ Musik für Instrumente (ohne Singstimme); *Ggs* Vokalmusik
- **In|stru|men|tal|satz** ⟨n.; -es, -sät|ze⟩ **1** ⟨Gramm.⟩ Adverbialsatz, durch den das Mittel zum Erreichen des im Hauptsatz bezeichneten Sachverhaltes ausgedrückt wird; *er half mit, »indem er das Einkaufen übernahm«; der Komiker erheiterte die Gesellschaft, »indem er ununterbrochen Witze erzählte«* **2** ⟨Musik⟩ Satz der Instrumentalmusik
- **In|stru|men|tar** ⟨n.; -s, -e⟩ *oV* Instrumentarium **1** alle zu einem bestimmten Zweck od. einer bestimmten (wissenschaftl.) Tätigkeit benötigten Instrumente, Instrumenteneinrichtung; *ärztl. ~* **2** ⟨Musik⟩ Gesamtbestand der verwendeten Musikinstrumente, z. B. einer Epoche
- **in|stru|men|ta|ri|sie|ren** ⟨V.⟩ zu einem Instrumentar machen
- **In|stru|men|ta|ri|sie|rung** ⟨f.; -, -en⟩ das Instrumentarisieren, Instrumentarisiertwerden
- **In|stru|men|ta|ri|um** ⟨n.; -s, -ri|en⟩ = Instrumentar
- **In|stru|men|ta|ti|on** ⟨f.; -, -en⟩ *Sy* Orchestration **1** die sinnvolle Verteilung der Stimmen eines Komponentenentwurfs auf die verschiedenen Orchesterinstrumente **2** Einrichtung eines Musikstücks für Orchester
- **In|stru|men|ta|tiv** ⟨n.; -s, -e [-və]; Gramm.⟩ Verb, das das Instrument der Handlung mitbezeichnet, z. B. hämmern, sägen
- **in|stru|men|tell** ⟨Adj.⟩ mit Hilfe von Instrumenten; *ein ~es Verfahren*

instrumentieren

◆ **in|stru|men|tie|ren** ⟨V.⟩ Sy orchestrieren **1** *ein Musikstück* ~ vom Entwurf einer Komposition die Stimmen sinnvoll auf die Orchesterinstrumente verteilen **2** (nachträglich) für Orchester einrichten

In|sub|or|di|na|tion ⟨a. ['-------] f.; -, -en⟩ Gehorsamsverweigerung (im Dienst), Auflehnung gegen Vorgesetzte; Ggs Subordination (1)

In|su|da|tion ⟨f.; -, -en; Med.⟩ entzündliche Ausschwitzung [zu lat. *sudare* »schwitzen«]

in|suf|fi|zi|ent ⟨Adj.⟩ ungenügend, unzureichend, nicht voll leistungsfähig; Ggs suffizient [< lat. *insufficiens* »unzureichend«]

In|suf|fi|zi|enz ⟨f.; -, -en⟩ Ggs Suffizienz **1** Unzulänglichkeit, Unvermögen **2** Unfähigkeit, Gläubiger zu befriedigen **3** unzureichende Leistungsfähigkeit (eines Organs); *Herz~* [< lat. *insufficientia* »Unzulänglichkeit«]

In|su|la|ner ⟨m.; -s, -⟩ Bewohner einer Insel; *Südsee-~* [< lat. *insulanus* »Inselbewohner«; zu *insula* »Insel«]

In|su|la|ne|rin ⟨f.; -, -rin|nen⟩ Bewohnerin einer Insel [< lat. *insulanus* »Inselbewohner«; zu *insula* »Insel«]

in|su|lar ⟨Adj.⟩ eine Insel betreffend, einer Insel ähnlich [< lat. *insularis*]

In|su|lin ⟨n.; -s; unz.; Biochemie⟩ vom Inselorgan der Bauchspeicheldrüse gebildetes Hormon, das den Blutzuckerspiegel senkt [< lat. *insula* »Insel«, nach den langerhansschen Inseln]

In|su|lin|ein|heit ⟨f.; -, -en; Abk.: I. E.; Med.⟩ zwei Drittel der kleinsten Insulinmenge, die den Blutzucker eines 24 Stunden nüchternen, 2 kg schweren Kaninchens in 3 Stunden auf 45 mg-% senkt

In|su|lin|schock ⟨m.; -s, -s; Med.⟩ durch zu hohe Insulingaben od. bei einer Geschwulst des Inselorgans eintretender Schockzustand, Behandlungsmethode bei Schizophrenie u. endogenen Depressionen; →a. Hypoglykämie

In|sult ⟨m.; -(e)s, -e⟩ **1** ⟨Rechtsw.⟩ Beleidigung, Beschimpfung;

oV Insultation **2** ⟨Med.⟩ Anfall, Schädigung, Verletzung [< frz. *insulte* »Beleidigung« < lat. *insultare* »verspotten«]

In|sul|ta|ti|on ⟨f.; -, -en; Rechtsw.⟩ = Insult (1)

in|sul|tie|ren ⟨V.⟩ beleidigen, beschimpfen, angreifen [< lat. *insultare* »verspotten«]

in sum|ma ⟨geh.⟩ **1** alles zusammen, im Ganzen, insgesamt **2** ⟨fig.⟩ mit einem Wort [lat., »in der Gesamtheit«]

In|sur|gent ⟨m.; -en, -en; geh.⟩ Aufrührer, Aufständischer, Empörer [< lat. *insurgens*, Part. Präs. zu *insurgere* »sich erheben«]

in|sur|gie|ren ⟨V.⟩ aufwiegeln, zum Aufstand reizen [< lat. *insurgere*]

In|sur|rek|ti|on ⟨f.; -, -en; geh.⟩ Aufruhr, Aufstand, bewaffnete Empörung [< lat. *insurrectio*]

in sus|pen|so ⟨Adj.⟩ zweifelhaft, unentschieden, strittig [lat.]

in|sze|na|to|risch ⟨Adj.⟩ zu einer Inszenierung gehörend, sie betreffend

in|sze|nie|ren ⟨V.⟩ **1** ⟨Theat.; Film; TV; Funk⟩ in Szene setzen, die Aufführung (eines dramatischen Werkes) technisch u. künstlerisch vorbereiten u. leiten; *er hat eine neue Komödie inszeniert* **2** ⟨fig.⟩ ins Werk setzen, hervorrufen; *einen Skandal* ~ [< in-...¹ + Szene]

In|sze|nie|rung ⟨f.; -, -en⟩ techn. u. künstler. Vorbereitung, Gestaltung u. Leitung einer Theateraufführung

In|ta|glio auch: **In|tag|lio** ⟨[-taljo] n.; -s, - gli|en [-jən]⟩ = Gemme [ital.]

in|takt ⟨Adj.⟩ unbeschädigt, unversehrt, unberührt [< lat. *intactus* »unberührt«]

In|tar|sie ⟨[-sjə] f.; -, -n⟩ Einlegearbeit, Verzierung (von Holzgegenständen, bes. Möbeln) durch andersfarbiges Holz, Perlmutt, Elfenbein u. Ä. [< ital. *intarsiare* »eingelegte Arbeit fertigen« < *tarsia* »Einlegearbeit« < arab. *tarsi* »Einlegearbeit«]

in|tar|sie|ren ⟨V.⟩ mit Intarsien verzieren

in|te|ger ⟨Adj.⟩ **1** unversehrt, unberührt **2** rein, makellos, recht-

schaffen, redlich; *ein integrer Charakter* [lat., »unberührt, unversehrt«]

◆ Die Buchstabenfolge **in|te|gr...** kann auch **in|teg|r...** getrennt werden.

◆ **in|te|gral** ⟨Adj.⟩ ein Ganzes ausmachend, für sich bestehend, vollständig [< mlat. *integralis* »ein Ganzes ausmachend«; → *integer*]

◆ **In|te|gral** ⟨n.; -s, -e; Zeichen: ∫; Math.⟩ ~ *von x_0 bis x über $f(x)dx$* die Summe aller Produkte $f(x)dx$, die man erhält, wenn man für x nach u. nach alle zwischen x u. x_0 liegenden Zahlen setzt

◆ **In|te|gral|bau|wei|se** ⟨f.; -, -n; Technik⟩ vor allem im Flugzeugbau angewandtes Konstruktionsverfahren, bei dem große Rumpf- u. Flügelteile in einem Stück hergestellt werden

◆ **In|te|gral|glei|chung** ⟨f.; -, -en; Math.⟩ Gleichung, bei der sich die variable Größe innerhalb eines Integrals befindet; *lineare ~; ~ 1. Art*

◆ **In|te|gral|helm** ⟨m.; -s, -e⟩ Kopf u. Kinn bedeckender Sturzhelm für Motorradfahrer

◆ **In|te|gral|rech|nung** ⟨f.; -; unz.; Math.⟩ Zweig der Analysis (1), der sich mit der Untersuchung der Integrale von Funktionen u. der Berechnung des Inhalts von Flächen u. Körpern beschäftigt, die von beliebigen Kurven begrenzt werden; →a. Differenzialrechnung

◆ **In|te|grand** ⟨m.; -en, -en⟩ die Größe $f(x)$ eines Integrals [< lat. *integrandus* »was zu integrieren ist«; zu *integrare* »integrieren«]

◆ **In|te|gra|ti|on** ⟨f.; -, -en⟩ **1** Herstellung eines Ganzen, Zusammenschluss, Vereinigung; Ggs Desintegration **2** ⟨Math.⟩ Berechnung des Integrals **3** ⟨Wirtsch.⟩ Zusammenschluss zu einem einheitl., übernationalen Marktgebiet **4** ⟨Politik⟩ Aufeinanderabstimmung der Ziele (z. B. in der EU, in der NATO); *europäische ~* Zusammenarbeit europ. Staaten durch Bildung übernationaler

Organe **5** ⟨Sprachw.⟩ Verschmelzung verschiedener Sprachen od. Mundarten zu einer gemeinsamen Schriftsprache [<lat. *integratio* »Wiederherstellung eines Ganzen«; → *integer*]
- **In|te|gra|ti|ons|grad** ⟨m.; -(e)s, -e⟩ Maß für die Packungsdichte elektronischer Bauelemente (je höher der Integrationsgrad, um so leistungsfähiger u. kleiner werden die entsprechenden Schaltungen)
- **In|te|gra|ti|ons|pro|zess** ⟨m.; -es, -e⟩ Prozess der Integration; *der ~ gerät ins Stocken, ist weit fortgeschritten, muss gefördert werden*
- **in|te|gra|tiv** ⟨Adj.⟩ integrierend, einfügend; *~e Gesamtschule* Typ der Gesamtschule, bei dem die verschiedenen Schularten zusammengefügt sind, der Unterricht findet in leistungsdifferenzierenden Kursen statt; *Ggs* additive G., kooperative G.
- **In|te|gra|tor** ⟨m.; -s, -to̱|ren⟩ Rechenmaschine zur automat. Ausführung von Integrationsrechnungen
- **in|te|grie|ren** ⟨V.⟩ **1** zu einem Ganzen bilden, ergänzen, vervollständigen; *~d* zum Ganzen notwendig, zur Vervollständigung erforderlich, wesentlich; *ein ~der Bestandteil* **2** das Integral berechnen von [<lat. *integrare* »wiederherstellen, ergänzen«; → *integer*]
- **in|te|grie|rend** ⟨Adj.⟩ für das Ganze notwendig, unerlässlich; *ein ~er Bestandteil*
- **In|te|grier|ge|rät** ⟨n.; -(e)s, -e⟩ einfache Zählvorrichtung für Integrationsaufgaben geringen Schwierigkeitsgrades
- **in|te|griert** ⟨Adj.⟩ **1** einbezogen, eingefügt, ergänzt **2** *~e Gesamtschule* weiterführende Schulform, die neben Unterricht, der für die gesamte Klasse erteilt wird, Fachkurse mit unterschiedlichen Leistungsstandards anbietet u. die Trennung zwischen Hauptschule, Realschule u. Gymnasium aufhebt **3** *~e Schaltung* ⟨Abk.: IC⟩ elektron. Schaltung, bei der zahlreiche Transistoren u. andere Bauelemente auf einer gemeinsamen Grundplatte zu einer Einheit zusammengefasst sind
- **In|te|grie|rung** ⟨f.; -, -en⟩ das Integrieren, Integriertwerden
- **In|te|gri|tät** ⟨f.; -; unz.⟩ **1** Vollständigkeit **2** Unversehrtheit, Unberührtheit **3** Reinheit, Makellosigkeit, Rechtschaffenheit, Redlichkeit [<lat. *integritas* »Unversehrtheit«]

In|te|gu|ment ⟨n.; -s, -e⟩ **1** ⟨Bot.⟩ Hülle des Samens **2** ⟨Zool.⟩ Haut, Körperdecke [<lat. *integumentum* »Bedeckung, Decke, Hülle«]

In|tel|lekt ⟨m.; -(e)s; unz.⟩ Verstand, Denkvermögen [<lat. *intellectus* »Wahrnehmung, Einsicht«]

in|tel|lek|tu|al ⟨Adj.⟩ den Intellekt betreffend, von ihm ausgehend

in|tel|lek|tu|a|li|sie|ren ⟨V.⟩ **1** einer intellektuellen Betrachtung unterziehen, intellektuellerfassen, untersuchen **2** etwas auf unangemessene u. einseitige Weise rein intellektuell betrachten; *er muss jedes Thema immer gleich ~*

In|tel|lek|tu|a|lis|mus ⟨m.; -; unz.⟩ **1** Auffassung, die dem Verstand vor den Willens- u. Gemütskräften den Vorrang gibt; →*a.* Voluntarismus **2** einseitig verstandesmäßiges Denken

In|tel|lek|tu|a|list ⟨m.; -en, -en⟩ Anhänger des Intellektualismus

in|tel|lek|tu|a|lis|tisch ⟨Adj.⟩ auf dem Intellektualismus beruhend, den Verstand übermäßig betonend

In|tel|lek|tu|a|li|tät ⟨f.; -; unz.⟩ Verstandesmäßigkeit, Fähigkeit des intellektuellen Erfassens

in|tel|lek|tu|ell ⟨Adj.⟩ **1** den Intellekt betreffend, auf ihm beruhend **2** den Verstand, das Verstandesmäßige betonend, betont geistig [<frz. *intellectuel* »verstandesmäßig, geistig« <lat. *intellectualis* »geistig«]

In|tel|lek|tu|el|le(r) ⟨f. 2 (m. 1)⟩ Verstandesmensch, Geistesarbeiter, Wissenschaftler, Akademiker

In|tel|li|gence Ser|vice ⟨[ɪntɛlɪdʒəns sœ:vɪs] m.; - -; unz.⟩ brit. Geheim- u. Nachrichtendienst [<engl. *intelligence* »Intelligenz; Information« + *service* »Dienst«]

in|tel|li|gent ⟨Adj.⟩ **1** einsichtsvoll **2** schnell auffassend, klug, geistig begabt [<lat. *intelligens* »einsichtsvoll, verständig«]

In|tel|li|genz ⟨f.; -; unz.⟩ **1** Einsicht **2** rasche Auffassungsgabe, Klugheit, geistige Begabung, Verstandeskraft **3** Gesamtheit der geistig Schaffenden [<lat. *intelligentia* »Begriff, Idee, Einsicht, Verständnis«]

In|tel|li|genz|al|ter ⟨n.; -s, -⟩ mit einem Intelligenztest ermittelte Höhe der Intelligenz, die der eines durchschnittlich begabten Menschen in einem bestimmten Alter entspricht

In|tel|li|genz|bes|tie ⟨[-tjə] f.; -, -n; umg.⟩ jmd., der sehr intelligent ist (u. dazu sehr selbstbewusst auftritt); *woher soll ich das wissen, ich bin ja keine ~!* ⟨umg.; scherzh.⟩

In|tel|li|gen|zia ⟨f.; -; unz.⟩ **1** Gesamtheit der Intellektuellen in den sozialist. Staaten **2** ⟨abwertend⟩ intellektuelle Elite eines Landes [<russ. *intelligenzija*]

In|tel|li|genz|ler ⟨m.; -s, -; abwertend⟩ jmd., der zur Intelligenz (3) gehört

In|tel|li|genz|quo|ti|ent ⟨m.; -en, -en; Abk.: IQ⟩ aus dem Verhältnis Intelligenzalter : Lebensalter errechnetes Maß für die Höhe der Intelligenz

In|tel|li|genz|test ⟨m.; -(e)s, -e od. -s⟩ psychodiagnostisches Verfahren zur Prüfung der Intelligenz

in|tel|li|gi|bel ⟨Adj.⟩ nur gedanklich, nicht anschaulich erfassbar, nicht sinnlich wahrnehmbar; *die intelligible Welt* die nur geistig wahrnehmbare Ideenwelt [<lat. *intelligibilis* »sinnlich wahrnehmbar, verständlich, begreiflich«]

INTELSAT von einem internationalen Fernmeldekonsortium im Weltraum stationierte Nachrichtensatelliten, mit denen ein weltumspannendes Funk- u. Fernsehnetz aufgebaut wird [verkürzt <*Int*ernational *Tel*ecommunications *Sat*ellite Organization]

Intendant

In|ten|dant ⟨m.; -en, -en⟩ **1** militär. Verwaltungsbeamter, Vorsteher einer Intendantur **2** Leiter eines Theaters od. Rundfunksenders **3** = Präfekt (3) [frz., »Aufseher, Verwalter«, ‹lat. *intendere* »seine Aufmerksamkeit auf etwas richten«]

In|ten|dan|tin ⟨f.; -, -tin|nen⟩ weibl. Intendant

In|ten|dan|tur ⟨f.; -, -en⟩ **1** Amt eines Intendanten **2** ⟨früher⟩ Wirtschaftsverwaltungsbehörde, Verwaltungsbehörde des Heeres

In|ten|danz ⟨f.; -, -en⟩ **1** Leitung eines Theaters od. eines Rundfunksenders **2** Amtsräume eines Theater- od. Rundfunkintendanten

in|ten|die|ren ⟨V.⟩ beabsichtigen, neigen zu, erstreben; *oV* intentionieren [‹lat. *intendere* »seine Aufmerksamkeit auf etwas richten«]

In|ten|si|me|ter ⟨n.; -s, -; Physik⟩ Gerät zum Messen der Strahlenintensität, bes. von Röntgenstrahlen [‹lat. *intensio* »Spannung« + ...*meter*]

In|ten|si|on ⟨f.; -, -en⟩ **1** Anspannung der inneren Kräfte, erhöhte innere Wirksamkeit **2** ⟨Logik⟩ ~ *eines Begriffs* Inhalt, Gesamtheit der inhaltlichen Merkmale eines Begriffs; →*a.* Intention [‹lat. *intensio* »Spannung«]

in|ten|sio|nal ⟨Adj.⟩ **1** in der Art einer Intension, sie betreffend; *Ggs* extensional (1) **2** ⟨Math.⟩ trotz äußerl. Unterschiede inhaltsgleich; *Ggs* extensional (2)

In|ten|si|tät ⟨f.; -; unz.⟩ *oV* Intensivität **1** (innere) Anspannung, gespannte, gesteigerte Kraft, Eindringlichkeit; *Ggs* Extensität (1) **2** Ausmaß, Wirkungsstärke (einer Kraft) **3** Stärke, Leuchtkraft (von Farben, Tönen) **4** ⟨Physik; veraltet⟩ in bestimmten Einheiten gemessener Grad einer Kraft

in|ten|siv ⟨Adj.⟩ **1** angespannt, angestrengt; ~ *arbeiten* **2** stark kräftig; ~*e Wirkung* **3** ~*e Landwirtschaft* L. mit hoher Bodennutzung, hohem Aufwand u. Ertrag; *Ggs* extensive L. **4** tief, leuchtkräftig; ~*e Farben* [‹frz. *intensif* »eindringlich, stark«]

in|ten|si|vie|ren ⟨[-vi:-] V.⟩ erhöhen, steigern, verstärken; *Ggs* extensivieren

In|ten|si|vi|tät ⟨[-vi-] f.; -; unz.⟩ = Intensität

In|ten|siv|kurs ⟨m.; -es, -e⟩ Kurs, in dem aufgrund intensiven Unterrichts in kurzer Zeit umfassende Kenntnisse vermittelt werden

In|ten|siv|sta|ti|on ⟨f.; -, -en; Med.⟩ Krankenhausstation zur Betreuung u. Überwachung lebensgefährlich erkrankter Personen unter Anwendung entsprechender Sofortmaßnahmen

In|ten|si|vum ⟨[-vum] n.; -s, -si|va [-va]; Gramm.⟩ die Verstärkung eines Geschehens ausdrückendes Verb, z. B. »lauschen« zu »hören« [neulat.; zu lat. *intensus* »gespannt«]

In|ten|ti|on ⟨f.; -, -en⟩ **1** Absicht, Bestreben, Vorhaben, Plan, klarer Wille **2** Weltheilung; →*a.* Intension [‹lat. *intentio* »Spannung, Aufmerksamkeit, Achtsamkeit«]

in|ten|ti|o|nal ⟨Adj.⟩ **1** zweckbestimmt **2** auf etwas gerichtet, hinzielend [→ *Intention*]

In|ten|ti|o|na|lis|mus ⟨m.; -; unz.; Philos.⟩ Lehre, nach der nicht die Wirkung, sondern nur die Absicht einer Handlung für deren moralische Bewertung ausschlaggebend ist

In|ten|ti|o|na|li|tät ⟨f.; -; unz.⟩ Zielgerichtetsein, Zielstrebigkeit

in|ten|ti|o|nell ⟨Adj.⟩ zielgerichtet, zweckbestimmt

in|ten|ti|o|nie|ren ⟨V.⟩ = intendieren

in|ter..., In|ter... ⟨in Zus.⟩ zwischen..., Zwischen... [‹lat. *inter* »zwischen, unter«]

in|ter|a|gie|ren ⟨V.⟩ Interaktionen betreiben, aufeinander bezogen handeln; *die Schüler müssen lernen, besser zu* ~

In|ter|ak|ti|on ⟨f.; -, -en⟩ **1** Wechselwirkung, wechselseitige Beeinflussung von Individuen od. Gruppen **2** wechselweises Vorgehen

in|ter|ak|tiv ⟨Adj.⟩ **1** in der Art einer Interaktion, auf ihr beruhend; ~*es Handeln;* ~*es Lernen* **2** verknüpfend, verbindend, sich gegenseitig ergänzend; ~*e Medien*

In|ter|ak|ti|vi|tät ⟨[-vi-] f.; -, -en⟩ das Interaktivsein, das Interagieren

in|ter|al|li|iert ⟨a. [----'-] Adj.⟩ mehrere Verbündete betreffend, mehreren Verbündeten gemeinsam

In|ter|ci|ty ⟨[-sɪti] m.; -s, -s; Abk.: IC; kurz für⟩ Intercityzug

In|ter|ci|ty|ex|press ⟨[-sɪti-] m.; - od. -es, -e; Pl. selten; Abk.: ICE; kurz für⟩ Intercityexpresszug

In|ter|ci|ty|ex|press|zug ⟨[-sɪti-] m.; -(e)s, -züge; Abk.: ICE⟩ Eisenbahnzug der Deutschen Bahn AG, der mit einer Höchstgeschwindigkeit von 250 km/h gefahren wird [‹lat. *inter* »zwischen« + engl. *city* »Stadt« + *Express*]

In|ter|ci|ty|zug ⟨[-sɪti-] m.; -(e)s, -züge; Abk.: IC⟩ zwischen bestimmten Großstädten verkehrender Schnellzug [‹*Inter...* + engl. *city* »Stadt« + *Zug*]

In|ter|den|tal ⟨m.; -s, -e; Phon.⟩ zwischen den Zähnen gebildeter Laut, z. B. engl. »th«

in|ter|de|par|te|men|tal ⟨Adj.⟩ ⟨schweiz.⟩ die Kooperation zwischen mehreren Ministerien betreffend

in|ter|de|pen|dent ⟨Adj.⟩ wechselseitig abhängig

In|ter|de|pen|denz ⟨f.; -, -en⟩ gegenseitige Abhängigkeit, Verflochtensein durch Abhängigkeit [‹*Inter...* + *Dependenz*]

In|ter|dikt ⟨n.; -(e)s, -e⟩ Verbot gottesdienstl. Handlungen (als Kirchenstrafe) [‹lat. *interdictum* »Verbot«]

In|ter|dik|ti|on ⟨f.; -, -en⟩ **1** Verbot, Untersagung **2** Entmündigung [‹lat. *interdictio* »Verbot«]

in|ter|dis|zi|pli|när *auch:* **in|ter|dis|zi|pli|när** ⟨Adj.⟩ mehrere Disziplinen umfassend; ~*e Forschung*

in|ter|di|zie|ren ⟨V.⟩ verbieten, untersagen [‹lat. *interdicere*]

◆ Die Buchstabenfolge **in|te|re...** kann auch **in|te|re...** getrennt werden.

◆ **in|ter|es|sant** ⟨Adj.⟩ **1** Interesse weckend od. fördernd **2** beachtenswert, bedeutend, anregend; *ein ~er Mensch* **3** aufschlussreich; *das ist mir sehr ~!; der Hinweis, ihre Mitteilung war sehr ~* **4** fesselnd, spannend, unterhaltend; *ein ~es Theaterstück; ~ erzählen; jetzt wird's erst ~* **5** außergewöhnlich, eigenartig, auffällig; *sich ~ machen* **6** ⟨Kaufmannsspr.⟩ vorteilhaft; *ein ~es Angebot; das Angebot ist nicht ~* [<frz. *intéressant* »interessant, anziehend, fesselnd«]

Interesse (*Worttrennung am Zeilenende*) Bei fremdsprachlichen Zusammensetzungen, deren einzelne Bestandteile für den deutschen Muttersprachler nicht unbedingt ersichtlich sind, kann zwischen den einzelnen Bestandteilen (Morphemen) getrennt werden . Möglich ist aber auch die Worttrennung nach Sprechsilben.

◆ **In|ter|es|se** ⟨n.; -s, -n⟩ **1** Aufmerksamkeit, Beachtung; *großes, geringes, lebhaftes, reges, wachsendes ~* **2** Anteilnahme, Wissbegierde; *~ erregen, erwecken, zeigen; ihr besonderes ~ gilt der modernen Malerei; ich habe kein ~ an diesem Konzert; etwas mit großem ~ verfolgen* **3** Wunsch, etwas zu tun, Neigung; *ich habe das ~ daran verloren; geistige, literarische, sportliche ~n; gemeinsame ~n; etwas aus ~ tun; ~ für Kammermusik* **4** Vorteil, Nutzen; *im ~ des Kunden, des Verbrauchers; sollten unsere ~n in diesem Punkt auseinander gehen, so...; jmds. ~n vertreten, wahren, wahrnehmen; er denkt nur an sein eigenes ~; er hat gegen das ~ seiner Firma gehandelt; in jmds. ~ handeln; das ist für mich nicht von ~* **5** ⟨Kaufmannsspr.⟩ Nachfrage; *für diesen Artikel besteht kein, starkes, wenig ~* **6** ⟨Kaufmannsspr.; nur Pl.; veraltet⟩ Zinsen [<lat. *interesse* »sich dazwischen befinden, dabei sein, teilnehmen« < *inter* »(da)zwischen« + *esse* »sein«]

◆ **In|ter|es|sen|sphä|re** *auch*: **In|te|res|sens|sphä|re** ⟨f.; -, -n⟩ Einflussgebiet (von Staaten)

◆ **In|ter|es|sent** ⟨m.; -en, -en⟩ jmd., der Interesse an etwas hat, Bewerber, Kauflustiger; *~en werden gebeten...*

◆ **In|ter|es|sen|tin** ⟨f.; -, -tin|nen⟩ Frau, die Interesse an etwas hat, Bewerberin

◆ **in|ter|es|sie|ren** ⟨V.⟩ **1** *jmdn. ~* jmds. Interesse erregen **2** *sich für etwas ~* Interesse (2, 3) für etwas haben, etwas wissen lernen oder haben wollen; *sich für Kunst, für eine Ware ~* **3** *sich für jmdn. ~* jmdn. kennen lernen wollen **4** *jmdn. für eine Sache ~* jmds. Aufmerksamkeit, Anteilnahme auf eine Sache lenken, bewirken, dass sich jmd. für eine Sache einsetzt **5** *interessiert sein* aufgeschlossen sein; *vielseitig interessiert* für viele Dinge Interesse (1, 2) habend **6** *an etwas interessiert sein* sich mit etwas beschäftigen, etwas haben wollen [<frz. *intéresser* »interessieren, Anteil nehmen«]

◆ **in|ter|es|siert** ⟨Adj.⟩ Interesse u. Anteilnahme bekundend, geistig rege u. aufgeschlossen; *ein sehr ~er Schüler*

◆ **In|ter|es|siert|heit** ⟨f.; -; unz.⟩ das Interessiertsein (an etwas); *materielle ~* materielles Interesse

In|ter|face ⟨[-fɛɪs] n.; -s [-fɛɪsɪz], -s [-fɛɪsɪz]; EDV⟩ (standardisierte) Übergangsstelle zwischen zwei Bereichen eines Computersystems [engl., »Grenzfläche«]

in|ter|fas|zi|ku|lär ⟨Adj.⟩ zum innerhalb der Markstrahlen liegenden Kambiumbereich gehörend [<*inter...* + lat. *fascis* »Bund, Bündel«]

In|ter|fe|renz ⟨f.; -, -en⟩ **1** ⟨Physik⟩ durch die Überlagerung mehrerer Wellenzüge, die von der gleichen Quelle ausgehen, auftretende Erscheinungen, z. B. Verstärkung der Wellen an bestimmten Orten u. Schwächung an anderen **2** ⟨Sprachw.⟩ gegenseitiger Einfluss verschiedener Sprachen aufeinander, Überlagerung, Überschneidung [<*Inter...* + lat. *ferre* »tragen«]

In|ter|fe|renz|far|be ⟨f.; -, -n⟩ durch Brechung und Reflexion von Licht an der Oberfläche

fester Stoffe od. beim Durchgang von Licht durch lichtdurchlässige Körper ausgelöste Farberscheinung

in|ter|fe|rie|ren ⟨V.⟩ **1** sich überlagern, überschneiden **2** sich gegenseitig beeinflussen [→ *Interferenz*]

In|ter|fe|ro|me|ter ⟨n.; -s, -; Physik⟩ Gerät, das die Interferenz von Lichtquellen (od. Schallwellen) für Messungen ausnützt [<*Interferenz* + *...meter*]

In|ter|fe|ro|me|trie *auch*: **In|ter|fe|ro|met|rie** ⟨f.; -; unz.⟩ Messverfahren mit Hilfe eines Interferometers

in|ter|fe|ro|me|trisch *auch*: **in|ter|fe|ro|met|risch** ⟨Adj.; Physik⟩ die Interferometrie betreffend, zu ihr gehörig, mit Hilfe der Interferenz messend

In|ter|fe|ron ⟨n.; -s, -e; Med.⟩ Stoff, der in einer von Viren infizierten Zelle gebildet wird, zum Zweck der gegenseitigen Selbsthemmung (neuerdings gegen durch Viren hervorgerufene Krebskrankheiten eingesetzt)

In|ter|flow ⟨[-floʊ] m.; -s, -s; Geol.⟩ unterirdischer, oberflächennaher Wasserabfluss, der noch nicht das Grundwasser erreicht [<*Inter...* + engl. *flow* »Fluss«]

in|ter|frak|ti|o|nell ⟨Adj.⟩ mehrere Parteifraktionen betreffend, ihnen gemeinsam, zwischen ihnen stattfindend

In|ter|fri|go ⟨f.; -; unz.⟩ europäische Organisation zur Abwicklung von Kühltransporten auf dem Schienenweg [<*Inter...* + lat. *frigus* »Kälte, Frost, Kühlung«]

in|ter|ga|lak|tisch ⟨Adj.⟩ zwischen den Galaxien

in|ter|gla|zi|al ⟨Adj.⟩ zwischen den Eiszeiten, aus der Interglazialzeit stammend

In|ter|gla|zi|al ⟨n.; -s, -e; kurz für⟩ Interglazialzeit

In|ter|gla|zi|al|zeit ⟨f.; -, -en⟩ zwischen den Eiszeiten liegender, warmer Zeitabschnitt, Zwischeneiszeit, Warmzeit; *Sy* Interglazial

In|ter|ho|tel ⟨n.; -s, -s; DDR⟩ Hotel der besseren Kategorie [verkürzt <*inter*national + *Hotel*]

423

In|te|ri|eur ⟨[ɛ̃teriø:r] n.; -s, -s od. -e⟩ **1** Inneres, Innenraum; *Ggs* Exterieur (1) **2** Ausstattung eines Innenraums **3** ⟨Mal.⟩ Darstellung eines Innenraums [zu frz. *intérieur* »innere(-r, -s), inwendig«]

In|te|rim ⟨n.; -s, -s⟩ Zwischenzeit, vorläufiger Zustand [lat., »inzwischen«]

In|te|ri|mis|ti|kum ⟨n.; -s, -ti|ken⟩ = Interim

in|te|ri|mis|tisch ⟨Adj.⟩ **1** zeitweilig **2** einstweilig, vorläufig, vorübergehend

In|te|rim|spra|che ⟨f.; -; unz.; Sprachw.⟩ Zwischenstadium beim Erlernen einer Fremdsprache, in dem die neue Sprache zwar noch nicht beherrscht wird, jedoch bereits Grundkenntnisse vorhanden sind

In|ter|jek|ti|on ⟨f.; -, -en; Sprachw.⟩ Ausruf zum Ausdruck von Freude, Schreck, Schmerz, Erstaunen, Bedauern usw., Empfindungswort, z. B. ach!, au!, oh! [<lat. *interiectio* »das Dazwischenwerfen«]

in|ter|jek|ti|o|nell ⟨Adj.; Sprachw.⟩ in der Art einer Interjektion, eine Interjektion betreffend, zu ihr gehörig

in|ter|ka|lar ⟨Adj.⟩ eingeschaltet (von Schaltjahren), Schalt... [<lat. *intercalaris* »Schalt...«; zu *intercalare* »einschalten, einschieben«]

In|ter|ko|lum|ni|um ⟨n.; -s, -ni|en; Arch.⟩ Zwischenraum zwischen zwei Säulen [<lat. *intercolumnium* »Raum zwischen zwei Säulen, Säulenweite« <lat. *inter* »zwischen« + *columna* »Säule«]

in|ter|kom|mu|nal ⟨Adj.⟩ zwischen mehreren Gemeinden bestehend; *ein ~es Abkommen treffen*

in|ter|kon|fes|si|o|nell ⟨Adj.⟩ mehrere Konfessionen, ihr Verhältnis zueinander betreffend; *~er Gesprächskreis*

in|ter|kon|ti|nen|tal ⟨Adj.⟩ mehrere Kontinente betreffend, ihnen gemeinsam, sie verbindend

In|ter|kon|ti|nen|tal|ra|ke|te ⟨f.; -, -n⟩ (Nuklear-)Rakete, die einen anderen Erdteil erreichen kann

in|ter|kos|tal ⟨Adj.; Med.⟩ zwischen den Rippen liegend [<*inter*... + *kostal*]

in|ter|kra|ni|al ⟨Adj.; Med.⟩ im Schädelinnern liegend [<*inter*... + lat. *cranium* »Schädel«]

in|ter|krus|tal ⟨Adj.; Geol.⟩ innerhalb der Erdkruste gebildet od. abgelagert; *Sy* intrakrustal; *Ggs* superkrustal; *~es Gestein*

in|ter|kul|tu|rell ⟨Adj.⟩ mehrere Kulturen betreffend, ihnen gemeinsam, sie verbindend; *ein ~er Austausch; eine ~e Veranstaltung*

in|ter|kur|rent ⟨Adj.⟩ dazwischentretend, hinzukommend [<lat. *intercurrere* »dazwischenlaufen, dazukommen«]

In|ter|leu|kin ⟨n.; -s, -e; Med.⟩ Vermittlersubstanz, die von den Leukozyten gebildet wird u. auf Wachstum, Differenzierung u. Aktivität der Zellen des Immunsystems wirkt

in|ter|li|ne|ar ⟨Adj.⟩ zwischen den Zeilen eines fremdsprachigen, meist lat. Urtextes stehend [<lat. *interlinere* »kitten; (durch Ausstreichen von Wörtern) fälschen«]

In|ter|li|ne|ar|glos|se ⟨f.; -, -n⟩ zwischen die Textzeilen geschriebene Bemerkung, Erklärung

In|ter|li|ne|ar|ver|si|on ⟨[-vɛr-] f.; -, -en⟩ zwischen die Zeilen eines fremdsprachigen Textes geschriebene Übersetzung Wort für Wort (bes. bei lat. Vorlagen im frühen MA)

In|ter|lin|gua ⟨f.; -; unz.⟩ auf dem Lateinischen basierende Welthilfssprache [verkürzt <*international* + lat. *lingua* »Sprache, Zunge«]

in|ter|lin|gu|al ⟨Adj.⟩ mehrere Sprachen betreffend, ihnen gemeinsam

In|ter|lin|gu|is|tik ⟨f.; -; unz.⟩ **1** Zweig der vergleichenden Sprachwissenschaft, der sich auf synchroner Ebene mit Gemeinsamkeiten und Unterschieden natürlicher Sprachen beschäftigt **2** Erforschung der Welthilfssprachen

in|ter|lin|gu|is|tisch ⟨Adj.⟩ die Interlinguistik betreffend, zu ihr gehörig

In|ter|lock|ma|schi|ne ⟨f.; -, -n⟩ eine Rundstrickmaschine für Interlockware [<engl. *interlock* »ineinander greifen, sich durchdringen«]

In|ter|lock|wa|re ⟨f.; -, -n⟩ Textilw.⟩ auf der Interlockmaschine gestrickte, feine, doppelseitige, elastische Wirkware für Unterwäsche

In|ter|lu|di|um ⟨n.; -s, -di|en; Musik⟩ (musikalisches) Zwischenspiel [neulat., »Zwischenspiel«; zu lat. *interludere* »dazwischenspielen«]

In|ter|lu|ni|um ⟨n.; -s, -ni|en⟩ Zeit des Neumonds [<*Inter*... + lat. *luna* »Mond«]

In|ter|ma|xil|lar|kno|chen ⟨m.; -s, -; Anat.⟩ Zwischenkieferknochen [<*Inter*... + *maxillar*]

In|ter|mé|di|aire ⟨[ɛ̃:tɛrmedjɛːr] f.; -, -s [-medjɛːr]; Reitsport⟩ internationale Dressuraufgabe der Klasse S (schwer) [frz., »dazwischenliegend«]

in|ter|me|di|al ⟨Adj.⟩ **1** (veraltet) vermittelnd **2** medienübergreifend; *~e Projekte*

in|ter|me|di|är ⟨Adj.⟩ zwischen zwei Dingen befindlich, ein Zwischenglied bildend, vermittelnd [<frz. *intermédiaire*, »zwischen zwei Dingen befindlich, Zwischen..., Mittel...«]

In|ter|me|di|ary ⟨[-mi:djəri] m.; -s, -s; Wirtsch.⟩ **1** (Vertreter einer) Bank, die (bzw. der) bei Tausch- u. Aktiengeschäften eingeschaltet wird **2** Mittelsmann bei Aktienkäufen [engl., »Vermittler«]

In|ter|me|din ⟨n.; -s; unz.; Biol.⟩ die Melanophoren stimulierendes Hormon, das den Farbwechsel bei Fischen u. Amphibien steuert

In|ter|me|di|um ⟨n.; -s, -di|en; Musik⟩ kleines musikalisches Zwischenspiel (bei Schauspielen) [<ital. *intermedio* <mlat. *intermedium* »Einschub«]

in|ter|mens|tru|al auch: **in|ter|mens|tru|al** ⟨Adj.⟩ in der Zeit zwischen zwei Regelblutungen liegend; *oV* intermenstruell [<*inter*... + *menstrual*]

in|ter|mens|tru|ell auch: **in|ter|mens|tru|ell** ⟨Adj.; Med.⟩ = intermenstrual

In|ter|mens|tru|um auch: **In|ter|menstru|um** ⟨n.; -s, -trua; Med.⟩ Zeitraum zwischen zwei

Regelblutungen [→ *Menstruation*]

In|ter|mez|zo ⟨n.; -s, -s od. -mez|zi⟩ **1** ⟨im 17./18. Jh.⟩ heiteres Zwischenspiel in Dramen od. Opern **2** kurzes, stimmungsvolles Musikstück **3** heiterer Zwischenfall [ital., »Zwischenspiel«]

in|ter|mi|nis|te|ri|ell ⟨Adj.⟩ zwischen mehreren Ministerien bestehend, ablaufend

In|ter|mis|si|on ⟨f.; -, -en; Med.⟩ zeitweiliges u. vorübergehendes Aussetzen der Krankheitssymptome [<lat. *intermissio* »Unterbrechung«]

in|ter|mit|tie|ren ⟨V.; Med.⟩ (zeitweilig) aussetzen, unterbrechen (von Krankheitssymptomen) [<lat. *intermittere* »dazwischenliegen, unterbrechen, aussetzen«]

in|ter|mit|tie|rend ⟨Adj.⟩ zeitweilig aussetzend u. wiederkehrend, mit Unterbrechungen erfolgend; ~*e Behandlung* über lange Zeit durchgeführte D. bei einer Krankheit mit dazwischenliegenden Pausen; ~*es Fieber* mit Unterbrechungen, in Schüben verlaufendes F., z. B. Malaria; ~*e Quellen* zeitweise versiegende Q.; ~*er Strom* regelmäßig unterbrochener Gleichstrom [<lat. *intermittere* »dazwischenlegen«]

in|ter|mo|le|ku|lar ⟨Adj.; Biochemie⟩ sich zwischen zwei oder mehr Molekülen abspielend

In|ter|mun|di|um ⟨n.; -s, -di|en⟩ Zwischenraum zwischen den von Epikur angenommenen, unendlich vielen Welten [<lat. *inter* »zwischen« + *mundus* »Welt«]

in|tern ⟨Adj.⟩ **1** im Innern befindlich, innerlich; *Ggs* extern **2** Angelegenheiten innerhalb einer Gemeinschaft betreffend, nicht für Außenstehende bestimmt, vertraulich; ~*e Angelegenheit, Besprechung* **3** in einer Anstalt, einem Internat wohnend; ~*er Schüler* [<lat. *internus* »der innere, inwendig«]

In|ter|na ⟨Pl. von⟩ Internum

In|ter|na|li|sa|ti|on ⟨f.; -; unz.⟩ Psych.⟩ das Internalisieren

in|ter|na|li|sie|ren ⟨V.; Psych.⟩ in sich aufnehmen, sich innerlich aneignen, als richtig erkennen u. in sich verarbeiten; *Ggs* externalisieren

In|ter|na|li|sie|rung ⟨f.; -, -en; Psych.⟩ das Internalisieren; *Ggs* Externalisierung

In|ter|nat ⟨n.; -(e)s, -e⟩ meist höhere Lehranstalt, deren Schüler(innen) in einem zur Schule gehörenden Heim wohnen u. verpflegt werden; *Ggs* Externat [frz.; zu lat. *internus*; → intern]

in|ter|na|tio|nal ⟨Adj.⟩ zwischen-, überstaatlich, nicht national begrenzt, mehrere Staaten bzw. Völker od. ihre Beziehungen zueinander betreffend; *Internationales Olympisches Komitee* ⟨Abk.: IOK⟩ oberste Behörde, die für alle mit den Olymp. Spielen zusammenhängenden Fragen zuständig ist; *Internationale Einheit* ⟨Abk.: I. E.⟩ durch internationale Vereinbarungen festgelegte Mengeneinheit für solche Arzneistoffe, die auf natürl. Wege aus Pflanzen, Organen usw. gewonnen werden (manche Antibiotika, Hormone usw.)

In|ter|na|tio|na|le ⟨f. 2; kurz für⟩ **1** Internationale Arbeiterassoziation, zwischenstaatliche Vereinigung sozialistischer Parteien (I., II. u. III. Internationale) **2** Kampflied der internationalen sozialist. Arbeiterbewegung

in|ter|na|tio|na|li|sie|ren ⟨V.⟩ international gestalten

In|ter|na|tio|na|li|sie|rung ⟨f.; -, -en⟩ das Internationalisieren, Internationalisiertwerden; *die ~ einer Sportart*

In|ter|na|tio|na|lis|mus ⟨m.; -; unz.⟩ Streben nach internationalem Zusammenschluss

In|ter|na|tio|na|list ⟨m.; -en, -en⟩ Anhänger, Verfechter des Internationalismus

in|ter|na|tio|na|lis|tisch ⟨Adj.⟩ im Sinne des Internationalismus, nach internationalen Zusammenschlüssen strebend

In|ter|na|tio|na|li|tät ⟨f.; -; unz.⟩ internationaler Charakter od. Zustand

In|ter|ne(r) ⟨f. 2 (m. 1)⟩ im Internat wohnende Schülerin bzw. dort wohnender Schüler; *Ggs* Externe(r)

Internetzugang

In|ter|net ⟨n.; -s; unz.; EDV⟩ internationales Computernetz, Verband lokaler Netzwerke mit mehreren Millionen Benutzern; →*a.* Arpanet, Intranet [verkürzt <engl. *international »international«* + *net(work)* »Netz(werk)«]

In|ter|net|ad|res|se *auch:* **In|ter|net|ad|res|se** ⟨f.; -, -n; EDV⟩ Adresse (Personenname, Firmenbezeichnung o. Ä.) unter der jmd. im Internet registriert u. erreichbar ist

In|ter|net|an|schluss ⟨m.; -(e)s, -schlüs|se; EDV⟩ = Internetzugang

In|ter|net|ban|king ⟨[-bæŋkɪŋ] n.; - od. -s; unz.⟩ = Electronic Banking

in|ter|net|ba|siert ⟨Adj.; EDV⟩ auf dem Internet beruhend, mithilfe des Internets; *Sy* internetgestützt; ~*e Literaturrecherchen;* ~*es Lernen*

In|ter|net|ca|fé ⟨n.; -s, -s⟩ Café, Restaurant mit einer bestimmten Anzahl von Computerterminals, an denen die Gäste gegen eine Gebühr im Internet surfen können

In|ter|net|fir|ma ⟨f.; -, -fir|men; EDV⟩ Unternehmen, das im Internet arbeitet u. sich auch dort präsentiert

in|ter|net|ge|stützt ⟨Adj.; EDV⟩ = internetbasiert

In|ter|net|nut|zer ⟨m.; -s, -; EDV⟩ jmd., der das Internet für Dienstleistungen, z. B. Einkäufe, Recherchen, Schriftverkehr, Onlinebanking u. a. nutzt

In|ter|net|por|tal ⟨n.; -s, -e; EDV⟩ Zusammenschluss mehrere Websites

In|ter|net|pro|vi|der ⟨[-vaɪ-] m.; -s, -; EDV⟩ Onlinedienst, der Anwendern u. Unternehmen einen Zugang zum Internet ermöglicht, wobei man sich über die Telefonleitung mithilfe eines Modems ins Internet einwählt

In|ter|net|spra|che ⟨f.; -; unz.; EDV⟩ im Internet verwendete Schriftsprache, die häufig Merkmale der Umgangssprache bzw. der gesprochenen Sprache enthält

In|ter|net|zu|gang ⟨m.; -(e)s, -gän|ge; EDV⟩ Anschluss an

425

das Internet, mit dessen Hilfe das Surfen im Internet ermöglicht wird; *Sy* Internetzugang

in|ter|nie|ren ⟨V.⟩ in staatl. Gewahrsam nehmen; *Zivilpersonen eines feindl., Krieg führenden Staates* ~ [<frz. *interner*; → *intern*]

In|ter|nie|rung ⟨f.; -, -en⟩ das Internieren, staatl. Gewahrsam

In|ter|nist ⟨m.; -en, -en; Med.⟩ Facharzt für innere Krankheiten [→ *intern*]

In|ter|nis|tin ⟨f.; -, -tin|nen; Med.⟩ Fachärztin für innere Krankheiten

in|ter|nis|tisch ⟨Adj.; Med.⟩ die innere Medizin betreffend, zu ihr gehörig, mit ihrer Hilfe

In|ter|no|di|um ⟨n.; -s, -di|en; Bot.⟩ verdicktes Zwischenglied eines Sprosses [lat., »Raum zwischen zwei Gelenken od. Knoten« <*inter* »zwischen« + *nodus* »Knoten«]

In|ter|num ⟨n.; -s, -ter|na⟩ interne Angelegenheit, nur die Verhältnisse innerhalb einer Gemeinschaft betreffende Angelegenheit [lat., »das innere, inwendig«]

In|ter|nun|ti|us ⟨m.; -, -ti|en⟩ Botschafter, Geschäftsträger, bes. päpstl. Botschafter zweiten Ranges in weniger bedeutenden Ländern [lat., »Unterhändler, Bote«]

in|ter|or|bi|tal ⟨Adj.⟩ zwischen den Umlaufbahnen von Satelliten gelegen, für den Raum zwischen den Orbits vorgesehen [<*inter...* + *orbital*]

in|ter|o|ze|a|nisch ⟨Adj.⟩ mehrere Ozeane betreffend, sie verbindend

in|ter|par|la|men|ta|risch ⟨Adj.; Politik⟩ die Parlamente mehrerer Staaten betreffend; *Interparlamentarische Union* (Abk.: IPU) 1888 gegründeter Zusammenschluss von Parlamentariern verschiedener Länder

In|ter|pel|lant ⟨m.; -en, -en; Politik⟩ Parlamentarier, der eine Interpellation einbringt [<lat. *interpellans*, Part. Präs. zu *interpellare* »Einspruch erheben«]

In|ter|pel|la|ti|on ⟨f.; -, -en; Politik⟩ 1 ⟨veraltet⟩ Einspruch 2 Anfrage im Parlament an die Regierung [<lat. *interpellatio* »Einspruch, Unterbrechung«]

in|ter|pel|lie|ren ⟨V.; Politik⟩ eine Interpellation einbringen [<lat. *interpellare* »Einspruch erheben«]

in|ter|pla|ne|tar ⟨Adj.⟩ zwischen den Planeten befindlich, sie verbindend; *Sy* interplanetarisch

in|ter|pla|ne|ta|risch ⟨Adj.⟩ = interplanetar

In|ter|plu|vi|al ⟨[-vi-] n.; -s, -e; Geol.; kurz für⟩ Interpluvialzeit

In|ter|plu|vi|al|zeit ⟨[-vi-] f.; -, -en; Geol.⟩ niederschlagsarme Phase im Gebiet der heutigen Tropen u. Subtropen während der Interglazialperioden; *Sy* Interpluvial; →*a.* Pluvialzeit

In|ter|pol ⟨ohne Artikel; Kurzwort für⟩ Internationale Kriminalpolizeiliche Organisation

In|ter|po|la|ti|on ⟨f.; -, -en⟩ 1 ⟨Math.⟩ rechnerische Ergänzung zwischen zwei bekannten Werten, um einen Zwischenwert zu erhalten; *Ggs* Extrapolation 2 ⟨Sprachw.⟩ nachträgl. Einschieben von Wörtern od. Sätzen in einen Text sowie das Eingeschobene selbst [<lat. *interpolatio* »Umgestaltung«]

in|ter|pol|lie|ren ⟨V.⟩ 1 ⟨Math.⟩ einen Zwischenwert feststellen von; *Ggs* extrapolieren 2 ⟨Sprachw.⟩ nachträglich einschieben, einfügen (in einen Text) [<lat. *interpolare* »zurichten, umgestalten«]

In|ter|po|si|ti|on ⟨f.; -, -en; Med.⟩ 1 chirurgische Zwischenlagerung von Weichteilen zwischen Knochenfragmenten 2 Einsetzen eines Gefäß- od. Sehnensegments 3 gynäkologischer Eingriff bei schweren Scheidenvorfällen, bei der die Gebärmutter zwischen Blase u. vorderer Scheidenwand eingelagert wird (Schauta-Wertheim-Operation) 4 chirurgischer Eingriff bei Otosklerose, bei dem die Gehörknöchelchen durch Kunststoff od. körpereigenes Gewebe ersetzt werden [<lat. *interpositio* »das Einschieben«]

In|ter|pret ⟨m.; -en, -en⟩ 1 Erklärer, Ausleger, Deuter (eines Kunstwerks od. einer Handlung) 2 Künstler als Vermittler eines (musikal.) Kunstwerks [<lat. *interpres*, Gen. *interpretis* »Vermittler«]

In|ter|pre|tin ⟨f.; -, -tin|nen⟩ 1 Erklärerin, Auslegerin, Deuterin (eines Kunstwerks od. einer Handlung) 2 Künstlerin als Vermittlerin eines (musikal.) Kunstwerks

In|ter|pre|ta|ti|on ⟨f.; -, -en⟩ 1 Erklärung, Auslegung, Deutung; →*a.* Exegese 2 künstler. Wiedergabe; ~ *eines Musikstückes* [<lat. *interpretatio* »Auslegung, Deutung«]

in|ter|pre|ta|tiv ⟨Adj.⟩ auf Interpretation beruhend, deutend, erklärend; ~*e Beispiele, Bemerkungen*

in|ter|pre|ta|to|risch ⟨Adj.⟩ die Interpretation betreffend, hinsichtlich der Interpretation; *ein* ~ *gelungener Vortrag des Musikstücks; das ist* ~ *interessant*

In|ter|pre|ter ⟨engl. [ɪntɔː·prɪtə(r)] m.; -s, -; EDV⟩ Programm, das (im Gegensatz zu einem Compiler) ein Quellprogramm Schritt für Schritt interpretiert u. jeden Schritt sofort ausführt [engl., »Übersetzer«]

in|ter|pre|tier|bar ⟨Adj.⟩ so beschaffen, dass es interpretiert werden kann, auslegbar

in|ter|pre|tie|ren ⟨V.⟩ sprachlich, sachlich, künstlerisch ~ erklären, auslegen, deuten

in|ter|pun|gie|ren ⟨V.; selten für⟩ interpunktieren [<lat. *interpungere* »(Wörter) durch Punkte unterscheiden od. abteilen«; zu *pungere* »stechen«]

in|ter|punk|tie|ren ⟨V.⟩ mit Satzzeichen versehen [→ *Interpunktion*]

In|ter|punk|ti|on ⟨f.; -, -en; Gramm.⟩ Anwendung von Satzzeichen nach bestimmten Regeln, Zeichensetzung [<lat. *interpunctio* »Unterscheidung, Abteilung (der Wörter) durch Punkte«; → *interpungieren*]

In|ter|rail ⟨[-reɪl] ohne Artikel⟩ ermäßigter Fahrtarif für Jugendliche in europäischen Eisenbahnen [verkürzt <*international* + engl. *rail* »Eisenbahn«]

In|ter|re|gio ⟨m.; -s, -s; Abk.: IR; kurz für⟩ Interregiozug

In|ter|re|gio|zug ⟨m.; -(e)s, -zü|ge; Abk.: IR⟩ überregionaler Zug der Deutschen Bahn AG mit gehobenem Komfort, der zahlreiche Großstädte anfährt [<lat. *inter* »zwischen« + *regio* »Linie, Richtung«]

In|ter|re|gnum *auch:* **In|ter|reg|num** ⟨n.; -s, -re|gnen od. -re|gna⟩ **1** Zwischenregierung, vorläufige Regierung **2** Zeitraum, während dessen eine solche Regierung herrscht [lat., »Zwischenregierung«]

in|ter|re|li|gi|ös ⟨Adj.⟩ religionsübergreifend

in|ter|ro|ga|tiv ⟨Adj.; Gramm.⟩ fragend [<lat. *interrogativus* »fragend«]

In|ter|ro|ga|tiv ⟨n.; -s, -e [-və]; Gramm.⟩ = Interrogativpronomen

In|ter|ro|ga|tiv|ad|verb ⟨n.; -bi|en od. -ben; Gramm.⟩ Adverb, das der Einleitung einer Frage dient, z. B. wo?, warum?

In|ter|ro|ga|tiv|pro|no|men ⟨n.; -s, - od. -mi|na; Gramm.⟩ Pronomen, das der Einleitung einer Frage dient, Fragefürwort, z. B. wer?, welcher?

In|ter|ro|ga|tiv|satz ⟨m.; -es, -sät|ze; Gramm.⟩ Fragesatz

In|ter|ro|ga|ti|vum ⟨[-vum] n.; -s, -ti|va [-va]; Gramm.⟩ = Interrogativpronomen

In|ter|rup|tio ⟨f.; -, -ti|o|nes; Med.⟩ künstlicher Schwangerschaftsabbruch [lat., »Unterbrechung«]

In|ter|rup|tus ⟨m.; -; unz.; umg.⟩ = Coitus Interruptus

In|ter|sex ⟨n.; -es, -e; Zool.⟩ geschlechtl. Zwischenform, nicht fortpflanzungsfähiges Lebewesen, das sich teils männlich, teils weiblich entwickelt hat; →a. Hermaphrodit [<*Inter...* + lat. *sexus* »Geschlecht«]

In|ter|se|xu|a|li|tät ⟨f.; -; unz.⟩ das Auftreten von Merkmalen, die dem anderen Geschlecht zukommen; →a. Hermaphroditismus

in|ter|se|xu|ell ⟨Adj.⟩ geschlechtl. eine Zwischenstufe einnehmend

In|ter|shop ⟨[-ʃɔp] m.; -s, -s; DDR⟩ Geschäft, in dem man Lebens- u. Genussmittel nur gegen westliche Währung kaufen konnte [<*inter*national + engl. *shop* »Laden«]

in|ter|sta|di|al ⟨Adj.; Geol.⟩ eine kurze Warmphase während einer Eiszeit betreffend, aus ihr stammend; →a. interglazial [<*inter...* + *stadial*]

in|ter|stel|lar ⟨Adj.; Astron.⟩ zwischen den Fixsternen befindlich; ~e Materie staub- u. gasförmige M. zwischen den Fixsternen

in|ter|sti|ti|ell ⟨Adj.; Biol.; Med.⟩ in Zwischenräumen gelegen, diese ausfüllend, z. B. von Geweben od. Gewebsflüssigkeiten [zu lat. *interstitium* »Zwischenraum«]

In|ter|sti|ti|um ⟨n.; -s, -ti|en⟩ **1** ⟨Biol.; Med.⟩ Zwischenraum, Zwischengebilde (zwischen Organen) **2** ⟨Pl.; kath. Kirche⟩ *Interstitien* vorgeschriebene Zwischenzeit zwischen dem Empfang zweier geistl. Weihen [lat., »Zwischenraum«]

in|ter|sub|jek|tiv ⟨Adj.⟩ dem Bewusstsein verschiedener Personen gemeinsam

in|ter|ter|ri|to|ri|al ⟨Adj.⟩ die Gebiete mehrerer Staaten betreffend, ihnen gemeinsam, sie verbindend, zwischenstaatlich [<lat. *inter...* + *territorial*]

In|ter|tri|go ⟨f.; -, -gi|nes; Med.⟩ Hautentzündung, wobei durch Reibung aufeinander liegender Hautstellen die Haut wund gerieben wird (z. B. zwischen den Oberschenkeln), Wolf [lat., »wund geriebene Stelle, Wolf«]

In|ter|type® ⟨[-taɪp] f.; -, -s⟩ eine Zeilengusssetzmaschine [engl.; zu lat. *inter* »zwischen« + engl. *type* »Drucktype«]

in|ter|ur|ban ⟨Adj.⟩ zwischen Städten, mehrere Städte betreffend, überland... [<lat. *inter* »zwischen« + *urbs* »Stadt«]

In|ter|vall ⟨[-val] n.; -s, -e⟩ **1** Zwischenraum, Zwischenzeit, Abstand, Pause **2** ⟨Musik⟩ Höhenunterschied zwischen zwei Tönen, die gleichzeitig od. nacheinander klingen [<lat. *intervallum* »Zwischenraum«]

In|ter|vall|trai|ning ⟨[-valtre:-] n.; -s, -s; Sport⟩ sportl. Training, bei dem Perioden stärkerer u. geringerer Belastung miteinander wechseln

In|ter|ve|ni|ent ⟨[-ve-] m.; -en, -en⟩ jmd., der (bes. in Rechtsstreitigkeiten) vermittelnd eingreift, sich einmischt [<lat. *interveniens*, Part. Präs. zu *intervenire*; → *intervenieren*]

in|ter|ve|nie|ren ⟨[-ve-] V.⟩ dazwischentreten, einschreiten, sich einmischen, vermitteln [<lat. *intervenire* »dazwischen-, dazukommen, -treten«]

In|ter|vent ⟨[-vɛnt] m.; -en, -en; russ. Bez. für⟩ kriegerischer Intervenient [→ *Intervention*]

In|ter|ven|ti|on ⟨[-ven-] f.; -, -en⟩ **1** Dazwischentreten, Einmischung, Vermittlung **2** Einmischung eines Staates in die Angelegenheiten eines anderen **3** Eintritt eines Dritten für einen Wechselschuldner, Ehreneintritt [<lat. *interventio* »Dazwischenkunft«]

In|ter|ven|ti|o|nis|mus ⟨[-vɛn-] m.; -; unz.; Politik⟩ in die freie Marktwirtschaft punktuell eingreifende, nicht systematische Wirtschaftspolitik [→ *Intervention*]

in|ter|ven|ti|o|nis|tisch ⟨[-vɛn-] Adj.⟩ den Interventionismus betreffend, auf ihm beruhend

in|ter|ver|te|bral *auch:* **in|ter|ver|te|bral** ⟨[-ver-] Adj.⟩ zwischen den Wirbeln (liegend)

In|ter|view ⟨[-vjuː] od. ['---] n.; -s, -s⟩ Befragung (meist bekannter Persönlichkeiten) durch Presse- od. Rundfunkvertreter [engl., »Zusammenkunft, Unterredung«]

in|ter|vie|wen *auch:* **in|ter|vie|wen** ⟨[-vjuːən] V.; Funk; TV⟩ ein Interview abhalten mit, befragen

In|ter|vie|wer *auch:* **In|ter|vie|wer** ⟨[-vjuːə(r)] m.; -s, -⟩ der Fragesteller in einem Interview

In|ter|vie|we|rin *auch:* **In|ter|vie|we|rin** ⟨[-vjuː-] f.; -, -rin|nen⟩ die Fragestellerin in einem Interview

In|ter|vi|si|on ⟨[-vi-] f.; -; unz.⟩ Zusammenschluss osteurop. Rundfunk- u. Fernsehorganisationen zum Austausch von Fernsehprogrammen; →a. Eurovision

in|ter|ze|die|ren ⟨V.⟩ **1** *für jmdn. ~* eintreten, einspringen, sich

interzellular

verbürgen 2 *bei etwas* ~ vermitteln [<lat. *intercedere* »vermitteln«]

in|ter|zel|lu|lar ⟨Adj.; Biol.; Med.⟩ = interzellulär

in|ter|zel|lu|lär ⟨Adj.; Biol.; Med.⟩ zwischen den Zellen (liegend); *oV* interzellular

In|ter|zel|lu|la|re ⟨f.; -, -n; Biol.; Med.⟩ Zwischenzellraum bei pflanzlichem Gewebe, bes. für die Durchlüftung

In|ter|zes|si|on ⟨f.; -, -en⟩ 1 das Interzedieren 2 Schuldübernahme durch Rechtsgeschäft

in|ter|zo|nal ⟨Adj.⟩ 1 zwischen den Zonen bestehend, mehrere Zonen betreffend 2 ⟨i. e. S.; nach 1945⟩ 2.1 die ehemaligen Besatzungszonen Deutschlands betreffend 2.2 die beiden Teile Deutschlands betreffend

In|ter|zo|nen|tur|nier ⟨n.; -s, -e; Sport⟩ Schachturnier der Sieger u. Bestplazierten der einzelnen Länder zur Ermittlung der Teilnehmer am Kandidatenturnier

in|tes|ta|bel ⟨Adj.; Rechtsw.⟩ gesetzlich unfähig, ein Testament zu machen od. als Zeuge vor Gericht zu erscheinen; *eine intestable Person* [<lat. *intestabilis* »unfähig vor Gericht Zeuge zu sein od. ein Testament zu machen«; zu *testis* »Zeuge«]

In|tes|tat|er|be ⟨m.; -n, -n⟩ Erbe aufgrund des Gesetzes, ohne Testament [<lat. *intestatus* »jmd., der kein Testament gemacht hat«; zu *testis* »Zeuge«]

in|tes|ti|nal ⟨Adj.; Med.⟩ zum Darm gehörend, Eingeweide… [<lat. *intestina* »Eingeweide«]

In|tes|ti|num ⟨n.; -s, -ti|nen od. -ti|na; Med.⟩ Darm, Eingeweide [lat.]

In|thro|ni|sa|ti|on ⟨f.; -, -en⟩ feierliche Einsetzung eines neuen Fürsten od. Papstes, Thronerhebung; *Sy* Inthronisierung [<*In…*[1] + grch. *thronos* »Stuhl, Thron«]

in|thro|ni|sie|ren ⟨V.⟩ feierlich einsetzen (Fürsten, Papst)

In|thro|ni|sie|rung ⟨f.; -, -en⟩ = Inthronisation

In|ti|fa|da ⟨f.; -; unz.; seit 1987⟩ Oppositionsbewegung der Palästinenser gegen die israelische Besetzung des Westjordanlandes u. des Gazastreifens [arab., »Aufstand, Erhebung«]

in|tim ⟨Adj.⟩ 1 vertraut, innig, eng; *~er Freund; mit jmdm. sehr ~ sein* 2 vertraulich, nicht für andere bestimmt; *~e Mitteilungen* 3 anheimelnd, gemütlich, lauschig; *~e Beleuchtung; ~es Lokal* 4 geschlechtlich, sexuell; *~er Verkehr; mit jmdm. ~ werden* Geschlechtsverkehr beginnen [<lat. *intimus* »der innerste«]

In|ti|ma ⟨f.; -; unz.⟩ 1 innerste Schicht der Blutgefäßwand 2 innige Freundin, Vertraute [lat., »die innerste«]

In|tim|hy|gi|e|ne ⟨f.; -; unz.⟩ Körperpflege im Bereich der Geschlechtsorgane

In|ti|mi|tät ⟨f.; -, -en⟩ 1 ⟨unz.⟩ 1.1 Vertrautheit, Innigkeit (einer Freundschaft) 1.2 Vertraulichkeit (von Unterredungen) 1.3 Traulichkeit, Gemütlichkeit (eines Raumes) 2 ⟨zählb.⟩ 2.1 persönliche, vertrauliche Angelegenheit; *über ~en sprechen; ~en austauschen* 2.2 sexuelle Handlung; *es kam zu ~en* [→ *intim;* beeinflusst von frz. *intimité* »Intimität«]

In|tim|sphä|re *auch:* **In|tims|phä|re** ⟨f.; -, -n⟩ 1 meist sorgfältig abgeschirmter Bereich des persönlichen Lebens 2 ⟨i. e. S.⟩ Geschlechtsleben

In|tim|spray ⟨[-spreɪ] od. [-ʃpreː] n.; -s, -s⟩ desodorierendes Spray für den äußeren Bereich der Geschlechtsorgane

In|tim|zo|ne ⟨f.; -, -n⟩ Bereich der Geschlechtsorgane des menschlichen Körpers

in|to|le|rant ⟨Adj.⟩ unduldsam (gegen Andersdenkende, Andersgläubige); *Ggs* tolerant [<lat. *intolerans* »unduldsam«; zu *tolerare* »ertragen«]

In|to|le|ranz ⟨f.; -, -en⟩ Unduldsamkeit; *Ggs* Toleranz [<lat. *intolerantia* »Unduldsamkeit«; zu *tolerare* »ertragen«]

In|to|na|ti|on ⟨f.; -; unz.; Musik⟩ 1 ⟨im gregorian. Gesang⟩ Vorsingen der ersten Worte durch den Priester 2 Art der Tongebung, Tonansatz beim Singen od. Spielen eines Instruments; *reine, unreine, weiche ~* 3 Tonanschlag zum Stimmen der Instrumente 4 letzte Verbesserung an Instrumenten, bes. Orgelpfeifen, sowie das Ergebnis 5 Tonansatz beim Erzeugen eines silbenbildenden Lautes 6 Satzmelodie [→ *intonieren*]

in|to|nie|ren ⟨V.⟩ 1 einen Gesang ~ anstimmen, in Tonart u. Tonhöhe richtig beginnen 2 *einen Ton ~* die Stimmbänder auf einen Ton einstellen u. diesen richtig treffen 3 *einen Satz ~* ihn entsprechend den Regeln der Sprache in seiner wechselnden Tonhöhe wiedergeben [<lat. *intonare* »die Stimme vernehmen lassen«]

in to|to ⟨geh.⟩ im Ganzen [lat.]

In|to|xi|ka|ti|on ⟨f.; -, -en; Path.⟩ Vergiftung [<*In…*[1] + grch. *toxon* »Pfeilgift«]

◆ Die Buchstabenfolge **intr…** kann auch **int|r…** getrennt werden. Davon ausgenommen sind Zusammensetzungen, in denen die fremdsprachigen bzw. sprachhistorischen Bestandteile deutlich als solche erkennbar sind, z. B. *-transigent, -transitiv*.

◆ **in|tra…, In|tra…** ⟨in Zus.⟩ zwischen, innen, innerhalb [lat.]

◆ **In|tra|bi|li|tät** ⟨f.; -; unz.; Bot.⟩ Eintritt von Stoffen in das Zellplasma durch die Plasmamembran [zu lat. *intrabilis* »zugänglich«]

◆ **In|tra|da** ⟨f.; -, -tra|den; in der Barockmusik⟩ Eröffnungs-, Einleitungsstück, Aufzugsmusik; *oV* Intrade [span., »Eingang« <lat. *intrare* »eintreten«]

◆ **In|tra|de** ⟨f.; -, -tra|den; in der Barockmusik⟩ = Intrada

◆ **in|tra|gla|zi|al** ⟨Adj.; Geol.⟩ im Gletscherinneren auftretend [<lat. *intra…* + *glazial*]

◆ **in|tra|in|di|vi|du|ell** ⟨[-vi-] Adj.⟩ in einem Individuum vorgehend, ablaufend

◆ **in|tra|kar|di|al** ⟨Adj.; Med.⟩ innerhalb des Herzens (gelegen), ins Herz hinein; *~e Injektion* [<*intra…* + *kardial*]

◆ **in|tra|kon|ti|nen|tal** ⟨Adj.; Geol.⟩ in einen Kontinent eingelagert (von Einbruchs- u. Ingressionsmeeren)

introspektiv

- **in|tra|kris|tal** ⟨Adj.; Geol.⟩ = interkrustal
- **in|tra|ku|tan** ⟨Adj.; Med.⟩ in der Haut (gelegen), in die Haut hinein; ~e *Injektion* [<*intra...* + *kutan*]
- **in|tra|lin|gu|al** ⟨Adj.; Sprachw.⟩ innersprachlich, zum System einer Sprache gehörig, innerhalb einer Sprache auftretend; *Ggs* extralingual
- **in|tra|mo|le|ku|lar** ⟨Adj.⟩ ~e *Reaktionen* ⟨Biochemie⟩ chem. Reaktionen, die sich durch Umwandlung innerhalb eines Moleküls abspielen
- **in|tra|mon|tan** ⟨Adj.; Geol.⟩ zwischen Gebirgen gelegen, in ein Gebirge eingesenkt [<lat. *intra...* + *montan*]
- **in|tra|mun|dan** ⟨Adj.⟩ innerhalb dieser Welt; *Ggs* extramundan [<*intra...* + lat. *mundanus* »weltlich«; zu *mundus* »Welt«]
- **in|tra mu|ros** ⟨geh.⟩ nicht öffentlich [lat., »innerhalb der Mauern«]
- **in|tra|mus|ku|lär** ⟨Adj.; Med.⟩ innerhalb des Muskels (gelegen), in den Muskel hinein; ~e *Injektion*
- **In|tra|net** ⟨n.; -s, -s; EDV⟩ internes Netzwerk in Unternehmen, das mit Hilfe des Internets aufgebaut wird; →a. *Arpanet* [<*Intra...* + engl. *net(work)* »Netz(werk)«]
- **in|tran|si|gent** ⟨Adj.⟩ unversöhnlich, keiner Verhandlung, keinem Ausgleich zugänglich, unnachgiebig [<*in...*¹ + lat. *transigere* »ausgleichen, vermitteln«]
- **In|tran|si|gent** ⟨m.; -en, -en⟩ unversöhnlicher Parteimann
- **In|tran|si|genz** ⟨f.; -; unz.⟩ Unversöhnlichkeit, Unnachgiebigkeit [→ *intransigent*]
- **in|tran|si|tiv** ⟨Adj.; Gramm.⟩ nicht zielend; *Ggs* transitiv; ~e *Verben* V., die kein Akkusativobjekt nach sich ziehen u. von denen man nur ein unpersönl. Passiv bilden kann, z. B. »schlafen«, »helfen« [<lat. *intransitivus* »nicht (auf ein Objekt) übergehend«; zu *transire* »hinübergehen«]
- **In|tran|si|tiv** ⟨n.; -s, -e [-və]; Gramm.⟩ intransitives Verb; *oV* Intransitivum; *Ggs* Transitiv

- **In|tran|si|ti|vum** ⟨[-vum] n.; -s, -ti|va [-va]; Gramm.⟩ = Intransitiv
- **in|tran|si|ti|vie|ren** ⟨[-vi:-] V.; Gramm.⟩ ein transitives Verb in ein intransitives Verb umwandeln, z. B. »stehlen« in »bestehlen«; *Ggs* transitivieren
- **In|tran|si|ti|vi|tät** ⟨[-vi-] f.; -; unz.; Gramm.⟩ das Intransitivsein, intransitive Beschaffenheit (von Verben); *Ggs* Transitivität
- **in|tra|per|so|nal** ⟨Adj.⟩ in einer Person vorgehend, ablaufend, nur eine Person betreffend
- **in|tra|u|te|rin** ⟨Adj.; Med.⟩ innerhalb des Uterus
- **In|tra|u|te|rin|pes|sar** ⟨n.; -s, -e; Med.⟩ Fremdkörper in Form einer Schleife od. Spirale, der zur Empfängnisverhütung in die Gebärmutter eingelegt wird
- **in|tra|va|gi|nal** ⟨[-va-] Adj.; Med.⟩ innerhalb der Vagina (liegend)
- **In|tra|va|gi|nal|tam|pon** ⟨[-va-] m.; -s, -s; Med.⟩ während der Menstruation innerhalb der Scheide getragener Tampon
- **in|tra|ve|nös** ⟨[-ve-] Adj.; Med.⟩ in eine Vene hinein; ~e *Injektion*
- **in|tra|vi|tal** ⟨[-vi-] Adj.⟩ während des Lebens auftretend [<lat. *intra* »innerhalb« + *vita* »Leben«]
- **in|tra|zel|lu|lar** ⟨Adj.; Med.⟩ innerhalb der Zellen, in einer Zelle (gelegen); *oV* intrazellulär
- **in|tra|zel|lu|lär** ⟨Adj.; Med.⟩ = intrazellular
- **in|tra|zo|nal** ⟨Adj.⟩ innerhalb einer Zone gelegen, in ihr stattfindend
- **in|tri|gant** ⟨Adj.⟩ gern Intrigen spinnend, hinterlistig, ränkesüchtig [frz., »ränkesüchtig«]
- **In|tri|gant** ⟨m.; -en, -en⟩ jmd., der gern Intrigen spinnt, Ränkeschmied
- **In|tri|gan|tin** ⟨f.; -, -tin|nen⟩ weibl. Person, die gern Intrigen spinnt
- **In|tri|ganz** ⟨f.; -; unz.⟩ intrigantes Verhalten
- **In|tri|ge** ⟨f.; -, -n⟩ hinterlistige Handlung, Ränkespiel; *Sy* Kabale [<frz. *intrigue* »Ränke, Intrige«]

- **in|tri|gie|ren** ⟨V.⟩ Intrigen spinnen, hinterlistig handeln, Ränke schmieden; *gegen jmdn.* ~ [<frz. *intriguer*]
- **in|trin|sisch** ⟨Adj.; bes. Psych.⟩ aus dem Innern, von innen kommend, von innen bewirkt; *Ggs* extrinsisch; ~e *Motivation* [<engl. *intrinsic* <lat. *intrinsecus* »inwendig, innerlich«]
- **in tri|plo** auch: **in tri|plo** dreifach, in dreifacher Ausfertigung [lat., »in dreifacher (Ausfertigung)«]
- **In|tro** ⟨n.; -s, -s od. f.; -, -s; TV⟩ (mit Musik unterlegter) Vorspann für eine Sendung [verkürzt <*Introduktion*]
- **in|tro..., In|tro...** ⟨in Zus.⟩ nach innen, hinein, ein... [lat.]
- **In|tro|duk|ti|on** ⟨f.; -, -en⟩ 1 Einführung 2 ⟨Musik⟩ Vorspiel, Einleitungssatz (eines Musikstücks) [<lat. *introductio* »Einführung«]
- **In|tro|i|tus** ⟨f.; -, -i|ti|den; med.⟩ Entzündung des Scheideneingangs [<*Intro...* + *...itis*]
- **In|tro|i|tus** ⟨m.; -, -⟩ 1 ⟨Musik⟩ 1.1 Chorgesang beim Einzug des Priesters 1.2 Einleitungslied im evang. Gottesdienst 1.3 Einleitungssatz (eines Orgelstückes) 2 ⟨Anat.⟩ Eingang (bes. der Scheide) [lat., »Eingang, Eintritt«]
- **In|tro|jek|ti|on** ⟨f.; -, -en; Psych.⟩ Übernahme von Verhaltensweisen, Anschauungen [<*intro...* + lat. *iacere* »werfen«]
- **in|tro|ji|zie|ren** ⟨V.⟩ in die eigenen Anschauungen aufnehmen, einbeziehen; *fremde Anschauungen, Ideale, Vorstellungen* ~ [<*intro...* + *projizieren*]
- **In|tron** ⟨n.; -s, -s; Genetik⟩ nicht kodierender Abschnitt der DNA, intervenierende Sequenz; →a. *Exon*
- **in|trors** ⟨Adj.; Bot.⟩ nach innen gewendet; *Ggs* extrors; ~e *Staubbeutel* [<lat. *introrsus* »nach innen gewendet«]
- **In|tro|spek|ti|on** auch: **In|tros|pek|ti|on** ⟨f.; -, -en⟩ Selbstbeobachtung [<lat. *introspicere* »hineinsehen« (nach *Inspektion* gebildet)]
- **in|tro|spek|tiv** auch: **in|tros|pek|tiv** ⟨Adj.⟩ durch innere Schau, durch Selbsterkenntnis [<*in-*

429

tro... + lat. *spectare* »sehen, anschauen, betrachten«]

◆ **In|tro|ver|si|on** ⟨[-ver-] f.; -; unz.; Psych.⟩ nach der Typenlehre C. G. Jungs vorwiegende Konzentration auf das eigene Seelenleben bei vermindertem Interesse für die Außenwelt; *Ggs* Extraversion [→ *introvertiert*]

◆ **in|tro|ver|siv** ⟨[-ver-] Adj.⟩ zur Introversion neigend, auf ihr beruhend

◆ **in|tro|ver|tiert** ⟨[-vɛr-] Adj.⟩ nach innen gekehrt, auf das eigene Seelenleben gerichtet; *Ggs* extravertiert [<*intro*... + lat. *vertere* »wenden«]

◆ **In|tru|si|on** ⟨f.; -; unz.⟩ Geol.⟩ das Eindringen von Magma in die Erdkruste [frz.]

◆ **In|tru|si|ons|schutz** ⟨m.; -es; unz.⟩ Technik, mit der das unerwünschte Eindringen von Personen oder anderen Lebewesen in einen bestimmten Bereich verhindert wird

◆ **in|tru|siv** ⟨Adj.; Geol.⟩ die Intrusion betreffend, zu ihr gehörig, aus ihr entstanden

◆ **In|tru|siv|ge|stein** ⟨n.; -s, -e; Geol.⟩ durch Intrusion entstandenes Gestein [<frz. *roches intrusives*]

In|tu|ba|ti|on ⟨f.; -, -en; Med.⟩ Einführung eines Gummi-, Plastik- od. Metallrohrs in die Luftröhre [<*In*...¹ + lat. *tuba* »Trompete«]

in|tu|bie|ren ⟨V.; Med.⟩ eine Intubation vornehmen, einen Schlauch od. ein Rohr vom Mund od. von der Nase aus in die Luftröhre einführen, z. B. zu Narkosezwecken

In|tu|i|ti|on ⟨f.; -, -en⟩ **1** Eingebung, unmittelbare Anschauung ohne wissenschaftliche Erkenntnis **2** Fähigkeit, verwickelte Vorgänge sofort richtig zu erfassen [<mlat. *intuitio* »unmittelbare Anschauung«]

in|tu|i|tiv ⟨Adj.⟩ auf Intuition beruhend, durch Intuition erfasst; *Ggs* diskursiv [<mlat. *intuitivus* »auf unmittelbarer Anschauung beruhend«]

In|tu|mes|zenz ⟨f.; -, -en⟩ Anschwellung, bes. die durch Blutandrang bewirkte Anschwellung der Schwellkörper von Geschlechtsorganen bei sexueller Erregung; *oV* Inturgeszenz; *Ggs* Detumeszenz [<lat. *intumescere, inturgescere* »anschwellen«; zu *tumor* »Geschwulst« bzw. *turgor* »das Strotzen«]

In|tur|ges|zenz ⟨f.; -, -en⟩ = Intumeszenz

in|tus ⟨Adj.⟩ innen, inwendig; *etwas ~ haben* ⟨umg.⟩ gegessen, getrunken haben; *Vokabeln ~ haben* ⟨fig.; umg.⟩ verstanden, im Gedächtnis haben [lat., »innen, inwendig«]

In|tus|sus|zep|ti|on ⟨f.; -; unz.⟩ **1** ⟨Med.⟩ = Invagination **2** ⟨Bot.⟩ Einlagerung von Zellulosemolekülen in die Zellwände vom wachsenden Pflanzen [<*intus* + lat. *susceptio* »Aufnahme«]

in ty|ran|nos! ⟨geh.⟩ gegen die Tyrannen! [lat.]

I|nu|it ⟨m.; - od. -s, - od. -s⟩ nordamerikan. od. grönländ. Eskimo [eskim., »Männer, Menschen«, Pl. zu *inuk* »Mann, Mensch«]

I|nu|lin ⟨n.; -s; unz.; Biochemie⟩ aus Fruchtzucker aufgebautes Polysaccharid, das als Reservestoff bei den Korbblütlern auftritt u. als Diätkost für Diabetiker geeignet ist [<lat. *inula* »Alant«]

In|un|da|ti|on *auch:* **I|nun|da|ti|on** ⟨f.; -, -en; Geogr.⟩ Überschwemmung durch Senkung des Landes od. Stauen der Gewässer [<lat. *inundatio* »Überschwemmung«]

In|unk|ti|on *auch:* **I|nunk|ti|on** ⟨f.; -, -en⟩ Einreibung, Salbung [<lat. *inunctio* »Einreibung mit Salbe«; zu *unguentum* »Salbe«]

in|va|die|ren ⟨[-va-] V.; geh.⟩ in fremdes Gebiet einfallen; → *a.* Invasion [<lat. *invadere* »gewaltsam hineingehen, eindringen, überfallen«]

In|va|gi|na|ti|on ⟨[-va-] f.; -; unz.; Med.⟩ Einstülpung eines Darmabschnittes in den nächsten, was Darmverschluss zur Folge haben kann; *Sy* Intussuszeption (1) [<*In*...¹ + *Vagina*]

in|va|lid ⟨[-va-] Adj.⟩ = invalide [<lat. *invalide* »gebrechlich«]

in|va|li|de ⟨[-va-] f.⟩ durch Krankheit, Unfall od. Kriegsverletzung arbeitsunfähig od. behindert; *oV* invalid

In|va|li|de(r) ⟨[-va-] f. 2 (m. 1)⟩ durch Krankheit, Unfall od. Kriegsverletzung; *Kriegs~* arbeitsunfähig gewordener od. arbeitsbehinderter Mensch

in|va|li|di|sie|ren ⟨[-va-] V.⟩ amtlich für invalid erklären

In|va|li|di|tät ⟨[-va-] f.; -; unz.⟩ starke Beeinträchtigung der Arbeitsfähigkeit [<frz. *invalidité* »Gebrechlichkeit«]

in|va|ri|a|bel ⟨[-va-] Adj.⟩ unveränderlich; *Ggs* variabel; *invariable Größe*

in|va|ri|ant ⟨a. [-va-'-] Adj.⟩ bei bestimmten Vorgängen unverändert bleibend; *Ggs* variant

In|va|ri|an|te ⟨[-va-] f.; -, -n; Math.; Physik⟩ unveränderl. Größe, mathemat. Größe, die bei bestimmten Umformungen unverändert bleibt

In|va|ri|anz ⟨[-va-] f.; -; unz.⟩ Unveränderlichkeit bestimmter mathematischer od. physikalischer Größen gegenüber Koordinatentransformationen

In|var|stahl® ⟨[-vaːr-] m.; -(e)s; unz.⟩ Stahllegierung, die keine Längenänderung bei wechselnden Temperaturverhältnissen aufweist [verkürzt <*Invarianz*]

In|va|si|on ⟨[-va-] f.; -, -en⟩ **1** (feindl.) widerrechtl. (bewaffneter) Einbruch in fremdes Staatsgebiet **2** ⟨fig.; iron.⟩ Eintreffen unerwünscht vieler Personen **3** Eindringen von Krankheitserregern, deren Nachkommenschaft den Organismus des Wirtes verlässt; → *a.* Infektion [<lat. *invasio* »Angriff, gewaltsame Inbesitznahme«]

in|va|siv ⟨[-va-] Adj.; Med.⟩ in das umgebende Gewebe hineinwuchernd (in Bezug auf Krebszellen); *ein ~er Tumor*

In|va|sor ⟨[-vaː-] m.; -s, -so̱ren; meist Pl.⟩ jmd., der widerrechtl. in fremdes Gebiet eindringt [lat., »Eroberer«]

In|vek|ti|ve ⟨[-vɛktiːvə] f.; -, -n; geh.⟩ Beleidigung, Beschimpfung, Schmährede [<frz. *invective* »Beleidigung«]

In|ven|tar ⟨[-vɛn-] n.; -s, -e⟩ **1** Verzeichnis der zu einem Raum, Haus, Grundstück gehörenden Gegenstände od. zu

430

einem Betrieb, einer Vermögensmasse (z. B. Erbe) gehörenden Gegenstände, Vermögenswerte u. Schulden **2** die Gegenstände selbst **3** Einrichtung, Bestand; *lebendes* ~ Tiere; *totes* ~ Möbel, Geräte, Vermögenswerte [<lat. *inventarium* »Vermögensverzeichnis«]

In|ven|ta|ri|sa|ti|on ⟨[-vɛn-] f.; -, -en⟩ = Inventarisierung

in|ven|ta|ri|sie|ren ⟨[-vɛn-] V.⟩ Gegenstände in eine Liste des Inventars aufnehmen

In|ven|ta|ri|sie|rung ⟨[-vɛn-] f.; -, -en⟩ das Inventarisieren, Inventarisiertwerden; *Sy* Inventarisation

in|ven|tie|ren ⟨[-vɛn-] V.⟩; veraltet⟩ erfinden, ersinnen [<frz. *inventer*]

In|ven|ti|on ⟨[-vɛn-] f.; -, -en⟩ **1** ⟨veraltet⟩ Erfindung **2** ⟨Musik⟩ eine besondere Art der musikal. Erfindung (bei C. Jannequin für seine Programmchansons, bei J. S. Bach für kleine zwei- u. dreistimmige Klavierstücke im Imitationsstil) **3** ⟨Rhet.⟩ Vorbereitungsphase einer Rede, in der es um die Ausformulierung von Argumenten u. die Sammlung von Material geht [<lat. *inventio* »Erfindung, Entdeckung«]

In|ven|tur ⟨[-vɛn-] f.; -, -en⟩ Bestandsaufnahme, Aufstellung eines Inventars [<mlat. *inventura*]

in|vers ⟨[-vɛrs] Adj.⟩ umgekehrt, entgegengesetzt [<lat. *inversus*]

In|ver|si|on ⟨[-vɛr-] f.; -, -en⟩ **1** ⟨Gramm.⟩ Umkehrung der normalen Wortfolge, z. B. grün ist die Heide **2** ⟨allg.⟩ Umkehrung **3** ⟨Musik⟩ Umkehrung, Gegenbewegung einer Tonfolge **4** ⟨Med.⟩ Umstülpung (der Gebärmutter, der Eingeweide) **5** = Homosexualität **6** ⟨Genetik⟩ innerhalb desselben Chromosoms nach doppeltem Bruch erfolgende Umkehr eines Chromosomenstückes **7** ⟨Chemie⟩ Umkehrung der Drehungsrichtung bei optisch aktiven Verbindungen **8** ⟨Meteor.⟩ atmosphärische Sperrschicht, in der die Temperatur bis zu einer bestimmten Höhe ansteigt **9** = Reliefumkehr [<lat. *inversio* »Umkehrung«]

In|ver|te|brat *auch:* **In|ver|teb|rat** ⟨[-vɛr-] m.; -en, -en⟩ wirbelloses Tier; *Sy* Evertebrat; *Ggs* Vertebrat [<*In...*[1] + lat. *vertebra* »Wirbelknochen«]

In|ver|ter ⟨[-vœːtə(r)] m.; -s, -⟩ ein Gerät zur Umwandlung u. Modulation von gesprochenen Worten, durch das z. B. Funkkanäle gegen Abhören geschützt werden [<engl. *invert* »umkehren, umwenden, umstülpen«]

in|ver|tie|ren ⟨[-vɛr-] V.⟩ umkehren, versetzen [<lat. *invertere*]

in|ver|tiert ⟨[-vɛr-] Adj.⟩ **1** umgekehrt **2** = homosexuell

In|vert|zu|cker ⟨[-vɛrt-] m.; -s, -; Chemie⟩ das bei der Spaltung von optisch rechtsdrehendem Rohrzucker durch Säuren od. Fermente entstehende, optisch linksdrehende Gemisch seiner Komponenten Glucose u. Fructose [zu lat. *invertere* »umwenden, umkehren«]

in|ves|tie|ren ⟨[-vɛs-] V.⟩ **1** *jmdn.* ~ in ein Amt einweisen **2** zum Zwecke der Investition (1-3) anlegen, schaffen; *Ggs* desinvestieren; *Kapital, Arbeit, Zeit (in etwas)* ~; *sein Geld bei der Bank* ~ [<lat. *investire* »einkleiden, bekleiden«; zu *vestis* »Kleid«]

in|ves|ti|ga|tiv ⟨[-vɛs-] Adj.⟩ nachforschend, enthüllend, aufdeckend; ~*er Journalismus* [zu lat. *investigare* »erforschen, aufspüren«]

in|ves|ti|gie|ren ⟨[-vɛs-] V.⟩ nachforschen, nachspüren, untersuchen [<lat. *investigare* »erforschen, aufspüren«]

In|ves|ti|ti|on ⟨[-vɛs-] f.; -, -en⟩ **1** Beschaffung von Produktionsmitteln; *Ggs* Desinvestition (1) **2** Kapitalanlage zur Investition (1); *Ggs* Desinvestition (2) **3** planmäßig auf zukünftigen Nutzen gerichtete Tätigkeit [<neulat. *investitio* »Einkleidung, Bekleidung«; zu lat. *vestis* »Kleid«]

In|ves|ti|ti|ons|för|de|rung ⟨[-vɛs-] f.; -, -en; Wirtsch.⟩ Schaffung von (staatlichen) Anreizen zur Erhöhung der Investitionsbereitschaft

In|ves|ti|ti|ons|gü|ter ⟨[-vɛs-] Pl.; Wirtsch.⟩ Produkte, die als Investition dienen, z. B. Maschinen für die Fertigung von Waren; *Ggs* Konsumgüter

In|ves|ti|tur ⟨[-vɛs-] f.; -, -en⟩ Einweisung, Einsetzung (bes. eines Geistlichen) in ein Amt; *Sy* Vestitur; *Ggs* Devestitur [<mlat. *investitura* »Einkleidung«; zu lat. *vestis* »Kleid«]

in|ves|tiv ⟨[-vɛs-] Adj.⟩ zur Investition bestimmt; *Ggs* konsumtiv

In|ves|tiv|lohn ⟨[-vɛs-] m.; -(e)s, -löh|ne⟩ als Spareinlage verwendeter, zwangsgebundener Teil des Lohns

In|vest|ment ⟨[-vɛst-] n.; -s, -s⟩ Investition [engl.]

In|vest|ment|ban|king ⟨[-vɛstmənt.bæŋkɪŋ] n.; - od. -s; unz.; Wirtsch.⟩ Handel mit Wertpapieren u. Anlage von Kapitalmitteln mithilfe einer Bank

In|vest|ment|fir|ma ⟨[-vɛst-] f.; -, -fir|men; Wirtsch.⟩ Unternehmen, das Kapitalmittel anlegt, wobei die Risikoverteilung im Vordergrund steht; *Sy* Investmentgesellschaft

In|vest|ment|fonds ⟨[-vɛstmənt.fɔ̃ː] m.; -, - [-fɔ̃ːs]; Wirtsch.⟩ Bestand an Wertpapieren (von Kapitalgesellschaften)

In|vest|ment|ge|schäft ⟨[-vɛst-] n.; -(e)s, -e; Wirtsch.⟩ Beschaffung u. Anlage von Kapitalmitteln als Investmentfonds

In|vest|ment|ge|sell|schaft ⟨[-vɛst-] f.; -, -en; Wirtsch.⟩ = Investmentfirma

In|vest|ment|trust ⟨[-vɛstmənt.trast] m.; -s, -s; Wirtsch.⟩ Investmentgesellschaft [engl.]

In|vest|ment|zer|ti|fi|kat ⟨[-vɛst-] n.; -(e)s, -e; Wirtsch.⟩ Anteilsschein an einem Investmentfonds [→ *Investment*]

In|ves|tor ⟨[-vɛs-] m.; -s, -to|ren; Wirtsch.⟩ jmd., der etwas (Kapital) investiert

in vi|no ve|ri|tas ⟨[-viːno veː-]⟩ im Wein ist Wahrheit, d. h. Betrunkene plaudern die Wahrheit aus [lat.]

in|vi|si|bel ⟨[-vi-] Adj.⟩ unsichtbar; *Ggs* visibel [<lat. *invisibilis*]

in vi|tro *auch:* **in vit|ro** ⟨[-viː-]⟩ beim Versuch im Reagenzglas,

In-vitro-Fertilisation im Laborversuch durchgeführt [lat., »im Glase«]

In|vi|tro-Fer|ti|li|sa|ti|on *auch:* **In-vit|ro-Fer|ti|li|sa|ti|on** ⟨[-vi:-] f.; -, -en; Abk.: IVF⟩ Befruchtung außerhalb des Mutterleibes, wobei aus den Eierstöcken reife Eizellen entnommen u. im Reagenzglas mit Samenzellen befruchtet werden [lat., »Befruchtung im Glas«]

In-vitro-Fertilisation (*Schreibung mit Bindestrich*) Zwischen allen Bestandteilen mehrteiliger Zusammensetzungen, in denen eine Wortgruppe mit Bindestrich auftritt, wird ein Bindestrich gesetzt. Dies gilt auch, wenn ein Teil der Zusammensetzung aus einem Einzelbuchstaben oder einer Abkürzung besteht (→a. IC-Analyse).

in vi|vo ⟨[-vi:vo:]⟩ im lebendigen Organismus, bei Versuchen mit der lebenden Zelle [lat.]

In|vo|ca|bit ⟨[-voka:-] ohne Artikel; kath. Kirche⟩ der erste Passionssonntag, sechster Sonntag vor Ostern [nach dem Anfang des lat. Kirchenliedes »*Invocavit me ...*« »Er hat mich angerufen« (Psalm 91,15)]

In|vo|ca|vit ⟨[-voka:vɪt] ohne Artikel; evang. Kirche⟩ der erste Passionssonntag, sechster Sonntag vor Ostern; *oV* Invokavit [nach dem Anfang des lat. Kirchenliedes »*Invocavit me ...*« »Er hat mich angerufen« (Psalm 91,15)]

In|vo|ka|ti|on ⟨[-vo-] f.; -, -en⟩ Anrufung Gottes [<lat. *invocatio* »Anrufung«]

In|vo|ka|vit ⟨[-vokaːvɪt] ohne Artikel; evang. Kirche⟩ = Invocavit

In|vo|lu|ti|on ⟨[-vo-] f.; -, -en⟩ 1 ⟨Math.⟩ eine Abbildung, die gleich ihrer Umkehrung ist 2 ⟨Med.⟩ Transformation, bei der das Bild des Bildes das Original ist 3 normale Rückbildung (z. B. der Gebärmutter nach der Geburt od. als Alterserscheinung) [<lat. *involutio* »Ein-, Verwicklung, Hülle«]

In|volve|ment ⟨[ɪnvɔlvmənt] n.; -s; unz.⟩ (kognitives u. emotionales) Engagement [engl., »Beteiligung, Engagement«]

in|vol|vie|ren ⟨[-vɔlvi:-] V.⟩ 1 in sich schließen, enthalten 2 verwickeln, beteiligen, hineinziehen; *in etwas involviert sein* [<lat. *involvere* »einwickeln, verwickeln«]

In|zest ⟨m.; -(e)s, -e⟩ 1 engste Inzucht 2 Geschlechtsverkehr zwischen Blutsverwandten, Blutschande [<lat. *incestus* »Unzucht, Blutschande«]

in|zes|tu|ös ⟨Adj.⟩ in der Art eines Inzests (2), blutschänderisch

in|zi|den|tell ⟨Adj.⟩ nebenbei vorkommend, geschehend, beiläufig, gelegentlich [<lat. *incidens* »hineinfallend«, Part. Präs. von *incidere* »hineinfallen«]

In|zi|denz ⟨f.; -, -en od. -zi|en⟩ 1 ⟨veraltet⟩ Vorfall, Eintritt eines Ereignisses 2 ⟨Geom.⟩ Relation, die in den Axiomen der Geometrie zwischen den Punkten u. Geraden od. zwischen den Punkten u. Ebenen erklärt wird 3 ⟨Wirtsch.⟩ Auswirkungen von finanzpolitischen Maßnahmen auf die Einkommensverteilung 4 ⟨Med.⟩ Neuerkrankungsrate in einem definierten Zeitraum [zu frz. *incidence* »Vorfall« <lat. *incidere* »hineinfallen, einschneiden«]

in|zi|die|ren ⟨V.; Med.⟩ 1 einschneiden, einkerben 2 eine Inzision vornehmen an [<lat. *incidere* »einschneiden«]

in|zi|pi|ent ⟨Adj.; Med.⟩ beginnend (von Krankheitssymptomen) [<lat. *incipiens* »beginnend«]

In|zi|si|on ⟨f.; -, -en; Med.⟩ Einschnitt, das Einschneiden in ein Gewebe, z. B. bei Eröffnung eines Abszesses [<lat. *incisio*]

In|zi|siv ⟨m.; -s, -en [-vən]; Med.; kurz für⟩ Inzisivzahn

In|zi|siv|zahn ⟨m.; -(e)s, -zäh|ne; Med.⟩ Schneidezahn; *Sy* Inzisiv [zu neulat. *incisivus* »einschneidend«]

In|zi|sur ⟨f.; -, -en; Med.⟩ in einer Einbuchtung bestehende Formbesonderheit eines Organs, z. B. eines Knochens [<lat. *incisura* »Einschnitt«]

IOC ⟨Abk. für engl.⟩ International Olympic Committee

IOK ⟨Abk. für⟩ Internationales Olympisches Komitee

I. O. M. ⟨Abk. für lat.⟩ Iovi optimo maximo

I|on ⟨[ioːn] od. [iːɔn] od. [iɔn] n.; -s, -en [ioːnən]; Physik⟩ elektrisch geladenes Atom, Atomgruppe od. Molekül [<grch. *ion*, Part. Präs. zu *ienai* »gehen«, eigtl. »wanderndes (Teilchen)«]

...i|on ⟨Nachsilbe; zur Bildung weibl. Subst.⟩ 1 (zur Bezeichnung eines Vorgangs, einer Handlung od. Tätigkeit); *Transplantation; Produktion* 2 (zur Bezeichnung des Ergebnisses eines Vorgangs, einer Handlung od. Tätigkeit); *Definition; Formation* 3 (zur Bezeichnung der Eigenschaft eines Zustandes od. Verhaltens); *Variation; Gravitation* 4 (zur Bezeichnung von Abstrakta od. Kollektiva); *Nation; Religion* [lat.]

I|o|nen|aus|tau|scher ⟨[ioː-] m.; -s, -; Physik⟩ hochmolekularer Stoff, der die Eigenschaft hat, Ionen abzuspalten o. dafür andere in einer Lösung befindliche Ionen anzunehmen

I|o|nen|do|sis ⟨[ioː-] f.; -, -do|sen; Physik⟩ zu therapeutischen od. wissenschaftlichen Zwecken eingesetzte, genau definierte Ionenmenge

I|o|nen|re|ak|ti|on ⟨[ioː-] f.; -, -en; Physik⟩ chem. Reaktion, deren Ablauf maßgeblich durch die Anwesenheit von Ionen beeinflusst wird

I|o|nen|strahl ⟨[ioː-] m.; -s, -en; Physik⟩ aus beschleunigten Ionen bestehender Teilchenstrahl

I|o|nen|trieb|werk ⟨[ioː-] n.; -(e)s, -e; Physik⟩ in der Entwicklung befindl. Raketentriebwerk, das seine Schubkraft aus dem Ausstoß beschleunigter Ionen gewinnt

I|o|ni|sa|ti|on ⟨[ioː-] f.; -, -en; Physik⟩ Erzeugung von Ionen durch Abspalten od. Anlagern von Elektronen; *Sy* Ionisierung

I|o|ni|sa|tor ⟨[ioː-] m.; -s, -to|ren; Physik⟩ Objekt, das durch die von ihm ausgehende Strahlung od. elektrische Energie die Bildung von Ionen bewirkt

i|o|nisch ⟨[ioː-] Adj.⟩ zu Ionien od. den Ioniern gehörig, aus

Ionien, von den Ioniern stammend; *Ionische Inseln* Inselkette an der Westküste Griechenlands, zu der u. a. Korfu, Ithaka u. Kythera gehören; ~*e Säule* altgrch. Säulenform mit bes. Volutenkapitellen; ~*e Tonart* altgrch. Tonart, Kirchentonart mit dem Grundton c; ~*er Dialekt* auf den Ionischen Inseln gesprochener Dialekt des Altgriechischen [nach den *Ioniern*, einem Stamm der alten Griechen]

Io|ni|sie|ren ⟨[io:-] V.; Physik⟩ eine Ionisation erzeugen bei

Io|ni|sie|rung ⟨[io:-] f.; -, -en⟩ Physik = Ionisation

Io|ni|um ⟨[io:-] n.; -s; unz.; Physik⟩ radioaktives Zerfallsprodukt des Urans, Isotop des Thoriums

Io|non ⟨[io:-] n.; -s; unz.; Chemie⟩ hydroaromat. Verbindung von veilchenartigem Geruch, Baustein der Carotine u. des Vitamins A, Duftstoff in der Parfümerie; *oV* Jonon [<grch. *ion* »Veilchen«]

Io|no|sphä|re *auch:* **Io|nos|phä|re** ⟨[io:-] f.; -; unz.⟩ die ionisierten oberen Schichten der Atmosphäre [<*Ion* + *Sphäre*]

Io|ta ⟨[io:-] n.; - od. -s, -s⟩ = Jota[1]

Io|vi op|ti|mo ma|xi|mo ⟨[io:vi-] Abk.: I. O. M.⟩ Jupiter, dem Besten u. Größten (einleitende Weihinschrift); →*a.* Deo optimo maximo [lat.]

Ipe|ka|ku|an|ha ⟨[-anja:] f.; -; unz.; Bot.⟩ brasilianisches Rötegewächs, dessen Wurzeln als Brech- u. Hustenmittel verwendet werden: Urago ipecacuanha [<portug. *ipecacuanha* »Brechwurz«]

Ip|sa|ti|on ⟨f.; -, -en⟩ = Masturbation [zu lat. *ipse* »selbst«]

ip|se fe|cit ⟨Abk.: i. f.⟩ er hat (es) selbst gemacht (Vermerk des Künstlers auf eigenhändig hergestellten Bildern, Stichen usw.) [lat.]

Ip|sis|mus ⟨m.; -, -men⟩ = Masturbation [<lat. *ipse* »selbst«]

ip|sis|si|ma ver|ba ⟨[ver-] geh.⟩ seine eigenen Worte, genau diese Worte [lat.]

ip|so fac|to ⟨geh.⟩ **1** durch die Tat selbst **2** eigenmächtig (eine Rechtsformel) [lat.]

ip|so ju|re durch das Recht selbst, von Rechts wegen, an u. für sich (eine Rechtsformel) [lat.]

IPU ⟨Abk. für⟩ Interparlamentarische Union

IQ ⟨Abk. für⟩ Intelligenzquotient

Ir ⟨chem. Zeichen für⟩ Iridium

IR ⟨Abk. für⟩ Interregiozug

I. R. ⟨Abk. für⟩ Imperator Rex

ir...[1], **Ir...**[1] ⟨Vorsilbe⟩ = in...[1], In...[1]

ir...[2], **Ir...**[2] ⟨Vorsilbe⟩ = in...[2], In...[2]

IRA ⟨engl. [aɪaː(r)eɪ] f.; -; unz.; Abk. für engl.⟩ Irish Republican Army (irisch-republikan. Armee), irische Untergrundorganisation

Ira|de ⟨m.; -s, -n od. n.; -s, -n; früher⟩ Erlass des türkischen Sultans [<arab.-türk. *irâ deh* »Wunsch«]

Ira|nist ⟨m.; -en, -en⟩ Wissenschaftler auf dem Gebiet der Iranistik

Ira|nis|tik ⟨f.; -; unz.⟩ Lehre von den iran. Sprachen u. Kulturen

Ira|nis|tin ⟨f.; -, -tinnen⟩ Wissenschaftlerin auf dem Gebiet der Iranistik

Ir|bis ⟨m.; -ses, -se; Zool.⟩ Raubkatze mit dichtem, weißlich grauem Pelz, Schneeleopard, bewohnt höhere Lagen Mittelasiens: Uncia uncia [russ. <mongol. *irbis*, kalmück. *irws*]

Ire|nik ⟨f.; -; unz.⟩ Lehre vom Frieden, Teil der Theologie, die die Verständigung der verschiedenen christl. Konfessionen anstrebt [<grch. *eirene* »Friede«]

ire|nisch ⟨Adj.⟩ auf die Irenik beruhend, friedfertig, friedliebend

Ir|idek|to|mie *auch:* **Ir|id|ek|to|mie** ⟨f.; -, -n; Med.⟩ operative Entfernung eines Teils der Regenbogenhaut [<*Iris* + grch. *ektemnein* »ausschneiden«]

Iri|di|um ⟨n.; -s; unz.; chem. Zeichen: Ir⟩ silberweißes, sehr hartes Edelmetall, Ordnungszahl 77 [<grch. *iris*, Gen. *iridos* »Regenbogen«]

Iri|do|lo|ge ⟨m.; -n, -n⟩ jmd., der die Iridologie praktiziert, Augendiagnostiker

Iri|do|lo|gie ⟨f.; -; unz.⟩ wissenschaftlich nicht zu bestätigendes Verfahren, aus der Regenbogenhaut u. ihren Veränderungen Rückschlüsse auf Krankheiten zu ziehen, Augendiagnose [<*Iris* + ...*logie*]

Iri|do|lo|gin ⟨f.; -, -ginnen⟩ weibl. Person, die die Iridologie praktiziert, Augendiagnostikerin

Iri|do|to|mie ⟨f.; -, -n; Med.⟩ = Iridektomie

Iris ⟨f.; -, -⟩ **1** ⟨grch. Myth.⟩ Götterbotin als Personifikation des Regenbogens **2** ⟨Anat.⟩ im Auge der Wirbeltiere u. des Menschen der vordere, durch die Hornhaut hindurch sichtbare, freie Rand der Aderhaut, Regenbogenhaut **3** ⟨Bot.⟩ Schwertlilie [<grch. *iris* »Regenbogen«]

Iris|di|a|gnos|tik *auch:* **Iris|di|ag|nos|tik** ⟨f.; -; unz.; Med.⟩ Lehre von der Erkennung einer Krankheit anhand von Merkmalen der Iris

Irish cof|fee *auch:* **Irish Cof|fee** ⟨[aɪrɪʃkɔfi:] m.; (-) -, (-) -s⟩ Kaffee mit Schlagsahne u. einem Schuss Whisky [engl., »irischer Kaffee«]

Irish stew *auch:* **Irish Stew** ⟨[aɪrɪʃstju:] n.; (-) - od. (-) -s; unz.⟩ Eintopfgericht aus gekochtem Hammelfleisch mit Weißkraut u. Kartoffeln [engl.]

iri|sie|ren ⟨V.⟩ in Regenbogenfarben schillern [→ *Iris*]

Iri|tis ⟨f.; -, -tiden; Med.⟩ Regenbogenhautentzündung [→ *Iris*]

Iro|ke|se ⟨m.; -n, -n⟩ Angehöriger eines nordamerikanischen Indianerstammes

Iro|ke|sin ⟨f.; -, -sinnen⟩ Angehörige eines nordamerikanischen Indianerstammes

iro|ke|sisch ⟨Adj.⟩ die Irokesen betreffend, zu ihnen gehörig, von ihnen stammend; ~*e Sprachen* Gruppe der Indianersprachen am Sankt-Lorenz-Strom u. Ontariosee

Iro|nie ⟨f.; -; unz.⟩ hinter Ernst versteckter Spott, mit dem man das Gegenteil von dem ausdrückt, was man meint, seine wirkl. Meinung aber durchblicken lässt; ~ *des Schicksals* ⟨fig.⟩ zufälliges Ereignis, das dem erwarteten Verlauf überraschend widerspricht; *romantische* ~ spieler. Einstellung des

Künstlers zum eigenen Werk, Spiel mit der eigenen Schöpfung [<grch. *eironeia* »Ironie, Spott«; zu *eiron* »Schalk«]
I|ro|ni|ker ⟨m.; -s, -⟩ iron. Mensch
i|ro|nisch ⟨Adj.⟩ auf Ironie beruhend, versteckt spöttisch, fein spöttelnd
i|ro|ni|sie|ren ⟨V.⟩ mit Ironie behandeln, versteckt lächerlich machen; *ein Ereignis* ~
I|ron|man¹ *auch:* I|ron Man¹ ⟨[aɪənmæn] m.; (-) -s; unz.; Sport⟩ an einem Tag ausgetragener Wettkampf aus drei direkt aufeinander folgenden Disziplinen (3,8 km Schwimmen, 180 km Radfahren, Marathonlauf), Triathlon [<engl. *iron* »eisern«+ *man* »Mann«]
I|ron|man² *auch:* I|ron Man² ⟨[aɪənmæn] m.; (-) -s, -men od. - Men [-mən]; Sport⟩ ein Teilnehmer an diesem Wettkampf
I|rons ⟨[aɪənz] Pl.; Sport; Golf⟩ Eisenschläger; *Ggs* Woods [<engl. *iron* »Eisen«]
I|ron|wo|man¹ *auch:* I|ron Wo|man¹ ⟨[aɪənwumən] m.; (-) -s; unz.; Sport⟩ mit denselben Bedingungen für Frauen ausgetragener Wettkampf des Ironman¹, Triathlon [<engl. *iron* »eisern« + *woman* »Frau«]
I|ron|wo|man¹ *auch:* I|ron Wo|man¹ ⟨[aɪənwumən] f.; (-) -s, -wo|men od. - Wo|men [-wmɪn]; Sport⟩ eine Teilnehmerin an diesem Wettkampf
Ir|ra|di|a|ti|on ⟨f.; -, -en; Med.⟩ 1 Ausstrahlung eines Schmerzes über den betroffenen Teil hinaus 2 optische Täuschung, die darin besteht, dass eine helle Figur auf dunklem Hintergrund größer erscheint als eine gleich große dunkle auf hellem Hintergrund 3 Ausstrahlen von Gefühlswerten auf neutrale Inhalte des Bewusstseins
ir|ra|di|ie|ren ⟨V.⟩ ausstrahlen, wie eine Irradiation wirken [<spätlat. *irradiare* »strahlen, bestrahlen«]
ir|ra|ti|o|nal ⟨Adj.⟩ *Ggs* rational 1 mit dem Verstand nicht erfassbar 2 vernunftswidrig 3 unberechenbar 4 ~e *Zahl* ⟨Math.⟩ Z., die weder ganze Zahl noch ein Quotient zweier ganzer Zahlen ist, z. B. √x [<lat. *irrationalis* »unvernünftig, ohne Anwendung der Vernunft«]
Ir|ra|ti|o|na|lis|mus ⟨m.; -; unz.⟩ jede Lehre, die das Irrationale zu umgrenzen u. zur Geltung zu bringen sucht; *Ggs* Rationalismus (3)
Ir|ra|ti|o|na|li|tät ⟨f.; -; unz.⟩ Art u. Weise des Irrationalen, Unverstand, Unvernunft, Vernunftwidrigkeit; *Ggs* Rationalität
ir|ra|ti|o|nell ⟨Adj.⟩ nicht mit dem Verstand erfassbar; *Ggs* rationell [frz. *irrationel* »vernunftwidrig« <lat. *irrationalis*; → *irrational*]
ir|re|al ⟨Adj.⟩ nicht real, nicht wirklich, unwirklich, nicht der Wirklichkeit entsprechend; *Ggs* real [→ *Irrealis*]
Ir|re|a|lis ⟨m.; -, -alles; Gramm.⟩ Modus der Unwirklichkeit, im Deutschen durch den Konjunktiv des Imperfekts od. Plusquamperfekts wiedergegeben, z. B. ich wäre gekommen, hätte gesagt [mlat., »unsachlich, unwesentlich«; zu lat. *res* »Sache«]
Ir|re|a|li|tät ⟨f.; -, -en⟩ Unwirklichkeit; *Ggs* Realität (3)
Ir|re|den|ta ⟨f.; -, -den|ten⟩ polit. Bewegung, die danach strebt, abgetrennte Gebiete mit einer nationalen Minderheit wieder dem Mutterland staatl. anzuschließen [<ital. *Irredenta Italia* »das unerlöste, unbefreite Italien«]
Ir|re|den|tis|mus ⟨m.; -; unz.⟩ Geisteshaltung der Irredentabewegung
Ir|re|den|tist ⟨m.; -en, -en⟩ Anhänger des Irredentismus
ir|re|den|tis|tisch ⟨Adj.⟩ den Irredentismus betreffend, darauf beruhend
ir|re|du|zi|bel ⟨Adj.; Math.⟩ nicht wiederherstellbar, nicht wieder zurückzuführen; *Ggs* reduzibel [<*in...²* + *reduzibel*]
Ir|re|du|zi|bi|li|tät ⟨f.; -; unz.; Math.⟩ Nichtableitbarkeit (einer Gleichung)
ir|re|gu|lär ⟨Adj.⟩ 1 von der Regel abweichend, ungesetzmäßig; *Ggs* regulär 2 vom Empfang der kathol. geistl. Weihen ausgeschlossen [<*in...²* + *regulär*]
Ir|re|gu|la|ri|tät ⟨f.; -, -en⟩ 1 Regelwidrigkeit, Unregelmäßigkeit, Ungesetzlichkeit; *Ggs* Regularität 2 ⟨kath. Kirchenrecht⟩ Hindernis, das vom Empfang der geistl. Weihen ausschließt [→ *irregulär*]
ir|re|le|vant ⟨[-vant] Adj.⟩ unerheblich, unbedeutend, geringfügig; *Ggs* relevant [<*in...²* + *relevant*]
Ir|re|le|vanz ⟨[-vants] f.; -, -en⟩ Unerheblichkeit, Geringfügigkeit; *Ggs* Relevanz
ir|re|li|gi|ös ⟨Adj.⟩ nicht religiös, religionslos; *Ggs* religiös [<*in...²* + *religiös*]
Ir|re|li|gi|o|si|tät ⟨f.; -; unz.⟩ Religionslosigkeit; *Ggs* Religiosität
ir|re|pa|ra|bel ⟨Adj.⟩ *Ggs* reparabel 1 nicht zu reparieren, nicht wiederherstellbar; *irreparable Schäden hinterlassen* 2 nicht heilbar [<*in...²* + *reparabel*]
Ir|re|pa|ra|bi|li|tät ⟨f.; -; unz.⟩ Unmöglichkeit, einen Schaden od. Fehler wiedergutzumachen [→ *irreparabel*]
ir|re|po|ni|bel ⟨Adj.⟩ nicht in die normale od. alte Lage zurückzubringen (z. B. von Eingeweidebrüchen); *Ggs* reponibel [zu lat. *reponere* »zurückbringen, wiederherstellen«]
ir|re|so|lut ⟨Adj.⟩ schwankend, nicht energisch, nicht entschlusskräftig; *Ggs* resolut [<neulat. *irresolutus* »unentschlossen, unentschieden«; zu *resolvere* »sich entschließen«]
ir|re|spi|ra|bel *auch:* ir|res|pi|ra|bel ⟨Adj.; Med.⟩ nicht zum Einatmen geeignet (z. B. von Gasen); *Ggs* respirabel [<frz. *irrespirable* <lat. *irrespirabilis*; → *respirieren*]
ir|re|spon|sa|bel *auch:* ir|res|pon|sa|bel ⟨Adj.⟩ nicht verantwortbar; *Ggs* responsabel [<frz. *irresponsable* »nicht verantwortlich«, <lat. *respondere* »antworten«]
ir|re|ver|si|bel ⟨[-vɛr-] Adj.⟩ nicht umkehrbar, nur in einer Richtung verlaufend; *Ggs* reversibel; *eine irreversible Entwicklung* [<*in...²* + *reversibel*]
Ir|re|ver|si|bi|li|tät ⟨[-vɛr-] f.; -; unz.⟩ *Ggs* Reversibilität 1 irreversible Beschaffenheit, Un-

Isobathe

ir|ri|ta|bel ⟨Adj.; bes. Med.⟩ reizbar, erregbar [<lat. *irritabilis* »leicht erregbar, reizbar«]
Ir|ri|ta|bi|li|tät ⟨f.; -; unz.⟩ Reizbarkeit, Erregbarkeit
Ir|ri|ta|ti|on ⟨f.; -, -en⟩ **1** Reiz, Reizung, Erregung **2** Verwirrung, Beunruhigung; ~*en stiften* [<lat. *irritatio* »Erregung, Reizung«]
ir|ri|tie|ren ⟨V.⟩ **1** reizen, erregen **2** ärgern, erzürnen **3** stören **4** irremachen, verwirren, ablenken, beunruhigen; *jmdn. durch sein Verhalten* ~ [<lat. *irritare*]
is..., **Is...** ⟨Vorsilbe⟩ iso..., Iso...
ISA ⟨f.; -; unz.; Abk. für engl.⟩ International Federation of the National Standardizing Associations (internationaler Verband für Normenfestlegung)
i|sa|bell|far|ben ⟨Adj.⟩ lehmfarben, graugelb [nach der span. Prinzessin *Isabella*, Tochter Philipps II., die gelobt haben soll, ihr Hemd nicht eher zu wechseln, als bis ihr Gemahl, der Erzherzog Albrecht von Österreich, das belagerte Ostende erobert habe]
I|sa|go|ge *auch:* **I|sa|go|ge** ⟨[-ge:] f.; -, -n; Antike⟩ Einführung in eine Wissenschaft [<grch. *eisagoge* »Einführung«]
I|sa|go|gik *auch:* **I|sa|go|gik** ⟨f.; -; unz.⟩ Kunst der Einführung in eine Lehre od. Wissenschaft [<grch. *eisagoge* »Einführung«]
I|sa|ne|mo|ne *auch:* **I|sa|ne|mo|ne** ⟨f.; -, -n; Meteor.⟩ Verbindungslinie auf Landkarten zwischen Orten gleicher Windstärke [<*Iso*... + grch. *anemos* »Wind«]
I|sa|no|ma|le *auch:* **I|sa|no|ma|le** ⟨f.; -, -n; Meteor.⟩ Verbindungslinie zwischen Orten mit gleicher Abweichung von einem Normalwert [<*Iso*... + *anomal*]
I|sa|tin ⟨n.; -s; unz.⟩ in gelbroten Prismen kristallisierende organisch-chemische Verbindung zur Herstellung von indigoartigen Farbstoffen [<grch. *isatis*, Name einer Pflanzengattung]
ISBN ⟨Abk. für engl.⟩ International Standard Book Number (Internationale Standardbuchnummer)

◆ Die Buchstabenfolge **is|ch...** kann auch **i|sch...** getrennt werden.

◆ **Is|chä|mie** ⟨[ɪsçɛ:-] f.; -, -n; Med.⟩ Blutleere bzw. Blutmangel einzelner Organe od. Körperteile [<grch. *ischein* »aufhalten« + ...*ämie*]
◆ **is|chä|misch** ⟨[ɪsçɛ:mɪʃ] Adj.; Med.⟩ örtlich blutleer
◆ **is|chi|a|disch** ⟨[ɪsçia:-] od. [ɪʃia:-] Adj.; Med.⟩ den Ischiasnerv betreffend, auf Ischias beruhend
◆ **Is|chi|al|gie** ⟨[ɪsçi-] od. [ɪʃi-] f.; -; unz.; Med.⟩ Ischias [<grch. *ischion* »Hüftbein« + ...*algie*]
◆ **Is|chi|as** ⟨[ɪsçias] od. [ɪʃias] f., umg. n. od. m.; -; unz.; Med.⟩ Schmerzhaftigkeit des Hüftnervs [<grch. *ischion* »Hüftbein, Hüfte«]
◆ **Is|chi|as|nerv** ⟨[ɪsçias-] od. [ɪʃias-] m.; -s, -en; Med.⟩ die Beine versorgender Nerv, an der Hinterseite des Oberschenkels, Hüftnerv: Nervus ischiadicus
ISDN ⟨Abk. für engl.⟩ Integrated Services Digital Network (dienstintegrierendes digitales Fernmeldenetz), weltweites Nachrichtensystem, das per Telefon Texte, Daten u. Bilder übermittelt
Is|lam ⟨a. ['--] m.; -s; unz.⟩ von Mohammed Anfang des 7. Jh. begründete monotheist. Religion, bes. in Asien u. Afrika verbreitet; *Sy* ⟨veraltet⟩ Mohammedanismus [<arab. *islam* »Heilszustand; Hingabe an Gott«]
Is|la|mi|sa|ti|on ⟨f.; -, -en⟩ Bekehrung zum Islam; *die* ~ *eines Volkes*
is|la|misch ⟨Adj.⟩ den Islam betreffend, auf ihm beruhend
is|la|mi|sie|ren ⟨V.⟩ zum Islam bekehren, nach den Regeln des Islams gestalten, dem Machtbereich des Islams unterstellen
Is|la|mi|sie|rung ⟨f.; -, -en⟩ das Islamisieren, Islamisiertwerden
Is|la|mis|mus ⟨m.; -; unz.⟩ radikale Geisteshaltung, die auf den Islam gründet

Is|la|mist ⟨m.; -en, -en⟩ Anhänger des Islamismus
Is|la|mis|tin ⟨f.; -, -tin|nen⟩ Anhängerin des Islamismus
is|la|mis|tisch ⟨Adj.⟩ den Islamismus betreffend, auf ihm beruhend
Is|la|mit ⟨m.; -en, -en⟩ = Muslim
is|la|mi|tisch ⟨Adj.⟩ = islamisch
Is|ma|e|lit ⟨[-mae-] m., -en, -en⟩ Anhänger einer mohammedan. Sekte [nach *Ismael*, dem Sohn Abrahams u. der Hagar im AT]
...is|mus ⟨Nachsilbe; zur Bildung männl. Subst.⟩ **1** ⟨zur Bildung von Abstrakta, die eine Lehre, Erscheinung od. Geisteshaltung bezeichnen; *Bürokratismus; Marxismus* **2** (die Gesamtheit bestimmter Vorgänge bezeichnend); *Mechanismus; Organismus* **3** (eine Abweichung vom Normalzustand bezeichnend); *Mongolismus* **4** (eine sprachliche Eigentümlichkeit bezeichnend); *Anglizismus; Helvetismus* [neulat. <grch. -*ismos* (frz. -*isme*, engl.-*ism*)]
Is|mus ⟨m.; -, -men; spött. Bez. für⟩ eine gegenstandslose Theorie [nach den vielen auf ...*ismus* gebildeten abstrakten Begriffen]
ISO ⟨Abk. für engl.⟩ International Standard Organization, international tätiger Normenausschuss zur Erarbeitung einheitlicher Schraubengewinde, Normzahlen u. Passungen im Maschinenbau
i|so..., **I|so...** ⟨vor Vokalen meist⟩ is..., Is... ⟨in Zus.⟩ (an Zahl, Größe, Stärke, Bedeutung usw.) gleich [<grch. *isos*]
I|so|am|pli|tu|de *auch:* **I|so|am|pli|tu|de** ⟨f.; -, -n; Meteor.⟩ Verbindungslinie zwischen Orten mit gleichen mittleren Temperaturschwankungen [<*Iso*... + *Amplitude*]
I|so|ba|re ⟨f.; -, -n⟩ **1** ⟨Meteor.⟩ Verbindungslinie auf Landkarten zwischen Orten gleichen Luftdrucks **2** ⟨Pl.; Physik⟩ ~*n* Atomkerne, die zwar die gleiche Neutronenzahl, aber eine unterschiedl. Anzahl von Protonen im Kern besitzen [<*Iso*... + grch. *baros* »Schwere«]
I|so|ba|the ⟨f.; -, -n; Meteor.⟩ Verbindungslinie auf Landkarten

Isobronte

zwischen Punkten gleicher Wassertiefe (in Meeren, Seen, Flüssen) [<*Iso...* + grch. *bathos* »Tiefe«]

I|so|bron|te ⟨f.; -, -n; Meteor.⟩ Verbindungslinie auf Landkarten zwischen Orten, an denen man gleichzeitig Donner hört, Linie gleicher Gewitterhäufigkeit [<*Iso...* + grch. *bronte* »Donner«]

I|so|bu|tan ⟨n.; -s; unz.; Chemie⟩ aliphat. Kohlenwasserstoff mit vier Kohlenstoffatomen; *Sy* Methylpropan [<*Iso...* + *Butan*]

I|so|chi|me|ne ⟨[-çi-] f.; -, -n; meist Pl.; Meteor.⟩ Verbindungslinie zwischen Orten gleicher mittlerer Wintertemperatur [<*Iso...* + grch. *cheimon* »Winter«]

I|so|cho|re ⟨[-ko:-] f.; -, -n; Physik⟩ Linie, die Punkte gleichen Volumens in grafischen Darstellungen verbindet [<*Iso...* + grch. *chora* »Raum, Fläche«]

i|so|chrom ⟨[-kro:m] Adj.; Fot.⟩ = isochromatisch

i|so|chro|ma|sie ⟨[-kro-] f.; -; unz.; Fot.⟩ gleiche Empfindlichkeit gegenüber allen Wellenlängen des Lichts, Farbtonrichtigkeit [<*Iso...* + grch. *chroma* »Farbe«]

i|so|chro|ma|tisch ⟨[-kro-] Adj.; Fot.⟩ Isochromasie aufweisend, farbtonrichtig

i|so|chron ⟨[-kro:n] Adj.; Physik⟩ von gleicher Dauer, gleich lang dauernd [<*iso...* + grch. *chronos* »Zeit«]

I|so|chro|ne ⟨[-kro:-] f.; -, -n; Geogr.⟩ Verbindungslinie auf Landkarten zwischen Orten, an denen ein Ereignis zur gleichen Zeit eintraf (z. B. Erdbeben)

i|so|cy|clisch *auch:* **i|so|cyc|lisch** ⟨Adj.; Chemie⟩ ~*e Verbindungen* organ.-chem. ringförmige Verbindungen, deren Ring nur aus Kohlenstoffatomen besteht; *oV* isozyklisch; *Sy* karbozyklisch

i|so|dy|nam ⟨Adj.⟩ von gleichem Energiewert, energetisch gleichwertig

I|so|dy|na|me ⟨f.; -, -n⟩ Linie, die Punkte gleicher Stärke des erdmagnetischen Feldes miteinander verbindet [<*Iso...* + *Dynamik*]

I|so|dy|na|mie ⟨f.; -; unz.⟩ gleicher Energiewert, Energiegehalt bei unterschiedl. Mengen verschiedener Nährstoffe, die somit einander entsprechend ihrem Energiegehalt vertreten können [<*Iso...* + *Dynamik*]

I|so|dy|ne ⟨f.; -, -n; Physik⟩ Linie, die Punkte gleicher Kraft miteinander verbindet [<*Iso...* + *Dynamik*]

i|so|e|lek|trisch *auch:* **i|so|e|lekt|risch** ⟨Adj.; Chemie⟩ die gleiche Anzahl positiver und negativer Ladungen tragend

I|so|fo|ne ⟨f.; -, -n; Sprachw.⟩ = Isophone

I|so|ga|met ⟨m.; -en, -en; Biol.⟩ geschlechtlich differenzierte Keimzelle ohne morphologische Unterschiede, z. B. bei Protozoen, Algen u. Pilzen [<*Iso...* + *Gamet*]

I|so|ga|mie ⟨f.; -; unz.; Biol.⟩ gleichgeschlechtliche Vereinigung von Gameten bei niederen Lebewesen [<grch. *isos* »gleich« + *gamein* »heiraten«]

i|so|gen ⟨Adj.; Biol.⟩ von gleicher Erbanlage [<*iso...* + *...gen¹*]

I|so|geo|ther|me ⟨f.; -, -n; Meteor.⟩ Verbindungslinie zwischen Orten mit gleicher Erdbodentemperatur [<*Iso...* + *geo....* + *...therm*]

I|so|glos|se ⟨f.; -, -n; Sprachw.⟩ Verbindungslinie auf Sprachkarten zwischen Orten mit dem gleichen Gebrauch von Wörtern od. mit gleichen anderen sprachl. Erscheinungen [<*Iso...* + grch. *glossa* »Zunge, Sprache«]

I|so|gon ⟨n.; -s, -e; Geom.⟩ regelmäßiges Vieleck [<*Iso...* + *...gon*]

i|so|go|nal ⟨Adj.; Geom.⟩ gleichwinklig

I|so|go|ne ⟨f.; -, -n; Meteor.⟩ Verbindungslinie zwischen Orten gleichen Windes od. gleicher Deklination (3) [<*Iso...* + *...gon*]

I|so|he|lie ⟨[-ljə] f.; -, -n; Meteor.⟩ Verbindungslinie zwischen Orten mit gleicher mittlerer Sonnenscheindauer [<*Iso...* + grch. *helios* »Sonne«]

I|so|hy|e|te ⟨f.; -, -n; Meteor.⟩ Verbindungslinie zwischen Orten mit gleicher Niederschlagsmenge [<*Iso...* + grch. *hyein* »regnen«]

I|so|hyp|se ⟨f.; -, -n; Geogr.⟩ Verbindungslinie auf Landkarten zwischen Orten gleicher Höhenlage [<*Iso...* + grch. *hypsos* »Höhe«]

I|so|ke|phal|lie ⟨f.; -; unz.; Mal.⟩ Darstellung von in einer Reihe stehenden Personen, deren Köpfe sich in der gleichen Höhe befinden [<grch. *isos* »gleich« + *kephale* »Kopf«]

i|so|kli|nal ⟨Adj.; Geol.⟩ nach der gleichen Richtung einfallend (von Gesteinsschichten) [<*iso...* + grch. *klines* »Neigung«]

I|so|kli|ne ⟨f.; -, -n; Geogr.; auf Landkarten⟩ Verbindungslinie zwischen Orten mit gleicher Neigung der Magnetnadel [<grch. *isos* »gleich« + *klines* »Neigung«]

I|so|la|ti|on ⟨f.; -, -en⟩ *Sy* Isolierung **1** das Isolieren (1); ~ *von Geisteskranken, Häftlingen* **2** Vereinzelung, Vereinsamung **3** das Isolieren (2); ~ *gegen elektrischen Strom* **4** Gegenstand, Vorrichtung zum Isolieren (2)

I|so|la|ti|o|nis|mus ⟨m.; -; unz.⟩ Bestreben, sich abzusondern, vor allem von polit. Auseinandersetzungen od. polit. Tätigkeit

I|so|la|ti|o|nist ⟨m.; -en, -en⟩ Anhänger des Isolationismus

i|so|la|ti|o|nis|tisch ⟨Adj.⟩ auf dem Isolationismus beruhend, ihm entsprechend

I|so|la|ti|ons|haft ⟨f.; -; unz.⟩ Sondervollzug in Justizvollzugsanstalten, der die Trennung einzelner Häftlinge od. kleinerer Gruppen von den übrigen Anstaltsinsassen vorsieht, z. B. in Gefängnissen mit einem Hochsicherheitstrakt [→ *Isolation*]

I|so|la|tor ⟨m.; -s, -to|ren; Technik; El.⟩ **1** Stoff, Gegenstand zum Isolieren (2) **2** elektrisch nicht leitender Stoff od. Gegenstand; *Sy* Dielektrikum

i|so|lie|ren ⟨V.⟩ **1** *jmdn.* ~ von anderen Menschen trennen, abseits halten, absondern; *Kranke, Häftlinge* ~; *jmd. ist poli-*

tisch isoliert **2** etwas ~ gegen Feuchtigkeit, Luft, Wärme, Kälte od. Elektrizität abdichten, undurchlässig machen **3** ~*de Sprachen* S., die endungslose Wörter verwenden, keine Formenbildung kennen u. die Beziehungen der Wörter zueinander im Satz nur durch die Wortstellung ausdrücken, z. B. das Chinesische; *Sy* amorphe Sprachen [<ital. *isolare* »abtrennen, absondern«, eigtl. »zur Insel machen« <lat. *insula* »Insel«]

I|so|lie|rung ⟨f.; -, -en⟩ = Isolation

I|so|li|nie ⟨[-njə] f.; -, -n⟩ Linie, die auf kartografischen Darstellungen Punkte mit gleichen Merkmalen verbindet [<*Iso...* + *Linie*]

i|so|mag|ne|tisch *auch:* **i|so|mag|ne|tisch** ⟨Adj.⟩ die gleiche magnet. Feldstärke aufweisend

i|so|mer ⟨Adj.; Chemie; Physik⟩ Isomerie aufweisend; *Ggs* heteromer (1) [<*iso...* + *...mer*]

I|so|mer ⟨n.; -s, -e⟩ *oV* Isomere **1** ⟨Chemie⟩ Stoff, der zu einem anderen isomer ist **2** ⟨Physik⟩ Atomkern, der die Isomerie (2) aufweist

I|so|me|re ⟨n.; -n, -n; Chemie; Physik⟩ = Isomer

I|so|me|rie ⟨f.; -; unz.⟩ **1** ⟨Chemie⟩ Vorkommen zweier od. mehrerer chemisch u. physikalisch verschiedener Stoffe mit derselben Bruttoformel, aber verschiedener Struktur; *Sy* Metamerie (1) **2** ⟨Physik⟩ Vorkommen von Atomkernen derselben Ordnungs- u. Massenzahl, aber verschiedenen Energiegehaltes

I|so|me|ri|sa|ti|on ⟨f.; -, -en; Chemie⟩ Überführung einer chemischen Verbindung in eine andere, die bei unterschiedlicher Struktur die gleiche Bruttoformel aufweist; *Sy* Isomerisierung

I|so|me|ri|sie|rung ⟨f.; -, -en⟩ = Isomerisation

I|so|me|trie *auch:* **I|so|met|rie** ⟨f.; -; unz.⟩ Gleichheit der Maße [<*Iso...* + *metrie*]

i|so|me|trisch *auch:* **i|so|met|risch** ⟨Adj.⟩ **1** maßstabgerecht **2** mit gleichem Metrum **3** ~*e Übungen* Muskeltraining

i|so|me|trop *auch:* **i|so|met|rop** ⟨Adj.; Med.⟩ gleichsichtig, auf beiden Augen über die gleiche Sehkraft verfügend [<*iso...* + grch. *metron* »Maß« + *ops,* Gen. *opis* »Auge«]

i|so|morph ⟨Adj.⟩ von gleicher Gestalt, die gleiche Kristallform zeigend (bes. von chem. unterschiedl. Stoffen) [<*iso...* + *...morph*]

I|so|mor|phie ⟨f.; -; unz.⟩ Gleichheit der Gestalt, gleiche Kristallform bei chemisch unterschiedl. Stoffen

I|so|mor|phis|mus ⟨m.; -; unz.; Math.⟩ umkehrbar eindeutige Zuordnung zwischen den Elementen zweier Mengen

I|so|ne|phe ⟨f.; -, -n; Geogr.; auf Landkarten⟩ Verbindungslinie zwischen Orten mit gleicher Bewölkung [<grch. *isos* »gleich« + *nephos* »Wolke«]

I|so|oc|tan ⟨n.; -s; unz.; Chemie⟩ ein verzweigtes Glied der Octane

i|so|os|mo|tisch ⟨Adj.⟩ = isotonisch [<grch. *isos* »gleich« + *osmos* »das Schieben, Stoßen«]

I|so|par|af|fin *auch:* **I|so|pa|raf|fin** ⟨n.; -s, -e; meist Pl.; Chemie⟩ ein Kohlenwasserstoff, der aus Boden- u. Wandbelägen ausdampft u. Gesundheitsschäden verursachen kann [<*Isomer* + *Paraffin*]

i|so|pe|ri|me|trisch *auch:* **i|so|pe|ri|met|risch** ⟨Adj.; Math.⟩ gleichen Umfang bzw. gleiche Oberfläche habend (von Flächen u. Körpern) [<*iso...* + *peri...* + grch. *metron* »Maß«]

I|so|pho|ne ⟨f.; -, -n; Sprachw.⟩ Linie auf Sprachkarten, die die geograph. Ausbreitung gleicher Laute darstellt; *oV* Isofone [<*Iso...* + grch. *phone* »Laut«]

I|so|po|de ⟨m.; -n, -n; meist Pl.; Zool.⟩ Ordnung der höheren Krebse, Assel [<*Iso...* + *...pode*]

I|so|pren *auch:* **I|sop|ren** ⟨n.; -s; unz.; Chemie⟩ aliphat. Kohlenwasserstoff mit fünf Kohlenstoffatomen u. zwei konjugierten Doppelbindungen, chem. Methylbutadien [<*Iso...* + *Propyl* + Endung *...en*]

I|sop|te|re *auch:* **I|sopt|e|re** ⟨m.; -n, -n; Zool.⟩ = Termite [<grch. *isos* »gleich« + *pteron* »Flügel«]

I|so|quan|te ⟨f.; -, -n; Wirtsch.⟩ grafische Darstellung aller Produktionsfaktoren zur Ermittlung von Menge u. Kosten zu produzierender Güter [<*Iso...* + lat. *quantum* »wie groß, wie viel«]

I|so|seis|te ⟨f.; -, -n; Kartogr.⟩ Verbindungslinie zwischen Orten mit gleich intensiven Erderschütterungen [<*Iso...* + grch. *seiein* »erschüttern«]

i|s|os|mo|tisch *auch:* **i|sos|mo|tisch** ⟨Adj.⟩ = isotonisch [<*iso...* + *Osmose*]

I|so|spin ⟨m.; -s, -s⟩ Kennzeichen bestimmter Elementarteilchen

I|so|sta|sie *auch:* **I|sos|ta|sie** ⟨f.; -, -n; Geophysik⟩ Gleichgewichtszustand zwischen dem Gewicht einer Erdscholle u. ihrer Eindringtiefe in die unter der Erdkruste liegende, zähflüssige Schicht [<*Iso...* + grch. *stasis* »das Stehen«]

i|so|sta|tisch *auch:* **i|sos|ta|tisch** ⟨Adj.⟩ die Isostasie betreffend, auf ihr beruhend

I|so|the|re ⟨f.; -, -n; Geogr.; auf Landkarten⟩ Verbindungslinie zwischen Orten gleicher mittlerer Sommerwärme [<grch. *isos* »gleich« + *theros* »Sommer«]

i|so|therm ⟨Adj.; Chemie; Physik⟩ bei gleicher Temperatur verlaufend [<*iso...* + *...therm*]

I|so|ther|me ⟨f.; -, -n; Meteor.⟩ Verbindungslinie auf Landkarten zwischen Orten gleicher Lufttemperatur zum gleichen Zeitpunkt

I|so|ther|mie ⟨f.; -, -n⟩ **1** ⟨Meteor.⟩ gleich bleibende Temperaturverteilung **1.1** Zustand der Atmosphäre, bei dem keine Änderung der Lufttemperatur mit zunehmender Höhe eintritt **2** ⟨Med.⟩ Erhalt der normalen Körpertemperatur [→ *isotherm*]

I|so|to|mie ⟨f.; -; unz.; Bot.⟩ Gabelung eines Triebes in zwei gleich starke Achsen [<*Iso...* + *...tomie*]

I|so|ton ⟨n.; -s, -e; meist Pl.; Physik⟩ Atomkern, der bei unterschiedlicher Protonenzahl die gleiche Anzahl Neutronen wie ein anderer enthält [<*Iso...* + grch. *tonos* »Spannung, Spannkraft«]

isotonisch

i|so|to|nisch ⟨Adj.⟩ den gleichen osmotischen Druck zeigend; *Sy* isosmotisch [<*iso...* + grch. *tonos* »Spannung, Spannkraft«]

i|so|top ⟨Adj.; Kernphysik⟩ die Eigenschaft von Isotopen habend

I|so|top ⟨n.; -s, -e; Kernphysik⟩ Atomkern, der sich von einem anderen nur durch die Zahl seiner Neutronen unterscheidet, nicht aber durch die Zahl seiner Protonen, Isotope gehören daher alle demselben chemischen Element an [<*Iso...* + grch. *topos* »Ort, Platz«]

I|so|to|pen|bat|te|rie ⟨f.; -, -n⟩ = Radionuklidbatterie

I|so|to|pen|di|a|gnos|tik auch: **I|so|to|pen|di|ag|nos|tik** ⟨f.; -; unz.; Med.⟩ Untersuchungsmethode, bei der mit radioaktiven Isotopen markierte Substanzen in den Körper eingebracht werden, aus deren Weg, Verteilung u. Verbleib Aufschlüsse über die Funktion von Organen u. Geweben gewonnen werden können

I|so|to|pen|the|ra|pie ⟨f.; -; unz.; Med.⟩ Verwendung von radioaktiven Isotopen zu therapeut. Zwecken, z. B. bei Schilddrüsenerkrankungen od. bei der Behandlung von Tumoren

I|so|to|pie ⟨f.; -; unz.; Chemie⟩ das Vorhandensein von Isotopen

i|so|to|pisch ⟨Adj.; Geol.⟩ im gleichen Raum entstanden (von Gestein); *Ggs* heterotopisch (2) [<*iso...* + grch. *topos* »Ort«]

i|so|trop ⟨Adj.; Physik⟩ nach allen Richtungen gleiche physikalische Eigenschaften habend (Stoffe, Mineralien); *Ggs* anisotrop [<*iso...* + *...trop¹*]

I|so|tro|pie ⟨f.; -; unz.; Physik⟩ Unabhängigkeit der physikalischen Eigenschaften eines Körpers von der Richtung; *Ggs* Anisotropie [<*Iso...* + *...tropie*]

I|so|ty|pie ⟨f.; -; unz.; Chemie⟩ Eigenschaft von Stoffen gleicher Zusammensetzung und gleichen Kristallgitters, die aber keine Mischkristalle miteinander bilden können

i|so|zy|klisch auch: **i|so|zyk|lisch** ⟨Adj.⟩ = isocyclisch

Is|pa|han ⟨m.; -s, -s⟩ vielfarbiger Teppich mit Ranken- und Arabeskenmuster sowie Tiermotiven u. Medaillons [nach der pers. Stadt *Ispahan*, heute *Isfahan*]

Isth|mos ⟨m.; -, -men⟩ Landenge (bes. die von Korinth); *oV* Isthmus [<grch. *isthmos*]

Isth|mus ⟨m.; -, -men⟩ = Isthmos

...is|tik ⟨Nachsilbe; zur Bildung weibl. Subst.⟩ ⟨eine Wissenschaft od. Lehre bezeichnend⟩; *Germanistik; Komparatistik; Mediävistik* [→ *...ismus*]

IT ⟨Abk. für⟩ Informationstechnologie

it. ⟨Abk. für lat.⟩ item

I|tai-]|tai-Krank|heit ⟨f.; -, -en; Med.⟩ durch Schwermetallspuren ausgelöstes Ausscheiden von Calcium aus dem menschl. Knochengerüst mit der Folge einer Körperschrumpfung [zu jap. *itai* »schmerzhaft«]

I|ta|la ⟨f.; -; unz.⟩ um 200 in Italien entstandene, älteste latein. Bibelübersetzung [verkürzt <lat. *interpretatio Italia* »lateinische Übersetzung«]

i|ta|li|a|ni|sie|ren ⟨V.⟩ nach italien. Mustern gestalten

I|ta|li|a|nis|mus ⟨m.; -, -nis|men; Sprachw.⟩ in eine andere Sprache übernommene ital. Spracheigentümlichkeit

I|ta|li|enne ⟨[-jɛn] f.; -; unz.; im engl., frz. u. ital. Sprachgebrauch⟩ = Antiqua [frz., Fem. zu *italien* »italienisch«]

I|ta|li|que ⟨[-lik] f.; -; unz.; Typ.; frz. Bez. für⟩ Kursivschrift [frz., <lat. *italicus* »italisch«, nach dem Heimatland des Schöpfers dieser Schrift, des venezianischen Druckers Manunzio, 1449-1515]

i|ta|lo|phil ⟨Adj.⟩ italienfreundlich

I|ta|lo|west|ern ⟨m.; - od. -s, -; Film⟩ von einem italienischen Regisseur gedrehter Western, meist mit besonders brutalen Szenen

I|ta|zis|mus ⟨m.; -; unz.; Sprachw.⟩ Aussprache des altgrch. Buchstaben Eta als i u. nicht als langes e; *Sy* Jotazismus; *Ggs* Etazismus

i|tem ⟨Adv.⟩ **1** desgleichen, ebenfalls, ebenso **2** ferner; ~ möchte ich sagen... **3** kurzum; ~, ich darf es dir nicht sagen [lat., »ebenso«]

I|tem ⟨n.; -s, -s⟩ noch zu erörternde Angelegenheit, fraglicher Punkt, das Weitere [→ *item*]

I|te|ra|ti|on ⟨f.; -, -en⟩ **1** ⟨Sprachw.⟩ Verdoppelung, Wiederholung einer Silbe od. eines Wortes, z. B. jaja, soso **2** schrittweises Rechenverfahren zur Annäherung an die Lösung einer Gleichung [<lat. *iterum* »wiederum«]

i|te|ra|tiv ⟨Adj.⟩ in der Art einer Iteration, wiederholend, verdoppelnd

I|te|ra|tiv ⟨n.; -s, -e [-və]; Gramm.⟩ Verb, das die Wiederholung eines Geschehens ausdrückt, z. B. »kränkeln« für »oft ein wenig krank sein«; *oV* Iterativum; *Sy* Frequentativum

I|te|ra|ti|vum ⟨[-vum] n.; -s, -ti|va [-va]; Gramm.⟩ = Ierativ

i|te|rie|ren ⟨V.⟩ wiederholen, verdoppeln [→ *Iteration*]

...i|ti|den ⟨Nachsilbe; Pl. von⟩ *...itis* ⟨mehrere Fälle derselben Krankheit bezeichnend⟩; *Dermatitiden* = mehrere Fälle von Dermatitis

I|ti|ne|rar ⟨n.; -s, -e⟩ *oV* Itinerarium **1** Verzeichnis der Wege in der römischen Kaiserzeit **2** Vermessung der Route von Forschungsreisen in noch nicht vermessenen Gebieten **3** das Buch, das Verzeichnis, in dem die Vermessungen dokumentiert werden [<lat. *itinerarium* »zur Reise gehörig«; zu *iter* »Reise«]

I|ti|ne|ra|ri|um ⟨n.; -s, -ri|en⟩ = Itinerar

...i|tis ⟨Nachsilbe; zur Bildung weibl. Subst.; Med.⟩ Entzündung; *Bronchitis; Gastritis*

IUPAC ⟨[ju:pæk] f.; -; unz.; Abk. für engl.⟩ International Union for Pure and Applied Chemistry, internationale Chemikervereinigung, zuständig für chemische Schreibweisen, Nomenklatur, Element- u. Verbindungsnamen

IVF ⟨Abk. für⟩ In-vitro-Fertilisation (Befruchtung im Reagenzglas)

Jalapenwurzel

IVF-Ba|by ⟨[-be:bɪ] n.; -s, -s⟩ Baby, das mittels In-vitro-Fertilisation gezeugt wurde

Iw|rith ⟨n.; - od. -s; unz.⟩ das heute in Israel verwendete Neuhebräisch im Unterschied zum Neuhebräischen der Mischna

J 1 ⟨Chemie; Zeichen für⟩ Jod
2 ⟨Physik; Zeichen für⟩ Joule
Jab ⟨[dʒæb] m.; -s, -s; Sport; Boxen⟩ rasch u. ansatzlos ausgeführter Schlag in der Art eines Hakens [engl., »(kurze) Gerade«]

Ja|bot ⟨[ʒabo:] n.; -s, -s⟩ **1** ⟨18. Jh.⟩ Krause zum Verdecken des vorderen Verschlusses an eleganten Herrenhemden **2** ⟨heute⟩ Krause an Damenblusen u. Kleidern; *Spitzen~* [frz., »Kropf, Brustkrause«]

Ja|cket|kro|ne ⟨[dʒækɪt-] f.; -, -n⟩ künstl. Zahnkrone, wird dem abgeschliffenen Zahn aufgesetzt, den sie wie einen Mantel umhüllt [engl. *jacket* »Jacke, Wams, Hülle«]

Ja|ckett ⟨[ʒakɛt] n.; -s, -e od. -s⟩ Jacke zum Herrenanzug [<frz. *jaquette* »Bauernkittel«]

Jack|frucht ⟨[dʒæk-] f.; -, -früchte; Bot.⟩ aus Indien stammende, in Südostasien sehr verbreitete, kürbisgroße Frucht, die roh od. gekocht verzehrt wird: Artocarpus heterophyllus; *Sy* Nangka [<engl. *jackfruit*, frz. *fruit de Jacques*]

Jack|pot ⟨[dʒækpɔt] m.; -s, -s⟩ **1** (Poker) gemeinsamer Spieleinsatz **2** (Lotto; Toto) hohe Gewinnsumme aus mehreren Spielen, bei denen kein erster Rang vergeben wurde [<engl. *jack* »Bube (als Spielkarte)« + *pot* »Topf, (Wett-)Einsatz«]

Jack|stag ⟨[dʒæk-] n.; -s, -e od. -en⟩ Laufschiene am Mast eines Segelschiffs, an der das Segel befestigt wird [ndrl.-engl.]

Jac|quard ⟨[ʒaka:(r)] m.; - od. -s, -s; Textilw.⟩ Stoff mit schwierigem, auf Jacquardmaschinen hergestelltem Webmuster [nach dem Franzosen Joseph-Marie *Jacquard,* 1752-1834]

Ja|cuz|zi® ⟨engl. [dʒəkuːzɪ] m. od. n.; - od. -s, -s⟩ Whirlpool für Entspannungsbäder [nach der amerikanischen Firma *Jacuzzi*]

ja|de ⟨Adj.⟩ zartgrün wie Jade

Ja|de ⟨m.; -; unz.; Min.⟩ grünes Gestein aus Jadeit, Nephrit od. Chloromelanit [<span. *piedra de ijada* »Lendenstein« (nach dem Volksglauben an die Heilkraft des Steines bei Schmerzen in den Flanken)]

Ja|de|it ⟨m.; -s, -e⟩ zart grünliches, dichtes Augitmineral, chem. Formal NaAlSi₂O₆

ja|den ⟨Adj.⟩ aus Jade

j'a|doube ⟨[ʒaduːb] Schach⟩ ich rücke zurecht (wenn man eine berührte Schachfigur nicht ziehen, sondern nur in die Mitte eines Feldes stellen will) [frz.]

Ja|gel|lo|ne ⟨m.; -n, -n⟩ = Jagiellone

Ja|giel|lo|ne ⟨m.; -n, -n⟩ Angehöriger der litauisch-poln. Königsdynastie der Jagiellonen; *oV* Jagellone

Ja|gu|ar ⟨m.; -s, -e⟩ größte Raubkatze Amerikas, von etwa 180 cm Körperlänge u. 80 cm Schulterhöhe, gelb-braun mit schwarzen Ringen u. Flecken: Panthera onca [frz. <Tupi *jagwár(a)*]

Jah|ve ⟨[-və] im AT⟩ Name des Gottes Israels; *oV* Jawhe [hebr., »ich bin, der ich bin (und der ich sein werde)«]

Jah|vist ⟨[-vɪst] m.; -en; unz.; AT⟩ erzählendes, um 900 v. Chr. entstandenes Quellenwerk des Pentateuch, das die Zeit von der Schöpfung bis zur Landnahme umspannt; *oV* Jahwist [so benannt wegen des Gebrauchs des Gottesnamens *Jahwe*]

Jah|we ⟨im AT⟩ = Jahve
Jah|wist ⟨m.; -en; unz.; AT⟩ = Jahvist

Jai|na ⟨[dʒaɪ-] m.; -s, -s⟩ Anhänger, Vertreter des Jainismus; *oV* Dschaina; *Sy* Jainist

Jai|nis|mus ⟨[dʒaɪ-] m.; -; unz.⟩ dem Buddhismus nahe stehende, auf Selbsterlösung gerichtete, im Unterschied zum Buddhismus aber streng asket. ind. Religion; *oV* Dschainismus [<Sanskrit, *jina* »Sieger«]

Jai|nist ⟨[dʒaɪ-] m.; -en, -en⟩ = Jaina

jai|nis|tisch ⟨[dʒaɪ-] Adj.⟩ den Jainismus betreffend, zu ihm gehörig, auf ihm beruhend

Jak ⟨m.; -s, -s⟩ langhaariges Rind der zentralasiat. Hochländer, Grunzochse, gezähmt bes. in Tibet als Reit-, Last- u. Milchtier: Bos grunniens; *oV* Yak [<tibet. *gyag*]

Ja|ka|ran|da|holz ⟨n.; -es, -hölzer⟩ Palisander aus Brasilien [<portug. *jacarandá* <Tupi *yacarandá*]

Ja|ko ⟨m.; -s, -s; Zool.⟩ kräftiger, rotschwänziger, sehr gelehriger Papagei, Graupapagei: Psittacus erithacus [Herkunft unbekannt]

Ja|ko|bi|ner ⟨m.; -s, -⟩ Mitglied des Jakobinerklubs, der maßgeblich an der Französ. Revolution beteiligt war [nach ihrem Tagungsort, dem Dominikanerkloster *St. Jakob* in Paris]

ja|ko|bi|nisch ⟨Adj.⟩ die Jakobiner betreffend, zu ihnen gehörig, von ihnen stammend

Ja|ko|bit ⟨m.; -en, -en⟩ **1** (Rel.) Anhänger der syrisch-monophysitischen Nationalkirche **2** (Gesch.) Anhänger des 1688 durch die »Glorreiche Revolution« aus Schottland vertriebenen Stuartkönigs Jakob II. u. seiner Nachkommen [nach dem Bischof von Edessa *Jakob* Baradäus, † 578]

Jak|ta|ti|on ⟨f.; -, -en; Med.⟩ unruhiges Sichhinundherwerfen von Kranken [<lat. *iactatio* »das Hinundherwerfen«; zu *iactare* »werfen«]

Ja|la|pen|wur|zel ⟨f.; -, -n; Bot.⟩ Wurzelstock der Purgierwinde, dient wie das daraus gewonnene Harz (Resina Jalapae) als Abführ- u. Wurmmittel: Tubera Jalapae [<span. *jalapa;* nach der mexikan. Stadt *Jalapa*]

Jalon

Ja|lon ⟨[ʒalõː] m.; -s, -s⟩ mit einem Fähnchen versehener Pfahl zum Vermessen [frz., »Fluchtstab, Messstange«]

Ja|lou|set|te ⟨[ʒaluzɛt(ə)] f.; -, -n⟩ Fenstervorhang aus waagerechten, farbig eloxierten Aluminiumlamellen [frz., Verkleinerungsform zu *jalousie*]

Ja|lou|sie ⟨[ʒalu-] f.; -, -n⟩ Verschluss aus dachziegelartig übereinander greifenden, bewegl. Brettchen od. Lamellen für größere Öffnungen, z. B. Fenster, Ventilator, Kühlerhaube [frz., eigtl. »Eifersucht«]

Jam ⟨[dʒæm] m.; -s, -s; EDV⟩ Kontrollsignal, das einen Daten- od. Papierstau anzeigt [engl., »Stau«]

Ja|mai|ka|pfef|fer ⟨m.; -s; unz.; Bot.⟩ = Piment [nach dem Inselstaat *Jamaika*, dem wichtigsten Herkunftsland]

Jam|be|le|gus *auch:* **Jam|be|le|gus** ⟨m.; -, -gi; Metrik⟩ antikes Versmaß, bestehend aus einem Jambus u. einem Hemiepes [<*Jambus* + grch. *elegos* »Klagelied«]

Jam|ben ⟨Pl. von⟩ Jambus

Jam|bi|ker ⟨m.; -s, -⟩ Dichter, dessen Verse meist in Jamben abgefasst sind

jam|bisch ⟨Adj.⟩ in Jamben abgefasst

Jam|bo|ree ⟨[dʒæmbəriː] n.; - od. -s, -s⟩ **1** großes internationales Pfadfindertreffen **2** laute Lustbarkeit; Tagung; Treffen [engl., »Lustbarkeit; Tagung; Treffen«]

Jam|bus ⟨m.; -, Jam|ben; Metrik⟩ Versfuß aus einer unbetonten u. einer folgenden betonten Silbe; *oV* Iambus [<grch. *jambos*, eigtl. »Geschoss«; zu *iaptein* »schleudern«]

James Grieve ⟨[dʒɛɪmz griːv] m.; - -, - -; Bot.⟩ Apfelsorte mit heller, gelblich roter Schale [nach dem engl. Züchter *James Grieve*]

jam|men ⟨[dʒæmən] V.; Jazz⟩ gemeinsam improvisieren (von Jazzmusikern); *eine ~de Band* [<engl. *jam* »frei improvisieren«]

Jam|ses|sion *auch:* **Jam Ses|sion** ⟨[dʒæm sɛʃn] f.; (-) -, (-) -s; Musik⟩ Zusammenkunft von Jazzmusikern zum gemeinsamen Musizieren [<engl. *jam* »frei improvisieren« + *session* »Sitzung«]

Jams|wur|zel ⟨f.; -, -n; Bot.⟩ Wurzel einer Gattung der Kulturpflanzen, die in den Tropen als Nahrungsmittel dient: Dioscorea; *oV* Yamswurzel [<senegales. *nyami* »essen«]

Jan. ⟨Abk. für⟩ Januar

Ja|nit|schar *auch:* **Ja|nit|schar** ⟨m.; -en, -en⟩ Angehöriger der 1329 gebildeten, aus christlicher Kriegsgefangenen u. ihren Nachkommen (bis 1826) bestehenden Kerntruppe des türkischen Sultans mit gewissen Vorrechten [<*Jenizeri (1522)* <türk. *jeni tscheri* »neue Truppe«]

Ja|nit|scha|ren|mu|sik *auch:* **Ja|nit|scha|ren|mu|sik** ⟨f.; -; unz.; Musik⟩ **1** Musik der Janitscharen mit Schellenbaum, Triangel, Becken, Trommel, Ende des 18. Jh. in die europäische Militärmusik übernommen **2** die Gruppe der türk. Schlaginstrumente selbst

Jan|se|nis|mus ⟨m.; -; unz.; 17./18. Jh.⟩ Bewegung in der kath. Kirche Frankreichs, die eine von den Jesuiten abweichende Auffassung von der Prädestinationslehre Augustins vertrat [nach Cornelius *Jansen(ius)*, Bischof von Ypern, 1585-1638]

Jan|se|nist ⟨m.; -en, -en⟩ Vertreter, Anhänger des Jansenismus

jan|se|nis|tisch ⟨Adj.⟩ den Jansenismus betreffend, zu ihm gehörig

Ja|nu|ar ⟨m.; - od. -s, -e; Abk.: Jan.⟩ erster Monat des Jahres [<lat. *Ianuarius;* nach *Ianus*, dem altrömischen Gott des Jahresanfangs]

Ja|nus|kopf ⟨m.; -(e)s, -köp|fe⟩ Kopf mit zwei Gesichtern [nach *Janus* (lat. *Ianus*), dem altröm. Schutzgott des Hauses; zu lat. *ianua* »Tür«]

Ja|pa|no|lo|ge ⟨m.; -n, -n⟩ Wissenschaftler auf dem Gebiet der Japanologie

Ja|pa|no|lo|gie ⟨f.; -; unz.⟩ Wissenschaft von der jap. Sprache, Schrift u. Literatur

Ja|pa|no|lo|gin ⟨f.; -, -gin|nen⟩ Wissenschaftlerin auf dem Gebiet der Japanologie

ja|pa|no|lo|gisch ⟨Adj.⟩ zur Japanologie gehörig, auf ihr beruhend, sie betreffend

ja|phe|ti|tisch ⟨Adj.; Sprachw.⟩ die vorindogermanische Sprachfamilie betreffend (in der Theorie des russ. Linguisten N. Marr) [nach *Japhet*, einem der drei Söhne Noahs u. Stammvater der kleinasiatischen Völker]

Ja|po|nis|mus ⟨frz. [ʒapo-] m.; -; unz.⟩ (durch die kulturelle u. wirtschaftliche Öffnung Japans um die Jahrhundertwende entstandener) Einfluss der jap. Kunst auf die europ. Malerei [<frz. *Japon* »Japan«]

Jar|di|ni|e|re ⟨[ʒardiniːrə] f.; -, -n⟩ **1** Schale, Korb für Blumen od. Blattpflanzen **2** Bratenbeilage od. Suppeneinlage aus frischem Gemüse [<frz. *jardinière* »Blumenständer, Gericht mit verschiedenem Gemüse«; zu *jardin* »Garten«]

Jar|gon ⟨[ʒargõː] m.; -s, -s⟩ (oft derbe) Ausdrucksweise bestimmter sozialer od. berufl. Gesellschaftskreise innerhalb einer Sprache; *Sy* Slang (2); *Schüler~* [frz., »Kauderwelsch«]

Jarl ⟨m.; -s, -s; MA⟩ **1** normannischer Edelmann **2** (in nord. Ländern) vom König eingesetzter Statthalter [<anord. »Adeliger«; verwandt mit engl. *earl* »Graf«]

Ja|ro|wi|sa|ti|on ⟨f.; -; unz.⟩ Verfahren zur Entwicklungsbeschleunigung des Saatgutes landwirtschaftl. Kulturpflanzen, das den natürl. Wachstumsreiz der Winterkälte durch kürzere künstl. Kühlung u. anschließende Bestrahlung ersetzt; *Sy* Vernalisation

ja|ro|wi|sie|ren ⟨V.⟩ die Jarowisation anwenden; *Sy* vernalisieren [<russ. *jarowoje* »Sommergetreide«]

Jas|min ⟨m.; -s, -e; Bot.⟩ Gattung der Ölbaumgewächse, Sträucher od. Kletterpflanzen mit gelben od. weißen, meist wohlriechenden Blüten: Jasminum; *Echter ~* Jasminum officinale; *Chilenischer ~* chilenisches Zierholz mit essbaren Früchten: Aristotelia maqui; *Falscher*

~ Steinbrechgewächs mit stark duftenden Blüten, Pfeifenstrauch: Philadelphus coronarius [<arab. *yasamin* <pers. *jasamin*]

Ja|spis ⟨m.; - od. -ses, -se; Min.⟩ ein Halbedelstein, roter od. brauner Quarz [<grch. *iaspis* <hebr. *jaspeh* <assyr. *aspu*]

Ja|ta|gan ⟨m.; -s, -e⟩ kurzes zweischneidiges Schwert der Janitscharen mit gekrümmter Klinge [<türk. *yatagan*]

Jau|se ⟨f.; -, -n; österr.⟩ Zwischenmahlzeit, Vesper [<mhd. *jus* <slowen. *juzina* »Mittagessen«]

jau|sen ⟨V.⟩ eine Jause halten, vespern

Ja|va® ⟨[-va] od. [dʒava] n.; - od. -s; unz.; meist ohne Artikel; EDV⟩ eine Programmiersprache zur Gestaltung dreidimensionaler Darstellungen im Internet (wurde als Gegenstück zu HTML entwickelt) [nach der gleichnamigen Sundainsel u. dem dort hergestellten Kaffee, der von vielen amerikan. Computerprogrammierern getrunken wird]

Jazz ⟨[dʒæz] m.; -; unz.; Musik⟩ aus geistl. Gesängen, Arbeits- u. Tanzliedern nordamerikan. Schwarzer hervorgegangener Musizierstil, gekennzeichnet durch starke Synkopierung u. Improvisation [engl. <kreol. *jazz* »eilen«]

Jazz|band ⟨[dʒæsbænd] f.; -, -s; Musik⟩ Kapelle für Jazzmusik [engl.]

Jazz|dance ⟨[dʒæsdɑːns] od. amerikan. [-dæns] m.; -; unz.; Musik⟩ in den USA entstandener moderner (ballettartiger) Tanzstil zu Jazzmusik [<engl. *Jazz + dance* »Tanz«]

jaz|zen ⟨engl. [dʒæs-] V.; umg.; Musik⟩ Jazzmusik spielen od. danach tanzen

Jaz|zer ⟨engl. [dʒæsə(r)] m.; -s, -; umg.; Musik⟩ Jazzmusiker

Jazz|gym|nas|tik ⟨[dʒæs-] f.; -; unz.; Sport⟩ tänzer. Gymnastik zu moderner, rhythm. Musik

Jazz|rock ⟨[dʒæs-] m.; - od. -s; unz.; Musik⟩ Stilrichtung in der Popmusik, die Elemente der Jazz- u. der Rockmusik verbindet [engl.]

Jeans ⟨[dʒiːnz] Pl., umg. a. Sing.: f.; -, -⟩ eng geschnittene Hose aus widerstandsfähigem Baumwollstoff; *Sy* Bluejeans [engl., <mengl. *Jene, Gene* »Genua«, eigtl. kurz für *jean fustian* »Genueser Baumwollstoff«]

Jeep® ⟨[dʒiːp] m.; -s, -s⟩ kleines Kraftfahrzeug mit Vierradantrieb, meist offen (bes. für militär. Zwecke) [engl., Kurzform nach den Anfangsbuchstaben GP von *general purpose (war truck)* »Mehrzweck-(kriegslastkraftwagen)«]

Je|ho|va ⟨[-va] im hebr. AT⟩ (falsche) Lesart für Jahwe, entstanden durch die aus Gottesfurcht zu den Konsonanten des Gottesnamens (JHW) hinzugesetzten Vokale der stattdessen verwendeten Anrede Adonai

je|mi|ne! ⟨Int.⟩ Ausruf des Staunens, der Verwunderung, des Schreckens [entstellt <lat. *Jesu domine!* »Herr Jesus!«]

Jen ⟨m.; - od. -s, - od. -s⟩ = Yen

je|nisch ⟨Adj.⟩ schlau, gewitzt; ~*e Sprache* S. der Landstreicher u. Gaukler [<Zig. *dsan* »klug, gescheit; wissen«]

Je|re|mi|a|de ⟨f.; -, -n; umg.⟩ Klagelied, Gejammer [nach dem Propheten *Jeremias*]

Je|rez ⟨[xɛːraθ] m.; -, -⟩ = Sherry [nach der span. Stadt *Jerez de la Fontera*]

Je|ri|cho|ro|se ⟨f.; -, -n; Bot.⟩ Wüstenpflanze, deren Äste sich beim Eintrocknen kugelartig aufkrümmen u. in feuchter Luft wieder ausbreiten, weshalb sie als Symbol der Auferstehung gilt: Odontospermum pygmaeum

Jerk ⟨[dʒœːk] m.; -s, -s⟩ **1** ⟨Sport; Golf⟩ Schlag, bei dem der Schwung im Moment der Ballberührung abgebremst wird **2** ⟨allg.; umg.⟩ Idiot [engl.]

Jer|sey ⟨[dʒœːsi]⟩ **1** ⟨m.; -s od. -s⟩ Wirkware aus weicher Wolle **2** ⟨n.; -s, -s⟩ langärmeliges (Sport-)Hemd aus diesem Stoff [nach der brit. Insel *Jersey* im Ärmelkanal]

je|rum! *o ~!* (Klageruf) [<*o je* (verkürzt <*o jemine*) + reimbildende Silbe *...rum* nach dem Wort *rerum* in dem Studentenlied *o jerum, jerum, jerum! o quae mutatio rerum!* »o je, o je, o je!, oh, welche Veränderung der Dinge!«]

Je|schi|wa ⟨f.; -, -s od. -schiwot⟩ jüdische Talmudschule [hebr.]

Je|su|it ⟨m.; -en, -en⟩ Mitglied des Jesuitenordens [nach dem Namen der *Societas Jesu* »Gesellschaft Jesu«]

Je|su|i|ten|dra|ma ⟨n.; -s, -dramen; 16./18. Jh.⟩ von Jesuiten verfasstes u. von Schülern der Jesuitenschulen aufgeführtes Drama mit meist opernhaftem Gepräge in lat. Sprache, das seine Stoffe vorwiegend aus Heiligenlegenden u. der Kirchengeschichte bezog

Je|su|i|ten|or|den ⟨m.; -s; unz.⟩ Gesellschaft Jesu, 1534 von Ignatius von Loyola gegründeter Orden zur Ausbreitung der kath. Lehre, gekennzeichnet durch eine hervorragende wissenschaftliche Ausbildung seiner Mitglieder, Einrichtung von Schulen, Missionsarbeit, Engagement in der Entwicklungshilfe

Je|su|i|ten|tum ⟨n.; -s; unz.⟩ Wesen u. Geist des Jesuitenordens

je|su|i|tisch ⟨Adj.⟩ die Jesuiten betreffend, zu ihnen gehörig, von ihnen stammend, ihnen entsprechend

Je|su|i|tis|mus ⟨m.; -; unz.⟩ Lehre der Jesuiten

Je|sus|peo|ple *auch:* **Je|sus Peop|le** ⟨[dʒiːsəspiːpl] Pl.⟩ Angehörige einer in Amerika entstandenen Bewegung junger Leute, die durch gemeinsames Beten u. den Glauben an das unmittelbare Wirken Gottes im Menschen eine innere Erneuerung suchen [engl., »Jesus-Leute«]

Jet ⟨[dʒɛt] m.; - od. -s, -s⟩ Flugzeug mit Strahlantrieb, Düsenflugzeug [engl., »Strahl«]

Jet|bag ⟨[dʒɛtbæg] m. od. n.; -s, -s⟩ stromlinienförmiger Dachgepäckträger für PKW [<*Jet + bag* »(Reise-)Tasche«]

Jet|lag ⟨[dʒɛtlæg] m.; -s, -s⟩ Beschwerden, die sich nach Langstreckenflügen aufgrund der Umstellung auf andere Ortszeiten einstellen [engl., »Zeitverschiebung«]

Jet|li|ner ⟨[dʒɛtlaɪnə(r)] m.; -s, -⟩ mittelgroßes Düsenflugzeug

Jeton

zur Beförderung von Passagieren [<*Jet* + engl. *liner* »Passagier-, Linienschiff«]

Je|ton ⟨[ʒɔtɔ̃:] m.; -s, -s⟩ Spielmarke [frz., »Spielmarke«; zu *jeter* »werfen«]

Jet|pi|lot ⟨[dʒɛt-] m.; -en, -en⟩ Pilot eines (meist größeren) Strahltriebwerkflugzeugs

Jet|schwung ⟨[dʒɛt-] m.; -(e)s, -schwün|ge; Sport; Skisport⟩ Drehschwung durch Verlagerung der Körperachse nach hinten, wodurch der Fahrer schneller wird [<engl. *jet* »heraus-, hervorschießen«]

Jet|set ⟨[dʒɛt-] m.; -s, -s⟩ international auftretende, wohlhabende Gesellschaftsschicht, deren Angehörige häufig zur Unterhaltung in der Welt herumreisen (u. sich an verschiedenen exklusiven Urlaubsorten treffen) [<*Jet* + engl. *set* »Gruppe (von Personen)«]

Jet|set|ter ⟨[dʒɛtsɛtə(r)] m.; -s, -⟩ Angehöriger des Jetsets

Jet|stream ⟨[dʒɛtstriːm] m.; -s od. -, -s⟩ starker Luftstrom in der Tropo- od. Stratosphäre, Strahlstrom [<*Jet* + *stream* »Strom«]

Jett ⟨m. od. n.; -(e)s; unz.⟩ als Schmuckstein verwendete, bes. harte, polierfähige Braunkohlenart; *Sy* Gagat [<engl. *jet* »Pechkohle« <afrz. *jaiet* <grch.-lat. *gagates*; → *Gagat*]

Jet|ta|to|re ⟨[dʒɛta-] m.; -, -ri⟩ jmd., der Unglück bringt, Mensch mit dem bösen Blick [ital.]

jet|ten ⟨[dʒɛtən] V.; umg.⟩ mit dem Jet fliegen

Jeu ⟨[ʒøː] n.; -s, -s⟩ **1** Glücksspiel **2** Kartenspiel [frz., »Spiel«]

jeu|en ⟨[ʒøː-] V.; veraltet⟩ sich in einem Spielkasino am Glücksspiel beteiligen [zu frz. *jeu* »Spiel«]

Jeu|nesse do|rée ⟨[ʒœnɛs dɔreː] f.; - -; unz.⟩ **1** die vergnügungssüchtige reiche Jugend von Paris nach der Revolution **2** elegante Großstadtjugend [frz., »goldene Jugend«]

jid|disch ⟨Adj.⟩ in jiddischer Sprache; ~e Sprache, die (zum größten Teil) mittelhochdeutschen, hebräischen u. roman., später auch slaw. Elementen gemischte Sprache der Juden in Deutschland u. bes. Osteuropa

Jid|dist ⟨m.; -en, -en⟩ Wissenschaftler auf dem Gebiet der Jiddistik

Jid|dis|tik ⟨f.; -; unz.⟩ Wissenschaft von der jiddischen Sprache und Kultur

Jid|dis|tin ⟨f.; -, -tin|nen⟩ Wissenschaftlerin auf dem Gebiet der Jiddistik

Jig|ger ⟨[dʒɪɡə(r)] m.; -s, - od. -s⟩ **1** Maschine zum Breitfärben von Gewebe **2** kleines Segel **3** Fischerboot, das damit ausgerüstet ist [engl.]

Ji|me|nes ⟨[çi-] m.; -; unz.⟩ südspan. Likörwein [span., nach *Pedro Ximenes*]

Jin|gle *auch*: **Jing|le** ⟨[dʒɪŋɡl] m.; -s, -s⟩ möglichst einprägsame Werbemusik, oft mit einem gereimten Spruch kombiniert [engl., »klingen«]

Jin|go ⟨[dʒɪŋɡoː] m.; -s, -s⟩ brit. Hurrapatriot (in den chines. u. südafrikan. Kolonien) [<engl. *Jesingo*, verhüllende Bez. für »Jesus«; abgeleitet aus der Wendung *by jingo* in einem chauvinist. Lied zur Zeit von Disraelis antirussischer Politik]

Jin|go|is|mus ⟨[dʒɪŋ-] m.; -; unz.⟩ Hurrapatriotismus (bes. in England)

Jin|ri|ki|scha ⟨f.; -, -s⟩ = Rikscha

Jin und Jang ⟨n.; - -; unz.⟩ die beiden Weltprinzipien der altchines. Naturphilosophie, das dunkle weibliche u. das helle männliche; *oV* Yin und Yang [<chines. *yin, yang*]

JIT ⟨Abk. für⟩ just in time

Jit|ter ⟨[dʒɪtə(r)] Pl.; TV; EDV⟩ Vibrationen auf Computer- od. Fernsehmonitoren [<engl. *jitters* »Angst, (großes) Zittern«]

Jit|ter|bug ⟨[dʒɪtə(r)bʌɡ] m.; -; unz.⟩ schneller, in den 30er Jahren entstandener amerikan. Modetanz nach Jazzmusik [<engl. *jitter* »zittern, zappeln«+ *bug* »Käfer«]

Jiu-Jit|su ⟨[dʒiːu dʒɪtsu] n.; - od. -s; unz.; Sport⟩ altjap. Ringsport, Kunst der waffenlosen Selbstverteidigung; →a. Aikido, Judo [<jap. *jujutsu* »sanfte Kunst«]

Jive ⟨[dʒaɪv] m.; -s; unz.⟩ **1** Fachsprache im Jazz, Jazzjargon **2** schwungvolle Swingmusik **3** dem Boogie-Woogie ähnlicher Tanz [engl.]

Job ⟨[dʒɔb] m.; -s, -s⟩ (bes. vorübergehende) Beschäftigung, Stellung, Gelegenheit zum Geldverdienen [engl., »Arbeit, Beschäftigung, Geschäft«]

job|ben ⟨[dʒɔbən] V.; umg.⟩ **1** Gelegenheitsarbeiten verrichten; *in den Ferien* ~; *als Kellner* ~ **2** ⟨allg.⟩ arbeiten [→ *Job*]

Job|ber ⟨[dʒɔbə(r)] m.; -s, -⟩ **1** Wertpapierhändler an der Londoner Börse, der nur für eigene Rechnung kaufen od. verkaufen darf; *Ggs* Broker (2); *Börsen*~ **2** skrupelloser Geschäftemacher [engl.]

Job|eva|lua|ti|on ⟨[dʒɔbivæljueɪʃn] f.; -, -s⟩ Bewertung der Qualität von Arbeitsplätzen [<*Job* + engl. *evaluation* »Bewertung«]

Job|hop|ping ⟨[dʒɔbhɔpɪŋ] n.; -s, -s⟩ häufiger Wechsel des Arbeitsplatzes od. des Betätigungsfeldes innerhalb eines kurzen Zeitraums (meist um in höhere Positionen aufzusteigen) [<*Job* + engl. *hop* »hüpfen, springen«]

Job|kil|ler ⟨[dʒɔb-] m.; -s, -; umg.; salopp⟩ Einrichtung, Maschine o. Ä., die Arbeitsstellen überflüssig macht [<*Job* + engl. *killer* »Mörder, Töter«]

Job|ro|ta|ti|on ⟨[dʒɔb-], engl. [-roteɪʃn] f.; -; unz.; Wirtsch.⟩ **1** (räuml.) Wechsel des Arbeitsplatzes innerhalb eines Betriebes **2** Kennenlernen, Durchlaufen verschiedener Abteilungen eines Unternehmens (von Führungskräften) [<*Job* + engl. *rotation* »Rotation, Drehung, Wechsel«]

Job|sha|ring ⟨[dʒɔbʃeːrɪŋ] n.; - od. -s; unz.⟩ Aufteilung eines Arbeitsplatzes für eine Ganztagskraft auf zwei Halbtagskräfte [<*Job* + engl. *sharing* »das Teilen«]

Job|ti|cket ⟨[dʒɔb-] n.; -s, -s⟩ (vom Arbeitgeber bezuschusster) Fahrausweis für Arbeitnehmer, der zur Benutzung öffentlicher Verkehrsmittel berechtigt [<*Job* + engl. *ticket* »(Fahr-)Karte«]

Jo|ckei ⟨[dʒɔki] od. [dʒɔke] m.; -s, -s⟩ berufsmäßiger Rennrei-

ter; *oV* Jockey [engl., Verkleinerungsform zu *Jock* <nordengl.-schott. Form von *Jack* »Hans«]
Jo|cke|te ⟨[dʒɔkɛt(ə)] f.; -, -n⟩ berufsmäßige Rennreiterin [→ *Jockei*]
Jo|ckey ⟨[dʒɔki] od. [dʒɔke] m.; -s, -s⟩ = Jockei
Jod ⟨n.; -(e)s; unz.; chem. Zeichen: J⟩ zur Gruppe der Halogene gehörendes, grau-schwarzes Element, dessen Dämpfe violett gefärbt sind [<grch. *iodes* »veilchenartig« <*ion* »Veilchen« + *eidos* »Aussehen«]
Jo|dat ⟨n.; -(e)s, -e; Chemie⟩ Salz der Jodsauerstoffsäure [→ *Jod*]
Jodh|pur|ho|se ⟨f.; -, -n⟩ = Jodhpurs
Jodh|purs ⟨Pl.⟩ an den Oberschenkeln weit geschnittene Reithose, die zu den Stiefeletten getragen werden; *Sy* Jodhpurhose [engl., nach der ind. Stadt *Jodhpur*]
Jo|did ⟨n.; -(e)s, -e; Chemie⟩ Salz der Jodwasserstoffsäure
Jo|dit ⟨n.; -s, -e; Chemie⟩ Silberjodid
Jo|dis|mus ⟨m.; -; unz.⟩ nach längerem Gebrauch von Jod auftretende Störungen, bes. der Schleimhäute, Jodvergiftung
Jo|do|form ⟨n.; -s; unz.; Chemie⟩ als Desinfektionsmittel verwendetes, gelbes, im Wasser lösliches Pulver [<*Jod* + *Formyl*]
Jo|do|me|trie *auch:* **Jo|do|me|trie** ⟨f.; -; unz.; Chemie⟩ Verfahren der Maßanalyse zur Bestimmung von reduzierenden od. oxidierenden Stoffen mittels Jod- od. Kaliumjodidlösungen
Jo|ga ⟨m. od. n.; -s; unz.⟩ *oV* Yoga **1** ⟨in der altind. Philosophie u. im Buddhismus⟩ Meditation u. Askese zur Selbsterlösung **2** danach entwickeltes Verfahren der körperl. Übung u. geistigen Konzentration [<aind. *yuga-m* »Joch (in welches der Körper gleichsam eingespannt wird)«]
jog|gen ⟨[dʒɔgən] V.⟩ Jogging betreiben, im Tempo des Joggings laufen; *er joggt neuerdings; eine halbe Stunde* ~
Jog|ger ⟨[dʒɔgə(r)] m.; -s, -⟩ jmd., der Jogging betreibt, der joggt [→ *Jogging*]

Jog|ge|rin ⟨[dʒɔg-] f.; -, -rin|nen⟩ weibl. Person, die Jogging betreibt, die joggt
Jog|ging ⟨[dʒɔgɪŋ] n.; - od. -s; unz.⟩ sportliches Laufen vom schnellen Gehen bis zum langsamen Dauerlauf [zu engl. *jog* »trotten«]

Joghurt / Jogurt (*Laut-Buchstaben-Zuordnung*) Im Zuge der Integration fremdsprachlicher Wörter in die deutsche Standardsprache kann neben die ursprüngliche, der Herkunftssprache folgende Orthographie eine integrierte Schreibweise mit angepasster Laut-Buchstaben-Zuordnung treten (→ a. Panther / Panter).

Jo|ghurt ⟨m. od. n.; -s, - od. -s⟩ unter Einwirkung von Bakterien hergestelltes, sauermilchartiges Erzeugnis; *oV* Jogurt [<türk. *yogurt* »gegorene Milch«]
Jo|gi ⟨m.; -s, -s⟩ ind. Asket, Anhänger des Joga; *oV* Jogin, Yogi
Jo|gin ⟨m.; -s, -s⟩ = Jogi
Jo|gurt ⟨m. od. n.; -s, - od. -s⟩ = Joghurt
Jo|han|nis|brot|baum ⟨m.; -(e)s, -bäu|me; Bot.⟩ südeuropäischer Baum mit gefiederten Blättern, dessen Früchte essbar sind [nach *Johannes* dem Täufer (Markus 1,6)]
Jo|han|nis|trieb ⟨m.; -(e)s, -e⟩ **1** ⟨bei vielen Holzgewächsen⟩ zweiter Trieb im Juni/Juli, Sommertrieb **2** ⟨fig.⟩ späte Liebesregung des Mannes in höherem Alter [nach dem *Johannistag* (24. Juni), der *Johannes* dem Täufer heilig ist]
Jo|han|ni|ter ⟨m.; -s, -⟩ Angehöriger des Johanniterordens
Jo|han|ni|ter|or|den ⟨m.; -s; unz.⟩ ältester geistl. Ritterorden, wohl nach 1000 in Jerusalem gegründet, gliederte sich in Ritter (zum Schutz der Pilger), Priester u. dienende Brüder zur Krankenpflege (Reorganisation im 19. Jh., in Dtschl. bestehen ein evang. Zweig des Johanniterordens u. ein kath., der Malteserorden, die sich jeweils karitativen Aufgaben widmen) [nach *Johannes* dem Täufer]

Joint ⟨[dʒɔɪnt] m.; -, -s⟩ mit Rauschmitteln versetzte Zigarette [engl., »Bindeglied«]
Joint|ven|ture *auch:* **Joint Ven|ture** ⟨[dʒɔɪnt vɛntʃə(r)] n.; (-) -s od. (-) -, (-) -s⟩ für ein bestimmtes Projekt befristete Arbeitsgemeinschaft mit gemeinsamer Verantwortung [engl., »gemeinsame Unternehmung, gemeinsames Risiko«]
Jo|jo ⟨n.; -s, -s⟩ Geschicklichkeitsspiel mit einer Spule, die an einem langen Faden durch Schwung der Hand ab- u. aufbewegt wird, indem sich der Faden ab- u. wieder aufrollt; *oV* Yo-Yo [<engl. *yo-yo*]
Jo|jo|ba ⟨f.; -, -s; Bot.⟩ in Trockengebieten kultiviertes Buchsbaumgewächs, dessen Samen ein wachsartiges Öl enthalten, das u. a. in der Kosmetikindustrie verwendet wird: Simmondsia [mexikan.]
Jo-Jo-Ef|fekt ⟨m.; -(e)s, -e⟩ einer ursprünglich positiven Entwicklung rasch folgender negativer Effekt (z. B. die Erscheinung, dass das Gewicht nach einer Kurzzeitdiät rasch wieder in die Höhe schnellt)
Joke ⟨[dʒoʊk] m.; -s, -s; umg.⟩ Witz, witzige Geschichte; *er machte einen* ~ *nach dem anderen* [engl.]
Jo|ker ⟨a. [dʒo-] m.; -s, -⟩ Spielkarte mit Narrenbild, die für jede beliebige Karte eingesetzt werden kann [engl., »Spaßmacher«]
jo|kos ⟨Adj.⟩ scherzhaft, spaßig [<lat. *iocosus* »scherzhaft, schalkhaft«; zu *iocus* »Scherz«]
Jo|ku|la|tor ⟨m.; -s, -to|ren; MA⟩ Possenreißer, Sänger u. Musiker, Spielmann; *Sy* Jongleur (1) [<lat. *ioculari* »scherzen«]
Jo|kus ⟨m.; -, -kus|se; umg.⟩ Scherz, Jux [<lat. *iocus* »Scherz, Spaß«; verwandt mit *Jux*]
Jom Kip|pur ⟨m.; - -; unz.⟩ ein hoher jüd. Feiertag (nach dem 3. Buch Mosis, Kap. 16, 22, 23), Versöhnungstag [<hebr. *yom kippur* <*yom* »Tag« + *kippur* »Buße«]
Jong|leur *auch:* **Jong|leur** ⟨[ʒɔŋlø:r] m.; -s, -e⟩ **1** ⟨MA⟩ = Jokulator **2** ⟨heute⟩ Artist, der Geschicklichkeitsübungen im

jonglieren Spiel mit Bällen, Tellern u. a. vorführt [frz., »Gaukler, Taschenspieler«]

jon|glie|ren auch: **jong|lie|ren** ⟨[ʒɔŋ-] V.⟩ **1** mit artistischem Geschick spielen, werfen u. fangen; *mit Bällen, Tellern* ~ **2** ⟨umg.⟩ geschickt verfahren **3** *mit Worten* ~ einfallsreich, geschickt formulieren [<frz. *jongler* »gaukeln, Taschenspielerei treiben«]

Jo|non ⟨n.; -s; unz.⟩ = Ionon

Jo|ru|ri ⟨[dʒo:-] n.; -s od. -; unz.; 16./18. Jh.⟩ jap. Puppenspiel mit Musikbegleitung [jap., nach dem Namen des Titelhelden eines epischen Romans um 1510]

Jo|se|phi|nis|mus ⟨m.; -; unz.⟩ **1** Kirchenpolitik Josephs II., gekennzeichnet durch verschärfte staatliche Aufsicht im österr. Kultur- u. Kirchenwesen, Aufhebung zahlreicher Klöster, Religionsfreiheit auch für Protestanten u. Griechisch-Orthodoxe **2** geistige, durch die Reformideen Josephs II. geprägte Haltung im österr. Beamtentum u. Schulwesen [nach dem österr. Kaiser *Joseph* II., 1741-1790]

Jo|ta¹ ⟨n.; - od. -s, -s⟩ **1** ⟨Zeichen: ι, I⟩ grch. Buchstabe **2** ⟨fig.⟩ Kleinigkeit, Spur; *das ist um kein* ~ *anders* [grch.]

Jo|ta² ⟨[xo:-] f.; -, -s; Musik⟩ spanischer Tanz im 3/8- od. 3/4-Takt [span.]

Jo|ta|zis|mus ⟨m.; -; unz.⟩ = Itazismus

Joule ⟨[dʒaʊl] od. [ʒu:l] n.; - od. -s, -; Zeichen: J⟩ Maßeinheit der Energie, 1 J = 1 Newtonmeter (Nm) = 1 Wattsekunde (Ws) = 0,102 Kilopondmeter (kpm) = 0,238 Kalorien (cal) = 1 m²kg/s² [nach dem engl. Physiker James Prescott *Joule*, 1818-1889]

Joule-Thom|son-Ef|fekt ⟨[dʒaʊl-] od. [dʒu:l tɔmsən-] m.; -(e)s; unz.⟩ Temperaturänderung (meist Abkühlung) eines Gases bei adiabatischer Durchströmung durch eine Drossel, wird zur Verflüssigung von Gasen ausgenutzt [nach den engl. Physikern J. P. *Joule*, 1818-1889 + W. *Thomson*, 1824-1904]

jour ⟨[ʒu:r]⟩ → *à jour*

Jour ⟨[ʒu:r] m.; -, -s, -s⟩ **1** Tag; ~ *fixe* [-fiks] festgesetzter Tag (an dem man sich regelmäßig trifft) **2** ⟨veraltet⟩ Empfangstag [frz., »Tag«]

Jour|naille ⟨[ʒurnaljə] od. [-naːjə] f.; -; unz.; abwertend⟩ verantwortungslose Journalisten, die ständig gegen die ihnen gebotene Sorgfaltspflicht verstoßen [<*Journal* + frz. Endung]

Jour|nal ⟨[ʒur-] n.; -s, -e⟩ **1** Rechnungsbuch **2** Zeitschrift **3** Tagebuch; *Schiffs*~ [frz., »Zeitung«]

Jour|na|lis|mus ⟨[ʒur-] m.; -; unz.⟩ **1** Zeitungswesen **2** schreibende Tätigkeit für die Medien (bes. Presse) **3** ⟨abwertend⟩ journalist. Stil, die Art, wie in Zeitungen geschrieben wird [<frz. *journalisme* »Zeitungswesen«]

Jour|na|list ⟨[ʒur-] m.; -en, -en⟩ für die Medien (bes. Presse) tätige recherchierende u. schreibende Person

Jour|na|lis|tik ⟨[ʒur-] f.; -; unz.⟩ Zeitungswissenschaft, Zeitungskunde

Jour|na|lis|tin ⟨[ʒur-] f.; -, -tinnen⟩ weibl. Journalist

jo|vi|al ⟨[-vi-] Adj.⟩ **1** leutselig, wohlwollend **2** gutmütig herablassend; *jmdm.* ~ *auf die Schulter klopfen* [<spätlat. *jovialis*, nach dem Planeten *Jupiter* (lat. *Iuppiter*, Gen. *Iovis*), der angebl. dem Menschen Fröhlichkeit verleiht]

Jo|vi|a|li|tät ⟨[-vi-] f.; -; unz.⟩ joviales Wesen

jo|vi|a|nisch ⟨[-vi-] Adj.⟩ den Jupiter betreffend, von ihm stammend, von ihm ausgehend [zu lat. *Iovis*, Nebenform zu *Iupiter*]

Joy|stick ⟨[dʒɔɪ-] m.; -s, -s⟩ griffähnl. Einrichtung mit einer od. mehreren Tasten, mit der einem Computer Befehle übermittelt werden [engl., »Steuerknüppel« (im Flugzeug)]

jr. ⟨Abk. für⟩ junior

Ju|bel ⟨m.; -s; unz.⟩ lauter Freudenausbruch, laute Freude

Ju|bi|lar ⟨m.; -s, -e⟩ jmd., zu dessen Ehren ein Jubiläum gefeiert, eine Gedenkfeier veranstaltet wird [→ *Jubiläum*]

Ju|bi|la|rin ⟨f.; -, -rin|nen⟩ weibl. Person, zu deren Ehren ein Jubiläum gefeiert, eine Gedenkfeier veranstaltet wird

Ju|bi|la|te dritter Sonntag nach Ostern [nach dem Anfang des Introitus: *Jubilate* »Frohlocket« (Psalm 66 u. 100); zu lat. *iubilare* »jauchzen, frohlocken«]

Ju|bi|la|tio ⟨f.; -; unz.; Musik⟩ (im gregorianischen Choral) frohlockende, auf einem Vokal gesungene Tonfolge, z. B. auf der letzten Silbe des Hallelujah [lat., »Jubel«]

Ju|bi|lä|um ⟨n.; -s, -lä|en⟩ Gedenkfeier, Jahrestag, bes. nach einer runden Zahl von Jahren; *10., 25., 50., 100.* ~ [<lat. *iubilaeum* verkürzt <*annus iubilaeus* »Jubeljahr, Jubiläumsjahr«]

Ju|bi|lee ⟨[dʒuːbɪli:] n.; - od. -s, -s⟩ hymnischer, religiöser Gesang der farbigen Gemeinden in den USA [zu engl. *jubilate* »jubeln« <lat. *iubilare* »jauchzen«]

ju|bi|lie|ren ⟨V.⟩ **1** singen, trillern; *Vögel* ~ **2** ⟨fig.; poet.⟩ jubeln **3** ein Jubiläum feiern [<lat. *iubilare* »jauchzen«, lautmalend]

juch|ten ⟨Adj.⟩ aus Juchtenleder

Juch|ten ⟨n.; -s; unz.⟩ **1** nach Juchtenleder duftendes Parfüm **2** ⟨kurz für⟩ Juchtenleder

Juch|ten|le|der ⟨n.; -s, -⟩ gegerbtes Fahlleder (echtes J. war mit Weiden- u. Birkenrindenstoffen gegerbt u. besaß den charakteristischen Geruch von Birkenteeröl) [<russ. *juchtj*, poln. *jucht*, tschech. *juchta* <pers. *joft* »ein Paar«, da die Häute paarweise gegerbt wurden]

Ju|da|i|ka ⟨[-da:i-] Pl.⟩ Bücher u. Bilder über das Judentum

ju|da|i|sie|ren ⟨V.⟩ jüdisch machen, jüdischem Einfluss unterwerfen

Ju|da|i|sie|rung ⟨f.; -, -en⟩ das Judaisieren, Judaisiertwerden

Ju|da|is|mus ⟨m.; -; unz.⟩ mosaische Religion, jüdische Religion nach den Lehren des Talmuds [lat., <grch. *ioudaismos* <*Ioudaios* »Jude«]

Ju|da|ist ⟨m.; -en, -en⟩ Wissenschaftler auf dem Gebiet der Judaistik

Ju|da|is|tik ⟨f.; -; unz.⟩ Wissenschaft von der jüd. Geschichte und Kultur

Ju|da|is|tin ⟨f.; -, -tin|nen⟩ Wissenschaftlerin auf dem Gebiet der Judaistik

ju|da|is|tisch ⟨Adj.⟩ die Judaistik betreffend, zu ihr gehörig

Ju|di|ca ⟨ohne Artikel⟩ fünfter Passionssonntag, vorletzter Sonntag vor Ostern; *oV* Judika [<lat. *iudica;* nach dem Anfang des Introitus: *Iudica me…* »Richte mich…« (Psalm 43)]

Ju|di|ka ⟨ohne Artikel⟩ = Judica

Ju|di|kat ⟨n.; -(e)s, -e⟩ Urteil [<lat. *iudicatum* »Urteil, Urteilsspruch«]

Ju|di|ka|ti|on ⟨f.; -, -en⟩ Verurteilung, Aburteilung, Beurteilung [<lat. *iudicatio* »richterliche Untersuchung, Urteil«]

Ju|di|ka|ti|ve ⟨[-və] f.; -, -n⟩ Teil der Staatsgewalt, der die Rechtsprechung betrifft, richterliche Gewalt; →*a.* Exekutive, Legislative [<lat. *iudicare* »Recht sprechen«]

ju|di|ka|to|risch ⟨Adj.⟩ richterlich [<lat. *iudicatorius*]

ju|di|zie|ren ⟨V.; veraltet⟩ urteilen, richten, Recht sprechen [<lat. *iudicare* »Recht sprechen«]

Ju|di|zi|um ⟨n.; -s, -zi|en; veraltet⟩ 1 richterliche Untersuchung 2 Urteil 3 Urteilsvermögen [<lat. *iudicium* »gerichtl. Untersuchung, Rechtspflege, Urteil«]

Ju|do ⟨n.; - od. -s; unz.; Sport⟩ Jiu-Jitsu als sportl. Wettkampfübung, bei der alle rohen u. gefährl. Griffe verboten sind [jap., »geschmeidiger Weg zur Geistesbildung«]

Ju|do|ka ⟨m.; -s, -s; Sport⟩ Wettkämpfer beim Judo

Jug ⟨[dʒʌɡ] m.; -s, -s; Musik⟩ aus Ton gefertigtes, einfaches Blasinstrument, das vor allem in der folkloristischen Musik der Afroamerikaner Verwendung findet [<engl. *jug* »Kanne«, nach dem Aussehen des Instruments]

ju|gu|lar ⟨Adj.; Anat.⟩ zum Jugulum gehörend

Ju|gu|lum ⟨n.; -s, -la; Anat.⟩ Einsenkung, die über dem Brustbein u. zwischen den beiden Schlüsselbeinen liegt, Drosselgrube [<lat. *iugulum* »Schlüsselbein, Kehle«]

Juice ⟨[dʒuːs] m. od. n.; -, -s [-sɪz]⟩ roher Obst- oder Gemüsesaft [engl.]

Ju|ju|be ⟨f.; -, -n; Bot.⟩ 1 Gattung der Kreuzdorngewächse, Judendorn: *Zizyphus* 2 Frucht der Gemeinen Jujube, Brustbeere, ergibt Tee gegen Katarrh der Atmungsorgane: *Zizyphus vulgaris* [frz., »Brustbeere«, <grch. *zizyphon*]

Ju-Jut|su ⟨a. [dʒudʒutsu] n.; - od. -s; unz.; Sport⟩ altjap. Kampfsport ohne Waffen, der Elemente von Aikido, Judo u. Karate enthält (Vorform des Jiu-Jitsu) [jap., »sanfte Kunst«]

Juke|box ⟨[dʒuːkbɔks] f.; -, -es [-sɪz]; Musik⟩ Musikbox, Musikautomat [<engl. *juke* »Unordnung« + *Box*]

Jul ⟨n.; - od. -s; unz.⟩ 1 germanisches Fest zur Wintersonnenwende 2 skandinavisches Weihnachtsfest [dän., norweg., schwed. <anord. *jol*]

Jul|bock ⟨m.; -(e)s, -bö|cke⟩ in Skandinavien bei Umzügen auftretende od. aus Stroh gefertigte Bocksfigur, die während der Weihnachtszeit Dämonen fernhalten soll

Jul|brot ⟨n.; -(e)s, -e⟩ altgerman. Opfergebäck zum Julfest in der Form von Sonnenrädern, Schlangen u. Hörnern [zu norweg., schwed., dän. *jul* »Weihnachten«; Herkunft ungeklärt]

Jul|fest ⟨n.; -(e)s, -e⟩ 1 ⟨urspr.⟩ german. Fest zur Wintersonnenwende 2 ⟨heute in Skandinavien⟩ Weihnachten [<schwed. *jul* »Weihnachten«]

Ju|li ⟨m.; - od. -s, -s⟩ siebenter Monat des Jahres [<lat. *Iulius;* nach Iulius Cäsar, 100-44 v. Chr.]

ju|li|a|nisch ⟨Adj.⟩ von Julius Cäsar stammend; ~*er Kalender* von Julius Cäsar eingeführter Kalender von 365 Tagen mit einem Schaltjahr alle vier Jahre [→ *Juli*]

Ju|li|en|ne ⟨[ʒylǐɛn] f.; -; unz.; Kochk.⟩ streifenförmig geschnittenes Gemüse (als Suppeneinlage) [nach dem frz. weibl. Vornamen *Julienne* »Juliane«]

Jul|klapp ⟨m.; -s; unz.⟩ 1 skandinav. u. norddt. Sitte, am Julfest heimlich Weihnachtsgeschenke ins Zimmer zu werfen, wobei »~!« gerufen wird 2 das Weihnachtsgeschenk selbst [<schwed. *jul* »Weihnachten« + lautnachahmendes *klapp*]

Jum|bo ⟨m.; -s, -s; kurz für⟩ Jumbojet

Jum|bo|jet ⟨[-dʒɛt] m.; (-) -s, (-) -s⟩ Großraumflugzeug mit Strahlantrieb [nach *Jumbo,* dem Namen eines Elefanten des Zirkus P. T. Barnum + *Jet*]

Ju|me|la|ge ⟨[ʒym(ə)laːʒ(ə)] f.; -, -n [-ʒən]⟩ Städtepartnerschaft; *die ~ zwischen Hagen u. Smolensk* [frz., »Verbindung«]

Jump ⟨[dʒʌmp] m.; -s, -s⟩ 1 ⟨Musik; unz.⟩ ein Jazzstil 2 ⟨Sport; zählb.⟩ der abschließende Sprung beim Dreisprung; →*a.* Hop, Stepp [<engl. *jump* »Satz, Sprung«]

jum|pen ⟨[dʒʌm-] V.; umg.; salopp⟩ springen [→ *Jump*]

Jum|per ⟨[dʒʌm-] m.; -s, -⟩ Pullover [engl., »Strickjacke«]

Jump|suit ⟨[dʒʌmpsjuːt] m.; -s, -s; umg.⟩ einteiliger Anzug, Overall [<*Jump* + engl. *suit* »Anzug«]

jun. ⟨Abk. für⟩ junior

jun|gie|ren ⟨V.; veraltet⟩ verbinden, zusammenlegen [<lat. *iungere* »verbinden«]

Jun|gle ⟨*auch:* Jungle⟩ ⟨[dʒʌŋl] m.; - od. -s; unz.; Musik⟩ eine Stilrichtung des Technos mit Rap- u. Reggaeelementen [engl., »Dschungel«]

Jun|gle|stil *auch:* **Jungle|stil** ⟨[dʒʌŋl-] m.; -(e)s; unz.; Musik⟩ Spielart von Blasinstrumenten im Jazz, bei der durch Verwendung von Dämpfern u. Ä. Töne entstehen, die Urwaldgeräuschen ähneln; *oV* Junglestyle [<engl. *jungle* »Dschungel, Urwald« + *Stil*]

Jun|gle|style *auch:* **Jungle|style** ⟨[dʒʌŋlstaɪl] m.; -s; unz.; Musik⟩ = Junglestil

Ju|ni ⟨m.; - od. -s, -s⟩ sechster Monat des Jahres [<lat. *Iunius;* nach der römischen Göttin *Iuno*]

ju|ni|or ⟨Abk.: jr., jun.; hinter Personennamen⟩ der Jüngere; *Ggs* senior; *Herr Meier ~*

Ju|ni|or ⟨m.; -s, -en⟩ **1** der Jüngere, der Sohn; *Ggs* Senior (1) **2** ⟨Sport⟩ Jugendlicher [<lat. *iunior* »jünger«]

Ju|ni|o|rat ⟨n.; -(e)s, -e⟩ Jüngstenrecht ohne Rücksicht auf den Grad der Verwandtschaft; *Ggs* Seniorat (3); →*a.* Minorat [→ *Junior*]

Ju|ni|or|chef ⟨[-ʃɛf] m.; -s, -s⟩ der jüngere von zwei Chefs einer Firma; *Ggs* Seniorchef

Ju|ni|or|part|ner ⟨m.; -s, -; Wirtsch.⟩ mit weniger Rechten ausgestatteter (jüngerer) Teilhaber an einem Unternehmen [<lat. *iunior* »jünger« + *Partner*]

Ju|ni|pe|rus ⟨m.; -, -; Bot.⟩ Wacholder [lat.]

Junk ⟨[dʒʌŋk] m.; -s; unz.; Drogenszene⟩ Rauschmittel [engl., eigtl. »Abfall, Plunder«]

Junk-Art ⟨[dʒʌŋk-] f.; -; unz.⟩ Stilrichtung der modernen Kunst, in der Abfall, Trödel u. Ä. in Kunstwerken verarbeitet werden [<engl. *junk* »Abfall, Plunder« + *art* »Kunst«]

Junk|food *auch:* **Junk Food** ⟨[ˈdʒʌŋkfuːd] n.; -(-) *od.* (-) -s; unz.⟩ ungesunde, kalorienreiche Nahrung, die überwiegend Fett, Zucker u. Kohlenhydrate enthält (z. B. Eis, Süßigkeiten, Hamburger) [<engl. *junk* »Abfall, Plunder« + *food* »Essen«]

Jun|kie ⟨[dʒʌŋkɪ] m.; -s, -s; umg.⟩ Drogensüchtiger [<engl. *junk* »Abfall, Plunder«]

Junk|mail ⟨[dʒʌŋkmeɪl] f.; -, -s⟩ unerwünschte, bes. per E-Mail versandte Werbepost; *bei Internetnutzern beträgt der Anteil an ~s häufig 50 Prozent des Postaufkommens* [<engl. *junk* »Abfall, Plunder« + *mail* »Post«]

Junk|tim ⟨n.; -s, -s⟩ Verbindung u. Behandlung mehrerer Gesetzesvorlagen, die nur entweder alle angenommen od. alle abgelehnt werden können [<lat. *iunctim* »vereinigt, verbunden, miteinander«; zu *iungere* »verbinden«]

junk|ti|mie|ren ⟨V.; Rechtsw.; österr.⟩ mithilfe eines Junktims verbinden; *Gesetzesvorlagen ~*

Junk|tor ⟨m.; -s, -to|ren; Logik⟩ Verbindungspartikel, die Aussagen zu einer neuen, komplexeren Aussage verknüpft, z. B. »und«, »oder«, »wenn« [<lat. *iunctura* »Verbindung«]

Junk|tur ⟨f.; -, -en⟩ **1** ⟨veraltet⟩ Verbindung, Fuge **2** ⟨Med.⟩ Verbindung zwischen benachbarten Knochen, z. B. Gelenk **3** ⟨Sprachw.⟩ durch eine Sprechpause markierte Grenze zwischen zwei aufeinander folgenden sprachlichen Einheiten, z. B. bei »geeicht«, »enttarnen« [<lat. *iunctura* »Verbindung«]

ju|no|nisch ⟨Adj.; geh.⟩ **1** stolz, erhaben **2** stattlich, üppig; *eine ~e Gestalt, Erscheinung* [nach der röm. Göttin *Juno*]

Jun|ta ⟨a. [xʊn-] f.; -, Jun|ten; in Spanien u. bes. Lateinamerika⟩ **1** (Machthaber einer) Militärdiktatur **2** Regierungsausschuss mit zeitlich begrenzter Gewalt [span., »Versammlung, Rat, Kommission«, <lat. *iungere* »verbinden«]

Jupe ⟨[ʒyːp] m. *od.* n.; -s, -s; schweiz.⟩ Rock (für Damen od. Mädchen) [frz.]

Ju|pi|ter|lam|pe ⟨f.; -, -n⟩ in Film- u. Fotostudios gebräuchliche Lampe mit großer Helligkeit

Ju|pon ⟨[ʒypɔ̃ː] m.; -s, -s⟩ **1** knöchellanger Unterrock **2** ⟨schweiz. allg.⟩ Unterrock [frz., »Unterrock«]

Ju|ra[1] ⟨m.; -s; unz.⟩ **1** Name mehrerer Gebirge **2** mittlere Formation des Mesozoikums vor 160-110 Mill. Jahren; *oberer, weißer ~* = Malm; *mittlerer, brauner ~* = Dogger[2]; *unterer, schwarzer ~* = Lias [<lat. *Iura (mons)* »Juragebirge«]

Ju|ra[2] ⟨Pl.; Sing.: Jus⟩ die Rechte; *~ studieren* [<lat. *iura*, Pl. zu *ius* »Recht«]

ju|ras|sisch ⟨Adj.⟩ zur Formation des Juras gehörig

ju|ri|disch ⟨Adj.; veraltet; noch österr.⟩ der Rechtswissenschaft entsprechend, juristisch [<lat. *iuridicus* »das Recht handhabend, gerichtlich« <*ius*, Gen. *iuris* »Recht« + *dicere* »sagen, sprechen«]

ju|rie|ren ⟨V.; veraltet; österr.⟩ als Mitglied einer Jury entscheiden, eine Juryentscheidung treffen

Ju|ris|dik|ti|on ⟨f.; -, -en⟩ Gerichtsbarkeit, Rechtsprechung [<lat. *iurisdictio* »Handhabung des Rechts«; <*ius*, Gen. *iuris* »Recht« + *dicere* »sagen, sprechen«]

Ju|ris|pru|denz ⟨f.; -; unz.⟩ Rechtswissenschaft [<lat. *ius*, Gen. *iuris* »Recht« + *prudentia* »Erfahrung u. Einsicht, Klugheit«]

Ju|rist ⟨m.; -en, -en⟩ Kenner, Lehrer, Student der Rechtswissenschaft, Rechtskundiger, Rechtsgelehrter [<mhd. *juriste* »Rechtsgelehrter« <mlat. *iurista*; zu lat. *ius*, Gen. *iuris* »Recht«]

Ju|ris|te|rei ⟨f.; -; unz.; umg.⟩ Rechtswissenschaft, Rechtsprechung

Ju|ris|tin ⟨f.; -, -tin|nen⟩ weibl. Jurist

ju|ris|tisch ⟨Adj.⟩ **1** die Rechtswissenschaft betreffend, zu ihr gehörig, auf ihr beruhend, mit ihrer Hilfe; *~e Fakultät* **2** rechtlich, rechtswissenschaftlich **3** vom gesetzl. Standpunkt aus; *~ einwandfrei* **4** *~e Person* mehrere Personen od. Institutionen, die vom Staat als Rechtsobjekt anerkannt werden

Ju|ror ⟨m.; -s, -ro|ren⟩ Mitglied einer Jury [engl., »Geschworener, Preisrichter«]

Ju|ro|ren|ko|mi|tee ⟨n.; -s, -s; österr. für⟩ Jury

Ju|ro|rin ⟨f.; -, -rin|nen⟩ weibl. Mitglied einer Jury

Jur|te ⟨f.; -, -n⟩ Rundzelt mittelasiat. Nomaden aus Filz; *Sy* Kibitka (1) [<russ. *jurta*]

Ju|ry ⟨[ʒyriː] *od.* [ˈ--] f.; -, -s⟩ Ausschuss von Sachverständigen als Preisrichter bei Kunstausstellungen, sportl. Veranstaltungen u. Ä.; *Sy* ⟨österr.⟩ Jurorenkomitee [engl., »Geschworenengericht, die Geschworenen, Preisrichterkollegium«]

ju|ry|frei ⟨[ʒyriː] *od.* [ˈ---] Adj.⟩ nicht von Experten zusammengestellt; *eine ~e Ausstellung*

Jus[1] ⟨n.; -, Ju|ra⟩ Recht; *~ primae noctis* Recht (des Gutsherrn) auf die Brautnacht (einer Leibeigenen), Recht der ersten Nacht [<lat. *ius*, Gen. *iuris* »Recht«]

Jus² ⟨[ʒyː] f.; -; unz. od. schweiz. a.: n.; -; unz.⟩ **1** mit Fleischbrühe gelöster Bratensatz in der Pfanne **2** starke Fleischbrühe **3** Fruchtsaft; *Tomaten~* [frz., »Fruchtsaft, Fleischsaft«]

Jus|siv ⟨m.; -s, -e [-və]; Sprachw.⟩ Modus des Verbs, der keinen direkten Imperativ darstellt, jedoch die sichere Erwartung einer Handlung zum Ausdruck bringt, z. B. »er möge sich beeilen«, »sie soll sich gedulden« [<lat. *iussum* »Geheiß, Verordnung, Befehl«]

just ⟨Adv.; veraltet; noch poet.⟩ eben, gerade; *~ als er ankam; ~ am gleichen Tag; ich war ~ dabei, auszugehen* [<lat. *iuste* »mit Recht, gehörig«, Adv. zu *iustus* »gerecht«]

Jus|ta|ge ⟨[ʒystaːʒ(ə)] f.; -, -n⟩ Eichung, das genaue Einstellen von Messinstrumenten u. technischen Geräten [zu frz. *juste* »genau«]

jus|ta|ment ⟨Adv.⟩ gerade, genau; *das ist ~ derselbe, der...* [<frz. *justement* »gerade, eben«, eigtl. »gerecht«]

Juste|mi|lieu ⟨[ʒystmiljøː] n.; -s; unz.; Politik⟩ **1** polit. Schlagwort in Frankreich nach der Julirevolution 1830, mit dem die kompromissbereite, ausgleichende Politik des Königs Louis Philippe bezeichnet wurde **2** laue Gesinnung [<frz. *juste* »gerecht, richtig« + *milieu* »Mitte«]

jus|tie|ren ⟨V.⟩ **1** *ein Messgerät ~* genau, korrekt einstellen, eichen **2** ⟨Typ.⟩ **2.1** beim Umbruch den in Spalten gesetzten Satz u. die Klischees auf gleiche Seitenhöhe bringen **2.2** die Marginalien an die entsprechenden Stellen des Textes setzen **3** *Münzgewicht ~* prüfen [<mlat. *iustare* »berichtigen, in die gehörige Ordnung bringen«]

Jus|tie|rer ⟨m.; -s, -⟩ **1** jmd., der justiert **2** Münzprüfer

Jus|tie|rung ⟨f.; -, -en⟩ das Justieren, Justiertwerden

Jus|ti|fi|ka|ti|on ⟨f.; -, -en⟩ **1** das Justifizieren, Rechtfertigung **2** Genehmigung **3** Anerkennung der Richtigkeit [<lat. *iustificatio* »Rechtfertigung«]

Jus|ti|fi|ka|tur ⟨f.; -, -en⟩ Rechnungsprüfung u. -genehmigung [<lat. *iustificare* »rechtfertigen«]

jus|ti|fi|zie|ren ⟨V.⟩ **1** rechtfertigen **2** die Richtigkeit (von etwas) prüfen u. anerkennen [<lat. *iustificare* »rechtfertigen«]

just in time ⟨[dʒʌst ɪn taɪm] Abk.: JIT⟩ punkt-, termingenau, (gerade) rechtzeitig [engl.]

Just-in-Time-Pro|duk|ti|on ⟨[dʒʌstɪntaɪm-] f.; -, -en; Pl. selten; Wirtsch.⟩ Produktionsform, bei der die Termine für Zulieferung u. Produktion genau aufeinander abgestimmt werden (um zusätzliche Kosten für die Lagerung zu vermeiden) [→ *just in time*]

Justitia / Justitiar / Justiziar
(*Laut-Buchstaben-Zordnung*)
Bei der Schreibung abgeleiteter Wortformen wird stärker das Stammprinzip berücksichtigt. Lässt sich die flektierte Form auf ein Substantiv, das auf »z« endet, wie z. B. *Justiz*, zurückführen, gilt die Stammschreibung als Hauptvariante. Diese Regelung gilt jedoch nicht für Eigennamen wie z. B. »*Justitia*«, deren Schreibung durch die Bestimmungen der lateinischen Herkunftssprache festgelegt ist.

Jus|ti|tia ⟨f.; -; unz.⟩ Personifizierung, Symbol der Gerechtigkeit (dargestellt als weibl. Figur mit verbundenen Augen u. einer Waage in der Hand) [lat. Name der Göttin der Gerechtigkeit]

jus|ti|ti|a|bel ⟨Adj.⟩ = justiziabel
Jus|ti|ti|ar ⟨m.; -s, -e⟩ = Justiziar
jus|ti|ti|ell ⟨Adj.⟩ = justiziell
Jus|ti|ti|um ⟨n.; -s, -ti|en⟩ = Justizium

Jus|tiz ⟨f.; -; unz.⟩ Rechtswesen, Rechtspflege [<lat. *iustitia* »Gerechtigkeit«]

jus|ti|zi|a|bel ⟨Adj.⟩ einer gerichtlichen Klärung bedürfend, in einer gerichtlichen Entscheidung zu beurteilen; *oV justitiabel; ein justiziabler Vorgang*

Jus|ti|zi|ar ⟨m.; -s, -e⟩ Rechtsbeistand eines Betriebes od. einer Behörde; *oV* Justitiar [<mlat. *iustitiarius;* zu lat. *iustitia* »Gerechtigkeit«]

jus|ti|zi|ell ⟨Adj.⟩ die Justiz betreffend, zu ihr gehörig; *oV* justitiell

Jus|ti|zi|um ⟨n.; -s, -zi|en⟩ Stillstand der Rechtspflege (infolge schwer wiegender Ereignisse); *oV* Justitium [<lat. *iustitium* <*ius* »Recht« + *sistere* »stehen bleiben«]

Jus|tiz|mord ⟨m.; -(e)s, -e⟩ (auf einem Justizirrtum beruhende) Verurteilung eines Unschuldigen zum Tode

Ju|te ⟨f.; -; unz.⟩ **1** die Stängelfaser der Jute(2 u. 3) **2** eine von mehreren ind. Arten einer Gattung der Lindengewächse: Corchorus **2.1** (i. e. S.) die Art: Corchorus capsularis **3** ähnl. Faser anderer Pflanzen [<engl. *jute* <Hindi *jhuta* »kraus«; zu aind. *jata* »Haarflechte«]

ju|ve|na|lisch ⟨[-ve-] Adj.⟩ satirisch, spöttisch, beißend [nach dem röm. Satirendichter Decimus Iunnius Iuvenalis, etwa 58–140 n. Chr.]

ju|ve|na|li|sie|ren ⟨[-ve-] V.⟩ am jugendl. Stil u. Geschmack ausrichten, ihm gemäß gestalten [<lat. *iuvenalis* »jugendlich«]

Ju|ve|na|li|sie|rung ⟨[-ve-] f.; -, -en⟩ das Juvenalisieren

ju|ve|nil ⟨[-ve-] Adj.⟩ **1** jugendlich; *Ggs* senil **2** dem Erdinnern entstammend; *~es Wasser* [<lat. *iuvenilis* »jugendlich«]

Ju|ve|ni|lis|mus ⟨[-ve-] m.; -; unz.; Psych.⟩ **1** Jugendphase in normaler Ausprägung **2** leichte Form des Infantilismus [→ *juvenil*]

Ju|ve|ni|li|tät ⟨[-ve-] f.; -; unz.⟩ Jugendlichkeit; *Ggs* Senilität [→ *juvenil*]

Ju|wel ⟨n. od. m.; -s, -en⟩ **1** Kleinod, Schmuckstück, geschliffener Edelstein **2** ⟨fig.; umg.; scherzh.⟩ wertvoller Mensch, Mensch, der alle Arbeiten hervorragend erledigt; *ein seltenes ~* [<mndrl. *juweel* <afrz. *joël* »Schmuck« (frz. *joyau*) <vulgärlat. *jocellum* »Kurzweiliges«; zu lat. *iocus* »Scherz«; verwandt mit *Jux*]

Ju|we|lier ⟨m.; -s, -e⟩ **1** Goldschmied **2** Schmuckhändler

Juwelierin

Ju|we|lie|rin ⟨f.; -, -rin|nen⟩ **1** Goldschmiedin **2** Schmuckhändlerin

Jux ⟨m.; -es, -e; umg.⟩ Scherz, Spaß, Ulk; *sich einen ~ machen* [<lat. *iocus* »Scherz«; verwandt mit *Juwel*]

Jux|ta ⟨f.; -, -Jux|ten⟩ Streifen an kleinen Wertpapieren (Losen usw., meist links), der zur Kontrolle abgetrennt u. einbehalten werden kann; *oV* Juxte [<lat. *iuxta* »daneben«]

Jux|ta|po|si|ti|on ⟨f.; -, -en⟩ **1** ⟨Min.⟩ Anlagerung an der Oberfläche wachsender Kristalle **2** ⟨Sprachw.⟩ Zusammenrückung [<lat. *iuxta* »daneben« + *Position*]

Jux|te ⟨f.; -, -n⟩ = Juxta

K

k ⟨Zeichen für⟩ **1** metrisches Karat, 1 k = 0,2 g **2** ⟨vor Maßeinheiten für⟩ Kilo...

K 1 ⟨Zeichen für⟩ Kelvin (°K) **2** ⟨veraltet; Formelzeichen für⟩ Kraft, ersetzt durch das Zeichen F (forth)

Ka|a|ba ⟨f.; -; unz.⟩ islam. Heiligtum in Mekka, Ziel der dem Moslem vorgeschriebenen Pilgerreise [<arab. *ka'b* »Würfel«]

Ka|ba ⟨m. od. n.; -; unz.⟩ **1** hauptsächl. aus Kakao u. verschiedenen Zuckerarten bestehendes, rasch lösliches Pulver **2** Getränk daraus mit Milch

Ka|ba|le ⟨f.; -, -n; geh.⟩ = Intrige; →*a.* Kabbala [<frz. *cabale* »Ränke« <neuhebr. *qabbala* »Überlieferung, Geheimlehre«]

ka|ba|lie|ren ⟨V.; geh.⟩ Ränke spinnen, intrigieren; *oV* kabalisieren [→ *Kabale*]

ka|ba|li|sie|ren ⟨V.; geh.⟩ = kabalieren

Ka|ba|nos|si ⟨f.; -, -⟩ sehr dünne, stark gewürzte u. geräucherte italienische Brühwurst; *oV* Cabanossi

Ka|ba|rett ⟨n.; -s, -e od. -s⟩ *oV* Cabaret **1** kurze, meist humoristische Darbietung auf einer Bühne; *literarisches, politisches ~* **2** Raum, Gebäude, Bühne für ein Kabarett (1) **3** drehbare Speiseplatte [<frz. *cabaret* »Schenke«]

Ka|ba|ret|ti|er ⟨[-tje:] m.; -s, -s⟩ Leiter eines Kabaretts [<frz. *cabaretier* »Schankwirt«]

Ka|ba|ret|tist ⟨m.; -en, -en⟩ Künstler in einem Kabarett

Ka|ba|ret|tis|tin ⟨f.; -, -tin|nen⟩ Künstlerin in einem Kabarett

ka|ba|ret|tis|tisch ⟨Adj.⟩ das Kabarett betreffend, zu ihm gehörig, ihm entsprechend, in der Art des Kabaretts

Kab|ba|la ⟨f.; -; unz.⟩ aus den verschiedensten Elementen bestehende, stark mit Buchstaben- u. Zahlensymbolen arbeitende, sich an die Bibel anlehnende, mystische jüd. Geheimlehre u. ihre Schriften; →*a.* Chassidismus, Numerologie [<neuhebr. *qabbala* »Überlieferung, Geheimlehre«]

Kab|ba|list ⟨m.; -en, -en⟩ Kenner, Anhänger der Kabbala

Kab|ba|lis|tik ⟨f.; -; unz.⟩ **1** Erforschung der Kabbala **2** Geheimlehre

Kab|ba|lis|tin ⟨f.; -, -tin|nen⟩ Kennerin, Anhängerin der Kabbala

kab|ba|lis|tisch ⟨Adj.⟩ **1** die Kabbala betreffend, zu ihr gehörig, aus ihr stammend **2** die Geheimlehre betreffend

Ka|bel ⟨n.; -s, -⟩ **1** ⟨Mar.⟩ starkes Tau **2** ⟨El.⟩ mehrere zusammengefasste u. isolierte Leitungsdrähte **3** ⟨veraltet⟩ Telegramm aus Übersee [<mndrl. *cabel* <pikard. *cabel* »Rolltau, Ankertau« <frz. *chable*⟩ <vulgärlat. *catabula* »niederwerfen«; beeinflusst von lat. *capulum* »Fangseil« u. arab. *habl* »Seil«]

Ka|bel|fern|se|hen ⟨n.; -s; unz.; TV⟩ Fernsehsendungen, die von einer zentralen Sendestelle über Kabel zum Empfänger geleitet werden

Ka|bel|jau ⟨m.; -s, -e od. -s; Zool.⟩ 1,5 m langer u. bis 50 kg schwerer Nutzfisch: Gadus morrhua [<mndrl. *cabbeliau*; Herkunft unsicher]

Ka|bi|ne ⟨f.; -, -n⟩ **1** kleiner, abgeschlossener Raum; *Bade~*; *Umkleide~* **2** Wohn- u. Schlafraum an Bord; *Außen~*; *Innen~* **3** Gondel einer Seilbahn [<engl. *cabin* »Hütte, Kajüte«; beeinflusst von frz. *cabine* »Kajüte, Kabine«]

Ka|bi|nett[1] ⟨n.; -s, -e⟩ **1** kleines Zimmer, Nebenraum **2** Beratungs- u. Arbeitszimmer eines Fürsten **3** Raum zur Aufbewahrung von Kunstsammlungen; *Kunst~*; *Kupferstich~*; *Uhren~* **4** ⟨16./17. Jh.⟩ Schrank mit vielen Fächern u. Schubladen zur Aufbewahrung von Kunstsammlungen **5** ⟨fig.⟩ die persönl. Berater eines Staatsoberhauptes **6** Ministerrat, Gesamtministerium; *ein ~ bilden, stürzen, umbilden* **7** ⟨ohne Artikel⟩ eine Güteklasse des Weins [<frz. *cabinet* »kleines Nebenzimmer« <ital. *gabinetto*, Verkleinerungsform zu *gabbia* »Käfig«]

Ka|bi|nett[2] ⟨m.; -s; unz.; kurz für⟩ Kabinettwein

Ka|bi|netts|for|mat ⟨n.; -(e)s; unz.⟩ Bildformat, 10 x 14 cm

Ka|bi|netts|fra|ge ⟨f.; -, -n; Politik⟩ Vertrauensfrage an das Parlament, von der das weitere Amtieren eines Ministers abhängt; *die ~ stellen*

Ka|bi|netts|jus|tiz ⟨f.; -; unz.; Pol.⟩ Einmischung des Staatsoberhauptes in einen Rechtsstreit

Ka|bi|nett|stück ⟨n.; -(e)s, -e⟩ **1** ⟨urspr.⟩ bes. wertvoller Gegenstand der Kunst od. Wissenschaft, der nicht in einer allg. Sammlung, sondern im Kabinett untergebracht ist **2** ⟨danach⟩ bes. schöner, wertvoller Gegenstand **3** ⟨fig.⟩ bes. geschicktes, kluges Vorgehen od. Verhalten, Meisterstück

Ka|bi|nett|wein ⟨m.; -(e)s, -e⟩ ausgesuchter Wein, Qualitätswein mit Prädikat der ersten Kategorie; *Sy* Kabinett[1]

Ka|bo|ta|ge ⟨[-ʒə] f.; -, -n⟩ *oV* Cabotage (1) **1** Binnen- u. Küstenschifffahrt zwischen Häfen des gleichen Staates **2** gewerbsmäßiger Luftverkehr innerhalb eines fremden Hoheitsgebietes

[<frz. *cabotage* »Küstenschiffahrt«]

Ka|bo|tie|ren ⟨V.⟩ Kabotage betreiben [<frz. *caboter* »die Küste befahren«]

Ka|brio *auch:* **Kab|rio** ⟨n.; -s, -s; kurz für⟩ Kabriolett; *o V* Cabrio

Ka|brio|lett *auch:* **Kab|ri|olett** ⟨[-lɛ̞ː] n.; -s, -s⟩ *o V* Cabriolet (1) **1** zweirädriger Einspänner **2** Personenkraftwagen mit zurückklappbarem Verdeck; *Ggs* Limousine [<frz. *cabriolet,* eigtl. »ein leichter Wagen (der Luftsprünge macht)« <*cabriole, capriole* »Kapriole« <ital. *capriola*; → *Kapriole*]

Ka|bu|ki ⟨n.; -s, -s⟩ jap. Volkstheater über histor. u. bürgerl. Themen, vereinigt Schauspiel, Musik u. Tanz [jap., »Gesang- und Tanzkunst«]

Kach|ek|ti|ker *auch:* **Ka|chek|ti|ker** ⟨[kaxɛ̞k-] m.; -s, -; Med.⟩ von Kachexie befallener, völlig hinfälliger Kranker [→ *Kachexie*]

kach|ek|tisch *auch:* **ka|chek|tisch** ⟨[kaxɛ̞k-] Adj.⟩ auf Kachexie beruhend

Kach|e|xie *auch:* **Ka|che|xie** ⟨[kaxɛksiː] f.; -, -n; Med.⟩ völliger Kräfteverfall, Auszehrung, schlechter Ernährungszustand, bes. bei Krebs [<grch. *kakos* »schlecht« + *hexis* »Zustand«]

Ka|da|ver ⟨[-vər] m.; -s, -⟩ toter Körper, Tierleiche, Aas [<lat. *cadaver*]

Ka|da|ver|ge|hor|sam ⟨[-vər] m.; -s; unz.⟩ blinder Gehorsam, Befehlsbefolgung unter Ausschaltung der eigenen Urteilskraft

Ka|da|ve|rin ⟨[-və-] n.; -s; unz.⟩ schlecht riechender Stoff, der bei der Fäulnis von Eiweißen auftritt, früher irrtümlich zu den Leichengiften gerechnet; *o V* Cadaverin [→ *Kadaver*]

Kad|disch ⟨n.; - od. -s; unz.⟩ ein jüdisches Gebet [aramäisch]

Ka|denz ⟨f.; -, -en⟩ **1** ⟨Musik⟩ **1.1** zu einem Abschluss führende Akkordfolge **1.2** ⟨beim Instrumentalkonzert⟩ solistische, urspr. improvisierte, später vom Komponisten vorgeschriebene, erweiterte Wiederholung eines Themas, um dem Künstler Gelegenheit zu geben, sein virtuoses Können zu zeigen **2** ⟨Metrik⟩ die Art des Versausgangs, der meist aus einem männl. od. weibl. Reim besteht; →*a.* Katalexe [<ital. *cadenza* »das Fallen«]

ka|den|zie|ren ⟨V.⟩ eine Kadenz ausführen

Ka|der ⟨m. od. schweiz. n.; -s, -⟩ **1** Stammtruppe, Kerntruppe **2** ⟨schweiz.⟩ Vorgesetztengruppe **3** Gruppe fachlich u. politisch geschulter Führungskräfte **4** ⟨DDR⟩ Angehöriger eines Kaders (3) [<frz. *cadre* »Rahmen, Einfassung«]

Ka|der|par|tie ⟨f.; -, -n⟩ = Cadrepartie

Ka|dett[1] ⟨m.; -en, -en⟩ **1** ⟨bis 1918⟩ Zögling einer militärischen Erziehungsanstalt, der die Offizierslaufbahn ergreifen will **2** ⟨umg.; scherzh.⟩ Bursche, Kerl [<frz. *cadet* »Offiziersanwärter, nachgeborener Sohn«]

Ka|dett[2] ⟨m.; -en, -en⟩ Angehöriger einer 1905 gegründeten, liberal-monarchist. russ. Partei [Kurzwort <*konstitutionelle Demokraten*]

Ka|di ⟨m.; -s, -s⟩ **1** ⟨in islam. Ländern⟩ nach den Gesetzen des Korans Recht sprechender Richter **2** ⟨fig.; umg.⟩ *zum ~ laufen* ein Gericht in Anspruch nehmen [<arab. *qadin* »Richter«]

kad|mie|ren ⟨V.⟩ = cadmieren

Kad|mi|um ⟨n.; -s; unz.⟩ = Cadmium

kal|du|zie|ren ⟨V.⟩ **1** für ungültig, verfallen erklären **2** niederschlagen [zu lat. *caducus* »hinfällig«]

Kal|du|zie|rung ⟨f.; -, -en; Wirtsch.⟩ zwangsweiser Ausschluss eines Aktionärs od. Gesellschafters aufgrund nicht erbrachter Einlagen, wobei gleichzeitig der Gesellschaftsanteil u. bereits geleistete Zahlungen für verlustig erklärt werden

Kaf|fee ⟨a. [-'-] m.; -s, -s⟩ **1** ⟨unz.⟩ Samen des Kaffeestrauches, Kaffeebohnen; *gebrannter, gemahlener, gerösteter, grüner ~* **2** ⟨zählb.⟩ Getränk aus gerösteten Kaffeebohnen; *eine Tasse, ein Kännchen ~*!; *bitte drei (Tassen) ~!; jmdn. zu einem ~ einladen (ins Café)* **2.1** *~ verkehrt* Kaffee mit mehr Milch als Kaffee **2.2** *dir haben sie wohl etwas in den ~ getan?* ⟨umg.⟩ du bist wohl verrückt **3** ⟨unz.⟩ Mahlzeit **3.1** erstes Frühstück am Morgen; *morgens beim ~* **3.2** Mahlzeit mit Kuchen am Nachmittag; *jmdn. zum ~ (zu sich) einladen* **4** ⟨unz.⟩ *das ist kalter ~* ⟨fig.⟩ völlig uninteressant, längst bekannt **5** ⟨zählb.⟩ Sorte von Kaffee (1) [<frz. *café* <ital. *caffè* <türk. *qahve* <arab. *qahwah* »Wein; Kaffee«]

Kaf|fee|ex|trakt *auch:* **Kaf|fee-Extrakt** ⟨m.; -(e)s, -e⟩ eingedickter od. getrockneter Kaffeeauszug, der alle löslichen Bestandteile der Kaffeebohne enthält

Kaf|fer ⟨m.; -s, -; umg.⟩ Einfaltspinsel, dummer Kerl, Blödling [<jidd. *kapher* »Bauer«]

Ka|fir ⟨m.; -s, -n⟩ jmd., der nicht dem islamischen Glauben anhängt; *Ggs* Muslim [arab., »Ungläubiger«]

kaf|ka|esk ⟨Adj.⟩ unheimlich, beängstigend, irreal; *eine ~e Schilderung* [nach dem österr. Schriftsteller Franz *Kafka*, 1883–1924]

Kaf|tan ⟨m.; -s, -e⟩ aus dem Orient stammendes, langes, mantelartiges Obergewand [<pers.-arab. *khaftan* »(militär.) Obergewand«]

Ka|gu ⟨m.; -s, -s; Zool.⟩ im Bergland Neukaledoniens lebender, grau gefiederter Kranichvogel mit kräftigem Läufen u. kräftigem Schnabel: Rhynochetos jubatus [polynes.]

Kai ⟨m.; -s, -e od. -s⟩ *o V* Quai **1** befestigte Anlegestelle für Schiffe am Ufer **2** befestigtes Ufer an Meer, Fluss od. See; →*a.* Pier[1] [<ndrl. *kaai* <frz. *quai* »Kai, Uferdamm«]

Kai|man ⟨m.; -s, -e; Zool.⟩ Alligatorart des trop. Südamerika [<span. *caimán* <karib. Eingeborenenspr.]

Kai|man|fisch ⟨m.; -(e)s, -e; Zool.⟩ Knochenhecht, Angehöriger einer Gattung räuberischer Fische mit krokodilartiger Schnauze: Lepidosteus

Ka|i|nit ⟨m.; -s; unz.; Chemie⟩ ein Kalium-Magnesium-Sulfat, wichtiges Kalisalz u. Düngemittel [<grch. *kainos* »neu«]

Kains|mal ⟨n.; -s, -e⟩ *oV* Kainszeichen **1** Stammeszeichen der Keniter auf der Stirn, das Kain getragen haben soll **2** ⟨fälschl. für⟩ Zeichen des Brudermordes, Spur der bösen Tat, die am Täter erkennbar sein soll [nach *Kain*, im 1. Moses, 4,15, wo es ein Zeichen göttlichen Schutzes ist]

Kains|zei|chen ⟨n.; -s, -⟩ = Kainsmal

Kai|zen ⟨[-zɛn] n.; -; unz.; Wirtsch.⟩ Methode aus der jap. Fertigungstechnik, die sich als Ziel die kontinuierliche Verbesserung aller Betriebsprozesse unter Einbezug von eigenverantwortlichen u. kreativen Mitarbeitern setzt [jap.]

Ka|jak ⟨m. od. n.; -s, -s od. -e⟩ **1** leichtes, bis auf den Sitz des Fahrers geschlossenes Paddelboot der Eskimos **2** ⟨allg.⟩ Sportpaddelboot, Grönländer [eskim., »einsitziges, gedecktes Männerboot«]

Ka|jal|stift ⟨m.; -(e)s, -e; Kosmetik⟩ schwarzer Stift für den Lidstrich

Ka|je|put|baum ⟨m.; -(e)s, -bäume; Bot.⟩ ein in Hinterindien u. Australien vorkommendes Myrtengewächs (Myrtenheide) mit weißen, rosa od. roten Blüten: Melaleuca leucadendron [<malai. *kaju* »Baum« + *putih* »weiß«]

Ka|jü|te ⟨f.; -, -n⟩ Wohnraum auf dem Schiff [<ndrl. *kaiüte* »Wohnraum an Bord«; vermutl. <frz. *cahute* »schlechte Hütte«]

Ka|ka|du ⟨a. [--ˈ-] m.; -s, -s; Zool.⟩ Unterfamilie großer Papageien von meist weißer, auch schwarzer Färbung mit gelben od. roten Abzeichen: Kakatoeinae [<ndrl. *kaktoe* <malai. *kakatua* »Haubenpapagei« (wahrscheinl. lautmalend nach dem Schrei des Vogels)]

Ka|kao ⟨a. [-kau] m.; -s, -s⟩ **1** ⟨unz.⟩ Samen des Kakaobaumes **2** ⟨zählb.⟩ Sorte von Kakao **3** ⟨unz.⟩ Pulver aus den Kakaobohnen **4** ⟨zählb.⟩ Getränk daraus mit Milch u. Zucker; *eine Tasse* ~; *jmdn. durch den* ~ *ziehen* ⟨fig.⟩ boshaft über jmdn. reden, jmdn. sehr veralbern,

jmdn. lächerlich machen [<span. *cacao* <aztek. *cacauatl*]

Ka|ke|mo|no ⟨n.; -s, -s⟩ ostasiat., hochformatiges Rollbild auf Papier od. Seide; *Ggs* Makimono [jap., »Gegenstand zum Aufhängen«]

Ka|ker|la|ke ⟨f.; -, -n; Zool.⟩ Küchenschabe [<ndrl. *kakerlak*; weitere Herkunft unsicher; vermutl. verwandt mit engl. *cockroach* »Kakerlake« <span. *cucaracha*]

Ka|ki[1] ⟨n. od. m.; - od. -s; unz.⟩ = Khaki[1, 2]

Ka|ki[2] ⟨f.; -, -s; Bot.⟩ kurz für⟩ Kakipflaume

Ka|ki|dro|se *auch:* **Ka|ki|dro|se** ⟨f.; -; unz.; Med.⟩ übel riechende Schweißabsonderung [<grch. *kokos* »schlecht« + *hidros* »Schweiß«]

Ka|ki|pflau|me ⟨f.; -, -n; Bot.⟩ ein in China u. Japan kultiviertes Ebenholzgewächs: Diospyros kaki; *Sy* Kaki[2] [<jap.]

Ka|ki|rit ⟨m.; -s, -e; Min.⟩ Gestein, das infolge von tekton. Bewegungen von Rutsch- u. Kluftflächen durchzogen ist, Bruchbrekzie [nach dem See *Kakir* in Nordschweden]

Ka|ko|dyl|ver|bin|dung ⟨f.; -, -en; Chemie⟩ Alkylverbindung des Arsens mit Ekel erregendem Geruch, z. B. Kakodyl, Kakodylchlorit [<grch. *kakodes* »übel riechend« (<*kakos* »schlecht« + *ozein* »riechen«) + ... *yl*]

Ka|ko|fo|nie ⟨f.; -, -n; Musik⟩ = Kakophonie

Ka|ko|fo|ni|ker ⟨m.; -s, -; Musik⟩ = Kakophoniker

Ka|ko|fo|nisch ⟨Adj.; Musik⟩ = kakophonisch

Ka|ko|geu|sie ⟨f.; -; unz.; Med.⟩ übler Geschmack (im Mund) [<grch. *kakos* »schlecht« + *geusis* »Geschmack«]

Ka|ko|pho|nie ⟨f.; -, -n; Musik⟩ *oV* Kakofonie **1** Missklang, Dissonanz **2** schlecht klingende Folge von Tönen, Lauten od. Wörtern; *Ggs* Euphonie [<grch. *kakos* »schlecht« + ... *phonie*]

Ka|ko|pho|ni|ker ⟨m.; -s, -; Musik⟩ ein häufig Kakophonien einsetzender Komponist; *oV* Kakofoniker

ka|ko|pho|nisch ⟨Adj.; Musik⟩ in der Art einer Kakophonie;

oV kakofonisch; *Ggs* euphonisch

Ka|ko|sto|mie *auch:* **Ka|kos|to|mie** ⟨f.; -; unz.⟩ übler Mundgeruch [<grch. *kakos* »schlecht« + *stoma* »Mund«]

Kak|ta|ze|en ⟨nur Pl.; Bot.⟩ = Kaktee; *oV* Cactaceae [→ *Kaktus*]

Kak|tee ⟨[-teː(ə)] f.; -, -n; Bot.⟩ = Kaktus; *Sy* Kaktazeen

Kak|tus ⟨m.; -, -te|en od. (österr.) -ses, -se; Bot.⟩ Pflanze aus der Familie der Kaktusgewächse mit säulenförmigem, kugeligem od. blattförmigem Stamm u. Blattdornen, vorwiegend in Wüsten u. Halbwüsten Amerikas: Cactaceae; *Sy* Kaktee [<grch. *kaktos* »stachelige Pflanze«]

Ka|la-A|zar ⟨f.; -; unz.; Med.⟩ Infektionskrankheit, die bes. in Asien u. a. trop. Ländern durch den Erreger Leishmania donovani hervorgerufen wird u. die inneren Organe, bes. Milz, Leber u. Knochenmark, befällt [ind., »schwarze Krankheit«]

Ka|la|bas|se ⟨f.; -, -n⟩ = Kalebasse

Ka|la|bre|ser *auch:* **Ka|la|bre|ser** ⟨m.; -s, -⟩ breitrandiger Filzhut mit spitzem Kopf [nach der Landschaft *Kalabrien* in Süditalien]

Ka|la|mai|ka ⟨f.; -, -mai|ken; Musik⟩ ukrain. Nationaltanz im $^3/_4$-Takt

Ka|la|ma|ri|en ⟨Pl.⟩ = Kalamiten

Ka|la|mi|tät ⟨f.; -, -en⟩ **1** arge Verlegenheit, Übelstand, Notlage; *jmdn. in* ~*en bringen* **2** durch seuchenartigen Befall mit Schädlingen verursacht Erkrankung von Monokulturen, die wirtschaftl. Folgen hat [<lat. *calamitas* »Schaden, Unglück«]

Ka|la|mi|ten ⟨Pl.⟩ ausgestorbene Schachtelhalme, meist baumartige, bis 30 m hohe u. bis zu 1 m dicke Gewächse, Bestandteil der Steinkohle: Calamitaceae; *oV* Kalamarien [<grch. *kalamos* »Rohr, Schilf«]

Ka|lan|choe ⟨[-çoe] f.; -, -n; Bot.⟩ zu den Dickblattgewächsen gehörende Zierpflanze mit roten, gelben u. weißen Blüten [<chines. *calankoe*]

Ka|lan|der ⟨m.; -s, -⟩ in der Papier-, Textil- u. Kunststoffindustrie zur Erzeugung glänzender Glätte benutztes Walzwerk aus mehreren abwechselnd aufeinander angeordneten, polierten Stahl- u. Papierwalzen, zwischen denendie Papier-, Stoff- od. Folienbahn unter starkem Druck hindurchgeführt wird; *Sy* Satinierwalze [<frz. *calandre* »Wäscherolle, Mangel«, <ndrl. *kalandern* »hin- und hergleiten«]

ka|lan|dern ⟨V.⟩ mit dem Kalander bearbeiten

Ka|lasch|ni|kow ⟨f.; -, -s⟩ sowjet. Maschinengewehr [nach dem sowjetischen Waffenkonstrukteur M. T. *Kalaschnikow*]

Ka|lau|er ⟨m.; -s, -⟩ einfaches, nicht sehr geistreiches Wortspiel, fauler Witz [zu frz. *calembour* »Wortspiel« mit Anlehnung an die niederlausitz. Stadt *Kalau*]

ka|lau|ern ⟨V.⟩ Kalauer machen

Kal|da|ri|um ⟨n.; -s, -ri|en; veraltet⟩ warmes Gewächshaus [<lat. *caldarius* »zur Wärme, zum Wärmen gehörig«; zu *calidus* »warm, heiß«]

Kal|dau|ne ⟨f.; -, -n; meist Pl.⟩ essbare Eingeweide, Darmzotten vom Rind, Kutteln [<nddt. *kaldunen* <mlat. *calduna* »das noch dampfende Eingeweide frisch geschlachteter Tiere«, <lat. *calidus* »warm, heiß«]

Ka|le|bas|se ⟨f.; -, -n⟩ aus einem Flaschenkürbis hergestelltes Trinkgefäß; *oV* Kalabasse [<span. *calabaza* + frz. *calebasse* »Flaschenkürbis«]

Ka|le|do|ni|den ⟨Pl.; Geol.⟩ Faltengebirge, die sich vom Kambrium bis zum Ordovizium bildeten u. von denen heute noch Überreste in Skandinavien, Irland u. Schottland zu finden sind [nach *caledonia*, dem lat. Namen für Schottland]

ka|le|do|nisch ⟨Adj.; Geol.⟩ 1 die Kaledonien betreffend; ∼*e Gebirgsbildung* 2 den Zeitraum betreffend, in dem die Kaledoniden entstanden sind; ∼*e Ära*

Ka|lei|do|skop *auch:* Ka|lei|dos|kop ⟨n.; -s, -e⟩ 1 Guckkasten mit bunten Glasstückchen, die sich beim Drehen zu immer neuen Mustern ordnen 2 ⟨fig.⟩ lebendig-bunte Bilderfolge [<grch. *kalos* »schön« + *eidos* »Gestalt, Bild« + ...*skop*]

ka|lei|do|sko|pisch *auch:* ka|lei|dos|ko|pisch ⟨Adj.⟩ wie ein Kaleidoskop, in der Art eines Kaleidoskops

kal|len|da|risch ⟨Adj.⟩ zum Kalender gehörig, in der Art eines Kalenders

Ka|len|da|ri|um ⟨n.; -s, -ri|en⟩ 1 Verzeichnis der kirchlichen Festtage 2 Terminkalender [→ *Kalender*]

Ka|len|den ⟨Pl.⟩ *oV* Calendae 1 der erste Tag des altröm. Monats 2 *etwas bis zu den griechischen* ∼ *aufschieben* aufschieben, um es nie zu tun (da es bei den Griechen keine K. gab) [<lat. *Calendae* »der erste Tag des Monats«]

Ka|len|der ⟨m.; -s, -⟩ 1 Verzeichnis der Tage, Wochen u. Monate des Jahres in zeitlicher Folge mit Angaben über Sonnen- u. Mondaufgänge u. -untergänge usw.; *Abreiß*∼; *Taschen*∼; *einen Tag im* ∼ *rot anstreichen* sich bes. merken 2 Zeitrechnung; *Gregorianischer, hundertjähriger, Julianischer* ∼ [<lat. *calendarius*; zu *Calendae* »der erste Tag des Monats«]

Ka|le|sche ⟨f.; -, -n⟩ leichter, vierrädriger Einspänner mit Klappverdeck od. ohne Verdeck [<tschech. *koleska*, poln. *kolaska* »Räderfahrzeug«]

Ka|le|wa|la ⟨[-va-] f. od. n.; -; unz.⟩ finn. Heldengedicht, Nationalepos der Finnen; *oV* Kalewala [finn., »Land des Kalewa«, d. h. Finnland]

Ka|le|wa|la ⟨f. od. n.; -; unz.⟩ = Kalevala

Kal|fak|ter ⟨m.; -s, -⟩ *oV* Kalfaktor 1 jmd., der alle mögl. Dienste verrichtet, z. B. Heizer, Schuldiener, Hausmeister 2 Aushorcher, Schmeichler, Zwischenträger 3 Strafgefangener, der dem Gefangenenwärter zur Hand geht [<mlat. *cal(e)factor* »Warmmacher, d. h. der mit dem Einheizen betraute Schüler« <lat. *calidus* »warm, heiß« + *facere* »machen«]

Kal|fak|tor ⟨m.; -s, -to|ren; veraltet⟩ = Kalfakter

kal|fa|tern ⟨V.⟩ *ein Schiff* ∼ die Fugen eines Schiffes mit geteertem Werg abdichten [<ital. *calafatare*, frz. *calafater*, *cal(e)fater*, span. *calafatear* <mgrch. *kalaphatein*]

Ka|li ⟨n.; -s, -s; Chemie⟩ 1 ⟨Sammelbez. für⟩ Kaliumverbindungen 2 = Kaliumhydroxid [→ *Kalium*]

Ka|li|an ⟨n. od. m.; -s, -e⟩ persische Wasserpfeife; *oV* Kaliun [<pers. *qalyan*]

Ka|li|ber ⟨n.; -s, -⟩ 1 Durchmesser von Geschossen 2 lichte Weite von Röhren u. Bohrungen 3 Abstand der Walzen im Walzgerüst eines Walzwerkes 4 ⟨fig.⟩ Art, Sorte, Größenordnung [<frz. *calibre* »Durchmesser der Geschützmündung bzw. des Geschosses« <ital. *calibro* »Messgerät zur Bestimmung des Gewichts von Kanonenkugeln« <mlat. *calibrum* »Halbeisen der Gefangenen, Kummet der Zugtiere« <arab. *qalib* »Form, Modell« <grch. *kalopodion* »Schusterleisten«, eigtl. »Holzfüßchen«, <*kalon* »Holz« + *pous*, Gen. *podos* »Fuß«]

ka|lib|rie|ren *auch:* ka|lib|rie|ren ⟨V.⟩ 1 eichen, auf ein genaues Maß bringen; *einen Joystick* ∼ 2 den richtigen Abstand der Kaliberwalze bestimmen, einstellen [<frz. *calibrer* »kalibrieren«; zu *calibre*; → *Kaliber*]

Ka|lif ⟨m.; -en, -en⟩ 1 ⟨bis 1924 Titel für⟩ religiöses u. weltl. Oberhaupt der Sunniten als Nachfolger Mohammeds im Islam. Reich 2 ⟨danach⟩ türk. Sultan [<mhd. *kalif* <arab. *halifa* »Nachfolger, Stellvertreter (näml. des Propheten in der Herrschaft über die Gläubigen)«]

Ka|li|fat ⟨n.; -(e)s, -e⟩ Amt, Würde, Reich des Kalifen

Ka|li|for|ni|um ⟨n.; -s; unz.; Chemie⟩ = Californium

Ka|li|ko ⟨m.; -s, -s; Textilw.⟩ dichtes, glattes Baumwollgewebe, beschichtet als Buchbinderleinwand [<ndrl. *calico* <frz. *calicot*; nach der ostind. Stadt *Kalikut* als Heimat kattunener Gewebe]

Ka|li|lau|ge ⟨f.; -, -n; Chemie⟩ Lösung von Kaliumhydroxid in Wasser

Kalisalpeter

Ka|li|sal|pe|ter ⟨m.; -s; unz.; Chemie⟩ = Kaliumnitrat
Ka|li|salz ⟨n.; -es, -e; Chemie⟩ von der chem. Industrie zur Herstellung von Düngemitteln verwendete Kalium- bzw. Kalium-Magnesium-Verbindungen
Ka|li|um ⟨n.; -s; unz.; chem. Zeichen: K⟩ chem. Grundstoff, Alkalimetall, Ordnungszahl 19 [→ *Alkali*]
Ka|li|um|bro|mid ⟨n.; -(e)s, -e; Chemie⟩ Beruhigungsmittel u. Verzögerer für fotograf. Entwickler; *Sy* Bromkalium
Ka|li|um|chlo|rat ⟨[-klo-] n.; -; -(e)s, -e; Chemie⟩ in Zündholzköpfen u. Feuerwerkskörpern verwendetes Oxidationsmittel; *Sy* chlorsaures Kalium
Ka|li|um|chlo|rid ⟨[-klo-] n.; -; -(e)s, -e; Chemie⟩ als Dünger verwendete Kaliumverbindung
Ka|li|um|cya|nid ⟨n.; -(e)s; unz.; Chemie⟩ = Zyankali; *oV* Kaliumzyanid
Ka|li|um|hy|dro|xid *auch:* **Ka|li|um|hyd|ro|xid** ⟨n.; -s, -e; Chemie⟩ hygroskopische Masse, die durch Elektrolyse von Kaliumchlorid entsteht, Ätzkali; *Sy* Kali (2)
Ka|li|um|kar|bo|nat ⟨n.; -s, -e; Chemie⟩ Kaliumsalz der Kohlensäure, Pottasche
Ka|li|um|ni|trat *auch:* **Ka|li|um|nit|rat** ⟨n.; -(e)s, -e; Chemie⟩ als Düngemittel u. zur Herstellung von Schießpulver verwendete Salpeterart; *Sy* Kalisalpeter
Ka|li|um|per|man|ga|nat ⟨n.; -(e)s, -e; Chemie⟩ Kaliumsalz der Permangansäure, bildet violette, in Wasser gut lösliche Kristalle, ein starkes Oxidationsmittel, zum Desinfizieren verwendet; *Sy* übermangansaures Kali
Ka|li|um|sul|fat ⟨n.; -(e)s, -e; Chemie⟩ Düngemittel u. Ausgangsstoff für die Alaun- u. Glasherstellung; *Sy* schwefelsaures Kali
Ka|li|um|zya|nid ⟨n.; -(e)s; unz.; Chemie⟩ = Zyankali; *oV* Kaliumcyanid
Kal|li|un ⟨n. od. m.; -s, -e⟩ = Kalian
Ka|lix|ti|ner ⟨m.; -s, -⟩ = Utraquist [< lat. *calix* »Kelch«]

Kalk|o|o|lith ⟨[-o:o-] m.; -s, -e⟩ durch Ausscheidung aus kalkhaltigem Wasser entstandene Kalkkörner mit zahlreichen Poren; →*a.* Oolith
Kalk|sal|pe|ter ⟨m.; -s; unz.; Chemie⟩ als Düngemittel verwendetes Doppelsalz von Calcium- u. Ammoniumnitrat
Kal|kül ⟨m. od. n.; -s, -e⟩ 1 Berechnung, Überschlag 2 System von Regeln u. Zeichen für mathemat. Berechnungen u. log. Ableitungen [< frz. *calcul* »das Rechnen« < lat. *calculus* »Steinchen«, Verkleinerungsform zu *calx* »Kalkstein«]
Kal|ku|la|ti|on ⟨f.; -, -en⟩ das Kalkulieren, Berechnung, Ermittlung; ~ *von Kosten* [< lat. *calculatio* »Berechnung«]
Kal|ku|la|tor ⟨m.; -s, -to|ren⟩ Rechnungsbeamter [< lat. *calculator* »Rechner, Rechnungsführer«; zu *calculare* »rechnen«; → *Kalkül*]
kal|ku|la|to|risch ⟨Adj.⟩ mit Hilfe einer Kalkulation
kal|ku|lier|bar ⟨Adj.⟩ so beschaffen, dass man es kalkulieren kann, berechenbar; *Ggs* unkalkulierbar; *ein ~es Risiko*
kal|ku|lie|ren ⟨V.⟩ 1 berechnen, ermitteln, veranschlagen; *Preise für die Herstellung eines Fabrikats* ~ 2 ⟨fig.⟩ überlegen, erwägen [< lat. *calculare* »rechnen, berechnen«]
Kal|la ⟨f.; -, -s; Bot.⟩ *oV* Calla 1 (i. w. S.) Schlangenwurz, Gattung der Aronstabgewächse: Calla 2 (i. e. S.) einheimische Pflanze mit kriechendem Wurzelstock, herzförmigen Blättern, kolbenförmigem Blütenstand u. weißem Hochblatt, Sumpfschlangenwurz, Schweinsohr: Cally palustris 3 = Zantedeschia [< lat. *calla* »Drachenwurz«]
Kal|le ⟨f.; -, -n; Gaunerspr.⟩ junge Frau, Braut [< jidd. *kalla* »Braut« < hebr. *kallah* »Braut«]
Kal|li|graf ⟨m.; -en, -en⟩ = Kalligraph
Kal|li|gra|fie ⟨f.; -; unz.⟩ = Kalligraphie
kal|li|gra|fie|ren ⟨V.⟩ = kalligraphieren
kal|li|gra|fisch ⟨Adj.⟩ = kalligraphisch

Kal|li|graph ⟨m.; -en, -en⟩ jmd., der es versteht, schönzuschreiben, Schreibkünstler; *oV* Kalligraf
Kal|li|gra|phie ⟨f.; -; unz.⟩ Schönschreibkunst, in Asien eine Form der bildenden Kunst; *oV* Kalligrafie [< grch. *kallos* »Schönheit« + *...graphie*]
kal|li|gra|phie|ren ⟨V.⟩ schönschreiben; *oV* kalligrafieren
kal|li|gra|phisch ⟨Adj.⟩ in der Art der Kalligraphie, mit ihrer Hilfe; *oV* kalligrafisch
kal|lös ⟨Adj.; Bot.⟩ 1 durch einen Kallus (1) verursacht 2 ⟨Med.⟩ schwielig [< lat. *callosus* »dick-, harthäutig«; beeinflusst von frz. *calleux* »schwielig«; zu lat. *callus* »Schwiele«]
Kal|lo|si|tät ⟨f.; -; unz.⟩ kallöse Beschaffenheit
Kal|lus ⟨m.; -, -se; Bot.⟩ *oV* Callus 1 neu gebildetes pflanz. Gewebe an Wundstellen 2 ⟨Med.⟩ neu gebildetes Gewebe bei heilenden Knochenbrüchen [< lat. *callus* »Schwiele, Knorpel«]
Kal|mar ⟨m.; -s, -ma|re; Zool.⟩ Kopffüßer (Tintenfisch) mit 10 Fangarmen u. riesigen, leistungsfähigen Augen: Loligo [< mlat. *calmarium* »Rohrfeder (zum Schreiben); Tintenfass«]
Kal|me ⟨f.; -, -n; Meteor.⟩ Windstille [< frz. *calme* »Windstille, Meeresstille«]
Kal|men|gür|tel ⟨m.; -s, -⟩ = Kalmenzone
Kal|men|zo|ne ⟨f.; -, -n⟩ eine der drei Zonen häufiger Windstille auf der Erde; *Sy* Kalmengürtel
Kal|mus ⟨m.; -, -se; Bot.⟩ Zierpflanze, Gattung der Aronstabgewächse mit ährenförmigem Blütenstand u. grünem Hochblatt, deren Wurzel ein beliebtes Magenmittel ist, Symbol des Pfingstfestes: Acorus; *Gemeiner* ~: A. calamus; *Grasartiger* ~: A. gramineus [< lat. *calamus* »Rohr, Halm«]
Ka|lo ⟨m.; -s, -⟩ Schwund, Gewichtsverlust durch Eintrocknen od. Auslaufen, z. B. bei Waren [< ital. *calo* »das Absinken«]
Ka|lo|bi|o|tik ⟨f.; -; unz.; im antiken Griechenland⟩ Kunst, ein ausgeglichenes, harmonisches Leben zu führen, das der geis-

tigen Natur des Menschen entspricht [<grch. *kalos* »schön« + *bios* »Leben«]

Ka|lo|ka|ga|thie ⟨f.; -; unz.⟩ Verbindung von Schönem u. Gutem als altgrch. Bildungsideal [<grch. *kalokagathos* <*kalos kai agathos* »schön und gut«]

Ka|lo|mel ⟨n.; -; unz.⟩ früher als harn- u. galletreibendes Mittel sowie als Abführmittel verwendetes Quecksilber-I-Chlorid [<grch. *kalos* »schön« + *melas* »schwarz«]

Ka|lo|rie ⟨f.; -, -n; Zeichen: cal⟩ **1** nicht mehr zulässige Maßeinheit für die Wärmemenge, war definiert als diejenige Energiemenge, die notwendig ist, um 1 g Wasser von 14,5 °C auf 15,5 °C zu erwärmen, zu ersetzen durch die Einheit Joule (J), 1 cal = 4,185 J, 1000 cal = 1 Kilokalorie (kcal) **2** nicht mehr zulässige Maßeinheit für den Energiewert von Nahrungsmitteln, zu ersetzen durch die Einheit Joule [<lat. *calor* »Wärme, Hitze, Glut«]

ka|lo|ri|en|arm ⟨Adj.⟩ wenig Kalorien enthaltend; ~*e Nahrungsmittel; er bevorzugt seit langem ~e Kost*

ka|lo|ri|en|be|wusst ⟨Adj.⟩ vorsichtig, zurückhaltend bezüglich aufzunehmender Kalorien; *sich ~ ernähren*

ka|lo|ri|en|re|du|ziert ⟨Adj.⟩ ~*e Lebensmittel* L., die weniger Kalorien besitzen als die üblichen Produkte dieser Art

Ka|lo|ri|fer ⟨m.; -s, -s od. -en⟩ = Thermophor [<lat. *calor* »Wärme« + *ferre* »tragen«]

Ka|lo|rik ⟨f.; -; unz.⟩ Wärmelehre

Ka|lo|ri|me|ter ⟨n.; -s, -⟩ Gerät zum Messen von Wärmemengen [<lat. *calor* »Wärme« + …*meter*]

Ka|lo|ri|me|trie *auch:* **Ka|lo|ri|met|rie** ⟨f.; -; unz.⟩ das Messen von Wärmemengen

ka|lo|ri|me|trisch *auch:* **ka|lo|ri|met|risch** ⟨Adj.⟩ die Kalorimetrie betreffend, auf ihr beruhend

ka|lo|risch ⟨Adj.⟩ die Wärme betreffend, auf ihr beruhend

ka|lo|ri|sie|ren ⟨V.⟩ *Stahl ~* eine Diffusionsschicht aus Aluminium als Rost- u. Korrosionsschutz auf Stahl herstellen;

oV calorisieren [<lat. *calor* »Wärme«]

Ka|lot|te ⟨f.; -, -n⟩ **1** ⟨Math.⟩ Oberfläche eines Kugelabschnitts, Kugelkappe **2** ⟨Anat.⟩ Schädeldecke ohne Basis; *Sy* Kalva **3** Mönchskäppchen, Scheitelkäppchen **4** ⟨Arch.⟩ flache Kuppel [<frz. *calotte* »Käppchen«]

Kal|pak ⟨m.; -s, -s⟩ *oV* Kolpak **1** hohe tatar. Lammfellmütze **2** Filzmütze der Armenier **3** Husarenmütze **3.1** von ihr herabhängender Tuchzipfel [<türk. *qalpaq*]

Ka|lu|met ⟨n.; -s, -s⟩ *oV* Calumet (1) **1** bei den Prärieindianern Nordamerikas bemalte Stäbe mit Federbehängen für kultische Zwecke **2** Friedenspfeife [<frz. *calumet;* <lat. *calamus* »Rohr«]

Ka|lup|pe ⟨f.; -, -n; österr.⟩ schlechte Hütte, baufälliges Haus [<tschech. *chalupa*]

Kal|va ⟨[-va] f.; -, Kal|ven; Anat.⟩ Schädeldecke ohne Basis; *Sy* Kalotte (2); *oV* Calva [lat.]

Kal|va|ri|en|berg ⟨[-va:-] m.; -(e)s; unz.; Rel.⟩ **1** ⟨urspr.⟩ die Hinrichtungsstätte Christi; *Sy* Golgatha **2** ⟨danach⟩ Berg mit Wallfahrtskirche u. den 14 Stationen der Leidensgeschichte Christi [<lat. *calvaria* »Hirnschale, Schädel«]

Kal|vill ⟨[-vɪl] m.; -s, -en⟩ = Kalville

Kal|vil|le ⟨[-vɪl-] f.; -, -n⟩ Apfelsorte mit fester Schale, lockerem Fruchtfleisch u. unregelmäßiger, gerippter Form; *oV* Kalvill [<frz. *calville* »Kantapfel, Schlotterapfel«]

Kal|vi|nis|mus ⟨[-vi-] m.; -; unz.⟩ Lehre des Schweizer Reformators Johann Calvin (1509-1564), gekennzeichnet durch das Glauben an die Prädestination u. die von Luther abweichende Abendmahlslehre; *oV* Calvinismus

Kal|vi|nist ⟨[-vi-] m.; -en, -en⟩ Vertreter, Anhänger, Lehrer des Kalvinismus; *oV* Calvinist

kal|vi|nis|tisch ⟨[-vi-] Adj.⟩ zum Kalvinismus gehörig, auf ihm beruhend; *oV* calvinistisch

Ka|ly|kan|thus *auch:* **Ka|ly|kan|thus** ⟨m.; -; unz.; Bot.⟩ Gartenzierstrauch, Gewürzstrauch mit duftenden Blüten: Calycanthus [<grch. *kalyx* »Kelch« + *anthos* »Blume«]

Ka|lyp|tra *auch:* **Ka|lyp|tra** ⟨f.; -, -lyp|tren; Bot.⟩ *oV* Calypta **1** Schutzgewebe der pflanzl. Wurzelspitze **2** auf der Sporenkapsel vieler Laubmoose sitzender, haubenartiger Rest des Archegoniums [<grch. *kalyptra* »Decke, Deckel«]

Kal|ze|o|la|rie ⟨[-riə] f.; -, -n; Bot.⟩ Pantoffelblume [<lat. *calceolus,* Verkleinerungsform zu *calceus* »Schuh«]

Kal|zi|fe|rol ⟨n.; -s, -e⟩ = Calciferol

kal|zi|fi|zie|ren ⟨V.⟩ Kalke ausscheiden, z. B. Korallen [<lat. *calx,* Gen. *calcis* »Kalk« + *facere* »machen«]

kal|zi|fug ⟨Adj.⟩ kalkhaltigen Boden meidend; *Ggs* kalziphil [<lat. *calx,* Gen. *calcis* »Kalk« + *fugere* »fliehen«]

Kal|zi|na|ti|on ⟨f.; -, -en⟩ = Calcination

kal|zi|nie|ren ⟨V.⟩ = calcinieren

Kal|zi|no|se ⟨f.; -; unz.; Med.⟩ Verkalkung von Gewebe durch Ablagerung von Kalksalzen [<lat. *calx,* Gen. *calcis* »Kalk«]

kal|zi|phil ⟨Adj.⟩ kalkhaltigen Boden liebend; *Ggs* kalzifug [<*Kalzi*nose + …*phil*]

Kal|zit ⟨m.; -s, -e; Min.⟩ = Calcit

Kal|zi|um ⟨n.; -s; unz.; Chemie⟩ = Calcium

Kal|zi|um|bro|mid ⟨n.; -s; unz.; Chemie⟩ = Calciumbromid

Kal|zi|um|chlo|rid ⟨[-klo-] n.; -s; unz.; Chemie⟩ = Calciumchlorid

Kal|zi|um|flu|o|rid ⟨n.; -s; unz.; Chemie⟩ = Calciumfluorid

Kal|zi|um|hy|dro|xid *auch:* **Kal|zi|um|hy|dro|xid** ⟨n.; -s; unz.; Chemie⟩ = Calciumhydroxid

Kal|zi|um|kar|bid ⟨n.; -s; unz.; Chemie⟩ = Calciumcarbid

Kal|zi|um|kar|bo|nat ⟨n.; -s; unz.; Chemie⟩ = Calciumcarbonat

Kal|zi|um|oxid ⟨n.; -s; unz.; Chemie⟩ = Calciumoxid

Kal|zi|um|phos|phat ⟨n.; -s; unz.; Chemie⟩ = Calciumphosphat

Kal|zi|um|sul|fat ⟨n.; -s; unz.; Chemie⟩ = Calciumsulfat

Ka|ma|la ⟨f. od. m.; -; unz.⟩ die Haare der Früchte des ind.

Kamaldulenser

Wolfsmilchgewächses Mallotus philippinensis, wirken gleichzeitig auf Bandwürmer u. abführend: Glandulae rottlerae [<Sanskrit; vermutlich aus einer drawid. Sprache]

Ka|mal|du|len|ser ⟨m.; -s, -; meist Pl.⟩ Angehöriger eines um 1000 vom hl. Romuald gegründeten kath. Einsiedlerordens mit weißer Ordenstracht (aus dem Benediktinerorden hervorgegangen), Romualdiner [nach der 1012 entstandenen Einsiedelei *Camaldoli*]

Ka|man|gah ⟨[-dʒaː] f.; -, -s; Musik⟩ im Vorderen Orient verbreitetes Streichinstrument mit kleinem rundem od. viereckigem Korpus u. langem Hals; Sy Kemantsche [arab.]

Ka|ma|res|va|se ⟨[-va-] f.; -, -n⟩ kretisches Tongefäß mit schwarzer Glasur, auf das mit Erdfarben Ornamente aufgemalt sind [nach dem Fundort, der *Kamares*grotte auf Kreta]

Ka|ma|ril|la ⟨a. [-ˈrɪlja] f.; -, -rillen⟩ Günstlingspartei in der Umgebung eines Monarchen od. autoritären Herrschers mit großem, meist ungünstigem Einfluss, aber ohne die Verantwortung dafür zu tragen; *Hof*~ [<span. *camarilla* »königl. Kabinettsrat«, Verkleinerungsform zu lat. *camera* »Wölbung, Raum mit gewölbter Decke«]

Ka|ma|su|tra *auch:* **Ka|ma|sut|ra** ⟨n.; - od. -s; unz.⟩ vom Brahmanen M. Vatsyayana verfasstes, altindisches Lehrbuch der Liebeskunst in sieben Kapiteln aus dem 4. Jh. n. Chr. [Sanskrit, »Leitfaden der Liebeskunst«]

Kam|bi|um ⟨n.; -s, -bien; Bot.⟩ das Bildungsgewebe in den pflanzl. Stängeln u. Wurzeln, das das Dickenwachstum veranlasst; *oV* Cambium [zu neulat. *cambiare* »wechseln«]

Kam|brik *auch:* **Kamb|rik** ⟨m.; -s; unz.; Textilw.⟩ lockerer, feinfädiger Zellwoll- od. Baumwollbatist [<engl. *cambric*; nach der frz. Stadt *Cambrai*]

kam|brisch *auch:* **kamb|risch** ⟨Adj.; Geol.⟩ das Kambrium betreffend, zu ihm gehörig, aus ihm stammend [→ *Kambrium*]

Kam|bri|um *auch:* **Kamb|ri|um** ⟨n.; -s; unz.; Geol.⟩ Formation des Paläozoikums vor 580-460 Mill. Jahren mit den ersten Fossilien führenden Sedimenten [nach *Cambria*, dem lat.-kelt. Namen für Nordwales]

Kame ⟨[keɪm] m.; -s, -s; Geol.⟩ von eiszeitlichen Schmelzwässern abgesetzter, 10-20 m hoher Hügel aus geschichteten Sanden u. Kiesen [schott., <mengl., aengl. *camb*; heute umg. für *comb* »Kamm«]

Ka|mee ⟨f.; -, -n⟩ Halbedelstein mit erhaben (od. vertieft) geschnittenem Bild; →*a.* Gemme [<frz. *camée* »Kamee« <ital. *cameo*]

Ka|mel ⟨n.; -s, -e; Zool.⟩ zu den Paarhufern gehöriges, wiederkäuendes Säugetier der Wüstengebiete [<grch. *kamelos*]

Ka|me|lie ⟨[-lje] f.; -, -n; Bot.⟩ zu den Teegewächsen gehörende Zierpflanze mit dunkelgrünen, ledernen Blättern u. großen, meist gefüllten Blüten: Camellia japonica [nach dem Brünner Mönch Joseph *Kámel*, der diese Pflanze aus Japan nach Europa brachte]

Ka|mel|lott ⟨m.; -s, -e⟩ **1** ⟨Textilw.⟩ leichter Angorawollstoff in Leinwandbindung, auch mit Seide gemischt **2** frz. Kleinkrämer, Zeitungsverkäufer [<frz. *camelot* »Straßenhändler«]

Ka|me|ra ⟨f.; -, -s; Fot.⟩ fotograf. Apparat, Aufnahmegerät für fotograf. Bilder u. Filme; *Film*~; *Kleinbild*~; *Spiegelreflex*~ [<lat. *camera* »Wölbung, Raum mit gewölbter Decke«]

Ka|me|rad ⟨m.; -en, -en⟩ **1** jmd., der die gleiche Tätigkeit ausübt, der einen Teil des Lebens, des Tages mit einem verbringt **2** Gefährte, Genosse, bes. innerhalb einer Gemeinschaft; *Berufs*~; *Kriegs*~; *Lebens*~; *Schul*~; *Spiel*~; *Wander*~ [<frz. *camarade* <ital. *camerata* »Kammergemeinschaft, Stubengenossenschaft, Genosse, Gefährte«, <lat. *camera* »Wölbung, Raum mit gewölbter Decke«]

Ka|me|ra|de|rie ⟨f.; -; unz.; oft abwertend⟩ überbetonte Kameradschaft

Ka|me|ra|din ⟨f.; -, -din|nen⟩ weibl. Person, die einen Teil des Lebens, des Tages mit einem verbringt, Gefährtin; *Schul*~; *Spiel*~

ka|me|ral ⟨Adj.; Wirtsch.⟩ ~*es Marketing* Konzeption, nach der für ein Unternehmen nicht nur Bedürfnisse des Marktes, sondern auch Faktoren wie Umwelt u. wirtschaftl. Wachstumsgrenzen für die Leistungserstellung von Bedeutung sind [→ *Kameralia*]

Ka|me|ra|lia ⟨Pl.⟩ Staatsverwaltungs-, Volkswirtschaftslehre; *oV* Kameralien [neulat.; zu neulat. *cameralius, camerarius* »Kämmerer« <lat. *camera*]

Ka|me|ra|li|en ⟨Pl.⟩ = Kameralia

Ka|me|ra|lis|mus ⟨m.; -; unz.⟩ veraltet⟩ **1** Lehre von der landesfürstlichen Verwaltung, der Rechtswissenschaft, Verwaltungs- u. Wirtschaftslehre (besonders Finanzlehre) umfasste **2** Wirtschaftswissenschaften während des Merkantilismus (im deutschsprachigen Raum) [→ *Kameralia*]

Ka|me|ra|list ⟨m.; -en, -en⟩ **1** (früher) Beamter einer fürstl. Kammer **2** Vertreter der Kameralistik

Ka|me|ra|lis|tik ⟨f.; -; unz.⟩ **1** (veraltet) Staats-, Finanzwissenschaft **2** System für staatswirtschaftl. Abrechnungen [→ *Kameralia*]

ka|me|ra|lis|tisch ⟨Adj.⟩ zur Kameralistik gehörig, auf ihr beruhend, staatswirtschaftlich, staatswissenschaftlich

Ka|me|ra|re|kor|der ⟨m.; -s, -⟩ = Camcorder

ka|mie|ren ⟨V.; Sport; Fechten⟩ die gegnerische Klinge umgehen [<ital. *camminare* »gehen, laufen«]

Ka|mi|ka|ze ⟨m.; -, -; im 2. Weltkrieg⟩ japanischer Flieger, der sich beim Bombenangriff selbst opferte [jap., eigtl. »göttlicher Wind« <*kami* »Gott« + *kaze* »Wind«]

Ka|mi|ka|ze|ak|ti|on ⟨f.; -, -en; fig.⟩ Unternehmung, bei der jmd. sehr viel aufs Spiel setzt, sich in Gefahr bringt

Ka|mil|le ⟨f.; -, -n; Bot.⟩ Gattung der Korbblütler mit gelben

Scheibenblüten, die mit einem Kreuz von weißen Zungenblüten umgeben sind: Matricaria [<mlat. *camomilla* <grch. *chamaimelon*, eigtl. »am Boden wachsender Apfel« (<*chamai* »an der Erde« + *melon* »Apfel«; von Plinius nach dem apfelähnl. Duft der Blüte so benannt)]

Ka|min ⟨m.; -s, -e⟩ **1** Schornstein **2** offene Feuerstelle mit Rauchfang im Zimmer **3** schmaler, steiler Felsspalt [<ahd. *kemin* <lat. *caminus* »Feuerstätte, Esse, Herd, Kamin« (nhd. neu entlehnt unter Einfluss von ital. *camoni*) <grch. *kaminos* »Schmelzofen, Bratofen«]

ka|mi|nie|ren ⟨V.; Bergsteigen⟩ sich im Kamin hocharbeiten

Ka|mi|sol ⟨n.; -s, -e⟩ Unterjacke, Wams, Weste [<frz. *camisole* »Unterjacke«, <mlat. *camisia* »Hemd, unmittelbar auf dem Körper getragener Überwurf«]

Ka|mor|ra ⟨f.; -; unz.⟩ südital. Mafia; *o*V Camorra [<ital. *camorra*, eigtl. »Schiebung, Betrug«]

Kamp ⟨m.; -(e)s, Käm|pe⟩ **1** eingezäuntes Stück Land, Viehweide od. Ackerland **2** Grasplatz am nddt. Bauernhaus **3** Flussinsel **4** Pflanzgarten, Baumschule; *Pflanz~; Saat~* [<nddt., ndrl. *kamp* <lat. *campus* »Feld; eingehegtes Stück Feld«; verwandt mit *Camp, kampieren, Camping, Champion, Kampagne*]

Kam|pa|gne auch: **Kam|pag|ne** ⟨[-panjǝ] f.; -, -n⟩ *o*V Campagne **1** Feldzug **2** Betriebszeit in saisonbedingten Unternehmen; *Zucker~* **3** ⟨fig.⟩ Unternehmungen zu einem speziellen Zweck; *Wahl~; Presse~* [<frz. *campagne* »flaches Land, Feldzug« <ital. *campagna* <lat. *campania*; zu *campus* »Feld, Ebene«; verwandt mit *Kamp*]

Kam|pa|ni|le ⟨m.; -, -⟩ frei stehender Glockenturm; *o*V Campanile [<ital. *campanile* »Glockenturm«; zu *campana* »Glocke«]

Kam|pa|nu|la ⟨f.; -, -lae [-lɛ:]⟩ = Campanula

Kam|pe|schel|holz ⟨n.; -es, -hölzer⟩ den blauen Farbstoff Hämatoxylin enthaltendes Holz von Haematoxylon campechianum [nach dem mexikan. Staat *Campeche*]

Käm|pe|vi|se ⟨[-vi:-] f.; -, -r; MA⟩ zum Tanz gesungene Ballade der skandinavischen Länder; →*a*. Folkevise [dän., »Heldenlied«]

Kampf|er ⟨m.; -s; unz.⟩ ⟨urspr. aus dem Kampferbaum, auch durch Dampfdestillation des Holzes, synthetisch aus Terpentinöl hergestellte⟩ kristalline, grauweiße Masse von stechendem Geruch, als Desinfektionsmittel u. in der chemischen Industrie verwendet; *o*V Campher [<mhd. *kampfer* <frz. *camphre* <mlat. *camphora* <arab. *kafur* »Kampferbaum« <aind. *karpura*]

Kam|phen ⟨n.; -s; unz.; Chemie⟩ = Camphen

kam|pie|ren ⟨V.⟩ **1** lagern **2** ⟨auf einem improvisierten Lager⟩ übernachten; *auf dem Heuboden ~* **3** ⟨ostpreuß.⟩ toben, wüten [<frz. *camper* »im Feld lagern« <lat. *campus*]

Kam|pong ⟨n.; -s, -s⟩ malaiisches Dorf [malai.]

Kamp|to|zo|on ⟨n.; -s, -zo|en⟩ Tierstamm von kelchartigen Organismen, deren Mundöffnung neben dem After liegt, Kelchtier [<grch. *kamptos* »biegsam« + *Zoon*]

Ka|na|da|bal|sam ⟨m.; -s; unz.⟩ aus nordamerikan. Tannen gewonnenes, farbloses Harz, das in der Optik zum Verkitten von Linsensystemen verwendet wird

Ka|na|di|er ⟨m.; -s, -⟩ **1** Einwohner von Kanada **2** Kanu der kanad. Indianer **3** ⟨Sport⟩ mit einem Stechpaddel fortbewegtes Sportboot

Ka|naille ⟨[-naljǝ] f.; -, -n; umg.⟩ **1** Schuft, Schurke **2** Pöbel, Pack [<frz. *canaille* »Pöbel, Gesindel« <ital. *canaglia* »Hundepack«; <*cane* »Hund« <lat. *canis* »Hund«]

Ka|na|ke ⟨m.; -n, -n⟩ **1** eingeborener Bewohner der Südseeinseln **2** ⟨abwertend⟩ **2.1** ungebildeter Mensch **2.2** ⟨Schimpfwort⟩ Ausländer [<hawaiisch *kanaka* »Mensch«]

Ka|nal ⟨m.; -s, -nä|le⟩ **1** künstl. Wasserlauf als Schifffahrtsweg od. zur Be- od. Entwässerung sowie für Abwässer; *zwei Flüsse durch einen ~ verbinden* **2** Wasserstreifen zwischen zwei Kontinenten od. Ländern; *Ärmel~; Panama~* **3** Rohr, Leitung **4** ⟨Funk⟩ Frequenzband bestimmter Breite **5** ⟨Anat.⟩ Verdauungsweg; *Magen-Darm-~* **6** ⟨fig.⟩ geheime od. unbekannte Verbindung od. Verbindungslinie; *die Gelder fließen ihm durch dunkle Kanäle zu; das Geheimnis ist durch unkontrollierbare Kanäle an die Öffentlichkeit gelangt; den ~ voll haben* ⟨fig.; derb⟩ es satt haben [<ital. *canale* <lat. *canalis* »Röhre, Rinne, Kanal«; zu *canna* »kleines Rohr, Schilfrohr, Röhre«]

Ka|na|li|sa|ti|on ⟨f.; -, -en⟩ **1** das Kanalisieren **2** System von unterird. Rohren zum Ableiten der Abwässer; *städtische ~* **3** Schiffbarmachen von Flüssen [→ *Kanal*]

ka|na|li|sie|ren ⟨V.⟩ **1** *eine Stadt ~* in einer Stadt eine Kanalisation (2) anlegen **2** *einen Fluss ~* schiffbar machen

Ka|na|li|sie|rung ⟨f.; -, -en⟩ das Kanalisieren

Ka|na|my|cin ⟨n.; -s; unz.; Pharm.; internationaler Freiname⟩ gegen grampositive u. gramnegative Erreger wirksames Antibiotikum, besonders auch gegen solche, die gegen andere Antibiotika resistent sind

Ka|na|pee ⟨österr. [-pe:] n.; -s, -s⟩ *o*V Canapé **1** ⟨veraltet⟩ Sofa **2** reichlich belegte u. garnierte kleine Weißbrotscheibe [frz. *canapé*, ital. *canapè* »Couch, Sofa« <mlat. *canapeum* <lat. *conopeum* <grch. *konopeion*, eigtl. »feinmaschiges Mückennetz; Bett mit einem solchen Netz«; zu *konops* »Mücke«]

Ka|na|ri ⟨m.; -s, -; süddt.; österr.⟩ Kanarienvogel [<frz. *canari*]

Ka|na|ri|en|vo|gel ⟨m.; -s, -vö|gel; Zool.⟩ Zuchtrasse des Girlitzes, der in zahlreichen Schlägen nach Farbe, Größe, Gefieder u. Gesang gezüchtet wird: Serinus canaria [nach den *Kanarischen Inseln*]

Kanaster

Ka|nas|ter ⟨n.; -; unz.; umg. für⟩ Canasta

Kan|ban ⟨n.; -; unz.; Wirtsch.⟩ flexible Steuerung des Produktionsprozesses mit dem Ziel, eine Produktion auf Abruf zu realisieren, um Materialbestände zu reduzieren u. termingerecht produzieren zu können, verzahntes Arbeiten [jap., »Karte, Zeichnung«]

Kan|da|re ⟨f.; -, -n; Sport; Dressurreiten⟩ Art des Zaums mit je einem Zügel für die Gebissstange (mit Kinnkette) u. die Unterlegtrense; *jmdn. an die ~ nehmen* ⟨fig.⟩ ihn strenger behandeln [< ungar. *kantár* »Zaum«]

Kan|de|la|ber ⟨m.; -s, -⟩ **1** Armleuchter, mehrarmiger Kerzenständer **2** Leuchtmast [< frz. *candélabre* < lat. *candela* »Kerze«]

Kan|di|dat ⟨m.; -en, -en⟩ **1** jmd., der sich um ein Amt bewirbt **2** jmd., der sich darum bewirbt, gewählt zu werden; *Wahl~*; *jmdn. als ~en aufstellen* **3** jmd., der sich einer Universitätsprüfung unterzieht od. darauf vorbereitet; *Prüfungs~* [< lat. *candidatus* »weiß gekleidet«; zu *candidus* »weiß«; nach der *toga candida* »weiße Toga«, in der sich Amtsbewerber im alten Rom dem Volke vorstellten]

Kan|di|da|ten|tur|nier ⟨n.; -s, -e; Sport; Schach⟩ Schachturnier der bestplatzierten Spieler des Interzonenturniers zur Ermittlung des Herausforderers des jeweiligen Schachweltmeisters

Kan|di|da|tur ⟨f.; -, -en⟩ Bewerbung eines Kandidaten (um ein Amt usw.)

kan|di|die|ren ⟨V.⟩ sich als Kandidat bewerben; *für ein Amt ~*; *gegen einen anderen Bewerber ~*

kan|die|ren ⟨V.⟩ **1** *Früchte ~* mit Zucker überziehen u. dadurch haltbar machen **2** *Zucker ~* durch Erhitzen bräunen [< frz. *candir* < ital. *candire*, arab. *qand*; → *Kandiszucker*]

Kan|dis ⟨m.; -; unz.; kurz für⟩ Kandiszucker

Kan|dis|zu|cker ⟨m.; -s; unz.⟩ Zuckerkristalle, die aus konzentrierten Lösungen an Zwirnsfäden auskristallisieren;

Sy Kandis [umgestellt < *Zuckerkandi(t)* (16. Jh.) < ital. *zucchero candito* < arab. *qandi*, Adj. zu *qand* »Rohrzucker«]

Kan|di|ten ⟨Pl.⟩ kandierte Früchte

Ka|neel ⟨m.; -s, -e⟩ die nach Zimt u. etwas nach Muskat riechende Rinde des westind. Kaneelbaumes (Canella alba) [< spätmhd. *kanel* < frz. *canelle* < ital. *cannella*, Verkleinerungsform zu lat. *canna* »Rohr«]

Ka|ne|pho|re ⟨f.; -, -n; Altertum⟩ **1** Korbträgerin, Jungfrau, die bei Festen Opfergeräte in einem Korb auf dem Kopf herbeitrug **2** ⟨Arch.⟩ = Karyatide [< grch. *kaneon* »Korb« + *pherein* »tragen«]

Ka|ne|vas ⟨[-vas] m.; - od. -ses, - od. -se⟩ **1** stark appretiertes, gitterartiges Gewebe als Untergrund für Stickereien, Gitterleinen; *Sy* Stramin **2** ⟨in der Commedia dell'Arte⟩ = Scenario [< frz. *canevas* »Packleinwand, Segeltuch« < mlat. *canavacium* »grobe Leinwand«; zu *canava* »Hanf«]

ka|ne|vas|sen ⟨[-vas-] Adj.⟩ aus Kanevas bestehend

Kän|gu|ru ⟨n.; -s, -s; Zool.⟩ Angehöriger einer Unterfamilie der Springbeutler, mit kleinen Vorderbeinen u. stark verlängerten Hinterbeinen, deren Junge sich rund 7 Monate lang in einem Brutbeutel entwickeln: Macropodinae [< austral. Eingeborenensprache]

Ka|ni|de ⟨m.; -n, -n; Zool.⟩ Vertreter der Familie der Hunde u. der hundeartigen Raubtiere: Canidae [< lat. *canis* »Hund« +...]

Ka|nin ⟨n.; -s, -e⟩ Kaninchenfell [< mnddt. < afrz. *conin* »Kaninchen« < lat. *cuniculus* »Kaninchen«]

Ka|nin|chen ⟨n.; -s, -; Zool.⟩ Karnickel, gesellig lebendes, hasenartiges Nagetier: Oryctolagus cuniculus [→ *Kanin*]

Ka|nis|ter ⟨m.; -s, -⟩ tragbarer, meist viereckiger Behälter aus Metall od. Kunststoff für Flüsigkeiten; *Benzin~*; *Blech~*; *Öl~* [< ital. *canestro* »Korb« (beeinflusst von engl. *canister*) < lat. *canistrum* »aus Rohr geflochtener Korb« < grch. *kanistron*; zu *kanna* »Rohr«]

kan|krös *auch:* **kank|rös** ⟨Adj.; Med.⟩ krebsartig [→ *Cancer*]

Kan|na ⟨f.; -, -s; Bot.⟩ Blumenrohr, aus dem trop. Amerika stammende, zur Gattung der Schwanenblumengewächse gehörende Staude: Canna; *oV* Canna [< lat. *canna* »Rohr« < grch. *kanna*]

Kan|nä ⟨n.; -, -⟩ = Cannae

Ka|ni|ne|le ⟨f.; -, -n⟩ lange, schmale, gerundete Vertiefung, Riefe, Rille, Hohlkehle [< frz. *cannelle* »Röhrchen« < mlat. *cannella*, Verkleinerungsform zu lat. *canna* »Rohr« < grch. *kanna*]

kan|ne|lie|ren ⟨V.⟩ *eine Säule ~* mit Kannelüren versehen [< frz. *canneler* »kannelieren, auskehlen«, < mlat. *canella*, Verkleinerungsform zu lat. *canna* »Rohr« < grch. *kanna*]

Kan|ne|lie|rung ⟨f.; -, -en⟩ **1** das Kannelieren **2** Gesamtheit der Kannelüren am Säulenschaft

Kän|nel|koh|le ⟨f.; -; unz.⟩ Bitumenkohle, deren Stücke, wenn sie angebrannt sind, wie Kerzen noch weiterbrennen [< engl. *candlecoal* < *candle* »Kerze« + *coal* »Kohle«]

Kan|ne|lü|re ⟨f.; -, -n⟩ senkrechte Kannele am Säulenschaft [< frz. *cannelure* »Hohlkehle, Rille«; → *kannelieren*]

Kan|ni|ba|le ⟨m.; -n, -n⟩ **1** jmd., der rituell Teile des getöteten Feindes od. verstorbener Angehöriger verzehrt, ⟨umg.⟩ Menschenfresser; *Sy* Anthropophage **2** ⟨fig.⟩ roher, brutaler Mensch [< neulat. *canibalis* »Kar(a)ibe« (Indianer der Karibik) < span. *canibal*, falsche Schreibweise von *caribal* »Einwohner der Kariben«]

kan|ni|ba|lisch ⟨Adj.⟩ **1** die Kannibalen betreffend, von ihnen stammend, wie ein Kannibale **2** ⟨fig.⟩ grausam, roh, brutal; *auf Madeira fühle ich mich ~ wohl* ⟨umg.; scherzh.⟩ sehr, ungemein wohl

Kan|ni|ba|lis|mus ⟨m.; -; unz.; bei Naturvölkern⟩ das rituelle Verzehren von Teilen des getöteten Feindes, um sich dessen Eigenschaften zu eigen zu machen; *Sy* Anthropophagie

kan|ni|ba|lis|tisch ⟨Adj.⟩ den Kannibalismus betreffend, auf ihm beruhend

Ka|non ⟨m.; -s, -s⟩ **1** Regel, Richtschnur, Leitfaden **2** Gesamtheit der für ein Gebiet geltenden Regeln od. Vorschriften **3** ⟨Rel.⟩ **3.1** stilles Gebet bei der Messe **3.2** ⟨kath. Kirche⟩ Verzeichnis der Heiligen der katholischen Kirche **3.3** ⟨unz.⟩ die als echt anerkannten Bücher der Bibel; *Sy* kanonische Bücher; *Ggs* Apokryphe **4** ⟨Pl.: Ka|no|nes⟩ einzelne (bes. kirchliche) Rechtsvorschrift **5** ⟨Musik⟩ mehrstimmiges Tonstück, in dem die Stimmen in Abständen nacheinander mit der gleichen Melodie einsetzen **6** ⟨bildende Kunst⟩ Gesetz, das die Proportionen des menschl. Körpers festlegt u. eine ästhet. befriedigende Darstellung ermöglicht **7** ⟨Lit.⟩ Liste mit Werken klassischer Autoren, die von Philologen als Vorbilder angesehen wurden **8** ⟨Typ.⟩ Schriftgrad, 36 Punkt [< lat. *canon* < grch. *kanon* »Regel, Vorschrift, Richtschnur, Kettengesang«, eigtl. »gerader Stab«; zu *kanna* »Rohr«]

Ka|no|na|de ⟨f.; -, -n; Mil.⟩ Geschützkampf, Geschützfeuer, Beschießung; *Schimpf~* ⟨fig.⟩ [< frz. *canonnade* »Kanonade, Geschützfeuer«; zu *canon* »Kanone«]

Ka|no|ne ⟨f.; -, -n⟩ **1** ⟨Mil.; früher⟩ Geschütz **2** ⟨Mil.; heute⟩ Flachfeuergeschütz mit großer Reichweite; *mit ~n auf Spatzen schießen* ⟨fig.⟩ zu viel Aufhebens wegen Kleinigkeiten machen; *das ist unter aller ~* ⟨fig.⟩ unter aller Kritik, sehr schlecht **3** ⟨fig.; umg.⟩ Könner, fähiger Mensch; *er ist in seinem Fach eine ~* [< ital. *cannone* »großes Rohr, schweres Geschütz«, Vergrößerungsform zu ital. *canna* »Rohr«; zu »unter aller Kanone«: scherzh. Übersetzung von *sub omni canone* »unter aller Richtschnur«, d. h., so schlecht, dass ein normaler Beurteilungsmaßstab versagt]

Ka|no|nen|boot ⟨n.; -(e)s, -e; Mil.⟩ mit Geschütz bewaffnetes kleines Kriegsschiff

Ka|no|nen|fut|ter ⟨n.; -s; unz.; Mil.; fig.⟩ Truppen, die sinnlos geopfert werden

Ka|no|nier ⟨m.; -s, -e; Mil.⟩ Soldat, der ein Geschütz, bes. eine Kanone, bedient, unterster Dienstgrad des Soldaten in der Artillerie

Ka|no|nik ⟨f.; -; unz.⟩ **1** ⟨bei Epikur⟩ = Logik **2** ⟨Musik⟩ mathemat. Bestimmung der einzelnen Töne u. ihrer Verhältnisse zueinander [→ *Kanon*]

Ka|no|ni|kat ⟨n.; -(e)s, -e⟩ Amt, Würde eines Kanonikus

Ka|no|ni|ker ⟨m.; -s, -⟩ Mitglied eines nach einem Kanon lebenden geistl. Kapitels od. Stifts, Chorherr; *oV* Kanonikus

Ka|no|ni|kus ⟨m.; -, -ni|ker⟩ = Kanoniker; *oV* Canonicus

Ka|no|ni|sa|ti|on ⟨f.; -, -en⟩ **1** das Kanonisieren, Aufnahme in den Kanon (Verzeichnis der Heiligen) **2** Heiligsprechung

ka|no|nisch ⟨Adj.⟩ einem Kanon entsprechend; *~e Stunden* S., an denen ein Stundengebet gesprochen wird; *~es Alter* das zum Erlangen eines geistl. Amtes notwendige Alter; *~es Recht* kath. Kirchenrecht; *~e Bücher* = Kanon (3.3); →a. Apokryphe

ka|no|ni|sie|ren ⟨V.⟩ *jmdn. ~* in den Kanon (4) aufnehmen, heilig sprechen

Ka|no|nis|se ⟨f.; -, -n⟩ = Kanonissin

Ka|no|nis|sin ⟨f.; -, -sin|nen⟩ Angehörige eines nach einem Kanon lebenden Stifts, Chorfrau; *oV* Kanonisse

Ka|no|nist ⟨m.; -en, -en⟩ Kenner, Lehrer des kanonischen Rechts

Ka|no|nis|tik ⟨f.; -; unz.⟩ Lehre vom kanonischen Recht

Ka|no|pe ⟨f.; -, -n⟩ altägyptischer Krug mit Deckel in Form eines Menschen- od. Tierkopfes zur Bestattung der Eingeweide von mumifizierten Toten [nach der Stadt *Kanopos* in Unterägypten]

Kä|no|phy|ti|kum ⟨n.; -s; unz.; Geol.⟩ an das Mesophytikum anschließende u. mit dem Beginn der oberen Unterkreide zusammenfallende Neuzeit der pflanzlichen Entwicklung; *Sy* Neophytikum [< grch. *kainos* »neu« + *phyton* »Pflanze«]

Kantersieg

Ka|nos|sa|gang ⟨m.; -s, -gän|ge; Pl. selten⟩ demütigender Bußgang; *oV* Canossagang [nach der Reise Heinrichs IV. nach *Canossa* zu Papst Gregor VII. im Jahre 1077]

Kä|no|zo|i|kum ⟨n.; -s; unz.; Geol.⟩ jüngstes Zeitalter der Erdgeschichte, Beginn vor 60 Mill. Jahren, Erdneuzeit; *Sy* Neozoikum; *oV* Zänozoikum [< grch. *kainos* »neu« + ...*zoikum*]

kä|no|zo|isch ⟨Adj.; Geol.⟩ zum Känozoikum gehörig, aus ihm stammend

kan|ta|bel ⟨Adj.; Musik⟩ sanglich, gut singbar; *eine kantable Arie* [→ *kantabile*]

kan|ta|bi|le ⟨[-le:] Musik⟩ ernst, getragen (zu singen) [< ital. *cantabile* »singbar«; zu *cantare* »singen«]

Kan|ta|bi|li|tät ⟨f.; -; unz.; Musik⟩ kantable Beschaffenheit, gute Singbarkeit

Kan|tar ⟨m. od. n.; -s, -e; veraltet⟩ Handelsgewicht in Italien u. den östlichen Mittelmeerländern, 45-100 kg [< ital. *cantaro* < arab. *kantar* < türk. *kintal*, *kintar*]

Kan|ta|te[1] ⟨f.; -, -n; Musik⟩ mehrsätziges Gesangsstück für Solo u. (od.) Chor mit Instrumentalbegleitung; *oV* Cantate (1) [< ital. u. mlat. *cantata* »Gesangsstück«; zu *cantare* »singen«]

Kan|ta|te[2] ⟨ohne Artikel; Rel.⟩ der 4. Sonntag nach Ostern; *oV* Cantate (2) [nach dem Beginn des Introitus: *Cantate* »Singet« (Psalm 97)]

Kan|te|le ⟨f.; -, -n; Musik⟩ zitherähnliches finnisches Nationalinstrument ohne Griffbrett in Flügelform [finn.]

Kan|ter[1] ⟨m.; -s, -⟩ **1** Verschlag, Kellerlager **2** Gestell, z. B. für Fässer [< frz. *chantier* »Gestell, Stapelblock, Lager, Bauplatz« < lat. *cant(h)erius* »Dachsparren, Jochgeländer«]

Kan|ter[2] ⟨m.; -s, -; veraltet⟩ kurzer, leichter Galopp des Pferdes [< engl. *canter*]

kan|tern ⟨V.; veraltet⟩ im Kanter reiten, leicht galoppieren

Kan|ter|sieg ⟨m.; -(e)s, -e; Sport⟩ müheloser, (im Ergebnis) deutlicher Sieg

457

Kantharide

Kan|tha|ri|de ⟨f.; -, -n; Zool.⟩ Angehöriger einer Familie der (Weich-)Käfer mit weichen, biegsamen Flügeldecken: Cantharidae [<grch. *kantharis*, Name einer Käferart]

Kan|tha|ri|din ⟨n.; -s; unz.; Pharm.⟩ hautreizendes Gift, Drüsenabsonderung einiger Ölkäfer, früher Heilmittel; *oV* Cantharidin

Kan|tha|ros ⟨m.; -, -roi⟩ altgriechisches bauchiges, zweihenkliges Trinkgefäß, zuweilen mit Fuß [grch.]

Kan|ti|le|ne ⟨f.; -, -n; Musik⟩ getragene, liedartige Melodie; *oV* Cantilena [<lat. *cantilena* »Liedchen«; zu *cantare* »singen«]

Kan|til|le ⟨[-tɪlə] od. [-tɪljə] f.; -, -n⟩ flach gewalzter Metalldraht zur Herstellung von Borten u. Tressen [<frz. *cannetille* »Silber-, Goldfaden, Messingdraht«; verkleinernde Ableitung von lat. *canna* »Rohr«]

Kan|ti|ne ⟨f.; -, -n⟩ Küche u. Speiseraum in Betrieben, Kasernen u. Ä., in dem oft auch Lebensmittel verkauft werden [<frz. *cantine*, ital. *cantina* »Flaschenkeller«]

Kan|ton ⟨m.; -s, -e⟩ **1** Bundesland in der Schweiz **2** Verwaltungsbezirk in Frankreich u. Belgien **3** (seit 1733; veraltet) Wehrverwaltungsbezirk in Preußen [<frz. *canton* »Ecke, Winkel, Landstrich« <ital. *cantone*, Vergrößerungsform zu *canto* »Winkel, Ecke«]

kan|to|nal ⟨Adj.⟩ den Kanton betreffend, zu ihm gehörig, aus ihm stammend, in ihm gültig

Kan|to|nie|re ⟨[-nje:-] f.; -, -n⟩ Straßenwärterhaus der italien. Alpen [<ital. *cantoniere* »Straßenwärter«; zu *cantone* »Winkel, Ecke, Landstrich«]

Kan|to|nist ⟨m.; -en, -en⟩ ausgehobener Rekrut; *unsicherer* ~ ⟨fig.; umg.⟩ jmd., auf den man sich nicht verlassen kann [nach dem in Preußen bis 1814 geltenden *Kantonsystem*; → *Kanton*]

Kan|tor ⟨m.; -s, -to|ren⟩ **1** ⟨urspr.⟩ Vorsänger im kath. Gottesdienst, Leiter des Gemeindegesangs **2** (seit dem 15. Jh.) Gehilfe des Schulmeisters u. Gesangslehrer **3** ⟨heute⟩ Leiter des Kirchenchores u. Organist [<lat. *cantor* »Sänger«]

Kan|to|rat ⟨n.; -(e)s, -e⟩ Amt des Kantors

Kan|to|rei ⟨f.; -, -en⟩ **1** Wohnung des Kantors **2** Kirchenchor

Kan|to|rin ⟨f.; -, -rin|nen⟩ Leiterin des Kirchenchores u. Organistin

Kan|tschu *auch:* **Kant|schu** ⟨m.; -s, -s⟩ dicke Peitsche aus geflochtenen Lederriemen [<beloruss. *kančyk*, poln. *kanczuk*, tschech. *kančuch* <türk. *qamtschi* »Peitsche«, eigtl. »Ansporner«]

Kan|tus ⟨m.; -, -se; Studentenspr.⟩ Gesang; →*a.* Cantus (firmus) [<lat. *cantus*]

Ka|nu ⟨n.; -s, -s⟩ **1** (bei Naturvölkern) Einbaum **2** ⟨heute⟩ Paddelboot **3** ⟨Sport; Sammelbez. für⟩ Kajaks (2) u. Kanadier (3) [<engl. *canoe* <span. *canoa* <Aruak *can(a)oa* »Baumkahn«]

Ka|nü|le ⟨f.; -, -n; Med.⟩ **1** Hohlnadel an einer Injektionsspritze **2** Röhrchen zum Zu- od. Ableiten von Luft od. Flüssigkeiten (bes. nach Luftröhrenschnitt) [<frz. *canule* <lat. *cannula*, Verkleinerungsform zu *canna* »Rohr«]

Ka|nu|te ⟨m.; -n, -n; Sport⟩ Kanufahrer

Ka|nu|tin ⟨f.; -, -tin|nen; Sport⟩ Kanufahrerin

Kan|zel|le ⟨f.; -, -n⟩ **1** ⟨Musik⟩ Windkanal für die Pfeifen der Orgel bzw. Zungen des Harmoniums **2** ⟨in der altchristl. Basilika⟩ Chorschranke [<lat. *cancelli* »Schranken, Gitter«]

kan|zel|lie|ren ⟨V.; veraltet⟩ *Geschriebenes* ~ mit sich kreuzenden Strichen ungültig machen [zu lat. *cancelli* »Gitter, Schranken«]

kan|ze|ro|gen ⟨Adj.; Med.⟩ = karzinogen; *oV* cancerogen [<lat. *cancer* »Krebs« + ...*gen*[1]]

Kan|ze|ro|gen ⟨n.; -s, -e; Med.⟩ = Karzinogen; *oV* Cancerogen

Kan|ze|ro|id ⟨n.; -s, -e; Med.⟩ = Karzinoid; *oV* Canceroid

Kan|ze|ro|lo|ge ⟨m.; -n, -n; Med.⟩ = Karzinologe

Kan|ze|ro|lo|gie ⟨f.; -; unz.; Med.⟩ = Karzinologie

Kan|ze|ro|lo|gin ⟨f.; -, -gin|nen; Med.⟩ = Karzinologin

kan|ze|rös ⟨Adj.⟩ krebsartig [<lat. *cancer* »Krebs«]

Kanz|lei ⟨f.; -, -en⟩ **1** Dienststelle, Büro, Schreibstube, Ausfertigungsbehörde; *Notariats*~; *Rechtsanwalts*~ **2** dem Staatsoberhaupt unmittelbar unterstehende Verwaltungsbehörde; *Bundes*~; *Reichs*~; *Staats*~ [<mhd. *kanzelie*, urspr. »der mit Schranken eingehegte Raum einer Behörde, bes. eines Gerichtshofes« <lat. *cancelli* »Schranken«]

Kanz|lei|for|mat ⟨n.; -(e)s; unz.⟩ Papierformat, 33 x 42 cm

Kanz|lei|stil ⟨m.; -(e)s; unz.; seit dem 15. Jh.⟩ **1** Stil der deutschen Kanzleien **2** ⟨allg.⟩ Amtsstil, Behördenstil

Kanz|list ⟨m.; -en, -en⟩ Schreiber, Angestellter einer Kanzlei [<mlat. *cancellista*; → *Kanzlei*]

Kan|zo|ne ⟨f.; -, -n; Musik⟩ *oV* Canzone **1** provenzalische u. französ. lyrische Gedichtform aus fünf bis zehn Strophen mit kunstvollen Reimen **2** ⟨16./17. Jh.⟩ heiteres, schlichtes Lied **3** ⟨in Frankreich⟩ Chorgesang ohne Instrumentalbegleitung **4** ⟨seit dem 16. Jh. auch⟩ Begleitung des französ. Chansons durch ein Instrument **5** ⟨seit dem 17. Jh.⟩ gesangl. Musikstück für mehrere Instrumente **6** Satz der Sonate **7** ⟨seit dem 18. Jh.; allg.⟩ einfaches, volkstüml. Lied mit Instrumentalbegleitung [<ital. *canzone* »Gesang; Lied; kunstvoll gegliedertes lyr. Gedicht«]

Kan|zo|net|te ⟨f.; -, -n; Musik⟩ kleine Kanzone [<ital. *canzonetta* »Liedchen, kleines lyr. Gedicht«, Verkleinerungsform zu *canzone*; → *Kanzone*]

Ka|o|lin ⟨n. od. fachsprachl. m.; -s, -e⟩ weißer, weicher, formbarer Ton, hauptsächlich aus Kaolinit, zur Herstellung von Porzellan u. Steingut, Porzellanerde [<chines. *kao-ling* »hoher Berg« (nach dem Fundort benannt)]

Ka|o|li|nit ⟨m.; -s, -e; Min.⟩ Tonermineral, Hauptbestandteil des Kaolins, wasserhaltiges Tonersilicat wechselnder Zusammensetzung

Kap ⟨n.; -s, -s⟩ vorspringender Teil einer Felsenküste, Vorgebirge; ~ *der guten Hoffnung* [<frz. *cap* »Kap, Vorgebirge« <lat. *caput* »Kopf«]

Kap. ⟨Abk. für⟩ Kapitel

ka|pa|bel ⟨Adj.; veraltet⟩ fähig, geschickt [<frz. *capable* »fähig, imstande«]

Ka|paun ⟨m.; -s, -e⟩ kastrierter, gemästeter Hahn [<mhd. *kappun* <frz. (mundartl.) *capon* <lat. *capo* »verschnittener Masthahn«]

ka|pau|ni|sie|ren ⟨V.⟩ einen Hahn ~ verschneiden, kastrieren

Ka|pa|zi|tanz ⟨f.; -, -en; El.⟩ Wechselstromwiderstand eines kapazitativen Bestandteils eines Wechselstromkreises, bedingt durch das ständige Auf- u. Abbauen des elektrischen Feldes; *Sy* kapazitativer Widerstand

Ka|pa|zi|tät ⟨f.; -, -en⟩ **1** Aufnahmefähigkeit, Fassungsvermögen; *die ~ einer Talsperre* **2** Meßgröße für die Aufnahmefähigkeit eines Kondensators **3** Leistungsfähigkeit; *~ eines Betriebes, einer Maschine; alle ~en auslasten; ein Kraftwerk mit einer ~ von 10 Mill. kW* **4** hervorragender Könner; *er ist eine wissenschaftliche ~; es waren nur ~en anwesend;* →*a.* Koryphäe [<lat. *capacitas* »Fassungsvermögen«; zu *capere* »nehmen, fassen«; → *kapieren*]

ka|pa|zi|ta|tiv ⟨Adj.⟩ die Kapazität (eines Kondensators) betreffend; *~e Erwärmung* Erwärmung durch Hochfrequenz; *~er Widerstand* = Kapitanz

Ka|pe|a|dor ⟨m.; -s, -es⟩ = Capeador

Ka|pe|lan ⟨m.; -s, -e; Zool.⟩ Lachsfisch des Eismeeres (Lodde), wichtiges Nährtier für die großen Raubfische (Kabeljau): *Mallotus villosus* [<mlat. *capellanus* »Kaplan«; zu *cap(p)ella*; → *Kapelle¹*]

Ka|pel|le¹ ⟨f.; -, -n⟩ **1** kleines Gotteshaus; *Schloß~; Wallfahrts~* **2** abgeteilter Raum für gottesdienstl. Handlungen; *Grab~; Tauf~* [<ahd. *kapella* <mlat. *cap(p)ella* »kleiner Mantel; kleines Gotteshaus«, Verkleinerungsform zu lat. *cappa* »Art Kopfbedeckung, Mantel mit Kapuze« (nach dem Mantel des hl. Martin von Tours, der zur Zeit der fränk. Könige als Reliquie in einem Heiligtum aufbewahrt wurde, das nach ihm seinen Namen erhielt)]

Ka|pel|le² ⟨f.; -, -n; Musik⟩ **1** ⟨urspr.⟩ Kirchenchor **2** ⟨heute⟩ Gruppe von Musikern, kleines Orchester; *Musik~; Tanz~* [<ital. *cappella* »Musikgesellschaft«, eigtl. »Musiker u. Sängerchor, die bei festlichen Anlässen von einem Fürsten in seiner Schloßkapelle versammelt wurden« <mlat. *cap(p)ella*; → *Kapelle¹*]

Ka|pel|le³ ⟨f.; -, -n⟩ **1** geschlossener Raum mit Abzug zum Untersuchen gesundheitsschädlicher Stoffe **2** Tiegel aus Knochenasche zum Untersuchen von silberhaltigem Blei; *oV* Kupelle [vermischt <mlat. *cupella* »Deckel der Destillierblase« + mlat. *cupella* »Probiertiegel«]

Ka|pell|meis|ter ⟨m.; -s, -; Musik⟩ **1** Leiter einer Musikkapelle **2** dem Generalmusikdirektor nachgeordneter Dirigent eines Orchesters

Ka|per¹ ⟨f.; -, -n⟩ in Essig eingelegte Blütenknospe des Kapernstrauches als Gewürz [<frühnhd. *gappern, kappren, cappres* (stets Plural) <lat. *capparis* <grch. *kapparis* »Kaper«]

Ka|per² ⟨m.; -s, -⟩ privates, bewaffnetes Schiff im Handelskrieg, das aufgrund eines Kaperbriefes feindl. Handelsschiffe erbeuten konnte [<ndrl. *kaper*; zu *kapen* »durch Freibeuterei erwerben«; vermutl. verwandt mit altfries. *kap* »Kauf« (verhüllender Ausdruck für Seeraub)]

Ka|pe|rei ⟨f.; -, -en⟩ Erbeuten von feindl. Handelsschiffen durch Privatpersonen aufgrund des Kaperbriefes einer Krieg führenden Macht

ka|pern ⟨V.⟩ **1** *Handelsschiffe ~* als Kaper wegnehmen, erbeuten **2** ⟨umg.⟩ *sich etwas ~* aneignen, gewinnen, sich einer Sache bemächtigen

Ka|pern|strauch ⟨m.; -(e)s, -sträucher; Bot.⟩ *(Echter) ~* im Mittelmeergebiet heimischer Gewürzstrauch, der Kapern¹ liefert: *Capparis spinosa* [<lat. *capparis* <grch. *kapparis*]

ka|pie|ren ⟨V.; umg.⟩ begreifen, verstehen [<ital. *capire* <lat. *capere* »begreifen« (18. Jh., in Lateinschulen)]

ka|pil|lar ⟨Adj.⟩ **1** haarfein, sehr eng **2** auf Kapillarwirkung beruhend **3** die Kapillaren betreffend [<lat. *capillaris* »das Haar betreffend«; zu *capillus* »Haar«]

Ka|pil|lar|ana|ly|se ⟨f.; -, -n; Chemie⟩ chem. Analyse, bei der Stoffe aufgrund der verschiedenartigen Kapillarwirkungen getrennt werden

Ka|pil|la|re ⟨f.; -, -n; Anat.⟩ **1** Haargefäß, kleinstes Blutgefäß; *Sy* Kapillargefäß **2** ⟨Physik⟩ sehr enges Röhrchen **3** enger Hohlraum fester Körper [→ *kapillar*]

Ka|pil|lar|ge|fäß ⟨n.; -es, -e; Anat.⟩ = Kapillare (1)

Ka|pil|la|ri|tät ⟨f.; -; unz.; Physik⟩ Verhalten von Flüssigkeiten in engen Röhren [→ *kapillar*]

Ka|pil|lar|wir|kung ⟨f.; -, -en; Physik⟩ die physikal. Erscheinung, dass an der Grenze zwischen Flüssigkeiten, Gefäßwandungen u. Gasen verschiedenartige Spannungen auftreten, die bewirken, dass z. B. verschiedene Flüssigkeiten in engen Röhren bei sonst gleichen Bedingungen verschiedene Höhen einnehmen

ka|pi|tal ⟨Adj.⟩ **1** besonders, hauptsächlich, haupt…; *ein ~er Irrtum* grundlegender Irrtum **2** ⟨Jagdw.⟩ stark, groß, mit besonders schönem Geweih versehen; *ein ~er Bock, Hirsch* [→ *Kapital*]

Ka|pi|tal ⟨n.; -s, -e od. (österr. nur) -li|en⟩ **1** Geldbetrag zu Investitionszwecken; *fixes, bewegliches, flüssiges, totes, verfügbares ~; ~ gut, schlecht, gewinnbringend anlegen; das ~ erhöhen; ~ in ein Unternehmen stecken; über kein ~ verfügen* **2** Besitz an Bargeld u. Wertpapieren; *das ~ bringt jährlich 10 000 €, 12% Zinsen, Rendite* **3** ⟨fig.⟩ großer Wert, Wertgegenstand; *an seiner Stimme besitzt er ein großes ~; seine Arbeitskraft ist sein ~; aus einer*

Kapital

Sache ~ *schlagen* Nutzen ziehen [<ital. *capitale* <lat. *capitalis* »hauptsächlich«; zu *caput* »Kopf, Haupt«]

Ka|pi|täl ⟨n.; -s, -e; selten⟩ = Kapitell

Ka|pi|tal|ab|wan|de|rung ⟨f.; -; unz.⟩ = Kapitalflucht

Ka|pi|tal|band ⟨n.; -(e)s, -bän|der⟩ buntes, schmales Band an der oberen u. unteren Kante der zusammengehefteten Bogen am Buchrücken; *oV* Kaptalband

Ka|pi|tälchen ⟨n.; -s, -⟩ großer Buchstabe in der Höhe der kleinen Buchstaben (als Auszeichnungsschrift verwendet), z. B. HERBST [→ *Kapitalis*]

Ka|pi|ta|le ⟨f.; -, -n⟩ **1** ⟨veraltet⟩ Hauptstadt **2** ⟨unz.⟩ = Kapitalis [<lat. *capitalis* »hauptsächlich, Haupt…«; zu *caput* »Haupt, Kopf«; → *Kapital*]

Ka|pi|tal|er|trags|steu|er ⟨f.; -, -n⟩ Steuer auf Zinsen, Dividenden u. Gewinnerträge

Ka|pi|tal|flucht ⟨f.; -; unz.⟩ Kapitalverlagerung zur Vermeidung von Steuern od. andere Auflagen; *Sy* Kapitalabwanderung

Ka|pi|ta|lis ⟨f.; -; unz.⟩ altröm. Schriftart in Großbuchstaben; *oV* Kapitale (2) [<lat. *capitalis*; → *Kapitale*]

Ka|pi|ta|li|sa|ti|on ⟨f.; -, -en; Wirtsch.⟩ das Kapitalisieren; *Sy* Kapitalisierung

ka|pi|ta|li|sie|ren ⟨V.; Wirtsch.⟩ in eine Geldsumme umrechnen, in Kapital umwandeln, zu Geld machen; *Sachwerte* ~

Ka|pi|ta|li|sie|rung ⟨f.; -, -en; Wirtsch.⟩ = Kapitalisation

Ka|pi|ta|lis|mus ⟨m.; -; unz.; Pol.⟩ volkswirtschaftl. System, dem das Gewinnstreben der Einzelnen u. das freie Unternehmertum zugrunde liegen u. in dem die Arbeitnehmer in der Regel nicht Besitzer der Produktionsmittel sind; *Früh*~; *Hoch*~; *Spät*~; *Monopol*~ [→ *Kapital*]

Ka|pi|ta|list ⟨m.; -en, -en; Pol.⟩ **1** Anhänger, Vertreter des Kapitalismus **2** ⟨umg.; abwertend⟩ jmd. der stets auf Kapitalzuwachs aus ist, dem Geld viel bedeutet

ka|pi|ta|lis|tisch ⟨Adj.; Pol.⟩ auf dem Kapitalismus beruhend, im Sinne des Kapitalismus

Ka|pi|tal|ver|bre|chen ⟨n.; -s, -⟩ **1** ⟨urspr.⟩ Verbrechen, auf dem die Todesstrafe steht **2** ⟨allg.⟩ großes, schweres Verbrechen

Ka|pi|tän ⟨m.; -s, -e⟩ **1** Befehlshaber eines Schiffes **2** Pilot als Leiter eines zivilen Flugzeugs **3** Anführer einer Sportmannschaft **4** ⟨in einigen Staaten Bez. für⟩ Hauptmann; ~ *zur See* Seeoffizier im Range eines Obersten [<mhd. *kapitan* <frz. *capitaine*, ital. *capitano* <mlat. *capitaneus* »hervorstechend, vorzüglich; Anführer«, <lat. *caput* »Kopf, Haupt«]

Ka|pi|tän|leut|nant ⟨m.; -s, -s od. -e⟩ Seeoffizier im Range eines Hauptmanns

Ka|pi|täns|pa|tent ⟨n.; -(e)s, -e⟩ zur Führung eines Schiffes berechtigendes Patent

Ka|pi|tel ⟨n.; -s, -; Abk.: Kap.⟩ **1** ⟨durch Zahl od. Überschrift gekennzeichneter⟩ Abschnitt eines Schriftwerkes **2** Körperschaft der zu einer Dom- od. Stiftskirche gehörenden Geistlichen; *Dom*~; *Stifts*~. **2.1** Versammlung dieser Geistlichen **2.2** Versammlung eines geistl. Ordens, bei der die in Kapitel (1) eingeteilten Ordensregeln verlesen wurden **3** ⟨fig.⟩ Angelegenheit, Sache; *ein* ~ *abschließen, als erledigt betrachten; das ist ein schwieriges* ~; *das ist ein* ~ *für sich* eine besondere Sache, die man genauer erklären muss [<lat. *capitulum*, Verkleinerungsform zu *caput* »Kopf, Haupt«]

ka|pi|tel|fest ⟨Adj.⟩ fest im Wissen, bes. bibelfest

Ka|pi|tell ⟨n.; -s, -e⟩ oberster, plastisch verschieden geformter Teil einer Säule, eines Pfeilers od. Pilasters, Bindeglied zw. der Stützen u. der Last; *Würfel*~; *oV* ⟨selten⟩ Kapitäl [<mlat. *capitellum*, Verkleinerungsform zu *caput* »Kopf«]

Ka|pi|tol ⟨n.; -s; unz.⟩ **1** ⟨im alten Rom⟩ Stadtburg, Sitz des Senats **2** (USA) Parlamentsgebäude in Washington [<lat. *Capitolium* »Haupttempel des Jupiter« auf dem höchsten Punkt im antiken Rom]

Ka|pi|tu|lant ⟨m.; -en, -en; früher⟩ Soldat, der sich durch Vertrag (Kapitulation) zu einer längeren Dienstzeit verpflichtete u. sich dadurch Anspruch auf Altersversorgung erwarb [→ *kapitulieren*]

Ka|pi|tu|lar[1] ⟨m.; -s, -e⟩ Mitglied eines geistl. Kapitels; *Dom*~

Ka|pi|tu|lar[2] ⟨n.; -s, -ri|en⟩ Gesetz od. Verordnung der karolingischen Könige [nach ihrer Einteilung in einzelne, mit Zahlen versehene *Kapitel*]

Ka|pi|tu|la|ti|on ⟨f.; -, -en⟩ **1** ⟨früher⟩ Vertrag über die Dienstverlängerung eines Soldaten (Kapitulanten) **2** ⟨allg.⟩ Vertrag, durch den sich ein Staat, eine Stadt od. Festung dem siegreichen Feind unterwirft [<frz. *capitulation* »Übergabe(vertrag); Vergleich«; → *kapitulieren*]

ka|pi|tu|lie|ren ⟨V.⟩ **1** ⟨früher⟩ eine Kapitulation (1) abschließen **2** ⟨allg.⟩ eine Kapitulation (2) vereinbaren, sich ergeben **3** ⟨fig.⟩ zu streiten, zu argumentieren aufhören, aufgeben [<frz. *capituler* »bezügl. eines Vertrages (bes. eines Übergabevertrages) verhandeln« <mlat. *capitulare* »über einen Vertrag (bzw. über dessen Hauptpunkte) verhandeln«; → *Kapitel*]

Kap|la|ken ⟨n.; -s, -⟩ Sondervergütung od. Gewinnanteil für den Schiffskapitän über sein Gehalt hinaus [<ndrl. *kaplaken*, eigtl. »Laken (= Tuch) zu einer Kappe«]

Ka|plan *auch:* **Kap|lan** ⟨m.; -s, -pläne⟩ **1** katholischer Hilfsgeistlicher, kath. Geistlicher mit besonderen Aufgaben (z. B. bei der Truppe) **2** Hausgeistlicher eines Fürsten [eigtl. »Geistlicher in einer Kapelle« <mhd. *kap(p)ellan*, *kaplan* <mlat. *cappelanus*; zu mlat. *capella* »kleines Gotteshaus, Kapelle«; → *Kapelle*]

Ka|plan|tur|bi|ne *auch:* **Kap|lan-Tur|bi|ne** ⟨f.; -, -n⟩ Turbine für geringe Fallhöhen, aber große Wassermengen, besitzt verstellbare Schaufeln [nach dem österr. Ingenieur V. *Kaplan*, 1876–1934]

Ka|po ⟨m.; -s, -s⟩ **1** ⟨früher⟩ Anführer einer Arbeitsgruppe von

Karabinerhaken

Häftlingen im Konzentrationslager **2** ⟨Soldatenspr.⟩ Unteroffizier [<ital. *capo* »Kopf, Haupt, Führer«]

Ka|po|das|ter ⟨m.; -s, -; Musik⟩ verschiebbarer, auf dem Griffbrett über den Saiten sitzender Sattel bei Lauten u. Gitarren zur Veränderung der Spannung u. Stimmung [<ital. *capotasto* <*capo* »Kopf« + *tasto* »Taste«]

Ka|pok ⟨m.; -s; unz.⟩ als Polstermaterial verwendete Samenfaser des Kapokbaumes [<javan. *kapuk*]

Ka|pok|baum ⟨m.; -(e)s, -bäu|me; Bot.⟩ bis 50 m hoher Baum aus der Familie der Wollbaumgewächse, der Kapok u. Holz liefert: Ceiba pendantra

ka|po|res ⟨Adj.; umg.⟩ = kaputt; ~ *gehen*; ~ *sein* [<rotw. *capores* »morden«; zu hebr. *kapparoth* »Sühneopfer« (nach jüdischem Brauch wurde am Versöhnungstag ein Huhn (*Kapporehuhn*) geschlachtet)]

Ka|po|si|sar|kom *auch:* **Ka|po|si-Sar|kom** ⟨n.; -s; unz.; Med.⟩ Sarkom, das durch rote, von Blutungen durchsetzte Knoten gekennzeichnet ist, tritt als Folge der AIDS-Erkrankung auf [nach dem ung. Arzt Moritz *Kaposi*, 1837–1902]

Ka|pot|te ⟨f.; -, -n; kurz für⟩ Kapotthut

Ka|pott|hut ⟨m.; -(e)s, -hü|te⟩ unter dem Kinn gebundener, kleiner, hoch auf der Frisur sitzender Damenhut der Biedermeierzeit; *Sy* Kapotte [<frz. *capote* »Kapuzenmantel, Kapotthut«, <lat. *cappa* »Art Kopfbedeckung, Mantel mit Kapuze«]

Kap|pa ⟨n.; -s, -s; Zeichen: κ, K⟩ zehnter Buchstabe des grch. Alphabets [grch.]

◆ Die Buchstabenfolge **ka|pr**... kann auch **kap|r**... getrennt werden.

◆ **Ka|pri|ce** ⟨[-s(ə)] f.; -, -n⟩ Laune, Grille; *oV* ⟨österr.⟩ Kaprize [<frz. *caprixe* »Laune, Launenhaftigkeit« <lat. *caper* »Ziegenbock«; verwandt mit *Kapriole*, *Capriccio*]

◆ **Ka|pri|fi|ka|ti|on** ⟨f.; -, -en; Bot.⟩ Aufhängen von männlichen Blütenzweigen der Wildform des Feigenbaumes in die Zweige der weiblichen Kulturform des Baumes, um Bestäubung zu bewirken [zu lat. *caprificus* »wilder Feigenbaum«]

◆ **Ka|pri|fo|li|a|zee** ⟨[-tse:ə] f.; -, -n; Bot.⟩ Geißblattgewächs [<lat. *caper*, Gen. *capri* »Ziegenbock« + *folium*, Pl. *folia* »Blatt«]

◆ **Ka|pri|o|le** ⟨f.; -, -n⟩ **1** Luftsprung **2** tolles Stückchen, verrückter Streich **3** ⟨hohe Schule⟩ Sprung auf der Stelle mit angezogenen Vorder- u. nach hinten ausgestreckten Hinterbeinen [<ital. *capriola* »Bocksprung«, <lat. *caper* »Ziegenbock«; verwandt mit *Kaprice*, *Capriccio*]

◆ **ka|pri|o|len** ⟨V.⟩ Kapriolen machen

◆ **Ka|pri|ze** ⟨f.; -, -n; österr. für⟩ Kaprice

◆ **ka|pri|zie|ren** ⟨V.⟩ *sich auf etwas* ~ auf etwas beharren, eigensinnig bleiben [→ *Kaprice*]

◆ **ka|pri|zi|ös** ⟨Adj.⟩ launisch, eigensinnig [<frz. *capricieux*]

◆ **Ka|priz|pols|ter** ⟨n.; -s, -; österr.⟩ kleines Polster

◆ **Ka|pro|lak|tam** ⟨n.; -s; unz.⟩ aus Kapronsäure gewonnener Ausgangsstoff zur Gewinnung von Polyamiden, die für die Herstellung synthetischer Fasern wichtig sind; *oV* Caprolaktam [<lat. *caper* »Ziege« + *Laktam*]

◆ **Ka|pron|säu|re** ⟨f.; -, -n; Chemie⟩ eine für die Herstellung von Kaprolaktam benötigte Fettsäure; *oV* Capronsäure [zu lat. *caper* »Ziege«]

Kap|sel ⟨f.; -, -n⟩ **1** runder od. ovaler Behälter aus dünnem, aber festem Material **2** ⟨Bot.⟩ aus mindestens zwei Fruchtblättern zusammengewachsene Streufrucht **3** ⟨Anat.⟩ Umhüllung von Organen u. Funktionseinheiten od. Krankheitsherden **4** ⟨Pharm.⟩ aus Stärke od. Gelatine hergestellte Umhüllung für Medikamente, die sich erst im Magen od. im Darm auflöst [<lat. *capsula*, Verkleinerungsform zu *capsa* »Behältnis«]

Kap|si|kum ⟨n.; -s; unz.; Bot.⟩ **1** = Paprika; *oV* Capsicum **2** Pulver aus getrocknetem Paprika, das als Gewürz u. Heilmittel verwendet wird [<lat. *capsa* »Behälter«]

Kapi|tal|band ⟨n.; -(e)s, -bän|der⟩ = Kapitalband

Kap|ta|ti|on ⟨f.; -, -en; veraltet⟩ Erschleichung, bes. Erbschleicherei [<lat. *captatio* »das Ergreifen, Haschen«; zu *captare* »nach etwas greifen«; verwandt mit *kapieren*]

kap|ta|to|risch ⟨Adj.; veraltet⟩ in der Art einer Kaptation, erschleichend; ~*e Handlungsweise* H., bei der man jmdm. einen Gewinn in Aussicht stellt, um daraus selbst wieder einen Vorteil zu erlangen; ~*e Verfügung* V. zugunsten eines anderen unter der Voraussetzung einer Gegenleistung [zu lat. *captator* »der eifrig nach etwas Trachtende, Erbschleicher«; zu *captare* »nach etwas greifen«]

Ka|put ⟨m.; -s, -e; schweiz.⟩ langer Mantel [<mlat. *caputium* »Mönchskappe«]

ka|putt ⟨Adj.⟩ **1** zerbrochen, zerstört, entzwei **2** ⟨umg.⟩ müde, erschöpft; *Sy* ⟨umg.⟩ kapores **3** bankrott [<*capot* machen = erschlagen (im 30-jährigen Krieg) <frz. *faire capot, être capot*, Bez. für den Verlust aller Stiche beim Kartenspiel; vielleicht zu frz. *capoter* »kentern«; <lat. *caput* »Kopf«]

Ka|pu|ze ⟨f.; -, -n⟩ an Mantel, Kleid od. Bluse befestigte, meist spitze Kopfbedeckung [<ital. *cappuccio* »Mantelhaube« <mlat. *caputium* »Mönchskappe«, <lat. *cappa* »Art Kopfbedeckung, Mantel mit Kapuze«]

Ka|pu|zi|ner ⟨m.; -s, -⟩ Mitglied des Kapuzinerordens (bekannt als volkstüml. Prediger) [<ital. *cappuccino*, nach ihrer spitzen, an die Kutte genähten Kapuze]

Ka|pu|zi|ner|or|den ⟨m.; -s; unz.⟩ Zweig des Franziskanerordens mit der strengsten Regel

Ka|ra|bi|ner ⟨m.; -s, -⟩ Gewehr mit kurzem Lauf u. geringer Schussweite, früher bes. zur Bewaffnung der Kavallerie [<frz. *carabine*; zu *carabin* »mit Gewehr bewaffneter Reiter«]

Ka|ra|bi|ner|ha|ken ⟨m.; -s, -⟩ Haken mit gefedertem Verschluss,

Karabinier

z. B. an Rucksäcken, Hundeleinen
Ka|ra|bi|nier ⟨[-nje̱ː] m.; -s, -s⟩ **1** ⟨urspr.⟩ mit Karabinern ausgerüsteter Reiter **2** ⟨dann⟩ Jäger zu Fuß **3** Soldat der schweren Kavallerie
Ka|ra|bi|nie|re ⟨[-nje̱ːrə] m.; - od. -s, -ri⟩ ital. Polizist; *o*V Carabiniere
Ka|ra|cho ⟨[-xo] n.; -; unz.; umg.⟩ Schwung, Geschwindigkeit; ⟨meist in der Wendung⟩ mit ~ (an einen Baum fahren, in die Kurve gehen) sehr schnell, mit hoher Geschwindigkeit [<span. *carajo* (Schimpfw.) »Penis«]
Ka|raf|fe ⟨f.; -, -n⟩ geschliffene Glasflasche mit Glasstöpsel; *Wasser~; Rotwein~* [<frz. *carafe* <span. *garrafa* <arab. *ġarrāf* »weitbauchige Flasche«]
Ka|ra|gös ⟨m.; -, -⟩ Kasperle, Hanswurst im türk. Schattenspiel; *o*V Karagöz [türk., »Schwarzauge (= Zigeuner)«]
Ka|ra|göz ⟨m.; -, -⟩ = Karagös
Ka|ra|kal ⟨m.; -s, -e; Zool.⟩ Wüstenluchs, Raubkatze in Wüsten u. Steppen: Lynx caracal [türk., »Schwarzohr«]
Ka|ra|kal|pa|ke ⟨m.; -n, -n⟩ Angehöriger eines südlich des Aralsees lebenden Turkvolks [türk., »Schwarzmütze«]
Ka|ra|kul|schaf ⟨n.; -(e)s, -e; Zool.⟩ Schafrasse, deren 3-8 Tage alte Lämmer den Persianerpelz liefern [nach dem Bergsee *Karakul* (»schwarzer See«) im Pamir]
Ka|ram|bo|la ⟨f.; -, -s; Bot.⟩ *o*V Carambola **1** Baumstachelbeerbaum, bis zu 12 m hoher Baum mit bis zu 10 cm langen, im Querschnitt fünfzackisternigen, gelben Früchten: Averrhoa carambola **2** die Frucht des Karambolabaumes
Ka|ram|bo|la|ge ⟨[-ʒə] f.; -, -n⟩ **1** ⟨Sport; Billard⟩ Treffer, Anstoßen der Spielkugel an die beiden anderen Kugeln **2** ⟨Sport; allg.⟩ Zusammenstoß mehrerer Spieler bei Wettkämpfen **3** ⟨allg.⟩ Zusammenstoß **4** ⟨fig.⟩ Streit [<frz. *carambolage* »Zusammenstoß«]
Ka|ram|bo|la|ge|bil|lard ⟨[-ʒəbɪljard] n.; -s, -e; Sport⟩ = Karambolage (1)

Ka|ram|bo|le ⟨f.; -, -n; Sport; Billard⟩ die Spielkugel, rote Kugel [<frz. *carambole*]
ka|ram|bo|lie|ren ⟨V.⟩ **1** ⟨Sport; Billard⟩ eine Karambolage (1) machen **2** ⟨fig.⟩ zusammenstoßen
ka|ra|mell ⟨Adj.⟩ bräunlich gelb, beigefarben

Karamell (*Laut-Buchstaben-Zuordnung*) Ein kurzer Vokal wird im Deutschen durch die Verdopplung des folgenden Konsonanten kenntlich gemacht. Diese Regel gilt auch für das Wort »*Karamell*« (bisher: *Karamel*) einschließlich aller abgeleiteten Formen.

Ka|ra|mell ⟨m.; -s; unz.⟩ dunkelbrauner, etwas bitter schmeckender Stoff, der bei Erhitzen von Trauben- od. Rohrzucker entsteht, zum Färben von Likör, Rum, Bier, Bonbons, Essig verwendet [<frz. *caramel* <neulat. *caramellis* <lat. *cannamellis* »Zuckerrohr«, beeinflusst von lat. *calamus* »Rohr«]
Ka|ra|mell|bon|bon ⟨[-bɔnbɔn] n. od. m.; -s, -s⟩ = Karamelle
Ka|ra|mel|le ⟨f.; -, -n⟩ Bonbon aus karamelisiertem Zucker u. Milch; *Sy* Karamellbonbon
ka|ra|mel|lie|ren ⟨V.⟩ *Zucker karamelliert* wird in heißem Fett braun
ka|ra|mel|li|sie|ren ⟨V.⟩ *Zucker ~* durch Erhitzen bräunen
Ka|ra|o|ke ⟨n.; -; unz.; Musik⟩ **1** ohne die vokale Stimme gespielte Version eines Schlagers od. Hits, Instrumentalversion **2** Musikveranstaltung, bei der ein nicht professioneller Sänger die Vokalstimme zu einem Karaoke (1) singt [<jap., »leeres Orchester«; zu *kara* »leer« + *oke* »Orchester«]
Ka|rat ⟨n.; -(e)s, -e od. (bei Zahlenangaben) -⟩ **1** getrockneter Samen des Johannisbrotbaumes **2** (Zeichen: k) Gewichtsmaß für Edelsteine u. Perlen, 0,2 g **3** Angabe der Qualität von Goldlegierungen in Vierundzwanzigstel reinen Goldes [<frz. *carat* <ital. *carato* <arab. *qīrāṭ* »kleines Gewicht« <grch.

keration »Hörnchen; Schote des Johannisbrotbaumes« (die Samen des Johannisbrotbaumes wurden zum Wiegen von Gold u. Edelsteinen benutzt), Verkleinerungsform zu *keras*, Gen. *keratos* »Horn«]
Ka|ra|te ⟨n.; - od. -s; unz.; Sport⟩ aus Ostasien stammender, harter, waffenloser Nahkampf u. Sport zur Selbstverteidigung [jap., »leere Hand« (<*kara* »unbewaffnet, leer« + *te* »Hand«), eigtl. *Karate* »China-Hand« (<*Kara* »China« + *te* »Hand«)]
Ka|ra|te|ka ⟨m.; -s, -s⟩ Wettkämpfer beim Karate [jap.]
Ka|rau|sche ⟨f.; -, -n; Zool.⟩ karpfenartiger Süßwasserfisch, als Nutzfisch wegen der vielen Gräten unbeliebt: Carassius [<lit. *karosas* <russ. *karas* <grch. *korakinos* »Rabenfisch«; zu *korax* »Rabe«]
Ka|ra|vel|le ⟨[-vɛl-] f.; -, -n⟩ *o*V Caravelle **1** ⟨14./16. Jh.⟩ kleines, schnelles, dreimastiges Segelschiff mit hohem Heckaufbau **2** französ. Flugzeugtyp [<frz. *caravelle* <portug. *caravela* »großes Schiff«, <lat. *carabus* »geflochtener Kahn«]
Ka|ra|wa|ne ⟨f.; -, -n⟩ Zug von Kaufleuten od. Pilgern u. Ä., die sich zur Reise zusammengeschlossen haben (bes. mit Kamelen durch Wüstengebiete) [<ital. *caravana* <pers. *karwān* »Kamelzug«]
Ka|ra|wan|se|rei ⟨f.; -, -en⟩ Unterkunft für Karawanen an den Karawanenstraßen [<pers. *karwan sarai* »Gebäude, in dem Karawanen einkehren«; → *Karawane, Serail*]
Karb|amid *auch:* **Karb|a|mid** ⟨n.; -s; unz.; Chemie⟩ = Carbamid
Kar|bat|sche ⟨f.; -, -n⟩ aus Riemen geflochtene Peitsche [<ungar. *korbács* u. tschech. *karabáč* <türk. *qyrbatsch* »Lederpeitsche«]
kar|bat|schen ⟨V.⟩ **1** mit der Karbatsche schlagen **2** ⟨fig.⟩ mit Worten peitschen
Karb|azol *auch:* **Karb|a|zol** ⟨n.; -s; unz.; Chemie⟩ = Carbazol
Kar|bid ⟨n.; -(e)s, -e; Chemie⟩ = Carbid
kar|bo…, Kar|bo… ⟨Chemie; in Zus.⟩ = carbo…, Carbo…

Kar|bo|dy|na|mit ⟨n.; -s; unz.; Chemie⟩ = Carbodynamit
Kar|bol ⟨n.; -s; unz.; Chemie⟩ = Karbolsäure
Kar|bo|li|ne|um ⟨n.; -s; unz.; Chemie⟩ = Carbolineum
Kar|bol|säu|re ⟨f.; -, -n; Chemie⟩ wässerige Lösung von Phenol, ein Desinfektionsmittel; *Sy* Karbol
Kar|bon ⟨n.; -s; unz.; Geol.⟩ Formation des Paläozoikums vor 290-230 Mill. Jahren mit großen Sumpfwäldern, aus denen die Kohle entstand [<lat. *carbo* »Kohle«]
Kar|bo|na|de ⟨f.; -, -n⟩ **1** in Scheiben geschnittenes Rippenstück vom Schwein, Kalb od. Hammel **2** = Kotelett [<frz. *carbonnade* <ital. *carbonata* »auf Kohlen geröstetes Fleisch«, <lat. *carbo* »Kohle«]
Kar|bo|na|do ⟨m.; -s, -s; Min.⟩ grauschwarze Abart des Diamanten [<span. *carbonado* »schwarzer Diamant« <lat. *carbo* »Kohle«]
Kar|bo|na|ro ⟨m.; -s, -ri; früher⟩ Angehöriger einer geheimen politischen Vereinigung in Italien gegen die Herrschaft Napoleons [<ital. *carbonaio* »Kohlenbrenner« <lat. *carbo* »Kohle«]
Kar|bo|nat ⟨n.; -(e)s, -e; Chemie⟩ = Carbonat
Kar|bon|druck ⟨m.; -(e)s, -e⟩ Druckverfahren, bei dem die Rückseite eines Blattes mit Farbe beschichtet ist u. durchschreibt
Kar|bo|ni|sa|ti|on ⟨f.; -; unz.; Chemie⟩ = Carbonisation
kar|bo|nisch ⟨Adj.; Geol.⟩ zum Karbon gehörig, aus ihm stammend
kar|bo|ni|sie|ren ⟨V.; Chemie⟩ = carbonisieren
kar|bo|ni|trie|ren *auch:* **kar|bo|nit|rie|ren** ⟨V.; Chemie⟩ = carbonitrieren
Kar|bon|pa|pier ⟨n.; -s; unz.; selten für⟩ Kohlepapier, dünnes einseitig gefärbtes Durchschlagpapier
Kar|bon|säu|re ⟨f.; -, -n; Chemie⟩ = Carbonsäure
Kar|bo|ny|le ⟨Pl.; Chemie⟩ = Carbonyle
Kar|bo|nyl|grup|pe ⟨f.; -, -n; Chemie⟩ = Carbonylgruppe

Kar|bo|rund ⟨n.; -(e)s; unz.; Chemie⟩ = Carborund
Kar|bo|xyl|grup|pe *auch:* **Kar|bo|xyl|grup|pe** ⟨f.; -, -n; Chemie⟩ = Carboxylgruppe
kar|bo|zy|klisch *auch:* **kar|bo|zyk|lisch** ⟨Adj.; Chemie⟩ = carbocyclisch
Kar|bun|kel ⟨m.; -s, -; Med.⟩ mehrere dicht beieinander stehende u. ein gemeinsames Entzündungsgebiet bildende Furunkel; →*a.* Karfunkel [<lat. *carbunculus*, eigtl. »kleine glühende Kohle«, Verkleinerungsform zu lat. *carbo* »Kohle«]
kar|bu|rie|ren ⟨V.; Technik⟩ *Wassergas* ~ dem Wassergas Kohlenwasserstoffe zusetzen, um daraus Stadtgas zu gewinnen [<frz. *carburer* »vergasen, verbrennen«, <lat. *carbo* »Kohle«]
Kar|da|mom ⟨m. od. n.; -s, -e od. -en⟩ aus den Samen der Kardamompflanze gewonnenes Gewürz u. Heilmittel [<lat. *cardamomum* <grch. *kardamomon* <aind. *kardamas*]
Kar|da|mom|pflan|ze ⟨f.; -, -n; Bot.⟩ in Malabar (Indien) u. Sri Lanka (früher: Ceylon) beheimatetes krautiges Ingwergewächs: Elettaria cardamomum
Kar|dan|an|trieb ⟨m.; -(e)s; unz.; Technik⟩ Antrieb über ein Kardangelenk [→ *kardanisch*]
Kar|dan|ge|lenk ⟨n.; -(e)s, -e; Technik⟩ gelenkige Verbindung zweier Wellen zur Übertragung eines Drehmoments auch bei veränderlichem Winkel zwischen den beiden Wellen, Kreuzgelenk [→ *kardanisch*]
kar|da|nisch ⟨Adj.⟩ **1** ⟨Technik⟩ ~*e Aufhängung* Vorrichtung zur allseitig drehbaren Aufhängung eines Körpers **2** ⟨Math.⟩ ~*e Formel* mathemat. Ausdruck zur Lösung allgemeiner Gleichungen dritten Grades [fälschlich nach dem italien. Philosophen, Mathematiker u. Arzt Geronimo *Cardano*, 1501-1576]
Kar|dan|wel|le ⟨f.; -, -n; Technik⟩ mit einem Kardangelenk ausgerüstete Antriebswelle zur Übertragung von Antriebskräften zwischen zwei zueinander gewinkelten Wellen

Kardinalpunkt

Kar|dät|sche ⟨f.; -, -n⟩ **1** ⟨Weberei⟩ Bürste zum Aufrauen **2** ovale Bürste zum Striegeln von Haustieren, bes. Pferden **3** ⟨Bauw.⟩ zum Auftragen u. Verteilen des Putzes verwendetes Brett mit Handgriff, Streichbrett; →*a.* Kartätsche [zu ital. *cardeggiare* »hecheln«; zu lat. *carduus* »Distel«]
kar|dät|schen ⟨V.⟩ **1** mit der Kardätsche bürsten, striegeln; *ein Pferd* ~ **2** mit der Kardätsche rau machen
Kar|de ⟨f.; -, -n⟩ **1** ⟨Bot.⟩ eine distelähnliche Pflanze **2** ⟨Spinnerei⟩ Maschine zum Auflösen des Fasergutes bis zur Einzelfaser, zum Ausrichten der Fasern sowie zum Ausschneiden von kurzen Fasern u. Verunreinigungen; *Sy* Krempel [<lat. *carduus* »Distel«]
kar|di..., Kar|di... ⟨in Zus.⟩ = kardio..., Kardio...
Kar|dia ⟨f.; -; unz.; Anat.⟩ **1** Magenmund, Mageneingang **2** ⟨selten⟩ Herz [grch.]
Kar|di|a|kum ⟨n.; -s, -di|a|ka; Pharm.⟩ Arzneimittel zur Unterstützung der Herztätigkeit, Herzmittel [<grch. *kardia* »Herz«]
kar|di|al ⟨Adj.⟩ das Herz betreffend, zu ihm gehörig, von ihm ausgehend [<grch. *kardia* »Herz«]
kar|di|nal ⟨Adj.⟩ vorzüglich, hauptsächlich [→ *Kardinal*]
Kar|di|nal ⟨m.; -s, -näle⟩ **1** ⟨kath. Kirche⟩ höchster Würdenträger nach dem Papst, mit dem Recht, den Papst zu wählen u. zum Papst gewählt zu werden **2** ⟨Zool.⟩ Angehöriger verschiedener Gruppen kernbeißerartiger Finkenvögel aus Amerika, oft Stubenvögel; *Roter* ~*:* Pyrrhuloxia cardinalis **3** Getränk aus Weißwein mit Zucker u. Pomeranzen [<mhd. *kardenal* <spätlat. *cardinalis* »im Angelpunkt stehend«; zu lat. *cardo*, Gen. *cardinis* »Türangel, Dreh-, Angelpunkt«; verwandt mit *Scharnier*]
kar|di|nal..., Kar|di|nal... ⟨in Zus.⟩ haupt..., Haupt..., grund..., wichtigster Grund...
Kar|di|nal|punkt ⟨m.; -(e)s, -e; Optik⟩ ein Bezugspunkt bei

463

Kardinaltugend

der optischen Abbildung durch Linsensysteme
Kar|di|nal|tu|gend ⟨f.; -, -en⟩ jede der von Sokrates, Platon u. den Stoikern aufgezählten vier Grund- od. Haupttugenden: Tapferkeit, Gerechtigkeit, Mäßigkeit u. Weisheit bzw. Gottesfurcht
Kar|di|nal|zahl ⟨f.; -, -en; Math.⟩ Grundzahl, ganze Zahl, z. B. »eins« (1), »zehn« (10); →a. Ordinalzahl
kar|dio..., Kar|dio... ⟨vor Vokalen⟩ kardi..., Kardi... ⟨Med.; in Zus.⟩ herz..., Herz..., magen..., Magen... [<grch. *kardia* »Herz; Magenmund«]
Kar|di|o|graf ⟨m.; -en, -en⟩ = Kardiograph
Kar|di|o|gramm ⟨n.; -s, -e⟩ grafische Darstellung der Herzbewegungen [<*Kardio...* + *...gramm*]
Kar|di|o|graph ⟨m.; -en, -en⟩ Gerät, das Kardiogramme herstellt; *oV* Kardiograf [<*Kardio...* + *...graph*]
Kar|di|o|i|de ⟨f.; -, -n⟩ ebene Kurve in der Form eines Herzens, Herzkurve [<*Kardio...* + *...id*]
Kar|di|o|lo|ge ⟨m.; -n, -n; Med.⟩ Facharzt für Herzkrankheiten
Kar|di|o|lo|gie ⟨f.; -; unz.; Med.⟩ Lehre vom Herzen u. seinen Krankheiten [<*Kardio...* + *...logie*]
Kar|di|o|lo|gin ⟨f.; -, -gin|nen; Med.⟩ Fachärztin für Herzkrankheiten
Kar|di|o|pa|thie ⟨f.; -, -n; Med.⟩ Herzfehler, Herzleiden
Kar|di|o|to|ko|graf ⟨m.; -en, -en; Abk.: CTG; Med.⟩ = Kardiotokograph
Kar|di|o|to|ko|graph ⟨m.; -en, -en; Abk.: CTG; Med.⟩ Gerät zum gleichzeitigen Aufzeichnen der kindl. Herztöne u. der Wehen; *oV* Kardiotokograf [<grch. *kardia* »Herz«, *tokos* »Geburt« + *graphein* »schreiben«]
kar|dio|vas|ku|lar ⟨[-vas-] Adj.; Med.⟩ = kardiovaskulär
kar|dio|vas|ku|lär ⟨[-vas-] Adj.; Med.⟩ Herz u. Gefäße betreffend; *oV* kardiovaskular
Kar|di|tis ⟨f.; -, -ti|den; Med.⟩ Herzentzündung; →a. Endokarditis, Pankarditis, Perikarditis [<grch. *kardia* »Herz«]

Kar|do|ne ⟨f.; -, -n; Bot.⟩ Spanische Artischocke, 1-2 m hoch wachsende Artischocke Südamerikas u. des Mittelmeerraums, deren Köpfchen dort als Gemüsespeise beliebt sind: Cynara cardunculus [zu lat. *cardius* »Distel«]
Ka|renz ⟨f.; -, -en⟩ *oV* Karenzzeit **1** ⟨österr.⟩ Beurlaubung bei Entfall der Bezüge **2** ⟨Med.⟩ Verzicht, Enthaltsamkeit **3** Wartezeit, Sperrfrist (bes. in der Versicherung) [<lat. *carere* »nicht haben, entbehren«]
ka|ren|zie|ren ⟨V.; österr.⟩ beurlauben (bei Streichung der Bezüge); *sich für ein Jahr ~ lassen*
Ka|renz|zeit ⟨f.; -, -en⟩ = Karenz
ka|res|sie|ren ⟨V.⟩ **1** *jmdn. ~* jmdn. liebkosen, zärtlich streicheln, jmdm. schmeicheln **2** ⟨schweiz.⟩ zärtlich sein [<frz. *caresser*]
Ka|ret|te ⟨f.; -, -n; Zool.; kurz für⟩ Karettschildkröte
Ka|rett|schild|krö|te ⟨f.; -, -n; Zool.⟩ Meeresschildkröte der (sub)tropischen Ozeane, deren Rückenpanzer das echte Schildpatt liefert: Eretmochelys imbricata; *Sy* Karette [<frz. *caret* <span. *carey*]
Ka|rez|za ⟨f.; -; unz.⟩ Koitus ohne Samenerguss; *oV* Carezza [<ital. *carezza* »Liebkosung«; zu *caro* »lieb«]
Kar|fi|ol ⟨m.; -s; unz.; österr.⟩ Blumenkohl [<ital. *cavolfiore* »Kohlblume« <*cavolo* »Kohl« (<lat. *caulis*) + *fiore* »Blume« (<lat. *flos*, Gen. *floris*)]
Kar|fun|kel ⟨m.; -s, -; volkstüml. Bez. für⟩ Karbunkel
Kar|ga|deur ⟨[-dø:r] m.; -s, -e⟩ = Kargador
Kar|ga|dor ⟨m.; -s, -e⟩ jmd., der den Transport einer Schiffsladung u. ihre Übergabe an den Empfänger zu überwachen hat; *oV* Kargadeur [frz. <span.; →*Kargo*]
Kar|go ⟨m.; -s, -s⟩ *oV* Cargo **1** ⟨urspr.; allg.⟩ Fracht, Ladung von Schiffen **2** ⟨heute a.⟩ größere Fracht von Lastkraftwagen [<span. *cargo* »Ladung«]
Ka|ri|bu ⟨m.; -s; Zool.⟩ das wild lebende nordamerikan. Rentier: Rangifer arcticus [<frz. *caribou* <Algonkin]

ka|rie|ren ⟨V.⟩ mit regelmäßigen Vierecken (Quadraten, Karos, Rhomben) versehen; *Sy* ⟨österr.⟩ rastrieren (2) [<frz. *carrer* <lat. *quadrare* »viereckig machen«]
ka|riert ⟨Adj.⟩ **1** mit Quadraten, Karos, Rhomben od. in diesen Formen sich kreuzenden Streifen versehen, gekästelt, gewürfelt; *~es Kleid* **2** ⟨umg.⟩ *guck nicht so ~!* so dumm, dummerstaunt, verständnislos [<frz. *carré* <lat. *quadratus* »viereckig«; →*karieren*]
Ka|ries ⟨f.; [-ries] f.; -; unz.; Zahnmed.⟩ *oV* Caries **1** chronische Knochenerkrankung mit Zerstörung auch der festen Knochenteile, Knochenfraß **2** Verfall der harten Zahnsubstanz, Zahnfäule [<lat. *caries* »Morschheit, Fäulnis«]
ka|ri|ka|tiv ⟨Adj.⟩ in der Art einer Karikatur, übertrieben, verzerrt
Ka|ri|ka|tur ⟨f.; -, -en⟩ bildl. Darstellung, die eine Eigenschaft od. ein Merkmal stark übertreibt u. dadurch lächerlich macht, Zerrbild, Spottbild [<ital. *caricatura*, »Überladung«; übertriebene, komisch verzerrte Darstellung von Eigenarten von Personen od. Sachen«]
Ka|ri|ka|tu|rist ⟨m.; -en, -en⟩ Zeichner von Karikaturen
Ka|ri|ka|tu|ris|tin ⟨f.; -, -tin|nen⟩ Zeichnerin von Karikaturen
ka|ri|ka|tu|ris|tisch ⟨Adj.⟩ in der Art einer Karikatur, mit Hilfe einer Karikatur
ka|ri|kie|ren ⟨V.⟩ *jmdn. ~ von* jmdm. eine Karikatur anfertigen, jmdn. in einer Karikatur lächerlich machen [<ital. *caricare* »beladen, übertrieben komisch darstellen«]
Ka|rinth ⟨n.; -s; unz.; Geol.⟩ = Karn
ka|ri|o|gen ⟨Adj.; Zahnmed.⟩ Karies erzeugend, verursachend [<*Karies* + *...gen¹*]
ka|ri|ös ⟨Adj.; Zahnmed.⟩ von Karies befallen, zerfressen, angefault [<lat. *cariosus* »morsch, faul«, mit frz. Endung]
Ka|ri|tas ⟨f.; -; unz.⟩ **1** christl. Nächstenliebe, Wohltätigkeit **2** ⟨Kurzwort für⟩ Deutscher

Karosserie

Caritasverband [<lat. *caritas* »auf Achtung beruhende Liebe«]

ka|ri|ta|tiv 〈Adj.〉 im Sinne der Karitas, auf ihr beruhend, wohltätig

Kar|kas|se 〈f.; -, -n〉 **1** Drahtgestell für Frauenhüte **2** 〈16.-19. Jh.〉 Brandgeschoss mit eisernem Gerippe **3** Gerippe von Leuchtkugeln **4** Unterbau des Luftreifens **5** Gerippe vom Geflügel [<frz. *carcasse*, ital. *carcassa* »Geripppe«]

kar|lin|gisch 〈Adj.〉 = karolingisch

Kar|ma 〈n.; -s; unz.〉 Buddhismus; Brahmanismus; Jainismus〉 Glaube, dass das Schicksal des Menschen nach dem Tode von seinen Taten in seinem letztvergangenen u. seinen früheren Leben abhänge; *oV* Karman [Sanskrit]

Kar|man 〈n.; -s; unz.〉 = Karma

Kar|me|lit 〈m.; -en, -en〉 = Karmeliter

Kar|me|li|ter 〈m.; -s, -〉 Angehöriger des Karmeliterordens; *oV* Karmelit

Kar|me|li|ter|geist 〈m.; -(e)s; unz.〉 zuerst von den Karmelitern hergestellte Lösung von Nelken-, Muskat-, Zimt- u. Zitronenöl in Alkohol als Einreibemittel; *Sy* Melissengeist

Kar|me|li|te|rin 〈f.; -, -rin|nen〉 Angehörige des 1425 gestifteten, dem Karmeliterorden angegliederten Nonnenordens; *oV* Karmelitin

Kar|me|li|tin 〈f.; -, -tin|nen〉 = Karmeliterin

Kar|men 〈n.; -s, -mi|na〉 Fest- od. Gelegenheitsgedicht; *oV* Carmen [<lat. *carmen* »Lied, Gedicht«]

Kar|me|sin 〈n.; -s; unz.〉 leuchtend roter Farblack aus Cochenilleschildläusen; *Sy* Karmin [<ital. *carmesino* <pers., türk., arab. *qirmiz*, Name der Schildlaus, die den Farbstoff liefert]

Kar|min 〈n.; -s; unz.〉 = Karmesin [<neulat. *carminium* <pers. *kirm* »Wurm«]

Kar|mi|na|ti|vum 〈[-vum] n.; -s, -va [-va]; Pharm.〉 pflanzliches Mittel gegen Blähungen [zu lat. *carminare* »krempeln«; in der medizin. Bedeutung »säubern«]

kar|mo|sie|ren 〈V.〉 größere Edelsteine ~ mit kleinen Edelsteinen umranden [<schwed. *karm* »Rand, Rahmen«]

Karn 〈n.; -s; unz.; Geol.〉 eine Stufe der pelagischen Trias; *Sy* Karinth [nach neulat. *Carinthia* »Kärnten«]

Kar|nal|lit 〈m.; -s; unz.; Chemie〉 in Kalisalzlagerstätten vorkommendes Mineral, chem. ein Doppelhalogenid; *oV* Carnallit [nach dem Berghauptmann Rudolf von *Carnall*, 1804-1874]

Kar|na|ti|on 〈f.; -; unz.〉 = Inkarnat [<lat. *caro*, Gen. *carnis* »Fleisch«]

Kar|nau|ba|pal|me 〈f.; -, -n; Bot.〉 bis zu 30 m hohe Palme mit fächerförmigen Blattwedeln: Copernicia cerifera

Kar|nau|ba|wachs 〈n.; -es; unz.〉 Pflanzenwachs der Karnaubapalme [<portug. *carnauba*]

Kar|ne|ol 〈m.; -s, -e; Min.〉 Mineral, gelbliche bis blutrote Abart des Chalzedons [<lat. *caro*, Gen. *carnis* »Fleisch« + ...*ol*]

Kar|ner 〈m.; -s, -〉 **1** (Friedhofskapelle mit) Beinhaus, in dem beim Anlegen neuer Gräber die alten Gebeine gesammelt aufbewahrt werden **2** Fleisch-, Räucherkammer; *oV* Kerner [<lat. *carnarium* »Fleischkammer«; zu *caro*, Gen. *carnis* »Fleisch«]

Kar|ne|val 〈[-val] m.; -s, -e od. -s〉 Fastnacht, Fastnachtsfest u. -zeit [<ital. *carnevale*; Deutungsversuche: 1. <mlat. *carne, vale!* »Fleisch, lebe wohl!«; 2. <mlat. *carnelevale* »Fleischentzug«; 3. <lat. *carrus navalis* »Schiffskarren, Räderschiff« (Räderschiffe wurden bei festl. Umzügen zur Wiedereröffnung der Schifffahrt im Februar mitgeführt)]

Kar|ne|va|list 〈[-va-] m.; -en, -en〉 jmd., der Karneval feiert, daran teilnimmt

Kar|ne|va|lis|tin 〈[-va-] f.; -, -tin|nen〉 weibl. Person, die Karneval feiert, daran teilnimmt

kar|ne|va|lis|tisch 〈[-va-] Adj.〉 den Karneval betreffend, zu ihm gehörig, von ihm stammend; *eine ~e Rede*

Kar|nies 〈n.; -es, -e; Arch.〉 Gesims od. Sockel mit s-förmigem Profil, Verbindung von Hohlkehle u. Stab, Glockenleiste [<frz. *corniche*, ital. *cornice* »Gesims, Kranzleiste« <lat. *coronis* »gewundener Strich, Schnörkel« <grch. *koronis*]

Kar|nie|se 〈f.; -, -n; österr.〉 Vorhangstange [→ *Karnies*]

kar|nisch 〈Adj.〉 das Karn betreffend, zu ihm gehörig, aus ihm stammend

kar|ni|vor 〈[-vo:r] Adj.; Biol.〉 *~e Lebewesen* Fleisch fressende Lebewesen; *Ggs* herbivor [<lat. *caro*, Gen. *carnis* »Fleisch« + ...*vor*]

Kar|ni|vo|re(r) 〈[-vo:-] f. 2 (m. 1); Biol.〉 **1** Tier, das sich (überwiegend) von Fleisch ernährt, Fleischfresser; *Ggs* Herbivore **2** Fleisch fressende Pflanze

Ka|ro 〈n.; -s, -s〉 **1** Viereck, Rhombus, Quadrat **2** viereckiges, rhombisches od. quadrat. Muster **3** 〈Kart.〉 **3.1** Spielkarte mit rotem Rhombus **3.2** Spielkartenfarbe [<frz. *carreau* »viereckige Platte od. Scheibe« <lat. *quadrum* »Viereck«]

Ka|ro|be 〈f.; -, -n〉 = Karube

Ka|ro|lin|ger 〈m.; -s, -; Gesch.〉 Angehöriger eines nach Karl dem Großen benannten fränkischen Herrschergeschlechtes (bis 911 in Deutschland, bis 987 in Frankreich)

ka|ro|lin|gisch 〈Adj.; Gesch.〉 zu den Karolingern gehörig, von ihnen stammend

Ka|ro|shi 〈[-ʃi] m.; - od. -s; unz.; meist ohne Artikel〉 Tod infolge von Stress u. Überarbeitung [jap.]

Ka|ros|se 〈f.; -, -n〉 **1** eleganter, vierrädriger Pferdewagen, der oft als Staatskutsche verwendet wurde; *Staats~* 〈fig.〉 schweres Luxusautomobil [<frz. *carrosse* »Prunkwagen« <ital. *carroccio* »Wagen, auf dem das Feldzeichen in die Schlacht geführt wird« <mlat. *carracutium* »zweirädriger Wagen mit hohen Rädern«, <gallolat. *carrus* »Wagen«]

Ka|ros|se|rie 〈f.; -, -n〉 die äußere Form des Kraftfahrzeugs bestimmender Aufbau, der Innenraum u. Fahrwerk umschließt; *Ggs* Chassis (1) [<frz. *carrosserie* »Wagen(auf)bau«]

ka|ros|sie|ren ⟨V.⟩ mit einer Karosserie versehen
Ka|ro|ti|de ⟨f.; -, -n; Anat.⟩ Halsschlagader; *oV* Karotis [<grch. *karotides* <*karos* »Tiefschlaf«; zu *karoun* »betäuben«; verwandt mit *kara* »Kopf«]
Ka|ro|tin ⟨n.; -s; unz.⟩ = Carotin
Ka|ro|ti|no|i|de ⟨Pl.⟩ = Carotinoide
Ka|ro|tis ⟨f.; -, -ti|den⟩ = Karotide
Ka|rot|te ⟨f.; -, -n⟩ früh reifende, gelbe bis rote, kurze Mohrrübe [<ndrl. *karote* <frz. *carotte* <lat. *carota* <grch. *karoton*]
...karp[1] ⟨Nachsilbe; zur Bildung von Adj.⟩ Früchte tragend; *oV* ...karpisch
...karp[2] ⟨Nachsilbe; zur Bildung sächl. Subst.⟩ Frucht, Fruchtwand; *oV* ...karpium [<grch. *karpos* »Frucht«]
Kar|pell ⟨n.; -s, -e; Bot.⟩ die Samenanlage tragendes weibl. Geschlechtsorgan der Blüte, Fruchtblatt; *oV* Karpellum
Kar|pel|lum ⟨n.; -s, -pel|la od. -pel|le; Bot.⟩ = Karpell [<neulat. *carpellum* <grch. *karpos* »Frucht«]
Kar|pen|ter|brem|se *auch:* **Kar|penter-Brem|se** ⟨f.; -, -n⟩ Druckluftbremse für Eisenbahnzüge [nach dem amerikan. Eisenbahningenieur Jesse Fairfield *Carpenter*, 1852–1901]
...kar|pisch ⟨Nachsilbe; zur Bildung von Adj.⟩ = ...karp[1]
...kar|pi|um ⟨Nachsilbe; zur Bildung sächl. Subst.⟩ = ...karp[2]
Kar|po|lith ⟨m.; -s od. -en, -e od. -en⟩ Versteinerung von Früchten u. Samen [<grch. *karpos* »Frucht« + ...*lith*]
Kar|po|lo|gie ⟨f.; -; unz.⟩ Lehre von den Früchten [<grch. *karpos* »Frucht« + ...*logie*]
kar|po|lo|gisch ⟨Adj.⟩ die Karpologie betreffend, zu ihr gehörig, auf ihr beruhend
Kar|ra|ge|en ⟨n.; -s od. -; unz.⟩ Rotalgen der Nordseeküste (Irländisches Moos), die als reizlinderndes Mittel dienen: Chondrus crispus; *oV* Karragheen [nach dem Ort *Carragheen* in Irland]
Kar|ra|ghe|en ⟨n.; -s od. -; unz.⟩ = Karrageen
Kar|ree ⟨n.; -s, -s⟩ **1** Viereck, Rhombus, Quadrat **2** Wohnblock (in der Form eines Karrees (1); *ums* ~ *laufen* **3** Rippenstück von Kalb, Schwein od. Hammel [<frz. *carré* »Viereck« <lat. *quadratus* »viereckig«]
Kar|ret|te ⟨f.; -, -n; schweiz.⟩ **1** Schubkarren **2** schmalspuriger Transportwagen für Gebirgstruppen **3** ⟨umg.⟩ alter, schlechter Wagen **4** zweirädriges Einkaufswägelchen [<ital. *carretta* <gallolat. *carrus* »Wagen«]
Kar|rie|re ⟨f.; -, -n⟩ **1** (rascher) Aufstieg im Leben u. Beruf, (glänzende) Laufbahn; ~ *machen* **2** ⟨veraltet⟩ schneller Galopp; *in voller* ~ *daherkommen* [<frz. *carrière* »Rennbahn, Laufbahn« <ital. *carriera* <gallolat. *carrus* »Wagen«]
Kar|rie|re|frau ⟨f.; -, -en; häufig abwertend⟩ Frau, die (rücksichtslos) eine schnelle Karriere macht; →a. Karrierist
Kar|rie|ris|mus ⟨m.; -; unz.⟩ übertriebenes Streben, Karriere zu machen
Kar|rie|rist ⟨m.; -en, -en; häufig abwertend⟩ jmd., der unbedingt u. schnell Karriere machen will; *er macht den Eindruck eines rücksichtslosen* ~*en*
kar|rie|ris|tisch ⟨Adj.⟩ auf die Karriere ausgerichtet, bestrebt, Karriere zu machen
Kar|ri|ol ⟨n.; -s, -s⟩ *oV* Karriole **1** leichtes, zweirädriges Fuhrwerk **2** ⟨veraltet⟩ Postwagen [<frz. *carriole* »leichtes, zweirädriges Wägelchen« <mlat. *carriola* »Frauenwagen«; zu gallolat. *carrus* »Wagen«; verwandt mit *Karre*]
Kar|ri|o|le ⟨f.; -, -n⟩ = Karriol
kar|ri|o|len ⟨V.⟩ **1** ⟨veraltet⟩ mit dem Postwagen fahren **2** ⟨fig.⟩ unsinnig herumkutschieren, unsinnig fahren
kart. (bei bibliograf. Angaben Abk. für) kartoniert
Kar|tät|sche ⟨f.; -, -n; Mil.⟩ dünnwandiges Hohlgeschoss, das, mit Bleikugeln gefüllt, aus Geschützen gegen einen feindl. Angriff auf kürzeste Entfernung gefeuert wurde; →a. Kardätsche [<ital. *cartoccio* »kleine Krämertüte«; zu *carto* »Papier, Karte« <lat. *charta*; → *Charta*]
kar|tät|schen ⟨V.; Mil.; veraltet⟩ mit Kartätschen schießen

Kar|tau|ne ⟨f.; -, -n; Mil.; um 1500⟩ schweres Geschütz [<ital. *cortona* »kurze Kanone«; zu *corto* »kurz«, vermischt mit lat. *quartana* »Viertelsstück«; zu *quartus* »der Vierte«]
Kar|tau|se ⟨f.; -, -n⟩ Kloster der Kartäuser [<*Cartusia*, der lat. Bezeichnung für *Chartreuse* (bei Grenoble)]
Kar|täu|ser ⟨m.; -s, -⟩ **1** Mitglied des Kartäuserordens **2** = Chartreuse [→ *Kartause*]
Kar|tell ⟨n.; -s, -e⟩ **1** ⟨urspr.⟩ Kampfordnung beim Turnier **2** ⟨danach⟩ schriftliche Herausforderung zum Zweikampf **3** ⟨heute; Wirtsch.⟩ Zusammenschluss von Firmen des gleichen Wirtschaftszweiges, die jedoch selbständig unter ihrem Namen weiter bestehen **4** Bündnis mehrerer Parteien **5** freundschaftl. Beziehung zwischen Studentenverbindungen [<frz. *cartel* <ital. *cartello*, Verkleinerungsform zu *carta* »Karte« <lat. *charta*; → *Charta*]
Kar|tell|amt ⟨n.; -(e)s, -äm|ter⟩ Behörde, die die Befolgung der Kartellgesetze kontrolliert
Kar|tell|ge|setz ⟨n.; -es, -e⟩ Gesetz, das Kartellbildungen in Wirtschaft u. Industrie (zum Schutze des freien Marktes) untersagt
kar|tel|lie|ren ⟨V.⟩ **1** ⟨urspr.⟩ durch ein Kartell (1, 2) herausfordern **2** ⟨heute; Wirtsch.⟩ in einem Kartell zusammenschließen
kar|tel|lis|tisch ⟨Adj.⟩ das Kartell betreffend, zu ihm gehörig
kar|te|si|a|nisch ⟨Adj.⟩ **1** ⟨Philos.⟩ im Sinne des Kartesianismus, von Descartes stammend, ihm zugeschrieben; *oV* cartesianisch, kartesisch **2** ~*er Taucher* fälschl. Descartes zugeschriebene, im Wasser schwimmende, hohle Figur mit einer feinen Öffnung, sinkt bei Vergrößerung des über dem Wasser liegenden Drucks infolge Eindringen des Wassers nach unten u. steigt bei nachlassendem Druck nach oben [→ *Kartesianismus*]
Kar|te|si|a|nis|mus ⟨m.; -; unz.; Philos.⟩ der Rationalismus (2) des frz. Philosophen René Des-

cartes (1596-1650); *oV* Cartesianismus

kar|te|sisch ⟨Adj.; Philos.⟩ = kartesianisch (1)

Kar|tha|min ⟨n.; -s; unz.⟩ im Wilden Safran enthaltener roter Farbstoff; *oV* Carthamin [arab.]

kar|tie|ren ⟨V.; Geogr.⟩ ein Gelände ~ vermessen u. auf einer Landkarte darstellen [→ *Karte*]

kar|ti|la|gi|när ⟨Adj.⟩ knorpelig [<lat. *cartilaginosus* »knorpelreich«]

Karting ⟨n.; - od. -s; unz.; Sport⟩ sportlich u. teilweise professionell betriebenes Fahren mit motorgetriebenen Gokarts [engl., »Gokartfahren«]

karto..., **Karto...** ⟨in Zus.⟩ Karte(n)..., Zettel..., Landkarte(n)... [<ital. *carta* »Papier, Karte« <lat. *charta;* → *Charta*]

Kar|to|graf ⟨m.; -en, -en⟩ = Kartograph

Kar|to|gra|fie ⟨f.; -; unz.⟩ = Kartographie

kar|to|gra|fie|ren ⟨V.⟩ = kartographieren

Kar|to|gra|fin ⟨f.; -, -fin|nen⟩ = Kartographin

Kar|to|gramm ⟨n.; -s, -e⟩ **1** grafische Darstellung statistischer Verhältnisse auf Landkarten **2** Landkarte mit eingezeichnetem Schaubild [<*Karto...* + *...gramm*]

Kar|to|graph ⟨m.; -en, -en⟩ Zeichner od. Bearbeiter von Landkarten u. Plänen; *oV* Kartograf [<*Karto...* + *...graph*]

Kar|to|gra|phie ⟨f.; -; unz.⟩ Anfertigung von Landkarten u. Plänen; *oV* Kartografie

kar|to|gra|phie|ren ⟨V.⟩ kartographisch darstellen; *oV* kartografieren; *einen Bezirk* ~

Kar|to|gra|phin ⟨f.; -, -phin|nen⟩ Zeichnerin od. Bearbeiterin von Landkarten u. Plänen; *oV* Kartografin

Kar|to|man|tie ⟨f.; -; unz.⟩ vermeintliche Kunst, aus Karten die Zukunft vorauszusagen [<*Karto...* + *...mantie*]

Kar|to|me|ter ⟨n.; -s, -; Geom.⟩ Kurvenmesser [<*Karto...* + *...meter*]

Kar|to|me|trie *auch:* **Kar|to|met|rie** ⟨f.; unz.; Kartogr.⟩ Messung von Längen, Flächen u. Winkeln auf Landkarten [<*Karto...* + *...metrie*]

kar|to|me|trisch *auch:* **kar|to|met|risch** ⟨Adj.; Kartogr.⟩ zur Kartometrie gehörig, auf ihr beruhend, mit ihrer Hilfe

Karton ⟨[-tõː] od. [-tɔŋ] m.; -s, -s⟩ **1** dünne Pappe, steifes, dickes Papier **2** Schachtel aus Pappe **3** ⟨a. [-toːn] m.; -s, -e⟩ Skizze zu einem Wandgemälde in gleicher Größe **4** Ersatzblatt in einem Buch für ein fehlerhaftes Blatt od. zur Ergänzung [<frz. *carton* <ital. *cartone*, Vergrößerungsform zu *carta* »Papier« <lat. *charta;* → *Charta*]

Kar|to|na|ge ⟨[-ʒə] f.; -, -n⟩ **1** feste Verpackung aus Karton od. Pappe **2** Bucheinband aus Karton [<frz. *cartonnage* »Kartonnagen(industrie), Kartonverpackung«; → *Karton*]

kar|to|nie|ren ⟨V.⟩ **1** in Karton einbinden; *ein Buch* ~ **2** in Karton einpacken

kar|to|niert ⟨Adj.⟩ in Karton eingebunden, in Karton eingepackt; *ein* ~*es Buch*

Kar|to|thek ⟨f.; -, -en⟩ Sammlung von Aufzeichnungen auf Zetteln od. Karten gleichen Formats u. in bestimmter Ordnung, Kartei [<*Karto...* + *...thek*]

Kar|tu|sche ⟨f.; -, -n⟩ **1** ⟨Mil.⟩ Metallhülse der Artilleriegeschosse, in der sich die Pulverladung befindet **2** ⟨Arch.⟩ bes. im Barock beliebtes Ornament aus rechteckiger Fläche (für Inschrift, Wappen u. a.) mit Rahmen aus Voluten [<frz. *cartouche* »gerollte Einfassung aus Papier« <ital. *cartuccia* »kleines, geringes Papier« <lat. *charta;* → *Charta*]

Ka|ru|be ⟨f.; -, -n; Bot.⟩ Johannisbrot, Frucht des Johannisbrotbaumes; *oV* Karobe [<arab. *Kharrubah*]

Ka|run|kel ⟨f.; -, -; Med.⟩ Fleischwarze [<lat. *caruncula* »Stückchen Fleisch«, Verkleinerungsform zu lat. *caro* »Fleisch«]

Ka|rus|sell ⟨n.; -s, -s od. -e⟩ eine sich im Kreis drehende Rundfläche mit Reit- od. Fahrsitzen als Volksbelustigung auf Jahrmärkten (bes. für Kinder); *mit jmdm.* ~ *fahren* ⟨umg.⟩ ihn energisch herannehmen, ihn laufen, springen lassen, jmdn. hinhalten, überlisten, übervorteilen [<frz. *carrousel* »Reiterspiel mit Ringelstechen« <ital. *carosello;* Herkunft unklar; Deutungsversuche: 1. <ital. *gara* »Streit« + *sella* »Sattel«; 2. <arab. *kurradsch* »Spiel mit hölzernen Pferden« <pers. *kurra(k)* »Füllen«]

Ka|ry|a|ti|de ⟨f.; -, -n; Arch.⟩ Frauengestalt, die auf Haupt od. emporgehobenen Armen das Gebälk trägt (bes. am Portikus); *Sy* Kanephore (2), Kore; *Ggs* Atlant [<grch. *karyatides,* vermutl. nach der Priesterinnen im Dianatempel zu Karyä in Lakonien]

ka|ryo..., **Ka|ryo...** ⟨in Zus⟩ Kern, Zellkern [<grch. *karyon* »Nuss, Kern«.]

Ka|ry|o|ga|mie ⟨f.; -, -n; Biol.⟩ der eigentliche Befruchtungsvorgang, die Verschmelzung von Ei- u. Samenkern [<*Karyo...* + *...gamie*]

Ka|ry|o|ki|ne|se ⟨f.; -, -n; Biol.⟩ Kernteilung; →*a.* Mitose [<*Karyo...* + grch. *kinesis* »Bewegung«]

ka|ry|o|ki|ne|tisch ⟨Adj.; Biol.⟩ die Karyokinese betreffend, auf ihr beruhend, zu ihr gehörig

Ka|ry|o|lo|gie ⟨f.; -; unz.; Biol.⟩ Lehre vom Zellkern

Ka|ry|o|lym|phe ⟨f.; -, -n; Biol.⟩ Flüssigkeit im Zellkern

Ka|ry|o|ly|se ⟨f.; -, -n; Biol.⟩ Kernauflösung nach dem Zelltod [<*Karyo...* + *...lyse*]

ka|ry|o|phag ⟨Adj.; Biol.⟩ den Zellkern zerstörend, aufnehmend [<*karyo...* + *...phag*]

Ka|ry|o|plas|ma ⟨n.; -s, -plas|men; Biol.⟩ Kernplasma

Ka|ry|op|se ⟨f.; -, -n; Bot.⟩ nussähnl. Schließfrucht der Gräser, bei der Fruchtwand u. Samenschale miteinander verwachsen sind [<*Karyo...* + grch. *opsis* »das Sehen«]

Kar|zer ⟨m.; -s, -; früher⟩ **1** Raum für Arreststrafen in Schulen u. Hochschulen **2** scharfer Arrest [<lat. *carcer* »Kerker«]

kar|zi|no..., **Kar|zi|no...** ⟨Med.; in Zus.⟩ krebs..., Krebs..., krebsartig; *karzinogen; Karzinologie* [<grch. *karkinos* »Krebs«]

467

karzinogen

kar|zi|no|gen ⟨Adj.; Med.⟩ Krebs erzeugend, Krebs auslösend; *Sy* kanzerogen [<grch. *karkinos* »Krebs« + ...*gen*]

Kar|zi|no|gen ⟨n.; -s, -e; Med.⟩ Krebs erregendes Mittel, Krebs erregender Stoff; *Sy* Kanzerogen

Kar|zi|no|id ⟨n.; -s, -e; Med.⟩ krebsähnliche, aber sehr langsam wachsende kleine Geschwulst besonders im Magendarmkanal u. im Bronchialsystem; *Sy* Kanzeroid [<*Karzinom* + ...*id*]

Kar|zi|no|lo|ge ⟨m.; -n, -n; Med.⟩ Arzt, Wissenschaftler auf dem Gebiet der Karzinologie; *Sy* Kanzerologe [<*Karzinom* + ...*loge*]

Kar|zi|no|lo|gie ⟨f.; -; unz.; Med.⟩ Lehre von den Krebsgeschwüren; *Sy* Kanzerologie [<grch. *karkinos* »Krebs« + ...*logie*]

Kar|zi|no|lo|gin ⟨f.; -, -gin|nen; Med.⟩ Ärztin, Wissenschaftlerin auf dem Gebiet der Karzinologie; *Sy* Kanzerologin

kar|zi|no|lo|gisch ⟨Adj.; Med.⟩ zur Karzinologie gehörig, auf ihr beruhend

Kar|zi|nom ⟨n.; -s, -e; Abk.: Ca; Med.⟩ bösartige Geschwulstbildung des menschlichen u. tierischen Gewebes, Krebs [<grch. *karkinos* »Krebs«]

kar|zi|no|ma|tös ⟨Adj.; Med.⟩ wie ein Karzinom

Kar|zi|no|sar|kom ⟨n.; -s, -e; Med.⟩ bösartige Geschwulst, das aus karzinomatösem u. sarkomatösem Gewebe besteht [<*Karzinom* + *Sarkom*]

Kar|zi|no|se ⟨f.; -, -n; Med.⟩ über den ganzen Körper ausgedehnte Krebsbildung [<grch. *karkinos* »Krebs«]

Ka|sach ⟨m.; -s, -s⟩ = Kasak

Ka|sack ⟨m.; -s, -s⟩ über Rock od. Hose getragene, meist mit Borten verzierte, hüftlange Bluse [<frz. *casaque* »Reisemantel« <mfrz. *casaque* <pers. *kazhaghand* »wattierte Jacke« <*kazh, kaj* »Rohseide« + *aghand* »polstern«]

Ka|sak ⟨m.; -s, -s⟩ kaukas. Knüpfteppich mit (oft wuchtigem) geometr. Muster; *oV* Kasach [nach den *Kasachen*, einem mittelasiat. Nomadenvolk]

Ka|sai|tschok *auch:* **Ka|sat|schok** ⟨m.; -s, -s; Musik⟩ 1 russischer, ursprüngl. kosakischer Volkstanz 2 moderner Tanz mit einigen Figuren aus dem Kasatschok (1) [<russ. *kasačok*, Verkleinerungsform zu *kasak* »Kosak«]

Kas|ba ⟨f.; -, -s od. Ksa|bi; in Marokko⟩ = Kasbah

Kas|bah ⟨f.; -, -s od. Ksa|bi⟩ *oV* Kasba 1 Viertel in afrikan. Städten, das hauptsächlich von Arabern bewohnt wird 2 ⟨in Marokko⟩ Schloss des Sultans [arab.]

Kasch ⟨m.; -s; unz.⟩ = Kascha

Käsch ⟨n.; -s, -s od. bei Zahlungsangaben Pl.: -⟩ 1 ostasiatische Münze aus Buntmetall 2 ⟨i. e. S.⟩ = Li (2.3) [<Tamil *kasu* »kleine Kupfermünze« <Sanskrit *karsa* »kleines Münzmetallgewicht«]

Ka|scha ⟨f.; -; unz.⟩ *oV* Kasch 1 russische, in Butter geröstete Buchweizengrütze 2 ⟨i. w. S.⟩ jede breiartige Speise [<russ. *kaša*]

Ka|schan ⟨m.; -s, -s⟩ persischer Knüpfteppich mit Medaillon-, Blumen- u. Rankenmuster; *oV* Keschan [nach der pers. Stadt *Kaschan*]

Ka|schel|lott ⟨m.; -s, -e; Zool.⟩ Pottwal: Kogia breviceps; *oV* Cachelot [<frz. *cachalot* »Pottwal« <span., portug. *cachalote*]

Ka|schem|me ⟨f.; -, -n⟩ 1 ⟨abwertend⟩ üble Kneipe, verwahrlostes Lokal 2 ⟨früher⟩ Bezeichnung für Verbrechertreffpunkt [<Zig. *katšima* »Wirtshaus« <slaw. *krčma*]

Kä|scher ⟨m.; -s, -⟩ = Kescher

Ka|scheur ⟨[-ʒøːr] m.; -s, -e⟩ Handwerker, der Bühnenbildteile kaschiert

ka|schie|ren ⟨V.⟩ *oV* cachieren 1 bemänteln, verheimlichen, verhüllen 2 ⟨Typ.⟩ mit buntem Papier bekleben; *einen Kartonbucheinband* ~ 3 ⟨plast. Bühnenbildteile⟩ mit Kaschiermasse überziehen, z. B. Architekturformen, Pflanzen aus Holz, Pappe, Draht 4 mit Klebemittel verbinden (zwei übereinander gelegene Gewebebahnen) [<frz. *cacher* »verbergen«]

Kasch|mir ⟨m.; -s, -e⟩ ursprünglich aus dem feinen, glänzenden Flaumhaar der Kaschmirziege hergestellter Wollfaden (für Pullover, Strickjacken) bzw. fester Kammgarnkleiderstoff [nach der *Kaschmir*ziege im *Kaschmir*gebirge]

Ka|scho|long ⟨m.; -s, -s; Min.⟩ Mineral, weiße Abart des Opals [<frz. *cacholong* »Schönstein« <*Cach*, Name eines Baches in Usbekistan + kalmück. *cholong* »Stein«]

Ka|schu|be ⟨m.; -n, -n⟩ Angehöriger eines urspr. westslawischen, an der unteren Weichsel lebenden, heute in Westpreußen u. Teilen von Pommern beheimateten Volksstammes; *oV* Kassube [<poln. *kaszuba* »Pelzrock«]

Ka|se|in ⟨n.; -s; unz.; Chemie⟩ = Casein

Ka|sel ⟨f.; -, -n⟩ vorwiegend von kath. Priestern getragenes Messgewand [<vulgärlat. *casubla* »Mantel«]

Ka|se|mat|te ⟨f.; -, -n; Mil.⟩ 1 dick ummauerter, schussicherer Raum in Befestigungswerken 2 gepanzerter Geschützraum auf Kriegsschiffen [<frz. *casemate* <ital. *casamatta* »Wallgewölbe« <mgrch. *chasma, chasmata* »Erdkluft«]

ka|se|mat|tie|ren ⟨V.; Mil.⟩ mit Kasematten versehen, geschützsicher machen; *eine Festung* ~; *ein Schiff* ~

Ka|ser|ne ⟨f.; -, -n; Mil.⟩ Gebäude(komplex) zur dauernden Unterbringung von Truppen [<frz. *caserne* »Kaserne«, urspr. »kleiner Raum auf Festungsanlagen für die zur Nachtwache abgestellten Soldaten« <vulgärlat. *quaderna*, lat. *quaterna* »je vier«; zu lat. *quattuor* »vier«]

ka|ser|nie|ren ⟨V.; Mil.⟩ *Truppen* ~ in Kasernen unterbringen; *Kasernierte Volkspolizei* ⟨Abk.: KVP⟩ bis zur Umbenennung in »Nationale Volksarmee« Bez. für die Streitkräfte der DDR

Ka|si|no ⟨n.; -s, -s⟩ *oV* Casino 1 Gesellschaftshaus, Unterhaltungsstätte 2 Speisesaal für Offiziere; *Offiziers~* 3 öffentlicher Betrieb für Glücksspiele;

kassieren²

Spiel~ [ital., »herrschaftliches Haus«, ‹lat. *casa* »Haus«]

Kas|ka|de ⟨f.; -, -n⟩ **1** künstl., stufenförmiger Wasserfall **2** wasserfallähnl. Feuerwerk **3** wagemutiger Sprung eines Artisten [‹frz. *cascade* ‹ital. *cascata* ‹lat. *cadere* »fallen«]

Kas|ka|den|bat|te|rie ⟨f.; -, -n; El.⟩ aus mehreren hintereinander geschalteten Einzelbatterien bestehende Strom- u. Spannungsquelle

Kas|ka|den|ge|ne|ra|tor ⟨m.; -s, -en; Physik; Technik⟩ Kaskadenschaltung von Kondensatoren u. Gleichrichtern od. Transformatoren zur Erzeugung sehr hoher Spannungen bis zu mehreren Millionen Volt

Kas|ka|den|schal|tung ⟨f.; -, -en; El.⟩ elektr. Schaltung zum Erzeugen einer hohen Gleichspannung bis zu mehreren Millionen Volt aus Wechselspannungen

Kas|ka|deur ⟨[-dø:r] m.; -s, -e⟩ **1** Artist, der eine Kaskade (3) vorführt, wagemutig springt **2** ⟨selten für⟩ Double (3)

Kas|kett ⟨n.; -s, -e⟩ **1** ⟨früher⟩ einfacher Helm mit Visier **2** leichter Lederhelm, z. B. der Feuerwehr [‹ital. *caschetto*, Verkleinerungsform zu *casco* »Helm«]

Kas|ko ⟨m.; -s, -s⟩ **1** Schiffsrumpf (im Unterschied zur Ladung) **2** ⟨Kart.⟩ Spielart des Lombers [‹span. *casco* »Schiffsrumpf«]

Kas|ko|ver|si|che|rung ⟨f.; -, -en⟩ Versicherung gegen Schäden an Fahrzeugen, Schiffen u. Flugzeugen

Kas|sa ⟨f.; -, -Kas|sen; veraltet; noch österr.⟩ = Kasse

Kas|sa|ge|schäft ⟨n.; -(e)s, -e⟩ Börsengeschäft, bei dem Lieferung u. Zahlung dem Geschäftsabschluss unmittelbar folgen

Kas|san|dra|ruf *auch:* **Kas|sand|ra|ruf** ⟨m.; -(e)s, -e⟩ unheilvolle Warnung [nach *Kassandra*, der Tochter des trojan. Königs Priamos, den den Untergang ihrer Vaterstadt voraussagte, aber keine Beachtung fand]

Kas|sa|ti|on¹ ⟨f.; -, -en; Rechtsw.⟩ **1** Ungültigkeitserklärung; *Sy* Kassierung; *~ von Urkunden* **2** Aufhebung durch die höhere Instanz; *~ eines Urteils* **3** (bedingungslose) Entlassung aus dem Militärdienst [‹spätlat. *cassare* »für ungültig erklären, annullieren«; zu lat. *cassus* »leer, nichtig«]

Kas|sa|ti|on² ⟨f.; -, -en; Musik⟩ (bes. zur Vorführung im Freien vorgesehenes) mehrsätziges Musikstück, z. B. Serenade, Divertimento [‹ital. *cassazione* »Aufhebung, Abschied«]

Kas|sa|ti|ons|hof ⟨m.; -(e)s, -hö|fe⟩ oberstes Gericht einiger roman. Länder [→ *Kassation¹*]

kas|sa|to|risch ⟨Adj.; Rechtsw.⟩ die Kassation (1, 1) betreffend, auf ihr beruhend, in der Art einer Kassation (1, 1)

Kas|sa|zah|lung ⟨f.; -, -en⟩ Barzahlung

Kas|se ⟨f.; -, -n⟩ *oV* ⟨österr.⟩ Kassa **1** Kasten für Geld; *Laden~; Wechselgeld in der ~ haben; einen Griff in die ~ tun* ⟨umg.; verhüllend⟩ Geld stehlen **2** Vorrat an Geld; *gut, schlecht bei ~ sein; die ~ führen* für die Abrechnung verantwortlich sein; *~ machen* abrechnen, kassieren; *getrennte ~ machen, führen* getrennt, einzeln, für sich bezahlen; *volle ~n machen* viel Geld einnehmen od. einbringen; *der Film, das Theaterstück macht, bringt volle ~n; per ~ zahlen* bar zahlen; *netto ~* bar ohne Abzug **3** Raum, Schalter des Kassierers; *Kino~; Theater~; Abend~; Tages~* **4** ⟨umg.; kurz für⟩ Krankenkasse **5** Sparkasse; *Geld zur ~ bringen* [‹ital. *cassa* »Behältnis, Ort, an dem man Geld aufbewahren kann« ‹lat. *capsa* »Behältnis, Kasten«]

Kas|se|rol|le ⟨f.; -, -n; Kochk.⟩ runder od. längl. Topf mit Deckel zum Kochen u. Schmoren [‹frz. *casserole* »Schmortopf, Schmorpfanne«]

Kas|set|te ⟨f.; -, -n⟩ *oV* Cassette **1** Holz- od. Metallkasten für Geld od. Wertgegenstände; *Geld~; Schmuck~* **2** ⟨Arch.⟩ kastenförmig vertieftes Feld in der Decke eines Raumes **3** ⟨Fot.⟩ **3.1** flacher Metallbehälter zum Aufbewahren der lichtempfindl. Platte u. zum Einlegen in die Kamera **3.2** zylinderförmige Kapsel zum Aufbewahren eines Rollfilms u. Einlegen in die Kamera **4** Tonband im Kunststoffbehälter für Kassettenrekorder **5** mehrere zusammengehörige Bücher in einem die Rücken offen lassenden Schmuckkarton [‹frz. *cassette* ‹ital. *cassetta* »Kästchen«, Verkleinerungsform zu *cassa*; → *Kasse*]

Kas|set|ten|deck ⟨n.; -s, -s⟩ Kassettenrekorder ohne Lautsprecher u. Verstärker (für Stereoanlagen)

Kas|set|ten|de|cke ⟨f.; -, -n⟩ in Kassetten (2) unterteilte Decke (eines Raumes)

Kas|set|ten|re|cor|der ⟨m.; -s, -⟩ = Kassettenrekorder

Kas|set|ten|re|kor|der ⟨m.; -s, -⟩ Tonbandgerät zur Aufnahme u. Wiedergabe von Kassetten (4); *oV* Kassettenrecorder [‹engl. *recorder* »Aufzeichner«; zu *record* »aufzeichnen« ‹lat. *recordari* »sich vergegenwärtigen«]

kas|set|tie|ren ⟨V.; Arch.⟩ *eine Decke ~* in Kassetten (2) unterteilen

Kas|sia ⟨f.; -, -si|en; Bot.⟩ = Kassie

Kas|sia|öl ⟨n.; -s; unz.⟩ chines. Zimtöl

Kas|si|ber ⟨m.; -s, -⟩ heiml. Briefbotschaft zwischen Gefangenen u. der Außenwelt od. auch untereinander [‹rotw. *kasife* »Brief, Dokument« ‹hebr. *kethibha*, Part. Perf. zu *kathabh* »schreiben«]

Kas|si|de ⟨f.; -, -n⟩ arab., türk. u. pers. Preisgedicht oder Totenklage in Form des Gasels [‹arab. *kassida* »Lobgedicht«]

Kas|sie ⟨[-sjə] f.; -, -n; Bot.⟩ Sennesstrauch, tropische Gattung der Mimosengewächse, von denen einige Arten die Sennesblätter (Abführmittel) liefern: Cassia; *oV* Kassia; *Sy* Senna [‹grch. *kassia*]

Kas|sier ⟨m.; -s, -e; österr. u. süddt.⟩ = Kassierer

kas|sie|ren¹ ⟨V.⟩ **1** annehmen, einnehmen; *Beitrag, Geld ~* **2** sich aneignen, entwenden **3** ⟨fig.; umg.⟩ gefangen setzen, verhaften [→ *Kasse*]

kas|sie|ren² ⟨V.⟩ **1** für ungültig erklären; *ein Urteil ~* **2** entlassen;

Beamte, Soldaten ~ [<lat. *cassare* »für ungültig erklären, annulieren«; zu *cassus* »leer, nichtig«]
Kas|sie|rer ⟨m.; -s, -⟩ **1** Angestellter, der Zahlungen annimmt u. Geld auszahlt, der die Kasse führt; *oV* ⟨österr.; süddt.⟩ Kassier **2** jmd., der in einem Geschäft die Kasse bedient **3** Kassenwart (eines Vereins)
Kas|sie|re|rin ⟨f.; -, -rin|nen⟩ weibl. Kassierer
Kas|sie|rung[1] ⟨f.; -, -en⟩ das Kassieren
Kas|sie|rung[2] ⟨f.; -, -en⟩ = Kassation[1]
Kas|si|o|pei|um ⟨n.; -s; unz.⟩ = Lutetium [nach der grch. Sagengestalt *Kassiopeia*, Mutter der Andromeda]
Kas|si|te|rit ⟨m.; -s, -e; Min.⟩ diamanten glänzendes Mineral, chem. Zinnoxid, Zinnerz, Zinnstein [<grch. *kassiteros* »Zinn«]
Kas|su|be ⟨m.; -n, -n⟩ = Kaschube
Kas|ta|gnet|te *auch:* **Kas|tag|net|te** ⟨[-njɛtə] f.; -, -n; Musik⟩ bes. in Spanien übliches, einfaches Rhythmusinstrument aus zwei miteinander verbundenen, beweglichen, am Daumen befestigten Harthölzschalen, die mit den Fingern gegeneinander geschlagen werden [<span. *castañeta*, Verkleinerungsform zu *castaña* »Kastanie«]
kas|ta|lisch ⟨Adj.⟩ mit dichterischer Leidenschaft [zu lat. *castalia* »Musenquell; eine dem Musen geweihte Quelle bei Delphi«]
Kas|ta|nie ⟨[-njə] f.; -, -n⟩ **1** ⟨Bot.⟩ **1.1** Gattung der Buchengewächse: Castanea, (i. e. S.) subtropische Art mit essbaren Früchten u. hartem, festem Holz: C. sativa, Edelkastanie **1.2** Frucht der Edelkastanie (Marone) od. der Rosskastanie; *für jmdn. die ~n aus dem Feuer holen* ⟨fig.⟩ für jmd. anderen etwas Unangenehmes od. Gefährliches tun **2** Hornschwiele an der Innenseite des Beins bei Pferden [<lat. *castanea* »Kastanie« < grch. *(karya) kastaneia* »Frucht des Kastanienbaumes«; zu *kastanon* »Kastanienbaum« < vorderasiat. Spr.]

Kas|te ⟨f.; -, -n⟩ von anderen Ständen streng abgeschlossener gesellschaftlicher Stand mit festen sozialen, religiösen u. wirtschaftlichen Normen, bes. im Hinduismus; *Krieger~; Priester~* [<frz. *caste*, portug. *caste* <span., portug. *casto* »rein« <lat. *castus* »keusch, rein«]
Kas|tell ⟨n.; -s, -e⟩ **1** altröm. Befestigungsanlage, Burg, Festung **2** Aufbau auf dem Vorder- od. Hinterdeck eines Kriegsschiffes [<lat. *castellum* »Kastell, Festung«, Verkleinerungsform zu lat. *castrum* »Schanzlager«]
Kas|tel|lan ⟨m.; -s, -e⟩ **1** Pförtner, Hausmeister (an Universitäten, in Schlössern); *Schloss~* **2** Burgvogt [<lat. *castellanus* »Bewohner eines Kastells«; → *Kastell*]
Kas|tor|hut ⟨m.; -(e)s, -hüte⟩ Filzhut aus Biberhaar [<lat. *castor* <grch. *kastor* »Biber« <Sanskrit *kastûri* »Moschus«]
Kas|trat *auch:* **Kast|rat** ⟨m.; -en, -en⟩ **1** Mann, dem die Keimdrüsen entfernt worden sind, Verschnittener; Eunuch **2** ⟨17./18. Jh.⟩ entmannter Bühnensänger mit Knabenstimme, aber großem Stimmumfang [<lat. *castratus*, Part Perf. zu *castrare* »entmannen, kastrieren«]
Kas|tra|ti|on *auch:* **Kast|ra|ti|on** ⟨f.; -, -en; Med.⟩ operative Entfernung der Keimdrüsen od. Ausschaltung der Keimdrüsen durch Röntgenbestrahlung; *Sy* Kastrierung; →*a*. Sterilisation [<lat. *castratio* »Entmannung, Kastrierung«]
kas|trie|ren *auch:* **kast|rie|ren** ⟨V.⟩ **1** Keimdrüsen entfernen; →*a*. sterilisieren **1.1** *einen Mann ~* entmannen, verschneiden **1.2** *ein Tier ~* verschneiden **2** *eine Pflanze ~* die Staubgefäße entfernen, bevor die Narbe reif ist [<lat. *castrare* »entmannen, kastrieren«]
Kas|trie|rung *auch:* **Kast|rie|rung** ⟨f.; -, -en⟩ = Kastration
ka|su|al ⟨Adj.; veraltet⟩ zufällig, nicht voraussehbar [<lat. *casus* »Fall«]
Ka|su|a|li|en ⟨Pl.⟩ **1** Zufälligkeiten, nicht voraussehbare Ereignisse **2** geistl. Amtshandlungen aus bes. Anlass, wie Taufen, Trauungen usw. **3** Vergütungen dafür [<lat. *casus* »Fall«]
Ka|su|ar ⟨m.; -s, -e; Zool.⟩ großer straußenähnlicher, flugunfähiger Flachbrustvogel: Casuarius [<mlat. *kasawari*]
Ka|su|a|ri|na ⟨f.; -, -⟩ = Kasuarine
Ka|su|a|ri|ne ⟨f.; -, -n⟩ Gattung der Kasuarinengewächse (Casuarinaceae), bis zu 20 m hohe Bäume, bes. in Australien, durch einen dem Schachtelhalmen ähnlichen Wuchs gekennzeichnet: Casuarina; *oV* Kasuarina /→ *Kasuar* (wegen ihres kasuarfederähnl. Zweigwerks)]
ka|su|ell ⟨Adj.⟩ **1** ⟨Gramm.⟩ den Kasus betreffend, zu ihm gehörig **2** ⟨Rechtsw.⟩ ~e *Bedingung* Bedingung, die von einem zufälligen Umstand abhängt
Ka|su|ist ⟨m.; -en, -en⟩ **1** Vertreter der Kasuistik **2** ⟨fig.⟩ Haarspalter, Wortklauber
Ka|su|is|tik ⟨f.; -; unz.⟩ **1** ⟨Ethik⟩ Lehre von bestimmten Einzelfällen innerhalb der Morallehre u. dem dafür richtigen Verhalten **2** ⟨Rechtsw.⟩ Methode, einen Fall als Einzelfall nach nur für ihn zutreffenden Tatbeständen zu beurteilen u. die allg. Rechtsvorschriften nicht dogmat., sondern modifiziert auf ihn anzuwenden **3** ⟨fig.⟩ Haarspalterei, Wortklauberei [<lat. *casus (conscientiae)* »Gewissensfälle«]
ka|su|is|tisch ⟨Adj.⟩ **1** die Kasuistik betreffend, auf ihr beruhend, im Sinne der Kasuistik **2** ⟨fig.⟩ haarspalterisch, wortklauberisch
Ka|sus ⟨m.; -, -; Gramm.⟩ Beugungsfall, Form der Substantive, Adjektive u. Pronomen, die ihre Beziehungen zu anderen Satzteilen ausdrückt [<lat. *casus* »Fall«]
Ka|sus|gram|ma|tik ⟨f.; -; unz.; Sprachw.⟩ (von C.J. Fillmore begründete) sprachwissenschaftl. Theorie, nach der das Verb u. die anderen Satzelemente durch Kasusrelationen aneinander gebunden sind; *Sy* Kasussemantik
Ka|sus|se|man|tik ⟨f.; -; unz.; Sprachw.⟩ = Kasusgrammatik

Ka|sus|syn|kre|tis|mus ⟨m.; -; unz.; Sprachw.⟩ Zusammenfall zweier od. mehrerer Kasus zu einer Form

Kat¹ ⟨m.; -s, -s; bei Kfz; kurz für⟩ Katalysator (2)

Kat² ⟨m.; -s, -s; Wassersport; kurz für⟩ Katamaran; *oV* Cat

kat…, Kat… ⟨Vorsilbe⟩ = kata…, Kata…

ka|ta…, Ka|ta… ⟨vor Vokalen u. vor h⟩ kat…, Kat… ⟨in Zus.⟩ herab, hinunter, nach, gegen, gemäß, in Bezug auf, zufolge [<grch. *kata*]

ka|ta|ba|tisch ⟨Adj.; Meteor.⟩ absinkend, abströmend; *~e Winde* [zu grch. *katabainein* »hinabsteigen«]

ka|ta|bol ⟨Adj.; Biol.⟩ die Katabolie betreffend, auf ihr beruhend

Ka|ta|bo|lie ⟨f.; -; unz.; Biol.⟩ Abbau der Stoffe in Körpern durch Stoffwechsel; *Sy* Katabolismus [<grch. *kataballein* »herabwerfen«]

Ka|ta|bo|lis|mus ⟨m.; -; unz.; Biol.⟩ = Katabolie; *Ggs* Anabolismus

Ka|ta|chre|se ⟨[-çre:-] f.; -, -n; Rhet.⟩ *oV* Katachresis **1** Verwendung eines bildlichen Ausdrucks für eine fehlende Bezeichnung, z. B. (Stuhl-)Bein, (Schlüssel-)Bart **2** Bildbruch, Verbindung mehrerer, nicht zusammenpassender bildl. Ausdrücke, z. B. »jmdn. an den Rand des Bettelstabes bringen« [<*Katach…* + grch. *chresthai* »gebrauchen«]

Ka|ta|chre|sis ⟨[-çre:-] f.; -, -chresen; Rhet.⟩ = Katachrese

ka|ta|chres|tisch ⟨[-çres-] Adj.⟩ in der Art einer Katachrese

Ka|ta|dyn|ver|fah|ren ⟨n.; -s; unz.⟩ Verfahren der Trinkwasseraufbereitung, wobei im Wasser enthaltende Bakterien durch Silberionen abgetötet werden [zu grch. *katadyein* »versinken«]

Ka|ta|falk ⟨m.; -s, -e⟩ schwarz verhängtes Gestell zum Aufstellen des Sarges bei Beerdigungsfeiern (bes. für hohe Persönlichkeiten) [<frz. *catafalque* <ital. *catafalco* <vulgärlat. *catafalicum*; vermutl. <lat. *catasta* »Schaugerüst (zur Ausstellung verkäufl. Sklaven)« u. lat. *fala* »hohes Gerüst«]

Ka|ta|ka|na ⟨f.; -; unz. od. n.; -s; unz.⟩ vereinfachte Form der Hiragana, aus verkürzten chines. Schriftzeichen entwickelt [jap.]

Ka|ta|kaus|tik ⟨f.; -; unz.; Optik⟩ durch spiegelnde Flächen hervorgerufene Kaustik; *Ggs* Diakaustik [<grch. *katakaiein* »verbrennen«]

ka|ta|kaus|tisch ⟨Adj.; Optik⟩ auf Katakaustik beruhend, sie betreffend

Ka|ta|kla|se ⟨f.; -, -n; Geol.⟩ Zerreiben u. Zerbrechen der in einem Gestein enthaltenen Mineralien, wobei das Gestein insgesamt erhalten bleibt; *Ggs* Protoklase [<*Kata…* + grch. *klaein* »brechen«]

Ka|ta|klas|struk|tur ⟨f.; -, -en; Geol.⟩ = kataklastisches Gefüge

ka|ta|klas|tisch ⟨Adj.; Geol.⟩ die Kataklase betreffend, zu ihr gehörig, auf ihr beruhend; *~es Gefüge* Gesteinsgefüge, bei dem feine Trümmerteilchen einzelne Kristalle umgeben; *Sy* Kataklasstruktur

Ka|ta|klys|men|the|o|rie ⟨f.; -; unz.; Geol.⟩ = Katastrophentheorie

Ka|ta|klys|mus ⟨m.; -, -men; Geol.⟩ erdgeschichtliche Katastrophe [zu grch. *kataklyzein* »überschwemmen«]

ka|ta|klys|tisch ⟨Adj.; Geol.⟩ den Kataklysmus betreffend, auf ihm beruhend, in seiner Art

Ka|ta|kom|be ⟨f.; -, -n⟩ altchristl. unterird. Begräbnisstätte (bes. in Rom u. Neapel); *Sy* Zömeterium (2) [<ital. *catacomba* <lat. *catacumbae*, vermutl. <grch. *kata* »nieder« + *kymbe* »Becken, Vertiefung«]

Ka|ta|la|se ⟨f.; -, -n; Biochemie⟩ Ferment, das das im Körper entstehende Wasserstoffsuperoxid abbaut [zu grch. *katalasein* »austauschen«]

Ka|ta|lek|ten ⟨Pl.⟩ Bruchstücke, Fragmente (alter Werke) [→ *katalektisch*]

ka|ta|lek|tisch ⟨Adj.; Metrik⟩ verkürzt, unvollständig; *~er Vers* (antiker) V., dessen letztem Fuß eine od. zwei Silben fehlen, z. B. Hexameter; *Ggs* akatalektisch [zu grch. *katalegein* »aufhören, enden«]

Ka|ta|lep|sie ⟨f.; -, -n; Med.⟩ krankhafter Zustand, in dem sich die Körpermuskeln nicht mehr aktiv bewegen lassen u. den passiven Bewegungen mehr od. weniger Widerstand entgegensetzen, dann aber die gewonnene Stellung beibehalten, Starrsucht [<grch. *katalepsis* »das Fassen, Ergreifen«; zu *katalambanein* »fassen, ergreifen«]

ka|ta|lep|tisch ⟨Adj.; Med.⟩ von Katalepsie befallen

Ka|ta|le|xe ⟨f.; -, -le|xen; Metrik⟩ katalekt. Form (eines Verses); *oV* Katalexis [zu grch. *katalegein* »aufhören«]

Ka|ta|le|xis ⟨f.; -, -le|xen; Metrik⟩ = Katalexe

Ka|ta|log ⟨m.; -(e)s, -e⟩ Verzeichnis (von Büchern, Waren, Gegenständen einer Ausstellung u. a.) [<grch. *katalogos* »Aufzählung, Verzeichnis«; zu *katalegein* »aufzählen«]

ka|ta|lo|gi|sie|ren ⟨V.⟩ in einem Katalog zusammenfassen, in einen Katalog aufnehmen

Ka|tal|pe ⟨f.; -, -n; Bot.⟩ Trompetenbaum, zur Familie der Schotengewächse gehörender Baum aus Nordamerika mit großen, herzförmigen Blättern: Catalpa [<Creek *kutuhlpa*]

Ka|ta|ly|sa|tor ⟨m.; -s, -to|ren⟩ **1** ⟨Chemie⟩ Stoff, der eine chem. Reaktion beeinflusst, aber dabei selbst keine dauernde Veränderung erfährt **2** ⟨bei Kfz; Abk.: Kat¹⟩ Vorrichtung zur Verminderung der Kohlenmonoxid- u. Stickstoffanteile im Auspuffgas [→ *Katalyse*]

Ka|ta|ly|sa|tor|au|to ⟨n.; -s, -s; Kfz⟩ mit einem Abgaskatalysator ausgestattetes Auto

Ka|ta|ly|se ⟨f.; -, -n; Chemie⟩ Beschleunigung einer chem. Reaktion durch Anwesenheit einer geringen Fremdstoffmenge, eines Katalysators; *negative ~* Verzögerung einer chem. Reaktion mittels Katalysatoren [<grch. *katalyein* »auflösen«]

ka|ta|ly|sie|ren ⟨V.; Chemie⟩ Katalyse bewirken bei

ka|ta|ly|tisch ⟨Adj.; Chemie⟩ mit Hilfe einer Katalyse

Ka|ta|ma|ran ⟨m. od. n.; -s, -e; Abk.: Kat²⟩ schnelles, offenes,

Katamenien

aus zwei Schwimmkörpern bestehendes Segelboot [<Tamil *kattumaram* <*kattu* »binden« + *maram* »Baumstamm«]

Ka|ta|me|ni|en ⟨Pl.; Med.⟩ = Menstruation [<grch. *katamenia*; zu *men* »Monat«]

Ka|ta|mne|se *auch:* **Ka|tam|ne|se** ⟨f.; -, -n; Med.⟩ Krankheitsbericht u. weitere Beobachtung des Patienten nach dessen Genesung [<*Kata...* + grch. *mnesis* »Erinnerung«]

Ka|ta|pha|sie ⟨f.; -; unz.; Med.⟩ Sprechstörung, die sich in Wiederholung von Sätzen äußert [<*Kata...* + *phatizein* »reden«]

Ka|ta|pher ⟨f.; -, -n; Rhet.; Sprachw.⟩ sprachl. Einheit, die unmittelbar vorausweist, z. B. »das« in dem Satz: »Das, was sie fühlte, blieb ungesagt.«; *oV* Kataphora [→ *Kataphorese*]

Ka|ta|pho|ra ⟨f.; -, -rä; Rhet.; Sprachw.⟩ = Kataphér

Ka|ta|pho|re|se ⟨f.; -, -n; Chemie⟩ Ladungstrennung, die bei der Berührung eines festen Nichtleiters u. einer nicht leitenden Flüssigkeit auftritt [zu grch. *kataphorein* »hinuntertragen«]

ka|ta|pho|risch ⟨Adj.; Rhet.; Sprachw.⟩ vorausweisend [→ *Kataphorese*]

ka|ta|plek|tisch ⟨Adj.; Med.⟩ von Kataplexie befallen, vor Schreck gelähmt

Ka|ta|ple|xie ⟨f.; -, -n; Med.⟩ plötzliche Lähmung der Muskeln infolge Erschreckens, Schreckstarre [zu grch. *kataplessein* »erschrecken«]

Ka|ta|pult ⟨n. od. m.; -(e)s, -e⟩ **1** ⟨Antike⟩ armbrustähnliche Wurf-, Schleudermaschine **2** Schleuder zum Starten von Flugzeugen **3** Schleudersitz (im Flugzeug) [<lat. *catapulta* <grch. *katapeltes* »Wurf-, Schleudermaschine«; zu *pallein* »schwingen, schleudern«]

Ka|ta|pult|flug|zeug ⟨n.; -(e)s, -e⟩ für den Katapultstart (z. B. auf Flugzeugträgern) geeignetes Flugzeug

ka|ta|pul|tie|ren ⟨V.⟩ mit einem Katapult wegschleudern od. starten

Ka|ta|pult|start ⟨m.; -s, -s⟩ Start (eines Flugzeugs) mit Hilfe eines Katapults (2)

Ka|ta|rakt¹ ⟨m.; -(e)s, -e⟩ Stromschnelle, niedriger Wasserfall [<lat. *cataracta* <grch. *katarrhaktes* »Wasserfall«; zu *katarrhattein* »herabstürzen«]

Ka|ta|rakt² ⟨f.; -, -e; Med.⟩ Augenkrankheit, Linsentrübung, grauer Star

Ka|tarr ⟨m.; -s, -e; Med.⟩ = Katarrh

ka|tar|ra|lisch ⟨Adj.; Med.⟩ = katarrhalisch

Katarrh / Katarr (Laut-Buchstaben-Zuordnung) Viele aus Fremdsprachen übernommene Begriffe können sowohl in der fachsprachlichen Schreibweise als auch in einer standardsprachlichen Schreibung, die der deutschen Lautung folgt, verwendet werden. Es bleibt dem Schreibenden überlassen, welche Schreibweise er vorzieht (→ *a.* Kathode / Katode).

Ka|tarrh ⟨m.; -s, -e; Med.⟩ *oV* Katarr **1** entzündl. Reizung der Schleimhäute mit vermehrter Flüssigkeitsabsonderung **2** ⟨umg.⟩ Schnupfen, Erkältung [<grch. *katarrhous*; zu *katarrhein* »herabfließen«]

ka|tar|rha|lisch ⟨Adj.; Med.⟩ mit Katarrh verbunden; *oV* katarralisch

Ka|tas|ta|se *auch:* **Ka|tas|ta|se** ⟨f.; -, -n; im Drama⟩ Verdichtung der Verwicklung, Schürzung des Knotens bis zur Lösung in der Katastrophe [<grch. *katastasis* »Aufstellung«]

Ka|tas|ter ⟨m. od. n., österr. nur: m.; -s, -⟩ ⟨früher⟩ amtl. Verzeichnis der steuerpflichtigen Personen **2** ⟨heute⟩ amtl. Verzeichnis der Steuerobjekte, bes. der Grundstücke [<ital. *catastro* »Zins-, Steuerregister« <vulgärlat. **catastrum* <grch. *katastasis* »Aufstellung, Feststellung« od. lat. *capitum registrum* »Kopfsteuerverzeichnis«]

♦ Die Buchstabenfolge **ka|ta|str...** kann auch **ka|tas|tr...** oder **ka|tastr|r...** getrennt werden.

♦ **Ka|ta|stral|ge|mein|de** ⟨f.; -, -n; österr.⟩ Steuergemeinde, Steuerbezirk [→ *Kataster*]

♦ **ka|ta|strie|ren** ⟨V.⟩ in den Kataster eintragen
♦ **ka|ta|stro|phal** ⟨Adj.⟩ in der Art einer Katastrophe, verhängnisvoll, entsetzlich, fürchterlich, schlimm
♦ **Ka|ta|stro|phe** ⟨f.; -, -n⟩ **1** unvorhergesehenes Geschehen mit verheerenden Folgen; *Natur~* **2** ⟨im Drama⟩ entscheidende Wendung, die den Untergang des Helden u. die Lösung des Konflikts herbeiführt [grch., »Umkehr, Wendung«; zu *katastrephein* »umkehren«]
♦ **Ka|ta|stro|phen|the|o|rie** ⟨f.; -; unz.; Geol.⟩ Annahme, dass die Tierwelt früherer Erdzeitalter mehrmals durch Naturkatastrophen vernichtet worden sei; *Sy* Kataklysmentheorie
♦ **ka|ta|stro|phisch** ⟨Adj.⟩ sich über Katastrophen vollziehend

Ka|ta|syl|lo|gis|mus ⟨m.; -, -gismen; Logik⟩ Gegenbeweis, Gegenschluss [<*Kata...* + *Syllogismus*]

Ka|ta|thy|mie ⟨f.; -, -n; Psych.⟩ Beeinflussung rationaler Vorgänge durch Affekterlebnisse, die sich in einer Überformung der Auffassung, des Denkens u. Handelns zeigt [<*Kata...* + grch. *thymos* »Gemüt«]

Ka|ta|to|nie ⟨f.; -, -n; Med.⟩ Schizophrenie mit eigentümlichen Krampf- u. Spannungszuständen der Muskulatur, Spannungsirresein; *Sy* katatonisches Syndrom [zu grch. *kataeinein* »niederspannen, ausdehnen«]

Ka|ta|to|ni|ker ⟨m.; -s, -; Med.⟩ an Katatonie Leidender

Ka|ta|to|ni|ke|rin ⟨f.; -, -rinnen; Med.⟩ an Katatonie Leidende

ka|ta|to|nisch ⟨Adj.; Med.⟩ an Katatonie leidend; *~es Syndrom* = Katatonie

Ka|ta|wert ⟨m.; -(e)s, -e; Geol.⟩ durch Messung zu bestimmender Wert zur Quantisierung der durch verschiedene Klimagrößen verursachten Abkühlungsvorgänge in einem bestimmten Raum, die ausschlaggebend für das Behaglichkeitsempfinden sind

Ka|ta|zo|ne ⟨f.; -, -n; Geol.; veraltet⟩ Tiefenzone in der Erdrinde, in der sich bei großem Druck u. hohen Temperaturen

durch Metamorphose verschiedene Gesteine bilden
Ka|te|che|se ⟨[-çe:-] f.; -, -n; Theol.⟩ religiöser Unterricht, meist in Frage u. Antwort; *Sy* Katechisation [<grch. *katechesis* »Unterricht«; zu *katechein* »entgegentönen«]
Ka|te|chet ⟨[-çe:t] m.; -en, -en⟩ Religionslehrer (ohne vollständige theologische Ausbildung) [→ *Katechese*]
Ka|te|che|tik ⟨[-çe:-] f.; -; unz.⟩ Lehre von der Katechese
Ka|te|che|tin ⟨[-çe:-] f.; -, -tinnen⟩ Religionslehrerin (ohne vollständige theolog. Ausbildung)
ka|te|che|tisch ⟨[-çe:-] Adj.⟩ die Katechese betreffend, auf ihr beruhend
Ka|te|chi|sa|ti|on ⟨[-çi-] f.; -, -en⟩ = Katechese
ka|te|chi|sie|ren ⟨[-çi-] V.⟩ jmdn. ~ jmdm. Katechese erteilen
Ka|te|chis|mus ⟨[-çıs-] m.; -, -chis|men [-çıs-]; Theol.⟩ 1 ⟨urspr.; im MA⟩ Glaubensunterricht 2 ⟨seit Luther⟩ kurzes Lehrbuch für die Glaubensunterweisung [<grch. *katechismos* »Unterricht, Lehre«; zu *katechein* »entgegentönen«]
Ka|te|chist ⟨[-çıst] m.; -en, -en⟩ eingeborener Laienhelfer in der kath. Mission
Ka|te|chu ⟨[-çu] n.; -s, -s⟩ eingedickter Saft einer Akazienart (Acacia catechu), gerbstoffhaltiges, zusammenziehendes Mittel [<malai. *kachu*]
Ka|te|chu|me|nat ⟨[-çu-] n.; -(e)s; unz.⟩ Vorbereitungsunterricht für die Taufe (Erwachsener) [→ *Katechese*]
Ka|te|chu|me|ne ⟨[-çu-] m.; -n, -n⟩ 1 (erwachsener) Bewerber für die Taufe im Taufunterricht, Schüler des Katecheten 2 Konfirmand [<grch. *katechumenos*; → *Katechese*]
ka|te|go|ri|al ⟨Adj.⟩ nach, in Kategorien, Kategorien betreffend; *oV* kategoriell
Ka|te|go|rie ⟨f.; -, -n⟩ 1 ⟨urspr.⟩ Aussage (über einen Gegenstand) 2 ⟨Logik⟩ Grundbegriff, von dem andere Begriffe abgeleitet werden können 3 ⟨allg.⟩ Begriffsklasse, Begriffsart, Begriffsgattung, Sorte, Art

[<grch. *kategoria* »Grundaussage«; zu *agoreuein* »sagen, reden«]
ka|te|go|ri|ell ⟨Adj.⟩ = kategorial; *oV* kategorisch (1)
ka|te|go|risch ⟨Adj.⟩ 1 in der Art einer Kategorie; *oV* kategoriell 2 unbedingt gültig; *Ggs* hypothetisch; *~er* Imperativ ⟨Philos.; nach Kant⟩ unbedingtes ethisches Pflichtgebot für jeden Einzelnen 3 ⟨fig.⟩ energisch, mit Nachdruck, keinen Widerspruch duldend; *etwas ~ verlangen, behaupten*
ka|te|go|ri|sie|ren ⟨V.⟩ 1 nach Kategorien ordnen 2 unbedingt machen
Ka|te|go|ri|sie|rung ⟨f.; -, -en⟩ 1 das Kategorisieren 2 Kategoriensystem; *eine ~ der verschiedenen Tierarten erstellen*
Ka|te|ne ⟨f.; -, -n; meist Pl.; seit dem 6. Jh.⟩ fortlaufende Bibelerläuterung doch aneinander gereihte Auszüge u. freie Wiedergaben aus den Bibelkommentaren der Kirchenväter [<lat. *catena* »Kette«]
Ka|te|no|id ⟨n.; -(e)s, -e; Math.⟩ bei der gedachten Rotation einer Kettenlinie um die Leitlinie entstehende Drehfläche, Kettenfläche [→ *Katene*]
kat|ex|o|chen ⟨[katɛksɔxeːn] Adv.⟩ im eigentlichen Sinne, schlechthin [<grch. *kat exochen* »vorzugsweise«; zu *exoche* »Hervorragung«]
Kat|fisch ⟨m.; -(e)s, -e; Zool.⟩ Seewolf, gefräßiger Schleimfisch mit gewaltigem Gebiss, im Handel als Karbonaden- od. Austernfisch; Katzenwels [<engl. *catfish* »Katzenwels«]
Kat|gut ⟨n.; -s; unz.; Med.⟩ aus Schafsdärmen gewonnene, für chirurgische Nähte verwendete Fäden, die vom menschl. Körper absorbiert werden [<engl. *catgut* »Darmsaite«]
kath. ⟨Abk. für⟩ katholisch
Ka|tha|rer ⟨m.; -s, -; 10.-14. Jh.⟩ Angehöriger einer asketischen Sekte in Süd- u. Westeuropa bis zum Balkan; *Sy* ⟨in Frankreich⟩ Albigenser [zu grch. *katharos* »rein«]
ka|tha|rob ⟨Adj.; Biol.⟩ nicht durch Abfallprodukte verunreinigt [→ *Katharobie*]

Ka|tha|ro|bie ⟨[-bjə] f.; -, -n; Biol.⟩ in reinem, nicht mit organ. Stoffen belastetem Wasser lebender Organismus; *Ggs* Saprobie [<grch. *katharos* »rein, sauber« + *bios* »Leben«]
Ka|thar|sis ⟨f.; -; unz.⟩ 1 seel. Reinigung, Läuterung 2 ⟨Philos.; nach Aristoteles⟩ Läuterung des Zuschauers durch die Tragödie, indem sie in ihm Furcht u. Mitleid erweckt [grch., »Reinigung«]
ka|thar|tisch ⟨Adj.⟩ die Katharsis betreffend, auf ihr beruhend, durch sie herbeigeführt
Ka|the|der ⟨n. od. m.; -s, -⟩ 1 Podium, Lehrerpult 2 Lehrstuhl (an einer Hochschule) [<grch. *kathedra* »Stuhl, Armsessel, Lehrstuhl«; zu *hedra* »Sitz«]
Ka|the|der|so|zi|a|lis|mus ⟨m.; -; unz.; Ende 19. Jh.⟩ volkswirtschaftliche Lehrmeinung, die das Eingreifen des Staates in das soziale Leben zur Milderung der Klassengegensätze forderte
Ka|the|dra|le *auch:* **Ka|thed|ra|le** ⟨f.; -, -n; bes. in Frankreich, Spanien, England⟩ bischöfl. od. erzbischöfl. Kirche [<mlat. *ecclesia cathedralis* »zum Bischofssitz gehörige Kirche«]
Ka|the|dral|ent|schei|dung *auch:* **Ka|thed|ral|ent|schei|dung** ⟨f.; -, -en⟩ 1 Entscheidung des Papstes ex cathedra 2 unwiderrufliche Entscheidung
Ka|thep|sin ⟨n.; -s, -e; Biochemie⟩ in allen menschlichen u. tierischen Zellen Eiweiße spaltendes Enzym [zu grch. *kathepsein* »(aus)kochen«]
Ka|the|te ⟨f.; -, -n; Geom.⟩ eine der beiden die Schenkel des rechten Winkels bildenden Seiten in einem Dreieck [<grch. *kathetos* »Senkblei«; zu *kathienai* »herablassen«]
Ka|the|ter ⟨n. od. m.; -s, -; Med.⟩ Röhrchen zum Einführen in Körperhöhlen, bes. in die Harnblase [zu lat. *catheter* <grch. *katheter* <*kathienai* »herablassen«]
ka|the|te|ri|sie|ren ⟨V.; Med.⟩ *Sy* kathetern 1 einen Katheter einführen (in) 2 durch Katheter Flüssigkeit ableiten (aus)
Ka|the|te|ris|mus ⟨m.; -, -ris|men;

kathetern

Med.⟩ **1** Einführen eines Katheters **2** Entleerung der Harnblase durch einen Katheter
ka|the|tern ⟨V.; Med.⟩ = katheterisieren
Ka|the|to|me|ter ⟨n.; -s, -⟩ Fernrohr zur Überprüfung horizontaler u. vertikaler Lageabweichungen mit Hilfe von Fadenkreuzen, die an verschiedenen Punkten angebracht sind [‹*Kathete* + *...meter*]
Ka|tho|de ⟨f.; -, -n; El.⟩ der negative Pol einer Elektrode; *oV* Katode; *Ggs* Anode [‹*Kata...* + *...ode*]
Ka|tho|den|strahl ⟨m.; -(e)s, -en; El.⟩ Strahl, der beim Durchgang von Elektronen durch verdünnte Gase entsteht; *oV* Katodenstrahl
Ka|tho|den|strahl|os|zil|lo|graph ⟨m.; -en, -en; El.⟩ Oszillograph, der elektr. Schwingungen mit Hilfe eines Kathodenstrahls auf einem Bildschirm darstellt; *oV* Katodenstrahloszillograf
Ka|tho|den|zer|stäu|bung ⟨f.; -, -en; El.⟩ Form der Materialbearbeitung, bei der ein Material durch Hochspannung an einer Kathode zerstäubt wird u. in feinen Schichten auf einem als Anode geschalteten Material niedergeschlagen wird; *oV* Katodenzerstäubung
ka|tho|disch ⟨Adj.; El.⟩ auf einer Kathode beruhend, an ihr stattfindend; *oV* katodisch
Ka|tho|lik ⟨m.; -en, -en⟩ Angehöriger der (röm.-)kath. Kirche
Ka|tho|li|kos ⟨m.; -; unz.; Titel für⟩ Patriarch der (von Rom getrennten) armenischen Kirchen u. a. Ostkirchen [→ *katholisch*]
ka|tho|lisch ⟨Adj.; Abk.: kath.⟩ **1** ⟨urspr.⟩ allgemein, die Erde umfassend (von der christlichen Kirche) **2** ⟨allg.⟩ zur (römisch-)kath. Kirche gehörend; *~e Kirche, (seit der Reformation auch) römisch-~e Kirche* die dem Papst unterstehende christliche Kirche [‹grch. *katholikos* ‹*kata* »über... hin« + *holos* »ganz«]
ka|tho|lisch-a|pos|to|lisch ⟨Adj.⟩ zu einer kirchlichen Erneuerungsbewegung gehörend, die sich seit 1826 um den Londoner Bankier Henry Drummond (1786-1860) sammelte u. in der Erwartung der baldigen Wiederkunft Christi 1835 zwölf Apostel einsetzte
ka|tho|li|sie|ren ⟨V.⟩ katholisch machen, zum Katholizismus bekehren
Ka|tho|li|zis|mus ⟨m.; -; unz.⟩ Lehre der kath. Kirche
Ka|tho|li|zi|tät ⟨f.; -; unz.⟩ das Katholischsein, Auffassung, Anschauung im Sinne des Katholizismus
Ka|tho|lyt ⟨m.; -s od. -en, -e od. -en; El.; kurz für⟩ katholytischer Elektrolyt, Elektrolyt im Bereich der Kathode; *oV* Katolyt [verkürzt ‹*Katho*de + Elektro*lyt*]
Kat|ion *auch:* **Ka|ti|on** ⟨n.; -s, -en; Chemie⟩ positives Ion; *Ggs* Anion [‹*Katho*de + *Ion*]
Kat|io|nen|aus|tau|scher *auch:* **Ka|ti|o|nen|aus|tau|scher** ⟨m.; -s, -; Chemie⟩ Ionenaustauscher für Kationen, z. B. ein Boden, der an elektrisch negativ geladenen Plätzen Kationen austauschbar binden kann
Ka|to|de ⟨f.; -, -n; El.⟩ = Kathode
Ka|to|den|strahl ⟨m.; -(e)s, -en; El.⟩ = Kathodenstrahl
Ka|to|den|strahl|os|zil|lo|graf ⟨m.; -en, -en; El.⟩ = Kathodenstrahloszillograph
Ka|to|den|zer|stäu|bung ⟨f.; -, -en; El.⟩ = Kathodenzerstäubung
ka|to|disch ⟨Adj.; El.⟩ = kathodisch
Ka|to|lyt ⟨m.; -s od. -en, -e od. -en; El.⟩ = Katholyt
ka|to|nisch ⟨Adj.⟩ *~e Strenge* schonungslose, unnachgiebige Strenge [nach dem für seine Strenge bekannten röm. Zensor Cato, 95-46 v. Chr.]
Kat|op|trik *auch:* **Ka|top|trik** ⟨f.; -; unz.; Optik⟩ Lehre von der regelmäßigen Reflexion der Lichtstrahlen [‹grch. *katoptron* »Spiegel«]
kat|op|trisch *auch:* **ka|top|trisch** ⟨Adj.⟩ die Katoptrik betreffend, auf ihr beruhend
Ka|to|ther|mie ⟨f.; -; unz.; Geophysik⟩ Anstieg der Wassertemperatur mit zunehmender Tiefe; *Ggs* Anothermie [‹*Kata...* + grch. *thermos* »warm, heiß«]

Kat|tun ⟨m.; -s, -e; Textilw.⟩ bedruckter, dünner Baumwollstoff in Leinwandbindung [‹ndrl. *kattoen* ‹arab. *qutun* »Baumwolle«]
kat|tu|nen ⟨Adj.; Textilw.⟩ aus Kattun
kau|dal ⟨Adj.; Biol.⟩ **1** abwärts, am unteren Ende liegend; *~e Körperteile; ~e Organe* **2** in der Schwanzregion gelegen [zu lat. *cauda* »Schwanz«]
kau|di|nisch ⟨Adj.⟩ *~es Joch* Zwangslage, aus der man sich nur durch Demütigung retten kann [nach dem samnit. Ort *Caudium* zwischen Capua u. Benevent, wo die Römer 321 v. Chr. eine Niederlage gegen die Samniten erlitten u. waffenlos durch einaus drei Lanzen gebildetes Tor (Joch) gehen mussten]
Kaue ⟨f.; -, -n⟩ **1** ⟨urspr.⟩ Bauwerk über der Schachtöffnung eines Bergwerkes **2** ⟨heute⟩ Waschraum u. Garderobe der Bergleute, Waschkaue [‹lat. *cavea* »Umfriedung«]
Kau|ka|sis|tik ⟨f.; -; unz.; Sprachw.⟩ Lehre von den kaukasischen Sprachen u. Literaturen
kau|li|flor ⟨Adj.; Bot.⟩ Kauliflorie aufweisend
Kau|li|flo|rie ⟨f.; -; unz.; Bot.⟩ die Erscheinung, dass die Blüten (z. B. beim Kakaobaum) nicht an bes. Trieben, sondern unmittelbar an Stämmen od. Ästen sitzen [‹lat. *caulis* »Stängel« + *flos*, Gen. *floris* »Blume, Blüte«]
Kau|ma|zit ⟨m.; -(e)s, -e⟩ Braunkohlenkoks [‹grch. *kauma* »Brand, Hitze«]
Kau|ri ⟨f.; -, -s od. m.; -s, -s; Zool.⟩ = Kaurischnecke [Maori]
Kau|ri|fich|te ⟨f.; -, -n; Bot.⟩ in Neuseeland u. Australien heimischer, zu den Kopalfichten gehöriger, bis 60 m hoher Baum, dessen Äste u. Zweige Harz absondern: Agathis australis; *Sy* Dammarfichte
Kau|ri|mu|schel ⟨f.; -, -n; Zool.⟩ Gehäuse der Kaurischnecke
Kau|ri|schne|cke ⟨f.; -, -n; Zool.⟩ Schneckenart des Indischen Ozeans mit gelblichem, porzel-

lanartigem Gehäuse, in Mittel- u. Ostafrika Zahlungsmittel u. Schmuck: Cyprea moneta; *Sy* Kauri, Porzellanschnecke

Kau|rit|leim ⟨m.; -s; unz.⟩ aus Harnstoff u. Formaldehyd hergestellter Leim zum Verleimen von Sperrholz

kau|sal ⟨Adj.⟩ **1** ursächlich, auf dem Verhältnis zwischen Ursache u. Wirkung beruhend, mit der Ursache verbunden **2** begründend [< lat. *causalis* »ursächlich«; zu *causa* »Ursache«]

Kau|sal|ad|verb ⟨n.; -s, -bi|en; Gramm.⟩ eine Ursache, einen Grund kennzeichnendes Adverb, z. B. »aufgrund«

Kau|sal|be|stim|mung ⟨f.; -, -en; Gramm.⟩ Angabe einer Begründung, Umstandsbestimmung des Grundes, z. B. »aus Sehnsucht«

Kau|sal|ge|setz ⟨n.; -es, -e⟩ auf der Verknüpfung von Ursache u. Wirkung beruhendes Gesetz; *Sy* Kausalitätsgesetz, Kausalprinzip, Kausalitätsprinzip

Kau|sa|lis ⟨m.; -, -sa|les; Gramm.⟩ **1** Grund od. Zielperson einer Handlung kennzeichnender Kasus **2** im Kausalis (1) stehendes Wort

Kau|sa|li|tät ⟨f.; -, -en⟩ Ursächlichkeit, Zusammenhang von, Verhältnis zwischen Ursache u. Wirkung [→ *kausal*]

Kau|sa|li|täts|ge|setz ⟨n.; -es, -e⟩ = Kausalgesetz

Kau|sa|li|täts|prin|zip ⟨n.; -s, -pi|en⟩ = Kausalgesetz

Kau|sa|li|täts|the|o|rie ⟨f.; -; unz.⟩ = Adäquanztheorie

Kau|sal|kon|junk|ti|on ⟨f.; -, -en; Gramm.⟩ eine Begründung einleitende Konjunktion, z. B. »wegen«

Kau|sal|ne|xus ⟨m.; -, -⟩ Zusammenhang von Ursache u. Wirkung, Kausalzusammenhang

Kau|sal|prin|zip ⟨n.; -s, -pi|en⟩ = Kausalgesetz

Kau|sal|satz ⟨m.; -es, -sät|ze; Gramm.⟩ Umstandssatz des Grundes (eingeleitet durch weil, da), Begründungssatz

kau|sa|tiv ⟨Adj.; Gramm.⟩ **1** als Kausativum (gebraucht) **2** Veranlassung angebend, bewirkend, begründend [zu lat. *causare* »verursachen«]

Kau|sa|tiv ⟨n.; -s, -e [-və]; Gramm.⟩ Aktionsart des Verbums, die das Bewirken einer Tätigkeit angibt, z. B. fällen = fallen machen; *oV* Kausativum; *Sy* Faktitiv, faktives Verbum [→ *kausativ*]

Kau|sa|ti|vum ⟨[-vum] n.; -s, -ti|va [-va]; Gramm.⟩ = Kausativ

Kau|sche ⟨f.; -, -n⟩ gekerbte Messing- od. Stahlöse, die zur Verstärkung in das Ende eines Taues od. Seiles eingearbeitet wird [< frz. *coche* »Kerbe«]

kaus|ti|fi|zie|ren ⟨V.; Chemie⟩ milde Alkalien in kaustische Alkalien mit Hilfe von gelöschtem Kalk überführen [zu grch. *kausis* »Brand«]

Kaus|tik ⟨f.; -, -en⟩ **1** ⟨Med.⟩ Gewebszerstörung durch Hitze, chemische Ätzmittel od. elektrischen Strom; *Sy* Kauterisation; *Elektro~* **2** eine bei nicht korrigierten Linsen an Stelle des Brennpunktes entstehende Fläche, Brennfläche [→ *kaustisch*]

Kaus|ti|kum ⟨n.; -s, -ka; Med.; Chemie⟩ Ätzmittel; *oV* Causticum [< lat. *causticum* < grch. *kaiein* »brennen«, *kausis* »Brand«]

kaus|tisch ⟨Adj.⟩ **1** ⟨Med.; Chemie⟩ die Kaustik betreffend, auf ihr beruhend, mit ihrer Hilfe, ätzend **2** ⟨fig.⟩ scharf, spöttisch, beißend [zu grch. *kausis* »Brand«; zu *kaiein* »brennen«]

Kaus|to|bi|o|lith ⟨m.; -s od. -en, -e od. -en; Biol.⟩ brennbares Sediment, Gestein od. Mineral, z. B. Torf, Kohle, Erdöl, Bitumen [< grch. *kausis* »Brand« + *bio*... + ...*lith*]

Kau|tel ⟨f.; -, -en⟩ Vorbehalt, Vorsichtsmaßregel, Vorkehrung [< lat. *cautela* »Vorsicht«; zu *cautus* »vorsichtig«]

Kau|ter ⟨m.; -s; Med.⟩ = Kauterium (2)

Kau|te|ri|sa|ti|on ⟨f.; -, -en; Med.⟩ = Kaustik (1)

kau|te|ri|sie|ren ⟨V.⟩ *Sy* kautern **1** ⟨Med.⟩ *Gewebe ~* durch Ätzmittel od. Hitze zerstören **2** ⟨Völkerk.⟩ *Personen ~* mit eingebrannten Narben verzieren [→ *Kauterium*]

Kau|te|ri|um ⟨n.; -s, -ri|en⟩ **1** Ätzmittel **2** ⟨Med.⟩ Glühbrenner; *Sy* Kauter [< grch. *kauterion*; zu *kaiein* »brennen«]

kau|tern ⟨V.⟩ = kauterisieren

Kau|ti|on ⟨f.; -, -en⟩ **1** Bürgschaft **2** Sicherheit(sleistung) durch Hinterlegung einer Geldsumme od. von Wertpapieren [< lat. *cautio* »Behutsamkeit«; zu *cautus* »vorsichtig«]

kaut|schie|ren auch: **kaut|schie|ren** ⟨V.⟩ = kautschutieren

Kaut|schuk auch: **Kaut|schuk** ⟨m.; -s, -e⟩ **1** geronnener Milchsaft einiger tropischer Pflanzenfamilien; *Roh~* **2** durch Vulkanisation daraus gewonnene feste, zähe, elastische Masse; *Sy* ⟨nicht fachsprachl.⟩ Gummi [< frz. *caoutchouc*, span. *cauchuc*, Tupi (Peru) *cahuchu*]

Kaut|schuk|pa|ra|graf auch: **Kaut|schuk|pa|ra|graf** ⟨m.; -en, -en⟩ = Kautschukparagraph

Kaut|schuk|pa|ra|graph auch: **Kaut|schuk|pa|ra|graph** ⟨m.; -en, -en; fig.⟩ = Gummiparagraph; *oV* Kautschukparagraf

kaut|schu|tie|ren auch: **kaut|schu|tie|ren** ⟨V.⟩ mit Kautschuk überziehen, aus Kautschuk herstellen; *oV* kautschieren

Ka|val ⟨[-vaːl] m.; -s, -s; Kart.⟩ Spielkarte im Tarock, Ritter [< ital. *cavallo* »Pferd«]

Ka|val|let|ti ⟨[-val-] n.; - od. -s, - od. -s; Reitsport⟩ zwischen zwei kreuzförmigen Halterungen befestigte Stange (als kleines Hindernis od. zum Gymnastieren der Pferde) [< ital. *cavalletto* »Gestell«, eigtl. »Pferdchen«, Verkleinerungsform von *cavallo* »Pferd«]

Ka|va|lier ⟨[-va-] m.; -s, -e⟩ **1** ⟨früher⟩ Reiter, Ritter **2** ⟨heute⟩ Begleiter einer Dame **3** ⟨bes. gegen Frauen⟩ höflicher, ritterlicher Mensch [< frz. *cavalier* »Reiter, Ritter« < ital. *cavaliere*, lat. *caballarius*; zu *caballus* »Pferd«]

Ka|va|liers|de|likt ⟨[-va-] n.; -(e)s, -e⟩ Delikt, das nicht als ehrenrührig angesehen wird

Ka|va|lier|start ⟨[-va-] m.; -s, -s; umg.; scherzh.⟩ schnelles Anfahren (mit dem Auto), bei dem die Reifen laut quietschen

Ka|val|ka|de ⟨[-val-] f.; -, -n⟩ prächtiger Aufzug eines Reiter-

Kavallerie

trupps [< frz. *cavalcade* »Reiterzug« < ital. *cavalcata* < lat. *caballus* »Pferd«]
Ka|val|le|rie ⟨a. ['-val---] f.; -, -n⟩ Reiterei, Reitertrupp [< frz. *cavalerie* »Reiterei«; → *Kavalier*]
Ka|val|le|rist ⟨a. ['-val---] m.; -en, -en⟩ Angehöriger der Kavallerie, Kavalleriesoldat [→ *Kavallerie*]
Ka|val|lett ⟨[-val-] n.; -s od. -(e)s, -s od. -en; österr.; Soldatenspr.⟩ Bettgestell [< ital. *cavalletto* »Pferdchen, hölzernes Pferd als Übungsgerät, Staffelei«]
Ka|vat|ta ⟨[-va:-] f.; -, -va|ten; Musik⟩ lyr. Schluss eines Rezitativs [zu ital. *cavare* »herausholen, hervorheben«]
Ka|va|ti|ne ⟨[-va-] f.; -, -n; Musik⟩ 1 liedartiges, lyrisches Sologesangsstück in Opern u. Oratorien 2 liedartiges, elegisches Instrumentalstück [Verkleinerungsform zu *Kavata*]
Ka|ve|ling ⟨[-və-] f.; -, -en⟩ Mindestmenge, die ein Ersteigerer auf einer Auktion erwerben muss, z. B. Dutzend, Ballen [ndrl., »Los, Anteil«]
Ka|vent ⟨[-vɛnt] m.; -en, -en; veraltet⟩ Sy Kaventsmann 1 Gewährsmann, Bürge 2 ⟨umg.⟩ wohlhabender, beleibter Mann 3 Stück von beeindruckender Größe 4 ⟨Seemannsspr.⟩ bes. hohe Welle [< lat. *cavens* »Beistand gebend«, Part. Präs. zu *cavere* »Beistand leisten, Bürgschaft geben«]
Ka|vents|mann ⟨[-vɛnts-] m.; -(e)s, -män|ner⟩ = Kavent
Ka|ver|ne ⟨[-vɛr-] f.; -, -n⟩ 1 ⟨Med.⟩ durch Gewebszerfall entstandener Hohlraum, vor allem in der Lunge bei Lungentuberkulose u. bei Abszessen 2 ausgebauter unterirdischer Raum zur Unterbringung technischer od. militärischer Einrichtungen [< lat. *caverna* »Höhle«]
ka|ver|ni|kol ⟨[-ver-] Adj.; Zool.⟩ in Höhlen wohnend, z. B. bei Tieren [→ *Kaverne*]
Ka|ver|nom ⟨[-vɛr-] n.; -s, -e; Med.⟩ Geschwulst aus Blutgefäßen, Blutschwamm [< lat. *caverna* »Höhle«]
ka|ver|nös ⟨[-ver-] Adj.⟩ mit einer od. mehreren Kavernen

versehen, in der Art einer Kaverne [< frz. *caverneux* »ausgehöhlt«; zu *caverne* < lat. *caverna* »Höhle«]
Ka|vi|ar ⟨[-vi-] m.; -s, -e⟩ mit Salz konservierter, gereinigter Rogen einiger russischer Störarten [< türk. *chavijar*, Mundart des Kaspigebietes, neupers. *chaviyar*, eigtl. »Eier tragend«]
Ka|vi|tät ⟨[-vi-] f.; -, -en; Med.; Anat.⟩ Hohlraum; *o*V Cavität [< lat. *cavus* »hohl; Höhlung«]
Ka|vi|ta|ti|on ⟨[-vi-] f.; -, -en; Technik⟩ Hohlraumbildung mit Auftreten eines Vakuums in einer schnellen Flüssigkeitsströmung [zu lat. *cavus* »hohl«]
Ka|wa ⟨f.; -; unz.⟩ leicht berauschendes Getränk aus Wurzeln des Kawastrauches in Polynesien [Maori, »bitter«]
Ka|wass ⟨m.; -en, -en⟩ = Kawasse
Ka|was|se ⟨m.; -n, -n; im Vorderen Orient⟩ Polizist, Ehrenwache; *o*V Kawass [< türk. *kavas* < arab. *qawwas*]
Ka|wa|strauch ⟨m.; -es, -sträucher; Bot.⟩ Pfeffergewächs der Südseeinseln, aus dem Kawa gewonnen wird: Piper methysticum
Ka|wi ⟨n.; -s; unz.; Lit.⟩ altjavanische vom Sankrit beeinflusste Literatursprache zwischen 900 u. 1400 [javan. < Sanskrit *kavi* »Dichter, Denker«]
Ka|wir ⟨f.; -; unz.⟩ iranische Salztonebene; *o*V Kewir
Ka|wi|ja ⟨n.; -; unz.⟩ bes. in den Gattungen Kunstroman bzw. -epos u. Lyrik anzusiedelnde, literarisch anspruchsvolle Dichtung Indiens [Sanskrit]
Ka|zi|ke ⟨m.; -n, -n⟩ Häuptling der mittel- u. südamerikanischen Indianer [< span. *cacique* < Taino *cacique*, Aruak *kassequa* »Häuptling«]
Ka|zoo ⟨[kəzu:] n.; - od. -s, -s; Musik⟩ ein einfaches Rohrblasinstrument [engl.]
kb, KB ⟨Abk. für⟩ Kilobyte
Kbit ⟨Abk. für⟩ Kilobit
Kbt ⟨Abk. für⟩ Kilobit
KByte ⟨Abk. für⟩ Kilobyte
kcal ⟨Abk. für⟩ Kilokalorie
Kč ⟨Abk. für⟩ tschechische Krone
Kea ⟨m.; -s, -s; Zool.⟩ Angehöriger einer Papageienart: Nestor notabilis [< Maori]

Ke|bab ⟨m.; - od. -s, - od. -s⟩ = Kebap
Ke|bap ⟨m.; - od. -s, - od. -s⟩ orientalische Speise aus am Spieß gebratenen, scharf gewürzten Stücken von Hammelfleisch (in einem Brotfladen angerichtet); *o*V Kebab [< arab., türk. *kebap*]
Kee|per ⟨[ki:] m.; -s, -; Sport⟩ Torwart [engl., »Hüter, Wächter«]

keep smiling ⟨*Groß- und Kleinschreibung*⟩ Aus einer Fremdsprache übernommene Zitate oder feste Redewendungen werden in der Regel den orthographischen Vorgaben der Herkunftssprache entsprechend geschrieben.

keep smi|ling ⟨[ki:p smaɪlɪŋ]⟩ lächle immer, bleib heiter u. gelassen [engl., »lächle weiter!«]
Ke|fir ⟨m.; -s; unz.⟩ durch Zusatz von Bakterien u. Hefe vergorene Milch, urspr. Stutenmilch [< kaukas.]
Keks ⟨m. od. n.; - od. -es, - od. -e⟩ trockenes Kleingebäck [< engl. *cakes*, Pl. zu *cake* »Kuchen«]
Ke|lim ⟨m.; - od. -s, - od. -s⟩ oriental. Wandbehang bzw. Teppich mit gleicher Vorder- u. Rückseite u. großen, geometr. Mustern; *o*V Kilim [< türk. *kilim* »Teppich«]
Ke|lim|stich ⟨m.; -(e)s, -e⟩ Flachstich in Reihen, jeweils im spitzen Winkel zueinander stehend
Ke|lo|id ⟨n.; -(e)s, -e; Med.⟩ aus vermehrtem Bindegewebe bestehender Hautwulst, der sich meist aus Narben entwickelt [< grch. *chele* »Klaue« + ...*id*]
Ke|lo|to|mie ⟨f.; -, -n; Med.⟩ Bruchoperation [< grch. *chele* »Klaue« + ...*tomie*]
Kelt[1] ⟨m.; -(e)s, -e; Textilw.⟩ grobes, dunkles schottisches Wollgewebe [< irisch *cealt* »Kleidung«]
Kelt[2] ⟨m.; -(e)s, -e⟩ vorgeschichtliches Beil [< lat. *celtis* »Meißel«]
Kel|tist ⟨m.; -en, -en⟩ = Keltologe
Kel|tis|tik ⟨f.; -; unz.⟩ = Keltologie

Keltistin ⟨f.; -, -tin|nen⟩ = Keltologin
Keltologe ⟨m.; -n, -n⟩ Wissenschaftler auf dem Gebiet der Keltologie; *oV* Keltist
Keltologie ⟨f.; -; unz.⟩ Lehre von den keltischen Sprachen u. Literaturen; *Sy* Keltistik
Keltologin ⟨f.; -, -gin|nen⟩ Wissenschaftlerin auf dem Gebiet der Keltologie; *oV* Keltistin
keltologisch ⟨Adj.⟩ die Keltologie betreffend, auf ihr beruhend, zu ihr gehörend
Kelvin ⟨[-vɪn] n.; -s, -; Zeichen: K⟩ Maßeinheit der auf den absoluten Nullpunkt bezogenen Temperatur, 0 °K = −273,15 °C [nach dem engl. Physiker Sir William Thomson, Lord *Kelvin* of Largs, 1824-1907]
Kelvinskala ⟨[-vɪn-] f.; -; unz.⟩ die absolute Temperaturskala (0° K = −273,15 °C) [→ *Kelvin*]
Kemalismus ⟨m.; -; unz.; Politik⟩ eine Reform der Türkei nach dem Vorbild westlicher Gesellschaftsformen anstrebende politische Richtung nach dem Ersten Weltkrieg, die auch die Grundsätze des Islams infrage stellte [nach dem türkischen Politiker *Kemal* Atatürk, 1881-1939]
Kemalist ⟨m.; -en, -en; Politik⟩ Vertreter, Anhänger des Kemalismus
Kemalistin ⟨f.; -, -tin|nen; Politik⟩ Vertreterin, Anhängerin des Kemalismus
kemalistisch ⟨Adj.; Politik⟩ den Kemalismus betreffend, auf ihm beruhend, zu ihm gehörend
Kemantsche *auch:* **Kemantsche** ⟨f.; -, -n; Musik⟩ = Kamangah
Ken ⟨n.; -, -⟩ Verwaltungsbezirk, Präfektur in Japan [jap.]
Kenaf ⟨n.; -s; unz.⟩ eine der Jute ähnliche Stängelfaser des Hibiscus cannabinus [<pers. *kanaff*]
Kendo ⟨n.; -; unz.⟩ **1** ⟨urspr.⟩ Schwertfechtkunst der Samurai **2** ⟨heute⟩ sportl. Fechtkunst in Japan mit Bambusschwertern [jap., »Schwertweg«]
Kendoka ⟨m.; -s, -s⟩ jmd., der Kendo betreibt
Kenem ⟨n.; -s, -e; Sprachw.; in der Glossematik⟩ kleinste (phonolog.) Einheit der Ausdrucksebene; →a. Glossem, Plerem [zu grch. *kenos* »leer«]
Kennel ⟨m.; -s, -⟩ Hundezwinger (bes. für die Jagdhunde zur Parforcejagd) [engl., »Hundezwinger«, <lat. *canis* »Hund«]
Kennelly-Heaviside-Schicht ⟨[kɛn(ə)li hɛvɪsaɪd-] f.; -; unz.⟩ = Heavisideschicht [nach dem amerikan. Ingenieur A. E. *Kennelly*, 1861-1939, der diese Schicht 1902 unabhängig von *Heaviside* entdeckte]
Kenning ⟨f.; -, -nin|gar⟩ bildersprachl. Ausdrucksweise in der altgerm. Dichtung [anord.; verwandt mit nhd. *kennen*]
Kenose ⟨f.; -; unz.; Theol.⟩ Verzicht Christi auf seine göttl. Eigenschaften während seines Menschendaseins; *oV* Kenosis [zu grch. *kenos* »leer, bar, entblößt«]
Kenosis ⟨f.; -; unz.; Theol.⟩ = Kenose
Kenotaph ⟨m.; -s, -e⟩ = Zenotaph
Kenotiker ⟨m.; -s, -⟩ Vertreter, Anhänger der theologischen Lehre der Kenose
Kentaur ⟨m.; -en, -en⟩ = Zentaur
Kentumsprachen ⟨Pl.; Sprachw.⟩ westl. große Gruppe der indogerman. Sprachen, die das Zahlwort »hundert« nach lat. »centum« (sprich: kentum) bilden; *Ggs* Satemsprachen
Kenzan ⟨m.; -s, -s⟩ mit Stacheln versehene Platte aus Metall od. Kunststoff zum Befestigen von Blumenstecken, Blumenigel [jap.]
...kephal ⟨Nachsilbe; zur Bildung von Adj.⟩ den Kopf betreffend, zu ihm gehörig, mit einer bestimmten Kopfform; *oV* ...zephal [zu grch. *kephale* »Kopf«]
Kephalalgie *auch:* **Kephalalgie** ⟨f.; -, -n; Med.⟩ Kopfschmerz [<grch. *kephale* »Kopf« + ...*algie*]
...kephale ⟨Nachsilbe; zur Bildung männl. Subst.⟩ Mensch mit bestimmter Kopfform; *oV* ...zephale [→ ...*kephal*]
Kephalhämatom ⟨n.; -s, -e; Med.⟩ durch den Geburtsvorgang verursachter Bluterguss am Schädel des Neugeborenen, Kopfblutgeschwulst [<*Kephalo*... + *Hämatom*]
...kephallie ⟨Nachsilbe; zur Bildung weibl. Subst.⟩ Eigenschaft von Menschen mit bestimmter Kopfform; *oV* ...zephalie [→ ...*kephal*]
Kephalline ⟨Pl.⟩ im Nervengewebe vorkommende Gruppe der Phospholipide [<grch. *kephale* »Kopf«]
kephalo..., Kephalo... ⟨in Zus.⟩ Kopf..., Schädel...; *oV* zephalo..., Zephalo... [<grch. *kephale* »Kopf«]
Kephalometrie *auch:* **Kephalometrie** ⟨f.; -, -n; Med.⟩ Schädelmessung
Kephalopode ⟨m.; -n, -n; meist Pl.⟩ Kopffüßer; *oV* Zephalopode [<*Kephalo*... + ...*pode*]
kephalotrop ⟨Adj.⟩ auf die physiologischen Funktionen des Gehirns einwirkend (z. B. Drogen) [<*kephalo*... + ...*trop¹*]
Keralogie® ⟨f.; -; unz.⟩ Haarpflegemittel, Pflegeserie für Haare [<grch. *keras*, Gen. *keratos* »Horn« + ...*logie* (trotz der Nachsilbe handelt es sich nicht um eine Wissenschaft)]
Keramik ⟨f.; -, -en⟩ **1** ⟨unz.⟩ **1.1** Werkstoff u. Technik zur Herstellung von Gegenständen aus gebranntem Ton, Töpferei **1.2** keramische Erzeugnisse herstellende Industrie **1.3** Gesamtheit der Erzeugnisse aus gebranntem Ton; *Fein~* Geschirr; *Grob~* Baustoffe **2** ⟨zählb.⟩ einzelnes Erzeugnis aus gebranntem Ton [<grch. *keramos* »Ton«]
Keramiker ⟨m.; -s, -⟩ jmd., der in der Keramik (2) tätig ist
Keramikerin ⟨f.; -, -rin|nen⟩ weibl. Person, die in der Keramik (2) tätig ist
keramisch ⟨Adj.⟩ die Keramik betreffend, zu ihr gehörig; *~e Farben* Schmelzfarben, die vor dem Fertigbrennen von Ton od. Porzellan auf die Gegenstände aufgetragen u. dann eingebrannt werden
Keratin ⟨n.; -s, -e; Biochemie⟩ Protein in Haut, Haar u. Nägeln, Hornstoff [<grch. *keras*, Gen. *keratos* »Horn«]
Keratitis ⟨f.; -, -tiltilden; Med.⟩ krankhaft vermehrte Bildung

kerato..., Kerato... von Hornhaut, Hornhautentzündung im Auge [→ *Keratin*]

ke|ra|to..., Ke|ra|to... ⟨in Zus.⟩ horn..., Horn... [<grch. *keras* »Horn«]

Ke|ra|tom ⟨n.; -s, -e; Med.⟩ geschwulstartig verdickte Hornschicht auf der Haut

Ke|ra|to|phyr ⟨m.; -s, -e; Geol.⟩ bes. im Fichtelgebirge u. Harz vorkommendes grünlich-graues Ergussgestein mit Einsprenglingen [<*Kerato...* + *Porphyr*]

Ke|ra|to|plas|tik ⟨f.; -, -en; Med.⟩ Hornhautübertragung [<grch. *keras*, Gen. *keratos* »Horn« + *Plastik*]

Ke|ra|to|se ⟨f.; -, -n; Med.⟩ Hautkrankheit, übermäßige Verhornung [→ *Keratin*]

Ke|ra|to|skop auch: **Ke|ra|tos|kop** ⟨n.; -s, -e; Med.⟩ Instrument zur Untersuchung der Krümmung der Augenhornhaut [<*Kerato...* + *...skop*]

Ker|ma ⟨n.; - od. -s; unz.; Physik; Med.; Abk. für⟩ Kinetic Energy Released in Matter, Messgröße für die kinetische Energie der Sekundärteilchen, die durch ionisierende Strahlung freigesetzt wird

Ker|man ⟨m.; -s, -s⟩ = Kirman

Ker|n|e|ner|gie ⟨f.; -; unz.⟩ durch Kernspaltung od. Kernfusion gewonnene Energie; *Sy* Atomenergie

Kern|e|ner|gie|an|trieb ⟨m.; -(e)s, -e⟩ Schiffsantrieb, der seine Antriebskraft auf elektr. oder turboelektr. Weg über einen Kernreaktor gewinnt; *Sy* Atomantrieb

Ker|ner ⟨m.; -s, -⟩ = Karner

Kern|fu|si|on ⟨f.; -, -en⟩ Kernreaktion, die zur Bildung schwererer Atomkerne aus leichteren unter gleichzeitiger Energieabgabe führt, Kernverschmelzung

Kern|in|duk|ti|on ⟨f.; -, -en; Physik⟩ elektromagnetische Induktion, die durch Resonanz der Präzessionsbewegung der sich in einem starken magnetischen Feld befindenden Atomkerne mit einem Hochfrequenzfeld hervorgerufen wird, Verfahren zur sehr genauen Messung der Kernmomente; *Sy* NMR

Ker|nit ⟨m.; -(e)s, -e; Min.⟩ wichtiges Ausgangsmaterial für die Bor- u. Boraxgewinnung; *Sy* Rasorit [nach dem Vorkommen im *Kern* County in den USA]

Kern|kraft|werk ⟨n.; -(e)s, -e⟩ = Atomkraftwerk, Kernreaktor

Kern|phy|sik ⟨f.; -; unz.⟩ Teilgebiet der Physik, das sich mit der Erforschung der Atomkerne, ihrem Aufbau u. ihren möglichen Umwandlungen befasst

Kern|re|ak|ti|on ⟨f.; -, -en⟩ physikal. Vorgang in Atomkernen, vor allem Umwandlung von Kernen beim Zusammenstoß mit energiereichen Teilchen wie Protonen, Neutronen, Deuteronen, Elektronen u. elektromagnet. Strahlungsquanten

Kern|re|ak|tor ⟨m.; -s, -en⟩ Anlage, in der die kontrollierte Kernspaltung von Atomen zur Erzeugung von Wärmeenergie u. damit zur Gewinnung von Dampf für den Antrieb elektr. Generatoren genutzt wird; *Sy* Atomkraftwerk, Atommeiler, Atomreaktor, Kernkraftwerk, Reaktor

Kern|spin ⟨m.; -s, -e⟩ Gesamtdrehimpuls eines Atomkerns

Kern|spin|to|mo|gra|fie ⟨f.; -; unz.; Med.⟩ = Kernspintomographie

Kern|spin|to|mo|gra|phie ⟨f.; -; unz.; Med.⟩ Art der Tomographie, bei der durch elektromagnet. Wellen dreidimensionale Darstellungen (z. B. des menschl. Körpers) ermöglicht werden; *oV* Kernspintomografie

Ke|ro|gen ⟨n.; -s, -e⟩ unlösliche organ. Verbindung fossiler Sedimente [<grch. *keros* »Wachs« + *gennan* »erzeugen«]

Ke|ro|plas|tik ⟨f.; -, -en⟩ = Zeroplastik

Ke|ro|sin ⟨n.; -s; unz.; Chemie⟩ = Petroleum (insbes. als Treibstoff von Luftstrahltriebwerken) [<grch. *keros* »Wachs«]

Kerr|ef|fekt auch: **Kerr-Ef|fekt** ⟨m.; -(e)s, -e⟩ die Erscheinung, dass durchsichtige Körper in starken elektr. Feldern doppelt brechend auf elektromagnet. Wellen (vor allem Licht) wirken [nach dem engl. Physiker John *Kerr*, 1824-1907]

Ker|rie ⟨[-riə] f.; -, -n; Bot.⟩ Goldröschen, in Ostasien heimischer, auch nach Europa eingeführter Zierstrauch mit goldgelben Blüten: Kerria japonica [nach dem engl. Botaniker W. *Kerr*]

Ke|ryg|ma ⟨n.; -s; unz.; Theol.⟩ Verkündigung (der christl. Botschaft) [grch., »Bekanntmachung«]

ke|ryg|ma|tisch ⟨Adj.; Theol.⟩ das Kerygma betreffend, zu ihm gehörig, verkündigend, predigend

Ke|schan ⟨m.; -s, -s⟩ = Kaschan

Ke|scher ⟨m.; -s, -⟩ Netz mit Rahmen u. Griff zum Fangen von Fischen u. Schmetterlingen; *oV* Käscher, Ketscher [<engl. *catcher* »Fischhamen«; zu *catch* »fangen«]

kess ⟨Adj.⟩ **1** hübsch u. dazu etwas frech, dreist od. vorlaut **2** flott **3** modisch-schick [rotw., »diebeserfahren, zuverlässig«; verhüllendes Kurzwort für jidd. *chochom* »Kluger, Weiser«, dessen Anfangsbuchstaben jidd. *chess* = *ch* sind]

Ketchup / Ketschup ⟨*Laut-Buchstaben-Zuordnung*⟩ Viele aus Fremdsprachen übernommene Begriffe können sowohl entsprechend der Herkunftssprache als auch in einer integrierten Schreibung, die der deutschen Lautung folgt, geschrieben werden. Es bleibt dem Schreibenden überlassen, welche Schreibweise er vorzieht (→ *a.* Anchovis / Anschovis; Sketch / Sketsch).

Ketch|up auch: **Ket|schup** ⟨[kɛtʃʌp] od. [kɛtʃəp] m. od. n.; - od. -s, -s⟩ = Ketschup

Ke|ten ⟨n.; -s, -e; Chemie⟩ organ.-chemische Verbindung, in der die Carbonylgruppe durch eine Kohlenstoff-Doppelbindung mit dem restlichen Molekül verbunden ist [→ *Keton*]

Ke|to|grup|pe ⟨f.; -, -n; Chemie⟩ = Carbonylgruppe

Ke|to|he|xo|se ⟨f.; -, -n; Chemie⟩ Zuckerart der Gruppe der Mo-

nosaccharide mit sechs Kohlenstoffatomen [<*Keton* + *Hexose*]
Ke|ton 〈n.; -s, -e; Chemie〉 organ.-chemische Verbindung, die die zweiwertige Carbonylgruppe CO ein- od. mehrfach, verbunden mit Alkyl- od. Arylresten, enthält, z. B. Aceton [→ *Aceton*]
Ke|ton|u|rie *auch:* **Ke|to|nu|rie** 〈f.; -, -n; Med.〉 = Acetonurie
Ke|to|se 〈f.; -, -n; Chemie〉 **1** einfacher Zucker mit einer C=O-Gruppe in der Art der Ketone, z. B. Fruchtzucker **2** Auftreten von Ketonen im Blut, z. B. bei Diabetes
Ketsch 〈f.; -, -en〉 dem Schoner ähnliches Segelschiff, dessen zweiter halbhoher Mast weit achtern liegt [<engl. *ketch* »zweimastiges Küstenschiff«]
Ket|scher 〈m., -s, -〉 = Kescher
Ke|tschua[1] *auch:* **Ket|schua**[1] 〈m.; - od. -s, - od. -s〉 Angehöriger eines Indianervolkes in den Anden; *oV* Quechua[1]
Ke|tschua[2] *auch:* **Ket|schua**[2] 〈n.; -; unz.〉 die Sprache der Ketschua[1]; *oV* Quechua[2]
Ketsch|up *auch:* **Ket|schup** 〈[kɛtʃʌp] od. [kɛtʃəp] m. od. n.; - od. -s, -s〉 pikante, dickflüssige Soße zum Würzen; *Tomaten~; Gewürz~; oV* Ketchup [engl. <malai. *kechap* »gewürzte Fischsauce«]
Kett|car® 〈n.; -s, -s〉 vierrädriges Kinderfahrzeug mit Kettenantrieb ähnlich einem Fahrrad [zu engl. *car* »Wagen«]
Ke|wir 〈f.; -; unz.〉 = Kawir
Key-Ac|count-Ma|nage|ment 〈[kiːəkaʊntmænɪdʒmənt] n.; -s; unz.; Wirtsch.〉 Form des Managements, die bes. auf die Zusammenarbeit mit Großkunden abzielt, um deren wirtschaftliche Bedürfnisse frühzeitig in die eigene Unternehmensplanung miteinbezieht [<engl., *key* »Schlüssel« + *account* »Aufzeichnung; Konto; Kunde« + *Management*]
Key-Ac|count-Ma|na|ger 〈[kiː-əkaʊntmænɪdʒə(r)] m.; -s, -; Wirtsch.〉 jmd., der im Key-Account-Management tätig ist
Key-Ac|count-Ma|na|ge|rin 〈[kiː-əkaʊntmænɪdʒə-] f.; -, -rin|nen;

Wirtsch.〉 weibl. Person, die im Key-Account-Management tätig ist
Key|board 〈[kiːbɔːd] n.; -s, -s〉 **1** 〈Popmusik〉 (meist elektronisches) Tasteninstrument **2** 〈EDV〉 Tastatur für Computer u. Rechenanlagen [engl., »Tastatur«]
Key|boar|der 〈[kiːbɔː-] m.; -s, -; Musik〉 Musiker, der das Keyboard spielt
Key|boar|de|rin 〈[kiːbɔː-] f.; -, -rin|nen; Musik〉 Musikerin, die das Keyboard spielt
Key|ne|si|a|nis|mus 〈[kɛɪnzɪ-] m.; -; unz.; Wirtsch.〉 nach dem Zweiten Weltkrieg lange Zeit sehr prägende wirtschaftspolitische u. -theoretische Lehre (u. ihre Weiterentwicklungen), die erstmals grundlegend die Möglichkeit eines wirtschaftl. Gleichgewichts bei Unterbeschäftigung thematisierte [nach dem brit. Nationalökonom John Maynard *Keynes*, 1883-1946]
Key|note 〈[kiːnoʊt] f.; -, -s〉 **1** 〈Musik〉 Grundton einer Tonleiter, Tonika **2** 〈fig.〉 **2.1** wichtigster Grund-, Hauptgedanke **2.2** Grundsatzrede; *der Präsident kündigte in seiner ~ eine stärkere Zusammenarbeit mit der Oppositionspartei an* [engl.]
Key|point 〈[kiːpɔɪnt] m.; -s, -s; meist Pl.〉 entscheidender Faktor, wichtigster Umstand, Hauptpunkt [<engl. *key point* »wichtigster Punkt«]
kg 〈Abk. für〉 Kilogramm
KG, K. G. 〈Abk. für〉 Kommanditgesellschaft
KGaA 〈Abk. für〉 Kommanditgesellschaft auf Aktien
Kha|ki[1] 〈n.; -; unz.〉 Erdfarbe, erdbraune Farbe; *oV* Kaki[1] [<engl. *khaki;* zu pers.-Hindi *khaki* »staub-, erdfarben«; zu pers. *khak* »Staub, Erde«]
Kha|ki[2] 〈m.; - od. -s; unz.〉 gelbbrauner Stoff (für Tropenuniformen); *oV* Kaki[1]
Khan 〈a. [xaːn] m.; -s, -e; dem Namen nachgestellter mongol.-tatar.-türk. Titel für〉 mohammedanischer Fürst u. höherer persischer Beamter; *oV* Chan [<Turkspr. *khan* »Herr, Fürst«]

Kha|nat 〈n.; -(e)s, -e〉 Amt, Land eines Khans
Khe|di|ve 〈m.; -s od. -n, -n; 1867-1914 Titel für〉 Vizekönig von Ägypten [<türk. *khidiv* <pers. *chadiv* »Fürst«]
Khoin|spra|chen 〈Pl.〉 zu den afrikan. Sprachen gehörige Sprache der Buschmänner u. Hottentotten; *oV* Khoisansprachen
Khoi|san|spra|chen 〈Pl.〉 = Khoinsprachen
kHz 〈Abk. für〉 Kilohertz
Kib|buz 〈m.; -, -bu|zim od. -bu|ze〉 landwirtschaftl. Kollektiv der Siedler in Israel [hebr., »Sammlung«]
Kib|buz|nik 〈m.; -s, -s; veraltet〉 Angehöriger eines Kibbuz
Ki|bit|ka 〈f.; -, -s〉 *oV* Kibitke **1** = Jurte **2** überdachter russischer Bretterwagen od. Schlitten [russ., <arab. *kubbat* »Gewölbe, Zelt«]
Ki|bit|ke 〈f.; -, -n〉 = Kibitka
Kick 〈m.; -s, -s〉 **1** 〈Sport; Fußb.〉 Schuss, Tritt **2** 〈Jugendspr.〉 Hochgefühl, Schwung, Energie; *dieses Lied gibt mir einen besonderen ~;* →*a.* Thrill [engl.]
Kick-and-Rush 〈[-əndrʌʃ] m. od. n.; -; unz.; Sport; Fußb.〉 Taktik, bei der der Ball aus der Verteidigung mit weiten, häufig ungezielten Flanken nach vorne gespielt wird u. dort vom Sturm neu erkämpft werden muss, bes. in Großbritannien verbreitet [engl., »Schießen und (Vorwärts-)Stürmen«]
Kick-back *auch:* **Kick|back** 〈[-bæk] m.; - od. -s, -s; umg.; Wirtsch.〉 offiziell gewährter Rabatt im Rahmen einer Auftragsvergabe od. Auftragsakquise, der aber tatsächlich an den Auftraggeber od. den Vermittler des Geschäfts geht [<engl. *kickback* »Schmiergeld«]
Kick|board 〈[-bɔː(r)d] n.; -s, -s〉 zusammenklappbarer, sportlicher Tretroller aus Edelstahl [<engl. *kick* »treten« + *board* »Brett«]
Kick|bo|xen 〈n.; -s; unz.; Sport; Boxen〉 Nahkampfsportart, bei der die Opponenten sowohl boxen als auch Tritte gegeneinander richten können [<engl. *kick* »Tritt« + *Boxen*]

Kick|bo|xer ⟨m.; -s, -; Sport; Boxen⟩ Mann, der das Kickboxen ausübt

Kick|bo|xe|rin ⟨f.; -, -nen; Sport; Boxen⟩ Frau, die das Kickboxen ausübt

Kick-down auch: **Kick|down** ⟨[-daun] n. od. m.; -s, -s; bei automat. Getrieben von Kfz⟩ plötzliches Durchtreten des Gaspedals (zur schnelleren Beschleunigung) [zu engl. *kick down* »herunterlassen«]

ki|cken ⟨V.; Sport⟩ mit dem Fuß stoßen; *den Ball beim Fußballspiel* ~ [<engl. *kick* »mit dem Fuß stoßen«]

Ki|cker ⟨m.; -s, -s od. -; umg.⟩ 1 Mann, der kickt 2 ⟨abwertend⟩ schlechter Fußballspieler

Ki|cke|rin ⟨f.; -, -rin|nen; umg.⟩ 1 Frau, die kickt 2 ⟨abwertend⟩ schlechte Fußballspielerin

Kick-off auch: **Kick|off** ⟨m.; -s, -s; schweiz.; Fußb.⟩ Anstoß [zu engl. *kick off* »wegstoßen«]

Kicks ⟨m.; -, -; Fußb.; Billard⟩ Fehlstoß [→ *Kick*]

Kick|star|ter ⟨m.; -s, -⟩ Fußhebel als Anlasser des Motorrades [<*Kick* + *Starter*]

Kick|xia ⟨[kɪksia] f.; -, -xi|en⟩ malaiische Gattung der Hundsgiftgewächse; ~ *elastica* in Westafrika kultiviert, liefert Kautschuk [nach dem belg. Botaniker J. *Kickx*]

Kid ⟨n.; -s, -s⟩ 1 das Fell einer jungen Ziege 2 ⟨umg.; salopp⟩ Kind; *Mode für* ~s; →a. *Computerkid* [engl., »Zicklein«, auch umg. für »Kind, Bengel«]

Kid|dusch ⟨m.; -, -im⟩ jüdisches Gebet, das am Sabbat über einem Becher Wein gesprochen wird, um Gott für die Gabe des Sabbats zu preisen; *oV* Qiddusch [hebr., »Weihe, Heiligung«]

kid|nap|pen ⟨[-næpən] V.⟩ jmdn. ~ gewaltsam entführen

Kid|nap|per ⟨[-næpə(r)] m.; -s, -⟩ jmd., der Kinder (od. Erwachsene) gewaltsam entführt [engl.]

Kid|nap|pe|rin ⟨[-næpə-] f.; -, -rin|nen⟩ weibl. Person, die Kinder (od. Erwachsene) gewaltsam entführt

Kid|nap|ping ⟨[-næpɪŋ] n.; -s, -s⟩ 1 ⟨urspr.⟩ Kindesentführung,

um Lösegeld zu erpressen 2 ⟨heute allg.⟩ Entführung einer Person, um Lösegeld od. die Freilassung von Häftlingen zu erzwingen [engl.]

Kien ⟨m.; in der Wendung⟩ *auf dem* ~ *sein* scharf aufpassen, sehr aufmerksam, wachsam sein [zu engl. *keen* »scharf« (von Blick, Verstand)]

Kif ⟨m.; - od. -s; unz.; umg.⟩ Mischung von getrockneten Hanfblättern; *oV* Kiff [engl. <arab. *kēf (kayf)* »Vergnügen, Freude«]

Kiff ⟨m.; - od. -s; unz.; umg.⟩ = Kif

kif|fen ⟨V.; umg.⟩ Rauschmittel rauchen [→ *Kif*]

Kif|fer ⟨m.; -s, -; umg.⟩ jmd., der (gewohnheitsmäßig) kifft [→ *Kif*]

Kif|fe|rin ⟨f.; -, -rin|nen; umg.⟩ weibl. Person, die (gewohnheitsmäßig) kifft

Ki|lim ⟨m.; - od. -s, - od. -s⟩ = Kelim

kil|len[1] ⟨V.; derb⟩ töten, umbringen [<engl. *kill* »töten«]

kil|len[2] ⟨V.; Mar.⟩ flattern, schlagen (vom Segel) [mitteldt.]

Kil|ler ⟨m.; -s, -⟩ bezahlter, professioneller Mörder; →a. *Cleaner* (3) [→ *killen*[1]]

Kil|ler|al|ge ⟨f.; -, -n⟩ giftige Alge, die sich aufgrund der Verschmutzung der Meere an den Küstenregionen stark vermehrt: Caulpera taxifolia

Kil|ler|pro|gramm ⟨n.; -s, -e; EDV⟩ 1 Programm, das mit einem Virus infiziert ist u. beim Laden alle auf der Festplatte vorhandenen Daten löscht 2 populäres Anwendungsprogramm, das den Verkauf der entsprechenden Hardware u. Betriebssysteme beträchtlich steigert

Kil|ler|sa|tel|lit ⟨m.; -en, -en⟩ Satellit, der zur Zerstörung eines anderen Satelliten in eine Erdumlaufbahn geschossen wird

Kiln ⟨m.; -(e)s, -e⟩ Kies- bzw. Röstofen zum Rösten von schwefelhaltigen Erzen [engl., »Brenn-, Röstofen«]

Ki|lo ⟨n.; -s, -; umg.; kurz für⟩ Kilogramm

ki|lo..., Ki|lo... ⟨Abk.: k; vor Maßeinheiten⟩ das Tausendfache der betreffenden Grundeinheit, z. B. 1 Kilogramm = 1000 Gramm [<grch. *chilioi* »tausend«]

Ki|lo|bit ⟨n.; - od. -s, - od. -s; Abk.: Kbt, Kbit; EDV⟩ Maßeinheit für den Informationsgehalt eines EDV-Dokumentes (1 Kbit = 1024 Bit) [<*Kilo...* + *Bit*]

Ki|lo|byte ⟨[-baɪt] n.; - od. -s, - od. -s; Abk.: kB, KB, KByte; EDV⟩ Maßeinheit für die Speicherkapazität einer EDV-Anlage (1KByte = 1024 Byte) [<*Kilo...* + *Byte*]

Ki|lo|gramm ⟨n.; -s, -; Abk.: kg⟩ = 1000 Gramm

Ki|lo|hertz ⟨n.; -, -; Abk.: kHz⟩ = 1000 Hertz

Ki|lo|joule ⟨[-dʒaul] od. [-dʒuːl] n.; - od. -s, -; Abk.: kJ⟩ 1000 Joule

Ki|lo|ka|lo|rie ⟨f.; -, -n; Abk.: kcal; veraltet⟩ nicht mehr zulässige Maßeinheit der Wärme, ist zu ersetzen durch die Einheit Kilojoule (kJ), 1 kcal = 1000 cal = 4,185 kJ

Ki|lo|li|ter ⟨n. od. m.; -s, -; Abk.: kl; selten⟩ = 1000 Liter

Ki|lo|me|ter ⟨m.; -s, -; Abk.: km⟩ = 1000 Meter

ki|lo|me|tri|eren auch: **ki|lo|me|trie|ren** ⟨V.⟩ *eine Straße, einen Fluss* ~ mit Kilometersteinen die Kilometer daran bezeichnen

Ki|lo|pond ⟨n.; -s, -; Abk.: kp⟩ nicht mehr zulässige Krafteinheit, war definiert als die Kraft, die auf 1 Kilogramm Masse bei der Normfallbeschleunigung wirkt, zu ersetzen durch die Einheit Newton (N), 1 kp = 1000 p = 9,806 N

Ki|lo|pond|me|ter ⟨n.; -s, -; Abk.: kpm oder mkp⟩ nicht mehr zulässige Maßeinheit der Arbeit, war definiert als diejenige Energie, die notwendig ist, um 1 Kilopond 1 Meter hoch zu heben (zu ersetzen durch die Einheit Joule (J), 1 kpm = 9,806 J); *Sy* Meterkilopond

Ki|lo|volt ⟨[-vɔlt] n.; - od. -(e)s, -; Abk.: kV⟩ = 1000 Volt

Ki|lo|volt|am|pere ⟨[-vɔltampɛːr] n.; - od. -s, -; Abk.: kVA⟩ = 1000 Voltampere

Ki|lo|watt ⟨n.; -s, -; Abk.: kW⟩ = 1000 Watt

Ki|lo|watt|stun|de ⟨f.; -, -n; Abk.: kWh⟩ = 1000 Wattstunden

Kilt ⟨m.; -(e)s, -s⟩ karierter, knielanger Faltenrock der Schotten [engl., »Schottenrock«]

Kim|ber|lit ⟨m.; -s, -e; Min.⟩ schwarz-grünes Eruptivgestein aus der Gruppe der Peridodite, Muttergestein südafrikanischer Diamanten [nach der südafrikan. Stadt *Kimberley*]

Kim|me|ridge ⟨[-rɪdʒ] n.; -; unz.; Geol.⟩ Stufe des Weißen Jura (Malm) [nach der gleichnamigen südengl. Stadt]

kim|me|risch[1] ⟨Adj.⟩ **1** ⟨Myth.; bei Homer⟩ Finsternis des Hades **2** ⟨geh.⟩ völlige Finsternis [nach dem sagenhaften Volk der *Kimmerier* in der grch. Mythologie]

kim|me|risch[2] ⟨Adj.; Geol.⟩ ~*e Faltung* Faltung im Erdmittelalter [nach der *Kimmerischen Halbinsel* in Südrussland]

Ki|mo|no ⟨a. ['---] m.; -s, -s⟩ langes jap. Gewand mit weiten, angeschnittenen Ärmeln [jap., »Gewand«]

Kin ⟨n.; -, -⟩ chinesische Zither mit 5-7 Saiten [chines.]

Ki|nä|de ⟨m.; -n, -n⟩ = Päderast [<grch. *kinaithos* »Wollüstling«]

Kin|äs|the|sie auch: **Ki|näs|the|sie** ⟨f.; -; unz.; Med.⟩ Empfindung der eigenen körperlichen Bewegung, Muskelgefühl [<grch. *kinein* »bewegen« + ...*ästhesie*]

Kin|äs|the|tik auch: **Ki|näs|the|tik** ⟨f.; -; unz.; Med.⟩ Lehre von den Bewegungsempfindungen [→ *Kinästhesie*]

kin|äs|the|tisch auch: **ki|näs|the|tisch** ⟨Adj.; Med.⟩ auf Kinästhesie beruhend, bewegungsempfindlich; ~*er Sinn* Muskelgefühl; ~*er Typ* ⟨Psych.⟩ = motorischer Typ

Ki|nem ⟨n.; -s, -e; Sprachw.⟩ **1** nonverbales Kommunikationsmittel über Gestik u. Mimik mit minimaler Ausprägung, z. B. Kopfnicken, Augenzwinkern **2** kleinste Einheit des Fingeralphabets [→ *Kinesik*]

Ki|ne|ma|thek ⟨f.; -, -en⟩ = Filmothek [<grch. *kinema* »Bewegung« + ...*thek*]

Ki|ne|ma|tik ⟨f.; -; unz.⟩ Teilgebiet der Mechanik, Untersuchung von Bewegungsvorgängen nur im Hinblick auf Zeit u. Raum; *Sy* Phoronomie [<grch. *kinema*, Gen. *kinematos* »Bewegung«]

Ki|ne|ma|ti|ker ⟨m.; -s, -⟩ Wissenschaftler auf dem Gebiet der Kinematik

Ki|ne|ma|ti|ke|rin ⟨f.; -, -rin|nen⟩ Wissenschaftlerin auf dem Gebiet der Kinematik

ki|ne|ma|tisch ⟨Adj.⟩ zur Kinematik gehörig, auf ihr beruhend

Ki|ne|ma|to|graf ⟨m.; -en, -en⟩ = Kinematograph

Ki|ne|ma|to|gra|fie ⟨f.; -; unz.⟩ = Kinematographie

ki|ne|ma|to|gra|fisch ⟨Adj.⟩ = kinematographisch

Ki|ne|ma|to|graph ⟨m.; -en, -en⟩ Apparat zur Aufnahme u. Wiedergabe von Bewegungsvorgängen in vielen Einzelbildern, die bei der Vorführung zu einer lückenlosen Bewegungsfolge verschmelzen; *oV* Kinematograf [<grch. *kinema*, Gen. *kinematos* »Bewegung« + ...*graph*]

Ki|ne|ma|to|gra|phie ⟨f.; -; unz.⟩ Filmwissenschaft u. Filmtechnik; *oV* Kinematografie

ki|ne|ma|to|gra|phisch ⟨Adj.⟩ zur Kinematographie gehörig, auf ihr beruhend, mit ihrer Hilfe; *oV* kinematografisch

Ki|ne|se ⟨f.; -, -n; Physiol.⟩ Geschwindigkeitsveränderung bei der Fortbewegung von Tieren [→ *Kinesis*]

...ki|ne|se ⟨Nachsilbe; zur Bildung weibl. Subst.⟩ ...*bewegung*; *Hypokinese* [→ *Kinesis*]

Ki|ne|sik ⟨f.; -; unz.⟩ Wissenschaft, die nicht sprachl. (mimische, gestische usw.) Verständigung erforscht [<grch. *kinesis* »Bewegung«]

Ki|ne|si|o|lo|ge ⟨m.; -n, -n⟩ Wissenschaftler auf dem Gebiet der Kinesiologie

Ki|ne|si|o|lo|gin ⟨f.; -, -gin|nen⟩ Wissenschaftlerin auf dem Gebiet der Kinesiologie

Ki|ne|si|o|lo|gie ⟨f.; -; unz.⟩ naturwissenschaftliches Forschungsgebiet, das Bewegungen, den Bewegungsapparat u. seine Steuerung untersucht, Bewegungslehre [<*Kinesis* + ...*logie*]

Ki|ne|si|o|the|ra|pie ⟨f.; -; unz.; Med.⟩ Bewegungstherapie, Krankengymnastik, Heilgymnastik [<*Kinesis* + *Therapie*]

Ki|ne|sis ⟨f.; -, -ne|sen⟩ Bewegung [grch.]

ki|ne|sisch ⟨Adj.⟩ die Kinesik betreffend, auf ihr beruhend, zu ihr gehörend

Ki|ne|tik ⟨f.; -; unz.; Physik⟩ Lehre von der Bewegung durch Kräfte [<grch. *kinetikos* »die Bewegung betreffend«; zu grch. *kinein* »bewegen«]

ki|ne|tisch ⟨Adj.; Physik⟩ zur Kinetik gehörend, auf ihr beruhend, auf Bewegung bezüglich; ~*e Energie* Bewegungsenergie

Ki|ne|to|se ⟨f.; -, -n; Med.⟩ durch Reizung des Gleichgewichtsorgans hervorgerufene Bewegungskrankheit, z. B. Seekrankheit [zu grch. *kinein* »bewegen«]

King ⟨m.; -s, -s; umg.⟩ Anführer, Befehlshaber (einer Gruppe); *er spielt sich hier auf wie ein* ~ [engl., »König«]

King|size ⟨[-saɪz] f.; -; unz.⟩ Überlänge, Übergröße (von Zigaretten) [engl., eigtl. »Königsformat«]

Ki|nin ⟨n.; -s, -e; Biochemie⟩ gefäßerweiternd (daher blutdrucksenkend) sowie auf die glatte Muskulatur von Darm, Bronchien u. Uterus kontrahierend wirkendes Peptidhormon [verkürzt <*Kinesis* + ...*in*]

Ki|no ⟨n.; -s, -s⟩ Raum od. Gebäude zur Vorführung von Filmen, Lichtspielhaus, Lichtspieltheater, Filmtheater [verkürzt <*Kinematograph*]

Ki|no|or|gel ⟨f.; -, -n⟩ kleine Orgel mit wenigen Pfeifen u. zahlreichen Registern, die auch Schlaginstrumente verwendet, urspr. zur Untermalung von Stummfilmen, Wurlitzerorgel

Ki|n|topp ⟨m. od. n.; -s, -s od. -töp|pe; berlin.⟩ Kino ⟨scherzh.⟩ Verkürzung <*Kinematograph*]

Ki|osk ⟨a. [-'-] m.; -(e)s, -e⟩ **1** = Pavillon (2) **2** Erker od. Aufbau auf dem Dach oriental. Paläste **3** frei stehendes Verkaufshäuschen od. Stand für Zeitungen, Zigaretten, Süßigkeiten u. Getränke; *Zeitungs~* [<türk. *köschk* »Gartenhäuschen«]

Kip|pa ⟨f.; -, Kip|pot⟩ kleine, eng anliegende Kopfbedeckung der

Kippah

jüdischen Männer, die als Ehrerbietung gegenüber Gott während religiöser Handlungen (bes. in der Synagoge) getragen wird; *oV* Kippah [<hebr. *kippah* »Kappe«]
Kip|pah ⟨f.; -, Kip|pot⟩ = Kippa
Kip|per¹ ⟨m.; -s, -⟩ *Sy* Kipplader **1** Lastwagen, dessen Kasten gekippt werden kann **2** Vorrichtung zum Kippen von Eisenbahngüterwagen, wobei diese auf einer Schmalseite gehoben werden
Kip|per² ⟨m.; -s, -; meist Pl.⟩ 17./18. Jh.⟩ ~ *und Wipper* Münzverschlechterer, Münzbeschneider
Kip|per³ ⟨m.; - od. -s, - od. -s⟩ frischer, auseinander geklappter Hering, der kalt geräuchert wird [engl., »Bückling, Lachs«]
Kipp|la|der ⟨m.; -s, -⟩ = Kipper¹
Kips ⟨n.; -es, -s⟩ getrocknete Haut des Zebus [<engl. *kip* »ungegerbte Haut eines jungen Tieres«]
Kir ⟨m.; -, -⟩ Getränk aus Weißwein u. etwas Johannisbeerlikör; ~ *royal* Getränk aus Sekt u. etwas Johannisbeerlikör [frz., <türk.]
Kir|man ⟨m.; -s, -s⟩ wertvoller pers. Knüpfteppich mit mannigfaltigen Mustern (Blumen, Ranken, Tieren, Medaillons), auch als Gebetsteppich mit kunstvoller Nische; *oV* Kerman [nach der pers. Stadt *Kirman*]
Kis|met ⟨n.; -s; unz.; Islam⟩ das unabwendbare Schicksal [<türk. *qizmet* <arab. *qismat* »Anteil, das dem Menschen von Allah zugeteilte Los«]
Kit ⟨m. od. n.; -s, -s⟩ **1** in der Regel aus Plastik bestehender (Modell-)Bausatz **2** ein Satz zueinander gehöriger Einzelteile od. Dinge, Set [<engl. *kit* »Werkzeugsatz, Baukasten, Bastelsatz«]
Kit|che|nette ⟨[kɪtʃinɛt] f.; -, -s⟩ sehr kleine Küche, Kochnische; *ein Zimmer mit* ~ [engl., Verkleinerungsform zu *kitchen* »Küche«]
Kite|sur|fen ⟨[kaɪtsœːfn] n.; - od. -s; unz.; Sport⟩ Gleiten bzw. Surfen mithilfe eines Drachens (Gleitsegels) auf dem Wasser od. am Strand [<engl. *kite* »Drachen« + *surfen*]

Ki|tha|ra ⟨f.; -, -s od. -tha|ren; Musik⟩ 7- bis 18-saitiges altgriechisches Zupfinstrument [<grch. *kithara*; verwandt mit Zither, Gitarre]
Ki|thar|ö|de *auch:* **Ki|tha|rö|de** ⟨m.; -n, -n; Musik⟩ altgrch. Spieler der Kithara u. Sänger [<grch. *kithara* »Saiteninstrument« + *aoidos* »Sänger«]
Kitsch ⟨m.; -(e)s; unz.⟩ (auf Breitenwirkung zielende) süßlichsentimentale Scheinkunst; *das Bild, das Buch ist großer* ~ [Herkunft nicht geklärt; Deutungen: 1. <engl. *sketch* »Skizze«; 2. zu mundartl. *kitschen* »streichen, schmieren, zusammenscharren«]
Ki|va ⟨[-va] f.; -, -s⟩ meist runde, zum Teil vertiefte Kultstätte, rituelles Zentrum des Indianerdorfes im Südwesten der USA [engl. <Hopi (nordamerikan. Indianerspr.)]
Ki|wi¹ ⟨m.; -s, -s; Zool.⟩ hühnergroßer, flugunfähiger Flachbrustvogel mit unscheinbarem Gefieder aus Neuseeland: Apteryx australis [Maori]
Ki|wi² ⟨f.; -, -s; Bot.⟩ bräunlich behaarte Frucht mit grünem, säuerlichem Fruchtfleisch u. kleinen, dunklen Kernen [vermutl. aufgrund ähnlicher Form u. Farbe nach dem gleichnamigen Vogel benannt]
kJ ⟨Abk. für⟩ Kilojoule
Kjök|ken|möd|din|ger ⟨Pl.⟩ = Kökkenmöddinger
kl ⟨Abk. für⟩ Kiloliter
Kla|do|ze|re ⟨f.; -, -n; Zool.⟩ Wasserflöh [<grch. *klados* »Zweig« + *keras* »Horn«]
Kla|mot|te ⟨f.; -, -n⟩ **1** Ziegelsteinstückchen, Stück eines zertrümmerten Bausteins **2** ⟨Pl.; fig.⟩ ~*n* Kleider, Hausrat, Siebensachen; *alte* ~*n altes Zeug, alter Kram* [<rotw. Vermischung mehrerer Wörter: 1. tschech. *klamol* »Bruchstück«; 2. *Schamott*; 3. rotw. *Klabot* (ältere Form von *Kluft*); 4. jidd. *k'le umonos* »Handwerksgerät«]
Klan ⟨m.; -s, -s⟩ = Clan
klan|des|tin ⟨Adj.⟩ heimlich; ~*e Ehe* nicht in der Kirche geschlossene u. daher früher nicht gültige Ehe [<lat. *clandestinus* »heimlich«]

Kla|rett ⟨m.; -s, -e od. -s⟩ durch Aufguss von Gewürzen bereiteter u. mit Zucker gesüßter Wein zur Sektherstellung; *oV* Clairet [<engl. *claret* »Rotwein« < frz. *clairet* »Bleicher (heller Rotwein)«; zu *clair* »hell«]
kla|rie|ren ⟨V.⟩ *ein Schiff* ~ seine Ladung verzollen u. es dadurch zum Ein- od. Ausfahren freimachen [<lat. *clarare* »klar, deutlich, verständlich machen«; zu *clarus* »hell, klar, deutlich«]
Kla|rie|rung ⟨f.; -, -en⟩ das Klarieren (durch den Schiffsmakler, Kapitän od. Empfänger der Fracht)
Kla|ri|nette ⟨f.; -n, -n; Musik⟩ Holzblasinstrument mit einfachem Rohrblatt am schnabelförmigen Mundstück [<ital. *clarinetto*, Verkleinerungsform zu *clarino* »hohe Solotrompete«]
Kla|ri|net|tist ⟨m.; -en, -en; Musik⟩ Mann, der die Klarinette spielt
Kla|ri|net|tis|tin ⟨f.; -, -tin|nen; Musik⟩ Frau, die Klarinette spielt
Kla|ris|se ⟨f.; -, -n⟩ = Klarissin
Kla|ris|sin ⟨f.; -, -sin|nen⟩ Angehörige des von Franz von Assisi 1212 gegründeten Nonnenordens; *oV* Klarisse [nach der hl. *Clara*, 1194-1253]
Klas|se ⟨f.; -, -n⟩ **1** (a. Logik) Gruppe von Lebewesen, Dingen, Begriffen mit gleichen Merkmalen; *Lebewesen, Dinge in* ~*n einteilen; Begriffs*~; *Alters*~; *Rang*~ **2** Gruppe von Dingen od. Leistungen mit demselben Wert; *Güte*~; *Handels*~; *Abteil, Fahrkarte erster, zweiter* ~; *ein Lokal dritter* ~ **3** einzelne Ziehung einer Klassenlotterie **4** Gewinne desselben Wertes; *Gewinn*~ **5** (Biol.) mehrere Ordnungen umfassende obligatorische Kategorie in der biolog. Systematik; *die* ~ *der Säugetiere* **6** durch gemeinsame wirtschaftl. Interessen gekennzeichnete Gruppe von Menschen; *die oberen, unteren, besitzenden, besitzlosen* ~*n*; *Arbeiter*~; *Gesellschafts*~ **7** Gruppe etwa gleichaltriger Kinder, die gemeinsam unterrichtet

werden; *Schul~; in unserer ~ sind 25 Schüler; eine gute, schlechte ~; unsere ~ fährt ins Gebirge; in die dritte ~ gehen* **8** Raum, in dem eine Schulklasse unterrichtet wird, Klassenzimmer, Schulzimmer **9** Leistungsfähigkeit; *eine Künstlerin erster, zweiter, dritter ~; das ist ~! großartig, ganz hervorragend* [<lat. *classis* »Aufgebot; Schülerabteilung«]

Klas|sem ⟨n.; -s, -e; Sprachw.⟩ Klassen bildendes semant. Merkmal, z. B. »Tier« (für Hund, Pferd, Katze usw.) [<*Klasse* + ...*em*]

Klas|se|ment ⟨[klas(ə)mã:] od. schweiz. [-mɛnt] n.; -s, -s⟩ **1** Einteilung, Einreihung **2** Ordnung **3** ⟨Sport⟩ Rangliste, Tabelle [<frz. *classement* »Einteilung nach Klassen«]

klas|sie|ren ⟨V.⟩ **1** = klassifizieren **2** *Fördergut ~ F.* bei der Aufbereitung entsprechend dem Korndurchmesser in Größenklassen einteilen

Klas|si|fi|ka|ti|on ⟨f.; -, -en⟩ = Klassifizierung

Klas|si|fi|ka|tor ⟨m.; -s, -to̩ren⟩ Bearbeiter eines Sachkatalogs

klas|si|fi|ka|to|risch ⟨Adj.⟩ in der Art einer Klassifikation, sie betreffend

klas|si|fi|zie|ren ⟨V.⟩ nach Klassen einteilen, gliedern, ordnen; *oV* klassieren (1) [<*Klasse* + ...*fizieren*]

Klas|si|fi|zie|rung ⟨f.; -, -en⟩ das Klassifizieren; *Sy* Klassifikation

Klas|sik ⟨f.; -; unz.⟩ **1** (i. w. S.) Zeitabschnitt (bes. künstlerisch) bedeutender Leistungen eines Volkes **2** (i. e. S.) Blütezeit der altgrch. u. altröm. Kultur **3** deutsche literarärische Bewegung von etwa 1786 (Goethes italien. Reise) bis 1805 (Schillers Tod), die durch harmon. Ausgewogenheit, Maß u. Reife sowie durch die Orientierung an der Antike gekennzeichnet ist **4** ⟨Musik⟩ Zeitabschnitt von etwa 1770 bis 1825 mit dem von Haydn, Mozart u. Beethoven geschaffenen einfachen, natürl. Stil, der die Sonatenform bevorzugte u. zur Vollendung führte; *Wiener ~* [→ *klassisch*]

Klas|si|ker ⟨m.; -s, -⟩ **1** Vertreter der Klassik **2** Künstler od. Wissenschaftler, dessen Werke über seine Zeit hinaus als mustergültig anerkannt worden sind **3** ⟨Pl.⟩ die Werke selbst [<lat. *scriptor classicus* »Schriftsteller ersten Ranges«]

klas|sisch ⟨Adj.⟩ **1** die Klassik betreffend, zu ihr gehörig, aus ihr stammend; *das ~e Altertum* = Klassik (2); *~e Philologie* Wissenschaft von den Sprachen des klass. Altertums (Altgriechisch, Latein), Altphilologie; *die ~en Sprachen* Altgriechisch u. Latein **2** in der Art der Klassik, nach dem Vorbild der K. strebend **3** mustergültig, vorbildlich ausgewogen, ausgereift, maßvoll; *ein ~es Beispiel; ~er Beweis; ein Werk von ~er Schönheit* **4** ⟨umg.⟩ komisch, drollig; *das ist ja ~!* [<lat. *classicus* u. frz. *classique* »mustergültig, erstrangig«; → *Klassiker*]

Klas|si|zis|mus ⟨m.; -; unz.⟩; Bez. für zwei europäische Kunstrichtungen, im 16./17. Jh. in der Baukunst, von Palladio ausgehend, u. 1770-1830 in Baukunst, Plastik, Malerei u. Kunstgewerbe (Neu- od. Neoklassizismus), die sich die klaren, strengen Formen des klass. Altertums zum Vorbild nahmen

klas|si|zis|tisch ⟨Adj.⟩ zum Klassizismus gehörig, aus ihm stammend

Klas|si|zi|tät ⟨f.; -; unz.⟩ Formvollendung, Mustergültigkeit im Sinne des klassischen Altertums

klas|tisch ⟨Adj.; Geol.⟩ aus zerbrochenen Mineralen bestehend; *~es Gestein* Trümmergesteine [zu grch. *klan* »zerbrechen«]

Klau|se ⟨f.; -, -n⟩ **1** Zelle, Einsiedelei; *Einsiedler~* **2** Talenge, Engpass, Schlucht **3** einsamiges Teilfrüchtchen der Röhrenblütler (Tubiflorae) **4** ⟨fig.⟩ Zimmer, Heim, kleine Wohnung [<ahd. *klusa* »Kloster, Einsiedelei« <mlat. *clusus* (für lat. *clausus* »geschlossen«, Part. Perf. zu *claudere* »schließen«) »eingehegtes Grundstück, Kloster«; verwandt mit *Kloster, Klausur, Klausel*]

Klau|sel ⟨f.; -, -n⟩ **1** ⟨bei Verträgen⟩ Vorbehalt, beschränkende od. erweiternde Nebenbestimmung **2** ⟨Antike; Rhetorik⟩ rhythmisierter Schluss eines Satzes od. Satzabschnittes **3** ⟨MA; Musik⟩ Schlussformel einer Melodie od. eines Melodieabschnitts [<mhd. *clausel*, neben *klausul* <lat. *clausula* »Schluss(satz)«]

Klaus|tra|ti|on *auch:* **Klaust|ra|ti|on** ⟨f.; -, -en; Psych.⟩ = Klaustrophilie

Klaus|tro|phi|lie *auch:* **Klaust|ro|phi|lie** ⟨f.; -, -n; Psych.⟩ *Sy* Klaustration **1** Vorliebe für den Aufenthalt in geschlossenen Räumen **2** Neigung, Liebe zur Einsamkeit [<lat. *claustrum* »abgeschlossener Ort« + ...*philie*]

klaus|tro|phob *auch:* **klaust|ro|phob** ⟨Adj.; Psych.⟩ die Klaustrophobie betreffend, auf ihr beruhend

Klaus|tro|pho|bie *auch:* **Klaust|ro|pho|bie** ⟨f.; -, -n; Psych.⟩ Furcht vor dem Aufenthalt in geschlossenen Räumen [<lat. *claustrum* »abgeschlossener Ort« + *Phobie*]

klau|su|lie|ren ⟨V.⟩ in Klauseln fassen, bringen, durch Klauseln einschränken

Klau|sur ⟨f.; -, -en⟩ **1** ⟨unz.⟩ **1.1** Abgeschlossenheit, Einsamkeit **1.2** Verbot für Fremde, die privaten Räume eines Klosters zu betreten **1.3** Verbot für Ordensangehörige, bestimmte Räume ohne Erlaubnis zu verlassen; *jmdm. ~ auferlegen; er lebt in strenger ~* **2** ⟨zählb.⟩ **2.1** die Räume, deren Betreten Fremden verboten ist **2.2** in einem Raum allein od. zu mehreren unter Aufsicht angefertigte Prüfungsarbeit [<lat. *clausura* »Verschluss, Einschließung«; zu *claudere* »schließen«]

Klau|sur|ta|gung ⟨f.; -, -en; bes. Politik⟩ Tagung, die nicht öffentlich ist

Kla|vi|a|tur ⟨[-vi-] f.; -, -en; Musik; bei Tasteninstrumenten⟩ Gesamtheit der Tasten [→ *Klavier*]

Kla|vi|chord ⟨[-vikɔrd] n.; -(e)s, -e; Musik⟩ kleines Tasteninstrument, bei dem die waa-

Klavier

gerecht u. rechtwinklig zur Tastatur liegenden Saiten durch Metallplättchen zart angeschlagen werden, Vorläufer des Klaviers [<mlat. *clavis* »Taste« + grch. *chorde* »Saite«]

Kla|vier ⟨[-ˈviːr] n.; -s, -e; Musik⟩ Tasteninstrument, bei dem die Saiten durch Filzhämmerchen angeschlagen werden; ~ *spielen; jmdn. (zu seinem Gesang, Geigenspiel o. Ä.) auf dem* ~ *begleiten* [<frz. *clavier* »Tastenreihe«, <lat. *clavis* »Schlüssel«, mlat. »Schlüssel zum Ventil der Orgelpfeife, -Taste«]

kla|vie|ris|tisch ⟨[-vi-] Adj.; Musik⟩ im Hinblick auf das Klavierspiel, es betreffend

Kla|vier|quar|tett ⟨[-ˈviːr-] n.; -(e)s, -e; Musik⟩ **1** Komposition für Klavier u. drei Streichinstrumente, bes. Violine, Bratsche, Cello **2** die Spieler selbst

Kla|vier|quin|tett ⟨[-ˈviːr-] n.; -(e)s, -e; Musik⟩ **1** Komposition für Klavier u. vier Streichinstrumente, bes. zwei Violinen, Bratsche u. Cello **2** die Spieler selbst

Kla|vier|trio ⟨[-ˈviːr-] n.; -s, -s; Musik⟩ **1** Komposition für Klavier u. zwei Streichinstrumente, bes. Violine u. Cello **2** die Spieler selbst

Kla|vi|kel ⟨[-ˈviː-] n.; -s, -; Anat.⟩ = Clavicula

Kla|vi|ku|la ⟨[-ˈviː-] f.; -, -lä; Anat.⟩ = Clavicula

kla|vi|ku|lar ⟨[-vi-] Adj.; Anat.⟩ zum Klavikel, zur Klavikula gehörend

Kla|vi|zim|bel ⟨[-vi-] n.; -s, -n; Musik⟩ = Cembalo; *Sy* Harpsichord [<mlat. *clavis* »Taste« + *Zimbel*]

Kla|vus ⟨[-vus] m.; -, Kla|vi [-vi]⟩ = Clavus

Kleenex® (*Schreibung von Markenzeichen*) Die Schreibung von Markennamen, Markenzeichen und ähnlichen Produktbezeichnungen richtet sich, ähnlich wie die Schreibung von Eigennamen, nach den Vorgaben des Namensgebers.

Klee|nex® ⟨[ˈkliːnɛks] n.; -, -⟩ in einem Pappbehälter verwahr-

tes, sehr dünnes Papiertaschentuch

Klein|kli|ma ⟨n.; -s, -ma|ta od. -ma|te⟩ = Mikroklima

kleis|to|gam ⟨Adj.; Bot.⟩ auf Kleistogamie beruhend, durch sie gekennzeichnet; *Ggs* chasmogam

Kleis|to|ga|mie ⟨f.; -; unz.; Bot.⟩ Befruchtung mancher zweigeschlechtiger Pflanzen vor Öffnung der Blüte; *Ggs* Chasmogamie [<grch. *kleistos* »geschlossen« + *gamein* »heiraten«]

Kle|ma|tis ⟨a. [-ˈ---] f.; -, -; Bot.⟩ Waldrebe, Gattung der Hahnenfußgewächse, Kletterpflanze mit duftenden Blüten: Clematis [grch., »biegsame Ranke«]

Kle|men|ti|ne ⟨f.; -, -n; Bot.⟩ kernlose Mandarinensorte; *oV* Clementine [nach dem frz. Züchter *Clément*]

Klep|hi|te ⟨m.; -n, -n⟩ grch. Freischärler im Kampf gegen die türk. Herrschaft [neugrch., <altgrch. *kleptes* »Dieb, Spitzbube«]

Klep|sy|dra *auch:* **Klep|sy|dra** ⟨f.; -, -dren⟩ älteste Art von Uhren: entweder ein Gefäß, aus dem Wasser tropfenweise ausfließt u. dadurch den Wasserspiegel in einem zweiten, mit einer Stundenskala versehenen Gefäß hebt, od. Gefäß mit feiner Öffnung, das sich, auf Wasser gesetzt, langsam füllt, Wasseruhr; *Sy* Hydrologium [<grch. *kleptein* »stehlen, etwas heimlich tun« + *hydor* »Wasser«]

Klep|to|krat ⟨m.; -en, -en; umg.; salopp⟩ jmd., der sich aufgrund seiner gesellschaftlichen Privilegien auf unsoziale Art u. Weise bereichert [verkürzt <*Klepto*mane + Aristo*krat*]

Klep|to|ma|ne ⟨m.; -n, -n; Psych.⟩ jmd., der an Kleptomanie leidet

Klep|to|ma|nie ⟨f.; -; unz.; Psych.⟩ krankhafter Trieb zum Stehlen [<grch. *kleptein* »stehlen« + *Manie*]

Klep|to|ma|nin ⟨f.; -, -nin|nen; Psych.⟩ weibl. Person, die an Kleptomanie leidet

klep|to|ma|nisch ⟨Adj.; Psych.⟩ **1** an Kleptomanie leidend **2** die

Kleptomanie betreffend, auf ihr beruhend; ~*es Verhalten*

Klep|to|pho|bie ⟨f.; -, -n; Psych.⟩ krankhafte Furcht, bestohlen zu werden od. selbst zu stehlen [<grch. *kleptein* »stehlen« + *Phobie*]

kle|ri|kal ⟨Adj.⟩ kirchlich, auf kirchl. Grundlage beruhend, die Kirche, die Geistlichen betreffend; *Ggs* laikal [<kirchenlat. *clericalis*; → *Klerus*]

Kle|ri|ka|le(r) ⟨f. 2 (m. 2)⟩ Anhänger(in) der katholischen Geistlichkeit [→ *klerikal*]

Kle|ri|ka|lis|mus ⟨m.; -; unz.⟩ Bestreben der (kath.) Kirche, sich weit gehenden Einfluss auf das staatliche u. öffentliche Leben zu verschaffen [<kirchenlat. *clericus* »kath. Geistlicher«; → *Klerus*]

kle|ri|ka|lis|tisch ⟨Adj.; abwertend⟩ einen extremen klerikalen Standpunkt beziehend u. vertretend

Kle|ri|ker ⟨m.; -s, -⟩ Angehöriger des Klerus

Kle|ri|sei ⟨f.; -; unz.; veraltet; oft abwertend⟩ geistlicher Stand, Klerus [<kirchenlat. *clericia* »Geistlichkeit«]

Kle|rus ⟨m.; -; unz.⟩ die Gesamtheit der (katholischen) Geistlichen [<kirchenlat. *clerus*, eigtl. »auserwählter Stand« <grch. *kleros* »Los, Anteil«]

Klez|mer¹ ⟨[klɛs-] f. od. m.; -; unz.; Musik⟩ traditionelle jüdische Instrumentalmusik (bes. Klarinettenmusik) aus Osteuropa [<jidd. *klesmer, klesmorin* »Musikant«]

Klez|mer² ⟨[klɛs-] m.; -s, -; Musik⟩ Musiker, der Klezmer¹ spielt

Kli|ent ⟨m.; -en, -en⟩ **1** jmd., der Beratung sucht **2** Auftraggeber, Kunde, z. B. eines Anwalts [<lat. *cliens*, Gen. *clientis* »der Hörige; der Schutzbefohlene eines Patrons«]

Kli|en|tel ⟨f.; -, -en⟩ Gesamtheit der Klienten eines Arztes od. Rechtsanwalts [<lat. *clientela* »das zwischen einem Klienten u. seinem Patron bestehende Verhältnis der Schutzgenossenschaft«; → *Klient*]

Kli|en|tin ⟨f.; -, -tin|nen⟩ **1** weibl. Person, die Beratung sucht

Klister

2 Auftraggeberin, Kundin, z. B. eines Anwalts

Kli|ma ⟨n.; -s, -ma|ta od. -ma|te; Meteor.⟩ **1** die für ein bestimmtes Gebiet charakterist. durchschnittl. Wetterlage; *feuchtes, heißes, kaltes, mildes, raues, trockenes, tropisches ~; maritimes, ozeanisches ~; Meeres~* **2** ⟨fig.⟩ Atmosphäre; *Betriebs~* [<lat. *clima* <grch. *klima* »Neigung (der Erde vom Äquator gegen die Pole«]

Kli|ma|an|la|ge ⟨f.; -, -n⟩ Einrichtung zur Regulierung von Temperatur u. Luftfeuchtigkeit in geschlossenen Räumen

Kli|ma|fak|tor ⟨m.; -s, -en⟩ zusammen mit den Klimaelementen das Klima einer Region bestimmende geographische Beschaffenheit eines Raumes, z. B. die Art der Vegetation

Kli|ma|geo|gra|fie ⟨f.; -; unz.⟩ = Klimageographie

Kli|ma|geo|gra|phie ⟨f.; -; unz.⟩ Teilgebiet der Geographie, das sich mit der gegenseitigen Abhängigkeit u. Beeinflussung von Erdoberfläche u. Klima befasst u. danach eine Unterteilung verschiedener Klimazonen vornimmt; *oV* Klimageografie

Kli|ma|geo|mor|pho|lo|gie ⟨f.; -; unz.⟩ Teilgebiet der Geomorphologie, das sich mit der Abhängigkeit der Formen bildenden Prozesse u. damit der Formenschatzes von den klimatischen Gegebenheiten befasst

kli|mak|te|risch ⟨Adj.; Med.⟩ zum Klimakterium gehörig, mit dem Klimakterium einhergehend; *~e Erscheinungen*

Kli|mak|te|ri|um ⟨n.; -s, -ri|en; Med.⟩ bei Frauen der Zeitraum, in dem die Tätigkeit der Keimdrüsen u. die Menstruation allmähl. aufhören, meist zwischen dem 45. u. 55. Lebensjahr, Wechseljahre; *Sy* Klimax (3) [<lat. *climacterium* <grch. *klimakter* »Stufenleiter«; zu *klimax* »Treppe, Leiter«]

Kli|ma|the|ra|pie ⟨f.; -, -n; Med.⟩ Kurbehandlung, bei der klimat. Wirkungsfaktoren für die Behandlung von Krankheiten eingesetzt werden; *Sy* Klimatotherapie

kli|ma|tisch ⟨Adj.⟩ das Klima betreffend, auf dem Klima beruhend

kli|ma|ti|sie|ren ⟨V.⟩ *einen Raum ~* die Luft eines Raumes bezügl. Feuchtigkeit u. Temperatur regulieren

Kli|ma|to|lo|ge ⟨m.; -n, -n⟩ Wissenschaftler, Forscher auf dem Gebiet der Klimatologie

Kli|ma|to|lo|gie ⟨f.; -; unz.⟩ Lehre vom Klima, von den Witterungsvorgängen (in großen Gebieten) [<grch. + *...logie*]

Kli|ma|to|lo|gin ⟨f.; -, -gin|nen⟩ Wissenschaftlerin, Forscherin auf dem Gebiet der Klimatologie

kli|ma|to|lo|gisch ⟨Adj.⟩ zur Klimatologie gehörig, auf ihr beruhend

Kli|ma|to|the|ra|pie ⟨f.; -, -n⟩ = Klimatherapie

Kli|max ⟨f.; -, -e⟩ **1** ⟨Lit.⟩ Stilmittel der Steigerung, Höhepunkt; *Ggs* Antiklimax **2** ⟨Bot.⟩ das Endstadium einer durch Boden- u. Klimaverhältnisse bedingten Entwicklung der Pflanzenwelt **3** ⟨Med.⟩ = Klimakterium [grch., »Treppe, Leiter«]

Kli|nik ⟨f.; -, -en; Med.⟩ **1** Anstalt zur Behandlung bettlägriger Patienten, Krankenhaus; *Frauen~; Kinder~; Poli~* **2** ⟨unz.⟩ Unterricht (der Medizinstudenten) am Kranken(bett) [<grch. *klinike (techne)* »Heilkunde«; zu *kline* »Lager, Bett«]

Kli|nik|card ⟨[-ka:d] f.; -, -s; Med.⟩ von Krankenversicherungen ausgestellter Ausweis für die bei ihnen versicherten Patienten [<*Klinik* + engl. *card* »Karte«]

Kli|ni|ker ⟨m.; -s, -; Med.⟩ **1** in der Klinik tätiger Arzt **2** in der klinischen Ausbildung stehender Student (nach dem Physikum)

Kli|ni|kum ⟨n.; -s, -ni|ka od. -niken; Med.⟩ zweiter Teil der medizin. Ausbildung im Krankenhaus

kli|nisch ⟨Adj.; Med.⟩ in der Klinik (stattfindend), die Klinik betreffend; *~e Behandlung*

Klin|ker ⟨m.; -s, -⟩ harter, scharf gebrannter Ziegel [<ndrl. *klinker(t)* »hart gebrannter Ziegelstein«; zu *klinken* »klingen«]

Klin|ker|bau ⟨m.; -(e)s, -ten⟩ **1** Bau (Gebäude) aus Klinkern **2** ⟨unz.; Bootsbau⟩ Bauweise für Holzboote, wobei die Außenplanken dachziegelartig übereinander liegen; *Ggs* Kraweelbau

Kli|no|graf ⟨m.; -en, -en⟩ = Klinograph

Kli|no|graph ⟨m.; -en, -en⟩ Messinstrument der Geodäsie zum Bestimmen der Neigung von Erdschichten; *oV* Klinograf [<grch. *klinein* »neigen« + *...graph*]

Kli|no|me|ter ⟨n.; -s, -⟩ Vorrichtung zum Messen einer Neigung gegen die Horizontale [<grch. *klinein* »beugen, neigen« + *...meter*]

Kli|no|mo|bil ⟨n.; -s, -e⟩ Automobil mit klinischer Ausrüstung [verkürzt <*Klinik* + Auto*mobil*]

Kli|no|stat *auch:* **Kli|nos|tat** ⟨m.; -(e)s od. -en, -e od. -en⟩ Vorrichtung zum Untersuchen der Wirkung des Geotropismus [<grch. *klinein* »beugen, neigen« + *...stat*]

Klipp ⟨m.; -s, -s⟩ **1** federnde Klemme, z. B. am Füllfederhalter od. zum Feststecken der Krawatte **2** Ohrschmuck, der mit einer federnden Klemme befestigt wird; *oV* Clip **3** Klammer; →*a.* Klips [<engl. *clip* »Klammer«]

Klip|per ⟨m.; -s, -; 19. Jh.⟩ schnelles Segelschiff (bes. für Ostasien) [<engl. *clipper* »Schnellsegler«]

Klips ⟨m.; -es, -e⟩ breite, federnde Klemme zum Einlegen von Haaren; →*a.* Klipp (3)

Kli|schee ⟨n.; -s, -s⟩ **1** ⟨Typ.⟩ Druckstock, Druckplatte für Hochdruck, Ätzung; →*a.* Chemigraph **2** Abdruck, genaues Abbild **3** ⟨fig.⟩ stark vereinfachte od. überkommene Vorstellung; *oV* Cliché [<frz. *cliché*]

kli|schie|ren ⟨V.⟩ **1** *eine Druckvorlage ~* auf die Druckplatte übertragen u. ätzen **2** ⟨fig.⟩ *etwas ~* ohne Talent nachahmen [<frz. *clicher*]

Klis|ter ⟨m.; -s; unz.; Kunstwort⟩ weiches Skiwachs, das bes. für das Fahren in Firnschnee geeignet ist; *Sy* Klisterwachs

Klis|ter|wachs ⟨[-waks] m.; -es, -e⟩ = Klister

Klis|tier ⟨n.; -s, -e; Med.⟩ Einbringen einer kleinen Flüssigkeitsmenge (im Unterschied zum Einlauf) durch den After in den Darm (bei Verstopfung usw.) [<mhd. *klister*, *klistier* <lat. *clysterium*, grch. *klystērion*; zu grch. *klýzein* »spülen, reinigen«]

klis|tie|ren ⟨V.; Med.⟩ jmdn. ~ jmdm. ein Klistier geben

kli|to|ral ⟨Adj.; Anat.⟩ die Klitoris betreffend, zu ihr gehörig

Kli|to|ris ⟨f.; -, -od. -to|ri|des; Anat.⟩ aufrichtbarer, dem Penis entsprechender Teil der weibl. Geschlechtsorgane am oberen Zusammenstoß der kleinen Schamlippen, Kitzler: Clitoris [<grch. *kleitorís*]

Klit|sche ⟨f.; -, -n; umg.; abwertend⟩ **1** kleines, nicht sehr ertragreiches Landgut **2** kleine Fabrik, kleiner Betrieb [<poln. *klić* »Lehmhütte«]

Kli|vie ⟨[-vjə] f.; -, -n; Bot.⟩ = Clivia

Klo|ake ⟨f.; -, -n⟩ **1** Schleuse, Abwasserkanal **2** ⟨Zool.⟩ gemeinsamer Ausgang von Darm, Harnblase u. Geschlechtsorganen bei manchen Tieren [<lat. *cloaca* »unterirdischer Abzugskanal«]

Klo|a|ken|tier ⟨n.; -(e)s, -e; Zool.⟩ **1** mit einer Kloake ausgestattetes, Eier legendes Säugetier Australiens u. der eng benachbarten Inselwelt: Monotremata **2** ⟨allg.; Pl.⟩ ~e Ordnung urtümlicher Säugetiere, die keine lebenden Jungen gebären, sondern Eier legen u. diese ausbrüten, z. B. Schnabeltier u. Ameisenigel

Klo|bas|se ⟨f.; -, -n; österr.⟩ grobe, gewürzte Wurst, die meist heiß gegessen wird; oV Klobassi [<slowen. *klobása* »Wurst«]

Klo|bas|si ⟨f.; -, -bas|sen; österr.⟩ = Klobasse

Klon ⟨m.; -s, -e; Genetik⟩ aus ungeschlechtlicher Fortpflanzung (Genmanipulation) hervorgegangene identische Nachkommenschaft eines Individuums; oV Clon, Clonus; ~e generieren, erzeugen [<grch. *klōn* »Zweig, Reis, Schössling«]

klo|nal ⟨Adj.⟩ einen Klon, das Klonen betreffend

klo|nen ⟨V.; Genetik⟩ sich ungeschlechtlich fortpflanzen, (durch Genmanipulation) künstlich erzeugen; oV clonen; Sy klonieren; *genetisch identische Lebewesen ~* [→ Klon]

klo|nie|ren ⟨V.; Genetik⟩ = klonen

Klo|ning ⟨n.; -s, -s; Genetik⟩ Vorgang das Klonens; oV Cloning

klo|nisch ⟨Adj.; Med.⟩ krampfhaft zuckend [<grch. *klónos* »Krampf«]

Klo|nus ⟨m.; -, -ni; Med.⟩ Zittern infolge erhöhter Muskelspannung [<grch. *klónos* »Krampf«]

Klo|sett ⟨n.; -s, -s od. -e⟩ Abort, Toilette (bes. mit Wasserspülung) [verkürzt <engl. *water-closet* »abgeschlossener Raum mit Wasserspülung«]

Klo|tho|i|de ⟨f.; -, -n; Math.⟩ mathemat. Kurve, eine Spirale mit immer kleiner werdendem Krümmungsradius, als Trassierungselement im Straßenbau für den Übergang von einer Geraden in eine Kurve verwendet [<grch. *klōthein* »spinnen« + *eidos* »Form, Gestalt«]

Klub ⟨m.; -s, -s⟩ oV Club **1** geschlossene Vereinigung von Personen zur Pflege bestimmter Interessen; Kegel~ **2** deren Raum od. Gebäude [<engl. *club* »Klub«, eigtl. »Keule« (nach dem alten Brauch, Einladungen zu Zusammenkünften durch das Herumsenden eines Kerbstockes, eines Brettes od. einer Keule zu übermitteln)]

Klub|gar|ni|tur ⟨f.; -, -en⟩ mehrere zusammengehörige Polstersessel mit Couch

Kluft ⟨f.; -, -en; umg.⟩ Uniform, Dienstkleidung, Anzug [rotw. <neuhebr. *qilluph* »Schale«]

Klus ⟨f.; -, -en; schweiz.⟩ Engpass, Talenge [<mlat. *clusa* »umschlossener Raum«]

Klu|sil ⟨m.; -s, -e; Phon.⟩ = Explosivlaut

Klü|ver ⟨m.; -s, -⟩ dreieckiges Segel am Bugspriet [<ndrl. *kluver* (heute *kluiver*) <*kluif* »Klaue«, auch Bez. des Leitrings, an dem das Segel fährt]

Klys|ma ⟨n.; -s, Klys|men; Med.⟩ **1** Ausspülung **2** Klistier, Einlauf [<grch. *klýsma* »Einspritzung, Spülung«; zu *klýzein* »spülen«]

Klys|tron auch: **Klyst|ron** ⟨n.; -s, -tro|ne; El.⟩ Elektronenröhre zur Erzeugung starker kurzwelliger elektromagnet. Strahlung [<grch. *klýzein* »überfluten, (an)branden, wogen« + ...*tron* (Endung zur Bez. eines Gerätes)]

km ⟨Abk. für⟩ Kilometer

km/h ⟨Zeichen für⟩ Kilometer pro Stunde [<engl. *kilometer per hour*]

Knast ⟨m.; -(e)s, -e od. Knäs|te; Pl. selten; umg.⟩ **1** Freiheitsstrafe **2** Gefängnis [Gaunerspr. <jidd. *knas* »Geldstrafe«]

Knas|ter ⟨m.; -s, -⟩ **1** ⟨urspr.⟩ edler Tabak **2** ⟨heute; umg.⟩ schlechter, übel riechender Tabak [verkürzt <*K(a)nastertobak* <span. *canastro* »Rohrkorb« (in solchen Körben wurden edle Tabaksorten versandt) <grch. *kánastron* »Körbchen«; zu *kánna* »Rohr«]

Knaus-Ogi|no-Me|tho|de ⟨f.; -; unz.; Med.⟩ empfängnisverhütende, auf Temperaturmessungen beruhende Methode zur Bestimmung der fruchtbaren u. unfruchtbaren Tage der Frau [nach dem österr. Gynäkologen H. *Knaus*, 1892-1970, u. dem jap. Gynäkologen K. *Ogino*, 1882-1975]

Knes|set ⟨f.; -; unz.; Politik⟩ das Parlament des Staates Israel; oV Knesseth [hebr., »Versammlung«]

Knes|seth ⟨f.; -; unz.; Politik⟩ = Knesset

Kni|cker|bo|ckers ⟨a. [nɪkə(r)-] Pl.⟩ weite Hose mit Überfall, deren Beine unter den Knien mit Schnallen geschlossen werden [<engl. *knickerbockers*; nach einem von W. Irving in seinem Roman »History of New York« (1809) erfundenen Ureinwohner D. *Knickerbocker*; er galt als typ. Vertreter der aus Holland stammenden ersten Siedler von New York, die in einer bebilderten Ausgabe mit den weiten Kniehosen ihrer Heimat dargestellt waren]

Knight ⟨[naɪt] m.; -s, -s; im Vereinigten Königreich⟩ unterstes, nicht erbliches Adelsprädikat, welches vom jeweiligen Monarchen als Auszeichnung für besondere Verdienste um die Nation verliehen wird [engl., »Ritter«]

knock-down *auch:* **knock|down** ⟨[nɔkdaʊn] Adj.; Sport; Boxen⟩ niedergeschlagen, aber nicht kampfunfähig; →*a.* knockout [<engl. *knocked down* »niedergeschlagen« (in Anlehnung an das Substantiv gebildet)]

Knock-down *auch:* **Knock|down** ⟨[nɔkdaʊn] m.; -s, -s; Sport; Boxen⟩ Niederschlag [→ *knockdown*]

knock-out *auch:* **knock|out** ⟨[nɔkaʊt] Adj.; Abk.: k. o.; Sport; Boxen⟩ niedergeschlagen, kampfunfähig; *den Gegner ~ schlagen* [<engl. *knocked out* »entscheidend besiegt, herausgeschlagen« (in Anlehnung an das Substantiv gebildet)]

Knock-out / Knockout (*Schreibung mit Bindestrich*) Abweichend von der generellen Regelung, nach der auch fremdsprachliche Komposita zusammengeschrieben werden, sind Aneinanderreihungen, die als substantivischer Infinitiv gebraucht werden, in der Regel durch Bindestrich zu trennen. Zusammenschreibung ist jedoch auch möglich.

Knock-out *auch:* **Knock|out** ⟨[nɔkaʊt] m.; -s od. -, -s; Abk.: K.o.; Sport; Boxen⟩ Niederschlag, völlige Besiegung, K.-o.-Schlag

Know-how ⟨[noːhaʊ] n.; - od. -s; unz.⟩ das Wissen um die praktische Durchführung einer Sache, das »Gewusst-Wie« [engl., »wissen wie«]

Know-how-Transfer (*Schreibung mit Bindestrich*) Zwischen allen Bestandteilen mehrteiliger Zusammensetzungen, in denen eine Wortgruppe mit Bindestrich auftritt, wird ein Bindestrich gesetzt.

Know-how-Trans|fer ⟨[noːhaʊtrænsfə(r)] m.; -s, -s⟩ Vermittlung von technischem Wissen an einen Dritten [<*Know-how* + engl. *transfer* »Übertragung«]

Knu|te ⟨f.; -, -n⟩ **1** Peitsche aus aufeinander genähten Lederriemen; *einem Tier die ~ geben* **2** ⟨fig.⟩ Gewalt(herrschaft); *jmdn. unter seine ~ bringen; unter jmds. ~ seufzen; unter jmds. ~ stehen* ⟨fig.⟩ nichts zu sagen haben, unterdrückt sein [<russ. *knut*, eigtl. »Knotenpeitsche«]

knu|ten ⟨V.⟩ jmdn. unterdrücken, unterjochen, knechten [→ *Knute*]

ko..., Ko... ⟨in Zus.⟩ = kon..., Kon...

k. o., K. o. ⟨Abk. für⟩ knockout, Knockout; *ich bin k. o.* ⟨umg.⟩ ich bin erschöpft

Ko|ad|ap|ti|on *auch:* **Ko|ad|ap|tion** ⟨f.; -, -en⟩ **1** ⟨Genetik⟩ durch vorteilhafte Genkombination gesteigerte Anpassungsfähigkeit an veränderte Umweltbedingungen **2** ⟨Psych.⟩ durch Veränderung der Umwelteinflüsse bedingte Mitveränderung nicht unmittelbar betroffener Organe [<*Ko...* + *Adaption*]

Ko|ad|ju|tor ⟨m.; -s, -to̱ren⟩ Gehilfe eines kath. Geistlichen [<lat. *coadiutor* »Mitgehilfe«]

Ko|a|gu|lans ⟨n.; -, -la̱ntia od. -la̱nzi̯en; Pharm.⟩ die Blutgerinnung förderndes Mittel [<lat. *coagulare* »gerinnen«]

Ko|a|gu|lat ⟨n.; -(e)s, -e; Chemie⟩ Stoff, der bei einer Koagulation ausgefällt wird [<lat. *coagulatum*, Part. Perf. zu *coagulare* »gerinnen machen«]

Ko|a|gu|la|ti|on ⟨f.; -, -en; Chemie⟩ Ausflockung einer kolloidalen Lösung durch Zusatz von Elektrolyten, entgegengesetzt geladenen Kolloiden od. durch Erhitzen, Flockung

ko|a|gu|lie|ren ⟨V.; Chemie⟩ einer Koagulation unterworfen sein od. unterwerfen [<lat. *coagulare* »gerinnen«]

Ko|a|gu|lum ⟨n.; -s, -gu̱la; Med.⟩ Blutgerinnsel; *oV* Coagulum [<lat. *coagulum* »Lab« (Enzym im Magen des Kalbes u. Schafes, das Milch zum Gerinnen bringt)]

Ko|a|la ⟨m.; -s, -s; Zool.⟩ aus Südaustralien stammender Kletterbeutler mit plumpem Körper: Phascolaretus cinerens

Ko|a|les|zenz ⟨f.; -, -en; Sprachw.⟩ Phonemverschmelzung, Lautwandelprozess, in dem benachbarte Phoneme verschmelzen [zu lat. *coalescere* »zusammenwachsen«]

ko|a|lie|ren ⟨V.; Politik⟩ eine Koalition bilden, sich verbinden, vereinigen, sich verbünden; *oV* koalisieren

ko|a|li|sie|ren ⟨V.; Politik⟩ = koalieren

Ko|a|li|ti|on ⟨f.; -, -en; Politik⟩ *~ von Parteien, Staaten* Vereinigung, Bündnis, zweckbestimmte Verbindung [<frz. *coalition* »Bündnis« <engl. *coalition* <mlat. *coalitio* »Vereinigung, Zusammenkunft«]

Ko|a|li|ti|o|när ⟨m.; -s, -e; Politik⟩ Mitglied einer Koalition

Ko|a|li|ti|ons|par|tei ⟨f.; -, -en; Politik⟩ einzelne Partei einer Koalition

Ko|a|li|ti|ons|re|gie|rung ⟨f.; -, -en; Politik⟩ aus den Vertretern mehrerer Parteien gebildete Regierung

Ko|au|tor ⟨m.; -s, -en⟩ Mitautor, Mitverfasser; *oV* Coautor, Konautor [<*Ko...* + *Autor*]

Ko|au|to|rin ⟨f.; -, -rin|nen⟩ Mitautorin, Mitverfasserin; *oV* Coautorin, Konautorin

ko|a|xi|al ⟨Adj.; Geom.; Technik⟩ eine gemeinsame Achse habend; *oV* konaxial [<*ko...* + *axial*]

Ko|a|xi|al|ka|bel ⟨n.; -s, -; El.⟩ Kabel für Nachrichtenverbindungen, bei dem ein Mittelleiter von einem rohrförmigen Außenleiter umgeben ist

Ko|a|zer|vat ⟨[-va̱ːt] n.; -(e)s, -e⟩ winziges Flüssigkeitströpfchen, das durch Membranen von dem umgebenden Milieu abgegrenzt wird [zu engl. *coacervate* »anhäufen« <lat. *coacervatio* »Anhäufung«]

Ko|balt ⟨n.; -s; unz.; Chemie⟩ = Cobalt

Ko|balt|glanz ⟨m.; -es; unz.; Chemie⟩ = Cobaltit; *Sy* Kobaltin

Ko|bal|tin ⟨m.; -s; unz.; Chemie⟩ = Kobaltglanz

Ko|balt|ka|no|ne ⟨f.; -, -n; Med.⟩ Gerät zur Strahlentherapie mit energiereichen Strahlen, das radioaktive Cobaltisotope (Co^{60}) enthält

Ko|bra *auch:* **Kob|ra** ⟨f.; -, -s; Zool.⟩ bis 1,8 m lange Schlange mit Brillenzeichnung auf dem Nacken, gefährlichste Giftschlange Indiens: Naja naja [verkürzt <portug. *cobra de capello* »Kappenschlange« <lat. *colubra* »Schlange« + *capello* »Kappe«]

Ko|ckels|kör|ner ⟨Pl.⟩ Fischkörner, Samen der Kockelspflanze, die bei einer (verbotenen) Art des Fischfangs verwendet werden, da der in ihnen enthaltene Wirkstoff Pikrotoxin die Schwimmblase der Fische lähmt: Fructus cocculi; *oV* Kokkelskörner [<mlat. *cocculae orientales* »Körner aus dem Orient« od. *cocculae indici* »Körner aus Indien«; zu *coccula*, Verkleinerungsform zu lat. *coccus* »Kern, Korn« <grch. *kokkos*]

Ko|ckels|pflan|ze ⟨f.; -, -n; Bot.⟩ zur Familie der Mondsamengewächse gehörende, rankende Pflanze mit kleinen, schwarzen Steinfrüchten, deren Samen Kockelskörner genannt werden: Anamirta cocculus; *oV* Kokkelspflanze

Kock|pit ⟨n.; -s, -s; Flugw.⟩ = Cockpit

Ko|da ⟨f.; -, -s; Musik⟩ Schlussteil (eines Musikstückes); *oV* Coda [<ital. *coda* »Schwanz«]

Kode ⟨[ko:d] m.; -s, -s⟩ *oV* Code **1** Vorschrift für die Zuordnung von Zeichen eines Zeichensystems zu Zeichen eines anderen Systems, so dass der Gehalt an Information unverändert bleibt **2** Schlüssel zum Übertragen von chiffrierten Texten in Normal-, Klarschrift **3** Verzeichnis von Kurzwörtern u. Ziffern [→ *Code*]

Ko|de|in ⟨n.; -s; unz.; Biochemie⟩ Teilalkaloid des Opiums, wirkt hauptsächlich hustenstillend: Codein [<grch. *kodeia* »Mohnfrucht«]

Ko|dex ⟨m.; -es od. -, -e od. -di|zes⟩ **1** Gesetzessammlung, Handschriftensammlung **2** Gesamtheit der Regeln, die in einer Gesellschaft(schaftsgruppe) maßgebend sind; *Sitten*~; *Ehren*~; →*a.* Codex

Ko|di|ak|bär ⟨m.; -en, -en; Zool.⟩ in Alaska vorkommender, großer Braunbär [nach der Insel *Kodiak Island*]

ko|die|ren ⟨V.⟩ *Informationen, einen Text* ~ in einen Kode übertragen, mittels eines Kodes verschlüsseln; *oV* codieren; *Sy* encodieren; *Ggs* dekodieren

Ko|die|rung ⟨f.; -, -en⟩ das Kodieren; *oV* Codierung

Ko|di|fi|ka|ti|on ⟨f.; -, -en⟩ = Kodifizierung

ko|di|fi|zie|ren ⟨V.⟩ in einem Gesetzbuch zusammenfassen [<*Kodex* + ...*fizieren*]

Ko|di|fi|zie|rung ⟨f.; -, -en⟩ das Kodifizieren; *Sy* Kodifikation

Ko|di|zill ⟨n.; -s, -e; vor Einführung des BGB⟩ letztwillige Verfügung (über Vermächtnisse), Zusatz zu einem Testament [<lat. *codicillus* »kleine Handschrift«]

Ko|e|di|ti|on ⟨a. [----'-] f.; -, -en⟩ **1** Edition eines Werkes, an der mehr als ein Herausgeber arbeitet **2** gleichzeitige Herausgabe unterschiedlicher Editionen eines Werkes durch verschiedene Verlage [<*Ko...* + *Edition*]

Ko|e|du|ka|ti|on ⟨f.; -; unz.; Päd.⟩ gemeinsame Erziehung von Jungen u. Mädchen in Schulen u. Internaten [<*Ko...* + *Edukation*]

ko|e|du|ka|tiv ⟨Adj.; Päd.⟩ die Koedukation betreffend, zu ihr gehörig, von ihr stammend

Ko|ef|fi|zi|ent ⟨m.; -en, -en⟩ **1** ⟨Math.⟩ ein Faktor, der durch eine allgemeine od. bestimmte Zahl bezeichnet wird, Beizahl, Beiwert **2** ⟨Physik⟩ für bestimmte physikal. od. technische Vorgänge kennzeichnende Größe; *Ausdehnungs*~; *Reibungs*~ [<*Ko...* + lat. *efficere* »bewirken«]

Ko|en|zym ⟨n.; -s, -e; Biochemie⟩ nicht eiweißartiger Bestandteil des Enzyms [<*Ko...* + *Enzym*]

ko|er|zi|bel ⟨Adj.; Physik⟩ fähig, eine Koerzitivkraft auszuüben [<lat. *coercibilis* »zähmbar, zu bändigen«; zu *coercere* »in Schranken halten, bändigen«]

Ko|er|zi|tiv|kraft ⟨f.; -, -kräf|te; Physik⟩ **1** magnetische Feldstärke, die eine Magnetisierung aufhebt **2** Fähigkeit eines Stoffes, der Veränderung seines magnetischen Zustandes zu widerstehen [zu lat. *coercere* »in Schranken halten«]

ko|e|xis|tent ⟨a. [---'-] Adj.; geh.⟩ nebeneinander existierend, gleichzeitig vorhanden

Ko|e|xis|tenz ⟨[----'-] f.; -; unz.⟩ das Existieren nebeneinander, gleichzeitiges Vorhandensein, z. B. von Staaten mit verschiedenen Regierungsformen [<*Ko...* + *Existenz*]

ko|e|xis|tie|ren ⟨V.⟩ nebeneinander existieren, gleichzeitig vorhanden sein

Kof|fe|in ⟨n.; -s; unz.⟩ bes. in Kaffee u. Tee enthaltenes, anregendes, bitter schmeckendes Alkaloid, chem. Methyltheobromin; *oV* Coffein; *Sy* Tein [<engl. *coffee* »Kaffee«]

Köf|te ⟨f. od. n.; - od. -s, -⟩ gebratenes Hackfleischklößchen [türk.]

◆Die Buchstabenfolge **kogn...** kann auch **kogn...** getrennt werden.

◆**Kog|nak** ⟨[kɔnjak] m.; -s, -s od. -e⟩ Weinbrand; →*a.* Cognac

◆**Kog|nat** ⟨m.; -en, -en⟩ **1** ⟨i. e. S.; im alten Rom⟩ Verwandter, der nicht der väterlichen Gewalt unterstand; *Ggs* Agnat (1) **2** ⟨i. w. S.⟩ Blutsverwandter [zu lat. *cognatus* »mitgeboren«]

◆**Kog|na|ti|on** ⟨f.; -; unz.⟩ Blutsverwandtschaft [→ *Kognat*]

◆**kog|na|tisch** ⟨Adj.⟩ den od. die Kognaten betreffend, als Kognaten in einem Verwandtschaftsverhältnis stehend; *Ggs* agnatisch

◆**Kog|ni|ti|on** ⟨f.; -, -en⟩ **1** Erkenntnis **2** ⟨veraltet⟩ gerichtl. Untersuchung [<lat. *cognitio* »das Wahrnehmen, Erkennen«]

◆**kog|ni|tiv** ⟨Adj.⟩ auf Erkenntnis beruhend [→ *Kognition*]

◆**Kog|no|men** ⟨n.; -s, - od. -mi|na; röm. Antike⟩ Beiname; *oV* Cognomen [<lat. *cognomen* »Beiname«]

Ko|ha|bi|ta|ti|on ⟨f.; -, -en⟩ **1** = Koitus **2** ⟨Frankreich⟩ Präsident u. Regierung aus unterschiedl. polit. Lagern [<lat. *cohabitatio* »das Beisammenwohnen« <*Ko...* + *habitare* »wohnen«]

ko|ha|bi|tie|ren ⟨V.⟩ = koitieren [→ *Kohabitation*]

ko|hä|rent ⟨Adj.⟩ **1** zusammenhängend; *Ggs* inkohärent **2** ⟨Physik⟩ der Kohäsion unterworfen; ~*es Licht* [<lat. *cohaerens*, Part. Präs. zu *cohaerere* »zusammenhängen«]

Ko|hä|renz ⟨f.; -; unz.⟩ Zusammenhang; *Ggs* Inkohärenz [<lat. *cohaerentia* »das Zusammenhängen«]

Ko|hä|renz|fak|tor ⟨m.; -s, -en; Psych.⟩ das Empfinden von Zusammengehörigkeiten bestimmter Einzelheiten bewirkender Faktor wie z. B. Symmetrie, räumliche Nachbarschaft od. Ähnlichkeit

Ko|hä|renz|prin|zip ⟨n.; -s; unz.; Philos.⟩ Grundsatz, nach dem alles Seiende in einem Beziehungsgefüge zueinander steht, einen Zusammenhang miteinander aufweist

Ko|hä|rer ⟨m.; -s, -⟩ in den Anfangsjahren der drahtlosen Telegrafie benutzte Glasröhre voller Eisenfeilspäne, die durch Zusammenbacken das Auftreffen elektrischer Wellen anzeigten; *Sy* Fritter [→ *kohärieren*]

ko|hä|rie|ren ⟨V.; Chemie⟩ zusammenhängen, der Kohäsion unterliegen [<lat. *cohaerere* »zusammenhängen«]

Ko|hä|si|on ⟨f.; -; unz.; Chemie⟩ durch Anziehungskräfte der Moleküle bewirkter Zusammenhalt zwischen ihnen [zu lat. *cohaerere* »zusammenhängen«]

ko|hä|siv ⟨Adj.; Chemie⟩ zusammenhaltend, auf Kohäsion beruhend [→ *kohärieren*]

ko|hi|bie|ren ⟨V.; geh.; veraltet⟩ mäßigen, zurückhalten [<lat. *cohibere* »zusammenhalten, bezähmen«]

Ko|hi|noor ⟨[-nuːr] m.; -s; unz.⟩ = Kohinur

Ko|hi|nur ⟨m.; -s; unz.⟩ großer Diamant im brit. Kronschatz; *oV* Kohinoor [<pers. *koh-i-nur* »Berg des Lichts«]

Koh|len|di|o|xid ⟨n.; -s; unz.; Chemie⟩ = Kohlenstoffdioxid

Kohlen|hyd|rat *auch:* **Kohllen|hydrat** ⟨n.; -(e)s, -e; Biochemie⟩ *Sy* Saccharid **1** chem. Verbindung, die Kohlenstoff u. Wasserstoff im Verhältnis 2:1 enthält (entsprechend dem Verhältnis von Sauerstoff u. Wasserstoff im Wasser) **2** Vertreter dieser Verbindungsklasse sind z. B. die meisten Zucker

Kohlen|mon|o|xid *auch:* **Kohllenmo|no|xid** ⟨n.; -(e)s; unz.; Chemie⟩ bei unvollständiger Verbrennung von Kohlenstoff entstehendes, farb- u. geruchloses, giftiges Gas, CO; *Sy* Kohlenoxid

Kohllen|o|xid ⟨n.; -(e)s; unz.⟩ = Kohlenmonoxid

Kohllen|stoff|di|o|xid ⟨n.; -(e)s; unz.⟩ leicht säuerlich schmeckendes, farbloses, unbrennbares Gas; *Sy* Kohlendioxid

Ko|hor|ta|tiv ⟨m.; -s, -e [-və]; Gramm.⟩ zumeist konjunktivistische Verbform der nachdrücklichen Bitte u. Aufforderung, z. B. »es werde Tag« [zu lat. *adhortari* »ermahnen, eindringlich bitten«]

Ko|hor|te ⟨f.; -, -n⟩ **1** altrömische Truppeneinheit, 10.Teil einer Legion **2** ⟨fig.⟩ ausgewählte Gruppe (von Personen) [<lat. *cohors*, Gen. *cohortis* »Gehege, Hofraum, Gefolge«]

Ko|hor|ten|ana|ly|se ⟨f.; -, -n⟩ statist. Untersuchung menschl. Gruppen od. Kohorten im Zeitablauf

Ko|hy|po|ny|mie ⟨f.; -; unz.; Sprachw.⟩ hierarch. Gleichstellung zweier Hyponyme aufgrund ihrer semantischen Nähe u. ihrer gemeinsamen Unterordnung unter ein anderes Hyponym [<*Ko…* + *hypo…*] + grch. *onoma, onyma* »Name«]

Koi|ne ⟨f.; -; unz.; Sprachw.⟩ **1** aus den altgrch. Dialekten entstandene grch. Gemeinsprache zur Zeit des Hellenismus **2** gemeinsame Form der Sprache einer stark in Dialekte gegliederten Sprachgemeinschaft [verkürzt <grch. *koine dialektos* »gemeinsame Sprache«]

Koi|non ⟨n.; -s, -na⟩ die polit., berufliche od. sakrale Gemeinschaft in der Antike, besonders in der hellenistischen Zeit [grch., »das Gemeinsame«]

ko|in|zi|dent ⟨Adj.⟩ zusammentreffend, zusammenfallend, deckend [<*ko…* + lat. *incidens*, Part. Präs. »hineinfallen; geschehen«]

Ko|in|zi|denz ⟨f.; -; unz.⟩ Zusammentreffen (zweier Ereignisse)

ko|in|zi|die|ren ⟨V.⟩ zusammentreffen, zusammenfallen (mit), sich decken (mit) [<*ko…* + lat. *incidere* »hineinfallen; geschehen«]

ko|i|tie|ren ⟨V.⟩ geschlechtl. Vereinigung vollziehen; *Sy* kohabitieren [→ *Koitus*]

Ko|i|tus ⟨m.; -, -⟩ Geschlechtsverkehr, Beischlaf, Geschlechtsakt; *oV* Coitus; *Sy* Kohabitation [<lat. *coitus* »das Zusammengehen, Begattung«; zu *coire* »zusammengehen, -kommen«]

Ko|je ⟨f.; -, -n⟩ **1** ⟨auf Schiffen⟩ eingebautes, schmales Bett **2** ⟨allg.⟩ sehr kleine Schlafkammer **3** kleiner, nach einer Seite offener Raum, z. B. auf Kunstausstellungen **4** ⟨umg.⟩ Bett [<mnddt. *koje* <lat. *cavea* »Käfig«]

Ko|jo|te ⟨m.; -n, -n; Zool.⟩ in der Lebensweise dem Wolf ähnelnder Präriehund des westl. Nordamerikas: Canis latrans; *oV* Coyote [<span. (mexikan.) *coyote*]

Ko|ka ⟨f.; -, -n; Bot.⟩ in Bolivien heim. Pflanze, deren Blätter Kokain enthalten u. in Südamerika als Anregungsmittel gekaut werden: Erythroxylon coca; *Sy* Kokastrauch [<span. *coca*]

Ko|ka|in ⟨n.; -s; unz.⟩ in den Blättern der Koka enthaltendes Alkyloid, Betäubungsmittel, Rauschgift; *Sy* Koks[2] [→ *Koka*]

Ko|ka|i|nis|mus ⟨m.; -; unz.; veraltet⟩ ständiger Missbrauch von Kokain, Sucht nach Kokain

Ko|kar|de ⟨f.; -, -n⟩ nationales Abzeichen an der Uniformmütze in Form einer Rosette [<frz. *cocarde*]

Ko|ka|strauch ⟨m.; -(e)s, -sträucher; Bot.⟩ = Koka

ko|ken ⟨V.⟩ **1** in koksartigen Zustand überführen **2** zu Koks werden [→ *Koks*[1]]

Ko|ker[1] ⟨m.; -s, -⟩ Arbeiter in der Kokerei [→ *Koks*[1]]

Ko|ker[2] ⟨m.; -s, -⟩ Öffnung für das Ruder am Schiffsheck; *Sy* Hennegatt

489

Kokerei

Ko|ke|rei ⟨f.; -, -en⟩ **1** ⟨unz.⟩ Gewinnung von Koks **2** ⟨zählb.⟩ die Anlage dazu [→ *Koks*ʳ]

ko|kett ⟨Adj.⟩ in einer spielerischen Art darauf bedacht, anderen zu gefallen; ~*er Blick*; ~*es Lächeln*; ~*es Mädchen*; ~ *lächeln*; *sie ist sehr* ~ [<frz. *coquet* »eitel, gefallsüchtig«, eigtl. »hahnenhaft«; zu *coq* »Hahn«]

Ko|ket|te ⟨f.; -, -n⟩ kokette Frau

Ko|ket|te|rie ⟨f.; -, -n⟩ kokettes Verhalten

ko|ket|tie|ren ⟨V.⟩ sich kokett benehmen, seine Reize spielen lassen; *mit jmdm.* ~ jmds. Gefallen zu erregen suchen, jmdn. erotisch zu reizen suchen; *mit einer Möglichkeit* ~ eine M. spielerisch erörtern

Ko|kil|le ⟨f.; -, -n⟩ Gießform aus Metall, in der mehrfach Abgüsse hergestellt werden können [<frz. *coquille* »Muschel«]

Kok|ke ⟨f.; -, -n; Med.⟩ kugelförmiges, nicht sporenbildendes Bakterium [<grch. *kokkos* »Kern«]

Kok|kels|kör|ner ⟨Pl.⟩ = Kockelskörner

Kok|kels|pflan|ze ⟨f.; -, -n; Bot.⟩ = Kockelspflanze

Kok|ken ⟨Pl. von⟩ Kokkus

Kök|ken|möd|din|ger ⟨Pl.⟩ von Menschen der späten Mittel- u. der Jungsteinzeit stammender Abfallhaufen von Muschelschalen an der dän. Ostseeküste; *oV* Kjökkenmöddinger [dän. »Küchenabfälle«]

Kok|ko|lith ⟨m.; -s od. -en, -e od. -en⟩ Kalkteil organischen Ursprungs [<grch. *kokkos* »Kern« + ...*lith*]

Kok|kus ⟨n.; -, Kok|ken; Med.; Biol.⟩ kugelförmiges, nichtsporenbildendes Bakterium; *oV* Coccus [<grch. *kokkos* »Kern«]

Ko|kon ⟨[kokõ̱ː], österr. a. [-koːn] m.; -s, -s⟩ aus dem erhärteten Sekret der Spinndrüsen von den Larven verschiedener Insekten bei der Verpuppung angefertigtes Gehäuse, bes. der Seidenraupe [<frz. *cocon* »Gespinst der Seidenraupe«]

Ko|kos¹ ⟨f.; -, -; Bot.⟩ = Kokospalme

Ko|kos² ⟨n.; -; unz.⟩ geraspeltes Fruchtfleisch der Kokosnuss

Ko|kos|nuss ⟨f.; -, -nüs|se⟩ braune, behaarte Frucht der Kokospalme mit sehr harter Schale

Ko|kos|pal|me ⟨f.; -, -n; Bot.⟩ 20 bis 30 m hohe Palme mit an der Basis angeschwollenem Stamm u. an der Spitze 4-6 m langen, steifen Fiederblättern: Cocos nucifera; *Sy* Kokos¹ [<span. *coco* »Butzemann« (= Frucht der Kokospalme, weil man daraus leicht Masken schneiden kann)]

Ko|kot|te ⟨f.; -, -n; veraltet⟩ **1** Halbweltdame; *oV* Cocotte **2** irdener Schmortopf [<frz. *cocotte* »Hühnchen, Henne« (Kinderspr.), »Kokotte«; zu *coq* »Hahn«]

Koks¹ ⟨m.; -es, -e⟩ beim Erhitzen unter Luftabschluss von Stein- od. Braunkohle entstehender, fast reiner Kohlenstoff, der als Brennstoff verwendet wird [<engl. *cokes*, Pl. zu *coke* »Koks«, eigtl. »Mark, Kern«; zu idg. **gel-* »Ballen, Geballtes«]

Koks² ⟨m.; - od. -es; unz.⟩ = Kokain

Kok-Sa|ghys ⟨m.; -; unz.; Bot.⟩ Wildpflanze, aus deren Wurzel Kautschuk gewonnen wird, Kautschuklöwenzahn: Taraxacum kok-saghys [<türk. *kök* »Wurzel« + osttürk. *sagis* »Gummi«]

kok|sen ⟨V.; umg.⟩ Kokain nehmen [→ *Koks*²]

Kok|ser ⟨m.; -s, -; umg.⟩ jmd., der kokainsüchtig ist [→ *Koks*²]

Kok|zi|die ⟨[-djə] f.; -, -n; Biol.⟩ im Epithelgewebe schmarotzendes Sporentierchen: Coccidia [<lat. *coccidia* <grch. *kokkos* »Kern« + ...*id*]

Kok|zi|di|o|se ⟨f.; -, -n; Vet.⟩ Erkrankung junger Haustiere an Kokzidien; *oV* Coccidiose

kol..., Kol... ⟨in Zus.⟩ = kon..., Kon...

Ko|la ⟨Pl. von⟩ Kolon

Ko|la|nuss ⟨f.; -, -nüs|se; Bot.⟩ als Genussmittel verwendete koffeinhaltige Samenkerne des in Südwestafrika heimischen Kolabaumes (Cola vera) [<westafrikan. Sprache]

Ko|lat|sche ⟨f.; -, -n; österr. Kochk.⟩ kleiner, runder gefüllter Hefekuchen [<tschech. *koláč*]

Kol|chi|zin ⟨[-çi-] n.; -s; unz.; Pharm.; Biochemie⟩ giftiges Alkaloid der Herbstzeitlosen [nach *colchicum autumnale* »Herbstzeitlose«]

Kol|chos ⟨m. od. n.; -, -cho|se⟩ = Kolchose

Kol|cho|se ⟨f.; -, -n⟩ landwirtschaftl. Produktionsgenossenschaft in der Sowjetunion; *oV* Kolchos [<russ. *kolchos*, verkürzt <*kollektivnoe chozjajstvo* »Kollektivwirtschaft«]

Kol|ek|to|mie *auch:* **Ko|lek|to|mie** ⟨f.; -, -n; Med.⟩ operative Entfernung des Kolons (1) [<*Kolon* + *Ektomie*]

♦ Die Buchstabenfolge **ko|le|o|pt...** kann auch **kole|opt...** getrennt werden.

♦ **Ko|le|op|te|re** ⟨f.; -, -n; Zool.⟩ Angehöriger einer Ordnung von Insekten, deren vorderes Flügelpaar durch Chitineinlagerungen zu harten Deckflügeln geworden ist, Käfer, Deckflügler: Coleoptera; *oV* Coleoptera [<grch. *koleos* »Scheide« + ...*ptere*]

♦ **Ko|le|op|te|ro|lo|ge** ⟨m.; -n, -n⟩ Wissenschaftler auf dem Gebiet der Koleopterologie

♦ **Ko|le|op|te|ro|lo|gie** ⟨f.; -; unz.⟩ sich mit den Käfern befassendes Teilgebiet der Zoologie

♦ **Ko|le|op|te|ro|lo|gin** ⟨f.; -, -gin|nen⟩ Wissenschaftlerin auf dem Gebiet der Koleopterologie

♦ **ko|le|op|te|ro|lo|gisch** ⟨Adj.⟩ die Koleopterologie betreffend, zu ihr gehörig, auf ihr beruhend

♦ **Ko|le|op|ti|le** ⟨f.; -, -n; Bot.⟩ Schutzorgan um die Sprossknospe von Gräsern, Keimscheide [<grch. *koles* »Scheide« + *ptilon* »Feder, Flügel«]

♦ **Ko|le|op|to|se** ⟨f.; -, -n; Med.⟩ Scheidenvorfall [<grch. *koleos* »Scheide« + *ptosis* »Fall«]

Ko|li|bak|te|ri|en ⟨Pl.⟩ Bakterien, die ein wichtiger Bestandteil der normalen Darmflora sind, aber als Krankheitserreger auftreten können: Bacterium coli [<grch. *kolon* »Dickdarm« + *Bakterium*]

Ko|li|bri *auch:* **Ko|li|bri** ⟨m.; -s, -s; Zool.⟩ Schwirrvogel, Angehöriger einer den Seglern nahe verwandten Vogelfamilie: Trochilidae [<frz. *colibri* <Sprache der Insel Cayenne *colib(a)ri* »Sprache der leuchtenden Fläche« (nach dem leuchtenden Grün der unteren Kopfhälfte)]

kol|lie|ren ⟨V.⟩ (durch ein Tuch) seihen [<lat. *colare* »durchseihen«]

Ko|lik ⟨f.; -, -en; Med.⟩ schmerzhafte, krampfartige Zusammenziehung eines inneren Organs; *Darm~; Gallen~; Magen~; Nieren~* [<grch. *kolike (nosos)* »Darmkrankheit«; zu *kolon* »Dickdarm«]

Ko|li|tis ⟨f.; -, -ti|den; Med.⟩ durch verschiedene Infektionen, bes. Ruhrbakterien u. Ruhramöben, ausgelöste u. unterhaltene Entzündung des Dickdarmes: Colitis; *oV* Colitis [<grch. *kolon* »Dickdarm«]

Kol|ko|thar ⟨m.; -s, -e⟩ = Caput mortuum [<neulat. *colcothar (vitriolo)* (Paracelsus) <arab. *qulqutar* <grch. *chalkanthos* »Erzblüte«]

Kol|la ⟨f.; -; unz.; Med.⟩ Leim [grch.]

kol|la|bie|ren ⟨V.⟩ einen Kollaps erleiden [<lat. *collabi* »zusammenfallen«]

Kol|la|bo|ra|teur ⟨[-tø:r] m.; -s, -e⟩ jmd., der mit dem Feind od. der Besatzungsmacht zusammenarbeitet [<frz. *collaborateur* »Mitarbeiter«]

Kol|la|bo|ra|ti|on ⟨f.; -, -en⟩ das Kollaborieren, Zusammenarbeit mit dem Feind od. der Besatzungsmacht [<frz. *collaboration* »Mitarbeit«]

Kol|la|bo|ra|tor ⟨m.; -s, -to|ren; veraltet⟩ Hilfslehrer, Hilfsgeistlicher [<spätlat. *collaborator* »Mitarbeiter«; zu lat. *labor* »Arbeit«]

kol|la|bo|rie|ren ⟨V.⟩ zusammenarbeiten, (bes.) mit dem Feind od. der Besatzungsmacht zusammenarbeiten [<frz. *collaborer* »mitarbeiten«]

Kol|la|ge ⟨[-ʒə] f.; -, -n⟩ = Collage
kol|la|gen ⟨Adj.⟩ Leim gebend, aus Kollagen bestehend
Kol|la|gen ⟨n.; -s, -e; Biol.; Med.⟩ Eiweiß, das den wichtigsten Bestandteil des Stütz- u. Bindegewebes vor allem der Haut, der Sehnen u. der Knochen bildet u. durch langes Kochen in Wasser in Leim übergeführt werden kann [<grch. *kolla* »Leim« + ...*gen*]

Kol|la|ge|na|se ⟨f.; -, -n; Biochemie⟩ Ferment, das Kollagen u. Gelatine abbaut

Kol|la|ge|no|se ⟨f.; -, -n; Med.⟩ Erkrankung, die durch abnorme Veränderung am kollagenen Bindegewebe (Verquellung, Auflösung) gekennzeichnet ist, z. B. Rheumatismus

Kol|laps ⟨a. [-'-] m.; -es, -e⟩ durch mangelhafte Durchblutung des Gehirns verursachter, oft auf einen Schock folgender Kreislaufzusammenbruch; *Herz~; Kreislauf~* [<mlat. *collapsus* »Zusammenbruch«; zu *collabi* »zusammenfallen«]

Kol|lar ⟨n.; -s, -e⟩ **1** steifes Halstuch mit Kragen, das bes. von kath. Geistlichen getragen wird **2** Zierbesatz des liturgischen Schultertuches [<mlat. *collaris* »Halstuch« <lat. *collare* »Halsband (für Tiere), Halseisen«]

Kol|lar|gol ⟨n.; -s; unz.; Chemie⟩ kolloidales, in Wasser lösliches Silber [verkürzt <*koll*oidal + lat. *argentum* »Silber« + ...*ol*]

kol|la|te|ral ⟨Adj.⟩ **1** seitlich, auf der gleichen Körperseite **2** nebenher laufend **3** zu einer Seitenlinie der Familie gehörend [<*kol*... + *lateral*]

Kol|la|te|ra|le ⟨f.; -, -n; Anat.⟩ = Kollateralgefäß

Kol|la|te|ral|ge|fäß ⟨n.; -es, -e; Anat.⟩ Umgehungsgefäß des Blutkreislaufs; *oV* Kollaterale

Kol|la|te|ral|scha|den ⟨m.; -s, -schäden; Mil.; beschönigend⟩ Tötung von Zivilisten bei kriegerischen Angriffen

Kol|la|ti|on ⟨f.; -, -en⟩ **1** das Zusammentragen der Bogen eines Buches **2** Vergleich zwischen Abschrift u. Urschrift **3** leichte Abendmahlzeit an Fastentagen **3.1** ⟨danach⟩ leichte Zwischenmahlzeit **4** ⟨Rechtsw.⟩ Ausgleich zwischen Erben, wenn einer (od. mehrere) von ihnen schon vor dem Tode des Erblassers Zuwendungen erhalten hat [<lat. *collatio* »das Zusammentragen, Beitrag, Vergleichung« u. frz. *collation* »Imbiss«]

kol|la|tio|nie|ren ⟨V.⟩ **1** zusammentragen **2** Abschrift u. Urschrift vergleichen **3** ausgleichen, abstimmen

Kol|la|tur ⟨f.; -, -en⟩ das Recht, ein geistl. Amt zu besetzen [zu lat. *collatus* »zusammengetragen«]

Kol|lau|da|ti|on ⟨f.; -, -en; österr.; schweiz.⟩ amtl. Prüfung eines Baues, Bauabnahme; *Sy* Kollaudierung [zu lat. *collaudare* »loben«; zu *laudare* »loben«]

kol|lau|die|ren ⟨V.; österr.; schweiz.⟩ einen Bau abschließend prüfen u. genehmigen [→ *Kollaudation*]

Kol|lau|die|rung ⟨f.; -, -en⟩ = Kollaudation

Kol|leg ⟨n.; -s, -s⟩ **1** Vorlesung (an einer Hochschule); *ein ~ belegen, besuchen, hören; ein ~ halten, lesen; dreistündiges ~; ins ~ gehen; ein ~ über Schillers »Glocke«* **2** das Gebäude, in dem ein Kolleg (1) gehalten wird **3** kath. Studienanstalt; *Jesuiten~* [<lat. *collegium* »Zusammenkunft von Berufsgenossen«]

Kol|le|ge ⟨m.; -n, -n⟩ jmd., der den gleichen Beruf ausübt wie man selbst, Mitarbeiter [<lat. *collega* »Amtsgenosse«]

kol|le|gi|al ⟨Adj.⟩ wie ein Kollege, wie (unter) Kollegen

Kol|le|gi|al|ge|richt ⟨n.; -(e)s, -e⟩ Gericht, bei dem mehrere Richter entscheiden, im Gegensatz zum Einzelrichter

Kol|le|gi|a|li|tät ⟨f.; -; unz.⟩ **1** Verbundenheit der Kollegen untereinander **2** kollegiales Verhalten

Kol|le|gi|at ⟨m.; -en, -en⟩ Mitbewohner eines Stifts

Kol|le|gin ⟨f.; -, -gin|nen⟩ weibl. Person, die den gleichen Beruf ausübt wie man selbst, Mitarbeiterin

Kol|le|gi|um ⟨n.; -s, -gi|en⟩ Körperschaft, Ausschuss, Gemeinschaft (von Personen gleichen Amtes od. Berufs); *Lehrer~;* → *a.* Collegium [→ *Kolleg*]

Kol|lek|ta|nea ⟨Pl.⟩ Lesefrüchte, gesammelte Auszüge aus Schriftstücken; *oV* Collectanea, Collectaneen, Kollektaneen;

Kollektaneen

→*a.* Analekten, Exzerpte [<lat. *collectanea*, Pl. zu *collectaneum* »das Angesammelte«; zu *colligere* »sammeln«]

Kol|lek|ta|ne|en ⟨[-nɛ:ən] Pl.⟩ = Kollektanea

Kol|lek|te ⟨f.; -, -n⟩ Sammlung freiwilliger Gaben (in der Kirche) [<lat. *collecta* »Beisteuer; Sammlung«; zu *colligere* »sammeln«]

Kol|lek|teur ⟨[-tø:r] m.; -s, -e⟩ **1** jmd., der für wohltätige Zwecke sammelt **2** Lotterieeinnehmer [<frz. *collecteur* »Sammler«; → *Kollekte*]

Kol|lek|ti|on ⟨f.; -, -en⟩ Zusammenstellung von Warenmustern; *Muster~* [<frz. *collection* »Sammlung« <lat. *collectio* »das Sammeln«]

kol|lek|tiv ⟨Adj.⟩ **1** gemeinsam, gemeinschaftlich, geschlossen **2** umfassend; *~e Sicherheit* [<lat. *collectivus* »angesammelt«; zu *colligere* »sammeln«]

Kol|lek|tiv ⟨n.; -s, -e [-va]⟩ Arbeitsgemeinschaft

kol|lek|ti|vie|ren ⟨[-vi:-] V.⟩ **1** in Kollektive zusammenfassen **2** Privateigentum ~ in Gemeineigentum umwandeln

Kol|lek|ti|vie|rung ⟨[-vi:-] f.; -, -en⟩ **1** Zusammenschluss zu Kollektiven **2** Umwandlung von Privat- in Gemeineigentum

Kol|lek|ti|vis|mus ⟨[-vɪs-] m.; -; unz.⟩ Lehre, dass die Gemeinschaft den Vorrang vor dem Einzelnen habe

Kol|lek|ti|vist ⟨[-vɪst] m.; -en, -en⟩ Anhänger des Kollektivismus

kol|lek|ti|vis|tisch ⟨[-vɪs-] Adj.⟩ auf Kollektivismus beruhend

Kol|lek|ti|vi|tät ⟨[-vi-] f.; -; unz.⟩ Gemeinschaftlichkeit, Gemeinsamkeit, Zusammenhalt

Kol|lek|tiv|suf|fix ⟨n.; -es, -e; Gramm.⟩ Nachsilbe, die eine Gruppe bezeichnet, z. B. »-schaft« in »Lehrerschaft«

Kol|lek|ti|vum ⟨[-vum] n.; -s, -ti|va [-va] od. -ti|ven [-ven]; Gramm.⟩ Wort, das eine Klasse von Erscheinungen als einheitlichen Komplex zusammenfasst, der entweder nur im Singular (z. B. Schnee) od. Plural (z. B. Leute) ausgedrückt wird

Kol|lek|tiv|ver|trag ⟨m.; -(e)s, -träge⟩ **1** Staatsvertrag zwischen mehreren Staaten, völkerrechtlicher Vertrag **2** zwischen Gewerkschafts- u. Unternehmensverband eines Berufszweiges geschlossener Gesamtarbeitsvertrag **3** ⟨DDR⟩ zwischen Betriebs- u. Betriebsgewerkschaftsleitung geschlossener Vertrag über die beiderseitigen Pflichten zur Erfüllung der Betriebspläne; *Betriebs~*

Kol|lek|tiv|wirt|schaft ⟨f.; -, -en; in sozialist. Ländern⟩ genossenschaftl. bewirtschafteter Landwirtschaftsbetrieb, Kolchose

Kol|lek|tor ⟨m.; -s, -to|ren⟩ **1** auf der Welle eines Generators befestigtes Teil, das den im Anker entwickelten Strom aufnimmt u. an die Leitung abgibt **2** auf der Welle eines Elektromotors befestigtes Teil, das den im Anker benötigten Strom aus der Leitung aufnimmt; *Sy* Kommutator [<lat. *collector* »Sammler«; zu *colligere* »sammeln«]

Kol|lek|tur ⟨f.; -, -en; österr.⟩ Sammelstelle [<lat. *collectus*, Part. Perf. zu *colligere* »sammeln«]

Kol|lem|bo|le *auch:* **Kol|lem|bo|le** ⟨m.; -n, -n; Zool.⟩ ein flügelloses Insekt, Springschwanz [<grch. *kolla* »Leim« + *emballein* »hineinschleudern«]

Kol|len|chym *auch:* **Kol|len|chym** ⟨[-çy:m] n.; -s, -e; Bot.⟩ das wachstums- u. dehnungsfähige Festigungsgewebe noch wachsender Pflanzenteile [<grch. *kolla* »Leim« + *en* »hinein« + *chymos* »Flüssigkeit, Saft«]

Kol|li ⟨Pl. von⟩ Kollo

kol|li|die|ren ⟨V.⟩ **1** (zeitlich) zusammenstoßen, sich überschneiden; *die Vorlesungen ~ (miteinander)* **2** zusammenstoßen; *Fahrzeuge ~; ein Güterwagen kollidierte mit einem Lastzug* **3** aneinander geraten (im Streit) **4** in Konflikt geraten, widerstreiten, in Kollision(en) kommen (miteinander); *unsere Meinungen, Auffassungen ~ miteinander* [<lat. *collidere* »zusammenstoßen«]

Kol|lier ⟨[kɔlje:] n.; -s, -s⟩ *o*V Collier **1** wertvoller Halsschmuck; *Perlen~; Brillant~* **2** schmaler, um den Hals zu tragender Pelz; *Nerz~* [<frz. *collier* »Halsband, Halskette«]

Kol|li|ma|ti|on ⟨f.; -, -en⟩ **1** Zusammenfallen zweier Linien **2** die Übereinstimmung eines mit einem Winkelmessgerät gemessenen mit einem wirklichen Winkel [<lat. *collimare*, richtiger *collineare*, *collineare* in gerader Linie richten, richtig zielen«; zu *linea* »Linie«]

Kol|li|ma|tor ⟨m.; -s, -to|ren; Optik⟩ Gerät, durch das optische Geräte mit parallelen Lichtbündeln beleuchtet werden [→ *Kollimation*]

kol|lin ⟨Adj.; Geogr.⟩ *~e Stufe* die niedrigste landschaftsökologische Höhenstufe der Vegetation, die insbesondere als Landwirtschaftsgebiet nutzbar ist; *Sy* planare Stufe [zu lat. *collis* »Hügel, Anhöhe«]

kol|li|ne|ar ⟨Adj.; Math.⟩ *~e Abbildung* mathematisches Projektionsverfahren, das mit Geraden als Zuordnungslinien arbeitet; *Sy* Kollineation [<*kol...* + *linear*]

Kol|li|ne|ar ⟨n.; -s, -e; Fot.⟩ Objektiv, das symmetrisch ist

Kol|li|ne|a|ti|on ⟨f.; -, -en; Math.⟩ Abbildung, die die geometrischen Strukturen erhält, d. h., Geraden gehen in Geraden u. Ebenen wieder in Ebenen über; *Sy* kollineare Abbildung [zu lat. *collineare* »in gerader Linie richten, richtig zielen«]

Kol|li|qua|ti|on ⟨f.; -; unz.⟩ Verflüssigung fester organischer Stoffe, insbes. durch Bakterien [<lat. *colliquescere* »flüssig werden«; zu *liquor* »Flüssigkeit«]

Kol|li|si|on ⟨f.; -, -en⟩ **1** (zeitl.) Überschneidung, Zusammenfallen **2** Konflikt; *mit jmdm., mit etwas, mit dem Gesetz in ~(en) geraten, kommen* **3** Zusammenstoß [<lat. *collisio* »Zusammenstoß«]

Kol|lo ⟨n.; -s, -s od. Kol|li⟩ Frachtstück [<ital. *collo* »Gepäckstück«]

Kol|lo|din ⟨n.; -s; unz.; Technik⟩ mit Wasser verdünnter pflanzl. Leim zum Kleben u. Appretieren [<grch. *kollodes* »leimartig, klebrig«]

Kollodium ⟨n.; -s; unz.; Chemie⟩ zähflüssige Lösung von Kollodiumwolle in einem Alkohol-Äther-Gemisch [<grch. *kollodes* »leimartig, klebrig«]

Kollodiumwolle ⟨f.; -; unz.; Chemie⟩ Cellulosedinitrat aus Zellstoff od. Baumwolle, die mit Salpeter- od. Schwefelsäure behandelt wird

kolloid ⟨Adj.; Chemie; Med.⟩ = kolloidal

Kolloid ⟨n.; -(e)s, -e; Chemie; Med.⟩ Lösung, in der die gelösten Teilchen nicht wie bei echten Lösungen als Ionen od. Einzelmoleküle vorliegen, sondern in Form kleiner Atom- od. Molekülzusammenballungen [<grch. *kolla* »Leim« + ...*id*]

kolloidal ⟨Adj.; Chemie; Med.⟩ die Eigenschaft von Kolloiden zeigend; *~e Lösung* aus einem Kolloid bestehende Lösung, die in ihrem chem. u. physikal. Verhalten zwischen einer echten Lösung u. einer Suspension steht; *oV* kolloid

Kolloidchemie ⟨[-çe-] od. süddt., österr. [-ke-] f.; -; unz.⟩ Teilgebiet der physikalischen Chemie, das sich mit Kolloiden bzw. mit dem kolloidalen Zustand von Materie beschäftigt

Kolloidreaktion ⟨f.; -, -en; Med.⟩ in der Medizin angewandte Methode zur Untersuchung des Blutes u. der Rückenmarksflüssigkeit

Kollokation ⟨f.; -, -en⟩ **1** Ordnung nach bestimmter Reihenfolge **2** ⟨Sprachw.⟩ bedeutungsmäßige Verträglichkeit von Wörtern miteinander, z. B. Turm-hoch, Mensch-groß (jedoch nicht: Mensch-hoch) [<lat. *collocatio* »das Aufstellen, Anordnen«; zu *locus* »Ort«]

kollokieren ⟨V.; Sprachw.⟩ **1** sprachliche Ausdrücke, die inhaltlich zusammenpassen, miteinander verbinden **2** *Wörter ~* werden assoziativ miteinander verbunden u. treten häufig im gleichen Syntagma nebeneinander auf; *die Begriffe Tod u. schwarz ~* [<lat. *collocare* »(an)ordnen, aufstellen«]

Kollonema ⟨n.; -s, -ta; Med.⟩ gallertartige Geschwulst [<grch. *kolla* »Leim« + *nema* »Gewebe«]

Kolloquium ⟨n.; -s, -quien⟩ wissenschaftl. Gespräch (bes. zu Lehrzwecken); *oV* Colloquium; *Promotions~* [<lat. *colloquium* »Gespräch«]

kolludieren ⟨V.⟩ zum Nachteil eines Dritten im Einverständnis mit jmdm. handeln [<lat. *colludere* »mit jmdm. im geheimen Einverständnis sein«; zu *ludere* »spielen«]

Kollusion ⟨f.; -, -en⟩ geheimes Einverständnis zum Nachteil eines Dritten [<lat. *collusio* »geheimes Einverständnis«]

Kolm ⟨m. od. n.; -(e)s; unz.⟩ = Kulm (2)

kolmatieren ⟨V.⟩ eine Kolmation bilden

Kolmation ⟨f.; -, -en⟩ allmähl. Erhöhung des Bodens durch Ablagerung der im Flusswasser schwebenden Sinkstoffe [<ital. *colmata* »aufgeworfener Damm«]

Kol Nidre *auch:* **Kol Nidre** ⟨n.; - -; unz.⟩ synagogales jüdisches Gebet am Vorabend des Versöhnungstages Jom Kippur [aram., »alle Gelübde«]

Kolo ⟨m.; -s, -s; Musik⟩ früher der Nationaltanz der Serben, aus dem auf dem ganzen Balkan verbreiteter Reigentanz im 2/4-Takt entstanden ist [serb., eigtl. »Rad«]

Kolofon ⟨m.; -s, -e⟩ = Kolophon

Kolofonium ⟨n.; -s; unz.⟩ = Kolophonium

Kolombine ⟨f.; -, -n⟩ Gestalt der Commedia dell'Arte, Geliebte des Arleccino; *oV* Kolumbine [<ital. *colombina*, eigtl. »Täubchen« <lat. *columba* »Taube«]

Kolombowurzel ⟨f.; -, -n; Bot.⟩ aus den stark verdickten Wurzeln des zu den Mondsamengewächsen gehörenden ostasiat. Schlingstrauches Iatrorrhiza palmata gewonnene Droge gegen chronischen, mit Durchfall verbundenen Darmkatarrh: Radix Colombo [nach *Colombo*, Hauptstadt von Sri Lanka (Ceylon)]

Kolon ⟨n.; -s, -s od. Kola⟩ **1** ⟨Anat.⟩ Grimmdarm, Hauptteil des Dickdarms **2** Doppelpunkt (:) [grch.]

Kolonat ⟨n. od. m.; -(e)s, -e; im Röm. Reich⟩ **1** Verpflichtung des Bauern zu Abgaben u. Leistungen gegenüber dem Grundbesitzer **2** der verpachtete Grundbesitz selbst [<lat. *colonatus* »Bauernstand«; zu *colonus* »Feldbauer«]

Kolone ⟨m.; -n, -n; im Röm. Reich⟩ halbfreier Bauer, der erblich an ein Grundstück gebunden war [<lat. *colonus* »Feldbauer, Ansiedler«]

Kolonel ⟨f.; -; unz.⟩ ein Schriftgrad (7 Punkt) [<frz. *colonel* »Oberst«]

kolonial ⟨Adj.⟩ auf die Kolonien bezüglich, sie betreffend, aus ihnen stammend

kolonialisieren ⟨V.⟩ aus einem Land eine Kolonie machen, ein Land in koloniale Abhängigkeit bringen

Kolonialismus ⟨m.; -; unz.⟩ **1** Erwerb u. Nutzung von Kolonien **2** Streben, Kolonien zu erwerben

Kolonialist ⟨m.; -en, -en⟩ Anhänger, Vertreter des Kolonialismus

kolonialistisch ⟨Adj.⟩ in der Art des Kolonialismus, dem Kolonialismus entsprechend

Kolonialstil ⟨m.; -(e)s; unz.⟩ Abart des mutterländ. Baustils in den Kolonien, Abart des engl. Klassizismus

Kolonialwaren ⟨Pl.; veraltet⟩ aus den Kolonien eingeführte Lebensmittel

Kolonie ⟨f.; -, -n⟩ **1** Ansiedlung von Ausländern in einem Staat **2** in einem Staat geschlossen siedelnde Gruppe von Ausländern **3** ausländischer, meist überseeischer Besitz eines Staates **4** Ansiedlung von Menschen in einsamen Gegenden; *Verbrecher~; Militär~* **5** Lager; *Ferien~; Schüler~* **6** ⟨Biol.⟩ lockerer Zellverband, in dem die Tochterindividuen nach der Teilung durch gemeinsame Gallerten od. durch die gemeinsame Muttermatrarrh verbunden bleiben: Coenobium **7** Tierverband, Vereinigung gesellig lebender Tiere [<lat. *colonia* »Tochterstadt, Ansiedlung außerhalb des Vaterlandes«]

Kolonisation

Ko|lo|ni|sa|ti|on ⟨f.; -, -en; Pl. selten⟩ *Sy* Kolonisierung **1** Besiedlung, Urbarmachung u. Erschließung ungenutzten Landes im Ausland od. im Innern des eigenen Landes; *innere* ~ **2** Eroberung od. Erwerb von Kolonien

Ko|lo|ni|sa|tor ⟨m.; -s, -to|ren⟩ jmd., der eine Kolonisation vornimmt

ko|lo|ni|sa|to|risch ⟨Adj.⟩ die Kolonisation betreffend, auf ihr beruhend

ko|lo|ni|sie|ren ⟨V.⟩ **1** urbar machen, besiedeln u. erschließen; *ein Gebiet* ~ **2** als Kolonie erobern od. erwerben

Ko|lo|ni|sie|rung ⟨f.; -, -en; Pl. selten⟩ = Kolonisation

Ko|lo|nist ⟨m.; -en, -en⟩ Siedler in einer Kolonie

Ko|lon|na|de ⟨f.; -, -n; Arch.⟩ Säulengang ohne Bögen [<frz. *colonnade* »Säulenreihe«; zu *colonne* »Säule«]

Ko|lon|ne ⟨f.; -, -n⟩ **1** geordnete, gegliederte Schar, Zug; *in* ~*n marschieren; fünfte* ~ im Geheimen wirkende feindliche Gruppe im Innern eines Landes **2** Transporttruppe; *Rettungs*~; *Sanitäts*~ **3** Arbeitsgruppe; *Arbeits*~ **4** Druckspalte, Spalte innerhalb einer Tabelle **5** ⟨Chemie⟩ Apparat in Form eines Turms od. einer Säule, in der Dampf aufsteigt u. eine Flüssigkeit (zur fraktionierten Destillation) heruntierieselt [<frz. *colonne* »Säule« <lat. *columna* »Säule«]

Ko|lo|phon ⟨m.; -s, -e; in mittelalterl. Handschriften u. frühen Druckwerken⟩ Vermerk am Schluss über Verfasser, Schreiber, Druckart u. -jahr; *oV* Kolofon [grch., »Gipfel«]

Ko|lo|pho|ni|um ⟨n.; -s; unz.⟩ hellgelbes bis schwarzes Balsamharz, das beim Erhitzen von Kiefernharzen entsteht u. für Lacke, Kitte, Bodenbeläge, Kunstharze, zum Leimen von Schreibpapier u. zum Bestreichen des Violinbogens verwendet wird; *oV* Kolofonium [nach der grch. Stadt *Kolophon* in Kleinasien]

Ko|lop|to|se auch: **Ko|lop|to|se** ⟨f.; -, -n; Med.⟩ die durch das Erschlaffen der Haltebänder in der Bauchhöhle verursachte Absenkung des Dickdarms [<*Kolon* + grch. *ptosis* »das Fallen«]

Ko|lo|quin|te ⟨f.; -, -n; Bot.⟩ zu den Kürbisgewächsen gehörige Pflanze, deren orangegroße, bittere Früchte (Fructus Colocynthis) eine stark abführend wirkende Droge liefern: Citrullus colocynthis [<ital. *coloquinta* <lat. *colocynthis* <grch. *kolokyntha* »Koloquinte«]

Ko|lo|ra|do|kä|fer ⟨m.; -s, -; Zool.⟩ Kartoffelkäfer; *oV* Coloradokäfer [nach dem US-amerikan. Staat *Colorado*, in dem der Käfer ursprünglich beheimatet war]

Ko|lo|ra|tur ⟨f.; -, -en; Musik⟩ virtuose Verzierung des Gesangs in hohen Lagen durch Triller, Läufe usw. [<lat. *coloratus*, Part. Perf. zu *colorare* »färben«; zu *color* »Farbe«]

Ko|lo|ra|tur|so|pran auch: **Ko|lo|ra|tur|so|pran** ⟨m.; -s, -e; Musik⟩ **1** helle, für Koloratur bes. geeignete Sopranstimme **2** Sängerin mit einer solchen Stimme

ko|lo|rie|ren ⟨V.⟩ mit Farbe ausmalen; *oV* colorieren [<lat. *colorare* »färben«; zu *color* »Farbe«]

Ko|lo|rie|rung ⟨f.; -, -en⟩ das Kolorieren, Farbgebung; *oV* Colorierung; *eine dezente* ~

Ko|lo|ri|me|ter ⟨n.; -s, -; Chemie⟩ Instrument zum Bestimmen der Farbintensität einer Lösung [<lat. *color* »Farbe« + ...*meter*]

Ko|lo|ri|me|trie auch: **Ko|lo|ri|metrie** ⟨f.; -; unz.; Chemie⟩ Verfahren der analyt. Chemie zur Bestimmung der Konzentration einer Lösung durch Messung ihrer Farbintensität; *Sy* kolorimetrische Analyse

ko|lo|ri|me|trisch auch: **ko|lo|ri|metrisch** ⟨Adj.; Chemie⟩ die Kolorimetrie betreffend, zu ihr gehörig, auf ihr beruhend, mit ihrer Hilfe; ~*e Analyse* = Kolorimetrie

Ko|lo|ris|mus ⟨m.; -; unz.; Kunst⟩ Richtung der Malerei, die der Farbgebung gegenüber der Linie, Form usw. den Vorrang gibt, z. B. der Impressionismus

Ko|lo|rist ⟨m.; -en, -en⟩ **1** jmd., der Zeichnungen, Stiche usw. koloriert **2** Vertreter des Kolorismus

Ko|lo|ris|tin ⟨f.; -, -tin|nen⟩ **1** weibl. Person, die Zeichnungen, Stiche usw. koloriert **2** Vertreterin des Kolorismus

ko|lo|ris|tisch ⟨Adj.⟩ zum Kolorismus gehörig, in seiner Art

Ko|lo|rit ⟨n.; -(e)s, -e⟩ *oV* Colorit **1** ⟨Mal.⟩ Farbgebung, Farbwirkung **2** ⟨Musik⟩ Klangfarbe, Klangeigenart **3** ⟨Lit.⟩ die bes. Stimmung, Atmosphäre einer Schilderung; *Lokal*~ [<ital. *colorito* »Färbung« <*colore* <lat. *color* »Farbe«]

Ko|lo|skop auch: **Ko|los|kop** ⟨n.; -s, -e; Med.⟩ Gerät zur Untersuchung des Dickdarms [<*Kolon* + ...*skop*]

Ko|lo|sko|pie auch: **Ko|los|ko|pie** ⟨f.; -, -n; Med.⟩ teilweise od. komplette Untersuchung des Dickdarms mit einem Koloskop [<*Kolon* + ...*skopie*]

Ko|loss ⟨m.; -es, -e⟩ **1** Standbild eines Riesen; *der* ~ *von Rhodos* **2** ⟨allg.⟩ riesiges Gebilde; *Fels*~ **3** ⟨fig.; umg.⟩ sehr großer, dicker, schwerer Mensch [<grch. *kolossos* »Riesenbildsäule, bes. die dem Sonnengott geweihte eherne auf der Insel Rhodos«]

ko|los|sal ⟨Adj.⟩ **1** riesig, riesenhaft **2** gewaltig **3** ⟨fig.; umg.⟩ sehr, ungeheuer

Ko|los|sal|ord|nung ⟨f.; -, -en; Arch.⟩ bes. im Barock angewandte Säulen- od. Pilasterordnung, die durch mehrere Geschosse einer Fassade od. einer Innenwand geht

Ko|los|se|um ⟨n.; -s; unz.⟩ riesiges Amphitheater in Rom aus dem 1. Jh. n. Chr. [zu lat. *colosseus* »riesengroß«, <grch. *kolossos*]

Ko|lo|sto|mie auch: **Ko|los|to|mie** ⟨f.; -, -n; Med.⟩ Anlegung einer äußeren Dickdarmfistel, die bei inoperablen Stenosen die künstliche Ernährung u. die Stuhlableitung ermöglicht; *oV* Colostomie [<*Kolon* + grch. *stoma* »Mund, Mündung«]

Ko|los|tral|milch auch: **Ko|lost|ral|milch** ⟨f.; -; unz.⟩ (bei Frauen) die in den ersten Tagen nach der Geburt von den Brustdrüsen abgegebene, milchartige

Flüssigkeit; *oV* Kolostrum [<lat. *colostrum*]
Ko|los|trum *auch:* **Ko|lost|rum** ⟨n.; -s; unz.⟩ = Kolostralmilch
Ko|lo|to|mie ⟨f.; -; unz.; Med.⟩ chirurg. Eröffnung eines Teils des Dickdarms [<grch. *kolon* »Dickdarm« + *tome* »Schnitt«]
Kol|pak ⟨m.; -s, -s⟩ = Kalpak
Kol|pi|tis ⟨f.; -, -ti|den; Med.⟩ Entzündung der Schleimhaut der weibl. Scheide, Scheidenentzündung [<grch. *kolpos* »Schoß«]
Kol|por|ta|ge ⟨[-ʒə] f.; -; unz.⟩ 1 (früher) Vertrieb billiger Bücher durch Hausierer 2 ⟨fig.⟩ Billiges, Minderwertiges 3 Verbreitung von Gerüchten [<frz. *colportage* »Hausierhandel, Verbreitung (von Nachrichten)«; → *kolportieren*]
Kol|por|ta|ge|ro|man ⟨[-ʒə-] m.; -s, -e; Lit.⟩ 1 ⟨urspr.⟩ durch Kolportage verkaufter Roman 2 ⟨heute⟩ billiger, wertloser Roman, Hintertreppenroman
Kol|por|teur ⟨[-ˈtøːr] m.; -s, -e⟩ 1 ⟨veraltet⟩ Hausierer mit Büchern u. Zeitschriften 2 jmd., der Gerüchte verbreitet [<frz. *colporteur* »Hausierer, Neuigkeitenkrämer«; → *kolportieren*]
kol|por|tie|ren ⟨V.⟩ 1 ⟨veraltet⟩ *Bücher* ~ mit Büchern hausieren 2 ⟨fig.⟩ *Nachrichten* ~ als Gerücht verbreiten [<frz. *colporter* »hausieren, (Nachrichten) verbreiten« <lat. *comportare* »zusammentragen«]
Kol|pos ⟨m.; -; unz.⟩ durch Herabziehen des Chitons über den Gürtel entstehender Faltenbausch [grch., »Wölbung, Busen«]
Kol|po|skop *auch:* **Kol|pos|kop** ⟨n.; -s, -e; Med.⟩ Gerät mit Spiegel zur Untersuchung des Scheideninnern [<grch. *kolpos* »Scheide« + *...skop*]
Kol|pos|ko|pie *auch:* **Kol|pos|ko|pie** ⟨f.; -, -n; Med.⟩ Untersuchung der Scheide mit dem Kolposkop
Kol|ter ⟨n.; -s, -; Landw.⟩ Messer am Pflug, das die Erde senkrecht durchschneidet, Sech [<frz. *coltre* <lat. *culter* »Messer«]
Ko|lum|ba|ri|um ⟨n.; -s, -ri|en⟩ Begräbnisstätte mit Nischen für die Urnen, Urnenhalle [<lat. *columbarium* »Taubenhaus; altröm. Urnengewölbe« (dessen Einrichtung mit seinen vielen kleinen Nischen für die Urnen an ein Taubenhaus erinnerte); zu *columba* »Taube«]

Ko|lum|bi|ne ⟨f.; -, -n⟩ = Kolombine
Ko|lum|ne ⟨f.; -, -n⟩ 1 Säule, senkrechte Reihe 2 ⟨Typ.⟩ Spalte 3 Schriftsatz in Höhe einer Druckseite [<lat. *columna* »Säule«]
Ko|lum|nen|ti|tel ⟨m.; -s, -⟩ Überschrift einer Buchseite; *lebender* ~ Nummer einer Buchseite mit Seitenüberschrift; *toter* ~ Nummer einer Buchseite ohne Überschrift
Ko|lum|nist ⟨m.; -en, -en⟩ jmd., der regelmäßig für eine bestimmte Spalte einer Zeitung schreibt [→ *Kolumne*]
kom..., Kom... ⟨in Zus.⟩ = kon..., Kon...
Ko|ma[1] ⟨f.; -, -s⟩ 1 durch die Sonne zum Leuchten angeregte Gase eines Kometen 2 ⟨Optik⟩ Abbildungsfehler in Form eines Lichtbündels [<grch. *kome* »Haar«]
Ko|ma[2] ⟨n.; -s, -s od. -ta; Med.⟩ tiefe Bewusstlosigkeit, die durch äußere Reize nicht unterbrochen werden kann; *im* ~ *liegen* [grch., »fester Schlaf«]
ko|ma|tös ⟨Adj.; Med.⟩ auf Koma[2] beruhend
kom|ba|tant ⟨Adj.⟩ kämpferisch, streitbar
Kom|bat|tant ⟨m.; -en, -en⟩ Kämpfer, Angehöriger einer Kampftruppe [<frz. *combattant* »Kämpfer, Kriegsteilnehmer«]
Kom|bi ⟨m.; -s od. -, -s; kurz für⟩ Kombiwagen
Kom|bi|lohn ⟨m.; -(e)s, -löh|ne; Politik⟩ Bereitstellung von finanziellen Mitteln für Arbeitslose od. Sozialhilfeempfänger mit dem Ziel, ihnen eine sozialversicherungspflichtige Beschäftigung zu vermitteln
Kom|bi|nat ⟨n.; -(e)s, -e; in der UdSSR u. a. sozialist. Staaten⟩ Zusammenschluss verschiedener Industriezweige; *Eisenhütten~, Kohle~* [<lat. *combinatus*, Part. Perf. zu *combinare* »verbinden, verknüpfen«]

Kom|bi|na|ti|on ⟨f.; -, -en⟩ 1 Verknüpfung, Zusammenfügung 2 Herstellung von Beziehungen, die gedankl. zusammenhängen 3 ⟨Sport⟩ planmäßiges Zusammenspiel 4 ⟨Mode⟩ 4.1 Kleidungsstück aus mehreren Teilen 4.2 Hemdhose 4.3 Arbeitsanzug aus einem Stück; *Flieger~* 4.4 Herrenanzug aus Hose u. Jacke von verschiedener Farbe od. aus verschiedenem Stoffen 4.5 Garnitur von Unterwäsche für Damen [<lat. *combinatio* »Verbindung«; zu *combinare* »verbinden, verknüpfen«]
Kom|bi|na|ti|ons|leh|re ⟨f.; -; unz.; Math.⟩ = Kombinatorik (2)
Kom|bi|na|ti|ons|ton ⟨m.; -(e)s, -tö|ne; Musik⟩ bei dem Zusammenklingen zweier Töne hörbarer Ton, dessen Frequenz sich aus den Frequenzen der sich überlagernden Töne ermitteln lässt
kom|bi|na|tiv ⟨Adj.⟩ = kombinatorisch
Kom|bi|na|to|rik ⟨f.; -; unz.⟩ 1 ⟨allg.⟩ Kunst, Begriffe u. gegebene Dinge zu einem System zusammenzustellen 2 ⟨Math.⟩ Zweig der Mathematik, der die verschiedenartigen Anordnungen endlich vieler beliebiger Elemente untersucht; *Sy* Kombinationslehre [→ *Kombination*]
kom|bi|na|to|risch ⟨Adj.⟩ Kombinationen herstellend, verknüpfend; *Sy* kombinativ
Kom|bi|ne *auch:* **Kom|bine** ⟨engl. [ˈkɔmbaɪn] f.; -, -n od. ⟨engl.⟩ -s; ostdt.⟩ landwirtschaftliche Maschine, die mehrere Arbeiten gleichzeitig verrichtet, z. B. Mähdrescher, *oV* Combine [<russ. *kombajn* <engl. *combine harvester* »Mähdrescher«; zu *combine* »kombinieren, verbinden«]
kom|bi|nier|bar ⟨Adj.⟩ so beschaffen, dass man es kombinieren kann, verknüpfbar
kom|bi|nie|ren ⟨V.⟩ gedankl. Zusammenhänge finden zwischen, Beziehungen herstellen zwischen; *etwas mit etwas anderem* ~ (gedankl.) verbinden, verknüpfen [<lat. *combinare* »verbinden, verknüpfen«]

Kombiwagen

Kom|bi|wa|gen ⟨m.; -s, -; Kfz⟩ kombinierter Personen- u. Lieferwagen; *Sy* Kombi

kom|bus|ti|bel ⟨Adj.⟩ leicht entzündlich, leicht brennbar [<frz. *combustible*]

Ko|me|do ⟨m.; -s, -do|nen⟩ Mitesser (in der Haut) [<lat. *comedo* »Esser, Fresser«]

ko|mes|ti|bel ⟨Adj.; veraltet⟩ essbar, genießbar [<frz. *comestible*; zu lat. *comedere* »essen, verzehren«]

Ko|mes|ti|bi|li|en ⟨Pl.⟩ Esswaren

Ko|met ⟨m.; -en, -en; Astron.⟩ Himmelskörper mit einem Schweif, der sich auf einer lang gestreckten Ellipse um die Sonne bewegt, Schweifstern [<mhd. *komete* <lat. *cometa, cometes* <grch. *kometes* »Haar tragend(er Stern)«; zu *kome* »Haar«]

ko|me|tar ⟨Adj.⟩ zu einem Kometen gehörend, von ihm stammend, in seiner Art; *Sy* kometarisch

ko|me|ta|risch ⟨Adj.⟩ = kometar

Kom|fort ⟨[-foːr] od. [-fɔrt] m.; - od. -(e)s; unz.⟩ **1** Bequemlichkeit, Behaglichkeit **2** bequeme, prakt. Einrichtung; *Wohnung, Zimmer mit allem ~* [<engl. *comfort* <afrz. *confort* »Trost, Stärkung«, <lat. *fortis* »stark«]

kom|for|ta|bel ⟨Adj.⟩ bequem, praktisch, mit allen modernen prakt. Errungenschaften ausgestattet; *Ggs* unkomfortabel; *komfortables Hotel* [<engl. *comfortable* <afrz. *confortable* »Trost, Stärkung bringend«]

Ko|mik ⟨f.; -; unz.⟩ **1** das Komische; *Sinn für ~ haben* **2** komische, erheiternde Wirkung; *eine Szene von unwiderstehlicher ~* **3** die Kunst, etwas erheiternd, belustigend darzustellen [<frz. *comique*; → *komisch*]

Ko|mi|ker ⟨m.; -s, -⟩ **1** Darsteller komischer Rollen **2** Vortragskünstler, der mit seinen Darbietungen Heiterkeit erregt

Ko|mi|ke|rin ⟨f.; -, -rin|nen⟩ **1** Darstellerin komischer Rollen **2** Vortragskünstlerin, die mit ihren Darbietungen Heiterkeit erregt

Kom|in|form *auch:* **Ko|min|form** ⟨n.; -s; unz.; 1947-1956⟩ Organisation mehrerer europäischer kommunist. Parteien mit Sitz in Belgrad u. Bukarest [verkürzt <*Kommunistisches Informationsbüro*]

Kom|in|tern *auch:* **Ko|min|tern** ⟨f.; -; unz.; 1919-1943⟩ Vereinigung der kommunist. Parteien der Welt [verkürzt <*Kommunistische Internationale*]

ko|misch ⟨Adj.⟩ **1** Lachen, Heiterkeit erregend, spaßhaft, spaßig; *eine ~e Figur machen* **2** drollig, ulkig **3** ⟨Theat.⟩ possenhaft; *die ~e Person; die ~e Alte (als Rollenfach)* **4** ⟨fig.; umg.⟩ selten, sonderbar, merkwürdig; *ein ~es Gefühl haben; er ist ein ~er Kerl, Kauz; du bist aber ~!; er ist seit einiger Zeit so ~; das ist doch ~!* erregt Staunen; *mir ist so ~* übel, schlecht; *das kommt mir ~ vor* verdächtig [<lat. *comicus* <grch. *komikos* »zur Komödie gehörig, witzig, lächerlich«; zu grch. *komos* »fröhlicher Umzug, lärmende Schar, festlicher Gesang« (bis 17. Jh. nur: »zur Komödie gehörig«, dann unter frz. Einfluss heutige Bedeutungen)]

Ko|mi|ta|dschi *auch:* **Ko|mi|tad|schi** ⟨m.; -s, -⟩ bulgar. Freischärler [türk., nach ihren 1868 gegründeten geheimen Revolutionskomitees benannt]

Ko|mi|tat ⟨n. od. m.; -(e)s, -e⟩ **1** (früher) feierl. Geleit für einen von der Universität scheidenden Studenten **2** ungar. Verwaltungsbezirk, Gespanschaft [<lat. *comitatus* »Begleitung, Gefolge«; zu *comes* »Begleiter«]

Ko|mi|ta|tiv ⟨m.; -s, -e [-və]; Sprachw.⟩ die Begleitung durch eine Person od. Sache bezeichnender Kasus (im Deutschen ausgedrückt durch »mit«) [<lat. *comitatus* »Begleitung«]

Ko|mi|tee ⟨n.; -s, -s⟩ im Namen einer Organisation handelnder Ausschuss; *Fest~* [<frz. *comité*]

Ko|mi|tien ⟨Pl.⟩ die altrömischen Volksversammlungen [<lat. *comitia*, Pl. zu *comitium* »Versammlungsplatz auf dem Markt in Rom«]

Kom|ma ⟨n.; -s, -s od. -ta⟩ **1** ⟨Gramm.; Zeichen: ,⟩ Satzzeichen, das den Satz in Sinnabschnitte teilt, Beistrich **2** ⟨Math.⟩ Zeichen, das ganze Zahlen von den Ziffern der Dezimalbrüche trennt; *drei ~ vier (3,4); drei ~ null vier (3,04)* **3** ⟨Musik⟩ **3.1** Differenz zwischen zwei fast gleichen Tönen **3.2** kleiner senkrechter Strich über der obersten Notenlinie zum Zeichen des Absetzens u. neuen Ansetzens [grch., »Abschnitt, Schlag«; zu *koptein* »schlagen«]

Kom|ma|ba|zil|lus ⟨m.; -, -zil|len; Med.⟩ zu den Schraubenbakterien gehörender Erreger der Cholera: Vibrio comma

Kom|man|dant ⟨m.; -en, -en⟩ Befehlshaber eines Kriegsschiffes od. Flugplatzes, einer Festung od. Stadt; → *a.* Kommandeur [<frz. *commandant*]

Kom|man|dan|tur ⟨f.; -, -en⟩ Sitz des Stadtkommandanten, militär. Behörde (einer Stadt)

Kom|man|deur ⟨[-døːr] m.; -s, -e⟩ **1** Befehlshaber einer Truppeneinheit **2** = Komtur (2) [<frz. *commandeur*]

kom|man|die|ren ⟨V.⟩ **1** *Personen, Truppen ~* den Befehl über P., T. führen **2** ⟨Mil.⟩ versetzen; *einen Soldaten zu einer anderen Einheit ~* **3** *jmdn. ~* jmdm. einen Befehl erteilen; *ich lasse mich nicht von dir ~* **4** befehlen, was zu tun ist; *hier kommandiere ich!; du hast hier überhaupt nichts zu ~!; ein ~der General* Kommandeur eines Korps des Heeres od. einer Gruppe der Luftwaffe **5** ⟨umg.⟩ in barschem Befehlston reden; *~ Sie nicht so!* [<frz. *commander* »befehlen, gebieten«]

Kom|man|die|rung ⟨f.; -, -en⟩ **1** das Kommandieren, Beordern **2** das Kommandiertwerden, Beordertwerden, Versetzung

Kom|man|di|tär ⟨m.; -s, -e; schweiz.⟩ = Kommanditist [<frz. *commanditaire* »stiller Teilhaber«]

Kom|man|di|te ⟨f.; -, -n⟩ **1** Handelsgesellschaft mit stillen Teilhabern **2** Zweiggeschäft [<frz. *commandite*]

Kom|man|dit|ge|sell|schaft ⟨f.; -, -en; Abk.: KG, K. G.⟩ Handelsgesellschaft, bei der ein od.

mehrere Teilhaber unbeschränkt haften, andere nur mit ihrer Vermögenseinlage; ~ *auf Aktien* ⟨Abk.: KGaA⟩

Kom|man|di|tist ⟨m.; -en, -en⟩ nur mit seiner Vermögenseinlage haftender Teilhaber; *oV* ⟨schweiz.⟩ Kommanditär; *Ggs* Komplementär

Kom|man|do ⟨n.; -s, -s od. österr. -man|da⟩ **1** Befehl, Anordnung; *ein ~ geben; auf das ~ »los!«; sich wie auf ~ umdrehen* **2** Befehlsgewalt; *das ~ führen, übernehmen (über eine Truppe); General~; Ober~; Befehls~* **3** zu bestimmten Zwecken zusammengestellte Truppenabteilungen; *Sonder~; Wach~* [<ital., span. *commando* »Befehl«]

Kom|mas|sa|ti|on ⟨f.; -, -en⟩ Zusammenlegung von mehreren Grundstücken, Flurbereinigung; *Sy* Kommassierung [<*Kom...* + lat. *massa* »Klumpen, Masse«]

kom|mas|sie|ren ⟨V.⟩ *Grundstücke ~* zusammenlegen

Kom|mas|sie|rung ⟨f.; -, -en⟩ = Kommassation

Kom|men|de ⟨f.; -, -n⟩ **1** kirchl. Pfründe ohne damit verbundene Amtspflichten **2** = Komturei [<mlat. *commenda;* zu lat. *commendare* »anvertrauen«]

Kom|men|sa|le ⟨m.; -n, -n; Biol.⟩ Organismus, der sich auf Kosten eines Wirtes ernährt, ohne ihm dabei zu schaden [→ *Kommensalismus*]

Kom|men|sa|lis|mus ⟨m.; -; unz.⟩ Zusammenleben zweier Organismen, bei dem sich der eine vom Nahrungsüberschuss des anderen ernährt, ohne dem Wirt zu schaden; →*a.* Parasitismus [<*Kom...* + lat. *mensa* »Tisch«]

kom|men|su|ra|bel ⟨Adj.⟩ mit gleichem Maß messbar, vergleichbar; *Ggs* inkommensurabel [<lat. *commensurabilis* »gleich zu bemessen, gleichmäßig«; zu *mensura* »das Messen, Maß«]

Kom|men|su|ra|bi|li|tät ⟨f.; -; unz.⟩ **1** Messbarkeit mit gleichem Maß, Vergleichbarkeit **2** ⟨Astron.⟩ die in einem einfachen, ganzzahligen Verhältnis stehenden Zeiten des Umlaufs zweier Himmelskörper um ein Zentralgestirn

Kom|ment ⟨[-mã:] m.; -s, -s⟩ **1** Gesamtheit der Sitten u. Bräuche in einer Studentenverbindung **2** student. Brauch [eigtl. »das Wie, die Art u. Weise, etwas zu tun« <frz. *comment?* »wie?«]

Kom|men|tar ⟨m.; -s, -e⟩ **1** nähere Erläuterung; *einen ~ zu etwas geben; ~ überflüssig* dazu braucht man nichts zu sagen, die Sache spricht für sich selbst, ist offensichtlich **2** fortlaufende sachliche u. sprachliche (von einem wissenschaftl. Standpunkt aus gegebene) Erläuterung des Textes eines literar. Werkes, Gesetzes u. Ä.; →*a.* Explanation [<lat. *commentarius* »schriftl. Aufzeichnung«; zu *commentari;* → *kommentieren*]

kom|men|ta|risch ⟨Adj.⟩ in der Art, Form eines Kommentars; *ein ~ abgefasster Artikel*

Kom|men|ta|ti|on ⟨f.; -, -en⟩ **1** ⟨veraltet⟩ erläuternde Abhandlung **2** Sammlung wissenschaftl. Schriften [<lat. *commentatio* »sorgfältiges Überdenken«; → *kommentieren*]

Kom|men|ta|tor ⟨m.; -s, -to|ren⟩ jmd., der einen Kommentar gibt, etwas erklärt, erläutert

Kom|men|ta|to|rin ⟨f.; -, -rin|nen⟩ weibl. Person, die einen Kommentar gibt, etwas erklärt, erläutert

kom|men|tie|ren ⟨V.⟩ **1** (wissenschaftl.) erläutern; *Gesetze ~* **2** erklären; *eine kommentierte Ausgabe von Shakespeares »Hamlet«* [<lat. *commentari* »genau überdenken, etwas Durchdachtes schriftlich darstellen«; zu *mens,* Gen. *mentis* »Denktätigkeit, Verstand«]

Kom|mers ⟨m.; -es, -e⟩ feierl. Trinkgelage (einer Studentenverbindung) [<frz. *commerce* <lat. *commercium* »Verkehr«]

Kom|mers|buch ⟨n.; -(e)s, -bücher⟩ student. Liederbuch

Kom|merz ⟨m.; -es; unz.⟩ **1** Handel, Gewinn **2** Verkehr [<frz. *commerce* <lat. *commercium* »Handel, Verkehr«]

kom|mer|zi|a|li|sie|ren ⟨V.⟩ für den Handel erschließen, kaufmännisch nutzbar machen; *öffentl. Schulden ~* in privatwirtschaftl. Schulden umwandeln [<frz. *commercialiser* »kommerzialisieren, in den Handel bringen«]

Kom|mer|zi|a|lis|mus ⟨m.; -; unz.⟩ auf Gewinn ausgerichtetes Bestreben

Kom|mer|zi|al|rat ⟨m.; -(e)s, -räte; österr. für⟩ Kommerzienrat

kom|mer|zi|ell ⟨Adj.⟩ **1** den Handel betreffend, auf ihm beruhend **2** kaufmännisch [<*Kommerz* (mit frz. Endung)]

Kom|mer|zi|en|rat ⟨m.; -(e)s, -räte; bis 1919 Titel für⟩ Großkaufmann, Industrieller

Kom|mi|li|to|ne ⟨m.; -n, -n⟩ Mitstudent, Studiengenosse [<lat. *commilito* »Waffenbruder«; zu *miles* »Soldat«]

Kom|mi|li|to|nin ⟨f.; -, -nin|nen⟩ Mitstudentin, Studiengenossin

Kom|mis ⟨[-mi:] m.; - [-mi:(s)], - [-mi:s]⟩ Handlungsgehilfe [<frz. *commis*]

Kom|miss ⟨m.; - od. -es; unz.⟩ **1** ⟨urspr.⟩ die vom Staat gelieferte Ausrüstung u. der Unterhalt des Soldaten **2** ⟨heute; umg.⟩ Militär, Militärdienst; *beim ~ sein* [<frühnhd. *kommiss* »Heeresvorräte« <lat. *commissum,* Part. Perf. zu *committere* »zusammenbringen, anvertrauen«]

Kom|mis|sar ⟨m.; -s, -e⟩ **1** im Auftrag des Staates arbeitende, mit bes. Vollmachten ausgerüstete Person **2** einstweiliger Vertreter eines Beamten **3** Dienstrang im Polizeidienst; *Polizei~; Kriminal~* [<*commissari* (15. Jh.) <mlat. *commissarius* »mit der Besorgung eines Geschäftes Betrauter« <lat. *committere* »zusammenbringen«]

Kom|mis|sär ⟨m.; -s, -e; oberdt. für⟩ Kommissar [<frz. *commissaire* <mlat. *commissarius*]

Kom|mis|sa|ri|at ⟨n.; -(e)s, -e⟩ **1** Dienstbereich, Stellung eines Kommissars **2** Amt, Dienststelle; *Polizei~*

Kom|mis|sa|rin ⟨f.; -, -rin|nen⟩ weibl. Kommissar

kom|mis|sa|risch ⟨Adj.⟩ **1** durch einen Kommissar vertretungsweise ausgeführt; *~e Leitung* **2** einstweilig; *~er Leiter*

Kommission

Kom|mis|si|on ⟨f.; -, -en⟩ 1 Auftrag, ein Geschäft im eigenen Namen, aber für fremde Rechnung zu besorgen; *eine Ware in ~ geben, nehmen; ~en machen* ⟨schweiz.⟩ einkaufen 2 Ausschuss; *Ärzte~; Sonder~; eine ~ bilden, wählen* [<lat. *commissio* »Vereinigung, Verbindung«; zu *committere* »vereinigen, anvertrauen«]

Kom|mis|si|o|när ⟨m.; -s, -e⟩ 1 jmd., der im eigenen Namen, aber für fremde Rechnung gewerbsmäßig Geschäfte abschließt 2 zwischen Verleger u. Sortimenter eingeschalteter Buchhändler [<frz. *commissionaire* »Geschäftsvermittler«; → *Kommission*]

kom|mis|si|o|nell ⟨Adj.⟩ auf Kommission beruhend

kom|mis|si|o|nie|ren ⟨V.; österr.⟩ einen Bau durch eine staatliche Kommission abschließend prüfen, genehmigen u. für die gedachte Nutzung freigeben

Kom|mis|si|ons|buch|han|del ⟨m.; -s; unz.⟩ Zweig des Buchhandels zwischen Verlag u. Sortiment

Kom|mis|si|ons|ge|schäft ⟨n.; -(e)s, -e⟩ gewerbsmäßiger Ein- u. Verkauf von Waren im eigenen Namen, aber für fremde Rechnung

Kom|mis|so|ri|um ⟨n.; -s, -ri|en⟩ 1 Sonderauftrag 2 Vollmacht für einen Kommissar [zu lat. *commissum* »das Anvertraute«, Part. Perf. von *committere* »zusammenbringen, anvertrauen«]

Kom|mis|sur ⟨f.; -, -en⟩ 1 Querverbindung zwischen symmetrischen Nervensträngen 2 ⟨i. e. S.⟩ Nervenverbindungen zwischen den beiden Großhirnhemisphären der Säuger [<lat. *commissura* »Verbindung, Zusammenfügung«; zu *committere* »verbinden, zusammenfügen«]

Kom|mit|tent ⟨m.; -en, -en⟩ Auftraggeber eines Kommissionsgeschäfts [<lat. *committens*, Part. Perf. zu *committere* »vereinigen, anvertrauen«]

kom|mit|tie|ren ⟨V.⟩ beauftragen, bevollmächtigen, als Beauftragten senden [<lat. *committere* »verbinden, anvertrauen«]

kom|mod ⟨Adj.; veraltet⟩ bequem, angenehm [<frz. *commode* »bequem«]

Kom|mo|de ⟨f.; -, -n⟩ Kastenmöbel mit Schubfächern; *Wäsche~* [<frz. *commode* < *commode* »bequem, angemessen, wohnlich«]

Kom|mo|do|re ⟨m.; -s, -n od. -s⟩ 1 ⟨Mar.⟩ 1.1 Kapitän in Admiralsstellung 1.2 ⟨Luftwaffe⟩ Geschwaderführer 2 Ehrentitel für den ältesten od. einen bes. verdienten Kapitän einer Handelsreederei 3 Präsident eines Jachtclubs [<engl. *commodore* »Geschwaderkommandant« <span. *commendador* od. ital. *commodoro*]

Kom|mos ⟨m.; -, Kom|moi⟩ aus den Ritualen der Griechen hervorgegangene Totenklage im Chor u. Schauspielern in der attischen Tragödie [grch., »das Schlagen« (auf die Brust als Bekundung der Trauer)]

Kom|mo|ti|on ⟨f.; -, -en; Med.⟩ Erschütterung durch stumpfe Gewalteinwirkung, z. B. Gehirnerschütterung [<lat. *commotio* »Aufregung«]

kom|mun ⟨Adj.⟩ 1 gemeinsam, gemeinschaftlich 2 gewöhnlich [<lat. *communis* »gemeinsam«]

kom|mu|nal ⟨Adj.⟩ eine Gemeinde od. einen Landkreis betreffend, zu ihnen gehörig, von ihnen ausgehend [<frz. *communal*; zu lat. *communis* »gemeinsam«]

Kom|mu|nal... ⟨in Zus.⟩ Gemeinde..., Landkreis...

kom|mu|na|li|sie|ren ⟨V.⟩ 1 einer Gemeinde od. einem Landkreis unterstellen 2 in Gemeindeverwaltung überführen, z. B. ein Privatunternehmen [→ *kommunal*]

Kom|mu|nal|ob|li|ga|ti|on *auch:* **Kom|mu|nal|ob|li|ga|ti|on** ⟨f.; -, -en; Wirtsch.⟩ Obligation (Schuldverschreibung), die zur Finanzierung kommunaler Vorhaben verwendet wird

Kom|mu|nal|po|li|tik ⟨f.; -; unz.⟩ alle Vorgänge u. Bestrebungen, die mit der Verwaltung der Gemeinden zusammenhängen

kom|mu|nal|po|li|tisch ⟨Adj.⟩ die Kommunalpolitik betreffend, auf ihr beruhend

Kom|mu|nal|ver|wal|tung ⟨f.; -, -en⟩ Selbstverwaltung der Gemeinden

Kom|mu|nal|wahl ⟨f.; -, -en⟩ Wahl für die Gemeindevertretung, Gemeindewahl

Kom|mu|nard ⟨[kɔmynaː(r)] m.; -s, -s⟩ *oV* Kommunarde 1 Angehöriger der Pariser Kommune 2 Angehöriger einer Kommune (3) [<frz. *communard*, nach der Pariser *Kommune*]

Kom|mu|nar|de ⟨m.; -n, -n⟩ = Kommunard

Kom|mu|nar|din ⟨m.; -, -nen⟩ 1 Angehörige der Pariser Kommune 2 Angehörige einer Kommune (3) [→ *Kommunard*]

Kom|mu|ne ⟨f.; -, -n⟩ 1 ⟨MA⟩ Stadtstaat mit republikan. Verfassung (bes. in Italien) 2 ⟨allg.⟩ Gemeinde 3 in Wohn- u. Wirtschaftsgemeinschaft lebende Gruppe 4 ⟨früher abwertend⟩ kommunist. Partei 5 *Pariser ~* [kɔmyːn] die revolutionären Gegenregierungen in Paris 1792-1794 u. von März bis Mai 1871 [<frz. *commune* »Gemeinde« <lat. *communis* »gemeinsam«]

Kom|mu|ni|kant ⟨m.; -en, -en; kath. Kirche⟩ Teilnehmer am Abendmahl, an der hl. Kommunion [<lat. *communicans*, Part. Präs. zu *communicare* »teilnehmen«]

Kom|mu|ni|ka|ti|on ⟨f.; -, -en⟩ 1 Verbindung, Zusammenhang 2 Verkehr, Umgang, Verständigung; *~ zwischen den Menschen, Tieren* 3 ⟨Kyb.⟩ Austausch von Informationen zwischen dynamischen Systemen [<lat. *communicatio* »Mitteilung«]

Kom|mu|ni|ka|ti|ons|for|schung ⟨f.; -; unz.⟩ sich mit dem Wesen, der Struktur, der Funktion u. den Problemen von Kommunikation beschäftigende Forschung

Kom|mu|ni|ka|ti|ons|netz ⟨n.; -es, -e; Wirtsch.⟩ Gesamtheit aller offiziell bestehenden Kommunikationsbeziehungen zwischen den Mitarbeitern eines Unternehmens

Kom|mu|ni|ka|ti|ons|sa|tel|lit ⟨m.; -en, -en⟩ = Nachrichtensatellit

Kom|mu|ni|ka|ti|ons|zen|trum auch: **Kom|mu|ni|ka|ti|ons|zent|rum** ⟨n.; -s, -zen|tren⟩ zentral gelegenes Gebäude für Begegnungen mit anderen Menschen, bes. Gruppen mit gleichen Interessen

kom|mu|ni|ka|tiv ⟨Adj.⟩ der Kommunikation dienend, zu ihr gehörig; ~e Kompetenz ⟨Sprachw.⟩ Sprachfähigkeit eines Sprechers/Hörers

Kom|mu|ni|ka|tor ⟨m.; -s, -to|ren⟩ Person, die für die Information der Öffentlichkeit bzw. der Presse über Vorhaben, Entwicklungen od. Vorgänge innerhalb eines Unternehmens, einer Partei od. einer Gruppe verantwortlich ist, Pressesprecher

Kom|mu|ni|kee ⟨n.; -s, -s⟩ = Kommuniqué

Kom|mu|ni|on ⟨f.; -, -en; kath. Kirche⟩ **1** Feier des Abendmahls **2** Empfang des Abendmahls [<lat. *communio* »Gemeinschaft«]

Kommuniqué / Kommunikee
(*Laut-Buchstaben-Zuordnung*)
Diakritische Zeichen in Fremdwörtern zur Kennzeichnung einer Betonung o. Ä. können auch durch unmarkierte Buchstaben ersetzt werden. Dies gilt auch für das aus dem Französischen entlehnte »é«, das eine Vokallänge kennzeichnet, die im Deutschen durch die Doppelung des entsprechenden Vokals gekennzeichnet wird (→*a.* Lamé / Lamee; Doublé / Dublee).

Kom|mu|ni|qué ⟨[kɔmyniˈkeː] n.; -s, -s⟩ amtl. Verlautbarung, Bekanntmachung (bes. einer Regierung); *oV* Kommunikee [<frz. *communiqué*]

Kom|mu|nis|mus ⟨m.; -; unz.; Politik⟩ **1** ökonom. u. polit. Lehre, die sich die Gesellschaft ohne Privateigentum, soziale Gleichstellung der Individuen u. deren Aufgehen in der Gemeinschaft sowie gemeinschaftliche Lebensführung zum Ziel gesetzt hat **2** die darauf beruhende Wirtschafts- u. Gesellschaftsordnung **3** von den kommunist. Parteien vertretene polit. Bewegung, die diese Gesellschaftsform anstrebt [zu lat. *communis* »gemeinsam«]

Kom|mu|nist ⟨m.; -en, -en; Politik⟩ **1** Vertreter, Anhänger des Kommunismus **2** Mitglied einer kommunistischen Partei

Kom|mu|nis|tin ⟨f.; -, -tin|nen; Politik⟩ **1** Vertreterin, Anhängerin des Kommunismus **2** Mitglied einer kommunist. Partei

kom|mu|nis|tisch ⟨Adj.; Politik⟩ den Kommunismus betreffend, auf ihm beruhend, ihn vertretend, zu ihm gehörig; ~e *Internationale* = Komintern; ~es *Manifest* Manifest der Kommunist. Partei, von K. Marx u. Fr. Engels 1847-48 verfasstes Programm des Kommunismus

Kom|mu|ni|tät ⟨f.; -, -en⟩ **1** Gemeinschaft, Gemeinsamkeit **2** Gemeingut [<lat. *communitas* »Gemeinschaft«; zu *communis* »gemeinsam«]

kom|mu|ni|zie|ren ⟨V.⟩ **1** zusammenhängen, in Verbindung stehen; ~*de Röhren* ⟨Physik⟩ R., die oben offen u. unten miteinander verbunden sind u. in denen sich eine Flüssigkeit gleich hoch einstellt **2** miteinander sprechen, Verbindungen haben, sich austauschen **3** ⟨kath. Kirche⟩ das Abendmahl empfangen [<lat. *communicare* »gemeinsam machen, vereinigen«; zu *communis* »gemeinsam«]

kom|mu|ta|bel ⟨Adj.⟩ veränderbar, vertauschbar [<lat. *commutabilis* »veränderbar, umwandelbar«; zu *commutare* »verändern«]

Kom|mu|ta|ti|on ⟨f.; -, -en⟩ **1** Veränderung, Vertauschung, z. B. der Stromrichtung; *Sy* Kommentierung **2** ⟨Astron.⟩ der Winkel, der durch die Linien von der Sonne zur Erde u. von der Sonne zu einem Planeten gebildet wird **3** ⟨Sprachw.⟩ Austausch eines sprachl. Zeichens sowie die Analyse der hervorgerufenen Veränderung, z. B. »Hase« statt »Hose« [<lat. *commutatio* »Veränderung, Wechsel«; zu *commutare* »verändern, umwandeln«]

kom|mu|ta|tiv ⟨Adj.⟩ **1** eine Kommutation betreffend, auf ihr beruhend, sie bewirkend **2** ~e *mathemat. Operation* O., deren Ergebnis gleich bleibt, wenn die Reihenfolge der Elemente geändert wird, z.B 3 + 4 = 4 + 3

Kom|mu|ta|tor ⟨m.; -s, -en⟩ = Kollektor (2) [<lat. *commutare* »verändern«]

kom|mu|tie|ren ⟨V.⟩ verändern, vertauschen; *elektrischen Strom* ~ seine Richtung verändern [<lat. *commutare* »verändern, umwandeln«]

Kom|mu|tie|rung ⟨f.; -, -en⟩ = Kommutation (1)

Ko|mö|di|ant ⟨m.; -en, -en⟩ **1** ⟨veraltet⟩ Schauspieler **2** ⟨abwertend, fig.⟩ Heuchler, jmd., der anderen etwas vortäuscht, vormacht [→ *Komödie*]

Ko|mö|di|an|tin ⟨f.; -, -tin|nen⟩ **1** ⟨veraltet⟩ Schauspielerin **2** ⟨abwertend; fig.⟩ Heuchlerin, weibl. Person, die anderen etwas vortäuscht, vormacht

ko|mö|di|an|tisch ⟨Adj.⟩ **1** in der Art eines (guten) Komödianten, schauspielerisch **2** ⟨abwertend⟩ schauspielernd, etwas vortäuschend

Ko|mö|die ⟨[-djə] f.; -, -n⟩ **1** heiteres Drama, Lustspiel, Posse **2** Theater, in dem (nur) Komödien gespielt werden; *in die* ~ *gehen* **3** ⟨fig.⟩ **3.1** lustiges, erheiterndes Ereignis **3.2** ⟨umg.⟩ Täuschung, Verstellung; *das war ja alles nur* ~*!*; *jmdm. eine* ~ *vorspielen* ⟨fig.⟩ jmdn. durch geschicktes Verhalten zu täuschen suchen [<lat. *comoedia* <grch. *komoidia*, eigtl. »das Singen eines *komos* (= fröhliche, lärmende Schar)«; → *komisch*]

Komp. ⟨Abk. für⟩ Kompanie (2)

Kom|pa|gnie auch: **Kom|pag|nie** ⟨[-niː] f.; -, -n; noch schweiz. für⟩ Kompanie

Kom|pa|gnon auch: **Kom|pag|non** ⟨[-njõː] od. [---] m.; -s, -s⟩ **1** Teilhaber, Mitinhaber (einer Firma) **2** Spießgeselle [<frz. *compagnon* »Geselle, Genosse«; → *Kompanie*]

kom|pakt ⟨Adj.⟩ **1** dichte, fest gefügt, massiv **2** gedrungen, stämmig [<frz. *compact* »dicht, fest«]

Kompaktanlage

Kom|pakt|an|la|ge ⟨f.; -, -n; Musik⟩ Stereoanlage, bei der die einzelnen Komponenten (Verstärker, Tuner, Kassettendeck, CD-Spieler usw.) fest zusammengefügt sind

Kom|pak|tor ⟨m.; -s, -en⟩ Verdichtungs- u. Verteilungsplanierraupe [→ *kompakt*]

Kom|pa|nie ⟨f.; -, -n⟩ **1** ⟨Abk.: Co., Cie.⟩ Handelsgesellschaft **2** ⟨Abk.: Komp.; Mil.⟩ kleinste ständige Infanterieeinheit von 100 bis 250 Mann [< ital. *compagnia*, frz. *compagnie* < mlat. *companium* »Gesellschaft«, eigtl. »Brotgenossenschaft«, < lat. *con*... »zusammen mit...« + *panis* »Brot«]

kom|pa|ra|bel ⟨Adj.⟩ Ggs inkomparabel **1** vergleichbar; *diese Dinge sind* ~ **2** ⟨Gramm.⟩ *komparable Adjektive* A., von denen man einen Komparativ bilden kann [< lat. *comparabilis* »vergleichbar«; zu *comparare* »vergleichen«]

Kom|pa|ra|bi|li|tät ⟨f.; -; unz.⟩ Vergleichbarkeit [→ *komparabel*]

Kom|pa|ra|ti|on ⟨f.; -, -en; Gramm.⟩ ~ *der Adjektive* durch Suffixe o. a. sprachliche Formen ausgedrückter Vergleich, der angibt, ob eine Eigenschaft einer Sache in größerem Maße als einer anderen Sache od. in größtem Maße zukommt, Vergleich, Steigerung [< lat. *comparatio* »Vergleich«; zu *comparare* »vergleichen«]

Kom|pa|ra|tis|tik ⟨f.; -; unz.⟩ **1** historisch-vergleichende Sprachwissenschaft **2** vergleichende Literaturwissenschaft

kom|pa|ra|tis|tisch ⟨Adj.⟩ die Komparatistik betreffend, auf ihr beruhend, zu ihr gehörig; ~*e Sprachanalyse*

kom|pa|ra|tiv ⟨a. [---'-] Adj.; Gramm.⟩ vergleichend [< lat. *comparativus* »zum Vergleich dienend, vergleichend«; zu *comparare* »vergleichen«]

Kom|pa|ra|tiv ⟨a. [---'-] m.; -s, -e [-və]; Gramm.⟩ erste Steigerungsstufe der Komparation, die angibt, dass eine Eigenschaft einer Sache in größerem Maße zukommt als einer anderen, Mehrstufe [< lat. *(gradus) comparativus* »dem Verglei-

chen dienender Steigerungsgrad«; → *komparativ*]

Kom|pa|ra|tiv|satz ⟨m.; -es, -sätze; Gramm.⟩ Nebensatz, der das Geschehen im Hauptsatz mit einem anderen Geschehen vergleicht, Vergleichssatz

Kom|pa|ra|tor ⟨m.; -s, -to|ren⟩ **1** ⟨Astron.⟩ zur Feststellung von Lage- u. Helligkeitsänderungen von Sternen verwendetes astronom. Gerät **2** ⟨Optik⟩ = Kompensator (3) [< lat. *comparator* »Vergleicher«; zu *comparare* »vergleichen«]

kom|pa|rie|ren ⟨V.⟩ **1** vergleichen **2** ⟨Gramm.⟩ *ein Adjektiv* ~ steigern [< lat. *comparare* »vergleichen«]

Kompass (*Laut-Buchstaben-Zuordnung*) Die im Deutschen übliche Kennzeichnung eines kurzen Vokals durch Verdoppelung des Folgekonsonanten wird auch auf Fremdwörter angewendet. Nach kurzem Vokal wird daher auch bei Fremdwörtern der Buchstabe »ß« durch die Schreibung »ss« ersetzt (→ a. Komiss, Kompromiss).

Kom|par|se ⟨m.; -n, -n; Theat.; Film⟩ Person ohne Sprechrolle, bes. in Massenszenen [< ital. *comparsa* »das Erscheinen«]

Kom|par|se|rie ⟨f.; -; unz.; Theat.; Film⟩ Gesamtheit der Komparsen

Kom|par|ti|ment ⟨n.; -(e)s, -e; veraltet⟩ **1** abgeteiltes Feld **2** Abteil [< frz. *compartiment* »Abteilung, Fach«]

Kom|pass ⟨m.; -es, -e⟩ Gerät zum Bestimmen der Himmelsrichtung [< ital. *compasso* »Zirkel, Magnetnadel«; zu *compassare* »abschreiten, abmessen«]

kom|pa|ti|bel ⟨Adj.⟩ Ggs inkompatibel **1** vereinbar, austauschbar; *kompatible Computersysteme* **2** zusammenstimmend, zusammenpassend [< frz. *compatible*, »vereinbar, verträglich«]

Kom|pa|ti|bi|li|tät ⟨f.; -; unz.⟩ **1** Vereinbarkeit, Austauschbarkeit, z. B. bei Computerprogrammen **2** Verträglichkeit, z. B. bei Medikamenten; Ggs Inkompatibilität

Kom|pa|tri|ot *auch:* **Kom|pat|ri|ot** ⟨m.; -en, -en; veraltet⟩ Landsmann [< frz. *compatriote* »Landsmann« < lat. *con*... »zusammen mit...« + *patria* »Vaterland«]

kom|pen|di|ös ⟨Adj.⟩ **1** in Form eines Kompendiums **2** zusammengedrängt, kurzgefasst [< lat. *compendiosus* »abgekürzt, kurz zusammengefasst« + frz. Endung]

Kom|pen|di|um ⟨n.; -s, -di|en⟩ **1** Abriss, Handbuch, kurzes Lehrbuch, Leitfaden **2** ⟨Fot.⟩ Sonnenblende mit ausziehbarem Balg für Kinokameras [< lat. *compendium*, eigtl. »das beim Zusammenwägen Ersparte, Gewinn, Vorteil« < *con*... »zusammen mit...« + *pendere* »wägen, wiegen«]

Kom|pen|sa|ti|on ⟨f.; -, -en⟩ **1** Ausgleich, Aufhebung, z. B. von Kräften, Wirkungen **2** Erstattung, Vergütung, Verrechnung **3** Ausgleich anatomischer od. funktioneller Störungen eines Organs od. Organteile durch gesteigerte Tätigkeit eines anderen Organes od. Organteiles; Ggs Dekompensation **4** Ausgleich einer bewussten od. unbewussten Unsicherheit durch betont entgegengesetztes Verhalten [< lat. *compensatio* »Ausgleich«]

Kom|pen|sa|tor ⟨m.; -s, -to|ren⟩ **1** gebogenes, elastisches Zwischenstück in Rohrleitungen, das durch die Temperatur hervorgerufene Längenänderungen ausgleicht **2** ⟨elektrischer ~⟩ Gerät zum Messen der Spannung einer Stromquelle, ohne ihr Strom zu entnehmen **3** Instrument zur Messung der Gang- u. Phasenunterschiede zweier senkrecht zueinander polarisierter Strahlen od. zur Erzeugung eines solchen Unterschiedes; Sy Komparator (2) [< lat. *compensare* »ausgleichen«]

kom|pen|sa|to|risch ⟨Adj.⟩ mittels Kompensation, darauf beruhend; ~*e Spracherziehung* S., die darauf gerichtet ist, einen Schüler, der einen Dialekt od. Soziolekt spricht, durch zusätzliche pädag. Bemühungen

500

Komplexometrie

im normgerechten Gebrauch der Hochsprache zu unterweisen

kom|pen|sie|ren ⟨V.⟩ **1** ausgleichen, aufheben; *Kräfte, Wirkungen* ~ vergüten, verrechnen **3** durch Tausch erwerben; *Ware gegen Ware* ~ **4** *die magnet. Wirkung von Stahlteilen in Schiffen u. Flugzeugen* ~ durch Anbringen entgegengesetzt wirkender Magnete in der Nähe des Kompasses aufheben [<lat. *compensare* »aufwiegen, ausgleichen«]

kom|pe|tent ⟨Adj.⟩ *Ggs* inkompetent **1** zuständig, befugt **2** maßgebend, urteilsfähig; *ich bin in dieser Angelegenheit, Frage (nicht)* ~ [<lat. *competens*, Part. Präs. zu *competere* »zusammentreffen, zutreffen, zukommen«]

Kom|pe|tenz ⟨f.; -, -en⟩ *Ggs* Inkompetenz **1** Zuständigkeit, Befugnis **2** Urteilsfähigkeit [<lat. *competentia* »das Zusammentreffen, Stimmen«]

Kom|pe|tenz|kom|pe|tenz ⟨f.; -, -en; Rechtsw.⟩ Befugnis eines staatlichen Organs, auch zulasten anderer Organe selbst u. verbindlich über die eigene Zuständigkeit zu entscheiden

Kom|pe|tenz|kon|flikt ⟨m.; -(e)s, -e⟩ = Kompetenzstreitigkeit

Kom|pe|tenz|strei|tig|keit ⟨f.; -, -en⟩ Streit um die Kompetenz, z. B. zwischen zwei Behörden; *Sy* Kompetenzkonflikt

kom|pe|tie|ren ⟨V.; veraltet⟩ **1** sich bewerben (um) **2** zustehen, gebühren; *es kompetiert mir* [<lat. *competere* »zusammentreffen, -fallen, sich schicken, geeignet, fähig sein, stimmen, zutreffen, zukommen«]

kom|pe|ti|tiv ⟨Adj.; Chemie⟩ ~*e Hemmung* Unterdrückung einer chem. Reaktion, die dadurch zustande kommt, dass ein anderer Stoff mit dem ersten Reaktionspartner in den Wettstreit tritt [zu lat. *competitor* »Mitbewerber«]

Kom|pi|la|tion ⟨f.; -, -en⟩ **1** Zusammentragung, Sammlung **2** (ohne kreative Eigenleistung) aus anderen Büchern zusammengetragenes Werk [<lat. *compilatio* »Plünderung«]

Kom|pi|la|tor ⟨m.; -s, -to|ren⟩ jmd., der etwas kompiliert, Verfasser einer Kompilation

kom|pi|la|to|risch ⟨Adj.⟩ auf Kompilation beruhend, in der Art einer Kompilation (2), aus anderen Büchern zusammengetragen

kom|pi|lie|ren ⟨V.⟩ zusammentragen, -stellen [<lat. *compilare* »zusammenraffen, plündern, ausbeuten«]

kom|pla|nar ⟨Adj.; Math.⟩ sich in der gleichen Ebene befindend [zu lat. *complanare* »einebnen«]

Kom|pla|na|ti|on ⟨f.; -, -en; Math.⟩ die Flächenberechnung von gekrümmten Flächen [→ *komplanar*]

Kom|ple|ment ⟨n.; -(e)s, -e⟩ Ergänzungsstück [<frz. *complément* <lat. *complementum* »Ergänzung(smittel), Ausfüllung«]

kom|ple|men|tär ⟨Adj.⟩ ergänzend [<frz. *complémentaire*]

Kom|ple|men|tär ⟨m.; -s, -e⟩ Teilhaber einer Kommanditgesellschaft, der unbeschränkt haftet; *Ggs* Kommanditist

Kom|ple|men|tär|far|be ⟨f.; -, -n⟩ Farbe, die bei additiver Mischung Weiß ergibt, Ergänzungsfarbe

Kom|ple|men|ta|ri|tät ⟨f.; -; unz.⟩ Erscheinung in der Elementarteilchenphysik, dass ein Teilchen je nach beobachtendem Experiment sowohl als Teilchen od. als Welle auftritt, aber nie beide Eigenschaften zugleich zeigt

Kom|ple|men|tär|win|kel ⟨m.; -s, -⟩ = Komplementwinkel

Kom|ple|men|ta|ti|on ⟨f.; -, -en; Genetik⟩ Einfügen eines Gens in eine mutierte Zelle zum Ausgleich von Erbschäden; *Sy* Komplementierung (2) [→ *Komplement*]

kom|ple|men|tie|ren ⟨V.⟩ ergänzen, vervollständigen

Kom|ple|men|tie|rung ⟨f.; -, -en⟩ **1** das Komplementieren, das Komplementiertwerden **2** ⟨Genetik⟩ = Komplementation

Kom|ple|ment|win|kel ⟨m.; -s, -; Math.⟩ Winkel, der einen anderen Winkel zu 90° ergänzt; *Sy* Komplementärwinkel; →*a.* Supplementwinkel

Kom|plet[1] ⟨[kɔ̃pleː] n.; - od. -s, -s; Mode⟩ Kleid u. (etwas kürzerer) Mantel od. Jacke vom gleichen Stoff [<frz. *complet* »vollständiger Anzug aus einem Stoff, Kostüm«]

Kom|plet[2] ⟨[kɔ̃pleː] f.; -, -e; kath. Kirche⟩ Abendgebet, letztes der Stundengebete

kom|ple|tiv ⟨Adj.; Sprachw.⟩ ergänzend, hinzufügend [<frz. *complétif*; zu lat. *completum* »das Ergänzen«; zu *complere* »ergänzen«]

kom|plett ⟨Adj.⟩ vollkommen, vollständig, vollzählig; *Ggs* inkomplett; *ein* ~*es Mittagessen; unsere Wohnung ist jetzt* ~; *du bist* ~ *verrückt* ⟨umg.⟩ [<frz. *complet* »vollständig«]

kom|plet|tie|ren ⟨V.⟩ vervollständigen, ergänzen [<frz. *compléter* »vervollständigen«]

kom|plex ⟨Adj.⟩ zusammengesetzt, verwickelt, vielfältig u. doch einheitlich; ~*e Zahl* ⟨Math.⟩ Summe aus einer reellen Zahl u. einer imaginären Zahl, z. B. a + bi [<lat. *complexus*, Part. Perf. zu *complecti* »umfassen, zusammenfassen«]

Kom|plex ⟨m.; -es, -e⟩ **1** Gesamtheit, Gesamtumfang, Inbegriff **2** zusammenhängende Gruppe; *Häuser*~ **3** ins Unterbewusstsein verdrängte Gruppe von Vorstellungen od. nicht verarbeiteten Erlebnissen, die zu dauernder Beunruhigung führen; *an* ~ *verdrängten* ~ *en leiden*

Kom|plex|au|ge ⟨n.; -s, -n; Zool.⟩ = Facettenauge

Kom|ple|xi|on ⟨f.; -, -en⟩ **1** Zusammenfassung (verschiedener Dinge) **2** zusammenstimmende Haar- u. Augenfarbe (beim Menschen) [<lat. *complexio* »Umfassung, Verknüpfung«; → *komplex*]

Kom|ple|xi|tät ⟨f.; -; unz.⟩ **1** komplexe Beschaffenheit, vielfältige Gesamtheit; *die Gesellschaft in ihrer gesamten* ~ **2** Gesamtheit aller Bestandteile u. Komponenten eines geschlossenen Systems, die voneinander abhängig sind u. in Verhalten u. Wirkung Veränderungen unterworfen sein können

Kom|ple|xo|me|trie auch: **Kom|ple|xo|me|trie** ⟨f.; -; unz.; Chemie⟩

Komplice

Verfahren der chem. Analyse zum Nachweis von Metallionen durch Bildung von schwer löslichen od. farbigen Komplexen [<*Komplex* + ...*metrie*]

Kom|pli|ce ⟨[-tsə] m.; -n, -n; österr.; schweiz.⟩ = Komplize

Kom|pli|ka|ti|on ⟨f.; -, -en⟩ **1** Verwicklung, Schwierigkeit **2** Auftreten zusätzlicher Schwierigkeiten bei einer schon bestehenden Krankheit; *bei der Operation sind ~en eingetreten* [<lat. *complicatio* »das Zusammenwickeln, -falten«]

Kom|pli|ment ⟨n.; -(e)s, -e⟩ **1** Höflichkeitsbezeigung, Verbeugung, Diener **2** Artigkeit, Huldigung, Schmeichelei; *jmdm ein ~, od. ~e machen; mein ~!* alle Achtung!; *nach ~en fischen, angeln* ⟨umg.; scherzh.⟩ durch Betonen eigener Schwächen od. schwacher Seiten Widerspruch herausfordern, der zum Lob des Sprechenden wird; →*a.* Fishing for Compliments [<frz. *compliment* »Artigkeit, Schmeichelei« <lat. *complementum* »Ergänzung, Anhang« (alter Moralbücher, da diese von der Höflichkeit handelten)]

Kom|pli|ze ⟨m.; -n, -n⟩ Mitschuldiger, Mittäter, Helfershelfer (bei dem Begehen einer Straftat); *oV* ⟨österr.; schweiz.⟩ Komplice [<frz. *complice* <lat. *complex*, Gen. *complicis* »Verbündeter, Teilnehmer«, <lat. *complicare* »zusammenfalten, -legen«; → *komplizieren*]

kom|pli|zie|ren ⟨V.⟩ verwickeln, erschweren; *wir wollen die Sache nicht unnötig ~* [<lat. *complicare* »zusammenfalten, -legen«]

kom|pli|ziert ⟨Adj.⟩ **1** verwickelt, schwierig, erschwert; *~er Bruch* ⟨Med.⟩ **2** schwer zu behandelnd, sehr empfindsam; *ein ~er Mensch, Charakter*

Kom|pli|zin ⟨f.; -, -zin|nen⟩ Mitschuldigerin, Mittäterin, Helfershelferin (bei dem Begehen einer Straftat)

Kom|plott ⟨n.; -(e)s, -e⟩ Verschwörung, Verabredung zu Straftaten, Anschlägen, heimliche Handlungen; *ein ~ schmieden (gegen)* [<frz. *complot* »Anschlag, Verschwörung«]

kom|plot|tie|ren ⟨V.⟩ ein Komplott schmieden, sich verschwören

Kom|po|nen|te ⟨f.; -, -n⟩ Teil eines Ganzen, einer Kraft, Mischung usw. [<lat. *componens*, Part. Präs. zu *componere*; → *komponieren*]

Kom|po|nen|ten|ana|ly|se ⟨f.; -, -n; Sprachw.⟩ Beschreibung u. Untersuchung der semantischen Merkmale u. Komponenten einer sprachlichen Einheit

kom|po|nie|ren ⟨V.⟩ **1** zusammensetzen, zusammenstellen, kunstvoll anordnen, aufbauen **2** nach bestimmten Formgesetzen aufbauen, zusammenfügen; *Kunstwerke, ein Bild (geschickt) ~* **3** ⟨Musik⟩ in Töne setzen; *Musikstücke, ein Konzert ~; eine Oper ~* [<lat. *componere* »zusammensetzen, -stellen, -legen, vereinen«]

Kom|po|nist ⟨m.; -en, -en; Musik⟩ Schöpfer von Musikstücken; *Opern~; oV* ⟨veraltet⟩ Kompositeur [→ *komponieren*]

Kom|po|nis|tin ⟨f.; -, -tin|nen; Musik⟩ Schöpferin von Musikstücken

Kom|po|si|ta ⟨Pl. von⟩ Kompositum

Kom|po|si|ten ⟨Pl.; Biol.⟩ Korbblütler, artenreiche Familie der Ordnung Synandrae, ausgezeichnet durch Einzelblüten ähnliche Blütenstände u. Blütenkörbchen: Compositae [<lat. *compositus*, Part. Perf. zu *componere*; → *komponieren*]

Kom|po|si|teur ⟨[-tø:r] m.; -s, -e; veraltet⟩ = Komponist [<frz. *compositeur* »Komponist, Verfasser«]

Kom|po|si|ti|on ⟨f.; -, -en⟩ **1** Zusammensetzung, -stellung, künstler. Anordnung **2** ⟨Kunst⟩ Aufbau eines Kunstwerks nach bestimmten Formgesetzen **3** ⟨Musik⟩ Musikstück, Musikwerk **4** ⟨Sprachw.⟩ Wortbildung aus zwei od. mehreren selbständigen Teilen [<lat. *compositio* »Zusammensetzung, -stellung«; → *komponieren*]

kom|po|si|ti|o|nell ⟨Adj.; selten für⟩ kompositorisch

Kom|po|sit|ka|pi|tell ⟨n.; -(e)s, -e; Arch.⟩ röm., aus Elementen des ion. u. korinth. Kapitells zusammengesetztes Säulenkapitell [<*Komposition* + *Kapitell*]

kom|po|si|to|risch ⟨Adj.⟩ eine Komposition betreffend

Kom|po|si|tum ⟨n.; -s, -si|ta; Sprachw.⟩ aus zwei od. mehreren selbständigen, sinnvollen Teilen zusammengesetztes Wort, z. B. Einkaufskorb; *Ggs* Simplex [<lat. *compositum*, Part. Perf. zu *componere*; → *komponieren*]

Kom|post ⟨m.; -(e)s, -e⟩ natürl. Dünger aus Erde, Pflanzenresten (u. Jauche) [<frz. *compost*]

kom|pos|tie|ren ⟨V.⟩ Kompost gewinnen aus, zu Kompost verarbeiten; *organischen Abfall ~; Gartenlaub ~*

Kom|pott ⟨n.; -(e)s, -e⟩ mit Zucker gekochtes Obst [<frz. *compote*; → *komponieren*]

Kom|pre|hen|si|on ⟨f.; -, -en; Philos.⟩ Zusammenfassung von Mannigfaltigem zu einem Ganzen [<lat. *comprehensio* »das Zusammenfassen, Begreifen«]

kom|press ⟨Adj.⟩ **1** ⟨veraltet⟩ eng, dicht gedrängt **2** ⟨Typ.⟩ ohne Durchschuss; *einen Text ~ setzen* [<lat. *compressus*, Part. Perf. zu *comprimere* »zusammendrücken«]

Kom|pres|se ⟨f.; -, -n⟩ feuchter Umschlag; *Gesichts~; heiße, kalte ~* [<lat. *compressus*, Part. Perf. zu *comprimere* »zusammendrücken«]

kom|pres|si|bel ⟨Adj.⟩ zusammendrückbar, verdichtbar; *Ggs* inkompressibel [<frz. *compressible* <lat. *comprimere* »zusammendrücken«]

Kom|pres|si|bi|li|tät ⟨f.; -; unz.⟩ kompressible Beschaffenheit, Zusammendrückbarkeit; *~ von Stoffen, Gasen*

Kom|pres|si|on ⟨f.; -, -en⟩ Zusammendrückung, Verdichtung; *~ von Adern, Stoffen, Gasen* [<lat. *compressio* »das Zusammendrücken«; zu *comprimere* »zusammendrücken«]

Kom|pres|sor ⟨m.; -s, -so|ren⟩ **1** Verdichter; *Ggs* Absorber (2) **2** Kühlschrank, der auf dem Prinzip der Verdichtung beruht; *Ggs* Absorber (1.1)

kondensieren

kom|pri|mier|bar ⟨Adj.⟩ sich komprimieren lassend, zusammendrückbar

kom|pri|mie|ren ⟨V.⟩ Ggs dekomprimieren **1** zusammendrücken, verdichten **2** zusammendrängen; *einen komprimierten Stil schreiben* [<lat. *comprimere* »zusammendrücken«]

Kom|pro|miss ⟨m.; -es, -e⟩ **1** Ausgleich, Übereinkunft durch beiderseitiges Nachgeben, Verständigung **2** Zugeständnis; *beide Parteien einigten sich in mehreren Punkten auf ~e; einen ~ schließen* [<lat. *compromissum* »gegenseitiges Versprechen, Übereinkunft; Vergleich in einem Rechtsstreit«]

Kom|pro|miss|ler ⟨m.; -s, -; abwertend⟩ jmd., der zu (unredlichen) Kompromissen neigt

kom|pro|mit|tie|ren ⟨V.⟩ bloßstellen, in Verlegenheit bringen [<frz. *compromettre* »bloßstellen, gefährden«; beeinflusst von lat. *compromittere* »sich auf den Spruch des Schiedsrichters verlassen«]

Kom|pro|mit|tie|rung ⟨f.; -, -en⟩ das Kompromittieren, das Kompromittiertwerden

Komp|ta|bi|li|tät ⟨f.; -; unz.⟩ Rechnungsführung, -legung [<frz. *comptabilité* »Rechnungspflicht, Rechnungswesen«]

Kom|so|mol ⟨m.; -; unz.; Kurzwort für⟩ Kommunističeskij Sojus Molodëži, Kommunist. Jugendverband (der UdSSR)

Kom|so|mol|ze ⟨m.; -n, -n⟩ Angehöriger des Komsomol

Kom|so|mol|zin ⟨f.; -, -zin|nen⟩ Angehörige des Komsomol

Komtess ⟨f.; -, -en⟩ = Komtesse

Kom|tes|se ⟨f.; -, -n⟩ unverheiratete Gräfin; oV Komtess [<frz. *comtesse*]

Kom|tur ⟨m.; -s, -e⟩ **1** Verwalter in einem Ritterorden **2** Inhaber eines Ordens höherer Klasse; Sy Kommandeur (2) [<mhd. *comtiur* <*kommentur* <afrz. *commendeor* <mlat. *commendator* »Vorsteher der Niederlassung eines Ritterordens«]

Kom|tu|rei ⟨f.; -, -en⟩ Verwaltungsbezirk u. Sitz eines Komturs; Sy Kommende (2)

kon…, Kon… ⟨vor b, p, m⟩ kom…, Kom… ⟨vor l⟩ kol…, Kol… ⟨vor r⟩ kor…, Kor… ⟨vor Vokalen u. h⟩ ko…, Ko… ⟨in Zus.⟩ mit, zusammen mit… [<lat. *con…*, in Zus. für *cum* »mit«]

Kol|nak ⟨m.; -s, -e; in der Türkei⟩ **1** Amtsgebäude **2** vornehme Wohnung, Schloss [türk.]

Ko|na|ti|on ⟨f.; -, -en; Psych.⟩ zielgerichtete Tätigkeit, Trieb, Drang, Anstrengung [<lat. *conatus* »Anstrengung, Trieb«]

ko|na|tiv ⟨Adj.; Psych.⟩ triebhaft, strebend, eifrig, sich anstrengend [→ *Konation*]

Kon|au|tor ⟨m.; -s, -en⟩ = Koautor

ko|n|a|xi|al *auch:* **ko|n|a|xi|al** ⟨Adj.; Geom.; Technik⟩ = koaxial [<*kon…* + *axial*]

Kon|cha ⟨[-ça] f.; -, -s od. -chen; Arch.⟩ oV Konche **1** die muschelförmige Überwölbung der Apsis **2** = Apsis [<lat. *concha* »Muschel« <grch. *konche*]

Kon|che ⟨[-ça] f.; -, -n; Arch.; in altchristl. u. mittelalterl. Kirchen⟩ = Koncha

Kon|chi|fe|re ⟨[-çi-] f.; -, -n; Zool.⟩ Unterstamm der Weichtiere mit einheitl. Schalenbildung: Conchifera [<lat. *concha* »Muschel« + …*fere*]

kon|chi|form ⟨[-çi-] Adj.⟩ muschelförmig [<lat. *concha* »Muschel« + …*form*]

Kon|cho|i|de ⟨[-ço-] f.; -, -n⟩ dem Querschnitt einer Muschel ähnl. ebene Kurve mit zwei getrennten Zweigen [<lat. *concha,* grch. *konche* »Muschel« + …*id*]

Kon|cho|skop *auch:* **Kon|chos|kop** ⟨[-ço-] n.; -s, -s; Med.⟩ Nasenspiegel [<grch. *konche* »Muschel« + …*skop*]

Kon|chy|lie ⟨[-çy:liə] f.; -, -n; Zool.⟩ die harte Schale der Weichtiere (Mollusca) [<grch. *konchylion* »Schaltier«; zu *konche* »Muschel«]

Kon|chy|li|o|lo|ge ⟨[-çy-] m.; -n, -n; Zool.⟩ Wissenschaftler auf dem Gebiet der Konchyliologie

Kon|chy|li|o|lo|gie ⟨[-çy-] f.; -; unz.; Zool.⟩ Teilgebiet der Malakologie, das sich mit der Erforschung von Weichtierschalen befasst

Kon|chy|li|o|lo|gin ⟨[-çy-] f.; -, -gin|nen; Zool.⟩ Wissenschaftlerin auf dem Gebiet der Konchyliologie

kon|chy|li|o|lo|gisch ⟨[-çy-] Adj.; Zool.⟩ die Konchyliologie betreffend, auf ihr beruhend, zu ihr gehörig

Kon|dem|na|ti|on ⟨f.; -, -en⟩ **1** Verurteilung, Verdammung **2** Erklärung der Reparaturunfähigkeit eines Schiffes **3** Einziehung eines feindl. Schiffes nach einer Entscheidung eines Prisengerichtes [<lat. *condemnatio* »Verurteilung«; zu *damnare* »verurteilen«]

Kon|den|sat ⟨n.; -(e)s, -e; Physik⟩ Flüssigkeit, die bei Abkühlung aus dem dampfförmigen Zustand hervorgeht u. sich so abscheidet [<lat. *condensatus,* Part. Perf. zu *condensare* »zusammendrängen«]

Kon|den|sa|ti|on ⟨f.; -, -en⟩ **1** Verflüssigung, Verdichtung **2** ⟨Physik⟩ Übergang eines Stoffes vom gas- od. dampfförmigen in den flüssigen Zustand **3** ⟨Chemie⟩ Reaktion, bei der zwei Moleküle unter Abspaltung eines einfachen Stoffes, z. B. Wasser, zu einem neuen Molekül reagieren od. bei der innerhalb eines Moleküls ein einfacher Stoff abgespalten wird [<lat. *condensatio* »Verdichtung«; → *kondensieren*]

Kon|den|sa|ti|ons|kern ⟨m.; -(e)s, -e; Meteor.⟩ mikroskopisch kleine Teilchen od. elektrisch geladene Ionen, an denen sich die Feuchtigkeit in der Atmosphäre niederzuschlagen beginnt

Kon|den|sa|ti|ons|punkt ⟨m.; -(e)s; unz.⟩ vom Druck abhängiger Punkt der Temperaturskala, bei dem ein Stoff vom gasförmigen in den flüssigen Zustand übergeht

Kon|den|sa|tor ⟨m.; -s, -to|ren⟩ **1** Apparat, in dem der aus Dampfmaschinen austretende Dampf gekühlt u. verflüssigt wird **2** elektr. Bauelement aus zwei gegeneinander isolierten Flächen od. Leitern, auf denen sich einander entgegengesetzte elektr. Ladungen sammeln [→ *kondensieren*]

kon|den|sie|ren ⟨V.⟩ **1** einer Kondensation unterwerfen, verflüssigen, verdichten **2** eine Kondensation erfahren **2.1** flüssig

503

Kondensmilch

werden 2.2 dicht werden 3 *kondensierte Milch* M., der Wasser entzogen worden ist, um sie haltbar zu machen; *Sy* Kondensmilch 4 *kondensierte Systeme* chem. Verbindungen, deren Formeln mehrere Benzolringe enthalten, von denen je zwei mehrere Kohlenstoffatome gemeinsam haben [<lat. *condensare* »dicht zusammendrängen«; zu *denus* »dicht«]

Kon|dens|milch ⟨f.; -; unz.⟩ = kondensierte Milch

Kon|den|sor ⟨m.; -s, -so̱|ren⟩ 1 Sammellinse, die z. B. in Projektionsapparaten das Licht der Lichtquelle gleichmäßig über den zu projizierenden Gegenstand verteilt 2 ⟨Spinnerei⟩ Gerät zum Trennen od. Aussondern, Abscheider [<lat. *densus* »sehr dicht«; → *kondensieren*]

Kon|dens|strei|fen ⟨m.; -s, -⟩ Streifen von Kondenswasser, der durch Abgase von Flugzeugen am Himmel entsteht

Kon|dik|ti|on ⟨f.; -, -en; Rechtsw.⟩ Klage auf Rückgabe [<lat. *condictio* »Verabredung«; zu lat. *condicere* »gemeinschaftlich verabreden«; zu *dicere* »sagen«]

kon|di|tern ⟨V.; umg.⟩ 1 als Konditor arbeiten, Feinbackwaren herstellen 2 ⟨scherzh.⟩ in einer Konditorei einkehren

Kon|di|ti|on ⟨f.; -, -en⟩ 1 Bedingung; *besondere ~en vereinbaren* 2 Beschaffenheit, Zustand, körperliche Beschaffenheit (eines Sportlers) [<lat. *conditio, condicio* »Bedingung«]

kon|di|ti|o|nal ⟨Adj.; Sprachw.⟩ bedingend, bedingungsweise (geltend); *~e Konjunktion* einen Bedingungssatz einleitende K., z. B. »wenn, falls«

Kon|di|ti|o|nal ⟨m.; -s, -e; Gramm.⟩ Bedingungsform des Verbums (im Dt. in der Form des Konjunktivs gebildet), z. B. »ich würde kommen«; *oV* Konditionalis [→ *Kondition*]

Kon|di|ti|o|na|lis ⟨m.; -, -na̱|les; Gramm.⟩ = Konditional

Kon|di|ti|o|na|lis|mus ⟨m.; -; unz.⟩ philosoph. Lehre, die den Begriff der Ursache durch den der Bedingung ersetzt; *oV* Konditionismus

Kon|di|ti|o|nal|satz ⟨m.; -es, -sä̱t|ze; Gramm.⟩ durch eine konditionale Konjunktion eingeleiteter Nebensatz, Bedingungssatz

kon|di|ti|o|nell ⟨Adj.; Sprachw.⟩ = konditional

kon|di|ti|o|nie|ren ⟨V.⟩ 1 *Textilien ~* 1.1 den Feuchtigkeitsgehalt von T. ermitteln 1.2 sie eine bestimmte Feuchtigkeit aufnehmen lassen 2 ⟨Müllerei⟩ *Getreide ~* vor dem Mahlen mit Wärme u. Feuchtigkeit behandeln 3 ⟨Psych.⟩ eine Reaktion hervorrufen

kon|di|ti|o|niert ⟨Adj.⟩ 1 bedingt 2 beschaffen, z. B. von Waren 3 eine bestimmte Reaktion hervorrufend

Kon|di|ti|o|nie|rung ⟨f.; -; unz.⟩ 1 das Verfestigen flüssiger (radioaktiver) Abfälle durch Entzug der Feuchtigkeit; *die ~ verseuchter Stoffe* 2 Erziehung zu einer bestimmten Denkweise

Kon|di|ti|o|nis|mus ⟨m.; -; unz.⟩ = Konditionalismus

Kon|di|ti|ons|trai|ning ⟨[-tre:-] od. engl. [-treɪ-] n.; -s, -s⟩ sportl. Training zur Entwicklung von Kraft, Ausdauer u. Schnelligkeit, allgemeines Training (im Unterschied zum Spezialtraining)

Kon|di|tor ⟨m.; -s, -to̱|ren⟩ Handwerker, der feine Backwaren, Eis u. Konfekt herstellt; *Sy* ⟨schweiz.⟩ Konfiseur [<lat. *conditor* »Hersteller würziger Speisen«; zu *condire* »würzen, schmackhaft machen, einmachen«]

Kon|di|to|rei ⟨f.; -, -en⟩ Verkaufsraum des Konditors, meist gleichzeitig kleines Kaffeehaus; *Sy* ⟨schweiz.⟩ Konfiserie

Kon|di|to|rin ⟨f.; -, -rin|nen⟩ Handwerkerin, die feine Backwaren, Eis u. Konfekt herstellt

Kon|do ⟨n.; -s, -s⟩ zentrales Gebäude in japanisch-buddhistischen Tempeln, in dem Kultstatuen u. -bilder umschritten werden können (jap., »goldene Halle«)

Kon|do|lenz ⟨f.; -, -en⟩ Beileid, Beileidsbezeigung [→ *kondolieren*]

kon|do|lie|ren ⟨V.⟩ sein Beileid aussprechen; *jmdm. zum Tod des Vaters ~* [<lat. *condolere* »Mitgefühl haben«; zu *dolor* »Schmerz«]

Kon|dom ⟨m. od. n.; -s, -e⟩ empfängnis- u. infektionsverhütende Gummihülle für den Penis beim Geschlechtsverkehr; *Sy* Pariser [nach dem engl. Arzt *Conton*]

Kon|do|mi|nat ⟨n. od. m.; -(e)s, -e; Politik⟩ = Kondominium [<*Kon...* + lat. *dominatus* »Herrschaft«]

Kon|do|mi|ni|um ⟨n.; -s, -ni̱|en; Politik⟩ 1 Herrschaft mehrerer Staaten über ein Gebiet 2 dieses Gebiet selbst [<*Kon...* + *Dominium*]

Kon|dor ⟨m.; -s, -e; Zool.⟩ riesiger Neuweltgeier der Hochgebirge Südamerikas: *Vultur gryphus* [<span. *condor* <Ketschua *kúntur*]

Kon|dot|tie|re ⟨[-tje̱-] m.; -s, -ri; 14./15. Jh.⟩ ital. Söldnerführer; *oV* Condottiere [<ital. *condottiere* »Anführer geworbener Soldtruppen«; zu lat. *coducere* »zusammenführen«]

Kon|du|i|te ⟨[-dyi:t] f.; -; unz.⟩ Führung, Betragen [<frz. *conduite* »Führung, Leitung«]

Kon|dukt ⟨m.; -(e)s, -e⟩ 1 feierl. Geleit 2 Leichenzug, Trauergefolge [<lat. *conductus*, Part. Perf. zu *conducere* »zusammenführen«]

Kon|duk|tanz ⟨f.; -; unz.; El.⟩ der tatsächlich wirkende Leitwert eines Wechselstromwiderstandes, der sich aus dem Wirkwiderstand u. der Impedanz berechnen lässt, Wirkleitwert

Kon|duk|teur ⟨[-tø:r] m.; -s, -e; österr.; schweiz.⟩ Schaffner [<frz. *conducteur* »Führer, Leiter, Straßenbahnführer«]

Kon|duk|to|me|trie *auch:* **Kon|duk|to|me|trie̱** ⟨f.; -; unz.⟩ Verfahren der Maßanalyse, das die Änderung der Leitfähigkeit im Verlauf einer Titration verfolgt u. zur Bestimmung des Äquivalenzpunktes benutzt, Leitfähigkeitsanalyse [<lat. *conductum* »zusammengeführt« + ...*metrie*]

kon|duk|to|me|trisch *auch:* **kon|duk|to|me̱|trisch** ⟨Adj.⟩ die Konduktometrie betreffend, zu ihr gehörig, mit ihrer Hilfe

Kon|duk|tor ⟨m.; -s, -to|ren⟩
1 ⟨El.⟩ Leiter, bes. eine auf einem Nichtleiter angebrachte Metallkugel, auf die elektr. Ladungen aufgebracht werden können **2** ⟨Med.⟩ selbst gesund bleibender Überträger einer Krankheitsanlage von der vorausgehenden Generation auf die nächstfolgende [< neulat. *conductor* »Führer«, < lat. *conducere* »zusammenführen«]

Kon|du|ran|go ⟨f.; -, -s; Pharm.⟩ die Bildung von Magensaft anregendes Mittel aus einer aus den Anden stammenden Droge

Kon|dy|lom ⟨n.; -s, -e; Med.⟩ Hautwucherung, bes. an feuchten Hautstellen (After, äußere Geschlechtsorgane), Feigwarze [< grch. *kondylos* »Gelenkknöchen«]

Ko|nen ⟨Pl. von⟩ Konus

Kon|fa|bu|la|ti|on ⟨f.; -, -en; Med.; Psych.⟩ Bericht über vermeintlich erlebte Vorgänge, der auf einer Gedächtnistäuschung beruht [< lat. *confabulatio* »Gespräch«]

Kon|fekt ⟨n.; -(e)s; unz.⟩ (feine) Süßigkeiten, Zuckerwerk; *Sy* ⟨österr.⟩ Konfetti [< lat. *confectum*, Part. Perf. zu *conficere* »herstellen, zubereiten«]

Kon|fek|ti|on ⟨f.; -, -en; Textilw.⟩ **1** industrielle Herstellung von Kleidung **2** industriell hergestellte, serienmäßige Kleidung, Fertigkleidung; *Herren~; Damen~* **3** Bekleidungsindustrie [< frz. *confection* < lat. *confectio* »Anfertigung«; zu *conficere* »herstellen«]

Kon|fek|ti|o|när ⟨m.; -s, -e⟩ Unternehmer od. leitender Angestellter in der Konfektion, der Modelle entwirft od. einkauft

kon|fek|ti|o|nie|ren ⟨V.⟩ serienweise herstellen

Kon|fe|renz ⟨f.; -, -en⟩ Beratung, Verhandlung, Sitzung; *Redaktions~* [< mlat. *conferentia* »Besprechung«; → *konferieren*]

Kon|fe|renz|schal|tung ⟨f.; -, -en⟩ Fernmeldeeinrichtung, die den gleichzeitigen Kontakt von mehr als zwei Teilnehmern ermöglicht; *eine ~ einrichten*

kon|fe|rie|ren ⟨V.⟩ **1** eine Konferenz abhalten, beraten, verhandeln; *mit jmdm. über etwas ~*

2 ⟨TV⟩ die Darbietungen auf witzig-plaudernde Weise ansagen [< frz. *conférer* »beraten, verhandeln« < lat. *conferre* »zusammentragen«]

Kon|fes|si|on ⟨f.; -, -en⟩ **1** ⟨Rel.⟩ Glaubensbekenntnis; *evangelische, katholische ~* **2** Bekenntnisschrift; *die Augsburgische ~ 1530* [< lat. *confessio* »Bekenntnis«]

kon|fes|si|o|na|li|sie|ren ⟨V.⟩ bestimmten od. allen Lebensbereichen die Grundsätze u. Ideale einer Konfession auferlegen

Kon|fes|si|o|na|lis|mus ⟨m.; -; unz.⟩ **1** Festhalten an einem bestimmten Bekenntnis **2** theolog. Richtung, die dies als unerlässlich betrachtet

kon|fes|si|o|na|lis|tisch ⟨Adj.⟩ den Konfessionalismus betreffend, zu ihm gehörig, auf ihm beruhend; *~e Auseinandersetzungen*

kon|fes|si|o|nell ⟨Adj.⟩ auf einer Konfession beruhend, sie betreffend

Kon|fes|si|ons|schu|le ⟨f.; -, -n⟩ Schule, in der alle Schüler u. Lehrer der gleichen Konfession angehören, Bekenntnisschule

Kon|fet|ti ⟨n.; -s od. -; unz.⟩ **1** runde Blättchen aus buntem Papier; *Sy* ⟨österr.⟩ Koriandoli; *sich beim Karneval u. an Silvester mit ~ bewerfen* **2** ⟨österr.⟩ = Konfekt [< ital. *confetti*, Pl. zu *confetto* »Zurechtgemachtes«, < lat. *conficere* »herstellen«]

Kon|fi|gu|ra|ti|on ⟨f.; -, -en⟩
1 Gestaltung, Bildung **2** Stellung, Gruppierung; *~ von Gestirnen, von Atomen im Molekül* **3** ⟨EDV⟩ Aufbau eines Computersystems aus seinen einzelnen Komponenten [< lat. *configuratio* »Gestaltung«; zu *figura* »Gestalt«]

kon|fi|gu|rie|ren ⟨V.⟩ **1** gestalten, bilden **2** ⟨Med.⟩ verformen [< lat. *configurare* »gestalten«; zu *figura* »Gestalt«]

Kon|fir|mand ⟨m.; -en, -en; evang. Kirche⟩ Jugendlicher, der konfirmiert werden soll u. am Konfirmandenunterricht teilnimmt od. soeben konfirmiert worden ist [< lat. *confirmandus* »der (im Glauben) zu Stärkende«; → *konfirmieren*]

Kon|fir|man|din ⟨f.; -, -din|nen; evang. Kirche⟩ Jugendliche, die konfirmiert werden soll u. bereits am Konfirmandenunterricht teilnimmt od. soeben konfirmiert worden ist

Kon|fir|ma|ti|on ⟨f.; -, -en; evang. Kirche⟩ feierl. Aufnahme der Jugendlichen in die Gemeinde durch den Geistlichen, womit sie zum Empfang des heiligen Abendmahls u. zur Übernahme von Patenschaften berechtigt werden, Einsegnung [< lat. *confirmatio* »Befestigung, Stärkung«]

kon|fir|mie|ren ⟨V.; evang. Kirche⟩ in die Gemeinde aufnehmen u. damit zum hl. Abendmahl zulassen u. zur Patenschaft berechtigen, einsegnen [< lat. *confirmare* »befestigen, stärken«; zu *firmus* »fest«]

Kon|fi|se|rie ⟨f.; -, -n; schweiz.⟩ *oV* Confiserie **1** = Konditorei **2** feines Backwerk [< frz. *confiserie*; zu lat. *conficere* »zubereiten«]

Kon|fi|seur ⟨[-søːr] m.; -s, -e; schweiz.⟩ = Konditor

Kon|fis|ka|ti|on ⟨f.; -, -en⟩ **1** Beschlagnahme, Einziehung **2** Enteignung ohne Entschädigung [< lat. *confiscatio* »Beschlagnahme«; → *konfiszieren*]

kon|fis|zie|ren ⟨V.⟩ beschlagnahmen, einziehen; *ein Vermögen, Waffen ~* [< lat. *confiscare* »mit Beschlag belegen«; zu *fiscus* »Staatskasse«]

Kon|fi|tü|re ⟨f.; -, -n⟩ aus einer einzigen Obstsorte gewonnenes Obstmus mit ganzen Früchten; *Erdbeer~; Kirsch~* [< frz. *confiture* »Konfitüre, Marmelade« < lat. *confectura* »Verfertigung, Zubereitung«; zu *conficere* »zubereiten«]

Kon|flikt ⟨m.; -(e)s, -e⟩ Streit, Widerstreit, Zwiespalt; *Sy* Kollision (3); *bewaffneter, innerer, politischer ~; in einen ~ geraten; mit jmdm. in ~ geraten; mit dem Gesetz in ~ geraten* das Gesetz übertreten [< lat. *conflictus* »Zusammenstoß, Kampf«]

Kon|flikt|kom|mis|si|on ⟨f.; -, -en; DDR⟩ Kommission, die Streitigkeiten zwischen Betriebsangehörigen od. Heiminsassen schlichtet

Konfluenz

Kon|flu|enz ⟨f.; -, -en; Geol.⟩ Zusammenfluss (zweier gleich großer Ströme); *Sy* Konflux; *Ggs* Diffluenz [< lat. *confluens* »Zusammenfluss«]

kon|flu|ie|ren ⟨V.⟩ zusammenfließen [< lat. *confluere*]

Kon|flux ⟨m.; -es, -e⟩ = Konfluenz

Kon|fö|de|ra|ti|on ⟨f.; -, -en; Politik⟩ **1** Bündnis **2** Staatenbund [< lat. *confoederatio* »Bündnis« <*con...* »zusammen mit...« + *foedus* »Bündnis«]

kon|fö|de|rie|ren ⟨V.; Politik⟩ *sich* ~ sich verbünden [< lat. *confoederare* »verbünden«]

Kon|fö|de|rier|te(r) ⟨f. 2 (m. 1); Politik⟩ **1** ⟨USA⟩ Anhänger der Südstaaten im amerikan. Bürgerkrieg (1861-1865) **2** ⟨Pl.⟩ durch eine Konföderation verbündete Staaten

kon|fo|kal ⟨Adj.; Optik⟩ denselben Brennpunkt habend, mit demselben Brennpunkt versehen

kon|form ⟨Adj.⟩ übereinstimmend, gleich gestimmt; ~*e Abbildung* mathemat. Abbildungsverfahren, bei dem Figuren winkelgetreu abgebildet werden; *mit jmdm.* ~ *gehen* ⟨umg.⟩ mit jmdm. übereinstimmen, einer Meinung sein [< lat. *conformis* »gleichförmig, ähnlich« <*con...* + *forma* »Form, Gestalt«]

Kon|for|ma|ti|on ⟨f.; -, -en; Chemie⟩ räumliche Anordnung der Atome eines Moleküls, die sich nicht zur Deckung bringen lassen; *Sy* Konstellation (3) [< lat. *conformatio* »(harmonische) Gestaltung, Bildung«]

Kon|for|mis|mus ⟨m.; -; unz.⟩ Übereinstimmung mit der herrschenden Meinung; *Ggs* Nonkonformismus

Kon|for|mist ⟨m.; -en, -en⟩ **1** Vertreter der herrschenden Meinung; *Ggs* Nonkonformist (1) **2** Anhänger der anglikan. Kirche; *Ggs* Dissenter [→ *konform*]

Kon|for|mis|tin ⟨f.; -, -tin|nen⟩ Vertreterin der herrschenden Meinung; *Ggs* Nonkonformistin (1)

kon|for|mis|tisch ⟨Adj.⟩ **1** die anglikan. Kirche betreffend, in ihrem Sinne **2** sich der herrschenden Meinung anpassend; *Ggs* nonkonformistisch; *sich* ~ *verhalten*

Kon|for|mi|tät ⟨f.; -; unz.⟩ Gleichförmigkeit, Gleichheit, Übereinstimmung, Gleichstimmung; *Ggs* Nonkonfirmität [→ *konform*]

Kon|fra|ter ⟨m.; -s, -; kath. Kirche⟩ Mitbruder, Amtsbruder [<*Kon...* + *Frater*]

Kon|fra|ter|ni|tät ⟨f.; -; unz.⟩ kirchl. Bruderschaft

Kon|fron|ta|ti|on ⟨f.; -, -en⟩ Gegenüberstellung; *Sy* Konfrontierung; ~ *von Personen* [< mlat. *confrontatio* »Gegenüberstellung«; → *konfrontieren*]

kon|fron|ta|tiv ⟨Adj.⟩ gegenüberstellend, zusammenbringend, konfrontierend; *eine* ~*e Betrachtung*

kon|fron|tie|ren ⟨V.⟩ *jmdn. mit einem anderen* ~ jmdn. einem anderen gegenüberstellen [< mlat. *confrontare* »gegenüberstellen«, eigtl. »Stirn gegen Stirn stellen« < lat. *con* »mit« + *frons*, Gen. *frontis* »Stirn«]

Kon|fron|tie|rung ⟨f.; -, -en⟩ = Konfrontation

kon|fus ⟨Adj.⟩ verworren, unklar, verwirrt; ~*es Gerede; du machst mich mit deiner Aufregung ganz* ~; *ich bin ganz* ~ [< lat. *confusus*, Part. Perf. zu *confundere* »zusammenschütten, vermengen«]

Kon|fu|si|on ⟨f.; -, -en⟩ Verwirrung, Verworrenheit, Durcheinander [< lat. *confusio* »Verwirrung«; zu *confundere* »zusammenschütten, vermengen«]

Kon|fu|zi|a|ner ⟨m.; -s, -⟩ Anhänger, Vertreter des Konfuzianismus

kon|fu|zi|a|nisch ⟨Adj.⟩ zum Konfuzianismus gehörend, auf ihm beruhend; *oV* konfuzianistisch

Kon|fu|zi|a|nis|mus ⟨m.; -; unz.⟩ die Sozial- u. Morallehre des Konfuzius [nach *Konfuzius*, latinisiert <*Kung-(fu)tse* »Meister Kung«, chines. Philosoph u. Staatsmann, ca. 551-479 v. Chr.]

kon|fu|zi|a|nis|tisch ⟨Adj.⟩ = konfuzianisch

kon|ge|ni|al ⟨Adj.⟩ von gleicher Begabung, geistig ebenbürtig

Kon|ge|ni|a|li|tät ⟨f.; -; unz.⟩ geistige Ebenbürtigkeit

kon|ge|ni|tal ⟨Adj.⟩ angeboren [< lat. *congenitus* »zugleich geboren«]

Kon|ges|ti|on ⟨f.; -, -en; Med.⟩ Blutandrang [< lat. *congestio* »Zusammentragung, Anhäufung«; zu *congerere* »zusammentragen«]

kon|ges|tiv ⟨Adj.; Med.⟩ auf Kongestion beruhend, mit ihr verbunden

Kon|glo|ba|ti|on ⟨f.; -, -en; Zool.⟩ Anhäufung von Tieren einer Art aufgrund günstiger örtlicher Gegebenheiten [< lat. *conglobatio* »Zusammenballung«]

Kon|glo|me|rat ⟨n.; -(e)s, -e⟩ **1** aus verschiedenen Dingen bestehende, ungegliederte Masse, Anhäufung **2** aus Geröllen, die durch Bindemittel miteinander verschmolzen sind, gebildetes Sedimentgestein [< frz. *conglomérat* »Mengelgestein, Konglomerat«, < frz., lat. *con* + lat. *glomus* »Kloß, Knäuel«]

kon|glo|me|ra|tisch ⟨Adj.⟩ ein Konglomerat betreffend, in der Art u. Form eines Konglomerats

Kon|glu|ti|na|ti|on ⟨f.; -, -en; Med.⟩ Verklebung der roten Blutkörperchen [zu lat. *conglutinare* »zusammenfügen, verbinden, verknüpfen«]

Kon|gre|ga|ti|on ⟨f.; -, -en⟩ **1** Vereinigung, Versammlung **2** Verband mehrerer Klöster desselben Ordens **3** kath. Vereinigung mit einfachem od. ohne Gelübde [< lat. *congregatio* »Versammlung«; zu *grex*, Gen. *gregis* »Herde«]

Kon|gre|ga|ti|o|na|lis|mus ⟨m.; -; unz.⟩ bedeutendste Bewegung evangelischer Christen in England u. Amerika, deren Grundsätze die volle Souveränität der Einzelgemeinde innerhalb des kirchlichen Verbands u. die Unabhängigkeit vom Staat sind

Kon|gre|ga|ti|o|na|list ⟨m.; -en, -en⟩ Angehöriger einer englisch-nordamerikanischen Kirchengemeinschaft, die aus unabhängigen Gemeinden besteht

Kon|gre|ga|ti|o|na|lis|tisch ⟨Adj.⟩ den Kongregationalismus betreffend, auf ihm beruhend, von ihm ausgehend

Kon|gre|ga|ti|o|nist ⟨m.; -en, -en⟩ Mitglied einer Kongregation
kon|gre|gie|ren ⟨V.⟩ sich vereinigen, versammeln [<lat. *congregare* »zu geselligem Zusammenleben vereinigen«]
Kon|gress ⟨m.; -es, -e⟩ **1** polit. od. fachl. Tagung; *Ärzte~; Wiener ~* **2** beratende u. beschließende Versammlung **3** Volksvertretung im Parlament (Senat u. Repräsentantenhaus in den USA) [<lat. *congressus* »Zusammenkunft«; zu *congredi* »zusammenkommen«]
kon|gru|ent ⟨Adj.⟩ *Ggs* inkongruent, disgruent **1** ⟨Adj.⟩ übereinstimmend **2** ⟨Math.⟩ deckungsgleich; *~e Dreiecke* [<lat. *congruens*, Part. Präs. von *congruere* »übereinstimmen«]
Kon|gru|enz ⟨f.; -; unz.⟩ *Ggs* Inkongruenz **1** Übereinstimmung **2** ⟨Math.⟩ Deckungsgleichheit; *~ von Dreiecken* **3** ⟨Gramm.⟩ Übereinstimmung zusammengehöriger Satzteile in Genus, Numerus od. Kasus, z. B. des Subjekts mit dem Prädikat im Numerus [→ *kongruent, kongruieren*]
kon|gru|ie|ren ⟨V.⟩ **1** übereinstimmen, zusammentreffen **2** ⟨Math.⟩ deckungsgleich sein, sich decken [<lat. *congruere*]
Ko|ni|die ⟨[-djə] f.; -, -n; Bot.⟩ unmittelbar vom Pflanzengewebe gebildete Spore [<grch. *konis* »Staub« + *...id*]
Ko|ni|fe|ren ⟨f.; Pl.; Bot.⟩ zu den Nacktsamern gehörige, regelmäßig verzweigte Bäume od. (selten) Sträucher mit nadel- od. schuppenförmigen Blättern, Nadelhölzer: Coniferae [<grch. *konos*, lat. *conus* »Kegel« + *...fere*]
Ko|ni|in ⟨n.; -s; unz.; Biochemie⟩ hochgiftiges Alkaloid des Gefleckten Schierlings: Conium maculatum [<grch. *koneion* »Schierling«]
Ko|ni|me|ter ⟨n.; -s, -; Technik⟩ Gerät zur Messung der in der Luft befindlichen Staubteilchen [<*Koniose* + *...meter*]
Ko|ni|o|se ⟨f.; -, -n; Med.⟩ durch Staub hervorgerufene Krankheit [<grch. *konis* »Staub«]
Ko|ni|o|to|mie ⟨f.; -, -n; Med.⟩ die operative Durchtrennung des Ringknorpels am Kehlkopf u. des Bandes zwischen Schild- u. Ringknorpel bei drohender Erstickung [<*Konus* + *...tomie*]
ko|nisch ⟨Adj.⟩ kegelförmig, kegelstumpfförmig [zu lat. *conus* <grch. *konos* »Kegel«]
Kon|jek|ta|ne|en ⟨Pl.⟩ gesammelte Bemerkungen, Einfälle [<lat. *coniectanea*, eigtl. »Zusammengeworfenes«; zu *conicere* »zusammenwerfen«]
Kon|jek|tur ⟨f.; -, -en⟩ **1** ⟨veraltet⟩ Vermutung **2** auf Vermutung beruhende Verbesserung od. Ergänzung eines unzulängl. überlieferten Textes, in der Absicht, den Originalwortlaut wieder herzustellen [<lat. *coniectura* »Mutmaßung, Vermutung, Deutung«; zu *conicere* »zusammentragen, vermuten«]
kon|jek|tu|ral ⟨Adj.⟩ auf einer Konjektur beruhend, vermutlich
Kon|jek|tu|ral|kri|tik ⟨f.; -; unz.⟩ **1** auf Konjekturen beruhende Kritik eines Textes **2** Methode zu dessen Verbesserung
kon|ji|zie|ren ⟨V.⟩ **1** eine Konjektur anbringen **2** ⟨veraltet⟩ vermuten [<lat. *conicere* »zusammenwerfen, -tragen, vermuten, schließen, annehmen«]
kon|ju|gal ⟨Adj.; veraltet⟩ ehelich [<lat. *coniugalis* »ehelich«; zu *iugum* »Joch«]
Kon|ju|ga|te ⟨f.; -, -n; Bot.⟩ formenreiche u. vorwiegend im Süßwasser verbreitete Grünbzw. Jochalge: Conjugales [<lat. *coniugatus*, Part. Perf. zu *coniugare*; → *konjugieren*]
Kon|ju|ga|ti|on ⟨f.; -, -en⟩ **1** ⟨Gramm.⟩ Veränderung (von Verben) durch Flexion **2** ⟨Zool.⟩ vorübergehende Vereinigung von Einzellern zum Austausch genetischen Materials [<lat. *coniugatio* »Verbindung, Verknüpfung«; → *konjugieren*]
kon|ju|gie|ren ⟨V.⟩ **1** ⟨Gramm.⟩ *Verben ~* durch Flektion verändern **2** *konjugiert* ⟨Math.⟩ jeweils zwei Dingen zukommend [<lat. *coniugare* »verknüpfen, verbinden«; zu *iugum* »Joch«]
kon|ju|giert ⟨Adj.⟩ **1** ⟨Math.; Physik⟩ zusammengehörend, zugeordnet; *~e Punkte; ~ komplexe Zahl* **2** ⟨Chemie⟩ *~e Doppelbindungen* alternierende Einfach- u. Doppelbindungen in einem organischen Molekül **3** *~ e Faser* = Bikomponentenfaser
Kon|junkt ⟨n.; -s, -e; Sprachw.⟩ Satzteil, der zusammen mit anderen Satzbestandteilen auftreten kann; →*a.* Adjunkt [→ *Konjunktion*]
Kon|junk|ti|on ⟨f.; -, -en⟩ **1** ⟨Gramm.⟩ Wort, das zwei Sätze od. Satzteile verbindet, Bindewort, z. B. und, weil; *koordinierende, subordinierende ~* **2** ⟨Logik⟩ Aussagenverbindung, die nur dann wahr ist, wenn die miteinander verknüpften Aussagen wahr sind; *Ggs* Disjunktion (3) **3** ⟨Astron.⟩ Stellung der Sonne zwischen Erde u. Planet; *Sy* Syzygium (1) [<lat. *coniunctio* »Verbindung«; zu *coniungere* »verbinden«]
konjunk|ti|o|nal ⟨Adj.; Gramm.⟩ durch eine Konjunktion ausgedrückt od. eingeleitet
Kon|junk|ti|o|nal|ad|verb ⟨n.; -s, -bien; Gramm.⟩ auch die Funktion einer Konjunktion erfüllendes Adverb, z. B. »deshalb«
Kon|junk|ti|o|nal|satz ⟨m.; -es, -sätze; Gramm.⟩ durch eine Konjunktion an einen Hauptsatz angeschlossener Haupt- od. Nebensatz
kon|junk|tiv ⟨Adj.; Gramm.⟩ verbindend, abhängig; *Ggs* disjunktiv
Kon|junk|tiv ⟨m.; -s, -e [-və]; Gramm.⟩ Möglichkeitsform des Verbums, z. B. ich käme, er komme, sei, wäre gekommen [<lat. *(modus)coniunctivus* »der Satzverbindung dienender Modus«; zu *coniungere* »verbinden«]
Kon|junk|ti|va ⟨[-va] f.; -, -vä; Anat.⟩ Bindehaut des Auges [<lat. *coniungere* »verbinden«]
kon|junk|ti|visch ⟨[-vɪʃ] Adj.; Gramm.⟩ im Konjunktiv, im Sinne des Konjunktivs
Kon|junk|ti|vi|tis ⟨[-viː-] f.; -, -tiden; Med.⟩ Entzündung der Bindehaut des Auges [<*Konjunktiva* + *...itis*]
Kon|junk|tur ⟨f.; -, -en; Wirtsch.⟩ Wirtschaftslage mit bestimmter Entwicklungstendenz;

konjunkturell

Hoch~; fallende, steigende ~ [<lat. eigtl. »Verbindung von Gestirnen in einem Tierkreiszeichen u. die sich daraus ergebenden Einflüsse« <lat. *coniungere* »verbinden«]

kon|junk|tu|rell ⟨Adj.; Wirtsch.⟩ auf der Konjunktur beruhend, sie betreffend

Kon|junk|tur|pha|se ⟨f.; -, -n; Wirtsch.⟩ sich wiederholende charakteristische Periode in der konjunkturellen Entwicklung einer Wirtschaftseinheit (Aufschwung, Prosperität, Rezession, Depression)

Kon|junk|tur|po|li|tik ⟨f.; -; unz.; Wirtsch.⟩ Maßnahmen zum Vermeiden von Wirtschaftsschwankungen

kon|junk|tur|po|li|tisch ⟨Adj.; Wirtsch.⟩ die Konjunkturpolitik betreffend, auf ihr beruhend

kon|kav ⟨Adj.; Optik⟩ nach innen gewölbt; *Ggs* konvex; ~*e Linse* [<lat. *concavus* »hohlrund«; zu *cavus* »hohl«]

Kon|ka|vi|tät ⟨[-vi-] f.; -; unz.⟩ Optik⟩ konkave Beschaffenheit, Gekrümmtsein nach innen; *Ggs* Konvexität

Kon|kav|lin|se ⟨f.; -, -n; Optik⟩ konkav gekrümmte Linse, Zerstreuungslinse; *Ggs* Konvexlinse

Kon|kav|spie|gel ⟨m.; -s, -; Optik⟩ nach innen gewölbter Spiegel, der einfallendes Licht in seinem Brennpunkt sammelt

Kon|kla|ve ⟨[-və] n.; -s, -n⟩ 1 streng abgeschlossener Versammlungsraum der Kardinäle zur Papstwahl 2 die Versammlung selbst [<lat. *conclave* »verschließbares Gemach«; zu *clavis* »Schlüssel«]

kon|klu|dent ⟨Adj.⟩ eine bestimmte Schlussfolgerung erlaubend, schlüssig [<lat. *concludens*, Part. Präs. zu *concludere* »verschließen, abschließen, einen Schluss ziehen«; zu *claudere* »schließen«]

kon|klu|die|ren ⟨V.⟩ eine Schlussfolgerung ziehen [<lat. *concludere*; → konkludent]

Kon|klu|si|on ⟨f.; -, -en⟩ Schlussfolgerung [<lat. *conclusio* »Einschließung, Schluss, Folgerung«; → konkludieren]

kon|klu|siv ⟨Adj.⟩ auf einer Konklusion beruhend [<lat. *conclusus*, Part. Perf. zu *concludere*; → konkludieren]

kon|ko|mi|tant ⟨Adj.⟩ irrelevant, überflüssig [→ *Konkomitanz*]

Kon|ko|mi|tanz ⟨f.; -, -en⟩ 1 ⟨Sprachw.⟩ Bedingung für ein gemeinsames Vorkommen von unterschiedlichen Wortklassen, z. B. »jmdn. fragen« und »(jmdn.) erkennen« (obligatorisches u. fakultatives Vorkommen); *Sy* Kookkurenz 2 ⟨unz.; kath. Theologie⟩ Gegenwart Christi in Brot u. Wein [<lat. *concomitatus*]

kon|kor|dant ⟨Adj.⟩ übereinstimmend; ~*er Akkord* auf Dur od. Moll gebauter A.; ~*e Gesteinsschichten* gleichmäßig geschichtete, gelagerte Gesteinsschichten; *Ggs* diskordant [<lat. *concordans*; zu *concordare* »einig sein, übereinstimmen«; zu *cor*, Gen. *cordis* »Herz«]

Kon|kor|danz ⟨f.; -, -en⟩ 1 Gleichmäßigkeit; *Ggs* Diskordanz (1) 2 ⟨Musik⟩ konkordant aufgebauter Akkord 3 übereinstimmendes Merkmal, z. B. bei Zwillingen 4 ⟨Geol.⟩ konkordant gelagerte Gesteinsschichten 5 ⟨Lit.⟩ alphabet. Zusammenstellung der in einem Buch vorkommenden Wörter (mit Belegstellen) od. der inhaltlich übereinstimmenden Stellen; *Bibel*~ 6 ⟨Typ.⟩ typograf. Maßeinheit, 4 Cicero = 48 Punkt [<mlat. *concordantia* »Übereinstimmung« <lat. *concordare*; → konkordant]

Kon|kor|dat ⟨n.; -(e)s, -e⟩ 1 Vertrag zwischen einem Staat u. dem Papst ⟨allg.⟩ Übereinkommen [<lat. *concordare*; → konkordant]

Kon|kor|dia ⟨f.; -; unz.⟩ Eintracht (oft Name von Vereinen) [nach dem Namen der röm. Göttin <lat. *concordia* »Eintracht«; zu *cor*, Gen. *cordis* »Herz«]

Kon|kor|di|en|buch ⟨n.; -(e)s, -bücher⟩ Sammlung der in der lutherischen Kirche geltenden Bekenntnisschriften [→ *Konkordia*]

Kon|kor|di|en|for|mel ⟨f.; -, -n⟩ letzte Bekenntnisschrift der lutherischen Kirche zur Klärung von Lehrstreitigkeiten (1577) [→ *Konkordia*]

Kon|kre|ment ⟨n.; -(e)s, -e; Min.⟩ harte mineralische Abscheidung in Körpergeweben u. Körperflüssigkeiten [<lat. *concrementum* »Anhäufung«; zu *crescere* »wachsen«]

kon|kret ⟨Adj.⟩ wirklich, gegenständlich, sinnlich wahrnehmbar, anschaulich, sachlich; *Ggs* abstrakt; ~*e Angaben machen*; *der Plan nimmt* ~*e Formen an* [<lat. *concretus*, Part. Perf. zu *concrescere* »zusammenwachsen, sich verdichten«]

Kon|kre|ti|on ⟨f.; -, -en⟩ 1 Veranschaulichung, Verdinglichung 2 ⟨Med.⟩ Entstehung von Konkrementen 3 ⟨Geol.⟩ von einem Mittelpunkt ausgehende Ansammlung mineralischer Stoffe [<lat. *concretio* »Verdichtung«; zu *concrescere* »zusammenwachsen, sich verdichten, gerinnen«]

kon|kre|ti|sie|ren ⟨V.⟩ konkret machen, gegenständlich, anschaulich machen

Kon|kre|tum ⟨n.; -s, -kre|ta; Sprachw.⟩ Substantiv, das etwas sinnlich Wahrnehmbares bezeichnet; *Ggs* Abstraktum (2) [<lat. *concretus*, Part. Perf. zu *concrescere* »zusammenwachsen, sich verdichten«]

Kon|ku|bi|nat ⟨n.; -(e)s, -e⟩ dauernde eheliche Gemeinschaft ohne gesetzliche Bestätigung, wilde Ehe [<lat. *concubinatus* »wilde Ehe«; → *Konkubine*]

Kon|ku|bi|ne ⟨f.; -, -n⟩ Geliebte, Nebenfrau, Mätresse [<lat. *concubina* »Beischläferin« <*con...* »zusammen mit...« + *cubare* »liegen«]

Kon|ku|pis|zenz ⟨f.; -, -en⟩ Begierde als Folge der Erbsünde [<lat. *concupiscentia* »Begehrlichkeit, Verlangen«; zu *cupere* »begehren«]

Kon|kur|rent ⟨m.; -en, -en⟩ jmd., der mit jmdm. konkurriert, im Wettstreit steht, wirtschaftl. od. sportl. Gegner [<lat. *concurrens*, Part. Präs. zu *concurrere*; → konkurrieren]

Kon|kur|ren|tin ⟨f.; -, -tin|nen⟩ weibl. Person, die mit jmdm. konkurriert, im Wettstreit steht, Gegnerin

Kon|kur|renz ⟨f.; -, -en⟩ **1** Wettstreit, (bes. wirtschaftl.) Wettbewerb; *jmdm.* ~ *machen* mit ihm in Wettstreit treten; *außer* ~ *laufen (bei Wettrennen)* sich (am W.) beteiligen, aber nicht gewertet werden **2** der (wirtschaftl.) Gegner selbst, Konkurrenzunternehmen; *bei der* ~ *einkaufen; zur* ~ *gehen, übergehen* [<mlat. *concurrentia* »das Zusammentreffen«; <lat. *concurrere*; → konkurrieren]

kon|kur|ren|zie|ren ⟨V.; österr. u. schweiz. für⟩ konkurrieren

Kon|kur|renz|klau|sel ⟨f.; -, -n; Rechtsw.⟩ vertraglich gesichertes Wettbewerbsverbot

kon|kur|rie|ren ⟨V.⟩ Konkurrenz machen, in Wettstreit stehen (mit); *oV* ⟨schweiz.; österr.⟩ konkurrenzieren; *mit jmdm., mit niemandem* ~ *können* [<lat. *concurrere* »zusammenlaufen, zusammentreffen, aufeinander stoßen«; zu *currere* »laufen«]

Kon|kurs ⟨m.; -es, -e; Wirtsch.⟩ **1** Zahlungsunfähigkeit, Zahlungseinstellung; ~ *machen* zahlungsunfähig werden **2** Verfahren zur Befriedigung der Gläubiger eines zahlungsunfähigen Schuldners; ~ *anmelden; den* ~ *eröffnen; in* ~ *gehen* [<lat. *concursus (creditorum)* »Zusammenlaufen (der Gläubiger)«; zu *concurrere;* → konkurrieren]

Kon|kur|sit ⟨m.; -en, -en; schweiz.⟩ zahlungsunfähiger Schuldner [→ *Konkurs*]

kon|na|tal ⟨Adj.; Med.⟩ **1** angeboren **2** während der Schwangerschaft od. der Geburt erworben; ~e *Krankheit* [<kon... + lat. *natalis* »Geburtstag, Herkunft«]

Kon|nek|tiv ⟨n.; -s, -e [-və]⟩ steriles Verbindungsstück beider Staubbeutelhälften [<lat. *con(n)ectere* »verknüpfen, verbinden«]

Kon|nek|tor ⟨m.; -s, -to|ren; EDV⟩ Stelle in Programmen od. Programmablaufplänen, in der Stellen, an denen Daten aus dem Programm austreten, mit Dateneintrittsstellen verbunden werden [<engl. *connector* »Verbinder«]

Kon|ne|ta|bel ⟨m.; -s, -s⟩ **1** ⟨urspr.⟩ Stallmeister, Befehlshaber der Reiterei **2** ⟨später, bis 1627⟩ Befehlshaber des Landheeres [<frz. *connétable* <lat. *comes stabuli* »Stallgraf«]

Kon|nex ⟨m.; -es, -e⟩ **1** Verbindung, Verknüpfung, Zusammenhang **2** ⟨umg.⟩ = Kontakt [<lat. *connexus* »Zusammenhang, Verknüpfung«; zu *nectere* »knüpfen«]

Kon|ne|xi|on ⟨f.; -, -en⟩ (einflussreiche) Beziehung, Verbindung [<lat. *connexio* »Zusammenhang, Verbindung«; zu *nectere* »knüpfen«]

Kon|ne|xi|tät ⟨f.; -; unz.; Rechtsw.⟩ Sachzusammenhang einander gegenüberstehender Ansprüche, die denselben rechtlichen Status besitzen müssen, damit der Schuldner sich mit Erfolg auf ein Zurückbehaltungsrecht berufen kann, bis ihm selbst die gebührende Leistung bewirkt wird

Kon|ne|xi|täts|prin|zip ⟨n.; -s; unz.; Politik⟩ Bereitstellung von Finanzmitteln durch die Bundesländer für die Aufgaben, die sie den Kommunen übertragen [→ *Konnex*]

kon|ni|vent ⟨[-vɛnt] Adj.⟩ duldsam, nachsichtig [<lat. *connivens*, Part. Präs. zu *connivere* »nachsichtig sein«]

Kon|ni|venz ⟨[-vɛnts] f.; -, -en⟩ Nachsicht, Duldsamkeit, Duldung (bes. strafbarer Handlungen von Vorgesetzten)

Kon|nos|se|ment ⟨n.; -(e)s, -e⟩ Frachtbrief [<frz. *connaissement* »Erkennungsschein; Seefrachtbrief«; zu *connaître* »kennen«]

Kon|no|tat ⟨n.; -(e)s, -e; Sprachw.⟩ *Ggs* Denotat **1** assoziativer Vorstellungsgehalt eines sprachlichen Zeichens, der über die rein begriffliche Bedeutung hinausgeht **2** Gesamtheit der Konnotationen

Kon|no|ta|ti|on ⟨f.; -, -en; Sprachw.⟩ **1** zusätzliche, assoziative Bedeutung eines Wortes, Nebenbedeutung **2** Begriffsinhalt; *Ggs* Denotation [<lat. *con* »mit« + *notatio* »Bezeichnung«]

kon|no|ta|tiv ⟨Adj.; Sprachw.⟩ die Konnotation betreffend, auf ihr beruhend

kon|no|tie|ren ⟨V.; Sprachw.⟩ als assoziative Bedeutung den Begriffsumfang (eines sprachlichen Zeichens) ergänzen, zusätzlich bezeichnen, mitschwingen

Kon|nu|bi|um ⟨n.; -s, -bi|en⟩ Ehe(gemeinschaft) [<lat. *connubium* »Vermählung«; zu *nubere* »heiraten«]

Ko|no|id ⟨n.; -(e)s, -e; Geom.⟩ kegelähnlicher Körper, der durch Rotation einer Kurve um eine Achse gebildet wird [<grch. *konos* »Zapfen, Kegel« + *eidos* »Form, Gestalt«]

Kon|quis|ta|dor ⟨[-kɪs-] m.; -en od. -s, -en⟩ span. u. portug. Eroberer Süd- u. Mittelamerikas im 16. Jh. [<span. *conquistador* »Eroberer«]

Kon|rek|tor ⟨m.; -s, -en⟩ Stellvertreter des Schulleiters bzw. der Schulleiterin

Kon|rek|to|rin ⟨f.; -, -rin|nen⟩ Stellvertreterin des Schulleiters bzw. der Schulleiterin

Kon|san|gu|i|ni|tät ⟨f.; -; unz.⟩ Blutsverwandtschaft [<lat. *consanguinitas;* zu *sanguis* »Blut«]

Kon|seil ⟨[kõsɛːj] m.; -s, -s⟩ Rat, Ratsversammlung, Körperschaft [<frz. *conseil* »Rat«]

Kon|se|kra|ti|on *auch:* **Kon|sek|ra|ti|on** ⟨f.; -, -en; kath. Kirche⟩ **1** Weihe (von Personen od. Dingen durch den Bischof) **2** Wandlung von Brot u. Wein [<lat. *consecratio* »Weihe, Heiligung«; zu *sacer* »heilig«]

kon|se|krie|ren *auch:* **kon|sek|rie|ren** ⟨V.⟩ weihen [<lat. *consecrare* »weihen, heiligen«; zu *sacer* »heilig«]

kon|se|ku|tiv ⟨Adj.; Gramm.⟩ die Folge bezeichnend, Folge... [<lat. *consecutus*, Part. Perf. zu *consequi* »nachfolgen«; zu *sequi* »folgen«]

Kon|se|ku|tiv|satz ⟨m.; -es, -sät|ze; Gramm.⟩ Nebensatz, der die Folge eines im Hauptsatz enthaltenen Vorgangs angibt, Folgesatz

Kon|se|mes|ter ⟨n.; -s, -; veraltet⟩ Student(in) im gleichen Semester (wie jmd.); *er, sie ist mein* ~ [<*Kon...* + *Semester*]

Kon|sens ⟨m.; -es, -e⟩ *oV* Konsensus; *Ggs* Dissens **1** Einwilligung, Genehmigung **2** Über-

509

konsensual

einstimmung, Vereinbarung (in Glaubensfragen) [<lat. *consensus* »Übereinstimmung, Einstimmigkeit«; zu *sensus* »Empfindung«]

kon|sen|su|al ⟨Adj.; geh.⟩ einen Konsens erzielend, übereinstimmend; *die Entscheidungen waren ~ angelegt*

kon|sen|tie|ren ⟨V.⟩ einen Konsens erteilen für, einwilligen in, genehmigen; *Ggs* dissentieren (1) [<lat. *consentire* »übereinstimmen«; zu *sentire* »empfinden«]

kon|se|quent ⟨Adj.⟩ *Ggs* inkonsequent **1** folgerichtig; ~ *handeln* **2** beharrlich, beständig, grundsatztreu [<lat. *consequens* »folgerecht«; zu *sequi* »folgen«]

Kon|se|quenz ⟨f.; -, -en⟩ *Ggs* Inkonsequenz **1** Folge, Folgerung, Folgerichtigkeit; *daraus ergibt sich die ~, dass...; die ~en (seiner Handlungsweise) ziehen* die Folgen (seiner H.) tragen **2** Beharrlichkeit; *mit äußerster, (umg.) eiserner ~ seinen Weg gehen, ein Ziel verfolgen* [<lat. *consequentia* »Folge«]

Kon|ser|va|tis|mus ⟨[-va-] m.; -; unz.⟩ = Konservativismus

kon|ser|va|tiv ⟨[-va-] Adj.⟩ am Hergebrachten hängend, das Bestehende bejahend, erhaltend, bewahrend [<mlat. *conservativus* »erhaltend«, <lat. *(con)servare* »erhalten«]

Kon|ser|va|ti|ve(r) ⟨[-vatɪvə(r)] f. 2 (m. 1)⟩ Angehörige(r) einer konservativen Partei

Kon|ser|va|ti|vis|mus ⟨[-vativɪs-] m.; -; unz.⟩ geistige od. polit. Haltung, die die bestehende Ordnung bejaht u. zu erhalten sucht; *oV* Konservatismus

Kon|ser|va|tor ⟨[-vaː-] m.; -s, -toren⟩ Beamter im Museum od. in der Denkmalspflege), der Kunstwerke od. Kulturdenkmäler pflegt u. erhält [<lat. *conservator* »Erhalter, Bewahrer«; zu *(con)servare* »erhalten, bewahren«]

kon|ser|va|to|risch ⟨[-va-] Adj.⟩ pfleglich, durch einen Konservator

Kon|ser|va|to|rist ⟨[-va-] m.; -en, -en⟩ Schüler an einem Konservatorium

kon|ser|va|to|ris|tisch ⟨[-va-] Adj.⟩ ein Konservatorium betreffend, auf dem (Studium am) Konservatorium beruhend; *~e Ausbildung*

Kon|ser|va|to|ri|um ⟨[-va-] n.; -s, -ri|en⟩ fachschulartige Musikschule [<ital. *conservatorio*, eigtl. »Stätte zur Pflege u. Wahrung (musischer Tradition)«; <lat. *(con)servare* »bewahren, erhalten«]

Kon|ser|ve ⟨[-və] f.; -, -n⟩ **1** ⟨i. e. S.⟩ in Blechdose eingekochtes Obst, Gemüse, Fleisch usw., das sich, luftdicht verschlossen, lange Zeit hält **2** ⟨i. w. S.⟩ durch Trocknen od. Gefrieren haltbar gemachtes Nahrungsmittel [<mlat. *conserva* »haltbar gemachte frische Kräuter; haltbar gemachte verderbl. Ware«, <lat. *conservare*; → konservieren]

kon|ser|vie|ren ⟨[-viː-] V.⟩ **1** einkochen, haltbar machen, vor Fäulnis schützen; *Gemüse, Obst, Fleisch ~* **2** erhalten, bewahren, pflegen; *Gemälde ~* [<lat. *(con)servare* »bewahren, erhalten«]

Kon|si|gnant *auch:* **Kon|si|gnạnt** ⟨m.; -en, -en⟩ jmd., der etwas konsigniert [zu lat. *consignans*, Part. Präs. zu *consignare* »besiegeln, bestätigen«]

Kon|si|gna|tar *auch:* **Kon|si|gna|tạr** ⟨m.; -s, -e⟩ mit der Konsignation (2) Beauftragter [→ *konsignieren*]

Kon|si|gna|ti|on *auch:* **Kon|si|gna|ti|ọn** ⟨f.; -, -en⟩ **1** Anweisung, Bestimmung zu einem Zweck **2** das Konsignieren [<lat. *consignatio* »Verbriefung, Urkunde«; → *konsignieren*]

kon|si|gnie|ren *auch:* **kon|si|gnie|ren** ⟨V.⟩ **1** urkundlich niederlegen, schriftlich beglaubigen **2** zur Aufbewahrung od. zum Verkauf in einem Kommissionsgeschäft übergeben (bes. im Überseehandel) [<lat. *consignare* »besiegeln, bestätigen«; zu *signum* »Zeichen«]

Kon|si|li|a|ri|us ⟨m.; -, -rii; veraltet⟩ zur Beratung zugezogener Arzt [<lat. *consiliarius* »Ratgeber«; zu *consilium* »Rat«]

Kon|si|li|um ⟨n.; -s, -li|en⟩ **1** Beratung, bes. mehrerer Ärzte, über einen Krankheitsfall **2** die Gruppe der Ärzte selbst; → *a*. Consilium [<lat. *consilium* »Rat«]

kon|sis|tent ⟨Adj.⟩ *Ggs* inkonsistent **1** dauerhaft, dicht, sich nicht verändernd; *~er Stoff; ~es Material* M., das sich nicht verändert **2** logisch aufgebaut, lückenlos u. widerspruchsfrei; *~es System* [<lat. *consistens*, Part. Präs. zu *consistere* »sich hinstellen, standhalten«]

Kon|sis|tenz ⟨f.; -; unz.⟩ konsistentes Verhalten, konsistente Eigenschaft; *Ggs* Inkonsistenz [→ *konsistent*]

kon|sis|to|ri|al ⟨Adj.⟩ ein Konsistorium betreffend, nach Art eines Konsistoriums, zu ihm gehörig

Kon|sis|to|ri|al|rat ⟨m.; -(e)s, -räte⟩ Mitglied eines Konsistoriums

Kon|sis|to|ri|um ⟨n.; -s, -ri|en⟩ **1** ⟨evang. Kirche⟩ Verwaltungsbehörde **2** ⟨kath. Kirche⟩ (vom Papst geleitete) Versammlung der Kardinäle [<lat. *consistorium* »Versammlungsort«; zu *consistere* »sich hinstellen, sich aufstellen«]

kon|skri|bie|ren *auch:* **kons|kri|bie|ren, konsk|ri|bie|ren** ⟨V.; früher⟩ zum Wehrdienst ausheben, einschreiben [<lat. *conscribere* »zusammenschreiben, sammeln«; zu *scribere* »schreiben«]

Kon|skrip|ti|on *auch:* **Kons|krip|ti|on, Konsk|rip|ti|on** ⟨f.; -, -en; früher⟩ Aushebung zum Wehrdienst mit der Möglichkeit, sich loszukaufen od. vertreten zu lassen [<lat. *conscriptio* »das Zusammenschreiben, das Sammeln«; → *konskribieren*]

Kon|sol ⟨m.; -s, -s⟩ Staatsanleihe, staatl. Schuldverschreibung [<engl. *consols* (Pl.) »konsolidierte Staatsanleihen«]

Kon|so|le ⟨f.; -, -n⟩ **1** stützender Mauervorsprung (für Gesimse, Bögen, Statuen), Kragstein **2** Wandbrett, Spiegel-, Pfeilertischchen [<frz. *console* <lat. *solidus* »fest«]

Kon|so|li|da|ti|on ⟨f.; -, -en⟩ **1** = Konsolidierung **2** ⟨Geol.⟩ Versteifung von Teilen der Erdkruste durch Faltung od. Eindringen von Magma

3 ⟨Bgb.⟩ Zusammenlegung mehrerer Grubenfelder

kon|so|li|die|ren ⟨V.⟩ **1** festigen, sichern **2** vereinigen, zusammenlegen; *öffentliche Anleihen* ~ [<frz. *consolider* »festigen, sichern« <lat. *consolidare* »festmachen, sichern«; zu *solidus* »fest, sicher«]

Kon|so|li|die|rung ⟨f.; -, -en⟩ **1** Festigung, Sicherung **2** Vereinigung (von mehreren Staatsanleihen)

Kon|som|mee ⟨f.; -, -s od. n.; -s, -s⟩ = Consommé

kon|so|nant ⟨Adj.⟩ **1** ⟨veraltet⟩ zusammenstimmend **2** ⟨Musik⟩ mitklingend; Ggs dissonant [<lat. *consonans*, Part. Präs. zu *consonare* »mit etwas anderem zugleich ertönen«; zu *sonus* »Laut, Ton«]

Kon|so|nant ⟨m.; -en, -en; Sprachw.⟩ Sprachlaut, der dadurch entsteht, dass mit den Organen des Mund- u. des Nasen-Rachen-Raumes Hindernisse für den Luftstrom gebildet u. überwunden werden, Mitlaut, Geräuschlaut; Ggs Vokal [→ *konsonant*]

kon|so|nan|tisch ⟨Adj.⟩ auf einem Konsonanten beruhend, mit, durch einen Konsonanten gebildet, mit einem Konsonanten; Ggs vokalisch; ~*er Anlaut, Auslaut eines Wortes*

Kon|so|nan|tis|mus ⟨m.; -; unz.; Sprachw.⟩ **1** Bestand an Konsonanten (einer Sprache od. Sprachstufe) **2** Bildung u. Entwicklung der Konsonanten; → *a.* Vokalismus

Kon|so|nanz ⟨f.; -, -en⟩ **1** ⟨Musik⟩ Zusammenklang zweier od. mehrerer Töne, der keine Auflösung verlangende Spannung enthält; Ggs Dissonanz (1) **2** Häufung von Konsonanten [→ *konsonant*]

kon|so|nie|ren ⟨V.⟩ mitklingen, zusammenklingen [<lat. *consonare*; → *konsonant*]

Kon|sor|te ⟨m.; -n, -n⟩ **1** Mitglied eines Konsortiums **2** ⟨abwertend⟩ Beteiligter, Mitschuldiger, Mittäter; *Schmitz und* ~*n* [<lat. *consors*, Gen. *consortis* »an etwas gleichen Anteil habend«; zu *sors* »Los, Anteil, Schicksal«]

Kon|sor|ti|al|ge|schäft ⟨n.; -(e)s, -e; Wirtsch.⟩ Geschäft, zu dem sich aufgrund eines großen Kapitalumfangs (z. B. zur Emission von Wertpapieren) mehrere Konsorten (1) zu einem Konsortium zusammenschließen

Kon|sor|ti|um ⟨n.; -s, -ti|en⟩ vorübergehender Zusammenschluss von Geschäftsleuten od. Banken für größere Finanzierungen [<lat. *consortium* »Gütergemeinschaft«; zu *consors*; → *Konsorte*]

Kon|so|zi|a|ti|on ⟨f.; -, -en; Sprachw.⟩ feststehende Verbindung zweier Wörter, z. B. Kind u. Kegel, Haus u. Hof [<lat. *consociatio* »enge Verbindung, Vereinigung«]

◆ Die Buchstabenfolge **kon|sp**... kann auch **kons|p**... getrennt werden. Davon ausgenommen sind Zusammensetzungen, in denen die fremdsprachigen bzw. sprachhistorischen Bestandteile deutlich als solche erkennbar sind, z. B. ~*spezifisch*.

◆ **Kon|spekt** ⟨m.; -(e)s, -e⟩ **1** Überblick, Übersicht, Aufzeichnung **2** Verzeichnis [<lat. *conspectus* »Anblick, Blick«; zu *conspicere* »hinsehen«]

kon|spe|zi|fisch ⟨Adj.; Biol.⟩ der gleichen Art angehörend

◆ **Kon|spi|rant** ⟨m.; -en, -en; bes. Politik⟩ Verschwörer; Sy Konspirateur [→ *konspirieren*]

◆ **Kon|spi|ran|tin** ⟨f.; -, -tin|nen; bes. Politik⟩ Verschwörerin; Sy Konspirateurin

◆ **Kon|spi|ra|teur** ⟨[-tø:r] m.; -s, -e; bes. Politik⟩ = Konspirant [→ *konspirieren*]

◆ **Kon|spi|ra|teu|rin** ⟨[-tø:-] f.; -, -rin|nen; bes. Politik⟩ = Konspirantin

◆ **Kon|spi|ra|ti|on** ⟨f.; -, -en; bes. Politik⟩ Verschwörung; *diese Absprache wirkt wie eine* ~ [<lat. *conspiratio* »Einigkeit, Verschwörung«]

◆ **kon|spi|ra|tiv** ⟨Adj.; bes. Politik⟩ eine Konspiration planend od. vorbereitend, verschwörerisch; *eine* ~*e Sitzung, Zusammenkunft*

◆ **kon|spi|rie|ren** ⟨V.; bes. Politik⟩ sich verschwören [<lat. *conspirare* »zusammenwirken, sich verschwören«]

◆ Die Buchstabenfolge **kon|st**... kann auch **kons|t**... getrennt werden.

◆ **Kon|sta|bler** *auch:* **Kon|sta|bler** ⟨m.; -s, -⟩ **1** ⟨früher⟩ Büchsenmeister, Geschützmeister im Rang eines Unteroffiziers **2** ⟨England; USA⟩ Polizist, Schutzmann [<engl. *constable* »Konnetabel, Polizist« <afrz. *conestable* (frz. *connétable*); → *Konnetabel*]

◆ **kon|stant** ⟨Adj.⟩ fest, beständig, unveränderlich; Ggs inkonstant, variabel; ~*e Größe* ⟨Math.⟩ ihren Wert nicht verändernde Größe; *die Temperatur, eine Bewegung* ~ *halten* [<lat. *constans* »stetig, feststehend«]

◆ **Kon|stan|tan** ⟨n.; -s; unz.; El.⟩ eine Kupfer-Nickel-Legierung, deren elektrischer Widerstand temperaturunabhängig ist [→ *konstant*]

◆ **Kon|stan|te** ⟨f.; -, -n; Math.; Physik⟩ unveränderl. Größe

◆ **Kon|stanz** ⟨f.; -; unz.⟩ Festigkeit, Beständigkeit, Unveränderlichkeit, Beharrlichkeit; Ggs Inkonstanz [<lat. *constantia* »Festigkeit, Beständigkeit«]

◆ **kon|sta|tie|ren** ⟨V.⟩ feststellen [<frz. *constater* »feststellen«]

◆ **Kon|stel|la|ti|on** ⟨f.; -, -en⟩ **1** Lage, Zusammentreffen bestimmter Umstände; *politische* ~ **2** ⟨Astron.⟩ Stellung der Gestirne zueinander, zur Sonne u. zur Erde **3** = Konformation [<lat. *constellatio* »Angst, Unruhe«; zu *stella* »Stern«]

◆ **kon|stel|lie|ren** ⟨V.⟩ **1** sich zusammensetzen aus, zusammentreffen, in einen Zusammenhang mit etwas bringen **2** in einer bestimmten Stellung zueinander stehen *(Gestirne)*

◆ **Kon|ster|na|ti|on** ⟨f.; -; unz.⟩ Bestürzung, Verblüffung [<lat. *consternatio* »Angst, Unruhe«; zu *consternare* »aufregen«]

◆ **kon|ster|nie|ren** ⟨V.⟩ bestürzen, verblüffen [<lat. *consternare* »aufregen«]

◆ **kon|ster|niert** ⟨Adj.⟩ betroffen, bestürzt, verwirrt

Konstipation

◆ **Kon|sti|pa|ti|on** ⟨f.; -, -en; Med.⟩ Verstopfung (des Darms) [<lat. *constipatio* »das Zusammendrängen«; zu *constipare* »zusammenstopfen«]

◆ **Kon|sti|tu|an|te** ⟨f.; -, -n⟩ 1 = Constituante 2 ⟨Rechtsw.⟩ Organ, das für den Erlass u. die Veränderung der Verfassung zuständig ist [frz.; zu lat. *constituere*; → *konstituieren*]

◆ **Kon|sti|tu|ens** ⟨n.; -, -en|zi|en; geh.⟩ wesentlicher Bestandteil, konstitutives Merkmal [→ *konstituieren*]

◆ **Kon|sti|tu|en|te** ⟨f.; -, -n; Sprachw.⟩ (sprachliches) Element als Teil einer größeren Einheit [→ *konstituieren*]

◆ **Kon|sti|tu|en|ten|ana|ly|se** ⟨f.; -, -n; Sprachw.⟩ Analyse eines Satzes durch seine stückweise Zerlegung u. die Einordnung seiner Konstituenten in ein hierarchisches System; *Sy* IC-Analyse

◆ **Kon|sti|tu|en|ten|struk|tur|gram|ma|tik** ⟨f.; -; unz.; Sprachw.; Abk.: KS-Grammatik⟩ = Phrasenstrukturgrammatik

◆ **kon|sti|tu|ie|ren** ⟨V.⟩ 1 bilden, gründen, einrichten, zur festen Einrichtung machen 2 *~de Versammlung* verfassunggebende Versammlung [<lat. *constituere* »feststellen, einrichten«; zu *statuere* »aufstellen«]

◆ **Kon|sti|tut** ⟨n.; -(e)s, -e⟩ wiederholter Vertrag [<lat. *constitutus*, Part. Perf. zu *constituere* »festsetzen, einrichten«]

◆ **Kon|sti|tu|ti|on** ⟨f.; -, -en⟩ 1 Anordnung, Zusammensetzung 2 ⟨Chemie⟩ Anordnung der Atome im Molekül 3 Summe aller angeborenen körperlichen Eigenschaften; *kräftige, schwache, zarte ~* 4 Verfassung, Grundgesetz (eines Staates); *sich, einem Staat eine ~ geben* [<lat. *constitutio* »Einrichtung, Anordnung, Verfassung«; zu *constituere* »festsetzen, einrichten«]

◆ **Kon|sti|tu|tio|na|lis|mus** ⟨m.; -; unz.; Politik⟩ 1 Regierungsform mit einem durch die Verfassung beschränkten Oberhaupt 2 Streben nach einer solchen Regierungsform [→ *Konstitution*]

◆ **kon|sti|tu|tio|nell** ⟨Adj.⟩ auf der Konstitution beruhend; *~e Krankheiten* durch die körperliche Konstitution (3) bedingte Krankheiten; *~e Monarchie* durch eine Konstitution (4) beschränkte Monarchie [<frz. *constitutionel* <lat. *constitutio*]

◆ **Kon|sti|tu|ti|o|nen|öko|no|mik** ⟨f.; -; unz.; Wirtsch.⟩ Zweig der Ökonomik, der sich mit der Analyse von Regelsystemen hinsichtlich ihrer Funktionsfähigkeit u. der Entwicklung von Richtlinien zur Generierung von gesellschaftlichen Verfassungsregeln befasst

◆ **Kon|sti|tu|ti|ons|for|mel** ⟨f.; -, -n⟩ = Strukturformel

◆ **Kon|sti|tu|ti|ons|typ** ⟨m.; -s, -en⟩ Grundform des menschl. Körperbaus: leptosom, pyknisch, athletisch (nach E. Kretschmer)

◆ **kon|sti|tu|tiv** ⟨Adj.⟩ grundlegend, wesentlich, bestimmend [<lat. *constitutum*, Part. Perf. zu *constituere*; → *konstituieren*]

◆ Die Buchstabenfolge **kon|str...** kann auch **kons|tr..., konst|r...** getrennt werden.

◆ **Kon|strik|ti|on** ⟨f.; -, -en⟩ Abschnürung (von Blutgefäßen), z. B. bei Amputationen) [<lat. *constrictio* »das Zusammenschnüren«; → *konstringieren*]

◆ **Kon|strik|tor** ⟨m.; -s, -to|ren; Anat.⟩ Schließmuskel

◆ **kon|strin|gie|ren** ⟨V.⟩ 1 abschnüren (von Blutgefäßen) 2 sich zusammenziehen (von Muskeln) [<lat. *constringere* »zusammenschnüren, fesseln«; zu *stringere* »straffziehen«]

◆ **kon|stru|ie|ren** ⟨V.⟩ Ggs dekonstruieren 1 *Maschinen ~* entwerfen, bauen, zusammensetzen 2 *Sätze ~* nach den Regeln der Syntax zusammenfügen 3 *Figuren, Dreiecke ~* ⟨Math.⟩ nach gegebenen Größen zeichnen 4 ⟨fig.⟩ künstlich, schematisch darstellen, erfinden; *einen Fall, Vorgang ~; die Handlung des Buches ist allzu konstruiert* [<lat. *construere* »erbauen«; zu *struere* »schichten«]

◆ **Kon|strukt** ⟨n.; -(e)s, -e; geh.⟩ gedanklich konstruiertes Gebilde, hypothetischer, abstrakter Entwurf; *ein wissenschaftliches ~; ein Begriff als ~* [→ *Konstruktion*]

◆ **Kon|struk|teur** ⟨[-tø:r] m.; -s, -e⟩ 1 Entwerfer, Erbauer; *Flugzeug~* 2 techn. Zeichner [<frz. *constructeur* »Erbauer, Gestalter«; → *konstruieren*]

◆ **Kon|struk|ti|on** ⟨f.; -, -en⟩ Entwurf, Gefüge, Bau, Bauart, Aufbau; *Ggs* Dekonstruktion; *~ eines Gebäudes, einer Maschine, eines Satzes, einer geometrischen Figur* [<lat. *constructio* »Zusammenfügen«; → *konstruieren*]

◆ **kon|struk|tiv** ⟨Adj.⟩ Ggs dekonstruktiv 1 eine Konstruktion betreffend 2 (folgerichtig) aufbauend, zusammenfügend, entwickelnd [<lat. *constructus*, Part. Perf. zu *construere*]

◆ **Kon|struk|ti|vis|mus** ⟨[-vɪs-] m.; -; unz.⟩ → *a.* Dekonstruktivismus 1 abstrakte Kunst, die die Konstruktionselemente bes. betont 2 ⟨Musik⟩ Betonung des formalen Baues der Komposition

◆ **Kon|struk|ti|vist** ⟨[-vɪst] m.; -en, -en⟩ Anhänger, Vertreter des Konstruktivismus

◆ **kon|struk|ti|vis|tisch** ⟨[-vɪs-] Adj.⟩ auf dem Konstruktivismus beruhend, ihn betreffend

Kon|sul ⟨m.; -s, -n⟩ 1 (im alten Rom; im napoleon. Frankreich) höchster Staatsbeamter 2 (heute) ständiger Vertreter eines Staates in einem anderen Staat (bes. zur Wahrung der wirtschaftl. u. persönl. Interessen seiner Landsleute) [<lat. *consul*]

Kon|su|lar|agent ⟨m.; -en, -en⟩ Bevollmächtigter eines Konsuls

kon|su|la|risch ⟨Adj.⟩ einen Konsul betreffend, von einem Konsul ausgehend

Kon|su|lat ⟨n.; -(e)s, -e⟩ Amt, Amtsgebäude eines Konsuls [<lat. *consulatus* »Amt, Würde eines Konsuls«]

Kon|sul|tant ⟨m.; -en, -en⟩ fachmännischer Berater, Gutachter [→ *konsultieren*]

Kon|sul|ta|ti|on ⟨f.; -, -en⟩ 1 Beratung (durch einen Wissenschaftler); *ärztliche ~* 2 Befragung (eines Wissenschaftlers)

3 gemeinsame Besprechung, Beratung [< lat. *consultatio* »Beratschlagung, Befragung«; zu *consultare* »beratschlagen, befragen«]
kon|sul|ta|tiv ⟨Adj.⟩ beratend [→ *konsultieren*]
kon|sul|tie|ren ⟨V.⟩ zu Rate ziehen; *einen Arzt ~* [< lat. *consultare* »beratschlagen, um Rat fragen, befragen«]
Kon|sul|tie|rung ⟨f.; -, -en⟩ das Konsultieren, das Konsultiertwerden
Kon|sum ⟨m.; -s; unz.⟩ Verbrauch (von tägl. Bedarfsartikeln, bes. Lebensmitteln); *ein hoher ~ an Pizza* [< ital. *consumo* »Verbrauch«; zu lat. *consumere* »verbrauchen, verzehren«]
Kon|su|ma|tion ⟨f.; -, -en; österr.; schweiz.⟩ in einer Gastwirtschaft Verzehrtes [→ *konsumieren*]
Kon|su|ment ⟨m.; -en, -en⟩ *Ggs* Produzent **1** Verbraucher **2** Organismus, der organische Nahrung verbraucht, z. B. ein Tier [zu lat. *consumens*, Part. Präs. von *consumere* »verzehren, verbrauchen«]
Kon|su|men|tin ⟨f.; -, -tin|nen⟩ Verbraucherin; *Ggs* Produzentin
Kon|su|me|ris|mus ⟨m.; -; unz.⟩ Wirtsch.⟩ in den USA entstandene, organisierte Bewegung, die das Marktverhalten von Unternehmen kritisiert u. Verbesserungen des Konsumentenschutzes, der Güter- u. Dienstleistungsversorgung sowie des Umweltschutzes fordert [< engl.-amerikan. *consumerism*]
Kon|sum|gü|ter ⟨Pl.⟩ Gegenstände des täglichen Bedarfs, Verbrauchsgüter
kon|su|mie|ren ⟨V.⟩ verbrauchen [< lat. *consumere* »verzehren, verbrauchen«]
kon|sum|ori|en|tiert ⟨Adj.⟩ den Schwerpunkt auf den Erwerb u. Genuss von Konsumgütern legend
Kon|sump|tion ⟨f.; -, -en⟩ = Konsumtion
kon|sump|tiv ⟨Adj.⟩ = konsumtiv
Kon|sum|ter|ror ⟨m.; -s; unz.⟩ umg.; abwertend⟩ starker Konsumzwang

Kon|sum|ti|bi|li|en ⟨Pl.⟩ Verbrauchsgüter [→ *konsumieren*]
Kon|sum|ti|on ⟨f.; -, -en⟩ *oV* Konsumption **1** Wertminderung, Wertvernichtung, Verbrauch (von Wirtschaftsgütern) **2** Auszehrung (infolge chronischer Appetitlosigkeit) **3** das Aufgehen eines einfachen strafrechtl. Tatbestandes in einem umfassenden, z. B. Hausfriedensbruch in Einbruchsdiebstahl, so dass nur die übergeordnete Straftat geahndet wird
kon|sum|tiv ⟨Adj.⟩ für den Verbrauch bestimmt; *oV* konsumptiv; *Ggs* investiv
Kon|szi|en|ti|a|lis|mus *auch:* **Kons|zi|en|ti|a|lis|mus** ⟨m.; -; unz.; Philos.⟩ Lehre, die die Wirklichkeit auf das im Bewusstsein Gegebene beschränkt [< lat. *conscientia* »Gewissen«]
Kon|ta|gi|um ⟨n.; -s, -gi|en; veraltet⟩ Ansteckungsstoff [< lat. *contagium* »Berührung, Ansteckung, verderblicher Einfluss«]
Kon|ta|gi|on ⟨f.; -, -en; Med.⟩ Ansteckung, Übertragung einer Krankheit [< lat. *contagio* »Berührung, Ansteckung«]
kon|ta|gi|ös ⟨Adj.; Med.⟩ ansteckend [< lat. *contagiosus* »ansteckend« + frz. Endung]
Kon|ta|gi|o|si|tät ⟨f.; -; unz.; Med.⟩ Ausmaß der Ansteckungsgefahr einer Krankheit
Kon|takt ⟨m.; -(e)s, -e⟩ **1** Berührung, enge Verbindung **2** *~ in einem Stromkreis* leitende Verbindung, die es ermöglicht, dass Strom fließt; *einen ~ schließen*; *~ haben* **3** Schalter, der einen Kontakt **(2)** bewirkt **4** fester Katalysator bei techn. Prozessen **5** Beziehung, Fühlungnahme; *mit jmdm. ~ aufnehmen; in ~ stehen; keinen ~ mit jmdm. haben; freundschaftlicher ~* [< lat. *contactus* »Berührung«; zu *tangere* »berühren«]
Kon|takt|ad|res|se *auch:* **Kon|takt|a|dres|se** ⟨f.; -, -n⟩ Adresse, über die man bestimmte Personen, Vereine od. Organisationen kontaktieren kann
kon|tak|ten ⟨V.⟩ als Kontakter tätig sein, neue Geschäftsverbindungen anknüpfen
Kon|tak|ter ⟨m.; -s, -⟩ Mitarbeiter einer Werbeabteilung, der Öffentlichkeitsarbeit leistet [< engl. *contact* »mit jmdm. in Verbindung treten«]
kon|tak|tie|ren ⟨V.⟩ *jmdn. ~ mit jmdm.* einen Kontakt knüpfen, sich mit jmdm. unterhalten
Kon|takt|in|fek|ti|on ⟨f.; -, -en; Med.⟩ Ansteckung durch Berührung
Kon|takt|in|sek|ti|zid ⟨n.; -(e)s, -e⟩ Mittel zur Bekämpfung von Insekten, das durch Berührung wirkt
Kon|takt|lin|se ⟨f.; -, -n⟩ wie ein Brillenglas geschliffene kleine Schale, die zum Ausgleich von Sehfehlern haftend vor der Pupille sitzt
Kon|takt|mann ⟨m.; -s, -män|ner od. -leu|te⟩ jmd., der neue Kontakte knüpft u. Erkundigungen einzieht, Verbindungsmann
Kon|takt|mi|ne|ral ⟨n.; -s, -e od. -li|en⟩ Mineral, das durch Einwirkung von hohen Temperaturen auf das umliegende Gestein entstanden ist
Kon|takt|ste|cker ⟨m.; -s, -⟩ Stecker, Stift, Stöpsel, mit dem ein elektr. Kontakt hergestellt wird; *Sy* Kontaktstift, Kontaktstöpsel
Kon|takt|stift ⟨m.; -(e)s, -e⟩ = Kontaktstecker
Kon|takt|stöp|sel ⟨m.; -s, -⟩ = Kontaktstecker
Kon|takt|stu|di|um ⟨n.; -s, -di|en⟩ weiterbildendes Studium für Berufstätige, das den Kontakt zur wissenschaftl. Forschung wahrt
Kon|takt|ver|fah|ren ⟨n.; -s, -⟩ **1** ⟨Chemie⟩ Herstellung von Schwefelsäure, Schwefeltrioxid od. Schwefeldioxid aus schwefelhaltigen Erzen mit Platin als Katalysator **2** ⟨Fot.⟩ Verfahren zur Herstellung fotograf. Positive von Negativen u. umgekehrt, wobei die zu kopierende Schicht unmittelbar auf die zu belichtende Schicht gepresst wird
Kon|ta|mi|na|tion ⟨f.; -, -en⟩ **1** ⟨Gramm.⟩ Verschmelzung zweier bedeutungsverwandter Wörter od. Wortteile zu einem neuen Wort, z. B. »vorwiegend« aus vorherrschend u. überwiegend **2** ⟨Kernphysik⟩ Verunreinigung mit radioakti-

kontaminieren

ven Stoffen; *Sy* radioaktive Verseuchung; *Ggs* Dekontamination [< lat. *contaminatio* »Berührung, Verschmelzung«; zu *contaminare* »berühren, verschmelzen«]

kon|ta|mi|nie|ren ⟨V.⟩ 1 ⟨Gramm.⟩ eine Kontamination bilden, sich vermischen (Wörter od. Wortteile) 2 ⟨Kernphysik⟩ mit radioaktiven Stoffen verseuchen [< lat. *contaminare* »berühren, verschmelzen«]

kon|tant ⟨Adj.⟩ bar, gegen Barzahlung [< ital. *contante* »zahlungsfertig, bar«]

Kon|tan|ten ⟨Pl.⟩ 1 Geldsorten 2 Bargeld [< ital. *contanti* »bare Gelder«]

Kon|tem|pla|ti|on *auch:* **Kon|templa|tion** ⟨f.; -, -en⟩ 1 Betrachtung, (reine) Anschauung 2 Beschaulichkeit 3 ⟨Rel.⟩ Versenkung, Versunkenheit in das Wort u. Werk Gottes [< lat. *contemplatio* »Betrachtung«; zu *contemplari* »betrachten«]

kon|tem|pla|tiv *auch:* **kon|templa|tiv** ⟨Adj.⟩ betrachtend, anschauend; ~*es Leben* ⟨Rel.⟩ in sich gekehrtes, religiöser Betrachtung gewidmetes, tatenloses Leben [< lat. *contemplativus* »betrachtend, beschaulich«; zu *contemplari* »betrachten«]

kon|tem|po|rär ⟨Adj.⟩ zeitgenössisch, im gleichen Zeitalter geschehend, stattfindend [<*kon...* + lat. *tempus*, Pl. *tempora* »Zeit«]

Kon|ten ⟨Pl. von⟩ Konto

Kon|te|nance ⟨[kõtənãːs] f.; -; unz.⟩ = Contenance

Kon|ten|plan ⟨m.; -(e)s, -pläne; Wirtsch.⟩ die systematische Ordnung der Konten in der Buchführung eines Unternehmens

Kon|ten|ten ⟨Pl.⟩ Verzeichnis der Ladungen (der Seeschiffe) [< lat. *contentus*, Part. Perf. zu *continere* »zusammenhalten, einschließen, in sich enthalten«; zu *tenere* »halten«]

Kon|ten|tiv|ver|band ⟨m.; -(e)s, -bän|de; Med.⟩ Verband zum unverrückbaren Festhalten von Knochenbrüchen [< lat. *contentus*, Part. Perf. zu *contendere* »anspannen, straff ziehen«,

anstemmen«; zu *tendere* »spannen«]

Kon|ter ⟨m.; -s, -⟩ 1 ⟨Sport⟩ Gegenangriff, -schlag; *ein gelungener, schneller* ~ 2 scharfe Entgegnung, heftiger Widerspruch [→ *Konter...*]

kon|ter..., **Kon|ter...** ⟨in Zus.⟩ gegen..., Gegen... [< frz. *contre* < lat. *contra* »gegen«]

Kon|ter|ad|mi|ral ⟨m.; -s, -räle; Kriegsmarine⟩ 1 unterer Admiralsdienstgrad 2 Offizier im Dienstgrad eines Generalmajors [< frz. *contre-amiral*, eigtl. »Gegenadmiral«]

kon|ter|a|gie|ren ⟨V.⟩ gegen etwas od. jmdn. agieren, einer Sache od. jmdm. entgegenarbeiten

Kon|ter|ban|de ⟨f.; -, -n⟩ 1 ⟨urspr.⟩ Schmuggelware 2 ⟨Völkerrecht⟩ kriegswichtige Ware, die neutrale Staaten nicht in Krieg führende Staaten einführen dürfen [< frz. *contrebande* »Schleichhandel, Schmuggel(ware)«]

Kon|ter|fei ⟨a. [--'-] n.; -s, -s od. -e⟩ Abbild [< frz. *contrefait*, »nachgemacht« <*contre* »gegen« + *faire* < lat. *facere* »machen«]

kon|ter|fei|en ⟨a. [--'--] V.⟩ abbilden

kon|ter|ka|rie|ren ⟨a. [---'--] V.⟩ eine Sache hintertreiben, durchkreuzen, einer Sache entgegenarbeiten [< frz. *contrecarrer* »entgegenwirken, entgegenarbeiten«]

Kon|ter|mi|ne ⟨f.; -, -n; Börse⟩ Gegenmine, mit Kursfall rechnende Börsenspekulation [< frz. *contremine* »Gegenmine, Gegenanschlag«]

kon|ter|mi|nie|ren ⟨a. [---'--] V.⟩ 1 ⟨Börse⟩ mit dem Fall eines Börsenkurses rechnen, gegen die Mine spekulieren 2 ⟨geh.⟩ entgegenarbeiten, untergraben; *eine Sache* ~ [→ *Kontermine*]

kon|tern ⟨V.⟩ 1 ⟨Typ.⟩ umdrehen, die Seiten verkehren von, (seitenverkehrt stehendes Bild) richtig stellen 2 *mit einem Angriff* ~ ⟨Sport⟩ dem Gegner (aus der Defensive heraus) einen (überraschenden) Gegenschlag versetzen 3 *jmdm.* ~

(heftig) widersprechen [< engl. *counter* »entgegenwirken, einen Gegenschlag tun« < lat. *contra* »gegen«]

Kon|ter|re|vo|lu|ti|on ⟨[-vo-] f.; -, -en; Politik⟩ gegen eine Revolution gerichteter Umsturz zugunsten der ursprünglichen Regierung, Gegenrevolution [< frz. *contre-révolution*]

kon|ter|re|vo|lu|ti|o|när ⟨[-vo-] Adj.; Politik⟩ in der Art einer Konterrevolution, eine Konterrevolution planend, unterstützend

Kon|ter|re|vo|lu|ti|o|när ⟨[-vo-] m.; -s, -e; Politik⟩ Gegenrevolutionär, jmd., der an der Durchführung einer Konterrevolution beteiligt ist

Kon|ter|tanz ⟨m.; -es, -tän|ze⟩ urspr. engl. Tanz zu zwei od. vier einander gegenüberstehenden Paaren, im 18. Jh. über ganz Europa verbreitet; *oV* Kontretanz; →*a.* Française, Quadrille, Ekossaise [< frz. *contredanse* < engl. *country-dance* »Landtanz«]

kon|tes|tie|ren ⟨V.; veraltet⟩ 1 (durch Zeugen) bestätigen 2 anfechten, bestreiten [< lat. *contestari* »zum Zeugen anrufen«; zu *testis* »Zeuge«]

Kon|text ⟨m.; -(e)s, -e⟩ 1 ⟨Sprachw.⟩ der ein Wort od. eine Wendung umgebende Text, durch den die Bedeutung erst klar wird, Zusammenhang; *oV* Kotext 2 Zusammenhang, in den jmd. od. etwas hineingehört, Umfeld, umgebende Situation, Hintergrund; *etwas aus seinem historischen* ~ *heraus betrachten* [< lat. *contextus* »Zusammensetzung, Verknüpfung, Verbindung«; zu *texere* »weben«]

kon|tex|tu|al ⟨Adj.⟩ den Kontext betreffend, auf ihm beruhend; *oV* kontextuell; *die* ~*e Verknüpfung; der* ~*e Zusammenhang*

kon|tex|tu|a|li|sie|ren ⟨V.; veraltet⟩ den Zusammenhang mit einem Text, einer Vorstellung herstellen; *in die Frage gesamtgesellschaftlich* ~

Kon|tex|tu|a|lis|mus ⟨m.; -; unz.; Sprachw.⟩ Richtung der strukturellen Linguistik, in der die Beschreibung der gesproche-

nen Sprache auf der Einbindung des sprachlichen u. situativen Kontextes basiert
kon|tex|tu|ell ⟨Adj.⟩ = kontextual
Kon|ti ⟨Pl. von⟩ Konto
kon|tie|ren ⟨V.; Bankw.⟩ auf ein Konto verbuchen
Kon|tie|rung ⟨f.; -, -en; Bankw.⟩ das Kontieren
Kon|ti|gui|tät ⟨f.; -; unz.⟩ **1** Angrenzung, Berührung **2** (zeitl.) Zusammensein, Zusammenfall (von Erlebnissen) [zu lat. *contiguus* »berührend, angrenzend«; zu *tangere* »berühren«]
Kon|ti|nent ⟨m.; -(e)s, -e⟩ **1** Festland **2** Erdteil [< lat. *(terra) continens* »zusammenhängendes Land«; zu *tenere* »halten«]
kon|ti|nen|tal ⟨Adj.⟩ den Kontinent betreffend, zu ihm gehörig, auf ihm vorkommend
Kon|ti|nen|tal|drift ⟨f.; -, -en; Geol.⟩ = Epirogenese; *Sy* Kontinentalverschiebung
Kon|ti|nen|ta|li|tät ⟨f.; -; unz.⟩ das Ausmaß des Einflusses von großen Landmassen auf das Klima; *Ggs* Maritimität [→ *Kontinent*]
Kon|ti|nen|tal|kli|ma ⟨n.; -s, -ma|ta od. -ma|te; Meteor.⟩ Klima mit starken Temperaturschwankungen, Binnenklima, z. B. sehr niedriger Winter- u. sehr hoher Sommertemperatur; *Ggs* maritimes Klima
Kon|ti|nen|tal|ver|schie|bung ⟨f.; -, -en; Geol.⟩ = Kontinentaldrift
Kon|ti|nenz ⟨f.; -; unz.⟩ Fähigkeit, Urin u. Stuhlgang zurückzuhalten; *Ggs* Inkontinenz [< lat. *continentia* »Selbstbeherrschung«; zu *tenere* »halten«]
kon|tin|gent ⟨Adj.; bes. Philos.⟩ auf Kontingenz beruhend, zufällig, nicht zwingend von dieser Beschaffenheit
Kon|tin|gent ⟨n.; -(e)s, -e⟩ **1** begrenzte, festgesetzte, zugeteilte Menge; *Waren~*; *Lebensmittel~* **2** Pflichtbeitrag, Pflichtanteil **3** größere Einheit von Truppen innerhalb eines Gesamtheeres; *ein Staat stellt ein Truppen~* [< frz. *contingent* »Anteil, Soll«; zu *tangere* »berühren«]
kon|tin|gen|tie|ren ⟨V.⟩ das Kontingent festsetzen für, von, vorsorglich einteilen, eine Menge begrenzen

Kon|tin|genz ⟨f.; -; unz.⟩ **1** ⟨allg.⟩ Zusammenhang **2** ⟨bes. Philos.⟩ Möglichkeit, dass eine Sache anders beschaffen sein könnte, als sie es tatsächlich ist **3** ⟨Psych.⟩ Höhe der Wahrscheinlichkeit des voneinander abhängigen Vorkommens mehrerer Verhaltensmuster, Merkmale usw. [< engl. *contingency* < frz. *contingence*; → *Kontingent*]
kon|ti|nu|ie|ren ⟨V.⟩ **1** fortsetzen **2** fortdauern [< lat. *continuare* »fortsetzen«; zu *tenere* »halten«]
kon|ti|nu|ier|lich ⟨Adj.⟩ ohne zeitl. od. räuml. Unterbrechung aufeinander folgend, ununterbrochen, kontinuierlich, ⟨Math.⟩ diskret (2)
Kon|ti|nu|i|tät ⟨f.; -; unz.⟩ zeitlich od. räumlich ununterbrochener Zusammenhang, stetige Dauer; *Ggs* Diskontinuität [< lat. *continuitas* »ununterbrochene Fortdauer«; zu *continuare* »fortsetzen«]
Kon|ti|nuo ⟨m.; -s, -s; Musik⟩ = Continuo
Kon|ti|nu|um ⟨n.; -s, -nua od. -nu|en⟩ etwas, das ohne zeitl. od. räuml. Unterbrechung aufeinander folgt, z. B. Linie, Ebene [< lat. *continuum* »das ununterbrochen Fortlaufende«]
Kon|to ⟨n.; -s, Kon|ten od. Kon|ti od. -s⟩ **1** Zusammenstellung gleichartiger Geschäftsvorgänge (Einnahmen u. Ausgaben) in zeitl. Reihenfolge; *Personen~*; *Sach~*; *einen Betrag einem ~ gutschreiben*; *ein ~ eröffnen, löschen, schließen* **2** Gegenüberstellung von Guthaben u. Schulden **3** Aufzeichnung eines Geldinstitutes über Guthaben seiner Kunden u. Forderungen an seine Kunden; *Bank~*; *Geld aufs ~ einzahlen, vom ~ abheben*; *1000 Euro auf dem ~ haben*; *laufendes ~*; *ein ~ überziehen bei einem Geldinstitut Schulden machen*; *das geht auf mein ~* ⟨fig.; umg.⟩ das übernehme, zahle ich; *daran bin ich schuld* [< ital. *conto* »Rechnung« < lat. *computare* »berechnen«]
Kon|to|kor|rent ⟨n.; -(e)s, -e⟩ **1** laufende Rechnung, Verbindung zweier Geschäftspartner, bei der die gegenseitigen Leis-

tungen u. Verpflichtungen einander gegenüberstellt u. regelmäßig abgerechnet werden **2** laufendes Konto [< ital. *conto corrente* »laufende Rechnung«]
Kon|tor ⟨n.; -s, -e⟩ **1** Geschäftsraum eines Kaufmanns **2** Handelsniederlassung (meist im Ausland) **3** Niederlassung einer Reederei im Ausland [< frz. *comptoir* »Zahltisch« < lat. *computare* »berechnen«]
Kon|to|rist ⟨m.; -en, -en⟩ Angestellter eines kaufmännischen Betriebes
Kon|tor|si|on ⟨f.; -, -en; Med.⟩ Verdrehung, Verzerrung; *~ eines Gliedes* [< frz. *contorsion* »Verrenkung«, < lat. *(con)torquere* »herumdrehen«]
Kon|tor|si|o|nist ⟨m.; -en, -en⟩ Schlangenmensch [→ *Kontorsion*]

◆ Die Buchstabenfolge **kontr...** kann auch **kontr...** getrennt werden. Davon ausgenommen sind Zusammensetzungen, in denen der fremdsprachigen bzw. sprachhistorischen Bestandteile deutlich als solche erkennbar sind, z. B. *-trahieren*, *-tribuieren* (→ a. subtrahieren, distribuieren).

◆ **kon|tra** ⟨Präp. mit Akk.⟩ gegen; *Ggs* pro (1) [< lat. *contra* »gegen«]
◆ **kon|tra...**, **Kon|tra...** ⟨in Zus.⟩ wider..., gegen...
◆ **Kon|tra** ⟨n.; -s, -s⟩ **1** das Gegen, das Wider; *Ggs* Pro **2** energischer Widerspruch; *jmdm. ~ geben* ihm energisch widersprechen **3** ⟨Kart.⟩ Gegenansage
◆ **Kon|tra|bass** ⟨m.; -es, -bäs|se; Musik⟩ größtes u. tiefstes Streichinstrument, Bassgeige; *Sy* Violone
◆ **Kon|tra|dik|ti|on** ⟨f.; -, -en; Logik⟩ Verhältnis zweier Begriffe, von denen der eine den anderen nicht nur ausschließt, sondern von denen die Negierung des einen den Bejahung des anderen unbedingt erfordert, Widerspruch, z. B. anwesend - abwesend; → a. Contradictio in Adjecto [< lat. *contradictio* »Gegenrede, Widerspruch«; zu *dicere* »sagen«]

kontradiktorisch

- ♦ **kon|tra|dik|to|risch** ⟨Adj.⟩ widersprechend, widersprüchlich
- ♦ **Kon|tra|fa|gott** ⟨n.; -(e)s, -e; Musik⟩ eine Oktave tiefer als das Fagott stehendes Holzblasinstrument
- ♦ **kon|tra|fak|tisch** ⟨Adj.⟩ **1** die Kontrafaktur betreffend, auf ihr beruhend **2** der Wirklichkeit entgegengesetzt
- ♦ **Kon|tra|fak|tur** ⟨f.; -, -en; Musik⟩ Umdichtung eines Gesangstextes (oft eines weltl. in einen geistl. od. umgekehrt) unter Beibehaltung der Melodie [< lat. *contrafactus* »umgewendet, ins Gegenteil verkehrt« < *contra* »gegen« + *facere* »machen«]
- **Kon|tra|hal|ge** ⟨[-ʒ(ə)] f.; -, -n; früher⟩ Forderung zum Duell [< *kontrahieren* + frz. Endung]
- **Kon|tra|hent** ⟨m.; -en, -en⟩ **1** Vertragspartner **2** Gegner im Zweikampf, Gegenspieler; *politische ~en; einen ~en ausschalten, zurückweisen* [< lat. *contrahens*, Part. Präs. zu *contrahere*; → *kontrahieren*]
- **Kon|tra|hen|tin** ⟨f.; -, -tin|nen⟩ **1** Vertragspartnerin **2** Gegnerin im Zweikampf, Gegenspielerin
- **kon|tra|hie|ren** ⟨V.⟩ **1** zusammenziehen **2** vereinbaren **3** ⟨früher⟩ *jmdn. ~ zum Zweikampf fordern* [< lat. *contrahere* »zusammenziehen, versammeln«; zu *trahere* »ziehen«]
- ♦ **Kon|tra|in|di|ka|tion** ⟨f.; -, -en; Med.⟩ Gegenanzeige, die die Anwendung eines Medikamentes od. einer Behandlung als nicht geboten erscheinen lässt; *bei Patienten mit Nierenleiden besteht eine ~ bei diesem Medikament*
- ♦ **kon|tra|in|di|ziert** ⟨Adj.; Med.⟩ aufgrund bestimmter Umstände nicht anwendbar, z. B. von Behandlungsverfahren u. Heilmitteln
- **kon|trakt** ⟨Adj.⟩ zusammengezogen, gelähmt, verkrümmt [< lat. *contractus*, Part. Perf. zu *contrahere*; → *kontrahieren*]
- **Kon|trakt** ⟨m.; -(e)s, -e⟩ Vertrag, Abkommen; *Miet~; einen ~ (ab)schließen* [< lat. *contractus*; → *kontrahieren*]
- **kon|trak|til** ⟨Adj.⟩ zusammenziehbar [→ *kontrahieren*]

Kon|trak|ti|li|tät ⟨f.; -; unz.⟩ Fähigkeit (eines Muskels), sich zusammenzuziehen

Kon|trak|tion ⟨f.; -, -en⟩ **1** Zusammenziehung (von Muskeln), Schrumpfung **2** ⟨Sprachw.⟩ Zusammenziehung zweier Laute zu einem neuen Laut, z. B. »haben« zu mundartl. »han«, engl. »ne« + »either« zu »neither«; *Sy* Synizese **3** ⟨Geol.⟩ Schrumpfung (von Gesteinen) durch Austrocknung od. Abkühlung **4** Verminderung der Geld- u. Kreditmenge (einer Volkswirtschaft) [< lat. *contractio* »Zusammenziehung«]

Kon|trak|tions|the|o|rie ⟨f.; -; unz.⟩ Theorie, nach der die Gebirge auf der Erdoberfläche durch Schrumpfung der Erdkugel infolge eines ständigen Wärmeverlustes u. einer damit verbundenen Auffaltung der Landmassen entstanden sein sollen

kon|trak|tiv ⟨Adj.⟩ zur Kontraktion gehörig, auf ihr beruhend

Kon|trak|tur ⟨f.; -, -en; Med.⟩ **1** dauernde Verkürzung **2** durch Verkürzung von Muskeln, Sehnen od. Bändern hervorgerufene Gelenkversteifung [→ *Kontraktion*, *kontrahieren*]

- ♦ **Kon|tra|ok|ta|ve** ⟨f.; -, -n; Musik⟩ nur mit bestimmten Instrumenten zu erreichende Tonbereich der Oktave Kontra-C bis Kontra-H
- ♦ **Kon|tra|po|si|tion** ⟨f.; -, -en; Logik⟩ **1** traditionelle Umformung in der Art »alle S sind T« zu »kein Nicht-T ist S« **2** rückschließende Umformung einer positiven Aussage in eine negative Aussage, z. B. »wenn S, dann T« zu »wenn nicht T, dann nicht S« [< mlat. *contrapositio*; zu lat. *contraponere* »entgegensetzen«]
- ♦ **Kon|tra|post** ⟨m.; -(e)s, -e; Bildhauerkunst⟩ die unterschiedl. Gestaltung der beiden Körperhälften, die sich aus Ruhe u. Bewegung von Standbein u. Spielbein ergibt [< lat. *contrapositus* »entgegengesetzt«; zu *ponere* »setzen, stellen«]
- **kon|tra|pro|duk|tiv** ⟨Adj.⟩ von gegensätzlicher Wirkung, bestimmten Absichten zuwiderlaufend; *dieses Verhalten ist gänzlich ~*
- ♦ **Kon|tra|punkt** ⟨m.; -(e)s, -e; Musik⟩ **1** Kunst, mehrere Stimmen als selbständige (gegensätzliche) Melodielinien nebeneinanderher zu führen, z. B. in Fuge u. Kanon **2** Gegenstimme [< mlat. *contrapunctum* < lat. *contra* »gegen« + *punctus* »das Stechen, Stich, Punkt«, dann auch »Note«; eigtl. »das Setzen einer Gegenstimme zur Melodie« (*punctus contra punctum* »Note gegen Note«)]
- **kon|tra|punk|tie|ren** ⟨V.⟩ **1** ⟨Musik⟩ mehrere Stimmen gegeneinander führen **2** ⟨fig.⟩ *etwas ~* einen Kontrast, Gegensatz zu etwas bilden; *die anfänglichen Erfolge des Verlags wurden durch spätere Einbrüche kontrapunktiert*
- ♦ **Kon|tra|punk|tik** ⟨f.; -; unz.; Musik⟩ **1** Lehre vom Kontrapunkt **2** Führung der einzelnen Stimmen eines Musikstücks im Sinne des Kontrapunkts
- ♦ **Kon|tra|punk|ti|ker** ⟨m.; -s, -; Musik⟩ die Technik des Kontrapunktes verwendender Komponist
- ♦ **kon|tra|punk|tisch** ⟨Adj.; Musik⟩ mit Hilfe des Kontrapunktes, auf ihm beruhend
- ♦ **kon|trär** ⟨Adj.⟩ **1** gegensätzlich, entgegengesetzt **2** widrig [< frz. *contraire* »gegensätzlich, entgegengesetzt« < lat. *contra* »gegen«]
- ♦ **Kon|tra|si|gna|tur** auch: **Kon|tra|si|gna|tur** ⟨f.; -, -en⟩ Gegenzeichnung, Mitunterschrift [< *Kontra* + *Signatur*]
- ♦ **kon|tra|si|gnie|ren** auch: **kon|tra|si|gnie|ren** ⟨V.⟩ gegenzeichnen [< *contra* + *signieren*]
- ♦ **Kon|trast** ⟨m.; -(e)s, -e⟩ starker Gegensatz, auffallender Unterschied [< ital. *contrasto*; zu *contrastare* »gegenüberstehen« < lat. *contra* »gegen« + *stare* »stehen«]
- ♦ **kon|tras|tie|ren** ⟨V.⟩ *mit etwas ~* **1** im Gegensatz zu etwas stehen **2** von etwas abstechen [< frz. *contraster* »einen Gegensatz bilden« < ital. *contrastare*]
- ♦ **kon|tras|tiv** ⟨Adj.⟩ **1** gegensätzlich **2** vergleichend; *~e Grammatik*

konvenabel

◆ **Kon|trast|mit|tel** ⟨n.; -s, -; Med.⟩ in den Körper eingebrachtes, für Röntgenstrahlen undurchlässiges Mittel zur Untersuchung von Organen
◆ **Kon|trast|pro|gramm** ⟨n.; -s, -e⟩ **1** Rundfunk- od. Fernsehprogramm, das thematisch von dem einer anderen Rundfunkanstalt so deutlich abweicht, dass der Rundfunkteilnehmer eine Auswahlmöglichkeit hat **2** ⟨fig.⟩ rasche Abfolge sehr verschiedenartiger Aktionen oder Eindrücke
◆ **Kon|tra|te|nor** ⟨m.; -s, -te|nö|re; Musik⟩ = Contratenor
◆ **Kon|tra|ve|ni|ent** ⟨[-ve-] m.; -en, -en; veraltet⟩ Zuwiderhandelnder [<lat. *contraveniens* »entgegentretend«, Part. Präs. von *contravenire*; → kontravenieren]
◆ **kon|tra|ve|nie|ren** ⟨[-ve-] V.; veraltet⟩ zuwiderhandeln, ein Gesetz, eine Vorschrift übertreten [<lat. *contravenire* »(im freundl. Sinne) entgegentreten«; zu *venire* »kommen«]
◆ **Kon|tra|ven|ti|on** ⟨[-ven-] f.; -, -en⟩ Zuwiderhandlung, Übertretung (eines Gesetzes o. Ä.) [nach *kontravenieren* gebildet]
◆ **Kon|tra|zep|ti|on** ⟨f.; -; unz.; Med.⟩ Empfängnisverhütung
◆ **kon|tra|zep|tiv** ⟨Adj.; Med.⟩ die Empfängnis verhütend; *ein ~es Mittel*
◆ **Kon|tra|zep|ti|vum** ⟨[-vum] n.; -s, -va [-va]; Med.⟩ Mittel zur Empfängnisverhütung [<*Kontra* + lat. *capere* »fassen, ergreifen, bekommen«]
Kon|trek|ta|ti|ons|trieb ⟨m.; -(e)s; unz.⟩ Trieb zur körperl. Berührung [<lat. *contractatio* »Betastung«; zu *tractare* »betasten«]
◆ **Kon|tre|tanz** ⟨m.; -es, -tän|ze⟩ = Kontertanz
Kon|tri|bu|ent ⟨m.; -en, -en; veraltet⟩ Steuerpflichtiger [zu lat. *contribuens* »beisteuernd«; → kontribuieren]
kon|tri|bu|ie|ren ⟨V.; veraltet⟩ beisteuern, beitragen [<lat. *contribuere* »beitragen«]
Kon|tri|bu|ti|on ⟨f.; -, -en⟩ gemeinschaftlicher Beitrag, insbes. Beitrag zum Unterhalt von Besatzungstruppen; *Kriegs~* [<lat. *contributio* »Zuteilung, Beitrag«; zu *contribuere* »beitragen«]
◆ **kon|trie|ren** ⟨V.; Kart.; selten⟩ Kontra geben [<frz. *contrer* »entgegentreten«; zu lat. *contra* »gegen«]
◆ **Kon|tri|ti|on** ⟨f.; -, -en; kath. Kirche⟩ vollkommene Zerknirschung, Reue (aufgrund derer die Absolution erteilt wird); *Ggs* Attrition [<lat. *contritio* »Zerreibung, Zerknirschung«; zu *conterere* »zerreiben«]
◆ **Kon|trol|le** ⟨f.; -, -n⟩ **1** Überwachung, Aufsicht; *~ über eine Arbeit, einen Vorgang, eine Gruppe von Personen; unter jmds. ~ stehen* **2** Überprüfung; *Fahrschein~; Pass~; Zoll~* **3** Probe; *eine Maschine zur ~ laufen lassen* **4** Beherrschung, Gewalt; *die ~ über ein Fahrzeug verlieren; sich unter ~ haben* [<frz. *contrôle*]
◆ **Kon|trol|ler** ⟨m.; -s, -⟩ Anlasser eines Elektromotors; *oV* Controller (3) [<engl. *controller*]
◆ **Kon|trol|leur** ⟨[-løːr] m.; -s, -e⟩ jmd., der etwas kontrolliert, überprüft, der eine Kontrolle ausübt, Aufsichtsbeamter, Aufseher, Prüfer; *oV* ⟨österr.⟩ Kontrollor; *Eisenbahn~; Fahrkarten~* [<frz. *contrôleur* »Aufseher, Kontrolleur«]
◆ **kon|trol|lier|bar** ⟨Adj.⟩ so beschaffen, dass man es kontrollieren kann, beherrschbar, überprüfbar
◆ **kon|trol|lie|ren** ⟨V.⟩ **1** überwachen **2** überprüfen **3** *einen Markt ~* beherrschen [<frz. *contrôler* »(nach-, über)prüfen, kontrollieren«]
◆ **Kon|trol|lor** ⟨m.; -s, -e; österr.⟩ = Kontrolleur
◆ **kon|tro|vers** ⟨[-vɛrs] Adj.⟩ **1** gegeneinander gerichtet **2** bestreitbar, strittig [<lat. *controversus* »der Erörterung unterworfen, strittig«; zu *contra* »gegen« + *vertere* »wenden, drehen«]
◆ **Kon|tro|ver|se** ⟨[-vɛr-] f.; -, -n⟩ **1** Streitfrage **2** heftige Meinungsverschiedenheit, Streit **3** wissenschaftl. Auseinandersetzung [<lat. *controversia* »Streitigkeit, Streit« <*contra* »gegen« + *vertere* »wenden, drehen«]

◆ **kon|tro|ver|si|ell** ⟨[-vɛr-] Adj.⟩ eine Kontroverse betreffend, auf ihr beruhend
Kon|tu|maz ⟨f.; -; unz.; veraltet⟩ **1** Abwesenheit, Nichterscheinen (einer Prozesspartei bei einem gerichtl. Verhandlungstermin) **2** ⟨österr.⟩ Verkehrssperre (als Seuchenschutzmaßnahme) [<lat. *contumacia* »Trotz, Widerspenstigkeit«]
Kon|tur ⟨f.; -, -en od. (in der Kunst) m.; -s, -en⟩ Umriss [<frz. *contour*]
kon|tu|rie|ren ⟨V.⟩ **1** mit einer Kontur umgeben **2** umreißen **3** in groben Zügen darlegen
Kon|tu|si|on ⟨f.; -, -en; Med.⟩ Verletzung durch einen stumpfen Gegenstand, Quetschung [<lat. *contusio*; zu *contundere* »zerquetschen«]
Kon|ur|ba|ti|on ⟨f.; -, -en; Soziol.⟩ = Conurbation
Ko|nus ⟨m.; -, -se⟩ **1** ⟨Geom.⟩ **1.1** Kegel **1.2** Kegel ohne Spitze, Kegelstumpf **2** ⟨Pl.: Ko|nen; Technik⟩ kegelförmiger Stift, Zapfen (an einem Werkzeug) **3** ⟨Typ.⟩ der leicht konisch verlaufende obere Teil der Type, der das Schriftbild trägt, Kopf [<lat. *conus* »Kegel«]
Kon|va|les|zenz ⟨[-va-] f.; -; unz.⟩ **1** ⟨Med.⟩ Genesung **2** Gültigwerden eines (bisher infolge eines Hindernisses noch nicht gültigen) Rechtsgeschäftes [<lat. *convalescentia* »Genesung«; zu *valere* »stark sein, gesund sein«]
Kon|vek|ti|on ⟨[-vɛk-] f.; -, -en⟩ **1** ⟨Meteor.⟩ vorwiegend auf- od. abwärts gerichtete Luftströmung; *Ggs* Advektion **2** ⟨Physik⟩ Transport von Wärme durch bewegte Teilchen [<lat. *convectio* »das Zusammenbringen«; zu *vehere* »führen, tragen, fahren«]
kon|vek|tiv ⟨[-vɛk-] Adj.⟩ durch Konvektion bewirkt
Kon|vek|tor ⟨[-vɛk-] m.; -s, -to|ren⟩ Heizkörper, der die Luft vorwiegend durch Berührung erwärmt; *Ggs* Radiator
kon|ve|na|bel ⟨[-ve-] Adj.; veraltet⟩ **1** herkömmlich, schicklich, bequem **2** annehmbar, zuträglich [<frz. *convenable* »angemessen, passend«]

517

kon|ve|ni|ent ⟨[-ve-] Adj.; geh.⟩ **1** (gesellschaftlich) erlaubt, schicklich **2** angenehm, bequem, passend

Kon|ve|ni|enz ⟨[-ve-] f.; -; unz.⟩ **1** Herkommen, Schicklichkeit **2** Bequemlichkeit, Zuträglichkeit; *Ggs* Inkonvenienz [< lat. *convenientia* »Übereinstimmung«; zu *convenire* »zusammenkommen, passen«]

kon|ve|nie|ren ⟨[-ve-] V.⟩ zusagen, passen, gefallen [< lat. *convenire* »zusammenkommen, passen«]

Kon|vent ⟨[-vɛnt] m.; -(e)s, -e⟩ *oV* Convent **1** Zusammenkunft, Versammlung (bes. von Mitgliedern eines Klosters) **2** Kloster, Stift **3** Mitgliederversammlung einer Studentenverbindung **4** ⟨kurz für⟩ Nationalkonvent [< lat. *conventus* »Zusammenkunft«; zu *convenire* »zusammenkommen, passen«]

Kon|ven|ti|kel ⟨[-vɛn-] n.; -s, -⟩ **1** (geheime) Zusammenkunft **2** außerkirchl. relig. Versammlung [< lat. *conventiculum*, Verkleinerungsform zu *conventus*; → *Konvent*]

Kon|ven|ti|on ⟨[-vɛn-] f.; -, -en⟩ →*a.* Convention **1** Vereinbarung, Übereinkommen **2** (Politik) völkerrechtlicher Vertrag (über wirtschaftliche, humanitäre od. kulturelle Angelegenheiten); *die Genfer ~* **3** Herkommen, gesellschaftl. Brauch, Förmlichkeit; *sich über die gesellschaftlichen ~en hinwegsetzen* [< frz. *convention* »Vereinbarung, Abmachung« < lat. *convenire* »zusammenkommen, passen«]

kon|ven|ti|o|nal ⟨[-vɛn-] Adj.⟩ eine Konvention betreffend, auf ihr beruhend

kon|ven|ti|o|na|li|sie|ren ⟨[-vɛn-] V.⟩ etwas zu einer Konvention (2) machen, erhöhen

Kon|ven|ti|o|na|lis|mus ⟨[-vɛn-] m.; -; unz.; Philos.⟩ wissenschaftstheoretische Lehre, nach der die wissenschaftlichen Theorien nicht nur auf Erfahrung, sondern auch auf außerempirischen Erfahrungen beruhen, die durch Übereinkunft (Konvention) geregelt sind [→ *Konvention*]

Kon|ven|ti|o|na|li|tät ⟨[-vɛn-] f.; -; unz.⟩ **1** ⟨Sprachw.⟩ = Arbitrarität **2** konventionelle Beschaffenheit, Art [→ *Konvention*]

Kon|ven|ti|o|nal|stra|fe ⟨[-vɛn-] f.; -, -n⟩ Strafe bei Nichteinhaltung eines Vertrages

kon|ven|ti|o|nell ⟨[-vɛn-] Adj.⟩ **1** auf Konvention (1) beruhend; *~e Waffen* herkömmliche Waffen; *Ggs* ABC-Waffen **2** auf Konvention (3) beruhend, korrekt; *~es Verhalten, Benehmen* **3** kühl, unpersönlich [< frz. *conventionnel* »herkömmlich«; → *Konvention*]

Kon|ven|tu|a|le ⟨[-vɛn-] m.; -n, -n⟩ stimmberechtigtes männl. Klostermitglied [< lat. *conventus* »Zusammenkunft«]

Kon|ven|tu|a|lin ⟨[-vɛn-] f.; -, -linnen⟩ stimmberechtigtes weibliches Klostermitglied [→ *Konventuale*]

kon|ver|gent ⟨[-vɛr-] Adj.⟩ *Ggs* divergent **1** aufeinander zulaufend, z. B. Linien **2** übereinstimmend [< lat. *convergens*, Part. Präs. zu *convergere* »sich hinneigen«; zu *vergere* »sich neigen«]

Kon|ver|genz ⟨[-vɛr-] f.; -, -en⟩ *Ggs* Divergenz **1** gegenseitige Annäherung, Verbindung zweier ursprüngl. gegensätzlicher Dinge, z. B. Kombination zweier Medien; *oV* Convergence **2** ⟨Biol.⟩ Entstehung ähnlicher Merkmale u. Organe aus verschiedenen Vorzuständen bei nicht näher verwandten Tiergruppen [→ *konvergieren*]

Kon|ver|genz|kri|te|ri|um ⟨[-vɛr-] n.; -s, -rilen⟩ ⟨Wirtsch.⟩ eines von insgesamt fünf Kriterien, deren inhaltliche Ansprüche ein potenzieller Mitgliedsstaat der Europäischen Währungsunion zu erfüllen hat **2** ⟨Math.⟩ Angabe einer Bedingung dafür, dass Reihen od. Folgen einen Grenzwert besitzen

Kon|ver|genz|the|o|rie ⟨[-vɛr-] f.; -; unz.⟩ **1** ⟨Politik⟩ Lehre, nach der sich aufgrund der Industrialisierung die kommunistischen u. die kapitalistischen Gesellschaftsordnungen immer ähnlicher werden **2** ⟨Psych.⟩ Theorie, nach der die Persönlichkeitsentwicklung sich durch das Zusammenwirken von Umwelt u. Anlage vollzieht

kon|ver|gie|ren ⟨[-vɛr-] V.⟩ *Ggs* divergieren **1** sich einander nähern, demselben Ziel zustreben **2** übereinstimmen [< lat. *convergere* »sich hinneigen«; zu *vergere* »sich neigen«]

kon|vers ⟨[-vɛrs] Adj.; Sprachw.⟩ gegensätzlich, umgekehrt; *~e Begriffe* Begriffe, deren Bedeutungen jeweils das Gegenteil darstellen, z. B. kaufen - verkaufen [→ *Konversion*]

Kon|ver|sa|ti|on ⟨[-vɛr-] f.; -, -en⟩ geselliges, leichtes, etwas förml. Gespräch, gepflegte Unterhaltung; *~ machen* [< frz. *conversation* »Umgang, Verkehr, Unterhaltung« < lat. *conversatio* »Verkehr, Umgang«]

Kon|ver|sa|ti|ons|le|xi|kon ⟨[-vɛr-] n.; -s, -xi|ka⟩ ein- od. mehrbändiges, alphabet. geordnetes Nachschlagewerk über alle Wissensgebiete

Kon|ver|sa|ti|ons|stück ⟨[-vɛr-] n.; -(e)s, -e; Theat.⟩ Boulevardkomödie, auf witzig-geistvollen Dialogen aufgebautes Unterhaltungsstück

kon|ver|sie|ren ⟨[-vɛr-] V.; veraltet⟩ Konversation machen, sich gewandt u. etwas förmlich unterhalten [< lat. *conversari*]

Kon|ver|si|on ⟨[-vɛr-] f.; -, -en⟩ **1** Umwandlung **2** Umkehrung **3** Glaubenswechsel (bes. von einer nichtchristl. zur christl. Religion. od. von der evang. zur kath. Konfession) **4** Umwandlung eines Schuldverhältnisses in ein anderes (meist zugunsten des Schuldners) **5** ⟨Psych.⟩ **5.1** grundlegende Einstellungs- od. Meinungsveränderung **5.2** Umwandlung od. Umkehrung von verdrängten Triebansprüchen u. Affekten in körperliche Symptome **6** ⟨Logik⟩ Veränderung einer Aussage durch Vertauschung von Subjekt u. Prädikat [< lat. *conversio* »Umdrehung, Umkehrung, Umwandlung«; zu *vertere* »wenden, drehen«]

Kon|ver|si|ons|fil|ter ⟨[-vɛr-] m.; -s, -; Fot.⟩ fotograf. Aufnahmefilter, der ein fotograf. Material für eine Lichtart verwendbar macht, für die es nicht geeignet ist, z. B. Blaufilter für Kunstlichtaufnahmen auf Tageslichtfarbfilm

Kon|ver|ter ⟨[-vɛr-] m.; -s, -⟩ *oV* Converter **1** kippbarer, birnenförmiger Stahlbehälter, dessen Boden mit Öffnungen zum Durchblasen von Luft versehen ist, zur Gewinnung von Kupfer u. von Stahl aus Roheisen **2** Gerät zum Umformen von (elektr.) Energie **3** ⟨Fot.⟩ Linsensystem für Spiegelreflexkameras, das die Brennweite verändert **3.1** (kurz für) Telekonverter [<engl. *converter* »Umwandler, Umformer«; zu lat. *vertere* »wenden, drehen«]

kon|ver|ti|bel ⟨[-vɛr-] Adj.⟩ *Ggs* inkonvertibel **1** wandelbar **2** austauschbar; *konvertible Währungen* **3** bekehrbar

Kon|ver|ti|bi|li|tät ⟨[-vɛr-] f.; -; unz.⟩ Möglichkeit, Geld in eine andere Währung umzutauschen; *~ der Währungen* völlige Freiheit des Zahlungsverkehrs; *Sy* Konvertierbarkeit

Kon|ver|tier|bar|keit ⟨[-vɛr-] f.; -; unz.⟩ = Konvertibilität

kon|ver|tie|ren ⟨[-vɛr-] V.⟩ **1** umgestalten, umwandeln **2** in eine andere Währung umtauschen **3** ⟨Chemie⟩ umwandeln **4** die Konfession, die Religion wechseln **5** ⟨EDV⟩ Informationen auf eine anderen Datenspeicher übertragen od. Daten umcodieren, z. B. vom Dezimalins Dualsystem [<lat. *convertere* »umkehren, umwenden«; zu *vertere* »wenden«]

Kon|ver|tie|rung ⟨[-vɛr-] f.; -, -en⟩ **1** das Konvertieren, das Konvertiertwerden; *Daten~* **2** ⟨Wirtsch.⟩ = Konversion (4)

Kon|ver|tit ⟨[-vɛr-] m.; -en, -en; Rel.⟩ jmd., der zu einer anderen Konfession konvertiert ist (bes. zum Christentum od. Katholizismus) [<engl. *convertite* »Bekehrter«; zu *convert* »umwandeln, verwandeln, bekehren« < lat. *convertere*; → *konvertieren*]

kon|vex ⟨[-vɛks] Adj.; Optik⟩ erhaben, nach außen gewölbt; *Ggs* konkav; *~e Linse* [<lat. *convexus* »gewölbt, gerundet, gekrümmt«]

Kon|ve|xi|tät ⟨[-vɛ-] f.; -; unz.; Optik⟩ konvexe Beschaffenheit, Krümmung, Gekrümmtsein nach außen; *Ggs* Konkavität

Kon|vex|lin|se ⟨[-vɛks-] f.; -, -n; Optik⟩ konvex gekrümmte Linse, Sammellinse; *Ggs* Konkavlinse

Kon|vikt ⟨[-vɪkt] n.; -(e)s, -e; kath. Kirche⟩ **1** Internat für Schüler od. Studenten **2** Haus, in dem Studenten verpflegt werden [<lat. *convictus* »das Zusammenleben«; zu *vivere* »leben«]

Kon|vik|tu|a|le ⟨[-vɪk-] m.; -n, -n; veraltet⟩ zu einem Konvikt gehörender Schüler od. Student

Kon|vi|vi|um ⟨[-viːvi-] n.; -s, -vien⟩ Gastmahl, Gelage [<lat. *convivium* »Gastmahl«; zu *vivere* »leben«]

Kon|voi ⟨a. [-ˈvɔy] m.; -s, -s⟩ **1** Geleitzug, Schiffsverband im Schutz von See- od. Luftstreitkräften; *in einem ~ fahren* **2** die See- od. Luftstreitkräfte selbst [<frz. *convoi* »Geleit«, in Aussprache u. Bedeutung (1) beeinflusst von engl. *convoy* < lat. *cum* »gemeinsam (mit)« + *via* »Weg«]

Kon|vo|ka|ti|on ⟨[-vo-] f.; -, -en⟩ Einberufung (von Körperschaften) [<lat. *convocatio* »das Zusammenrufen«; zu *convocare* »zusammenrufen«; zu *vox* »Stimme«]

Kon|vo|lut ⟨[-vo-] n.; -(e)s, -e⟩ **1** Bündel von Schriftstücken od. Drucksachen **2** Sammelband, Sammelmappe **3** ⟨Med.⟩ Knäuel (von Darmschlingen) [<lat. *convolutus*, Part. Perf. zu *convolvere* »zusammenrollen«; zu *volvere* »wälzen«]

Kon|vo|lu|te ⟨[-vo-] f.; -, -n⟩ = Volute

Kon|vul|si|on ⟨[-vul-] f.; -, -en; Med.⟩ über den ganzen Körper verbreitete, rasch aufeinander folgende Zuckungen antagonistischer Muskeln [<lat. *convulsio* »Krampf«; zu *convellere* »zusammenreißen«; zu *vellere* »rupfen«]

kon|vul|si|visch ⟨[-vulsiːvɪʃ] Adj.⟩ in der Art einer Konvulsion, krampfhaft (zuckend); *~e Zuckungen* [→ *Konvulsion*]

---

kon|ze|die|ren ⟨V.⟩ zugestehen, einräumen, erlauben, zubilligen [<lat. *concedere* »fortgehen, weichen«; zu *cedere* »einhergehen«]

♦ Die Buchstabenfolge **kon|zentr...** kann auch **kon|zen|tr...** getrennt werden.

♦ **Kon|zen|trat** ⟨n.; -(e)s, -e⟩ das beim Anreichern entstehende, gegenüber dem Ausgangsmaterial hochwertigere Produkt [→ *konzentrieren*]

♦ **Kon|zen|tra|ti|on** ⟨f.; -, -en⟩ **1** Zusammendrängung von einen Mittelpunkt **2** Zusammenfassung, Zusammenballung; *~ wirtschaftl., militärischer o. ä. Kräfte* **3** ⟨Chemie⟩ Anreicherung, Gehalt einer Lösung an gelöstem Stoff **4** Anspannung, Sammlung (aller Gedanken auf ein Problem, Ziel), angespannte Aufmerksamkeit; *mit äußerster ~ arbeiten, zuhören* [<frz. *concentration* »Sammlung, Massierung, Konzentration«; → *konzentrieren*]

♦ **Kon|zen|tra|ti|ons|la|ger** ⟨n.; -s, -e⟩ **1** ⟨urspr.⟩ von den Engländern während der Burenkriege errichtete Lager, um die Kampfmoral des Gegners durch Internierung der Familien zu untergraben **2** ⟨Abk.: KZ; 1933-45⟩ Arbeits- u. Massenvernichtungslager für Juden u. Gegner des Nationalsozialismus

♦ **kon|zen|trie|ren** ⟨V.⟩ **1** (um einen Mittelpunkt) sammeln, zusammendrängen **2** ⟨Chemie⟩ *Lösungen ~* verstärken, verdichten, anreichern mit, sättigen **3** zusammenziehen, zusammenballen; *Truppen, wirtschaftl. Kräfte in einem Raum, auf eine Aufgabe ~* **4** *sich ~* sich geistig sammeln, alle Aufmerksamkeit auf einen Gedanken, ein Ziel lenken; *ich kann mich schlecht ~; sich auf seine Arbeit ~; alle Gedanken auf ein Problem ~* [<frz. *concentrer* »in einem Mittelpunkt vereinigen«; zu *centre* »Mittelpunkt« <lat. *centrum*; → *Zentrum*]

♦ **kon|zen|triert** ⟨Adj.⟩ *Ggs* unkonzentriert **1** angespannt, auf-

konzentrisch

merksam, mit gesammelten Gedanken; ~ *arbeiten, zuhören* **2** einen Stoff in großer Menge (gelöst) enthaltend; ~*e Lösung*
♦ **kon|zen|trisch** ⟨Adj.⟩ einen gemeinsamen Mittelpunkt habend, nach einem Punkt strebend, auf einen Punkt gerichtet; ~*es Feuer* (Mil.) Feuer von allen Seiten; ~*e Kreise* Kreise, die den gleichen Mittelpunkt haben
♦ **Kon|zen|tri|zi|tät** ⟨f.; -; unz.⟩ Eigenschaft, den Mittelpunkt gemeinsam zu haben
Kon|zept ⟨n.; -(e)s, -e⟩ **1** erste Niederschrift, erste Fassung, Plan, Entwurf; *der Aufsatz ist im ~ fertig* **2** Vorhaben, Plan; *das passt mir nicht in mein ~; jmdn. aus dem ~ bringen* (fig.; umg.) verwirren; *aus dem ~ kommen* verwirrt werden [<lat. *conceptum* »das (in Worten) Abgefasste, Ausgedrückte«, Part. Perf. zu *concipere*]
Kon|zep|ti|on ⟨f.; -, -en⟩ **1** (Med.) Empfängnis **2** (fig.) schöpfer. Einfall **3** Entwurf eines Werkes **4** Auffassung, Begreifen [<lat. *conceptio* »Empfängnis«, Abfassung juristischer Formeln«]
kon|zep|ti|o|nell ⟨Adj.⟩ die Konzeption betreffend, zu ihr gehörend, auf ihr beruhend
kon|zep|ti|o|nie|ren ⟨V.⟩ = konzipieren
kon|zep|tu|a|li|sie|ren ⟨V.⟩ ein Konzept entwickeln, ein Konzept erarbeiten; *einen Gedanken, ein Vorhaben ~*
Kon|zep|tu|a|lis|mus ⟨m.; -; unz.; Philos.⟩ Lehre, nach der das Allgemeine weder als bloßes Wort (Nominalismus), noch als allgemeine Realität (Realismus), sondern nur als (subjektiver) Begriff existiert [<*Konzept* + ...*ismus*]
kon|zep|tu|ell ⟨Adj.⟩ über ein Konzept (2) verfügend, ein Konzept aufweisend
Kon|zern ⟨m.; -s, -e; Wirtsch.⟩ Verbund von gleichartigen, rechtlich selbständigen Unternehmen mit gemeinsamer Leitung u. Verwaltung [<engl. *concern* »Beziehung, Geschäftsbeziehung, Unternehmung«]
kon|zer|nie|ren ⟨V.; Wirtsch.⟩ zu einem Konzern zusammenschließen (von rechtlich selbständigen Unternehmen) [<engl. *concern* »betreffen« <frz. *concerner* <mlat. *concernare* »beachten, betreffen« <lat. *concernere* »zusammensieben, mischen«]
Kon|zer|nie|rung ⟨f.; -, -en; Wirtsch.⟩ Bildung von Konzernen
Kon|zern|zen|tra|le *auch:* **Kon|zern|zent|ra|le** ⟨f.; -, -n⟩ **1** Direktion, Leitung eines Konzerns **2** Ort, an dem sich die Konzernleitung befindet
Kon|zert ⟨n.; -(e)s, -e; Musik⟩ **1** öffentl. Aufführung von Musikwerken **2** Musikstück für Soloinstrument u. Orchester; *Violin~; Klavier~* **3** (fig.) aufeinander abgestimmtes Zusammenwirken; *das ~ der Völker* [<ital. *concerto* »Wettstreit (der Stimmen), öffentl. Musikaufführung« <lat. *concertare* »wetteifern«]
Kon|zert|agen|tur ⟨f.; -, -en; Musik⟩ Unternehmen, das Künstlern Möglichkeiten für Konzerte vermittelt
kon|zer|tant ⟨Adj.; Musik⟩ konzertartig, in Konzertform; ~*e Aufführung; ~e Sinfonie*
kon|zer|tie|ren ⟨V.; Musik⟩ ein Konzert geben [<ital. *concertare* »übereinstimmen, konzertieren« <lat. *concertare* »wetteifern«]
kon|zer|tiert ⟨Adj.; in der Wendung⟩ ~*e Aktion* aufeinander abgestimmte Aktion zur Zusammenarbeit (bei teilweise entgegengesetzten Interessen)
Kon|zer|ti|na ⟨f.; -, -s; Musik⟩ sechseckige chromat. Handharmonika [<ital. *concertina*; zu *concerto*; → *Konzert*]
Kon|zert|meis|ter ⟨m.; -s, -; Musik⟩ führender Streicher im Orchester, erster Geiger
Kon|zes|si|on ⟨f.; -, -en⟩ **1** Zugeständnis; *im Leben ~ en machen; er ist (nicht) zu ~ en bereit* **2** behördl. Genehmigung, z. B. für ein Gewerbe **3** (dem Staat vorbehaltenes) Recht, ein Gebiet zu erschließen u. auszubeuten **4** das Gebiet selbst, für das ein Nutzungsrecht gegeben ist [<lat. *concessio* »Zugeständnis, Einräumung«; → *konzedieren*]

Kon|zes|si|o|när ⟨m.; -s, -e⟩ Inhaber einer Konzession
kon|zes|si|o|nie|ren ⟨V.⟩ eine Konzession vergeben für, behördlich genehmigen
kon|zes|siv ⟨Adj.; Gramm.⟩ einräumend [<lat. *concessivus* »einräumend«; → *konzedieren*]
Kon|zes|siv|satz ⟨m.; -es, -sätze; Gramm.⟩ Nebensatz, Einräumungssatz, der ein Zugeständnis ausdrückt, das zum Inhalt des Hauptsatzes im Widerspruch steht, eingeleitet durch »obgleich«, »wenn auch« u. Ä.
Kon|zet|ti ⟨Pl.; Lit.⟩ besonders in der europäischen Barockdichtung angewandte geistreichüberspitzte Wortspielereien in einem gekünstelten Stil [<ital. *concetto* »Einfall«]
Kon|zil ⟨n.; -s, -e od. -li|en; kath. Kirche⟩ (umfassende) Versammlung kirchl. Würdenträger; *Sy* Synode (2) [<lat. *concilium* »Versammlung«; zu *calare* »aus-, zusammenrufen«]
kon|zi|li|ant ⟨Adj.⟩ *Ggs* inkonziliant **1** umgänglich, verbindlich **2** versöhnlich, zu Zugeständnissen bereit [<lat. *concilians*, Part. Präs. zu *conciliare* »vereinigen, verbinden, geneigt machen, gewinnen«]
Kon|zi|li|anz ⟨f.; -; unz.⟩ *Ggs* Inkonzilianz **1** konziliantes Wesen, Entgegenkommen, Umgänglichkeit **2** Versöhnlichkeit
kon|zi|li|ar ⟨Adj.; kath. Kirche⟩ *Sy* konziliarisch **1** das Konzil betreffend, auf ihm beruhend **2** ~*e Theorie* Konziliarismus
kon|zi|li|a|risch ⟨Adj.; kath. Kirche⟩ = konziliar
Kon|zi|li|a|ris|mus ⟨m.; -; unz.; kath. Kirche⟩ kirchenrechtl. Auffassung, dass das Konzil dem Papst übergeordnet sein müsse
kon|zinn ⟨Adj.; Rhet.⟩ abgerundet, harmonisch zusammengefügt [<lat. *concinnus* »hübsch, zierlich, harmonisch, gefällig«]
Kon|zi|pi|ent ⟨m.; -en, -en⟩ Verfasser eines Konzepts [<lat. *concipiens* »in Worten abfassend«, Part. Präs. von *concipere*; → *konzipieren*]
kon|zi|pie|ren ⟨V.⟩ **1** im Konzept entwerfen, ins Konzept schreiben, ein Konzept verfassen

über, für; *Sy* konzeptionieren **2** ⟨Med.⟩ (ein Kind) empfangen [<lat. *concipere* »auffassen, in sich aufnehmen, in Worten abfassen«; zu *capere* »fassen«]

Kon|zi|pie|rung ⟨f.; -, -en⟩ das Konzipieren

kon|zis ⟨Adj.⟩ bündig, kurz [<lat. *concisus* »abgebrochen, kurz gefasst«]

Ko|ok|kur|renz ⟨f.; -, -en; Sprachw.⟩ = Konkomitanz (1) [<*Ko...* + lat. *occurrere* »entgegenlaufen, begegnen«]

Ko|ope|ra|ti|on ⟨f.; -, -en⟩ Zusammenarbeit, Zusammenwirken [<lat. *cooperatio* »Mitwirkung, Mitarbeit«; zu *cooperari* »mitwirken, mitarbeiten«]

ko|ope|ra|tiv ⟨Adj.⟩ zusammenwirkend, zusammenarbeitend; *~e Gesamtschule* = additive G. [→ *Kooperation, kooperieren*]

Ko|ope|ra|ti|ve ⟨f.; -, -n; DDR⟩ (landwirtschaftliche) Genossenschaft

Ko|ope|ra|tor ⟨m.; -s, -to|ren⟩ kath. Hilfsgeistlicher [<lat. *cooperator* »Mitwirker, Mitarbeiter«; zu *cooperari* »mitwirken, mitarbeiten«]

ko|ope|rie|ren ⟨V.⟩ zusammenarbeiten, zusammenwirken [<lat. *cooperari* »mitwirken, mitarbeiten«; zu *opera* »Arbeit, Mühe«]

Ko|op|ta|ti|on ⟨f.; -, -en⟩ Zuwahl, Wahl neuer Mitglieder einer Körperschaft durch die alten Mitglieder, z. B. in Akademien; *oV* Kooption [<lat. *cooptatio* »Ergänzungswahl«; zu *cooptare*; → *kooptieren*]

ko|op|ta|tiv ⟨Adj.⟩ die Kooptation betreffend, auf ihr beruhend, mit ihrer Hilfe

ko|op|tie|ren ⟨V.⟩ durch Kooptation ergänzen; *Mitglieder ~* [<lat. *cooptare* »hinzuwählen«; zu *optare* »wünschen«]

Ko|op|ti|on ⟨f.; -, -en⟩ = Kooptation

Ko|or|di|na|te ⟨f.; -, -n; Math.⟩ Zahlenangabe zur Festlegung eines Punktes [<lat. *coordinatus*, Part. Perf. zu *coordinare*; → *koordinieren*]

Ko|or|di|na|ten|sys|tem ⟨n.; -s, -e; Math.⟩ mathemat. Bezugssystem mit zwei Achsen bei ebener u. drei Achsen bei räumlicher Darstellung von Kurven od. Figuren (in der höheren Mathematik auch mit mehr als drei Achsen)

Ko|or|di|na|ti|on ⟨f.; -, -en⟩ **1** Zuordnung, Beiordnung **2** das Abstimmen verschiedener Dinge, Vorgänge usw. aufeinander **3** Zusammenspiel der Muskeln zu bestimmten, beabsichtigten Bewegungen **4** das Neben-, Beiordnen von Satzgliedern od. Sätzen durch koordinierende Konjunktionen; *Ggs* Subordination (2) [<mlat. *coordinatio* »Zuordnung«; zu *coordinare*; → *koordinieren*]

Ko|or|di|na|ti|ons|ver|bin|dung ⟨f.; -, -en; Chemie⟩ chem. Verbindung, bei der zwei od. mehrere Atome od. Atomgruppen um ein Zentralatom gruppiert sind

ko|or|di|na|tiv ⟨Adj.⟩ die Koordination betreffend, auf ihr beruhend, aufeinander abgestimmt, zuordnend

Ko|or|di|na|tor ⟨m.; -s, -to|ren⟩ jmd., der etwas koordiniert, aufeinander abstimmt [<mlat. *coordinator* »Zuordner«; → *koordinieren*]

Ko|or|di|na|to|rin ⟨f.; -, -rin|nen⟩ weibl. Person, die etwas koordiniert, aufeinander abstimmt

ko|or|di|nier|bar ⟨Adj.⟩ so beschaffen, dass man es koordinieren kann; *~e Termine*

ko|or|di|nie|ren ⟨V.⟩ **1** (als gleichwertig) nebeneinander stellen **2** aufeinander abstimmen; *Vorgänge ~* **3** ⟨Gramm.⟩ beiordnen, nebenordnen, z. B. Sätze; *Ggs* subordinieren; *~de Konjunktion* K., die einen Hauptsatz mit einem anderen Hauptsatz verbindet [<mlat. *coordinare* »zuordnen« <lat. *ordinare* »ordnen«]

Ko|pa|i|va|bal|sam ⟨[-va-] m.; -s; unz.⟩ Harz aus Stämmen des Kopaivabaumes

Ko|pa|i|va|baum ⟨[-va-] m.; -(e)s, -bäu|me; Bot.⟩ Mimosengattung, deren südamerikanische Arten den Kopaivabalsam u. wertvolle Hölzer liefern: Copaifere [<span., portug. *copaiba* <Tupi]

Ko|pal ⟨m.; -s, -e⟩ Harz verschiedener Art u. Herkunft, das zur Herstellung von Kopallacken verwendet wird [<span. *copal* <Nahuatl *copalli*]

Ko|pe|ke ⟨f.; -, -n⟩ **1** ⟨früher⟩ russ. Silbermünze **2** ⟨heute⟩ russ. Münze, $^{1}/_{100}$ Rubel [<russ. *kopejka*; zu *kopjo* »Lanze« (da diese Münze urspr. das Bild des mit einer Lanze bewaffneten hl. Georg trug)]

Ko|pe|po|de ⟨m.; -n, -n; Zool.⟩ Ruderfußkrebs, Hüpferling, Angehöriger einer Klasse kleiner, meist durchsichtiger Krebse: Copepoda [<grch. *kopos* »Schlag« + *pous*, Gen. *podos* »Fuß«]

Kö|per ⟨m.; -s, -; Textilw.⟩ **1** eine Bindung, die eine mehr od. weniger deutliche Diagonalstreifung verursacht **2** Gewebe in Köperbindung [<ndrl. *keper* »Balken, Sparren im Wappen« (nach der schräg verlaufenden Kreuzung der Fäden)]

ko|per|ni|ka|nisch ⟨Adj.⟩ auf der Lehre des Kopernikus beruhend; *~es Weltsystem* [nach dem Astronomen Nikolaus *Kopernikus*, 1473-1543]

Kop|ho|sis ⟨f.; -; unz.; Med.⟩ Taubheit [zu grch. *kophos* »taub«]

Kopht|a ⟨m.; -s, -s⟩ ein sich in geheimnisvolles Dunkel hüllender ägypt. Weiser [→ *Kopte*]

kopht|isch ⟨Adj.⟩ den Kophta betreffend, von ihm stammend

Ko|pi|al|buch ⟨n.; -(e)s, -bü|cher; früher⟩ Buch für Abschriften von Urkunden u. Ä. [→ *kopieren*]

Ko|pie ⟨f.; -, -n⟩ **1** Abschrift, Zweitschrift **2** Durchschrift, Durchschlag; *Ggs* Original (2) **3** ⟨kurz für⟩ Fotokopie **4** ⟨Fot.⟩ Abzug (eines Negativs) **5** Nachbildung (eines Kunstwerkes); *eine ~ von Michelangelos »David«* [<lat. *copia* »Fülle, Menge; Vervielfältigung«]

ko|pie|ren ⟨V.⟩ **1** eine Abschrift herstellen von **2** ⟨kurz für⟩ fotokopieren **3** ⟨Fot.⟩ einen Abzug herstellen von; *ein Negativ ~* **4** nachahmen; *jmdn., jmds. Gang, Sprechweise ~* **5** nachbilden, abmalen; *ein Gemälde ~* [<lat. *copiare* »vervielfältigen«; → *Kopie*]

Ko|pie|rer ⟨m.; -s, -⟩ Gerät zum Fotokopieren, Vervielfältigen

Kopierstift

Ko|pier|stift ⟨m.; -(e)s, -e⟩ Stift, der einen (wasserlöslichen) intensiven Farbstoff enthält

Ko|pi|lot ⟨m.; -en, -en⟩ zweiter Pilot (eines Flugzeugs); *oV* Copilot [<lat. *con...* »zusammen mit...« + *Pilot*]

Ko|pi|lo|tin ⟨f.; -, -tin|nen⟩ zweite Pilotin (eines Flugzeugs); *oV* Copilotin

ko|pi|ös ⟨Adj.; Med.⟩ reichlich, zahlreich, in Fülle [<frz. *copieux* »reichlich«; zu lat. *copia* »Menge, Überfluss«]

Ko|pist ⟨m.; -en, -en⟩ **1** jmd., der eine Abschrift anfertigt **2** jmd., der etwas nachbildet [→ *kopieren*]

Kop|pa ⟨n.; - od. -s, -s⟩ Schriftzeichen des ältesten grch. Alphabets [grch.]

◆ Die Buchstabenfolge **ko|pr...** kann auch **kopr...** getrennt werden. Davon ausgenommen sind Zusammensetzungen, in denen die fremdsprachigen bzw. sprachhistorischen Bestandteile deutlich als solche erkennbar sind, z. B. *-produzieren* (→a. reproduzieren).

◆ **ko|pr..., Ko|pr...** ⟨in Zus.; vor Vokalen⟩ = kopro..., Kopro...

◆ **Ko|pra** ⟨f.; -; unz.⟩ getrocknetes u. zerkleinertes Nährgewebe der Kokosnuss als Rohmaterial zur Ölgewinnung [<portug. *copra* <Hindi *khopra*]

◆ **Ko|prä|mie** ⟨f.; -, -n; Med.⟩ Selbstvergiftung durch lang andauernde Verstopfung des Körpers, die Kopfschmerzen, Schwindel u. Appetitlosigkeit zur Folge hat [<grch. *kopros* »Kot« + *...ämie*]

◆ **ko|pro..., Ko|pro...** ⟨in Zus.⟩ Kot, Stuhl; *oV* kopr..., Kopr... [<grch. *kopros* »Mist, Kot«]

Ko|pro|duk|ti|on ⟨f.; -, -en⟩ gemeinsame Produktion, bes. eines Films durch Filmgesellschaften verschiedener Länder; *oV* Coproduktion

Ko|pro|du|zent ⟨m.; -en, -en⟩ jmd., der mit jmdm. zusammen etwas produziert, bes. einen Film; *oV* Coproduzent

Ko|pro|du|zen|tin ⟨f.; -, -tin|nen⟩ weibl. Person, die mit jmdm. zusammen etwas produziert,

bes. einen Film; *oV* Coproduzentin

ko|pro|du|zie|ren ⟨V.⟩ gemeinsam herstellen, bes. einen Film; *oV* coproduzieren

◆ **ko|pro|gen** ⟨Adj.⟩ durch Kot erzeugt [<grch. *kopros* »Kot« + *...gen*[1]]

◆ **Ko|pro|la|lie** ⟨f.; -; unz.; Med.⟩ Zwang zur Benutzung der Fäkalsprache [<grch. *kopros* »Mist, Kot« + *lalia* »Sprache«]

◆ **Ko|pro|lith** ⟨m.; -s od. -en, -e od. -en⟩ **1** versteinerter Kot fossiler Tiere **2** Gebilde aus verhärtetem Kot u. eingelagerten Mineralsalzen, Kotstein [<grch. *kopros* »Mist, Kot« + *...lith*]

◆ **Ko|prom** ⟨n.; -s, -e; Med.⟩ Kotgeschwulst, scheinbare Geschwulst im Darm, die aber lediglich aus einer verhärteten Kotansammlung besteht; *Sy* Fäkulom [<*Kopro...*]

◆ **ko|pro|phag** ⟨Adj.⟩ sich von Mist ernährend; *Sy* skatophag

◆ **Ko|pro|pha|ge** ⟨m.; -n, -n; Biol.⟩ Tier, das sich von Mist ernährt, Kotfresser, z. B. Mistkäfer; *Sy* Skatophage [<grch. *kopros* »Mist, Kot« + *...phage*]

◆ **Ko|pro|pha|gie** ⟨f.; -, -n⟩ **1** ⟨Biol.; unz.⟩ Ernährungsweise von Tieren, die von Kot leben **2** ⟨Psych.⟩ krankhafte Neigung, Kot zu essen [→ *Koprohage*]

◆ **ko|pro|phil** ⟨Adj.; Biol.⟩ Kot als Grundlage des Lebensraumes bevorzugend, bei manchen Pflanzen [<*kopro...* + *...phil*]

◆ **Ko|pro|sta|se** *auch:* **Ko|pros|ta|se** ⟨f.; -, -n; Med.⟩ Kotstauung [<*Kopro...* + *Stase*]

Kops ⟨m.; -es, -e; Textilw.⟩ aus aufgewickeltem Garn entstehende, birnenförmige Garnrolle, Kötzer [<engl. *cop* »Garnwickel«]

Kop|te ⟨m.; -n, -n⟩ christl. Nachkomme der alten Ägypter, seit dem 3. Jh. mit eigener Kirche [<arab. *Kopt, Kibt* »Ägypter«]

kop|tisch ⟨Adj.⟩ die Kopten betreffend, von ihnen stammend, zu ihnen gehörig; *~e Kirche* die christl. Kirche in Ägypten, seit dem 3. Jh. von der röm. Kirche getrennt; *~e Sprache* zu den hamitischen Sprachen gehörende Sprache der Kopten

Kop|to|lo|ge ⟨m.; -n, -n⟩ Wissenschaftler auf dem Gebiet der Koptologie

Kop|to|lo|gie ⟨f.; -; unz.⟩ Wissenschaft, die sich mit der Sprache u. Literatur der Kopten befasst

Kop|to|lo|gin ⟨f.; -, -gin|nen⟩ Wissenschaftlerin auf dem Gebiet der Koptologie

Ko|pu|la ⟨f.; -, -s od. -lae [-lɛː]⟩ **1** ⟨Gramm.⟩ Satzband **1.1** durch ein Hilfsverb od. eine Form von werden, scheinen, bleiben gebildeter Teil des zusammengesetzten Prädikats **1.2** das Glied, das Subjekt u. Prädikat zu einer Aussage verbindet **2** ⟨Biol.⟩ Begattung (der Tiere) [<lat. *copula* »Verbindung, Band«]

Ko|pu|la|ti|on ⟨f.; -, -en⟩ **1** ⟨veraltet⟩ Trauung **2** ⟨Biol.⟩ Begattung, Verschmelzung der Geschlechtszellen **3** ⟨Gartenbau⟩ Pfropfung durch Vereinigung von zwei gleich starken Trieben [<lat. *copulatio* »Verknüpfung, Verbindung«; → *kopulieren*]

ko|pu|la|tiv ⟨Adj.; Gramm.⟩ verbindend, aneihend; *~es Verb* = Kopula (1.1) [<lat. *copulativus* »zur Verbindung gehörig«; → *Kopula*]

Ko|pu|la|tiv|kom|po|si|tum ⟨n.; -s, -si|ta; Sprachw.⟩ = Dvandva; *oV* Kopulativum

Ko|pu|la|ti|vum ⟨[-vum] n.; -s, -ti|va [-va]; Sprachw.⟩ = Kopulativkompositum

ko|pu|lie|ren ⟨V.⟩ **1** ⟨veraltet⟩ jmdn. ~ trauen **2** den Geschlechtsakt ausführen **3** verbinden, aneihen **4** ⟨Bot.⟩ durch Kopulation pfropfen [<lat. *copulare* »fesseln, binden«; zu *copula* »Band«]

kor..., Kor... ⟨Vorsilbe⟩ = kon..., Kon...

Ko|rah ⟨fig.; umg.; nur in der Wendung⟩ *eine Rotte ~* zügellose Horde [nach einem Enkel Levis, der mit seinen Anhängern gegen Moses einen Aufruhr anstiftete u. vom Feuer verzehrt wurde]

Ko|ral|le ⟨f.; -, -n⟩ **1** ⟨Zool.⟩ zu den Hohltieren gehöriges, in Kolonien lebendes Meerestier, dessen Grundsubstanz aus Kalk besteht **2** Schmuck aus dessen

Koromandelholz

Kalkgerüst [<mhd. *coral(lus), coralle* <altfrz. *coral* <lat. *corallium* <grch. *kouralion* »Koralle« <*koura halos* »Puppe der Salzflut«]
ko|ral|len ⟨Adj.⟩ **1** aus Korallen bestehend **2** = korallenfarbig
ko|ral|len|far|big ⟨Adj.⟩ hellrot wie Korallen; *Sy* korallen (2)
ko|ral|lo|gen ⟨Adj.; Geol.⟩ aus Korallenablagerungen bestehend; *~e Gesteinsschichten* [<*Koralle* + ...*gen¹*]
ko|ram ⟨veraltet⟩ in Gegenwart von ..., öffentlich; *jmdn. ~ nehmen* jmdn. zur Rede stellen, tadeln; →*a.* coram publico [<lat. *coram* »in Gegenwart von«]
Ko|ran ⟨m.; -s, -e⟩ heilige Schrift des Islams [<arab. *qur'an* »Lesung, Vortrag«]
Kord ⟨m.; -(e)s, -e; Textilw.⟩ *oV* Cord **1** strapazierfähiges Gewebe mit dichten, schnurartigen Rippen **2** Gewebe, das in Fahrzeugreifen als Zwischenlage dient [<engl. *cord* »Schnur, Seil, Bindfaden, gerippter Stoff« <frz. *corde* »Seil, Schnur« <lat. *chorda* »Darmsaite« <grch. *chorde* »Darm, Darmsaite«]
Kor|de ⟨f.; -, -n⟩ = Kordel
Kor|del ⟨f.; -, -n⟩ Schnur aus mehreren gedrehten Seidenfäden; *oV* Korde [<frz. *cordelle* »kurzes Seil«; zu *corde;* → *Kord*]
kor|di|al ⟨Adj.⟩ herzlich, vertraut, umgänglich [<frz. *cordial* »herzlich« <lat. *cor,* Gen. *cordis* »Herz«]
Kor|di|a|li|tät ⟨f.; -; unz.⟩ kordiales Verhalten, Herzlichkeit, Umgänglichkeit
kor|die|ren ⟨V.⟩ **1** *Werkzeuggriffe ~* aufrauen **2** schnurartige Verzierung in Form gekreuzter Linien einritzen in; *Gold ~; Silberdraht ~* [→ *Kordel*]
Kor|don ⟨[-dɔ̄:] österr. [-do:n] m.; -s, -s od. (österr.) -e⟩ **1** Schnur, Band **2** Ordensband **3** ⟨Obstbau⟩ Schnurbaum **4** Postenkette, Absperrung [<frz. *cordon* »Kordel, Schnur, Postenkette«; zu *corde;* → *Kord*]
Kor|do|nett|sei|de ⟨f.; -, -n; Textilw.⟩ Garn, das aus mehreren Seidenfäden schnurartig gedreht ist [<frz. *cordonnet* »dünne Schnur, Knopflochseide«]

Kor|du|an ⟨n.; -s; unz.⟩ feines Ziegen- od. Schafleder [<mhd. *kurdewan* <afrz. *cordouan,* nach der span. Stadt *Córdoba,* in der das Leder zuerst von den Mauren hergestellt wurde]
Ko|re ⟨f.; -, -n⟩ = Karyatide [grch., »Mädchen, Jungfrau«]
Ko|re|fe|rat ⟨n.; -(e)s, -e; österr.⟩ = Korreferat
Ko|re|fe|rent ⟨m.; -en, -en⟩ = Korreferent
Ko|re|fe|ren|tin ⟨f.; -, -tin|nen⟩ = Korreferentin
Ko|ri|an|der ⟨m.; -s, -; Bot.⟩ **1** (i. w. S.) Gattung der Doldengewächse: Coriandrum **2** (i. e. S.) als Küchengewürz verwendete Art: C. sativum [<lat. *coriandrum* <grch. *koriannon;* zu *koris* »Wanze« (wegen des der Pflanze eigenen Wanzengeruchs)]
Ko|ri|an|do|li ⟨n.; - od. -s; unz.; österr.⟩ = Konfetti
Ko|rin|the ⟨f.; -, -n⟩ kleine schwarze Rosine [<frz. *raisin de Corinthe* »Weinbeere aus Korinth«; nach dem grch. Hafen *Korinth*]
Kork ⟨m.; -(e)s, -e⟩ **1** die elastische, leichte Rinde der Korkeiche **2** = Korken [<ndrl. *kurk* <span. *corcho* <lat. *cortex* »Baumrinde«]
Kor|ken ⟨m.; -s, -⟩ Pfropfen aus Kork zum Verschließen von Flaschen; *Sy* Kork (2)
Kor|mo|phyt ⟨m.; -en, -en; Bot.⟩ Pflanze, die aus Wurzel, Blatt u. Stängel besteht u. Leitbündel zum Transport der Nährstoffe besitzt, Sprosspflanze, Gefäßpflanze; *Ggs* Thallophyt [<grch. *kormos* »Stamm« + ...*phyt*]
Kor|mo|ran ⟨m.; -s, -e; Zool.⟩ Angehöriger einer Familie großer, langschnäbliger Ruderfüßer, an Gewässern lebend, wo er unter Wasser schwimmend Fische fängt, Scharbe: Phalacrocoracidae [<frz. *cormoran* <afrz. *cormare(n)g* <afrz. *corp* »Rabe« + *marenc* »Meer...« <lat. *corvus marinus* »Seerabe«]
Kor|mus ⟨m.; -; unz.; Bot.⟩ in Sprossachse, Blätter u. Wurzel gegliederter Körper der Kormophyten; *Ggs* Thallus [<grch. *kormos* »Stamm«]

Kor|nea ⟨f.; -; unz.; Anat.⟩ Hornhaut des Auges; *oV* Cornea [<lat. *cornea,* Fem. zu *corneus* »aus Horn, hornartig«; zu *cornu* »Horn«]
kor|ne|al ⟨Adj.; Med.⟩ die Kornea betreffend, zu ihr gehörig
Kor|nel|kir|sche ⟨f.; -, -n; Bot.⟩ zur Art des Hartriegels gehörendes Bäumchen mit Büscheln gelber Blüten u. roten Steinfrüchten, das auch als Gartenpflanze gehalten wird, Herlitze: Cornus mas [<frz. *corneille* <lat. *cornicula*]
Kor|ner ⟨m.; -s, -; Börse⟩ Vereinigung von Großhändlern, die verfügbare Warenvorräte aufkauft u. sie vom Markt zurückhält, um den Preis in die Höhe zu treiben, bes. im Termingeschäft [<engl. *corner* »Großhändlerring«]
Kor|nett¹ ⟨n.; -(e)s, -e od. -s; Musik⟩ aus dem Posthorn entwickeltes, kleines u. höchstes Blechblasinstrument; *oV* Cornetto; *Sy* Piston (3) [<ital. *cornetto* »Hörnchen«, Verkleinerungsform zu *corno* <lat. *cornu* »Horn«]
Kor|nett² ⟨m.; -(e)s, -e od. -s; früher⟩ Fähnrich einer Reiterabteilung, jüngster Offizier der Schwadron [<frz. *cornette* »Fähnlein, Standarte«, dann auch »Fähnrich«, eigtl. »Hörnchen« (nach der spitzen Form der Fahne), <lat. *cornu* »Horn«]
Kor|net|tist ⟨m.; -en, -en; Musik⟩ Musiker, der das Kornett spielt [→ *Kornett¹*]
Kor|net|tis|tin ⟨f.; -, -tin|nen; Musik⟩ Musikerin, die das Kornett spielt [→ *Kornett¹*]
Ko|rol|la ⟨f.; -, -rol|len; Bot.⟩ = Corolla
Ko|rol|lar ⟨n.; -s, -e⟩ *oV* Korollarium **1** Zugabe, Anhang **2** ⟨Logik⟩ aus einem anderen Satz abgeleiteter Satz, gefolgerter Satz [<lat. *corollarium,* eigtl. »Girlande; Trinkgeld«; → *Corolla*]
Ko|rol|la|ri|um ⟨n.; -s, -ri|en⟩ = Korollar
Ko|rol|le ⟨f.; -, -n; Bot.⟩ = Corolla
Ko|ro|man|del|holz ⟨n.; -es, -hölzer; Handelsname für⟩ Ebenholz verschiedener Arten der Dattelpflaume [nach dem Küs-

523

Korona

tenstrich *Koromandel* an der Ostküste Vorderindiens]

Ko|ro|na ⟨f.; -, -ro|nen⟩ **1** Strahlenkranz der Sonne **2** Glimmentladung an elektr. Hochspannungsanlagen **3** ⟨umg.⟩ Teilnehmerkreis, Zuhörerschaft, fröhliche Runde [<lat. *corona* »Kranz«]

ko|ro|nar ⟨Adj.; Med.⟩ die Herzkranzgefäße betreffend, zu ihnen gehörend [<lat. *coronarius* »zum Kranz gehörig«]

Ko|ro|nar|ge|fäß ⟨n.; -es, -e; Med.⟩ Blutgefäß des Herzens, Herzkranzgefäß, Kranzgefäß

Ko|ro|nar|in|suf|fi|zi|enz ⟨f.; -, -en; Med.⟩ ungenügende Durchblutung u. damit mangelhafte Versorgung des Herzmuskels mit Sauerstoff durch die Herzkranzgefäße [→ *Korona*]

Ko|ro|nar|skle|ro|se ⟨f.; -, -n; Med.⟩ Verkalkung der Herzkranzadern [→ *Korona*]

Ko|ro|nis ⟨f.; -, -ni|des; Zeichen: ʼ; grch. Gramm.⟩ Häkchen, Zeichen für die Krase [<lat. *coronis* »verschlungener Federzug am Ende eines Buches od. eines Abschnittes« <grch. *koronis* »geschweift«]

Kor|po|ra ⟨Pl. von⟩ Korpus (2)

Kor|po|ral ⟨m.; -s, -e od. -räle⟩ niedrigster Dienstgrad der Unteroffiziere [<ital. *caporale* »Hauptmann«, beeinflusst von frz. *corps* »Körper(schaft)« <ital. *capo* »Haupt« <lat. *caput* »Haupt, Kopf«]

Kor|po|ral|le ⟨n.; -s, -⟩ Tuch als Unterlage für Hostie u. Kelch in der Messe [<lat. *corporalis* »dem Leib zugehörig«; zu *corpus* »Leib (des Herrn)«]

Kor|po|ra|ti|on ⟨f.; -, -en⟩ **1** Körperschaft **2** Studentenverbindung [<lat. *corporatio* »Körperlichkeit«; zu *corpus* »Körper«]

Kor|po|ra|ti|ons|recht ⟨n.; -(e)s, -e⟩ das einer Körperschaft verliehene Recht einer juristischen Person

kor|po|ra|tis|tisch ⟨Adj.⟩ = korporativ

kor|po|ra|tiv ⟨Adj.⟩ *oV* korporatistisch **1** eine Korporation betreffend, körperschaftlich **2** insgesamt, geschlossen [<lat. *corporativus* »einen Körper bilden«; zu *corpus* »Körper«]

kor|po|riert ⟨Adj.⟩ einer Korporation (2) angehörend

Korps ⟨[koːr] n.; - [koːrs], - [koːrs]⟩ **1** ⟨kurz für⟩ Armeekorps **2** Studentenverbindung **3** Gemeinschaft von Personen gleichen Standes od. Berufes; *Offiziers~; diplomatisches ~;* →*a.* Corps [<frz. *corps* »Körper, Körperschaft« <lat. *corpus* »Körper«]

Korps|stu|dent ⟨[koːr-] m.; -en, -en⟩ Student als Mitglied eines (student.) Korps

kor|pu|lent ⟨Adj.⟩ beleibt, füllig, dick; *~ sein, werden; ein ~er Herr; eine ~e Dame* [<lat. *corpulentus* »wohlbeleibt, dick«; zu *corpus* »Körper«]

Kor|pu|lenz ⟨f.; -; unz.⟩ korpulente Beschaffenheit, Beleibtheit [<lat. *corpulentia* »Beleibtheit«; zu *corpus* »Körper«]

Kor|pus¹ ⟨m.; -, -se⟩ **1** Kernstück (von Möbeln) **2** ⟨umg.⟩ Körper, Leib [<lat. *corpus* »Körper«]

Kor|pus² ⟨n.; -, -po|ra⟩ **1** Gesamtheit, Sammlung **2** ⟨Musik⟩ Resonanzkörper, bes. der Saiteninstrumente

Kor|pus³ ⟨f.; -; unz.; Typ.⟩ ein Schriftgrad (10 Punkt)

Kor|pus|kel ⟨n.; -s, -n⟩ kleinstes Teilchen der Materie, Elementarteilchen [<lat. *corpusculum*, Verkleinerungsform zu *corpus* »Körper«]

kor|pus|ku|lar ⟨Adj.⟩ Korpuskeln betreffend, aus ihnen bestehend

Kor|pus|ku|lar|strahl ⟨m.; -s, -en⟩ ein Teilchenstrahl

Kor|pus|ku|lar|the|o|rie ⟨f.; -; unz.⟩ Theorie, dass das Licht aus schnell bewegten Materieteilchen besteht

Kor|ral ⟨m.; -s, -e⟩ **1** Hof(platz) **2** umzäunter Platz zum Einfangen von Tierherden [<span. *corral* »Hofraum, Umzäunung für Vieh«; verwandt mit *Kral*]

Kor|ra|si|on ⟨f.; -, -en⟩ Abschleifung von Gestein durch Flugsand [<lat. *corrasio* »das Abkratzen«; zu *radere* »schaben, kratzen«]

Kor|re|al|gläu|bi|ger ⟨m.; -s, -⟩ Gesamtgläubiger [<lat. *correus* »Mitschuldiger« <*con…* »zusammen mit…« + *reus* »schuldig«]

Kor|re|al|schuld|ner ⟨m.; -s, -⟩ Gesamtschuldner

Kor|re|fe|rat ⟨a. [---ʼ-] n.; -(e)s, -e⟩ zweites Referat, zweiter Bericht über das gleiche Thema; *oV* Koreferat [<*Kor…* + *Referat*]

Kor|re|fe|rent ⟨a. [---ʼ-] m.; -en, -en⟩ *oV* Koreferent **1** jmd., der das Korreferat hält **2** zweiter Berichterstatter, zweiter Gutachter

Kor|re|fe|ren|tin ⟨a. [---ʼ--] f.; -, -tin|nen⟩ *oV* Koreferentin **1** weibl. Person, die das Korreferat hält **2** zweite Berichterstatterin, zweite Gutachterin

Kor|re|fe|renz ⟨a. [---ʼ-] f.; -, -en; Sprachw.⟩ Bezeichnung einer Person durch zwei nominelle Phrasen; *Sy* Referenzidentität [<*Kor…* + *Referenz*]

kor|re|fe|rie|ren ⟨V.⟩ ein Korreferat halten [<*kor…* + *referieren*]

kor|rekt ⟨Adj.⟩ richtig, fehlerfrei, einwandfrei; *Ggs* inkorrekt; *~es Verhalten; ein Wort ~ aussprechen; sich ~ benehmen; er ist immer sehr ~* [<lat. *correctus* »gebessert, verbessert«, Part. Perf. zu *corrigere* »zurecht-, gerade richten, verbessern«]

Kor|rekt|heit ⟨f.; -; unz.⟩ **1** korrekte Beschaffenheit; *die ~ der Ausführungen war offensichtlich* **2** korrektes Wesen, Verhalten

Kor|rek|ti|on ⟨f.; -, -en⟩ **1** ⟨veraltet⟩ das Korrigieren, Verbesserung, Berichtigung **2** Ausgleich eines Sehfehlers durch Brillen u. a. Sehhilfen [<lat. *correctio* »Berichtigung«; zu *corrigere* »zurechtrichten, gerade richten, verbessern«]

kor|rek|tiv ⟨Adj.⟩ **1** verbessernd **2** ausgleichend [→ *korrekt*]

Kor|rek|tiv ⟨n.; -s, -e [-və]⟩ ausgleichendes Mittel, Mittel zum Verbessern

Kor|rek|tor ⟨m.; -s, -to|ren⟩ Druckerei- od. Verlagsangestellter, der den Schriftsatz auf Fehler überprüft [<lat. *corrector* »Berichtiger, Verbesserer«; zu *corrigere* »zurechtrichten, gerade richten, verbessern«]

Kor|rek|tur ⟨f.; -, -en⟩ **1** Berichtigung, Verbesserung **2** Prüfung u. Berichtigung des Schriftsatzes; *Fahnen~; Bogen~; eine ~ anbringen; ~ lesen* ⟨Typ.⟩ eine schriftl. Arbeit, einen Satz auf Fehler überprüfen [<mlat. *correctura* »Amt des Korrektors, Berichtigung« <lat. *corrigere* »gerade richten«]

Kor|re|lat ⟨Adj.⟩ wechselseitig, einander wechselseitig bedingend; *oV* korrelativ [<*kor…* + *relativ*]

Kor|re|lat ⟨n.; -(e)s, -e⟩ **1** Ergänzung **2** Begriff od. Gegenstand, der zu einem anderen in wechselseitiger Beziehung steht

Kor|re|la|ti|on ⟨f.; -, -en⟩ **1** Wechselbeziehung **2** ⟨Biol.⟩ gegenseitige Einwirkung aller Bestandteile eines Organismus aufeinander u. die Bedingtheit aller Lebensabläufe voneinander [<*Kor…* + *Relation*]

Kor|re|la|ti|ons|ana|ly|se ⟨f.; -, -n; Math.; Stat.⟩ Rechenmethode, mit der die Korrelation zweier Merkmale, die nicht in funktionalem Zusammenhang stehen, nach den Verfahren der Wahrscheinlichkeitsrechnung ermittelt werden kann

Kor|re|la|ti|ons|ko|ef|fi|zi|ent ⟨m.; -en, -en; Stat.⟩ Maß für den Zusammenhang zweier Eigenschaften, das sich statistisch aus den Messreihen dieser Eigenschaften ergibt

kor|re|la|tiv ⟨Adj.⟩ = korrelat

kor|re|lie|ren ⟨V.⟩ in wechselseitiger Beziehung zueinander stehen [→ *korrelat*]

kor|re|pe|tie|ren ⟨V.⟩ *etwas ~* etwas mit jmdm. wiederholend einüben; *eine Gesangsrolle ~* mit jmdm. am Klavier einüben [<*kor…* + *repetieren*]

Kor|re|pe|ti|ti|on ⟨f.; -, -en; Musik⟩ Einübung, Einstudierung (von Gesangsstücken, Opernrollen) mit Klavierbegleitung

Kor|re|pe|ti|tor ⟨m.; -s, -to|ren; Musik⟩ Musiker, der am Klavier mit den Opernsängern die Gesangsrollen einstudiert

Kor|re|pe|ti|to|rin ⟨f.; -, -rin|nen; Musik⟩ weibl. Korrepetitor

◆ Die Buchstabenfolge **kor|re|sp…** kann auch **kor|resp…** getrennt werden.

◆ **kor|re|spek|tiv** ⟨Adj.⟩ **1** gegenseitig bedingt **2** gemeinschaftlich [<*kor…* + *respektiv*]

◆ **Kor|re|spon|dent** ⟨m.; -en, -en⟩ **1** Teilnehmer an einem Schriftwechsel **2** Geschäftspartner **3** auswärtiger Berichterstatter; *Zeitungs~* **4** die Korrespondenz führender Angestellter; *Fremdsprachen~* [<mlat. *correspondens*, Part. Präs. zu *correspondere*; → *korrespondieren*]

◆ **Kor|re|spon|den|tin** ⟨f.; -, -tin|nen⟩ **1** Teilnehmerin an einem Schriftwechsel **2** Geschäftspartnerin **3** auswärtige Berichterstatterin **4** die Korrespondenz führende Angestellte; *Fremdsprachen~*

◆ **Kor|re|spon|denz** ⟨f.; -, -en⟩ **1** Briefverkehr, Briefwechsel; *die ~ durchsehen, beantworten* **2** Nachrichtenmaterial für die Presse **3** Übereinstimmung [<mlat. *correspondentia* »(geschäftl.) Verbindung«; → *korrespondieren*]

◆ **Kor|re|spon|denz|bü|ro** ⟨n.; -s, -s⟩ Unternehmen zur Lieferung von Material (Nachrichten, Berichte, Illustrationen) für die Presse

◆ **Kor|re|spon|denz|kar|te** ⟨f.; -, -n; österr.⟩ Postkarte mit aufgedrucktem Wertzeichen

◆ **kor|re|spon|die|ren** ⟨V.⟩ **1** *mit etwas ~* mit etwas übereinstimmen **2** *mit jmdm. ~* mit jmdm. im Briefwechsel stehen; *~des Mitglied einer gelehrten Gesellschaft)* auswärtiges M.; *~der Winkel* Gegenwinkel [<frz. *correspondre* »sich aussprechen, in Briefwechsel stehen« <mlat. *correspondere* »übereinstimmen, in (geschäftl.) Verbindung stehen« <lat. *con…* »zusammen mit…« + *respondere* »antworten«]

Kor|ri|dor ⟨m.; -s, -e⟩ **1** Flur, Gang (einer Wohnung) **2** schmaler Landstreifen [<ital. *corridore* »Läufer, Laufgang«; zu *correre* »laufen« <lat. *currere*]

Kor|ri|gen|dum ⟨n.; -s, -gen|da⟩ Druckfehler; *oV* Corrigendum [<lat. *corrigenda* »das, was berichtigt werden muss«; → *korrigieren*]

Kor|ri|gens ⟨n.; -, -gen|tia od. -gen|zi|en⟩ Zusatz, der den Geschmack einer Arznei verbessert [<lat. *corrigens*, Part. Präs. zu *corrigere*; → *korrigieren*]

kor|ri|gier|bar ⟨Adj.⟩ so beschaffen, dass man es korrigieren kann; *ein ~er Fehler*

kor|ri|gie|ren ⟨V.⟩ **1** berichtigen, verbessern; *bitte ~ Sie mich, wenn ich etwas Falsches sage;* ⟨Typ.⟩ *Fahnen, Bogen ~*; einen Fehler ~; seine od. jmds. Meinung ~; das lässt sich leicht ~ **2** regeln, ausgleichen; *das Gewicht ~; den Kurs einer Rakete ~* [<lat. *corrigere* »gerade richten, verbessern, auf den richtigen Weg führen«; zu *regere* »lenken, leiten«]

kor|ro|die|ren ⟨V.⟩ **1** angreifen, zerstören **2** der Korrosion unterliegen [<lat. *corrodere* »zernagen«; zu *rodere* »kauen, benagen«]

Kor|ro|si|on ⟨f.; -, -en⟩ **1** ⟨Chemie⟩ chem. Veränderung od. Zerstörung metallischer Werkstoffe durch Wasser u. Chemikalien **2** ⟨Med.⟩ durch Ätzmittel od. Entzündung verursachte Zerstörung des Gewebes **3** ⟨Geol.⟩ Zerstörung des Gesteins durch die chem. Wirkung des Wassers u. die darin gelösten Säuren [<lat. *corrosio* »Zernagung«; zu *corrodere*; → *korrodieren*]

kor|ro|siv ⟨Adj.⟩ **1** ⟨Chemie; Geol.⟩ Korrosion hervorrufend, zernagend, zerfressend, die Oberfläche chem. angreifend **2** ⟨Med.⟩ Gewebe zerstörend [→ *Korrosion, korrodieren*]

kor|rum|pie|ren ⟨V.⟩ **1** bestechen **2** moralisch verderben [<lat. *corrumpere* »verderben, vernichten«; zu *rumpere* »brechen«]

kor|rum|piert ⟨Adj.; Lit.⟩ schwer leserlich od. unleserlich geworden, verdorben (von Stellen in alten Handschriften), verderbt

kor|rupt ⟨Adj.⟩ **1** bestechlich **2** moralisch verdorben [<lat. *corruptus*, Part. Perf. zu *corrumpere*; → *korrumpieren*]

Kor|rup|tel ⟨f.; -, -en; Lit.⟩ verderbte, korrumpierte Textstelle [lat., »Verderbnis«]

Kor|rup|ti|on ⟨f.; -, -en⟩ **1** Bestechung, Bestechlichkeit **2** moral. Verfall [<lat. *corruptio* »Verderben, Bestechung«; → *korrumpieren*]

Kor|sa|ge ⟨[-ʒə] f.; -, -n⟩ versteiftes, trägerloses Oberteil eines

Korsak

Kleides; *oV* Corsage; *~nkleid* [<frz. *corsage*]
Kor|sak ⟨m.; -s, -s; Zool.⟩ Steppenfuchs
Kor|sar ⟨m.; -en, -en⟩ **1** ⟨früher⟩ Raubschiff **2** ⟨danach⟩ Seeräuber (auf einem Piratenschiff) [<ital. *corsaro, corsare* »Seeräuber« <mlat. *cursarius* <lat. *cursus* »Ausfahrt zur See«]
Kor|se|lett ⟨n.; -(e)s, -e od. -s⟩ leichtes, kleines Korsett [<frz. *corselet* »Brustharnisch, Korselett«, Verkleinerungsform zu afrz. *cors* (frz. *corps*) »Körper« <lat. *corpus* »Körper«]
Kor|sett ⟨n.; -(e)s, -e od. -s⟩ die ganze Figur formendes Mieder [<frz. *corset* »Korsett«, Verkleinerungsform zu afrz. *cors* (frz. *corps*) »Körper« <lat. *corpus* »Körper«]
Kor|so ⟨m.; -s, -s⟩ *oV* Corso **1** ⟨früher⟩ Wettrennen reiterloser Pferde **2** ⟨heute⟩ festliche Auffahrt geschmückter Wagen; *Blumen~* **3** Prachtstraße, sehr breite, schöne, baumbestandene Straße [<ital. *corso* »Lauf, Umlauf« <lat. *cursus* »Lauf«]
Kor|tex ⟨m.; -es, -e; Anat.⟩ = Cortex
kor|ti|kal ⟨Adj.; Anat.⟩ die Rinde des Gehirns od. von Organen betreffend [→ *Kortex*]
Kor|ti|ko|ste|ron *auch:* **Kor|ti|kos|te|ron** ⟨n.; -s; unz.; Med.⟩ = Corticosteron
kor|ti|ko|trop ⟨Adj.; Med.⟩ die Nebennierenrinde beeinflussend
Kor|ti|son ⟨n.; -s; unz.⟩ ein Hormon der Nebennierenrinde; *oV* Cortison [<lat. *cortex* »Rinde«]
Ko|rund ⟨m.; -(e)s, -e; Min.⟩ Edelstein, sehr hartes Mineral, chem. Aluminiumoxid; *blauer ~* Saphir; *roter ~* Rubin; →*a.* Chlorophan, Rubin, Saphir [<Sanskrit *kuruvinda* »Rubin«]
Kor|vet|te ⟨[-vɛt-] f.; -, -n⟩ kleines Kriegsschiff, kleiner Kreuzer [<frz. *corvette*]
Kor|vet|ten|ka|pi|tän ⟨[-vɛt-] m.; -s, -e; Mil.⟩ Seeoffizier im Rang eines Majors
Ko|ry|bant ⟨m.; -en, -en⟩ Priester der Kybele [<grch. *Korybas*, Gen. *Korybantos* »Tänzer bei den lärmenden Festen klein-

asiat. Götter, Priester u. Begleiter der (mit lärmender Musik verehrten) Göttermutter Kybele«]
ko|ry|ban|tisch ⟨Adj.⟩ **1** nach Art der Korybanten **2** ⟨fig.⟩ ausgelassen, wild, zügellos [→ *Korybant*]
Ko|ry|phäe[1] ⟨m.; -n, -n; im altgrch. Drama⟩ Chorführer [<grch. *koryphaios* »an der Spitze Stehender« <*koryphe* »Spitze, Haupt«]
Ko|ry|phäe[2] ⟨f.; -, -n⟩ ausgezeichneter Fachmann, Sachkenner (auf wissenschaftl. Gebiet), Kapazität; *eine ~ auf dem Gebiet sein*
Ko|ry|za ⟨f.; -; unz.; Med.⟩ Erkältung, Schnupfen; *oV* Coryza; →*a.* Rhinitis [grch., »Erkältung, Schnupfen«]
Ko|sak ⟨m.; -en, -en⟩ Angehöriger der seit dem 15. Jh. im südöstl. russ. Grenzgebiet lebenden, urspr. leibeigen gewesenen, berittenen, freien Krieger [<russ. *kasak*]
Ko|sche|nil|le ⟨[-nɪljə-] f.; -, -n⟩ *oV* Cochenille **1** ⟨unz.⟩ aus der Koschenilleschildlaus gewonnener roter Farbstoff **2** ⟨zählb.; kurz für⟩ Koschenilleschildlaus [<frz. *cochenille*]
Ko|sche|nil|le|schild|laus ⟨[-nɪljə-] f.; -, -läu|se; Zool.⟩ zur Farbstoffgewinnung in Kaktusplantagen gezüchtete Schildlaus: Coccus cacti
ko|scher ⟨Adj.⟩ **1** rein (nach den jüd. religiösen Speisevorschriften); *~es Restaurant* R., in dem koschere Speisen gereicht werden; *Ggs* treife **2** ⟨umg.⟩ sauber, unbedenklich; *die Sache scheint mit nicht ganz ~* ⟨umg.⟩ die Sache, dieAngelegenheit scheint mir bedenklich, nicht ganz geheuer [<hebr. *kašer* »recht, tauglich«]
K.-o.-Schlag ⟨m.; -(e)s, -schlä|ge; kurz für⟩ Knockoutschlag
Ko|se|kans ⟨m.; -, -; Abk.: cosec; Geom.⟩ = Kosekante
Ko|se|kan|te ⟨f.; -, -n; Abk.: cosec; Geom.⟩ eine Winkelfunktion, Kehrwert des Sinus eines Winkels; *oV* Kosekans [verkürzt <neulat. *complementi secans* »Sekans, Sekante des Ergänzungswinkels«; → *Sekans*]

Ko|si|nus ⟨m.; -, -od. -se; Abk.: cos; Geom.⟩ eine Winkelfunktion, das Verhältnis zwischen der einem Winkel im rechtwinkligen Dreieck anliegenden Kathete u. der Hypotenuse [verkürzt <neulat. *complementi sinus* »Sinus des Ergänzungswinkels«; → *Sinus*]
Kos|me|tik ⟨f.; -; unz.⟩ **1** Schönheitspflege; *chirurgische ~* chirurgische Beseitigung von Schönheitsfehlern, Missbildungen, Narben u. Alterserscheinungen **2** ⟨fig.⟩ sichtbare, jedoch nur flüchtig ausgeführte Verbesserung einer fehlerhaften Sache [<frz. *cosmétique* <grch. *kosmetikos* »zum Schmücken gehörig«; zu *kosmein* »anordnen, schmücken«]
Kos|me|ti|ke|rin ⟨f.; -, -rin|nen⟩ Frau, die beruflich auf dem Gebiet der Kosmetik (1) tätig ist
Kos|me|ti|kum ⟨n.; -s, -ti|ka⟩ Schönheitsmittel [<neulat. *cosmeticum* <grch. *kosmetikos*; → *Kosmetik*]
kos|me|tisch ⟨Adj.⟩ zur Kosmetik gehörend, mit ihrer Hilfe, auf ihr beruhend
Kos|me|to|lo|gie ⟨f.; -; unz.⟩ Lehre von der Herstellung, Lagerung u. Anwendung kosmetischer Produkte [<*Kosmetik* + ...*logie*]
kos|misch ⟨Adj.⟩ den Kosmos betreffend, zu ihm gehörig, aus ihm stammend; *erste ~e Geschwindigkeit* G., die erforderlich ist, um ein Raumfahrzeug auf eine Kreisbahn um die Erde zu bringen, Kreisbahngeschwindigkeit; *zweite ~e Geschwindigkeit* G., die gestattet, den Anziehungsbereich der Erde zu verlassen, Fluchtgeschwindigkeit; *~e Strahlung* aus dem Weltraum kommende Stahlung, Höhenstrahlung [<grch. *kosmos* »Ordnung, Weltall«]
kosmo..., Kosmo... ⟨in Zus.⟩ Welt..., Weltall... [<grch. *kosmos* »Ordnung, Weltall«]
Kos|mo|bio|lo|ge ⟨m.; -n, -n⟩ Wissenschaftler auf dem Gebiet der Kosmobiologie
Kos|mo|bio|lo|gie ⟨f.; -; unz.⟩ Untersuchungen über die Existenz lebender Organismen auf anderen Sternen

Kos|mo|bi|o|lo|gin ⟨f.; -, -gin|nen⟩ Wissenschaftlerin auf dem Gebiet der Kosmobiologie

kos|mo|bi|o|lo|gisch ⟨Adj.⟩ die Kosmobiologie betreffend, zu ihr gehörig

Kos|mo|che|mie ⟨[-çe-] f.; -; unz.⟩ Teilgebiet der Chemie, das sich mit der möglichen Bildung chemischer Verbindungen u. der Verteilung der chemischen Elemente im Weltraum befasst

Kos|mo|drom ⟨n.; -s, -e; Astron.⟩ russ. Startplatz für Raumfahrzeuge [<*Kosmos* + grch. *dromos* »Lauf« (nach *Hippodrom* u. Ä. gebildet)]

Kos|mo|go|nie ⟨f.; -, -n⟩ Lehre von der Entstehung des Kosmos, der Welt [<*Kosmo…* + *…gonie*]

kos|mo|go|nisch ⟨Adj.⟩ zur Kosmogonie gehörend, auf ihr beruhend

Kos|mo|gra|fie ⟨f.; -, -n⟩ = Kosmographie

Kos|mo|gra|phie ⟨f.; -, -n⟩ *oV* Kosmografie **1** Beschreibung der Entstehung u. Entwicklung des Kosmos **2** ⟨im MA für⟩ Geographie [<*Kosmo…* + *…graphie*]

Kos|mo|lo|gie ⟨f.; -, -n⟩ Lehre von Entstehung, Entwicklung u. Zustand des Kosmos [<*Kosmo…* + *…logie*]

kos|mo|lo|gisch ⟨Adj.⟩ zur Kosmologie gehörig, auf ihr beruhend

Kos|mo|me|di|zin ⟨f.; -; unz.⟩ Teilgebiet der Medizin, das die Auswirkung des Raumfluges auf den Menschen u. dessen Lebensmöglichkeiten im Weltraum untersucht

Kos|mo|naut ⟨m.; -en, -en; urspr. sowjet. Bez. für⟩ Raumfahrer

Kos|mo|nau|tik ⟨f.; -; unz.⟩ = Astronautik

kos|mo|nau|tisch ⟨Adj.⟩ die Kosmonautik betreffend, auf ihr beruhend, mit ihrer Hilfe

Kos|mo|po|lit ⟨m.; -en, -en⟩ **1** Weltbürger **2** über den größten Teil der Erde verbreitete Pflanzen- od. Tierart [<grch. *kosmopolites* »Weltbürger«]

kos|mo|po|li|tisch ⟨Adj.⟩ **1** weltbürgerlich **2** weltweit verbreitet

Kos|mo|po|li|tis|mus ⟨m.; -; unz.⟩ Weltbürgertum

Kos|mos ⟨m.; -; unz.⟩ **1** Weltall **2** Weltordnung [grch., »Ordnung, Anstand, Schmuck; Weltordnung, Weltall«]

Kos|mo|the|is|mus ⟨m.; -; unz.⟩ Lehre von der Einheit von Gott u. Welt

Kos|mo|tron *auch:* **Kos|mot|ron** ⟨n.; -s, -e od. -s; Kernphysik⟩ Teilchenbeschleuniger, der Protonen mit kinetischen Energien erzeugt, wie sie in der Höhenstrahlung auftreten; *oV* Cosmotron

kos|tal ⟨Adj.; Med.⟩ zu den Rippen gehörend, von ihnen ausgehend [<lat. *costa* »Rippe«]

Kost-Plus-Sys|tem ⟨n.; -s; unz.; Wirtsch.⟩ Methode der Umlagerung von Kosten, bei der zu einem Basispreis für ein Produkt od. eine Dienstleistung Aufschläge für zusätzl. Kosten angerechnet werden [<engl.]

Kos|tüm ⟨n.; -s, -e⟩ **1** der Mode unterworfene Kleidung für bestimmte Gelegenheiten **2** der Mode unterworfene Kleidung in ihrer geschichtl. Veränderung; *Biedermeier~* **3** auf die Art der Darbietung abgestimmte Kleidung von Schauspielern **4** ⟨kurz für⟩ Maskenkostüm **5** Damenbekleidung aus Rock u. Jacke [<frz. *costume* »Kleidung, Anzug«]

Kos|tü|mi|er ⟨[-mje:] m.; -s, -s⟩ Schneider von Theaterkostümen, Theaterschneider

kos|tü|mie|ren ⟨V.⟩ in ein histor. od. Maskenkostüm bekleiden, verkleiden [<frz. *costumer* »kleiden, verkleiden«]

Ko|tan|gens ⟨m.; -, -; Abk.: cot, cotg, ctg; Geom.⟩ = Kotangente

Ko|tan|gen|te ⟨f.; -, -n; Abk.: cot, cotg, ctg; Geom.⟩ eine Winkelfunktion, Kehrwert des Tangens; *oV* Kotangens [verkürzt <neulat. *complementi tangens* »Tangente des Ergänzungswinkels«; → *Tangens*]

Kot|au ⟨m.; -s, -s⟩ tiefe Verbeugung (der Chinesen) auf den Knien, bis die Stirn die Erde berührt; *vor jmdm. ~ machen* ⟨fig.⟩ sich (vor jmdm.) demütigen, (vor jmdm.) kriechen [<chines. *ketou* »schlagen (mit dem) Kopf«]

Ko|te[1] ⟨f.; -, -n; Geogr.⟩ durch Höhenmessung festgelegte Höhe eines Geländepunktes [<frz. *cote* »Kennziffer«]

Ko|te[2] ⟨f.; -, -n⟩ kegelförmiges Zelt [<finn. *kota* »Lappenhütte«]

Ko|te|lett ⟨a. [kɔt-] n.; -s, -s⟩ aus dem Rippenstück von Schwein, Kalb, Hammel geschnittene Scheibe; *Sy* Karbonade (2) [<frz. *côtelette* »Rippchen«, Verkleinerungsform zu *côte* »Rippe, Seite« <lat. *costa* »Rippe«]

Ko|te|let|ten ⟨a. [kɔt-] nur Pl.⟩ kleiner, kurzer Backenbart

Ko|te|rie ⟨f.; -, -n; veraltet⟩ Gruppe von Menschen, die sich gegenseitig fördern, die übrigen aber unterdrücken, Klüngel [<frz. *coterie* »Clique, Sippschaft«, eigtl. »Gesellschaft, die von ihren Mitgliedern einen bestimmten Beitrag (frz. *cote*) erhebt«]

Ko|text ⟨m.; -(e)s, -e; Sprachw.⟩ = Kontext (1)

Ko|thurn ⟨m.; -s, -e⟩ Schuh mit sehr dicker Sohle (für Schauspieler der antiken Tragödie); *auf ~en schreiten* ⟨fig.⟩ pathetisch sein [<grch. *kothornos*]

ko|tie|ren ⟨V.⟩ *Ggs* dekotieren **1** ⟨Wirtsch.⟩ *eine Aktie ~* an der Börse zulassen **2** ⟨Geogr.⟩ *Höhenunterschiede ~ im Gelände* bestimmen [→ *Kote*[1]]

Ko|tie|rung ⟨f.; -, -en; Wirtsch.⟩ Zulassung an der Börse; *Ggs* Dekotierung; *~ von Wertpapieren* [→ *Kote*[1]]

Ko|til|lon ⟨[-tɪljõ] od. [-tɪjɔ̃:] m.; -s, -s⟩ Gesellschaftstanz, bei dem Geschenke verlost od. vergeben werden; *oV* Cotillon [<frz. *cotillon* »Kotillon«, eigtl. »Unterrock (der Bäuerinnen)«; zu *cotte* »Frauenrock«]

Ko|tin|ga ⟨f.; -, -s; Zool.⟩ in Mittel- u. Südamerika beheimateter, sehr farbenprächtiger Sperlingsvogel, der die Bäume tropischer Urwälder bewohnt [<span. *cotinga*]

Ko|to ⟨n.; -s, -s od. f.; -, -s; Musik⟩ jap. Saiteninstrument mit 13 Saiten, die mit Plektren angerissen werden [jap.]

Ko|ton ⟨[-tɔ̃:] m.; -s, -s; Textilw.⟩ Baumwolle [<frz. *coton* »Baum-

kotonisieren

wolle« ‹engl. *cotton* »Baumwolle« ‹arab. *kothon* »Baumwolle«]

ko|to|ni|sie|ren ⟨V.; Textilw.⟩ *Flachsabfälle* ~ Fasern aus F. u. a. herstellen, die der Baumwolle in Feinheit u. Länge gleichen

Ko|ty|le|do|ne ⟨f.; -, -n⟩ **1** ⟨Bot.⟩ Keimblatt **2** ⟨Med.⟩ Lappen der Plazenta [‹grch. *kotyle* »Höhlung«]

ko|va|lent ⟨[-va-] Adj.⟩ ~*e Bindung* = Kovalenzbindung

Ko|va|lenz|bin|dung ⟨[-va-] f.; -, -en; Chemie; bei Nichtmetallen⟩ Bindung von Atomen, denen jeweils ein Elektronenpaar od. mehrere gleichzeitig angehören; *Sy* kovalente Bindung [‹*con*... + *valentia* »Fähigkeit«]

Ko|va|ri|anz ⟨a. [-va-'-] f.; -, -en⟩ **1** ⟨Math.; Physik⟩ Gleichbleiben der Form bestimmter Gleichungen **2** ⟨Stat.⟩ gegenseitiges Abhängigkeitsverhältnis zweier Größen [‹*Ko*... + *Varianz*]

Kox|al|gie *auch:* **Ko|xal|gie** ⟨f.; -, -n; Med.⟩ *oV* Coxalgie **1** Hüftschmerzen **2** = Koxitis [‹lat. *coxa* »Hüfte« + ...*algie*]

Kox|itis *auch:* **Ko|xi|tis** ⟨f.; -, -ti|den; Med.⟩ Hüftgelenkentzündung; *oV* Coxitis; *Sy* Koxalgie (2) [‹lat. *coxa* »Hüfte«]

kp ⟨Abk. für⟩ Kilopond

kpm ⟨Abk. für⟩ Kilopondmeter

Kr ⟨chem. Zeichen für⟩ Krypton

kra|cken ⟨[kræ-] V.⟩ = cracken

Kra|ke ⟨m.; -n, -n od. f.; -, -n⟩ **1** ⟨Zool.⟩ achtarmiger Kopffüßer mit kurzem, sackartigem Körper u. sehr beweglichen Armen **2** ⟨Myth.⟩ ein Meerungeheuer [‹norweg. *krakje*]

Kra|keel ⟨m.; -s, -e⟩ **1** lauter Streit, lärmender Zank **2** Lärm, Unruhe [vermutl. ‹ital. *gargagliata* »Lärm vieler Leuten, die durcheinander reden, singen«]

kra|kee|len ⟨V.; umg.⟩ lärmen, laut streiten [→ *Krakeel*]

Kra|ke|lee ⟨n.; -s; unz.⟩ = Craquelée

Kra|ko|wi|ak ⟨m.; -s, -s; Musik⟩ polnischer Nationaltanz im 2/4-Takt; *oV* Cracovienne [nach der poln. Stadt *Krakau*, poln. *Kraków*]

Kral ⟨m.; -s, -e⟩ **1** afrikan. Rundsiedlung **2** Viehhof in deren Mitte, in dem das Vieh gehalten wird [‹ndrl. *kraal* ‹portug. *curral*, *corral* »umzäunter Hofraum«]

Kram|pus[1] ⟨m.; -, Kram|pi; Med.⟩ Muskelkrampf; *oV* Crampus [mlat.]

Kram|pus[2] ⟨m.; -ses, -se; bair.-österr.⟩ Begleiter des hl. Nikolaus in Gestalt eines Teufels [Herkunft nicht geklärt]

kra|ni|al ⟨Adj.⟩ **1** ⟨Med.⟩ auf den Schädel bezüglich, zum Kopf gehörend **2** kopfwärts, in Richtung auf den Kopf zu [‹neulat. *cranialis* »den Schädel betreffend« ‹lat. *cranium* »Schädel«]

kra|nio..., **Kra|nio...** ⟨in Zus.; Med.⟩ schädel..., Schädel... [‹lat. *cranium* »Schädel«]

Kra|ni|o|klast ⟨m.; -en, -en; Med.⟩ Zange zum Umfassen des Kopfes des Kindes bei der Geburt [‹*Kranio*... + grch. *klan* »zerbrechen«]

Kra|ni|o|lo|gie ⟨f.; -; unz.⟩ Teilgebiet der Anthropologie, Beschreibung der menschl. Schädels als Ganzem u. der Veränderungen am Schädel während des Wachstums; *Sy* Phrenologie [‹*Kranio*... + ...*logie*]

kra|ni|o|lo|gisch ⟨Adj.⟩ zur Kraniologie gehörig, auf ihr beruhend; *Sy* phrenologisch

Kra|ni|o|me|ter ⟨n.; -s, -⟩ Gerät zur Schädelmessung [‹*Kranio*... + ...*meter*]

Kra|ni|o|me|trie *auch:* **Kra|ni|o|met|rie** ⟨f.; -, -n⟩ Lehre vom genauen Messen der menschl. Schädelformen, Schädelmesslehre [‹*Kranio*... + ...*metrie*]

kra|ni|o|me|trisch *auch:* **kra|nio|met|risch** ⟨Adj.⟩ zur Kraniometrie gehörig, mit ihrer Hilfe

Kra|ni|o|te ⟨m.; -n, -n; Zool.⟩ Vertreter der Wirbeltiere mit Schädel u. muskulösem Herzen; *Ggs* Akranier [‹lat. *cranium* »Schädel«]

Kra|ni|o|to|mie ⟨f.; -, -n; Med.⟩ **1** Öffnung des Schädels **2** operative Verkleinerung des Schädels eines toten Kindes bei der Geburtshilfe [‹*Kranio*... + ...*tomie*]

Kra|ni|um ⟨n.; -s, -nia; Anat.⟩ = Cranium

Kra|se ⟨f.; -, -n; grch. Gramm.⟩ = Krasis

Kra|sis ⟨f.; -, Kra|sen; grch. Gramm.⟩ Zusammenziehung des auslautenden Vokals eines Wortes mit dem anlautenden Vokal des folgenden Wortes; *oV* Krase [grch., »Mischung, Verbindung«]

krass ⟨Adj.⟩ **1** unerhört, sehr stark, grob; *im* ~*en Gegensatz zu etw. stehen* **2** ⟨zu⟩ weit gehend, extrem; *eine* ~*e Haltung*; *ein* ~*er Unterschied* **3** schlimm, schrecklich, entsetzlich; *ein besonders* ~*er Fall von Misshandlung*; *etwas sehr, besonders* ~ *schildern* [‹lat. *crassus* »dick, grob«]

Kras|su|la|ze|en ⟨Pl.; Bot.⟩ Dickblattgewächse [‹mlat. *crassula herba* »Dickblatt« ‹lat. *crassus* »dick«]

...krat ⟨Nachsilbe; zur Bildung männl. Subst.⟩ Herrscher; *Bürokrat*; *Technokrat* [‹grch. *kratein* »herrschen«]

Kra|ter ⟨m.; -s, -⟩ **1** trichterförmige Öffnung eines Vulkans **2** altgrch. Gefäß mit Fuß u. zwei Henkeln (zum Mischen des Weins mit Wasser) [grch., »Kessel«]

...kra|tie ⟨Nachsilbe; zur Bildung männl. Subst.⟩ Herrschaft, Herrschaftsform; *Bürokratie*; *Demokratie* [‹grch. *kratein* »herrschen«]

kra|ti|ku|lie|ren ⟨V.⟩ mit Hilfe eines Gitternetzes maßgetreu zeichnen, übertragen [‹lat. *craticula* »kleine Flechte, kleiner Rost«; zu *cratis* »Geflecht, Rost«]

kra|to|gen ⟨Adj.; Geol.⟩ das Kratogen betreffend, aus ihm stammend, auf ihm beruhend [‹grch. *kratos* »Stärke, Kraft«]

Kra|to|gen ⟨n.; -s; unz.; Geol.⟩ nicht mehr faltbarer, seit Urzeiten versteifter Festlandssockel; *oV* Kraton

Kra|ton ⟨n.; -s; unz.; Geol.⟩ = Kratogen

Kraul ⟨n.; -s od. -; unz.; Sport⟩ = Kraulstil; *oV* Crawl

krau|len ⟨V.; Sport⟩ im Kraulstil schwimmen; *oV* crawlen [‹engl. *crawl* »kraulen«]

Krau|ler ⟨m.; -s, -; Sport⟩ Schwimmer im Kraulstil

Krau|le|rin ⟨f.; -, -rin|nen; Sport⟩ Schwimmerin im Kraulstil

Kraul|stil ⟨m.; -(e)s; unz.; Sport⟩ schnellste Schwimmart, bei der die Arme abwechselnd kreisförmig von hinten über den Kopf nach vorn u. unter Wasser wieder zurückgezogen u. die Beine aus dem Hüftgelenk rhythmisch leicht auf u. nieder bewegt werden; *oV* Crawlstil [→ *kraulen*]

Kraul|rit ⟨m.; -s; unz.; Min.⟩ rhombisches Eisen-Phosphor-Mineral, Grüneisenerz [zu grch. *krauros* »spröde«]

Kra|watte ⟨f.; -, -n⟩ **1** unter dem Hemdkragen gefestigtes schmückendes Halstuch od. breites Band **2** schmaler Pelzkragen **3** ⟨Sport; Ringen⟩ am Kinn angesetzter, zangenartiger Kopfgriff [< frz. *cravate* »Krawatte, Halsbinde«, eigtl. »kroatisch« < dt. (mundartl.) *Krawat* »Kroate« < kroat. *hrvat* (nach der Halsbinde der kroat. Reiter)]

Kra|weel|bau ⟨m.; -(e)s; unz.⟩ Bauweise für Holzboote, bei der die Planken des Bootsrumpfes stumpf aufeinander gesetzt werden u. meist in doppelter Schicht diagonal übereinander liegen; *Ggs* Klinkerbau (2) [→ *Kravelle*]

Kray|on *auch:* **Kra|yon** ⟨[krɛjɔ̃ː] m.; -s, -s⟩ *oV* Crayon **1** Drehbleistift **2** Kreide [frz.]

Kray|on|ma|nier *auch:* **Kra|yon|ma|nier** ⟨[krɛjɔ̃ː-] f.; -; unz.; Grafik; 18./19. Jh.⟩ eine Art des Kupferstichs, bei der sich die Linien aus feinen Punkten zusammensetzen u. das wie eine Kreidezeichnung wirkt

Kre|as ⟨n.; -; unz.; Textilw.⟩ ungebleichte Leinwand [< span. *crea* »grobes Leinen«]

Kre|a|tin ⟨n.; -s; unz.; Biochemie⟩ bes. in Muskeln vorkommender Eiweißbaustein, chem. Methylguanidinessigsäure [< grch. *kreas*, Gen. *kreatos* »Fleisch«]

Kre|a|tion ⟨f.; -, -en⟩ *oV* Création **1** Schöpfung, Schaffung **2** Modeschöpfung, Modell [< lat. *creatio* »Erzeugung«]

kre|a|tiv ⟨Adj.⟩ **1** schöpferisch **2** einfallsreich

Kre|a|ti|vi|tät ⟨[-vi-] f.; -; unz.⟩ **1** schöpferische Kraft **2** Einfallsreichtum

Kre|a|ti|vi|täts|trai|ning ⟨[-vi-tre:-] n.; -s; unz.⟩ das Ausbilden u. Trainieren von Kreativität

Kre|a|tur ⟨f.; -, -en⟩ **1** Geschöpf, Lebewesen, Wesen der Natur (gegenüber Gott) **2** ⟨fig.⟩ verachtenswerter Mensch, willenloses Werkzeug anderer; *eine arme, bedauernswerte ~* [< lat. *creatura* »Geschöpf«; zu *creare* »erzeugen, schaffen, erschaffen«]

kre|a|tür|lich ⟨Adj.⟩ wie eine Kreatur, der Kreatur eigen

Kre|denz ⟨f.; -, -en⟩ Anrichte [< ital. *credenza* »Anrichte«]

kre|den|zen ⟨V.; poet.⟩ darreichen, anbieten; *jmdm. ein Getränk ~* [→ *Kredenz*]

Kre|dit ⟨m.; -(e)s, -e⟩ **1** Geldmittel, die jmdm. vorübergehend überlassen werden, Darlehen eines Kreditinstituts; *bei der Bank einen ~ aufnehmen; einem Käufer ~ geben; auf ~ kaufen* ohne sofortige Bezahlung, auf Borg kaufen **2** ⟨unz.⟩ Kreditwürdigkeit; *Ggs* Diskredit; *Sie haben bei mir (unbeschränkten) ~* Sie können bei mir für jede Summe ohne Barzahlung einkaufen; *er hat nirgends mehr ~* ihm leiht niemand mehr etwas **3** ⟨Buchführung⟩ die rechte Seite des Kontos, Habenseite; *Ggs* Debet [< ital. *credito* »Leihwürdigkeit«, beeinflusst von frz. *crédit* »Kredit« < lat. *creditum* »das auf Treu u. Glauben Anvertraute, Darlehen«, Part. Perf. zu *credere* »glauben, vertrauen«]

kre|di|tär ⟨Adj.⟩ **1** das Kreditwesen betreffend, auf ihm beruhend **2** Kredite (1) betreffend; *die ~e Lage eines Unternehmens*

kre|di|tie|ren ⟨V.⟩ **1** *jmdm. ~* jmdm. einen Kredit geben **2** *jmdm. etwas ~* ihm etwas gutschreiben, als Darlehen vorschießen

Kre|dit|in|sti|tut *auch:* **Kre|dit|ins|ti|tut** ⟨n.; -(e)s, -e; Bankw.⟩ Unternehmen, das sich mit dem Zahlungsverkehr befasst, Bank, Sparkasse

Kre|di|tiv ⟨n.; -s, -e [-və]⟩ Vollmacht, Beglaubigungsschreiben [→ *Kredit*]

Kre|di|tor ⟨m.; -s, -to|ren⟩ Kreditgeber, Gläubiger; *Ggs* Debitor [< ital. *creditore* »Gläubiger«; → *Kredit*]

Kre|dit|pla|fond ⟨[-fɔ̃ː] m.; -s, -s; Wirtsch.⟩ **1** Kreditlimit, das öffentlichen Kreditnehmern gesetzlich gewährleistet wird **2** Obergrenze des von Kreditinstituten offerierten Kreditvolumens, die von der Regierung od. der Notenbank festgesetzt wird [< *Kredit* + frz. *plafond* »Zimmerdecke«]

Kre|do ⟨n.; -s, -s⟩ **1** = Credo **2** Teil der kath. Messe **3** ⟨allg.⟩ Glaubensbekenntnis [< lat. *credo* »ich glaube«, nach der Einleitung des Apostol. Glaubensbekenntnisses *Credo in unum deum...* »Ich glaube an den einen Gott...«]

kre|ie|ren ⟨V.⟩ schaffen, gestalten; *eine Mode ~*; *eine Rolle ~* ⟨Theat.⟩ als Erster (in bestimmter Weise) gestalten [< lat. *creare* »erschaffen, zeugen, ernennen, erwählen« u. frz. *créer* »erschaffen, erfinden«]

Krem ⟨f.; -, -s⟩ = Creme; Kreme

Kre|ma|ti|on ⟨f.; -, -en⟩ Feuerbestattung [< lat. *crematio* »Verbrennung«; zu *cremare* »verbrennen«]

Kre|ma|to|ri|um ⟨n.; -s, -ri|en⟩ Anlage zur Feuerbestattung [< lat. *cremare* »verbrennen«]

Kre|me ⟨f.; -, -s⟩ = Creme

kre|mie|ren ⟨V.⟩ im Krematorium verbrennen [< lat. *cremare* »verbrennen«]

Kreml ⟨m.; - od. -s, -⟩ **1** ⟨zählb.; i. w. S.⟩ Burg, Zitadelle, befestigte Stadt **2** ⟨unz.; i. e. S.⟩ **2.1** ⟨früher⟩ Stadtfestung von Moskau, sowjet. Regierungssitz **2.2** ⟨früher⟩ sowjet. Regierung **2.3** ⟨heute⟩ Sitz der russischen Regierung [russ., »Burg, Festung, Zitadelle«; vielleicht < grch. *kremnos* »steiler Abhang, Anhöhe«]

Krem|pel ⟨f.; -, -n; Spinnerei⟩ = Karde (2)

Kren ⟨m.; -s; unz.; süddt.; österr.⟩ Meerrettich [slaw.]

kre|nel|lie|ren ⟨V.⟩ mit Zinnen versehen [< frz. *créneler*; zu *créneau* »Zinne, Schießscharte«]

Kre|o|le ⟨m.; -n, -n⟩ **1** Nachkomme europäischer Kolonisten in Südamerika; *weißer ~* **2** in Süd-

Kreolin

amerika geborener Schwarzer [<frz. *créole* <portug. *crioulo;* zu lat. *creare* »erzeugen«]

Kre|o|lin ⟨f.; -, -lin|nen⟩ weibl. Kreole

kre|o|lisch ⟨Adj.⟩ **1** die Kreolen betreffend, von ihnen stammend, zu ihnen gehörend **2** in der Art einer Kreolsprache, auf ihr beruhend

Kre|ol|spra|che ⟨f.; -, -n; Sprachw.⟩ zur Muttersprache gewordene Mischsprache aus einer Eingeborenensprache u. einer überkommenen europäischen Sprache, z. B. auf Hawaii

Kre|o|pha|ge ⟨m.; -n, -n; Zool.⟩ Fleisch fressendes Tier [<grch. *kreas* »Fleisch« + ... *phage*]

Kre|o|sol ⟨n.; -s; unz.⟩ im Teer von Buchenholz enthaltener flüssiger Abkömmling des Toluols [<*Kreosot* + ... *ol*]

Kre|o|sot ⟨n.; -s; unz.⟩ durch alkalische Extraktion des Holzteers gewonnenes Gemisch von Phenolen, ölartige, gelbl., antiseptische u. antiparasitäre Flüssigkeit [<grch. *kreas* »Fleisch« + *sozein* »retten«]

Kre|pe|line ⟨[krɛpliːn] f.; -, -s; Textilw.⟩ leichter, wollener Krepp

kre|pie|ren ⟨V.⟩ **1** platzen, bersten (Sprengkörper) **2** ⟨umg.; derb⟩ verenden, sterben, bes. bei Tieren od. bei Menschen [<ital. *crepare* »zerbersten, verrecken« <lat. *crepare* »krachen, platzen«]

Kre|pi|ta|tion ⟨f.; -, -en⟩ **1** knisterndes Geräusch beim Aneinanderreiben rauer Flächen, z. B. gebrochener Knochen **2** rasselndes Atemgeräusch, z. B. bei Lungenentzündung [<lat. *crepitatio* »das Knistern, Knattern, Klappern«; zu *crepitare* »knistern, klappern«]

Kre|pon ⟨[-pɔ̃ː] m.; -s, -s; Textilw.⟩ leinwandbindiges Gewebe mit krauser od. genarbter Oberfläche; *oV* Crepon [<frz. *crépon* »grober Krepp«]

Krepp ⟨m.; -s, -s od. -e; Textilw.⟩ krauses od. genarbtes Gewebe mit rauem Griff [<frz. *crêpe* »Flor, Krepp«, <lat. *crispus* »kraus«]

krep|pen ⟨V.; Textilw.⟩ zu Krepp machen, fälteln; *Sy* kreppo-

nieren [<frz. *crêper* »kreppen, kräuseln«]

krep|po|nie|ren ⟨V.; Textilw.⟩ = kreppen

kres|cen|do *auch:* **kres|cen|do** ⟨[-ʒen-] Musik⟩ = crescendo

Kre|sol ⟨n.; -s; unz.; Chemie⟩ im Teer von Steinkohlen u. Buchenholz vorkommender aromat. Kohlenwasserstoff, Mittel zum Imprägnieren von Holz u. Tauen, zum Desinfizieren [<grch. *kreas* »Fleisch« + *sozein* »retten« + ... *ol*]

Kres|zenz ⟨f.; -, -en⟩ **1** Wachstum, Herkunft, bes. vom Wein **2** ⟨veraltet⟩ Ertrag [<lat. *crescentia* »das Wachsen«; zu *crescere* »wachsen«]

...kret ⟨Nachsilbe; zur Bildung sächl. Subst.⟩ etwas Abgesondertes, Ausgeschiedenes [<lat. *cretum*, Part. Perf. zu *cernere* »scheiden, absondern«]

kre|ta|ze|isch ⟨Adj.; Geol.⟩ zur Kreideformation gehörend [<lat. *(terra) creta* »gesiebte Erde«]

Kre|thi und Ple|thi ⟨umg.; abwertend⟩ allerhand recht verschiedene Menschen, gemischte Gesellschaft [König Davids Leibwache bestand aus fremden Söldnern, wahrscheinlich *Kretern u. Philistern*; Luther übersetzt 2. Sam. 8,18 u. a. *Crethi u. Plethi*; in luther. Kreisen seit 1710 als geflügeltes Wort für »gemischte Gesellschaft« (Kluge, Etymol. Wörterbuch)]

Kre|ti|kus ⟨m.; -, -ti|ki; Metrik⟩ drei- od. fünffüßiger antiker Versfuß [<lat. *creticus* »die Insel Kreta betreffend«]

Kre|tin ⟨[-tɛ̃ː] m.; -s, -s⟩ *oV* Kretine **1** ⟨Med.⟩ Person, die an Kretinismus leidet **2** ⟨abwertend⟩ dummer töricht handelnder Mensch [<frz. *crétin* »Schwachsinniger« (urspr. mundartl.) <*chrétien* »christlich« <lat. *christianus*]

Kre|ti|ne ⟨m.; -n, -n⟩ = Kretin

Kre|ti|nis|mus ⟨m.; -; unz.; Med.⟩ angeborener Rückstand der geistigen Entwicklung mit körperl. Missbildung

kre|ti|no|id ⟨Adj.; Med.⟩ kretinähnlich [<*Kretin* + ... *id*]

Kre|ton ⟨m.; -s, -e; österr.⟩ = Cretonne

Kre|tonne ⟨[-tɔn] m.; -s, -s⟩ = Cretonne

Kret|scham *auch:* **Kret|schem** ⟨m.; -(e)s, -e; ostmdt.⟩ Wirtshaus, Schenke [<tschech. *krčma*, wend. *korčma*, poln. *karczma* »Schenke«]

Kret|sch|mar *auch:* **Kretsch|mer** ⟨m.; -s, -; ostmdt.⟩ Gastwirt [<ostmdt. *krecimer* »Wirt«; wend. *korčma*, tschech. *krčmář*, poln. *karczmarz* »Schankwirt«; → *Kretscham*]

Kre|vet|te ⟨[-vɛt-] f.; -, -n; Zool.⟩ Garnele der Nordsee: Crangon crangon; *oV* Crevette [<frz. *crevette* »Krabbe«]

Krick ⟨m.; -(e)s, -e⟩ = Kriek

Kri|cket ⟨n.; -s; unz.; Sport⟩ Ballspiel zwischen zwei Mannschaften, von denen die Werfer den Ball ins gegner. Tor zu bringen suchen, während die Schläger den Ball abwehren u. mit dem Schlagholz möglichst weit wegschlagen; *oV* Cricket [<engl. *cricket*]

Kri|da ⟨f.; unz.; österr.⟩ vorgetäuschte Zahlungsunfähigkeit, betrüger. Konkurs [<mlat. *crida* »öffentl. Ausruf, Zusammenrufung der Gläubiger«]

Kri|dar ⟨m.; -s, -e; österr.⟩ Gemeinschuldner; *oV* Kridatar [<mlat. *cridatarius*; → *Krida*]

Kri|da|tar ⟨m.; -s, -e; österr.⟩ = Kridar

Kriek ⟨m.; -(e)s, -e⟩ *oV* Krick **1** Wasserlauf **2** kleiner Hafen, kleine Bucht [<ndrl. <engl. *creek* »kleine Bucht«]

Kri|ko|to|mie ⟨f.; -, -n; Med.⟩ Luftröhrenschnitt [<grch. *krikos* »Ring« (hier: »Ringknorpel«) + *tome* »Schnitt«]

Krill ⟨n.; -s; unz.; Zool.⟩ überwiegend aus kleinen Krebsen bestehendes Plankton, Hauptnahrungsmittel vieler Wale u. Fische [<norweg. *kril* »Fischbrut«]

Kri|mi ⟨m.; -s od. -, -s od. -; umg.; kurz für⟩ Kriminalroman, Kriminalstück, Kriminalfilm

kri|mi|nal ⟨Adj.⟩ Strafrecht, Strafverfahren, Straftat u. Täter betreffend [<lat. *criminalis* »das Verbrechen betreffend«; zu *crimen* »Anklage, Verbrechen«]

Kri|mi|nal ⟨n.; -s, -e; österr.⟩ Strafanstalt

Kri|mi|nal|be|am|te(r) ⟨f. 2 (m. 1)⟩ nicht uniformierter Polizeibeamte(r) der Kriminalpolizei; *Sy* ⟨umg.⟩ Kriminale(r)
Kri|mi|na|le(r) ⟨m. l; umg.⟩ = Kriminalbeamter
kri|mi|na|li|sie|ren ⟨V.⟩ **1** erklären, dass etwas od. jmd. kriminell sei; *jmdn.* ~ **2** jmd. in die Kriminalität treiben
Kri|mi|na|li|sie|rung ⟨f.; -; unz.⟩ das Kriminalisieren, das Kriminalisiertwerden
Kri|mi|na|list ⟨m.; -en, -en⟩ **1** Kriminalbeamter **2** Vertreter, Lehrer der Kriminalwissenschaft, Strafrechtslehrer
Kri|mi|na|lis|tik ⟨f.; -; unz.⟩ Kriminalwissenschaft
Kri|mi|na|lis|tin ⟨f.; -, -tin|nen⟩ **1** Kriminalbeamtin **2** Vertreterin, Lehrerin der Kriminalwissenschaft, Strafrechtslehrerin
kri|mi|na|lis|tisch ⟨Adj.⟩ zur Kriminalistik gehörig, mit ihrer Hilfe
Kri|mi|na|li|tät ⟨f.; -; unz.⟩ Straffälligkeit, Gesamtheit der Straftaten, die innerhalb einer gesellschaftlichen Gruppe während eines bestimmten Zeitabschnittes u. in einem bestimmten Gebiet verübt werden; *Jugend~; Steuer~*
Kri|mi|nal|po|li|zei ⟨f.; -; unz.⟩ Teil der Polizei zur Aufdeckung u. Verhindierung von Straftaten
Kri|mi|nal|pro|zess ⟨m.; -es, -e; veraltet⟩ Strafprozess
Kri|mi|nal|ro|man ⟨m.; -s, -e; Lit.⟩ Roman um ein Verbrechen u. seine Aufdeckung
Kri|mi|nal|so|zio|lo|gie ⟨f.; -; unz.⟩ Zweig der Soziologie, der sich mit den Umweltbedingungen des Täters u. der Tat befasst
kri|mi|nell ⟨Adj.⟩ **1** verbrecherisch, straffällig; *eine ~e Person* **2** strafbar; *eine ~e Tat* **3** ⟨umg.; scherzh.⟩ schlimm, aufregend, sehr bedenklich; *jetzt wird's aber wirklich ~!* [<frz. *criminel* »verbrecherisch« <lat. *criminalis*; → *kriminal*]
Kri|mi|nel|le(r) ⟨f. 2 (m. 1)⟩ jmd., der kriminell ist, eine Straftat begangen hat
kri|mi|no|gen ⟨Adj.; geh.⟩ die Neigung zur Kriminalität fördernd; *~es Milieu* [<*Kriminalität* + *...gen¹*]

Kri|mi|no|lo|ge ⟨m.; -n, -n⟩ Wissenschaftler auf dem Gebiet der Kriminologie
Kri|mi|no|lo|gie ⟨f.; -; unz.⟩ Lehre von der Aufklärung u. Verhütung von Verbrechen [<lat. *crimen* »Anklage, Verbrechen« + *...logie*]
Kri|mi|no|lo|gin ⟨f.; -, -gin|nen⟩ Wissenschaftlerin auf dem Gebiet der Kriminologie
kri|mi|no|lo|gisch ⟨Adj.⟩ zur Kriminologie gehörig, mit ihrer Hilfe
Krim|mer ⟨m.; -s, -⟩ **1** Fell des Fettschwanzschafes der Krim **2** gewebte Imitation dieses Felles [nach der ukrain. Halbinsel *Krim*]
Krim|sekt ⟨m.; -(e)s; unz.⟩ roter Schaumwein von der ukrain. Halbinsel Krim
Kri|no|i|de ⟨m.; -n, -n; Zool.⟩ Haarstern, stachelhäutiges Meerestier: Crinoidea [<lat. *crinis* »Haar« + *...id*]
Kri|no|li|ne ⟨f.; -, -n; 19. Jh.⟩ über einem zunächst runden, dann nur nach hinten ausladenden Reifengestell getragener, weiter u. langer Rock, Nachfolger des Reifrocks [<frz. *crinoline* »Krinoline«; zu *crin* »Rosshaar« <lat. *crinis* »Haar«]
Kri|po ⟨f.; -; unz.; umg.; Kurzwort für⟩ Kriminalpolizei
Kris ⟨m.; -es, -e⟩ Dolch der Malaien mit geflammter Klinge [malai.]
Kri|se ⟨f.; -, -n⟩ **1** Zustand akuter Schwierigkeiten in der Finanzwirtschaft **2** oberer Wendepunkt einer Konjunkturphase als Übergang von Prosperität zu Depression **3** Abschnitt eines psych. Entwicklungsprozesses, in dem sich nach einer Zuspitzung der Situation die weitere Entwicklung entscheidet **4** = Krisis (2) [<grch. *krisis* »Entscheidung, entscheidende Wendung«]
kri|seln ⟨V.; unpersönl.⟩ *es kriselt* eine Krise kündigt sich an, droht, etw. befindet sich in einer Krise
Kri|sen|herd ⟨m.; -(e)s, -e⟩ **1** Gebiet, in dem es häufig zu polit. (u. wirtschaftl.) Krisen kommt **2** Situation, Zustand, der häufig zu Krisen führt

Kri|sen|ma|nage|ment ⟨[-mænd3mənt] n.; - od. -s; unz.⟩ Planung u. Durchführung von außergewöhnlichen Maßnahmen zur Beherrschung gefährlicher polit., militär. od. wirtschaftl. Situationen; *das ~ rettete die Preisstabilität*
Kri|sis ⟨f.; -, Kri|sen; Med.⟩ **1** die Genesung einleitender schneller Abfall des Fiebers bei Infektionskrankheit; *Ggs* Lysis **2** anfallsweises Auftreten von Krankheitszeichen von besonderer Heftigkeit; *oV* Krise (4)
Kris|tall ⟨m.; -s, -e⟩ **1.1** von gleichmäßig angeordneten, ebenen Flächen begrenzter Körper, in dem die Atome, Moleküle od. Ionen raumgitterartig angeordnet sind; *~e bilden; klar, rein wie ein ~* **1.2** = Detektor **2** ⟨n.; -s; unz.⟩ **2.1** sehr reines, geblasenes, geschliffenes Glas, Kristallglas **2.2** Gegenstand aus Kristallglas; *~schale; ~vase; ~becher* [<ahd. *cristalla* <mlat. *crystallum* <lat. *crystallus* <grch. *krystallos* »Eis, Bergkristall«; zu grch. *kryos* »Frost«]
kris|tal|len ⟨Adj.⟩ **1** aus Kristall bestehend; *ein ~es Glas* **2** wie Kristall, kristallklar; *~es Trinkwasser*
Kris|tall|che|mie ⟨[-çe-] f.; -; unz.⟩ Erforschung der gesetzmäßigen Beziehungen zwischen der chem. Zusammensetzung u. den kristallograph. Eigenschaften der Stoffe
Kris|tall|de|tek|tor ⟨m.; -s, -en⟩ früher gebräuchliche Diode zur Gleichrichtung hochfrequenter Schwingungen, aus einem Halbleiterkristall mit Metallspitze
Kris|tall|git|ter ⟨n.; -s, -⟩ periodische, räumlich geometrische Anordnung von Atomen, Ionen od. Molekülen in Kristallen
kris|tal|lin ⟨Adj.⟩ aus Kristallen bestehend; *Sy* kristallinisch; *Ggs* amorph (1)
kris|tal|li|nisch ⟨Adj.⟩ = kristallin
Kris|tal|li|sa|ti|on ⟨f.; -, -en⟩ das Kristallisieren, Kristallbildung
kris|tal|lisch ⟨Adj.⟩ *oV* kristallin, kristallinisch **1** wie Kristall, wie Kristallglas **2** aus Kristallen bestehend

kristallisieren

kris|tal|li|sie|ren ⟨V.⟩ 1 Kristalle bilden 2 *sich* ~ sich zu Kristallen umformen [<frz. *cristalliser* »kristallisieren«; <lat. *crystallus*; → *Kristall*]
Kris|tal|li|sie|rung ⟨f.; -, -en⟩ = Kristallisation
Kris|tal|lit ⟨m.; -s, -e⟩ mikroskopisch kleiner Kristall
Kris|tal|lo|blas|te|se ⟨f.; -; unz.⟩ Entwicklung der charakteristischen Struktur der kristallinen Schiefer [<*Kristall* + grch. *blastesis* »das Keimen, das Wachsen«]
kris|tal|lo|blas|tisch ⟨Adj.⟩ durch gleichzeitiges Kristallwachstum bestimmt (von Gesteinsgefügen) [→ *Kristalloblastese*]
Kris|tal|lo|gra|fie ⟨f.; -; unz.⟩ = Kristallographie
kris|tal|lo|gra|fisch ⟨Adj.⟩ = kristallographisch
Kris|tal|lo|gra|phie ⟨f.; -; unz.⟩ Lehre von den chem. u. physikal. Eigenschaften des Kristalls; *oV* Kristallografie [<*Kristall* + *...graphie*]
kris|tal|lo|gra|phisch ⟨Adj.⟩ die Kristallographie betreffend, auf ihr beruhend, zu ihr gehörend; *~e Struktur*, *oV* kristallografisch
Kris|tal|lo|id ⟨n.; -(e)s, -e⟩ kristallähnlicher Körper [<*Kristall* + *...id*]
Kris|tall|was|ser ⟨n.; -s; unz.⟩ im Kristallgitter einer chem. Verbindung enthaltene Wassermoleküle
Kri|te|ri|um ⟨n.; -s, -te|ri|en⟩ 1 Kennzeichen, unterscheidendes Merkmal 2 sinnvolle Begründung, Prüfstein 3 ⟨Sport⟩ 3.1 Radrennen im Rundkurs 3.2 ⟨Skisport⟩ Wettrennen, bei dem ein Sieger ohne Wertung für eine Meisterschaft ermittelt wird [<grch. *kriterion* »unterscheidendes Merkmal, Kennzeichen« (mit lat. Endung)]
Kri|tik ⟨f.; -, -en⟩ 1 wissenschaftliche od. künstlerische Beurteilung; *Kunst~*; *Literatur~*; *Musik~* 2 wertende Besprechung; *Buch~*; *Film~*; *Theater~*; *eine ~ über ein Buch, Stück schreiben*; *gute, schlechte ~*, *lobende, tadelnde, scharfe ~* 3 Beanstandung, Tadel, Äußerung des Missfallens; *~ an etwas od.*

jmdm. üben; *ich verbitte mir jede ~!*; *das Buch ist unter aller ~ sehr schlecht* 4 ⟨unz.⟩ Urteilsfähigkeit, Unterscheidungsvermögen 5 ⟨unz.⟩ Gesamtheit der Kritiker; *die ~ war sich darüber einig, dass...* [<frz. *critique* <grch. *kritike (techne)* »Kunst der Beurteilung«]
Kri|ti|ka|li|tät ⟨f.; -; unz.; Kernphysik⟩ Zustand eines Kernreaktors, bei dem die zur fortgesetzten Kernspaltung notwendige Kettenreaktion nicht mehr von selbst erlischt [→ *kritisch*]
Kri|ti|kas|ter ⟨m.; -s, -⟩; abwertend⟩ kleinl. Kritiker, Nörgler [seit dem 18. Jh.; nach lat. *philosophaster* »Scheinphilosoph« gebildet]
Kri|ti|ker ⟨m.; -s, -⟩ 1 jmd., der (beruflich) ein Kunstwerk kritisiert; *Theater~*; *Zeitungs~* 2 ⟨allg.⟩ jmd., der etwas tadelt, kritisiert [<lat. *criticus* »krit. Beurteiler« <grch. *kritikos* »zur entscheidenden Beurteilung gehörig; entscheidend, kritisch«]
Kri|ti|ke|rin ⟨f.; -, -rin|nen⟩ 1 weibl. Person, die (beruflich) ein Kunstwerk kritisiert; *Theater~*; *Zeitungs~* 2 ⟨allg.⟩ weibl. Person, die etwas tadelt, kritisiert
kri|tisch ⟨Adj.⟩ 1 gewissenhaft prüfend; *~e Ausgabe* nach den Methoden der Textkritik bearbeitete A. eines Werkes der Literatur; *~er Apparat* mit wissenschaftlicher Genauigkeit gegebene Anmerkungen zu einer kritischen Ausgabe od. einem wissenschaftlichen Werk 2 streng urteilend; *etwas od. jmdn. ~ betrachten*; *einer Sache ~ gegenüberstehen*; *er ist sehr ~* 3 entscheidend, eine Wende ankündigend; *das ~e Alter* der Entwicklungsjahre (von Jugendlichen), der Wechseljahre (von Erwachsenen) 4 bedrohlich, gefährlich; *~er Augenblick*; *eine ~e Situation* 5 *~e Temperatur* die für jeden Stoff verschiedene T., oberhalb deren sich ein Gas auch bei beliebig hohem Druck nicht mehr verflüssigen lässt [<lat. *criticus* <grch. *kritikos* »zur entscheidenden

Beurteilung gehörig, entscheidend«; zu *krinein* »scheiden, trennen, entscheiden, urteilen«]
kri|ti|sie|ren ⟨V.⟩ 1 beurteilen, werten, begutachten; *Buch*, *Film*, *Theaterstück ~* 2 beanstanden, tadeln, nörgeln an; *jmdn. ~*; *er hat an allem etwas zu ~* [<frz. *critiquer* »kritisieren«; → *Kritik*]
Kri|ti|zis|mus ⟨m.; -; unz.; Philos.⟩ von Kant eingeführtes Verfahren, vor dem Aufstellen eines neuen philosoph. Systems, einer Weltanschauung o. Ä. die Möglichkeiten u. Grenzen der menschl. Erkenntnis festzustellen [→ *Kritik*]
Kro|cket ⟨a. ['--] n.; -s, -s; Sport⟩ Rasenspiel, bei dem die Spieler mit Holzhämmern die Holzbälle durch zehn Tore bis zu einem Zielstab schlagen, wobei nach Zusammenstoß mit einem gegner. Ball dieser weggeschlagen (krockiert) wird [<engl. *croquet*]
kro|cke|tie|ren ⟨V.; Sport; Krocket⟩ = krockieren
kro|ckie|ren ⟨V.; Sport; Krocket⟩ eine Holzkugel wegschlagen; *oV* krockettieren
Kroe|peok ⟨[kru:'pu:k] m.; - od. -s; unz.; asiat. Kochk.⟩ in Fett gebackene Scheiben aus gemahlenen Garnelen u. Tapiokamehl [<indones.]
Kro|kant ⟨m.; -s; unz.⟩ Karamellzucker mit Mandel- od. Nussstückchen [<frz. *croquant* »knusprig«; zu *croquer* »krachen, knabbern, knuspern«]
Kro|ket|te ⟨f.; -, -n⟩ in Fett gebackenes Klößchen aus Kartoffeln, Fleisch, Fisch o. Ä. [<frz. *croquette* »Krokette«; zu *croquer* »krachen, knabbern, knuspern«]
Kro|ki ⟨n.; -s, -s; Kartogr.⟩ Kartenskizze, die sich um maßstabsgetreue Darstellung bemüht; *oV* Croquis, Kroquis [<frz. *croquis* »Skizze, Entwurf«]
kro|kie|ren ⟨V.; Kartogr.⟩ ein Kroki anfertigen von; *oV* krokuieren; *ein Grundstück ~*
Kro|ko|dil ⟨n.; -s, -e; Zool.⟩ 1 ⟨i. w. S.⟩ Panzerechse, Angehöriger der höchstentwickelten

Ordnung der Reptilien, großes, räuberisch im Wasser lebendes Tier mit in Kieferhöhlen sitzenden Zähnen u. seitlich zusammengedrücktem Ruderschwanz: Crocodylia **2** ⟨i. e. S.⟩ Familie dieser Ordnung mit einem bei geschlossenem Maul sichtbaren Unterkieferzahn: Crocodilus [<grch. *krokodilos*]

Kro|ko|it ⟨m.; -(e)s, -e; Min.⟩ gelblich rotes Mineral, chem. Bleichromat, Rotbleierz [<grch. *krokos* »Safran«]

Kro|kus ⟨m.; -, -od. -se; Bot.⟩ Gattung der Schwertliliengewächse, deren im Frühling blühende Arten beliebte Zierpflanzen sind: Crocus [<lat. *crocus* <grch. *krokos* »Safran«]

Krom|lech ⟨a. [-lɛk] m.; -s, -e od. -s⟩ jung-steinzeitl. Kult- od. Grabstätte; *oV* Cromlech [<kelt. *crom* »Kreis« + *lech* »Stein«]

kro|quie|ren ⟨[-kiː-] V.⟩ = krokieren

Kro|quis ⟨[-kiː] n.; - [-kiːs], - [-kiːs]⟩ = Kroki

Krö|sus ⟨m.; -, -se; fig.⟩ steinreicher Mann; *ich bin doch kein ~!* [nach dem letzten König von Lydien, † 546 v. Chr.]

Kro|ta|lin ⟨n.; -s; unz.⟩ Gift der Klapperschlange [<lat. *crotalus* »Klapperschlange«; zu *crotalum* »Klapper« <grch. *krotalon*]

Kro|ton ⟨m.; -s, -e; Bot.⟩ Gattung der Wolfsmilchgewächse, die über die gesamten Tropen verbreitet ist u. einige wichtige medizin. Pflanzen umfasst: Croton [grch., »Hundelaus«, der der Frucht des danach benannten Baumes ähnlich ist]

Kro|ton|öl ⟨n.; -s; unz.⟩ aus den Früchten des Krotonbaumes (Croton tiglium) gewonnenes Öl, starkes Abführmittel; *oV* Crotonöl

krud ⟨Adj.⟩ rau, grob; *oV* krude; *ein ~es Benehmen* [<lat. *crudos* »roh«]

kru|de ⟨Adj.⟩ = krud

Kru|di|tät ⟨f.; -; unz.⟩ krudes Wesen od. Benehmen

Krupp ⟨m.; -s; unz.; Med.⟩ Entzündung u. Schwellung der Kehlkopfschleimhaut u. Stimmbänder, die lebensgefährliche Atemnot verursachen kann; →*a.* Pseudokrupp [<engl. *croup*]

Krup|pa|de ⟨f.; -, -n; Sport; hohe Schule⟩ Sprung mit waagerechtem Rücken in die Höhe, wobei alle vier Beine an den Leib gezogen werden [<frz. *croupade* »Hochsprung«; → *Kruppe*]

Krup|pe ⟨f.; -, -n⟩ zwischen Schweifansatz u. Hüftgelenk gelegener hinterer Teil des Pferderückens [<frz. *croupe* <fränk. *kruppa]

krup|pös ⟨Adj.; Med.⟩ mit Krupp behaftet, auf Krupp beruhend, von Krupp ausgehend

kru|ral ⟨Adj.; Med.⟩ den Schenkel betreffend, zum Schenkel gehörig, Schenkel... [<lat. *crus*, Gen. *crusis* »Schenkel«]

Krus|ta|de ⟨f.; -, -n; Kochk.⟩ Teigpastete in Torten- od. Becherform, die eine herzhafte Füllung enthält; *Reis~* [<frz. *croustade*; zu *croûte* »Kruste, Rinde«]

Krus|ta|zee ⟨[-tseːə] f.; -, -n; Zool.⟩ Krebs [<lat. *crusta* »Rinde, Kruste«]

Krux ⟨f.; -; unz.⟩ = Crux

Kruz|i|a|ner ⟨m.; -s, -⟩ Angehöriger des Knabenchors der Kreuzkirche in Dresden

Kru|zi|fe|re ⟨f.; -, -n; Bot.⟩ Blütenpflanze, deren Blütenblätter kreuzweise angeordnet sind, Kreuzblütler; *oV* Cruciferae [<lat. *crux*, Gen. *crusis* »Kreuze« + ...*fere*]

Kru|zi|fix ⟨a. ['---] n.; -es, -e⟩ plast. Darstellung von Christus am Kreuz

Kru|zi|fi|xus ⟨m.; -; unz.⟩ der gekreuzigte Christus [<lat. *cruci* »dem Kreuze« + *fixus* »angeheftet«; Dat. von *crux* »Kreuz« + Part. Perf. von *figere* »anheften«]

kry..., Kry... ⟨in Zus.; vor Vokalen⟩ = kryo..., Kryo...

Kry|al ⟨n.; -s; unz.; Ökol.⟩ Lebensraum im Bereich von Schmelzwasservorkommen (z. B. an einem Gletscher), der gekennzeichnet ist durch eine gleichbleibende Temperatur u. ein beschränktes Nährstoffvorkommen [→ *Kryo...*]

Kry|äs|the|sie ⟨f.; -; unz.⟩ Überempfindlichkeit gegen Kälte [<grch. *kryos* »Frost« + *Ästhesie*]

kryo..., Kryo... ⟨in Zus.⟩ kalt..., Kälte...; *oV* kry..., Kry... [<grch. *kryos* »Kälte, Frost«]

Kry|o|bi|o|lo|gie ⟨f.; -; unz.⟩ Teilgebiet der Biologie, das sich mit der Einwirkung tiefer Temperaturen auf Lebewesen befasst [<grch. *kryos* »Frost« + *Biologie*]

Kry|o|bi|on|ten ⟨Pl.; Biol.⟩ = Kryobios

Kry|o|bi|os ⟨Pl.; Biol.⟩ im od. auf dem Schnee lebende Kleinlebewesen; *Sy* Kryobionten [<*Kryo...* + grch. *bios* »Leben«]

Kry|o|chi|rur|gie *auch:* **Kry|o|chir|ur|gie** ⟨[-çir-] f.; -; unz.; Med.⟩ Verfahren der lokalen Anwendung von tiefen u. sehr tiefen Temperaturen (bis -190 °C) in der Chirurgie, Gefrierchirurgie [<*Kryo...* + *Chirurgie*]

Kry|o|ko|nit ⟨m.; -s, -e; Geol.⟩ Staubteilchen od. Gesteinsfragment auf Gletschereis, das durch erhöhte Wärmeadsorption in das Eis einsinkt, wobei Röhren u. Vertiefungen (Kryonitlöcher) entstehen [<*Kryo...* + grch. *konis* »Staub«]

Kry|o|lith ⟨m.; -s od. -en, -e od. -en; Min.⟩ weißes bis rötlichbraunes Mineral, chemisch ein wasserfreies Natrium-Aluminium-Fluorid [<grch. *kryos* »Frost« + ...*lith*]

Kry|o|me|ter ⟨n.; -s, -⟩ mit Glasfüllung thermoelektrisch arbeitendes Thermometer zum Messen tiefer Temperaturen

Kry|o|mik ⟨f.; -; unz.⟩ Kältetechnik im Bereich sehr tiefer Temperaturen; *Sy* Kryotechnik [<grch. *kyros* »Frost«]

Kry|on ⟨n.; -s; unz.; Ökol.⟩ in der Nähe von Gletschern u. Gletscherabflüssen beheimatete Biozönose [→ *kryo...*, *Kryo...*]

Kry|o|phyt ⟨m.; -en, -en; Bot.⟩ Pflanze, die im od. unter Eis u. Schnee existieren kann [<*Kryo...* + grch. *phyton* »Pflanze«]

Kry|o|sphä|re *auch:* **Kry|os|phä|re** ⟨f.; -; unz.⟩ der Bereich der Erdoberfläche, der von Eis bedeckt ist [<*Kryo...* + *Sphäre*]

Kry|o|sko|pie *auch:* **Kry|os|ko|pie** ⟨f.; -, -n⟩ Ermittlung der Gefrierpunktserniedrigung, die in gelösten Substanzen durch

Kryostat

kristallisierbare Lösungsmittel bewirkt wird [<grch. *kryos* »Frost« + ...*skopie*]

Kry|o|stat *auch:* **Kry|os|tat** ⟨m.; -(e)s od. -en, -e od. -en; Physik⟩ Thermostat für tiefe Temperaturen [<*Kryo...* + ...*stat*]

Kry|o|tech|nik ⟨f.; -; unz.⟩ = Kryomik

Kry|o|the|ra|pie ⟨f.; -; unz.; Med.⟩ Einsatz von Kälte in der Kryochirurgie, wobei krankhaftes Gewebe durch Erfrieren zerstört wird

Kry|o|tron *auch:* **Kry|ot|ron** ⟨n.; -s, -tro|ne⟩ Datenspeicher auf der Basis der Supraleitung bei sehr tiefen Temperaturen [<grch. *kryos* »Frost« + ...*tron*]

krypt..., Krypt... ⟨in Zus.⟩ = krypto..., Krypto...

Kryp|ta ⟨f.; -, Kryp|ten⟩ 1 ⟨urspr.⟩ Grabkammer eines Märtyrers u. a. kirchl. Würdenträger in einer Katakombe unter dem Altar 2 ⟨dann⟩ unterird. Kirchenraum, bes. mit Grabkammern od. zum Aufbewahren von Särgen 3 ⟨nur Pl.; Med.⟩ *Krypten* verborgene Höhlen in den Rachenmandeln [<lat. *crypta* <grch. *krypte* »unterirdischer Gang, Gewölbe«]

Kryp|te ⟨f.; -, -n; meist Pl.; Med.⟩ Einbuchtung, Grube an der Oberfläche der Mandeln od. der Dickdarmschleimhaut [→ *Krypto...*]

kryp|tisch ⟨Adj.; geh.⟩ versteckt, verborgen, unklar u. deshalb schwer verständlich [<grch. *kryptos* »verborgen, geheim«]

kryp|to..., Kryp|to... ⟨vor Vokalen⟩ krypt..., Krypt... ⟨in Zus.⟩ verborgen, heimlich [<grch. *kryptos*]

Kryp|to|ga|me ⟨f.; -, -n; Bot.⟩ blütenlose Pflanze; *Ggs* Phanerogame [<*Krypto...* + ...*game*]

kryp|to|gen ⟨Adj.⟩ von unbekannter Entstehung; *Sy* kryptogenetisch; ~*e Krankheit* K., deren Ursache wissenschaftlich unerklärlich ist [<*krypto...* + ...*gen*]

kryp|to|ge|ne|tisch ⟨Adj.⟩ = kryptogen

Kryp|to|gra|fie ⟨f.; -, -n⟩ = Kryptographie

kryp|to|gra|fisch ⟨Adj.⟩ = kryptographisch

Kryp|to|gramm ⟨n.; -s, -e⟩ 1 Verse, deren Anfangsbuchstaben od. -wörter, hintereinander gelesen, einen Satz od. Spruch ergeben 2 ⟨veraltet⟩ Text mit verschlüsselter Nebenbedeutung [<*Krypto...* + ...*gramm*]

Kryp|to|gra|phie ⟨f.; -, -n⟩ *oV* Kryptografie 1 Geheimschrift, die die Zeichen einer Bildschrift in abweichendem Sinn gebraucht 2 ⟨EDV⟩ Verschlüsselung u. Entschlüsselung (bestimmter Informationen) zur Datensicherung (bes. im Onlinebereich); ~*programm* 3 absichtsvoll bei einer Beschäftigung (Telefonieren, Unterhaltung) entstandene Kritzelei od. Musterzeichnung [<*Krypto...* + ...*graphie*]

kryp|to|gra|phisch ⟨Adj.⟩ die Kryptographie betreffend, zu ihr gehörig, von ihr stammend; ~*es Verfahren* ⟨EDV⟩ zur Verschlüsselung u. Entschlüsselung persönlicher Daten im Onlinedienst; *oV* kryptografisch

kryp|to|kris|tal|lin ⟨Adj.⟩ aus Kristallen aufgebaut, die nur unter dem Mikroskop erkennbar sind; *Sy* kryptokristallinisch [<*krypto...* + *kristallin*]

kryp|to|kris|tal|li|nisch ⟨Adj.⟩ = kryptokristallin

Kryp|to|lo|gie ⟨f.; -; unz.; EDV⟩ Lehre von der Ver- u. Entschlüsselung von Daten

kryp|to|lo|gisch ⟨Adj.⟩ die Kryptologie betreffend, zu ihr gehörend, auf ihr beruhend

kryp|to|mer ⟨Adj.⟩ ohne Mikroskop nicht erkennbar (bes. von den Bestandteilen der Gesteine) [<*krypto...* + grch. *meros* »Teil«]

Kryp|to|me|rie ⟨f.; -; unz.⟩ das Verborgenbleiben einer Erbanlage [→ *kryptomer*]

Kryp|ton ⟨n.; -s; unz.⟩ chem. Zeichen: Kr⟩ zu den Edelgasen gehörendes chem. Element, Ordnungszahl 36 [zu grch. *kryptos* »verborgen, geheim«]

Kryp|ton|lam|pe ⟨f.; -, -n⟩ mit Krypton gefüllte Glühbirne, deren Helligkeit dadurch verstärkt wird

Kryp|to|nym *auch:* **Kryp|to|nym** ⟨n.; -s, -e; Lit.⟩ in einem Text versteckter od. durch Auslassung von Buchstaben verkürzter Autorenname [<*krypto...* + grch. *onyma* »Name«]

kryp|t|orch *auch:* **kryp|torch** ⟨Adj.; Med.⟩ an Kryptorchismus leidend, von ihm betroffen sein

Kryp|t|or|chis|mus *auch:* **Kryp|tor|chis|mus** ⟨[-çıs-] m.; -, -men; Med.⟩ angeborene Entwicklungsstörung, bei der ein od. beide Hoden in der Bauchhöhle od. im Leistenkanal verblieben u. nicht, wie normal, in den Hodensack hinabgestiegen sind [<*Krypto...* + grch. *orchis* »Hode«]

Kryp|to|vul|ka|nis|mus ⟨[-vul-] m.; -; unz.; Geol.⟩ Form des Vulkanismus, die sich in der Nähe der Erdoberfläche vollzieht, aber zu keinen Durchbrüchen des Magmas führt; →*a.* Lakkolith [<*Krypto...* + *Vulkanismus*]

Kryp|to|zo|i|kum ⟨n.; -s; unz.; Geol.⟩ = Proterozoikum [<*Krypto...* + ...*zoikum*]

KS-Gram|ma|tik ⟨f.; -; unz.; Sprachw.; Abk. für⟩ Konstituentenstrukturgrammatik

Kte|ni|di|um ⟨n.; -s, -di|en; Biol.⟩ urspr. Kiemenform der Weichtiere, Kammkieme [<grch. *kteis,* Gen. *ktenos* »Kamm«]

kte|no|id ⟨Adj.; Biol.⟩ kammartig [<grch. *kteis,* Gen. *ktenos* »Kamm« + ...*id*]

Kte|no|id|schup|pe ⟨f.; -, -n; Biol.⟩ Fischschuppe mit kammartigem Fortsatz

Kte|no|pho|re ⟨f.; -, -n; Zool.⟩ Rippenqualle, Angehörige eines Stammes der Hohltiere mit erhabenen Längsrippen: Ctenophora [<grch. *kteis,* Gen. *ktenos* »Kamm« + ...*phor*]

Ku ⟨chem. Zeichen für⟩ Kurtschatovium

Ku|ba|tur ⟨f.; -; unz.; Math.⟩ 1 das Kubieren, Erhebung in die dritte Potenz 2 Berechnung des Rauminhalts [→ *Kubus*]

Kub|ba ⟨f.; -, Kub|ben; islam. Arch.⟩ 1 Kuppel 2 Grabbau mit Kuppel [arab.]

Ku|be|be ⟨f.; -, -n; Bot.⟩ beerenartige, scharf schmeckende Frucht des indones. Pfeffergewächses: Piper cubeba [<span. *cubeba* <arab. *kabābat*]

Ku|ben ⟨Pl. von⟩ Kubus

Kulmination

ku|bie|ren ⟨V.; Math.⟩ **1** in die dritte Potenz erheben **2** den Rauminhalt berechnen von [→ *Kubus*]

ku|bik..., Ku|bik... ⟨in Zus.⟩ dritte Potenz von..., Raum... [→ *Kubus*]

Ku|bik|de|zi|me|ter ⟨m. od. n.; -s, -; Abk.: dm³⟩ Raummaß von je einem Dezimeter Länge, Breite u. Höhe

Ku|bik|hek|to|me|ter ⟨m. od. n.; -s, -; Abk.: hm³⟩ Raummaß von je einem Hektometer Länge, Breite u. Höhe

Ku|bik|in|halt ⟨m.; -, -(e)s, -e⟩ Rauminhalt

Ku|bik|ki|lo|me|ter ⟨m. od. n.; -s, -; Abk.: km³⟩ Raummaß von je einem Kilometer Länge, Breite u. Höhe

Ku|bik|maß ⟨n.; -es, -e⟩ Raum-, Körpermaß

Ku|bik|me|ter ⟨m. od. n.; -s, -; Abk.: m³⟩ **1** Raummaß von je einem Meter Länge, Breite u. Höhe **2** Festmeter (als Holzmaß)

Ku|bik|mil|li|me|ter ⟨m. od. n.; -s, -; Abk.: mm³⟩ Raummaß von je einem Millimeter Länge, Breite u. Höhe

Ku|bik|wur|zel ⟨f.; -, -n; Math.⟩ dritte Wurzel (aus einer Zahl)

Ku|bik|zahl ⟨f.; -, -en; Math.⟩ dritte Potenz (einer Zahl)

Ku|bik|zen|ti|me|ter ⟨m. od. n.; -s, -; Abk.: cm³⟩ Raummaß von je einem Zentimeter Länge, Breite u. Höhe

ku|bisch ⟨Adj.⟩ **1** würfelförmig **2** in die dritte Potenz erhoben

Ku|bis|mus ⟨m.; -; unz.; Kunst⟩ Richtung des Expressionismus in Malerei u. Plastik, die die kubischen Formen der Natur bes. hervorhebt [→ *Kubus*]

Ku|bist ⟨m.; -en, -en⟩ Anhänger, Vertreter des Kubismus

ku|bis|tisch ⟨Adj.⟩ den Kubismus betreffend, zu ihm gehörig, auf ihm beruhend

ku|bi|tal ⟨Adj.⟩ zum Ellenbogen gehörig [< lat. *cubitum* »Ellbogen«]

Ku|bus ⟨m.; -, - od. (österr.) Kuben⟩ **1** Würfel **2** dritte Potenz [< lat. *cubus* < grch. *kybos* »Würfel«]

Ku|du ⟨m.; -s, -s; Zool.⟩ eine afrikan. Antilope [Bantuspr.]

Ku|fi|ja ⟨f.; -, -s⟩ aus weißer, rot u. schwarz gemusterter Baumwolle gewebtes quadratisches Kopftuch der Araber, Palästinensertuch [arab.]

ku|fisch ⟨Adj.⟩ ~*e Schrift* altarab. Schrift (bes. im Koran, auf Münzen u. für Inschriften) [nach der Stadt *Kufa* in Mesopotamien, die Hauptstadt der Kalifen u. Hauptsitz der islamischen Wissenschaften war]

Ku|gu|ar ⟨m.; -s, -e; Zool.⟩ = Puma [< südamerikan. Indianersprache]

Ku|jon ⟨m.; -s, -e; veraltet⟩ Schuft, Quäler [< frz. *couillon* »Feigling, Dummkopf« < vulgärlat. *coleone* »Entmannter«; zu vulgärlat. *colea* »Hodensack«]

ku|jo|nie|ren ⟨V.⟩ *jmdn.* ~ jmdn. quälen, schikanieren, jmdm. übel mitspielen; *Sy* ⟨umg.; veraltet⟩ kuranzen [< frz. *couillonner* »verspotten«; zu *couillon* »Feigling, Dummkopf«; zu vulgärlat. *coleone* »Entmannter«; zu *colea* »Hodensack«]

Ku-Klux-Klan ⟨engl. [kjuːklʌksklæn] m.; - od. -s; unz.⟩ amerikan. Geheimbund, der gegen die Gleichberechtigung der Schwarzen mit terroristischen Methoden kämpft [engl. < grch. *kyklos* »Kreis« + engl. *clan* »Sippe, Stamm«]

Kuk|sa ⟨f.; -, -s⟩ (in Lappland gebräuchliche) Tasse aus Birkenholz [finn.]

Ku|kul|le ⟨f.; -, -n⟩ weiter Mantel, der Teil der Mönchskleidung beim Chorgebet ist [< lat. *cucullus* »am Kleid befestigte Kappe, Kapuze«]

Ku|kum|ber ⟨f.; -, -n; rheinfränk.⟩ Gurke; *oV* Kukumer [< lat. *cucumer* »Gurke«]

Ku|ku|mer ⟨f.; -, -n; rheinfränk.⟩ = Kukumber

Ku|ku|ruz ⟨m.; -es od. -; unz.; österr.⟩ Mais [< rumän. *cucuruz* »Tannenzapfen; Mais« < türk.]

Ku|lak ⟨m.; -en, -en⟩ russ. Großbauer im Laufe der landwirtschaftl. Kollektivierung abgeschafft [russ., »Faust«]

ku|lant ⟨Adj.⟩ entgegenkommend, großzügig (im Geschäftsverkehr); *Ggs* inkulant; *gegen jmdn.* ~ *sein* [< frz. *cou-*

lant »fließend, flüssig, beweglich«; zu *couler* »fließen«; verwandt mit *Kulisse*]

Ku|lanz ⟨f.; -; unz.⟩ kulantes Wesen; *Ggs* Inkulanz

Ku|li ⟨m.; -s, -s⟩ **1** ostasiat. Tagelöhner, Lastenträger **2** süd- u. mittelamerikan. Plantagenarbeiter **3** ⟨fig.⟩ ausgebeuteter Arbeiter; *arbeiten wie ein ~* sehr schwer (bes. körperlich) arbeiten [< engl. *coolie, cooly* »Kuli, Lastträger« < Hindi *Kuli*, Name eines in westl. Indien beheimateten Volksstammes, dessen Angehörige sich oft als Fremdarbeiter verdingten]

Ku|lier|wa|re ⟨f.; -, -n; Textilw.⟩ aus waagerecht hin- u. hergehenden Fäden gewirkter Stoff, Kettenware [zu frz. *couler* »fließen«]

ku|li|na|risch ⟨Adj.⟩ feine, erlesene Gerichte u. Kochkunst betreffend, auf feine Kochkunst bezüglich; *~e Genüsse* [< lat. *culinarius* »auf die Küche, die Kochkunst bezüglich«; zu *culina* »Küche«]

Ku|lis|se ⟨f.; -, -n⟩ **1** (urspr.) verschiebbarer, mit bemalter Leinwand bespannter Rahmen als seitl. Abschluss der Bühne u. zur Vortäuschung eines Schauplatzes **2** ⟨heute⟩ jedes Dekorationsstück auf der Bühne; *hinter den ~n* ⟨a. fig.⟩ heimlich, nicht vor der Öffentlichkeit; *einen Bick hinter die ~n werfen* **3** Steuerungselement an Dampfmaschinen, das sowohl die Füllung des Zylinders verändern als auch Vorod. Rückwärtsgang bewirken kann [< frz. *coulisse* »Rinne, Schiebefenster, Schiebewand«; zu *couler* »fließen«]

Kulm ⟨m. od. n.; -(e)s, -e⟩ **1** ⟨Geogr.⟩ abgerundeter Berggipfel, Bergkuppe **2** ⟨unz.; Geol.⟩ sandig-tonige Ausbildung des unteren Karbons; *oV* Kolm [< lat. *culmen* »Gipfel«]

Kul|mi|na|ti|on ⟨f.; -, -en⟩ **1** Erreichen des Höhepunktes, Durchgang durch den Höhepunkt **2** ⟨Astron.⟩ Durchgang eines Gestirns durch den höchsten od. tiefsten Punkt seiner Bahn [< frz. *culmination* »Höhepunkt, Gipfelpunkt«, < lat. *culmen*, Gen. *culminis* »Gipfel«]

535

Kulminationspunkt

Kul|mi|na|ti|ons|punkt ⟨m.; -(e)s, -e; Astron.⟩ höchster od. tiefster Punkt, den die Sonne od. ein Stern bei ihrer täglichen Bahn über das Himmelsgewölbe erreichen

kul|mi|nie|ren ⟨V.⟩ **1** ⟨Astron.⟩ den höchsten bzw. tiefsten Punkt erreichen, z. B. bei Gestirnen **2** ⟨fig.⟩ den Gipfelpunkt erreichen [<frz. *culminer* »den Höhepunkt erreichen«, <lat. *culmen*, Gen. *culminis* »Gipfel«]

kul|misch ⟨Adj.; Geol.⟩ zum Kulm gehörend, aus ihm stammend

Kult ⟨m.; -(e)s, -e⟩ **1** öffentl., geregelter Gottesdienst; *oV* Kultus **2** ⟨fig.⟩ übertriebene Verehrung, übertrieben sorgfältige Behandlung; *einen ~ um jmdn., mit etwas treiben* [<lat. *cultus* »Pflege, Bildung, Verehrung (einer Gottheit)«]

Kult|buch ⟨n.; -(e)s, -bü|cher⟩ von seiner Anhängerschaft vorbehaltlos verehrtes u. immer wieder gelesenes Buch

kul|tig ⟨Adj.; umg.; Jugendspr.⟩ sehr gut, im Trend liegend, toll, spaßig [→ *Kult*]

kul|tisch ⟨Adj.⟩ zum Kult gehörig, auf ihm beruhend, beim Kult gebraucht; *~e Gegenstände; ~e Verehrung (eines Heiligtums)*

Kul|ti|va|tor ⟨[-va̱-] m.; -s, -to̱|ren⟩ = Grubber [neulat. Bildung zu *kultivieren*]

kul|ti|vie|ren ⟨[-vi̱-] V.⟩ **1** urbar machen; *Land, Boden ~* **2** menschlicher Gesittung angleichen, annähern; *ein Volk ~* **3** verfeinern, veredeln; *sein Benehmen, seine innere Haltung ~* [<frz. *cultiver* <mlat. *cultivare* »(be)bauen, pflegen« <lat. *colere* »(be)bauen, (be)wohnen, pflegen«]

kul|ti|viert ⟨[-vi̱rt] Adj.⟩ gebildet, gut erzogen, mit guten Umgangsformen, gepflegt, verfeinert; *ein ~er Mensch; eine ~e Sprechweise*

Kult|mi|nis|te|ri|um ⟨n.; -s, -ri|en; in Württemberg für⟩ Kultusministerium

Kul|tur ⟨f.; -, -en⟩ **1** das Kultivieren (1), das Urbarmachen des Bodens, Anbau von Pflanzen **2** auf bes. Nährböden gezüchtete Bakterien od. andere Lebewesen; *Bakterien~; Pilz~* **3** Gesamtheit der geistigen u. künstler. Ausdrucksformen eines Volkes; *die antiken, orientalischen ~en; eine hoch entwickelte ~* **4** ⟨unz.⟩ geistige u. seelische Bildung, verfeinerte Lebensweise, Lebensart; *jmd. hat (keine) ~* [<lat. *cultura* »Landbau, Pflege (des Körpers u. Geistes)« <lat. *colere* »(be)bauen, (be)wohnen, pflegen«]

kul|tu|ra|lis|tisch ⟨Adj.⟩ auf die Kultur (3) ausgerichtet, an der Kultur (3) orientiert

Kul|tur|at|ta|ché ⟨[-ʃe:] m.; -s, -s⟩ für die Belange der Kultur u. des Kulturaustausches zuständiger Attaché

kul|tu|rell ⟨Adj.⟩ die Kultur betreffend, zu ihr gehörig, auf ihr beruhend

Kul|tur|film ⟨m.; -(e)s, -e⟩ Film über ein allgemein bildendes, allgemein interessierendes Thema aus der Natur, Kunst od. Wissenschaft

Kul|tur|flüch|ter ⟨m.; -s, -; Biol.⟩ Tier- od. Pflanzenart, die durch Eingriffe des Menschen in die Landschaft aus ihrem Lebensraum verdrängt wurde; *Ggs* Kulturfolger

Kul|tur|fol|ger ⟨m.; -s, -; Biol.⟩ Tier- od. Pflanzenart, die in einer Kulturlandschaft geeignete Lebensbedingungen findet u. sich dort verbreitet, z. B. Hausmaus, Ackerunkraut; *Ggs* Kulturflüchter

Kul|tur|fonds ⟨[-fɔ̃] m.; - [-fɔ̃s], - [-fɔ̃s]; DDR⟩ Fonds, der durch die Kulturabgaben gespeist wurde u. zur Finanzierung des kulturellen Geschehens diente

kul|tur|ge|schicht|lich ⟨Adj.⟩ die Kulturgeschichte betreffend, zu ihr gehörend, auf ihr beruhend; *Sy* kulturhistorisch

kul|tur|his|to|risch ⟨Adj.⟩ = kulturgeschichtlich

Kul|tur|mi|nis|ter ⟨m.; -s, -⟩ = Kultusminister

Kul|tur|mi|nis|te|rin ⟨f.; -, -rin|nen⟩ = Kultusministerin

Kul|tur|mi|nis|te|ri|um ⟨n.; -s, -ri|en⟩ = Kultusministerium

Kul|tur|pes|si|mis|mus ⟨m.; -; unz.; Philos.⟩ Kritik, ablehnende Haltung gegenüber der bestehenden Kultur eines Volkes

kul|tur|pes|si|mis|tisch ⟨Adj.⟩ den Kulturpessimismus betreffend, auf ihm beruhend

Kul|tur|phi|lo|so|phie ⟨f.; -; unz.⟩ deutende u. wertende Betrachtung der Kultur

Kul|tur|po|li|tik ⟨f.; -; unz.⟩ alle Maßnahmen des Staates, die kulturellen Errungenschaften zu erhalten, zu pflegen u. zu verbessern

kul|tur|po|li|tisch ⟨Adj.⟩ die Kulturpolitik betreffend, auf ihr beruhend

Kul|tur|psy|cho|lo|gie ⟨f.; -; unz.⟩ Teilgebiet der Psychologie, das sich mit dem psycholog. Hintergrund der Kultur(en) befasst

Kul|tur|re|vo|lu|ti|on ⟨[-vo-] f.; -, -en; Marxismus⟩ sozialistische Revolution auf kulturellem Gebiet

Kul|tur|schock ⟨m.; -s, -s⟩ (durch ein Übermaß an Eindrücken hervorgerufenes) Erschrecken vor einer fremden, andersartigen Kultur

Kul|tur|spon|so|ring ⟨n.; -s; unz.; Wirtsch.⟩ von (größeren) Firmen gezielt betriebene finanzielle Förderung von kulturellen Ereignissen od. Erzeugnissen zur Steigerung ihres öffentlichen Ansehens od. zu Werbezwecken; →*a.* Sponsor

Kul|tur|step|pe ⟨f.; -, -n; Geogr.⟩ Landschaft, die durch willkürliche Waldrodung zugunsten des Ackerbaus verändert wurde, mit der Folge eines Artenrückgangs bei Tieren u. Pflanzen

Kul|tur|sze|ne ⟨f.; -; unz.⟩ Szene, Milieu, in dem sich ein Großteil der zeitgenössischen Kultur (Kunst u. Wissenschaft) abspielt; *in der internationalen ~ tätig sein;* →*a.* Kultur (3, 4)

Kul|tur|zen|trum *auch:* **Kul|tur|zent|rum** ⟨n.; -s, -tren⟩ Örtlichkeit für die Veranstaltung von kulturellen Ereignissen

Kul|tus ⟨m.; -, Kul|te⟩ = Kult (1)

Kul|tus|mi|nis|ter ⟨m.; -s, -⟩ Fachminister, der dem Kultusministerium vorsteht; *oV* Kulturminister

Kul|tus|mi|nis|te|rin ⟨f.; -, -rinnen⟩ Fachministerin, die dem Kultusministerium vorsteht; *oV* Kulturministerin

Kul|tus|mi|nis|te|ri|um ⟨n.; -s, -rien⟩ Ministerium für alle Angelegenheiten der Kultur (3, 4); *oV* Kulturministerium

Ku|ma|rin ⟨n.; -s; unz.; Chemie⟩ nach Waldmeister riechender, auch in anderen Pflanzen vorkommender Duftstoff, chemisch ein Glykosid; *oV* Cumarin [<frz. *coumarou* »Tonkabaum« <span., portug. *cumarú, commarú*]

Ku|ma|ron ⟨n.; -s; unz.; Chemie⟩ angenehm riechendes Öl der heterocyclischen Reihe, wird aus dem Schwerbenzol des Steinkohlenteers gewonnen; *oV* Cumaron [→ *Kumarin*]

Kum|pan ⟨m.; -s, -e⟩ **1** Geselle, Genosse; *Sauf*~; *Zech*~ **2** ⟨abwertend⟩ Kerl [<mhd. *kompan, kumpan* <altfrz. *compain* »Genosse« <mlat. *cumpanio* »Brotgenosse«, <lat. *cum* »gemeinsam mit« + *panis* »Brot«]

Kum|pa|nei ⟨f.; -, -en⟩ Gesamtheit der Kumpane, Gesellschaft lustiger Burschen

Kum|quat ⟨f.; -, -s; Bot.⟩ kleine ostasiat. Orange [chines.]

Ku|mu|la|ti|on ⟨f.; -, -en⟩ **1** Anhäufung **2** ⟨Med.⟩ das Verstärken der Wirkung von Medikamenten durch fortgesetzte Gaben u. entsprechende Anreicherung im Körper [<lat. *cumulatio* »Vermehrung, Zuwachs«; zu *cumulus* »Haufen«]

ku|mu|la|tiv ⟨Adj.⟩ auf Kumulation beruhend, sich anhäufend

ku|mu|lie|ren ⟨V.⟩ sich anhäufen; ~*de Bibliografie* regelmäßig erscheinende B., die jedes Mal auch wieder die schon erschienenen Titel verzeichnet [<lat. *cumulare* »häufen«; zu *cumulus* »Haufen«]

Ku|mu|lo|nim|bus ⟨m.; -, -se; Meteor.⟩ dunkle Haufenwolke, Gewitterwolke [<*Kumlus* + lat. *nimbus* »Wolke, Regenwolke«; → *Nimbus*]

Ku|mu|lus ⟨m.; -, -muli; Meteor.⟩ kurz für⟩ Kumuluswolke; *oV* Cumulus

Ku|mu|lus|wol|ke ⟨f.; -, -n; Meteor.⟩ durch Konvektion bis zur Kondensationshöhe entstehende, scharf abgegrenzte, dichte Haufenwolke; *oV* Cumuluswolke; *Sy* Kumulus [<lat. *cumulus* »Haufen«]

Ku|myss ⟨m.; -; unz.⟩ alkohol. Getränk aus gegorener Stutenmilch [<russ. *kumys* <tatar. *kumiz*]

ku|ne|i|form ⟨[-nei:i-] Adj.⟩ keilförmig [<lat. *cuneus* »Keil« + *…form*']

Kü|net|te ⟨f.; -, -n; früher⟩ Wasserabzugsgraben des Festungsgrabens [<frz. *cunette* »Abzugsgraben eines trockenen Festungsgrabens« <ital. *cunetta*, »Pfütze« <*lacunetta*, Verkleinerungsform zu *lacuna* »Sumpf«]

Kung-Fu ⟨n.; - od. -s; unz.⟩ ⟨auch als Sport betriebene⟩ chines. Technik der Selbstverteidigung [chines.]

Kunk|ta|tor ⟨m.; -s; unz.; veraltet⟩ Zauderer [<lat. *cunctator* »Zögerer, Zauderer«; zu *cunctari* »zögern, zaudern« (nach dem Beinamen des röm. Diktators Quintus Fabius Maximus, der Hannibal durch zögernde Taktik u. kleine Gefechte zu schwächen suchte)]

Kun|ni|lin|gus ⟨m.; -, -lin|gi⟩ = Cunnilingus

Ku|pal ⟨n.; -s; unz.⟩ mit Kupfer beschichtetes u. dadurch besonders korrosionsbeständiges Aluminium [verkürzt <*Kup*fer + *Al*uminium]

Kü|pe ⟨f.; -, -n; Textilw.⟩ **1** Kessel, Bottich zum Färben **2** Färbebad, Lösung zum Färben [<nddt. *Kupe, Küpe* <lat. *cupa* »Gefäß, Tonne«]

Ku|pel|le ⟨f.; -, -n⟩ = Kapelle[3] (2)

ku|pel|lie|ren ⟨V.⟩ von unedlen Metallen trennen; *Edelmetall* ~ [<mlat. *cupella* »Probiertiegel«]

Kü|pen|farb|stoff ⟨m.; -(e)s, -e; Textilw.⟩ Textilfarbstoff zum Färben von Geweben, der mittels besonderer Lösungsmittel im gelösten Zustand auf ein Gewebe aufgebracht wird [→ *Küpe*]

Kup|fer|vi|tri|ol auch: **Kup|fer|vit|ri|ol** ⟨[-vi-] n.; -s; unz.; Chemie; umg. Bez. für⟩ Kupfersulfat

Ku|pi|di|tät ⟨f.; -; unz.⟩ sexuelles Verlangen, Begierde [nach dem röm. Liebesgott *Cupido*]

Ku|pi|do ⟨f.; -; unz.; veraltet⟩ Begierde, sinnliches Verlangen, Sehnsucht; *oV* Cupido [<lat. *cupido* »Begierde«]

ku|pie|ren ⟨V.⟩ **1** *einen Hund, ein Pferd* ~ Schwanz u. (od.) Ohren stutzen; *oV* coupieren **2** *eine Fahrkarte* ~ lochen, knipsen **3** *Wein* ~ verschneiden **4** *eine Krankheit* ~ in den ersten Anfängen unterdrücken **5** *Karten* ~ abheben [<frz. *couper* »abschneiden«]

Ku|pol|ofen ⟨m.; -s, -öfen⟩ Schachtofen, in dem Schrott u. Roheisen umgeschmolzen wird [<lat. *cupula* »kleine Kufe«, Verkleinerungsform zu *cupa* »Kufe«]

Ku|pon ⟨[-pɔ̃:] m.; -s, -s⟩ *oV* Coupon **1** Abschnitt, Stoffabschnitt **2** Zinsschein an Wertpapieren [<frz. *coupon*]

Kup|pel ⟨f.; -, -n⟩ Wölbung über einem Raum, bes. Kirchenraum, meist in Form einer Halbkugel [<ital. *cupola* »Kuppel« <mlat. *cup(p)ula* »Becher«, Verkleinerungsform zu lat. *cupa* »Tonne«]

Ku|pris|mus auch: **Kup|ris|mus** ⟨m.; -; unz.; Med.⟩ Kupfervergiftung [<lat. *cuprum* »Kupfer«]

Kur ⟨f.; -, -en⟩ **1** Heilverfahren; *Kaltwasser*~; *Trink*~; *Trauben*~ **2** Aufenthalt in einem Kurort zu Heilzwecken; *zur* ~ *(in ein Bad) fahren* **3** ⟨fig.; umg.⟩ *jmdn. in die* ~ *nehmen* zurechtweisen, ihm die Meinung sagen [<lat. *cura* »Sorge, Fürsorge, Pflege«]

ku|ra|bel ⟨Adj.; Med.⟩ so beschaffen, dass man es kurieren kann, heilbar; *Ggs* inkurabel; *kurable Krankheiten* [<lat. *curabilis* »heilbar«; zu *curare* »sorgen«]

Ku|rant[1] ⟨m.; -en, -en; schweiz.⟩ Gast in einem Kurort, Kurgast

Ku|rant ⟨n.; -(e)s, -e; kurz für⟩ Kurantgeld [zu frz. *courant* »laufend«; zu *courir* »laufen«]

Ku|rant|geld ⟨n.; -(e)s, -er⟩ vollwertiges Geld (Gold- od. Silbermünzen), bei dem der Metallwert dem aufgeprägten Geldwert entspricht; *Sy* Kurant[2]

ku|ran|zen ⟨V.; umg.; veraltet⟩ = kujonieren [<mlat. *carentia*

Kurare

»Bußübung mit Fasten, Geißeln usw.«]

Ku|ra|re ⟨n.; -s od. -; unz.⟩ indianisches, zu Nervenlähmungen führendes Pfeilgift, das in kleinen Dosen in der Medizin zu Heilzwecken verwendet wird; *oV* Curare [<span., portug. *curare* <karib. *kurari*]

Kü|rass ⟨m.; -es, -e⟩ Brustharnisch [<frz. *cuirasse* »Harnisch, Brustpanzer«]

Kü|ras|sier ⟨m.; -s, -e⟩ **1** ⟨urspr.⟩ Reiter mit Küraß **2** ⟨allg.⟩ Angehöriger der schweren Reiterei [<frz. *cuirassier*]

Ku|rat ⟨m.; -en, -en⟩ **1** kath. Geistlicher, dem bes. die Seelsorge obliegt **2** Hilfsgeistlicher in der Seelsorge unter Aufsicht eines Pfarrers [<ital. *curato* <lat. *curare* »Sorge tragen«]

Ku|ra|tel ⟨f.; -, -en⟩ Pflegschaft, Vormundschaft; *unter ~ stehen; jmdn. unter ~ stellen, nehmen* [<mlat. *curatela* »Vormundschaft, Pflegschaft«; vermutl. <lat. *curatio* »Fürsorge« (zu *cura* »Sorge«) + *tutela* »Fürsorge, Obhut«]

Ku|ra|tie ⟨f.; -, -n⟩ Amt u. Bezirk eines Kuraten

ku|ra|tie|ren ⟨V.⟩ als Kurator tätig sein, verantwortlich sein (für eine Stiftung, eine Ausstellung o. Ä.); *ein Musikfestival ~; eine Kunstausstellung ~*

ku|ra|tiv ⟨Adj.; Med.⟩ heilend [<lat. *curare* »sorgen, pflegen«]

Ku|ra|tor ⟨m.; -s, -to|ren⟩ **1** Vormund, gesetzl. Vertreter **2** Beamter in der Universitätsverwaltung **3** Verwalter einer Stiftung **4** Ausstellungsleiter, Leiter einer Ausstellung, einer naturkundlichen Sammlung o. Ä. [<lat. *curator* »Fürsorger, Pfleger«; zu *curare* »Sorge tragen«]

Ku|ra|to|ri|um ⟨n.; -s, -ri|en⟩ **1** Amt eines Kurators **2** Aufsichtsbehörde von öffentlichen Körperschaften od. privaten Einrichtungen [<lat. *curatorius* »zum Kurator gehörig«; → *Kurator*]

Kur|bet|te ⟨f.; -, -n; Sport; hohe Schule⟩ Folge mehrerer gleicher Sprünge, Galoppübung; *oV* Courbette [<frz. *courbette* »Bogensprung«; zu *courbe* »gekrümmt, gebogen«]

kur|bet|tie|ren ⟨V.; hohe Schule⟩ eine Kurbette ausführen [<frz. *courber* »(sich) krümmen, biegen«]

Kü|ret|ta|ge ⟨[-ʒə] f.; -, -n; Med.⟩ Ausschabung, Auskratzung (der Gebärmutter) [<frz. *curettage*]

Kü|ret|te ⟨f.; -, -n; Med.⟩ scharfer Löffel zur Ausschabung der Gebärmutter [<frz. *curette* »Raumlöffel«; zu *curer* »säubern, reinigen«]

kü|ret|tie|ren ⟨V.; Med.⟩ (die Gebärmutter) mit der Kürette ausschaben, auskratzen

ku|ri|al ⟨Adj.⟩ **1** zur fürstl. Kanzlei, zum fürstl. Hof gehörig, dort üblich **2** zur Kurie gehörig [<lat. *curialis* »zur Kurie gehörig«]

Ku|ri|a|len ⟨Pl.⟩ alle geistl. u. welt. Beamten der Kurie ⟨2⟩

Ku|ri|a|lis|mus ⟨m.; -; unz.⟩ = Papalismus [→ *Kurie*]

Ku|ri|at|stim|me ⟨f.; -, -n⟩ Gesamtstimme mehrerer Stimmberechtigter; *Ggs* Virilstimme [→ *Kurie*]

Ku|rie ⟨[-riə] f.; -, -n⟩ **1** ⟨im alten Rom⟩ **1.1** einer der insgesamt 30 Familienverbände, Einheit der bürgerschaftl. Gliederung **1.2** Versammlungsraum des Senats **2** ⟨heute⟩ die päpstl. Behörden, der Hofstaat des Papstes [<lat. *curia* »Gebäude für Senatsversammlungen in Rom, Rathaus, Ratsversammlung«]

Ku|rier ⟨m.; -s, -e⟩ Bote, Eilbote; *einen Brief durch, mit, per ~ schicken* [<frz. *courrier* »Kurier, Eilbote«]

ku|rie|ren ⟨V.; Med.⟩ *jmdn. von einer Krankheit ~ heilen; jmdn. von einer Einstellung, einem Verhalten ~* ⟨fig.⟩ überzeugen, dass er sich nicht richtig verhalten hat; *davon bin ich kuriert* [<lat. *curare* »Sorge tragen, pflegen«]

ku|ri|os ⟨Adj.⟩ **1** merkwürdig, sonderbar **2** wunderlich, spaßig, komisch [<lat. *curiosus* »sorgfältig, interessiert, aufmerksam, neugierig, vorwitzig«; zu *cura* »Sorge«]

Ku|ri|o|si|tät ⟨f.; -, -en⟩ **1** ⟨unz.⟩ kuriose Beschaffenheit, Seltsamkeit, Merkwürdigkeit; *etwas (nur) der ~ wegen erzählen* **2** ⟨zählb.⟩ kurioses Ding, kuriose Sache; *~en sammeln* [<lat. *curiositas* »Wissbegierde, Neugierde« u. frz. *curiosité* »Neugierde, Wissbegierde, Sehenswürdigkeit«]

Ku|ri|o|sum ⟨n.; -s, -o|sa⟩ etwas Kurioses, Seltsames, Komisches, Wunderliches [<lat. *curiosus*; → *kurios*]

Kur|ku|ma ⟨a. ['---] f.; -, -ku|men; Bot.⟩ Gelbwurz, südasiat. Ingwer, gelber Ingwer; *oV* Curcuma [<arab. *kurkum*]

Kur|ku|min ⟨n.; -s; unz.; Chemie⟩ gelber Farbstoff der Gelbwurz, scharfes Gewürz für Reisspeisen, zum Färben von Fetten

Kur|ren|da|ner ⟨m.; -s, -⟩ Mitglied einer Kurrende

Kur|ren|de ⟨f.; -, -n⟩ **1** ⟨früher⟩ Schülerchor, der gegen kleine Gaben von den Häusern bei Beerdigungen u. in der Adventszeit geistliche Lieder sang **2** ⟨evang. Kirche⟩ Jugendsingkreis [<neulat. *currenda* <lat. *correda, corradium* »Almosen in natura«; zu *corradere* »zusammenkratzen«, mlat. »erbetteln«, angelehnt an lat. *currere* »laufen«]

kur|rent ⟨Adj.⟩ laufend, ständig [<lat. *currens*, Part. Präs. zu *currere* »laufen«]

Kur|rent|schrift ⟨f.; -; unz.⟩ »laufende«, d. h. zügig geschriebene Schrift, Schreibschrift, im Gegensatz zur Druckschrift

Kur|ri|ku|lum ⟨n.; -s, -ku|la⟩ **1** Lebenslauf; →a. Curriculum vitae **2** Lehrplan [<lat. *curriculum* »Lauf«; zu *currere* »laufen«]

Kurs ⟨m.; -es, -e⟩ **1** Richtung, Fahrt-, Flugrichtung; *~ nehmen (auf); vom ~ abkommen; den ~ halten* **2** ⟨fig.⟩ Richtung in der Politik, in der Wirtschaft; *den ~ ändern; harter, weicher ~; neuer ~* **3** Preis der an der Börse gehandelten Wertpapiere **4** Handelspreis einer Währung; *Wechsel~; die ~e fallen, steigen, ziehen an; hoch im ~ stehen* ⟨fig.⟩ angesehen, beliebt sein; *außer ~ setzen* für ungültig erklären **5** Lehrgang; *Koch~; Sprach~; oV* Kursus [<lat. *cursus* »Lauf, Gang, Reise, Fahrt«; zu *currere* »laufen«] über ital. *corso* in der

Kaufmannssprache + frz. *cours(e)* + ndrl. *koers* in der Seefahrt; direkt aus dem Lateinischen als »Lehrgang«]

Kur|se ⟨Pl. von⟩ Kurs, Kursus

kur|sie|ren ⟨V.; a. fig.⟩ die Runde machen, in Umlauf sein; *es ~ neue Gerüchte* [<lat. *cursare* »umherrennen, durchlaufen«]

kur|siv ⟨Adj.⟩ schräg; *~e Druckschrift* [<mlat. *cursivus* »laufend«; zu *cursare*; → kursieren]

Kur|si|ve ⟨[-və] f.; -, -n; Typ.; kurz für⟩ Kursivschrift

Kur|siv|schrift ⟨f.; -, -en; Typ.⟩ schräge Druckschrift; *Sy* Kursive

Kurs|kor|rek|tur ⟨f.; -, -en; bes. Politik⟩ Änderung, Korrektur einer Vorgehensweise; *eine ~ vornehmen*

kur|so|risch ⟨Adj.⟩ fortlaufend, nicht unterbrochen, hintereinander [<lat. *cursorius* »zum Laufen gehörig«; → *Kurs*]

Kur|sus ⟨m.; -, Kur|se⟩ = Kurs (5)

Kur|ta|ge ⟨[-ʒə] f.; -, -n; eindeutschend für⟩ Courtage

Kur|ta|xe ⟨f.; -, -n⟩ Steuer für Kurgäste in Heilbädern, Erholungsorten o. Ä.

Kur|ti|ne ⟨f.; -, -n; veraltet⟩ **1** Teil des Hauptwalles (einer Festung), der zwei Bastionen miteinander verbindet **2** ⟨Theat.⟩ Zwischen-, Mittelvorhang [<frz. *courtine* »Zwischenfassade« <lat. *cortina* »kesselförmige Rundung«]

Kur|ti|sa|ne ⟨f.; -, -n⟩ **1** (früher) Geliebte eines Fürsten **2** ⟨dann⟩ vornehme, elegante Geliebte [<frz. *courtisan* »Höfling« <ital. *cortigiano* »Höfling«; zu ital. *corte* »Hof, Fürstenhof«]

Kurt|scha|to|vi|um *auch:* **Kurt|scha|to|vi|um** ⟨[-vi-] n.; -s; unz.; chem. Zeichen: Ku⟩ radioaktives chem. Element, Ordnungszahl 104 [nach dem sowjet. Physiker Igor Vasilevič *Kurčatov*, 1903-1960]

ku|ru|lisch ⟨Adj.; in den Wendungen⟩ *~e Beamte* die höchsten altröm. Beamten, die bei ihren Amtshandlungen auf dem kurulischen Stuhl saßen; *~er Stuhl* Amtssessel der höchsten altröm. Beamten [nach lat. *sella curulis* »Amtssessel der höchsten altröm. Beamten«; zu *curu-*

lis, eigtl. »zum Wagen gehörig«; zu *currus* »Wagen«]

Kur|va|tur ⟨[-va-] f.; -, -en⟩ **1** Krümmung, Wölbung **2** große u. kleine Krümmung des Magens [<lat. *curvatura* »Rundung, Krümmung«; zu *curvus* »krumm«]

Kur|ve ⟨[-və] f.; -, -n⟩ **1** ⟨Math.⟩ gekrümmte Linie **2** Krümmung, Biegung; *~ eines Weges; eine enge, scharfe, steile ~; eine ~ fahren, nehmen; in die ~ gehen; das Fahrzeug wurde aus der ~ getragen, geschleudert; die ~ kratzen* ⟨fig.; umg.⟩ sich unauffällig u. schnell entfernen, sterben; *die ~ raushaben, weghaben* ⟨fig.; umg.⟩ eine Sache begriffen haben u. richtig geschickt ausführen [verkürzt <lat. *curva linea* »krumme Linie«]

kur|ven ⟨[-vən] V.⟩ in Kurven fahren

Kur|ven|dis|kus|si|on ⟨[-vən-] f.; -, -en; Math.⟩ rechner. Untersuchung einer Funktion mit Darstellung des graf. Verlaufs

Kur|ven|li|ne|al ⟨[-vən-] n.; -s, -e; Math.⟩ Zeichengerät, das mehrere vorgeschnittene mathematische Kurven zum Nachziehen enthält

kur|vig ⟨[-vɪg] Adj.⟩ in der Art einer Kurve, in Kurven, gebogen, gekrümmt

Kur|vi|me|ter ⟨[-vi-] n.; -s, -; Geom.; Kartogr.⟩ Kurvenmesser [<*Kurve* + ...*meter*]

Kur|vi|me|trie *auch:* **Kur|vi|me|trie** ⟨[-vi-] f.; -; unz.; Kartogr.⟩ Entfernungs-, Kurvenmessung auf Landkarten

kur|vi|me|trisch *auch:* **kur|vi|me|trisch** ⟨[-vi-] Adj.; Kartogr.⟩ die Kurvimetrie betreffend, mit Hilfe eines Kurvimeters

kur|visch ⟨[-vɪʃ] Adj.⟩ in Kurven, kurvenreich, gebogen

Ku|si|ne ⟨f.; -, -n⟩ Tochter der Tante od. des Onkels, Base; *oV* Cousine [<frz. *cousine*]

Kus|kus ⟨m.; -; unz.; Kochk.⟩ nordafrikan. Gericht aus klein geschnittenem, gewürztem Hammelfleisch, Gemüse, Grieß u. Brühe; *oV* Couscous [arab.]

Kus|to|de¹ ⟨f.; -, -n⟩ **1** Buchstabe od. Zahl als Kennzeichnung für die einzelnen Lagen einer Handschrift **2** Angabe des ersten Wortes der nächsten Seite in der rechten unteren Ecke bzw. des letzten Wortes der vorausgegangenen Seite in der linken oberen Ecke einer Buchseite [<lat. *custos* »Hüter«]

Kus|to|de² ⟨m.; -, -n⟩ Vorsteher u. wissenschaftl. Betreuer einer Sammlung, bes. eines Museums, auch eines Archivs, od. einer Bibliothek; *oV* Kustos

Kus|to|dia ⟨f.; -, -di|en; kath. Kirche⟩ Behälter, in dem die Hostien aufbewahrt werden [<lat. *custodia* »Bewachung, Bewahrung, Hut, Obhut«]

Kus|tos ⟨m.; -, -to|den⟩ = Kustode²

Ku|su ⟨m.; -s, -s; Zool.⟩ Gattung der Kletterbeutler von Katzengröße mit glattem Pelz u. langem Greifschwanz: Trichosurus [<austral. Eingeborenensprache]

ku|tan ⟨Adj.; Med.⟩ die Haut betreffen, zu ihr gehörig; *~e Impfung; ~e Behandlung* [<lat. *cutis* »Haut«]

Ku|tan|impf|ung ⟨f.; -, -en; Med.⟩ Einspritzung von Antigenen in die Haut (für Diagnose- u. Therapiezwecke); *Sy* Kutanprobe

Ku|tan|pro|be ⟨f.; -, -n; Med.⟩ = Kutanimpfung

Ku|ti|ku|la ⟨f.; -, -lae [-lɛ:]⟩ = Cuticula

Ku|tis ⟨f.; -; unz.⟩ = Cutis

Kut|ter ⟨m.; -, -⟩ **1** einmastiges, hochseetüchtiges, sehr wendiges Schiff mit mehreren Segeln; *Fisch~* **2** Küstenfahrzeug mit Motor o. Ä. bis 150 t ohne Segel **3** Beiboot auf Kriegsschiffen, zumeist mit zwei Masten [<engl. *cutter*, eigtl. »die Wogen durchschneidendes Schiff«; zu *cut* »schneiden«]

Kü|ve|la|ge ⟨[-vəlaːʒ(ə)] f.; -, -n; Bgb.⟩ wasserdichter Grubenausbau mit gusseisernen Ringen; *oV* Küvelierung; *~ eines Schachtes* [<frz. *cuvelage*; → *küvelieren*]

kü|ve|lie|ren ⟨[-və-] V.; Bgb.⟩ mit einer Küvelage versehen [<frz. *cuveler* »verschalen, auskleiden«]

Kü|ve|lie|rung ⟨[-və-] f.; -, -en; Bgb.⟩ = Küvelage

Kuvert

Ku|vert ⟨[-vɛːr(t)] n.; -(e)s [-vɛːr(tə)s], -e [-vɛːrtə] od. -s [-vɛːrs]⟩ **1** Briefumschlag **2** Essbesteck u. Serviette für die Mahlzeit einer Person, Gedeck [<frz. *couvert*, eigtl. »Bedeckung«; zu *couvrir* »bedecken«]
ku|ver|tie|ren ⟨[-vɛr-] V.⟩ in ein Kuvert stecken; *einen Brief* ~
Ku|ver|tü|re ⟨[-vɛr-] f.; -, -n⟩ Masse aus Kakao, Kakaobutter u. Zucker zum Überziehen von Pralinen, Backwaren u. a. [<frz. *couverture* »Decke, Überzug«; zu *couvrir* »bedecken«]
Kü|vet|te ⟨[-vɛt-] f.; -, -n⟩ **1** kleines Gefäß **2** Innendeckel der Taschenuhr [<frz. *cuvette* »Schale, Schüssel, Becken«]
Kux ⟨m.; -es, -e⟩ (heute seltenes) Wertpapier über den Anteil an einer bergrechtlichen Gewerkschaft (gemäß preuß. Berggesetz von 1865) [<frühnhd. *kukes* <tschech. *kusek* »kleiner Anteil«]

kV ⟨Abk. für⟩ Kilovolt
kVA ⟨Abk. für⟩ Kilovoltampere
kW ⟨Abk. für⟩ Kilowatt
Kwass ⟨m.; - od. -es; unz.⟩ in Russland beliebtes, leicht alkohol., bierähnl. Getränk aus vergorenem Malz, Mehl u. Brotbrei [<russ. *kvas*, eigtl. »Säure«]
kWh ⟨Abk. für⟩ Kilowattstunde
Ky|a|ni|sa|ti|on ⟨f.; -; unz.; Chemie⟩ Verfahren zum Imprägnieren von Holz mit einer Quecksilberchloridlösung; *oV* Zyanisation [nach dem Erfinder J. H. *Kyan*]
ky|a|ni|sie|ren ⟨V.; Chemie⟩ der Kyanisation unterwerfen; *oV* zyanisieren
Ky|a|nit ⟨m.; -s, -e; Chemie⟩ = Disthen [zu grch. *kyanos* »dunkelblau«]
Ky|a|thos ⟨m.; -, -⟩ altgrch. Schöpfbecher mit sehr hoch gezogenem Henkel; *oV* Zyathus [grch.]
Ky|ber|ne|tik ⟨f.; -; unz.⟩ **1** Theorie von der Aufnahme, Verarbeitung u. Übertragung von Informationen den belebten und unbelebten dynamischen Systemen, in denen Informationen verarbeitet werden u. die zur Regelung od. Steuerung von Prozessen dienen [<grch. *kybernetike (techne)* »Steuermannskunst«]
Ky|ber|ne|ti|ker ⟨m.; -s, -⟩ Wissenschaftler der Kybernetik
Ky|ber|ne|ti|ke|rin ⟨f.; -, -rin|nen⟩ Wissenschaftlerin der Kybernetik
Ky|em ⟨n.; -s, -e; Biol.⟩ die befruchtete Eizelle im Gesamtverlauf der Keimesentwicklung [<grch. *kyema* »Leibesfrucht«]
Ky|e|ma|to|ge|ne|se ⟨f.; -, -n; Med.; Sammelbez. für⟩ alle Entwicklungsstadien, die eine befruchtete Eizelle während der gesamten Entwicklung im Mutterleib durchläuft; →a. Embryogenese [<*Kyem* + *Genese*]
Kyk|li|ker *auch:* **Kyk|li|ker** ⟨m.; -s, -⟩ = Zykliker
Kyk|lo|i|de *auch:* **Kyk|lo|i|de** ⟨f.; -, -n⟩ = Zykloide
Kyk|lon *auch:* **Kyk|lon** ⟨m.; -s, -e⟩ = Zyklon (1)
Kyk|lop *auch:* **Kyk|lop** ⟨m.; -en, -en⟩ = Zyklop
Ky|ma ⟨n.; -s, -s; Arch.⟩ = Kymation
Ky|ma|ti|on ⟨n.; -s -s od. -ti|en; Arch.⟩ Zierleiste aus stilisierten Blattformen, besonders an grch. Tempeln; *Sy* Kyma [<grch. *kyma* »Woge, Welle«]
Ky|mo|gra|fie ⟨f.; -, -n; Med.⟩ = Kymographie
Ky|mo|gramm ⟨n.; -s, -e; Med.⟩ Röntgenbild von sich bewegenden Organen [<grch. *kyma* »Woge, Welle« + ...*gramm*]
Ky|mo|gra|phie ⟨f.; -, -n; Med.⟩ Röntgenverfahren zur Darstellung sich bewegender Organe; *oV* Kymografie [<grch. *kyma* »Woge, Welle« + ...*graphie*]
Kym|re ⟨m.; -n, -n⟩ keltischer Bewohner von Wales [zu walisisch *cymru* »Wales«]
kym|risch ⟨Adj.⟩ die Kymren betreffend, zu ihnen gehörend, von ihnen stammend; *~e Sprache* zu den kelt. Sprachen gehörende Sprache der Kymren
Ky|ne|ge|tik *auch:* **Ky|ne|ge|tik** ⟨f.; -; unz.⟩ = Zynegetik
Ky|ni|ker ⟨m.; -s, -; Philos.⟩ Angehöriger der von Antisthenes (444-368 v. Chr.) gegründeten Philosophenschule, die den Verzicht auf alle Kulturgüter u. völlige Bedürfnislosigkeit erstrebte, was schließlich zur Verneinung aller kulturellen Werte führte; *Sy* Zyniker (1) [nach einem *Kynosarges*, eigtl. »Hundetummelplatz«, genannten, dem Herakles geweihten Hügel an der Ostseite von Athen mit einem Gymnasium, in dem Antisthenes seine Vorträge hielt]
ky|nisch ⟨Adj.; Philos.⟩ die Lehre der Kyniker betreffend, auf ihr beruhend, in ihrer Art; *eine ~e Argumentation;* →a. zynisch
Ky|nis|mus ⟨m.; -; unz.⟩ Lehre der Kyniker
Ky|no|lo|ge ⟨m.; -n, -n⟩ Hundezüchter, Hundekenner
Ky|no|lo|gie ⟨f.; -; unz.⟩ Lehre vom Hund, seiner Zucht u. Abrichtung [<grch. *kyon*, Gen. *kynos* »Hund« + ...*logie*]
Ky|no|lo|gin ⟨f.; -, -gin|nen⟩ Hundezüchterin, Hundekennerin
Ky|pho|se ⟨f.; -, -n; Med.⟩ Rückgratverkrümmung nach hinten, Buckel; *Ggs* Lordose [<grch. *kyphos* »krumm«]
ky|pho|tisch ⟨Adj.; Med.⟩ die Kyphose betreffend, gekrümmt in der Art einer Kyphose, an Kyphose leidend
Ky|rie ⟨[-riːe] n.; -s, -s; kurz für⟩ Kyrie eleison; *das ~ singen*
Ky|rie e|le|i|son ⟨a. [-eleˈizɔn] n.; -s, -s; kath. Kirche⟩ am Anfang der Messe gesungener Bittruf; *Sy* Kyrie [grch., »Herr, erbarme dich!«]
Ky|rie e|lei|son! ⟨a. [-eleˈizɔn] evang. Kirche⟩ Herr, erbarme dich! (Bittruf am Anfang der Liturgie); *Sy* Kyrieleis! [grch.]
Ky|ri|e|leis! ⟨a. [-leˈis] kurz für⟩ Kyrie eleison!
ky|ril|lisch ⟨Adj.⟩ *~e Schrift;* *~e Buchstaben* nach dem Slawenapostel Kyrillos benannte, aus der glagolit. Schrift entwickelte Schrift der grch.-orthodoxen Slawen; *oV* cyrillisch, zyrillisch
Ky|ril|li|za ⟨f.; -; unz.⟩ kyrillische Schrift
Kyu ⟨[kjuː] m.; -s, -s; Sport⟩ die sechs untersten Grade (Schülergrade) im Judo u. anderen Budo-Sportarten [jap., »vorhergehende Stufe«]

Kyu|do ⟨[kjuː-] n.; -s; unz.; Sport⟩ japanische Kunst des Bogenschießens (als Kampfsport)

KZ ⟨Abk. für⟩ Konzentrationslager

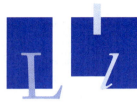

l ⟨Abk. für⟩ Liter

L 1 ⟨röm. Zahlzeichen für⟩ 50 **2** ⟨Zeichen für⟩ lävogyr **3** ⟨Zeichen für⟩ Induktivität

L. ⟨Abk. für⟩ Lira, Lire

L- ⟨Abk. für⟩ lävogyr

La¹ ⟨chem. Zeichen für⟩ Lanthan

La² ⟨n.; -, -; Musik; ital., frz. Bez. für⟩ Ton A, in der Tonika-Do-Methode jeweils der sechste Ton einer Tonleiter; →a. Solmisation

La Bam|ba ⟨m.; - -, - -s od. fachsprachl. f.; - -, - -s⟩ aus Lateinamerika stammender Modetanz [portug.; nach dem Hit »La Bamba« des US-amerikan. Sängers R. Valens von 1958]

La|ba|rum ⟨n.; -s; unz.⟩ **1** kaiserl. Heeresfahne der spätröm. Zeit mit Christusmonogramm seit Konstantins d. Gr. Sieg im Jahre 312 **2** das Christusmonogramm selbst [lat.]

Lab|da|num ⟨n.; -s; unz.⟩ = Ladanum

La|bel ⟨[lɛɪ-] n.; -s, -s⟩ **1** Etikett, Aufklebeschild **2** Marken-, Firmenbezeichnung auf einem Etikett **3** ⟨Musik⟩ Schallplattenfirma, die den Vertrieb sowie das Marketing von Musikgruppen betreibt [engl.]

La|bel|sys|tem ⟨[lɛɪbl-] n.; -s; unz.; Wirtsch.⟩ (hauptsächlich in England u. USA angewandte) Empfehlung (u. Markierung) von Produkten arbeiterfreundlicher Betriebe seitens der Gewerkschaften [<Label + System]

La|ber|dan ⟨m.; -s, -e⟩ gesalzener Trockenfisch [<frz. laberdan <Labourdain, Bezeichnung der baskischen Küste an der Adourmündung; zu Lapurdum, dem lat. Namen von Bayonne]

la|bi|al ⟨Adj.⟩ **1** ⟨Med.⟩ die Lippen betreffend **2** ⟨Phon.⟩ mit den Lippen gebildet (Laut) [<lat. labium »Lippe«]

La|bi|al ⟨m.; -s, -e; Phon.⟩ mit den Lippen gebildeter Konsonant; →a. Bilabial, Labiodental

la|bi|a|li|sie|ren ⟨V.; Phon.⟩ zusätzlich zur normalen Artikulation mit gerundeten Lippen aussprechen (von Lauten) [→ labial]

La|bi|a|li|sie|rung ⟨f.; -, -en; Phon.⟩ das Labialisieren, Sprechen mit gerundeten Lippen [→ labial]

La|bi|al|pfei|fe ⟨f.; -, -n; Musik⟩ Art der Orgelpfeife, bei der der Ton durch Luftschwingungen am Labium entsteht, Lippenpfeife; Ggs Lingualpfeife

La|bi|a|te ⟨f.; -, -n; Bot.⟩ Lippenblütler [<lat. labium »Lippe«]

la|bil ⟨Adj.⟩ **1** schwankend, leicht störbar, nicht widerstandsfähig; Ggs stabil; ~e Gesundheit; ~es Gleichgewicht **2** ⟨fig.⟩ unzuverlässig, veränderlich, unsicher; ~er Mensch, Charakter [<lat. labilis »leicht gleitend«]

La|bi|li|sie|rung ⟨f.; -, -en⟩ das Labilisieren, Labilmachen; Ggs Stabilisierung

La|bi|li|tät ⟨f.; -; unz.⟩ labile Beschaffenheit, labiles Wesen

la|bio|den|tal ⟨Adj.; Phon.⟩ mit Unterlippe u. oberen Schneidezähnen gebildet [<Labium + dental]

La|bio|den|tal ⟨m.; -s, -e; Phon.; kurz für⟩ Labiodentallaut

La|bio|den|tal|laut ⟨m.; -(e)s, -e; Phon.⟩ mit Unterlippe u. oberen Schneidezähnen gebildeter Konsonant, Lippenzahnlaut, z. B. f, w; Sy Labiodental

la|bio|ve|lar ⟨[-ve-] Adj.; Phon.⟩ **1** am Gaumensegel u. mit gerundeten Lippen gebildet (von Lauten) **2** den Labiovelar betreffend [<Labium + velar]

La|bio|ve|lar ⟨[-ve-] m.; -s, -e; Phon.; kurz für⟩ Labiovelarlaut

La|bio|ve|lar|laut ⟨m.; -(e)s, -e; Phon.⟩ mit Lippen u. Gaumen gebildeter Laut, z. B. in afrikan. Sprachen; Sy Labiovelar [<Labium + velar]

La|bi|um ⟨n.; -s, -bi|en od. -bia⟩ **1** ⟨Anat.⟩ **1.1** Lippe **1.2** Hautfalte am Eingang der Scheide, Schamlippe **2** ⟨Zool.⟩ Unterlippe der Insekten **3** ⟨Musik⟩ Kante an dem flachen Teil der Orgelpfeife bzw. des Mundstücks von Pfeife u. Blockflöte [lat., »Lippe«]

La|bor ⟨schweiz. ['--] n.; -s, -s od. -e; kurz für⟩ Laboratorium

La|bo|rant ⟨m.; -en, -en⟩ **1** jmd., der im Laboratorium arbeitet, medizinisch-technische od. chemisch-technische Hilfskraft **2** Hilfskraft in einer Apotheke [<lat. laborans, Part. Präs. zu laborare »arbeiten«]

La|bo|ran|tin ⟨f.; -, -tin|nen⟩ weibl. Fachkraft für Laborarbeiten

La|bo|ra|to|ri|um ⟨n.; -s, -ri|en⟩ Arbeitsraum od. Forschungsstätte für biolog., chem., bakteriolog., technische u. a. Arbeiten; Versuchs~ [<lat. laborare »arbeiten«]

la|bo|rie|ren ⟨V.; fig.; umg.⟩ an einer Krankheit ~ von einer K. geplagt sein, sich lange Zeit um ihre Überwindung bemühen [<lat. laborare »arbeiten«, sich anstrengen, leiden«; zu labor »Arbeit, Mühe«]

La|bo|ris|mus ⟨m.; -; unz.⟩ Orientiertsein, Ausgerichtetsein auf die Interessen der Arbeitnehmer [zu lat. labor »Arbeit«]

La Bos|tel|la ⟨m.; - - od. - -s, - - od. fachsprachl. f.; - -, - -s⟩ aus Lateinamerika stammender Modetanz, der in Gruppen getanzt wird

La|bour Par|ty ⟨[lɛɪbə(r) paːtɪ] f.; - -; unz.⟩ engl. Arbeiterpartei

La|bra|dor auch: **Lab|ra|dor** ⟨m.; -s, -e⟩ **1** ⟨Zool.⟩ große schwarzbraune Hunderasse **2** ⟨Min.; kurz für⟩ Labradorit [nach der nordamerikan. Halbinsel Labrador]

La|bra|do|rit auch: **Lab|ra|do|rit** ⟨m.; -s, -e; Min.⟩ farbloser bis bläulicher od. bräunlicher Feldspat, als Schmuckstein verwendet; Sy Labrador (2) [nach dem Fundort, der nordamerikan. Halbinsel Labrador]

Labrum

La|brum *auch:* **Lab|rum** ⟨n.; -s, La|bren; Zool.⟩ Oberlippe der Insekten [lat., »Lefze, (Ober-)Lippe«]

Labs|kaus ⟨n.; -; unz.; Kochk.⟩ seemänn. Gericht aus Fleisch od. Fisch, Kartoffelbrei u. Gurken [< norweg. *lapskaus* »Stockfisch mit Kartoffeln« < engl. *lobscouse*]

La|by|rinth ⟨n.; -s, -e⟩ **1** Irrgarten, Irrgänge **2** ⟨Anat.⟩ **2.1** Hör- u. Gleichgewichtsorgan der Wirbeltiere u. des Menschen; *Ohr~* **2.2** ⟨Zool.⟩ Atemorgan des Labyrinthfisches **3** ⟨fig.⟩ Durcheinander, Wirrwarr [< lat. *labyrinthus* < grch. *labyrinthos*, eigtl. »Haus der Doppelaxt (kretisch-minoische Königsinsignie)«]

la|by|rin|thisch ⟨Adj.⟩ in der Art eines Labyrinths, verwirrend, verworren

La|by|rinth|dich|tung ⟨f.; -, -en; Technik⟩ im Maschinenbau vielfach zum Abdichten von Lagern u. Wellen verwendete Dichtung aus labyrinthartig einander gegenüberstehenden Lamellen

La|by|rinth|fisch ⟨m.; -(e)s, -e; Zool.⟩ Süßwasserfisch mit zusätzlichem Atemorgan (Labyrinth) zur Aufnahme von Sauerstoff aus der Luft: Anabantoidei

La|by|rinth|odon *auch:* **La|by|rin|tho|don** ⟨n.; -s, -don|ten⟩ ausgestorbene Überordnung der Lurche von salamanderähnlicher Gestalt, deren Zahndentin labyrinthisch gefaltet war [< *Labyrinth* + grch. *odon* »Zahn«]

Lace ⟨[lɛɪs] f.; -; unz.; Textilw.; engl. Bez. für⟩ Spitze, Borte, Schnur, Tresse

la|cie|ren ⟨[-si̯-] V.⟩ mit Band durchflechten [< frz. *lacer* »zuschnüren«]

Lack ⟨m.; -(e)s, -e⟩ **1** zur Veredelung od. zum Schutz von Oberflächen verwendete Lösung, Suspension od. Emulsion von Harzen, Kunstharzen od. Cellulosederivaten, die, mit Farbstoffen versetzt, auf die zu lackierenden Gegenstände aufgebracht wird; *der ~ ist ab* ⟨fig.; salopp⟩ der Glanz (von jmdm.

od. etwas) ist abhanden gekommen **2** ⟨Bot.; kurz für⟩ Goldlack [< ital. *lacca* < arab. *lakk* < pers. *lak* < aind. *laksa*]

lackieren ⟨Worttrennung am Zeilenende⟩ Die Konsonantenverbindung *ck* dient der schriftlichen Repräsentation eines einzelnen Lautes [k] und wird deshalb nicht getrennt.

la|ckie|ren ⟨V.⟩ mit Lack überziehen; *wenn das schief geht, bist du der Lackierte!* ⟨fig.; umg.⟩ bist du der Hereingefallene [< ital. *laccare* »lackieren«; zu *lacca*; → *Lack*]

La|ckie|rer ⟨m.; -s, -⟩ Handwerker, der Möbel, Fahrzeuge od. Metallgegenstände lackiert

Lack|mus ⟨n. od. m.; -; unz.; Chemie⟩ natürl. Farbstoff der Färberflechte, der sich mit Säuren rot, mit Basen blau färbt [< ndrl. *lakmoes*; zu mndrl. *leken* »tropfen« + *mos* »grünes Gemüse, Mus« (man ließ bei der Herstellung den Saft abtropfen)]

Lack|mus|pa|pier ⟨n.; -s, -e; Chemie⟩ mit Lackmus getränkter Papierstreifen als Indikatorpapier für Säuren od. Basen

La|cri|mae Chri|sti *auch:* **Lac|ri|mae Chri|sti** ⟨Pl.⟩ roter od. weißer Wein vom Vesuv u. dessen Umgebung [lat., »Christustränen«]

La|cri|mo|sa *auch:* **Lac|ri|mo|sa** ⟨n.; -; unz.; Musik⟩ Anfang u. Bezeichnung der in Moll komponierten 10. Strophe des Dies irae in der Totenmesse [zu lat. *lacrimosus* »tränenreich, voll Tränen«]

la|cri|mo|so *auch:* **lac|ri|mo|so** ⟨Musik⟩ = lagrimoso

La|crosse *auch:* **Lac|rosse** ⟨[-krɔs] n.; -; unz.⟩ kanad. Spiel zwischen zwei Mannschaften, bei dem ein Gummiball mit Schlägern, die mit einem Fangnetz versehen sind, ins gegner. Tor geschleudert wird [< frz. *la crosse* »das Kreuz« (nach dem kreuzförmigen Fangschlagholz)]

Lac|tam ⟨n.; -s, -e; Chemie⟩ ringförmig gebaute aliphat. Verbindung, die u. a. durch intramolekulare Wasserabspaltung

aus einem Molekül einer höheren Aminosäure entsteht; *oV* Laktam [< lat. *lac*, Gen. *lactis* »Milch« + *Amid*]

Lac|ta|se ⟨f.; -, -n; Biochemie⟩ Enzym, das Milchzucker in Galaktose u. Glucose spaltet; *oV* Laktase [< lat. *lac*, Gen. *lactis* »Milch«]

Lac|tat ⟨n.; -s, -e; Chemie⟩ Salz der Milchsäure; *oV* Laktat [< lat. *lac*, Gen. *lactis* »Milch«]

lac|to..., **Lac|to...** ⟨vor Vokalen⟩ lact..., Lact... ⟨in Zus.⟩ milch..., Milch...; *oV* lakto..., Lakto... [< lat. *lac*, Gen. *lactis* »Milch«]

Lac|to|den|si|me|ter ⟨n.; -s, -⟩ = Laktodensimeter

Lac|ton ⟨n.; -s, -e; Chemie⟩ Hydroxykarbonsäure, die zwischen der Hydroxyl- u. der Karboxylgruppe eine so genannte »innere Esterbindung« ausbildet (wird u. a. in der Parfümindustrie verwendet) [< lat. *lac*, Gen. *lactis* »Milch«]

Lac|to|se ⟨f.; -, -; unz.; Biochemie⟩ Milchzucker; *oV* Laktose

La|da|num ⟨n.; -s; unz.⟩ Harz verschiedener Arten der Zistrose zur Bereitung von Pflastern, Parfümen u. Räucherkerzen; *oV* Labdanum [< grch. *ladanon*, *ledanon* < pers. *laden* < hebr. *loth*]

lä|die|ren ⟨V.⟩ **1** *Sachen* ~ beschädigen, verunstalten **2** *Personen* ~ verwunden, verletzen [< lat. *laedere* »verletzen, beschädigen«]

Lä|die|rung ⟨f.; -, -en⟩ Beschädigung, Verwundung

La|di|ner ⟨m.; -s, -⟩ Angehöriger eines rätoroman. Volksstammes [< *ladinisch*, eigtl. »lateinisch«]

la|di|nisch ⟨Adj.⟩ zu den Ladinern gehörig, von ihnen stammend; *~e Mundart* M. des Rätoromanischen

La|di|no ⟨m.; -s, -s⟩ Mischling aus einem weißen u. einem (mittel- und südamerikan.) indian. Elternteil [nach *Ladinisch*, der Sprache der Rätoromanen in Graubünden, eigtl. »Lateinisch«]

La|dy ⟨[lɛɪdɪ] f.; -, -s⟩ **1** ⟨i. w. S.⟩ Dame von vornehmer Gesinnung u. Lebensart; → *a.* Gentleman **2** ⟨i. e. S. Titel für⟩ Frau eines Peers; →*a.* Lord [engl., »Dame«]

Lady (*Laut-Buchstaben-Zuordnung*) Die Deklination von fremdsprachlichen Substantiven folgt den für deutsche Wörter üblichen Regeln. Daher ist im Deutschen (abweichend vom englischen Plural »*Ladies*«) nur die Pluralform »*Ladys*« zulässig. Die Schreibung von Redewendungen und Zitaten, die aus dem Englischen übernommen werden, richtet sich hingegen nach den orthographischen Vorgaben der Herkunftssprache (→*a.* Lobby).

La|dy|kil|ler ⟨[lɛɪdɪ-] m.; -s, -⟩ Charmeur, Frauenheld [<engl. *lady* »Dame« + *killer* »Mörder, Totschläger«]

la|dy|like ⟨[lɛɪdɪlaɪk] Adj.⟩ nach Art einer Lady, vornehm [engl.]

La|dy|sha|ver ⟨[lɛɪdɪʃeːvɐ(r)] m.; -s, -; Kosmetik⟩ Damenrasierapparat [<engl. *lady* »Dame« + *shaver* »Rasierapparat«]

La|fet|te ⟨f.; -, -n; Mil.⟩ Untergestell eines Geschützes [<frz. *l'affût* »das Gestell«]

la|fet|tie|ren ⟨V.; Mil.⟩ auf die Lafette bringen (Geschütz)

Lag ⟨[læːg] m.; -s, -s; Wirtsch.⟩ der zeitliche Abstand zwischen dem Einsetzen eines konjunkturellen o. ä. Ereignisses u. dem Erscheinen entsprechender sozio-ökonom. Begleitumstände; *der ~ zwischen konjunktureller u. Arbeitsmarkterholung* [engl., »Verzögerung«]

Lagg ⟨m.; -s, -s⟩ grabenförmige Randgestaltung von Hochmooren zur Entwässerung [schwed.]

La|go|mor|pha ⟨Pl.; Zool.⟩ weltweit verbreitete Gattung der Säugetiere mit zwei Schneidezahnpaaren im Oberkiefer (im Gegensatz zu den Nagetieren mit einem Schneidezahnpaar), Hasentiere [<grch. *lagos* »Hase« + *morphe* »Gestalt«]

la|gri|mo|so *auch:* **la|gri|mo|so** ⟨Musik⟩ klagend, traurig; *oV* lacrimoso [ital., »voller Tränen«; zu *lagrima* »Träne«]

Lag|ting ⟨n.; -s; unz.⟩ zweite Kammer des norwegischen Parlaments; →*a.* Storting [<norweg. *lag* »Gesetz« + *ting* »(Gerichts-)Versammlung«]

La|gu|ne ⟨f.; -, -n⟩ vom offenen Meer durch Landstreifen od. Riffe getrennter, flacher See [<ital. *laguna* <lat. *lacuna* »Lache«; zu *lacus* «See«]

Lahn ⟨m.; -(e)s, -e⟩ zu einem schmalen Band ausgewalzter Metalldraht, z. B. für Lamé [<frz. *lamé* »Metallplatte, Lamelle« <ital.-mlat. *lama* <lat. *lamina* »dünnes Metallblech«; verwandt mit *Lamelle*]

Lai ⟨[lɛ:] n.; -s, -s; Musik⟩ zu Saiteninstrumenten gesungenes mittelalterl. Lied, besonders in Nordfrankreich u. England [<afrz. <altirisch *laid* »Lied«]

Laie ⟨m.; -n, -n⟩ **1** jmd., der von einem (bestimmten) Fach nichts versteht, Nichtfachmann **2** jmd., der kein Geistlicher ist [<ahd. *leigo* <lat. *laicus* »zum Volke gehörig« <grch. *laikos*; zu *laos* »Volk«]

Lai|en|kelch ⟨m.; -(e)s, -e; Rel.⟩ Abendmahl für Laien (2)

la|i|kal ⟨[la:i-] Adj.⟩ zum Laien (2) gehörig, den Laien betreffend [<frz. *laïcal* »das Gestell«]

la|i|sie|ren ⟨[la:i-] V.⟩ *einen Geistlichen ~* in den Stand eines Laien zurückversetzen

La|i|sie|rung ⟨[la:i-] f.; -, -en⟩ Rückführung eines Geistlichen in den Laienstand [→ *Laie*]

Lais|sez faire, lais|sez al|ler / pas|ser ⟨[lɛsefɛːr lɛse alɛː] od. [pasɛː] Schlagwort für⟩ **1** wirtschaftspolit. System bes. im 19. Jh., das die Einmischung der Behörden in das private Unternehmen ausschließen will **2** ⟨fig.⟩ Gewährenlassen, Nichteinmischung [frz., »lasst sie machen, lasst sie gehen«]

La|i|zis|mus ⟨[la:i-] m.; -; unz.⟩ Forderung nach Freiheit des öffentl. Lebens von relig. Bindung [<lat. *laicus* »zum Volke gehörig«; → *Laie*]

La|i|zist ⟨[la:i-] m.; -en, -en⟩ Anhänger, Vertreter des Laizismus

la|i|zis|tisch ⟨[la:i-] Adj.⟩ zum Laizismus gehörig, von ihm stammend, auf ihm beruhend

laktieren

La|kai ⟨m.; -en, -en⟩ **1** fürstl. od. herrschaftl. Diener **2** ⟨fig.⟩ unterwürfiger, kriecher. Mensch [<frz. *laquais* »Diener« <neugrch. *oulakes* <türk. *ulak* »Läufer, Eilbote«]

Lak|ka|se ⟨f.; -; unz.; Biochemie⟩ Enzym, das den gelben Saft des zur Familie der Wolfsmilchgewächse gehörenden Lackbaumes zu tiefschwarzem Japanlack oxidiert

Lak|ko|lith ⟨m.; -s od. -en, -e od. -en; Geol.⟩ Magma, das durch unter der Erdoberfläche wirkende vulkanische Tätigkeit pilzförmig in eine darüber liegende geolog. Schicht eingedrungen ist [<grch. *lakkos* »Loch, Grube« + ...*lith*]

La|ko|nik ⟨f.; -; unz.⟩ Kürze und Treffsicherheit der Ausdrucksweise

la|ko|nisch ⟨Adj.⟩ **1** wortkarg, einsilbig **2** kurz u. treffend; *~ im Ausdruck* [nach der grch. Landschaft *Lakonien* im südöstl. Teil des Peloponnes mit der Hauptstadt Sparta]

La|ko|nis|mus ⟨m.; -, -nis|men⟩ **1** ⟨unz.⟩ Einsilbigkeit, Wortkargheit, Kürze, Bündigkeit **2** ⟨zählb.⟩ kurzer, treffender Ausdruck

La|krit|ze *auch:* **Lak|rit|ze** ⟨f.; -, -n⟩ schwarze Masse aus dem Saft von Süßholz, aus der z. B. Süßwaren hergestellt werden [<lat. *liquiritia* <grch. *glykyrrhiza* <*glykys* »süß« + *rhiza* »Wurzel«]

Lakt|al|bu|min *auch:* **Lakt|al|bu|min** ⟨n.; -s, -e; Biochemie⟩ in Kuhmilch enthaltenes Eiweiß, Milcheiweiß

Lak|tam ⟨n.; -s, -e; Chemie⟩ = Lactam

Lak|ta|se ⟨f.; -, -n; Biochemie⟩ = Lactase

Lak|tat ⟨n.; -s, -e; Chemie⟩ = Lactat

Lak|ta|ti|on ⟨f.; -, -en⟩ **1** Milchabsonderung aus den Milchdrüsen **2** Zeit des Stillens

Lak|ta|ti|ons|pe|ri|o|de ⟨f.; -, -n⟩ Zeit der Milchabsonderung beim Menschen u. bei Säugetieren

lak|tie|ren ⟨V.⟩ **1** Milch absondern **2** stillen [<lat. *lac*, Gen. *lactis* »Milch«]

543

lakto..., Lakto... ⟨vor Vokalen⟩ lakt..., Lakt... ⟨in Zus.⟩ = lacto..., Lacto...

Lak|to|den|si|me|ter ⟨n.; -s, -⟩ Aräometer zur Bestimmung des spezif. Gewichts der Milch, woraus der Fettgehalt der Milch errechnet werden kann; *Sy* Galaktometer, Laktometer [<lat. *lac*, Gen. *lactis* »Milch« + *densus* »dicht« + ...*meter*]

Lak|to|fla|vin ⟨[-vi:n] n.; -s; unz.⟩ = Riboflavin [<lat. *lac*, Gen. *lactis* »Milch« + *flavus* »gelb«]

Lak|to|glo|bu|lin ⟨n.; -s, -e; Biochemie⟩ in Kuhmilch in geringer Menge enthaltenes Milcheiweiß

Lak|to|me|ter ⟨n.; -s, -⟩ = Laktodensimeter [<lat. *lac*, Gen. *lactis* »Milch« + ...*metre*]

Lak|to|se ⟨f.; -; unz.; Biochemie⟩ = Lactose

Lak|to|skop *auch:* **Lak|tos|kop** ⟨n.; -s, -e⟩ Gerät zur Prüfung der Durchsichtigkeit der Milch [<lat. *lac*, Gen. *lactis* »Milch« + ...*skop*]

Lak|tos|urie *auch:* **Lak|to|su|rie** ⟨f.; -, -n; Med.⟩ Auftreten von Milchzucker im Harn bei Schwangeren u. Wöchnerinnen [<lat. *lac*, Gen. *lactis* »Milch« + ...*urie*]

lak|to|trop ⟨Adj.⟩ auf die Milchabsonderung gerichtet [<*lakto*... + ...*trop*]

la|ku|när ⟨Adj.⟩ **1** ⟨Med.⟩ höhlenartig, schwammig **2** ⟨Biol.⟩ Ausbuchtungen bildend **3** ⟨Med.⟩ durch Arteriosklerose entstandener kleiner Defekt in der Substanz des Groß-, Mittel- od. Zwischenhirns [→ *Lakune*]

La|ku|ne ⟨f.; -, -n⟩ **1** ⟨Sprachw.⟩ Lücke in einem Text **2** ⟨Biol.⟩ Spalte, Hohlraum in Geweben

la|kus|trisch *auch:* **la|kust|risch** ⟨Adj.⟩ in Seen vorkommend, sich in Seen bildend; ~*e Tierwelt* [<lat. *lacus* »See«]

La|lo|pa|thie ⟨f.; -, -n; Med.⟩ Sprachstörung [<grch. *lalein* »sprechen« + ...*pathie*]

La|lo|pho|bie ⟨f.; -; unz.; Med.⟩ Sprechangst bei Menschen, die stottern [<grch. *lalein* »sprechen« + *Phobie*]

L. A. M. ⟨Abk. für lat.⟩ Liberalium Artium Magister

La|ma¹ ⟨n.; -s, -s; Zool.⟩ vom Guanako abstammendes Kamel, das in Südamerika als Lasttier u. als Lieferant von Wolle u. Fleisch gehalten wird: Lama glama [<span. *llama* <Ketschua *llama*]

La|ma² ⟨m.; - od. -s, -s; Rel.⟩ tibetanischer buddhist. Priester [<tibet. *blama* »Lenker, Lehrer«]

La|ma|is|mus ⟨m.; -; unz.; Rel.⟩ das tibetan. Priesterwesen, Form des (Mahajana-)Buddhismus [→ *Lama²*]

La|ma|ist ⟨m.; -en, -en⟩ Vertreter, Anhänger des Lamaismus

la|ma|is|tisch ⟨Adj.⟩ zum Lamaismus gehörig, auf ihm beruhend, von ihm stammend

La|mäng ⟨f.; nur in festen Wendungen; umg.⟩ *aus der (freien, kalten)* ~ unvorbereitet, improvisiert; *ein Brot aus der* ~ *essen* aus der Hand, ohne Besteck essen [berlin.; zu frz. *la main* »die Hand«]

La|man|tin ⟨m.; -s, -e; Zool.⟩ Seekuh in Flüssen u. Küstengewässern des tropischen Amerikas: Trichechus manatus; *Sy* Manati [<frz. *lamantin* »Seekuh« <span. *manaté* <karib. *manatí* »weibliche Brust«]

La|mar|ckis|mus ⟨m.; -; unz.⟩ Hypothese Lamarcks über die Entstehung neuer Arten durch Vererbung erworbener Eigenschaften [nach dem frz. Naturforscher J. B. de *Lamarck*, 1744-1829]

la|mar|ckis|tisch ⟨Adj.⟩ zum Lamarckismus gehörig, auf ihm beruhend, sich auf ihn beziehend

Lam|ba|da ⟨m.; -s, -s od. fachsprachl. f.; -, -s⟩ (im Nordosten Brasiliens entstandener) Modetanz, der einen dem Samba ähnlichen Rhythmus hat u. mit engem Körperkontakt getanzt wird [port., eigtl. »Schlag«]

Lamb|da ⟨n.; - od. -s, -s; Zeichen: λ, Λ⟩ grch. Buchstabe [grch.]

Lamb|da|naht ⟨f.; -, -nähte; Anat.⟩ die dem grch. Buchstaben Lambda ähnliche Naht zwischen den Scheitelbeinen u. dem Hinterhauptbein des menschl. Schädels: Sutura lambdoidea

Lamb|da|son|de ⟨f.; -, -n; Technik⟩ Gerät, das bei Kraftfahrzeugen mit Abgaskatalysator das Luft-Brennstoff-Gemisch regelt [nach dem grch. Buchstaben *Lambda*]

Lamb|da|zis|mus ⟨m.; -; unz.; Sprachw.⟩ fehlerhafte Aussprache von r als l [grch.]

Lam|beth|walk ⟨[læmbəθwɔ:k] m.; -s, -s⟩ engl. Gesellschaftstanz (seit 1938) [nach dem Londoner Stadtteil *Lambeth* + *walk* »Spaziergang«]

Lam|bi|tus ⟨m.; -; unz.⟩ Küssen u. Belecken der Genitalien; ~ *Ani* Reizen des Afters des Partners mit der Zunge [<lat. *lambitus* »das Lecken«]

Lam|bre|quin *auch:* **Lamb|re|quin** ⟨[lãbrəkɛ̃:] m.; -s, -s⟩ **1** mit Fransen besetzter Querbehang an Fenstern, Betthimmeln, Portieren usw. **2** ähnliche, in Stein nachgebildete Verzierung von Gesimsen usw. **3** ⟨Her.⟩ Helmdecke [<frz. *lambrequin* »Helmdecke, Bogenbehänge« <ndrl. **lamperkin*; zu ndrl. *lamper* »Schleier«]

Lam|bris *auch:* **Lamb|ris** ⟨[lãbri:] m.; - [-bri:(s)], - [-bri:s] od. österr. f.; -, - od. -bri|en⟩ Verkleidung des unteren Teils einer Wand mit Holz od. Marmor [frz., »Deckengetäfel, Schalwerk« <galloroman. **lambruscum* »Vertäfelung« <lat. *lambrusca* »wilde Rebe«]

Lam|brus|co *auch:* **Lamb|rus|co** ⟨m.; -; unz.⟩ leicht schäumender ital. Rotwein [ital. <lat. *lambruscum* »Frucht der lambrusca uva od. vitis«, der wilden Rebe]

Lambs|kin ⟨[læmskɪn] n.; -s, -s; Textilw.⟩ Plüsch, der Lammfell imitiert [engl., »Lammfell«]

Lambs|wool ⟨[læmzwu:l] f.; -; unz.; Textilw.⟩ Qualitätsbez. für⟩ **1** weiche, flauschige Lamm- od. Schafwolle; *ein Pullover aus* ~ **2** daraus hergestellte Strickware [<engl. *lamb* »Lamm« + *wool* »Wolle«]

la|mé ⟨[-me:] Adj.; Textilw.; undekl.⟩ mit Lamé durchwirkt; *oV lama*

La|mé ⟨[-me:] n.; -s, -s; Textilw.⟩ Seidengewebe in Atlasbindung mit Schuss aus Metallfäden;

oV Lamee [< frz. *lamé* »mit Lahn durchzogen«; → *Lahn*]
la|mee ⟨Adj.; Textilw.; undekl.⟩ = lamé
La|mee ⟨n.; -s, -s; Textilw.⟩ = Lamé
la|mel|lar ⟨Adj.⟩ wie Lamellen, streifig, geschichtet
La|mel|le ⟨f.; -, -n⟩ **1** dünnes Blättchen, dünne Scheibe **2** ⟨Techn.⟩ **2.1** Scheibe aus Metall, Papier, Kunststoff **2.2** Rippe, Glied eines Heizkörpers **3** ⟨Bot.⟩ streifenförmiger Träger des Fruchtkörpers unter dem Hut der Blätterpilze [< frz. *lamelle* »Lamelle, Plättchen« < lat. *lamella*, Verkleinerungsform zu *lamina* »dünnes Metallblech«]
La|mel|len|küh|ler ⟨m.; -s, -; Kfz⟩ Kühler mit lamellenförmig angeordneten Kühlelementen, bes. bei Luftkühlung
la|mel|lie|ren ⟨V.⟩ lamellenartig gestalten, anordnen, formen [→ *Lamelle*]
la|mel|lös ⟨Adj.⟩ aus Lamellen bestehend
la|men|ta|bel ⟨Adj.; veraltet⟩ jämmerlich, beklagenswert [< lat. *lamentabilis* »beklagenswert«]
La|men|ta|ti|on ⟨f.; -, -en⟩ **1** Jammern, Wehklagen **2** ⟨Pl.⟩ *~en* ⟨AT⟩ Klagelieder Jeremias **3** ⟨kath. Kirche⟩ Abschnitt aus L. (2), die in der Karwoche während der Messe gesungen werden [< lat. *lamentatio* »das Jammern«; zu *lamentari* »laut wehklagen«]
la|men|tie|ren ⟨V.⟩ wehklagen, jammern; *über etwas* ~ [< lat. *lamentari* »laut wehklagen«]
La|men|to ⟨n.; -s, -s⟩ **1** ⟨Musik⟩ Klagelied in der alten ital. Oper u. als Madrigal **2** ⟨allg.⟩ Klage, Gejammer [< ital. *lamento* »Wehklage« < lat. *lamentum* »Wehklage«; zu *lamentari* »laut wehklagen«]
la|men|to|so ⟨Musik⟩ traurig, klagend [ital.]
La|met|ta ⟨n.; -s; unz. od. f.; -; unz.⟩ **1** dünner, schmaler Streifen aus Metallfolie (als Christbaumschmuck) **2** ⟨scherzh.; umg.⟩ (viele) Orden (an der Brust) **3** überflüssiges Zubehör; *ohne preistreibendes ~ auskommen* [< ital. *lametta*, Verkleinerungsform zu *lama* »Metallblatt« < lat. *lamina* »dünnes Metallblech«]
La|mi|na ⟨f.; -, -nae [-nɛ:]⟩ **1** ⟨Bot.⟩ das eigentl. Blatt im Unterschied zu Blattstiel u. Blattscheide, Blattspreite **2** ⟨Zool.⟩ blattförmiges Teil eines Organes [lat., »Platte, Blech, Blatt«]
la|mi|nal ⟨Adj.⟩ auf der Innenfläche des Fruchtblattes entspringend [→ *Lamina*]
la|mi|nar ⟨Adj.⟩ geordnet nebeneinander; *~e Strömung* Strömung, deren einzelne Flüssigkeits- oder Gasfäden parallel zueinander verlaufen, bietet geringsten Strömungswiderstand; *Ggs* turbulente Strömung
La|mi|nat ⟨n.; -(e)s; unz.⟩ aus Kunststoffen und -harzen aufgebauter Schichtpressstoff für chemikalien- und witterungsbeständige Beschichtungen [→ *Lamina*]
la|mi|nie|ren ⟨V.⟩ mit (durchsichtiger) Folie beziehen; *Buchdeckel ~* [→ *Lamina*]
La|mi|um ⟨n.; -s; unz.; Bot.⟩ Taubnessel [lat.]
Lam|pas ⟨m.; -, -; Textilw.⟩ schwerer Damast (als Möbelstoff) [< frz. *lampas* »gemalter ostind. od. chines. Seidenzeug« < mlat. *lampascum* < mlat. *damascum* (→ *Damast*)]
Lam|pas|sen ⟨Pl.⟩ breite Streifen an den Außenseiten der Uniformhose
Lam|pi|on ⟨[lapi̯õː], [lampjɔŋ] od. österr. [-joːn] m. od. n.; -s, -s⟩ Laterne aus buntem Papier od. bunter Seide mit einer Kerze im Innern [< frz. *lampion* »Lämpchen« < ital. *lampione* < *lampa* »Lampe«]
Lam|pre|te *auch:* **Lamp|re|te** ⟨f.; -, -n; Zool.⟩ Meeres- od. Flussneunauge, zu den Rundmäulern gehörend [< lat. *lampreta*]
Lam|po|phyr *auch:* **Lamp|ro|phyr** ⟨m.; -s, -e; Geol.⟩ dunkles, meist feinkörniges Eruptivgestein [< grch. *lampros* »leuchtend hell« + *phyrein* »vermischen, vermengen«]
LAN ⟨EDV; Abk. für engl.⟩ Local Area Network (lokales Rechnernetzwerk)
Lan|ça|de ⟨[lãsaːdə] f.; -, -n; hohe Schule⟩ Sprung aus der Levade nach vorn [frz., »das Vorwärtsstoßen«; zu *lancer* »stoßen, schleudern«]
Lan|ci|er ⟨[lãsjeː] m.; -s, -s⟩ **1** ⟨früher⟩ Lanzenreiter **2** Art der Quadrille [frz., »Lanzenreiter«; zu *lance* »Lanze«]
lan|cie|ren ⟨[lãsiː-] V.⟩ **1** in Gang bringen, einen Weg bereiten, einführen **2** ⟨fig.⟩ geschickt in eine vorteilhafte Stellung bringen; *einen Künstler ~* ⟨fig.⟩ bekannt machen, in der Öffentlichkeit erscheinen lassen [frz. *lancer* »werfen, schleudern«; zu *lance* »Lanze«]
Land|art *auch:* **Land-Art** ⟨[lændaːrt] f.; -; unz.; Kunst⟩ Stilrichtung der modernen Kunst, die die Natur als künstlerisches Objekt betrachtet u. sie künstlich verändert [< engl. *land* »Land« + *art* »Kunst«]
Lan|dau|let|te ⟨n.; -(e)s, -e⟩ Halblandauer, Landauer mit halb zusammenklappbarem Verdeck [< frz. *landaulet*, Verkleinerungsform zu *landau* »leichter Reisewagen«, nach der Stadt *Landau* in der Pfalz]
Land|ro|ver® ⟨[lændroːvɐ(r)] m.; -s, -; Kfz⟩ geländegängiges Kraftfahrzeug mit Allradantrieb [engl.]
Lands|mål ⟨[-moːl] n.; - od. -s; unz.⟩ die norwegische, seit 1885 dem Riksmål gleichgestellte Landessprache auf westnorweg. Grundlage [norweg., »Landessprache«]
Lan|gage ⟨[lãgaːʒ(ə)] f.; -; unz.; Sprachw.⟩ (nach dem schweiz. Linguisten F. de Saussure, 1857–1913) die Sprach- und Sprechfähigkeit des Menschen [frz., »Sprache«]
Lan|get|te ⟨f.; -, -n; kurz für⟩ Langettenstich
Lan|get|ten|stich ⟨m.; -(e)s, -e⟩ Nähstich zum Befestigen von Bogen- u. Zackenkanten; *Sy* Langette [< frz. *languette*, Verkleinerungsform zu *langue* »Zunge«]
lan|get|tie|ren ⟨V.⟩ mit Langetten einfassen
Langue ⟨[lãːŋg(ə)] f.; -; unz.; Sprachw.⟩ nach Saussure das grammatische u. lexikalische

545

Languste

System der Sprache; Ggs Parole [frz.]

Lan|gus|te ⟨f.; -, -n; Zool.⟩ zu den Panzerkrebsen gehörender großer Speisekrebs ohne Scheren mit stachelbesetztem, rötlichviolettem Panzer, der im Mittelmeer u. an den westeuropäischen Küsten lebt: Palinuris vulgaris [<frz. *langouste* <vulgärlat. **lacusta* <lat. *locusta* »Heuschrecke«]

La|ni|tal ⟨n.; -s; unz.; Textilw.⟩ aus dem Casein der Milch durch Auflösen in Natronlauge u. Verspinnen in einem Schwefelsäurebad hergestellter, wollähnlicher Faserstoff [verkürzt <ital. *lana d'Italia* »Wolle aus Italien«]

La|ni|tal|fa|ser ⟨f.; -, -n; Textilw.⟩ Chemiefaser auf der Basis von Casein

La|no|lin ⟨n.; -s; unz.⟩ Mischung aus Wollfett, flüssigem Paraffin u. Wasser, Grundstoff zur Anfertigung von Salben [<lat. *lana* »Wolle« + ...*ol*]

Lan|ta|na ⟨f.; -; unz.⟩ Wandelröschen, Zierpflanze mit wechselnder Blütenfarbe [<frz., ital. *lantana*]

Lan|than ⟨n.; -s; unz.⟩ chem. Zeichen: La⟩ zur Gruppe der Metalle der Seltenen Erden gehörendes Element, Ordnungszahl 57 [<grch. *lanthanein* »verborgen sein«]

Lan|tha|nit ⟨m.; -s, -e; Chemie⟩ (fast) weißes Mineral mit Beimengungen von Lanthan od. einem anderen Element der Lanthanoid-Gruppe

Lan|tha|no|i|de ⟨Pl.; Sammelbez. für⟩ die meist dreiwertigen chem. Elemente mit den Ordnungszahlen 58-71, die im Periodensystem der chem. Elemente auf das Lanthan folgen

La|nu|go ⟨f.; -, -gi|nes⟩ weiche u. kurze Haare, die den menschl. Körper vom Embryonalstadium (4. Monat) an bedecken, beim Erwachsenen auf allen nicht lang behaarten Körperteilen außer Handteller u. Fußsohle, Wollhaar, Flaum [lat., »Flaumhaare«]

Lan|zett|bo|gen ⟨m.; -s, -bö|gen; Arch.⟩ englische Form des gotischen Spitzbogens

Lan|zet|te ⟨f.; -, -n; Med.⟩ kleines, spitzes, zweischneidiges Operationsmesser [<frz. *lancette*, Verkleinerungsform zu *lance* »Lanze«]

Lan|zett|fisch|chen ⟨n.; -s, -; Zool.⟩ fischähnliches, durchsichtiges Chordatier

lan|zi|nie|ren ⟨V.; Med.⟩ blitzartig schmerzen [<frz. *lanciner* »stechen, reißen«; zu *lance* »Lanze«]

La O|la ⟨f.; - -, - -s; Sport⟩ koordiniertes Aufstehen u. Setzen der Zuschauer in einem Sportstadion, das wie eine Wellenbewegung aussieht (seit der Fußball-Weltmeisterschaft in Mexico 1966 international üblich) [span., »die Welle«]

la|o|tisch ⟨Adj.⟩ die Laoten betreffend, zu ihnen gehörend; ~*e Sprache* eine südostasiatische Sprache [nach der Volksgruppe der überwiegend in Thailand u. *Laos* lebenden *Laoten*]

La|pa|ros|kop *auch:* **La|pa|ros|kop** ⟨n.; -s, -e; Med.⟩ Gerät mit Beleuchtungs- u. optischen Vorrichtungen zur Untersuchung der Bauchhöhle [<grch. *lapara* »die Weichen« + ...*skop*]

La|pa|ro|sko|pie *auch:* **La|pa|ros|ko|pie** ⟨f.; -, -n; Med.⟩ Untersuchung der Bauchhöhle mit dem Laparoskop unter örtlicher Betäubung

La|pa|ro|to|mie ⟨f.; -, -n; Med.⟩ operatives Öffnen der Bauchhöhle, Bauchschnitt [<grch. *lapara* »die Weichen« + ...*tomie*]

La|pa|ro|ze|le ⟨f.; -, -n; Med.⟩ Bauchbruch [<grch. *lapare* »die Weichen« + *kele* »Bruch«]

la|pi|dar ⟨Adj.⟩ **1** wuchtig, kraftvoll **2** kurz u. bündig **3** ⟨umg.⟩ beiläufig, nebenbei (gesagt); *etwas ~ erwähnen* [<lat. *lapidarius* »zu den Steinen gehörig, Stein...«; zu *lapis* »Stein«]

La|pi|där ⟨m.; -s, -e⟩ Schleif- u. Poliermaschine der Uhrmacher [<frz. *lapidaire* »Steinschneider« <lat. *lapis*, Gen. *lapidis* »Stein«]

La|pi|da|ri|um ⟨n.; -s, -ri|en⟩ Sammlung von Steindenkmälern [lat., »das zu den Steinen Gehörige«; zu *lapis*, Gen. *lapidis* »Stein«]

La|pi|dar|schrift ⟨f.; -, -en⟩ Schrift ohne Verzierung in Großbuchstaben, bes. für Inschriften; *Sy* Monumentalschrift

La|pil|lus ⟨m.; -, -pi|l|li; meist Pl.⟩ bei Vulkanausbrüchen ausgeworfenes, 1 bis 3 cm großes Lavastück [<ital. *lapilli* (Pl.) »Steinchen« <lat. *lapillus* »Steinchen«, Verkleinerungsform zu *lapis* »Stein«]

La|pi|ne ⟨f.; -; unz.; Vet.⟩ Kaninchenpockenimpfstoff [<frz. *lapin* »Kaninchen«]

La|pis ⟨m.; -, La|pi|des⟩ Stein [lat.]

La|pis|la|zu|li ⟨m.; -, -; Min.⟩ blauer Halbedelstein; *Sy* Lasurstein [<mlat. *lapis lazuli* »Blaustein« <lat. *lapis* »Stein« + mlat. *lazulum*, Nebenform zu *lazur(ium)* »Blaustein, -farbe«; → *Lasur*]

Lap|pa|lie ⟨[-ljə] f.; -, -n⟩ lächerl. Kleinigkeit, Nichtigkeit; *sich wegen einer ~ streiten* [scherzhafte studentische Bildung (17. Jh.) zu *Lappen* mit lat. Endung nach dem Muster von Kanzleiwörtern wie z. B. *Personalien*]

Lap|sus ⟨m.; -, -⟩ **1** nicht wesentl., verzeihl. Fehler, Schnitzer, Versehen **2** ⟨Psych.⟩ Fehlleistung, zeitweiliges Vergessen, z. B. von Namen; ~ *Calami* Schreibfehler; ~ *Linguae* Sichversprechen; ~ *Memoriae* Gedächtnisfehler [<lat. *lapsus* »das Gleiten, Fallen«; *calamus* »Schreibrohr«; *lingua* »Zunge, Sprache«; *memoria* »Gedächtnis«]

Lap|top ⟨[læptɔp] m.; -s, -s; EDV⟩ tragbarer Personalcomputer mit sehr flachem Bildschirm, der meist ohne Netzanschluss bedient werden kann; →*a.* Desktop (1), Notebook, Notepad [<engl. *lap* »Schoß« + *top* »Tischplatte«]

la|ra|misch ⟨Adj.⟩ **1** ⟨Geogr.⟩ auf das Gebirge der Laramie Mountains in den USA bezogen **2** ⟨Geol.⟩ auf die Alpenfaltungsphase zwischen Kreidezeit u. Tertiär bezogen

La|ren ⟨Pl.; röm. Myth.⟩ Schutzgeister vom Haus u. Familie [<lat. *Lares* »Schutzgottheiten des Hauses«]

lar|gan|do ⟨Musik⟩ = allargando

large ⟨[lɑːr(r)dʒ] Adj.; Abk.: L⟩ groß (als Kleidergröße) [engl., »groß«]

larghetto ⟨[-gɛto] Musik⟩ etwas langsam, weniger langsam als largo [ital., »ein wenig gedehnt, etwas langsam«, Verkleinerungsform zu *largo*]

Larghetto ⟨[-gɛto] n.; -s, -s od. -ti; Musik⟩ Musikstück im Larghetto-Tempo

largo ⟨Musik⟩ langsam, getragen u. weich [ital., »breit, gedehnt, langsam«]

Largo ⟨n.; -s, -s od. Larghi [-gi]; Musik⟩ Musikstück im Largo-Tempo

larifari ⟨[lɑ:riˈfɑːri] ⟨umg.⟩ Unsinn!, nichts da!

Larifari ⟨n.; -s, -s; umg.⟩ Gerede, Geschwätz, Unsinn [aus den ital. Tonbezeichnungen *la, re, fa, re* gebildet]

Larmorpräzession auch: **Larmor-Präzession** ⟨f.; -; unz.; Physik⟩ Drehbewegung der Elektronenhülle eines Atoms, die bei der Einwirkung eines äußeren Magnetfeldes auftritt u. um eine in Feldrichtung zeigende Achse darum erfolgt [nach ihrem Entdecker, dem engl. Physiker J. Larmor, 1857-1942]

larmoyant auch: **larmoyant** ⟨[-moajant] Adj.⟩ weinerlich, rührselig; *ein ~es Theater-, Musikstück* [frz., »rührselig, weinerlich«; zu *larme* »Träne«]

Larmoyanz auch: **Larmoyanz** ⟨[-moajants] f.; -; unz.⟩ larmoyante Beschaffenheit, larmoyantes Wesen

Larnax ⟨f.; -, -nakes [-keːs]; Archäol.⟩ kleiner Sarkophag, Urne [grch., »Kiste«]

l'art pour l'art ⟨[lar pur laːr]⟩ von dem Philosophen Victor Cousin 1836 geprägtes Schlagwort für die These, dass die Kunst nur nach ihren eigenen Gesetzen, nach kein künstler. Maßstäben zu beurteilen sei, was zu einer Kunstrichtung führte, die die Kunst von Inhalt u. Zusammenhang mit dem Leben losgelöst sehen wollte [frz., »die Kunst (nur) für die Kunst«]

larval ⟨[-vɑːl] Adj.; Zool.⟩ die Larve (1) betreffend, zu ihr gehörig, von ihr stammend

Larve ⟨f.; -, -n⟩ 1 ⟨Zool.⟩ Jugendform von Tieren mit indirekter Entwicklung (Metamorphose), nach dem Grade der Entwicklung u. durch den Besitz bes. larvaler Organe von den erwachsenen Tieren unterschieden, manchmal auch von völlig anderer Gestalt u. Lebensweise; *Ggs* Imago (1) 2 Gesichtsmaske; *jmdm. die ~ vom Gesicht reißen* ⟨fig.⟩ jmds. wahres Wesen öffentlich zeigen [<lat. *larva* »Gespenst, quälender Geist eines Verstorbenen, Maske der Schauspieler, Larve«]

Larvizid ⟨[-vi-] n.; -s, -e⟩ gegen die Larven von Insekten wirkendes Mittel [<*Larve* + …*zid*⁴]

Laryngal ⟨m.; -s, -e; Phon.; kurz für⟩ Laryngallaut

Laryngallaut ⟨m.; -s, -e; Phon.⟩ im Kehlkopf gebildeter Konsonant, z. B. h; *Sy* Glottal, Laryngal [→ *Larynx*]

Laryngaltheorie ⟨f.; -; unz.; Sprachw.⟩ Theorie über die Existenz von Laryngalen im Indoeuropäischen

laryngeal ⟨Adj.; Med.⟩ den Kehlkopf betreffend

Laryngektomie auch: **Laryngektomie** ⟨f.; -, -n; Med.⟩ operative Entfernung des Kehlkopfs, z. B. bei Kehlkopfkrebs [<grch. *larygx* »Kehle« + *Ektomie*]

Laryngitis ⟨f.; -, -tiden; Med.⟩ Kehlkopfentzündung [<grch. *larygx* »Kehle« + …*itis*]

laryngo…, Laryngo… ⟨in Zus.; Med.⟩ kehlkopf…, Kehlkopf… [<grch. *larygx*, Gen. *laryggos* »Kehle«]

Laryngologe ⟨m.; -n, -n; Med.⟩ Facharzt für Kehlkopferkrankungen, Spezialist auf dem Gebiet der Laryngologie

Laryngologie ⟨f.; -; unz.; Med.⟩ Lehre vom Kehlkopf [<*Laryngo…* + …*logie*]

Laryngoskop auch: **Laryngoskop** ⟨n.; -s, -e; Med.⟩ Kehlkopfspiegel [<*Laryngo…* + …*skop*]

Laryngoskopie auch: **Laryngoskopie** ⟨f.; -, -n; Med.⟩ Untersuchung des Kehlkopfs [<*Laryngo…* + …*skopie*]

laryngoskopisch auch: **laryngoskopisch** ⟨Adj.; Med.⟩ 1 das Laryngoskop betreffend 2 die Laryngoskopie betreffend, auf ihr beruhend, mit ihrer Hilfe

Laryngotomie ⟨f.; -, -n; Med.⟩ Kehlkopfschnitt

Larynx ⟨m.; -, -ryngen; Anat.⟩ Kehlkopf [<grch. *larygx* »Kehle«]

Larynxkarzinom ⟨n.; -s, -e; Med.⟩ Kehlkopfkrebs

Lasagne auch: **Lasagne** ⟨[laˈzanjə] Pl., im Dt. a.: f.; -; unz.⟩ ital. Speise aus abwechselnd mit Hackfleisch geschichteten Bandnudeln, die mit Käse überbacken werden [ital.; zu *lasagna* »Bandnudeln«]

Lase ⟨f.; -, -n⟩ Henkelkrug mit Ausguss [<lat. *lasanum* »Gefäß« (<grch. *lasanon*) od. <mndt. *late* »Krug«]

Laser ⟨[ˈlɛɪzə(r)] m.; -s, -⟩ Gerät zum Erzeugen einer sehr starken Strahlung völlig gleicher Wellenlänge durch eine von außen angeregte, gleichzeitige Strahlungsemission vieler Atome, wobei die höchsten bekannten Energiedichten je Flächeneinheit erreicht werden; *Festtoff~* Laser mit Kristallen, z. B. Rubinen; *Gas~* Laser z. B. mit Helium od. Kohlendioxid; *Flüssigkeits~* Laser mit organ. Verbindungen; →a. Maser [engl.; Kurzwort aus *l*ight *a*mplification by *s*timulated *e*mission of *r*adiation »Lichtverstärkung durch angeregte Emission von Strahlung«]

Laserdisc ⟨[ˈlɛɪzə(r)dɪsk] f.; -, -s; EDV⟩ Bildplatte, auf der analoge Video- sowie digitale Audiodaten gespeichert u. mittels eines Lasers gelesen werden können; →a. CD [<*Laser* + engl. *disc* »Platte, Scheibe«]

Laserdrucker ⟨[ˈlɛɪzə(r)-] m.; -s, -; EDV⟩ Druckgerät für Computer, bei dem das Druckbild mit Hilfe von Laserstrahlen übertragen wird

Laserkanone ⟨[ˈlɛɪzə(r)-] f.; -, -n⟩ Laserapparat mit bes. intensiver Strahlungsleistung, eingesetzt zur Werkstoffverarbeitung

Lasershow ⟨[ˈlɛɪzə(r)ʃoʊ] f.; -, -s⟩ Darbietung von Lichteffekten mit Hilfe bunter Laserstrahlen [<*Laser* + *Show*]

LASH-Carrier

LASH-Car|ri|er ⟨[læʃkæriə(r)] m.; -s, -⟩ Frachtschiff, das Leichter (die selbst Fracht transportieren) befördert, Leichtermutterschiff [verkürzt ⟨engl. *lighter aboard ship* »Schiff mit Leichtern an Bord« + *carrier* »Träger, Beförderer«]

la|sie|ren ⟨V.⟩ mit durchsichtiger Farbe od. durchsichtigem Lack überziehen [→ *Lasur*]

Lä|si|on ⟨f.; -, -en; Med.⟩ Verletzung [⟨lat. *laesio* »Verletzung«; zu *laedere* »verletzen«]

Las|kar ⟨m.; -s, -ka|ren; früher⟩ ind. Matrose [⟨pers. *laschkar* »Lager, Heer«]

Las|sa|fie|ber ⟨n.; -s; unz.; Med.⟩ sehr ansteckende, lebensgefährliche Infektionskrankheit, deren Erreger das Lassa-Virus ist, zu den Anzeichen der oft tödlich verlaufenden Erkrankung gehören hohes Fieber, Gelenkschmerzen, Geschwüre im Mund-Rachen-Raum, Hautblutungen, Lungenentzündung u. a. [nach dem nigerianischen Ort *Lassa*, in dem die Krankheit 1969/70 epidemieartig auftrat]

Las|so ⟨n. od. m.; -s, -s⟩ langer Riemen od. langer Strick, dessen zusammenziehbare Schlinge aus einiger Entfernung dem zu fangenden Tier um Gehörn od. Hals geworfen wird [⟨span. *lazo* »Schnur, Schlinge« ⟨lat. *laqueus* »Strick als Schlinge«]

last, (but) not least ⟨[lɑːst (bʌt) nɒt liːst]⟩ an letzter Stelle genannt, aber nicht am geringsten dem Werte nach; *meine Schwester, meine Freundin sowie ~ meine Eltern* [engl., »das Letzte, (jedoch) nicht das Geringste«]

Las|tex® ⟨n.; -; unz.⟩ elastisches Gewebe aus umsponnenen Gummifäden [⟨*elastisch* + *Latex*]

Las|ting ⟨m.; -s, -s⟩ Möbel- od. Kleiderstoff aus hart gedrehtem Kammgarn [engl., »dauerhaftes Zeug«; zu *last* »dauern, währen«]

Last-Mi|nute-Flug ⟨[lɑːst mɪnɪt-] m.; -(e)s, -Flü|ge⟩ sehr kurzfristig u. gegen Preisnachlass angebotene Flugreise [zu engl. *last-minute* »letzte Minute«]

Last-Mi|nute-Rei|se ⟨[lɑːst mɪnɪt-] f.; -, -n⟩ von Reiseveranstaltern od. Fluggesellschaften angebotene, preiswerte Reise, die kurzfristig zu buchen u. anzutreten ist [zu engl. *last-minute* »in letzter Minute«]

La|sur ⟨f.; -, -en⟩ durchsichtige Lack- od. Farbschicht [⟨mhd. *lasur(e)* »Blaustein, (aus dem Blaustein gewonnene) Blaufarbe« ⟨mlat. *lazur(i)um* »Blaustein, -farbe« ⟨arab. *lazaward* »Lasurstein, -farbe« ⟨pers. *ladschuward*; → *Lapislazuli*]

La|sur|far|be ⟨f.; -, -n⟩ transparente Farbe

La|sur|it ⟨m.; -s, -e; Min.⟩ feinkörniges, auf Kalkstein auftretendes, blaues bis grünliches Mineral

La|sur|stein ⟨m.; -s, -e; Min.⟩ = Lapislazuli

las|ziv ⟨Adj.⟩ zweideutig, unanständig, schlüpfrig; *~er Witz* [⟨lat. *lascivus* »fröhlich, ungebunden, unzüchtig«]

Las|zi|vi|tät ⟨[-vi-] f.; -, -en⟩ **1** ⟨unz.⟩ laszive Beschaffenheit **2** ⟨zählb.⟩ laszive Bemerkung, lasziver Witz

Lä|ta|re ⟨ohne Artikel⟩ 3. Sonntag vor Ostern [nach dem aus Jesaias 66,10-11 stammenden Anfang der Messe: *Laetare, Jerusalem* »Freue dich, Jerusalem«]

Late Hit ⟨[leɪt hɪt] m.; - -s, - -s; Sport; Golf⟩ vom Bewegungsablauf her) verspäteter Schlag [engl., »später Schlag«]

la|tein|ame|ri|ka|nisch ⟨Adj.⟩ Lateinamerika betreffend, zu ihm gehörig, aus ihm stammend; *Sy* iberoamerikanisch

La-Tène-Kul|tur ⟨[latɛːn-] f.; -; unz.⟩ vorwiegend kelt. Kultur u. Kunst der La-Tène-Zeit

La-Tène-Zeit ⟨[latɛːn-] f.; -; unz.⟩ zweiter Abschnitt der europäischen Eisenzeit [nach einem Ort am Nordende des Neuenburger Sees in der Schweiz]

La-Tène|zeit|lich ⟨[latɛːn-] Adj.⟩ zur La-Tène-Zeit gehörig, aus ihr stammend

la|tent ⟨Adj.⟩ **1** (unterschwellig) vorhanden, aber nicht in Erscheinung tretend **2** ohne typ. Merkmale (Krankheit) [⟨lat. *latens*, Part. Präs. zu *latere* »verborgen sein«]

La|tenz ⟨f.; -; unz.⟩ latente Beschaffenheit

La|tenz|pe|ri|o|de ⟨f.; -, -n⟩ Zeitraum, in dem die sexuelle Entwicklung des Menschen zurücktritt (zwischen dem 6. u. 10. Lebensjahr)

La|tenz|zeit ⟨f.; -, -en; Physiol.⟩ Zeitraum zwischen dem Zeitpunkt der Reizung (Ansteckung) u. der Reaktion

la|te|ral ⟨Adj.⟩ **1** seitlich **2** ⟨Anat.⟩ von der Mittelachse abgewandt; *Ggs* medial (1) [⟨lat. *lateralis* »die Seite betreffend«; zu *latus*, Gen. *lateris* »Seite«]

La|te|ral ⟨m.; -s, -e; Phon.⟩ Konsonant, bei dem die ausströmende Luft seitlich der Zunge entweicht, z. B. l; *Sy* Laterallaut

La|te|ral|in|farkt ⟨m.; -(e)s, -e⟩ Seiteninfarkt (im Bereich der Vorder- u. Hinterwand der linken Herzkammer)

la|te|ra|li|sie|ren ⟨V.⟩ **1** ⟨Med.⟩ zur Seite hin verlagern, verschieben **2** ⟨Psych.⟩ eine Zuordnung von Gehirnhemisphären u. psychischen Funktionen vornehmen [zu lat. *lateralis* »die Seite betreffend«]

La|te|ra|li|tät ⟨f.; -; unz.⟩ Dominanz einer Körperseite (z. B. Rechts- bzw. Linkshändigkeit) [→ *lateral*]

La|te|ral|laut ⟨m.; -(e)s, -e; Phon.⟩ = Lateral

La|te|ran ⟨m.; -s; unz.⟩ der päpstl. Palast in Rom außerhalb der Vatikanstadt [nach der röm. Familie *Laterani*, in deren Besitz sich der Palast befand, der der Vorgänger des heutigen war u. 1308 abbrannte]

La|te|ran|kon|zil ⟨n.; -s, -zi|li|en; kath. Kirche⟩ über Fragen der Lehre u. des Lebens beratende kirchliche Versammlung (bes. Bischofsversammlung) im Lateran

La|te|ri|sie|rung ⟨f.; -, -en⟩ **1** das Laterisieren **2** Entstehung von Laterit [zu lat. *later* »Ziegelstein«]

La|te|rit ⟨m.; -s, -e; Geol.⟩ Aluminium- u. Eisenoxidhydrat enthaltender, unfruchtbarer, roter Verwitterungsboden in den Tropen u. Subtropen [⟨lat. *later* »Ziegelstein«]

548

La|ter|na ma|gi|ca ⟨f.; - -, -nae -cae [-ne: -kε:]⟩ **1** im 17. Jh. erfundener einfacher Projektionsapparat für Diapositive auf Glas **2** synchronisierte Wiedergabe von Film- od. Diaprojektionen u. schauspielerischen Darbietungen [lat., »Zauberlaterne«]

La|ter|ne ⟨f.; -, -n⟩ **1** durch Glasod. Papiergehäuse geschützte Lichtquelle; *Papier~; Stall~; Straßen~* **2** mit Fenstern versehenes Türmchen auf dem durchbrochenen Scheitel einer Kuppel **3** ⟨bei Haustieren⟩ weißer Stirnfleck, Blesse **4** ~ *des Aristoteles* bei vielen Seeigeln den Vorderarm umgebender, umfangreicher Muskel- u. Kalkspangenapparat zur Bewegung der den Mund umstehenden Zähne [<mhd. *la(n)tern(e)* <lat. *la(n)terna* <grch. *lamptera*, Akk. zu *lampter* »Leuchter«]

La|tex ⟨m.; -; unz.⟩ Saft der Kautschuk liefernden Pflanzen, Emulsion aus Kautschuk u. Wasser, Milchsaft [lat., »Flüssigkeit«]

La|ti|fun|di|en|wirt|schaft ⟨f.; -; unz.⟩ Bewirtschaftung mehrerer, zu einer Einheit zusammengefasster Latifundien durch abhängige Bauern

La|ti|fun|di|um ⟨n.; -s, -di|en⟩ **1** ⟨im antiken Röm. Reich⟩ von Sklaven bewirtschaftetes, großes Landgut **2** ⟨danach⟩ durch Pächter od. Verwalter bewirtschafteter großer Land- od. Forstbesitz [lat., »großes Landgut«]

La|ti|me|ria ⟨f.; -, -ri|ae [-riε:]; Zool.⟩ der einzigen heute noch vorkommenden Ordnung der Quastenflosser angehörender Fisch [nach der Entdeckerin, der südamerikan. Museumsdirektorin E. D. Courtenay-*Latimer*, *1907]

La|ti|ner ⟨m.; -s, -⟩ Angehöriger eines indogerman. Volksstammes in der mittelital. Landschaft Latium [<lat. *latinus* »Einwohner von Latium«]

la|ti|ni|sie|ren ⟨V.⟩ der latein. Sprache angleichen; *ein Wort, ein Name* ~ [<lat. *latinus* »lateinisch«]

La|ti|nis|mus ⟨m.; -, -nis|men; Sprachw.⟩ **1** der latein. Sprache eigentümlicher, in der Übersetzung beibehaltener Ausdruck **2** einem latein. Ausdruck nachgebildeter Ausdruck in einer nicht-latein. Sprache

La|ti|nist ⟨m.; -en, -en; Sprachw.⟩ Wissenschaftler der latein. Sprache u. Literatur

La|ti|nis|tin ⟨f.; -, -tin|nen; Sprachw.⟩ Wissenschaftlerin der latein. Sprache u. Literatur

La|ti|ni|tät ⟨f.; -; unz.⟩ mustergültige latein. Ausdrucksweise; *Goldene ~* [<lat. *latinitas* »Latinität«]

La|tin lo|ver *auch:* **La|tin Lo|ver** ⟨[ˈlætɪn lʌvə(r)] m.; (-) -s, (-) -; umg.⟩ leidenschaftl., temperamentvoller, südländischer Geliebter, Liebhaber; →*a.* Lover [engl.]

La|ti|no ⟨m.; -s, -s⟩ = Hispanic [span., »Lateiner, Romane« <lat. *Latinus* »Lateiner; lateinisch«]

La|ti|num ⟨n.; -s; unz.⟩ Schulprüfung in der latein. Sprache bzw. Ergänzungsprüfung für Studenten, die in der Schule kein Latein gelernt haben; *das ~ machen* [lat., Neutr. zu *latinus* »lateinisch«]

La|ti|tü|de ⟨f.; -, -n⟩ **1** geograph. Breite **2** ⟨veraltet⟩ Weite, Spielraum [<frz. *latitude* »(geographische) Breite«]

la|ti|tu|di|nal ⟨Adj.⟩ die Latitüde betreffend, von ihr ausgehend [<lat. *latitudo* «Breite»]

...la|trie *auch:* **...la|trie** ⟨Nachsilbe; zur Bildung weibl. Subst.⟩ Verehrung, Kult; *Monolatrie* [<grch. *latreia* »Dienst, Kult, Verehrung«]

La|tri|ne *auch:* **Lat|ri|ne** ⟨f.; -, -n; veraltet⟩ **1** Abort, Toilette **2** Abortgrube [<lat. *latrina* »Abtritt« < **lavatrina*; zu *lavare* »waschen, spülen«]

La|tus ⟨n.; -, -⟩ addierter Betrag einer Seite, der auf die nächste zu übernehmen ist, Übertragssumme [lat., »Seite«]

Lat|wer|ge ⟨f.; -, -n; hess.⟩ Fruchtmus, bes. aus Zwetschgen [<mhd. *latwerge* <spätlat. *electuarium*, grch. *ekleikton*, *ekleigma* »Arznei, die man im Mund zergehen lässt«]

Lau|da ⟨f.; Sing. von⟩ Laude

lau|da|bel ⟨Adj.; veraltet⟩ lobenswert [<lat. *laudabilis* »lobenswert«]

Lau|da|num ⟨n.; -s; unz.; Pharm.⟩ schmerzstillendes Mittel, bes. Opium [<lat. *ladanum* »Harz der Ledosstaude (od. Zistrose)« <grch. *ledanon*]

Lau|da|tio ⟨f.; -, -o|nes⟩ Lobrede; *eine ~ auf Preisträger, auf Verstorbene u. a. halten* [<lat. *laudatio* »Lobrede«; zu *laudare* »loben«]

Lau|da|tor ⟨m.; -s, -to|ren⟩ jmd., der eine Laudatio auf jmdn. hält

Lau|de ⟨Pl.⟩ auf Franz von Assisi zurückgehende, volkstüml. geistl. Lieder in Italien im 13.–17. Jh.

Lau|des ⟨Pl.⟩ **1** Lobgesänge **2** ⟨im kath. Brevier⟩ Morgengebete [lat., »Lobgesänge« <*laus*, gen. *laudis* »Lob«]

lau|die|ren ⟨V.; veraltet⟩ **1** loben **2** ⟨Rechtsw.⟩ vorschlagen, nennen (Zeugen) [<lat. *laudare* »loben«]

Lau|dist ⟨m.; -en, -en⟩ Verfasser von Lobgesängen [→ *Lauda*]

Launch ⟨[lɔːntʃ] m.; -(e)s, -(e)s⟩ Einführung (das Bekanntmachen, Bewerben u. geschickte Platzieren) eines neuen Produktes auf dem Markt; *der ~ einer neuen Produktlinie* [engl.]

laun|chen ⟨[lɔːntʃən] V.⟩ (neue Produkte) auf den Markt bringen, anlaufen lassen, einführen, lancieren [<engl. *launch*]

Lau|rat ⟨n.; -s, -e; Chemie⟩ Salz der Laurinsäure

Lau|re|at ⟨m.; -en, -en; Barockzeit⟩ mit dem Lorbeerkranz gekrönter Dichter; →*a.* Poeta laureatus [<lat. *laureatus* »mit Lorbeer bekränzt«; zu *laurus* »Lorbeer«]

Lau|ren|tia ⟨f.; -; unz.; Geol.⟩ Urkontinent, der schon zu Beginn des Präkambriums bestand u. Ostkanada u. Grönland als Einheit umfasste, Kernstück des nordamerikan. Kontinents, Kanadischer Schild, Laurentischer Schild [latinisierter Name des St-Lorenz-Stroms]

lau|ren|tisch ⟨Adj.⟩ **1** die Laurentia betreffend, zu ihr gehörig, auf sie bezogen **2** ⟨Geol.⟩ auf

Laurinsäure

Faltungsvorgänge in der nordamerikan. Tafel vor rund 2,9-2,4 Mrd. Jahren bezogen **3** den heiligen Laurentius betreffend (Märtyrer, † 258 in Rom)

Lau|rin|säu|re ⟨f.; -, -n; Chemie⟩ eine höhere, gesättigte Fettsäure

Lau|rus ⟨m.; - od. -ses, - od. -se; Bot.⟩ Lorbeer [lat., »Lorbeerbaum, -kranz«]

Lau|tal ⟨n.; -s; unz.⟩ Legierung aus Kupfer u. Aluminium von geringem Gewicht, aber hoher Festigkeit

La|va ⟨[-va-] f.; -, La|ven⟩ bei Vulkanausbrüchen ausgeworfenes, geschmolzenes Gestein [ital., »Stein«]

La|va|bel ⟨[-va:-] m.; -s; unz.; Textilw.⟩ gekreppter, weicher Stoff aus Seide od. Kunstseide [zu lat. *lavabile* »waschbar«]

La|va|bo ⟨[-va:-] n.; - od. -s, -s⟩ **1** Handwaschung des Priesters in der Messe bei der Gabenbereitung **2** die dafür verwendeten Gefäße (Kanne u. Becken) **3** ⟨a. ['---] noch schweiz.⟩ Waschbecken [lat., »ich werde waschen«]

la|ven|del ⟨[-vɛn-] Adj.; undekl.⟩ lavendelfarben, hellviolett wie die Lavendelblüte

La|ven|del ⟨[-vɛn-] m.; -s, -; Bot.⟩ Gattung der Lippenblütler, deren Blüten (Flores Lavandulae) zur Gewinnung eines in der Parfümindustrie gebrauchten äther. Öles benutzt werden, Speik: Lavandula [<ital. *lavendula* <mlat. *lavandula*, eigtl. »was zum Waschen dienlich ist« <lat. *lavare* »waschen«]

la|vie|ren¹ ⟨[-vi:-] V.⟩ **1** ⟨Schiff.⟩ gegen den Wind kreuzen **2** ⟨fig.⟩ sich geschickt durch Schwierigkeiten hindurchwinden [<mndrl. *loveren*, eigtl. »die Luv abgewinnen«; zu *lof* »Luv«]

la|vie|ren² ⟨[-vi:-] V.⟩ eine aufgetragene Farbe verwischen, Farben ineinander übergehen lassen; *lavierte Federzeichnung* [<frz. *laver* <ital., lat. *lavare* »waschen«]

La|vi|pe|di|um ⟨[-vi-] n.; -s, -di|en⟩ Fußbad [<lat. *lavare* »waschen« + *pes*, Gen. *pedis* »Fuß«]

lä|vo|gyr ⟨[-vo-] Adj.; Zeichen: L-⟩ die Ebene des polarisierten Lichtes entgegen dem Uhrzeigersinn drehend, linksdrehend [<lat. *laevus* »links« + grch. *gyros* »Kreis, Windung«]

La|voir ⟨[-voa:r] n.; -s, -s; noch österr.⟩ Waschbecken [frz., »Waschplatz, Waschbecken«; zu *laver* »waschen«]

Lä|vu|lin|säu|re ⟨[-vu-] f.; -, -n⟩ Ketocarbonsäure, die durch Kochen von Fruchtzucker mit verdünnter Salzsäure entsteht u. in der Textilindustrie sowie als Weichmacher verwendet wird [zu lat. *laevus* »links«]

Lä|vu|lo|se ⟨[-vu-] f.; -; unz.⟩ Fruchtzucker [zu lat. *laevus* »links«]

Law and Or|der ⟨[lɔ: ənd ɔ:də(r)] ohne Artikel; engl. Bez. für⟩ harte staatliche Maßnahmen zur Bekämpfung von Gewalt und Kriminalität; *der Ruf nach ~ wurde immer stärker* [engl., »Recht und Ordnung«]

La|wi|ne ⟨f.; -, -n⟩ **1** herabstürzende Schnee-, Eis- od. Steinmassen im Hochgebirge **2** ⟨fig.⟩ durch einen geringfügigen Anstoß in Bewegung geratene Massen; *eine ~ von Zuschriften* [<rätoroman. *lavina* »Schnee-, Eislawine« < lat. *labina* »Erdrutsch«; zu *labi* »gleiten«]

Lawn|ten|nis ⟨[lɔ:n-] n.; -; unz.⟩ bes. in England) auf Rasen gespieltes Tennis [engl.]

Law|ren|ci|um ⟨[lɔ:-] n.; -s; unz.⟩ chem. Element, Ordnungszahl 103 (Zeichen: Lr) 1962 erstmals künstlich hergestelltes Element, Ordnungszahl 103 [nach dem US-amerikan. Physiker E. O. *Lawrence*, 1901-1958]

lax ⟨Adj.⟩ **1** locker, nicht straff (Disziplin) **2** lässig (Benehmen) **3** moralisch nicht gefestigt (Grundsätze) [<lat. *laxus* »schlaff, locker«]

La|xans ⟨n.; -, -xan|ti|en od. -xan|tia; Med.⟩ = Laxativ

La|xa|tiv ⟨n.; -s, -e [-və]; Med.⟩ Abführmittel; *Sy* Laxans [<lat. *laxare* »lösen, lockern«]

la|xie|ren ⟨V.; Med.⟩ abführen, den Stuhlgang beschleunigen [<lat. *laxare* »lösen, lockern«]

Lay|er *auch:* **Lay|er** ⟨[lɛɪ-] m.; -s, -⟩ **1** Ebene, Schicht, Informationsschicht **2** ⟨EDV⟩ Zeichenebene in einem Programm **3** durchsichtige Schreibfolie **4** ⟨Wirtsch.⟩ Abschnittsdeckung bei Versicherungen, wobei die Versicherungssumme in verschiedene Größenbereiche aufgeteilt wird u. der Versicherer nur für den Teil des Schadens haftet, der in seinen Bereich fällt [engl., »Schicht«]

Lay-off *auch:* **Lay|off** ⟨[lɛɪɔf] n.; -s, -s⟩ vorübergehende Entlassung von Arbeitskräften [engl.]

Lay-out / Layout ⟨*Schreibung mit Bindestrich*⟩ Zusammensetzungen, die aus substantivisch gebrauchten Infinitiven mit zwei oder mehr Bestandteilen bestehen, werden durch Bindestrich abgetrennt. In diesen Fällen ist jedoch auch die Zusammenschreibung erlaubt (→ *a.* Lock-out / Lockout).

Lay-out *auch:* **Lay|out** ⟨[lɛɪaut] od. ['--] n.; -s, -s⟩ **1** Entwurf für Text- u. Bildgestaltung **2** räumliche Anordnung **3** ⟨Wirtsch.⟩ innerbetriebliche Standortplanung [engl., »Anordnung, Planung«]

Lay|ou|ter ⟨[lɛɪautə(r)] od. ['---] m.; -s, -⟩ Grafiker, der Lay-outs herstellt

Lay-up ⟨[lɛɪʌp] m.; - od. -s, -s; Sport; Basketball⟩ Wurf aus ca. einem halben Meter Entfernung auf den Korb [engl., »auflegen« < *lay* »legen« + *up* »auf, hinauf«]

La|za|rett ⟨n.; -(e)s, -e; Mil.⟩ Militärhospital [<frz. *lazaret* <ital. *lazzaretto*, venezian. *lazareto*; nach der venezian. Kirche Santa Maria di *Nazaret*, in deren Umgebung sich um 15. Jh. ein Hospital für Aussätzige (ital. *lazzaro*, nach dem kranken *Lazarus*, Luk. 16,20) befand]

La|za|rist ⟨m.; -en, -en⟩ Angehöriger einer Priesterkongregation ohne Gelübde, die vornehmlich in der inneren u. äußeren Mission arbeitet; *Sy* Vinzentiner [nach dem Pariser Mutterhaus *Saint Lazare*]

La|ze|ra|ti|on ⟨f.; -, -en; Med.⟩ Einriss [<lat. *laceratio* »Zerreißung«; zu *lacerare* »zerreißen«]

la|ze|rie|ren ⟨V.; Med.⟩ einreißen [<lat. *lacerare* »zerreißen«]
La|zer|te ⟨f.; -, -n; Zool.⟩ Eidechse [<lat. *lacerta*]
La|zu|lith ⟨m.; -s, -e; Min.⟩ himmelblaues, glasglänzendes Mineral als Einsprengling in Quarz u. Quarziten, chemisch ein Gemisch aus Tonerde u. Magnesium-Eisen-Oxiden u. Phosphaten, Blauspat [<pers. *ladschuward* »Lasur, Blutstein« + ...*lith*]
lb. ⟨Zeichen für⟩ Pound
lbs. ⟨Zeichen für⟩ Pounds
l. c. ⟨Abk. für lat.⟩ loco citato
LCD ⟨Abk. für engl.⟩ Liquid Crystal Display (Flüssigkristallanzeige), bei elektronischen Geräten (z. B. Taschenrechnern) verwendetes Anzeigesystem, das mittels flüssiger Kristalle Ziffern, Buchstaben u. Zeichen darstellt
ld. ⟨Abk. für⟩ limited
LDC ⟨Abk. für engl.⟩ Less Developed Countries (wenig entwickelte Länder, Entwicklungsländer); →*a.* LLDC [engl.]
Lead ⟨[liːd] n.; -s; unz.; Musik⟩ Führungsstimme in einer Jazzband, Pop- od. Rockgruppe [zu engl. *lead* »führen«]
Lea|der|ship ⟨[liːdə(r)ʃip] n.; -s, -s od. f.; -, -; Politik; Sport⟩ Führung, Führungskraft, -stärke, Vorsitz; *das ~ liegt in den Händen des Präsidenten* [engl.]
Lead|gi|tar|re ⟨[liːd-] f.; -, -n; Musik⟩ Gitarre, die den Rhythmus, auf dem Beat gespielt wird; →*a.* Rhythmusgitarre
Lead|gi|tar|rist ⟨[liːd-] m.; -en, -en; Musik⟩ Gitarrist, der die Leadgitarre spielt; →*a.* Rhythmusgitarrist
Lead|sän|ger ⟨[liːd-] m.; -s, -; Musik⟩ Sänger, dessen Stimme den Gesang eines Musikstücks bestimmt; *Ggs* Backgroundsänger
Lead|sän|ge|rin ⟨[liːd-] f.; -, -rinnen; Musik⟩ Sängerin, deren Stimme den Gesang eines Musikstücks bestimmt; *Ggs* Backgroundsängerin
Leaf|let ⟨[liːflət] n.; -s, -s⟩ Werbeblatt, -broschüre [engl., eigtl. »Blättchen«]

Lean|ma|nage|ment *auch:* **Lean Ma|nage|ment** ⟨[liːnmænɪdʒmənt] n.; (-) -s; unz.; Wirtsch.⟩ kostengünstige Unternehmensführung [<engl. *lean* »schlank« + *Management*]
Lean|pro|duc|tion *auch:* **Lean Pro|duc|tion** ⟨[liːnprɔdʌkʃn] f.; (-) -; unz.; Wirtsch.⟩ kostengünstige Produktion (durch Reduzierung der Lohn-, Material- u. Herstellungskosten) [<engl. *lean* »schlank« + *production* »Produktion, Herstellung«]
Lear|ning by Do|ing ⟨[lœːnɪŋ baɪ duːɪŋ] n.; - - -; unz.⟩ das Erlernen einer Tätigkeit durch deren praktische Anwendung; →*a.* Learning on the Job [engl., »Lernen durch Handeln, Tun«]
Lear|ning on the Job ⟨[lœːnɪŋ ɔn ðə dʒɔb] n.; - - - -; unz.; Wirtsch.⟩ das Erlernen eines Berufs durch seine praktische Ausübung (mit od. ohne begleitende Weiterbildung); →*a.* Learning by Doing [engl., »Lernen durch den Beruf«]
lea|sen ⟨[liːzən] V.⟩ mieten; *ein Auto ~* [<engl. *lease* »(ver)mieten«]
Lea|sing ⟨[liː-] n.; -s, -s⟩ Mieten od. Vermieten von Investitions- u. langlebigen Gebrauchsgütern; *~ von Industrieanlagen* [zu engl. *lease* »mieten, vermieten«]
Le|ci|thin ⟨n.; -s; unz.; Biochemie⟩ = Lezithin
Leck|a|ge ⟨[-kaːʒə] f.; -, -n⟩ Leck, undichte Stelle [<*Leck* + frz. Substantivendung ...*age*]
Le|clan|ché-Ele|ment *auch:* **Lec|lan|ché-El|e|ment** ⟨[ləklāˈʃeː-] n.; -(e)s, -e⟩ galvan. Element mit einer Kohle- u. Zinkelektrode in einer Salmiakpaste, Grundlage für die meisten Taschenlampenbatterien [nach dem frz. Chemiker G. *Leclanché*, †1882]
Lec|ti|ne ⟨Pl.⟩ organspezifische Eiweißstoffe, die bestimmte gebundene od. ungebundene Zuckermoleküle erkennen u. binden können; *oV* Lektine [zu lat. *lectus* »ausgewählt«; zu *legere* »auswählen«]
LED ⟨Abk. für engl.⟩ Light Emitting Diode (Licht aussendende Diode), Lumineszenzdiode

leg. ⟨Abk. für⟩ legato
le|gal ⟨Adj.; Rechtsw.⟩ gesetzlich, dem Gesetz entsprechend; *Ggs* illegal [<lat. *legalis* »gesetzmäßig«; zu *lex*, Gen. *legis* »Gesetz«]
Le|gal|de|fi|ni|ti|on ⟨f.; -, -en; Rechtsw.⟩ durch ein Gesetz gegebene od. festgesetzte Begriffsdefinition
Le|ga|li|sa|ti|on ⟨f.; -, -en; Rechtsw.⟩ das Legalisieren, amtl. Beglaubigung, gesetzl. Bestätigung
le|ga|li|sie|ren ⟨V.; Rechtsw.⟩ legal, gesetzlich machen, amtlich bestätigen
Le|ga|lis|mus ⟨m.; -; unz.⟩ striktes Festhalten an Paragraphen u. Vorschriften
le|ga|lis|tisch ⟨Adj.⟩ **1** auf Legalismus beruhend **2** kleinlich an Vorschriften festhaltend
Le|ga|li|tät ⟨f.; -; unz.⟩ legale Beschaffenheit, Gesetzlichkeit; *Ggs* Illegalität
Le|ga|li|täts|prin|zip ⟨n.; -s; unz.; Rechtsw.⟩ Verpflichtung der Staatsanwaltschaft, Straftaten im öffentlichen Interesse zu verfolgen
le|ga|sthen *auch:* **le|gas|then** ⟨Adj.; geh.⟩ = legasthenisch
Le|ga|sthe|nie *auch:* **Le|gas|the|nie** ⟨f.; -; unz.⟩ angeborene Schwäche beim Erlernen des Lesens u. Rechtschreibens bei sonst normaler Intelligenz [<grch. *legein* »lesen« + *astheneia* »Schwäche«]
Le|ga|sthe|ni|ker *auch:* **Le|gas|the|ni|ker** ⟨m.; -s, -⟩ jmd., bes. ein Kind, der bzw. das an Legasthenie leidet
le|ga|sthe|nisch *auch:* **le|gas|the|nisch** ⟨Adj.⟩ an Legasthenie leidend, die Legasthenie betreffend, zu ihr gehörig; *oV* legasthen
Le|gat[1] ⟨n.; -(e)s, -e⟩ Vermächtnis [<lat. *legatum* »Vermächtnis«; zu *legare* »letztwillig verfügen«, eigtl. »eine gesetzl. Verfügung treffen«]
Le|gat[2] ⟨m.; -en, -en⟩ altröm. Gesandter od. päpstl. Gesandter [<lat. *legatus* »Gesandter«; zu *legare* »eine gesetzl. Verfügung treffen; von Amts wegen absenden«; zu *lex*, Gen. *legis* »Gesetz«]

Legatar

Le|ga|tar ⟨m.; -s, -e⟩ jmd., dem ein Legat zufällt [<lat. *legatarius* »Vermächtnisinhaber«; zu *legatum* »Vermächtnis«]

Le|ga|ti|on ⟨f.; -, -en⟩ (päpstl.) Gesandtschaft [<lat. *legatio* »Gesandtschaft«; → *Legat*]

le|ga|tis|si|mo ⟨Musik⟩ äußerst gebunden (zu spielen) [ital., Superlativ zu *legato*]

le|ga|to ⟨Musik; Abk.: leg.⟩ gebunden (zu spielen) [ital., Part. Perf. zu *legare* »binden« <lat. *ligare*]

Le|ga|to ⟨n.; -s, -s od. -ti; Musik⟩ 1 gebundenes Spiel 2 legato zu spielender Teil eines Musikstücks

le|ge ar|tis ⟨Med.⟩ nach den Regeln der (ärztlichen) Kunst [lat.]

Le|gen|dar ⟨n.; -s, -e⟩ Sammlung von Heiligenlegenden [→ *Legende*]

le|gen|där ⟨Adj.⟩ 1 legendenhaft, sagenhaft 2 ⟨fig.⟩ unglaubhaft, unwahrscheinlich

le|gen|da|risch ⟨Adj.⟩ 1 in der Art einer Legende, eine Legende betreffend, zu ihr gehörig, Legenden enthaltend 2 ein Legendarium betreffend, aus ihm stammend

Le|gen|da|ri|um ⟨n.; -s, -ri|en⟩ = Legendar

Le|gen|de ⟨f.; -, -n⟩ 1 Sage von frommen Menschen 2 lange vergangenes, nicht mehr nachweisbares historisches Ereignis 3 verzerrt dargestellter histor. Vorgang; *die Dolchstoß~ nach dem 1. Weltkrieg* 4 unglaubwürdige Geschichte 5 Inschrift; *~n von Münzen* 6 erläuternder Text zu Karten, Abbildungen; *Bild~; Karten~* 7 Person, die auf einem Gebiet besondere Fähigkeiten besitzt, Berühmtheit; *Pop~* [<mhd. *legende* <mlat. *legenda* »zu lesende Stücke« <lat. *legere* »lesen«]

le|ger ⟨[leʒɛːr] Adj.⟩ ungezwungen, zwanglos, formlos (Benehmen) [<frz. *léger* »leicht, gewandt«]

Le|ges ⟨Pl. von⟩ Lex

leg|gie|ro ⟨[ledʒɛːro] Musik⟩ im leichten, spielerischen Stil (zu spielen) [ital., »leicht«]

Leg|gings ⟨Pl.⟩ oV Leggins 1 vom Knöchel bis zum Oberschenkel reichende Ledergamaschen nordamerikan. Indianer 2 modisch bunte Überziehstrümpfe, die von den Fußknöcheln bis zu den Oberschenkeln reichen [engl.; zu *leg* »Bein«]

Leg|gins ⟨Pl.⟩ = Leggings

Leg|horn ⟨n.; -s, - od. -s od. (regional a.) -hör|ner; Zool.⟩ Haushuhnrasse mit hoher Legeleistung [nach dem ital. Ausfuhrhafen *Livorno* in dessen engl. Form *Leghorn*]

le|gie|ren ⟨V.⟩ 1 zu einer Legierung zusammenschmelzen; *Metalle ~* 2 sämig machen, eindicken; *Soße ~* 3 als Legat vermachen [<ital. *legare* <»binden, vereinigen« <lat. *ligare*]

Le|gie|rung ⟨f.; -, -en⟩ durch Zusammenschmelzen mehrerer Metalle (u. Zusätze) entstehendes Metallgemisch

le|gi|fe|rie|ren ⟨V.; schweiz.⟩ gesetzlich verankern, als Gesetz verabschieden [zu lat. *lex*, Gen. *legis* »Gesetz«]

Le|gi|on ⟨f.; -, -en⟩ 1 röm. Truppeneinheit 2 Name verschiedener Truppen; *Fremden~* 3 unbestimmt große Anzahl, große Menge; *ihre Zahl war ~* [<lat. *legio*, eigtl. »auserlesene Mannschaft«; zu *legere* »lesen, auswählen«]

Le|gi|o|när ⟨m.; -s, -e⟩ 1 röm. Soldat 2 Angehöriger einer Legion; *Fremden~* [<lat. *legionarius* »zur Legion gehörig«, beeinflusst von frz. *légionnaire* »Legionär«]

Le|gi|o|närs|krank|heit ⟨f.; -; unz.; Med.⟩ bakterielle Infektionskrankheit, die zu einer schweren Form von Lungenentzündung führt, wurde erstmals 1976 in den USA bei einer Versammlung des Veteranenverbands »American Legion« in Philadelphia beobachtet

le|gis|la|tiv ⟨Adj.; Rechtsw.⟩ gesetzgebend [<lat. *lex*, Gen. *legis* »Gesetz« + *latio* »das Bringen«]

Le|gis|la|ti|ve ⟨[-və] f.; -, -n [-vən]; Rechtsw.⟩ 1 Teil der Staatsgewalt; →a. Exekutive, Judikative 2 gesetzgebende Versammlung

le|gis|la|to|risch ⟨Adj.; Rechtsw.⟩ gesetzgeberisch, vom Gesetzgeber ausgehend [→ *legislativ*]

Le|gis|la|tur ⟨f.; -, -en; Rechtsw.⟩ Gesetzgebung [<lat. *lex*, Gen. *legis* »Gesetz« + *latura* »das Tragen«]

Le|gis|la|tur|pe|ri|o|de ⟨f.; -, -n; Rechtsw.; Politik⟩ Zeitraum, für den eine gesetzgebende Versammlung gewählt ist

Le|gis|mus ⟨m.; -; unz.⟩ 1 Starrheit der Gesetze 2 starres Festhalten am Text der Gesetze [<lat. *lex*, Gen. *legis* »Gesetz«]

le|gis|tisch ⟨Adj.; Rechtsw.; österr.⟩ die Ausarbeitung von Gesetzen betreffend, gesetzlich, juristisch; *der Text des Volksbegehrens ist ~ unzureichend*

le|gi|tim ⟨Adj.⟩ 1 rechtmäßig, gesetzlich anerkannt, zulässig; *Ggs* illegitim 2 ehelich; *ein ~es Kind* [<lat. *legitimus* »durch Gesetze bestimmt«; zu *lex*, Gen. *legis* »Gesetz«]

Le|gi|ti|ma|ti|on ⟨f.; -, -en⟩ 1 das Legitimieren, Anerkennung als legitim 2 Berechtigung 3 Nachweis der Berechtigung 4 Ausweis, Pass [→ *legitim*]

Le|gi|ti|ma|ti|ons|pa|pier ⟨n.; -s, -e⟩ Urkunde, deren Vorzeigen ein Schuldner als genügenden Ausweis zur Annahme einer Leistung betrachten darf

le|gi|ti|mie|ren ⟨V.⟩ 1 für legitim erklären, beglaubigen, berechtigen; *Ggs* delegitimieren 2 *sich ~* eine Legitimation (4) vorlegen, sich ausweisen

Le|gi|ti|mie|rung ⟨f.; -, -en⟩ das Legitimieren

Le|gi|ti|mis|mus ⟨m.; -; unz.⟩ Auffassung von der Unabsetzbarkeit eines regierenden Herrschers [→ *legitim*]

Le|gi|ti|mist ⟨m.; -en, -en⟩ Vertreter des Legitimismus

le|gi|ti|mis|tisch ⟨Adj.⟩ den Legitimismus betreffend, auf ihm beruhend

Le|gi|ti|mi|tät ⟨f.; -; unz.⟩ legitime Beschaffenheit, Rechtmäßigkeit; *Ggs* Illegitimität

Le|gu|an ⟨m.; -s, -e; Zool.⟩ Familie der Echsen mit dicker, kaum gespaltener Zunge u. starken Beinen, Kammeidechse: Iguanidae; *Grüner ~* leuchtend grün u. gelb gezeichneter Leguan mit Stachelkamm u. großem Kehlsack: Iguana iguana [<span. *la iguana* <karib.]

Le|gu|men ⟨n.; -s, -; Bot.⟩ Hülse, Hülsenfrucht [lat., »Hülsenfrucht«]

Le|gu|min ⟨n.; -s, -e; Biochemie⟩ Eiweißstoff in den Leguminosenfrüchten [→ *Legumen*]

Le|gu|mi|no|se ⟨f.; -, -n; Bot.⟩ Ordnung der zweikeimblättrigen Pflanzen mit meist fiedrig zusammengesetzten Blättern u. in Hülsen eingeschlossenen Früchten, Hülsenfrüchtler: Leguminosae [→ *Legumen*]

Leg|war|mer ⟨[lɛgwɔːmə(r)] m.; -s, -; meist Pl.⟩ langer, bis über die Knie reichender Strumpf ohne Fuß (für Gymnastik u. Ä.) [<engl. *leg* »Bein« + *warm* »wärmen«]

Lei ⟨Pl. von⟩ Leu

Leicht|ath|let ⟨m.; -en, -en; Sport⟩ jmd., der Leichtathletik betreibt; *Ggs* Schwerathlet [zu grch. *athletes* »Wettkämpfer«]

Leicht|ath|le|tik ⟨f.; -; unz.; Sport⟩ **1** ⟨Sammelbez. für⟩ Laufen, Springen, Werfen u. verwandte Übungen **2** sportlicher Wettkampf der Leichtathlet. Sportarten

Leicht|ath|le|tin ⟨f.; -, -tin|nen; Sport⟩ Frau, die Leichtathletik betreibt; *Ggs* Schwerathletin

Leik ⟨n.; -s, -en⟩ = Liek

lei|pro|gram|ma|tisch ⟨Adj.; Lit.⟩ einen bestimmten Buchstaben nicht aufweisend (bezogen auf literar. Textspielereien) [<grch. *leiprogrammatos* »woran ein Buchstabe fehlt«]

Leis ⟨m.; - od. -es, -e od. -en; Musik⟩ mittelalterl. geistl. Volkslied [<mhd. *leis(e)*, nach dem Ruf *kyrie eleison* »Herr, erbarme dich!«, mit dem viele geistl. Lieder des MA endeten]

Leish|ma|nia ⟨[laɪʃ-] f.; -, -ni|en; Med.⟩ zu den Geißeltierchen gehörender Krankheitserreger [nach dem engl. Militärarzt *Leishman*, 1885-1926]

Leish|ma|ni|o|se ⟨[laɪʃ-] f.; -, -n; Med.⟩ durch Leishmanien hervorgerufene Tropenkrankheit

Leit|fos|sil ⟨n.; -s, -li|en⟩ eine bestimmte Erdschicht kennzeichnende Versteinerung eines Organismus

Lek ⟨m.; -, -⟩ alban. Währungseinheit, 100 Qindar

Lek|ti|ne ⟨Pl.⟩ = Lectine

Lek|ti|on ⟨f.; -, -en⟩ **1** Vorlesung, Lehrstunde **2** ⟨fig.⟩ Zurechtweisung; *jmdm. eine ~ erteilen* jmdn. (energisch) zurechtweisen **3** Lehrbuchabschnitt, Lernaufgabe [<lat. *lectio* »das Lesen«; zu *legere* »lesen«]

Lek|ti|o|nar ⟨m.; -s, -e od. -na|ri|en⟩ *oV* Lektionarium **1** Buch, in dem die Lesungen für die einzelnen Tage des Kirchenjahrs niedergelegt sind **2** Lesepult für liturgische Lesungen [<lat. *lectionarium*]

Lek|ti|o|na|ri|um ⟨n.; -s, -ri|en⟩ **1** Buch mit den Bibelstellen für die Lesungen im Gottesdienst **2** ⟨Sammelbez. für⟩ Epistolar u. Evangeliar **3** Lesepult für die Lesungen im Gottesdienst [→ *Lektion*]

Lek|tor ⟨m.; -s, -to|ren⟩ **1** Hochschullehrer für bestimmte Fächer u. Fertigkeiten, bes. für Einführungskurse u. Übungen **2** Angestellter eines Verlages, der die angebotenen Manuskripte überprüft bzw. die angenommenen M. bearbeitet [<lat. *lector* »Leser, Vorleser«; zu *legere* »lesen«]

Lek|to|rat ⟨n.; -(e)s, -e⟩ **1** Amt, Stelle des Lektors **2** Abteilung der Lektoren im Verlag

lek|to|rie|ren ⟨V.⟩ *ein Manuskript ~* als Lektor begutachten

Lek|to|rin ⟨f.; -, -rin|nen⟩ weibl. Lektor

Lek|tü|re ⟨f.; -, -n⟩ **1** das Lesen; *bei der ~ dieses Buches* **2** Leseübung **3** Lesestoff; *französische ~; ernste, heitere, leichte, schwere ~; ~ für den Unterricht, für den Urlaub* [<frz. *lecture* »Lesung, Lektüre« <mlat. *lectura* »das Lesen«; zu *legere* »lesen«]

Le|ky|thos ⟨f.; -, -ky|then⟩ altgrch. Ölgefäß mit Fuß, Hals, Ausguss u. Henkel [grch., »Ölflasche«]

Le-Mans-Start ⟨[ləmãː-] m.; -(e)s, -s od. (selten) -e⟩ Art des Starts für Autorennen: die Fahrer stehen auf der einen Seite, die Autos auf der anderen Seite der Rennbahn, beim Startzeichen laufen die Fahrer zu ihren Wagen [nach der Auto-Rennstrecke der frz. Stadt *Le Mans*]

Lem|ma ⟨n.; -s, -ma|ta⟩ **1** ⟨veraltet⟩ in Titel od. Motto ausgedrückter Hauptinhalt eines Werkes **2** ⟨Math.; Logik⟩ Annahme, Hilfssatz **3** ⟨in Wörterbüchern⟩ Stichwort [grch., »Annahme«; zu *lambanein* »nehmen«]

lem|ma|ti|sie|ren ⟨V.; in Wörterbüchern⟩ Stichwörter kennzeichnen u. ordnen [→ *Lemma*]

Lem|ming ⟨m.; -s, -e; Zool.⟩ zu den Wühlmäusen gehörendes Nagetier von walzenförm. Körperbau: Lemmus, Dicrostomyx [dän.]

Lem|nis|ka|te ⟨f.; -, -n; Math.⟩ algebraische Kurve 4.Ordnung, die die Form einer liegenden Acht hat [<grch. *lemniskos* »wollenes Band«; zu *lenos* »Wolle«]

Le|mur ⟨m.; -en, -en⟩ *oV* Lemure **1** ⟨röm. Myth.⟩ Geist eines Verstorbenen, Gespenst **2** ⟨Zool.⟩ = Maki [<lat. *lemures* »Seelen der Abgeschiedenen«]

Le|mu|re ⟨m.; -n, -n⟩ = Lemur

le|mu|ren|haft ⟨Adj.⟩ gespenstisch, in der Art der Lemuren

le|mu|risch ⟨Adj.⟩ zu den Lemuren gehörend

Le|nie|rung ⟨f.; -, -en; Sprachw.⟩ Abschwächung von Konsonanten (insbes. bezogen auf keltische Sprachen) [zu lat. *lenire* »lindern, besänftigen«]

Le|ni|nis|mus ⟨m.; -; unz.; Politik⟩ Weiterführung der marxist. Lehre durch Lenin [nach dem russ. Revolutionär Wladimir Iljitsch Uljanow, polit. Deckname: *Lenin*, 1870-1924]

Le|ni|nist ⟨m.; -en, -en; Politik⟩ Vertreter, Anhänger des Leninismus

Le|ni|nis|tin ⟨f.; -, -tin|nen; Politik⟩ Vertreterin, Anhängerin des Leninismus

le|ni|nis|tisch ⟨Adj.; Politik⟩ zum Leninismus gehörend, von ihm stammend, von ihm geprägt

Le|nis ⟨f. od. m.; -, -nes [-neːs]; Sprachw.⟩ Verschluss- oder Reibelaut, der mit schwachem Luftdruck artikuliert wird, z. B. b, d, g; *Ggs* Fortis [lat., »sanft«]

le|ni|sie|ren ⟨V.; Sprachw.⟩ weich, stimmhaft werden (von Konsonanten) [<lat. *lenire* »lindern«]

le|ni|tiv ⟨Adj.; Pharm.⟩ mit lindernder Wirkung, lindernd [<lat. *lenire* »lindern, mildern«]

Lenitivum

Le|ni|ti|vum ⟨[-vum] n.; -s, -ti|va [-va]; Pharm.⟩ sanftes Abführmittel [zu lat. *lenis* »sanft«]

len|tan|do ⟨Musik⟩ nachlassend, langsamer werdend [ital.; zu *lento*]

len|te|ment ⟨[lãntmã:] Musik⟩ langsam (zu spielen); *Sy* lento [frz.]

Len|ti|go ⟨f.; -, -gi|nes; Med.⟩ rundlicher, dunkler Fleck auf der Haut, Linsenfleck [<lat. *lens*, Gen. *lentis* »Linse«]

len|ti|ku|lär ⟨Adj.⟩ linsenförmig [<lat. *lenticularis* »linsenförmig, linsenartig«; zu *lens*, Gen. *lentis* »Linse«]

Len|ti|ku|la|ris|wol|ke ⟨f.; -, -n; Meteor.⟩ kleine, linsenförmige Wolke [→ *lentikulär*]

Len|ti|ku|lär|zel|len ⟨Pl.; Bot.⟩ Zellen, die an verkorkten Pflanzenteilen in lockeres Gewebe bilden, das dem Gasaustausch dient; *Sy* Lentizellen [<lat. *lens*, Gen. *lentis* »Linse«]

Len|ti|zel|len ⟨Pl.; Bot.⟩ = Lentikulärzellen

len|to ⟨Musik⟩ langsam (zu spielen) [ital.]

Len|to ⟨n.; -, -s od. -ti; Musik⟩ lento zu spielender Teil eines Musikstücks

Le|o|ni|den ⟨Pl.⟩ im November jeden Jahres auftretender Sternschnuppenschwarm [<lat. *leo*, Gen. *leonis* »Löwe«, da die Sternschnuppen scheinbar aus dem Sternbild des Löwen kommen]

le|o|ni|nisch ⟨Adj.⟩ ~er Vertrag Vertrag, bei dem ein Partner alle Vorteile (den Löwenanteil) hat [nach einer Fabel des Äsop; <lat. *leo*, Gen. *leonis* »Löwe«]

le|o|nisch ⟨Adj.⟩ ~e Waren Gespinste, Gewebe aus Seidenfäden, die mit vergoldeten od. versilberten Metallfäden umsponnen sind (für Borten, Litzen usw.) [nach der span. Stadt *León*]

Le|o|pard ⟨m.; -en, -en; Zool.⟩ Großkatze mit gelbem Fell u. braunschwarzen Punkten: Panthera pardus; *Sy* Panther, Pard, Parder [<lat. *leopardus* <*leo* »Löwe« + *pardus* »Leopard«]

Le|pi|do|kro|kit *auch:* **Le|pi|dok|ro|kit** ⟨m.; -s, -e; Min.⟩ rubin- bis gelbrot glänzendes, eisenhaltiges Mineral [<grch. *lepidotos* »schuppig« + *kroke* »Flocke«]

Le|pi|dop|te|re *auch:* **Le|pi|dop|te|re** ⟨m.; -n, -n; Zool.⟩ Schmetterling [<grch. *lepidotos* »schuppig« + *pteron* »Flügel«]

Le|pi|dop|te|ro|lo|ge *auch:* **Le|pi|dop|te|ro|lo|ge** ⟨m.; -n, -n; Zool.⟩ Wissenschaftler, Forscher im Bereich der Lepidopterologie, Schmetterlingskundler

Le|pi|dop|te|ro|lo|gie *auch:* **Le|pi|dop|te|ro|lo|gie** ⟨f.; -; unz.⟩ Schmetterlingskunde

Le|pi|dop|te|ro|lo|gin *auch:* **Le|pi|dop|te|ro|lo|gin** ⟨f.; -, -gin|nen; Zool.⟩ Wissenschaftlerin, Forscherin im Bereich der Lepidopterologie, Schmetterlingskundlerin

Le|po|rel|lo ⟨n.; -s, -s⟩ lange, harmonikaartig gefaltete Papierbahn

Le|po|rel|lo|buch ⟨n.; -(e)s, -bücher⟩ Buch, dessen Seiten nicht gebunden, sondern wie eine Harmonika gefaltet sind [nach *Leporello* (Don Juans Diener in der Oper »Don Juan«), der in einem solchen Buch die Liebschaften seines Herrn notierte]

Le|pra *auch:* **Lep|ra** ⟨f.; -; unz.; Med.⟩ Aussatz [zu grch. *lepros* »rau, uneben«]

Le|prom *auch:* **Lep|rom** ⟨n.; -s, -e; Med.⟩ durch Lepra verursachter Knoten der Haut od. der inneren Organe

le|pros *auch:* **lep|ros** ⟨Adj.; Med.⟩ = leprös

le|prös *auch:* **lep|rös** ⟨Adj.; Med.⟩ aussätzig; *oV* lepros

...lep|sie ⟨Nachsilbe; zur Bildung weibl. Subst.⟩ krampfartige Attacke; *Epilepsie* [<grch. *...lepsia* <*lambanein* »nehmen«]

Le|pi|ta ⟨Pl. von⟩ Lepton

Lep|tom ⟨n.; -s, -e; Bot.⟩ = Phloem [<grch. *leptos* »zart, fein«]

Lep|to|me|ninx ⟨f.; -; unz.; Anat.⟩ weiche Hirnhaut [<grch. *leptos* »zart, fein« + *Meninx*]

Lep|ton[1] ⟨n.; -s, Lep|ta⟩ 1 (früher) grch. Münze, 1/100 Drachme 2 altgrch. Gewicht, 10 mg [<grch. *lepton* »kleines Geldstück«, eigtl. »zart, fein, klein«]

Lep|ton[2] ⟨n.; -s, -to|nen; Physik⟩ Elementarteilchen, das leichter ist als das Proton

lep|to|som ⟨Adj.⟩ schmächtig [<grch. *leptos* »zart, fein, schmal« + *soma* »Körper«]

Lep|to|so|me(r) ⟨f. 2 (m. 1)⟩ jmd., der leptosom ist

Lep|to|spi|re *auch:* **Lep|tos|pi|re** ⟨f.; -, -n; Med.⟩ Schraubenbakterium [<grch. *leptos* »zart, fein, schmal« + *speira* »Windung, Schlinge«]

Lep|to|spi|ro|se *auch:* **Lep|tos|pi|ro|se** ⟨f.; -, -n; Med.⟩ durch Leptospiren hervorgerufene Infektionskrankheit

Les|be ⟨f.; -, -n; umg.; kurz für⟩ Lesbierin

Les|bi|a|nis|mus ⟨m.; -; unz.⟩ = lesbische Liebe

Les|bi|e|rin ⟨f.; -, -rin|nen⟩ homosexuelle Frau; *Sy* Tribade [nach der grch. Insel *Lesbos*, wo die Dichterin Sappho eine Anhängerin der lesbischen Liebe gewesen sein soll]

les|bisch ⟨Adj.⟩ homosexuell (von Frauen); ~e *Liebe* Homosexualität zwischen Frauen; *Sy* Lesbianismus, Tribadie

Les|ley ⟨[lɛzlɪ] n.; -s, -s; Musik⟩ Vibrato, das durch Ausnutzung des Raumklangs u. durch bewegliche Lautsprechersysteme erzeugt wird (in Diskotheken usw.); *oV* Leslie [engl.]

Les|lie ⟨n.; -s, -s; Musik⟩ = Lesley

Les|si|vie|rung ⟨[-vi-] f.; -, -en; Geol.⟩ Verlagerungsvorgang von Ton bei wechselfeuchten Klimabedingungen [zu frz. *lessiver* »auslaugen, auswaschen« <lat. *lixivus* »ausgelaugt«]

les|to ⟨Adj.; Musik⟩ flink, hurtig, behände (zu spielen) [ital.]

Let ⟨n.; -s, -s; Sport; bes. Tennis⟩ 1 ungültiger Aufschlag, der wegen Netzberührung des Balles wiederholt werden muss 2 (Squash) Behinderung durch den Gegner, die eine Wiederholung des Ballwechsels erforderlich macht [engl.]

le|tal ⟨Adj.; Med.⟩ tödlich [<lat. *letalis* »tödlich«; zu *letum* »Tod«]

Le|tal|do|sis ⟨f.; -, -do|sen; Med.⟩ tödliche Menge schädigender Mittel (z. B. Strahlung, Drogen)

Le|tal|fak|tor ⟨m.; -s, -to|ren; Med.⟩ Erbanlage, die schon im vorgeburtlichen Stadium zu einem Absterben der Leibesfrucht führt

Le|ta|li|tät ⟨f.; -; unz.⟩ Sterblichkeit

l'état c'est moi (*Schreibung von Zitaten und zitatähnlichen Fügungen*) Aus einer Fremdsprache übernommene Zitate oder feste Redewendungen werden in der Regel den orthographischen Vorgaben der Herkunftssprache entsprechend geschrieben (→*a.* cherchez la femme).

l'état c'est moi ⟨[letasɛmoa]⟩ der Staat bin ich, Schlagwort des Absolutismus nach einem angebl. Ausspruch Ludwigs XIV. von Frankreich [frz.]

Le|thar|gie ⟨f.; -; unz.⟩ **1** ⟨Med.⟩ Schlafsucht, Schläfrigkeit **2** ⟨fig.⟩ Teilnahmslosigkeit, Abgestumpftheit [<grch. *lethargia* <*lethe* »das Vergessen« + *argia* »Untätigkeit«]

le|thar|gisch ⟨Adj.⟩ **1** ⟨Med.⟩ schlafsüchtig, schläfrig **2** ⟨fig.⟩ teilnahmslos, abgestumpft [→ *Lethargie*]

Le|the ⟨f.; -; unz.⟩ **1** ⟨grch. Myth.⟩ Strom der Unterwelt, aus dem die Toten Vergessenheit trinken **2** ⟨fig.⟩ das Vergessen selbst; ~ *trinken* [grch., »das Vergessen«]

Let|kiss ⟨m.; -; unz.⟩ in den späten 60er-Jahren⟩ modischer Springtanz [< finn. *lektis*, verkürzt <*letkajenka* »Schlangentanz«]

Let|ter ⟨f.; -, -n⟩ Druckbuchstabe [<frz. *lettre* »Buchstabe« < lat. *littera* »Buchstabe«]

Let|ter of In|tent ⟨m.; - - -, - - -; Wirtsch.⟩ unterzeichnete, verbindliche Absichtserklärung, die jedoch noch endgültig zu bestätigen ist, Vorvertrag [engl.]

Let|ter|set|druck ⟨m.; -(e)s; unz.⟩ indirektes Hochdruckverfahren, bei dem viele Druckelemente auf einer gemeinsamen, meist aus dünnen Metallplatte angebracht sind [<*Letter* + Off*setdruck*]

Lett|ner ⟨m.; -s, -; seit dem 13. Jh.⟩ Trennwand zwischen Chor u. Mittelschiff, meist mit Bildwerken verziert [<mhd. *lettener*

<mlat. *lectionarium* »Buch mit den gottesdienstlich nötigen Lesestücken«; verdrängt ahd. *lector* <mlat. *lectorium* »kirchl. Lesepult« unter Übernahme von dessen Bedeutung; beide <lat. *legere* »lesen«]

Leu ⟨[lɛːu] m.; -, Lei [lɛːi]; Abk.: l⟩ rumän. Währungseinheit, 100 Bani [<lat. *leo* »Löwe«]

Leu|cit ⟨m.; -s, -e; Geol.⟩ Mineral aus der Gruppe der Feldspate; *oV* Leuzit [zu grch. *leukos* »weiß, hell«]

Leu|kä|mie *auch:* **Leu|kä|mie** ⟨f.; -, -n; Med.⟩ durch außergewöhnliche Vermehrung der weißen Blutkörperchen gekennzeichnete Erkrankung [<*Leuko...* + *...ämie*]

leu|kä|misch *auch:* **leu|kä|misch** ⟨Adj.; Med.⟩ an Leukämie leidend

leu|ko..., **Leu|ko...** ⟨vor Vokalen⟩ leuk..., Leuk... ⟨in Zus.⟩ weiß..., glänzend..., Weiß... [<grch. *leukos* »weiß, hell«]

Leu|ko|blas|ten ⟨Pl.; Med.⟩ Vorstufe der Leukozyten [<*Leuko...* + *...blast*]

leu|ko|derm ⟨Adj.; Med.⟩ arm an Pigmenten, hellhäutig; *Ggs* melanoderm [<grch. *leukos* »weiß, hell« + *derma* »Haut«]

Leu|ko|der|ma ⟨n.; -s, -der|men; Med.⟩ durch Hautkrankheiten od. Einwirkung chem. Stoffe entstandene weiße Flecken auf der Haut [<*Leuko...* + grch. *derma* »Haut«]

Leu|ko|der|mie ⟨f.; -; unz.; Med.⟩ = Albinismus; *Sy* Leukopathie [<*Leuko...* + *...dermie*]

leu|ko|krat ⟨Adj.; Geol.⟩ aufgrund bestimmter Bestandteile hell erscheinend (z. B. Quarz in Erstarrungsgesteinen); *Ggs* melanokrat

Leu|ko|ly|se ⟨f.; -, -n; Med.⟩ Auflösung der weißen Blutkörperchen [<*Leuko...* + *...lyse*]

Leu|ko|ly|sin ⟨n.; -s, -e; Med.⟩ Substanz, durch die die weißen Blutkörperchen abgebaut u. aufgelöst werden [<*Leuko...* + *Lysin*]

Leu|kom ⟨n.; -s, -e; Med.⟩ weiße Narbe der Hornhaut des Auges [<grch. *leukos* »weiß, hell«]

Leu|ko|ma|to|se ⟨f.; -, -n; Med.⟩ Bildung weißer Flecken auf der

Haut [<grch. *leukoma* »das Weiß, weißer Fleck im Auge«; zu *leukos* »weiß, hell«]

Leu|ko|me|ter ⟨n.; -s, -⟩ Messgerät zur Bestimmung des Rückstrahlungsgrades des Lichtes von (Papier-)Oberflächen

Leu|ko|ny|chie ⟨f.; -, -n; Med.⟩ fleckenartige Weißfärbung der Fingernägel

Leu|ko|pa|thie ⟨f.; -, -n; Med.⟩ = Leukodermie [<*Leuko...* + *...pathie*]

Leu|ko|pe|nie ⟨f.; -, -n; Med.⟩ krankhafte Verminderung der weißen Blutkörperchen [<*Leuko...* + grch. *penia* »Mangel, Not«]

Leu|ko|plast® ⟨n.; -s, -e⟩ Heftpflaster [<*Leuko...* + grch. *plassein* »bilden«]

Leu|ko|plast ⟨n.; -s, -e; Bot.⟩ farbloser Bestandteil der Pflanzenzelle, bes. in den Speicherorganen [<*Leuko...* + grch. *plassein* »bilden«]

Leu|kor|rhö ⟨f.; -, -en; Med.⟩ = Leukorrhöe

Leu|kor|rhöe ⟨[-rǿː] f.; -, -n; Med.⟩ weißer Ausfluss bei Gebärmutterentzündung; *oV* Leukorrhö [<*Leuko...* + *...rrhö*]

Leu|ko|se ⟨f.; -, -n; Med.⟩ Überbegriff für die Formen der Leukämie

Leu|ko|tri|chie ⟨f.; -, -n; Med.⟩ Weißwerden des Haars; *Sy* Leukotrichose [<grch. *leukos* »weiß, hell« + *thrix, trichos* »Haar«]

Leu|ko|tri|cho|se ⟨f.; -, -n; Med.⟩ = Leukotrichie

Leu|ko|zyt ⟨m.; -en, -en; Med.⟩ weißes Blutkörperchen [<*Leuko...* + *...zyt*]

Leu|ko|zy|to|se ⟨f.; -, -n; Med.⟩ deutliche Vermehrung der weißen Blutkörperchen als Ausdruck vor allem von Abwehrvorgängen des Körpers bei entzündlichen u. infektiösen Erkrankungen

Leut|nant ⟨m.; -s, -s od. -e⟩ **1** unterste Rangstufe des Offiziers **2** Offizier auf der untersten Rangstufe; ~ *zur See* [<frz. *lieutenant* <mlat. *locum tenens* »Stellvertreter« <lat. *locus* »Ort, Stelle« + *tenere* »halten«]

Leu|zit ⟨m.; -s, -e; Geol.⟩ = Leucit [zu grch. *leukos* »weiß, hell«]

Levade

Le|va|de ⟨[-va̱ː-] f.; -, -n; hohe Schule⟩ gleichzeitiges Heben beider Vorderbeine u. Aufrichten auf die Hinterbeine [frz., »das Emporheben«; zu *lever* »emporheben«]

Le|val|loi|si|en ⟨[ləvaloazi̱ɛ̱ː] n.; - od. -s; unz.; Geol.⟩ Entwicklungsstufe der Altsteinzeit [frz.; nach dem Pariser Vorort *Levallois-Perret*]

Le|van|te ⟨[-va̱n-] f.; -; unz.⟩ die Länder um das östl. Mittelmeer [ital., eigtl. »Land, in dem die Sonne aufgeht«, Part. Präs. zu *levare* »erheben«]

Le|van|ti|ne ⟨[-van-] m.; -; unz.; Textilw.⟩ Gewebe aus Seide, Halbseide od. Chemiefasern in Köperbindung [<frz. *levantine* »leichte, einfarbige Seide«; → *Levante*]

Le|van|ti|ner ⟨[-van-] m.; -s, -⟩ Bewohner der Levante von gemischt europ.-oriental. Herkunft

le|van|ti|nisch ⟨[-van-] Adj.⟩ die Levante od. deren Bewohner betreffend

Le|va|tor ⟨[-va̱ː-] m.; -s, -to̱ren; Anat.⟩ Hebemuskel, Heber [<lat. *levare* »heben«]

Le|vée ⟨[-ve̱ː] f.; -, -s; Mil.; veraltet⟩ Einberufung von Rekruten [frz., »Erhebung«; zu *lever* »emporheben«]

Le|vel ⟨[lɛ̱vəl] m.; -s, -s⟩ Stufe, Niveau, Ebene; *auf einem hohen, höheren ~* [engl.]

Le|vel|ler ⟨[lɛ̱vələrs] m.; -s, -s⟩ 1 ⟨allg.⟩ Gleichmacher 2 ⟨nur Pl.; Politik⟩ *~s* radikale demokratische Gruppe zur Zeit Cromwells [engl., »Gleichmacher«; zu *level* »(gleiches) Niveau«]

Le|ver ⟨[ləve̱ː] n.; -s, -s⟩ Morgenempfang bei einem Fürsten (bes. in der Zeit des Absolutismus) [frz., »das Aufstehen«]

Le|vi|a|than ⟨a. [-vi-'-] m.; -s; unz.⟩ 1 ⟨Bibel⟩ drachenartiges Meerungeheuer 2 ⟨Philos.⟩ (bei Thomas Hobbes) Sinnbild für den allmächtigen Staat 3 ⟨Textilw.⟩ Waschmaschine zur Entfettung u. Reinigung von Rohwolle 4 ⟨poet.⟩ Ungeheuer, Riesenschlange [<hebr. *liwjathan* »gewundenes, windungsreiches Tier«]

Le|vi|rat ⟨[-vi-] n.; -(e)s, -e; kurz für⟩ Leviratsehe

Le|vi|rats|ehe ⟨f.; -, -n⟩ Ehe mit der Witwe eines älteren Bruders, z. B. bei den Israeliten; *Sy* Levirat [<lat. *levir* »Schwager (Bruder des Ehemannes)«]

Le|vit ⟨[-vi̱ːt] m.; -en, -en⟩ 1 Angehöriger eines israelit. Stammes 2 jüd. Priester bzw. Priesterdiener 3 ⟨kath. Kirche⟩ Diakon u. Subdiakon (als Helfer beim Hochamt) [zu hebr. *lewi* »der Anhängliche, der Treue«; bes. der dritte Sohn Jakobs u. der von ihm benannte Stamm der Juden, dem die Besorgung des Gottesdienstes u. die Aufsicht über die Beobachtung der Gesetze übertragen war. »Um 760 nimmt Bischof Chrodegang von Metz die alttestamentl. Sitte auf, fortan heißen Leviten die beiden priesterl. Assistenten beim Hochamt« (Kluge, Etymolog. Wörterbuch)]

Le|vi|ta|ti|on ⟨[-vi-] f.; -, -en⟩ schwereloses Treiben eines Gegenstandes oder Körpers im Raum, z. B. bei parapsychologischen Vorgängen

Le|vi|ten ⟨[-vi̱ː-] Pl.⟩ *jmdm. die ~ lesen* jmdn. energisch zurechtweisen [»zur Schulung der alttestament. Tempelbeamten aus dem Stamm *Levi* diente das 3. Buch Mose (darum mlat. *Leviticus*), das die *Leviten* nach 5. Mose 31,9 in regelmäßigen Abständen verlesen mussten u. das in Kap. 26 die Flüche gegen Gesetzesübertreter enthält« (Kluge, Etymolog. Wörterbuch)]

le|vi|tie|ren ⟨[-vi-] V.; Parapsych.⟩ frei schweben od. frei schweben lassen

Le|vi|ti|kus ⟨[-vi̱ː-] m.; -; unz.⟩ 3. Buch Mosis [<mlat. *Leviticus*; → *Leviten*]

Le|vit|town ⟨[lɛ̱vɪttaun] f.; -, -s; meist Pl.⟩ »Schlafstadt« außerhalb eines Oberzentrums, die überwiegend aus baugleichen Fertighäusern besteht (vor allem in den USA verbreitet) [engl., nach der amerikanischen Stadt *Levittown*]

Lev|ko|je ⟨[-jə] f.; -, -n; Bot.⟩ = Levkoje [<grch. *leukoion*

<*leukos* »weiß« + *ion* »Veilchen«]

Lev|ko|je ⟨f.; -, -n; Bot.⟩ hierzulande als Zierpflanze kultivierte, im Mittelmeergebiet heimische Gattung der Kreuzblütler: Mathiola; *oV* Levkoie

Lew ⟨[lɛf] m.; - od. -s, Le̱wa; Abk.: Lw⟩ bulgar. Währungseinheit, 100 Stotinki [<bulg. *lev*, eigtl. »Löwe« <lat. *leo*]

Lex ⟨f.; -, Le̱ges⟩ Gesetz [lat.]

Le|xem ⟨n.; -s, -e; Sprachw.⟩ Bedeutungseinheit des Wortschatzes, lexikal. Einheit; *Sy* Semantem [<grch. *lexis* »Redeweise, Ausdruck«]

Le|xe|ma|tik ⟨f.; -; unz.; Sprachw.⟩ Lehre von den Lexemen

le|xe|ma|tisch ⟨Adj.; Sprachw.⟩ die Lexematik betreffend, zu ihr gehörig

Lex ge|ne|ra|lis ⟨f.; - -, Le̱ges ge|ne|ra|les [-geːs -leːs]; Rechtsw.⟩ allgemeines Gesetz; →*a.* Lex specialis [lat.]

le|xi|gra|fisch ⟨Adj.; Sprachw.⟩ = lexigraphisch

le|xi|gra|phisch ⟨Adj.; Sprachw.⟩ die Wortschreibung betreffend; *oV* lexigrafisch [<grch. *lexis* »Sprechweise, Ausdruck« + *graphein* »schreiben«]

Le|xik ⟨f.; -; unz.; Sprachw.⟩ Wortschatz

le|xi|ka|li|sie|ren ⟨V.; Sprachw.⟩ als neues Lexem bestimmen, in den Wortschatz aufnehmen

Le|xi|ka|li|sie|rung ⟨f.; -, -en; Sprachw.⟩ 1 das Lexikalisieren 2 lexikalisiertes Wort

le|xi|ka|lisch ⟨Adj.; Sprachw.⟩ in der Art eines Lexikons

Le|xi|ko|graf ⟨m.; -en, -en; Sprachw.⟩ = Lexikograph

Le|xi|ko|gra|fie ⟨f.; -; unz.; Sprachw.⟩ = Lexikographie

Le|xi|ko|gra|fin ⟨f.; -, -fi̱nnen; Sprachw.⟩ = Lexikographin

le|xi|ko|gra|fisch ⟨Adj.; Sprachw.⟩ = lexikographisch

Le|xi|ko|graph ⟨m.; -en, -en; Sprachw.⟩ Verfasser, Bearbeiter eines Lexikons od. Wörterbuches; *oV* Lexikograf

Le|xi|ko|gra|phie ⟨f.; -; unz.; Sprachw.⟩ Lehre von den Wörterbüchern, ihrer Zusammenstellung, Systematik u. Abfas-

Libertät

sung; *oV* Lexikografie [<*Lexikon* + ...*graphie*]
Le|xi|ko|gra|phin ⟨f.; -, -phin|nen; Sprachw.⟩ Verfasserin, Bearbeiterin eines Lexikons od. Wörterbuches; *oV* Lexikografin
le|xi|ko|gra|phisch ⟨Adj.; Sprachw.⟩ die Lexikographie betreffend, zu ihr gehörend; *oV* lexikografisch
Le|xi|ko|lo|ge ⟨m.; -n, -n; Sprachw.⟩ Wissenschaftler auf dem Gebiet der Lexikologie
Le|xi|ko|lo|gie ⟨f.; -; unz.; Sprachw.⟩ Lehre vom Wortschatz, seine Erforschung u. Zusammenstellung, Etymologie, Wortbildungslehre u. Semantik [<*Lexikon* + ...*logie*]
Le|xi|ko|lo|gin ⟨f.; -, -gin|nen; Sprachw.⟩ Wissenschaftlerin auf dem Gebiet der Lexikologie
le|xi|ko|lo|gisch ⟨Adj.; Sprachw.⟩ die Lexikologie betreffend, zu ihr gehörend, auf ihr beruhend
Le|xi|kon ⟨n.; -s, -xi|ka⟩ **1** alphabetisch geordnetes Nachschlagewerk; *Konversations~* **2** Wörterbuch **3** ⟨Sprachw.⟩ Wortschatz einer Sprache [<grch. *lexikon (biblion)* »Wörterbuch«; zu *lexis* »Redeweise«; zu *legein* »sammeln, sprechen, sagen«]
Le|xi|kon|for|mat ⟨n.; -(e)s, -e⟩ Buchmaß bei Lexika; →*a*. Lexikonoktav
Le|xi|kon|ok|tav ⟨n.; -s, -e [-və]; Abk.: Lex.-8°; Typ.⟩ gebräuchliches Buchformat bei Lexika von ca. 15 bis 30 cm; *Sy* Großoktav
Le|xi|ko|sta|tis|tik ⟨f.; -; unz.⟩ = Glottochronologie
Le|xi|ko|thek ⟨f.; -, -en⟩ Sammlung verschiedener Nachschlagewerke [verkürzt <*Lexikon* + Biblio*thek*]
le|xisch ⟨Adj.; Sprachw.⟩ die Lexik betreffend, zu ihr gehörig
Lex spe|ci|a|lis ⟨f.; - -, Le|ges spe|ci|a|les [-ge:s -le:s]; Rechtsw.⟩ spezielles Gesetz, das Vorrang vor dem Lex generalis hat [lat.]
Le|zi|thin ⟨n.; -s; unz.; Biochemie⟩ in Herzmuskel, Eidotter u. Gehirn reichlich enthaltenes Lipoid; *oV* Lecithin [<grch. *lekithos* »Eigelb«]
lg ⟨Zeichen für⟩ Logarithmus zur Basis 10

L'hombre ⟨[lɔ̃:brə] n.; -s; unz.⟩ = Lomber
Li 1 ⟨chem. Zeichen für⟩ Lithium **2** ⟨n.; -, -⟩ **2.1** altes chines. Längenmaß, 644,4 m **2.2** durchlochte, an einem Faden aufzureihende chines. Kupfermünze; *Sy* Käsch (2) **2.3** chines. Münzgewicht, 38 mg [chines.]
Li|ai|son ⟨[liɛzɔ̃:] f.; -, -s⟩ **1** Verbindung, Liebesverhältnis **2** ⟨frz. Gramm.⟩ Hörbarmachen eines stummen Auslauts bei enger Verbindung zweier Wörter, z. B. des t in »Saint-Exupéry« od. des n in »un ami« [frz., »Bindung«]
Li|a|ne ⟨f.; -, -n; Bot.⟩ für die tropischen Regenwälder charakteristische Kletterpflanze [<frz. *liane* <*liarne*, Kreuzung <frz. *viorne* (<lat. *viburnum* »Schlingenbaum«) + frz. *lier* »binden« (<lat. *ligare*)]
Li|as ⟨m. od. f.; -; unz.; Geol.⟩ älteste Abteilung des Juras, schwarzer Jura [<frz. *liais* »bestimmter Kalkstein von feinkörniger Beschaffenheit«; vermutl. <fränk. *leiisk* »felsig, hart«]
li|as|sisch ⟨Adj.; Geol.⟩ den Lias betreffend, zu ihm gehörig, aus ihm stammend
Li|ba|ti|on ⟨f.; -, -en⟩ altröm. Trankopfer, -spende [<lat. *libatio* »Trankopfer«; zu *libare* »etwas wegnehmen, ausgießen, opfern«]
Li|bell ⟨n.; -s, -e; im antiken Rom⟩ Büchlein, Schmäh- od. Klageschrift [<lat. *libellus* »kleine Schrift, Heft, Brief«; Verkleinerungsform zu *liber* »Buch«]
Li|bel|le ⟨f.; -, -n⟩ **1** ⟨Zool.⟩ Ordnung erdgeschichtl. sehr alter, räuberischer, oft farbenprächtiger Insekten mit großen, leistungsfähigen Facettenaugen u. zwei gut entwickelten Flügelpaaren: Odonata **2** Glasröhrchen der Wasserwaage [<lat. *libella* »Wasserwaage«, waagerechte Fläche«, Verkleinerungsform zu *libra* »Waage«, nach dem Flug der Libelle mit waagerecht ausgespannten Flügeln]
li|bel|lie|ren ⟨Adj.⟩ **1** mithilfe der Libelle (2) abmessen **2** ⟨veral-

tet⟩ eine Schmähschrift schreiben u. an eine Amtsstelle überstellen [→ *Libell*]
Li|bel|list ⟨m.; -en, -en; veraltet⟩ Verfasser von Schmähschriften [→ *Libell*]
li|be|ral ⟨Adj.⟩ *Ggs* illiberal **1** die Freiheit liebend, nach freier Gestaltung des Lebens strebend **2** vorurteilsfrei, großzügig [<lat. *liberalis* »die Freiheit betreffend, freiheitlich, edel, vornehm, freigebig«; zu *liber* »frei«]
Li|be|ra|le(r) ⟨f. 2 (m. 1)⟩ **1** Vertreter(in) des Liberalismus **2** Angehörige(r) einer liberalen Fraktion, Partei
li|be|ra|li|sie|ren ⟨V.⟩ freier, großzügiger gestalten [→ *liberal*]
Li|be|ra|lis|mus ⟨m.; -; unz.; bes. Pol.⟩ in der Aufklärung entstandene Welt-, Staats- u. Wirtschaftsauffassung, nach der dem Einzelnen größtmögliche Freiheit gegeben werden soll [→ *liberal*]
Li|be|ra|list ⟨m.; -en, -en; bes. Pol.⟩ Anhänger, Vertreter des Liberalismus
li|be|ra|lis|tisch ⟨Adj.; bes. Pol.⟩ **1** den Liberalismus betreffend, zu ihm gehörend, auf ihm beruhend **2** auf übertriebene Weise liberal; ~*e Denkweise*
Li|be|ra|li|tät ⟨f.; -; unz.⟩ liberales Wesen, liberale Gesinnung
Li|be|ra|li|um Ar|ti|um Ma|gis|ter ⟨m.; Abk.: L. A. M.⟩ Magister der freien Künste (mittelalterl. akadem. Titel) [lat.]
Li|be|ra|ti|on ⟨f.; -, -en; veraltet⟩ Befreiung, Entlastung [<lat. *liberatio* »Befreiung, Freimachung«]
li|be|rie|ren ⟨Adj.⟩ **1** ⟨österr.; Fußb.⟩ als Libero in der Abwehr spielen **2** ⟨schweiz.⟩ *Aktien* ~ als Aktiengesellschaft mit Wertpapieren an die Börse gehen
Li|be|ro ⟨m.; -s, -s; Sport⟩ Fußballspieler, der je nach Situation in der Abwehr od. im Angriff mitspielt [ital., »freier Mann«]
li|ber|tär ⟨Adj.⟩ extrem liberal [<lat. *libertas* »Freiheit, Unabhängigkeit«]
Li|ber|tät ⟨f.; -; unz.⟩ Freiheit, (bes.) ständische Freiheit [<lat.

Liberté, Égalité, Fraternité

libertas u. frz. *liberté* »Freiheit«, ‹lat. *liber* »frei«]

Liberté, Égalité, Fraternité Freiheit, Gleichheit, Brüderlichkeit (Losungswort der Frz. Revolution) [frz.]

Li|ber|tin ⟨[-tɛ̃:] m.; -s, -s⟩ **1** Freidenker **2** ⟨fig.⟩ zügelloser, liederlicher Mensch; → *a.* Libertiner [frz., »ausschweifend, liederlich« ‹lat. *liber* »frei«]

Li|ber|ti|na|ge ⟨[-ʒ(ə)] f.; -, -n⟩ Liederlichkeit, Leichtfertigkeit, Zügellosigkeit [frz., »ausschweifendes Leben«; → *Libertin*]

Li|ber|ti|ner ⟨m.; -s, -⟩ **1** Angehöriger einer Gemeinde aus röm. Freigelassenen u. ihren Nachkommen **2** frei denkender, religiös anders denkender Mensch [‹lat. *libertinus* »freigelassen«; zu *liber* »frei«]

Li|ber|ti|nis|mus ⟨m.; -; unz.⟩ Hemmungslosigkeit, Liederlichkeit [zu lat. *libertinus* »freigelassen«; zu *liber* »frei«]

Li|ber|ty ⟨[lɪbəti:] m.; -; unz.; Textilw.⟩ eine Gewebeart aus Natur- u. Chemiefaser [engl., »Freiheit«, nach dem Namen der Herstellerfirma]

Li|be|rum Ar|bi|tri|um *auch:* **Li|be|rum Ar|bi|tri|um** ⟨n.; - -; unz.⟩ freies Ermessen [lat., »freie Willensentscheidung« ‹*liber* »frei« + *arbitrium* »Ermessen, Belieben«]

li|bi|di|ni|sie|ren ⟨V.; Psych.⟩ sich der Libido völlig hingeben

Li|bi|di|nist ⟨m.; -en, -en; Psych.⟩ Wüstling, Wollüstling [‹lat. *libido* »Lust, Begierde«]

li|bi|di|nös ⟨Adj.; Psych.⟩ triebhaft, wollüstig [‹frz. *libidineux* ‹lat. *libidinosus*; → *Libido*]

Li|bi|do ⟨a. ['- - -] f.; -; unz.; Psych.⟩ Begierde, Geschlechtstrieb [lat., »Lust, Begierde«]

Li|bra|ti|on *auch:* **Li|bra|ti|on** ⟨f.; -, -en; Astron.⟩ Schwankung des Mondkörpers um seine mittlere Stellung [‹lat. *libratio* »das Abwägen, Schwingen«; zu *librare* »wägen, schwingen«]

li|bret|ti|sie|ren *auch:* **li|bret|ti|sie|ren** ⟨V.; Musik⟩ zu einem Libretto gedichten

Li|bret|tist *auch:* **Li|bret|tist** ⟨m.; -en, -en; Musik⟩ Verfasser eines Librettos

Li|bret|to *auch:* **Li|bret|to** ⟨n.; -s, -s od. -bretti; Musik⟩ Text zu einer Oper od. Operette [ital., »Büchlein«, Verkleinerungsform zu *libro* »Buch«]

Lic. (Abk. für) Lizentiat

li|cet es steht frei, es ist erlaubt [lat.]

Li|chen ⟨m.; -s; unz.⟩ **1** ⟨Med.⟩ Hautkrankheit mit meist stark juckenden Knötchen, Knötchenflechte **2** ⟨Bot.⟩ Flechte [‹grch. *leichen* »Flechte«]

Li|che|nes ⟨Pl.; Biol.⟩ in Symbiose lebende Pilze u. Algen, Flechten [‹grch. *leichen* »Flechte«]

Li|che|ni|fi|ka|ti|on ⟨f.; -, -en; Med.⟩ Verdickung der Haut durch vertiefte Hautfurchen und Entwicklung von kleinen Knoten

Li|che|nin ⟨n.; -s, -e; Bot.⟩ zelluloseartige Substanz in den Zellwänden der Flechten

li|che|no|id ⟨Adj.; Med.⟩ flechtenartig

Li|che|no|lo|ge ⟨m.; -n, -n; Bot.⟩ Wissenschaftler auf dem Gebiet der Lichenologie

Li|che|no|lo|gie ⟨f.; -; unz.; Bot.⟩ Zweig der Botanik, der sich mit den Flechten befasst [‹grch. *leichen* »Flechte« + ...*logie*]

Li|che|no|lo|gin ⟨f.; -, -gin|nen; Bot.⟩ Wissenschaftlerin auf dem Gebiet der Lichenologie

Li|cker ⟨m.; -s; unz.⟩ nach dem Gerbvorgang auf Leder aufgetragenes Fettgemisch [engl.]

Lic. theol. (Abk. für) Licientiatus theologiae, Lizenziat der Theologie

Li|do ⟨m.; -s, -s⟩ Landzunge vor einem Meeresteil parallel der Küste, bes. der bei Venedig [ital.]

Liek ⟨n.; -s, -en; nddt.⟩ Leine, mit der Segel eingefasst werden, um ihre Kanten zu versteifen; *oV* Leik [‹engl. *leech* »Ecke eines quadrat. Segels«]

Li|en ⟨[li:ən] m.; -s; unz.; Anat.⟩ Milz [lat.]

li|e|nal ⟨[lie-] Adj.; Med.⟩ zur Milz gehörend, von ihr ausgehend [→ *Lien*]

Li|e|ni|tis ⟨[lie-] f.; -, -ti|den; Med.⟩ Entzündung der Milz [‹*Lien* + ...*itis*]

Lieue ⟨[liö:] f.; -, -s⟩ altes französ. Längenmaß, französ. Meile [frz., »Wegstunde«]

Life|boat ⟨[laɪfbout] n.; -s, -s⟩ Rettungsboot [engl.]

Life|is|land ⟨[laɪfaɪlənd] n.; - od. -s, -s; Med.⟩ im Inneren vollkommen keimfreies Plastikzelt, in dem Patienten, deren Immunsystem zeitweilig od. langfristig zusammengebrochen ist, untergebracht werden [‹engl. *life island* »Lebens-, Rettungsinsel«]

Life|ja|cket ⟨[laɪfdʒækɪt] n.; -s, -s⟩ = Lifevest [engl.]

Life|style ⟨[laɪfstaɪl] m.; -s; unz.⟩ Lebensstil, Lebensweise; *das entspricht dem ~ der heutigen Zeit* [engl.]

Life|time|sport ⟨[laɪftaɪm-] m.; -s; unz.⟩ Sportart, deren Belastung so beschaffen ist od. so eingeteilt werden kann, dass man sie in jedem Lebensalter ausüben kann, z. B. Kegeln, Schwimmen [‹engl. *lifetime* »Lebenszeit« + *Sport*]

Life|vest ⟨[laɪfvɛst] f.; -, -s⟩ aufblasbare Weste zum Schutz vor dem Ertrinken (in Schiffen, Flugzeugen); *Sy* Lifejacket [engl.-amerikan.]

Lift¹ ⟨m.; -(e)s, -e od. -s⟩ Aufzug, Fahrstuhl [engl.]

Lift² ⟨m. od. n.; -s, -s⟩ kosmet.-chirurg. Verfahren zur Beseitigung von Falten u. zum Straffen erschlafften Gewebes [engl., »heben«]

Lift|boy ⟨[-bɔɪ] m.; -s, -s⟩ junger Führer eines Aufzugs [engl., »Fahrstuhljunge«]

lif|ten ⟨V.⟩ einen Lift (2) durchführen

Lif|ting ⟨n.; -s, -s; Kosmetik⟩ = Lift (2)

Lift|kurs ⟨m.; -es, -e⟩ Kurs für schwache Schüler, Stützkurs

Li|ga ⟨f.; -, Li|gen⟩ **1** Bund, Bündnis, Vereinigung **2** Spitzenklasse im Mannschaftssport [span., »Band, Bündnis«, ‹lat. *ligare* »(fest)binden«]

Li|ga|de ⟨f.; -, -n; Sport; Fechten⟩ Wegdrücken der gegner. Klinge [frz., ‹lat. *ligare* »binden«]

Li|ga|ment ⟨n.; -(e)s, -e; Anat.⟩ Band [‹*ligamentum* »Band, Binde«; zu *ligare* »binden«]

Li|gand ⟨m.; -en, -en; Chemie⟩ Atom od. Molekül, das in Ko-

Ligalse ⟨f.; -, -n; Biochemie⟩ an Synthesereaktionen beteiligtes Enzym

Ligaltur ⟨f.; -, -en⟩ **1** ⟨Typ.⟩ Verbindung zweier Buchstaben zu einer Type **2** ⟨Musik; in der Choral- u. Mensuralnotation⟩ **2.1** Verbindung einer zusammengehörenden Notengruppe **2.2** Bogen über zwei Noten gleicher Tonhöhe (bes. von einem Takt zum andern) zum Zeichen, dass die erste Note um den Wert der zweiten verlängert werden soll **3** ⟨Med.⟩ Unterbindung von Blutgefäßen [<lat. *ligatura* »Band«; zu *ligare* »binden«]

Ligen ⟨Pl. von⟩ Liga

light ⟨[laɪt] Adj.; undekl.⟩ *oV* lite **1** ⟨umg.⟩ leicht, vereinfacht; *Skikurs ~ für Anfänger* **2** ⟨meist als Zusatzbez. an Waren⟩ reduziert (an Inhalts-, Duftstoffen usw.), kalorienarm; *Cola ~* [engl., »leicht«]

Lightlkulltur ⟨[laɪt-] f.; -; unz.; umg.; salopp⟩ Kultur auf niedrigem Niveau, bes. in Form von seichter Unterhaltung, Spaßkultur [<engl. *light* »leicht« + *Kultur*]

Lightlproldukt ⟨[laɪt-] n.; -(e)s, -e⟩ kalorienreduziertes Nahrungsmittel od. Getränk [<engl. *light* »leicht« + *Produkt*]

Lightlshow ⟨[laɪtʃoʊ] f.; -s, -s⟩ Vorführung von Lichteffekten (in Diskotheken od. während einer musikal. Show) [<engl. *light* »Licht« + *show* »zeigen; Schau«]

lilgielren ⟨V.; Sport; Fechten⟩ die gegner. Klinge wegdrücken [<lat. *ligare* »binden«]

Ligist ⟨m.; -en, -en⟩ Angehöriger einer Liga, Verbündeter

liigistisch ⟨Adj.⟩ zu einer Liga gehörend

Lignilkulltur *auch:* **Liglnilkulltur** ⟨f.; -, -en; Forstw.⟩ Holzanbau außerhalb des Waldes [<lat. *lignum* »Holz« + *Kultur*]

Lignin *auch:* **Liglnin** ⟨n.; -s, -e; Bot.⟩ verholzender u. festigender, in das Cellulosegerüst eingelagerter Bestandteil des Holzes [<lat. *lignum* »Holz«]

Lignit *auch:* **Liglnit** ⟨m.; -s, -e⟩ **1** Braunkohle mit holzigen Einschlüssen **2** (außerhalb Deutschlands auch) Sammelbez. für alle Braunkohlen [<lat. *lignum* »Holz«]

liglnilvor *auch:* **liglnilvor** ⟨[-voːr] Adj.⟩ Holz fressend

Lignivore *auch:* **Liglnilvolre** ⟨[-voː-] m.; -n, -n; Zool.⟩ im Holz lebendes u. Holz fressendes Tier; *Sy* Xylophage

Ligroin *auch:* **Liglrolin** ⟨n.; -s; unz.; Technik⟩ zwischen 100 °C u. 180 °C siedender Anteil des Erdöls, Lackbenzin [Herkunft unbekannt]

Liigulla ⟨f.; -, -lae [-leː]; Bot.⟩ Anhängsel an der Übergangsstelle von Blattscheide u. Blattspreite der Gräser, Blatthäutchen [<mlat. *ligula* »Zünglein, Zipfel«]

Liguster ⟨m.; -s, -; Bot.⟩ zu einer Gattung der Ölbaumgewächse gehörender Strauch mit glänzenden, grünen Blättern, weißen Blüten u. schwarzen Beeren, beliebte Heckenpflanze: Ligustrum [lat. *ligustrum*]

liiielren ⟨V.⟩ eng verbinden; *sich mit jmdm. ~* eine Liaison mit jmdm. eingehen, eine Liebschaft mit jmdm. beginnen; *eng mit jmdm. liiert sein* ein Liebesverhältnis mit jmdm. haben [<frz. *lier* »binden, vereinigen« <lat. *ligare* »binden«]

Liiielrung ⟨f.; -, -en; geh.⟩ enge Verbindung, Liebesverhältnis [→ *liieren*]

Likellihood ⟨[laɪklihud] f.; -; unz.⟩ in der Statistik verwendete Größe, die Wahrscheinlichkeitswerte für bestimmte Parameter liefert [engl., »Wahrscheinlichkeit«]

Likör ⟨m.; -s, -e⟩ **1** süßer Branntwein **2** aus Wein u. Kandiszucker bestehender Zusatz für Schaumwein [<frz. *liqueur* »Likör« <lat. *liquor* »Flüssigkeit«]

Likltor ⟨m.; -s, -toren; im antiken Rom⟩ Diener (meist Freigelassener) für höhere Beamte [<lat. *lictor* »Liktor«]

Likudblock ⟨m.; -(e)s; unz.; Politik⟩ israel. Parteienföderation (»Block«) aus fünf Parteien

lilla ⟨Adj.; undekl.⟩ fliederfarben, hellviolett [verkürzt <*lilafarben*

<frz. *lilas* »Flieder, Fliederblütenfarbe« <arab. *līlak* »Flieder« <pers. *nīlak, līlak* <Sanskrit *nīla* »schwarz, schwärzlich«]

Lilllalzee ⟨[-tseːə] f.; -, -n; Bot.⟩ Liliengewächs

Lillie ⟨[-ljə] f.; -, -n; Bot.⟩ Gattung der Liliengewächse (Liliaceae) mit großen, trichterförmigen Blüten, die meist einzeln od. zu wenigen in lockeren Trauben od. Dolden aufrecht stehen: Lilium; *Spanische ~* Jakobslilie [<lat. *lilia*, Pl. zu *lilium* <grch. *leirion* <kopt.]

Lilliput... ⟨in Zus.; scherzh.⟩ sehr klein, winzig; *~eisenbahn* [nach dem Märchenland *Liliput* in dem Buch »Gullivers Reisen« des engl. Schriftstellers Jonathan Swift, 1667-1745]

Lilliipultalner ⟨m.; -s, -⟩ **1** Bewohner vom Märchenland Liliput **2** Mensch von zwergenhaftem Wuchs

lilliipultalnisch ⟨Adj.⟩ ganz besonders klein

lim[1] ⟨Math.; Abk. für⟩ Limes (2)

lim[2] ⟨Abk. für⟩ limited

lim. ⟨Abk. für engl.⟩ limited

Limalkollolgie ⟨f.; -; unz.; Zool.⟩ Zweig der Zoologie, der sich mit Schnecken befasst [<grch. *leimax*, Gen. *leimakos* »Schnecke« + ...*logie*]

Limba ⟨n.; -s; unz.⟩ tropische Holzart (für Sperrholz und Furnier) [wohl westafrikan.]

Limbi ⟨Pl. von⟩ Limbus (1.2)

limbisch ⟨Adj.; Med.⟩ *~es System* (stammesgeschichtlich altes) funktionelles System im Innern des Gehirns liegender Strukturen, die untereinander u. mit anderen Hirnregionen durch Faserbündel verbunden sind (u. a. Hippocampus, Mandelkern), spielt eine übergeordnete Rolle bei der Steuerung vegetativ-nervöser u. hormoneller Vorgänge, Ausgangspunkt von Affekten (Liebe, Furcht, Wut), Gedächtnis u. angeborenen Trieb- u. Instinkthandlungen [zu lat. *limbus* »Saum, Rand«]

Limbo ⟨m.; -s, -s⟩ Tanz aus Westindien, bei dem die Tänzer mit nach hinten gebeugtem Rücken unter einer waagerecht gehaltenen Stange hertanzen,

Limbus

wobei die Stange mit zunehmendem Schwierigkeitsgrad tiefer gehalten wird [karib.]

Lim|bus ⟨m.; -, Lim|bi⟩ **1** ⟨Bot.⟩ Teil der Krone einer Blume **2** ⟨Technik⟩ Teilkreis an Instrumenten zur Winkelmessung **3** ⟨kath. Kirche⟩ Aufenthaltsort (ohne Pein) der ungetauft gestorbenen Kinder *(~ Infantium)* u. der Frommen, Gerechten aus vorchristlicher Zeit *(~ Patrum)*, Vorhölle [lat. »Saum, Rand«]

Li|me|rick ⟨m.; -s, -s; Lit.⟩ **1** komisch-iron. Gedicht aus fünf Zeilen (Reim: aabba) mit groteskem Gedanken in der Endzeile **2** ⟨Textilw.⟩ irische Spitze aus Tüll [nach der irischen Stadt u. Grafschaft *Limerick*, die im 19. Jh. in komischen Liedern mit zahllosen Strophen besungen wurde]

Li|mes ⟨m.; -, -tes od. -mi|tes⟩ **1** ⟨unz.⟩ röm. Grenzwall, bes. zwischen Rhein u. Donau **2** ⟨Abk.: lim; Math.⟩ Grenzwert [lat., »Grenze«]

Li|met|ta ⟨f.; -, -met|ten; Bot.⟩ = Limette

Li|met|te ⟨f.; -, -n; Bot.⟩ dünnschalige Zitrusfrucht, aus der ätherische Öle gewonnen werden: Citrus limetta; *oV* Limetta [frz. *limette*, Verkleinerungsform zu *lime* »kleine süße Zitrone«; → *Limone*]

li|mi|kol ⟨Adj.; Zool.⟩ im Schlamm lebend [<lat. *limicola* »Schlammbewohner«; zu *limus* »Schlamm«]

Li|mit ⟨n.; -s, -s⟩ äußerste Grenze; *oV* ⟨schweiz.⟩ Limite; *jmdm. ein ~ setzen; das ~ überschreiten; ein ~ von über 200 Seiten* [<frz. *limite* »Grenze« <lat. *limes*]

Li|mi|ta|ti|on ⟨f.; -, -en⟩ das Limitieren, Begrenzung, Beschränkung, Einschränkung [frz., »Begrenzung«; → *Limit*]

li|mi|ta|tiv ⟨Adj.⟩ begrenzend, einschränkend [<lat. *limitatus*, Part. Perf. zu *limitare* »begrenzen«; zu *limes* »Grenze«]

Li|mi|te ⟨f.; -, -n; schweiz.⟩ = Limit

li|mi|ted ⟨[-tɪd] Abk.: lim., ltd., ld.⟩ begrenzt, mit beschränkter Haftung (Zusatz zu engl. Firmennamen) [engl.]

Li|mi|ted E|di|tion ⟨[lɪmɪtɪd idɪʃn] f.; - -, - -s⟩ Aufdruck od. Aufschrift auf Gegenständen, die nur in einer geringen Stückzahl hergestellt werden, z. B. Schallplatten, Bücher, Kunstdrucke, Münzen, Porzellanfiguren [engl., »limitierte Auflage«]

li|mi|tie|ren ⟨V.⟩ begrenzen, beschränken, einschränken

lim|ni|kol ⟨Adj.; Biol.⟩ = limnisch [<grch. *limne* »Teich, Landsee« + lat. *colere* »bewohnen«]

Lim|ni|graf ⟨m.; -en, -en; Biol.⟩ = Limnigraph

Lim|ni|graph ⟨m.; -en, -en; Biol.⟩ = Limnimeter; *oV* Limnigraf [<grch. *limne* »Teich, Landsee« + ...*graph*]

Lim|ni|me|ter ⟨n.; -s, -; Biol.⟩ Wasserstandsanzeiger für Seen; *Sy* Limnigraph, Limnograph [<grch. *limne* »Teich, Landsee« + ...*meter*]

lim|nisch ⟨Adj.; Biol.⟩ im Süßwasser lebend od. entstanden (Tiere, Pflanzen, Sedimente); *Sy* limnikol; *Ggs* paralisch [<grch. *limne* »Teich, Landsee«]

Lim|no|graf ⟨m.; -en, -en; Biol.⟩ = Limnograph

Lim|no|gramm ⟨n.; -s, -e; Biol.⟩ von einem Limnimeter aufgezeichneter Verlauf des Wasserstandes [<grch. *limne* »Teich, Landsee« + ...*gramm*]

Lim|no|graph ⟨m.; -en, -en; Biol.⟩ = Limnimeter; *oV* Limnograf

Lim|no|lo|ge ⟨m.; -n, -n; Biol.⟩ Wissenschaftler auf dem Gebiet der Limnologie

Lim|no|lo|gie ⟨f.; -; unz.; Biol.⟩ Lehre von den Binnengewässern [<grch. *limne* »Teich, Landsee« + ...*logie*]

Lim|no|lo|gin ⟨f.; -, -gin|nen; Biol.⟩ Wissenschaftlerin auf dem Gebiet der Limnologie

lim|no|lo|gisch ⟨Adj.; Biol.⟩ zur Limnologie gehörend

Lim|no|plank|ton ⟨n.; -s; unz.; Biol.⟩ Plankton des Süßwassers [<grch. *limne* »Teich, Landsee« + *Plankton*]

Li|mo|na|de ⟨f.; -, -n⟩ erfrischendes Getränk aus Wasser, Obstsaft od. -essenz, Zucker u. evtl. Kohlensäure [<ital. *limonata*, *limone* (→ *Limone*) od. zu frz. *limon* »dickschalige Zitrone«]

Li|mo|ne ⟨f.; -, -n; Bot.⟩ **1** zur Familie der Grasnelkengewächse gehörende Gattung mit blattlosen Stängeln, die zwei od. drei Blüten tragen, Widerstoß, Meerlavendel **2** dickschalige Zitrone [ital. <arab.-pers. *limun* »Zitrone«]

Li|mo|nen ⟨n.; -s, -e⟩ in ätherischen Ölen verbreitete Verbindung von zitronenähnlichem Geruch [→ *Limone*]

Li|mo|nit ⟨m.; -s, -e; Min.⟩ mit Ton vermengte mineral. Ausfällung von Eisenhydroxid, Raseneisenerz [<lat. *limus* »Schlamm«]

li|mos ⟨Adj.⟩ schlammig, sumpfig; *oV* limös [<frz. *limeux* »schlammig« <lat. *limosus*; zu *limus* »Schlamm«]

li|mös ⟨Adj.⟩ = limos

Li|mo|se ⟨f.; -, -n; Zool.⟩ Schnepfenvogel auf sumpfigen Wiesen, Uferschnepfe: Limosa limosa [→ *limos*]

Li|mou|si|ne ⟨[-mu-] f.; -, -n; Kfz⟩ geschlossener Personenkraftwagen; *Ggs* Kabriolett [nach der frz. Landschaft *Limousin*]

lim|pid ⟨Adj.⟩ hell, klar, durchscheinend, durchsichtig [<lat. *limpidus* »hell, klar«]

Li|mu|lus ⟨m.; -; unz.; Zool.⟩ einziger heute noch lebender Vertreter der Schwertschwänze, an der Ostküste Nordamerikas u. in den Meeren Südostasiens vorkommend [<lat. *limulus* »ein wenig schielend«; zu *limus* »schräg, schielend«]

Li|na|lo|ol ⟨n.; -s, -e⟩ eine hydroaromat. Verbindung von maiglöckchenartigem Geruch, ein Terpenalkohol, der hauptsächl. im Linaloe- u. Lavendelöl vorkommt (Verwendung in der Parfümerie)

Li|neage ⟨[lɪnɪdʒ] f.; -, -s [-dʒɪz]; Soziol.⟩ Verbund von entfernt Verwandten, die alle auf einen Ahnen zurückgeführt werden können u. die in einem eng begrenzten Gebiet in relativer Nähe zueinander leben [<engl. *lineage* »Abstammung, Geschlecht« <lat. *linea* »Linie«]

li|ne|al ⟨Adj.⟩ von langer Form u. parallelen Seiten; *oV* linealisch

Li|ne|al ⟨n.; -s, -e⟩ schmales, rechteckiges od. gebogenes

Gerät zum Ziehen von Linien [<lat. *linealis* »mit Linien gemacht«; zu *linea* »Schnur, Leine; Linie«; zu *linum* »Flachs, Lein«]
li|ne|al|lisch ⟨Adj.⟩ = lineal
Li|ne|a|ment ⟨n.; -s, -e⟩ Linie in der Hand [<lat. *lineamentum* »Strich, Zug mit Feder oder Kreide«; zu *linea* »Linie«]
li|ne|ar ⟨Adj.⟩ *Ggs* nichtlinear **1** gleichmäßig, gleich bleibend **2** aufeinander folgend **3** geradlinig, linienförmig, durch Striche dargestellt **4** ⟨Math.⟩ eindimensional, nur Potenzen ersten Grades enthaltend **5** ⟨Physik⟩ als Variable abhängig von einer mithilfe einer Geraden dargestellten Größe [<lat. *linearis*; zu *linea* »Linie«]
Li|ne|ar|be|schleu|ni|ger ⟨m.; -s, -; Kernphysik⟩ Gerät zur Beschleunigung elektrisch geladener Teilchen auf hohe Geschwindigkeiten, wobei die Teilchen elektr. Felder auf geradlinig Bahn durchlaufen
Li|ne|ar|e|rup|ti|on ⟨f.; -, -en; Geol.⟩ eruptive, vulkan. Aktivität, die in Erdspalten beginnt
Li|ne|a|ri|tät ⟨f.; -; unz.⟩ **1** lineare Beschaffenheit **2** Kennzeichen elektrischer Bauelemente, die bezüglich der Veränderung ihrer Größen ein lineares Verhalten aufweisen, z. B. bewirkt ein Anstieg der Spannung ein proportionales Ansteigen der Stromstärke
Li|ne|ar|mo|tor ⟨m.; -s, -en; Technik⟩ elektr. Antriebsvorrichtung, die ohne bewegl. Teile arbeitet u. einem Drehstrommotor entspricht, dessen Läufer in Form einer Schiene abgewickelt ist u. vor allem für berührungsfreie Antriebe bei Magnetschwebebahnen genutzt wird
Li|ne|ar|per|spek|ti|ve *auch:* **Li|ne|ar|pers|pek|ti|ve** ⟨f.; -; unz.⟩ die räumliche Darstellung von Linien
Li|ne|a|tur ⟨f.; -, -en⟩ = Liniatur
Li|ne|man ⟨[la͜ɪnmæn] m.; -, -men [-mən]; Sport⟩ = Linesman
Li|ner ⟨[la͜ɪnə(r)] m.; -s, -⟩ **1** Linienschiff, Überseedampfer **2** Passagier-, Linienflugzeug **3** ⟨kurz für⟩ Eyeliner **4** ⟨kurz für⟩ Fineliner [engl.; zu *line* »Linie«]
Lines|man ⟨[la͜ɪnsmæn] m.; -, -men [-mən] Sport⟩ Linienrichter; *oV* Lineman [<engl. *lines* »Linien« + *man* »Mann«]
Line-up ⟨[la͜ɪnʌp] n.; - od. -s, -s; Musik⟩ Aufstellung der Mitspieler od. Teilnehmer; *das ~ der Band hat sich nicht verändert* [engl.]
Lin|ga ⟨n.; -s; unz.⟩ Phallus, in der ind. Religion Sinnbild der Zeugungskraft; *oV* Lingam [Sanskrit]
Lin|gam ⟨n.; -s; unz.⟩ = Linga
Lin|ge ⟨[lɛ̃ːʒ] f.; -; unz.; schweiz. Hotelgewerbe⟩ Wäsche [frz., »Wäsche«]
Lin|ge|rie ⟨[lɛ̃ʒə-] f.; -, -n; schweiz.⟩ Wäschekammer, Bügel- u. Flickraum (in Hotels, Sanatorien) [frz.]
Lin|gua fran|ca ⟨f.; - -; unz.⟩ **1** ⟨urspr.⟩ spätmittelalterliche Handels- u. Seefahrtssprache im Mittelmeerraum mit überwiegend italienischem, von arab. Elementen durchsetztem Wortschatz **2** ⟨allg.⟩ Verkehrssprache innerhalb eines mehrere Länder umfassenden Raumes [<lat. *lingua* »Sprache« + *franca* »fränkisch«]
lin|gu|al ⟨Adj.⟩ die Zunge betreffend, zu ihr gehörend, zungen... [<lat. *lingua* »Zunge, Sprache«]
Lin|gu|al ⟨m.; -s, -e; Phon.; kurz für⟩ Linguallaut
Lin|gu|al|laut ⟨m.; -(e)s, -e; Phon.⟩ mit der Zunge gebildeter Laut, Zungenlaut, z. B. das Zungen-R; *Sy* Lingual [<lat. *lingua* »Sprache, Zunge«]
Lin|gu|al|pfei|fe ⟨f.; -, -n; Musik⟩ Art der Orgelpfeifen, bei der der Ton durch ein im Luftstrom schwingendes Metallblättchen entsteht, Zungenpfeife; *Ggs* Labialpfeife
Lin|gu|ist ⟨m.; -en, -en⟩ Sprachwissenschaftler [<lat. *lingua* »Zunge, Sprache«]
Lin|gu|is|tik ⟨f.; -; unz.⟩ Sprachwissenschaft
Lin|gu|is|tin ⟨f.; -, -tin|nen⟩ Sprachwissenschaftlerin
lin|gu|is|tisch ⟨Adj.⟩ die Linguistik betreffend, zu ihr gehörend, auf ihr beruhend

Liniment

Li|ni|a|tur ⟨f.; -, -en⟩ = Linierung; *oV* Lineatur [<lat. *lineatus* »gestreift«; zu *linea* »Linie«, eigtl. »Leine, Schnur«; → *Linie*]
Li|nie ⟨[-njə] f.; -, -n⟩ **1** Strich; *~n ziehen* **2** ⟨Math.⟩ Gerade, Kurve **3** ⟨Sport⟩ Markierungsstrich, Abgrenzung im Spielfeld **4** ⟨Typ.⟩ **4.1** Folge von Schriftzeichen (in gleicher Höhe) **4.2** Druckzeile **4.3** gleiche Höhe der Lettern; *die Buchstaben halten nicht ~* stehen nicht in gleicher Höhe **4.4** feiner Metallstreifen zum Drucken einer Linie **5** Reihe, Reihung, Aufstellung nebeneinander **6** ⟨früher⟩ aktive Truppenteile, stehendes Heer **7** Strecke, auf der ein Massenbeförderungsmittel verkehrt; *Eisenbahn~; Straßenbahn~* **8** Massenbeförderungsmittel, das auf einer bestimmten Strecke verkehrt; *nehmen Sie die ~ 10!; welche ~ fährt nach Stuttgart?* **9** ⟨Genealogie⟩ Folge von Abkömmlingen; *Haupt~; absteigende, aufsteigende ~* **10** ⟨Mar.⟩ = Äquator; *die ~ passieren* **11** altes Längenmaß, $^1/_{10}$ bzw. $^1/_{12}$ Zoll **12** Ebene, Höhe, Art; *auf eine, auf gleiche ~ stellen mit* vergleichen mit; *das liegt auf der gleichen ~ mit* **13** ⟨fig.⟩ **13.1** eingeschlagene Richtung einer Organisation (bei einem Vorhaben in der Politik); *Partei~; eine bestimmte ~ verfolgen* **13.2** Umriss; *die zarten ~n ihrer Gestalt* **13.3** ⟨umg.⟩ Figur; *auf die ~ achten* auf die Schlankheit, die gute Figur achten **13.4** Hinsicht; *in erster ~* vor allem, zuerst; *er hat sich auf der ganzen ~ blamiert* in jeder Hinsicht [<ahd. *linia* <lat. *linea* »Leine, Schnur, Faden, mit einer Schnur gezogene gerade Linie«]
Li|ni|en|spek|trum *auch:* **Li|ni|en|spek|trum** ⟨[-njon-] n.; -s, -spek|tren⟩ Gesamtheit der von einem Atom emittierten bzw. absorbierten Spektrallinien
li|ni|e|ren ⟨V.⟩ mit Linien versehen
Li|nie|rung ⟨f.; -; unz.⟩ *Sy* Liniatur **1** das Linieren **2** die Linien selbst
Li|ni|ment ⟨n.; -(e)s, -e⟩ dickflüssige Mischung aus Seifen, Fett,

Link

Öl od. Alkohol zum Einreiben [<lat. *linimentum* »Schmiere«; zu *linire* »schmieren«]

Link ⟨m.; -s, -s; umg.; EDV⟩ **1** Verbindung, Beziehung **2** ⟨kurz für⟩ Hyperlink [<engl. *link* »Bindeglied, Verbindungsstück«]

Lin|ker ⟨m.; -s, -; EDV⟩ Programm, das einzelne Subprogramme od. mehrere kompatible Einzelprogramme zu einer Gesamtanwendung zusammenfasst [→ *Link*]

Lin|krus|ta auch: **Link|rusta** ⟨f.; -; unz.⟩ geprägte, linoleumähnliche abwaschbare Tapete [<lat. *linum* »Flachs, Lein« + *crusta* »Rinde, Überzug«]

Links|ex|tre|mis|mus auch: **Linksextre|mis|mus** ⟨m.; -; unz.; Politik⟩ polit. Bewegung, die linksradikalen Positionen zuneigt; *Ggs* Rechtsextremismus

Links|ex|tre|mist auch: **Links|extre|mist** ⟨m.; -en, -en; Politik⟩ jmd., der politisch extrem links steht; *Ggs* Rechtsextremist

Links|ex|tre|mis|tin auch: **Linksextre|mis|tin** ⟨f.; -, -tin|nen; Politik⟩ weibl. Person, die politisch extrem links steht; *Ggs* Rechtsextremistin

links|ex|tre|mis|tisch auch: **linksextre|mis|tisch** ⟨Adj.; Politik⟩ dem Linksextremismus nahe stehend, ihn betreffend, zu ihm gehörig; *Ggs* rechtsextremistisch

lin|né|sches Sys|tem auch: **Linné'sches Sys|tem** ⟨Adj.; Bot.⟩ System zur Einteilung des Pflanzenreichs, das sich nach den Merkmalen der Blüte richtet [nach dem schwed. Naturforscher Carl von Linné, 1707-1778]

Li|no|le|um auch: **Lin|o|le|um** ⟨[-le-um] n.; -s; unz.⟩ Fußbodenbelag aus einer Mischung von Leinöl mit Füll- u. Trockenstoffen auf einer textilen Unterlage [<lat. *linum* »Lein, Flachs« + *oleum* »Öl«]

Li|nol|säu|re ⟨f.; -, -n⟩ ungesättigte, flüssige Fettsäure mit zwei Doppelbindungen, kommt als Glycerinester in Leinöl u. a. Ölen vor [→ *Linoleum*]

Li|nol|schnitt ⟨m.; -(e)s, -e; Kunst⟩ **1** ⟨unz.⟩ dem Holzschnitt ähnl. Kunst, mit dem Messer aus einer Linoleumplatte eine bildl. Darstellung so herauszuarbeiten, dass sie erhaben stehen bleibt **2** ⟨zählb.⟩ mit diesem Verfahren gewonnener Abdruck

Li|non ⟨[-nɔ̄ː] m.; - od. -s, -s; Textilw.⟩ feinfädiges Leinenod. Baumwollgewebe in Leinwandbindung [frz. »feines Leinen« <lat. *linum* »Flachs, Lein«]

Li|no|type® ⟨[laɪnotaɪp] f.; -, -s⟩ Setzmaschine für den Guss von ganzen Textzeilen [<engl. *line* »Zeile, Linie« + *type* »(Druck-)Type«]

Lin|ters ⟨Pl.; Textilw.⟩ **1** ⟨urspr.⟩ kurze Fasern des Baumwollsamens **2** ⟨heute allg.⟩ kurz geschnittene Textilfasern natürlicher od. synthetischer Herkunft [engl.; zu *lint* »Zupfleinwand« <lat. *linteum* »Leinen«]

Li|ons Club ⟨[laɪəns klʌb] m.; - -s, - -s⟩ (1916 gegründete) internationale Vereinigung von verschiedenen Klubs, die unter dem Motto »we serve« (»wir dienen«) zur Verständigung u. karitative Hilfeleistung bemüht ist [zu engl. *lion* »Löwe«, nach dem Wappentier]

Li|ons In|ter|na|tio|nal ⟨[laɪəns ɪntərnæʃənəl] m.; - -; unz.⟩ weltumfassende Kluborganisation karitativer Prägung, Zusammenschluss von Persönlichkeiten des öffentlichen Lebens zu geistiger Verständigung u. zur Pflege des Gemeinwohls [engl.]

Li|pä|mie auch: **Li|pä|mie** ⟨f.; -; unz.; Med.⟩ erhöhter Fettgehalt des Blutplasmas (Anzeichen von Stoffwechselkrankheiten) [<grch. *lipos* »Fett« + ... *ämie*]

li|pä|misch auch: **li|pä|misch** ⟨Adj.; Med.⟩ auf Lipämie beruhend, an Lipämie leidend

Li|pa|rit ⟨m.; -s, -e; Min.⟩ = Rhyolit [nach einem Fundort auf der Insel *Lipari*]

Li|pa|se ⟨f.; -, -n; Biochemie⟩ im Verdauungskanal der Tiere u. des Menschen u. in Pflanzensamen vorkommendes Enzym, das Fett in Fettsäuren u. Glycerin spaltet [<grch. *lipos* »Fett«]

Lip|gloss ⟨n.; -; unz.; Kosmetik⟩ Lippenstift, der die Lippen glänzend macht [engl., »Lippenglanz«]

Li|pid ⟨n.; -(e)s, -e; Biochemie⟩ organ. Substanz, die sich aus Geweben mit organischen Lösungsmitteln, wie Äther, Aceton, Alkohol u. a., extrahieren lässt [<grch. *lipos* »Fett«]

Li|pi|do|se ⟨f.; -, -n; Med.⟩ angeborene Störung des Fettstoffwechsels [→ *Lipid*]

Li|piz|za|ner ⟨m.; -s, -⟩ Vollblutpferderasse, meistens Schimmel [nach dem Gestütsort *Lipizza* bei Triest]

li|po|id ⟨Adj.; Biochemie⟩ fettartig

Li|po|id ⟨n.; -s, -e; Biochemie⟩ fettähnliche organ. Substanz [<grch. *lipos* »Fett« + ...*id*]

Li|po|i|do|se ⟨f.; -, -n; Biochemie⟩ krankhafte Einlagerung von Lipoiden im Gewebe

Li|po|ly|se ⟨f.; -, -n; Biochemie⟩ enzymatischer Abbau von Fetten, Fettverdauung [<grch. *lipos* »Fett« + ...*lyse*]

Li|pom ⟨n.; -s, -e; Med.⟩ Fettgeschwulst [<grch. *lipos* »Fett«]

Li|po|ma|to|se ⟨f.; -, -n; Med.⟩ Fettsucht, Fettgeschwulst [zu grch. *lipos* »Fett«]

li|po|phil ⟨Adj.; Med.; Chemie⟩ in Fett löslich; *Ggs* lipophob [<grch. *lipos* »Fett« + ...*phil*]

Li|po|phi|lie ⟨f.; -, -n; Med.⟩ Neigung zum Fettansatz (bei bestimmten Krankheiten)

li|po|phob ⟨Adj.; Med.; Chemie⟩ in Fett unlöslich; *Ggs* lipophil [<grch. *lipos* »Fett« + ...*phob*]

Li|po|plast ⟨m.; -en, -en; Biol.⟩ Fettgewebe bildende Zelle [<grch. *lipos* »Fett« + *plastes* »Bildner«; zu *plassein* »bilden, formen«]

Li|po|pro|te|id ⟨n.; -s, -e; Biochemie⟩ aus Lipiden u. Proteinen zusammengesetzte organisch-chemische Verbindung; *oV* Lipoprotein

Li|po|pro|te|in ⟨n.; -s, -e; Biochemie⟩ = Lipoproteid

Li|po|som ⟨n.; -s, -e; Biochemie⟩ kugelförmiges, ein- od. mehrschichtiges Gebilde aus Lipiden, das im Inneren der Kugel lipophobe Stoffe (wie bestimmte Arzneimittel) trans-

Literatursoziologie

portieren kann [<grch. *lipos* »Fett« + ...*om*]
Lip|u|rie *auch:* **Lipu|rie** ⟨f.; -; unz.; Med.⟩ Ausscheidung von Fett im Harn [<grch. *lipos* »Fett« + ...*urie*]
Liq. ⟨Abk. für⟩ Liquor
Lique|fak|ti|on ⟨f.; -, -en; Chemie⟩ Verflüssigung [<lat. *liquere* »flüssig sein, fließen« + ...*faktion*]
Liques|zenz ⟨f.; -; unz.; Chemie⟩ das Flüssigsein [zu lat. *liquere* »flüssig sein«]
lique|szie|ren ⟨V.⟩ flüssig werden, schmelzen
li|quet ⟨geh.⟩ es ist klar, es ist erwiesen [lat., eigtl. »es ist flüssig, klar (wie Wasser)«; zu *liquere* »flüssig sein«]
liquid ⟨Adj.⟩ *oV* liquide **1** flüssig **2** (fig.) im Besitz von Geldmitteln, zahlungsfähig, solvent; *Ggs* illiquid **3** verfügbar [<lat. *liquidus* »flüssig«]
Li|quid ⟨n.; -s, -s od. m.; -s, -s; oft in Zus.⟩ flüssiges, meist milchiges Kosmetikum (zur Hautpflege); *Make-up-*~ [engl., »Flüssigkeit«]
liquide ⟨Adj.⟩ = liquid
Li|qui|da ⟨f.; -, -dä od. -qui|den; Phon.⟩ Konsonant, bei dem die ausströmende Luft an einer Verengung in Schwingung gerät, Schwinglaut, Schmelzlaut, Fließlaut, z. B. r, l [lat., Fem. zu *liquidus* »flüssig«]
Li|qui|da|ti|on ⟨f.; -, -en⟩ **1** Auflösung, Aufgabe (eines Unternehmens); *in* ~ *treten* **2** Abwicklung (der Verpflichtungen eines Unternehmens) **3** Tötung, Beseitigung (von unliebsamen Personen) **4** (bei freien Berufen) Berechnung der Kosten, Rechnung [<mlat. *liquidatio* »Flüssigmachung« <lat. *liquidus* »flüssig«]
Li|qui|da|tor ⟨m.; -s, -to|ren⟩ jmd., der eine Liquidation durchführt, Vermittler bei Geschäftsauflösungen [→ *liquidieren, Liquidation*]
Li|qui|den ⟨Pl. von⟩ Liquida
li|qui|die|ren ⟨V.⟩ **1** *ein Geschäft* ~ auflösen **2** *politische Gegner* ~ beseitigen, töten **3** *Kosten* ~ berechnen, fordern [<ital., mlat. *liquidare* »flüssig machen« <lat. *liquidus* »flüssig«]

Li|qui|die|rung ⟨f.; -, -en⟩ = Liquidation
Li|qui|di|tät ⟨f.; -; unz.⟩ Zahlungsfähigkeit; *Ggs* Illiquidität
Li|quor ⟨m.; -s; unz.; Abk.: Liq.; Med.⟩ **1** Flüssigkeit; ~ *cerebrospinalis* der Lymphe ähnliche Flüssigkeit in den Ventrikeln des Gehirns u. dem Duralsack, Rückenmarks-Gehirn-Flüssigkeit **2** in Wasser gelöstes Arzneimittel [lat., »Flüssigkeit«]
Li|ra[1] ⟨f.; -, Li|ren⟩ mittelalterliche Geige mit nur einer Saite [<grch. *lyra*; → *Lyra*]
Li|ra[2] ⟨f.; -, Li|re; Abk.: L.⟩ ital. Währungseinheit, (früher) 100 Centesimi [ital. <lat. *libra* »Waage, Gewogenes, Pfund«]
li|ri|co ⟨Musik⟩ lyrisch (zu spielen) [ital.]
Li|se|ne ⟨f.; -, -n⟩ senkrechter, flacher, hervortretender Mauerstreifen [<frz. *lisière* »Randstreifen, Kante, Saum«]
LISP ⟨EDV⟩ höhere Programmiersprache zur Be- u. Verarbeitung von Listen [<engl. *List Processing Language*]
Lis|te|ria ⟨f.; -, -ri|en od. -riae [-ri:];Med.⟩ bakterieller Krankheitserreger, der z. B. in Exkrementen vorkommt [nach dem brit. Chirurgen J. *Lister*, 1827-1912]
l'is|tes|so tem|po ⟨Musik⟩ im selben Zeitmaß, Tempo (zu spielen) [ital.]
lit., Lit. ⟨Abk. für⟩ Litera
Li|ta|nei ⟨f.; -, -en⟩ **1** von Geistlichem u. Gemeinde im Wechsel gesprochenes Gebet **2** (fig.; umg.) lange, eintönige Aufzählung, eintöniges Gerede, Gejammer, Wehklage; *diese* ~ *ist unerträglich* [<mhd. *letanie* <lat. *litania* »Bittgebet« <grch. *litaneia*]
Lit|chi ⟨[-tʃi] f.; -, -s⟩ = Litschipflaume
lite ⟨[laɪt] Adj.; undekl.⟩ = light
Li|ter ⟨m. od. n.; -s, -, schweiz. nur: m.; Abk.: l⟩ Hohlmaß, 1 Kubikdezimeter (1 dm³); *zwei* ~ *Wein* [<frz. *litre* <mlat. *litra* <grch. *litra* »Gewicht von 12 Unzen«]
Li|te|ra ⟨f.; -, -s od. -rä; Abk.: Lit., (schweiz.:) lit.⟩ Buchstabe; *§ 12, Abs. 3, Lit. (lit.)* **6** [<lat. *littera* »Buchstabe«]

li|te|ra|li|sie|ren ⟨V.⟩ in eine literarische Form bringen, literarisch gestalten; *oV* literarisieren
Li|te|rar|his|to|ri|ker ⟨m.; -s, -⟩ Kenner, Erforscher der Literaturgeschichte; *oV* Literaturhistoriker
li|te|rar|his|to|risch ⟨Adj.⟩ die Literaturgeschichte betreffend, zu ihr gehörend, auf ihr beruhend
li|te|ra|risch ⟨Adj.⟩ zur Literatur gehörend, sie betreffend
li|te|ra|ri|sie|ren ⟨V.⟩ = literalisieren
Li|te|rar|kri|tik ⟨f.; -, -en; selten für⟩ Literaturkritik
li|te|rar|kri|tisch ⟨Adj.; selten für⟩ literaturkritisch
Li|te|rat ⟨m.; -en, -en⟩ **1** Schriftsteller **2** (abwertend) federgewandter, oberflächl. Schriftsteller [<lat. *litteratus* »schriftkundig, gelehrt, wissenschaftlich gebildet«; zu *littera* »Buchstabe«]
Li|te|ra|tur ⟨f.; -, -en⟩ **1** (i. w. S.) Gesamtheit der schriftl. Äußerungen eines Volkes od. einer Zeit **2** (i. e. S.) dessen bzw. deren gesamtes schöngeistiges Schrifttum, Dichtung **3** Gesamtheit der über ein Wissensgebiet veröffentlichten Werke; *Fach-*~; *(benutzte)* ~ *angeben (bei wissenschaftl. Arbeiten); antike, klassische, romantische, moderne* ~; *belehrende, unterhaltende* ~; *deutsche, englische, französische* ~; *juristische, medizinische* ~; *die schöne* ~ schöngeistige Literatur, Dichtung [<lat. *litteratura* »Buchstabenschrift, Sprachkunst«; zu *littera* »Buchstabe«]
Li|te|ra|tur|his|to|ri|ker ⟨m.; -s, -⟩ = Literarhistoriker
Li|te|ra|tur|kri|tik ⟨f.; -, -en⟩ **1** einzelne Besprechung eines bestimmten Werkes, Rezension **2** ⟨unz.⟩ krit. Betrachtung, Darstellung od. Besprechung von Dichtungen im Allgemeinen **3** Gesamtheit der Literaturkritiker u. ihrer Institutionen u. Veröffentlichungen
li|te|ra|tur|kri|tisch ⟨Adj.⟩ die Literaturkritik betreffend, zu ihr gehörig, von ihr stammend
Li|te|ra|tur|so|zio|lo|gie ⟨f.; -; unz.⟩ Teilgebiet der Soziologie, das

563

Literatursprache

sich mit der Wechselwirkung von Literatur u. Gesellschaft befasst

Li|te|ra|tur|spra|che ⟨f.; -; unz.⟩ in der Literatur benutzte, gehobene Sprache, Schriftsprache

Li|tew|ka ⟨f.; -, -tew|ken; früher⟩ blusenartiger Uniformrock [poln., »litauischer Rock«, eigtl. »Litauerin«]

...lith ⟨Nachsilbe; zur Bildung männl. Subst.⟩ Stein, Versteinerung, Mineral; *Monolith* [<grch. *lithos* »Stein«]

Lith|ar|gy|rum *auch:* **Lith|ar|gy|rum** ⟨n.; -s; unz.⟩ = Massicot [<*Litho...* + grch. *argyros* »Silber«]

Li|thi|a|sis ⟨f.; -, -thi|a|sen; Med.⟩ Neigung zu Steinbildung, Vorhandensein von Steinen u. dadurch bedingte Krankheitserscheinungen bes. in den Gallen- u. Harnwegen, Steinleiden [<grch. *lithos* »Stein«]

...li|thi|kum ⟨Nachsilbe; zur Bildung sächl. Subst.⟩ Steinzeit; *Paläolithikum* [<grch. *lithos* »Stein«]

Li|thi|um ⟨n.; -s; unz.⟩ chem. Zeichen: Li⟩ silberweißes, in feuchter Luft anlaufendes Alkalimetall, Ordnungszahl 3 [<grch. *lithos* »Stein«]

li|tho..., Li|tho... ⟨in Zus.⟩ stein..., Stein..., gesteins..., Gesteins... [<grch. *lithos* »Stein«]

li|tho|gen ⟨Adj.; Geol.⟩ aus Steinen hervorgegangen [<*litho...* + ...*gen*]

Li|tho|ge|ne|se ⟨f.; -; unz.; Geol.⟩ Lehre, Theorie von der Gesteinsentstehung, z. B. durch Ablagerung, Verwitterung; →*a*. Diagenese, Sedimentation

Li|tho|graf ⟨m.; -en, -en⟩ = Lithograph

Li|tho|gra|fie ⟨f.; -, -n⟩ = Lithographie

Li|tho|graph ⟨m.; -en, -en⟩ in der Lithographie ausgebildeter Drucker, Steindrucker, Steinzeichner; *oV* Lithograf

Li|tho|gra|phie ⟨f.; -, -n⟩ *oV* Lithografie **1** ⟨unz.⟩ ältestes Flachdruckverfahren, bei dem die Zeichnung auf einen Kalkstein übertragen u. von diesem abgedruckt wird (heute durch Druck von Zinkplatte ersetzt) **2** Produkt dieses Druckverfahrens, Steinzeichnung, Steindruck

li|tho|gra|phie|ren ⟨V.⟩ eine Lithographie herstellen; *oV* lithografieren

li|tho|gra|phisch ⟨Adj.⟩ zur Lithographie gehörend, auf ihr beruhend, mit ihrer Hilfe; *oV* lithografisch

Li|tho|lo|ge ⟨m.; -n, -n⟩ Wissenschaftler auf dem Gebiet der Lithologie

Li|tho|lo|gie ⟨f.; -; unz.⟩ Gesteinskunde [<*Litho...* + ...*logie*]

Li|tho|lo|gin ⟨f.; -, -gin|nen⟩ Wissenschaftlerin auf dem Gebiet der Lithologie

li|tho|lo|gisch ⟨Adj.⟩ zur Lithologie gehörend, auf ihr beruhend

Li|tho|ly|se ⟨f.; -, -n; Med.⟩ Auflösung von Nieren- od. Gallensteinen durch Arzneimittel [<*Litho...* + ...*lyse*]

li|tho|phag ⟨Adj.; Geol.⟩ Gesteine auflösend, sich in Gestein einfressend [<*litho...* + ...*phag*]

li|tho|phil ⟨Adj.⟩ **1** ⟨Biol.⟩ Gestein als Untergrund bevorzugend; ~*e Tiere* **2** ⟨Geol.⟩ die feste Erdkruste bildend [<*litho...* + ...*phil*]

Li|tho|phyt ⟨m.; -en, -en; Biol.⟩ Pflanze, die auf felsigen Flächen gedeiht [<*Litho...* + ...*phyt*]

Li|tho|pone ⟨f.; -; unz.⟩ weiße, deckende Anstrichfarbe aus Zinksulfid u. Bariumsulfat [<*Litho...* + grch. *ponos* »Arbeit«]

Li|tho|sphä|re *auch:* **Li|thos|phä|re** ⟨f.; -; unz.⟩ äußere Hülle der Erde aus Gestein [<*Litho...* + *Sphäre*]

Li|tho|to|mie ⟨f.; -, -n; Med.⟩ operative Entfernung von Steinen (der Gallenwege, Niere) [<*Litho...* + ...*tomie*]

Lith|ur|gik *auch:* **Lit|hur|gik** ⟨f.; -; unz.⟩ Lehre vom Gebrauch u. von der Verarbeitung der Minerale u. Gesteine; →*a*. Liturgik [<*Litho...* + grch. *ergon* »Werk, Arbeit«]

li|to|ral ⟨Adj.; Geogr.⟩ Küste, Ufer, Strand betreffend [<lat. *litoralis* »zum Ufer gehörig«; zu *litus*, Gen. *litoris* »Ufer, Küste«]

Li|to|ra|le ⟨n.; -s, -s; Geogr.⟩ Küstenstrich [<lat. *litoralis* »zur

Küste gehörig«; zu *litus*, Gen. *litoris* »Ufer, Küste«]

Li|to|ral|fau|na ⟨f.; -, -nen; Geogr.⟩ Tierwelt der Ufer- u. Strandregion

Li|to|ral|flo|ra ⟨f.; -, -ren; Geogr.⟩ Pflanzenwelt der Ufer- u. Strandregion

Li|to|ri|na ⟨f.; -, -ri|nen; Zool.⟩ Art der Strandschnecken, wichtiges Leitfossil: Littorina littorae [<lat. *litus*, Gen. *litoris* »Küste, Ufer«]

Li|to|ri|nel|len|kalk ⟨m.; -(e)s; unz.; Geol.⟩ Kalkstein mit versteinerten Strandschnecken [zu lat. *litus*, Gen. *litoris* »Ufer, Küste«]

Li|to|tes ⟨f.; -; unz.; Sprachw.⟩ stärkere Hervorhebung durch Anwendung eines scheinbar schwächeren Ausdrucks (Verneinung des Gegenteils), z. B. »nicht klein« statt »recht groß« [<grch. *litotes* »Schlichtheit«; zu *litos* »schlicht, einfach«]

Lit|schi ⟨f.; -, -s; Bot.; kurz für⟩ Litschipflaume

Lit|schi|pflau|me ⟨f.; -, -n⟩ rotbraune, hartschalige Frucht eines in Südchina beheimateten Obstbaumes; *Sy* Litchi, Litschis; →*a*. Raumbutan [<chines. *Lee Chee*]

Liturg (*Worttrennung am Zeilenende*) Fremdsprachliche Zusammensetzungen, deren einzelne Bestandteile für deutsche Muttersprachler nicht unbedingt ersichtlich sind, können zwischen den einzelnen Bestandteilen (Morphemen) getrennt werden [z. B.: <grch. *laos* »Volk« und grch. *ergon* »Werk«]. Möglich ist aber auch die Worttrennung nach Sprechsilben (→*a*. Chirurg).

Li|turg ⟨m.; -en, -en; christl. Rel.⟩ Geistlicher, der die Liturgie hält

Li|tur|gie ⟨f.; -, -n; christl. Rel.⟩ alle ordnungsmäßig bestehenden gottesdienstlichen Handlungen [<grch. *leiturgos*, eigtl. »Staatsdiener« *laos* »Volk« + *ergon* »Werk«]

Li|tur|gik ⟨f.; -; unz.; christl. Rel.⟩ Lehre von der christl. Liturgie; →*a*. Lithurgik

li|tur|gisch ⟨Adj.⟩ die Liturgie betreffend, zu ihr gehörend; ~*e Farben* je nach den kirchl. Festen u. dem Charakter des Gottesdienstes wechselnde Farben der Paramente; ~*e Formel* in der Liturgie immer wiederkehrende Formel, z. B. Amen, Halleluja; ~*e Gefäße* die beim Gottesdienst verwendeten Gefäße; ~*e Gewänder* die G. des Geistlichen beim Gottesdienst

live ⟨[laıf] Adj.; Radio; TV⟩ ~ *senden* direkt übertragen, unmittelbar senden [<engl. *alive* »lebendig«]

Live|act ⟨[laıfækt] m.; -s, -s⟩ Konzertauftritt einer Rockband [<engl. *live* »direkt, original« + *act* »(Programm-)Nummer«]

Live|fo|to|gra|fie ⟨[laıf-] f.; -, -n⟩ **1** ⟨unz.⟩ das unvorbereitete Fotografieren am Ort eines Geschehens, wobei der abgebildete Vorgang wichtiger ist als die technische Ausführung, z. B. an durchlebten Kriegsschauplatz aufgenommene Bilder **2** ⟨zählb.⟩ ein daraus entstandenes Bild [<engl. *live* »aktuell, direkt, lebend« + *Fotografie*]

Live|mit|schnitt ⟨[laıf-] m.; -(e)s, -e; Radio; TV⟩ Originalmitschnitt, Direktmitschnitt; → *a.* Livesendung

Live|sen|dung ⟨[laıf-] f.; -, -en; Radio; TV⟩ Direktsendung, Direktübertragung

Live|show ⟨[laıfʃoʊ] f.; -, -s⟩ Unterhaltungssendung, die direkt übertragen wird

li|vid ⟨[-viːd] Adj.⟩ = livide

li|vi|de ⟨[-viː-] Adj.⟩ *oV* livid **1** ⟨Med.⟩ bleifarben, bläulich, fahl **2** missgünstig, neidisch [<lat. *lividus* »bleifarben, bläulich«]

Li|vre *auch:* **Livre** ⟨[liːvrə] m. od. n.; - od. -s, -s od. (bei Zahlenangaben) -⟩ **1** alte frz. Münze **2** alte frz. Gewichtseinheit, etwa 500 g [frz., »Pfund«]

Li|vree *auch:* **Livree** ⟨[-vreː] f.; -, -n⟩ uniformartige Dienstkleidung, z. B. für Chauffeure, Portiers, Diener [<frz. *livrée* »Livree, Dienerschaft«]

li|vriert *auch:* **livriert** ⟨Adj.⟩ in Livree gekleidet; *ein ~er Portier, Butler*

Li|zen|ti|at[1] ⟨n.; -(e)s, -e⟩ = Lizenziat[1]

Li|zen|ti|at[2] ⟨m.; -en, -en⟩ = Lizenziat[2]

Li|zenz ⟨f.; -, -en⟩ **1** Befugnis, Genehmigung zur Ausübung eines Gewerbes **2** Erlaubnis zur Benutzung eines Patentes **3** Ermächtigung für eine Buchausgabe; *jmdm. eine ~ erteilen* [<lat. *licentia* »Freiheit, Erlaubnis«]

Li|zen|zi|at[1] ⟨n.; -(e)s, -e⟩ *oV* Lizentiat[1] **1** ⟨früher⟩ theolog. Hochschulgrad **2** ⟨veraltet; noch österr. u. schweiz.⟩ Grad der evang.-theol. u. einiger kath.-theol. Fakultäten (meist durch den Dr. theol. ersetzt) [<lat. *licentia* »Freiheit, Erlaubnis«]

Li|zen|zi|at[2] ⟨m.; -en, -en; Abk.: Lic.⟩ Inhaber des Lizenziats[1] (2); *oV* Lizentiat[2]

li|zen|zie|ren ⟨V.⟩ *etwas ~* die Lizenz für etwas erteilen

Li|zenz|spie|ler ⟨m.; -s, -; Sport⟩ Sportler, der seinen Sport in einem lizenzierten Verein als Angestellter ausübt

Li|zi|tant ⟨m.; -en, -en⟩ jmd., der auf einer Versteigerung bietet [<lat. *licitans*, Part. Präs. zu *licitari* »auf etwas bieten«]

Li|zi|ta|ti|on ⟨f.; -, -en⟩ Versteigerung [<lat. *licitatio* »das Bieten bei Versteigerungen«]

li|zi|tie|ren ⟨V.⟩ versteigern [<lat. *licitari* »auf etwas bieten«]

l. l. ⟨Abk. für⟩ *loco laudato*

Lla|no ⟨[lja:-] m.; -s, -s; meist Pl.; Geogr.⟩ baumarmes Grasland im Südwesten der USA u. in Südamerika [span., »Ebene, Hochland«; zu *llano* »eben, flach, glatt« <lat. *planus*]

LLDC ⟨Abk. für engl.⟩ Least Developed Countries (am wenigsten entwickelte Länder, bes. arme Entwicklungsländer); → *a.* LCD

lm ⟨Zeichen für⟩ Lumen

lmh ⟨Zeichen für⟩ Lumenstunde

ln ⟨Zeichen für⟩ Logarithmus zur Basis e (eulersche Zahl = 2,731...)

Load ⟨[loːd] f.; -, -s; umg.⟩ Dosis Rauschgift [engl., »Ladung«]

loa|ded ⟨[loʊdıd] Adj.; umg.⟩ unter Drogeneinfluss stehend [engl., eigtl. »geladen«]

Lob ⟨[lɔb] m.; -s, -s; Sport; bes. Tennis⟩ über den am Netz stehenden Gegner hoch hinweg geschlagener Ball, Hoch(flug)ball [engl.]

lob|ben ⟨V.; Sport; Tennis⟩ einen Lob schlagen [engl.]

Lob|by ⟨f.; -, -s⟩ **1** Vorraum eines Parlamentsgebäudes **2** Gesamtheit der Angehörigen von Interessenverbänden, die (dort) versuchen, die Entscheidungen von Parlamentsmitgliedern zu beeinflussen **3** Vorhalle, Empfangshalle (bes. in Hotels); *sie hatte gerade die ~ des Hotels verlassen* [<engl. *lobby*, heute in der Bed. »Interessengruppe«, eigtl. »Vor-, Wandelhalle«, da sich die Lobbyisten früher in den Vorhallen der Parlamentssäle aufzuhalten pflegten]

lob|by|ie|ren ⟨V.⟩ als Lobby (2) auftreten u. versuchen, auf eine Entwicklung Einfluss zu nehmen; *hinter den Kulissen ~*

Lob|by|ing ⟨[lɔbiıŋ] n.; - od. -s; unz.⟩ von Interessengruppen (z. B. Unternehmen, Initiativen, Vereinen, Institutionen) ausgehende Beeinflussung von Politikern u. parlamentar. Abgeordneten, um bestimmte Vorstellungen od. Vorhaben durchzusetzen [→ *Lobby*]

Lob|by|is|mus ⟨m.; -; unz.; Politik⟩ System der Einflussnahme auf Parlamentsmitglieder

Lob|by|ist ⟨m.; -en, -en⟩ Angehöriger der Lobby

Lob|ek|to|mie *auch:* **Lo|bek|to|mie** ⟨f.; -, -n; Med.⟩ operative Entfernung eines Lungenlappens [<grch. *lobos* »Lappen« + *Ektomie*]

Lo|be|lie ⟨[-lj̬ə] f.; -, -n; Bot.⟩ Gattung der Glockenblumengewächse (Campanulaceae) mit etwa 380 in den wärmeren Gegenden verbreiteten Arten, die zum Teil ein giftiges Alkaloid enthalten: Lobelia [nach dem flandrischen Botaniker M. *Lobelius*, 1538-1616]

Lo|be|lin ⟨n.; -s; unz.; Pharm.⟩ Alkaloid vieler Lobelienarten, das als Anregungsmittel bei Lähmungen des Atemzentrums sowie bei Alkohol- u. Schlafmittelmissbrauch verwendet wird [→ *Lobelie*]

lobulär

lo|bu|lär ⟨Adj.; Med.⟩ sich auf bestimmte Lappen eines Lobus (1) beziehend
Lo|bus ⟨m.; -, Lo|bi⟩ **1** ⟨Med.⟩ Lappen eines Organs **2** ⟨Geol.⟩ Ausstülpung, Wölbung des Eisrandes bei Gletschern
Lo|ca|tion ⟨[lɔkɛɪʃən] f.; -, -s⟩ **1** ⟨umg.⟩ Ort (einer Veranstaltung, eines Konzerts, einer Party usw.) **2** ⟨TV⟩ Drehort [<engl. *location* »Platz, Stelle, Standort«]
Loch ⟨engl. [lɔk] m.; - od. -s, -s⟩ Binnensee, Fjord in Schottland; ~ *Lomond* [schott., »See«]
Lo|chi|en ⟨[lɔxiən] Pl.; Med.⟩ Scheidenausfluss der Wöchnerin, Wochenfluss [<grch. *lochos* »Geburt«]
Lock-out auch: **Lock|out** ⟨[-aʊt] n.; - od. -s, -s⟩ Aussperrung (von Arbeitern) [engl., »ausschließen, aussperren; Aussperrung«]
lo|co ⟨Adj.⟩ **1** ⟨Kaufmannsspr.⟩ sofort verfügbar, vorrätig (von Waren) **2** ⟨Musik⟩ (oktaviert gespielte Noten) wieder in der notierten Tonlage (zu spielen); *oV* loko [zu lat. *locus* »Ort, Stelle, Platz«]
lo|co ci|ta|to ⟨[-tsi-] Abk.: l. c.⟩ am angeführten Ort [lat.]
Lo|co|ge|schäft ⟨n.; -(e)s, -e⟩ = Lokogeschäft
lo|co lau|da|to ⟨Abk.: l. l.; selten für⟩ loco citato [lat., »an der gelobten Stelle«]
Lo|cus ⟨m.; -, Lo|ci⟩ **1** = Lokus¹ **2** ⟨Biochemie⟩ Position eines Gens auf einem Chromosomen [lat., »Ort, Stelle«]
Lod|de ⟨f.; -, -n; Zool.⟩ = Kapelan [dän., norweg.]
Lo|di|cu|lae ⟨[-lɛː] Pl.; Bot.; bei Gräsern⟩ zwei Schwellkörper zum Öffnen der Blüte [<lat. *lodicula* »kleine gewebte Decke«]
Loft¹ ⟨m.; -s, -s; Sport; Golf⟩ **1** Winkel zwischen Schlagfläche u. Sohle beim Golfschläger **2** Höhe der Flugbahn [zu engl. *loft* »hochschlagen«]
Loft² ⟨m. od. n.; - od. -s, -s⟩ durch Umbau einer alten Fabrikhalle od. -etage gewonnener großer Raum od. großflächige (Dachgeschoss-)Wohnung; *in einem ~ wohnen; sie mieten ein ~ über den Dächern von Berlin* [<engl. *loft* »Dachgeschoss, Speicher«]
Loft|jazz ⟨[-dʒæz] m.; -; unz.; Musik⟩ progressive Form des live gespielten Jazz, häufig in leer stehenden Gebäuden [<engl. *loft* »Dachgeschoss, Speicher« + *Jazz*]
log ⟨Zeichen für⟩ Logarithmus zur Basis 10
Log ⟨n.; -s, -e; Schiff.⟩ Messgerät für die Fahrgeschwindigkeit eines Schiffes, an einer mit Knoten versehenen Leine hängendes, bleibeschwertes Brett, das im Wasser hinterhergezogen wird, je nach der Anzahl der Knoten, die in einer bestimmten Zeit durch die Hand des Messenden laufen, wird die Geschwindigkeit errechnet; *oV* Logge [engl., eigtl. »Holzklotz (als Teil einer Vorrichtung zum Messen der Geschwindigkeit eines Schiffes)«]
log..., Log... ⟨in Zus.⟩ = logo..., Logo...
...log¹ ⟨Nachsilbe; zur Bildung männl. Subst.⟩ Gespräch, Rede, Worte; *Monolog; Dialog* [<grch. *logos* »Wort, Rede«]
...log² ⟨Nachsilbe; zur Bildung männl. Subst.; österr.⟩ = ...loge [→ *log¹*]
...log³ ⟨Nachsilbe; zur Bildung von Adj.⟩ in einem bestimmten Verhältnis stehend; *heterolog; homolog* [→ *...log¹*]
Lo|ga|rith|men|ta|fel auch: **Lo|ga|rith|men|ta|fel** ⟨f.; -, -n; Math.⟩ Zusammenstellung der Logarithmen in einer Tabelle
lo|ga|rith|mie|ren auch: **lo|ga|rith|mie|ren** ⟨V.; Math.⟩ *eine Zahl ~* in ihren Logarithmus umrechnen
lo|ga|rith|misch auch: **lo|ga|rith|misch** ⟨Adj.; Math.⟩ auf Logarithmen beruhend, in Logarithmen (ausgedrückt)
Lo|ga|rith|mus auch: **Lo|ga|rith|mus** ⟨m.; -, -rith|men; Math.⟩ diejenige Zahl b, mit der man in der Gleichung a^b = c die Zahl a potenzieren muss, um die Zahl c zu erhalten; ~ *auf der Basis 10* ⟨Zeichen: lg od. log⟩ dem = 10 ist; ~ *auf der Basis e* ⟨Zeichen: ln⟩ der Logarithmus, bei dem 3 = 2,731... (eulersche Zahl) ist [<grch. *logos* »Vernunft, Verhältnis« + *arithmos* »Zahl«]
Lo|ga|sthe|nie auch: **Lo|gas|the|nie** ⟨f.; -; unz.; Med.⟩ Gedächtnisstörung, verbunden mit dem Vergessen von Wörtern [<grch. *logos* »Wort, Rede« + *Asthenie*]
Log|buch ⟨n.; -(e)s, -bü|cher; Schiff.⟩ Tagebuch, in dem alle naut. Beobachtungen u. Vorkommnisse an Bord eingetragen werden müssen, Schiffsjournal, -tagebuch [→ *Log*]
Log|da|tei ⟨f.; -, -en; EDV⟩ durch das Protokollieren bestimmter Vorgänge (z. B. Anfragen im Internet) entstandene Datei, Protokollierdatei
...lo|ge ⟨Nachsilbe; zur Bildung männl. Subst.⟩ Wissenschaftler; *Politologe* [→ *...log¹*]
Lo|ge ⟨[-ʒə] f.; -, -n⟩ **1** ⟨Theat.⟩ kleiner, abgeteilter Raum mit 4-6 Sitzplätzen im Zuschauerraum des Theaters; *Bühnen~; Balkon~* **2** Vereinigung von Freimaurern **3** Ort ihrer Zusammenkünfte [frz., »Verschlag, Pförtnerloge, Loge im Theater«]
Lo|gen|bru|der ⟨[loː ʒən-] m.; -s, -brü|der⟩ Mitglied einer Freimaurerloge
Log|ge ⟨f.; -, -n⟩ = Log
log|gen ⟨V.⟩ mit dem Log messen
Log|ger ⟨m.; -s, -⟩ vom Motor betriebenes Fischereifahrzeug mit Hilfssegel [<engl. *lugger*]
Log|gia ⟨[lɔdʒa] f.; -, -gi|en [-dʒiən]⟩ **1** offene, von Säulen od. Pfeilern getragene Bogenhalle **2** ins Haus eingezogener, nicht vorspringender Balkon [ital., »halb offene Bogenhalle« < frz. *loge*; → *Loge*]
Log|glas ⟨n.; -es, -glä|ser⟩ Sanduhr zum Loggen
...lo|gie ⟨Nachsilbe; zur Bildung weibl. Subst.⟩ **1** ⟨Pl. selten⟩ Wissenschaft; *Anthropologie; Dermatologie* **2** Sammlung; *Anthologie* [→ *...log¹*]
lo|gie|ren ⟨[-ʒiː-] V.⟩ **1** beherbergen **2** als Gast wohnen; *bei jmdm. ~* [<frz. *loger* »wohnen«]
Lo|gik ⟨f.; -; unz.⟩ **1** Lehre von den Formen u. Gesetzen richtigen Denkens; *Sy* ⟨bei Epikur⟩ Kanonik (1) **2** ⟨allg.⟩ Fähigkeit,

folgerichtig zu denken [<grch. *logos* »Wort, Rede, Vernunft«]

Lo|gi|ker ⟨m.; -s, -⟩ **1** Lehrer der Logik **2** klarer Denker

Log-in ⟨n.; -s, -s; EDV⟩ *Ggs* Logout **1** das Einbuchen, Anmelden in ein Computersystem mittels eines Passwortes **2** das Herstellen einer Verbindung mit einem anderen Computer innerhalb eines Netzwerks [<engl. *log in* »einklinken«]

Lo|gis ⟨[-ʒiː] n.; - [-ʒiːs], - [-ʒiːs]⟩ **1** Unterkunft, Wohnung, Bleibe **2** ⟨Mar.⟩ Mannschaftsraum [frz., »Wohnung, Unterkunft«; → *Loge*]

lo|gisch ⟨Adj.⟩ die Logik betreffend, zu ihr gehörig, auf ihr beruhend, ihr entsprechend, den Denkgesetzen gemäß, denkrichtig, folgerichtig; ~ *denken, folgern können; das ist doch ~!* ⟨umg.⟩ einleuchtend, klar

Lo|gis|mus ⟨m.; -, -gismen⟩ **1** logisch gültige Schlussfolgerung **2** ⟨unz.⟩ Lehre, dass die Welt logisch geordnet sei [<grch. *logos* »Wort, Rede, Vernunft«]

Lo|gis|tik ⟨f.; -; unz.⟩ **1** mathemat. od. philosoph. Logik **2** Bereich der militär. Verwaltung, dessen Aufgabe die Versorgung ist **3** Gesamtheit an Prozessen, die für die (Produktions-)Organisation eines Unternehmens notwendig sind

Lo|gis|ti|ker ⟨m.; -s, -⟩ Anhänger, Vertreter der Logistik (1)

lo|gis|tisch ⟨Adj.⟩ **1** die Logistik betreffend, auf ihr beruhend **2** formelhaft gedacht

...lo|gi|um ⟨Nachsilbe; zur Bildung sächl. Subst.⟩ **1** Verzeichnis; *Horologium* **2** Skala [<grch. *legein* »lesen«]

Lo|gi|zis|mus ⟨m.; -; unz.⟩ **1** Betonung bzw. Überbewertung der Logik **2** Bevorzugung der logischen vor der psycholog. Betrachtungsweise

lo|gi|zis|tisch ⟨Adj.⟩ in der Art des Logizismus

Lo|gi|zi|tät ⟨f.; -; unz.⟩ **1** log. Wesen (eines Sachverhalts), das Logischsein **2** bloße Denkrichtigkeit; *Ggs* Faktizität

Lo|go ⟨n.; -s, -s; kurz für⟩ Logogramm

LOGO ⟨EDV⟩ Programmiersprache, die als Lehr- und Lernsprache bes. im Schulunterricht verwendet wird [zu grch. *logos* »Wort«]

lo|go..., Lo|go... ⟨vor Vokalen⟩ log..., Log... ⟨in Zus.⟩ **1** Wort, Sprache, Sprechen **2** Vernunft, Rechnen [<grch., »Wort, Rede; Vernunft«]

Lo|go|graf ⟨m.; -en, -en⟩ = Logograph

Lo|go|gra|fie ⟨f.; -; unz.⟩ = Logographie

lo|go|gra|fisch ⟨Adj.⟩ = logographisch

Lo|go|gramm ⟨n.; -s, -e⟩ Kürzel eines (Firmen-)Namens, z. B. ARD, ZDF [<grch. *logos* »Wort« + *gramma* »Schriftzeichen«]

Lo|go|graph ⟨m.; -en, -en⟩ *oV* Logograf **1** ⟨Gesch.⟩ **1.1** Rechnungsbeamter der spätrömischen Zeit **1.2** ⟨im byzantinischen Reich⟩ Titel eines hohen Staatsbeamten der frühen grch. Kultur (nach F. Creuzer, 1771-1858) **2** ⟨Lit.⟩ (in der klassischen attischen Rhetorik des 4. Jh. v. Chr.) Mann, der für seine Klienten Reden verfasste [<grch. *logos* »Wort« + *...graph*]

Lo|go|gra|phie ⟨f.; -; unz.⟩ Schrift, die aus Logogrammen zusammengesetzt ist; *oV* Logografie

lo|go|gra|phisch ⟨Adj.⟩ die Logographie betreffend, zu ihr gehörig; *oV* logografisch

Lo|go|griph ⟨m.; -s od. -en, -e od. -en⟩ Buchstaben- od. Worträtsel, bei dem durch Wegnehmen, Hinzufügen od. Ändern eines Buchstabens jeweils ein neues Wort entsteht, z. B. Band - Brand [<grch. *logos* »Wort« + *griphos* »Netz, Rätsel«]

Lo|go|neu|ro|se ⟨f.; -, -n; Med.⟩ neurotisch bedingte Sprachstörung [<grch. *logos* »Wort, Rede« + *Neurose*]

Lo|go|pä|de ⟨m.; -n, -n; Med.; Psych.⟩ Sprachheiltherapeut, Erzieher von Gehörlosen, Schwerhörigen u. Sprachbehinderten zum natürlichen Sprechen u. Artikulieren der Worte

Lo|go|pä|die ⟨f.; -; unz.; Med.; Psych.⟩ Lehre von den psycholog. u. medizin. Maßnahmen zur Behandlung von Sprachfehlern, Sprachheilkunde [<grch. *logos* »Wort, Rede« + *...pädie*]

Lo|go|pä|din ⟨f.; -, -din|nen; Med.; Psych.⟩ Sprachheiltherapeutin

lo|go|pä|disch ⟨Adj.; Med.; Psych.⟩ auf die Logopädie beruhend, sie betreffend, mit ihrer Hilfe

Lo|go|pa|thie ⟨f.; -, -n; Med.⟩ Sprachstörung [<grch. *logos* »Wort, Rede« + *...pathie*]

Lo|gos ⟨m.; -, -goi; Pl. selten⟩ **1** Wort **2** Substantiv, Subjekt **3** ⟨Philos.⟩ **3.1** Gedanke, Sinn, Begriff **3.2** ⟨Stoiker; Heraklit⟩ Gesetzmäßigkeit des Alls, göttl. Vernunft **3.3** ⟨Neuplatonismus; Gnosis⟩ vernünftige Kraft Gottes als Schöpferkraft **3.4** ⟨Christentum⟩ das in der Person Jesu Mensch gewordene Wort Gottes [grch. »Wort, Rede; Vernunft, Berechnung«]

lo|go|the|ra|peu|tisch ⟨Adj.; Psych.⟩ die Logotherapie betreffend, mit ihrer Hilfe

Lo|go|the|ra|pie ⟨f.; -, -n; Psych.⟩ für die Behandlung von Neurosekranken angewandtes psychotherapeutisches Verfahren, das die geistige Auseinandersetzung des Klienten mit der Frage nach dem Sinn seines Daseins unterstützt [<grch. *logos* »Wort« + *Therapie*]

Lo|go|ty|pe ⟨f.; -, -n; Typ.⟩ zwei oder mehrere auf eine Drucktype vereinigte Buchstaben

Log-out ⟨[-aʊt] n.; -s, -s; EDV⟩ *Ggs* Log-in **1** das Ausbuchen aus einem Computersystem **2** das Beenden einer Verbindung mit einem anderen Computer innerhalb eines Netzwerks [<engl. *log out* »ausklinken«]

lo|go|zen|trisch auch: **lo|go|zent|risch** ⟨Adj.⟩ den Geist als ordnendes Zentrum über Körper u. Leben stellend; *Ggs* biozentrisch [<*logo...* + *zentrisch*]

Loi|pe ⟨f.; -, -n; Skisport⟩ Langlaufbahn [skand.]

Lok ⟨f.; -, -s; kurz für⟩ Lokomotive

lo|kal ⟨Adj.⟩ örtlich beschränkt; *ein Ereignis von (nicht nur) ~er Bedeutung* [<frz. *local* »örtlich« <lat. *localis*; zu *locus* »Ort, Platz, Stelle«]

Lokal

Lo|kal ⟨n.; -(e)s, -e⟩ **1** Ort, Raum; Wahl~ **2** Gaststätte, Restaurant; Speise~; Wein~; in einem ~ essen [<frz. *local* »Raum«; → *lokal*]

Lo|kal|an|äs|the|sie *auch:* **Lo|ka|la|näs|the|sie** ⟨f.; -, -n; Med.⟩ örtl. Betäubung

Lo|kal|der|by ⟨engl. [-dœːbɪ] od. [-dʌːbɪ] n.; -s, -s; Sport⟩ Wettkampf od. Spiel zweier Mannschaften od. Sportler aus derselben Region od. demselben Ort [<*lokal* + *Derby*]

Lo|kal|far|be ⟨f.; -, -n⟩ **1** kräftige Farbe eines gemalten Gegenstandes ohne Zwischentöne zu den Farben der anderen Gegenstände od. zum Gesamtfarbton des Bildes **2** ⟨fig.⟩ Ortseigentümlichkeit, Lokalort

Lo|ka|li|sa|ti|on ⟨f.; -, -en⟩ das Lokalisieren; *Sy* Lokalisierung [<frz. *localisation*; → *lokal*]

lo|ka|li|sie|ren ⟨V.⟩ **1** *eine Stelle, Schmerzen, einen Krankheitsherd* ~ ihre Lage genau bestimmen **2** *auf einen Ort begrenzen; die Infektion auf den Herd* ~ beschränken, ihre Ausbreitung verhindern [<frz. *localiser* »lokalisieren, begrenzen«; zu *local* »örtlich«; → *lokal*]

Lo|ka|li|sie|rung ⟨f.; -, -en⟩ = Lokalisation

Lo|ka|li|tät ⟨f.; -, -en⟩ **1** Örtlichkeit **2** *die ~en* ⟨umg.; verhüllend⟩ Toilette, Waschraum [<frz. *localité* »Ort, Örtlichkeit, Gegend«; zu *local* »örtlich«; → *lokal*]

Lo|kal|ko|lo|rit ⟨n.; -s, -e⟩ Eigenart (Landschaft, Milieu, Bräuche usw.) des Handlungsortes, die bei der künstler. Wiedergabe berücksichtigt wird

Lo|kal|ma|ta|dor ⟨m.; -s, -e; umg.⟩ für den Sieg favorisierte, beliebte Person aus dem Ort eines Wettkampfs, in einer bestimmten (kleineren) Region populärer Sportler

Lo|kal|pa|tri|o|tis|mus *auch:* **Lo|kal|pa|tri|o|tis|mus** ⟨m.; -; unz.⟩ Begeisterung für die engste Heimat

Lo|kal|pos|se ⟨f.; -, -n⟩ = Lokalstück

Lo|kal|re|dak|ti|on ⟨f.; -, -en⟩ die für die Lokalnachrichten einer Zeitung zuständige Redaktion

Lo|kal|satz ⟨m.; -es, -sät|ze; Gramm.⟩ Umstandssatz des Ortes

Lo|kal|stück ⟨n.; -(e)s, -e⟩ volkstüml., humorist., an eine Landschaft od. Stadt gebundenes Theaterstück; *Sy* Lokalposse

Lo|kal|ter|min ⟨m.; -s, -e; Rechtsw.⟩ **1** gerichtlicher Termin zur Besichtigung des Tatorts **2** gerichtlicher Termin zur Besichtigung des Ortes, über den die Parteien widersprüchliche Aussagen machen

Lo|ka|ti|on ⟨f.; -, -en; veraltet⟩ **1** Anweisung eines Ortes, Platzes **2** Einordnung, Platz-, Rangbestimmung **3** Stellung [<lat. *locatio* »Stellung, Anordnung, Vermietung«; zu *locus* »Ort, Stelle, Platz«]

Lo|ka|tiv ⟨m.; -s, -e [-və]; Gramm.⟩ den Ort bestimmender Kasus, z. B. im Latein [<lat. *locus* »Ort, Platz, Stelle«]

lo|ko ⟨Adj.⟩ = loco

Lo|ko|ge|schäft ⟨n.; -(e)s, -e; Wirtsch.⟩ Geschäft über vorhandene, sofort lieferbare Ware; *oV* Locogeschäft [zu lat. *locus* »Ort, Stelle, Platz«]

Lo|ko|mo|bi|le ⟨f.; -, -n⟩ ortsbewegliche Dampfmaschine [<lat. *locus* »Ort, Stelle« + *mobilis* »beweglich«]

Lo|ko|mo|ti|on ⟨f.; -, -en; Biol.⟩ Bewegung von einem Platz zum anderen [<lat. *locus* »Ort, Stelle« + *motio* »Bewegung«]

Lo|ko|mo|ti|ve ⟨f.; -, -n⟩ Schienenfahrzeug zum Antrieb der Eisenbahn [<engl. *locomotive (engine)* »sich von der Stelle bewegende (Maschine)« <lat. *locus* »Ort, Stelle, Platz« + *movere* »bewegen«]

lo|ko|mo|to|risch ⟨Adj.⟩ auf Fortbewegung, Gang, Lauf beruhend

Lo|ko|wa|re ⟨f.; -, -n; Wirtsch.⟩ am Ort vorhandene, sofort lieferbare Ware [zu lat. *locus* »Ort, Stelle, Platz«]

Lo|kus[1] ⟨m.; -, Lo|zi⟩ Platz, Ort, Stelle; *oV* Locus [<lat. *locus* »Ort, Stelle«; in der zweiten Bedeutung verkürzt <lat. *locus necessitatis* »Ort der Notdurft« (Schülersprache)]

Lo|kus[1] ⟨m.; -, -se; scherzh.; umg.⟩ Toilette [→ *Lokus*[1]]

Lo|kus|mu|ta|ti|on ⟨f.; -, -en; Genetik⟩ = Genmutation

Lo|ku|ti|on ⟨f.; -, -en; Sprachw.⟩ Äußerungsaspekt (Artikulation u. grammat. Ordnung) eines Sprechaktes in der Sprechakttheorie; → a. Illokution, Perlokution, Proposition [<lat. *locutio* »das Reden, Redensart«; zu *loqui* »reden, sprechen«]

lo|ku|ti|o|när ⟨Adj.; Sprachw.⟩ die Lokution betreffend, zu ihr gehörend; *oV* lokutiv; *~er Akt* Teilakt des Sprechaktes, der das konkrete Äußern von Wörtern nach einer bestimmten grammat. Konstruktion betrifft

lo|ku|tiv ⟨Adj.; Sprachw.⟩ = lokutionär

Lo|li|ta ⟨f.; -, -s⟩ verführerische Kindfrau [nach dem gleichnamigen Roman von Vladimir Nabokov, 1899–1977]

Lom|bard ⟨m. [-´-] m. od. n.; -(e)s, -e; kurz für:⟩ Lombardgeschäft

Lom|bard|ge|schäft ⟨n.; -(e)s, -e⟩ Beleihung von Wertpapieren; *Sy* Lombard [verkürzt <frz. *maison de Lombard* »Leihhaus« (*lombardische* Banken betrieben diese Geschäfte zuerst)]

Lom|bar|de ⟨m.; -n, -n⟩ **1** Einwohner der Lombardei **2** ⟨MA⟩ oberital. Geldwechsler u. Pfandleiher

lom|bar|die|ren ⟨V.; Bankw.⟩ beleihen, verpfänden

Lom|bard|satz ⟨m.; -es, -sät|ze; Bankw.⟩ Zinssatz für im Lombardgeschäft gewährten Kredite

Lom|ber ⟨n.; -s; unz.; Kart.⟩ Kartenspiel mit französ. Karten ohne 8, 9, 10, in dem durch Reizen der Spieler ermittelt wird, der gegen die anderen spielt; *oV* L'hombre [<span. *el hombre* »der Mensch« (Hauptspieler in dem *Juego del tresillo* genannten Spiel) <lat. *homo* »Mensch«]

Lo|mé-Ab|kom|men ⟨[-meː-] n.; -s; unz.⟩ Handels- u. Finanzierungsabkommen zwischen den EG-Staaten und Entwicklungsländern Afrikas, der Karibik u. des Pazifik [nach dem Unterzeichnungsort Lomé (Togo)]

Lo|mo® ⟨f.; -s; Fot.⟩ kleinformatiger russischer Fotoapparat

Lo|mo ⟨f.; -, -s; Fot.; kurz für⟩ Lomographie

Lo|mo|gra|fie ⟨f.; -, -n; Fot.⟩ = Lomographie

Lo|mo|gra|phie ⟨f.; -, -n; Fot.⟩ *oV* Lomografie **1** ⟨unz.⟩ willkürliches Fotografieren aus den unterschiedlichsten Positionen u. in den verschiedensten Situationen, wobei die so entstandenen Fotografien mosaikartig zu einem Bild zusammengesetzt werden u. eine Abbildung des Zufälligen dokumentieren sollen **2** ⟨zählb.⟩ Produkt der Lomographie (1) [→ *Lomo®*]

Lon|gan ⟨f.; -, -s; Bot.⟩ = Longanpflaume

Lon|gan|pflau|me ⟨f.; -, -n; Bot.⟩ der Litschi ähnliche südostasiatische Frucht: Dimocarpus longan, Drachenauge; *oV* Longan [<engl. *longan, longyen*]

Lon|gä|vi|tät *auch:* **Lon|ga|vi|tät** ⟨[-vi-] f.; -; unz.; Med.⟩ Langlebigkeit [<lat. *longus* »lang« + *aevitas* »Lebensalter«]

Long|drink ⟨m.; -s, -s⟩ wenig Alkohol enthaltendes Mischgetränk; *Ggs* Shortdrink [<engl. *long* »in einem großen Glas serviert«, eigtl. »lang« + *Drink*]

Lon|ge ⟨[lɔ̃ːʒ(ə)] od. [lɔŋʒə] f.; -, -n⟩ **1** lange Leine, an der man ein Pferd im Kreise um sich herumlaufen lässt **2** Seil, das einen Sportler beim Erlernen schwieriger Übungen vor dem Abstürzen bewahrt [frz., »Leine«]

lon|gie|ren ⟨[-ʒiː-] V.⟩ *ein Pferd* ∼ an der Longe laufen lassen

Lon|gi|me|trie *auch:* **Lon|gi|me|trie** ⟨f.; -; unz.⟩ Messung der Längen [<lat. *longus* »lang« + ...*metrie*]

lon|gi|tu|di|nal ⟨Adj.⟩ **1** in der Längsausdehnung **2** den Längengrad betreffend [<lat. *longitudo* »Länge«]

Lon|gi|tu|di|nal|schwin|gung ⟨f.; -, -en; Physik⟩ Schwingung in Längsrichtung

Lon|gi|tu|di|nal|wel|le ⟨f.; -, -n; Physik⟩ Längswelle, Schwingung in der Richtung der Ausbreitung, z. B. elastische Stoßwelle

long|line ⟨[-laɪn] Adv.; Sport; Tennis⟩ entlang der seitlichen Linie geschlagen; *einen Ball* ∼ *spielen* [engl.]

Long|line ⟨[-laɪn] m.; - od. -s, -s; Sport; Tennis⟩ Ball, der entlang der Seitenlinie gespielt wird; *Ggs* Cross [<engl. *long line* »lange Linie«, da der Ball entlang der längsten Feldbegrenzungslinie gespielt wird]

Long|sel|ler ⟨m.; -s, -; Buchw.⟩ Buch, das lange Zeit gut verkauft wird; *Sy* Steadyseller [<engl. *long* »lange« + *sell* »verkaufen«]

Long|shirt ⟨[-ʃœːt] n.; -s, -s⟩ sehr lang geschnittenes, kragenloses Baumwollhemd [<engl. *long* »lang« + *shirt* »Hemd«]

longton ⟨[lɔŋtʌn] f.; -, -s; Zeichen: l. tn.; in den USA⟩ Massen- u. Gewichtseinheit, 1 l. tn. = 2240 pounds = 1016 kg

Look ⟨[lʊk] m.; -s, -s; häufig in Zus.⟩ Aussehen, Erscheinungsbild, bes. in der Mode; *Partner*∼, *Disko*∼; *im* ∼ *eines Rockers* [engl., »Aussehen«]

Look|a|like ⟨[lʊkəlaɪk] m.; -s, -s⟩ jmd., der einer prominenten Person ähnlich sieht od. diese professionell doubelt (auf Festen usw.) [<engl. *lookalike* »Doppelgänger, Gegenstück«]

Loop ⟨[luːp] m.; -s, -s⟩ **1** ⟨Popmusik⟩ elektronisch erzeugte Schlaufe, die einen Teil eines Musikstückes ständig od. endlos wiederholt, Soundschleife **2** ⟨EDV⟩ Teil eines in sich geschlossenen u. mehrfach zu durchlaufenden Programms, Programmschleife **3** ⟨Textilw.⟩ ein Schlingenzwirn [engl., »Schleife, Schlinge«]

loo|pen ⟨[luːpən] V.⟩ einen Looping fliegen [→ *Looping*]

Loo|ping ⟨[luː-] m. od. n.; -s, -s⟩ Überschlag mit dem Flugzeug [engl. »das Überschlagen«]

Lo|quat ⟨f.; -, -s; Bot.⟩ Japanische Mispel, aus Asien stammende Mispelart mit festem, säuerlichem Fruchtfleisch: Eriobotrya japonica [engl.]

Lo|qua|zi|tät ⟨f.; -; unz.; Med.⟩ Geschwätzigkeit [<lat. *loquacitas* »Geschwätzigkeit«]

Lor|bass ⟨m.; -es, -e; nddt.⟩ Flegel, Lümmel [lit.]

Lord ⟨m.; -s, -s⟩ engl. Adelstitel [engl., »Herr«]

Lord|kanz|ler ⟨m.; -s, -⟩ höchster engl. Staatsbeamter, Großkanzler

Lord Mayor *auch:* **Lord Ma|yor** ⟨[lɔːd mɛːə(r)] m.; (-) -s, (-) -s⟩ Erster Bürgermeister (Londons u. einiger anderer engl. Großstädte) [engl.]

Lor|do|se ⟨f.; -, -n; Med.⟩ Rückgratverkrümmung nach vorn; *Ggs* Kyphose [<grch. *lordos* »vorwärts gekrümmt«]

Lord|ship ⟨[-ʃɪp] f.; -; unz.; in England⟩ **1** Titel eines Lords **2** höfliche bzw. förmliche Anrede für den Inhaber eines solchen Titels **3** die zu dem Titel gehörenden Ländereien [engl., »Lordschaft«]

Lo|re ⟨f.; -, -n⟩ *oV* Lori[1] **1** offener, auf Schienen laufender Wagen zur Beförderung von Massengütern **2** Raummaß für Kohlen, 200 Zentner [<engl. *lorry* »flacher Lastwagen«]

Lor|gnette *auch:* **Lor|gnet|te** ⟨[lɔrnjɛta] f.; -, -n⟩ Brille mit Stiel (ohne Bügel), Stielbrille [frz., »Opernglas«, eigtl. »Augenglas zum Sehen seitlich befindlicher Gegenstände«; zu *lorgner* »anschielen, von der Seite ansehen«]

Lor|gnon *auch:* **Lor|gnon** ⟨[lɔrnjɔ̃ː] n.; -s, -s; frz.⟩ Einglas mit Stiel, Stielglas [frz., »Kneifer, Zwicker«; zu *lorgner* »anschielen, von der Seite ansehen«]

Lo|ri[1] ⟨m.; -s, -s⟩ = Lore

Lo|ri[2] ⟨m.; -s, -s; Zool.⟩ Angehöriger einer Familie kurzschwänziger od. schwanzloser Halbaffen: Lorisidae [zu engl. *loris* <frz. *loris* <fläm. *lorrias* »faul, träge«]

Lo|ri[3] ⟨m.; -s, -s; Zool.⟩ Angehöriger einer Gruppe lebhaft gefärbter Papageien mit pinselartiger Zunge, Pinselzüngler: Loriianae [<engl. *lory* <malai. *luri*]

Lo|ro|kon|to ⟨n.; -s, -konten od. -konti od. -s; Bankw.⟩ Konto, das eine Bank für eine andere Bank führt; *Sy* Vostrokonto; *Ggs* Nostrokonto [ital., »Konto jener (anderen Banken)«]

Lo|ser ⟨[luːzə(r)] m.; -s, -; umg.; salopp⟩ Verlierer, Versager; *er ist ein (totaler)* ∼ [engl.; zu *lose* »versagen, verlieren«]

Lost

Lost ⟨[lɔst] m.; -(e)s; unz.⟩ ein Gelbkreuz-Kampfstoff, Senfgas [nach den Chemikern *L*ommel und *St*einkopf]

Lost Ge|ne|ra|tion ⟨[lɔst dʒenəreɪʃən] f.; - -; unz.⟩ Gruppe junger US-amerikan. Schriftsteller der 20er-Jahre, deren Weltanschauung vom Erlebnis des 1. Weltkrieges geprägt wurde u. daher durch Desillusionierung u. Skeptizismus gekennzeichnet war [engl., »verlorene Generation«]

Lot ⟨[lɔt] n.; -s, -s⟩ **1** Zusammenstellung von Briefmarken(sätzen) **2** Zusammenstellung von Zuchttieren oder einer bestimmten Ware, z. B. für Auktionen [engl., »Menge, Posten«]

Lo|ti|on ⟨f.; -, -en od. engl. [loːʃn] f.; -, -s⟩ Kosmetikum, meist mit Alkohol u. einem reinigenden, glättenden od. adstringierenden Wirkstoff, hauptsächlich als Gesichtswasser verwendet [engl., »Waschmittel, Gesichtswasser« ‹frz. *lotion* »Abwaschung, Flüssigkeit«]

Lo|to|pha|ge ⟨m.; -n, -n⟩ Angehöriger eines sagenhaften Volkes an der Küste Libyens, das sich von Lotos nährte, nach dessen Genuss die Gefährten des Odysseus ihre Heimat vergaßen [‹*Lotos* + ...*phage*]

Lo|tos ⟨m.; -, -⟩ **1** = Lotosblume **2** ⟨im antiken Orient⟩ Sinnbild der Reinheit u. Schönheit **3** ⟨Buddhismus⟩ Sinnbild der Religion [grch., Name mehrerer, den alten Griechen bekannter Pflanzen: 1. Steinklee, 2. Seerose, 3. im Küstengebiet des Mittelmeeres wachsender Baum mit pflaumenartigen Früchten]

Lo|tos|blu|me ⟨f.; -, -n; Bot.⟩ Gattung der Seerosengewächse, Wasserpflanze mit schildförmigen, lang gestielten grünen Blättern, die über das Wasser hinausragen, großen Blüten, essbaren Samen u. stärkehaltigen Rhizomen, die ebenfalls gegessen werden können: Nelumbo

Lo|tos|ef|fekt ⟨m.; -(e)s; unz.; Technik⟩ selbstreinigende Wirkung (aufgrund spezieller Oberflächenbehandlung von Materialien); *Badewannen, Dachziegel, Fassadenfarbe mit ~* [nach der *Lotosblume* als Sinnbild für Reinheit]

Lot|se ⟨m.; -n, -n⟩ **1** geprüfter Seemann mit Sonderausbildung in einem bestimmten Ortsbereich, der Schiffe durch schwierige Gewässer leitet; *Sy* Pilot (2) **2** Führer durch unbekanntes od. gefährl. Gebiet [verkürzt ‹*Lootsmann* ‹engl. *loadsman* »Steuermann«]

lot|sen ⟨V.⟩ **1** *ein Schiff ~* als Lotse führen **2** *jmdn. (durch eine Stadt) ~* leiten, führen **3** ⟨fig.; umg.⟩ mitnehmen, mitschleppen, verführen mitzugehen; *jmdn. mit ins Kino ~, mit zu Freunden ~*

Lot|te|rie ⟨f.; -, -n⟩ **1** staatl. od. private Auslosung von Gewinnen unter den Personen, die ein Los gekauft haben; *Geld~; Waren~* **2** Glücksspiel mit Karten [‹ndrl. *loterije* »Glücksspiel«; zu *lot* »Los«]

Lot|to ⟨n.; -s, -s⟩ **1** Gesellschaftsspiel für Kinder, bei dem jeder eine Karte mit mehreren Zahlen od. Bildern vor sich hat, die er, wenn sie aufgerufen werden, zudecken kann, u. wer seine Karten zuerst zugedeckt hat, ist Sieger; *Zahlen~; Bilder~* **2** eine Art Lotterie, bei der man mit einem bestimmten Einsatz auf die Zahlen wettet, von denen man glaubt, dass sie bei der Ziehung herauskommen werden [ital., »Losspiel, Glücksspiel« ‹frz. *lot* »Los, Anteil« ‹fränk. **(h)lot* »Anteil«]

Lo|tus ⟨m.; -; unz.; Bot.⟩ Gattung der Schmetterlingsblütler (Papilionaceae), Hornklee [‹grch. *lotos*; → *Lotos*]

Lou|is ⟨[luːi] m.; -, - [luːiːs]; umg.⟩ Zuhälter [frz., »Ludwig«]

Lou|is|dor ⟨[luidoːr] m.; -s, -e od. (bei Zahlenangaben) -⟩ Goldmünze, die unter Ludwig XIII. von Frankreich (1641) geprägt wurde (1803 durch das 20-Franc-Stück ersetzt) [‹frz. *louis d'or* ‹*Louis* »Ludwig« + *or* »Gold«]

Lou|is|qua|tor|ze ⟨[luikatɔːrz] n.; -; unz.⟩ der unter Ludwig XIV. (1643-1715) in Frankreich herrschende Kunst- u. bes. Möbelstil, Barockstil [frz.]

Lou|is|quin|ze ⟨[luikɛ̃ːz] n.; -; unz.⟩ der unter Ludwig XV. (1723-1774) in Frankreich herrschende Kunst- u. bes. Möbelstil, Rokokostil [frz.]

Lou|is|seize ⟨[luisɛ̃ːz] n.; -; unz.⟩ der unter Ludwig XVI. (1774-1792) in Frankreich herrschende Kunst- u. bes. Möbelstil, kennzeichnet den Übergang vom Rokoko zum Klassizismus [frz.]

Lounge ⟨[laundʒ] f.; -, -s [-dʒɪz]; in Hotels⟩ Halle, Aufenthaltsraum [engl., »Diele, Halle, Wohnzimmer«]

Lou|re ⟨[luːr(ə)] f.; -, -n; Musik⟩ **1** ⟨im MA⟩ französ. Sackpfeife **2** ⟨danach⟩ in die Suite übernommener Tanz im 6/4-Takt [frz. ‹lat. *lura* »Schlauchöffnung«; → *Lure*]

love ⟨[lʌv] Sport; Tennis⟩ Zählweise für null (Punkte); *sie führte schnell 40:~* [engl., eigtl. »Liebe«, aber auch »Null«; zu *doing something for love* »etwas zum Spaß, für nichts tun«]

Love-in ⟨[lʌvɪn] n.; -s, -s⟩ Protestveranstaltung zumeist Jugendlicher, bei der es zu sexuellen Handlungen in der Öffentlichkeit kommt (häufig praktiziert auf den Protestkundgebungen in den 60er-Jahren); →*a.* Go-in, Sit-in, Teach-in [‹engl. *love* »Liebe; lieben« + *in* »in«]

Love-in-To|kyo ⟨[lʌvɪntoukiou] m.; -s, -s⟩ Haarschmuck aus zwei mit einem elastischen Gummiband verbundenen Kugeln [engl., eigtl. »Liebe in Tokio«]

Love|pa|ra|de ⟨[lʌvpəreɪd] f.; -, -s⟩ jährlich in Berlin u. anderen europ. Städten stattfindende mehrtägige Großveranstaltung der Technoszene [‹engl. *love parade* »Liebesparade«]

Lo|ver ⟨[lʌvə(r)] m.; -s, -; umg.⟩ Geliebter, Liebhaber; →*a.* Latinlover [engl.]

Love|sto|ry ⟨[lʌvstɔri] f.; -, -s⟩ gefühlsselige (tragische) Liebesgeschichte [engl.]

Low Church ⟨[lou tʃœːtʃ] f.; - -; unz.⟩ Glaubensgemeinschaft

innerhalb der anglikan. Kirche, die vom Methodismus beeinflusst ist; →a. High Church [<engl. *low* »niedrig« + *church* »Kirche«]
Low Dose ⟨[lou dous] f.; - -; unz.⟩ niedrige Dosierung; *Low-Dose-Anwendung eines Medikaments* [engl.]
Low|im|pact *auch:* **Low Im|pact** ⟨[louɪmpækt] m.; (-) -s, (-) -s⟩ geringer Grad an Belastung od. Beeinflussung; *Ggs* Highimpact [<engl. *low* »gering, niedrig, wenig« + *impact* »Einschlag, Einwirkung, Einfluss«]
lo|xo|drom ⟨Adj.; Kartogr.⟩ in der Art einer Loxodrome geformt
Lo|xo|dro|me ⟨f.; -, -n; Kartogr.⟩ Verbindungslinie zweier Punkte der Erdoberfläche, die alle Längenkreise unter dem gleichen Winkel schneidet [<grch. *loxos* »schief« + *dromos* »Lauf«]
lo|xo|go|nal ⟨Adj.⟩ schiefwinklig [<grch. *loxos* »schief« + *gonia* »Winkel«]

◆Die Buchstabenfolge loy|a... kann auch lo|ya... getrennt werden.

◆**loy|al** ⟨[loaja:l] Adj.⟩ *Ggs* illoyal **1** treu der Regierung od. dem Vorgesetzten gegenüber, zu ihnen haltend **2** ⟨fig.⟩ anständig, redlich [frz. »rechtschaffen, pflichtgetreu, ehrlich«]

loyal (*Worttrennung am Zeilenende*) Im Französischen wird der Laut »y« verwendet, um einen vorausgehenden an einen folgenden Vokal zu binden. Im Deutschen bleibt es dem Schreibenden überlassen, ob er vor dem Konsonanten trennt oder die Buchstabengruppe »oy« als eigenen Laut [oaj] auffasst und dementsprechend hinter dem Konsonanten trennt (→a. Foyer).

◆**Loy|a|lis|mus** ⟨m.; -; unz.; meist abwertend⟩ loyales Verhalten gegenüber einer Partei od. einer Regierung, bedingungslose Loyalität; *einen widerstandslosen ~ einfordern*
◆**Loy|a|list** ⟨[loaja-] m.; -en, -en⟩ jmd., der sich der Regierung u. den Gesetzen gegenüber treu verhält, der loyal (1) ist
◆**loy|a|lis|tisch** ⟨Adj.⟩ wie ein Loyalist, regierungstreu, gesetzestreu; *sich ~ verhalten*
◆**Loy|a|li|tät** ⟨[loajali-] f.; -; unz.⟩ *Ggs* Illoyalität **1** loyales Wesen, loyales Verhalten, Treue, Zuverlässigkeit **2** ⟨fig.⟩ Anständigkeit, Redlichkeit [<*loyal* u. frz. *loyauté* »Ehrenhaftigkeit, Rechtschaffenheit, Pflichttreue«]
LSD ⟨Abk. für⟩ Lysergsäurediäthylamid, aus dem Mutterkorn abgeleitetes Psychopharmakon, das der Schizophrenie ähnliche Zustände herbeiführt
ltd. ⟨Abk. für⟩ limited
Ltd. ⟨Abk. für engl.⟩ Limited (GmbH)
LTI ⟨Abk. für lat.⟩ Lingua Tertii Imperii (Sprache des Dritten Reiches) [nach dem gleichnamigen Buch von Victor Klemperer, 1881-1960]
ltn ⟨Zeichen für engl.⟩ longton
Lu ⟨chem. Zeichen für⟩ Lutetium
Lu|ci|fer ⟨m.; -s; unz.⟩ = Luzifer (2)
Lü|cken|a|na|ly|se ⟨f.; -, -n; Wirtsch.⟩ = Gap-Analyse
Lud|di|ten ⟨Pl.⟩ engl. Maschinenstürmer (Textilarbeiter), die Anfang des 19. Jh. aus Furcht vor Arbeitslosigkeit ihre Maschinen zerstörten [<engl. *luddites*, angeblich nach einem der ersten Maschinenstürmer, Ned Lud, um 1779]
Lu|dus ⟨m.; -, Lu|di⟩ **1** altröm. Schauspiel, Festspiel **2** mittelalterliches geistl. Drama [lat., »Spiel«]
Lu|es ⟨f.; -; unz.; Med.⟩ = Syphilis [lat., »Seuche, ansteckende Krankheit«]
lu|e|tisch ⟨Adj.; Med.⟩ an Lues erkrankt, durch sie verursacht
Luf|fa ⟨f.; -, -s; Bot.⟩ **1** tropische Gattung der Kürbisgewächse: Luffa **2** (i. e. S.) kultivierte Art dieser Gattung mit zylindr., essbaren Früchten, deren Fasernetz der Luffaschwämme (zum Frottieren) u. Einlagen für Tropenhelme u. Einlegesohlen liefert, Schwammkürbis: L. cylindrica [<engl. *luffa*, *loofah* <arab. *luf*]
Luft|kor|ri|dor ⟨m.; -s, -e⟩ Flugschneise über dem Hoheitsgebiet eines Staates, die von ausländ. Flugzeugen eingehalten werden muss
Lü|gen|de|tek|tor ⟨m.; -s, -en; irreführende Bez. für⟩ Polygraph
lu|gu|ber ⟨Adj.; geh.⟩ trist, trüb, traurig; *eine lugubre Stimmung* [<lat. *lugubris* »traurig, unheilvoll, kläglich«]
Lu|gu|bri|tät *auch:* **Lu|gu|bri|tät** ⟨f.; -; unz.; geh.⟩ Tristheit, Trübsinnigkei, Traurigkeit [→ *luguber*]
Lu|i|ker ⟨[lui-] m.; -s, -⟩ = Syphilitiker [→ *Lues*]
lu|isch ⟨[luɪ-] Adj.⟩ = syphilitisch
Lu|kar|ne ⟨f.; -, -n; nddt.⟩ Dachluke, Dachfenster [<frz. *lucarne* »Dachluke, Dachfenster«]
lu|kra|tiv *auch:* **lu|kra|tiv** ⟨Adj.⟩ Gewinn bringend, einträglich; *~e Beschäftigung* [<lat. *lucrativus* »mit Gewinn und Vorteil verknüpft«; zu *lucrum* »Gewinn, Vorteil«]
lu|krie|ren *auch:* **lu|krie|ren** ⟨V.; österr.⟩ (finanzielle) Vorteile erzielen, Gewinn machen; *das europäische Konsortium konnte zwei Milliarden ~* [<lat. *lucrari* »gewinnen, profitieren«; zu *lucrum* »Gewinn, Vorteil«]
Lu|ku|bra|ti|on *auch:* **Lu|kub|ra|ti|on** ⟨f.; -, -en; veraltet⟩ **1** nächtl. wissenschaftl. Arbeit **2** deren Ergebnis [<lat. *lucubratio* »das Arbeiten bei Licht, Nachtarbeit«]
lu|ku|lent ⟨Adj.; veraltet⟩ lichtvoll, stattlich, ansehnlich« [<lat. *luculentus* »hell, stattlich, ansehnlich«]
lu|kul|lisch ⟨Adj.⟩ reichhaltig u. köstlich; *~e Speise, ~es Mahl*
Lu|kul|lus ⟨m.; -, -se⟩ **1** Schlemmer, Feinschmecker **2** Kuchen aus Schichten von Keks u. mit Palmin u. Zucker angerührtem Kakao [nach dem röm. Feldherrn Lucius Licinius *Lucullus*, etwa 117-57 v. Chr.]
Lul|la|by ⟨[lʌləbaɪ] n.; -s, -s; Musik; engl. Bez. für⟩ Wiegenlied, Schlaflied
Lu|lo ⟨f.; -, -s; Bot.⟩ südamerikan. Frucht mit grünem, geleeartigem Fruchtfleisch u. zahlreichen Samenkernen: Solanum quitoense; *Sy* Quitoorange [span.]

Lumbago

Lum|ba|go ⟨f.; -; unz.⟩ **1** ⟨Med.⟩ mit plötzlich auftretender, die Bewegung einschränkender od. aufhebender Muskelrheumatismus, Hexenschuss **2** ⟨Vet.⟩ oft tödlich verlaufende Muskelerkrankung des Pferdes mit Lähmungserscheinungen nach mehrtägiger Ruhe u. kohlehydratreicher Fütterung, Nieren(ver)schlag, Schwarze Harnwinde [lat., »Lendenlähmung«; zu *lumbus* »Lende«]

lum|bal ⟨Adj.; Med.; Vet.⟩ die Lenden betreffend, zu ihnen gehörig, von ihnen ausgehend [<lat. *lumbus* »Lende«]

Lum|bal|an|äs|the|sie auch: **Lumbal|a|näs|the|sie** ⟨f.; -, -n; Med.⟩ örtl. Betäubung durch Einspritzung u. Blockierung der schmerzleitenden Nerven am Lendenteil des Rückenmarks

Lum|bal|gie auch: **Lum|bal|gie** ⟨f.; -, -n; Med.⟩ Lendenschmerz [<lat. *lumbus* »Lende« + ...*algie*]

Lum|bal|punk|ti|on ⟨f.; -, -en; Med.⟩ Punktion des Duralsacks zwischen den Lendenwirbeln, Lendenstich

lum|be|cken ⟨V.⟩ im Lumbeckverfahren herstellen

Lum|beck|ver|fah|ren auch: **Lumbeck-Ver|fah|ren** ⟨n.; -s; unz.⟩ Verfahren zur Herstellung von Broschüren, Taschenbüchern u. Ä. (fadenlose Klebebindung mittels einer bes. Kunstharzemulsion) [nach dem Erfinder E. *Lumbeck*, 1886-1979]

Lum|ber|jack ⟨[lʌmbə(r)dʒæk] m.; -s, -s⟩ Jacke aus Leder od. Tuch mit gestrickten Bünden [engl.-amerikan.), »Holzfäller, Holzarbeiter« <*lumber* »Nutzholz« + (umg.) *jack* »Mann«]

Lu|men ⟨n.; -s, - od. Lu|mi|na⟩ **1** (Biol.) Weite der Durchgangsöffnung von Hohlorganen **2** ⟨Pl.: -; Zeichen: lm; Physik⟩ Maßeinheit für den Lichtstrom **3** ⟨fig.; scherzh.; veraltet⟩ *er ist (k)ein großes ~* Licht, Leuchte, Könner [lat., »Licht«]

Lu|men|stun|de ⟨f.; -, -n; Physik; Zeichen: lmh⟩ Maßeinheit für die Lichtmenge, Anzahl der Lumen, die von einer Lichtquelle innerhalb einer Stunde ausgesandt werden

Lu|mi|nes|zenz ⟨f.; -, -en; Physik⟩ ohne merkbare Erwärmung verlaufende Lichtaussendung einer Substanz, die auf Veränderungen der Elektronenanordnung in Atomen beruht, wobei die freigesetzte Energie in Form sichtbarer Strahlung ausgesandt wird [<lat. *lumen* »Licht«]

lu|mi|nes|zie|ren ⟨V.; Physik⟩ Lumineszenz zeigen, kalt leuchten [<lat. *lumen* »Licht«]

Lu|mi|neux ⟨[lyminø:] m.; -; unz.; Textilw.⟩ leichtes, glänzendes Gewebe aus Seide od. Kunstfasern [frz., »glänzend«]

Lu|mi|no|gra|fie ⟨f.; -; unz.⟩ = Luminographie

Lu|mi|no|gra|phie ⟨f.; -; unz.⟩ Verfahren zur Herstellung von Fotokopien ohne Kamera mit Hilfe von Leuchtplatten als Lichtquelle; *oV* Luminografie [<lat. *lumen* »Licht« + ...*graphie*]

Lu|mi|no|phor ⟨m.; -s, -e; Physik⟩ fluoreszierender od. phosphoreszierender Stoff, Leuchtstoff [<lat. *lumen* »Licht« + ...*phor*²]

lu|mi|nös ⟨Adj.⟩ lichtvoll, leuchtend [<lat. *luminosus* »lichtvoll, hell«]

Lum|me ⟨f.; -, -n; Zool.⟩ Angehöriger einiger Arten der Alken: Uria; Sy Teiste [<dän. *loom*, schwed. *lom* »Polarente«]

Lum|pa|zi|va|ga|bun|dus ⟨m.; -, -bun|di od. -dus|se; scherzh.⟩ Landstreicher [scherzhafte Weiterbildung von *Lump* u. *Vagabund* mit lat. Endung]

Lum|pen|pro|le|ta|ri|at ⟨n.; -(e)s; unz.; Politik⟩ (nach der marxist. Theorie) Proletariat aus allen Klassen ohne proletar. Klassenbewusstsein in der kapitalistischen Gesellschaft

Lu|na ⟨f.; -; unz.; poet.; veraltet⟩ Mond [<lat. *luna* »Mond«, *Luna* »Mondgöttin«]

lu|nar ⟨Adj.⟩ zum Mond gehörig, von ihm ausgehend; *oV* lunarisch [<lat. *lunaris*; → *Luna*]

lu|na|risch ⟨Adj.⟩ = lunar

Lu|na|ri|um ⟨n.; -s, -ri|en⟩ Apparat zum Veranschaulichen der Bewegungen des Mondes um die Erde [<lat. *luna* »Mond«]

Lu|na|ti|ker ⟨m.; -s, -; Med.⟩ = Somnambule

Lu|na|ti|on ⟨f.; -, -en⟩ Mondumlauf in allen seinen Phasen [<lat. *luna* »Mond«]

lu|na|tisch ⟨Adj.; Med.⟩ = somnambul

Lu|na|tis|mus ⟨m.; -; unz.; Med.⟩ = Somnambulismus

Lunch ⟨[lʌntʃ] m.; - od. -(e)s, -e od. -(e)s; in England⟩ kleine Mittagsmahlzeit [engl., »Gabelfrühstück, leichte Mittagsmahlzeit«]

lun|chen ⟨[lʌntʃən] V.⟩ den Lunch einnehmen [engl. *lunch* »den Lunch einnehmen«]

lun|go ⟨Musik⟩ lang ausgehalten (zu spielen) [ital., »lang«]

Lü|net|te ⟨f.; -, -n⟩ **1** ⟨Arch.⟩ halbkreisförmiges Feld über Türen, Fenstern od. als Bekrönung eines Rechtecks **2** ⟨Mil.⟩ etwa mondförmiger Grundriss alter Schanzen **3** ⟨Technik⟩ Vorrichtung auf der Drehbank zum Unterstützen langer Werkstücke [<frz. *lunette*, Verkleinerungsform zu *lune* »Mond«]

lu|ni|so|lar ⟨Adj.⟩ den Mond- und Sonnenlauf gleichermaßen berücksichtigend [zu lat. *luna* »Mond« + *solaris* »zur Sonne gehörig«]

Lu|no|chod ⟨[-xɔd] m.; - od. -s; unz.⟩ sowjet. Mondfahrzeug, das von Raketen der Luna-Serie auf dem Mond abgesetzt wurde u. dort Bodenuntersuchungen durchführte

Lu|no|lo|gie ⟨f.; -; unz.⟩ Wissenschaft, die sich mit der Beschaffenheit des Mondes befasst [<lat. *luna* »Mond« + ...*logie*]

Lu|nu|la ⟨f.; -, -lae [-lɛː] od. -nulen⟩ **1** halbmondförmiger Halsschmuck der Bronzezeit **2** halbmondförmiger Halter für die Hostie in der Monstranz **3** weißer Halbmond an der Wurzel des Fingernagels [<lat. *lunula*, Verkleinerungsform von *luna* »Mond«]

lu|nu|lar ⟨Adj.⟩ halbmondförmig

Lu|pe ⟨f.; -, -n; Optik⟩ Sammellinse für meist 8- bis 25fache Vergrößerung, Vergrößerungsglas; *etwas od. jmdn. unter die ~ nehmen* genau betrachten od. prüfen [<frz. *loupe* »Lupe«, eigtl. kreisförmige Geschwulst

unter der Haut, »Wolfsgeschwulst« <lat. *lupa* »Wölfin«]

Lu|per|ka|li|en ⟨Pl.⟩ altröm. Fest zu Ehren des Hirtengottes Faunus am 15. Februar [<lat. *lupercus* »Wolfsabwehrer« <*lupus* »Wolf« + *arcere* »abwehren«]

Lu|pi|ne ⟨f.; -, -n; Bot.⟩ Gattung der Schmetterlingsblütler mit gefingerten Blättern u. traubigen Blütenständen, zur Gründüngung angebaut od. zur Kultivierung von Ödländereien u. als wertvolles, eiweißreiches Viehfutter genutzt: Lupinus [<lat. *lupus* »Wolf«]

Lu|pi|no|se ⟨f.; -, -n; Vet.⟩ Vergiftung der Haustiere infolge Fütterung mit bitteren Lupinen

Lu|pol|en ⟨n.; -s, -e; Chemie⟩ ein Kunststoff auf der Basis von Polyäthylen

lu|pös ⟨Adj.; Med.⟩ den Lupus betreffend, durch ihn hervorgerufen, an ihm erkrankt

Lup|pe ⟨f.; -, -n⟩ beim Puddel- u. Krupp-Renn-Verfahren gewonnenes, teigiges, kohlenstoffarmes Eisen [<frz. *loupe*]

Lu|pu|lin ⟨n.; -s; unz.⟩ aus Hopfen gewonnene Bierwürze, auch Beruhigungsmittel [<neulat. *lupulus* »Hopfen« <lat. *lupus* »Wolf; Hopfen«]

Lu|pus ⟨m.; -, -od. -se; Med.⟩ 1 Hauttuberkulose mit Knötchenbildung (meist im Gesicht), Wolf 2 ~ *in fabula!* der Wolf in der Fabel, jmd., der kommt, wenn man gerade von ihm spricht [lat., »Wolf«]

Lu|re ⟨f.; -, -n; Musik⟩ nordisches Blasinstrument aus der Bronzezeit, s-förmiges Horn mit verzierter Scheibe an einem Ende; →a. Loure [<anord.]

Lu|rex ⟨n.; -; unz.; Textilw.⟩ 1 durch die Verwendung metallisierter Garne stark glänzendes Garn 2 daraus hergestelltes Gewebe

Lur|ker ⟨[lɜːkə(r)] m.; -s, -; EDV⟩ unseriöser Teilnehmer einer Mailingliste [zu engl. *lurk* »lauern«]

lu|sin|gan|do ⟨Musik⟩ schmeichelnd, gefällig, spielerisch [ital., Part. Präs. zu *lusingare* »schmeicheln, locken«]

Lu|si|ta|no ⟨m.; -s, -s; Zool.⟩ aus Portugal stammende, mittelgroße Pferderasse, die u. a. im Stierkampf eingesetzt wird [portug., »portugiesisch«; Portugieser«]

Lüs|ter ⟨m.; -s, -⟩ 1 Kronleuchter 2 glänzender Überzug auf Keramikwaren 3 ⟨Textilw.⟩ glänzendes Halbwollgewebe in Leinwandbindung [<frz. *lustre* »Glanz, Glasur, Kronleuchter«]

◆ Die Buchstabenfolge **lustr...** kann auch **lust|r...** getrennt werden.

◆ **Lus|tra** ⟨Pl. von⟩ Lustrum
◆ **Lus|tra|ti|on** ⟨f.; -, -en⟩ feierl., relig. Reinigung (durch Opfer o. Ä.) [<lat. *lustratio* »Reinigung durch Opfer, Sühne«]
◆ **lus|tra|tiv** ⟨Adj.⟩ Lustration bewirkend
◆ **lus|trie|ren** ⟨V.⟩ feierlich reinigen [<lat. *lustrare* »durch Sühneopfer reinigen«]
◆ **lüs|trie|ren** ⟨V.⟩ Baumwoll- u. Leinengarne ~ fest u. glänzend machen [<frz. *lustrer* »glänzend machen, polieren«]
◆ **Lus|trum** ⟨n.; -s, -tra od. -tren⟩ 1 altröm., alle fünf Jahre stattfindendes Reinigungs- u. Sühneopfer 2 Jahrfünft [lat., »Reinigungs- od. Sühneopfer«]

Lu|te|in ⟨n.; -s; unz.; Biochemie⟩ ein z. B. in grünen Blättern, Eidotter u. Kuhbutter vorkommender gelber organ. Farbstoff [<lat. *luteus* »goldgelb«; zu *lutum* »Wau (Färberpflanze)«]

Lu|te|i|nom ⟨[-tei-] n.; -s, -e; Med.⟩ = Luteom

Lu|te|o|lin ⟨n.; -s; unz.; Biochemie⟩ ein in der gelblichen Reseda (reseda luteola) u. im Fingerhut vorkommender, gelber Pflanzenstoff, im Altertum zur Textilfärbung verwendet [<Reseda *luteola* »Gelbkraut«, <lat. *luteolus* »gelblich«; → *Lutein*]

Lu|te|om ⟨n.; -s, -e; Med.⟩ Eierstockgeschwulst; *oV* Luteinom [<lat. *luteus* »gelb«]

Lu|te|ti|um ⟨n.; -s; unz.; chem. Zeichen: Lu⟩ Element aus der Gruppe der Metalle der Seltenen Erden, Ordnungszahl 71; *Sy* Kassiopeium [nach *Lutetia*, dem lat. Namen von Paris]

Lu|tro|pho|ros *auch:* **Lut|ro|pho|ros** ⟨m.; -, -pho|ren⟩ schmales, kultischen Zwecken dienendes Gefäß aus der grch. Antike [grch.]

lut|tu|o|so ⟨Musik⟩ melancholisch, traurig (zu spielen) [ital.]

Lux ⟨n.; -, -; Physik; Zeichen: lx⟩ Maßeinheit für die Beleuchtungsstärke [lat., »Licht«]

Lu|xa|ti|on ⟨f.; -, -en; Med.⟩ Verschiebung zweier durch ein Gelenk miteinander verbundener Knochen aus der Normallage, Verrenkung [lat. »Verrenkung«; zu *luxare* »verrenken«]

lu|xie|ren ⟨V.; Med.⟩ verrenken [<lat. *luxare* »verrenken«]

Lux|me|ter ⟨n.; -s, -; Physik⟩ Messgerät zur Ermittlung der Beleuchtungsstärke [zu lat. *lux* »Licht« + ...*meter*]

Lux|se|kun|de ⟨f.; -, -n; Physik; Zeichen: lxs⟩ Maßeinheit für die Belichtung

lu|xu|rie|ren ⟨V.⟩ 1 ⟨Bot.⟩ nach einer Kreuzung üppig wachsen 2 ⟨Zool.⟩ übermäßig große Körperanhänge (z. B. Geweih, Zähne) ausbilden [<lat. *luxuriare* »schwelgen«; → *Luxus*]

lu|xu|ri|ös ⟨Adj.⟩ verschwenderisch ausgestattet, mit großem Luxus versehen, prunkvoll [<lat. *luxuriosus* »üppig, schwelgerisch«; → *Luxus*]

Lu|xus ⟨m.; -; unz.⟩ den normalen Lebensstandard überschreitender Aufwand, Verschwendung, Prunk [lat., »üppige Fruchtbarkeit, übermäßige Verschwendung und Pracht«]

Lu|zer|ne ⟨f.; -, -n; Bot.⟩ Schmetterlingsblütler mit längl. Blütentrauben, Futterpflanze, bes. auf tiefgründigen Kalk- u. Mergelböden: Medicago sativa; *Sy* Alfalfa [<frz. (prov.) *luzerno* »Glühwürmchen« <lat. *lucerna* »Lampe«; zu *lucere* »leuchten« (nach dem hell leuchtenden Samen)]

lu|zid ⟨Adj.⟩ hell, durchsichtig [<lat. *lucidus* »lichtvoll, hell«]

Lu|zi|di|tät ⟨f.; -; unz.⟩ 1 ⟨allg.⟩ Helligkeit, Durchsichtigkeit 2 ⟨Psych.⟩ Hellsehen [<frz. *lucidité* »Klarheit«]

Lu|zi|fer ⟨m.; -s; unz.⟩ 1 ⟨Astron.⟩ der Morgenstern 2 ⟨kath. Theol.⟩ Teufel, Satan; *oV* Lucifer [<lat. »Lichtbringer« <*lux* »Licht« + *ferre* »tragen«]

Luziferin

Lu|zi|fe|rin ⟨n.; -s; unz.; Biochemie⟩ chem. Verbindung, die bei allmähl. Oxidation das Leuchten vieler Tiefseetiere, der Glühwürmchen usw. verursacht [<lat. *lux*, Gen. *lucis* »Licht« + *ferre* »tragen«]

lu|zi|fe|risch ⟨Adj.⟩ in der Art Luzifers, teuflisch

Lw 1 ⟨chem. Zeichen für⟩ Lawrencium **2** ⟨Zeichen für⟩ Lew

lx ⟨Zeichen für⟩ Lux

Ly|a|se ⟨f.; -, -n; Biochemie⟩ Enzym, das organische Verbindungen in Bruchstücke spaltet [<grch. *lyein* »lösen«]

Ly|cra® auch: **Lyc|ra®** ⟨n.; - od. -s; unz.; Textilw.⟩ (bes. für Strumpfwaren verwendete) sehr elastische Kunstfaser

ly|disch ⟨Adj.⟩ Lydien betreffend, aus ihm stammend; ~*e Tonart* ⟨Musik⟩ altgrch. Tonart, eine Kirchentonart mit dem Grundton f

Ly|dit ⟨m.; -s, -e; Min.⟩ grau bis schwarz gefärbter Kieselschiefer (dient als Probierstein zur Untersuchung von Gold- u. Silberlegierungen) [nach den *Lydern*, die dieses Gestein zum Nachweis des Silbergehalts von Legierungen verwendeten]

Ly|ko|po|di|um ⟨n.; -s, -di|en; Bot.⟩ Gattung der Sporenpflanzen, Bärlapp [<grch. *lykos* »Wolf« + ...*podium*]

Lym|pha|de|ni|tis ⟨f.; -, -ti|den; Med.⟩ Entzündung der Lymphknoten

Lym|pha|de|nom ⟨n.; -s, -e; Med.⟩ gutartige Geschwulst des Lymphknotens; *Sy* Lymphom

lym|pha|tisch ⟨Adj.; Med.⟩ zur Lymphe, den Lymphknoten gehörig, von ihnen ausgehend

Lymph|drü|se ⟨f.; -, -n; Med.; veraltete Bez. für⟩ Lymphknoten

Lym|phe ⟨f.; -, -n⟩ **1** ⟨Physiol.⟩ Gewebsflüssigkeit **2** ⟨Med.⟩ der in der Tierpassage vom Kalb gewonnene Impfstoff zur Pockenimpfung; *Sy* Vakzine (1) [<lat. *lympha* »Wasser«]

Lymph|kno|ten ⟨m.; -s, -; Anat.⟩ haselnussförmiges Organ innerhalb des Lymphgefäßsystems, produziert die Lymphozyten: Nodus lymphaticus

lym|pho|gen ⟨Adj.; Med.⟩ lymphatischen Ursprungs

Lym|pho|gra|fie ⟨f.; -, -n; Med.⟩ = Lymphographie

Lym|pho|gra|phie ⟨f.; -, -n; Med.⟩ röntgenologisches Untersuchungsverfahren zur Röntgenkontrastdarstellung der Lymphgefäße u. der Lymphknoten

lym|pho|id ⟨Adj.⟩ lymphartig; ~*e Organe* beim Mensch u. Wirbeltieren die Bildungsstätten von Lymphzellen u. Blutkörperchen, also die Lymphknoten, Milz, Knochenmark

Lym|phom ⟨n.; -s, -e; Med.⟩ = Lymphadenom

Lym|pho|sta|se auch: **Lym|phos|ta|se** ⟨f.; -, -n; Med.⟩ Lymphstauung [<*Lymphe* + ...*stase*]

Lym|pho|zyt ⟨m.; -en, -en; Med.⟩ im Lymphgewebe entstehende runde Zelle mit großem Korn [<*Lymphe* + ...*zyt*]

Lym|pho|zy|to|se ⟨f.; -; unz.; Med.⟩ Vermehrung der Lymphozyten im Blut

lyn|chen ⟨[lynçən] V.⟩ ungesetzlich richten u. töten [engl., nach dem Namen des Richters William *Lynch* in Virginia, der 1780 zuerst eigenmächtige Rechtsprechung ausübte]

Lynch|jus|tiz ⟨[lynç-] f.; -; unz.⟩ gewaltsame Selbsthilfe durch Lynchen; ~ *üben*

Ly|o|ner ⟨[lio-] f.; -, -⟩ rosa gebrühte, qualitativ hochwertige Wurst aus Schweinefleisch, Lyoner Wurst [nach der frz. Stadt *Lyon*]

ly|o|phil ⟨Adj.; Chemie⟩ leicht löslich, Lösungsmittel liebend; *Ggs* lyophob [<grch. *lyein* »lösen« + ...*phil*]

Ly|o|phi|li|sa|ti|on ⟨f.; -; unz.; Technik⟩ Verfahren zur Konservierung von Lebensmitteln durch Trocknung im Vakuum bei tiefen Temperaturen

ly|o|phob ⟨Adj.⟩ schwer löslich, Lösungsmittel abweisend; *Ggs* lyophil [<grch. *lyein* »lösen« + ...*phob*]

Ly|ra ⟨f.; -, Ly|ren; Musik⟩ **1** altgriechisches, harfenartiges Zupfinstrument, Leier **2** in der Militärmusik verwendetes Glockenspiel aus abgestimmten Stahlplättchen [grch., »Leier«]

Ly|ra|bo|gen ⟨m.; -s, -⟩ nach Art der altgrch. Lyra (Hufeisenform) geformter Rohrbogen als Dehnungsausgleicher bei Rohrleitungen mit starken Temperaturschwankungen

Ly|rics ⟨Pl.; Musik⟩ Liedtext [engl.]

Ly|rik ⟨f.; -; unz.⟩ lyrische Dichtung, Dichtungsart im Rhythmus, oft mit Reim u. in Versen u. Strophen, die Gefühle, Gedanken, inneres od. äußeres Erleben, Stimmungen usw. des Dichters selbst ausdrückt od. sprachlich verdichtet in bewusster künstlerischer Gestaltung u. Formstrenge Themen der Kunst, Philosophie od. des gesellschaftl. Lebens poetisch zum Ausdruck bringt; *Liebes*~; *politische* ~ [<frz. *poésie lyrique* »lyrische Poesie«, <lat. *lyricus* <grch. *lyrikos* »zum Spiel der Leier gehörig«; zu *lyra* »Leier«]

Ly|ri|ker ⟨m.; -s, -⟩ Dichter, der Lyrik schreibt; *Sy* Poet

Ly|ri|ke|rin ⟨f.; -, -rin|nen⟩ Dichterin, die Lyrik schreibt; *Sy* Poetin

ly|risch ⟨Adj.⟩ **1** zur Lyrik gehörig, auf ihr beruhend, in ihrer Art **2** ⟨fig.⟩ stimmungsvoll [<frz. *lyrique* »lyrisch«]

ly|ri|sie|ren ⟨V.⟩ lyrisch, stimmungsvoll, gefühlvoll gestalten

Ly|ris|mus ⟨m.; -, -ris|men⟩ **1** Betonung des Gefühls **2** gefühlsbetonte Darstellung

Ly|ri|zi|tät ⟨f.; -; unz.⟩ lyrische Beschaffenheit, lyr. Wesen (eines Gedichtes, Theaterstücks usw.)

...ly|se ⟨Nachsilbe; zur Bildung weibl. Subst.⟩ Lösung, Auflösung; *Analyse*; *Dialyse* [<grch. *lysis* »Auflösung«]

ly|si|gen ⟨Adj.; Biol.⟩ durch Auflösung hervorgerufen (z. B. von Gewebslücken) [<grch. *lysis* »Auflösung« + ...*gen*]

Ly|si|me|ter ⟨n.; -s, -; Technik⟩ Gerät zum Messen von Niederschlagsmengen u. der Verdunstungsrate bei landwirtschaftl. Untersuchungen [<grch. *lysis* »Auflösung« + ...*meter*]

Ly|sin ⟨n.; -s, -e; Biochemie⟩ Stoff, der ein Antigen auflösen kann [<grch. *lysis* »Lösung«]

Ly|sis ⟨f.; -, Ly|sen; Med.⟩ langsames Zurückgehen des Fiebers; *Ggs* Krisis (1) [grch., »Lösung«]

Ly|so|form ⟨n.; -s; unz.; Chemie⟩ 2- bis 3%ige Kaliseifenlösung mit Formaldehyd für Desinfektionszwecke [<grch. *lysis* »Lösung« + *...form*²]

Ly|sol® ⟨n.; -s; unz.⟩ ein Wundbehandlungs- u. Desinfektionsmittel [<grch. *lysis* »Lösung« + lat. *oleum* »Öl«]

Ly|so|som ⟨n.; -s, -en; Biol.; Med.⟩ Zellorganell im Dienste der intrazellulären Verdauung [<grch. *lysis* »Lösung« + *Soma*]

Ly|so|typ ⟨m.; -s, -en; Med.⟩ Bakterienstamm, der durch den Kontakt mit bestimmten Bakteriophagen von anderen Bakterien eindeutig abgegrenzt werden kann [<grch. *lysis* »Auflösung« + *typos* »Gestalt, Muster, Vorbild«]

Ly|so|zym ⟨n.; -s; unz.⟩ Bakterien tötender Stoff, der in Drüsensekreten vorhanden ist u. vor Infektionskrankheiten schützt [<grch. *lysis* »Auflösung« + *Enzym*]

Lys|sa ⟨f.; -; unz.; Med.⟩ = Rabies [grch., »Wut, Raserei«]

ly|tisch ⟨Adj.; Med.⟩ allmählich herabgehend, sinkend (von Fieber)

Ly|ze|um ⟨n.; -s, Ly|ze|en⟩ höhere Lehranstalt für Mädchen [zunächst (seit 1569) Ehrenname deutscher Universitäten <lat. *Lyceum* <grch. *Lykeion*, nach der Lehrstätte des Aristoteles bei dem Tempel des Apollon *Lykeios* (»Wolfstöter«; zu *lykos* »Wolf«)]

ᵐ ⟨Zeichen für⟩ scheinbare Helligkeit, Größenklasse (Magnitudo) eines Gestirns

m 1 ⟨Zeichen für⟩ **1.1** milli..., Milli... **1.2** Meter **2** ⟨Abk. für⟩ **2.1** Minute **2.2** meta-Stellung

m² ⟨Zeichen für⟩ Quadratmeter
m³ ⟨Zeichen für⟩ Kubikmeter
M 1 ⟨röm. Zahlzeichen für⟩ 1000 **2** ⟨Zeichen für⟩ Mega... **3** ⟨Zeichen für⟩ Mille **4** ⟨Zeichen für⟩ Maxwell **5** ⟨Zeichen für⟩ ein Sternsystem nach dem Messierkatalog

M. ⟨Abk. für⟩ Monsieur
mA ⟨Zeichen für⟩ Milliampere
M. A. ⟨Abk. für⟩ **1** Magister Artium **2** (in Großbr. u. USA) Master of Arts

Mä|an|der ⟨m.; -s, -⟩ **1** regelmäßige Schlingen eines Flusses im Flachland **2** Zierform in rechtwinklig gebrochenen od. wellenförmigen Linien [nach grch. *Maiandros*, dem Fluss *Menderes* in Kleinasien (wegen der zahlreichen Windungen seines Unterlaufs)]

mä|an|dern ⟨V.⟩ *oV* mäandrieren **1** mit Mäandern versehen, verzieren **2** sich schlängeln, sich in Windungen fortbewegen (Fluss)

mä|an|drie|ren *auch:* **mä|and|rie|ren** ⟨V.⟩ = mäandern

mä|an|drisch *auch:* **mä|and|risch** ⟨Adj.⟩ in Mäanderform

Maar ⟨n.; -(e)s, -e; Geogr.⟩ mit Wasser gefüllte runde Bodenvertiefung vulkanischen Ursprungs [<vulgärlat. *mara* »stehendes Gewässer, See« <lat. *mare* »Meer«]

Mac¹ ⟨[mæk] Abk.: M'; Mc; vor schott. Familiennamen⟩ Sohn des ..., z. B. ~ Arthur [engl.]

Mac² ⟨[mæk] m.; -s, -s; EDV; umg.; kurz für⟩ Macintosh; *eine gute Lernsoftware, auch für den* ~

Mac|chia ⟨[makja] f.; -, -chi|en [-kjən]⟩ = Maquis (1)

Mac|chie ⟨[makjə] f.; -, -n⟩ = Maquis [ital.]

Ma|che|te ⟨[-tʃe:-] od. [-xe:-] f.; -, -n⟩ einschneidiges, bis zu 1 m langes Buschmesser zum Entfernen von Gestrüpp, Ernten von Zuckerrohr u. Ä. [span.]

Ma|chia|vel|lis|mus ⟨[-kjavɛl-] m.; -; unz.; Politik⟩ **1** Politik, die Zweckmäßigkeit u. Machtstreben über die Moral stellt **2** ⟨danach allg.⟩ bedenkenlose Machtpolitik [nach der Auslegung des Werkes »Il principe« von dem ital. Politiker, Philo-

sophen u. Geschichtsschreiber Niccolò *Machiavelli*, 1469-1527]

Ma|chia|vel|list ⟨[-kjavɛl-] m.; -en, -en; Politik⟩ Anhänger des Machiavellismus

ma|chia|vel|lis|tisch ⟨[-kjavɛl-] Adj.⟩ **1** in der Art des Machiavellismus, auf ihm beruhend **2** ⟨fig.⟩ politisch bedenken- u. rücksichtslos

Ma|chi|na|ti|on ⟨[-xi-] f.; -, -en; geh.⟩ Machenschaft(en), Ränke, heimtück. Anschlag [<lat. *machinatio* »mechanisches Getriebe, Mechanismus, Kunstgriff, List«; zu *machina* »künstliche Vorrichtung, Maschine«]

ma|chi|nie|ren ⟨[-xi-] V.; veraltet⟩ Ränke schmieden [<lat. *machinari* »etwas Künstliches aussinnen, erdenken«; zu *machina* »künstliche Vorrichtung, Maschine«]

Ma|chis|mo ⟨[-tʃis-] m.; - od. -s; unz.⟩ Männlichkeitswahn, männl. Überlegenheitsgefühl [→ *Macho*]

ma|chis|tisch ⟨[-tʃis-] Adj.⟩ in der Art des Machismo, männlichüberlegen

Ma|cho ⟨[-tʃo] m.; -s, -s; umg.⟩ sich betont männlich verhaltender Mann; *er benimmt sich, redet wie ein* ~ [span.-lateinamerikan., eigtl. »männlich«]

Ma|chor|ka ⟨[-xɔr-] m.; -s, -s od. f.; -, -s⟩ russ. Tabak mit großen, dicken Rippen [<russ. *machor* »Quaste, Troddel«]

ma|chul|le ⟨[-xʊl-] Adj.; meist präd.; umg.; veraltet⟩ **1** bankrott **2** müde, erschöpft [<jidd. *mechulle* »schwach«]

Mac|in|tosh® *auch:* **Ma|cin|tosh**® ⟨[mækɪntɔʃ] m.; - od. -s, -s; EDV⟩ Computer der US-amerikanischen Firma Apple

Ma|cis ⟨m.; -; unz.⟩ = Mazis
Mack|in|tosh *auch:* **Ma|ckin|tosh** ⟨[mækɪntɔʃ] m.; - od. -s, -s⟩ **1** mit Kautschuk umhüllte Baumwollfasern **2** daraus hergestellter, wasserabweisender Kleider-, Mantelstoff u. Regenmantel [nach dem schott. Chemiker C. *Mac Intosh*, 1766-1843]

Ma|dam¹ ⟨[mədəm] f.; -, -s⟩ gnädige Frau, Anrede für die verheiratete od. ältere Frau, ohne Namensnennung [engl. <frz. *madame*; → *Madame*]

Ma|dam² ⟨f.; -, -en; umg.⟩ **1** ⟨veraltet⟩ Hausherrin, gnädige Frau **2** ⟨fig.⟩ dicke, behäbige Frau [→ *Madame*]

Ma|dame ⟨[-dam] f.; -, Mesdames [me:dam]; Abk.: Mme.⟩ gnädige Frau (französ. Anrede für die verheiratete od. ältere Frau, allein od. vor dem Namen) [frz. < afrz. *ma dame* »meine Dame, gnädige Frau« < lat. *mea domina* »meine Herrin«]

ma|da|mig ⟨Adj.; abwertend⟩ wie eine ältere Dame, behäbig, betulich; *ein ~es Benehmen*

Ma|da|pol|am ⟨m.; - od. -s, -s; Textilw.⟩ = Renforcé [nach der Stadt *Madapolam* in Indien, in der dieser Stoff zuerst erzeugt wurde]

made in ... ⟨[mɛɪd-] hergestellt in ... (Aufdruck auf Waren); *~ Germany* [engl.]

Ma|dei|ra ⟨[-deː-] m.; -, -s, -s⟩ Süßwein aus Madeira

Made|moi|selle ⟨[madmoazɛl] f.; -, Mesde|moi|selles [me:dmoazɛl]; Abk.: Mlle.⟩ (mein) Fräulein (frz. Anrede, allein od. vor dem Namen) [frz. < afrz. *ma demoiselle* »meine (junge) Dame«; < vulgärlat. *dominicella*, Verkleinerungsform zu lat. *domina* »Herrin«]

ma|des|zent ⟨Adj.; Med.⟩ nässend (von Wunden, Ekzemen) [< lat. *madescens*, Part. Präs. zu *madescere* »feucht werden«]

Ma|di|son ⟨[mædɪsən] m.; -s, -s⟩ in Gruppen getanzter Modetanz im ⁴/₄-Takt, der dem Twist ähnelt [nach der amerikan. Stadt *Madison*]

ma|dja|ri|sie|ren *auch:* **mad|ja|ri|sie|ren** ⟨V.⟩ nach ungarischem Vorbild gestalten, ungarisch machen [< ungar. *Magyar*; umg. Bez. für »Ungar«]

Ma|don|na ⟨f.; -, -don|nen⟩ die Jungfrau Maria, Muttergottes [ital., »meine Herrin« < lat. *mea domina*]

◆ Die Buchstabenfolge **ma|dr...** kann auch **mad|r...** getrennt werden.

◆ **Ma|dras** ⟨m.; -; unz.; Textilw.⟩ Kettenware aus feinfädigem Gitterstoff, vor allem für Gardinen [nach der vorderind. Stadt *Madras*]

◆ **Ma|dre|po|re** ⟨f.; -, -n; Zool.⟩ in tropischen Meeren heimische Gattung der Steinkorallen [< ital. *madrepora*, eigtl. »Mutter der kleinen Öffnungen« < *madre* »Mutter« (< lat. *mater*) + grch. *poros* »Öffnung«]

◆ **Ma|dre|po|ren|plat|te** ⟨f.; -, -n; Zool.⟩ Siebplatte der Seeigel, die den nahe der Afteröffnung mündenden Steinkanal verschließt

◆ **Ma|dri|gal** ⟨n.; -s, -e; Musik⟩ **1** ⟨urspr.⟩ von Hirten gesungenes Lied **2** (14. Jh.) ital. Kunstlied ohne feste stroph. Form **3** (16. Jh.) mehrstimmiges, durchkomponiertes Lied in drei Terzetten u. zwei Verspaaren, mit od. ohne Musikbegleitung **4** satir.-epigrammat. philosoph. Betrachtung mit witzigem Schlussvers [< ital. *madrigale*; Herkunft umstritten]

◆ **Ma|dri|gal|on** ⟨n.; -s, -e; Musik⟩ Madrigal mit mehr als 15 Zeilen

◆ **Ma|dri|gal|stil** *auch:* **Mad|ri|gal|stil** ⟨m.; -(e)s; unz.; Musik⟩ mehrstimmige Kompositionsform des 16. u. 17. Jh. mit einer reichen Ausstattung an tonmalerischen Klangeffekten [→ *Madrigal*]

Ma|du|ra|bein ⟨n.; -(e)s, -e⟩ = Madurafuß

Ma|du|ra|fuß ⟨m.; -es, -füße⟩ durch verschiedene pathogene Pilze hervorgerufene, chronische Entzündung des Fußes mit Verdickung u. Geschwürbildung, Volkskrankheit in Indien bei barfuß gehenden Eingeborenen: Mycetoma pedis; *Sy* Madurabein [nach der Stadt *Madura* im ind. Staat Madras]

Ma|jes|tät ⟨[-ɛsta] f.; -; unz.; Mal.⟩ Darstellung der sitzenden Madonna inmitten von Heiligen u. Engeln, thronende Madonna [ital., »Majestät, Erhabenheit«]

ma|es|to|so ⟨[-ɛs-] Musik⟩ majestätisch, feierlich, würdevoll [ital.]

Ma|es|to|so ⟨[-ɛs-] n.; -s, -s od. -to|si⟩ Teil eines Musikstücks in maestoso-Art u. -Tempo

Ma|es|tro *auch:* **Ma|est|ro** ⟨[-ɛs-] m.; -s, -s od. -es|tri [-ɛs-]; Musik⟩ **1** Musiklehrer **2** Meister, Künstler [ital., »Meister, Herr, Lehrer« < lat. *magister* »Meister, Lehrer«]

Mä|eu|tik ⟨f.; -; unz.; Päd.⟩ pädagog. Methode des Sokrates, den Schüler durch geschickte Fragen auf die Lösung des Problems hinzuführen; *oV* Maieutik; *Sy* Sokratik [zu grch. *maieuein* »entbinden«]

mä|eu|tisch ⟨Adj.; Päd.⟩ zur Mäeutik gehörend; *oV* maieutisch

Ma|fia ⟨f.; -; unz.⟩ **1** ⟨urspr.⟩ terrorist. sizilian. Geheimbund **2** ⟨heute allg.⟩ erpresserische Organisation [ital.-(sizilian.) *mafia* »Kühnheit, Prahlerei«; vermutl. < arab. *mahyah* »Prahlerei«]

ma|fi|os ⟨Adj.⟩ die Mafia betreffend, zu ihr gehörig; *oV* mafiös; *~e Strukturen*

ma|fi|ös ⟨Adj.⟩ = mafios

Ma|fi|o|so ⟨m.; -s, -s, -si⟩ Angehöriger der Mafia; *oV* Mafiote

Ma|fi|o|te ⟨m.; -n, -n⟩ = Mafioso

Mag. (Abk. für) Magister

Ma|ga|zin ⟨n.; -s, -e⟩ **1** Vorratsraum, Lagerhaus **2** Raum zum Aufbewahren der Bücher einer Bibliothek **3** Kammer bei Mehrladehandfeuerwaffen, die die Patronen aufnimmt; *Gewehr~* **4** reich bebilderte Zeitschrift, Illustrierte; *Sport~; Auto~; Frauen~* [< ital. *magazzino* »Vorrats-, Lagerraum« < arab. *mahazin* »Warenniederlage, Lagerhaus«]

Ma|ga|zi|ner ⟨m.; -s, -; schweiz.⟩ Arbeiter in einem Magazin

Ma|ga|zi|neur ⟨[-nøːr] m.; -s, -e; österr.⟩ Verwalter eines Magazins

ma|ga|zi|nie|ren ⟨V.⟩ im Magazin unterbringen, auf Vorrat legen

Mag|da|lé|ni|en ⟨[-lenjɛ̃] n.; - od. -s; unz.; Geol.⟩ Stufe der jüngeren Altsteinzeit [nach dem Fundort, der Höhle *La Madeleine* im frz. Département Dordogne]

Ma|gen|ta ⟨[-dʒɛn-] n.; - od. -s; unz.⟩ nach DIN genormte Druckfarbe für den Offsetdruck, purpurrot [nach der ital. Stadt *Magenta*]

mag|gio|re ⟨[madʒoːrə] Musik⟩ Dur; *Ggs* minore [ital., »größer«]

magnetisch

Ma|ghreb *auch:* **Magh|reb** ⟨m.; -; unz.⟩ die westliche (nordafrikanische) Region der arab. Staaten (Marokko, Tunesien, Algerien, Libyen) [arab., »Westen«]

ma|ghre|bi|nisch *auch:* **magh|re|bi|nisch** ⟨Adj.⟩ den Maghreb betreffend, von ihm stammend, zu ihm gehörig

Ma|gie ⟨f.; -; unz.⟩ Beschwörung von geheimnisvollen Kräften, Zauberkunst, Zauberei; *weiße* ~ Beschwörung guter Geister zu segensreichem Tun; *schwarze* ~ Beschwörung böser Geister zu unheilvollem Tun [<lat. *magia* <grch. *mageia, magia* »Lehre der Magier, Magie, Zauberei«; → *Magier*]

Ma|gi|er ⟨m.; -s, -⟩ jmd., der die Magie beherrscht, Zauberer; *Sy* Magiker [<lat. *magus* »Zauberer, Beschwörer« <grch. *magos* »Magier, Wahrsager, Astrologe, Zauberer« <apers. *magush* »Weiser, Gelehrter«]

Ma|gi|ker ⟨m.; -s, -⟩ = Magier

ma|gisch ⟨Adj.⟩ **1** zur Magie gehörig, auf ihr beruhend, mit ihrer Hilfe; *~es Quadrat* Q., das schachbrettartig in Felder mit Zahlen geteilt ist, deren Summe waagerecht, senkrecht u. diagonal jeweils gleich ist; *~e Zahlen* ⟨Kernphysik⟩ die empirisch besonders ausgezeichneten Protonen- u. Neutronenzahlen 2, 8, 20, 28, 40, 50, 82, 126 (Atomkerne, die so viele Protonen od. Neutronen enthalten, sind besonders stabil) **2** *von etwas ~ angezogen werden* ⟨fig.⟩ sehr stark, unwiderstehlich; *mit ~er Gewalt angezogen werden* [<lat. *magicus* <grch. *magikos* »zauberisch, geheimnisvoll«; → *Magier*]

Ma|gis|ter ⟨m.; -s, -; Abk.: Mag.⟩ **1** Lehrer, Meister **2** ~ *artium* ⟨Abk.: M. A.⟩ **2.1** ⟨in der BRD u. Österreich⟩ akadem. Grad **2.2** ⟨in angelsächs. Ländern⟩ akademischer Grad nach dem Bakkalaureus **3** ~ *pharmaciae* ⟨Abk.: Mag. pharm.⟩ ⟨in Österreich⟩ akadem. Grad für Apotheker [lat., »Meister, Lehrmeister, Lehrer«]

ma|gis|tral *auch:* **ma|gis|tral** ⟨Adj.⟩ **1** der ärztlichen Vorschrift entsprechend bereitet **2** ⟨schweiz.⟩ meisterhaft, vorbildlich [frz., span., <lat. *magister* »Meister, Lehrer«]

Ma|gis|tra|le *auch:* **Ma|gis|tra|le** ⟨f.; -, -n; in sehr großen Städten⟩ Hauptverkehrsstraße [lat., eigtl. »die Leitende, Hauptsächliche«, <lat. *magister* »Meister, Lehrer, Leiter«]

Ma|gis|trat[1] *auch:* **Ma|gis|trat**[1] ⟨m.; -(e)s, -e⟩ **1** ⟨im antiken Rom⟩ hoher Beamter, z. B. Konsul **2** Stadtverwaltung, Behörde [<lat. *magistratus* »Behörde, Obrigkeit«; zu *magister* »Meister, Lehrer«]

Ma|gis|trat[2] *auch:* **Ma|gis|trat**[2] ⟨m.; -en, -en; schweiz.⟩ Mitglied der Regierung

Mag|ma ⟨n.; -s, Mag|men; Geol.⟩ Masse geschmolzener Silicate mit gelösten Gasen im Innern der Erde [grch., »geknetete Masse«]

mag|ma|tisch ⟨Adj.; Geol.⟩ zum Magma gehörig, auf ihm beruhend, in der Art von Magma

Mag|ma|tis|mus ⟨m.; -; unz.; Geol.⟩ durch Magma bewirkte Erscheinungen

Mag|ma|tit ⟨m.; -s, -e; Geol.⟩ aus erstarrtem Magma entstandenes Gestein

mag|ma|to|gen ⟨Adj.; Geol.⟩ durch Anreicherung einer Restschmelze entstanden (von Erzlagern) [<*Magma* + ...*gen*]

◆ Die Buchstabenfolge **magn...** kann auch **magn...** getrennt werden.

◆ **Ma|gna Char|ta** ⟨[-ka̱rta] f.; - -; unz.⟩ engl. Grundgesetz von 1215, das dem Adel bes. Rechte zubilligte [mlat.]

Magna Charta / magna cum laude ⟨Groß- und Kleinschreibung⟩ Während der Begriff »*Magna Charta*« als Eigenname großgeschrieben wird, richtet sich die Schreibung der Wendung »*magna cum laude*« nach den orthographischen Regeln der lateinischen Herkunftssprache.

◆ **ma|gna cum lau|de** mit großem Lob [lat.]

◆ **Ma|gnat** ⟨m.; -en, -en⟩ **1** Angehöriger des Hochadels in Polen u. Ungarn **2** reicher Edelmann, Großgrundbesitzer **3** Großindustrieller; *Stahl~* [<mlat. *magnas, magnatus* »großer, vornehmer Herr« <lat. *magnus* »groß«]

◆ **Ma|gne|sia** ⟨f.; -; unz.; Chemie⟩ *gebrannte* ~ Magnesiumoxid, Magnemittel bei Säurevergiftungen, Gleitschutz beim Geräteturnen, Bittererde [nach der Landschaft *Magnesia* an der Ostküste des alten Thessaliens]

◆ **Ma|gne|sit** ⟨m.; -s, -e; Chemie⟩ farbloses od. weiß-gelbliches Mineral, chem. Magnesiumcarbonat, das für feuerfestes Material u. Magnesiabinder verwendet wird, Bitterspat [→ *Magnesia*]

◆ **Ma|gne|si|um** ⟨n.; -s; Zeichen: Mg⟩ silberweißes, zweiwertiges Leichtmetall, Ordnungszahl 12 [→ *Magnesia*]

◆ **Ma|gne|si|um|chlo|rid** ⟨[-klo-] n.; -s; unz.; Chemie⟩ weißes, im Meerwasser vorkommendes Salz

◆ **Ma|gne|si|um|sul|fat** ⟨n.; -(e)s; unz.; Chemie⟩ Bittersalz, in vielen Mineralquellen enthaltenes, gut verträgliches Abführmittel

◆ **Ma|gnet** ⟨m.; -en, -en⟩ **1** natürlicher ferromagnetischer Stoff; *Permanent~; Dauer~* **2** stromdurchflossene Spule mit Eisenkern; *Elektro~* [<lat. *magnes*, Gen. *magnetis* <grch. *magnetis (lithos)* »Magnetstein«; nach der Landschaft *Magnesia* im östl. Thessalien]

◆ **Ma|gnet|band** ⟨n.; -(e)s, -bänder⟩ mit Eisenoxid beschichtetes Kunststoff- od. Metallband, auf den durch gerichtetes Magnetisieren Informationen gespeichert werden können

◆ **Ma|gnet|feld** ⟨n.; -(e)s, -er⟩ Kraftfeld in der Umgebung eines Dauermagneten od. eines Elektromagneten; *Sy* magnetisches Feld

◆ **ma|gne|tisch** ⟨Adj.⟩ **1** auf einem Magneten od. auf Magnetismus beruhend, sie betreffend **1.1** *~e Anomalie* Abweichung der Stärke des erdmagnet. Feldes gegenüber seiner Umgebung **1.2** *~er Äquator* Linie auf

577

Magnetiseur

der Erdkugel, auf der eine Magnetnadel genau horizontal steht **1.3** ~*e Bremse* Bremse, die mit Hilfe von Wirbelströmen das Drehmoment von Kraftmaschinen misst, Wirbelstrombremse **1.4** ~*es Feld* = Magnetfeld **1.5** ~*e Flasche* magnet. Feld, dessen Feldlinien so verlaufen, dass elektrisch geladene Teilchen bei ihrer Bewegung im geschlossenen Raum bleiben **1.6** ~*er Fluss,* ~*er Kraftfluss* bei homogenem Magnetfeld für eine ebene Fläche das Produkt aus der magnet. Induktion, der Größe der Fläche u. dem Kosinus des Winkels zw. Feldrichtung u. Fläche; *Sy* Induktionsfluss **1.7** ~*e Induktion* die Summe aus magnet. Feldstärke u. Magnetisierung, eine Größe, die das magnet. Feld bestimmt **1.8** ~*e Kühlung* auf dem magnetokalorischen Effekt beruhende K. **1.9** ⟨fig.⟩ eine Hinwendung zu etwas bewirkend, anziehend; *eine* ~*e Anziehungskraft besitzen*
- **Ma|gne|ti|seur** ⟨[-zøːr] m.; -s, -e⟩ Heilkundiger, der mit Magnetismus behandelt; *Sy* Magnetopath [→ *magnetisieren* (mit frz. Endung)]
- **ma|gne|ti|sie|ren** ⟨V.⟩ **1** magnetisch machen **2** mit Magnetismus behandeln
- **Ma|gne|tis|mus** ⟨m.; -; unz.⟩ **1** das Magnetischsein, Fähigkeit, Eisen anzuziehen **2** angebl. Fähigkeit mancher Menschen, Heilkräfte auszustrahlen, die durch Handauflegen od. Streicheln mit den Händen wirksam werden **2.1** Heilverfahren mithilfe dieser Kräfte
- **Ma|gne|tit** ⟨m.; -s, -e⟩ schwarzes Mineral, bedeutendstes Eisenerz, Magneteisenstein, Magneteisenerz [→ *Magnet*]
- **Ma|gnet|kies** ⟨m.; -es; unz.; Min.⟩ Erz mit hohem Eisengehalt u. daher magnetischen Eigenschaften
- **Ma|gnet|na|del** ⟨f.; -, -n⟩ Kompassnadel, die vom Magnetpol angezogen wird u. daher stets die Nord-Süd-Richtung anzeigt
- **ma|gne|to...**, **Ma|gne|to...** ⟨in Zus.⟩ Magnet..., magnetisch...
- **Ma|gne|to|elas|ti|zi|tät** ⟨f.; -; unz.⟩ Änderung der Magnetisierung eines Körpers aus ferromagnetischem Material, wenn man auf ihn einen Druck ausübt
- **Ma|gne|to|graf** ⟨m.; -en, -en⟩ = Magnetograph
- **Ma|gne|to|graph** ⟨m.; -en, -en⟩ Gerät zum selbsttätigen Aufzeichnen erdmagnetischer Schwankungen; *oV* Magnetograf [<*Magneto...* + *...graph*]
- **Ma|gne|to|hy|dro|dy|na|mik** *auch:* **Ma|gne|to|hy|dro|dy|na|mik** ⟨f.; -; unz.; Physik⟩ Lehre von den Strömungsvorgängen in stark ionisierten Gasen (sog. Plasmen) od. Flüssigkeiten mit großer elektr. Leitfähigkeit bei Anwesenheit innerer od. äußerer magnet. Felder
- **ma|gne|to|ka|lo|risch** ⟨Adj.⟩ ~*er Effekt* ⟨Physik⟩ Temperaturänderung, die infolge einer Änderung der Magnetisierung eines Körpers auftritt
- **Ma|gne|to|me|ter** ⟨n.; -s, -; Technik⟩ Instrument zum Messen magnetischer Feldstärke
- **Ma|gne|ton** ⟨n.; -s, -; Physik⟩ Maßeinheit für magnet. Momente im atomaren Bereich
- **Ma|gne|to|op|tik** ⟨f.; -; unz.; Physik⟩ Lehre von den Einwirkungen magnetischer Felder auf Lichtstrahlen
- **Ma|gne|to|path** ⟨m.; -en, -en⟩ = Magnetiseur [<*Magneto...* + *...path*]
- **Ma|gne|to|pa|thie** ⟨f.; -; unz.⟩ Heilwirkung durch Magnetkräfte [<*Magnet* + *...pathie*]
- **Ma|gne|to|sphä|re** *auch:* **Ma|gne|to|sphä|re** ⟨f.; -; unz.⟩ erdnächster Bereich des interplanetaren Raums, der durch das Erdmagnetfeld beeinflusst wird
- **Ma|gne|to|strik|ti|on** *auch:* **Ma|gne|to|strik|ti|on** ⟨f.; -, -en⟩ geringe Längen- u. Volumenänderung von ferromagnet. Stoffen bei der Magnetisierung
- **Ma|gnet|pol** ⟨m.; -(e)s, -e; Physik⟩ Polen übereinstimmender Pol des Magnetfeldes der Erde
- **Ma|gne|tron** *auch:* **Ma|gne|tron** ⟨n.; -s, -s od. -tro|ne; El.⟩ Elektronenröhre zur Erzeugung sehr kurzer elektr. Schwingungen größerer Leistung [<*Magnet* + *Elektron*]
- **Ma|gnet|spu|le** ⟨f.; -, -n⟩ Spule eines Elektromagneten
- **Ma|gnet|strei|fen** ⟨m.; -s, -⟩ streifenförmige Magnetschicht auf Ausweisen, Kreditkarten o. Ä. zur Speicherung von Daten
- **Ma|gnet|ton|ge|rät** ⟨n.; -(e)s, -e⟩ Tonbandgerät
- **Ma|gnet|ver|stär|ker** ⟨m.; -s, -; Technik⟩ Gerät, bei dem auf magnet. Wege mit einer geringen Energie eine wesentl. größere beeinflusst werden kann, indem von zwei Wicklungen, die um einen Eisenkern liegen, die eine der Magnetisierung dient, während die andere den zu beeinflussenden Strom führt; *Sy* Transduktor
- **Ma|gnet|zün|dung** ⟨f.; -, -en⟩ Stromzufuhr für die Zündkerze eines Verbrennungsmotors durch eine im Kraftfeld eines Magneten sich drehende Spule
- **ma|gni|fik** ⟨[manji-] Adj.⟩ prächtig, großartig [<lat. *magnificus* »großartig, prächtig«]
- **Ma|gni|fi|kat** ⟨n.; - od. -s, -e⟩ **1** Lobgesang Marias **2** Teil der kath. Vesper, mehrfach vertont, z. B. von J. S. Bach [nach den Anfangsworten des Lobgesanges: *Magnificat anima mea Dominum* »Hoch preist meine Seele den Herrn«]
- **Ma|gni|fi|kus** ⟨m.; -, -fi|zi; veraltet⟩ = Rector magnificus [lat., »der hohe Rektor«]
- **Ma|gni|fi|zenz** ⟨f.; -, -en; Titel für⟩ Rektor einer Hochschule; *Euer, Eure* ~ *(Anrede)* ⟨Abk.: Ew.⟩; *Seine* ~ [<lat. *magnificentia* »Pracht, Großartigkeit, Herrlichkeit«; zu *magnificus* »großartig, prächtig«]
- **Ma|gni|tu|de** ⟨f.; -, -n; Geophysik⟩ Maßeinheit für die Stärke von Erdbeben [<lat. *magnitudo* »Größe, Ausdehnung«]
- **Ma|gni|tu|do** ⟨f.; -; unz.; Zeichen: ᵐ; Astron.⟩ scheinbare Helligkeit eines Gestirns [lat.]
- **Ma|gno|lie** ⟨[-ljə] f.; -, -n; Bot.⟩ Baum mit glänzenden Blättern u. sehr großen, weißen, tulpenähnl. Blüten, der einer Gattung der Magnoliengewächse ange-

Majestät

hört: Magnolia [nach dem frz. Botaniker P. *Magnol*, 1638-1715]

◆**Ma|gnum** ⟨f.; -, Ma|gna⟩ Weinod. Sektflasche mit doppeltem Inhalt (1,5 l) [zu lat. *magnus* »groß«]

Ma|got ⟨m.; -s, -s; Zool.⟩ in Nordwestafrika beheimatete Affenart, Berberaffe [<frz. *magot* <*Magog*, Name eines barbarischen Volkes in der Bibel]

Mag. pharm. ⟨Abk. für lat.⟩ Magister pharmaciae

Mag. phil. ⟨Abk. für lat.⟩ Magister philosophiae

Mag. rer. nat. ⟨Abk. für lat.⟩ Magister rerum naturalium

Mag. theol. ⟨Abk. für lat.⟩ Magister theologiae

Ma|ha|go|ni ⟨n.; -s; unz.; Bot.⟩ **1** ⟨i. e. S.⟩ zentralamerikan. Baum aus der Familie der Zedrachgewächse mit rötlichem, charakteristisch gemasertem Holz: Swietania mahogoni **2** ⟨i. w. S.⟩ Holz von rund 90 Baumarten von ähnlicher Farbe [<span. *mahogani*]

Ma|ha|ja|na ⟨n.; - od. -s; unz.⟩ = Mahayana

Ma|ha|rad|scha *auch:* **Ma|ha|rad|scha** ⟨m.; -s, -s⟩ indischer Herrscher, Großfürst [<Sanskrit *maharaja* <*mahat* »groß« + *rajan* »König«]

Ma|ha|ra|ni ⟨f.; -, -s⟩ Frau eines Maharadschas

Ma|hat|ma ⟨m.; -s, -s; ind. Ehrentitel für⟩ geistig hoch stehender Mensch, z. B. Gandhi [<Sanskrit *mahatman* »große Seele«]

Ma|haut ⟨m.; -s, -s⟩ ind. Elefantenführer, -treiber; *oV* Mahut [<engl. *mahout*, Hindi *mahawat*, Sanskrit *mahamatra*]

Ma|ha|ya|na ⟨n.; - od. -s; unz.⟩ jüngere, nördl. Form des Buddhismus; *oV* Mahajana; →*a.* Hinayana [Sanskrit, »großes Fahrzeug«]

Mah|di ⟨m.; - od. -s, -s⟩ der von den Mohammedanern erwartete, von Allah gesandte Erlöser, der das Werk Mohammeds vollenden wird [<arab. *Mehdi* »der von Gott Geführte, Prophet«]

Mah|dis|mus ⟨m.; -; unz.⟩ Bewegung des Arabers Mohammed Achmed (1840-1885), der sich als Mahdi ausgab, u. seines Nachfolgers, der bekämpft u. vernichtet wurde

Mah|dist ⟨m.; -en, -en⟩ Anhänger des Mahdismus

Mah-Jongg ⟨[-dʒɔŋ] n.; -; unz.⟩ chines. Gesellschaftsspiel mit verschieden gemusterten Steinen, die reihum gezogen u. abgegeben werden, bis ein Spieler ein zusammenpassendes Bild (vier Dreier- od. Viererreihen u. ein Paar) beisammen hat

Ma|ho|nie ⟨[-njə] f.; -, -n; Bot.⟩ Zierstrauch mit gelben Blüten u. blauen Beeren: Mahonia [nach dem amerikan. Botaniker *McMahon*, 1775-1816]

Mahut ⟨m.; -s, -s⟩ = Mahaut

Mai ⟨m.; - od. -(e)s, -e⟩ **1** fünfter Monat des Jahres **2** ⟨fig.⟩ Zeit der Jugend; *des Lebens* ~ ⟨poet.⟩ **3** Zeit einer jungen Liebe [<ahd. *meio;* nach dem altröm. Gott *Maius* »der Wachstum Bringende«]

Mai|den ⟨[meɪdən] n.; - od. -s, -⟩ Jungpferd, das bei Rennen noch ohne Erfolg blieb [engl., »Jungfrau«]

Mai|eu|tik ⟨f.; -; unz.⟩ = Mäeutik

mai|eu|tisch ⟨Adj.⟩ = mäeutisch

Mail-Art ⟨[meɪl-] f.; -; unz.⟩ Entwurf, Gestaltung von Kunstpostkarten [engl., »Postkunst«]

Mail|box ⟨[meɪl-] f.; -, -es [-bɔksɪz]; EDV⟩ Speicher, in dem sich die Benutzer eines Datennetzes gegenseitig Informationen hinterlegen können [engl., »Briefkasten«]

mai|len ⟨[meɪl-] V.; EDV⟩ jmdm. eine elektronische Nachricht mittels eines Mailsystems zuschicken; →*a.* E-Mail [<engl. *mail* »(einen Brief) aufgeben, einwerfen; (zu)schicken«]

Mai|ling ⟨[meɪl-] n.; -s, -s⟩ Postversand (von Werbesendungen); →*a.* Directmailing [engl.]

Mai|ling|lis|te ⟨[meɪl-] f.; -, -n; EDV⟩ Themenliste im Internet

Mail|or|der ⟨[meɪl-] f.; -; unz.⟩ Verkauf von Waren nach Angebot durch Prospekte [<engl. *mail* »Post(versand)« + *order* »Bestellung«]

Main|frame ⟨[meɪnfreɪm] n.; -s, -s; EDV⟩ **1** ⟨ältere Bez. für⟩ Großrechner **2** ⟨heute⟩ Server [engl.]

main|li|nen ⟨[meɪnlaɪnən] V.⟩ Rauschmittel intravenös injizieren [zu engl.-amerikan. *mainline* »Hauptlinie, Hauptvene«]

Main|li|ner ⟨[meɪnlaɪ-] m.; -s, -⟩ Drogenabhängiger, der sich Rauschmittel injiziert [<engl.-amerikan. *mainline* »Hauptlinie«]

Main|li|ning ⟨[meɪnlaɪnɪŋ] n.; - od. -s; unz.⟩ das Injizieren von Rauschmitteln in die Vene [<engl.-amerikan. *mainline* »in die Vene injizieren, fixen«]

Main|stream ⟨[meɪnstriːm] m.; -s; unz.⟩ **1** Hauptrichtung, -strömung **2** Durchschnitt, Durchschnittsware **3** ⟨Jazz⟩ Form des Jazz, die keiner Stilrichtung eindeutig zugehörig ist [engl., »Hauptstrom, Hauptrichtung«]

Maire ⟨[mɛːr] m.; -s, -s; in Frankreich⟩ Bürgermeister [<afrz. *maire* »Herr«]

Mairie ⟨[mɛːriː] f.; -, -n⟩ Bürgermeisteramt, Rathaus, Stadt-, Gemeindeverwaltung [frz.]

Mais ⟨m.; -es, -e; Pl. selten⟩ bis 3 m hohe, zu den Süßgräsern gehörende, aus Amerika stammende Getreidepflanze: Zea mays; *Sy* ⟨ostmdt.; österr.⟩ Kukuruz [<span. *maiz* <Taino *mahiz, mayz*]

Mai|so|nette ⟨[mɛzɔnɛt] f.; -, -s⟩ Wohnung, die sich über mehrere Stockwerke eines größeren Hauses erstreckt [frz., »Häuschen«; zu *maison* »Haus«]

Maître de Plai|sir *auch:* **Maître de Plai|sir** ⟨[mɛtrə də plɛziːr] m.; - - -, -s [mɛtrə-] - -; veraltet⟩ jmd., der ein Fest gestaltet u. leitet [<frz. *maitre* »Meister« + *plaisir* »Vergnügen«]

Maî|tres|se *auch:* **Maî|tres|se** ⟨[mɛtrɛs] f.; -, -n⟩ = Mätresse

Ma|jes|tas Do|mi|ni ⟨f.; - -; unz.; Mal.⟩ Darstellung des thronenden Christus [lat., »Erhabenheit des Herrn«]

Ma|jes|tät ⟨f.; -, -en⟩ **1** ⟨unz.⟩ Hoheit, Erhabenheit **2** ⟨Titel für⟩ Kaiser, König; *Euer, Eure ~ (Anrede)* ⟨Abk.: Ew. M.⟩; *Ihre ~* ⟨Abk.: I. M.⟩; *Seine ~* ⟨Abk.: S(e). M.⟩ **3** ⟨zählb.⟩ Kaiser od. König; *die ~en* das kaiserl. od. königl. Paar [<mhd. *majes-*

majestätisch

tat <lat. *maiestas*, Gen. *maiestatis* »Größe, Hoheit«; beeinflusst von frz. *majesté* »Majestät«]

ma|jes|tä|tisch ⟨Adj.⟩ erhaben, hoheitsvoll, würdevoll gemessen

ma|jeur ⟨[maʒœːr] Musik⟩ Dur; *Ggs* mineur [frz., »größer«]

Ma|jo|li|ka ⟨f.; -, -s od. -li|ken; ital. Name für⟩ Fayence [<ital. *maiolica* <mlat. *Majolica* (= Baleareninsel *Mallorca*)]

Majonäse / Mayonnaise (*Laut-Buchstaben-Zuordnung*) Im Zuge der Integration fremdsprachlicher Wörter in die deutsche Standardsprache kann neben die ursprüngliche, der Herkunftssprache folgenden Orthographie eine integrierte Schreibweise mit angepasster Laut-Buchstaben-Zuordnung treten. Es bleibt dem Schreibenden überlassen, welche Schreibweise er vorzieht (→*a.* Malaise / Maläse).

Ma|jo|nä|se ⟨f.; -, -n⟩ pikante, kalte, dickflüssige Soße aus Eigelb, Öl, Essig u. Salz; *oV* Mayonnaise [<span. *mahonesa* <frz. *mayonnaise*; nach der Stadt *Mahon* auf Menorca]

major ⟨[mɛɪdʒə(r)] Musik; engl. Bez. für⟩ Dur; *Ggs* minor [engl., »größer«]

Ma|jor ⟨m.; -s, -e⟩ **1** Offiziersdienstgrad zwischen Hauptmann u. Oberstleutnant **2** Offizier in diesem Rang [<span. *mayor* »höherer Offizier« <lat. *maior* »größer«]

Ma|jo|ran ⟨a. ['---] m.; -s, -e; Bot.⟩ Gewürzpflanze aus der Familie der Lippenblütler: Majorana hortensis [<mlat. *majorana, majoraca* <lat. *amaracus* (mit Anlehnung an *maior*) <grch. *amarakos* »Gewürzpflanze Origanum Majorana«]

Ma|jo|rat ⟨n.; -(e)s, -e⟩ **1** Ältestenrecht unter mehreren gleich nahen Verwandten; *Ggs* Minorat (1); →*a.* Seniorat **2** das Erbteil selbst; *Ggs* Minorat (2) [<lat. *maioratus* »Stand der Höheren, Recht des Älteren«]

Ma|jor|do|mus ⟨m.; -, -⟩ **1** Hausmeier, oberster Hofbeamter **2** Befehlshaber des Heeres der fränk. Könige [<mlat. *maior domus* »Oberhaushofmeister«, eigtl. »Oberer des Hauses«]

ma|jo|renn ⟨Adj.⟩ volljährig, mündig; *Ggs* minorenn [<mlat. *majorennus* <lat. *maior* »größer, älter« + *annus* »Jahr«]

Ma|jo|ren|ni|tät ⟨f.; -; unz.⟩ Volljährigkeit, Mündigkeit; *Ggs* Minorennität

ma|jo|ri|sie|ren ⟨V.⟩ überstimmen, durch Stimmenmehrheit besiegen [<lat. *maior* »größer«]

Ma|jo|ri|tät ⟨f.; -, -en⟩ Stimmenmehrheit, Überzahl; *Ggs* Minorität [<lat. *maior* »größer«]

Ma|jo|ri|täts|prin|zip ⟨n.; -s; unz.; Politik⟩ Prinzip, nach dem die Mehrheit der Stimmen die Wahl od. Abstimmung entscheidet u. die Stimmen der Minderheit unberücksichtigt bleiben; →*a.* Majoritätswahl

Ma|jo|ri|täts|trä|ger ⟨Pl.; Physik⟩ Träger der Überschussladung, z. B. die Elektronen als Träger der negativen Ladung in n-Halbleitern; *Ggs* Minoritätsträger

Ma|jo|ri|täts|wahl ⟨f.; -, -en; Politik⟩ Wahl, bei der derjenige Kandidat als gewählt erklärt wird, der die meisten Stimmen erhält; *Ggs* Proportionalwahl

Ma|jors ⟨[mɛɪdʒəz]z Pl.; Sport; Golf⟩ die vier wichtigsten Meisterschaften im Profigolf [<engl. *major* »haupt…, Haupt…«]

Ma|jorz ⟨m.; -es; unz.; schweiz.; Kurzwort für⟩ Majoritätswahl; *Ggs* Proporz (2)

Ma|jus|kel ⟨f.; -, -n⟩ Großbuchstabe; *Ggs* Minuskel [zu lat. *maiusculus* »etwas größer«, Verkleinerungsform zu *maior* »größer«]

ma|ka|ber ⟨Adj.⟩ **1** an den Tod erinnernd, totenähnlich, grausigdüster **2** mit dem Tod, dem Schrecklichen, Traurigen spaßend; *ein makabrer Scherz* [<frz. *macabre* <span. *macabro* »grauenvoll, schauerlich« evtl. zu arab. *magbara* »Grab, Friedhof«]

Ma|ka|dam ⟨m. od. n.; -s, -s⟩ Belag von Straßendecken aus Schotter mit darauf aufgebrachten Schichten aus einem Bitumen-Splitt-Gemisch [nach dem schott. Straßenbauer John L. *MacAdam*, 1756-1836]

ma|ka|da|mi|sie|ren ⟨V.⟩ mit Makadam belegen

Ma|kak ⟨m.; -s od. -en, -en; Zool.⟩ Gattung der Meerkatzen: Macaca [<portug. *macaco* »Affe«]

Ma|ka|me ⟨f.; -, -n⟩ kunstvolle, witzige, gereimte altarab. Stegreifdichtung [<arab. *makameh* »Versammlung, Unterhaltung in einer Gesellschaft«]

ma|ke|do|nisch ⟨Adj.⟩ = mazedonisch

Make-up *auch:* **Make|up** ⟨[mɛɪkʌp] n.; -s, -s⟩ **1** Verschönerung mit kosmet. Mitteln **2** kosmet. Creme od. Puder zum Tönen u. Glätten der Gesichtshaut [engl., »Aufmachung«]

Ma|ki ⟨m.; -s, -s; Zool.⟩ Familie von Halbaffen auf Madagaskar, die tagsüber schlafen u. nachts Nahrung suchen: Lemuridae; *Sy* Lemure (2) [vermutl. <portug. *macaco*; → *Makak*]

Ma|ki|mo|no ⟨n.; -s, -s⟩ ostasiat. Rollbild im Querformat auf Papier od. Seide; *Ggs* Kakemono [jap., »Rollbild«]

Ma|king of *auch:* **Ma|king-of** ⟨[mɛɪkɪŋ ɔf]; -; (-) -, (-) -s⟩ **1** ⟨unz.; allg.⟩ die Entstehung, Herstellung **2** ⟨zählb.; Film⟩ Bericht über die Regie- u. Dreharbeiten [engl., eigtl. »das Machen von«]

Mak|ka|bi ⟨m.; - od. -s, -s⟩ Name bürgerlich-zionistischer Sportvereine, in Erinnerung an den 1898 in Berlin gegründeten Bar Kochba-Makkabi Turn- u. Sportverein [nach Judas *Makkabäus*, der im 2. Jh. v. Chr. den Unabhängigkeitskampf gegen Syrien anführte; zu hebr. *makkaba* »Hammer«]

Mak|ka|bi|a|de ⟨f.; -, -n; Sport⟩ großes jüdisches Sportfest, das alle vier Jahre in Israel veranstaltet wird [verkürzt <*Makkabi* + Olymp*iade*]

Mak|ka|ro|ni ⟨f.; -; Kochk.⟩ lange, röhrenförmige Teigware [<ital. (mundartl.) *maccaroni*, Pl. zu *maccarone* <ital. *maccherone* »Nudelgericht« <grch. *makaria* »Glückseligkeit; Speise aus Brühe u. Gerstengraupen«]

mak|ka|ro|nisch ⟨Adj.⟩ **1** in schlechtem Latein abgefasst, geschrieben **2** ~e *Dichtung* **2.1** ⟨scherzh.; urspr.⟩ Gedichte in lateinischer, mit latinisierten anderssprachl. Wörtern durchsetzter Sprache **2.2** ⟨dann⟩ Gedichte in einer aus zwei Sprachen gemischten Sprache **3** ~es *Latein* ⟨scherzh.⟩ schlechtes Neulatein, in dem Wörter aus anderen Sprachen mit lat. Endungen vorkommen [nach dem Gedicht *Carmen macaronicum* des Paduaners Tifi degli Odasi († 1488), das an die ital. Leibspeise, die *Makkaroni*, anknüpft]

Ma|ko ⟨m.; - od. -s, -s od. f.; -; -s⟩ langfaserige ägyptische Baumwolle [nach *Mako* Bey, dem Hauptförderer des ägyptischen Baumwollanbaus]

Ma|ko|ré ⟨[-reː] n.; - od. -s; unz.⟩ witterungsfestes rotbraunes Holz des afrikanischen Birnbaums: Tieghemella heckelii [afrikan.]

◆ Die Buchstabenfolge **makr...** kann auch **mak|r...** getrennt werden.

◆ **Ma|kra|mee** ⟨n.; - od. -s, -s⟩ Knüpfarbeit aus gedrehten Fäden mit Fransen (für Einsätze, Kragen, Blumenampeln usw.) [< türk. *maqramah* »Taschentuch« < arab. *migramah* »gestickter Schleier«]

◆ **Ma|kre|le** ⟨f.; -, -n; Zool.⟩ **1** Meeresspeisefisch mit zahlreichen blauweißen Querbinden am Rücken: Scomber scombrus **2** ⟨i. w. S.⟩ Angehörige aus einer Familie aus der Ordnung der Barschfische: Scombridae [< mhd. *macrel* < mndrl. *mak(e)reel* < mlat. *macarellus*]

Ma|kro ⟨n.; -s, -s; EDV; kurz für⟩ Makrobefehl, Zusammenfassung od. Kurzform von Befehlen für sich immer wiederholende, gleichartige Vorgänge innerhalb von Programmen

ma|kro..., Ma|kro... ⟨in Zus.⟩ lang, groß [< grch. *makros*]

◆ **Ma|kro|a|na|ly|se** ⟨f.; -, -n⟩ chem. Analyse mit verhältnismäßig großen Substanzmengen (über 1 g); *Ggs* Mikroanalyse

◆ **Ma|kro|äs|the|sie** ⟨f.; -, -n⟩ Gefühlstäuschung, bei der Gegenstände größer empfunden werden, als sie sind [< *Makro...* + *Ästhesie*]

◆ **Ma|kro|auf|nah|me** ⟨f.; -, -n; Fot.⟩ mit Hilfe der Makrofotografie hergestellte Aufnahme; *Ggs* Mikroaufnahme

◆ **Ma|kro|be|fehl** ⟨m.; -s, -e; EDV⟩ Kurzform für die Gesamtheit mehrerer Befehle, die sich beim Programmieren häufig wiederholen

◆ **Ma|kro|bio|tik** ⟨a. [---'--] f.; -; unz.⟩ **1** Kunst, das Leben zu verlängern **2** gesunde Ernährung durch Körner u. Gemüse [< *Makro...* + grch. *bios* »Leben«]

◆ **ma|kro|bio|tisch** ⟨a. ['-----] Adj.⟩ auf Makrobiotik beruhend

◆ **ma|kro|cy|clisch** *auch:* **mak|ro|cy|clisch** ⟨Adj.; Chemie⟩ ~e *Verbindung* organische Verbindung mit mehr als zwölf Kohlenstoffatomen im Molekül, die in Ringform angeordnet sind; *oV* makrozyklisch

◆ **Ma|kro|dak|ty|lie** ⟨f.; -; unz.; Med.⟩ abnorme Größe der Finger [< *Makro...* + grch. *daktylos* »Finger«]

◆ **Ma|kro|fau|na** ⟨f.; -, -nen; Zool.⟩ die mit bloßem Auge erkennbare Tierwelt; *Ggs* Mikrofauna

◆ **Ma|kro|fo|to|gra|fie** ⟨f.; -; unz.; Fot.⟩ fotograf. Nahaufnahmeverfahren mit bis zu 25-facher Vergrößerung; *Ggs* Mikrofotografie

◆ **Ma|kro|ga|met** ⟨m.; -en, -en; Biol.⟩ größere, unbewegliche weibl. Geschlechtszelle der Einzeller u. niederen Pflanzen; *Ggs* Mikrogamet

◆ **ma|kro|ke|phal** ⟨Adj.; Med.⟩ mit anomal vergrößertem Kopf versehen; *oV* makrozephal; *Ggs* mikrokephal [< *makro...* + *...kephal*]

◆ **Ma|kro|ke|pha|lie** ⟨f.; -; unz.; Med.⟩ anomale Vergrößerung des Kopfes; *oV* Makrozephalie; *Sy* Megalokephalie; *Ggs* Mikrokephalie [< *Makro...* + *...kephalie*]

◆ **Ma|kro|kli|ma** ⟨n.; -s, -ma|ta od. -ma|te; Meteor.⟩ das Klima in größeren Gebieten, Großklima; *Ggs* Mikroklima; →*a.* Mesoklima

◆ **ma|kro|kos|misch** ⟨a. ['----] Adj.⟩ zum Makrokosmos gehörend; *Ggs* mikrokosmisch

◆ **Ma|kro|kos|mos** ⟨m.; -; unz.⟩ Weltall; *Ggs* Mikrokosmos (2)

◆ **ma|kro|kris|tal|lin** ⟨a. ['-----] Adj.⟩ grobkristallin

◆ **Ma|kro|lin|gu|is|tik** ⟨a. ['------] f.; -; unz.; Sprachw.⟩ Wissenschaft von der Sprache einschließlich benachbarter Fachgebiete wie Psychologie od. Philosophie; *Ggs* Mikrolinguistik

◆ **Ma|kro|me|lie** ⟨f.; -, -n; Med.⟩ = Gigantismus; *Ggs* Mikromelie

◆ **Ma|kro|mo|le|kül** ⟨n.; -s, -e; Chemie⟩ Molekül, das aus sehr vielen (mindestens rd. 1000) Atomen aufgebaut ist

◆ **ma|kro|mo|le|ku|lar** ⟨Adj.; Chemie⟩ auf den chem. Reaktionen von Makromolekülen beruhend, die Eigenschaften von Makromolekülen aufweisend

◆ **Ma|kro|ne** ⟨f.; -, -n; Kochk.⟩ rundes Kleingebäck aus Mandeln, Zucker, Eiweiß u. Mehl, auf Oblaten gebacken [< frz. *macaron* »Mandeltörtchen«]

◆ **Ma|kro|nu|cle|us** *auch:* **Makro|nuc|le|us** ⟨m.; -, -clei [-kleːi]; Biol.⟩ vegetativer Zellkern vieler Protozoen

◆ **Ma|kro|ob|jek|tiv** ⟨n.; -s, -e [-və]; Fot.⟩ Spezialobjektiv für Nahaufnahmen

◆ **Ma|kro|öko|no|mik** ⟨a. [maː-] f.; -; unz.; Wirtsch.⟩ Teilgebiet der Wirtschaftswissenschaft, das sich der Betrachtung gesamtwirtschaftlicher Größen widmet; *Sy* Makrotheorie; *Ggs* Mikroökonomik

◆ **ma|kro|öko|no|misch** ⟨a. [maː-] Adj.⟩ zur Makroökonomik gehörend, auf ihr beruhend; *Ggs* mikroökonomisch

◆ **Ma|kro|phy|sik** ⟨f.; -; unz.; Physik⟩ Physik, die das Verhalten der Körper untersucht, ohne die Veränderungen einzelner Atome u. Elementarteilchen zu berücksichtigen, sozusagen die »klassische Physik«; *Ggs* Mikrophysik

◆ **Ma|kro|phyt** ⟨m.; -en, -en; Biol.; meist Pl.⟩ mit bloßem Auge sichtbarer pflanzlicher Organismus; Ggs Mikrophyt [<*Makro...* + grch. *phyton* »Pflanze«]

♦**Ma|kro|pla|sie** ⟨f.; -; Med.⟩ übermäßige Entwicklung von Körperteilen [<*Makro...* + *...plasie*]

♦**Ma|kro|po|de** ⟨m.; -n, -n; Zool.⟩ bes. in den Reisfeldern Südchinas lebender Angehöriger der Gattung der Labyrinthfische, Paradiesfisch [<*Makro...* + *...pode*]

♦**Ma|kro|seis|mik** ⟨f.; -; unz.; Geol.⟩ Lehre von den Erderschütterungen, die ohne Instrumente fühl- und sichtbar sind; Ggs Mikroseismik

♦**ma|kro|seis|misch** ⟨Adj.; Geol.⟩ ~*e Erschütterungen* E., die ohne Instrumente wahrnehmbar sind; Ggs mikroseismisch

♦**ma|kro|sko|pisch** *auch:* **mak|ros|ko|pisch** ⟨Adj.⟩ mit bloßem Auge wahrnehmbar; Ggs mikroskopisch (2) [<*makro...* + *...skop*]

♦**Ma|kro|so|mie** ⟨f.; -; unz.; Med.⟩ = Gigantismus; Ggs Mikrosomie [<*Makro...* + *soma* »Körper«]

♦**Ma|kro|spo|re** ⟨f.; -, -n; Bot.⟩ große weibl. Spore einiger Farne; Ggs Mikrospore

♦**Ma|kro|struk|tur** ⟨f.; -, -en⟩ Ggs Mikrostruktur **1** Grobstruktur **2** unvergrößert sichtbare Gewebestruktur, z. B. von Tieren, Pflanzen

♦**Ma|kro|the|o|rie** ⟨f.; -; unz.; Wirtsch.⟩ = Makroökonomik; Ggs Mikrotheorie

♦**Ma|kro|vi|rus** ⟨[-vi-] m.; -, -viren; EDV⟩ Computervirus, der sich per E-Mail verbreitet

♦**ma|kro|ze|phal** ⟨Adj.; Med.⟩ = makrokephal

♦**Ma|kro|ze|pha|lie** ⟨f.; -; unz.; Med.⟩ = Makrokephalie

♦**ma|kro|zyk|lisch** *auch:* **mak|ro|zyk|lisch** ⟨Adj.⟩ = makrocyclisch

Ma|ku|la|tur ⟨f.; -, -en⟩ **1** schadhafte od. fehlerhafte Druckbogen **2** Abfall der Papierindustrie **3** Altpapier **4** ~ *reden* ⟨umg.⟩ dummes Zeug reden [<mlat. *maculatura* »beflecktes Stück« <lat. *maculare* »beflecken, durch Flecke besudeln«; verwandt mit *Makel*]

ma|ku|lie|ren ⟨V.⟩ zu Makulatur machen

MAK-Wert ⟨m.; -s, -e; Abk. für⟩ maximale Arbeitsplatz-Konzentration, höchste in Arbeitsräumen zulässige Konzentration luftverunreinigender Stoffe

Ma|la|chit ⟨[-ç̣it] m.; -s, -e; Min.⟩ smaragdgrünes, dicht od. achatartig gebändertes Mineral, chem. Kupfercarbonat, Kupferspat [<grch. *malache* »Malve«]

ma|lad ⟨Adj.; umg.; veraltet⟩ **1** krank, unpässlich **2** müde u. lustlos [<frz. *malade*]

ma|la fi|de ⟨geh.⟩ in böser Absicht, wissentlich unberechtigt [lat., »in bösem Glauben«]

Ma|la|ga ⟨m.; -s, -s⟩ Süßwein aus Málaga

Ma|lai|se ⟨[-lɛːz(ə)] f.; -, -n od. schweiz.: n.; -s, -s⟩ *o V* Maläse **1** schlechtes Befinden **2** moral. od. polit. Unbehagen [frz., »Unbehagen«]

Ma|la|ko|lo|gie ⟨f.; -; unz.; Zool.⟩ Lehre von den Weichtieren [<grch. *malakos* »weich« + *...logie*]

Ma|la|ko|zo|on ⟨n.; -s, -zo̱en; Zool.⟩ Weichtier [<grch. *malakos* »weich« + *Zoon*]

Ma|la|ria ⟨f.; -; unz.; Med.⟩ endemisch auftretende Infektionskrankheit, die von durch Mückenstiche übertragenen Einzellern im Blut hervorgerufen wird, Sumpffieber, Tropenfieber [<ital. *mala aria* »böse Luft«]

Ma|lä|se ⟨f.; -, -n⟩ = Malaise

Ma|le|fiz ⟨n.; -es, -e⟩ **1** ⟨veraltet⟩ Übeltat, Missetat **2** ein Würfelspiel [<lat. *maleficium* »böse Tat, Übeltat« <*malus* »übel, böse« + *facere* »tun«]

Ma|le|in|säu|re ⟨f.; -, -n; Chemie⟩ zweibasische ungesättigte Dicarbonsäure, Isomere der Fumarsäure, ihre Ester höherer Alkohole dienen als Weichmacher

Ma|le|par|tus ⟨m.; -; unz.⟩ Wohnung des Fuchses in der Tierfabel [<frz. *malpertuis* »schlimmer Durchlass«]

Ma|ler|e|mail ⟨a. [-maːj] n.; -s, -s⟩ Email mit besonders niedrigem Schmelzpunkt, das, auf eine Kupferplatte aufgetragen, den Untergrund für künstler. Darstellungen bildet

Mal|le|sche ⟨f.; -, -n⟩ Ärgernis, Unannehmlichkeit [<frz. *malaise* »Unbehagen«]

Mal|heur ⟨[malø̈ːr] n.; -s, -e od. -e⟩ kleines Unglück, geringfügiger Unfall, Missgeschick, peinl. Vorkommnis [frz., »Unglück«]

mal|ho|nett ⟨Adj.; veraltet⟩ unfein, unredlich [<frz. *malhonnête* »unehrlich, unredlich«]

Mal|li|ce ⟨[-sə] f.; -, -n; veraltet⟩ Bosheit, boshafte Bemerkung [frz., »Bosheit«]

ma|li|gne *auch:* **ma|lig|ne** ⟨Adj.; Med.⟩ bösartig; Ggs benigne; →*a.* Malignität [<lat. *malignus* »bösartig«]

Ma|li|gni|tät *auch:* **Ma|lig|ni|tät** ⟨f.; -; unz.; Med.⟩ Bösartigkeit (einer Geschwulst); Ggs Benignität [<lat. *malignitas* »Bösartigkeit«; zu *malignus* »bösartig«]

Ma|li|gnom *auch:* **Ma|lig|nom** ⟨n.; -s, -e; Med.⟩ bösartige Geschwulst [zu lat. *malignus* »bösartig«]

ma|li|zi|ös ⟨Adj.⟩ boshaft, hämisch, argwöhnig, schadenfroh [<frz. *malicieux* »boshaft, böswillig«]

mal|kon|tent ⟨Adj.; veraltet⟩ (mit den Zuständen) unzufrieden [<lat. *malus* »schlecht« + *contentus* »zufrieden«]

mall ⟨Adj.⟩ **1** ⟨Mar.⟩ gedreht (vom Wind) **2** ⟨nddt.⟩ von Sinnen, verrückt, töricht

Mall ⟨n.; -(e)s, -e; Schiffbau⟩ Modell, Holzschablone für Schiffsteile [ndrl.]

mal|len ⟨V.⟩ **1** nach dem Mall bearbeiten, ausmessen **2** *der Wind mallt* springt um, dreht sich

mal|le|o|lar ⟨Adj.; Med.⟩ zum Knöchel gehörig [lat. *malleus* »Hammer«]

Malm ⟨m.; -(e)s; unz.; Geol.⟩ jüngste Abteilung des Juras, weißer Jura [engl., »weicher, kalkhaltiger Lehm«]

Ma|loc|chio *auch:* **Ma|loc|chio** ⟨[-ɔkjo] m.; -s, -s od. -occhi [-ki]⟩ böser Blick [<ital. *mal'occhio*, eigtl. »böses Auge«]

Ma|lo|che ⟨[-lɔxa] od. [-lɔxə] f.; -, -n; umg.⟩ (harte) Arbeit [<rotw. *Meloche* <jidd. *melocho* »Arbeit«]

ma|lo|chen ⟨[-lɔːxən] od. [-lɔxən] V.; umg.⟩ schwer arbeiten, schuften

Ma|lo|cher ⟨[-lɔːxər] od. [-lɔxər] m.; -s, -; umg.⟩ jmd., der schwer arbeiten, schuften kann od. muss

Ma|lon|säu|re ⟨f.; -, -n; Chemie⟩ eine der einfachsten Dicarbonsäuren, bildet sich bei der Oxidation von Apfelsäure [<grch. *malon*, *melon* »Apfel«]

Ma|los|sol ⟨m.; -s; unz.⟩ mild gesalzener, fast flüssiger (Winter-)Kaviar [zu russ. *malo solenyj* »wenig gesalzen«]

Mal|ta|se ⟨f.; -, -n; Biochemie⟩ im Verdauungskanal des Menschen, der Tiere u. in der Hefe vorkommendes Enzym, spaltet Maltose unter Aufnahme von Wasser in zwei Moleküle Glucose [<engl., frz. *malt* »Malz«]

Mal|te|ser ⟨m.; -s, -⟩ **1** Einwohner der Insel Malta **2** Malteserritter **3** ⟨Pl.; Abk. für⟩ karitative Hilfsorganisation des Malteserordens **4** ⟨Zool.⟩ weißer Schoßhund mit seidigem Haar, spitzer Schnauze u. schwarzer Nase

Mal|te|ser|kreuz ⟨n.; -es, -e⟩ **1** Kreuz, dessen Balken in je zwei Spitzen auslaufen, Abzeichen der Malteserritter bzw. Johanniter **2** dem Kreuz der Malteser ähnliche Konstruktion in Filmapparaten, die eine Drehbewegung in eine ruckartige Bewegung transformiert

Mal|thu|si|a|nis|mus ⟨m.; -; unz.⟩ Lehre des engl. Sozialforschers Th. R. Malthus (1766-1834), der meinte, die Welt werde an Hunger zugrunde gehen, weil die Erdbevölkerung schneller zunehme als der Bodenertrag, u. der daher drastische Mittel empfahl, das Bevölkerungswachstum zu hemmen (Krieg, Empfängnisverhütung usw.)

Mal|to|se ⟨f.; -; unz.; Biochemie⟩ zur Gruppe der Disaccharide zählende Zuckerart, die Baustein von (zuckerunähnlichen) Polysacchariden ist, Malzzucker [<engl., frz. *malt* »Malz«]

mal|trä|tie|ren *auch:* **mal|trä|tie|ren** ⟨V.⟩ schlecht behandeln, quälen; *jmdn. übel ~* [<frz. *maltraiter* »misshandeln«]

Malt|whis|ky ⟨[mɔːlt-] m.; -s, -s⟩ aus Malz hergestellter Whisky [<engl. *malt* »Malz« + *Whisky*]

Ma|lus ⟨m.; - od. -ses, - od. -se⟩ *Ggs* Bonus **1** ⟨bei Versicherungen⟩ nachträglicher Prämienzuschlag **2** verschlechternder Abschlag auf Zensuren [zu lat. *malus* »schlecht«]

Mal|va|si|er ⟨[-va-] m.; -s; unz.⟩ von einer aus der Gegend von Monemvasia stammenden Rebe gewonnener Süßwein des Mittelmeeres [nach *Malvasia*, dem ital. Namen der grch. Hafenstadt *Monemvasia*]

Mal|ve ⟨[-və] f.; -, -n; Bot.⟩ Gattung der Malvengewächse (Malvaceae) mit kreisrunden, flachen Früchten: Malva, Käsepappel [<lat. *malva*]

Ma|ma ⟨a. ['--] f.; -, -s⟩ Mutter [<frz. *maman* (17. Jh.); kindl. Lallwort]

Mam|ba ⟨f.; -, -s; Zool.⟩ bis zu 2 Meter lange, afrikan. Giftschlange [Bantuspr.]

Mam|bo ⟨m.; -s, -s⟩ Gesellschaftstanz aus Kuba mit Jazzelementen [span.-kuban.]

Ma|me|luck ⟨m.; -en, -en; meist Pl.⟩ *oV* Mameluk **1** *~en* türk. Sklaven am persischen u. bes. ägypt. Hof, wo sie starken Einfluss gewannen **2** Herrschergeschlecht Ägyptens von 1250 bis 1517 [<ital. *mammalucco* <arab. *mamluk* »Sklave«]

Ma|me|luk ⟨m.; -en, -en⟩ = Mameluck

Ma|mey|ap|fel ⟨[mæmɪ-] m.; -s, -äp|fel; Bot.⟩ südamerikanische Frucht mit rauer Schale u. süßsäuerlichem Fruchtfleisch mit aprikosenähnl. Geschmack: Mammea americana; *oV* Mammiapfel [<engl. *mammee apple*]

Ma|mil|la ⟨f.; -, -mil|len; Anat.⟩ Brustwarze; *oV* Mamille [lat., Verkleinerungsform zu *mamma*; → *Mamma*]

Ma|mil|le ⟨f.; -, -mil|len; Anat.⟩ = Mamilla

Mam|ma ⟨f.; -, -mae [-mɛː]; Anat.⟩ Brustdrüse [lat., »weibliche Brust«]

Mam|ma|kar|zi|nom ⟨n.; -s, -e; Med.⟩ Brustkrebs

Mam|ma|lia ⟨Pl.; Zool.⟩ Säugetiere [<lat. *mamma* »weibliche Brust«]

Mam|mi|ap|fel ⟨m.; -s, -äp|fel; Bot.⟩ = Mameyapfel

Mam|mo|gra|fie ⟨f.; -, -n; Med.⟩ = Mammographie

Mam|mo|gra|phie ⟨f.; -, -n; Med.⟩ Röntgenuntersuchung der weibl. Brust zur Früherkennung von Brustkrebs; *oV* Mammografie [<lat. *mamma* »weibl. Brust« + ...*graphie*]

Mam|mo|lo|gie ⟨f.; -; unz.; Zool.⟩ Lehre von den Säugetieren [<lat. *mamma* »weibl. Brust« + ...*logie*]

Mam|mon ⟨m.; -s; unz.; abwertend⟩ Reichtum, Geld; *dem ~ nachjagen; der schnöde ~; der Macht des ~ erliegen* [<grch. *mammonas* <aram. *ma'mon* »Hinterlegtes«]

Mam|mo|nis|mus ⟨m.; -; unz.⟩ **1** Geldgier **2** Geldherrschaft

Mam|mo|plas|tik ⟨f.; -, -en; Med.⟩ operative Wiederherstellung der weibl. Brust (nach einer Mastektomie) [<lat. *mamma* »weibl. Brust« + *Plastik*]

Mam|mut ⟨n. od. m.; -s, -s od. -e; Zool.⟩ **1** fossile eiszeitl. Elefantenart: Mammuthus primigenius **2** ⟨in Zus.; fig.⟩ riesig, sehr groß, Riesen...; *Mammutfilm* [<frz. *mammouth* <jakut. *ma.mont*; zu *mamina* »Land« (das M. wurde durch Grabungen des Russen Ludloff im nordöstl. Sibirien 1696 bekannt; die Jakuten glaubten, es wühle in der Erde wie ein Maulwurf)]

Mam|mut|baum ⟨m.; -(e)s, -bäu|me; Bot.⟩ = Sequoie

Mam|sell ⟨f.; - od. -en, - od. -s⟩ **1** Wirtschafterin auf Landgütern od. in Hotels **2** ⟨veraltet; noch scherzh.⟩ Fräulein **3** ⟨veraltet⟩ *kalte ~* weibl. Person, die im Hotel od. Restaurant kalte Speisen anrichtet [verkürzt <*Mademoiselle*]

...man ⟨Nachsilbe; zur Bildung von Adj.; Psych.⟩ eine Manie, eine krankhafte psychische Veränderung betreffend; *kleptoman; egoman* [→ *Manie*]

Mä|na|de ⟨f.; -, -n⟩ **1** verzückte, bis zur Raserei begeisterte Dienerin u. Begleiterin des grch. Weingottes Dionysos **2** ⟨fig.⟩ rasendes Weib [<grch. *mainas*, Gen. *mainados* »die Rasende, die Verzückte«]

Management

Ma|nage|ment ⟨[mænɪdʒmənt] n.; -s, -s⟩ **1** Gesamtheit der Führungskräfte einer Firma, eines Unternehmens **2** die Führungsmethode eines Unternehmens od. Betriebes [engl., »Leitung, Führung«]

Ma|nage|ment-Buy-out ⟨[mænɪdʒməntbaɪaʊt] m. od. n.; -s, -s; Wirtsch.⟩ Aufkauf einer Firma bzw.von Firmenanteilen durch das eigene Management; *Sy* Buy-out [<engl. *management buy-out*; zu *buy out* »aufkaufen«]

ma|na|gen ⟨[mænɪdʒən] V.; umg.⟩ **1** handhaben, zustande bringen, geschickt bewerkstelligen **2** *einen Berufssportler, Künstler* ~ betreuen, beraten [<engl. *manage* »verwalten, bewirtschaften, leiten«]

Ma|na|ger ⟨[mænɪdʒə(r)] m.; -s, -⟩ **1** ~ *eines Unternehmens* Leiter **2** ~ *eines Berufssportlers od. Künstlers* Betreuer, Berater **3** jmd., der eine Sache vorbereitet u. durchführt [engl., »Verwalter, Betriebsleiter«]

Ma|na|ger|krank|heit ⟨[mænɪdʒə(r)-] f.; -; unz.⟩ Krankheit auf nervöser Grundlage, deren Kennzeichen vor allem Kreislaufstörungen sind, die oft zu plötzlichem Herztod führen, daneben immer mit Erschöpfung u. Leistungsabfall verbunden

Ma|na|ti ⟨m.; -s, -s; Zool.⟩ = Lamantin [<span. *manate* <karib.]

man|can|do ⟨Musik⟩ mit abnehmender, hinschwindender Lautstärke (zu spielen) [<ital. *mancare* »mangeln, fehlen«]

Man|ches|ter ⟨[mæntʃɪstə(r)] m.; -s; unz.; Textilw.⟩ kräftiger Kord [nach der engl. Stadt *Manchester*]

Man|ches|ter|li|be|ra|lis|mus ⟨[mæntʃɪs-] m.; -; unz.; Politik; Wirtsch.⟩ Form der Wirtschaftspolitik in der ersten Hälfte des 19. Jh., die alle Eingriffe des Staates in das Wirtschaftsleben ablehnte u. den unbeschränkten Freihandel propagierte [nach der engl. Stadt *Manchester*, die im 19. Jh. ein Zentrum der industriellen Tuchfabrikation war]

Man|ches|ter|tum ⟨[mæntʃɪs-] n.; -s; unz.; Politik; Wirtsch.⟩ extrem liberale Richtung, die völlige Freiheit der Wirtschaft ohne jegliche staatliche Eingriffe anstrebt [nach der engl. Stadt *Manchester*]

Man|dä|er ⟨Pl.⟩ Mitglieder einer gnostischen Täufersekte, die die Erlösung der Seele in ihrer Befreiung aus dem Leib u. der Rückkehr in das Lichtreich sieht (heute noch im südl. Irak u. im Iran verbreitet) [<aram. *Mandaia* <*manda* »Gnosis«]

man|dä|isch ⟨Adj.⟩ zur Lehre u. Sprache der Mandäer gehörend

Man|da|la ⟨n.; -s, -s⟩ **1** grafische Figur (Kreis od. Vieleck) mit ausgeprägtem Mittelpunkt, die in indischen Religionen als Meditationshilfe verwendet wird **2** ⟨Psych.⟩ Abbildung als Symbol der Selbstfindung [Sanskrit, »Kreis«]

Man|dant ⟨m.; -en, -en⟩ jmd., der ein Mandat erteilt, Auftraggeber eines Rechtsanwalts bzw. einer Rechtsanwältin [<lat. *mandans*, Part. Präs. zu *mandare* »übergeben, anvertrauen«]

Man|dan|tin ⟨f.; -, -tin|nen⟩ weibl. Person, die ein Mandat erteilt, Auftraggeberin eines Rechtsanwalts bzw. einer Rechtsanwältin [<lat. *mandans*, Part. Präs. zu *mandare* »übergeben, anvertrauen«]

Man|da|rin ⟨m.; -s, -e; früher Bez. der Europäer für⟩ hoher chines. Beamter [<portug. *mandarin* <Hindi *mantri*, Sankr. *mantrin* »Ratgeber, Minister« (von Portugiesen in Indien auf chines. Verhältnisse übertragen, in China unbekannt)]

Man|da|ri|ne ⟨f.; -, -n; Bot.⟩ **1** zu den Zitrusgewächsen gehörender Strauch od. kleiner Baum mit kugelförmigen, an den Polen abgeflachten Früchten: Citrus nobilis **2** Frucht dieses Gewächses [<frz. *mandarine* <span. *(naranja) mandarina*; vermutl. zu *Mandarin* (weil die M. als eine besonders auserlesene Orangenart gilt u. weil ihre gelbe Farbe der Farbe des Staatstracht des chines. Mandarins gleicht)]

Man|da|ri|nen|te ⟨f.; -, -n; Zool.⟩ kleine ostasiat. Entenart, deren Männchen bes. prächtiges Gefieder hat: Aix galericulata

Man|dat ⟨n.; -(e)s, -e⟩ **1** Auftrag zur Ausführung einer Angelegenheit; ~ *für einen Rechtsanwalt*; ~ *der Wähler für einen Abgeordneten* **2** auf Wahl beruhendes Amt; ~ *eines Abgeordneten* **3** = Mandatsgebiet [<lat. *mandatum* »Auftrag, Weisung«; zu *mandare* »übergeben, anvertrauen«]

Man|da|tar ⟨m.; -s, -e⟩ jmd., der im Auftrag eines anderen handelt, der ein Mandat erhalten hat

Man|da|tar|staat ⟨m.; -(e)s, -en⟩ Staat, dem die Verwaltung eines Mandats übertragen worden ist

man|da|tie|ren ⟨V.⟩ beauftragen, bevollmächtigen

Man|dats|ge|biet ⟨n.; -(e)s, -e; Politik⟩ Territorium, das treuhänderisch durch einen fremden Staat verwaltet wird; *Sy* Mandat (3)

Man|di|bel ⟨f.; -, -n; Anat.⟩ **1** Knochen des Unterkiefers der Wirbeltiere: Maxilla inferior **2** ⟨Pl.⟩ ~*n* das erste Paar der Mundgliedmaßen bei Krebsen u. Insekten [<lat. *mandibula*; zu lat. *mandare* »kauen«]

Man|di|bu|la ⟨f.; -, -lae [-lɛː]; Anat.⟩ Unterkiefer der Menschen [→ *Mandibel*]

Man|di|o|ka ⟨f.; -; unz.⟩ Mehl aus der Wurzel des Maniok [<span., portug. *mandioca* »Maniok« <Tupi *maniaca, manioca, mandioca* »Maniok«]

Man|do|la ⟨f.; -, -do|len; Musik⟩ Zupfinstrument, größer u. eine Oktave tiefer als die Mandoline; *oV* Mandora [ital.; zu *mandolino* »Mandoline«]

Man|do|li|ne ⟨f.; -, -n; Musik⟩ viersaitiges Zupfinstrument mit kleinem mandelförmigem Körper [<frz. *mandoline* <ital. *mandolino*]

Man|do|ra ⟨f.; -, -do|ren; Musik⟩ = Mandola

Man|dor|la ⟨f.; -, -dor|len; Mal.⟩ mandelförmiger Heiligenschein um die ganze Gestalt (Christi od. Mariens) [ital., »Mandel«]

Man|dra|go|ra *auch:* **Mand|ra|go|ra** ⟨f.; -, -go|ren; Bot.⟩ staudiges Nachtschattengewächs, dessen Wurzel als Alraun bezeichnet wird: Mandragora officinalis; *oV* Mandragore [<lat. *mandragoras* <grch. *mandragoras*, vielleicht <pers. *mardum-giā* »Menschenpflanze«]

Mand|ra|go|re ⟨f.; -, -n; Bot.⟩ = Mandragora

Man|drill *auch:* **Mand|rill** ⟨m.; -s, -e; Zool.⟩ bunt gefärbte Art der Paviane mit ungewöhnlich großem Kopf u. langer Schnauze: Mandrillus splinx [Herkunft umstritten]

Ma|ne|ge ⟨[-ʒə] f.; -, -n⟩ **1** Reitbahn in einer Halle **2** Platz für die Darbietungen im Zirkus; *Sy* Arena (3) [<frz. *manège* »Reitbahn« <ital. *maneggio* <lat. *manus* »Hand« + *agere* »in Bewegung setzen, treiben«]

Ma|nen ⟨nur Pl.; röm. Myth.⟩ gute Geister, Seelen der Verstorbenen [<lat. *manes*]

Man|ga ⟨n.; -s, -s⟩ japanischer Comicstrip, der meistens handlungsreiche Geschichten um Sex u. Gewalt darstellt u. häufig auch verfilmt wird; ∼*s als Hauptmotor der japanischen Unterhaltungsindustrie* [jap., *man* »komisch« + *ga* »Bild«]

Man|ga|be ⟨f.; -, -n; Zool.⟩ Pavianart im trop. Afrika mit langen Schwänzen u. auffallenden, weißen Lidern: Cercocebus [nach *Mangaby* auf Madagaskar]

Man|gan ⟨n.; -s; unz.; chem. Zeichen: Mn⟩ silbergraues, sprödes Metall, Ordnungszahl 25 [<lat. *manganesa*, nach der grch. Stadt *Magnesia* in Thessalien]

Man|ga|nat ⟨n.; -(e)s, -e; Chemie⟩ Salz der frei nicht vorkommenden Sauerstoffsäuren des Mangans, von Bedeutung vor allem das Kaliumpermanganat, $KMnO_4$

Man|gan|bron|ze ⟨[-brõsə] f.; -; unz.; Chemie⟩ Mangan enthaltende Kupferlegierung

Man|ga|nin ⟨n.; -(e)s; unz.; Technik⟩ Kupfer-Mangan-Nickel-Eisen-Legierung für elektr. Widerstände u. Heizgeräte

Man|ga|nit ⟨m.; -s, -e; Min.⟩ braunschwarzes Mineral, chem. Manganhydroxid

Man|ga|no|me|trie *auch:* **Man|ga|no|met|rie** ⟨f.; -; unz.; Chemie⟩ Verfahren der Maßanalyse, bei der Lösungen von Kaliumpermanganat verwendet werden; *Sy* Permanganometrie [<*Mangan* + ...*metrie*]

Man|gle|baum *auch:* **Mang|le|baum** ⟨m.; -(e)s, -bäu|me; Bot.⟩ zur Familie der Manglebaumgewächse (Rhizophoraceae) gehörendes Mangrovengewächs: Rhizophora mangle [<span. *mangle* »Wurzelbaum«]

Man|go ⟨f.; -, -s od. -go|nen; Bot.⟩ wohlschmeckende gelbliche Frucht des Mangobaumes von länglicher bis kugeliger Form [<portug. *manga* <Tamil *man-kay*]

Man|go|baum ⟨m.; -(e)s, -bäu|me; Bot.⟩ aus Indien stammendes Sumachgewächs mit lanzettförmigen Blättern: Mangifera indica

Man|gos|ta|ne ⟨f.; -, -n; Bot.⟩ aus Malaysia stammende Beerenfrucht mit purpur bis dunkelviolett gefärbter Schale u. weißem Fruchtfleisch: Garcinia mangostana [<engl. *mangosteen*, frz. *mangoustan*]

Man|gro|ve *auch:* **Mang|ro|ve** ⟨[-və] f.; -, -n; Bot.⟩ sauerstoffarmem Boden angepasster Typ von Pflanzen mit Luftwurzeln; *Sy* Rhizophore [vermutl. <portug. *mangue*, span. *mangle* »Wurzelbaum« + engl. *grove* »Gehölz«]

Man|gus|te ⟨f.; -, -n; Zool.⟩ = Mungo¹ [aus einer drawid. Sprache]

Ma|ni|chä|er ⟨[-çe:-] m.; -s, -; Rel.⟩ **1** Anhänger des Manichäismus **2** ⟨Studentenspr.; veraltet⟩ drängender Gläubiger

Ma|ni|chä|is|mus ⟨[-çe:-] m.; -; unz.; Rel.⟩ eine Weltreligion [nach dem pers. Religionsstifter *Mani*, 216-277]

Ma|nie ⟨f.; -, -n⟩ **1** leidenschaftliche Liebhaberei; *Musik*∼; *Sport*∼ **2** Trieb, Sucht **3** krankhafte Veränderung des Gemüts mit Erregung, gehobenem Selbstgefühl, Selbstüberschätzung, Ideenflucht, Beschäftigungsdrang [frz., engl., <lat. *mania* <grch. *mania*]

Ma|nier ⟨f.; -, -en⟩ **1** ⟨unz.⟩ **1.1** Art, Eigenart, Art u. Weise; ∼ *eines Künstlers, einer Kunstrichtung; in der* ∼ *Cézannes gemalt; das ist seine* ∼ **1.2** ⟨abwertend⟩ Künstelei, rein äußerliche Nachahmung bestimmter Formelemente **2** ⟨zählb.; Pl.⟩ ∼*en* Umgangsformen, Benehmen, Sitte, Gewohnheit; *er hat keine* ∼*en; gute, schlechte* ∼*en* [<frz. *manière* »Art und Weise« <lat. *manuarius* »zu den Händen gehörig«]

ma|nie|riert ⟨Adj.⟩ übertrieben, gesucht, gekünstelt, unnatürlich

Ma|nie|riert|heit ⟨f.; -, -en; abwertend⟩ Übertriebenheit, Unnatürlichkeit, Künstelei

Ma|nie|ris|mus ⟨m.; -; unz.⟩ **1** gewollt übertreibender, gekünstelter Stil **2** von der italien. Malerei ausgehende Stilrichtung zwischen Renaissance u. Barock, die sich extrem stilisierender Ausdrucksmittel bedient

Ma|nie|rist ⟨m.; -en, -en⟩ Vertreter des Manierismus, bes. der italien. Stilrichtung

ma|nie|ris|tisch ⟨Adj.⟩ in der Art des Manierismus; ∼*er Stil*

ma|nier|lich ⟨Adj.⟩ mit guten Manieren, wohlerzogen, hübsch anzusehen; *das Kind hat sich* ∼ *betragen; das sieht ja ganz* ∼ *aus*

ma|ni|fest ⟨Adj.⟩ deutlich, klar, handgreiflich [<lat. *manifestus* »handgreiflich, offenbar«]

Ma|ni|fest ⟨n.; -(e)s, -e⟩ **1** öffentliche Erklärung, Rechtfertigung **2** Grundsatzerklärung **3** programmatischer Aufruf **4** Verzeichnis der Ladung eines Schiffes

Ma|ni|fes|tant ⟨m.; -en, -en⟩ **1** Teilnehmer an einer Kundgebung **2** ⟨veraltet⟩ jmd., der einen Offenbarungseid leistet

Ma|ni|fes|ta|ti|on ⟨f.; -, -en⟩ **1** Äußerung, das Offenbarwerden **2** ⟨öffentl.⟩ Erklärung

ma|ni|fes|tie|ren ⟨V.⟩ **1** zeigen, erklären, offenbaren **2** ⟨refl.⟩ *sich* ∼ sichtbar, offenbar werden; *seine Ansichten* ∼ *sich in seinem extremen Verhalten* **3** ⟨veraltet⟩ Offenbarungseid leisten

Manihot

Ma|ni|hot ⟨m.; -s, -s; Bot.⟩ = Maniok

Ma|ni|kü|re ⟨f.; -, -n⟩ **1** ⟨unz.⟩ Handpflege, bes. der Fingernägel **2** Angestellte, deren Beruf die Handpflege ist **3** Kästchen, Necessaire für die Geräte zur Maniküre [<frz. *manucure*]

ma|ni|kü|ren ⟨V.⟩ *jmdm. od. sich* ~ jmdm. od. sich die Hände, Fingernägel pflegen

Ma|ni|la ⟨m.; - od. -s, -s; kurz für⟩ Manilatabak [nach *Manila*, dem Hauptausfuhrhafen der Philippinen]

Ma|ni|la|hanf ⟨m.; -(e)s; unz.; Bot.⟩ Hartfaser der Faserbanane, die zu Tauen, Netzen u. Matten verarbeitet wird; *Sy* Abaka

Ma|ni|la|ta|bak ⟨m.; -s; unz.⟩ Tabak von den Philippinen

Ma|nil|le ⟨[-nɪljə] f.; -, -n⟩ **1** ⟨Kart.⟩ Trumpfkarte im Lomber **2** hufeisenförmiger Armreif [<span. *manilla* »Armband«]

Ma|ni|ok ⟨m.; -s, -s; Bot.⟩ Gattung südamerikan. Wolfsmilchgewächse, deren Wurzeln durch Kochen, Trocknen, Rösten genießbar gemacht werden: Manihot utilissima u. M. dulcia; *oV* Manihot [<span. *mandioca*; → Mandioka]

Ma|ni|pel[1] ⟨m.; -s, -; röm. Armee⟩ Unterabteilung, dritter Teil der Kohorte [<ital. *manipolo* »Armbinde«]

Ma|ni|pel[2] ⟨f.; -, -n od m.; -s, -; kath. Kirche⟩ zum Messgewand gehörendes, breites, über dem linken Unterarm getragenes, gesticktes Band

Ma|ni|pu|lant ⟨m.; -en, -en⟩ **1** jmd., der manipuliert **2** ⟨österr.⟩ Hilfsarbeiter

Ma|ni|pu|la|ti|on ⟨f.; -, -en⟩ **1** Handhabung **2** Handgriff, Kunstgriff **3** unmerkliche, aber gezielte Beeinflussung **4** Zurichtung, Sortieren u. Färben von Fellen [<neulat. *manipulatio* »Handgriff, Verfahren«]

ma|ni|pu|la|tiv ⟨Adj.⟩ in der Art einer Manipulation

Ma|ni|pu|la|tor ⟨m.; -s, -to|ren⟩ Apparat, der Bewegungen der menschl. Hand auf schwer od. nicht zugängliche Gegenstände überträgt, z. B. beim Hantieren mit radioaktiven Substanzen

ma|ni|pu|la|to|risch ⟨Adj.⟩ mit Hilfe einer Manipulation (3), eine Manipulation (3) bezweckend

ma|ni|pu|lier|bar ⟨Adj.⟩ für Manipulationen empfänglich, beeinflussbar; *jmd. ist leicht* ~

ma|ni|pu|lie|ren ⟨V.⟩ **1** (geschickte) Handgriffe tun **2** Kunstgriffe anwenden **3** handhaben, verfahren **4** *jmdn.* ~ jmds. Verhalten steuern, jmdn. beeinflussen **5** Felle zurichten, färben u. sortieren

Ma|ni|pu|lie|rung ⟨f.; -, -en⟩ das Manipulieren, Manipuliertwerden

ma|nisch ⟨Adj.⟩ zur Manie gehörig, an Manie erkrankt

ma|nisch-de|pres|siv ⟨Adj.⟩ manisch u. depressiv im Wechsel; ~*e Krankheit* durch einen period. Wechsel gehobener Stimmung, gesteigerter Erregung u. gedrückter Stimmung gekennzeichnete Gemütskrankheit

Ma|nis|mus ⟨m.; -; unz.⟩ Totenkult, Ahnenverehrung [→ *Manen*]

Ma|ni|tu ⟨m.; -s; unz.⟩ bei den Algonkinindianern Name aller Dingen u. Naturerscheinungen innewohnenden Macht [Algonkin]

Man|ko ⟨n.; -s, -s⟩ **1** Mangel, Fehler **2** Fehlmenge **3** Fehlbetrag [<ital. *manco* »Fehler, Mangel«]

Man|na ⟨n.; - od. -s; unz. od. f.; -; unz.⟩ **1** ⟨AT⟩ himmlisches Brot der Juden in der Wüste, Himmelsbrot **2** zu einer weißlichen, süßen Masse erstarrter Saft der Mannaesche, dient u. a. zur Versüßung von Heilmitteln **3** ähnl. Masse von anderen Gewächsen [lat. <aram. *manna* <hebr. *man* »Geschenk«]

Man|na|esche ⟨f.; -, -n; Bot.⟩ zur Gattung der Eschen gehörender, mittelgroßer Strauch, aus dessen Saft Manna gewonnen wird, Blumenesche: Francinus ornus

Man|na|flech|te ⟨f.; -, -n; Bot.⟩ essbare Flechte der vorder- u. zentralasiat. u. nordafrikan. Steppengebiete: Lecanora esculenta

Man|ne|quin ⟨a. [-kɛ̃ː] n. od. (selten) m.; -s, -s⟩ **1** ⟨heute⟩ weibliche Person, die Modellkleidung vorführt, Vorführdame, Modell (8) **2** ⟨früher⟩ Gliederpuppe als Modell für Maler u. Bildhauer **3** Schaufensterpuppe [frz. <ndrl. *maneken* »Männchen«]

Man|nit ⟨m.; -s, -e⟩ süß schmeckender, sechswertiger, kristalliner Alkohol in Manna (2, 3), Algen, Oliven u. Sellerie

ma|no des|tra *auch:* **ma|no des|tra** ⟨Abk.: m. d.; Musik⟩ mit der rechten Hand (zu spielen) [ital.]

Ma|no|me|ter ⟨n.; -s, -; Technik⟩ Vorrichtung zum Messen des Druckes von Gasen od. Flüssigkeiten [<grch. *manos* »dünn« + ...*meter*]

Ma|no|me|trie *auch:* **Ma|no|me|trie** ⟨f.; -; unz.; Technik⟩ Bereich der Messtechnik, der sich mit der Entwicklung u. Anwendung von Druckmessgeräten befasst [<grch. *manos* »dünn« + ...*metrie*]

ma|no|me|trisch *auch:* **ma|no|me|trisch** ⟨Adj.; Technik⟩ mit Hilfe des Manometers gemessen

ma non tan|to ⟨Musik⟩ aber nicht so sehr; *allegro* ~ [ital.]

ma non trop|po ⟨Musik⟩ aber nicht zu sehr; *allegro* ~ [ital.]

ma|no si|nis|tra *auch:* **ma|no si|nis|tra** ⟨Abk.: m. s.; Musik⟩ mit der linken Hand (zu spielen) [ital.]

Ma|nö|ver ⟨[-vər] n.; -s, -⟩ **1** ⟨Mil.⟩ große Truppenübung **2** ⟨Mar.⟩ mit einem Schiff ausgeführte Bewegung **3** ⟨fig.⟩ gezieltes Vorgehen, Handlung, die einen anderen über jmds. wahre Absicht täuschen soll [<frz. *manœuvre* »Handhabung, Verrichtung« <lat. *manus* »Hand« + *opera* »Werk«]

Ma|nö|ver|kri|tik ⟨[-vər-] f.; -; unz.; fig.⟩ kritische Erörterung, Besprechung der (weiteren) Vorgehensweise

ma|nö|vrie|ren *auch:* **ma|nö|vrie|ren** ⟨V.⟩ **1** ⟨Mil.⟩ große Truppenübungen durchführen **2** ⟨Mar.⟩ Bewegungen mit dem Schiff ausführen **3** geschickt vorgehen

Man|pow|er *auch:* **Man|po|wer** ⟨[mænpaʊə(r)] f.; -; unz.⟩ menschliche Arbeitskraft (als wirtschaftlicher Faktor) [<engl. *man* »Mensch« + *power* »Kraft, Stärke«]

manque ⟨[mãːk] Roulett⟩ die Zahlen 1 bis 18 betreffend; *Ggs* passe [frz., »fehlt«]

Man|sar|de ⟨f.; -, -n⟩ Zimmer in einem ausgebauten Dachgeschoss [nach dem frz. Architekten F. *Mansart*]

Man|schet|te ⟨f.; -, -n⟩ **1** um das Handgelenk liegender Abschluss eines Ärmels von einem Hemd od. einer Hemdbluse **2** ⟨Gaunerspr.⟩ Handfessel; *~n vor jmdm. od. etwas haben* Respekt, Furcht **3** zierende Umhüllung aus Papier für Blumentöpfe od. -sträuße **4** meist runde Dichtung aus elastischem Material an beweglichen Maschinenteilen **5** ⟨Sport⟩ verbotener Griff am Hals beim Ringen [<frz. *manchette*, Verkleinerungsform zu *manche* »Ärmel« <lat. *manica* »Handbekleidung«]

…mant ⟨Nachsilbe; zur Bildung männl. Subst.⟩ Seher, Wahrsager, Beschwörer; *Chiromant* [<grch. *mantis* »Seher, Wahrsager«]

…man|tie ⟨Nachsilbe; zur Bildung weibl. Subst.⟩ Sehergabe, Weissage; *Chiromantie* [<grch. *manteia*; → *…mant*]

Man|tik ⟨f.; -; unz.⟩ Kunst der Wahr- u. Weissagung, meist als Zeichendeutung u. Verkündung der Zukunft [<grch. *mantike (techne)* »Wahrsagekunst«; → *…mant*]

Man|til|le ⟨a. [-tɪljə] f.; -, -n⟩ Kopf- u. Schultern bedeckender Schleier aus Spitzen [<frz. *mantille*, span. *mantilla* »kleiner Schleiermantel«]

man|tisch ⟨Adj.⟩ zur Mantik gehörend, auf ihr beruhend, sie betreffend

Man|tis|se ⟨f.; -, -n; bei Logarithmen⟩ die hinter dem Komma stehende Zahl [<lat. *mantissa* »Zugabe«]

Man|tra *auch:* **Mant|ra** ⟨n.; -s, -s⟩ **1** geheimnisvolles, magisches Wort, das gedacht od. gesungen wird (als Meditationshilfe) **2** ⟨ind. Bez. für⟩ heilige Texte, bes. Hymnen des Veda [Sanskrit]

Ma|nu|al ⟨n.; -s, -e; Musik; an Orgel u. Cembalo⟩ Reihe der Tasten, die mit den Händen bedient wird; *Ggs* Pedal (2.1) [<lat. *manus* »Hand«]

ma|nu|a|li|ter ⟨Musik⟩ auf dem Manual der Orgel (zu spielen) [zu lat. *manualis* »mit der Hand«]

ma|nu|ell ⟨Adj.⟩ mit der Hand (betrieben, hergestellt)

Ma|nu|fakt ⟨n.; -(e)s, -e⟩ Erzeugnis der Handarbeit [<lat. *manu factum* »mit der Hand Hergestelltes«]

Ma|nu|fak|tur ⟨f.; -, -en⟩ **1** Anfertigung mit der Hand **2** mit der Hand hergestellter Gegenstand **3** vorindustrieller Betrieb, in dem die Ware mit der Hand gefertigt wurde [<lat. *manu factus* »mit der Hand hergestellt« < *manu* »Hand« + *facere* »machen«]

ma|nu|fak|tu|rie|ren ⟨V.⟩ mit der Hand anfertigen

Ma|nu|fak|tu|rist ⟨m.; -en, -en⟩ **1** Hersteller von Manufakturwaren **2** Händler in Manufakturwaren

Ma|nu|fak|tur|wa|re ⟨f.; -, -n⟩ **1** mit der Hand hergestellte Ware **2** Meterware in Textilien [→ *Manufaktur*]

Ma|nul|druck ⟨m.; -(e)s; unz.⟩ ein fotochemigraf. Flachdruckverfahren [nach dem Erfinder M. *Ullmann*, *1913]

ma|nu pro|pria *auch:* **ma|nu prop|ria** ⟨Abk.: m. p.; geh.⟩ eigenhändig [lat.]

Ma|nu|skript *auch:* **Ma|nus|kript, Ma|nus|kript** ⟨n.; -(e)s, -e; Abk.: Ms. od. Mskr. (Sing.), Mss. (Pl.)⟩ **1** (urspr.) Handschrift **2** hand- od. maschinengeschriebene Druckvorlage; *als ~ gedruckt* nicht für die breite Öffentlichkeit, sondern nur für einen begrenzten Leserkreis bestimmt [<lat. *manu scriptus* »mit der Hand geschrieben« <lat. *manus* »Hand« + *scribere* »schreiben«]

ma|nus ma|num la|vat ⟨[-vat] geh.⟩ eine Hand wäscht die andere (= man erweist sich gegenseitig Gefälligkeiten) [lat.]

Man|za|nil|la ⟨[-nɪlja] m.; -s; unz.⟩ nach Kamillen duftender Dessertwein [span., »Kamille«]

Ma|o|is|mus ⟨m.; -; unz.; Politik⟩ die von Mao Zedong begründete chines. Form des Marxismus

Ma|o|ist ⟨m.; -en, -en; Politik⟩ Anhänger, Vertreter des Maoismus

Ma|o|is|tin ⟨f.; -, -tin|nen; Politik⟩ Anhängerin, Vertreterin des Maoismus

ma|o|is|tisch ⟨Adj.; Politik⟩ zum Maoismus gehörend, auf ihm beruhend

Ma|o|look ⟨[-luk] m.; -s; unz.⟩ (Mao Zedong nachgeahmte) Kleidung, die aus einer dunkelblauen, hochgeschlossenen Jacke u. einer Schirmmütze besteht [→ *Look*]

Ma|o|ri[1] ⟨m.; - od. -s, - od. -s⟩ Eingeborener Neuseelands

Ma|o|ri[2] ⟨m.; - od. -s; unz.⟩ Sprache der Maori[1]

MAP ⟨Abk. für engl.⟩ Manufacturing Automation Protocol, Modell für die Datenübertragung zwischen Rechnern verschiedener Arbeitsbereiche [engl., »automatisierte Protokollherstellung«]

Ma|quette ⟨[-kɛt-] f.; -, -n⟩ Entwurf, Skizze [frz.]

Ma|quil|la|ge ⟨[-kija:ʒə] f.; -, -n⟩ **1** ⟨frz. Bez. für⟩ Make-up **2** ⟨Kart.⟩ Kennzeichnung von Spielkarten, so dass der Eingeweihte die Veränderung mit den Fingern ertasten kann [frz., »Fälschung, Betrug«]

Ma|quis ⟨[-kiː] m.; - [-kiː(s)]; unz.⟩ **1** Buschwald der Mittelmeerländer (häufig Schlupfwinkel von Räubern u. Verfolgten); *Sy* Macchia **2** (im 2. Weltkrieg) französ. Widerstandsbewegung [frz. <ital. *macchia* »Buschwald« <lat. *macula* »Fleck«]

Ma|qui|sard ⟨[-kiza:r] m.; -s, -s od. -en⟩ Angehöriger des Maquis (2), der sich oft in Wäldern verbarg

Ma|ra[1] ⟨f.; -, -s⟩ **1** ⟨Zool.⟩ hasenähnliche Meerschweinchenart, die in der argentin. Pampa beheimatet ist **2** Name eines von Moses süß gemachten Brunnens [<hebr. »der Bittere«]

Ma|ra[2] ⟨m.; - od. -s; unz.; Buddhismus⟩ Versucher des Buddha, der den Religionsgründer

M

587

Marabu

an der Verkündigung seiner Lehre zu hindern sucht [<Sanskrit *Mara* »Tod«]

Ma|ra|bu ⟨m.; -s, -s; Zool.⟩ in Afrika, Indien u. auf den Sunda-Inseln vorkommende Gattung der Schreitvögel: Leptoptilus [→ *Marabut* (auf den Vogel übertragen wegen seines würdevollen Ganges)]

Ma|ra|but ⟨m.; -, -⟩ mohammedan. Einsiedler, Heiliger [<frz. *marabou(t)* <portug. *marabuto* <arab. *murabit* »Asket, Einsiedler«]

Ma|ra|cu|ja ⟨f.; -, -s; Bot.⟩ Frucht der Passionsblume [portug., <südamerikan. Indianerspr.]

Ma|rä|ne ⟨f.; -, -n; Zool.⟩ zu den Renken gehörender Lachsfisch der norddt. Seen, verwandte Arten in der Ostsee, in balt. u. russ. Seen, schmackhafter Speisefisch; *Große* ~ Coregonus maraena; *Kleine* ~ Coregonus albula [<masur., kaschub. *moranka* <altslaw. *morje* »See«]

ma|ran|tisch ⟨Adj.; Med.⟩ durch Marasmus hervorgerufen, daran leidend, schwach, abgezehrt, verfallen; *oV* marastisch

Ma|ras|chi|no ⟨[-kiː-] m.; -s; unz.⟩ urspr. in Dalmatien aus jugoslaw. Sauerkirschen hergestellter Likör [<ital. *marasca* »bittere, wilde Kirsche (Prunus cerasus marastea)« <lat.; zu *amarus* »bitter«]

Ma|ras|mus ⟨m.; -; unz.; Med.⟩ Schwund der Körperkräfte u. Verfall des Körpers [<grch. *marainein* »sich verzehren«]

ma|ras|tisch ⟨Adj.; Med.⟩ = marantisch

Ma|ra|thi ⟨n.; - od. -s; unz.⟩ zu den neuind. Sprachen gehörende Sprache der Marathen

Ma|ra|thon... ⟨in Zus.⟩ überaus lange andauernd; *Marathonsitzung* [→ *Marathonlauf*]

Ma|ra|thon|lauf ⟨m. od. n. m.; -(e)s, -läufe⟩ Langstreckenlauf (42,2 km), der z. B. bei den Olympischen Spielen ausgetragen wird [nach der Strecke *Marathon*-Athen, die der Siegesbote nach der Schlacht bei *Marathon* 490 v. Chr. lief]

Mar|ble|wood auch: **Marb|le|wood** ⟨[maːblwud] n.; -s; unz.⟩ Ebenholz [engl.]

Marc ⟨[maːr] m.; -s; unz.⟩ starker Branntwein, der aus den Rückständen gekelterter Trauben gewonnen wird; ~ *de Champagne* [zu frz. *marcher* »(mit den Füßen) treten«]

mar|ca|to ⟨Musik⟩ kräftig betont, markiert [ital.]

Mar|che|sa ⟨[-keː-] f.; -, -che|sen [-keː-]⟩ weibl. ital. Adelstitel

Mar|che|se ⟨[-keː-] m.; -, -n⟩ männl. ital. Adelstitel zwischen Graf u. Herzog [<ital. *marca* »Grenze, Grenzland« <germ. **marka* »Grenzland«; → *Marquis*]

Mar|ching|band auch: **Mar|ching Band** ⟨[maːtʃɪŋ bænd] f.; (-) -, (-) -s; Musik⟩ Marschkapelle [engl.]

Mar|cia ⟨[martʃa] f.; -, -s; Musik⟩ Marsch [ital.]

Mar|cia fu|ne|bre auch: **Mar|cia fu|neb|re** ⟨[martʃa fyneːbra] f.; - -, Mar|cie fu|ne|bri [martʃe fyneːbri]; Musik⟩ Trauermarsch [ital.]

Mar|co|ni|an|ten|ne auch: **Mar|co|ni-An|ten|ne** ⟨f.; -, -n⟩ einfache Antenne zum Aussenden von Rundfunkwellen [nach dem ital. Erfinder Guglielmo *Marconi*, 1874-1937]

Mar|del|le ⟨f.; -, -n; Geol.⟩ kleine, rundliche, mit Torf gefüllte Hohlform, die durch Auslaugung von Gips in verschiedenen Lagen des Bodens entstanden ist

Ma|re ⟨n.; -s, - od. -ria⟩ dunkler Teil der Oberfläche von Gestirnen, z. B. des Mondes u. des Mars [lat., »Meer«]

Ma|rel|le ⟨f.; -, -n; Bot.⟩ bes. österr.⟩ Aprikose; *oV* Marille [<ital. *amarella*]

Ma|ren|da ⟨f.; -, -ren|den; bair.-österr.⟩ Vesperbrot [<ital. *merenda*]

ma|ren|go ⟨Adj.⟩ grau od. braun mit weißen Punkten

Ma|ren|go ⟨n.; -s; unz.; Textilw.⟩ schwarz-weiß meliertes Wollgewebe, schwere Qualitäten für Herrenanzüge, Kostüme u. Kleider [nach der nordital. Stadt *Marengo*]

Ma|reo|graf ⟨m.; -en, -en⟩ = Mareograph

Ma|reo|graph ⟨m.; -en, -en⟩ selbsttätig schreibendes Gerät zur Registrierung des Ablaufs der Gezeiten; *oV* Mareograf [<lat. *mare* »Meer« + ...*graph*]

Mar|ga|rin ⟨f.; -, -en; österr.⟩ = Margarine

Mar|ga|ri|ne ⟨f.; -, -n⟩ aus pflanzl. (u. tier.) Fetten hergestelltes Speisefett; *oV* ⟨österr.⟩ Margarin [<grch. *margaron* »Perle«]

Mar|ge ⟨[-ʒə] f.; -, -n⟩ 1 Abstand, Spielraum 2 ⟨Wirtsch.⟩ Spanne zwischen Kursen, An- u. Verkaufspreisen [frz. <lat. *margo* »Rand«]

Mar|ge|ri|te ⟨f.; -, -n; Bot.⟩ auf Wiesen häufiger Korbblütler, Gänseblümchen: Chrysanthemum leucanthemum [<frz. *marguerita*]

Mar|gin ⟨[maːdʒɪn] m.; - od. -s, -s; Börse⟩ Hinterlegung eines Geldbetrages bei einem Broker als Sicherheit, um ggf. anfallende Verluste bei Börsengeschäften abzudecken [engl., »Spielraum, Gewinnspanne«]

mar|gi|nal ⟨Adj.⟩ 1 am Rand stehend 2 nebensächlich

Mar|gi|na|le ⟨n.; - od. -s, -li|en; meist Pl.⟩ Randbemerkung [zu lat. *marginalis* »den Rand betreffend«]

Mar|gi|nal|exis|tenz ⟨f.; -, -en; Soziol.⟩ 1 ⟨unz.⟩ Zustand, in dem jmd. einer Gruppe nicht mehr ganz, einer anderen aber noch nicht zugehört, Randexistenz, Außenseitertum; *Sy* Marginalität 2 ⟨zählb.⟩ in diesem Zustand befindl. Person, Randexistenz, Außenseiter

Mar|gi|na|lie ⟨[-ljə] f.; -, -n⟩ = Marginale

mar|gi|na|li|sie|ren ⟨V.⟩ an den Rand, ins Abseits drängen

Mar|gi|na|li|tät ⟨f.; -; unz.⟩ = Marginalexistenz (1)

Ma|ri|hua|na ⟨n.; -s; unz.⟩ aus dem Harz einer in Mexiko heimischen Hanfart (Cannabis sativa) gewonnenes Rauschmittel; *Sy* Pot (1); →*a.* Mary Jane [<span.-(amerikan.) *marihuana, mariguana, marijuana*; Ursprung unbekannt, vielleicht aus den beiden weibl. span. Vornamen *María* u. *Juana* gebildet]

Ma|ril|le ⟨f.; -, -n; Bot.; bes. österr.⟩ Aprikose; *oV* Marelle [→ *Amarelle*]

Ma|rim|ba ⟨f.; -, -s; Musik⟩ xylophonartiges Schlaginstrument afrikan. Herkunft, bei dem sich unterhalb der Holzplatten einzelne Resonanzkörper befinden [span., <afrikan. Eingeborenensprache]

Ma|rim|ba|fon ⟨m.; -s, -e; Musik⟩ = Marimbaphon

Ma|rim|ba|phon ⟨n.; -s, -e; Musik⟩ Marimba, die mit Resonanzröhren aus Leichtmetall versehen ist; *oV* Marimbafon

ma|rin ⟨Adj.⟩ zum Meer gehörig, aus ihm stammend, Meeres... [<lat. *marinus;* → *Marine*]

Ma|ri|na|de ⟨f.; -, -n; Kochk.⟩ **1** gewürzter Aufguss mit Salz u. Essig zum Einlegen von Fleisch od. Fisch **2** die darin zubereiteten Fischkonserven [→ *marinieren*]

Ma|ri|ne ⟨f.; -; unz.⟩ Gesamtheit der Seeschiffe eines Staates u. der dem Seehandel u. Seekrieg dienenden Einrichtungen [<frz. *marin* »das Meer betreffend« <lat. *marinus* <*mare* »Meer«]

ma|ri|ne ⟨Adj.; undekl.⟩ = marineblau

ma|ri|ne|blau ⟨Adj.⟩ dunkelblau; *Sy* marine

Ma|ri|ne|look ⟨m.; -s; unz.; Mode⟩ an der Marinekleidung orientierte Mode in den Farben dunkelblau u. weiß

Ma|ri|ner[1] ⟨m.; -s, -; scherzh.; umg.⟩ Matrose [→ *Marine*]

Ma|ri|ner[2] ⟨[mærɪ-] m.; -s, -⟩ Name amerikan. Weltraumsonden, die bes. zur Erforschung des Planeten Mars eingesetzt wurden [engl., »Seemann; Kompass«]

ma|ri|nie|ren ⟨V.; Kochk.⟩ Fisch, Fleisch ~ in Marinade einlegen [<frz. *mariner;* → *Marine*]

Ma|ri|nis|mus ⟨m.; -; unz.; Lit.⟩ Stil der ital. Barockliteratur, Ausprägung des Manierismus [nach dem ital. Dichter G. *Marino*, 1569-1625]

Ma|ri|o|la|trie *auch:* **Ma|ri|o|lat|rie** ⟨f.; -; unz.; Rel.⟩ Marienverehrung [<*Maria* + ...*latrie*]

Ma|ri|o|lo|gie ⟨f.; -; unz.; Rel.⟩ Gesamtheit der Lehrsätze (Dogmen) über die Mutter Maria [<*Maria* + ...*logie*]

ma|ri|o|lo|gisch ⟨Adj.; Rel.⟩ zur Mariologie gehörend, auf ihr beruhend

Ma|ri|o|net|te ⟨f.; -, -n⟩ **1** an Fäden bewegte kleine Gliederpuppe **2** ⟨fig.⟩ willenloser, anderen als Werkzeug dienender Mensch [frz. <ital. *marionetta*, Koseform zu *Maria*]

Ma|rist ⟨m.; -en, -en⟩ Angehöriger der Gesellschaft zur Verehrung Mariens (Societas Mariae), die sich die Südseemission zur Aufgabe gemacht hat

ma|ri|tim ⟨Adj.⟩ zum Meer, zur Schifffahrt gehörig, mit ihnen verbunden; ~*es Klima* Seeklima mit geringen Temperaturschwankungen [<lat. *maritimus* »das Meer betreffend«]

Mar|jell ⟨f.; -, -en⟩ = Marjellchen

Mar|jell|chen ⟨n.; -s, -; ostpreuß.⟩ Mädchen; *oV* Marjell [<lit. *mergele* »Magd«]

mar|kant ⟨Adj.⟩ **1** auffallend, hervorstechend, bedeutend; *eine* ~*e Erscheinung, Persönlichkeit* **2** scharf ausgeprägt; *er schreibt einen* ~*en Stil;* ~*e Gesichtszüge* [<frz. *marquer;* → *markieren*]

Mar|ka|sit ⟨m.; -s, -e; Min.⟩ gelbes Mineral, chem. Eisensulfid [<frz. *marcassite* <mlat. *marcasita* <arab. *marqashita;* Herkunft unbekannt]

Mar|ker ⟨m.; -s, -⟩ **1** bes. dick schreibender Filzstift; *Text*~ **2** ⟨Sprachw.⟩ Merkmal, Kennzeichen **2.1** Darstellung einer Satzstruktur mittels einer Grafik od. einer mit Index versehenen Klammerung **3** ⟨Biol.⟩ bei Viren⟩ genetisches Merkmal [zu engl. *mark* »kennzeichnen«]

Mar|ke|ten|der ⟨m.; -s, -; früher⟩ Händler, der im Feld od. bei Manövern die Truppe begleitete u. sie mit Lebensmitteln usw. versorgte, die von der Verwaltung nicht geliefert wurden [<ital. *mercatare* »Handel treiben«]

Mar|ke|te|rie ⟨f.; -, -n⟩ Einlegearbeit in Holz mit andersfarbigen Hölzern [<frz. *marqueterie* »Einlegearbeit«]

Mar|ke|ting ⟨n.; - od. -s; unz.; Wirtsch.⟩ Gesamtheit der Maßnahmen auf dem Gebiet des Absatzes [<engl. *market* »Markt«]

Mar|ke|ting|mix ⟨m.; - od. -es; unz.; Wirtsch.⟩ Streuung bzw. Mischung von verschiedenen Marketing- u. Werbemaßnahmen, um u. a. den Absatz eines Produktes zu fördern, die Markteinführung zu flankieren od. das Image zu festigen [<*Marketing* + *Mix*]

Mar|ke|ting|re|search ⟨[-rɪsœːtʃ] n.; - od. -es; unz.; Wirtsch.⟩ statist. Untersuchung von Absatzmärkten, Umsätzen, Produktplatzierung usw., Marktforschung; *er wechselt zu einer* ~-*Firma* [<*Marketing* + engl. *research* »Forschung«]

Mar|ke|ting|stra|te|gie ⟨f.; -, -n⟩ Maßnahme(n) zur Absatzförderung eines Produktes

mar|kie|ren ⟨V.⟩ **1** mit einem Zeichen, einer Marke versehen, bezeichnen, kennzeichnen; *die Fahrrinne ist mit Bojen markiert; markierter Wanderweg* **2** ⟨Chemie⟩ markierte Verbindung chem. Verbindung, bei der bestimmte Atome durch radioaktiv strahlende Atome ersetzt wurden, deren Weg sich bei biochemischen Reaktionen durch die von ihnen ausgesandte Strahlung verfolgen lässt **3** ⟨EDV⟩ *einen Text* ~ mit Hilfe der Maus, des Cursors od. eines Menüpunktes einen Textbereich auswählen **4** ⟨österr.⟩ lochen; *eine Fahrkarte* ~ **5** betonen, hervorheben **6** andeuten; *der Schauspieler markierte die Rolle bei der Probe nur; beim Manöver den Feind* ~ die Rolle des Gegners übernehmen **7** vorgeben, vortäuschen, so tun als ob; *den Ahnungslosen, den Dummen, den feinen, starken Mann* ~ ⟨umg.⟩ **8** ⟨Jagd⟩ das Wild vor sich durch Stehenbleiben anzeigen; *der Vorstehhund markiert* [<frz. *marquer* »kennzeichnen« <germ. **markian*]

Mar|kie|rung ⟨f.; -, -en⟩ **1** das Markieren, das Anstreichen **2** Marke, Zeichen

Mar|ki|se ⟨f.; -, -n⟩ **1** aufrollbares Dach od. Vorhang aus kräftigem Stoff vor Fenstern u. Balkonen zum Schutz gegen Sonne; *Sonnen*~ **2** Edelstein mit lanzettförmigen Facetten;

Markisette

→a. Marquise [<frz. *marquise*, eigtl. »Überzelt des Offizierszeltes«]

Mar|ki|set|te ⟨[-zɛt(ə)] m.; -s, -s od. f.; -, -s; Textilw.⟩ gazeartiges Gewebe, das bes. für Gardinen verwendet wird; *oV* Marquisette

Mark|ka ⟨f.; -, -; Abk.: mk⟩ Finnmark (frühere Währungseinheit Finnlands) [<schwed. *mark* »Währungseinheit«]

Mar|kör ⟨m.; -s, -e⟩ 1 Protokollant beim Billardspiel 2 ⟨österr.⟩ (beim Billardspiel bedienender) Kellner [<frz. *marquer* »kennzeichnen«]

Mar|me|la|de ⟨f.; -, -n⟩ 1 als Brotaufstrich verwendeter, eingedickter Fruchtbrei mit Zucker 2 (seit 1983 nur noch Bez. für) Fruchtbrei aus Zitrusfrüchten; *Orangen~*; →a. Konfitüre [<span. *marmelada* »Quittenmus« <grch. *melimelon* »Honigapfel«]

Mar|mor ⟨m.; -s, -e; Min.⟩ Kalkstein, der hauptsächlich das Mineral Kalkspat enthält [<grch. *marmaros* »Stein«]

mar|mo|rie|ren ⟨V.⟩ mit einem Muster aus feinen Adern versehen wie beim Marmor

Mar|mo|sett ⟨m.; -s, -e; Zool.⟩ Vertreter einer Familie der Breitnasen, kleiner südamerikan. Affe, der anstelle der Nägel Krallen besitzt, Krallenaffe: Callithricidae [<engl. *marmoset* <afrz. *marmouset*]

Mar|mot|te ⟨f.; -, -n; Zool.⟩ Murmeltier [frz. <altfrz. *marmottaine* <mlat. *mormotana* <lat. *mus montanus* »Bergmaus«]

Ma|ro|cain ⟨[-kɛ̃:] m. od. n.; -s, -s; Textilw.⟩ krepppartiger Kleiderstoff [frz., »marokkanisch«]

ma|rod ⟨Adj.⟩ = marode

ma|ro|de ⟨Adj.⟩ *oV* marod 1 ⟨urspr.⟩ unfähig zu marschieren 2 heruntergekommen, ruiniert [zu frz. *maraud* »Lump«; zu lat. *mala hora* »zur bösen Stunde«]

Ma|ro|deur ⟨[-dø:r] m.; -s, -e; Mil.; früher⟩ plündernder Nachzügler einer Truppe [<frz. *marodeur* »räuberischer Soldat« u. *Merodebruder* (nach dem schwed. Obersten Graf Werner von *Merode*; »Merodische Meutinirer« hatte man 1635 für vogelfrei erklärt)]

ma|ro|die|ren ⟨V.; Mil.⟩ im Kriege plündernd umherziehen

Ma|ro|ne ⟨f.; -, -n od. -ro|ni; Bot.⟩ 1 essbare Frucht der Edelkastanie 2 = Maronenpilz [<frz. *marron* <spätgrch. *maraon* »essbare Kastanie«]

Ma|ro|nen|pilz ⟨m.; -(e)s, -e; Bot.⟩ Speisepilz mit kastanienbraunem Hut u. grüngelben od. grünlichen Röhren, Kastanienpilz: Xerocomus badius; *Sy* Marone (2), Maronenröhrling

Ma|ro|nen|röhr|ling ⟨m.; -(e)s, -e; Bot.⟩ = Maronenpilz

Ma|ro|ni ⟨Pl. von⟩ Marone (1)

Ma|ro|nit ⟨m.; -en, -en; Rel.⟩ Angehöriger der syrisch-christlichen Kirche im Libanon [nach dem Mönch Johannes *Maro*, † vor 423]

Ma|ro|quin ⟨[-kɛ̃:] n.; -s; unz.; Textilw.⟩ feines, weiches marokkan. Schaf- od. Ziegenleder [frz., eigtl. »marokkanisches (Leder)«]

Ma|ro|qui|ne|rie ⟨[-ki-] f.; -; unz.; schweiz.⟩ Bearbeitung von Leder

Ma|rot|te ⟨f.; -, -n⟩ wunderliche Neigung, Schrulle [frz., »Narrenzepter mit Puppenkopf« (Sonderbildung zu *Maria*)]

Mar|quess ⟨[ma:kwɪs] m.; -, -⟩ engl. Adelstitel zwischen Graf u. Herzog

Mar|quis ⟨[-ki:] m.; - [-ki:] od. [-ki:s], -; [-ki:s]⟩ französ. Adelstitel zwischen Herzog u. Graf [frz.; zu *marche* »Grenze, Grenzland« <germ. *marka* »Grenzland«; → *Marchese*]

Mar|qui|sat ⟨[-ki-] n.; -(e)s, -e⟩ Würde, Herrschaftsgebiet eines Marquis

Mar|qui|se ⟨f.; [-ki:z(ə)] f.; -, -n⟩ Gemahlin od. Tochter eines Marquis; →a. Markise

Mar|qui|set|te ⟨[-kizɛt(ə)] m.; -s, -s od. f.; -, -s⟩ = Markisette

Mar|ro|ne ⟨m.; - od. -s, -ni; meist Pl.; Bot.; ital. u. schweiz. für⟩ Marone (1)

Mars ⟨m.; -, -e; Mar.⟩ Plattform am unteren Teil des Mastes, Mastkorb [<finn. *marsio* »Fischsack, Korb« < germ. *marsion*, dän. *moers* »Korb«, ndrl. *merse* »Mastkorb«]

Mar|sa|la ⟨m.; -s; unz.⟩ sizilian. Süßwein, der unter Zusatz von eingedampftem u. mit Alkohol versetztem Most hergestellt wird [nach der Hafenstadt *Marsala* an der sizilian. Westküste]

Mar|schall ⟨m.; -s, -schälle⟩ 1 ⟨urspr.⟩ Reitknecht, Stallmeister 2 ⟨dann⟩ hoher Hofbeamter 3 (seit dem 16./17. Jh.) höchster militär. Dienstgrad 4 Offizier in diesem Rang [<afrz. *mareschal* <mhd. *marschalc* <ahd. *marahscalc*, eigtl. »Pferdeknecht«]

Mar|seil|lai|se ⟨[marsɛjɛ:z(ə)] f.; -; unz.; Musik⟩ 1 ⟨urspr.⟩ zur Revolution aufrufendes Lied, das 1792 von einem Bataillon von Freiwilligen auf dem Zug von Marseille nach Paris gesungen wurde 2 ⟨danach⟩ französ. Nationalhymne [frz.; zu der südfranzös. Stadt *Marseille*]

Mar|shall|plan ⟨[ma:ʃəl-] m.; -s; unz.; nach dem 2. Weltkrieg⟩ amerikan. Wiederaufbauprogramm für Europa [nach dem damaligen Außenminister der USA, George C. *Marshall*, 1880-1959]

Marsh|mal|low ⟨[ma:ʃmɛloʊ] n.; -s, -s⟩ (vor allem in den USA beliebte) Süßigkeit, weiche, aber feste Masse aus Zucker, Eiweiß, u. Gelatine [<engl. *marsh mallow*, ein in Sümpfen u. Feuchtgebieten heimisches Kraut, aus dessen Wurzel die Masse ursprünglich hergestellt wurde]

Mar|su|pi|a|li|er ⟨m.; -s, -; Zool.⟩ Säugetier, das seine Jungen in einer beutelartigen Bauchfalte trägt: Marsupialia, Beuteltier [<lat. *marsupium* »Beutel«]

mar|tel|lan|do ⟨Musik⟩ in kräftigem Staccato (zu spielen); *oV* martellato [ital., »gehämmert«; zu lat. *martellum* »kleiner Hammer«]

mar|tel|la|to ⟨Musik⟩ = martellando

mar|ti|a|lisch ⟨a. [-tsja:-] Adj.⟩ 1 kriegerisch 2 wild, grimmig [nach *Mars*, dem röm. Kriegsgott]

Mar|tin|gal ⟨n.; -s, -e; Reitsport⟩ (bes. beim Springen verwendeter) lederner Halsriemen, der an Sattelgurt u. Zügeln befestigt ist [<frz. *martingale*]

Mar|ty|rer ⟨m.; -s, -; oberdt.; nur in kirchl. Bedeutung⟩ = Märtyrer (1)

Mär|ty|rer ⟨m.; -s, -⟩ **1** Christ, der für seinen Glauben den Tod erlitten hat; *Sy* ⟨oberdt.⟩ Martyrer **2** Mann, der für eine Idee gestorben ist, Blutzeuge; *ein ~ seines Glaubens, seiner Überzeugung* [<mhd. *marterer, merterer* <ahd. *maritari* <grch. *martyr* »Zeuge«]

Mär|ty|re|rin ⟨f.; -, -rin|nen⟩ **1** Christin, die für ihren Glauben den Tod erlitten hat; *Sy* ⟨oberdt.⟩ Martyrin **2** Frau, die für eine Idee gestorben ist, Blutzeugin

Mar|ty|rin ⟨f.; -, -rin|nen; oberdt.; nur in kirchl. Bedeutung⟩ = Märtyrerin

Mar|ty|ri|um ⟨n.; -s, -ri|en⟩ **1** Opfertod für einen Glauben, eine Idee; *das ~ Christi* **2** Qual, Leiden, Pein; *ein ~ erleiden* **3** die über der Begräbnisstätte eines Märtyrers errichtete Kirche [lat. <grch. *martyrion* »Blutzeugnis«]

Mar|ty|ro|lo|gi|um ⟨n.; -s, -gi|en⟩ Verzeichnis der Märtyrer u. Heiligen

Mar|xis|mus ⟨m.; -; unz.; Politik⟩ die von Karl Marx (1818-1883) begründete Lehre des Sozialismus

Mar|xis|mus-Le|ni|nis|mus ⟨m.; -; unz.; Politik⟩ der von Lenin ausgelegte u. weiterentwickelte Marxismus

Mar|xist ⟨m.; -en, -en; Politik⟩ Anhänger, Vertreter des Marxismus

Mar|xis|tin ⟨f.; -, -tin|nen; Politik⟩ Anhängerin, Vertreterin des Marxismus

mar|xis|tisch ⟨Adj.; Politik⟩ zum Marxismus gehörend, auf ihm beruhend, gemäß seinen Lehren

Ma|ry Jane ⟨[mɛːrɪdʒeɪn] f.; - -; unz.; verhüllende Bez. für⟩ Marihuana [engl. Übers. der weibl. span. Vorname María *(Mary)* u. Juana *(Jane)*, aus denen der Name des Rauschmittels gebildet scheint]

März ⟨m.; - od. -es od. -en, -e⟩ dritter Monat des Jahres, Frühlingsmonat [<ahd. *marzeo, merzo* <lat. *Martius,* eigtl. »dem Mars heilig«; nach *Mars,* dem röm. Kriegsgott]

Mar|zi|pan ⟨a. ['---] n. od. (selten) m.; -s, -e⟩ Konfekt aus Mandeln u. Zucker [<ital. *marzapane* »Verpackung, Schachtel« (früher für Süßigkeiten aus dem Orient) evtl. <arab. *mautaban* »sitzender König«; nach einer byzantin. Münze mit dem Bilde des thronenden Christus, spätere Bedeutungen: »Hohlmaß, Schachtel, (darin verpackter) Teig«]

Mas|ca|ra ⟨f. od. n.; - od. -s, -s; Kosmetik⟩ Wimperntusche [engl., <span. *máscara* »Maske, Larve«]

Mas|car|po|ne ⟨m.; -s; unz.; ital. Kochk.⟩ sehr fetthaltige käseartige Sahnezubereitung [ital.]

Ma|schi|ne ⟨f.; -, -n⟩ **1** mechan., aus bewegl. u. unbewegl. Teilen zusammengesetzte Vorrichtung, die Kraft überträgt od. Arbeitsgänge selbständig verrichtet bzw. Energie aus einer in eine andere Form umwandelt; *Arbeits~; das Zeitalter der ~(n); landwirtschaftliche ~n* **1.1** Lokomotive; *der Zug fährt mit zwei ~n* **1.2** Motorrad, Rennwagen; *leichte, schwere ~n fahren* **1.3** Flugzeug; *die ~ hat 20 Minuten Verspätung; mit der nächsten ~ nach Hause fliegen* **1.4** Schreibmaschine; *mit der ~ geschriebene Bewerbung* **1.5** Nähmaschine; *mit der ~ nähen, stopfen* **2** ⟨fig.⟩ jmd., der gleichmäßig, viel u. hart arbeitet; *ich fühle mich nur noch wie eine ~* [<frz. *machine* »Triebwerk« <lat. *machina* »Werkzeug« <grch. *mechane*]

ma|schi|nell ⟨Adj.⟩ mit Hilfe einer Maschine, auf Maschinen beruhend; *~es Berichtswesen* Errechnung des Ergebnisses von Produktion u. Absatz eines Betriebes durch elektron. Rechenmaschinen

Ma|schi|nen|re|vi|si|on ⟨[-vi-] f.; -, -en; Typ.⟩ Überprüfung des Druckbogen vor Beginn des Druckes

Ma|schi|nen|te|le|graf ⟨m.; -en, -en⟩ Telegraf, der vor allem im Schiffsbetrieb zum Übermitteln von Anordnungen zwischen Brücke u. Maschinenraum verwendet wird

Ma|schi|nen|the|o|rie ⟨f.; -; unz.; Philos.⟩ materialistische Auffassung, nach der Lebewesen mit Maschinen gleichgesetzt werden, z. B. bei dem frz. Philosophen J. O. de Lamettrie, 1709-1751

Ma|schi|ne|rie ⟨f.; -, -n⟩ **1** Gruppe von zusammenarbeitenden Maschinen **2** alle maschinellen Einrichtungen einer Bühne **3** ⟨fig.⟩ Räderwerk; *in die ~ der Justiz geraten* [<frz. *machinerie;* → *Maschine*]

Ma|schi|nist ⟨m.; -en, -en⟩ **1** Facharbeiter, der Kraftmaschinen bedient u. überwacht (z. B. Lokomotivführer) **2** ⟨Mar.⟩ Vorgesetzter des Maschinenpersonals [→ *Maschine*]

Ma|ser ⟨[meɪzɐ(r)] m.; -s, -; Technik⟩ dem Laser ähnliches Gerät, das mit Wellenlängen im Zentimeterbereich arbeitet [verkürzt engl. *microwave amplification by stimulated emission of radiation* »Mikrowellenverstärkung durch angeregte Emission von Strahlung«]

Ma|shie ⟨[mæʃɪ] m.; -s, -s⟩ mit einem Eisenkopf versehener Golfschläger [engl. *mashie, mashy* <frz. *massue* »Keule, Knüppel«]

Mas|ka|rill ⟨m.; - od. -s, -e; im span. Lustspiel⟩ als vornehmer Herr verkleideter Diener [<span. *mascarilla* »Halbmaske«]

Mas|ka|ron ⟨m.; -s, -e; in der Bauplastik (bes. des Barocks)⟩ ornamentale fratzenhafte Maske [<frz. *mascaron* <ital. *mascherone* »große Maske«]

Mas|ke ⟨f.; -, -n⟩ **1** künstl., hohle Gesichtsform als Zauber- u. Beschwörungsmittel od. zum Kennzeichen der Rolle eines Schauspielers (in der Antike) **2** = Maskaron **3** ⟨Theat.; Film⟩ **3.1** das durch Schminke u. Perücke veränderte Gesicht eines Schauspielers **3.2** ⟨umg.⟩ Raum, in dem die Schauspieler geschminkt werden; *der Schauspieler muss noch zur ~* **4** Larve vor einem Teil des Gesichts od. vor dem ganzen Gesicht **5** die

Maskerade

mit einer Maske (4) verkleidete Person; *die schönste ~ des Balls prämieren* **6** Vorrichtung zum Schutz von Kopf u. Gesicht; *er trägt eine Draht~ beim Fechten* **7** auf dem Gesicht zu tragende Vorrichtung zum Schutz der Atemorgane; *Atem~; Gas~; Gummi~* **8** Abdruck des Gesichts; *Toten~* **9** ⟨fig.⟩ Vortäuschung, geheuchelter Zustand; *unter der ~ der Freundschaft; seine Hilfsbereitschaft ist nur ~; die ~ abwerfen* seine wahren Absichten offen zeigen, zugeben; *die ~ fallen lassen; jmdm. die ~ herunterreißen* seine wahren Absichten aufdecken **10** ⟨EDV⟩ **10.1** formularmäßige, benutzerfreundliche Gestaltung eines Bildschirms in Felder, Zeilen u. Spalten, die der übersichtlicheren Datenerfassung dient **10.2** *Druck~* Gruppe von Aufbereitungszeichen, die der internen Vorbereitung zum Drucken von Daten dient **10.3** Folge von Binärzeichen, die zur Steuerung von Vorgängen benutzt wird **10.4** *Foto~* fotografisch erstellte Vorlage der Anordnung von Halbleiterschaltungen [<frz. *masque* <ital. *maschera* <arab. *mas-chara* »Possenreißer(ei)«]

Mas|ke|ra|de ⟨f.; -, -n⟩ **1** Verkleidung **2** Maskenfest, Maskenzug **3** ⟨fig.⟩ Täuschung, Heuchelei; *seine scheinbare Freundschaft war reine ~* [<span. *mascarada* »Maskenaufzug«]

mas|kie|ren ⟨V.⟩ **1** mit einem Maskenkostüm verkleiden, eine Larve aufsetzen, vermummen; *sich zu Karneval ~* **2** ⟨fig.⟩ verbergen, verdecken, bemänteln; *mit einem Lächeln seine Enttäuschung ~* **3** ⟨Mil.⟩ tarnen **4** *eine Speise ~* mit Soße, Eischnee o. Ä. bedecken; *in einer Lösung vorhandene Ionen ~* durch Zugabe eines geeigneten Komplexbildners in eine Koordinationsverbindung einbauen, so dass sie nicht mehr die für die betreffende Ionenart charakterist. Reaktionen zeigen [→ *Maske*]

Mas|kie|rung ⟨f.; -, -en⟩ **1** das Maskieren **2** die Maske selbst

Mas|kott|chen ⟨n.; -s, -⟩ Anhänger, Püppchen od. Tier als Glücksbringer [<frz. *mascotte* <prov. *mascoto* <*masco* »Hexe«]

mas|ku|lin ⟨a. ['---] Adj.⟩ *oV* maskulinisch **1** männlich, männlichen Geschlechts **2** männlich aussehend, sich männlich gebend [<lat. *masculinus* »männlich«]

mas|ku|li|nisch ⟨Adj.⟩ = maskulin

Mas|ku|li|ni|sie|rung ⟨f.; -; unz.⟩ Vermännlichung der Frau bzw. weiblicher Tiere [→ *maskulin*]

Mas|ku|li|num ⟨a. ['----] n.; -s, -li|na⟩ Substantiv männlichen Geschlechts [lat., zu »das männliche (Geschlecht)«]

Ma|so|chis|mus ⟨[-xɪs-] m.; -; unz.⟩ geschlechtl. Befriedigung durch Erleiden von Misshandlungen; *Ggs* Sadismus (1) [nach dem Schriftsteller v. Sacher-Masoch, 1836–1895]

Ma|so|chist ⟨[-xɪst] m.; -en, -en⟩ jmd., der geschlechtl. Befriedigung im Erleiden von Misshandlungen findet; *Ggs* Sadist

ma|so|chis|tisch ⟨[-xɪs-] Adj.⟩ auf dem Masochismus beruhend, ihn betreffend; *Ggs* sadistisch

Mas|sa ⟨m.; -s, -s; in der Kolonialzeit⟩ Herr (Anrede der afrikan. schwarzen Bevölkerung u. der Sklaven Nordamerikas für ihre weißen Herren) [<engl. *master*]

Mass|action ⟨[mæsækʃn] f.; -, -s; bei Kleinkindern u. Tieren; Psych.⟩ zufälliges, unspezifisches Reagieren auf äußere Reize [<engl. *mass* »Masse, ungeformter Stoff« + *action* »Aktion, Handlung«]

Mas|sa|ge ⟨[-ʒə] od. österr. a. [-sa:ʒ] f.; -, -n⟩ Behandlung durch mechan. Beeinflussung der Körpergewebe mit den Händen, mit Instrumenten od. elektrischen Apparaten; *~n verschreiben; zur ~ gehen* [frz.; <grch. *massein* »kneten«]

Mas|sai ⟨m.; -s od. -, -s od. -⟩ Angehöriger eines ostafrikan. Volksstammes

Mas|sa|ker ⟨n.; -s, -⟩ Gemetzel, Blutbad [<frz. *massacre* »Abschlachtung«; weitere Herkunft unsicher]

mas|sa|krie|ren *auch:* **mas|sak|rie|ren** ⟨V.⟩ niedermetzeln, brutal niederschlagen, hinschlachten, hinstrecken

Maßanalyse (*Laut-Buchstaben-Zuordnung*) Der Buchstabe »ß« bleibt nur in solchen Wörtern erhalten, in denen er auf einen langen Vokal folgt und sich im Wortstamm kein weiterer Konsonant anschließt (→ *a.* Exzess).

Maß|ana|ly|se ⟨f.; -, -n; Chemie⟩ Teilgebiet der chem. Analyse, bei dem eine Lösung der zu bestimmenden Substanz mit einer Lösung genau bekannten Gehalts zur Reaktion gebracht wird, der elektrochem. od. durch Farbumschlag angezeigte Reaktionsendpunkt ermöglicht die Berechnung der Menge der gesuchten Substanz; *Sy* Titrieranalyse, Titrimetrie

Mas|sel¹ ⟨m.; -s; unz.⟩ Glück [<hebr. *masel* »Planet, Schicksal, Glück«]

Mas|sel² ⟨m.; -s, -⟩ durch Erstarren der Eisenschmelze nach dem Hochofenabstich in großen Wannen geformter Barren [<ital. *massello* »Klumpen, Masse, Massel«, Verkleinerungsform zu *massa* »Masse«]

Mas|sen|de|fekt ⟨m.; -(e)s, -e; Physik⟩ die Erscheinung, dass das tatsächliche Gewicht von Atomkernen geringer ist, als es sich aus der Summe der sie aufbauenden Protonen u. Neutronen ergibt, die fehlende Masse wird in Bindungsenergie umgewandelt

Mas|sen|kom|mu|ni|ka|ti|ons|mit|tel ⟨n.; -s, -⟩ = Massenmedium

Mas|sen|me|di|um ⟨n.; -s, -di|en⟩ Mittel zur Nachrichtenübermittlung, Meinungsbildung u. Unterhaltung mit großem Verbreitungsgrad, z. B. Zeitung, Rundfunk, Fernsehen, Film, CD; *Sy* Massenkommunikationsmittel [→ *Medium*]

Mas|sen|psy|cho|lo|gie ⟨f.; -; unz.; Psych.⟩ Zweig der Psychologie, der sich mit dem Verhalten der Menschen als ungegliederter Masse u. der Beeinflussung des Einzelnen durch diese Masse beschäftigt

Mas|sen|spek|tro|graf *auch:* **Mas|sen|spek|tro|graph** ⟨m.; -en, -en;

Mas|sen|spek|tro|graph *auch:* **Mas|sen|spektro|graph** ⟨m.; -en, -en; Kernphysik⟩ Spektrograph zur Bestimmung der Massen von Atomen, Molekülen u. ihrer relativen Häufigkeit; *oV* Massenspektrograf

Mas|se|ter ⟨m.; -s, -; Anat.⟩ Kaumuskel [‹grch. *mas(s)eter* »der Kauende«]

Mas|seur ⟨[-sø:r] m.; -s, -e⟩ jmd., der (nach Ausbildung u. staatl. Prüfung) Massagen ausführt [frz.; → *Massage*]

Mas|seu|rin ⟨[-sø:-] f.; -, -rin|nen⟩ Frau, die (nach Ausbildung u. staatl. Prüfung) Massagen ausführt

Mas|seu|se ⟨[-sø:zə] f.; -, -n; verhüllende Bez. für⟩ Prostituierte in bordellgleichen Betrieben

Mas|si|cot ⟨[-ko:] m.; -; unz.⟩ zur Herstellung von Mennige verwendetes, rotgelbes, kristallines Pulver, chemisch Bleioxid, Bleiglätte, Goldglätte, Litharygrum [frz. ‹ital. *marzacotto* »Schminke«]

mas|sie|ren ⟨V.⟩ mit Massage behandeln

mas|siv ⟨Adj.⟩ **1** ohne Hohl- od. Zwischenräume, fest, dicht, geschlossen; *~es Gold* **2** schwer, wuchtig; *ein ~er Bau; ein ~er Angriff* A. mit starken Truppeneinheiten **3** ⟨fig.⟩ derb, rücksichtslos, grob; *der Redner griff die Gegenpartei ~ an; dann wurde er ~* [‹frz. *massif* »massig, dicht, fest«]

Mas|siv ⟨n.; -s, -e [-və]; Geogr.⟩ **1** Grundgebirge, meist aus geolog. alten Gesteinen **2** ⟨allg.⟩ Gebirgsstock, Bergkette

Mas|siv|bau ⟨m.; -(e)s, -ten⟩ Errichtung von Bauwerken mit Natursteinen od. Vollbetonwänden

Mas|si|vi|tät ⟨[-vi-] f.; -; unz.⟩ **1** Festigkeit, Dichte, Stabilität **2** Wucht, Nachdruck **3** Derbheit, Grobheit

Mas|so|ra ⟨f.; -; unz.; Theol.⟩ Sammlung seit dem 6. Jh. aufgezeichneter erklärender Anmerkungen zum AT [‹hebr. *masorah* »Überlieferung«]

Mass|re|action ⟨[mæsrıækʃən] f.; -, -s; Med.⟩ instinktive Reaktion von niederen Organismen, Tieren u. Säuglingen auf bestimmte Umweltreize [engl.]

Mas|ta|ba ⟨f.; -, -s od. -ta|ben⟩ rechteckiges altägypt. Grab [‹arab. *mastabah*]

Mast|al|gie *auch:* **Mas|tal|gie** ⟨f.; -, -n; Med.⟩ = Mastodynie [‹grch. *mastos* »Brust« + ... *algie*]

Mas|tek|to|mie *auch:* **Mas|tekto|mie** ⟨f.; -, -n; Med.⟩ operative Entfernung der weibl. Brust [‹grch. *mastos* »Brust« + *Ektomie*]

Mas|ter ⟨m.; -s, -⟩ **1** ⟨in England u. den USA⟩ Anrede für Knaben u. junge Männer, in Verbindung mit dem Vornamen **2** = Magister (2.2); *~ of Arts* ⟨Abk.: M. A.⟩ engl. u. amerikan. akadem. Grad **3** ⟨Jagd⟩ Leiter einer Parforcejagd **4** Originalkopie (als Vorlage für Vervielfältigungen); *~kopie; ~tape* **5** ⟨EDV⟩ übergeordnete Einheit bei informationsverarbeitenden Systemen, Hauptrechner **6** Leiter eines Quiz, einer Show; *Quiz~; Show~* [engl. ‹lat. *magister* »Herr, Vorsteher«; zu *magnus* »groß«]

Mas|ter|mind ⟨[-maınd] m.; -s, -s; umg.; salopp⟩ führender Kopf, Chefplaner [engl.]

Mas|ters ⟨n.; -; Sport⟩ Sportveranstaltung, an der nur die besten Sportler bzw. Mannschaften teilnehmen; *Tennis~* [‹engl. *master* »Herr, Meister, Lehrer«]

Mas|tiff ⟨m.; -s, -s; Zool.⟩ schwere, doggenähnl. engl. Hunderasse mit wuchtigem Kopf [‹afrz. *mastin*; zu lat. *mansuetus* »zahm«; zu *manus* »Hand«]

Mas|ti|ka|tor ⟨m.; -s, -to|ren⟩ Knetmaschine [‹lat. *masticare* »kauen« ‹grch. *mastichaein*]

Mas|ti|tis ⟨f.; -, -ti|ti|den; Med.⟩ Brustdrüsenentzündung [‹grch. *mastos* »Brust«]

Mas|tix ⟨m.; - od. -es; unz.⟩ **1** grünliches bis farbloses Harz des Mastixstrauches, das für Lacke u. Kitte verwendet u. auch medizinisch genutzt wird **2** Straßenbelag aus Steinen u. Asphalt [→ *Mastikator*]

Mas|tix|strauch ⟨m.; -(e)s, -sträucher; Bot.⟩ immergrüner Strauch, aus dem durch Anritzen das für Lacke u. Kitte verwendete u. medizinisch genutzte Mastix gewonnen wird: Pistacia

Mas|to|don *auch:* **Mas|to|don** ⟨n.; -s, -don|ten⟩ ausgestorbenes Rüsseltier, Vorläufer der Elefanten [‹grch. *mastos* »Brust« + ... *odon*]

Mas|to|dy|nie *auch:* **Mas|to|dy|nie** ⟨f.; -, -n; Med.⟩ Schmerzen u. Schwellungen der weibl. Brüste vor der Regel; *Sy* Mastalgie [‹grch. *mastos* »Brust« + *odyne* »Schmerz«]

mas|to|id ⟨Adj.; Anat.⟩ brustwarzenförmig [zu grch. *mastos* »Brust«]

Mas|to|pa|thie ⟨f.; -; unz.; Med.⟩ Bildung von Knötchen u. Zysten an den Brüsten [‹grch. *mastos* »Brust« + ... *pathie*]

Mas|to|pto|se *auch:* **Mas|toptose** ⟨f.; -, -n; Med.⟩ Hängebrust [‹grch. *mastos* »Brust« + *ptosis* »Fall«]

Mas|tur|ba|ti|on ⟨f.; -, -en⟩ Reizung der Geschlechtsorgane (mit der Hand), um sexuelle Befriedigung zu erlangen; *Sy* Ipsation, Ipsismus, Onanie [‹lat. *manu* »mit der Hand« + *stuprare* »Unzucht treiben«]

mas|tur|ba|to|risch ⟨Adj.⟩ die Masturbation betreffend, zu ihr gehörend

mas|tur|bie|ren ⟨V.⟩ sich durch Masturbation selbst befriedigen; *Sy* onanieren

Ma|sur|ka ⟨f.; -, -s od. -sur|ken; Musik⟩ = Mazurka

Ma|sut ⟨n.; -(e)s; unz.⟩ bei der Destillation des russ. Erdöls entstehender, zähflüssiger Rückstand, als Heizmaterial u. als Asphalt verwendet [‹russ. *mazut* ‹turktatar.]

Ma|ta|dor ⟨m.; -s, -e⟩ **1** Stierkämpfer, der dem Stier den Todesstoß gibt **2** ⟨fig.⟩ Hauptperson, Sieger, Rädelsführer **3** ⟨in manchen Kartenspielen⟩ Trumpf [zu span. *matar* »töten« ‹lat. *mactare* »opfern, schlachten«]

Ma|ta|ma|ta ⟨f.; -, -s; Zool.⟩ Art der Schlangenhalsschildkröte, lebt in Gewässern des nördl. u. mittleren Südamerika: Chelus fimbriatus [portug.]

593

Match

Match ⟨[mætʃ] n. od. m.; -(e)s, -s od. -e; Sport⟩ Wettkampf, -spiel zwischen zwei Sportlern od. Mannschaften; *ein ~ im Tennis spielen* [engl. <aengl. *gimako*, ahd. *gimah* »tauglich«]

Match|ball ⟨[mætʃ-] m.; -(e)s, -bälle; Sport; bes. Tennis⟩ im entscheidenden Spiel der zum Sieg notwendige Punkt; *einen ~ vergeben*

Match|beu|tel ⟨[mætʃ-] m.; -s, -⟩ sackartiger Beutel für Reise u. Sport, der über die Schulter gehängt werden kann; Sy Matchsack [→ *Match*]

Matched|group auch: **Matched Group** ⟨[mætʃtgru:p] f.; -, -s; Psych.⟩ in bestimmten Merkmalen (z. B. Alter, Ausbildung, Herkunft) übereinstimmende Gruppe von Personen, deren Reaktionen bei psycholog. Tests miteinander verglichen werden können [engl., »zusammenpassende Gruppe«]

Matched|sam|ples auch: **Matched Sam|ples** ⟨[mætʃtsa:mp(ə)lz] Pl.; Wirtsch.⟩ (im Bereich der Marktforschung od. der Medizin angewandte) Simultanmessungen von zwei voneinander unabhängigen Gruppen, wobei die erste Kontrollgruppe einen festen Messungsmaßstab bildet, mit dem die zweite (u. jede weitere) Experimentalgruppe verglichen wird; Sy Matching [engl., »gemessene Stichproben, Beispiele«]

Mat|ching ⟨[mætʃɪŋ] n.; -s, -s; Wirtsch.⟩ = Matchedsamples [engl., »Messen«]

Match|play ⟨[mætʃpleɪ] n.; -s, -s; Sport; Golf⟩ Spielart, bei der die Anzahl der gewonnenen Löcher (u. nicht die Gesamtzahl der Schläge) gewertet wird [engl., »Wettspielart«]

Match|sack ⟨[mætʃ-] m.; -(e)s, -säcke⟩ = Matchbeutel

Match|stra|fe ⟨[mætʃ-] f.; -, -n; Sport⟩ Ausschluss eines Spielers für den Rest der Spielzeit

Ma|te ⟨m.; -; unz.⟩ aus den Blättern des Matestrauches gewonnenes, leicht koffeinhaltiges Getränk; Sy Yerba [span.-(amerikan.) <Ketschua]

Ma|ter ⟨f.; -, -n⟩ = Matrize (2) [lat., »Mutter«]

Ma|ter do|lo|ro|sa ⟨f.; - -; unz.⟩ (die) schmerzensreiche Mutter (Christi) [lat., »Schmerzensmutter«]

ma|te|ri|al ⟨Adj.⟩ 1 stofflich 2 ⟨Philos.⟩ das Inhaltliche an einer Gegebenheit betonend; Ggs formal (2) [→ *Materie*]

Ma|te|ri|al ⟨n.; -s, -li|en⟩ 1 für eine Arbeit benötigter Roh-, Bau-, Werkstoff 2 Hilfsmittel, Zutat, Gerät 3 schriftl. Belege, Unterlagen, Beweismittel; *~ (für einen Artikel, Bericht, eine Reportage) sammeln, sichten, zusammenstellen*

Ma|te|ri|a|li|sa|ti|on ⟨f.; -, -en⟩ 1 Verkörperung 2 Bildung von Materie aus energiereicher Strahlung gemäß der von A. Einstein gefundenen Äquivalenz von Strahlung u. Materie; Ggs Dematerialisation 3 ⟨Okk.⟩ angebl. körperl. Erscheinung von Geistern

ma|te|ri|a|li|sie|ren ⟨V.⟩ gegenständlich machen, verwirklichen; Ggs dematerialisieren (1)

Ma|te|ri|a|lis|mus ⟨m.; -; unz.⟩ Lehre, dass das Stoffliche das allein Wirkliche in der Welt u. alles Geistige nur als seine Eigenschaft u. Wirkung aufzufassen sei; Ggs Idealismus (2), Immaterialismus

Ma|te|ri|a|list ⟨m.; -en, -en⟩ 1 Anhänger, Vertreter des Materialismus; Ggs Idealist (1) 2 ⟨allg.⟩ Mensch, für den die wirklichen, stofflichen Dinge des Lebens im Vordergrund stehen; Ggs Idealist (2)

Ma|te|ri|a|lis|tin ⟨f.; -, -nin|nen⟩ 1 Anhängerin, Vertreterin des Materialismus; Ggs Idealistin (1) 2 ⟨allg.⟩ weibl. Person, für die die wirklichen, stofflichen Dinge des Lebens im Vordergrund stehen; Ggs Idealistin (2)

ma|te|ri|a|lis|tisch ⟨Adj.⟩ zum Materialismus gehörend, auf ihm beruhend; Ggs idealistisch

Ma|te|ri|a|li|tät ⟨f.; -; unz.⟩ 1 Stofflichkeit, Körperlichkeit 2 das Bestehen aus Materie; Ggs Spiritualität

Ma|te|ri|al|kon|stan|te auch: **Ma|te|ri|al|kon|stan|te** ⟨f.; -, -n; Physik⟩ in Untersuchungen) feste Größe, die von der Beschaffenheit des Materials abhängt

Ma|te|rie ⟨[-riə] f.; -, -n⟩ 1 ⟨unz.⟩ Urstoff; *Geist* und *~* 2 ⟨Physik⟩ Stoff, Masse; Sy Substanz (2) 3 Gegenstand, Inhalt, Thema eines Gesprächs, einer Schrift o. Ä.; *die ~ beherrschen; sich mit der ~ vertraut machen* [<lat. *materia* »Stoff, Urstoff, der etwas hervorbringt«; zu *mater* »Mutter«]

ma|te|ri|ell ⟨Adj.⟩ 1 aus Materie bestehend, hinsichtlich der Materie, auf ihr beruhend; Ggs spirituell 2 stofflich, gegenständlich, körperlich; Ggs ideell (2), immateriell 3 geldlich

Ma|te|rie|wel|le ⟨f.; -, -n; Physik⟩ im Bereich der Elementarteilchenphysik mögliche Umwandlung eines Elementarteilchens in eine elektromagnet. Welle

ma|tern ⟨V.⟩ 1 *einen Schriftsatz, ein Druckbild ~* eine Mater davon herstellen 2 ⟨[-'-] Adj.⟩ zur Mutter gehörend [<lat. *maternus* »mütterlich«]

ma|ter|ni|sie|ren ⟨V.⟩ dem mütterlichen Organismus angleichen (von Milch) [<lat. *mater* »Mutter«]

ma|ter|ni|siert ⟨Adj.⟩ *~e Milch* der Muttermilch ähnlich gemachte Milch [zu lat. *mater* »Mutter«]

Ma|ter|ni|tät ⟨f.; -; unz.⟩ Mutterschaft [zu lat. *maternus* »mütterlich«]

Ma|te|strauch ⟨m.; -es, -sträucher; Bot.⟩ zur Gattung der Stechpalmen gehörender Strauch Brasiliens, aus dessen Blättern Matetee hergestellt wird: *Ilex paraguariensis*; Sy Yerba [→ *Mate*]

Ma|te|tee ⟨m.; -s, -s⟩ anregender teeartiger Aufguss der fermentierten u. getrockneten Blätter des Matestrauchs [→ *Mate*]

Ma|the|ma|tik ⟨österr. [--'--] f.; -; unz.⟩ Lehre von den Zahlen u. Figuren; *das ist ja höhere ~!* ⟨umg.; scherzh.⟩ sehr schwierig [<grch. *mathematike (techne)*; zu *mathema* »Wissenschaft«]

Ma|the|ma|ti|ker ⟨m.; -s, -⟩ Wissenschaftler der Mathematik

Ma|the|ma|ti|ke|rin ⟨f.; -, -rin|nen⟩ Wissenschaftlerin der Mathematik

ma|the|ma|tisch ⟨Adj.⟩ zur Mathematik gehörend, auf ihr beruhend

ma|the|ma|ti|sie|ren ⟨V.⟩ mathematische Gesetzmäßigkeiten auf ein Problem anwenden, etwas mit mathematischen Begriffen untersuchen

Ma|the|ma|ti|sie|rung ⟨f.; -; unz.⟩ Anwendung mathematischer Gesetzmäßigkeiten bei wissenschaftl. Untersuchungen, Beschreibung eines Phänomens mit mathemat. Methoden

...ma|thie ⟨Nachsilbe; zur Bildung weibl. Subst.⟩ das Wissen, Lernen; *Chrestomathie* [<grch. *mathein* »lernen«]

Ma|ti|nee ⟨f.; -, -n⟩ künstler. Veranstaltung am Vormittag [frz., »Vormittag« <lat. *matutinus* »morgendlich«]

Mat|jes|he|ring ⟨m.; -s, -e⟩ gesalzener junger Hering [<mndrl. *medykenshering* »Mädchenhering (junger Hering ohne Rogen od. Milch)«]

Mä|tol|pie ⟨f.; -, -n⟩ Utopie als Schreckbild [<grch. *me* »nicht« + *topos* »Ort«]

◆Die Buchstabenfolge **ma|tr...** kann auch **mat|r...** getrennt werden.

◆**Ma|trat|ze** ⟨f.; -, -n⟩ mit Rosshaar, Schaumstoff, Wolle od. anderen Faserstoffen gepolsterte Bettunterlage [<ital. *materassa*]

◆**Mä|tres|se** ⟨f.; -, -n⟩ Geliebte (früher bes. eines Fürsten); *oV* ⟨veraltet⟩ Maîtresse [<frz. *maitresse* »Herrin, Geliebte« <lat. *magister* »Herr«]

◆**ma|tri|ar|cha|lisch** ⟨[-ca:-] Adj.⟩ das Matriarchat betreffend, auf ihm beruhend, mutterrechtlich; *Ggs* patriarchalisch

◆**Ma|tri|ar|chat** ⟨[-ca:t] n.; -(e)s, -e⟩ **1** absoluter Vorrang der Mutter in der Familie, Mutterherrschaft; *Ggs* Patriarchat (1) **2** Gesellschaftsordnung, in die Kinder verwandtschaftlich u. rechtlich zur Sippe der Mutter gerechnet werden, Mutterrecht; *Ggs* Patriarchat (2); *in einem ~ leben* [<lat. *mater* »Mutter« + grch. *arche* »Herrschaft«]

◆**Ma|tri|kel** ⟨f.; -, -n⟩ **1** Verzeichnis **1.1** ⟨an Universitäten⟩ der aufgenommenen Studenten **1.2** ⟨in Pfarreien⟩ der Pfarrkinder u. Einkünfte **1.3** ⟨im Dt. Reich bzw. Dt. Bund⟩ der Stände u. der für das Bundesheer zu stellenden Truppen **2** ⟨österr.⟩ Personenstandsregister [<lat. *matricula*, Verkleinerungsform zu *mater* »Mutter«]

◆**ma|tri|mo|ni|al** ⟨Adj.⟩ zur Ehe gehörig, ehelich [<lat. *matrimonialis* »ehelich«; zu *matrimonium* »Ehe«]

Matrix (*Pluralbildung*) In Einzelfällen können Fremdwörter mehrere alternative Pluralformen aufweisen, die der Herkunftssprache oder regionalen Sprachunterschieden innerhalb der deutschen Hochsprache folgen (→a. Index).

◆**Ma|trix** ⟨f.; -, -tri|zen od. Ma|tri|zes od. -tri|ces⟩ **1** ⟨Anat.⟩ Mutterboden **1.1** Keimschicht der Haarzwiebel **1.2** Nagel- u. Krallenbett der Wirbeltiere **2** ⟨TV⟩ Schaltung zur gleichzeitigen Steuerung von Helligkeit u. Farbsignalen **3** ⟨Biol.⟩ Hülle der Chromosomen **4** ⟨Math.⟩ System von Größen, die in einem rechteckigen Schema angeordnet sind; *Sy* Matrize (4) **5** ⟨EDV⟩ Punktraster [lat., »Zuchttier, Stammutter«]

◆**Ma|trix|dru|cker** ⟨m.; -s, -⟩ Drucker, der die Zeichen punktweise (meistens mit Hilfe von Nadeln) konstruiert

◆**Ma|trix|or|ga|ni|sa|ti|on** ⟨f.; -, -en⟩ Wirtsch.⟩ unternehmerische Organisationsstruktur, bei der ein Handlungskomplex in mehrere gleichberechtigte, entscheidungskompetente Bereiche aufgeteilt wird, um einseitige Entscheidungen zu vermeiden

◆**Ma|trix|po|ten|ti|al** ⟨n.; -s, -e; Physik; Geol.⟩ = Matrixpotenzial

◆**Ma|trix|po|ten|zi|al** ⟨n.; -s, -e; Physik; Geol.⟩ von der festen Bodensubstanz ausgehende elektrostatische Kraft, die auf das Bodenwasser einwirkt; *oV* Matrixpotential

◆**Ma|trix|satz** ⟨m.; -(e)s, -sät|ze; Sprachw.⟩ übergeordneter Satz in einem Satzgefüge, Hauptsatz

◆**Ma|tri|ze** ⟨f.; -, -n⟩ **1** Metallform mit dem eingeprägten Schriftzeichen od. Bild; *Ggs* Patrize **2** in Wachs, Metall od. Spezialpappe geprägtes Abbild eines Schriftsatzes od. Druckbildes zur Herstellung von Galvanos; *Sy* Mater **3** gewachstes Papierblatt zum Vervielfältigen von Zeichnungen u. (Maschinen-) Schrift **4** ⟨Math.⟩ = Matrix (4) **5** die negative Form bei Herstellung von Schallplatten [→ *Matrix*]

◆**Ma|tri|zen|me|cha|nik** ⟨f.; -; unz.⟩ Quantenmechanik, in der die physikalischen Größen durch mathemat. Matrizen dargestellt werden

◆**Ma|tri|zes** ⟨Pl. von⟩ Matrix

◆**ma|tri|zie|ren** ⟨V.; österr.⟩ durch eine Matrize (3) vervielfältigen

◆**Ma|tro|ne** ⟨f.; -, -n; häufig abwertend⟩ ältere, beleibte Frau [<lat. *matrona* »ehrwürdige, verheiratete Frau«]

◆**Ma|trosch|ka** ⟨f.; -, -s⟩ bemalte Holzpuppe mit immer kleiner werdenden, ineinander gesetzten Figuren [<russ. *matreska* »Mutter, Mütterchen«]

◆**Ma|tro|se** ⟨m.; -n, -n⟩ **1** ⟨Handelsmarine⟩ Seemann nach dreijähriger Lehrzeit **2** ⟨Kriegsmarine⟩ Soldat im untersten Dienstgrad [<ndrl. *matroos* <afrz. *matenot* <mndrl. *mattennoot*, mhd. *mazgenoze* »Angehöriger einer Mahlgenossenschaft der german. Schiffsmannschaften«]

Ma|tur ⟨n.; -s; unz. od. (schweiz.) f.; -; unz.⟩ = Matura

Ma|tu|ra ⟨f.; -; unz.; österr.; schweiz.⟩ Reifeprüfung, Abitur; *oV* Matur [zu lat. *maturus* »reif«]

Ma|tu|rand ⟨m.; -en, -en; schweiz.⟩ Schüler vor od. in der Reifeprüfung; *oV* ⟨österr.⟩ Maturant

Ma|tu|ran|din ⟨f.; -, -din|nen; schweiz.⟩ Schülerin vor od. in der Reifeprüfung; *oV* ⟨österr.⟩ Maturantin

Ma|tu|rant ⟨m.; -en, -en; österr.⟩ = Maturand

Ma|tu|ran|tin ⟨f.; -, -tin|nen; österr.⟩ = Maturandin

ma|tu|rie|ren ⟨V.⟩ die Reifeprüfung ablegen

Ma|tu|ri|tas prae|cox ⟨f.; - -; unz.⟩ (sexuelle) Frühreife [lat., »verfrühte Reife«]

Ma|tu|ri|tät ⟨f.; -; unz.⟩ **1** ⟨veraltet⟩ Reife **2** ⟨schweiz.⟩ Reifeprüfung

Ma|tu|ri|täts|exa|men *auch:* **Ma|tu|ri|täts|e|xa|men** ⟨n.; -s, - *od.* -exa|mi|na⟩ Reifeprüfung

Ma|tu|tin ⟨f.; -, -e *od.* -en⟩ nächtl. Stundengebet [<lat. *matutinus* »am Morgen, Morgen...«]

Mat|ze ⟨f.; -, -n⟩ = Matzen

Mat|zen ⟨m.; -s, -⟩ ungesäuertes Osterbrot der Juden; *oV* Matze [<hebr. *matsoth* »ungesäuerte Brotfladen«]

Mau|res|ke ⟨f.; -, -n; Arch.; islam. Kunst⟩ Ornament aus stilisierten Blättern u. Blüten; *oV* Moreske [<frz. *mauresque* »maurisch«]

mau|scheln ⟨V.⟩ **1** jiddisch sprechen **2** ⟨fig.⟩ unverständlich reden **3** ⟨Kart.⟩ Mauscheln spielen **4** ⟨umg.⟩ heimliche Absprache treffen [17. Jh.; »reden wie Moses« (jüd. *Mausche*)]

Mau|scheln ⟨n.; -s; unz.; Kart.⟩ ein Kartenglücksspiel [→ *mauscheln*]

Mau|so|le|um ⟨n.; -s, -le|en⟩ **1** ⟨urspr.⟩ monumentales Grabmal des Königs Mausolos in Halikarnass(os), eines der sieben Weltwunder **2** ⟨danach allg.⟩ monumentales Grabmal [lat.; nach dem König *Mausolos* v. Karien, † 353 v. Chr.]

Maus|pad ⟨[-pæd] n.; -s, -s; EDV⟩ = Mousepad [zu engl. *pad* »Polster, Schützer«]

mauve ⟨[moːv] Adj.; undekl.⟩ malvenfarbig [frz.]

Mau|ve|in ⟨[moveiːn] n.; -s; unz.; Chemie⟩ durch Oxidation von Anilin hergestellter violetter Farbstoff, erster synthetischer Farbstoff [→ *mauve*]

ma|xi ⟨Adj.; umg.⟩ lang; *Ggs* mini; →*a.* midi [engl.; verkürzt <*maximum* »Maximum«]

Ma|xi¹ ⟨n.; -s, -s⟩ knöchellange Kleidungsstücke (Röcke, Kleider Mäntel)

Ma|xi² ⟨m.; -s, -s; umg.⟩ knöchellanger Rock

Ma|xi³ ⟨f.; -, -s; kurz für⟩ Maxi-single

Ma|xi... ⟨in Zus.⟩ übermäßig (lang, groß, hoch usw.); *Maxilook; Maxipizza; Maxipackung* [<lat. *maximum* »das größte, längste«]

Ma|xil|la ⟨f.; -, -xil|lae; Zool.⟩ **1** Mundwerkzeug der Krebse u. Insekten **2** Oberkiefer der Wirbeltiere [lat.]

ma|xil|lar ⟨Adj.; Zool.⟩ die Maxilla betreffend

Ma|xil|len ⟨Pl.; Zool.⟩ Mundgliedmaßen, Mundwerkzeuge der Gliederfüßer, die zur Nahrungsaufnahme aus den Gliedmaßenpaaren umgebildet sind [<lat. *maxilla* »Kinnbacken«]

Ma|xi|ma¹ ⟨Pl. von⟩ Maximum

Ma|xi|ma² ⟨f.; -, -mae [-mεː] *od.* -xi|men; Musik⟩ Notenwert der Mensuralnotation des 14.-16. Jh., die die längste Zeitdauer umfasst; *Ggs* Minima (2) [lat., »die Größte«]

ma|xi|mal ⟨Adj.⟩ sehr groß, größt..., höchst...; *Ggs* minimal [<lat. *maximus* »der größte«]

Ma|xi|mal... ⟨in Zus.⟩ Höchst..., Größt...; *Maximalgeschwindigkeit*

Ma|xi|mal|do|sis ⟨f.; -, -do|sen; Abk.: MD; Med.⟩ höchste Dosis einer Arznei, die vom Arzt gegeben werden darf

ma|xi|ma|li|sie|ren ⟨V.⟩ auf das Höchstmögliche steigern

Ma|xi|mal|prin|zip ⟨n.; -s, -pi|en *od.* -e; Wirtsch.⟩ ökonomischer Grundsatz, dass ein bestimmter Erfolg mit dem geringstmöglichen bzw. mit nur einem bestimmten Mitteleinsatz der größtmögliche Erfolg erzielt werden soll; *Ggs* Minimalprinzip

Ma|xi|me ⟨f.; -, -n⟩ Grundsatz, Lebensregel [→ *Maximum*]

ma|xi|mie|ren ⟨V.⟩ das Maximum anstreben, erreichen; *Ggs* minimieren; *den Gewinn, Ertrag ~*

Ma|xi|mie|rung ⟨f.; -, -en⟩ das Maximieren, Maximiertwerden

Ma|xi|mum ⟨n.; -s, -xi|ma⟩ größter Wert, Höchstwert; *Ggs* Minimum [lat., »das Größte«]

Ma|xi|mum-Mi|ni|mum-Ther|mo|me|ter ⟨n.; -s, -⟩ Thermometer, das die tiefste u. höchste (an einem Tag usw.) gemessene Temperatur anzeigt

Ma|xi|sin|gle *auch:* **Ma|xi-Sing|le** ⟨[-sɪŋ(ə)l] f.; -, -s⟩ Single² in der Größe einer Langspielplatte, deren Spieldauer meist doppelt so lang ist wie die der Single u. oft zusätzl. Titel enthält; *Sy* Maxi³

Max|well ⟨[mæks] n.; -, -; Abk.: M; Physik⟩ Einheit des magnetischen Flusses, 1 M = 10⁻⁸ Voltsekunden (Vs) [nach dem engl. Physiker James Clerk *Maxwell*, 1831-1879]

Ma|ya¹ ⟨[-ja] m.; - *od.* -s, - *od.* -s⟩ Angehöriger eines indian. Kulturvolkes der vorkolumb. Zeit in Mexiko u. im nördl. Südamerika

Ma|ya² ⟨[-ja] n.; -; unz.⟩ Sprache der Maya¹

May|day ⟨[mɛɪdɛɪ] im internationalen Funkverkehr⟩ Notsignal [anglisiert aus frz. *m'aidez* »helft mir«]

Ma|yon|nai|se ⟨[majɔnεːzə] f.; -, -n⟩ = Majonäse

Ma|yor *auch:* **Mayor** ⟨[mεɪə(r)] m.; -s, -; in England u. den USA⟩ Bürgermeister [engl., »Bürgermeister«; zu lat. *maior* »größer, höher«]

MAZ ⟨f.; -; unz.; Kurzwort für⟩ magnet. Bildaufzeichnung (Anlage für Aufzeichnungen von Fernsehbildern auf Magnetband)

ma|ze|do|nisch ⟨Adj.⟩ Mazedonien betreffend, daher stammend, dazu gehörig; *oV* makedonisch; *~e Sprache* eine südslawische Sprache, die dem Serbokroatischen nahe steht u. mit dem Bulgarischen verwandt ist

Mä|zen ⟨m.; -s, -e⟩ Gönner, Förderer von Künstlern [nach dem Römer *Maecenas*, 69-8 v. Chr.]

Mä|ze|na|ten|tum ⟨n.; -s; unz.⟩ großzügige Förderung von Künstlern u. Kunstprojekten [→ *Mäzen*]

Mä|ze|na|tin ⟨f.; -, -tin|nen⟩ = Mäzenin

mä|ze|na|tisch ⟨Adj.⟩ in der Art eines Mäzens, einer Mäzenin

Mä|ze|nin ⟨f.; -, -nin|nen⟩ Gönnerin, Förderin von Künstlern; *Sy* Mäzenatin

Ma|ze|ra|ti|on ⟨f.; -, -en⟩ **1** ⟨Med.; Biol.⟩ Erweichung von Geweben durch Wasser unter Luftabschluss **2** ⟨Biol.; Chem.⟩ Auslaugung von Stoffen aus Drogen bei Zimmertemperatur **3** ⟨Biol.⟩ mehr od. weniger vollständige Auflösung tier. Gewebe, vor allem bei der Skelettierung [<lat. *maceratio* »Erweichung, Auslaugung«]

ma|ze|rie|ren ⟨V.⟩ eine Mazeration vornehmen

Ma|zis ⟨m.; -; unz.; Bot.⟩ Muskatblüte, getrocknete Samenhülle der Muskatnuss; *oV* Macis [<frz. *macis* <spätlat. *macis* <lat. *macir* »als Gewürz verwendete rote Baumrinde aus Indien«]

Ma|zur|ka ⟨f.; -, -s od. -zur|ken; Musik⟩ poln. Nationaltanz im ³/₄-Takt; *oV* Masurka [poln., »masurischer Tanz«]

mb ⟨früher Abk. für⟩ Millibar
Mb ⟨Zeichen für⟩ Megabit
MB ⟨Zeichen für⟩ Megabyte
mbar ⟨Abk. für⟩ Millibar
Mbit ⟨Zeichen für⟩ Megabit
Mbyte ⟨Zeichen für⟩ Megabyte
m. c. ⟨Abk. für lat.⟩ mensis currentis
MC ⟨Abk. für⟩ Musikkassette [<engl. *music cassette*]
M-Com|merce ⟨[ɛmkɔmœːs] m.; -; unz.; EDV; Abk. für engl.⟩ Mobile Commerce
m. d. ⟨Abk. für⟩ mano destra
Md ⟨chem. Zeichen für⟩ Mendelevium
Md. ⟨Abk. für⟩ Milliarde, Milliarden
MD ⟨Abk. für⟩ Maximaldosis
mea cul|pa (es ist) meine Schuld, ich bin schuldig, daran schuld [lat.]

Me|a|to|mie ⟨f.; -, -n; Med.⟩ chirurg. Erweiterung eines Körperkanals [<lat. *meatus* »Bewegung, Weg, Bahn« + ...*tomie*]

Me|cha|nik ⟨[-ça:-] f.; -, -en⟩ **1** ⟨unz.⟩ Lehre von den Kräften u. ihren Wirkungen auf starre u. deformierbare Körper, Maschinenkunde **2** Triebwerk, Getriebe, Mechanismus [<lat. *(ars) mechanica*, eigtl. »Maschinenkunst« <grch. *mechanike (techne)*]

Me|cha|ni|ker ⟨[-ça:-] m.; -s, -⟩ **1** Facharbeiter im Metallgewerbe für feine u. schwierige Arbeiten **2** Facharbeiter, der Maschinen instand hält

Me|cha|ni|kus ⟨[-ça:-] m.; -, -se; scherzh.⟩ Mechaniker

Me|cha|ni|sa|tor ⟨m.; -s, -to|ren; DDR⟩ in der Landwirtschaft tätige Fachkraft für industriemäßige Pflanzen- u. Tierproduktion

me|cha|nisch ⟨[-ça:-] Adj.⟩ **1** auf der Mechanik beruhend **2** von einer Maschine, einem Mechanismus angetrieben u. bewirkt; *eine Ware ~ herstellen; ~es Klavier* K., das automatisch durch Lochstreifen gesteuert wird, *elektrisches Klavier* **3** ⟨fig.⟩ unwillkürlich, zwangsläufig, durch Einfluss äußerer Kräfte veranlasst **4** gedankenlos, ohne mitzudenken; *ich tue das ganz ~; etwas ~ abschreiben*

me|cha|ni|sie|ren ⟨[-ça-] V.⟩ *einen Betrieb ~* menschl. Arbeitskraft durch Maschinen ersetzen, auf mechanische Arbeitsweise umstellen

Me|cha|nis|mus ⟨[-ça-] m.; -, -nis|men⟩ **1** Triebwerk, Getriebe, sich bewegende technische Vorrichtung **2** selbstständiger, zwangsläufiger Ablauf, Zusammenhang

me|cha|nis|tisch ⟨[-ça-] Adj.⟩ **1** wie ein Mechanismus **2** nur mechan. Ursachen anerkennend; *~e Weltanschauung* W., nach der alles Geschehen auf mechan. Vorgänge von Masse u. Bewegung zurückzuführen ist

Me|cha|no|the|ra|pie ⟨[-ça:-] f.; -; unz.; Med.⟩ Behandlung durch mechanische Beeinflussung des Körpers: Massage, Krankengymnastik u. Behandlung durch Apparate [<*Mechanik* + *Therapie*]

Me|daille ⟨[-daljə] f.; -, -n⟩ Gedenk-, Schaumünze ohne Geldwert mit figürl. Darstellung od. Inschrift; *Rettungs~; die olympischen ~n; die bronzene, silberne, goldene ~* [<frz. *médaille* <ital. *medaglia* <mlat. **metallia* »metallene Münze«]

Me|dail|leur ⟨[-daljøːr] m.; -s, -e⟩ Künstler, der Prägestempel für Medaillen herstellt

Me|dail|lon ⟨[-daljɔ̃ː] od. [-daljɔŋ] n.; -s, -s⟩ **1** ⟨Arch.⟩ rundes od. ovales Ornament **2** rund od. oval gerahmtes Bildchen; *Bildnis~* **3** runde od. ovale Kapsel für Bildchen od. Andenken als Schmuckanhänger **4** kleines, kreisrund od. oval geschnittenes Stück Fleisch [<frz. *médaillon* <ital. *medaglione* »große Münze«]

Me|dia ⟨f.; -, Me|diä od. Me|di|en⟩ **1** ⟨Phon.⟩ stimmhafter Explosivlaut, z. B. b, d, g; *Ggs* Tenius **2** ⟨Anat.⟩ mittlere Schicht der Wand von Blut- u. Lymphgefäßen [lat., Fem.; zu *medius* »der mittlere«]

Me|dia... ⟨in Zus.; Pl. von⟩ Medium (4); *Mediaanalyse; Mediaforschung* [→ *Medium*]

Me|di|a|a|na|ly|se ⟨engl. a. [miːdiə-] f.; -, -n⟩ vergleichende Auswertung verschiedener Werbemedien im Hinblick auf ihre Wirksamkeit u. ihren Verbreitungsgrad [<engl. *media* »(Massen-)Medien, Kommunikationsmittel« + *Analyse*]

Me|di|a|kom|bi|na|ti|on ⟨a. [miːdiə-] f.; -, -en⟩ Einsatz verschiedener Werbemedien zur Werbung für ein Produkt, z. B. parallele Werbung im Fernsehen, Rundfunk u. in Zeitungen [<engl. *media* »(Massen-)Medien, Kommunikationsmittel« + *Kombination*]

me|di|al ⟨Adj.⟩ **1** ⟨Anat.⟩ zur Mitte hin gerichtet; *Ggs* lateral (2) **2** ⟨Okk.⟩ mit den Eigenschaften eines Mediums ausgestattet **3** ⟨Gramm.⟩ in passivischer Form, aber in aktivischer Bedeutung stehend **4** ein Medium (4) bzw. die Medien betreffend, zu ihnen gehörend, von ihnen ausgehend; *das Zeitalter der ~ geprägten Welt* [<lat. *medianus* »in der Mitte befindlich«]

Me|di|al ⟨n.; -s, -e⟩ spezielles Spiegelteleskop für astronom. Beobachtungen

Me|di|a|man ⟨[miːdiəmən] m.; -, -men [-mən]⟩ Werbefachmann, der für Anzeigen- u. Plakatwerbung zuständig ist [engl., »Medienmann«]

me|di|an ⟨Adj.; Anat.⟩ zur Mitte gehörend, in der Körpermitte gelegen [<lat. *medianus* »in der Mitte befindlich«]

Mediane

Me|di|a|ne ⟨f.; -, -n; Anat.⟩ Symmetrieebene durch einen Körper

Me|di|a|ne|be|ne ⟨f.; -, -n; Anat.⟩ = Mediane

Me|di|an|te ⟨f.; -, -n; Musik⟩ der Mittelton der Tonika u. der darauf errichtete Dreiklang [<lat. *medianus* »in der Mitte befindlich«]

Me|di|an|wert ⟨m.; -(e)s, -e⟩ Mittelwert

me|di|as|ti|nal ⟨Adj.; Anat.⟩ den mittleren Teil der Brusthöhle betreffend, darin gelegen [<lat. *mediastinus* »in der Mitte befindlich« <*medius* »der Mittlere«]

me|di|at ⟨Adj.⟩ **1** mittelbar **2** ⟨im alten Dt. Reich⟩ einem Reichsstand u. nicht dem Reich selbst unterstehend [<frz. *médiat* »mittelbar, abhängig«, <lat. *medius* »der mittlere«]

Me|di|a|ti|on ⟨f.; -, -en⟩ Vermittlung, vermittelndes Dazwischentreten [→ *mediat*]

me|di|a|ti|sie|ren ⟨V.⟩ aus der reichsunmittelbaren Stellung einem Landesherren unterwerfen [→ *mediat*]

Me|di|a|tor ⟨m.; -s, -to|ren⟩ **1** ⟨Rechtsw.⟩ Schlichter in Rechtskonflikten **2** ⟨Med.⟩ hormonähnlicher Wirkstoff, der im Gewebe bzw. in den Zellen produziert wird u. über das Blut in der Nähe der Bildungsstätte od. entfernt wirksam werden kann [lat., »Mittler«]

me|di|ä|val ⟨[-vɑːl] Adj.⟩ mittelalterlich [<lat. *medium* »das Mittlere« + *aevum* »Zeitalter«]

Me|di|ä|val ⟨[-vɑːl] f.; -; unz.⟩ Nebenform der Antiquaschrift mit geringerem Unterschied zwischen Haar- u. Grundstrichen

Me|di|ä|vis|tik ⟨[vɪs-] f.; -; unz.⟩ Lehre von der Geschichte u. Kultur des Mittelalters [→ *mediäval*]

Me|di|en ⟨Pl. von⟩ Medium

Me|di|en|kom|pe|tenz ⟨f.; -, -n⟩ →*a.* Medium (4) **1** gekonntes Auftreten in Medien; *sie hat eine enorme ~ bewiesen* **2** Erfahrung im Umgang mit Medien

Me|di|en|kon|zern ⟨m.; -s, -e⟩ Konzern, dessen Unternehmen bzw. Produkte multimedial ausgerichtet sind, z. B. Buch- u. Zeitungsverlage, Fernsehsender, Filmgesellschaften, Musikindustrie

Me|di|en|kri|tik ⟨f.; -; unz.⟩ kritische Darstellung, Betrachtung u. Besprechung von Medien (4)

me|di|en|kri|tisch ⟨Adj.⟩ **1** die Medienkritik betreffend, auf ihr beruhend **2** den Medien (4) gegenüber kritisch eingestellt

Me|di|en|pä|da|go|ge *auch:* **Me|di|en|pä|da|go|ge** ⟨m.; -n, -n⟩ Lehrer, Wissenschaftler im Bereich der Medienpädagogik

Me|di|en|pä|da|go|gik *auch:* **Me|di|en|pä|da|go|gik** ⟨f.; -; unz.⟩ **1** Teil der Erziehungswissenschaft, der die pädagogische Wirkung der Massenmedien erforscht **2** Erziehung, Anleitung zum selbstständigen u. kritischen Umgang mit den (Massen-)Medien **3** Unterricht mit Hilfe von Medien, z. B. Filmen, Tonträgern od. Bildern

Me|di|en|pä|da|go|gin *auch:* **Me|di|en|pä|da|go|gin** ⟨f.; -, -gin|nen⟩ Lehrerin, Wissenschaftlerin im Bereich der Medienpädagogik

Me|di|en|ver|bund ⟨m.; -(e)s; unz.⟩ **1** Verbindung mehrerer Medien, die auf ein bestimmtes Unterrichtsziel hin bearbeitet sind, z. B. Lehrbuch u. Schallplatte od. Tonband für Sprachkurs **2** gemeinsame Leitung mehrerer Kommunikationsmittel (z. B. Zeitung, Fernsehen) durch einen Dachverband

Me|di|ka|ment ⟨n.; -(e)s, -e; Med.⟩ Stoff, der zur Verhütung u. Behandlung von Krankheiten u. Schmerzen dient, Arzneimittel; *Sy* Pharmakon (1) [<lat. *medicamentum* »Heilmittel«]

me|di|ka|men|tös ⟨Adj.; Med.⟩ mithilfe von Medikamenten

Me|di|ka|ti|on ⟨f.; -, -en; Med.⟩ Anwendung, Verabreichung eines Medikaments [<lat. *medicari* »heilen«]

Me|di|kus ⟨m.; -, -se od. -di|zi; scherzh.⟩ Arzt [<lat. *medicus*]

me|dio ⟨Wirtsch.⟩ in der Mitte, am Medio; *~ Mai* Mitte Mai [lat.]

Me|dio ⟨m.; -s, -s; Wirtsch.⟩ der 15. eines Monats

me|di|o|ker ⟨Adj.⟩ mittelmäßig [<lat. *mediocris* »mittelmäßig«]

Me|di|o|kri|tät *auch:* **Me|di|o|kri|tät** ⟨f.; -; unz.⟩ Mittelmäßigkeit

Me|di|o|thek ⟨f.; -, -en⟩ **1** Sammlung von Medien (4) aller Art **2** Räume od. Gebäude, in denen eine solche Sammlung aufbewahrt wird u. eingesehen werden kann [<*Medium* + ...*thek*]

Me|di|ta|ti|on ⟨f.; -, -en⟩ **1** religiöse Versenkung **2** tiefes Nachdenken, sinnendes Betrachten [<lat. *meditatio* »Nachsinnen, Denken«]

me|di|ta|tiv ⟨Adj.⟩ **1** auf Meditation beruhend **2** in tiefes Nachdenken versunken

me|di|ter|ran ⟨Adj.⟩ zum Mittelmeer u. den angrenzenden Ländern gehörend, mittelmeerisch [<lat. *mediterraneus* <*medius* »der mittlere« + *terra* »Land«]

Me|di|ter|ran|flo|ra ⟨f.; -, -flo|ren⟩ die mittelmeer. Pflanzenwelt

me|di|tie|ren ⟨V.⟩ **1** sich in Gedanken, Betrachtungen versenken, sinnend betrachten **2** tief nachdenken; *über eine Sache ~* [<lat. *meditari* »(nach)denken«]

me|di|um ⟨[miːdɪəm] Adj.; undekl.⟩ **1** ⟨Abk.: M⟩ mittelgroß (als Kleidergröße) **2** ⟨Kochk.⟩ nicht ganz durchgebraten; *Steak ~* [engl.]

Me|di|um ⟨n.; -s, Me|di|en⟩ **1** Mittel, Mittler, Mittelglied **2** ⟨Physik⟩ Substanz, in der sich physikalische Vorgänge abspielen **3** ⟨Okk.⟩ Person, die angebl. in der Lage ist, Botschaften aus der Geisterwelt zu übermitteln **4** Mittel bzw. Einrichtung, das bzw. die der Vermittlung von Informationen, Unterhaltung u. Belehrung dient, z. B. die Massenmedien Zeitung, Fernsehen, Radio usw. **5** ⟨Gramm.⟩ der reflexiven Form entsprechende Aktionsform des Verbums, bei der sich das Geschehen auf das Subjekt bezieht, z. B. im Griechischen [lat., Neutr. zu *medius* »der Mittlere«]

Me|di|u|mis|mus ⟨m.; -; unz.⟩ Glaube an die Möglichkeit einer Vermittlung zwischen

Geister- u. Menschenwelt durch Medien (3)
Me|di|zi|n ⟨Pl. von⟩ Medikus
Me|di|zin ⟨f.; -, -en⟩ **1** ⟨unz.⟩ Wissenschaft vom kranken u. gesunden Menschen, von seiner Gesunderhaltung u. von den Krankheiten u. ihrer Heilung, Heilkunde **2** ⟨zählb.⟩ Heilmittel, Arznei [<lat. *(ars) medicina* »die zur Heilung gehörige (Kunst)«]
me|di|zi|nal ⟨Adj.⟩ die Medizin betreffend, zu ihr gehörend
Me|di|zin|ball ⟨m.; -(e)s, -bälle⟩ 2-5 kg schwerer, mit Haaren gefüllter Lederball für gymnast. Übungen
Me|di|zi|ner ⟨m.; -s, -⟩ **1** Arzt **2** Student der Medizin
Me|di|zi|ne|rin ⟨f.; -, -rin|nen⟩ **1** Ärztin **2** Studentin der Medizin
me|di|zi|nisch ⟨Adj.⟩ die Medizin betreffend, auf ihr beruhend, ihr dienend; ~*e Klinik* Klinik für innere Medizin; ~-*technische Assistentin* ⟨Abk.: MTA⟩ Gehilfin an Krankenhäusern, medizin.-diagnost. Instituten, Laboratorien u. Forschungsinstituten usw., die Laboratoriumsuntersuchungen zu praktisch-klinischen u. wissenschaftlichen Zwecken ausführt
Me|di|zin|mann ⟨m.; -(e)s, -männer; bei Naturvölkern⟩ Zauberer, Heilkundiger, Priester
Med|ley ⟨[mɛdlɪ] n.; -s, -s⟩ Potpourri, Vermischtes [engl., »Mischmasch« < afrz. *medlee*; zu lat. *miscere* »mischen«]
Mé|doc ⟨[me:dɔk] m.; -s, -s⟩ ein französ. Rotwein [nach der südwestfr. Landschaft *Médoc*]
Me|dre|se *auch:* **Med|re|se** ⟨f.; -, -n⟩ islam. Hochschule für Juristen u. Theologen; *oV* Medresse [<arab. *madrasah*]
Me|dres|se *auch:* **Med|res|se** ⟨f.; -, -n⟩ = Medrese
Me|dul|la ⟨f.; -; unz.; Anat.⟩ **1** Mark, z. B. Knochenmark; ~ *oblongata* verlängertes Mark, Verbindung zwischen Stammhirn u. Rückenmark **2** innerste Schicht des Haares [<lat. *medulla* »Mark«]
me|dul|lär ⟨Adj.; Med.⟩ das Mark betreffend, zu ihm gehörig [→ *Medulla*]

Me|du|se ⟨f.; -, -n⟩ **1** ⟨unz.; grch. Myth.⟩ eine der drei Gorgonen, bei deren Anblick man vor Entsetzen versteinerte **2** frei schwimmende Form der Nesseltiere, Qualle [<grch. *Medousa* »weibl. Ungeheuer«]
Me|du|sen|blick ⟨m.; -(e)s, -e; geh.⟩ Grauen erregender, schrecklicher Blick wie bei einer Meduse (1)
Me|du|sen|haupt ⟨n.; -(e)s, -häup|ter⟩ **1** ⟨grch. Myth.⟩ Kopf der Meduse (1) **2** ⟨unz.; geh.⟩ Bild für etwas Furchtbares, das den Betrachter vor Schreck lähmt **3** ⟨Med.⟩ Netz hervortretender Hautvenen im Nabelbereich bei Blutstau in der Pfortader, z. B. infolge von Leberzirrhose
me|du|sisch ⟨Adj.⟩ in der Art einer Meduse (1), zu ihr gehörend, von ihr stammend
Mee|ting ⟨[miː-] n.; -s, -s⟩ Zusammenkunft, Treffen, bes. politische, wissenschaftliche od. (mehrtägige) sportliche Veranstaltung; *ein ~ der führenden Wissenschaftler* [engl. »Zusammenkunft, Treffen«]
me|fi|tisch ⟨Adj.⟩ **1** zu Schwefelquellen gehörend **2** übel riechend, stinkend [nach der altital. Göttin *Mephitis*]
meg..., Meg... ⟨vor Vokalen⟩ = mega..., Mega...
me|ga..., Me|ga... ⟨vor Vokalen⟩ meg..., Meg... ⟨Zeichen: M; in Zus.⟩ **1** groß..., Groß... **2** ⟨Physik; vor Maßeinheiten⟩ das Millionenfache der betreffenden Maßeinheit, z. B. ein Megawatt (MW) = 1 Million Watt **3** ⟨umg.; salopp⟩ super, mächtig, hervorragend; *megagut, Megatrend, Megakonzert* [<grch. *megas* »groß«]
Me|ga|bit ⟨a. ['---] n.; - od. -s, - od. -s; EDV; Zeichen: Mbit⟩ Maßeinheit für 1 048 576 Bit, gebräuchliches Maß für die Speicherkapazität von Computerchips [<*Mega...* + *Bit*]
Me|ga|byte ⟨[-baɪt] od. ['---] n.; - od. -s, - od. -s; EDV; Zeichen: MB, MByte⟩ Maßeinheit für 1 048 576 Byte, gebräuchliches Maß für die Speicherkapazität von Halbleiterspeichern, die mit einer Funktionseinheit verknüpft sind, u. für Massenspeichersysteme [<*Mega...* + *Byte*]
Me|ga|car|ri|er ⟨[-kæriə(r)] m.; -s, -; umg.; salopp⟩ großes Reiseunternehmen [<*Mega...* + engl. *carrier* »Spediteur, Transportunternehmer«]
Me|ga|chip ⟨[-tʃɪp] m.; -s, -s; EDV⟩ elektron. Halbleiterschaltung mit einer Speicherkapazität von einer Million Bit [<*Mega...* + *Chip*]
Me|ga|elek|tro|nen|volt *auch:* **Me|ga|elek|tro|nen|volt** ⟨n.; -s, -; Abk.: MeV⟩ eine Million Elektronenvolt
Me|ga|fon ⟨n.; -s, -e⟩ = Megaphon
Me|ga|hertz ⟨n.; -, -; Abk.: MHz⟩ eine Million Hertz
me|ga-in ⟨Adj.; undekl.; umg.⟩ besonders aktuell, modisch od. gefragt; *Ggs* mega-out; *Plateauschuhe sind zur Zeit wieder ~* [<*mega...* + engl. *in* »aktuell, gefragt, populär«]
me|gal..., Me|gal... ⟨vor Vokalen; in Zus.⟩ = megalo..., Megalo...
Me|ga|len|ze|pha|lie *auch:* **Me|ga|len|ze|pha|lie** ⟨f.; -, -n; Med.⟩ abnorme Vergrößerung des Gehirns [<*Megal...* + grch. *egkephalos* »Gehirn«]
Me|ga|lith ⟨m.; -s od. -en, -e od. -en; Archäol.⟩ vorgeschichtl. Baudenkmal aus großen, unbehauenen Steinen [<*Mega...* + *...lith*]
Me|ga|lith|grab ⟨n.; -(e)s, -gräber; Archäol.⟩ vorgeschichtl. Grabbau aus unbehauenen Blöcken, Hünengrab, Großsteingrab
Me|ga|li|thi|ker ⟨m.; -s, -; Archäol.⟩ Träger der Megalithkultur
me|ga|li|thisch ⟨Adj.; Archäol.⟩ aus großen Steinen bestehend
Me|ga|lith|kul|tur ⟨f.; -; unz.; Archäol.⟩ jungsteinzeitl. Kultur mit Großsteingräbern u. Schnurkeramik
me|ga|lo..., Me|ga|lo... ⟨vor Vokalen⟩ megal..., Megal... ⟨in Zus.⟩ groß..., Groß... [<grch. *megas*, Gen. *megalou* »groß«]
Me|ga|lo|blast ⟨m.; -en, -en; meist Pl.; Med.⟩ abnorm große Vorstufe der roten Blutkörperchen [<*Megalo...* + *...blast*]
Me|ga|lo|ke|pha|lie ⟨f.; -, -n; Med.⟩ = Makrokephalie

megaloman

me|ga|lo|man ⟨Adj.⟩ an Megalomanie leidend, größenwahnsinnig

Me|ga|lo|ma|nie ⟨f.; -; unz.⟩ Größenwahn

Me|ga|lo|pole ⟨f.; -, -n⟩ = Megalopolis [<*Mega...* + *polis* »Stadt«]

Me|ga|lo|po|lis ⟨f.; -, -lo|po|len⟩ Riesenstadt, großflächig verstädterte Zone mit einer Häufung von Großstädten, Industrie-, Gewerbe- u. Verkehrsanlagen; *oV* Megalopole [<*Mega...* + grch. *polis* »Stadt«]

Me|ga|lo|sau|ri|er ⟨m.; -s, -⟩ Angehöriger einer Gattung Fleisch fressender Dinosaurier mit sehr kräftigem Hinterbein u. schwach entwickelten Vorderbeinen

Me|ga|lo|zyt ⟨m.; -en, -en; Med.⟩ abnorm großes, aus einem Megaloblasten entstandenes rotes Blutkörperchen [<*Megalo...* + *...zyt*]

Me|gan|thro|pus *auch:* **Me|ganth|ro|pus** ⟨m.; -, -thro|pi⟩ Lebewesen aus dem Übergangsbereich zwischen Tier u. Mensch [<*Mega...* + grch. *anthropos* »Mensch« mit lat. Endung]

Me|ga|ohm ⟨a. ['---] n.; - od. -s, -; Zeichen: MΩ; Physik⟩ 1 Million Ohm; *Sy* Megohm [<*Mega...* + *Ohm* (nach dem dt. Physiker Georg Simon *Ohm*, 1789–1854)]

me|ga-out ⟨[-aʊt] Adj.; undekl.; umg.⟩ sehr veraltet, rückständig, unpopulär, unmodisch; *Ggs* mega-in; *Plateauschuhe sind wieder* ~ [<*mega...* + engl. *out* »veraltet, unpopulär, nicht zeitgemäß«]

Me|ga|phon ⟨n.; -s, -e⟩ Sprachrohr, Schalltrichter, oft mit elektrischer Verstärkung; *oV* Megafon

Me|gä|re ⟨f.; -, -n⟩ 1 ⟨grch. Myth.⟩ eine der Erinnyen 2 ⟨allg.⟩ böses Weib [<grch. *Megaira* »die Zürnende«]

Me|ga|ron ⟨n.; -s, -ga|ra⟩ 1 ⟨Antike; urspr.⟩ das älteste, langrechteckige, einräumige grch. Haus, Grundform des grch. Tempels 2 ⟨dann⟩ Hauptraum (mit Herd) des grch. Hauses [grch., »Saal, großes Zimmer«]

Me|ga|sel|ler ⟨m.; -s, -; bes. Buchw.; umg.; salopp⟩ Verkaufsschlager, Hit, erfolgreicher Bestseller [<*Mega...* + engl. *sell* »verkaufen«]

Me|ga|the|ri|um ⟨n.; -s, -ri|en⟩ urzeitliches südamerikan. Riesenfaultier [<*Mega...* + grch. *ther* »Tier«]

me|ga|therm ⟨Adj.; Biol.⟩ warme Standorte bevorzugend (Pflanzen) [<*mega...* + *...therm*]

Me|ga|ton|ne ⟨f.; -, -n; Zeichen: Mt⟩ eine Million Tonnen

Me|ga|volt ⟨[-vɔlt] n.; - od. -(e)s, -; Zeichen: Mv⟩ 1 Million Volt [<*Mega...* + *Volt*]

Me|ga|watt ⟨n.; -s, -; Abk.: MW⟩ eine Million Watt

Meg|ohm ⟨n.; - od. -s, -⟩ = Megaohm

Mei|o|se ⟨f.; -, -n; Biol.⟩ = Reduktionsteilung

Meis|je ⟨n.; -s, -s⟩ ⟨Tracht tragendes⟩ holländisches Mädchen [ndrl., »Mädchen«]

Mek|ka ⟨n.; -s, -s⟩ Ort, der eine große Anziehungskraft ausübt; *ein* ~ *für Touristen* [nach der Stadt *Mekka*, Wallfahrtsort der Muslime]

Me|ko|ni|um ⟨n.; -s; unz.; Med.⟩ erster schwärzl. Stuhlgang des Neugeborenen, Kindspech [<grch. *mekon* »Mohn(saft)«]

Me|la|min|harz *auch:* **Me|la|min|harz** ⟨n.; -es; unz.; Chemie⟩ Kunstharz aus der Gruppe der Aminoplaste, das den Harnstoffharzen ähnlich ist [<grch. *melas* »schwarz« + *Amin* + *Harz*]

me|lan..., Me|lan... ⟨in Zus.⟩ = melano..., Melano...

Me|lä|na ⟨f.; -; unz.; Med.⟩ durch Blutungen in Magen od. Darm schwarz gefärbter Stuhl [zu grch. *melas* »schwarz«]

Me|lan|ä|mie *auch:* **Me|la|nä|mie** ⟨f.; -; unz.; Med.⟩ Ablagerung dunkler Pigmente in Milz, Leber, Knochenmark u. Hirnrinde [<*Melan...* + *...ämie*]

Me|lan|cho|lie ⟨[-ko-] f.; -; unz.⟩ Schwermut, Trübsinn, Traurigkeit, Weltschmerz [<lat. *melancholia* <grch. *melagcholia*, eigtl. »Schwarzgalligkeit« <*melas* »schwarz« + *chole* »Galle«]

Me|lan|cho|li|ker ⟨[-koː-] m.; -s, -s⟩ schwermütiger, zu Trübsinn u. Traurigkeit neigender Mensch

me|lan|cho|lisch ⟨[-koː-] Adj.⟩ schwermütig, trübsinnig, traurig

Me|lan|ge ⟨[-lɑ̃ːʒ(ə)] f.; -, -n⟩ 1 Mischung, Gemisch 2 ⟨österr.⟩ Milchkaffee 3 ⟨Textilw.⟩ Woll- u. Baumwollgarn aus verschiedenen Fasern [<frz. *mélange* »Mischung«; zu *mêler* »mischen«]

Me|la|nin ⟨n.; -s, -e; Biol.⟩ 1 rotes bis schwarzes Pigment, das weit verbreitet in allen Tierklassen u. beim Menschen vorkommt, Hautfarbstoff 2 Farbstoff, der die dunkle Färbung mancher Früchte hervorruft [<grch. *melas* »schwarz«]

Me|la|nit ⟨m.; -(e)s, -e; Min.⟩ schwarzbrauner Granat [zu grch. *melas* »schwarz«]

Me|la|nis|mus ⟨m.; -; unz.; Med.⟩ krankhafte, dunkle Färbung der Körperoberfläche bei Tier u. Mensch [→ *Melanin*]

me|la|no..., Me|la|no... ⟨in Zus.⟩ dunkel, schwarz, schwärzlich [<grch. *melas*, Gen. *melanos* »schwarz«]

me|la|no|derm ⟨Adj.; Med.⟩ überpigmentiert, dunkelhäutig; *Ggs* leukoderm [<*melano...* + *...derm*]

Me|la|no|der|mie ⟨f.; -, -n; Med.⟩ Dunkelfärbung der Haut durch Überpigmentierung [<*Melano...* + *...dermie*]

Me|la|no|glos|sie ⟨f.; -, -n; Med.⟩ dunkler, haarförmiger Belag auf der Zunge [<*Melano...* + grch. *glossa* »Zunge«]

me|la|no|krat ⟨Adj.; Geol.⟩ überwiegend dunkle Bestandteile aufweisend u. daher dunkel erscheinend (von Gesteinen); *Ggs* leukokrat [<*melano...* + *...krat*]

Me|la|nom ⟨n.; -s, -e; Med.⟩ meist bösartige Geschwulst der Haut od. der Schleimhaut, die von den pigmentbildenden Zellen ausgeht [→ *Melano...*]

Me|la|no|pho|ren ⟨Pl.⟩ Farbstoffträger der Pigmentzellen, die Melanine enthalten [<*Melano...* + *...phor¹*]

Me|la|no|se ⟨f.; -, -n⟩ 1 ⟨Bot.⟩ Schwärzung in pflanzlichen Geweben als Folge der Bildung von schwarzen Farbstoffen 2 ⟨Med.⟩ Bildung dunkler Flecken auf der Haut [<grch. *melas* »schwarz«]

Me|la|no|tro|pin ⟨n.; -s; unz.; Biochemie⟩ im Hypophysenzwischenlappen gebildetes Hormon, das die Hautpigmentierung regelt u. bes. bei Fischen u. Amphibien eine (vorübergehende) Dunkelfärbung bewirkt; *Sy* Intermedin; →*a*. Melatonin [<*Melano*... + ...*trop*]

Me|lan|te|rit ⟨m.; -s, -e; Min.⟩ Eisenvitriol [<grch. *melanteria* »Schuhschwärze«; zu *melas* »schwarz«]

Me|lan|u|rie *auch:* **Me|la|nu|rie** ⟨f.; -, -n; Mied.⟩ Ausscheidung melaninhaltigen Harns

Me|la|phyr ⟨[-fy:r] m.; -s, -e; Min.⟩ schwarzer Porphyr [<*Melano*... + *Porphyr*]

Me|las|se ⟨f.; -, -n⟩ zähflüssiger, brauner Rückstand bei der Herstellung von Zucker [<frz. *mélasse* <lat. *mel*, grch. *meli* »Honig«]

Me|la|to|nin ⟨n.; -s; unz.; Biochemie⟩ Hormon der Zirbeldrüse, das bei Amphibien zu einer Aufhellung der Haut führt u. beim Menschen eine hemmende Wirkung auf die Entwicklung der Geschlechtsdrüsen hat; →*a*. Melanotropin [<*Melano*... + grch. *tonos* »Spannung«]

me|lie|ren ⟨V.⟩ (ver)mischen, vermengen, sprenkeln [<frz. *mêler* »mischen«]

me|liert ⟨Adj.⟩ **1** ⟨Textilw.⟩ aus zwei od. mehreren Farben od. Geweben gemischt **2** leicht ergraut, von grauen Strähnen durchzogen (von Haaren) [<frz. *mêler* »mischen«]

Me|lik ⟨f.; -; unz.; Musik⟩ singbare od. gesungene Lyrik, Lieddichtung [<grch. *melos* »Gesang, Lied«]

Me|li|o|ra|tion ⟨f.; -, -en⟩ **1** Verbesserung **2** ⟨Sprachw.⟩ Bedeutungswandel eines Wortes zum Besseren, z. B. lat. caballarius »Pferdeknecht« zu »Kavalier«; *Ggs* Pejoration **3** ⟨Landw.⟩ Bodenverbesserung (durch Bewässerung, Eindeichung u. a.) [<lat. *melioratio* »Verbesserung«; zu *melior* »besser«]

me|li|o|ra|tiv ⟨Adj.; Sprachw.⟩ bedeutungsverbessernd, in der Bedeutung sich positiv verändern (von Wörtern); *Ggs* pejorativ

Me|li|o|ra|ti|vum ⟨[-vum] n.; -s, -ti̱|va [-va]; Sprachw.⟩ Wort, dessen Bedeutung sich im Lauf seiner Entwicklung verbessert hat, z. B. »Kavalier« <lat. caballarius »Pferdeknecht«; *Ggs* Pejorativum

me|li|o|rie|ren ⟨V.; Landw.⟩ *Ackerboden* ~ verbessern [<lat. *melior* »besser«]

Me|li|o|rie|rung ⟨f.; -, -en⟩ = Melioration

Me|li|o|ris|mus ⟨m.; -; unz.⟩ Theorie, dass die sozialen Verhältnisse durch fortgesetzte Steuerung besser werden [zu lat. *melior* »besser«]

Me|lis ⟨m.; -; unz.⟩ unvollständig gereinigter, gelblicher Zucker [<lat. *mel*, grch. *meli* »Honig«; verwandt mit *Mehltau*]

me|lisch ⟨Adj.; Musik⟩ liedhaft [<grch. *melos* »Lied, Gesang«]

Me|lis|ma ⟨n.; -s, -lis̱|men; Musik⟩ melod. Verzierung, Koloratur [grch., »Gesang, Lied«]

Me|lis|ma|tik ⟨f.; -; unz.; Musik⟩ Kunst der melod. Verzierung

me|lis|ma|tisch ⟨Adj.; Musik⟩ mit mehreren Noten auf einer Silbe, verziert; *Ggs* syllabisch (2); ~*er Gesang*

Me|lis|se ⟨f.; -, -n; Bot.⟩ Gattung der Lippenblütler mit Blüten, die nach Zitrone duften, Zitronenkraut: Melissa [<mlat. *melissa* <grch. *melissophyllon* »Bienenkraut«]

Me|lis|sen|geist ⟨m.; -(e)s; unz.⟩ = Karmelitergeist

Me|li|to|se ⟨f.; -, -n⟩ = Raffinose

Mel|lo|tron *auch:* **Mel|lot|ron** ⟨n.; -s, -e; Musik⟩ seit Ende der 1950er Jahre bes. in der Rock- u. Unterhaltungsmusik verwandtes, elektromechanisches Tasteninstrument, das auf Mehrspurbändern gespeicherte Originaltöne von Streicher-, Bläser- u. Vokalklängen über die Tastatur abrufbar macht; →*a*. Sampler [<engl. *melody electronics* »Melodienelektronik«]

Me|lo|die ⟨f.; -, -n; Musik⟩ in sich geschlossene, sangbare Folge von Tönen [<mhd. *melodie* <spätlat. *melodia* <grch. *meloi-*

dia »Singweise« <*melos* »Lied, Gesang« + *oide* »Singen«]

Me|lo|die|in|stru|ment *auch:* **Me|lo|die|ins|tru|ment, Me|lo|die|inst|ru|ment** ⟨n.; -s, -e; Musik⟩ Musikinstrument, das die Melodie eines Musikstücks führt (bes. Streich-, Blasinstrument)

Me|lo|dik ⟨f.; -; unz.; Musik⟩ **1** Lehre von der Bildung u. Gestaltung einer Melodie **2** melod. Eigenart, Besonderheit, die melod. Merkmale, z. B. eines Musikstücks, eines Komponisten, der Musik einer Zeit

me|lo|di|ös ⟨Adj.; Musik⟩ melodisch schön, harmonisch, wohlklingend [<frz. *mélodieux*]

me|lo|disch ⟨Adj.; Musik⟩ **1** auf die Melodie bezüglich, die Melodie betreffend **2** = melodiös **3** ~*e Molltonleiter* Molltonleiter, bei der die 6. u. 7. Stufe erhöht ist; *Ggs* harmonische Molltonleiter [→ *Melodie*]

Me|lo|dram ⟨n.; -s, -en⟩ *oV* Melodrama **1** gesprochene Dichtung mit musikalischer Untermalung **2** ⟨fig.; umg.⟩ leidenschaftliche Auseinandersetzung, tränenreicher Konflikt [<grch. *melos* »Lied, Gesang« + *drama* »Handlung«]

Me|lo|dra|ma ⟨n.; -s, -dra̱|men⟩ = Melodram

Me|lo|dra|ma|tik ⟨f.; -; unz.⟩ (übertrieben) leidenschaftliche, gefühlvolle Beschaffenheit; *die* ~ *dieses Theaterstücks ist unerträglich* [→ *Melodram*]

me|lo|dra|ma|tisch ⟨Adj.⟩ **1** in der Art eines Melodramas (1) **2** ⟨fig.; umg.⟩ leidenschaftlich, tränenreich, theatralisch

Me|lo|graf ⟨m.; -en, -en⟩ = Melograph

Me|lo|graph ⟨m.; -en, -en; Musik⟩ Apparat zur mechanischen u. reproduzierbaren Aufzeichnung des Klavierspiels, Notenschreiber; *oV* Melograf; *Sy* Pianograph [<grch. *melos* »Lied, Gesang« + ...*graph*]

Me|lo|ne ⟨f.; -, -n⟩ **1** ⟨Bot.⟩ Kürbisgewächs mit saftigen Früchten, die roh genossen werden: Cucimis melo; *Zucker*~; *Wasser*~ **2** ⟨umg.⟩ steifer, runder Herrenhut [<mhd. *melone, melun(e)* <ital. *melone* <lat. *melo* <grch. *melon* »Apfel«]

Melopöie

Me|lo|pö|ie ⟨f.; -; unz.⟩ **1** ⟨im antiken Griechenland⟩ Herstellung eines Melos, Erfindung musikalischer Weisen **2** ⟨Musik⟩ Lehre von der Melodiebildung, Kompositionslehre [< grch. *melopoiia* »Vertonen von Liedern« < *melos* »Lied« + *poiein* »schaffen«]

Me|los ⟨n.; -; unz.; Musik⟩ Melodie, melod. Linie, melodischer Gehalt [grch., »Lied, Gesang«]

Mel|ton ⟨m.; - od. -s, -s⟩ Textilw.⟩ weicher Kammgarnstoff mit aufgerauter Oberfläche [nach der engl. Stadt *Melton*]

Member of Parliament ⟨[mɛmbə(r) ɔv pɑːləmənt] n.; - - -, -s - -; Abk.: M. P.; in Großbritannien⟩ gewähltes Mitglied des House of Commons [engl., »Parlamentsmitglied«]

Mem|bran *auch:* **Mem|bran** ⟨f.; -, -en⟩ *oV* Membrane **1** dünnes, schwingungsfähiges Blättchen aus Metall, Papier, Gummi zum Übertragen von Schallwellen **2** ⟨Anat.⟩ dünnes Häutchen, z. B. Zellwand, Trommelfell [< lat. *membrana* »Häutchen; Haut; Schreibhaut, Pergament«; zu *membrum* »Glied, Körperglied«]

Mem|bra|ne *auch:* **Mem|bra|ne** ⟨f.; -, -n⟩ = Membran

Mem|bra|no|fon *auch:* **Mem|bra|no|fon** ⟨n.; -s, -e; Musik⟩ = Membranophon

Mem|bra|no|phon *auch:* **Mem|bra|no|phon** ⟨n.; -s, -e; Musik⟩ jedes Musikinstrument, dessen Töne durch Schwingungen einer Membran hervorgebracht werden, z. B. Pauke, Trommel; *oV* Membranofon [< *Membran* + ...*phon*]

Mem|brum *auch:* **Mem|brum** ⟨n.; -s, Mem|bra; Anat.⟩ Körperglied [lat.]

Me|men|to ⟨n.; -s, -s⟩ Mahnung, Mahnruf, Erinnerung [lat., »gedenke!«]

Me|men|to mo|ri ⟨n.; - -, - -⟩ Gedenke des Todes, denke daran, dass du sterben musst! [lat.]

Me|mo ⟨n.; -s, -s; kurz für⟩ Memorandum

Me|moire ⟨[-moaːr] n.; -s, -s⟩ Denkschrift, (schriftliche) Eingabe [< frz. *mémoire* »Erinnerung, Gedächtnis, Andenken«; zu lat. *memorare* »erinnern«]

Memoiren (*Worttrennung am Zeilenende*) Die Worttrennung am Zeilenende folgt auch bei Fremdwörtern der im Deutschen gebräuchlichen Trennung nach Sprechsilben. Dabei ist zu beachten, dass für die Trennung von Fremdwörtern die fremdsprachliche Aussprache entscheidend ist. So bildet die Buchstabengruppe »-oi-« [oa] bei »*Memoiren*« eine nicht trennbare Vokalverbindung.

Me|moi|ren ⟨[-moaːrən] nur Pl.⟩ (zeitgeschichtl. interessante) Erinnerungen an das eigene Leben, Lebenserinnerungen

me|mo|ra|bel ⟨Adj.; veraltet⟩ denkwürdig; *ein memorabler Monat liegt hinter uns* [< lat. *memorabilis*]

Me|mo|ra|bi|li|en ⟨nur Pl.⟩ Denkwürdigkeiten [< lat. *memorabilis* »denkwürdig«]

Me|mo|ran|dum ⟨n.; -s, -ran|den od. -ran|da⟩ **1** ⟨Diplomatie⟩ Denkschrift **2** Merkbuch [< lat. *memorandum* »etwas zu Erinnerndes, Denkschrift«; zu *memorare* »erinnern, in Erinnerung bringen«]

Me|mo|ri|al[1] ⟨n.; -s, -e od. -li|en⟩ Erinnerungsbuch, Tagebuch [< lat. *memorialis* »zum Andenken gehörig«]

Me|mo|ri|al[2] ⟨[mɪmɔrɪəl] n.; -s, -s⟩ sportl. Wettkampf, Veranstaltung zum Gedenken eines Verstorbenen [engl., < lat. *memorialis* »zum Andenken gehörig«]

me|mo|rie|ren ⟨V.⟩ **1** auswendig lernen, sich einprägen **2** aus dem Gedächtnis her-, aufsagen; *ein wichtiges Ereignis, eine ausgelassene Party ~* [< lat. *memorare* »erinnern«; zu *memor* »sich erinnernd, eingedenk«]

Me|mo|ry® ⟨n.; -s, -s; unz.⟩ Gesellschaftsspiel für Kinder, bei dem aus einer Anzahl verdeckter Bildkärtchen jeweils gleiche Paare gefunden werden müssen [engl., »Gedächtnis«]

Me|mo|ry ⟨n.; -s, -s; EDV⟩ Speicher [→ *Memory*®]

Mem|phis ⟨m.; -, -; Musik⟩ Gesellschaftstanz der 60er Jahre [nach der Stadt *Memphis* im US-Bundesstaat Tennessee]

Me|na|ge ⟨[-ʒə] f.; -, -n⟩ **1** tragbares Gestell zum Essenholen, in das Schüsseln eingesetzt werden **2** Ständer mit Gefäßen für Essig u. Öl **3** (sparsame) Wirtschaft **4** Haushalt **5** ⟨österr.⟩ militär. Verpflegung [< frz. *ménage* »Haushalt, Wirtschaft, Hausrat«]

Me|na|ge|rie ⟨[-ʒe-] f.; -, -n; veraltet⟩ **1** Tierschau **2** Tierpark, -gehege [< frz. *ménagerie*]

Men|ar|che *auch:* **Me|nar|che** ⟨f.; -; unz.; Med.⟩ Zeitpunkt der ersten Regelblutung [< grch. *men* »Monat« + *arche* »Anfang, Beginn«]

Men|de|le|vi|um ⟨[-vi-] n.; -s; unz.; chem. Zeichen: Md⟩ chem. Grundstoff, Ordnungszahl 101, ein Transuran [nach dem russ. Chemiker Dimitrij *Mendelejew*, 1834-1907]

Men|de|lis|mus ⟨m.; -; unz.; Bot.⟩ Richtung der Vererbungslehre [nach dem Botaniker u. Vererbungsforscher Gregor Johann *Mendel*, 1822-1884]

Men|di|kant ⟨m.; -en, -en⟩ Bettelmönch [< lat. *(fratres) mendicantes* »Bettelmönche«; zu *mendicare* »(er)betteln«]

Men|di|kan|ten|or|den ⟨m.; -s, -⟩ Bettelorden

Me|nes|trel *auch:* **Me|nes|trel** ⟨m.; -s, -s; in Frankreich im MA⟩ Sänger, Spielmann im Dienst eines Fürsten [→ *Minstrel*]

Me|ne|te|kel ⟨n.; -s, -⟩ (geheimnisvolles) Anzeichen drohender Gefahr, warnendes Vorzeichen [nach dem AT die Anfangsworte der Geisterschrift, die dem König Belsazar seinen Sturz voraussagte]

me|ne|te|keln ⟨V.; umg.⟩ düstere Prophezeiungen machen, Unheilvolles voraussagen [→ *Menetekel*]

Men|hir ⟨m.; -s, -e; Archäol.⟩ jungsteinzeitlicher, aufrecht stehender, hoher Stein von kultischer Bedeutung, z. B. im engl. Stonehenge [< kelt. *men* »Stein« + *hir* »lang«]

me|nin|ge|al ⟨Adj.; Med.⟩ zu den Hirnhäuten gehörend [→ *Meninx*]

602

Me|nin|ge|om ⟨n.; -s, -e; Med.⟩ Hirnhautgeschwulst; *oV* Meningiom [→ *Meninx*]
Me|nin|gi|om ⟨n.; -s, -e; Med.⟩ = Meningeom
Me|nin|gi|tis ⟨f.; -, -ti|den; Med.⟩ Gehirnhautentzündung [zu grch.. *meninx* »Haut«]
Me|nin|go|kok|ke ⟨f.; -, -n; meist Pl.; Med.⟩ kugelförmiges Bakterium, Erreger der epidemischen Hirnhautentzündung [<*Meninx* + *Kokkus*]
Me|nin|go|mye|li|tis ⟨f.; -, -ti|den; Med.⟩ Entzündung des Rückenmarks [<*Meninx* + *Myelitis*]
Me|nin|go|ze|le ⟨f.; -, -n; Med.⟩ Hirnhautbruch [<*Meninx* + grch. *kele* »Bruch«]
Me|ninx ⟨f.; -, -nin|ges [-ge:s]; Anat.⟩ Hirn- bzw. Rückenmarkshaut [grch., »Haut«]
Me|nis|ken|glas ⟨n.; -(e)s, -gläser⟩ Glas, Linse, bei dem beide Oberflächen die gleiche Krümmungsart (konvex, konkav) aufweisen, z. B. Brillenglas; *Sy* Meniskus (3) [<grch. *meniskos* »mondförmiger Körper«]
Me|nis|kus ⟨m.; -, -nis|ken⟩ **1** ⟨Anat.⟩ halbmondförmiger Knorpel im Kniegelenk **2** ⟨Physik⟩ gewölbte Oberfläche einer Flüssigkeit in einer engen Röhre **3** ⟨Optik⟩ = Meniskenglas [<grch. *meniskos* »Möndchen, mondförmiger Körper«; zu *mene* »Mond«]
Men|ni|ge ⟨f.; -; unz.; Chemie⟩ rotes Rostschutzmittel, chem. ein Bleioxid; *Sy* Minium [<iber., lat. *minium* »Zinnober«; nach *Minius*, dem lat. Namen des span. Flusses *Miño* (nach seinem roten Wasser)]
me|no ⟨Musik⟩ weniger; *Ggs* piu; ~ *forte* weniger laut (zu spielen) [ital.]
me|no..., Me|no... ⟨in Zus.⟩ monats..., Monats... [<grch. *men*, Gen. *menos* »Monat«]
Me|no|pau|se ⟨f.; -, -n; Med.⟩ Aufhören der Menstruation in den Wechseljahren [<*Meno...* + grch. *pauein* »aufhören lassen«]
Me|no|ra ⟨f.; -; unz.⟩ der meist siebenarmige Leuchter der Juden, heute religiöses Symbol [<hebr. *menorah* »Leuchter«]

Me|nor|rha|gie ⟨f.; -, -n; Med.⟩ zu starke Menstruation [<*Meno...* + *...rrhagie*]
Me|nor|rhö ⟨f.; -, -en; Med.⟩ = Menorrhöe
Me|nor|rhöe ⟨[-rø:] f.; -, -n; Med.⟩ = Menstruation; *oV* Menorrhö [<*Meno...* + *...rrhö*]
me|nor|rhö|isch ⟨Adj.; Med.⟩ = menstrual (3)
Me|no|sta|se *auch:* **Me|nos|ta|se** ⟨f.; -, -n; Med.⟩ Ausbleiben der Menstruation [<*Meno...* + *...stase*]
Men|sa ⟨f.; -, Men|sen; kurz für⟩ **1** ~ *Domini* Tisch des Herrn, Altar **2** ~ *academica* akadem. Mittagstisch, Speisehaus für Studierende mit verbilligtem Mittagessen [lat.]
Men|sche|wik ⟨m.; -en, -en od. -wiki; Politik⟩ Vertreter, Angehöriger des Menschewismus [<russ. *menšinstvo* »Minderheit«]
Men|sche|wis|mus ⟨m.; -; unz.; Politik⟩ die gemäßigte Richtung der russ. sozialdemokrat. Arbeiterpartei; *Ggs* Bolschewismus
Men|sche|wist ⟨m.; -en, -en; Politik⟩ = Menschewik
men|sche|wis|tisch ⟨Adj.; Politik⟩ den Menschewismus betreffend, zu ihm gehörend
men|sen|die|cken ⟨V.⟩ nach einem bestimmten System Gymnastik treiben [nach der ndrl.-amerikan. Ärztin Bess M. *Mensendieck*, 1864 -1960]
Men|ses ⟨Pl.; Sing.: Mensis; Med.⟩ = Menstruation [lat., Pl. zu *mensis* »Monat«]
men|sis cur|ren|tis ⟨Abk.: m. c.⟩ (des) laufenden Monats [lat.]
mens sa|na in cor|po|re sa|no ⟨geh.⟩ ein gesunder Geist in einem gesunden Körper (Wahlspruch für eine gleichermaßen geistige u. körperl. Ausbildung) [lat.]
mens|tru|al *auch:* **menstru|al** ⟨Adj.⟩ **1** monatlich wiederkehrend **2** einen Monat lang **3** ⟨Med.⟩ zur Menstruation gehörend, auf ihr beruhend; *Sy* menorrhöisch, menstruell [<lat. *menstrualis* »monatlich«]
Mens|tru|a|ti|on *auch:* **Menstru|a|ti|on** ⟨f.; -, -en; Med.⟩ die in etwa 28-tägigem Abstand erfolgende, mit einer Blutung einhergehende Abstoßung der Gebärmutterschleimhaut bei unbefruchteter Eizelle, Monatsblutung, Regel; *Sy* Katamenien, Menorrhö(e), Menses, Periode (5) [→ *menstruieren*]
mens|tru|ell *auch:* **menstru|ell** ⟨Adj.; Med.⟩ = menstrual (3)
mens|tru|ie|ren *auch:* **menstru|ie|ren** ⟨V.; Med.⟩ die Menstruation haben [<lat. *menstruare*; zu *mensis* »Monat«]
men|su|al ⟨Adj.⟩ monatlich
Men|sur ⟨f.; -, -en⟩ **1** Maß, Messung **2** Abstand zweier Fechter voneinander **3** studentl. Zweikampf mit Säbel od. Degen **4** ⟨Musik⟩ um 1250 festgelegtes Maß, das die Verhältnisse der Notenwerte zueinander bestimmt **5** ⟨Musik⟩ das Verhältnis zwischen den Maßen der einzelnen Musikinstrumente, z. B. Saitenlänge, Hals, Resonanzkörper bei Saiteninstrumenten **6** ⟨Chemie⟩ Glasgefäß mit Maßeinteilung zum Abmessen von Flüssigkeiten [<lat. *mensura* »das Messen, das Maß«; zu *metiri* »messen, abmessen«]
men|su|ra|bel ⟨Adj.⟩ messbar; *Ggs* immensurabel; *mensurable Größen* [<neulat. *mensurabilis* <lat. *mensura* »Maß, das Messen«]
Men|su|ra|bi|li|tät ⟨f.; -; unz.⟩ Messbarkeit
men|su|ral ⟨Adj.⟩ zum Messen gehörig od. dienend
Men|su|ral|mu|sik ⟨f.; -; unz.; Musik; 13.-16. Jh.⟩ in Mensuralnotation aufgezeichnete Instrumentalmusik, bei der die einzelnen Noten je nach der durch das Taktvorzeichen bestimmten Mensur verschiedene Werte haben
Men|su|ral|no|ta|ti|on ⟨f.; -; unz.; Musik; bis 1600⟩ die Modalnotation ablösende Notenschrift, in der die Dauer der Töne (gemäß ihrer Mensur) genau festgelegt ist
men|su|riert ⟨Adj.; Musik⟩ in bestimmten Maßverhältnissen stehend, bestimmte Maßverhältnisse besitzend [→ *Mensur*]
men|tal[1] ⟨Adj.⟩ **1** geistig; ~*es Training* **2** nur gedacht, unaus-

mental²

gesprochen, bewusst zurückgehalten [<mlat. *mentalis* »geistig, in der Vorstellung vorhanden« <lat. *mens* »Geist, Verstand, Vorstellung«]
men|tal² ⟨Adj.; Med.⟩ zum Kinn gehörig [<lat. *mentum* »Kinn«]
Men|ta|lis|mus ⟨m.; -; unz.⟩ **1** ⟨Psych.⟩ psychologische Richtung, die mittels theoretischer Modelle die Organisationsprinzipien des menschlichen Geistes (z. B. Kreativität) erklären will, da sie menschliches Handeln als Ergebnis mentaler Vorgänge ansieht **2** ⟨Philos.⟩ sprachphilosophische Theorie, die das Zustandekommen von Erkenntnis in der Terminologie innerer, mentaler Vorgänge darzustellen sucht [→ *mental*]
men|ta|lis|tisch ⟨Adj.⟩ den Mentalismus betreffend, zu ihm gehörend, auf ihm beruhend
Men|ta|li|tät ⟨f.; -, -en⟩ seelisch-geistige Einstellung [→ *mental*]
Men|tal|re|ser|va|ti|on ⟨[-va-] f.; -, -en; Rechtsw.⟩ stiller, nur in Gedanken gemachter Vorbehalt
Men|tal|sug|ges|ti|on ⟨f.; -, -en⟩ Gedankenübertragung
men|te cap|tus ⟨geh.⟩ des Verstandes beraubt, unzurechnungsfähig, begriffsstutzig [lat.]
Men|tee ⟨[mɛnti:] f.; -, -s od. m.; -s, -s; Wirtsch.; Politik⟩ jüngere Person, die von einem erfahrenen Mentor od. einer Mentorin während eines bestimmten Zeitraumes betreut u. in ihre Tätigkeit eingewiesen wird; → *a.* Trainee [→ *Mentor*]
Men|thol ⟨n.; -s; unz.; Chemie⟩ Bestandteil des Pfefferminzöls [<lat. *mentha, menta* »Minze« + ...*ol*]
Men|tor ⟨m.; -s, -to|ren⟩ Lehrer, Berater, Erzieher [grch.; nach *Mentor*, dem Erzieher des Telemach in der Odyssee]
Men|to|rin ⟨f.; -, -rin|nen⟩ Lehrerin, Beraterin, Erzieherin
Men|to|ring ⟨n.; - od. -s, -s⟩ Berufseinführung von Nachwuchskräften (bes. jungen Frauen) für Führungspositionen durch eine Mentorin od. einen Mentor; ~ *als Instrument der Frauenförderung* [engl.]

Men|tum ⟨n.; -s, Men|ta⟩ **1** ⟨Zool.⟩ Teil der Unterlippe von Insekten **2** ⟨Med.⟩ Kinn [lat.]
Me|nu ⟨n.; -s, -s⟩ = Menü
Me|nü ⟨n.; -s, -s⟩ *oV* Menu **1** festgelegte Speisenfolge, Gedeck **2** Essen mit mehreren Gängen **3** ⟨EDV⟩ auf dem Bildschirm dargestellte Übersicht über die nächstmöglichen Befehle [<frz. *menu* »Speisekarte, Essen«]
Me|nu|ett ⟨n.; -(e)s, -e od. -s; Musik⟩ **1** altfranzös. Volkstanz im $^3/_4$-Takt u. mäßigem Tempo **2** ⟨17. Jh.⟩ Gesellschafts- u. Hoftanz **3** Satz in Sinfonie, Sonate, Suite, Kammermusik [frz., »Tanz mit kleinen Schritten«]
Me|nü|leis|te ⟨f.; -, -n; EDV⟩ balkenförmige Anzeige (am oberen Bildschirmrand) der in einem Programm verfügbaren Menüs
me|phis|to|phe|lisch ⟨Adj.⟩ in der Art des Mephistopheles, teuflisch, böse
...mer ⟨Nachsilbe; zur Bildung von Adj.⟩ ...teilig, eine bestimmte Zusammensetzung besitzend; *monomer; polymer* [<grch. *meros* »Teil«]
Mer|cal|lis|ka|la *auch:* **Mer|cal|li-Ska|la** ⟨f.; -; unz.⟩ zwölfstufige Skala zum Messen der Stärke von Erdbeben [nach dem Vulkanologen G. *Mercalli*, 1850–1914]
Mer|cap|tan ⟨n.; -s; unz.; Chemie⟩ unangenehm riechende Flüssigkeit, chemisch ein Alkohol, dessen Sauerstoffatom durch ein Schwefelatom ersetzt wurde, verwendet für chem. Synthesen u. als Odoriermittel; *oV* Merkaptan [<lat. *corpus mercurio aptum* »für Merkur (= Quecksilber) geeigneter Körper«]
Mer|ca|tor|pro|jek|ti|on *auch:* **Mer|ca|tor-Pro|jek|ti|on** ⟨f.; -, -en⟩ winkeltreue zylindrische Kartenprojektion [nach dem Geographen *Mercator*, dt. Gerhard Kremer, 1512–1594]
Mer|ce|rie ⟨[-sə-] f.; -, -n; schweiz.⟩ Geschäft für Kurzwaren [frz.]
mer|ce|ri|sie|ren ⟨[-sə-] V.⟩ = merzerisieren

Mer|chan|di|ser ⟨[mœ:tʃəndaɪzə(r)] m.; -s, -; Wirtsch.⟩ Angestellter eines Unternehmens, der für die Verkaufsförderung zuständig ist [engl.]
Mer|chan|di|sing ⟨[mœ:tʃəndaɪzɪŋ] n.; -s; unz.⟩ **1** Maßnahmen zur Verkaufsförderung von Waren (z. B. Werbung) **2** Weiterverwertung von Titeln, Figuren u. a., die durch Kino- od. Fernsehfilme bekannt wurden [zu engl. *merchandise* <lat. *mercari* »handeln«]
mer|ci! ⟨[-si:]⟩ danke! [frz.]
Mer|cu|ri|um ⟨n.; -s; unz.; Chemie⟩ Quecksilber [lat.]
Mer|cu|ri|ver|bin|dung ⟨f.; -, -en; Chemie⟩ Quecksilberverbindung, in der das Quecksilber in zweiwertiger Form auftritt, heutige Bez.: Quecksilber (II)-Verbindung; *oV* Merkuriverbindung
Mer|cu|ro|ver|bin|dung ⟨f.; -, -en; Chemie⟩ Quecksilberverbindung, in der das Quecksilber in einwertiger Form auftritt, heutige Bez.: Quecksilber (I)-Verbindung; *oV* Merkuroverbindung
merde! ⟨[mɛrd]⟩ Scheiße! [frz.]
Me|re|dith ⟨m.; -s, -s⟩ Problemaufgabe mit mindestens acht u. höchstens zwölf Steinen beim Schach [nach dem amerikan. Komponisten *Meredith*]
Mer|ger ⟨[mœ:dʒə(r)] m.; -s, -; Wirtsch.⟩ Fusion, Zusammenschluss von Unternehmen [engl.]
Me|ri|di|an ⟨m.; -s, -e⟩ **1** ⟨Astron.⟩ größter Kreis der Himmelskugel, der durch Nord- u. Südpunkt des Horizonts sowie durch Zenit u. Nadir geht, Mittagskreis **2** ⟨Geogr.⟩ Großkreis auf der Erdkugel, der senkrecht auf dem Äquator steht u. durch beide Pole geht, Längenkreis [<lat. *(circulus) meridianus* »Mittagskreis«, also eigtl. »Äquator«; zu *meridies* »Mittag«]
Me|ri|di|an|kreis ⟨m.; -es, -e; Astron.⟩ Messgerät mit fein geteiltem Kreis zum Messen u. Beobachten von Gestirnen beim Durchgang durch den Meridian

me|ri|di|o|nal ⟨Adj.⟩ **1** den Meridian betreffend, nordsüdlich gerichtet **2** südlich [<lat. *meridionalis* <*meridies* »Mittag«]

Me|ri|di|o|na|li|tät ⟨f.; -; unz.⟩ südl. Lage od. Richtung

...me|rie ⟨Nachsilbe; zur Bildung weibl. Subst.⟩ ...teiligkeit, Zusammensetzung; *Monomerie; Polymerie* [→ *...mer*]

Me|rin|ge ⟨f.; -, -n⟩ = Baiser

Me|rin|gel ⟨n.; -s, -⟩ = Baiser [<frz. *meringue* »Baiser«]

Me|rin|gue ⟨[merɛ̃:g] n.; -s, -s⟩ = Baiser [frz.]

Me|ri|no ⟨m.; -s, -s; Zool.⟩ aus Spanien stammendes, rein weißes Schaf mit sehr feiner Wolle [span.; nach dem Berberstamm der *Beni Merin*]

Me|ris|tem ⟨n.; -s, -e; Biol.⟩ pflanzl. Gewebe, in dem Zellteilung u. Neubildung stattfindet [<grch. *meristes* »teilend«]

me|ris|te|ma|tisch ⟨Adj.; Biol.⟩ teilungsfähig (von Gewebszellen) [→ *Meristem*]

Me|ris|tom ⟨n.; -s, -e; Med.⟩ = Zytoblastom [zu grch. *merizein* »teilen«]

Me|ri|ten ⟨Pl. von⟩ Meritum

me|ri|to|risch ⟨Adj.⟩ **1** ⟨veraltet⟩ verdienstlich **2** ⟨österr.⟩ sachlich, inhaltlich [<lat. *meritorius* »womit man Geld verdient«]

Me|ri|tum ⟨n.; -s, -ri|ten⟩ **1** das Verdienst **2** ⟨Rel.⟩ Verdienst vor Gott durch gute Werke [lat.; zu *merere* »verdienen«]

mer|kan|til ⟨Adj.; Wirtsch.⟩ kaufmännisch, den Handel betreffend [<ital. *mercantile*; zu *mercante* »Händler« <lat. *mercari* »handeln«]

Mer|kan|ti|lis|mus ⟨m.; -; unz.; Wirtsch.⟩ wirtschaftl. System des Absolutismus im 16.-18. Jh., das die Förderung des Außenhandels u. daher auch der Industrie erstrebte; *Sy* Merkantilsystem

Mer|kan|ti|list ⟨m.; -en, -en; Wirtsch.⟩ Anhänger, Vertreter des Merkantilismus

mer|kan|ti|lis|tisch ⟨Adj.; Wirtsch.⟩ den Merkantilismus betreffend, auf ihm beruhend

Mer|kan|til|sys|tem ⟨n.; -s; unz.; Wirtsch.⟩ = Merkantilismus

Mer|kap|tan ⟨n.; -s; unz.; Chemie⟩ = Mercaptan

Mer|kur[1] ⟨m.; -s; unz.⟩ **1** ⟨Myth.⟩ römischer Gott der Kaufleute, Götterbote **2** ⟨Astron.⟩ der sonnennächste Planet unseres Sonnensystems [lat.; nach dem röm. Gott *Mercurius*]

Mer|kur[2] ⟨n.; -s; unz.; Alchimie⟩ Quecksilber [→ *Merkur*[1]]

Mer|ku|ri|a|lis|mus ⟨m.; -; unz.; Med.⟩ Quecksilbervergiftung [<lat. *mercurium* »Quecksilber«]

Mer|ku|ri|ver|bin|dung ⟨f.; -, -en; Chemie⟩ = Mercuriverbindung

Mer|ku|ro|ver|bin|dung ⟨f.; -, -en; Chemie⟩ = Mercuroverbindung

Mer|lan ⟨m.; -s, -e; Zool.⟩ Schellfischart der europäischen Küstengewässer, Wittling: Gadus merlangus [frz., »Weißling«; → *Merle*]

Mer|le ⟨f.; -, -n; mundartl.⟩ Amsel [frz. <lat. *merula* »Amsel«]

Mer|lin ⟨a. ['--] m.; -s, -e; Zool.⟩ sehr kleiner Falke offener Landschaften Nordeuropas: Falco columbarius [→ *Merle*]

Me|ro|ga|mie ⟨f.; -, -n; Biol.⟩ Kopulation von Keimzellen, die durch Zwei- od. Vielfachteilung eines Gamonten entstanden sind [<grch. *meros* »Teil« + *...gamie*]

Me|ro|go|nie ⟨f.; -, -n; Biol.⟩ Besamung kernloser Bruchstücke des Eies (experimentell erreichbar) [<grch. *meros* »Teil« + *...gonie*]

me|ro|krin ⟨Adj.; Biol.; Med.⟩ ~e Drüsen Drüsen, die zusammen mit ihrem Sekret einen Bestandteil ihrer Zellen ausscheiden; *Ggs* holokrin

Me|ro|zel|le ⟨f.; -, -n; Med.⟩ Schenkelbruch [<grch. *meros* »Schenkel« + *kele* »Bruch«]

Me|ro|zo|it ⟨m.; -en, -en; Biol.; Med.⟩ Stadium der ungeschlechtlichen Vermehrung verschiedener Sporentierchen [<grch. *mero* »Teil« + *zoon* »Lebewesen«]

Mer|ze|ri|sa|ti|on ⟨f.; -, -en; Textilw.⟩ das Merzerisieren

mer|ze|ri|sie|ren ⟨V.; Textilw.⟩ *Baumwolle* ~ verdichten u. glänzend machen; *oV* mercerisieren [nach dem engl. Erfinder John *Mercer*, † 1866]

mes..., Mes... ⟨in Zus.⟩ = meso..., Meso...

Mes|al|li|ance auch: **Me|sal|li|ance** ⟨[mezaljã:s] f.; -, -n⟩ **1** Heirat zwischen Personen ungleichen Standes, Missheirat **2** ungeeignete Verbindung [<frz. *mésalliance*]

Mes|ca|le|ro ⟨m.; -s, -s⟩ **1** Angehöriger eines Apachen-Indianerstammes in New Mexico (USA) **2** Angehöriger einer Gruppe, die Krawall macht

Mes|ca|lin ⟨n.; -s; unz.; Chemie⟩ = Meskalin

me|schant ⟨Adj.; veraltet⟩ boshaft, niederträchtig, ungezogen [<frz. *méchant*]

me|schug|ge ⟨Adj.; umg.⟩ verrückt [Gaunerspr. <jidd. *meschuggo* <hebr. *meschugga*; zu *schagag* »hin- u. herwanken, irren«]

Mes|da|mes ⟨[me:dãm] Abk.: Mmes.; Pl. von⟩ Madame (als Anrede) [frz.]

Mes|de|moi|selles ⟨[medmoazɛl] Abk.: Mlles.; Pl. von⟩ Mademoiselle (als Anrede) [frz.]

Me|sen|ce|pha|lon auch: **Me|sen|ce|pha|lon** ⟨n.; -s, -phala; Anat.⟩ Mittelhirn [<*Mes...* + *Encephalon*]

Me|sen|chym auch: **Me|sen|chym** ⟨[-çy:m] n.; -s, -e⟩ embryonales Bindegewebe [<*Meso...* + *en...* + grch. *chyma* »Guss«]

Me|sen|te|ri|um auch: **Me|sen|te|ri|um** ⟨n.; -s; unz.; Anat.⟩ Dünndarmgekröse (Aufhängeband von Darmabschnitten); *Sy* Mesostenium [<*Meso...* + grch. *enteron* »Darm«]

Me|sen|ze|pha|li|tis auch: **Me|sen|ze|pha|li|tis** ⟨f.; -, -tiden; Med.⟩ Entzündung des Mittelhirns

Me|se|ta ⟨f.; -, -ten⟩ Hochebene, Hochplateau, oft Bestandteil geograph. Namen [span., »Tischchen«]

Mes|ka|lin ⟨n.; -s; unz.; Chemie⟩ aus einer mexikan. Kakteenart gewonnenes Alkaloid, das als Rauschmittel Farbhalluzinationen hervorruft; *oV* Mescalin [<span. *mexal* <Nahuatl *mexcalli*, Name eines Getränkes]

Mes|me|ri|a|ner ⟨m.; -s, -⟩ Anhänger des Mesmerismus

Mes|me|ris|mus ⟨m.; -; unz.⟩ von dem Arzt F. A. Mesmer (1734-1815) begründeter Heilmagnetismus

Mes|ner ⟨m.; -s, -⟩ Küster [<ahd. *mesinari* »Küster, Kirchendiener« < mlat. *ma(n)sionarius*, eigtl. »Haushüter«; zu *mansio* »Wohnung, Bleibe«]

me|so..., **Me|so...** ⟨vor Vokalen⟩ **mes...**, **Mes...** ⟨in Zus.⟩ mittler(er, -e, -es), in der Mitte von [<grch. *mesos* »mittel-, mitten«]

Me|so|blast ⟨n.; -(e)s, -e; Biol.; Med.⟩ mittlere Zellschicht innerhalb der frühen Embryonalentwicklung; →a. Mesoderm [<*Meso...* + ...*blast*]

Me|so|derm ⟨n.; -s, -e; Biol.; Med.⟩ das mittlere Keimblatt des sich entwickelnden Embryos [<*Meso...* + ...*derm*]

me|so|der|mal ⟨Adj.; Biol.; Med.⟩ aus dem Mesoderm entstehend, von ihm seinen Ausgang nehmend (in Bezug auf Organe u. Gewebe)

Me|so|gas|tri|um auch: **Me|so|gast|ri|um** ⟨n.; -s, -ri|en; Anat.⟩ **1** Mittelbauchgegend **2** vorderes u. hinteres Gekröse des Magens [<*Meso...* + grch. *gaster*, Gen. *gastros* »Magen, Bauch«]

me|so|ha|lin ⟨Adj.⟩ einen Salzgehalt zwischen 1,8 u. 18 Promille aufweisend (von Brackwasser) [<*meso...* + grch. *hals* »Salz«]

Me|so|karp ⟨n.; -s, -e; Bot.⟩ fleischiges, meist süßes u. saftiges Gewebe der Steinfrüchte [<*Meso...* + ...*karp²*]

me|so|ke|phal ⟨Adj.; Med.⟩ mit mittellangem Kopf versehen; *oV* mesozephal [<*meso...* + ...*kephal*]

Me|so|ke|pha|lie ⟨f.; -; unz.; Med.⟩ mittellange Schädelform; *oV* Mesozephalie [<*Meso...* + ...*kephalie*]

Me|so|kli|ma ⟨n.; -s, -ma|ta od. -ma|te; Meteor.⟩ Klima eines Landschaftsteils; →a. Makro-, Mikroklima

Me|so|li|thi|kum ⟨n.; -s; unz.; Geol.⟩ Mittelsteinzeit [<*Meso...* + ...*lithikum*]

me|so|li|thisch ⟨Adj.; Geol.⟩ mittelsteinzeitlich

me|so|mer ⟨Adj.; Chemie⟩ Mesomerie aufweisend

Me|so|me|rie ⟨f.; -; unz.; Chemie⟩ ein durch die Verlagerung von Bindungselektronen vorkommendes Bindungsverhältnis bei bestimmten Substanzen, in dem die Abstände aller Atome des Moleküls gleich sind, wodurch die Verbindung besonders stabil wird [<*Meso...* + ...*merie*]

me|so|morph ⟨Adj.; Med.⟩ sich im Übergang zwischen der kristallinen u. der amorphen Phase befindend (von Flüssigkeiten) [<*meso...* + ...*morph*]

Me|son ⟨n.; -s, -so|nen; meist Pl.; Physik⟩ Elementarteilchen, dessen Masse zwischen der des Elektrons u. der des Protons liegt [<grch. *mesos* »mittel-..., mitten«]

Me|so|pau|se ⟨f.; -; unz.; Meteor.⟩ Grenzschicht zwischen der Mesosphäre u. der Ionosphäre in etwa 80 km Höhe [<*Meso...* + grch. *pauein* »aufhören«]

Me|so|phyll ⟨n.; -s, -en; Bot.⟩ Innengewebe des Pflanzenblattes [<*Meso...* + grch. *phyllon* »Blatt«]

Me|so|phyt ⟨m.; -en, -en; Bot.⟩ mäßig feuchte Standorte bevorzugende Pflanze [<*Meso...* + ...*phyt*]

Me|so|phy|ti|kum ⟨n.; -s; unz.; Bot.⟩ Zeitabschnitt in der Entwicklung des Pflanzenreichs vor ca. 140–240 Millionen Jahren, in dem die baumförmigen Farne verschwanden u. von nacktsamigen Pflanzen verdrängt wurden [<*Meso...* + grch. *phyton* »Pflanze«]

Me|so|so|men ⟨Pl.; Biol.⟩ den Mitochondrien höherer Organismen entsprechende Zytoplasmeneinstülpungen der Bakterien, die wahrscheinlich bei der Einleitung der Zellteilung wirken; *Sy* Chondrioide [<*Meso...* + grch. *soma* »Körper«]

Me|so|sphä|re auch: **Me|sos|phä|re** ⟨f.; -; unz.⟩ Schicht der Erdatmosphäre in 50–80 km Höhe

Me|so|ste|ni|um auch: **Me|sos|te|ni|um** ⟨n.; -s; unz.; Anat.⟩ = Mesenterium [<*Meso...* + grch. *stenos* »eng, schmal«]

Me|so|sti|chon auch: **Me|sos|ti|chon** ⟨[-çɔn] n.; -s, -sti|chen od. -sti|cha; Metrik⟩ Gedicht, bei dem die mittleren Buchstaben bzw. Wörter aufeinander folgender Verszeilen ein Wort bzw. einen Satz ergeben [<*Meso...* + grch. *stichos* »Zeile, Vers«]

Me|so|tes ⟨f.; -; unz.; Philos.; nach Aristoteles⟩ ethischer Wert, der die vernünftige Mitte zwischen zwei Extremen einnimmt, z. B. »Tapferkeit« zwischen »Feigheit« u. »Tollkühnheit« [grch., »Mitte, Mäßigung«]

Me|so|thel ⟨n.; -s, -e od. -li|en; Anat.⟩ bei Menschen u. Säugetieren aus dem Mesoderm entstehende Zellschicht, die Brust- u. Bauchhöhle auskleidet; *oV* Mesothelium [<*Meso...* + grch. *thele* »Mutterbrust, Brustwarze«]

Me|so|the|li|um ⟨n.; -s, -li|en; Anat.⟩ = Mesothel

Me|so|tho|ri|um ⟨n.; -s; unz.; Abk.: MsTh; Chemie⟩ verschiedene radioaktive Zerfallsprodukte des Thoriums, z. B. ist ∼ I ein Radiumisotop, ∼ II ein Actiniumisotop [<*Meso...* + *Thorium*]

Me|so|tron auch: **Me|sot|ron** ⟨n.; -s, -tro|nen; meist Pl.; Physik; veraltet⟩ = Meson

me|so|ze|phal ⟨Adj.; Med.⟩ = mesokephal

Me|so|ze|pha|lie ⟨f.; -; unz.; Med.⟩ = Mesokephalie [<*Meso...* + ...*kephalie*]

Me|so|zo|i|kum ⟨n.; -s; unz.; Geol.⟩ mittleres Zeitalter der Erdgeschichte vor 200–60 Mill. Jahren, Erdmittelalter [<*Meso...* + ...*zoikum*]

me|so|zo|isch ⟨Adj.; Geol.⟩ zum Mesozoikum gehörig, daraus stammend

Me|so|zo|ne ⟨f.; -; unz.; Geol.⟩ mittlere Tiefenzone der Erdkruste, in der durch Druck u. Temperatur bereits Gesteinsumwandlungen einsetzen

Me|so|zo|on ⟨n.; -s, -zo|en; Zool.⟩ einfach gebautes, aus mehreren Zellen bestehendes Tier [<*Meso...* + *Zoon*]

Mes|sa di vo|ce ⟨[- voːtʃə] f.; - - -; unz.; Musik⟩ das An- und Abschwellenlassen des Tones beim Singen sehr langer Noten; *Sy* Messa voce [ital., »das Tragen der Stimme«]

Mes|sage ⟨[mɛsɪdʒ] f.; -, -s [-sɪdʒɪz]⟩ **1** ⟨fachsprachl.⟩ in Zei-

Metageschäft

chen verschlüsselte Nachricht eines Senders an einen Empfänger **2** ⟨umg.; salopp⟩ Aussage, Botschaft; *die ~ ist gut rübergekommen* [engl., »Botschaft, Nachricht«]

Mes|sa|li|ne ⟨f.; -; unz.; Textilw.⟩ stark glänzender Seiden- u. Kunstseidenstoff in Atlasbindung [< frz.]

Mes|sa voice ⟨[-vo:tʃə] Musik; kurz für⟩ Messa di voce

Mes|se[1] ⟨f.; -, -n⟩ **1** tägl. liturgische Feier des Abendmahls, Hauptgottesdienst; *die ~ zelebrieren; Paris ist wohl eine ~ wert (Heinrich IV. von Frankreich); zur ~ dienen (als Ministrant)* **2** Musik zur feierl. Ausgestaltung der Messe (1) **3** Industrieausstellung großen, oft internationalen Ausmaßes; *Buch~*; **4** Jahrmarkt [< mhd. *misse, messe* < ahd. *missa, messa*, kirchenlat. *missa* »liturgische Opferfeier, Heiligenfest« < *ite, missa est (contio)* »geht, die (gottesdienstl.) Versammlung ist entlassen«; zu lat. *missus*, Part. Perf. zu *mittere* »schicken, entlassen«]

Mes|se[2] ⟨f.; -, -n⟩ **1** Aufenthalts- u. Speiseraum für Marineoffiziere **2** die Tischgesellschaft selbst [< engl. *mess*, eigtl. »Speise, Mahlzeit« < afrz. *mes* < vulgärlat. *missum* »(zu Tisch) Geschicktes« < lat. *mittere* »schicken«]

Messenger-RNA (*Schreibung mit Bindestrich*) Enthält eine Zusammensetzung Abkürzungen oder Initialwörter, so werden diese durch einen Bindestrich verbunden.

Mes|sen|ger-RNA ⟨[mɛsɪndʒə(r)-] f.; -; unz.; Abk.: mRNA; Biochemie⟩ RNA, die den genetischen Kode vom Chromosom zum Ribosom vermittelt u. die Proteinsynthese steuert [< engl. *messenger* »Bote«]

Mes|ser ⟨m.; -, -⟩ Herr (Anrede für Höhergestellte in der italien. Komödie) [< ital. *messere* »Herr«; verkürzt < *monsignore*; → *Monsignore*]

Mes|si|a|de ⟨f.; -, -n⟩ Dichtung, deren Held der Messias ist

mes|si|a|nisch ⟨Adj.⟩ den Messias betreffend, von ihm stammend

Mes|si|a|nis|mus ⟨m.; -; unz.⟩ Glaube an den verheißenen Messias

Mes|si|as ⟨m.; -; unz.⟩ **1** ⟨nach dem AT⟩ der den Juden von Gott verheißene Erlöser **2** ⟨nach dem NT⟩ Beiname Jesu Christi [kirchenlat. < grch. *Messias* < aram. *meschicha*, heb. *mašiach* »der Gesalbte«]

Mes|si|er|ka|ta|log *auch:* **Mes|si|er-Ka|ta|log** ⟨[mesje:-] m.; -(e)s; unz.; Abk.: M⟩ Sternkatalog [nach dem frz. Astronomen Charles *Messier*, 1730-1817]

Mes|sieurs ⟨[mesjø:] Abk.: MM.; Pl. von⟩ Monsieur (als Anrede) [frz.]

Mes|sing ⟨n.; -s; unz.⟩ aus Kupfer u. Zink bestehende Legierung mit goldgelbem Glanz [< frühmhd. *messinc*, über slaw. Vermittlung < grch. *Messynoikos chalkos* »Messynoikenerz«, nach dem Volksstamm der *Messynoiken* in Nordost-Kleinasien]

mes|sin|gen ⟨Adj.⟩ aus Messing bestehend; *~e Badezimmerarmaturen*

Mes|ti|ze ⟨m.; -n, -n⟩ Mischling aus einem weißen u. einem indian. Elternteil [< span. *mestizo* < spätlat. **mixtitius* »vermischt« < lat. *mixtus* »gemischt«]

Mes|ti|zin ⟨f.; -, -zin|nen⟩ weibl. Mestize

mes|to ⟨Musik⟩ traurig, wehmütig (zu spielen) [ital.]

Met ⟨f.; -; unz.; kurz für⟩ Metropolitan Opera

met..., Met... ⟨in Zus.; vor Vokalen⟩ = meta..., Meta...

me|ta..., Me|ta... ⟨vor Vokalen⟩ met..., Met... ⟨in Zus.⟩ **1** nach, hintennach, hinter **2** um..., über..., ver... (im Sinne einer Verwandlung) [< grch. *meta* »mit; inmitten, zwischen; nach, hinter; gemäß«]

me|ta- ⟨Zeichen: m-; Chemie; kurz für⟩ meta-Stellung bei vom Benzol abgeleiteten chem. Verbindungen [→ *meta...*]

Me|ta|ba|sis ⟨f.; -, -ba|sen⟩ **1** Übergang von einem Gegenstand der Rede zum anderen **2** Abschweifung, Einmischung, nicht zur Sache gehörige Bestandteile in einer Begriffs-

erklärung [< grch. *metabainein* »wechseln«]

Me|ta|bi|o|se ⟨f.; -, -n; Biol.⟩ Zusammenleben zweier Organismen, bei denen der eine die Lebensvoraussetzungen für den anderen schafft [< *Meta...* + *...biose*]

Me|ta|blas|te ⟨f.; -; unz.; Geol.⟩ Umwandlung schieferartiger Gesteine in solche mit granitähnlichem Gefüge bei der Metamorphose von Gesteinen [< *Meta...* + *...blast*]

Me|ta|bo|lie ⟨f.; -, -n; Biol.⟩ **1** Gestaltwandel bei Einzellern u. Insekten **2** Gestaltveränderungen bei Lebewesen durch Stoffwechselprozesse bzw. Nahrungsaufnahme [< grch. *metabole* »Veränderung«]

me|ta|bo|lisch ⟨Adj.; Biol.⟩ **1** veränderlich **2** verändernd

Me|ta|bo|lis|mus ⟨m.; -; unz.; Biol.⟩ Stoffwechsel

Me|ta|bo|lit ⟨m.; -en, -en; Biol.⟩ für den Stoffwechsel notwendige Substanz, z. B. Hormon, Vitamin, Enzym [→ *Metabolie*]

Me|ta|chro|nis|mus ⟨[-kro-] m.; -, -men⟩ irrtümliche Einordnung in eine spätere Zeit [< *Meta...* + grch. *chronos* »Zeit«]

Me|ta|dy|ne ⟨f.; -, -n; El.⟩ Sonderbauart eines Gleichstromgenerators, der Gleichstrom konstanter Stromstärke liefert [< *Meta...* + grch. *dynamis* »Kraft«]

Me|ta|ga|la|xis ⟨f.; -; unz.; Astron.⟩ hypothetisches Sternsystem, bestehend aus vielen galaktischen Systemen

me|ta|gam ⟨Adj.; Biol.⟩ nach der Befruchtung erfolgend [< *meta...* + grch. *gamos* »Ehe«]

Me|ta|ge|ne|se ⟨f.; -, -n; Biol.⟩ Generationswechsel, bei dem eine geschlechtlich sich vermehrende Generation auf eine ungeschlechtlich sich fortpflanzende folgt, z. B. bei den Hohltieren

me|ta|ge|ne|tisch ⟨Adj.; Biol.⟩ die Metagenese betreffend, zu ihr gehörig, auf ihr beruhend

Me|ta|ge|schäft ⟨n.; -(e)s, -e; Wirtsch.⟩ Geschäft mit gleichem Gewinn u. Verlust für beide Partner [< ital. *metà* »Hälfte«]

Metagynie

Me|ta|gy|nie ⟨f.; -; unz.; Bot.⟩ das frühere Reifwerden der männl. Blüten bei eingeschlechtigen Pflanzen; Ggs Metandrie [<*Meta...* + grch. *gyne* »Weib«]

me|ta|kar|pal ⟨Adj.; Med.⟩ zur Mittelhand gehörend [zu lat. *metacarpus* »Mittelhand«]

Me|ta|kom|mu|ni|ka|ti|on ⟨f.; -; unz.⟩ **1** Gesamtheit der Kommunikationssignale, die neben dem eigentlichen Inhalt bei der Verständigung eine Rolle spielen, z. B. Gestik, Mimik **2** ⟨Sprachw.⟩ das Sprechen über die Sprache od. über Formen von Kommunikation [<*Meta...* + *Kommunikation*]

Me|ta|kri|tik ⟨f.; -; unz.⟩ Kritik der Kritik [<*Meta...* + *Kritik*]

Met|al|de|hyd *auch:* **Me|tal|de|hyd** ⟨m.; -s, -e; Chemie⟩ durch Polymerisation von Acetaldehyd entstandene, feste, weiße Masse, die z. B. als Trockenspiritus verwendet wird [<*Meta...* + *Aldehyd*]

Me|ta|lep|se ⟨f.; -, -n; Rhet.⟩ Stilfigur, die das Nachfolgende meint, wenn sie das Vorhergehende nennt, also beides miteinander vertauscht, z. B. »letzter Blick« für »Abschied«; *oV* Metalepsis [<grch. *metalepsis*]

Me|ta|lep|sis ⟨f.; -, -lep|sen; Rhet.⟩ = Metalepse

Me|ta|lim|ni|on ⟨n.; -s, -ni|en; Geogr.⟩ Temperaturgrenzschicht in Gewässern, in der ein sprunghafter Abfall der Temperatur erfolgt [<*Meta...* + grch. *limne* »Teich«]

Me|ta|lin|gu|is|tik ⟨f.; -; unz.; Sprachw.⟩ **1** Wissenschaft von den Metasprachen **2** Untersuchung der Wechselbeziehung zwischen der Sprache u. der gesamten Kultur einer Gesellschaft [<*Meta...* + *Linguistik*]

Me|tall ⟨n.; -s, -e⟩ mit Ausnahme des Quecksilbers bei Zimmertemperatur fester kristalliner Stoff, der einen charakterist. Glanz u. hohes elektr. u. Wärmeleitvermögen hat; ~ *bearbeiten, bohren, drehen, feilen, gießen, glühen, hämmern, härten, legieren, löten, schweißen, veredeln, walzen; edle* ~e Platin, Gold, Silber u. a.; *eine Stimme*

mit viel, wenig ~ ⟨fig.⟩ eine harte, weiche S. [<mhd. *metalle, metele* <lat. *metallum* <grch. *metallon*, eigtl. »Erzgrube«]

me|tal|len ⟨Adj.⟩ aus Metall bestehend

Me|tal|ler ⟨m.; -s, -; umg.⟩ Metallarbeiter (als Mitglied der Gewerkschaft)

Me|tal|le|rin ⟨f.; -, -rin|nen; umg.⟩ Metallarbeiterin (als Mitglied der Gewerkschaft)

me|tal|lic ⟨Adj.; undekl.⟩ metallisch schimmernd (bes. von Autolack) [engl., »metallisch«]

Me|tal|lic|la|ckie|rung ⟨f.; -, -en⟩ Anstrichverfahren, bei dem der Lackfarbe fein verteilte Metallspäne zugesetzt werden, die dem Anstrich eine metallisch schimmernde Oberfläche verleihen (bes. für Kraftfahrzeugkarosserien) [zu engl. *metallic* »metallisch, Metall...«]

Me|tal|li|sa|ti|on ⟨f.; -, -en⟩ das Überziehen eines Gegenstandes mit Metall

Me|tal|li|sa|tor ⟨m.; -s, -to|ren⟩ Spritzpistole zur Metallisation durch Zerstäuben

me|tal|lisch ⟨Adj. a. fig.⟩ dem Metall ähnlich, aus ihm bestehend; *eine* ~ *Stimme*

me|tal|li|sie|ren ⟨V.⟩ mit Metall überziehen

Me|tal|li|sie|rung ⟨f.; -, -en⟩ das Metallisieren, Metallisiertwerden

Me|tal|lis|mus ⟨m.; -; unz.⟩ Anschauung, nach der den Wert des Geldes von dessen Metallwert abhängt

Me|tall|ke|ra|mik ⟨f.; -; unz.⟩ = Pulvermetallurgie

Me|tall|le|gie|rung ⟨f.; -, -en⟩ durch Zusammenschmelzen mehrerer Metalle u. Zusätze entstehendes Metallgemisch

Me|tal|lo|chro|mie ⟨[-kro-] f.; -; unz.⟩ das Färben von metallischen Oberflächen durch Elektrolyse [<*Metall* + *...chromie*]

Me|tal|lo|fon ⟨n.; -s, -e; Musik⟩ = Metallophon

Me|tal|lo|ge ⟨m.; -n, -n⟩ Metallkundler [<*Metall* + *...loge*]

Me|tal|lo|ge|ne|se ⟨f.; -, -n; Geol.⟩ Bildung von Erzlagerstätten in der Erdkruste

Me|tal|lo|gie ⟨f.; -; unz.⟩ Lehre von den Eigenschaften, der Struktur u. Verarbeitung der Metalle [<*Metall* + *...logie*]

Me|tal|lo|gra|fie ⟨f.; -; unz.⟩ = Metallographie

Me|tal|lo|gra|phie ⟨f.; -; unz.⟩ *oV* Metallografie **1** ⟨urspr.⟩ Metallkunde **2** ⟨heute meist nur⟩ die mikroskop. Untersuchung von Metallen [<*Metall* + *...graphie*]

Me|tal|lo|id ⟨n.; -(e)s, -e⟩ Nichtmetall

Me|tal|lo|phon ⟨n.; -s, -e; Musik⟩ *oV* Metallofon **1** (i. w. S.) Idiophon aus Metall **2** (i. e. S.) xylophonähnl. Instrument mit Metallstäben [<*Metall* + grch. *phone* »Stimme, Ton«]

Me|tal|lo|ther|mie ⟨f.; -; unz.⟩ Verfahren zur Gewinnung schwer schmelzbarer Metalle aus ihren Oxiden [<*Metall* + grch. *thermos* »warm, heiß«]

Me|tall|oxid ⟨n.; -(e)s, -e; Chemie⟩ Verbindung eines Metalls mit Sauerstoff

Me|tall|urg *auch:* **Me|tal|lurg** ⟨m.; -en, -en⟩ jmd., der auf dem Gebiet der Metallurgie arbeitet

Me|tall|ur|gie *auch:* **Me|tal|lur|gie** ⟨f.; -; unz.⟩ Lehre von der Gewinnung u. Verarbeitung der Metalle, Hüttenkunde [<*Metall* + grch. *ergon* »Werk, Arbeit«]

me|tall|ur|gisch *auch:* **me|tal|lur|gisch** ⟨Adj.⟩ zur Metallurgie gehörend, auf ihr beruhend

Me|ta|ma|the|ma|tik ⟨f.; -; unz.; Math.⟩ Bereich der mathemat. Grundlagenforschung, mit der die Mathematik auf Widerspruchsfreiheit in sich selbst untersucht wird

me|ta|mer ⟨Adj.; Biol.⟩ in gleichartige, hintereinander liegende Abschnitte gegliedert [<*meta...* + *...mer*]

Me|ta|me|rie ⟨f.; -; unz.; Biol.⟩ **1** = Isomerie (1) **2** Aufbau des Körpers niederer Tiere aus mehr od. weniger gleichartigen, hintereinander liegenden Teilen [<*Meta...* + *...merie*]

me|ta|morph ⟨Adj.⟩ die Gestalt, den Zustand wandelnd [<*meta...* + *...morph*]

Me|ta|mor|phis|mus ⟨m.; -, -phis|men; Geol.⟩ Umwandlung der Erdkruste, bei der Metamorphosen (1) auftreten

Me|ta|mor|pho|se ⟨f.; -, -n⟩
1 ⟨Geol.⟩ Umwandlung eines Gesteins in ein anderes; *Sy* Diagenese **2** ⟨Zool.⟩ Wandlung des jungen Tieres durch verschiedene äußere Stadien, ehe es die Form des erwachsenen Tieres annimmt, z. B. vom Ei über die Kaulquappe zum Frosch **3** ⟨Bot.⟩ Wandlung eines pflanzl. Organs aus einer andersartigen Anlage, z. B. Dorn aus Laubblatt **4** ⟨Myth.⟩ Verwandlung von Menschen in Tiere, Pflanzen, Quellen usw. [<grch. *metamorphosis* <*meta* »später, hinter« + *morphe* »Gestalt«]

me|ta|mor|pho|sie|ren ⟨V.⟩ verwandeln, umwandeln, die Gestalt ändern [→ *Metamorphose*]

Met|an|drie *auch:* **Me|tan|drie** ⟨f.; -; unz.⟩ ⟨Bot.⟩ das spätere Reifwerden der männl. Blüten bei eingeschlechtigen Pflanzen; *Ggs* Metagynie [<*Met...* + grch. *aner*, Gen. *andros* »Mann«]

me|ta|no|e|tisch ⟨Adj.; Philos.⟩ das Denken übersteigend, undenkbar [<*meta...* + *noetisch*]

Me|ta|noia ⟨f.; -; unz.⟩ **1** ⟨Theol.⟩ Buße, innere Umkehr **2** ⟨Philos.⟩ Änderung der Lebensauffassung, Erwerb einer neuen Weltsicht [grch., »Sinnesänderung«]

Me|ta|pha|se ⟨f.; -, -n; Biol.; Med.⟩ bestimmtes Stadium der Kernteilung einer Zelle

Me|ta|pher ⟨f.; -, -n⟩ bildl. Ausdruck, z. B. »Segler der Lüfte« statt » Wolken« [<grch. *metaphora* »Übertragung«; zu *metapherein* »anderswohin tragen; übertragen«]

Me|ta|pho|rik ⟨f.; -; unz.⟩ die Kunst, Metaphern zu bilden, der Gebrauch von Metaphern

me|ta|pho|risch ⟨Adj.⟩ bildlich, in übertragenem Sinne [<grch. *metaphorikos*; → *Metapher*]

Me|ta|phra|se ⟨f.; -, -n; Stilistik⟩ **1** Übertragung einer Verdichtung in Prosa **2** Erläuterung eines Wortes durch Gebrauch eines Synonyms

me|ta|phras|tisch ⟨Adj.; Stilistik⟩ in der Art einer Metaphrase, übertragend, umschreibend

Me|ta|phy|la|xe ⟨f.; -, -n; Med.⟩ Nachbehandlung eines Patienten nach überstandener Krankheit [<*Meta...* + grch. *phylaktikos* »bewahrend«; zu *phylax* »Wächter«]

Me|ta|phy|se ⟨f.; -, -n; Anat.⟩ Längenwachstumszone des Röhrenknochens [<*Meta...* + grch. *phyein* »wachsen«]

Me|ta|phy|sik ⟨f.; -; unz.⟩ Lehre von den letzten nicht erfahr- u. erkennbaren Gründen u. Zusammenhängen des Seins

me|ta|phy|sisch ⟨Adj.⟩ **1** die Metaphysik betreffend, auf ihr beruhend **2** übersinnlich, jenseits der Erfahrung u. Erkenntnis liegend

Me|ta|pla|sie ⟨f.; -, -n; Biol.⟩ Umwandlung eines Gewebes in ein anderes, ähnliches Gewebe, z. B. des Bindegewebes durch Kalkeinlagerung in knochenartiges Gewebe [<*Meta...* + *...plasie*]

Me|ta|plas|mus ⟨m.; -, -plas|men; Lit.; Rhet.⟩ Abänderung der korrekten Wortform um der Metrik od. eines bestimmten Stiles willen [grch. »Umformung«]

me|ta|plas|tisch ⟨Adj.; Lit.; Rhet.⟩ einen Metaplasmus aufweisend, ihn betreffend

Me|ta|psy|chik ⟨f.; -; unz.⟩ = Parapsychologie

Me|ta|psy|cho|lo|gie ⟨f.; -; unz.⟩ = Parapsychologie

me|ta|psy|chisch ⟨Adj.⟩ zur Metapsychik gehörend, auf ihr beruhend, sie betreffend

Me|ta|säu|re ⟨f.; -, -n; Chemie⟩ aus dem sauerstoffärmsten Oxid eines Nichtmetalls entstandene Säure

me|ta|so|ma|tisch ⟨Adj.; Geol.⟩ **1** durch Metasomatose entstanden **2** die Metasomatose betreffend, zu ihr gehörend

Me|ta|so|ma|to|se ⟨f.; -, -n; Geol.⟩ Umwandlung von Gestein durch Austausch von Mineralien infolge chemischer Prozesse, die durch die Zufuhr heißer Dämpfe od. Lösungen ausgelöst werden [<*Meta...* + grch. *soma*, Gen. *somates* »Körper«]

Me|ta|spra|che ⟨f.; -, -n; Sprachw.⟩ Sprache, in der Aussagen über eine Sprache gemacht werden; *Ggs* Objektsprache

me|ta|sta|bil ⟨Adj.⟩ in einem Zustand befindlich, der an sich nicht stabil ist, der aber wegen Verzögerung der ihn ändernden Reaktion mehr od. weniger lange bestehen bleibt (bei Körpern u. chemischen Verbindungen)

Me|ta|sta|se *auch:* **Me|tas|ta|se** ⟨f.; -, -n⟩ **1** ⟨Med.⟩ an einer anderen Stelle des Körpers auftretender Ableger einer Geschwulst, Tochtergeschwulst **2** ⟨Rhet.⟩ Redefigur, durch die der Redner die Verantwortung für eine Sache auf einen anderen überträgt [<grch. *metastasis* »Umstellung«]

me|ta|sta|sie|ren *auch:* **me|tas|ta|sie|ren** ⟨V.; Med.⟩ Metastasen bilden

me|ta|sta|tisch *auch:* **me|tas|ta|tisch** ⟨Adj.; Med.⟩ in der Art einer Metastase

me|ta-Stel|lung ⟨f.; -, -en; Zeichen: m; Chemie⟩ Anordnung zweier Substituenten in ringförmigen Kohlenstoffverbindungen, die durch ein dazwischenliegendes Kohlenstoffatom getrennt sind

Me|ta|the|o|rie ⟨f.; -, -n⟩ Theorie über eine Theorie

Me|ta|the|se ⟨f.; -, -n; Sprachw.⟩ Umstellung von Lauten, z. B. das r in »Brunnen« u. »Born«

Me|ta|tro|pis|mus ⟨m.; -, -pis|men⟩ Verschiebung im Gefühlsleben, die sich in der Vertauschung der (traditionellen) Rollen von Mann u. Frau äußert [<*Meta...* + *Tropismus*]

Me|ta|xa® ⟨m.; - od. -s, -s⟩ milder grch. Branntwein

me|ta|zen|trisch *auch:* **me|ta|zent|risch** ⟨Adj.⟩ zum Metazentrum gehörend

Me|ta|zen|trum *auch:* **Me|ta|zent|rum** ⟨n.; -s, -tren⟩ Schnittpunkt, den die Auftriebsrichtung bei geneigter Lage eines Schiffskörpers mit der Auftriebsrichtung für die aufrechte Lage bildet

me|ta|zo|isch ⟨Adj.; Biol.⟩ in der Art eines Metazoons

Me|ta|zo|on ⟨n.; -s, -zo|en; Biol.⟩ Vielzeller, vielzelliges Tier (im Gegensatz zu den Einzellern); *Ggs* Protozoon [<*Meta...* + *Zoon*]

Met|em|psy|cho|se auch: **Me|tem-psy|cho|se** ⟨f.; -, -n⟩ die Vorstellung, dass nach dem Tode eines Menschen dessen Seele in ein anderes Geschöpf (Mensch, Tier, Pflanze) übergehen könne, Seelenwanderung [<*Meta...* + grch. *empsychos* »belebt«]

Me|te|or ⟨m. od. n.; -s, -e⟩ (durch einen Meteoriten verursachtes) punkt- od. kugelförmiges Licht am Nachthimmel [<grch. *meteoron* »Himmelserscheinung, Lufterscheinung«; zu *meteoros* »in der Höhe, in der Luft schwebend«]

me|te|o|risch ⟨Adj.⟩ Lufterscheinungen u. Luftverhältnisse betreffend

Me|te|o|ris|mus ⟨m.; -, -ris|men; Med.⟩ Gasansammlung im Darm, Darmblähungen

Me|te|o|rit ⟨m.; -s od. -en, -e od. -en⟩ aus dem Weltraum stammender mineral. Körper, der beim Eintritt in die Atmosphäre ganz od. teilweise verglüht, Meteorstein; *Sy* Aerolith

me|te|o|ri|tisch ⟨Adj.⟩ von einem Meteor bzw. Meteoriten stammend

Me|te|o|ro|graf ⟨m.; -en, -en; Technik⟩ = Meteorograph

Me|te|o|ro|graph ⟨m.; -en, -en; Technik⟩ selbsttätig arbeitendes Gerät zum Messen u. Aufzeichnen von Luftdruck, -temperatur, u. -feuchtigkeit; *oV* Meteorograf [<grch. *meteoros* »in der Luft befindlich« + *...graph*]

Me|te|o|ro|lo|ge ⟨m.; -n, -n⟩ Erforscher, Kenner der Meteorologie

Me|te|o|ro|lo|gie ⟨f.; -; unz.⟩ Lehre u. Erforschung der Vorgänge in der Lufthülle der Erde, Wetterkunde [<grch. *meteoron* »Himmelserscheinung« + *...logie*]

Me|te|o|ro|lo|gin ⟨f.; -, -nen⟩ Erforscherin, Kennerin der Meteorologie

me|te|o|ro|lo|gisch ⟨Adj.⟩ zur Meteorologie gehörend, auf ihr beruhend; ~*e Station* Wetterwarte

Me|ter ⟨n.; -s, -, umg. a., schweiz. nur: m.; -s, -; Zeichen: m⟩ Längenmaß; ~ *pro Sekunde* ⟨Zeichen: m/s; Bez. für⟩ Geschwindigkeit; 1 m/s entspricht der Bewegung eines Körpers von 1 Meter in einer Sekunde in einer Breite, Höhe, Länge von 4 m [<frz. *mètre* <grch. *metron* »Maß«]

...me|ter[1] ⟨Nachsilbe; zur Bildung von sächl. od. männl. Subst.⟩ Längenmaß; *Kilo~; Zenti~* [<grch. *metron* »Maß, Versmaß«]

...me|ter[2] ⟨Nachsilbe; zur Bildung von sächl. od. männl. Subst.⟩ Messgerät; *Chrono~* [→ *...meter*[1]]

...me|ter[3] ⟨Nachsilbe; zur Bildung von männl. Subst.⟩ **1** jmd., der Messungen ausführt; *Geo~* **2** Versmaß; *Hexa~; Penta~* [→ *...meter*[1]]

Me|ter|gie auch: **Me|ter|gie** ⟨f.; -, -n⟩ Wechsel in der Aufgabe, die ein Organ im Rahmen aller Lebenserscheinungen eines Organismus zu erfüllen hat, Funktionswechsel [<*Meta...* + grch. *ergon* »Werk, Arbeit«]

Me|ter|ki|lo|pond ⟨n.; -, -; Zeichen: mkp od. kpm⟩ = Kilopondmeter

Me|ter|se|kun|de ⟨f.; -, -n; Zeichen: m/s; früher Bez. für⟩ Geschwindigkeit (heute durch »Meter pro Sekunde« ersetzt)

Me|tha|don® ⟨n.; -s; unz.; Chemie⟩ morphiumhaltiges Medikament, das als Ersatzdroge bei Rauschmittelsüchtigen verwendet wird [verkürzt <*Methyl + Amino... + Di...*[2] *+ ...on*]

Me|than ⟨n.; -s; unz.; Chemie⟩ farb- u. geruchloses, brennbares Gas, das bei der Zersetzung von Pflanzenstoffen entsteht [→ *Methyl*]

Me|tha|nol ⟨n.; -s; unz.; Chemie⟩ = Methylalkohol [<*Methan* + *...ol*]

Me|thi|o|nin ⟨n.; -s; unz.; Chemie⟩ eine schwefelhaltige Aminosäure

Me|thod|acting ⟨[mɛðədæktɪŋ] n.; - od. -s; unz.; Theat.; Film⟩ (von K. S. Stanislawskij begründete) ursprünglich russische, heute in den USA angesiedelte (Film-)Schauspielschule, deren Vertreter(innen) versuchen, sich als Ausgangspunkt der Rolleninterpretation sowohl seelisch als auch körperlich intensiv in die zu spielende Figur hineinzuversetzen [<engl. *method* »Methode, Verfahren« + *acting* »Darstellen, Spielen«]

Me|thod|ac|tor ⟨[mɛðədæktə(r)] m.; -s, -s; Theat.; Film⟩ Schauspieler, der seine Rollen im Sinne des Methodactings interpretiert u. spielt; *Robert de Niro hat als derzeit bekanntester ~ für seine Rolle als »Jack La Motta« professionell Boxen gelernt u. 25 Kilo zugenommen*

Me|thod|ac|tress ⟨[mɛðəd æktrəs] f.; -, -es [-sɪz]; Theat.; Film⟩ Schauspielerin, die ihre Rollen im Sinne des Methodactings interpretiert u. spielt

Me|tho|de ⟨f.; -, -n⟩ **1** planmäßiges, folgerichtiges Verfahren, Vorgehen, Handeln; *Arbeits~; Lehr~* **2** ⟨fig.⟩ Folgerichtigkeit, Planmäßigkeit; ~ *in eine Arbeit, ein Vorgehen bringen; eine Handlungsweise hat ~* [<grch. *methodos* »Gang einer Untersuchung«, eigtl. »das Nachgehen, der Weg zu etwas hin«, <*meta* »nach, hinter« + *hodos* »Weg«]

Me|tho|dik ⟨f.; -; unz.⟩ Lehre von den Methoden, vom folgerichtigen Unterrichten

Me|tho|di|ker ⟨m.; -s, -⟩ **1** jmd., der nach einer bestimmten Methode verfährt **2** Begründer einer wiss. Methode

me|tho|disch ⟨Adj.⟩ **1** auf einer bestimmten Methode beruhend **2** planmäßig, durchdacht, sinnvoll

me|tho|di|sie|ren ⟨V.⟩ nach einer Methode anordnen, in eine Methode bringen

Me|tho|dis|mus ⟨m.; -; unz.⟩ im 18. Jh. aus der anglikan. Kirche hervorgegangene Bewegung religiöser Erneuerung

Me|tho|dist ⟨m.; -en, -en⟩ Anhänger, Vertreter des Methodismus; *Sy* Wesleyaner

me|tho|dis|tisch ⟨Adj.⟩ den Methodismus betreffend, zu ihm gehörend, auf ihm beruhend

Me|tho|do|lo|gie ⟨f.; -; unz.⟩ Lehre von den Methoden, den wissenschaftl. Verfahren, Methodenlehre [<*Methode + ...logie*]

me|tho|do|lo|gisch ⟨Adj.⟩ auf einer Methodologie beruhend

Me|tho|ma|nie ⟨f.; -; unz.⟩ krankhafte Veränderung des Bewusstseins durch Alkoholsucht [<grch. *methe* »Trunkenheit« + *Manie*]

Me|thu|sa|lem ⟨m.; - od. -s, -s; fig.⟩ sehr alter Mann [nach dem bibl. Urvater *Methusalem*, Großvater Noahs, der 969 Jahre alt geworden sein soll]

Me|thyl ⟨n.; -s; unz.; Chemie⟩ die in freiem Zustand unbeständige, einwertige Atomgruppe CH_3-, die in vielen organ. Verbindungen auftritt [<grch. *methy* »Wein« + ...*yl*]

Me|thyl|al|ko|hol ⟨m.; -s; unz.; Chemie⟩ sehr giftiger, einfachster aliphatischer Alkohol; *Sy* Methanol

Me|thyl|a|min auch: **Me|thy|la|min** ⟨n.; -s, -e; Chemie⟩ primäres aliphat. Amin, brennbares, schwach nach Ammoniak riechendes Gas

Me|thyl|cel|lu|lo|se ⟨f.; -, -n; Chemie⟩ Derivat der Cellulose, das vielseitig verwendbar ist; *oV* Methylzellulose

Me|thy|len ⟨n.; -s; unz.; Chemie⟩ die in freiem Zustand unbeständige, zweiwertige Atomgruppierung CH_2=, die in vielen organ. Verbindungen auftritt

Me|thy|len|blau ⟨n.; -s; unz.; Chemie⟩ synthetisch gewonnener blauer Farbstoff mit guter Licht- u. Waschbeständigkeit, dient zum Färben von Textilien

Me|thyl|pro|pan ⟨n.; -s; unz.; Chemie⟩ = Isobutan

Me|thyl|zel|lu|lo|se ⟨f.; -, -n; Chemie⟩ = Methylcellulose

Me|tier ⟨[-tje:] n.; -s, -s⟩ Beruf, Handwerk, Können; *(sich auf) sein ~ verstehen* [<frz. *métier* »Handwerk; Beruf; Stand«]

Me|tö|ke auch: **Me|to|ke** ⟨m.; -n, -n; im alten Athen⟩ Zugewanderter ohne polit. Rechte [<grch. *metoikos* »Ansiedler, Einwanderer«]

Me|to|no|ma|sie auch: **Me|to|no|ma|sie** ⟨f.; -, -n; Sprachw.⟩ Übersetzung eines Eigennamens in eine andere Sprache, z. B. »Bauer« in »Agricola« [<*Meta*... + grch. *onomasia* »Bezeichnung«]

Me|to|ny|mie auch: **Me|to|ny|mie** ⟨f.; -, -n; Sprachw.⟩ übertragener Gebrauch eines bedeutungsverwandten Begriffes, z. B. »Haus« für die Bewohner des Hauses, »Brot« statt »Nahrung« [<*Meta*... + grch. *onoma* »Name«]

me|to|ny|misch auch: **me|to|ny|misch** ⟨Adj.; Sprachw.⟩ auf einer Metonymie beruhend, nach Art der Metonymie

Me|to|pe auch: **Me|to|pe** ⟨f.; -, -n; Arch.⟩ Relief über dem Architrav an dorischen Tempeln, z. B. am Parthenon [<grch. *metopon*, eigtl. »Raum zwischen den Augen«]

◆Die Buchstabenfolge **metr...** kann auch **met|r...** getrennt werden.

◆**Me|tra** ⟨Pl. von⟩ Metrum
◆**Me|tren** ⟨Pl. von⟩ Metrum
...me|trie ⟨Nachsilbe; zur Bildung weibl. Subst.⟩ das Messen, Messung; *Phonometrie* [<grch. *metron* »Maß«]

◆**Me|trik** ⟨f.; -; unz.⟩ **1** Lehre vom Vers u. den Versmaßen, Verskunst **2** ⟨Musik⟩ Lehre vom Takt [<lat. *(ars) metrica* »Verskunst, Verslehre« <grch. *metrike (techne)*]

◆**me|trisch** ⟨Adj.⟩ **1** auf dem Meter als Längeneinheit beruhend; *~es Maßsystem* **2** die Metrik betreffend, auf ihr beruhend **3** nach einem bestimmten Metrum abgefasst **4** ⟨Musik⟩ den Takt betreffend, auf ihm beruhend

◆**Me|tri|tis** ⟨f.; -, -ti|den; Med.⟩ Entzündung der Gebärmuttermuskulatur [<grch. *metra* »Gebärmutter« + ...*itis*]

◆**Me|tro** ⟨f.; -, -s⟩ Untergrundbahn (bes. in Paris u. Moskau) [verkürzt <frz. *chemin de fer métro*politain »hauptstädtische Eisenbahn«]

◆**Me|tro|lo|gie** ⟨f.; -; unz.⟩ Lehre von den Maßen u. Gewichten [<grch. *metron* »Maß« + ...*logie*]

◆**Me|tro|nom** ⟨n.; -s, -e; Musik⟩ das Tempo beim Ticken angebendes Gerät, Taktmesser [<grch. *metron* »Maß« + ...*nom²*]

◆**Me|tro|po|le** ⟨f.; -, -n⟩ *oV* Metropolis **1** Hauptstadt **2** Mittelpunkt, Knotenpunkt, Zentrum; *Handels~* [<grch.-lat. *metropolis*, eigtl. »Mutterstadt« <grch. *meter*, Gen. *metros* »Mutter« + *polis* »Stadt«]

◆**Me|tro|po|lis** ⟨f.; -, -po|len⟩ = Metropole

◆**Me|tro|po|lit** ⟨m.; -en, -en⟩ **1** einer Kirchenprovinz vorstehender Erzbischof **2** ⟨in der Ostkirche Titel für⟩ leitender Geistlicher

◆**me|tro|po|li|tan** ⟨Adj.⟩ zur Metropole gehörend, hauptstädtisch

◆**Me|tro|po|li|tan|kir|che** ⟨f.; -, -n⟩ Hauptkirche eines Metropoliten

◆**Me|tro|po|li|tan O|pe|ra** ⟨[mɛtrɔpɔlitən ɔpəra] f.; - -; unz.; Kurzwort: Met⟩ New Yorker Opernhaus

◆**Me|tro|pto|se** auch: **Me|tro|pto|se** ⟨f.; -, -n; Med.⟩ Gebärmuttervorfall [<grch. *meter*, Gen. *metros* »Mutter« + *ptosis* »Fall«]

◆**Me|tror|rha|gie** ⟨f.; -, -gi|en; Med.⟩ außerhalb der Monatsblutung auftretende stärkere Blutung der Gebärmutter [<grch. *metra* »Gebärmutter« + ...*rrhagie*]

◆**Me|trum** ⟨n.; -s, Me|tren od. Me|tra⟩ **1** Versmaß **2** ⟨Musik⟩ Takt [<lat. *metrum* »Versmaß« <grch. *metron* »Maß«]

Met|ta|ge ⟨[-ʒə] f.; -, -n⟩ **1** Zusammenstellung einer Zeitungs- od. Buchseite, Umbruch **2** Arbeitsplatz des Metteurs [frz.; zu *mettre* »setzen«]

Met|teur ⟨[-tø:r] m.; -s, -e⟩ Schriftsetzer, der den Schriftsatz zur endgültigen Seitenform umbricht [frz.; zu *mettre* »setzen«]

Meu|ble|ment auch: **Meub|le|ment** ⟨[møbl(ə)mã:] n.; -s, -s⟩ Möblierung [frz.]

MeV ⟨Zeichen für⟩ Megaelektronenvolt

mez|za..., **Mez|za...** ⟨in Zus.⟩ = mezzo..., Mezzo...

Mez|za|ma|jo|li|ka ⟨f.; -, -s od. -li|ken⟩ Fayence aus fehlerhaften, missfarbigen Scherben, die mit weißer Erde bemalt u. dann verziert worden ist, Halbfayence

Mezzanin

Mez|za|nin ⟨n.; -s, -e; österr.⟩ niedriges Zwischengeschoss über dem Erdgeschoss, bes. in Renaissance- u. Barockbauten [<ital. *mezzanino* »Zwischengeschoss«, Verkleinerungsform zu *mezzano* »mittlerer«]

mez|za vo|ce ⟨[-vo:tʃə] Adv.; m. v.; Musik⟩ mit halber Stimme, halblaut (zu singen, zu spielen) [ital.]

mez|zo..., Mez|zo... ⟨in Zus.⟩ mittlere(r, -s), halb [ital. <lat. *medius*]

mez|zo|for|te ⟨Abk.: mf; Musik⟩ mittelstark, nicht sehr laut (zu singen, zu spielen) [ital.]

mez|zo|pi|a|no ⟨Abk.: mp; Musik⟩ ziemlich leise, nicht zu leise (zu singen, zu spielen) [ital.]

Mez|zo|so|pran *auch:* **Mez|zo|sop|ran** ⟨m.; -s, -e; Musik⟩ **1** mittlere Stimmlage von Frauen, dunkler Sopran **2** Sängerin mit dieser Stimmlage

Mez|zo|tin|to ⟨n.; - od. -s, -s od. -tin|ti⟩ **1** ⟨unz.⟩ **1.1** fotomechanisches Tiefdruckverfahren **1.2** Abart des Kupferstichs, bei der aus einer aufgerauten Stahlplatte mit dem Schabeisen das vorher darauf radierte u. danach heller erscheinende Bild herausgeschabt wird, Schabkunst **2** ⟨zählb.⟩ **2.1** ein Erzeugnis der Schabkunst, Schabkunstblatt **2.2** Mischfarbe, gebrochene Farbe, die einen Übergang bildet [<ital. *mezzo...* + *tinta* »Farbe«]

mf ⟨Musik; Abk. für⟩ mezzoforte

mg ⟨Zeichen für⟩ Milligramm

Mg ⟨chem. Zeichen für⟩ Magnesium

Mgr. ⟨Abk. für⟩ Monseigneur, Monsignore

MHz ⟨Zeichen für⟩ Megahertz

Mi ⟨n.; -, -⟩ Ton E, in der Tonika-Do-Methode jeweils der dritte Ton einer Tonleiter; →*a.* Solmisation [ital., frz.]

Mi|as|ma ⟨n.; -s, -as|men⟩ Ausdünstung des Bodens, die nach veralteter Annahme Seuchen verursacht [grch., »Befleckung, Schmutz«]

mi|as|ma|tisch ⟨Adj.⟩ giftig, ansteckend, Krankheiten verursachend

Mi|cky|maus ⟨f.; -, -mäu|se⟩ von Walt Disney geschaffene Trickfilmfigur [<engl. *Mickey Mouse*]

◆ Die Buchstabenfolge **mi|cro...** kann auch **mic|ro...** getrennt werden.

◆ **mi|cro..., Mi|cro...** ⟨in Zus.⟩ = mikro..., Mikro...

◆ **Mi|cro|chip** ⟨[-tʃɪp] m.; -s, -s⟩ = Mikrochip

◆ **Mi|cro|com|pu|ter** ⟨[-pju:-] m.; -s, -⟩ = Mikrocomputer

◆ **Mi|cro|fa|ser®** ⟨f.; -n, -n; Textilw.⟩ ein leichter Faserstoff

◆ **Mi|cro|fiche** ⟨[-fiʃ] m.; -s, -s⟩ = Mikrofiche

◆ **Mi|cro|soft®** ⟨[maɪkrosɔft]⟩ ohne Artikel; Abk.: MS; EDV⟩ ein US-amerikan. Softwarehersteller, der u. a. das Betriebssystem Windows entwickelt hat

Mid|gard ⟨m.; -s; unz.; nord. Myth.⟩ die von den Menschen bewohnte, aus den Brauen des Urriesen gebildete Welt, die zwischen der Götter- u. der Dämonenwelt im Ozean liegt [<anord. *midgardr* »(die Menschen) umgebender Wall«]

mi|di ⟨Adj.; umg.⟩ mittellang; →*a.* maxi, mini [in Anlehnung an *mini*, vielleicht <frz. *midi* »Mittag« od. engl. *middle* »der, die, das mittlere«]

Mi|di... ⟨Vorsilbe⟩ bis zu den Waden reichend, mittellang; *Midikleid; Midimantel* [zu frz. *midi* »Mittag«]

Mid|life|cri|sis *auch:* **Mid|life-Cri|sis** ⟨[mɪdlaɪfkraɪsɪz] f.; -; unz.⟩ (bes. bei Männern) im mittleren Alter die Furcht, das bisherige Leben nicht sinnvoll ausgefüllt zu haben u. das erstrebte (Lebens-)Ziel nicht mehr erreichen zu können; *in der ~ stecken; das sind Erscheinungen der ~* [<engl. *midlife* »Mitte des Lebens« + *crisis* »Krise«]

Mid|ship|man ⟨[-ʃɪpmæn] m.; -s, -men [-mən]; in England u. den USA⟩ Offiziersanwärter der Kriegsmarine [engl., »Seekadett«]

Mig|ma|tit ⟨m.; -s, -e; Min.⟩ aus verschiedenen Gesteinen aufgebautes Mischgestein [<grch. *migma, meigma* »Gemisch, Mischung«]

Mi|gno|net|te *auch:* **Mig|no|net|te** ⟨[mɪnjɔnɛt(ə)] f.; -, -s; Textilw.⟩ **1** klein gemusterter Kattun **2** feine Spitze aus Zwirn [frz.]

Mi|gnon|fas|sung *auch:* **Mig|non|fas|sung** ⟨[mɪnjɔ̃:-] f.; -, -en; El.⟩ kleine Fassung für Glühlampen [<frz. *mignon* »niedlich«]

◆ Die Buchstabenfolge **mi|gr...** kann auch **mig|r...** getrennt werden.

◆ **Mi|grä|ne** ⟨f.; -, -n; Med.⟩ heftiger, meist einseitiger, anfallsweise auftretender Kopfschmerz, oft von Erbrechen begleitet [<frz. *migraine* <lat. *hemicrania* »Schmerz auf einer Seite des Kopfes« <grch. *hemikrania* <*hemi...* »halb...« + *kranion* »Schädel«]

◆ **Mi|grant** ⟨m.; -en, -en⟩ **1** jmd., der seinen Aufenthaltsort verändert, ein- od. auswandert **2** ⟨Zool.⟩ ein Tier, das den Siedlungsraum verlässt bzw. wechselt, z. B. Parasiten od. Zugvögel [zu lat. *migrare* »wandern, wegziehen«]

◆ **Mi|gra|ti|on** ⟨f.; -, -en⟩ **1** Wanderung, Bewegung von Bevölkerungsgruppen **2** ⟨Zool.⟩ Wanderung (von Zugvögeln) **3** Wirtswechsel (von Parasiten) **4** ⟨Geol.⟩ Wanderung von Erdöl od. Erdgas aus dem sie bildenden Muttergestein in ein umliegendes Speichergestein **5** ⟨Textilw.⟩ Wanderung von Farbstoffen unter dem Einfluss von Luftzirkulation u. bei schnellem Trocken, bewirkt eine ungleichmäßige Anfärbung von Textilien [<lat. *migratio* »Wanderung, Auswanderung«]

◆ **mi|gra|to|risch** ⟨Adj.; fachsprachl.⟩ wandernd, durch Wanderung entstanden

◆ **mi|grie|ren** ⟨V.⟩ wandern, übersiedeln [<lat. *migrare* »wandern«]

Mih|rab ⟨[-xra:b] m.; -s, -s⟩ Gebetsnische in der Moschee auf der nach Mekka zu gelegenen Seite [arab.]

Mijn|heer ⟨[mənɛ:r] m.; -s, -s⟩ *oV* Mynheer **1** ⟨ndrl. Anrede⟩

mein Herr **2** ⟨umg.; scherzh.⟩ Holländer [ndrl.]

Mi|ka ⟨f. od. m.; -; unz.; Min.⟩ Gruppe monokliner Minerale, chem. Kalium-Aluminium-Silicate, Glimmer [<lat. *mica* »Krümchen«]

Mi|ka|do[1] ⟨m.; -s, -s⟩ **1** ⟨nur in der Lit.⟩ japanischer Kaiser **2** Stäbchen im Mikado[2] [<jap. *mi...* »schrecklich« + *kado* »Tor«]

Mi|ka|do[2] ⟨n.; -s, -s⟩ Geschicklichkeitsspiel, bei dem die dünne Stäbchen aufgenommen werden müssen, ohne dass die darunter liegenden sich bewegen

◆ Die Buchstabenfolge **mikr...** kann auch **mikr...** getrennt werden.

◆ **Mi|krat** ⟨n.; -(e)s, -e⟩ nur durch ein Mikroskop erkennbare fotografische Verkleinerung [<grch. *mikros* »klein«]
◆ **Mi|kro** ⟨n.; -s, -s; kurz für⟩ Mikrofon
◆ **mi|kro..., Mi|kro...** ⟨in Zus.⟩ *oV* micro..., Micro... **1** klein..., Klein... **2** ⟨vor Maßeinheiten; Zeichen: μ⟩ 1 Millionstel der betreffenden Maßeinheit, z.B. 1 μm = 1 Millionstel Meter [<grch. *mikros* »klein, kurz, gering«]
◆ **Mi|kro|ana|ly|se** ⟨f.; -, -n⟩ Analyse kleinster Mengen an Substanz unter Anwendung besonderer Verfahren u. unter Benutzung hierfür bes. geeigneter Geräte, z.B. Mikroskop; *Ggs* Makroanalyse
◆ **Mi|kro|auf|nah|me** ⟨f.; -, -n; Fot.⟩ mit Hilfe der Mikrofotografie hergestellte Aufnahme; *Ggs* Makroaufnahme
◆ **Mi|kro|bar** ⟨n.; -, -; Zeichen: μbar⟩ 1 Millionstel Bar
◆ **Mi|kro|be** ⟨f.; -, -n; Biol.⟩ einzelliges Lebewesen; *oV* Mikrobion [<frz. *microbe* <grch. *mikros* »klein, gering« + *bios* »Leben«]
◆ **mi|kro|bi|ell** ⟨Adj.; Biol.⟩ durch Mikroben verursacht, sie betreffend; *eine ~e Infektion*
◆ **Mi|kro|bio|lo|ge** ⟨m.; -n, -n; Biol.⟩ Experte, Wissenschaftler auf dem Gebiet der Mikrobiologie
◆ **Mi|kro|bio|lo|gie** ⟨f.; -; unz.; Biol.⟩ Lehre von den Mikroben

◆ **Mi|kro|bio|lo|gin** ⟨f.; -, -gin|nen; Biol.⟩ Expertin, Wissenschaftlerin auf dem Gebiet der Mikrobiologie
◆ **mi|kro|bio|lo|gisch** ⟨Adj.; Biol.⟩ die Mikrobiologie betreffend, zu ihr gehörend
◆ **Mi|kro|bi|on** ⟨n.; -s, -bi|en; Biol.⟩ = Mikrobe
◆ **Mi|kro|bi|zid** ⟨n.; -s, -e⟩ Mittel zum Abtöten von Mikroben [<*Mikrobe* + ...*zid*']
◆ **Mi|kro|che|mie** ⟨[-çe-] f.; -; unz.⟩ die Chemie kleinster Mengen
◆ **Mi|kro|chip** ⟨[-tʃɪp] m.; -s, -s⟩ hochintegrierte elektronische Schaltung, bei der viele Bauelemente auf einer kleinen Grundplatte vereinigt sind; *oV* Microchip
◆ **Mi|kro|chir|ur|gie** *auch:* **Mi|kro|chi|r|ur|gie** ⟨[-çir-] f.; -; unz.⟩ Teilgebiet der Chirurgie, in dem Operationen unter dem Mikroskop durchgeführt werden
◆ **mi|kro|chir|ur|gisch** *auch:* **mi|kro|chi|r|ur|gisch** ⟨[-çi-] Adj.⟩ die Mikrochirurgie betreffend, zu ihr gehörend
◆ **Mi|kro|com|pu|ter** ⟨[-pju:-] m.; -s, -⟩ kleinster programmierbarer Computertyp; *oV* Microcomputer; *Sy* Minicomputer
◆ **Mi|kro|do|ku|men|ta|ti|on** ⟨f.; -, -en⟩ Herstellung von Reproduktionen von Schriftstücken u. Bilddokumenten in starker Verkleinerung (z.B. als Mikrofilm, Mikrofiche) zur Raum sparenden Aufbewahrung
◆ **Mi|kro|elek|tro|nik** *auch:* **Mi|kro|elekt|ro|nik** ⟨f.; -; unz.⟩ Teilgebiet der Elektronik, das sich mit der Herstellung u. dem Einsatz kleinster elektr. Bauelemente u. hochintegrierter Schaltkreise befasst
◆ **mi|kro|elek|tro|nisch** *auch:* **mi|kro|elekt|ro|nisch** ⟨Adj.⟩ zur Mikroelektronik gehörend, auf ihr beruhend
◆ **Mi|kro|fa|rad** ⟨n.; - od. -s, -; Zeichen: μF⟩ 1 Millionstel Farad
◆ **Mi|kro|fa|ser** ⟨f.; -, -n; Textilw.⟩ extrem feine Chemiefaserfäden, die sich zu feinmaschigen, atmungsaktiven Stoffen verweben lassen, an denen Regen abperlt

◆ **Mi|kro|fau|na** ⟨f.; -, -fau|nen; Biol.⟩ die nur unter dem Mikroskop erkennbaren tier. Lebewesen; *Ggs* Makrofauna
◆ **Mi|kro|fiche** ⟨[-fɪʃ] m.; -s, -s⟩ Mikrofilm in Postkartenformat, der mehrere 100 reihenweise angeordnete Mikrokopien enthält; *oV* Microfiche [<*Mikro...* + frz. *fiche* »Zettel«]
◆ **Mi|kro|film** ⟨m.; -(e)s, -e⟩ **1** Film, auf dem in stark verkleinertem Maßstab Druckschriften aufgenommen sind, zur Wiedergabe in entsprechend vergrößerndem Lesegerät **2** Film mit feinstem Korn für Mikrokopien
◆ **Mi|kro|fon** ⟨n.; -s, -e⟩ Gerät zur Umwandlung von mechan. Schallwellen in elektr. Schwingungen; *oV* Mikrophon; *Fernseh~* [<*Mikro...* + ...*phon*]
◆ **Mi|kro|fo|to|gra|fie** ⟨f.; -; unz.⟩ fotograf. Aufnahmeverfahren für kleinste Objekte mit Mikroskopen u. darauf befestigten Fotoapparaten; *Ggs* Makrofotografie
◆ **Mi|kro|fo|to|ko|pie** ⟨f.; -, -n⟩ = Mikrokopie
◆ **Mi|kro|ga|met** ⟨m.; -en, -en; Biol.⟩ kleinere, bewegl. männl. Geschlechtszelle der Einzeller u. niederen Pflanzen; *Ggs* Makrogamet
◆ **Mi|kro|gramm** ⟨n.; -s, -e; Abk.: μg⟩ Maßeinheit der Masse, ein Millionstel Gramm
◆ **mi|kro|ke|phal** ⟨Adj.⟩ mit anomal verkleinertem Schädel versehen; *oV* mikrozephal; *Ggs* makrokephal
◆ **Mi|kro|ke|pha|lie** ⟨f.; -; unz.⟩ anomale Verkleinerung des Schädels; *oV* Mikrozephalie; *Ggs* Makrokephalie [<grch. *mikros* »klein, kurz, gering« + ...*kephalie*]
◆ **Mi|kro|kli|ma** ⟨n.; -s, -s od. -te⟩ = Kleinklima; *Ggs* Makroklima; →*a.* Mesoklima
◆ **Mi|kro|kok|kus** ⟨m.; -, -kok|ken; Biol.; Med.⟩ Kugelbakterium
◆ **Mi|kro|ko|pie** ⟨f.; -, -n; kurz für⟩ Mikrofotokopie, stark verkleinerte fotograf. Wiedergabe von Druckschriften
◆ **mi|kro|kos|misch** ⟨Adj.⟩ zum Mikrokosmos gehörend, auf ihn bezogen

Mikrokosmos

◆ **Mi|kro|kos|mos** ⟨m.; -; unz.⟩ **1** die Welt der kleinsten Lebewesen **2** ⟨Philos.⟩ der Mensch u. seine Umwelt als Gegenstück zum Weltall; *Ggs* Makrokosmos

◆ **Mi|kro|lin|gu|is|tik** ⟨f.; -; unz.; Sprachw.⟩ Teilgebiet der Linguistik, das die Sprache u. ihre Struktur ohne Berücksichtigung der Nachbarwissenschaften erforscht u. in Semantik, Grammatik u. Phonologie unterteilt; *Ggs* Makrolinguistik

◆ **Mi|kro|ma|ni|pu|la|tor** ⟨m.; -s, -to|ren⟩ Zusatzgerät am Mikroskop, das an mikroskopischen Objekten feinste Eingriffe während der Beobachtung ermöglicht

◆ **Mi|kro|me|lie** ⟨f.; -, -n; Med.⟩ anomale Kleinheit der Gliedmaßen; *Ggs* Makromelie [*‹Mikro... + grch. melos* »Glied«]

◆ **Mi|kro|me|ter** ⟨n.; -s, -⟩ **1** jedes Gerät zur genauen Messung kleiner Mengen **2** ⟨Zeichen: μm⟩ 1 Millionstel Meter = $^1/_{1000}$ mm [*‹Mikro... + ...meter*]

◆ **Mi|kro|me|ter|schrau|be** ⟨f.; -, -n⟩ Mikrometer, wobei die Messung unmittelbar durch Einklemmen des zu messenden Gegenstandes erfolgt

◆ **Mi|kro|mu|ta|ti|on** ⟨f.; -, -en; Biol.⟩ Mutation, die nur ein Gen betrifft

◆ **Mi|kron** ⟨n.; -s, -; veraltet für⟩ Mikrometer (2) [‹grch. *mikros* »klein, kurz, gering«]

◆ **Mi|kro|nu|cle|us** *auch:* **Mi|kro|nu|kle|us** ⟨m.; -, -clei [-kle:i]; Biol.⟩ Geschlechtskern der Protozoen, der die geschlechtl. Fortpflanzung regelt

◆ **Mi|kro|öko|no|mik** ⟨f.; -; unz.; Wirtsch.⟩ Teilgebiet der Wirtschaftswissenschaften, das sich mit dem einzelwirtschaftlichen Verhalten von Haushalten u. Unternehmen befasst; *Sy* Mikrotheorie; *Ggs* Makroökonomik

◆ **mi|kro|öko|no|misch** ⟨Adj.; Wirtsch.⟩ zur Mikroökonomie gehörend, sie betreffend; *Ggs* makroökonomisch

◆ **Mi|kro|or|ga|nis|mus** ⟨m.; -, -nis|men⟩ = Mikrobe

◆ **Mi|kro|phon** ⟨n.; -s, -e⟩ = Mikrofon

◆ **Mi|kro|phy|sik** ⟨f.; -; unz.; Physik⟩ Teilgebiet der Physik, das sich mit der Untersuchung von Atomen u. Molekülen befasst, steht zwischen der Makrophysik des tägl. Lebens u. der Elementarteilchenphysik; *Ggs* Makrophysik

◆ **Mi|kro|phyt** ⟨m.; -en, -en; Biol.⟩ pflanzlicher Mikroorganismus; *Ggs* Makrophyt [*‹Mikro... + phyton* »Pflanze«]

◆ **Mi|kro|prä|pa|rat** ⟨n.; -(e)s, -e⟩ für Untersuchungen unter dem Mikroskop angefertigtes Präparat [*‹Mikro... + Präparat*]

◆ **Mi|kro|pro|zes|sor** ⟨m.; -s, -en; EDV⟩ zentraler Baustein eines Mikrocomputers mit Steuer- u. Rechenfunktionen

◆ **Mi|kro|ra|di|o|me|ter** ⟨n.; -s, -⟩ Gerät zum Messen kleinster Strahlungsmengen

◆ **Mi|kro|seis|mik** ⟨f.; -; unz.; Geophysik⟩ Lehre von den kleinsten Schwingungen der Erdkruste, z. B. Erschütterung durch Brandung; *Ggs* Makroseismik

◆ **mi|kro|seis|misch** ⟨Adj.; Geophysik⟩ zur Mikroseismik gehörend, sie betreffend; *Ggs* makroseismisch

◆ **Mi|kro|skop** *auch:* **Mi|kros|kop** ⟨n.; -s, -e⟩ optisches Gerät zur Vergrößerung sehr kleiner Gegenstände [*‹Mikro... + ...skop*]

◆ **Mi|kro|sko|pie** *auch:* **Mi|kros|ko|pie** ⟨f.; -; unz.⟩ Untersuchung mit Hilfe des Mikroskops

◆ **mi|kro|sko|pie|ren** *auch:* **mi|kros|ko|pie|ren** ⟨V.⟩ mit dem Mikroskop untersuchen

◆ **mi|kro|sko|pisch** *auch:* **mi|kros|ko|pisch** ⟨Adj.⟩ **1** auf Mikroskopie beruhend **2** nur mit dem Mikroskop erkennbar; *Ggs* makroskopisch

◆ **Mi|kro|som** ⟨n.; -s, -en; Biol.⟩ kleinstes lichtbrechendes Körperchen im Zellplasma [*‹Mikro... + grch. soma* »Körper«]

◆ **Mi|kro|so|mie** ⟨f.; -; unz.; Med.⟩ Kleinwuchs; *Ggs* Makrosomie [*‹Mikro... + grch. soma* »Körper«]

◆ **Mi|kro|spo|re** ⟨f.; -, -n; Bot.⟩ kleine männl. Spore einiger Farne; *Ggs* Makrospore

◆ **Mi|kro|spo|rie** ⟨f.; -; unz.; Med.⟩ durch einen Hautpilz verursachte, ansteckende Krankheit der behaarten Kopfhaut, Kleinsporenflechte [*‹Mikro... + Spore*]

◆ **Mi|kro|struk|tur** ⟨f.; -, -en⟩ *Ggs* Makrostruktur **1** Feinstruktur **2** Struktur, deren Elemente sich auf der kleinsten Untersuchungsebene befinden

◆ **Mi|kro|struk|tur|tech|nik** ⟨f.; -; unz.⟩ Gebiet der Technik, das sich mit der Entwicklung u. Anwendung kleinster mechanischer Bauelemente u. Strukturen befasst

◆ **Mi|kro|tech|nik** ⟨f.; -; unz.⟩ **1** die angewandte Technik bei mikroskop. Untersuchungen **2** Herstellung mikroskop. Präparate

◆ **Mi|kro|thek** ⟨f.; -, -en⟩ **1** Behälter für die karteimäßige Sammlung von Mikrokopien **2** die Sammlung selbst [*‹Mikro... + ...thek*]

◆ **Mi|kro|the|o|rie** ⟨f.; -; unz.; Wirtsch.⟩ = Mikroökonomik; *Ggs* Makrotheorie

◆ **Mi|kro|tom** ⟨n. od. m.; -s, -e⟩ Gerät zur Herstellung feinster Schnitte für mikroskop. Untersuchungen in der Histologie [*‹Mikro... + grch. temnein* »schneiden«]

◆ **Mi|kro|ton** ⟨m.; -(e)s, -tö|ne; Musik⟩ (in der zeitgenössischen Musik verwendeter) Ton mit einem geringeren Abstand als ein Halbton, z. B. Viertelton, Achtelton

◆ **mi|kro|to|nal** ⟨Adj.; Musik⟩ die Tonalität von Mikrotönen (Viertel-, Achteltönen) betreffend, auf ihr beruhend

◆ **Mi|kro|tron** ⟨n.; -s, -e; Physik⟩ ringförmiger Teilchenbeschleuniger für Elektronen mit konstantem Beschleunigungsfeld [‹grch. *mikros* »klein« + *Elektron*]

◆ **Mi|kro|wel|le** ⟨f.; -, -n; kurz für⟩ Mikrowellengerät

◆ **Mi|kro|wel|len** ⟨f.; Pl.; Zeichen: μW⟩ Teil des elektromagnet. Spektrums zwischen dem Gebiet der kurzen u. ultrakurzen Radiowellen u. dem infraroten Spektralbereich des optischen Spektrums

◆ **Mi|kro|wel|len|ge|rät** ⟨n.; -(e)s, -e⟩ (kleiner) Herd, in dem Lebensmittel durch Bestrahlung mit Mikrowellen (sehr schnell) gegart werden

◆ **Mi|kro|zen|sus** ⟨m.; -; unz.; Stat.; in der BRD⟩ repräsentative Statistik der Bevölkerungsentwicklung

◆ **mi|kro|ze|phal** ⟨Adj.⟩ = mikrokephal

◆ **Mi|kro|ze|phal|lie** ⟨f.; -; unz.⟩ = Mikrokephalie

Mik|ti|on ⟨f.; -, -en; Med.⟩ das Wasserlassen [<lat. *mictio* »das Harnen«]

MIK-Wert ⟨m.; -(e)s, -e; Abk. für⟩ Maximale Immissionskonzentration, für bestimmte Stoffe gesetzlich festgelegte maximal zulässige Abgabe in bodennahen Luftschichten

Mi|lan ⟨a. [-'-] m.; -s, -e; Zool.⟩ Gattung der Greifvögel, die durch die gegabelte Form des Schwanzes gekennzeichnet ist: Milvus [frz. <vulgärlat. *milanus* <lat. *miluus* »Geier«]

Mile|stone ⟨[maɪlstoun] m.; -s, -s⟩ 1 Meilenstein, wichtiger Punkt in einer Entwicklung 2 ⟨Wirtsch.⟩ Eckgröße, die in einer langfristigen Planung vorher festgeschrieben wurde u. deren Einhaltung anhand der tatsächlichen Entwicklung später kontrolliert wird [engl., »Meilenstein«]

mi|li|ar ⟨Adj.; bes. Med.⟩ hirsekorngroß, z. B. von Tuberkelbakterien [zu lat. *milium* »Hirse«]

Mi|li|ar|tu|ber|ku|lo|se ⟨f.; -, -n; Med.⟩ bes. schwere Tuberkulose [<lat. *milium* »Hirse« + *Tuberkulose*]

Mi|lieu ⟨[miljøː] n.; -s, -s⟩ 1 Umgebung u. Zeitverhältnisse, in denen ein Lebewesen sich entwickelt 2 ⟨österr. a.⟩ kleine Tischdecke 3 Umfeld einer bestimmten sozialen Gruppe; *Arbeiter~; Drogen~* 4 ⟨bes. schweiz.⟩ Welt der Prostituierten [frz., »Umgebung, Mittelpunkt« <lat. *medius* »mittlerer« + *locus* »Ort«]

Mi|lieu|the|orie ⟨[miljøː-] f.; -; unz.⟩ Theorie, nach der die Entwicklung des Individuums vor allem vom Milieu abhängig ist u. weniger von ererbten Anlagen

mi|li|tant ⟨Adj.⟩ kämpferisch [<lat. *militans*, Part. Präs. zu *militare* »Soldat sein«]

Mi|li|tanz ⟨f.; -; unz.⟩ aggressive, gewaltsame Vorgehensweise [<lat. *militans*, Part. Präs. zu *militare* »Kriegsdienst tun«]

Mi|li|tär[1] ⟨n.; -s; unz.⟩ 1 Stand der Soldaten 2 Gesamtheit der Streitkräfte [<frz. *militaire* <lat. *militaris*; zu *miles* »Soldat«]

Mi|li|tär[2] ⟨m.; -s, -s⟩ höherer Offizier; *ein erfahrener, guter ~ sein; es waren hohe ~s anwesend* [→ *Militär*[1]]

Mi|li|tär|aka|de|mie ⟨f.; -, -n⟩ Schule zur Aus- u. Weiterbildung von militärischem Führungspersonal, militärischen Spezialisten u. Beamten der Militärverwaltung

Mi|li|tär|at|ta|ché ⟨[-ʃeː] m.; -s, -s⟩ militärischer Sachverständiger bei einer Gesandtschaft od. Botschaft

Mi|li|tär|ba|sis ⟨f.; -, -ba|sen⟩ Militärstützpunkt

Mi|li|tär|dik|ta|tur ⟨f.; -, -en; Politik⟩ meist aus einem Putsch hervorgegangene, unkontrollierte u. unbeschränkte polit. Herrschaft der Heeresführung; →*a.* Militärjunta

Mi|li|ta|ria ⟨nur Pl.⟩ 1 alle das Militär betreffenden Angelegenheiten 2 ⟨heute nur noch⟩ Bücher u. Gegenstände, die das Militärwesen betreffen [lat., »militärische Übungen«]

mi|li|tä|risch ⟨Adj.⟩ das Militär betreffend, darauf beruhend, ihm entsprechend, gemäß, soldatisch; *~e Ausbildung, Auszeichnung; ~er Gruß* G. durch Strammstehen u. Aufheben der rechten Hand an Mützenrand od. -schild; *Ggs* zivil (1) [<lat. *militaris*; beeinflusst von frz. *militaire*]

mi|li|ta|ri|sie|ren ⟨V.⟩ *ein Land ~* mit Militär u. militär. Einrichtungen ausstatten, das Heerwesen eines Landes organisieren [<frz. *militariser*]

Mi|li|ta|ris|mus ⟨m.; -; unz.⟩ Vorherrschaft der militärischen Macht, Überbetonung des Militärwesens, übersteigerte militärische Gesinnung, Erhebung des Militärischen zum Selbstzweck [<frz. *militarisme* »Militärherrschaft«]

Mi|li|ta|rist ⟨m.; -en, -en⟩ Anhänger, Vertreter des Militarismus [<frz. *militariste*]

mi|li|ta|ris|tisch ⟨Adj.⟩ auf dem Militarismus beruhend, ihn erstrebend

Mi|li|tär|jun|ta ⟨[-xun-] f.; -, -s⟩ aus Angehörigen des Militärs gebildete Junta

Mi|li|tär|ope|ra|ti|on ⟨f.; -, -en; Mil.⟩ militärische Unternehmung, Truppenbewegung

Mi|li|ta|ry ⟨[-təri] f.; -, -s; Sport; Reiten⟩ Vielseitigkeitsprüfung, die aus Dressur, Geländeritt u. Springen besteht [engl.]

Mi|li|ta|ry Po|lice ⟨[mɪlɪtəri pəliːs] f.; - -; unz.; Abk.: MP⟩ engl. bzw. amerikan. Militärpolizei [engl.]

Mi|liz ⟨f.; -, -en⟩ 1 kurz ausgebildete Truppe für den Bedarfsfall 2 ⟨in kommunist. Staaten⟩ Polizei [<lat. *militia* »Gesamtheit der Soldaten; Kriegsdienst«; zu *miles* »Soldat«]

Mi|li|zio|när ⟨m.; -s, -e⟩ Angehöriger der Miliz [→ *Miliz*]

Milk|shake ⟨[-ʃeɪk] m.; -s, -s⟩ Milchmixgetränk mit Früchten (u. Eis) [<engl. *milk* »Milch« + *shake* »schütteln«]

Mill. ⟨Abk. für⟩ Million(en)

Mil|le ⟨n.; -, -; Zeichen: M⟩ Tausend; →*a.* pro mille [lat., »tausend«]

Mil|le|fio|ri|glas ⟨n.; -es; unz.⟩ aus Scheiben gebündelter, farbiger Glasstäbe hergestelltes Glas [<ital. *mille* »tausend« + *fiori* »Blumen«]

Mille|fleurs ⟨[milflœː] m.; -, -; Textilw.⟩ Stoff mit Streublumenmuster [frz., »tausend Blumen«]

Mil|le Mi|glia auch: **Mille Miglia** ⟨[-mɪlja] f.; - -; unz.⟩ größtes ital. Langstreckenrennen für Sportwagen [ital., »tausend Meilen«]

Mil|len|ni|um auch: **Mil|len|ni|um** ⟨n.; -s, -ni|en⟩ Zeitraum von 1000 Jahren [lat., »das Tausendjährige Reich (Christi)« <*mille* »tausend« + *annus* »Jahr«]

Mil|le|rit ⟨m.; -s; unz.; Min.⟩ gelbl. bis grünl. Mineral, dessen nadelförmige Kristalle oft

milli..., Milli...

strahlig gruppiert sind, Haarkies, chem. Nickelsulfid [nach dem engl. Mineralogen W. H. Miller, † 1849]

milli..., Milli... ⟨Zeichen: m; vor Maßeinheiten⟩ ein Tausendstel der betreffenden Maßeinheit, z. B. 1 mm = $^{1}/_{1000}$ Meter [< lat. *mille* »tausend«]

Milliampere ⟨[-pɛːr] n.; - od. -s, -; Zeichen: mA⟩ $^{1}/_{1000}$ Ampere

Milliamperemeter ⟨[-pɛːr-] n.; -s, -⟩ Gerät zum Messen kleinster Stromstärken

Milliardär ⟨m.; -s, -e⟩ 1 Besitzer von Werten über eine Milliarde (Euro) 2 ⟨fig.⟩ steinreicher Mann

Milliardärin ⟨f.; -, -rin|nen⟩ 1 Besitzerin von Werten über eine Milliarde (Euro) 2 ⟨fig.⟩ steinreiche Frau

Milliarde ⟨f.; -, -n; Abk.: Md. od. Mrd.⟩ 1000 Millionen [< frz. *milliard* »tausend Millionen« < lat. *mille* »tausend« + roman. Vergrößerungssuffix *...ard*]

Milliardstel ⟨n.; -s, -⟩ der milliardste Teil

Millibar ⟨n.; -, -; Zeichen: mbar⟩ $^{1}/_{1000}$ bar

Milligramm ⟨n.; -(e)s, -; Zeichen: mg⟩ $^{1}/_{1000}$ Gramm

Milliliter ⟨n. od. (schweiz. nur) m.; -s, -; Zeichen: ml⟩ $^{1}/_{1000}$ Liter

Millimeter ⟨n. od. (schweiz. nur) m.; -s, -; Zeichen: mm⟩ $^{1}/_{1000}$ Meter; ~ *Quecksilbersäule* ⟨Abk.: mm Hg⟩ nicht mehr zulässige Druckeinheit, zu ersetzen durch die Einheit Millibar (mbar), 1 mm Hg = 1,33 mbar; 760 mm Hg = 1 physikalische Atmosphäre (atm) = Normaldruck der Luft = 1013,25 mbar

Millimikron auch: **Millimikron** ⟨n.; -s, -⟩ nicht mehr zulässige Bez. für die Längeneinheit von $^{1}/_{1000}$ Mikrometer (μm), zu ersetzen durch die Einheit Nanometer (nm), $^{1}/_{1000}$ μm = 1 nm = 10^{-9} m

Million ⟨f.; -, -en; Abk.: Mill. od. Mio⟩ tausend mal tausend, 1000 mal 1000 [< ital. *millione* »zehn mal hunderttausend« < lat. *mille* »tausend« + romanisches Vergrößerungssuffix *...one*]

Millionär ⟨m.; -s, -e⟩ 1 Besitzer von Werten über eine Million (Euro) 2 ⟨fig.⟩ sehr reicher Mann [< frz. *millionnaire*]

Millionärin ⟨f.; -, -rin|nen⟩ 1 Besitzerin von Werten über eine Million (Euro) 2 ⟨fig.⟩ sehr reiche Frau

Millionstel ⟨n.; -s, -⟩ der millionste Teil

Millipond ⟨n.; -s, -; Zeichen: mp⟩ nicht mehr zulässige Kraft- oder Gewichtseinheit, $^{1}/_{1000}$ Pond

Millirem ⟨n.; -, -⟩ $^{1}/_{1000}$ rem

Millisekunde ⟨f.; -, -n⟩ $^{1}/_{1000}$ Sekunde

Milreis ⟨[-rɛɪs] n.; -, -⟩ frühere Währungseinheit (1000 Reis) in Portugal (bis 1911) u. Brasilien (bis 1942) [< portug. *mil-réis*]

Mime ⟨m.; -n, -n⟩ Schauspieler [< lat. *mimus* < grch. *mimos*; zu *mimeisthai* »nachahmen«]

mimen ⟨V.⟩ 1 *eine Rolle* ~ eine Rolle als Mime spielen, darstellen 2 ⟨umg.⟩ vortäuschen, so tun, als ob

Mimen ⟨Pl. von⟩ Mimus

Mimese ⟨f.; -, -n⟩ 1 äußere (schützende) Ähnlichkeit von Tieren in Gestalt od. Farbe mit leblosen Gegenständen ihrer Umgebung 2 = Mimesis [< grch. *mimesis*; → *Mimesis*]

Mimesie ⟨f.; -, -n; Rhet.⟩ die Erscheinung, dass minder symmetrische Kristalle durch vielfache Zwillingsbildung Formen von höherer Symmetrie vortäuschen [< grch. *mimesis* »Nachahmung«]

Mimesis ⟨f.; -, -me|sen⟩ oV Mimese (2) 1 Nachahmung von Gebärden 2 ⟨antike Rhetorik⟩ (spottende) Wiederholung der Worte eines andern [grch., »Nachahmung«]

mimetisch ⟨Adj.⟩ 1 auf Mimese (Mimesis) beruhend, sie anwendend 2 die Mimesie betreffend, durch sie ausgezeichnet

Mimik ⟨f.; -; unz.⟩ Wechsel, Spiel des Gesichtsausdrucks u. der Gebärden [< lat. *ars mimica* »schauspieler. Kunst«]

Mimikry auch: **Mimikry** ⟨f.; -; unz.⟩ 1 schützende Nachahmung (in Farbe od. Gestalt) von Gegenständen der Umwelt od. von wehrhaften Tieren durch wehrlose 2 ⟨fig.⟩ Anpassung, Schutzfärbung [< engl. *mimicry*, eigtl. »Nachahmung«]

Mimin ⟨f.; -, -min|nen⟩ Schauspielerin

mimisch ⟨Adj.⟩ die Mimik betreffend, auf ihr beruhend, mit Hilfe der Mimik, schauspielerisch [< lat. *mimicus* »schauspielerisch«]

Mimose ⟨f.; -, -n⟩ 1 ⟨Bot.⟩ zur Familie der Mimosengewächse gehörende Zierpflanze, deren Blätter bei der geringsten Berührung zusammenklappen, Sinnpflanze: Mimosa pudica 2 ⟨fig.⟩ empfindsamer, leicht gekränkter Mensch [< neulat. *mimosa* < lat. *mimus*; → *Mime*]

mimosenhaft ⟨Adj.; fig.⟩ zart, überempfindlich wie eine Mimose

Mimus ⟨m.; -, Mi|men; Theat.⟩ 1 ⟨urspr.⟩ Schauspieler der Antike 2 ⟨dann⟩ kleine, realistische Szene 3 ⟨danach⟩ derbkomisches Bühnenstück, Posse 4 darin auftretender Schauspieler [lat. < grch. *mimos* »Schauspieler«]

min, Min. ⟨Abk. für⟩ Minute

Minarett ⟨n.; -s, -e od. -s⟩ Turm der Moschee, von dem die Gebetsstunden ausgerufen werden [< türk. *minare* < arab. *manarah* »Lampe, Leuchtturm«]

Mine[1] ⟨f.; -, -n⟩ 1 Sprengkörper, der durch Zündschnur, Berührung usw. zur Explosion gebracht wird; *Land*~; *See*~; *eine* ~ *legen* ⟨a. fig.⟩ intrigieren; *alle* ~*n springen lassen* ⟨fig.⟩ alle Mittel einsetzen 2 Bergwerk; *Erz*~; *Gold*~; unterirdischer Gang, Stollen 3 Einlage in Schreibgeräten, Stäbchen aus Graphit od. Farbstoff, Röhrchen mit schnell trocknendem Farbstoff; *Bleistift*~; *Kugelschreiber*~ 4 ⟨Börse⟩ allg. Bewegung in Richtung auf Hausse [frz., »Erzader; Erzgrube« < vulgärlat. *mina*, vermutlich < kelt.]

Mine[2] ⟨f.; -, -n⟩ altgrch. Münze, 100 Drachmen [< lat. *mina* < grch. *mna*, orientalischen Ursprungs]

Mineral ⟨n.; -s, -e od. -li|en⟩ anorganischer Bestandteil der

Erdrinde [<mlat. *(aes) minerale* »Erzgestein, Erz«]
Mineralfaser ⟨f.; -, -n⟩ aus Asbest u. a. Mineralien gewonnene Faser mit großer Hitze- u. Korrosionsbeständigkeit
Mineralisation ⟨f.; -; unz.⟩ Bildung von Gesteinen beim Abkühlen von Magma
mineralisch ⟨Adj.⟩ auf Mineralien beruhend, aus ihnen entstanden, Mineralien enthaltend
mineralisieren ⟨V.⟩ **1** organische Stoffe zu anorganischen Stoffen abbauen **2** sich in mineralisches Material verwandeln; *Ggs* demineralisieren
Mineralisierung ⟨f.; -; unz.⟩ Umwandlung organischer Materialien in anorganische, z. B. Bildung von Humus aus Laub
Mineraloge ⟨m.; -n, -n⟩ Wissenschaftler auf dem Gebiet der Mineralogie
Mineralogie ⟨f.; -; unz.⟩ die Wissenschaft von den Mineralien [<*Mineral* + ...*logie*]
Mineralogin ⟨f.; -, -ginnen⟩ Wissenschaftlerin auf dem Gebiet der Mineralogie
mineralogisch ⟨Adj.⟩ zur Mineralogie gehörend, auf ihr beruhend
Mineralöl ⟨n.; -s, -e⟩ Erdöl
Mineralquelle ⟨f.; -, -n⟩ Heilquelle
Mineralsalze ⟨Pl.⟩ **1** ⟨i. w. S.⟩ die anorgan. Salze **2** ⟨i. e. S.⟩ die für die Ernährung der Menschen, Tiere u. Pflanzen wichtigen Salze
Mineralsäure ⟨f.; -, -n⟩ anorganische Säure, z. B. Salz-, Salpeter-, Schwefelsäure
Mineralwasser ⟨n.; -s, -wässer⟩ mineralreiches Wasser aus einer natürlichen od. erschlossenen Quelle, meist mit Kohlensäure versetzt
mineroigen ⟨Adj.⟩ aus mineralischen, d. h. anorganischen Bestandteilen entstanden; *Ggs* organogen
Minestra *auch:* **Minestra** ⟨f.; -, -nestra; ital. Kochk.⟩ = Minestrone
Minestrone *auch:* **Minestrone** ⟨f.; -, -troni; ital. Kochk.⟩ ital. Gemüsesuppe mit Einlage; *oV* Minestra [ital.]

Minette ⟨f.; -, -n; Geol.⟩ **1** Brauneisenerz mit bis zu 40% Eisengehalt, in Lothringen u. Luxemburg vorkommend **2** dunkelgraues, gangförmig gelagertes Gestein [frz., »kleines Bergwerk«]
mineur ⟨[-nø:r]⟩ Musik; frz. Bez. für⟩ Moll; *Ggs* majeur [frz., »kleiner«]
Mineur ⟨[-nø:r] m.; -s, -e⟩ **1** Bergarbeiter **2** ⟨früher⟩ für das Minenlegen ausgebildeter Pionier **3** Spekulant, der an der Börse auf Hausse setzt [frz., »Bergmann«; → *Mine¹*]
mini ⟨Adj.⟩ kurz; ~ *gehen* einen Minirock tragen; *Ggs* maxi; →*a.* midi [engl.; verkürzt <*minimum* »Minimum«]
Mini... ⟨in Zus.⟩ sehr klein, z. B. Minieisenbahn, (in der Mode) sehr kurz; *Minikleid*; *Minirock* [verkürzt <*Miniatur* bzw. <*Minimum*]
Miniator ⟨m.; -s, -toren; MA⟩ Buchmaler [→ *Miniatur*]
Miniatur ⟨f.; -, -en⟩ **1** Malerei od. Zeichnung in alten Handschriften u. Büchern **2** sehr kleines Bild [<ital. *miniatura*; zu lat. *minitus* »mit Mennige gefärbt«]
miniaturisieren ⟨V.; El.⟩ verkleinern
Minicar ⟨[-ka:] m.; -s, -s⟩ **1** Kleintaxi **2** selbst gebasteltes, motorloses Fahrzeug, Seifenkiste [<*Mini*... + engl. *car* »Auto«]
Minicomputer ⟨[-pju:-] m.; -s, -⟩ = Mikrocomputer
minieren ⟨V.⟩ **1** einen unterirdischen Gang, Stollen anlegen **2** verminen [<frz. *miner*; → *Mine¹*]
Minigolf ⟨n.; -s; unz.⟩ vom Golf abgeleitetes Spiel auf befestigten Bahnen mit unterschiedlichen Hindernissen [verkürzt <*Mini*atur + *Golf*]
Minima¹ ⟨Pl. von⟩ Minimum
Minima² ⟨f.; -, -nilmae od. -nimen; Musik⟩ kleinster, der halben Taktnote entsprechender Notenwert der Mensuralmusik; *Ggs* Maxima (2) [lat., »die kleinste«]
minimal ⟨Adj.⟩ sehr klein, winzig, geringfügig; *Ggs* maximal [<lat. *minimus* »der kleinste«]

Minimalprinzip

Minimalart *auch:* **Minimal Art** ⟨[mınımal a:(r)t] f.; (-) -; unz.; Kunst⟩ Richtung der modernen Kunst, die sich auf einfachste (geometr.) Grundformen beschränkt, um überflüssig erscheinende Verzierungen zu vermeiden; →*a.* Minimalmusic [<engl. *minimal* »minimal, kleinst...« + *art* »Kunst«]
minimalinvasiv ⟨[-va-] Adj.⟩ mit dem geringstmöglichen Einsatz von Mitteln eingreifend; ~*e Chirurgie* Ch. mithilfe sehr kleiner Schnitte u. winziger Instrumente
minimallisieren ⟨V.⟩ verringern, vereinfachen; *Kosten* ~; *das Risiko* ~
Minimalisierung ⟨f.; -, -en⟩ das Minimalisieren, Minimalisiertwerden; ~ *des Risikos* die Verringerung, Vereinfachung; ~ *der Werte* Abwertung, Missachtung
Minimalismus ⟨m.; -; unz.; Kunst⟩ Stilrichtung, die sich auf (schmucklose) Grundformen u. elementare Bestandteile beschränkt; →*a.* Minimalart, Minimalmusic
minimalistisch ⟨Adj.⟩ in der Art des Minimalismus, auf ihm beruhend
Minimalist ⟨m.; -en, -en⟩ **1** jmd., der sich in seiner Lebensweise auf das Notwendigste beschränkt od. bestimmte Ziele mit dem geringstmöglichen Aufwand zu erreichen sucht **2** Vertreter, Anhänger der Minimalart
Minimalmusic *auch:* **Minimal Music** ⟨[mınıməl mju:zık] f.; (-) -; unz.; Musik⟩ Stilrichtung der modernen Musik, die nur einfachste Melodien u. Rhythmen verwendet; →*a.* Minimalart [<engl. *minimal* »minimal, kleinst...« + *music* »Musik«]
Minimalpaar ⟨n.; -(e)s, -e; Sprachw.⟩ sich nur durch ein Phonem unterscheidendes Wort- od. Morphempaar einer Sprache, z. B. »Haus u. Maus«, »führen u. fahren«
Minimalprinzip ⟨n.; -s, -pilen od. -e; Wirtsch.⟩ Sparsamkeitsgrundsatz, nach dem der größtmögliche Erfolg mit dem geringstmöglichen Mittel- u.

Minimalproblem

Personaleinsatz erzielt werden soll; *Ggs* Maximalprinzip

Mi|ni|mal|pro|blem *auch:* **Mi|ni|mal|problem** ⟨n.; -s, -e⟩ Schachproblem, bei dem eine Partei außer dem König nur noch eine Figur besitzt

Mi|ni|max|the|o|rem ⟨n.; -s, -e⟩ Leitsatz der Spieltheorie, nach dem ein Spieler bestrebt ist, seinen eigenen Anteil am Gesamtgewinn durch Verringerung des Anteils seiner Gegner zu erhöhen

mi|ni|mie|ren ⟨V.⟩ das Minimum anstreben, erreichen; *Kosten* ~; *Sy* minimisieren; *Ggs* maximieren

Mi|ni|mie|rung ⟨f.; -, -en⟩ das Minimieren, Minimiertwerden

mi|ni|mi|sie|ren ⟨V.⟩ = minimieren

Mi|ni|mum ⟨n.; -s, -ni|ma⟩ *Ggs* Maximum **1** kleinster Wert, kleinste Größe, niedrigster Stand, z. B. des Luftdrucks **2** Mindestmaß **3** Geringfügigkeit [lat., »das Kleinste«]

Mi|ni|pil|le ⟨f.; -, -n; Med.; umg.⟩ oral einzunehmendes Empfängnisverhütungsmittel mit stark vermindertem Gestagengehalt

Mi|ni|rock ⟨m.; -(e)s, -rö|cke; Mode⟩ bis knapp zur Mitte des Oberschenkels reichender Rock, schenkelkurzer Rock

Mi|ni|spi|on ⟨m.; -s, -e; umg.⟩ sehr kleines Abhörgerät, Wanze

Mi|nis|ter ⟨m.; -s, -⟩ Leiter eines Ministeriums [‹frz. *ministre* »Diener; Diener des Staats« ‹lat. *minister* »Diener, Gehilfe«; → *minus*]

mi|nis|te|ri|al ⟨Adj.⟩ ein Ministerium betreffend, dazu gehörig, von ihm ausgehend; *oV* ministeriell

Mi|nis|te|ri|al|di|rek|tor ⟨m.; -s, -en⟩ Abteilungsleiter in einem Ministerium

Mi|nis|te|ri|a|le ⟨m.; -n, -n⟩ **1** ⟨urspr.⟩ unfreier Dienstmann im Hof- u. Kriegsdienst **2** ⟨im 14./15. Jh.⟩ Angehöriger des niederen Adels [‹lat. *ministerialis* »den Dienst beim Kaiser betreffend«; → *Minister*]

mi|nis|te|ri|ell ⟨Adj.⟩ = ministerial

Mi|nis|te|rin ⟨f.; -, -rin|nen⟩ Leiterin eines Ministeriums

Mi|nis|te|ri|um ⟨n.; -s, -ri|en⟩ oberste staatl. Verwaltungsbehörde; *Innen*~ [‹frz. *ministère* ‹lat. *ministerium* »Dienst, Amt«; → *Minister*]

Mi|nis|ter|prä|si|dent ⟨m.; -en, -en⟩ **1** ⟨in Großbritannien u. einigen anderen Ländern⟩ = Premierminster **2** ⟨BRD⟩ Leiter der Landesregierung **3** ⟨DDR⟩ Vorsitzender des Ministerrats

Mi|nis|ter|prä|si|den|tin ⟨f.; -, -tin|nen⟩ **1** ⟨in Großbritannien u. einigen anderen Ländern⟩ = Premierminsterin **2** ⟨BRD⟩ Leiterin der Landesregierung

mi|nis|tra|bel *auch:* **mi|nist|ra|bel** ⟨Adj.; Politik⟩ für ein Ministeramt geeignet

Mi|nis|trant *auch:* **Mi|nist|rant** ⟨m.; -en, -en⟩ meist jugendlicher Gehilfe des Priesters bei der Messe, Messdiener [‹lat. *ministrans*, Part. Präs. zu *ministrare*; → *ministrieren*]

mi|nis|trie|ren *auch:* **mi|nist|rie|ren** ⟨V.⟩ das Amt eines Ministranten versehen [‹lat. *ministrare* »(be)dienen«; → *Minister*]

Mi|ni|um ⟨n.; -s; unz.; Chemie⟩ = Mennige [lat.]

Mi|ni|van ⟨['vɛn] m.; -s, -s; Kfz⟩ Großraumlimousine in der Art eines Kleintransporters, Kleinbus [‹*Mini...* + engl. *van* »Last-, Lieferwagen«]

Mink ⟨n. od. m.; -s, -e; Zool.⟩ amerikan. Art des Nerzes: *Mustela vison* [engl.]

mi|no|isch ⟨Adj.⟩ ~*e Kultur* kretische Kultur; ~*e Schrift* altkretische Schrift [nach dem sagenhaften König *Minos* von Knossos auf der Insel Kreta]

mi|nor ⟨[ˈmaɪnə(r)] Musik; engl. Bez. für⟩ Moll; *Ggs* major [engl., eigtl. »kleiner«]

Mi|no|rat ⟨n.; -(e)s, -e⟩ **1** Jüngstenrecht unter mehreren gleich nahen Verwandten; *Minorat* (1); → *a.* Juniorat **2** das Erbteil selbst; *Ggs* Majorat (2) [‹lat. *minor* »kleiner«]

mi|no|re ⟨Musik⟩ Moll; *Ggs* maggiore [ital., eigtl. »kleiner«]

mi|no|renn ⟨Adj.⟩ minderjährig; *Ggs* majorenn [‹lat. *minor* »geringer« + *annus* »Jahr«]

Mi|no|ren|ni|tät ⟨f.; -; unz.⟩ Minderjährigkeit; *Ggs* Majorennität

Mi|no|rist ⟨m.; -en, -en⟩ kath. Geistlicher, der eine niedere Weihe empfangen hat [‹lat. *minor* »kleiner, geringer«]

Mi|no|rit ⟨m.; -en, -en⟩ Franziskaner, Minderbruder [‹lat. *minor* »kleiner, geringer«]

Mi|no|ri|tät ⟨f.; -, -en⟩ Minderheit, Minderzahl; *Ggs* Majorität

Mi|no|ri|täts|trä|ger ⟨Pl.; in Halbleitern⟩ Träger der zum Ausgleich der elektr. Ladungen nicht in ausreichender Zahl vorhandenen Ladungen, z. B. die positiv geladenen Fehlstellen in n-Halbleitern; *Ggs* Majoritätsträger

Mi|no|taur ⟨m.; -s; unz.; grch. Myth.⟩ = Minotaurus

Mi|no|tau|rus ⟨m.; -; unz.; grch. Myth.⟩ Menschen fressendes Ungeheuer auf Kreta mit dem Leib eines Menschen u. dem Kopf eines Stieres; *oV* Minotaur [grch., »Stier des Minos«]

Mins|trel *auch:* **Minst|rel** ⟨m.; -s, -s; in England im MA⟩ Sänger, Spielmann im Dienst eines Fürsten [engl. ‹afrz. *menestrel* »Diener, Spielmann«]

mint ⟨Adj., undekl.⟩ blassgrün [‹engl. *mint* »Minze«]

Mi|nu|end ⟨m.; -en, -en; Math.⟩ die zu vermindernde Zahl, von der eine andere abgezogen wird; →*a.* Subtrahend [‹lat. *minuere* »verringern«]

mi|nus ⟨Adv.; Zeichen: -⟩ *Ggs* plus **1** weniger, abzüglich; *sechs* ~ *zwei = vier (6 - 2 = 4); es sind 15 Grad* ~ ⟨umg.⟩ 15 Grad unter 0 °C **2** ⟨Physik⟩ = negativ (6) [lat., »weniger«, Neutr. zu *minor* »kleiner, geringer«]

Mi|nus ⟨n.; -, -⟩ Fehlbetrag; *Ggs* Plus

Mi|nus|kel ⟨f.; -, -n⟩ kleiner Buchstabe röm. Ursprungs mit Ober- u. Unterlängen; *Ggs* Majuskel [‹lat. *minusculus* »etwas kleiner«, Verkleinerungsform zu *minor* »kleiner«]

Mi|nus|pol ⟨m.; -(e)s, -e; El.⟩ negativer Pol; *Ggs* Pluspol

Mi|nu|te ⟨f.; -, -n; Abk.: min, Min., m⟩ **1** der 60. Teil einer Stunde; *auf die* ~ *(genau)* ⟨umg.⟩ pünktlich **2** ⟨Math.; Zeichen: '⟩ der 60. Teil eines Altgrades, 100. Teil eines Neu-

Mispel

grades [frz. <lat. *minutus* »gering, klein«; zu *minuere* »verringern«]

mi|nu|ti|ös ⟨Adj.⟩ *oV* minuziös **1** bis ins Kleinste gehend, peinlich genau **2** ⟨veraltet⟩ kleinlich [<lat. *minutus* »klein, kleinlich«]

…mi|nüt|lich ⟨Adj.; in Zus.⟩ = …minütlich

…mi|nüt|lich ⟨Adj.; in Zus.⟩ alle … Minuten stattfindend, wiederkehrend, vorkommend; *oV* …minutlich; *fünfminütlich, (mit Ziffer) 5-minütlich*

mi|nu|zi|ös ⟨Adj.⟩ = minutiös

Mio. ⟨Abk. für⟩ Million(en)

Mi|o|sis ⟨f.; -, -o|sen; Med.⟩ Verengung der Pupille [<grch. *meiosis* »Verkleinerung«]

mi|o|tisch ⟨Adj.; Med.⟩ pupillenverengend [→ *Miosis*]

mi|o|zän ⟨Adj.; Geol.⟩ zum Miozän gehörend, daraus stammend

Mi|o|zän ⟨n.; -s; unz.; Geol.⟩ älteste Stufe des Neogens [<grch. *meion* »weniger« + …*zän*]

Mi|po|lam ⟨n.; -s; unz.⟩ ein Kunststoff [Kurzwort <*Mischpolymerisat*]

MIPS ⟨EDV; Abk. für engl.⟩ Million Instructions per Second, Maß für die Leistungsfähigkeit der zentralen Recheneinheit eines Computers [engl., »eine Million Befehle pro Sekunde«]

Mir[1] ⟨f.; -; unz.⟩ bemannte russ. Weltraumstation [russ., »Frieden; Welt(all)«]

Mir[2] ⟨m.; - od. -s, -⟩ wertvoller, kleingemusterter persischer Teppich mit Palmwipfelmotiven [pers.]

Mi|ra|bel|le ⟨f.; -, -n; Bot.⟩ Art der Pflaume mit gelben, kugeligen, kleinen Früchten [frz. <lat. *mirabilis* »wunderbar«]

Mi|ra|ge ⟨[-ʒ(ə)] f.; -, -n⟩ **1** ⟨Meteor.⟩ Luftspiegelung **2** ⟨fig.; veraltet⟩ Täuschung, Selbstbetrug **3** ⟨Mil.⟩ frz. Kampfflugzeug [frz., »Spiegelung«]

Mi|ra|kel ⟨n.; -s, -⟩ **1** Wunder **2** Wunderwerk, Wundertat [<frz. *miracle* <lat. *miraculum* <lat. *mirari* »(be)wundern«]

Mi|ra|kel|spiel ⟨n.; -(e)s, -e; MA⟩ geistliches Spiel über die Wundertaten der Heiligen [→ *Mirakel*]

mi|ra|ku|lös ⟨Adj.⟩ wunderbar, auf einem Wunder beruhend [→ *Mirakel*]

Mir|ban|öl ⟨n.; -s; unz.; Chemie⟩ synthetisch gewonnene Bittermandelöl für die Parfüm- u. Seifenindustrie

Mi|re ⟨f.; -, -n; Astron.⟩ Markierung des Meridians an astronom. Instrumenten [frz.]

Mir|za ⟨m.; -s, -s; in Persien⟩ **1** Prinz (dem Namen nachgestellt) **2** Gebildeter, Gelehrter (vorangestellt) [pers., »Herrensohn«]

Mis|an|drie *auch:* **Mis|and|rie** ⟨f.; -; unz.; Med.⟩ krankhafte Abneigung gegen Männer [<grch. *misandria* »Männerhass«]

Mis|an|throp *auch:* **Mis|anth|rop** ⟨m.; -en, -en⟩ Menschenfeind; *Ggs* Philanthrop [<grch. *misanthropos* »Menschen hassend«]

Mis|an|thro|pie *auch:* **Mis|anth|ro|pie** ⟨f.; -; unz.⟩ Menschenfeindlichkeit; *Ggs* Philanthropie

mis|an|thro|pisch *auch:* **mis|anth|ro|pisch** ⟨Adj.⟩ menschenfeindlich; *Ggs* philanthropisch [→ *Misanthrop*]

Mis|cel|la|nea ⟨Pl.⟩ = Miszellaneen

Misch|na ⟨f.; -; unz.⟩ erster Teil des Talmuds, Sammlung von Lehrsätzen für richtiges Handeln [hebr.]

Misch|po|che ⟨f.; -; unz.; umg.; abwertend⟩ = Mischpoke

Misch|po|ke ⟨f.; -; unz.; umg.; abwertend⟩ Familie, Sippschaft; *oV* Mischpoche [<hebr. *mischpachah* »Familie«]

Misch|po|ly|me|ri|sat ⟨n.; -(e)s, -e; Chemie⟩ durch Mischpolymerisation gewonnenes Produkt

Misch|po|ly|me|ri|sa|ti|on ⟨f.; -, -en; Chemie⟩ gleichzeitige Polymerisation von zwei od. mehr Ausgangsstoffen zu einem Endprodukt

Mi|se ⟨f.; -, -n⟩ **1** Einsatz beim Spiel **2** ⟨Lebensversicherung⟩ Zahlung der Versicherungsprämie auf einmal [frz., »Einsatz«]

Mise en scène ⟨[mizãsɛ:n] n.; - - -, -s [miz-] - -⟩ **1** Inszenierung, Regie **2** ⟨fig.⟩ wirkungsvoller Auftritt, auffallende Darbietung [frz., »in Szene gesetzt«]

mi|se|ra|bel ⟨Adj.⟩ elend, sehr schlecht, kläglich, erbärmlich; *das Stück ist ~ gearbeitet; ein miserables Zeugnis; es geht ihm (gesundheitlich, wirtschaftlich) ~* [<frz. *misérable*]

Mi|se|re ⟨f.; -, -n⟩ Not, Elend, Jammer [<frz. *misère*]

Mi|se|re|or ⟨n.; -; unz.; seit 1959⟩ kath. Hilfswerk für die Entwicklungsländer [lat., »ich erbarme mich«]

Mi|se|re|re ⟨n.; - od. -s; unz.⟩ **1** Anfangswort u. Name des 50. Psalms (nach der Vulgata) bzw. des 51. Psalms (Lutherbibel), Bußpsalm u.Gebet bei Begräbnissen in der kath. Kirche **2** ⟨Med.⟩ Koterbrechen [lat., »erbarme dich«]

Mi|se|ri|cor|di|as Do|mi|ni zweiter Sonntag nach Ostern [nach dem Eingangsgesang des Gottesdienstes aus Psalm 89,2: *Misericordias Domini* »die Barmherzigkeit des Herrn«]

Mi|se|ri|kor|die ⟨[-djə] f.; -, -n⟩ kleiner, häufig durch Schnitzerei verzierter Vorsprung an der Unterseite der Klappsitze im Chorgestühl als Stütze während des Stehens [<lat. *misericordia* »Barmherzigkeit«]

Mi|se|ri|kor|di|en|bild ⟨n.; -(e)s, -er⟩ Bild, das Christus als Schmerzensmann darstellt, Erbärmdebild

Mis|nick ⟨m.; -s, -s⟩ übler, hässlicher Mensch [zu jidd. *mis(er)* »schlecht, widerlich«]

Mi|so ⟨f.; - od. n.; -s, -s; jap. Kochk.⟩ aus fermentierten, gekochten u. gesalzenen Sojabohnen u. unter Zusatz von Gersten- u. Reismehl hergestellte Paste

Mi|so|ga|mie ⟨f.; -; unz.⟩ Ehescheu [<grch. *misein* »hassen« + …*gamie*]

Mi|so|gyn ⟨m.; -s od. -en, -e od. -en⟩ Frauenfeind, Frauenhasser; *Ggs* Philogyn [<grch. *misein* »hassen« + *gyne* »Frau«]

Mi|so|gy|nie ⟨f.; -; unz.⟩ **1** ⟨Psych.⟩ krankhafte Abneigung von Männern vor Frauen **2** Frauenfeindlichkeit

Mis|pel ⟨f.; -, -n; Bot.⟩ Kernobstbaum aus der Familie der Rosengewächse mit birnenförmigen, erst überreif genießbaren

Miss

Früchten: Mespilus germanica; *Japanische* ~ ein Rosengewächs (Eryobotrya japonica) [<ahd. *mespila* <lat. *mespilum*]

Miss ⟨f.; -, Mis|ses⟩ Fräulein (engl. Anrede, allein stehend od. vor dem Namen) [engl.; verkürzt <*mistress*; → *Mistress*]

Mis|sa ⟨f.; -, -sae [-sɛː]; kath. Kirche⟩ Hochamt; ~ *solemnis* feierl. Hochamt [lat.]

Mis|sal ⟨n.; -s, -e⟩ = Missale

Mis|sa|le ⟨n.; -s, -n od. -li|en⟩ Messbuch; *oV* Missal [<lat. *missa* »Messe«]

Mis|sile ⟨[-saɪl] n.; -s, -s⟩ ferngesteuerter Flugkörper [engl. <lat. *missum*, Part. Perf. zu *mittere* »senden, werfen«]

Mis|sing|link *auch:* **Mis|sing Link** ⟨n.; (-) - od. (-) -s; unz.⟩ fehlendes Glied, z. B. in der Entwicklung vom Affen zum Menschen [engl.]

Missio canonica (*Groß- und Kleinschreibung*) In mehrteiligen, getrennt geschriebenen, fremdsprachlichen Fügungen richtet sich die Groß- und Kleinschreibung nach der Wortart des jeweiligen Bestandteils. Im zweiten Teil einer solchen Fügung auftretende Adjektive werden dementsprechend kleingeschrieben.

Mis|sio ca|no|ni|ca ⟨f.; - -; unz.; kath. Kirche⟩ legitime Entsendung in ein Amt od. einen Dienst durch den Papst od. einen Bischof [lat., »kanonische Sendung«]

Mis|sion ⟨f.; -, -en⟩ **1** ernster, feierl. Auftrag, Sendung, Vollmacht; *ich komme in einer bestimmten* ~; *meine* ~ *ist beendet, erfüllt* **2** zu bes. Aufgaben ins Ausland entsandte Gruppe von Personen; *diplomatische* ~; *geheime* ~ **3** ⟨unz.⟩ Verbreitung des christl. Glaubens; *Äußere* ~; *Innere* ~ [<kirchenlat. *missio* »das Geschehenlassen; Entsendung, Sendung«; zu *mittere* »senden«]

Mis|si|o|nar ⟨m.; -s, -e⟩ zur Bekehrung nicht christl. Völker ausgesandter Geistlicher [<kirchenlat. *missio*; → *Mission*]

Mis|si|o|när ⟨m.; -s, -e; österr. für⟩ Missionar

mis|si|o|na|risch ⟨Adj.⟩ in der Art einer Mission, bekehrend; *ein* ~*es Verhalten*; *mit* ~*em Eifer*

mis|si|o|nie|ren ⟨V.⟩ Mission treiben (bei), zum Christentum bekehren, das Christentum unter nicht christl. Völkern verbreiten; *jmdn., ein Volk* ~

Mis|si|ons|chef ⟨[-ʃɛf] m.; -s, -s⟩ Führer einer diplomatischen Mission

Mis|sis ⟨[mɪsɪz] f.; -, -es [-sɪzɪs]; Abk.: Mrs.⟩ Frau (engl. Anrede für verheiratete Frauen, allein stehend od. vor dem Namen) [engl. <mittelengl. mittelfrz. *maistre* <afrz. *maistresse*, Fem. zu *maistre*; → *Mister*]

Mist ⟨m.; -(e)s; unz.; Seemannsspr.⟩ leichter Nebel [engl.]

Mis|ter ⟨m.; -s, -; Abk.: Mr.⟩ Herr [engl.; zu *master* »Meister, Lehrer« <mittelengl. *maister* <aengl. *mægester, magister*, afrz. *maistre* <lat. *magister*]

Mist|puf|fers ⟨[-pʌfəz] nur Pl.⟩ ungeklärte Knallgeräusche bei Küstennebel [<engl. *mist* »Nebel« + *puffers* »Stöße«; zu *puff* »schnaufen, paffen (umg.)«]

Mis|tral *auch:* **Mistral** ⟨m.; -s, -e; Meteor.⟩ kalter Nordwind in Südfrankreich, bes. an der Mündung der Rhône [frz.]

Mis|tress *auch:* **Mistress** ⟨[mɪstrɪs] f.; -, -es [-trɪsɪz]; in England⟩ Herrin, Geliebte, Mätresse [engl.]

Mi|su|ra ⟨f.; -; unz.; Musik⟩ = Takt (1) [ital., »Maß«]

Mis|zel|la|ne|en ⟨Pl.⟩ kleine Aufsätze, Vermischtes, kleine Artikel verschiedenen Inhalts (in wissenschaftl. Zeitschriften); *oV* Miscellanea, Miszellen [<lat. *miscellaneae* »Vermischtes«; zu *miscere* »mischen«]

Mis|zel|len ⟨Pl.⟩ = Miszellaneen

Mi|tel|la ⟨f.; -, -tel|len⟩ zu einem Dreieck gefaltetes Tuch, das um den Nacken geschlungen wird, bes. zum Stützen eines verletzten Armes [lat., »Kopfbinde«, Verkleinerungsform zu *mitra* »Kopfbinde, Turban«]

Mi|ti|ga|ti|on ⟨f.; -, -en⟩ **1** ⟨Med.⟩ Abschwächung, Besänftigung **2** ⟨Rechtsw.; veraltet⟩ Strafminderung [<lat. *mitigatio* »Besänftigung«]

mi|to|chon|dri|al *auch:* **mi|to|chon|dri|al** ⟨[-xɔn-] Adj.⟩ das Mitochondrium betreffend, zu ihm gehörend

Mi|to|chon|dri|um *auch:* **Mi|to|chon|dri|um** ⟨[-xɔn-] n.; -s, -dri|en; meist Pl.; Biol.⟩ faden- od. stäbchenförmiges bzw. körniges Organell tierischer u. pflanzlicher Zellen, das der Atmung u. dem Stoffwechsel dient; *Sy* Chondriosom [<grch. *mitos* »Faden, Schlinge« + *chondros* »Korn«]

Mi|to|se ⟨f.; -, -n; Biol.⟩ Zellkernteilung mit Längsspaltung der Chromosomen, wobei das genet. Material exakt auf beide Tochterkerne verteilt wird; *Sy* Karyokinese; *Ggs* Amitose [<grch. *mitos* »Faden, Schlinge, Kette«]

mi|to|tisch ⟨Adj.; Biol.⟩ auf Mitose beruhend; *Ggs* amitotisch

Mi|tra *auch:* **Mi|tra** ⟨f.; -, Mi|tren⟩ **1** altgrch. Stirnband **2** hohe, mützenartige Kopfbedeckung altoriental. Herrscher **3** ⟨kath. Kirche⟩ Bischofsmütze [lat.]

Mi|trail|leu|se *auch:* **Mi|trail|leu|se** ⟨[-trajøːz(ə)] f.; -, -n; Mil.⟩ im Kriege 1870/71 verwendetes Geschütz aus einer Kombination von mehreren Läufen geringen Kalibers, aus dem Kugeln gefeuert wurden [frz., urspr. »Kugelspritze«]

Mi|tral|i|sa|ti|on *auch:* **Mi|tra|li|sa|ti|on** ⟨f.; -, -en; Med.⟩ krankhafte Herzverformung

Mi|tral|klap|pe *auch:* **Mi|tral|klap|pe** ⟨f.; -, -n; Anat.⟩ Ventilsystem zwischen linkem Herzvorhof u. linker Herzkammer, das aus zwei Segelklappen besteht u. sich mit der Systole schließt u. mit der Diastole öffnet

Mi|tra|schne|cke *auch:* **Mi|tra|schne|cke** ⟨f.; -, -n; Zool.⟩ Familie der Meeresschnecken mit porzellanartigem Gehäuse, das an eine Bischofsmütze erinnert: Mitridae

Mix ⟨m.; -, -e; häufig in Zus.⟩ Mischung, Gemisch; *Getränke*~; *Sound*~ [engl.]

Mix|be|cher ⟨m.; -s, -⟩ Becher mit fest aufsitzendem Deckel, in dem man Flüssigkeiten (u. Pulver) durch kräftiges Schütteln vermischen kann, bes. für Getränke [→ *mixen*]

Mixed ⟨[mɪkst] n.⟩ - od. -s, - od. -s; Sport; Tennis⟩ gemischtes Doppel [engl., »gemischt«]

Mixed|drink *auch:* **Mixed Drink** ⟨[mɪkst -] m.; (-) -s, (-) -s⟩ Getränk, das aus mehreren alkoholischen u. nicht alkoholischen Getränken zusammengemischt wird [<engl. *mixed* »ge-, vermischt« + *Drink*]

Mixed|grill *auch:* **Mixed Grill** ⟨[mɪkst -] m.; (-) -s, (-) -s⟩ Gericht, das aus verschiedenen gegrillten Fleisch- u. Wurstsorten besteht, Grillteller, bunte Grillplatte [<engl. *mixed* »ge-, vermischt« + *Grill*]

Mixed|me|dia *auch:* **Mixed Me|dia** ⟨[mɪkstmiːdɪə] Pl.⟩ Verwendung verschiedener Medien, bes. im Rahmen künstlerischer Installationen od. bei Happenings, mit dem Ziel des gattungssprengenden Gesamtkunstwerks; *Sy* Multimediashow (2) [<engl. *mixed* »ge-, vermischt« + *media* »Medien, Kommunikationsmittel«]

Mixedpickles / Mixed Pickles (*Worttrennung am Zeilenende; Getrennt- und Zusammenschreibung*) In Fremdwörtern können Buchstabenverbindungen aus Konsonant (hier: »ck«) + l, n oder r entweder (nach der konsonantischen Trennung) vor dem letzten Konsonantenbuchstaben getrennt werden oder sie kommen (nach der silbischen Trennung) ungetrennt auf die neue Zeile. Fremdsprachliche Zusammensetzungen mit Substantiven werden wie deutsche Komposita zusammengeschrieben. Besteht ein Kompositum aus einem Adjektiv und einem Substantiv, kann in Anlehnung an die Herkunftssprache auch getrennt geschrieben werden.

Mixed|pi|ckles *auch:* **Mixed Pickles** ⟨[mɪkstpɪklz] Pl.⟩ in gewürztem Essig eingelegtes, gemischtes, pikantes Gemüse; *oV* Mixpickles [engl.; <*mix* »mischen« + *pickle* »Eingemachtes«]

mi|xen ⟨V.⟩ **1** mischen; *Getränke* ~ **2** ⟨Film; Funk; TV⟩ aufeinander abstimmen u. auf einem Tonband vereinigen; *Tonspuren (von Geräuschen, Musik u. gesprochenem Text)* ~ [<engl. *mix*]

Mi|xer ⟨m.; -s, -⟩ **1** jmd., der Getränke mischt; *Bar-* **2** elektr. Gerät zum Zerkleinern u. gleichzeitigen Mischen **3** ⟨TV; Film; Funk⟩ Techniker, der am Mischpult die Tonspuren von Geräuschen, Musik u. gesprochenem Text mixt, Tonmeister [engl.]

Mix|ge|tränk ⟨n.; -(e)s, -e⟩ aus verschiedenen Bestandteilen gemischtes Getränk

mi|xo|ly|disch ⟨Adj.; Musik⟩ ~*e Tonart* altgriechische Tonart, Kirchentonart mit dem Grundton g

Mix|pi|ckles *auch:* **Mix Pickles** ⟨[-pɪklz] Pl.⟩ = Mixedpickles

Mix|tum com|po|si|tum ⟨n.; - -, Mix|ta -si|ta⟩ Durcheinander, Gemisch [lat., »etwas gemischt Zusammengesetztes« <*mixtus* (Part. Perf. zu *miscere* »mischen«) + *compositus*, Part. Perf. zu *componere* »zusammensetzen«]

Mix|tur ⟨f.; -, -en⟩ **1** ⟨allg.⟩ Mischung **2** ⟨Pharm.⟩ Mischung mehrerer flüssiger Arzneimittel **3** ⟨Musik⟩ gemischte Stimme der Orgel, bei der ein Ton durch Oktave, Quinte, Terz od. Septime verstärkt wird [<lat. *mixtura* »Mischung«]

Mi|zell ⟨n.; -s, -e; Biochemie⟩ = Mizelle

Mi|zel|le ⟨f.; -, -n; Biochemie⟩ aus zahlreichen Molekülen aufgebaute kolloidartige Substanz; *oV* Mizell [<lat. *micella* »Krümchen«]

mkp ⟨Zeichen für⟩ Meterkilopond, meist als kpm für Kilopondmeter ausgedrückt

MKSA-Sys|tem ⟨n.; -s; unz.; Physik⟩ auf den Grundeinheiten Meter, Kilogramm, Sekunde u. Ampere beruhendes physikal. Maßsystem, Grundlage des heute gültigen SI-Systems

MKS-Sys|tem ⟨n.; -s; unz.; Physik; früher⟩ auf den Grundeinheiten Meter, Kilogramm u. Sekunde beruhendes physikalisches Maßsystem, später zum MKSA-System erweitert, (heute) SI-System

ml ⟨Zeichen für⟩ Milliliter

MLF ⟨Abk. für engl.⟩ Multilateral Force, multilaterale Atomstreitmacht

Mlle. ⟨Abk. für⟩ Mademoiselle

Mlles ⟨Abk. für⟩ Mesdemoiselles

mm ⟨Zeichen für⟩ Millimeter

m. m. ⟨Abk. für⟩ mutatis mutandis

mm³ ⟨Zeichen für⟩ Kubikmillimeter

MM. ⟨Abk. für⟩ Messieurs

Mme. ⟨Abk. für⟩ Madame

Mmes ⟨schweiz.⟩ ⟨Abk. für⟩ Mesdames

mm Hg (*Abkürzungen*) Die Schreibung von wissenschaftlichen Abkürzungen, chemischen und mathematischen Formeln und Kürzeln des Wirtschaftslebens richtet sich nach den in den jeweiligen Fachsprachen festgelegten (internationalen) Regeln.

mm Hg ⟨Abk. für⟩ Millimeter Quecksilbersäule (veraltete Maßeinheit des Luftdrucks)

MMS ⟨f.; -; unz.; EDV; Abk. für engl.⟩ Multimedia Messaging Service, mithilfe eines Handys verschickte u. empfangene Kurznachricht, die Grafiken, Fotos u. mündliche Mitteilungen enthalten kann

Mn ⟨chem. Zeichen für⟩ Mangan

Mne|me ⟨f.; -; unz.; Med.; Psych.⟩ Erinnerung, Gedächtnis [grch.]

Mne|mo|nik ⟨f.; -; unz.⟩ = Mnemotechnik [<grch. *mnemonikos* »das Gedächtnis betreffend« <*mneme* »Gedächtnis«]

Mne|mo|ni|ker ⟨m.; -s, -⟩ = Mnemotechniker [→ *Mnemonik*]

mne|mo|nisch ⟨Adj.⟩ mnemotechnisch

Mne|mo|tech|nik ⟨f.; -; unz.⟩ Kunst, das Gedächtnis durch Gedächtnishilfen zu pflegen u. zu üben, Gedächtniskunst [<grch. *mneme* »Gedächtnis, Erinnerung« + *Technik*]

Mnemotechniker

Mne|mo|tech|ni|ker ⟨m.; -s, -⟩ jmd., der die Mnemotechnik beherrscht; *Sy* Mnemoniker
mne|mo|tech|nisch ⟨Adj.⟩ zur Mnemotechnik gehörend, auf ihr beruhend, mit ihrer Hilfe, das Gedächtnis unterstützend
mnes|tisch ⟨Adj.; Med.; Psych.⟩ die Mneme betreffend, zu ihr gehörend; ~*e Störung* Gedächtnisstörung
Mo ⟨chem. Zeichen für⟩ Molybdän
Moa ⟨m.; - od. -s, -s⟩ Vertreter einer erst in geschichtl. Zeit ausgestorbenen Familie von Laufvögeln: Dinornithes [Maori]
Mob ⟨m.; -s; unz.; umg.; abwertend⟩ Pöbel, Gesindel [engl.]
mob|ben ⟨V.⟩ einen Arbeitskollegen hinter seinem Rücken schlecht machen, über ihn lästern, ihn verleumden, schikanieren mit dem Ziel, ihn vom Arbeitsplatz zu vertreiben [<engl. *mob* »über jmdn. herfallen«]
Mob|bing ⟨n.; - od. -s; unz.⟩ niederträchtiges Verunglimpfen, Schlechtmachen eines Mitarbeiters durch mehrere seiner Kollegen (mit dem Ziel, ihn zum Kündigen seines Arbeitsplatzes zu bewegen); →*a.* Bullying [engl.; zu *mob* »über jmdn. herfallen«]
Mö|bel ⟨n.; -s, -⟩ **1** bewegl. Einrichtungsgegenstand; *Liege*~; *Sitz*~ **2** ⟨Pl.⟩ Einrichtung eines Raumes, einer Wohnung, eines Zimmers; *Büro*~; *Wohn*~; *Schlafzimmer*~; *Biedermeier*~; *antike, moderne* ~ **3** ⟨fig.⟩ unhandlicher, großer Gegenstand [<frz. *meuble* <mlat. *mobile* »bewegl. Gut« <lat. *mobilis*; → *mobil*]
mo|bil ⟨Adj.⟩ **1** beweglich; *Ggs* immobil **2** ⟨fig.; umg.⟩ gesund u. munter **3** flink, behände **4** einsatzbereit, kriegsbereit; ~*e Truppen* [<frz. *mobile* »beweglich; marschbereit« <lat. *mobilis* »beweglich«; zu *movere* »bewegen, fortbewegen«]
mo|bi|le ⟨[-le:] Musik⟩ beweglich [ital.]
Mo|bi|le ⟨[-le:] n.; -s, -s⟩ an Drähten u. Fäden frei schwebende, sehr leichte u. zarte kunstge-

werbl. Gegenstände, die sich beim geringsten Luftzug bewegen; *Ggs* Stabile [<frz. *mobile*; → *mobil*]
Mo|bile Com|merce ⟨[mo͜ʊbaɪl kɔmœːs] m.; - -; unz.; EDV⟩ elektron. Handel über das Internet mithilfe von Mobiltelefonen [engl., »mobiler Handel«]
Mo|bil|funk ⟨m.; -s; unz.⟩ **1** ⟨i. w. S.⟩ Gesamtheit aller beweglichen Funkdienste (nicht öffentliche sowie öffentliche Funknetze) **2** ⟨i. e. S.⟩ Funktelefonnetz der Deutschen Telekom
Mo|bi|li|ar ⟨n.; -s; unz.⟩ bewegl. Einrichtungsgegenstände, Gesamtheit der Möbel [<lat. *mobiliare* »ausstatten, mit bewegl. Gut versehen«]
Mo|bi|li|en ⟨Pl.⟩ bewegl. Güter, Möbel u. a.; *Ggs* Immobilien [<mlat. *mobilia* »bewegl. Gut, Möbel« <lat. *mobilis*; → *mobil*]
Mo|bi|li|sa|ti|on ⟨f.; -, -en⟩ **1** ⟨Med.⟩ Beweglichmachung (von Gelenken) **2** die Mobilmachung; *Truppen* ~ [frz.]
mo|bi|li|sie|ren ⟨V.⟩ **1** verfügbar, flüssig machen; *Vermögen* ~ **2** = mobilmachen (1); *Ggs* demobilisieren [<frz. *mobiliser*]
Mo|bi|li|sie|rung ⟨f.; -, -en⟩ das Mobilisieren
Mo|bi|lis|mus ⟨m.; -; unz.; Geophysik⟩ die Annahme, dass sich Teile der Erdkruste über den Untergrund seitwärts bewegen; *Ggs* Fixismus [→ *mobil*]
Mo|bi|li|tät ⟨f.; -; unz.⟩ **1** Beweglichkeit **2** ⟨Bevölkerungsstat.⟩ Häufigkeit des Wohnungs-, Wohnsitzwechsels [<lat. *mobilitas*]
mo|bil|ma|chen ⟨V.⟩ **1** ⟨i. e. S.⟩ aus dem Frieden- in den Kriegszustand versetzen, kriegsbereit machen; *Sy* mobilisieren (2); *Truppen* ~ **2** ⟨i. w. S.⟩ auf die Anforderungen des Krieges umstellen; *die Verwaltung, Wirtschaft* ~
Mo|bil|ma|chung ⟨f.; -, -en⟩ das Mobilmachen
Mo|bil|te|le|fon ⟨n.; -s, -e⟩ = Handy
mö|blie|ren *auch:* **möb|lie|ren** ⟨V.⟩ mit Möbeln ausstatten, mit Möbeln einrichten; *eine Wohnung, ein Zimmer* ~; *möbliertes*

Zimmer zu vermietender Wohnraum mit Möbeln; *möbliert wohnen* ⟨umg.⟩ in einem vom Wohnungsinhaber möblierten Zimmer wohnen [<frz. *meubler*]
Mobs|ter ⟨m.; -s, -⟩ Mitglied einer verbrecherischen Organisation, Bandit [engl.; verkürzt <*mob* »über jmdn. herfallen« + *Gangster*]
Moc|ca ⟨m.; -s, -s; österr. für⟩ Mokka
Mo|cha ⟨m.; -; unz.; Min.⟩ helle Quarzart mit moos- od. baumartiger Zeichnung, Baumachat [nach der jemenit. Hafenstadt *Mocha, Mokka*; → *Mokka*]
Mock|tur|tle|sup|pe *auch:* **Mockturtle|sup|pe** ⟨[-tœːtl-] f.; -, -n; Kochk.⟩ falsche Schildkrötensuppe aus Kalbskopf [<engl. *mock* »falsch« + *turtle* »Schildkröte«]
Mod ⟨m.; -s, -s; meist Pl.⟩ Angehöriger einer in den 60er Jahren bes. in England verbreiteten Jugendbewegung, die neben ihrem eleganten Äußeren vor allem durch ihre Vorliebe für Motorroller aufzufallen suchten [verkürzt <engl. *modern* »modern«]
mod. ⟨Abk. für⟩ moderato
mo|dal ⟨Adj.⟩ **1** ⟨Gramm.⟩ die Art u. Weise bezeichnend **2** ⟨allg.⟩ durch die Verhältnisse bedingt [<lat. *modus* »Art u. Weise«]
Mo|dal ⟨n.; -s; unz.; Textilw.⟩ aus Zellulose bestehende Faser, die eine hohe Festigkeit, Elastizität u. Saugfähigkeit besitzt, wird bes. für Unterwäsche u. Oberbekleidung verwendet; →*a.* Viskose
Mo|dal|be|stim|mung ⟨f.; -, -en; Gramm.⟩ Umstandsbestimmung der Art u. Weise, z. B. *sie ging »mit großer Freude« auf ihn zu, das kann man »mit völliger Sicherheit« sagen*
Mo|da|li|tät ⟨f.; -, -en⟩ **1** Art u. Weise wie etwas geschieht od. gedacht wird, Ausführungsart **2** ⟨Logik⟩ Bestimmungsgrad einer Aussage **3** ⟨Sprachw.⟩ unterschiedl. sprachl. Form, die das Verhältnis des Sprechers zu seiner Aussage u. der Aussage zur Realität ausdrückt, z. B. be-

stimmt durch den Modus, die Satzart od. Modalverben
Mo|da|li|tä|ten|lo|gik ⟨f.; -; unz.⟩ = Modallogik
Mo|dal|lo|gik ⟨f.; -; unz.⟩ Zweig der formalen Logik, in dem der logische Wert einer Aussage untersucht wird, die mit Modalitäten, z. B. möglich, notwendig, zufällig, gebildet wurde; *Sy* Modalitätenlogik
Mo|dal|no|ta|ti|on ⟨f.; -; unz.; Musik; 12./13. Jh.⟩ durch die Mensuralnotation abgelöste Notenschrift nach den sechs rhythm., den antiken Versfüßen nachgebildeten Modi, die den Tonverlauf nur ungefähr festlegten
Mo|dal|satz ⟨m.; -es, -sät|ze; Gramm.⟩ Nebensatz, der die Art u. Weise eines im Hauptsatz ausgedrückten Vorgangs näher bestimmt, der Form nach ein Konjunktionalsatz
Mo|dal|verb ⟨[-vɛrb] n.; -s, -en; Gramm.⟩ Verb, das die Art u. Weise eines anderen Verbs näher bestimmt, z. B. können, dürfen, wollen, sollen, scheinen
Mo|de[1] ⟨f.; -, -n⟩ **1** ⟨i. w. S.⟩ Sitte, Gepflogenheit, Geschmack einer Zeit, das, was zur Zeit gerade üblich ist; *die ~ der Barockzeit, des Biedermeiers; eine neue ~; dieses Jahr ist Spanien die große ~* ⟨umg.⟩ dieses Jahr fahren alle im Urlaub nach Spanien; *mit od. nach der ~ gehen* sich nach dem Zeitgeschmack richten **2** die Art, sich im Stil einer bestimmten Zeit zu kleiden; *damals waren lange Röcke ~; große Kragen sind (ganz) aus der ~ gekommen; diese Hüte sind jetzt (sehr) in ~; sich nach der neuesten ~ kleiden* **3** ⟨nur Pl.⟩ *~n* moderne, elegante Oberbekleidungsstücke, Kleider-, Mantel-, Anzugmodelle; *Damen~n; Herren~n; Kinder~n; die neuesten ~n zeigen, vorführen* **4** ⟨fig.; umg.⟩ Gewohnheit, Sitte; *wir wollen keine neuen ~n einführen!* [frz.]
Mode[2] ⟨[moʊd] m.; - od. -s, -s⟩ **1** ⟨EDV⟩ Zustand, Betriebsart, z. B. bei Computern **2** ⟨El.⟩ Schwingungsform elektromagnet. Wellen [engl., »Erscheinungsform, Beschaffenheit«]

Mo|del[1] ⟨m.; -s, -⟩ **1** = Modul (2) **2** *oV* Modul (3) **2.1** vertieft od. erhaben geschnittene Form für Tapeten-, Zeugdruck u. a. **2.2** figürliche geschnitzte Holzform für Butter, Gebäck **2.3** Druckplatte od. Walze für (Maschinen-)Modelldruck [<ahd. *modul* <lat. *modulus* »Maß, Maßstab«]
Mo|del[2] ⟨[ˈmɔdəl] n.; -s, -s⟩ Person, die (neue) Modellkleidung vorführt, Mannequin; *oV* Modell (8) [engl.]
Mo|dell ⟨n.; -s, -e⟩ **1** Vorbild, Muster, Urbild **2** Urform eines Bildwerks (meist aus Ton) sowie deren Abguss in Gips, der dann in einen anderen Werkstoff übertragen wird; *Gips~* **3** plastische Darstellung eines (geplanten) Bauwerks in stark verkleinertem Maßstab; *das ~ eines Hauses, einer Stadt* **4** stark verkleinertes Vorbild (Nachbildung) einer Maschine; *Schiffs~; Flugzeug~* **5** Person od. Gegenstand als Vorbild für Maler, Bildhauer u. Fotografen; *Foto~; ~ stehen, sitzen* **6** Darstellung derjenigen allgemeinen u. abstrakten Merkmale eines Forschungsgegenstandes, die für das Ziel der Forschung von Bedeutung sind **7** einmalig angefertigtes Kleid nach der neuesten Mode, Modellkleid; *~e vorführen* **8** = Model[2] [<ital. *modello*]
Mo|dell|eur ⟨[-ˈløːr] m.; -s, -e⟩ Kunstgewerbler, Facharbeiter, der Modelle entwirft; *Sy* Modellierer [<frz. *modeleur*]
mo|del|lie|ren ⟨V.⟩ **1** (in Ton, Wachs od. ähnlichem Material) formen **2** nachbilden, ein Muster anfertigen von [<ital. *modellare*]
Mo|del|lie|rer ⟨m.; -s, -⟩ = Modelleur
Mo|dell|ler|nen ⟨n.; -s; unz.; Politik⟩ Lernverfahren, das nicht auf Eigenerfahrung beruht, sondern bei dem die Erfahrungen anderer (denen Modellcharakter zugeschrieben wird) analysiert werden
mo|deln ⟨V.⟩ in eine Form bringen, gestalten [→ *Model*[1]]
Mo|dem ⟨n.; -s, -e; El.⟩ Signalumsetzer für die Übertragung von Gleichstromsignalen auf Übertragungswegen, die nur für Wechselstromsignale geeignet sind (z. B. bei der Übertragung von Daten über Fernsprechleitungen) [verkürzt <*Mo*dulation + *Dem*odulation]
mo|de|rat ⟨Adj.⟩ gemäßigt, maßvoll, zurückhaltend; *eine ~e Politik betreiben* [<lat. *moderatus*]
Mo|de|ra|ti|on ⟨f.; -; unz.⟩ **1** ⟨veraltet⟩ Mäßigung, Gleichmut **2** ⟨heute⟩ Tätigkeit eines Moderators (2, 3) [<lat. *moderatio* »rechtes Maß, Mäßigung, Lenkung«]
mo|de|ra|to ⟨Abk.: mod.; Musik⟩ gemäßigt, mäßig bewegt (zu spielen) [ital.]
Mo|de|ra|to ⟨n.; -s, -s od. -ra|ti; Musik⟩ moderato zu spielender Teil eines Musikstückes
Mo|de|ra|tor ⟨m.; -s, -to|ren⟩ **1** ⟨Physik⟩ Substanz, die schnelle Neutronen auf die für Kernspaltungen benötigten Geschwindigkeiten abbremsen soll **2** Leiter einer Diskussion **3** ⟨Funk; Fernsehen⟩ jmd., der eine Sendung leitet, sie kommentierend begleitet **4** (im Vatikan. Konzil 1964) Angehöriger eines Konzils, der bei den Aussprachen auf das Wesentliche hinlenken sollte [neulat. <lat. *moderator* »Lenker, Leiter«; → *moderieren*]
Mo|de|ra|to|rin ⟨f.; -, -rin|nen⟩ **1** Leiterin einer Diskussion **2** ⟨Funk; Fernsehen⟩ weibl. Person, die eine Sendung leitet, sie kommentierend begleitet
mo|de|rie|ren ⟨V.⟩ **1** mäßigen, einschränken **2** *eine Rundfunk-, Fernsehsendung ~* die verbindenden Informationen u. Kommentare dazu sprechen [<lat. *moderari* »ein Maß setzen, mäßigen, lenken«]
mo|dern ⟨Adj.⟩ **1** der Mode, dem Zeitgeschmack entsprechend, zeitgemäß; *das Kleid ist nicht mehr ~* **2** neuzeitlich **3** für die Probleme der Gegenwart aufgeschlossen [<frz. *moderne*, eigtl. »neu, neuzeitlich«]
Mo|der|ne ⟨f.; -; unz.⟩ **1** ⟨allg.⟩ die heutige Zeit, ihr Zeitgeist, ihre Verteter **2** moderne Richtung der Kunst, Literatur u. Musik; *ein Künstler der ~*

modernisieren

mo|der|ni|sie|ren ⟨V.⟩ **1** modern, modisch machen, nach der Mode ändern, umarbeiten **2** dem Zeitgeschmack anpassen u. mit den neuesten techn. Errungenschaften ausstatten; *Gebäude* ~ [<frz. *moderniser*]

Mo|der|nis|mus ⟨m.; -, -nis|men⟩ **1** ⟨unz.⟩ (von Papst Pius X. 1907 verurteilte) liberale, wissenschaftl.-krit. Richtung innerhalb der kath. Kirche **2** ⟨zählb.; allg.⟩ Streben nach Modernität, Bejahung des Modernen

Mo|der|nist ⟨m.; -en, -en⟩ Anhänger des Modernismus

mo|der|nis|tisch ⟨Adj.⟩ zum Modernismus gehörig, auf ihm beruhend

Mo|der|ni|tät ⟨f.; -; unz.⟩ das Modernsein, moderne Beschaffenheit [<frz. *modernité*]

Mo|dern|jazz *auch:* **Mo|dern Jazz** ⟨[mɔdəndʒæz] m.; (-) -; unz.; Musik⟩ modernisierte Form der Jazzmusik (seit 1945) [engl.]

mo|dest ⟨Adj.⟩ maßvoll, bescheiden, sittsam [<lat. *modestus* »maßvoll, gemäßigt; bescheiden; ehrbar«]

Mo|di ⟨Pl. von⟩ Modus

Mo|di|fi|ka|ti|on ⟨f.; -, -en⟩ **1** Veränderung, Umwandlung **2** Einschränkung, Milderung, Abminderung **3** ⟨Biol.⟩ nicht erbliche, nur durch Einflüsse der Umwelt verursachte Abweichung eines Lebewesens vom Normaltyp; *Sy* Paravariation; *Ggs* Mutation (1) **4** ⟨Chemie⟩ verschiedene Erscheinungsformen ein u. desselben Stoffes infolge unterschiedlicher Kristallbildung [<lat. *modificatio* »(richtige) Abmessung«]

mo|di|fi|zie|ren ⟨V.⟩ **1** verändern, umwandeln **2** einschränken, mildern [<lat. *modificare* »genau abmessen«]

mo|disch ⟨Adj.⟩ zur augenblicklichen Mode gehörend, ihr gemäß, dem Zeitgeschmack entsprechend; *~e Kleidung; sich ~ anziehen, frisieren*

Mo|dis|tin ⟨f.; -, -tin|nen; früher⟩ **1** Putzmacherin **2** Inhaberin eines Hutgeschäftes [<frz. *modiste*]

Mo|dul¹ ⟨m.; -s, -n⟩ **1** ⟨Arch.⟩ Maßeinheit, die in gewissen einfachen Beziehungen zwischen den verschiedenen Bauteilen wiederkehrt **2** ⟨antike Arch.⟩ unterer Halbmesser einer Säule als Maßeinheit zur Berechnung von Säulen u. Säulenordnung; *oV* Model (1) **3** = Model (2) **4** ⟨Technik⟩ Kennziffer für die Teilung eines Zahnrades **5** ⟨Physik⟩ als Maßzahl dienender Wert **6** ⟨Math.⟩ **6.1** diejenige Zahl, die durch Multiplikation mit natürl. Logarithmen die Logarithmen zu einer bestimmten Basis ergibt **6.2** Teiler **7** ⟨Textilw.⟩ Verhältnis zwischen Kraft u. Dehnung bei Fasern; *Elastizitäts*~ [<lat. *modulus* »Maß, Maßstab«]

Mo|dul² ⟨n.; -, -e; El.; EDV⟩ als Ganzes austauschbare Funktionsgruppe eines Gerätes [<engl. *module* »(Bau-)Element«]

mo|du|lar ⟨Adj.; Technik⟩ in der Art eines Moduls², aus Modulen zusammengesetzt; *die ~e Konstruktionsart dieses Fernsehers ermöglicht eine schnelle Reparatur*

Mo|du|la|ti|on ⟨f.; -, -en⟩ **1** Abwandlung **2** ⟨Musik⟩ **2.1** Übergang von einer Tonart in eine andere **2.2** Abstufung der Tonstärke u. Klangfarbe **3** ⟨El.⟩ Aufprägen von Signalen od. Schallwellen auf eine Trägerwelle; *Frequenz*~; *Amplituden*~ [<lat. *modulatio* »Takt«; zu *modulari* »einrichten, regeln«]

Mo|du|la|tor ⟨m.; -s, -to|ren⟩ Gerät, mit dem elektromagnet. Wellen moduliert werden

mo|du|lie|ren ⟨V.⟩ **1** abwandeln, wechseln **2** ⟨Musik⟩ **2.1** von einer Tonart in eine andere überleiten **2.2** Tonstärke u. Klangfarbe (sinnvoll) wechseln **3** ⟨El.⟩ einer Modulation (3) unterwerfen [<lat. *modulari* »einrichten, regeln«]

Mo|dul|tech|nik ⟨f.; -; unz.; Technik⟩ Zusammenfassung mehrerer Bauteile zu Baugruppen, den Modulen

Mo|dus ⟨a. [moː] m.; -, Mo|di⟩ **1** Art u. Weise, Regel, Maß; *wir müssen einen genauen ~ finden* **1.1** ~ *Operandi* Arbeitsweise, Verfahrensweise **1.2** ~ *Procedendi* Art u. Weise der Verfahrens **1.3** ~ *Vivendi* eine Form erträgl. Zusammenlebens **2** ⟨Gramm.⟩ eine der Aussageweisen des Verbs (Indikativ, Konjunktiv, Imperativ) **3** ⟨Musik⟩ **3.1** ⟨in der Notenschrift des 12./13. Jh.⟩ Rhythmus, der einem der sechs griechischen Versfüße nachgebildet ist **3.2** feststehende Melodie, nach der auch andere Lieder gesungen werden, Weise **3.3** Kirchenton, Tonleiter der Kirchentonart [<lat. *modus* »Art, Weise«]

Mo|fa ⟨n.; -s, -s; Kfz⟩ Fahrrad mit Hilfsmotor [verkürzt <*Mo*tor + *Fa*hrrad]

Mo|fet|te ⟨f.; -, -n⟩ vulkan. Ausströmung von Kohlendioxid [<ital. *mofeta*]

Mo|gi|fo|nie ⟨f.; -, -n; Med.⟩ = Mogiphonie

Mo|gi|gra|fie ⟨f.; -, -n; Med.⟩ = Mogigraphie

Mo|gi|gra|phie ⟨f.; -, -n; Med.⟩ Schreibkrampf; *oV* Mogigraphie [<grch. *mogis* »mit Mühe, kaum« + ...*graphie*]

Mo|gi|la|lie ⟨f.; -, -n; Med.⟩ erschwerte Aussprache bestimmter Laute [<grch. *mogis* »mit Mühe, kaum« + *lalein* »sprechen«]

Mo|gi|pho|nie ⟨f.; -, -n; Med.⟩ Versagen der Stimme bei gewohnter Überanstrengung; *oV* Mogifonie [<grch. *mogis* »mit Mühe, kaum« + ...*phonie*]

Mo|gul ⟨a. [-ˈ-] m.; -s, -n⟩ mohammedan. Dynastie in Indien, 1526-1857 [<pers. *mughul* »Mongole« (man hielt Babur, den tatar. Begründer des Mogulreiches, fälschl. für einen Mongolen)]

Mo|hair ⟨[-hɛːr] m.; -s, -s od. -e⟩ *oV* Mohär **1** Haar der Angoraziege **2** ⟨Textilw.⟩ das daraus hergestellte haarige Gewebe [engl. <ital. <arab.]

Mo|ham|me|da|ner ⟨m.; -s, -; westl. Bez. für⟩ Muslim [nach dem Stifter des Islams, *Mohammed*, etwa 570-632 n. Chr.]

mo|ham|me|da|nisch ⟨Adj.⟩ zur Lehre Mohammeds gehörend, auf ihr beruhend, (heute üblicher) islamisch, muslimisch

Mo|ham|me|da|nis|mus ⟨m.; -; unz.; veraltet⟩ = Islam
Mo|här ⟨m.; -s, -s od. -e⟩ = Mohair
Mo|hi|ka|ner ⟨m.; -s, -⟩ Angehöriger eines ausgestorbenen nordamerikan., zu den Algonkin gehörenden Indianerstammes am Hudson; *der letzte ~* ⟨fig.; umg.; scherzh.⟩ der Letzte [nach einem Roman von James Fenimore Cooper, 1826]
Moi|ra ⟨f.; -, Moi|ren; grch. Myth.⟩ **1** ⟨unz.⟩ das den Göttern u. Menschen zugeteilte Schicksal **2** ⟨Pl.⟩ die drei grch. Schicksalsgöttinnen Klotho, Lachesis u. Atropos [grch., »Teil, Anteil, Schicksal«]
Moi|ré ⟨[moare:] n. od. m.; -s, -s⟩ **1** ⟨Textilw.⟩ **1.1** Seide od. Kunstfaser mit gemaserter, wellenförmig schimmernder Oberfläche **1.2** ähnliche Musterung u. Zeichnung auf Pelzwerk **2** ⟨Typ.⟩ störende Musterung bei Halbtonbildern infolge fehlerhafter Reproduktion **3** ⟨TV⟩ strichförmige Bildstörung auf dem Bildschirm [frz.]
moi|rie|ren ⟨[moa-] V.⟩ mit Muster in der Art des Moiré (1) versehen [<frz. *moirer*]
Mois|tu|ri|zer ⟨[mɔɪstʃəraɪzə(r)] m.; -s, -; Kosmetik⟩ Feuchtigkeitscreme; *Sy* Moisturizing Cream [engl.]
Mois|tu|ri|zing Cream ⟨[mɔɪstʃəraɪzɪŋ kri:m] f.; - -, - -s; Kosmetik⟩ = Moisturizer
mo|kant ⟨Adj.⟩ spöttisch [<frz. *moquant*]
Mo|kas|sin ⟨m.; -s, -s od. -e⟩ **1** weicher, absatzloser, bestickter Stiefel aus Wildleder der nordamerikan. Indianer **2** weicher, ungefütterter Lederschuh mit sehr weicher angeschweißter Sohle [<engl. *moccasin* <Algonkin *mohkisson*]
Mo|kett ⟨m.; -s; unz.; Textilw.⟩ gemusterter Plüsch als Möbelstoff; *oV* Moquette [<frz. *moquette*]
Mo|kick ⟨n.; -s, -s; Kurzwort für⟩ Moped mit Kickstarter
mo|kie|ren ⟨V.⟩ *sich ~ (über)* sich lustig machen (über) [<frz. *moquer*]
Mok|ka ⟨m.; -s, -s⟩ *oV* Mocca **1** Kaffeesorte **2** ⟨allg.⟩ sehr starker Kaffee [<engl. *mocha coffee*, nach der jemenit. Stadt *Mocha*, *Mokka* (früher Kaffeehafen)]

Mol ⟨n.; -s, -e; Chemie⟩ diejenige Menge eines Stoffes, deren Masse gleich dem Molekulargewicht in Gramm ist, Grammmolekül [verkürzt <*Molekül*]
mo|lar ⟨Adj.; Chemie⟩ bezogen auf 1 Mol; *~e Lösung* L., die ein Mol eines Stoffes in 1 Liter gelöst enthält
Mo|lar ⟨m.; -s, -en; Med.; kurz für⟩ Molarzahn
Mo|la|ri|tät ⟨f.; -; unz.⟩ Mol-Gehalt einer Lösung
Mo|lar|zahn ⟨m.; -(e)s, -zäh|ne; Med.⟩ Mahlzahn, Backenzahn; *Sy* Molar [<lat. *mola* »Mühlenstein«]
Mo|las|se ⟨f.; -; unz.; Geol.⟩ tertiäre Ablagerung am Nordrand der Alpen [<frz. *mollasse* »weichlich, schlaff« <lat. *mollis* »weich«]
Mol|da|vit ⟨[-vi:t] m.; -s, -e; Geol.⟩ flaschengrünes, in Südböhmen vorkommendes glasiges Meteoritgestein [nach dem Fluss Moldau in Böhmen]
Mo|le[1] ⟨f.; -, -n⟩ Hafendamm; *oV* ⟨österr.⟩ Molo [<ital. *molo*]
Mo|le[2] ⟨f.; -, -n; Med.⟩ entartete, abgestorbene Leibesfrucht [<lat. *mola* »Mühlstein«]
Mo|le|kül ⟨n.; -s, -e; Chemie⟩ kleinstes Teilchen einer chem. Verbindung aus zwei od. mehr Atomen [<frz. *molécule*]
mo|le|ku|lar ⟨Adj.; Chemie⟩ zum Molekül, zu den Molekülen gehörend
Mo|le|ku|lar|bio|lo|gie ⟨f.; -; unz.⟩ Teilgebiet der Biologie, das sich mit den Vorgängen u. dem Aufbau von Organismen im Molekularbereich befasst, wobei die Untersuchung von Viren, Bakterien u. niederen Pilzen einen breiten Raum einnimmt
Mo|le|ku|lar|elek|tro|nik *auch:* **Mo|le|ku|lar|elekt|ro|nik** ⟨f.; -; unz.⟩ Teilgebiet der Mikroelektronik, das mit Halbleitern kleinster Größe arbeitet
Mo|le|ku|lar|ge|ne|tik ⟨f.; -; unz.⟩ Erforschung der chem. Natur der Gene u. ihrer Funktionen, Vererbungsgenetik

mo|le|ku|lar|ge|ne|tisch ⟨Adj.; Genetik⟩ die Molekulargenetik betreffend, auf ihr beruhend
Mo|le|ku|lar|ge|wicht ⟨n.; -(e)s, -e; Chemie⟩ Gewicht eines Moleküls in Gramm als Summe der Atomgewichte seiner Bestandteile
Mo|le|ku|lar|psy|cho|lo|gie ⟨f.; -; unz.⟩ Teilgebiet der Psychologie, das sich mit den Zusammenhängen zwischen psychischem Verhalten u. molekularen Prozessen im Zellbereich befasst, spielt u. a. bei der Drogenforschung eine Rolle
Mo|le|ku|lar|strahl ⟨m.; -(e)s, -en; Physik⟩ aus Molekülen bestehender Teilchenstrahl
Mo|le|skin ⟨[moulskɪn] m. od. n.; -s, -s; Textilw.⟩ wiederholt gerautes, dichtes Atlasgewebe [engl., »Maulwurfsfell«]
Mo|les|ten ⟨Pl.⟩ Beschwerden, Unannehmlichkeiten, Belästigungen [zu lat. *molestus* »beschwerlich«]
Mo|let|te ⟨f.; -, -n; Technik⟩ prägende Walze, die Druckformen für Tiefdruck herstellt [frz.]
Moll ⟨n.; -; unz.; Musik⟩ (weibl.) Tongeschlecht mit kleiner Terz im Dreiklang der Tonika; *Ggs* Dur [<lat. *mollis* »weich, sanft« (nach der als »weicher Klang« empfundenen kleinen Terz)]
Mol|la ⟨m.; -s, -s⟩ = Mulla, Mullah
Mol|lus|ke ⟨f.; -, -n⟩ **1** ⟨Zool.⟩ Vertreter eines formenreichen Stammes von Tieren mit weicher, ungeschützter Haut, die sich kriechend fortbewegen, Weichtier: Mollusca **2** ⟨Med.⟩ durch einen Virus erzeugte, kleine, weiche Geschwulst auf der Haut: Molluscum contagiosum [<ital. *mollusco* »Weichtier«; zu *mollis* »weich«]
Mol|lus|ki|zid ⟨n.; -s, -e; Chemie⟩ gegen Schnecken wirksames Pflanzenschutzmittel [<*Molluske + ...zid*[r]]
Mo|lo ⟨m.; -s, Mo|li; österr.⟩ = Mole[1]
Mo|loch ⟨a. [mɔ-] m.; -s, -e⟩ **1** ⟨fig.⟩ Macht, die alles verschlingt **2** ⟨Zool.⟩ austral. Echsenart mit großen, starken Stacheln: Moloch horridus [nach

Molotowcocktail

dem durch Menschenopfer verehrten altsemitischen Gott *Moloch*]

Mo|lo|tow|cock|tail auch: **Mo|lotow-Cock|tail** ⟨[-tɔfkɔkteɪl] m.; -s, -s⟩ **1** ⟨urspr.⟩ Flasche mit leicht entzündbarer Flüssigkeit u. Zündhölzern zur Bekämpfung von Panzern **2** ⟨dann⟩ selbstgebastelter Sprengkörper, gefüllt mit leicht brennbarer Flüssigkeit [nach dem sowjet. Außenminister W. M. *Molotow*, 1890-1986]

mo|l|to ⟨Musik⟩ viel, sehr, z. B. ~ *vivace* [ital.]

Mol|ton ⟨m.; -s, -s; Textilw.⟩ beidseitig gerautes, weiches, wolliges Baumwollgewebe [<frz. *molleton*; zu *mollet* »weich«]

Mol|to|pren® ⟨n.; -s, -e⟩ sehr leichter, wärmedämmender Schaumstoff auf der Basis von Polyurethan

Mol|vo|lu|men ⟨[-vo-] n.; -s, - od. -mi|na; Chemie⟩ Volumen des Mols eines Stoffes unter Normalbedingungen

Mo|lyb|dän ⟨n.; -s; unz.; chem. Zeichen: Mo⟩ silberweißes, sprödes Metall, Ordnungszahl 42 [<grch. *molybdaina* »Bleiglanz«]

Mo|lyb|dä|nit ⟨m.; -s, -e; Min.⟩ metallisch glänzendes Mineral

Mo|ment[1] ⟨n.; -(e)s, -e⟩ **1** Wirkung einer Kraft **2** ⟨Physik⟩ Produkt aus der Größe einer Kraft u. dem Abstand von ihrem Angriffspunkt; *Dreh~; Brems~; Trägheits~;* elektrisches ~ **3** Merkmal, (wichtiger) Umstand; *entscheidendes* ~ **4** Umstand, der etwas bewirkt; *Spannungs~* [<lat. *momentum* »Bewegkraft«; zu *movere* »bewegen«]

Mo|ment[2] ⟨m.; -(e)s, -e⟩ Augenblick, kürzester Zeitabschnitt; ~!, ~*mal!* (umg. als Unterbrechung eines Sprechenden); *es dauert nur einen* ~; *den richtigen* ~ *erwischen, verpassen; im* ~ *habe ich keine Zeit* augenblicklich [<frz. *moment* »Zeitpunkt« <lat. *momentum,* → *Moment*[1]]

mo|men|tan ⟨Adj.⟩ augenblicklich, vorübergehend [<lat. *momentaneus* »augenblicklich, vorübergehend«; → *Moment*[1]]

Mo|ment mu|si|cal ⟨[momɑ̃: myzikal] n.; - -, -s -caux [momɑ̃: myziko:]; Musik⟩ kurzes, lyr. Klavierstück ohne feststehende Form [frz., »musikal. Augenblick(seinfall)«]

mon..., Mon... ⟨in Zus.⟩ = mono..., Mono...

Mo|na|de ⟨f.; -, -n; Philos.⟩ **1** ⟨allg.⟩ Einheit, Unteilbares **2** ⟨bei Leibniz⟩ einheitl., in sich geschlossene körperl.-geistigseel. Substanz mit mehr od. minder bewussten Vorstellungen; *Sy* Henade [<grch. *monas,* Gen. *monados* »Einheit«]

mo|na|disch ⟨Adj.; Philos.⟩ unteilbar, in sich geschlossen

Mo|na|do|lo|gie ⟨f.; -; unz.; Philos.⟩ die von Leibniz begründete Lehre, dass jedes Element der Wirklichkeit eine Monade sei u. als solche ein Spiegel des Universums; →*a.* Monade [<*Monade* + ...*logie*]

mo|na|do|lo|gisch ⟨Adj.; Philos.⟩ die Monadologie betreffend, zu ihr gehörend

◆Die Buchstabenfolge **mon|ar...** kann auch **mo|nar...** getrennt werden.

◆**Mon|arch** ⟨m.; -en, -en; Politik⟩ fürstl. Alleinherrscher, gekröntes Staatsoberhaupt (durch Wahl od. Erbanspruch) [<grch. *monarchos* »Alleinherrscher« <*monos* »allein« + *archein* »herrschen«]

Monarchie (*Worttrennung am Zeilenende*) Bei fremdsprachlichen Zusammensetzungen setzt man die Trennfuge zwischen den einzelnen Bestandteilen. Sind die Bestandteile (z. B. zu grch. *monos* »allein« und zu grch. *arche* »Anfang«) für den deutschen Muttersprachler nicht mehr erkennt- oder nachvollziehbar, kann auch nach Sprechsilben oder den Regeln zur Trennung von Konsonanten getrennt werden.

◆**Mon|ar|chie** ⟨f.; -, -n; Politik⟩ Staat, Staatsform mit einem Monarchen an der Spitze; *Erb~; Wahl~;* konstitutionelle ~ [<lat. *monarchia* <grch. *monarchia* »Alleinherrschaft« <*monos* »allein« + *archein* »der Erste sein, herrschen«]

◆**mon|ar|chisch** ⟨Adj.; Politik⟩ zur Monarchie od. zum Monarchen gehörend, durch einen Monarchen (ausgeübt)

◆**Mon|ar|chis|mus** ⟨m.; -; unz.; Politik⟩ Bestrebung, die Monarchie durchzusetzen od. zu erhalten

◆**Mon|ar|chist** ⟨m.; -en, -en; Politik⟩ Anhänger der Monarchie, des Monarchismus

◆**Mon|ar|chis|tin** ⟨f.; -, -tin|nen; Politik⟩ Anhängerin der Monarchie, des Monarchismus

◆**mon|ar|chis|tisch** ⟨Adj.; Politik⟩ auf dem Monarchismus beruhend, für die Monarchie eintretend

◆**Mon|ar|thri|tis** ⟨f.; -, -ti|den; Med.⟩ Entzündung eines einzigen Gelenks; *Ggs* Polyarthritis [<*Mon...* + *Arthritis*]

Mo|nas|te|ri|um ⟨n.; -s, -ri|en⟩ Kloster [lat.]

mo|nas|tisch ⟨Adj.⟩ klösterlich, mönchisch; *die ~e Regel* [<lat. *monasticus* <grch. *monastikos* »mönchisch«]

mon|au|ral auch: **mo|nau|ral** ⟨Adj.⟩ = monophon [<*mon...* + lat. *auris* »Ohr«]

Mo|na|zit auch: **Mo|na|zit** ⟨m.; -s, -e; Min.⟩ in sandigen Ablagerungen vorkommendes Mineral, chem. ein Phosphat bestimmter Seltener Erden [<grch. *monazein* »einzeln sein« (wegen der einzeln vorkommenden Kristalle)]

Mon|da|min® ⟨n.; -s; unz.⟩ Stärkemehl aus Mais [nach dem Jungen *Mondamin,* der im »Song of Hiawatha« von Longfellow (1855) den Mais spielt]

mon|dän ⟨Adj.⟩ **1** sehr elegant, sehr gewandt u. dabei lässigüberlegen **2** im Stil der großen Welt [<frz. *mondain,* eigtl. »weltlich«; zu *monde* »Welt«]

mon|di|al ⟨Adj.⟩ weltweit, die ganze Welt umfassend od. betreffend [frz., »weltlich, welt…«; zu *monde* »Welt«]

Mon|di|al|rei|he ⟨f.; -, -n; Wirtsch.⟩ Wirtschaftsstatistik, die der Konjunkturforschung Aussagen über die Weltwirtschaft erlaubt [→ *mondial*]

mon dieu! ⟨[mɔ̃ djø:]⟩ mein Gott! (Ausruf der Entsetzens, der Bestürzung) [frz.]

Mo|nel|me|tall ⟨n.; -(e)s, -e⟩ korrosionsbeständige Nickel-Kupfer-Legierung [nach dem amerikan. Hersteller A. *Monel*]

Mo|nem ⟨n.; -s, -e; Sprachw.⟩ kleinste bedeutungstragende Einheit der Sprache [<grch. *monos* »einzeln, einmalig«]

mo|ne|tär ⟨Adj.⟩ das Geld, die Währung betreffend [→ *Moneten*]

mo|ne|ta|ri|sie|ren ⟨V.⟩ **1** zu Geld machen, finanziell nutzen; *diese Investition wird sich nicht ~* **2** bezüglich der Kosten bewerten; *Umweltschäden ~*

Mo|ne|ta|ris|mus ⟨m.; -; unz.⟩ das Ausgerichtetsein, ausschließliches Orientiertsein auf Geld u. Kapital [→ *Moneten*]

Mo|ne|ten ⟨Pl.⟩ **1** ⟨urspr.⟩ Bargeld, Münzen **2** ⟨heute umg.⟩ Geld [<lat. *monetae* »Münzen«; zu *Moneta*, dem Beinamen der röm. Göttin Juno, in deren Tempel auf dem Forum Romanum der Staatsschatz lag]

mo|ne|ti|sie|ren ⟨V.⟩ in Geld umwandeln; *Sachwerte ~*

Mo|ney|ma|ker ⟨[mʌnimeɪkə(r)] m.; -s, -; umg.⟩ Geschäftsmann, der in übertriebenem Maße aus allem Geld zu machen versucht [engl., »Geldmacher«]

Mon|go|len|fal|te ⟨f.; -, -n; Anat.⟩ = Epikanthus

mon|go|lid ⟨Adj.⟩ die Merkmale der mongolischen Rasse aufweisend [<*Mongolide(r)* + *…id*]

Mon|go|li|de(r) ⟨f. 2 (m. 1)⟩ Angehörige(r) der mongolischen Rasse, Mongole

mon|go|lisch ⟨Adj.⟩ die Mongolei u. die Mongolen betreffend; zu ihnen gehörig, von ihnen stammend; *~e Sprachen* zu den altaischen Sprachen gehörende Sprache der Mongolen

Mon|go|lis|mus ⟨m.; -; unz.; Med.⟩ angeborene, mit körperlichen Entwicklungsstörung verbundene Form geistiger Behinderung; *Sy* Downsyndrom [<*Mongolide(r)* (nach den pseudomongolischen Gesichtszügen des Erkrankten)]

Mon|go|lis|tik ⟨f.; -; unz.⟩ Lehre von den mongol. Sprachen

mon|go|lo|id ⟨Adj.⟩ **1** den Mongolen ähnlich **2** die Merkmale des Mongolismus aufweisend

Mon|go|lo|i|de(r) ⟨f. 2 (m. 1)⟩ **1** Angehörige(r) einer Menschenrasse mit überwiegenden, aber nicht allen Merkmalen der mongolischen Rasse **2** ⟨Med.⟩ jmd., der an Mongolismus leidet

Mo|nier|bau|wei|se *auch:* **Mo|nier-Bau|wei|se** ⟨[mɔnje:-] f.; -; unz.⟩ im Hochbau heute oft verwendete Bauweise mit vorgefertigten Stahlbetonplatten od. auf der Baustelle gegossenen Betonplatten mit Stahleinlage [nach dem Erfinder, dem frz. Gärtner J. *Monier*, 1823-1906, der diese Bauweise zuerst bei Pflanzenkübeln u. Wasserbehältern anwandte]

mo|nie|ren ⟨V.⟩ **1** beanstanden, rügen **2** mahnen [<lat. *monere* »ermahnen, tadeln«]

Mo|ni|lia ⟨f.; -; unz., Bot.⟩ Gesamtheit aller Pilze mit großen, eiförmigen, zu Ketten verbundenen Sporen [<lat. *monile* »Halsband«]

Mo|nis|mus ⟨m.; -; unz.; Philos.⟩ philosoph. Lehre, dass alles Seiende auf ein einheitliches Prinzip zurückzuführen sei; *Ggs* Pluralismus (1) [<grch. *monos* »allein«]

Mo|nist ⟨m.; -en, -en; Philos.⟩ Vertreter, Anhänger des Monismus

mo|nis|tisch ⟨Adj.; Philos.⟩ zum Monismus gehörig, auf ihm beruhend

Mo|ni|tor ⟨m.; -s, -to|ren⟩ **1** ⟨TV⟩ Empfänger im Fernsehstudio, auf dem das jeweils gesendete Bild kontrolliert werden kann **2** ⟨Kernphysik⟩ automatische Anlage, die die radioaktive Strahlung überwacht [lat., »Aufseher, Warner, Mahner«]

Mo|ni|to|ring ⟨[mɔnɪtɔrɪŋ] n.; -s, -s⟩ ständiges, sorgfältiges Untersuchen, Überwachen u. Beobachten einer bestimmten Situation od. Gegebenheit [<engl. *monitor* »überwachen«]

Mo|ni|tum ⟨n.; -, -ni|ta⟩ Verweis, Mahnung, Beanstandung [lat., »Mahnung; Prophezeiung«]

mo|no…, Mo|no… ⟨vor Vokalen⟩ mon…, Mon… ⟨in Zus.⟩ allein, einzig, einzeln [<grch. *monos*]

Mo|no|cha|si|um ⟨[-ça:-] od. [-xa:-] n.; -s, -si|en⟩ Sprosssystem, bei dem ein einziger Seitenzweig jeweils die Verzweigung fortsetzt [<*Mono…* + grch. *chasma* »Spalt«]

Mo|no|chla|my|de|en ⟨[-çla-] od [-xla-] Pl.; Bot.⟩ zweikeimblättrige Blütenpflanzen mit unscheinbarer od. fehlender Blütenhülle [<*Mono…* + *Chlamys*]

Mo|no|chord ⟨[-kɔrd] n.; -(e)s, -e; Musik⟩ **1** ⟨urspr.⟩ altgrch. Musikinstrument mit einer Saite über einem Resonanzkörper u. einer Skala, auf der in Zahlen die Teilungsverhältnisse der Saite vermerkt waren, die sich aus dem Verschieben eines auf ihr sitzenden Stegs ergaben (bes. zur Ton- u. Intervallbestimmung verwendet) **2** ⟨heute⟩ Messgerät für Tonhöhen [<*Mono…* + *…chord*]

mo|no|chrom ⟨[-kro:m] Adj.⟩ einfarbig; *Ggs* polychrom [<*mono…* + *…chrom*]

Mo|no|chro|ma|sie ⟨[-kro-] f.; -; unz.⟩ totale Farbenblindheit [→ *monochrom*]

Mo|no|chro|mat ⟨[-kro-] m. od. n.; -(e)s, -e⟩ Linsensystem, bei dem die chromatischen Bildfehler nicht behoben sind u. das demzufolge nur eine Farbe fehlerfrei abbildet [<*Mono…* + grch. *chroma* »Farbe«]

mo|no|chro|ma|tisch ⟨[-kro-] Adj.⟩ *~es Licht* Licht einer Wellenlänge, einer Farbe

Mo|no|chro|ma|tor ⟨[-kro-] m.; -s, -to|ren; Optik⟩ Gerät zum Aussondern eines in seiner Wellenlänge streng begrenzten u. daher dem Auge einfarbig erscheinenden Lichts aus dem natürlichen Spektrum des Sonnenlichts [<*Mono…* + grch. *chroma* »Farbe«]

mo|no|cyc|lisch *auch:* **mo|no|cyc-lisch** ⟨Adj.; Chemie⟩ *~e Verbindungen* organisch-chemische Verbindungen, deren Atome in nur einem Ring angeordnet sind; *oV* monozyklisch; *Ggs* polycyclisch

Monodie

Mon|o|die auch: **Mo|no|die** ⟨f.; -, -n; Musik⟩ **1** ⟨urspr.⟩ unbegleiteter, einstimmiger Gesang **2** ⟨seit 1600⟩ vom Generalbass begleiteter, einstimmiger Gesang **3** ⟨danach⟩ = Homophonie [<grch. *monodia* »Einzelgesang«]

mon|o|disch auch: **mo|no|disch** ⟨Adj.⟩ in der Art der Monodie, auf ihr beruhend

Mo|no|dra|ma ⟨n.; -s, -dra|men; Theat.⟩ Drama mit nur einer handelnden Person, Einpersonenstück, lyrischer Monolog

mo|no|fon ⟨Adj.⟩ = monophon

Mo|no|fo|nie ⟨f.; -; unz.⟩ = Monophonie

mo|no|gam ⟨Adj.⟩ die Monogamie betreffend, in der Art der Monogamie; Ggs polygam (1, 2)

Mo|no|ga|mie ⟨f.; -; unz.⟩ Ehe mit nur einem Partner; Ggs Polygamie [<*Mono...* + ...*gamie*]

Mo|no|ga|ta|ri ⟨n.; -s, -s; Lit.⟩ altjap. Form der Prosadichtung, Erzählung, Geschichte [jap.]

mo|no|gen ⟨Adj.; Biol.⟩ durch nur ein Gen bestimmt [<grch. *monos* »allein« + *gennan* »erzeugen, hervorbringen«]

Mo|no|ge|ne|se ⟨f.; -; unz.; Biol.⟩ ungeschlechtl. Fortpflanzung; Ggs Amphigonie [<*Mono...* + ...*genese, ...gonie*]

Mo|no|ge|nie ⟨f.; -; unz.; Biol.⟩ **1** Entstehung nur männlicher od. nur weiblicher Nachkommen **2** Ausbildung eines Merkmals des Phänotyps durch nur ein Gen [<*Mono...* + ...*genie*]

Mo|no|go|nie ⟨f.; -; unz.; Biol.⟩ = Monogenese [<grch. *monos* »allein« + *gone* »Geburt«]

Mo|no|gra|fie ⟨f.; -, -n⟩ = Monographie

mo|no|gra|fisch ⟨Adj.⟩ = monographisch

Mo|no|gramm ⟨n.; -s, -e⟩ die (oft miteinander verschlungenen) Anfangsbuchstaben des Namens [<spätlat. *monogramma* »ein Buchstabe, der mehrere in sich fasst«]

Mo|no|gra|phie ⟨f.; -, -n⟩ Einzeldarstellung, einen einzelnen Gegenstand wissenschaftl. behandelnde Schrift mit dem Anspruch größtmöglicher Vollständigkeit; oV Monografie [<*Mono...* + ...*graphie*]

mo|no|gra|phisch ⟨Adj.⟩ in der Art einer Monographie, als Einzeldarstellung; oV monografisch

mo|no|hy|brid auch: **mo|no|hy|brid** ⟨Adj.; Biol.⟩ sich nur in einem erblichen Merkmal unterscheidend

Mo|no|hy|bri|de auch: **Mo|no|hy|bri|de** ⟨m.; -n, -n; Biol.⟩ Bastard, dessen Eltern sich nur in einem Merkmal unterscheiden

mo|no|hy|drisch auch: **mo|no|hyd|risch** ⟨Adj.; Chemie⟩ ~*e Säuren* einbasische Säuren

mo|no|kau|sal ⟨Adj.; Med.; Philos.⟩ von nur einem Ursache-, Wirkungsprinzip ausgehend, es betreffend; Ggs multifaktoriell

Mon|o|kel auch: **Mo|no|kel** ⟨n.; -s, -⟩ optisches Glas für ein Auge, Einglas [<*Mono...* + lat. *oculus* »Auge«]

mo|no|klin ⟨Adj.⟩ ~*es Kristallsystem* ein K., bei dem zwei Achsen im Winkel von 90° zueinander stehen u. eine dritte Achse dazu einen von 90° abweichenden Winkel bildet [<*mono...* + grch. *klinein* »neigen«]

mo|no|klo|nal ⟨Adj.⟩ einem einzigen Klon entstammend; ~*e Antikörper* A., bei denen jedes Molekül in der gleichen Weise aufgebaut ist u. die gleiche Spezifität für Antigene besitzt

mo|no|ko|tyl ⟨Adj.; Bot.⟩ einkeimblättrig; Ggs dikotyl [<*mono...* + grch. *kotyl* »Höhlung«]

Mo|no|ko|ty|le ⟨f.; -, -n; Bot.⟩ = Monokotyledone [<grch. *monos* »allein« + *Kotyledone*]

Mo|no|ko|ty|le|do|ne ⟨f.; -, -n; Bot.⟩ einkeimblättrige Pflanze; Sy Monokotyle

Mo|no|kra|tie ⟨f.; -, -n; Politik⟩ Herrschaft eines Einzelnen, Alleinherrschaft [<*Mono...* + grch. *kratein* »herrschen«]

mo|no|kra|tisch ⟨Adj.⟩ **1** ⟨Politik⟩ die Monokratie betreffend, auf ihr beruhend, zu ihr gehörend **2** ⟨Rechtsw.⟩ ~*es Prinzip* Leitung eines Amtes od. einer Institution durch eine einzelne Person, die die alleinige Entscheidungsbefugnis besitzt

mo|no|ku|lar auch: **mo|no|ku|lar** ⟨Adj.⟩ mit nur einem Auge, für nur ein Auge [<*mon...* + lat. *oculus* »Auge«]

Mo|no|kul|tur ⟨f.; -, -en; Bot.⟩ Anbau nur einer Pflanzenart auf einer Fläche; *Tomaten in* ~ *anbauen*

mo|no|la|te|ral ⟨Adj.⟩ einseitig

Mo|no|la|trie auch: **Mo|no|lat|rie** ⟨f.; -; unz.; Rel.⟩ Verehrung nur eines Gottes (unter mehreren) [<*Mono...* + ...*latrie*]

Mo|no|lith ⟨m.; -s od. -en, -e od. -en⟩ **1** einzelner Steinblock **2** aus nur einem Stein gemeißeltes, monumentales Bildwerk [<*Mono...* + grch. *lithos* »Stein«]

mo|no|li|thisch ⟨Adj.⟩ mit einheitl. Baustoff; ~*e Bauweise*

Mo|no|log ⟨m.; -(e)s, -e⟩ Selbstgespräch; Ggs Dialog (1) [<*Mono...* + ...*log²*]

mo|no|lo|gisch ⟨Adj.⟩ in der Art eines Monologs

mo|no|lo|gi|sie|ren ⟨V.⟩ einen Monolog halten, führen

Mo|nom ⟨n.; -s, -e; Math.⟩ nur aus einem Glied bestehender Ausdruck; oV Mononom [<*Mono...* + ...*nom²*]

mo|no|man ⟨Adj.; Psych.⟩ von einer fixen Idee besessen, von einem einzigen Trieb fast ausschließlich beherrscht; oV monomanisch

Mo|no|ma|ne(r) ⟨f. 2 (m. 1); Psych.⟩ jmd., der an Monomanie leidet

Mo|no|ma|nie ⟨f.; -, -n; Psych.⟩ Besessenheit von einer Wahnidee, krankhaft übersteigerter Trieb [<*Mono...* + *Manie*]

mo|no|ma|nisch ⟨Adj.; Psych.⟩ = monoman

mo|no|mer ⟨Adj.; Chemie⟩ aus einzelnen Molekülen bestehend; Ggs polymer [<*mono...* + ...*mer*]

Mo|no|mer ⟨n.; -s, -e; Chemie⟩ = Monomeres

Mo|no|me|re(s) ⟨n. 3; Chemie⟩ monomer gebildete chem. Verbindung; oV Monomer; Ggs Polymere(s)

Mo|no|me|rie ⟨f.; -, -n; Chemie⟩ Vorkommen als Monomeres; Ggs Polymerie (1)

Mo|no|me|tal|lis|mus ⟨m.; -; unz.⟩ auf nur einem Währungsmetall

(Gold od. Silber) beruhendes Währungssystem; *Ggs* Bimetallismus [<*Mono...* + *Metall*]
mo|no|misch 〈Adj.; Math.〉 eingliedrig [→ *Monom*]
mo|no|morph 〈Adj.; Biol.〉 gleichartig, gleichförmig (von Blüten od. Geweben) [<*mono...* + ...*morph*]
Mo|no|nom 〈n.; -s, -e; Math.〉 = Monom
mo|no|phag 〈Adj.; Biol.〉 sich von nur einer Futterpflanze bzw. nur einer Tierart ernährend; *Ggs* pantophag; →*a.* oligophag [<*mono...* + ...*phag*]
Mo|no|pha|ge 〈m.; -n, -n; Biol.〉 monophages Tier; *Ggs* Pantophage
Mo|no|pha|gie 〈f.; -; unz.〉 auf nur eine Futterpflanze bzw. nur eine Tierart eingestellte Ernährungsweise; *Ggs* Pantophagie; →*a.* Oligophagie
Mo|no|pho|bie 〈f.; -; unz.; Psych.〉 Angst vor dem Alleinsein [<*Mono...* + *Phobie*]
mo|no|phon 〈Adj.〉 auf Monophonie beruhend, einkanalig; *oV* monofon; *Sy* monaural; *Ggs* stereophon, quadrophon
Mo|no|pho|nie 〈f.; -; unz.〉 über nur einen Kanal erfolgende Wiedergabe von Tonaufzeichnungen, vermittelt im Unterschied zur Stereophonie oder Quadrophonie keinen räumlichen Klangeindruck; *oV* Monofonie [<*Mono...* + ...*phonie*]
Mo|no|phthong *auch:* **Mo|noph|thong** 〈m.; -s, -e; Phon.〉 einfacher Vokal; *Ggs* Diphthong [<grch. *monophthongos* »eintönig«]
mo|no|phthon|gie|ren *auch:* **mo|noph|thon|gie|ren** 〈V.; Phon.〉 *einen Diphthong ~* in einen Monophthong umwandeln; *Ggs* diphthongieren
mo|no|phthon|gisch *auch:* **mo|noph|thon|gisch** 〈Adj.; Phon.〉 als Monophthong lautend; *Ggs* diphthongisch
mo|no|phy|le|tisch 〈Adj.; Biol.〉 entwicklungsgeschichtlich von einem einzigen biolog. Stamm abstammend; *Ggs* diphyletisch, polyphyletisch
Mo|no|phy|o|don|tie 〈f.; -; unz.; Med.; Biol.〉 einmalige Dentition; *Ggs* Diphyodontie, Poly-phyodontie [<grch. *monophyes* »einfach« + *odon*, Gen. *odontis* »Zahn«]
Mo|no|ple|gie 〈f.; -, -n; Med.〉 Lähmung eines einzelnen Glieds [<*Mono...* + grch. *plege* »Schlag«]
Mo|no|po|die 〈f.; -, -n; Metrik〉 Versmaß aus einem einzigen Versfuß; *Ggs* Dipodie; →*a.* Tripodie [<*Mono...* + grch. *pous*, Gen. *podos* »Fuß«]
Mo|no|pol 〈n.; -s, -e〉 **1** alleiniges Vorrecht, alleiniger Anspruch; *das ~ für die Aus- od. Einfuhr von Kaffee haben; das ~ auf, für eine Ware besitzen* **2** 〈Wirtsch.〉 Art des Angebotes einer Dienstleistung od. einer Ware durch ein Unternehmen od. eine Gruppe von Unternehmen mit dem Ziel, die Preise zu bestimmen; *(staatliches) Tabak~; Post~* [<lat. *monopolium*, grch. *monopolion* »Recht des Alleinhandels; Alleinverkauf« <*monos* »allein« + *polein* »verkaufen, Handel treiben«]
mo|no|po|li|sie|ren 〈V.; bes. Wirtsch.〉 zu einem Monopol zusammenschließen, in einer Hand vereinigen [<frz. *monopoliser*]
Mo|no|po|lis|mus 〈m.; -; unz.; bes. Wirtsch.〉 Streben nach Monopolbildung, nach der Beherrschung des Marktes durch Monopole
Mo|no|po|list 〈m.; -en, -en; bes. Wirtsch.〉 Inhaber eines Monopols
mo|no|po|lis|tisch 〈Adj.; bes. Wirtsch.〉 den Monopolismus betreffend, zu ihm gehörig; *~e Bestrebungen*
Mo|no|pol|ka|pi|ta|lis|mus 〈m.; -; unz.; Politik; nach Lenin〉 höchstes Stadium des Kapitalismus mit starker Konzentration wirtschaftl. u. polit. Macht
Mo|no|po|ly® 〈n.; -s, -s〉 Gesellschaftsspiel, bei dem um den Erwerb von Grundstücken u. Häusern gespielt wird [engl.]
Mo|nop|te|ros *auch:* **Mo|nop|te|ros** 〈m.; -, -pte|ren〉 **1** 〈Antike〉 Säulentempel ohne Heiligtum **2** 〈danach〉 kleiner, meist runder Tempel im Garten [<grch. *monopteros* »nur mit einer Säulenreihe«]

Monosyndeton

Mo|no|sac|cha|rid 〈[-zaxa-] n.; -s, -e; Biochemie〉 einfacher Zucker, der sich nicht weiter in kleinere Zuckermoleküle spalten lässt
mo|no|sem 〈Adj.; Sprachw.〉 nur eine Bedeutung habend; *oV* monosemantisch; *Ggs* polysem; *~e sprachliche Zeichen* [<*mono...* + grch. *sema* »Zeichen«]
mo|no|se|man|tisch 〈Adj.; Sprachw.〉 = monosem
Mo|no|se|mie 〈f.; -; unz.; Sprachw.〉 genaue Entsprechung einer Bedeutung mit einem sprachlichen Zeichen; *Ggs* Polysemie [<*Mono...* + grch. *semasia* »Bezeichnung«]
Mo|no|sper|mie 〈f.; -, -n; Biol.〉 Befruchtung der Eizelle durch nur eine Samenzelle; *Ggs* Polyspermie [<*Mono...* + *Sperma*]
mo|no|sta|bil 〈Adj.〉 nur einen stabilen Gleichgewichtszustand besitzend; *~e Schaltung* 〈El.〉 Schaltung, die immer wieder von selbst in einen bestimmten Grundzustand zurückkehrt; *Ggs* multistabil
mo|no|sti|chisch *auch:* **mo|nos|ti|chisch** 〈Adj.; Metrik〉 das metrische Schema eines Verses ständig wiederholend; *oV* monostichitisch; *Ggs* distichisch [→ *Monostichon*]
mo|no|sti|chi|tisch *auch:* **mo|nos|ti|chi|tisch** 〈Adj.; Metrik〉 = monostichisch
Mo|no|sti|chon *auch:* **Mo|nos|ti|chon** 〈n.; -s, -sti|cha〉 einzelner Vers [<*Mono...* + grch. *stichos* »Reihe, Zeile, Vers«]
mo|no|syl|la|bisch 〈Adj.; Sprachw.〉 einsilbig; *Ggs* polysyllabisch [→ *Monosyllabum*]
Mo|no|syl|la|bum 〈n.; -s, -la|ba; Sprachw.〉 einsilbiges Wort, Einsilber; *Ggs* Polysyllabum [<*Mono...* + grch. *syllabe* »Silbe«]
mo|no|syn|de|tisch 〈Adj.; Sprachw.〉 eine Reihung gleichartiger Wörter betreffend, bei der nur die letzten beiden Glieder durch eine Konjunktion verbunden sind [<*mono...* + *syndetisch*]
Mo|no|syn|de|ton 〈n.; -s, -de|ta; Sprachw.〉 eine monosyndetische Reihe von Sätzen od. Satz-

629

teilen [<*Mono...* + *syn...* + grch. *deein* »verbinden«]

Mo|no|the|is|mus ⟨m.; -; unz.; Rel.⟩ Glaube an einen einzigen Gott; *Ggs* Polytheismus

Mo|no|the|ist ⟨m.; -en, -en; Rel.⟩ Vertreter, Anhänger des Monotheismus; *Ggs* Polytheist

mo|no|the|is|tisch ⟨Adj.; Rel.⟩ zum Monotheismus gehörend, auf ihm beruhend

mo|no|ton ⟨Adj.⟩ eintönig, ermüdend einförmig, langweilig [<*mono...* + grch. *teinein* »spannen«]

Mo|no|to|nie ⟨f.; -; unz.⟩ monotone Beschaffenheit, Eintönigkeit, ermüdende Einförmigkeit, Langweiligkeit

mo|no|trop ⟨Adj.; Biol.⟩ nur begrenzt anpassungsfähig

Mo|no|tro|pie ⟨f.; -, -n; Chemie⟩ chemische Zustandsform, bei der sich ein Stoff nur in eine Richtung umwandeln lässt [<*Mono...* + *...tropie*]

Mo|no|type® ⟨[-taɪp] f.; -, -s⟩ Setz- u. Gießmaschine für Einzelbuchstaben; →*a.* Linotype [engl., <grch. *monos* »allein« + engl. *type* »Drucktype«]

mo|no|va|lent ⟨[-va-] Adj.⟩ ~*e Atome, Moleküle* Atome, Moleküle, die nur einwertige Bindungen eingehen können; *Ggs* polyvalent

Mo|no|xid *auch:* **Mo|no|xyd** ⟨n.; -(e)s, -e; Chemie⟩ Sauerstoffverbindung eines Elements mit nur einem Sauerstoffatom

Mo|no|zel|le ⟨f.; -, -n; El.⟩ kleine Batterie, die nur ein einziges elektrochemisches Element enthält, liefert je nach verwendetem Element Spannungen zwischen 1,3 u. 1,5 Volt

Mon|ö|zie *auch:* **Mo|nö|zie** ⟨f.; -; unz.; Bot.⟩ Vorkommen männlicher u. weiblicher Blüten auf derselben Pflanze, Einhäusigkeit; *Ggs* Diözie [<*Mono...* + grch. *oikos* »Haus«]

mon|ö|zisch *auch:* **mo|nö|zisch** ⟨Adj.⟩ Monözie aufweisend, einhäusig; *Ggs* diözisch

mo|no|zy|got ⟨Adj.; Biol.⟩ eineiig; ~*e Zwillinge* Zwillinge, die sich aus einer befruchteten Eizelle entwickelt haben; *Ggs* dizygot [<*mono...* + grch. *zygon* »Joch«]

mo|no|zy|klisch *auch:* **mo|no|zyklisch** ⟨Adj.; Chemie⟩ = monocyclisch

Mo|no|zyt ⟨m.; -en, -en; meist Pl.; Med.⟩ größtes der weißen Blutkörperchen mit mehr od. weniger gelapptem Kern [verkürzt <*mononuklear* (<grch. *monos* »allein, einzig« + lat. *nucleus* »Kern«) + Leukozyt]

Mon|roe|dok|trin *auch:* **Mon|roe-Dok|trin** ⟨[mɔnroʊ-] f.; -; unz.⟩ von dem amerikan. Präsidenten Monroe 1823 abgegebene Erklärung, durch die fremden Staaten die Einmischung in amerikan. Angelegenheiten verwehrt wurde

Mon|sei|gneur *auch:* **Mon|seigneur** ⟨[mɔ̃sɛnjøːr] m.; -s, -s od. -e; Abk.: Mgr.⟩ in Frankreich Titel für⟩ hoher Geistlicher, fürstliche Person [<frz. *mon* »mein« + *seigneur* »Gutsherr, Landesherr, Herr«]

Mon|sieur ⟨[mɔsjøː] m.; - od. -s, Messieurs [mesjøː]; Abk.: M.⟩ Herr ⟨frz. Anrede, allein od. vor dem Namen⟩ [frz.; verkürzt <*Monseigneur*]

Mon|si|gno|re *auch:* **Mon|signo|re** ⟨[mɔnsɪnjoːrə] m.; - od. -s, -ri; Abk.: Mgr., Msgr.⟩ in Italien Titel für⟩ hoher kath. geistlicher Würdenträger [<ital. *mon* »mein« + *signore* »Herr«]

Mons|ter ⟨n.; -s, -⟩ **1** = Monstrum **2** ⟨in Zus.⟩ riesig, riesenhaft, übermäßig groß od. lang; *oV* Monstre...; *Monsterschau*

Mons|te|ra ⟨f.; -, -rae [-rɛː]; Bot.⟩ **1** einer Gattung der Aronstabgewächse angehörende Kletterpflanze mit länglich eingebuchteten, häufig Löcher aufweisenden Blättern **2** (i. e. S.) im Zimmer kultivierte Zierpflanze, Fensterblatt: Monstera deliciosa [<frz. *monstre* »Ungeheuer«; → *Monstrum*]

◆ Die Buchstabenfolge **monstr...** kann auch **monstr...** getrennt werden.

◆ **Mons|tra** ⟨Pl. von⟩ Monstrum

◆ **Mons|tranz** ⟨f.; -, -en; Rel.⟩ Gefäß (meist aus kostbarem Material) zum Zeigen der Hostie [<lat. *monstrantia*; zu *monstrare* »zeigen«]

◆ **Mons|tre...** ⟨in Zus.⟩ = Monster (2)

◆ **mons|trös** ⟨Adj.⟩ **1** groß u. scheußlich; *ein ~es Gemälde, Kunstwerk* **2** missgestaltet; *ein ~es Ungeheuer* [<lat. *monstrosus* »wunderbar, widernatürlich; ungeheuerlich; missgestaltet; scheußlich«]

◆ **Mons|tro|si|tät** ⟨f.; -, -en⟩ **1** ⟨unz.⟩ monströse Beschaffenheit, Ungeheuerlichkeit **2** ⟨Med.⟩ Missbildung [<lat. *monstrosus* »ungeheuerlich«]

◆ **Mons|trum** ⟨n.; -s, Mons|tra od. Mons|tren⟩ *oV* Monster **1** Ungeheuer **2** missgebildetes Wesen **3** ⟨Med.⟩ Missgeburt [lat., »göttliches Mahnzeichen, Wahrzeichen; Ungetüm, Ungeheuer; unerhörte Tat«; zu *monere* »mahnen«]

Mon|sun ⟨m.; -s, -e; Meteor.⟩ halbjährlich wechselnder Wind in Asien, bes. Indien [<ndrl. *monssoen* <portug. *monção, mouçao* <arab. *mausim* »(für die Schiffahrt geeignete) Jahreszeit«]

Mon|ta|ge ⟨[-ʒə] f.; -, -n⟩ **1** das Montieren, Aufstellung u. Zusammenbau **2** ⟨Film⟩ Schnitt, Auswahl u. Aneinanderreihen der Handlungseinheiten eines Films nach künstler. Gesichtspunkten zur endgültigen Gestaltung, oft mit dem Mittel der Ein- u. Überblendung u. a. [<frz. *monter*; → *montieren*]

Mon|ta|ge|bau|wei|se ⟨[-ʒə-] f.; -; unz.⟩ Bauverfahren, bei dem ein Bauwerk aus vorfabrizierten Bauteilen zusammengefügt wird

Mon|ta|gnard *auch:* **Mon|tag|nard** ⟨[mɔ̃tanjaːr] m.; -s, -s⟩ **1** Angehöriger der radikalsten Gruppe im Konvent während der Französ. Revolution **2** Angehöriger eines in einem Gebirge lebenden Volksstammes [frz.; zu *montagne* »Berg«; in der ersten Bedeutung nach den höher gelegenen Plätzen im Sitzungsraum der Verfassunggebenden Versammlung]

Mon|ta|gue|gram|ma|tik *auch:* **Mon|tague-Gram|ma|tik** ⟨[mɔntəgjuː-] f.; -; unz.; Sprachw.⟩ grammatisches System, das zur Analyse natürlicher Sprachen

logisch-mathematische Kategorien gebraucht [nach dem amerikan. Sprachwissenschaftler Richard *Montague*, 1932-1971]
mon|tan ⟨Adj.⟩ *oV* montanistisch[1] **1** ⟨Bgb.⟩ zum Bergbau u. Hüttenwesen gehörend **2** ~ *e Stufe* ⟨Geogr.⟩ landschaftsökologische Höhenstufe der Vegetation, die durch Bergwälder gekennzeichnet ist, Bergstufe [<lat. *montanus* »die Gebirge, die Berge betreffend«; zu *mons*, Gen. *montis* »Berg, Gebirge«]
Mon|tan|in|dus|trie *auch:* **Mon|tan|in|dust|rie** ⟨f.; -; unz.; Bgb.⟩ Vereinigung der Bergbau- u. Hüttenindustrie in Westeuropa
Mon|ta|nis|mus ⟨m.; -; unz.⟩ Lehre einer christl.-schwärmerischen Sekte in Kleinasien von der baldigen Wiederkunft Christi [nach ihrem Begründer *Montanus*, um 150 n. Chr.]
Mon|ta|nist[1] ⟨m.; -en, -en; Bgb.⟩ Sachverständiger in Bergbau u. Hüttenwesen [→ *montan*]
Mon|ta|nist[2] ⟨m.; -en, -en⟩ Angehöriger der Sekte der Montanisten im 2. u. 3. Jh. n. Chr.; →*a.* Montanismus
mon|ta|nis|tisch[1] ⟨Adj.; Bgb.⟩ = montan [zu lat. *montanus* »die Gebirge, die Berge betreffend«]
mon|ta|nis|tisch[2] ⟨Adj.⟩ zum Montanismus gehörig [→ *Montanismus*]
Mon|tan|uni|on ⟨f.; -; unz.; Bgb.⟩ Europäische Gemeinschaft für Kohle u. Stahl
Mon|tan|wachs ⟨n.; -es; unz.⟩ für Schuhputzmittel, Schmierfette, Kerzen sowie in der Papierherstellung verwendetes Pflanzenwachs, das aus Braunkohle gewonnen wird
Mont|bre|tie ⟨[mɔ̃bretsjə] f.; -, -n; Bot.⟩ südafrikanische Gattung der Schwertliliengewächse mit ährenförmigen Blütenständen: Tritonia [nach dem frz. Forscher C. de *Montbret*, † 1836]
Mon|teur ⟨[-tø:r] m.; -s, -e⟩ Facharbeiter, der Geräte, Maschinen, Gerüste u. a. montiert [frz.; zu *monter*; → *montieren*]
Mont|gol|fie|re ⟨[mɔ̃gɔlfjɛ:rə] f.; -, -n⟩ mit Heißluft als Antriebsmittel schwebender Ballon [nach dem Erfinder, dem frz. Papierfabrikanten Joseph-Michel *Montgolfier*, 1740-1810]
mon|tie|ren ⟨V.⟩ **1** *eine Maschine, techn. Anlage* ~ aufstellen u. (od.) zusammenbauen **2** (mit techn. Mitteln) anbringen, befestigen; *einen Griff an ein Gerät* ~; *eine Lampe auf ein Gestell* ~ [<frz. *monter* »hinaufsteigen; hinaufbringen, aufstellen« <lat. *montare* »einen Berg besteigen«]
Mon|tur ⟨f.; -, -en⟩ **1** ⟨veraltet⟩ Uniform, Dienstkleidung **2** ⟨umg.⟩ Arbeitsanzug, Arbeitskleidung [<frz. *monture* »Ausrüstung«]
Mo|nu|ment ⟨n.; -(e)s, -e⟩ großes Denkmal [<lat. *monumentum* »Denkzeichen, Denkmal, Mahnmal«]
mo|nu|men|tal ⟨Adj.⟩ **1** wie ein Monument **2** ⟨fig.⟩ gewaltig, ungeheuer groß
Mo|nu|men|tal|film ⟨m.; -(e)s, -e⟩ Film mit riesigem Aufwand an Menschen u. Material, meist auch mit Überlänge [→ *Monument*]
mo|nu|men|ta|li|sie|ren ⟨V.⟩ **1** zu einem Monument erheben, zu einem Denkmal stilisieren **2** gewaltig, großartig erscheinen lassen
Mo|nu|men|ta|li|tät ⟨f.; -; unz.⟩ monumentale Beschaffenheit, Wuchtigkeit, gewaltige Größe
Mo|nu|men|tal|schrift ⟨f.; -, -en⟩ = Lapidarschrift
Moon|boot ⟨[mu:nbu:t] m.; -s, -s; meist Pl.⟩ dick gefütterter Schneestiefel aus wasserundurchlässigem Material [<engl. *moon* »Mond« + *boot* »Stiefel«]
Moo|ring ⟨[mu:-] f.; -, -e⟩ = Muring
Mo|ped ⟨n.; -s, -s; Kfz⟩ leichtes Motorrad bis zu 50cm³ Hubvolumen [verkürzt <*Mo*tor + *Pe*dal od. Velozi*ped*]
Mopp ⟨m.; -s, -s⟩ besenartiges Gerät mit Fransen aus Baumwolle anstelle von Borsten (zum Entstauben) [engl.]
mop|pen ⟨V.⟩ mit dem Mopp kehren
Mo|quette ⟨[-kɛt] m.; -s; unz.; Textilw.⟩ = Mokett

Mo|ra[1] ⟨f.; -, Mo|ren⟩ **1** Verzug, Verzögerung der Zahlung **2** ⟨Metrik⟩ zeitl. Grundeinheit im Vers, Dauer einer kurzen Silbe [lat., »Verzögerung, Verzug; Rast(tag); Aufenthalt«]
Mo|ra[2] ⟨f.; -; unz.⟩ italien. Fingerspiel, bei dem zwei Spieler gleichzeitig eine Hand mit einem od. mehreren ausgestreckten Fingern auf den Tisch legen u. im gleichen Augenblick die Summe der ausgestreckten Finger zu erraten suchen u. laut ausrufen [<ital. *giuoco della morra*; zu *giuoco* »Spiel«; Herkunft von *morra* ungeklärt]
Mo|ral ⟨f.; -; unz.⟩ **1** Sittenlehre, Ethik **2** Nutzanwendung im Hinblick auf die Sittenlehre; *die* ~ *einer Erzählung, Fabel, eines Märchens; ... und die* ~ *von der Geschichte ...* **3** sittliches Verhalten, Sittlichkeit; ~ *einer sozialen Gruppe, eines Volkes; eine hohe, keine* ~ *haben; gegen die* ~ *verstoßen* **4** Bereitschaft zu kämpfen, Disziplin; *die* ~ *einer Truppe* [<frz. *morale* <lat. *mos*, Gen. *moris* »Sitte, Brauch; Art und Weise«, Pl. *mores* »Sitten, (gute u. schlechte) Denkart, Charakter; Sittlichkeit«]
Mo|ra|lin ⟨n.; -s; unz.; scherzh.⟩ spießige Entrüstung in moralischen Dingen
mo|ra|lin|sau|er ⟨Adj.; umg.; scherzh.⟩ aufdringlich moralisch, in scheinheiliger Weise moralisch; *eine moralinsaure Ansprache*
mo|ra|lisch ⟨Adj.⟩ **1** die Moral betreffend, zu ihr gehörig, auf ihr beruhend **2** sittlich, sittenstreng; *Ggs* amoralisch, immoralisch, unmoralisch **3** Moral lehrend **4** *Moralische Wochenschriften* Zeitschriften der Aufklärungszeit, die z. B. durch Erzählungen u. fingierte Briefe moral. belehren u. den literar. Geschmack verbessern wollten **5** *einen Moralischen haben* ⟨umg.⟩ niedergeschlagen, reuig sein, bes. nach einem Rausch
mo|ra|li|sie|ren ⟨V.⟩ Moral predigen [<frz. *moraliser*]
Mo|ra|lis|mus ⟨m.; -; unz.⟩ *Ggs* Amoralismus, Immoralismus; →*a.* Antimoralismus **1** Anerkennung eines binden-

M

Moralist

den Sittengesetzes 2 Überbetonung sittl. Maßstäbe [<lat. *moralis* »die Sitten betreffend, sittlich«]
Mo|ra|list ⟨m.; -en, -en⟩ 1 Anhänger, Vertreter des Moralismus; *Ggs* Immoralist 2 moralphilosoph. Sittenlehrer 3 Literat, der in Essays od. Aphorismen menschl. Handlungsweisen im Hinblick auf ihren moral. Wert beleuchtet od. darstellt; *die französ. ~en* Schriftsteller des 16./18. Jh., z. B. Montaigne, Montesquieu 4 ⟨abwertend⟩ Sittenrichter, Moralprediger
mo|ra|lis|tisch ⟨Adj.⟩ auf Moralismus beruhend, in der Art des Moralisten
Mo|ra|li|tät ⟨f.; -, -en⟩ 1 ⟨unz.⟩ Sittlichkeit, sittl. Gesinnung, moral. Bewusstsein; *Ggs* Amoralität, Immoralität 2 ⟨zählb.⟩ lehrhaftes Schauspiel des ausgehenden MA, bei dem Laster u. Tugenden personifiziert auftraten [→ *Moral*]
Mo|ral|phi|lo|so|phie ⟨f.; -; unz.⟩ philos. Disziplin, die nach den theoretischen Grundlagen der Sittlichkeit u. den Möglichkeiten ihrer praktischen Umsetzung fragt; →*a*. Ethik
Mo|rä|ne ⟨f.; -, -n; Geol.⟩ von Gletschern abgelagerter Gesteinsschutt [<frz. *moraine* »Geröll«]
Mo|ra|to|ri|um ⟨n.; -s, -ri|en⟩ 1 vertraglich vereinbarter od. gesetzlich angeordneter (Zahlungs-)Aufschub 2 ⟨Bankw.⟩ durch das Bundesaufsichtsamt für das Kreditwesen angeordnete Schließung eines Geldinstituts 3 Ruhenlassen einer Angelegenheit od. eines Plans; *das ~ der Friedensgespräche ist beendet* [<lat. *mora* »Aufschub, Verzug«]
mor|bid ⟨Adj.⟩ 1 krankhaft, angekränkelt, kränklich 2 morsch, brüchig [<lat. *morbidus* »krank, ungesund«]
Mor|bi|di|tät ⟨f.; -; unz.⟩ 1 morbide Beschaffenheit 2 Häufigkeit der Erkrankungen innerhalb einer Bevölkerung
mor|bi|phor ⟨Adj.; Med.⟩ krankheitsübertragend, ansteckend [<lat. *morbus* »Krankheit« + ...*phor*]

Mor|bus ⟨m.; -, Mor|bi; Med.⟩ Krankheit; *~ Crohn* entzündliche Erkrankung des Darms [lat.]
Mor|dent ⟨m.; -(e)s, -e; Musik⟩ sehr kurzer Triller, einmaliger Wechsel zwischen dem betreffenden Ton u. dessen unterer kleiner Sekunde [<ital. *mordente* »Beißender«]
Mo|rel|le ⟨f.; -, -n; Bot.⟩ Sauerkirsche [<ital. *amarello* »herb«]
mo|ren|do ⟨Musik⟩ immer leiser werdend, ersterbend, leiser als diminuendo [ital., »sterbend«; zu *morire* »sterben«]
Mo|res ⟨Pl.⟩ Anstand, ordentl. Benehmen; *jmdn. ~ lehren* ihm energisch die Meinung sagen [lat., »Sitten, Denkart«, Pl. zu *mos*; → *Moral*]
Mo|res|ca ⟨f.; -; unz.; 15./17. Jh.⟩ verschieden gestalteter europäischer Tanz, häufig als pantomimische Maskerade den Kampf zwischen Christen u. Mauren darstellend; *oV* Moriska [<ital. *moresco*, span. *morisco* »maurisch«]
Mo|res|ke ⟨f.; -, -n⟩ = Mareske
mor|ga|na|tisch ⟨Adj.⟩ *~e Ehe* Ehe zur linken Hand, d. h. nicht standesgemäß [<mlat. *matrimonium ad morganaticam* »Ehe zur linken Hand«, eigtl. »Ehe auf (bloße) Morgengabe«; zu ahd. *morgan(geba)* »Morgengabe«]
mo|ri|bund ⟨Adj.; Med.⟩ im Sterben liegend [<lat. *moribundus*]
Mo|ri|nell ⟨m.; -s, -e; Zool.⟩ Art der Regenpfeifer mit rostroter Unterseite: Eudromias morinellus; *oV* Mornelle [<lat. *Morini*, dem lat. Namen eines Volksstammes im nördl. Gallien, u. grch. *moros* »dumm«]
Mo|ris|ka ⟨f.; -, -ris|ken⟩ = Moresca
Mo|ris|ke ⟨m.; -n, -n⟩ nach der christl. Rückeroberung in Spanien zurückgebliebener u. getaufter Maure [<span. *morisco* »maurisch«]
Mo|ri|tat ⟨a. [--'-] f.; -, -en⟩ in rührselig-schauriger Weise zur Drehorgel vorgetragenes, gleichzeitig durch Bilder erläutertes Lied über ein schreckliches Ereignis, Bänkelsängerlied [vermutl. <*Moralität*]

Mor|mo|ne ⟨m.; -n, -n⟩ Mitglied einer im 19. Jh. gegründeten nordamerikan. Sekte auf christl. Grundlage [nach dem »Buch *Mormon*«, das der Gründer Joseph Smith gefunden haben will]
Mor|nel|le ⟨f.; -, -n; Zool.⟩ = Morinell
mo|ros ⟨Adj.⟩ mürrisch, verdrießlich [<lat. *morosus*]
Mo|ro|si|tät ⟨f.; -; unz.⟩ mürrisches Wesen, Verdrießlichkeit [<lat. *morositas* »mürrisches Wesen, Eigensinn«]
...morph ⟨Nachsilbe; zur Bildung von Adj.⟩ ...förmig, ...gestaltig, eine bestimmte Gestalt aufweisend; *polymorph* [<grch. *morphe* »Gestalt«]
Morph ⟨n.; -(e)s, -e; Sprachw.⟩ kleinste bedeutungstragende Einheit in der Sprache, die im Unterschied zum Morphem noch nicht klassifiziert ist; →*a*. Morphem
Mor|phem ⟨n.; -s, -e; Sprachw.⟩ kleinste bedeutungshaltige Einheit einer Sprache, wobei die Bedeutung auch eine grammatische Funktion sein kann [<grch. *morphe* »Gestalt, Form«]
mor|phen ⟨V.; EDV⟩ ein Bild od. eine Gestalt übergangslos verwandeln [→ *Morphing*]
...mor|phie ⟨Nachsilbe; zur Bildung von weibl. Subst.⟩ Form, Gestalt, Gestaltigkeit; *Polymorphie* [→ ...*morph*]
Mor|phin ⟨n.; -s; unz.; Chemie⟩ aus Opium rein gewonnenes Alkaloid, das die Schmerzempfindung herabsetzt, die Atmung vertieft u. Wohlgefühl verursacht; *Sy* ⟨umg.⟩ Morphium; →*a*. Speedball [<grch. *Morpheus*, dem Gott des Schlafes u. der Träume]
Mor|phing ⟨n.; -s; unz.; EDV⟩ computergesteuertes Verfahren, mit Hilfe dessen ein Bild od. eine Gestalt übergangslos in eine andere verwandelt werden kann [engl.]
Mor|phi|nis|mus ⟨m.; -; unz.; Med.⟩ Morphiumsucht
Mor|phi|nist ⟨m.; -en, -en⟩ Morphiumsüchtiger
Mor|phi|um ⟨n.; -s; unz.; umg.⟩ = Morphin

Mor|pho|fo|no|lo|gie ⟨f.; -; unz.; Phon.⟩ = Morphophonologie

Mor|pho|ge|ne|se ⟨f.; -, -n; Biol.⟩ Entwicklung der äußeren Form der Lebewesen; *Sy* Morphogenie, Morphose [<grch. *morphe* »Gestalt« + *genesis* »Entstehung«]

mor|pho|ge|ne|tisch ⟨Adj.; Biol.⟩ auf Morphogenese beruhend

Mor|pho|ge|nie ⟨f.; -, -n; Biol.⟩ = Morphogenese [<*Morpho...* + *...genie*]

Mor|pho|lo|gie ⟨f.; -; unz.⟩ 1 ⟨Med.; Biol.; Geol.⟩ Lehre von der Gestalt- u. Formenbildung 2 ⟨Gramm.⟩ Lehre von der Bildung der Wortstämme u. von der Beugung der Wörter mittels Morpheme 3 Technik, die auf der analytischen Zerlegung eines Problems in Teilbereiche basiert 4 ⟨Wirtsch.⟩ Lehre von der Gestalt einer Wirtschaftsordnung [<grch. *morphe* »Gestalt« + *logos* »Wort, Kunde«]

mor|pho|lo|gisch ⟨Adj.; Sprachw.⟩ die Morphologie betreffend, zu ihr gehörig, auf ihr beruhend

Mor|pho|me|trie *auch:* **Mor|pho|me|trie** ⟨f.; -, -n⟩ 1 ⟨Biol.⟩ Messung der Größe u. Gestalt von Körpern od. Organen 2 ⟨Geol.⟩ Vermessung u. Systematisierung der Formen der Erdoberfläche [<grch. *morphe* »Gestalt« + *...metrie*]

mor|pho|me|trisch *auch:* **mor|pho|me|trisch** ⟨Adj.; Geol.⟩ durch Messungen erfasst (von Geröllen)

Mor|pho|pho|no|lo|gie ⟨f.; -; unz.; Phon.⟩ Teilgebiet der Sprachwissenschaft, das die Beziehungen zwischen morphologischen u. phonologischen Erscheinungen untersucht; *oV* Morphofonologie [verkürzt <*Morpho*logie + *Phono*logie]

Mor|pho|se ⟨f.; -, -n; Biol.⟩ = Morphogenese

Mor|se|al|pha|bet ⟨n.; -(e)s; unz.⟩ aus Punkten u. Strichen (kurzen u. langen Stromimpulsen) bestehendes Alphabet zur telegrafischen Nachrichtenübermittlung [nach dem nordamerikan. Erfinder Samiel *Morse*, 1791-1872]

Mor|se|ap|pa|rat ⟨m.; -(e)s, -e⟩ Gerät zur Nachrichtenübermittlung in Morsezeichen

mor|sen ⟨V.⟩ ins Morsealphabet übertragene Nachrichten telegrafisch übermitteln

Mor|ta|del|la ⟨f.; -, -s⟩ 1 ital. Zervelatwurst 2 Fleischwurst aus Kalb- u. Schweinefleisch mit Speckwürfeln [ital.]

Mor|ta|li|tät ⟨f.; -; unz.⟩ 1 Sterblichkeit; *Ggs* Immortalität 2 Sterblichkeitsziffer; *Ggs* Natalität [<lat. *mortalitas* »Sterblichkeit«]

Mor|ti|fi|ka|ti|on ⟨f.; -, -en⟩ 1 Abtötung (von Begierden), Kasteiung 2 ⟨Rechtsw.⟩ 2.1 Erklärung der Ungültigkeit 2.2 Tilgung 3 ⟨Med.⟩ Absterben (von Gewebe) 4 (veraltet) Kränkung [<lat. *mortificatio* »Abtötung«]

mor|ti|fi|zie|ren ⟨V.⟩ 1 Begierden ~ abtöten 2 ⟨Rechtsw.⟩ 2.1 für ungültig erklären 2.2 tilgen 3 (veraltet) kränken [<lat. *mortificare* »töten, abtöten, quälen«]

Mo|ru|la ⟨f.; -; unz.; Biol.⟩ früheste embryonale Entwicklungsstufe der mehrzelligen Tiere, bei der sich duch totale Furchung eines Eies ein maulbeerähnlicher Verband mehrerer Zellen bildet, Maulbeerkeim; →*a*. Blastula [lat.]

Mo|sa|ik ⟨n.; -s, -e od. -en⟩ aus verschiedenfarbigen Stiften, Glasstückchen, Steinchen o. Ä. zusammengesetztes Muster od. Bildwerk auf Mauer od. Fußboden [<frz. *mosaïque* <lat. *musaicum* <*musivum*; zu grch. *mousa* »Muse; Kunst, künstler. Tätigkeit«]

mo|sa|isch ⟨Adj.; Rel.⟩ 1 von Moses stammend 2 jüdisch, israelitisch; *das ~e Gesetz*

Mo|sa|ist ⟨m.; -en, -en⟩ Künstler, der Mosaiken anfertigt; *oV* Mosaizist

Mo|sa|i|zist ⟨m.; -en, -en⟩ = Mosaist

Mo|schaw ⟨m.; -s, -schawim⟩ landwirtschaftliche Siedlungsform in Israel, Dorf selbständiger, genossenschaftlich organisierter Bauern [hebr., »Kolonie«]

Mo|schee ⟨f.; -, -n⟩ islam. Gotteshaus [<frz. *mosquée* <span. *mezquita* <arab. *masgid* »Gebetshaus«]

Mo|schus ⟨m.; -; unz.⟩ sehr stark riechende Flüssigkeit, die von den Duftorganen der Moschustiere abgesondert wird; *Sy* (veraltet) Bisam (2) [<lat. *muscus* <grch. *moschos* <altind. *muskrak* »Hode«]

Mo|schus|och|se ⟨[-ks-] m.; -n, -n; Zool.⟩ in der Arktis lebender Wiederkäuer, Bisamochse, Schafochse: Ovibos moschatus

Mo|schus|tier ⟨n.; -(e)s, -e; Zool.⟩ 1 ⟨i. w. S.⟩ Vertreter einer Unterfamilie der Hirsche ohne Geweih, aber mit langen, hauerartigen Eckzähnen im Oberkiefer, Bisamhirsch: Moschinae 2 ⟨i. e. S.⟩ in den Bergwäldern Mittel- u. Südostasiens beheimatete Art der Moschustiere (1) von 55 cm Schulterhöhe, mit Moschusdrüse in der Nabelgegend, Bisamtier: Moschus moschiferus

mo|sern ⟨V.; umg.⟩ murren, maulen, sich unzufrieden äußern, nörgeln [vermutl. zu rotw. *mosern, mossern* »verraten, angeben, schwatzen«; zu jidd. *Moeser* »Verräter«]

Mos|ki|to ⟨m.; -s, -s; Sammelbez. für⟩ Blut saugende Stechmücken tropischer Länder (Culicidae), die z. T. Malaria, Gelbfieber u. a. übertragen [<span. *mosquito* <*mosca* »Fliege«]

Mos|lem ⟨m.; -s, -s⟩ = Muslim

mos|le|mi|nisch ⟨Adj.; veraltet⟩ = muslimisch

mos|le|misch ⟨Adj.⟩ = muslimisch

mos|so ⟨Adj.; Musik⟩ bewegt (zu spielen) [ital.]

Mo|tel ⟨n.; -s, -s⟩ Hotel an Autostraßen mit kleinen Appartements u. dazugehörigen Garagen, bes. in den USA [verkürzt <engl. *motorist's hotel* »Hotel für Reisende mit Motorfahrzeug«]

Mo|tet|te ⟨f.; -, -n; Musik⟩ mehrstimmiges, heute nur noch geistl. Chorstück, meist a cappella gesungen, mit verschiedenen, durch die Form des Textes bestimmten Abschnitten [<ital. *mot(t)etto* »Kirchengesang, dem ein Bibelspruch zugrunde liegt«, <frz. *mot* »Wort«]

Motherboard

Mo|ther|board ⟨[mʌθə(r)bɔː(r)d] n.; -s, -s; EDV⟩ Hauptplatine im Gehäuse eines Computers, auf der die wesentlichen Bauteile des Computers aufgebracht sind [<engl., »Mutterplatine« <*mother* »Mutter« + *board* »Brett«]

Mo|ti|li|tät ⟨f.; -; unz.⟩ Bewegungsvermögen, Beweglichkeit (bes. der Muskeln) [zu lat. *motus* »Bewegung«]

Mo|ti|on ⟨f.; -, -en⟩ 1 Bewegung 2 ⟨Politik⟩ Antrag im Parlament (bes. in Großbritannien u. der Schweiz) 3 ⟨Gramm.⟩ Bildung der verschiedenen Genusformen (bes. beim Adjektiv) [<frz. *motion* <lat. *motio* »Bewegung«]

Mo|ti|o|när ⟨m.; -s, -e; Politik; schweiz.⟩ jmd., der eine Motion (2) einreicht

Mo|tion|pic|ture ⟨[mouʃənpɪktʃə(r)] n.; - od. -s, -s⟩ Kinofilm, Spielfilm [<engl. *motion picture* »Film« <*motion* »Bewegung« + *picture* »Bild«]

Mo|tiv ⟨n.; -s, -e [-və]⟩ 1 Beweggrund, Antrieb; *das ~ einer Handlungsweise, einer Tat* 2 kennzeichnender inhaltl. Bestandteil einer Dichtung, charakterist., geformter Teil des Stoffes; *Dramen~; Märchen~; das ~ der feindlichen Brüder* 3 ⟨Musik⟩ kleinste selbständige charakterist. melod. Einheit eines musikal. Stücks; *musikalisches ~* 4 ⟨Kunst⟩ Gegenstand der Darstellung; *Blumen~* [<frz. *motif* <mlat. *motivum* »Bewegung, Antrieb«]

Mo|ti|va|ti|on ⟨[-va-] f.; -, -en⟩ 1 Begründung 2 Gesamtheit der Motive (1), die nicht unmittelbar aus äußeren Reizen abgeleitet sind

mo|ti|vie|ren ⟨[-viː-] V.⟩ begründen, anregen, einen Antrieb geben (etwas zu tun) [<frz. *motiver*; → *Motiv*]

mo|ti|viert ⟨[-viːrt] Adj.⟩ 1 *~e Handlung* begründete Handlung 2 *~ sein* Antrieb besitzen, Beweggründe für etwas haben 3 ⟨Sprachw.⟩ *~e Bildung* durchschaubare Wortbildung, deren Bildungsweise u. Bedeutung aus ihren Einzelteilen noch erkennbar ist

Mo|ti|vie|rung ⟨[-viː-] f.; -, -en⟩ das Motivieren, Motiviertwerden

Mo|ti|vik ⟨[-vɪk] f.; -; unz.⟩ Kunst der Behandlung musikalischer Motive

Mo|to|cross auch: **Mo|to-Cross** ⟨n.; -; unz.; Motorradsport⟩ Prüfung der Schnelligkeit im Gelände [engl.]

Mo|to|drom ⟨n.; -s, -e; Motorradsport⟩ Rennstrecke für Motorräder od. Autos, bei der die Zuschauer im Innenraum der außen um die Zuschauerplätze verlaufenden Rennbahn sitzen [<*Motor* + grch. *dromos* »Lauf«]

Mo|tor ⟨a. [-ˈ-] m.; -s, -to|ren⟩ Kraftmaschine, die eine Art Energie, Wärme, Elektrizität, Wind u. a. in eine Bewegungsenergie umwandelt; *den ~ an-, abstellen, ein-, ausschalten; der ~ springt nicht an; der ~ läuft; elektrischer ~; jmd. ist der ~ eines Unternehmens* derjenige, der das U. voranbringt [lat., »Beweger«; zu *movere* »bewegen, antreiben«]

Mo|to|rik ⟨f.; -; unz.⟩ 1 Lehre von den verschiedenen Arten der Bewegung 2 Gesamtheit der willkürl. Bewegungen des Körpers

mo|to|risch ⟨Adj.⟩ 1 auf der Motorik beruhend 2 bewegend, der Bewegung dienend; *~e Erregung* vom Nervenzentrum an die Peripherie leiten; *~er Typ* Typ eines Menschen, bei dem Vorstellungen von Bewegungen u. Tastgefühl überwiegen; *Sy* kinästhetischer Typ, taktiler Typ; → *a.* visueller Typ

mo|to|ri|sie|ren ⟨V.⟩ mit Motor versehen, mit Kraftmaschinen od. Kraftfahrzeugen ausrüsten; *sich ~* ⟨scherzh.⟩ sich ein Kraftfahrzeug anschaffen

Mot|to ⟨n.; -s, -s⟩ 1 Leitspruch, Wahlspruch 2 einem Buch od. Kapitel vorangesetzter Spruch od. Ausspruch, der Inhalt od. Absicht kennzeichnen soll [ital., »Denk-, Leitspruch«]

Mo|tu|pro|prio auch: **Mo|tu|prop|rio** ⟨n.; -s, -s⟩ aus eigenem Antrieb vom Papst herausgegebener Erlass [<lat. *motus* »Antrieb« + *proprius* »eigen«]

Mouches vo|lan|tes ⟨[muʃvolɑ̃ːt(ə)] Pl.; Med.⟩ durch Glaskörpertrübung bedingte Sehstörung mit mückenartig erscheinenden Wahrnehmungen [frz., »fliegende Mücken«]

mou|il|lie|ren ⟨[mujiː-] V.; Phon.⟩ am vorderen Gaumen aussprechen, erweichen, z. B. die zwei l in frz. »fille«; *Sy* palatalisieren [<frz. *mouillir*]

Mou|il|lie|rung ⟨[mujiː-] f.; -, -en; Phon.⟩ das Mouillieren, erweichte Aussprache

Mou|la|ge ⟨[mulaːʒə] f.; -, -n od. m.; -, -s⟩ Abguss, Abdruck, farbiges Wachsmodell (des Körpers od. eines Körperteiles) [frz.; zu *moule* »Gießform, Modell«]

Mou|li|né ⟨[muliːneː] m.; -s, -s; Textilw.⟩ *oV* Mulinee 1 Zwirn aus verschiedenfarbigen Garnen 2 gesprenkeltes Gewebe [frz.]

mou|li|nie|ren ⟨[mu-] V.; Textilw.⟩ *Seidenfäden ~* zwirnen; *oV* mulinieren [<frz. *mouliner*]

Mound ⟨[maund] m.; -s, -s; Archäol.⟩ Erdhügel im vorkolumbian. Amerika, Tempel- od. Grabhügel [engl.]

Mount ⟨[maunt] m.; -s, -s; Geogr.⟩ Berg (meist vor Eigennamen); *~ Everest* [engl.]

Moun|tain|bike ⟨[mauntənbaɪk] n.; -s, -s⟩ Sportfahrrad mit Profilreifen für Geländefahrten [engl.; zu *mountain* »Berg, Gebirge« + *bike* »Fahrrad«]

Mouse ⟨[maus] f.; -, Mice [maɪs]; EDV⟩ auf Rollen gelagertes Eingabegerät, dessen Bewegungen auf einer Arbeitsplatte direkt in Bewegungen des Cursors auf dem Bildschirm umgesetzt werden, Maus [engl., »Maus«]

Mouse|click ⟨[maus-] m.; -s, -s; EDV⟩ Anklicken mit der Mousetaste auf dem Computerbildschirm, Mausklick; *Daten per ~ abfragen*

Mouse|pad ⟨[mauspæd] n.; -s, -s; EDV⟩ aus Schaumstoff od. Hartkunststoff gefertigte Unterlage für die Maus, die ein leichteres Navigieren des Bildschirmcursors ermöglicht u. die Maus vor Verunreinigungen schützt; *oV* Mauspad [<*Mouse* + engl. *pad* »Polster«]

Mous|sa|ka ⟨[mus-] n.; -s, -s; grch. Kochk.⟩ Gericht aus überbackenen Auberginen, Kartoffeln, Hackfleisch u. a.

Mousse ⟨[muːs] f.; -, -s [muːs]; frz. Kochk.⟩ schaumige Süßspeise; ~ *au chocolat* [- o: ʃokolaː] Süßspeise aus Schokolade u. Schlagsahne [frz., »Schaum, Schlagsahne«]

Mous|seux ⟨[musøː-] m.; -, - [-søːz]⟩ Schaumwein [frz.; zu *mousser* »schäumen«]

mous|sie|ren ⟨[mus-] V.⟩ schäumen, prickeln; *Schaumwein, Limonade moussiert* [<frz. *mousser*]

Mous|té|ri|en ⟨[musteːriɛː] n.; - od. -s; unz.; Geol.⟩ Kulturstufe der mittleren Altsteinzeit [nach dem frz. Ort *Le Moustier* im Department Dordogne]

Mo|vens ⟨[-vɛns] n.; -; unz.⟩ Antrieb, Antriebskraft [lat., »das Bewegende«]

Mo|vie ⟨[muːvi] m. od. n.; -s, -s⟩ Kino-, Spielfilm [amerikan.-engl.]

mo|vie|ren ⟨[-viː-] V.; Sprachw.⟩ ein Wort entsprechend dem jeweiligen Genus verändern, z. B. der Lehrer - die Lehrerin; →a. Motion (3) [<lat. *movere* »bewegen«]

Mo|vie|rung ⟨[-viː-] f.; -, -en; Sprachw.⟩ das Movieren

Moz|a|ra|ber ⟨m.; -s, -; Rel.⟩ Christ im maur. Spanien, der die arab. Kultur angenommen hatte [<arab. *mustarib* »arabisiert«]

Moz|za|rel|la ⟨m.; -s, -s⟩ ital. Büffelkäse

mp 1 ⟨Zeichen für⟩ Millipond **2** ⟨Musik; Abk. für⟩ mezzopiano

MP ⟨Abk. für⟩ **1** Military Police, die engl. bzw. US-amerikan. Militärpolizei **2** Maschinenpistole

m. p. ⟨Abk. für⟩ manu propria

M. P. ⟨Abk. für⟩ Member of Parliament, Mitglied des Parlaments (hinter engl. Namen)

MP3 ⟨n.; -, -; EDV; Abk. für⟩ MPEG-Audio-Layer 3, ein Datenformat zur Audiokomprimierung von Klangdateien

MPEG ⟨EDV; Abk. für engl.⟩ Moving Pictures Experts Group (Expertengruppe für bewegte Bilder), eine Bildkomprimierung für Bewegtbilder

MPU ⟨EDV; Abk. für engl.⟩ Micro Processing Unit (kleinste Verarbeitungseinheit)

MR ⟨Abk. für engl.⟩ Magnetic Resonance (magnetische Resonanz)

Mr. ⟨Abk. für⟩ Mister

MRA ⟨Abk. für⟩ Moral Rearmament

MRCA ⟨Abk. für⟩ Multi Role Combat Aircraft, ein Mehrzweck-Kampfflugzeug, das zu Beginn der 80-er Jahre in den Luftwaffen der NATO eingeführt wurde; *Sy* ⟨in der Bundesrepublik⟩ Tornado

Mrd. ⟨Abk. für⟩ Milliarde, Milliarden

Mrs. ⟨Abk. für⟩ Mistress, Missis

MR-To|mo|gra|phie ⟨f.; -, -n; Med.⟩ Kernspinresonanztomographie, eine Art der dreidimensionalen Tomographie zur Darstellung des menschlichen Körpers, bes. von Weichteilen

MS ⟨Abk. für⟩ **1** ⟨Med.⟩ multiple Sklerose **2** ⟨EDV⟩ Microsoft®

m. s. ⟨Abk. für⟩ mano sinistra

m/s ⟨Abk. für⟩ Meter pro Sekunde

Ms. ⟨Abk. für⟩ Manuskript

MS-DOS ⟨EDV; Kurzwort: DOS; Abk. für engl.⟩ Microsoft Disk Operating System, ein weit verbreitetes Betriebssystem für Personalcomputer

Msgr. ⟨Abk. für⟩ Monsignore

Mskr. ⟨Abk. für⟩ Manuskript

Mss. ⟨Abk. für⟩ Manuskripte

MsTh ⟨Abk. für⟩ Mesothorium

MS-WORD ⟨[-wœːd] EDV⟩ weit verbreitetes Textverarbeitungssystem der Firma Microsoft [engl.; verkürzt <*Microsoft* + *word* »Wort«]

mt ⟨Abk. für⟩ Metertonne

Mt ⟨Abk. für⟩ Megatonne

MTA ⟨Abk. für⟩ medizinisch-technische Assistentin

Much|tar ⟨m.; -s, -s⟩ türk. Gemeindevorsteher [<arab. *mukhtar*, eigtl. »erwählt«]

Mu|cin ⟨n.; -s, -e; Med.⟩ schleimiger, stark quellfähiger Stoff im Schleim der Drüsen, Bestandteil des Speichels; *oV* Muzin [<lat. *mucus* »Schleim«]

Mu|de|jar|stil ⟨[mudɛxar-] m.; -(e)s; unz.; Arch.⟩ stark arabisch beeinflusster spanischer Kunst-, bes. Baustil des 12. bis 16. Jh. [nach den *Mudejaren*, den in Spanien gebliebenen Mauren]

Mu|dir ⟨m.; -s, -e⟩ **1** ⟨türk. Titel für⟩ Beamter **2** Leiter einer ägypt. Provinz [arab., »Leiter, Verwalter«]

Mu|dscha|hed|din *auch:* **Mud|scha|hed|din** ⟨Pl.; im Iran u. in Afghanistan⟩ Widerstandskämpfer [<arab. *dschihad* »Heiliger Krieg«]

Mu|ez|zin ⟨m.; -s, -s⟩ mohammedan. Beamter, der fünfmal täglich zum Gebet ruft [<arab. *mu'adhdhin*]

Muff ⟨m.; -(e)s, -e⟩ Kleidungsstück aus Pelz zum Wärmen der Hände [<ndrl. *moffel, muffel* <frz. *moufle* »Pelzhandschuh« <mlat. *muffula*]

Muf|fe ⟨f.; -, -n⟩ **1** ⟨Technik⟩ Verbindungsstück für Rohrenden **2** Erweiterung eines Rohrendes zum Einsetzen eines anderen Rohres **3** wasserdichtes Verbindungsstück für Kabelenden [→ *Muff* (wegen der äußeren Ähnlichkeit)]

Muf|fel ⟨n.; -s, -; Zool.⟩ = Mufflon

Muff|lon *auch:* **Muf|flon** ⟨m.; -s, -s⟩ kleines Wildschaf auf Korsika u. Sardinien; *Sy* Muffel [<frz. *mouflon* <sard. *muffolo* <lat.]

Muf|fins ⟨[mʌfinz] Pl.; engl. Kochk.⟩ Gebäck aus Hefeteig [engl.]

Muf|ti ⟨m.; -s, -s⟩ mohammedan. Rechtsgelehrter [arab., »Rechtsprecher, Gesetzausleger«, eigtl. »Entscheider«]

mu|kös ⟨Adj.; Med.⟩ schleimig [<lat. *mucosus*; zu *mucus* »Schleim«]

Mu|ko|vis|zi|do|se ⟨f.; -, -n; Med.⟩ angeborene Stoffwechselkrankheit, die auf Funktionsstörungen der Sekret produzierenden Drüsen beruht [<lat. *mucus* »Schleim« + *viscosus* »zähflüssig«]

Mu|lat|te ⟨m.; -n, -n⟩ Mischling aus einem schwarzen u. einem europäischen Elternteil [<span. *mulato* »Mulatte«; zu *mulo* »Maultier«→ *Mulus*]

Mu|li[1] ⟨Pl. von⟩ Mulus

Muli²

Mu|li² ⟨n.; -s, - od. -s; österr. u. süddt.⟩ Maultier

Mu|li|nee ⟨m.; -s, -s; Textilw.⟩ = Mouliné

mou|li|nie|ren ⟨V.⟩ = moulinieren

Mull ⟨m.; -(e)s, -e⟩ dünnes Baumwollgewebe; *Verband~* [engl.]

Mul|la ⟨m.; -s, -s⟩ = Mullah [arab., »Herr«]

Mul|lah ⟨m.; -s, -s; Titel für⟩ mohammedan. Gelehrter, Richter; *oV* Molla, Mulla

Mul|ti ⟨m.; -, -s; umg.; Kurzwort für⟩ multinationaler Konzern

mul|ti..., Mul|ti... ⟨in Zus.⟩ viel..., vielfach..., Viel... [lat., Pl. zu *multus*]

Mul|ti|ac|cess ⟨[mʌltiækses] m.; -; unz.; EDV⟩ gleichzeitige Benutzung derselben Daten von mehreren Personen innerhalb eines Betriebssystems [engl., »Mehrfachzugang«]

mul|ti|di|men|sio|nal ⟨Adj.; Soziol.; Psych.⟩ vielschichtig

mul|ti|dis|zi|pli|när *auch:* **mul|ti|dis|zip|li|när** ⟨Adj.⟩ viele Disziplinen (2) umfassend

mul|ti|fak|to|ri|ell ⟨Adj.; Med.; Philos.⟩ von dem Zusammenwirken mehrerer Ursache-, Wirkungsfaktoren ausgehend, sie betreffend; *Ggs* monokausal

Mul|ti|fo|kal|glas ⟨n.; -es, -gläser; Optik⟩ Brillenglas mit bis zu 40 Flächen, stufenlosem Schliff für unterschiedl. Entfernungen, Gleitsichtglas

mul|ti|funk|tio|nal ⟨Adj.⟩ mehrere Funktionen einschließend, sie ermöglichend

Mul|ti|funk|tions|dis|play ⟨[-pleɪ] n.; -s, -s⟩ elektronisches Anzeigefeld an Telefonen od. Taschenrechnern, das mehrere Funktionen ausführen kann, z. B. Adressen, Telefonnummern o. Ä. angeben [→ *Display*]

mul|ti|kul|ti ⟨häufig in Zus.; umg. kurz für⟩ multikulturell

Mul|ti|kul|tur ⟨f.; -, -en; selten Pl.⟩ Kultur, in der viele Nationen zusammenkommen u. ihre jeweiligen Lebensformen u. Sprachen einbringen [<*Multi...* + *Kultur*]

mul|ti|kul|tu|rell ⟨Adj.⟩ mehrere verschiedene Kulturen einschließend, sie betreffend; *eine ~e Veranstaltung; die ~e Gesellschaft*

mul|ti|la|te|ral ⟨Adj.⟩ viel-, mehrseitig, mehrere Personen od. Staaten betreffend; *~e Atomstreitmacht* ⟨Abk.: MLF⟩ [<*multi...* + lat. *latus* »Seite«]

Mul|ti|la|te|ra|lis|mus ⟨m.; -; unz.⟩ System des internationalen Handelsverkehrs, bei dem Forderungen u. Guthaben von mehreren Partnern gegeneinander aufgerechnet werden

Mul|ti|me|dia ⟨engl. [mʌltɪmiːdɪə] n.; - od. -s; unz.; meist ohne Artikel⟩ Kombination, Verwendung mehrerer Medien [<*Multi...* + engl. *media* »Medien«, Pl. zu *medium* »Medium« < lat. *medium* »das Mittlere«]

mul|ti|me|di|al ⟨Adj.⟩ mehrere verschiedene Medien benutzend, berücksichtigend, für viele Medien bestimmt

Mul|ti|me|dia|show ⟨a. [mʌltɪmiːdɪəʃoʊ] f.; -, -s⟩ **1** ⟨EDV⟩ Vorführung od. Präsentation, bei der verschiedene Anwendungsbereiche eines Computers genutzt werden, z. B. Grafiken, Animationen, Videosequenzen **2** ⟨allg.⟩ = Mixedmedia

Mul|ti|me|dia|sys|tem ⟨n.; -s, -e⟩ Unterrichtssystem, bei dem mehrere Medien benutzt werden; →*a.* Medienverbund

Mul|ti|me|ter ⟨n.; -s, -; El.⟩ elektr. Messgerät, das für Spannungs-, Strom-, Widerstands- u. Kapazitätsmessungen verwendet werden kann

Mul|ti|mil|lio|när ⟨m.; -s, -e⟩ jmd., der Vermögen im Wert von vielen od. mehreren Millionen besitzt

Mul|ti|mil|lio|nä|rin ⟨f.; -, -rin|nen⟩ weibl. Person, die Vermögen im Wert von vielen od. mehreren Millionen besitzt

mul|ti|na|tio|nal ⟨Adj.⟩ mehrere Staaten betreffend, in mehreren Staaten tätig; *~er Konzern* Konzern mit hohem Anteil an Auslandsgeschäften u. mit Produktionsstätten in verschiedenen Ländern

mul|ti|nu|kle|ar *auch:* **mul|ti|nuk|le|ar** ⟨Adj.; Biol.⟩ viele Kerne enthaltend (von Zellen)

Mul|ti|pack ⟨m. od. n.; -s, -s⟩ Verkaufs- u. Verpackungsform, bei der eine Anzahl gleicher Waren zusammengepackt verkauft wird

Mul|ti|pa|ra ⟨f.; -, -pa|ren; Med.⟩ Frau, die mehrfach geboren hat; *Ggs* Primipara; →*a.* Nullipara [<*Multi...* + lat. *parere* »hervorbringen«]

mul|ti|pel ⟨Adj.⟩ vielfältig, vielfach; *multiple Sklerose* ⟨Abk.: MS; Med.⟩ Krankheit des Zentralnervensystems mit vielen sich allmähl. verhärtenden Entzündungsherden u. fortschreitenden Lähmungen [<lat. *multiplex* »vielfach, zahlreich«]

Mul|ti|ple|choice *auch:* **Mul|tip|le Choice** ⟨[mʌltɪpl tʃɔɪs] n.; (-) -; unz.⟩ Testverfahren, bei dem die Versuchsperson aus mehreren vorgegebenen Antworten die richtige auswählen soll [engl., »mehrfache Auswahl«]

mul|ti|plex ⟨Adj.⟩ vielfältig, vielfach [lat.]

Mul|ti|plex ⟨n.; - od. -es, -e; Film⟩ Kinozentrum mit sehr großen Sälen [verkürzt <*Multi...* + *Komplex*]

Mul|ti|plex|ver|fah|ren ⟨n.; -s, -⟩ Übermittlungsverfahren für Telefonie, das die gleichzeitige Übermittlung mehrerer Nachrichten od. Telefongespräche auf nur einem Übertragungsweg zulässt

Mul|ti|pli|er ⟨[mʌltɪplaɪə(r)] m.; -s, -; El.⟩ elektr. Schaltung, die einen einfallenden Elektronenstrahl um ein Vielfaches verstärkt, Elektronenvervielfacher [engl., »Vermehrer, Vervielfacher«; zu *multiply* »vermehren, verstärken, vervielfachen«]

Mul|ti|pli|kand ⟨m.; -en, -en; Math.⟩ die zu multiplizierende Zahl, z. B. die »3« in 2 x 3; →*a.* Multiplikator [<lat. *multiplicandus* »ein zu multiplizierender«]

Mul|ti|pli|ka|ti|on ⟨f.; -, -en; Math.⟩ das Malnehmen, Vervielfachen von Zahlen, eine der vier Grundrechenarten [<lat. *multiplicatio*]

mul|ti|pli|ka|tiv ⟨Adj.⟩ **1** ⟨Math.⟩ die Multiplikation betreffend, zu ihr gehörend **2** ⟨Technik⟩

~e *Mischung* Mischverfahren der Hochfrequenz-Empfangstechnik zur Erzeugung von Zwischenfrequenzen [<lat. *multiplicativus* »zur Vervielfältigung dienlich«]

Mul|ti|pli|ka|ti|vum ⟨[-vum] n.; -s, -va [-va]; Gramm.⟩ Zahlwort zur Angabe der Wiederholung, z. B. dreimal, vierfach [<lat. *multiplicare* »vervielfachen«]

Mul|ti|pli|ka|tor ⟨m.; -s, -to̱ren; Math.⟩ die multiplizierende Zahl, z. B. die »8« in 8 x 3; →*a.* Multiplikand [<lat. *multiplicare* »vervielfältigen«]

mul|ti|pli|zie|ren ⟨V.; Math.⟩ malnehmen [<lat. *multiplicare* »vervielfachen«]

Mul|ti|pli|zi|tät ⟨f.; -, -en⟩ mehrfaches Vorkommen, Vorhandensein [<lat. *multiplicitas* »Vielfalt«]

Mul|ti|plum ⟨n.; -s, -pla⟩ das Vielfache, ein Vielfaches von [<lat. *multiplus* »vielfach«]

Mul|ti|pol ⟨m.; -(e)s, -e; Physik⟩ System mit mehr als einem elektrischen od. magnetischen Pol, z. B. Dipol

mul|ti|po|lar ⟨Adj.⟩ *Ggs* unipolar **1** ⟨Physik⟩ mehrpolig **2** ⟨fig.; Politik⟩ mehrere Mittelpunkte, Zentren besitzend; *die Welt ist* ~ *geworden*

Mul|ti|pro|gram|ming ⟨[mʌltɪprəɡræmɪŋ] n.; -s; unz.; EDV⟩ parallel stattfindendes, in zeitlicher Hinsicht auf den Ablauf hin koordiniertes Arbeiten von mehreren Programmen innerhalb eines einzelnen Computers [<*Multi...* + engl. *program* »Programm«]

mul|ti|sta|bil ⟨Adj.⟩ mehrere Gleichgewichtslagen besitzend; ~*e Schaltung* ⟨El.⟩ Schaltung, die je nach äußerer Anregung mehrere stabile Zustände einnehmen kann; *Ggs* monostabil

Mul|ti|task ⟨[mʌltɪ-] n.; -; unz.; EDV⟩ gleichzeitige Verarbeitung mehrerer Befehle [engl., »Mehrfachaufgabe«]

Mul|ti-U|ser-Be|trieb ⟨[-juːsə(r)-] m.; -(e)s; unz.⟩ Möglichkeit, dass mehrere Benutzer an verschiedenen Terminals gleichzeitig an einer EDV-Anlage arbeiten können [<*Multi...* + engl. *user* »Benutzer«]

mul|ti|va|lent ⟨[-va-] Adj.⟩ mehr-, vielwertig; ~*er Test* T., der mehrere Lösungen zulässt

Mul|ti|va|lenz ⟨[-va-] f.; -, -en⟩ multivalente Beschaffenheit (von psych. Eigenschaften, Tests u. a.)

Mul|ti|vi|bra|tor *auch:* **Mul|ti|vi|bra̱|tor** ⟨[-vi-] m.; -s, -to̱ren; El.⟩ in der Elektronik verwendete elektr. Schaltung zum Erzeugen von Kippschwingungen

Mul|ti|vi|si|on ⟨engl. [mʌltɪvɪʒən] f.; -; unz.⟩ bei Diavorträgen u. ä. Anlässen verwendete Technik, bei der gleichzeitig mehrere Dias projiziert werden u. entweder mehrere Motive zeigen od. gemeinsam ein größeres Motiv bilden [<*Multi...* + lat. *visio* »Sehen«]

mul|tum, non mul|ta ⟨geh.⟩ viel, (aber) nicht vielerlei, ein Ganzes, aber nicht viele Einzelheiten [lat.]

Mu̱|lus ⟨m.; -, Mu̱|li⟩ **1** Maulesel **2** ⟨scherzh.; veraltet⟩ angehender Student zwischen Reifeprüfung u. Studienbeginn [lat., »Maultier (Bastard)«]

Mu̱|mie ⟨[-mjə] f.; -, -n⟩ durch Austrocknen od. Einbalsamieren vor Verwesung geschützte Leiche [<ital. *mummia* <arab. *mumiya*; zu pers. *mum* »Wachs«]

Mu|mi|fi|ka|ti|on ⟨f.; -, -en⟩ das Mumifizieren [<*Mumie* + *...fikation*]

mu|mi|fi|zie|ren ⟨V.⟩ **1** trocken werden, ledern werden, absterben; *Gewebe mumifiziert* **2** durch Einbalsamieren, Austrocknen u. Ä. vor Verwesung schützen, zur Erhaltung behandeln; *eine Leiche* ~ [<*Mumie* + *...fizieren*]

Mu|mi|fi|zie|rung ⟨f.; -, -en⟩ das Mumifizieren, Mumifiziertwerden

Mum|my ⟨[mʌmɪ] m.; -s, -s⟩ Auftraggeber eines Ghostwriters [engl., »Mumie«]

Mumps ⟨m.; -; unz.; Med.⟩ meist im Kindesalter auftretende Infektionskrankheit, Entzündung u. Anschwellung der Ohrspeicheldrüsen, Ziegenpeter: Parotitis epidemica [zu engl. *mump* »verdrießlich, schlecht gelaunt sein«]

Mun|da[1] ⟨m.; - od. -s, - od. -s⟩ Angehöriger eines vorderind. Volkes

Mun|da[2] ⟨n.; unz.⟩ zu den austroasiat. Sprachen gehörende Sprachgruppe

mun|dan ⟨Adj.; veraltet⟩ weltlich, die Welt betreffend, zu ihr gehörig [<lat. *mundanus;* zu *mundus* »Welt«]

Mun|di|um ⟨n.; -s, Mu̱n|di|en od. Mu̱n|dia; im alten dt. Recht⟩ die Pflicht, Frauen u. minderjährige Kinder zu schützen, u. das Recht, über sie zu verfügen [lateinisiert; zu *Mund* »Schutz, Vormundschaft« (wie in Vormund)]

Mun|dus vult de|ci|pi ⟨[-vult-]⟩ die Welt will betrogen sein [lat.]

Mung|boh|ne ⟨f.; -, -n; Bot.⟩ = Mungobohne

Mun|go[1] ⟨m.; -s, -s; Zool.⟩ in Indien u. Sri Lanka (Ceylon) heimische Schleichkatze: Mungos mungo; *Sy* Manguste [<engl. *mungoose, mungo, mongoose* <Hindi *mugus* <Sanskrit *manguso,* vielleicht <drawid.]

Mun|go[2] ⟨m.; - od. -s, -s; Textilw.⟩ kurzfaserige Wolle aus Lumpen [engl.; weitere Herkunft unbekannt]

Mun|go|boh|ne ⟨f.; -, -n; Bot.⟩ eine Bohnenart, Grundnahrungsmittel in Asien, Afrika u. Mittelamerika; *oV* Mungbohne [→ *Mungo*[1]]

Mu|ni|ti|on ⟨f.; -; unz.⟩ Treibstoff u. Geschosse für Feuerwaffen; *scharfe* ~*; Übungs*~ [frz., eigtl. *munition (de guerre)* »Kriegsmaterial« <lat. *munitio* »Befestigung, Schanze«]

mu|ni|ti|o|nie|ren ⟨V.⟩ mit Munition ausrüsten od. versorgen

mu|ni|zi|pal ⟨Adj.⟩ städtisch, die Gemeinde-, Stadtverwaltung betreffend [<lat. *municipalis* »zu einem Munizipium gehörig«]

mu|ni|zi|pa|li|sie|ren ⟨V.⟩ in Gemeindeeigentum überführen

Mu|ni|zi|pa|li|tät ⟨f.; -, -en⟩ Stadtobrigkeit, Gesamtheit der städt. Beamten (bes. in Frankreich) [<lat. *municipalis* »zu einem Munizipium gehörig«]

Mu|ni|zi|pi|um ⟨n.; -s, -pi|en⟩ **1** altröm. Landstadt **2** ⟨veraltet⟩

Muräne

Stadtgemeinde, Stadtverwaltung [<*lat. municipium* »Landstadt, Provinzstadt«]
Mu|rä|ne ⟨f.; -, -n; Zool.⟩ 1 Familie aalartiger Fische ohne Brust- u. Bauchflossen: Muraenidae 2 ⟨i. e. S.⟩ im Mittelmeer u. im südlichen Atlantik beheimateter Fisch mit brauner, gelbl. marmorierter Haut: Muraena helena [<*lat. muraena*]
mu|ri|a|tisch ⟨Adj.⟩ Kochsalz enthaltend (Heilquelle) [<*lat. muria* »Salzlake«]
Mu|ring ⟨f.; -, -e⟩ Vorrichtung zum Auswerfen zweier Anker; *oV* Mooring [<engl. *moor* »verankern«]
Mus|a|get *auch:* **Mu|sa|get** ⟨m.; -en, -en; veraltet⟩ Freund der Musen, der schönen Künste [<grch. *mousagetes* »Musenführer«, ein Beiname *Apolls*]
Mus|ca|det ⟨[myskadẹ:] m.; - od. -s, -s⟩ trockener, würziger frz. Weißwein [frz.; <*muscade* »Muskat«]
Mus|ca|rin ⟨n.; -; unz.; Biochemie⟩ auf die Nervenzentren erregend wirkendes Gift des Fliegenpilzes, ein Alkaloid; *oV* Muskarin [nach dem wissenschaftlichen Namen für den Fliegenpilz, Amanita *muscaria* <lat. *muscarius*; zu *musca* »Fliege«]
Mu|schik ⟨m.; -s, -s⟩ russ. Bauer [russ.]
Musch|ko|te ⟨m.; -, -n; abwertend⟩ Fußsoldat [→ *Musketier*]
Mu|se ⟨f.; -, -n⟩ jede der neun grch. Göttinnen der Künste u. Wissenschaften; *die ~ der Tanzkunst, der Musik usw.; die heitere, ernste ~* ⟨fig.⟩ heitere, ernste Kunst [<grch. *mousa* »Muse; Kunst, künstler. Tätigkeit«]
mu|se|al ⟨Adj.⟩ 1 Museums..., zum Museum gehörig 2 ⟨fig.; umg.⟩ verstaubt, veraltet, unmodern
mu|se|a|li|sie|ren ⟨V.⟩ 1 zu einem Museum machen, in einem Museum unterbringen u. bewahren 2 ⟨fig.; umg.⟩ veralten, verstauben, dem Zeitgeist nicht entsprechen; *die Stadt läuft Gefahr zu* ~
Mu|sette ⟨[myzɛt] f.; -, -s; Musik; 17. Jh.⟩ 1 verfeinerte französ.

Form des Dudelsacks 2 ländl. französ. Tanz mit dudelsackähnl. Begleitung [frz., Verkleinerungsform zu *cornemuse* »Dudelsack«]
Mu|sette|or|ches|ter ⟨[myzɛtɔrkɛs-] n.; -s, -; Musik⟩ in Frankreich entstandenes, kleines Orchester ohne Streicher für Tanz- u. Unterhaltungsmusik
Mu|se|um ⟨n.; -s, -se|en⟩ 1 öffentl. Sammlung von Gegenständen der Kunst od. Wissenschaft 2 Gebäude hierfür [lat., »Ort für gelehrte Betätigung, Akademie; Bibliothek« <grch. *mouseion* »Musensitz, Musentempel«]
Mu|si|ca ⟨f.; -; unz.; lat. Form von⟩ Musik; ~ *antiqua* alte Musik; ~ *sacra* Kirchenmusik; ~ *viva* moderne Musik [<lat. *musica* »Musik«]
Mu|si|cal ⟨[mjuːzɪkəl] n.; -s, -s⟩ bes. in Amerika verbreitete Form des Musiktheaters, das Merkmale der Operette, der Revue u. des Varietees verbindet [engl.; verkürzt <*musical comedy* »musikal. Lustspiel«]
Mu|sic|box ⟨[mjuːzɪk-] f.; -, -en od. (engl.) -es [-bɔksɪz]⟩ = Musikbox [engl.]
musiert ⟨Adj.⟩ = musiv
Mu|sik ⟨f.; -, -en⟩ 1 ⟨unz.⟩ die Kunst, Töne in ästhet. befriedigender Form nacheinander (Melodie) u. nebeneinander (Harmonie) zu ordnen, rhythmisch zu gliedern u. zu einem geschlossenen Werk zusammenzufügen, Tonkunst; ~ *studieren* 2 ⟨zählb.⟩ Werk(e) der Tonkunst; *Opern~; Unterhaltungs~; ~ hören, machen; die ~ zu einem Film, Theaterstück schreiben; leichte, schwere ~; einen Text in ~ setzen* 3 ⟨unz.⟩ Orchester, bes. Militärkapelle 4 ⟨unz.⟩ Gesamtheit der Tondichtungen eines Landes, Volkes od. einer Zeit; *Barock~; alte, moderne ~; klassische ~* [<lat. *(ars) musica* »Tonkunst; Tonwerk; musikal. Darbietung« <grch. *mousike (techne)* »Musenkunst«]
Mu|sik|aka|de|mie ⟨f.; -, -n⟩ Musikhochschule
Mu|si|ka|li|en ⟨Pl.⟩ Notenbücher u. -hefte

mu|si|ka|lisch ⟨Adj.⟩ 1 die Musik betreffend, zu ihr gehörig, auf ihr beruhend 2 begabt für das Aufnehmen u. Ausüben von Musik 3 ⟨fig.⟩ klangvoll, wie Musik klingend
mu|si|ka|li|sie|ren ⟨V.⟩ in Musik umsetzen, mit Musik unterlegen, vertonen; *Sprache* ~
Mu|si|ka|li|tät ⟨f.; -; unz.⟩ 1 Begabung für Musik 2 ⟨fig.⟩ Klangfülle
Mu|si|kant ⟨m.; -en, -en⟩ 1 Spielmann 2 Musiker, bes. für Unterhaltungs- u. Tanzmusik 3 von der Musik besessener, ganz besonders musikalischer Musiker, »geborener« Musiker
mu|si|kan|tisch ⟨Adj.⟩ musizierfreudig
Mu|sik|au|to|mat ⟨m.; -en, -en⟩ mechan. Musikinstrument, z. B. elektr. Klavier, Spieldose
Mu|sik|box ⟨f.; -, -en⟩ moderner Musikautomat, der nach Einwurf von Münzen Schallplatten spielt (bes. in Gaststätten); *oV* Musicbox [<engl. *music* »Musik« + *box* »Büchse«]
Mu|sik|dra|ma ⟨n.; -s, -dra|men⟩ 1 ⟨i. w. S.⟩ Oper 2 ⟨i. e. S.⟩ einheitlich durchkomponierte Oper im Sinne Richard Wagners
Mu|si|ker ⟨m.; -s, -⟩ 1 ⟨i. w. S.⟩ Mann, der beruflich ein Musikinstrument spielt 2 ⟨i. e. S.⟩ Mitglied eines Orchesters
Mu|si|ke|rin ⟨f.; -, -rin|nen⟩ 1 ⟨i. w. S.⟩ Frau, die beruflich ein Musikinstrument spielt 2 ⟨i. e. S.⟩ weibl. Mitglied eines Orchesters
Mu|sik|kas|set|te ⟨f.; -, -n; Abk.: MC⟩ mit Musik bespieltes Tonband für den Kassettenrekorder
Mu|sik|korps ⟨[-koːr] n.; - [-koːr] od. [-koːrs], - [-koːrs]⟩ Militärmusikkapelle
Mu|sik|kri|tik ⟨f.; -, -en⟩ 1 ⟨unz.⟩ krit. Betrachtung u. Bewertung von Musikwerken u. ihrer Darbietung 2 ⟨zählb.⟩ Besprechung einer öffentl. Musikaufführung in der Presse
Mu|si|ko|lo|ge ⟨m.; -n, -n⟩ Musikwissenschaftler
Mu|si|ko|lo|gie ⟨f.; -; unz.; selten⟩ Musikwissenschaft [<*Musik* + ...*logie*]

Musikologin ⟨f.; -, -gin|nen⟩ Musikwissenschaftlerin
musikologisch ⟨Adj.; selten⟩ zur Musikologie gehörend, sie betreffend
Musikpädagoge auch: **Musikpädagoge** ⟨m.; -n, -n⟩ Musiklehrer, Wissenschaftler auf dem Gebiet der Musikpädagogik
Musikpädagogik auch: **Musikpädagogik** ⟨f.; -; unz.⟩ (Lehre von) Erziehung u. Bildung im Bereich der Musik
Musikpädagogin auch: **Musikpädagogin** ⟨f.; -, -gin|nen⟩ Musiklehrerin, Wissenschaftlerin auf dem Gebiet der Musikpädagogik
Musiktheorie ⟨f.; -; unz.⟩ Lehre von der Musik, ihren Formen, Gattungen, ihrem Aufbau, Vortrag usw.
Musiktherapie ⟨f.; -, -n⟩ Heilung von Kranken mit Hilfe der Musik
Musikus ⟨m.; -, -si|zi od. ⟨umg.⟩ -se; veraltet od. scherzh. für⟩ Musiker [<lat. *musicus* »Musiker, Tonkünstler«]
Musique concrète auch: **Musique concrète** ⟨[myzik kɔ̃krɛːt] f.; - -; unz.⟩ Stilrichtung der elektroakustischen Musik, die auf konkreten Klängen aus der Umwelt basiert [frz., »konkrete Musik«]
musisch ⟨Adj.⟩ **1** die Musen betreffend, von ihnen stammend **2** künstlerisch, empfänglich für Kunst; ~ *begabt*; ~ *talentiert*; *Ggs* amusisch
musiv ⟨Adj.⟩ mosaikartig, eingelegt; *Sy* musiert [<lat. *musivum* »Bildwerk mit bunten Steinen, Mosaik«]
Musivarbeit ⟨f.; -, -en⟩ Mosaik, eingelegte Arbeit
Musivgold ⟨n.; -(e)s; unz.⟩ Zinnsulfid als Goldersatz [→ *musiv*]
musivisch ⟨[-vɪʃ] Adj.⟩ mosaikartig, eingelegt [zu lat. *musivum* »Bildwerk mit bunten Steinen, Mosaik«]
Musivsilber ⟨n.; -(e)s; unz.⟩ Zinn-Wismut-Amalgam als Silberersatz [→ *musiv*]
musizieren ⟨V.⟩ (gemeinsam) Musik machen
Muskarin ⟨n.; -s; unz.; Biochemie⟩ = Muscarin

Muskat ⟨m.; -s; unz.⟩ aus der Muskatnuss gewonnenes Gewürz [<mhd. *muscat, muschat(e)* »Muskatnuss« <afrz. *noizmuscate* <mlat. *(nux) muscata*; zu *muscatus* »nach Moschus duftend«; → *Moschus*]
Muskatblüte ⟨f.; -, -n; Bot.⟩ getrocknete Samenmäntel der Muskatnuss
Muskate ⟨f.; -, -n; Bot.⟩ = Muskatnuss
Muskateller ⟨m.; -s, -⟩ **1** Traubensorte mit muskatartigem Geschmack **2** Wein daraus; *Sy* Muskatwein [<mhd. *muscatel* <mlat. *muscatellum*, ital. *moscatello* <*muscat*; → *Muskat*]
Muskatfink ⟨m.; -en, -en; Zool.⟩ Prachtfink aus Vorder- u. Hinterindien mit heller, braun geschuppter Brust: Lonchura punctulata
Muskatnuss ⟨f.; -, -nüs|se; Bot.⟩ als Gewürz gebrauchter getrockneter Same des Muskatnussbaumes; *Sy* Muskate
Muskatnussbaum ⟨m.; -(e)s, -bäu|me; Bot.⟩ trop. Holzgewächs mit pfirsichähnl. Früchten, deren getrocknete Samenmäntel als Muskatblüte u. deren Samen als Muskatnüsse verwendet werden: Myristica fragrans
Muskatwein ⟨m.; -s, -e⟩ = Muskateller
Muskel ⟨m.; -s, -n; Anat.⟩ der Bewegung dienendes, zusammenziehbares Organ des tierischen u. menschl. Körpers [<lat. *musculus*]
Muskete ⟨f.; -, -n; früher⟩ Gewehr großen Kalibers [<frz. *mousquet* »Luntenflinte«]
Musketier ⟨m.; -s, -e; früher⟩ mit einer Muskete bewaffneter Fußsoldat [<frz. *mousquetaire*]
Muskovit ⟨[-viːt] m.; -s, -e; Min.⟩ kalihaltiger Glimmer [<*Muskovia*, der lat. Bezeichnung der Stadt Moskau]
muskulär ⟨Adj.; Med.⟩ zu den Muskeln gehörig, von ihnen ausgehend
Muskulatur ⟨f.; -, -en⟩ Gesamtheit der Muskeln (eines Körpers) [<neulat. *musculatura*; zu lat. *musculus*; → *Muskel*]
muskulös ⟨Adj.⟩ mit starken Muskeln versehen, kräftig

Muslim ⟨m.; -s, -li|me od. ⟨umg.⟩ -s⟩ Anhänger des Islams; *oV* Moslem; *Sy* Islamit, Mohammedaner; *Ggs* Kafir [arab.]
Muslime ⟨f.; -, -n⟩ Anhängerin des Islams
muslimisch ⟨Adj.⟩ zum Islam gehörend, auf ihm beruhend; *oV* moslemisch, mosleminisch; *Sy* mohammedanisch
Musselin ⟨m.; -s, -e; Textilw.⟩ feines, leichtes Gewebe in Leinwandbindung, meist für Damenkleider [<ital. *mousseline* <ital. *mussolina* <*Mussolo*, ital. Bezeichnung der Stadt *Mosul* im Irak]
Mustang ⟨m.; -s, -s⟩ verwildertes Hauspferd der nordamerikan. Prärien [<span. (mexikan.) *mesteño*]
Muta ⟨f.; -, Mu|tä; Phon.⟩ stimmloser Explosivlaut [lat., Fem. zu *mutus* »stumm«]
mutabel ⟨Adj.⟩ veränderlich [<lat. *mutabilis*; → *mutieren*]
Mutabilität ⟨f.; -; unz.⟩ mutable Beschaffenheit, Veränderlichkeit [<lat. *mutabilitas*]
mutagen ⟨Adj.⟩ Mutationen auslösend [<*Mutation* + ...*gen*]
Mutagen ⟨n.; -s, -e⟩ chem. od. physikal. Agens, das Mutationen auslöst
Mutant ⟨m.; -en, -en⟩ **1** Jugendlicher im Stimmwechsel **2** ⟨Genetik⟩ = Mutante
Mutante ⟨f.; -, -n; Genetik⟩ durch Mutation entstandene, vom ursprünglichen Typ abweichende Tier- bzw. Pflanzenform; *oV* Mutant (1) [<lat. *mutare* »ändern«]
Mutation ⟨f.; -, -en⟩ **1** ⟨Biol.⟩ sprunghafte, plötzliche, ungerichtete, zufällige erbliche Abänderung der Eigenschaften eines Lebewesens; *Ggs* Modifikation (2) **2** ⟨Med.⟩ Stimmwechsel in der Pubertät, Stimmbruch [<lat. *mutatio* »Veränderung, Wechsel, Umtausch«]
mutatis mutandis ⟨Abk.: m. m.⟩ mit den notwendigen Abänderungen (bei Vergleichen) [lat.]
mutativ ⟨Adj.; Biol.; Med.⟩ sich plötzlich ändernd, durch Mutation hervorgerufen; *eine* ~ *veränderte Zelle* [→ *Mutation*]
mutieren ⟨V.⟩ **1** ⟨Biol.⟩ sich plötzlich erblich verändern

Mutilation

2 ⟨Med.⟩ im Stimmbruch sein, Stimmwechsel haben [< lat. *mutare* »abändern, verwandeln, vertauschen«]
Mu|ti|la|ti|on ⟨f.; -, -en⟩ Verstümmelung [→ *mutilieren*]
mu|ti|lie|ren ⟨V.⟩ verstümmeln [< lat. *mutilare*]
Mu|tis|mus ⟨m.; -; unz.; Med.⟩ seelisch bedingte Stummheit, obwohl organisch keine Behinderung vorliegt (bei Depressionen, Schizophrenie u. psych. gestörten Kindern) [zu lat. *mutus* »stumm«]
Mu|tist ⟨m.; -en, -en; Med.⟩ jmdn., der an Mutismus leidet
Mu|ton ⟨n.; -s, -s; Genetik⟩ kleinster Strukturbereich innerhalb eines Gens, der mutieren kann [→ *mutieren*]
mu|tu|al ⟨Adj.⟩ wechselseitig, gegenseitig; *oV* mutuell [< lat. *mutuus* »wechselseitig«]
Mu|tu|a|lis|mus ⟨m.; -; unz.⟩ **1** einräumende Gegenseitigkeit, gegenseitige Anerkennung, Duldung **2** ⟨Biol.⟩ Wechselbeziehung zwischen zwei Lebewesen verschiedener Art, die für beide Seiten förderlich, aber nicht lebensnotwendig ist [< lat. *mutuus* »wechselseitig«]
Mu|tu|a|li|tät ⟨f.; -; unz.⟩ mutuale Beschaffenheit, Gegenseitigkeit, Wechselseitigkeit
mu|tu|ell ⟨Adj.⟩ = mutual
Mu|zin ⟨n.; -s, -e; Med.⟩ schleimiger, quellfähiger Eiweißkörper im Schleim der Drüsen, Hauptbestandteil des Speichels [< lat. *mucus* »Schleim«]
m. v. ⟨Abk. für⟩ mezza voce
MW ⟨Zeichen für⟩ Megawatt
my..., My... ⟨in Zus.⟩ = myo..., Myo...
My¹ ⟨n.; - od. -s, -s; Zeichen: μ, M⟩ grch. Buchstabe
My² ⟨n.; -; veraltet⟩ = Mikro... (vor Maßeinheiten)
My|al|gie ⟨f.; -, -n; Med.⟩ Muskelschmerz [< *Myo*... + ...*algie*]
My|as|the|nie *auch:* **My|a|sthe|nie** ⟨f.; -, -n; Med.⟩ krankhafte Muskelschwäche [< *Myo*... + *Asthenie*]
My|dri|a|se *auch:* **My|dri|a|se** ⟨f.; -, -n; Med.⟩ Pupillenerweiterung [< grch. *mydriasis*]
My|dri|a|ti|kum *auch:* **My|dri|a|ti|kum** ⟨n.; -s, -ti|ka; Med.⟩ Mittel, das eine Pupillenerweiterung bewirkt
my|el..., My|el... ⟨in Zus.⟩ = myelo..., Myelo...
My|e|las|the|nie *auch:* **My|e|la|sthe|nie** ⟨f.; -, -n; Med.⟩ vom Rückenmark ausgehende Nervenschwäche [< *Myelo*... + *Asthenie*]
My|e|lin ⟨n.; -s; unz.; Med.⟩ Gemisch aus fettähnlichen Stoffen, wesentlicher Bestandteil des Nervenmarks, der die Isolierschicht um die Nervenzellen des Rückenmarks bildet [< grch. *myelos* »Mark«]
My|e|lin|schei|de ⟨f.; -, -n⟩ Markscheide markhaltiger Nervenfasern [→ *Myelo*...]
My|e|li|tis ⟨f.; -, -ti|den; Med.⟩ Rückenmarkentzündung [< grch. *myelos* »Rückenmark«]
my|e|lo..., My|e|lo... ⟨vor Vokalen⟩ myel..., Myel... ⟨in Zus.⟩ Rückenmark, Mark... [< grch. *myelos* »Mark«]
my|e|lo|gen ⟨Adj.; Med.⟩ im Knochenmark entstanden
My|e|lo|gra|fie ⟨f.; -, -n; Med.⟩ = Myelographie
My|e|lo|gra|phie ⟨f.; -, -n; Med.⟩ röntgenologische Darstellung des Wirbelkanals; *oV* Myelografie [< *Myelo*... + ...*graphie*]
my|e|lo|id ⟨Adj.; Med.⟩ knochenmarkähnlich, markartig
My|e|lom ⟨n.; -s, -e; Med.⟩ vom Knochenmark ausgehende Geschwulst [→ *Myelo*...]
My|i|a|se ⟨f.; -, -n; Med.⟩ Madenkrankheit, Befall durch Fliegenlarven bei Wirbeltier u. Mensch [< grch. *myia* »Fliege«]
My|i|tis ⟨f.; -, -ti|den; Med.⟩ = Myositis [< *My*... + ...*itis*]
my|ke|nisch ⟨Adj.⟩ die bronzezeitliche Kulturstufe Griechenlands betreffend, zu ihr gehörend; *~e Kultur* [nach der grch. Stadt *Mykene,* die ca. 1000 v. Chr. zerstört wurde]
My|ke|tis|mus ⟨m.; -, -men; Med.⟩ = Myzetismus
my|ko..., My|ko... ⟨vor Vokalen⟩ myk..., Myk... ⟨in Zus.⟩ Pilz..., pilzartig [< grch. *mykes* »Pilz«]
My|ko|bak|te|ri|um ⟨n.; -s, -ri|en; Med.⟩ unbeweglicher Mikroorganismus von stäbchenförmiger Gestalt, der im Jugendstadium echte Verzweigungen bilden kann: Mycobacterium
My|ko|lo|gie ⟨f.; unz.⟩ Lehre von den Pilzen; *Sy* Myzetologie [< *Myko*... + ...*logie*]
my|ko|lo|gisch ⟨Adj.⟩ die Mykologie betreffend, zu ihr gehörig
My|ko|plas|ma ⟨n.; -s, -plas|men; Med.⟩ Gattung zellwandloser Mikroorganismen, die zwischen Bakterien u. Viren stehen
My|kor|rhi|za ⟨f.; -, -rhi|zen; Bot.⟩ Symbiose zwischen höheren Pflanzen u. Pilzen [< *Myko*... + grch. *rhiza* »Wurzel«]
My|ko|se ⟨f.; -, -n; Med.⟩ durch Pilze hervorgerufene Krankheit, Pilzkrankheit [< grch. *mykes* »Pilz«]
My|ko|to|xin ⟨n.; -s, -e; Med.⟩ von Schimmelpilzen produzierter Giftstoff [< *Myko*... + *Toxin*]
My|la|dy ⟨[mɪlɛɪdi] f.; -, -s⟩ gnädige Frau (englische Anrede für eine Lady) [engl., »meine Dame«]
My|lo|nit ⟨m.; -s, -e; Min.⟩ durch Gebirgsdruck zermahlenes u. später wieder fest gewordenes Gestein verschiedener petrograph. Zusammensetzung [< grch. *myle* »Mühle«]
My|lord ⟨[mɪlɔːrd] m.; -s, -s⟩ gnädiger Herr (englische Anrede für einen Lord) [engl., »mein Lord«]
Myn|heer ⟨[mənɛːr] m.; -s, -s⟩ = Mijnheer
myo..., Myo... ⟨vor Vokalen⟩ my..., My... ⟨in Zus.⟩ muskel..., Muskel... [< grch. *mys,* Gen. *myos* »Muskel«]
My|o|blast ⟨m.; -en, -en; Med.⟩ Bildungszelle für die Muskelfasern [< *Myo*... + ...*blast*]
My|o|dy|nie ⟨f.; -, -n; Med.⟩ Muskelschmerz [< *My*... + grch. *odyne* »Schmerz«]
My|o|fi|bril|le *auch:* **My|o|fi|bril|le** ⟨f.; -, -n; Anat.⟩ Muskelfibrille
my|o|gen ⟨Adj.; Med.⟩ vom Muskel ausgehend, herrührend [< *myo*... + ...*gen*]
My|o|glo|bin ⟨n.; -s; unz.; Biochemie⟩ roter Muskelfarbstoff
My|o|kard ⟨n.; -s; unz.; Anat.⟩ Herzmuskel [< *Myo*... + grch. *kardia* »Herz«]
My|o|kard|in|farkt ⟨m.; -(e)s, -e; Med.⟩ Herzinfarkt

Myokarditis ⟨f.; -, -ti|den; Med.⟩ Herzmuskelentzündung [→ *Myokard*]
Myoklonie ⟨f.; -, -n; Med.⟩ Schüttelkrampf [<*Myo...* + *Klonus*]
Myologie ⟨f.; -; unz.; Med.⟩ Wissenschaft von den Muskeln [<*Myo...* + *...logie*]
Myom ⟨n.; -s, -e; Med.⟩ Muskelgeschwulst [<grch. *mys*, Gen. *myos* »Muskel«]
Myon ⟨n.; -s, -o|nen; Physik⟩ ein Elementarteilchen aus der Gruppe der Leptonen
Myoniumatom ⟨n.; -(e)s, -e; Physik⟩ künstlich herstellbares Atom, dessen Kern aus einem Myon u. einem Elektron in der Außenschale besteht
myop ⟨Adj.; Med.⟩ kurzsichtig; *Ggs* hypermetropisch
Myoparalyse ⟨f.; -, -n; Med.⟩ Muskellähmung [<*Myo...* + *Paralyse*]
Myopie ⟨f.; -, -n; Med.⟩ Kurzsichtigkeit; *Ggs* Hypermetropie [<grch. *myein* »(die Augen) schließen, blinzeln« + *ops*, Gen. *opos* »Gesicht, Auge«]
myopisch ⟨Adj.; Med.⟩ = myop
Myorrhexis ⟨f.; -; unz.; Med.⟩ Muskelriss [<*Myo...* + grch. *rhexis* »Zerreißen, Zerbrechen«]
Myosin ⟨n.; -s; unz.; Biochemie⟩ Protein der quer gestreiften Muskulatur [<grch. *mys*, Gen. *myos* »Muskel«]
Myositis ⟨f.; -, -ti|den; Med.⟩ Muskelentzündung; *Sy* Myitis [<grch. *mys*, Gen. *myos* »Muskel«]
Myosklerose ⟨f.; -, -n; Med.⟩ Muskelverhärtung [<*Myo...* + *Sklerose*]
Myospasmus ⟨m.; -, -spas|men; Med.⟩ = Myotonie
Myotomie ⟨f.; -, -n; Med.⟩ operative Muskeldurchtrennung [<*Myo...* + *...tomie*]
Myotonie ⟨f.; -, -n; Med.⟩ tonischer Muskelkrampf, Muskelspannung; *Sy* Myospasmus [<*Myo...* + *...tonie*]
Myriade ⟨f.; -, -n⟩ **1** Menge von zehntausend **2** ⟨Pl.; fig.⟩ Unzahl, unzählige Menge [<grch. *myrias*, Gen. *myriados*]
Myriagramm ⟨n.; -s, -e od. (bei Zahlenangaben) -⟩ zehntausend Gramm [<grch. *myrias* »Menge von zehntausend« + *Gramm*]
Myriameter ⟨n.; -s, -⟩ zehntausend Meter [<grch. *myrias* »Menge von zehntausend« + *Meter*]
Myriapode ⟨m.; -n, -n; Zool.⟩ Tausendfüßer; *oV* Myriopode [<grch. *myrioi* »zehntausend« + *pous*, Gen. *podos* »Fuß«]
Myriopode ⟨m.; -n, -n; Zool.⟩ = Myriapode
Myringitis ⟨f.; -, -ti|den; Med.⟩ Entzündung des Trommelfelles [<lat. *myrinx* »Trommelfell«]
Myristinsäure ⟨f.; -, -n; Biochemie⟩ in verschiedenen pflanzl. u. tier. Fetten auftretende, höhermolekulare Fettsäure
Myrmekologie ⟨f.; -; unz.⟩ Ameisenkunde [<grch. *myrmex*, Gen. *myrmekos* »Ameise« + *...logie*]
Myrre ⟨f.; -, -n⟩ = Myrrhe
Myrrhe ⟨f.; -, -n⟩ nach Balsam riechende Mischung aus Harz, Gummi u. ätherischen Ölen verschiedener Arten; *oV* Myrre [<ahd. *myrra* <lat. *myrrha* <grch. *myrrha* »Myrrhenbaum, Myrrhe« <altsemit. *murr* »bitter«; → *Myrte*]
Myrte ⟨f.; -, -n; Bot.⟩ einer Gattung der Myrtengewächse angehörender, immergrüner Strauch mit weißen Blüten [<mhd. *mirteloum* <ahd. *mirtilboum* <lat. *myrtus* »Myrte« <grch. *myrtos* »Myrtenbeere«; zu altsemit. *murr* »bitter«; → *Myrrhe*]
Myrtenheide ⟨f.; -, -n; Bot.⟩ = Kajeputbaum
Mysterien ⟨Pl. von⟩ Mysterium
Mysterienspiel ⟨n.; -(e)s, -e; MA⟩ dramat. Aufführung bibl. Stoffe, bes. des Lebens Jesu
mysteriös ⟨Adj.⟩ geheimnisvoll, rätselhaft [<frz. *mystérieux*; → *Mysterium*]
Mysterium ⟨n.; -s, -ri|en⟩ **1** Geheimnis **2** Geheimlehre **3** geheimer Kult **4** ⟨Pl.; kurz für⟩ Mysterienspiele [lat. <grch. *mysterion*; zu *mystes* »der (in die eleusinische Geheimlehre) Eingeweihte«]
Mystifikation ⟨f.; -, -en⟩ das Mystifizieren, Irreführung

mystifizieren ⟨V.⟩ **1** mit einem mystischen Gepräge versehen, mystisch, geheimnisvoll machen **2** täuschen, irreführen [<*mystisch* + *...fizieren*]
Mystik ⟨f.; -; unz.⟩ Form religiösen Erlebens, in der nach vorbereitender Askese durch Versenkung od. Ekstase innige Verbindung mit dem Göttlichen gesucht wird [<lat. *mysticus* »die Mysterien betreffend, geheimnisvoll; geheim« <grch. *mystikos*; zu *myein* »(Augen u. Lippen) schließen«]
Mystiker ⟨m.; -s, -⟩ Vertreter, Anhänger der Mystik
Mystikerin ⟨f.; -, -rin|nen⟩ Vertreterin, Anhängerin der Mystik
mystisch ⟨Adj.⟩ **1** zur Mystik gehörig, von ihr stammend **2** geheimnisvoll, dunkel
Mystizismus ⟨m.; -, -zis|men⟩ **1** ⟨unz.⟩ Glaube an Wunder, schwärmerische Religiosität **2** ⟨zählb.⟩ religiös-schwärmerische Idee [→ *Mystik*]
Mythe ⟨f.; -, -n⟩ **1** = Mythos (2, 3) **2** ⟨umg.⟩ Dichtung, Erdichtetes
Mythen ⟨Pl. von⟩ Mythos
mythisch ⟨Adj.⟩ zu den Mythen gehörig, von ihnen stammend, durch sie überliefert, sagenhaft [<grch. *mythikos*]
Mythologie ⟨f.; -, -n⟩ **1** Lehre von den Mythen **2** Gesamtheit der Mythen (eines Volkes) [<grch. *mythos* »Rede, Erzählung« + *...logie*]
mythologisch ⟨Adj.⟩ zur Mythologie gehörend, sie betreffend
mythologisieren ⟨V.⟩ zum Mythos machen od. als solchen behandeln; *eine Begebenheit ~*
Mythos ⟨m.; -, My|then⟩ *oV* Mythus **1** Überlieferung eines Volkes von seinen Vorstellungen über die Entstehung der Welt, seine Götter, Dämonen usw. **2** Sage von Göttern, Helden, Dämonen **3** zur Legende gewordene Begebenheit od. Person von weltgeschichtl. Bedeutung [<grch. *mythos* »Wort, Rede, Erzählung, Fabel, Sage«]
Mythus ⟨m.; -, My|then⟩ = Mythos
Myxödem ⟨n.; -s, -e; Med.⟩ auf Unterfunktion der Schilddrüse

Myxom

zurückzuführende Verdickung der Haut durch Vermehrung schleimigen Bindegewebes in der Unterhaut [<grch. *myxa* »Schleim« + *Ödem*]

My|xom ⟨n.; -s, -e; Med.⟩ gutartige Geschwulst aus schleimbildendem Gewebe [<grch. *myxa* »Schleim«]

my|xo|ma|tös ⟨Adj.; Biol.; Med.⟩ schleimig, Schleim bildend, schleimähnlich [zu grch. *myxa* »Schleim«]

My|xo|ma|to|se ⟨f.; -, -n; Vet.⟩ (seuchenhaft auftretende), tödliche Viruskrankheit bei Kaninchen [→ *Myxom*]

My|xo|my|zet ⟨m.; -en, -en; Bot.⟩ Schleimpilz [<grch. *myxa* »Schleim« + *Myzet*]

My|zel ⟨n.; -s, -li|en; Bot.⟩ = Myzelium

My|ze|li|um ⟨n.; -s, -li|en; Bot.⟩ Gesamtheit der Hyphen, die zu einem Geflecht verschmelzen können; *Sy* Myzel [<grch. *mykes* »Pilz«]

My|zet ⟨m.; -en, -en; Bot.⟩ Pilz [<grch. *mykes* »Pilz«]

My|ze|tis|mus ⟨m.; -, -men; Med.⟩ Pilzvergiftung; *oV* Myketismus [<grch. *mykes* »Pilz«]

My|ze|to|lo|gie ⟨f.; -; unz.; veraltet⟩ = Mykologie

n 1 ⟨Zeichen für⟩ Nano...
2 ⟨Physik; Zeichen für⟩ Neutron **3** ⟨Chemie; Zeichen für⟩ normal (4)
N 1 ⟨chem. Zeichen für⟩ Stickstoff (Nitrogen, Nitrogenium) **2** ⟨Physik; Zeichen für⟩ Newton, Neper
n., N. ⟨Abk. für⟩ Neutrum
Na ⟨chem. Zeichen für⟩ Natrium
Na|bob ⟨m.; -s, -s⟩ **1** ⟨urspr.⟩ islam. Gouverneur einer Provinz in Indien **2** ⟨dann⟩ in Indien reich gewordener Engländer od. Holländer **3** ⟨fig.⟩ schwerreicher Mann [<Hindi *nawwab, nabab* <arab. *nuwwab*, Pl. zu *naib* »Statthalter, Stellvertreter«]

Nach|rich|ten|sa|tel|lit ⟨m.; -en, -en⟩ für die Übertragung von Fernsprechverbindungen, Rundfunk- u. Fernsehprogrammen auf einer geostationären Bahn im Weltraum umlaufender Satellit; *Sy* Kommunikationssatellit

Na|dir ⟨a. ['--] m.; -s; unz.; Astron.⟩ nicht sichtbarer Schnittpunkt einer unter dem Beobachtungspunkt gedachten senkrechten Linie mit der Himmelskugel; *Ggs* Zenit (1) [arab.]

Nae|vus ⟨[nɛ:vus] m.; -, Nae|vi [nɛ:vi]; Med.⟩ Muttermal; *oV* Nävus [lat.]

NAFTA ⟨f.; -; unz.; Kurzwort; Wirtsch.⟩ Freihandelsabkommen zwischen den USA, Kanada u. Mexiko, das als erster Schritt zu einem gemeinsamen Wirtschaftsraum ähnlich der EU in Europa dienen soll [<engl. *North American Free Trade Agreement* »Nordamerikanisches Freihandelsabkommen«]

Na|gai|ka ⟨f.; -, -s⟩ Peitsche (der Kosaken) aus geflochtenen Lederriemen [russ.]

Na|ga|na ⟨f.; -; unz.; Vet.⟩ eine afrikan. Viehseuche [Zuluspr.]

Na|hu|atl ⟨n.; -s od. -; unz.⟩ Sprachgruppe in Mittelamerika, zu der u. a. das Aztekische gehört

na|iv ⟨Adj.⟩ **1** ursprünglich, natürlich; ~*e Malerei*, ~*e Völker*; ~*er Dichter* (nach Schiller) Dichter, der nur der »einfachen Natur u. Empfindung« folgt; *Ggs* sentimentalischer Dichter **2** kindlich, unbefangen **3** treuherzig, einfältig [<frz. *naïf*]

Na|i|ve ⟨[-i:və] f. 2 Theat.⟩ Rollenfach der jugendl. Liebhaberin

Na|i|vi|tät ⟨[-vi-] f.; -; unz.⟩ Kindlichkeit, Unbefangenheit, Natürlichkeit, Ursprünglichkeit, Harmlosigkeit, Treuherzigkeit, Einfalt [<frz. *naïveté*]

Na|ja|de ⟨f.; -, -n⟩ **1** ⟨grch. Myth.⟩ in Quellen u. Flüssen lebende Nymphe **2** Familie von im Süßwasser lebenden Muscheln, Flussmuschel: Unionidae [<grch. *naiades*]

Name|drop|ping ⟨[nɛɪm-] n.; - od. -s, -s⟩ **1** Verwendung von Namen bekannter Persönlichkeiten als Produktbezeichnung (um ein Produkt besser verkaufen zu können) **2** Erwähnung bekannter Persönlichkeiten, die man angeblich kennt (um andere zu beeindrucken) [<engl. *name* »Name« + *drop* »fallen lassen«]

Na|mu|ri|an ⟨n.; -s; unz.; Geol.⟩ Stufe des Karbons vor 325-350 Millionen Jahren, die das untere Oberkarbon einleitete [nach der belg. Stadt u. Provinz *Namur*]

Nan|dro|lon *auch:* **Nand|ro|lon** ⟨n.; -s; unz.; Pharm.⟩ ein anabolandrogenes Steroidhormon, das im Sport unerlaubt zu Dopingzwecken verwendet wird

Nan|du ⟨m.; -s, -s; Zool.⟩ **1** (i. w. S.) südamerikan. Laufvogel: Rheidae **2** (i. e. S.) Rhea americana [<portug. *nandu*, span. *ñandú* <südamerikan. Indianerspr.]

Nang|ka ⟨f.; -, -s; Bot.⟩ = Jackfrucht

Nä|nie ⟨[-njə] f.; -, -n⟩ altröm. Totenklage [<lat. *naenia*]

Nan|king ⟨m.; -s, -s od. -e; Textilw.⟩ gelbliches Baumwollgewebe für Kleider [nach der chines. Stadt *Nanking*]

Nan|no|plank|ton ⟨a. ['----] n.; -s; unz.; Biol.⟩ feinstes Plankton, das nur durch Zentrifugieren des Wassers herausgefiltert werden kann, Zwergplankton [<lat. *nanus* »Zwerg« + grch. *planktos* »Umherirrender«]

Na|no... ⟨in Zus. mit Maßeinheiten; Zeichen: n⟩ das 10^{-9}fache (= 1 Milliardstel) der betreffenden Grundeinheit, z. B. 1 Nanometer (nm) = 10^{-9} Meter = 1 Milliardstel Meter [<lat. *nanus* »Zwerg«]

Na|no|fa|rad ⟨n.; - od. -s, -; Zeichen: nF⟩ ein Milliardstel Farad

Na|no|me|ter ⟨n.; -s, -; Zeichen: nm⟩ ein Milliardstel Meter

Na|palm ⟨n.; -s; unz.⟩ schwer zu löschende, klebrige Mischung von Benzin, Benzol, Dieselöl mit Naphthenen [engl.-amerikan.]

Na|palm|bom|be ⟨f.; -, -en⟩ mit Napalm gefüllte Bombe, die Flächenbrände mit Temperaturen über 2000° C erzeugt

Naph|tha ⟨f.; -; unz. od. (österr. nur so) n.; -s; unz.⟩ **1** ⟨veraltet⟩ Roherdöl **2** russ. Erdöl [<russ. *nafta* <grch. *naphtha* »Bergöl«]

Naph|tha|lin ⟨n.; -s; unz.; Chemie⟩ in Steinkohlenteer vorkommender fester Kohlenwasserstoff [→ *Naphta*]

Naph|then ⟨n.; -s, -e; Chemie⟩ = alicyclische Verbindung [→ *Naphtha*]

Naph|thol ⟨n.; -s, -e; Chemie⟩ vom Benzol abgeleiteter aromat. Alkohol, Ausgangsstoff für die Gewinnung von Duftstoffen [<*Naphtha* + ...*ol*]

Na|po|le|on|dor ⟨m.; -s, -e od. (bei Zahlenangaben) -⟩ frz. Goldmünze zur Zeit Napoleons I. u. III. [zu frz. *or* »Gold«]

Na|po|le|o|ni|de ⟨m.; -n, -n⟩ Abkömmling der Familie Napoleons

na|po|le|o|nisch ⟨Adj.⟩ **1** Napoleon ähnlich, wie Napoleon; ~*er Unternehmungsgeist* **2** von Napoleon selbst ausgehend, stammend; ~*e Kriege, Schriften*

Na|po|li|taine ⟨[-tɛ:n] f.; -; unz.; Textilw.⟩ ein weiches Wollgewebe [nach der ital. Stadt *Neapel*]

Nap|pa ⟨n.; - od. -s; unz.; Textilw.⟩ ein Glacéleder (Schaf-, Lamm- od. Ziegenleder) für Handschuhe u. a. Kleidungsstücke [nach der kaliforn. Stadt *Napa*]

Nap|pa|le|der ⟨n.; -s, -; Textilw.⟩ ein Glacéleder (Schaf-, Lammod. Ziegenleder) für Handschuhe u. andere Kleidungsstücke [nach der kaliforn. Stadt *Napa*]

Nar|de ⟨f.; -, -n; Bot.⟩ **1** ⟨i. w. S.⟩ eine wohlriechende Pflanze **2** ⟨i. e. S.⟩ *Indische* ~ Pflanze, aus deren Wurzel Nardenöl hergestellt wird: Nardostachys jatamansi [<ahd. *narda* <lat. *nardus* <grch. *nardos*]

Nar|gi|leh ⟨a. [-'--] f.; - - od. n.; -s, -s⟩ oriental. Wasserpfeife [türk.]

Nar|ko|a|na|ly|se ⟨f.; -, -n; Psych.⟩ psychiatr. Befragung eines Kranken nach der Krankengeschichte, seel. Erlebnissen usw. während einer seel. Auflockerung nach Verabreichung eines Narkotikums [<grch. *narkosis* »Betäubung« + *Analyse*]

Nar|kol|ep|sie ⟨f.; -, -n; Med.⟩ anfallsweise, mehrmals täglich auftretende, unwiderstehl. Schlafsucht von einigen Minuten Dauer [<grch. *narkosis* »Betäubung« + ...*lepsie*]

Nar|ko|lo|gie ⟨f.; -; unz.; Med.⟩ Lehre von der Schmerzbetäubung [<grch. *narkosis* »Betäubung« + ...*logie*]

Nar|ko|se ⟨f.; -, -n; Med.⟩ künstlich herbeigeführter, schlafähnlicher Zustand mit Bewusstlosigkeit, also Schmerzunempfindlichkeit, Betäubung [<grch. *narkosis* »Betäubung, Erstarrung, Lähmung«]

Nar|ko|ti|kum ⟨n.; -s, -ti|ka; Pharm.⟩ Narkose herbeiführendes Mittel [zu grch. *narkotikos* »betäubend, erstarren machend«]

Nar|ko|tin ⟨n.; -s; unz.; Chemie⟩ Alkaloid des Opiums, wirkt selbst nicht narkotisch, verstärkt aber die Wirkung des Morphins

nar|ko|tisch ⟨Adj.; Med.⟩ Narkose herbeiführend, auf ihr beruhend [<grch. *narkotikos* »erstarren machend«]

nar|ko|ti|sie|ren ⟨V.; Med.⟩ in Narkose versetzen, betäuben, einschläfern

Na|rod|ni|ki ⟨Pl.; Politik⟩ Anhänger einer polit. u. literar. Bewegung in Russland in der zweiten Hälfte des 19. Jh., die über eine Agrarreform die sozialistische Erneuerung Russlands anstrebten [russ., »Volkstümler«; zu *narod* »Volk«]

nar|ra|tiv ⟨Adj.; Lit.⟩ erzählend, in erzählender Form; ~*er Roman; ~e Dichtung, Dichtkunst* [<lat. *narrativus* »erzählend«; zu *narrare* »erzählen«]

Nar|ra|tor ⟨m.; -s, -to|ren; Lit.⟩ Erzähler [lat.]

nar|ra|to|risch ⟨Adj.; Lit.⟩ **1** den Erzähler, das Erzählen, die Erzählung betreffend **2** erzählerisch [zu lat. *narrare* »erzählen«]

Nar|thex ⟨m.; -es, -e; Arch.⟩in der Basilika⟩ Vorhalle im Innern der Kirche [grch.]

Nar|wal ⟨m.; -s, -e; Zool.⟩ Zahnwal mit nur zwei nach vorn gerichteten, hohlen Zähnen im Oberkiefer, von denen beim Männchen der eine zu einem schraubenförmigen Stoßzahn wird, Einhornwal: Monodon monoceros [<dän., schwed. *narhval*, eigtl. »Leichenwal« (wohl wegen der schwarz u. weiß gefleckten Haut)]

Narziss (*Laut-Buchstaben-Zuordnung*) Die im Deutschen übliche schriftliche Kennzeichnung eines kurzen Vokals durch Verdopplung der Folgekonsonanten wird auch auf Fremdwörter angewendet. Nach kurzem Vokal wird daher auch bei Fremdwörtern der Buchstabe »ß« durch »ss« ersetzt (→*a.* Abszess; Kompass).

Nar|ziss ⟨m.; - od. -es, -e⟩ jmd., der nur sich selbst liebt u. bewundert [nach lat. *Narcissus*, dem schönen Jüngling der grch. Sage, der in sein Spiegelbild verliebt war]

Nar|zis|se ⟨f.; -, -n; Bot.⟩ Gattung der Amaryllisgewächse, Zwiebelgewächse mit schmalen linealischen Blättern, hohlem Blütenschaft u. ansehnlichen weißen od. gelben Blüten: Narcissus [<lat. *narcissus*; → *Narziss*]

Nar|ziss|mus ⟨m.; -; unz.; Psych.⟩ krankhafte Verliebtheit in sich selbst [→ *Narziss*]

Nar|zisst ⟨m.; -en, -en; Psych.⟩ jmd., dessen Verhalten vom Narzissmus geprägt ist

nar|zisstisch ⟨Adj.; Psych.⟩ in der Art des Narzissmus, ihn betreffend, auf ihm beruhend

NASA ⟨f.; -; unz.; Kurzwort für engl.⟩ National Aeronautics and Space Administration (Nationale Luft- u. Raumfahrtbehörde der USA)

na|sal ⟨Adj.⟩ **1** ⟨Phon.⟩ durch die Nase, als Nasal gesprochen **2** ⟨Anat.⟩ zur Nase gehörig, sie betreffend [<lat. *nasalis*]

Na|sal ⟨m.; -s, -e; Phon.⟩ Sy Nasallaut; Ggs Oral **1** stimmhafter Konsonant, bei dem die Luft durch die Nase entweicht, z. B. m, n, ng **2** Vokal, bei dem ein Teil der Luft durch die Nase entweicht, z. B. frz. ã, ɔ̃; Sy Nasalvokal

na|sa|lie|ren ⟨V.; Phon.⟩ durch die Nase, nasal sprechen; *nasalierter Laut* = Nasal

Na|sa|lie|rung ⟨f.; -, -en; Phon.⟩ nasale Aussprache

Na|sal|laut ⟨m.; -(e)s, -e; Phon.⟩ = Nasal

Na|sal|vo|kal ⟨[-vo-] m.; -(e)s, -e; Phon.⟩ = Nasal (2)

NASDAQ, Nas|daq ⟨[næsdɛk] m.; -; Abk. für engl.⟩ National Association of Securities Dealers Automated Quotations, US-amerikan. Börse für Unternehmen der Informationstechnologie

Na|si|go|reng ⟨n.; - od. -s, -s; Kochk.⟩ scharf gewürztes indonesisches Gericht aus gebratenem Reis, Hühner- u. Schweinefleisch, Krabben, Pilzen u. a. [indones., eigtl. »gebratener Reis«]

Nas|tie ⟨f.; -; unz.; Bot.⟩ durch einen Reiz ausgelöste Bewegung festgewachsener Pflanzen, bei denen die Richtung des Reizes für die Richtung der Bewegung unerheblich ist; →*a.* Tropismus (1), Taxie [< grch. *nastos* »geknetet«]

nas|zie|rend ⟨Adj.⟩ im Entstehen, Werden begriffen; →*a.* Status Nascendi [< lat. *nasci* »geboren werden, entstehen«]

Na|ta|li|tät ⟨f.; -; unz.⟩ Zahl der jährl. Lebendgeburten auf 1000 Einwohner, Geburtsziffer; Ggs Mortalität (2) [< frz. *natalité*; zu *natal* »Geburts…« < lat. *natalis*; zu *nasci* »geboren werden«]

Na|tes ⟨[-te:s] Pl.; Med.⟩ Gesäß [< lat. *natis* »Hinterbacke, Gesäß«]

Na|ti|on ⟨f.; -, -en⟩ nach Abstammung, Sprache, Sitte, kultureller u. polit. Entwicklung zusammengehörige, innerhalb der gleichen Staatsgrenzen lebende polit. Gemeinschaft; *dieses Ereignis hat die ganze ~ bewegt* [< lat. *natio*, Gen. *natio-nis*, »das Geborenwerden; Geschlecht, Volksstamm, Volk«]

na|ti|o|nal ⟨Adj.⟩ einer Nation eigentümlich, ihr zugehörig, sie betonend; *Nationales Olympisches Komitee* ⟨Abk.: NOK⟩ [frz.]

Na|ti|o|na|le ⟨n.; -s, -; österr.⟩ = Personalien

Na|ti|o|nal|epos ⟨n.; -, -e|pen; Lit.⟩ Heldenepos, das in seiner Grundhaltung der Wesensart des Volkes, in dem es entstanden ist, bes. entspricht u. das deshalb allgemein beliebt ist

Na|ti|o|nal|far|ben ⟨Pl.⟩ auf Fahnen, Kokarden usw. als Kennzeichen geführte Farben einer Nation

Na|ti|o|nal|gar|de ⟨f.; -; unz.⟩ **1** ⟨urspr.⟩ französ. Bürgerwehr nach 1789 **2** ⟨dann⟩ in einigen Staaten (vor allem in den USA) übliche Schutztruppe mit teils militärischen, teils polizeilichen Aufgaben

Na|ti|o|nal|hym|ne ⟨f.; -, -n⟩ vaterländ., volkstüml., bei feierlichen Anlässen gespieltes od. gesungenes Lied als Ausdruck des Nationalbewusstseins eines Volkes

na|ti|o|na|li|sie|ren ⟨V.⟩ **1** einbürgern **2** verstaatlichen [< frz. *nationaliser*]

Na|ti|o|na|li|sie|rung ⟨f.; -, -en⟩ das Nationalisieren

Na|ti|o|na|lis|mus ⟨m.; -; unz.⟩ übersteigertes Nationalgefühl [< frz. *nationalisme*]

Na|ti|o|na|list ⟨m.; -en, -en⟩ Vertreter des Nationalismus

Na|ti|o|na|lis|tin ⟨f.; -, -tin|nen⟩ Vertreterin des Nationalismus

na|ti|o|na|lis|tisch ⟨Adj.⟩ auf Nationalismus beruhend, von ihm geprägt

Na|ti|o|na|li|tät ⟨f.; -, -en⟩ **1** ⟨unz.⟩ Zugehörigkeit zu einer Nation **2** ⟨zählb.⟩ nationale Minderheit, Volksgruppe in einem fremden Staat [< frz. *nationalité*]

Na|ti|o|na|li|tä|ten|staat ⟨m.; -(e)s, -en⟩ Staat, der mehrere Nationalitäten umfasst

Na|ti|o|nal|kir|che ⟨f.; -, -n⟩ auf den Bereich einer Nation beschränkte Kirchenorganisation, möglichst als Volkskirche in der Landessprache

Na|ti|o|nal|kom|mu|nis|mus ⟨m.; -; unz.; Politik⟩ Richtung des Kommunismus, bei dem die Interessen des internationalen Kommunismus dem kommunistischen System im eigenen Land untergeordnet werden

Na|ti|o|nal|kon|vent ⟨[-vɛnt] m.; -(e)s, -e⟩ **1** ⟨unz.; 1792-1795⟩ die frz. Nationalversammlung **2** ⟨zählb.; heute⟩ Versammlung von Delegierten einer polit. Partei in den USA, um den Kandidaten für die Wahl des Präsidenten zu nominieren

na|ti|o|nal|li|be|ral ⟨Adj.; Politik⟩ **1** zur Nationalliberalen Partei (1867-1918) gehörig, einer aus der Fortschrittspartei hervorgegangenen Partei des liberalen u. nationalen Bürgertums **2** ihrem Programm entsprechend, ihre Ziele verfolgend

Na|ti|o|nal|öko|no|mie ⟨f.; -; unz.⟩ Volkswirtschaftslehre

Na|ti|o|nal|rat ⟨m.; -(e)s, -rä|te⟩ **1** ⟨unz.⟩ **1.1** ⟨österr.; schweiz.⟩ oberste Volksvertretung **1.2** ⟨früher; kurz für⟩ *~ der Nationalen Front der DDR* oberstes Gremium der Dachorganisation der Parteien u. sozialist. Massenorganisationen der DDR **2** ⟨zählb.⟩ Mitglied eines Nationalrats

Na|ti|o|nal|so|zi|a|lis|mus ⟨m.; -; unz.; Politik⟩ expansive nationalist. u. antidemokratische Bewegung nach dem 1. Weltkrieg, die 1933-1945 in Dtschld. die Macht ausübte; →*a.* Faschismus

Na|ti|o|nal|so|zi|a|list ⟨m.; -en, -en; Politik; Kurzwort: Nazi⟩ Anhänger des Nationalsozialismus

Na|ti|o|nal|so|zi|a|lis|tin ⟨f.; -, -tin|nen; Politik⟩ Anhängerin des Nationalsozialismus

na|ti|o|nal|so|zi|a|lis|tisch ⟨Adj.; Politik⟩ auf dem Nationalsozialismus beruhend, zu ihm gehörig, von seiner Doktrin geprägt

Na|ti|o|nal|staat ⟨m.; -(e)s, -en; Politik⟩ Staat, in dem sich die Gesamtheit seiner Angehörigen als einheitl. Nation fühlt

Na|ti|o|nal|the|a|ter ⟨n.; -s, -; Theat.⟩ **1** die nationale Dramatik pflegendes Theater eines Landes **2** ⟨allg.⟩ repräsentatives

Naturalobligation

Theater (einer Stadt od. eines Kreises)

na|tiv ⟨Adj.⟩ **1** natürlich entstanden **2** ⟨Med.⟩ angeboren [<lat. *nativus* »angeboren, durch Geburt entstanden«]

Na|tive¹ ⟨[nɛɪtɪv] m.; -s, -s⟩ Eingeborener (der brit. Kolonien) [engl.]

Na|tive² ⟨[nɛɪtɪv] f.; -, -s; meist. Pl.⟩ Auster, die nicht in Austernbänken gezüchtet wurde [engl.]

Na|tive Spea|ker ⟨[nɛɪtɪv spiː-kə(r)] m.; - -s, - -; Sprachw.⟩ jmd., dessen Sprache, in der eben gesprochen wird od. von der die Rede ist, als Muttersprache hat, Muttersprachler [engl., »eingeborener, einheimischer Sprecher«]

Na|ti|vis|mus ⟨[-vɪs-] m.; -; unz.⟩ psycholog. Lehre, dass bestimmte Denk- u. Handlungsweisen eines Menschen od. Volkes angeboren sind [<lat. *nativus* »angeboren, durch Geburt entstanden«]

Na|ti|vist ⟨[-vɪst] m.; -en, -en⟩ Anhänger, Vertreter des Nativismus

na|ti|vis|tisch ⟨[-vɪs-] Adj.⟩ **1** auf Nativismus beruhend, zu ihm gehörig **2** angeboren, vererbt [→ *Nativismus*]

Na|ti|vi|tät ⟨[-vi-] f.; -, -en⟩ **1** ⟨veraltet⟩ Geburt **2** ⟨heute; Astrol.⟩ Stand der Gestirne bei der Geburt [<lat. *nativitas* »Geburt«]

NATO, Na|to ⟨f.; -; unz.⟩ Kurzwort für engl.⟩ North Atlantic Treaty Organization, 1949 gegründetes westl. Verteidigungsbündnis; *Sy* Nordatlantikpakt [engl.]

♦ Die Buchstabenfolge **na|tr...** kann auch **nat|r...** getrennt werden.

♦ **Na|tri|um** ⟨n.; -s; unz.; chem. Zeichen: Na⟩ silberweißes, weiches Alkalimetall, Ordnungszahl 11

♦ **Na|tri|um|car|bo|nat** ⟨n.; -(e)s; unz.; Chemie⟩ Natriumsalz der Kohlensäure, bei dem beide Wasserstoffatome der Kohlensäure durch Natrium ersetzt wurden; *oV* Natriumkarbonat; *Sy* ⟨umg.⟩ Soda

♦ **Na|tri|um|chlo|rid** ⟨[-klo-] n.; -(e)s; unz.; Chemie⟩ in Wasser gut lösbares Salz mit farblosen, würfelförmigen Kristallen, Kochsalz; *Sy* Chlornatrium

♦ **Na|tri|um|dampf|lam|pe** ⟨f.; -, -n; Chemie⟩ gelb leuchtende Gasentladungslampe, die kleine Mengen Natrium enthält

♦ **Na|tri|um|hy|dro|gen|car|bo|nat** *auch:* **Na|tri|um|hyd|ro|gen|car|bo|nat** ⟨n.; -(e)s; unz.; Chemie⟩ = Natron

♦ **Na|tri|um|kar|bo|nat** ⟨n.; -(e)s; unz.; Chemie⟩ = Natriumcarbonat

♦ **Na|tri|um|ni|trat** *auch:* **Nat|ri|um|nit|rat** ⟨n.; -(e)s; unz.; Chemie⟩ = Natronsalpeter

♦ **Na|tri|um|salz** ⟨n.; -es, -e; Chemie⟩ Salz des Natriums

♦ **Na|tri|um|sul|fat** ⟨n.; -(e)s; unz.; Chemie⟩ Natriumverbindung der Schwefelsäure zur Herstellung von Glas u. zum Appretieren von Gewebe

♦ **Na|tro|lith** ⟨m.; -s od. -en, -e od. -en; Min.⟩ rhombische Kristalle bildendes Mineral aus der Gruppe der Zeolithe

♦ **Na|tron** ⟨n.; -s; unz.; Chemie; umg. für⟩ doppelt kohlensaures Natrium, Bestandteil von Back-, Brausepulver, Pharmazeutika, Feuerlöschmitteln, Badepulver u. a.; *Sy* Natriumhydrogencarbonat [<arab. *natrun* <altägypt. *ntr(j)*]

♦ **Na|tron|feld|spat** ⟨m.; -(e)s, -e; Chemie⟩ Natrium enthaltender Feldspat

♦ **Na|tron|lau|ge** ⟨f.; -, -n; Chemie⟩ wässrige Lösung aus Natrium u. Wasser

♦ **Na|tron|sal|pe|ter** ⟨m.; -s; unz.; Chemie⟩ Dünge- u. Oxidationsmittel, chem. Natriumnitrat

Nat|schal|nik *auch:* **Nat|schal|nik** ⟨m.; -s, -s; ostdt.; scherzh. od. abwertend⟩ Chef [russ.]

Na|té ⟨[-teː] m.; - od. -s, -s; Textilw.⟩ ein Gewebe aus Wolle, Zellwolle od. Seide, bei dem Kett- u. Schussfäden Gruppen bilden [frz., eigtl. »geflochten«]

Na|tur ⟨f.; -, -en⟩ **1** ⟨unz.⟩ **1.1** die uns umgebende, von Menschen nicht geschaffene Welt u. die ihr innewohnende Schöpferkraft **1.2** ursprünglicher, unverfälschter Zustand, Selbstgewachsenes **1.3** Wald u. Feld, freies Land **2** ⟨zählb.⟩ **2.1** Körperbeschaffenheit **2.2** Wesensart, Veranlagung, Charakter, Temperament **2.3** ⟨oberdt.⟩ Geschlechtsteile **2.4** ⟨österr.⟩ Sperma **2.5** Mensch mit einer bestimmten Wesensart; *die beiden sind einander widersprechende ~en* [<ahd. *natura* <lat. *natura* »Kraft, Trieb; Natur, Naturkraft; Welt, Weltordnung; Schöpfung«]

na|tu|ra → *in natura*

na|tu|ral..., Na|tu|ral... ⟨in Zus.⟩ zur Natur gehörend, auf ihr beruhend, natürlich [<lat. *naturalis* »natürlich, zur Natur gehörig«]

Na|tu|ra|li|en ⟨nur Pl.⟩ **1** Naturerzeugnisse, Lebensmittel; *in ~ bezahlen* **2** Gegenstände einer naturkundl. Sammlung, z. B. Mineralien, Pflanzen, ausgestopfte Tiere [<lat. *(corpora) naturalia*, Neutr. Pl. zu *naturalis* »von Natur; zur Natur gehörig; der Natur entsprechend«]

Na|tu|ra|li|en|ka|bi|nett ⟨n.; -s, -e⟩ naturkundliche Sammlung

Na|tu|ra|li|sa|ti|on ⟨f.; -, -en; veraltet⟩ Einbürgerung; *Ggs* Denaturalisation [frz.]

na|tu|ra|li|sie|ren ⟨V.; veraltet⟩ einbürgern; *Ggs* denaturalisieren [<frz. *naturaliser*]

Na|tu|ra|li|sie|rung ⟨f.; -, -en⟩ Einbürgerung

Na|tu|ra|lis|mus ⟨m.; -, -lis|men⟩ **1** ⟨unz.⟩ Kunstrichtung, die eine möglichst genaue Wiedergabe der Wirklichkeit (auch des Hässlichen) anstrebt; → *a. Moderne* (1) **2** ⟨zählb.⟩ naturalist. Zug eines Kunstwerkes

Na|tu|ra|list ⟨m.; -en, -en⟩ Anhänger, Vertreter des Naturalismus [<frz. *naturaliste*]

na|tu|ra|lis|tisch ⟨Adj.⟩ auf Naturalismus beruhend, in der Art des Naturalismus

Na|tu|ral|lohn ⟨m.; -(e)s, -löh|ne⟩ (zum Teil) in Naturalien gezahlter Lohn, Naturalbezüge, Sachbezüge, Sachleistungen

Na|tu|ral|ob|li|ga|ti|on *auch:* **Na|tu|ral|ob|li|ga|ti|on** ⟨f.; -, -en; Rechtsw.⟩ nicht einklagbare Schuld, z. B. Spielschuld

645

Na|tu|ral|re|sti|tu|ti|on *auch:* **Na|tu|ral|res|ti|tu|ti|on** ⟨f.; -, -en⟩ Schadenersatz durch Wiederherstellung des ursprünglichen Zustandes

na|ture ⟨[-tyːr] Adj.; schweiz.⟩ unvermischt, ohne Zusatz, rein; *Tee* ~ [frz.; eigtl. »Natur«]

na|tu|rell ⟨Adj.⟩ natürlich, ohne Zusätze, unbearbeitet, ungefärbt [<frz. *naturel*]

Na|tu|rell ⟨n.; -s, -e⟩ Naturanlage, Charakter, Temperament, Gemüts-, Wesensart; *er hat ein heiteres* ~ [<frz. *naturel*]

Na|tu|ris|mus ⟨m.; -; unz.⟩ = Nudismus

Na|tu|rist ⟨m.; -en, -en⟩ Anhänger des Naturismus

na|tu|ris|tisch ⟨Adj.⟩ zum Naturismus gehörend, auf ihm beruhend

Na|tur|kon|stan|ten *auch:* **Na|tur|kons|tan|ten** ⟨Pl.; Physik⟩ die wichtigsten Zahlengrößen der Physik, auf deren allgemeiner Gültigkeit sich alle zahlenmäßigen Angaben in der Physik gründen, vor allem Größen, die in der heutigen Physik nicht ableitbar sind u. auf die alle anderen Größen zurückgeführt werden (Lichtgeschwindigkeit, plancksches Wirkungsquantum, Elementarladung)

Na|tur|phi|lo|so|phie ⟨f.; -; unz.⟩ Gesamtheit der philos. Versuche, Wesen, Gesetze u. Formen der Natur zu deuten

Na|tur|raum ⟨m.; -(e)s, -räu|me⟩ Gebiet, das mit biotischen u. abiotischen Faktoren (Klima, Wasser, Boden usw.) ausgestattet ist, die vom Menschen mehr od. weniger intensiv genutzt werden (können)

Na|tur|raum|po|ten|ti|al ⟨n.; -s, -e⟩ = Naturraumpotenzial

Na|tur|raum|po|ten|zi|al ⟨n.; -s, -e⟩ = Adaptionspotenzial; *oV* Naturraumpotential

Na|tur|recht ⟨n.; -(e)s; unz.⟩ im Wesen des Menschen begründetes, von staatlichen u. gesellschaftlichen Verhältnissen unabhängiges Recht

Na|tur|ton ⟨m.; -(e)s, -tö|ne⟩ **1** Farbton, der in der Natur vorkommt (bes. braun) **2** ⟨Musik⟩ durch bloßes Anblasen eines Instruments hervorgebrachter Ton (ohne Klappen o. Ä. zu betätigen)

Naua¹ ⟨m.; - od. -s, - od. -s⟩ Angehöriger eines mittelamerikan. Indianerstammes

Naua² ⟨n.; -; unz.⟩ Sprache eines mittelamerikan. Indianerstammes

Nau|arch ⟨m.; -en, -en; im antiken Griechenland⟩ Befehlshaber eines Schiffes [<grch. *nauarchos*; zu *naus* »Schiff« + *archein* »befehlen«]

Nau|pli|us *auch:* **Naup|li|us** ⟨m.; -, -pli|en; Zool.⟩ Larve der niedrigen Krebse mit zwei Fühler- u. drei Beinpaaren u. einem unpaaren Auge [lat. <grch. *nauplios*]

Nau|sea ⟨f.; -; unz.; Med.⟩ Übelkeit, die vor allem durch die Seekrankheit hervorgerufen wird [<grch. *nausia* »Seekrankheit«]

...naut ⟨Nachsilbe; zur Bildung männl. Subst.⟩ Fahrer, Teilnehmer einer Expedition; *Astronaut; Kosmonaut* [<grch. *nautes* »Schiffer, Seemann«; zu *naus* »Schiff«]

Nau|tik ⟨f.; -; unz.; Schiff.⟩ Lehre von der Führung eines Schiffes, von der Schifffahrt u. ihren Hilfsmitteln, von den Gewässern u. Wetterverhältnissen, der Standortbestimmung usw., Schifffahrtskunde [<grch. *nautike (techne)* »Schifffahrtskunde«]

Nau|ti|ker ⟨m.; -s, -; Schiff.⟩ Kenner der Nautik

Nau|ti|lus ⟨m.; -, - od. -se; Zool.⟩ Gattung der Kopffüßer mit spiraliger, in Kammern unterteilter Schale, Perlboot [neulat. <grch. *nautilos*, eigtl. »Seemann«; zu *naus* »Schiff«]

nau|tisch ⟨Adj.; Schiff.⟩ die Nautik betreffend, auf ihr beruhend; *~e Karte* Karte mit geograph., ozeanograph. u. navigatorischen Hinweisen [<grch. *nautikos* »die Schiff- od. Seefahrt betreffend«]

Na|vel|oran|ge ⟨[nɛɪvəloraːʒə] f.; -, -n⟩ Apfelsinensorte ohne Kerne [<engl. *navel* »Nabel« + *Orange*]

Na|vi|cert ⟨[nɛɪvɪsœːrt] n.; -s, -s⟩ engl. Geleitbrief für neutrale Handelsschiffe im Kriege [engl.; verkürzt <*navigation certificate* »Schifffahrtsbescheinigung«]

Na|vi|cu|la ⟨[-viː] f.; -, -cu|lae⟩ **1** ⟨kath. Kirche⟩ Gefäß zum Aufbewahren von Weihrauch **2** ⟨Biol.⟩ Schiffchenalge, größte Gattung der Kieselalgen, im Süß-, Brack- u. Meerwasser vorkommend [lat. Verkleinerungsform von *navis* »Schiff«]

Na|vi|ga|ti|on ⟨[-vi-] f.; -; unz.; Schiff.⟩ **1** Lehre von der Führung der Schiffe od. Flugzeuge **2** Orts- u. Kursbestimmung von Schiffen u. Flugzeugen [<lat. *navigatio* »Schifffahrt«]

Na|vi|ga|ti|ons|sys|tem ⟨[-vi-] n.; -s, -e⟩ Schiff.; Flugw.⟩ System zur Kursbestimmung u. -kontrolle bei Schiffen u. Flugzeugen **2** ⟨Kfz⟩ System für satelliten- bzw. computergesteuerte Verkehrsführung, die per Bordcomputer im Fahrzeug empfangen wird

Na|vi|ga|tor ⟨[-vi-] m.; -s, -to|ren; Schiff.; Flugw.⟩ jmd., der für die Navigation eines Schiffes od. Flugzeuges zuständig ist [lat., »Schiffer«]

na|vi|ga|to|risch ⟨[-vi-] Adj.; Schiff.; Flugw.⟩ die Navigation betreffend, zu ihr gehörend [zu lat. *navigare* »schiffen, zur See fahren«]

na|vi|gie|ren ⟨[-vi-] V.; Schiff.; Flugw.⟩ den Standort od. Kurs eines Schiffes od. Flugzeuges bestimmen [<lat. *navigare* »schiffen, zur See fahren«]

Nä|vus ⟨[-vus] m.; -, Nä|vi; Med.⟩ = Naevus

Nay ⟨[naɪ] m.; -s, -s; Musik⟩ klassische arab. Rohrflöte mit einer Länge zwischen 30 u. 80 cm u. mit bis zu zehn Grifflöchern [arab.]

Na|za|rä|er ⟨m.; -s, -; Rel.⟩ **1** *der* ~ Jesus Christus **2** ⟨Pl.⟩ die ersten Christen, Urchristen

Na|za|re|ner ⟨m.; -s, -; Rel.⟩ **1** Einwohner von Nazareth; *der* ~ Jesus Christus **2** ⟨Pl.⟩ christliche Sekte **3** ⟨urspr. Spottname; später allg.⟩ Angehöriger des Lukasbundes, einer Malergruppe der Romantik, die eine Erneuerung der christlichen Kunst erstrebte [nach *Nazareth*, arab.

En Nasira, Stadt in Palästina u. Heimatort Jesu]

na|za|re|nisch ⟨Adj.⟩ zu den Nazarenern (3) gehörend, sie betreffend, ihrem Stil gemäß

Na|zi ⟨m.; -s, -s; Kurzwort für⟩ Nationalsozialist

Na|zis|mus ⟨m.; -, -zis|men⟩ **1** ⟨unz.; Kurzwort für⟩ Nationalsozialismus **2** eine vom Nationalsozialismus geprägte sprachl. Wendung

na|zis|tisch ⟨Adj.; kurz für⟩ nationalsozialistisch

Nb ⟨chem. Zeichen für⟩ Niob

NB ⟨Abk. für⟩ notabene

NC ⟨Abk. für⟩ **1** Numerus clausus **2** ⟨EDV⟩ Numerical Control, numerische Kontrolle (von Werkzeugmaschinen); *Sy* numerische Steuerung

Nd ⟨chem. Zeichen für⟩ Neodym

Ne ⟨chem. Zeichen für⟩ Neon

ne..., **Ne...** ⟨in Zus.⟩ = neo..., Neo...

Ne|a|pol|li|ta|ner ⟨m.; -s, -⟩ **1** Einwohner der ital. Stadt Neapel **2** ⟨österr.⟩ eine Art gefüllter Waffel **3** ⟨Musik⟩ = neapolitanischer Sextakkord

ne|a|pol|li|ta|nisch ⟨Adj.⟩ **1** ⟨allg.⟩ Neapel betreffend, von dort stammend, dazu gehörig **2** ⟨Musik⟩ *~er Sextakkord* Dreiklang der Mollsubdominante, bei dem die kleine Sexte die Quinte ersetzt; *Sy* Neapolitaner (3)

Ne|ark|tis ⟨f.; -; unz.; Geogr.⟩ eine der beiden großen, gemäßigt kalten Zonen der Erde, die Nordamerika mit Grönland u. die Hochländer von Mexiko umfasst; →*a.* Paläarktis

ne|ark|tisch ⟨Adj.; Geogr.⟩ **1** westlich gemäßigt **2** *~e Region*; *~e Zone* Grönland, Kanada, die USA u. Mexiko umfassender biogeograph. Bereich

Ne|ar|thro|se *auch:* **Ne|arth|ro|se** ⟨f.; -, -n; Med.⟩ (krankhafte) Gelenkneubildung [<*Neo...* + *Arthrose*]

neb|bich! ⟨Adv.⟩ leider!, schade! [jidd.]

Neb|bich ⟨m.; -s, -s; österr.⟩ unbedeutender Mensch

Ne|ben|schluss|ge|ne|ra|tor ⟨m.; -s, -en; El.⟩ elektr. Generator, bei dem Erregerwicklung u. Anker parallel geschaltet sind

Ne|bu|lar|hy|po|the|se ⟨f.; -; unz.⟩ von I. Kant aufgestellte Theorie über die Entstehung des Sonnensystems aus einem Gasnebel

ne|bu|los ⟨Adj.⟩ unklar, nebelhaft, verschwommen; *oV* nebulös

ne|bu|lös ⟨Adj.⟩ = nebulos

Necessaire / Nessessär (*Laut-Buchstaben-Zuordnung*) Im Zuge der Integration fremdsprachlicher Wörter in die deutsche Standardsprache kann neben die ursprüngliche, der Herkunftssprache folgende Orthographie eine integrierte Schreibweise mit angepasster Laut-Buchstaben-Zuordnung treten (→*a.* Nougat / Nugat).

Ne|ces|saire ⟨[nesesɛ:r] n.; -s, -s⟩ Behälter für kleine Gebrauchsgegenstände, z. B. für Nähzeug; *oV* Nessessär; *Reise~*; *Nagel~* [<frz. *nécessaire* »Behälter für notwendige Gebrauchsgegenstände«, eigtl. »notwendig«]

Neck ⟨m.; -en, -en; dt. Myth.⟩ männl. Wassergeist; *oV* Nöck [<schwed. *näck* »Nix, Wassergeist«]

Ne|cking ⟨n.; - od. -s; unz.⟩ Austausch von Liebkosungen unter Jugendlichen; →*a.* Petting [zu engl. *neck* »schmusen«]

Need ⟨[ni:d] n.; -s; unz.; Psych.⟩ Menge aller subjektiven, an der Umwelt orientierten Bedürfnisse u. Verlangen [<engl. *need* »Bedürfnis«]

Ne|fas ⟨[-fa:s] n.; -; unz.⟩ im antiken Rom die Gesamtheit des von den Göttern Verbotenen; *Ggs* Fas [lat., »Gottlosigkeit, Frevel, Unrecht« <*ne* »nicht« + *fas* »göttliches Recht«]

Ne|ga|ti|on ⟨f.; -, -en⟩ Verneinung; *Sy* Negierung; *Ggs* Position (8), Affirmation; *~ eines Urteils* [<lat. *negatio*]

Ne|ga|ti|ons|schal|tung ⟨f.; -, -en; EDV⟩ = Negator (2)

ne|ga|tiv ⟨a. [¯ ¯ ¯ ¯ʹ] Adj.⟩ *Ggs* positiv, affirmativ **1** verneinend; *~er Befund* ⟨Med.⟩ B., dass keine Anzeichen einer Krankheit vorliegen **2** ablehnend; *~e Haltung* **3** ergebnislos; *alle Bemühungen blieben ~* **4** ⟨Math.; Zei-chen: -⟩ kleiner als Null **5** ⟨Fot.⟩ in den Farben bzw. in der Helligkeit gegenüber dem Original vertauscht **6** ⟨Physik⟩ mehr Elektronen als Protonen aufweisend; *Sy* minus (2) **7** ⟨El.⟩ *~er Pol* Pol, an dem Elektronen aus einem Körper austreten [<lat. *negativus* »verneinend«]

Ne|ga|tiv ⟨n.; -s, -e [-və]; Fot.⟩ fotograf. aufgenommenes Bild nach dem Entwickeln, bei dem Licht u. Schatten gegenüber dem Original vertauscht sind; *Ggs* Positiv²

Ne|ga|ti|ve ⟨[-və] f.; -, -n⟩ **1** Verneinung **2** Ablehnung

Ne|ga|ti|vis|mus ⟨[-vɪs-] m.; -; unz.⟩ ablehnende, zurückweisende Grundhaltung

ne|ga|ti|vis|tisch ⟨[-vɪs-] Adj.⟩ den Negativismus betreffend

Ne|ga|ti|vi|tät ⟨[-vi-] f.; -; unz.⟩ verneinendes, ablehnendes Verhalten

Ne|ga|ti|vum ⟨[-vum] n.; -s, -va [-va]⟩ etwas Negatives, etwas, was als negativ empfunden wird; *Ggs* Positivum

Ne|ga|tor ⟨m.; -s, -to|ren⟩ **1** ⟨Logik; Math.⟩ Wort od. Zeichen, das dem Ausdruck der aussagenlogischen Negation dient **2** ⟨EDV⟩ binäre Grundschaltung, bei der das Ausgangssignal den entgegengesetzten Wert des Eingangssignals hat; *Sy* Inverter, Negationsschaltung, NICHT-Glied

Ne|ga|tron *auch:* **Ne|gat|ron** ⟨n.; -s, -tro|nen; Physik; selten⟩ = Elektron

Ne|ger ⟨m.; -s, -; abwertende Bez. für⟩ **1** Negride(r) **2** Nachkomme der nach Amerika verschleppten Schwarzafrikaner, Schwarze(r) [<frz. *nègre* <span. *negro* <lat. *niger* »schwarz«]

ne|gie|ren ⟨V.⟩ *Ggs* affirmieren **1** verneinen, ablehnen **2** bestreiten [<lat. *negare*]

Ne|gie|rung ⟨f.; -, -en⟩ = Negation

♦ Die Buchstabenfolge **negli...** kann auch **negli...** getrennt werden.

♦ **Ne|gli|gé** ⟨[-ʒe:] n.; -s, -s⟩ = Negligee

negligeant

◆ **ne|gli|geant** ⟨[-ʒant] Adj.; veraltet⟩ nachlässig, unachtsam [<frz. *négligent* »nachlässig«]

Negligé / Negligee (*Laut-Buchstaben-Zuordnung*) Diakritische Zeichen in Fremdwörtern zur Kennzeichnung einer Betonung o. Ä. können auch durch unmarkierte Buchstaben ersetzt werden.
Dies gilt auch für das aus dem Französischen entlehnte »é«, das eine Vokallänge kennzeichnet, die im Deutschen durch die Doppelung des entsprechenden Vokals gekennzeichnet wird (→*a*. Dekolleté / Dekolletee).

◆ **Ne|gli|gee** ⟨[-ʒeː] n.; -s, -s⟩ über dem Nachthemd zu tragender, leichter, bequemer Morgenmantel für Damen; *oV* Negligé [<frz. *négligé* »Morgenrock, Hauskleid«, eigtl. »nachlässige, lässig-intime Kleidung«; zu *négliger* »vernachlässigen«]

◆ **ne|gli|gen|te** ⟨[-dʒɛnta] Adj.; Musik⟩ nachlässig, flüssig (zu spielen) [zu ital. *negligere* <lat. *neglegere* »vernachlässigen«]

◆ **ne|gli|gie|ren** ⟨[-ʒiːren] Adj.⟩ *jmdn. od. etwas* ~ vernachlässigen, nicht beachten [zu frz. *négliger* <lat. *neglegere* »vernachlässigen«]

ne|go|zia|bel ⟨Adj.; Wirtsch.; veraltet⟩ handelsfähig, umsetzbar (von Waren od. Geldsorten); *ein negoziabler Wechsel* [<frz. *négociable* »verkäuflich«]

Ne|go|zia|ti|on ⟨f.; -, -en; Wirtsch.⟩ Verkauf von Wertpapieren durch eine Bank [<frz. *négociation* »Verhandlung, Unterhandlung« <lat. *negotiatio* »Bankgeschäft, Großhandel«]

ne|go|zi|ie|ren ⟨V.; Wirtsch.; veraltet⟩ Handel treiben, Geschäfte abschließen, Wechsel begeben [zu frz. *négocier* <lat. *negotiari* »Handel treiben«]

◆ Die Buchstabenfolge **ne|gr...** kann auch **neg|r...** getrennt werden.

◆ **ne|grid** ⟨Adj.⟩ zu den Negriden gehörig, sie betreffend, ihre Rassenmerkmale zeigend [<*Neger* + ...*id*]

◆ **Ne|gri|de(r)** ⟨f. 2 (m. 1)⟩ Angehörige(r) der in Afrika südlich der Sahara beheimateten Menschenrasse, die durch dunkelbraune bis schwarze Haut u. schwarze, kurze, krause Haare gekennzeichnet ist; *Sy* ⟨abwertend⟩ Neger (1)

◆ **Ne|gri|to** ⟨m.; - od. -s, - od. -s⟩ Angehöriger eines kleinwüchsigen negriden Volkes auf den Andamanen, den Philippinen u. Malakka [span., Verkleinerungsform zu *negro*; → *Neger*]

◆ **Ne|gri|tude** ⟨[-tyːd] f.; -; unz.⟩ Rückbesinnung der Schwarzen auf ihre afrikan. Kulturtradition [frz., »Schwarzsein«]

◆ **ne|gro|id** ⟨Adj.⟩ den Negriden ähnlich

◆ **Ne|gro|i|de(r)** ⟨f. 2 (m. 1)⟩ Mensch mit Rassenmerkmalen, die denen der Negriden ähneln

◆ **Ne|gro|spi|ri|tu|al** ⟨[ˈniːgrouspɪrɪtjʊəl] m. od. n.; -s, -s; Musik⟩ religiöses Lied der in den Südstaaten der USA lebenden amerikanischen Schwarzen [engl.-amerikan.]

Ne|gus ⟨m.; -, - od. -se; Titel für⟩ Kaiser von Äthiopien [amharisch; *älter* <äthiop. *negusa nagast* »König d. Könige«]

◆ Die Buchstabenfolge **ne|kr...** kann auch **nek|r...** getrennt werden.

◆ **ne|kro..., Ne|kro...** ⟨in Zus.⟩ tot..., toten..., Toten..., Leichen... [<grch. *nekros* »tot, gestorben«, Toter, Verstorbener«]

◆ **Ne|kro|bi|o|se** ⟨f.; -; unz.; Biol.⟩ langsames Absterben einzelner Zellen [<*Nekro...* + ...*biose*]

◆ **Ne|kro|hor|mon** ⟨n.; -s, -e; Biochemie⟩ Hormon, das in verletzten Pflanzenteilen die Wundheilung anregt

◆ **Ne|kro|log** ⟨m.; -(e)s, -e⟩ 1 Nachruf auf einen Verstorbenen 2 Verzeichnis der Todestage von Mitgliedern einer kirchl. Gemeinschaft; *oV* Nekrologium [<*Nekro...* + ...*log*]

◆ **Ne|kro|lo|gie** ⟨f.; -; unz.⟩ Lehre von den Ursachen der Sterblichkeit, Todesstatistik [<*Nekro...* + ...*logie*]

◆ **Ne|kro|lo|gi|um** ⟨n.; -s, -gi|en⟩ = Nekrolog (2)

◆ **Ne|kro|ma|nie** ⟨f.; -; unz.⟩ = Nekrophilie [<*Nekro...* + *Manie*]

◆ **Ne|kro|mant** ⟨m.; -en, -en; in der Antike⟩ Toten-, Geisterbeschwörer [<grch. *nekros* »Toter« + *mantis* »Seher«]

◆ **Ne|kro|man|tie** ⟨f.; -; unz.⟩ Weissagung durch Beschwörung der Geister von Toten; *Sy* Psychomantie [<*Nekro...* + ...*mantie*]

◆ **Ne|kro|pha|ge** ⟨m.; -n, -n; Biol.⟩ Tier, das sich nur von toten Organismen ernährt [<grch. *nekros* »tot« + *phagein* »essen«]

◆ **ne|kro|phil** ⟨Adj.⟩ die Nekrophilie betreffend, auf ihr beruhend

◆ **Ne|kro|phi|lie** ⟨f.; -; unz.⟩ Neigung, sexuelle Handlungen an Toten vorzunehmen; *Sy* Nekromanie [<grch. *nekros* »tot« + *philia* »Liebe«]

◆ **Ne|kro|pho|bie** ⟨f.; -; unz.⟩ krankhafte Angst vor dem Tod od. vor Toten [<grch. *nekros* »tot« + *Phobie*]

◆ **Ne|kro|po|le** ⟨f.; -, -n⟩ = Nekropolis

◆ **Ne|kro|po|lis** ⟨f.; -, -po|len⟩ ausgedehnte urgeschichtl. od. antike Begräbnisstätte, Totenstadt; *oV* Nekropole [<*Nekro...* + grch. *polis* »Stadt«]

◆ **Ne|kro|psie** ⟨f.; -; unz.; Anat.⟩ Leichenschau mit Leichenöffnung; *Sy* Nekroskopie [<*Nekro...* + ...*opsie*]

◆ **Ne|kro|se** ⟨f.; -, -n; Med.⟩ Absterben von Organen, Organteilen od. Geweben, Gewebstod [<grch. *nekros* »tot, gestorben«; Toter«]

◆ **Ne|kro|sko|pie** *auch:* **Ne|kros|ko|pie** ⟨f.; -, -n; Anat.⟩ = Nekropsie [<*Nekro...* + ...*skopie*]

◆ **Ne|kro|sper|mie** ⟨f.; -; unz.; Med.⟩ Zeugungsunfähigkeit infolge von Unbeweglichkeit der Spermien

◆ **ne|kro|tisch** ⟨Adj.; Med.⟩ auf Nekrose beruhend, abgestorben

Nek|tar ⟨m.; -s; unz.⟩ 1 ⟨grch. Myth.⟩ Unsterblichkeit verleihender Göttertrank 2 ⟨Bot.⟩ eine zuckerhaltige Absonderung der Blüten [<grch. *nektar* »Göttertrank«]

Nek|ta|rien ⟨Pl. von⟩ Nektarium
Nek|ta|ri|ne ⟨f.; -, -n; Bot.⟩ glatthäutiger Pfirsich [→ *Nektar*]
nek|ta|risch ⟨Adj.⟩ **1** süß wie Nektar **2** ⟨fig.⟩ göttlich
Nek|ta|ri|um ⟨n.; -s, -ri|en; Bot.⟩ Honigdrüse
Nek|ti|on ⟨f.; -, -en; Sprachw.⟩ Verbindung mehrerer gleichartiger Satzteile od. Sätze durch koordinierende Konjunktionen [zu lat. *nectere* »knüpfen, verknüpfen«]
Nek|tiv ⟨n.; -s, -e [-və]; Sprachw.⟩ koordinierende Konjunktion, z. B. »oder«
Nek|ton ⟨n.; -s; unz.; Zool.⟩ die aus eigener Kraft sich fortbewegende Tierwelt des Wassers; *Ggs* Plankton [zu grch. *nektos* »schwimmend«]
nek|to|nisch ⟨Adj.; Zool.⟩ das Nekton betreffend, dazu gehörig; *Ggs* planktonisch
Nel|son ⟨m.; - od. -s, - od. -s; Sport; Ringen⟩ am Nacken des Gegners angesetzter Griff, Nackenhebel [engl.]
Ne|mat|hel|min|then ⟨Pl.; Zool.⟩ Rundwürmer [<grch. *nema*, Gen. *nematos* »Faden« + *Helminthe*]
Ne|ma|ti|zid ⟨n.; -(e)s, -e; Chemie⟩ Pflanzenschutzmittel zur Bekämpfung von Pflanzen schädigender Nematoden
Ne|ma|to|den ⟨Pl.; Zool.⟩ Fadenwürmer [<grch. *nema*, Gen. *nematos* »Faden«]
Ne|ma|to|zid ⟨n.; -s, -e; Chemie⟩ Mittel zur Bekämpfung der Fadenwürmer [<grch. *nema*, Gen. *nematos* »Faden« + ...*zid²*]
Ne|me|sis ⟨f.; -; unz.⟩ strafende od. vergeltende Gerechtigkeit [nach der grch. Göttin der gerechten Vergeltung u. der Rache]
ne|o..., **Neo...** ⟨vor Vokalen⟩ ne..., Ne... ⟨in Zus.⟩ neu..., Neu... **2** erneuert **3** jung [<grch. *neos* »neu«]
Ne|o|dym ⟨n.; -s; unz.; chem. Zeichen: Nd⟩ chem. Element aus der Gruppe der Lanthanoiden, Ordnungszahl 60 [<*Neo*... + grch. *didymos* »doppelt«]
Ne|o|fa|schis|mus ⟨m.; -; unz.; Politik; nach dem 2. Weltkrieg⟩ Strömung, die den Faschismus wiederzubeleben versucht

Ne|o|fa|schist ⟨m.; -en, -en; Politik⟩ Vertreter, Anhänger des Neofaschismus
Ne|o|fa|schis|tin ⟨f.; -, -tin|nen; Politik⟩ Vertreterin, Anhängerin des Neofaschismus
ne|o|fa|schis|tisch ⟨Adj.; Politik⟩ in der Art des Neofaschismus, auf ihm beruhend; *~e Tendenzen*
Ne|o|gaul|lis|mus ⟨[-go-] m.; -; unz.; Politik⟩ parteilich organisierte polit. Strömung in Frankreich, die auf den Prinzipien Charles de Gaulles basiert; →*a.* Gaullismus
ne|o|gaul|lis|tisch ⟨[-go-] Adj.; Politik⟩ den Neogaullismus betreffend, auf ihm beruhend
ne|o|gen ⟨Adj.; Geol.⟩ zum Neogen gehörig, daraus stammend
Ne|o|gen ⟨n.; -s; unz.; Geol.⟩ jüngere Abteilung des Tertiärs; *Sy* Jungtertiär [<*Neo*... + ...*gen²*]
Ne|o|klas|si|zis|mus ⟨m.; -; unz.; Kunst⟩ an den Klassizismus anknüpfende Kunstrichtung
ne|o|klas|si|zis|tisch ⟨Adj.; Kunst⟩ zum Neoklassizismus gehörig, seinem Stil gemäß
Ne|o|ko|lo|ni|a|lis|mus ⟨m.; -; unz.; Politik⟩ Politik der Industrieländer gegenüber den Staaten der Dritten Welt, die indirekt auf die Aufrechterhaltung der wirtschaftlichen u. politischen Abhängigkeit dieser Länder abzielt [<*Neo*... + *Kolonialismus*]
ne|o|kom ⟨Adj.; Geol.⟩ zum Neokom gehörig, daraus stammend
Ne|o|kom ⟨n.; -s; unz.; Geol.⟩ eine Stufe der unteren Kreideformation [nach lat. *Neocomum* »Neuenburg«]
Ne|o|lin|gu|is|tik ⟨f.; -; unz.; Sprachw.; Anfang des 20. Jh.⟩ Strömung innerhalb der Linguistik, die die Sprache als individuellen, kreativen Schöpfungsakt auffasste u. Sprachwissenschaft als Zweig der Ästhetik betrachtete; *Sy* idealistische Sprachwissenschaft
Ne|o|li|thi|ker ⟨m.; -s, -; Geol.⟩ Mensch des Neolithikums
Ne|o|li|thi|kum ⟨n.; -s; unz.; Geol.⟩ Jungsteinzeit [<*Neo*... + ...*lithikum*]

ne|o|li|thisch ⟨Adj.; Geol.⟩ jungsteinzeitlich
Ne|o|lo|gie ⟨f.; -, -n⟩ **1** ⟨zählb.; veraltet⟩ Neuerung, sprachl. Neubildung, Neologismus **2** ⟨unz.; Theol.⟩ aufklärerische, rationalistische Richtung der evang. Theologie des 18. Jh., die den theol. Lehre den Erkenntnissen der damaligen Wissenschaften anzupassen suchte [<*Neo*... + *logos* »Wort, Rede, Kunde«]
ne|o|lo|gisch ⟨Adj.⟩ **1** die Neologie betreffend, erneuernd **2** aufklärerisch (im Sinne der Neologie des 18. Jh.)
Ne|o|lo|gis|mus ⟨m.; -, -gis|men; Sprachw.⟩ neu gebildeter sprachlicher Ausdruck, Wortneubildung [<*Neo*... + grch. *logos* »Wort«]
Ne|o|mar|xis|mus ⟨m.; -; unz.; Politik⟩ (nach dem 2. Weltkrieg entstandene) marxistische Strömung, die den Stalinismus ablehnt, an Frühschriften von Marx anknüpft u. seine Theorie durch psycholog. Aspekte erweitert
Ne|o|mor|ta|li|tät ⟨f.; -; unz.; Med.⟩ Frühsterblichkeit bei Säuglingen [<*Neo*... + *Mortalität*]
Ne|on ⟨n.; -s; unz.; chem. Zeichen: Ne⟩ Edelgas, chem. Element, Ordnungszahl 10 [<grch. *neos* »neu, jung«]
Ne|o|na|to|lo|ge ⟨m.; -n, -n; Med.⟩ **1** Mediziner, der Neugeborene behandelt **2** Wissenschaftler auf dem Gebiet der Neonatologie
Ne|o|na|to|lo|gie ⟨f.; -; unz.; Med.⟩ Teilgebiet der Medizin, das sich mit der Physiologie u. Pathologie Neugeborener befasst [<*Neo*... + lat. *natio* »Geburt« + ...*logie*]
Ne|o|na|to|lo|gin ⟨f.; -, -gin|nen; Med.⟩ weibl. Neonatologe
Ne|o|na|zi ⟨m.; -s, -s; Politik⟩ Anhänger, Verfechter des Neonazismus; *Sy* Neonazist
Ne|o|na|zis|mus ⟨m.; -; unz.; Politik⟩ Strömung (nach 1945), die den Nationalsozialismus wiederzubeleben versucht; →*a.* Neofaschismus
Ne|o|na|zist ⟨m.; -en, -en; Politik⟩ = Neonazi

Neonazistin

Ne|o|na|zis|tin ⟨f.; -, -tin|nen; Politik⟩ Anhängerin, Verfechterin des Neonazismus

ne|o|na|zis|tisch ⟨Adj.; Politik⟩ zum Neonazismus gehörend, auf ihm beruhend, in seinem Geiste denkend, handelnd

Ne|on|fisch ⟨m.; -(e)s, -e; Zool.⟩ ca. 3 cm kleiner Salmler aus dem Amazonasgebiet mit einem von der Stirn bis zur Fettflosse strahlend blaugrün irisierenden Strich, beliebter Aquarienfisch: Paracheirodon innesi, Cheirodon axelrodi

Ne|on|röh|re ⟨f.; -, -n⟩ mit Neon gefüllte Leuchtröhre

Ne|o|pal|li|um ⟨n.; -s, -li|en; Anat.⟩ Großhirnrinde [⟨grch. *neos* »neu, jung« + lat. *pallium* »Mantel«]

Ne|o|phyt ⟨m.; -en, -en⟩ **1** ⟨in der urchristl. Gemeinde⟩ durch die Taufe neu Aufgenommener **2** ⟨Bot.⟩ Pflanzenart, die in historischer Zeit eingeschleppt wurde u. sich inzwischen eingebürgert hat [⟨*Neo...* + ...*phyt*⟩]

Ne|o|phy|ti|kum ⟨n.; -s; unz.; Geol.; Biol.⟩ = Känophytikum

Ne|o|plas|ma ⟨n.; -s, -plas|men; Med.⟩ Geschwulst

Ne|o|plas|ti|zis|mus ⟨m.; -; unz.; Mal.⟩ (vom Kubismus geprägte) Stilrichtung der modernen Malerei, die sich in der Bildgestaltung auf senkrechte u. waagerechte Linien sowie auf die Verwendung der Primärfarben beschränkt, vertreten durch P. Mondrian

Ne|o|pla|to|nis|mus ⟨m.; -; unz.; antike Philos.⟩ philos. Richtung des 3.-6. Jh. n. Chr., entstanden durch Verschmelzung platonischen, aristotelischen u. pythagoreischen Gedankenguts mit christlicher u. orientalischer Mystik u. Religion, Vertreter waren u. a. Plotin, Plutarch u. Boethius; *Sy* Neuplatonismus

Ne|o|po|si|ti|vis|mus ⟨[-vɪs-] m.; -; unz.⟩ philos. Strömung im 20. Jh., die auf den Positivismus zurückgeht

Ne|o|pren® *auch:* **Ne|op|ren®** ⟨n.; -s; unz.; Chem.⟩ ein synthet. Kautschuk mit hoher Beständigkeit gegen chem. Beanspruchungen, schwer entflammbar (für Dichtungen, Keilriemen, Schläuche verwendet) [⟨*Neo...* + *Propen*⟩]

Ne|o|re|a|lis|mus ⟨m.; -; unz.; bes. Lit.; Film⟩ = Neoverismus

Ne|o|te|nie ⟨f.; -; unz.; Biol.⟩ Eintritt der Geschlechtsreife bei Tieren, die noch Merkmale einer Larve aufweisen [⟨*Neo...* + grch. *teinein* »sich ausdehnen«⟩]

Ne|o|tro|pis ⟨f.; -; unz.; Geogr.⟩ einer der Tier- u. Pflanzengroßräume der Erde, der Süd- u. Mittelamerika mit den Antillen umfasst [⟨*Neo...* + grch. *tropos* »Wendung, Wechsel«⟩]

ne|o|tro|pisch ⟨Adj.; Geogr.⟩ zu den Tropen der Neuen Welt gehörig; ~*e Region* das biogeographische Gebiet Mittel- u. Südamerikas

Ne|ot|tia ⟨f.; -; unz.; Bot.⟩ Nestwurz (eine Orchideenart) [⟨grch. *neottia* »Nest«⟩]

Ne|o|ve|ris|mus ⟨[-ve-] m.; -; unz.; bes. Lit. u. Film⟩ von Italien ausgehende, den Verismus weiterführende künstler. Stilrichtung; *Sy* Neorealismus

Ne|o|vi|ta|lis|mus ⟨[-vi-] m.; -; unz.; Philos.⟩ Erneuerung des Vitalismus

Ne|o|zo|i|kum ⟨n.; -s; unz.; Geol.⟩ = Känozoikum

Ne|per ⟨n.; -s, -; Physik; Zeichen: N⟩ elektrotechn. Maßeinheit der Dämpfung od. Verstärkung in Vierpolen, z. B. Filtern, Verstärkern [nach dem engl. Mathematiker John *Napier*, 1550-1617]

Ne|phe|lin ⟨m.; -s, -e; Min.⟩ Mineral aus der Gruppe der Feldspate, chem. ein Natrium-Aluminium-Silicat [⟨grch. *nephele* »Wolke«⟩]

Ne|phe|lo|me|ter ⟨n.; -s, -; Chemie⟩ Gerät zur Nephelometrie [⟨grch. *nephele* »Wolke« + ...*meter*⟩]

Ne|phe|lo|me|trie *auch:* **Ne|phe|lo|met|rie** ⟨f.; -; unz.; Chemie⟩ Messung der Trübung von Flüssigkeiten od. Gasen zur Überwachung von industriellen Prozessen od. zur Analyse mit optischen Geräten [⟨grch. *nephele* »Wolke« + ...*metrie*⟩]

Ne|phos|kop *auch:* **Ne|phos|kop** ⟨n.; -s, -e; Meteor.⟩ Gerät zur Bestimmung der Richtung u. Geschwindigkeit des Wolkenzuges [⟨grch. *nephos* »Wolke« + ...*skop*⟩]

◆ Die Buchstabenfolge **nephr...** kann auch **neph|r...** getrennt werden.

◆ **ne|phr..., Ne|phr...** ⟨in Zus.⟩ = nephro..., Nephro...

◆ **Ne|phral|gie** ⟨f.; -, -n; Med.⟩ Schmerzhaftigkeit der Nieren [⟨*Nephr...* + ...*algie*⟩]

◆ **Ne|phrek|to|mie** ⟨f.; -, -n; Med.⟩ operative Entfernung der Niere [⟨*Nephro...* + *Ektomie*⟩]

◆ **Ne|phri|di|um** ⟨n.; -s, -di|en; Zool.⟩ im Tierreich weit verbreitetes Ausscheidungsorgan, das entweder blind geschlossen od. als Kanälchen ausgebildet ist [⟨grch. *nephros* »Niere«⟩]

◆ **Ne|phrit** ⟨m.; -s, -e; Min.⟩ Mineral aus der Gruppe der Amphibole, das in der Vorzeit für Werkzeuge verwendet wurde [⟨grch. *nephros* »Niere« (nach der Vorstellung, dass das Mineral gegen Nierenerkrankungen wirken sollte)⟩]

◆ **Ne|phri|tis** ⟨f.; -, -ti|den; Med.⟩ Entzündung der Nieren [⟨*Nephr...* + ...*itis*⟩]

◆ **ne|phro..., Nephro...** ⟨vor Vokalen⟩ nephr..., Nephr... ⟨in Zus.⟩ nieren..., Nieren... [⟨grch. *nephros* »Niere«⟩]

◆ **ne|phro|gen** ⟨Adj.; Med.⟩ von den Nieren ausgehend [⟨*nephro...* + ...*gen¹*⟩]

◆ **Ne|phro|lith** ⟨m.; -s, -e od. -en; Med.⟩ Nierenstein; →*a.* Nephrolithiase [⟨*Nephro...* + ...*lith*⟩]

◆ **Ne|phro|li|thi|a|se** ⟨f.; -, -n; Med.⟩ Bildung von Nierensteinen [⟨*Nephro...* + *Lithiasis*⟩]

◆ **Ne|phro|li|tho|to|mie** ⟨f.; -, -n; Med.⟩ operative Entfernung von Nierensteinen

◆ **Ne|phro|lo|ge** ⟨m.; -n, -n; Med.⟩ Facharzt für Nierenkrankheiten, Wissenschaftler im Bereich der Nephrologie [⟨*Nephro...* + ...*loge*⟩]

◆ **Ne|phro|lo|gie** ⟨f.; -; unz.; Med.⟩ Lehre von den Nierenkrankheiten [⟨*Nephro...* + ...*logie*⟩]

◆ **Ne|phro|lo|gin** ⟨f.; -, -gin|nen; Med.⟩ Fachärztin für Nierenkrankheiten, Wissenschaftlerin

im Bereich der Nephrologie [<*Nephro...* + *...loge*]
◆ **ne|phro|lo|gisch** ⟨Adj.; Med.⟩ die Nierenkrankheiten betreffend, zu ihnen gehörig
◆ **Ne|phrom** ⟨n.; -s, -e; Med.⟩ Nierengeschwulst [<grch. *nephros* »Niere«]
◆ **Ne|phron** ⟨n.; -s; unz.; Anat.⟩ Grundbauelement der Niere, bestehend aus Nierenkörperchen u. Nierenkanälchen [<grch. *nephros* »Niere«]
◆ **Ne|phro|pa|thie** ⟨f.; -, -n; Med.⟩ Nierenleiden [<*Nephro...* + *...pathie*]
◆ **Ne|phrop|to|se** *auch:* **Neph|rop|to|se** ⟨f.; -, -n; Med.⟩ Senkniere [<*Nephro...* + grch. *ptosis* »Fall«]
◆ **Ne|phro|py|e|li|tis** ⟨f.; -, -ti|den; Med.⟩ = Pyelitis
◆ **Ne|phro|se** ⟨f.; -, -n; Med.⟩ nicht entzündliche, degenerative Nierenkrankheit, zu deren Symptomen Wassersucht u. Eiweißharnen gehören [<grch. *nephros* »Niere«]
◆ **Ne|phro|skle|ro|se** ⟨f.; -, -n; Med.⟩ Verhärtung u. Schrumpfung des Nierengewebes, Schrumpfniere
◆ **Ne|phro|to|mie** ⟨f.; -, -n; Med.⟩ operativer Eingriff in die Niere [<*Nephro...* + *...tomie*]
Ne|po|te ⟨m.; -n, -n⟩ Neffe, Enkel, Vetter, Verwandter [neulat. <lat. *nepos* Gen. *nepotis* »Neffe, Enkel, Nachkomme«]
Ne|po|tis|mus ⟨m.; -; unz.⟩ Bevorzugung der eigenen Verwandten beim Verleihen von Ämtern, Würden usw., Vetternwirtschaft [<lat. *nepos*, Gen. *nepotis* »Neffe, Enkel, Nachkomme«]
ne|po|tis|tisch ⟨Adj.⟩ den Nepotismus betreffend, durch N. begünstigt
Nepp ⟨m.; -s; unz.; umg.⟩ Überhöhung der Preise, Gaunerei, Überteuerung [→ *neppen*]
nep|pen ⟨V.; umg.⟩ *jmdn. ~* jmdn. übervorteilen, von jmdm. überhöhte Preise verlangen [<rotw. *neppen* »Unzucht treiben«; vermutl. zu hebr. *na'ap(h)* »unkeusch sein, ehebrechen«; verwandt mit rotw. *Neppe* »Dirne«, *Nepper* »Gauner (der mit *Neppsore* »Be-

trugsware« Leichtgläubige betrügt)«]
Nep|tun ⟨m.; -s; unz.; Astron.⟩ achter Planet im Sonnensystem [nach *Neptun*, dem röm. Gott der Meere]
Nep|tu|nie ⟨[-njə] f.; -, -n; Bot.⟩ Sumpfpflanze mit mimosenähnlichen Blättern u. gelben Blüten: Neptunia oleracea
nep|tu|nisch ⟨Adj.⟩ **1** den Meeresgott od. Planeten Neptun betreffend, zu ihm gehörig **2** auf dem Neptunismus beruhend **3** durch Einwirkung des Wassers entstanden; *~e Gesteine* Ablagerungen aus dem Meerwasser
Nep|tu|nis|mus ⟨m.; -; unz.; Geol.⟩ veraltete Auffassung, dass alle Gesteine aus Ablagerungen aus dem Meerwasser entstanden seien [nach dem röm. Meeresgott *Neptunus*]
Nep|tu|nist ⟨m.; -en, -en⟩ Anhänger, Vertreter des Neptunismus
Nep|tu|ni|um ⟨n.; -s; unz.; chem. Zeichen: Np⟩ künstlich hergestelltes radioaktives Element, Ordnungszahl 93 [nach dem Planeten *Neptun*]
Nerd ⟨m.; -s, -s; umg.; abwertend⟩ **1** Dummkopf, einfältiger Kerl **2** jmd., der sich nur mit technischen u./od. wissenschaftlichen Themen beschäftigt u. weltfremd wirkt, Fachidiot; *Computer~* [engl.]
Ne|re|i|de ⟨f.; -, -n⟩ **1** ⟨grch. Myth.⟩ Meerjungfrau **2** ⟨Zool.⟩ Familie frei schwimmender Borstenwürmer des Meeres: Nereidae [<grch. *Nereis*, Gen. *Nereidos*, Tochter des grch. Meeresgottes *Nereus*]
ne rep. ⟨Abk. für⟩ ne repetatur: es werde nicht wiederholt (Hinweis auf ärztl. Rezepten, dass die Verordnung nicht wiederholt angefertigt werden darf); *Ggs* rep., Rep. [lat.]
ne|ri|tisch ⟨Adj.; Geogr.⟩ zum Küstengewässer gehörig, aus ihnen stammend; *Ggs* ozeanisch (1) [nach *Nerites*, dem Sohn des grch. Meeresgottes *Nereus*]
Ne|ro|li|öl ⟨n.; -(e)s; unz.⟩ in der Parfümerie verwendetes, aus den frischen Blüten der Nerolipomeranze (Citrus aurantium

varneroli) gewonnenes Äther. Öl [<frz. *Neroli* <ital. *Neroli*, angebl. Name einer Prinzessin]
Nerv ⟨m.; -s, -en⟩ **1** ⟨Anat.⟩ faserod. strangartiges Gebilde zwischen Gehirn, Rückenmark u. Körperteilen zur Weiterleitung von Reizen u. Bewegungsimpulsen; *den ~ (im Zahn) töten* **2** ⟨fig.⟩ geistige u. seelische Spannkraft; *~en wie Bindfäden, Stricke; eiserne, schwache ~en; die ~en behalten, verlieren* die Ruhe, Fassung bewahren, verlieren; *der Lärm, dieser Mensch geht, fällt mir auf die ~en* macht uns nervös, reizt mich; *zum Zerreißen gespannte ~en* große Nervosität, Ungeduld; *mit den ~en herunter* ⟨umg.⟩ äußerst nervös, nahe am Zusammenbruch; *du tötest mir den letzten ~* ⟨umg.⟩ dein Verhalten quält mich; du belästigst mich; *der hat ~en!* ⟨umg.⟩ er verlangt zu viel!; was denkt er sich dabei? **3** ⟨Bot.⟩ Strang von Leitbündeln, die das Skelett eines Pflanzenblattes bilden **4** ⟨Zool.⟩ Ader in den Flügeln von Insekten **5** ⟨veraltet⟩ Sehne; *jeder ~ spannte sich* [<lat. *nervus* »Sehne, Flechse, Band«]
ner|val ⟨[-va:l] Adj.; Med.⟩ zur Nerventätigkeit gehörig, nervlich [→ *Nerv*]
Ner|va|tur ⟨[-va-] f.; -, -en; Biol.⟩ Gesamtheit der Nerven im Blatt od. in den Flügeln von Insekten
ner|ven ⟨V.; umg.⟩ sehr lästig sein, nervös machen; *der Lärm nervt mich*
ner|vig ⟨Adj.⟩ **1** sehnig, kräftig, zäh **2** ⟨fig.; umg.⟩ entnervend, stressend, aufregend; *das war ein ~er Tag heute* [→ *Nerv*]
ner|vös ⟨[-vø:s] Adj.⟩ **1** zu den Nerven (1) gehörend, auf ihnen beruhend; *~e Erschöpfung* **2** leicht reizbar, erregbar, überempfindlich; *ein ~er Mensch; sie ist heute sehr ~* [<*nervos* (17. Jh.) »nervig« (<lat. *nervosus*) + frz. *nerveux* »nervös«]
Ner|vo|si|tät ⟨[-vo-] f.; -; unz.⟩ leichte Reizbarkeit, Überempfindlichkeit, Erregbarkeit [<frz. *nervosité*]
Ner|vus ⟨[-vus] m.; -; unz.⟩ **1** *~ Probandi* der eigentliche, ent-

Nerz

scheidende Beweisgrund **2** ~ *Rerum* **2.1** Triebfeder, Triebkraft, Hauptsache **2.2** ⟨fig.; scherzh.⟩ das Geld [<lat. *nervus* »Nerv, Kraft, Stärke«; lat. *probandi* »des zu Beweisenden«; zu *probare* »prüfen, beweisen«; lat. *rerum*, Gen. Pl. zu *res* »Ding, Sache«]

Nerz ⟨m.; -es, -e⟩ **1** ⟨Zool.⟩ zu den Mardern gehörendes, in sumpfigen Gebieten lebendes Raubtier mit tiefbraunem Fell, das für die Pelzmantelfertigung von begehrt ist, Sumpfotter **2** dessen Fell [<spätmhd. *nerz*, *norz* <ukrain. *noryca* »Nerz«, eigtl. »Taucher«]

Nes|ca|fé® ⟨[-fe:] m.; -s; unz.⟩ von der schweiz. Firma Nestlé in den Handel gebrachter Pulverkaffee

Nes|chi ⟨[-çi] od. [-ki] n. od. f.; -; unz.⟩ arab. Kurrentschrift [arab.]

Nes|ses|sär ⟨n.; -s, -s⟩ = Neccessaire

Nes|sus|ge|wand ⟨n.; -(e)s, -wänder⟩ *Sy* Nessushemd **1** ⟨grch. Myth.⟩ durch das Blut des Zentauren Nessus vergiftetes, Verderben bringendes Hemd **2** ⟨fig.⟩ Verderben bringendes Geschenk

Nes|sus|hemd ⟨n.; -(e)s, -en⟩ = Nessusgewand

Nes|tor ⟨m.; -s, -to|ren⟩ **1** ⟨fig.⟩ Ältester einer Gemeinschaft **2** alter, weiser Berater [nach *Nestor*, dem König von Pylos, dem ältesten u. weisesten grch. König im Trojan. Krieg]

Nes|to|ri|a|nis|mus ⟨m.; -; unz.; Theol.⟩ christologische Lehre von den zwei Naturen Jesu, nach der die göttliche Logos u. die Menschennatur in ihm unvermischt verbunden sind [nach dem Patriarchen von Konstantinopel *Nestorius*, 381-451 n. Chr.]

Net ⟨n.; -s, -s; EDV; kurz für⟩ Computernetz, bes. das Internet [engl., »Netz«]

Ne|ti|ket|te ⟨f.; -; unz.; EDV⟩ = Netiquette

Ne|ti|quette ⟨[-kɛtə] f.; -; unz.; EDV⟩ Regeln für die Umgangsformen im Internet, bes. bei dem Versenden von Nachrichten u. in den Internetforen, wonach Höflichkeit, Kürze u. Klarheit bei jeder Kommunikation beachtet werden sollten; *oV* Netikette [verkürzt <engl. *net* »Netz« + frz. *etiquette* »Etikette«]

Net|su|ke ⟨a. [nɛtske] f.; -, - od. -s od. n.; - od. -s, - od. -s⟩ japanischer, zu Miniaturplastiken geschnitzter Gürtelknopf, an dem kleinere Gegenstände, z. B. Tabaksbeutel od. Geldtasche, befestigt wurden [jap.]

net|sur|fen ⟨[nɛtsœːfən] V.; umg.; EDV⟩ ziellos im Internet nach Angeboten suchen u. Seiten betrachten; *Sy* surfen (2) [<engl. *surf the net*]

Net|sur|fing ⟨[nɛtsœːfɪŋ] n.; - od. -s; unz.; umg.; EDV⟩ das Netsurfen [<engl. *net* »Netz« + *surfen*]

net|to ⟨Adv.; Wirtsch.⟩ *Ggs* brutto **1** ausschließlich der Verpackung **2** nach Abzug von Unkosten od. Steuern **2** ~ *Kasse* bar ohne jeden Abzug [<ital. *netto* »unvermischt, rein«]

Net|to|er|trag ⟨m.; -(e)s, -träge; Wirtsch.⟩ nach Abzug sämtlicher Aufwendungen vom Verkaufspreis übrig bleibender Ertrag; *Sy* Nettogewinn

Net|to|ge|wicht ⟨n.; -(e)s, -e⟩ reines Gewicht (bes. einer Ware) nach Abzug der Verpackung; *Ggs* Bruttogewicht

Net|to|ge|winn ⟨m.; -(e)s, -e; Wirtsch.⟩ = Nettoertrag; *Ggs* Bruttogewinn

Net|to|preis ⟨m.; -(e)s, -e⟩ niedrigster Preis, von dem kein Abzug mehr gewährt wird, Fabrikpreis; *Ggs* Bruttopreis

Net|to|re|gis|ter|ton|ne ⟨f.; -, -n; Abk.: NRT⟩ der für die Frachtzuladung eines Schiffes tatsächlich zur Verfügung stehende Raum; *Ggs* Bruttoregistertonne

Net|to|so|zi|al|pro|dukt ⟨n.; -(e)s, -e; Wirtsch.⟩ Summe der Wertschöpfungen aller Wirtschaftsbereiche in einer Volkswirtschaft; *Ggs* Bruttosozialprodukt

Net|work ⟨[nɛtwœːk] n.; -s, -s; bes. EDV⟩ Netzwerk, Sendenetz [engl.]

net|wor|ken ⟨[nɛtwœːkən] V.; bes. EDV⟩ sich mit einem Computernetzwerk, bes. dem Internet, beschäftigen bzw. darin recherchieren u. kommunizieren

neu|a|po|sto|lisch *auch:* **neu|a|pos|to|lisch** ⟨Adj.; Rel.⟩ ~*e Gemeinde* Religionsgemeinschaft mit streng hierarchischer Ordnung u. Apostelamt, die sich als Fortsetzung der Urkirche versteht

Neu|me ⟨f.; -, -n; meist Pl.; MA; Musik⟩ nur die ungefähre Tonhöhe u. -bewegung angebendes Notenzeichen [<grch. *neuma* »Wink«]

neu|mie|ren ⟨V.; Musik⟩ eine Melodie, einen Text mit Neumen versehen

Neu|mi|nu|te ⟨f.; -, -n; veraltet⟩ Einheit des ebenen Winkels, ein hundertstel Gon

Neu|phi|lo|lo|gie ⟨f.; -; unz.⟩ Sprach- u. Literaturwissenschaft auf dem Gebiet der lebenden, bes. der german., roman., slaw. Sprachen

Neu|pla|to|nis|mus ⟨m.; -; unz.; Philos.⟩ = Neoplatonismus

neur..., **Neur...** ⟨in Zus.⟩ = neuro..., Neuro...

neu|ral ⟨Adj.; Med.⟩ zu den Nerven, zum Nervensystem gehörend

Neur|al|gie *auch:* **Neu|ral|gie** ⟨f.; -, -n; Med.⟩ anfallsweise auftretende Schmerzhaftigkeit der Nerven, Nervenschmerz [<*Neuro...* + *...algie*]

Neur|al|gi|ker *auch:* **Neu|ral|gi|ker** ⟨m.; -s, -; Med.⟩ jmd., der an einer Neuralgie leidet

neur|al|gisch *auch:* **neu|ral|gisch** ⟨Adj.; Med.⟩ **1** auf einer Neuralgie beruhend **2** ⟨fig.⟩ Spannungen verursachend, sehr problematisch, kritisch; ~*er Punkt*

Neu|ral|pa|tho|lo|gie ⟨f.; -; unz.; Med.⟩ Lehre, nach der Krankheiten als Folge von Reaktionen des Zentralnervensystems auf entsprechende Reize zu verstehen sind

Neu|ral|the|ra|pie ⟨f.; -, -n; Med.⟩ Methode zur Behandlung von Krankheiten durch Einwirken auf das örtliche Nervensystem

Neur|as|the|nie *auch:* **Neu|ras|the|nie** ⟨f.; -, -n; Med.⟩ nervöse Übererregbarkeit, Nervenschwäche

Neur|as|the|ni|ker *auch:* **Neu|ras|the|ni|ker** ⟨m.; -s, -; Med.⟩ an Neurasthenie Leidender

neur|as|the|nisch *auch:* **neu|ras|the|nisch** ⟨Adj.; Med.⟩ auf Neurasthenie beruhend, an N. leidend

Neur|ek|to|mie *auch:* **Neu|rek|to|mie** ⟨f.; -, -n; Med.⟩ Nervenschnitt, wobei ein Stück eines Nervs entfernt wird [<*Neuro...* + *Ektomie*]

Neu|ri|lem|ma ⟨n.; -s, -lem|men; Anat.⟩ = Neurolemma

Neu|rin ⟨n.; -s; unz.⟩ starkes Fäulnisgift, Leichengift

Neu|ri|nom ⟨n.; -s, -e; Med.⟩ gutartiger Tumor, der von den Zellen der Nervenscheide ausgeht; *Sy* Schwannom [<*Neuro...* + grch. *inos* »Sehne, Faser«]

Neu|rit ⟨m.; -en, -en; Anat.⟩ lang gestreckter Fortsatz einer Nervenzelle, der die Erregung von der Zelle wegleitet

Neu|ri|tis ⟨f.; -, -ti|den; Med.⟩ Nervenentzündung [<grch. *neuron* »Sehne, Nerv«]

neu|ri|tisch ⟨Adj.; Med.⟩ die Neuritis betreffend, dem Krankheitsbild der N. entsprechend

neu|ro..., **Neu|ro...** ⟨vor Vokalen⟩ neur..., Neur... ⟨in Zus.⟩ nervös, nerven..., Nerven... [<grch. *neuron* »Sehne, Flechte, Band, Nerv«]

Neu|ro|ana|to|mie ⟨f.; -; unz.; Anat.⟩ Anatomie des Nervensystems [<*Neuro...* + *Anatomie*]

Neu|ro|bio|lo|gie ⟨f.; -; unz.; Biol.⟩ Teilgebiet der Biologie, das sich mit Aufbau u. Funktion der Nerven u. des Nervensystems befasst [<*Neuro...* + *Biologie*]

neu|ro|bio|lo|gisch ⟨Adj.; Biol.⟩ die Neurobiologie betreffend, zu ihr gehörend

Neu|ro|bio|nik ⟨f.; -; unz.; Med.⟩ Forschungszweig, der sich zum Ziel setzt, mit Hilfe von Mikrochips defektes Nervengewebe des Menschen zu überbrücken u. so wieder funktionsfähig in das Nervensystem zu integrieren [<*Neuro...* + *Bionik*]

Neu|ro|blast ⟨m.; -en, -en; Anat.⟩ unausgereifte Nervenzelle [<*Neuro...* + *blastos* »Keim, Spross«]

Neu|ro|blas|tom ⟨n.; -s, -e; Med.⟩ Geschwulst aus Neuroblasten

Neu|ro|che|mie ⟨[-çe-] f.; -; unz.; Chemie⟩ Zweiggebiet der Chemie, das sich mit der Untersuchung der in Nervenzellen ablaufenden chem. Vorgänge befasst

Neu|ro|chir|urg *auch:* **Neu|ro|chi|rurg** ⟨a. ['--çir-] m.; -en, -en; Med.⟩ Facharzt für Neurochirurgie [<*Neuro...* + *Chirurgie*]

Neu|ro|chir|ur|gie *auch:* **Neu|ro|chi|rur|gie** ⟨a. ['--çir--] f.; -; unz.; Med.⟩ Fachgebiet der chirurg. Eingriffe an Gehirn, Rückenmark u. Nervensystem

Neu|ro|chir|ur|gin *auch:* **Neu|ro|chi|rur|gin** ⟨a. ['--çir--] f.; -, -gin|nen; Med.⟩ Fachärztin für Neurochirurgie

neu|ro|chir|ur|gisch *auch:* **neu|ro|chi|rur|gisch** ⟨a. ['--çir--] Adj.; Med.⟩ zur Neurochirurgie gehörend, sie betreffend, mit ihrer Hilfe

Neu|ro|cra|ni|um ⟨n.; -s, -ni|en; Anat.⟩ Teil des Schädels, der das Gehirn umschließt; *oV* Neurokranium

Neu|ro|der|ma|to|se ⟨f.; -, -n; Med.⟩ nervöse Hauterkrankung

Neu|ro|der|mi|tis ⟨f.; -, -ti|den; Med.⟩ allergische Hauterkrankung mit starkem Juckreiz, die häufig in früher Kindheit auftritt [<*Neuro...* + grch. *derma* »Haut«]

neu|ro|en|do|krin ⟨Adj.; Med.⟩ die Sekretion von Neurohormonen betreffend [<*neuro...* + *endokrin*]

Neu|ro|fi|bril|le *auch:* **Neu|ro|fib|ril|le** ⟨f.; -, -n; Anat.⟩ feinste, leitende Faser in der Nervenzelle

neu|ro|gen ⟨Adj.; Med.⟩ von Nerven ausgehend [<*neuro...* + *...gen*]

Neu|ro|glia ⟨f.; -; unz.; Anat.⟩ Stützgewebe im Nervensystem, bes. in Gehirn u. Rückenmark; *Sy* Glia

Neu|ro|hor|mon ⟨n.; -s, -e; Biochemie⟩ Wirkstoff, der bei der Nervenerregung freigesetzt wird [<*Neuro...* + *Hormon*]

Neu|ro|kra|ni|um ⟨n.; -s, -ni|en; Anat.⟩ = Neurocranium

Neu|ro|lem|ma ⟨n.; -s, -lem|men; Anat.⟩ Hüllschicht der Nervenfasern, Nervenscheide; *oV* Neurilemma [<*Neuro...* + grch. *lemma* »Hülle«]

Neu|ro|lep|ti|kum ⟨n.; -s, -ti|ka; Pharm.⟩ Psychopharmakon, das Ängste, Verwirrtheit u. Wahnideen eindämmt [<*Neuro...* + grch. *lepsis* »das Ergreifen, Fangen«]

Neu|ro|lin|gu|is|tik ⟨f.; -; unz.; Sprachw.⟩ Teilgebiet der Sprachwissenschaft, das sich (in Verbindung mit Neuropsychologie u. Neurologie) mit der Untersuchung von Sprachstörungen befasst, Sprachpathologie [<*Neuro...* + *Linguistik*]

neu|ro|lin|gu|is|tisch ⟨Adj.; Sprachw.⟩ die Neurolinguistik betreffend, zu ihr gehörend, mit ihrer Hilfe

Neu|ro|lo|ge ⟨m.; -n, -n; Med.⟩ Facharzt für Nervenkrankheiten

Neu|ro|lo|gie ⟨f.; -; unz.; Med.⟩ Lehre von den Nervenkrankheiten, Nervenheilkunde [<*Neuro...* + *...logie*]

Neu|ro|lo|gin ⟨f.; -, -gin|nen; Med.⟩ Fachärztin für Nervenkrankheiten

neu|ro|lo|gisch ⟨Adj.; Med.⟩ die Neurologie betreffend, auf ihr beruhend, mit ihrer Hilfe

Neu|rom ⟨n.; -s, -e; Med.⟩ Geschwulst, die Nervenzellen, Nervenfasern u. Bindegewebe enthält [<grch. *neuron* »Sehne, Band, Nerv«]

Neu|ron ⟨n.; -s, -ro|nen od. Neuren; Anat.⟩ Grundeinheit des Nervensystems, die aus einer Nervenzelle mit all ihren Fortsätzen besteht [<grch. *neuron* »Sehne, Nerv«]

Neu|ro|pa|thie ⟨f.; -; unz.; Med.⟩ anlagebedingte Neigung zu Erkrankungen u. Störungen des Nervensystems

Neu|ro|pa|tho|lo|ge ⟨m.; -n, -n; Med.⟩ Facharzt, Wissenschaftler im Bereich der Neuropathologie

Neu|ro|pa|tho|lo|gie ⟨f.; -; unz.; Med.⟩ Lehre von den Krankheiten des vegetativen Nervensystems

Neu|ro|pa|tho|lo|gin ⟨f.; -, -gin|nen; Med.⟩ Fachärztin, Wissenschaftlerin im Bereich der Neuropathologie

neuropathologisch

neu|ro|pa|tho|lo|gisch ⟨Adj.; Med.⟩ die Neuropathologie betreffend, zu ihr gehörend, mit ihrer Hilfe
Neu|ro|phy|si|o|lo|ge ⟨m.; -n, -n; Med.⟩ Facharzt, Wissenschaftler auf dem Gebiet der Neurophysiologie
Neu|ro|phy|si|o|lo|gie ⟨f.; -; unz.; Med.⟩ Teilgebiet der Physiologie, das sich mit der Tätigkeit des Nervensystems befasst
Neu|ro|phy|si|o|lo|gin ⟨f.; -, -ginnen; Med.⟩ Fachärztin, Wissenschaftlerin auf dem Gebiet der Neurophysiologie
neu|ro|phy|si|o|lo|gisch ⟨Adj.; Med.⟩ die Neurophysiologie betreffend, zu ihr gehörend, auf ihr beruhend
neu|ro|psy|chisch ⟨Adj.; Med.; Psych.⟩ die Zusammenhänge von Nervensystem u. Psyche betreffend
Neu|ro|psy|cho|lo|ge ⟨m.; -n, -n; Med.; Psych.⟩ Facharzt, Wissenschaftler auf dem Gebiet der Neuropsychologie
Neu|ro|psy|cho|lo|gie ⟨f.; -; unz.; Med.; Psych.⟩ Teilgebiet der Psychologie, das die Zusammenhänge von Nervensystem u. psychischen Vorgängen untersucht
Neu|ro|psy|cho|lo|gin ⟨f.; -, -ginnen; Med.; Psych.⟩ Fachärztin, Wissenschaftlerin auf dem Gebiet der Neuropsychologie
Neu|ro|pte|ren *auch:* **Neu|rop|te|ren** ⟨Pl.; Zool.⟩ Ordnung der Insekten mit kauenden Mundwerkzeugen u. vier aderreichen, durchsichtigen Flügeln, Netzflügler: Neuroptera
Neu|ro|se ⟨f.; -, -n; Psych.⟩ anlage- u. umweltbedingte Neigung, seelische Erlebnisse abnorm u. krankhaft zu verarbeiten, was zu einer dauernden körperl. u. seel. Erkrankung der Gesamtpersönlichkeit führt; *Sy* Psychoneurose [<grch. *neuron* »Sehne, Nerv«]
Neu|ro|se|kre|ti|on ⟨f.; -, -en; Biol.⟩ Produktion hormonaler Stoffe durch Nervenzellen
Neu|ro|ti|ker ⟨m.; -s, -; Psych.⟩ an einer Neurose Leidender
Neu|ro|ti|ke|rin ⟨f.; -, -rin|nen; Psych.⟩ an einer Neurose Leidende

neu|ro|tisch ⟨Adj.⟩ an einer Neurose leidend, auf ihr beruhend
neu|ro|ti|sie|ren ⟨V.; geh.⟩ eine Neurose verursachen, neurotisch machen
Neu|ro|to|mie ⟨f.; -, -n; Med.⟩ Nervenschnitt
Neu|ro|to|xin ⟨n.; -s, -e; Med.⟩ Nervengift
neu|ro|to|xisch ⟨Adj.; Med.⟩ das Nervensystem schädigend [<*neuro...* + *toxisch*]
Neu|ro|trans|mit|ter ⟨m.; -s, -; Med.⟩ Substanz, die an den Synapsen die Erregungsübertragung bewerkstelligt; *Sy* Transmitter [<grch. *neuron* »Nerv« + lat. *transmittere* »hinüberschicken«]
neu|ro|trop ⟨Adj.; Med.⟩ auf Nerven od. Nervengewebe einwirkend [<*neuro...* + *...trop*]
Neus|ton ⟨n.; -s; unz.; Biol.⟩ aus Mikroorganismen bestehende Lebensgemeinschaft des Oberflächenhäutchens stehender Gewässer [zu grch. *neusteon* »schwimmfähig«]

◆ Die Buchstabenfolge **neu|tr...** kann auch **neut|r...** getrennt werden.

◆ **Neu|tra** ⟨Pl. von⟩ Neutrum
◆ **neu|tral** ⟨Adj.⟩ **1** unbeteiligt, sich der Stellungnahme enthaltend, unparteiisch; *die Neutralen* die nicht am Kriege beteiligten Staaten; *sich bei einer Auseinandersetzung ~ verhalten* **2** ⟨Chemie⟩ in der Reaktion (2) weder sauer noch basisch; *eine ~e Flüssigkeit* **3** ⟨Gramm.⟩ sächlich [<mlat. *neutralis* »keiner Partei angehörend«]
◆ **Neu|tra|li|sa|ti|on** ⟨f.; -, -en⟩ **1** das Aufheben einer Wirkung, das Unwirksammachen **2** ⟨Physik⟩ Aufhebung der Wirkung elektrischer Ladungen, Magnetfelder und Kräfte **3** ⟨Chemie⟩ Aufhebung der sauren od. basischen Reaktion **4** ⟨Politik⟩ Auferlegung der Pflicht, neutral zu bleiben, Abbau von Befestigungen u. Abzug von Truppen in bestimmtem Gebiet **5** ⟨Sport⟩ Unterbrechung der Wertung während des Wettkampfes [<frz. *neutralisation*]

◆ **neu|tra|li|sie|ren** ⟨V.⟩ **1** die Wirkung aufheben von, unwirksam machen **2** ⟨Chemie⟩ Säure u. Base so mischen, dass die Mischung eine weder saure noch basische Reaktion aufweist **3** ⟨Physik⟩ *elektr. Ladungen, Kräfte ~* durch geeignete Maßnahmen in ihrer Wirkung aufheben **4** ⟨Politik⟩ *ein Gebiet ~* in einem G. Befestigungen abbauen u. Truppen abziehen, es von Kriegshandlungen ausnehmen, für neutral erklären; *einen Staat ~* zur Neutralität verpflichten **5** ⟨Sport⟩ die Wertung während des Wettkampfes unterbrechen [<frz. *neutraliser*]
◆ **Neu|tra|li|sie|rung** ⟨f.; -, -en⟩ das Neutralisieren, Neutralisiertwerden
◆ **Neu|tra|lis|mus** ⟨m.; -; unz.; Politik⟩ Grundsatz der Nichteinmischung
◆ **Neu|tra|list** ⟨m.; -en, -en; Politik⟩ jmd., der auf Nichteinmischung besteht, dem Neutralismus zuneigt
◆ **neu|tra|lis|tisch** ⟨Adj.; Politik⟩ auf Neutralismus beruhend, im Sinne des Neutralismus
◆ **Neu|tra|li|tät** ⟨f.; -; unz.⟩ Unbeteiligtsein, Nichtbeteiligung, Nichteinmischung, unparteiisches Verhalten [<mlat. *neutralitas* »Parteilosigkeit«]
◆ **Neu|tren** ⟨Pl. von⟩ Neutrum
◆ **Neu|tri|no** ⟨n.; -s, -s; Physik; Zeichen: v⟩ masseloses, elektronisch neutrales Elementarteilchen aus der Familie der Leptonen
◆ **Neu|tron** ⟨n.; -s, -tro|nen; Physik; Zeichen: n⟩ ungeladenes Elementarteilchen mit geringfügig größerer Masse als das Proton [<lat. *neutro* »zu keiner Seite«]
◆ **Neu|tro|nen|ak|ti|vie|rungs|a|na|ly|se** ⟨[-vi:-] f.; -, -n; Chemie⟩ chem. Untersuchungsverfahren, bei dem unbekannte Verbindungen mit Neutronen beschossen werden, aus den dabei entstehenden Anregungszuständen werden Rückschlüsse auf ihre Struktur gezogen; *Sy* Aktivierungsanalyse
◆ **Neu|tro|nen|beu|gung** ⟨f.; -, -en; Mil.⟩ Interferenz- u. Beugungs-

vorgänge an einem Neutronenstrahl
◆ **Neu|tro|nen|bom|be** ⟨f.; -, -n; Kernphysik⟩ Kernwaffe, die durch die in ihr freigesetzte Neutronenstrahlung zwar tödlich auf Lebewesen wirkt, wegen ihrer geringen Druck- u. Hitzewelle aber kaum Materialzerstörungen anrichtet; *Sy* Neutronenwaffe
◆ **Neu|tro|nen|quel|le** ⟨f.; -, -n; Kernphysik⟩ kerntechnische Einrichtung, in der durch Kernreaktionen Neutronen für Bestrahlungszwecke oder wissenschaftliche Experimente erzeugt werden
◆ **Neu|tro|nen|spek|tro|me|ter** *auch:* **Neu|tro|nen|spekt|ro|me|ter** ⟨n.; -s, -; Physik⟩ Apparatur zum Messen der Geschwindigkeiten in einem Neutronenstrahl od. zum Erzeugen von Neutronen einheitlicher Geschwindigkeit
◆ **Neu|tro|nen|strahl** ⟨m.; -(e)s, -en; Kernphysik⟩ durch Kernreaktion frei werdender Strahl, der sich in eine bestimmte Richtung bewegt
◆ **Neu|tro|nen|waf|fe** ⟨f.; -, -n; Mil.⟩ = Neutronenbombe
◆ **neu|tro|phil** ⟨Adj.; Med.⟩ durch chemisch neutrale Stoffe anfärbbar (z. B. von weißen Blutkörperchen)
◆ **Neu|trum** ⟨n.; -s, Neu|tra od. Neu|tren; Abk.: n., N.; Gramm.⟩ **1** sächl. Geschlecht **2** sächl. Substantiv [<lat. *neutrum (genus)* »sächliches Geschlecht«; zu *neuter* »keiner von beiden«]
New|age *auch:* **New Age** ⟨[nju:-ɛɪdʒ] n.; -(-) -; unz.⟩ eine u. a. von Kalifornien seit den 60er-Jahren ausgehende Bewegung, die wegen der globalen ökol. u. sozialen Krisen in allen Lebensbereichen ein neues Denken u. Handeln, ein ganzheitl. u. spirituelles Selbst- u. Weltbewusstsein postuliert [engl., »neues Zeitalter«]
New|by ⟨[njuːbɪ] m.; -s, -s; EDV⟩ neuer, unerfahrener Teilnehmer im Internet [zu engl. *new* »neu«]
New|co|mer ⟨[njuːkʌmə(r)] m.; -s, -; umg.⟩ Neuankömmling,

Neuling [<engl. *new* »neu« + *come* »kommen«]
New Deal ⟨[njuː diːl] m.; - -; unz.⟩ die Wirtschaftspolitik Roosevelts nach 1933 zur Bekämpfung der Wirtschaftskrisen [engl., »neues Austeilen, Geben der Karten« (wobei jeder Mitspieler wieder Gewinnchancen erhält)]
New E|co|no|my ⟨[nju: ɪkɔnəmɪ] f.; - -; unz.; Wirtsch.⟩ Gesamtheit der in den neueren Wirtschaftsbereichen (Internet, Informationstechnologie, Telekommunikation, Multimedia, Biotechnologie, Hightech u. a.) angesiedelten Unternehmen [engl., »neue Wirtschaft«]
New|look *auch:* **New Look** ⟨[nju:-lʊk] m. od. n.; (-) - od. (-) -s; unz.⟩ ungewohnter Anblick, ungewohnte Fragestellung [engl., »neues Aussehen«]
New-Or|leans-Jazz ⟨[njuːɔːrliːnzdʒæz] m.; -; unz.; Musik⟩ früheste, improvisierende Stilform des Jazz [nach *New Orleans,* der größten Stadt des Staates Louisiana (USA), wo dieser Stil zuerst entwickelt wurde]
News ⟨[njuːz] nur Pl.⟩ Nachrichten, Neuigkeiten [engl.]
News|group ⟨[njuːzgruːp] f.; -, -s; EDV⟩ thematisch gegliederte Übersichtsseite für Neuigkeiten u. Informationen im Internet [engl., <*news* »Nachrichten, Neuigkeiten« + *group* »Gruppe, Gemeinschaft«]
News|let|ter ⟨[njuːz-] m.; - od. -s, -s; EDV⟩ (per E-Mail verschickte) Nachricht, Rundschreiben [engl., »Mitteilungsblatt, Rundschreiben«]
News|ti|cker ⟨[njuːz-] m.; -s, -⟩ **1** Ticker (1) für die Nachrichten der Presseagenturen **2** Spalte, Fenster auf einer Homepage od. dem Fernsehbildschirm mit aktuellen Informationen u. Kurznachrichten; *eine Sendung mit einem ständig eingeblendeten* ~ [engl., »Nachrichtenticker«]
New|ton ⟨[njuːtən] n.; -s, -; Physik; Zeichen: N⟩ (allein noch zulässige) Maßeinheit der Kraft, $1\,N = 1\,kgm/s^2 = 10^5\,dyn = 0{,}101\,kp$ [nach dem engl. Ma-

thematiker u. Physiker Isaac *Newton,* 1643-1727]
New Wave ⟨[nju: weɪv] m. od. f.; - -; unz.; Musik⟩ Stilrichtung der Popmusik in den 80er-Jahren [engl., »neue Welle«]
Ne|xus ⟨m.; -, -; geh.⟩ Zusammenhang, Verbindung, Verknüpfung [lat.]
nF ⟨Zeichen für⟩ Nanofarad
NF ⟨Abk. für⟩ Niederfrequenz
nib|beln ⟨V.; Technik⟩ mit kleinen Schnitten in die gewünschte Form bringen (Blech od. festen Kunststoff) [<engl. *nibble* »knabbern«]
Ni|blick *auch:* **Nib|lick** ⟨m.; -s, -s; Sport⟩ schwerer Golfschläger mit Eisenkopf [engl.]
NIC ⟨[ɛnaɪs]; Abk. für engl.⟩ **1** Newly Industrializing Countries, Schwellenländer **2** Network Information Center (Netzwerkinformationszentrum)
nicht|eu|kli|disch *auch:* **nicht euk|li|disch** ⟨Adj.; Math.⟩ ~*e Geometrie* nicht dem von Euklid aufgestellten Parallelenaxiom gehorchende Geometrie; *Ggs* euklidische Geometrie
NICHT-Glied ⟨n.; -(e)s, -er; EDV⟩ = Negator (2)
nicht|li|ne|ar *auch:* **nicht line|ar** ⟨Adj.⟩ *Ggs* linear **1** nicht gleich bleibend, nicht gleichmäßig **2** nicht aufeinander folgend **3** nicht geradlinig, nicht linienförmig, nicht durch Striche dargestellt **4** ⟨Math.⟩ nicht eindimensional, nicht nur Potenzen ersten Grades enthaltend
ni|col|sche(s) Pris|ma *auch:* **Ni|col'sche(s) Pris|ma** ⟨n.; -n -s, -n Pris|men⟩ Prisma zum Erzeugen von polarisiertem Licht mittels Doppelbrechung [nach dem engl. Physiker William *Nicol,* 1768-1851]
Ni|co|tin ⟨n.; -s; unz.⟩ = Nikotin
Ni|da|ti|on ⟨f.; -; unz.; Med.⟩ = Implantation (2) [<lat. *nidus* »Nest«]
Ni|da|tions|hem|mer ⟨m.; -s, -; Med.⟩ Empfängnisverhütungsmittel, das die Einnistung des befruchteten Eies in die Gebärmutterschleimhaut verhindert
Nie|der|fre|quenz ⟨f.; -, -en; Abk.: NF⟩ **1** ⟨Schwachstromtechnik⟩ Frequenz zwischen 0 u. 100 Hz

2 ⟨Akustik⟩ Frequenzbereich der Schallwellen, 20 bis 20 000 Hz

Nie|der|fre|quenz|in|duk|ti|ons|o|fen ⟨m.; -s, -öfen; Technik⟩ Industrieofen zum Schmelzen von Stahl u. Metallen aus einer feuerfesten ausgemauerten Rinne mit einem Eisenkern, auf den eine Spule aufgebracht ist, nach dem Prinzip des Transformators entsteht in der Rinne die gewünschte hohe Temperatur

ni|el|lie|ren ⟨V.; Kunst⟩ **1** ein Niello herstellen **2** mit einem Niello verzieren

Ni|el|lo ⟨n.; -s od. -, -s od. -el|len od. -el|li; Kunst⟩ Verzierung von metallenen, bes. silbernen Gegenständen durch eingeritzte, mit schwarzem Schmelz ausgefüllte Zeichnungen [ital.]

Ni|fe ⟨n.; -; unz.; Geol.⟩ aus Eisen u. Nickel bestehender Erdkern; *Sy* Nifekern <verkürzt <*Ni*ckel + lat. *fe*rrum »Eisen«]

Ni|fe|kern ⟨m.; -s, -e; Geol.⟩ = Nife

Night|club ([naıtklʌb] m.; -s, -s) Nachtbar [engl.]

Night|life ([naıtlaıf] n.; - od. -s; unz.⟩ Gesamtheit der nächtlichen Vergnügungsstätten in einer Stadt, Nachtleben; *sich ins ~ stürzen* [engl.]

Ni|gro|sin *auch:* **Nig|ro|sin** ⟨n.; -s, -e; Chemie⟩ blauvioletter Farbstoff, in der Leder- u. Textilindustrie verwendet [zu lat. *niger* »schwarz«]

Ni|hi|lis|mus ⟨m.; -; unz.⟩ Überzeugung von der Nichtigkeit u. Sinnlosigkeit alles Seienden, Verneinung aller Werte u. Ziele [<lat. *nihil* »nichts«]

Ni|hi|list ⟨m.; -en, -en⟩ Anhänger, Vertreter des Nihilismus

ni|hi|lis|tisch ⟨Adj.⟩ in der Art des Nihilismus, auf ihm beruhend

Ni|ko|tin ⟨n.; -s; unz.⟩ giftiges Alkaloid des Tabaks, Reiz- u. Genussmittel; *oV* Nicotin [frz. *nicotine;* nach dem frz. Gesandten in Portugal J. *Nicot,* der 1560 den Tabak in Frankreich einführte]

Ni|ko|ti|nis|mus ⟨m.; -; unz.; Med.⟩ Nikotinvergiftung

Nik|ta|ti|on ⟨f.; -, -en; Med.⟩ Blinzelkrampf, krampfhafte Zuckungen des Augenlids [zu lat. *nictare* »blinzeln«]

Nil|gau ⟨m.; -(e)s, -e; Zool.⟩ zu den Rindern gehöriger Wiederkäuer Vorderindiens: Boselaphus trogocamelus [<Hindi]

Nim|bo|stra|tus ⟨m.; -, -stra|ti; Meteor.⟩ dunkle, gleichmäßig dichte, tief hängende Regenwolke; *oV* ⟨veraltet⟩ Nimbus² [<lat. *nimbus* »Wolke« + *Stratus*]

Nim|bus¹ ⟨m.; -, -se⟩ **1** Heiligenschein **2** ⟨fig.⟩ Ansehen, Glanz, der eine Person od. eine Sache umgibt; *jmdn. seines ~ entkleiden; das verleiht ihm od. der Sache noch einen zusätzlichen ~; im ~ der Heiligkeit, der Unfehlbarkeit stehen; er hüllt sich gern in einen gewissen ~* [mlat., »Heiligenschein, Strahlenglanz«]

Nim|bus² ⟨m.; -, -se; Meteor.⟩ = Nimbostratus [<lat. *nimbus* »Wolke«]

Nim|rod ⟨m.; -s, -e⟩ leidenschaftl. Jäger [nach dem alttestamentl. Gründer des babylon. Reiches]

Nin|ja ⟨m.; - od. -s, - od. -s⟩ Krieger im feudalen Japan, der sich besonderer Waffen u. Kampftechniken bediente [jap., »Spion, Kundschafter«]

Ni|no|flex® ⟨m. od. n.; -; unz.; Textilw.⟩ ein wasserdichtes, luftdurchlässiges Gewebe

Ni|ob ⟨n.; -s; unz.; chem. Zeichen: Nb⟩ seltenes, hellgrau glänzendes Metall, Ordnungszahl 41 [nach der grch. Sagengestalt *Niobe*]

Ni|o|bit ⟨m.; -s, -e; Min.⟩ Niob enthaltendes Mineral

Nip|pes ⟨Pl.; umg.⟩ = Nippsachen

Nipp|sa|chen ⟨Pl.⟩ kleine Figuren (für Vitrinen); *Sy* Nippes [<frz. *nippes* »Putzsachen«]

Nir|wa|na ⟨n.; -s od. -; unz.; Buddhismus⟩ **1** die völlige Ruhe, das Erlöschen aller Lebenstriebe, von den Heiligen schon im Diesseits erreicht; *ins ~ eingehen* ⟨umg.; scherzh.⟩ sterben **2** Loslösung von dem Kreislauf der Wiedergeburten [zu altind. *nirvana* »erloschen, ausgeblasen«]

Ni|sche ⟨f.; -, -n⟩ **1** Vertiefung in der Mauer, Wand; *Mauer~;* →*a.* ökologisch **2** kleine Erweiterung eines Wohnraumes; *Küchen~* [<frz. *niche*]

◆ Die Buchstabenfolge **nitr...** kann auch **nitr...** getrennt werden.

◆ **Ni|trat** ⟨n.; -(e)s, -e; Chemie⟩ Salz der Salpetersäure [<grch. *nitros* »Salpeter«]
◆ **Ni|trid** ⟨n.; -s, -e; Chemie⟩ **1** Metall-Stickstoff-Verbindung **2** ⟨selten⟩ Nichtmetall-Stickstoff-Verbindung
◆ **ni|trie|ren** ⟨V.; Chemie⟩ *organ.* Verbindungen *~* die Nitrogruppe -NO₂ in organ. Verbindungen einfügen
◆ **ni|trier|här|ten** ⟨V.; Technik⟩ *Stahl ~* in Stickstoff abgebenden Mitteln glühen, um die Oberfläche zu härten
◆ **Ni|trier|säu|re** ⟨f.; -, -n; Chemie⟩ Gemisch aus konzentrierter Salpetersäure u. konzentrierter Schwefelsäure zum Nitrieren organischer Verbindungen
◆ **Ni|tri|fi|ka|ti|on** ⟨f.; -, -en; Biochemie⟩ die Oxidation des bei der Zersetzung von Eiweiß entstehenden Ammoniaks durch nitrifizierende Bakterien [<grch. *nitros* »Salpeter« + *...fikation*]
◆ **ni|tri|fi|zie|ren** ⟨V.⟩ durch Bakterien im Boden Salpeter bilden; *~de Bakterien* [<grch. *nitros* »Salpeter« + *...fizieren*]
◆ **Ni|tril** ⟨n.; -s, -e; Chemie⟩ organ.-chem. Verbindung, die die Cyangruppe (-C≡N) an Alkyl- od. Arylreste gebunden enthält
◆ **Ni|trit** ⟨n.; -s, -e; Chemie⟩ Salz der salpetrigen Säure
◆ **ni|tro...**, **Ni|tro...** ⟨in Zus.; Chemie⟩ die Nitrogruppe enthaltend [<grch. *nitros* »Salpeter«]
◆ **Ni|tro|bak|te|ri|um** ⟨n.; -s, -ri|en; Biol.⟩ Bakterium, das den Ammoniak des Ackerbodens zu Nitrit u. das Nitrit zu Nitrat oxidieren kann
◆ **Ni|tro|ben|zol** ⟨n.; -s; unz.; Chemie⟩ durch Nitrierung von Benzol hergestellte, bittermandelölartig riechende, giftige organ. Verbindung
◆ **Ni|tro|cel|lu|lo|se** ⟨f.; -; unz.; Chemie⟩ Salpetersäureester der Cellulose, durch Nitrieren von

Cellulose hergestellt, aus dem dann Waffenpulver od. Celluloid u. Lacke hergestellt werden kann; *oV* Nitrozellulose; *Sy* Cellulosenitrat
◆ **Ni|tro|farb|stoff** ⟨m.; -(e)s; unz.; Chemie⟩ Farbstoff (gelb bis orange), der Nitrogruppen als farbgebenden Bestandteil enthält
◆ **Ni|tro|ge|la|ti|ne** ⟨[-ʒe-] f.; -; unz.; Chemie⟩ von Kieselgur absorbiertes Nitroglycerin mit gegenüber diesem verminderter Stoßempfindlichkeit, ein Hauptbestandteil des Dynamits
◆ **Ni|tro|gen** ⟨n.; -s; unz.; veraltet; chem. Zeichen: N⟩ Stickstoff [lat.]
◆ **Ni|tro|gly|ce|rin** ⟨n.; -s; unz.; Chemie⟩ hoch empfindlicher Sprengstoff, Trisalpetersäureester des Glycerins, gelbliche, ölige, stark giftige Flüssigkeit; *oV* Nitroglyzerin
◆ **Ni|tro|gly|ze|rin** ⟨n.; -s; unz.; Chemie⟩ = Nitroglycerin
◆ **Ni|tro|grup|pe** ⟨f.; -, -n; Chemie⟩ in chem. Verbindungen enthaltene Gruppe -NO₂
◆ **Ni|tro|lack** ⟨m.; -(e)s, -e; Chemie⟩ rasch trocknender Lack auf der Basis von Nitrocellulose, vor allem für Metalle, z. B. Kfz-Karosserien; *Sy* Zaponlack
◆ **Ni|tro|pen|ta** ⟨n.; - od. -s; unz.⟩ hochexplosiver Sprengstoff für Sprengkapseln u. Sprengschnüre [<*Nitro...* + grch. *pente* »fünf«]
◆ **ni|tro|phil** ⟨Adj.; Biol.⟩ auf nitratreichem Boden gedeihend, Nitrate speichernd (von bestimmten Pflanzen) [<*nitro... + ...phil*]
◆ **Ni|tro|phos|ka®** ⟨f.; -; unz.⟩ ein stickstoff-, phosphor- u. calciumhaltiges Düngemittel
◆ **Ni|tro|phos|phat** ⟨n.; -(e)s, -e; Chemie⟩ aus Rohphosphat u. Salpetersäure hergestelltes Düngemittel
◆ **ni|tros** ⟨Adj.; Chemie⟩ Stickstoffoxid enthaltend; ~*e Gase* Gemische aus Stickstoffoxiden [<grch. *nitros* »Salpeter«]
◆ **Ni|tros|a|mi|ne** ⟨Pl.; Chemie⟩ durch Reaktion mit Salpetersäure entstandene Amine, die im Verdacht stehen, Krebs erregend zu sein [<*Nitro... + Amin*]
◆ **Ni|tro|zel|lu|lo|se** ⟨f.; -; unz.; Chemie⟩ = Nitrocellulose
nit|sche|wo *auch:* **nit|sche|wo** ⟨umg.; scherzh.⟩ macht nichts! [russ., »(es hat) nichts (zu bedeuten)«]
ni|val ⟨[-va:l] Adj.; Geogr.⟩ vom Schnee beeinflusst, von ihm geprägt; ~*es Klima;* ~*e Stufe* landschaftsökologische Höhenstufe der Vegetation, in der eine ganzjährige Schnee- u. Eisdecke den Pflanzenwuchs behindert [<lat. *nivalis* »beschneit, schneeig«]
Ni|val ⟨[-va:l] n.; -s, -e; Geogr.⟩ nivales Gebiet, Region mit dauernder Schnee- od. Eisbedeckung
Ni|val|or|ga|nis|mus ⟨[-va:l-] m.; -, -men; Geogr.⟩ Organismus, der in Schnee- u. Eisgebieten lebt [<lat. *nivalis* »schneeig, beschneit« + *Organismus*]
Ni|val|ti|on ⟨[-va-] f.; -, -en; Geol.⟩ Abtragung von Gesteinsmaterial durch Abgleiten von Firn u. Schnee
Ni|veau ⟨[-vo:] n.; -s, -s⟩ **1** waagerechte Ebene; *auf gleichem ~ mit der Erde* **2** Höhenlage; *das ~ liegt 150 m über dem Meeresspiegel* **3** Wasserspiegel, des Meeresspiegel **4** ⟨Chemie⟩ Energiezustand eines Atoms, Moleküls od. Atomkerns; *Sy* Term (2) **5** ⟨fig.⟩ Stufe, Rang, geistige Höhe, Bildungsgrad; *das ~ halten, heben, senken, wahren; das geistige, kulturelle, wirtschaftliche ~; ein Unterricht mit hat ein hohes, niedriges, überdurchschnittliches ~; eine Zeitschrift mit (einem gewissen) ~; kein ~ haben* geistig anspruchslos sein, auf geringer geistiger Höhe stehen [frz., eigtl. »Wasserwaage«]
Ni|veau|flä|che ⟨[-vo:-] f.; -, -n⟩ Fläche, auf der alle Punkte eines elektrostat. Feldes liegen
ni|veau|frei ⟨[-vo:-] Adj.⟩ ~*e Kreuzung* K. auf ungleichen Ebenen; ~*e Straßen* S., die sich auf ungleichen Ebenen kreuzen
ni|veau|los ⟨[-vo:-] Adj.; fig.⟩ kein Niveau aufweisend, anspruchslos, dürftig

Nobelpreis

Ni|vel|le|ment ⟨[-vɛl(ə)mã:] n.; -s, -s⟩ **1** das Nivellieren, Einebnen, Gleichmachen **2** Ergebnis des Nivellierens **3** Messung von Höhenunterschieden **4** deren Ergebnis [frz., eigtl. »Abmessen mit der Wasserwaage«]
ni|vel|lie|ren ⟨[-vɛl-] V.⟩ **1** ebnen, einebnen, gleichmachen, auf gleiche Höhe bringen **2** Höhenunterschiede messen von [<frz. *niveler*, eigtl. »mit der Wasserwaage abmessen«]
Ni|vel|lier|in|stru|ment *auch:* **Ni|vel|lier|in|stru|ment, Ni|vel|lier|in|stru|ment** ⟨[-vɛl-] n.; -(e)s, -e⟩ Messgerät mit Fernrohr zum Feststellen von Höhenunterschieden, Nivelliergerät, Nivellierwaage
ni|vel|li|tisch ⟨[-vɛl-] Adj.⟩ das Nivellement (3) betreffend, auf ihm beruhend
nm ⟨Zeichen für⟩ Nanometer
NMR ⟨Abk. für engl.⟩ Nuclear Magnetic Resonance (magnetische Kernresonanz), = Kerninduktion
NN ⟨Abk. für⟩ Normalnull
N. N. ⟨Abk. für⟩ nomen nescio, Name unbekannt [lat., »den Namen weiß ich nicht«]
No¹ 1 ⟨chem. Zeichen für⟩ Nobelium **2** ⟨Abk. für⟩ Numero
No² ⟨n.; -, -; kurz für⟩ No-Spiel
no|bel ⟨Adj.⟩ **1** vornehm, adelig **2** edel, großzügig; *ein nobler Charakter, Mensch; noble Gesinnung* **3** freigiebig; *er hat sich stets ~ verhalten, gezeigt* **4** wie es einem reichen Adligen zukommt; *nobles Trinkgeld* hohes T.; *noble Passionen haben* teure P. [<frz. *noble* »vornehm, edel, adlig« <lat. *nobilis* »edel, adlig, kenntlich«; zu *noscere* »kennen«]
No|bel|gar|de ⟨f.; -; unz.⟩ Ehrenwache des Papstes aus ital. Adligen
No|bel|ka|ros|se ⟨f.; -, -n; umg.⟩ bes. teures od. exklusives Automobil [<*nobel* + *Karosse*]
No|be|li|um ⟨n.; -s; unz.; chem. Zeichen: No⟩ künstlich hergestelltes, radioaktives Element, Ordnungszahl 102 [nach Alfred *Nobel*, 1833-1896]
No|bel|preis ⟨[-bɛl-] m.; -es, -e⟩ jährlich verliehener Preis für die besten Leistungen auf den

657

Nobiles

Gebieten der Physik, Chemie, Medizin, Literatur u. zur Förderung des Weltfriedens [nach dem schwed. Chemiker Alfred *Nobel*, 1833-1896]

No|bi|les ⟨[-le:s] Pl.; im antiken Rom⟩ die Angehörigen der führenden Schicht der Senatsfamilien, die die höchsten Staatsämter bekleideten [<lat. *nobilis* »Adliger«]

No|bi|li ⟨Pl.; früher⟩ Adelsgeschlechter der ehemaligen italienischen Freistaaten [<ital. *nobile* »Herr, Adliger«]

No|bi|li|tät ⟨f.; -, -en⟩ 1 Adel 2 Berühmtheit [<lat. *nobilitas* »Adel, vornehme Geburt«]

no|bi|li|tie|ren ⟨V.⟩ adeln [<lat. *nobilitare* »bekannt, berühmt machen«]

No|bi|li|ty ⟨f.; -, -n⟩ ⟨unz.⟩ (hoher) Adel 2 Berühmtheit, bekannte Person des öffentl. Lebens [engl]

No|bles|se *auch:* **Nob|les|se** ⟨[nɔblɛs(ə)] f.; -; unz.⟩ 1 Adel, adlige, vornehme Welt 2 vornehmes Benehmen, Freigebigkeit [frz.]

No|blesse oblige *auch:* **Noblesse oblige** ⟨[nɔblɛs ɔbliːʒ]⟩ Adel verpflichtet (edel zu handeln) [frz.]

No|bo|dy ⟨[noubɔdɪ] m.; -s, -s; umg.⟩ unbedeutende Person [engl., »Niemand«]

Nöck ⟨m.; -(e)s, -e⟩ = Neck

Noc|ti|lu|ca ⟨f.; -; unz.; Biol.⟩ Gattung von Geißelalgen, die im Oberflächenwasser der Meere verbreitet sind u. das Phänomen des Meeresleuchtens verursachen [lat., »bei Nacht leuchtend«]

Nocturne (*Worttrennung am Zeilenende*) Die Trennung nach Sprechsilben richtet sich bei Fremdwörtern in der Regel nach der Aussprache in der Herkunftssprache. Wird, wie z. B. im Französischen, ein Vokal in Endstellung nicht gesprochen, ist auch keine Silbenfuge zu setzen.
Dies gilt auch für zahlreiche englische Wörter wie *Juice*.

Noc|turne ⟨[-tyrn] n.; -s, -s od. f.; -, -s; Musik⟩ schwermütiges Musikstück, Nachtstück; *Sy* Notturno [frz.]

No|da|li|tät ⟨f.; -; unz.; Geogr.⟩ ausgeprägte Kernstruktur eines Raumes, verdichteter Raum, z. B. im Hinblick auf die Bevölkerungsdichte od. die Wirtschaftskraft [zu lat. *nodus* »Knoten«]

No|di ⟨Pl. von⟩ Nodus

No|du|lus ⟨m.; -, -du|li; Med.⟩ Knötchen, Form eines Hautausschlags [Verkleinerungsform zu lat. *nodus* »Knoten«]

No|dus ⟨m.; -, No|di⟩ 1 ⟨Med.⟩ Knoten, z. B. Lymphknoten 2 ⟨Bot.⟩ knotig dicke Ansatzstelle am Pflanzenblatt 3 das Halten erleichternder Knauf am Schaft von Geräten, z. B. an Kelchen, Leuchtern u. Ä. [lat., »Knoten«]

No|ël ⟨[nɔɛl] m.; -; unz.; Musik⟩ traditionelles frz. Weihnachtslied [frz., »Weihnachten«]

No|em ⟨n.; -s, -e; Sprachw.⟩ 1 kleinste bedeutungstragende sprachliche Einheit 2 Element eines Semems [<grch. *noema* »Gedanke«]

No|e|ma ⟨n.; -s, -ta; Philos.⟩ Gedanke, Sinn, Begriff, Inhalt eines Gedankens [<grch. *noema* »Gedanke, Sinn, Verstand«]

No|e|ma|tik ⟨f.; -; unz.; Sprachw.⟩ Lehre, Theorie von den Noemen

No|e|sis ⟨f.; -; unz.; Philos.⟩ der Akt des Denkens, das Denken [grch.]

No|e|tik ⟨f.; -; unz.; Philos.⟩ Denk-, Erkenntnislehre [<grch. *noetike (techne)*; zu *noetikos* »das Denken betreffend«]

no|e|tisch ⟨Adj.⟩ 1 ⟨Philos.⟩ die Noetik betreffend 2 ⟨Psych.⟩ die Noesis, das Denken betreffend; *~e* Gefühle; *~er* Habitus

no future! ⟨[nou fjuːtʃə(r)]⟩ keine Zukunft! (Schlagwort der Jugendlichen in den 80er- u. 90er-Jahren); *die No-Future-Generation* Jugend ohne Berufschancen, ohne Zukunftsperspektiven [engl.]

noir ⟨[noaːr] Roulett⟩ schwarz; *Ggs* rouge [frz.]

no iron ⟨[nou aɪən]⟩ bügelfrei (Vermerk der Textilindustrie in Geweben) [engl., »kein Bügeln«]

noi|sette ⟨[noazɛt] Adj.⟩ mit gemahlenen Haselnüssen [frz., »Haselnuss«]

Noi|sette ⟨[noazɛt] f.; -, -s⟩ Milchschokolade mit gemahlenen Haselnüssen [→ *noisette*]

NOK ⟨Abk. für⟩ Nationales Olympisches Komitee

Nokt|am|bu|lis|mus *auch:* **Nok|tam|bu|lis|mus** ⟨m.; -; unz.; Med.⟩ = Somnambulismus [<lat. *nox*, Gen. *noctis*, »Nacht« + *ambulare* »gehen«]

Nok|turne ⟨[-tyrn] n.; -s, -s od. f.; -, -s; Musik; eindeutschend für⟩ Nocturne

no|lens vo|lens ⟨[voː-] geh.⟩ ob man will od. nicht, halb wider Willen, wohl od. übel [lat., »nicht wollend, wollend«]

No|li|me|tan|ge|re ⟨n.; -, -; Bot.⟩ einer Gattung der Balsaminengewächse angehörendes Kraut, aus dessen Frucht beim Berühren die Samen weggeschleudert werden, Rührmichnichtan, Springkraut: *Impatiens* [lat.]

...nom¹ ⟨Nachsilbe; zur Bildung von Adj.⟩ 1 bestimmten Gesetzen gehorchend; *autonom* 2 ...wertig; *homonom; heteronom* [<grch. *nomos* »Gesetz«; zu *nemein* »verteilen«]

...nom² ⟨Nachsilbe; zur Bildung sächl. Subst.⟩ 1 Messgerät, ...messer; *Metronom* 2 ⟨mathemat.⟩ Ausdruck; *Binom; Polynom* [→ *...nom*¹]

...nom³ ⟨Nachsilbe; zur Bildung männl. Subst.⟩ Sachverständiger, Wissenschaftler; *Astronom; Ökonom* [→ *...nom*¹]

Nom. ⟨Abk. für⟩ Nominativ

No|ma ⟨f.; -, -mae [-mɛː]; Med.⟩ Wangenbrand, Erkrankung der Mundschleimhaut, die bes. bei unterernährten od. durch Infektionen geschwächten Kindern auftritt [zu grch. *nome* »Weide«]

No|ma|de ⟨m.; -n, -n⟩ Angehöriger eines wandernden Hirtenvolkes [<grch. *nomas*, Gen. *nomados* »der mit weidendem Vieh umherzieht«]

no|ma|disch ⟨Adj.⟩ 1 wie ein Nomade umherziehend 2 nicht sesshaft, unstet

no|ma|di|sie|ren ⟨V.⟩ 1 umherschweifen, nicht sesshaft sein

2 ⟨fig.⟩ oft den Wohnsitz wechseln

No|ma|dis|mus ⟨m.; -; unz.⟩ **1** mit der Suche nach neuem Weideland verbundenes Wandern **2** Form einer Gesellschaft, deren Mitglieder keinen festen Wohnsitz haben

Nom de Plume ⟨[nɔ̃dəplym] m.; - - -, -s [nɔ̃-]- -⟩ Deckname (eines Schriftstellers); →*a.* Pseudonym [frz., eigtl. »Federname«]

No|men ⟨n.; -s, -mi|na; Gramm.⟩ **1** deklinierbare Wortart, Nennwort, z. B. Substantiv, Pronomen, Adjektiv; →*a.* Denominativ **2** ~ *est omen (eigtl.:* ~ *et omen)* der Name hat (ist) zugleich eine Vorbedeutung, dieser Name sagt alles (eigtl.: Name u. Zeichen) **3** ~ *agentis* von einem Verb abgeleitetes Substantiv, das den Träger eines Geschehens bezeichnet, z. B. Flieger **4** ~ *proprium* Eigenname [<lat. *nomen* »Name, Benennung«; lat. *omen* »Zeichen, Vorzeichen«; lat. *agentis*: Part. Präs. Gen. von *agere* »treiben, in Bewegung setzen«; lat. *proprium*, Neutr. zu *proprius* »eigen«]

No|men|kla|tor ⟨m.; -s, -to|ren⟩ **1** ⟨im antiken Rom⟩ Sklave, der seinem Herren im Haus die Namen von Besuchern u. der anderen Sklaven, außerhalb des Hauses die Namen der ihm Entgegenkommenden nennen musste **2** ⟨im MA⟩ Zeremonienmeister **3** = Nomenklatur [lat., »Namennenner«]

no|men|kla|to|risch ⟨Adj.⟩ in der Art einer Nomenklatur

No|men|kla|tur ⟨f.; -, -en⟩ Verzeichnis bzw. Gesamtheit der Fachausdrücke eines Gebietes der Kunst od. der Wissenschaft; *Sy* Nomenklator (3); →*a.* Nomenklatura [<lat. *nomenclatura* »Namensverzeichnis«]

No|men|kla|tu|ra ⟨f.; -; unz.⟩ in der Sowjetunion⟩ führende Gesellschaftsschicht, Gruppe der polit. Machthaber; →*a.* Nomenklatur

...no|mie ⟨Nachsilbe; zur Bildung weibl. Subst.⟩ **1** Abhängigkeit von Gesetzen, ...gesetzlichkeit; *Autonomie* **2** Wissenschaft; *Astronomie* [<grch. *nomos;* → ...*nom¹*]

no|mi|nal ⟨Adj.; Gramm.⟩ **1** in der Art eines Nomens, auf ihm beruhend **2** ⟨selten für⟩ nominell **3** ⟨Bankw.⟩ zum Nennwert [<lat. *nominalis* »zum Namen gehörig«]

No|mi|nal|ab|strak|tum *auch:* **No|mi|nal|abs|trak|tum** ⟨n.; -s, -strak|ta; Sprachw.⟩ von einem Nomen abgeleiteter abstrakter Begriff, z. B. Feindschaft, Kameradschaft

No|mi|nal|de|fi|ni|ti|on ⟨f.; -, -en; Sprachw.⟩ Definition eines Wortes, Begriffs, Worterklärung; *Ggs* Realdefinition

No|mi|nal|ein|kom|men ⟨n.; -s, -; Wirtsch.⟩ das Einkommen ohne Berücksichtigung der Kaufkraft des Geldes; *Ggs* Realeinkommen

No|mi|nal|form ⟨f.; -, -en; Gramm.⟩ nicht konjugierte Verbform, z. B. der Infinitiv; *Sy* infinites Verb

no|mi|na|li|sie|ren ⟨V.; Gramm.⟩ = substantivieren

No|mi|na|lis|mus ⟨m.; -; unz.⟩ Scholastik; Sprachw.⟩ Lehre, dass die allg. Begriffe, z. B. die der Gattungen, nur Namen sind u. nichts Wirkliches bedeuten; *Ggs* Realismus (5); →*a.* Ockhamismus

No|mi|na|list ⟨m.; -en, -en; Sprachw.⟩ Anhänger, Vertreter des Nominalismus

no|mi|na|lis|tisch ⟨Adj.; Sprachw.⟩ zum Nominalismus gehörend, auf ihm beruhend

No|mi|nal|ka|pi|tal ⟨n.; -s; unz.; Wirtsch.⟩ ausgewiesenes Grundkapital einer AG bzw. Stammkapital einer GmbH

No|mi|nal|ka|ta|log ⟨m.; -(e)s, -e⟩ alphabetisch nach Namen geordneter Katalog, Verfasserkatalog; *Ggs* Realkatalog

No|mi|nal|kom|po|si|tum ⟨n.; -s, -si|ta; Gramm.⟩ ein aus mehreren nominalen Gliedern zusammengesetztes Wort, z. B. Haustür, Radiowecker

No|mi|nal|phra|se ⟨f.; -, -n; Abk.: NP; Gramm.⟩ Satz od. Wortgruppe mit einem Nomen u. von ihm abhängigen Satzgliedern; →*a.* Verbalphrase

No|mi|nal|prä|fix ⟨n.; -es, -e; Gramm.⟩ Präfix, das sich mit einem Nomen (1) verbindet, z. B. (un)schön, (Un)glaube

No|mi|nal|satz ⟨m.; -es, -sät|ze; Gramm.⟩ verbloser Satz, der aus Nominalausdrücken besteht, z.B »ohne Fleiß kein Preis«

No|mi|nal|stil ⟨m.; -(e)s; unz.; Stilistik⟩ vor allem Nomina bevorzugender Schreibstil; *Ggs* Verbalstil

No|mi|nal|wert ⟨m.; -(e)s, -e; Wirtsch.⟩ auf Münzen, Geldnoten, Wertpapieren o. Ä. angegebener Geldwert, Nennwert

No|mi|na|ti|on ⟨f.; -, -en⟩ **1** Nennung, Benennung **2** Ernennung [<lat. *nominatio* »Vorschlag, Nennung (für ein Amt)«]

No|mi|na|tiv ⟨m.; -s, -e [-və]; Abk.: Nom.; Gramm.⟩ erster Fall der Deklination, Werfall [<lat. *(casus) nominativus* »Nennfall«; → *Nomen*]

no|mi|na|ti|visch ⟨[-vɪʃ] Adj.; Gramm.⟩ den Nominativ betreffend, als N. gebildet

no|mi|nell ⟨Adj.⟩ **1** ⟨Gramm.⟩ zum Nomen gehörig **2** ⟨nur⟩ dem Namen nach, angeblich [<lat. *nominalis* »zum Namen gehörig, namentlich«]

no|mi|nie|ren ⟨V.⟩ **1** nennen, benennen, namhaft machen **2** ernennen [<lat. *nominare*]

No|mi|nie|rung ⟨f.; -, -en⟩ das Nominieren, Nominiertwerden; *die* ~ *zum Ehrenmitglied, zum Kanzlerkandidaten*

No|mo|gra|fie ⟨f.; -; unz.; Math.⟩ = Nomographie

no|mo|gra|fisch ⟨Adj.; Math.⟩ = nomographisch

No|mo|gramm ⟨n.; -s, -e; Math.⟩ graf. Darstellung funktionaler Zusammenhänge zwischen mehreren unabhängigen Größen [<grch. *nomos* »Zahl« + ...*gramm*]

No|mo|gra|phie ⟨f.; -; unz.; Math.⟩ Gesamtheit der Verfahren, mit Nomogrammen mathemat., naturwissenschaftl. u. techn. Problemen zu lösen; *oV* Nomografie [<grch. *nomos* »Zahl« + ...*graphie*]

no|mo|gra|phisch ⟨Adj.; Math.⟩ zur Nomographie gehörend,

Nomos

mithilfe der Nomographie; *oV* nomografisch

No|mos ⟨m.; -, -moi⟩ **1** menschl. Gesetz, Ordnung **2** ⟨Musik⟩ antike Weise, Melodiemodell für solistischen Vortrag [grch., »Brauch, Gesetz, Sangweise«]

Non ⟨f.; -, -en; kath. Kirche⟩ kirchliches Stundengebet in der neunten Stunde (14-15 Uhr) [→ *None*]

non..., **Non...** ⟨in Zus.⟩ nicht, un... [<lat. *non* »nein« od. <frz. *non* »nein«]

No|na|gon ⟨n.; -s, -e; Geom.⟩ Neuneck [<lat. *nonus* »der Neunte« + ...*gon*]

Non|a|lign|ment ⟨[nɔnəlaɪnmənt] n.; -s; unz.; Politik⟩ (Politik der) Blockfreiheit, Nichtanbindung [<*Non...* + engl. *alignment* »Anordnung«]

No-Name-Pro|dukt ⟨[noʊnɛɪm-] n.; -(e)s, -e⟩ Produkt ohne Marken- od. Firmenbezeichnung auf der Verpackung [<engl. *no name* »namenlos«]

Non-Book ⟨[-bʊk] n.; - od. -s, -s; Buchw.⟩ (in Buchhandlungen angebotenes) Produkt, das kein Buch ist [<*Non...* + engl. *book* »Buch«]

Non-Book-Ab|tei|lung ⟨[-bʊk-] f.; -, -en; Buchw.⟩ Abteilung, Bereich einer Buchhandlung, in der andere Medien (Kalender, Spiele, CDs u. a.) angeboten werden [→ *Non-Book*]

Non-Book-Ar|ti|kel ⟨[-bʊk-] m.; -s, -; Buchw.; meist Pl.⟩ in einer Buchhandlung erhältlicher Artikel, der nicht dem Buchmarkt, sondern benachbarten Bereichen zuzuordnen ist, z. B. Kalender, Spiele, CDs usw.; →*a.* Non-Food-Artikel

Non|cha|lance ⟨[nɔ̃ʃalãːs] f.; -; unz.⟩ (liebenswürdige) Nachlässigkeit, Formlosigkeit, Ungezwungenheit [frz.]

non|cha|lant ⟨[nɔ̃ʃalã] od. bei Dekl. u. Komparation [nɔ̃ʃalãːt] Adj.⟩ nachlässig, (liebenswürdig) formlos, ungezwungen [frz.]

Non-Co|ope|ra|tion ⟨[-koːɔpəreɪʃn] f.; -; unz.; Politik⟩ Form des passiven Widerstands, bei der durch bewusste Boykottierung von Einrichtungen od. Produkten ein politisches Ziel durchgesetzt werden soll; *die Boykottierung der Tankstellen war eine moderne Form von ~* [<engl. *non* »nicht« + *cooperation* »Zusammenarbeit«; der Begriff wurde zuerst während des indischen Unabhängigkeitskampfes gebraucht]

No|ne ⟨f.; -, -n⟩ **1** neunte Tagesstunde (15 Uhr) **2** ⟨kath. Kirche⟩ Gebetsstunde um die Mittagszeit **3** ⟨Musik⟩ **3.1** neunter Ton der diatonischen Tonleiter **3.2** Intervall von neun Tonstufen **4** ⟨Pl.⟩ ~*n* (im altröm. Kalender) im Allg. der fünfte Monatstag, im März, Mai, Juli, Oktober der siebente [<lat. *nona*, Fem. zu *nonus* »der Neunte«; zu *novem* lat. *novem* »neun«]

No|nen|ak|kord ⟨m.; -(e)s, -e; Musik⟩ Fünfklang, aus vier übereinander geschichteten Terzen

No|nett ⟨n.; -s, -e; Musik⟩ **1** Musikstück für neun Instrumente **2** Gruppe von neun Instrumentalisten [<ital. *nonetto* »Nonett«; zu *nove*, lat. *novem* »neun«]

Non|fic|tion *auch:* **Non-Fiction** ⟨[nɔnfɪkʃn] f.; -; unz.⟩ *Ggs* Fiction **1** Sach-, Fachbuch **2** Sach-, Fachbuchliteratur [<engl. *non* »nicht« + *fiction* »Erzähl-, Prosaliteratur, Belletristik«]

non|fi|gu|ra|tiv ⟨Adj.⟩ nicht figürlich, abstrakt; *Ggs* figurativ; ~*e Malerei* [<lat. *non* »nicht« + *figurativ*]

Non-food... ⟨[-fuːd] in Zus.⟩ nicht zu den Lebensmitteln gehörig; *die ~-Abteilung eines Supermarktes* [engl., »kein Essen«]

Non-Food-Ar|ti|kel ⟨[-fuːd-] m.; -s, -; meist Pl.⟩ (in einem hauptsächlich Lebensmittel führenden Geschäft zum Kauf angebotener) Gegenstand bzw. Artikel, der nicht als Nahrungsmittel dient, z. B. Bekleidung, Haushaltswaren; →*a.* Non-Book-Artikel [<engl. *non* »nicht« + *food* »Lebensmittel, Nahrung, Speise«]

No|ni|us ⟨m.; -, -ni|en od. -se; Technik⟩ verschiebbarer, zusätzlicher Maßstab an Messgeräten zum Ablesen von Zehnteln der kleinsten Längeneinheit des Gerätes [nach dem portugies. Mathematiker P. *Nuñez*, 1492-1577, latinisiert *Nonius*]

Non|kon|for|mis|mus ⟨m.; -; unz.; bes. Politik⟩ individualist. Haltung in polit. u. sozialen Fragen; *Ggs* Konformismus

Non|kon|for|mist ⟨m.; -en, -en; bes. Politik⟩ **1** jmd., der sich nicht der herrschenden Meinung anschließt; *Ggs* Konformist (1) **2** = Dissenter

Non|kon|for|mis|tin ⟨f.; -, -tin|nen; bes. Politik⟩ weibl. Person, die sich nicht der herrschenden Meinung anschließt; *Ggs* Konformistin (1)

non|kon|for|mis|tisch ⟨Adj.⟩ bes. Politik⟩ von der herrschenden Meinung abweichend, individualistisch; *Ggs* konformistisch (2)

Non|kon|for|mi|tät ⟨f.; -; unz.; bes. Politik⟩ *Ggs* Konformität **1** Ungleichgestimmtheit, Nichtübereinstimmung **2** Nonkonformismus

non li|quet ⟨geh.⟩ **1** es lässt sich nicht entscheiden **2** ⟨Rechtsw.⟩ der Sachverhalt ist ungeklärt u. kann auch nicht geklärt werden [lat., »es ist nicht klar«]

non mul|ta, sed mul|tum ⟨geh.⟩ nicht vielerlei, sondern viel [lat.]

non o|let ⟨geh.⟩ es (das Geld) stinkt nicht [lat.]

Non-Pa|per ⟨[nɔnpeɪpə(r)] n.; -s, -; Politik⟩ inoffizielles u. daher nicht zitierfähiges Schriftstück (im diplomatischen Dienst) [engl.]

Non|pa|reille ⟨[nɔ̃pareːj] f.; -; unz.⟩ **1** kleine, auch gefärbte Perlen aus Zucker, die zum Verzieren von Schokoladenplätzchen benutzt werden **2** ⟨Typ.⟩ kleiner Schriftgrad, sechs Punkt [frz., »unvergleichlich«]

Non|plus|ul|tra *auch:* **Non|plus|ul|tra** ⟨n.; -; unz.⟩ das Unübertreffbare [lat., »nicht darüber hinaus«]

non pos|su|mus ⟨geh.⟩ wir können nicht (Formel der Weigerung der katholischen Kirche gegenüber der weltl. Macht) [lat.]

Non|pro|fit... *auch:* **Non-Pro|fit...** ⟨[-prɔfɪt] in Zus.⟩ ohne Gewinn(streben)

Nonprofitmanagement *auch:* **Non-Profit-Management** ⟨[nɔnprɔfitmænɪdʒmənt] n.; -s, -s; Wirtsch.⟩ professionelle Führung von Nonprofitorganisationen, z. B. in kirchlichen u. sozialen Verbänden, Vereinen u. Stiftungen [<engl. *nonprofit* »nicht auf Gewinn ausgerichtet, gemeinnützig« + *Management*]

Nonprofitorganisation *auch:* **Non-Profit-Organisation** ⟨[-prɔfit-] f.; -, -en; Wirtsch.; Abk.: NPO⟩ nicht erwerbswirtschaftlich ausgerichtete Organisation, die auf dem Gebiet der Wohlfahrt, der Interessenvertretung od. der kollektiven Selbsthilfe tätig ist, z. B. öffentl. Verwaltung, Wirtschaftsverband, Freizeitverein, politische Partei, Umweltschutzorganisation [→ *Nonprofit...*]

Nonproliferation ⟨[-prɔlifəreɪʃən] f.; -; unz.; Politik⟩ Nichtweitergabe von Kernwaffen an andere Länder, auch Nichtweitergabe von Kernbrennstoffen an Länder, die sich nicht der Kontrolle der Internationalen Atomenergie-Agentur unterwerfen; *Ggs* Proliferation (2) [<engl. *non* »nicht« + *proliferation* »Wachstum, Vermehrung«]

non scholae, sed vitae discimus ⟨[-skoːleː-viːteː-]⟩ Nicht für die Schule, sondern fürs Leben lernen wir [lat.; nach Seneca, ca. 4 v. Chr.-65 n. Chr.]

Nonsens ⟨m.; -; unz.⟩ Unsinn, törichtes Gerede [<engl. *nonsense*]

nonstop ⟨Adv.⟩ durchgehend, ohne Unterbrechung; *~ fliegen*

Nonstopflug *auch:* **Non-Stop-Flug** ⟨m.; -(e)s, -flüge⟩ Flug ohne Zwischenlandung [<engl. *non stop* »ununterbrochen«]

Nonstopkino *auch:* **Non-Stop-Kino** ⟨n.; -s, -s⟩ Kino mit ununterbrochenen Vorführungen u. durchgehendem Einlass [<engl. *non stop* »keine Unterbrechung«]

non tanto ⟨Musik⟩ nicht so sehr (zu spielen); *allegro ma ~* [ital.]

non troppo ⟨Musik⟩ nicht zu sehr, zu viel (zu spielen); *allegro ma ~* [ital.]

Nonvalenz ⟨[-va-] f.; -, -en; Wirtsch.⟩ Zahlungsunfähigkeit

Nonvaleur ⟨[nɔ̃valœːr] m.; -s, -s⟩ 1 entwertetes Wertpapier 2 veraltete, unverkäufl. Ware [frz., »Wertloses«]

nonverbal ⟨[-vɛr-] Adj.⟩ nicht mündlich, nicht durch Worte mitgeteilt; *~e Verständigung* [<lat. *non* »nicht« + *verbal*]

Noologen ⟨[noːoː-] Adj.; Psych.⟩ durch ein geistiges Problem, einen sittlichen Konflikt od. eine existenzielle Krise hervorgerufen [<grch. *nous* »Geist« + *...gen*]

Noogenetik ⟨[noːoː-] f.; -; unz.; Ökol.⟩ gezielte Einflussnahme des Menschen auf Fauna u. Flora, um das durch Zivilisation u. Industrialisierung gestörte ökolog. Gleichgewicht wiederherzustellen [<grch. *nous* »Geist, Verstand« + *Genetik*]

Noologie ⟨[noːoː-] f.; -; unz.; Philos.⟩ von R. Eucken (1846-1926) begründete Lehre, die den Geist in seinem Eigenleben untersucht [<grch. *nous* »Geist« + *...logie*]

noologisch ⟨[noːoː-] Adj.; Philos.⟩ 1 die Noologie betreffend, auf ihr beruhend 2 den Geist betreffend (nach Eucken)

Noologist ⟨[noːoː-] m.; -en, -en; Philos.⟩ Philosoph, der die Vernunft als Quelle aller Erkenntnis ansieht [<grch. *nous* »Geist, Verstand« + *logos* »Vernunft, Rede, Wort«]

Noopsyche ⟨[noːoː-] f.; -; unz.; Psych.⟩ geistige, intellektuelle Seite od. Schicht des Seelenlebens; *→a.* Thymopsyche [<grch. *nous* »Geist, Verstand« + *Psyche*]

Noosphäre *auch:* **Noosphäre** ⟨[noːoː-] f.; -; unz.; Geogr.; Ökol.⟩ Teil der Erdoberfläche, in dem menschl. Gesellschaften existieren u. bewussten Einfluss auf die Lebensumwelt nehmen [<grch. *nous* »Geist, Verstand« + *Sphäre*]

Noor ⟨n.; -(e)s, -e⟩ Haff [dän.]

Noradrenalin *auch:* **Noradrenalin** ⟨n.; -s; unz.; Biochemie⟩ ein dem Adrenalin verwandtes Nebennierenhormon, das den Blutdruck steigert u. die Pulsfrequenz senkt

Nordatlantikpakt ⟨m.; -(e)s; unz.⟩ = NATO, Nato

Norm ⟨f.; -, -en⟩ 1 Richtschnur, Vorbild, Regel; *als ~ dienen, gelten; der ~ entsprechen* 2 Vorschrift für Größen, Qualitäten, Verfahren, Darstellungsweisen; *Sy* Standard 3 am Fuß der ersten Seite des Druckbogens stehende Bez. des Autors u. abgekürzten Buchtitels 4 ⟨DDR⟩ vorgeschriebene Arbeitsleistung; *Leistungs~; die ~ erreichen, erfüllen* [<lat. *norma* »Winkelmaß; Maßstab, Regel, Vorschrift«]

normacid *auch:* **normacid** ⟨[-tsiːt] Adj.; Med.⟩ die normale Säurewerte betreffend (z. B. vom Magensaft); *oV* normazid [<*Norm* + lat. *acidus* »sauer«]

Normacidität *auch:* **Normacidität** ⟨[-tsi-] f.; -; unz.; Med.⟩ normaler Säurewert, z. B. des Magensaftes; *oV* Normazidität [→ *normazid*]

normal ⟨Adj.⟩ 1 regelmäßig, regelrecht 2 gewöhnlich, üblich, landläufig; *~es Gewicht; ~e Größe; ~e Verhältnisse* 3 ⟨umg.⟩ geistig gesund; *er ist nicht ganz ~* 4 ⟨chem. Zeichen: n⟩ auf eine Normallösung bezogen [<lat. *normalis* »nach dem Winkelmaß gerecht; die Norm betreffend«]

normal..., Normal... ⟨in Zus.⟩ der Norm entsprechend, durchschnittlich, üblich

Normalbedingungen ⟨Pl.⟩ = Normbedingungen

Normale ⟨f. 2⟩ 1 Richtgröße 2 Lot zur Tangente [→ *normal*, *Norm*]

Normalien ⟨Pl.⟩ 1 Gesamtheit der Grundformen 2 Regeln, Vorschriften

normalisieren ⟨V.⟩ der Norm (wieder) angleichen, normal gestalten [<frz. *normaliser*]

Normalität ⟨f.; -; unz.⟩ normale Beschaffenheit, Vorschriftsmäßigkeit

Normallösung ⟨f.; -, -en⟩ Lösung, die in 1 l Flüssigkeit ein Grammäquivalent des wirksamen Stoffes enthält

Normalnull ⟨Abk.: NN⟩ die für alle deutschen Höhenmessungen verwendete Bezugsfläche in Höhe des mittleren Wasser-

Normalvolumen

standes des Amsterdamer Pegels
Nor|mal|vo|lu|men ⟨[-vo-] n.; -s; unz.; Physik⟩ = Normvolumen
Nor|mal|zeit ⟨f.; -, -en⟩ im Gegensatz zur Ortszeit für ein größeres Gebiet festgelegte Zeit; *Sy* Zonenzeit, Standardzeit
nor|ma|tiv ⟨Adj.⟩ als Norm geltend, maßgebend
Nor|ma|tiv ⟨n.; -s, -e [-və]; bes. Wirtsch.⟩ allgemeiner Richtwert bei der Festlegung von Arbeitsnormen
Nor|ma|ti|ve ⟨[-və] f.; -, -n⟩ das Maßgebende, grundlegende Bestimmung
Nor|ma|ti|vis|mus ⟨[-vɪs-] m.; -; unz.; Philos.⟩ Lehre vom Vorrang des »Sollens« gegenüber dem »Sein«
nor|ma|zid *auch:* **nor|ma|zid** ⟨Adj.; Med.⟩ = normacid
Nor|ma|zi|di|tät *auch:* **Nor|ma|zi|di|tät** ⟨f.; -; unz.; Med.⟩ = Normacidität
Norm|be|din|gun|gen ⟨Pl.⟩ für Flüssigkeiten u. Gase festgelegte äußere Zustandsbedingungen, die einen Vergleich untereinander hinsichtlich Dichte, Dampfdruck usw. gestatten, in der Physik 0 °C u. 1013 mbar, in der Technik meist 20 °C u. 1013 mbar; *Sy* Normalbedingungen
Norm|blatt ⟨n.; -(e)s, -blät|ter⟩ vom Deutschen Institut für Normung (DIN) herausgegebenes Verzeichnis von Standards u. Normen für Industrieprodukte, Fertigungsverfahren u. Ä.
nor|men ⟨V.⟩ = normieren
Nor|men|kon|troll|kla|ge *auch:* **Nor|men|kon|troll|kla|ge** ⟨f.; -, -n; Rechtsw.; Politik⟩ Verfassungsbeschwerde, Klage des Bundes- od. der Landesregierung, aber auch der Bürger beim Bundesverfassungsgericht zur Prüfung der Gültigkeit einer Rechtsnorm
nor|mie|ren ⟨V.⟩ als Norm (1, 2) od. nach einer Norm festlegen, einheitlich festsetzen; *oV* normen
Nor|mie|rung ⟨f.; -, -en⟩ das Normen, Festlegen als Norm od. nach einer Norm, Vereinheitlichung; *Sy* Normung

Nor|mo|blast ⟨m.; -en, -en; Med.⟩ kernhaltige Vorstufe des roten Blutkörperchens [<lat. *norma* »Richtschnur« + grch. *blastos* »Keim«]
nor|mo|ton ⟨Adj.; Med.⟩ normalen Blutdruck aufweisend [<*norm* + grch. *tonos* »Spannung«]
Nor|mung ⟨f.; -, -en⟩ = Normierung
Norm|vo|lu|men ⟨[-vo-] n.; -s; unz.; Physik⟩ das Volumen von 1 Mol eines Gases od. einer Flüssigkeit bei Normbedingungen; *Sy* Normalvolumen
Nor|ne ⟨f.; -, -n⟩ eine der drei nord. Schicksalsgöttinnen [<anord. *norn* »Schicksalsgöttin«; verwandt mit schwedisch (mundartlich) *norna, nyrna* »heimlich mitteilen, leise warnen«]
Nor|ther ⟨[nɔːðə(r)] m.; -s, -; Meteor.⟩ **1** ein kalter Nordwind im Norden des amerikanischen Kontinents **2** im südlichen Teil des australischen Kontinents vorkommender, trockener Wüstenwind [<engl. *north* »Norden«]
Nor|ton|ge|trie|be *auch:* **Nor|ton-Ge|trie|be** ⟨n.; -s, -; Technik⟩ Zahnradgetriebe, das eine bes. feinfühlige Regelung der Übersetzungszahlen ermöglicht [nach dem Erfinder, dem Engländer W. P. *Norton*]
No|se|an ⟨m.; -s, -e; Min.⟩ braunes, zu den Feldspaten gehörendes Mineral [nach dem dt. Geologen K. W. *Nose*, 1753–1835]
No|se|ma|seu|che ⟨f.; -, -n; Zool.⟩ **1** von Protozoen (Nosema apis) verursachte Krankheit der Bienen **2** von Nosema bombycis verursachte Fleckenkrankheit der Seidenraupen; *Sy* Pebrine [<grch. *nosema* »Krankheit«]
no|so..., **No|so...** ⟨in Zus.⟩ krank, leidend, übel [<grch. *nosos* »Krankheit«]
No|so|de ⟨f.; -, -n; Med.⟩ homöopathisches Arzneimittel, das aus Gewebe u. Flüssigkeiten erkrankter Organe hergestellt wird u. in höheren Potenzen zur Behandlung des gleichen Leidens verabreicht wird [<grch. *nosos* »Krankheit«]

No|so|gra|fie ⟨f.; -, -n; Med.⟩ = Nosographie
No|so|gra|phie ⟨f.; -, -n; Med.⟩ (systemat.) Bezeichnung u. Beschreibung der Krankheiten; *oV* Nosografie [<*Noso...* + *...graphie*]
No|so|lo|gie ⟨f.; -, -n; Med.⟩ Zweiggebiet der Pathologie, das sich mit der systematischen Beschreibung der Krankheiten befasst [<*Noso...* + *...logie*]
no|so|lo|gisch ⟨Adj.; Med.⟩ die Nosologie betreffend, zu ihr gehörend
No|so|ma|nie ⟨f.; -, -n; Med.⟩ Einbildung, an einer schweren Krankheit zu leiden [<*Noso...* + *Manie*]
No|so|pho|bie ⟨f.; -, -n; Med.⟩ krankhafte Angst vor Krankheiten; *Sy* Pathophobie [<*Noso...* + *Phobie*]
No-Spiel ⟨n.; -(e)s, -e; Kurzwort: No⟩ altjap. Singspiel mit historischen od. sagenhaften Stoffen [<jap. *no*]
Nos|tal|gie *auch:* **Nos|tal|gie** ⟨f.; -; unz.⟩ **1** Sehnsucht nach Vergangenem **2** Sehnsucht nach Rückkehr, Heimweh [<grch. *nostos* »Heimkehr« + *...algie*]
Nos|tal|gi|ker *auch:* **Nos|tal|gi|ker** ⟨m.; -s, -⟩ jmd., der sich der Nostalgie hingibt, der sich nach Vergangenem sehnt
Nos|tal|gi|ke|rin *auch:* **Nos|tal|gi|ke|rin** ⟨f.; -, -rin|nen⟩ weibl. Person, di sich der Nostalgie hingibt, der sich nach Vergangenem sehnt
nos|tal|gisch *auch:* **nos|tal|gisch** ⟨Adj.⟩ auf Nostalgie beruhend, wehmütig-sehnsüchtig
Nos|tri|fi|ka|ti|on *auch:* **Nos|tri|fi|ka|ti|on** ⟨f.; -, -en⟩ **1** Einbürgerung **2** staatl. Anerkennung (ausländischer Diplome)
nos|tri|fi|zie|ren *auch:* **nos|tri|fi|zie|ren** ⟨V.⟩ **1** einbürgern **2** staatl. anerkennen; *ausländische Diplome* ~ [<lat. *noster* »unser« + *...fizieren*]
Nos|tro|kon|to *auch:* **Nos|tro|kon|to** ⟨n.; -s, -s od. -kon|ti od. -kon|ten; Bankw.⟩ Konto einer Bank bei einer anderen; *Ggs* Lorokonto [ital., »unser Konto«]
No|ta ⟨f.; -, -s⟩ **1** Vormerkung, Aufzeichnung, Anmerkung; *in* ~ *geben* in Auftrag geben; *in* ~

Novelfood

nehmen vormerken; →*a.* ad notam **2** Rechnung [lat., »Zeichen, Merkmal«]

No|ta|beln ⟨Pl.; in Frankreich seit dem 15 Jh. bis zur Frz. Revolution⟩ die Oberschicht bildende, führende Persönlichkeiten [<frz. *notable* »bemerkenswert«]

no|ta|be|ne ⟨Abk.: NB⟩ wohlgemerkt!, übrigens, was ich noch sagen wollte [lat.]

No|ta|be|ne ⟨n.; - od. -s, - od. -s⟩ Merkzeichen, Merkzettel

No|ta|bi|li|tät ⟨f.; -; unz.; veraltet⟩ **1** Vornehmheit **2** Berühmtheit, Angesehenheit [<frz. *notabilité*]

Not|al|gie *auch:* **Not|al|gie** ⟨f.; -, -n; Med.⟩ Schmerz im Bereich des Rückens [<grch. *noton* »Rücken« + ...*algie*]

No|tar ⟨m.; -s, -e; Rechtsw.⟩ ausgebildeter Jurist, der Unterschriften, Schriftstücke beglaubigt, Rechtsgeschäfte beurkundet u. Ä. [<lat. *notarius,* eigtl. »Geschwindschreiber«]

No|ta|ri|at ⟨n.; -(e)s, -e; Rechtsw.⟩ Büro, Kanzlei eines Notars [<mlat. *notariatus*]

no|ta|ri|ell ⟨Adj.; Rechtsw.⟩ vom, durch einen Notar; *eine ~ beglaubigte Abschrift, Kopie*

No|ta|rin ⟨f.; -, -rin|nen; Rechtsw.⟩ ausgebildete Juristin, die Unterschriften, Schriftstücke beglaubigt, Rechtsgeschäfte beurkundet u. Ä.

no|ta|risch ⟨Adj.; Rechtsw.⟩ = notariell

No|ta|ti|on ⟨f.; -, -en; Musik⟩ das Aufschreiben von Musik in Noten, Notenschrift; *Sy* Notierung (3) [<*notieren*]

Note|book ⟨[noutbuk] n.; -s, -s; EDV⟩ kleiner, tragbarer Computer; →*a.* Laptop, Notepad, Handheldcomputer [engl., eigtl. »Notizbuch«]

Note|pad ⟨[noutpæd] n.; -s, -s; EDV⟩ tragbarer Computer von sehr geringer Größe, der nicht mit einer Tastatur, sondern mit einem Sensorstift bedient wird; →*a.* Laptop, Notebook, Handheldcomputer [engl., eigtl. »Notizblock«]

Note sen|si|ble *auch:* **Note sensi|ble** ⟨[nɔtsāsi:blə] f.; - -, -s -s [nɔtsāsi:blə]; Musik⟩ Leitton

[frz., eigtl. »empfindliche Note«]

no|tie|ren ⟨V.⟩ **1** aufschreiben (um es sich zu merken); *(sich) ein Datum, eine Verabredung ~* **2** vormerken; *jmdn. für die Teilnahme an einem Lehrgang ~* **3** *einen Kurswert ~* festsetzen u. veröffentlichen; *zum notierten Kurs* [<lat. *notare* »kennzeichnen, bezeichnen; aufzeichnen, aufschreiben«]

No|tie|rung ⟨f.; -, -en⟩ **1** das Notieren, Aufzeichnen, Vormerken **2** ⟨Börse⟩ Festsetzung u. Veröffentlichung (von Kursen u. Preisen) **3** ⟨Musik⟩ = Notation

No|ti|fi|ka|ti|on ⟨f.; -, -en; veraltet⟩ **1** Anmeldung, Anzeige, Einbringung von Unterlagen **2** schriftliche Mitteilung, Dokumentation [zu lat. *notificare* »melden, anzeigen«]

no|ti|fi|zie|ren ⟨V.⟩ **1** anmelden, anzeigen, schriftlich dokumentieren; *eine Verordnung bei der Europäischen Union ~ lassen* **2** schriftlich mitteilen, in einer diplomatischen Note dokumentieren [<lat. *notificare* »bekannt machen«]

No|tio ⟨f.; -, -ti|o|nes [-ne:s]; Philos.⟩ = Notion

No|ti|on ⟨f.; -, -o|nes [-ne:s]; Philos.⟩ Begriff, Gedanke; *Sy* Notio [lat., »Kenntnis, Begriff«]

No|tiz ⟨f.; -, -en⟩ **1** notierte Bemerkung, kurze Angabe, Vermerk; *Zeitungs~; sich ~en machen; eine kurze ~ bringen* **2** Kenntnis, Beachtung; *(keine) ~ von etwas od. jmdm. nehmen* [<lat. *notitia* »Kenntnis, Kunde; Aufzeichnung«; zu *notus* »bekannt«]

no|to|risch ⟨Adj.⟩ **1** offenkundig, allbekannt **2** gewohnheitsmäßig; *ein ~er Trinker* [<lat. *notorius* »anzeigend, kundtuend«; zu *noscere* »kennen lernen«]

No|tre-Dame *auch:* **No|tre-Dame** ⟨[nɔtrədam] f.; -; unz.⟩ **1** frz. Bezeichnung für die Jungfrau Maria **2** ⟨in Zus.⟩ Name vieler der Muttergottes geweihter Kirchen im französischsprachigen Raum; *~ de Paris* [frz.; »unsere Herrin, unsere liebe Frau«]

Not|tur|no ⟨n.; -s, -s od. -tur|ni; Musik⟩ = Nocturne [ital.]

Nou|gat/Nugat (*Laut-Buchstaben-Zuordnung*) Im Zuge der Integration fremdsprachlicher Wörter in die deutsche Standardsprache kann neben die ursprüngliche, der Herkunftssprache folgende Orthographie eine integrierte Schreibweise mit angepasster Laut-Buchstaben-Zuordnung treten (→*a.* Panther/Panter).

Nou|gat ⟨[nu:-] n. od. m.; -s, -s⟩ Konfekt aus fein zerkleinerten Nüssen od. Mandeln mit Zucker u. Kakao; *oV* Nugat [frz. <prov. *nogat;* zu *noga* »Nuss« <lat. *nux*]

Nou|veau Ro|man ⟨[nuvo: rɔmã:] m.; - -; unz.; Lit.⟩ in Frankreich entstandene Richtung des modernen Romans, in der völlige Subjektivität des Autors (im Gegensatz zur bisherigen »Allwissenheit«) angestrebt u. die Objekte des Geschehens, die Reaktionen auf (unterbewusste) Reize od. auf seel. Vorgänge betont werden [frz., »neuer Roman«]

Nou|veau|té ⟨[nuvote:] f.; -, -s⟩ Neuheit, Neuigkeit [frz.]

Nou|velle Cui|sine ⟨[nuvɛl kyizin] f.; - -; unz.⟩ moderne frz. Kochkunst, die auch neuere ernährungswissenschaftl. Erkenntnisse berücksichtigt [frz., »neue Küche«]

Nov. ⟨Abk. für⟩ November

No|va[1] ⟨[-va] Pl. von⟩ Novum [lat., »die Neue«]

No|va[2] ⟨[-va] f.; -, No|vä; Astron.⟩ **1** Fixstern, dessen Helligkeit plötzlich sehr stark ansteigt **2** neuer Stern [lat., »die Neue«]

No|va|ti|on ⟨[-va-] f.; -, -en⟩ **1** Erneuerung **2** ⟨Rechtsw.⟩ Umwandlung einer Schuld [<lat. *novatio*]

No|ve|cen|to ⟨[nɔvətʃɛnto] n.; - od. -s; unz.; Kunst⟩ das 20. Jh. in der italien. Kunst; *Kunstwerke, Bauten des ~* [ital., »neunhundert« (nach Tausend)]

No|vel|food *auch:* **No|vel Food** ⟨[nɔvəlfu:d] n.; (-) - od. (-) -s; unz.⟩ mithilfe der Gentechnik

Novelle

verändertes Nahrungsmittel; *Sy* Genfood [<engl. *novel* »neu(artig)« + *food* »Essen, Speise«]

No|vel|le ⟨[-vɛl-] f.; -, -n⟩ **1** ⟨Rechtsw.⟩ ergänzender od. ändernder Nachtrag zu einem Gesetz; *Gesetzes~* **2** ⟨Lit.⟩ von einem einzelnen ungewöhnlichen Ereignis handelnde, kürzere, sich geradlinig bis zu einem Höhe- bzw. Wendepunkt steigernde, gedrängt berichtende Erzählung [<ital. *novella* »Novelle; kleine Novelle« <lat. *novellus*, Verkleinerungsform zu *novus* »neu«]

No|vel|let|te ⟨[-vel-] f.; -, -n⟩ **1** ⟨Lit.⟩ kleine Novelle (2) **2** ⟨Musik⟩ kurzes (»erzählendes«) Musikstück [<ital. *novelleta* »Kurznovelle«]

no|vel|lie|ren ⟨[-vel-] V.; österr.⟩ neu formulieren od. ergänzen (Gesetz) [→ *Novelle*]

No|vel|list ⟨[-vel-] m.; -en, -en; Lit.⟩ Verfasser von Novellen (2)

No|vel|lis|tik ⟨[-vel-] f.; -; unz.; Lit.⟩ **1** Kunst der Novelle (2) **2** Gesamtheit der Novellen (eines Volkes od. einer Zeit)

no|vel|lis|tisch ⟨[-vel-] Adj.; Lit.⟩ in der Art einer Novelle (2)

No|vem|ber ⟨[-vɛm-] m.; - od. -s, -; Abk.: Nov.⟩ elfter Monat des Jahres [lat., »der neunte« Monat des mit dem März beginnenden altrömischen Jahres; zu lat. *novem* »neun«]

No|ve|mo|le ⟨[-və-] f.; -, -n; Musik⟩ Gruppe von neuen gleichen rhythmischen Werten; → *a.* Triole [zu ital. *nove* <lat. *novem* »neun«]

No|ve|ne ⟨[-ve:-] f.; -, -n⟩ neuntägige kath. Andacht [<lat. *novem* »neun«]

No|vi|lu|ni|um ⟨[-vi-] n.; -s, -ni|en; Astron.⟩ erstes Sichtbarwerden der Mondsichel nach Neumond [<lat. *novus* »neu« + *luna* »Mond«]

No|vi|tät ⟨[-vi-] f.; -, -en⟩ **1** Neuheit, Neuigkeit **2** Neuerscheinung, z. B. ein Buch [<lat. *novitas* »Neuheit«]

No|vi|ze ⟨[-vi:-] m.; -n, -n⟩ junger Mönch während der Probezeit vor dem Ablegen der Gelübde [<lat. *novicius* »Neuling«]

No|vi|zi|at ⟨[-vi-] n.; -(e)s, -e⟩ Probezeit im Kloster

No|vi|zin ⟨[-vi:-] f.; -, -zin|nen⟩ junge Nonne während der Probezeit vor dem Ablegen der Gelübde

No|vo|ka|in ⟨[-vo-] n.; -s; unz.; Pharm.⟩ Anästhetikum, das anstelle des viel giftigeren Kokains heute vorwiegend für lokale od. oberflächl. Betäubungen verwendet wird [<lat. *novum* »neu«+ *Kokain*]

No|vo|tex® ⟨[-vo-] m.; - od. -es; unz.; Textilw.⟩ Kunststoff aus Baumwollgeweben u. Kunstharz, für Zahnräder u. als Isolationsmaterial verwendet [<lat. *novum* »neu« + *textil*]

No|vum ⟨[-vum] n.; -s, -va [-va]⟩ Neuheit, noch nicht Dagewesenes, neuer Gesichtspunkt [lat., Neutr. zu *novus* »neu«]

No|xe ⟨f.; -, -n; Med.⟩ **1** Schädlichkeit **2** Ursache einer Krankheit [<lat. *noxa* »Schaden, Vergehen, Schuld«]

No|xin ⟨n.; -s, -e; Med.⟩ Giftstoff aus zerfallenem Körpereiweiß [zu lat. *noxa* »Schaden«]

Np ⟨chem. Zeichen für⟩ Neptunium

NP ⟨Abk. für⟩ Nominalphrase

Nr. ⟨Abk. für⟩ Nummer

NRT ⟨Abk. für⟩ Nettoregistertonne

Nu|an|ce ⟨[nyã:sə] f.; -, -n⟩ **1** Abstufung, feine Tönung; *eine ~ heller, dunkler* **2** winzige Kleinigkeit, Spur, Schimmer; *um eine ~ anders* [frz.]

nu|an|cie|ren ⟨[nyãsi:-] V.⟩ abstufen, kaum merklich ändern [<frz. *nuancer*]

nu|an|ciert ⟨[nyãsi:rt] Adj.⟩ differenziert, vielfach abgestuft; *eine ~e Darstellung*

Nu|buk ⟨n.; -s; unz.; Textilw.⟩ Rinds- od. Kalbsleder mit samtartiger Oberfläche

Nu|cel|lus ⟨m.; -, -cel|li; Bot.⟩ Teil der Samenanlage bei Blütenpflanzen, Gewebekern [Neubildung zu spätlat. *nucella* »Haselnuss«; zu lat. *nucleus* »Nusskern, Kern«]

Nu|cle|in *auch:* **Nu|cle|in** ⟨n.; -s, -e; Biochemie⟩ = Nuklein [<lat. *nucleus* »Kern«]

Nu|cle|us *auch:* **Nu|cle|us** ⟨m.; -, -clei [-kle:i]; Biol.⟩ = Nukleus

Nu|dis|mus ⟨m.; -; unz.⟩ Freikörperkultur, Nacktkultur; *Sy* Naturismus [<lat. *nudus* »nackt, bloß«]

Nu|dist ⟨m.; -en, -en⟩ Anhänger des Nudismus, der Freikörperkultur

Nu|dis|tin ⟨f.; -, -tin|nen⟩ Anhängerin des Nudismus, der Freikörperkultur

nu|dis|tisch ⟨Adj.⟩ den Nudismus betreffend, zu ihm gehörend, seinem Ideal gemäß

nu|dis ver|bis ⟨[-vɛr]⟩ mit nackten Worten [lat.]

Nu|di|tät ⟨f.; -, -en⟩ **1** ⟨unz.⟩ Nacktheit (oft im unzüchtigen Sinne) **2** ⟨meist Pl.⟩ sexuelle Anzüglichkeit, sexuell anzügliche Äußerung od. Darstellung [<lat. *nuditas* »Blöße«]

Nu|gat ⟨n. od. m.; -s, -s⟩ = Nougat

Nug|get ⟨[nʌgɪt] n.; -s, -s⟩ natürliches Goldklümpchen [engl.]

◆ Die Buchstabenfolge **nukl...** kann auch **nukl...** getrennt werden.

◆ **nu|kle|ar** ⟨Adj.⟩ **1** den Atomkern betreffend, von ihm ausgehend **2** auf Kernreaktion beruhend [→ *Nukleus*]

◆ **Nu|kle|ar|me|di|zin** ⟨f.; -; unz.; Med.⟩ Teilgebiet der Medizin, das sich mit der Anwendung radioaktiver Stoffe im medizin. Bereich befasst

◆ **Nu|kle|ar|waf|fe** ⟨f.; -, -n; Mil.⟩ auf explosiv verlaufenden Kernspaltungen od. Kernfusionen beruhende Waffe, Kernwaffe

◆ **Nu|kle|a|se** ⟨f.; -, -n; Biochemie⟩ Enzym, das Nukleinsäuren spaltet

◆ **Nu|kle|in** ⟨n.; -s, -e; Biochemie⟩ in Zellkernen vorkommende Eiweißverbindung; *oV* Nuclein [→ *Nukleus*]

◆ **Nu|kle|in|säu|re** ⟨f.; -, -n; Biochemie⟩ kompliziert zusammengesetzte Verbindung der Zellkerne, die aus organ. Basen (Purin, Pyrimidin), Kohlenhydraten u. Phosphorsäure besteht

◆ **Nu|kle|o|id** ⟨n.; -(e)s, -e; Biol.⟩ dem Zellkern höherer Organismen entsprechende Zellstruktur der Bakterien [zu lat. *nucleus* »Kern«]

- **Nu|kle|o|le** ⟨f.; -, -n; Biol.⟩ = Nukleolus
- **Nu|kle|o|lus** ⟨m.; -, -o|li od. -kle|o|len; Biol.⟩ Kernkörperchen des Zellkerns [<spätlat. *nucleolus*; zu lat. *nucleus* »Nusskern, Kern«]
- **Nu|kle|on** ⟨n.; -s, -o|nen; Physik⟩ Baustein eines Atomkerns, z. B. Proton, Neutron
- **Nu|kle|o|nik** ⟨f.; -; unz.; Physik⟩ Teilbereich der techn. Physik, der sich mit den Atomkernen befasst
- **Nu|kle|o|pro|te|id** ⟨n.; -(e)s, -e; Biochemie⟩ hochmolekulare Verbindung von Nukleinsäuren mit Eiweißstoffen, Hauptbestandteil der Zellkerne von Pflanzen u. Tieren
- **Nu|kle|o|sid** ⟨n.; -s, -e; Biochemie⟩ organischer Teil des Nukleotids
- **Nu|kle|o|tid** ⟨n.; -s, -e; Biochemie⟩ Grundbaustein der Nukleinsäure
- **Nu|kle|us** ⟨m.; -, -klei [-kle:i]⟩ *oV* Nucleus **1** ⟨Biol.⟩ Zellkern **2** Kern eines steinzeitl. Knollens aus Feuerstein **3** ⟨fachsprachl. Bez. für⟩ Atomkern [lat.]
- **Nu|klid** ⟨n.; -s, -e; Physik⟩ ein Atomkern [<lat. *nucleus* »Kern« + grch. *eidos* »Gestalt«]

null ⟨Num.; Zeichen: 0⟩ kein, nichts; *das Spiel steht zwei zu null (2:0); das Ergebnis der Sache ist ~; eine Temperatur von ~ Grad (o °C)* am Anfang der Celsius-Skala, auf dem Gefrierpunkt; *zwei Grad über (unter) ~;* in *~ Komma nichts* ⟨umg.⟩ im Nu

Null[1] ⟨f.; -, -en; Zeichen: 0⟩ **1** Ziffer ohne Wert **2** Ziffer, die einen Stellenwert im dekadischen Zahlensystem einnimmt; *einer Zahl eine ~ anhängen* sie mit 10 multiplizieren **3** *jmd. ist eine ~* ein untüchtiger, bedeutungsloser Mensch [<ital. *nulla* »nichts« <lat. *nullus* »keiner«]

Null[2] ⟨m. od. n.; - od. -s, -s⟩ im Skat ein Spiel, bei dem der Spieler keinen Stich bekommen darf; *~ spielen;* →a. Null ouvert

Null|di|ät ⟨f.; -, -en⟩ Schlankheitsdiät mit vollständigem Verzicht auf Nahrung außer Wasser, Vitaminen u. Mineralstoffen; *auf ~ gehen*

nul|len ⟨V.; refl.; umg.; scherzh.⟩ *sich ~* eine Null aufweisen; *sein Geburtstag nullt sich in diesem Jahr zum dritten Mal*

Nul|li|fi|ka|ti|on ⟨f.; -, -en⟩ Erklärung der Ungültigkeit, Nichtigmachung, Aufhebung [<*Null* + ...*fikation*]

nul|li|fi|zie|ren ⟨V.⟩ für ungültig erklären, zunichte machen, aufheben [<lat. *nullus* »keiner« + ...*fizieren*]

Null|ins|tru|ment *auch:* **Null|instru|ment, Null|instru|ment** ⟨n.; -(e)s, -e; Physik⟩ physikal. Messinstrument zur Bestimmung der Größe unbekannter Widerstände od. Kapazitäten, das zu bestimmende Bauteil wird über eine Messbrücke so lange mit Bauteilen bekannter Größen abgestimmt, bis ein Amperemeter keinen Stromfluss in der Schaltung mehr anzeigt

Nul|li|pa|ra ⟨f.; -, -pa|ren; Med.⟩ Frau, die noch nicht geboren hat; →a. Multipara, Primipara [<lat. *nullus* »kein, nicht« + *parere* »hervorbringen, gebären«]

Nul|li|tät ⟨f.; -, -en; selten⟩ **1** Ungültigkeit, Nichtigkeit **2** bedeutungslose Person od. Sache [<frz. *nullité*]

Nulllösung (*Laut-Buchstaben-Zuordnung*) Beim Zusammentreffen von drei gleichen Buchstaben in Zusammensetzungen werden alle Buchstaben geschrieben. Möglich ist auch das Setzen eines Bindestrichs zur übersichtlichen Gliederung einer Zusammensetzung (*Null-Lösung*).

Null|lö|sung ⟨f.; -, -en; Politik; in den 8oer-Jahren Schlagwort für⟩ Herstellung eines Ausgleichs bei der Aufstellung von atomaren Mittelstreckenwaffen; *doppelte ~* Verschrottung der atomaren Mittelstreckenwaffen der mittleren u. längeren Reichweite

Null|me|ri|di|an ⟨m.; -s; unz.; Geogr.⟩ der durch die Sternwarte Greenwich in London verlaufende Längengrad, von dem aus die Längengrade jeweils von 0° bis 180° nach Osten u. Westen gezählt werden

Null|mor|phem ⟨n.; -s, -e; Sprachw.; Zeichen: Ø⟩ der Form nach nicht ausgedrücktes Wortbildungselement, leeres Morphem, z. B. die Pluralform von »Meister Ø«, dagegen »Person«, Pl. »Personen«

Null|ni|veau ⟨[-nivo:] n.; -s, -s; Kartogr.⟩ Höhenlage, von der aus kartographische Messungen durchgeführt werden

Null|num|mer ⟨f.; -, -n⟩ der ersten Ausgabe einer Zeitung od. Zeitschrift vorausgehende Probenummer

Null|o|de *auch:* **Nul|lo|de** ⟨f.; -, -n; El.⟩ elektrodenlose Gasentladungsröhre [verkürzt <*Null* + Elektr*ode*]

Null|o|pe|ra|ti|on ⟨f.; -; unz.; EDV⟩ dem Computer eingegebene Information, die keinen Rechenvorgang auslöst, sondern Speicherkapazität für die Erweiterung von Programmen freihält, Leerbefehl

Null ou|vert ⟨[-uvɛːr] m. od. n.; - -, - -s; Kart.⟩ Nullspiel, bei dem der Spieler nach dem ersten Stich die Karten offen hinlegen muss [<*Null* + frz. *ouvert* »offen«]

Null|punkt ⟨m.; -(e)s; unz.⟩ Bezugspunkt einer Skala, z. B. bei Thermometern der Gefrierpunkt des Wassers als Ausgangspunkt der Celsiusskala; *auf dem ~ angekommen sein* ⟨fig.⟩ den größten Tiefstand erreicht haben; *unsere Stimmung sank nach der neuerlichen Niederlage auf den ~*

Null|punkts|e|ner|gie ⟨f.; -; unz.; Physik⟩ auch am absoluten Nullpunkt der Temperatur noch vorhandene Schwingungsenergie von Atomen u. Molekülen; *die ~ von Kristallen*

Null|ta|rif ⟨m.; -(e)s, -e⟩ durch Verzicht auf Fahrgeld für die Beförderung in öffentl. Verkehrsmitteln auf Null gesenkter Tarif; *zum ~* unentgeltlich

Nul|lum ⟨n.; -s; unz.; Rechtsw.⟩ etwas Gegenstandsloses, Unbegründetes, Hinfälliges, ein Nichts [zu lat. *nullum* »nichts«]

Nu|men ⟨n.; -s, -⟩ göttl. Wesen, Gottheit ohne persönliche Gestalt, aber mit Wirkkraft [lat.]

Nu|me|ra|le ⟨n.; -s, -lia od. -li|en; Gramm.⟩ Wort, das die Zahl der beteiligten Größen bezeichnet, Zahlwort, z. B. eins, zwei, dritter [<lat. *numeralis* »die Zahl betreffend«]

Nu|me|ri ⟨Pl. von⟩ **1** Numerus **2** viertes Buch Mosis

Nu|me|ri|cal|con|trol *auch:* **Nu|me|ri|cal Con|trol** ⟨[ˈnjuːmərɪkəl kənˈtroʊl] f.; (-) -; unz.⟩ = NC (2)

nu|me|risch ⟨Adj.⟩ der Zahl nach, die Zahl betreffend; *~e Exzentrizität* Kenngröße von Ellipsen u. Hyperbeln, bezeichnet das Verhältnis zwischen dem Abstand des Brennpunktes vom Scheitelpunkt u. dem Abstand vom Mittelpunkt der halben Hauptachse; *~e Steuerung* = NC (2); *oV* nummerisch [→ *Numerus*]

Nu|me|ro ⟨n.; -s, -s; Abk.: No.; Zeichen: N°; veraltet⟩ Nummer (nur mit Zahlenangaben); *~ eins, vier* [lat., Dat. zu *numerus* »Zahl«]

Nu|me|ro|lo|gie ⟨f.; -; unz.⟩ okkulte Wissenschaft, die aus dem Namen des Menschen seinen Charakter ableitet, indem sie die einzelnen Buchstaben in entsprechende Zahlenwerte umsetzt; →*a.* Kabbala

Nu|me|rus ⟨m.; -, -ri⟩ **1** ⟨Math.⟩ Zahl, zu der der Logarithmus gesucht wird **2** ⟨Gramm.⟩ grammatische Kategorie, die angibt, ob die durch Nomen, Pronomen od. Verbum ausgedrückten Begriffe einfach (zweifach usw.) od. mehrfach aufzufassen sind, z. B. Singular, Dual, Plural **3** *~ clausus* ⟨Abk.: NC⟩ begrenzte Zahl für die Zulassung von Bewerbern zum Studium, zu einem Gewerbe usw. [lat., »Teil, (An-)Zahl«]

nu|mi|nos ⟨Adj.⟩ göttlich [→ *Numen*]

Nu|mis|ma|tik ⟨f.; -; unz.⟩ Münzkunde [<mlat. *numisma*, Gen. *numismatis* »Münze« <lat. *nummus*]

Nu|mis|ma|ti|ker ⟨m.; -s, -⟩ Kenner der Numismatik

Nu|mis|ma|ti|ke|rin ⟨f.; -, -rin|nen⟩ Kennerin der Numismatik

nu|mis|ma|tisch ⟨Adj.⟩ die Numismatik betreffend, zu ihr gehörig

Num|mer ⟨f.; -, -n; Abk.: Nr., No.⟩ **1** Glied in einer Reihe von Ordnungszahlen; *Haus~; Los~; Telefon~; Zimmer~; er hat Zimmer ~ 10; laufende ~; in welcher ~ (Haus~) wohnen Sie?; wir sind unter ~ (Telefon~) 596775 zu erreichen; auf ~ Sicher/sicher gehen* nichts riskieren; *er sitzt auf ~ Sicher/sicher* ⟨umg.⟩ er ist im Gefängnis; *bei jmdm. eine gute ~ haben* von jmdm. geschätzt werden **2** Exemplar; *~ einer Zeitschrift* **3** einzelne Darbietung innerhalb einer Folge von Vorführungen; *eine hervorragende, komische ~* **4** Größe (eines Kleidungsstückes); *Handschuh~ 10; Anzug~ 56* **5** ⟨umg.⟩ Person; *er ist eine komische, ulkige ~; jmd. ist eine tolle ~* ⟨fig.⟩ ein lebenssprühender, allen Vergnügungen zugeneigter Mensch [<lat. *numerus* »Teil; Zahl, Anzahl«]

nummerieren (*Laut-Buchstaben-Zuordnung*) Aufgrund des so genannten Stammerhaltungsprinzips richtet sich die Schreibung abgeleiteter Wortarten nach dem Wortstamm. Folglich wird das Verb »nummerieren« künftig wie das zugrunde liegende Substantiv »*Nummer*« mit doppeltem Konsonanten geschrieben.

num|me|rie|ren ⟨V.⟩ mit Nummern, mit fortlaufenden Zahlen versehen, beziffern [<lat. *numerare* »zählen, rechnen«]

Num|me|rie|rung ⟨f.; -, -en⟩ Bezifferung, Bezeichnung mit Nummern

num|me|risch ⟨Adj.⟩ = numerisch

Num|mern|girl ⟨[-ɡœːl] n.; -s, -s; Sport; bes. Boxen⟩ meist leicht bekleidete junge Frau, die jeweils vor Beginn einer neuen Runde eine Tafel mit der aktuellen Rundenzahl durch den Boxring trägt [<*Nummer* + engl. *girl* »Mädchen«]

Num|mern|kon|to ⟨n.; -s, -kon|ten od. -kon|ti od. -s⟩ anonymes Konto, das nur durch die Kontonummer bezeichnet ist

Num|mu|lit ⟨m.; -s od. -en, -e od. -en⟩ zu den Foraminiferen gehörendes Tier aus dem Tertiär mit gekammerten, kalkigen Schalen [<lat. *nummulus*, Verkleinerungsform zu *nummus* »Münze«]

Nu|na|tak ⟨m.; -s, -s od. -(e)r; Geogr.⟩ Berg, der über die Oberfläche von Gletschern od. des Inlandeises aufragt [eskim.]

Nun|ti|a|tur ⟨f.; -, -en⟩ Amt u. Sitz eines Nuntius

Nun|ti|us ⟨m.; -, -ti|en; österr.⟩ = Nunzius

Nun|zi|us ⟨m.; -, -zi|en⟩ päpstl. Botschafter; *oV* ⟨österr.⟩ Nuntius [<lat. *nuntius* »Bote, Verkündiger«]

Nu|ta|ti|on ⟨f.; -, -en⟩ **1** ⟨Bot.⟩ spiralförmige Bewegung bei Pflanzen, die durch unterschiedlich schnelles Wachstum der einzelnen Organe hervorgerufen wird **2** ⟨Astron.⟩ periodische Schwankung der Erdachse [<lat. *nutatio* »das Schwanken«; zu *nutare* »nicken, schwanken«]

Nu|tria *auch:* **Nu|tri|a** ⟨f.; -, -s; Zool.⟩ **1** Tier mit einem Fell aus braunen, steifen Grannen u. bläulich braunem Unterpelz, Biberratte, Sumpfbiber: *Myocaster coypus* **2** dessen Fell [<span. *nutr(i)a* <lat. *lutra*]

Nu|tri|ment *auch:* **Nu|tri|ment** ⟨n.; -(e)s, -e⟩ Nahrungsmittel [<lat. *nutrimentum*; zu *nutrire* »ernähren«]

Nu|tri|ti|on *auch:* **Nu|tri|ti|on** ⟨f.; -; unz.⟩ Ernährung [<lat. *nutrire* »ernähren«]

nu|tri|tiv *auch:* **nu|tri|tiv** ⟨Adj.⟩ nahrhaft, Nahrungsmittel betreffend [→ *Nutrition*]

Ny ⟨n.; - od. -s, -; Zeichen: ν, N⟩ grch. Buchstabe, n, N [grch.]

Nyk|t|al|gie *auch:* **Nykt|al|gie** ⟨f.; -, -n; Med.⟩ in der Nacht auftretender Schmerz, Nachtschmerz [<grch. *nyx*, Gen. *nyktos* »Nacht« + ...*algie*]

Nykt|al|o|pie *auch:* **Nykt|a|lo|pie** ⟨f.; -; unz.; Med.⟩ Herabsetzung des Sehvermögens bei hellem Tageslicht wegen Überempfindlichkeit der Netzhaut, während bei der Dämmerung besser gesehen wird, Tagblind-

objektiv

heit [<grch. *nyx,* Gen. *nyktos* »Nacht« + *alaos* »blind« + ...*opie*]

Nyk|ti|nas|tie ⟨f.; -, -n; Bot.⟩ = Nyktitropismus

Nyk|ti|tro|pie ⟨f.; -, -n; Bot.⟩ = Nyktitropismus

Nyk|ti|tro|pis|mus ⟨m.; -, -*pis*|men; Bot.⟩ durch den Wechsel von Licht u. Temperatur bewirkte Bewegung der Pflanzen (Senken der Blätter o. Ä.); *oV* Nyktitropie; *Sy* Nyktinastie [<grch. *nyx,* Gen. *nyktos* »Nacht« + *Nastie, ...tropie, Tropismus*]

Nyk|tu|rie *auch:* **Nyk|tu|rie** ⟨f.; -, -n; Med.⟩ verstärkter nächtl. Harndrang [<grch. *nyx,* Gen. *nyktos* »Nacht« + ...*urie*]

Ny|lon® ⟨[nai-] n.; -s, -s; Textilw.⟩ **1** ⟨unz.⟩ zu den Polyamiden gehörige synthet. Faser **2** ⟨nur Pl.; umg.; veraltet⟩ ~s Strümpfe aus Nylon [engl.]

Nym|pha ⟨f.; -, -*phae* [-fe:] od. -*phen*; Anat.⟩ = Nymphe (3)

Nym|phäa ⟨f.; -, -*phä*|en; Bot.⟩ = Nymphäe

Nym|phäe ⟨f.; -, -*phä*|en; Bot.⟩ See-, Wasserrose; *oV* Nymphäa [→ *Nymphe*]

Nym|phä|um ⟨n.; -s, -*phä*|en⟩ **1** ⟨urspr.⟩ Heiligtum einer Nymphe **2** ⟨dann⟩ mit Figuren, Säulen, Nischen ausgestatteter Brunnen (als Blickfang od. Abschluss von Gartenwegen) [<lat. *nymphaeum* <grch. *nymphaion* <*nymphe*]

Nym|phe ⟨f.; -, -n⟩ **1** grch. weibl. Naturgottheit **2** ⟨Zool.⟩ Übergangsstadium in der Entwicklung bestimmter Insekten zwischen Larve u. Puppe **3** ⟨Anat.⟩ kleine Schamlippe: Labium minus; *oV* Nympha [<lat. *nympha* <grch. *nymphe* »Mädchen, Braut«]

Nym|phi|tis ⟨f.; -, -*ti*|den; Med.⟩ Entzündung der kleinen Schamlippen

nym|pho|man ⟨Adj.; Psych.⟩ an Nymphomanie leidend, mannstoll

Nym|pho|ma|nie ⟨f.; -; unz.; Psych.⟩ krankhaft gesteigerter Geschlechtstrieb bei Frauen, Mannstollheit

Nym|pho|ma|nin ⟨f.; -, -*nin*|nen; Psych.⟩ an Nymphomanie leidende Frau

nym|pho|ma|nisch ⟨Adj.; Psych.⟩ = nymphoman

Ny|norsk ⟨n.; -; unz.; neuere Bez. für⟩ Landsmål [norweg., »Neunorwegisch«]

Nys|tag|mus ⟨m.; -; unz.; Med.⟩ Zittern der Augäpfel [<grch. *nystagmos* »Schläfrigkeit«]

O ⟨chem. Zeichen für⟩ Sauerstoff (Oxygenium)

o- ⟨Chemie; Zeichen für⟩ ortho-Stellung

O′ ⟨vor irischen Eigennamen⟩ Sohn des..., z. B. O'Connor

OAS ⟨Abk. für engl.⟩ Organization of American States (Organisation amerikan. Staaten)

O|a|se ⟨f.; -, -n⟩ **1** fruchtgare Stelle mit Quelle in der Wüste **2** ⟨fig.⟩ vom Lärm der Welt abgeschlossener Ort; *eine ~ des Friedens; diese Kapelle ist eine ~ der Stille* [<lat. *oasis* <grch. *oasis* <ägypt. *owahe* »Kessel, Niederung«]

OAU ⟨Abk. für engl.⟩ Organization of African Unity (Organisation für die Einheit Afrikas)

ob..., Ob... ⟨vor f⟩ of..., Of..., ⟨vor k⟩ ok..., Ok..., ⟨vor p⟩ op..., Op... **1** auf ... hin **2** gegen, entgegen [lat.]

Ob|duk|ti|on ⟨f.; -, -en; Med.⟩ Leichenöffnung [<lat. *obducere* »vorführen, öffnen«]

Ob|du|ra|ti|on ⟨f.; -; unz.⟩ Verhärtung von Körpergewebe [<lat. *obdurare* »hart sein«]

ob|du|zie|ren ⟨V.; Med.⟩ eine Obduktion vornehmen an, bei; *eine Leiche ~*

Ob|e|di|enz *auch:* **O|be|di|enz** ⟨f.; -; unz.; kath. Kirche⟩ **1** Gehorsam (gegenüber den geistl. Vorgesetzten) **2** Anhängerschaft eines Kandidaten für die Wahl zum Papst od. Bischof bei zwiespältiger Wahl [zu lat. *oboedire* »gehorchen«]

O|be|lisk ⟨m.; -en, -en⟩ vierkantige, in einer Spitze endende Säule [<lat. *obeliscus*]

O|ber|li|ga ⟨f.; -, -*li*|gen⟩ **1** ⟨Sport⟩ höchste od. zweithöchste Spielklasse; *~ Nord* **2** ⟨Fußb.⟩ **2.1** ⟨BRD⟩ Spielklasse unter der Regionalliga **2.2** ⟨DDR⟩ höchste Spielklasse

O|ber|li|gist ⟨m.; -en, -en; Sport⟩ Spieler od. Verein, der der Oberliga angehört

O|be|si|tät ⟨f.; -; unz.; Med.⟩ Fettleibigkeit [zu lat. *obesus* »fett, feist« <*ob* »zu hin« + *edere* »essen«]

O|bi ⟨m.; -s, -s; Sport; Judo⟩ Gürtel der Kampfbekleidung [jap.]

o|biit ⟨veraltet; Abk.: ob.⟩ ist gestorben [lat.]

O|bi|ter Dic|tum ⟨n.; - -, - *Dic*|ta; Rechtsw.⟩ juristische Kennzeichnung von Teilen einer gerichtlichen Urteilsbegründung, die über das zur Entscheidung Nötige hinausgehen u. damit für spätere vergleichbare Fälle von geringerer Bedeutung sind [lat., »das beiläufig Bemerkte«]

Ob|jekt ⟨n.; -(e)s, -e⟩ **1** Sache, Gegenstand (bes. einer Verhandlung), z. B. Grundstück; *das ~ einer Untersuchung* **2** ⟨Philos.⟩ Gegenstand des Wahrnehmens, Erkennens u. Denkens; *Ggs* Subjekt (1) **3** ⟨Gramm.⟩ Satzteil, der aus einer nominalen Ergänzung zum Verb besteht, Satzergänzung; *Ggs* Subjekt (4); *Akkusativ~; Dativ~; Genitiv~; die Tücke des ~s* ⟨fig.; umg.⟩ plötzlich auftretende, unvorhergesehene Schwierigkeit [<lat. *obiectum,* Part. Perf. zu *obicere* »entgegenwerfen«]

Ob|jek|te|ro|tik ⟨f.; -; unz.; Psych.⟩ sexuelle Befriedigung mit Hilfe eines Gegenstandes; →*a.* Objektlibido

Ob|jek|ti|on ⟨f.; -, -en⟩ das Verlegen von Empfindungen in einen Gegenstand od. Vorstellungsinhalt, z. B. das Empfinden eines Lichtes als »freundlich«, einer dunklen Wolke als »drohend« [<lat. *obiectio,* Gen. *-onis* »das Entgegenwerfen«]

ob|jek|tiv ⟨Adj.⟩ **1** gegenständlich, tatsächlich; *ein ~er Tat-*

667

Objektiv

bestand **2** *Ggs* subjektiv (2) **2.1** sachlich, vorurteilsfrei, unparteiisch; *ein ~es Urteil; eine Sache ~ betrachten* **2.2** allgemein gültig [→ *Objekt*]

Ob|jek|tiv ⟨n.; -s, -e [-və]; Optik⟩ dem Gegenstand zugewandte Linse(ngruppe); *Ggs* Okular

Ob|jek|ti|va|ti|on ⟨[-va-] f.; -, -en⟩ das Objektivieren

Ob|jek|ti|ve ⟨[-və] n. 3; unz.; Philos.⟩ das vom einzelnen Subjekt u. seinem Bewusstsein Unabhängige; *Ggs* Subjektive

ob|jek|ti|vie|ren ⟨[-vi:-] V.⟩ **1** zum Objekt machen **2** vom Persönlichen absehen

Ob|jek|ti|vie|rung ⟨[-vi:-] f.; -, -en⟩ = Objektivation

Ob|jek|ti|vis|mus ⟨[-vɪs-] m.; -; unz.⟩ *Ggs* Subjektivismus **1** ⟨Philos.⟩ Lehre, dass es vom Subjekt unabhängige Wahrheiten u. Werte gibt **2** ⟨Ethik⟩ Streben nach objektiven Maßstäben für das sittliche Handeln

Ob|jek|ti|vist ⟨[-vɪst] m.; -en, -en⟩ Anhänger, Vertreter des Objektivismus

ob|jek|ti|vis|tisch ⟨[-vɪs-] Adj.⟩ zum Objektivismus gehörig, auf ihm beruhend

Ob|jek|ti|vi|tät ⟨[-vi-] f.; -; unz.⟩ objektive Beschaffenheit, Allgemeingültigkeit, objektive Betrachtungsweise, Sachlichkeit, Vorurteilslosigkeit; *Ggs* Subjektivität; *~ wahren* [→ *Objekt*]

Ob|jekt|kunst ⟨f.; -; unz.; Kunst⟩ Stilrichtung der modernen Kunst, die Produkte u. Fundstücke des Alltags für das Arrangement von Kunstwerken gebraucht

Ob|jekt|li|bi|do ⟨f.; -; unz.; Psych.⟩ auf Personen u. Dinge, nicht auf das eigene Ich gerichtete Libido; →*a.* Objekterotik

ob|jekt|ori|en|tiert ⟨Adj.⟩ **1** auf Objekte bezogen; *die Firma ist ~, nicht kundenorientiert* **2** ⟨EDV⟩ mit Objekten (Grafiken) als Grundelementen einer Programmiersprache od. einer Benutzeroberfläche ausgestattet; *~e Datenbank; ~e Programmierung*

Ob|jekt|satz ⟨m.; -es, -sät|ze; Gramm.⟩ Gliedsatz, der die Funktion eines Objektes zum Verb des übergeordneten Satzes übernimmt, Ergänzungssatz, z. B. ich weiß nicht, »ob du Recht hast«, wir helfen jetzt, »wem wir wollen«

Ob|jekt|schutz ⟨m.; -es; unz.⟩ polizeil. od. militär. Schutz für gefährdete Objekte, z. B. Gebäude, Industrieanlagen

Ob|jekt|spra|che ⟨f.; -, -n; Sprachw.⟩ *Ggs* Metasprache **1** Sprache bzw. Sprachebenen, mit der außersprachliche Sachverhalte od. Gegenstände beschrieben werden **2** Sprache bzw. Sprachebene, die Gegenstand sprachwissenschaftl. Analysen ist

Ob|jekt|trä|ger ⟨m.; -s, -⟩ Objektglas, kleine Glasplatte, auf die das im Mikroskop zu untersuchende Präparat (Objekt) gelegt wird, im Gegensatz zum Deckglas

Ob|last ⟨f.; -, -e⟩ Verwaltungsbezirk in der UdSSR, dem ehemaligen Gouvernement entsprechend [<russ. *oblast* »Gebiet«]

♦ Die Buchstabenfolge **obl...** kann auch **o|bl...** getrennt werden.

♦**Ob|la|te**[1] ⟨f.; -, -n⟩ **1** noch nicht geweihte Hostie **2** dünne, aus Weizenmehl gebackene Scheibe (als Unterlage für Backwerk, bes. Lebkuchen) **3** rundes, scheibenförmiges, dünnes, waffelartiges Gebäck **4** Marke zum Versiegeln, z. B. von Briefen **5** Kapsel zum Umhüllen von schlecht schmeckender Arznei [<lat. *oblata (hostia)* »Abendmahlbrot«; → *Oblation*]

♦**Ob|la|te**[2] ⟨m.; -n, -n⟩ **1** für das Kloster bestimmtes, dort erzogenes Kind **2** ⟨Pl.⟩ *~n* Angehörige mehrerer Kongregationen (2)

♦**Ob|la|ti|on** ⟨f.; -, -en⟩ **1** Darreichung, Opferung von Brot (u. Wein) durch den Priester **2** freiwillige Gabe (der Gemeinde an die Kirche) [<lat. *oblatus*, Perf. zu *offerre* »entgegenbringen, darbieten«]

♦**ob|li|gat** ⟨Adj.⟩ **1** verbindlich, unerlässlich, notwendig **2** ⟨Musik⟩ als Begleitstimme selbständig geführt u. deshalb nicht dispensabel; *Ggs* ad libitum; *Sonate für zwei Flöten und ~es Cembalo* [<lat. *obligatus*, Part. Perf. zu *obligare* »anbinden, verbinden; verpflichten«]

♦**Ob|li|ga|ti|on** ⟨f.; -, -en⟩ **1** Haftung, Verbindlichkeit, Verpflichtung **2** Schuldverschreibung, festverzinsliches Wertpapier [<lat. *obligatio* »das Binden; Verbindlichkeit, Verpflichtung«]

♦**Ob|li|ga|ti|o|när** ⟨m.; -s, -e; schweiz.⟩ Inhaber einer Obligation

♦**ob|li|ga|to|risch** ⟨Adj.⟩ verbindlich, verpflichtend, vorgeschrieben, Pflicht...; *Ggs* fakultativ; *die Vorlesung ist ~* [<lat. *obligatorius*]

♦**Ob|li|ga|to|ri|um** ⟨n.; -s, -ri|en; schweiz.⟩ Verpflichtung, Verbindlichkeit [→ *obligat*]

♦**Ob|li|go** ⟨n.; -s, -s⟩ Verbindlichkeit, Haftung; *ohne ~* (Abk.: o. O.) ohne Haftung, ohne Gewähr [ital.]

♦**ob|li|que** ⟨[-li:k] Adj.⟩ **1** ⟨veraltet⟩ schräg **2** ⟨Gramm.⟩ abhängig; *~r Kasus* = Casus obliquus [frz.]

♦**Ob|li|qui|tät** ⟨f.; -; unz.⟩ **1** ⟨veraltet⟩ Unregelmäßigkeit **2** ⟨Sprachw.⟩ syntaktische Abhängigkeit von Sätzen **3** ⟨Med.⟩ Schrägstellung des Kopfes des Kindes während der Geburt beim Eintritt in das kleine Becken [<lat. *obliquitas* »Krümmung, schiefe Richtung«]

♦**Ob|li|te|ra|ti|on** ⟨f.; -, -en⟩ das Obliterieren

♦**ob|li|te|rie|ren** ⟨V.⟩ **1** etwas Geschriebenes, eine Eintragung ~ löschen, tilgen **2** ⟨Med.⟩ *Sy* veröden **2.1** *ein Hohlraum obliteriert (infolge Entzündung)* verschwindet **2.2** *eine Ader (durch einen Eingriff) ~* stilllegen, verschwinden lassen [<lat. *obliterare* »(den Buchstaben) auslöschen«]

♦**ob|long** ⟨Adj.; veraltet⟩ länglich, rechteckig [<lat. *oblongus* »lang«]

O|boe ⟨[-bo:ə] f.; -, -n; Musik⟩ aus der Schalmei entwickeltes Holzblasinstrument mit doppeltem Rohrblatt im Mundstück u. näselndem Klang [<frz. *hautbois* <mlat. *altus buxus* »Hochholz« (d. h. bis zu hohen Tönen gehend)]

O|boe d'A|mo|re ⟨[-bo:ə] f.; - -, -n -; Musik⟩ Altoboe des 18. Jh. in der Tonlage A mit birnenförmigem Schalltrichter [ital., »Liebesoboe«]

O|boe da Cac|cia ⟨[-bo:ə da katʃa] f.; - - - -, -n - -; Musik⟩ gebogene Altoboe des frühen 18. Jh. in der Tonlage F [ital., »Jagdoboe«]

O|bo|ist ⟨m.; -en, -en; Musik⟩ die Oboe spielender Musiker

O|bo|is|tin ⟨f.; -, -tin|nen; Musik⟩ die Oboe spielende Musikerin

O|bo|lus ⟨m.; -, - od. -se⟩ **1** kleine altgrch. Münze **2** kleiner Geldbetrag, Spende; *seinen ~ entrichten* [lat., <grch. *obolos*]

ob|o|val ⟨[-va:l] Adj.⟩ verkehrt eiförmig

ob|se|quent ⟨Adj.; Geol.⟩ entgegengesetzt zur Ausrichtung der Gesteinsschichten fließend; *~er Fluss; Ggs* resequent, subsequent [<lat. *ob* »entgegen« + *sequi* »folgen, eine Richtung einschlagen«]

Ob|se|quien ⟨Pl.⟩ Totenfeier [<mlat. *obsequiae* »Leichenfeier«]

ob|ser|va|bel ⟨[-va:-] Adj.⟩ messbar, beobachtbar [<frz. *observabel* »wahrnehmbar«]

Ob|ser|va|ble *auch:* **Ob|ser|vable** ⟨[-va:-] f. 2⟩ eine messbare physikalische Größe

ob|ser|vant ⟨[-vant] Adj.⟩ den Regeln streng nachfolgend [<lat. *observans*, Gen. *observantis* »beobachtend, befolgend«]

Ob|ser|vant ⟨[-vant] m.; -en, -en⟩ **1** Mönch, der der strengen Form einer Ordensregel folgt, z. B. bei den Franziskanern **2** ⟨allg.⟩ Anhänger, Vertreter einer strengeren Richtung (von zweien) [zu frz. *observer* »beobachten« <lat. *observare*]

Ob|ser|vanz ⟨[-vanz] f.; -, -en⟩ **1** Gewohnheitsrecht **2** strengere Form einer Ordensregel

Ob|ser|va|tion ⟨[-va-] f.; -, -en⟩ **1** wissenschaftl. Beobachtung **2** Wahrnehmung, Erfahrung [<lat. *observatio* »Beobachtung«]

Ob|ser|va|tor ⟨[-va:-] m.; -s, -to-ren⟩ wissenschaftl. Beobachter an einem Observatorium [lat., »Beobachter«]

Ob|ser|va|to|ri|um ⟨[-va-] n.; -s, -ri|en⟩ Institut zur wissenschaftl. Beobachtung, z. B. Sternwarte, Wetterwarte

ob|ser|vie|ren ⟨[-vi:-] V.⟩ (unauffällig) beobachten; *einen Verdächtigen ~* [<lat. *observare* »beobachten«]

Ob|ses|si|on ⟨f.; -, -en⟩ bes. Psych.⟩ Zwangsvorstellung od. -handlung [<lat. *obsessio* »Besetztsein, Blockierung, Einschließung«]

ob|ses|siv ⟨Adj.; bes. Psych.⟩ zwanghaft, in der Art einer Obsession

Ob|si|di|an ⟨m.; -s, -e; Min.⟩ meist schwarzes, kieselsaures, glasiges Gestein, das beim Erstarren vulkan. Auswürfe entsteht, Lavaglas [<lat. *obsidianus, obsianus*; nach dem Römer *Obsius*, der (lat Plinius dem Älteren) der Entdecker des Gesteins gewesen sein soll]

ob|skur *auch:* **obs|kur** ⟨Adj.⟩ dunkel, unklar, verdächtig [<lat. *obscurus* »dunkel, undeutlich, trübe; verschlossen; unbekannt, unberühmt«]

Ob|sku|ran|tis|mus *auch:* **Obs|ku|ran|tis|mus** ⟨m.; -; unz.⟩ feindselige Haltung gegenüber jeder Art von Aufklärung

Ob|sku|ri|tät *auch:* **Obs|ku|ri|tät** ⟨f.; -, -en⟩ obskure Beschaffenheit, Unklarheit, Dunkelheit [<lat. *obscuritas*]

Ob|so|les|zenz ⟨f.; -; unz.⟩ **1** das Veralten **2** ⟨Wirtsch.⟩ Veralten von Gütern, 2 gewollt verkürzte Lebensdauer von Gütern, z. B. von Wegwerfartikeln [→ *obsolet*]

ob|so|let ⟨Adj.⟩ ungebräuchlich, überholt, veraltet [<lat. *obsoletus*]

Obs|te|trik *auch:* **Obs|tet|rik** ⟨f.; -; unz.⟩ Lehre von der Geburtshilfe [<lat. *obstetrix* »Hebamme«]

obs|ti|nat *auch:* **obs|ti|nat** ⟨Adj.⟩ eigensinnig, widerspenstig [<lat. *obstinatus* »beharrlich, fest; eigensinnig«]

Obs|ti|pa|ti|on *auch:* **Obs|ti|pa|ti|on** ⟨f.; -, -en; Med.⟩ Verstopfung [zu lat. *obstipare* »verstopfen«]

obs|ti|pie|ren *auch:* **obs|ti|pie|ren** ⟨V.; Med.⟩ eine Obstipation verursachen

◆ Die Buchstabenfolge **obstr...** kann auch **obs|tr...**, **obst|r...** getrennt werden.

◆ **Ob|struc|tion|box** ⟨[ɔbstrʌkʃn-bɔks] f.; -, -es [-sɪz]; Psych.⟩ Gerät, welches mittels Behinderung der Nahrungsaufnahme zur Messung des Futtertriebes bei Tieren verwendet wird [<engl. *obstruction* »Blockierung, Versperrung« + *box* »Kasten, Kiste, Schachtel«]

◆ **Ob|stru|ent** ⟨m.; -en, -en; Sprachw.⟩ Konsonant, der durch einen Verschluss (Verschlusslaut) od. eine Verengung (Reibelaut) der Atemorgane gebildet wird, Geräuschlaut, Geräuschkonsonant [zu lat. *obstruere* »versperren«]

◆ **obs|tru|ie|ren** ⟨V.⟩ **1** ⟨Politik⟩ hindern, hemmen, verhindern **2** ⟨Med.⟩ verstopfen [<lat. *obstruere* »aufbauen gegen«]

◆ **Obs|truk|ti|on** ⟨f.; -, -en⟩ **1** ⟨Politik⟩ das Obstruieren, Störung, Verschleppung, Verhinderung; *~ von Parlamentsbeschlüssen durch Dauerreden, aussichtslose Anträge u. Ä.* **2** ⟨Med.⟩ Verstopfung [<lat. *obstructio*]

◆ **obs|truk|tiv** ⟨Adj.⟩ hemmend

obs|zön *auch:* **obs|zön** ⟨Adj.⟩ unanständig, schamlos, anstößig; *er machte eine ~e Geste* [<lat. *obscaenus, obscenus*, eigtl. »das, was im Theater nicht gezeigt werden darf« *ob scaenum* »außerhalb der Szene«]

Obs|zö|ni|tät *auch:* **Obs|zö|ni|tät** ⟨f.; -, -en⟩ **1** ⟨unz.⟩ obszöne Beschaffenheit **2** ⟨zählb.⟩ obszöne Äußerung od. Darstellung [<lat. *obscenitas* »Unanständigkeit, Schamlosigkeit«]

Ob|tu|ra|ti|on ⟨f.; -, -en; Med.⟩ Verschließen von Hohlorganen, z. B. des Darms [zu lat. *obturare* »verschließen«]

Ob|tu|ra|tor ⟨m.; -s, -to|ren; Med.⟩ Platte zum Verschließen abnormer Körperöffnungen

Oc|ca|mis|mus ⟨[ɔkɛ-] m.; -; unz.⟩ = Ockhamismus

Och|lo|kra|tie ⟨[ɔx-] f.; -, -n; Politik⟩ Herrschaft des Pöbels, ent-

ochlokratisch

artete Demokratie [<grch. *ochlos* »Pöbel« + ...*kratie*]

ochlokratisch ⟨[ɔx-] Adj.; Politik⟩ auf Ochlokratie beruhend, sie betreffend, zu ihr gehörend

Ockhamismus ⟨[ɔkɛ-] m.; -; unz.⟩ Lehre des engl. scholastischen Theologen Wilhelm von Ockham (1270-1347), des Begründers des spätmittelalterl. Nominalismus; *oV* Occamismus

OCR ⟨Abk. für engl.⟩ Optical Character Recognition (optische Zeichenerkennung), Methode zur automatischen Erfassung u. Umwandlung von gedruckten Zeichen in Schrift (mit Hilfe eines Scanners)

Octan ⟨n.; -s, -e; Chemie⟩ zu den Paraffinen gehörender, gesättigter Kohlenwasserstoff; *oV* Oktan [<lat. *octo* »acht«]

Octanzahl ⟨f.; -, -en⟩ = Oktanzahl

Od ⟨n.; -(e)s; unz.⟩ Mitte des 19. Jh. von dem dt. Chemiker u. Naturphilosophen C. L. von Reichenbach eingeführter Begriff, der eine alles durchdringende, dem Magnetismus ähnliche u. vom menschl. Körper ausstrahlende Lebenskraft bezeichnet

Odal ⟨n.; -s, -e⟩ in der Sippe vererbtes Eigentum an Grund u. Boden [<schwed. <norweg. *odel*]

Odaliske ⟨f.; -, -n⟩ weiße Sklavin in einem türk. Harem [<türk. *odalyk* »Zimmermagd«]

Odd Fellows ⟨[ɔd fɛlouz] m.; Pl.⟩ **1** (wörtlich) *Independent Order of* ~ unabhängiger Orden überzähliger (d. h. arbeitsloser) Gesellen **2** ⟨seit dem 18. Jh.⟩ engl. geheime Bruderschaft, die wohltätige Zwecke verfolgt [engl.]

Odds ⟨Pl.⟩ **1** Wette mit ungleichen Einsätzen **2** ⟨Sport⟩ Vorgabe [engl., »Gewinnquote; Chance«]

...ode ⟨Nachsilbe; zur Bildung weibl. Subst.⟩ **1** Ein- od. Austrittsstelle von elektrischem Strom; *Anode; Katode* **2** Elektronenröhre mit einer bestimmten Anzahl von Polen od. Elektroden; *Diode; Triode* [<grch. *hodos* »Weg«]

Ode ⟨f.; -, -n; Lit.⟩ Form des lyr. Gedichts in freien Rhythmen von erhaben-feierlicher Stimmung; *pindarische* ~ nach dem grch. Dichter Pindar benannte dreiteilige Form (Strophe, Antistrophe, Epoche) der Ode (bes. in der Renaissance- u. Barockdichtung) [<lat. *ode* <grch. *oide* »Gesang, Gedicht, Lied«; zu *aeidein* »singen«]

Ödem ⟨n.; -s, -e; Med.⟩ **1** krankhafte Ansammlung von wasserähnlichem, aus dem Blut stammender Flüssigkeit in den Zellen od. Spalten des Gewebes, Wassersucht **2** *malignes* ~ = Gasphlegmone [<grch. *oidema* »Schwellung«]

ödematös ⟨Adj.; Med.⟩ in der Art eines Ödems, auf ihm beruhend

Odeon ⟨n.; -s, -s; Theat.⟩ Gebäude für musikalische Aufführungen, Theater u. Tanz; →*a.* Odeum [<grch. *odeion*]

Odeum ⟨n.; -s, -deen; Theat.⟩ **1** ⟨Antike⟩ rundes Gebäude für künstler. Aufführungen, Theater **2** ⟨heute meist⟩ = Odeon [lat. <grch. *odeion*; → *Odeon*]

Odeur ⟨[-dø:r] n.; -s, -s od. -e⟩ Duft, Wohlgeruch [frz.]

odios ⟨Adj.⟩ gehässig, widerwärtig, verhasst; *oV* odiös [<lat. *odiosus*]

odiös ⟨Adj.⟩ = odios

ödipal ⟨Adj.; Psych.⟩ den Ödipuskomplex betreffend, auf ihm beruhend; *die* ~*e Phase*

Ödipuskomplex ⟨m.; -es; unz.; Psych.⟩ in früher Kindheit (bei Jungen) sich entwickelnde, übersteigerte Bindung an den Elternteil des anderen Geschlechts; →*a.* Elektrakomplex [nach dem sagenhaften grch. König *Ödipus*, der unwissend seinen Vater erschlug u. seine Mutter heiratete]

Odium ⟨n.; -s; unz.⟩ **1** Hass, Feindschaft **2** Makel **3** übler Beigeschmack [lat., »Hass«]

...odon ⟨Nachsilbe; zur Bildung sächl. Subst.⟩ Tier mit Zähnen; *Mastodon* [<grch. *odon*, Gen. *odontos* »Zahn«]

odont..., Odont... ⟨in Zus.⟩ = Odonto...

Odontalgie *auch:* **Odontalgie** ⟨f.; -, -n; Med.⟩ Zahnschmerz [<grch. *odon*, Gen. *odontos* »Zahn« + ...*algie*]

Odontitis ⟨f.; -, -tiden; Med.⟩ Zahn- od. Zahnfleischentzündung [<*Odonto...* + ...*itis*]

odonto..., Odonto... ⟨vor Vokalen⟩ odont..., Odont... ⟨in Zus.⟩ Zahn..., Kiefer... [<grch. *odous*, Gen. *odontos* »Zahn«]

odontogen ⟨Adj.; Med.⟩ von den Zähnen ausgehend; *Sy* dentogen [<*odonto...* + ...*gen*]

Odontologie ⟨f.; -; unz.; veraltet⟩ Zahnheilkunde [<grch. *odon*, Gen. *odontos* »Zahn« + ...*logie*]

Odor ⟨m.; -s, -dores; Med.⟩ Geruch [lat.]

odorieren ⟨V.; Chemie⟩ geruchlosen Gasen eine stark riechende Substanz zusetzen [<lat. *odorare* »riechend, duftend machend«]

Odoriermittel ⟨n.; -s, -⟩ gasförmige Substanz mit starkem Eigengeruch (z. B. ein Mercaptan), die geruchlosen, aber giftigen od. explosiven Gasen zugesetzt wird, um deren unbeabsichtigtes Ausströmen anzuzeigen

Odorierung ⟨f.; -; unz.⟩ Zusetzen von Odoriermitteln

Odyssee ⟨f.; -, -n; fig.⟩ Irrfahrt [nach dem gleichnamigen Heldengedicht Homers]

Oe ⟨Zeichen für⟩ Oersted

OECD ⟨Abk. für engl.⟩ Organization for Economic Cooperation and Development (Organisation für Zusammenarbeit und Entwicklung), 1960 aus der OEEC hervorgegangen

OEEC ⟨Abk. für engl.⟩ Organization for European Economic Cooperation (Organisation für europäische wirtschaftliche Zusammenarbeit), 1948 zur Durchführung des Marshallplanes gegründet, 1960 durch die OECD abgelöst

OEM ⟨Abk. für engl.⟩ Original Equipment Manufacturer (Hersteller originaler Geräte od. Einrichtungen), Verfahren, bei dem ein Hersteller Originalgeräte einer anderen Firma in seine Produkte integriert u. unter seinem eigenen Namen in den Handel bringt

Oe|no|the|ra ⟨f.; -, -the|ren; Bot.⟩ Nachtkerze [lat., <grch.]

Oer|sted ⟨n.; -, -; Physik; Zeichen: Oe⟩ nicht mehr zulässige Maßeinheit der magnet. Feldstärke, zu ersetzen durch die Einheit Ampere/Meter (A/m) Oe = 79,57 A/m; *oV* Örsted [nach dem dän. Physiker H. Chr. *Oersted*, 1777-1851]

Œuvre (*Worttrennung am Zeilenende*) In Fremdwörtern können Buchstabenverbindungen aus Konsonant (hier: »*v*«) + *l, n* oder *r* entweder (nach der konsonantischen Trennung) vor dem letzten Konsonantenbuchstaben getrennt werden oder sie kommen (nach der silbischen Trennung) ungetrennt auf die neue Zeile.

Œu|vre *auch:* **Œuv|re** ⟨[œːvrə] n.; -, -s⟩ Gesamtwerk (eines Künstlers) [frz., »Werk«]

of..., Of... ⟨in Zus.⟩ = ob..., Ob...

Off ⟨n.; -s; unz.; Film; TV⟩ Bereich außerhalb des Bildes; *Stimme aus dem ~; aus dem ~ sprechen; der Sprecher ist im ~* [<engl. *off* »weg, außerhalb«]

Off|beat ⟨[-biːt] m.; - od. -s; unz.; Musik; bes. Jazz u. Rock⟩ gegen den rhythmischen Grundschlag gesetzte freie Betonung [engl., eigtl. »außerhalb des Schlages, weg vom Schlag«]

Off|brands ⟨[-brændz] Pl.⟩ (meist preiswert angebotene) Produkte, die keinen Markennamen bzw. keinen Herstellernachweis haben; →*a.* No-Name-Produkt [<engl. *off* »weg, außerhalb, ohne« + *brand* »Handelsmarke, Warenzeichen«]

Off|de|sign ⟨[-dizain] n.; -s, -s; Technik⟩ Betriebspunkt außerhalb des eigentlichen Auslegungspunktes, z. B. bei der Konstruktion von Maschinenteilen [<engl. *off* »weg, außerhalb« + *Design*]

of|fen|siv ⟨Adj.⟩ **1** angreifend, angriffslustig; *Ggs* inoffensiv, defensiv **2** beleidigend [<lat. *offendere* »beschädigen; verletzen«]

Of|fen|si|ve ⟨[-və] f.; -, -n⟩ Angriff(sschlacht); *Ggs* Defensive

Of|fen|si|vi|tät ⟨[-vi-] f.; -; unz.⟩ entgegenkommendes, aktives Verhalten; *Ggs* Defensivität

Of|fe|rent ⟨m.; -en, -en⟩ jmd., der eine Offerte macht

of|fe|rie|ren ⟨V.⟩ anbieten [<lat. *offerre* »entgegentragen; anbieten«]

Of|fert ⟨n.; -(e)s, -e; österr.⟩ = Offerte

Of|fer|te ⟨f.; -, -n⟩ (kaufmänn.) Angebot (meist mit Angabe des Preises); *oV* ⟨österr.⟩ Offert [<frz. *offert*, Part. Perf. zu *offrir* »anbieten« <lat. *offerre*]

Of|fer|to|ri|um ⟨n.; -s, -ri|en; kath. Kirche⟩ Teil der Messe, Darbringung, Opferung von Brot u. Wein [lat.]

Office[1] ⟨[ɔfis] n.; -, -s [-sɪz]⟩ Büro, Dienststelle [engl.]

Office[2] ⟨[ɔfɪs] n.; -, -s [ɔfɪs]; schweiz.⟩ Anrichte (in Gaststätten) [frz.]

Of|fi|ci|um ⟨n.; -s, -cia⟩ = Offizium

Of|fi|zi|al ⟨m.; -s, -e; kath. Kirche⟩ bischöfl. Vertreter bei der Ausübung kirchl. Gerichtsbarkeit [<lat. *officialis* »zum Dienst gehörig; Beamter«]

Of|fi|zi|a|lat ⟨n.; -(e)s, -e; kath. Kirche⟩ bischöfl. Gerichtsbehörde

Of|fi|zi|al|de|likt ⟨n.; -(e)s, -e⟩ Vergehen, das gerichtlich verfolgt werden muss, ohne dass ein Antrag eines in seinen Rechten verletzten Bürgers vorliegt

Of|fi|zi|al|ma|xi|me ⟨f.; -; unz.; Rechtsw.⟩ amtlich angeordnete, gerichtliche Ermittlung, Verfolgung von Amts wegen; *Sy* Offizialprinzip [<lat. *officialis* »zum Amt gehörig« + *Maxime*]

Of|fi|zi|al|prin|zip ⟨n.; -s; unz.; Rechtsw.⟩ = Offizialmaxime

Of|fi|zi|al|ver|tei|di|ger ⟨m.; -s, -; Rechtsw.⟩ vom Gericht bestellter Verteidiger

of|fi|zi|ell ⟨Adj.⟩ *Ggs* inoffiziell **1** ⟨i. e. S.⟩ **1.1** *eine ~e Nachricht, Meldung* amtlich beglaubigte, verbürgte N., M.; *etwas ~ bekannt geben* **1.2** *~er Anzug* vorgeschriebener (dunkler) A. **2** ⟨i. w. S.⟩ förmlich, feierlich; *eine ~e Einladung, Veranstaltung; ~es Benehmen; ein ~er Besuch, Empfang; er nahm wieder seinen ~en Ton an, wurde wieder ~; sie stehen sehr ~ miteinander* [<frz. *officiel*]

Of|fi|zier ⟨m.; -s, -e⟩ **1** militär. Rang vom Leutnant an aufwärts **2** Soldat in diesem Rang [<frz. *officier*]

Of|fi|ziers|korps ⟨[-koːr] n.; - [-koːr(s)], - [-koːrs]; Mil.⟩ Gesamtheit der Offiziere einer Truppe od. eines Truppenteils

Of|fi|zin ⟨f.; -, -en⟩ **1** (Arbeitsraum einer) Apotheke **2** ⟨Typ.⟩ größere Druckerei [<lat. *officina* »Werkstätte«]

of|fi|zi|nell ⟨Adj.; Pharm.⟩ arzneilich, als Heilmittel anerkannt

of|fi|zi|ös ⟨Adj.⟩ halbamtlich; *Ggs* inoffiziös; *~e Nachricht, Presse* [<frz. *officieux*]

Of|fi|zi|um ⟨n.; -s, -zi|en⟩ Amtspflicht, Dienstpflicht, Obliegenheit; *oV* Officium [<lat. *officium* »Pflicht«]

off limits Zutritt verboten [engl.-amerikan., »außerhalb (der) Grenzen«]

off|line ⟨[-laɪn] Adj.; undekl.; EDV⟩ nicht mit einem Server verbunden, nicht in einem Netzwerk arbeitend; *Ggs* online [engl., <*off* »außerhalb, weg« + *line* »Linie, Leitung«]

Off|line|be|trieb ⟨[-laɪn-] m.; -(e)s; unz.; EDV⟩ Art der elektron. Datenverarbeitung, bei der die Daten nicht unmittelbar in den verarbeitenden Computer gegeben werden, sondern als Zwischenspeichern für eine spätere Aufarbeitung gesammelt werden; *Ggs* Onlinebetrieb

Off-off-Bühne ⟨f.; -, -n; Theat.⟩ kleines, meist nicht öffentlich unterstütztes Theater, in dem wegen der geringeren Kosten verstärkt Stücke junger Autoren von wenig bekannten Schauspielern aufgeführt werden [engl.]

off|peak ⟨[-piːk] Adj.; undekl.⟩ (aufgrund geringerer Nachfrage od. Nutzung) verbilligt, ermäßigt; *während der Offpeakphase telefonieren* [<engl. *offpeak* »außerhalb der Stoßzeiten« <*off* »von, weg« + *peak* »Spitze, Höhepunkt«]

off|road ⟨[-roʊd] Adj.; undekl.; umg.⟩ außerhalb normaler

Offroader

Straßen u. Verkehrswege, in schwierigem, unzugänglichem Terrain od. auf schwierig zu befahrendem Untergrund [<engl. *off* »weg, außerhalb« + *road* »Straße«]

Off|roa|der ⟨[-roʊdə(r)] m.; -s, -⟩ **1** = Offroadfahrzeug **2** ⟨umg.⟩ Besitzer bzw. Fahrer eines solchen Fahrzeugs [→ *offroad*]

Off|road|fahr|zeug ⟨[-roʊd-] n.; -(e)s, -e⟩ geländegängiges Fahrzeug; *Sy* Offroader (1)

Off|set|druck ⟨m.; -(e)s, -e⟩ **1** ⟨unz.⟩ indirektes Flachdruckverfahren, bei dem die Druckfarbe von der Druckplatte über einen mit einem Gummituch bespannten Zylinder auf das Papier übertragen wird **2** ⟨zählb.⟩ Erzeugnis dieses Druckverfahrens [<engl. *offset* »absetzen«]

off|shore ⟨[-ʃɔː] Adj.; undekl.⟩ küstennah (im Meer), vor der Küste befindlich od. geschehend [engl.]

Off|shore|boh|rung ⟨[-ʃɔː-] f.; -, -en⟩ von Bohrinseln od. Bohrschiffen aus in den Meeresboden eingebrachte Bohrung [→ *offshore*]

Off|shore|tech|nik ⟨[-ʃɔː-] f.; -⟩ unz.⟩ Teilgebiet der Technik, das sich mit der Erschließung von Erdöl-, Erdgas- u. Erzlagerstätten im Meer befasst [→ *offshore*]

Off|shore|zen|trum *auch:* **Off|shore|zent|rum** ⟨[-ʃɔː-] n.; -s, -zentren; Wirtsch.⟩ Mittelpunkt des internationalen Bankgeschäfts, der jedoch keinerlei Einwirkung auf den nationalen Markt besitzt, Offshorefinanzplatz

off|side ⟨[-saɪd] Adj.; undekl.; österr. u. schweiz.; Sport; Fußb.⟩ abseits, im Abseits befindlich [<engl. *off* »weg, außerhalb« + *side* »Seite«]

Off|side ⟨[-saɪd] n.; -s, -s; österr. u. schweiz.; Sport; Fußb.⟩ Stellung, bei der ein eigener Angreifer beim Zuspiel näher am gegnerischen Tor steht als der letzte Spieler der gegnerischen Verteidiger, Abseits [→ *offside*]

Off|site|ver|fah|ren ⟨[-saɪt-] n.; -s; unz.⟩ Verfahren zur Reinigung verseuchter Materialien außerhalb ihres ursprünglichen Ablagerungsortes; *Ggs* Onsiteverfahren [<engl. *off* »weg, außerhalb« + *site* »Stelle, Stätte«]

Off|spre|cher ⟨m.; -s, -; Film; TV⟩ Sprecher, der außerhalb des Bildes spricht; *Ggs* Onsprecher [→ *Off*]

Off|spre|che|rin ⟨f.; -, -rinnen; Film; TV⟩ Sprecherin, die außerhalb des Bildes spricht; *Ggs* Onsprecherin [→ *Off*]

Off|stim|me ⟨f.; -, -n; Film; TV⟩ Stimme eines nicht sichtbaren Sprechers; *Ggs* Onstimme

Off|sze|ne ⟨f.; -, -n⟩ alternative Szene (4) [<engl. *off* »von, weg«]

off|white ⟨[-waɪt] Adj.; undekl.⟩ gelblich od. gräulich weiß [<engl. *off* »weg, außerhalb« + *white* »weiß«]

Oger ⟨m.; -s, -; im frz. Märchen⟩ Menschen fressendes Ungeheuer [<frz. *Ogre* <lat. *Orcus*; → *Orkus*]

Ogi|ven ⟨[-vən] od. [-ʒiːvən] nur Pl.; Geol.⟩ spitzbogenartige, durch Staubeinlagerungen entstandene Struktur auf der Gletscherzunge [<frz. *ogive* »Spitzbogen«]

...oid ⟨Nachsilbe; zur Bildung von Adj.⟩ ähnlich; *mongoloid*; *schizoid* [→ ...*id*]

Oi|di|um ⟨n.; - od. -s, -di|en; Bot.⟩ **1** Gattungsname für Pilze, die sich durch Sporenbildung vermehren **2** ⟨Pl.⟩ fortpflanzungsfähige Zellen bestimmter Pilze **3** Entwicklungsphase des Echten Mehltaus [<grch. *oiidion* »kleines Ei«]

Oi|no|cho|e ⟨f.; -, -n⟩ kleine altgrch. Weinkanne mit Henkel [<grch. *oinochoein* »Wein einschenken«]

o. k., O. K. ⟨[ɔkeɪ] od. [ɔkeː] Abk. für⟩ okay

ok..., Ok... ⟨Vorsilbe⟩ = ob..., Ob...

Okapi ⟨n.; -s, -s; Zool.⟩ zur Familie der Giraffen gehörendes Tier Westafrikas mit etwas kürzerem Hals als andere Giraffen: Okapia johnstoni [<afrikan. Eingeborenensprache]

Oka|ri|na ⟨f.; -, -ri|nen; Musik⟩ kleines, flötenähnliches Musikinstrument aus Ton in Form eines längl., an einem Ende spitz zulaufenden Eies mit einem senkrecht dazu stehenden Mundstück u. acht Grifflöchern [ital., Verkleinerungsform zu *oca* »Gans«]

okay! ⟨[ɔkeɪ] od. [ɔkeː] Abk.: o. k., O. K.⟩ in Ordnung [engl.; Herkunft umstritten]

Okay ⟨[ɔkeɪ] od. [ɔkeː] n.; -s, -s⟩ Einverständnis, Zustimmung, Erlaubnis; *sein ~ zu einer Angelegenheit geben* [engl.]

Oke|a|ni|de ⟨f.; -, -n; grch. Myth.⟩ = Ozeanide

Ok|ka|si|on ⟨f.; -, -en⟩ **1** günstige Gelegenheit **2** günstiges Angebot, Gelegenheitskauf [<lat. *occasio* »Gelegenheit«]

Ok|ka|si|o|na|lis|mus ⟨m.; -; unz.; Philos.⟩ philosoph. Lehre von der Zweiheit von Seele u. Körper, die nicht wechselseitig aufeinander wirken u. deren Übereinstimmung gelegentlich nur von Gott hergestellt wird

Ok|ka|si|o|na|list ⟨m.; -en, -en; Philos.⟩ Vertreter, Anhänger des Okkasionalismus

ok|ka|si|o|nell ⟨Adj.⟩ gelegentlich, Gelegenheits... [→ *Okkasion*]

Ok|ki|spit|ze ⟨f.; -, -n; Textilw.⟩ mit einem schiffchenförmigen Werkzeug hergestellte Spitze, Schiffchenarbeit [<ital. *occhi*, Pl. zu *occio* »Auge«]

ok|klu|die|ren ⟨V.⟩ **1** abschließen, versperren **2** hemmen [<lat. *occludere* »verschließen«]

Ok|klu|si|on ⟨f.; -, -en⟩ **1** Einschließung, Sperrung, Hemmung **2** ⟨Meteor.⟩ Zusammentreffen von Warm- u. Kaltfront **3** ⟨Med.⟩ **3.1** das Ineinandergreifen der oberen u. unteren Zähne beim Zusammenbeißen **3.2** Verschluss eines Hohlorgans [→ *okkludieren*]

ok|klu|siv ⟨Adj.⟩ abschließend, sperrend, hemmend [→ *okkludieren*]

Ok|klu|siv ⟨m.; -(e)s, -e [-və]; Phon.⟩ = Explosivlaut

Ok|klu|siv|pes|sar ⟨n.; -s, -e; Med.⟩ Einlage zur Empfängnisverhütung, das den Muttermund verschließt; →*a.* Pessar

ok|kult ⟨Adj.⟩ verborgen, heimlich, geheim; ~*e Wissenschaften* [<lat. *occultus* »verborgen, versteckt«]

Ok|kul|tis|mus ⟨m.; -; unz.⟩ Lehre von übersinnl. Wahrnehmungen (z. B. Telepathie), übernatürl. Erscheinung u. Kräften [→ *okkult*]

Ok|kul|tist ⟨m.; -en, -en⟩ Vertreter, Anhänger des Okkultismus

Ok|kul|tis|tin ⟨f.; -, -tin|nen⟩ Vertreterin, Anhängerin des Okkultismus

ok|kul|tis|tisch ⟨Adj.⟩ zum Okkultismus gehörend, auf ihm beruhend

Ok|ku|pant ⟨m.; -en, -en⟩ jmd., der etwas okkupiert

Ok|ku|pa|ti|on ⟨f.; -, -en⟩ Besetzung (fremden Staatsgebietes); *Sy* Okkupierung [<lat. *occupatio* »Besetzung«]

ok|ku|pa|to|risch ⟨Adj.⟩ in der Art einer Okkupation

ok|ku|pie|ren ⟨V.⟩ besetzen, sich aneignen, einnehmen; *fremdes Staatsgebiet ~* [<lat. *occupare* »einnehmen, besetzen, an sich reißen«]

Ok|ku|pie|rung ⟨f.; -, -en⟩ = Okkupation

Ok|kur|renz ⟨f.; -, -en; Sprachw.⟩ das konkrete Vorkommen einer abstrakten sprachlichen Einheit in einer bestimmten Sprechsituation [<engl. *occurrence* »Ereignis, Vorfall« < lat. *occurrere* »entgegenlaufen, begegnen«]

öko...[1], **Öko...**[1] ⟨in Zus.⟩ **1** den Lebensraum, die Natur betreffend **2** Haushalts..., Wirtschafts... [<grch. *oikos* »Haus, Haushaltung«]

öko...[2], **Öko...**[2] ⟨in Zus.; kurz für⟩ **1** ökologisch **2** naturnah, naturbelassen; *~milch; ~bauer; ~landwirtschaft*

Ö|ko|au|dit ⟨a. [-ɔdɪt] n.⟩ od. m.; -s, -s; Ökol.⟩ *Sy* Umweltaudit **1** Prüfung der Umweltverträglichkeit von Unternehmen **2** Auszeichnung für bes. Verdienste im Bereich des Umweltschutzes [<*Öko...*[2] + *Audit*]

Ö|ko|bi|lanz ⟨f.; -, -en; Ökol.⟩ Bilanz aller Folgen, die ein Produkt od. eine techn. Methode für die Umwelt hat

Ö|ko|ka|tas|tro|phe *auch:* **Ö|ko|ka|tast|ro|phe, Ö|ko|ka|tast|ro|phe** ⟨f.; -, -n; Ökol.⟩ Umweltkatastrophe, die den natürlichen Lebensraum von Mensch u. Tier zerstört od. ihn langfristig unbewohnbar macht

Ö|ko|lo|ge ⟨m.; -en, -en⟩ Wissenschaftler auf dem Gebiet der Ökologie

Ö|ko|lo|gie ⟨f.; -; unz.⟩ Lehre von den Beziehungen der Lebewesen zu ihrer Umwelt; *im Sinne der ~ handeln* [<grch. *oikos* »Wohnung« + ...*logie*]

Ö|ko|lo|gin ⟨f.; -, -gin|nen⟩ Wissenschaftlerin auf dem Gebiet der Ökologie

ö|ko|lo|gisch ⟨Adj.⟩ zur Ökologie gehörend, auf ihr beruhend; *~es Gleichgewicht* labiles Gleichgewicht zwischen den verschiedenen Gliedern einer Lebensgemeinschaft (Biozönose), das die Fähigkeit besitzt, sich selbst zu regulieren; *~e Nische* Stellung einer Lebensform im Gefüge der ökologischen Beziehungen

Ö|ko|lo|gi|sie|rung ⟨f.; -, -en⟩ Schutz, Erhaltung des natürlichen Lebensraumes, umweltgerechte Gestaltung (bes. bei polit. Entscheidungen für Planung u. Wirtschaft)

Ö|ko|nom ⟨m.; -en, -en⟩ **1** ⟨selten⟩ Landwirt, Verwalter größerer Güter **2** Hausverwalter **3** Wirtschaftswissenschaftler [<grch. *oikonomos* »Hausverwalter«]

Ö|ko|no|me|trie *auch:* **Ö|ko|no|met|rie** ⟨f.; -; unz.; Wirtsch.⟩ Teilgebiet der Wirtschaftswissenschaft, das ökonomische Forschung u. Theorie mit mathematisch-statistischen Daten zu untermauern sucht

Ö|ko|no|me|tri|ker *auch:* **Ö|ko|no|met|ri|ker** ⟨m.; -s, -; Wirtsch.⟩ Wissenschaftler auf dem Gebiet der Ökonometrie

ö|ko|no|me|trisch *auch:* **ö|ko|no|met|risch** ⟨Adj.; Wirtsch.⟩ die Ökonometrie betreffend, zu ihr gehörend, auf ihr beruhend

Ö|ko|no|mie ⟨f.; -, -n⟩ **1** Wirtschaft **2** ⟨veraltet⟩ Landwirtschaft **3** ⟨unz.⟩ Sparsamkeit, Wirtschaftlichkeit [<lat. *oeconomia* »Einteilung, Ordnung, Verwaltung«]

Ö|ko|no|mik ⟨f.; -; unz.⟩ Wirtschaftskunde, Wirtschaftswissenschaft

ö|ko|no|misch ⟨Adj.⟩ **1** die Ökonomie betreffend, auf ihr beruhend **2** wirtschaftlich, sparsam [<lat. *oeconomicus* »die Hauswirtschaft betreffend«]

ö|ko|no|mi|sie|ren ⟨V.⟩ ökonomisch gestalten

Ö|ko|no|mi|sie|rung ⟨f.; -, -en⟩ Steigerung der Wirtschaftlichkeit, Erhöhung der Effizienz

Ö|ko|no|mis|mus ⟨m.; -; unz.⟩ Betrachtungsweise nur vom wirtschaftlichen Standpunkt aus [→ *Ökonomie*]

ö|ko|no|mis|tisch ⟨Adj.⟩ den Ökonomismus betreffend, ihm gemäß denkend u. handelnd

öko|so|zi|al ⟨Adj.; Politik⟩ ökologisch u. sozial (1, 3) ausgeglichen

Ö|ko|sys|tem ⟨n.; -s, -e; Ökol.⟩ natürliche Einheit, die aus einer Lebensgemeinschaft u. der sie umgebenden Umwelt besteht [<grch. *oikos* »Wohnung« + *System*]

Ö|ko|top ⟨n.; -s, -e; Ökol.⟩ ökologisch einheitlicher Raum [<*Öko...* + grch. *topos* »Ort, Raum«]

Ö|ko|tro|pho|lo|gie ⟨f.; -; unz.⟩ Haushalts- u. Ernährungswissenschaft [<grch. *oikos* »Wohnung« + *Trophologie*]

Ö|ko|ty|pus ⟨m.; -, -ty|pen⟩ an einem bestimmten Standort heimische u. an ihn angepasste Gruppe von Organismen [<grch. *oikos* »Wohnung« + *Typus*]

Ö|ko|zid ⟨m. od. n.; -s; unz.; Ökol.⟩ durch Umweltverschmutzung hervorgerufenes Absterben von Lebewesen eines bestimmten Lebensraums [<grch. *oikos* »Wohnung« + ...*zid*[r]]

O|kra *auch:* **Ok|ra** ⟨f.; -, -s; Bot.⟩ längliche, als Gemüse genutzte Frucht eines strauchigen Malvengewächses: Hibiscus esculentus [westafrikan.]

Okt. ⟨Abk. für⟩ Oktober

Ok|ta|chord ⟨[-kɔrd] n.; -(e)s, -e; Musik⟩ Instrument mit acht Saiten [<lat. *octo* »acht« + ...*chord*]

Ok|ta|e|der ⟨n.; -s, -; Geom.⟩ platon. Körper, der von acht gleichseitigen Dreiecken begrenzt wird, Achtflach, Achtflächner [<grch. *okto* »acht« + ...*eder*]

oktaedrisch

ok|ta|e|drisch *auch:* **ok|ta|ed|risch** ⟨Adj.; Geom.⟩ in der Form eines Oktaeders

Ok|ta|gon ⟨n.; -s, -e; Geom.⟩ = Oktogon

Ok|tan ⟨n.; -s, -e; Chemie⟩ = Octan

Ok|tant ⟨m.; -en, -en⟩ **1** ⟨Geom.⟩ achter Teil einer Kreisfläche **2** ⟨Astron.⟩ Gerät zur Winkelmessung für die astronomische Navigation [<lat. *octo* »acht«]

Ok|tan|zahl ⟨f.; -, -en; Abk.: OZ⟩ Maßzahl für die Klopffestigkeit eines Kraftstoffes; *oV* Octanzahl

Ok|tav ⟨n.; -s; unz.; Buchw.; Zeichen: 8°⟩ ein Buchformat, $1/8$ Bogen, der Bogen zu 16 Seiten; *Sy* Oktavformat [<lat. *octava*, Fem. zu *octavus* »der Achte«; zu *octo* »acht«]

Ok|ta|va ⟨[-va] f.; -, -ta|ven [-vən]; in Österreich⟩ achte Klasse des Gymnasiums [lat., »die achte«]

Ok|tav|band ⟨m.; -(e)s, -bän|de; Buchw.⟩ Buch in Oktavformat

Ok|ta|ve ⟨[-və] f.; -, -n⟩ **1** ⟨Musik⟩ **1.1** achter u. letzter Ton der diaton. Tonleiter **1.2** Intervall von acht Tönen **1.3** kleine ~ unter der eingestrichenen Oktave liegende, mit kleinem Buchstaben gekennzeichnete Oktave **2** ⟨kath. Kirche⟩ achttägige Feier hoher Feste **3** = Oktaverime [<mlat. *octava (vox)*; zu lat. *octavus* »der achte«]

Ok|tav|for|mat ⟨n.; -(e)s; unz.⟩ = Oktav

ok|ta|vie|ren ⟨[-vi:-] V.; Musik⟩ eine Oktave höher spielen als in den Noten angegeben

Ok|tett ⟨n.; -(e)s, -e; Musik⟩ **1** Musikstück für acht selbständige Stimmen **2** Gruppe von acht Instrumentalisten od. Sängern **3** ⟨Physik⟩ die energetisch bes. stabile Anordnung von acht Elektronen in der Außenschale eines Atomkerns [<frz. *octette*, ital. *ottetto* <lat. *octo* »acht«]

ok|to..., **Okto...** ⟨in Zus.⟩ acht [<lat. *octo*, grch. *okto*]

Ok|to|ber ⟨m.; - od. -s, -; Abk.: Okt.⟩ 10. Monat des Jahres [<lat. *octavus* »der achte (Monat)« des mit dem Monat März beginnenden altröm. Jahres]

Ok|to|de *auch:* **Ok|to|de** ⟨f.; -, -n; El.⟩ Elektronenröhre mit acht Elektroden [<*Okto*... + ...*ode*]

Ok|to|de|ka|gon ⟨n.; -s, -e; Geom.⟩ Achtzehneck [<*Okto*... + *deka*... + ...*gon*]

Ok|to|dez ⟨n.; -es, -e; Buchw.; kurz für⟩ = Oktodezformat

Ok|to|dez|for|mat ⟨n.; -(e)s; unz.; Buchw.⟩ veraltetes Buchformat, $1/18$ Bogen; *Sy* Oktodez [<*Okto*... + lat. *decem* »zehn«]

Ok|to|gon ⟨n.; -s, -e; Geom.⟩ *oV* Oktagon **1** Achteck **2** achteckiger Bau [<*Okto*... + ...*gon*]

ok|to|go|nal ⟨Adj.; Geom.⟩ achteckig

Ok|to|po|de ⟨m.; -n, -n; Zool.⟩ Achtfüßer [<*Okto*... + ...*pode*]

ok|troy|ie|ren *auch:* **ok|tro|y|ie|ren** ⟨[-troa-] V.⟩ jmdm. etwas ~ (rechtswidrig) aufdrängen, auferlegen; *Sy* aufoktroyieren [<frz. *octroyer* »aufzwingen, auferlegen«]

o|ku|lar ⟨Adj.; Optik⟩ das Auge betreffend, Augen...

O|ku|lar ⟨n.; -s, -e; Optik⟩ dem Auge zugewandte Linse an optischen Geräten; *Ggs* Objektiv [zu lat. *ocularis* »zu den Augen gehörig«; zu *oculus* »Auge«]

O|ku|la|ti|on ⟨f.; -, -en; Bot.⟩ das Einsetzen einzelner Augen des Pfropfreises in die eingeschnittene Rinde der Unterlage [→ *okultieren*]

O|ku|li ⟨ohne Artikel⟩ dritter Passionssonntag [<lat. *oculi* »Augen«, nach Psalm 25,15, der zu Beginn des Gottesdienstes latein. gesungen wird: »Meine Augen sehen stets zu dem Herrn«]

o|ku|lie|ren ⟨V.; Bot.⟩ durch Einsetzen von Augen veredeln; *Obstbäume, Sträucher, Rosen ~* [<lat. *inoculare*; zu *oculus* »Auge, Knospe«]

Ö|ku|me|ne ⟨f.; -; unz.⟩ die bewohnte Erde, die Erde als Lebensraum des Menschen [<kirchenlat. *oecumene* <grch. *oikoumene* »die bewohnte Erde«]

ö|ku|me|nisch ⟨Adj.⟩ **1** zur Ökumene gehörig, auf ihr beruhend **2** (seit dem 19. Jh.) ~e *Bewegung* Bewegung aller nicht kathol. christl. Kirchen zur Einigung in relig. Fragen **3** ~es *Konzil* Konzil als Vertretung der gesamten kath. Kirche (einschließlich Ostkirche, wo das Konzil von Konstantinopel 879-880 als letztes ökumen. Konzil gilt)

Ö|ku|me|nis|mus ⟨m.; -; unz.; kath. Kirche⟩ (seit dem 2. Vatikanischen Konzil, 1962-1965) angestrebte Überwindung der konfessionellen Trennung der christl. Religionen [→ *Ökumene*]

Ok|zi|dent ⟨m.; -s; unz.⟩ *Ggs* Orient **1** (veraltet) Westen, Abend **2** Abendland (Europa) [<mhd. *occident(e)* »Westen, Abendland« <lat. *occidens (sol)* »untergehende Sonne, Westen, Abendland« (als der Teil der bewohnten Erde, der in Richtung der untergehenden Sonne liegt)«; zu *occidere* »niederfallen, hinfallen, untergehen«]

ok|zi|den|tal ⟨Adj.⟩ = okzidentalisch; *Ggs* orientalisch **1** zum Okzident gehörig **2** abendländisch [<lat. *occidentalis* <*occidens*; → *Okzident*]

ok|zi|den|ta|lisch ⟨Adj.⟩ = okzidental

ok|zi|pi|tal ⟨Adj.; Med.⟩ das Hinterhaupt betreffend [<lat. *occipitium* »Hinterhaupt«; zu *caput* »Kopf, Haupt«]

ok|zi|ta|nisch ⟨Adj.⟩ *~e Sprache* zur westroman. (galloroman.) Sprachgruppe gehörige Sprache, die teilweise noch in Südfrankreich gesprochen wird; → *a. provenzalisch*

...ol ⟨Nachsilbe; zur Bildung sächl. Subst.⟩ chem. Verbindung, die zur Gruppe der Alkohole gehört; *Methanol* = *Methylalkohol* [zu lat. *oleum* »Öl«]

Ol|die ⟨[oul-] od. [o:l-] m.; -s, -s⟩ **1** ⟨Musik; Film⟩ alter Schlager od. Film **2** ⟨allg.⟩ etwas Altes, das wieder in Mode kommt **3** ⟨scherzh.⟩ Angehöriger der älteren Generation [engl., »alte Person, Sache«]

Old red *auch:* **Old Red** ⟨[ould red] od. [o:ld-] m.; (-) -s; unz.; Geol.⟩ (aus Ablagerungen des Devons entstandener) roter Sandstein [<engl. *old* »alt« + *red* »rot«]

...ole ⟨Nachsilbe; zur Bildung weibl. Subst.⟩ vom Takt abweichende musikal. Figur; *Triole* [<lat. ...*olus*, ...*ola*, ...*olum* (Verkleinerungssilbe)]

Old|ti|mer ⟨[ouldtai-] od. [o:ld-] m.; -s, -⟩ altes Auto, auch Flugzeug, Motorrad od. Schiff, mit Liebhaber- u. Sammlerwert [<engl. *old* »alt« + *time* »Zeit«]

olé! ⟨[-le:] Int.⟩ los!, auf!, bravo! [span.]

O|lea ⟨Pl. von⟩ Oleum

O|le|an|der ⟨m.; -s, -; Bot.⟩ zu einer Gattung der Hundsgiftgewächse gehörender giftiger Zierstrauch: Nerium [<ital. *oleandro* <lat. *olea* »Olivenbaum« + mlat. *lorandum* <lat. *laurus* »Lorbeerbaum« nach den lorbeerähnlichen Blättern + grch. *rhododendron*)]

O|le|as|ter ⟨m.; -s, -; Bot.⟩ Wildform des Ölbaums [lat.; zu *olea* »Olive, Ölbaum«]

O|le|at ⟨n.; -(e)s, -e; Chemie⟩ Salz der Ölsäure [<lat. *oleum* »Öl«]

O|le|fi|ne ⟨Pl.; Chemie; Sammelbez. für⟩ kettenförmige Kohlenwasserstoffverbindungen mit nur einer Doppelbindung im Molekül; *Sy* Alkene [<lat. *oleum* »Öl«]

O|le|in ⟨n.; -s, -e; Chemie⟩ einfach ungesättigte aliphat. Carbonsäure, farbloses, dickflüssiges Öl, Ölsäure [→ *Oleum*]

O|le|kra|non auch: **O|lek|ra|non** ⟨n.; - od. -s, -krana; Anat.⟩ Ellenbogen [grch.]

O|le|um ⟨n.; -s, O|lea⟩ 1 ⟨Pharm.⟩ Öl, ölige Flüssigkeit 2 ⟨Chemie⟩ rauchende Schwefelsäure [lat., »Öl«]

Ol|fak|to|me|ter ⟨n.; -s, -; Med.⟩ Gerät, mit dem der Geruchssinn getestet wird [<lat. *olfacere* »riechen« + ...*meter*²]

Ol|fak|to|me|trie auch: **Ol|fak|to|met|rie** ⟨f.; -; unz.; Med.⟩ Messung der Geruchsempfindlichkeit [<lat. *olfacere* »riechen« + ...*metrie*]

ol|fak|to|risch ⟨Adj.; Med.⟩ den Olfaktorius betreffend, von ihm ausgehend

Ol|fak|to|ri|um ⟨n.; -s, -ri|en⟩ Riechstoff [→ *Olfaktorius*]

Ol|fak|to|ri|us ⟨m.; -; unz.; Anat.⟩ Riechnerv [zu lat. *olfacere* »riechen«]

Ol|i|ba|num ⟨n.; -s; unz.⟩ Weihrauch [lat. <arab. *al-lu ban*]

O|li|fant ⟨m.; -(e)s, -e⟩ mittelalterl. Jagd- u. Trinkhorn aus Elfenbein [afrz., »Elefant«]

olig..., Olig... ⟨in Zus.⟩ = oligo..., Oligo...

O|li|gä|mie auch: **O|li|gä|mie** ⟨f.; -, -n⟩ akute Blutarmut [<*Oligo...* + ...*ämie*]

O|li|garch auch: **O|lig|arch** ⟨m.; -en, -en; Politik⟩ 1 Mitglied einer Oligarchie 2 Anhänger der Oligarchie

O|li|gar|chie auch: **O|lig|ar|chie** ⟨f.; -, -n; Politik⟩ 1 Herrschaft einer kleinen Gruppe, urspr. der Reichsten im Staat 2 Staatsform, bei der auch bei formeller Gleichberechtigung der Staatsbürger die tatsächliche Herrschaft in der Hand einer kleinen Gruppe liegt [<*Oligo...* + ...*archie*]

o|li|gar|chisch auch: **o|lig|ar|chisch** ⟨Adj.; Politik⟩ die Oligarchie betreffend, auf ihr beruhend, in der Art einer Oligarchie

o|li|go..., O|li|go... ⟨vor Vokalen⟩ olig..., Olig... ⟨in Zus.⟩ wenig, klein, gering [<grch. *oligos*]

O|li|go|chä|ten ⟨[-çe:-] Pl.; Zool.⟩ Klasse der Ringelwürmer (Wenigborsten) mit spindel- oder walzenförmigen, 1 mm bis 2 m langem Körper: Oligochaeta [<*Oligo...* + grch. *chaite* »langes Haar«]

O|li|go|cho|lie ⟨[-xo-] f.; -, -n; Med.⟩ Mangel an Galle (bei Erkrankungen der Leber u. der Galle) [<*Oligo...* + *chole* »Galle«]

O|li|go|dy|na|mie ⟨f.; -; unz.⟩ keimtötende Wirkung von Schwermetallionen in Flüssigkeiten, angewandt z. B. bei der Entkeimung des Wassers mit Silberionen im Katadynverfahren [<*Oligo...* + grch. *dynamos* »Kraft«]

o|li|go|dy|na|misch ⟨Adj.⟩ 1 die Oligodynamie betreffend 2 in geringer Menge wirksam

O|li|go|glo|bu|lie ⟨f.; -; unz.⟩ = Oligozythämie [<*Oligo...* + lat. *globulus*, Verkleinerungsform zu *globus* »Kugel«]

O|li|go|klas ⟨m.; - od. -es, -e; Geol.⟩ farbloser, weißer od. grünlicher Feldspat [<*Oligo...* + grch. *klastazein* »(ab)brechen«]

o|li|go|mer ⟨Adj.; Bot.⟩ eine verringerte Anzahl von Blütenkreisen besitzend [<*oligo...* + ...*mer*]

O|li|go|nu|kle|o|tid auch: **O|li|go|nuk|le|o|tid** ⟨n.; -s, -e; Biochemie⟩ 1 aus mehreren einfachen Nukleotiden zusammengesetzte Nukleinsäure 2 kurze DNA-Sequenz [<*Oligo...* + *Nukleotid*]

O|li|go|pep|tid ⟨n.; -(e)s, -e; Chemie⟩ Verbindung, die zwei bis zehn Aminosäureeinheiten enthält

o|li|go|phag ⟨Adj.; Biol.⟩ sich von (nur) einigen Futterpflanzen bzw. Tierarten ernährend; *Ggs* polyphag

O|li|go|pha|ge ⟨m.; -n, -n; Biol.⟩ oligophages Tier; *Ggs* Polyphage

O|li|go|pha|gie ⟨f.; -; unz.; Biol.⟩ Ernährungsweise oligophager Tiere; *Ggs* Polyphagie (1)

O|li|go|phre|nie ⟨f.; -, -n; Med.⟩ Schwachsinn [<*Oligo...* + ...*phrenie*]

O|li|go|pnoe ⟨[-pno:e] f.; -; unz.; Med.⟩ verminderte Atemfrequenz [<*Oligo...* + grch. *pnoe* »Hauch, Atem«]

O|li|go|pol ⟨n.; -s, -e; Wirtsch.⟩ Marktbild, bei dem wenige große Anbieter vielen kleinen Nachfragern gegenüberstehen u. somit eine den Markt beherrschende Stellung innehaben [<*Oligo...* + *Monopol*]

O|li|go|po|list ⟨m.; -en, -en; Wirtsch.⟩ Befürworter, Angehöriger, Vertreter eines Oligopols

o|li|go|po|lis|tisch ⟨Adj.⟩ zur Marktform des Oligopols gehörend, auf ihr beruhend

O|li|go|sa|pro|bie auch: **O|li|go|sap|ro|bie** ⟨[-bjə] f.; -, -n; Zool.⟩ Lebewesen, das in schwach verschmutzten Gewässern lebt [<*Oligo...* + *Saprobie*]

o|li|go|se|man|tisch ⟨Adj.; Sprachw.⟩ nur wenige Bedeutungen aufweisend

O|li|go|sper|mie ⟨f.; -, -n; Med.⟩ starke Verminderung der Spermienzahl in der Samenflüssigkeit [<*Oligo...* + *Sperma*]

O|li|go|tri|chie ⟨f.; -; unz.; Med.⟩ mangelnder Haarwuchs [<*Oligo...* + grch. *thrix*, Gen. *trichos* »Haar«]

oligotroph

o|li|go|troph ⟨Adj.; Biol.⟩ arm an Nährstoffen; *Ggs* entroph; *~er Boden* [<*oligo...* + ...*troph*]
O|li|go|tro|phie ⟨f.; -; unz.; Biol.⟩ oligotrophe Beschaffenheit
o|li|go|zän ⟨Adj.; Geol.⟩ aus dem Oligozän stammend
O|li|go|zän ⟨n.; -s; unz.; Geol.⟩ jüngste Stufe des Paläogens
O|li|go|zyt|h|äm|ie *auch:* **O|li|go|zyt|hä|mie** ⟨f.; -; unz.; Med.⟩ Verminderung der roten Blutkörperchen im Blut; *Sy* Oligoglobulie
O|li|gu|rie *auch:* **O|li|gu|rie** ⟨f.; -; unz.; Med.⟩ verminderte Ausscheidung von Harn
O|lim ⟨umg.; scherzh.; nur in den Wendungen⟩ *seit ~s Zeiten* seit undenklichen Zeiten, seit je her; *zu ~s Zeiten* vor langer Zeit [zu lat. *olim* »ehemals«]
o|liv ⟨Adj.⟩ olivenfarben, graugrün, braun-grün
O|li|ve ⟨[-və] f.; -, -n⟩ **1** ⟨Bot.⟩ **1.1** Frucht des Ölbaums; *einge legte ~n* **1.2** Ölbaum **2** Drehgriff eines Fensterverschlusses **3** ⟨Anat.⟩ Teil des verlängerten Rückenmarks [mhd. *olive* < lat. *oliva* »Ölbaum, Olive«]
O|li|vin ⟨[-ˈviːn] m.; -s, -e; Min.⟩ olivfarbiges Mineral, Magnesium-Eisen-Silicat; *Sy* Chrysolith, Peridot [→ *Olive*]
Ol|la po|dri|da *auch:* **Ol|la pod|ri|da** ⟨f.; -, - -; Kochk.; österr. für⟩ Olla potrida
Ol|la po|tri|da *auch:* **Ol|la pot|ri|da** ⟨f.; -, - -; Kochk.⟩ traditionelles spanisches Eintopfgericht aus gekochtem Fleisch, geräucherter Wurst u. Gemüse; *oV* ⟨österr.⟩ Olla podrida [<span. *olla podrida*, eigtl. »fauler, modriger Topf«]
O|lymp ⟨m.; -s; unz.⟩ **1** ⟨grch. Myth.⟩ Wohnsitz der Götter **2** ⟨umg.; scherzh.⟩ oberster Rang im Theater [nach grch. *Olympos*, dem Berg *Olymp* in Nordgriechenland]
O|lym|pi|a|de ⟨f.; -, -n⟩ **1** Zeitraum von vier Jahren zwischen den altgrch. Olympischen Spielen **2** Olympische Spiele [nach *Olympia*, der altgrch. Kultstätte u. dem Ort der Olymp. Spiele]
O|lym|pi|a|sta|di|on ⟨n.; -s, -di|en⟩ Stadion, in dem Olympische Spiele abgehalten werden

O|lym|pi|er ⟨m.; -s, -⟩ **1** Bewohner des Olymps; *der ~ Zeus* **2** ⟨fig.⟩ Mann von erhabener Ruhe u. majestät. Überlegenheit
O|lym|pi|o|ni|ke ⟨m.; -n, -n; Sport⟩ Teilnehmer bzw. Sieger bei den Olymp. Spielen
O|lym|pi|o|ni|kin ⟨f.; -, -kin|nen; Sport⟩ Teilnehmerin bzw. Siegerin bei den Olymp. Spielen
o|lym|pisch ⟨Adj.⟩ **1** zum Olymp als Wohnsitz der altgrch. Götter gehörend **2** zu Olympia gehörend, von ihm ausgehend **3** zu den Olympischen Spielen gehörend **3.1** *Olympische Spiele* ⟨bis 394 n. Chr.⟩ in alten Griechenland alle vier Jahre stattfindende sportl. u. auch musikal. Wettkämpfe **3.2** ⟨seit 1894⟩ alle vier Jahre veranstaltete internationale Wettkämpfe im Sport **4** ⟨fig.⟩ majestätisch überlegen [→ *Olympiade*]
om heilige Silbe des Hinduismus u. Buddhismus, die (mit befreiender Wirkung) während der Meditation gesprochen wird [Sanskrit]
Om|a|gra *auch:* **O|mag|ra** ⟨n.; -; unz.; Med.⟩ Gicht im Schultergelenk [<grch. *omos* »Schulter« + *agra* »Fang«]
...om ⟨Nachsilbe; zur Bildung sächl. Subst.⟩ Endung an Substantiven, die bei Geweben eine Geschwulst, bei Flüssigkeiten einen Erguss bezeichnen; *Fibrom; Karzinom*
Om|ar|thri|tis *auch:* **O|marth|ri|tis** ⟨f.; -, -ti|den; Med.⟩ Schultergelenksentzündung [<grch. *omos* »Schulter« + *Arthritis*]
O|ma|sus ⟨m.; -; unz.; Zool.⟩ Teil des Magens bei Wiederkäuern, Blättermagen [<lat. *omasum* »Rinderkaldaunen«]

◆ Die Buchstabenfolge **om|br...** kann auch **omb|r...** getrennt werden.

◆**Om|bré** ⟨[ˈ5bre:] m.; -s, -s; Textilw.⟩ Gewebe mit ineinander verlaufenden Farben [<frz. *ombré* »schattiert«]
◆**om|briert** ⟨Adj.; Textilw.⟩ schattiert, Farbtöne ineinander verlaufen lassend [→ *Ombré*]
◆**om|bro|gen** ⟨Adj.; Geogr.⟩ durch Niederschläge bzw. Nässe entstanden; *Ggs* topogen; *~es Moor* [<grch. *ombros* »Regen« + ...*gen*]
◆**Om|bro|graf** ⟨m.; -en, -en; Meteor.⟩ = Ombrograph
◆**Om|bro|graph** ⟨m.; -en, -en; Meteor.⟩ = Pluviograph; *oV* Ombrograf [<grch. *ombros* »Regen« + ...*graph*]
◆**om|bro|phil** ⟨Adj.; Biol.⟩ Regen u. Feuchtigkeit liebend; *Ggs* ombrophob [<grch. *ombros* »Regen« + ...*phil*]
◆**om|bro|phob** ⟨Adj.; Biol.⟩ Regen u. Feuchtigkeit nicht vertragend; *Ggs* ombrophil [<grch. *ombros* »Regen« + ...*phob*]
◆**om|bro|troph** ⟨Adj.; Bot.⟩ Nährstoffe ausschließlich über Niederschläge beziehend (von Pflanzen in Hochmooren) [<grch. *ombros* »Regen« + ...*troph*]
Om|buds|frau ⟨a. [-byds-] f.; -, -en⟩ **1** Frau, die für die Rechte des Bürgers eintritt u. ihn vor behördlicher Willkür schützt **2** ⟨allg.⟩ weibl. Vertrauensperson, z. B. in Schulen
Om|buds|mann ⟨a. [-byds-] m.; -(e)s, -männer⟩ **1** Person, die für die Rechte des Bürgers eintritt u. ihn vor behördlicher Willkür schützt **2** ⟨in einigen skandinav. Ländern⟩ Beauftragter des Parlaments, an den sich jeder Bürger zum Schutz gegen behördl. Willkür wenden kann **3** ⟨allg.⟩ unabhängige Vertrauensperson [<schwed. *ombudsman* »Schiedsmann«]
O|me|ga ⟨n.; - od. -s, -s; Zeichen: ω, Ω⟩ **1** letzter Buchstabe des grch. Alphabets **2** ⟨fig.⟩ Ende, Schluss; *Alpha und ~* [grch.]

Omelett / Omelette (*Worttrennung am Zeilenende*) Die Trennung nach Sprechsilben richtet sich bei Fremdwörtern in der Regel nach der Aussprache in der Herkunftssprache. Wird, wie z. B. im Französischen, ein Vokal in Endstellung nicht gesprochen, so ist auch keine Trennung des Doppelkonsonanten zu empfehlen (→*a.* Baguette).

O|me|lett ⟨[ɔm-] n.; -(e)s, -e od. -s; Kochk.⟩ = Omelette

ongarese

Omelette ⟨[ɔm-] f.; -, -s; Kochk.; österr.⟩ in einer Pfanne zubereitete (Süß-)Speise aus Eiern; *oV* Omelett; ~ *aux confitures* [-okʃfityːr] mit Marmelade o. Ä. gefülltes Omelett; ~ *soufflé* [-sufleː] mit Eierschaum aufgelockertes Omelett [<frz. *omelette*]

Omen ⟨n.; -s, - od. O̱mi̱na⟩ **1** Vorzeichen; *böses, gutes* ~ **2** Vorbedeutung; →*a.* Nomen est omen [lat.]

Omentum ⟨n.; -s, -men̩ta; Med.⟩ Teil des Bauchfells, das aus dem schürzenförmigen großen Bauchnetz u. der Bauchfellfalte, dem kleinen Netz, besteht; *Sy* Epiploon [lat., »Netz«]

Omikron *auch:* **Omi̱kron** ⟨n.; - od. -s, -s; Zeichen: o, O⟩ grch. Buchstabe, kurzes, geschlossenes o [grch.]

Omina ⟨Pl. von⟩ Omen

ominös ⟨Adj.⟩ **1** von schlimmer Vorbedeutung **2** bedenklich, verdächtig [<lat. *omen*, Pl. *omina* »Zeichen, Vorzeichen«]

Omissivdelikt ⟨n.; -(e)s, -e; Rechtsw.⟩ strafbare Unterlassung [<lat. *omissio* »Unterlassung«]

Ommatidium ⟨n.; -s, -di̱en; Zool.⟩ Einzelauge des Facettenauges [<grch. *omma* »Auge«]

omni..., Omni... ⟨in Zus.⟩ alles..., überall..., ganz [<lat. *omnie* »alles«]

omnia ad maiorem Dei gloriam ⟨kath. Kirche⟩ alles zur größeren Ehre Gottes (Wahlspruch der Jesuiten) [lat.]

Omnibus ⟨m.; -ses, -se; Kurzwort: Bus⟩ Kraftwagen zur Beförderung von mehr als acht Fahrgästen, Autobus [<frz. *voiture omnibus* »Wagen für alle«; zu lat. *omnibus* »für alle«; zu *omnes* »alle«]

omnipotent ⟨Adj.⟩ allmächtig [<lat. *omnia* »alles« + *potens*, Part. Präs. zu *posse* »können«]

Omnipotenz ⟨f.; -; unz.⟩ **1** Allmacht **2** absolute Machtstellung

omnipräsent ⟨Adj.⟩ allgegenwärtig

Omnipräsenz ⟨f.; unz.; geh.⟩ (göttl.) Allgegenwart [<lat.

omnia »alles« + *praesentia* »Gegenwart«]

Omnium ⟨n.; -s, -nien; Sport⟩ **1** ⟨Bahnradsport⟩ aus mehreren Wettbewerben bestehender Mehrkampf ohne feste Norm **2** ⟨Reitsport⟩ Rennen für alle Pferde ohne Beschränkung des Alters, der Herkunft u. des Geschlechts [lat., Gen. zu *omnes* »alle«]

omnivor ⟨[-voːr] Adj.; Zool.⟩ sich von Pflanzen u. Tieren ernährend, alles fressend; *Sy* pantophag

Omnivore ⟨[-voː-] m.; -n, -n; Zool.⟩ Tier, das sich von Pflanzen u. Tieren ernährt, Allesfresser; *Sy* Pantophage; →*a.* Herbivore, Karnivore [<lat. *omnia* »alles« + ...*vore*]

Omnizid ⟨n.; -(e)s; unz.⟩ Vernichtung allen menschlichen Lebens (z. B. durch Atomwaffen)

Omphalitis ⟨f.; -, -ti̱den; Med.⟩ Entzündung des Nabels [<grch. *omphalos* »Nabel« + ...*itis*]

Omphazit ⟨m.; -s, -e; Min.⟩ in kristallinen Schiefern auftretendes Mineral [<grch. *omphax*, Gen. *omphakos* »unreife Traube«, wegen der grünen Farbe]

On ⟨n.; -s; unz.; Film; TV⟩ Bereich innerhalb des Bildes; *Sprecher im* ~ [<engl. *on* »auf, an«]

...on ⟨Nachsilbe; zur Bildung sächl. Subst.⟩ **1** chem. Verbindung, die zur Gruppe der Ketone gehört; *Aceton = Dimethylketon* **2** ⟨Biochemie⟩ zur Bezeichnung eines Hormons od. eines Pharmazeutikums; *Interferon* **3** ⟨Rhet.⟩ zur Bezeichnung einer Redefigur; *Hysteron-Proteron; Paradoxon* **4** ⟨Textilw.⟩ Kunstfaser; *Dralon; Nylon; Perlon* **5** ⟨El.; Physik⟩ Elementarteilchen; *Hyperon; Neutron*

Onager ⟨m.; -s, -; Zool.⟩ westasiatischer Halbesel [<grch. *onos* »Esel«]

Onanie ⟨f.; -; unz.⟩ = Masturbation [fälschlich nach der bibl. Gestalt Onan, der sich nicht selbst befriedigte, sondern den Coitus interruptus (unterbrochener Coitus) ausübte)]

onanieren ⟨V.⟩ = masturbieren
Onanist ⟨m.; -en, -en⟩ jmd., der onaniert
onanistisch ⟨Adj.⟩ die Onanie betreffend, zu ihr gehörig
on call ⟨[-kɔːl]⟩ auf Abruf; *eine Bestellung* ~ [engl.]
ondeggiamento ⟨[ɔndɛdʒa-] Musik⟩ bei Streichinstrumenten durch regelmäßige Druckveränderung über den Bogen den Ton an- u. abschwellen lassend (zu spielen); *oV* ondeggiante [ital., »wogend«]
ondeggiante ⟨[ɔndɛdʒi-] Musik⟩ = ondeggiamento
Ondes Martenot ⟨[ɔ̃ːd martənoː] Pl.; Musik⟩ einstimmiges, elektron. Tasteninstrument mit einem Tonumfang von sieben Oktaven [frz., »Martenot-Wellen«; nach dem Erfinder M. *Martenot*, 1898-1980]
On-dit ⟨[ɔ̃diː] n.; -s od. -, -s⟩ Gerücht [<frz. *on dit* »man sagt«]
Ondulation ⟨f.; -, -en⟩ das Ondulieren
ondulieren ⟨V.⟩ (Haar) künstlich wellen, bes. mit der Brennschere [<frz. *onduler*; zu *onde* »Welle« <lat. *unda*]
Oneirismus ⟨m.; -; unz.; Med.⟩ bei Vergiftung durch Rauschmittel, Infektionskrankheiten od. seelischer Erschütterung als real empfundenes traumähnliches Halluzinieren [<grch. *oneiros* »Traum«]
One-Man-Show ⟨[wʌnmænʃoʊ] f.; -, -s⟩ **1** ⟨TV⟩ von nur einer moderierenden od. spielenden Person gestaltete Fernsehshow, Einmannshow **2** ⟨Wirtsch.; umg.⟩ Firmengründung mit anfangs nur einer Person [engl., »Einmannshow«]
One-Night-Stand ⟨[wʌnnaɪtstænd] m.; -s, -s; umg.⟩ **1** ⟨allg.⟩ auf eine einzige gemeinsame Nacht beschränktes sexuelles Abenteuer **2** ⟨Theat.⟩ Vorstellung, die nur an einem Abend gegeben wird [engl., eigtl. »einmalige Angelegenheit«]
Onestepp ⟨[wʌn-] m.; -s, -s; Musik⟩ aus Amerika stammender Gesellschaftstanz im $^2/_4$-Takt [engl., eigtl. »Einschritt«]
ongarese ⟨[ɔŋ-] Musik⟩ ungarisch (zu spielen); *oV* ongharese [ital.]

677

ongharese

on|gha|re|se ⟨[ɔŋ-] Musik⟩ = ongarese

on|ko..., Onko... ⟨in Zus.; Med.⟩ geschwollen..., Geschwulst... [<grch. *onkos* »Masse«]

on|ko|gen ⟨Adj.; Med.⟩ eine Geschwulst erzeugend [<grch. *onkos* »Masse« + ...*gen¹*]

On|ko|ge|ne|se ⟨f.; -, -n; Med.⟩ Entstehung von Geschwülsten [<*Onko...* + *Genese*]

On|ko|lo|ge ⟨m.; -n, -n; Med.⟩ Kenner, Facharzt der Onkologie

On|ko|lo|gie ⟨f.; -; unz.; Med.⟩ Lehre von den Geschwülsten [<grch. *onkos* »Masse« + ...*logie*]

On|ko|lo|gin ⟨f.; -, -ginnen; Med.⟩ Kennerin, Fachärztin der Onkologie

on|ko|lo|gisch ⟨Adj.; Med.⟩ zur Onkologie gehörend, auf ihr beruhend, mit ihrer Hilfe

On|ko|ly|se ⟨f.; -, -n; Med.⟩ Abtötung von Tumorgewebe [<*Onko...* + ...*lyse*]

on|ko|ly|tisch ⟨Adj.; Med.⟩ die Onkolyse betreffend, zu ihr gehörend, auf ihr beruhend

On|ko|sphae|ra auch: **On|kos|phae|ra** ⟨[-sfɛːra] f.; -, -ren; Biol.; Med.⟩ Sechshakenlarve, mit sechs Haken versehene kugelförmige Larve des ersten Entwicklungsstadiums der Bandwürmer [<*Onko...* + grch. *sphaira* »Kugel«]

on|ko|zid ⟨Adj.; Med.⟩ Tumorzellen tötend [<*onko...* + ...*zid*]

on|line ⟨[-laɪn] Adj.; undekl.; EDV⟩ **1** direkt mit einer EDV-Anlage verbunden **2** direkte Verbindung zwischen zwei Geräten besitzend **3** eingegebene Daten sofort verarbeitend; ~ *gehen, sein;* Ggs offline [engl.; <*on* »auf« + *line* »Leitung«]

On|line|ban|king auch: **On|line Ban|king** ⟨[-laɪnbæŋkɪŋ] n.; (-) - od. (-) -s; unz.; EDV⟩ computergestützte Abwicklung des Zahlungsverkehrs im Bankwesen [<*online* + engl. *banking* »Bankgeschäfte«]

On|line|be|trieb ⟨[-laɪn-] m.; -(e)s; unz.; EDV⟩ Art der elektron. Datenverarbeitung, bei der Daten zur unmittelbaren Verarbeitung in einen angeschlossenen Computer eingespeist werden; Ggs Offlinebetrieb [→ *online*]

On|line|dienst ⟨[-laɪn-] m.; -(e)s, -e; EDV⟩ Dienstleistungsangebot im Bereich der Telekommunikation für Computeranwender (meist mit Verbindung zum Internet) [→ *online*]

On|line|pu|blis|hing auch: **Online Publishing** ⟨[-laɪnpʌblɪʃɪŋ] n.; (-) - od. (-) -s; unz.; EDV⟩ Veröffentlichen von Verlagserzeugnissen wie Büchern, Zeitschriften u. a. im Internet [<*online* + engl. *publishing* »Veröffentlichen, Herausgeben«]

On|line|shop|ping auch: **Online Shopping** ⟨[-laɪnʃɔpɪŋ] n.; - od. -s; unz.; EDV⟩ Auswählen u. Einkaufen von Waren, die im Internet angeboten werden [<*online* + engl. *shopping* »Einkaufen«]

Ö|no|lo|ge ⟨m.; -n, -n⟩ Fachmann, Wissenschaftler auf dem Gebiet der Önologie

Ö|no|lo|gie ⟨f.; -; unz.⟩ Lehre vom Weinbau [<grch. *oinos* »Wein« + ...*logie*]

Ö|no|lo|gin ⟨f.; -, -ginnen⟩ Fachfrau, Wissenschaftlerin auf dem Gebiet der Önologie

ö|no|lo|gisch ⟨Adj.⟩ auf Önologie beruhend, zu ihr gehörend, sie betreffend

O|no|man|tie ⟨f.; -; unz.⟩ Wahrsagerei aus Namen [<grch. *onoma* »Name, Benennung« + ...*mantie*]

O|no|ma|sio|lo|gie ⟨f.; -; unz.; Sprachw.⟩ Zweig der Semantik, der erforscht, welche Wörter für ein u. denselben Begriff gebraucht werden bzw. im Lauf der Sprachentwicklung gebraucht worden sind [<grch. *onomasia* »Benennung« + ...*logie*]

o|no|ma|sio|lo|gisch ⟨Adj.; Sprachw.⟩ zur Onomasiologie gehörend, auf ihr beruhend, mit ihrer Hilfe

O|no|mas|tik ⟨f.; -; unz.; Sprachw.⟩ Namenkunde; Sy Onomatologie [<grch. *onomastikos*; zu *onoma* »Name«]

O|no|mas|ti|kon ⟨n.; -, -tiken od. -tika⟩ Namensverzeichnis

O|no|ma|to|lo|gie ⟨f.; -; unz.; Sprachw.⟩ = Onomastik [<grch. *onoma* »Name« + ...*logie*]

O|no|ma|to|po|e|se ⟨f.; -, -n; selten⟩ = Onomatopöie

O|no|ma|to|po|e|ti|kum ⟨n.; -s, -tika; Sprachw.⟩ lautnachahmendes, klangmalerisches Wort [<grch. *onoma* »Name« + *poietikos* »dichterisch«]

o|no|ma|to|po|e|tisch ⟨Adj.; Sprachw.⟩ schall-, lautnachahmend, lautmalend; *~e Wörter* lautmalende Wörter, z. B. klirren, rasseln, zirpen

O|no|ma|to|pö|ie ⟨f.; -, -n; Sprachw.⟩ Nachahmung von natürl. Lauten, Geräuschen od. Klängen durch ähnliche sprachliche Laute, Lautmalerei; Sy Onomatopoese [<grch. *onoma*, Gen. *onomatos* »Name« + ...*pöie*]

Ö|no|me|ter ⟨n.; -s, -⟩ Gerät zur Bestimmung des Alkoholgehalts von Wein [<grch. *oinos* »Wein« + ...*meter*]

Ö-Norm ⟨Kurzwort für⟩ österreichische Norm (dem dt. DIN entsprechend)

on parle français ⟨[ɔ̃ paːrl frɑ̃sɛ]⟩ man spricht (hier) französisch [frz.]

On|site|ver|fah|ren ⟨[-saɪt-] n.; -s; unz.⟩ Verfahren zur Reinigung verseuchter Materialien direkt am Enstehungsort; Ggs Offsiteverfahren [<engl. *on* »an, in« + *site* »Stelle, Stätte«]

On|spre|cher ⟨m.; -s, -; Film; TV⟩ Sprecher, der im Bild sichtbar ist; Ggs Offsprecher [→ *On*]

On|spre|che|rin ⟨f.; -, -rinnen; Film; TV⟩ Sprecherin, die im Bild sichtbar ist; Ggs Offsprecherin [→ *On*]

On|stim|me ⟨f.; -, -n; Film; TV⟩ Stimme eines im Bild sichtbaren Sprechers; Ggs Offstimme [→ *On*]

on the road ⟨[- ðə roʊd]⟩ auf Reisen, unterwegs [engl., »auf der Straße«; als Redewendung in Deutschland vermutlich durch den gleichnamigen Roman von Jack Kerouac (1922-1969) populär geworden]

on the rocks ⟨[- ðə rɔks]⟩ mit Eiswürfeln; *Whisky ~* [engl., »auf den Felsen«]

on|tisch ⟨Adj.; Philos.⟩ dem Sein nach, seiend [<grch. *on*, Gen.

ontos, Part. Präs. zu *einai* »sein«]

On|to|ge|ne|se ⟨f.; -; unz.; Biol.⟩ Entwicklung des Lebewesens von der befruchteten Eizelle bis zur Geschlechtsreife; *oV* Ontogenie [<grch. *on*, Gen. *ontos* »seiend« + *Genese* <grch. *genesis* »Ursprung, Erzeugung«]

on|to|ge|ne|tisch ⟨Adj.; Biol.⟩ zur Ontogenese gehörend, auf ihr beruhend

On|to|ge|nie ⟨f.; -; unz.; Biol.⟩ = Ontogenese [<grch. *on*, Gen. *ontos* »seiend« + ...*genie*]

On|to|lo|ge ⟨m.; -n, -n; Philos.⟩ Forscher, Philosoph auf dem Gebiet der Ontologie

On|to|lo|gie ⟨f.; -; unz.; Philos.⟩ Lehre vom Sein u. seinen Prinzipien [<grch. *on*, Gen. *ontos* »seiend« + ...*logie*]

On|to|lo|gin ⟨f.; -, -gin|nen; Philos.⟩ Forscherin, Philosophin auf dem Gebiet der Ontologie

on|to|lo|gisch ⟨Adj.; Philos.⟩ zur Ontologie gehörend, auf ihr beruhend, sie betreffend

On|to|lo|gis|mus ⟨m.; -, -gis|men; Philos.⟩ **1** ⟨i. w. S.⟩ die Erkenntnis des Seins an sich **2** ⟨i. e. S.⟩ (im 19. Jh. von dem ital. Philosophen V. Gioberti begründete) theologische Lehre, nach der Gott in seinem Wesen unerkennbar ist, sich aber in dem von ihm Geschaffenen offenbart

on tour ⟨[- tuːr]⟩ auf Tournee (bes. von Musikern u. Ensembles); *die Band ist ~* [engl.]

O|ny|chie ⟨[-çiː] f.; -, -n; Med.⟩ Nagelbettentzündung [<grch. *onyx*, Gen. *onychos* »Nagel«]

O|ny|cho|ly|se ⟨[-ço-] f.; -; unz.; Med.⟩ Ablösung der Nagelplatte vom Nagelbett [<grch. *onyx*, Gen. *onychos* »Nagel« + ...*lyse*]

O|ny|cho|my|ko|se ⟨[-ço-] f.; -, -n; Med.⟩ Pilzerkrankung der Nägel [<grch. *onyx*, Gen. *onychos* »Nagel« + *Mykose*]

O|ny|cho|pha|gie ⟨[-ço-] f.; -, -n; Med.⟩ Nägelkauen [<grch. *onyx*, Gen. *onychos* »Nagel« + ...*phagie*]

O|ny|cho|se ⟨[-ço-] f.; -, -n; Med.⟩ Nagelkrankheit [<grch. *onyx*, Gen. *onychos* »Nagel«]

O|nyx ⟨m.; -(e)s, -e; Min.⟩ Mineral, schwarz-weißer Quarz [lat. <grch. *onyx*, eigtl. »Klaue, Kralle, Fingernagel«]

o. O. ⟨Abk. für⟩ ohne Obligo

o|o..., **O|o...** ⟨[oːɔ-] in Zus.⟩ Ei..., eiförmig [<grch. *oon* »Ei«]

O|o|ga|mie ⟨[oːɔ-] f.; -, -n; Biol.⟩ Befruchtung einer großen, unbeweglichen Eizelle durch eine kleinere, männl. Geschlechtszelle [<*Oo*... + ...*gamie*]

O|o|ge|ne|se ⟨[oːɔ-] f.; -, -n; Biol.⟩ Bildung des Eis, Entwicklung der Eizelle; *Sy* Ovogenese [<*Oo*... + *Genese*]

o|o|ge|ne|tisch ⟨[oːɔ-] Adj.; Biol.⟩ auf Oogenese beruhend, aus dem Ei entstanden

O|o|go|ni|um ⟨[oːɔ-] n.; -s, -ni|en; Biol.⟩ Bildungsstätte der Eizelle niederer Pflanzen [<*Oo*... + grch. *gone* »Erzeugung«]

O|o|ki|net ⟨m.; -en, -en; Med.⟩ Keimzelle von Malariaparasiten [<*Oo*... + grch. *kinetes* »Beweger«]

O|o|lem|ma ⟨[oːɔ-] n.; -s, -ta od. -lem|men; Biol.⟩ Zellmembran, die die Eizelle umgibt [<*Oo*... + grch. *lemma* »Hülle«]

O|o|lith ⟨[oːɔ-] m.; -s od. -en, -e od. -en; Min.⟩ Gestein, das aus kleinen, runden, durch ein Bindemittel verkitteten Kügelchen besteht, Rogenstein [<*Oo*... + ...*lith*]

o|o|li|thisch ⟨[oːɔ-] Adj.; Min.⟩ zum Oolith gehörend, aus ihm bestehend

O|o|lo|gie ⟨[oːɔ-] f.; -; unz.; Biol.⟩ Lehre von den Eiern, bes. in der Vogelkunde

O|o|pho|rek|to|mie *auch:* **O|o|pho|rekt|o|mie** ⟨[oːɔ-] f.; -, -n; Med.⟩ = Ovariotomie [<*Oophoron* + *Ektomie*]

O|o|pho|ri|tis ⟨[oːɔ-] f.; -, -ti|den; Med.⟩ Eierstockentzündung [<*Oo*...+...*phor*¹+...*itis*]

o|o|pho|ro|gen ⟨Adj.; Med.⟩ von den Eierstöcken ausgehend (von Erkrankungen des Unterleibs) [→ *Oophoron*]

O|o|pho|ron ⟨[oɔ-] n.; -s, -pho|ra; Anat.⟩ = Ovarium [<*Oo*... + grch. *pherein, phorein* »tragen«]

O|o|plas|ma ⟨[oːɔ-] n.; -s, -plas|men; Biol.⟩ Plasma der Eizelle; *Sy* Ovoplasma

O|o|zyt ⟨[oːɔ-] m.; -en, -en; Biol.⟩ = Oozyte

O|o|zy|te ⟨[oːɔ-] f.; -, -n; Biol.⟩ unreife Eizelle; *oV* Oozyt [<*Oo*... + ...*zyt*]

OP ⟨Abk. für⟩ Operationssaal, Operation

op. ⟨Abk. für⟩ Opus

o. P. ⟨Abk. für⟩ ordentlicher Professor

O. P. ⟨Abk. für⟩ Ordo Fratrum Praedicatorum (offizieller Name der Dominikaner)

o|pak ⟨Adj.⟩ undurchsichtig; *oV* opaque [<lat. *opacus* »schattig, beschattet; dunkel«]

O|pal ⟨m.; -s, -e⟩ **1** ⟨zählb.; Min.⟩ amorpher Quarz, wasserhaltiges Kieselsäuregel, in Halbedelsteinen **2** ⟨unz.; Textilw.⟩ steif appretierter, geschrumpfter, milchähnlich durchscheinender, feinfädiger Batist aus Baumwolle [<lat. *opalus* <Sanskrit]

o|pa|len ⟨Adj.; Min.⟩ **1** aus Opal bestehend **2** wie Opal schimmernd

O|pa|les|zenz ⟨f.; -; unz.⟩ Schimmern durch Beugung der Lichtstrahlen wie beim Opal

o|pa|les|zie|ren ⟨V.⟩ wie ein Opal schimmern

O|pal|glas ⟨n.; -es; unz.⟩ milchig getrübtes Glas, das die Eigenschaft der Opaleszenz zeigt

o|pa|li|sie|ren ⟨V.⟩ = opaleszieren

O|pan|ke ⟨f.; -, -n⟩ südslawischer Schuh mit aufgebogener Spitze u. ohne Absatz [serb., »Sandale«]

o|paque ⟨Adj.⟩ = opak

Op-Art ⟨f.; -; unz.; Kunst⟩ zeitgenöss. Richtung der bildenden Kunst, bei der (meist räumliche) optische Illusionen durch verschiedene Mittel (Beleuchtung, Bewegung) erzielt werden [engl., verkürzt <*optical* »optisch« + *art* »Kunst«]

O|pa|zi|tät ⟨f.; -; unz.⟩ **1** Lichtundurchlässigkeit **2** ⟨Fot.⟩ Maß für die Schwärzung lichtempfindlicher Schichten [<lat. *opacus* »schattig, dunkel«; zu *opacitas* »Schatten«]

OPEC ⟨f.; -; unz.; Abk. für engl.⟩ Organization of Petroleum-Exporting Countries (Organisation Erdöl exportierender Länder)

O|pen ⟨[oupən] n.; - od. -s, -; Sport⟩ offene Meisterschaft;

Openair...

British ~ (für Profis u. Amateure bzw. In- u. Ausländer) offene Britische Meisterschaft im Golf [engl., »offen«]

O|pen|air... *auch:* **O|pen-Air...** ⟨[oʊpən-ɛ:(r)] in Zus.⟩ im Freien (stattfindend), z. B. ~veranstaltung [engl., »offene (freie) Luft, im Freien«]

O|pen|air|fes|ti|val *auch:* **O|pen-Air-Fes|ti|val** ⟨[oʊpənɛ:(r)festivəl] n.; -s, -s⟩ große (Musik-)Veranstaltung im Freien

o|pen end ⟨[oʊpn ɛnd]⟩ ohne zeitliche Begrenzung, ohne zeitliches Limit (von Diskussionen, Vierarung, Tagungen usw.) [engl., »offenes Ende«]

O|pen-End-Dis|kus|si|on ⟨[oʊpən-ɛnd-] f.; -, -en⟩ Diskussion mit nicht festgelegtem, offenem Ende [→ *open end*]

O|pe|ner ⟨m.; -s, -⟩ **1** Eröffnung; *der ~ des Abends* **2** ⟨Musik⟩ das Eröffnungsstück eines Konzerts od. einer CD; *der ~ des Albums ist eher melancholisch gehalten* [engl., »Öffner«]

O|pen|field *auch:* **Open Field** ⟨[oʊpən-] n.; (-) - od. (-) -s, -s; Geogr.⟩ (Acker-)Feld, auf dem keinerlei Grenzmarkierungen wie Drähte, Hecken od. Steinmauern vorhanden sind [engl., »offene Feldflur«]

O|pe|ning ⟨[oʊpənɪŋ] n.; - od. -s, -s⟩ **1** ⟨Lit.⟩ erste Szene eines Romans od. Dramas, in der die Hauptcharaktere sowie Ort u. Zeit der Handlung eingeführt werden **2** ⟨umg.⟩ Anfang, Beginn, Eröffnung; *das ~ seiner Rede war schwach* [<engl. *opening* »Öffnen, Beginn«]

O|per ⟨f.; -, -n; Musik⟩ **1** musikalisch gestaltetes Bühnenstück **2** Opernhaus [<ital. *opera (in musica)* »(Musik-)Werk«]

O|pe|ra ⟨Pl. von⟩ Opus

o|pe|ra|bel ⟨Adj.; Med.⟩ so beschaffen, dass man es (noch) operieren kann; *Ggs* inoperabel; *ein operabler Tumor*

O|pe|ra|bi|li|tät ⟨f.; -; unz.; Med.⟩ Möglichkeit, einen Patienten zu operieren od. eine Erkrankung operativ zu beheben

O|pe|ra buf|fa ⟨f.; - -, -re buffe; Musik⟩ komische Oper; *Sy* Buffa, Buffaoper, Buffooper [ital.]

O|pé|ra co|mi|que ⟨[-kɔmɪk] f.; - -, -s -s [ɔpera kɔmɪk]; Musik⟩ **1** ⟨unz.⟩ im 17. Jh. in Frankreich entstandene Operngattung mit vorwiegend heiterem od. satirischem Inhalt u. gesprochenen Dialogen **2** Werk aus dieser Gattung **3** Haus, Theater, in dem O. c. aufgeführt werden [frz., »komische Oper«]

O|pe|rand ⟨m.; -en, -en; EDV⟩ Information, die mit Hilfe eines Befehls verarbeitet werden kann [zu lat. *operari* »beschäftigt sein«]

o|pe|rant ⟨Adj.; Psych.⟩ *~e Konditionierung* Form des Lernens, die durch die Konsequenzen einer Handlung (Erfolg od. Misserfolg) gesteuert wird [<lat. *operans*, Gen. *operantis* »wirksam, tätig«]

O|pe|ra se|ria ⟨f.; - -, -re -rie [-rie]; Musik⟩ ernste Oper [ital.]

O|pe|ra|teur ⟨[-tø:r] m.; -s, -e⟩ **1** Chirurg, der eine Operation vornimmt od. leitet **2** ⟨Film; veraltet⟩ Kameramann **3** Vorführer im Lichtspieltheater **4** = Operator (1) [<frz. *opérateur* »operierender Arzt«]

O|pe|ra|ting ⟨[ɔpəreɪtɪŋ] n.; - od. -s; unz.⟩ Bedienen eines Computers od. einer Maschine [zu engl. *operate* »tätig sein, funktionieren«]

O|pe|ra|ti|on ⟨f.; -, -en⟩ **1** ⟨Abk.: OP; Med.⟩ chirurg. Eingriff **2** Ablauf einer Arbeit **3** ⟨Math.⟩ Ausführung einer Rechnung **4** ⟨Med.⟩ Truppenbewegung, militär. Unternehmen [<lat. *operatio* »Arbeit, Verrichtung, Wirken«]

o|pe|ra|ti|o|na|bel ⟨Adj.⟩ operationalisierbar

o|pe|ra|ti|o|nal ⟨Adj.⟩ auf Handlungen, Arbeitsvorgängen beruhend, verfahrensbedingt; *oV* operationell

o|pe|ra|ti|o|na|li|sie|ren ⟨V.; Soziol.⟩ theoretische Begriffe anwendbar machen; genau präzise u. überprüfbare Anweisungen für Forschungsziele u. -schritte geben werden

O|pe|ra|ti|o|na|lis|mus ⟨m.; -; unz.⟩ wissenschaftstheoretische Auffassung, nach der wissenschaftliche Ergebnisse nur gültig sind, wenn sie durch physikalische Operationen gewonnen wurden; →*a.* Operativismus

o|pe|ra|ti|o|nell ⟨Adj.⟩ = operational

O|pe|ra|ti|ons|for|schung ⟨f.; -; unz.⟩ Erforschung von Problemen aus Bereichen, die herkömmlich nicht als wissenschaftl. Disziplinen gelten (z. B. Verwaltung, Militärwesen), mit wissenschaftl., bes. mathemat. Methoden; *Sy* Operationsresearch

O|pe|ra|ti|ons|re|search ⟨[ɔpərɛɪʃənzrɪzə:tʃ] n.; -s; unz.⟩ = Operationsforschung [engl.]

o|pe|ra|tiv ⟨Adj.⟩ **1** ⟨Med.⟩ auf chirurg. Wege, mit Hilfe einer Operation; *~er Eingriff; ein Geschwür ~ entfernen* **2** ⟨fig.⟩ weit schauend u. planvoll tätig **3** ⟨Mil.⟩ = strategisch

O|pe|ra|ti|vis|mus ⟨[-vɪs-] m.; -; unz.⟩ wissenschaftstheoretische Auffassung, nach der wissenschaftl. Grundlagen u. Begriffe (z. B. in der Physik) allein durch messbare Operationen gewonnen werden können; →*a.* Operationalismus

O|pe|ra|tor ⟨m.; -s, -to|ren⟩ **1** ⟨engl. [ɔpəreɪtə(r)] EDV⟩ jmd., der beruflich eine Datenverarbeitungsanlage bedient; *oV* Operateur **2** ⟨Math.⟩ Vorschrift, mit der auf eine mathemat. Gleichung od. Funktion eingewirkt wird

O|pe|ret|te ⟨f.; -, -n; Musik⟩ leichtes, heiteres, unterhaltendes Bühnenstück mit Musik u. gesprochenen Dialogen [<ital. *operetta*, Verkleinerungsform zu *opera* »Oper«]

o|pe|rie|ren ⟨V.⟩ **1** ⟨Med.⟩ einen chirurg. Eingriff vornehmen an, bei; *sich ~ lassen; jmdn. am Magen ~* **2** eingreifen, handeln **3** ⟨Mil.⟩ eine militär. Operation durchführen [<lat. *operari* »beschäftigt sein, verfertigen; (den Göttern) opfern«]

O|per|ment ⟨n.; -(e)s, -e; Chemie⟩ giftige, gelbe Mineralfarbe aus einem Gemisch von Arsentrioxid u. Arsensulfid, Gelbglas [<lat. *auripigmentum* »Rauschgelb« <*aurum* »Gold« + *pigmentum* »Farbe«]

O|phi|klei|de *auch:* **O|phik|lei|de** ⟨f.; -, -n; Musik⟩ Blechblasinstrument in Alt-, Bass- u. Kontrabasslage, Vorläufer der Tuba im 19. Jh. [<grch. *ophis* »Schlange« + *kleis* »Schlüssel«]

O|phi|o|la|trie *auch:* **O|phi|o|lat|rie** ⟨f.; -; unz.⟩ relig. Verehrung der Schlange als Vermittlerin der Erkenntnis [<grch. *ophis* »Schlange« + ...*latrie*]

O|phir ⟨a. [-'-] n.; -s; unz.; im AT⟩ sagenhaftes Goldland

O|phit[1] ⟨m.; -en, -en⟩ Anbeter von Schlangen [<grch. *ophis* »Schlange«]

O|phit[1] ⟨m.; -(e)s, -e; Min.⟩ = Serpentin

o|phi|tisch ⟨Adj.⟩ **1** zu den Ophiten gehörend, Schlangen anbetend **2** ⟨Min.⟩ zum Gefügetyp dunkler, magmatischer Gesteine gehörend

O|phi|u|ren ⟨Pl.⟩ Schlangensterne, Stachelhäuter mit scharf vom zentralen Körper abgesetzten, dünnen u. sehr bewegl. Armen: Ophiuroidea [<grch. *ophis* »Schlange« + *oura* »Schwanz«]

Oph|thal|mi|a|trie *auch:* **Oph|thal|mi|at|rie** ⟨f.; -; unz.; Med.⟩ Augenheilkunde; *oV* Ophthalmiatrik [<grch. *ophthalmos* »Auge« + *iater* »Arzt«]

Oph|thal|mi|a|trik *auch:* **Oph|talm|i|at|rik** ⟨f.; -; unz.; Med.⟩ = Ophthalmiatrie

Oph|thal|mie ⟨f.; -, -n; Med.⟩ Entzündung des Auges [<grch. *ophthalmos* »Auge«]

Oph|thal|mi|kum ⟨n.; -s, -mi|ka; Med.⟩ in der Augenheilkunde verwendetes Mittel, wie Augentropfen, Augensalbe u. Ä. [<grch. *ophthalmos* »Auge«]

oph|thal|misch ⟨Adj.⟩ zum Auge gehörend

Oph|thal|mo|lo|ge ⟨m.; -n, -n; Med.⟩ Augenarzt [→ *Ophthalmologie*]

Oph|thal|mo|lo|gie ⟨f.; -; unz.; Med.⟩ Lehre von den Augenkrankheiten [<grch. *ophthalmos* »Auge« + ...*logie*]

Oph|thal|mo|lo|gin ⟨f.; -, -gin|nen; Med.⟩ Augenärztin [→ *Ophthalmologie*]

oph|thal|mo|lo|gisch ⟨Adj.; Med.⟩ die Augenheilkunde betreffend, zu ihr gehörig

Oph|thal|mo|ple|gie ⟨f.; -, -n; Med.⟩ Augenmuskellähmung [<grch. *ophthalmos* »Auge« + *plege* »Schlag«]

Oph|thal|mo|skop *auch:* **Op|thal|mos|kop** ⟨n.; -s, -e; Med.⟩ Spiegel zur Untersuchung des Augenhintergrundes, Augenspiegel [<grch. *ophthalmos* »Auge« + *skopein* »sehen«]

Oph|thal|mo|sko|pie *auch:* **Oph|thal|mos|ko|pie** ⟨f.; -, -n; Med.⟩ Ausspiegelung des Augenhintergrundes

oph|thal|mo|sko|pisch *auch:* **oph|thal|mos|ko|pisch** ⟨Adj.; Med.⟩ die Ophthalmoskopie betreffend, den Augenspiegel verwendend

Oph|ti|o|le ⟨f.; -, -n; Pharm.⟩ Medikamentenfläschchen zum Einträufeln von Augentropfen [<grch. *ophthalmos* »Auge«]

O|pi|at ⟨n.; -(e)s, -e; Pharm.⟩ Opium enthaltendes Arzneimittel

...o|pie ⟨Nachsilbe; zur Bildung weibl. Subst.; Med.⟩ Sehen, Sehfehler, ...sichtigkeit; *Myopie* [<grch. *ops*, Gen. *opis* »Auge«]

O|pi|nio com|mu|nis ⟨f.; - -; unz.; geh.⟩ allgemeine Meinung [lat.]

O|pis|tho|gna|thie *auch:* **O|pis|thog|na|thie** ⟨f.; -, -n; Med.⟩ Zurücktreten des Unterkiefers, eine Kieferanomalie [<grch. *opisthen* »hinten« + *gnathos* »Kiefer«]

O|pi|um ⟨n.; -s; unz.⟩ aus dem Saft des Schlafmohns gewonnenes Rauschmittel, auch als Heilmittel verwendet [lat., »Mohnsaft«]

O|po|del|dok ⟨m. od. n.; -s; unz.⟩ Mischung aus Kampfer, Seifenspiritus u. Salmiakgeist zum Einreiben gegen Rheumatismus, zur Förderung der Durchblutung [von Paracelsus gebildeter Name < *Opo*panax + B*del*lium (Palmenharz) + Aris*to*lo*chi*a (Zierpflanze aus der Familie der Osterluzei)]

O|pos|sum ⟨n.; -s, -s; Zool.⟩ **1** auf Bäumen wohnende Beutelratte mit Greifschwanz: Didelphys virginiana **2** deren Fell; *australisches ~* Fell des Fuchskusus [<Algonkin *apäsum*, eigtl. »weißes Tier«]

Op|pa|nol ⟨n.; -s; unz.; Chemie⟩ thermoplast. Kunststoff aus Polyisobutylen, säure- u. laugenbeständig, als Imprägniermittel für wasserdichte Gewebe verwendet

Op|po|nent ⟨m.; -en, -en⟩ jmd., der opponiert, Gegner bei einem Disput

Op|po|nen|tin ⟨f.; -, -tin|nen⟩ weibl. Person, die opponiert, Gegnerin bei einem Disput

op|po|nie|ren ⟨V.⟩ sich widersetzen, widerstreben, eine gegenteilige Meinung vertreten; *gegen jmdn. od. etwas ~* [<lat. *opponere* »entgegenhalten, entgegensetzen«]

op|por|tun ⟨Adj.⟩ *Ggs* inopportun **1** gelegen, nützlich, bequem **2** passend, angebracht [<lat. *opportunus* »günstig, bequem«]

Op|por|tu|nis|mus ⟨m.; -; unz.⟩ **1** Handeln allein unter dem Gesichtspunkt dessen, was Vorteile bringt **2** geschickte Anpassung an die jeweilige Lage [<frz. *opportunisme*]

Op|por|tu|nist ⟨m.; -en, -en⟩ jmd., der im Sinne des Opportunismus handelt [→ *opportun*]

op|por|tu|nis|tisch ⟨Adj.⟩ **1** auf Opportunismus beruhend **2** ⟨Med.⟩ *~e Infektion* infolge einer HIV-Infektion auftretender Pilz- od. Parasitenbefall, der vom geschwächten menschlichen Immunsystem nicht mehr abgewehrt werden kann [→ *opportun*]

Op|por|tu|ni|tät ⟨f.; -; unz.⟩ passende Gelegenheit, Nützlichkeit, Vorteil; *Ggs* Inopportunität [<lat. *opportunitas*]

Op|po|si|ti|on ⟨f.; -, -en⟩ **1** Gegensatz, Widerstand; *~ machen* ⟨umg.⟩ widersprechen, eine gegenteilige Meinung verfechten **2** ⟨Politik⟩ der Regierung sich entgegensetzende Partei od. Gruppe der Bevölkerung **3** ⟨Astron.⟩ entgegengesetzte Konstellation; *Sy* Syzygium (2) [<lat. *oppositio* »Widerstand, Widerspruch«; → *opponieren*]

op|po|si|ti|o|nell ⟨Adj.⟩ zur Opposition gehörend, auf ihr beruhend

Op|po|si|ti|o|nel|le(r) ⟨f. 2 (m. 1)⟩ Angehörige(r) der Opposition (2)

op. post. ⟨Abk. für⟩ Opus postumum

op. posth. ⟨Abk. für⟩ Opus posthumum

Op|pres|sion ⟨f.; -, -en⟩ **1** Bedrückung, Unterdrückung **2** Beklemmung [<lat. *oppressio* »Unterdrückung«]

op|pres|siv ⟨Adj.⟩ bedrückend, unterdrückend

op|pri|mie|ren ⟨V.; veraltet⟩ bedrücken, überwältigen [<lat. *opprimere* »niederdrücken«]

...op|sie ⟨Nachsilbe; zur Bildung weibl. Subst.⟩ Sehen, Schau, Beobachtung, Betrachtung; *Autopsie* [<grch. *opsis* »Sehen«; zu *ops*; → ...*opie*]

Op|so|nin ⟨n.; -s, -e; Med.; meist Pl.⟩ körpereigener Stoff, der sich zur Infektionsabwehr an die eingedrungenen Bakterien, Pilze u. Ä. anlagert

Op|tant ⟨m.; -en, -en⟩ jmd., der optiert

op|ta|tiv ⟨a. [--'-] Adj.⟩ im Sinne des Optativs, den Wunsch ausdrückend

Op|ta|tiv ⟨m.; -s, -e [-və]; Gramm.⟩ den Wunsch ausdrückende Form des Verbums (z. B. im Altgrch., im Deutschen durch den Konjunktiv wiedergegeben)

op|tie|ren ⟨V.⟩ *für jmdn. od. einen Staat ~* sich für jmdn. od. einen bestimmten Staat u. die entsprechende Staatsangehörigkeit entscheiden [<lat. *optare* »wählen, wünschen«]

Op|tik ⟨f.; -, -en⟩ **1** ⟨unz.⟩ Lehre vom sichtbaren Licht u. diesem ähnlichen Strahlungen, Lichtlehre **2** ⟨zählb.⟩ Linsensystem (eines Instruments) [<lat. *optica (ars)* <grch. *optike (techne)* »Lehre vom Sehen«; zu *optikos* »das Sehen betreffend«]

Op|ti|ker ⟨m.; -s, -⟩ Hersteller von opt. Geräten, Händler mit opt. Geräten [→ *Optik*]

Op|ti|ke|rin ⟨f.; -, -rin|nen⟩ Herstellerin von opt. Geräten, Händlerin mit opt. Geräten

op|ti|ma fi|de ⟨geh.⟩ besten Glaubens, im besten Glauben [lat.]

op|ti|ma for|ma ⟨geh.⟩ in bester Form [lat.]

op|ti|mal ⟨Adj.⟩ bestmöglich, beste, Best... [zu lat. *optimus* »der Beste«]

op|ti|ma|li|sie|ren ⟨V.⟩ = optimieren (2)

Op|ti|mat ⟨m.; -en, -en; im antiken Rom⟩ Angehöriger der herrschenden Geschlechter u. Anhänger der Vorherrschaft des Senats

Op|ti|me|ter ⟨n.; -s, -⟩ Gerät zum Messen der Länge u. Dicke von Blechen, Papieren u. a.

op|ti|mie|ren ⟨V.⟩ **1** ⟨Math.⟩ *eine Funktion ~* die Extremwerte einer F. bestimmen **2** ⟨allg.⟩ so gut wie möglich gestalten; *oV* optimalisieren

Op|ti|mie|rung ⟨f.; -, -en⟩ das Optimieren, Optimiertwerden

Op|ti|mis|mus ⟨m.; -; unz.⟩ *Ggs* Pessimismus **1** Lebensbejahung, Zuversichtlichkeit in allen Dingen, Lebenseinstellung, infolge derer man alle Dinge von der besten Seite sieht **2** ⟨Philos.⟩ Auffassung, dass diese Welt die beste aller möglichen Welten u. in stetem Fortschritt begriffen sei [<lat. *optimus* »der Beste, sehr gut«]

Op|ti|mist ⟨m.; -en, -en⟩ *Ggs* Pessimist **1** optimist. Mensch, lebensbejahender Mensch **2** Anhänger des philosoph. Optimismus

Op|ti|mis|tin ⟨f.; -, -tin|nen⟩ *Ggs* Pessimistin **1** optimistische, lebensbejahende weibl. Person **2** Anhängerin des philosoph. Optimismus

op|ti|mis|tisch ⟨Adj.⟩ auf Optimismus beruhend, im Sinne des Optimismus denkend, lebensbejahend, zuversichtlich; *Ggs* pessimistisch

Op|ti|mum ⟨n.; -s, Op|ti|ma⟩ *Ggs* Pessimum **1** Höchstmaß, günstigste Lage, günstigstes Verhältnis, günstigster Fall; *ein ~ an Lebensqualität erreichen* **2** Bereich der günstigsten Umweltbedingungen für ein Lebewesen [lat., Neutr. zu *optimus* »bester, der beste«]

Op|ti|on ⟨f.; -, -en⟩ das Optieren [<lat. *optio* »Wunsch, Wahl«]

op|ti|o|nal ⟨Adj.⟩ wahlfrei, nicht zwingend; *Sy* fakultativ [zu lat. *optio* »Wahl, freier Wille«]

op|tisch ⟨Adj.⟩ **1** die Optik betreffend, zu ihr gehörig, auf ihr beruhend **2** visuell; *~erEindruck; ~e Täuschung* auf der unvollkommenen Verarbeitung der opt. Wahrnehmungen durch die Augen beruhende Täuschung [<grch. *optikos* »das Sehen betreffend«]

Op|to|e|lek|tro|nik *auch:* **Op|to|e|lek|tro|nik** ⟨f.; -; unz.; El.⟩ Technik, die das Gebiet der Glasfaseroptik mit dem von Halbleiterschaltungen kombiniert u. daraus äußerst leistungsfähige Bauelemente für die Nachrichtentechnik entwickelt

op|to|e|lek|tro|nisch *auch:* **op|to|e|lek|tro|nisch** ⟨Adj.; El.⟩ zur Optoelektronik gehörend, auf ihr beruhend, sie betreffend

Op|to|me|ter ⟨n.; -s, -; Med.⟩ Gerät zum Messen der Sehkraft [<*Optik* + ...*meter*]

Op|to|me|trie *auch:* **Op|to|met|rie** ⟨f.; -; unz.; Med.⟩ Messung der Sehkraft [<*Optik* + ...*metrie*]

o|pu|lent ⟨Adj.⟩ üppig, reichlich, reichhaltig; *Ggs* frugal; *ein ~es Mahl* [<lat. *opulentus* »reich, üppig, reichhaltig«]

O|pu|lenz ⟨f.; -; unz.⟩ opulente Beschaffenheit, Üppigkeit, Überfluss; *Ggs* Frugalität [<lat. *opulentia* »Reichtum«]

O|pun|tie ⟨[-tsjə] f.; -, -n; Bot.⟩ Feigenkaktus, Gattung der Kaktusgewächse mit flachen, zuweilen rot od. bräunlich gefärbten Gliedern, von der einige Arten essbare Früchte tragen: Opuntia [nach der altgrch. Stadt *Opus*]

O|pus ⟨n.; -, O|pe|ra; Abk.: op.⟩ **1** Werk, Kunstwerk **2** ⟨Musik⟩ einzelnes Werk in der Reihe der Werke eines Komponisten; *Konzert für Violine und Orchester, a-moll, op. 26; ~ post(h)umum* ⟨Abk.: op. post(h).⟩ nachgelassenes Werk **3** Gesamtwerk eines Künstlers [lat., »Werk«; → *post(h)um*]

o|ra et la|bo|ra! ⟨geh.⟩ bete und arbeite! (alte Mönchsregel) [lat.]

O|ra|kel ⟨n.; -s, -⟩ **1** Deutung der Zukunft u. des Schicksals, Wahrsagung **2** rätselhafter Ausspruch [<lat. *oraculum* »Weissagungsstätte«; Götter-, Schicksals-, Weisheitsspruch, geheimnisvoller Ausspruch«]

o|ra|kel|haft ⟨Adj.⟩ einem Orakel ähnlich, unverständlich, rätselhaft

o|ra|keln 〈V.〉 weissagen, wie ein Orakel, in rätselhaften Andeutungen sprechen

o|ral 〈Adj.; Med.; Phon.〉 zum Mund gehörig, durch den Mund [<lat. *os*, Gen. *oris* »Mund«]

O|ral 〈m.; -s, -e; Sprachw.〉 mit dem Mund artikulierter Laut; *Sy* Orallaut; *Ggs* Nasal

O|ral|e|ro|tik 〈f.; -; unz.〉 Lustempfindung im Bereich der Mundzone im frühkindl. Stadium

O|ral|laut 〈m.; -(e)s, -e; Sprachw.〉 = Oral

o|ran|ge 〈[orɑ̃ːʒ(ə)] Adj.〉 rötlich gelb, von der Farbe der Orange [frz.]

O|ran|ge[1] 〈[orɑ̃ːʒ(ə)] n.; - od. -s; unz.〉 orange Farbe [<mittelu. süddt. *Orangenapfel* <frz. *pomme d'orange* »Apfelsine«]

O|ran|ge[2] 〈[orɑ̃ːʒə] f.; -, -n〉 Apfelsine

O|ran|ge|a|de 〈[orɑ̃ʒaːdə] f.; -, -n〉 erfrischendes Getränk aus dem Saft der Orangen u. Zitronen, Zucker u. (Sprudel-)Wasser [frz.]

O|ran|geat 〈[orɑ̃ʒaːt] n.; -s, -e〉 kandierte Schale von Apfelsinen [frz.]

Orange Pe|koe 〈[ɔrəndʒ piːkou] m.; - -; unz.〉 ind. Teesorte guter Qualität [<engl. *orange* »orange« + chines. *pek-ho* <*pek* »weiß« + *ho* »Flaum«]

O|ran|ge|rie 〈[orɑ̃ʒəriː] f.; -, -n; bes. im Barock〉 1 Gewächshaus zum Züchten von Orangen, meist künstlerisch gestaltet, mit Gartensaal usw. 2 Garten mit Apfelsinenbäumen (bes. bei Lustschlössern) [frz.]

O|rang-U|tan 〈m.; -s, -s; Zool.〉 auf Bäumen lebende Gattung der Menschenaffen mit rostrotem Fell: Pongo [<malai. *orang (h)utan* »Waldmensch«]

O|rant 〈m.; -en, -en; bildende Kunst〉 betende Gestalt [<lat. *orans*, Part. Präs. zu *orare* »beten«]

o|ra pro no|bis 〈kath. Kirche〉 bitte für uns (Antwort der Gemeinde beim Anrufen eines Heiligen) [kirchenlat.]

O|ra|tio ob|li|qua *auch:* O|ra|tio ob|li|qua 〈f.; - -; unz.; Gramm.〉 = indirekte Rede; *Ggs* Oratio recta [<lat. *oratio* »Rede, Sprache« + *obliquus* »seitlich, schief; verblümt, versteckt«]

O|ra|tio rec|ta 〈f.; - -; unz.; Gramm.〉 = direkte Rede; *Ggs* Oratio obliqua [<lat. *oratio* »Rede, Sprache« + *rectus* »gerade«]

O|ra|tor 〈m.; -s, -to|ren〉 begabter, erfolgreicher Redner

O|ra|to|ri|a|ner 〈m.; -s, -; Rel.〉 Angehöriger eines Oratoriums (3)

o|ra|to|risch 〈Adj.〉 1 in der Art eines Orators, rednerisch 2 mitreißend, schwungvoll, phrasenhaft [<lat. *oratorius* »rednerisch«]

O|ra|to|ri|um 〈n.; -s, -ri|en〉 1 Raum zum Beten, Hauskapelle 2 gemeinschaftl. Haus der Oratorianer 3 〈Rel.〉 Kongregation für Priester u. Laien für seelsorger. u. erzieher. Tätigkeit 4 〈Musik〉 mehrteilige, epischdramatische, geistl. (auch weltl.) Komposition für Chor, Einzelstimmen u. Orchester [mlat. »Kapelle; Gebet«; zu mlat. *orare* »beten«]

or|bi|ku|lar 〈Adj.〉 kreisförmig, ringförmig [<lat. *orbicularis* »kreisförmig«]

Or|bis 〈m.; -; unz.〉 1 Kreis, Erdkreis 2 ~ *pictus* 〈Buchw.〉 im 17./18. Jh. beliebtes, von Comenius 1658 herausgegebenes, bebildertes Buch zum Zwecke des synoptischen Lernens einer Sprache in mehrsprachigen Ländern [lat. *orbis* »Kreis, Erdkreis«; lat. *pictus*, Part. Perf. zu *pingere* »malen«]

Or|bit 〈m.; -s, -s〉 Umlaufbahn eines künstl. Satelliten um Erde, Mond od. einen anderen Himmelskörper; *Sy* Orbitalbahn [<lat. *orbis* »Kreisbahn«]

Or|bi|ta 〈f.; -, -tae [-tɛː]; Anat.〉 Augenhöhle (vielleicht zu lat. *orbis* »Kreis, Rundung«]

or|bi|tal 〈Adj.〉 im Orbit befindlich

Or|bi|tal 〈n. od. m.; -s, -e〉 aus energet. Gründen bevorzugte Umlaufbahn eines Elektrons od. eines Elektronenpaars um einen od. mehrere Atomkerne [→ *Orbit*]

Or|bi|tal|bahn 〈f.; -, -en〉 = Orbit

Or|bi|tal|ra|ke|te 〈f.; -, -n〉 Rakete, die eine Nutzlast in eine Erdumlaufbahn befördern kann

Or|bi|tal|sta|ti|on 〈f.; -, -en〉 in eine Umlaufbahn um einen Himmelskörper gebrachte Forschungsstation [→ *Orbit*]

Or|bi|ter 〈m.; -s, -〉 Raumflugkörper, der in eine Erdumlaufbahn od. in eine Umlaufbahn um einen anderen Himmelskörper gebracht worden ist

Orchester (*Worttrennung am Zeilenende*) Analog zur Worttrennung im Deutschen gilt auch für Fremdwörter, dass die Konsonantenverbindung »st« zu trennen ist, da sie nicht für einen Einzellaut steht.

Or|ches|ter 〈[-kɛs-], österr. a. [-çɛs-] n.; -s, -〉 1 〈im altgrch. Theater〉 Raum für das Auftreten des Chores 2 〈ab 1600〉 vertiefter Platz vor der Bühne für die Musiker 3 〈heute〉 größere Zahl von Musikern zum Zusammenspiel unter einem Dirigenten; *Rundfunk~; Schul~; Sinfonie~* [<grch. *orchestra* »Tanzplatz für den Chor«; zu *orcheisthai* »tanzen«]

Or|ches|tik 〈[-çɛs-] f.; -; unz.; in der Antike〉 das Zusammenwirken von Wort, Musik, Gebärde u. Tanz im lyrischen Drama [<grch. *orchestike (techne)* »Tanzkunst«]

Or|ches|tra *auch:* Or|chest|ra 〈[-çɛs-] f.; -, -tren〉 1 〈im altgrch. Theater〉 kreisrunder Platz, der bes. dem (singenden u. tanzenden) Chor vorbehalten war 2 〈hellenist. u. röm. Theater〉 hufeisen- od. halbkreisförmiger Platz zwischen Spielhaus u. Zuschauerraum [grch., → *Orchester*]

or|ches|tral *auch:* or|chest|ral 〈[-kɛs-], österr. a. [-çɛs-] Adj.〉 1 zum Orchester gehörend, durch ein Orchester 2 wie ein Orchester, von einem Orchester

Or|ches|tra|ti|on *auch:* Or|chest|ra|ti|on 〈[-kɛs-], österr. a. [-çɛs-] f.; -, -en〉 = Instrumentation

or|ches|trie|ren *auch:* or|chest|rie|ren 〈[-kɛs-], österr. a. [-çɛs-] V.〉 = instrumentieren

Or|ches|tri|on *auch:* Or|chest|ri|on 〈[-kɛs-], österr. a. [-çɛs-] n.; -s,

Orchidazeen

-s od. -ri|en⟩ eins von mehreren, zwischen 1791 u. 1851 erfundenen mechan. Musikinstrumenten

Or|chi|da|ze|en ⟨[-çi-] Pl.; Bot.⟩ einkeimblättrige Pflanzenfamilie; →a. Orchidee

Or|chi|dee ⟨[-çide̅:ə] f.; -, -n⟩ Vertreterin einer sehr umfangreichen Pflanzenfamilie, deren Blüten oft auffällige Farben u. ungewöhnliche Formen aufweisen: Orchidiaceae; →a. Orchidazeen [<frz. *orchidée* <grch. *orchis* »Hode« (nach der Form der Wurzelknollen)]

Or|chis[1] ⟨[-çıs]⟩ ⟨m.; -, -; Anat.⟩ Hode [<grch. *orchis* »Hode«]

Or|chis[2] ⟨[-çıs]⟩ ⟨f.; -, -; Bot.⟩ einheimische Gattung der Orchideen, Knabenkraut

Or|chi|tis ⟨[-çi̅:-] f.; -, -ti|den; Med.⟩ Hodenentzündung

Or|chi|to|mie ⟨[-çi-] f.; -, -n; Med.⟩ operative Entfernung der Hoden [<grch. *orchis* »Hode« + ...*tomie*]

Or|dal ⟨n.; -s, -li|en⟩ mittelalterl. Gottesurteil [<mlat. *ordalium* <asächs. *ordal*]

Or|der ⟨f.; -, -n⟩ 1 Anordnung, Auftrag 2 Verfügung, Befehl; *oV* Ordre 3 ⟨fig.; umg.; veraltet⟩ ~ *parieren* gehorchen [<frz. *ordre*]

or|dern ⟨V.; Kaufmannsspr.⟩ bestellen, einen Auftrag (für etwas) erteilen; *Waren* ~; *Interessenten sollten rechtzeitig* ~

Or|der|pa|pier ⟨n.; -s, -e; Wirtsch.⟩ Wertpapier, das durch einen schriftl. Vermerk auf eine andere als die eigtl. berechtigte namentlich genannte Person übertragen werden kann

Or|der|scheck ⟨m.; -s, -s; Wirtsch.⟩ ⟨bes. international verwendete⟩ Scheckform, die durch eine schriftliche Abtretungserklärung auf dem Scheck übertragen wird [<*Order* + *Scheck*]

Or|di|na|le ⟨n.; -s, -lia; Gramm.⟩ = Ordinalzahl

Or|di|nal|zahl ⟨f.; -, -en; Gramm.⟩ (Ordnungs-)Zahl, die die Stellung eines Dinges in einer Reihe angibt, z. B. Erster, Zweiter; →a. Kardinalzahl [<lat. *ordo*, Gen. *ordinis* »Ordnung«]

or|di|när ⟨Adj.⟩ 1 ⟨urspr.⟩ landläufig, alltäglich, gebräuchlich 2 ⟨meist fig.⟩ gemein, gewöhnlich, unanständig 3 *das Buch kostet* ~ *10 Euro* ⟨Buchhandel⟩ im Laden [<frz. *ordinaire* »ordnungsgemäß, gewöhnlich, mittelmäßig« <lat. *ordinarius* »ordentlich, in der Ordnung«]

Or|di|na|ri|at ⟨n.; -(e)s, -e⟩ 1 Amt eines Ordinarius, Lehrstuhl; *ein* ~ *innehaben; Innhaber eines* ~s 2 bischöfl. Verwaltungsbehörde [→ *Ordinarius*]

Or|di|na|ri|um ⟨n.; -s, -na|ri|en⟩ 1 ordentlicher Staatshaushalt 2 ⟨kath. Kirche⟩ Gottesdienstordnung

Or|di|na|ri|us ⟨m.; -, -na|ri|en⟩ 1 ordentlicher Professor (an einer Hochschule) 2 ⟨veraltet⟩ Klassenlehrer (an einer höheren Schule) 3 Bischof der dessen Stellvertreter in der geistlicher Rechtsprechung [verkürzt <*Professor ordinarius*; zu lat. *ordinarius* »ordentlich, in der Ordnung«]

Or|di|när|preis ⟨m.; -es, -e; Buchw.⟩ vom Verleger für den Buchhandel festgesetzter Preis (eines Buches), Ladenpreis

Or|di|na|te ⟨f.; -, -n; Math.⟩ parallel zur Ordinatenachse abgemessener Linienabschnitt; *Ggs* Abszisse [<lat. *ordinatus* »geordnet«; → *Ordination*]

Or|di|na|ten|ach|se ⟨f.; -, -n⟩ senkrechte Achse im Koordinatensystem; *Sy* y-Achse; *Ggs* Abszissenachse

Or|di|na|ti|on ⟨f.; -, -en⟩ 1 ⟨kath. Kirche⟩ Weihe zum geistl. Amt, Priesterweihe 2 ⟨evang. Kirche⟩ Einsetzung in das Amt des Pfarrers 3 ⟨österr.⟩ 3.1 ärztl. Sprechstunde 3.2 ärztl. Sprechzimmer [<lat. *ordinare* »ordnen, einrichten; in ein Amt einsetzen«]

or|di|nie|ren ⟨V.⟩ 1 ⟨kath. Kirche⟩ zum Priester weihen 2 ⟨evang. Kirche⟩ in das Amt des Pfarrers einsetzen 3 ⟨österr.⟩ ärztliche Sprechstunde halten [<lat. *ordinare;* → *Ordination*]

Or|do ⟨m.; -, Or|di|nes⟩ 1 ⟨im antiken Rom⟩ Stand, Ritterstand; ~ *equestris* Ritterstand 2 ⟨unz.; im MA⟩ die gottgewollte, unveränderliche Gesellschafts- u. Werteordnung 3 ⟨kath. Kirche⟩ Weihegrad; *Ordines minores* niedere Weihen; *Ordines maiores* höhere Weihen (Subdiakonat, Diakonat, Presbyterat) 3.1 ~ *missae* formale Ordnung der Messe 4 ⟨zool.⟩ größere Einheit in der Tier- u. Pflanzensystematik [lat., »Ordnung«]

Or|do|nanz ⟨f.; -, -en; veraltet⟩ = Ordonnanz

Or|do|nanz|of|fi|zier ⟨m.; -s, -e⟩ = Ordonnanzoffizier

Or|don|nanz ⟨f.; -, -en; veraltet⟩ *oV* Ordonanz 1 Befehl, Anweisung 2 für bestimmte Zwecke, bes. zum Überbringen von Befehlen, abkommandierter Soldat [<frz. *ordonnance* »Befehl, Anordnung«]

Or|don|nanz|of|fi|zier ⟨m.; -s, -e; Mil.⟩ den Stabsoffizieren zugeordneter Offizier; *oV* Ordonanzoffizier

or|do|vi|zisch ⟨[-vi̅:-] Adj.; Geol.⟩ zum Ordovizium gehörend

Or|do|vi|zi|um ⟨[-vi̅:-] n.; -s; unz.; Geol.⟩ Formation des Paläozoikums vor 460-410 Mill. Jahren mit beginnender kaledonischer Gebirgsbildung u. erstem Auftreten von Kephalopoden [nach den *Ordovizes*, einem kelt. Volksstamm in Wales]

Or|dre *auch:* **Ordre** ⟨f.; -, -s⟩ = Order (2)

Öre ⟨n.; -s - od. f.; -, -⟩ kleinste Währungseinheit in Dänemark, Norwegen u. Schweden, $^1/_{100}$ Krone [dän., norweg. *øre*, schwed. *öre* <lat. *aureus* »Goldmünze«]

Ore|a|de ⟨f.; -, -n; grch. Myth.⟩ auf Bergen lebende Nymphe [<grch. *Oreades* »Bergnymphen«; zu *oros* »Berg«]

o|re|al ⟨Adj.; Geogr.⟩ zum Gebirgswald gehörend, in ihm vorkommend

O|re|ga|no ⟨m.; - od. -s; unz.; Bot.⟩ = Origano

O|ren|da ⟨n.; -s; unz.⟩ in der Religion der Irokesen übernatürlich wirkende Kraft, die sich mit Menschen, Tieren u. Dingen verbinden kann [indian.]

Or|gan ⟨n.; -s, -e⟩ 1 Glied eines Ganzen 2 Werkzeug der Sinneswahrnehmung; *ein lautes,* *angenehmes, unangenehmes, sonores* ~ Stimme; *kein* ~ *für etwas haben* ⟨fig.; umg.⟩ keinen Sinn dafür haben, nicht empfänglich sein **3** ⟨Biol.⟩ funktionelle Einheit bestimmter Gestalt, die bestimmte Leistungen bringt **4** Aufträge od. Anordnungen ausführende Person od. Behörde; *beratendes, ausführendes* ~ **5** Zeitung od. Zeitschrift, die im Sinne einer Partei, für einen Fachbereich o. Ä. schreibt [<lat. *organum*, grch. *organon* »Werkzeug, Hilfsmittel«]

Or|gan|bank ⟨f.; -, -bän|ke; Med.; Path.⟩ Sammelstelle für entnommene u. konservierte Organe, die für Organverpflanzungen bereitgestellt werden

Or|gan|din ⟨m.; -s; unz.; Textilw.⟩ = Organdy

Or|gan|dy ⟨m.; -s; unz.; Textilw.⟩ mit Schwefelsäure u. Lauge behandelte Baumwolle, die dadurch einen gläsernen Charakter erhält, als Gewebe in Taftbindung; *oV* Organdin [<frz. *organdi*]

Or|ga|nell ⟨n.; -s, -en; Biol.⟩ = Organelle

Or|ga|nel|le ⟨f.; -, -n; Biol.⟩ Teil eines einzelnen Lebewesens, der wie ein Organ der mehrzelligen Lebewesen funktioniert; *oV* Organell [<neulat. *organella*, Verkleinerungsform zu lat. *organum* <grch. *organon* »Werkzeug«]

Or|ga|ni|gramm ⟨n.; -s, -e⟩ **1** ⟨Wirtsch.⟩ Hilfsmittel, Schaubild zur Darstellung von Organisationsstrukturen, vornehmlich im wirtschaftl. Bereich; *oV* Organogramm (2) **2** = Organogramm (1)

Or|ga|nik ⟨f.; -; unz.⟩ Wissenschaft von den Organen

Or|ga|ni|sa|ti|on ⟨f.; -, -en⟩ **1** ⟨unz.⟩ das Organisieren **2** planmäßiger Aufbau, Ordnung, Gliederung, Gestaltung **3** ⟨Biol.⟩ Aufbau u. Tätigkeit der Organe **4** ⟨zählb.⟩ Personengruppe, die sich zu einem bestimmten Zweck zusammengeschlossen hat, Verband [frz.]

Or|ga|ni|sa|tor ⟨m.; -s, -to|ren⟩ jmd., der etwas organisiert, Veranstalter

Or|ga|ni|sa|to|rin ⟨f.; -, -rin|nen⟩ weibl. Person, die etwas organisiert, Veranstalterin

or|ga|ni|sa|to|risch ⟨Adj.⟩ die Organisation betreffend, auf ihr beruhend, ordnend

or|ga|nisch ⟨Adj.⟩ **1** ⟨Anat.; Med.⟩ ein Organ (3) betreffend, zu ihm gehörig, von ihm ausgehend; ~*es Leiden* auf Veränderungen der Organe beruhendes Leiden, Nervenleiden; *Ggs* psychisches Leiden **2** ⟨Biol.⟩ **2.1** der belebten Natur angehörend; *Ggs* anorganisch **2.2** tierisch-pflanzlich **3** ⟨Chemie⟩ Kohlenstoffverbindungen betreffend; ~*e Chemie;* ~*e Verbindung;* ~*e Basen* Verbindungen des Kohlenstoffes, die außer Kohlenstoff u. Wasserstoff noch Stickstoff (bisweilen auch andere Atome) enthalten u. mit Säuren salzartige Anlagerungsverbindungen geben; ~*e Säure* Verbindung, die die Carboxylgruppe (-COOH) ein- od. mehrfach enthält **4** gegliedert, gesetzmäßig geordnet; *Ggs* unorganisch; *ein* ~*es Ganzes*

or|ga|ni|sie|ren ⟨V.⟩ **1** einrichten, aufbauen, gestalten, planen; *eine Veranstaltung* ~ **2** ⟨umg.⟩ beschaffen, bes. auf nicht ganz einwandfreie Weise **3** *sich* ~ sich einer Gewerkschaft, Partei anschließen; *organisierter Arbeiter* [<frz. *organiser*, eigtl. »mit Organen versehen«; zu *organe* »Organ, Werkzeug«]

or|ga|ni|siert ⟨Adj.⟩ in einer Organisation (4) zusammengeschlossen, ihr angehörend; ~*e Kriminalität* von einem festen, in sich strukturierten Personenkreis (z. B. Mafia) geplante u. verübte kriminelle Handlungen

Or|ga|ni|sie|rung ⟨f.; -, -en⟩ das Organisieren; *Ggs* Desorganisierung

or|ga|nis|misch ⟨Adj.⟩ zu einem Organismus gehörend, wie ein Organismus beschaffen

Or|ga|nis|mus ⟨m.; -, -nis|men⟩ **1** selbständiges Lebewesen, lebendiger menschl., tier. od. pflanzl. Körper **2** sinnvoll gegliedertes Ganzes [→ *Organ*]

Or|ga|nist ⟨m.; -en, -en; Musik⟩ Musiker, dessen Hauptaufgabe das Spielen der Orgel während des Gottesdienstes ist, Orgelspieler [<mhd. *organiste* <mlat. *organista* <lat. *organista*; zu *organum* »Orgel«]

Or|ga|nis|tin ⟨f.; -, -tin|nen; Musik⟩ Musikerin, deren Hauptaufgabe das Spielen der Orgel während des Gottesdienstes ist, Orgelspielerin

Or|ga|ni|zer ⟨[ɔːr)gənaɪzə(r)] m.; -s, -⟩ kleiner Taschencomputer, der als elektronischer Terminkalender dient; *Sy* PDA [engl., »Organisator«]

Or|gan|kon|ser|ve ⟨[-və] f.; -, -n; Med.⟩ konserviertes Organ zur Organverpflanzung

or|ga|no|gen ⟨Adj.⟩ **1** ⟨Biol.⟩ von Organen od. Organismen gebildet, aus organ. Stoffen gebildet **2** ⟨Chemie⟩ aus organischen Stoffen zusammengesetzt [<*Organ* + ...*gen¹*]

Or|ga|no|ge|ne|se ⟨f.; -, -n; Biol.⟩ Organbildung

Or|ga|no|gra|fie ⟨f.; -, -n⟩ = Organographie

or|ga|no|gra|fisch ⟨Adj.⟩ = organographisch

Or|ga|no|gramm ⟨n.; -s, -e⟩ **1** ⟨Psych.⟩ Hilfsmittel, Schaubild zur Darstellung der Informationsverarbeitung im Organismus; *oV* Organigramm (2) **2** = Organigramm (1)

Or|ga|no|gra|phie ⟨f.; -, -n⟩ *oV* Organografie **1** ⟨Biol.⟩ Beschreibung von Bau u. Lage der Organe **2** = Organologie (2) [<*Organ* + ...*graphie*]

or|ga|no|gra|phisch ⟨Adj.⟩ zur Organographie gehörig, auf ihr beruhend, mit ihrer Hilfe; *oV* organografisch

or|ga|no|id ⟨Adj.⟩ organähnlich

Or|ga|no|lo|gie ⟨f.; -; unz.⟩ **1** ⟨Biol.⟩ Lehre von den Organen **2** ⟨Musik⟩ Lehre vom Instrumentenbau; *Sy* Organographie [<*Organ* + ...*logie*]

or|ga|no|lo|gisch ⟨Adj.⟩ zur Organologie gehörend, auf ihr beruhend, mit ihrer Hilfe

Or|ga|non ⟨n.; -s; unz.; Philos.⟩ **1** ⟨urspr.⟩ die logischen Schriften des Aristoteles als Hilfsmittel zur Erkenntnis der Wahrheit **2** ⟨danach allg.⟩ logische Schrift [grch., »Werkzeug, Hilfsmittel«]

Or|ga|no|sol ⟨n.; -s, -e; Chemie⟩ in einem organ. Lösungsmittel vorliegendes Kolloid

Or|ga|no|the|ra|pie ⟨f.; -, -n; Med.⟩ Verwendung menschlicher od. tierischer Organe, Zellen, Gewebsflüssigkeiten od. Ausscheidungen zur Behandlung von Krankheiten; *oV* Organtherapie [<*Organ* + *Therapie*]

or|ga|no|trop ⟨Adj.⟩ auf Organe einwirkend [<*Organ* + ...*trop¹*]

Or|ga|no|zo|on ⟨n.; -s, -zo|en; Biol.⟩ im Innern eines Organs lebender Parasit [<*Organ* + grch. *zoon* »Lebewesen«]

Or|gan|schaft ⟨f.; -, -en⟩ finanzielle, wirtschaftl. u. organisat. Einbindung eines selbständigen Unternehmens in ein anderes

Or|gan|sin ⟨m. od. n.; -s; unz.; Textilw.⟩ als Kettgarn verwendbarer Zwirn aus Grège, der zunächst vorgedreht u. dann entgegengesetzt gedreht wird [nach *Urgenč*, Stadt in Usbekistan, wo O. zuerst hergestellt wurde]

Or|gan|spen|der ⟨m.; -s, -; Med.⟩ jmd, der ein gesundes, aber notfalls entbehrliches Organ für eine Organverpflanzung zur Verfügung stellt, zu Lebzeiten schriftlich seine Bereitschaft erklärt, sich im Falle seines Todes Organe entnehmen zu lassen, die zur Rettung anderer Menschen verwendet werden können

Or|gan|spen|de|rin ⟨f.; -, -rin|nen; Med.⟩ weibl. Organspender

Or|gan|the|ra|pie ⟨f.; -, -n; Med.⟩ = Organotherapie

Or|ga|num ⟨n.; -s, -ga|na; Musik⟩ 1 ⟨veraltet⟩ Orgel 2 ⟨MA⟩ früheste Form der Mehrstimmigkeit auf der Grundlage des Gregorianischen Chorals [lat., »Werkzeug, Hilfsmittel«]

Or|gan|za ⟨m.; -s; unz.; Textilw.⟩ sehr feines Gewebe aus Naturseide [→ *Organsin*]

Or|gas|mus ⟨m.; -, -gas|men⟩ Höhepunkt des Geschlechtsaktes od. anderer sexueller Handlungen [<grch. *orgasmos*; zu *organ* »reifen, schwellen«]

or|gas|tisch ⟨Adj.⟩ auf dem Orgasmus beruhend

Or|gel ⟨f.; -, -n; Musik⟩ größtes Musikinstrument, bei dem von einem Spieltisch aus durch Tasten u. Pedal sowie mechan. od. elektr. Luftzuführung Pfeifen in den verschiedensten Klangfarben zum Tönen gebracht werden [<ahd. *orgela*, *organa* <lat. *organa*, Pl. von *organum* »Werkzeug, Musikinstrument, Orgel«]

Or|gel|pro|spekt *auch:* **Or|gel|pros|pekt** ⟨m.; -(e)s, -e; Musik⟩ die sichtbare, oft künstlerisch gestaltete Vorderseite des Pfeifengehäuses der Orgel [→ *Prospekt*]

Or|gi|as|mus ⟨m.; -, -as|men⟩ 1 ausschweifende, ekstatische Kultfeier in den antiken Mysterien 2 Zügellosigkeit, Ausgelassenheit [<grch. *orgiasmos*; zu *orgiazein* »ein Fest orgiastisch feiern«]

Or|gi|ast ⟨m.; -en, -en⟩ jmd., der zügellos ist [<grch. *orgiastes* »der Orgien Feiernde«]

or|gi|as|tisch ⟨Adj.⟩ in der Art einer Orgie, zügellos, wild

Or|gie ⟨[-gjə] f.; -, -n⟩ 1 kultische Feier der Antike 2 Ausschweifung, wüstes Gelage [<lat. *orgia* »nächtliche Feier zu Ehren des Gottes Bacchus«]

Org|ware ⟨[-wɛː(r)] f.; -, -s; EDV⟩ Programme, die der Steuerung von (untergeordneten) Abläufen dienen od. als Betriebssystem die Abläufe eines Rechensystems koordinieren [verkürzt <engl. *organizational* »organisierend« + *software* »Computerprogramm«]

O|ri|ent ⟨m.; -s; unz.⟩ *Ggs* Okzident 1 ⟨veraltet⟩ Osten, Morgen 2 Morgenland; *der Vordere* ~ Vorderasien [<mhd. *orient* »Osten; Land im Osten« <lat. *oriens (sol)* »aufgehende (Sonne); Orient (als der Teil der bewohnten Erde, der in der Richtung der aufgehenden Sonne liegt)«, zu *oriri* »sich erheben, aufsteigen«; → *Okzident*]

O|ri|en|ta|le ⟨m.; -n, -n⟩ Bewohner des Orients

O|ri|en|ta|lia ⟨Pl.⟩ den Orient betreffende Sammlung, Bücher über den Orient

O|ri|en|ta|lin ⟨f.; -, -lin|nen⟩ Bewohnerin des Orients

o|ri|en|ta|lisch ⟨Adj.⟩ zum Orient gehörend, aus ihm stammend, morgenländisch; *Ggs* okzidental(isch) [<lat. *orientalis*]

o|ri|en|ta|li|sie|ren ⟨V.⟩ 1 einer Sache ein orientalisches Aussehen verleihen 2 ⟨bild. Kunst; Lit.⟩ orientalische Einflüsse, Traditionen aufnehmen, orientalische Stoffe, Themen u. Dichtformen verwenden

O|ri|en|ta|list ⟨m.; -en, -en⟩ Wissenschaftler auf dem Gebiet der oriental. Sprachen u. Kulturen

O|ri|en|ta|lis|tik ⟨f.; -; unz.⟩ Wissenschaft von den oriental. Sprachen u. Kulturen

O|ri|en|ta|lis|tin ⟨f.; -, -tin|nen⟩ Wissenschaftlerin auf dem Gebiet der oriental. Sprachen u. Kulturen

o|ri|en|ta|lis|tisch ⟨Adj.⟩ zur Orientalistik gehörend, auf ihr beruhend

O|ri|ent|beu|le ⟨f.; -, -n⟩ durch Infektion entstehendes, beulenartiges eitriges Geschwür, das nach einiger Zeit aufbricht u. vernarbt, in den Tropen u. Subtropen endemisch auftretend; *Sy* Aleppobeule

o|ri|en|tie|ren ⟨V.⟩ 1 jmdn. *od. sich* ~ (über etwas) unterrichten, in Kenntnis setzen, Auskunft geben, erteilen; *darüber bin ich nicht orientiert* 2 *sich* ~ ⟨urspr.⟩ den eigenen Standort nach der Himmelsrichtung feststellen 3 ⟨allg.⟩ den eigenen Standort bestimmen, sich zurechtfinden [<frz. *(s')orienter*; zu *orient* »Sonnenaufgang, Osten«]

O|ri|en|tie|rung ⟨f.; -, -en⟩ das Orientieren, das Orientsein; *zu Ihrer* ~ damit Sie Bescheid wissen; *die* ~ *verlieren* die Richtung verlieren, nicht mehr wissen, wo man sich befindet; *Ggs* Desorientierung

O|ri|en|tie|rungs|stu|fe ⟨f.; -, -n⟩ zwischen Grundschule u. weiterführenden Schulen eingeschaltete Förderstufe (5. u. 6. Schuljahr) mit Kurssystem, das die individuelle Begabung unterstützt u. eine Erprobung der gewählten Schulform ermöglichen soll

O|ri|flam|me ⟨f.; -, -n; früher⟩ Kriegsfahne, Banner der fran-

Orohydrographie

zösischen Könige [<mlat. *auriflamma* »Goldflamme«]

O|ri|ga|mi ⟨n.; - od. -s; unz.⟩ japanische Kunst des Papierfaltens [jap.]

O|ri|ga|no ⟨m.; - od. -s; unz.; Bot.⟩ Gewürz aus den getrockneten Blättern des Origanums; *oV* Oregano

O|ri|ga|num ⟨n.; -s; unz.; Bot.⟩ wilder Majoran, Dost, eine Gewürzpflanze: Origanum vulgare [lat. <grch.]

o|ri|gi|nal ⟨Adj.⟩ **1** ursprünglich, echt, urschriftlich **2** schöpferisch, eigen [<lat. *originalis* »ursprünglich«]

O|ri|gi|nal ⟨n.; -s, -e⟩ **1** Vorbild, Urbild **2** erste Niederschrift, ursprüngliche Fassung, Urtext; *Ggs* Kopie (1); *das ~ eines Briefes, Gemäldes; Kopie nach einem ~ von Raffael* **3** ⟨fig.; umg.⟩ bemerkenswerte, skurrile Person, (meist witziger) Sonderling [<mlat. *originale (exemplar)* »Urschrift«; zu *originalis* »ursprünglich«]

O|ri|gi|na|li|tät ⟨f.; -; unz.⟩ originale Beschaffenheit, Ursprünglichkeit, Besonderheit, Eigenart [<frz. *originalité*]

O|ri|gi|nal|ton ⟨m.; -(e)s; unz.; Kurzwort: O-Ton⟩ der ursprüngliche, unveränderte, direkte Ton, Klang einer CD-, Film-, Fernseh-, Radio- od. Schallplattenaufnahme; *eine Rede im ~ senden*

o|ri|gi|när ⟨Adj.⟩ ursprünglich [<frz. *originaire*]

o|ri|gi|nell ⟨Adj.⟩ **1** ursprünglich, eigen, neuartig u. treffend; *ein ~er Einfall, Gedanke* **2** eigenartig u. geistreich, witzig; *ein ~er Mensch* [<frz. *originel*]

Or|kan ⟨m.; -s, -e; Meteor.⟩ Sturm von größter Windstärke [<ndrl. *orkaan*, über frz. *ouragan*, ital. *uragano*, engl. *hurricane* <span. *huracán* <Taino *hurakán* <*hura* »Wind; wegblasen«]

Or|kus ⟨m.; -; unz.; röm. Myth.⟩ Unterwelt, Totenreich [<lat. *Orcus*]

Or|le|an ⟨m.; -s; unz.; Chemie⟩ organgegelber od. roter natürl. Farbstoff aus dem Samen des Orleanstrauchs zum Färben von Wolle, Seide u. Nahrungsmitteln (in Deutschland nicht mehr zugelassen) [<frz. *orléane*, nach dem span. Entdecker F. de *Orellana*, † 1549, mit volksetymolog. Anlehnung an die frz. Stadt *Orléans*]

Or|le|ans ⟨[orleã:] m.; -; unz.; Textilw.⟩ leichter Baumwollstoff mit lüsterähnl. Glanz [nach der frz. Stadt *Orléans*]

Or|le|an|strauch ⟨m.; -es, -sträucher; Bot.⟩ trop. kräftiger Strauch od. kleiner Baum mit blassrosa Blüten, der Orlean liefert: Bixa orellana

Or|lon ⟨n.; -s; unz.; Textilw.⟩ wollähnliche synthet. Faser aus Polyacrylnitril

Or|na|ment ⟨n.; -(e)s, -e⟩ Verzierung, Schmuck, schmückende Form [<lat. *ornamentum* »Ausrüstung, Ausschmückung, Schmuck«]

or|na|men|tal ⟨Adj.⟩ in der Art eines Ornaments, zierend, schmückend

or|na|men|tie|ren ⟨V.⟩ mit Ornamenten versehen, verzieren

Or|na|men|tik ⟨f.; -; unz.⟩ **1** Gesamtheit der Ornamente eines Stils, einer Epoche, eines Bauwerkes o. Ä. **2** Kunst der Verzierung

Or|nat ⟨m.; -(e)s, -e⟩ feierl. Amtstracht [<lat. *ornatus* »Ausstattung; Schmuck; Kleidung«]

or|na|tiv ⟨Adj.; Gramm.⟩ zum Ornativ gehörig, es betreffend

Or|na|tiv ⟨n.; -s, -e [-və]; Gramm.⟩ Klasse von Verben, die ausdrücken, dass das in ihnen mitgedachte Objekt mit etwas versehen, ihm etwas hinzugefügt wird, z. B. »bepflanzen«, »verwunden«; *oV* Ornativum [<lat. *ornativus* »zur Ausstattung dienlich«]

Or|na|ti|vum ⟨[-vum] n.; -s, -va [-va]; Gramm.⟩ = Ornativ

Or|nis ⟨f.; -; unz.⟩ Gesamtheit der Vögel einer Landschaft [grch., »Vogel«]

or|ni|tho..., Or|ni|tho... ⟨in Zus.; Zool.⟩ vogel..., Vogel... [<grch. *ornis*, Gen. *ornithos* »Vogel«]

Or|ni|tho|ga|mie ⟨f.; -; unz.; Biol.⟩ = Ornithophilie [<*Ornitho...* + *...gamie*]

Or|ni|tho|lo|ge ⟨m.; -n, -n; Zool.⟩ Wissenschaftler auf dem Gebiet der Ornithologie, Vogelkundler

Or|ni|tho|lo|gie ⟨f.; -; unz.; Zool.⟩ Vogelkunde [<*Ornitho...* + *...logie*]

Or|ni|tho|lo|gin ⟨f.; -, -ginnen; Zool.⟩ Wissenschaftlerin auf dem Gebiet der Ornithologie, Vogelkundlerin

or|ni|tho|lo|gisch ⟨Adj.; Zool.⟩ zur Ornithologie gehörend, sie betreffend, vogelkundlich

or|ni|tho|phil ⟨Adj.; Biol.⟩ die Bestäubung von bestimmten Pflanzen durch Vögel (z. B. Kolibris) vornehmen lassend (von best. Pflanzen) [<*ornitho...* + *...phil*]

Or|ni|tho|phi|lie ⟨f.; -; unz.; Biol.⟩ Bestäubung von Blüten durch Vögel; *Sy* Ornithogamie

Or|ni|tho|se ⟨f.; -, -n; Med.⟩ von Vögeln übertragene Infektionskrankheit [<grch. *ornis*, Gen. *ornithos* »Vogel«]

o|ro..., O|ro... ⟨in Zus.; Geogr.⟩ Berg..., Gebirgs... [<grch. *oros* »Berg, Gebirge«]

o|ro|gen ⟨Adj.; Geogr.⟩ Gebirge bildend, durch Bildung von Gebirgen verändert od. entstanden; *oV* orogenetisch [<*oro...* + *...gen¹*]

O|ro|ge|ne|se ⟨f.; -, -n; Geogr.⟩ Bildung von Gebirgen; *Sy* Tektogenese; *Ggs* Epirogenese

o|ro|ge|ne|tisch ⟨Adj.; Geogr.⟩ = orogen

O|ro|ge|nie ⟨f.; -; unz.; Geogr.⟩ Lehre von der Entstehung der Gebirge [<*Oro...* + *...genie*]

O|ro|gra|fie ⟨f.; -, -n; Geogr.⟩ = Orographie

o|ro|gra|fisch ⟨Adj.; Geogr.⟩ = orographisch

O|ro|gra|phie ⟨f.; -, -n; Geogr.⟩ Beschreibung der Erdoberfläche, Geomorphologie; *oV* Orografie [<*Oro...* + *...graphie*]

o|ro|gra|phisch ⟨Adj.; Geogr.⟩ zur Orographie gehörend, auf ihr beruhend; *oV* orografisch

O|ro|hy|dro|gra|fie *auch:* **O|ro|hyd|ro|gra|fie** ⟨f.; -, -n; Geogr.⟩ = Orohydrographie

o|ro|hy|dro|gra|fisch *auch:* **o|ro|hyd|ro|gra|fisch** ⟨Adj.; Geogr.⟩ = orohydrographisch

O|ro|hy|dro|gra|phie *auch:* **O|ro|hyd|ro|gra|phie** ⟨f.; -, -n; Geogr.⟩ Beschreibung der Gebirgszüge u. Wasserläufe; *oV* Orohydrografie [<*Oro...* + *hydro...* + *...graphie*]

o|ro|hy|dro|gra|phisch *auch:* **o|ro|hy|dro|gra|phisch** 〈Adj.; Geogr.〉 zur Orohydrographie gehörend, auf ihr beruhend; *oV* orohydrografisch

O|ro|me|trie *auch:* **O|ro|me|trie** 〈f.; -; unz.〉 Ausmessung der Erdoberfläche [<*Oro...* + *...metrie*]

o|ro|me|trisch *auch:* **o|ro|me|trisch** 〈Adj.〉 zur Orometrie gehörend, auf ihr beruhend

Or|phik 〈f.; -; unz.〉 altgrch. Geheimlehre über Reinigung u. Askese, Unsterblichkeit der Seele, Seelenwanderung, Entstehung der Welt u. Erlösung des Menschen [nach dem thrak. Gott *Orpheus*]

Or|phi|ker 〈m.; -s, -〉 Vertreter, Anhänger der Orphik

or|phisch 〈Adj.〉 **1** zur Orphik gehörend, von ihr stammend **2** geheimnisvoll, dunkel

Or|ping|ton[1] 〈[-tən] f.; -, -s〉 Rasse der Hausenten [nach der engl. Stadt *Orpington*]

Or|ping|ton[1] 〈[-tən] n.; -s, -s〉 Rasse des Haushuhns mit schwerem Körper

Or|plid *auch:* **Or|plid** 〈n.; -s; unz.〉 Kunstwort〉 Land der Träume [von E. Mörike erfundener Name]

Or|sat|ap|pa|rat *auch:* **Or|sat-Apparat** 〈m.; -(e)s, -e; Chemie〉 Arbeitsgerät der chem. Gasanalyse, bei dem das zu untersuchende Gasgemisch durch eine Reihe hintereinander liegender Absorptionsflüssigkeiten gepresst wird, aus deren chem. u. physikal. Veränderungen an der Zusammensetzung des Gemischs ermitteln kann [nach dem Erfinder M. H. *Orsat*]

Ör|sted 〈n.; -, -〉 = Oersted

Or|the|se 〈f.; -, -n; Med.〉 orthopäd. Gerät, die die Extremitäten od. die Wirbelsäule stützt [<*orth*opädisch + Pro*these*]

Or|the|tik 〈f.; -; unz.; Med.〉 Teilgebiet der Medizinaltechnik, das sich mit der Konstruktion von Orthesen befasst

or|the|tisch 〈Adj.; Med.〉 **1** die Orthese betreffend **2** zur Orthetik gehörend

or|tho..., Or|tho... 〈in Zus.〉 **1** gerade, aufrecht **2** richtig, recht [<grch. *orthos*]

Or|tho|chro|ma|sie 〈[-kro-] f.; -; unz.; Fot.〉 orthochromatische Beschaffenheit, Eigenschaft [<*Ortho...* + grch. *chroma* »Farbe«]

or|tho|chro|ma|tisch 〈[-kro-] Adj.; Fot.〉 die Helligkeitswerte aller Farben (außer Rot) in Grautönen wiedergebend; *Ggs* panchromatisch

or|tho|dox 〈Adj.; Rel.〉 **1** rechtgläubig, strenggläubig **2** ~*e Kirche* Ostkirche [<grch. *orthodoxein* »die richtige Meinung haben«]

Or|tho|do|xe(r) 〈f. 2 (m. 1); Rel.〉 jmd., der orthodox ist, Strenggläubiger

Or|tho|do|xie 〈f.; -; unz.; Rel.〉 Rechtgläubigkeit, Strenggläubigkeit

or|tho|drom 〈Adj.; Kartogr.〉 auf der Orthodrome gemessen, zu ihr gehörig; *oV* orthodromisch; *Ggs* antidrom

Or|tho|dro|me 〈f.; -, -n; Kartogr.〉 kürzeste Verbindungslinie zweier Punkte der Erdoberfläche, gegeben durch den Großkreis, auf beide Punkte liegen [<*Ortho...* + grch. *dromos* »Lauf«]

or|tho|dro|misch 〈Adj.; Kartogr.〉 = orthodrom; *Ggs* antidromisch

Or|tho|e|pie 〈f.; -; unz.; Phon.〉 = Orthoepik

Or|tho|e|pik 〈f.; -; unz.; Phon.〉 Lehre von der richtigen Aussprache der Wörter nach der Norm einer Hochsprache, Rechtlautung; *oV* Orthoepie [<*Ortho...* + grch. *epos* »Wort, Rede«]

or|tho|e|pisch 〈Adj.; Phon.〉 zur Orthoepie gehörend, auf ihr beruhend, rechtlautend

Or|tho|ge|ne|se 〈f.; -, -n; Biol.〉 Lehre von der gradlinigen, gerichteten Entwicklung der Lebewesen, nach der nicht erfassbare äußere Faktoren, immer in gleicher Richtung wirkend, die Entwicklung der Lebewesen im stammesgeschichtlichen Ablauf steuern

Or|tho|ge|stein 〈n.; -s, -e; Min.〉 aus Eruptivgestein hervorgegangenes metamorphes Gestein

or|tho|gnath *auch:* **or|thog|nath** 〈Adj.; Med.〉 einen geraden Biss der Zähne bei normaler Kieferstellung aufweisend [<*ortho...* + grch. *gnathos* »Kiefer«]

Or|tho|gna|thie *auch:* **Or|thog|na|thie** 〈f.; -; unz.; Med.〉 gerader (senkrechter) Stand der Kiefer u. Zähne im Verhältnis zum Schädel; *Ggs* Progenie, Prognathie [<*Ortho...* + grch. *gnathos* »Kiefer«]

Or|tho|gneis 〈m.; -es, -e; Geol.〉 aus magmatischen Gesteinen entstandener kristalliner Schiefer

Or|tho|gon 〈n.; -s, -e; Geom.〉 Rechteck [<*Ortho...* + *...gon*]

or|tho|go|nal 〈Adj.; Geom.〉 **1** rechtwinklig **2** rechteckig

or|tho|grad 〈Adj.; Med.〉 **1** in der physiologischen Richtung voranschreitend (von Speisen auf dem Weg durch den Zwölffingerdarm) **2** beim Röntgen in der Strahlenrichtung liegend [<*ortho...* + lat. *gradus* »Schritt«]

Or|tho|gra|fie 〈f.; -, -n; Sprachw.〉 = Orthographie

or|tho|gra|fisch 〈Adj.; Sprachw.〉 = orthographisch

Or|tho|gra|phie 〈f.; -, -n; Sprachw.〉 Lehre von der richtigen Schreibung der Wörter, Rechtschreibung; *oV* Orthografie [<*Ortho...* + *...graphie*]

or|tho|gra|phisch 〈Adj.; Sprachw.〉 die Orthographie betreffend, zu ihr gehörend, auf ihr beruhend, rechtschreiblich; *oV* orthografisch

or|tho|ke|phal 〈Adj.; Med.〉 mittelhohe Kopfform habend; *oV* orthozephal [<*ortho...* + *...kephal*]

Or|tho|klas 〈m.; -es, -e; Min.〉 Kalifeldspat [<*Ortho...* + grch. *klasis* »Bruch«]

orth|o|nym *auch:* **or|tho|nym** 〈Adj.〉 unter Angabe des richtigen Autornamens verfasst; *Sy* autonym; *Ggs* pseudonym [<*ortho...* + grch. *onyma* »Name«]

Orth|o|nym *auch:* **Or|tho|nym** 〈n.; -s, -e〉 der richtige Name eines Verfassers

Or|tho|pä|de ⟨m.; -n, -n; Med.⟩ Facharzt für Orthopädie

Or|tho|pä|die ⟨f.; -; unz.; Med.⟩ Fachgebiet der Medizin, das sich mit der Behandlung der angeborenen u. erworbenen Fehler in dem zur Bewegung nötigen Apparat befasst [<*Ortho...* + *...pädie*]

Or|tho|pä|die|me|cha|ni|ker ⟨[-ça-] m.; -s, -; Med.⟩ jmd., der beruflich künstl. Gliedmaßen u. a. orthopädische Hilfsmittel anfertigt

Or|tho|pä|die|me|cha|ni|ke|rin ⟨[-ça-] f.; -, -rin|nen; Med.⟩ weibl. Person, die beruflich künstl. Gliedmaßen u. a. orthopädische Hilfsmittel anfertigt

Or|tho|pä|din ⟨f.; -, -din|nen; Med.⟩ Fachärztin für Orthopädie

or|tho|pä|disch ⟨Adj.; Med.⟩ zur Orthopädie gehörend, auf ihr beruhend

Or|tho|pä|dist ⟨m.; -en, -en; Med.⟩ Hersteller orthopädischer Geräte

Or|thop|te|re *auch:* **Or|thop|te|re** ⟨m.; -n, -n; Zool.⟩ Geradflügler, Vertreter einer großen Gruppe von Insekten: Orthopteroidea [<*Ortho...* + *...ptere*]

Orth|op|tik *auch:* **Or|thop|tik** ⟨f.; -; unz.; Med.⟩ Behandlung des Schielens durch Training der Augenmuskeln [<grch. *orthos* »richtig, recht« + *optikos* »das Sehen betreffend«]

Orth|op|tist *auch:* **Or|thop|tist** ⟨m.; -en, -en; Med.⟩ Helfer des Augenarztes, der Sehprüfungen u. das Training der Augenmuskeln zur Behandlung des Schielens vornimmt

Orth|op|tis|tin *auch:* **Or|thop|tis|tin** ⟨f.; -, -tin|nen; Med.⟩ Helferin des Augenarztes, die Sehprüfungen u. das Training der Augenmuskeln zur Behandlung des Schielens vornimmt

Or|tho|skop *auch:* **Or|thos|kop** ⟨n.; -s, -e; Optik⟩ Mikroskop, durch dessen Objektiv parallele Lichtstrahlen gehen, zur Untersuchung von Kristallen u. zur Polarisation von Licht [<*Ortho...* + *...skop*]

Or|tho|sko|pie *auch:* **Or|thos|ko|pie** ⟨f.; -; unz.; Optik⟩ unverzerrte Wiedergabe durch Linsen

or|tho|sko|pisch *auch:* **or|thos|ko|pisch** ⟨Adj.; Optik⟩ zur Orthoskopie gehörend, auf ihr beruhend

Or|tho|sta|se *auch:* **Or|thos|ta|se** ⟨f.; -; unz.; Med.⟩ aufrechte Körperhaltung [<*Ortho...* + *...stase*]

Or|tho|stat *auch:* **Or|thos|tat** ⟨m.; -en, -en; meist Pl.; antike Arch.⟩ aufrecht stehender Quader, Steinblock

or|tho|sta|tisch *auch:* **or|thos|ta|tisch** ⟨Adj.; Med.⟩ die Orthostase betreffend, bei aufrechter Körperhaltung

ortho-Stellung (*Groß- und Kleinschreibung*) Die Schreibung wissenschaftlicher Begriffe ist teilweise in den jeweiligen Fachsprachen festgelegt und kann von den allgemein gültigen Regeln der Standardsprache abweichen.

or|tho-Stel|lung ⟨f.; -; unz.; Zeichen: o-; Chemie; Bez. für⟩ Anordnung zweier Substituenten in ringförmigen Kohlenstoffverbindungen, die einander unmittelbar benachbart sind

or|tho|trop ⟨Adj.; Bot.⟩ unter dem Einfluss der Erdanziehungskraft senkrecht aufwärts od. abwärts wachsend (von Pflanzen) [<*ortho...* + *...trop*]

Or|tho|ver|bin|dung ⟨f.; -, -en; Chemie⟩ **1** anorgan. Säure, die gegenüber der Methasäure mehr Wasser enthält, z. B. Orthokieselsäure **2** ein Benzolring, der zwei Substituenten in Nachbarstellung aufweist **3** Verbindung von Elementen mit gleichgerichtetem Kernspin, z. B. o-H$_2$ [zu grch. *orthos* »recht«]

Or|tho|zen|trum *auch:* **Or|tho|zent|rum** ⟨n.; -s, -zen|tren; Math.⟩ Punkt, in dem sich die Höhen eines Dreiecks schneiden

or|tho|ze|phal ⟨Adj.; Med.⟩ = orthokephal

Or|tho|ze|ras ⟨m.; -, -ze|ren; Zool.⟩ ausgestorbener Kopffüßer mit stabförmigem Gehäuse: Orthoceras [<*Ortho...* + grch. *keras* »Horn«]

Or|to|lan ⟨m.; -s, -e; Zool.⟩ zu den Ammern gehörender, bunter Zugvogel: Emberiza hortulana [<ital. *ortolano* »Gärtner« <lat. *hortulanus*]

O|ryx|an|ti|lo|pe ⟨f.; -, -n; Zool.⟩ Spießbock, Angehörige einer Gattung rinderartiger Antilopen mit spießartig geraden Hörnern: Oryx [<grch. *orys* »Tier mit Hörnern« + *Antilope*]

...os ⟨Nachsilbe; zur Bildung von Adj.⟩ = ...ös

...ös ⟨Nachsilbe; zur Bildung von Adj.⟩ *oV* ...os **1** die Existenz des im substantivischen Ausgangswort Bezeichneten anzeigend; *tuberkulös; kariös; muskulös* **2** gemäß dem im substantivischen Ausgangswortes Bezeichneten; *kapriziös; fabulös; mysteriös* [<frz. *-ieux, -ieuse* <lat. *-osus*]

Os ⟨chem. Zeichen für⟩ Osmium

Os|car ⟨m.; - od. -s, -s; seit 1928⟩ jährlich verliehener Preis für die Einzelleistungen im amerikan. Film in Gestalt einer kleinen, männl. Bronzestatue; *Sy* Academy Award [laut einer Anekdote nach einem Mr. Oscar Herrick, der dieser Statuette ähnlich gesehen haben soll]

...o|se ⟨Nachsilbe; zur Bildung weibl. Subst.⟩ **1** ⟨Med.⟩ einen Krankheitsverlauf od. -zustand benennend; *Neurose; Sklerose; Dermatose* **2** ⟨Chemie⟩ ein Mono- od. Disaccharid benennend; *Laktose; Glukose* [grch.]

Os|ku|la|ti|on ⟨f.; -, -en; Math.⟩ Art der Berührung zweier Kurven [<lat. *osculatio* »das Küssen«]

os|ku|lie|ren ⟨V.; Math.⟩ eine Oskulation bilden

Os|ma|ne ⟨m.; -n, -n⟩ Türke im früheren Osmanischen Reich; *Sy* Ottomane[1] [nach dem Sultan *Osman I.*, 1288-1326]

Os|mi|um ⟨n.; -s; unz.; chem. Zeichen: Os⟩ Edelmetall aus der Gruppe des Platins, Ordnungszahl 76 [<grch. *osme* »Geruch«]

Os|mo|lo|gie ⟨f.; -; unz.⟩ Lehre von den Riechstoffen [<grch. *osme* »Geruch« + *...logie*]

os|mo|phor ⟨Adj.; Med.⟩ Geruchsempfindungen hervorrufend [<grch. *osme* »Geruch« + *pherein* »tragen«]

Os|mo|se ⟨f.; -; unz.; Chemie; Biol.⟩ Durchgang eines Lö-

Osmotherapie

sungsmittels durch eine semipermeable Membran von der Seite der geringeren Konzentration zu der höheren Konzentration, wodurch die Konzentrationsunterschiede auf beiden Seiten ausgeglichen werden [<grch. *osmos* »das Stoßen, Schieben«]

Os|mo|the|ra|pie ⟨f.; -, -n; Med.⟩ intravenöse Injektion hochkonzentrierter Zucker- od. Salzlösungen, die den osmotischen Druck des Blutes erhöhen u. der Gewebeentwässerung u. Entgiftung dienen

os|mo|tisch ⟨Adj.; Chemie; Biol.⟩ 1 auf Osmose beruhend 2 *~er Druck; ~er Wert* der die Osmose bewirkende Unterschied in der Konzentration von Lösungsmitteln

öso|pha|gisch ⟨Adj.; Med.⟩ zum Ösophagus gehörend

Öso|phal|gi|tis ⟨f.; -, -ti|den; Med.⟩ Entzündung der Speiseröhre [<*Ösophagus* + ...*itis*]

Öso|pha|go|skop *auch:* **Öso|phalgos|kop** ⟨n.; -s, -e; Med.⟩ Spiegel zur Untersuchung der Speiseröhre

Öso|pha|go|to|mie ⟨f.; -, -n; Med.⟩ operative Öffnung der Speiseröhre, Speiseröhrenschnitt [<*Ösophagus* + ...*tomie*]

Öso|pha|gus ⟨m.; -, -phalgi; Anat.⟩ Speiseröhre [<grch. *oisophagos* <*oisai*, Futur zu *pherein* »tragen« + *phagein* »essen«]

Os|phre|si|o|lo|gie ⟨f.; -; unz.⟩ Lehre vom Geruchssinn [<grch. *osphresis* »Geruchssinn« + ...*logie*]

os|sal ⟨Adj.; Med.⟩ zu den Knochen gehörend; *oV* ossär [<lat. *os*, Gen. *ossis* »Knochen«]

os|sär ⟨Adj.; Med.⟩ = ossal

Os|sa|ri|um ⟨n.; -s, -rilen⟩ *oV* Ossuarium 1 antike Urne zum Aufbewahren von Gebeinen 2 Beinhaus [<lat. *os*, Gen. *ossis* »Knochen«, Pl. *ossa* »Gebein«]

os|sia ⟨Musik⟩ auf eine andere Lesart des Notentextes hinweisend [ital., »oder (auch)«]

Os|si|fi|ka|ti|on ⟨f.; -, -en; Med.⟩ 1 Bildung von Knochen 2 Verknöcherung von anderen Gewebearten [<lat. *os*, Gen. *ossis* »Knochen« + ...*fikation*]

os|si|fi|zie|ren ⟨V.; Med.⟩ verknöchern [<lat. *os*, Gen. *ossis* »Knochen« + ...*fizieren*]

Os|su|a|ri|um ⟨n.; -s, -ri|en⟩ = Ossuarium

os|te..., **Os|te...** ⟨Med.; in Zus.⟩ = osteo..., Osteo...

Os|te|al|gie ⟨f.; -, -n; Med.⟩ Schmerzhaftigkeit der Knochen [<*Osteo...* + ...*algie*]

os|ten|ta|tiv ⟨Adj.⟩ 1 offensichtlich, augenfällig 2 prahlerisch, herausfordernd, provozierend, betont; *~ zu spät kommen; etwas ~ behaupten, fordern* [<lat. *ostentare* »zur Schau stellen, zeigen«]

os|te|o..., **Os|te|o...** ⟨vor Vokalen⟩ oste..., Oste... ⟨Med.; in Zus.⟩ Knochen... [<grch. *osteon* »Knochen«]

Os|te|o|blast ⟨m.; -en, -en; Med.⟩ Knochen bildende Zelle [<*Osteo...* + ...*blast*]

Os|te|o|blas|tom ⟨n.; -s, -e; Med.⟩ Knochengeschwulst; *Sy* Osteom

Os|te|o|ek|to|mie ⟨f.; -, -n; Med.⟩ Ausmeißeln eines Knochenstücks

os|te|o|gen ⟨Adj.; Med.⟩ von den Knochen ausgehend [<*osteo...* + ...*gen*]

Os|te|o|ge|ne|se ⟨f.; -, -n; Med.⟩ Knochenbildung

os|te|o|id ⟨Adj.; Med.⟩ knochenähnlich [<*osteo...* + ...*id*]

Os|te|o|kla|sie ⟨f.; -, -n⟩ 1 ⟨Med.⟩ chirurg. Geraderichten verkrümmter Knochen 2 ⟨Anat.⟩ vermehrte Tätigkeit der Osteoklasten [<*Osteo...* + grch. *klasis* »Zerbrechen, Bruch«]

Os|te|o|klast ⟨m.; -en, -en; meist Pl.; Med.⟩ Knochensubstanz abbauende Zelle

Os|te|o|lo|gie ⟨f.; -; unz.⟩ Lehre von den Knochen

os|te|o|lo|gisch ⟨Adj.; Med.⟩ die Osteologie betreffend, zu ihr gehörend, auf ihr beruhend

Os|te|o|ly|se ⟨f.; -, -n; Med.⟩ Auflösung von Knochengewebe

Os|te|om ⟨n.; -s, -e; Med.⟩ = Osteoblastom

Os|te|o|ma|la|zie ⟨f.; -, -n; Med.⟩ Knochenerweichung [<*Osteo...* + grch. *malakos* »weich«]

Os|te|o|my|e|li|tis ⟨f.; -, -ti|den; Med.⟩ Entzündung des Knochenmarks

Os|te|on ⟨n.; -s; unz.; Anat.⟩ aus Knochenlamellen bestehende Baueinheit des Knochengewebes

Os|te|o|pa|thie ⟨f.; -, -n; Med.⟩ nicht entzündliche Knochenerkrankung [<*Osteo...* + ...*pathie*]

Os|te|o|plas|tik ⟨f.; -, -en; Med.⟩ Ersatz von Knochen auf chirurg. Wege

os|te|o|plas|tisch ⟨Adj.; Med.⟩ mit Hilfe der Osteoplastik

Os|te|o|po|ro|se ⟨f.; -, -n; Med.⟩ krankhaftes Poröswerden von Knochen [<*Osteo...* + grch. *poros* »Öffnung«]

Os|te|o|ta|xis ⟨f.; -, -xen; Med.⟩ Einrenkung von Knochenbrüchen

Os|te|o|to|mie ⟨f.; -, -n; Med.⟩ chirurg. Durchschneidung eines Knochens [<*Osteo...* + ...*tomie*]

Os|te|ria ⟨f.; -, -rilas od. -rilen⟩ Gaststätte, Schenke [ital.]

os|ti|nat *auch:* **os|ti|nat** ⟨Adj.; Musik⟩ ständig wiederholt (zu spielen); *~er Bass* = Basso ostinato

os|ti|na|to *auch:* **os|ti|na|to** ⟨Adj.; Musik⟩ = ostinat

Os|ti|na|to *auch:* **Os|ti|na|to** ⟨Musik; kurz für⟩ Basso ostinato [ital. <lat. *obstinatus* »hartnäckig«]

Os|ti|tis ⟨f.; -, -ti|ti|den; Med.⟩ Knochenentzündung [<*Osteo...* + ...*itis*]

◆ Die Buchstabenfolge **ostr...** kann auch **ostr...** getrennt werden.

◆ **Os|tra|ko|de** ⟨m.; -n, -n; Zool.⟩ Angehöriger einer Klasse der Krebse mit stark verkürztem Körper u. höchstens zwei Fühler- u. fünf Beinpaaren, von einer muschelähnlichen Schale umschlossen, Muschelkrebs [<grch. *ostrakodes*]

◆ **Os|tra|kon** ⟨n.; -s, -tra|ka⟩ Scherbe eines zerbrochenen Gefäßes, im alten Ägypten u. alten Griechenland als Schreibmaterial statt des kostbaren Papyrus u. Pergaments verwendet [grch., »Scherbe«]

◆ **Os|tra|zis|mus** ⟨m.; -; unz.; im antiken Athen⟩ Gericht, aufgrund dessen das Volk einen Bürger verbannen konnte, Scherbengericht [<grch. *ostrakon* »Scherbe« (Tonscherben wurden damals als »Stimmzettel« benutzt)]

♦ **Ös|tro|gen** ⟨n.; -s; unz.; Biochemie⟩ ein weibl. Geschlechtshormon [<grch. *oistron* »Stachel; Leidenskruste durch« + *gennan* »erzeugen«]

Os|zil|la|ti|on ⟨f.; -, -en; Physik⟩ Schwingung [zu lat. *oscillare* »schwingen«]

Os|zil|la|ti|ons|the|o|rie ⟨f.; -; unz.; Geol.⟩ Versuch, die Bildung von Gebirgsstöcken u. deren allmähliches Wiederversinken in der Erdkruste durch Schwingungsvorgänge des Erdmantels zu erklären

Os|zil|la|tor ⟨m.; -s, -to|ren; Physik⟩ **1** ein schwingendes physikal. System **2** Gerät zur Erzeugung elektrischer Schwingungen

os|zil|la|to|risch ⟨Adj.; Physik⟩ auf Oszillation beruhend, schwingend, schwankend, oszillierend

Os|zil|la|tor|röh|re ⟨f.; -, -n; El.⟩ **1** Elektronenröhre zum Erzeugen hochfrequenter Schwingungen **2** Elektronenröhre mit Sichtschirm, auf der Schwingungsvorgänge dargestellt werden können, in abgewandelter Form, z. B. als Bildschirm eines Fernsehgerätes

os|zil|lie|ren ⟨V.; Physik⟩ schwingen, sich mechanisch hin- u. herbewegen, pendeln

Os|zil|lo|graf ⟨m.; -en, -en; Physik⟩ = Oszillograph

Os|zil|lo|gramm ⟨n.; (e)s, -e; Physik⟩ aufgezeichnete Schwingung [<lat. *oscillare* »schwingen« + *...gramm*]

Os|zil|lo|graph ⟨m.; -en, -en; Physik⟩ Gerät zur (meist fotograf.) Aufzeichnung von Schwingungen; *oV* Oszillograf; *Sy* Oszilloskop [<lat. *oscillare* »schwingen« + *...graph*]

Os|zil|lo|skop *auch:* **Os|zil|los|kop** ⟨n.; -s, -e⟩ = Oszillograph [<lat. *oscillare* »schwingen« + *...skop*]

ot..., **Ot...** ⟨in Zus.⟩ = oto..., Oto...

Ot|al|gie *auch:* **Ot|al|gie** ⟨f.; -, -n; Med.⟩ Ohrenschmerzen

OTC ⟨Abk. für engl.⟩ Over-the-Counter(-Market)

Oti|a|trie *auch:* **Oti|a|trie** ⟨f.; -; unz.; Med.⟩ = Otologie

O|ti|tis ⟨f.; -, O|ti|ti|den; Med.⟩ Entzündung des Ohres [<grch. *ous*, Gen. *otos* »Ohr« + *...itis*]

o|ti|tisch ⟨Adj.; Med.⟩ mit einer Ohrenerkrankung verbunden

oto..., **Oto...** ⟨vor Vokalen⟩ ot..., Ot... ⟨in Zus.⟩ das Ohr betreffend, ohr..., Ohr... [<grch. *ous*, Gen. *otos* »Ohr«]

O|to|fon ⟨n.; -s, -e; Med.⟩ = Otophon

o|to|gen ⟨Adj.; Med.⟩ vom Ohr ausgehend [<*oto...* + *...gen*]

O|to|lith ⟨m.; -s od. -en, -e od. -en; Anat.⟩ Teil des Gleichgewichtsorgans [<*Oto...* + *...lith*]

O|to|lo|ge ⟨m.; -n, -n; Med.⟩ = Otiater

O|to|lo|gie ⟨f.; -; unz.; Med.⟩ *Sy* Otiatrie **1** Lehre vom Ohr **2** Ohrenheilkunde

o|to|lo|gisch ⟨Adj.; Med.⟩ die Ohrenheilkunde betreffend, zu ihr gehörig; *Sy* otiatrisch

O-Ton ⟨m.; -(e)s; unz.; Kurzwort für⟩ Originalton

O|to|phon ⟨n.; -s, -e; Med.⟩ Hörrohr für Schwerhörige; *oV* Otofon [<*Oto...* + *...phon*²]

Oto|rhi|no|la|ryn|go|lo|gie ⟨f.; -; unz.; Med.⟩ Hals-Nasen-Ohren-Heilkunde [<*Oto...* + *rhino...* + *laryngo...* + *...logie*]

O|tor|rhö ⟨f.; -, -en; Med.⟩ = Otorrhöe

O|tor|rhöe ⟨[-rö:] f.; -, -n; Med.⟩ häufig wiederkehrende Absonderung aus dem Ohr, Ohrenfluss; *oV* Otorrhö [<*Oto...* + *...rrhö*]

O|to|skle|ro|se ⟨f.; -, -n; Med.⟩ Verknöcherung des Innenohres, die zu Schwerhörigkeit führt [<grch. *ous*, Gen. *otos* »Ohr« + *Sklerose*]

o|to|skle|ro|tisch ⟨Adj.; Med.⟩ die Otosklerose betreffend, zu ihr gehörig

O|to|skop *auch:* **O|tos|kop** ⟨n.; -s, -e; Med.⟩ Gerät zur Untersuchung des Innenohrs, Ohrenspiegel [<*Oto...* + *...skop*]

O|to|sko|pie *auch:* **O|tos|ko|pie** ⟨f.; -, -n; Med.⟩ Untersuchung des äußeren Gehörganges einschließlich des Trommelfells mit dem Ohrenspekulum

Outdoor...

ot|ta|va ⟨[-va] Adj.; Musik⟩ = all'ottava

Ot|ta|ve|ri|me ⟨[-ve-] f.; -, -n; Metrik⟩ Form der italien. Stanze; *Sy* Oktave (3) [<ital. *ottavo* »der Achte« + *rima* »Reim« (die 7. u. 8. Zeile reimen paarig)]

Ot|ta|vi|no ⟨[-vi:-] m. od. n.; -s, -s od. -ni; Musik⟩ Pikkoloflöte [ital.]

Ot|to|man ⟨m.; -s, -e; Textilw.⟩ geripptes Gewebe für Kleider, Mäntel u. zum Beziehen von Möbeln

Ot|to|ma|ne¹ ⟨m.; -n, -n⟩ = Osmane [<frz. *ottoman* »osmanisch, türkisch«]

Ot|to|ma|ne² ⟨f.; -, -n⟩ breites Sofa, Liegesofa

Ounce ⟨[aʊns] f.; -, -s [-sɪz]; Zeichen: oz⟩ in den USA u. Großbritannien gebräuchliche Gewichtseinheit, 1 oz = 28,35 g [engl., »Unze«]

out ⟨[aʊt]⟩ ~ *sein* ⟨umg.⟩ unmodern sein, nicht mehr aktuell sein; *Ggs* in; *Hosen mit Schlag sind bei Männern schon lange* ~ [engl., »aus«]

Out ⟨[aʊt] n.; - od. -s, -s; veraltet; noch österr., schweiz.⟩ **1** Raum außerhalb des Spielfeldes **2** Fehlschuss [engl., »Aus«]

out..., **Out...** ⟨[aʊt] in Zus.⟩ aus, heraus, nach außen; *outside*; *Outdrop* [engl.]

Out|back ⟨[aʊtbæk] n.; -s; unz.; Geogr.⟩ das nur dünn besiedelte Landesinnere des australischen Kontinents [engl., »Hinterland«]

Out|board ⟨[aʊtbɔ:d] m.; -s, -s⟩ Außenborder, Außenbordmotor [engl.]

Out|burst ⟨[aʊtbœ:st] m.; - od. -s, -s⟩ **1** Vulkanausbruch **2** Explosion eines Kernreaktors [engl., »Ausbruch«]

Out|cast ⟨[aʊtkaːst] m.; -s, -s⟩ **1** (aus der Gesellschaft) Ausgestoßener; *Sy* Paria (3) **2** = Paria (2) [<engl. *out* »aus« + *cast* »Kaste«]

Out|come ⟨[aʊtkʌm] m.; -s; unz.⟩ Ergebnis, Resultat, Auswirkung; *den* ~ *einer pädagogischen Studie beschreiben* [engl.]

Out|door... ⟨[aʊtdɔ:(r)] in Zus.⟩ im Freien, unter freiem Himmel ausgetragen, veranstaltet; *Outdoorskating*; *Outdoorvolley-*

691

Outdrop

ball; Ggs Indoor... [<engl. outdoor »Außen..., Freiluft...«]

Out|drop ⟨[aʊtdrɔp] m.; -s, -s⟩ jmd., der gesellschaftlich abgestiegen ist, Aussteiger [<engl. out »aus, außerhalb« + drop »fallen lassen«]

ou|ten ⟨[aʊtən] V.⟩ öffentlich bekannt machen, bekennen (bes. von Homosexualität); sich ~; einen Sänger, Schauspieler, Politiker ~ [zu engl. out »öffentlich bekennen«]

Out|fit ⟨[aʊtfɪt] n.; -s, -s⟩ Bekleidung, Ausstattung; ein sportliches ~ [engl., »Ausrüstung, Ausstattung«]

Out|fit|ter ⟨[aʊt-] m.; -s, -⟩ Ausstatter, Ausrüster, Bekleidungshersteller [engl.]

Out|group ⟨[aʊtgruːp] f.; -, -s⟩ Gruppe, der man sich nicht zugehörig, nicht verbunden fühlt, von der man sich distanziert; Ggs Ingroup [<engl. out »aus, außerhalb« + group »Gruppe«]

Ou|ting ⟨[aʊtɪŋ] n.; - od. -s, -s⟩ das Outen, Bekennen, Bloßlegen in der Öffentlichkeit; das ~ seiner homosexuellen Neigung [engl.]

Out|law ⟨[aʊtlɔː] m.; -s, -s⟩ 1 jmd., der außerhalb der Gesellschaft steht, Geächteter, Verfemter 2 jmd., der die Gesetze der Gesellschaft, in der er lebt, missachtet, Verbrecher [<engl. out »aus, außerhalb« + law »Gesetz«]

Out|let ⟨[aʊtlet] n.; -s, -s; Wirtsch.⟩ kurz für⟩ Factory-Outlet [engl., »Verkaufsstelle, Absatzmarkt«]

Out|pa|cing ⟨[aʊtpeɪsɪŋ] n.; - od. -s, -s; Pl. selten; Wirtsch.⟩ Strategieveränderung von Unternehmen bei bestimmten Produkten, deren Marktsituation aktuellen Schwankungen unterworfen ist, z. B. Preis- od. Qualitätsanpassung [<engl. out »außen, draußen, heraus« + pacing »Schritt halten, Schritt machen«]

out|per|for|men ⟨[aʊtpə(r)fɔːmən] V.; Wirtsch.⟩ übertreffen; den Index ~ [engl.]

Out|place|ment ⟨[aʊtpleɪsmənt] n.; -s, -s; Wirtsch.⟩ (von einem Unternehmen betriebenes) Programm zur Vermittlung von gekündigten Mitarbeitern (bes. von Führungskräften) an andere Betriebe [<engl. out »außen, draußen, heraus« + placement »Platzierung, Vermittlung«]

Out|put ⟨[aʊt-] m. od. n.; -s, -s⟩ 1 die Daten, die eine elektron. Datenverarbeitungsmaschine liefert; Ggs Input 2 Ausstoß (an Waren) [<engl. out »aus« + put »setzen, stellen«]

Ou|tra|ge auch: **Out|ra|ge** ⟨[utraːʒə] f.; -, -n⟩ Beschimpfung, schwere Beleidigung; eine Mischung aus Klamauk u. ~ [frz.]

ou|trie|ren auch: **out|rie|ren** ⟨[u-] V.; geh.⟩ übertreiben [<frz. outrer]

ou|triert auch: **out|riert** ⟨[u-] Adj.; geh.⟩ übertrieben, gekünstelt

out|side ⟨[aʊtsaɪd] schweiz.; Sport; Fußb.⟩ aus, außerhalb (des Spielfeldes) [engl., »außerhalb«]

Out|side ⟨[aʊtsaɪd] m.; -s, -s; Sport⟩ Außenstürmer

Out|si|der ⟨[aʊtsaɪdə(r)] m.; -s, -⟩ Außenseiter; Ggs Insider [engl.]

Out|si|de|rin ⟨[aʊtsaɪdə-] f.; -, -rinnen⟩ Außenseiterin; Ggs Insiderin

out|sour|cen ⟨[aʊtsɔːsən] V.; Wirtsch.⟩ bestimmte Arbeitsgänge außerhalb der eigenen Firma durchführen lassen, bes. ins Ausland verlagern, im Ausland produzieren; Produktionszweige ~

Out|sour|cing ⟨[aʊtsɔːsɪŋ] n.; - od. -s, -s; unz.; Wirtsch.⟩ Verlagerung der Produktion eines Unternehmens ins Ausland (um Produktionskosten zu senken u. die Wettbewerbsfähigkeit zu erhalten) [<engl. out »außen, draußen, heraus« + source »Quelle, Ursprung«]

Ou|ver|tü|re ⟨[uvər-] f.; -, -n; Musik⟩ 1 instrumentale Einleitung zu größeren, meist zyklischen Musikwerken, bes. Opern, Operetten, Suiten 2 ⟨bei Bach u. a.⟩ selbständige Komposition, Suite [<frz. ouverture »Öffnung, Eröffnung, Einleitung«]

Ou|zo ⟨[uːzo] m.; -s, -s⟩ grch. Anislikör [grch.]

ov..., Ov... ⟨in Zus.⟩ = ovo..., Ovo...

o|val ⟨[-vaːl] Adj.⟩ länglich rund, eiförmig; ~e Fläche [<lat. ovalis »eiförmig«; zu ovum »Ei«]

O|val ⟨[-vaːl] n.; -s, -e⟩ ovale Form, Eiform

o|va|ri|al ⟨[-va-] Adj.; Med.⟩ den Eierstock betreffend, zu ihm gehörig, in ihm entstehend; oV ovariell [→ Ovarium]

O|va|ri|al|gra|vi|di|tät ⟨[-va---vi--] f.; -, -en; Med.⟩ Eierstockschwangerschaft

O|va|ri|al|hor|mon ⟨[-va-] n.; -s, -e; Med.⟩ Geschlechtshormon, das im Eierstock gebildet wird

O|va|ri|ek|to|mie ⟨[-va-] f.; -, -n; Med.⟩ = Ovariotomie [<Ovarium + Ektomie]

o|va|ri|ell ⟨[-va-] Adj.; Med.⟩ = ovarial

O|va|ri|o|to|mie ⟨[-va-] f.; -, -n; Med.⟩ operative Entfernung des Eierstocks; Sy Oophorektomie, Ovariektomie [<Ovarium + ...tomie]

O|va|ri|um ⟨[-vaː-] n.; -s, -rien; Anat.⟩ Eierstock; Sy Oophoron [lat.; zu ovum »Ei«]

O|va|ti|on ⟨[-va-] f.; -, -en⟩ Huldigung, Beifallssturm [<lat. ovatio »kleiner Triumph«]

O|ver|all auch: **O|ve|rall** ⟨[oʊvərɔːl] m.; -s, -s⟩ Schutzanzug aus Jacke u. Hose in einem Stück [<engl. over »über« + all »alle(s)«]

o|ver|dressed ⟨[oʊvə(r)drɛsd] Adj.; undekl.⟩ zu vornehm, zu fein angezogen (für einen bestimmten Anlass); für eine Party ist sie ~; →a. overstyled [<engl. over »über(mäßig)« + dressed »gekleidet«]

O|ver|drive ⟨[oʊvə(r)draɪv] m.; -s, -s⟩ 1 ⟨Kfz⟩ zusätzlicher Gang im Getriebe, der beim Erreichen einer bestimmten Fahrgeschwindigkeit zugeschaltet wird und durch Herabsetzen der Motordrehzahl einen geringeren Kraftstoffverbrauch ermöglicht 2 Mikroprozessor höherer Leistung, durch den ein vorhandener Prozessor im PC ohne weitere Veränderungen ersetzt werden kann [engl., »übertrieben, übersteuern«; »Schnellgang«; »höhere Leistung bringen«]

Oxidationsmittel

O|ver|flow ⟨[ouvə(r)flou] m.; -s, -s; EDV⟩ Überschreiten der Speicherkapazität einer EDV-Anlage; →a. Overrun [engl., »Überflutung«]

O|ver|head|pro|jek|tor ⟨[ouvə(r)hɛd-] m.; -s, -en⟩ Gerät, das ein Bild od. einen Text mit Hilfe eines Spiegels vom Pult des Vortragenden aus an die Wand hinter diesem projiziert [<engl. *over* »über« + *head* »Kopf« + *Projektor*]

O|ver|kill ⟨[ouvə(r)-] m.; -s, -s; Mil.⟩ Vorrat an Waffen, der über die Menge hinausgeht, die zur Vernichtung des Gegners notwendig wäre [<engl. *over* »über(mäßig)« + *kill* »töten«]

O|ver|run ⟨[ouvər(r)ʌn] m.; -s, -s; EDV⟩ Fehler in der Datenverarbeitung, der dann entsteht, wenn das arithmetische Ergebnis einer Operation die Größe der zugeordneten Speicherstelle übersteigt; →a. Overflow [engl., »Überlauf«]

o|ver|sized ⟨[ouvə(r)saizd] Adj.; undekl.⟩ übergroß, größer als die erforderliche Kleidergröße; *einen Pullover ~ tragen* [engl., »übergroß«]

O|ver|spill|town ⟨[ouvə(r)spiltaun] f.; -, -s⟩ Trabanten- od. Satellitenstadt, die den zunehmenden Bevölkerungszuwachs eines Ballungsraumes aufnimmt [engl.]

O|ver|state|ment ⟨[ouvə(r)steitmənt] n.; -s, -s; umg.⟩ (gelinde od. augenfällige) Übertreibung od. Überbewertung eines Sachverhalts; *Ggs* Understatement [engl., »Übertreibung«]

o|ver|styled ⟨[ouvə(r)staild] Adj.; undekl.⟩ zu festlich, zu auffällig zurechtgemacht (für einen bestimmten Anlass); *sie war für diese Veranstaltung etwas* ~; →a. overdressed [<engl. *over* »über(mäßig)« + *styled* »gestaltet«]

Over-the-Coun|ter-Mar|ket ⟨[ouvə(r) ðə kauntə(r) ma:kɪt] m.; -s; unz.; Abk.: OTC; Wirtsch.⟩ **1** ⟨Großbritannien⟩ Handel von Wertpapieren u. Aktien am Bankschalter **2** ⟨USA⟩ telefonischer Wertpapieran- u. -verkauf von nicht offen gehandelten Werten zwischen einzelnen Bankunternehmen [<engl. *over* »über« + *counter* »Schalter, Tresen« + *market* »Markt«]

O|ver|time ⟨[ouvə(r)taim] f. od. n.; -; unz.; Eishockey⟩ Spielverlängerung im Anschluss an die reguläre Spielzeit, wenn ein Unentschieden gespielt wurde; *in die ~ gehen* [engl., eigtl. »Überstunden«]

O|vi|dukt ⟨[-vi-] m.; -(e)s, -e; Anat.⟩ Eileiter [<lat. *ovum* »Ei« + *ducere* »führen, leiten«]

o|vi|par ⟨[-vi-] Adj.⟩ Eier legend; *Ggs* vivipar [<lat. *ovum* »Ei« + *…par*]

O|vi|pa|rie ⟨[-vi-] f.; -, -n⟩ Ablage von Eiern, deren Befruchtung dann außerhalb des Mutterkörpers (z. B. bei Fischen u. Lurchen) od. während des Ablegens (z. B. bei Insekten u. Spinnen) erfolgt; *Ggs* Viviparie [→ *ovipar*]

O|vi|zid ⟨[-vi-] n.; -s, -e⟩ Mittel zur Abtötung von Insekteneiern [<lat. *ovum* »Ei« + *…zid*ᴿ]

o|vo…, O|vo… ⟨[-vo] vor Vokalen⟩ ov…, Ov… ⟨ in Zus.⟩ ei…, Ei… [<lat. *ovum* »Ei«]

O|vo|ge|ne|se ⟨[-vo-] f.; -, -n; Biol.⟩ = Oogenese [<lat. *ovum* »Ei« + *Genese*]

o|vo|id ⟨[-vo-] Adj.⟩ länglichrund, eiförmig; *~er Körper* [<lat. *ovum* »Ei« + *…id*]

O|vo|plas|ma ⟨[-vo-] n.; -s, -men⟩ = Ooplasma [<lat. *ovum* »Ei« + *Plasma*]

o|vo|vi|vi|par ⟨[-vovivi-] Adj.; Biol.⟩ Eier mit entwickelten Embryonen legend [<*ovipar* + *vivipar*]

O|vu|la|ti|on ⟨[-vu-] f.; -, -en; Med.⟩ = Follikelsprung [<neulat. *ovulum*, Verkleinerungsform zu lat. *ovum* »Ei«]

O|vu|la|ti|ons|hem|mer ⟨[-vu-] m.; -s, -; Med.; Biol.⟩ hormonales Empfängnisverhütungsmittel, das die Ovulation verhindert

O|vu|lum ⟨[-vu-] n.; -s, -vu|la; Med.; Biol.⟩ = Ovum

O|vum ⟨[-vum] n.; -s, O|va; Med.; Biol.⟩ Ei, Eizelle; *oV* Ovulum [<lat. *ovum* »Ei«]

O|wam|bo¹ ⟨m.; - od. -s, - od. -s⟩ Angehöriger eines den Herero nahestehenden südwestafrikanischen Eingeborenenvolkes

O|wam|bo² ⟨n.; - od. -s; unz.⟩ zu den Bantusprachen gehörende Sprache der Owambo¹

O|wrag *auch:* **Ow|rag** ⟨m.; - od. -s, -wra|gi; Geol.⟩ tiefe Erosionsschluchten in Tälern der ost- u. südosteurop. Steppengebiete [russ.]

O|xa|lat ⟨n.; -(e)s, -e; Chemie⟩ Salz der Oxalsäure; *Sy* Oxalsalz

O|xa|lat|stein ⟨m.; -(e)s, -e; Med.⟩ Harnstein [→ *Oxalsäure*]

O|xa|lit ⟨m.; -s, -e; Min.⟩ gelbes, erdiges Mineral

O|xal|salz ⟨n.; -es, -e; Chemie⟩ = Oxalat

O|xal|säu|re ⟨f.; -, -n; Chemie⟩ einfachste aliphat. Dicarbonsäure, in Form der Salze im Pflanzenreich weit verbreitet, so als saures Kalisalz im Rhabarber, Sauerklee u. Sauerampfer, Kleesäure [<lat. *oxalis* »Sauerklee«; zu grch. *oxys* »scharf, spitz«]

O|xer ⟨m.; -s, -⟩ **1** ⟨Reitsport⟩ Hindernis aus zwei hintereinander angebrachten Barrieren, deren jede aus mehreren waagerechten Stangen besteht **2** Sperre zwischen Weiden [engl.]

Ox|for|di|an ⟨[-fœ:diən] n.; -; unz.; Geol.⟩ untere Stufe des weißen Jura, vor ca. 149-143 Millionen Jahren [nach der engl. Stadt *Oxford*]

o|xi…, O|xi… ⟨Chemie; in Zus.⟩ **1** scharf, sauer, Sauerstoff enthaltend **2** eine od. mehrere Hydroxylgruppen aufweisend [<grch. *oxys* »scharf, sauer«]

O|xi|bi|o|se ⟨f.; -; unz.; Biol.⟩ Leben in einer Umgebung, die Sauerstoff enthält [<*Oxi…* + grch. *bios* »Leben«]

O|xid ⟨n.; -(e)s, -e; Chemie⟩ Verbindung eines Elements mit Sauerstoff; *oV* Oxyd [<frz. *oxyde* <grch. *oxys* »scharf«]

O|xi|da|se ⟨f.; -, -n; Biochemie⟩ oxidierend wirkendes Enzym

O|xi|da|ti|on ⟨f.; -, -en; Chemie⟩ das Oxidieren (eines Stoffes); *Ggs* Reduktion (3)

O|xi|da|ti|ons|mit|tel ⟨n.; -s, -; Chemie⟩ Sauerstoff abgebende Substanz, die andere Stoffe oxidiert

Oxidationszone

O|xi|da|ti|ons|zo|ne ⟨f.; -, -n; Geol.⟩ Bereich der Erdkruste, in dem durch den von der Atmosphäre aus einwirkenden Sauerstoff vor allem Oxidationsvorgänge in Erzlagerstätten ablaufen

o|xi|da|tiv ⟨Adj.; Chemie⟩ auf Oxidation beruhend, mit Hilfe der Oxidation

o|xi|die|ren ⟨V.; Chemie⟩ sich mit Sauerstoff verbinden, Sauerstoff aufnehmen [<frz. *oxyder*]

O|xi|di|me|ter ⟨n.; -s, -; Chemie⟩ Gerät zur Oxidimetrie

O|xi|di|me|trie *auch:* **O|xi|di|met|rie** ⟨f.; -; unz.; Chemie⟩ Teilgebiet der chem. Analyse, das sich mit der quantitativen Bestimmung von Substanzen unter Ausnutzung von Oxidationsvorgängen befasst [<*oxidieren* + ...*metrie*]

o|xi|disch ⟨Adj.; Chemie⟩ auf Oxiden beruhend, durch Oxidationsvorgänge verursacht

O|xi|hä|mo|glo|bin ⟨n.; -s; unz.; Biochemie⟩ hellroter Blutfarbstoff, der in der Lunge entsteht, wenn die vier zweiwertigen Atome des Eisens im Hämoglobin durch Nebenvalenzen vier Moleküle Sauerstoff binden

o|xi|phil ⟨Adj.; Chemie⟩ saure Farbstoffe bindend [<*oxi...* + ...*phil*]

O|xi|säu|re ⟨f.; -, -n; Chemie⟩ organische Säure, die durch den gleichzeitigen Gehalt an Carboxyl- u. Hydroxidgruppen sowohl saure als auch basische Eigenschaften zeigt

oxy..., **Oxy...** ⟨Chemie; veraltet für⟩ oxi..., Oxi...

Oxyd ⟨n.; -(e)s, -e; Chemie; veraltet für⟩ Oxid

Oxy|dul ⟨n.; -s, -e; Chemie⟩ Oxid eines Elementes, in dem dieses in seiner niedrigsten Wertigkeit auftritt, z. B. Kupferoxydul, heutige Bez.: Kupfer(I)-oxid

Oxy|gen ⟨n.; -s; unz.; chem. Zeichen: O⟩ chem. Element, Sauerstoff; *oV* Oxygenium [<frz. *oxygène* »Sauerstoff«, eigtl. »Säurebildner«]

Oxy|ge|na|se ⟨f.; -, -n; meist Pl.; Biochemie⟩ Sauerstoff übertragendes Enzym

Oxy|ge|ni|um ⟨n.; -s; unz.; Chemie⟩ = Oxygen

O|xy|mo|ron ⟨n.; -s, -mo|ra; Rhet.; Philol.⟩ rhetorische Figur, bei der zwei sich widersprechende Begriffe verbunden sind, z. B. »beredtes Schweigen«, »alter Knabe«, »bittersüß« [<grch. *oxys* »scharf(sinnig)« + *moros* »dumm«]

O|xy|to|non ⟨n.; -s, -to|na; Metrik⟩ auf der letzten u. kurzen Silbe betontes Wort [grch.]

O|xy|u|re ⟨f.; -, -n; Zool.⟩ Madenwurm, zu den Fadenwürmern gehörend, im menschl. Dickdarm lebender Parasit: Enterobius (Oxyuris) vermicularis [<grch. *oxys* »scharf, spitz« + *oura* »Schwanz«]

O|xy|u|ri|a|sis ⟨f.; -, -ri|a|sen; Med.⟩ durch den Madenwurm Oxyuris hervorgerufene Krankheit, die bes. bei Kindern auftritt u. Juckreiz am After sowie Stuhldrang zur Folge hat

oz ⟨Zeichen für engl.⟩ Ounce

OZ ⟨Abk. für⟩ Oktanzahl

O|zä|na ⟨f.; -, -zä|nen; Med.⟩ Erkrankung der Nasenschleimhaut mit übel riechender Borkenbildung, kann zum Verlust des Geruchsvermögens führen, Stinknase [zu grch. *ozein* »riechen«]

O|zean ⟨m.; -s, -e⟩ Weltmeer [<lat. *Oceanus*, grch. *Okeanos*, Name des myth., die Erde umschließenden, Weltstromes]

O|ze|a|na|ri|um ⟨n.; -s, -na|ri|en⟩ großes Meerwasseraquarium [→ *Ozean*]

O|ze|a|ni|de ⟨f.; -, -n; grch. Myth.⟩ Meernymphe, eine der 3000 Töchter des Meergottes Okeanos; *oV* Okeanide

o|ze|a|nisch ⟨Adj.⟩ **1** zum Ozean gehörig, aus der Hochsee stammend; *Ggs* neritisch **2** zu Ozeanien gehörig, von dort stammend

O|ze|a|nist ⟨m.; -en, -en⟩ Wissenschaftler, Erforscher der ozeanischen Völker u. ihrer Kulturen

O|ze|a|nis|tik ⟨f.; -; unz.⟩ Wissenschaft von den Völkern des ozeanischen Raums u. ihrer Kultur

O|ze|a|nis|tin ⟨f.; -, -tin|nen⟩ Wissenschaftlerin, Erforscherin der ozeanischen Völker u. ihrer Kulturen

O|ze|a|no|graf ⟨m.; -en, -en⟩ = Ozeanograph

O|ze|a|no|gra|fie ⟨f.; -; unz.⟩ = Ozeanographie

O|ze|a|no|gra|fin ⟨f.; -, -fin|nen⟩ = Ozeanographin

o|ze|a|no|gra|fisch ⟨Adj.⟩ = ozeanographisch

O|ze|a|no|graph ⟨m.; -en, -en⟩ Meeresforscher; *oV* Ozeanograf; *Sy* Ozeanologe

O|ze|a|no|gra|phie ⟨f.; -; unz.⟩ Meereskunde; *oV* Ozeanografie [<*Ozean* + ...*graphie*]

O|ze|a|no|gra|phin ⟨f.; -, -phin|nen⟩ Meeresforscherin; *oV* Ozeanografin; *Sy* Ozeanologin

o|ze|a|no|gra|phisch ⟨Adj.⟩ die Ozeanographie betreffend, meereskundlich; *oV* ozeanografisch; *Sy* ozeanologisch

O|ze|a|no|lo|ge ⟨m.; -n, -n⟩ = Ozeanograph

O|ze|a|no|lo|gie ⟨f.; -; unz.⟩ = Ozeanographie [<*Ozean* + ...*logie*]

O|ze|a|no|lo|gin ⟨f.; -, -gin|nen⟩ = Ozeanographin

o|ze|a|no|lo|gisch ⟨Adj.⟩ = ozeanographisch

O|zel|le ⟨f.; -, -n; Zool.⟩ primitives Sinnesorgan bei niederen Tieren zur Wahrnehmung der Richtung des Lichtes, Punktauge [<lat. *ocellus* »Äuglein«]

O|ze|lot ⟨a. [-zo-] m.; -s, -e od. -s; Zool.⟩ **1** gelblich braun gefleckte Raubkatze in Wald-, Fels- u. Sumpfgebieten Amerikas von Nordmexiko bis Nordargentinien, Pardelkatze: Leopardus pardalis **2** Fell dieser Raubkatze [<Nahuatl *ocelotl* »Jaguar«]

O|zo|ke|rit ⟨m.; -s; unz.; Geol.⟩ = Ceresin [<grch. *ozein* »riechen« + *keros* »Wachs«]

O|zon ⟨n.; -s; unz.; chem. Zeichen: O_3⟩ Form des Sauerstoffs, dessen Moleküle aus drei statt zwei Atomen bestehen [grch., Part. Präs. zu *ozein* »riechen«]

O|zo|nid ⟨n.; -(e)s, -e; Chemie⟩ Verbindung des Ozons mit ungesättigten organischen Verbindungen

o|zo|ni|sie|ren ⟨V.; Chemie⟩ mit Ozon versetzen

O|zon|kon|zen|tra|ti|on *auch:* **O|zon|kon|zent|ra|ti|on** ⟨f.; -, -en⟩ Anreicherung von Ozon

Pädagogikum

(dreiatomigem Sauerstoff) in der Luft, entsteht bes. bei starker Sonneneinstrahlung und kann bei Menschen u. a. zu Atembeschwerden führen

O|zon|loch ⟨n.; -(e)s, -lö|cher⟩ (durch den weltweiten Einsatz von FCKW entstandenes) Loch in der Ozonschicht der Erdatmosphäre

O|zo|no|sphä|re auch: **O|zo|nos|phä|re** ⟨f.; -; unz.⟩ obere Schicht der Erdatmosphäre, die durch bes. hohen Ozongehalt gekennzeichnet ist; *Sy* Ozonschicht

O|zon|schicht ⟨f.; -; unz.⟩ = Ozonosphäre

O|zon|the|ra|pie ⟨f.; -, -n; Med.⟩ therapeutische Behandlung mit einem Ozongemisch

p 1 ⟨Abk. für⟩ typograf. Punkt **2** ⟨Musik; Abk. für⟩ piano **3** ⟨Physik⟩ **3.1** ⟨veraltet; Zeichen für⟩ Pond **3.2** ⟨Zeichen für⟩ Proton **3.3** ⟨Formelzeichen für⟩ Druck u. Impuls **4** ⟨Chemie; Zeichen für⟩ para-Stellung **5** ⟨vor Maßeinheiten Zeichen für⟩ Piko

P 1 ⟨chem. Zeichen für⟩ Phosphor **2** ⟨veraltet; Zeichen für⟩ Poise **3** ⟨Physik; Formelzeichen für⟩ Leistung, Impuls u. Polstärke

p. 1 ⟨Abk. für⟩ Pagina **2** ⟨auf Gemälden Abk. für⟩ pinxit

P. ⟨Abk. für⟩ **1** Pater **2** Pastor **3** Pengö

Pa 1 ⟨chem. Zeichen für⟩ Protactinium **2** ⟨Physik; Zeichen für⟩ Pascal

pa. ⟨Abk. für⟩ prima

p. a. ⟨Abk. für⟩ **1** per annum **2** ⟨veraltet⟩ pro anno

p. A. ⟨Abk. für⟩ per Adresse

Pä|an ⟨m.; -s, -e⟩ an Apoll gerichteter Hymnus, der vor u. nach siegreicher Schlacht u. beim Symposium ertönte [⟨grch. *paian*⟩]

Pace ⟨[pɛɪs] f.; -; unz.; Sport⟩ Geschwindigkeit, in der ein Pferderennen gelaufen wird [engl., »Schritt«]

Pa|cer ⟨[pɛɪsə(r)] m.; -s, -; Sport⟩ Pferd, das bei langsameren Gangarten (Schritt, Trab) jeweils mit beiden Beinen einer Körperhälfte zur gleichen Zeit aufsetzt, Passgänger [engl.]

Pace|ma|ker ⟨[pɛɪsmɛɪkə(r)] m.; -s, -⟩ **1** ⟨Sport⟩ Pferd, das bei einem Rennen das Tempo bestimmt **2** ⟨Med.⟩ Herzschrittmacher [engl., »Schrittmacher«]

Pa|chul|ke ⟨m.; -n, -n; umg.⟩ unkultivierter Knecht, Tölpel [⟨tschech. *pacholek* »Knecht, Bursche«⟩]

pa|chy..., Pa|chy... ⟨in Zus.⟩ dick..., Dick... [⟨grch. *pachys* »dick«⟩]

Pa|chy|a|krie auch: **Pa|chy|ak|rie** ⟨f.; -, -n; Med.⟩ **1** Verdickung von Zehen u. Fingern; *Sy* Pachydaktylie **2** = Akromegalie [⟨*Pachy...* + grch. *akron* »Spitze«⟩]

Pa|chy|dak|ty|lie ⟨f.; -, -n; Med.⟩ = Pachyakrie (1) [⟨*Pachy...* + grch. *daktylos* »Finger«⟩]

Pa|chy|der|me ⟨m.; -n, -n; Zool.⟩ Tier mit dicker Haut, Dickhäuter [⟨*Pachy...* + ...*derm*⟩]

Pa|chy|der|mie ⟨f.; -, -n; Med.⟩ = Elephantiasis [⟨*Pachy...* + ...*dermie*⟩]

pa|chy|ke|phal ⟨Adj.; Med.⟩ einen kurzen, dicken Schädel habend [⟨*pachy...* + ...*kephal*⟩]

Pa|chy|ke|pha|lie ⟨f.; -, -n; Med.⟩ kurze, dicke Schädelform; *oV* Pachyzephalie

Pa|chy|ze|pha|lie ⟨f.; -, -n; Med.⟩ = Pachykephalie

Pack ⟨[pæk] n. od. m.; -, -s⟩ **1** ⟨Handel⟩ spezielle Abgabeform von Waren im Einzelhandel; *Bonus~; One~* **2** ⟨Großbritannien⟩ Gewichtseinheit für natürlich hergestellte Textilfaser (Wolle, Leinen, Hanfgarn) [⟨engl. *pack* »(Ver-)Packung, Bündel«⟩]

Pa|ckage ⟨[pækɪdʒ] n.; -, -s [-dʒɪz]⟩ **1** Pauschale, Pauschalangebot (bes. für Reisen); *die Reise wird im ~ mit Konzertkarten angeboten* **2** Gesamtheit mehrerer Angebote, Vorschläge, Produkte usw., die als Ganzes betrachtet werden; *etwas im ~ anbieten* **3** Paket (3), Schachtel, Bündel [engl.]

Pa|ckage|tour ⟨[pækɪdʒtuːr] f.; -, -en od. -s⟩ Reise im eigenen Auto, die durch ein Reisebüro detailliert geplant u. vorbereitet wurde [⟨engl. *package tour* »Pauschalreise«⟩]

Pack|fong ⟨n.; -s; unz.⟩ aus Nickel u. Zink bestehende Legierung mit silberartigem Glanz für Schmuck u. Besteckwaren, Neusilber [chines.]

Pad ⟨[pæd] n.; -s, -s; kurz für⟩ Mousepad

päd..., Päd... ⟨in Zus.⟩ = pädo..., Pädo...

◆ Die Buchstabenfolge **päd|a...** kann auch **pä|da...** getrennt werden.

◆ **Pä|da|go|ge** ⟨m.; -n, -n⟩ **1** Erzieher, Lehrer **2** Wissenschaftler auf dem Gebiet der Pädagogik [⟨grch. *paidagogos* »Kinder-, Knabenführer« ⟨*pais*, Gen. *paidos* »Kind, Knabe« + *agogos* »führend; Führer«; zu *agein* »führen«⟩]

Pädagogik (Worttrennung am Zeilenende) Bei fremdsprachlichen Zusammensetzungen, deren einzelne Bestandteile für den deutschen Muttersprachler nicht unbedingt ersichtlich sind, kann zwischen den einzelnen Bestandteilen (Morphemen) Päd-a-go-gik oder nach Sprechsilben Pä-da-go-gik getrennt werden.

◆ **Pä|da|go|gik** ⟨f.; -; unz.⟩ praktische u. theoretische Lehre von Erziehung u. Bildung [→ *Pädagoge*]

◆ **Pä|da|go|gi|kum** ⟨n.; -s, -gi|ka⟩ (in einigen Bundesländern) Bestandteil der 1. Staatsexamensprüfung von Lehramtskandidaten, in dem sowohl allgemeine pädag. als auch fachdidaktische Kenntnisse nachgewiesen werden müssen

Pädagogin

◆ **Pä|da|go|gin** ⟨f.; -, -gin|nen⟩ 1 Erzieherin, Lehrerin 2 Wissenschaftlerin auf dem Gebiet der Pädagogik

◆ **pä|da|go|gisch** ⟨Adj.⟩ 1 die Pädagogik betreffend, zu ihr gehörend, auf ihr beruhend 2 in der Art eines Pädagogen, ihm gemäß, erzieherisch

◆ **pä|da|go|gi|sie|ren** ⟨V.⟩ aus pädagogischer Perspektive betrachten, für pädagogische Ziele nutzbar machen

Pad|del ⟨n.; -s, -⟩ frei (ohne Dolle) geführtes Ruder mit einem od. zwei gegeneinander verdrehten Blättern an den Enden des Schaftes [<engl. *paddle*; weitere Herkunft ungeklärt]

Pad|del|boot ⟨n.; -(e)s, -e⟩ mit Paddeln fortbewegtes, kleines Boot

pad|deln ⟨V.⟩ 1 mit Paddeln rudern, mit dem Paddelboot fahren 2 ⟨fig.⟩ wie ein Hund schwimmen

Pad|dock ⟨[pædɔk] m.; -s, -s⟩ eingezäuntes offenes Areal als Weide u. Auslauf für Pferde [engl. <aengl. *pearroc* »Gehege« <vulgärlat. *parricus* »Koppel«]

Pad|dy¹ ⟨[pædɪ] m.; -s; unz.⟩ 1 ungeschälter Reis 2 Gericht aus diesem Reis [engl. <malai. *padi* »Reis in der Hülse«]

Pad|dy² ⟨[pædɪ] m.; -s, -s; umg.; scherzh.⟩ Ire [nach St. *Patrick*, dem Schutzheiligen Irlands]

Pä|de|rast *auch:* **Pä|de|rast** ⟨m.; -en, -en⟩ jmd., der Päderastie treibt; *Sy* Kinäde

Pä|de|ras|tie *auch:* **Pä|de|ras|tie** ⟨f.; -; unz.⟩ gleichgeschlechtl. Beziehung zwischen Männern u. Knaben, Knabenliebe [<*Pädo...* + grch. *eraste* »Liebender«]

Pä|di|a|ter *auch:* **Pä|di|a|ter** ⟨m.; -s, -; Med.⟩ Facharzt der Pädiatrie, Kinderarzt [<*Pädo...* + *...iater*]

Pä|di|a|trie *auch:* **Pä|di|a|trie** ⟨f.; unz.; Med.⟩ Kinderheilkunde

pä|di|a|trisch *auch:* **pä|di|a|trisch** ⟨Adj.; Med.⟩ zur Pädiatrie gehörend, auf ihr beruhend

...pä|die ⟨Nachsilbe; zur Bildung weibl. Subst.⟩ Erziehung, Heilkunde, Wissen; *Logopädie*; *Orthopädie* [<grch. *paideia* »Erziehung«]

Pa|di|schah ⟨m.; -s, -s; früher⟩ Großherr, islam. Fürst [pers.]

pä|do..., **Pä|do...** ⟨vor Vokalen⟩ päd..., Päd... ⟨in Zus.⟩ Knaben..., Kinder..., Jugend... [<grch. *pais*, Gen. *paidos* »Kind, Knabe«]

Pä|do|ge|ne|se ⟨f.; -; unz.; Biol.⟩ die Eigenschaft bestimmter Insekten, bereits als Larve aus unbefruchteten Eiern Nachkommen zu entwickeln

pä|do|ge|ne|tisch ⟨Adj.; Biol.⟩ sich bereits im Larvenstadium fortpflanzend

Pä|do|lin|gu|is|tik ⟨f.; -; unz.; Sprachw.⟩ Teilgebiet der Linguistik, das Spracherwerb u. Kindersprache erforscht [<*Pädo...* + *Linguistik*]

Pä|do|lo|ge ⟨m.; -n, -n; Med.⟩ Wissenschaftler auf dem Gebiet der Pädologie

Pä|do|lo|gie ⟨f.; -; unz.; Med.⟩ Lehre vom Kind, Kinder- u. Jugendpsychologie [<*Pädo...* + *...logie*]

Pä|do|lo|gin ⟨f.; -, -gin|nen; Med.⟩ Wissenschaftlerin auf dem Gebiet der Pädologie

pä|do|lo|gisch ⟨Adj.; Med.⟩ die Pädologie betreffend, zu ihr gehörig

pä|do|phil ⟨Adj.⟩ zur Pädophilie gehörig, zu ihr neigend [<*pädo...* + *...phil*]

Pä|do|phi|le(r) ⟨f. 2 (m. 1)⟩ Frau bzw. Mann mit pädophilen Neigungen

Pä|do|phi|lie ⟨f.; -; unz.⟩ erotische Zuneigung Erwachsener zu Kindern [<*Pädo...* + *...philie*]

p. Adr. ⟨Abk. für⟩ per Adresse

Pa|dre *auch:* **Pad|re** ⟨m.; -, Pa|dri⟩ Vater (Anrede für ital. Ordenspriester) [ital.]

Pa|dro|na *auch:* **Pad|ro|na** ⟨f.; -, -dro|ne⟩ Gebieterin, Wirtin, Hausfrau [ital.]

Pa|dro|ne *auch:* **Pad|ro|ne** ⟨m.; -s, -dro|ni⟩ Herr, Wirt, Chef [ital.]

Pa|du|a|na ⟨f.; -, -nen; Musik⟩ = Pavane

Pa|el|la ⟨[paɛlja] f.; -, -s; Kochk.⟩ spanisches Reisgericht mit verschiedenen Fleisch- u. Fischsorten, Muscheln usw. [katalan., eigtl. »Metalltopf, Bratpfanne« <lat. *patella* »kleine Pfanne«]

Pa|fe|se ⟨f.; -, -n; österr.⟩ in Schmalz gebackene Weißbrotschnitte; *oV* Pofese [ital.]

pag. ⟨Buchw.; Abk. für⟩ Pagina; ~ 29

Pa|gaie ⟨f.; -, -n⟩ Paddel mit breitem Blatt für den Kanadier (2) [frz. <malai. *pengajoeh*]

pa|gan ⟨Adj.⟩ heidnisch [<mlat. *paganus* »heidnisch«]

pa|ga|ni|sie|ren ⟨V.⟩ mit heidnischen Elementen anreichern, heidnisch machen

Pa|ga|nis|mus ⟨m.; -; unz.⟩ Heidentum

Pa|gat ⟨m.; -(e)s, -e; Kart.⟩ Trumpfkarte im Tarock [<ital. *bagata* »Kleinigkeit«]

pa|ga|to|risch ⟨Adj.; Wirtsch.⟩ Zahlungsvorgänge betreffend, auf ihnen beruhend [zu ital. *pagatura* »Bezahlung«; zu *pagare* »(be)zahlen«]

Page¹ ⟨[peɪdʒ] f.; -, -s [-dʒɪz]⟩ EDV; kurz für⟩ Homepage [engl., »Seite«]

Page² ⟨[-ʒə] m.; -n, -n⟩ 1 ⟨MA⟩ junger Adliger im fürstlichen Dienst, Edelknabe 2 ⟨heute⟩ junger (livrierter) Bote od. Diener, z. B. in Hotels [frz., »Edelknabe«]

Pa|ger ⟨[peɪdʒə(r)] m.; -s, -⟩ sehr kleines Funkempfangsgerät, das jmd. mit sich führt u. das Signaltöne aussendet, wenn der Träger gesucht wird, Piepser; *Sy* Beeper [engl.]

Pa|gi|na ⟨f.; -, -s; Buchw.; Abk.: p., pag.; veraltet⟩ Seite eines Buches, Seitenzahl [lat., »Blatt, Seite«]

Pa|ging ⟨[peɪdʒɪŋ] n.; - od. -s; unz.; EDV⟩ Technik des Seitenaustausches bei der virtuellen Speicherverwaltung [zu engl. *page* »Seite«]

pa|gi|nie|ren ⟨V.⟩ mit Seitenzahlen versehen [→ *Pagina*]

Pa|go|de ⟨f.; -, -n⟩ 1 turmartiger japanischer od. chinesischer Tempel mit mehreren überdachten Stockwerken 2 ⟨noch österr.⟩ 2.1 asiat. Götzenbild, meist aus Porzellan 2.2 ostind. Goldmünze, nach dem auf der einen Seite aufgeprägten Götterbild [portug.; zu Sanskrit *bhagavati* »selig, glücklich«]

Pah|le|wi ⟨n.; - od. -s; unz.⟩ = Pehlewi

paille ⟨[pa:j(ə)] Adj.; undekl.; veraltet⟩ strohfarben, strohgelb [frz., »Stroh«]

Paillette ⟨[pajɛtə] f.; -, -n⟩ kleines, rundes Plättchen aus Metall (zum Aufnähen auf Kleider) [frz., »Goldkörnchen, Flitter«]

Paint-in ⟨[peɪnt ɪn] n.; -s, -s⟩ Ausstellung von Bildern, in der das Publikum (bes. Kinder) selbst mitmalen kann [<engl. *paint* »malen« + *in* »in, hinein]

pair ⟨[pɛːr] Adj.; Roulett⟩ gerade (von Zahlen); *Ggs* impair [frz.]

Pair ⟨[pɛːr] m.; -s, -s; im alten Frankreich⟩ Angehöriger des polit. bevorzugten Hochadels [frz. <lat. *paria* »Gleiches«]

Pairing ⟨[pɛːrɪŋ] n.; - od. -s; unz.⟩ partnerschaftl. bzw. freundschaftl. Umgang, z. B. mit Arbeitskollegen od. Geschäftspartnern [engl., »Paarung«; zu engl. *pair* »Paar«]

Pairie ⟨[pɛ-] f.; -, -n⟩ Würde eines Pairs

Paisley ⟨[peɪzlɪ] n.; - od. -s; unz.; Textilw.⟩ ein orientalisches Stoffmuster mit stilisierten Tropfen u. Federn [nach dem Ort *Paisley* in Schottland]

Paka ⟨n.; -s, -s; Zool.⟩ = Aguti [<portug., span. *paca* <Tupi *páca*]

Paket ⟨n.; -(e)s, -e⟩ **1** etwas Zusammengepacktes (bes. als Postsendung) **2** verschnürter Packen; *Akten*~; *Bücher*~; *Post*~ **3** größere fabrikmäßig abgepackte Menge; *ein ~ Kerzen* **4** Gesamtheit mehrerer Angebote, Vorschläge usw., die als Ganzes betrachtet werden; *ein ~ von Forderungen, Renten*~; *Sozial*~ [<frz. *paquet* <*paque* »Bündel, Ballen«]

Paketadresse auch: **Paket-adresse** ⟨f.; -, -n⟩ gummiertes Blatt bzw. Papier mit Vordruck zum Ausfüllen der Anschrift für ein Postpaket

paketieren ⟨V.⟩ in Pakete, als Paket verpacken

Pakt ⟨m.; -(e)s, -e⟩ Vertrag, Bündnis; *Freundschafts*~; *Nordatlantik*~ [<lat. *pactum* »Vertrag, Vereinbarung«]

paktieren ⟨V.⟩ einen Pakt schließen, gemeinsame Sache machen (mit)

PAL ⟨Technik; Abk. für engl.⟩ Phase Alternation Line, Verfahren zum Farbfernsehen, das von Phasenfehlern bei der Übertragung u. bei örtlichen Empfangsstörungen unabhängig ist; *Sy* PAL-System [engl.]

palä..., Palä... ⟨in Zus.⟩ = paläo..., Paläo...

Paläanthropologe auch: **Palä-anthropologe** ⟨m.; -n, -n⟩ Wissenschaftler auf dem Gebiet der Paläanthropologie

Paläanthropologie auch: **Palä-anthropologie** ⟨f.; -; unz.⟩ Teilgebiet der Anthropologie, das sich mit der Abstammung u. Entwicklung des Menschen beschäftigt

Paläanthropologin auch: **Palä-anthropologin** ⟨f.; -, -gin|nen⟩ Wissenschaftlerin auf dem Gebiet der Paläanthropologie

paläanthropologisch auch: **pa-lä|anthropologisch** ⟨Adj.⟩ die Paläanthropologie betreffend, zu ihr gehörig, auf ihr beruhend

Paläarktis ⟨f.; -; unz.; Geogr.⟩ eine der beiden großen tiergeographischen Zonen der Erde, die Europa, Nordafrika sowie das außertropische Asien nördl. des Himalaya umfasst; → a. Nearktis

paläarktisch ⟨Adj.; Geogr.⟩ zum altweltl. Teil der Arktis gehörend

Paladin ⟨m.; -s, -e⟩ **1** ⟨urspr.⟩ einer der zwölf Begleiter Karls des Großen **2** ⟨danach⟩ Ritter, Gefolgsmann [<lat. *(comes) palatinus* »kaiserl. Begleiter«; zu *palatinus* »zum Palatium gehörend«; → *Palais*]

Palais ⟨[-lɛː] n.; - [-lɛːs], - [-lɛːs]⟩ Palast, Schloss [frz., <lat. *Palatium*, Name eines der sieben Hügel Roms]

Palankin ⟨m.; -s od. -e, -e⟩ = Palanquin (2)

Palanquin ⟨m.; -s od. -e, -s⟩ **1** ⟨unz.; Textilw.⟩ leichtes, blickdichtes Gewebe mit Drucken od. Stickereien für Damenoberbekleidung **2** ⟨zählb.⟩ indische Sänfte, überdachter Tragsessel; *oV* Palankin [<portug. *palanquim* <Sanskrit *palyanka* »Bett, Sänfte«]

paläo..., Paläo... ⟨vor Vokalen⟩ palä..., Palä... ⟨in Zus.⟩ alt, ur..., Ur...; *oV* paleo..., Paleo... [<grch. *palaios* »alt«]

Paläobiologie ⟨f.; -; unz.⟩ = Paläontologie

Paläobotanik ⟨f.; -; unz.⟩ Lehre von den ausgestorbenen u. versteinerten Pflanzen; *Sy* Paläophytologie

paläobotanisch ⟨Adj.⟩ die Paläobotanik betreffend, zu ihr gehörig, auf ihr beruhend

Paläogen ⟨n.; -s; unz.; Geol.⟩ ältere Abteilung des Tertiärs; *Sy* Alttertiär [<*Paläo*... + ...*gen*²]

Paläogeografie ⟨f.; -; unz.⟩ = Paläogeographie

Paläogeographie ⟨f.; -; unz.⟩ Lehre von den geograph. Verhältnissen der Vorzeit; *oV* Paläogeografie

Paläograf ⟨m.; -en, -en⟩ = Paläograph

Paläografie ⟨f.; -; unz.⟩ = Paläographie

paläografisch ⟨Adj.⟩ = paläographisch

Paläograph ⟨m.; -en, -en⟩ Erforscher, Kenner der Paläographie; *oV* Paläograf

Paläographie ⟨f.; -; unz.⟩ Handschriftenkunde, Lehre von den Schriften u. Schreibmaterialien des Altertums u. MA; *oV* Paläografie [<*Paläo*... + ...*graphie*]

paläographisch ⟨Adj.⟩ die Paläographie betreffend, zu ihr gehörig, auf ihr beruhend; *oV* paläografisch

Paläoklimatologie ⟨f.; -; unz.⟩ Teilgebiet der Klimatologie, das sich mit der Untersuchung des Klimas früherer Erdzeitalter befasst

Paläolith ⟨m.; -s od. -en, -e od. -en⟩ Steinwerkzeug des altsteinzeitlichen Menschen

Paläolithiker ⟨m.; -s, -⟩ Mensch des Paläolithikums

Paläolithikum ⟨n.; -s; unz.⟩ Altsteinzeit [<*Paläo*... + ...*lithikum*]

paläolithisch ⟨Adj.⟩ zum Paläolithikum gehörig, aus ihm stammend, altsteinzeitlich

paläomagnetisch auch: **paläo-magnetisch** ⟨Adj.; Geol.⟩ den Paläomagnetismus betreffend, auf ihm beruhend; ~*e Untersuchungen*

Paläomagnetismus auch: **Paläo-magnetismus** ⟨m.; -; unz.⟩ magnet. Ausrichtung von Ge-

Paläontografie

steinen entsprechend dem bei ihrer Entstehung vorherrschenden erdmagnet. Feld
Pa|lä|on|to|gra|fie ⟨f.; -; unz.⟩ = Paläontographie
Pa|lä|on|to|gra|phie ⟨f.; -; unz.⟩ Lehre von den Versteinerungen; *oV* Paläontografie [<*Paläo...* + grch. *on*, Gen. *ontos* »seiend« + *...graphie*]
Pa|lä|on|to|lo|ge ⟨m.; -n, -n⟩ Kenner, Erforscher der Paläontologie
Pa|lä|on|to|lo|gie ⟨f.; -; unz.⟩ Lehre von den ausgestorbenen Tieren u. Pflanzen vergangener Erdzeitalter; *Sy* Paläobiologie [<*Paläo...* + grch. *on*, Gen. *ontos* »seiend« + *...logie*]
Pa|lä|on|to|lo|gin ⟨f.; -, -gin|nen⟩ Kennerin, Erforscherin der Paläontologie
pa|lä|on|to|lo|gisch ⟨Adj.⟩ die Paläontologie betreffend, zu ihr gehörig, auf ihr beruhend
Pa|lä|o|phy|ti|kum ⟨n.; -s; unz.; Bot.⟩ die Pflanzenwelt im erdgeschichtlichen Altertum [<*Paläo...* + grch. *phyton* »Pflanze«]
Pa|lä|o|phy|to|lo|gie ⟨f.; -; unz.⟩ = Paläobotanik
Pa|lä|o|tro|pis ⟨f.; -; unz.; Bot.⟩ Flora der altweltlichen Tropen [<*Paläo...* + grch. *tropus* »Drehung, Wendung«]
Pa|lä|o|type ⟨f.; -, -n; Buchw.⟩ Inkunabel [<*Paläo...* + *Type*]
pa|lä|o|zän ⟨Adj.; Geol.⟩ zum Paläozän gehörend
Pa|lä|o|zän ⟨n.; -s; unz.; Geol.⟩ älteste Stufe des Paläogens [<*Paläo...* + *...zän*]
Pa|lä|o|zo|i|kum ⟨n.; -s; unz.; Geol.⟩ Zeitalter der Erdgeschichte vor 580-200 Mill. Jahren, in dem die ersten Spuren von Leben auftraten; *Sy* Archäozoikum
pa|lä|o|zo|isch ⟨Adj.; Geol.⟩ zum Paläozoikum gehörend
Pa|lä|o|zo|o|lo|gie ⟨[-tso:ɔ-] f.; -; unz.⟩ Lehre von den Versteinerungen ausgestorbener Tiere
pa|lä|o|zo|o|lo|gisch ⟨Adj.⟩ die Paläozoologie betreffend, zu ihr gehörend, auf ihr beruhend
Pa|las ⟨m.; -, -las|se⟩ Hauptgebäude der mittelalterl. Burg [<mhd. *palas* <frz. *palais* »Hauptgebäude einer Burg«]

<lat. *palatium*, dem Namen eines der sieben Hügel Roms. u. der darauf befindl. Kaiserburg]
Pa|last ⟨m.; -(e)s, -läs|te⟩ 1 Schloss 2 Prachtbau [<mhd. *palas* <frz. *palais*; → *Palas*]
Pa|läs|tra *auch:* **Pa|läs|tra** ⟨f.; -, -läs|tren⟩ altgrch. Schule für Ringer [<grch. *palaiein* »kämpfen«]
pa|la|tal ⟨Adj.; Phon.⟩ zum Gaumen gehörend
Pa|la|tal ⟨m.; -s, -e; Phon.⟩ Gaumenlaut, mit der Zunge am harten Gaumen gebildeter Konsonant, z. B. ch (vor e u. i); *Sy* Palatallaut [<lat. *palatum* »Gaumen«]
pa|la|ta|li|sie|ren ⟨V.; Phon.⟩ = mouillieren
Pa|la|tal|laut ⟨m.; -(e)s, -e; Phon.⟩ = Palatal
Pa|la|tin ⟨m.; -s, -e⟩ 1 Pfalzgraf 2 (in Ungarn bis 1848) Stellvertreter des Königs [<lat. *(comes) palatinus* »kaiserl. Begleiter«; → *Paladin*]
Pa|la|ti|nat ⟨n.; -(e)s, -e⟩ Verwaltungsgebiet eines Pfalzgrafen
pa|la|ti|nisch ⟨Adj.⟩ 1 zum Palatinat gehörend 2 zum Pfalzgrafen gehörend
Pa|la|to|gra|fie ⟨f.; -, -n⟩ = Palatographie
Pa|la|to|gramm ⟨n.; -s, -e⟩ Aufzeichnung mit dem Palatographen [<lat. *palatum* »Gaumen« + *...gramm*]
Pa|la|to|gra|phie ⟨f.; -, -n⟩ Verfahren zur Analyse u. Abbildung der Berührungsstellen zwischen Zunge u. Gaumen beim Bilden sprachlicher Laute; *oV* Palatografie [<lat. *palatum* »Gaumen« + *...graphie*]
Pa|la|to|schi|sis ⟨[-sçiː-] f.; -; unz.; Path.; Med.⟩ anatomisch gestörte Gaumenbildung, die entsteht, wenn sich während der Fruchtentwicklung der harten, den Gaumen bildenden Knochen nicht vereinigen, Gaumenspalte [<lat. *palatum* »Gaumen« + grch. *schisis* »Spalten, Trennen«]
Pa|lat|schin|ke *auch:* **Pa|lat|schin|ke** ⟨f.; -, -n; meist Pl.; Kochk.; österr.⟩ gefüllter Eierkuchen [<rumän. *placinta*]
Pa|la|tum ⟨n.; -s, -la|ta; Anat.⟩ Gaumen [lat.]

Pa|la|ver ⟨[-vər] n.; -s, -⟩ 1 ⟨urspr.⟩ Versammlung von Schwarzen, Unterredung von Weißen mit Schwarzen 2 ⟨fig.⟩ überflüssiges Gerede, nutzlose Verhandlung [<portug. *palavra* »Wort, Sprache«]
pa|la|vern ⟨[-vərn] V.; umg.⟩ 1 nutzlos, lange verhandeln 2 sich angeregt unterhalten
Pa|laz|zo ⟨m.; - od. -s, -laz|zi; ital. Bez. für⟩ 1 Palast 2 vornehmes Wohnhaus in der Stadt
pa|le|o..., **Pa|le|o...** ⟨in Zus.⟩ = paläo..., Paläo...
Pa|le|tot ⟨[-to:] m.; -s, -s; veraltet⟩ 1 doppelreihiger Mantel für Herren 2 dreiviertellanger Mantel für Damen od. Herren [frz. *paletot* <mengl. *paltok* »Jacke«]
Pa|let|te ⟨f.; -, -n⟩ 1 Scheibe mit Loch für den Daumen zum Mischen der Farben beim Malen 2 Untersatz für Stapelwaren, die dadurch mit Gabelstaplern leicht u. in größerer Menge bewegt werden können 3 reiche Auswahl, große Menge (von Möglichkeiten) [<frz. *palette*, ital. *paletta* »kleine Schaufel« <lat. *pala* »Schaufel, Spaten«]
pa|let|ti ⟨Adj.; in der umg. Wendung⟩ *alles ~* alles in Ordnung; *oV* palletti [Herkunft nicht bekannt]
pa|let|tie|ren auf einer Palette (3) stapeln und verladen
Pa|li|la|lie ⟨f.; -, -n; Med.⟩ Sprachstörung, die eine mehrmalige Wiederholung desselben Wortes, Satzteils od. Satzes verursacht [<grch. *palin* »wiederum, erneut« + *lalein* »schwatzen, viel reden«]
Pa|limp|sest *auch:* **Pa|limp|sest** ⟨m. od. n.; -(e)s, -e⟩ antikes, urspr. beschriebenes, abgeschabtes u. wieder neu beschriebenes Pergament [<grch. *palin* »wieder« + *psestos*, Part. Perf. zu *psen* »abwischen«]
Pa|lin|drom ⟨n.; -s, -e⟩ Wort od. Vers, das bzw. der vorwärts wie rückwärts gelesen einen Sinn ergibt, z. B. Reittier, Rebe [zu grch. *palindromos* »rückläufig«]
pa|lin|gen ⟨Adj.; Geol.⟩ die Palingenese (3) betreffend, zu ihr gehörig, aus ihr stammend
Pa|lin|ge|ne|se ⟨f.; -, -n⟩ *oV* Palingenesis 1 ⟨Philos.⟩ Wiederge-

burt durch Seelenwanderung **2** ⟨Biol.⟩ die bei der Entwicklung eines Individuums (bes. im embryonalen Stadium) beobachtbare Wiederholung der stammesgeschichtlichen Entwicklung entsprechend dem biogenet. Grundgesetz E. Haeckels **3** ⟨Geol.⟩ Entstehung von Magma durch Wiederaufschmelzen von Eruptivgesteinen u. Sedimenten [<grch. *palin* »wieder« + *Genese*]

Pa|lin|ge|ne|sis ⟨f.; -, -ne|sen⟩ = Palingenese

pa|lin|ge|ne|tisch ⟨Adj.⟩ die Palingenese (1, 2) betreffend, zu ihr gehörend, auf ihr beruhend

Pa|li|sa|de ⟨f.; -, -n⟩ **1** starker, oben zugespitzter Pfahl zur Befestigung **2** aus einer Reihe von Pfählen bestehendes Hindernis [<frz. *palissade*, ital. *palizzata* <lat. *palus* »Pfahl«]

Pa|li|sa|den|ge|we|be ⟨n.; -s, -; Bot.⟩ an Chloroplasten reiches Assimilationsgewebe der grünen Blätter, das aus mehreren Schichten senkrecht zur Oberfläche stehender Zellen gebildet wird

Pa|li|san|der ⟨m.; -s, -⟩ sehr hartes, schweres südamerikan. Edelholz mehrerer tropischer Bäume; ~*holz*; *Möbel aus* ~ [<frz. *palissandre* <indian. (Guayana)]

Pa|li|san|der|holz ⟨n.; -(e)s, -hölzer⟩ sehr hartes, schweres südamerikan. Edelholz mehrerer trop. Bäume [<frz. *pallissandre* <indian. (Guayana)]

pa|li|san|dern ⟨Adj.⟩ aus Palisanderholz bestehend

Pal|la|di|a|nis|mus ⟨m.; -; unz.; Arch.⟩ (auf den ital. Baumeister Andrea Palladio (1508-1580) zurückgehender) Architekturstil, der sich im 17. u. 18. Jh. besonders in Holland, Frankreich u. England durchsetzte u. von einer strengen Ausgewogenheit der Formen gekennzeichnet war

Pal|la|di|um ⟨n.; -s, -di|en⟩ **1** ⟨zählb.⟩ **1.1** kultisches Bild der grch. Göttin Pallas Athene in Troja **1.2** ⟨fig.⟩ schützendes Heiligtum **2** ⟨unz.; chem. Zeichen: Pd⟩ chem. Element, platinähnliches Edelmetall, Ord-

nungszahl 46 [nach *Pallas* Athene, der grch. Göttin]

Pal|lasch ⟨m.; -es, -e⟩ schwerer Degen [ungar. <türk.]

Pal|la|watsch ⟨m.; -(e)s; unz.; österr.⟩ = Ballawatsch

pal|let|ti ⟨Adj.⟩ = paletti

pal|li|a|tiv ⟨Adj.; Med.⟩ Schmerzen lindernd

Pal|li|a|tiv ⟨n.; -s, -e [-və]; Med.⟩ = Palliativum

Pal|li|a|ti|vum ⟨[-vum] n.; -s, -va [-va]; Med.⟩ Mittel zur Linderung von Schmerzen; *oV* Palliativ [zu lat. *palliare* »bedecken«]

Pal|li|um ⟨n.; -s, -li|en⟩ **1** altröm. mantelähnl. Umhang **2** ⟨MA⟩ kaiserl. Mantel **3** ⟨kath. Kirche⟩ mit Kreuzen verzierte, lange Binde über Schultern, Rücken u. Brust des päpstlichen u. erzbischöfl. Ornats [lat., »Mantel«]

Palm|arum ⟨ohne Artikel⟩ Palmsonntag [<lat. *(dies) palmarum* »(Tag) der Palmen« (beim Einzug Christi in Jerusalem wurden Palmblätter auf seinen Weg gestreut)]

Pal|me ⟨f.; -, -n; Bot.⟩ Vertreter einer Familie meist tropischer einkeimblättriger Bäume mit schlankem Stamm u. gefiederten Blättern: Palmae; *jmdn. auf die* ~ *bringen* ⟨fig.: umg.⟩ jmdn. erbosen, jmdn. wütend machen [<lat. *palma* »Palme«, eigtl. »flache Hand« (wegen der Ähnlichkeit des Blattes mit einer ausgestreckten Hand)]

Pal|met|te ⟨f.; -, -n⟩ dem Blatt der Palme ähnliche, fächerförmige Verzierung [mit frz. Verkleinerungsendung zu *Palme*]

Pal|min® ⟨n.; -s; unz.⟩ Speisefett aus der Kokosnuss [→ *Palme*]

Pal|mi|tat ⟨n.; -(e)s, -e; Chemie⟩ Salz od. Ester der Palmitinsäure

Pal|mi|tin ⟨n.; -s; unz.; Chemie⟩ festes, weißl. Fett, Glycerinester der Palmitinsäure [<frz. *palmite* »Mark der Palme«]

Pal|mi|tin|säu|re ⟨f.; -, -n; Chemie⟩ in den meisten tierischen Fetten, bes. aber im Palmöl u. im Japanwachs vorkommende höhere ungesättigte Fettsäure

Palm|top ⟨[pa:mtɔp] m.; -s, -s; EDV⟩ = Handheldcomputer

[engl.; <*palm* »Handfläche« + *top* »oben«]

Pa|lo|lo|wurm ⟨m.; -(e)s, -würmer; Zool.⟩ im Meer lebender Ringelwurm der Südsee: Eunice [<samoanisch *palolo*]

pal|pa|bel ⟨Adj.; Med.⟩ so beschaffen, dass man es palpieren kann, fühlbar, tastbar, greifbar, z. B. der Puls

Pal|pa|ti|on ⟨f.; -, -en; Med.⟩ Untersuchung durch Palpieren

pal|pa|to|risch ⟨Adj.; Med.⟩ abtastend, abklopfend, durch Palpation [<neulat. *palpatorius*]

Pal|pe ⟨f.; -, -n; Zool.⟩ **1** fühlerförmiger, mit Sinnesorganen besetzter Anhang der Mundwerkzeuge von Insekten **2** das zweite Paar der Gliedmaßen am Kopf der Spinnentiere, Taster [<lat. *palpare* »tasten, streicheln«]

pal|pie|ren ⟨V.; Med.⟩ befühlen, betasten, beklopfen, durch Betasten untersuchen [<lat. *palpare* »tasten, streicheln«]

Pal|pi|ta|ti|on ⟨f.; -, -en; Med.⟩ Herzklopfen [→ *palpitieren*]

pal|pi|tie|ren ⟨V.; Med.⟩ (wie das Herz) klopfen, schlagen [<lat. *palpitare* »zucken«]

PAL-Sys|tem ⟨n.; -s; unz.⟩ = PAL; →*a.* SECAM-System

Pa|lu|da|ri|um ⟨n.; -s, -ri|en; Biol.⟩ Sumpfaquarium zur Haltung von Amphibien u. Reptilien mit einem Wasser- u. einem (bepflanzten) Landteil [zu lat. *palus*, Gen. *paludis* »Sumpf«]

Pa|ly|no|lo|gie ⟨f.; -; unz.; Bot.⟩ Teilgebiet der Botanik, das sich mit der Untersuchung von Blütenpollen u. Sporen befasst [<grch. *palynein* »(be)streuen« + ...*logie*]

Pa|mir|schaf ⟨n.; -(e)s, -e; Zool.⟩ im Hochland von Pamir lebendes Wildschaf

Pam|pa ⟨f.; -, -s⟩ **1** argentinische Grassteppe **2** ⟨fig.; umg.⟩ abgelegene Gegend [Ketschua, »Ebene«]

Pam|pel|mu|se ⟨f.; -, -n; Bot.⟩ Zitrusgewächs mit großen, gelben, säuerlich-bitter schmeckenden Früchten: Citrus aurantium decumana; *Sy* Grapefruit [<Afrikaans *pompelmoosje* <ndrl.]

Pamphlet

Pam|phlet *auch:* **Pamph|let** ⟨n.; -(e)s, -e⟩ polit. Schmähschrift, Streitschrift [vielleicht <*Pamphilet, Pamphilus*, dem Titel eines Liebesliedes des 12. Jh.]

Pamphle|tist *auch:* **Pamphle|tist** ⟨m.; -en, -en; abwertend⟩ Verfasser von Pamphleten, Streitschriften

pamphle|tis|tisch *auch:* **pamphle|tis|tisch** ⟨Adj.; abwertend⟩ im Stil, in der Art eines Pamphlets

Pam|pu|sche ⟨f.; -, -n; norddt.⟩ = Babusche

pan..., **Pan...** ⟨in Zus.⟩ all, ganz, gesamt [<grch. *pan* »ganz, all, jeder«; → *panto...*]

Pan ⟨m.; - od. -s, -s od. -ni⟩ Herr (poln. Anrede mit Familiennamen) [poln. <alttschech.]

Pa|na|ché ⟨[-ʃeː] n.; -s, -s⟩ = Panaschee

Pa|na|de ⟨f.; -, -n; Kochk.⟩ **1** zum Panieren verwendete Masse aus geschlagenem Ei u. Semmelbrösel od. Mehl **2** Brei aus Brot, Mehl, Reis o. Ä. für Farcen (5) od. Füllungen **3** (österr.) eine Suppeneinlage [<ital. *pane* »Brot« + frz. Endung *...ade*]

Pa|na|del|sup|pe ⟨f.; -, -n; Kochk.; österr.⟩ eine Suppe mit Weißbroteinlage u. Ei [→ *Panade*]

pan|a|fri|ka|nisch *auch:* **pan|afri|ka|nisch** ⟨Adj.⟩ auf dem Panafrikanismus beruhend, ihn betreffend

Pan|a|fri|ka|nis|mus *auch:* **Pan|afri|ka|nis|mus** ⟨m.; -; unz.⟩ Streben der Völker u. Staaten Afrikas nach wirtschaftlichem u. kulturellem Zusammenschluss

Pa|na|ma ⟨m.; -s, -s⟩ **1** ⟨Textilw.⟩ poröses Gewebe **2** ⟨kurz für⟩ Panamahut [nach dem mittelamerikan. Staat *Panama*]

Pa|na|ma|hut ⟨m.; -(e)s, -hü|te⟩ fein geflochtener, breitkrempiger Strohhut

Pa|na|ma|rin|de ⟨f.; -, -n⟩ = Quillajarinde

pan|a|me|ri|ka|nisch ⟨Adj.⟩ den Panamerikanismus betreffend, auf ihm beruhend

Pan|a|me|ri|ka|nis|mus ⟨m.; -; unz.⟩ Streben nach Zusammenarbeit aller amerikan. Staaten [<*Pan...* + *Amerika*]

Pan|a|ra|bis|mus ⟨m.; -; unz.⟩ Bestrebung, alle Araber politisch zu vereinigen [→ *Pan...*]

Pa|na|ri|ti|um ⟨n.; -s, -ti|en; Med.⟩ Infektion eines Fingers durch Eitererreger, Fingerentzündung; *Sy* Daktylitis, Paronychie [lat.; vermutl. <lat., grch. *paronychia* (→ *Paronychie*), beeinflusst von lat. *panus*, grch. *penos* »eitrige Entzündung«]

Pa|nasch ⟨m.; -es, -e⟩ Federbusch, Helmbusch [<frz. *panache*, verwandt mit lat. *penna* »Feder«]

Pa|na|schee ⟨n.; -s, -s⟩ *oV* Panaché **1** Speise aus mehrfarbigen Kompotten, mehrfarbigem Eis o. Ä. **2** = Panaschierung [zu frz. *panachent* »bunt, gestreift, gefleckt«]

pa|na|schie|ren ⟨V.⟩ **1** mit bunten Streifen mustern **2** *mehrere Kandidaten ~* zugleich wählen [<frz. *panacher* »bunt machen, bunstreifig verzieren«]

Pa|na|schie|rung ⟨f.; -, -en⟩ **1** das Panaschieren **2** ⟨Bot.⟩ = Panaschüre

Pa|na|schü|re ⟨f.; -, -n⟩ durch Fehlen von Blattgrün hervorgerufene weiße od. bunte Zeichnung des Laubes; *oV* Panaschee (2), Panaschierung (2)

Pan|a|the|nä|en ⟨Pl.⟩ alle vier Jahre gefeiertes, größtes Fest aller Athener zu Ehren der Pallas Athene mit Wettkämpfen, Opfern, Prozessionen [<grch. *Panathenaia* »*pan* »alles, jedes« + *Athena*, grch. Göttin *Athene*]

Pan|a|zee *auch:* **Pa|na|zee** ⟨[-atseː(ə)] f.; -, -ze|en [-atseː(ə)n]⟩ Allheilmittel [<lat. *panacea* »Allheilkraut« <grch. *panakeia* »Allheilerin« <grch. *pan* »ganz, jeder«+ *akos* »Heilmittel«]

pan|chro|ma|tisch ⟨[-kro-] Adj.⟩ für alle Farben empfindlich (Filmmaterial); *Ggs* orthochromatisch; *~er Film*

Pan|da ⟨m.; -s, -s; Zool.⟩ Vertreter einer Unterfamilie der Kleinbären: Ailurinae; *großer ~* im Dschungel zwischen Ost-Tibet u. Szetschuan lebender schwarz-weißer Kleinbär, der sich von Bambus ernährt, Bambusbär: Ailuropoda melanoleuca; *kleiner ~* im östl. Himalaja lebender Kleinbär mit fuchsrotem Rücken, Katzenbär: Ailurus fulgens [<nepales.]

Pan|dä|mo|ni|um ⟨n.; -s, -ni|en; grch. Myth.⟩ **1** Versammlungsort aller bösen Geister **2** Gesamtheit aller bösen Geister [<*Pan...* + *Dämon*]

Pan|dek|ten ⟨Pl.⟩ Sammlung von Sprüchen aus dem röm. Recht [<lat. *Pandectes* <grch. *pandektes* »alles enthaltend«]

Pan|de|mie ⟨f.; -, -n; Med.⟩ über Länder u. Erdteile sich ausbreitende Seuche [<grch. *pandemia* »alle Leute«]

pan|de|misch ⟨Adj.⟩ in der Art einer Pandemie

Pan|de|ra ⟨f.; -, -s; Musik⟩ = Pandero

Pan|der|mit ⟨m.; -s, -e⟩ in feinkörnigen Knollen auftretendes Bormineral

Pan|de|ro ⟨m.; -s, -s; Musik⟩ Schellentrommel aus dem Baskenland; *oV* Pandera [span.]

Pan|dit ⟨m.; -s, -e; ind. Titel für⟩ Gelehrter [Hindi <Sanskrit *pandita* »klug, gelehrt«]

Pan|dscha|bi[1] *auch:* **Pand|scha|bi**[1] ⟨m.; -s, -s⟩ Einwohner des Pandschabs

Pan|dscha|bi[2] *auch:* **Pand|scha|bi**[2] ⟨n.; -s; unz.⟩ neuindische, im Pandschab gesprochene Sprache

Pan|dur ⟨m.; -en, -en⟩ **1** bewaffneter ungar. Diener **2** ⟨17./18. Jh.⟩ ungar. Fußsoldat [<ungar. *pandúr*]

Pa|neel ⟨n.; -s, -e⟩ **1** vertieftes Feld der Täfelung **2** Täfelung [<afrz. *panel*, frz. *panneau* »Tafel«]

pa|neel|ie|ren ⟨V.⟩ mit Paneel versehen, mit Holz täfeln

Pan|e|gy|ri|ker *auch:* **Pa|ne|gy|ri|ker** ⟨m.; -s, -⟩ Verfasser von Panegyriken, Lobredner

Pan|e|gy|ri|kos *auch:* **Pa|ne|gy|ri|kos** ⟨m.; -, -koi⟩ = Panegyrikus

Pan|e|gy|ri|kus *auch:* **Pa|ne|gy|ri|kus** ⟨m.; -, -ri|ken⟩ Festrede, Lobrede; *oV* Panegyrikos [<grch. *panegyris* »Versammlung aller, Festversammlung«]

pan|e|gy|risch *auch:* **pa|ne|gy|risch** ⟨Adj.⟩ in der Art eines Panegyrikus, lobrednerisch

Pa|nel ⟨[pænəl] n.; -s, -s⟩ **1** ⟨Meinungsforschung⟩ für einen bestimmten Zweck ausgewählte, repräsentative Gruppe **2** typografisch umgrenzter Teil eines

Panoramafernrohr

Werbemittels **3** Anzeige- und Regelungseinheit von Maschinen [engl. <mengl., eigtl. »Stück Stoff, Pergament« <vulgärlat. *panellus* »kleines Stück Stoff«; zu lat. *pannus* »Stück Stoff, Tuch«]

Pa|nel|ana|ly|se ⟨[pænəl-] f.; -, -n; Stat.⟩ Auswertung der durch Befragung eines Panels (1) erhobenen Daten [< *Panel* + *Analyse*]

pa|nem et cir|cen|ses ⟨geh.⟩ Brot u. Spiele (Forderung des altröm. Volkes) [lat.]

Pan|en|the|is|mus ⟨m.; -; unz.⟩ Lehre, dass das Weltall in Gott ruhe, in Gott eingeschlossen sei [< *Pan...* + *Theismus*]

pan|en|the|is|tisch ⟨Adj.⟩ zum Panentheismus gehörend, auf ihm beruhend

Pa|net|to|ne ⟨m.; -, -ni⟩ ital. Hefekuchen mit Rosinen u. kandierten Früchten (für die Weihnachtszeit) [ital.]

pan|eu|ro|pä|isch ⟨Adj.⟩ ganz Europa umfassend [< *pan...* + *europäisch*]

Pan|flö|te ⟨f.; -, -n; Musik⟩ antike Hirtenflöte aus mehreren, verschieden langen Pfeifen aus Bambus od. Schilfrohr ohne Grifflöcher; *Sy* Syrinx (2) [nach dem grch. Hirtengott *Pan*]

Pan|ger|ma|nis|mus ⟨m.; -; unz.; früher⟩ Bestreben, alle Deutschen in einem Staat zu vereinigen [< *Pan...* + *Germane*]

pan|hel|le|nisch ⟨Adj.⟩ die hellenischen Völker u. Staaten betreffend, zu ihnen gehörig [→ *Panhellenismus*]

Pan|hel|le|nis|mus ⟨m.; -; unz.⟩ Bestreben, alle Griechen in einem Staat zu vereinigen

Pa|ni ⟨m.; -s od. -, -s⟩ Angehöriger eines nordamerikanischen Prärie-Indianerstammes

Pa|nier ⟨n.; -s, -e⟩ **1** Banner, Feldzeichen **2** ⟨fig.⟩ Wahlspruch, Motto [< frz. *bannière* < afrz. *banière* < germ. **banda* »Feldzeichen, Fähnlein«; verwandt mit *Banner*]

pa|nie|ren ⟨V.⟩ in Ei u. Mehl od. geriebenem Brötchen wenden; *Fisch, ein Schnitzel, eine Scheibe Weißbrot ~* [< frz. *paner* »mit geriebenem Brot bestreuen«; zu *pain* »Brot«]

Pa|nik ⟨f.; -, -en⟩ allgemeine Verwirrung, plötzlich ausbrechende Angst (bes. bei Massenansammlungen) [< frz. *panique* < grch. *panikos*; → *panisch*]

pa|nisch ⟨Adj.⟩ **1** alles, das ganze Innere erfüllend **2** in der Art einer Panik, angsterfüllt; *~er Schrecken; ~e Angst; in ~er Flucht davonstürzen* [< frz. *panique* < grch. *panikos* »von Pan herrührend«; nach dem Wald- und Hirtengott *Pan*, dessen Erscheinen Schrecken auslöste]

Pan|is|la|mis|mus ⟨m.; -; unz.⟩ Bestreben, alle islam. Völker politisch u. religiös zu vereinigen [< *Pan...* + *Islam*]

Pan|je ⟨m.; -s, -s; scherzh.⟩ russ., poln. Bauer [< poln. *panie*, Vokativ zu *pan* »Herr«]

Pan|je|pferd ⟨n.; -(e)s, -e⟩ kleines russ. Pferd

Pan|je|wa|gen ⟨m.; -s, -⟩ kleiner, einfacher, von einem Pferd gezogener Wagen

Pan|kar|di|tis ⟨f.; -, -ti|den; Med.⟩ Entzündung aller Schichten der Herzwand [< *Pan...* + *Karditis*]

◆ Die Buchstabenfolge **pankr...** kann auch **pankr...** getrennt werden.

◆ **Pan|kra|ti|on** ⟨n.; -s; unz.; im antiken Griechenland⟩ Verbindung von Ringkampf u. Faustkampf nach besonderen Regeln [< *Pan...* + grch. *kratos* »Kraft«]

◆ **Pan|kre|as** ⟨f.; -, -kre|a|ta od. -kre|a|ten; Anat.⟩ Bauchspeicheldrüse [< *Pan...* + grch. *kreas* »Fleisch«]

◆ **Pan|kre|at|ek|to|mie** ⟨f.; -, -n; Med.⟩ operatives Entfernen der Bauchspeicheldrüse

◆ **Pan|kre|a|tin** ⟨n.; -s; unz.; Biochemie⟩ Enzym der Bauchspeicheldrüse [→ *Pankreas*]

◆ **Pan|kre|a|ti|tis** ⟨f.; -, -ti|ti|den; Med.⟩ Entzündung der Bauchspeicheldrüse [< *Pankreas* + *...itis*]

Pan|lo|gis|mus ⟨m.; -; unz.⟩ **1** philosoph. Lehre, dass die Welt als Verwirklichung der Vernunft aufzufassen sei **2** Lehre vom log. Aufbau der Welt

Pan|mi|xie ⟨f.; -, -n; Biol.⟩ Möglichkeit der Kreuzung aller Tiere od. Pflanzen, die zu einer Population gehören [< *Pan...* + grch. *mixis* »Vermischung«]

Pan|ne ⟨f.; -, -n⟩ **1** Schaden, Betriebsstörung (bes. an Fahrzeugen); *Auto~; Rad~; Reifen~* **2** Störung im Arbeitsablauf, Fehler, Missgeschick; *da ist beim Abschreiben eine ~ passiert* [< frz. *panne*, eigtl. »Stellung der Segel, bei der sie keinen Wind bekommen«]

Pan|neau ⟨[panoː] m.; -s, -s⟩ **1** ⟨Textilw.⟩ lose hängende Stoffbahn, z. B. Gardine, Store **2** Holzplatte od. -tafel zum Bemalen **3** Platte aus Holz, Metall o. Ä. für Inschriften [frz.]

Pan|ni|ku|li|tis ⟨f.; -, -ti|den; Med.⟩ Entzündung des Unterhautfett- u. Bindegewebes [< lat. *panniculus* »Stückchen Stoff, Läppchen« + *...itis*]

pan|no|nisch ⟨Adj.; österr.⟩ die römische Provinz Pannonien des ungarischen Tieflandes zwischen Wienerwald, Donau u. Save betreffend; *~es Klima*

Pan|nus ⟨m.; -; unz.; Med.⟩ Hornhauttrübung infolge der Ausbildung eines gefäßreichen Bindegewebes [lat., »Lappen«]

◆ Die Buchstabenfolge **pano...** kann auch **pano...** getrennt werden.

◆ **Pan|op|ti|kum** ⟨n.; -s, -ti|ken⟩ **1** Wachsfigurenkabinett **2** Kuriositätenkabinett [< *Pan...* + grch. *optikos* »zum Sehen gehörend«]

◆ **pan|op|tisch** ⟨Adj.⟩ von allen Seiten einsehbar; *~es System* sternförmige Anordnung der Zellen in Strafanstalten zum Zweck zentraler Überschaubarkeit [< *pan...* + *optisch*]

◆ **Pan|o|ra|ma** ⟨n.; -s, -ra|men⟩ **1** Rundblick, Ausblick in die Landschaft **2** Rundbild, das einen weiten Horizont vortäuscht **3** ⟨Theat.⟩ im Halbkreis um die Bühne reichendes Rundbild einer Landschaft o. Ä. als Hintergrund, Vorläufer des Rundhorizonts [< *Pan...* + grch. *horama* »Anblick«]

◆ **Pan|o|ra|ma|fern|rohr** ⟨n.; -(e)s, -e⟩ Fernrohr mit beweglichen

Prismen, durch deren Verschiebung sich bei fest stehendem Okular der gesamte Horizont absuchen lässt
◆**Pan|o|ra|ma|ver|fah|ren** ⟨n.; -s; unz.⟩ Aufnahme- u. Wiedergabeverfahren für Kinofilme mit bes. großflächiger Wirkung
Pan|pho|bie ⟨f.; -, -n⟩ Angst vor der Außenwelt, allgemeine Furchtstimmung [<grch. *pan* »alles« + *Phobie*]
Pan|ple|gie ⟨f.; -, -n; Med.⟩ völlige Lähmung des Körpers [<grch. *pan* »alles« + grch. *plege* »Schlag«]
Pan|psy|chis|mus ⟨m.; -; unz.; Philos.⟩ philosoph. Lehre, dass alle Dinge beseelt seien
Pan|sen ⟨m.; -s, -; Anat.⟩ **1** erster Magen der Wiederkäuer **2** ⟨nddt.⟩ Magen [<ital. *pancia* »Bauch«]
Pan|sla|wis|mus ⟨m.; -; unz.⟩ Bestreben, alle slaw. Völker politisch u. kulturell zu vereinigen [<*Pan...* + *Slawe*]
Pan|sla|wist ⟨m.; -en, -en⟩ Verfechter des Panslawismus
pan|sla|wis|tisch ⟨Adj.⟩ die slawischen Völker, den Panslawismus betreffend, zu ihnen gehörend
Pan|so|phie ⟨f.; -; unz.; Philos.; 16.-18. Jh.⟩ philosophisch-religiöse Strömung mit dem Ziel, alle Wissenschaften zu einer Gesamtwissenschaft zusammenzufassen [<grch. *pan* »alles« + *sophia* »Weisheit«]
pan|so|phisch ⟨Adj.; Philos.⟩ die Pansophie betreffend, auf ihr beruhend, zu ihr gehörig
Pan|sper|mie ⟨f.; -; unz.; Biol.⟩ Besamung aus dem All (nach einer inzwischen abgelehnten Hypothese von Arrhenius sollen Keime das Leben von Himmelskörper zu Himmelskörper übertragen) [<*Pan...* + *Sperma*]
Pan|ta|le|on ⟨n.; -s, -s; Musik⟩ = Pantalon
Pan|ta|lon ⟨n.; -s, -s; Musik⟩ aus dem Hammerklavier weiterentwickelte Form des Hackbretts mit zwei Resonanzböden u. beidseitiger Saitenbespannung; *oV* Pantaleon [nach dem Erbauer *Pantaleon* Hebenstreit, 1667-1750]

Pan|ta|lo|ne ⟨m.; -s, -lo̱ni⟩ Gestalt der Commedia dell'Arte, komischer Alter [<ital. *pantaloni* »lange Hosen«, die zum *Pantalone*kostüm gehörten]
Pan|ta|lons ⟨[pātalō̱:s] Pl.⟩ während der Französ. Revolution modern gewordene lange Hosen [<ital. *pantaloni*]
pan|ta rhei ⟨geh.⟩ alles fließt (dem grch. Philosophen Heraklit zugeschriebener Ausspruch, der bedeuten soll, dass die Welt auf ewigem Werden u. Vergehen beruhe) [grch.]
Pan|ter ⟨m.; -s, -; Zool.⟩ = Panther
Pan|the|lis|mus ⟨m.; -; unz.; Philos.⟩ philosophische Auffassung, dass der Wille das Wesen aller Dinge sei
Pan|the|is|mus ⟨m.; -; unz.; Philos.⟩ philosoph. Lehre, dass Gott u. die Welt, die Natur eins seien, dass Gott überall in der Natur sei
Pan|the|ist ⟨m.; -en, -en; Philos.⟩ Vertreter, Anhänger des Pantheismus
Pan|the|is|tin ⟨f.; -, -tin|nen; Philos.⟩ Vertreterin, Anhängerin des Pantheismus
pan|the|is|tisch ⟨Adj.; Philos.⟩ zum Pantheismus gehörend, auf ihm beruhend
Pan|the|on ⟨n.; -s, -s⟩ **1** antiker Tempel aller Götter **2** ⟨fig.⟩ Ehrentempel **3** Gesamtheit aller Götter (eines Volkes) [<*Pan...* + grch. *theos* »Gott«]

Panther / Panter (*Laut-Buchstaben-Zuordnung*) Im Zuge der Integration fremdsprachlicher Wörter in die deutsche Standardsprache kann neben die ursprüngliche, der Herkunftssprache folgende Orthographie eine integrierte Schreibweise mit angepasster Laut-Buchstaben-Zuordnung treten. Es bleibt dem Schreibenden überlassen, welche Schreibweise er vorzieht.

Pan|ther ⟨m.; -s, -; Zool.⟩ = Leopard; *oV* Panter [lat. <grch. *panther(os)*]
Pan|ti|ne ⟨f.; -, -n; norddt.⟩ = Pantoffel (1); *Holz*~ [<frz. *patin* »Schuh mit Holzsohle«]

pan|to..., Panto... ⟨in Zus.⟩ all..., All..., alles [<grch. *pan*, Gen. *pantos* »ganz, all, jeder«; → *pan...*]
Pan|tof|fel ⟨m.; -s, -n⟩ **1** Hausschuh ohne Fersenteil; *Sy* Pantine; *Filz*~ **2** Sinnbild des häusl. Regiments der Ehefrau; *sie hat ihn unter dem* ~ ⟨fig.; umg.⟩ sie beherrscht ihren Ehemann, sie ordnet alles an; *unter dem* ~ *stehen* ⟨fig. umg.⟩ von seiner Ehefrau beherrscht werden, daheim nichts zu sagen haben [<frz. *pantoufle*]
Pan|to|graf ⟨m.; -en, -en⟩ = Pantograph
Pan|to|gra|fie ⟨f.; -, -n⟩ = Pantographie
Pan|to|graph ⟨m.; -en, -en⟩ Gerät zum Vergrößern od. Verkleinern von geometr. Figuren, Storchschnabel; *oV* Pantograf [<*Panto...* +...*graph*]
Pan|to|gra|phie ⟨f.; -, -n⟩ mit dem Pantographen verfertigte Umrisszeichnung; *oV* Pantografie
Pan|to|kra|tor ⟨m.; -s; unz.⟩ **1** Titel für Gott u. den auferstandenen Christus **2** ⟨(bes. byzantin.) Kunst⟩ Darstellung des thronenden Christus [<*Panto...* + grch. *kratein* »herrschen«]
Pan|to|let|te ⟨f.; -, -n⟩ leichter Schuh ohne Fersenteil u. meist mit Keilabsatz [<*Pantoffel* + *Sandalette*]
Pan|to|me|ter ⟨n.; -s, -⟩ vielseitig verwendbares Winkelmessgerät [<*Panto...* +...*meter*]
Pan|to|mi|me[1] ⟨f.; -, -n⟩ Bühnenstück, das ohne Worte, nur durch Gebärden, Mienenspiel u. Bewegung od. Tanz dargestellt wird [<grch. *pantomimos* »alles nachahmend« <*pan*, Gen. *pantos* »alles« + *mimesthai* »nachahmen«]
Pan|to|mi|me[2] ⟨m.; -n, -n⟩ Künstler, der Pantomimen darstellt [→ *Pantomime*[1]]
Pan|to|mi|mik ⟨f.; -; unz.⟩ **1** Gebärdenspiel **2** Kunst der Pantomime
Pan|to|mi|min ⟨f.; -, -min|nen⟩ Künstlerin, die Pantomimen darstellt [→ *Pantomime*[1]]
pan|to|mi|misch ⟨Adj.⟩ die Pantomime betreffend, nur durch Gebärden (ausgedrückt); *etwas* ~ *darstellen*

pan|to|phag ⟨Adj.⟩ = omnivor; *Ggs* monophag [<*panto*… + …*phag*]
Pan|to|pha|ge ⟨m.; -n, -n⟩ = Omnivore; *Ggs* Monophage
Pan|to|pha|gie ⟨f.; -; unz.⟩ Ernährungsweise ohne Wahl (bei Tieren); *Ggs* Monophagie
Pan|to|po|de ⟨m.; -n, -n; Zool.⟩ räuberisch lebende, meeresbewohnende Asselspinne, gehört zur Klasse der Gliederfüßer aus dem Unterstamm der Chelicerata [<*Panto*… + …*pode*]
Pan|to|then|säu|re ⟨f.; -, -n; Biochemie⟩ Vitamin aus der Gruppe der B_2-Vitamingruppe [grch. *pantothen* »von allen Seiten«; die Säure kommt in allen pflanzl. u. tier. Geweben vor]
Pan|try *auch:* **Pant|ry** ⟨[pæntrɪ] f.; -, -s⟩ Anrichte (auf Schiffen od. Flugzeugen) [engl., »Speisekammer, Anrichteraum«]
Pan|tschen-La|ma *auch:* **Pant|schen-La|ma** ⟨m.; - od. -s, -s⟩ zweites kirchliches Oberhaupt der Tibeter nach dem Dalai-Lama [tibet., »Juwel des großen Priesters«]
Pan|ty ⟨[pæntɪ] f.; -, -s; meist Pl.⟩ **1** Strumpfhose **2** von Frauen getragene Unterwäsche, Miederhöschen [engl.]
Pän|ul|ti|ma *auch:* **Pä|nul|ti|ma** ⟨f.; -, -tiːmä od. -tiˌmen⟩ vorletzte Silbe [<lat. *paenultima* <*paene* »fast, beinahe« + *ultimus* »der letzte«]
Pä|o|nie ⟨[-oːnjə] f.; -, -n; Bot.⟩ Pfingstrose [<grch. *paionia*]
p. a. p. ⟨Abk. für⟩ poco a poco
Pa|pa ⟨[paːˈ-] f.⟩ **1** Papst **2** ⟨Ostkirche⟩ höherer Geistlicher [lat., »Papst«]
Pa|pa|gal|lo ⟨m.; -s, -s od. -li; in Mittelmeerländern⟩ einheim., zu Liebesabenteuern mit Touristinnen bereiter junger Mann [ital., »Papagei«]
Pa|pa|gei ⟨m.; -(e)s, -e od. -en; Zool.⟩ in wärmeren Zonen der Erde verbreitete Ordnung von Vögeln mit farbenprächtigem Gefieder u. großem Kopf sowie stark gekrümmtem Schnabel u. Greiffüßen: Psittaci; *schwatzen wie ein* ~ unaufhörlich reden [<mhd. *papegan* <frz. *papegai*, span. *papagayo*, ital. *pappagallo* <arab. *babagha*, westafrikan. Eingeborenenspr. *pampakei*]
Pa|pa|gei|en|krank|heit ⟨f.; -; unz.; Med.⟩ = Psittakose
Pa|pa|in ⟨n.; -s; unz.; Biochemie⟩ Eiweiß spaltendes Enzym, das aus den Früchten des Melonenbaumes gewonnen wird u. als Mittel gegen Verdauungsbeschwerden, bei der Klärung von Getränken u. als Zartmacher für Fleisch Verwendung findet [→ *Papaya*]
pa|pal ⟨Adj.; Theol.⟩ päpstlich [<lat. *pap* »Papst«]
Pa|pa|lis|mus ⟨m.; -; unz.; Theol.⟩ kirchenrechtliche Ordnung, nach der die höchste Kirchengewalt beim Papst, nicht bei den Bischöfen (Konzil) liegt; *Sy* Kurialismus, Papalsystem; *Ggs* Episkopalismus (2)
Pa|pa|list ⟨m.; -en, -en; Theol.⟩ Befürworter des Papalismus
pa|pa|lis|tisch ⟨Adj.; Theol.⟩ den Papalismus betreffen, zu ihm gehörig, auf ihm beruhend
Pa|pal|sys|tem ⟨n.; -s; unz.; Theol.⟩ = Papalismus
Pa|pa|raz|zo ⟨m.; -s, -razˌzi; meist Pl.; umg.; abwertend⟩ aufdringlicher Pressefotograf, Sensationsreporter [ital., abgeleitet von dem Beinamen eines Fotografen in dem Film »La dolce vita« (1959) von Federico Fellini]
Pa|pat ⟨n. od. m.; -(e)s; unz.⟩ Wesen, Würde, Herrschaft des Papstes, Papsttum [<lat. *papa* »Papst«]
Pa|pa|ve|ra|zee ⟨[-veratseˑə] f.; -, -n; Bot.⟩ Mohngewächs [<lat. *papaver* »Mohn«]
Pa|pa|ve|rin ⟨[-veˑ-] n.; -s; unz.⟩ im Opium vorkommendes Alkaloid, wegen seiner Fähigkeit, krampflösend zu wirken, als Mittel gegen Geisteskrankheiten, als Schlafmittel u. gegen erhöhten Blutdruck benutzt [<lat. *papaver* »Mohn«]
Pa|pa|ya ⟨f.; -, -payen; Bot.⟩ = Papaye
Pa|pa|ye ⟨f.; -, -n; Bot.⟩ *oV* Papaya **1** Melonenbaum **2** Frucht des Melonenbaums [karib.]
Pa|pel ⟨f.; -, -n; Med.⟩ entzündliche, etwa reiskorn- bis linsengroße Erhebung auf der Haut bei vielen Hautkrankheiten; *oV* Papula [<lat. *papula* »Bläschen«]
Pa|per ⟨[pɛɪpə(r)] n.; -s, -⟩ **1** Arbeitspapier (bei Konferenzen, Vorträgen) **2** Dokument, Schriftstück [engl., »Papier«]
Pa|per|back ⟨[pɛɪpə(r)bæk] n.; -s, -s; Buchw.⟩ broschiertes Buch mit dünnen Einbanddecken, Taschenbuch; *Ggs* Hardcover [engl.]
Pa|pe|te|rie ⟨f.; -, -n; schweiz.⟩ (Geschäft für) Papier, Schreibwaren [frz.]
Pa|pier ⟨n.; -s, -e⟩ **1** ⟨unz.⟩ durch Faserverfilzung entstandenes, blattartiges Gebilde zum Schreiben, Drucken, Einpacken **2** ⟨zählb.⟩ **2.1** Schriftstück, Urkunde **2.2** Resolution, Denkschrift o. Ä. **2.3** Zettel **2.4** Aufzeichnung, kurze schriftliche Arbeit **2.5** Wertpapier, Aktie, Pfandbrief **2.6** ⟨Pl.⟩ ~*e* Ausweise [<mhd. (14.Jh.) *papier* <lat. *papyrum*; zu *papyrus* <grch. *papyros* »Papyrus; daraus hergestelltes Schreibmaterial«]
Pa|pier|ma|ché ⟨[-maʃeː] n.; -s, -s⟩ = Papiermaschee
Pa|pier|ma|schee ⟨n.; -s, -s⟩ formbare Masse aus eingeweichtem Papier u. Leim, Stärke o. Ton, die nach dem Trocknen mit Firnis überzogen wird; *oV* Papiermaché; *Sy* Pappmaschee [frz., eigtl. »Papierteig«]
pa|pil|lar ⟨Adj.; Med.⟩ warzenförmig [→ *Papille*]
Pa|pil|lar|leis|ten ⟨Pl.; Med.⟩ feine, leistenartige Riffelung der Haut auf der Innenseite der Finger u. Zehen, der Handflächen u. Fußsohlen mancher Affen u. des Menschen, Hautleisten; *Sy* Papillarlinien
Pa|pil|lar|li|ni|en ⟨Pl.; Med.⟩ = Papillarleisten
Pa|pil|lar|schicht ⟨f.; -, -en; Anat.⟩ mit papillenförmigen Ausbuchtungen versehene obere Schicht der Lederhaut
Pa|pil|le ⟨f.; -, -n; Med.⟩ warzenförmige Erhebung [<lat. *papilla* »Brustwarze, Wärzchen«]
pa|pil|li|form ⟨Adj.; Anat.⟩ warzenförmig
Pa|pil|lom ⟨n.; -s, -e; Med.⟩ Geschwulst mit warzenartig zer-

Papillon

klüfteter Oberfläche, Zotten-, Warzengeschwulst [→ *Papille*]
Pa|pil|lon ⟨[papijõ:] m.; -s, -s⟩ **1** ⟨Zool.⟩ kleine Hunderasse, deren Ohren wie Schmetterlingsflügel geformt sind **2** ⟨Textilw.⟩ leichter Kleiderstoff aus Seide, Kammgarn, Halbseide od. Chemiefaser **3** ⟨veraltet⟩ unbeständiger, leichtlebiger Mensch [frz., »Schmetterling«]
pa|pil|lös ⟨Adj.⟩ warzig [→ *Papille*]
Pa|pil|lo|te ⟨[-jo:tə] f.; -, -n⟩ Lockenwickel aus Papier [frz.]
pa|pil|lo|tie|ren ⟨[papijo:-] V.⟩ *Haarsträhnen ~* zum Wellen auf Papilloten aufdrehen
pa|pin|sche(r) Topf *auch:* **Papin'sche(r) Topf** ⟨[papɛ̃:-] m.; -(e)s, -töp|fe⟩ geschlossener Topf, in dem Wasser erhitzt wird, wobei der Dampfdruck beliebig gewählt werden kann [nach dem frz. Physiker Denis Papin, 1647-1712 (?)]
Pa|pi|ros|sa ⟨f.; -, -ros|si od. -ros|sy⟩ russ. Zigarette mit langem, hohlem Pappmundstück [<russ. *papirosa* »Zigarette« <poln. *papieros* <dt. *Papier*]
Pa|pis|mus ⟨m.; -; unz.; abwertend⟩ Papsttum [<frz. *papisme* <lat. *papa* »Papst«]
Pa|pist ⟨m.; -en, -en; abwertend⟩ Anhänger des Papsttums
pa|pis|tisch ⟨Adj.⟩ zum Papismus gehörig, ihn betreffend
Pap|pa|ta|ci|fie|ber ⟨[-tʃi-] n.; -s, -; Med.⟩ in trop. u. subtrop. Ländern heimische Infektionskrankheit, deren Virus durch die Pappatacimücke übertragen wird, Hundskrankheit, Sandflohfieber, Dreitagefieber [→ *Pappatacimücke*]
Pap|pa|ta|ci|mü|cke ⟨[-tʃi-] f.; -, -en; Zool.⟩ etwa 2 mm große Stechmücke, die in den Mittelmeerländern sowie in Süd- u. Ostasien Überträger des Pappatacifiebers ist: Phlebotomus pappatasii [<ital. *pappataci* <*pappare* »essen«+ *tacito* »leise« (zu *tacere* »schweigen« <lat. *tacere*)]
Papp|ma|ché ⟨[-ʃe:] n.; -s, -s⟩ = Pappmaschee
Papp|ma|schee ⟨n.; -s, -s⟩ = Papiermaschee; *oV* Pappmaché

Pap|pus ⟨m.; -, -od. -se; Bot.⟩ den fehlenden Kelch vieler Korbblütler ersetzender Kranz aus Haaren, der an der Frucht verbleibt u. ihrer Verbreitung dient, Federkrone [<grch. *pappos* »Großvater«]
Pa|pri|ka *auch:* **Pap|ri|ka** ⟨m.; -s, -s; Bot.⟩ zu einer Gattung der Nachtschattengewächse gehörende krautige Pflanze, die wegen ihrer Frucht angebaut wird, span. Pfeffer: Capsicum; *Sy* Kapsikum (1) [ungar. <serb. *paprika;* zu *papar* »Pfeffer« <lat. *piper* <grch. *peperi*]
Pa|pu|la ⟨f.; -, -lae [-lɛː]⟩ = Papel [lat.]
Pa|py|ri ⟨Pl. von⟩ Papyrus
Pa|py|rin ⟨n.; -s; unz.⟩ Pergamentpapier [→ *Papyrus*]
Pa|py|ro|lo|gie ⟨f.; -; unz.⟩ Lehre von den Papyri [<*Papyrus* + ...*logie*]
pa|py|ro|lo|gisch ⟨Adj.⟩ die Papyrologie betreffend, auf ihr beruhend, zu ihr gehörend; *~er Befund*
Pa|py|rus ⟨m.; -, -py|ri⟩ **1** papierähnlicher Schreibstoff, der aus dem in Streifen geschnittenen u. kreuzweise übereinander geklebten Mark der Stängel der Papyrusstaude gewonnen wird **2** Schriftstück daraus, Papyrusrolle [lat.<grch. *papyros*]
Par ⟨n.; - od. -s, -s; Sport; Golf⟩ vorgegebene Anzahl von Schlägen, mit denen ein Golfloch erreicht werden soll [engl., <lat. *par* »gleich (groß)«]
par..., Par... ⟨Vorsilbe⟩ = para..., para...
...par ⟨Nachsilbe; zur Bildung von Adj.⟩ gebärend; *ovipar; vivipar* [<lat. *parere* »gebären«]
Pa|ra ⟨m.; -s od. (bei Zahlenangaben) -⟩ kleinste jugoslaw. Währungseinheit, $^1/_{100}$ Dinar
pa|ra..., Pa|ra... ⟨vor Vokalen⟩ par..., Par... ⟨in Zus.⟩ **1** neben, bei **2** gegen, wider [grch.]
Pa|ra|ba|se ⟨f.; -, -n; in der altgrch. Komödie⟩ polit.-soziale, satir. Ansprache des Chors an die Zuschauer [<grch. *parabasis* »Vorbeimarsch«]
Pa|ra|bel ⟨f.; -, -n⟩ **1** lehrhafte Erzählung in der allg. sittl. Wahrheit an einem Beispiel veranschaulicht **2** Kegelschnitt,

der dadurch gekennzeichnet ist, dass alle auf ihm liegenden Punkte von einem festen Punkt (dem Brennpunkt) u. einer Geraden den gleichen Abstand haben [<grch. *parabola* <grch. *parabole*]
Pa|ra|bel|lum|pis|to|le ⟨f.; -, -n⟩ Selbstladepistole
Pa|ra|bi|ont ⟨m.; -en, -en; Biol.⟩ Lebewesen, das mit einem anderen der gleichen Art verwachsen ist, z. B. siamesischer Zwilling [→ *Parabiose*]
Pa|ra|bi|o|se ⟨f.; -, -n; Biol.⟩ Zusammenleben zweier Lebewesen, die miteinander verwachsen sind, z. B. bei siamesischen Zwillingen [<*Para...* + ...*biose*]
Pa|ra|blacks ⟨[pæːrəblæks] Pl.⟩ auf dem vorderen Teil von Skiern befestigte Klötze, die das Überkreuzen verhindern [engl.]
Pa|ra|blep|sie ⟨f.; -, -n; Med.⟩ Sehstörung [<*Para...* + grch. *blepein* »sehen«]
Pa|ra|bol|an|ten|ne ⟨f.; -, -n; El.⟩ Antenne zum Bündeln von Ultrakurzwellen mit einem Reflektor in Form eines Paraboloids [→ *Paraboloid*]
pa|ra|bo|lisch ⟨Adj.⟩ eine Parabel betreffend, auf ihr beruhend, in der Art einer Parabel
pa|ra|bo|li|sie|ren ⟨V.⟩ in der Art einer Parabel darstellen
Pa|ra|bo|lo|id ⟨n.; -(e)s, -e; Geom.⟩ Körper, der durch Drehen einer Parabel od. einer Hyperbel entsteht [<*Parabel* + ...*id*]
Pa|ra|bol|spie|gel ⟨m.; -s, -; Optik⟩ als Paraboloid geformter Hohlspiegel zur Aussendung oder zum Empfang elektromagnetischer Strahlung
Pa|ra|ce|tam|ol ⟨n.; -s; unz.; Pharm.; internat. Freiname für⟩ Medikament zur Schmerzbekämpfung u. Fiebersenkung [Kunstwort]
Pa|ra|de ⟨f.; -, -n⟩ **1** ⟨Mil.⟩ Vorbeimarsch **2** ⟨Fechten, Boxen⟩ Abwehrbewegung gegen einen Angriff **3** ⟨Reitsport⟩ **3.1** *ganze Parade* Anhalten des Pferdes **3.2** *halbe Parade* Verkürzen der Gangart [<ital. *parata,* beeinflusst von frz. *parade*]
Pa|ra|dei|ser ⟨m.; -s, -; österr.⟩ = Tomate [→ *Paradies*]

Parakorolla

Pa|ra|den|ti|tis ⟨f.; -, -ti|ti|den; Med.⟩ Entzündung des Zahnfleisches u. der Wurzelhaut; *oV* Parodontitis [<*Para…* + lat. *dens*, Gen. *dentis* »Zahn«]

Pa|ra|den|to|se ⟨f.; -, -n; Med.⟩ Rückbildungsvorgänge an Kieferknochen, Zahnfleisch u. am Zahnbettgewebe; *oV* Parodontose [→ *Paradentitis*]

pa|ra|die|ren ⟨V.⟩ **1** ⟨Mil.⟩ vorbeimarschieren **2** *mit etwas* ~ ⟨fig.; veraltet⟩ sich mit etwas brüsten, mit etwas prunken, Eindruck zu machen suchen

Pa|ra|dies ⟨n.; -es, -e⟩ **1** Garten Eden, Garten Gottes, Himmel **2** Vorhalle der altchristl. Basilika mit Brunnen **3** Ort der Freude, der Glückseligkeit, bes. schöner Ort; *dieses Fleckchen Erde ist wirklich ein* ~ ⟨fig.⟩; *die Vertreibung aus dem* ~; *dieser Garten ist ein* ~ *für Kinder; im* ~*(e) sein* gestorben sein [<ahd. *paradis*, über kirchenlat. *paradisum* <grch. *paradeisos* »Garten Eden« (1. Buch Mosis); lautliche Anlehnung an das lat. Vorbild im Nhd.]

pa|ra|die|sisch ⟨Adj.⟩ wie im Paradies, herrlich, himmlisch, lieblich, bezaubernd; *ein* ~*er Ort; hier ist es* ~*; ich fühle mich* ~ *wohl* [→ *Paradies*]

Pa|ra|dig|ma ⟨n.; -s, -ta od. -dig|men⟩ **1** ⟨Sprachw.⟩ Musterbeispiel, Flexionsmuster **2** Gesamtheit an sprachlichen Einheiten, die in einem sprachlichen Kontext gegeneinander austauschbar sind (z. B. hier, oben, darüber); *Ggs* Syntagma **3** kurze Erzählung, die in Beispielen eine moral. Lehre erläutert [<grch. *paradeigma* »Beispiel«]

pa|ra|dig|ma|tisch ⟨Adj.⟩ in der Art eines Paradigmas, beispielhaft; *sein heutiges Verhalten ist* ~ *für ihn*

Pa|ra|dor ⟨m. od. n.; -s, -e⟩ staatliches span. Luxushotel [span., »Wirtshaus, Gasthaus«]

pa|ra|dox ⟨Adj.⟩ widersinnig; ~*e Aussagen, Behauptungen* [<lat. *paradoxus*]

Pa|ra|do|xie ⟨f.; -, -n⟩ Widersinnigkeit

Pa|ra|do|xi|tät ⟨f.; -; unz.⟩ paradoxe Beschaffenheit

Pa|ra|do|xon ⟨n.; -s, -do|xa; Rhet.; Philos.⟩ paradoxe Aussage, paradoxe Behauptung

Par|af|fin *auch:* **Pa|raf|fin** ⟨n.; -s, -e; Chemie⟩ **1** farbloses Gemisch von gesättigten höheren aliphat. Kohlenwasserstoffen mit flüssiger, wachsartiger od. fester Konsistenz **2** ein Vertreter aus der Reihe der Paraffine **3** ⟨Pl.⟩ ~*e* gesättigte, kettenförmige Kohlenwasserstoffe, die eine homologe Reihe der allgemeinen Formel C_nH_{2n+2} aufbauen; die einfachsten Vertreter sind Methan, Äthan u. Propan; *Sy* Alkane [<lat. *parum affinis* »wenig reaktionsfähig« (früher meinte man, die Paraffine gingen keine chem. Bindungen ein) <*parum* »wenig« + *affinis* »verwandt«]

par|af|fi|nie|ren *auch:* **pa|raf|fi|nie|ren** ⟨V.; Chemie⟩ mit Paraffin behandeln

par|af|fi|nisch *auch:* **pa|raf|fi|nisch** ⟨Adj.; Chemie⟩ das Paraffin betreffend, zu den Paraffinen gehörend, ihre Eigenschaften aufweisend

Pa|ra|fo|nie ⟨f.; -, -n⟩ = Paraphonie

Pa|ra|ge|ne|se ⟨f.; -, -n; Geol.⟩ typische, gesetzmäßige Kombination von bestimmten Mineralien od. Gesteinen nebeneinander

pa|ra|ge|ne|tisch ⟨Adj.; Geol.⟩ die Paragenese betreffend

Pa|ra|ge|stein ⟨n.; -s, -e; Geol.⟩ aus Sedimentgesteinen entstandenes, metamorphes Gestein

Pa|ra|gli|ding ⟨[-glaɪdɪŋ] n.; - od. -s; unz.; Sport⟩ das Fliegen mit einem Gleitsegler (als Sportart) [engl.; verkürzt <*parachute* »Fallschirm« + *glide* »gleiten«]

Pa|ra|gneis ⟨m.; -es, -e; Geol.⟩ aus Sedimentgestein, bes. aus Sandstein u. Tonschiefer entstandener Gneis

Pa|ra|graf ⟨m.; -en, -en⟩ = Paragraph

Pa|ra|gra|fen|rei|ter ⟨m.; -s, -; fig.; abwertend⟩ = Paragraphenreiter

Pa|ra|gra|fie ⟨f.; -; unz.; Med.⟩ = Paragraphie

pa|ra|gra|fie|ren ⟨V.⟩ = paragraphieren

Pa|ra|gramm ⟨n.; -s, -e; Lit.⟩ scherzhafte, verspottende Veränderung eines Namens od. Wortes durch den Austausch eines od. mehrerer Buchstaben [<grch. *paragramma* »Zusatz«]

Pa|ra|gram|ma|tis|mus ⟨m.; -; unz.; Med.⟩ Sprach- u. Schriftstörung, die zum Verlust der Fähigkeit führt, richtige grammatikalische Konstruktionen zu bilden, z. B. bei Schizophrenie [<*Para…* + *Grammatik* + *…ismus* <grch. *…ismos*]

Pa|ra|graph ⟨m.; -en, -en⟩ *oV* Paragraf **1** Absatz in amtl. formellen Schriftstücken, z. B. Verträgen u. Gesetzbüchern **2** ⟨Zeichen: §⟩ das Zeichen dafür vor der laufenden Nummer [<mhd. *paragraf*, eigtl. »Buchstabe, Zeichen« <lat. *paragraphus* »dem S ähnliches grammatisches Zeichen für den Stoffeinschnitt« <grch. *paragraphos (gramme)* »Linie (Strich mit einem Punkt darüber)« am Rand von Buchrollen, die die Vortragsteile des Chors im antiken Drama kennzeichnet«; zu *paragraphein* »danebenschreiben«]

Pa|ra|gra|phen|rei|ter ⟨m.; -s, -; fig.; abwertend⟩ jmd., der sich kleinlich u. überkorrekt an Vorschriften hält; *oV* Paragrafenreiter

Pa|ra|gra|phie ⟨f.; -; unz.; Med.⟩ Störung der Fähigkeit, Buchstaben u. Wörter richtig zu schreiben; *oV* Paragrafie [<*Para…* + *…graphie*]

pa|ra|gra|phie|ren ⟨V.⟩ in Abschnitte unterteilen; *oV* paragrafieren; *einen Text* ~

Pa|ra|kla|se ⟨f.; -, -n; Geol.⟩ durch Auswittern von Klüften od. durch Erdbeben entstandene offene Spalte [<*Para…* + grch. *klasis* »Zerbrechen«]

Pa|ra|klet *auch:* **Pa|rak|let** ⟨m.; -(e)s od. -en, -e od. -en⟩ Helfer, Tröster, Fürsprecher, bes. der Hl. Geist [<grch. *parakletos*]

Pa|ra|ki|ne|se ⟨f.; -; unz.; Med.⟩ Störung im Ablauf der Bewegungen infolge mangelhafter Koordination [<*Para…* + *…kinese*]

Pa|ra|ko|rol|la ⟨f.; -, -rol|len; Bot.⟩ Nebenkrone in manchen Blüten, z. B. bei Narzissen

705

Parakorolle

Pa|ra|ko|rolle ⟨f.; -, -n; Bot.⟩ = Parakorolla

Pa|ra|ku|sis *auch:* **Pa|ra|ku|sis** ⟨f.; -, -ku|ses; Med.⟩ falsche akustische Wahrnehmung [<grch. *parakouein* »falsch hören, falsch verstehen«]

Pa|ra|la|lie ⟨f.; -, -n; Med.⟩ Sprechstörung, bei der es zu einer Vertauschung von Lauten u. Lautgruppen durch andere Laute kommt [<*Para...* + grch. *lalia* »Sprache, Redeweise«]

Pa|ra|le|xie ⟨f.; -, -n; Med.⟩ Störung des Leseverständnisses, bei der es zu einer Verwechslung der gelesenen Wörter kommt, z. B. bei Aphasie [<*Para...* + grch. *lexis* »Ausdruck«]

pa|ra|lin|gu|al ⟨Adj.; Sprachw.⟩ durch Artikulationsorgane erzeugt, jedoch ohne Funktion für die Artikulation von Wörtern [<*para...* + *lingual*]

Pa|ra|lin|gu|is|tik ⟨f.; -; unz.; Sprachw.⟩ Teilgebiet der Linguistik, das sprachbegleitende Erscheinungen (Mimik, Atmung u. a.) untersucht [<*Para...* + *Linguistik*]

pa|ra|lin|gu|is|tisch ⟨Adj.; Sprachw.⟩ die Paralinguistik betreffend, zu ihr gehörend, auf ihr beruhend

Pa|ra|li|po|me|non ⟨n.; -s, -me|na; Lit.⟩ Nachtrag, Zusatz (zu einem Schriftwerk) [<grch. *paraleipein* »übergehen«]

pa|ra|lisch *auch:* **pa|ra|lisch** ⟨Adj.; Geol.⟩ in Meeresnähe entstanden; *Ggs* limnisch; *ein ~es Kohlenlager* [<grch. *paralia* »Meeresküste« <*para...* + grch. *hals* »Salzflut, Meer«]

♦Die Buchstabenfolge **parall...** kann auch **pa|rall...** getrennt werden.

♦**pa|rall|ak|tisch** ⟨Adj.; Astron.; Fot.⟩ die Parallaxe betreffend, in der Art einer P., auf ihr beruhend

♦**Pa|ral|la|xe** ⟨f.; -, -n⟩ 1 ⟨Astron.⟩ Winkel, der entsteht, wenn ein Punkt von zwei verschiedenen Punkten einer Geraden aus beobachtet wird 2 Entfernung eines Sterns, die aus dem Winkel zwischen zwei von verschiedenen Standorten ausgehenden Geraden bestimmt wird 3 ⟨Fot.⟩ Unterschied zwischen dem Bild im Sucher u. jenem, das dann tatsächl. auf dem Film erscheint [<grch. *parallaxis* »Abwechslung«]

♦**Pa|ral|la|xen|aus|gleich** ⟨m.; -(e)s, -e; Fot.⟩ Einrichtung, um die Parallaxe für eine bestimmte Entfernung am Sucher einzustellen

♦**Pa|ral|la|xen|se|kun|de** ⟨f.; -, -n; Astron.⟩ = Parsec

♦**par|al|lel** ⟨Adj.⟩ in der Parallele, in gleicher Richtung u. gleich bleibendem Abstand zueinander verlaufend; *~e Linien; die Straßen laufen ~ (miteinander); der Weg läuft ~ zum Fluss* [<lat. *parallelus* <grch. *parallelos* <*para...* »neben(hin)« + *allelon* »einander«]

♦**Par|al|lel|be|trieb** ⟨m.; -(e)s; unz.; EDV⟩ gleichzeitiger Ablauf mehrerer Programme auf einer EDV-Anlage; *Ggs* Batchprocessing

♦**Par|al|le|le** ⟨f.; -, -n⟩ 1 ⟨Math.⟩ Gerade, die zu einer anderen Geraden in gleichem Abstand u. gleicher Richtung verläuft 2 ⟨fig.⟩ etwas Vergleichbares, etwas Ähnliches, ähnliche Begebenheit, Erscheinung; *eine ~ zu einem Ereignis ziehen* [→ *parallel;* beeinflusst von frz. *parallèle* »Parallele«]

♦**Par|al|le|len|ax|iom** ⟨n.; -s; unz.; Geom.⟩ Grundsatz der euklidischen Geometrie, nach dem es zu einer gegebenen Geraden durch einen nicht auf ihr liegenden Punkt nur eine Parallele zu dieser Geraden gibt

♦**Par|al|le|le|pi|pe|don** ⟨n.; -s, -pe|da od. -pe|den; Geom.⟩ geometr. Körper, der von sechs paarweise in parallelen Ebenen gelegenen Parallelogrammen begrenzt wird; *Sy* Parallelflach [<*parallel* + grch. *epipedon* »Ebene, Fläche«]

♦**Par|al|lel|flach** ⟨n.; -s, -e; Geom.⟩ = Parallelepiped

♦**par|al|le|li|sie|ren** ⟨V.⟩ vergleichend nebeneinander stellen [→ *parallel*]

♦**Par|al|le|lis|mus** ⟨m.; -, -lis|men⟩ 1 Übereinstimmung (von Dingen, Vorgängen) 2 gleichmäßiger Bau (von Satzgliedern od. Sätzen) [→ *parallel*]

♦**Par|al|le|li|tät** ⟨f.; -; unz.⟩ parallele Beschaffenheit, das Parallelsein

♦**Par|al|lel|kreis** ⟨m.; -es, -e⟩ jeder der auf der Erdkugel parallel zum Äquator verlaufenden Breitenkreise

♦**Par|al|le|lo|gramm** ⟨n.; -s, -e; Geom.⟩ Viereck, das von zwei Paaren paralleler Geraden begrenzt wird [<*parallel* + *...gramm*]

♦**Par|al|lel|per|spek|ti|ve** *auch:* **Par|al|lel|per|spek|ti|ve** ⟨[-və] f.; -, -n; Geom.⟩ = Parallelprojektion

♦**Par|al|lel|pro|jek|ti|on** ⟨f.; -, -en; Geom.⟩ zeichner. Darstellung räuml. Gebilde, wobei alle Strahlen parallel laufen; *oV* Parallelperspektive

♦**Par|al|lel|schal|tung** ⟨f.; -, -en; El.⟩ Schaltung mehrerer elektrischer Widerstände, Kondensatoren od. Stromquellen in der Weise, dass jedes Schaltelement an die gleiche Spannung angeschlossen ist, Nebeneinanderschaltung, Nebenschaltung, Nebenschluss

♦**Par|al|lel|ton|art** ⟨f.; -, -en; Musik⟩ die zu einer Dur-Tonart gehörende Moll-Tonart bzw. die zu einer Moll-Tonart gehörende Dur-Tonart mit denselben Vorzeichen, z. B. C-Dur u. a-Moll

Pa|ra|lo|gie ⟨f.; -, -n; Med.⟩ sinnwidriger Gebrauch von Wörtern, Störung der grammatischen Sprachstruktur (bei Psychosen) [<*Para...* + grch. *logos* »Wort, Kunde«]

Pa|ra|lo|gis|mus ⟨m.; -, -gis|men; Philos.⟩ Fehlschluss [<*Para...* + *Logismus*]

Pa|ra|lo|gis|tik ⟨f.; -; unz.; Philos.⟩ Beweis mit Hilfe eines Trugschlusses [<*Para...* + *Logistik*]

Pa|ra|lym|pics ⟨Pl.; Sport⟩ seit 1960 nach einer Olympiade ausgetragene olympische Veranstaltung für Behindertensportler [<*Para...* + engl. *olympics* »olympische Spiele«]

Pa|ra|ly|se ⟨f.; -, -n; Med.⟩ Gehirnerweichung, vollkommene Bewegungslähmung als Folge von Schädigungen in den mo-

paraphrastisch

torischen Nervenbahnen; *progressive* ~ späte Form der Syphilis, die erst etwa 10 od. mehr Jahre nach der Infektion auftritt u. ohne Behandlung über körperl. u. geistigen Verfall zum Tode führt: Dementia paralytica; *oV* Paralysis [<grch. *paralysis* »Lähmung«]

pa|ra|ly|sie|ren 〈V.〉 **1** lähmen **2** 〈fig.〉 unwirksam machen, schwächen

Pa|ra|ly|sis 〈f.; -, -ly|sen; Med.〉 = Paralyse

Pa|ra|ly|ti|ker 〈m.; -s, -; Med.〉 jmd., der an Paralyse leidet

pa|ra|ly|tisch 〈Adj.v〉 an Paralyse leidend, gelähmt [<grch. *paralytikos* »gelähmt«]

Pa|ra|mae|ci|um 〈[-mɛ:-] n.; -s, -ci|en; Zool.〉 zu den Wimpertierchen gehöriger Einzeller, Pantoffeltierchen; *oV* Paramecium [lat.]

pa|ra|ma|gne|tisch *auch:* **pa|ra|mag|ne|tisch** 〈Adj.〉 die Eigenschaft des Paramagnetismus zeigend; *Ggs* diamagnetisch

Pa|ra|ma|gne|tis|mus *auch:* **Pa|ra|mag|ne|tis|mus** 〈m.; -; unz.〉 Verstärkung des einen Stoff durchdringenden magnet. Feldes durch teilweise Ausrichtung der magnet. Momente der einzelnen Atome in Richtung des Magnetfeldes; *Ggs* Diamagnetismus [<*Para*... + *Magnetismus*]

Pa|ra|me|ci|um 〈n.; -s, -ci|en; Zool.〉 = Paramaecium

Pa|ra|me|di|zin 〈f.; -; unz.; Med.〉 Gesamtheit der medizinischen Systeme u. Auffassungen, die sich von der Schulmedizin in Bezug auf diagnostische u. therapeutische Methoden abheben [<*Para*... + *Medizin*]

Pa|ra|ment 〈n.; -(e)s, -e〉 textiler Gegenstand für gottesdienstl. Zwecke, z. B. Altardecke, Fahne [<lat. *parare* »bereiten«]

Pa|ra|me|ter 〈m.; -s, -; Math.〉 unbestimmte Konstante einer Funktion, Gleichung, Kurve od. Fläche, von der die Funktion usw. abhängt u. durch deren verschiedene Wahl sich die Gestalt der Funktion usw. ändert [<*Para*... + ...*meter*]

Pa|ra|me|tri|um *auch:* **Pa|ra|met|ri|um** 〈n.; -s, -tri|en; Anat.〉 das Beckenbindegewebe, das die Gebärmutter umgibt u. hält [<*Para*... + grch. *metra* »Gebärmutter«]

Pa|ra|mi|li|tär[1] 〈n.; -s; unz.〉 militärähnliche Organisation; *der Einsatz von Militär u.* ~ [<*Para*... + *Militär*]

Pa|ra|mi|li|tär[2] 〈m.; -s, -e〉 Angehöriger des Paramilitärs[1]; *ein protestantischer* ~ *wurde erschossen* [→ *Paramilitär*[1]]

pa|ra|mi|li|tä|risch 〈Adj.〉 dem Militär vergleichbar

Pa|ram|ne|sie *auch:* **Pa|ramn|e|sie** 〈f.; -, -n; Med.; Psych〉 (vor allem bei häufigem Drogenkonsum auftretende) Gedächtnistäuschung, bei der man sich an etwas zu erinnern glaubt, was in Wirklichkeit nicht stattgefunden hat [<*Para*... + *Amnesie*]

Pa|ra|mo 〈m.; - od. -s, -s; Geogr.〉 Vegetationstyp in den feuchttropischen Hochanden Südamerikas oberhalb der Waldgrenze [span., »Ödland«]

Pa|ra|my|xo|vi|rus 〈[-vi-] n.; -, -vi|ren; Med.〉 Angehöriges einer Gruppe von Viren, die bei Menschen u. Tieren auftreten u. Krankheiten wie Mumps u. Masern od. Hundestaupe, Geflügel- u. Rinderpest verursachen u. durch Tröpfcheninfektion übertragen werden [<*Para*... + grch. *myxa* »Schleim« + *Virus*]

Pa|rä|ne|se *auch:* **Pa|rä|ne|se** 〈f.; -, -n〉 **1** ermahnende Schrift od. Rede **2** Nutzanwendung (einer Predigt) [<grch. *parainesis* »Ermahnung; Zuspruch«]

pa|rä|ne|tisch *auch:* **pa|rä|ne|tisch** 〈Adj.〉 in der Art einer Paränese, ermahnend

Pa|ra|noia 〈f.; -; unz.; Med.〉 Geisteskrankheit, die sich in Wahnideen äußert; *Sy* Paranoismus [grch., »Schwachsinn«]

pa|ra|no|id 〈Adj.; Med.〉 der Paranoia ähnlich

Pa|ra|no|i|ker 〈m.; -s, -; Med.〉 jmd., der an Paranoia leidet

pa|ra|no|isch 〈Adj.; Med.〉 geistesgestört, in der Art der Paranoia

Pa|ra|no|is|mus 〈m.; -; unz.; Med.〉 = Paranoia

Par|an|thro|pus *auch:* **Pa|ranth|ro|pus** 〈m.; -, -thro|pi〉 Angehöriger einer Gattung der Prähominiden [<*Para*... + *Anthropus*]

Pa|ra|nuss 〈f.; -, -nüs|se; Bot.〉 fettreiche, wohlschmeckende Nuss mit dunkler, dreikantiger Schale [nach dem brasilian. Staat u. Ausfuhrhafen *Pará*]

Pa|ra|pha|ge 〈m.; -n, -n〉 Tier, das auf einem anderen lebt, ohne diesem zu nützen od. zu schaden, z. B. der Schiffshalter (Echeneiformes), der sich von großen Fischen transportieren lässt [<*Para*... + *phagein* »fressen«]

Pa|ra|pha|sie 〈f.; -; unz.; Med.〉 Sprachstörung, die durch Verwechslung von Wörtern, Silben od. Buchstaben gekennzeichnet ist [<*Para*... + grch. *phasis* »Äußerung, Feststellung«]

Pa|ra|phe 〈f.; -, -n〉 **1** Namenszeichen **2** abgekürzter Namenszug **3** Stempel mit Namenszug [<mfrz. *paraffe* <lat. *paragraphus*; → *Paragraph*]

pa|ra|phie|ren 〈V.〉 mit der Paraphe versehen, abzeichnen; *einen Vertrag* ~ vorläufig anerkennen

Pa|ra|phi|mo|se 〈f.; -, -n; Med.〉 Abschnürung der Eichel des männl. Gliedes durch gewaltsames Zurückstreifen der zu engen Vorhaut, spanischer Kragen

Pa|ra|pho|nie 〈f.; -, -n〉 *oV* Parafonie **1** 〈Musik〉 **1.1** Parallelsingen in Quart- u. Quintintervallen **1.2** 〈in der altgriech. Musiklehre〉 Zusammenklang von Quinte u. Quarte **2** 〈Med.〉 plötzliche Höhenveränderung der Stimme, z. B. während des Stimmbruchs

Pa|ra|phra|se 〈f.; -, -n〉 **1** 〈Musik〉 Ausschmücken, Verzieren (einer Melodie) **2** 〈Sprachw.〉 **2.1** verdeutlichende Umschreibung **2.2** freie Übertragung [<grch. *paraphrasis* »Umschreibung«]

pa|ra|phra|sie|ren 〈V.〉 **1** 〈Musik〉 ausschmücken, verzieren, umspielen **2** mit einer Paraphrase (2.1) erklären

pa|ra|phras|tisch 〈Adj.; Sprachw.; Musik〉 in der Art einer Paraphrase

Paraphrenie

Pa|ra|phre|nie ⟨f.; -, -n; Med.⟩ leichte Form der Schizophrenie mit paranoischen Elementen [<*Para...* + *...phrenie*]

Pa|ra|phy|se ⟨f.; -, -n; meist Pl.; Bot.⟩ steriler Saftfaden in den Fruchtkörpern bestimmter Pilze; →a. Hyphe [<*Para...* + *...physe*]

Pa|ra|pla|sie ⟨f.; -, -n; Med.⟩ krankhafte Bildung, Missbildung [<*Para...* + *...plasie*]

Pa|ra|plas|ma ⟨n.; -s, -plas|men⟩ klares, körnchenarmes Plasma [<*Para...* + *Plasma*]

Pa|ra|ple|gie ⟨f.; -, -n; Med.⟩ vollständige Lähmung der Gliedmaßen, die beide Seiten gleichermaßen betrifft [<*Para...* + grch. *plege* »Schlag«]

pa|ra|ple|gisch ⟨Adj.; Med.⟩ auf Paraplegie beruhend, sie betreffend

Pa|ra|pluie *auch:* **Pa|ra|pluie** ⟨[-ply] m. od. n.; -s, -s; veraltet⟩ Regenschirm [frz.]

Pa|ra|po|dium ⟨n.; -s, -po|di|en⟩ **1** nur als Stummel vorhandener Fuß der Vielborster **2** seitlicher Fortsatz der Flossenfüßer [<*Para...* + *...podium*]

pa|ra|psy|chisch ⟨Adj.⟩ okkult, außersinnlich, spiritistisch [<*para...* + *psychisch*]

Pa|ra|psy|cho|lo|gie ⟨f.; -; unz.⟩ Teilgebiet der Psychologie, das die außersinnlichen (okkulten) Erscheinungen untersucht; *Sy* Metapsychik, Metapsychologie

pa|ra|psy|cho|lo|gisch ⟨Adj.⟩ die Parapsychologie betreffend, auf ihr beruhend

Pa|ra|schi ⟨m.; - od. -s; unz.⟩ = Paraski

Pa|ra|sit ⟨m.; -en, -en⟩ **1** ⟨Biol.⟩ Lebewesen (Tier od. Pflanze), das von einem anderen Lebewesen lebt, ohne dieses zu töten, Schmarotzer **2** ⟨fig.⟩ jmd., der von (einem) anderen lebt **3** kleiner, am Hang eines Vulkans gebildeter Krater [<lat. *parasitus* »Tischgenosse; Schmarotzer« <grch. *parasitos* »wer mitisst« <*para* »neben, bei« < *sitos* »Speise«]

pa|ra|si|tär ⟨Adj.⟩ = parasitisch

pa|ra|si|tisch ⟨Adj.⟩ in der Art eines Parasiten, schmarotzerhaft; *oV* parasitär

pa|ra|si|tie|ren ⟨V.⟩ als Parasit leben, schmarotzen

Pa|ra|si|tis|mus ⟨m.; -; unz.; Biol.⟩ Zusammenleben zweier Organismen zum einseitigen Vorteil des einen auf Kosten des anderen, Schmarotzertum; →*a.* Kommensalismus

Pa|ra|si|to|lo|ge ⟨m.; -n, -n; Biol.⟩ Wissenschaftler auf dem Gebiet der Parasitologie

Pa|ra|si|to|lo|gie ⟨f.; -; unz.; Biol.⟩ Lehre von den pflanzlichen u. tierischen Schmarotzern [<*Parasit* + *...logie*]

Pa|ra|si|to|lo|gin ⟨f.; -, -gin|nen; Biol.⟩ Wissenschaftlerin auf dem Gebiet der Parasitologie

pa|ra|si|to|lo|gisch ⟨Adj.; Biol.⟩ die Parasitologie betreffend, zu ihr gehörend, auf ihr beruhend

pa|ra|si|to|trop ⟨Adj.⟩ gegen Parasiten wirksam [<*Parasit* + *...trop*]

Pa|ra|ski ⟨[-ʃi:] m.; - od. -s; unz.⟩ sportl. Disziplin, die aus Fallschirmspringen u. aus einem Riesenslalom besteht; *oV* Paraschi [verkürzt <engl. *parachute* »Fallschirm« + *Ski*]

Pa|ra|sol ⟨m. od. n.; -s, -s; veraltet⟩ Sonnenschirm [frz.]

Pa|ra|sol|pilz ⟨m.; -es, -e; Bot.⟩ = Parasolschwamm

Pa|ra|sol|schwamm ⟨m.; -(e)s, -schwäm|me; Bot.⟩ Schirmpilz; *Sy* Parasolpilz

pa|ra-Stel|lung ⟨f.; -, -en; Zeichen: p; Bez. für⟩ die Anordnung zweier Substituenten in ringförmigen Kohlenstoffverbindungen, die sich genau gegenüberliegen

Par|äs|the|sie *auch:* **Par|äs|the|sie** ⟨f.; -, -n; Med.⟩ abnorme Empfindung, die durch mangelhafte Durchblutung od. Druck auf einen Nerv hervorgerufen wird [<*Para...* + *...ästhesie*]

Pa|ra|sym|pa|thi|kus ⟨m.; -; unz.; Anat.⟩ Teil des Lebensnervensystems

pa|ra|sym|pa|thisch ⟨Adj.; Anat.⟩ zum Parasympathikus gehörend, auf ihm beruhend, von ihm ausgehend; ~*es Nervensystem* = Parasympathikus

pa|rat ⟨Adj.⟩ bereit, gebrauchsfertig; *eine Antwort, Ausrede* ~ *haben* [<lat. *paratus,* Part. Perf. zu *parare* »bereiten, rüsten«]

pa|ra|tak|tisch ⟨Adj.; Sprachw.⟩ in der Art der Parataxe, nebenordnend; *Ggs* hypotaktisch

Pa|ra|ta|xe ⟨f.; -, -n⟩ **1** ⟨Sprachw.⟩ Nebeneinander gleichberechtigter Hauptsätze; *Ggs* Hypotaxe (1) **2** ⟨Psych.⟩ Störung der sozialen Beziehungen durch falsche Urteile, Vorstellungen usw. [<*Para...* + *taxis* »Ordnung«]

Pa|ra|ta|xie ⟨f.; -, -n; Sprachw.; Psych.⟩ = Parataxe (2)

Pa|ra|ta|xis ⟨f.; -, -ta|xen; Sprachw.; veraltete Form von⟩ Parataxe (1) [<*Para...* + *Taxis*]

pa|ra|to|nisch ⟨Adj.; Bot.⟩ durch Umweltreize wie Licht, Wind u. Ä. bewirkt (in Bezug auf Bewegungen von Pflanzen) [<*para...* + *tonisch*]

Pa|ra|ty|phus ⟨m.; -; unz.; Med.⟩ typhusähnliche Infektionskrankheit, die von Salmonellen hervorgerufen wird

pa|ra|ty|pisch ⟨Adj.⟩ nicht erblich

Pa|ra|va|ri|a|ti|on ⟨[-va-] f.; -, -en; Biol.⟩ = Modifikation (2) [<*Para...* + *Variation*]

pa|ra|ve|nös ⟨[-ve-] Adj.; Med.⟩ neben einer Vene (gelegen)

Pa|ra|vent ⟨[-vã:] m. od. n.; -s, -s⟩ zusammenklappbare Wand aus mehreren, mit Stoff od. Papier bespannten, durch Scharniere verbundenen Holzrahmen, spanische Wand [frz., eigtl. »gegen den Wind«]

par a|vi|on ⟨[par avjɔ̃:]⟩ mit dem Flugzeug, durch Luftpost (Vermerk auf Postsendungen im Auslandsverkehr) [frz.]

Pa|ra|zen|te|se ⟨f.; -, -n; Med.⟩ **1** (i. w. S.) Stich, Einstich **2** (i. e. S.) Durchstechen des Trommelfells bei Mittelohrentzündung, um dem Eiter Abfluss zu verschaffen [<*Para...* + grch. *kentein* »stechen«]

pa|ra|zen|trisch *auch:* **pa|ra|zent|risch** ⟨Adj.; Med.⟩ mit Hilfe einer Parazentese

Pa|ra|zo|on ⟨n.; -s, -zo|en; Biol.⟩ Angehöriger einer Abteilung der Vielzeller, deren Zellen weder zu echtem Gewebe noch zu Organen verbunden sind [<*Para...* + *Zoon*]

par|bleu! ⟨[-blø:]⟩ Donnerwetter! [frz., entstellt <*par Dieu* »bei Gott«]

par|boiled ⟨[pạː(r)bɔɪld] Adj.; undekl.⟩ vorbehandelt, vorgekocht (von Reis) [engl.]

Par|cours ⟨[parkuːr] m.; - [-kuːrs], - [-kuːrs]; Reitsport⟩ die von den Pferden zu durchlaufende Strecke bei Springprüfungen [frz., »zu durchlaufende Strecke; Umlaufbahn«]

Pạrd ⟨m.; -en, -en; Zool.; veraltet⟩ = Leopard

Pạr|der ⟨m.; -s, -; Zool.; veraltet⟩ = Leopard [< lat. *pardus* »Leopard«]

par di|stance ⟨[par distãːs] Adv., veraltet⟩ aus der Entfernung; *mit jmdm.* ~ *verkehren* förmlich, nicht freundschaftlich [frz., »aus der Entfernung«]

Par|don ⟨[-dɔ̃ː] od. österr. a. [-doːn] m. od. n.; -s; unz.⟩ Verzeihung, Gnade, Begnadigung; *kein(en)* ~ *geben* gegen jmdn. schonungslos vorgehen [frz.]

par|don! ⟨[-dɔ̃ː] od. österr. a. [-doːn] ⟩ (als Entschuldigung od. Bitte, Platz zu machen) Verzeihung! [frz.]

par|do|nie|ren ⟨V.; veraltet⟩ *jmdn.* ~ jmdm. Pardon geben, gewähren, jmdn. begnadigen [< frz. *pardonner*]

Par|dụn ⟨n.; -(e)s, -s; Mar.⟩ = Pardune

Par|dụ|ne ⟨f.; -, -n; Mar.⟩ Tau, das Masten od. Stangen von hinten hält; *oV* Pardun [< ndrl. *pardoen* < ital. *bardoni*]

Par|en|chym *auch:* **Par|en|chym** ⟨[-çy̆ːm] n.; -s, -e; Biol.⟩ **1** dichtes Bindegewebe, in das bei den Platt- u. Schnurwürmern alle Organe eingebettet sind **2** Grundform des pflanzl. Gewebes aus dünnwandigen Zellen **3** ⟨bei Wirbeltieren⟩ Gewebe, das die eigentl. Substanz einiger Organe, vor allem der Drüsen ausmacht [< grch. *parenchyma* »Eingeweide«]

par|en|chy|ma|tö̌s *auch:* **par|en|chy|ma|tös** ⟨[-çy̆ː-] Adj.; Biol.; Med.⟩ zum Parenchym gehörend, es betreffend, reich an Parenchym

pa|ren|tal ⟨Adj.; Biol.⟩ die Generation der Eltern im genetischen Experiment betreffend, von ihr stammend [< lat. *parens*, Gen. *parentis* »Elternteil«]

Pa|ren|tal|ge|ne|ra|tion ⟨f.; -, -en; Biol.⟩ Generation der Eltern (im Hinblick auf die Nachkommen gesehen) [< *parental* + *Generation*]

Pa|ren|tel ⟨f.; -, -en; Rechtsw.⟩ Gesamtheit der Abkömmlinge eines Stammvaters, diesen eingeschlossen [< lat. *parentela* »Abstammung, Verwandtschaft«]

pa|ren|te|ral *auch:* **pa|ren|te|ral** ⟨Adj.; Med.⟩ unter Umgehung des Verdauungsapparates; ~e *Aufnahme* Ernährungsweise, bei der die Nahrung nicht in den Darm gelangt, sondern durch die Körperoberfläche aufgenommen wird [< *para...* + *enteral*]

Pa|ren|the|se *auch:* **Pa|ren|the|se** ⟨f.; -, -n⟩ **1** Klammer (als Satzzeichen) **2** eingeschobener Teil einer Rede od. eines Satzes [< grch. *parenthesis* »Zusatz«]

pa|ren|the|tisch *auch:* **pa|ren|the|tisch** ⟨Adj.⟩ in der Art einer Parenthese, eingeschaltet, nebenbei (gesagt)

Pa|reo ⟨m.; -s, -s⟩ Wickeltuch, das um die Hüften getragen wird [polynesisch]

Par|er|gon *auch:* **Par|er|gon** ⟨m.; -s, -er|ga⟩ Anhang, Nachtrag, gesammelte kleine Schriften [grch., »Zugabe; Nebenwerk«]

Pa|re|se ⟨f.; -, -n; Med.⟩ unvollkommene Bewegungslähmung bei verminderter Funktion eines Nervs od. Muskels [< grch. *paresis* »Erschlaffung«]

pa|re|tisch ⟨Adj.; Med.⟩ in der Art einer Parese, halb gelähmt, schwach

par ex|cel|lence ⟨[- ɛksəlãːs]⟩ **1** vorzugsweise, vor allem **2** schlechthin [frz., »in vorzüglichem Maße«]

par ex|em|ple *auch:* **par e|xem|ple** ⟨[- ɛksãːp(ə)l] veraltet⟩ zum Beispiel [frz.]

Par|fait ⟨[-fɛ] n.; - od. -s, -s⟩ halb gefrorenes Speiseeis; *Erdbeer~* [frz., eigtl. »vollkommen, perfekt«]

par force ⟨[-fɔrs] Adv.; veraltet⟩ mit Gewalt, heftig, unbedingt, unter allen Umständen [frz., »mit Gewalt«]

Par|force ⟨[-fɔrs] f.; -, -n; kurz für⟩ Parforcejagd

Par|force|jagd ⟨f.; -, -en⟩ Hetzjagd mit Pferden u. Hunden; *Sy* Parforce [< frz. *par force* »mit Gewalt«]

Par|force|ritt ⟨[-fɔrs-] m.; -(e)s, -e⟩ schneller Ritt über eine große Strecke

Par|fum ⟨[-fœ̃ː] n.; -s, -s; frz. Schreibung von⟩ Parfüm [frz., eigtl. »Wohlgeruch«]

Par|fǚm ⟨n.; -s, -s od. -e⟩ **1** meist wässrig-alkoholische Lösung tierischer od. synthetischer, vorwiegend jedoch pflanzlicher Riechstoffe **2** Wohlgeruch [< frz. *parfum*; → *Parfum*]

Par|fü|me|rie ⟨f.; -, -n⟩ Geschäft, in dem Parfüms, Seifen u. verschiedene Kosmetika verkauft werden [→ *parfümieren* (mit frz. Endung)]

Par|fü|meur ⟨[-møːr] m.; -s, -e⟩ Fachmann für Parfümherstellung

par|fü|mie|ren ⟨V.⟩ **1** mit Parfüm besprühen, betupfen **2** wohlriechend machen [< frz. *parfumer*]

pa|ri = al pari

Pa|ri ⟨m.; - od. -s; unz.; Börse⟩ Nennwert; *über* ~ *stehen* [ital.]

Pa|ria ⟨m.; -s, -s⟩ **1** Angehöriger einer Kaste von Landarbeitern, Tagelöhnern usw. in Südindien **2** kastenloser Inder; *Sy* Outcast (2) **3** = Outcast (1) [< engl. *pariah* »Paria, Rechtloser« < Tamil *paraiyan*, eigtl. »Trommler« < *parai* »Trommel«]

pa|rie|ren ⟨V.; Sport; Fechten⟩ **1** *einen Angriff* ~ abwehren **2** ⟨Reitsport⟩ *ein Pferd* ~ in eine langsamere Gangart, zum Stehen bringen **3** ⟨Kochk.⟩ *Fisch, Fleisch* ~ zurechtschneiden **4** ⟨umg.⟩ gehorchen [< frz. *parer* »Pferd in eine mäßige Gangart bringen; ein Pferd anhalten«]

pa|rie|tal ⟨[-riɛ-] Adj.⟩ **1** ⟨Bot.⟩ so beschaffen, dass die Samenanlage an der Wand des Fruchtknotens steht **2** ⟨Anat.⟩ zum Scheitelbein gehörend [< lat. *parietalis* »zum Scheitelbein gehörend«; zu *paries* »Wand«]

Pa|rie|tal|au|ge ⟨[-riɛ-] n.; -s, -n; Zool.⟩ = Parietalorgan

Pa|rie|tal|or|gan ⟨[-riɛ-] n.; -s, -e; Zool.⟩ vom Zwischenhirn gebildetes, unpaares, lichtemp-

Parikurs

findliches Sinnesorgan niederer Wirbeltiere

Pa|ri|kurs ⟨m.; -es, -e; Börse⟩ dem Nennwert (eines Wertpapieres) entsprechender Kurs

Pa|ri|ser ⟨m.; -s, -; umg.⟩ = Kondom [zuerst aus *Paris* eingeführt]

Pa|ri|si|enne ⟨[-zjɛn] f.; -; unz.⟩ 1 ⟨Textilw.⟩ gemustertes, mit Metallfäden durchwirktes Gewebe aus Seide 2 frz. Revolutionslied von 1830 [frz., »Pariserin«]

pa|ri|syl|la|bisch ⟨Adj.; Gramm.⟩ in allen Kasus die gleiche Silbenzahl aufweisend [→ *Parisyllabum*]

Pa|ri|syl|la|bum ⟨n.; -s, -la|ba⟩ parisyllab. Substantiv [<lat. *par,* Gen. *paris* »gleich« + *syllaba* »Silbe«]

Pa|ri|tät ⟨f.; -; unz.⟩ 1 Gleichberechtigung, Gleichwertigkeit; *Ggs* Disparität, Imparität 2 Verhältnis des Wertes zweier Währungen 3 ⟨Math.⟩ Austauschbarkeit der Werte gewisser Funktionen der drei räumlichen Koordinaten von Punkten beim Vorzeichenwechsel aller drei Koordinaten (Spiegelung am Koordinatenursprung) [<lat. *paritas* »Gleichheit«]

pa|ri|tä|tisch ⟨Adj.⟩ gleichgestellt, gleichberechtigt, gleichwertig; ~ *zusammengesetzt* so zusammengesetzt, dass jede Partei die gleiche Stimmenzahl hat

Park ⟨m.; -s, -s⟩ 1 sehr großer, künstlich geschaffener Naturraum 2 der gesamte Bestand an Fahrzeugen 3 ⟨in Zus.⟩ Sammelplatz für Fahrzeuge; *Fuhr~; Wagen~* [<engl. *park*, frz. *parc*, eigtl. »eingeschlossener Raum« <mlat. *parricus*]

Par|ka ⟨m.; - od. -s, -s⟩ wattierter od. gesteppter Anorak mit Kapuze [aleut., »Haut, Kleidung« <russ. *parka* »Hunde-, Rentier-, Schaffell« <samojed.]

Park-and-ride-Sys|tem ⟨[pɑːrk ənd raɪd-] n.; -s; unz.⟩ Verkehrssystem, bei dem Kraftfahrer ihre Fahrzeuge auf eigens geschaffenen Parkplätzen abstellen u. von dort mit öffentl. Verkehrsmitteln weiterfahren [<engl. *park* »parken« + *ride* »fahren«]

par|ken ⟨V.⟩ 1 parkieren, abgestellt sein; *ein Auto, Motorrad parkt* 2 abstellen, stehen lassen [<engl. (amerikan.) *park*]

par|ke|ri|sie|ren ⟨V.⟩ *Eisenoberflächen* ~ durch Bestreichen mit Phosphorverbindungen gegen Rost schützen; *Sy* phosphatieren [nach dem Erfinder *Parker*]

Par|kett ⟨n.; -(e)s, -e⟩ 1 Fußbodenbelag aus Holz, dessen einzelne Teile zu Mustern zusammengefügt sind; *sich auf dem ~ bewegen können* ⟨fig.⟩ sich sicher in guter Gesellschaft benehmen können 2 ⟨Theat.⟩ vorderer Teil des Zuschauerraums zu ebener Erde 3 ⟨an der Pariser Börse⟩ Raum, in dem die Geschäfte abgeschlossen werden 4 gesamter offizieller Börsenverkehr [<frz. *parquet*, eigtl. »kleiner, abgegrenzter Raum« <*parc* »eingeschlossener Raum«]

Par|ket|te ⟨f.; -, -n; österr.⟩ einzelnes Brett des Parketts (1)

par|ket|tie|ren ⟨V.⟩ mit Parkett auslegen

par|kie|ren ⟨V.; schweiz.⟩ = parken

Par|kin|so|nis|mus ⟨m.; -; unz.; Med.⟩ = Parkinson-Syndrom

Par|kin|son|syn|drom *auch:* **Par|kin|son-Syn|drom** ⟨n.; -s; unz.; Med.⟩ aufgrund einer Erkrankung bestimmter Stammhirnregionen verursachte, durch erbliche u. Umweltfaktoren ausgelöste Schüttellähmung, die mit Muskelsteifheit, Zittern u. einem starren Gesichtsausdruck einhergeht (tritt vor allem im höheren Lebensalter auf); *Sy* Parkinsonismus [nach dem engl. Arzt James *Parkinson*, 1755-1824]

Par|la|ment ⟨n.; -(e)s, -e; Politik⟩ gewählte Volksvertretung aus einer od. zwei Kammern mit beratender u. gesetzgebender Funktion [<engl. *parliament*]

Par|la|men|tär ⟨m.; -s, -e; Politik⟩ Unterhändler (zwischen feindl. Heeren) [<frz. *parlementaire*]

Par|la|men|ta|ri|er ⟨m.; -s, -; Politik⟩ Angehöriger des Parlaments

Par|la|men|ta|ri|e|rin ⟨f.; -, -rinnen; Politik⟩ Angehörige des Parlaments

par|la|men|ta|risch ⟨Adj.; Politik⟩ zum Parlament gehörig, auf ihm beruhend, in ihm üblich [<engl. *parliamentary*]

Par|la|men|ta|ris|mus ⟨m.; -; unz.; Politik⟩ demokrat. Regierungsform, in der das Parlament an der Regierung teilhat

par|lan|do ⟨Musik⟩ im Sprechgesang (gesungen od. zu singen) [ital., »erzählend«]

Par|lan|do ⟨n.; -s, -s od. -lan|di; Musik⟩ Sprechgesang

Par|mä|ne ⟨f.; -, -n; Bot.⟩ zu den Renetten gehörige Sorte von Äpfeln [<engl. *pearmain*]

Par|me|lia ⟨f.; -, -li|en⟩ auf Baumrinden u. Steinen vorkommende Flechte [lat.]

Par|me|san ⟨m. - od. -s; unz.⟩ harter, fetter Käse aus Parma, bes. zum Reiben; *Sy* Parmesankäse [<ital. *parmigiano*]

Par|me|san|kä|se ⟨m.; -s, -⟩ = Parmesan

Par|nass ⟨m.; -es; unz.; Lit.; fig.⟩ Berg der Musen, Reich der Dichtkunst; *oV* Parnassos, Parnassus [<grch. *Parnassos*, Berg in Mittelgriechenland, Apollo und den Musen geweiht]

Par|nas|si|en ⟨[-sjɛ̃ː] m.; -s, -s; Lit.⟩ Mitglied einer Gruppe französ. Dichter in der 2. Hälfte des 19. Jh., die als Gegner der gefühlsbetonten Romantik eine gegenstandsbezogene, formvollendete Dichtung anstrebten [frz.; zu grch. *Parnassos*; → *Parnass*]

par|nas|sisch ⟨Adj.; Lit.⟩ zum Parnass gehörig, von ihm ausgehend

Par|nas|sos ⟨m.; -; unz.; Lit.⟩ = Parnass

Par|nas|sus ⟨m.; -; unz.; Lit.⟩ = Parnass

◆ Die Buchstabenfolge **par|o...** kann auch **pa|ro...** getrennt werden.
Davon ausgenommen sind Zusammensetzungen, in denen *par...* sprachhistorisch nicht auf die aus dem Griechischen stammende Vorsilbe *para...* zurückgeht, z. B. bei *Parole* u. *Paroli*.

◆ **par|o|chi|al** ⟨[-xi-] Adj.⟩ zur Parochie gehörig

part.

◆ **Par|o|chi|al|kir|che** ⟨[-xi-] f.; -, -n⟩ Pfarrkirche

◆ **Par|o|chie** ⟨[-xiː] f.; -, -n⟩ Amtsbezirk eines Pfarrers, Pfarrbezirk eines Pfarrgemeinde, Kirchspiel« [<lat. *parochia* »Pfarrgemeinde, Kirchspiel«]

◆ **Par|o|die** ⟨f.; -, -n⟩ **1** ⟨Lit.⟩ komisch-satirische, übertreibende Nachahmung eines literar. Werkes od. dichterischen Stils in gleicher Form, aber mit anderem, meist unpassendem Inhalt **2** ⟨Musik⟩ **2.1** Unterlegung einer Komposition mit anderem Text od. eines Textes mit anderer Melodie **2.2** Austausch von instrumentaler v. vokaler Musik **2.3** Austausch von geistl. u. weltl. Texten u. Kompositionen **2.4** ⟨bei Bach⟩ Austausch der Teile verschiedener Musikstücke innerhalb des eigenen Werkes [frz., eigtl. »Nebengesang«]

◆ **Par|o|die|mes|se** ⟨f.; -, -n; Musik⟩ Messkomposition des 16. Jh., die Motive eines anderen Werkes (bes. Madrigal, Motette) aufgreift [<*Parodie* + *Messe*]

◆ **par|o|die|ren** ⟨V.⟩ **1** als Parodie gestalten **2** mit einer Parodie verspotten [<frz. *parodier*]

◆ **Par|o|dist** ⟨m.; -en, -en⟩ Verfasser von Parodien [<frz. *parodiste*]

◆ **Par|o|dis|tik** ⟨f.; -; unz.⟩ Kunst des Parodierens

◆ **par|o|dis|tisch** *auch:* **pa|ro|dis|tisch** ⟨Adj.⟩ in der Art einer Parodie; ~*er Sketch;* ~*e Nachahmung eines Politikers*

◆ **Par|o|don|ti|tis** ⟨f.; -, -ti|ti|den; Med.⟩ = Paradentitis [<*Para...* + grch. *odon,* Gen. *odontos* »Zahn«]

◆ **Par|o|don|ti|um** ⟨n.; -s, -ti|en; Med.⟩ Zahnbett, Zahnhalteapparat [→ *Parodontitis*]

◆ **Par|o|don|to|se** ⟨f.; -, -n; Med.⟩ = Paradentose [→ *Parodontitis*]

Pa|role ⟨[-rɔl] f.; -; unz.; Sprachw.⟩ nach Saussure der Akt des Sprechens; *Ggs* Langue [frz.; → *Parole*]

Pa|ro|le ⟨f.; -, -n⟩ **1** Kennwort **2** ⟨fig.⟩ Wort als Anweisung für eine Handlung, z. B. an eine politische Partei; *Wahl*~ [frz., eigtl. »Wort, Spruch«]

Pa|ro|li ⟨n.; -s, -s; im Pharaospiel⟩ Verdoppelung des ersten Einsatzes; *jmdm. ein* ~ *bieten* seine Karten gegen den anderen einsetzen; *(jmdm.)* ~ *bieten* ⟨fig.⟩ jmdm. widersprechen, sich jmdm. widersetzen [frz. <ital. (neapolitan.) *paroli*]

◆ **Par|ö|mie** ⟨f.; -, -n⟩ altgriechisches Sprichwort, Denkspruch [<grch. *paroimia*]

◆ **Par|ö|mi|o|graf** ⟨m.; -en, -en⟩ = Parömiograph

◆ **Par|ö|mi|o|graph** ⟨m.; -en, -en⟩ jmd., der Sprichwörter sammelt u. aufzeichnet; *oV* Parömiograf [<*Parömie* + *...graph*]

◆ **Par|ö|mi|o|lo|gie** ⟨f.; -; unz.⟩ Lehre von den Sprichwörtern [<grch. *paroimia* »Sprichwort, Denkspruch, Gleichnis« + *...logie*]

◆ **Par|o|no|ma|sie** ⟨f.; -, -n; Rhet.⟩ Zusammenstellung gleicher od. ähnl. Wörter gleicher Herkunft [<grch. *paronomasia* <*para* »bei, neben« + *onomasia* »Benennung, Name«]

◆ **par|o|no|mas|tisch** ⟨Adj.; Rhet.⟩ die Paronomasie betreffend, in der Art der Paronomasie

◆ **Par|o|ny|chie** ⟨f.; -, -n; Med.⟩ = Panaritium [<lat., grch. *paronychi* <grch. *para* »neben« + *onyx* »Nagel«]

par or|dre *auch:* **par or|dre** ⟨[par ɔrdrə]⟩ auf Befehl [frz.]

◆ **Par|o|rex|ie** ⟨f.; -, -n; Med.⟩ Heißhunger auf bestimmte Speisen bei Schwangeren [<*Para...* + grch. *orexis* »Verlangen«]

◆ **Par|os|mie** ⟨f.; -, -n; Med.⟩ Störung des Geruchssinns [<*Para...* + grch. *osme* »Geruch«]

◆ **Par|o|tis** ⟨f.; -, -ti|den; Anat.⟩ Ohrspeicheldrüse [<*Para...* + grch. *ous,* Gen. *otos* »Ohr«]

◆ **Par|o|ti|tis** ⟨f.; -, -ti|ti|den; Med.⟩ Entzündung der Ohrspeicheldrüse; ~ *epidemica* = Mumps [→ *Parotis*]

◆ **par|o|xys|mal** ⟨Adj.; Med.⟩ in der Art eines Paroxysmus, anfallsweise (auftretend)

◆ **Par|o|xys|mus** ⟨m.; -, -xys|men⟩ **1** ⟨Med.⟩ Anfall, höchste Steigerung von Krankheitserscheinungen **2** ⟨Geol.⟩ gesteigerte tekton. Vorgänge, verbunden mit vulkan. Ergüssen [<grch. *paroxysmos* »Verschärfung«, *para* »neben« + *oxys* »scharf«]

◆ **Par|o|xy|to|non** ⟨n.; -s, -na⟩ Wort, das auf der vorletzten Silbe betont wird [<*Para...* + *Oxytonon*]

Par|se ⟨m.; -n, -n⟩ einer der Anhänger des Parsismus, die im 8. Jh. von Persien nach Indien auswanderten

Par|sec ⟨f.; -, -; Zeichen: pc; Astron.⟩ gelegentlich verwendete Längeneinheit, bezeichnet diejenige Strecke, aus der der Radius der Erdbahn um die Sonne unter einem Winkel von einer Bogensekunde (′1) erscheint, 1 pc = 3,262 Lichtjahre; heute meist durch die Einheit Lichtjahr ersetzt; *Sy* ⟨veraltet⟩ Parallaxensekunde

par|sen ⟨V.; EDV⟩ mit einem Parser analysieren, segmentieren (in Bezug auf Daten)

Par|ser ⟨m.; -s, -; EDV⟩ Bestandteil eines Compilers, Programm, das die syntaktische Analyse des Quellprogramms durchführt, um es in eine Maschinensprache zu übertragen [engl.; zu *parse* »(grammatisch) analysieren«]

Par|sing ⟨n.; - od. -s, -s; EDV⟩ Teil der Programmübersetzung durch einen Compiler, der sich mit der syntaktischen Analyse des Quellprogrammes befasst, um dessen formale Struktur zu ermitteln; *Sy* Syntaxanalyse [zu engl. *parse* »(grammatisch) analysieren«]

par|sisch ⟨Adj.⟩ zu den Parsen gehörend, von ihnen stammend

Par|sis|mus ⟨m.; -; unz.⟩ die durch die Parsen ausgebildete Form der Lehre Zarathustras

Pars pro To|to ⟨n.; - - -, - - -; Rhet.⟩ Form der Synekdoche, bei der ein Ganzes durch ein Teil bezeichnet wird, z. B. »ein kluger Kopf« statt »ein kluger Mensch« [lat., »ein Teil für das Ganze«]

Part ⟨m.; -s, -e od. -s⟩ **1** Teil, Anteil **2** Anteil am Eigentum eines Schiffes **3** ⟨Theat.⟩ **3.1** Stimme (eines Gesangs- od. Instrumentalstücks) **3.2** Rolle (im Theaterstück) [<mhd. *part(e)* »Anteil; Abteilung; Partei« <frz., »Anteil«]

part. ⟨Abk. für⟩ parterre

711

Parte

Par|te ⟨f.; -, -n; österr.⟩ **1** Traueranzeige **2** ⟨landschaftlich⟩ Mieter, Mietpartei [umg. Verkürzung von *Partei*]

Par|tei ⟨f.; -, -en⟩ **1** ⟨Politik⟩ Vereinigung von Personen mit gleichen politischen, sozialen u. weltanschaulichen Überzeugungen, die sie im staatlichen Leben durchzusetzen suchen **2** ⟨Rechtsw.⟩ **2.1** Partner eines Vertrages **2.2** jeder der beiden Gegner im Rechtsstreit **3** jede von zwei oder mehreren gegeneinander spielenden oder miteinander streitenden Gruppen; *jmds. ~ ergreifen* sich auf jmds. Seite stellen; *für, gegen jmdn. ~ ergreifen* für, gegen einen Streitenden sprechen **4** Mieter (einer Wohnung im Mietshaus) [<mhd. *partie* »Abteilung, Gruppe, Personenverband« <frz. *partie* »Teil, Anteil; Gruppe; Beteiligung« <*partir* »teilen, trennen« <vulgärlat. *partire* (= lat. *partiri*)]

par|tei|isch ⟨Adj.⟩ einseitig für eine von zwei od. mehreren streitenden Parteien eingestellt, voreingenommen, befangen

par|tei|lich ⟨Adj.⟩ bewusst auf der Seite einer Partei stehend

Par|tei|or|gan ⟨n.; -s, -e; Politik⟩ an eine Partei gebunden, im Sinne einer Partei schreibende Zeitung

par|terre ⟨[-tɛr] Adv.; Abk.: part.⟩ im Erdgeschoss; *wir wohnen ~* [<frz. *par terre* »zu ebener Erde«]

Par|terre ⟨[-tɛr] n.; -s, -s⟩ **1** Erdgeschoss **2** ⟨Theat.; veraltet⟩ mittlere u. hintere Reihen des Zuschauerraumes zu ebener Erde **3** kunstvoll angelegtes Blumenbeet in großem Ausmaß [frz., »Fußboden, Gartenbeet«; zu *par terre* » zu ebener Erde«]

Par|terre|ak|ro|ba|tik *auch:* **Par|terre|akro|ba|tik** ⟨[-tɛr-] f.; -; unz.⟩ Akrobatik auf dem Fußboden ohne Geräte

Par|the|no|ge|ne|se ⟨f.; unz.⟩ **1** ⟨Myth.⟩ Geburt eines Gottes od. Helden durch eine Jungfrau **2** ⟨Biol.⟩ Entstehung der Eizelle ohne vorherige Befruchtung, Jungfernzeugung [<grch. *parthenos* »Jungfrau« + *Genese*]

par|the|no|ge|ne|tisch ⟨Adj.; Biol.⟩ auf Parthenogenese beruhend, aus unbefruchteten Keimzellen entstehend

par|the|no|karp ⟨Adj.; Biol.⟩ auf Parthenokarpie beruhend, ohne Befruchtung gebildet

Par|the|no|kar|pie ⟨f.; -; unz.; Biol.⟩ Bildung von Früchten ohne Samen [<grch. *parthenos* »Jungfrau« + *karpos* »Frucht«]

par|ti|al ⟨Adj.; veraltet⟩ = partiell [<spätlat. *partialis* »(an)teilig«]

Par|ti|al|bruch ⟨m.; -(e)s, -brü|che; Math.⟩ Bruch, dessen Nenner aus weiteren Brüchen besteht

Par|ti|al|druck ⟨m.; -(e)s, -e; Physik⟩ in einem Gasgemisch der Druck, der von einem Bestandteil dieses Gemisches erzeugt wird, addiert sich mit den Partialdrücken der anderen Bestandteile zum Gesamtdruck des Systems

Par|ti|al|kon|trol|le *auch:* **Par|ti|al|kon|trol|le** ⟨f.; -, -n; Wirtsch.⟩ statistische Qualitätskontrolle mit Hilfe von Stichproben

Par|ti|al|ob|li|ga|ti|on *auch:* **Par|ti|al|ob|li|ga|ti|on** ⟨f.; -, -en; Bankw.⟩ Teilschuldverschreibung

Par|ti|al|schwin|gung ⟨f.; -, -en; Physik⟩ eine sinusförmig mit bestimmter Frequenz verlaufenden Teilschwingungen bei der Überlagerung mehrerer Schwingungen mit verschiedenen Frequenzen

Par|ti|al|ton ⟨m.; -(e)s, -tö|ne; Musik⟩ Teilton eines Klanges

Par|ti|cell ⟨[-tʃɛl] m.; -s, -; Musik⟩ Entwurf einer Komposition als verkürzte Partitur mit mehreren Stimmen in einer Notenzeile; *oV* Particella [ital. *particella* »Teilchen«]

Par|ti|cel|la ⟨[-tʃɛla] f.; -, -cel|le; Musik⟩ = Particell

Par|tie ⟨f.; -, -n⟩ **1** Teil, Stück, Abschnitt, Ausschnitt; *die obere, untere ~ des Bildes; des Gesichtes; die reizvollsten, schönsten ~n des Parks, des Gebirges* **2** Warenposten, Restwaren, die im Großen gekauft u. billig abgegeben werden; *eine ~ Bettwäsche, Schürzen* **3** einzelne Stimme eines Musikstückes; *Gesangs~, Klavier~* **4** einzelne Rolle eines Sängers od. einer Sängerin; *die ~ des Rigoletto* **5** Ausflug, kleine Reise; *Land~, Jagd~; mit von der ~ sein* ⟨a. fig.⟩ mitspielen, mitmachen, sich beteiligen; *eine ~ (Schach) spielen* Spiel als Einzelspiel **6** Heirat, Heiratsmöglichkeit; *eine gute ~ machen* ein reiches Mädchen od. einen reichen Mann heiraten od. sonstige Vorteile bei der Heirat gewinnen; *er (sie) ist eine gute ~* [frz.]

Par|tie|füh|rer ⟨m.; -s, -; österr.⟩ Vorarbeiter

par|ti|ell ⟨Adj.⟩ **1** teilweise **2** anteilig; *oV* partial [<frz. *partiel*]

par|tie|ren ⟨V.⟩ **1** ⟨veraltet⟩ teilen **2** ⟨Musik⟩ *Stimmen ~* in einer Partitur zusammenstellen [<lat. *partire*; → *Part*]

Par|tie|wa|re ⟨f.; -, -n; Wirtsch.⟩ veraltete od. unansehnliche Ware, die zu reduziertem Preis abgestoßen wird [→ *Partie*]

Par|ti|kel[1] ⟨a. [-tɪ-] f.; -, -n; Gramm.⟩ unbeugbares Wort, z. B. Präposition, Konjunktion [<lat. *particula* »Teilchen«; zu *pars*, Gen. *partis* »Teil«]

Par|ti|kel[2] ⟨a. [-tɪ-] f. od. n.; -s, -⟩ **1** ⟨Physik⟩ kleiner Bestandteil, atomares Teilchen **2** ⟨kath. Kirche⟩ **2.1** kleine Hostie **2.2** Teilchen einer (größeren) Reliquie [→ *Partikel*[1]]

par|ti|ku|lar ⟨Adj.⟩ = partikulär

par|ti|ku|lär ⟨Adj.⟩ einen Teil betreffend, (nur) in einem Teil vorhanden, einzeln; *oV* partikular [<lat. *particularis*; → *Partikel*]

Par|ti|ku|la|ris|mus ⟨m.; -; unz.; Politik⟩ **1** Bestrebung (von kleinen Ländern), die eigenen Interessen gegenüber dem Ganzen durchzusetzen **2** Vielstaaterei

Par|ti|ku|la|rist ⟨m.; -en, -en; Politik⟩ Anhänger, Vertreter des Partikularismus

par|ti|ku|la|ris|tisch ⟨Adj.; Politik⟩ zum Partikularismus gehörend, auf ihm beruhend

Par|ti|ku|lier ⟨m.; -s, -e; Binnenschifffahrt⟩ Schiffseigentümer, der selbst sein Schiff führt [<frz. *particulier* »besonders; privat« <lat. *particularis*; → *partikulär*]

Par|ti|men|to ⟨m.; - od. -s, -men|ti; Musik⟩ Generalbassstimme [ital., »Teilung«]

Partisan ⟨m.; -s od. -en, -en⟩ bewaffneter Widerstandskämpfer im Hinterland; *Sy* Guerillero [frz., eigtl. »Parteigänger, Anhänger«]

Partisane ⟨f.; -, -n; 15.-18. Jh.⟩ spießartige Stoßwaffe mit zweischneidiger, spitzer Klinge [<frz. *pertuisane* »Knebelspieß«]

Partita ⟨f.; -, -ti|ten; Musik⟩ = Suite (1) [ital.]

Partite ⟨f.; -, -n⟩ **1** = Posten (4) **2** = Posten (5) [<lat. *partitus* »geteilt«]

Partition ⟨f.; -, -en⟩ **1** Teilung, Einteilung **2** ⟨antike Rhet.⟩ Zerlegung des Begriffs in seine Teile [<lat. *partitio* »Teilung, Verteilung«]

partitiv ⟨Adj.; Gramm.⟩ die Teilung ausdrückend, teilend

Partitivzahl ⟨f.; -, -en; Math.⟩ Bruchzahl, z. B. zwei Drittel, ein Viertel

Partitur ⟨f.; -, -en; Musik⟩ zusammenfassende Niederschrift eines vielstimmigen Musikstückes, jeweils in Einzelstimmen Takt für Takt untereinander [<ital. *partitura*]

Partizip ⟨n.; -s, -to|ien; Gramm.⟩ infinite Form des Verbs, die die Funktion eines Adjektivs übernehmen u. dekliniert werden kann, Mittelwort; ~ *Präsens* Mittelwort der Gegenwart, z. B. gehend; ~ *Perfekt* Mittelwort der Vergangenheit, z. B. gegangen [→ *Partizipium*]

Partizipation ⟨f.; -, -en⟩ das Partizipieren, Teilnahme [<lat. *participatio* »Teilnahme«]

Partizipationsgeschäft ⟨n.; -(e)s, -e; Wirtsch.⟩ Handelsgeschäft, bei dessen Durchführung mehrere selbständige Personen u. Unternehmen kooperieren [→ *Partizipation*]

partizipial ⟨Adj.; Gramm.⟩ mit Hilfe des Partizips (gebildet), in der Art eines Partizips

Partizipialgruppe ⟨f.; -, -n; Gramm.⟩ Partizip, das durch ein Objekt od. eine adverbiale Bestimmung erweitert ist (oft anstelle eines Relativ- od. Konjunktionalsatzes) z. B. früh am Morgen in Gütersloh eingetroffen, der Zuverlässigkeit ihrer Nachbarin vertrauend

Partizipialsatz ⟨m.; -es, -sät|ze; Gramm.⟩ mit einem Partizip gebildeter; verkürzter Nebensatz

partizipieren ⟨V.⟩ teilnehmen, Anteil haben [<lat. *participare* »teilhaben«]

Partizipium ⟨n.; -s, -pia; Gramm.⟩ = Partizip [<lat. *participium*; zu *particeps* »teilhabend« (wegen der Mittelstellung zwischen Verb u. Adj.) <*pars,* Gen. *partis* »Teil« + *capere* »nehmen«]

Partner ⟨m.; -s, -⟩ **1** jmd., der mit an etwas teilnimmt, teilhat, an derselben Sache beteiligt ist; *Ehe*~; *Geschäfts*~; *Gesprächs*~; *Tanz*~; *Vertrags*~ **2** Mitspieler, der im Spiel auf derselben Seite steht; *Tennis*~ [engl.]

Partnerin ⟨f.; -, -rin|nen⟩ **1** Frau, die mit an etwas teilnimmt, an derselben Sache beteiligt ist **2** Mitspielerin, die im Spiel auf derselben Seite steht; *Mixed*~

Partnerlook ⟨[-luk] m.; -s; unz.⟩ ähnliches Aussehen zweier Partner, bes. in Bezug auf die Kleidung [<*Partner* + *Look*]

Parton ⟨n.; -s, -to|nen; meist Pl.; Physik⟩ (nur angenommene) Komponente von Elementarteilchen u. Nukleonen [<lat. *pars,* Gen. *partis* »Teil« + *...on*]

partout ⟨[-tu:] Adv.; umg.⟩ durchaus; *er will* ~ *(nicht) mitgehen* [<frz. »überall, allenthalben«]

part per billion → *ppb*
part per million → *ppm*

Partus ⟨m.; -, -; Med.⟩ Geburt, Entbindung [lat., Part. Perf. zu *parere* »gebären«]

Partwork ⟨[pa:(r)twœ:k] n.; -s, -s⟩ in Teillieferungen erscheinende Buchreihe, Zeitschrift o. Ä. [<engl. *part* »Teil« + *work* »Arbeit«]

Party ⟨[pa:(r)tɪ] f.; -, -s⟩ zwanglose Gesellschaft, geselliges Beisammensein; *Cocktail*~, *Garten*~; *eine* ~ *geben* [engl. <frz. *parti* »geteilt«; zu *partir* »teilen«]

Partyservice ⟨[-sœ:vɪs] m.; -, -s [-vɪsɪz]⟩ Service von Restaurants, Feinkostgeschäften u. a., die Speisen u. Getränke zubereiten, außer Haus liefern u. bei Bedarf Bedienungspersonal zur Verfügung stellen

Parulis *auch:* **Parullis** ⟨f.; -; unz.; Med.⟩ Zahnfleischgranulom [<*Para...* + grch. *oulon* »Zahnfleisch«]

Parusie *auch:* **Parusie** ⟨f.; -; unz.⟩ **1** ⟨Rel.⟩ Wiederkunft Christi beim Jüngsten Gericht **2** ⟨Philos.; bei Plato⟩ Gegenwart der Ideen in den Dingen [<grch. *parusia* »Gegenwart, Anwesenheit«]

Parvenü ⟨[-və-] m.; -s, -s⟩ Emporkömmling [<frz. *parvenu*]

Parze ⟨f.; -, -n; meist Pl.⟩ eine der drei altrömischen, ursprgrch. Schicksalsgöttinnen [<lat. *Parca,* eigtl. eine Geburtsgöttin]

Parzelle ⟨f.; -, -n⟩ kleinste im Grundbuch eingetragene Einheit vermessenen Baulandes [<frz. *parcelle* »Stückchen, Teilchen; (vermessenes) Grundstück«]

parzellieren ⟨V.⟩ *Land, Grund* ~ in Parzellen einteilen [<frz. *parceller* »in kleine Stücke teilen«]

Pas ⟨[pɑ] m.; -, -; Ballett⟩ **1** Tanzschritt **2** bestimmte Abfolge verschiedener Tanzschritte; →*a.* Pas de deux [frz. <lat. *passus* »Schritt«]

Pascal ⟨n.; -s, -; Physik; Zeichen: Pa⟩ Maßeinheit des Drucks, 1 Pa = 1 N/m² [nach dem frz. Philosophen u. Mathematiker Blaise *Pascal,* 1623-1662]

PASCAL ⟨EDV⟩ höhere Programmiersprache für strukturierte Programmierung, Weiterentwicklung von ALGOL

Pasch ⟨m.; -es, -e od. Pä|sche⟩ **1** Wurf mit gleicher Augenzahl auf mehreren Würfeln **2** Dominostein mit gleicher Punktzahl auf beiden Hälften [vermutl. <frz. *passedix* »überschreite zehn«, ein Würfelspiel, bei dem der gewinnt, der mehr als zehn Augen u. auf zwei von drei Würfeln die gleiche Augenzahl wirft]

Pascha ⟨m.; -s, -s⟩ **1** ⟨früher⟩ hoher türk. u. ägypt. Offizier od. Beamter **2** ⟨fig.⟩ anspruchsvoller Mensch, der sich gern bedienen lässt [<türk. *paša* »Exzellenz«]

Paschalik ⟨n.; -s, -e od. -s; früher⟩ Würde, Amt, Amtsbereich eines Paschas

paschen[1] ⟨V.⟩ einen Pasch (1) würfeln [→ *Pasch*]

paschen[2] ⟨V.; umg.⟩ schmuggeln (rotw., eigtl. »(unehrlich erworbenes Gut) kaufen und verkaufen«; vermutl. zu Zig. *paš* »Teil«]

Pascher ⟨m.; -s, -; umg.⟩ Schmuggler [→ *paschen*[2]]

Paschtu ⟨n.; - od. -s; unz.⟩ = Puschtu

Pas de deux ⟨[pa də dö:] m.; - - -, - - -; Ballett⟩ Tanz zu zweit, Tanz eines Solotänzers mit einer Solotänzerin [frz., »Tanzschritt zu zweit, von zweien«]

Pas de trois ⟨[pa də troa] m.; - - -, - - -; Ballett⟩ Tanz zu dritt, Tanz dreier Solotänzer(innen) [frz., »Tanzschritt zu dritt«]

Paso doble *auch:* **Paso doble** ⟨[- do:blə] m.; - -, - -⟩ Gesellschaftstanz in raschem $^2/_4$-Takt [span., »Doppelschritt«]

Paspel ⟨f.; -, -n; Textilw.⟩ schmales Band zur Verzierung (an Nähten od. Rändern von Kleidungsstücken, bes. von Uniformen); *oV* ⟨österr.⟩ Passepoil [<frz. *passepoil*]

paspelieren ⟨V.; Textilw.⟩ mit einer Paspel versehen; *oV* ⟨österr.⟩ passepoilieren

Pasquill ⟨n.; -s, -e⟩ (anonyme) Schmähschrift, Spottschrift [<ital. *pasquillo* <*pasquino* Name einer Statue, an die anonyme Schmähschriften geheftet wurden]

Pasquillant ⟨m.; -en, -en⟩ Verfasser eines Pasquills

pass. ⟨Abk. für⟩ passim

Pass ⟨m.; -es, Pässe⟩ **1** Personalausweis zur Reise in fremde Länder **2** Durchgang, schmaler Weg quer durch ein Gebirge od. zwischen zwei Bergen hindurch **3** ⟨Jägerspr.⟩ Wechsel des niederen Haarwildes u. Raubwildes **4** aus mehreren Kreisbogen gleichen Durchmessers gebildete Figur des got. Maßwerks; *Drei~; Vier~; Viel~* **5** ⟨unz.; Zool.⟩ Gangart mancher Vierfüßer, bei der beide Beine einer Seite gleichzeitig vorgesetzt werden, Passgang [<frz. *pas*, ital. *passo*, ndrl. *pas* »Schritt«]

passabel ⟨Adj.⟩ leidlich, annehmbar; *eine passable Ausstattung* [<frz. *passable*]

Passacaglia *auch:* **Passacaglia** ⟨[-kalja] f.; -, -glien [-ljən]; Musik⟩ **1** ⟨urspr.⟩ span.-ital. Tanz **2** ⟨dann⟩ Instrumentalstück im Dreiertakt mit ostinatem Bass [<frz. *passacaille* (beeinflusst von ital. *passagaglia*) <span. *pasacalle* »Gitarrenmelodie« <*paser* »(vorüber)gehen« + *calle* »Straße«]

Passade ⟨f.; -, -n⟩ hohe Schule⟩ kurz ausgeführte Wendung im Galopp mit gleichzeitigem Fußwechsel [frz.]

Passage ⟨[-ʒə] f.; -, -n⟩ **1** Durchgang **2** Durchfahrt, Meerenge **3** überdachte Ladenstraße **4** Reise mit Schiff od. Flugzeug, bes. übers Meer, Überfahrt **5** ⟨Astron.⟩ Durchgang eines Gestirns durch den Meridian **6** ⟨Musik⟩ Lauf, schnelle Tonfolge **7** ⟨hohe Schule⟩ Trab in höchster Versammlung, bei dem die Vorderbeine schwungvoll gehoben werden [frz.]

Passageinstrument *auch:* **Passageinstrument**, **Passageinstrument** ⟨[-ʒə-] n.; -(e)s, -e⟩ astronom. Gerät zum Beobachten des Passage eines Gestirns

Passagier ⟨[-ʒiːr] m.; -s, -e⟩ Reisender eines Schiffes, Flugzeugs, der Eisenbahn, Fahrgast, Fluggast [<ital. *passeggiere* »Reisender, Schiffsreisender«, unter Einwirkung von frz. *passager* »Reisender, Fahrgast«]

Passah ⟨n.; -s, unz.⟩ achttägiges, im März gefeiertes jüd. Fest, ursprüngl. altes Hirtenfest, an dem man des Mondes die Erstgeburten der Tiere darbrachte, später umgedeutet, zum Andenken an den Auszug aus Ägypten [<grch. *passa* <aram. *peha*, hebr. *pesah*]

Passameter ⟨n.; -s, -; Technik⟩ Gerät für Außenmessungen an Werkstücken; *Ggs* Passimeter [<lat. *passus* »Schritt« + ...*meter*]

Passamezzo ⟨m.; -s, -mezzi; Musik; 16./18. Jh.⟩ **1** altitalienischer, rascher Schreittanz in geradem Takt **2** Satz der Suite [<ital. *passo e mezzo* »anderthalb Schritt«]

Passant ⟨m.; -en, -en⟩ vorübergehender Fußgänger [frz.; zu ital. *passare* »vorübergehen«]

Passantin ⟨f.; -, -tin|nen⟩ vorübergehende Fußgängerin

Passat ⟨m.; -(e)s, -e; Meteor.⟩ beständiger Wind in den Tropen innerhalb der Wendekreise, infolge der Erdumdrehung wechselnd aus NO u. SO wehend; →*a.* Urpassat [<ndrl. *passaat(wind)*]

passe ⟨[pas] Roulett⟩ die Zahlen 19-36 betreffend; *Ggs* manque [frz., »übertrifft, geht hinaus über«]

passé ⟨[-seː] Adj.; nur präd.⟩ = passee

Passe ⟨f.; -, -n⟩ angesetztes Stück über beide Schultern (an Kleidern, Blusen, Hemden) [frz.]

passee ⟨Adj.; nur präd.⟩ vorbei, vergangen, nicht mehr modern; *oV* passé; *das ist (längst)* ~ [frz., Part. Perf. von *passer* »(vorüber)gehen«]

Passepartout ⟨[paspartuː] n.; -s, -s⟩ **1** Rahmen aus Karton für ein Bild (Foto od. Zeichnung) **2** Schlüssel, der für alle Türschlösser eines Hauses (z. B. eines Hotels) benutzbar ist [<frz. *passe partout* »passt überall«]

Passepied ⟨[paspjeː] m.; -s, -s; Musik⟩ **1** altfrz. Rundtanz in raschem Dreiertakt **2** Satz der Suite [frz.; <*passer* »vorbeigehen« + *pied* »Fuß«]

Passepoil ⟨[paspoaːl] m.; -s, -s; Textilw.; österr.⟩ = Paspel [frz.]

passepoilieren ⟨[paspoa-] V.; österr.⟩ = paspelieren [<frz. *passepoiler*]

Passeport ⟨[paspɔː(r)] m.; -s, -s; frz. Bez. für⟩ Pass, Ausweis

Passerelle ⟨f.; -, -n⟩ überdachte Ladenpassage [frz., »Steg, schmale Brücke«]

passieren ⟨V.⟩ **1** vorüberfahren, -gehen, hindurchfahren, -gehen, überfliegen, überqueren; *eine Brücke, Grenze* ~; *jmdn. ungehindert* ~ *lassen; die Zensur* ~ *durch eine Z. gehen* **2** durch ein Sieb streichen; *Quark, Gemüse, Suppe, Kartoffeln* ~ **3** geschehen, sich ereignen; *ist etwas passiert?* **4** zustoßen; *mir*

Pasticcio

ist etwas Unangenehmes passiert; das kann auch nur ihm ~ ⟨umg.⟩ er ist immer so ungeschickt [<frz. *passer* »gehen, vorbeigehen«]

Pas|sier|schlag ⟨m.; -(e)s, -schläge; Sport; Tennis⟩ Ball, der mit meist hartem Schlag an dem ans Netz vorgelaufenen Gegner (cross od. longline) vorbeigespielt wird [→ *passieren*]

pas|sim ⟨Adv.; Abk.: pass.⟩ hier und da (bei Angabe der Belegstellen für Zitate) [lat.]

Pas|si|me|ter ⟨n.; -s, -; Technik⟩ Gerät für Innenmessungen an Werkstücken; *Ggs* Passameter [<lat. *passus* »Schritt« + ...*meter*]

Pas|si|on ⟨f.; -, -en⟩ 1 Leidenschaft 2 Leidensgeschichte (Christi) [<mhd. *passion, passie* <kirchenlat. *passio* »Leiden(sgeschichte) Christi«, eigtl. »Leiden, Erdulden«]

Pas|si|o|nal ⟨n.; -s, -e⟩ = Passionale

Pas|si|o|na|le ⟨n.; -s, -⟩ (in der Liturgie verwendetes) Buch mit Legenden von Heiligen u. Märtyrern; *oV* Passional, Passionar

Pas|si|o|nar ⟨n.; -s, -e⟩ = Passionale

Pas|si|o|na|to ⟨Musik⟩ = appassionato [ital., »mit Leidenschaft«]

pas|si|o|niert ⟨Adj.⟩ begeistert, leidenschaftlich; *ein ~er Reiter, Schwimmer*

Pas|si|ons|blu|me ⟨f.; -, -n; Bot.⟩ die Kletterpflanze Passiflora, deren Seitensprosse zu Ranken umgebildet sind

Pas|si|ons|frucht ⟨f.; -, -früch|te; Bot.⟩ Frucht der Passionsblume; *Gelbe ~* = Maracuja

Pas|si|ons|sonn|tag ⟨m.; -es, -e⟩ jeder der sechs Sonntage in der Passionszeit [→ *Passion*]

Pas|si|ons|spiel ⟨n.; -(e)s, -e⟩ mittelalterliches geistliches Schauspiel, in dem an mehreren Tagen die Leidensgeschichte Jesu dargestellt wurde (vereinzelt noch heute aufgeführt, z. B. in Oberammergau) [→ *Passion*]

pas|siv ⟨a. [-'-] Adj.⟩ *Ggs* aktiv 1 nicht tätig, nichts bewirkend, nichts verändernd; *~er Charakter, eine ~e Natur; sich ~ verhalten; ~e Handelsbilanz* H. eines Landes, bei der die Einfuhr die Ausfuhr übersteigt; *~e Immunisierung* I. durch Übertragung von Serum aktiv immunisierter Tiere; *~es Wahlrecht* das Recht, gewählt zu werden; *~er Widerstand, ~e Resistenz* W. durch Untätigkeit; *~er Wortschatz* W., den jmd. in einer Sprache zwar kennt, aber nicht von sich aus verwendet 2 ⟨Gramm.⟩ = passivisch 3 untätig, träge, teilnahmslos, still duldend [<lat. *passivus* »duldend«]

Pas|siv ⟨n.; -s, -e [-və]; Gramm.⟩ Ausdrucksform des Verbs, bei der das Subjekt syntaktisch das Ziel eines Geschehens ist, Leideform; *Ggs* Aktiv[1]

Pas|si|va ⟨[-va] Pl.; Bankw.⟩ Verbindlichkeiten, Schulden; *oV* Passiven; *Ggs* Aktiva

Pas|si|ven ⟨[-ven] Pl.; Bankw.⟩ = Passiva

Pas|siv|ge|schäft ⟨n.; -(e)s, -e; Wirtsch.⟩ Bankgeschäft (auf der Passivseite der Bankbilanz) zur Beschaffung von Geldkapital, z. B. Annahme von Spareinlagen; *Ggs* Aktivgeschäft [→ *passiv*]

pas|si|vie|ren ⟨[-vi:-] V.⟩ 1 Posten ~ vom Haben einer Bilanz auf das Soll setzen 2 ⟨Chemie⟩ Metalle ~ Metallen die Eigenschaft der Passivität (2) verleihen

pas|si|visch ⟨Adj.; Gramm.⟩ im Passiv (stehend)

Pas|si|vi|tät ⟨[-vi-] f.; -; unz.⟩ 1 passives Wesen, Untätigkeit, Teilnahmslosigkeit, Trägheit 2 ⟨Chemie⟩ Widerstandsfähigkeit unedler Metalle gegen chem. Einflüsse nach Behandlung mit oxidierenden Säuren [<frz. *passivité*]

Pas|siv|rau|chen ⟨n.; -s; unz.⟩ das (ungewollte) Einatmen von Tabakrauch durch einen Nichtraucher, der sich in der Gesellschaft von Rauchern aufhält

Pas|so|me|ter ⟨n.; -s, -⟩ = Pedometer

Pas|sus ⟨m.; -, -⟩ 1 Abschnitt in einem Buch od. Text 2 altröm. Längenmaß, Doppelschritt, 147,9 cm [<mlat. *passus* »Schritt«]

Pass|word ⟨[paːswœːd] n.; -s, -s; bes. EDV⟩ = Passwort [engl.]

Pass|wort ⟨n.; -(e)s, -wör|ter; bes. EDV⟩ Wort od. Zeichenkette, das den Zugang zu einem geschlossenen System ermöglicht; *oV* Password; *die Identifikation der Teilnehmerin erfolgt über ~* [zu frz. *passer* »gehen, vorbeigehen«]

Pas|ta ⟨f.; -, Pas|ten⟩ 1 streichbare Masse; *Zahn~* 2 Teigware, Gericht aus Teigwaren; *~ asciutta* [- aʃuta] Spaghetti mit Tomatensoße u. geriebenem Käse (u. Hackfleisch) [ital., »Teig, Brei«; *asciutta* »getrocknet«]

Pas|te ⟨f.; -, -n⟩ 1 streichbare Masse; *Fleisch~* 2 Salbe-Pulver-Mischung; *Zink~* [<ital. *pasta* »Teig, Brei«]

pas|tell ⟨Adj.; undekl.⟩ = pastellen

Pas|tell ⟨n.; -(e)s, -e; Mal.⟩ Zeichnung mit Pastellfarben [<frz. *pastel* <ital. *pastello* »kleine Paste«; zu *pasta* »Teig, Brei«]

pas|tel|len ⟨Adj.⟩ mit Pastellfarben gemalt, im zarten, hellen Farbton einer Pastellfarbe; *oV* pastell; *Sy* pastellfarben [→ *Pastell*]

Pas|tell|far|be ⟨f.; -, -n⟩ 1 Farbe aus Gips od. Kreide, der Farbe u. Bindemittel zugesetzt wurde 2 ⟨allg.⟩ zarte, helle Farbe

pas|tell|far|ben ⟨Adj.⟩ = pastellen

Pas|te|te ⟨f.; -, -n⟩ 1 mit Fleisch, Fisch, Gemüse od. anderem gefülltes Gebäck aus Blätterteig 2 streichbare Masse aus bes. feiner Kalbs- od. Gänseleber; *Leber~; Gänseleber~* [<roman. *pastata* <mlat. *pasta* »Teig«]

Pas|teu|ri|sa|ti|on ⟨[-tø-] f.; -; unz.⟩ = Pasteurisierung

pas|teu|ri|sie|ren ⟨[-tø-] V.⟩ *Nahrungsmittel ~* N., bes. Milch, auf Temperaturen von etwas weniger als 100 °C kurz erhitzen zur weitgehenden Vernichtung von krankheitserregenden Bakterien [nach dem frz. Mediziner Louis *Pasteur*, 1822–1895]

Pas|teu|ri|sie|rung ⟨[-tø-] f.; -; unz.⟩ das Pasteurisieren

Pas|tic|cio ⟨[-tɪtʃo] n.; -s, -s od. -tic|ci [-tɪtʃi]⟩ 1 zu betrüger. Zwecken in der Manier eines Künstlers gemaltes Bild 2 aus

715

Pastiche

den Werken verschiedener Komponisten zusammengesetztes Musikstück, bes. Oper od. Singspiel (mit neuem Libretto) [ital., »Pastete; verwickelte Geschichte«]

Pas|tiche ⟨[pasti:ʃ] m.; - od. -s, -s; frz. Bez. für⟩ Pasticcio

Pas|til|le ⟨f.; -, -n; Pharm.⟩ Kügelchen, Plätzchen, Pille (in der Arzneimittelherstellung) [<lat. *pastillus*]

Pas|ti|nak ⟨m.; -s, -e; Bot.⟩ = Pastinake

Pas|ti|na|ke ⟨f.; -, -n; Bot.⟩ gelb blühendes Doldengewächs, dessen Pfahlwurzel wie Schwarzwurzel zubereitet wird: Pastinaca sativa; *oV* Pastinak [<lat. *pastinaca*]

Pas|tis ⟨m.; -; unz.⟩ frz. Anislikör

Pas|tor ⟨m.; -s, -to|ren; Abk.: P.⟩ Pfarrer, Geistlicher [<kirchenlat. *pastor* »Seelenhirt«, lat. »Hirt«; zu *pascere* »(Vieh) weiden, füttern, (er)nähren«]

pas|to|ral ⟨Adj.⟩ **1** ländlich, hirtenartig, idyllisch **2** den Pastor betreffend, zu ihm gehörend, ihm gemäß, ihm zustehend, pfarramtlich **3** ⟨fig.⟩ feierlich, würdig, getragen; ~*er Ton* [<lat. *pastoralis* »hirtenartig, Hirten...«]

Pas|to|ral|le ⟨n.; -s, -s od. f.; -, -n⟩ **1** ⟨Musik⟩ **1.1** Hirtenmusik, ländl.-idyllisches Musikstück **1.2** musikal. Schäferspiel der Barockzeit **2** ⟨Mal.⟩ Darstellung einer Szene aus dem Leben der Hirten

Pas|to|ral|theo|lo|gie ⟨f.; -; unz.; kath. Bez. für⟩ prakt. Theologie, Seelsorge

Pas|to|rat ⟨n.; -(e)s, -e⟩ Amt, Wohnung eines Pastors

Pas|to|rel|le ⟨f.; -, -n; Musik⟩ kleines Hirtenlied (Zwiesprache zwischen Schäfer u. Schäferin); *oV* Pastourelle [→ *pastoral*]

Pas|to|rin ⟨f.; -, -rin|nen⟩ weibl. Pastor

pas|tös ⟨Adj.⟩ **1** dick, reliefartig aufgetragen; ~*e Farbe* **2** teigig, dickflüssig [<ital. *pastoso* »teigig«; zu lat. *pasta* »Teig«]

pas|tös ⟨Adj.; Med.⟩ gedunsen, aufgeschwemmt

Pas|to|si|tät ⟨f.; -; unz.⟩ Schriftbild mit dicken, rundlichen Linien [→ *pastos*]

Pas|tou|rel|le ⟨[-tu-] f.; -, -n; Musik⟩ = Pastorelle [frz.]

Patch ⟨[pætʃ] m. od. n.; - od. s, -s⟩ **1** ⟨EDV⟩ (meist kostenlos zur Verfügung gestelltes) Softwareprogramm, das in einem vorhandenen Programm enthaltene Fehler od. Mängel beheben soll; →*a.* Bug, Update **2** ⟨Med.⟩ zur Transplantation operativ entnommenes Hautgewebe [<engl. *patch* »Flicken«]

Patch|work ⟨[pætʃwœ:k] n.; -s, -s; Textilw.⟩ Textilerzeugnis, das aus vielen kleinen Stücken unterschiedlicher Farbe und Form zusammengesetzt ist, z. B. Decke, Kleiderstoff, Wandbehang [engl., »Flickwerk«]

Pa|te ⟨m.; -n, -n⟩ **1** Zeuge der Taufe bzw. Firmung, der die Mitverantwortung für die christl. Erziehung des Kindes (Täuflings bzw. Firmlings) übernimmt; *bei einem Kind* ~ *stehen* die Patenschaft eines K. übernehmen **2** Täufling, Firmling im Verhältnis zum Paten [<mlat. *pater sprititualis* »geistlicher Vater«]

Pa|tel|la ⟨f.; -, -tel|len; Anat.⟩ Kniescheibe [lat., »kleine Pfanne«]

pa|tel|lar ⟨Adj.; Med.⟩ zur Patella gehörend, von ihr ausgehend

Pa|tel|lar|re|flex ⟨m.; -es, -e; Med.⟩ Reflex beim Schlag unmittelbar unter die Kniescheibe, Kniesehnenreflex

Pa|te|ne ⟨f.; -, -n⟩ Teller zur Darreichung der Hostie beim Abendmahl [<lat. *patina* »flache Schüssel«]

pa|tent ⟨Adj.⟩ geschickt, praktisch, tüchtig, brauchbar [zunächst vorwiegend studentensprachlich; vermutl. nach *Patent*... als Bestimmungswort von Zusammensetzungen wie *Patent*waren]

Pa|tent ⟨n.; -(e)s, -e⟩ **1** ⟨allg.⟩ Urkunde **1.1** Urkunde über die Ernennung von Beamten u. Offizieren; *Offiziers*~ **1.2** Urkunde über ein verliehenes Recht, z. B. zur alleinigen Benutzung einer Erfindung; *ein* ~ *verleihen, erhalten* **2** ⟨schweiz.⟩ Erlaubnis zur Ausübung gewisser

Berufe od. Betätigungen; *Fischer*~, *Gastwirtschafts*~, *Musizier*~ [<lat. *(littera) patens* »(landesherrl.) offener Brief«; zu *patens* »offen stehend, offen«]

Pa|tent|amt ⟨n.; -(e)s, -äm|ter⟩ Behörde, die Anmeldungen von Patenten (1.2) prüft u. Patente erteilt

pa|ten|tie|ren ⟨V.⟩ **1** durch Patent (1.2) vor Nachahmung schützen; *eine Erfindung* ~ **2** mit Wärme so behandeln, dass man für die Kaltformung ein günstiges Gefüge erhält; *Stahlband* ~ [→ *Patent*]

Pa|tent|re|zept ⟨n.; -(e)s, -e; umg.⟩ einfacher Vorschlag zur Lösung einer Schwierigkeit

Pa|ter ⟨m.; -s, Pa|tres; Abk.: P.⟩ **1** Mönch, der die Priesterweihen erhalten hat **2** ~ *Patriae* Vater der Vaterlandes (Ehrentitel röm. Kaiser) [lat., »Vater«]

Pa|ter|fa|mi|li|as ⟨m.; -, -; altröm.; heute scherzh. Bez. für⟩ Familienvater, Familienoberhaupt, Haushaltsvorstand [lat.]

Pa|ter|na|lis|mus ⟨m.; -; unz.⟩ Streben (des Staates), den Bürger zu bevormunden [<lat. *pater* »Vater«]

pa|ter|na|lis|tisch ⟨Adj.⟩ in der Art des Paternalismus, bevormundend

Pa|ter|ni|tät ⟨f.; -; unz.⟩ Vaterschaft [<lat. *paternitas*, »Vaterwürde«]

Pa|ter|nos|ter[1] ⟨n.; -s, -⟩ Vaterunser [lat. *»Vaterunser«*; nach den Anfangsworten des Gebetes bei Matth. 6,9]

Pa|ter|nos|ter[1] ⟨m.; -s, -⟩ Aufzug ohne Tür, der dauernd fährt, ohne anzuhalten [→ *Paternoster*[1]]

Pa|ter|pec|ca|vi ⟨n.; -, -⟩ reuiges Geständnis; ~ *machen, sagen* beichten, Verzeihung erflehen [lat., »Vater, ich habe gesündigt«, Lukas 15,18]

pa|te|ti|co ⟨Musik⟩ pathetisch, feierlich, erhaben (zu spielen) [ital.]

path..., Path... ⟨in Zus.⟩ = patho..., Patho...

...path ⟨Nachsilbe; zur Bildung männl. Subst.⟩ **1** der ein bestimmtes Heilverfahren anwendet; *Allopath; Homöopath*

P

716

2 jmd., der unter einer bestimmten Krankheit leidet; *Psychopath* [<grch. *pathos* »Leiden«]

pa|the|tik ⟨f.; -; unz.⟩ schwülstige, übertriebene Feierlichkeit [→ *pathetisch*]

pa|thé|tique ⟨[patetiːk] Musik⟩ leidenschaftlich (zu spielen) [frz.; → *pathetisch*]

pa|the|tisch ⟨Adj.⟩; *Ggs* unpathetisch **1** voller Pathos, erhaben, feierlich **2** ⟨fig.⟩ salbungsvoll, übertrieben feierlich [<lat. *patheticus* <grch. *pathetikos* »leidend; gefühlvoll; leidenschaftlich«]

Path|fin|der ⟨[paːθfaɪndə(r)] m.; -s, -; Astron.⟩ Weltraumsonde, die unerforschte Gebiete auf dem Mars untersucht [engl., »Führer, Wegbereiter«]

…pa|thie ⟨Nachsilbe; zur Bildung weibl. Subst.⟩ **1** Leiden, Krankheit, besondere Fähigkeit; *Psychopathie* **2** Heilkunde, Heilverfahren; *Allopathie; Homöopathie* **3** Gefühl, Neigung, Anteilnahme; *Antipathie; Sympathie* [<grch. *pathos* »Leiden«]

pa|tho…, Pa|tho… ⟨vor Vokalen⟩ path…, Path… ⟨in Zus.⟩ krankhaft, krankheits…, Krankheits… [<grch. *pathos*]

pa|tho|gen ⟨Adj.; Med.⟩ Krankheit erzeugend [<*patho…* + *…gen¹*]

Pa|tho|ge|ne|se ⟨f.; -, -n; Med.⟩ Entstehung, Entwicklung einer Krankheit [<*Patho…* + *Genese*]

pa|tho|ge|ne|tisch ⟨Adj.; Med.⟩ die Pathogenese betreffend, zu ihr gehörend

Pa|tho|ge|ni|tät ⟨f.; -; unz.; Med.⟩ pathogene Beschaffenheit, Fähigkeit, Krankheiten hervorzurufen

Pa|tho|gno|mik *auch:* **Pa|thog|no|mik** ⟨f.; -; unz.; Med.; Psych.⟩ **1** Lehre von den Merkmalen u. Anzeichen der Krankheiten **2** Ableitung der psychischen Befindlichkeit aus körperlichen Kennzeichen, bes. im Gesicht [<*Patho…* + *Gnome*]

pa|tho|gno|mo|nisch *auch:* **pa|thog|no|mo|nisch** ⟨Adj.; Med.⟩ kennzeichnend für eine Krankheit, ein Krankheitsbild

Pa|tho|lin|gu|is|tik ⟨f.; -; unz.; Sprachw.⟩ Bereich der angewandten Sprachwissenschaft, der die Diagnostik u. Therapie von Sprachstörungen zum Gegenstand hat u. psychologische, neurologische u. sprachwissenschaftliche Methoden anwendet [<*Patho…* + *Linguistik*]

Pa|tho|lo|ge ⟨m.; -n, -n; Med.⟩ Wissenschaftler, Arzt auf dem Gebiet der Pathologie

Pa|tho|lo|gie ⟨f.; -; unz.; Med.⟩ Lehre von den Krankheiten [<mlat. *pathologia* <grch. *pathos* »Leiden, Krankheit« + *…logie*]

Pa|tho|lo|gin ⟨f.; -, -gin|nen; Med.⟩ Wissenschaftlerin, Ärztin auf dem Gebiet der Pathologie

pa|tho|lo|gisch ⟨Adj.; Med.⟩ **1** zur Pathologie gehörend, auf ihr beruhend **2** krankhaft

pa|tho|lo|gi|sie|ren ⟨V.; Med.⟩ als Krankheit darstellen, als krankhaft auffassen

Pa|tho|pho|bie ⟨f.; -, -n; Psych.⟩ = Nosophobie

Pa|tho|phy|si|o|lo|ge ⟨m.; -n, -n; Med.⟩ Wissenschaftler auf dem Gebiet der Pathophysiologie

Pa|tho|phy|si|o|lo|gie ⟨f.; -; unz.; Med.⟩ Lehre von den Funktionsstörungen des menschlichen Organismus [verkürzt <*Pathologie* + *Physiologie*]

Pa|tho|phy|si|o|lo|gin ⟨f.; -, -gin|nen; Med.⟩ Wissenschaftlerin auf dem Gebiet der Pathophysiologie

pa|tho|phy|si|o|lo|gisch ⟨Adj.; Med.⟩ die Pathophysiologie betreffend, zu ihr gehörig

Pa|tho|psy|cho|lo|gie ⟨f.; -; unz.; Psych.⟩ Lehre von den Krankheitserscheinungen im Seelenleben; *Sy* Psychopathologie [verkürzt <*Pathologie* + *Psychologie*]

Pa|thos ⟨n.; -; unz.⟩ erhabene Leidenschaft, leidenschaftl., gefühlvoller Nachdruck [grch., »Leid, Gemütsbewegung, Leidenschaft«]

Pa|ti|ence ⟨[pasjãːs] f.; -, -n⟩ Geduldspiel mit Karten, meist nur für eine Person [frz., eigtl. »Geduld«]

Pa|ti|ens ⟨n.; -, -; Sprachw.⟩ Ziel eines Geschehens innerhalb eines Satzes, Akkusativobjekt; *Ggs* Agens (4) [lat., Part. Präs. zu *pati* »leiden«]

Pa|ti|ent ⟨[patsjɛnt] m.; -en, -en⟩ Kranker in ärztl. Behandlung [<lat. *patiens*, Gen. *patientis*, Part. Präs. zu *pati* »(er)dulden, leiden«]

Pa|ti|en|tin ⟨[patsjɛn-] f.; -, -tin|nen⟩ Kranke in ärztlicher Behandlung

Pa|ti|na¹ ⟨f.; -; unz.⟩ grüner Überzug auf Kupfer u. Kupferlegierungen, Edelrost [ital., eigtl. »Firnis; Glanzmittel für Felle«]

Pa|ti|na² ⟨f.; -, -ti|nen⟩ = Patine

Pa|ti|ne ⟨f.; -, -n⟩ (im Gottesdienst verwendete) Schüssel; *oV* Patina² [lat., »Schüssel«]

pa|ti|nie|ren ⟨V.⟩ mit künstlicher Patina versehen

Pa|tio ⟨[-tsjo] m.; -s, -s⟩ gefliester u. gekachelter Innenhof des span. Hauses [span. <altspan. *patio* »ungepflügtes Land«; vermutl. <altprov. *patu*, *pati* »verpachtetes Land, Weide«, vielleicht <lat. *pactum* »Vertrag«]

Pa|tis|se|rie ⟨f.; -, -n; bes. schweiz.⟩ **1** feines Backwerk **2** Raum zur Herstellung von feinem Backwerk in einer Patisserie **3** Feinbäckerei [<frz. *pâtisserie* <afrz. *pastis* »Kuchen« <lat. *pasta* »Teig«]

Pa|tis|sier ⟨[-sjeː] m.; -s, -s⟩ Konditor [<frz. *pâtissier* <afrz. *pastis*; → *Patisserie*]

Pat|na|reis ⟨m.; -es; unz. (bei Sorten Pl.: -e)⟩ Langkornreis [nach der indischen Stadt *Patna*]

Pa|tois ⟨[patoa] n.; -; -; Sprachw.⟩ **1** Mundart der französ. Landbevölkerung **2** ⟨allg.⟩ Mundart, unkorrekte Sprache [frz.]

♦ Die Buchstabenfolge **pa|tr…** kann auch **pat|r…** getrennt werden.

♦ **Pa|tres** ⟨Abk.; PP.; Pl. von⟩ Pater

♦ **Pa|tri|arch** ⟨m.; -en, -en⟩ **1** ⟨AT⟩ Stammvater der Israeliten, Erzvater (Abraham, Isaak, Jakob) **2** Bischof in bes. hervorgehobener Stellung, z. B. der P. von Rom, der Papst; ~ *des Abendlandes* der Papst ⟨Titel für⟩ **3** oberster Geistlicher in Moskau, Konstantinopel u. den christl.

patriarchal

Ostkirchen [<grch. *patriarches* <*pater* »Vater« + *arche* »Herrschaft«]
◆ pa|tri|ar|chal ⟨[-ça:l] Adj.⟩ = patriarchalisch
◆ pa|tri|ar|cha|lisch ⟨[-ça:-] Adj.⟩ *oV* patriarchal; *Ggs* matriarchalisch **1** den Patriarchen betreffend, zu ihm gehörig, ihm gemäß **2** altväterlich **3** vaterrechtlich **4** ⟨fig.⟩ Rücksicht u. Gehorsam fordernd (wie es einem Patriarchen zukommt)
◆ Pa|tri|ar|chat ⟨[-ça:t] n.; -(e)s, -e⟩ **1** absoluter Vorrang des Vaters in der Familie, Vaterherrschaft; *Ggs* Matriarchat (1) **2** Gesellschaftsordnung, in der die Kinder verwandtschaftlich u. rechtlich zur Sippe des Vaters gerechnet werden, Vaterrecht; *Ggs* Matriarchat (2) **3** Würde, Amt, Amtsbereich eines kath. Patriarchen
◆ pa|tri|ar|chisch ⟨Adj.⟩ in der Art eines Patriarchen, ehrwürdig, Ehrfurcht gebietend
◆ pa|tri|mo|ni|al ⟨Adj.⟩ zum Patrimonium gehörig, auf ihm beruhend
◆ Pa|tri|mo|ni|um ⟨n.; -s, -ni|en⟩ **1** ⟨röm. Recht⟩ väterl. Erbteil **2** ~ *Petri* **2.1** der alte Grundbesitz der röm. Kirche **2.2** ⟨danach⟩ Kirchenstaat [lat.; zu *pater*, Gen. *patris* »Vater«]
◆ Pa|tri|ot ⟨m.; -en, -en⟩ jmd., der vaterländisch gesinnt ist [<mlat. *patriota* »Landsmann« u. frz. *patriote* »Landsmann, vaterländisch Gesinnter«; zu lat. *patria* »Vaterland«]
◆ Pa|tri|o|tin ⟨f.; -, -tin|nen⟩ weibl. Person, die vaterländisch gesinnt ist
◆ pa|tri|o|tisch ⟨Adj.⟩ vaterländisch gesinnt, vaterlandsliebend; *Ggs* unpatriotisch [<lat. *patrioticus* »zum Patrioten gehörig«]
◆ Pa|tri|o|tis|mus ⟨m.; -; unz.⟩ Vaterlandsliebe [<frz. *patriotisme*]
◆ Pa|tris|tik ⟨f.; -; unz.⟩ Wissenschaft von den Schriften u. Lehren der Kirchenväter; *Sy* Patrologie [<lat. *pater*, Gen. *patris* »Vater«]
◆ Pa|tris|ti|ker ⟨m.; -s, -⟩ Kenner, Erforscher der Patristik; *Sy* Patrologe

◆ pa|tris|tisch ⟨Adj.⟩ zur Patristik gehörend, sie betreffend; *oV* patrologisch
◆ Pa|tri|ze ⟨f.; -, -n⟩ Prägestock, -stempel mit erhaben herausgearbeitetem Bild; *Ggs* Matrize (1) [<lat. *pater* »Vater«; nach dem Gegensatz *Matrize* gebildet]
◆ pa|tri|zi|al ⟨Adj.⟩ = patrizisch (1)
◆ Pa|tri|zi|at ⟨n.; -(e)s, -e⟩ Gesamtheit der Patrizier
◆ Pa|tri|zi|er ⟨m.; -s, -⟩ **1** Mitglied des altrömischen Adels **2** ⟨MA⟩ vornehmer, wohlhabender Bürger [<lat. *patricius*; zu *pater*, Gen. *patris* »Vater«]
◆ pa|tri|zisch ⟨Adj.⟩ **1** die Patrizier betreffend, zu ihnen gehörend, von ihnen stammend; *oV* patrizial **2** vornehm, wohlhabend
◆ Pa|tro|lo|ge ⟨m.; -n, -n⟩ = Patristiker
◆ Pa|tro|lo|gie ⟨f.; -; unz.⟩ = Patristik [<lat. *pater*, Gen. *patris* »Vater« + ...*logie*]
◆ pa|tro|lo|gisch ⟨Adj.⟩ = patristisch
◆ Pa|tron ⟨m.; -s, -e⟩ **1** ⟨im antiken Rom⟩ Herr (seiner freigelassenen Sklaven) **2** Schutzheiliger, Schirmherr, Gönner **3** Stifter einer Kirche **4** Handelsherr, Schiffseigentümer **5** ⟨kath. Kirche⟩ Schutzheiliger (einer Kirche od. eines Berufsstandes) **6** ⟨umg.; meist abwertend⟩ Kerl, Bursche; *grober* ~ [<lat. *patronus* »Schutzherr«]
◆ Pa|tro|na ⟨f.; -, -tro|nä⟩ heilige Beschützerin
◆ Pa|tro|nat ⟨n.; -(e)s, -e⟩ **1** ⟨im antiken Rom⟩ Würde, Amt, Stellung eines Patrons **2** ⟨kath. Kirche⟩ Rechte u. Pflichten des Stifters einer Kirche **3** ⟨allg.⟩ Schirmherrschaft
◆ Pa|tro|ne ⟨f.; -, -n⟩ **1** mit Sprengstoff u. Zünder versehener Behälter; *Spreng*~ **2** als Munition für Handfeuerwaffen dienende Hülse mit Zünder, Treibladung u. aufgesetztem Geschoss; *Gewehr*~ **3** ⟨Fot.⟩ lichtundurchlässiger Behälter für Filme einer Kleinbildkamera **4** ⟨Textilw.⟩ auf kariertes Papier gezeichnetes Muster für das Weben auf Jacquardwebs-

tühlen [<frz. *patron* »Musterform«, eigtl. »Vaterform« <lat. *patronus* »Schutzherr«]
◆ Pa|tro|neur ⟨m.; -s, -e; Textilw.; Berufsbez.⟩ Musterzeichner
◆ pa|tro|nie|ren ⟨V.⟩ **1** die Schirmbzw. Schutzherrschaft, den Schutz übernehmen, begünstigen **2** ⟨Textilw.⟩ ein Bindungsmuster auf ein kariertes Patronenpapier zeichnen **3** ⟨österr.⟩ mithilfe einer Schablone bemalen, schablonieren [<frz. *patronner* »beschützen; zurechtschneiden, schablonieren«]
◆ Pa|tro|nin ⟨f.; -, -nin|nen⟩ Schutzheilige, Schirmherrin, Gönnerin [→ *Patron*]
◆ pa|tro|ni|sie|ren ⟨V.⟩ **1** ⟨urspr.; veraltet⟩ beschützen; *jmdn.* ~ **2** ⟨heute⟩ jmdn. heimlich, auf unterschwellige Art u. Weise gegen dessen Willen bevormunden [→ *Patron*]
◆ Pa|tro|ny|mi|kon ⟨n.; -s, -mi|ka⟩ = Patronymikum
Pa|tro|ny|mi|kum ⟨n.; -s, -mi|ka⟩ vom Namen des Vaters abgeleiteter Eigenname, z. B. Petersen, Nikolajewitsch; *oV* Patronymikon [<grch. *pater* »Vater« + *onyma* »Name«]
◆ pa|tro|ny|misch ⟨Adj.⟩ in der Art eines Patronymikons, vom Namen des Vaters abgeleitet
◆ Pa|trouil|le ⟨[-trulja] f.; -, -n⟩ **1** Spähtrupp **2** Streife; ~ *gehen* [frz.]
◆ pa|trouil|lie|ren ⟨[-trul(j)i:-] V.⟩ auf Patrouille gehen od. fahren, als Posten, Wache auf u. ab gehen [<frz. *patrouiller*]
◆ Pa|tro|zi|ni|um ⟨n.; -s, -zi|ni|en⟩ **1** ⟨im antiken Rom⟩ Vertretung durch einen Patron vor Gericht **2** ⟨MA⟩ Rechtsschutz des Gutsherrn für seine Untergebenen **3** Schutzherrschaft eines Heiligen (Patrons) über eine Kirche **4** Fest dieses Heiligen [→ *Patron*]
Pat|schu|li ⟨n.; -s, -s; Bot.⟩ Lippenblütler, dessen äther. Öl in der Parfümerie verwendet wird: Pogostemon patchouly [<Tamil *pacculi*]
patt ⟨Adj.⟩ im Patt befindlich; *ein Spieler ist* ~ [<frz. *pat*]
Patt ⟨n.; -s, -s; Schach; Damespiel⟩ **1** als unentschieden ge-

wertete Stellung, in der kein Stein sich am Zug befindlichen Partei ziehen kann u. ihr König nicht direkt bedroht ist **2** ⟨fig.⟩ polit.-militär. Stellung zweier Großmächte, in der keine von beiden im eigenen Interesse eine militärische Auseinandersetzung riskieren kann; *atomares ~*

Pat|tern ⟨[pætərn] n.; -s, -s⟩ Muster, Modell, als Muster verwendbares Schema, bes. Verhaltensmuster, Denkschema [engl.]

pat|tie|ren ⟨V.⟩ mit einem Raster, mit Notenlinien versehen [frz.]

Pau|ca|lis ⟨m.; -, -ca|les; Sprachw.⟩ = Paukal

Pau|kal ⟨m.; -s, -e; Sprachw.⟩ Numerus, der eine kleine Anzahl umfasst; *oV* Paucalis [zu lat. *paucus* »klein, gering, nur wenige«]

Pau|kant ⟨m.; -en, -en; Studenspr.⟩ Fechter bei einer Mensur (2) [nach *pauken* »fechten, eine Mensur schlagen«]

pau|li|nisch ⟨Adj.⟩ der Theologie des Apostels Paulus gemäß, auf ihr beruhend, von Paulus herrührend; *die Paulinischen Briefe* 13 Briefe des Paulus im NT, u. a. Römerbrief, Korintherbrief [nach *Paulus*, dem bedeutendsten Missionar des Urchristentums, ca. 10-64]

Pau|li|nis|mus ⟨m.; -; unz.⟩ die Theologie des Apostels Paulus gemäß seinen Briefen im NT

pau|pe|rie|ren ⟨V.; Biol.⟩ gute Eigenschaften durch Inzucht verlieren [< lat. *pauper* »arm«]

Pau|pe|ris|mus ⟨m.; -; unz.⟩ allgemeine Armut breiter Schichten der Bevölkerung [< lat. *pauper* »arm«]

Pau|pe|rät ⟨f.; -; unz.⟩ Armut, Dürftigkeit [< lat. *paupertas*, Gen. *paupertatis*]

pau|schal ⟨Adj.⟩ alles zusammen (gerechnet), rund

Pau|scha|le ⟨f.; -, -n od. (selten) n.; -s, -li|en⟩ Preis für alles zusammen, einmalige Bezahlung statt einzelner Zahlungen [latinisiert < *Pausch(e)* »Wulst (am Sattel)«; verwandt mit *in Bausch u. Bogen*]

pau|scha|lie|ren ⟨V.⟩ *einzelne Summen od. Leistungen ~ zu* einer Pauschale zusammenrechnen

pau|schal|li|sie|ren ⟨V.⟩ pauschal beurteilen, sehr stark verallgemeinern; *dieser Befund lässt sich nicht ~*

Pausch|be|trag ⟨m.; -(e)s, -trä|ge; Rechtsw.⟩ Steuerfreibetrag, der unabhängig von nachweisbaren Ausgaben vom zu versteuernden Einkommen abgezogen wird, z. B. für Werbeaufwendungen [→ *pauschal*]

Pausch|quan|tum ⟨n.; -s, -quan|ten⟩ geschätzte u. abgerundete Gesamtmenge; *oV* Bauschquantum [< *pauschal* + *Quantum*]

Pau|se ⟨f.; -, -n⟩ **1** Durchzeichnung, Kopie mit Hilfe von durchsichtigem, auf das Original geradem Papier **2** Kopie von Zeichnungen u. Ä. auf lichtempfindlichem Papier, Lichtpause [→ *pausen*]

pau|sen ⟨V.⟩ eine Pause (Kopie) machen von, durchzeichnen [< frz. *ébaucher* »entwerfen« + *poncer* »durchpausen«]

pau|sie|ren ⟨V.⟩ eine Pause machen, kurz ausruhen, rasten [< lat. *pausare* < grch. *pauein* »aufhören«]

Pa|va|ne ⟨[-va:-] f.; -, -n; Musik⟩ **1** ⟨bis 16. Jh.⟩ Satz der Suite **2** ⟨16./18. Jh.⟩ feierl. Schreittanz in geradem Takt; *oV* Paduana [< span. *pavana* »Pfauentanz«; zu *pavo* »Pfau«]

Pa|ve|se ⟨[-ve:-] f.; -, -n⟩ hoher mittelalterlicher Schild für Armbrustschützen, der mit einem eisernen Sporn in den Boden gerammt werden konnte [von der ital. Stadt *Pavia*]

Pa|vi|an ⟨[-vi-] m.; -s, -e; Zool.⟩ Gattung der Tieraffen mit langer Schnauze: Papio [< frühnhd. *bavian* < ndrl. *bavian* < afrz. *babouin*]

Pa|vil|lon ⟨[-vɪljɔ̃:] m.; -s, -s⟩ **1** kleines, meist rundes, leicht gebautes, häufig offenes, frei stehendes Gebäude in Gärten od. auf Ausstellungen; *Garten~* **2** orientalisches Gartenhäuschen; *Sy* Kiosk (1) **3** runder od. viereckiger Vorbau (besonders an Barockschlössern) **4** großes, viereckiges Zelt; *ein Gartenfest im ~ feiern* [frz.]

Paw|lat|sche *auch:* **Paw|la|tsche** ⟨f.; -, -n; österr.⟩ der Hofseite zugekehrter offener Gang eines Wiener Hauses, baufälliges Haus, Bretterbühne [< tschech. *pavlac* »offener Hausgang«]

Pax ⟨f.; -; unz.⟩ **1** Friede; *~ Christi* 1944 von Lourdes ausgegangene kath. Friedensbewegung; *~ Dei* Gottesfriede; *~ Romana* Schlagwort für die Zeit des befriedeten Röm. Reiches etwa von Augustus bis zum Beginn der Völkerwanderung; *~ vobiscum* Friede (sei) mit euch (Gruß des kath. Bischofs **2** 1921 in Freiburg (Schweiz) gegründete kath. Studentenbewegung [lat., »Friede«]

Pay-back *auch:* **Pay|back** ⟨[peɪbæk] n.; -s; unz.⟩ = Pay-out

Pay|card ⟨[peɪka:d] f.; -, -s⟩ mit einem Chip (auf den ein bestimmter Geldbetrag vom Konto des Karteninhabers gespeichert werden kann) ausgestattete Kreditkarte für den bargeldlosen Zahlungsverkehr ohne Eingabe einer Geheimnummer o. Ä. [< engl. *paycard* »(Be-)Zahlkarte«]

Pay|ing|guest *auch:* **Pa|ying Guest** ⟨[peɪɪŋ gɛst] m.; (-) -s, (-) -s⟩ Gast, der gegen Entgelt bei einer Familie wohnt u. verköstigt wird [engl., »zahlender Gast«]

Pay-out *auch:* **Pay|out** ⟨[peɪaʊt] n.; -s; unz.⟩ Rückgewinnung investierten Kapitals; *oV* Payback [engl., »zahle aus, zahle zurück«]

Pay-per-View ⟨[peɪ pə(r) vjuː] n.; -s; unz.; TV⟩ Sendeart, bei der der Zuschauer keine monatliche Pauschale zahlt, sondern für tatsächlich empfangene Beiträge Einzelgebühren entrichten muss [< engl. *pay* »zahlen« + *per* »pro« + *view* »Blick«]

Pay-TV ⟨[peɪtiːviː] n.; -; unz.⟩ Finanzierungssystem eines Fernsehsenders, orientiert an Gebühren für einzelne Sendungen od. an der Nutzung eines bestimmten Kanals [< engl. *pay* »bezahlen« + *TV*]

pa|zi|fisch ⟨Adj.⟩ zum Pazifik, zum Stillen Ozean gehörig

Pa|zi|fis|mus ⟨m.; -; unz.; Politik⟩ Bestreben, unter allen Umstän-

Pazifist

den den Frieden zu erhalten, absolute Ablehnung des Krieges u. Kriegsdienstes aus ethischen u. praktischen Gründen; *Ggs* Bellizismus [<frz. *pacifisme*]

Pa|zi|fist ⟨m.; -en, -en; Politik⟩ Anhänger, Vertreter des Pazifismus; *Ggs* Bellizist [<frz. *pacifiste*]

Pa|zi|fis|tin ⟨f.; -, -tin|nen; Politik⟩ Anhängerin, Vertreterin des Pazifismus; *Ggs* Bellizistin

pa|zi|fis|tisch ⟨Adj.; Politik⟩ auf Pazifismus beruhend, allem Militärischen u. Kriegerischen abgeneigt; *er vertritt eine ~e Haltung*

pa|zi|fi|zie|ren ⟨V.⟩ befrieden, in einen Friedenszustand bringen; *ein Land ~*

Pb ⟨chem. Zeichen für⟩ Blei (Plumbum)

pc ⟨Abk. für⟩ Parsec

PC ⟨Abk. für engl.⟩ **1** Personalcomputer **2** Political Correctness

p. c. ⟨Abk. für⟩ per centum, pro centum, Prozent

PCB ⟨Chemie; Abk. für⟩ polychlorierte Biphenyle, hochgiftige synthetische Verbindungen aus Chlor u. Biphenyl, die u. a. als Zusätze in Holzanstrichen verwendet werden

p. Chr. (n.) ⟨Abk. für⟩ post Christum (natum)

PCM-Tech|nik ⟨f.; -; unz.; Abk. für⟩ Pulse-Code-Modulations-Technik, ein neuartiges techn. Verfahren zur Übertragung elektromagnetischer Signale, bei dem diese als eine Folge digitaler Impulse übermittelt werden

Pd ⟨chem. Zeichen für⟩ Palladium (2)

PD ⟨Abk. für⟩ Privatdozent(in)

PDA ⟨m.; - od. -s, -s; EDV⟩ = Organizer [Abk. für engl. *Personal Digital Assistant* »persönlicher, digitaler Assistent«]

p. e. ⟨Abk. für lat.⟩ per exemplum

Peak ⟨[piːk] m.; -s, -s; engl. Bez. für⟩ **1** Bergspitze, -gipfel (bes. in Namen) **2** Spitze, Höhepunkt, Spitzenwert [engl.]

Pea|nuts ⟨[piːnats] Pl.; umg.; meist scherzh.⟩ Kleinigkeit, geringe Geldmenge; *die paar Eu-*

ro sind für sie doch ~! [engl., eigtl. »Erdnüsse«]

Pearl|in|dex *auch:* **Pearl-In|dex** ⟨[pœːl-] m.; - od. -es, -e od. -di|zes od. -di|ces; Abk.: PI; Med.⟩ Maßstab für die Verlässlichkeit von Kontrazeptiva, ermittelt anhand der Ergebnisse von 100 Frauen, die die zu bewertende Methode ein Jahr lang anwenden [nach dem amerikan. Biologen R. *Pearl*, 1879-1940]

Pe|bri|ne *auch:* **Peb|ri|ne** ⟨f.; -; unz.⟩ = Nosemaseuche (2) [<frz. *pébrine* <prov. *pebrino* <pebre »Pfeffer« <lat. *piper*]

Pe|can|nuss ⟨f.; -, -nüs|se; Bot.⟩ Nuss des Hickorybaumes; *oV* Pekannuss [<engl. *pecan* <Algonkin *paccan* »Nuss«]

Pe-Ce-Fa|ser ⟨f.; -, -n; Textilw.⟩ Kunstfaser aus Polyvinylchlorid für technische Gewebe, Dekorationen, Isolierstoffe, Seile, Netze [verkürzt <*Polyvinylchlorid*]

Pe|dal ⟨n.; -s, -e⟩ **1** mit dem Fuß zu betätigende Tretkurbel; *Fahrrad~* **2** ⟨Musik⟩ **2.1** ⟨Orgel⟩ Reihe der Tasten, die mit den Füßen bedient wird; *Ggs* Manual **2.2** ⟨Klavier⟩ Fußhebel zum Nachschwingenlassen der Saiten od. Dämpfen der Töne **2.3** ⟨Cembalo⟩ Fußhebel zum Mitschwingenlassen anderer Saiten **2.4** ⟨Harfe⟩ Fußhebel zum chromat. Umstimmen der Saiten [<lat. *pedalis* »zum Fuß gehörig«; zu *pes*, Gen. *pedis* »Fuß«]

pe|dant ⟨Adj.; abwertend; österr.⟩ = pedantisch

Pe|dant ⟨m.; -en, -en; abwertend⟩ pedantischer Mensch

Pe|dan|te|rie ⟨f.; -; unz.; abwertend⟩ pedant. Wesen, übertriebene Genauigkeit od. Ordnungsliebe [<frz. *pédanterie*]

Pe|dan|tin ⟨f.; -, -tin|nen; abwertend⟩ pedantische Frau

pe|dan|tisch ⟨Adj.; abwertend⟩ übertrieben genau, übertrieben gewissenhaft od. ordentlich [<frz. *pédantesque*]

Ped|dig|rohr ⟨n.; -(e)s; unz.⟩ Rohr aus dem Inneren des Stammes der Rotangpalme zum Flechten von Körben u. Stühlen, auch für Spazierstöcke; *Sy* Rattan

pe|des|trisch *auch:* **pe|dest|risch** ⟨Adj.⟩ **1** zu Fuß, Fußgänger betreffend **2** ⟨veraltet⟩ niedrig, gewöhnlich, prosaisch [<lat. *pedester* <*pes*, Gen. *pedis* »Fuß«]

Pe|di|ca|tio ⟨f.; -, -ti|o|nes⟩ Analverkehr [zu lat. *paedicare* »(einen Knaben) schänden, widernatürliche Unzucht treiben«]

Pe|di|cure ⟨[-kyː-] f.; -; unz.; frz. Schreibung von⟩ Pediküre

Pe|di|gree *auch:* **Pe|di|gree** ⟨[pɛdigriː] m.; -s, -s⟩ **1** Stammbaum von Tieren, bes. Pferden u. Hunden **2** ⟨österr.⟩ ⟨militär.⟩ Führungszeugnis [engl.]

Pe|di|ku|lo|se ⟨f.; -, -n; Med.⟩ Läusebefall beim Menschen [<lat. *pediculus* »Laus«]

Pe|di|kü|re ⟨f.; -, -n⟩ **1** ⟨unz.⟩ Fußpflege **2** ⟨zählb.⟩ Angestellte, deren Beruf die Fußpflege ist [<frz. *pédicure*]

pe|di|kü|ren ⟨V.⟩ *jmdn. ~* bei jmdm. Fußpflege treiben; *sich die Füße ~* sich die F. behandeln, Nägel u. Hornhaut beschneiden usw.

Pe|di|ment ⟨n.; -s, -e; Geogr.⟩ durch Abtragung hervorgerufene, terrassenartige Fläche am Fuße von Gebirgen in Trockengebieten [<lat. *pes*, Gen. *pedis* »Fuß«]

Pe|di|skript *auch:* **Pe|dis|kript** ⟨n.; -s, -e⟩ mit den Füßen geschriebenes Schriftstück [<lat. *pes*, Gen. *pedis* »Fuß« + *scriptum* »Geschriebenes«]

pe|do..., **Pe|do...** ⟨in Zus.⟩ Boden [<grch. *pedos* »Boden«]

Pe|do|graf ⟨m.; -en, -en⟩ = Pedeograph

Pe|do|graph ⟨m.; -en, -en⟩ = Pedometer; *oV* Pedograf [<lat. *pes*, Gen. *pedis* »Fuß« + *...graphie*]

Pe|do|lo|gie ⟨f.; -; unz.⟩ Bodenkunde [<*Pedo...* + *...logie*]

pe|do|lo|gisch ⟨Adj.⟩ zur Pedologie gehörend, auf ihr beruhend; *ein ~er Befund*

Pe|do|me|ter ⟨n.; -s, -⟩ Schrittzähler, der eine zurückgelegte Wegstrecke über die dabei von den Beinen ausgehenden Erschütterungen misst; *Sy* Passometer, Pedograph [<lat. *pes*, Gen. *pedis* »Fuß« + *...meter*]

pee|len ⟨[piː-] V.⟩ ein Peeling, eine Gesichtsmaske auftragen

Peeling ⟨[piː-] n.; - od. -s, -s⟩ kosmetische Creme zur Schälung u. Reinigung der Gesichtshaut [engl.; zu *peel* »schälen«]

Peep|show ⟨[piːpʃoʊ] f.; -, -s⟩ Zurschaustellung einer nackten Frau, die gegen Entgelt durch ein Fensterchen betrachtet werden kann [<engl. *peep* »(verstohlen) blicken« + *Show*]

Peer ⟨[piːr] m.; -s, -s⟩ **1** Mitglied des engl. Hochadels **2** Mitglied des Oberhauses im engl. Parlament [engl.]

Pee|ress ⟨[piːrɪs] f.; -, -res|ses [-rɪsɪz]⟩ **1** Ehefrau eines Peers **2** weibliches Mitglied des engl. Hochadels im Rang eines Peers [engl.]

Peer|group ⟨[piːrgruːp] f.; -, -s⟩ Gruppe von Jugendlichen, die sich gegenseitig bei der Loslösung vom Elternhaus unterstützen [<engl. *peer* »gleichrangig« + *group* »Gruppe«]

Pe|ga|sos ⟨m.; -; unz.⟩ = Pegasus

Pe|ga|sus ⟨m.; -; unz.⟩ geflügeltes Pferd als Sinnbild der Dichtkunst, der dichter. Fantasie; *den ~ besteigen* ⟨poet.⟩ zu dichten beginnen, dichten; *oV* Pegasos [<grch. *Pegasos* »geflügeltes Pferd, dessen Hufschlag den Musenquell Hippokrene entspringen ließ«]

Pe|ge ⟨f.; -, -n⟩ kalte Quelle (unter 20 °C) [grch., »Quelle«]

Peg|ma|tit ⟨m.; -s, -e; Min.⟩ aus magmatischen Einschüben entstandenes, grobkörniges Gestein [<grch. *pegma* »das Festgewordene«]

Pe|ha|me|ter ⟨n.; -s, -; Chemie⟩ Gerät zur Bestimmung des pH-Wertes von Lösungen

Peh|le|wi ⟨[pɛx-] n.; - od. -s; unz.⟩ mittelpers. Sprache u. Schrift; *oV* Pahlewi [<pers. *pahlavi*]

Pei|es ⟨Pl.⟩ Schläfenlocken (der orthodoxen Juden) [jidd. <hebr. *peo*]

Peig|neur *auch:* **Peig|neur** ⟨[pɛnjøːr] m.; -s, -e; Textilw.⟩ Walze an der Karde zum Abnehmen des Materials [frz., »Kämmer«]

Pe|jo|ra|ti|on ⟨f.; -, -en; Sprachw.⟩ Bedeutungswandel eines Wortes zum Schlechteren, z. B. gemein, Frauenzimmer, Weib; *Ggs* Melioration [<lat. *peior* »schlechter«, Komparativ zu *malus* »schlecht; böse, schlimm«]

pe|jo|ra|tiv ⟨Adj.; Sprachw.⟩ bedeutungsverschlechternd, in der Bedeutung sich negativ verändernd; *Ggs* meliorativ

Pe|jo|ra|ti|vum ⟨[-vum] n.; -s, -ti|va [-va]; Sprachw.⟩ Wort, dessen Bedeutung sich im Lauf seiner Entwicklung verschlechtert hat, z. B. Frauenzimmer; *Ggs* Meliorativum

Pe|jus ⟨m.; -; unz.; Biol.⟩ Bereich der Umweltbedingungen eines Lebewesens, der zwischen dem günstigsten u. dem ungünstigsten Zustand liegt; →*a.* Optimum (2), Pessimum [<lat. *peius*, Neutr. zu *peior*; → *Pejoration*]

Pe|kan|nuss ⟨f.; -, -nüs|se; Bot.⟩ = Pecannuss

Pe|ka|ri ⟨n.; -s, -s; Zool.⟩ amerikan. Wildschwein, Nabelschwein [karib.]

Pe|ki|ne|se ⟨m.; -n, -n; Zool.⟩ Angehöriger einer chines. Zwerghundrasse mit stark verkürzter Schnauze, kurzen Beinen u. langem Fell [nach der chines. Stadt *Peking*]

Pe|koe ⟨[piːko] m.; - od. -s; unz.⟩ gute Qualität des schwarzen Tees [<chines. *pek* »weiß« + *ho* »Flaum«]

pek|tan|gi|nös *auch:* **pek|tan|gi|nös** ⟨Adj.; Med.⟩ die Angina Pectoris betreffend, mit ihr vergleichbar, von Herzschmerzen u. Engegefühl in der Brust begleitet

Pek|ta|se ⟨f.; -; unz.; Biochemie⟩ Pektin abbauendes Enzym, das sich in Früchten, Pilzen u. Mohrrüben findet [→ *Pektin*]

Pek|ten|mu|schel ⟨f.; -, -n; Zool.⟩ mit vielen Augen am Mantelrand versehene Meeresmuschel, die sich festheften, aber auch durch Auf- u. Zuklappen der Schalen nach dem Rückstoßprinzip fortbewegen kann: Pectinidae [<lat. *pecten* »Kammmuschel«]

Pek|tin ⟨n.; -s, -e; Biochemie⟩ stark quellender, kohlenhydratähnlicher Stoff in saurem Obst, der zusammen mit Zucker u. Säure das Gelieren der Obstsäfte beim Kochen bewirkt [<grch. *pektos* »fest; geronnen«]

Pek|ti|na|se ⟨f.; -; unz.; Biochemie⟩ Pektin abbauendes Enzym, das sich in Pollenkörnern u. Malz findet [→ *Pektin*]

pek|to|ral ⟨Adj.; Med.⟩ zur Brust gehörend, von ihr ausgehend [<lat. *pectus*, Gen. *pectoris* »Brust«]

Pek|to|ra|le ⟨n.; - od. -s, -s od. -li|en; Theol.⟩ kostbares Kreuz hoher Geistlicher, Brustkreuz [→ *pektoral*]

Pe|ku|li|ar|be|we|gung ⟨f.; -, -en; Astron.⟩ Eigenbewegung von Fixsternen gegenüber den sie umgebenden Sternen [<lat. *peculiaris* »eigen, eigentümlich, besonders«]

pe|ku|ni|är ⟨Adj.⟩ das Geld betreffend, geldlich, finanziell; *~e Schwierigkeiten; es geht ihm ~ gut, schlecht* [<frz. *pécuniaire* <lat. *pecunia* »Geld, Vermögen«]

pek|zie|ren ⟨V.; veraltet⟩ Böses verüben, eine Dummheit machen [<lat. *peccare* »sündigen, sich vergehen; einen Fehler machen«]

Pe|la|de ⟨f.; -, -n; Med.⟩ plötzlich auftretender, krankhafter Haarausfall auf kreisrunden Flächen der Kopfhaut sowie in der Bartregion; →*a.* Alopezie [frz.]

pe|la|gi|al ⟨Adj.; Biol.⟩ = pelagisch

Pe|la|gi|al ⟨n.; -s; unz.; Biol.⟩ Region des freien Wassers im Meer u. in Binnengewässern [<grch. *pelagos* »Meer«]

pe|la|gisch ⟨Adj.; Biol.⟩ im Meer u. in großen Binnengewässern lebend; *oV* pelagial; *~e Pflanze; ~es Tier* [<grch. *pelagios* »in der hohen See, im Meer«]

Pe|lar|go|nie ⟨[-njə] f.; -, -n; Bot.⟩ zu einer Gattung der Storchschnabelgewächse gehörende Zierpflanze mit oft leuchtenden Blüten: Pelargonium; *Sy* ⟨umg.⟩ Geranie (1) [<grch. *pelargos* »Storch« (wegen der Fruchtform)]

Pe|las|ger ⟨m.; -s, -⟩ Angehöriger der vorindogerman. sagenhaften Urbevölkerung Griechenlands [<grch. *Pelasgoi*]

pêle-mêle ⟨[pɛlmɛl] Adv.⟩ durcheinander, wie es gerade kommt [frz.]

Pele-mele ⟨[pɛlmɛl] n.; -; unz.⟩ 1 Durcheinander, Mischmasch 2 Süßspeise aus Früchten u. Vanillecreme [→ *pêle-mêle*]

Pe|le|ri|ne ⟨f.; -, -n⟩ weiter, ärmelloser Umhang [<frz. *pèlerine*, eigtl. »Pilgerin; (von Pilgern getragener) Schulterumhang«]

Pel|ham ⟨[pɛləm] n.; -s, -s; Reitsport⟩ Zäumung mit einem Gebiss aus Kandare u. untergelegter Trense, das mit einem Zügel geführt wird (bes. für Springpferde) [engl.]

Pe|li|kan ⟨m.; -s, -e; Zool.⟩ sehr großer Ruderfüßer: Pelicanidae [<mhd. *pel(l)ican*, *pillecan* <kirchenlat. *pelicanus*]

Pe|lit ⟨m.; -s, -e; meist Pl.; Geol.⟩ feinkörniges Sedimentgestein mit versch. Korngrößen unter 0,02 mm [zu grch. *pelos* »Ton, Lehm«]

pe|li|tisch ⟨Adj.; Geol.⟩ die Pelite betreffend, zu ihnen gehörend

Pel|la|gra *auch:* **Pel|la|gra** ⟨f.; -; unz.; Med.⟩ Hautkrankheit mit Durchfall u. Lähmungen infolge Mangels an Vitamin B₂ [<ital. *pella agra* »raue Haut«]

pel|le|tie|ren ⟨V.⟩ Pellets herstellen von

Pel|lets ⟨Pl.⟩ aus feinkörnigem Material durch Anteigen mittels Wasser od. anderen Flüssigkeiten gewonnene gerundete Bröckchen, z. B. als Viehfutter [engl. *pellet* »Kügelchen, Pille, Schrotkugel«]

Pel|li|cu|la ⟨f.; -, -lae [-le:]; Biol.⟩ elastische Zellmembran der Protozoen [<lat. *pellicula* »Fellchen«]

pel|lu|zid ⟨Adj.; Min.⟩ lichtdurchlässig; ∼*e Minerale* [<lat. *pellucidus* »durchsichtig«]

Pel|me|ni ⟨Pl.⟩ russisches Nationalgericht (in Salzwasser od. Brühe gekochte Teigtaschen, serviert mit Öl o. Ä.)

Pe|log ⟨n.; - od. -s; unz.; Musik⟩ siebentöniges Tonsystem in der javanischen u. balinesischen Musik; *oV* Pelok [javan.]

Pe|lok ⟨n.; - od. -s; unz.; Musik⟩ = Pelog

Pel|o|rie ⟨[-riə] f.; -, -n⟩ strahlige Ausbildung einer Blüte, die in der Regel zweiseitig-symmetrisch ist [<grch. *pelos* »Missgestalt«]

Pe|lo|ta ⟨f.; -; unz.; Sport⟩ baskisches Ballspiel zu vier Spielern (zwei gegen zwei), die mit Schlägern einen Ball gegen eine Wand schleudern, wobei jeder verfehlte Ball als Pluspunkt für den Gegner gilt [span., »Ball«]

Pe|lo|ton ⟨[-tɔ̃:] n.; -s, -s⟩ 1 ⟨veraltet⟩ Unterabteilung eines Bataillons, Gefechtseinheit der Lineartaktik des 18. Jh. (heute noch in »Exekutionspeloton«) 2 ⟨Radsport⟩ Hauptfeld der Fahrer beim Straßenrennen [frz., »Gruppe, Schar, Zug«]

Pe|lot|te ⟨f.; -, -n⟩ 1 ballenförmiges Polster, z. B. am Bruchband 2 Einlage in Schuhen [frz.]

Pel|sei|de ⟨f.; -, -n; Textilw.⟩ locker gedrehte Fäden aus minderwertigen Kokons [<ital. *pelo* »Haar« + *Seide*]

Pel|tier|ef|fekt *auch:* **Pel|tier-Effekt** ⟨[pɛltje:-] m.; -(e)s, -e⟩ Erscheinung, dass bei Stromfluss durch eine Kontaktstelle zweier elektr. Leiter an dieser Stelle eine Erwärmung od. Abkühlung auftritt [nach dem frz. Physiker J. C. A. Peltier, 1785-1845]

Pe|lusch|ke ⟨f.; -, -n; Bot.⟩ Art der Felderbsen mit eckigen Samen: Pisum sativum var. arvensi [<tschech. *peluška*]

Pem|mi|kan ⟨m.; -s; unz.⟩ 1 zerstampftes, mit Fett übergossenes Dörrfleisch der nordamerikan. Indianer 2 ⟨heute⟩ Konserve aus Fleischpulver u. Fett [<Cree *pimikân* <*pimii* »Fett«]

Pem|phi|gus ⟨m.; -; unz.; Med.⟩ von Fieber begleitete Erkrankung, die durch schlaffe Blasen auf Haut u. Schleimhaut gekennzeichnet ist; ∼ *neonatorum* ähnlich verlaufende, aber weniger gefährliche Erkrankung Neugeborener [<grch. *pemphix* »Blase«]

P. E. N., PEN → *Pen-Club*

Pe|nal|ty ⟨[pɛnəlti] m.; - od. -s, - od. -ties; Sport⟩ 1 ⟨Fußb.⟩ Strafstoß (Elfmeter) 2 ⟨Eishockey⟩ Strafschuss [engl., »Strafe«]

Pe|na|ten ⟨Pl.⟩ 1 altröm. Götter des Hauses, urspr. Götter der Vorratskammer 2 ⟨fig.⟩ Haus u. Herd [<lat. *penates*]

Pence ⟨[pɛns] Pl. von⟩ Penny

Pen-Club ⟨m.; -s; unz.⟩ 1921 gegründete internat. Dichter- u. Schriftstellervereinigung gegen Rassenhass u. Unterdrückung der Meinungsfreiheit [engl., gebildet aus den Anfangsbuchstaben von *poets, playwrights, essayists, editors, novelists* »Dichter, Dramatiker, Essayisten, Herausgeber, Romanschriftsteller«]

Pen|dant ⟨[pādã:] n.; -s, -s⟩ 1 Gegenstück, inhaltl. od. formale Entsprechung 2 ⟨Pl.; veraltet⟩ ∼*s* Ohrgehänge [frz., eigtl. »hängend«]

Pen|del ⟨n.; -s, -⟩ länglicher Körper, der unter der Wirkung der Schwerkraft um seine Ruhelage schwingt; *Uhr*∼ [<mlat. *pendulum* »Schwinggewicht«; zu lat. *pendulus* »herabhängend«; zu *pendere* »hängen, herabhängen, schweben«]

pen|dent ⟨Adj.; schweiz.⟩ schwebend, unerledigt [<lat. *pendens*, Part. Präs. von *pendere* »hängen, herabhängen, schweben«]

Pen|den|tif ⟨[pādāti:f] n.; -s, -s; Arch.⟩ Zwickel, der den quadrat. Unterbau mit einer Kuppel verbindet [frz.; zu *pendant* »hängend«]

Pen|denz ⟨f.; -, -en; meist Pl.; schweiz.⟩ unerledigte, schwebende Sache [→ *pendent*]

Pen|do|li|no ⟨m.; -s, -s⟩ Eisenbahnzug, der durch computergesteuerte Neigung des Wagens die Fliehkraft ausgleichen u. dadurch selbst auf kurvenreichen Strecken hohe Geschwindigkeiten beibehalten kann [zu ital. *pendolare* »pendeln, hin- u. herschwingen«]

Pen|dü|le ⟨[pā-] f.; -, -n⟩ Pendeluhr, Stutzuhr [frz. *pendule*; zu *pendre* »an-, aufhängen, schweben«]

Pe|ne|plain ⟨[pi:nɪpleɪn] f.; -, -s; Geogr.⟩ durch abtragende Kräfte nahezu ebenes Gelände mit flachen Erhebungen u. breiten Tälern [engl.]

pe|ne|trant *auch:* **pe|ne|trant** ⟨Adj.⟩ 1 durchdringend; ∼*er Geruch; es riecht, schmeckt* ∼ *nach Fisch* 2 ⟨fig.; umg.⟩ auf-

dringlich; *ein ~er Kerl; ~e Musik* [<frz. *pénétrant*]
Pe|ne|tranz *auch:* **Pe|net|ranz** 〈f.; -; unz.〉 penetrante Beschaffenheit
Pe|net|ra|ti|on *auch:* **Pe|net|ra|ti|on** 〈f.; -; unz.〉 das Penetrieren, Durchdringen, Durchsetzung
pe|net|rie|ren *auch:* **pe|net|rie|ren** 〈V.〉 durchdringen, durchsetzen [<lat. *penetrare* »hinein-, durchdringen«]
Pe|net|ro|me|ter *auch:* **Pe|net|ro|me|ter** 〈n.; -s, -〉 Gerät zur Messung der Härte bzw. Konsistenz fester Stoffe aufgrund der Eindringtiefe genormter Körper in diese Stoffe [<lat. *penetrare* »hinein-, durchdringen« + ...*meter*]
Pen|gö 〈m.; - od. -s, - od. -s; Abk.: P.; 1925-46〉 ungar. Währungseinheit [ungar., eigtl. »klingend« <*pengeni* »klingen, klingeln«]
Pen|hol|der 〈[pɛnhoʊldə(r)] m.; -s; unz.〉 Sport; Tischtennis〉 Greifen des Schlägers in der Art, wie gewöhnlich ein Stift gehalten wird, wobei die Schlagfläche nach unten weist [<engl. *pen* »Stift« + *holder* »Griff, Halter«]
pe|ni|bel 〈Adj.〉 peinlich genau, sehr sorgfältig, sehr gewissenhaft; *eine penible Arbeit* [<frz. *pénible* »mühsam; schmerzlich«]
Pe|ni|bi|li|tät 〈f.; -; unz.〉 penible Beschaffenheit, penibles Wesen
Pe|ni|cil|lin 〈n.; -s; unz.; Pharm.〉 Antibiotikum gegen viele Krankheitserreger, das von verschiedenen Arten des Pinselschimmels gewonnen wird; *oV* Penizillin [<lat. *penicillium notatum* »Pinselschimmelpilz«; zu *penicillum* »Pinsel«]
Pe|ni|cil|li|na|se 〈f.; -; unz.; Biochemie〉 Penicillin abbauendes Enzym, das von einigen Bakterien gebildet wird [→ *Penicillin*]
Pe|ni|cil|li|um 〈n.; -s; unz.; Biol.〉 Angehöriger einer Gattung weit verbreiteter Schlauchpilze, von denen einige Arten Penicilline hervorbringen, Pinselschimmel [→ *Penicillin*]
Pen|in|su|la 〈f.; -, -suln〉 Halbinsel [<lat. *paene* »fast beinahe« + *insula* »Insel«]
pen|in|su|la|risch 〈Adj.〉 wie eine Halbinsel, zu einer Halbinsel gehörend
Pe|nis 〈m.; -, -se od. Pe|nes〉 schwellfähiges, männliches Begattungsorgan verschiedener Tiere u. des Menschen [lat., eigtl. »Schwanz«]
Pe|ni|zil|lin 〈n.; -s; unz.〉 = Penicillin
Pen|nal 〈n.; -s, -e; Schülerspr.〉 höhere Lehranstalt [<mlat. *pennale;* zu lat. *penna* »Feder«]
Pen|nä|ler 〈m.; -s, -〉 Schüler (eines Pennals)
Pen|ne[1] 〈f.; -, -n; Schülerspr.〉 Schule [→ *Pennal*]
Pen|ne[2] 〈f.; -, -n; Gaunerspr.〉 Kneipe, schlechte Herberge [rotw., urspr. *Bonne;* vermutl. <jidd. *binjan* »Gebäude«, *bono* »er hat gebaut«]
pen|nen 〈V.; umg.〉 schlafen [rotw.; vermutl. <jidd. *pannai* »müßig«; hebr. *penai* »Zeit (zur Muße)«, später Anlehnung an rotw. *Penne* »schlechte Herberge«]
Pen|ni 〈m.; - od. -s, -niä; früher〉 finn. Münze, $^{1}/_{100}$ Finnmark [finn.; vermutl. <dt. *Pfennig*]
Pen|ny 〈m.; -s, Pence (bei Zahlenangabe) od. (bei einzelnen Stücken) -s〉 engl. Münze, $^{1}/_{100}$ Pfund [engl.; verwandt mit dt. *Pfennig*]
Pen|ny|weight 〈[-weɪt] n.; -, -; Abk.: pwt., dwt〉 englische Gewichtseinheit für Münzen, Edelmetalle u. Edelsteine, 1,5552 g [engl., »Pfenniggewicht«]
Pen|sa 〈Pl. von〉 Pensum
pen|see 〈[pãseː] Adj.; schweiz.〉 = pensée
pen|sée 〈[pãseː] Adj.〉 dunkellila; *oV* pensee
Pen|sée 〈[pãseː] n.; -s, -s; Bot.〉 Stiefmütterchen [<frz. *pensée*]
Pen|si|on 〈[pã-] bair.-österr. [pɛn-] f.; -, -en〉 **1** Ruhegehalt (für Beamte); *~ beziehen* **2** Ruhestand (Beamter) **3** Fremdenheim **4** Unterkunft u. Verköstigung; *volle ~* Unterkunft u. Komplettverköstigung *(Voll~); Halb~* Unterkunft mit Frühstück u. Mittag- od. Abendessen **5** = Pensionat [frz.]

Pentagondodekaeder

Pen|si|o|när 〈[pã-] bair.-österr. [pɛn-] m.; -s, -e〉 **1** jmd., der eine Pension bezieht, im Ruhestand lebt **2** jmd., der in einer Pension wohnt, Gast in einer Pension **3** Schüler eines Pensionats [<frz. *pensionnaire*]
Pen|si|o|nat 〈[pã-] bair.-österr. [pɛn-] n.; -(e)s, -e〉 = Internat [<frz. *pensionnat*]
pen|si|o|nie|ren 〈[pã-] bair.-österr. [pɛn-] V.〉 mit Pension in den Ruhestand versetzen [<frz. *pensionner*]
Pen|si|o|nie|rung 〈[pã-] bair.-österr. [pɛn-] f.; -, -en〉 das Pensioniertwerden
Pen|sum 〈n.; -s, Pen|sa od. Pen|sen〉 **1** in einer bestimmten Zeit zu erledigende Arbeit, Aufgabe; *Arbeits~, Tages~* **2** Abschnitt (einer Arbeit od. Aufgabe), für eine bestimmte Zeit vorgeschriebener Lehrstoff; *Schul~* [lat., »Aufgabe, zugeteilte Tagesarbeit«, eigtl. »die einer Spinnerin zur täglichen Verarbeitung zugewogene Wollmenge«; zu *pensum* »zugewogen«; zu *pendere* »(an die Waage) hängen«]
pen|ta..., Pen|ta... 〈vor Vokalen〉 pent..., Pent... 〈in Zus.〉 fünf [<grch. *pente* »fünf«]
Pen|ta|chord 〈[-kɔrd] n.; -s, -e; Musik〉 Saiteninstrument mit fünf Saiten [<*Penta...* + grch. *chorde* »Darm(saite)«]
Pen|ta|de 〈f.; -, -n〉 Zeitraum von fünf Tagen [<grch. *pente* »fünf«]
Pen|ta|e|der 〈n.; -s, -; Geom.〉 von fünf Flächen begrenzter Körper, Fünfflach, Fünfflächner [<*Penta...* + ...*eder*]
Pen|ta|glot|te 〈f.; -, -n〉 ein Buch, das in fünf Sprachen geschrieben ist, vor allem eine fünfsprachige Bibel [<*Penta...* + grch. *glotta* »Zunge«]
Pen|ta|gon 〈n.; -s, -e〉 **1** 〈Geom.〉 Fünfeck **2** 〈['---] unz.〉 das auf einer fünfeckigen Fläche errichtete Verteidigungsministerium der USA [<*Penta...* + ...*gon*]
pen|ta|go|nal 〈Adj.; Geom.〉 fünfeckig
Pen|ta|gon|do|de|ka|e|der 〈n.; -s, -; Geom.〉 platon. Körper, der von zwölf regelmäßigen Fünf-

723

Pentagonikositetraeder

ecken begrenzt wird, Zwölfflach, Zwölfflächner

Pen|ta|gon|i|ko|si|te|tra|e|der auch: **Pen|ta|gon|i|ko|si|te|tra|e|der** ⟨n.; -s, -; Geom.⟩ aus untereinander gleichen Fünfecken aufgebauter, vierundzwanzigflächiger Körper [<*Pentagon* + grch. *eikosi* »zwanzig« + *Tetraeder*]

Pen|ta|gramm ⟨n.; -s, -e⟩ Stern mit fünf Zacken, der in einem Zug gezeichnet werden kann; *Sy* Pentalpha [<*Penta...* + *...gramm*]

Pent|alpha auch: **Pent|al|pha** ⟨n.; -, -s⟩ = Pentagramm [<*Penta...* + *Alpha*]

pen|ta|mer ⟨Adj.; bes. Bot.⟩ fünfgliedrig [<*penta...* + *...mer*]

Pen|ta|me|ro|ne auch: **Pen|ta|me|ro|ne** ⟨n.; -s; unz.; Lit.⟩ Sammlung neapolitan. Märchen von Giambattista Basile († 1637), die an fünf Tagen erzählt werden [<*Penta...* + grch. *hemera* »Tag«]

Pen|ta|me|ter ⟨m.; -s, -; Metrik⟩ fünffüßiger daktylischer Vers [<*Penta...* + *...meter*]

Pen|tan ⟨n.; -s, -e; Chemie⟩ gesättigter aliphat. Kohlenwasserstoff, der in drei isomeren Formen vorkommt [zu grch. *pente* »fünf«]

Pen|ta|nol ⟨n.; -s; unz.; Chemie; fachsprachl. Bez. für⟩ Amylalkohol [<grch. *pente* »fünf«]

Pen|tan|säu|re ⟨f.; -; unz.; Chemie⟩ = Valeriansäure

Pen|ta|pris|ma ⟨n.; -s, -pris|men⟩ fünfkantiges Prisma mit besonderen Brechungseigenschaften, in optischen Instrumenten verwendet [<*Penta...* + *Prisma*]

Pent|ar|chie auch: **Pent|ar|chie** ⟨f.; -, -n; Politik⟩ Herrschaft von fünf Mächten (bes. von Russland, England, Frankreich, Österreich u. Preußen 1815-60) [<*Penta...* + *...archie*]

Pen|ta|sty|los auch: **Pen|ta|sty|los** ⟨m.; -, -sty|len; Arch.⟩ antiker Tempel mit fünf Säulen an jeder Schmalseite [<*Penta...* + grch. *stylos* »Säule«]

Pen|ta|teuch ⟨m.; -s; unz.⟩ die fünf Bücher Mosis im AT [<grch. *pentateuchos* »aus fünf Büchern bestehend«]

Pent|ath|lon auch: **Pent|ath|lon** ⟨n.; -s; unz.⟩ antiker Fünf-

kampf [<*Penta...* + grch. *athlon* »Wettkampf«]

Pen|ta|to|nik ⟨f.; -; unz.; Musik⟩ Skala, System von fünf Tönen als Grundtonleiter der oriental. u. mittelalterl. europäischen Musik sowie der Musik vieler Naturvölker [<*Penta...* + grch. *tonos* »Spannung, Ton«]

pen|ta|to|nisch ⟨Adj.; Musik⟩ auf der Pentatonik beruhend, in der Art der Pentatonik

Pen|te|kos|te ⟨f.; -; unz.⟩ Pfingsten als der 50. Tag nach Ostern [grch., »das am 50. Tage (nach Ostern) stattfindende Fest«]

Pen|ten ⟨n.; -s, -e; Chemie⟩ ungesättigter Kohlenwasserstoff aus der Gruppe der Olefine; *Sy* Pentylen [<grch. *pente* »fünf«]

Pen|te|re ⟨f.; -, -n⟩ antikes Kriegsschiff mit etwa 300 Ruderern in fünf Reihen übereinander [<grch. *penteres* <*pente* »fünf« + *arein* »ausgerüstet sein mit«]

Pent|house ⟨[-haus] n.; -, -s [-sɪz]⟩ Wohnung auf dem flachen Dach eines Hauses [<engl. *penthouse*]

Pen|ti|um® ⟨m.; -s; unz.; EDV⟩ Mikroprozessor mit hoher Rechenleistung

Pent|lan|dit ⟨m.; -s; Min.⟩ Eisennickelkies, gelbes bis bronzefarbenes Mineral, chemisch Eisen-Nickel-Sulfid [nach dem engl. Naturforscher J. Pentland, † 1873]

Pent|ode auch: **Pen|to|de** ⟨f.; -, -n; El.⟩ Elektronenröhre mit fünf Elektroden [<*Penta...* + *...ode*]

Pen|to|se ⟨f.; -, -n; Chemie⟩ aus fünf Kohlenstoffatomen bestehender Zucker, Vertreter der Monosaccharide, Vorkommen in vielen Nucleinen [<grch. *pente* »fünf«]

Pen|ty|len ⟨n.; -s, -e; Chemie⟩ = Penten

Pen|um|bra auch: **Pe|num|bra** ⟨f.; -; unz.; Astron.⟩ Randgebiet um den Kern eines Sonnenflecks [<lat. *paene* »fast, beinahe« + *umbra* »Schatten«]

Pe|nun|se ⟨f.; -; unz.; berlin.; nordostdt.⟩ Geld [vielleicht <poln. *penadz* od. frz. Argot *pécuniaux* »Geld«]

Pe|on ⟨m.; -en, -en⟩ eingeborener Tagelöhner in Mexiko u. Südamerika [<portug. *peão* u. frz. *pion*]

Pe|o|na|ge ⟨[-ʒə] f.; -; unz.⟩ von den span. Eroberern in Mittel- u. Südamerika eingeführtes System der Entlohnung, das durch Vorschüsse zur Verschuldung der Peonen führte

Pep¹ ⟨m.; - od. -s; unz.⟩ Elan, Schwung [engl.; verkürzt <*pepper* »Pfeffer«]

Pep² ⟨n.; -s; unz.; umg.; kurz für⟩ Peppers

Pe|pe|ro|ne ⟨m.; -s, -ni⟩ = Peperoni

Pe|pe|ro|ni ⟨f.; -, -; meist Pl.⟩ kleine, scharf schmeckende, meist in Essig eingelegte Paprikafrucht; *oV* Peperone, ⟨österr.⟩ Pfefferoni [<ital. *peperone* <*pepe* »Pfeffer«]

Pe|pi|no ⟨f.; -, -s; Bot.⟩ (aus Südamerika stammendes) Nachtschattengewächs mit melonenförmigen Früchten, Birnenmelone: Solanum muricatum [span.; »Gurke; unreife Melone«]

Pe|pi|ta ⟨m. od. n.; -s, -s; Textilw.⟩ **1** kleines Muster in Hahnentritt **2** Stoff in diesem Muster [nach einer span. Tänzerin aus der Zeit des Biedermeier]

Pe|plon auch: **Pep|lon** ⟨m.; -s, -s od. -plen⟩ = Peplos

Pe|plo|pau|se auch: **Pep|lo|pau|se** ⟨f.; -; unz.; Meteor.⟩ obere Grenze der Troposphäre in 1500-2500 m Höhe [<grch. *peplos* »Decke, Hülle« + *panein* »aufhören«]

Pe|plos auch: **Pep|los** ⟨m.; -, -od. -plen⟩ ärmelloses, oft reich verziertes, langes, weites altgrch. Gewand; *oV* Peplon [grch.]

Pep|pers ⟨Pl.; umg.⟩ über die Nasenschleimhäute aufgenommenes Amphetamin, eine stark belebend wirkende Droge; →*a.* Peppill [<engl. *pepper* »Pfeffer; lebendig machen, aufputschen«]

pep|pig ⟨Adj.; umg.⟩ Pep habend, schwungvoll, schmissig, flott, munter [→ *Pep*]

Pep|pill ⟨f.; -, -s⟩ als Rauschmittel verwendetes Weckamin; *oV* Peppille [<*Pep* + engl. *pill* »Pille«]

Pep|pille ⟨f.; -, -n⟩ = Peppill
Pep|sin ⟨n.; -s, -e; Biochemie⟩ Enzym des Magensaftes, das Eiweiß spaltet [<grch. *pepsis* »das Kochen«; zu *pessein* »kochen«, übertr. »verdauen«]
Pep|sin|wein ⟨m.; -(e)s, -e; Pharm.⟩ pepsinhaltiger medizinischer Wein, der die Magentätigkeit unterstützt [→ *Pepsin*]
Pep|tid ⟨n.; -(e)s, -e; Biochemie⟩ bei der Hydrolyse von Proteinen auftretende, aus gleichen od. verschiedenen Aminosäuren aufgebaute Verbindung [<grch. *peptos* »gekocht«]
Pep|ti|da|se ⟨f.; -, -n; Biochemie⟩ Enzym, das Peptide spaltet
Pep|tid|hor|mon ⟨n.; -s, -e; Biochemie⟩ Hormon, das seiner chemischen Natur nach ein Peptid ist, z. B. Insulin od. Glucagon [<*Peptid* + *Hormon*]
Pep|ti|sa|ti|on ⟨f.; -; unz.; Chemie⟩ Umwandlung eines Gels in ein Sol[2], d. h. Herstellung einer kolloidalen Lösung
pep|tisch ⟨Adj.; Biochemie⟩ in der Art des Pepsins
pep|ti|sie|ren ⟨V.; Chemie⟩ *ein Gel* ~ in ein Sol umwandeln [→ *Peptid*]
Pep|ton ⟨n.; -s, -e; Biochemie⟩ bei der Verdauung von Proteinen entstehendes, hochmolekulares, wasserlösl. Abbauprodukt, als Nährpräparat verwendbar [<grch. *peptein* »kochen«]
Pep|ton|u|rie *auch:* **Pep|to|nu|rie** ⟨f.; -; unz.; Med.⟩ Auftreten von Peptonen im Harn [<*Pepton* + ...*urie*]
PER ⟨Chemie; Abk. für⟩ Perchlorethylen
per ⟨Präp. mit Akk.⟩ **1** mittels, durch, mit; ~ *Bahn;* ~ *Flugzeug;* ~ *Post;* ~ *Eilboten* **2** ⟨zeitlich⟩ bis, am; ~ *1. April (zu liefern)* [lat. *per* »durch, für«]
per..., Per... ⟨in Zus.; Med.⟩ **1** durch, hindurch **2** ringsum, völlig, sehr [lat., »durch, für«]
per ac|cla|ma|ti|o|nem ⟨veraltet⟩ durch Zuruf [lat.]
per Ad|res|se *auch:* **A|dres|se** ⟨Abk.: p. A., p. Adr.; in Anschriften⟩ wohnhaft bei ..., über die Adresse von ... zu erreichen; *Herrn XY,* ~ *Familie Meier*

per an|num ⟨Abk.: p. a.⟩ im Jahr, jährlich [lat.]
per as|pe|ra ad as|tra *auch:* **per as|pe|ra ad ast|ra** ⟨geh.⟩ auf rauen (Wegen) zu den Sternen (durch Nacht zum Licht) [lat.]
Per|bo|rat ⟨n.; -(e)s, -e; Chemie⟩ Verbindung aus Wasserstoffperoxid u. Boraten, Wasch- u. Bleichmittel [<*PER* + *Borat*]
Per|bu|nan ⟨n.; -s; unz.; Chemie⟩ gegen Benzin u. Öl bes. beständiger Synthesekautschuk [<*PER* + *Buna*]
per cas|sa gegen Barzahlung [ital., »durch Bargeld«]
per cen|tum ⟨Abk.: p. c.⟩ = pro centum
Per|che|ron ⟨[pɛrʃərõː] m.; - od. -s, -s; Zool.⟩ frz. Ackerpferderasse [frz.; nach der ehem. Grafschaft *Perche* zwischen der Normandie u. dem Ostteil des Maine]
Per|chlo|rat ⟨[-klo-] n.; -(e)s, -e; Chemie⟩ Salz der Perchlorsäure [<*PER* + *Chlorat*]
Per|chlor|e|thy|len ⟨[-klo:r-] n.; -s; unz.; Abk.: PER; Chemie⟩ giftiges chem. Lösungsmittel, das u. a. in chemischen Reinigungen verwendet wird
Per|chlor|säu|re ⟨[-klo:r-] f.; -, -n; Chemie⟩ Sauerstoffsäure des Chlors, tritt vor allem in Form ihrer Salze, der Perchlorate, auf
per con|to ⟨Wirtsch.⟩ auf Rechnung [ital., → *Konto*]
Per|cus|sion ⟨[pɑrkʌʃn] f.; -; unz.; Popmusik⟩ **1** Schlagzeug **2** Orgelregister an elektronischen Orgeln; →*a.* Perkussion [engl.]
Per|cus|si|o|nist ⟨m.; -en, -en; Musik⟩ Schlagzeuger [<engl. *percussion* »Schlagzeug«]
Per|cus|si|o|nis|tin ⟨f.; -, -tin|nen; Musik⟩ Schlagzeugerin
per de|fi|ni|ti|o|nem ⟨geh.⟩ wie es die Definition sagt, wie es sich im Wort ausdrückt, wie schon der Ausdruck besagt [lat., »durch die Definition«]
per|den|do|si ⟨Musik⟩ abnehmend, sich verlierend (zu spielen) [ital.]
per|du ⟨[-dyː] Adj.; nur präd.; veraltet⟩ verloren, weg; *das Geld ist* ~ [frz., Part. Perf. von *perdre* »verlieren«]
Per|emp|ti|on *auch:* **Per|empt|i|on** ⟨f.; -, -en; Rechtsw.⟩ *oV* Perem-

tion **1** Verfall **2** Verjährung [<lat. *peremptus*, Part. Perf. zu *perimere* »wegnehmen, zerstören, töten«]
per|emp|to|risch *auch:* **pe|remp|to|risch** ⟨Adj.⟩ *oV* peremtorisch; *Ggs* dilatorisch **1** ⟨Rechtsw.⟩ vernichtend, aufhebend **2** zwingend [→ *Peremption*]
Per|em|ti|on *auch:* **Pe|rem|ti|on** ⟨f.; -, -en⟩ = Peremption
per|em|to|risch *auch:* **pe|rem|to|risch** ⟨Adj.⟩ = peremptorisch
Per|en|ne *auch:* **Pe|ren|ne** ⟨f.; -, -n; Bot.⟩ mehrjährige, unterirdisch überwinternde Pflanze [zu lat. *perennis* »ausdauernd«]
per|en|nie|rend *auch:* **pe|ren|nie|rend** ⟨Adj.; Bot.⟩ wiederkommend, ausdauernd, überwinternd, mehrjährig blühend (Pflanze) [<lat. *perennis* »ausdauernd«]
Pe|res|t|roi|ka *auch:* **Pe|rest|roi|ka** ⟨f.; -; unz.; Politik; in der Sowjetunion⟩ Politik der wirtschaftlichen u. sozialen Umgestaltung [russ., »Umbau«]
per ex|em|plum *auch:* **per exem|plum** ⟨geh.⟩ zum Beispiel [lat.]
per fas ⟨geh.⟩ auf redliche, erlaubte Weise; →*a.* per nefas [lat., »durch das Erlaubte, nach dem Gesetz«]
per|fekt ⟨Adj.⟩ **1** vollkommen (ausgebildet); ~ *Englisch, Französisch sprechen;* ~ *in Stenografie und Maschinenschreiben* **2** gültig, abgemacht, abgeschlossen; *ein Geschäft* ~ *machen* [<lat. *perfectus*, Part. Perf. zu *perficere* »vollenden«]
Per|fekt ⟨n.; -s, -e; Gramm.⟩ Zeitform des Verbums, die ein vergangenes, in die Gegenwart fortwirkendes Geschehen bezeichnet, zweite Vergangenheit, vollendete Gegenwart, z. B. ich habe Kuchen gebacken [<lat. *perfectum (tempus)* »vollendete (Zeit)«; → *perfekt*]
per|fek|ti|bel ⟨Adj.⟩ fähig, sich zu entwickeln u. zu vervollkommnen [→ *perfekt*]
Per|fek|ti|bi|lis|mus ⟨m.; -; unz.⟩ = Perfektionismus
Per|fek|ti|bi|li|tät ⟨f.; -; unz.⟩ Fähigkeit zur Vervollkommnung
Per|fek|ti|on ⟨f.; -, -en⟩ Vollendung, Vollkommenheit [frz.]

725

perfektionieren

per|fek|ti|o|nie|ren ⟨V.⟩ vollenden, vervollkommnen
Per|fek|ti|o|nie|rung ⟨f.; -; unz.⟩ das Perfektionieren
Per|fek|ti|o|nis|mus ⟨m.; -; unz.⟩ **1** ⟨Philos.⟩ Lehre von der Vervollkommnung des Menschen als sittl. Ziel der Entwicklung der Menschheit u. Sinn der Geschichte **2** ⟨allg.⟩ übertriebenes Streben nach (bes. technischer) Vollkommenheit **3** Lehre der Perfektionisten (2) [<lat. *perfectio* »Vollkommenheit«]
Per|fek|ti|o|nist ⟨m.; -en, -en⟩ **1** Anhänger, Vertreter des philosoph. Perfektionismus **2** Angehöriger der nordamerikan. methodist. Sekte der Perfektionisten, die nach Sündlosigkeit durch innere Wiedergeburt streben **3** ⟨allg.⟩ jmd., der übertrieben nach Perfektion strebt
Per|fek|ti|o|nis|tin ⟨f.; -, -tin|nen⟩ **1** Anhängerin, Vertreterin des philosoph. Perfektionismus **2** Angehörige der nordamerikan. methodist. Sekte der Perfektionisten, die nach Sündlosigkeit durch innere Wiedergeburt streben **3** ⟨allg.⟩ weibl. Person, die übertrieben nach Perfektion strebt
per|fek|ti|o|nis|tisch ⟨Adj.⟩ auf Perfektionismus beruhend
per|fek|tisch ⟨Adj.; Gramm.⟩ im Perfekt stehend, das Perfekt betreffend
per|fek|tiv ⟨Adj.; Gramm.⟩ eine zeitl. Begrenzung des Geschehens ausdrückend; ~*e Aktionsart des Verbums* [→ *Perfekt*]
Per|fek|tiv ⟨n.; -s, -e [-və]; Gramm.; in slaw. Sprachen⟩ Aspekt des Verbums, der das Ende einer Handlung od. eines Vorgangs ausdrückt
per|fek|ti|vie|ren ⟨[-vi:-] V.; Gramm.⟩ *ein Verb* ~ mit Hilfe von Partikeln in eine perfektive Aktionsart umformen, z. B. »blühen« in »verblühen« überführen
per|fek|ti|visch ⟨Adj.; Gramm.⟩ = perfektiv
per|fid ⟨Adj.⟩ = perfide
per|fi|de ⟨Adj.⟩ heimtückisch, treulos, niederträchtig; *oV* perfid [<frz. *perfide* »treulos«]
Per|fi|die ⟨f.; -, -n⟩ **1** ⟨unz.⟩ Treulosigkeit, Heimtücke, Hinterlist, Niedertracht **2** ⟨zählb.⟩ perfide Handlung
Per|fi|di|tät ⟨f.; -; unz.⟩ perfide Beschaffenheit (einer Tat)
Per|fo|ra|ti|on ⟨f.; -, -en⟩ **1** ⟨Med.⟩ Durchbohrung, Durchbruch, Durchlöcherung **2** durchlochte Linie (auf Papierblättern od. Filmen) zum Abtrennen eines Teils (des Blattes) od. zum Transportieren (des Films) über ein Zahnrad [<lat. *perforare* »durchbohren, durchlöchern«]
Per|fo|ra|tor ⟨m.; -s, -to|ren⟩ Gerät zum Perforieren von Papier u. anderen Materialien
per|fo|rie|ren ⟨V.⟩ durchlöchern, mit Löchern in gleichem Abstand u. gleicher Größe versehen [<lat. *perforare* »durchbohren«]
Per|for|mance ⟨[pə(r)fɔ:məns] f.; -, -s [-sɪz]; Theat.⟩ **1** Vorstellung, Aufführung (in der Art eines Happenings); *eine gelungene* ~ **2** ⟨Techn.⟩ Betriebsverhalten **3** ⟨EDV⟩ Güte u. Schnelligkeit, mit der ein Computer einen Auftrag erledigt **4** ⟨Börse⟩ Weiterentwicklung einer Aktie od. eines Investmentfonds [engl., »Verrichtung, Vorführung«]
Per|for|manz ⟨f.; -; unz.; Sprachw.⟩ Verwendung von Sprache in einer konkreten Situation [<engl. *performance* »Verrichtung, Vorführung«]
per|for|ma|tiv ⟨Adj.; Sprachw.⟩ die sprachl. Aussage im Moment ihrer Artikulation realisierend; z. B. ich danke Ihnen; *oV* performatorisch [→ *Performanz*]
per|for|ma|to|risch ⟨Adj.; Sprachw.⟩ = performativ
per|for|men ⟨V.⟩ **1** vorführen, aufführen, eine Performance veranstalten; *Gedichte auf der Bühne* ~ **2** ⟨Börse⟩ einen Wertzuwachs aufweisen, einer Kursentwicklung unterliegen; *die Aktie sollte besser* ~ *als Wertpapiere anderer Sektoren*
Per|for|mer ⟨[pərfɔ:mə(r)] m.; -s, -⟩ jmd., der eine Performance veranstaltet, Performancekünstler [engl., »Vorführer«]
Per|fu|si|on ⟨f.; -, -en; Med.⟩ **1** Durchströmung von Gewebe mit Körperflüssigkeiten zur Ernährung u. Reinigung, z. B. durch Blut, Plasma u. Ä. **2** künstliche Durchströmung des Körpers, z. B. mit einer Herz-Lungen-Maschine [zu lat. *perfundere* »übergießen, begießen«]
Per|ga|ment ⟨n.; -(e)s, -e⟩ **1** bearbeitete, als Schreibstoff dienende Tierhaut **2** Schriftstück auf dieser Haut [<mlat. *pergamen(t)um* <lat. *(charta) Pergamena*; nach der antiken kleinasiat. Stadt *Pergamon*]
per|ga|men|ten ⟨Adj.⟩ aus Pergament bestehend; *ein* ~*er Einband*
per|ga|men|tie|ren ⟨V.⟩ **1** Papier herstellen, das in Konsistenz u. Aussehen dem Pergament gleicht **2** Baumwollgewebe mit Hilfe von Schwefelsäure pergamentartig machen
Per|ga|min ⟨n.; -s; unz.⟩ pergamentartiges, durchsichtiges Papier
Per|go|la ⟨f.; -, -go|len⟩ Laube, Laubengang aus Pfeilern u. Säulen, meist von Schlingpflanzen umrankt [ital.]
Pe|ri ⟨f.; -, -s; pers. Myth.⟩ feenhaftes Wesen
peri..., Peri... ⟨in Zus.⟩ um... herum, ringsum, über... hin, über... hinaus [<grch. *peri* »(rings)um, um... herum; über... hinaus, gegen«]
Pe|ri|anth ⟨n.; -(e)s, -e; Bot.⟩ *Sy* Perianthium **1** Hülle der Bedecktsamer, die der männl. u. weibl. Teile der Blüte schützt, Blütenhülle **2** blattartige Bildung zum Schutz der Fortpflanzungsorgane bei Moosen [<*Peri...* + grch. *anthos* »Blume«]
Pe|ri|an|thi|um ⟨n.; -s, -thi|en; Bot.⟩ = Perianth
Pe|ri|arth|ri|tis *auch:* **Pe|ri|arth|ri|tis** ⟨f.; -, -ti|den; Med.⟩ Entzündung der gelenkumgebenden Teile [<*Peri...* + *Arthritis*]
Pe|ri|as|tron *auch:* **Pe|ri|as|tron** ⟨n.; -s, -tren; Astron.⟩ bei Doppelsternen der nächste Punkt, den der Begleitstern zum Hauptstern erreicht [<*Peri...* + grch. *astron* »Stern«]
Pe|ri|chon|dri|tis *auch:* **Pe|ri|chond|ri|tis** ⟨[-xɔn-] f.; -, -ti|den;

Med.⟩ Knorpelhautentzündung [<*Peri...* + *Chondritis*]
Pe|ri|chon|dri|um *auch:* **Pe|ri|chond|ri|um** ⟨[-xɔn-] n.; -s, -drien⟩ Knorpelhaut [<*Peri...* + grch. *chondros* »Knorpel«]
pe|ri|cu|lum in mo|ra Gefahr (ist) im Verzug, das heißt: es ist gefährlich zu zögern [lat.]
Pe|ri|derm ⟨n.; -s, -e; Bot.⟩ sekundäres Abschlussgewebe, das die beim Dickenwachstum der pflanzl. Sprosse zersprengte Epidermis ersetzt [<*Peri...* + *...derm*]
Pe|ri|dot ⟨m.; -s, -e; Min.⟩ = Olivin [<frz. *péridot*]
Pe|ri|do|tit ⟨m.; -s, -e; Min.⟩ schwarzes, hauptsächlich aus Olivin bestehendes Tiefengestein
Pe|ri|du|ral|an|äs|the|sie *auch:* **Pe|ri|du|ra|l|a|näs|the|sie** ⟨f.; -, -n; Med.⟩ Betäubung der unteren Körperhälfte durch Einspritzung eines Anästhetikums im Lendenwirbelbereich [<*Peri...* + lat. *durus* »hart« + *Anästhesie*]
pe|ri|fo|kal ⟨Adj.; Med.⟩ um einen Krankheitsherd herum [<*peri...* + *fokal*]
Pe|ri|gä|um ⟨n.; -s, -gäen; Astron.⟩ Punkt der geringsten Entfernung eines Himmelskörpers von der Erde, Erdnähe; *Ggs* Apogäum [<*Peri...* + grch. *gaia, ge* »Erde«]
pe|ri|gla|zi|al ⟨Adj.; Geogr.⟩ das Umfeld von Gletschern u. Inlandeisflächen betreffend [<*peri...* + *glazial*]
Pe|ri|gla|zi|al|ge|biet ⟨n.; -(e)s; unz.; Geogr.⟩ das pleistozäne Zwischeneisgebiet zwischen dem skandinavischen Inlandeis u. der alpinen Vergletscherungsregion [→ *periglazial*]
Pe|ri|gon ⟨n.; -s, -e; Bot.⟩ = Perigonium
Pe|ri|go|ni|um ⟨n.; -s, -ni|en; Bot.⟩ nicht in Kelch u. Krone gegliederte Blütenhülle; *oV* Perigon [<*Peri...* + grch. *gony* »Knoten«]
Pe|ri|gor|di|en ⟨[-djẽː] n.; - od. -s; unz.⟩ Kulturstufe der Altsteinzeit [nach der südwestfrz. Landschaft *Périgord*]
Pe|ri|gramm ⟨n.; -s, -e⟩ diagrammartige Darstellung von Größenverhältnissen als Sektoren eines Kreises [<*Peri...* + *...gramm*]
pe|ri|gyn ⟨Adj.; Bot.⟩ mit mittelständigem Fruchtknoten ausgestattet (in Bezug auf Blüten); →a. hypogyn [<*peri...* + grch. *gyne* »Weib«]
Pe|ri|hel ⟨n.; -s, -e; Astron.⟩ = Perihelium
Pe|ri|he|li|um ⟨n.; -s, -li|en; Astron.⟩ Punkt der geringsten Entfernung eines Himmelskörpers von der Sonne, Sonnennähe; *oV* Perihel; *Ggs* Aphel(ium) [<*Peri...* + grch. *helios* »Sonne«]
Pe|ri|kard ⟨n.; -(e)s, -e; Anat.⟩ Herzbeutel [<*Peri...* + grch. *kardia* »Herz«]
Pe|ri|kard|ek|to|mie *auch:* **Pe|ri|kar|dek|to|mie** ⟨f.; -, -n; Med.⟩ operative Entfernung des Herzbeutels
pe|ri|kar|di|al ⟨Adj.; Med.⟩ zum Herzbeutel gehörig [→ *Perikard*]
Pe|ri|kar|di|o|to|mie ⟨f.; -, -n; Med.⟩ operatives Öffnen des Herzbeutels bei Eiteransammlung [<*Perikard* + *...tomie*]
Pe|ri|kar|di|tis ⟨f.; -, -ti|den; Med.⟩ Entzündung des Herzbeutels [<*Perikard* + *...itis*]
Pe|ri|karp ⟨n.; -(e)s, -e; Bot.⟩ aus mehreren Schichten bestehende Wand einer Frucht, Fruchtwand [<*Peri...* + *...karp²*]
Pe|ri|klas ⟨m.; - od. -es, -e; Min.⟩ in Körnern od. kleinen Kugeln auftretendes, durchsichtiges bis grünliches Mineral, chemisch Magnesiumoxid [<*Peri...* + grch. *klasis* »Bruch«]
Pe|ri|ko|pe ⟨f.; -, -n⟩ **1** Abschnitt aus der Bibel (zum Vorlesen beim Gottesdienst) **2** ⟨Metrik⟩ Gruppe zusammengehöriger Strophen, größerer metrischer Abschnitt [<grch. *perikope* »Abschnitt«]
Pe|ri|ko|pen|buch ⟨n.; -(e)s, -bücher⟩ = Evangelistar
Pe|ri|kra|ni|um ⟨n.; -s, -ni|en; Anat.⟩ äußere Knochenhaut des Schädels [<*Peri...* + *kranion* »Schädel«]
Pe|ri|lun ⟨n.; -s, -e; Astron.⟩ mondnächster Punkt der Umlaufbahn eines den Erdtrabanten umkreisenden Objekts [<*Peri...* + lat. *luna* »Mond«]

pe|ri|mag|ma|tisch ⟨Adj.; Geol.⟩ im Umfeld eines Magmaherdes gebildet (von Erzlagerstätten) [<*peri...* + *magmatisch*]
Pe|ri|me|ter¹ ⟨m.; -s, -⟩ Umfang einer Figur [<*Peri...* + *...meter*]
Pe|ri|me|ter² ⟨n.; -s, -; Med.⟩ Gerät zum Bestimmen des Gesichtsfeldes [→ *Perimeter¹*]
Pe|ri|me|trie *auch:* **Pe|ri|met|rie** ⟨f.; -, -n; Med.⟩ Gesichtsfeldbestimmung des Auges [<*Peri...* + *...metrie*]
pe|ri|me|trisch *auch:* **pe|ri|met|risch** ⟨Adj.⟩ die Grenzen des Gesichtsfelds betreffend
Pe|ri|me|tri|tis *auch:* **Pe|ri|met|ri|tis** ⟨f.; -, -ti|den; Med.⟩ Bauchfellentzündung [<*Perimetrium* + *...itis*]
Pe|ri|me|tri|um *auch:* **Pe|ri|met|ri|um** ⟨n.; -s, -tri|en; Anat.⟩ Bauchfellüberzug der Gebärmutter [<*Peri...* + grch. *metra* »Gebärmutter«]
pe|ri|na|tal ⟨Adj.; Med.⟩ in den Zeitraum der Geburt fallend, während der Geburt auftretend [<*peri...* + lat. *natalis* »zur Geburt gehörig«]
Pe|ri|ne|um ⟨n.; -s, -ne|en; Anat.⟩ Körperabschnitt zwischen After u. Geschlechtsteilen, Damm [neulat., <grch. *perinaion*]
Pe|ri|o|de ⟨f.; -, -n⟩ **1** ⟨allg.⟩ Zeitabschnitt **2** ⟨Astron.⟩ Umlaufzeit eines Sternes **3** ⟨Geol.⟩ Zeitabschnitt einer Formation der Erdgeschichte **4** Zeit, die vergeht, bis eine Schwingung wieder ihren Ausgangspunkt erreicht hat, Schwingungszeit **5** ⟨Med.⟩ = Menstruation **6** in bestimmter stilistischer Absicht mehrfach zusammengesetzter Satz **7** ⟨Musik⟩ musikal. Satz aus 8 od. 16 Takten, der sich aus zwei miteinander korrespondierenden Teilen zusammensetzt [<grch. *periodos* <*peri...* + *hodos* »Weg; Mittel u. Weg«]
Pe|ri|o|den|sys|tem ⟨n.; -s; unz.; Chemie⟩ System der Anordnung der chem. Elemente nach Eigenschaften, die sich in einer bestimmten Reihenfolge wiederholen
Pe|ri|o|dik ⟨f.; -; unz.⟩ = Periodizität

Periodikum

Pe|ri|o|di|kum ⟨n.; -s, -di[ka⟩ in gewissen Zeitabständen mehr od. weniger regelmäßig erscheinende Druckschrift

pe|ri|o|disch ⟨Adj.⟩ in gleichen Abständen wiederkehrend

pe|ri|o|di|sie|ren ⟨V.⟩ in Zeitabschnitte einteilen

Pe|ri|o|di|zi|tät ⟨f.; -; unz.⟩ periodische Beschaffenheit, regelmäßige Wiederkehr; *Sy* Periodik

Pe|ri|o|don|ti|tis ⟨f.; -, -ti]den; Med.⟩ Wurzelhautentzündung der Zähne [<*Peri...* + grch. *odon*, Gen. *odontos* »Zahn«]

Pe|ri|ö|ke ⟨m.; -n, -n⟩ freier Einwohner Spartas, der das Recht auf Grundbesitz, aber keine polit. Rechte hatte; →*a.* Spartiat [<grch. *perioikoi* »Nachbarn«]

pe|ri|o|ral ⟨Adj.; Med.⟩ im Umfeld des Mundes liegend [<*peri...* + *oral*]

Pe|ri|ost ⟨n.; -(e)s, -e; Anat.⟩ Knochenhaut [<*Peri...* + grch. *osteon* »Knochen«]

pe|ri|os|tal ⟨Adj.; Med.⟩ zum Periost gehörend, von ihm ausgehend

Pe|ri|os|ti|tis ⟨f.; -, -ti]ti]den; Med.⟩ Knochenhautentzündung [<*Periost* + ...*itis*]

Pe|ri|pa|te|ti|ker ⟨m.; -s, -⟩ Schüler des Aristoteles [<grch. *peripatos* »Promenade, Säulengang; Säulenhalle der Schule, in der Aristoteles lehrte«]

pe|ri|pa|te|tisch ⟨Adj.⟩ zu den Peripatetikern gehörig, ihnen entsprechend, von ihnen stammend

Pe|ri|pa|tos ⟨m.; -; unz.⟩ athenische Säulenhalle, in der Aristoteles im Umherwandeln Lehrgespräche mit seinen Schülern führte [grch., »Wandelgang«]

Pe|ri|pe|tie ⟨f.; -, -n; Lit.⟩ Wendepunkt, Umschwung zum Guten od. Bösen (besonders im Drama) [<grch. *peripeteia* »Wendepunkt im Drama«, eigtl. »plötzlicher Umschwung des Schicksals«]

pe|ri|pher ⟨Adj.⟩ am Rand (befindlich), an der Peripherie (liegend), Rand...; *~e* Fragen, Probleme ⟨fig.⟩ (im Augenblick) nicht so wichtige Fragen, Probleme

Pe|ri|phe|rie ⟨f.; -, -n⟩ **1** ⟨Math.⟩ äußere Linie (bes. des Kreises) **2** Rand (bes. einer Stadt) [<lat. *peripheria* <grch. *periphereia*, eigtl. »das Herumtragen; der Umlauf«]

Pe|ri|phe|rie|ge|rät ⟨n.; -(e)s, -e; EDV⟩ an einen Computer angeschlossenes Gerät, z. B. Bildschirm, Drucker, Eingabegerät, Modem, Scanner etc.

Pe|ri|phe|rie|win|kel ⟨m.; -s, -; Geom.⟩ Winkel, dessen Scheitel auf der Peripherie eines Kreises liegt u. dessen Schenkel von Sehnen des Kreises gebildet werden

Pe|ri|phra|se ⟨f.; -, -n; Rhet.⟩ Umschreibung (eines Begriffes) [<grch. *periphrasis* <*peri...* + *phrasis* »Ausdruck«]

pe|ri|phra|sie|ren ⟨V.; Rhet.⟩ umschreiben

pe|ri|phras|tisch ⟨Adj.; Rhet.⟩ umschreibend

Pe|rip|te|ral|tem|pel *auch:* **Pe|rip|te|ral|tem|pel** ⟨m.; -s, -⟩ = Peripteros

Pe|rip|te|ros *auch:* **Pe|rip|te|ros** ⟨m.; -, -od. -pte]ren⟩ Antentempel mit ringförmig umgebender Säulenhalle; *oV* Peripteraltempel [<grch. *peripteros* »ringsum beflügelt«]

Pe|ri|skop *auch:* **Pe|ri|skop** ⟨n.; -s, -e; Optik⟩ **1** aus Linsen u. totalreflektierenden Prismen bestehendes opt. Gerät, mit dessen Hilfe man über Hindernisse hinwegblicken kann **2** aus dem Kommandoturm eines U-Bootes ausfahrbares Fernrohr, mit dem man im getauchten Zustand noch die Oberfläche des Meeres beobachten kann [<*Peri...* + ...*skop*]

pe|ri|sko|pisch *auch:* **pe|ri|sko|pisch** ⟨Adj.; Optik⟩ in der Art eines Periskops, mit Hilfe eines Periskops

Pe|ri|spo|me|non *auch:* **Pe|ri|spo|me|non** ⟨n.; -s, -me]na; Phon.; im Griechischen⟩ Wort mit einem Dehnungszeichen auf der letzten Silbe [grch.]

Pe|ri|stal|tik *auch:* **Pe|ri|stal|tik** ⟨f.; -; unz.; Med.⟩ Bewegung von Hohlorganen, deren Wände Muskeln enthalten [<grch. *peristaltikos* »ringsum zusammendrückend«]

pe|ri|stal|tisch *auch:* **pe|ris|tal|tisch** ⟨Adj.; Med.⟩ in der Art der Peristaltik

Pe|ri|sta|se *auch:* **Pe|ris|ta|se** ⟨f.; -, -n; Biol.; Med.⟩ **1** Gesamtheit der Einflüsse, die von der Umwelt auf die Entwicklung eines Organismus ausgeübt werden **2** örtliche Kreislaufstörung, ein ungeordneter Blutstrom in den Gefäßen [<grch. *peristasis* »Umgebung«]

pe|ri|sta|tisch *auch:* **pe|ris|ta|tisch** ⟨Adj.; Biol.; Med.⟩ auf Peristase beruhend

Pe|ri|styl *auch:* **Pe|ris|tyl** ⟨n.; -s, -e⟩ von Säulen umgebener, oft bepflanzter Innenhof des altgriechischen Hauses [<grch. *peristylon* <*peri...* + *stylos* »Säule«]

Pe|ri|the|zi|um ⟨n.; -s, -zi]en; Bot.⟩ Fruchtkörper der Schlauchpilze [<*Peri...* + grch. *thekion* »kleiner Behälter«]

pe|ri|to|ne|al ⟨Adj.; Med.⟩ zum Peritoneum gehörig, von ihm ausgehend

Pe|ri|to|ne|um ⟨n.; -s, -ne]en; Med.⟩ Bauchfell [<grch. *peritonaion*]

Pe|ri|to|ni|tis ⟨f.; -, -ti]den; Anat.⟩ Bauchfellentzündung [<grch. *peritonaion* »Bauchfell« + ...*itis*]

pe|ri|trich *auch:* **pe|rit|rich** ⟨Adj.; bei Mikroorganismen⟩ auf der Oberfläche mit Geißeln umgeben [<*peri...* + grch. *thrix*, Gen. *trichos* »Haar«]

Pe|ri|zy|kel ⟨m.; -s, -; Bot.⟩ Zellschicht, die den Zentralzylinder der Wurzel umgibt [<*Peri...* + grch. *kyklos* »Kreis«]

Per|jo|dat ⟨n.; -s, -e; Chemie⟩ Salz der Perjodsäure

Per|jod|säu|re ⟨f.; -, -n; Chemie⟩ Sauerstoffsäure des Jods, tritt vor allem in Form ihrer Salze, der Perjodate, auf

Per|kal ⟨m.; -s, -e; Textilw.⟩ sehr dichtes, feinfädiges Gewebe aus Baumwolle für Wäsche [<pers. *pargalah*]

Per|ka|lin ⟨n.; -s, -e⟩ gestreifter Perkal für Bucheinbände

Per|ko|lat ⟨n.; -(e)s, -e; Pharm.⟩ Ergebnis der Perkolation

Per|ko|la|ti|on ⟨f.; -, -en; Pharm.⟩ Gewinnung von Auszügen aus klein geschnittenen Drogen mittels eines kontinuierlich fließenden Lösungsmittels (Alkohol, Äthanol, Wasser) [<lat. *percolare* »durchsickern lassen, durchseihen«]

Per|ko|la|tor ⟨m.; -s, -to̱|ren; Pharm.⟩ Gerät zur Gewinnung von Pflanzenauszügen durch deren Auslaugung mit Wasser od. Alkohol

per|ko|lie|ren ⟨V.; Pharm.⟩ durch Perkolation gewinnen

per|kus|siv ⟨Adj.; Musik⟩ vom Rhythmus dominiert, von Rhythmusinstrumenten erzeugt [→ *Perkussion*]

Per|kus|si|on ⟨f.; -, -en⟩ **1** Zündung durch Stoß od. Schlag auf ein Zündhütchen **2** ⟨Med.⟩ Untersuchung (eines Organs) durch Beklopfen der Körperoberfläche u. Deutung der Töne **3** ⟨Musik⟩ Einrichtung am Harmonium, durch die (zur Erzeugung präziserer Töne) Hämmerchen gegen die frei schwingenden Zungen schlagen; →a. Percussion [<lat. *percussio* »Schlagen«]

per|kus|so|risch ⟨Adj.⟩ mit Hilfe der Perkussion (nachweisbar); *oV* perkutorisch

per|ku|tan ⟨Adj.; Med.⟩ durch die Haut hindurch (wirkend) [<*per...* + *kutan*]

per|ku|tie|ren ⟨V.; Med.⟩ mittels Perkussion (2) untersuchen, mit Perkussionshammer od. Fingern beklopfen [<lat. *percutere* »schlagen«]

per|ku|to|risch ⟨Adj.; Med.⟩ = perkussorisch

per|lin|gu|al ⟨Adj.; Med.⟩ durch die Zungenschleimhaut hindurch wirkend (von Medikamenten, die über die Zunge ins Blut gelangen) [<*per...* + *lingual*]

Per|lit ⟨m.; -s, -e⟩ **1** feinkörniger Gefügebestandteil des Stahls **2** vulkanisches Glas

per|li|tisch ⟨Adj.⟩ **1** perlenähnlich (in Bezug auf den Aufbau glasiger Gesteine) **2** aus Perlit bestehend

Per|lo|ku|ti|on ⟨f.; -, -en; Sprachw.⟩ (in der Sprechakttheorie J. R. Searles) die Wirkung der Sprechhandlung auf die Gedanken, Gefühle u. nachfolgenden Handlungen des Kommunikationspartners [<*per...* + lat. *locutio* »das Reden, Redensart«; zu *loqui* »reden, sprechen«]

per|lo|ku|ti|o|när ⟨Adj.; Sprachw.⟩ die Perlokution betreffend; *oV* perlokutiv; *ein* ~*er Akt*

per|lo|ku|tiv ⟨Adj.; Sprachw.⟩ = perlokutionär

Per|lon® ⟨n.; -s; unz.; Textilw.⟩ aus Kaprolactam hergestellte Kunstfaser

Per|lus|tra|ti|on *auch:* **Per|lust|ra|ti|on** ⟨f.; -, -en; veraltet; noch österr.⟩ Durchsicht, genaue Untersuchung (z. B. eines Verdächtigen) [<lat. *perlustrare* »durchmustern«]

per|lus|trie|ren *auch:* **per|lust|rie|ren** ⟨V.; veraltet; noch österr.⟩ durchsehen, durchsuchen, genau untersuchen (Verdächtige) [<lat. *perlustrare* »durchmustern«]

Perm ⟨n.; -s; unz.; Geol.⟩ geolog. Formation des Paläozoikums vor 230-200 Mill. Jahren mit kali- u. salzhaltigen Ablagerungen [nach der Stadt u. dem Gebiet *Perm* westl. des Urals]

Per|ma|frost ⟨m.; -(e)s; unz.; Geol.⟩ Dauerfrostboden [verkürzt <*permanent* + *Frost*]

Per|mal|loy ⟨[-lɔɪ] od. [-loa] n.; -s; unz.⟩ aus Nickel u. Eisen bestehende Legierung mit sehr guten magnet. Eigenschaften

per|ma|nent ⟨Adj.⟩ ununterbrochen, dauernd, bleibend, ständig; *in der Schule* ~ *stören* [<lat. *permanens*, Part. präs. zu *permanere* »(ver)bleiben«]

Per|ma|nent|farb|stoff ⟨m.; -(e)s, -e⟩ lichtechter Pigmentfarbstoff

Per|ma|nent|mag|net *auch:* **Per|ma|nent|magnet** ⟨m.; -en, -en; Physik⟩ Magnet, der nach einmaliger Magnetisierung seinen Magnetismus behält, Dauermagnet

Per|ma|nent|weiß ⟨n.; -; unz.; Chemie⟩ weißes Pigment hoher Lichtbeständigkeit, chemisch Bariumsulfat; *Sy* Barytweiß, Blanc fixe

Per|ma|nenz ⟨f.; -; unz.⟩ permanente Beschaffenheit, Dauer

Per|ma|ne|the|o|rie ⟨f.; -; unz.⟩ heute widerlegte Annahme, dass die Anordnung von Kontinenten u. Meeren während der gesamten Erdgeschichte keinen wesentlichen Änderungen unterworfen gewesen sei

Per|man|ga|nat ⟨n.; -(e)s, -e; Chemie⟩ Salz der Permangansäure

Per|man|ga|no|me|trie *auch:* **Per|man|ga|no|met|rie** ⟨f.; -; unz.⟩ = Manganometrie

Per|man|gan|säu|re ⟨f.; -, -n; Chemie⟩ frei nicht beständige Sauerstoffsäure des Mangans der Formel HMnO₄, nur bekannt in Form ihrer Salze, der Permanganate, z. B. als Kaliumpermanganat

per|me|a|bel ⟨Adj.⟩ durchdringbar, durchlässig; *Ggs* impermeabel; *permeable Membran* [<lat. *permeare* »durchgehen, durchwandern«]

Per|me|a|bi|li|tät ⟨f.; -; unz.⟩ permeable Beschaffenheit, Durchlässigkeit; *Ggs* Impermeabilität

Per|me|at ⟨n.; -s, -e⟩ einen Filter durchfließender Flüssigkeitsanteil [→ *permeabel*]

Per|mig|ra|ti|on *auch:* **Per|mig|ra|ti|on** ⟨f.; -, -en⟩ Durchzug von Auswanderern durch ein Land in das eigentliche Einwanderungsland [<*Per...* + *Migration*]

per|misch ⟨Adj.; Geol.⟩ zum Perm gehörend, es betreffend; ~*e Gesteinsschichten*

per|mis|siv ⟨Adj.⟩ erlaubend; ~*e Gesellschaft* auf Freizügigkeit (nicht auf Autorität u. Leistung) beruhende Gesellschaft [<lat. *permissio* »Erlaubnis«]

Per|mis|si|vi|tät ⟨[-vi-] f.; -; unz.⟩ Gewährenlassen, Freizügigkeit

Per|mit ⟨[pœːmɪt] n.; -s, -s⟩ Berechtigungs-, Erlaubnis-, Passier-, Zugangsschein [<engl. *permit* »Zulassung« <lat. *permittere* »erlauben, gestatten«]

per|mu|ta|bel ⟨Adj.; Math.⟩ vertauschbar, austauschbar; *permutable Größen* [<lat. *permutare* »vertauschen«]

Per|mu|ta|ti|on ⟨f.; -, -en; Math.⟩ Vertauschung, Umstellung in der Reihenfolge [<lat. *permutatio* »Wechsel, Tausch«]

per|mu|tie|ren ⟨V.; Math.⟩ die Reihenfolge (einer Zusammenstellung) ändern [<lat. *permutare* »vertauschen, verändern«]

Per|mu|tit ⟨m.; -s, -e; Chemie⟩ ein Natrium-Aluminium-Sili-

Pernambukholz

cat, das die Fähigkeit hat, als Ionenaustauscher Natrium gegen Calcium, Mangan u. Eisen auszutauschen, u. dazu verwendet wird, Wasser, das diese Metalle in Form von Salzen gelöst enthält, zu enthärten [→ *permutieren*]

Per|nam|buk|holz ⟨n.; -es, -hölzer⟩ Edelholz aus Brasilien; *oV* Fernambukholz [nach dem brasilian. Staat *Pernambuco*]

per ne|fas ⟨geh.⟩ auf unerlaubte Weise, widerrechtlich [lat., »durch Unrecht«]

Per|nio ⟨m.; -, -ni|o|nes od. -ni|o|nen; meist Pl.; Med.⟩ chronische Hautschwellung infolge Frosteinwirkung [lat., »Frostbeule«]

Per|nod ⟨[pɛrnoː] m.; - od. -s, - od. -s⟩ frz. Anislikör [nach dem frz. Hersteller H.-L. *Pernod*]

Pe|ro|nis|mus ⟨m.; -; unz.; Politik⟩ politisch-soziale Bewegung in Argentinien [nach dem Begründer J. D. *Peron*, 1895-1975]

Pe|ro|nist ⟨m.; -en, -en; Politik⟩ Verfechter, Vertreter des Peronismus

pe|ro|nis|tisch ⟨Adj.; Politik⟩ den Peronismus betreffend, ihm entsprechend, auf ihm beruhend; *der ~e Regierungsstil*

Pe|ro|no|spo|ra *auch:* **Pe|ro|nos|po|ra** ⟨f.; -; unz.; Bot.⟩ Gattung der Algenpilze, deren Arten z. T. als Krankheitserreger an Nutzpflanzen auftreten [< grch. *perone* »Spitze« + *spora* »Saat«]

per|o|ral ⟨Adj.; Med.⟩ durch den Mund (einzunehmen, einzuführen); *Sy* per os

per os ⟨Med.⟩ = peroral [lat., »durch den Mund«]

Per|o|xid ⟨n.; -(e)s, -e; Chemie⟩ chem. Verbindung, die mehr Sauerstoffatome aufweist als in der sonst vorherrschenden Oxidationsstufe gebunden werden, z. B. beim Wasserstoffperoxid, H_2O_2, gegenüber dem normalen Wasser, H_2O

Per|o|xi|da|se ⟨f.; -, -n; Biochemie⟩ Peroxid spaltendes Enzym

per pe|des ⟨umg.; scherzh.⟩ zu Fuß [lat., eigtl. »durch die Füße, mit den Füßen«]

Per|pen|di|kel ⟨m.; -s, -⟩ **1** Abstand der (gedachten) Senkrechten durch Vorder- u. Achtersteven des Schiffes, der dessen Länge ergibt **2** Uhrpendel [< lat. *perpendiculum* »Bleilot«]

per|pen|di|ku|lar ⟨Adj.⟩ senkrecht; *oV* perpendikulär [< frz. *perpendiculaire*]

per|pen|di|ku|lär ⟨Adj.⟩ = perpendikular

Per|pen|di|ku|lar|stil ⟨m.; -(e)s; unz.; Arch.⟩ durch häufige Verwendung senkrechter Linien gekennzeichnete Art der engl. Gotik [→ *Perpendikel*]

per|pe|tu|ell ⟨Adj.⟩ = perpetuierlich [< frz. *perpétuel*]

per|pe|tu|ie|ren ⟨V.⟩ fortbestehen, andauern, in gleicher Weise fortfahren

Per|pe|tu|um mo|bi|le ⟨[-leː] n.; - -, - -- od. -tua -bi|lia⟩ **1** utopische Maschine, die, ohne Energie zu verbrauchen, dauernd in Bewegung bleibt **2** Musikstück mit ununterbrochener gleichmäßiger u. schneller Bewegung [lat., »etwas beständig Bewegtes«]

per|plex ⟨Adj.⟩ verblüfft, überrascht, bestürzt, betroffen [< lat. *perplexus* »verschlungen, verworren«]

Per|ple|xi|tät ⟨f.; -; unz.⟩ Bestürztheit, Erstauntsein, Verblüffung [→ *perplex*]

per pro|cu|ra ⟨Abk.: p. p., ppa.⟩ vor der Unterschrift des Prokuristen einer Firma) bevollmächtigt [< *per* + ital. *procura*; → *Prokura*]

per rec|tum ⟨Med.⟩ = rektal [lat., »durch den Mastdarm«]

Per|ron ⟨[-rɔ̃] m.; -s, -s⟩ Bahnsteig [frz. < afrz. *perron* »großer Steinblock«]

per sal|do ⟨Bankw.⟩ durch Ausgleich (der beiden Seiten eines Kontos) [lat.]

per se ⟨geh.⟩ von selbst, durch sich selbst; *das versteht sich ~* [lat.]

Per|se|iden ⟨[-seiː-] Pl.⟩ regelmäßig in der ersten Augusthälfte des Jahres auftretender Meteorstrom, der seinen Ursprung scheinbar im Sternbild Perseus hat

Per|sen|ning ⟨f.; -, -e od. -en⟩ Segeltuch zum Schutz vor überkommendem Seewasser als Abdeckung von Luken od. als Reling; *oV* Presenning [< ndrl. *presenning* < frz. *préceinte* »Umhüllung«]

Per|se|ve|ra|ti|on ⟨[-və-] f.; -, -en; Psych.⟩ Beharren od. beharrl. Wiederkehr von Vorstellungen, Bildern, Gehörtem (Melodie) usw. im Bewusstsein

per|se|ve|rie|ren ⟨[-və-] V.; Psych.⟩ beharren, beharrlich wiederkehren (im Bewusstsein) [< lat. *perseverare* »beharren, bestehen«]

Pershing ⟨[pœːʃiŋ] f.; -, -s; Mil.⟩ in den USA hergestellter Raketentyp mittlerer Reichweite, der Atomsprengköpfe transportieren kann [nach dem US-amerikan. General John Joseph *Pershing*]

Per|si|a|ner ⟨m.; -s, -⟩ **1** Fell der höchstens 14 Tage alten Lämmer des Karakulschafes **2** aus diesem Fell gearbeiteter Pelz

Per|si|fla|ge *auch:* **Per|si|fla|ge** ⟨[-ʒə] f.; -, -n⟩ (geistvolle, bes. literar.) Verspottung [frz.]

per|si|flie|ren *auch:* **per|si|flie|ren** ⟨V.⟩ (geistvoll, bes. literar.) verspotten [< frz. *persifler*]

Per|si|ko ⟨m.; -s, -s⟩ Pfirsichlikör [< lat. *persicum*, eigtl. »persischer Apfel«]

Per|si|pan ⟨a. ['- - -] n.; -s, -e⟩ Marzipanersatz aus geschälten, entbitterten, feucht zerriebenen Pfirsich- od. Aprikosenkernen u. Zucker [verkürzt < lat. *persicus* »Pfirsich« + *Marzipan*]

per|sis|tent ⟨Adj.; Med.; Biol.⟩ anhaltend, dauernd [< lat. *persistens*, Part. Präs. zu *persistere* »verharren«]

Per|sis|tenz ⟨f.; -; unz.⟩ **1** ⟨Med.; Biol.⟩ persistente Beschaffenheit, Beharrlichkeit, Ausdauer **2** ⟨fig.⟩ Eigensinn

per|sis|tie|ren ⟨V.⟩ **1** ⟨veraltet⟩ (auf etwas) bestehen, insistieren, nicht (von etwas) ablassen **2** ⟨Med.⟩ fortdauern, anhalten (von Krankheiten) [< lat. *persistere*]

Per|son ⟨f.; -, -en⟩ **1** Mensch (als lebendes Wesen) in Gegensatz zu einer Sache; *das Fahrzeug fasst 20 ~en; bei einer Beurteilung die ~ von der Sache tren-*

Perspektivität

nen **2** Mensch besonderer Eigenart; *große, stattliche ~; unbekannte, geheimnisvolle ~; ich für meine ~; in ~ völlig, durch u. durch; er ist die Gutmütigkeit, Geduld in ~; gleichzeitig; Hausmeister u. Gärtner in einer ~; in eigener ~ selbst* **3** Mensch im Gefüge von Staat u. Gemeinschaft; *du nimmst deine ~ zu wichtig; er ist dort eine wichtige ~* **4** ⟨Lit.⟩ handelnde Figur, Gestalt **5** ⟨abwertend⟩ weibl. Wesen, Frau, Mädchen **6** Sprecher, Hörer od. etwas Drittes (einen Dritten) bezeichnende grammat. Kategorie; *erste, zweite, dritte ~* [<mhd. *persone* <lat. *persona* »Person, Rolle, Maske der Schauspielers«; vermutl. <etrusk. *phersu* »Maske«]
Per|so|na ⟨f.; -, -nae⟩ **1** *~ grata* gern gesehene Person **2** *~ gratissima* sehr willkommene Person **3** *~ ingrata, ~ non grata* in Ungnade gefallener, nicht mehr gern gesehener Mensch; in einem fremden Staat nicht mehr zum Dienst zugelassener Diplomat [lat. *persona* »Person« (→ *Person*); lat. *gratus*, Fem. *grata* »willkommen, angenehm«; lat. *gratissimus*, Fem. *gratissima*, Superlativ zu *gratus;* lat. *ingratus*, Fem. *ingrata* »nicht angenehm«]
per|so|nal ⟨Adj.⟩ = personell
Per|so|nal ⟨n.; -s; unz.⟩ Gesamtheit der besonderen im Dienstleistungsbereich angestellten od. beschäftigen Personen (in Betrieben, Hotels, Haushalten); *Dienst~; Küchen~* [<mlat. *personale*, zu *personalis* »dienerhaft«; zu lat. *personalis* »persönlich«; → *Person*]
per|so|nal..., Per|so|nal... ⟨in Zus.⟩ die Person betreffend, persönlich, Persönlichkeits... [<lat. *personalis* »persönlich«]
Per|so|nal|ak|te ⟨f.; -, -n⟩ Akte, die über eine Person geführt wird u. Angaben über deren Leben enthält
Per|so|nal|com|pu|ter *auch:* **Per|so|nal Com|pu|ter** ⟨[pœːsənəl kɔmpjuːtə(r)] m.; (-) -s, (-) -; Abk.: PC⟩ Mikrocomputer für den häuslichen u. professionellen Einsatz [<engl. *personal* »persönlich« + *Computer*]

Per|so|nal|form ⟨f.; -, -en; Gramm.⟩ Flexionsform des Verbs, durch die die Person u. der Numerus des Subjekts bestimmt werden, z. B. (ich) singe, (du) singst, (wir) singen
Per|so|na|lia ⟨Pl.⟩ = Personalien
Per|so|na|li|en ⟨Pl.⟩ Angaben über Geburt, Ehestand, Beruf einer Person; *oV* Personalia; *Sy* ⟨österr.⟩ Nationale; *jmds. ~ aufnehmen; seine ~ angeben* [<lat. *personalia* »persönliche Dinge«]
per|so|nal|in|ten|siv ⟨Adj.⟩ Personen einsetzend, bevorzugend (anstatt Maschinen)
per|so|na|li|sie|ren ⟨V.⟩ ein Thema an einer einzelnen Person festmachen, eine Sachdiskussion in eine Diskussion über das Verhalten eines Einzelnen umlenken u. dadurch unsachlich führen [→ *Person*]
Per|so|na|lis|mus ⟨m.; -; unz.⟩ **1** Glaube an eine persönl. Gott **2** Lehre, dass der Mensch als wertendes, Stellung nehmendes Wesen aufzufassen sei [<lat. *persona* »Person«]
per|so|na|lis|tisch ⟨Adj.⟩ zum Personalismus gehörig, auf ihm beruhend
Per|so|na|li|tät ⟨f.; -, -en⟩ Persönlichkeit [<lat. *personalitas*]
per|so|na|li|ter ⟨Adv.; geh.⟩ persönlich, selbst, in Person
Per|so|na|li|ty|show ⟨[pœːsənælɪtɪʃoʊ] f.; -, -s⟩ (Fernseh-)Show, die Lebensweg und Arbeit eines bekannten Künstlers in den Mittelpunkt stellt [<engl. *personality* »Persönlichkeit« + *Show*]
Per|so|nal|kre|dit ⟨m.; -(e)s, -e; Wirtsch.⟩ Bankkredit, der ohne materielle Absicherung allein auf Vertrauensbasis gewährt wird [<*Personal*... + *Kredit*]
Per|so|nal|pro|no|men ⟨n.; -s, - od. -mi|na⟩ Pronomen, das anstelle einer bestimmten Person od. Sache steht, z. B. ich, ihm, ihre
Per|so|nal|uni|on ⟨f.; -, -en⟩ **1** Vereinigung zweier selbständiger Staaten unter einem Monarchen; *Ggs* Realunion **2** Vereinigung von Ämtern in der Hand einer Person
per|so|nell ⟨Adj.⟩ *oV* personal **1** persönlich **2** das Personal, die

Angestellten betreffend, zu ihm gehörend [<frz. *personnel*]
Per|so|nen|kult ⟨m.; -(e)s; unz.; abwertend⟩ übersteigerte Verehrung u. Mystifizierung einer Person, z. B. eines Politikers, Dichters, Wissenschaftlers; *der stalinistische ~; der nationalsozialistische ~*
Per|so|ni|fi|ka|ti|on ⟨f.; -, -en⟩ **1** Verkörperung **2** Vorstellung u. Darstellung von Dingen u. Kräften als Person; *Sy* Prosopopöie, Vermenschlichung [<frz. *personnification*]
per|so|ni|fi|zie|ren ⟨V.⟩ **1** verkörpern **2** als Person darstellen, vermenschlichen; *Götter, Begriffe, Eigenschaften ~* [<frz. *personnifier* <lat. *persona* »Person« + *facere* »machen«]
Per|so|ni|fi|zie|rung ⟨f.; -, -en⟩ = Personifikation

♦ Die Buchstabenfolge **persp...** kann auch **persp...** getrennt werden.

♦ **Per|spek|tiv** ⟨n.; -s, -e [-və])⟩ kleines Fernrohr
♦ **Per|spek|ti|ve** ⟨[-və] f.; -, -n⟩ **1** scheinbare Verkürzung u. scheinbares Zusammentreffen der in die Tiefe des Raumes laufenden parallelen Strecken in einem Punkt (Fluchtpunkt) **2** Darstellung des Raumes u. räumlichen Gegenstände auf einer ebenen Bildfläche mit räuml. Wirkung; *ein Gemälde ohne ~* **3** ⟨fig.⟩ Blick in die Zukunft, Aussicht; *hier öffnen sich neue, nicht geahnte ~n* **4** Blickwinkel [<mlat. *perspectiva (ars)* »hindurchblickende (Kunst)«; zu lat. *perspicere* »mit dem Blick durchdringen, deutlich sehen«]
♦ **per|spek|ti|visch** ⟨Adj.⟩ die Perspektive betreffend, mit ihrer Hilfe, auf Grund der Perspektive, nach ihren Gesetzen [<spätlat. *perspectivus* »durchblickend«]
♦ **Per|spek|ti|vis|mus** ⟨[-vɪs-] m.; -; unz.; Philos.⟩ Lehre, dass der Erkenntnis der Welt durch die jeweilige Perspektive des Betrachters bedingt sei
♦ **Per|spek|ti|vi|tät** ⟨[-vi-] f.; -; unz.⟩ Verfahren der projekti-

ven Abbildung, bei dem alle Geraden eines Punktes zu einem Bildpunkt sich in einem festen Punkt schneiden
♦ **Per|spi|ra|ti|on** ⟨f.; -; unz.; Med.⟩ Hautatmung [<*per* + lat. *spirare* »atmen, blasen, wehen«]
♦ **per|spi|ra|to|risch** ⟨Adj.; Med.⟩ auf Perspiration beruhend, sie betreffend
Per|sua|si|on ⟨f.; -, -en; geh.⟩ Überredung [zu lat. *persuasio* »Überredung, Überzeugung«]
Per|sua|si|on|test ⟨[pə(r)sweɪʒən] m.; -(e)s, -e od. -s; Wirtsch.⟩ Testverfahren, das zur Ermittlung von Einstellungsveränderungen bei Konsumenten durch Werbung dient [<engl. *persuasion* »Überredung, Überzeugung« + *Test*]
per|sua|siv ⟨Adj.⟩ überredend, überzeugend [zu lat. *persuasio* »Überredung, Überzeugung«]
Per|sul|fat ⟨n.; -(e)s, -e; Chemie⟩ Salz der Überschwefelsäure, z. B. das als Bleich- u. Oxidationsmittel verwendete Kaliumper(oxodi)sulfat [<*PER* + *Sulfat*]
PERT ⟨EDV; Abk. für engl.⟩ Program Evaluation and Review Technique (Methode zur Bewertung u. Überprüfung von Programmen), grafisch-mathematisches Verfahren zur Abbildung komplexer Prozesse, das der Planung u. Kontrolle von Projekten dient
Per|thit ⟨m.; -s, -e; Min.⟩ Kalifeldspat mit Durchwachsungen von Albit [nach dem Ort *Perth*, Ontario (Kanada)]
Per|ti|nenz ⟨f.; -, -en; veraltet⟩ Zugehörigkeit, Zubehör [<lat. *pertinens*, Part. Präs. von *pertinere* »betreffen, sich erstrecken, sich ausdehnen«]
Per|ti|nenz|da|tiv ⟨m.; -s, -e [-və]; Gramm.⟩ die Zugehörigkeit anzeigender, durch ein Genitivattribut od. Possessivpronomen ersetzbarer Dativ, z. B. er klopfte »mir« auf die Schulter [<*Pertinenz* + *Dativ*]
Per|tu|ba|ti|on ⟨f.; -, -en; Med.⟩ Eileiterdurchblasung [<*per* + lat. *tuba* »Röhre«]
Per|tur|ba|ti|on ⟨f.; -, -en; Astron.⟩ Störung in der Bewegung eines Gestirns [<lat. *per-*

turbatio »Verwirrung, Störung«]
Per|tus|sis ⟨f.; -, -tus|ses; Med.⟩ Keuchhusten [<*per* + lat. *tussis* »Husten«]
Pe|ru|bal|sam ⟨a. ['----] m.; -s, -e⟩ zur Herstellung von Parfüm verwendete, zähe, braune Flüssigkeit, die vom Perubalsambaum gewonnen wird: Balsamum peruvianum
Pe|rü|cke ⟨f.; -, -n⟩ 1 künstl. Haartracht aus Haaren od. synthet. Fasern, den ganzen Kopf bedeckender Haarersatz 2 ⟨Jagd⟩ durch Verletzung hervorgerufene, krankhafte Wucherung am Gehörn, seltener am Geweih [<frz. *perruque* <ital. *perrucca* »Haarschopf«]
per ul|ti|mo ⟨geh.⟩ am Letzten, zum Letzten (Tag des Monats, als Zahlungsfrist) [ital.]
per|vers ⟨[-vɛrs] Adj.⟩ 1 abartig (im geschlechtl. Verhalten) 2 widernatürlich, vom Normalen abweichend [<lat. *perversus* »verdreht, verkehrt, schlecht«; zu *pervertere* »umkehren«]
Per|ver|si|on ⟨[-ver-] f.; -, -en⟩ krankhafte Abweichung vom normalen geschlechtl. Verhalten [<lat. *perversio* »Verdrehung«; zu *perversus*; → *pervers*]
Per|ver|si|tät ⟨[-ver-] f.; -, -en⟩ perverse Veranlagung [<lat. *perversitas* »Verkehrtheit«; zu *pervertere* »umkehren«]
per|ver|tie|ren ⟨[-ver-] V.⟩ 1 vom Normalen krankhaft abweichen 2 in sein Gegenteil verkehren, verdrehen, verfälschen [<lat. *pervertere* »umkehren«]
Per|ver|tiert|heit ⟨[-ver-] f.; -, -en⟩ pervertierte Beschaffenheit, Perversität
Per|ver|tie|rung ⟨[-ver-] f.; -, -en⟩ das Pervertieren, das Pervertiertwerden bzw. -sein
Per|zent ⟨n.; -(e)s, -e; österr.; veraltet⟩ Prozent [<ital. *per cento* »für hundert«]
per|zen|tu|ell ⟨Adj.; österr.; veraltet⟩ = prozentual
per|zep|ti|bel ⟨Adj.; Philos.⟩ wahrnehmbar, fassbar, erfassbar [<lat. *perceptibilis* »wahrnehmbar, begreiflich«; zu *percipere* »wahrnehmen«]
Per|zep|ti|bi|li|tät ⟨f.; -, -en; Philos.⟩ 1 perzeptible Beschaffen-

heit, Wahrnehmbarkeit, Fassbarkeit 2 Wahrnehmungsfähigkeit
Per|zep|ti|on ⟨f.; -, -en⟩ 1 ⟨Biol.⟩ Reiz durch Sinneszellen 2 ⟨Philos.⟩ sinnliche Wahrnehmung als erste Stufe der Erkenntis; *Ggs* Apperzeption [<lat. *perceptio* »das Empfangen, das Begreifen«; zu *percipere* »in Besitz nehmen, wahrnehmen«]
Per|zep|ti|o|na|lis|mus ⟨m.; -; unz.; Philos.⟩ philosoph. Lehre, dass die Wahrnehmung die Grundlage allen Denkens sei
per|zep|tiv ⟨Adj.; Biol.; Psych.⟩ = perzeptorisch
per|zep|to|risch ⟨Adj.; Biol.; Psych.⟩ auf Perzeption beruhend, mit ihrer Hilfe; *Sy* perzeptiv
Per|zep|ti|vi|tät ⟨[-vi-] f.; -; unz.⟩ Wahrnehmungs-, Aufnahmefähigkeit [→ *Perzeption*]
Per|zi|pi|ent ⟨m.; -en, -en; veraltet⟩ Empfänger [<lat. *percipiens* »in Besitz nehmend«, Part. Präs. von *percipere*; → *perzipieren*]
per|zi|pie|ren ⟨V.⟩ sinnlich wahrnehmen [<lat. *percipere* »einnehmen, in Besitz nehmen, wahrnehmen«]
Pe|sa|de ⟨f.; -, -n; hohe Schule⟩ kurzes Aufrichten des Pferdes auf der Hinterhand [frz. <ital. *posata* »Anhalten«; zu *posarsi* »innehalten«]
pe|san|te ⟨Musik⟩ schwer, schleppend, wuchtig (zu spielen) [ital.]
Pesch|mer|ga ⟨Pl.⟩ kurdische Freiheitskämpfer [arab., eigtl. »die dem Tod entgegensehen«]
Pe|se|te ⟨f.; -, -n⟩ frühere span. Währungseinheit, 100 Centimos [span., eigtl. »kleines Gewicht«]
Pe|so ⟨m.; - od. -s, - od. -s⟩ Währungseinheit in Argentinien, Chile, der Dominikanischen Republik, Kolumbien, Kuba, Mexiko, Uruguay, Guinea-Bissau u. auf den Philippinen [span., »Gewicht«; → *Pensum*]
Pes|sar ⟨n.; -s, -e; Med.⟩ Einlage in die Scheide, bes. zum Stützen der vorfallenden Gebärmutter od. zur Empfängnisverhütung, Mutterring [<lat. *pessarium* »Mutterkranz«]

Pes|si|mis|mus ⟨m.; -; unz.⟩ Neigung, in der Welt, im Leben od. bei einer Sache nur das Schlechte zu sehen, Schwarzseherei; *Ggs* Optimismus [<lat. *pessimus* »der schlechteste, sehr schlecht«]

Pes|si|mist ⟨m.; -en, -en⟩ jmd., der zum Pessimismus neigt, Schwarzseher; *Ggs* Optimist

Pes|si|mis|tin ⟨f.; -, -tin|nen⟩ weibl. Person, die zum Pessimismus neigt, Schwarzseherin; *Ggs* Optimistin

pes|si|mis|tisch ⟨Adj.⟩ in der Art eines Pessimisten, von allem nur die schlechten Seiten sehend, bei einer Sache od. im Leben nichts Gutes erwartend, schwarzseherisch; *Ggs* optimistisch

Pes|si|mum ⟨n.; -s, -si|ma⟩ Bereich der schlechtesten Umweltbedingungen für ein Lebewesen; *Ggs* Optimum (2) [lat., Neutr. zu *pessimus* »das schlechteste, sehr schlecht«]

Pest ⟨f.; -; unz.; Med.⟩ durch Pestbakterien hervorgerufene epidem. Krankheit, schwarzer Tod; *Sy* Pestilenz [<lat. *pestis* »ansteckende Krankheit, Seuche«]

Pes|ti|lenz ⟨f.; -, -en⟩ **1** ⟨Med.⟩ = Pest **2** ⟨allg.⟩ schwere Seuche [<lat. *pestilentia* »ansteckende Krankheit, Seuche, Pest«]

pes|ti|len|zia|lisch ⟨Adj.⟩ verpestet

Pes|ti|zid ⟨n.; -s, -e⟩ Mittel zur Bekämpfung von Schädlingen bei Tieren u. Pflanzen [<lat. *pestis* »Seuche« + ...*zid*⁴]

Pes|to ⟨n.; -s; unz.; Kochk.⟩ Sauce aus Öl, gehackten Kräutern u. Gewürzen (bes. Basilikum); *Spaghetti mit* ~ [ital.]

Pe|tal ⟨n.; -s, -en; meist Pl.; Bot.⟩ Blüten-, Kronblatt; *oV* Petalum [<lat. <grch. *petalon* »Blatt, Platte«]

Pe|ta|lum ⟨n.; -s, -ta|len; meist Pl.; Bot.⟩ = Petal

Pe|tar|de ⟨f.; -, -n; früher⟩ ein mit Sprengstoff gefülltes, mörserartiges Gefäß, das an den Toren von Festungen angebracht wurde, um sie zu sprengen [<frz. *pétard* »Petarde, Sprengbüchse, Knallfrosch, Sprengschuss«]

Pe|te|chi|en ⟨[-çiǝn] Pl.; Med.⟩ punktförmige Hautblutungen [<ital. *petechia*]

Pe|tent ⟨m.; -en, -en⟩ Bewerber, Bittsteller [<lat. *petens* »bittend«, Part. Präs. zu *petere* »bitten, nachsuchen«]

Pe|ter|si|lie ⟨[-ljǝ] f.; -, -n; Bot.⟩ zu den Doldenblütlern gehörende Gewürz- u. Gemüsepflanze [<lat. *petroselinum*]

Pe|tit ⟨[pǝti:] f.; -; unz.; Typ.⟩ Schriftgrad, 8 Punkt; *Sy* Petitschrift [frz., »klein«]

Pe|ti|tes|se ⟨[pǝtitɛs(ǝ)] f.; -, -n⟩ Geringfügigkeit, Unerheblichkeit, Kleinigkeit, Bagatelle; *das ist nur eine* ~ [frz., »Geringfügigkeit, Unerheblichkeit«]

Pe|ti|ti|on ⟨f.; -, -en⟩ Bittschrift, Eingabe [<lat. *petitio* »das Verlangen, das Bitten, Gesuch«; zu *petere* »zu erlangen suchen, bitten«]

pe|ti|ti|o|nie|ren ⟨V.⟩ *(um eine Sache)* ~ eine Bittschrift einreichen (wegen einer Sache)

Pe|ti|ti|ons|recht ⟨n.; -(e)s; unz.; Rechtsw.⟩ durch die Verfassung garantiertes Recht, sich mit einem Gesuch an die zuständigen Behörden od. die Volksvertretung zu wenden

pe|ti|to|risch ⟨Adj.; Rechtsw.⟩ sich auf das Recht berufend, eine Sache zu besitzen od. zu nutzen; ~*e Ansprüche* [→ *Petition*]

Pe|tit|schrift ⟨[pǝti:-] f.; -; unz.; Typ.⟩ = Petit

Pe|tits Fours ⟨[pǝtiˌfuːr] Pl.⟩ feines, mit farbiger Zuckerglasur überzogenes, würfelförmiges Gebäck [frz., *kleines Gebäck* <*petit* »klein« + *four* »Backofen«]

Pe|ti|tum ⟨n.; -s, -ti|ta⟩ Gesuch, Antrag [lat., »das Angestrebte«, Part. Perf. zu *petere* »anstreben, zu erlangen suchen«]

Pe|tong ⟨n.; -s; unz.⟩ aus China stammende harte Kupferlegierung

♦ Die Buchstabenfolge **petr...** kann auch **petr...** getrennt werden.

♦ **Pe|trar|kis|mus** ⟨m.; -; unz.; Lit.⟩ lyrischer Stil der Renaissance u. des Humanismus in der Art der Liebesgedichte Francesco Petrarcas, gekennzeichnet durch Form- u. Klangschönheit, Bilderreichtum u. Leidenschaftlichkeit

♦ **Pe|trar|kist** ⟨m.; -en, -en; Lit.⟩ Repräsentant des Petrarkismus

♦ **pe|tre..., Pe|tre...** ⟨in Zus.⟩ = petro..., Petro...

♦ **Pe|tre|fakt** ⟨n.; -(e)s, -e; Geol.⟩ Versteinerung [<lat. *petra* »Stein« + lat. *facere* »machen«]

♦ **pe|tri..., Pe|tri...** ⟨in Zus.⟩ = petro..., Petro...

♦ **Pe|tri|fi|ka|ti|on** ⟨f.; -, -en; Geol.⟩ das Versteinern [<grch. *petros* »Stein« + ...*fikation*]

♦ **pe|tri|fi|zie|ren** ⟨V.; Geol.⟩ versteinern [<grch. *petros* »Stein« + ...*fizieren*]

♦ **pe|tro..., Pe|tro...** ⟨vor Vokalen⟩ petr..., Petr... ⟨in Zus.⟩ stein..., Stein...; *oV* petre..., Petre..., petri..., Petri... [<grch. *petra, petros* »Fels, Felsblock, Stein«]

♦ **Pe|tro|che|mie** ⟨[-çe-] f.; -; unz.⟩ **1** Lehre von der Zusammensetzung der Gesteine **2** ⟨fälsch. für⟩ Petrolchemie [<grch. *petros* »Stein« + *Chemie*]

♦ **pe|tro|che|misch** ⟨[-çe-] Adj.⟩ **1** die Petrochemie betreffend, zu ihr gehörend **2** ⟨fälsch. für⟩ = petrolchemisch

♦ **Pe|tro|ge|ne|se** ⟨f.; -, -n; Geol.⟩ Bildung von Gesteinen [<*Petro...* + *Genese*]

♦ **pe|tro|ge|ne|tisch** ⟨Adj.; Geol.⟩ die Petrogenese betreffend, auf ihr beruhend

♦ **Pe|tro|gly|phe** ⟨f.; -, -n⟩ vorgeschichtliche Felszeichnung [<grch. *petros* »Stein« + *glyphein* »einschneiden, einritzen«]

♦ **Pe|tro|gra|fie** ⟨f.; -; unz.⟩ = Petrographie

♦ **Pe|tro|gra|phie** ⟨f.; -; unz.⟩ Zweig der Petrologie, der sich mit der Beschreibung u. Klassifizierung der Gesteine befasst; *oV* Petrografie [<grch. *petros* »Stein« + ...*graphie*]

♦ **Pe|trol** ⟨n.; -s; unz.; schweiz.⟩ = Petroleum

♦ **Pe|trol|äther** ⟨m.; -s; unz.; Chemie⟩ = Gasolin (1)

♦ **Pe|trol|che|mie** ⟨[-çe-] f.; -; unz.; Chemie⟩ Teilgebiet der Chemie, das sich mit der Förung

Petrolchemie

petrolchemisch

derung u. Verarbeitung von Erdöl befasst (heute meist als Petrochemie bezeichnet) [<*Petroleum + Chemie*]
◆**pe|trol|che|misch** ⟨[-çe-] Adj.; Chemie⟩ die Petrolchemie betreffend, zu ihr gehörend; *oV* petrochemisch (2)
◆**Pe|tro|le|um** ⟨n.; -s; unz.⟩ Destillationsprodukt des Erdöls; *Sy* Kerosin; *oV* ⟨schweiz.⟩ Petrol [<grch. *petros* »Stein« + lat. *oleum* »Öl«]
◆**Pe|tro|lo|ge** ⟨m.; -n, -n⟩ Wissenschaftler auf dem Gebiet der Petrologie
◆**Pe|tro|lo|gie** ⟨f.; -; unz.⟩ Teilgebiet der Mineralogie, das die Geschichte der Gesteine erforscht, Gesteinskunde [<grch. *petros* »Stein« + ...*logie*]
◆**pe|tro|phil** ⟨Adj.; Biol.⟩ steinigen Untergrund liebend (von Pflanzen) [<*petro*... + ...*phil*]
Pet|schaft ⟨n.; -s, -e⟩ Stempel zum Siegeln [<mhd. *petschat* <tschech. *pečet* »Siegel, Petschaft«; angelehnt an *Schaft*]
pet|schiert ⟨Adj.; österr.⟩ in einer misslichen, unangenehmen Lage sein, erledigt sein [→ *Petschaft*]
Pet|ti|coat ⟨[-ko:t] m.; -s, -s; Mode⟩ weiter, steifer Unterrock [engl. *petty coat* »kleiner Rock«]
Pet|ting ⟨n.; -s, -s⟩ sexuell erregende körperliche Berührungen aller Art mit Ausnahme des Geschlechtsakts selbst; →*a.* Necking [engl.; zu *pet* »liebkosen«]
pet|to *etwas in ~ haben* etwas bereithalten [ital., »in der Brust«]
Pe|tu|nie ⟨[-njə] f.; -, -n; Bot.⟩ einer Gattung der Nachtschattengewächse angehörende Zierpflanze mit trichterförmigen Blüten: Petunia [wegen der Ähnlichkeit mit dem verwandten Tabak, der im 16./17. Jh. mit einem indian. Wort *Petum* genannt wurde]
peu à peu ⟨[pøapø:] Adv.⟩ allmählich, nach u. nach [frz.]
pe|xie|ren ⟨V.; veraltet⟩ anstellen, begehen, verüben; *Böses, Dummheiten ~* [<*pekzieren* <lat. *peccare* »verkehrt machen, sich vergehen«]
Pfd. ⟨Abk. für⟩ Pfund

Pfef|fe|ro|ni ⟨m.; -, -; meist Pl.; österr.⟩ = Peperoni
ph ⟨Zeichen für⟩ Phot
pH ⟨kurz für⟩ pH-Wert
PH ⟨Abk. für⟩ Pädagogische Hochschule
Phä|a|ke ⟨m.; -n, -n; bei Homer⟩ Angehöriger eines sorglos lebenden, genussfreudigen Volkes auf einer grch. Insel
Pha|e|ton ⟨[fa:e-] m.; -s, -s⟩ leichte, vierrädrige, offene Kutsche [nach *Phaethon*, dem Sohn des grch. Sonnengottes, der einmal den Sonnenwagen lenkte u. dabei die Erde in Brand steckte, eigtl. »der Leuchtende«; zu grch. *phaethein* »leuchten«]
pha|e|to|nisch ⟨[fa:e-] Adj.⟩ unerschrocken, beherzt, waghalsig; *oV* phaethontisch [→ *Phaeton*]
pha|e|thon|tisch ⟨[fa:e-] Adj.⟩ = phaetonisch
...phag ⟨Nachsilbe; zur Bildung von Adj.⟩ fressend, sich ernährend von, sich hineinfressend in; *hämatophag; petrophag* [<grch. *phagein* »fressen«]
...pha|ge ⟨Nachsilbe; zur Bildung männl. Subst.⟩ ...phages Lebewesen, das etwas frisst od. zerstört; *Bakteriophage; Oligophage* [→ ...*phag*]
Pha|ge ⟨m.; -n, -n; kurz für⟩ Bakteriophage [→ ...*phag*]
...pha|gie ⟨Nachsilbe; zur Bildung weibl. Subst.⟩ Ernährungsweise; *Oligophagie* [<grch. *phagein* »fressen«]
Pha|go|zyt ⟨m.; -en, -en; meist Pl.; Med.⟩ Zelle, die kleine Fremdkörper, bes. Bakterien, in sich aufnehmen u. vernichten kann, Fresszelle [<grch. *phagein* »essen, fressen« + ...*zyt*]
pha|go|zy|tie|ren ⟨V.; Med.⟩ *Fremdstoffe, Abfallprodukte u. Feindorganismen ~* aufnehmen u. durch Verdauung unschädlich machen; *weiße Blutkörperchen ~ Krankheitserreger*
Pha|go|zy|to|se ⟨f.; -; unz.; Med.⟩ **1** Aufnahme fester Nahrungspartikelchen der Zelle durch Einstülpung der Zellmembran **2** Aufnahme u. Verdauung von Bakterien durch Phagozyten
Pha|ko|ma|to|sen ⟨Pl.; Med.⟩ erbliche, geschwulstartige Miss-

bildungen an Haut, Zentralnervensystem u. Augen [zu grch. *phakos* »Linse«]
Pha|lanx ⟨f.; -, -lan|gen⟩ **1** ⟨Antike⟩ lange, geschlossene Schlachtreihe in mehreren Gliedern **2** ⟨fig.⟩ geschlossene Reihe, Front **3** ⟨Anat.⟩ Knochen der Finger bzw. Zehen [grch., »Baumstamm, Block, Schlachtreihe«]
phal|lisch ⟨Adj.⟩ den Phallus, Phalluskult betreffend, auf ihnen beruhend
Phal|lo|gra|fie ⟨f.; -, -n; Med.⟩ = Phallographie
Phal|lo|gra|phie ⟨f.; -, -n; Med.⟩ Messverfahren zur Bestimmung der Erektionsfähigkeit des Penis; *oV* Phallografie
Phal|lo|plas|tik ⟨f.; -, -en; Chir.⟩ chirurgische Umformung od. Nachbildung des männlichen Gliedes [<*Phallus + Plastik*]
Phal|lus ⟨m.; -, Phal|li od. Phal|len⟩ das (erigierte) männliche Glied [<grch. *phallos* »das männliche Glied als Sinnbild der Zeugungskraft«]
Phal|lus|kult ⟨m.; -(e)s, -e⟩ Kult, Verehrung des Phallus als Sinnbild der Fruchtbarkeit
Phän ⟨n.; -s, -e; Genetik⟩ einzelnes Erbmerkmal, das zusammen mit anderen den Phänotyp eines Lebewesens konstituiert [<grch. *phainestai* »erscheinen, sichtbar werden«]
Pha|ne|ro|ga|me ⟨f.; -, -n; Bot.⟩ Blütenpflanze; *Ggs* Kryptogame [<grch. *phaneros* »sichtbar« + ...*game*]
Pha|ne|ro|phyt ⟨m.; -en, -en; meist Pl.; Bot.⟩ Pflanze mit frei in die Luft ragenden Trieben, die Knospenspitzen haben, die klimatisch ungünstige Jahreszeit ungeschützt überstehen (Sträucher u. Bäume) [<grch. *phaneros* »sichtbar« + ...*phyt*]
Phä|no|lo|gie ⟨f.; -; unz.⟩ Lehre von den jahreszeitlich bedingten Erscheinungsformen bei Tieren u. Pflanzen [<grch. *phainestai* »erscheinen« + ...*logie*]
phä|no|lo|gisch ⟨Adj.⟩ die Phänologie betreffend, zu ihr gehörig
Phä|no|men ⟨n.; -s, -e⟩ **1** Erscheinung, etwas sich den Sinnen

Pharmakotherapie

Zeigendes **2** der sich der Erkenntnis zeigende Bewusstseinsinhalt **3** ⟨fig.⟩ Wunder, Wunderding, ungewöhnlicher Mensch [<grch. *phainomenon* »Erscheinendes, sinnlich Wahrnehmbares«; zu *phainein* »sichtbar machen«]

phä|no|me|nal ⟨Adj.⟩ großartig, erstaunlich

Phä|no|me|na|lis|mus ⟨m.; -; unz.; Philos.⟩ Lehre, dass alle Gegenstände der Wahrnehmung od. Erfahrung nur Erscheinungsformen eines unerkennbaren »Dinges an sich« seien

Phä|no|me|no|lo|gie ⟨f.; -; unz.; Philos.⟩ Lehre von den Erscheinungen der Dinge (auch der nur vorgestellten, gedachten) ohne den Anspruch, ihre Individualität u. (od.) ihr Wesen zu erfassen [<grch. *phainomenon* »Erscheinendes, sinnlich Wahrnehmbares« + ...*logie*]

phä|no|me|no|lo|gisch ⟨Adj.; Philos.⟩ die Phänomenologie betreffend, zu ihr gehörig, auf ihr stammend

phä|no|ty|pisch ⟨Adj.⟩ zum Phänotypus gehörend, auf ihm beruhend

Phä|no|ty|pus ⟨m.; -, -ty|pen⟩ Erscheinungsbild eines Lebewesens; *Ggs* Genotypus [<grch. *phainesthai* »erscheinen« + *Typus*]

Phan|ta|sie ⟨f.; -, -n⟩ = Fantasie

phan|ta|sie|ren ⟨V.⟩ = fantasieren

Phan|tas|ma ⟨n.; -s, -tas|men⟩ **1** Sinnestäuschung, Trugbild **2** anschaulich, inneres Bild [grch., »Erscheinung, Gestalt, Trugbild«]

Phan|tas|ma|go|rie ⟨f.; -, -n⟩ Darstellung von Trugbildern, Geistererscheinungen auf der Bühne [<grch. *phantasma* »Erscheinung, Gestalt, Trugbild« + *agora* »Versammlung«]

phan|tas|ma|go|risch ⟨Adj.⟩ in der Art einer Phantasmagorie, spukhaft, täuschend, irreal

phan|tas|ma|tisch ⟨Adj.⟩ die Sinne täuschend, in der Art eines Phantasmas, auf ihm beruhend

Phan|tast ⟨m.; -en, -en⟩ = Fantast

Phan|tas|te|rei ⟨f.; -, -en; meist abwertend⟩ = Fantasterei

Phan|tas|tik ⟨f.; -; unz.⟩ = Fantastik

Phan|tas|tin ⟨f.; -, -tin|nen⟩ = Fantastin

phan|tas|tisch ⟨Adj.⟩ = fantastisch

Phan|tom ⟨n.; -s, -e⟩ **1** Trugbild, gespenstische Erscheinung **2** ⟨Med.⟩ Nachbildung eines Körperteils als Anschauungsmittel [<frz. *fantôme* »Gespenst, Trugbild« <vulgärlat. **fantauma* <grch. *phantasma* »Erscheinung, Gestalt, Trugbild«]

Phan|tom|bild ⟨n.; -(e)s, -er⟩ nach Beschreibungen von Zeugen gezeichnetes Bild (eines gesuchten Verbrechers)

Phan|tom|schmerz ⟨m.; -es, -en; Med.⟩ scheinbarer Schmerz in einem amputierten Glied

Phä|o|phy|zee ⟨[-tse:ə] f.; -, -n; Bot.⟩ Braunalge [<grch. *phaios* »dunkelfarbig« + ...*phyzee*]

Pha|rao ⟨m.; -s, -o|nen⟩ **1** altägyptischer König **2** ⟨n.; -s; unz.⟩ frz. Glücksspiel mit Karten; *oV* Pharo [grch. <altägypt. *per-a* »großes Haus, Palast, Hof« (Titel des Königs)]

pha|ra|o|nisch ⟨Adj.⟩ von den Pharaonen stammend, zu ihnen gehörend

Pha|ri|sä|er ⟨m.; -s, -⟩ **1** Angehöriger der führenden altjüd. religiös-polit. Partei seit dem 3. Jh. v. Chr., die sich streng an das mosaische Gesetz hielt **2** ⟨fig.⟩ selbstgerechter, engstirniger Mensch [<lat. *Pharisaeus* <grch. *Pharisaios*; zu aram. *perishaiya* »abgesondert«]

pha|ri|sä|isch ⟨Adj.⟩ **1** zu den Pharisäern (1) gehörend, in der Art der Pharisäer **2** ⟨fig.⟩ wie ein Pharisäer (2), selbstgefällig, heuchlerisch

Pha|ri|sä|is|mus ⟨m.; -; unz.⟩ **1** Lehre der Pharisäer **2** ⟨fig.⟩ engstirnige Selbstgerechtigkeit

phar|ma..., Phar|ma... ⟨in Zus.⟩ arzneimittel..., Arzneimittel...; *pharmazeutisch; Pharmaindustrie* [<grch. *pharmakon* »Heilmittel, Gift, Zaubermittel«]

Phar|ma|in|dus|trie *auch:* **Phar|ma|in|dust|rie** ⟨f.; -; unz.⟩ Industriezweig, der pharmazeutische Produkte herstellt

Phar|ma|keu|le ⟨f.; -, -n; umg.⟩ sehr hohe Dosis eines Medikaments, besonders stark wirkendes Medikament

phar|ma|ko..., Phar|ma|ko... ⟨in Zus.⟩ arzneimittel..., Arzneimittel...; *pharmakologisch; Pharmakogenetik* [<grch. *pharmakon* »Heilmittel, Gift, Zaubermittel«]

Phar|ma|ko|dy|na|mik ⟨f.; -; unz.⟩ **1** Lehre von der Wirkungsweise der Medikamente u. Gifte im Körper **2** Wirkungsweise der Arzneimittel selbst [<*Pharmakon* + *Dynamik*]

phar|ma|ko|dy|na|misch ⟨Adj.⟩ die Pharmakodynamik betreffend, auf ihr beruhend

Phar|ma|ko|ge|ne|tik ⟨f.; -; unz.⟩ pharmakologische Disziplin, die sich mit den genetischen Grundlagen irregulärer Reaktionsweisen auf Arzneimittelgaben befasst; *Sy* Pharmakogenomik

Phar|ma|ko|ge|no|mik ⟨f.; -; unz.⟩ = Pharmakogenetik

Phar|ma|ko|gno|sie *auch:* **Phar|ma|kog|no|sie** ⟨f.; -; unz.⟩ Lehre vom Erkennen der Medikamente u. ihrer Rohstoffe [<*Pharmakon* + ...*gnosie*]

phar|ma|ko|gnos|tisch *auch:* **phar|ma|kog|nos|tisch** ⟨Adj.⟩ die Pharmakognosie betreffend, auf ihr beruhend

Phar|ma|ko|lo|ge ⟨m.; -n, -n⟩ Wissenschaftler, Student der Pharmakologie

Phar|ma|ko|lo|gie ⟨f.; -; unz.⟩ Lehre von den Wirkungen u. Anwendungen der Medikamente [<*Pharmakon* + ...*logie*]

Phar|ma|ko|lo|gin ⟨f.; -, -gin|nen⟩ Wissenschaftlerin, Studentin der Pharmakologie; *Sy* Pharmazeutin (1)

phar|ma|ko|lo|gisch ⟨Adj.⟩ die Pharmakologie betreffend, zu ihr gehörig, auf ihr beruhend

Phar|ma|kon ⟨n.; -s, -ka⟩ **1** = Medikament; *Sy* Pharmazeutikum **2** Gift [grch., »Heilmittel, Gift, Zaubermittel«]

Phar|ma|ko|pöe ⟨f.; -, -n⟩ amtl. Arzneibuch [<*Pharmakon* + ...*pöe*]

Phar|ma|ko|the|ra|pie ⟨f.; -, -n⟩ Anwendung der Arzneimittel zu Heilzwecken

Pharmareferent

Pharmareferent ⟨m.; -en, -en⟩ Repräsentant eines Arzneimittelherstellers, der Ärzte u. Krankenhäuser über die pharmazeutischen Produkte seines Auftraggebers informiert u. Bestellungen entgegennimmt [verkürzt <*pharmazeutischer Referent*]
Pharmareferentin ⟨f.; -, -tinnen⟩ Repräsentantin eines Arzneimittelherstellers
Pharmazeut ⟨m.; -en, -en⟩ **1** = Pharmakologe **2** wissenschaftlich ausgebildeter Apotheker [<grch. *pharmakeutes* »Hersteller von Arzneimitteln, Giftmischer«; zu *pharmakon* »Heil-, Zaubermittel; Gift«]
Pharmazeutik ⟨f.; -; unz.⟩ = Pharmazie
Pharmazeutikum ⟨n.; -s, -tika⟩ = Pharmakon (1)
Pharmazeutin ⟨f.; -, -tinnen⟩ **1** = Pharmakologin **2** Apothekerin
pharmazeutisch ⟨Adj.⟩ zur Pharmazie gehörig, auf ihr beruhend [<grch. *pharmakeutikos* »die Kenntnis u. Herstellung von Arzneimitteln u. Giften betreffend«; zu *pharmakon* »Heil-, Zaubermittel; Gift«]
Pharmazie ⟨f.; -; unz.⟩ Lehre von der Zubereitung der Medikamente; *Sy* Pharmazeutik [<lat. *pharmacia* <grch. *pharmakeia* »Gebrauch von Heilmitteln, Giften, Zaubermitteln; Arznei«; zu *pharmakon* »Heil-, Zaubermittel; Gift«]
Pharo ⟨n.; -s; unz.⟩ = Pharao (2)
pharyngal ⟨Adj.; Phon.⟩ den Pharynx betreffend, von ihm stammend, zu ihm gehörig; ~*e gebildete Konsonanten*
pharyngalisieren ⟨V.; Phon.⟩ Laute mit verengtem Rachenraum erzeugen [→ *Pharynx*]
Pharyngismus ⟨m.; -, -gismen; Med.⟩ Krampf der Schlundmuskeln infolge von Nervenleiden, Reizung od. organische Erkrankungen; *Sy* Pharyngospasmus [→ *Pharynx*]
Pharyngitis ⟨f.; -, -tiden; Med.⟩ Rachenkatarrh [<grch. *pharynx*, Gen. *pharyngis* »oberer Teil der Speiseröhre«]
pharyngo..., Pharyngo... ⟨in Zus.⟩ rachen..., Rachen...

[<grch. *pharynx* »oberer Teil der Speiseröhre, Rachen«]
Pharyngologe ⟨m.; -n, -n; Med.⟩ Wissenschaftler od. Arzt auf dem Gebiet der Pharyngologie
Pharyngologie ⟨f.; -; unz.; Med.⟩ Lehre von den Krankheiten des Rachens [<*Pharyngo...* + *...logie*]
Pharyngologin ⟨f.; -, -ginnen; Med.⟩ Wissenschaftlerin od. Ärztin auf dem Gebiet der Pharyngologie
pharyngologisch ⟨Adj.; Med.⟩ die Pharyngologie betreffend, zu ihr gehörig, auf ihr beruhend
Pharyngoskop *auch:* **Pharyngoskop** ⟨n.; -s, -e; Med.⟩ Kehlkopfspiegel [<*Pharyngo...* + *...skop*]
Pharyngoskopie *auch:* **Pharyngoskopie** ⟨f.; -, -n; Med.⟩ Untersuchung mit dem Pharyngoskop
pharyngoskopisch *auch:* **pharyngoskopisch** ⟨Adj.; Med.⟩ die Pharyngoskopie betreffend, auf ihr beruhend, mit ihrer Hilfe
Pharyngospasmus ⟨m.; -, -spasmen; Med.⟩ = Pharyngismus [<*Pharyngo...* + *Spasmus*]
Pharyngotomie ⟨f.; -, -n; Med.⟩ operative Öffnung des Schlundes [<*Pharyngo...* + *...tomie*]
Pharynx ⟨m.; -, -ryngen; Anat.⟩ Rachen [grch.]
Phase ⟨f.; -, -n⟩ **1** Abschnitt, Stufe einer Entwicklung; *in einer schwierigen ~ sein* **2** Zeit, in der ein Himmelskörper nur zum Teil erleuchtet ist; *Mond~* **3** ⟨Physik⟩ jeweiliger Zustand eines schwingenden Systems [frz. <grch. *phasis* »Erscheinung, Aufgang eines Gestirns«; zu *phainesthai* »erscheinen«]
phasisch ⟨Adj.⟩ periodisch wiederkehrend, in Phasen auftretend, ablaufend; *ein ~er Krankheitsverlauf*
phatisch ⟨Adj.; Sprachw.⟩ Kontakt herstellend u. sichernd; *die ~e Funktion einer Rede, eines Textes* [<grch. *phatizein* »sprechen, reden«]
Phazelie ⟨[-ljə] f.; -, -n; Bot.⟩ zu den Wasserblattgewächsen gehörende Pflanze mit lila Blü-

ten, die als Bienenweide dient, Büschelschön [<grch. *phakelos* »Büschel«]
Phellodendron *auch:* **Phellodendron** ⟨m. od. n.; -s, -dren; Bot.⟩ Korkbaum [<grch. *phellos* »Kork« + *dendron* »Baum«]
Phelloderm ⟨n.; -s, -e; Bot.⟩ unverkorktes, blattgrünhaltiges Rindengewebe [<grch. *phellos* »Kork« + *derma* »Haut«]
Phellogen ⟨n.; -s, -e; Bot.⟩ Kambium, das nach innen Phelloderm, nach außen Kork bildet [<grch. *phellos* »Kork« + *...gen*]
Phelloid ⟨n.; -(e)s, -e; Bot.⟩ unverkorktes Gewebe innerhalb der Korkschicht des Periderms [<grch. *phellos* »Kork« + *...id*]
Phelonion ⟨n.; -s, -nien⟩ = Phelonium
Phelonium ⟨n.; -s, -nien⟩ liturgisches Gewand des Priesters in der orthodoxen Kirche, das dem Chormantel im lateinischen Ritus ähnelt; *oV* Phelonion [<spätgrch. *phelonion*, *phailonion*; zu grch. *phailones* »Reisemantel«]
Phenacetin *auch:* **Phenacetin** ⟨n.; -s; unz.; Pharm.; internat. Freiname für⟩ ein fiebersenkendes u. schmerzstillendes Medikament, das bei Überdosierung zu Nierenschäden führen kann [verkürzt <*Paraacetphenetidin*]
Phenanthren *auch:* **Phenanthren** ⟨n.; -s; unz.; Chemie⟩ im Steinkohlenteer auftretende, aus drei kondensierten Benzolkernen aufgebaute aromat. Verbindung, bildet das Grundgerüst der Sexualhormone u. vieler Vitamine [<*Phenol* + *Anthrazen*]
Phenol ⟨n.; -s, -e; Chemie⟩ **1** chemische Verbindung, die sich aus Benzol durch Ersatz eines Wasserstoffatoms gegen eine Hydroxidgruppe (-OH) ergibt, zeigt sowohl Eigenschaften einer Säure als auch einer Base, Grundkörper der Verbindungsklasse der Phenole; *Sy* Karbol, Karbolsäure **2** ⟨Pl.⟩ ~*e* Gruppe chemischer Verbindungen, die sich vom Benzol durch Ersatz eines od. mehrerer Wasserstoffatome gegen Hydroxidgruppen ablei-

ten, Grundkörper ist das Phenol [<grch. *phainein* »zeigen« + lat. *oleum* »Öl«]

Phe|nol|harz ⟨n.; -es, -e; Chemie⟩ Kunststoff, der durch Kondensation von Phenol mit Formaldehyd gewonnen wird; *Sy* Phenoplast

Phe|nol|phtha|le|in *auch:* **Phenolphthalein** ⟨n.; -s; unz.; Chemie⟩ zur Gruppe der Phthaleine zählender Farbstoff, der als Indikator in der analytischen Chemie verwendet wird

Phe|no|plast ⟨m.; -(e)s, -e; Chemie⟩ = Phenolharz [<*Phenol* + grch. *plassein* »bilden«]

Phe|nyl ⟨n.; -s, -e; Chemie⟩ das einwertige aromat. Radikal C₆H₅-, Bestandteil vieler chemischer Verbindungen [<grch. *phainein* »zeigen« + ...*yl*]

Phe|nyl|a|min *auch:* **Phe|ny|la|min** ⟨n.; -s, -e; Chemie⟩ = Anilin

Phe|nyl|grup|pe ⟨f.; -, -n; Chemie⟩ = Phenyl

Phe|nyl|ke|ton|u|rie *auch:* **Phenyl|ke|to|nu|rie** ⟨f.; -, -n; Med.⟩ durch einen Enzymdefekt verursachte Stoffwechselkrankheit, die zu Gehirnschädigungen führt [verkürzt <*Phenyl*alanin (Enzym) + *Keton* + ...*urie*]

Phe|ro|mon ⟨n.; -s, -e; Biochemie⟩ Wirkstoff, der von einem Tier an die Umgebung abgegeben wird u. bei Individuen derselben Art spezifische Reaktionen auslöst (z. B. Sexuallockstoff) [<grch. *pherein* »tragen« + *Hormon*]

Phi ⟨n.; -s, -s; Zeichen: φ, Φ⟩ grch. Buchstabe

Phi|a|le ⟨f.; -, -n⟩ altgrch. flache Schale [grch., »Kessel, Urne, Schale«]

phil..., Phil... ⟨in Zus.⟩ = philo..., Philo...

...phil ⟨Nachsilbe; zur Bildung von Adj.⟩ liebend, jmdm. od. etwas wohl gesonnen; *anglophil* [<grch. *philos* »Freund«]

Phil|an|throp *auch:* **Phil|anth|rop** ⟨m.; -en, -en⟩ Menschenfreund; *Ggs* Misanthrop [<*Phil...* + grch. *anthropos* »Mensch«]

Phil|an|thro|pie *auch:* **Phil|anth|ropie** ⟨f.; -; unz.⟩ Menschenliebe; *Ggs* Misanthropie

phil|an|thro|pisch *auch:* **phil|anth|ro|pisch** ⟨Adj.⟩ menschenfreundlich; *Ggs* misanthropisch [→ *Philanthrop*]

Phil|an|thro|pis|mus *auch:* **Phil|anth|ro|pis|mus** ⟨m.; -; unz.⟩ von Basedow begründete, auf der Lehre Rousseaus beruhende, naturgemäße u. philanthrop. Erziehungsmethode

Phi|la|te|lie *auch:* **Phi|la|te|lie** ⟨f.; -; unz.⟩ Briefmarkenkunde [<*Phil...* + grch. *ateles* »abgaben-, steuerfrei«]

Phi|la|te|list *auch:* **Phi|la|te|list** ⟨m.; -en, -en⟩ Kenner der Philatelie, Briefmarkensammler

Phil|har|mo|nie ⟨f.; -, -n; Musik⟩ Name von musikal. Gesellschaften, Orchestern od. Konzertsälen [<*Phil...* + *Harmonie*]

Phil|har|mo|ni|ker ⟨m.; -s, -; Musik⟩ **1** Musiker in einem philharmon. Orchester **2** ⟨Pl.⟩ Gesamtheit dieser Musiker

Phil|har|mo|ni|ke|rin ⟨f.; -, -rinnen; Musik⟩ Musikerin in einem philharmonischen Orchester

phil|har|mo|nisch ⟨Adj.; Musik⟩ zur Philharmonie gehörend, auf ihr beruhend; *-es Orchester* ⟨urspr.⟩ Musik liebendes O. (Name mancher Orchester)

Phil|hel|le|ne ⟨m.; -n, -n⟩ Unterstützer des Freiheitskampfes der Griechen gegen die Türken [<*Phil...* + *Hellene*]

Phil|hel|le|nis|mus ⟨m.; -; unz.⟩ romantisch-polit. Bewegung zugunsten der Griechen in ihrem Kampf gegen die Türken

...phi|lie ⟨Nachsilbe; zur Bildung weibl. Subst.⟩ Liebhaberei, Vorliebe; *Homophilie* [<grch. *philos* »Freund«]

Phi|lip|pi|ka *auch:* **Phi|lip|pi|ka** ⟨f.; -, -pi|ken⟩ **1** eine der Reden des Demosthenes gegen Philipp von Mazedonien **2** ⟨allg.⟩ Strafrede, Kampfrede

Phi|lis|ter ⟨m.; -s, -⟩ **1** Angehöriger eines nichtsemit. Volkes an der Küste Palästinas, das in der Nachbarschaft der Israeliten angesiedelt wurde **2** ⟨fig.⟩ engstirniger Mensch, Spießbürger, kleinl. Besserwisser **3** ⟨Studenspr.; veraltet⟩ **3.1** Nichtstudent **3.2** Alter Herr einer Verbindung [<hebr. *Pelistim*, eigtl. »Einwanderer«; zu *palasch* »wandern«]

phi|lis|trös *auch:* **phi|list|rös** ⟨Adj.⟩ philisterhaft

Phill|u|me|nie ⟨f.; -; unz.⟩ das Sammeln von Streichholzschachteln u. deren Etiketten [<*Philo...* + lat. *lumen* »Licht«]

phi|lo..., Philo... ⟨vor h u. vor Vokalen⟩ phil..., Phil... ⟨in Zus.⟩ ...freundlich, ...freund, freundlich gesinnt, ...liebend, ...liebhaber; *philharmonisch, Philosoph* [<grch. *philein* »lieben« u. *philos* »Freund; liebend«]

Phi|lo|den|dron *auch:* **Phi|lo|dend|ron** ⟨m. od. n.; -s, -den|dren; Bot.⟩ **1** zu einer Gattung der Aronstabgewächse gehörende tropische Kletterpflanze mit Luftwurzeln: Philodendron **2** ⟨fälschl.⟩ = Monstera [<*Philo...* + grch. *dendron* »Baum«]

Phi|lo|gyn ⟨m.; -en, -en⟩ den Frauen freundlich gesinnter Mann; *Ggs* Misogyn [<*Philo...* + grch. *gyne* »Weib«]

Phi|lo|lo|ge ⟨m.; -n, -n⟩ Wissenschaftler, Student der Philologie

Phi|lo|lo|gie ⟨f.; -; unz.⟩ Sprach- u. Literaturwissenschaft [<*Philo...* + ...*logie*]

Phi|lo|lo|gin ⟨f.; -, -gin|nen⟩ Wissenschaftlerin, Studentin der Philologie

phi|lo|lo|gisch ⟨Adj.⟩ **1** zur Philologie gehörend, auf ihr beruhend **2** ⟨fig.⟩ trocken wissenschaftlich, übertrieben genau, unlebendig

Phi|lo|me|la ⟨f.; -, -me|len⟩ = Philomele

Phi|lo|me|le ⟨f.; -, -n; poet.⟩ Nachtigall; *oV* Philomela [nach *Philomela*, der Tochter König Pandions von Athen, die in eine Nachtigall verwandelt wurde]

Phi|lo|se|mit ⟨m.; -en, -en⟩ den Juden freundlich gesinnter Vertreter einer Gegenbewegung gegen den Antisemitismus; *Ggs* Antisemit

Phi|lo|se|mi|tis|mus ⟨m.; -; unz.⟩ freundliche, tolerante Haltung gegenüber dem Judentum; *Ggs* Antisemitismus

Phi|lo|soph ⟨m.; -en, -en⟩ **1** Erforscher der Ursprünge des Den-

Philosophaster

kens u. Seins 2 jmd., der nach letzter Klarheit u. Wahrheit strebt, Denker 3 Begründer einer philosophischen Methode [<*Philo...* + grch. *sophos* »weise«]

Phi|lo|so|phas|ter ⟨m.; -s, -⟩ jmd., der sich oberflächlich mit Philosophie beschäftigt, philosoph. Schwätzer [<*Philosoph* + Pejorativendung *...aster*]

Phi|lo|so|phem ⟨n.; -s, -e⟩ 1 Ergebnis philosophischer Forschung, Ergebnis einer philosoph. Lehre 2 philosoph. Behauptung [<*Philosophie* + grch. *pheme* »Rede«]

Philosophie (*Laut-Buchstaben-Zuordnung*) Für die Silben »*-fon*«, »*-fot*« und »*-graf*« kann die eingedeutschte (integrierte) Lautschreibung generell verwendet werden. Für andere griechische Silben wie »*philo-*«, die in vielen Fremdwörtern bzw. Fachbegriffen vorkommen, gilt jedoch weiterhin ausschließlich die Schreibung mit »*ph*« (→*a.* Foto...).

Phi|lo|so|phie ⟨f.; -, -n⟩ Lehre vom Wissen, von den Ursprüngen u. vom Zusammenhang der Dinge in der Welt, vom Sein u. Denken [<*Philo...* + *...sophie*]

phi|lo|so|phie|ren ⟨V.⟩ 1 Philosophie betreiben, über die Ursprünge u. das Wesen der Dinge nachdenken 2 ⟨fig.⟩ nachdenklich über etwas sprechen, im Gespräch zu erkennen suchen; *über etwas ~*

Phi|lo|so|phi|kum ⟨n.; -s, -phi|ka⟩ (in einigen Bundesländern) Teilprüfung des 1. Staatsexamens für Lehramtskandidaten, in der der Nachweis philosophischer u. erziehungswissenschaftlicher Kenntnisse erbracht werden muss

Phi|lo|so|phin ⟨f.; -, -phin|nen⟩ weibl. Philosoph

phi|lo|so|phisch ⟨Adj.⟩ 1 zur Philosophie gehörend, auf ihr beruhend 2 ⟨fig.⟩ denkend, denkerisch, weise

Phil|trum *auch:* **Phil|trum** ⟨n.; -s, Phil|tra od. Phil|tren; Anat.⟩ Rinne in der Mitte der Oberlippe [lat.; zu grch. *philtron* »Liebestrank«]

Phi|mo|se ⟨f.; -, -n; Med.⟩ Verengung der Vorhaut am männl. Glied [zu grch. *phimoun* »knebeln, schnüren«]

Phi|o|le ⟨f.; -, -n⟩ langhalsiges, birnenförmiges Glasfläschchen (bes. in der Alchimie) [<ahd. *fiala* <mlat. *fiole* <grch. *phiale* »Kessel, Urne, Schale«]

Phle|bi|tis ⟨f.; -, -ti|den; Med.⟩ Venenentzündung [<grch. *phleps*, Gen. *phlebos* »Blutader«]

phle|bo|gen ⟨Adj.; Med.⟩ von den Venen ausgehend, z. B. Krampfaderschmerzen [<grch. *phleps*, Gen. *phlebos* »Blutader« + *...gen*]

Phle|bo|to|mie ⟨f.; -, -n; Med.⟩ Aderlass [<grch. *phleps*, Gen. *phlebos* »Blutader« + *...tomie*]

Phleg|ma ⟨n.; -s; unz.⟩ Trägheit, Schwerfälligkeit, träge Ruhe, Mangel an Erregbarkeit [grch., »Brand, Flamme, Hitze«]

Phleg|ma|sie ⟨f.; -, -n; Med.⟩ Entzündung [<grch. *phlegmasia*]

Phleg|ma|ti|ker ⟨m.; -s, -⟩ träger, nicht leicht erregbarer Mensch

Phleg|ma|ti|kus ⟨m.; -, -se; umg.; scherzh.⟩ = Phlegmatiker

phleg|ma|tisch ⟨Adj.⟩ träge, schwerfällig, nicht leicht erregbar [→ *Phlegma*]

Phleg|mo|ne ⟨f.; -, -n; Med.⟩ Zellgewebsentzündung [<grch. *phlegmone* »Entzündung«; zu *phlegma* »Brand, Flamme, Hitze«]

Phlo|em ⟨n.; -s, -e; Bot.⟩ Siebteil der Leitbündel bei Pflanzen; *Sy* Leptom [<grch. *phloios* »Bast«]

phlo|gis|tisch ⟨Adj.; Med.⟩ auf einer Entzündung beruhend, entzündlich [→ *Phlogose*]

Phlo|go|se ⟨f.; -, -n; Med.⟩ eitrige Entzündung des Bindegewebes [<grch. *phlogosis* »Entzündung«]

Phlox ⟨m.; -es, -e od. f.; -, -e; Bot.⟩ zu einer Gattung der Sperrkrautgewächse gehörende Dauerpflanze mit leuchtenden, duftenden Blütenständen, Flammenblume: Phlox [grch., »Brand, Flamme, Feuer, Glut«]

Phlo|xin ⟨n.; -s; unz.⟩ für Farblacke u. Druckfarben verwendeter roter Teerfarbstoff [→ *Phlox*]

...phob ⟨Nachsilbe; zur Bildung von Adj.⟩ 1 jmdm. od. etwas abgeneigt; *anglophob*; *bibliophob* 2 ⟨Chemie⟩ eine andere Substanz abstoßend; *hydrophob* 3 ⟨Biol.⟩ etwas als Lebensraum meidend; *photophob* [<grch. *phobos* »Furcht«]

Pho|bie ⟨f.; -, -n; Psych.; Med.⟩ als Zwangserscheinung auftretende Angst vor bestimmten Objekten od. Situationen, z. B. Klaustrophobie [<grch. *phobos* »Furcht«]

pho|bisch ⟨Adj.; Psych.; Med.⟩ in der Art einer Phobie, auf ihr beruhend

Phon ⟨n.; -s, -; Zeichen: phon⟩ Maßeinheit der Lautstärke; *oV* Fon² [<grch. *phone* »Stimme, Laut, Ton«]

...phon¹ ⟨Nachsilbe; zur Bildung von Adj.⟩ klingend, ...stimmig; *oV* ...fon¹; *homophon*; *polyphon* [<grch. *phone* »Stimme«]

...phon² ⟨Nachsilbe; zur Bildung sächl. Subst.⟩ *oV* ...fon² 1 Musikinstrument; *Metallophon* 2 Gerät zur Wiedergabe von Tönen u. Geräuschen; *Megaphon* [→ ...*phon¹*]

Pho|na|ti|on ⟨f.; -; unz.; Med.⟩ Stimm- u. Lautbildung; *oV* Fonation

Pho|nem ⟨n.; -s, -e⟩ *oV* Fonem 1 ⟨Sprachw.⟩ kleinste Einheit der Phonologie, Laut, der im Vergleich zu einem anderen Laut in derselben Stellung eine unterschiedl. Bedeutung ausdrückt, z. B. sind das i u. a in »ich« u. »ach« zwei Phoneme, das ch ein Phonem 2 ⟨Med.⟩ akustische Sinnestäuschung, bes. bei Schizophrenie [<grch. *phone* »Stimme, Laut, Ton«]

Pho|ne|ma|tik ⟨f.; -; unz.; Sprachw.⟩ *oV* Fonematik 1 = Phonologie 2 Oberbegriff für Phonologie und Phonetik [<spätgrch. *phonema* »Stimme, Ton, Laut«]

pho|ne|ma|tisch ⟨Adj.; Sprachw.⟩ *oV* fonematisch; *Sy* phonemisch 1 ein Phonem betreffend 2 auf der Phonematik beruhend, zu ihr gehörend; *~e Untersuchung*

Pho|ne|mik ⟨f.; -; unz.; Sprachw.⟩ = Phonologie; *oV* Fonemik
pho|ne|misch ⟨Adj.; Sprachw.⟩ = phonematisch; *oV* fonemisch
Pho|ne|tik ⟨f.; -; unz.; Sprachw.⟩ Lehre von der Art u. Erzeugung der Laute, vom Vorgang des Sprechens; *oV* Fonetik [<grch. *phonetikos* »zum Tönen, Sprechen gehörig«; zu *phone* »Stimme, Laut, Ton«]
Pho|ne|ti|ker ⟨m.; -s, -; Sprachw.⟩ Kenner, Wissenschaftler der Phonetik; *oV* Fonetiker
Pho|ne|ti|ke|rin ⟨f.; -, -rin|nen; Sprachw.⟩ Kennerin, Wissenschaftlerin der Phonetik; *oV* Fonetikerin
pho|ne|tisch ⟨Adj.; Sprachw.⟩ die Phonetik betreffend, zu ihr gehörend, auf ihr beruhend, lautlich; *oV* fonetisch
Phon|ia|ter *auch:* **Pho|ni|a|ter** ⟨m.; -s, -; Med.⟩ Facharzt auf dem Gebiet der Phoniatrie; *oV* Foniater
Phon|ia|trie *auch:* **Pho|ni|a|trie** ⟨f.; -; unz.; Med.⟩ Lehre von den Hör-, Stimm- u. Sprechkrankheiten; *oV* Foniatrie [<grch. *phone* »Stimme, Laut, Ton« + *iatreia* »ärztliche Behandlung, Heilung«]
...pho|nie ⟨Nachsilbe; zur Bildung weibl. Subst.⟩ Klang, Musik; *oV* ...fonie; *Homophonie* [→ ...*phon¹*]
pho|nisch ⟨Adj.⟩ die Stimme betreffend, auf ihr beruhend; *oV* fonisch [<grch. *phone* »Stimme, Laut, Ton«]
Pho|nis|mus ⟨m.; -, -nis|men; meist Pl.; Med.⟩ Wahrnehmung eines Tons bei Reizung anderer Sinne als des Gehörsinns, z. B. beim Sehen; *oV* Fonismus; → *a.* Synästhesie
Phö|nix ⟨m.; - od. -es, -e; ägypt. Myth.⟩ Vogel, der sich im Feuer verjüngt, Sinnbild der Unsterblichkeit [<grch. *phoinix* »Purpur« (kam bei den Phöniziern zuerst in Gebrauch)]
pho|no..., Pho|no... ⟨vor Vokalen⟩ phon..., Phon... ⟨in Zus.⟩ Schall, Laut, Ton; *oV* Fono... [<grch. *phone* »Stimme, Laut, Ton«]
Pho|no|dik|tat ⟨n.; -(e)s, -e⟩ Diktat, das auf ein Tonband gesprochen wird; *oV* Fonodiktat

pho|no|gen ⟨Adj.⟩ ~*e Stimme* für Rundfunksendungen geeignete Stimme; *oV* fonogen [<grch. *phono...* + ...*gen*]
Pho|no|graph ⟨m.; -en, -en⟩ = Phonograph; *oV* Fonograf
Pho|no|gra|fie ⟨f.; -, -n⟩ = Phonographie; *oV* Fonografie
Pho|no|gramm ⟨n.; -(e)s, -e⟩ Aufzeichnung von Tönen auf Schallplatten od. Tonbändern; *oV* Fonogramm [<*Phono...* + ...*gramm*]
Pho|no|graph ⟨m.; -en, -en⟩ erstes, von Edison erfundenes Gerät zur Aufzeichnung von Schallwellen auf Platten aus Wachs; *oV* Phonograf, Fonograf [<*Phono...* + ...*graph*]
Pho|no|gra|phie ⟨f.; -, -n⟩ Aufzeichnung von Tönen zum Sichtbarmachen der Schwingungen od. zur Wiedergabe auf Schallplatten, Tonbändern usw.; *oV* Phonografie, Fonografie [<*Phono...* + ...*graphie*]
pho|no|gra|phisch ⟨Adj.⟩ auf Phonographie beruhend, mit ihrer Hilfe; *oV* fonografisch
Pho|no|kof|fer ⟨m.; -s, -⟩ tragbarer Schallplattenspieler mit eingebautem Lautsprecher; *oV* Fonokoffer
Pho|no|la® ⟨n.; -s, -s od. f.; -, -s⟩ mechanisches Klavier, das von einem Lochstreifen gesteuert wird; *oV* Fonola [<grch. *phone* »Stimme, Laut, Ton«]
Pho|no|lith ⟨m.; - od. -en, -en od. -e; Min.⟩ grünliches bis bräunliches tertiäres Ergussgestein aus Kalifeldspat u. ä. Mineralien; *oV* Fonolith [<*Phono...* + ...*lith*]
Pho|no|lo|ge ⟨m.; -n, -n; Sprachw.⟩ Wissenschaftler auf dem Gebiet der Phonologie; *oV* Fonologe
Pho|no|lo|gie ⟨f.; -; unz.; Sprachw.⟩ Lehre von den Lauten u. Lautgruppen im Hinblick auf ihre Bedeutung für die Wörter; *oV* Fonologie; *Sy* Phonematik (1), Phonemik [<*Phono...* + ...*logie*]
Pho|no|lo|gin ⟨f.; -, -gin|nen; Sprachw.⟩ Wissenschaftlerin auf dem Gebiet der Phonologie; *oV* Fonologin
pho|no|lo|gisch ⟨Adj.; Sprachw.⟩ zur Phonologie gehörend, mit ihrer Hilfe, auf ihr beruhend; *oV* fonologisch

Pho|no|ma|nie ⟨f.; -, -n⟩ Mordsucht; *oV* Fonomanie [<grch. *phonos* »Mord« + *Manie*]
Pho|no|me|ter ⟨n.; -s, -⟩ Gerät zur Messung der Hörschärfe; *oV* Fonometer
Pho|no|me|trie *auch:* **Pho|no|met|rie** ⟨f.; -; unz.⟩ **1** Teilgebiet der Akustik **2** ⟨Sprachw.⟩ an Stelle von Phonetik u. Phonologie von E. Zwirner konzipierte Wissenschaft mit dem Ziel exakter statistischer Messung der Mittelwerte der Laute beim Sprechen; *oV* Fonometrie [<*Phono...* + ...*metrie*]
pho|no|me|trisch *auch:* **pho|no|met|risch** ⟨Adj.; Sprachw.⟩ die Phonometrie betreffend, zu ihr gehörend; *oV* fonometrisch
Pho|non ⟨n.; -s, -en; Physik⟩ hypothet. Elementarteilchen, das ähnlich wie das Foton bei der elektromagnet. Strahlung als Energieüberträger infesten od. flüssigen Stoffen wirkt, Gitterschwingungsquant; *oV* Fonon; *Sy* Schallquant [<grch. *phone* »Laut, Ton«]
Pho|no|thek ⟨f.; -, -en⟩ Archiv von Tonbandaufnahmen; *oV* Fonothek [<*Phono...* + ...*thek*]
Pho|no|ty|pis|tin ⟨f.; -, -tin|nen⟩ Angestellte, die nach Diktiergerät auf der Maschine schreibt; *oV* Fonotypistin
...phor¹ ⟨Nachsilbe; zur Bildung von Adj.⟩ tragend; *morbiphor* [<grch. *pherein* »tragen«]
...phor² ⟨Nachsilbe; zur Bildung männl. Subst.⟩ Träger; *Chromatophor; Elektrophor* [<grch. *pherein* »tragen«]
Pho|re|sie ⟨f.; -; unz.; Biol.⟩ vorübergehender Anschluss eines Tieres an ein anderes zum Zweck des Transports, ohne dass der Transportwirt geschädigt wird [zu grch. *pherein* »tragen«]
Phor|minx ⟨f.; -, -min|gen; Musik⟩ altgrch., leierähnliches Zupfinstrument mit einem halbkreisförmigen Korpus u. 3-5 Saiten, Vorläufer der Kithara [grch.]
Pho|ro|ni|den ⟨Pl.; Zool.⟩ ausschließlich im Meer vorkom-

Phoronomie

mende Klasse der Tentakeltiere mit wurmförmigem Körper, Hufeisenwürmer: Phoronidea [<grch. *pherein* »tragen«]

Pho|ro|no|mie ⟨f.; -; unz.⟩ = Kinematik [<grch. *pherein* »tragen« + ...*nomie*]

Phos|gen ⟨n.; -s; unz.; Chemie⟩ giftiges, farbloses Gas, chem. Kohlensäuredichlorid, chem. Kampfstoff (wichtige Chemikalie für zahlreiche Synthesen) [<grch. *phos* »Licht« + ...*gen*°]

Phos|phat ⟨n.; -(e)s, -e; Chemie⟩ Salz od. Ester der Phosphorsäure

Phos|pha|ta|se ⟨f.; -, -n; meist Pl.; Biochemie⟩ in der Natur häufig vorkommendes Enzym, das aus Nucleotiden, Phosphatiden u. Zuckerphosphaten den esterartig gebundenen Phosphatrest abspaltet [→ *Phosphor*]

Phos|pha|tid ⟨n.; -(e)s, -e; meist Pl.; Biochemie⟩ zum Aufbau des Nervengewebes wichtiger Stoff, der sich aus Glycerin, Phosphorsäure u. Aminoverbindungen zusammensetzt [→ *Phosphor*]

phos|pha|tie|ren ⟨V.⟩ = parkerisieren

Phos|phen ⟨n.; -s, -e; Med.⟩ subjektiv sichtbare Lichterscheinungen wie Blitze od. helle Kreise infolge einer anormalen Reizung des Sehnervs od. der Netzhaut, z. B. durch elektrischen Strom, Druck, Gehirnverletzungen [<grch. *phos* »Licht« + *phainein* »zeigen«]

Phos|phid ⟨n.; -(e)s, -e; Chemie⟩ chem. Verbindung eines Metalls mit Phosphor

Phos|phin ⟨n.; -s; unz.; Chemie⟩ knoblauchartig riechende, giftige Verbindung des Phosphors mit Wasserstoff; *Sy* Phosphorwasserstoff

Phos|phit ⟨n.; -s, -e; Chemie⟩ Salz der phosphorigen Säure

Phos|phor ⟨m.; -s; unz.; Chemie⟩ Zeichen: P⟩ nichtmetall. chem. Element, Ordnungszahl 15

Phos|pho|re ⟨Pl.; Chemie⟩ Leuchtmassen, die die Eigenschaft der Phosphoreszenz aufweisen [<grch. *phosphoros* »Licht bringend« <*phos* »Licht« + *pherein* »tragen«]

Phos|pho|res|zenz ⟨f.; -; unz.⟩ Fähigkeit mancher Stoffe, nach einer Bestrahlung mit Lichtwellen selbst zu leuchten

phos|pho|res|zie|ren ⟨V.⟩ Phosphoreszenz zeigen

phos|pho|rig ⟨Adj.; Chemie⟩ ~*e* Säure eine Phosphorsauerstoffsäure

Phos|pho|ris|mus ⟨m.; -, -men; Med.⟩ Phosphorvergiftung

Phos|pho|rit ⟨m.; -s, -e; Chemie⟩ Mineral, chem. Calciumphosphat

Phos|phor|säu|re ⟨f.; -, -n; Chemie⟩ wichtigste Sauerstoffsäure des Phosphors, deren Salze die Phosphate sind

Phos|phor|was|ser|stoff ⟨m.; -(e)s; unz.; Chemie⟩ = Phosphin

phos|pho|ry|lie|ren ⟨V.; Biochemie⟩ beim Stoffwechsel einen Phosphatrest übertragen

Phos|pho|ry|lie|rung ⟨f.; -, -en; Biochemie⟩ Stoffwechsel, bei dem ein Phosphatrest übertragen wird

Phot ⟨n.; -s, -; Physik; Zeichen: ph⟩ nicht mehr zulässige Maßeinheit der Beleuchtungsstärke, zu ersetzen durch die Einheit Lux (lx), 1 ph =10000 lx [<grch. *phos*, Gen. *photos* »Licht«]

pho|to..., Pho|to... ⟨in Zus.⟩ = foto..., Foto...

Pho|to|bio|lo|gie ⟨f.; -; unz.⟩ = Fotobiologie

pho|to|bio|lo|gisch ⟨Adj.⟩ = fotobiologisch

Pho|to|che|mie ⟨[-ẹe-] f.; -; unz.⟩ = Fotochemie

Pho|to|che|mi|gra|phie ⟨[-ẹe-] f.; -; unz.⟩ = Fotochemigrafie

pho|to|che|misch ⟨[-çẹ:-] Adj.⟩ = fotochemisch

pho|to|chrom ⟨[-kro:m] Adj.; Physik; Optik⟩ = fotochrom

Pho|to|ef|fekt ⟨m.; -(e)s, -e⟩ = Fotoeffekt

pho|to|elek|trisch *auch:* **pho|to|elek|trisch** ⟨Adj.⟩ = fotoelektrisch

Pho|to|elek|tri|zi|tät *auch:* **Pho|to|elek|tri|zi|tät** ⟨f.; -; unz.⟩ = Fotoelektrizität

Pho|to|elek|tron *auch:* **Pho|to|elek|tron** ⟨n.; -s, -en⟩ = Fotoelektron

Pho|to|ele|ment ⟨n.; -(e)s, -e⟩ = Fotoelement

Pho|to|gramm ⟨n.; -s, -e⟩ = Fotogramm

Pho|to|gramm|me|trie *auch:* **Pho|to|gramm|me|trie** ⟨f.; -; unz.⟩ = Fotogrammmetrie

pho|to|gramm|me|trisch *auch:* **pho|to|gramm|me|trisch** ⟨Adj.⟩ = fotogrammmetrisch

Pho|to|graph ⟨m.; -en, -en⟩ = Fotograf

Pho|to|gra|phie ⟨f.; -, -n⟩ = Fotografie

pho|to|gra|phie|ren ⟨V.⟩ = fotografieren

Pho|to|gra|phin ⟨f.; -, -phin|nen⟩ = Fotografin

pho|to|gra|phisch ⟨Adj.⟩ = fotografisch

pho|to|ki|na ⟨f.; -, -ki|nen; in Köln⟩ alle zwei Jahre veranstaltete internationale Fachmesse für Fotografie

Pho|to|ly|se ⟨f.; -; unz.⟩ = Fotolyse

Pho|to|me|ter ⟨n.; -s, -⟩ = Fotometer

Pho|to|me|trie *auch:* **Pho|to|me|trie** ⟨f.; -; unz.⟩ = Fotometrie

pho|to|me|trisch *auch:* **pho|to|me|trisch** ⟨Adj.⟩ = fotometrisch

Pho|ton ⟨n.; -s, -to|nen⟩ = Foton

Pho|to|nas|tie ⟨f.; -, -n; Bot.⟩ = Fotonastie

pho|to|nisch ⟨Adj.⟩ = fotonisch

Pho|to|ob|jek|tiv ⟨n.; -s, -e [-və]⟩ = Fotoobjektiv

Pho|to|op|tik ⟨f.; -, -en; Pl. selten⟩ = Fotooptik

Pho|to|pe|ri|odis|mus ⟨m.; -; unz.⟩ = Fotoperiodismus

pho|to|phil ⟨Adj.; Biol.⟩ = fotophil

pho|to|phob ⟨Adj.; Biol.⟩ = fotophob

Pho|to|pho|bie ⟨f.; -, -n; Biol.⟩ = Fotophobie

Pho|to|rea|lis|mus ⟨m.; -; unz.; Mal.⟩ = Fotorealismus

Pho|to|rea|list ⟨m.; -en, -en⟩ = Fotorealist

pho|to|rea|lis|tisch ⟨Adj.⟩ den Photorealismus betreffend, auf ihm beruhend, in der Art des Photorealismus

Pho|to|sa|fa|ri ⟨f.; -, -s⟩ = Fotosafari

Pho|to|sphä|re *auch:* **Pho|to|sphä|re** ⟨f.; -; unz.⟩ = Fotosphäre

Pho|to|syn|the|se ⟨f.; -; unz.; Biochemie⟩ = Fotosynthese

pho|to|syn|the|tisch ⟨Adj.; Biochemie⟩ = fotosynthetisch

pho|to|tak|tisch ⟨Adj.; Biol.⟩ = fototaktisch
Pho|to|ta|xis ⟨f.; -, -xi|en; Biol.⟩ = Fototaxis
Pho|to|the|ra|pie ⟨f.; -, -n⟩ = Fototherapie
pho|to|trop ⟨Adj.⟩ = fototrop
pho|to|tro|pisch ⟨Adj.⟩ = fototropisch
Pho|to|tro|pie ⟨f.; -; unz.; Chemie⟩ =Fototropie
Pho|to|tro|pis|mus ⟨m.; -; unz.⟩ = Fototropismus
Pho|to|vol|ta|ik ⟨[-vɔl-] f.; -; unz.⟩ = Fotovoltaik
pho|to|vol|ta|isch ⟨[-vɔl-] Adj.⟩ = fotovoltaisch
Pho|to|zel|le ⟨f.; -, -n⟩ = Fotozelle
Pho|to|zin|ko|gra|phie ⟨f.; -, -n⟩ = Fotozinkografie
Phra|se ⟨f.; -, -n⟩ **1** ⟨Sprachw.⟩ Teil eines Satzes, Satzglied; *einen Satz in ~n teilen* **2** nichts sagende, abgegriffene Redensart; *er redet nur ~n* **3** Versprechen, das nicht erfüllt wird; *jmdn. mit ~n abfertigen, abspeisen* **4** ⟨Musik⟩ kleinster Abschnitt eines Musikstückes, zusammengehörige Gruppe von Tönen [frz., »Satz, Phrase« ‹spätlat. *phrasis* ‹grch. *phrasis* »das Sprechen, der Ausdruck«]
Phra|sen|struk|tur|gram|ma|tik ⟨f.; -; unz.; Abk.: PS-Grammatik; Sprachw.⟩ Grammatik, die die syntaktische Struktur von Sätzen anhand ihrer einzelnen, voneinander abgegrenzten u. hierarchisch geordneten Phrasen analysiert; *Sy* Konstituentenstrukturgrammatik
Phra|se|ol|le|xem ⟨n.; -s, -e; Sprachw.⟩ phraseologische Verbindung von Lexemen, die zu einem festen u. formelhaften, nicht nach den gängigen syntaktischen u. semantischen Regeln erklärbaren Ausdruck geworden ist, z. B. er hat an ihr einen Narren gefressen [‹*Phrase* + *Lexem*]
Phra|se|o|lo|gie ⟨f.; -, -n; Sprachw.⟩ **1** ⟨unz.⟩ Lehre von den eine Sprache eigentüml. Redewendungen **2** ⟨zählb.⟩ Sammlung solcher Redewendungen [‹*Phrase* + *...logie*]
phra|se|o|lo|gisch ⟨Adj.; Sprachw.⟩ die Phraseologie betreffend, auf ihr beruhend; *~es Wörterbuch*
Phra|se|o|lo|gis|mus ⟨m.; -, -gismen; Sprachw.⟩ = Idiom (2)
Phra|se|o|nym ⟨n.; -s, -e⟩ Redewendung, die als Deckname verwendet wird, z. B. »von einem Verehrer« [‹grch. *phrasis* »Ausdruck« + *onyma* »Name«]
phra|sie|ren ⟨V.; Musik⟩ in sinnvolle Abschnitte einteilen, in melodisch-rhythmische, beim Wiederholen in verschieden zu spielende Gruppen von Tönen gliedern; *ein Musikstück, eine Melodie gut ~*
Phra|sie|rung ⟨f.; -, -en; Musik⟩ das Phrasieren
Phra|trie *auch:* **Phra|trie** ⟨f.; -, -n⟩ **1** ⟨Völkerk.⟩ Verband mehrerer Klane, die ihre Abstammung von einem gemeinsamen Ahnen herleiten **2** ⟨im antiken Griechenland⟩ Kultgemeinde meist blutsverwandter Bürger, die auch eine soziale, rechtl. u. militärische Funktion hatte [‹grch. *phratria* »Brüderschaft«]
Phre|ne|sie ⟨f.; -; unz.; Med.⟩ mit Irrereden verbundene seel. Störung [‹grch. *phren* »Zwerchfell; Geist, Sinn, Gemüt, Verstand«]
phre|ne|tisch ⟨Adj.; Med.⟩ seelisch gestört; →a. frenetisch
...phre|nie ⟨Nachsilbe; zur Bildung weibl. Subst.⟩ Geisteszustand, -krankheit; *Schizophrenie* [‹grch. *phren* »Gemüt, Geist, Seele«]
Phre|ni|tis ⟨f.; -, -ti|den; Med.⟩ Entzündung des Zwerchfells [‹grch. *phren* »Zwerchfell; Geist, Sinn, Gemüt, Verstand«]
Phre|no|lo|gie ⟨f.; -; unz.⟩ = Kraniologie [‹*Phrenitis* + *...logie*]
phre|no|lo|gisch ⟨Adj.⟩ die Phrenologie betreffend, auf ihr beruhend, zu ihr gehörig; *Sy* kraniologisch
phry|gisch ⟨Adj.⟩ **1** Phrygien betreffend, zu ihm gehörend, aus ihm stammend **2** *~e Mütze* **2.1** über die Schultern reichende, kegelförmige Mütze mit nach vorn gebogener Spitze **2.2** ⟨Med.⟩ der phrygischen Mütze ähnliche Verformung der Gallenblase **3** ⟨Musik⟩ *~e Tonart* eine der altgrch. Tonarten, Kirchentonart mit dem Grundton e

Phthal|lat ⟨n.; -(e)s, -e; Chemie⟩ Salz bzw. Ester der Phthalsäure, bedeutsam u. a. als Weichmacher für Kunststoffe u. in der Kosmetikindustrie
Phthal|e|in ⟨n.; -s; unz.; Chemie⟩ aus Phthalsäureanhydrid u. Phenolen hergestellter Farbstoff, z. B. Phenolphthalein u. Fluoreszein [Kunstwort ‹*Naphthalin*]
Phthal|säu|re ⟨f.; -, -n; Chemie⟩ eine aromat. Dicarbonsäure, die aus Naphthalin durch Oxidation mit Luftsauerstoff hergestellt u. für Farbstoffe sowie als Weichmacher für PVC verwendet wird [→ *Naphthalin*]
Phthi|ri|a|se ⟨f.; -, -n; Med.⟩ = Phthiriasis
Phthi|ri|a|sis ⟨f.; -, -ri|a|sen; Med.⟩ Läusebefall; *oV* Phthiriase [zu grch. *phthirein* »verzehren«]
Phthi|se ⟨f.; -, -n; Med.⟩ = Phthisis
Phthi|sis ⟨f.; -, Phthi|sen; Med.; veraltet⟩ Auszehrung infolge einer Erkrankung an Lungentuberkulose; *oV* Phthise [grch.]
phthi|sisch ⟨Adj.; Med.⟩ auf Phthisis beruhend, auszehrend
pH-Wert ⟨m.; -(e)s, -e⟩ Maß für den Säure- od. Basengehalt einer Lösung [‹lat. *p(otentia) h(ydrogenii)* »Wirksamkeit des Wassers«]
Phy|ko|e|ry|thrin *auch:* **Phy|ko|e|ry|thrin** ⟨n.; -s; unz.⟩ Farbstoff der Blau- u. Rotalgen [‹grch. *phykos* »Tang« + *Erythrin*]
Phy|ko|lo|gie ⟨f.; -; unz.; veraltet⟩ = Algologie [‹grch. *phykos* »Tang« + *...logie*]
Phy|ko|my|zet ⟨m.; -en, -en; Bot.⟩ Algenpilz [‹grch. *phykos* »Tang« + *Myzet*]
Phy|le ⟨f.; -, -n⟩ Unterabteilung der altgrch., urspr. nach familiären, später nach territorialen Gesichtspunkten gegliederten Stadtstaaten bzw. Gemeinden [grch., »Volksstamm«]
phy|le|tisch ⟨Adj.; Biol.⟩ die Abstammung betreffend
Phyl|lit ⟨m.; -s, -e; Geol.⟩ aus Quarz u. Muskovit bestehendes, fein geschiefertes Gestein [‹*Phyllo...* + *...lith*]

phyllitisch

phyl|li|tisch ⟨Adj.; Geol.⟩ feinblättrig (von Gesteinen) [→ *Phyllit*]

phyl|lo..., Phyl|lo... ⟨in Zus.⟩ blatt..., Blatt... [<grch. *phyllon* »Blatt«]

Phyl|lo|kak|tus ⟨m.; - od. (österr.) -ses, -te|en od. (österr.) -se; Bot.⟩ Blattkaktus

Phyl|lo|kla|di|um ⟨n.; -s, -di|en; Bot.⟩ blattartig verbreiterte, die Funktion des Blattes ausübende Sprossachse [<*Phyllo...* + grch. *klados* »Sprössling«]

Phyl|lo|pha|ge ⟨m.; -n, -n; Biol.⟩ **1** Tier, das sich ausschließlich von Blättern ernährt **2** (i. w. S.) Pflanzenfresser [<*Phyllo...* + ...*phage*]

Phyl|lo|po|de ⟨m.; -n, -n; Zool.⟩ Blattfußkrebs [<*Phyllo...* + ...*pode*]

Phyl|lo|ta|xis ⟨f.; -, -ta|xen; Bot.⟩ Stellung der Blätter von Pflanzen

Phyl|lo|xe|ra ⟨f.; -, -xe|ren; Zool.⟩ Reblaus [<*Phyllo...* + grch. *xeros* »trocken«, eigtl. »Blattaustrocknerin«]

Phy|lo|ge|ne|se ⟨f.; -, -n; Biol.⟩ = Phylogenie [<grch. *phyle* »Volksstamm« + *Genese*]

phy|lo|ge|ne|tisch ⟨Adj.; Biol.⟩ zur Phylogenese, Phylogenie gehörend, auf ihr beruhend, stammesgeschichtlich

Phy|lo|ge|nie ⟨f.; -, -n; Biol.⟩ Stammesentwicklung der Lebewesen; *Sy* Phylogenese [<grch. *phyle* »Volksstamm« + ...*genie*]

Phy|lum ⟨n.; -s, -la; Biol.⟩ Stamm (in der Systematik der Lebewesen) [→ *Phyle*]

Phy|ma ⟨n.; -s, -ta; Med.⟩ knollenartige Verdickung der Nase infolge der Vergrößerung von Talgdrüsen u. Bindegewebe [grch., »Gewächs, Knolle«]

Phy|sa|lis ⟨f.; -, -; Bot.⟩ aus Peru stammende, bes. in Südafrika kultivierte kirschförmige Beere, die mit einer papierartigen Hülle versehen ist: Physalis peruviana, Ananaskirsche, Kap-Stachelbeere

...phy|se ⟨Nachsilbe; zur Bildung weibl. Subst.⟩ etwas Gewachsenes; *Apophyse*; *Hypophyse* [<grch. *phaein* »wachsen«]

Phys|i|a|ter *auch:* **Phy|si|a|ter** ⟨m.; -s, -⟩ Naturheilkundiger [<*Physis* + ...*iater*]

Phys|i|a|trie *auch:* **Phy|si|a|trie** ⟨f.; -; unz.⟩ Naturheilkunde [<*Physis* + ...*iatrie*]

Phy|sik ⟨f.; -; unz.⟩ Lehre von den unbelebten Dingen der Natur, ihrem Aufbau u. ihrer Bewegung, von den Strahlungen u. Kraftfeldern [<lat. *physica* »Naturlehre« <grch. *physike (theoria)* »Naturforschung«; zu *physis* »Natur«]

phy|si|ka|lisch ⟨Adj.⟩ die Physik betreffend, zu ihr gehörend, auf ihr beruhend; ~e *Chemie* Lehre von den physikal. Erscheinungen chemischer Vorgänge; ~e *Konstanten* wichtige Größen in der Physik, die universell einen festen Wert haben od. eine Eigenschaft eines Stoffes zahlenmäßig festlegen; ~e *Therapie* Th. mit Wärme, Licht usw.; *Sy* Physiotherapie

Phy|si|ka|lis|mus ⟨m.; -; unz.; Philos.⟩ Lehre, die allein die physikalische Wirklichkeit anerkennt u. alles für nichtig erklärt, was sich nicht mit den Methoden der Physik erfassen lässt

phy|si|ka|lis|tisch ⟨Adj.; Philos.⟩ den Physikalismus betreffend, auf ihm beruhend, zu ihm gehörig

Phy|si|ker ⟨m.; -s, -⟩ Wissenschaftler der Physik

Phy|si|ke|rin ⟨f.; -, -rin|nen⟩ Wissenschaftlerin der Physik

Phy|si|ko|che|mie ⟨[-çe-] f.; -; unz.; gelegentlich verwendete Bez. für⟩ physikalische Chemie

Phy|si|ko|che|mi|ker ⟨[-çe-] m.; -s, -⟩ Wissenschaftler auf dem Gebiet der physikalischen Chemie

phy|si|ko|che|misch ⟨[-çe-] Adj.⟩ zur physikalischen Chemie gehörend, auf ihr beruhend

Phy|si|kum ⟨n.; -s, -si|ka⟩ medizin. Vorprüfung, meist nach dem 4. Semester [<lat. *(testamen) physicum* »Prüfung in den Naturwissenschaften«]

phy|sio..., Phy|sio... ⟨in Zus.⟩ natur..., körper..., Natur..., Körper...; *physiotherapeutisch*; *Physiognomie* [<grch. *physis* »Natur«]

phy|si|o|gen ⟨Adj.; Med.⟩ körperlich bedingt; *Ggs* psychogen [<grch. *physis* »Natur« + ...*gen*]

Phy|sio|geo|gra|fie ⟨f.; -; unz.; Geogr.⟩ = Physiogeographie

phy|sio|geo|gra|fisch ⟨Adj.; Geogr.⟩ = physiogeographisch

Phy|sio|geo|gra|phie ⟨f.; -; unz.; Geogr.⟩ Disziplin der Geographie, die den Systemzusammenhang der physischen Faktoren einer Landschaft, zu denen alle abiotischen u. biotischen Faktoren gehören, untersucht; *oV* Physiogeografie [<*Physis* + *Geographie*]

phy|sio|geo|gra|phisch ⟨Adj.; Geogr.⟩ den Zusammenhang der physischen Faktoren einer Landschaft betreffend, zur Physiogeographie gehörend, auf ihr beruhend; *oV* physiogeografisch

Phy|si|o|gnom *auch:* **Phy|si|og|nom** ⟨m.; -en, -en⟩ Forscher, Kenner auf dem Gebiet der Physiognomik; *Sy* Physiognomiker

Phy|si|o|gno|mie *auch:* **Phy|si|og|no|mie** ⟨f.; -, -n⟩ äußere Erscheinung eines Menschen, auch Tieres, bes. der Gesichtsausdruck [<*Physis* + grch. *gnonai* »erkennen«]

Phy|si|o|gno|mik *auch:* **Phy|si|og|no|mik** ⟨f.; -; unz.⟩ Lehre von den aus den Gesichtszügen zu erschließenden charakterl. Eigenschaften

Phy|si|o|gno|mi|ker *auch:* **Phy|si|og|no|mi|ker** ⟨m.; -s, -⟩ = Physiognom

phy|si|o|gno|misch *auch:* **phy|si|og|no|misch** ⟨Adj.⟩ zur Physiognomie gehörend, auf ihr beruhend

Phy|sio|gra|fie ⟨f.; -; unz.⟩ = Physiographie

phy|sio|gra|fisch ⟨Adj.⟩ = physiographisch

Phy|sio|gra|phie ⟨f.; -; unz.⟩ beschreibende Naturwissenschaft, Naturkunde z. B. Zoologie, Botanik; *oV* Physiografie [<*Physis* + ...*graphie*]

phy|sio|gra|phisch ⟨Adj.⟩ zur Physiographie gehörend, auf ihr beruhend; *oV* physiografisch

Phy|sio|kra|tie ⟨f.; -; unz.⟩ im 18. Jh. von François Quesnay begründete Volkswirtschaftslehre, nach der es dem Staat obliegt, die Gesellschaftsordnung durch Gesetze der natürl. Ordnung anzupassen u. dabei bes. das Eigentum zu schützen u. das Prinzip des Gewährenlassens u. der Nichteinmischung zu befolgen [<*Physis* + *...kratie*]

phy|sio|kra|tisch ⟨Adj.⟩ die Physiokratie betreffend, auf ihr beruhend

Phy|si|o|lo|ge ⟨m.; -n, -n⟩ Wissenschaftler der Physiologie

Phy|si|o|lo|gie ⟨f.; -; unz.⟩ Lehre von den Lebensvorgängen, von den Vorgängen im (gesunden) Lebewesen [<*Physis* + *...logie*]

Phy|si|o|lo|gin ⟨f.; -, -gin|nen⟩ Wissenschaftlerin der Physiologie

phy|si|o|lo|gisch ⟨Adj.⟩ die Physiologie betreffend, zu ihr gehörend, auf ihr beruhend; ~*e Chemie* = Biochemie

Phy|si|o|no|mie ⟨f.; -; unz.; veraltet⟩ Lehre von den Naturgesetzen [<*Physis* + *...nomie*]

Phy|sio|the|ra|peut ⟨m.; -en, -en; Med.⟩ freiberuflich tätiger od. in Kliniken u. Rehabilitationszentren angestellter Therapeut, der durch Krankengymnastik die Behandlung von Kranken unterstützt [<*Physis* + *Therapeut*]

Phy|sio|the|ra|peu|tin ⟨f.; -, -tin|nen; Med.⟩ weibl. Physiotherapeut

phy|sio|the|ra|peu|tisch ⟨Adj.; Med.⟩ die Physiotherapie betreffend, auf ihr beruhend

Phy|sio|the|ra|pie ⟨f.; -, -n; Med.⟩ = physikalische Therapie

Phy|si|o|top ⟨n.; -s, -e; Geogr.⟩ durch eine bestimmte Konstellation abiotischer Faktoren (Relief, Boden, Klima, Wasser) gekennzeichnete, homogene Landschaftseinheit [<*Physis* + *...top*]

Phy|sis ⟨f.; -; unz.⟩ Natur, natürl. Beschaffenheit des Körpers [grch., »Natur«]

phy|sisch ⟨Adj.⟩ die Physis betreffend, zu ihr gehörend, auf ihr beruhend, körperlich, natürlich, in der Natur begründet

Phy|so|stig|min *auch:* **Phy|sos|tig|min** ⟨n.; -s; unz.⟩ aus dem Samen der Kalabarbohne gewonnenes Alkaloid, das in der Tiermedizin als Abführmittel u. in der Augenheilkunde als Mittel zur Pupillenverengung verwendet wird [<grch. *physan* »einhauchen« + *stigma* »Stich, Punkt«]

...phyt ⟨Nachsilbe; zur Bildung männl. Subst.⟩ Pflanze; *Halophyt; Hygrophyt* [<grch. *phyton* »Pflanze«]

phy|to..., Phy|to... ⟨in Zus.⟩ pflanzen..., Pflanzen... [<grch. *phyton* »Pflanze«]

Phy|to|che|mie ⟨[-çe-] f.; -; unz.⟩ Teilgebiet der Chemie, das sich mit der Zusammensetzung von Pflanzen u. mit den bei ihnen auftretenden chem. Vorgängen befasst

phy|to|gen ⟨Adj.; Bot.⟩ aus Pflanzen entstanden [<*phyto...* + *...gen*']

Phy|to|geo|gra|fie ⟨f.; -; unz.⟩ = Phytogeographie

Phy|to|geo|gra|phie ⟨f.; -; unz.⟩ = Geobotanik; *oV* Phytogeografie

Phy|to|hor|mon ⟨n.; -s, -e⟩ pflanzliches Hormon

Phy|to|kli|ma ⟨n.; -s, -s od. -ma|te od. -ma|ta⟩ Mikroklima, das sich innerhalb einer Pflanzengesellschaft einstellt u. von deren Zusammensetzung abhängig ist [<*Phyto...* + *Klima*]

Phy|to|lith ⟨m.; -s od. -en, -e od. -en; Min.⟩ aus pflanzl. Ablagerungen entstandenes Sedimentgestein

Phy|to|lo|gie ⟨f.; -; unz.⟩ Pflanzenkunde [<*Phyto...* + *...logie*]

Phy|to|me|di|zin ⟨f.; -; unz.⟩ Lehre von den Pflanzenkrankheiten, Pflanzenmedizin [<*Phyto...* + *Medizin*]

phy|to|pa|tho|gen ⟨Adj.; Bot.⟩ Pflanzenkrankheiten verursachend [<*phyto...* + *pathogen*]

Phy|to|pa|tho|lo|gie ⟨f.; -; unz.; Bot.⟩ Lehre von den Krankheiten der Pflanzen

phy|to|pa|tho|lo|gisch ⟨Adj.; Bot.⟩ die Phytopathologie betreffend, zu ihr gehörend [<*phyto...* + *pathologisch*]

phy|to|phag ⟨Adj.; Biol.⟩ Pflanzen fressend

Phy|to|pha|ge ⟨m.; -n, -n; Biol.⟩ Pflanzenfresser [<*Phyto...* + *...phage*]

Phy|to|plank|ton ⟨n.; -s; unz.; Biol.⟩ pflanzliches Plankton

Phy|to|the|ra|pie ⟨f.; -, -n; Biol.⟩ Heilverfahren, das sich pflanzlicher Arzneimittel bedient, Pflanzenheilkunde

Phy|to|to|mie ⟨f.; -; unz.; Biol.⟩ Anatomie der Pflanzen [<*Phyto...* + *...tomie*]

Phy|to|zo|on ⟨n.; -s, -zo|en; Biol.⟩ Meerestier mit pflanzenähnlicher Gestalt

...phy|zee ⟨[-tse-ə] Nachsilbe; zur Bildung weibl. Subst.⟩ Alge [<grch. *phykos* »Tang, Seegras«]

Pi ⟨n.; - od. -s, -s; Zeichen: π, Π⟩ **1** grch. Buchstabe **2** ⟨Math.; Zeichen: π⟩ Verhältnis eines Kreisumfangs zum Kreisdurchmesser, ein unendlicher Dezimalbruch, Wert etwa 3,142..., ludolfsche Zahl [grch.]

Pi|af|fe ⟨f.; -, -n; hohe Schule⟩ Trab auf der Stelle [frz., eigtl. »Großtuerei, Prunk«]

pi|af|fie|ren ⟨V.; hohe Schule⟩ die Piaffe ausführen

Pia Ma|ter ⟨f.; -; unz.; Anat.⟩ weiche Hirnhaut [lat.]

Pi|a|ni|no ⟨n.; -s, -s; Musik⟩ kleines Klavier [ital., Verkleinerungsform zu *piano* »Klavier«]

pi|a|nis|si|mo ⟨Abk.: pp; Musik⟩ sehr leise (zu spielen) [ital., »sehr leise«]

Pi|a|nis|si|mo ⟨n.; -s, -s od. -si|mi; Musik⟩ sehr leises Singen od. Spielen von Instrumenten [ital.]

Pi|a|nist ⟨m.; -en, -en; Musik⟩ Musiker, der (beruflich) Klavier spielt [→ *Piano*]

Pi|a|nis|tin ⟨f.; -, -tin|nen; Musik⟩ Musikerin, die (beruflich) Klavier spielt

pi|a|nis|tisch ⟨Adj.; Musik⟩ hinsichtlich des Klavierspiels, zum Klavierspielen gehörig

pi|a|no ⟨Abk.: p; Musik⟩ leise [ital., »leise«]

Pi|a|no ⟨n.; -s, -s; Musik⟩ **1** piano zu spielende Stelle **2** = Pianoforte [ital.; verkürzt <*Pianoforte*]

Pi|a|no|ak|kor|de|on ⟨n.; -s, -s; Musik⟩ Akkordeon, das auf seiner rechten (Melodie-)Seite über eine verkleinerte Klaviertastatur verfügt [<*Piano* + *Akkordeon*]

Pianoforte

Pi|a|no|for|te ⟨n.; -s, -s; Musik⟩ Klavier mit im Gegensatz zum Flügel senkrecht gespannten Saiten; *Sy* ⟨veraltet⟩ Fortepiano (2) [<ital. *piano* »leise« + *forte* »stark« (das Hammerklavier lässt sich im Unterschied zum Spinett und Klavichord leise u. laut anschlagen)]

Pi|a|no|la ⟨n.; -s, -s; Musik⟩ selbsttätig spielendes Klavier [→ *Piano*]

Pi|a|rist ⟨m.; -en, -en⟩ Mitglied des Piaristenordens

Pi|a|ris|ten|or|den ⟨m.; -s; unz.⟩ 1607 gestifteter Orden für unentgelt. Schulunterricht, bes. in Polen u. Österreich wirksam [<lat. *Ordo Clericorum Regularium Pauperum Matris Dei Scholarum Piarum* »Orden der armen Regularkleriker der Mutter Gottes für fromme Schulen«]

Pi|as|sa|va ⟨[-va] f.; -, -ven [-ven]; kurz für⟩ Piassavefaser

Pi|as|sa|ve|fa|ser ⟨[-və-] f.; -, -n⟩ Faser aus den Blattscheiden verschiedener Palmen; *Sy* Piassave [<portug. *piassaba, piasaba* <Tupi *piasaba*]

Pi|as|ter ⟨m.; -s, -⟩ 1 Währungseinheit in Indochina, 100 Centimes 2 Währungseinheit in Ägypten, Syrien u. Libanon, $^1/_{100}$ Pfund [<ital. *piastra* »Metallplatte«]

Pi|at|ti ⟨Pl.; Musik⟩ flach gewölbte Metallscheiben (Becken) an Schlaginstrumenten [ital.; zu *piatto* »Teller«]

Pi|az|za ⟨f.; -, -az|ze; in ital. Städten⟩ Marktplatz [ital., »Platz«]

Pi|az|zet|ta ⟨f.; -, -zet|te od. -zet|ten⟩ kleine Piazza [ital.]

Pib|roch *auch:* **Pib|roch** ⟨[-brɔk] m.; -s, -s; Musik⟩ altschottisches Musikstück für Dudelsack [engl.]

Pi|ca ⟨f.; -; unz.⟩ normierte Buchstabengröße bei Schreibmaschinen (2,6 mm Schrifthöhe) [engl.]

Pi|ca|dor ⟨m.; -s, -es⟩ berittener Stierkämpfer, der den Stier mit einer Lanze sticht, um Nacken- u. Schultermuskeln zu schwächen [span.; zu *picado*, Part. Perf. zu *picar* »stechen«]

Pi|ca|ro ⟨m.; -s, -s⟩ tragisch-komische Hauptfigur des span. Schelmenromans (pikaresker Roman), bes. ab dem 16. Jh. [span.]

pic|co|lo ⟨Adj.; Musik⟩ sehr klein (als Zusatzbez. für Instrumente); Flauto ~ Pikkoloflöte [ital., »klein«]

Pic|co|lo ⟨m.; -s, -s⟩ = Pikkolo

Pi|cker ⟨m.; -s, -⟩ 1 Maschine für das Pflücken von Baumwolle 2 ⟨Textilw.⟩ Teil des Webstuhls [engl., »Pflücker«]

Pick|les *auch:* **Pick|les** ⟨[pɪklz] Pl.; kurz für⟩ Mixed Pickles

Pick|nick ⟨n.; -s, -s od. -e⟩ Essen im Freien während eines Ausflugs [<engl. *picnic* »Landpartie, Mahlzeit im Freien«]

pick|ni|cken ⟨V.⟩ ein Picknick abhalten

Pick-up ⟨[-ʌp] m.; -s, -s⟩ 1 Kleintransporter mit offener Ladefläche 2 Tonabnehmer 3 ⟨kurz für⟩ Pick-up-Shop [<engl. *pick up* »aufnehmen«]

Pick-up-Shop ⟨[-ʌpʃɔp] m.; -s, -s⟩ Geschäft, dessen Angebote als reine Mitnahmepreise kalkuliert sind u. das über keine eigene Auslieferung verfügt [<engl. *pick up* »aufheben, mitnehmen« + *shop* »Geschäft«]

Pi|co... = Piko

pi|co|bel|lo ⟨Adj.; undekl.; meist adv.; umg.⟩ sehr fein, tadellos, ausgezeichnet; *oV* pikobello; ~ angezogen; ~ sauber [<ndrl. *pük* »auserlesen« + ital. *bello* »schön«]

Pi|cot ⟨[-koː] m.; -s, -s⟩ kleine Zacke am Rand von Spitzen [frz.]

Pic|to|fon ⟨n.; -s, -s; EDV⟩ = Pictophone

Pic|to|phone ⟨[-foːn] n.; -s, -s; EDV⟩ Gerät, das digital aufgenommene Bilder durch das Funktelefonnetz versendet; *oV* Pictofon [engl., <lat. *pictus* »gemalt« + *phone* »Telefon«; telefonieren« < grch. *phone* »Stimme«]

PID ⟨Med.; Abk. für⟩ pränatale Implantationsdiagnostik

Pid|gin ⟨[pɪdʒɪn] n.; -; unz.; Sprachw.⟩ durch das Aufeinandertreffen zweier unterschiedlicher Sprachen entstandene, vereinfachte u. zumeist nicht verschriftete Verkehrssprache, z. B. in Überseehäfen u. Kolonien [engl., chines. Entstellung von engl. *business* »Geschäft«]

Pid|gin-English ⟨[pɪdʒɪn ɪŋglɪʃ] n.; -; unz.; Sprachw.⟩ 1 Mischsprache aus engl. u. chines. Elementen als Verkehrssprache zwischen Engländern u. Ostasiaten 2 vereinfachtes Englisch als Verkehrssprache zwischen Engländern u. Afrikanern, auch dieser untereinander [<engl. *pidgin*; → *Pidgin*]

pid|gi|ni|sie|ren ⟨[pɪdʒɪn-] V.; Sprachw.⟩ *Sprachen* ~ durch Vereinfachung u. morphologische Reduktion zum Pidgin machen

Pie ⟨[paɪ] f.; -, -s; Kochk.⟩ gefüllte Pastete od. Kuchen; *Apple*~ Apfelkuchen [engl.]

Pie|ce ⟨[pjɛːs(ə)] f.; -, -n; Musik⟩ Stück, Tonstück, musikalisches Zwischenspiel, Theaterstück [<frz. *pièce* »Stück«]

Pie|des|tal ⟨[pieː-] n.; -s, -e⟩ Sockel, kleines Podest; *Sy* Postament [<frz. *piédestal* »Sockel, Postament«]

Piek ⟨f.; -, -en⟩ unterster Raum im Schiff [<engl. *peak*]

pie|no ⟨Musik⟩ vollstimmig, mit starkem Ton (zu spielen) [ital. <lat. *plenus* »voll, reichlich«]

Pier[1] ⟨m.; -s, -e od. Seemannsspr. f.; -, -s⟩ Hafendamm (rechtwinklig od. schräg zum Ufer) als Anlegeplatz für Schiffe [engl., »Pfeiler, Brückenpfeiler, Hafendamm«]

Pier[2] ⟨m.; -s, -e; Zool.⟩ Köderwurm, Sandpier, auf Sandböden der Meeresküste lebender Ringelwurm, der als Köder zum Angeln benutzt wird: *Arenicola marina* [<ndrl. *pier*, mnddt. *pyr, pyer* »Regenwurm«]

pier|cen ⟨[piːr-] V.⟩ ein Piercing durchführen; *sich die Nase* ~ *lassen*

Pier|cing ⟨[piːrsɪŋ] n.; - od. -s, -s⟩ das Durchstechen von Haut (Ohren, Nase), um Schmuck anzubringen [engl.; zu *pierce* »(durch)stechen«]

Pier|cing|stu|dio ⟨[piːrsɪŋ-] n.; -s, -s⟩ Geschäft, in dem man Schmuck u. Accessoires für das Piercing kaufen u. fachmännisch einsetzen lassen kann

Pier|ret|te ⟨[pjɛrɛtə] f.; -, -n⟩ weibl. Pierrot [frz.; → *Pierrot*]

Pier|rot ⟨[pjɛro:] m.; -s, -s⟩ aus der Commedia dell'Arte stammende, komische, melanchol. Figur mit weiß gepudertem Gesicht in der französ. Pantomime [frz., Verkleinerungsform zu *Pierre* »Peter«]

Pie|tà ⟨[pieta:] f.; -, -s⟩ Darstellung Marias mit dem Leichnam Christi auf dem Schoß [ital., »Frömmigkeit« < lat. *pietas* »Frömmigkeit«]

Pie|tät ⟨[piɛ-] od. [pie-] f.; -; unz.⟩ **1** Ehrfurcht vor der Religion, Achtung vor dem religiösen Empfinden anderer **2** Ehrfurcht, bes. vor Toten bzw. dem Gedenken an Tote **3** kindl. Liebe, Achtung, Rücksicht [< lat. *pietas* »Frömmigkeit«]

Pie|tis|mus ⟨[piɛ-] od. [pie-] m.; -; unz.⟩ protestant. Bewegung im 17./18. Jh. (als Reaktion auf die als erstarrt empfundene Orthodoxie), die eine gefühlsbetonte Frömmigkeit u. tätige Nächstenliebe erstrebte [< lat. *pietas* »Frömmigkeit«]

Pie|tist ⟨[piɛ-] od. [pie-] m.; -en, -en⟩ **1** Vertreter, Anhänger des Pietismus **2** ⟨leicht abwertend⟩ schwärmerisch-frommer Mensch

pie|tis|tisch ⟨[piɛ-] od. [pie-] Adj.⟩ zum Pietismus gehörend, auf ihm beruhend

pie|to|so ⟨[piɛ-] od. [pie-] Musik⟩ mitleids-, andachtsvoll ⟨zu spielen⟩ [ital.]

pie|zo... Pie|zo... ⟨[piɛ-] in Zus.⟩ druck..., Druck... [< grch. *piezein* »drücken«]

Pie|zo|che|mie ⟨[pietsoçe-] f.; -; unz.⟩ Teilgebiet der Chemie, das sich mit der Untersuchung piezoelektrischer Eigenschaften befasst

pie|zo|elek|trisch *auch:* **pie|zo|e|lek|trisch** ⟨[piɛ-] Adj.⟩ auf Piezoelektrizität beruhend, von ihr stammend, sie betreffend; ~*er Effekt* elektr. Aufladung von Kristallen unter Druck; *inverser ~er Effekt* Änderung der Länge von Kristallen bei elektr. Aufladung

Pie|zo|elek|tri|zi|tät *auch:* **Pie|zo|e|lek|tri|zi|tät** ⟨[piɛ-] f.; -; unz.⟩ durch Druck auf die Flächen mancher Kristalle entstehende Elektrizität

Pie|zo|me|ter ⟨[piɛ-] n.; -s, -⟩ Gerät zum Messen der Kompressibilität von Flüssigkeiten [< *Piezo...* + ...*meter*]

Pie|zo|quarz ⟨[piɛ-] m.; -es, -e⟩ Quarzkristall, der piezoelektrische Eigenschaften zeigt

Piffe|ra|ri ⟨Pl. von⟩ Pifferaro

Piffe|ra|ro ⟨m.; -s, -ra|ri⟩ einer der nach Rom kommenden Hirten, die zur Erinnerung an die Hirten von Bethlehem zur Weihnachtszeit vor den Madonnenbildern spielen u. singen [ital.; zu *Piffero* »Schalmei«, eigtl. »Dudelsack« (der Dudelsack hat ein Schalmeienmundstück)]

Piffe|ro ⟨m.; -s, -fe|ri; Musik⟩ ital. Schalmei [ital.]

Pig|ment ⟨n.; -(e)s, -e⟩ **1** in einem Bindemittel angeriebener, praktisch unlösl. Stoff, der auf einen Körper aufgetragen wird, um diesem eine bestimmte Farbe zu geben **2** in menschl. u. tier. Zellen abgesetzter Farbstoff [< lat. *pigmentum* »Farbstoff«]

Pig|men|ta|ti|on ⟨f.; -, -en⟩ Färbung durch Ablagerung von Pigment

Pig|ment|bak|te|ri|en ⟨Pl.⟩ Farbstoff bildende Bakterien

Pig|ment|druck ⟨m.; -es; unz.⟩ Druckverfahren mittels einer lichtempfindlichen Schicht, der als Farbpigment Kohle od. Rötel zugesetzt worden ist

pig|men|tie|ren ⟨V.⟩ **1** *Farbstoff* ~ in kleinste Teilchen zerteilen **2** sich durch Pigment färben

Pig|men|tie|rung ⟨f.; -; unz.⟩ **1** das Pigmentieren **2** Bildung von Pigment

Pi|gno|lie *auch:* **Pig|no|lie** ⟨[-njo:liə] f.; -, -n; Bot.⟩ Samen der Pinie; *Sy* Piniole [ital., »Frucht der Pinie«]

Pik¹ ⟨m.; -s, -e od. -s⟩ Berggipfel (bes. in Namen von Bergen) [< engl. *peak* »Bergspitze, Gipfel«]

Pik² ⟨n.; -s, -s⟩ **1** Farbe der frz. Spielkarten, die mit einer Schippe gekennzeichnet ist **2** ⟨m.; -s; unz.; umg.⟩ Groll; *einen ~ auf jmdn. haben* [< frz. *pique* »Lanze, Spieß, Groll«]

pi|kant ⟨Adj.⟩ **1** kräftig gewürzt; ~*e Speisen* **2** ⟨fig.⟩ prickelnd, schlüpfrig, anzüglich; ~*e Lektüre, Bemerkung, Anekdote* [< frz. *piquant* »stechend«, Part. Präs. zu *piquer* »stechen«]

Pi|kan|te|rie ⟨f.; -, -n⟩ **1** ⟨unz.⟩ pikante Beschaffenheit **2** ⟨zählb.⟩ pikante Bemerkung, Anzüglichkeit

pi|ka|resk ⟨Adj.⟩ vom Picaro handelnd, in der Art des Picaros; ~*er Roman* in der Ich-Form erzählter span. Schelmenroman

Pi|ka|zis|mus ⟨m.; -; unz.⟩ abnormales Verlangen, ungenießbare od. schädl. Dinge zu essen [< lat. *pica* »Elster«, ein Vogel, der »alle möglichen Dinge« in den Schnabel nimmt]

Pi|ke ⟨f.; -, -n⟩ Spieß (des Landsknechts); *von der ~ auf dienen* ⟨fig.⟩ von der untersten Stufe an [< frz. *pique* »Spieß, Lanze«]

Pi|kee ⟨m., österr. auch: n.; -s, -s; Textilw.⟩ Baumwollstoff mit erhabenem Muster; *oV* Piqué [< frz. *piqué* »Steppstich, Pikee«; zu *piquer* »stechen, durchlöchern, steppen«]

Pi|ke|nier ⟨m.; -s, -e⟩ Landsknecht mit Pike [zu frz. *piquier* »Pikenträger«]

Pi|kett¹ ⟨n.; -(e)s, -e⟩ **1** ⟨früher⟩ kleine Abteilung meist berittener Soldaten **2** ⟨schweiz.⟩ einsatzbereite Mannschaft im Heer u. bei der Feuerwehr [< frz. *piquet* »Absteckpfahl, kleine Abteilung Soldaten«; zu *pique* »Lanze, Spieß«]

Pi|kett² ⟨n.; -(e)s, -e⟩ frz. Kartenspiel zu zweien [< frz. *piquet* »Pikettspiel«; zu *pique* »Pik«; → *Pik²*]

pi|kie|ren ⟨V.; Bot.⟩ mit Hilfe eines Pflanzholzes auf größerem Abstand verpflanzen; *Setzlinge* ~ [→ *Pike*]

pi|kiert ⟨Adj.⟩ verärgert, gereizt, etwas beleidigt [< frz. *piquer* »stechen, ärgern, reizen«]

Pik|ko|lo ⟨m.; -s, -s⟩ *oV* Piccolo **1** junger Kellner als Lehrling **2** kleine Flasche Sekt [zu ital. *piccolo* »klein«]

Pik|ko|lo|flö|te ⟨f.; -, -n⟩ kleine Querflöte in Diskant-Tonlage

Pi|ko... ⟨Zeichen: p; vor Maßeinheiten⟩ ein Billionstel der betreffenden Grundeinheit, z. B.

pikobello

ein pF (8 Pikofarad) = 10^{-12} Farad = 1 Billionstel Farad; *o*V Pico... [<ital. <span. *picol* »ein bisschen«]

pi|ko|bel|lo ⟨Adj.; undekl.; meist adv.; umg.⟩ = picobello

Pi|ko|fa|rad ⟨n.; -s, -; Physik; Abk.: pF⟩ das10^{-12}fache eines Farads [<*Piko*... + *Farad*]

Pi|kör ⟨m.; -s, -e⟩ die Meute führender Reiter bei der Parforcejagd; *o*V Piqueur [<frz. *piqueur*; zu *piquer* »beaufsichtigen, zur Arbeit anhalten«]

Pi|krat *auch:* **Pik|rat** ⟨n.; -(e)s, -e; Chemie⟩ Salz der Pikrinsäure

Pi|krin|säu|re *auch:* **Pik|rin|säu|re** ⟨f.; -, -n; Chemie⟩ durch Nitrierung von Phenol darstellbare, hellgelbe, bitter schmeckende Verbindung; *Sy* Trinitrophenol [<grch. *pikros* »bitter«]

Pi|kro|lith *auch:* **Pik|ro|lith** ⟨m.; -(e)s, -e⟩ großfaseriges Serpentinmineral [<grch. *pikros* »bitter« + *lithos* »Stein«]

Pik|to|gra|fie ⟨f.; -, -n⟩ = Piktographie

pik|to|gra|fisch ⟨Adj.⟩ = piktographisch

Pik|to|gramm ⟨n.; -s, -e⟩ Bild od. Zeichen mit festgelegter, international verständlicher Bedeutung, z. B. Verkehrszeichen [<lat. *pictus* »gemalt« + grch. *gramma* »Schriftzeichen«]

Pik|to|gra|phie ⟨f.; -, -n⟩ Bilderschrift; *o*V Piktografie [<lat. *pictus* »gemalt« (zu *pingere* »malen«) + ...*graphie*]

pik|to|gra|phisch ⟨Adj.⟩ die Piktographie betreffend, auf ihr beruhend; *o*V piktografisch

Pi|kul ⟨m. od. n.; -s, -⟩ ostasiat. Gewichtseinheit [<malai. *pikul* »ein schwere Last tragen«]

Pil|chard ⟨[pɪltʃəd] m.; -s, -s; Zool.⟩ an den West- u. Südwestküsten Europas u. im Mittelmeer verbreiteter Heringsfisch, dessen Jungtiere als Sardinen bezeichnet werden, wichtiger Nutzfisch: Clupea (Sardina) pilchardus [engl.]

Pi|laf ⟨m.; -s; unz.; Kochk.⟩ oriental. Gericht aus geschrotetem Reis u. gedünstetem u. gewürfeltem Hammel- od. Geflügelfleisch; *o*V Pilau, Pilaw [<pers. u. türk. *pilau*, *palau*]

Pi|lar ⟨m.; -en, -en; hohe Schule⟩ Vorrichtung aus zwei Pfosten, an denen das Pferd bei der Dressur mit dem Zügel festgebunden wird [span., »Säule, Pfeiler«]

Pi|las|ter ⟨m.; -s, -⟩ Wandpfeiler [<ital. *pilastro*; zu lat. *pila* »Pfeiler«]

Pi|lau ⟨m.; -s; unz.⟩ = Pilaf

Pi|law ⟨m.; -s; unz.⟩ = Pilaf

Pile ⟨[paɪl] n.; -s, -s⟩ Kernreaktor [engl., »galvan. Säule, elektr. Batterie, Atombatterie« <lat. *pila* »Pfeiler, Säule«]

pi|lie|ren ⟨V.⟩ *Seife* ~ gehobelte Seife im Rohzustand auf Walzen weiterverarbeiten [<lat. *pila* »Mörser«]

Pil|ling|ef|fekt ⟨m.; -(e)s; unz.; Textilw.⟩ Hervortreten knötchenartiger Verflechtungen von Chemie- od. Wollfasern aus Geweben [zu engl. *pill* »Kügelchen«]

Pil|low|la|va ⟨[pɪloʊ-] f.; -; unz.⟩ in charakteristisch kissenförmiger Form erstarrte Lava beim untermeerischen Austritt, Kissenlava [engl. *pillow* »Kissen«]

Pi|lo|car|pin ⟨n.; -s; unz.; Med.⟩ Alkaloid aus den Blättern des Rautengewächses Pilocarpus pennatifolius, wirkt schweißtreibend u. pupillenverengend [<grch. *pilos* »Filz« + *karpos* »Frucht«]

Pi|lo|se ⟨f.; -, -n; Med.⟩ = Pilosis

Pi|lo|sis ⟨f.; -, -lo|sen; Med.⟩ übermäßiger Haarwuchs; *o*V Pilosen [<lat. *pilus* »Haar«]

Pi|lot ⟨m.; -en, -en⟩ 1 Flugzeugführer 2 Lotse 3 strapazierfähiger Baumwollstoff für Berufskleidung [<frz. *pilote* <ital. *piloto*, *pedoto* <mgrch. *pedotes »Steuermann«; zu grch. *pedon* »Ruderblatt, Steuerruder«]

Pilot... ⟨in Zus.; zur Bildung von Subst.⟩ als Muster, Vorbild, Versuch dienend, probehalber; *Pilotfilm; Pilotprojekt* [→ *Pilot*]

Pi|lot|an|la|ge ⟨f.; -, -n⟩ Versuchsanlage mittlerer Größe, in der im Labor erarbeitete Verfahren von ihrer Umsetzung auf Großanlagen nochmals detailliert überprüft werden

Pi|lot|bal|lon ⟨[-lɔ̃] od. [-lɔŋ] m.; -s, -s od. österr. [-loːn] m.; -s, -e⟩ kleiner, unbemannter Ballon zum Feststellen des Höhenwindes

Pi|lo|te ⟨f.; -, -n⟩ Pfahl, der in den Baugrund eingerammt wird [<frz. *pilot* »Grundpfahl«; zu *pile* »Pfeiler«]

Pi|lot|film ⟨m.; -(e)s, -e; TV⟩ einer neuen bzw. geplanten Fernsehserie vorausgehender Film, in dem die Hauptcharaktere eingeführt werden u. der Rückschlüsse über die Publikumsakzeptanz ermöglichen soll; *Sy* Pilotsendung

pi|lo|tie|ren ⟨V.⟩ Piloten einrammen

Pi|lo|tin ⟨f.; -, -tin|nen⟩ Flugzeugführerin

Pi|lot|pro|jekt ⟨n.; -(e)s, -e⟩ einem neuen bzw. geplanten Projekt vorausgehendes Projekt, in dem dessen Tragfähigkeit u. Realisierbarkeit getestet werden soll

Pi|lot|sen|dung ⟨f.; -, -en; Rundfunk; TV⟩ Probesendung für eine Serie, von der man wissen möchte, wie sie von den Zuhörern (Zuschauern) aufgenommen wird; *Sy* Pilotfilm

Pi|lot|stu|die ⟨[-dje] f.; -, -n⟩ erste Untersuchung in ihrer Art, wegweisende Studie

Pi|lot|ton ⟨m.; -(e)s, -tö|ne; Film; TV⟩ **1** zur Steuerung von Bild u. Ton dienender hochfrequenter Ton, der bei Aufzeichnungen zunächst zusätzl. aufgezeichnet u. bei der Wiedergabe unterdrückt wird **2** hochfrequentes Begleitsignal bei Stereosendungen, das zur Trennung der Nachrichtensignale in die Stereokanäle dient [→ *Pilot*]

Pi|me|lo|se ⟨f.; -; unz.; Med.⟩ Fettleibigkeit [<grch. *pimele* »Fett«]

Pi|ment ⟨m. od. n.; -(e)s, -e; Bot.⟩ die als Gewürz gebrauchten, unreifen, getrockneten Beeren des Pimentbaumes, Gewürzkörner, Jamaikapfeffer, *österr.:* Neugewürz [<span. *pimentia* <lat. *pigmentum* »Kräutersaft, Gewürz«]

Pim|per|nell ⟨m.; -s, -e; Bot.⟩ = Pimpinelle

Pim|pi|nel|le ⟨f.; -, -n; Bot.⟩ einer Gattung der Rosengewächse angehörendes, aromatisch duf-

tendes, auf trockenen Weiden vorkommendes Kraut; Sanguisorba minor; *oV* Pimpernell [<lat. *pimpinella* »kleines Ding« (nach den dunkelroten Blütenknöpfchen)]
Pin ⟨m.; -s, -s⟩ **1** ansteckbares Schildchen, Anstecknadel **2** ⟨Sport; Bowling⟩ Wertungspunkt für einen getroffenen Kegel [engl.]
PIN ⟨Abk. für⟩ Personal Identification Number, persönliche Identifikationsnummer (für Scheckkarten)
Pi|na|ko|id ⟨n.; -(e)s, -e⟩ zweiflächige Kristallform [<grch. *pinax*, Gen. *pinakos* »Tafel« + ...*id*]
Pi|na|ko|thek ⟨f.; -, -en; Kunst⟩ **1** ⟨urspr.⟩ Sammlung von gemalten Tafeln als Weihgeschenke auf der Akropolis **2** ⟨danach⟩ Name für Sammlung von Gemälden; *Alte, Neue* ~ ⟨Name zweier berühmter Gemäldesammlungen in München⟩ [<grch. *pinax*, Gen. *pinakos* »Tafel« + ...*thek*]
Pi|nas|se ⟨f.; -, -n; Mar.⟩ **1** ⟨17. Jh.⟩ dreimastiges Segelschiff **2** ⟨heute⟩ Beiboot auf Kriegsschiffen [frz., eigtl. »Boot aus Fichtenholz« <lat. *pinacia; zu *pinus* »Fichte«]
Pin|board ⟨[-bɔːd] n.; -s, -s⟩ an der Wand befestigte Tafel od. Brett zum Anheften von Merkzetteln, Mitteilungen u. Ä., Pinnwand [engl.]
Pince|nez ⟨[pɛ̃sneː] n.; - [-neːs], - [-neːs]⟩ Kneifer [<frz. *pincenez* »Kneifer« <*pincer* »kneifen« + *nez* »Nase«]
Pinch|effekt ⟨[pɪntʃ-] m.; -(e)s, -e⟩ Kontraktion eines Plasmas (3) durch ein von außen einwirkendes Magnetfeld [engl. *pinch* »Kneifen, Zwicken, Einklemmen, Druck«]
pin|da|ri|sche O|de ⟨f.; -n -, -n -n; Lit.⟩ → *Ode*
Pi|ne|al|au|ge ⟨n.; -s, -n; Zool.⟩ unpaares Auge, Scheitelauge, z. B. bei Reptilien [<lat. *pinea* »Fichtenzapfen« + *Auge*]
Pi|ne|al|or|gan ⟨n.; -s, -e; Zool.⟩ vom Zwischenhirn gebildetes, unpaares, lichtempfindl. Sinnesorgan niederer Wirbeltiere, das hinter dem Parietalorgan liegt [<lat. *pinea* »Fichtenzapfen«]
Pine|ap|ple ⟨[paɪnæpl] m.; - od. -s, -s; engl. Bez. für⟩ Ananas, vor allem in Produktbezeichnungen; ~*saft*
Pi|nen ⟨n.; -s, -e; Chemie⟩ im Terpentinöl vorkommender natürlicher Kohlenwasserstoff mit charakteristischem Geruch [→ *Pinie*]
Ping|pong ⟨n.; -s; unz.; Sport; umg.⟩ Tischtennis [engl.]
Pin|gu|in ⟨m.; -s, -e; Zool.⟩ Angehöriger einer Ordnung am Meer lebender, flugunfähiger Vögel der Südhalbkugel mit starkem Fettpolster: Sphenisci [<frz. *pingouin*, vielleicht <lat. *pinguis* »fett, plump«]
Pin|holes ⟨[-hoːls] Pl.⟩ kleine, lang gestreckte Luftblasen unter der Oberfläche von Gussstücken [engl., »Nadellöcher«]
Pi|nie ⟨[-njə] f.; -, -n; Bot.⟩ Kiefer der Mittelmeerländer mit Schirmkrone u. essbaren Samen: Pinus pinea [<lat. *pinea*; zu *pinus* »Fichte«]
Pi|ni|o|le ⟨f.; -, -n⟩ = Pignole
pink ⟨Adj.⟩ leuchtend rosa [engl.]
Pink ⟨n.; - od. -s, -s⟩ leuchtend rosa Farbe [engl.]
Pi|noc|chio ⟨[pinɔkjo] m.; -s, -s⟩ hölzerne Gliederpuppe mit einer langen Nase [Hauptfigur des gleichnamigen Kinderbuches, das der Italiener C. Collodi 1880 verfasste]
Pi|no|le ⟨f.; -, -n⟩ Spannfutter für die Spitze des Reitstockes an einer Drehbank [<ital. *pinola*, *pignola* »Pinienzapfen« <mlat. *piniola*; zu lat. *pinea*; → *Pinie*]
Pi|not ⟨[pinoː] m.; - od. -s, -s⟩ eine Rebsorte; ~ *blanc* [- blã:] weißer Burgunder; ~ *grigio* [- griːdʒio] ein ital. Weißwein; ~ *gris* [- gri] Grauburgunder; ~ *noir* [- noar] Spätburgunder [frz.]
Pi|no|zy|to|se ⟨f.; -; unz.; Biol.⟩ Aufnahme flüssiger Nährstoffe der Zelle durch Einstülpung der Zellmembran [<grch. *pinein* »trinken« + ...*zyt*]
Pin|scher ⟨m.; -s, -; Zool.⟩ kleiner, zierlicher, glatthaariger Hund [engl., eigtl. »gestutzter Hund«; <engl. *pinch* »kneifen«]
Pint ⟨[paɪnt] n.; -s, -s; Abk.: pt.⟩ engl. u. nordamerikan. Hohlmaß, ca. 0,5 l [engl.]
Pin|te ⟨f.; -, -n⟩ **1** altes Hohlmaß, 0,9 l **2** ⟨umg.⟩ kleine, schlechte Gastwirtschaft, Kneipe [<frz. *pinte* <prov. *pinte*, eigtl. »die Gemalte«, nach den aufgemalten Eichzeichen <lat. *pingere* »malen«, od. <mndrl. *pinte* »Pflock; Kneipe« (nach dem Eichzeichen als Wirtshauszeichen)]
Pin-up *auch:* **Pin|up** ⟨[pɪnʌp] n.; -s, -s; kurz für⟩ Pin-up-Girl
Pin-up-Girl ⟨[pɪnʌpɡœːl] n.; -s, -s; umg.⟩ *Sy* Pin-up **1** aus einer Illustrierten ausgeschnittenes u. an die Wand geheftetes Bild eines attraktiven Mädchens **2** Mädchen, das einem solchen Bild gleicht [<engl. *pin up* »anheften« + *girl* »Mädchen«]
pinx. ⟨Abk. für⟩ pinxit
pin|xit ⟨Abk.: p., pinx⟩ hat (es) gemalt (Vermerk auf Bildern vor. od. nach dem Namen des Malers) [lat.; zu *pingere* »malen«]
Pin|zet|te ⟨f.; -, -n⟩ kleine Greifzange mit zwei federnden, geraden Schenkeln [<frz. *pincette*, Verkleinerungsform zu *pince* »Zange«; zu *pincer* »kneifen«]
pin|zie|ren ⟨V.; Obstbau⟩ den Endtrieb einer Pflanze abschneiden [<frz. *pincer* »abkneifen, -zwicken«]
Pi|on ⟨n.; -s, -o|nen; Physik⟩ Elementarteilchen aus der Gruppe der Mesonen [<*Pi* + *Meson*]
Pi|o|nier ⟨m.; -s, -e⟩ **1** Angehöriger einer für kriegstechn. Arbeiten an der Front (Brücken-, Wegebau) ausgebildeten Truppe **2** ⟨fig.⟩ Bahnbrecher, Wegbereiter **3** ⟨Pl.⟩ ~*e* ⟨in der DDR u. a. sozialist. Staaten⟩ Organisation für Kinder von 6 bis 10 *(Jung~e)* u. 10 bis 13 Jahren *(Thälmann~e)* [<frz. *pionnier* »Schanzarbeiter, Pionier, Bahnbrecher«]
Pi|pa ⟨f.; -, -s; Musik⟩ lautenähnliches chinesisches Zupfinstrument mit vier Saiten [<chines. *pi pa*]
Pipe ⟨[paɪp] n. od. f.; -, -s⟩ engl. u. nordamerikan. Hohlmaß für Wein u. Branntwein, 400-570 l [engl., eigtl. »Rohr, Röhre«]

Pipeline

Pipeline ⟨[paıplaın] f.; -, -s⟩ Rohrleitung (bes. für Erdöl od. Erdgas) [<engl. *pipe-line* »Röhrenleitung«]

Piperidin ⟨n.; -s; unz.; Biochemie⟩ Grundkörper einer Reihe von Alkaloiden (z. B. des Piperins), bildet in reiner Form eine farblose Flüssigkeit mit charakteristischem Geruch [<lat. *piper,* Gen. *piperis* »Pfeffer«]

Piperin ⟨n.; -s; unz.; Biochemie⟩ Verbindung aus der Gruppe der Alkaloide, tritt vor allem als Hauptgeschmacksträger des Pfeffers auf [<lat. *piper* »Pfeffer«]

Pipette ⟨f.; -, -n⟩ Stechheber zum Abmessen kleiner Mengen von Flüssigkeiten [frz., »Pfeifchen, Röhrchen«, Verkleinerungsform zu *pipe* »Pfeife«]

pipettieren ⟨V.⟩ mithilfe einer Pipette arbeiten, kleine Mengen von Flüssigkeiten mit einer Pipette entnehmen od. abmessen

Pique ⟨[piːk] n.; -s, -s; Geogr.; frz. Bez. für⟩ Bergspitze, -gipfel (bes. in Namen)

Piqué ⟨[-keː] m., österr. a.: n.; -s, -s; Textilw.⟩ = Pikee

Piqueur ⟨[-køːr] m.; -s, -e⟩ = Pikör

Piranha ⟨[-ranja] m.; -s, -s; Zool.⟩ Raubfisch in südamerikan. Flüssen: Pygocentrus piraya; *oV* Piraya [<portug. *Tupi*]

Pirat ⟨m.; -en, -en⟩ Seeräuber [<ital. *pirata* <lat. *Pirata* <grch. *peirates*]

Piraterie ⟨f.; -; unz.⟩ Seeräuberei

Piraya ⟨m.; -s, -s; Zool.⟩ = Piranha

Piroge ⟨f.; -, -n⟩ indian. Einbaum mit seitlich aufgesetzten Planen [<engl. *pirogue* <frz. *pirogue* <span. *piragua* <karib.]

Pirogge ⟨f.; -, -n; Kochk.⟩ mit Fleisch, Fisch, Reis od. Kohl gefüllte Pastete aus Hefe- od. Blätterteig [<russ. *pirog* »Kuchen«]

Pirouette ⟨[-ru-] f.; -, -n; Sport⟩ 1 ⟨Eiskunstlauf; Ballett⟩ schnelle, mehrmalige Drehung um die eigene Längsachse 2 ⟨Dressurreiten; hohe Schule⟩ Drehung des Pferdes im Galopp um den inneren Hinterfuß 3 ⟨Ringen⟩ rasche Drehung, um sich aus schwieriger Lage zu befreien [frz., »Drehrädchen, Drehung auf dem Fuß«]

pirouettieren ⟨[-ru-] V.⟩ eine Pirouette ausführen

Pisang ⟨m.; -s, -e; Bot.⟩ = Banane [malai.]

Pisangfaser ⟨f.; -, -n⟩ aus den Blättern einiger Arten der Banane gewonnene Faser

Piscina ⟨f.; -, -cinen⟩ 1 Taufbecken im Baptisterium 2 Becken an der Südwand des Chors neben dem Altar für das beim Händewaschen des Priesters u. Reinigen der sakramentalen Gefäße gebrauchte Wasser [lat., »Fischteich«]

Pisee ⟨m.; -s; unz.⟩ Erde od. Lehm als Baumaterial im Piseebau [<frz. *pisé* »Stampferde, Stampfbau«; zu *piser* »die Bauerde stampfen« <lat. *pisare* »zerstampfen«]

Piseebau ⟨m.; -(e)s; unz.⟩ veraltete Bauweise, bei der Erde od. Lehm zwischen Verschalungen aus Brettern gestampft wird

Pisolith ⟨m.; -en, -en; Min.⟩ konzentrisch-schaliger Aragonit, Erbsenstein [<grch. *pisos* »Erbse« + ...*lith*]

Pissoir ⟨[-soaːr] n.; -s, -s od. -e⟩ öffentl. Toilette für Männer [frz.]

Pistazie ⟨[-tsjə] f.; -, -n⟩ 1 ⟨i. w. S.⟩ eine Gattung der Anacardiengewächse angehörender immergrüner Strauch mit trockenen od. fleischigen Steinfrüchten: Pistacia 2 ⟨i. e. S.⟩ im Mittelmeergebiet heim. Art, deren mandelähnl. Samen als Gewürz verwendet werden: Pistacia vera [<lat. *pistacia* <grch. *pistake* <pers. *pistah* »Pistazienbaum, Pistazienfrucht«]

Piste ⟨f.; -, -n⟩ 1 Einfassung der Manege im Zirkus 2 Radrennbahn 3 Bahn, Hang zum Rodeln u. Skilaufen 4 ⟨Flugw.⟩ Rollbahn [frz., »Fußspur, Fährte, Rennbahn, Fahrbahn« <aital. *pista*; zu lat. *pistare* »stampfen«]

Pistill ⟨n.; -s, -e⟩ 1 Stößel, Mörserkeule 2 ⟨Bot.⟩ Stempel der Blüte der bedecktsamigen Pflanze: Pistillum [<lat. *pistillum* »Stampfer«; zu *pistare* »stampfen«]

Pistole[1] ⟨f.; -, -n⟩ kurze Handfeuerwaffe; *jmdm. die ~ auf die Brust setzen* ⟨fig.⟩ jmdn. unter Drohungen zu etwas zwingen, jmdn. zu einer Entscheidung drängen; *seine Antwort kam wie aus der ~ geschossen* von dass er lange überlegte, rasch [<tschech. *pístala* »Pfeife, Rohr, Pistole«]

Pistole[2] ⟨f.; -, -n; 17./19. Jh.⟩ urspr. span., dann auch frz. u. dt. Goldmünze, etwa 10 Francs [→ *Pistole*[1] od. <ital. *piastruola,* Verkleinerungsform zu *piastra;* → *Piaster*]

Pistolero ⟨m.; -s, -s; umg.⟩ Revolverheld [span.]

Piston ⟨[-stɔ̃ː] n.; -s, -s⟩ 1 Kolben einer Pumpe 2 ⟨Musik⟩ 2.1 Ventil der Blechblasinstrumente 2.2 = Kornett[1] [frz., »Kolben, Klapphorn«, als Musikinstrument eigtl. *cornet à pistons* »Klapphorn«]

Pit ⟨n.; -s, -s⟩ 1 ⟨im altengl. Theat.⟩ der Bühne gegenüberliegender Hof mit billigen Stehplätzen 2 ⟨meist Pl.⟩ ⟨El.⟩ Informationsträger auf CDs [engl., »Parkett; Grube, Vertiefung«]

Pita ⟨f.; -; unz.; kurz für⟩ Pitahanf

Pitahanf ⟨m.; -(e)s; unz.⟩ aus verschiedenen Arten der Agave gewonnene Blattfaser; *Sy* Pita [<span., portug. *pita*]

Pitaval ⟨[-val] m.; - od. -s, -s⟩ Sammlung bedeutender Fälle aus dem Strafrecht [nach dem frz. Rechtsgelehrten François Gayot de Pitaval, 1673-1743]

Pitbull ⟨m.; -s, -s; Zool.⟩ mit Terrier u. Dogge verwandte engl. Hunderasse, häufig als Kampfhund ausgebildet [<engl. *pit* »Grube« (als Austragungsort von Hundekämpfen) + *Bull*terrier]

Pitch ⟨[pɪtʃ]⟩ 1 ⟨m.; - od. -(e)s, -s; Sport⟩ 1.1 ⟨Basketball⟩ Wurf 1.2 ⟨Golf⟩ Annäherungsschlag auf das Green 1.3 ⟨Kricket⟩ Spielfeld 2 ⟨n.; -s, -s⟩ Werbekampagne [engl., »Wurf; werfen«]

748

pit|chen ⟨[pɪtʃən] V.; Sport; Golf⟩ einen steilen Annäherungsschlag ausführen [<engl. *pitch*]

Pit|cher ⟨[pɪtʃə(r)] m.; -s, -⟩ **1** ⟨Sport; Basketball⟩ Werfer **2** bauchiger (Wasser-)Krug

Pitch|mar|ke ⟨[pɪtʃ-] f.; -, -n; Sport; Golf⟩ Einschlagloch (auf dem Grün) [→ *pitchen*]

Pitch|pine ⟨[pɪtʃpaɪn] f.; -, -s⟩ Stammholz nordamerikan. Kiefern, meist: Pinus palustris [engl., »Pechtanne«]

Pi|thek|an|thro|pus *auch:* **Pi|the|kanth|ro|pus** ⟨m.; -, -thro|pi⟩ auf Java u. in China gefundene Vorform des Menschen mit niedrigem, langem Schädeldach u. fliehender Stirn, Affenmensch, Vormensch: Pithecanthropus [<grch. *pithekos* »Affe« u. *anthropos* »Mensch«]

pi|the|ko|id ⟨Adj.⟩ dem Affen ähnlich [<grch. *pithekos* »Affe« u. ...*id*]

Pi|tot|rohr *auch:* **Pi|tot-Rohr** ⟨[pito:-] n.; -(e)s, -e⟩ Gerät der Hydrodynamik zum Messen des Staudrucks von strömenden Flüssigkeiten sowie von Strömungsgeschwindigkeiten [nach dem frz. Physiker Henri *Pitot*, 1695–1771]

pi|to|ya|bel *auch:* **pi|to|ya|bel** ⟨Adj.; geh.⟩ **1** bedauernswert **2** miserabel, schlecht; *das Haus befindet sich in einem pitoyablen Zustand* [<frz. *pitoyable*]

Pit|tings ⟨Pl.⟩ kleine Korrosionsstellen an Maschinenteilen, die durch Rost od. durch Einwirkung salzhaltiger Substanzen entstanden sind [engl. *pitting* »Körnung, Lochfraß, Angefressensein«]

pit|to|resk ⟨Adj.⟩ malerisch [<ital. *pittoresco* »malerisch« <lat. *pictor* »Maler«]

Pi|ty|ri|a|sis ⟨f.; -, -ri|a|sen; Med.⟩ schuppende Hauterkrankung [<grch. *pityra* »Kleie«]

più ⟨Musik⟩ mehr; ~ *allegro* [ital.]

Pi|va ⟨[-va] f.; -, Pi|ven [-vən]; Musik⟩ schneller altital. Volkstanz [ital., »Dudelsack«]

Pi|vot ⟨[-vo:] m. od. n.; -s, -s⟩ Zapfen, um den ein Geschütz od. ein Kran gedreht werden kann [frz.]

Pi|xel ⟨m.; -s, -; EDV; Kurzwort für engl.⟩ Picture Element, Bildpunkt, kleinstes, matrixartig angeordnetes Element auf dem Bildschirm einer EDV-Anlage

Piz ⟨m.; -es, -e; Geogr.⟩ Berggipfel (bes. in Namen von Bergen) [rätoroman.]

Piz|za ⟨f.; -, -s od. Piz|zen; Kochk.⟩ italien. Gericht, Fladen aus Hefeteig, der mit Käse u. Tomaten sowie nach Geschmack mit Sardellen, Salami, Pilzen, Oliven u. a. belegt u. gebacken wird [ital. <vulgärlat. *picea*, Fem. zu *piceus* »aus Pech« zu *pix*, Gen. *pictis* »Pech«, vielleicht angelehnt an mgrch. *pitta* »Kuchen, Pastete«]

Piz|ze|ria ⟨f.; -, -ri|en od. -s⟩ kleine italien. Gaststätte, in der bes. Pizzas zubereitet werden [ital.]

piz|zi|ca|to ⟨Musik; bei Streichinstrumenten⟩ mit den Fingern gezupft [ital., »gezupft, gezwickt«]

Piz|zi|ca|to ⟨n.; -s, -ti od. -s; Musik⟩ Vortrag, bei dem die Saiten gezupft werden

Pla|ce|bo ⟨[-tse:-] n.; -s, -s; Pharm.⟩ unwirksames Scheinmedikament (für Versuche) [<lat. *placere* »gefallen«]

Pla|ce|ment ⟨[plas(ə)mã:] n.; -s, -s⟩ **1** Anlage, Unterbringung (von Kapital) **2** Unterbringung (von Waren) **3** = Platzierung [frz., »Unterbringung, Anlegung (des Geldes)«]

plä|die|ren ⟨V.⟩ **1** ein Plädoyer halten; *auf Freispruch* ~ **2** *für etwas* ~ für etwas sprechen, sich (mit Worten) für etwas einsetzen, (mit Worten) etwas unterstützen [<frz. *plaider* »gerichtlich vorgehen«]

Plä|doy|er *auch:* **Plä|do|yer** ⟨[-doaje:] n.; -s, -s⟩ **1** ⟨Rechtsw.⟩ zusammenfassende Rede vom Staatsanwalt od. Verteidiger vor Gericht **2** Rede, mit der jmd. für od. gegen etwas od. jmdn. eintritt; *ein* ~ *für die Gesamtschule* [<frz. *plaidoyer* »Verteidigungsrede (eines Advokaten)«]

Pla|fond ⟨[-fõ:] m.; -s, -s⟩ **1** Zimmerdecke **2** ⟨Wirtsch.⟩ **2.1** Spitzensteuersatz, der die progressive Steuerbelastung nach oben begrenzt **2.2** Betrag, bis zu dem sich der Staat am Kapitalmarkt od. bei der Zentralbank verschulden darf [frz.]

pla|fo|nie|ren ⟨V.; schweiz.⟩ nach oben hin begrenzen [<frz. *plafonner* »eine Decke verschalen, vergipsen«]

pla|gal ⟨Adj.; Musik⟩ **1** ~*e Kadenz* Kadenz mit der Harmoniefolge Subdominante-Tonika **2** ~*e Kirchentöne* 2., 4., 6. u. 8. Kirchenton [<lat. *plagalis* <grch. *plagios* »seitlich; hergeleitet«]

Pla|gi|at ⟨n.; -(e)s, -e⟩ Diebstahl geistigen Eigentums, Veröffentlichung des geistigen Werkes (od. eines Teils davon) eines anderen als eigenes Werk [frz., »literar. Diebstahl« <lat. *plagium* »Menschendiebstahl, Seelenverkauf« <grch. *plagios* »unredlich«]

Pla|gi|a|tor ⟨m.; -s, -to|ren⟩ jmd., der ein Plagiat begeht od. begangen hat [→ *Plagiat*]

pla|gi|a|to|risch ⟨Adj.⟩ in der Art eines Plagiats oder Plagiators

pla|gi|ie|ren ⟨V.⟩ ein Plagiat begehen [nach lat. *plagiare* »Menschendiebstahl begehen«; zu *plagium* »Menschendiebstahl, Seelenverkauf«]

pla|gi|o|ge|o|trop ⟨Adj.; Bot.⟩ = plagiotrop

Pla|gi|o|ke|pha|lie ⟨f.; -; unz.; Med.⟩ unsymmetrischer Bau des Schädels, Schiefköpfigkeit; *oV* Plagiozephalie [<grch. *plagios* »quer, schief, schräg« + ...*zephalie*]

Pla|gi|o|klas ⟨m.; -es, -e; Min.⟩ die Minerale Kalifeldspat u. Natronfeldspat [<grch. *plagios* »quer, schief, schräg« + *klasis* »das Brechen«]

pla|gi|o|trop ⟨Adj.; Bot.⟩ schräg zur Richtung der Schwerkraft ausgerichtet (von Pflanzenteilen); *Sy* plagiogeotrop [<grch. *plagios* »quer, schief, schräg« + ...*trop*]

Pla|gi|o|ze|pha|lie ⟨f.; -; unz.⟩ = Plagiokephalie

Plaid ⟨[pleɪd] n.; -s, -s⟩ **1** meist karierte Reisedecke **2** großes Umschlagtuch aus Wolle; *Sy* Tartan (1) [engl. <schott. *plaide*]

Plakat

Pla|kat ⟨n.; -(e)s, -e⟩ öffentl. Aushang, Bekanntmachung in großem Format (bes. zu Werbezwecken, an Wänden, Litfaßsäulen usw.) [⟨ndrl. *plakkaat* ‹frz. *placard* »Wandschrank, Anschlagzettel«; zu *plaque* »Platte« ‹ndrl. *plak*]

pla|ka|tie|ren ⟨V.⟩ öffentlich anschlagen, durch ein Plakat bekannt machen

Pla|ka|tie|rung ⟨f.; -, -en⟩ = Plakation

Pla|ka|ti|on ⟨f.; -, -en⟩ das Plakatieren, das Plakatiertwerden; *Sy* Plakatierung; *die ~ von Werbepostern*

pla|ka|tiv ⟨Adj.⟩ **1** so beschaffen wie ein Plakat; *~e Darstellung, Aufmachung* **2** oberflächlich

Pla|ket|te ⟨f.; -, -n⟩ **1** kleine Platte mit einer Reliefdarstellung als Anstecknadel od. Gedenkmünze **2** Schildchen zum Aufkleben; *Autobahn~* [‹frz. *plaquette* »kleine Platte, Gedenktäfelchen«, Verkleinerungsform zu *plaque* »Tafel, Platte«]

Pla|ko|derm ⟨m.; -s, -en⟩ einer ausgestorbenen Ordnung angehörender Fisch mit mehr od. weniger geschlossenem Knochenpanzer, Panzerfisch [‹grch. *plax,* Gen. *plakos* »Platte, Ebene« + *...derm*]

Pla|ko|id|schup|pen ⟨Pl.; Zool.⟩ schuppenartige Körperbedeckung der Knorpelfische mit knochenähnl. Substanz, Hautzähne [‹grch. *plax,* Gen. *plakos* »Platte« + *eidos* »Gestalt, Aussehen«]

plan ⟨Adj.; meist adv.⟩ eben, flach, platt, glatt; *das Papier liegt ~* [‹mhd. *plan* »eben« ‹lat. *planus*]

Plan¹ ⟨m.; -(e)s, Pläne⟩ **1** Vorhaben, Absicht; *einen ~ ausführen, verwirklichen; jmds. Pläne durchkreuzen* **2** schemat. Zeichnung aus der Vogelschau, Grundriss; *Stadt~; den ~ eines Gebäudes, Raumes, Grundstücks zeichnen* **3** Skizze für eine zu leistende Arbeit, ein Vorhaben, Einteilung einer Zeit, eines Vorhabens; *Zeit~; einen ~ entwerfen* [‹frz. *plan, plant* »Grundriss, Plan« ‹ital. *pianta* »Grundriss« ‹lat. *planta* »Fußsohle«]

Plan² ⟨m.; -(e)s, Pläne; Pl. selten⟩ **1** ebene Fläche, freier Platz; *Wiesen~* **2** Kampfplatz; *als Sieger auf dem ~ bleiben* **3** *auf dem ~ erscheinen* (fig.) in Erscheinung treten [‹mhd. *plan* ‹mlat. *planum,* »Ebene«; zu lat. *planus* »eben«; → *plan*]

pla|nar ⟨Adj.⟩ **1** ⟨Math.⟩ in einer Ebene zu zeichnen, ohne dass sich die Kanten kreuzen (von Graphen); *der Kartengraph einer Landkarte ist ~, wenn er keine Teilgraphen enthält* **2** ⟨Geogr.⟩ *~e Stufe* = kolline Stufe [→ *plan*]

Pla|nar ⟨n.; -s, -e; Fot.⟩ fotograf. Objektiv besonders flacher Bauweise bei großem Durchmesser [→ *plan*]

Pla|na|rie ⟨[-riə] f.; -, -n; Zool.⟩ Angehöriger einer Ordnung stark abgeplatteter Strudelwürmer im Süßwasser u. auf feuchten Böden [‹lat. *planus* »eben, flach«]

Plan|che ⟨[plã:ʃ(ə)] f.; -, -n; Sport; Fechten⟩ Fechtbahn [frz., »Brett«]

Pla|net ⟨m.; -en, -en; Astron.⟩ Himmelskörper, der sich auf ellipt. Bahn um die Sonne bewegt, Wandelstern [‹mhd. *planete* ‹lat. *planeta* ‹grch. *planetes; zu planus* »irrend, umherschweifend«]

pla|ne|ta|risch ⟨Adj.; Astron.⟩ zu den Planeten gehörend

Pla|ne|ta|ri|um ⟨n.; -s, -rien; Astron.⟩ **1** Vorrichtung zum Darstellen des Himmels, mit den Gestirnen u. ihrer Bahn **2** Raum mit halbkugelförmiger Kuppel für diese Darstellung [→ *Planet*]

Pla|ne|ten|ge|trie|be ⟨n.; -s, -⟩ Zahnradgetriebe aus drei Gliedern mit verschiedenen Übersetzungsmöglichkeiten

Pla|ne|ten|sys|tem ⟨n.; -s, -e; Astron.⟩ Gesamtheit der ein Zentralgestirn umlaufenden Planeten (z. B. der Planeten der Sonne) [‹ *Planet + System*]

Pla|ne|to|id ⟨m.; -en, -en; Astron.⟩ kleiner, planetenartiger Himmelskörper, der um die Sonne kreist; *Sy* Asteroid [‹ *Planet + ...id*]

Plan|film ⟨m.; -(e)s, -e; Fot.⟩ im Gegensatz zum Rollfilm flach, eben in der Kamera gelagerter Film [‹ *plan + Film*]

Pla|nier|bank ⟨f.; -, -bän|ke⟩ Maschine zur spanlosen Verformung von Metallen

pla|nie|ren ⟨V.⟩ Gelände, Boden ~ plan machen, ebnen, glätten [‹frz. *planer* ‹spätlat. *planare* ‹lat. *planus;* → *plan*]

Pla|nier|rau|pe ⟨f.; -, -n⟩ auf Raupenketten laufende Maschine mit vorgesetztem Schild zur großflächigen Erdbewegung

Pla|ni|fi|ca|ti|on ⟨[-kasjɔ̃:] f.; -; unz.; Wirtsch.⟩ (bes. in Frankreich angewandte) Methode staatlich bestimmter gesamtwirtschaftlicher Planung, die sich an bestimmten Größen (z. B. Wachstumsrate des Sozialproduktes, Arbeitsbeschaffungsprogramm, Teilzeitarbeit) orientiert [frz., »Planung«]

Pla|ni|glob ⟨n.; -s, -en⟩ Darstellung der Erdoberfläche in zwei Kreisflächen [‹lat. *planus* »eben, flach« + *globus* »Kugel«]

Pla|ni|me|ter ⟨n.; -s, -; Geom.⟩ Gerät zum Messen des Flächeninhalts ebener Figuren [‹lat. *planus* »eben, flach« + *...meter*]

Pla|ni|me|trie *auch:* **Pla|ni|met|rie** ⟨f.; -; unz.; Geom.⟩ Geometrie der Ebene

pla|ni|me|trie|ren *auch:* **pla|ni|met|rie|ren** ⟨V.; Geom.⟩ den Inhalt ebener Flächen mit dem Planimeter bestimmen

pla|ni|me|trisch *auch:* **pla|ni|met|risch** ⟨Adj.; Geom.⟩ auf Planimetrie beruhend, mit ihrer Hilfe

plan|kon|kav ⟨Adj.; Optik⟩ auf einer Seite plan, eben, auf der anderen konkav

plan|kon|vex ⟨Adj.; Optik⟩ auf einer Seite plan, eben, auf der anderen konvex

Plank|ter ⟨m.; -s, -; Biol.⟩ = Planktont

Plank|ton ⟨n.; -s; unz.; Biol.⟩ Gesamtheit der im Wasser schwebenden u. durch die Bewegung des Wassers transportierten Pflanzen u. Tiere; *Ggs* Nekton [‹grch. *planktos* »Umherirrender«]

plank|to|nisch ⟨Adj.; Biol.⟩ *~e Lebewesen* = Plankton; *Ggs* nektonisch

Plank|tont ⟨m.; -en, -en; Biol.⟩ einzelnes Lebewesen des Planktons; *Sy* Plankter

pla|no ⟨Adv.⟩ glatt, nicht gefalzt [<lat. *planus*, »eben, flach«]

plan|par|al|lel *auch:* **plan|pa|ral|lel** ⟨Adj.⟩ in parallelen Ebenen angeordnet; ~*e Platte* ⟨Optik⟩ lichtdurchlässige Platte mit zwei parallelen Flächen, durch die ein Lichtstrahl beim Durchgang eine parallele Verschiebung erfährt

Plan|qua|drat *auch:* **Plan|quadrat** ⟨n.; -(e)s, -e; Kartogr.⟩ auf Landkarten durch parallele Längs- u. Querlinien gebildetes Quadrat

Plan|ta|ge ⟨[-ʒə] f.; -, -n⟩ Pflanzung in großem Umfang, großes, bepflanztes Stück Land; *Baumwoll*~, *Erdbeer*~, *Kaffee*~, *Tabak*~ [frz., »Pflanzung, Anpflanzung«; zu *planter* »(an)pflanzen«]

plan|tar ⟨Adj.; Anat.⟩ zur Fußsohle gehörend, von ihr ausgehend [<lat. *planta* »Fußsohle«]

Plan|ta|tion|song ⟨[plæntɛɪʃnsɔŋ] m.; -s, -s; Musik⟩ von den afrikanischen Sklaven in den Südstaaten der USA entwickelter Gesangsstil, Arbeitslied [<engl. *plantation* »Plantage«, da diese Lieder vor allem von den in Baumwollplantagen eingesetzten Sklaven gesungen wurden + *song* »Lied«]

Pla|nu|la ⟨f.; -, -s; Zool.⟩ bewimperter Keim der Hohltiere, der Gastrula entsprechend [neulat., Fem. zu *planulus*, Verkleinerungsform zu lat. *planus* »eben, flach«]

Pla|num ⟨n.; -s; unz.⟩ für den Oberbau von Eisen- u. Straßenbahn vorgesehene u. hergerichtete Fläche des Bahnkörpers [Neutr. zu lat. *planus* »eben, flach«]

Plaque ⟨[plak] f.; -, -s; Med.⟩ **1** Zahnbelag **2** erhabener Hautfleck [frz., »Platte«]

...pla|sie ⟨Nachsilbe; zur Bildung weibl. Subst.⟩ Bildung, Entwicklung; *Hypoplasie* [<grch. *plassein* »bilden, gestalten«]

Plä|sier ⟨n.; -s, -e⟩ Vergnügen, Freude, Lust, Spaß [<frz. *plaisir*]

Plä|sier|chen ⟨n.; -s, -; umg.; scherzh.; Verkleinerungsform von⟩ Pläsier; *jedem Tierchen sein ~* man soll jedem sein Vergnügen lassen, gönnen (auch wenn man es selbst nicht begreift)

Plas|ma ⟨n.; -s, Plas|men⟩ **1** ⟨Biol.; kurz für⟩ Protoplasma **2** ⟨Med.⟩ flüssiger Bestandteil von Blut u. Milch **3** ⟨Physik⟩ hoch erhitztes Gas, das aus freien Elektronen u. positiv geladenen Ionen besteht u. elektr. Leitfähigkeit aufweist **4** ⟨Min.⟩ grüner Chalcedon [grch., »Gebilde«; zu *plassein* »bilden, gestalten«]

Plas|ma|bren|ner ⟨m.; -s, -⟩ Vorrichtung zum Erzeugen von hohen Temperaturen (10000 bis 30000° C) durch ein Plasma

Plas|ma|phe|re|se ⟨f.; -, -n; Med.⟩ apparative Trennung von Plasma u. Blutzellen nach Blutentnahme durch Zentrifugierung zum Zweck der Gewinnung von Spenderplasma bzw. der Behandlung z. B. schwerer Vergiftungen (nach erfolgter P. werden die übrig bleibenden Blutkörperchen in einer das Volumen des Plasmas ersetzenden physiol. Kochsalzlösung in den Blutkreislauf des Spenders zurückgeleitet) [<*Plasma* + grch. *pherein* »herbeibringen«]

Plas|ma|phy|sik ⟨f.; -; unz.; Physik⟩ Teilgebiet der Physik, das sich mit den Eigenschaften u. der Anwendung des Plasmas befasst [<*Plasma* + *Physik*]

plas|ma|tisch ⟨Adj.; Physik⟩ das Plasma betreffend, zu ihm gehörig

Plas|mid ⟨n.; -s, -e; Genetik⟩ in Bakterienzellen vorhandenes DNA-Molekül, das innerhalb od. getrennt von Chromosomen liegen kann u. sich in das Genom einer Zelle integrieren lässt (wichtig für die Ausbildung der Resistenz); →*a.* Cosmid [<*Plasma* + ...*id*]

Plas|mo|des|men ⟨Pl.; Biol.⟩ feine Plasmastränge, die als Verbindungsstücke benachbarter Zellen den Stofftransport gewährleisten [<*Plasma* + grch. *desma* »Band, Binde«]

Plas|mo|di|um ⟨n.; -s, -di|en; Biol.⟩ **1** vielkernige, nackte Protoplasmamasse der Schleimpilze **2** im Blut schmarotzendes, einzelliges Lebewesen, Erreger der Malaria; ~ *Malariae* [<*Plasma* + grch. *eidos* »Form«]

Plas|mo|go|nie ⟨f.; -; unz.⟩ nach einer Hypothese E. Haeckels (1834-1919) die Urzeugung aus dem Protoplasma [<*Plasma* + ...*gonie*]

Plas|mo|ly|se ⟨f.; -, -n; Bot.⟩ Ablösung des Protoplasmas von der Zellwand durch Entzug von Wasser [<*Plasma* + ...*lyse*]

Plas|mon ⟨n.; -s; unz.; Biol.⟩ Gesamtheit des im Zytoplasma vorhandenen Erbgutes

Plas|te ⟨Pl.; umg.; DDR⟩ Kunststoffe [→ *Plastik*]

Plas|tics ⟨[plæstɪks] Pl.; engl. Bez. für⟩ Kunststoffe

Plas|ti|de ⟨f.; -, -n; Biochemie⟩ Zellorganell im Dienst der Fotosynthese [<grch. *plastes* »Bildner«; zu *plassein* »bilden, formen«]

Plas|tik ⟨f.; -, -en⟩ **1** ⟨Kunst⟩ **1.1** ⟨unz.⟩ Bildhauerkunst **1.2** ⟨zählb.⟩ Erzeugnis der Bildhauerkunst **2** ⟨Chir.⟩ **2.1** ⟨unz.⟩ Ersatz, Wiederherstellung von Organen u. Lücken im Gewebe **2.2** ⟨zählb.⟩ auf chirurg. Wege wiederhergestelltes Teil eines Organs **3** ⟨Technik⟩ **3.1** Kunststoff **3.2** Gegenstand aus Kunststoff [<frz. *plastique* »Bildhauerkunst« <grch. *plastike (techne)* »Kunst des Gestaltens«; → *plastisch*]

Plas|tik|bom|be ⟨f.; -, -n⟩ Sprengstoff, der durch chem. Zusätze knetbar gemacht wird

Plas|ti|ker ⟨m.; -s, -⟩ Bildhauer [→ *Plastik*]

Plas|ti|lin ⟨n.; -s; unz.⟩ (gefärbte) Knetmasse zum Modellieren aus Kalk, Paraffinen u. Schlämmkreide; *oV* Plastilina [<ital. *plastilina* <grch. *plassein* »formen, gestalten« + lat. *linere* »schmieren«]

Plas|ti|li|na ⟨f.; -; unz.⟩ = Plastilin

plas|ti|nie|ren ⟨V.⟩ zu Präparaten (2) machen, konservieren; *menschl. od. tierische Körper ~*

plas|tisch ⟨Adj.⟩ **1** die Plastik (1) betreffend, zu ihr gehörig **2** in der Art einer Plastik (2) **3** knetbar, modellierbar **4** ⟨fig.⟩ anschaulich, einprägsam, deut-

Plastizität

lich, bildhaft [< frz. *plastique* < grch. *plastikos* »zum Gestalten gehörig«; zu *plassein* »gestalten«]

Plas|ti|zi|tät ⟨f.; -; unz.⟩ **1** plast. Beschaffenheit, Körperlichkeit **2** Geschmeidigkeit, Form-, Knetbarkeit

Plas|tron *auch:* **Plast|ron** ⟨[-strɔ̃:] m. od. n.; -s, -s⟩ **1** ⟨urspr.⟩ Brustharnisch **2** ⟨Sport; Fechten⟩ Polster, das beim Üben Brust u. Arm schützt **3** breite Krawatte (aus Seide) zum festl. Anzug **4** ⟨Reitsport⟩ gebundene Krawatte für Turnierbekleidung **5** verzierter Brustlatz an Kleidern [frz., »Brustharnisch, Hemdbrust«]

Pla|ta|ne ⟨f.; -, -n; Bot.⟩ der einzigen Gattung der Platanengewächse angehörender Laubbaum mit glatter Rinde, die sich in Platten ablöst, u. kugeligen, borstigen Früchten: Platanus [< grch. *platanos*; zu *platys* »breit« (nach den breiten Blättern od. dem breiten Wuchs)]

Pla|teau ⟨[-toː] n.; -s, -s⟩ **1** Hochebene **2** obere ebene Fläche eines Felsens; *Fels~* [frz., »Tablett, Platte; Hochebene«]

Pla|teau|ba|salt ⟨[-toː-] m.; -(e)s, -e⟩ = Trapp

Pla|teau|schuh ⟨[-toː-] m.; -(e)s, -e⟩ modischer Schuh mit extrem dicker (Kunststoff-)Sohle

pla|te|resk ⟨Adj.⟩ wunderlich verziert [< span. *plateresco* »nach Art von Silberschmiedearbeit«; zu *platero* »Silberschmied«; zu *plata* »Silber«]

Pla|te|res|ken|stil ⟨m.; -(e)s; unz.; Arch.⟩ Stil in der span. Baukunst des 15./16. Jh., der beim Verzieren von Fassaden maur., spätgot. u. Renaissance-Elemente verwendete

Pla|tin ⟨n.; -s; unz.; chem. Zeichen: Pt⟩ chem. Element, weißes, glänzendes Edelmetall, Ordnungszahl 78 [< span. *platina* (heute *platino*) »Silberkörnchen«, Verkleinerungsform zu span. *plata* »Silber« < mlat. *platta* »Metallplatte«]

Pla|ti|ne ⟨f.; -, -n⟩ **1** ⟨Met.⟩ kleiner Metallblock, aus dem dünne Bleche ausgewalzt werden **2** ⟨Web.⟩ Haken zum Anheben der Kettfäden bei der Jacquardmaschine od. dünner Metallstreifen zum Bilden von Schleifen aus geraden Fäden [→ *Platin*]

pla|ti|nie|ren ⟨V.⟩ mit Platin überziehen

Pla|tin|mohr ⟨n.; -s; unz.; Chemie⟩ sehr fein pulverisiertes Platin, das in der Chemie vielfach als Katalysator verwendet wird

Pla|ti|tu|de ⟨[-tyː-] f.; -, -n⟩ = Plattitüde

Pla|to|ni|ker ⟨m.; -s, -; Philos.⟩ Anhänger, Vertreter der Philosophie Platos [nach dem grch. Philosophen *Plato*, grch. *Platon*, 427-347 v. Chr.]

pla|to|nisch ⟨Adj.⟩ zur Philosophie Platos gehörend, auf ihr beruhend; *~e Körper* ⟨Math.⟩ von lauter regelmäßigen, kongruenten Vielecken begrenzte K., regelmäßige K.; *~e Liebe* ⟨fig.⟩ nicht körperliche, rein seelische od. geistige L.

Pla|to|nis|mus ⟨m.; -; unz.; Philos.⟩ Weiterentwicklung der Lehre Platos

Plat|ten|kon|den|sa|tor ⟨m.; -s, -en; El.⟩ Kondensator aus zwei Metallplatten mit Luft, Öl od. Papier als Dielektrikum

plat|tie|ren ⟨V.⟩ *ein Metallstück ~* eine (edlere) Metallschicht darauf auftragen; *einen Faden ~* mit einem anderen Faden überdecken [< spätahd. *platta*, *blatta* »Steinplatte, Tonsur« < mlat. *platta* »Metallplatte«; zu vulgärlat. *plattus* »flach, eben«]

Platt|ti|tü|de ⟨f.; -, -n⟩ nichtssagende, geistlose Redensart, Plattheit; *oV* Platitude [< frz. *platitude* »Plattheit, Seichtheit«]

pla|ty|ke|phal ⟨Adj.; Med.⟩ mit anomal flachem Schädel versehen [< grch. *platys* »flach« + *kephale* »Kopf«]

Pla|ty|ke|pha|lie ⟨f.; -; unz.; Med.⟩ Kopfform mit fast rechtwinkliger Absetzung der oberen Schädelfläche gegen die Seitenwände, Flachköpfigkeit; *oV* Platyzephalie

plat|zie|ren ⟨V.⟩ *etwas ~* an einen bestimmten Platz stellen, befördern; *einen Ball (an eine bestimmte Stelle) ~* ⟨Tennis; Tischtennis⟩ so schlagen, dass er auf einer bestimmten Stelle auftrifft; *Kapital ~* anlegen; *jmdn. (auf einen bestimmten Platz) ~* jmdm. einen bestimmten Platz anweisen [< frz. *placer* »an seinen Platz stellen, unterbringen, (Geld) anlegen«]

platzieren (*Laut-Buchstaben-Zuordnung*) Aufgrund des Stammerhaltungsprinzips richtet sich die Schreibung abgeleiteter Wortarten nach dem Wortstamm. Folglich wird das Verb »*platzieren*« wie das zugrunde liegende Substantiv »*Platz*« mit »*tz*« geschrieben.

Plat|zie|rung ⟨f.; -, -en⟩ **1** das Platzieren **2** ⟨Reitsport; Pferderennen⟩ Ehrung der besten Pferde eines Wettbewerbes

plau|si|bel ⟨Adj.⟩ einleuchtend; *jmdm. etwas ~ machen*, erklären, zu verstehen geben; *eine plausible Deutung* [< frz. *plausible* »glaubhaft« < lat. *plausibilis* »Beifall verdienend«; zu *plaudere* »(Beifall) klatschen«]

plau|si|bi|li|sie|ren ⟨V.⟩ plausibel machen, erklären

Plau|si|bi|li|tät ⟨f.; -; unz.⟩ plausible Beschaffenheit

Pla|ya ⟨f.; -s⟩ **1** ⟨Geogr.⟩ von salzhaltigen Tonen od. Mergeln gebildete, durch zeitweiligen Regen od. ansteigendes Grundwasser von einem See bedeckte Fläche (Salztonebene), z. B. in Trockenregionen Mexikos; *oV* Playe **2** Strand [span., »Strand, Ufer«]

Play-back *auch:* **Play|back** ⟨[pleɪbæk] n.; -, -s⟩ **1** nachträgliche Abstimmung der Bildstreifen mit der bereits vorliegenden Tonaufzeichnung **2** bei Livesendungen in Fernsehen u. Hörfunk angewandtes Verfahren, bei dem der Sänger zu dem durch Tonband eingespielten, gesungenen Text nur noch synchron die Lippen bewegt; *~-Verfahren* [engl., eigtl. »spiel zurück«]

Play|board ⟨[pleɪbɔːd] n.; -s, -s⟩ = Tin [engl.]

Play|boy ⟨[pleɪbɔɪ] m.; -s, -s⟩ (meist reicher) junger Mann, der hauptsächlich nach seinem

Plerem

Vergnügen lebt [engl.; <*play* »spielen« + *boy* »Knabe«]

Play|a ⟨f.; -, -n; Geogr.⟩ = Playa (1)

Play|girl ⟨[plɛɪɡœːl] n.; -s, -s⟩ dem Playboy entsprechendes, reiches, attraktives, junges Mädchen [engl.; <*play* »spielen« + *girl* »Mädchen«]

Play|mate ⟨[plɛɪmeɪt] n.; -s, -s⟩ attraktive Freundin, Begleiterin eines Playboys, (auch verhüllend für) Prostituierte [engl., »Spielgefährte«]

Play-off *auch:* **Play|off** ⟨[pleɪɔf] n.; -s, -s; Sport⟩ Verfahren der Qualifikation durch Ausscheidungsspiele; ∼-Runde [<engl. *play* »spielen« + *off* »fort, weg«]

Play|sta|tion® ⟨[pleɪsteɪʃn] f.; -; unz.⟩ Telespielkonsole [engl.]

Pla|zen|ta ⟨f.; -, -s od. -zen|ten⟩ **1** ⟨Med.; Biol.⟩ die Zottenhaut des Embryos mit der Wand der Gebärmutter verbindendes, gefäßreiches Organ, das für den Stoffwechsel zwischen Mutter u. Kind sorgt, Mutterkuchen **2** ⟨Bot.⟩ Stelle des Fruchtblattes, an der die Samenanlage befestigt ist [<lat. *placenta* »Kuchen« <grch. *plakus* »flach; flacher Kuchen«]

pla|zen|tal ⟨Adj.; Med.⟩ = plazentar

pla|zen|tar ⟨Adj.; Med.⟩ zur Plazenta gehörend; *oV* plazental

Pla|zen|ta|ti|on ⟨f.; -; unz.⟩ Bildung der Plazenta

Pla|zen|ti|tis ⟨f.; -, -ti|den; Med.⟩ Entzündung der Plazenta [<*Plazenta* + ...*itis*]

Pla|zet ⟨n.; -s, -s; geh.⟩ Bestätigung, Erlaubnis, Zustimmung [<lat. *placet* »es gefällt«]

Ple|be|jer ⟨m.; -s, -⟩ **1** (im antiken Rom) Angehöriger der Plebs **2** ⟨fig.⟩ ungehobelter, ungebildeter Mensch; *er benimmt sich wie ein* ∼ [<lat. *plebeius* »der Plebs, dem Bürgerstand angehörig«; → *Plebs*]

ple|be|jisch ⟨Adj.⟩ **1** zu den Plebejern gehörig **2** ⟨fig.⟩ ungebildet, ungehobelt

Ple|bis|zit ⟨n.; -(e)s, -e; Politik⟩ **1** Volksentscheid **2** Volksbefragung [<lat. *plebis scitum* »Beschluss der Plebs«; → *Plebs*]

ple|bis|zi|tär ⟨Adj.⟩ durch ein Plebiszit erfolgend

Plebs¹ ⟨f.; -; unz.⟩; im antiken Rom⟩ das Volk [lat., »Bürgerstand, Gesamtheit der frei geborenen, aber nicht zum Adel (Patrizier) gehörenden Bürger im antiken Rom«]

Plebs² ⟨m.; -es; unz.; fig.: abwertend⟩ ungebildete Menge, die breite Masse [→ *Plebs¹*]

Plé|ia|de *auch:* **Plé|ia|de** ⟨[pleja:də] f.; -; unz.; Lit.⟩ Kreis von sieben frz. Dichtern (u. a. Ronsard) um 1550, die eine Erneuerung der Dichtung nach antikem Vorbild anstrebten [nach der *Pleias*, sieben Tragikern am Hofe Ptolemaios' II. in Alexandria; → *Plejaden*]

Plein|air *auch:* **Plei|nair** ⟨[plɛnɛːr] n.; -s; unz.; Mal.⟩ (Erzeugnis der) Freilichtmalerei [<frz. *plein air* »im Freien«]

Plein|ai|ris|mus *auch:* **Plei|nai|ris|mus** ⟨m.; -; unz.; Mal.⟩ Freilichtmalerei [<frz. *plein air* »im Freien«]

Plein|pou|voir ⟨[plɛ̃puvoaːr] n.; -s; unz.⟩ unbeschränkte Vollmacht [<frz. *plein pouvoir* »Vollmacht«]

pleis|to|zän ⟨Adj.; Geol.⟩ zum Pleistozän gehörig, aus ihm stammend, es betreffend

Pleis|to|zän ⟨n.; -s; unz.; Geol.⟩ älteste Abteilung des Quartärs mit Eiszeiten u. dazwischenliegenden Warmzeiten vor 700 000 bis 20 000 Jahren; *Sy* Diluvium [<grch. *pleistos* »am meisten« + ...*zän*]

plei|te ⟨Adv.; umg.⟩ **1** ∼ *sein* = bankrott sein (Firma) **2** *ich bin (völlig)* ∼ ich habe kein Geld mehr, ich bin (vorübergehend) zahlungsunfähig

Plei|te ⟨f.; -, -n⟩ **1** ∼ *gehen* ⟨umg.⟩ = Bankrott machen **2** = Bankrott; ∼ *machen* **3** ⟨fig.; umg.⟩ Reinfall, Misserfolg; *die ganze Sache war eine* ∼ [<hebr. *peleta* »Entrinnen, Rettung; Flucht vor der Schuldhaft«]

Ple|ja|den ⟨Pl.⟩ die sieben Töchter des Atlas u. der Pleione, die von Zeus als Siebengestirn an den Himmel versetzt wurden [<grch. *Pleiades*; zu *plein* »fahren, segeln« (das Siebengestirn, mit dessen Aufgang im Mai bei den Griechen die Schifffahrt begann u. mit dessen Untergang im November sie eingestellt wurde)]

Plek|ten|chym *auch:* **Plek|ten|chym** ⟨n.; -s, -e; Bot.⟩; bei Pilzen⟩ unechter Gewebeverband durch Verflechtung einzelner Zellfäden, Flechtgewebe [<lat. *plectere* »flechten« + *en*... + grch. *chymos* »Saft«]

Plek|tron *auch:* **Plek|tron** ⟨n.; -s, Plek|tren od. Plek|tra; Musik⟩ = Plektrum

Plek|trum *auch:* **Plek|trum** ⟨n.; -s, Plek|tren od. Plek|tra; Musik⟩ Plättchen aus Holz, Metall, Elfenbein o. Ä., mit dem die Saiten von Zupfinstrumenten angerissen werden; *oV* Plektron [<grch. *plektron*; zu *plessein* »schlagen«]

Ple|nar... ⟨in Zus.⟩ Voll..., Gesamt...; ∼*saal* [<lat. *plenarius* »vollständig«; zu *plenus* »voll«]

Ple|ni|lu|ni|um ⟨n.; -s; unz.; Astron.⟩ Vollmond [<lat. *plenus* »voll« + *luna* »Mond«]

ple|ni|po|tent ⟨Adj.; veraltet⟩ uneingeschränkt bevollmächtigt [zu lat. *plenus* »voll« + *potens* »mächtig«]

Ple|ni|po|tenz ⟨f.; -; unz.; veraltet⟩ uneingeschränkte Vollmacht [zu lat. *plenus* »voll« + *potentia* »Macht«]

Ple|num ⟨n.; -s, Ple|nen od. Plena⟩ Versammlung aller Mitglieder, Vollversammlung [lat., Neutr. von *plenus* »voll«]

Pleo|chro|is|mus ⟨[-kro-] m.; -; unz.⟩ die Eigenschaft vieler Kristalle, im polarisierten Licht nach ihren verschiedenen Richtungen unterschiedliche Farben zu zeigen [<grch. *pleon* »mehr« + *chros* »Farbe«]

pleo|morph ⟨Adj.⟩ = polymorph [<grch. *pleon* »mehr« + ...*morph*]

Pleo|mor|phis|mus ⟨m.; -; unz.⟩ = Polymorphismus (2)

Pleo|nas|mus ⟨m.; -, -nas|men; Rhet.⟩ rhetor. Figur, bei der ein Wort hinzugefügt wird, dessen Bedeutung schon in dem Hauptwort enthalten ist, z. B. alter Greis; *Sy* Abundanza (3) [<grch. *pleon* »mehr«]

pleo|nas|tisch ⟨Adj.⟩ in der Art eines Pleonasmus

Ple|rem ⟨n.; -s, -e; Sprachw.⟩ kleinste (semantische) Einheit

Plerematik

der Inhaltsebene; →*a*. Glossem, Kenem [zu grch. *pleres* »voll, reichlich vorhanden«]

Ple|re|ma|tik ⟨f.; -; unz.; Sprachw.⟩ = Pleremik

Ple|re|mik ⟨f.; -; unz.; Sprachw.⟩ Disziplin der Sprachwissenschaft, die sich mit der Beschreibung der Grundstrukturen der kleinsten (semantischen) Spracheinheiten befasst; *Sy* Plerematik [→ *Plerem*]

Ple|rom ⟨n.; -s, -e; Bot.⟩ in der Entwicklung befindliche zentrale Röhre der Pflanzenwurzel [<grch. *pleroma* »Vervollständigung, Ausfüllung«]

Ple|si|an|thro|pus *auch:* **Ple|si|anthro|pus** ⟨m.; -, -thro|pi⟩ in Südafrika gefundener fossiler Hominide des Pliozäns [<grch. *plesios* »nahe« + *anthropos* »Mensch«]

Ple|si|o|sau|rus ⟨m.; -, -ri|er; Paläontol.⟩ Saurier mit kleinem Schädel, langem Hals, kurzem Schwanz u. paddelartigen Gliedmaßen [<grch. *plesios* »nahe« + *sauros* »Eidechse«]

Pleu|ra ⟨f.; -, Pleu|ren; Anat.⟩ Brustfell [grch. »Rippe, Seite«]

pleu|ral ⟨Adj.; Med.⟩ die Pleura betreffend, zu ihr gehörig

Pleu|ral|gie *auch:* **Pleu|ral|gie** ⟨f.; -, -n; Med.⟩ Brustfellschmerz [<*Pleura* + ...*algie*]

Pleu|re|sie ⟨f.; -, -n; Med.⟩ Brustfellentzündung [<grch. *pleura* »Rippe, Seite«]

Pleu|ri|tis ⟨f.; -, -ti|den; Med.⟩ Brustfellentzündung [<grch. *pleura* »Rippe, Seite«]

Pleu|ro|dy|nie *auch:* **Pleu|ro|dy|nie** ⟨f.; -, -n; Med.⟩ Schmerz im seitlichen Brust- u. Rippenfell [<*Pleura* + grch. *odyne* »Schmerz«]

Pleu|ro|pneu|mo|nie ⟨f.; -, -n; Med.⟩ Rippenfell- u. Lungenentzündung [<*Pleura* + *Pneumonie*]

Pleus|ton ⟨n.; -s; unz.; Biol.⟩ Lebensgemeinschaft der auf der Wasseroberfläche treibenden Organismen [<grch. *pleuston* »Segelndes«, zu *plein* »segeln«]

Ple|xi|glas® ⟨n.; -es; unz.⟩ leicht zu bearbeitender, splitterfreier, glasartiger Kunststoff; *Sy* Acrylglas [<lat. *plexus* »Geflecht« + *Glas*]

Ple|xus ⟨m.; -, -; Med.⟩ die netzartige Vereinigung von Blutod. Lymphgefäßen sowie von Nerven; *Solar~* [lat., »Geflecht«; zu *plectere* »flechten«]

Pli ⟨m.; -s; unz.; westdt.⟩ Gewandtheit, Mutterwitz, Schliff [frz., »Falte, Angewohnheit, Gewandtheit«]

Plin|se ⟨f.; -, -n; ostmdt.; Kochk.⟩ Eierkuchen, oft mit Hefe; *Hefe~* [<sorb. *blinc, mlinc* »dünner Buchweizenkuchen, in der Pfanne gebacken u. gerollt«; zu idg. **mel-* »mahlen«]

Plin|the ⟨f.; -, -n; Arch.⟩ quadrat. od. rechteckige Platte (unter Säule, Pfeiler od. Statue) [<grch. *plinthos* »Ziegel«]

pli|o|zän ⟨Adj.⟩ zum Pliozän gehörend, aus ihm stammend

Pli|o|zän ⟨n.; -s; unz.; Geol.⟩ jüngste Stufe des Neogens [<grch. *pleion* »mehr« + ...*zän*]

Plis|see ⟨n.; -s, -s; Textilw.⟩ schmale, gepresste Falten (im Stoff) [<frz. *plissé* »Fältchen, Plissee«; zu *plisser* »fälteln«]

plis|sie|ren ⟨V.⟩ Stoff mit Plissee versehen

PLO ⟨Abk. für engl.⟩ Palestine Liberation Organization (Palästinensische Befreiungsorganisation)

Plom|be ⟨f.; -, -n⟩ **1** Siegel aus Metall zum Verschluss von Behältern od. Eisenbahnwagen **2** Zahnfüllung [→ *plombieren*]

plom|bie|ren ⟨V.⟩ mit einer Plombe versehen [<frz. *plomber* »mit Blei verschließen«; zu frz. *plomb* »Blei« <lat. *plumbum* »Blei«]

plop ⟨Schallwort⟩ (Nachahmung eines kurzen leicht knallenden Geräusches wie es z. B. beim geräuschvollen Aufprallen von Wassertropfen od. beim Entkorken einer Sektflasche entsteht) [engl., lautmalend]

Plop ⟨m.; -s, -s; umg.⟩ Plumps, Geräusch eines leichten Knalls od. Aufpralls; *der Sektflasche wurde mit einem ~ geöffnet* [engl.]

plop|pen ⟨V.; umg.⟩ plumpsen, mit einem leichten Knall auftreffen; *die Filzbälle ~ auf das Spielfeld* [<engl. *plop*]

plo|siv ⟨Adj.; Phon.⟩ als Plosiv ausgesprochen

Plo|siv ⟨m.; -s, -e; Phon.⟩ = Plosivlaut

Plo|siv|laut ⟨m.; -s, -e [-və]; Phon.⟩ = Explosivlaut [zu lat. *plausus*, Part. Perf. von *plaudere* »klatschen«]

Plot ⟨n. od. m.; -s, -s; Lit.⟩ Entstehung u. Lösung des Konflikts im Drama, Ablauf der dramat. Handlung [engl., »Fabel, Handlung«]

plot|ten ⟨V.⟩ *etwas ~* einen Plot von etwas erstellen, mit einem Plotter darstellen [zu engl. *plot* »zeichnen«]

Plot|ter ⟨m.; -s, -⟩ Gerät zur unmittelbaren graf. Darstellung von Computerberechnungen, meist mit mehreren mehrfarbigen Stiften ausgerüstet, Zeichenmaschine [<engl. *plot* »eine Zeichnung machen, grafisch darstellen«]

Plug and play ⟨[plʌg ənd pleɪ] n.; - - -; unz.; EDV⟩ automatisches Installieren der einzelnen Komponenten eines Systems, z. B. durch Einstecken einer Karte, deren Merkmale vom System erkannt u. in bereits vorhandenes Computersystem eingebaut werden; →*a*. Konfiguration [7] [engl., »einstecken und spielen«]

Plug-in ⟨[plʌgɪn] n.; -s, -s; EDV⟩ in ein bereits vorhandenes Computersystem einfügbares Programm od. ergänzende Komponente, z. B. um eine Leistungssteigerung zu erzielen [engl., <*plug in* »einstecken«]

Plum|bat ⟨n.; -(e)s, -e; Chemie⟩ Verbindung mit Blei als zentralem Atom [→ *Plumbum*]

Plum|bum ⟨n.; -s; unz.; chem. Zeichen: Pb⟩ Blei [lat.]

Plu|meau ⟨[plymo:] n.; -s, -s⟩ Federbett von der halben Größe des Deckbetts [frz., »Federbesen, Deckbett«; zu *plume* »Feder«]

Plum|me|rung ⟨[plʌm-] f.; -, -en; Med.⟩ = Strumektomie [nach dem amerikan. Arzt Henry St. Plummer, 1874-1937]

Plu|mo|sit ⟨n.; -s; unz.; Min.⟩ Federerz [<lat. *pluma* »Feder«]

Plum|pud|ding ⟨[plʌm-] m.; -s, -s; Kochk.⟩ in England zu Weihnachten bereiteter, gekochter od. gedämpfter Pudding aus Mehl od. Brot, Rosinen u. Gewürzen [<engl. *plumpudding* »Rosinenpudding«]

Plun|ger ⟨[plʌndʒə(r)] m.; -s, -⟩ langer Kolben ohne Kolbenringe an Arbeitsmaschinen, Tauchkolben; *oV* Plunscher [engl., »Taucher«; zu *plunge* »tauchen«]

Plun|scher ⟨m.; -s, -⟩ = Plunger

plu|ral ⟨Adj.; Gramm.⟩ = pluralistisch

Plu|ral ⟨m.; -s, -e; Gramm.⟩ Numerus, der eine Vielheit od. etwas mehrfach Vorkommendes ausdrückt, Mehrzahl; *Ggs* Singular; →*a.* Dual [<lat. *pluralis* »Mehrzahl«; zu *plus* »mehr«]

Plu|ra|le|tan|tum ⟨n.; -s, -s od. -ra|li|a|tan|tum; Gramm.⟩ Wort, das nur im Plural vorkommt, z. B. Leute, Kosten; *Ggs* Singularetantum [lat., »nur in der Mehrzahl vorkommend« <*pluralis* »Mehrzahl« + *tantum* »immer«]

plu|ra|lisch ⟨Adj.; Gramm.⟩ im Plural (gebraucht)

plu|ra|li|sie|ren ⟨V.; geh.⟩ **1** ⟨Gramm.⟩ in den Plural setzen, zu einer Mehrzahl werden, vervielfältigen **2** aus mehreren Komponenten bestehen; *die Lebensweisen ~ sich*

Plu|ra|lis Ma|jes|ta|tis ⟨m.; - -; unz.; Gramm.⟩ der Plural »wir« zur Bez. der eigenen Person (von Fürsten gebraucht od. vom Autor innerhalb seiner Schrift) [<lat. *pluralis maiestatis* »Plural der Majestät, der Erhabenheit«]

Plu|ra|lis|mus ⟨m.; -; unz.⟩ **1** philosoph. Lehre, nach der die Wirklichkeit aus vielen selbständigen Wesen besteht, die insgesamt keine Einheit bilden; *Ggs* Monismus, Singularismus **2** Auffassung, dass der Staat aus vielen koexistierenden Interessengruppen besteht [<lat. *pluralis* »zu mehreren gehörig, aus mehreren bestehend, Mehrzahl«; zu *plus* »mehr«]

Plu|ra|list ⟨m.; -en, -en⟩ Anhänger, Vertreter des Pluralismus

plu|ra|lis|tisch ⟨Adj.⟩ dem Pluralismus gehörend, auf ihm beruhend; *Sy* plural; *~e Gesellschaft*

aus vielen Gruppen mit unterschiedlichen Wertsystemen aufgebaute Gesellschaft

Plu|ra|li|tät ⟨f.; -, -en⟩ Mehrheit, Vielheit [→ *Pluralismus*]

Plu|ri|pa|ra ⟨f.; -, -pa|ren; Med.⟩ Frau, die mehrmals geboren hat; →*a.* Nullipara, Primipara [<lat. *pluri* »mehr« + *parere* »hervorbringen«]

plu|ri|po|tent ⟨Adj.; Genetik⟩ *~e Zellen* Z., die in der Entwicklung noch nicht festgelegt sind u. sich in alle Körpergewebe entwickeln können [<lat. *pluri* »mehr« + *potens* »mächtig«]

plus ⟨Adv.; Zeichen: +⟩ und, dazu, zuzüglich; *Ggs* minus [lat., »mehr«]

Plus ⟨n.; -, -⟩ *Ggs* Minus **1** Mehrbetrag, Überschuss **2** ⟨umg.⟩ Vorteil, Gewinn

Plüsch ⟨m.; -(e)s, -e⟩ **1** Baumwollstoff mit langem Flor **2** Wirkware mit langem Flor [<frz. *peluche* »Plüsch« <galloroman. **pilucare* »enthaaren« <lat. *pilus* »Haar«]

Plus|pol ⟨m.; -(e)s, -e; El.⟩ positiver Pol; *Ggs* Minuspol

Plus|quam|per|fekt ⟨n.; -(e)s, -e; Gramm.⟩ Tempus der Verbums, das ein im Präteritum bereits vollendetes Geschehen bezeichnet, Vorvergangenheit, z. B. *als ich gegangen war...* [<lat. *plus quam perfectum* »mehr als vollendet«]

Plu|te|us ⟨m.; -; unz.; Zool.⟩ Larve der Schlangensterne u. Seeigel [lat., »Schutzwand, Schirmdach«]

Plu|to|krat ⟨m.; -en, -en⟩ **1** Träger der Macht in der Plutokratie **2** ⟨fig.; umg.⟩ Angehöriger der reichen Oberschicht der Gesellschaft

Plu|to|kra|tie ⟨f.; -, -n⟩ Staatsform, in der die Macht auf dem Besitz, dem Reichtum beruht [<grch. *plutos* »Reichtum« + *...kratie*]

plu|to|kra|tisch ⟨Adj.⟩ zur Plutokratie gehörend, auf ihr beruhend

plu|to|nisch ⟨Adj.⟩ **1** zur Unterwelt gehörend **2** ⟨Geol.⟩ auf Plutonismus beruhend, durch ihn entstanden

Plu|to|nis|mus ⟨m.; -; unz.; Geol.⟩ **1** Vulkanismus der tieferen Zonen der Erdrinde **2** früher vertretene geolog. Lehre, dass die meisten Gesteine durch Erstarrung geschmolzener Massen entstanden seien [nach lat. *Pluto*, grch. *Pluton*, dem Gott der Unterwelt]

Plu|to|nist ⟨m.; -en, -en; Geol.⟩ Anhänger des Plutonismus

Plu|to|nit ⟨m.; -s, -e; Geol.; Min.⟩ in größeren Tiefen der Erdkruste erstarrtes Eruptivgestein von grobkörniger, vollkristalliner Konsistenz, z. B. Granit, Diorit, Gabbro [→ *Plutonismus*]

Plu|to|ni|um ⟨n.; -s; unz.; chem. Zeichen: Pu⟩ radioaktives, künstlich hergestelltes chem. Element, Ordnungszahl 96 [nach dem Planeten *Pluto*]

plu|vi|al ⟨[-vi-] Adj.; Meteor.⟩ als Regen fallend, Regen betreffend [<lat. *pluvia* »Regen«]

Plu|vi|a|le ⟨[-vi-] n.; -s, -s od. -⟩ **1** ⟨urspr.⟩ Regenmantel der kath. Geistlichen **2** ⟨seit dem 13. Jh.⟩ mantelähnl., ärmelloser Überwurf der kath. Geistlichen bei manchen gottesdienstl. Handlungen [mlat., »Regenmantel« <lat. *pluvia* »Regen«]

Plu|vi|al|zeit ⟨[-vi-] f.; -, -en; Meteor.⟩ Periode stärkerer Niederschläge in den Tropen u. Subtropen während der quartären Eiszeit [<lat. *pluvia* »Regen«]

plu|vio..., Plu|vio... ⟨[-vio] in Zus.⟩ regen..., Regen... [<lat. *pluvia* »Regen«]

Plu|vio|graf ⟨[-vio-] m.; -en, -en; Meteor.⟩ = Pluviograph

Plu|vio|graph ⟨[-vio-] m.; -en, -en; Meteor.⟩ Gerät zum Aufzeichnen der Niederschlagsmenge; *oV* Pluviograf; *Sy* Hyetograph, Ombrograph [<*Pluvio...* + *...graph*]

Plu|vio|me|ter ⟨[-vio-] n.; -s, -; Meteor.⟩ Niederschlagsmesser [<*Pluvio...* + *...meter*]

Plu|vio|ni|vo|me|ter ⟨[-vionivo-] n.; -s, -; Meteor.⟩ Niederschlagsmesser, der sowohl die Regenmenge als auch die Schneemenge registriert [<*Pluvio...* + lat. *nix*, Gen. *nivis* »Schnee« + *...meter*]

Pm ⟨chem. Zeichen für⟩ Promethium

PM

PM ⟨Abk. für⟩ Publicmanagement
p. m. ⟨Abk. für lat.⟩ **1** post meridiem **2** pro mille **3** pro memoria **4** post mortem
P-Mar|ker ⟨[pi:-] m.; -s, -; Sprachw.⟩ in der generativen Transformationsgrammatik verwendeter Begriff für einen semantischen Marker [<engl. phrase »Satzteil« + *Marker*]
Pneu ⟨m.; -s, -s; kurz für⟩ **1** Pneumatik (1) **2** Pneumothorax
pneu|mo..., Pneu|mo... ⟨in Zus.⟩ = pneumo..., Pneumo...
Pneu|ma ⟨n.; -s; unz.⟩ **1** Hauch, Atem, luftartige Substanz **2** ⟨Philos.⟩ Seele, Lebenskraft, Geist [grch., »Hauch, Atem, Wind«]
Pneu|ma|tik 1 ⟨m.; -s, -s od. österr.: f.; -, -en⟩ Luftreifen **2** ⟨f.; -; Physik⟩ Lehre von der Luft u. anderen Gasen sowie deren Verhalten bei Druck- u. Temperaturänderungen [<grch. *pneuma* »Hauch, Atem, Wind«]
Pneu|ma|ti|ker ⟨m.; -s, -; Gnosis⟩ vom göttl. Geist Erleuchteter, aus göttl. Geist Wirkender, Prophet
pneu|ma|tisch ⟨Adj.⟩ **1** ⟨Philos.⟩ das Pneuma betreffend, auf ihm beruhend **2** vom Geist Gottes erfüllt **3** ⟨Med.⟩ ~*e Kammer* luftdicht verschlossene Kammer zum Herstellen von Unter- od. Überdruck zur Behandlung von Erkrankungen der Lunge od. für Operationen, die die Öffnung der Brusthöhle erfordern
pneu|ma|to..., Pneu|ma|to... ⟨Med.; in Zus.⟩ lunge..., Lunge... [<grch. *pneumon* »Lunge«]
Pneu|ma|to|ly|se ⟨f.; -, -n; Geol.⟩ Neubildung von Mineralien durch die Einwirkung von Gasen, die aus erstarrendem Magma austreten, auf bereits fest gewordenes Gestein [<*Pneuma* + *...lyse*]
pneu|ma|to|ly|tisch ⟨Adj.; Geol.⟩ durch Pneumatolyse hervorgerufen, auf ihr beruhend; ~*e Erzlagerstätten*
Pneu|ma|to|me|ter ⟨n.; -s, -; Med.⟩ Gerät zum Messen der Ein- u. Ausatmung

Pneu|ma|to|phor ⟨n.; -s, -e; meist Pl.; Biol.⟩ aus dem Boden herausragende Atemwurzeln der Mangroven, die dazu dienen, dem im sauerstoffarmen Schlamm gründenden Wurzelwerk Sauerstoff zuzuführen [<*Pneuma* + *...phor*]
Pneu|mek|to|mie ⟨auch: **Pneu|mek|to|mie**⟩ ⟨f.; -, -n; Med.⟩ = Pneumonektomie
pneu|mo..., Pneu|mo... ⟨vor Vokalen⟩ pneum..., Pneum... ⟨in Zus.⟩ Lunge [<grch. *pneumon*]
Pneu|mo|graf ⟨m.; -en, -en; Med.⟩ = Pneumograph
Pneu|mo|graph ⟨m.; -en, -en; Med.⟩ Gerät zum Aufzeichnen der Bewegung des Brustkorbs beim Atmen u. der Häufigkeit u. Tiefe der Atmungen; *oV* Pneumograf [<*Pneumo...* + *...graph*]
Pneu|mo|kok|kus ⟨m.; -, -kok|ken; Med.⟩ in mehreren Typen vorkommendes Bakterium, Erreger der Lungenentzündung [<*Pneumo...* + *Kokkus*]
Pneu|mo|ko|ni|o|se ⟨f.; -, -n; Med.⟩ durch ständiges Einatmen von bestimmten Staubarten hervorgerufene, chronisch entzündl. Erkrankung der Atemwege, Staublunge [<*Pneumo...* + grch. *komis* »Staub«]
Pneu|mo|lo|gie ⟨f.; -; unz.; Med.⟩ Lehre von den Lungenkrankheiten; *oV* Pneumonologie [<*Pneumo* + *...logie*]
Pneu|mon|ek|to|mie ⟨auch: **Pneu|mo|nek|to|mie**⟩ ⟨f.; -, -n; Med.⟩ operative Entfernung eines Lungenflügels, *oV* Pneumektomie [<*Pneumo...* + *Ektomie*]
Pneu|mo|nie ⟨f.; -, -n; Med.⟩ Lungenentzündung [<grch. *pneumon* »Lunge«]
Pneu|mo|nik ⟨f.; -; unz.; Technik⟩ Steuerungstechnik mit Hilfe von Luftdruck [<*Pneu*ma + *Elektronik*]
pneu|mo|nisch ⟨Adj.; Med.⟩ die Pneumonie betreffend, mit ihr einhergehend, durch sie verursacht
Pneu|mo|no|lo|gie ⟨f.; -; unz.; Med.⟩ = Pneumologie
Pneu|mo|pleu|ri|tis ⟨f.; -, -ti|den; Med.⟩ Brustfellentzündung in-

folge einer Pneumonie [<*Pneumo...* + *Pleuritis*]
Pneu|mo|tho|rax ⟨m.; - od. -es, -e; Kurzwort: Pneu; Med.⟩ Füllung des Spaltes zwischen den beiden Blättern des Brustfells mit Luft od. Gasen, Gasbrust, Luftbrust, künstlich bes. bei Tuberkulose zur Ruhigstellung der Lunge
pneu|mo|trop ⟨Adj.; Med.⟩ auf die Lunge wirkend, sie beeinträchtigend (z. B. von Bakterien) [<*pneumo...* + *...trop*]
Po ⟨chem. Zeichen für⟩ Polonium
po|chie|ren ⟨[-ʃi:-] V.; Kochk.⟩ *oV* poschieren **1** *eine Speise* ~ bei milder Hitze in wenig Flüssigkeit ziehen lassen bis sie gar ist **2** *Eier* ~ in fast noch kochendes Essigwasser schlagen u. darin gar werden lassen; *pochierte Eier* verlorene Eier [<frz. *œufs pochés* »verlorene Eier«]
Pocket|book ⟨[pɔkɪtbuk] n.; -s, -s; engl. Bez. für⟩ Taschenbuch
Pocket|ka|me|ra ⟨[pɔkɪt-] f.; -, -s⟩ sehr kleiner, handlicher Fotoapparat [<engl. *pocket* »Tasche« + *Kamera*]
po|co ⟨Musik⟩ ein wenig, etwas; ~ *adagio*; ~ *a* ~ nach u. nach [ital., »wenig«]
Pod ⟨m.; -s, -s; Geol.⟩ flache, abflusslose Mulde im Lössboden osteuropäischer Steppenlandschaften, die sich infolge der Schneeschmelze im Frühling mit Wasser füllt [russ.]
Pod|agra ⟨auch: **Pod|agra**⟩ ⟨n.; -; unz.; Med.⟩ Gicht der großen Zehe [<grch. *pous*, Gen. *podos* »Fuß« + *agra* »Fang, Fessel«]
pod|ag|risch ⟨auch: **pod|ag|risch**⟩ ⟨Adj.; Med.⟩ auf Podagra beruhend
Pod|al|gie ⟨auch: **Pod|al|gie**⟩ ⟨f.; -, -n; Med.⟩ Fußschmerz [<grch. *pous*, Gen. *podos* »Fuß« + *...algie*]
...po|de ⟨Nachsilbe; zur Bildung männl. Subst.⟩ Tier mit bestimmten Füßen, ...füßer, ...füßler [<grch. *pous*, Gen. *podos* »Fuß«]
Po|dest ⟨n. od. m.; -(e)s, -e⟩ **1** Treppenabsatz **2** schmales Podium **3** schmales Gestell mit einem Fuß [→ *Podium*]

756

Po|dex ⟨m.; - od. -es, -e; umg.⟩ Gesäß (bes. bei Kindern) [lat., »Gesäß«]

...po|di|um ⟨Nachsilbe; zur Bildung sächl. Subst.⟩ Fuß, Füßchen [lat. *podium* »Füßchen« <grch. *podion*; zu *pous*, Gen. *podos* »Fuß«]

Po|di|um ⟨n.; -s, -di|en⟩ gegenüber dem Fußboden erhöhte Fläche [lat., »Tritt, trittartige Erhöhung« <grch. *podion*; zu *pous*, Gen. *podos* »Fuß«]

Po|di|ums|ge|spräch ⟨n.; -(e)s, -e⟩ Diskussion mehrerer Redner (nicht aus dem Publikum) vor Zuhörern

Po|do|me|ter ⟨n.; -s, -⟩ Messgerät zum Zählen der Schritte, Schrittmesser [<grch. *pous*, Gen. *podos* »Fuß« + *metrein* »messen«]

Pod|sol ⟨m.; -s; unz.; Geol.⟩ heller, sandiger, wenig fruchtbarer Boden über durchlässigen Gesteinen, Bleicherde [russ., »unter Asche«]

Po|em ⟨n.; -s, -e; manchmal abwertend⟩ Gedicht [<grch. *poiema* »Gedicht«, eigtl. »Erzeugnis«; zu *poiein* »schaffen«]

Po|e|sie ⟨f.; -, -n⟩ **1** (i. w. S.) Dichtkunst **2** (i. e. S.) Dichtung in Versen, in gebundener Rede; *Ggs* Prosa (1) **3** ⟨fig.⟩ Stimmungsgehalt, Zauber; *Ggs* Prosa (2); *die ~ des Alltags* [<frz. *poésie* <lat. *poesis* <grch. *poesis* »das Verfertigen, das Dichten, Dichtkunst«; zu *poiein* »machen, schaffen«]

Po|e|sie|al|bum ⟨n.; -s, -al|ben⟩ Album, in das man Freunde zur Erinnerung Gedichte od. Sprüche schreiben lässt, bes. bei Kindern u. jungen Mädchen beliebt

Po|et ⟨m.; -en, -en⟩ *Ggs* Prosaist **1** (i. w. S.) Dichter **2** (i. e. S.) = Lyriker [<mhd. *poete* <lat. *poeta* »Dichter« <grch. *poietes* »schöpfer. Mensch, Dichter«; → *Poesie*]

Po|e|ta doc|tus ⟨m.; - -, -tae -doc|ti; Lit.; veraltet⟩ gelehrter Dichter, der sein Wissen u. die Beherrschung poetischer Formen bei seiner literarischen Arbeit bewusst anwendet u. ausstellt (Idealbild des Dichters in alexandrinischer Zeit,

im Humanismus u. während der Aufklärung) [lat., »gelehrter Dichter«]

Po|e|ta lau|re|a|tus ⟨m.; - -, -tae -re|a|ti⟩ **1** ⟨Antike⟩ mit dem Lorbeerkranz gekrönter Dichter **2** ⟨MA; in England noch heute⟩ mit gewissen Rechten verbundener Ehrentitel für den besten Dichter [lat., »mit Lorbeer geschmückter Dichter«]

Po|e|tas|ter ⟨m.; -s, -; abwertend⟩ Dichterling [<*Poet* + Pejorativendung *...aster*]

Po|e|tik ⟨f.; -, -en⟩ **1** Lehre von der Dichtkunst **2** Lehrbuch der Dichtkunst [<grch. *poietike (techne)* »Dichtkunst«; → *Poesie*]

po|e|tisch ⟨Adj.⟩ zur Poesie gehörend, in der Art der Poesie, dichterisch; *Ggs* prosaisch (1) [<frz. *poétique* <lat. *poeticus* <grch. *poietikos* »die Poesie betreffend«; → *Poesie*]

po|e|ti|sie|ren ⟨V.⟩ poetisch gestalten, mit Poesie durchdringen

Po|e|to|lo|gie ⟨f.; -; unz.; neuere Bez. für⟩ Poetik (1) [<*Poet* + *...logie*]

po|e|to|lo|gisch ⟨Adj.⟩ die Poetologie betreffend, auf ihr beruhend, zu ihr gehörig

Po|e|try|slam *auch:* **Po|e|try Slam** ⟨[ˈpɔːətrɪslæm] m.; (-) - od. (-) -s, (-) -s; Lit.⟩ Wettkampf zwischen Nachwuchsschriftsteller(inne)n, die (meist in kleinen Kultureinrichtungen) eine Auswahl eigener Texte vortragen u. von einer Jury bewertet werden [engl., eigtl. »Poesieschlag« (parallel zu *Grandslam* gebildet)]

Po|fe|se ⟨f.; -, -n⟩ = Pafese

Po|grom *auch:* **Pog|rom** ⟨m. od. n.; -s, -e⟩ Hetze, Ausschreitung gegen nationale, religiöse od. rassische Gruppen; *Juden~* [russ., »Verheerung, Verwüstung«]

...pö|ie ⟨Nachsilbe; zur Bildung weibl. Subst.⟩ Machen, Nachahmen; *Onomatopöie* [<grch. *poiein* »machen«]

poi|e|tisch ⟨Adj.⟩ mit dem Hervorbringen, Schaffen zu tun habend; *~e Philosophie* ⟨nach Plato⟩ Wissenschaft, die sich mit der Anfertigung, Erzeu-

gung einer Sache befasst, z. B. Baukunst

poi|ki|lo|therm ⟨Adj.; Biol.⟩ wechselwarm; *~e Tiere* Tiere, deren Körpertemperatur von der Temperatur ihrer Umgebung abhängt, Wechselwarmblüter [<grch. *poikilos* »bunt« + *...therm*]

Poi|ki|lo|ther|mie ⟨f.; -, -n; Biol.⟩ Instabilität der Körpertemperatur durch ungenügende Wärmeregulationsfähigkeit des Organismus, z. B. bei zu früh geborenen Säuglingen [<grch. *poikilos* »bunt« + *therme* »Wärme«]

Poil ⟨[poaːl] m.; -s, -e⟩ = Pol² [frz., »Haar«]

Poi|lu ⟨[poalyː] m.; - od. -s, -s; Spitzname für⟩ frz. Soldat (im 1. Weltkrieg) [frz., eigtl. »behaart, haarig«; zu *poil* »Haar«]

Point ⟨[po̯ɛ̃ː] m.; -s, -s⟩ **1** Stich (beim Kartenspiel) **2** Auge (beim Würfelspiel) [frz., »Punkt« <lat. *punctum* »Punkt, Stich«]

Poin|te ⟨[po̯ɛ̃ːt(ə)] f.; -, -n⟩ geistreicher, überraschender Höhepunkt einer Erzählung od. Darstellung; *die ~ des Witzes* [frz., »Spitze, Stachel« <vulgärlat. *puncta* »Stich«]

Poin|ter ⟨[ˈpɔɪntə(r)] m.; -s, -; Zool.⟩ gescheckter engl. Vorstehhund [engl., »Vorstehhund, Hühnerhund«; zu *point out* »zeigen, hinweisen«]

poin|tie|ren ⟨[poɛ̃-] V.⟩ nachdrücklich betonen, hervorheben [<frz. *pointer* »auf etwas zielen, hervorheben, zuspitzen«; zu *pointe* »Spitze«]

poin|tiert ⟨[poɛ̃-] Adj.⟩ auf den Punkt gebracht, überspitzt, zugespitzt, das Wesentliche betonend, hervorhebend; *eine Geschichte ~ erzählen; etwas ~ darstellen*

Poin|til|lis|mus ⟨[poɛ̃-] m.; -; unz.; Mal.⟩ Richtung der Malerei am Ende des Impressionismus, die durch das dichte Nebeneinander von unvermischten Farbpunkten bestimmte opt. Wirkung (aus der Entfernung) erstrebte; →a. Divisionismus [<frz. *pointillisme*; zu *pointiller* »mit Punkten darstellen«; zu *point* »Punkt«]

Pointillist

Poin|til|list ⟨[poɛ̃-] m.; -en, -en; Mal.⟩ Vertreter des Pointillismus
poin|til|lis|tisch ⟨[poɛ̃-] Adj.; Mal.⟩ im Stil des Pointillismus
Point of no re|turn ⟨[pɔɪnt ɔf noː rɪtœːn] m.; - - - -; unz.⟩ Stadium einer Entwicklung, von dem aus eine Änderung nicht mehr möglich ist [engl., »Punkt ohne Rückkehr(möglichkeit)«]
Poise ⟨[poaːz] n.; -, -; Zeichen: P⟩ nicht mehr zulässige Maßeinheit der Viskosität, zu ersetzen durch die Einheit Pascalsekunde (Pas), 1 P = 0,1 Pas [nach dem frz. Mediziner Jean-Louis-Marie *Poiseuille,* 1799-1869]
Po|kal ⟨m.; -s, -e⟩ Trinkgefäß aus Silber, Gold od. Kristall mit Fuß u. oft mit Deckel (auch als Siegespreis bei sportl. Wettkämpfen) [<ital. *boccale* »Krug, Becher« <lat. *baucalis* »tönernes Kühlgefäß« <grch. *baukalis* »enghalsiges Gefäß«; beeinflusst von lat. *poculum* »Becher«]
Po|ker ⟨n.; -s; unz.; Kart.⟩ Glücksspiel mit frz. Karten, bei dem der Spieler mit der besten Zusammenstellung der Karten (Pokerhand) gewinnt [engl.; zu *poke* »schlagen, stechen«]
Po|ker|face ⟨[-feɪs] n.; -, -s [-feɪsɪz]⟩ unbewegliches Gesicht, das die wahren Absichten einer Person nicht erkennen lässt [<engl. *Poker + face* »Gesicht«]
po|kern ⟨V.⟩ **1** Poker spielen **2** ⟨fig.⟩ bei einem Geschäft o. Ä. mit hohem Risiko verhandeln
po|ku|lie|ren ⟨V.⟩ bechern, zechen [<lat. *poculum* »Becher«]
Pol[1] ⟨m.; -s, -e⟩ **1** Drehpunkt, Mittelpunkt **2** nördlicher bzw. südlicher Endpunkt der Erdachse; *Nord~; Süd~* **3** ⟨Math.⟩ Punkt mit bes. Bedeutung **4** ⟨El.⟩ **4.1** Anschlussklemme von Stromquellen; *Minus~; Plus~* **4.2** Ein- od. Austrittsstelle magnetischer Feldstärkenlinien; *Magnet~; Minus~; Plus~; negativer ~, positiver ~* [<lat. *polus* »Drehpunkt, Achse, Erdpol« <grch. *polos*]
Pol[2] ⟨m.; -s, -e⟩ die mit Flor bedeckte Oberseite von Samt u.

Plüsch; *oV* Poil [<lat. *poil* »Haar«]
pol|lac|ca ⟨Musik⟩ in der Art der Polonäse; *Rondo alla ~* [ital., »polnisch«]
po|lar ⟨Adj.; Geogr.⟩ zu den Polen gehörend [<neulat. *polaris* »den Pol betreffend, am Pol befindlich«; zu lat. *polus;* → *Pol*[1]]
Po|lar|ach|se ⟨[-ks-] f.; -; unz.; Geogr.⟩ zwischen dem Nord- u. Südpol verlaufende gedachte Achse, um die sich die Erde dreht
Po|lar|ban|den ⟨Pl.⟩ hohe, in Nord-Süd-Richtung ausgerichtete, parallel verlaufende Wolkenstreifen
Po|la|re ⟨f.; -, -n; Math.⟩ durch einen außerhalb eines Kreises liegenden Punkt gezogene Tangente zu diesem Kreis
Po|lar|front ⟨f.; -, -en; Meteor.⟩ Region, in der Tropen- u. Polarluft zusammentreffen u. in der häufig Zyklone entstehen
Po|la|ri|me|ter ⟨n.; -s, -; Optik⟩ Gerät zum Messen der Polarisationsebene von Licht
Po|la|ri|me|trie *auch:* **Po|la|ri|metrie** ⟨f.; -, -n [-i:ən]; unz.⟩ Verfahren der chem. Maßanalyse, das mit der Messung des Polarisationswinkels des Lichts beim Durchgang durch Lösungen arbeitet, dient vor allem zur Bestimmung von Lösungskonzentrationen [<*polar + ...metrie*]
po|la|ri|me|trisch *auch:* **po|la|ri|metrisch** ⟨Adj.; Physik⟩ durch Polarimetrie ermittelt, bestimmt
Po|la|ri|sa|ti|on ⟨f.; -, -en; Chemie⟩ Beschränkung der Schwingungen des Lichtes od. anderer elektromagnetischer Wellen auf eine bestimmte Ebene
Po|la|ri|sa|ti|ons|fil|ter ⟨m.; -s, -; Fot.⟩ aus Spezialglas bestehender Filter, der nur Licht einer bestimmten Polarisationsebene durchtreten lässt u. so Lichtreflexe beseitigt
Po|la|ri|sa|ti|ons|mi|kro|skop *auch:* **Po|la|ri|sa|ti|ons|mik|ros|kop** ⟨n.; -(e)s, -e⟩ mit polarisiertem Licht arbeitendes Mikroskop
Po|la|ri|sa|tor ⟨m.; -s, -en; Optik⟩ Vorrichtung zur Erzeugung von linear polarisiertem Licht

po|la|ri|sie|ren ⟨V.; Chemie⟩ **1** der Polarisation unterwerfen **2** trennen (Meinungen usw.); *die Frage der doppelten Staatsangehörigkeit scheint die deutsche Gesellschaft zu ~*
Po|la|ri|sie|rung ⟨f.; -, -en⟩ das Polarisieren, das Sichpolarisieren
Po|la|ri|tät ⟨f.; -, -en⟩ **1** Gegensätzlichkeit **2** Verhältnis von Gegensätzen zueinander [→ *polar*]
Po|lar|ko|or|di|na|ten|sys|tem ⟨n.; -s, -e; Math.⟩ mathemat. Koordinatensystem, das die Lage eines Punktes durch Angabe seiner Entfernung von einem Nullpunkt des Systems u. den Winkel, den die Verbindungslinie zwischen Nullpunkt u. Punkt mit einer Achse bildet, angibt
Po|lar|kreis ⟨m.; -es, -e; Geogr.⟩ die Breitenkreise von 66° 33' nördl. u. südl. Breite, die die Polarzonen von den gemäßigten Zonen abgrenzen
Po|la|ro|graf ⟨m.; -en, -en⟩ = Polarograph
Po|la|ro|gra|fie ⟨f.; -, -n⟩ = Polarographie
Po|la|ro|graph ⟨m.; -en, -en⟩ Gerät zur Polarographie; *oV* Polarograf
Po|la|ro|gra|phie ⟨f.; -, -n⟩ Verfahren der chem. Analyse, das mittels eines Polarographen die Änderungen von Spannung u. Strom während des Ablaufs bestimmter chemischer Reaktionen aufzeichnet; *oV* Polarografie [<*polar + ...graphie*]
Po|la|ro|id|ka|me|ra® ⟨a. [-rɔɪd-] f.; -, -s; Fot.⟩ (von Edwin H. Land 1947 erfundene) Sofortbildkamera, die in wenigen Sekunden fertige Bilder liefert [<engl.-amerikan. *polaroid* (Markenzeichen für ein Licht polarisierendes Material)]
Po|la|ro|id|ver|fah|ren ⟨a. [-rɔɪd-] n.; -s; unz.⟩ ein fotograf. Verfahren, das kurze Zeit nach der Aufnahme positive fixierte Bilder liefert
Po|lar|stern ⟨m.; -s, -e; Astron.⟩ hellster Stern im Sternbild Kleiner Bär, der fast immer genau die Nordrichtung anzeigt (470 Lichtjahre von der Erde entfernt)

Polder ⟨m.; -s, -⟩ **1** eingedeichtes Marschland, Koog **2** Überflutungsfläche [ndrl.; vielleicht verwandt mit *Pfuhl* oder ⟨ndrl. *(hoender) polder* »Hühnerbehälter« ‹frz. *poulailler* ‹mlat. *pullarium*]

Polei ⟨m.; -s, -e; Bot.⟩ an feuchten Orten wachsende Art der Minze: Mentha pulegium [‹ahd. *polaia, poleige, pulei* ‹lat. *pulegium, puleium;* angelehnt an lat. *pulex* »Floh«, daher auch »Flohkraut«]

Polemik ⟨f.; -, -en⟩ **1** wissenschaftl. od. literarischer, meist publizistisch ausgetragener Streit **2** unsachliche Auseinandersetzung [‹frz. *polémique*, eigtl. »kriegerisch, streitbar« ‹grch. *polemikos* »den Krieg betreffend, kriegerisch«; zu *polemos* »Krieg«]

Polemiker ⟨m.; -s, -⟩ jmd., der sich in einer polemischen Art u. Weise äußert, zu aggressiven u. unsachlichen Bemerkungen neigt

polemisch ⟨Adj.⟩ in der Art einer Polemik, streitbar, feindselig, unsachlich

polemisieren ⟨V.⟩ wissenschaftlich od. literarisch, in der Art einer Polemik streiten

polen ⟨V.; El.⟩ an einen elektr. Pol anschließen

Polenta ⟨f.; -, -s od. -lenten; Kochk.⟩ norditalien. Nationalgericht, dicker Brei aus Maismehl, der nach dem Erkalten in Stücke geschnitten u. gebraten wird [ital. ‹lat. *polenta* »Gerstengraupen«]

Poleposition ⟨[poʊlpəzɪʃn] f.; -, -s⟩ **1** ⟨Motorsport⟩ (aufgrund der Trainingszeiten ermittelte) beste Startposition bei Motorrad- u. Autorennen **2** ⟨fig.⟩ vorderste, günstigste Start-, Ausgangsposition [engl.]

Police ⟨[-liːs(ə)] f.; -, -n⟩ vom Versicherer ausgestellte Urkunde über eine abgeschlossene Versicherung; *Versicherungs~; oV* ⟨österr.⟩ Polizze [frz. ‹ital. *polizza* ‹mlat. *apodixa* »Nachweis, Quittung« ‹grch. *apodeixis* »Darlegung, Nachweis«]

Policinello ⟨[-tʃi-] m.; -s, -nelli⟩ = Pulcinella

Polier ⟨m.; -s, -e⟩ Vorarbeiter der Maurer u. Zimmerleute [‹spätmhd. (im 14. Jh. bei den Bauhütten entstanden) *parlier* ‹afrz. *parlier* »Sprecher« (nfrz. *parleur*); zu frz. *parler* »sprechen«; vielleicht beeinflusst von *polieren*]

polieren ⟨V.⟩ **1** glänzend machen, putzen **2** die letzten Unebenheiten entfernen von, fein glätten; *Metall, Möbel ~* [‹lat. *polire* »glätten«]

Poliklinik ⟨f.; -, -en; Med.⟩ **1** (organisator. u. räuml.) Zusammenschluss mehrerer Ärzte verschiedener Fachrichtungen in einer Einrichtung **2** Abteilung eines Krankenhauses zur ambulanten Behandlung [‹grch. *polis* »Stadt« + *Klinik*]

poliklinisch ⟨Adj.; Med.⟩ zur Poliklinik gehörend, sie betreffend, in ihr stattfindend; *die ~e Abteilung eines Krankenhauses*

Polio ⟨f.; -; unz.; Med.; kurz für⟩ Poliomyelitis

Poliomyelitis ⟨f.; -, -tiden; Med.⟩ Kinderlähmung [‹grch. *polios* »grau« + *Myelitis*]

Poliosis ⟨f.; -, -osen; Med.⟩ Ergrauen der Haare [zu grch. *polios* »grau«]

Polis ⟨f.; -, Poleis; im antiken Griechenland⟩ Stadtstaat

Polisario ⟨f.; -; unz.; Abk. für span.⟩ Frente Popular para la Liberación de Saguia el-Hamra y Río de Oro, Befreiungsbewegung in der Westsahara

Politbüro ⟨n.; -s, -s; Kurzwort für⟩ Politisches Büro, ständiges Gremium des Zentralkomitees einer kommunist. Partei

Politesse ⟨f.; -, -n⟩ Angestellte zur Unterstützung der Polizei, die den ruhenden Verkehr überwacht [‹*Polizist* + *Hostess*]

Political Correctness ⟨[-kəl-] f.; - -; unz.; Abk.: PC⟩ in sprachlicher, sozialer u. gesellschaftlicher Hinsicht korrektes, gerechtes Verhalten, vorurteilsfreie Gesinnung, Vermeidung jeglicher Art von Diskriminierung [engl., eigtl. *politically correct*]

Politik ⟨f.; -, -en⟩ **1** alle Maßnahmen zur Führung eines Gemeinwesens hinsichtlich seiner inneren Verwaltung u. seines Verhältnisses zu anderen Gemeinwesen, Staatskunst; *Partei~; Kommunal~; Außen~; Innen~; eine (bestimmte) ~ treiben, verfolgen* **2** ⟨fig.⟩ berechnendes Verhalten; *mit dieser ~ kommt er nicht durch* [‹frz. *politique* ‹grch. *politike (techne)* »Kunst der Staatsverwaltung«; zu *polites* »Stadtbürger, Staatsbürger«; zu *polis* »Stadt, Bürgerschaft, Staat«]

Politikaster ⟨m.; -s, -⟩ jmd., der über Politik spricht, ohne wirklich etwas davon zu verstehen [‹*Politiker* + Pejorativendung *...aster*]

Politiker ⟨m.; -s, -⟩ jmd., der aktiv an der Politik teilnimmt, Staatsmann [‹mlat. *politicus* ‹grch. *politikos* »Staatsmann«; → *Politik*]

Politikerin ⟨f.; -, -rinnen⟩ weibl. Person, die aktiv an der Politik teilnimmt, Staatsfrau

Politikum ⟨n.; -s, -tika⟩ Gegenstand der Politik, Sache, Ereignis von polit. Bedeutung

Politikus ⟨m.; -, -se; umg.; scherzh.⟩ jmd., der sich viel mit Politik beschäftigt [‹mlat. *politicus*; → *Politiker*]

politisch ⟨Adj.⟩ die Politik betreffend, zu ihr gehörend, auf ihr beruhend; *im ~en Leben stehen; ~e Nachrichten; ~es Verbrechen* gegen Bestand u. Sicherheit eines (bes. totalitären) Staates gerichtetes Verbrechen; *~e Ökonomie* Volkswirtschaftslehre [‹frz. *politique* ‹mlat. *politicus* ‹grch. *politikos* »die Bürgerschaft betreffend«]

politisieren ⟨V.⟩ **1** über Politik reden **2** *ein Thema ~* zum Gegenstand politischer Analyse u. Diskussion machen

Politisierung ⟨f.; -, -en⟩ **1** das Politisieren, politische Betrachtungsweise, Analyse u. Diskussion; *er forderte eine ~ des Umweltschutzes* **2** das Initiieren politischen Engagements; *damit sich etwas verändert, bedarf es einer ~ breiter Bevölkerungsschichten*

Politökonomie ⟨f.; -; unz.⟩ Volkswirtschaftslehre

Politologe ⟨m.; -n, -n⟩ Experte, Wissenschaftler auf dem Gebiet der Politologie

Politologie

Po|li|to|lo|gie ⟨f.; -; unz.⟩ Wissenschaft von der Politik [<*Politik* + ...*logie*]

Po|li|to|lo|gin ⟨f.; -, -gin|nen⟩ Expertin, Wissenschaftlerin auf dem Gebiet der Politologie

po|li|to|lo|gisch ⟨Adj.⟩ zur Politologie gehörend, auf ihr beruhend

Po|lit|pro|mi|nenz ⟨f.; -; unz.; umg.⟩ Gesamtheit der prominenten Politiker; *bei dem Empfang war die ganze ~ versammelt*

Po|lit|thril|ler ⟨[-θrɪl-] m.; -s, -; umg.⟩ **1** Thriller, in dem es um kriminelle Verstrickungen von Politikern u. dubiose Hintergründe politischer Entscheidungen geht **2** ⟨fig.⟩ einem Thriller ähnlicher Vorfall im Bereich der Politik; *der Wahlverlauf glich einem ~*

Po|li|tur ⟨f.; -, -en⟩ **1** durch Polieren erzeugter Glanz **2** Poliermittel [<mlat. *politura* »das Glätten«; zu *polire* »glätten«]

Po|li|zei ⟨f.; -; unz.⟩ **1** Behörde zur Aufrechterhaltung der öffentl. Ordnung u. Sicherheit **2** deren Amtsräume **3** Gesamtheit der Polizeibeamten [<mlat. *policia* <lat. *politia* »Staatsverwaltung« <grch. *politeia* »Bürgerrecht, Staatsverwaltung, Staatsverfassung«; zu *polites* »Stadtbürger, Staatsbürger«; zu *polis* »Stadt, Staat«]

Po|li|zei|staat ⟨m.; -(e)s, -en; abwertend⟩ Staat, der auf repressive Weise mit einem großen Polizeiapparat die öffentl. Ordnung aufrechterhält u. in dem die Bürger nicht verfassungsmäßig vor Übergriffen u. Schikanen der Staatsmacht geschützt sind

Po|li|zist ⟨m.; -en, -en⟩ Polizeibeamter

Po|li|zis|tin ⟨f.; -, -tin|nen⟩ Polizeibeamte

Po|liz|ze ⟨f.; -, -n; österr.⟩ = Police [<ital. *polizza*; → *Police*]

Pol|je ⟨f.; -, -n od. n.; - od. -s, -n; Geol.⟩ periodisch mit Wasser gefülltes, wannen- od. kesselförmiges Becken mit steilen Hängen u. ebenem Boden in Karstlandschaften, das einen unterirdischen Zu- u. Abfluss besitzt [serbokr., »Feld«]

Pol|ka ⟨f.; -, -s; Musik⟩ Rundtanz im $^2/_4$-Takt u. Wechselschritt [tschech., »polnischer Tanz«]

Poll ⟨[poʊl] m. od. f.; -s od. -, -s⟩ **1** Umfrage, die der Meinungsforschung dient **2** ⟨USA⟩ Wählerverzeichnis [engl., »Abstimmung, Umfrage; Wahllokal«]

Pol|lack ⟨m.; -en, -en; Zool.⟩ Dorsch des östl. Atlantiks mit schmackhaftem Fleisch: Pollachius pollachius [engl. <skand. *podlok*]

Pol|la|ki|su|rie *auch:* **Pol|la|ki|su|rie** ⟨f.; -; unz.; Med.⟩ übermäßiger Harndrang [<grch. *pollakis* »oft« + ...*urie*]

Pol|len ⟨m.; -s, -; Bot.⟩ Blütenstaub [lat., »sehr feines Mehl, Staubmehl«]

Pol|ling ⟨n.; - od. -s, -s; EDV⟩ an mehreren Geräten periodisch durchgeführte Statusabfrage; *Sy* Autopolling [engl., eigtl. »Umfrage, Abstimmung«]

Pol|li|no|se ⟨f.; -, -n; Med.⟩ Allergie, die auf einer Überempfindlichkeit gegen Eiweißbestandteile bestimmter Pollenarten beruht u. während der Gras- u. Baumblüte im Frühjahr u. Sommer durch das Einatmen pollenreicher Luft ausgelöst wird, geht mit einer Reizung der Nasenschleimhaut u. der Bindehaut der Augen einher (Heufieber) [<*Pollen* + grch. *-osis* »Erkrankung, krankhafter Zustand«]

Pol|lo|pas ⟨m.; -; unz.; Chemie⟩ **1** Kondensationsprodukt aus Formaldehyd u. Harnstoff **2** Glasersatz, den man leicht formen kann, u. der kurzwellige Strahlen besser als Glas durchlässt

Pol|lu|ti|on ⟨f.; -, -en⟩ **1** ⟨Ökol.⟩ Umweltverschmutzung **2** unwillkürl. Samenerguss [<lat. *pollutio* »Befleckung«; zu *polluere* »verunreinigen«]

Po|lo ⟨n.; -s, -s; Sport⟩ dem Hockey ähnl. Ballspiel zu Pferde [engl. <Balti *polo* »Ball«]

Po|lo|hemd ⟨n.; -(e)s, -en⟩ Hemd aus Trikot mit kurzen Ärmeln

Po|lo|nai|se ⟨[-nɛ̱ː-] f.; -, -n; Musik⟩ poln. Schreittanz im $^3/_4$-Takt, meist zur Eröffnung des Tanzes; *oV* Polonäse [<frz. *polonaise* »polnischer (Tanz)«]

Po|lo|nä|se ⟨[-nɛ̱ː-] f.; -, -n; Musik⟩ = Polonaise

po|lo|ni|sie|ren ⟨V.⟩ der polnischen Kultur u. Sprache angleichen, polnisch machen

Po|lo|nist ⟨m.; -en, -en⟩ Wissenschaftler, Student der Polonistik

Po|lo|nis|tik ⟨f.; -; unz.⟩ Wissenschaft von der polnischen Sprache, Literatur u. Kultur [nach *Polonia*, dem neulat. Namen für Polen]

Po|lo|nis|tin ⟨f.; -, -tin|nen⟩ Wissenschaftlerin, Studentin der Polonistik

po|lo|nis|tisch ⟨Adj.⟩ zur Polonistik gehörend, sie betreffend, auf ihr beruhend

Po|lo|ni|um ⟨n.; -; unz.; chem. Zeichen: Po⟩ radioaktives chem. Element, Ordnungszahl 84 [nach *Polonia*, dem lat. Namen für Polen, dem Heimatland von Marie Curie]

Pol|schuh ⟨m.; -s, -e; in elektr. Maschinen u. Geräten⟩ Teil eines Eisenkerns zur Konzentration des magnetischen Feldes

Pol|stär|ke ⟨f.; -; unz.⟩ *magnetische ~* Größe der scheinbaren magnet. Ladung eines Magneten

Pol|tron *auch:* **Pol|tron** ⟨[-trɔ̱ː] m.; -s, -s; veraltet⟩ Feigling [frz.]

po|ly..., Po|ly... ⟨in Zus.⟩ viel..., Viel... [<grch. *polys*]

Po|ly|a|cryl *auch:* **Po|ly|ac|ryl** ⟨n.; -s; unz.; Textilw.⟩ synthetische Faser [<*Poly...* + *Acryl*]

Po|ly|a|cryl|ni|tril *auch:* **Po|ly|ac|ryl|ni|tril** ⟨n.; -s; unz.⟩ durch Polymerisation von Acrylnitril gewonnener Kunststoff, aus dem Kunstfasern (Orlon, Dralon) hergestellt werden; *oV* Polyakrylnitril

Po|ly|ad|di|ti|on ⟨f.; -, -en; Chemie⟩ Verfahren zum Aufbau von hochpolymeren Stoffen aus kleinen Molekülen, wobei reaktionsfähige Gruppen der Moleküle ohne Abspaltung anderer Stoffe, aber unter innerer Umlagerung der Moleküle zusammentreten

Po|ly|ad|dukt ⟨n.; -(e)s, -e; Chemie⟩ Endprodukt einer Polyaddition

Po|ly|a|kryl|ni|tril *auch:* **Po|ly|ak|ryl|ni|tril** ⟨n.; -s; unz.; Chemie⟩ = Polyacrylnitril

Polyamid ⟨n.; -(e)s, -e; Textilw.⟩ durch Kondensation von organ. Säuren mit Aminen hergestellter thermoplast. Kunststoff (Nylon, Perlon)

Polyandrie auch: **Polyandrie** ⟨f.; -; unz.; bei einigen Naturvölkern⟩ Ehegemeinschaft einer Frau mit mehreren Männern, Vielmännerei; Ggs Polygynie [<*Poly...* + grch. *aner*, Gen. *andros* »Mann«]

polyandrisch auch: **polyandrisch** ⟨Adj.⟩ die Polyandrie betreffend, auf ihr beruhend

Polyarthritis auch: **Polyarthritis** ⟨f.; -, -tiden; Med.⟩ Entzündung mehrerer Gelenke; Ggs Monarthritis [<grch. *polys* »viel« + *arthron* »Glied«]

Polyase ⟨f.; -, -n; meist Pl.; Biochemie⟩ Enzym, das hochmolekulare Polysaccharide abbaut, z. B. Cellulase u. Amylase

Polyäthylen ⟨n.; -s; unz.; Chemie⟩ durch Polymerisation von Äthylen hergestellter Kunststoff [<*Poly...* + *Äthylen*]

Polycarbonat ⟨n.; -(e)s, -e; Chemie⟩ thermoplastischer Kunststoff, der aus Phenolen u. Kohlensäureestern unter Abspaltung von Alkohol hergestellt wird; oV Polykarbonat

Polychäte ⟨[-çɛː-] m.; -n, -n; Zool.⟩ Klasse der Ringelwürmer mit seitlichen Anhängen an den Segmenten des Körpers, auf denen Borsten, Fühler u. Kiemen sitzen, Vielborster: Polychaeta [<grch. *polychaites* »viele Haare besitzend«]

polychrom ⟨[-kroːm] Adj.; Mal.; Fot.⟩ vielfarbig; Ggs monochrom [<*poly...* + *...chrom*]

Polychromie ⟨[-kro-] f.; -, -n; Mal.; Fot.⟩ Vielfarbigkeit, bunte Bemalung in kontrastierenden Farben

polychromieren ⟨[-kro-] V.; Mal.; Fot.⟩ bunt bemalen, bunt ausstatten, z. B. mit Mosaik

polycyclisch auch: **polyzyklisch** ⟨Adj.; Chemie⟩ ~*e Verbindung* organisch-chem. Verbindung aus zwei oder mehr Ringen von Molekülen; oV polyzyklisch; Ggs monocyclisch

Polydämonismus ⟨m.; -; unz.; Rel.⟩ Glaube an eine Vielzahl von Geistern

Polydipsie ⟨f.; -; unz.; Med.⟩ krankhaft gesteigerter Durst (ein Symptom der Zuckerkrankheit) [<*Poly...* + grch. *dipsa* »Durst«]

Polyeder ⟨n.; -s, -; Geom.⟩ von Vielecken begrenzter Körper, Vielflächner [<*Poly...* + *...eder*]

Polyederprojektion ⟨f.; -, -en; Geom.⟩ Kartennetzentwurf, wobei jedes Blatt durch einen gerade gezeichneten Längen- u. Breitenkreis begrenzt u. die Krümmung der Erdoberfläche vernachlässigt wird

polyedrisch auch: **polyedrisch** ⟨Adj.; Geom.⟩ in der Art eines Polyeders

Polyembryonie auch: **Polyembryonie** ⟨f.; -; unz.; bei Tieren⟩ vegetative Vermehrung während der Embryonalentwicklung [<*Poly...* + *Embryo*]

Polyester ⟨m.; -s, -; Chemie; kurz für⟩ Polyesterharz

Polyesterharz ⟨n.; -es, -e; Chemie⟩ Kunstharz od. Kunststoff, der durch Polykondensation von Säuren u. Alkoholen hergestellt wird u. die Estergruppe -CO-O- enthält; Sy Esterharz, Polyester

Polyfil ⟨n.; - od. -s; unz.; Textilw.⟩ ein mit Baumwollfasern umsponnenes Nähgarn aus Polyesterfasern [<*Poly...* + frz. *fil*, <lat. *filum* »Faden, Garn«]

polyfon ⟨Adj.; Musik⟩ = polyphon

Polyfonie ⟨f.; -; unz.; Musik⟩ = Polyphonie

Polyfoniker ⟨m.; -s, -; Musik⟩ = Polyphoniker

polygam ⟨Adj.⟩ **1** in Polygamie lebend; Ggs monogam **2** sich zu mehreren Frauen zugleich hingezogen fühlend **3** ein- u. zweigeschlechtige Blüten tragend [<*poly...* + *...gam*]

Polygamie ⟨f.; -; unz.; bei Naturvölkern u. im Orient⟩ Ehegemeinschaft mit mehreren Frauen, Vielweiberei; Ggs Monogamie

polygen ⟨Adj.⟩ Sy polygenetisch **1** durch mehrere Ursachen hervorgerufen **2** ⟨Biol.⟩ Polygenie aufweisend [<*poly...* + *...gen¹*]

Polygenese ⟨f.; -; unz.; Biol.⟩ Auftreten eines neuen geo- od. biowissenschaftlichen Phänomens in verschiedenen Zeiträumen od. in unterschiedlichen Regionen [<*Poly...* + *Genese*]

polygenetisch ⟨Adj.⟩ = polygen

Polygenie ⟨f.; -, -n⟩ Ausbildung eines Merkmals infolge Beteiligung mehrerer Gene; Sy Polymerie (2) [<*Poly...* + *...genie*]

polyglott ⟨Adj.⟩ mehrsprachig [<*poly...* + grch. *glotta* »Zunge«]

Polyglotte ⟨f.; -, -n⟩ **1** mehrsprachiges Wörterbuch **2** Buch, bes. Bibel, mit Text in mehreren Sprachen [→ *polyglott*]

Polyglotte(r) ⟨f. 2 (m. 1)⟩ jmd., der viele Sprachen beherrscht

Polygon ⟨n.; -s, -e; Geom.⟩ geometr. Figur mit mehr als drei Ecken, Vieleck [<*Poly...* + *...gon*]

polygonal ⟨Adj.; Geom.⟩ in der Art eines Polygons, vieleckig

Polygonboden ⟨m.; -s, -böden; Geogr.⟩ vertikal u. horizontal in Polygone gegliederter Boden, z. B. in Frost- od. Trockengebieten [→ *Polygon*]

Polygonum ⟨n.; -s; unz.; Bot.⟩ Knöterichgewächs [lat. <grch. *polygonon* »vielsamig, vielzeugend, fruchtbar« <*poly* »viel« + *gone* »Same«]

Polygraf ⟨m.; -en, -en; DDR⟩ Angehöriger des graf. Gewerbes; oV Polygraph

Polygrafie ⟨f.; -; unz.; DDR⟩ alle Zweige des graf. Gewerbes; oV Polygraphie

Polygraph ⟨m.; -en, -en; DDR⟩ = Polygraf

Polygraphie ⟨f.; -; unz.; DDR⟩ = Polygrafie

polygyn ⟨Adj.⟩ die Polygynie betreffend, auf ihr beruhend

Polygynie ⟨f.; -; unz.; im Orient⟩ Ehegemeinschaft eines Mannes mit mehreren Frauen, Vielweiberei; Ggs Polyandrie [<*Poly...* + *gyne* »Frau«]

Polyhalit ⟨m.; -s, -e; Chemie⟩ natürlich vorkommende Kalium-Magnesium-Verbindung, die in vielen Düngemitteln enthalten ist [<*Poly...* + grch. *hals*, Gen. *halos* »Salz«]

Polyhistor ⟨m.; -s, -toren⟩ jmd., der in vielen Fächern Kenntnisse besitzt, Vielwisser [<*Poly...* + grch. *histor* »kundig«]

po|ly|hy|brid *auch:* **po|ly|hy|brid** ⟨Adj.; Biol.⟩ sich in mehreren erbl. Merkmalen unterscheidend

Po|ly|hy|bri|de *auch:* **Po|ly|hy|bri|de** ⟨m.; -n, -n; Biol.⟩ Bastard, dessen Eltern sich in mehreren Merkmalen unterscheiden

Po|ly|kar|bo|nat ⟨n.; -(e)s, -e; Chemie⟩ = Polycarbonat

po|ly|karp ⟨Adj.; Bot.⟩ = polykarpisch

po|ly|kar|pisch ⟨Adj.; Bot.⟩ in einem bestimmten Zeitraum mehrmals Früchte tragend; *oV* polykarp [*<poly...* + *...karp¹*]

Po|ly|kon|den|sa|ti|on ⟨f.; -, -en; Chemie⟩ Kondensation zwischen Verbindungen mit mindestens zwei reaktionsfähigen Gruppen, wobei kettenförmige od. vernetzte Makromoleküle entstehen, die die Reste der Moleküle der Ausgangsstoffe abwechselnd enthalten, u. kleinere Moleküle wie Wasser od. Ammoniak abgespalten werden

po|ly|kon|den|sie|ren ⟨V.; Chemie⟩ auf dem Weg der Polykondensation herstellen, eine Polykondensation durchführen

Po|ly|mas|tie ⟨f.; -, -n; Med.⟩ Ausbildung überzähliger Brustdrüsen bei Frauen; *Sy* Polythelie [*<Poly...* + grch. *mastos* »Brust«]

Po|ly|me|lie ⟨f.; -, -n; Med.⟩ Überzahl an Gliedmaßen [*<Poly...* + grch. *melos* »Glied«]

po|ly|mer ⟨Adj.⟩ durch Polymerisation entstanden, auf ihr beruhend, sie betreffend; *Ggs* monomer [*<poly...* + *...mer*]

Po|ly|mer ⟨n.; -s, -e; Chemie⟩ = Polymere(s)

Po|ly|me|ra|se ⟨f.; -, -n⟩ Enzym, das die Biosynthese der Nukleinsäuren steuert, indem es aus Neukleotiden neue DNA-Stränge baut [*<Poly...* + *...mer*]

Po|ly|me|re(s) ⟨n. 3; Chemie⟩ durch Polymerisation entstandener Stoff aus mehreren gleichartigen Molekülen; *oV* Polymer; *Sy* Polymerisat; *Ggs* Monomere(s)

Po|ly|me|rie ⟨f.; -, -n⟩ **1** ⟨Chemie⟩ Eigenschaft der Polymeren; *Ggs* Monomerie **2** ⟨Biol.⟩ = Polygenie

Po|ly|me|ri|sat ⟨n.; -(e)s, -e; Chemie⟩ = Polymere(s)

Po|ly|me|ri|sa|ti|on ⟨f.; -, -en; Chemie⟩ Zusammentritt von mehreren Molekülen eines Stoffes zu einer neuen Verbindung, deren Molekulargewicht ein ganzzahliges Vielfaches von dem des Ausgangsstoffes beträgt

po|ly|me|ri|sie|ren ⟨V.; Chemie⟩ zu größeren Molekülen vereinigen

Po|ly|me|ri|sie|rung ⟨f.; -, -en; Chemie⟩ = Polymerisation

Po|ly|me|ter ⟨n.; -s, -⟩ Messgerät zum Bestimmen von Temperatur, Luftfeuchtigkeit, Taupunkt u. Dampfdruck [*<Poly...* + *...meter*]

po|ly|morph ⟨Adj.⟩ in vielen Gestalten vorkommend, vielgestaltig; *Sy* pleomorph [*<poly...* + *...morph*]

Po|ly|mor|phie ⟨f.; -; unz.⟩ *Sy* Polymorphismus **1** Ausbildung verschiedener Kristallformen von Mineralen bei gleicher chem. Zusammensetzung **2** ⟨Biol.⟩ Vielgestaltigkeit ein u. derselben Art von Pflanzen od. Tieren, die je nach der Umgebung ihr Aussehen ändern; *Sy* Pleomorphismus

Po|ly|mor|phis|mus ⟨m.; -; unz.⟩ = Polymorphie

po|ly|ne|sisch ⟨Adj.⟩ Polynesien betreffend, dazu gehörend, von dort stammend; *~e Sprachen* zu den ozean. Sprachen gehörende, in Polynesien gesprochene Sprachen, z. B. Hawaiisch, Tahitisch, Maori

Po|ly|neu|ri|tis ⟨f.; -, -ti|den; Med.⟩ an mehreren Nerven zugleich auftretende Nervenentzündung

Po|ly|nom ⟨n.; -s, -e; Math.⟩ mathemat. Ausdruck, der aus mehr als zwei zu addierenden od. zu subtrahierenden Gliedern besteht [*<Poly...* + *...nom²*]

po|ly|no|misch ⟨Adj.; Math.⟩ in der Art eines Polynoms, vielgliedrig

po|ly|nu|kle|är *auch:* **po|ly|nu|kle|är** ⟨Adj.; Biol.⟩ vielkernig (von Zellen) [*<poly...* + *Nukleus*]

Po|ly|o|pie ⟨f.; -, -n; Med.⟩ durch Sehstörungen verursachtes Vielfachsehen, z. B. zu Beginn des grauen Stars [*<Poly...* + grch. *ops*, Gen. *opis* »Auge«]

Po|lyp ⟨m.; -en, -en⟩ **1** ⟨Med.⟩ gestielte Geschwulst **2** ⟨Zool.⟩ **2.1** Kopffüßler **2.2** auf einer Unterlage festsitzendes einzelnes Nesseltier mit Tentakeln; *Süßwasser~* **3** ⟨umg.; scherzh.⟩ Polizist [*<lat. polypus <grch. polys* »viel« + *pous* »Fuß«]

Po|ly|pep|tid ⟨n.; -(e)s, -e; Chemie⟩ Verbindung, die aus vielen, miteinander verknüpften Aminosäuren besteht

po|ly|phag ⟨Adj.; Biol.⟩ sich von verschiedenartigen Futterpflanzen bzw. verschiedenen Tierarten ernährend; *Ggs* oligophag [*<poly...* + *...phag*]

Po|ly|pha|ge ⟨m.; -n, -n⟩ polyphages Tier; *Ggs* Oligophage

Po|ly|pha|gie ⟨f.; -; unz.; Biol.⟩ auf verschiedenartige Futterpflanzen bzw. verschiedene Tierarten eingestellte Ernährungsweise; *Ggs* Oligophagie

po|ly|phän ⟨Adj.; Biol.⟩ auf Polyphänie beruhend

Po|ly|phä|nie ⟨f.; -; unz.; Biol.⟩ Einfluss eines Gens auf die Ausbildung mehrerer Merkmale eines Organismus [*<Poly...* + grch. *phainesthai* »erscheinen«]

po|ly|phon ⟨Adj.; Musik⟩ in der Art der Polyphonie, aus mehreren selbständigen Stimmen bestehend; *oV* polyfon; *Ggs* homophon [*<poly...* + *...phon¹*]

Po|ly|pho|nie ⟨f.; -; unz.; Musik⟩ Mehrstimmigkeit, Musik mit mehreren, bis zu einem gewissen Grade selbständigen Stimmen; *oV* Polyfonie; *Ggs* Homophonie

Po|ly|pho|ni|ker ⟨m.; -s, -; Musik⟩ Komponist polyphoner Musik; *oV* Polyfoniker

Po|ly|phy|odon|tie ⟨f.; -; unz.; Med.⟩ mehrmalige Dentition; *Ggs* Monophyodontie; →*a.* Diphyodontie [*<grch. polyphyes* »mehrfach« + *odon*, Gen. *odontis* »Zahn«]

po|ly|phy|le|tisch ⟨Adj.; Biol.⟩ entwicklungsgeschichtlich von mehreren biolog. Stämmen abstammend; *Ggs* monophyletisch; →*a.* diphyletisch

polyploid ⟨Adj.; Genetik⟩ mehr als zwei Chromosomensätze aufweisend [<*poly...* + d*iploid*, h*aploid*]

Polyploidie ⟨f.; -; unz.; Genetik⟩ Auftreten von mehr als zwei Chromosomensätzen in der Zelle [→ *polyploid*]

Polypol ⟨n.; -s, -e; Wirtsch.⟩ Form der Marktwirtschaft, bei der zahlreiche kleinere Anbieter eines Rohstoffs od. einer Ware miteinander bei vielen Nachfragern konkurrieren; *Ggs* Monopol [<*Poly...* + grch. *polein* »verkaufen, Handel treiben«]

polypolistisch ⟨Adj.; Wirtsch.⟩ auf vollkommenem Wettbewerb ohne Monopolbildung beruhend; ~*e Preisbildung*

Polypropylen ⟨n.; -s, -e; Zeichen: PP; Chemie⟩ durch Polymerisation von Propylen hergestellter thermoplastischer Kunststoff, der vielseitige Verwendung im Apparatebau sowie in der Verpackungs- u. Textilindustrie findet

Polyptoton *auch:* **Polyptoton** ⟨n.; -s, -ptota; Rhet.⟩ Stilfigur, bei der dasselbe Wort in unterschiedlichen Kasus wieder aufgenommen wird, z. B. »homo homini lupus« [<*Poly...* + grch. *ptosis* »Kasus, Fall«]

Polyptychon *auch:* **Polyptychon** ⟨[-çɔn] n.; -s, -chen od. -cha⟩ Altar mit mehr als zwei Flügeln [<*Poly...* + grch. *ptyx*, Gen. *ptychos* »Falte, Schicht«]

Polyrhythmik ⟨f.; -; unz.; Musik⟩ Nebeneinander verschiedener Rhythmen in den einzelnen Stimmen eines Musikstücks

polyrhythmisch ⟨Adj.; Musik⟩ in der Art der Polyrhythmik, verschiedene Rhythmen zugleich aufweisend

Polysaccharid ⟨[-xa-] n.; -(e)s, -e⟩ Kohlenhydrat, das sich aus mehr als zehn einfachen Zuckermolekülen unter Bildung hochmolekularer Stoffe zusammensetzt, z. B. Stärke

polysem ⟨Adj.; Sprachw.⟩ = polysemantisch

polysemantisch ⟨Adj.; Sprachw.⟩ mehrdeutig (von Wörtern); *Sy* polysem

Polysemie ⟨f.; -; unz.; Sprachw.⟩ Mehrdeutigkeit; *Ggs* Monosemie [<*Poly...* + *semasia* »Bezeichnung«]

Polyspermie ⟨f.; -, -n; Biol.⟩ Eindringen mehrerer Spermien in das Ei bei der Befruchtung; *Ggs* Monospermie [<*Poly...* + *Sperma*]

Polystyrol ⟨n.; -s, -e; Chemie⟩ durch Polymerisation von Styrol hergestellter Kunststoff

polysyllabisch ⟨Adj.; Sprachw.⟩ aus mehreren Silben bestehend; *Ggs* monosyllabisch

Polysyllabum ⟨n.; -s, -laba; Sprachw.⟩ aus mehreren Silben bestehendes Wort; *Ggs* Monosyllabum [<*Poly...* + grch. *syllabe* »Silbe«]

Polysyllogismus ⟨m.; -, -gismen; Logik⟩ Schluss, bei dem jeweils die Folgerung zugleich die Prämisse für den nächsten Schluss ist, Schlusskette [<*Poly...* + *Syllogismus*]

polysyndetisch ⟨Adj.; Sprachw.⟩ in der Art eines Polysyndetons, durch Bindewörter verbunden; *Ggs* asyndetisch [→ *Polysyndeton*]

Polysyndeton ⟨n.; -s, -deta; Sprachw.⟩ durch Bindewörter verbundene Wortreihe, z. B. und es wallet und siedet und brauset und zischt (Schiller, Der Taucher); *Ggs* Asyndeton [<*Poly...* + *syn...* + grch. *deein* »binden«]

Polysynthese ⟨f.; -, -n⟩ Zusammenfassung vieler Teile

polysynthetisch ⟨Adj.⟩ vielfach zusammengesetzt; ~*e Sprachen* »einverleibende« S., bei denen mehrere Satzteile zu einem einzigen Wort zusammengeschlossen werden, z. B. die nordamerikan. Indianersprachen, Bantusprachen, Grönländisch; *Sy* inkorporierende Sprachen

Polytechnik ⟨f.; -; unz.; DDR⟩ polytechnische Ausbildung an allgemein bildenden Schulen, die sowohl naturwissenschaftlich-technische als auch gesellschaftskundliche u. berufsorientierende Komponenten beinhaltete [<*Poly...* + *Technik*]

Polytechniker ⟨m.; -s, -⟩ Schüler am Polytechnikum

Polytechnikum ⟨n.; -s, -nika od. -niken⟩ höhere technische Fachschule

polytechnisch ⟨Adj.⟩ mehrere Zweige der Technik umfassend

Polytetrafluoräthylen *auch:* **Polytetrafluoräthylen** ⟨n.; -s, -e; Chemie⟩ für die Raumfahrt entwickelter, auch in der Industrie vielseitig verwendeter, gegen Chemikalien u. hohe Temperatur beständiger Kunststoff, Teflon (USA), Hostaflon (BRD) [<*Poly...* + grch. *tetras* »vier« + *Fluor* + *Äthylen*]

Polythalamie ⟨f.; -, -n; Zool.⟩ = Foraminifere [<*Poly...* + grch. *thalamos* »Lager«]

Polytheismus ⟨m.; -; unz.; Rel.⟩ Glaube an mehrere Götter zugleich, Vielgötterei; *Ggs* Monotheismus

Polytheist ⟨m.; -en, -en; Rel.⟩ Anhänger des Polytheismus; *Ggs* Monotheist

polytheistisch ⟨Adj.; Rel.⟩ zum Polytheismus gehörend, auf ihm beruhend

Polythelie ⟨f.; -, -n; Med.⟩ = Polymastie [<*Poly...* + grch. *thele* »Brustwarze«]

polytonal ⟨Adj.; Musik⟩ gleichzeitig mehrere Tonarten in den verschiedenen Stimmen aufweisend

Polytonalität ⟨f.; -; unz.; Musik⟩ gleichzeitiges Verwenden mehrerer Tonarten in den Stimmen eines Musikstücks

polytrop ⟨Adj.; Biol.⟩ sehr anpassungsfähig [<*poly...* + *...trop¹*]

Polytropismus ⟨m.; -; unz.; Biol.⟩ polytrope Beschaffenheit, große Anpassungsfähigkeit

Polyurethan ⟨n.; -s, -e; Chemie⟩ Kunststoff, der durch Polyaddition von Cyanaten an Verbindungen mit zwei od. mehreren reaktionsfähigen Wasserstoffatomen erzeugt wird [<*Poly...* + grch. *ouron* »Harn« + *Äthan*]

Polyurie ⟨f.; -, -n; Med.⟩ Vermehrung der Ausscheidung von Harn bei zu großer Aufnahme von Flüssigkeit [<*Poly...* + *...urie*]

polyvalent ⟨[-va-] Adj.; Chemie⟩ in mehrfacher Beziehung

Polyvinyl...

wirksam; *Ggs* monovalent [<*poly...* + *valent*]
Po|ly|vi|nyl... ⟨[-vi-] in Zus.; Chemie⟩ einen durch Polymerisation, Polyaddition meist aus Acetylen gewonnenen, vom Äthylen abgeleiteten Kunststoff betreffend
Po|ly|vi|nyl|a|ce|tal ⟨[-vi-] n.; -s, -e; Chemie⟩ aus Polyvinylalkohol durch Kondensation mit Aldehyden od. Ketonen hergestellter Kunststoff
Po|ly|vi|nyl|a|ce|tat ⟨[-vi-] n.; -s, -e; Chemie⟩ durch Polymerisation von Vinylacetat (aus Acetylen u. Essigsäure) hergestellter harzartiger Kunststoff, der sehr leicht zu erweichen ist
Po|ly|vi|nyl|al|ko|hol ⟨[-vi-] m.; -s, -e; Chemie⟩ durch Hydrolyse der Estergruppen aus Polyvinylacetat hergestellter Kunststoff
Po|ly|vi|nyl|äther ⟨[-vi-] m.; -s; unz.; Chemie⟩ durch Anlagerung von Alkoholen an Äthylen u. Polymerisation unter Druck hergestellter Kunststoff
Po|ly|vi|nyl|chlo|rid ⟨[-viny:lklo-] n.; -(e)s, -e; Abk.: PVC; Chemie⟩ durch Polymerisation von Vinylchlorid hergestellter Kunststoff, thermoplastisch, zäh u. hart (Hart-PVC), lässt sich durch Zusatz von Weichmachern biegsam u. elastisch machen (Weich-PVC)
po|ly|zy|klisch *auch:* **po|ly|zyk|lisch** ⟨Adj.⟩ = polycyclisch
Po|ly|zyt|hä|mie ⟨f.; -, -n; Med.⟩ krankhafte Vermehrung der Erythrozyten, Thrombozyten u. Leukozyten, die eine tiefrote Färbung von Haut u. Schleimhäuten hervorruft [<*Poly...* + *...zyt* + *...ämie*]
Po|ma|de ⟨f.; -, -n⟩ wohlriechendes Fett zur Pflege des Haars u. der Lippen; *Haar~* [frz. <ital. *pomata* <vulgärlat. **pomata*; zu lat. *pomum* »Baumfrucht«]
po|ma|dig¹ ⟨Adj.⟩ mit Pomade eingerieben
po|ma|dig² ⟨Adj.; fig.; umg.⟩ träge, langsam, bequem, nicht aus der Ruhe zu bringen [<*pomale* <poln. *po malu* »allmählich«]
po|ma|di|sie|ren ⟨V.⟩ mit Pomade behandeln

Po|me|ran|ze ⟨f.; -, -n; Bot.⟩ Zitrusgewächs, dessen bittere Fruchtschale als Gewürz verwendet wird, Bitterorange: *Citrus aurantium amara* [<mlat., ital. *pomerancia* <ital. *pomo* »Apfel« <lat. *pomum* »Baumfrucht« + ital. *arancia* <pers. *naräng* »bittere Apfelsine«; → *Orange*)]
Pom|mer ⟨m.; -s, -; Musik⟩ altes, schalmeiähnliches Holzblasinstrument, wahrscheinlich Vorläufer von Oboe u. Fagott; *Sy* Bombarde (2.2) [<frz. *bombarde*, ital. *bombardo*, span. *bombarda* <grch. *bombos* »das Brummen«]
Pommes Cro|quettes ⟨[pɔm krokɛt] Pl.; Kochk.⟩ Kroketten aus Kartoffelbrei [frz.; verkürzt <*pommes de terre* »Kartoffeln« + *croquettes* »Kroketten«]
Pommes Dau|phine ⟨[pɔmdofiːn] Pl.; Kochk.⟩ Kartoffelkroketten [frz.]
Pommes frites ⟨[pɔmfrit] Pl.; Kochk.⟩ in Stäbchen geschnittene, rohe Kartoffeln, die schwimmend in heißem Fett ausgebacken werden [frz., »Röstkartoffeln« <*pomme de terre* »Kartoffel« + *frire* »braten, backen«]
Po|mo|lo|ge ⟨m.; -n, -n; Bot.⟩ Experte auf dem Gebiet der Pomologie
Po|mo|lo|gie ⟨f.; -; unz.; Bot.⟩ Lehre vom Obstanbau [<lat. *pomum* »Obst, Baumfrucht« + *...logie*]
po|mo|lo|gisch ⟨Adj.; Bot.⟩ die Pomologie betreffend, auf ihr beruhend, zu ihr gehörend
Pomp ⟨m.; -(e)s; unz.⟩ Prunk, übertriebene Pracht, Schaugepränge [<frz. *pompe*, mhd. *pomp(e)* <lat. *pompa* »festl. Aufzug« <grch. *pompe* »Sendung, Geleit, festl. Aufzug«]
Pom|pa|dour ⟨[-duːr] m.; -s, -e od. -s; früher⟩ **1** beutelartige Handtasche aus Stoff **2** breite Locke bei Damenfrisuren [nach der Marquise de Pompadour, 1721-1764]
Pom|pon ⟨[pɔ̃pɔ̃:] m.; -s, -s⟩ Quaste, Troddel, Bällchen aus Wolle od. Seide [frz.]
pom|pös ⟨Adj.⟩ pomphaft, prunkhaft [<frz. *pompeux*

»prunkhaft« <lat. *pomposus* »prächtig«; → *Pomp*]
pö|nal ⟨Adj.; Rechtsw.⟩ mit Strafrecht, der Strafe zu tun habend [<lat. *poenalis* »zur Strafe gehörend, qualvoll«]
Pö|nal|ver|si|che|rung ⟨f.; -, -en; Rechtsw.⟩ Versicherung gegen Strafzahlungen, die ein Auftragnehmer dem Auftraggeber zu entrichten hat, wenn er die Vertragsbedingungen, z. B. Liefertermine od. eine bestimmte Qualität der vereinbarten Leistungen, nicht einhalten kann [→ *pönal*]
pon|ceau ⟨[pɔ̃so:] Adj.⟩ hochrot [frz., »Klatschmohn; hochrot«]
Pon|ceau ⟨[pɔ̃so:] n.; -s; unz.⟩ hochroter Farbstoff
Pon|cho ⟨[-tʃo] m.; -s, -s⟩ **1** von den Indianern Mittel- u. Südamerikas getragener, viereckiger Überwurf mit einem Loch in der Mitte für den Kopf **2** (Mode) weiter, mantelartiger Umhang für Frauen u. Mädchen [span.]
Pond ⟨n.; -s, -; Zeichen: p⟩ nicht mehr zulässige Maßeinheit für die Kraft, zu ersetzen durch die Einheit Newton (N), 1 p = 0,0098 N [<lat. *pondus* »Gewicht«]
pon|de|ra|bel ⟨Adj.; veraltet⟩ wägbar; *Ggs* imponderabel [<lat. *ponderabilis* »wägbar«; zu *pondus* »Gewicht«]
Pon|de|ra|bi|li|en ⟨Pl.⟩ fass- u. wägbare Dinge; *Ggs* Imponderabilien [<lat. *ponderabilis*]
Pon|de|ra|ti|on ⟨f.; -, -en; bildende Kunst⟩ Gleichgewicht der Massen, gleichmäßige Verteilung des Körpergewichts auf die Gliedmaßen (bei Statuen) [<lat. *ponderare* »abwägen«]
Pon|gé ⟨[pɔ̃ʒeː] m.; - od. -s, -s; Textilw.⟩ leichtes Gewebe aus Seide in Leinwandbindung [frz. <engl. <chines.]
Pö|ni|tent ⟨m.; -en, -en; kath. Kirche⟩ Büßender, Beichtender [<lat. *poenitens* »bereuend«, Part. Präs. zu *poenitere* »bereuen«]
Pö|ni|ten|ti|ar ⟨m.; -s, -e⟩ = Pönitenziar
Pö|ni|tenz ⟨f.; -, -en; kath. Kirche⟩ Bußübung, Buße [<lat. *poenitentia* »Reue«]

Pö|ni|ten|zi|ar ⟨m.; -s, -e; kath. Kirche⟩ Beichtvater; *oV* Pönitentiar [<lat. *poenitentia* »Reue«]

Pol|nor ⟨m.; -s, -no̱re; Geogr.⟩ Versickerungsstelle eines Flusses in einem Karstgebiet, durch die das Wasser in unterirdische Karsthohlräume abfließen kann [serbokr., »Abgrund«]

Pon|ti|cel|lo ⟨[-tʃɛl-] m.; -s, -s od. -li; Musik⟩ die Saitenschwingungen auf den Klangkörper übertragendes Plättchen aus Hartholz, Steg [ital., eigtl. »kleine Brücke«; zu *ponte* <lat. *pons*, Gen. *pontis* »Brücke«]

Pon|ti|fex ⟨m.; -, -ti|fi|zes od. -ti|fi|ces⟩ **1** ⟨im antiken Rom⟩ Oberpriester **2** ~ *maximus* **2.1** ⟨urspr.⟩ Titel des röm. Kaisers **2.2** ⟨danach⟩ Titel des Papstes [lat. *pontifex* »Priester, Oberpriester«; Herkunft umstritten; vielleicht zu *pons*, Gen. *pontis* »Brücke« + *feci*, 1. Pers. Perf. zu *facere* »machen« (die Pontifizes hatten für die Instandhaltung der den Römern heiligen Brücke, des Pons Sublicius, zu sorgen); lat. *pontifex maximus* »höchster Priester«; zu *maximus* »der Größte«]

pon|ti|fi|kal ⟨Adj.⟩ zum Bischof gehörend, ihm vorbehalten, entsprechend, gemäß [<lat. *pontificalis* »oberpriesterlich«; → *Pontifex*]

Pon|ti|fi|ka|le ⟨n.; -s, -li|en⟩ Buch mit den vorgeschriebenen Formeln für die Amtshandlungen des Bischofs

Pon|ti|fi|ka|li|en ⟨Pl.⟩ **1** Amtshandlungen des Bischofs, bei denen er seine bischöfl. Gewänder u. Abzeichen trägt **2** die Gewänder u. Abzeichen selbst

Pon|ti|fi|kat ⟨n.; -(e)s, -e⟩ Amt, Amtszeit, Würde des Bischofs od. Papstes [<lat. *pontificatus* »Oberpriesterwürde«; → *Pontifex*]

pon|tisch ⟨Adj.⟩ steppenhaft [<grch. *pontos* »Meer« (nach den Steppen nördlich des Schwarzen Meeres)]

Pon|ton ⟨[pɔ̃to̱:] od. [pɔntoː] m.; -s, -s⟩ **1** breiter, flacher Kahn als Teil einer schwimmenden Brücke; ~*brücke* **2** geschlossener Schwimmkörper von Docks, schwimmenden Kränen u. a. [<frz. *pont* »Brücke«]

Po|ny[1] ⟨n.; -s, -s⟩ Pferd, dessen Widerrist nicht höher als 1,48 m ist [engl.]

Po|ny[2] ⟨m.; -s, -s; fig.⟩ in die Stirn gekämmtes, gleichmäßig geschnittenes Haar [engl.]

Pool[1] ⟨[puːl] m.; -s, -s⟩ **1** Zusammenschluss von Firmen mit gemeinsamer Beteiligung am Gewinn **2** Zusammenfassung von Beteiligungen am gleichen Objekt **3** Einsatz beim Spiel [engl., »gemeinsame Kasse, gemeinsamer Fonds«]

Pool[2] ⟨[puːl] m.; -s, -s; kurz für⟩ Swimmingpool

Pool|bil|lard ⟨[puːlbɪljard] n.; -s; unz.⟩ Billard, bei dem Kugeln in Löcher gespielt werden, Lochbillard

poo|len ⟨[puːlən] V.; Wirtsch.⟩ **1** Gewinne (z. B. aus Anlagen od. verschiedenen Unternehmensaktivitäten) nach einem Verteilungsschlüssel aufteilen **2** zusammenfassen (von Beteiligungen am gleichen Anlageobjekt) [→ *Pool*]

Poo|ler ⟨[puːlə(r)] m.; -s, -; EDV⟩ Gerät zur Vereinigung kleiner Datenmengen auf einem Datenträger mit hoher Speicherkapazität zur zweckmäßigen Dateneingabe [zu engl. *pool* »zusammenlegen, vereinen«]

Poo|na ⟨[puːnə] od. [puːna] n.; -s; unz.; Sport⟩ indisches Rückschlagspiel, Vorform des Badminton [indisch, nach der Stadt *Poona* südöstl. von Bombay]

pop..., **Pop...** ⟨in Zus.⟩ modern, auffallend, bes. Jugendliche ansprechend; *popfarben; Popmusik*

Pop ⟨m.; - od. -s; unz.⟩ **1** Kunstrichtung der 60er u. 70er Jahre des 20. Jh., die modern, auffallend u. farbenfroh gestaltet ist; →*a.* Pop-Art, Popmusik **2** ⟨umg.⟩ poppige Gestaltung, Art [<engl. *pop* »Klatsch, Knall« od. zu engl. *popular* »volkstümlich«]

Po|panz ⟨m.; -es, -e⟩ **1** Schreckgespenst, Schreckgestalt **2** spaßige Figur, Strohpuppe **3** ⟨fig.⟩ willenloser, von anderen in seinen Handlungen abhängiger Mensch; *jmdn. zum* ~ *machen* [<ostmdt. *popenz* <tschech. *bubák* »Schreckgestalt«]

Pop-Art ⟨f.; -; unz.; Kunst⟩ Richtung der modernen Kunst, die banale Objekte (des Massenkonsums) durch die Art ihrer Darstellung (grelle Farbzusammenstellung, Collage, Montage von Gegenständen) zu verfremden, zu parodieren od. zu poetisieren sucht; →*a.* Combinepainting [<*Pop...* + engl. *art* »Kunst«]

Pop|corn ⟨n.; -s; unz.⟩ durch Erhitzen in heißem Fett aufgeplatzte Maiskörner, Puffmais [<engl.(-amerikan.) *pop* »Knall« + *corn* »Mais«]

Po|pe ⟨m.; -n, -n; russ. u. grch.-orthodoxe Kirche⟩ niederer Geistlicher [<russ. *pop* <neugrch. *papas* »Priester« <grch. *pappas* »Vater«]

Po|pe|lin ⟨m.; -s; unz.; Textilw.⟩ = Popeline

Po|pe|li|ne ⟨f.; -; unz.; Textilw.⟩ dichter, fester Baumwollstoff in Leinwandbindung für Oberbekleidung, bes. Hemden; *oV* Popelin [<frz. *popeline*]

Pop|far|be ⟨f.; -, -n⟩ auffallende, modische, kräftige Farbe [<*Pop...*]

pop|far|ben ⟨Adj.⟩ von auffallender, modischer, kräftiger Farbe; *ein* ~ *er Stoff* [<*Pop...*]

Pop|mu|sik ⟨f.; -; unz.; Musik⟩ moderne, dem Beat u. Rock ähnliche Musik [<*Pop...*]

pop|mu|si|ka|lisch ⟨Adj.; Musik⟩ die Popmusik betreffend, zu ihr gehörend

pop|pen ⟨V.⟩ **1** ⟨umg.⟩ Popmusik hören od. spielen; *rockende u.* ~*de Stars* **2** ⟨derb⟩ koitieren [→ *Pop...*]

Pop|per ⟨m.; -s, -; bes. Ende der 70er-Jahre⟩ betont gepflegt u. modisch-teuer gekleideter u. frisierter, angepasster Jugendlicher in Anlehnung an *Pop...* <engl. *teeny-bopper* »Jugendlicher, der immer der neuesten Mode folgt«]

Pop|pers ⟨Pl.⟩ (bes. unter Homosexuellen verbreitete) gefäßerweiternde Droge, die aus Ampullen inhaliert wird [zu engl. *pop* »Knall« (beim Öffnen der Ampullen)]

pop|pig ⟨Adj.⟩ in der Art der Pop-Art, modern, auffallend, farbenfroh [<*Pop...*]
Pop|star ⟨m.; -s, -s⟩ eine Größe der Popmusik, z. B. ein bekannter Sänger od. eine bekannte Sängerin
po|pu|lär ⟨Adj.⟩ volkstümlich, beliebt [<frz. *populaire* »volkstümlich« <lat. *popularis* »zum Volke gehörig, volkstümlich«; zu *populus* »Volk«]
po|pu|la|ri|sie|ren ⟨V.⟩ populär machen, allgemein verständlich machen [<frz. *populariser* »volkstümlich machen« <lat. *popularis*; → *populär*]
Po|pu|la|ri|tät ⟨f.; -; unz.⟩ populäre Beschaffenheit, Volkstümlichkeit, Beliebtheit [<frz. *popularité* »Volkstümlichkeit« <lat. *popularitas* »Gefälligkeit gegen das Volk«; zu *populus* »Volk«]
po|pu|lär|wis|sen|schaft|lich ⟨Adj.⟩ wissenschaftlich, aber allgemein verständlich
Po|pu|la|ti|on ⟨f.; -, -en⟩ **1** Bevölkerung **2** ⟨Biol.⟩ Gesamtheit der Angehörigen einer Art in einem bestimmten Gebiet **3** ⟨Astron.⟩ Gesamtheit der Sterne mit ähnlicher chemischer Zusammensetzung, räumlicher Stellung u. gleichem Alter **4** ⟨Statistik⟩ Klasse von zu untersuchenden Gegenständen [frz., »Bevölkerung«, <lat. *populus* »Volk«]
Po|pu|lis|mus ⟨m.; -; unz.⟩ **1** Politik, die durch übertriebene Darstellung der polit. Lage die Volksmassen zu beeinflussen sucht **2** literar. Richtung, die das Leben der einfachen Volkes leicht verständlich darstellt [zu lat. *populus* »Volk«]
Po|pu|list ⟨m.; -en, -en⟩ abwertend; Politik⟩ politischer Führer, der (ohne ein festes Programm zu vertreten) seine Haltungen u. Forderungen opportunistisch nach den Ängsten u. Bedürfnissen breiter Bevölkerungsschichten ausrichtet, um sich beliebt zu machen u. sich die Unterstützung der Wähler zu sichern [zu lat. *populus* »Volk«]
po|pu|lis|tisch ⟨Adj.; abwertend; Politik⟩ in der Art eines Populisten, auf Populismus beruhend; *der Kandidat geht mit ~en Äußerungen auf Stimmenfang*
Pop-up-Buch ⟨[-ʌp-] n.; -(e)s, -bü|cher; Buchw.⟩ Buch, bei dem sich beim Aufschlagen Bildteile aus Pappe aufstellen [zu engl. *pop-up* »aufspringend«]
Pop-up-Fens|ter ⟨[-ʌp-] n.; -s, -; EDV⟩ bei Anklicken aufspringendes kleines Fenster [zu engl. *pop-up* »aufspringend«]
Po|re ⟨f.; -, -n⟩ **1** feines Loch, kleine Öffnung **2** Mündung der Schweißdrüsen in der Haut [<grch. *poros* »Durchgang«]
Po|ris|ma ⟨n.; -s, -ris|men; Logik⟩ Ableitung aus einem anderen Satz [grch., »das Herbeigeschaffte, Gewinn, Vorteil«; zu *porizein* »zustande bringen, herbeischaffen«]
po|ris|ma|tisch ⟨Adj.⟩ in der Art eines Porismas, abgeleitet, gefolgert
Pör|kel(t) ⟨n.; -s; unz.; Kochk.⟩ = Pörkol(t)
Pör|köl(t) ⟨n.; -s; unz.; Kochk.⟩ mit Paprika gewürztes, in wenig Saft gebratenes, gulaschähnl. Gericht; *oV* Pörkel(t) [<ungar.]
Por|no ⟨m.; -s, -s⟩ pornografischer Film, Roman usw.
Por|no|graf ⟨m.; -en, -en⟩ Verfasser pornografischer Schriften; *oV* Pornograph
Por|no|gra|fie ⟨f.; -; unz.⟩ obszöne Darstellung geschlechtlicher Vorgänge in Wort u. Bild; *oV* Pornographie [<grch. *porne* »Hure« u. *...graphie*]
por|no|gra|fisch ⟨Adj.⟩ unzüchtig, die geschlechtl. Begierden anreizend; *oV* pornographisch; *~es Buch, Bild, ~er Film*
Por|no|graph ⟨m.; -en, -en⟩ = Pornograf
Por|no|gra|phie ⟨f.; -; unz.⟩ = Pornografie
por|no|gra|phisch ⟨Adj.⟩ = pornografisch
po|rös ⟨Adj.⟩ **1** durchlässig (für Flüssigkeit u. Luft) **2** mit feinsten Löchern versehen [<frz. *poreux* »porös, löcherig«; zu *pore* »Pore« <lat. *poros*; → *Pore*]
Po|ro|si|tät ⟨f.; -; unz.⟩ poröse Beschaffenheit [<frz. *porosité* »Porosität, Durchlässigkeit«; → *porös*]
Por|phyr ⟨m.; -s, -e; Geol.⟩ dichtes, feinkörniges Ergussgestein mit Einsprenglingen von Feldspat [<ital. *porfiro* <mlat. *porphyreum* »purpurfarbig« <grch. *porphyra* »Purpurschnecke«; → *Purpur*]
Por|phy|rie ⟨f.; -, -n; Med.⟩ Ausscheidung einer größeren Menge an Porphyrinen im Urin als Indikator für eine Störung des Blutbildungsprozesses [→ *Porphyr*]
Por|phy|rin ⟨n.; -s, -e; Chemie⟩ aus vier Pyrrol-Ringen bestehende, makromolekulare chem. Verbindung, deren metallorganische Verbindungen mit Eisen oder Magnesium das Grundgerüst des Blutfarbstoffs od. Chlorophylls bilden
por|phy|risch ⟨Adj.; Geol.⟩ entsprechend der dichten u. feinkörnigen, mit Kristalleinsprengseln versehenen Grundmasse von Ergussgestein strukturiert [→ *Porphyr*]
Por|phy|rit ⟨m.; -s, -e; Geol.⟩ graues, rötliches od. grünliches Ergussgestein aus dem Paläozoikum
Por|ree ⟨m.; -s, -s; Bot.⟩ als Gemüse verwendeter, zweijähriger Lauch: Allium porrum [<westfrz. *porrée* (= frz. *porreau*) <vulgärlat. *porrata*; zu lat. *porrum* »Lauch«]
Por|ridge ⟨[-rɪdʒ] m.; -s; unz.; Kochk.⟩ dicker Brei aus Hafergrütze u. Milch, der in den angelsächs. Ländern zum Frühstück gegessen wird [engl.]
Port ⟨m.; -(e)s, -e; poet.⟩ Hafen [<mhd. *port(e)* <afrz. *port* <lat. *portus*]
por|ta|bel ⟨Adj.⟩ tragbar, leicht beförderbar; *portable Geräte* [zu lat. *portare* »tragen«]
Por|ta|ble *auch:* **Por|table** ⟨[pɔːrtəbəl] m.; -s, -s⟩ **1** tragbarer Fernsehapparat **2** ⟨EDV⟩ tragbarer Mikrorechner von der Größe eines Koffers [engl., »tragbar«]
Por|tage ⟨[pɔːˈtiːdʒ] f.; -, -s [-tɪdʒɪz]⟩ **1** Transport **2** Warenladung an Bord eines Schiffes **3** frachtfreies Gepäck der Seeleute auf einem Schiff [engl.,

»Transport«; zu lat. *portare* »tragen«]

Por|tal ⟨n.; -s, -e⟩ **1** architektonisch verziertes Tor; Kirchen~ **2** ⟨EDV⟩ Startseite eines Internetanbieters [<mlat. *portale* »Vorhalle«; zu lat. *porta* »Tor«]

Por|ta|men|to ⟨n.; -s, -s od. -menti; musikal. Vortragsbezeichnung⟩ gleitende Verbindung aufeinander folgender Töne [ital., »das Tragen«; zu *portare* »tragen«]

Por|ta|tiv ⟨n.; -s, -e [-və]; Musik⟩ kleine, tragbare Orgel mit 14–28 Pfeifen u. mit der Hand zu bedienendem Blasebalg [<frz. *portatif* »tragbar«; zu *porter* »tragen«]

por|ta|to ⟨Musik⟩ breit, getragen (zu spielen), aber nicht gebunden [ital., Part. Perf. zu *portare* »tragen«]

Porte|feuille ⟨[pɔrtfœːj] n.; -s, -s⟩ *Sy* Portfolio (1) **1** ⟨veraltet⟩ **1.1** Brieftasche **1.2** Aktenmappe **2** Geschäftsbereich; *Minister ohne* ~ M. ohne eigenen Amtsbereich **3** ⟨Börse⟩ Bestand an Wertpapieren **4** ⟨Wirtsch.⟩ Produktangebot eines Unternehmens; *ein breit gefächertes* ~ [frz., »Brieftasche« <*porter* »tragen« + *feuille* »Blatt«]

Portemonnaie / Portmonee
(*Laut-Buchstaben-Zuordnung*)
Im Zuge der Integration fremdsprachlicher Wörter in die deutsche Standardsprache kann neben die ursprüngliche, der Herkunftssprache folgende Orthographie eine integrierte Schreibweise, mit angepasster Laut-Buchstaben-Zuordnung treten (→*a.* Plattitüde / Platitude).

Porte|mon|naie ⟨[pɔrtmɔneː] od. ['---] n.; -s, -s⟩ = Portmonee

Porte|pee auch: **Por|te|pee** ⟨n.; -s, -s⟩ Riemen od. Band mit Quaste am Degen od. Säbel (des Offiziers od. Unteroffiziers) [<frz. *portéepée* »Degengehenk« <*porter* »tragen« + *épée* »Degen, Schwert«]

Por|ter ⟨m.; -s, -; in Großbritannien⟩ starkes, dunkles, obergäriges Bier [engl.; zu *porter* »Lastenträger« (da es früher besonders von diesen getrunken wurde)]

Por|ter|house|steak ⟨[pɔː(r)təʀ(r)haustēːk] n.; -s, -s⟩ dickes Rinderlendensteak mit einem T-förmigen Knochen; →*a.* T-Bone-Steak [<engl. *porterhouse* »Bierlokal« + *Steak*; → *Porter*]

Port|folio ⟨n.; -s, -s⟩ **1** = Portefeuille **2** ⟨Fot.⟩ (großformatiger) Bildband [engl., <ital. *portafoglio* <*portare* »tragen« + *foglio* »Blatt (Papier)«]

Por|ti ⟨Pl. von⟩ Porto

Por|ti|er ⟨[-tjeː] m.; -s, -s⟩ Pförtner [frz., »Hausmeister«; zu *porte* »Tür«]

Por|ti|e|re ⟨[-tjɛːrə] f.; -, -n⟩ schwerer Vorhang zu beiden Seiten der Tür [<frz. *portière* »Türvorhang«; zu *porte* »Tür«]

por|tie|ren ⟨V.; schweiz.⟩ zur Wahl vorschlagen [<frz. *porter*, ital. *portare* »tragen«]

Por|ti|kus ⟨m.; -, -; Arch.⟩ von Säulen getragener Vorbau [<lat. *porticus* »Säulengang, Halle«; zu *porta* »Tor«]

Por|tio ⟨f.; -; unz.⟩ **1** Teil, Anteil **2** ⟨Med.⟩ ~ *vaginalis* äußerer Gebärmuttermund mit dem dazugehörigen Teil der Scheide [lat., »Anteil«]

Por|tio|kap|pe ⟨f.; -, -n; Med.⟩ mechanisches Empfängnisverhütungsmittel, das aus einer Kunststoffkappe besteht, die dem äußeren Gebärmuttermund aufgestülpt wird [→ *Portio*]

Por|ti|on ⟨f.; -, -en⟩ abgemessene Menge (bes. von Speisen); *eine* ~ *Eis, Gemüse, Kartoffeln; er ist nur eine halbe* ~ ⟨fig.; umg.⟩ er ist sehr dünn, klein; *er besitzt eine tüchtige* ~ *Frechheit* ⟨fig.; umg.⟩ ist sehr frech [<lat. *portio* »Anteil«]

por|ti|o|nie|ren ⟨V.⟩ in Portionen aufteilen; *Essen* ~

Por|ti|o|nie|rer ⟨m.; -s, -⟩ Gerät zum Aufteilen in Portionen (bes. von Speiseeis)

Por|ti|un|ku|la|ab|lass auch: **Por|ti|un|ku|la-Ab|lass** ⟨m.; -es, -läs|se⟩ vollkommener Ablass, der am 2. August, dem Tag der Weihe der Portiunkula, in Franziskanerkirchen gewonnen werden kann [nach *Portiuncula*, Muttergotteskapelle bei Assisi, Lieblingskirche des hl. Franziskus]

Port|land|ze|ment ⟨m.; -(e)s, -e; Bauw.⟩ der übliche, zum Bauen verwandte Zement aus gemahlenem Kalkstein u. Kalkmergel [nach der engl. Halbinsel *Portland*]

Port|mo|nee ⟨a. ['---] n.; -s, -s⟩ Geldbeutel; *oV* Portemonnaie [<frz. *portemonnaie* »Geldbörse« <*porter* »tragen« + *monnaie* »Münze, Kleingeld«]

Por|to ⟨n.; -s, -s od. Por|ti⟩ Gebühr für das Befördern von Postsendungen; *Brief~; Paket~* [ital., »Porto, Fracht«; zu *portare* »tragen«]

◆ Die Buchstabenfolge **portr...** kann auch **port|r...** getrennt werden.

◆ **Por|trait** ⟨[-trɛː] n.; -s, -s⟩ = Porträt

◆ **por|trai|tie|ren** ⟨[-trɛ-] V.⟩ = porträtieren

◆ **Por|trät** ⟨[-trɛː] od. (selten) [-trɛt] n.; -s, -s⟩ Bildnis; *oV* Portrait [<frz. *portrait*]

◆ **por|trä|tie|ren** ⟨[-trɛ-] V.⟩ *jmdn.* ~ jmds. Bildnis malen; *oV* portraitieren

◆ **Por|trä|tist** ⟨[-trɛ-] m.; -en, -en⟩ auf Porträts spezialisierter Maler

Por|tu|gie|ser ⟨m.; -s, -; Weinbau⟩ eine rote Rebsorte [Herkunft unsicher; die Rebe wird nicht in Portugal angebaut]

Por|tu|lak ⟨m.; -s od. -es, -s; Bot.⟩ zu einer Gattung der Portulakgewächse gehörendes Kraut mit fleischigen Blättern, die als Salat dienen, Burzelkraut: Portulaca [<lat. *portulaca* »Portulak«]

Port|wein ⟨m.; -(e)s, -e⟩ dunkelroter od. weißer, süßer portugiesischer Dessertwein [nach dem portugies. Ausfuhrhafen *Porto*, portugies. *Oporto*]

Po|rus ⟨m.; -, Po|ri; Med.⟩ Körperöffnung [<grch. *poros* »Öffnung, Durchgang«]

Por|zel|lan ⟨n.; -s, -e⟩ **1** dichtes, weißes, durchscheinendes keramisches Erzeugnis **2** Tafelgeschirr daraus [<ital. *porcellana*, eigtl. eine Art weißer Meeresmuscheln]

Por|zel|lan|blu|me ⟨f.; -, -n; Bot.⟩ zur Familie der Schwalbenwurzgewächse gehörende Zierpflanze, deren weiße bis rosa Blütendolden wie aus Porzellan geformt bzw. aus Wachs gegossen aussehen, Wachsblume

Por|zel|lan|schne|cke ⟨f.; -, -n; Zool.⟩ = Kaurischnecke

POS ⟨Abk. für engl.⟩ Point of Sale (Ort des Verkaufs)

Pos. ⟨Abk. für⟩ Position (7)

Po|sa|ment ⟨n.; -(e)s, -en; meist Pl.⟩ Ware, die als Besatz für Kleidung verwendet wird, z. B. Borten, Schnüre, Quasten, Litzen, Bänder [<frz. *passement* »Borte, Besatz«]

po|sa|men|tie|ren ⟨V.⟩ mit Posamenten verzieren

Po|sau|ne ⟨f.; -, -n; Musik⟩ Blechblasinstrument mit zwei ineinander liegenden U-förmigen Rohren, von denen das eine (der Zug) verschoben werden kann, Zugposaune; *die ~n des Jüngsten Gerichts* ⟨sinnbildl.⟩ Ankündigung des J. G. (nach 1. Korintherbrief 15,52) [<mhd. *busune* <afrz. *buisine* <lat. *bucina* »Jagdhorn, Signalhorn« <*bos* »Rind« + *canere* »singen, tönen, klingen«; also: »aus einem Rinderhorn hergestelltes Toninstrument«]

po|sau|nen ⟨V.⟩ 1 ⟨Musik⟩ die Posaune blasen 2 ⟨fig.; umg.⟩ laut rufen, laut verraten, verkünden; *etwas in alle Welt ~*

Po|sau|nist ⟨m.; -en, -en; Musik⟩ Musiker, der Posaune spielt

Po|sau|nis|tin ⟨f.; -, -tin|nen; Musik⟩ Musikerin, die Posaune spielt

po|schie|ren ⟨V.; Kochk.⟩ = pochieren

Po|se ⟨f.; -, -n⟩ 1 gekünstelte, gezierte Haltung; *eine ~ einnehmen* 2 ⟨bildende Kunst⟩ Stellung, Haltung (einer Person); *Figur in der ~ eines Schlafenden, Kämpfenden* [frz., »das Legen, Setzen, Stellen«]

Po|seur ⟨[-zøːr] m.; -s, -e⟩ jmd., der posiert [frz., »Angeber, Wichtigtuer«]

po|sie|ren ⟨V.⟩ 1 eine Pose einnehmen 2. einhalten 2 ⟨fig.⟩ sich gekünstelt benehmen, sich wichtig machen [<frz. *poser* »setzen, legen, stellen«]

Po|si|ti|on ⟨f.; -, -en⟩ 1 Haltung, Stellung; *sich jmdm. gegenüber in einer starken (schwachen) ~ befinden* 2 Stellung im Beruf; *eine gesicherte (unsichere), gute (schlechte) ~ haben* 3 Lage 4 Standort; *die ~ eines Schiffes ermitteln* 5 astronom. Ort; *~ eines Gestirns* 6 Stelle in einem System; *~ einer Zahl, Ziffer* 7 ⟨Abk.: Pos.⟩ einzelner Posten (in einem Haushaltsplan, einer Liste) 8 ⟨Rechtsw.⟩ Bejahung; *Ggs Negation; ~ eines Urteils* [<frz. *position* »Lage, Stellung« u. lat. *positio* »das Setzen, Stellen«; zu *ponere* »setzen, stellen«]

po|si|ti|o|nell ⟨Adj.⟩ hinsichtlich der Position, sie betreffend; *~ hat er sich in seiner Firma verbessert; eine ~e Umstellung*

po|si|ti|o|nie|ren ⟨V.⟩ 1 in eine bestimmte Position bringen 2 ⟨fig.⟩ in einen Zusammenhang bringen, ein-, zuordnen

Po|si|ti|o|nie|rung ⟨f.; -, -en⟩ das Positionieren, Positioniertwerden

Po|si|ti|ons|as|tro|no|mie auch: **Po|si|ti|ons|a|stro|no|mie** ⟨f.; -; unz.⟩ = Astrometrie

Po|si|ti|ons|lam|pe ⟨f.; -, -n⟩ Lampe (eines Schiffes, Flugzeugs, einer Boje) zur Kennzeichnung der Fahrt-, Flugrichtung od. Lage, bes. bei Nacht, Positionslaterne

po|si|ti|ons|lang ⟨Adj.; antike Metrik⟩ *~e Silbe* kurze Silbe, die metrisch als lang gilt, wenn sie auf zwei od. mehreren Konsonanten endet

Po|si|ti|ons|win|kel ⟨m.; -s, -; Astron.⟩ Winkel zwischen den gedachten Verbindungslinien zweier Sterne zum Himmelsnordpol

po|si|tiv ⟨Adj.⟩ Ggs negativ 1 bejahend; *eine ~ Antwort; ~es Ergebnis, ~e Haltung, ~er Befund B.,* dass tatsächlich Anzeichen einer Krankheit vorliegen 2 zustimmend; *sich zu einer Sache ~ äußern; ~e Kritik, ~es Urteil* 3 ⟨Math.⟩ größer als Null; *~e mathemat. Größe* 4 ⟨Philos.⟩ wirklich vorhanden, gegeben 5 ⟨El.⟩ *~er Pol* P., an dem Elektronen in einen Körper eintreten 6 ⟨umg.⟩ bestimmt, gewiss; *weißt du das ~?* 7 ⟨kurz für⟩ HIV-positiv [<frz. *positif* »positiv, bejahend, sicher« u. spätlat. *positivus* »gesetzt, gegeben«; zu lat. *ponere* »setzen, stellen, legen«]

Po|si|tiv[1] ⟨m.; -s, -e; Gramm.⟩ Grundform der Adjektive, auf die sich die Komparation bezieht

Po|si|tiv[2] ⟨n.; -s, -e⟩ 1 ⟨Musik⟩ kleine Orgel ohne festen Standort mit Manual (ohne Pedal) 2 ⟨Fot.⟩ Bild in der richtigen Wiedergabe der Seiten u. von Licht u. Schatten; *Ggs* Negativ

po|si|tiv|e|lek|trisch auch: **po|si|tiv|e|lek|trisch** ⟨Adj.⟩ einen Mangel an Elektronen aufweisend

Po|si|ti|vis|mus ⟨[-vɪs-] m.; -; unz.; Philos.⟩ philos. Lehre, die nur auf dem Gegebenen, Tatsächlichen, dem »Positiven«, beruht u. metaphys. Erörterungen ablehnt

Po|si|ti|vist ⟨[-vɪst] m.; -en, -en; Philos.⟩ Vertreter, Anhänger des Positivismus

po|si|ti|vis|tisch ⟨[-vɪs-] Adj.; Philos.⟩ 1 zum Positivismus gehörend, auf ihm beruhend 2 ⟨oft abwertend⟩ auf einer bloßen Materialsammlung ohne analytischen Anspruch beruhend (z. B. von wissenschaftlichen Untersuchungen); *diese Textinterpretation stellt lediglich eine ~e Datenerhebung dar*

Po|si|ti|vum ⟨[-vʊm] n.; -s, -ti|va [-va]⟩ etwas Positives, etwas, das als positiv empfunden wird; *Ggs* Negativum

Po|si|tiv|ver|fah|ren ⟨n.; -s; unz.; Fot.⟩ fotograf. Verfahren zur Herstellung von Positiven ohne Negative als Zwischenstufe

Po|si|tron auch: **Po|si|tron** ⟨n.; -s, -tro|nen; Physik⟩ leichtes Elementarteilchen mit elektr. positiver Ladung [<*positiv* + *Elektron*; → *elektrisch*]

Po|si|tur ⟨f.; -, -en⟩ oV ⟨schweiz.⟩ Postur 1 für eine bestimmte Situation gewählte Haltung; *sich in ~ setzen* 2 ⟨umg.⟩ Gestalt, Statur, Figur [<lat. *positura* »Stellung, Lage«; zu *ponere* »setzen, stellen, legen«]

Pos|se ⟨f.; -, -n; Theat.; meist abwertend⟩ anspruchslose, derbe

Komödie, in der die Komik meist durch Übertreibung erreicht wird; *Sy* Farce (2) [<frühnhd. *bosse, posse* »Zierrat, Beiwerk an Kunstdenkmälern« <spätmhd. *possen* »Figur« <frz. *(ouvrage à) bosse* »erhabene Arbeit« <galloroman. **bottia* »Schwellung«, <altfränk. **botan* »ausschlagen, sprießen«, zuerst »Scherzfiguren an öffentl. Brunnen«]

pos|ses|siv ⟨a. ['---] Adj.; Gramm.⟩ auf die Zugehörigkeit einer Person od. Sache zu einer anderen Person od. Sache hinweisend, besitzanzeigend [<lat. *possessivus* »einen Besitz anzeigend«; zu *possidere* »besitzen«]

Pos|ses|siv ⟨a. ['---] n.; -s, -e [-və]⟩ = Possessivpronomen

Pos|ses|siv|kom|po|si|tum ⟨a. [pɔs-] n.; -s, -si|ta od. -si|ten; Gramm.⟩ Kompositum, das eine in seinen Bestandteilen nicht erwähnte Sache od. Person nach der sie kennzeichnenden Eigenschaft benennt, z. B. Dickkopf, Grünschnabel, Großhals

Pos|ses|siv|pro|no|men ⟨n.; -s, - od. -mi|na; Gramm.⟩ Pronomen, das auf die Zugehörigkeit einer Person od. Sache zu einer anderen Person od. Sache hinweist, besitzanzeigendes Fürwort, z. B. mein, unser; *Sy* Possessiv, Possessivum

Pos|ses|si|vum ⟨[-vum] n.; -s, -si|va [-va]; Gramm.⟩ = Possessivpronomen [<lat. *(nomen) possessivum* »besitzanzeigende Benennung«; → *possessiv*]

pos|ses|so|risch ⟨Adj.; Rechtsw.⟩ den Besitz betreffend [<lat. *possessor* »Besitzer«; zu *possidere* »besitzen«]

pos|sier|lich ⟨Adj.⟩ (klein u.) lustig, drollig [→ *Posse*]

Post ⟨f.; -; unz.⟩ **1** (staatl.) Einrichtung zur Beförderung von Nachrichten (Briefen, Karten, Fernschreiben, Telefongesprächen), Geld, Gütern (Päckchen, Paketen); *er arbeitet, ist bei der ~* **2** die von der Post (1) beförderten Briefe u. a. Gegenstände; *ist ~ für mich da?*; *die eingegangene, heutige ~*; *mit gleicher ~ senden wir Ihnen...* gleichzeitig, am selben Tage **3** der Inhalt einer Nachricht; *gute, traurige ~* **4** ⟨umg.⟩ Postamt; *die ~ ist von 8-18 Uhr geöffnet*; *einen Brief auf die ~ bringen* **5** ⟨veraltet⟩ Postkutsche **6** zur Post (1) gehörendes Kraftfahrzeug [<frühnhd. *post* <ital. *posta* <lat. *posita (mansio)* »festgesetzter Aufenthaltsort«]

post..., Post... ⟨in Zus.⟩ nach..., Nach..., hinter..., Hinter... [<lat. *post* »nach, hinter«]

Pos|tage ⟨[poʊstɪdʒ] f. od. n.; -; unz.; engl. Bez. für⟩ Portogebühr

pos|ta|lisch ⟨Adj.⟩ die Post betreffend, zu ihr gehörend

Pos|ta|ment ⟨n.; -(e)s, -e⟩ = Piedestal [→ *Posto, postieren*]

post Chris|tum (na|tum) ⟨Abk.: p. Chr. (n.); nach Jahreszahlen⟩ nach Christi Geburt [lat.]

post|da|tie|ren ⟨V.⟩ nachdatieren, mit einem späteren Datum versehen

Post|de|bit ⟨m.; -s; unz.⟩ Vertrieb von Zeitungen durch die Post

post|em|bry|o|nal *auch:* **post|emb|ry|o|nal** ⟨Adj.; Biol.; Med.⟩ nach Abschluss der embryonalen Entwicklung auftretend

Pos|ten ⟨m.; -s, -⟩ **1** jmd., der Wache hält, etwas beobachtet, bewacht; *Wacht~* **2** Wache; *auf ~ ziehen* den Dienst als Wache antreten; *~ stehen* Wache halten; *auf dem ~ sein* ⟨fig.⟩ wohlauf, gesund sein; *auf verlorenem ~ kämpfen* ⟨fig.⟩ für eine aussichtslose od. überholte Sache kämpfen **3** Anstellung, Stelle, Amt; *ein guter ~*; *einen ~ bei einer Partei haben* **4** bestimmte Menge von Waren (aus einem Sortiment); *Sy* Partite (1); *einen ~ Unterhemden kaufen* **5** einzelner Betrag (in einer Rechnung); *Sy* Partite (2); *dieser ~ stimmt nicht* **6** einzelne Ziffer in einem Haushalt **7** ⟨Jagd⟩ = Rehposten [<ital. *posto* <lat. *positus* »festgesetzt«, Part. Perf. zu *ponere* »setzen, stellen, legen«; in der Bedeutung »Betrag in einer Rechnung« <ital. *posta* »bestimmter Geldbetrag, Spieleinsatz«, eigtl. »die gesetzte (Summe)« <lat. *positus*, Part. Perf. zu *ponere* »setzen, stellen, legen«]

Pos|ter ⟨[poː-] m. od. n.; -s, -⟩ künstlerisch gestaltetes Plakat, das dekorativen Zwecken dient [engl., »Plakat«]

pos|te res|tan|te ⟨a. [pɔst restãːt] Abk.: p. r.⟩ postlagernd [frz.]

Pos|te|ri|o|ra ⟨Pl.⟩ **1** nachfolgendes, Späteres **2** Gesäß [lat., »spätere Ereignisse«, Neutr. Pl. zu *posterior* »später folgend«]

Pos|te|ri|o|ri|tät ⟨f.; -; unz.⟩ Nachstehen (im Amt od. Rang) [<frz. *postériorité* »das Spätersein« <lat. *posterus* »(zeitlich) nachfolgend«]

Pos|te|ri|tät ⟨f.; -, -en⟩ **1** Nachkommenschaft **2** Nachwelt [<lat. *posteritas*, frz. *postérité* »Nachkommenschaft«]

post fes|tum ⟨geh.⟩ hinterher, zu spät [lat., »nach dem Fest«]

Post|gi|ro|kon|to ⟨[-ʒiː-] n.; -s, -s od. -kon|ten od. -kon|ti⟩ Girokonto, das bei den Deutschen Postbank AG geführt wird

post|gla|zi|al ⟨Adj.; Geol.⟩ nach der Eiszeit (auftretend); *Ggs* präglazial

Post|gla|zi|al ⟨n.; -s; unz.; Geol.⟩ Zeit nach der pleistozänen Vereisung, die den Rückgang des skandinavischen Inlandeises, die Entstehung von Ost- u. Nordsee sowie die Wiederbewaldung Mitteleuropas mit sich brachte; *Ggs* Präglazial [→ *postglazial*]

post|gra|du|al ⟨Adj.; DDR⟩ nach Beendigung eines Universitätsstudiums erfolgend [<*post...* + *gradual*]

post|gra|du|ell ⟨Adj.⟩ nach der Graduierung an einer Hochschule stattfindend, durchgeführt; *ein ~es Aufbaustudium* [<*post...* + *graduell*]

Pos|thi|tis ⟨f.; -, -ti|den; Med.⟩ Entzündung der Vorhaut [<grch. *posthe* »Vorhaut« + *...itis*]

post|hum ⟨Adj.⟩ = postum

pos|tie|ren ⟨V.⟩ jmdn. od. sich an eine od. an einer Stelle ~ jmdn. od. sich an einer Stelle aufstellen; *jmdn. (als Wache) vor die od. vor der Tür, vor ein od. einem Gebäude ~* [<frz. *poster* »aufstellen«; zu *poste* »Stelle, Posten«]

Pos|til|le ⟨f.; -, -n⟩ **1** ⟨urspr.⟩ abschnittsweise Erklärung von

Postillion

Bibelstellen (bes. als Einleitung zu Hausandachten, Meditationen, Predigten) **2** ⟨danach⟩ religiöses Erbauungsbuch [<mlat. *post illa verba* »nach jenen Worten« (urspr. in der Erklärung eines bibl. Textes, dessen Wortlaut abschnittweise vorangestellt war)]

Po|stil|li|on ⟨m.; -s, -e⟩ **1** Fahrer der Postkutsche **2** ⟨Zool.⟩ zu den Weißlingen gehörender Falter mit dunkel gesäumten, gelben Flügeln, Posthörnchen: Colias croceus [<frz. *postillon* <ital. *postiglione* »Postknecht«; zu *posta* »Post«]

Post|im|pres|sio|nis|mus ⟨m.; -; unz.; Mal.⟩ Stilrichtung der bildenden Kunst zu Beginn des 20. Jahrhunderts

post|kar|bo|nisch ⟨Adj.; Geol.⟩ nach dem Karbon (liegend, auftretend); Ggs präkarbonisch

post|ko|lo|ni|al ⟨Adj.⟩ die Nachkolonialzeit betreffend, zu ihr gehörend

post|kul|misch ⟨Adj.; Geol.⟩ nach dem Kulm (liegend, auftretend)

Post|lu|di|um ⟨n.; -s, -di|en; Musik⟩ Nachspiel (eines Klavierzyklus, als Orgelkomposition für den gottesdienstlichen Gebrauch); Ggs Präludium (1) [<*Post...* + *ludere* »spielen«]

post me|ri|di|em ⟨Abk.: p. m.⟩ nachmittags; *6 Uhr p. m.* [lat., »nach Mittag«]

post|mo|dern ⟨Adj.⟩ die Postmoderne betreffend, zu ihr gehörig

Post|mo|der|ne ⟨f.; -; unz.⟩ in den 1960er Jahren eingeführter Begriff der Kulturtheorie für Entwicklungen u. a. in Architektur, Kunst, Literatur u. Musik, auf die Moderne folgende Epoche, die durch Subjektivismus, Stilpluralismus u. spielerischen Umgang mit historischen Elementen gekennzeichnet ist [<lat. *post* »nach« + *modern*]

Post|mo|der|nist ⟨m.; -en, -en⟩ Vertreter, Anhänger der Postmoderne

Post|mo|lar ⟨m.; -en, -en; Med.⟩ hinterer Backenzahn [<*Post...* + *Molar*]

post|mor|tal ⟨Adj.; Med.⟩ nach dem Tod (eintretend); Ggs prämortal [<*post...* + lat. *mors*, Gen. *mortis* »Tod«]

post mor|tem ⟨Abk.: p. m.⟩ nach dem Tode [lat.]

post|na|tal ⟨Adj.; Med.⟩ nach der Geburt (eintretend); Ggs pränatal [<*post...* + lat. *natalis* »Geburtstag«]

post|nu|me|ran|do ⟨Adv.⟩ nachträglich, nach Empfang, nach der Leistung; Ggs pränumerando; *~ bezahlen* [<*post...* + lat. *numerare* »zählen«]

Post|nu|me|ra|tion ⟨f.; -, -en⟩ Nachzahlung; Ggs Pränumeration

post|ope|ra|tiv ⟨Adj.; Med.⟩ nach der Operation; Ggs präoperativ

post|pa|la|tal ⟨Adj.; Phon.⟩ hinter dem Gaumen artikuliert (von Lauten); Ggs präpalatal [<*post...* + *palatal*]

post|po|nie|rend ⟨Adj.; Med.⟩ mit Verspätung eintreffend (von Krankheitsanzeichen), z. B. Fieber bei Malaria [<*post...* + lat. *ponere* »setzen, legen«]

Post|po|si|tion ⟨f.; -, -en; Gramm.⟩ nachgestellte Präposition, z. B. »wegen« in »der Kinder wegen« [verkürzt <lat. *post* »nach« + *Präposition*]

post|po|si|tiv ⟨Adj.; Gramm.⟩ dem Substantiv nachgestellt [<*post...* + lat. *ponere* »setzen, stellen, legen«]

Post|scheck ⟨m.; -s, -s⟩ Anweisung an die Post auf Barauszahlung

post|so|zia|lis|tisch ⟨Adj.⟩ die Verhältnisse nach dem Zusammenbruch des Sozialismus (bes. in der früheren Sowjetunion) betreffend

post|tek|to|nisch ⟨Adj.; Geol.⟩ im Anschluss an Bewegungen der Erdkruste; *~er Vulkanausbruch* [<*post...* + *tektonisch*]

Post|script ⟨n.; -s; unz.; EDV⟩ Programmiersprache zur Datenausgabe mit vielen grafischen Möglichkeiten, die eine systemunabhängige Übertragung von der die Datei erstellenden System zu dem die Datei darstellenden System (z. B. Drucker) erlaubt

Post|skript ⟨n.; -(e)s, -e⟩ = Postskriptum

Post|skrip|tum ⟨n.; -s, -skrip|ta; Abk.: PS⟩ Nachschrift (im Brief); oV Postskript [<*Post...* + *Skriptum*]

Post|struk|tu|ra|lis|mus ⟨m.; -; unz.⟩ Richtung der kritischen geistes- u. sozialwissenschaftlichen Analyse, die sich in den späten 60er Jahren vom Strukturalismus absonderte

post|struk|tu|ra|lis|tisch ⟨Adj.⟩ den Poststrukturalismus betreffend, zu ihm gehörend

Post|sze|ni|um ⟨n.; -s, -ni|en; früher⟩ Raum hinter der Bühne (zum Umkleiden der Schauspieler); Ggs Proszenium [<*Post...* + lat. *scena* »Bühne« <grch. *skene* »Bühne«]

post|ter|ti|är ⟨Adj.; Geol.⟩ nach dem Tertiär (liegend, auftretend)

post|trau|ma|tisch ⟨Adj.; Med.⟩ im Anschluss an ein Trauma, infolge eines Traumas sich einstellend, zeigend; *~es Syndrom* [<*post...* + *traumatisch*]

Po|stu|lant ⟨m.; -en, -en⟩ **1** Bewerber **2** Mitglied eines kath. Ordens während der Probezeit [<lat. *postulans*, Part. Präs. zu *postulare* »fordern«]

Po|stu|lat ⟨n.; -(e)s, -e⟩ **1** sittl. Forderung **2** ⟨Philos.⟩ Annahme, die unbeweisbar, aber glaubhaft ist **3** Probezeit beim Eintritt in einen kath. Orden [<lat. *postulatum* »Forderung«; zu *postulare* »fordern«]

Po|stu|la|tion ⟨f.; -, -en; kath. Kirche⟩ Bitte an den Papst um nachsichtige Prüfung eines Vorschlags für die Ernennung zum Bischof, wenn der Kandidat die dafür notwendigen kirchenrechtlichen Voraussetzungen noch nicht erfüllt [<lat. *postulatio* »Forderung, Klage«]

po|stu|lie|ren ⟨V.⟩ fordern, ein Postulat (2) aufstellen über [<lat. *postulare* »fordern«]

po|stum ⟨Adj.⟩ oV posthum **1** nachgeboren **2** nach dem Tode des Verfassers od. Komponisten (erscheinen), nachgelassen [<lat. *postumus* »nachgeboren, zuletzt geboren«]

Po|stu|mus ⟨m.; -, -tu|mi; geh.⟩ jmd., der nachgeboren ist [lat., »nachgeboren, zuletzt geboren«]

Po|stur ⟨f.; -, -en; schweiz.⟩ = Positur

post ur|bem con|di|tam ⟨Abk.: p. u. c.⟩ nach der Gründung der Stadt Rom (in der altröm. Jahreszählung) [lat.]

Post|ver|ba|le ⟨[-ver-] n.; - od. -s, -lia; Gramm.⟩ von einem Verb abgeleitetes Substantiv, z. B. »Jäger« nach »jagen«, »Band« nach »binden« [‹*Post*... + lat. *verbalis*; → *Verbum*]

Pot[1] ⟨n.; -s; unz.⟩ = Marihuana [engl., eigtl. »Topf«]

Pot[2] ⟨m.; -s, -s⟩ Summe der Einsätze (beim Glücksspiel) [engl., eigtl. »Topf«]

po|ta|mo|gen ⟨Adj.; Geol.⟩ durch Einwirkung von Flüssen gebildet, z. B. Küstenformen [‹grch. *potamos* »Fluss« + ...*gen*]

Po|ta|mo|lo|gie ⟨f.; -; unz.⟩ Lehre von den Flüssen, Flusskunde [‹grch. *potamos* »Fluss« + ...*logie*]

Pot|as|si|um auch: **Pot|as|si|um** ⟨n.; -s; unz.; Chemie; engl. u. frz. Bez. für⟩ Kalium [‹lat. *potassa*, lat. Form von *Pottasche*]

Pot|au|feu auch: **Pot|au|feu** ⟨[potoˈføː] m. od. n.; - od. -s, -s; Kochk.⟩ **1** Fleisch- u. Gemüseeintopf **2** ⟨m.; - od. -s, -s⟩ großer, hitzebeständiger Suppentopf [frz., eigtl. »Topf auf dem Feuer«]

po|tem|kin|sche Dör|fer auch: **Po|tem|kin'sche Dör|fer** ⟨[patjɔm-] Pl.⟩ Vorspiegelungen, Blendwerk [nach dem russ. Feldherrn u. Staatsmann Grigorij Alexandrovič *Potemkin*, Fürst Tavričeskij, 1739-1791, der in Südrussland zum Schein Dörfer errichten u. bevölkern ließ, um Katharina II. Wohlstand des Landes vorzutäuschen]

po|tent ⟨Adj.⟩ **1** leistungsfähig **2** ⟨Ggs impotent **2.1** fähig zum Geschlechtsverkehr (vom Mann) **2.2** zeugungsfähig [‹lat. *potens* »mächtig«]

Po|ten|tat ⟨m.; -en, -en⟩ Machthaber, regierender Fürst [‹lat. *potentatus* »Macht, Oberherrschaft«; zu *potens* »mächtig«]

po|ten|ti|al ⟨Adj.⟩ = potenzial

Po|ten|ti|al ⟨n.; -s, -e; Adj.⟩ = Potenzial

Po|ten|ti|al|dif|fe|renz ⟨f.; -, -en; Physik⟩ = Potenzialdifferenz

Po|ten|ti|al|ge|fäl|le ⟨n.; -s, -⟩ = Potenzialgefälle

Po|ten|ti|a|lis ⟨m.; -, -a̱les; Gramm.⟩ = Potenzialis

Po|ten|ti|a|li|tät ⟨f.; -, -en; Philos.⟩ = Potenzialität

po|ten|ti|ell ⟨Adj.⟩ = potenziell

Po|ten|til|la ⟨f.; -, -tillen; Bot.⟩ zu den Rosengewächsen gehörige Heilpflanze, Fingerkraut [‹lat. *potentia* »Macht, Kraft« u. Verkleinerungsendung -*illa*]

Po|ten|ti|o|me|ter ⟨n.; -s, -; El.⟩ = Potenziometer

Po|ten|ti|o|me|trie auch: **Po|ten|ti|o|met|rie** ⟨f.; -; unz.; Chemie⟩ = Potenziometrie

Po|tenz ⟨f.; -, -en⟩ **1** ⟨unz.⟩ **1.1** Fähigkeit des Mannes, den Geschlechtsverkehr auszuüben; *Ggs* Impotenz (1) **1.2** Zeugungsfähigkeit; *Ggs* Impotenz (2) **2** ⟨zählb.⟩ **2.1** ⟨Homöopathie⟩ Grad der Verdünnung (eines Arzneimittels) **2.2** ⟨Math.⟩ Produkt mehrerer gleicher Faktoren; *eine Zahl in die zweite, dritte ~ erheben* zwei-, dreimal mit sich selbst multiplizieren [‹lat. *potentia* »Macht«]

Po|tenz|ex|po|nent ⟨m.; -en, -en⟩ Hochzahl einer Potenz

po|ten|zi|al ⟨Adj.⟩ *oV* potential **1** eine Möglichkeit enthaltend, als Möglichkeit vorhanden; *Ggs* aktual (1) **2** eine Möglichkeit ausdrückend; *Ggs* aktual (2) [‹lat. *potentialis* »nach Vermögen, tätig wirkend«]

Po|ten|zi|al ⟨n.; -s, -e⟩ *oV* Potential **1** Leistungsfähigkeit **1.1** unterschwelliges Vorhandensein; *Käufer~* **2** ⟨Physik⟩ **2.1** Maß für die Stärke eines Kraftfeldes an einem Punkt im Raum **2.2** = potenzielle Energie

Po|ten|zi|al|dif|fe|renz ⟨f.; -, -en; Physik⟩ *oV* Potentialdifferenz; *Sy* Potenzialgefälle **1** Unterschied zwischen den Werten der Potenziale an zwei verschiedenen Raumpunkten **2** (i. e. S.) Spannung zwischen zwei elektrisch geladenen Körpern

Po|ten|zi|al|ge|fäl|le ⟨n.; -s, -; Physik⟩ = Potenzialdifferenz; *oV* Potentialgefälle

Po|ten|zi|a|lis ⟨m.; -, -a̱les; Gramm.⟩ Aussageweise der Möglichkeit (eine der Funktionen des Konjunktivs); *oV* Potentialis

Po|ten|zi|a|li|tät ⟨f.; -, -en; Philos.⟩ Möglichkeit, die zur Wirklichkeit werden kann; *oV* Potentialität

potenziell / potentiell (*Laut-Buchstaben-Zuordnung*) Bei der Schreibung abgeleiteter Adjektive wird künftig stärker das Stammprinzip berücksichtigt. Lässt sich die abgeleitete Form auf ein Substantiv, das auf »z« endet, wie z. B. »*Potenz*«, zurückführen, gilt die Stammschreibung als Hauptvariante.

po|ten|zi|ell ⟨Adj.⟩ *oV* potentiell **1** möglich, denkbar **2** ⟨Physik⟩ *~e Energie* Energie der Lage [‹frz. *potentiel* »möglich« ‹lat. *potentialis*; → *potential*]

po|ten|zie|ren ⟨V.⟩ **1** steigern, erhöhen **2** ⟨Math.⟩ in die Potenz erheben, mit sich selbst multiplizieren **3** ⟨Homöopathie⟩ *Arzneimittel ~* verdünnen

Po|ten|zi|o|me|ter ⟨n.; -s, -; El.⟩ Spannungsteiler, aus hintereinander geschalteten Widerständen bestehendes Bauelement zum Teilen einer elektr. Spannung in Teilspannungen; *oV* Potentiometer

Po|ten|zi|o|me|trie auch: **Po|ten|zi|o|met|rie** ⟨f.; -; unz.; Chemie⟩ Verfahren der chem. Maßanalyse, das Leitfähigkeitsänderungen einer Lösung beim Ablauf bestimmter Reaktionen ausnützt; *oV* Potentiometrie [‹lat. *potentia* »Macht, Kraft« + ...*metrie*]

Pot|pour|ri ⟨[-pur-] n.; -s, -s⟩ **1** ⟨Musik⟩ aus verschiedenen, durch Übergänge verbundenen Melodien eines od. mehrerer Musikstücke zusammengesetztes Musikstück **2** ⟨fig.⟩ kunterbuntes Allerlei [‹frz. *potpourri*, übersetzt ‹span. *olla podrida* »fauler Topf, buntes Allerlei; Melodienfolge«]

Pou|dret|te auch: **Poud|ret|te** ⟨[pu-] f.; -; unz.⟩ Fäkaldünger [frz., »Staubdünger«; zu *poudre* »Pulver«]

Poul|lard ⟨[puˈlaːr] n.; -s, -s⟩ = Poularde

Pou|lar|de ⟨[pu-] f.; -, -n⟩ junges, vor der Geschlechtsreife geschlachtetes Masthuhn;

Poulet

oV Poulard [frz., »junges Masthuhn«; zu *poule* »Huhn«]

Pou|let ⟨[pule:] n.; -s, -s⟩ junges Huhn od. Hähnchen zum Braten [frz., »Hühnchen«; zu *poule* »Huhn«]

Pound ⟨[paund] n.; -s, - od. -s; Zeichen: lb, Plural: lbs⟩ engl. Gewichtseinheit, 453,6 g

Pour le mé|ri|te ⟨[pur lə meri:t(ə)] m.; - - -, - - -⟩ **1** 1740 von Friedrich dem Großen gestifteter hoher Verdienstorden (bis 1918, seit 1952 in der BRD wieder verliehen) **2** *Friedensklasse des ~* 1842 von Friedrich Wilhelm IV. gestifteter Orden für Verdienste in Wissenschaft u. Kunst [frz., »für das Verdienst«]

pous|sie|ren [pus-] V.; umg.⟩ *oV* pussieren **1** *jmdn. ~* jmdn. umwerben, jmdm. schmeicheln (um etwas zu erreichen) **2** *mit einem Mädchen ~* einem Mädchen den Hof machen [<frz. *pousser* »stoßen, treiben, fördern, unterstützen«]

Pou|voir ⟨[puvoa:r] n.; -s, -s; österr.⟩ Handlungsvollmacht, Vertretungsvollmacht; →*a*. Pleinpouvoir [frz., eigtl. »Macht, Herrschaft, Gewalt«]

pow|dern ⟨[pau-] V.; Sport⟩ mit Skiern od. Snowboards im Tiefschnee fahren [<engl. *powder* »Puder; pudern«]

◆ Die Buchstabenfolge **pow**er... kann auch **po**|wer... getrennt werden.

◆ **Pow|er** ⟨[pauə(r)] f.; -; unz.; Jugendspr.⟩ Kraft, Stärke, Schwung; *gib dem Auto mal ein bisschen ~!* fahr mal ein bisschen schneller! [<engl. *power* »Kraft, Stärke; Macht«]

◆ **Pow|er|frau** ⟨[pauə(r)-] f.; -, -en; salopp⟩ emanzipierte, energisch handelnde u. in allen Lebensbereichen erfolgreiche Frau [→ *Power*]

◆ **pow|ern** ⟨[pauə(r)n] V.; umg.⟩ **1** mit großer Energie u. Leistungskraft arbeiten **2** Macht ausüben, selbstherrlich handeln, rücksichtslos vorgehen [→ *Power*]

◆ **Pow|er|pack** ⟨[pauə(r)pæk] n.; -s, -s⟩ Transformator, mit dem die Voltstärke einer Energiequelle od. Batterie an die Voltstärke, die ein elektrisches Gerät benötigt, angeglichen werden kann [engl., »Netzteil«]

◆ **Pow|er|play** ⟨[pauə(r)plɛɪ] n.; -s, -s; Sport; bes. Eishockey⟩ verstärkter Ansturm auf den Gegner bzw. auf das gegnerische Tor, i. d. Regel bei Überzahlspiel praktiziert [engl.; zu *power* »Kraft« + *play* »Spiel«]

◆ **Pow|er|slide** ⟨[pauə(r)slaɪd] n.; -s, -s; Autorennen⟩ Wegschlittern des hinteren Wagenteils in Kurven [engl.; <*power* »Kraft« + *slide* »schlittern«]

Po|widl ⟨m.; -s, -; Kochk.; österr.⟩ Pflaumenmus [<tschech. *povidla*]

Poz|zo|lan ⟨n.; -s, -e⟩ = Puzzolan

pp ⟨Abk. für⟩ pianissimo

PP ⟨Zeichen für⟩ Polypropylen

pp. ⟨Abk. für lat.⟩ per procura

p. p. ⟨Abk. für⟩ per procura

P. P. ⟨Abk. für⟩ Praemissis praemittendis

PP. ⟨Abk. für⟩ Patres

ppa. ⟨Abk. für⟩ per procura

ppb ⟨Physik; Abk. für engl.⟩ part per billion (engl. billion entspricht der dt. Milliarde), gibt an, dass auf eine Milliarde Teilchen einer Sorte ein Teilchen einer anderen Sorte kommt

ppm ⟨Physik; Abk. für engl.⟩ part per million, gibt an, dass auf eine Million Teilchen einer Sorte ein Teilchen einer anderen Sorte kommt

PPS ⟨Abk. für engl.⟩ Production Planning and Scheduling, Produktionsplanung u. -steuerung (per Computer)

p. r. ⟨Abk. für lat.⟩ poste restante

Pr ⟨chem. Zeichen für⟩ Praseodym

PR ⟨Abk. für⟩ Publicrelations

P & R ⟨Abk. für engl.⟩ Park and Ride (Parken u. Fahren), Parken des Autos auf Parkplätzen am Stadtrand, von dort aus öffentl. Verkehrsmittel ins Stadtzentrum fahren (zur Entlastung der Innenstädte vom Autoverkehr)

Prä ⟨n.; -s, -s; umg.⟩ **1** *das ~ haben* den Vorrang haben **2** *ein ~ jmdm. gegenüber haben* einen Vorteil haben [<lat. *prae* »vor«]

prä..., Prä... ⟨in Zus.⟩ vor..., Vor... [<lat. *prae-* »vor, vorher«]

Prä|am|bel ⟨f.; -, -n⟩ Einleitung (zu einer Urkunde, einem Staatsvertrag) [<lat. *praeambulum* »Vorangehendes, Vorrede« <*prae...* »vor« + *ambulare* »gehen«]

Prä|ben|dar ⟨m.; -s, -e⟩ Inhaber einer Präbende

Prä|ben|de ⟨f.; -, -n⟩ kirchliche Pfründe [<lat. *praebenda*, »der einem von Staats wegen zukommende Unterhalt«; zu *praebere* »darreichen«; verwandt mit *Pfründe*]

Prä|bi|o|ti|ka ⟨Pl.⟩ unverdauliche Ballaststoffe, die im Darm bestimmte Bakterien in ihrem Wachstum fördern u. damit die Darmflora günstig beeinflussen

prä|bi|o|tisch ⟨Adj.⟩ die Präbiotika betreffend, zu ihnen gehörend

Pra|cher ⟨m.; -s, -; norddt.⟩ zudringl. Bettler [<altpoln. mundartl. *pracharz* »Bettler«]

pra|chern ⟨V.⟩ zudringlich betteln

Prä|des|ti|na|ti|on ⟨f.; -; unz.⟩ die Vorbestimmung des Menschen zur Gnade od. Verdammnis durch den Willen Gottes [<lat. *praedestinatio* »Vorherbestimmung«; zu *praedestinare* »im Voraus bestimmen«]

prä|des|ti|nie|ren ⟨V.⟩ **1** vorausbestimmen (im Sinne der theolog. Prädestinationslehre) **2** *zu etwas prädestiniert sein* ⟨fig.; umg.⟩ für etwas bes. gut geeignet, veranlagt sein [<lat. *praedestinare* »im Voraus bestimmen«]

Prä|de|ter|mi|na|ti|on ⟨f.; -; unz.; Biol.⟩ Festlegung von Merkmalen des Nachkommen durch Umwelteinflüsse od. genetische Anlagen der Mutter, die die noch unbefruchtete Eizelle beeinflussen [<*Prä...* + *Determination*]

prä|de|ter|mi|nie|ren ⟨V.; Biol.⟩ durch Prädetermination festlegen, steuern

Prä|di|ka|ment ⟨n.; -(e)s, -e; Philos.; Scholastik⟩ Kategorie [<lat. *praedicamentum* »im Voraus erfolgende Hinweisung«]

Prä|di|kant ⟨m.; -en, -en⟩ Pfarrhelfer [<lat. *praedicans* »verkündigend«, Part. Präs. zu *praedicare* »verkündigen, predigen«]

Prä|di|kan|ten|or|den ⟨m.; -s; unz.⟩ Dominikanerorden [→ *Prädikant*]

Prä|di|kat ⟨n.; -(e)s, -e⟩ **1** Titel, Rangbezeichnung; *Adels~* **2** Ergebnis einer Bewertung; *eine Arbeit mit dem ~ »gut« bewerten; ein Wein mit dem ~ »Kabinett«* **3** ⟨Logik⟩ Glied eines Urteils, das die Aussage über ein Subjekt enthält **4** ⟨Gramm.⟩ Satzteil, der Tätigkeit, Zustand od. Eigenschaft eines Subjektes angibt, Satzaussage [<lat. *praedicatum* »Rangbezeichnung«]

Prä|di|ka|ten|lo|gik ⟨f.; -; unz.; Philos.⟩ Teilgebiet der mathematischen Logik, das sich mit der formalen Analyse von Aussagen befasst u. dabei die Aussageform als eine Funktion mit Konstanten u. Variablen betrachtet

Prä|di|ka|ti|on ⟨f.; -, -en; Logik; Philos.⟩ Aussage über etwas, Gebrauch von Prädikaten (3)

prä|di|ka|ti|sie|ren ⟨V.⟩ *etwas ~* prämieren, mit einem Prädikat auszeichnen; *ein Gesellschaftsspiel ~; ein Restaurant ~*

prä|di|ka|tiv ⟨Adj.; Gramm.⟩ als Prädikat (4) (verwendet), zum Prädikat (4) gehörend

Prä|di|ka|tiv ⟨n.; -s, -e [-və]; Gramm.⟩ den Sinn tragender Teil des zusammengesetzten Prädikats in Form eines Substantivs, Adjektivs, Pronomens, Adverbs od. Zahlwortes

Prä|di|ka|tiv|satz ⟨m.; -es, -sät|ze; Gramm.⟩ Nebensatz, der ein substantivisches Prädikativ ersetzt, z. B. *er ist, »was man einen Intellektuellen nennt«*

Prä|di|ka|tor ⟨m.; -s, -to|ren; Philos.; Logik⟩ Ausdruck, der die Eigenschaft einer Sache bestimmt u. sie so von anderen Sachen unterscheidbar macht

Prä|di|kats|no|men ⟨n.; -s, - od. -mi|na; Gramm.⟩ aus einem Nomen bestehendes Prädikativ, z. B. *der Wal ist »ein Säugetier«*

Prä|di|kats|wein ⟨m.; -(e)s, -e⟩ Qualitätswein mit einem Prädikat, z. B. Kabinett, Spätlese, Beerenauslese

prä|dik|ta|bel ⟨Adj.⟩ durch wissenschaftlich fundierte Generalisierung vorhersagbar; *prädiktable Ereignisse* [zu lat. *praedicere* »vorhersagen«]

Prä|dik|ta|bi|li|tät ⟨f.; -; unz.⟩ Vorhersagbarkeit aufgrund wissenschaftlich fundierter Generalisierung [→ *prädiktabel*]

Prä|dik|ti|on ⟨f.; -, -en⟩ Vorhersage [<*Prä*... + *Diktion*]

prä|dis|po|nie|ren ⟨V.⟩ **1** vorausbestimmen **2** *für eine Krankheit prädisponiert sein* anfällig, empfänglich sein

Prä|dis|po|si|ti|on ⟨f.; -, -en; Med.⟩ Anlage, Empfänglichkeit (für eine Krankheit)

prä|di|zie|ren ⟨V.; Logik⟩ durch ein Prädikat (3) bestimmen [<lat. *praedicare* »vorausbestimmen; vorschreiben«]

Prä|do|mi|na|ti|on ⟨f.; -; unz.⟩ das Prädominieren, Vorherrschaft

prä|do|mi|nie|ren ⟨V.⟩ vorherrschen, überwiegen

prae|cox ⟨Med.⟩ verfrüht, vorzeitig; *Ejaculatio ~* [lat.]

prae|mis|sis prae|mit|ten|dis ⟨Abk.: P. P.; veraltet⟩ man nehme, der gebührende Titel sei vorausgeschickt (Vermerk auf Rundschreiben statt der einzelnen Anreden) [lat., »nach Vorausschickung der Vorauszuschickenden«]

Prä|e|xis|tenz ⟨f.; -, -en⟩ **1** Dasein der Seele vor Eintritt in den Körper **2** Dasein in einem früheren Leben

prä|fa|bri|zie|ren *auch:* **präfab|ri|zie|ren** ⟨V.; geh.⟩ im Voraus festlegen, vorfertigen; *eine präfabrizierte Meinung haben* [<*prä*... + *fabrizieren*]

Prä|fa|ti|on ⟨f.; -, -en; kath. Messe⟩ feierl. Gesang des Priesters vor der Wandlung [<lat. *praefatio* »Eingangsworte, Vorformel«]

Prä|fekt ⟨m.; -en, -en⟩ **1** (im antiken Rom) hoher ziviler od. militärischer Beamter **2** Beamter in der Verwaltung **3** (in Frankreich seit 1800) oberster Beamter in der Verwaltung eines Departements; *Sy* Intendant (3) **4** (in engl. Internaten) älterer Schüler, der die Aufsicht über die jüngeren Schüler eines Hauses hat **5** ⟨BRD⟩ älterer Schüler des Chors einer Schule, der den Kantor als Dirigent vertritt [<lat. *praefectus* »Vorgesetzter«]

Prä|fek|tur ⟨f.; -, -en⟩ Amt eines Präfekten

prä|fe|ren|ti|ell ⟨Adj.; bes. Wirtsch.⟩ = präferenziell

Prä|fe|renz ⟨f.; -, -en⟩ **1** Vorrang, Vorzug **2** ⟨Kart.⟩ Trumpfkarte [<lat. *praeferre* »vorziehen« u. frz. *préférence* »Bevorzugung, Vorzug«]

prä|fe|ren|zi|ell ⟨Adj.; bes. Wirtsch.⟩ auf Präferenzen beruhend, Präferenzen zeigend; *oV* präferentiell

prä|fe|rie|ren ⟨V.; geh.⟩ bevorzugen, vorziehen, favorisieren [<frz. *préférer* <lat. *praeferre* »vorziehen«]

prä|fi|gie|ren ⟨V.; Gramm.⟩ ein Präfix anfügen

Prä|fix ⟨a. ['--] n.; -es, -e; Gramm.⟩ Vorsilbe [<lat. *praefixum*, Part. Perf. zu lat. *praefigere* »vorn anheften, vorstecken«]

Prä|fi|xo|id ⟨n.; -(e)s, -e; Sprachw.⟩ dem Präfix verwandtes Wortbildungselement, das mit dem entsprechenden selbständig vorkommenden Lexem nicht bedeutungsgleich ist, z. B. »Bomben«-erfolg, »Heiden«-lärm, »Affen«-hitze [<*Präfix* + ...*oid*]

Prä|fix|verb ⟨[-verb] n.; -s, -en; Gramm.⟩ präfigiertes Verb, z. B. behindern, entfalten, vertreiben

Prä|for|ma|ti|on ⟨f.; -, -en; Biol.⟩ ontogenet. Vorstellung, nach der die Lebewesen bereits im Keim vorgebildet sind [<lat. *praeformatio* »Vorherbildung«]

prä|for|mie|ren ⟨V.; Biol.⟩ im Keim vorbilden [<lat. *praeformare* »vorher bilden«]

prä|ge|ni|tal ⟨Adj.; Psych.⟩ *~e Phase* (nach S. Freud) psychosexueller Entwicklungsabschnitt bis zum 4.-5. Lebensjahr, der sich aus der oralen, analen u. phallischen Phase zusammensetzt

prä|gla|zi|al ⟨Adj.; Geol.⟩ vor der Eiszeit (vorhanden, auftretend); *Ggs* postglazial

Präglazial

Präglazial ⟨n.; -s; unz.; Geol.⟩ Zeitraum vor der pleistozänen Vereisung, gekennzeichnet durch zunehmende Klimaverschlechterung; Ggs Postglazial [→ *präglazial*]
Pragmalinguistik ⟨a. ['------] f.; -; unz.; Sprachw.⟩ soziologisch ausgerichteter Teilbereich der Linguistik, der sprachl. Äußerungen im Zusammenhang mit sozialen, psychischen u. situativen Bedingungen untersucht; →a. Pragmatik [<*Pragmatik* + *Linguistik*]
pragmalinguistisch ⟨a. ['------] Adj.; Sprachw.⟩ auf der Pragmalinguistik beruhend, zu ihr gehörend, sie betreffend
Pragmatik ⟨f.; -; unz.⟩ **1** Orientierung auf den praktischen Nutzen, auf die praktische Umsetzung **2** pragmatisches Denken, Handeln **3** ⟨Sprachw.⟩ derjenige Aspekt der Semiotik, der die Beziehungen zwischen den Zeichen u. den Menschen, die sie vereinbaren u. anwenden, betrifft **4** ⟨österr.⟩ Ordnung des Staatsdienstes [<grch. *pragmatike (techne)* »Kunst, richtig zu handeln«]
Pragmatiker ⟨m.; -s, -⟩ Anhänger, Vertreter des Pragmatismus; Sy Pragmatist
Pragmatikerin ⟨f.; -, -rin|nen⟩ Anhängerin, Vertreterin des Pragmatismus; Sy Pragmatistin
pragmatisch ⟨Adj.⟩ **1** im Sinne des Pragmatismus **2** zur Pragmatik (1) gehörig, auf der P. beruhend **3** sachlich, den Tatsachen, Erfahrungen, der Praxis des Lebens entsprechend, dem prakt. Nutzen dienend; ~*e Geschichtsschreibung* G., die die Ursachen u. Wirkungen von histor. Ereignissen erforscht u. daraus Lehren zu ziehen sucht [<grch. *pragmatikos* »praktisch, tätig«; zu *pragma* »das Handeln«]
pragmatisieren ⟨V.; österr.⟩ *jmdn.* ~ jmdn. eine feste Anstellung auf Lebenszeit geben, jmdn. verbeamten [→ *Pragmatik*]
Pragmatismus ⟨m.; -; unz.⟩ **1** Lehre, nach der sich das Wesen des Menschen in seinem Handeln ausdrückt u. nach der

Handeln u. Denken dem prakt. Leben dienen sollen **2** = Praktizismus
Pragmatist ⟨m.; -en, -en⟩ = Pragmatiker
Pragmatistin ⟨f.; -, -tin|nen⟩ = Pragmatikerin
prägnant *auch:* **prägnant** ⟨Adj.⟩ genau, kurz u. treffend; ~*e Ausdrucksweise; einen Sachverhalt* ~ *ausdrücken, bezeichnen* [<lat. *praegnans* »schwanger, trächtig, voll, strotzend«]
Prägnanz *auch:* **Prägnanz** ⟨f.; -; unz.⟩ prägnante Beschaffenheit
Prähistorie ⟨[-riə] f.; -; unz.⟩ Vorgeschichte
Prähistoriker ⟨a. ['-----] m.; -s, -⟩ Erforscher der Prähistorie
Prähistorikerin ⟨a. ['------] f.; -, -rin|nen⟩ Erforscherin der Prähistorie
prähistorisch ⟨Adj.⟩ vorgeschichtlich
Prahm ⟨m.; -(e)s, -e⟩ flacher, breiter, schwerer Lastkahn [<tschech. *prám* »Fahrzeug«]
Prairial ⟨[prɛ-] m.; -s, -s; Gesch.⟩ neunter Monat des französ. Revolutionskalenders, 20. bzw. 21. Mai bis 18. bzw. 19. Juni [frz., »Wiesenmonat« <*prairie* »Wiese«]
Prairie-Oyster *auch:* **Prairie-Oyster** ⟨[prɛːrɪɔɪstə(r)] f.; -, -s⟩ Cocktail aus Eigelb, Gewürzen (u. Weinbrand); Sy Prärieauster [engl., »Prärieauster«]
Präjudiz ⟨n.; -es, -e⟩ **1** vorher getroffene Entscheidung **2** ⟨Rechtsw.⟩ für spätere Fälle maßgebende richterliche Entscheidung [<lat. *praeiudicium* »Vorentscheidung«; zu *iudicare* »urteilen«]
präjudizial ⟨Adj.; Rechtsw.⟩ = präjudiziell
präjudiziell ⟨Adj.; Rechtsw.⟩ wichtig für die Entscheidung eines späteren Sachverhalts; oV präjudizial
präjudizieren ⟨V.⟩ *eine Sache* ~ der Entscheidung über eine Sache vorgreifen
präkambrisch *auch:* **präkambrisch** ⟨Adj.; Geol.⟩ = proterozoisch
Präkambrium *auch:* **Präkambrium** ⟨n.; -s; unz.; Geol.⟩ = Proterozoikum

präkanzerös ⟨Adj.; Med.⟩ potenziell in Krebs übergehend, Vorstufen von Krebs darstellend (von Gewebeveränderungen) [<*prä...* + *kanzerös*]
Präkanzerose ⟨f.; -, -n; Med.⟩ potenziell maligne Gewebeveränderung, die als Krebsvorstufe anzusehen ist u. chirurgisch entfernt werden muss
präkarbonisch ⟨Adj.⟩ vor dem Karbon (liegend, auftretend); Ggs postkarbonisch
präkardial ⟨Adj.; Med.⟩ in der Herzgegend (liegend); oV präkordial
Präkardialgie ⟨f.; -, -n; Med.⟩ Schmerz in der Herzgegend [<*Prä...* + *Kardialgie*]
präkludieren ⟨V.; Rechtsw.⟩ ausschließen, wegen Versäumnis einer Frist gerichtlich verweigern [<lat. *praecludere* »verschließen, versperren«; zu *claudere* »schließen«]
Präklusion ⟨f.; -, -en; Rechtsw.⟩ Ausschließung, gerichtl. Verweigerung [<lat. *praeclusio* »Verschließung«; zu *claudere* »schließen«]
präklusiv ⟨Adj.; Rechtsw.⟩ ausschließend, ein Recht verwirkend
Präklusivfrist ⟨f.; -, -en; Rechtsw.⟩ gerichtlich festgelegte Frist, nach deren Ablauf ein Recht nicht mehr geltend gemacht werden kann
Präkognition *auch:* **Präkognition** ⟨f.; -; unz.; Parapsych.⟩ **1** Wahrnehmung außersinnlicher Vorgänge **2** angebliches Voraussehen der Zukunft, Hellsehen [<*Prä...* + lat. *cognitio* »Wahrnehmung«]
präkolumbisch ⟨Adj.⟩ vor der Entdeckung durch Kolumbus; *das* ~*e Amerika; in* ~*er Zeit* [<*prä...* + Christoph *Kolumbus*, 1446 od. 1447-1506, Entdecker Amerikas]
Präkoma ⟨n.; -s, -s; Med.⟩ Vorstufe des Komas noch ohne Bewusstseinstrübung, z. B. bei Zuckerkrankheit [<*Prä...* + *Koma*]
Präkonisation ⟨f.; -, -en⟩ feierl. Ernennung eines Bischofs durch den Papst vor den Kardinälen [<lat. *praeco* »Herold, Ausrufer, Verkündiger«]

prä|ko|ni|sie|ren ⟨V.⟩ vor den Kardinälen feierlich zum Bischof ernennen
prä|kor|di|al ⟨Adj.; Med.⟩ = präkardial [<*prä...* + lat. *cor*, Gen. *cordis* »Herz«]
Pra|krit *auch:* **Prak|rit** ⟨n.; -(e)s; unz.; Sprachw.⟩ mehrere mittelind. Dialekte zwischen 500 v. Chr. u. 1000 n. Chr., die (neben dem Sanskrit als Hochsprache) auch in der Literatur verwendet wurden [<Sanskrit *prakrita* »gemein, gewöhnlich«]
Prak|tik ⟨f.; -, -en⟩ **1** Ausübung (einer Tätigkeit) **2** Handhabung (eines Werkzeugs) **3** Verfahren **4** ⟨fig.⟩ Kunstgriff, Kniff **5** ⟨15./17. Jh.⟩ (Anhang an den) Kalender mit Bauernregeln [<mlat. *practica* <grch. *praktike* (*techne*) »Lehre vom Tun u. Handeln«]
Prak|ti|ka ⟨Pl. von⟩ Praktikum
prak|ti|ka|bel ⟨Adj.⟩; *Ggs* unpraktikabel **1** brauchbar, benutzbar, zweckmäßig; *praktikable Vorschläge* **2** anwendbar, durchführbar; *Ggs* impraktikabel **3** ⟨Theat.⟩ begehbar, fest, echt (nicht gemalt od. markiert); *praktikable Dekorationsteile* [<mlat. *practicabilis* »tunlich, ausführbar«; → *Praktik*]
Prak|ti|ka|bi|li|tät ⟨f.; -; unz.⟩ praktikable Beschaffenheit, Durchführbarkeit
Prak|ti|kant ⟨m.; -en, -en⟩ jmd., der in der prakt. Ausbildung, im Praktikum steht [<mlat. *practicans*, Part. Präs. von *practicare* »eine Tätigkeit ausüben«; → *Praktik*]
Prak|ti|kan|tin ⟨f.; -, -tin|nen⟩ weibl. Praktikant
Prak|ti|ker ⟨m.; -s, -⟩ praktischer Mensch, Mann mit praktischer Erfahrung; *Sy* ⟨umg.; scherzh.⟩ Praktikus; *Ggs* Theoretiker (1) [<mlat. *practicus* »tätig« <grch. *praktikos* »tätig, auf das Handeln gerichtet«]
Prak|ti|ke|rin ⟨f.; -, -rin|nen⟩ weibliche Person mit praktischer Erfahrung; *Ggs* Theoretikerin (1)
Prak|ti|kum ⟨n.; -s, -ti|ka⟩ **1** Übungen, Kurs zur prakt. Anwendung des in der Vorlesung Erlernten **2** zeitl. zusammenhängende Ausbildung in der praktischen Arbeit als Teil der gesamten Ausbildung
Prak|ti|kus ⟨m.; -, -kus|se; umg.; scherzh.⟩ = Praktiker [<mlat. *practicus* »tätig«; → *Praktiker*]
prak|tisch ⟨Adj.⟩ **1** auf Praxis (1) beruhend, in der Praxis, in Wirklichkeit, tatsächlich; *Ggs* theoretisch; *etwas lässt sich ~ kaum durchführen* **2** *Ggs* unpraktisch **2.1** zweckmäßig, gut zu handhaben; *~e Einrichtung* **2.2** geschickt, findig; *du machst das sehr ~* **3** *~er Arzt* A. für alle Krankheiten, im Gegensatz zum Facharzt nicht spezialisierter A. **4** *~es Jahr* Praktikum von einem Jahr Dauer [<mlat. *practicus* »tätig« <grch. *praktikos* »tätig, auf das Handeln gerichtet«]
prak|ti|zie|ren ⟨V.⟩ **1** in die Praxis umsetzen, in der Praxis anwenden, durchführen, ausführen **2** ⟨umg.⟩ *etwas an eine Stelle ~* geschickt an eine S. bringen **3** als Arzt tätig sein; *Dr. Ackermann praktiziert ab 1.10. wieder; ~der Arzt* in einer Praxis tätiger Arzt (im Unterschied zum Arzt an einer Behörde, Hochschule usw.) [<mlat. *practicare* »eine Tätigkeit ausüben«; → *Praktik*]
Prak|ti|zis|mus ⟨m.; -; unz.⟩ Neigung, in der Praxis aufzugehen u. die Ideologie außer Acht zu lassen; *Sy* Pragmatismus (2)
Prä|lat ⟨m.; -en, -en; Titel für⟩ **1** kath. geistl. Würdenträger, z. B. Bischof, Abt mit bes. Befugnissen **2** leitender evang. Geistlicher in einigen südd. Landeskirchen [<mlat. *praelatus* »höherer geistl. Würdenträger«]
Prä|la|tur ⟨f.; -, -en⟩ Amt, Wohnung eines Prälaten
Prä|li|mi|na|re ⟨n.; -s, -ri|en; meist Pl.⟩ diplomat. Vorverhandlung [<*Prä...* + lat. *limen*, Gen. *liminis* »Schwelle«]
Prä|li|mi|nar|frie|den ⟨m.; -s, -⟩ vorläufiger Frieden, dessen Einzelheiten noch ausgearbeitet werden müssen
Prä|li|mi|na|ri|en ⟨Pl.⟩ diplomat. Vorverhandlungen [Neubildung <lat. *prae* »vor« + *limen*, Gen. *liminis* »Schwelle«]
prä|li|mi|nie|ren ⟨V.⟩ vorläufig festlegen, vorläufig bestimmen
Pral|li|ne ⟨f.; -, -n⟩ kleines Stück Konfekt mit einem Überzug aus Schokolade u. mit verschiedenen Füllungen; *oV* Praliné, Pralinee [frz., »gebrannte Mandel«, nach dem frz. Marschall du Plessin-*Praslin*, † 1675, dessen Koch diese Süßigkeit angeblich erfand]
Pral|li|né ⟨[-ne:] n.; -s, -s; oberdt.; schweiz.⟩ = Praline
Pral|li|nee ⟨m.; -s, -s; oberdt.⟩ = Praline
prä|lo|gisch ⟨Adj.⟩ vor der Logik liegend, noch nicht logisch; *~es Denken* in der Entwicklung des Menschen dem logischen Denken vorausgehendes Denken, z. B. magisches, mystisches od. mythologisches Denken [<*prä...* + *logisch*]
Prä|lo|gis|mus ⟨m.; -; unz.; Philos.⟩ Lehre von den naturgegebenen, prälog. Denkweisen
prä|lu|die|ren ⟨V.; Musik⟩ einleitend u. frei gestaltend spielen (auf Klavier od. Orgel) [<lat. *praeludere* »vorspielen, ein Vorspiel machen«; zu *ludere* »spielen«]
Prä|lu|di|um ⟨n.; -s, -di|en; Musik⟩ *oV* Prélude **1** Vorspiel; *Ggs* Postludium **2** frei gestaltetes, einleitendes Musikstück **3** ⟨fig.⟩ einem Vorgang od. Ereignis vorausgehender Vorgang [→ *präludieren*]
prä|ma|tur ⟨Adj.; Med.⟩ frühreif
Prä|ma|tu|ri|tät ⟨f.; -; unz.; Med.⟩ Frühreife [<lat. *praematurus* »frühreif«; zu *maturus* »reif«]
Prä|me|di|ta|ti|on ⟨f.; -, -en⟩ Vorüberlegung, Vorausdenken [<lat. *praemeditatio* »Vorherbedenken«; zu *meditari* »nachdenken«]
prä|mens|tru|al *auch:* **prä|menstru|al** ⟨Adj.; Med.⟩ = prämenstruell
prä|mens|tru|ell *auch:* **prä|menstru|ell** ⟨Adj.; Med.⟩ vor der Menstruation stattfindend; *oV* prämenstrual; *~es Syndrom* einige Tage vor Beginn der eigtl. Regel einsetzende, meistens leichte (Vor-)Blutung [<lat. *prae* »vor« + *menstruell*]
Prä|mie ⟨[-mjə] f.; -, -n⟩ **1** Preis, Belohnung für gute Leistung;

prämieren

Buch~, Geld~ **2** Betrag, den der Versicherte der Versicherung regelmäßig zu zahlen hat; *Versicherungs~* [<lat. *praemium* »Belohnung, Preis«]

prä|mie|ren ⟨V.⟩ = prämieren

Prä|mie|rung ⟨f.; -, -en⟩ = Prämierung

prä|mi|ie|ren ⟨V.⟩ mit einer Prämie belohnen, auszeichnen; *oV* prämieren [<lat. *praemiare* »belohnen«; zu *praemium* »Belohnung«]

Prä|mi|ie|rung ⟨f.; -, -en⟩ das Prämieren, Preisverleihung; *oV* Prämierung

Prä|mis|se ⟨f.; -, -n; Logik⟩ Voraussetzung (eines Schlusses) [<lat. *(propositio) praemissa* »vorausgeschickter (Satz)«]

Prä|mo|lar ⟨m.; -en, -en; Med.⟩ vorderer Backenzahn [<lat. *prä...* »vor, vorher« + *Molar*]

Prä|mons|tra|ten|ser *auch:* **Prä|monst|ra|ten|ser** ⟨m.; -s, -; Abk.: O.Pr., P. Praem.⟩ Angehöriger eines 1120 vom hl. Norbert gestifteten Ordens, der in Deutschland bes. in der Christianisierung der Ostgebiete wirkte [nach dem frz. Ort *Prémontré* <frz. *pré montré* <lat. *pratum monstratum* »gezeigte Wiese«; nach der Legende wurde dem hl. Norbert 1120 dort von Gott ein Wiesental zur Ordensgründung gezeigt]

prä|mor|tal ⟨Adj.; Med.⟩ dem Tod vorausgehend, vor dem Tod; *Ggs* postmortal [<*prä...* + lat. *mors*, Gen. *mortis* »Tod«]

prä|na|tal ⟨Adj.; Med.⟩ vor der Geburt eintretend; *Ggs* postnatal [<*prä* + lat. *natalis* »Geburtstag«]

Prä|no|men ⟨n.; -s, -mi|na⟩ Vorname (der alten Römer) [<lat. *praenomen* »Vorname«; zu *nomen* »Name«]

Prä|no|va ⟨[-va] f.; -, -no|vä; Astron.⟩ Zustand eines Sternes vor dem Ausbruch einer Nova [<*Prä...* + *Nova*]

prä|nu|me|ran|do ⟨Adv.⟩ im Voraus; *Ggs* postnumerando [<*prä...* + lat. *numerare* »zählen«]

Prä|nu|me|ra|ti|on ⟨f.; -, -en⟩ Vorauszahlung; *Ggs* Postnumeration

prä|nu|me|rie|ren ⟨V.⟩ vorauszahlen [<*prä...* + lat. *numerare* »zählen«]

Prä|ok|ku|pa|ti|on ⟨f.; -; unz.⟩ **1** Vorwegnahme **2** Voreingenommenheit [<lat. *praeoccupatio* »Voreinnahme, Vorwegnahme«; zu *occupare* »besetzen«]

prä|ok|ku|pie|ren ⟨V.⟩ *jmdm.* ~ jmdm. zuvorkommen; jmdn. befangen machen [<lat. *praeoccupare* »vorwegnehmen«; zu *occupare* »besetzen«]

prä|o|pe|ra|tiv ⟨Adj.; Med.⟩ vor der Operation; *Ggs* postoperativ

prä|pa|la|tal ⟨Adj.; Phon.⟩ vor dem Gaumen artikuliert (von Lauten); *Ggs* postpalatal [<*prä...* + *palatal*]

Prä|pa|rat ⟨n.; -(e)s, -e⟩ **1** etwas kunstgerecht Vor-, Zubereitetes, z. B. Arzneimittel **2** getrocknete Pflanze od. ausgestopftes Tier als Lehrmittel **3** zum Mikroskopieren vorbereiteter Teil eines Gewebes [<lat. *praeparatus*, Part. Perf. zu *praeparare* »vor-, zubereiten«]

Prä|pa|ra|ti|on ⟨f.; -, -en⟩ **1** das Präparieren **2** ⟨veraltet⟩ Vorbereitung, das Lernen der Hausaufgaben [<lat. *praeparatio* »Vorbereitung«; zu *praeparare* »vorbereiten«]

prä|pa|ra|tiv ⟨Adj.⟩ die Anfertigung von Präparaten (2, 3) betreffend

Prä|pa|ra|tor ⟨m.; -s, -to|ren⟩ Hersteller von naturwissenschaftl. Präparaten [<lat. *praeparator* »Vorbereiter, Zubereiter«; zu *praeparare* »vor-, zubereiten«]

prä|pa|rie|ren ⟨V.⟩ **1** *Pflanzen, Tiere* ~ zur Aufbewahrung dauerhaft machen **2** *pflanzl., tier., menschl. Körper* ~ zerlegen, um daran zu lernen **3** *sich* ~ sich auf den Unterricht vorbereiten **4** *ein fremdsprachiges Lesestück* ~ vorbereitend lesen u. übersetzen [<lat. *praeparare* »vor-, zubereiten«]

prä|po|nie|ren ⟨V.⟩ voransetzen, -stellen [<lat. *praeponere*]

Prä|po|si|ti|on ⟨f.; -, -en; Gramm.⟩ Verhältniswort, Klasse von Wörtern (Wortart), die vor einem Nomen od. Pronomen stehen u. die Relationen zwischen den übrigen Wortarten u. Gliedern eines Satzes ausdrücken [<lat. *praepositio* »Voransetzung«; zu *praeponere* »voranstellen«]

prä|po|si|ti|o|nal ⟨Adj.; Gramm.⟩ mit einer Präposition zusammenstehend

Prä|po|si|ti|o|nal|at|tri|but ⟨n.; -(e)s, -e; Gramm.⟩ mit Hilfe einer Präposition gebildeter Satzgliedteil, der ein Nomen näher bestimmt, z. B. *die Reise »nach Italien«*, *das Wetter »in diesem Sommer«*

Prä|po|si|ti|o|nal|ka|sus ⟨m.; -, -; Gramm.⟩ von einer Präposition festgelegter Kasus, z. B. *gegen »ihn«*, *entlang »des Flusses«*, *»ihr« gemäß* [<*präpositional* + *Kasus*]

Prä|po|si|ti|o|nal|ob|jekt ⟨n.; -(e)s, -e; Gramm.⟩ mit einer Präposition verbundenes Objekt, Verhältnisergänzung

Prä|po|si|tiv ⟨m.; -s, -e [-va]; Gramm.⟩ von einer Präposition abhängiger Beugungsfall, z. B. im Russischen

Prä|po|si|tur ⟨f.; -, -en⟩ Stelle eines Präpositus

Prä|po|si|tus ⟨m.; -, -si|ti⟩ Vorgesetzter, Propst [<lat. *praepositus*, Part. Perf. zu *praeponere* »vorsetzen, voranstellen«]

prä|po|tent ⟨Adj.; österr.; abwertend⟩ überheblich, aufdringlich, unverschämt [<lat. *praepotens* »sehr mächtig«; zu *potens* »mächtig«]

Prä|pu|ti|um ⟨n.; -s, -ti|en; Anat.⟩ Vorhaut [<lat. *praeputium* »Vorhaut«]

Prä|raf|fa|e|lis|mus ⟨m.; -; unz.; Mal.⟩ Kunstanschauung u. Malstil der Präraffaeliten

Prä|raf|fa|e|lit ⟨[-faːeː] m.; -en, -en; Mal.⟩ Mitglied der von D. G. Rosetti gegründeten Vereinigung engl. Maler, die der Kunst einen neuen Gehalt im Sinne der Vorläufer Raffaels zu geben suchte [nach dem ital. Maler u. Baumeister *Raffaello Santi*, 1483-1520]

Prä|rie ⟨f.; -, -n⟩ nordamerikan. Grassteppe [<frz. *prairie* »Wiese«]

Prä|rie|aus|ter ⟨f.; -, -n⟩ = Prairieoyster

Prä|ro|ga|tiv ⟨n.; -s, -e [-və]⟩ = Prärogative
Prä|ro|ga|ti|ve ⟨f.; -, -n⟩ Vorrecht des Herrschers, z. B. Auflösung des Parlaments, Erlass von Gesetzen, Begnadigung; *oV* Prärogativ [< lat. *praerogativa* »Vorrang, Vorrecht«; zu *rogare* »verlangen«]
Prä|sa|pi|ens|mensch ⟨m.; -en, -en; Anthrop.⟩ unmittelbarer stammesgeschichtl. Vorfahre des Homo sapiens
Prä|sens ⟨n.; -, -sen|tia od. -sen|zi|en; Gramm.⟩ Tempus des Verbums, das ein gegenwärtiges od. zeitlich unbestimmtes Geschehen bezeichnet, Gegenwartsform, z. B. ich gehe; → *a.* Präsenz [< lat. *(tempus) praesens* »gegenwärtige (Zeit)«]
prä|sent ⟨Adj.⟩ anwesend, gegenwärtig; *Ggs* absent [< lat. *praesens* »gegenwärtig«]
Prä|sent ⟨n.; -(e)s, -e⟩ Geschenk, kleine Aufmerksamkeit [< frz. *présent* »Geschenk«; zu *présenter* »darbieten, vorstellen« < lat. *praesentare* »gegenwärtig machen, zeigen«]
prä|sen|ta|bel ⟨Adj.⟩ so beschaffen, dass man es vorzeigen kann, ansehnlich
Prä|sen|tant ⟨m.; -en, -en⟩ jmd., der eine Urkunde, bes. einen fälligen Wechsel, vorlegt [< lat. *praesentans*, Part. Präs. zu *praesentare* »gegenwärtig machen, zeigen«]
Prä|sen|ta|ti|on ⟨f.; -, -en⟩ 1 Vorlegung (bes. eines Wechsels zur Annahme) 2 Vorschlag (für ein Amt) 3 Vorführung (eines neuen *Autotyps* [< lat. *praesentatio* »Vorzeigung«; zu *praesentare* »gegenwärtig machen, zeigen«]
prä|sen|tie|ren ⟨V.⟩ 1 darreichen, darbieten, vorlegen 2 *jmdm. die Rechnung ~* 2.1 zur Bezahlung vorlegen 2.2 ⟨fig.⟩ Vergeltung üben 3 *jmdm. einen Wechsel ~* zur Einlösung vorlegen 4 *das Gewehr ~* das G. senkrecht vor den Körper halten (als militär. Ehrenbezeigung); *präsentiert das Gewehr!* (militär. Kommando) [< lat. *praesentare* »gegenwärtig machen, zeigen«]

Prä|sen|tie|rung ⟨f.; -, -en; Pl. selten⟩ das Präsentieren, Präsentiertwerden
prä|sen|tisch ⟨Adj.; Gramm.⟩ im Präsens stehend, das Präsens betreffend
Prä|senz ⟨f.; -; unz.⟩ 1 Anwesenheit 2 Anzahl der Anwesenden; → *a.* Präsens [< lat. *praesentia* »Gegenwart«]
Prä|senz|bi|bli|o|thek *auch:* **Prä|senz|bi|bli|o|thek** ⟨f.; -, -en⟩ Bibliothek, deren Bücher im Gegensatz zu einer Ausleihbibliothek nicht ausgeliehen werden, sondern nur im Lesesaal benutzt werden dürfen
Prä|senz|lis|te ⟨f.; -, -n⟩ Anwesenheitsliste (in Konferenzen, Seminaren u. Ä.) [→ *Präsenz*]
Pra|se|o|dym ⟨n.; -s; unz.⟩ chem. Zeichen: Pr⟩ chem. Element, Metall der Seltenen Erden, Ordnungszahl 59 [< grch. *prasios* »grün« + *didymos* »Zwilling«]
Prä|ser ⟨m.; -s, -; umg.; kurz für⟩ Präservativ
Prä|ser|va|ti|on ⟨[-va-] f.; -, -en⟩ das Präservieren
prä|ser|va|tiv ⟨[-va-] Adj.⟩ verhütend, verhindernd, vorbeugend (z. B. in Bezug auf Krankheiten, Unfälle) [→ *präservieren*]
Prä|ser|va|tiv ⟨[-va-] n.; -s, -e [-və]⟩ Kondom, Empfängnisverhütungsmittel [→ *präservieren*]
Prä|ser|ve ⟨[-və] f.; -, -n⟩ nicht vollständig keimfreie Konserve, Halbkonserve [→ *präservieren*]
prä|ser|vie|ren ⟨[-vi:-] V.⟩ 1 schützen, bewahren (vor) 2 haltbar machen [< neulat. *praeservare* < lat. *prae* »vor« + *servare* »retten, bewahren«]
Prä|ses ⟨m.; -, -si|des od. -si|den⟩ 1 (kath. Kirche) Vorstand (eines kirchl. Vereins) 2 (evang. Kirche) 2.1 Vorsitzender (einer Landessynode) 2.2 (Rheinland; Westfalen) Vorsitzender (der Kirchenleitung) [< lat. *praeses*, Gen. *praesidis* »vor etwas sitzend, leitend; Vorsteher«; zu *sedere* »sitzen«]
Prä|si|de ⟨m.; -n, -n⟩ Vorsitzender eines student. Kommerses [< lat. *praeses*; → *Präses*]

Prä|si|den ⟨Pl. von⟩ 1 Präses 2 Präside
Prä|si|dent ⟨m.; -en, -en⟩ 1 Vorsitzender (einer Versammlung) 2 Leiter (einer Behörde, eines Vereins); *~ eines Sportvereins; Ehren~* 3 republikanisches Staatsoberhaupt; *Bundes~; Reichs~; Staats~* [< lat. *praesidens*, Part. Präs. zu *praesidere* »voransitzen, vorsitzen, leiten«; zu *sedere* »sitzen«]
prä|si|den|ti|ell ⟨Adj.⟩ = präsidial
Prä|si|den|tin ⟨f.; -, -tin|nen⟩ 1 Vorsitzende (einer Versammlung) 2 Leiterin (einer Behörde, eines Vereins) 3 republikanisches Staatsoberhaupt
prä|si|di|al ⟨Adj.⟩ zum Präsidenten, Präsidium gehörend, von ihm ausgehend; *oV* präsidentiell [< lat. *praesidialis* »den Vorsitzer betreffend«; zu *praeses*, Gen. *praesidis* »Vorsitzer, Vorsteher«]
Prä|si|di|al|sys|tem ⟨n.; -s, -e⟩ demokrat. Regierungssystem mit einem mit großen Vollmachten ausgestatteten, direkt gewählten Präsidenten an der Spitze, z. B. in den USA
prä|si|die|ren ⟨V.⟩ das Amt des Vorsitzenden ausüben, vorsitzen; *einer Versammlung ~* [< lat. *praesidere* »voransitzen, vorsitzen, leiten«; zu *sedere* »sitzen«]
Prä|si|di|um ⟨n.; -s, -di|en⟩ 1 Vorsitz, Leitung 2 Amtsgebäude eines Polizeipräsidenten; *Polizei~* [< lat. *praesidium* »Vorsitz«; zu *sedere* »sitzen«]
prä|si|lu|risch ⟨Adj.⟩ vor dem Silur (liegend)
prä|skri|bie|ren *auch:* **präs|kri|bie|ren, präs|kri|bie|ren** ⟨V.; veraltet⟩ 1 vorschreiben, verordnen 2 (Rechtsw.) für verjährt erklären [< lat. *praescribere* »voranschreiben, vorschreiben«; zu *scribere* »schreiben«]
Prä|skrip|ti|on *auch:* **Präs|krip|ti|on, Präs|krip|ti|on** ⟨f.; -, -en; veraltet⟩ 1 Vorschrift, Verordnung 2 (Rechtsw.) Verjährung [< lat. *praescriptio* »Vorschrift«; zu *scribere* »schreiben«]
prä|skrip|tiv *auch:* **präs|krip|tiv, präs|krip|tiv** ⟨Adj.⟩ auf Vorschriften beruhend; *Ggs* deskriptiv; *~e Sprachwissenschaft* diejenige Einstellung zur Spra-

prästabilieren

che, die sogenannte Mängel im überlieferten Sprachsystem durch logisch begründete Vorschriften zu beseitigen sucht [<lat. *praescribere* »vorschreiben«]

prä|sta|bi|lie|ren ⟨V.⟩ vorher festsetzen, festlegen; *prästabilierte Harmonie* nach Leibniz die von Gott geschaffene harmonische Übereinstimmung der Dinge in der Welt, bes. die Übereinstimmung von Körper u. Seele [<*prä...* + lat. *stabilis* »feststehend«]

prä|su|mie|ren ⟨V.; Rechtsw.; Philos.⟩ annehmen, vermuten, voraussetzen [<lat. *praesumere* »vorwegnehmen, im Voraus annehmen, vermuten«; zu *sumere* »nehmen«]

Prä|sump|ti|on ⟨f.; -, -en; Rechtsw.; Philos.⟩ = Präsumtion

prä|sump|tiv ⟨Adj.; Rechtsw.; Philos.⟩ = präsumtiv

Prä|sum|ti|on ⟨f.; -, -en; Rechtsw.; Philos.⟩ Annahme, Vermutung, Voraussetzung; *oV* Präsumption [<lat. *praesumptio* »das Vorwegnehmen, Annahme, Vermutung«; zu *praesumere* »annehmen«]

prä|sum|tiv ⟨Adj.; Rechtsw.; Philos.⟩ vermutlich, voraussetzend; *oV* präsumptiv [<lat. *praesumptivus* »annehmend«; zu *praesumere* »annehmen«; zu *praetor*; → Prätor]

prä|sup|po|nie|ren ⟨V.⟩ unausgesprochen voraussetzen [<lat. *praesupponere* »zugrunde liegen«]

Prä|sup|po|si|ti|on ⟨f.; -, -en; geh.⟩ 1 Voraussetzung 2 ⟨Sprachw.⟩ einer Äußerung zugrunde liegende Voraussetzung (die jedoch nicht unmittelbar genannt ist) [→ *präsupponieren*]

Prä|ten|dent ⟨m.; -en, -en⟩ jmd., der Ansprüche erhebt; *Kron*~ [<frz. *prétendant* »Bewerber«; zu *prétendre*; → *prätendieren*]

prä|ten|die|ren ⟨V.⟩ fordern, beanspruchen [<frz. *prétendre* »behaupten, die Absicht haben, streben nach«, beeinflusst von lat. *praetendere* »hervorstrecken«]

Prä|ten|ti|on ⟨f.; -, -en; geh.⟩ Anspruch, Anmaßung [<frz. *prétention* »Behauptung, Forderung, Anmaßung«; → *prätendieren*]

prä|ten|ti|ös ⟨Adj.⟩ anspruchsvoll, anmaßend; *Ggs* unprätentiös [<frz. *prétentieux* »anspruchsvoll, anmaßend«; → *prätendieren*]

Prä|te|ri|to|prä|sens *auch*: **Prä|te|ri|to|prä|sens** ⟨n.; -, -sen|tia od. -sen|zi|en; Gramm.⟩ Zeitwort, dessen Präsens aus einem früheren Präteritum entstanden ist, z. B. wissen, können, mögen [<*Präteritum* + *Präsens*]

Prä|te|ri|tum *auch*: **Prä|te|ri|tum** ⟨n.; -s, -ri|ta; Gramm.⟩ Tempus des Verbums, das ein Geschehen in der Vergangenheit bezeichnet, welches nicht in die Gegenwart fortwirkt, Tempus der historischen Erzählung, erste Vergangenheit, z. B. »ich ging«; *Sy* Imperfekt [<lat. *(tempus) praeteritum* »vorübergegangene (Zeit)«]

prä|ter|prop|ter ⟨Adv.; veraltet⟩ etwa, ungefähr [<lat. *praeterpropter* »ungefähr«]

Prä|tor ⟨m.; -s, -to|ren; im antiken Rom⟩ Justizbeamter, höchster Beamter nach den Konsuln [<lat. *praetor* »Anführer, Prätor, Statthalter«]

Prä|to|ri|a|ner ⟨m.; -s, -⟩ Angehöriger der Leibwache der röm. Kaiser u. Feldherren [<lat. *praetorianus* »zur Leibwache gehörig«; zu *praetor*; → Prätor]

Prä|tur ⟨f.; -, -en⟩ Amt, Amtszeit des Prätors

Prau ⟨f.; -, -e⟩ malaiisches Segelboot mit Auslegern [<engl. *prow*, ndrl. *prauw* <malai. *peharu* »offenes Boot mit flachem Boden«]

prä|va|lent ⟨[-va-] Adj.⟩ 1 vorherrschend, überwiegend 2 überlegen [<lat. *praevalere*; → *prävalieren*]

Prä|va|lenz ⟨[-va-] f.; -; unz.⟩ prävalente Beschaffenheit

prä|va|lie|ren ⟨[-va-] V.⟩ vorherrschen, überwiegen [<lat. *praevalere* »sehr stark, überlegen sein«]

prä|ve|nie|ren ⟨[-ve-] V.⟩ zuvorkommen [<lat. *praevenire* »zuvorkommen«; zu *venire* »kommen«]

Prä|ven|ti|on ⟨[-vɛn-] f.; -, -en⟩ 1 das Zuvorkommen (z. B. mit einer Rechtshandlung) 2 Vorbeugung, Abschreckung [→ *prävenieren*; beeinflusst von frz. *prévention* »Vorbeugung«]

prä|ven|tiv ⟨[-vɛn-] Adj.⟩ vorbeugend [→ *prävenieren*, *Prävention*; beeinflusst von frz. *préventif* »vorbeugend«]

Prä|ven|tiv|me|di|zin ⟨[-vɛn-] f.; -; unz.; Med.⟩ vorbeugende Gesundheitsfürsorge

Prä|ven|tiv|mit|tel ⟨[-vɛn-] n.; -s, -; Med.⟩ dem Ausbruch einer Krankheit od. dem Eintritt einer Schwangerschaft vorbeugendes Medikament od. Hilfsmittel [→ *präventiv*]

Prä|ven|tiv|ver|kehr ⟨[-vɛn-] m.; -s; unz.; Med.⟩ Geschlechtsverkehr mit empfängnisverhütenden Mitteln [→ *präventiv*]

Prä|verb ⟨[-verb] n.; -s, -bi|en; Gramm.⟩ Bestandteil eines zusammengesetzten Verbs, der nur im Infinitiv, im Partizip u. im Nebensatz bei Präsensverwerb vom Verb nicht abgetrennt wird, z. B. »herunter«-laufen, »umher«-irren, »vorüber«-gehen [<*Prä...* + *Verb*]

prä|ver|bal ⟨[-vɛr-] Adj.; Med.⟩ die Zeit vor dem Spracherwerb betreffend; *die ~e Phase* [<*prä...* + *verbal*]

Pra|xis ⟨f.; -, Pra|xen⟩ 1 ⟨unz.⟩ 1.1 Ausübung, Anwendung, Tätigkeit; *Ggs* Theorie (1); *das ist in der Theorie richtig, trifft aber in der ~ anders aus* 1.2 Erfahrung in der Ausübung eines Berufes; *auf einem Gebiet ~ besitzen; sich eine gewisse ~ aneignen* 1.3 Sprechstunde eines Arztes; *Dr. A. hat (hält) heute ~* 2 ⟨zählb.⟩ Raum od. Räume zur Ausübung des Berufes (von Ärzten u. Rechtsanwälten); *Arzt~; Anwalts~; die ~ des Vaters übernehmen* [grch., »Tätigkeit, Handlungsweise, Geschäft, Unternehmen, Tatsächlichkeit«]

pra|xis|o|ri|en|tiert ⟨Adj.⟩ auf die praktische Erfahrung ausgerichtet, schwerpunktmäßig auf die Anwendung bezogen

Prä|ze|dens ⟨n.; -, -den|zi|en⟩ früherer Fall, früheres Beispiel [<lat. *praecedens*, Part. Präs. zu *praecedere* »vorausgehen«; zu *cedere* »gehen«]

Präzedenz ⟨f.; -, -en⟩ Vorrang, Vortritt (bes. in der kirchl. Rangordnung) [< lat. *praecedentia* »das Vorwärtsschreiten«; → *Präzedens*]

Präzedenzfall ⟨m.; -(e)s, -fälle⟩ Fall, der für künftige ähnliche Fälle beispielgebend ist; *einen ∼ schaffen*

präzedieren ⟨V.⟩ = präzessieren

präzessieren ⟨V.; Physik; Astron.⟩ eine Präzession ausführen; *Sy* präzedieren; *die Erde präzessiert*

Präzession ⟨f.; -, -en⟩ **1** ⟨Physik⟩ drehende Bewegung, die die Achse eines Kreisels um eine außerhalb des Kreisels liegende feste Achse ausführt **2** ⟨Astron.⟩ Verlagerung der Schnittpunkte des Himmelsäquators mit der Ekliptik längs der Ekliptik [< lat. *praecessio* »das Vorangehen«; → *Präzedens*]

Präzipitat ⟨n.; -(e)s, -e⟩ **1** durch Ausfällung gelöster Mineralien entstandenes Sediment **2** ⟨veraltet⟩ chemischer Niederschlag **3** ⟨veraltete Bez. für⟩ bestimmte, schwer lösliche Quecksilber-Ammoniak-Verbindungen [< lat. *praecipitatum*, Part. Perf. zu *praecipitare* »jählings herabstürzen«; zu *caput* »Kopf«]

Präzipitation ⟨f.; -, -en; Chemie⟩ Fällung [< lat. *praecipitatio* »das Herabstürzen«; → *Präzipitat*]

präzipitieren ⟨V.; Chemie⟩ ausfällen [< lat. *praecipitare*; → *Präzipitat*]

Präzipitin ⟨n.; -s, -e; Med.⟩ Antikörper, der sich bei Mensch u. Tier nach Injektion mit artfremdem Blut bildet [< lat. *praecipitare*; → *Präzipitat*]

Präzipuum ⟨n.; -s, -pua⟩ Betrag, der in einer Gesellschaft vor Ausschüttung des Gewinns einem Gesellschafter für bes. Leistungen gezahlt wird [< lat. *praecipuum* »das Vorausgenommene«, < *prae* »vor« + *capere* »nehmen«]

präzis ⟨Adj.⟩ = präzise

präzise ⟨Adj.⟩ genau, exakt; *oV* präzis; *∼e Ausdrucksweise; 3 Uhr ∼; ∼ arbeiten; etwas ∼ formulieren* [< frz. *précis* »genau« < lat. *praecisus* »vorn abgeschnitten, abgekürzt«]

präzisieren ⟨V.⟩ genauer angeben, genauer ausdrücken

Präzision ⟨f.; -; unz.⟩ Genauigkeit, Feinheit, Exaktheit [< frz. *précision* »Genauigkeit« < lat. *praecisio* »das Abschneiden«]

Precancel ⟨[priːkænsəl] f. od. n.; - od. -s, -s⟩ Briefmarke, die bereits vor dem Aufkleben auf eine zu befördernde Sendung entwertet wird [engl.; zu *precancel* »entwerten«]

precipitando ⟨[pretʃi-] Musik⟩ beschleunigend, plötzlich eilend (zu spielen) [ital.]

Predella ⟨f.; -, -s od. -dellen⟩ meist verzierter Untersatz, Sockel des Flügelaltars [ital., »Stuhl; Sockel«; vermutl. < ahd. *bret* »Brett«]

Preemphasis ⟨f.; -; unz.; Funkw.⟩ Übertragung der höheren Frequenzanteile eines Funksignals mit vergrößerter Amplitude zur Verbesserung des Störabstandes bei Frequenzmodulation; *Ggs* Deemphasis [< *Prä...* + *Emphase*]

Preference ⟨[-rãːs(ə)] f.; -, -n; Kart.⟩ frz. Kartenspiel für drei Personen mit 32 Karten [< frz. *préférence* »Bevorzugung, Vorzug«]

preien ⟨V.; Mar.⟩ *ein anderes Schiff ∼* anrufen [< ndrl. *praaien* < mengl. *preien* »bitten, anrufen« ⟨engl. *pray*⟩ < afrz. *preier* ⟨frz. *prier*⟩ < lat. *precari* »bitten«]

Preisindex ⟨m.; - od. -es, -e od. -dizes od. -dices; Wirtsch.⟩ statistisch ermittelte Kennziffer für die durchschnittliche Veränderung von Preisen u. Dienstleistungen; *der ∼ für Nahrungsmittel* [→ *Index*]

prekär ⟨Adj.⟩ misslich, schwierig, bedenklich, peinlich, unangenehm; *eine ∼e Frage, Situation* [< frz. *précaire* »durch Bitten erlangt; widerruflich, unsicher, heikel« < lat. *precarius*; zu *preces* »Bitten«]

Pre-Launch-Marketing ⟨[priːlɔːntʃ-] n.; - od. -s; unz.; Wirtsch.⟩ Bewerben eines Produktes, bevor es auf den Markt gebracht wird [< engl. *pre* »vor, bevor« + *launch* »auf den Markt bringen« + *Marketing*]

Prélude ⟨[prelyːd] n.; -s, -s; Musik⟩ = Präludium [frz.]

Premier ⟨[prəmjeː] m.; -s, -s; kurz für⟩ Premierminister, Premierministerin [frz., »Erster«]

Premiere ⟨[prəmjeːrə] f.; -, -n; Theat.⟩ Ur- od. Erstaufführung [< frz. *première (représentation)* »erste (Aufführung)«]

Premierleutnant ⟨[prəmjeː-] m.; -s, -s od. -e; Mil.; im dt. Heer bis 1899⟩ Oberleutnant

Premierminister ⟨[prəmjeː-] m.; -s, -; Politik; in Großbritannien u. einigen anderen Ländern⟩ oberster Leiter der Regierung; *Sy* Ministerpräsidentin, Premier

Premierministerin ⟨[prəmjeː-] f.; -, -rinnen; Politik; in Großbritannien u. einigen anderen Ländern⟩ oberste Leiterin der Regierung; *Sy* Ministerpräsidentin, Premier

premium ⟨engl. [priːmiəm] Adj.; undekl.⟩ ausgezeichnet, herausragend; *eine ∼ Qualität; ein ∼ Bier* [engl., »Prämie«]

Prenonym *auch:* **Prenoynm** ⟨n.; -s, -e; Lit.⟩ aus den eigenen Vornamen gebildeter Deckname, z. B. Jean Paul aus Jean Paul Friedrich Richter [< *Prä...* + grch. *onyma* »Name«]

Preppie ⟨m.; -s, -s; in Amerika⟩ Absolvent einer privaten Oberschule [engl.; zu *preparatory school* »Vorbereitungsschule (für das Studium)«]

Prepress ⟨[priː-] f.; -; unz.⟩ alle Tätigkeiten, die vor dem eigentlichen Druck anfallen, wie Satz, Reproduktionstechnik, Montage, Kopie, Andruck [< engl. *pre-* »vor« + *press* »Druck«]

Preprint ⟨[priː-] n.; -s, -s⟩ Vorabdruck eines Werkes [< engl. *pre* »vor« + *print* »Druck«]

Presbyopie ⟨f.; -, -n; Med.⟩ Altersweitsichtigkeit durch Elastizitätsverlust der Linse [< grch. *presbys* »alt, bejahrt« + *ops*, Gen. *opis* »Auge«]

Presbyter ⟨m.; -s, -⟩ **1** ⟨urspr.⟩ Ältester der urchristl. Gemeinde **2** ⟨kath. Kirche⟩ Priester **3** ⟨evang.-reformierte Kirche⟩ Mitglied des Presbyteriums [< grch. *presbyteros* »älter«]

presbyterial

pres|by|te|ri|al ⟨Adj.; evang. Kirche⟩ das Presbyterium betreffend, zu ihm gehörend, von ihm beschlossen

Pres|by|te|ri|al|ver|fas|sung ⟨f.; -; unz.; evang.-reformierte Kirche⟩ Kirchenverfassung, nach der die Gemeinde durch Geistliche u. (gleichberechtigte) Presbyter verwaltet wird

Pres|by|te|ri|a|ner ⟨m.; -s, -⟩ Angehöriger der evang.-reformierten Kirche in England u. den USA, die die bischöfl. Leitung der anglikan. Kirche ablehnt u. ihre Gemeinden durch Presbyter u. Geistliche verwalten lässt

pres|by|te|ri|a|nisch ⟨Adj.; evang. Kirche⟩ **1** die Presbyterialverfassung betreffend, presbyterial verwaltete Kirchen betreffend **2** zu den Presbyterianern gehörend

Pres|by|te|ri|a|nis|mus ⟨m.; -; unz.⟩ Verwaltung der Kirche durch Presbyter u. Geistliche

Pres|by|te|ri|um ⟨n.; -s, -ri|en⟩ **1** = Chor (5) **2** ⟨evang.-reformierte Kirche⟩ von der Gemeinde gewählter Kirchenvorstand, der mit den Geistlichen zusammen die Gemeinde verwaltet **3** kathol. Priesterschaft [→ *Presbyter*]

Pre|sen|ter ⟨[prisɛntə(r)] m.; -s, -⟩ Verkäufer, der eine Ware im Rahmen einer Verkaufsveranstaltung od. Werbesendung vorstellt [zu engl. *present* »präsentieren, vorführen«]

Pre|sen|ning ⟨f.; -, -e od. -en⟩ = Persenning

pres|sant ⟨Adj.; veraltet⟩ eilig, dringend [frz., »dringend, eilig«]

pres|san|te ⟨Musik⟩ eilig, drängend (zu spielen) [ital.]

pres|sie|ren ⟨V.; unpersönl.⟩ eilen; *es pressiert (mir); ich bin pressiert* ⟨umg.⟩ ich habe Eile [⟨frz. *presser* »pressen, drängen« ⟨lat. *pressare* »drücken, pressen«]

Pres|sing ⟨n.; - od. -s; unz.; Sport; bes. Fußb.⟩ energisches Bedrängen der gegner. Mannschaft bereits in der eigenen Spielfeldhälfte mit dem Ziel, den Gegner an der Entwicklung einer systematischen Spieltaktik u. damit am Gegenangriff zu hindern [zu engl. *press* »bedrängen, unter Druck setzen«]

Pres|si|on ⟨f.; -, -en⟩ Druck, Nötigung, Zwang, Erpressung [⟨lat. *pressio* »Druck«; zu *premere* »drücken«]

Pres|sure|group ⟨[prɛʃərgru:p] f.; -, -s⟩ Gruppe von Personen, die (durch Propaganda, Druckmittel usw.) Einfluss zu gewinnen u. ihre Interessen durchzusetzen sucht [⟨engl., *pressure* »Druck, Drängen« + *group* »Gruppe«]

Pres|ti|ge ⟨[-sti:ʒ(ə)] n.; -; unz.⟩ Ansehen, Geltung [frz., »Einfluss, Ansehen«]

pres|tis|si|mo ⟨Musik⟩ sehr schnell (zu spielen) [ital.; Superlativ zu *presto*]

pres|to ⟨Musik⟩ schnell (zu spielen) [ital.]

Pres|to ⟨n.; -s, -s od. Pres|ti; Musik⟩ schnell zu spielender Teil eines Musikstückes

Prêt-à-por|ter ⟨[prɛtapɔrte:] n.; -s, -s; Mode⟩ Konfektionskleidung eines Modeschöpfers [frz., eigtl. »fertig zum Tragen«]

Pre|test ⟨[pri:-] m.; -s, -s; Soziol.⟩ dem Haupttest vorangehender Test, z. B. zur Absicherung eines Fragebogens od. zur Auswahl geeigneter Testpersonen [engl., »Vortest«]

pre|ti|ös ⟨Adj.⟩ = preziös (1, 2)

Pre|ti|o|sen ⟨[-tsjo:-] Pl.⟩ Geschmeide, kostbarer Schmuck, Edelsteine; *oV* Preziosen [⟨lat. *pretiosus* »kostbar«; zu *pretium* »Preis, Wert«]

Pre|ti|o|si|tät ⟨f.; -; unz.⟩ = Preziosität

Pre|view ⟨[pri:vju:] m. od. f.; -, -s⟩ Voraufführung (vor allem von Filmen) vor einem meist selektierten bzw. geladenen Publikum [⟨engl. *preview* »Vorschau«]

pre|zi|ös ⟨Adj.⟩ **1** kostbar; *oV* pretiös **2** ⟨fig.⟩ geziert, geschraubt; *oV* pretiös **3** *die Preziösen* Mitglieder literar. Salons in Frankreich um 1650, die sich um die Verfeinerung des Gefühls, der Sitten u. des literar. Ausdrucks bemühten [⟨frz. *précieux* »geziert, kostbar, wertvoll«]

Pre|zi|o|si|tät ⟨f.; -; unz.⟩ preziöses (2) Gebaren, gespreiztes Gehabe; *oV* Pretiosität

Pre|zi|o|sen ⟨Pl.⟩ = Pretiosen

Pri|a|mel ⟨f.; -, -n od. n.; -s, -n⟩ meist scherzh. Spruchgedicht des späten MA mit einer überraschenden Schlusswendung [⟨spätmhd. *preambel* ⟨mlat. *praeambulum* »das Vorangehende«; zu lat. *praeambulare* »vorangehen«; → *Präambel*]

Pri|a|pis|mus ⟨m.; -; unz.; Med.⟩ krankhafte, anhaltende, schmerzhafte Erektion des männlichen Gliedes ohne geschlechtl. Erregung [⟨grch. *Priapos*, dem Gott der Fruchtbarkeit]

Pri|a|pu|li|de ⟨m.; -n, -n; Zool.⟩ am Meer lebender Wurm von kurzer, gedrungener Gestalt mit vorstülpbarem Rüssel: Priapulida [⟨grch. *Priapos*, dem grch. Gott der Fruchtbarkeit]

Priem ⟨m.; -(e)s, -e⟩ **1** ein Stück Kautabak **2** ⟨nddt.⟩ Ahle, Pfriem [⟨ndrl. *pruim* »Pflaume«]

prim ⟨Adj.; Math.⟩ teilbar nur durch 1 u. sich selbst (von Zahlen) [→ *Primzahl*]

Prim ⟨f.; -, -en⟩ **1** ⟨kath. Kirche⟩ Zeit des morgendl. Stundengebets **2** ⟨Musik⟩ = Prime (2) **3** ⟨Sport; Fechten⟩ = Prime (3) [⟨lat. *primus* »der erste«]

Prim. ⟨Abk. für⟩ **1** Primar, Primararzt **2** Primarius

pri|ma ⟨Adj.⟩ **1** ⟨Kaufmannsspr.; Abk.: pa., Ia⟩ erstklassig, erster Güte, bester Qualität **2** ⟨umg.⟩ ausgezeichnet, hervorragend; *~ Qualität; das hast du ~ gemacht* **3** herrlich, großartig, sehr schön; *wie war es im Urlaub? ~!* **4** ⟨umg.⟩ tüchtig, prächtig; *ein ~ Kerl* [→ *Prima*]

Pri|ma ⟨f.; -, Pri|men; veraltet⟩ eine der beiden letzten Klassen der höheren Schule; *Ober~; Unter~* [⟨lat., Fem. zu *primus*]

Pri|ma|bal|le|ri|na ⟨f.; -, -ri|nen⟩ erste Tänzerin eines Balletts [⟨ital. *prima ballerina* »erste Tänzerin«]

Pri|ma|don|na ⟨f.; -, -don|nen⟩ Hauptdarstellerin (bes. in der Barockoper) [⟨ital. *prima donna* »erste Dame«]

Prima-facie-Beweis ⟨[-tsjə-] m.; -es, -e; Rechtsw.⟩ (bes. im Schadensrecht) Beweisführung auf der Grundlage allgemeiner u. begründbarer Erfahrungssätze, die die Rekonstruktion eines typischen Geschehensablaufs erlauben [lat., »der erste Anschein«]

Primage ⟨[-ʒə] f.; -, -n; Mar.⟩ Prämie, die dem Kapitän für die Fracht gewährt werden kann; *Sy* Primgeld [frz.; zu *prime* »Prämie« < lat. *praemium* »Belohnung, Preis«]

Primaner ⟨m.; -s, -; veraltet⟩ Schüler der Prima

Primanota ⟨f.; -; unz.⟩ Geschäftsbuch der Banken [< lat. *prima* »die erste«, Fem. zu *primus* »der erste« + *nota* »Schriftzeichen, Buchstabe«]

Primar ⟨m.; -(e)s, -e; Abk.: Prim.; österr.⟩ = Primararzt

primär ⟨Adj.⟩ **1** unmittelbar entstanden, erst… **2** ursprünglich, Anfangs… **3** die Grundlage, Voraussetzung bildend; *Ggs* sekundär (1) [< frz. *primaire* »zuerst vorhanden, ursprünglich, vorrangig« < lat. *primarius* »zu den ersten gehörend«; zu *primus* »der erste«]

Primäraffekt ⟨m.; -(e)s, -e; Med.⟩ erste krankhafte Veränderung des Gewebes nach einer Infektion bei Syphilis u. Lungentuberkulose

Primararzt ⟨m.; -es, -ärzte; Abk.: Prim.; österr.⟩ leitender Arzt einer Abteilung eines Krankenhauses; *Sy* Primarius; *Ggs* Sekundararzt [→ *Primarius*]

Primärenergie ⟨f.; -, -n; Ökol.⟩ naturbelassene Energieträger unmittelbar nach der Gewinnung, z. B. Rohöl, Kohle, Erdgas

Primärgestein ⟨n.; -s, -e; Geol.⟩ aus dem flüssigen Magma auskristallisiertes Gestein, das keine weiteren Umwandlungen erfahren hat

Primarius ⟨m.; -, -rien; Abk.: P., Prim.⟩ **1** oberster Pfarrer **2** ⟨Musik⟩ erster Geiger (in der Kammermusik); *Sy* Primgeige **3** ⟨österr.⟩ = Primararzt [lat., »zu den Ersten gehörend«; zu *primus* »der erste«]

Primärkreis ⟨m.; -es, -e; El.⟩ Stromkreis in der Primärwicklung eines Transformators

Primärliteratur ⟨f.; -; unz.; Lit.⟩ die literaturwissenschaftl. behandelten dichter. Werke u. Quellen; *Ggs* Sekundärliteratur

Primarschule ⟨f.; -, -n; schweiz.⟩ Volksschule

Primärstrahlung ⟨f.; -, -en; Physik⟩ Teil der kosmischen Strahlung, der unmittelbar aus dem Weltraum stammt

Primarstufe ⟨f.; -, -n; Päd.⟩ Eingangsstufe des Schulsystems, Grundschule [→ *primär*]

Primärtumor ⟨m.; -s, -en; Med.⟩ Erstgeschwulst, von der Metastasen ausgehen

Primärwicklung ⟨f.; -, -en; El.⟩ bei Transformatoren Teil der Wicklung, der die Leistung mit der verfügbaren Spannung aufnimmt u. durch Induktion in der Sekundärwicklung eine meist höhere Spannung erzeugt; *Ggs* Sekundärwicklung

Primary ⟨[ˈpraɪməri] f.; -, -s; Politik⟩ (in den USA übliches Wahlsystem) von Vorwahlen, bei denen die Endkandidaten für ein politisches Amt ermittelt werden [engl.]

Primas ⟨m.; -, -se⟩ **1** oberster Bischof der röm.-kath. Kirche (eines Landes) **2** ⟨Musik⟩ Primgeiger einer Zigeunerkapelle, Zigeunerprimas [lat., kirchenlat., »der dem Range nach Erste, der Vornehmste«; zu lat. *primus* »der erste«]

Primat¹ ⟨m. od. n.; -(e)s, -e⟩ **1** Vorrang, Vorzug, Vorherrschaft **2** Erstgeburtsrecht **3** Vorrangstellung (des Papstes als Oberhaupt der kath. Kirche) [< lat. *primatus* »erste Stelle, erster Rang«; zu *primus* »der erste«]

Primat² ⟨m.; -en, -en; meist Pl.⟩ Angehöriger einer Reihe der Säugetiere, zu denen Halbaffen, Affen u. Menschen gerechnet werden, Herrentier [→ *Primat¹*]

prima vista ⟨[-vɪs-] Musik⟩ vom Blatt; *ein Musikstück ~ spielen* [ital., »beim ersten Blick«]

Primawechsel ⟨m.; -s, -; Börse⟩ Erstausfertigung eines Wechsels

Prime ⟨f.; -, -n⟩ **1** ⟨Typ.⟩ Signatur auf der ersten Seite des Druckbogens; *Ggs* Sekunde (5) **2** ⟨Musik⟩ erster Ton der diatonischen Tonleiter; *Sy* Primton; *oV* Prim (2) **3** ⟨Sport; Fechten⟩ den Kopf senkrecht von oben treffender Hieb; *Sy* Primhieb; *oV* Prim (3) [< lat. *prima*, Fem. zu *primus* »der erste«]

Primel ⟨f.; -, -n; Bot.⟩ gezüchtete Form der Schlüsselblume: Primula [< neulat. *primula veris* »erste (Blume) des Frühlings«; zu lat. *primulus*, Verkleinerungsform zu *primus* »der erste«]

Primer ⟨[ˈpraɪmə(r)] m.; -s, -⟩ **1** Fibel, Erstlesebuch **2** Grundierung, Grundanstrich [engl.]

Primerate *auch:* **Prime Rate** ⟨[ˈpraɪmreɪt] f.; (-) -; unz.; in den USA⟩ Diskontsatz für Großbanken mit Leitzinsfunktion [< engl. *prime* »Haupt-, wesentlich« + *rate* »Rate«]

Primetime *auch:* **Prime Time** ⟨[ˈpraɪmtaɪm] f.; (-) -, (-) -s; TV⟩ Hauptsendezeit mit der durchschnittlich höchsten Einschaltquote, in Deutschland z. B. die Zeit zwischen 20 u. 22 Uhr; *Sy* Primetime-TV [< engl. *prime time* »Spitzen-, Stoßzeit«]

Primetime-TV *auch:* **Prime-Time-TV** ⟨[ˈpraɪmtaɪm tiːviː] n.; -s; unz.; TV⟩ = Primetime

Primeur ⟨[priˈmøːr] m.; - od. -s, -s⟩ junger Rotwein; *Beaujolais* ~ [frz.; eigtl. »Neuheit«]

Primgeiger ⟨m.; -s, -; Musik⟩ = Primarius (2) [< lat. *primus* »der erste«]

Primgeld ⟨n.; -(e)s, -er; Mar.⟩ = Primage [< frz. *prime* »Prämie« < lat. *praemium* »Belohnung, Preis«]

Primhieb ⟨m.; -(e)s, -e; Sport; Fechten⟩ = Prime (3)

Primipara ⟨f.; -, -paren; Med.⟩ Frau, die zum ersten Male ein Kind bekommt, Erstgebärende; *Ggs* Multipara [< lat. *primus* »der erste« + *parere* »hervorbringen«]

primissima ⟨Adj.; meist adv.; umg.⟩ noch besser als prima, hervorragend, vorzüglich [→ *prima* (der ital. Steigerungsform nachgebildet)]

pri|mi|tiv ⟨Adj.⟩ **1** ursprünglich, dem Urzustand nahe; ~*e Völker* Naturvölker **2** einfach, dürftig, unvollkommen; ~*e Häuser, Geräte* **3** geistig anspruchslos, wenig entwickelt; *sie ist sehr ~; ein ~ geschriebenes Buch* [<frz. *primitiv* »ursprünglich« <lat. *primitivus* »der erste in seiner Art«; zu *primus* »der erste«]

pri|mi|ti|vie|ren ⟨[-vi:-] V.⟩ = primitivisieren

pri|mi|ti|vi|sie|ren ⟨[-vi-] V.⟩ *etwas ~* primitiver darstellen, umsetzen, abbilden, als es tatsächlich ist; *oV* primitivieren; *einen Sachverhalt ~* [→ *primitiv*]

Pri|mi|ti|vis|mus ⟨[-vɪs-] m.; -; unz.⟩ Kunstrichtung, die sich an der Kunst der Naturvölker, der so genannten primitiven Völker, orientiert

Pri|mi|ti|vi|tät ⟨[-vi-] f.; -; unz.⟩ primitive Beschaffenheit, primitives Wesen

Pri|miz ⟨f.; -, -en⟩ erste Messe (eines neu geweihten kath. Geistlichen) [<lat. *primitiae* »Erstlinge«; zu *primus* »der erste«]

Pri|mi|zi|ant ⟨m.; -en, -en⟩ neu geweihter kath. Geistlicher

Pri|mi|zi|en ⟨Pl.⟩ den röm. Göttern dargebrachte »Erstlinge«, d. h. die ersten Früchte od. jungen Tiere des Jahres [<lat. *primitiae*; → *Primiz*]

pri|mo ⟨Musik⟩ erste(r); *Ggs secondo; violino ~* erste Geige; *~ tempo* erstes (d. h. ursprüngliches) Tempo [ital.]

Pri|mo ⟨n.; - od. -s, Pri|mi; Musik⟩ beim vierhändigen Klavierspiel⟩ erste Stimme, Diskant; *Ggs Secondo*

Pri|mo|ge|ni|tur ⟨f.; -, -en⟩ Erbfolge des Erstgeborenen; *Ggs* Sekundogenitur (1) [<lat. *primus* »der erste« + *genitus* »geboren«, Part. Perf. zu *gignere* »erzeugen, gebären«]

pri|mor|di|al *auch:* **pri|mor|di|al** ⟨Adj., Philos.⟩ ursprünglich, am Anfang seiend [<lat. *primordialis*]

Pri|mton ⟨m.; -(e)s, -tö|ne; Musik⟩ = Prime (2)

Pri|mus ⟨m.; -, -se od. Pri|mi⟩ Klassenerster; *~ inter Pares* der Erste unter im Rang Gleichen [<lat. *primus* »der erste«; lat. *inter pares* »unter Gleichen«]

Prim|zahl ⟨f.; -, -en⟩ nur durch 1 u. durch sich selbst teilbare ganze Zahl, z.B 5, 7, 11 [<lat. *primus* »der erste«]

Prince of Wales ⟨[prɪns ɔf weɪlz] m.; - - -; unz.; Titel für⟩ engl. Kronprinz [engl., »Prinz von Wales«]

Print ⟨m.; -s, -s⟩ **1** Druck; *Qualität im ~ anstreben* **2** Druckerzeugnis, bes. Zeitung od. Zeitschrift; *etwas im ~ haben* **3** ⟨kurz für⟩ Printmedien; *die Besten aus ~, Radio u. TV;* journalistisches Handwerk in Radio, Fernsehen u. *in ~ lernen* [<engl. *print* »Druck; drucken«]

Prin|te ⟨f.; -, -n⟩ stark gewürzter, harter Pfefferkuchen, urspr. mit Heiligenbild [<ndrl. *prent*; zu *prenten* »drucken« (nach den urspr. aufgedruckten Heiligenfiguren)]

prin|ted in ... ⟨[prɪntɪd]⟩ gedruckt in... (Angabe in Büchern); *printed in USA* [engl.]

Prin|ter ⟨m.; -s, -; bes. EDV⟩ Drucker [engl.; zu *print* »drucken«]

Prin|ting-on-De|mand ⟨[-dɪ-] n.; - od. -s; unz.; Buchw.⟩ = Print-on-Demand

Print|me|di|um ⟨n.; -s, -di|en⟩ Druckerzeugnis (als Medium), z. B. Buch, Zeitung [<engl. *print* »drucken« + *Medium*]

Print-on-De|mand ⟨[-dɪ-] n.; - od. -s; unz.; Buchw.⟩ das Drucken von Büchern in kleiner Stückzahl auf Bestellung; *oV* Printing-on-Demand [engl., »Drucken nach Bedarf«]

Prin|zeps ⟨m.; -, -zi|pes⟩ **1** altröm. Senator, der als Erster auf der Liste der Senatoren stand u. bei Abstimmungen zuerst gefragt wurde **2** ⟨seit Augustus Titel für⟩ röm. Kaiser [<lat. *princeps* »die erste Stelle einnehmend, Vornehmster; Führer, Fürst« <*primus* »der erste« + *capere* »nehmen«]

Prin|zip ⟨n.; -s, -pi|en od. (selten) -e⟩ Grundsatz, Regel, Richtschnur; *etwas aus ~ tun od. nicht tun; im ~ habe ich nichts dagegen* [<lat. *principium* »Anfang, Ursprung, Grundlage«; → *Prinzeps*]

Prin|zi|pal¹ ⟨m.; -s, -e⟩ **1** Inhaber eines Geschäfts **2** Lehrherr (in kaufmänn. Berufen) [<lat. *principalis* »Erster, Vornehmster, Vorsteher; → *Prinzeps*]

Prin|zi|pal² ⟨n.; -s, -e⟩ Register der Orgel, die tiefste Stimme eines Manuals; *Sy* Vox principalis [→ *Prinzipal*¹]

prin|zi|pi|ell ⟨Adj.⟩ **1** grundsätzlich, im Prinzip; *~ bin ich einverstanden* **2** aus Prinzip; *das tue ich ~ nicht* [<lat. *principialis* »anfänglich, ursprünglich«]

Prinz|re|gent ⟨m.; -en, -en⟩ stellvertretend regierendes Mitglied eines Fürstenhauses

Pri|on ⟨n.; -s, -o|nen; Med.⟩ kleines Proteinpartikel, das im Verdacht steht, Gehirnerkrankungen wie die Alzheimerkrankheit od. BSE mit zu verursachen [<*Pro*tein + *in*fektiös + ...*on*]

Pri|or ⟨m.; -s, -o|ren⟩ **1** Vorsteher eines Klosters **2** Stellvertreter eines Abtes [mlat., »der Vordere, der dem Range nach höher Stehende« <lat. *prior* »eher, früher, vorzüglicher«]

Pri|o|rat ⟨n.; -(e)s, -e⟩ Amt, Würde eines Priors

pri|o|ri|sie|ren ⟨V.⟩ bevorzugen, den Vorrang einräumen, bestimmte Prioritäten setzen

Pri|o|ri|tät ⟨f.; -, -en⟩ **1** Vorrang, Vorrecht, bes. eines älteren Rechts vor dem jüngeren **2** ~*en* Wertpapiere, die vor anderen gleicher Art bevorzugt sind [<frz. *priorité* »Vorrang, Vorrecht«, <lat. *prior* »eher, früher«]

Pri|o|ri|täts|ak|tie ⟨[-tsjə] f.; -, -n; Bankw.⟩ Wertpapier, das vor anderen, gleichartigen bevorzugt wird

Pri|se ⟨f.; -, -n⟩ **1** von einem Krieg führenden Staat erobertes feindl. od. neutrales Handelsschiff od. Handelsgut **2** kleine Menge, dieman mit zwei Fingern fassen kann; *eine ~ Salz, eine ~ Schnupftabak* [frz., »das Ergreifen, das Ergriffene, Fang, Beute«]

Pris|ma ⟨n.; -s, Pris|men⟩ **1** ⟨Math.⟩ Körper, der von zwei kongruenten n-Ecken (z. B. Drei- od. Vierecken) u. n-Rechtecken (z. B. drei od. vier) *(gerades ~)* od. Parallelogrammen *(schiefes ~)* begrenzt ist

2 ⟨Kristallographie⟩ Körper, dessen Flächen einer Koordinatenachse parallel sind, die übrigen Achsen aber schneiden **3** ⟨Optik⟩ durchsichtiger, keilförmiger Körper, der zur Totalreflexion von Lichtstrahlen od. zu ihrer Zerlegung in Spektralfarben dient [grch., eigtl. »das Zersägte, das Zerschnittene«; zu *priein* »sägen, zerschneiden«]

pris|ma|tisch ⟨Adj.⟩ in der Form eines Prismas, wie ein P.

Pris|ma|to|id ⟨n.; -(e)s, -e⟩ prismaähnlicher Körper [< *Prisma* + ... *id*]

pris|ma|to|i|disch ⟨Adj.⟩ in der Art eines Prismatoids

Pris|men|kreis ⟨m.; -es, -e⟩ Winkelmessinstrument der Geodäsie u. Astronomie, das aus einem totalreflektierenden Prisma und einem in Grad unterteilten Kreis besteht

privat ⟨[-va:t] Adj.⟩ **1** nicht öffentlich, Einzelnen vorbehalten; ~*e Angelegenheiten*; ~*er Eingang*; ~*e Meinung* M., die jmd. als Einzelner, nicht als Vertreter seiner Gruppe od. als Inhaber eines Amtes äußert **2** nicht öffentlich, persönlich, vertraulich; *jmdn.* ~ *sprechen wollen* **3** ~*es Unternehmen* eine od. mehreren Personen, nicht dem Staat od. einer Genossenschaft gehörendes U. [< lat. *privatus* »(der Herrschaft) beraubt, gesondert«; zu *privare* »berauben, befreien, sondern«]

Privat|au|di|enz ⟨[-va:t-] f.; -, -en⟩ persönlicher Empfang ohne amtlichen Anlass, z. B. beim Papst

Privat|de|tek|tiv ⟨[-va:t-] m.; -s, -e⟩ freiberuflich arbeitender Detektiv

Privat|de|tek|ti|vin ⟨[-va:t-] f.; -, -vin|nen⟩ freiberuflich arbeitende Detektivin

Privat|do|zent ⟨[-va:t-] m.; -en, -en; Abk.: PD⟩ habilitierter, jedoch nicht beamteter Hochschullehrer

Privat|do|zen|tin ⟨[-va:t-] f.; -, -tin|nen; Abk.: PD⟩ habilitierte, jedoch nicht nicht beamtete Hochschullehrerin

Private|ban|king *auch:* **Private Ban|king** ⟨[praıvət bæŋkıŋ] n.;

(-) - od. (-) -s; unz.⟩ privates Bankkundengeschäft [engl.]

Pri|va|tier ⟨[-vatje:] m.; -s, -s; veraltet⟩ jmd., der privatisiert [französierende Bildung zu *privat*]

pri|va|tim ⟨[-va-] Adv.⟩ **1** nicht amtlich, nicht öffentlich **2** vertraulich, unter vier Augen, für sich allein [lat., »als Privatmann«]

Pri|vat|in|i|ti|a|ti|ve *auch:* **Pri|va|ti|ni|ti|a|ti|ve** ⟨[-va:t-] f.; -, -n⟩ Initiative, die von Privatpersonen (nicht von staatl. Seite) ausgeht

Pri|vat|in|te|res|se *auch:* **Pri|va|tin|te|res|se** ⟨[-va:t-] n.; -s, -n⟩ persönliches Interesse; *seine* ~*n vertreten*

Pri|va|ti|on ⟨[-va-] f.; -, -en⟩ **1** ⟨veraltet⟩ Beraubung, Entziehung **2** ⟨Logik⟩ Negation, bei der das Prädikat den Subjekt das diesem Wesentliche nimmt, z. B. die Uhr geht nicht [< lat. *privatio* »Befreiung«; zu *privare* »berauben, befreien«]

pri|va|ti|sie|ren ⟨[-va-] V.⟩ **1** staatliche Unternehmen in Privateigentum umwandeln **2** ohne Ausübung eines Berufes leben, vom Vermögen od. von einer (nicht staatlichen) Rente leben [→ *privat*]

Pri|va|ti|sie|rung ⟨[-va-] f.; -, -en; Wirtsch.⟩ Überleitung staatlicher Unternehmen in Privateigentum

pri|va|tis|si|me ⟨[-va-] Adv.⟩ im engsten Kreis, vertraulich

Pri|va|tis|si|mum ⟨[-va-] n.; -s, -si-ma⟩ Vorlesung für eine kleine Hörerschaft [lat., »sehr privat, das Privateste«; zu *privatus* »gesondert, für sich, privat«]

pri|va|tis|tisch ⟨[-va-] Adj.⟩ von der Öffentlichkeit zurückgezogen, vorwiegend im Privaten lebend

Pri|va|tiv ⟨[-vati:f] n.; -s, -e [-və]; Sprachw.⟩ Verb, das ein Wegnehmen, Beseitigen ausdrückt, z. B. enteignen, entfernen [→ *privat*]

Privat|pa|ti|ent ⟨[-va:tpatsjɛnt] m.; -en, -en⟩ Patient, der das Honorar für den Arzt nicht über eine Pflichtkrankenkasse, sondern selbst bzw. über eine private Krankenversicherung bezahlt

Privat|per|son ⟨[-va:t-] f.; -, -en⟩ Person außerhalb des behördlichen od. staatlichen Lebens, nicht im Auftrag od. als Repräsentant einer Institution auftretende Person; *ist das Museum in Staatsbesitz oder gehört es einer* ~?; *als Beamter, als Soldat muss er sich so verhalten, als* ~ *braucht er das nicht*

Pri|vi|leg ⟨[-vi-] n.; -s, -gi|en⟩ besonderes Recht Einzelner od. eines Einzelnen, Sonderrecht [< lat. *privilegium* »Vorrecht«]

pri|vi|le|gie|ren ⟨[-vi-] V.⟩ mit einem Privileg ausstatten, bevorzugen [< mlat. *privilegiare* »ein Vorrecht einräumen«; zu lat. *privilegium* »Vorrecht«]

Prix ⟨[pri:] m.; -, -⟩ Preis; *Grand* ~ [grã pri] Großer Preis [frz.]

pro ⟨Präp. mit Akk.⟩ **1** für; *Ggs* kontra **2** je; *fünf Euro* ~ *Person,* ~ *Stunde,* ~ *Stück*

Pro¹ ⟨n.; -s; unz.⟩ Stellungnahme für etwas; *das* ~ *und (das) Kontra gegeneinander abwägen* das Für u. (das) Wider (einer Sache); *Ggs* Kontra (1) [< lat. *pro* »vor, für, gemäß, im Verhältnis zu«]

Pro² ⟨[prou] m.; -s, -s; Sport; bes. Golf; kurz für⟩ Professional (Berufsspieler u. z. B. Golftrainer)

pro..., **Pro...** ⟨Vorsilbe⟩ **1** vor, vorher, vorwärts, z. B. Progression **2** für, z. B. proarabisch [lat. »vor, vorwärts, hervor, vorher; für, eher, lieber«]

pro|ak|tiv ⟨Adj.⟩ vorausschauend, vorausplanend, Trends vorwegnehmend; *Kundenwünsche* ~ *erkennen*

pro an|no ⟨Abk.: p. a.; veraltet⟩ für ein Jahr, je Jahr, jährlich [lat.]

pro|ba|bel ⟨Adj.; geh.⟩ wahrscheinlich, glaubhaft, annehmbar [< lat. *probabilis* »beifallswert, gefällig, annehmbar, wahrscheinlich«]

Pro|ba|bi|lis|mus ⟨m.; -; unz.⟩ **1** Lehre, nach der alles Wissen nur auf Wahrscheinlichkeit beruht, da die Wahrheit nicht erkennbar ist **2** moral. Prinzip, nach dem in Zweifelsfällen eine Handlung erlaubt werden kann, wenn stichhaltige Gründe dafür sprechen [→ *probabel*]

Probabilität

Pro|ba|bi|li|tät ⟨f.; -, -en⟩ Wahrscheinlichkeit [<lat. *probabilitas* »Glaubhaftigkeit, Wahrscheinlichkeit«; → *probabel*]

Pro|band ⟨m.; -en, -en⟩ **1** männl. Person, deren Ahnentafel aufgestellt wird **2** jmd., der zu wissenschaftl. Zwecken beobachtet wird, Versuchsperson [<lat. *probandus* »ein zu Erprobender, zu Prüfender«; zu *probare* »erproben, prüfen«]

Pro|ban|din ⟨f.; -, -din|nen⟩ **1** weibl. Person, deren Ahnentafel aufgestellt wird **2** weibl. Person, die zu wissenschaftl. Zwecken beobachtet wird, Versuchsperson

pro|bat ⟨Adj.⟩ erprobt, bewährt; *ein ~es Mittel* [<lat. *probatus* »erprobt«, Part. Perf. zu *probare* »erproben, prüfen«]

pro|bie|ren ⟨V.⟩ **1** versuchen; *den Kopfstand, das Radfahren ~; Probieren geht über Studieren* ⟨Sprichw.⟩ Praxis ist im Leben wichtiger als alle Theorie **2** Speisen ~ ihren Geschmack prüfen, kosten; *ein Getränk, eine Soße ~* **3** ⟨Theat.⟩ proben [<lat. *probare* »erproben, prüfen«]

Pro|bi|o|ti|ka ⟨Pl.⟩ widerstandsfähige Bakterienstämme, die den Verdauungsprozess überstehen, den Darm bevölkern u. vor Durchfallerkrankungen schützen [<*Pro...* + grch. *bios* »Leben«]

pro|bi|o|tisch ⟨Adj.⟩ Probiotika betreffend, zu ihnen gehörend, mit Probiotika angereicht; *~er Joghurt*

◆ Die Buchstabenfolge **probl...** kann auch **probl...** getrennt werden.

◆ **Pro|blem** ⟨n.; -s, -e⟩ schwierige, ungelöste Aufgabe od. Frage [<grch. *problema* »das Vorgelegte, die gestellte Aufgabe, Streitfrage«]

◆ **Pro|ble|ma|tik** ⟨f.; -; unz.⟩ Schwierigkeit (einer Aufgabe, einer Frage)

◆ **pro|ble|ma|tisch** ⟨Adj.⟩ schwierig, schwer zu lösen [<grch. *problematikos*; → *Problem*]

◆ **pro|ble|ma|ti|sie|ren** ⟨V.⟩ **1** zum Problem machen, als proble-matisch darstellen; *wir sollten die Sache nicht unnötig ~* **2** die Problematik eines Sachverhalts darstellen, diskutieren; *du solltest den Vorgang bei der nächsten Besprechung noch einmal ~*

◆ **pro|blem|o|ri|en|tiert** ⟨Adj.⟩ **1** auf ein bestimmtes Problem bezogen, konzentriert **2** ⟨EDV⟩ speziell auf die Problemstellung des Anwenders zugeschnitten (von Computerprogrammen)

◆ **Pro|blem|schach** ⟨n.; -s; unz.⟩ Variation des Schachspiels, bei der es um die Lösung konstruierter, mit bestimmten Forderungen verbundener Schachstellungen geht, z. B. Mattaufgaben, Märchenschach

Pro|ca|in ⟨n.; -s; unz.⟩ Pharm.; internat. Freiname für⟩ ein häufig verwendetes Lokalanästhetikum; → a. *Novokain*

Pro|ce|de|re ⟨n.; -, -⟩ = Prozedere

Pro|ce|du|re ⟨[prɔsiːdʒə(r)] f.; -, -s; EDV⟩ Baustein eines Programms [engl., »Prozedur«]

pro cen|tum ⟨Abk.: p. c.⟩ pro hundert [lat., »für hundert«]

Pro|ces|sor ⟨[-sɛs-] m.; -s, -; EDV⟩ = Prozessor

Pro|ces|sus ⟨m.; -; unz.; Med.⟩ vorspringender Teil eines Knochens, Fortsatz [lat., eigtl. »das Fortschreiten«]

Proc|tor|dich|te *auch:* **Proc|tor-Dich|te** ⟨[prɔktər-] f.; -; unz.⟩ höchste Dichte einer Bodenprobe bei günstigstem Wassergehalt [nach dem amerikan. Bauingenieur R. R. *Proctor*]

Pro|de|kan ⟨m.; -s, -e⟩ Vertreter des Dekans

Pro|di|gi|o|sus|ba|zil|lus ⟨m.; -, -zil|len; Med.⟩ Bazillus, der bei Zimmertemperatur auf Brot, Mehlspeisen usw. einen blutroten Überzug (blutendes Brot) entwickelt: Serratia marcescens [<lat. *prodigiosus* »ungeheuer, unnatürlich« + *Bazillus*]

pro do|mo ⟨geh.⟩ in eigener Sache, zum eigenen Nutzen, für sich selbst; *~ sprechen* [lat., »für das (eigene) Haus«]

Pro|drom ⟨n.; -s, -e; Med.⟩ dem eigentl. Krankheitsausbruch vorangehende Erscheinung uncharakteristischer Natur; *Sy* Prodromalsymptom [zu grch. *prodromos* »vorauslaufen«]

pro|dro|mal ⟨Adj.; Med.⟩ ankündigend, vorangehend

Pro|dro|mal|sym|ptom *auch:* **Pro|dro|mal|symp|tom** ⟨n.; -(e)s, -e; Med.⟩ = Prodrom

Pro|drug ⟨[-drʌg] f.; -, -s; Pharm.⟩ Arzneistoff, der als Vorstufe verabreicht u. im Organismus allmählich transformiert wird, Langzeitpräparat [<*Pro...* + engl. *drug* »Medikament, Droge«]

Pro|du|cer ⟨[prɔdjuːsə(r)] m.; -s, -⟩ (Film-, Musik-)Produzent [engl.]

Pro|duct|ma|na|ger ⟨[prɔdʌktmænɪdʒə(r)] m.; -s, -⟩ jmd., der für die Planung u. Betreuung eines industriellen Produktes zuständig ist; *oV* Produktmanager [<engl. *product* »Produkt« + *Manager*]

Pro|duct|place|ment ⟨[prɔdʌktpleɪsmənt] n.; -s, -s⟩ sichtbare Verwendung eines Markennamens in Film u. Fernsehen (als verdeckte Werbemaßnahme) [<engl. *product* »Produkt« + *placement* »Platzierung«]

Pro|dukt ⟨n.; -(e)s, -e⟩ **1** mit Hilfe menschlicher Arbeit hergestellter Gegenstand, Erzeugnis; *~ der Landwirtschaft; Industrie~; tierische, pflanzliche ~e; maschinelle ~e* **2** Ergebnis menschl. Bemühens; *ein geistiges, künstlerisches ~; das ist das ~ unserer Erziehung* ⟨iron.⟩ **3** Ergebnis der Multiplikation; *das ~ aus (von) drei mal vier ist zwölf* [<lat. *productum*, Part. Perf. zu *producere* »hervorbringen«]

Pro|duk|ti|on ⟨f.; -, -en⟩ Herstellung, Erzeugung von Gütern, Waren mit Hilfe menschlicher Arbeit; *handwerkliche, land-wirtschaftliche, literarische, maschinelle ~e* **2** ⟨frz. *production* »Erzeugung« <lat. *productio* »das Hervorführen«; beeinflusst von frz. *produire* »hervorbringen, erzeugen«; zu lat. *producere* »hervorbringen«]

pro|duk|tiv ⟨Adj.⟩ **1** Produkte hervorbringend **2** schöpferisch, fruchtbar; *~e Arbeit, ~ arbeiten, tätig sein* [<frz. *productif*

784

<lat. *productivus* »zur Verlängerung geeignet«; beeinflusst von frz. *produire* »hervorbringen, erzeugen«, <lat. *producere*]

Pro|duk|ti|vi|tät ⟨[-vi-] f.; -; unz.⟩ schöpfer. Leistung, Fruchtbarkeit, Ergiebigkeit

Pro|duk|tiv|kraft ⟨f.; -, -kräfte⟩ Faktor, der die Produktivität einer Arbeit bestimmt (z. B. Arbeitskraft, Maschinen, Wissenschaft) [→ *produktiv*]

Pro|dukt|li|nie ⟨[-njə] f.; -, -n⟩ Markenprodukte eines Herstellers, die im Zusammenhang angeboten werden; *eine ~ von Körperpflege- u. Kosmetikartikeln*

Pro|dukt|ma|na|ger ⟨[-mænɪdʒə(r)] m.; -s, -⟩ = Productmanager

Pro|dukt|pi|ra|te|rie ⟨f.; -; unz.⟩ Imitation von Markenartikeln, die rechtswidrig unter ihrem echten Handelsnamen verkauft werden

Pro|du|zent ⟨m.; -en, -en⟩ *Ggs* Konsument **1** jmd., der Güter produziert, Erzeuger, Hersteller **2** (Bot.) grüne Pflanze, die organ. Substanz aus anorganischer aufzubauen vermag [<lat. *producens*, Part. Präs. zu *producere* »hervorbringen«]

Pro|du|zen|tin ⟨f.; -, -tin|nen⟩ weibl. Person, die Güter produziert, Erzeugerin, Herstellerin; *Ggs* Konsumentin

pro|du|zie|ren ⟨V.⟩ **1** *Verbrauchsgüter ~* schaffen, hervorbringen, erzeugen **2** *sich ~* zeigen, was man kann (u. dabei die Aufmerksamkeit auf sich lenken) [<lat. *producere* »hervorführen, hervorbringen«]

Pro|en|zym ⟨n.; -s, -e; Biochemie⟩ Vorstufe, Grundkörper eines Enzyms

Prof. ⟨Abk. für⟩ Professor(in)

pro|fan ⟨Adj.⟩ **1** weltlich, unheilig, unkirchlich; *Ggs* sakral (2) **2** alltäglich [<lat. *profanus* »vor dem heiligen Bezirk liegend, ungeheiligt«; zu *fanum* »Heiligtum«; → *fanatisch*]

Pro|fa|na|ti|on ⟨f.; -, -en⟩ = Profanierung [<lat. *profanatio* »Entheiligung«; → *profan*]

Pro|fan|bau ⟨m.; -(e)s, -ten⟩ Bauwerk für weltliche Zwecke; *Ggs* Sakralbau

pro|fa|nie|ren ⟨V.⟩ entweihen, entwürdigen, ins Alltägliche herabziehen [<lat. *profanare* »entweihen«; → *profan*]

Pro|fa|nie|rung ⟨f.; -, -en⟩ das Profanieren; *Sy* Profanation

Pro|fa|ni|tät ⟨f.; -; unz.⟩ profane Beschaffenheit, Weltlichkeit, Unheiligkeit [<lat. *profanitas* »Unheiligkeit«; → *profan*]

pro|fa|schis|tisch ⟨Adj.; Politik⟩ dem Faschismus zugeneigt, ihn unterstützend [<*pro...* + *faschistisch*]

Pro|fess ⟨f.; -, -se⟩ **1** Ablegung der Klostergelübde **2** ⟨m.; -sen, -sen⟩ Klostermitglied, das die Ordensgelübde abgelegt hat [<lat. *professio* »Bekenntnis«; <lat. *professus* »einer, der ein öffentl. Bekenntnis abgelegt hat«, Part. Perf. zu *profiteri* »öffentlich bekennen«]

Pro|fes|si|on ⟨f.; -, -en⟩ Beruf, Gewerbe, Handwerk [frz., »Beruf, Stand«]

Pro|fes|si|o|nal ⟨m.; -s, -e od. engl. [prɔfɛʃənəl] m.; -s, -s⟩ Berufssportler; *Sy* Profi [engl., »beruflich, berufsmäßig«]

pro|fes|si|o|na|li|sie|ren ⟨V.⟩ zum Beruf, zur Erwerbsquelle machen; *er will seine Computerkenntnisse demnächst ~* [→ *Profession*]

Pro|fes|si|o|na|lis|mus ⟨m.; -; unz.⟩ Berufsmäßigkeit [<frz. *professionnel* »berufsmäßig«]

pro|fes|si|o|nell ⟨Adj.⟩ **1** berufsmäßig, als Beruf ausgeübt; *~er Sportler* **2** fachmännisch, mit großem Können ausgeführt; *ein ~er Einbruch* [<frz. *professionnel* »berufsmäßig« <lat. *professio* »Gewerbe, Geschäft«]

pro|fes|si|o|niert ⟨Adj.⟩ gewerbsmäßig

Pro|fes|si|o|nist ⟨m.; -en, -en; österr.⟩ gelernter Arbeiter, Fachmann

Pro|fes|sor ⟨m.; -s, -so|ren; Abk.: Prof.⟩ **1** beamteter Hochschullehrer; *Universitäts~; ~ der Germanistik, der Medizin; ordentlicher, außerordentlicher ~* **2** ⟨Ehrentitel für⟩ Gelehrter, Künstler **3** ⟨früher Titel für⟩ Lehrer an einer höheren Schule; *Studien~* [lat., »einer der sich öffentlich bekennt, erklärt; öffentlicher Lehrer«; zu *profiteri* »öffentlich bekennen, erklären«]

pro|fes|so|ral ⟨Adj.⟩ wie ein Professor; *~es Gehabe*

Pro|fes|so|rin ⟨f.; -, -rin|nen; Abk.: Prof.⟩ weibl. Professor

Pro|fes|sur ⟨f.; -, -en⟩ Lehrstuhl; *eine ~ innehaben* [→ *Professor*]

Pro|fi ⟨m.; -s, -s; umg.; kurz für⟩ = Professional

Pro|fil ⟨n.; -s, -e⟩ **1** Seitenansicht; *das ~ eines Gesichts; er wandte mir das, sein ~ zu; jmdn. od. etwas im ~ darstellen, malen, zeichnen* **2** Umriss, Längs- od. Querschnitt; *das ~ eines Eisenbahnwagens, Gebäudes, Turmes* **3** vorspringendes Bauelement **4** senkrechter Schnitt durch die Erdoberfläche; *geologisches ~* **5** Erhebungen aufweisende Oberfläche; *~ von Reifen, Schuhsohlen; Kreppsohlen mit ~* **6** Höhe u. (od.) Breite einer Durchfahrt; *Brücken~* **7** ⟨fig.⟩ klare Richtung, klare Haltung; *der Politiker hat kein ~* [<frz. *profil*, ital. *profilo* »Seitenansicht, Umriss«]

Pro|fil|ei|sen ⟨n.; -s, -; Met.; veraltet⟩ durch Walzen hergestellte Stahlstangen mit viereckigem, T- oder L-förmigem Querschnitt

Pro|fi|ler ⟨[-faɪ-] m.; -s, -⟩ **1** Ermittler in einem Kriminalfall **2** jmd., der Kriminalfälle analysiert u. Hinweise auf mögliche Täter geben kann, Kriminalpsychologe [<engl. *profile*]

pro|fi|lie|ren ⟨V.⟩ **1** im Profil darstellen **2** ⟨fig.⟩ scharf umreißen; *eine profilierte Persönlichkeit* ⟨fig.⟩ scharf umrissene, markante, hervorstechende P. **3** ⟨fig.; häufig abwertend⟩ *sich ~* sich durch besondere, hervorstechende Leistungen hervortun, besondere Anerkennung, eine bedeutende Stellung erwerben

pro|fi|liert ⟨Adj.⟩ **1** mit einem Profil (5) versehen **2** mit ausgeprägten, hervorstechenden Eigenschaften ausgestattet, als kompetent ausgewiesen; *er ist ein ~er Politiker, Kunstkritiker, Wirtschaftsfachmann*

Pro|fi|lie|rung ⟨f.; -, -en⟩ das Profilieren, das Profiliertwerden

Profilneurose

Pro|fil|neu|ro|se ⟨f.; -, -n; abwertend⟩ verkrampft-übertriebenes Bestreben, sich vor anderen zu profilieren (3)

Pro|fit ⟨a. [-fɪt] m.; -(e)s, -e⟩ Gewinn, Vorteil, Nutzen; ~ aus etwas schlagen, ziehen; mit, ohne ~ arbeiten [frz., »Gewinn«]

pro|fi|ta|bel ⟨Adj.⟩ Gewinn bringend, vorteilhaft, einträglich; Ggs unprofitabel; ein profitables Geschäft [<frz. profitable »nutzbringend«]

Pro|fit|cen|ter ⟨[prɔfɪtsɛntə(r)] n.; -s, -; Wirtsch.⟩ (innerhalb eines größeren Unternehmens) abgetrennter Produktionsbereich mit eigener Verantwortlichkeit für den wirtschaftl. Erfolg; Sy Business-Unit [<engl. profit »Gewinn, Profit« + center »Abteilung, Zentrum«]

Pro|fit|ro|les ⟨[-ro:l] Pl.; frz. Kochk.⟩ mit Eis gefülltes Brandteiggebäck

Pro|fi|teur ⟨[-tø:r] m.; -s, -e⟩ jmd., der von etwas profitiert u. bes. Nutzen aus einer Sache zieht, Nutznießer

pro|fi|tie|ren ⟨V.⟩ Profit, Gewinn erzielen, Nutzen haben (von, bei) [<frz. profiter »ausnutzen«]

Pro|fit|ma|xi|mie|rung ⟨a. [-fɪt-] f.; -, -en; Wirtsch.⟩ (marxistischer Begriff für den) Erhalt hoher Gewinne

pro|fit|ori|en|tiert ⟨Adj.⟩ auf wirtschaftlichen Gewinn ausgerichtet, ausschließlich nach Gewinn strebend; ~e Unternehmen

Pro-Form ⟨f.; -, -en; Sprachw.⟩ meist pronominales Satzelement, das einen vorausgegangenen Ausdruck wieder aufnimmt od. einen nachfolgenden vorwegnimmt, z. B. ich sah einen Mann auf der Straße, »er« ging gebückt, »das« war etwas, wogegen er sein Leben lang gekämpft hatte: die Einschränkung der Meinungsfreiheit [→ Pro...]

pro for|ma nur der Form wegen, nur zum Schein [lat.]

Pro|fos ⟨[-fo:s] m.; -es od. -en, -e od. -en⟩ Ankläger u. Vollstrecker des Urteils in mittelalterl. Söldnerheeren [<afrz. provost <lat. propositus »vorgesetzt«]

pro|fund ⟨Adj.⟩ tief(gründig), gründlich; ~e Kenntnisse; ~es Wissen [<lat. profundus »tief«]

Pro|fun|dal ⟨n.; -s, -e; Geogr.⟩ lichtarme Tiefenzone von Seen [zu lat. profundus »Abgrund«]

Pro|fun|di|tät ⟨f.; -; unz.⟩ Gründlichkeit, Tiefgründigkeit [→ profund]

pro|fus ⟨Adj.⟩ **1** ⟨geh.⟩ verschwenderisch **2** ⟨Med.⟩ übermäßig, stark, reichlich; ~e Schweißabsonderung [<lat. profusus »unmäßig, verschwenderisch«]

Pro|ge|ne|se ⟨f.; -, -n; Med.⟩ vorzeitige Geschlechtsentwicklung [<Pro... + Genese]

Pro|ge|nie ⟨f.; -, -n; Med.⟩ das Vorstehen des Unterkiefers, eine Kieferanomalie; Ggs Prognathie, Orthognathie [<Pro... + grch. genys »Kinn«]

Pro|ge|ni|tur ⟨f.; -, -en⟩ Nachkommenschaft [<lat. progenitus, Part. Perf. zu progignere »erzeugen« u. progenies »Nachkommenschaft«]

Pro|ges|te|ron ⟨n.; -s; unz.; Biochemie⟩ Gelbkörperhormon, das der Vorbereitung der Gebärmutterschleimhaut zur Aufnahme des befruchteten Eies u. der Aufrechterhaltung der Schwangerschaft dient; Sy Gestagen [<Pro... + lat. gestare »tragen«]

Pro|glot|tid ⟨m.; -en, -en; Zool.⟩ Glied eines Bandwurms [<Pro... + grch. glotta »Zunge« + ...id]

◆ Die Buchstabenfolge **progn**... kann auch **progn**... getrennt werden.

◆**Pro|gna|thie** ⟨f.; -, -n; Med.⟩ das Vorstehen des Oberkiefers, eine Kieferanomalie; Ggs Progenie, Orthognathie [<Pro... + grch. gnathos »Kiefer«]

◆**pro|gna|thisch** ⟨Adj.; Med.⟩ auf Prognathie beruhend, sie betreffend

◆**Pro|gno|se** ⟨f.; -, -n⟩ Vorhersage, z. B. des Ablaufs einer Krankheit od. des Wetters [<grch. prognoskein »im Voraus erkennen«]

◆**Pro|gnos|tik** ⟨f.; -; unz.⟩ Lehre von den Prognosen

◆**Pro|gnos|ti|ker** ⟨m.; -s, -⟩ jmd., der (wissenschaftlich fundierte) Prognosen erstellt, zukünftige Entwicklungen (aufgrund von Daten) voraussagt

◆**Pro|gnos|ti|kon** ⟨n.; -s, -ti|ken od. -ti|ka; geh.⟩ = Prognostikum

◆**Pro|gnos|ti|kum** ⟨n.; -s, -ti|ken od. -ti|ka; geh.⟩ Vorzeichen; oV Prognostikon [→ Prognose]

◆**pro|gnos|tisch** ⟨Adj.⟩ vorhersagend, vorbedeutend [→ Prognose]

◆**pro|gnos|ti|zie|ren** ⟨V.⟩ voraussagen

Pro|gramm ⟨n.; -s, -e⟩ **1** Folge der Darbietungen bei Veranstaltungen, Sendungen im Rundfunk; Rundfunk~; Sende~; Film~; Theater~; das ~ der Woche **2** Blatt od. Heft mit dem Programm (1) **3** Angebot von Waren; Sy Sortiment; Möbel~ **4** Plan, Pläne, Vorhaben; hast du für heute Abend ein ~?; jmds. ~ stören; das steht nicht in unserem ~ ⟨a. fig.⟩ das beabsichtigen wir nicht **5** öffentl. verkündete Gesamtheit der Tätigkeit u. Ziele einer polit. Partei, einer literar. Richtung o. Ä.; Partei~; ein ~ aufstellen **6** ⟨EDV; Kyb.⟩ eindeutige Anweisung an eine Maschine, bestimmte Aufgaben in einer bestimmten Reihenfolge zu erfüllen; ein ~ für einen Computer entwickeln, in einen C. eingeben **7** ⟨Mal.; bildende Kunst⟩ Gesamtheit der Szenen eines den Ablauf schildernden künstlerischen Darstellung [<grch.-lat. programma »schriftl. Bekanntmachung, Aufruhr, Tagesordnung« <grch. pro »vor« + graphein »schreiben«]

Pro|gram|ma|tik ⟨f.; -; unz.⟩ Zielsetzung, Zielvorstellung

Pro|gram|ma|ti|ker ⟨m.; -s, -⟩ jmd., der ein Programm (5) entwickelt od. vertritt; er fungiert in seiner Partei als ~

pro|gram|ma|tisch ⟨Adj.⟩ einem Programm (5), einem Grundsatz entsprechend, richtungweisend, zielsetzend; eine ~e Rede, Schrift verfassen

pro|gram|mie|ren ⟨V.⟩ **1** ⟨EDV⟩ einen Computer ~ ein Programm für einen C. aufstellen

2 *programmierter Unterricht* durch Bücher od. Lernmaschinen vermittelter Unterricht, bei dem der Lehrstoff in kleinste Einheiten eingeteilt ist u. jeder Schritt des Lernens überprüft werden kann

Pro|gram|mie|rer ⟨m.; -s, -; EDV⟩ jmd., der Computer programmiert, Programme (6) schreibt

Pro|gram|mier|spra|che ⟨f.; -, -n; EDV⟩ formalisierbare Sprache mit eindeutigen Zeichen zum Programmieren von EDV-Anlagen, Maschinensprache

Pro|gram|mie|rung ⟨f.; -, -en⟩ das Programmieren

Pro|gramm|ki|no ⟨n.; -s, -s; Film⟩ kleineres Kino mit einem von den kommerziellen Verleihern unabhängigen Filmprogramm, das auch Produktionen unbekannterer Regisseure od. Filme über Themen enthält, die eher ein kleines Publikum ansprechen

Pro|gramm|mu|sik ⟨f.; -; unz.; Musik⟩ (Instrumental-)Musik, die ein Programm hat, d. h. außermusikalische Vorgänge, z. B. seelische Erlebnisse, Bilder od. Naturszenen, durch tonmalerische Mittel wiederzugeben versucht

Pro|gramm|steue|rung ⟨f.; -, -en; EDV⟩ Steuerung automatischer Arbeitsvorgänge mittels eines Programms

pro|gre|di|ent ⟨Adj.; Med.⟩ progressiv, fortschreitend (von Krankheiten) [zu lat. *progredi* »fortschreiten«]

Pro|gre|di|enz ⟨f.; -; unz.; Med.⟩ zunehmende Verschlimmerung, Progression (einer Krankheit) [<lat. *progredi* »fortschreiten«]

Pro|gress ⟨m.; -es, -e⟩ Fortgang, Fortschritt [<lat. *progressus* »das Vorwärtsschreiten, Fortschritt«; zu *progredi* »vorwärts schreiten«]

Pro|gres|sion ⟨f.; -, -en⟩ **1** Zunahme, Steigerung, z. B. in arithmet. Reihen **2** Zunahme des Steuersatzes bei der progressiven Steuer; *Steuer~* [<lat. *progressio* »Fortschritt«]

Pro|gres|sist ⟨m.; -en, -en⟩ Anhänger einer Fortschrittspartei; *oV* Progressivist

pro|gres|sis|tisch ⟨Adj.⟩ überzogen fortschrittsgläubig

pro|gres|siv ⟨a. ['---] Adj.⟩ **1** fortschrittlich **2** im Verhältnis zu einer Bezugsgröße mehr werdend, ansteigend; *~e Werte; ~e Steuer* S., bei der sich der prozentuale Steuersatz bei Zunahme der zu versteuernden Werte erhöht [<frz. *progressif* »vorwärts schreitend«, <lat. *progressus;* → *Progress*]

Pro|gres|sive Jazz ⟨[-grɛsɪv dʒæz] m.; - -; unz.⟩ Stilrichtung des modernen Jazz, die durch neuartige Instrumentierung u. konzertante Elemente gekennzeichnet ist [engl., »progressiver Jazz«]

Pro|gres|si|vist ⟨m.; -en, -en⟩ = Progressist

pro|hi|bie|ren ⟨V.; veraltet⟩ verbieten, verhindern [<lat. *prohibere* »verhindern«]

Pro|hi|bi|ti|on ⟨f.; -; unz.⟩ Alkoholverbot [<lat. *prohibitio* »Verbot«]

Pro|hi|bi|ti|o|nist ⟨m.; -en, -en⟩ Anhänger der Prohibition

pro|hi|bi|tiv ⟨Adj.⟩ *Sy* prohibitorisch **1** verhindernd, verbietend **2** vorbeugend [<frz. *prohibitif* »prohibitiv, ausschließend« <lat. *prohibere* »hindern«]

Pro|hi|bi|tiv|preis ⟨m.; -es, -e; Wirtsch.⟩ Preishöhe, ab der jede Nachfrage erlischt [→ *prohibitiv*]

Pro|hi|bi|tiv|zoll ⟨m.; -s, -zöl|le⟩ im Rahmen des Protektionismus erhobener Schutzzoll [→ *prohibitiv*]

pro|hi|bi|to|risch ⟨Adj.⟩ = prohibitiv

Pro|jekt ⟨n.; -(e)s, -e⟩ **1** Plan, Vorhaben **2** Entwurf **3** Vorhaben im Schulunterricht, bei dem die Schüler aktiv an der Lösung eines Problems mitarbeiten [<lat. *proiectum*, Part. Perf. zu *proicere* »hinwerfen, vorwärts werfen«; → *projizieren*]

pro|jek|tie|ren ⟨V.⟩ ein Projekt entwerfen für, planen, beabsichtigen

Pro|jek|til ⟨n.; -s, -e⟩ Geschoss [<frz. *projectile* »Geschoss«, <lat. *proicere* »vorwärts werfen«]

Pro|jek|ti|on ⟨f.; -, -en⟩ **1** ⟨Math.⟩ Abbildung räumlicher Gebilde auf einer Ebene **2** ⟨Kartogr.⟩ Darstellung der gekrümmten Erdoberfläche auf einer Ebene **3** ⟨Optik⟩ vergrößerte Abbildung durchsichtiger od. undurchsichtiger Bilder mittels Lichtstrahlen auf einer hellen Fläche [<lat. *proiectio* »das Hervorwerfen«; → *projizieren*]

Pro|jek|ti|ons|ap|pa|rat ⟨m.; -(e)s, -e; Optik⟩ = Projektor

pro|jek|tiv ⟨Adj.⟩ in der Art einer Projektion, auf ihr beruhend

Pro|jekt|ma|nage|ment ⟨[-mænɪdʒmənt] n.; - od. -s; unz.⟩ Gesamtheit der Maßnahmen zur Konzeption, Steuerung u. Durchführung eines (Industrie-)Projekts [<*Projekt* + engl. *management* »Führung, Leitung«]

Pro|jek|tor ⟨m.; -s, -en; Optik⟩ opt. Gerät zur Projektion von Bildern, Bildwerfer; *Sy* Projektionsapparat; *Film~; Dia~*

pro|ji|zie|ren ⟨V.⟩ **1** *einen Körper ~* auf einer Fläche zeichnerisch darstellen **2** *ein Lichtbild ~* auf eine Bildwand werfen [<lat. *proicere* »vorwärts werfen, hinwerfen«]

Pro|ka|ry|on|ten ⟨Pl.; Biol.⟩ Organismen, deren Zellen keinen echten Zellkern besitzen, z. B. Bakterien, Blaualgen, Viren; *Ggs* Eukaryonten [<*Pro...* + grch. *karyon* »Kern«]

Pro|ka|ta|lep|sis ⟨f.; -, -lep|sen; Rhet.⟩ Vorwegnahme u. Widerlegung eines erwarteten Einwands; *Sy* Prolepse (1) [<*Pro...* + grch. *katalepsis* »Fassen, Ergreifung«]

Pro|kla|ma|ti|on ⟨f.; -, -en⟩ öffentl. Bekanntmachung, Aufruf [<lat. *proclamatio* »das Ausrufen«; zu *proclamare* »ausrufen«]

pro|kla|mie|ren ⟨V.⟩ öffentlich bekannt machen, feierlich verkünden, einen Aufruf erlassen über [<lat. *proclamare* »ausrufen«]

Pro|kla|mie|rung ⟨f.; -, -en; Pl. selten⟩ das Proklamieren, das Proklamiertwerden

Pro|kli|se ⟨f.; -, -n; Sprachw.⟩ = Proklisis

Pro|kli|sis ⟨f.; -, -kli|sen; Sprachw.⟩ die Anlehnung eines kaum betonten u. unwichtigen

Proklitikon

Wortes (Proklitikon) an das folgende, stärker betonte u. wichtigere, z. B. »'n Kind« statt »ein Kind«; *oV* Proklise; *Ggs* Enklise [<grch. *proklisis* »Vorwärtsneigung«]

Pro|kli|ti|kon ⟨n.; -s, -ti|ka; Sprachw.⟩ unbetontes Wort, das sich an das folgende, stärker betonte anlehnt; *Ggs* Enklitikon [→ *Proklise*]

pro|kli|tisch ⟨Adj.; Sprachw.⟩ in der Art einer Proklise, sich an ein folgendes, stärker betontes Wort anlehnend; *Ggs* enklitisch

Pro|kon|sul ⟨m.; -s, -n⟩ altröm. ehemaliger Konsul, der als Statthalter in eine Provinz ging

Pro|kon|su|lat ⟨n.; -(e)s, -e⟩ Amt des Prokonsuls

Pro|krus|tes|bett *auch:* **Prokrustes|bett** ⟨n.; -(e)s; unz.; fig.⟩ Schema, in das etwas mit Gewalt hineingezwängt werden soll [nach *Prokrustes*, dem Unhold der grch. Sage, der bei ihm einkehrende Wanderer in ein Bett legte u. sie entweder streckte od. ihnen die Füße abschlug, bis sie hineinpassten]

Prokt|al|gie *auch:* **Prokt|al|gie** ⟨f.; -, -n; Med.⟩ Schmerzen in After u. Mastdarm [<grch. *proktos* »Mastdarm, After« + *algos* »Schmerz«]

Prok|ti|tis ⟨f.; -, -ti|ti|den; Med.⟩ Mastdarmentzündung [<grch. *proktos* »Mastdarm, After«]

Prok|to|lo|ge ⟨m.; -n, -n; Med.⟩ Facharzt für Proktologie

Prok|to|lo|gie ⟨f.; -; unz.; Med.⟩ Lehre von den Erkrankungen des Mastdarms [<grch. *proktos* »Mastdarm, After« + ...*logie*]

Prok|to|lo|gin ⟨f.; -, -gin|nen; Med.⟩ Fachärztin für Proktologie

prok|to|lo|gisch ⟨Adj.; Med.⟩ die Proktologie angehend, auf ihr beruhend

Prok|to|sko|pie *auch:* **Prok|tos|kopie** ⟨f.; -, -n; Med.⟩ Untersuchung des Mastdarms mittels eines rohrförmigen Endoskops [<grch. *proktos* »Mastdarm, After« + ...*skopie*]

Prok|to|to|mie ⟨f.; -, -n⟩ operatives Öffnen des Mastdarms [<grch. *proktos* »Mastdarm, After« + ...*tomie*]

Pro|ku|ra ⟨f.; -, -ku|ren⟩ im Handelsregister eingetragene Vollmacht, alle Arten von Rechtsgeschäften u. -handlungen für einen Betrieb des Handelsgewerbes vorzunehmen; →*a.* per procura [<ital. *procura* »Vollmacht«; zu ital., lat. *procurare* »für etwas Sorge tragen«; zu lat. *cura* »Sorge«]

Pro|ku|ra|ti|on ⟨f.; -, -en⟩ Stellvertretung, Auftragsbesorgung durch einen Bevollmächtigten [<lat. *procuratio* »Besorgung, Verwaltung«; zu *cura* »Sorge«]

Pro|ku|ra|tor ⟨m.; -s, -to|ren⟩ 1 (im antiken Rom) Statthalter einer Provinz 2 (in der Republik Venedig) einer der neun höchsten Staatsbeamten, unter denen der Doge gewählt wurde 3 Verwalter der Finanzen eines Klosters 4 (allg.) Bevollmächtigter, Sachwalter, Geschäftsträger [<lat. *procurator* »Verwalter, Stellvertreter«; zu *cura* »Sorge«]

Pro|ku|rist ⟨m.; -en, -en⟩ Inhaber der Prokura

Prol|ac|tin ⟨n.; -s, -e; Biochemie⟩ = Prolaktin

Pro|lak|tin ⟨n.; -s, -e; Biochemie⟩ Hormon, das die Milchbildung in Gang setzt; *oV* Prolactin [<lat. *pro* »für, gemäß« + *lac*, Gen. *lactis* »Milch«]

Pro|la|min ⟨n.; -s, -e; meist Pl.; Biol.⟩ Protein, das bes. in Getreidesamen vorkommt [nach den Bestandteilen *Prol*in + Glut*amin*säure]

Pro|laps ⟨m.; -(e)s, -e; Med.⟩ Vorfall (eines inneren Organs) [<lat. *prolapsus*, Part. Perf. zu *prolabi* »vorwärts-, hinabgleiten«]

Pro|le|go|me|non ⟨n.; -s, -na⟩ einführende Worte, Vorbemerkung, Vorwort [<grch. *pro* »vor« + *legein* »sagen«]

Pro|lep|se ⟨f.; -, -n⟩ *oV* Prolepsis 1 ⟨Rhet.⟩ = Prokatalepsis 2 ⟨Gramm.⟩ Vorwegnahme des Subjekts des Nebensatzes in den vorhergehenden Hauptsatz, z. B. »hörst du den Bach, wie er rauscht« statt »hörst du, wie der Bach rauscht« [<grch. *prolepsis* »Vorwegnahme«]

Pro|lep|sis ⟨f.; -, -lep|sen; Rhet.; Gramm.⟩ = Prolepse

pro|lep|tisch ⟨Adj.⟩ in der Art einer Prolepse, vorgreifend, vorwegnehmend

Prollet ⟨m.; -en, -en; umg.; abwertend⟩ 1 = Proletarier (2) 2 ⟨fig.⟩ ungebildeter, ungehobelter Kerl [→ *Proletarier*]

Pro|le|ta|ri|at ⟨n.; -(e)s, -e⟩ die Klasse der Proletarier

Pro|le|ta|ri|er ⟨m.; -s, -⟩ 1 (im antiken Rom) Angehöriger der Klasse, die nicht besteuert wurde, da ihr Vermögen den Mindestsatz nicht erreichte 2 ⟨nach Marx u. Engels⟩ Lohnarbeiter ohne Besitz an Produktionsmitteln [<lat. *proletarius* =»Bürger der untersten Klasse, der dem Staat nur mit seiner Nachkommenschaft dient«; zu *proles* »Nachkomme«]

pro|le|ta|risch ⟨Adj.⟩ 1 zu den Proletariern gehörend, von ihnen stammend 2 in der Art eines Proletariers

pro|le|ta|ri|sie|ren ⟨V.⟩ zu Proletariern machen

Pro|li|fe|ra|ti|on[1] ⟨f.; -, -en⟩ 1 ⟨Med.⟩ Vermehrung des Gewebes, Sprossung, Wucherung 2 ⟨Bot.⟩ Missbildung von Blüten [<lat. *proles* »Nachkommenschaft« + *ferre* »tragen«]

Pro|li|fe|ra|ti|on[2] ⟨[-fəreɪʃən] f.; -; unz.; Politik⟩ Weitergabe von kerntechnischem Material od. kerntechnischem Verfahren an Länder, die sich nicht internationalen Kontrollen über deren Verwendung unterwerfen; *Ggs* Nonproliferation [engl., »Wucherung, üppiges Wachstum«]

pro|li|fe|ra|tiv ⟨Adj.; Med.; Bot.⟩ in der Art einer Proliferation (1), mit Proliferation einhergehend

pro|li|fe|rie|ren ⟨V.; Med.; Bot.⟩ Proliferation (1) zeigen, sprossen, wuchern

Pro|log ⟨m.; -(e)s, -e⟩ *Ggs* Epilog 1 Einleitung 2 Vorrede, Vorspiel [<*Pro*... + ...*log*[1]]

Pro|lon|ga|ti|on ⟨f.; -, -en⟩ 1 Verlängerung (einer Frist) 2 Aufschub, Stundung (einer Forderung) [<lat. *prolongatio* »Verlängerung«; zu *longus* »lang«]

Pro|lon|ge|ment ⟨[prɔlɔ̃ʒ(ə)mɑ̃] n.; -s, -s; Musik⟩ Einrichtung an Tasteninstrumenten, die es ermöglicht, den Ton nach Loslassen der Tasten nachhallen zu lassen [frz., »Verlängerung, Fortsetzung«]

prolongieren ⟨V.⟩ **1** verlängern **2** aufschieben, stunden [<lat. *prolongare* »verlängern«; zu *longus* »lang«]

PROM ⟨EDV; Abk. für engl.⟩ Programmable Read Only Memory, Speicher, der nach einmaliger Programmierung nur noch ausgelesen werden kann

pro memoria ⟨Abk.: p. m.⟩ zum Gedächtnis, zur Erinnerung an [lat.]

Promemoria ⟨n.; -s, -ri|en⟩ Denkschrift

Promenade ⟨f.; -, -n⟩ **1** Spaziergang **2** Spazierweg, meist mit Grünanlagen [frz., »Spaziergang«]

promenieren ⟨V.⟩ spazieren gehen [<frz. *se promener* »spazieren gehen«]

Promesse ⟨f.; -, -n⟩ **1** schriftl. Versprechen, schriftl. Zusage **2** Schuldschein [frz., »Versprechen«]

promethëisch ⟨Adj.⟩ an Stärke, Energie u. Größe alles überragend, himmelstürmend [nach dem Titanensohn *Prometheus*, der aus Lehm u. Wasser die ersten Menschen knetete u. ihnen das von Zeus gehütete Feuer brachte, wofür er zur Strafe an einen Felsen geschmiedet wurde, wo ein Adler bis zur Befreiung durch Herakles seine immer wieder nachwachsende Leber fraß]

Promethium ⟨n.; -s; unz.; chem. Zeichen: Pm⟩ zu den Metallen der Seltenen Erden gehörendes chem. Element, Ordnungszahl 61 [nach dem grch. Titanen *Prometheus*]

pro mille ⟨Abk.: p. m.; Zeichen: ‰⟩ **1** für tausend, für, auf 1000 (Stück) **2** vom Tausend [lat., »für tausend«]

Promille ⟨n.; -s, -⟩ **1** ein Teil vom Tausend, Tausendstel **2** in Promille (1) gemessener Anteil des Alkohols am Blut [<lat. *pro mille* »für tausend«]

prominent ⟨Adj.⟩ hervorragend, bedeutend, allgemein bekannt, maßgebend, tonangebend; ~e Persönlichkeit [<lat. *prominens,*

Part. Präs. zu *prominere* »hervorragen«]

Prominenz ⟨f.; -, -en⟩ **1** ⟨zählb.⟩ prominente Personen **2** ⟨unz.⟩ Gesamtheit der prominenten Personen; *die gesamte ~ war auf dem Empfang* [<lat. *prominentia* »das Hervorragen«; zu *prominere* »hervorragen«]

promiscue ⟨[-kue:] Adv.; geh.⟩ vermengt, durcheinander [lat., »ohne Unterschied, gemeinschaftlich«; zu *miscere* »mischen«]

promisk ⟨Adj.⟩ häufig den Geschlechtspartner wechselnd, in Promiskuität lebend; *Sy* promiskuitiv

Promiskuität ⟨f.; -; unz.⟩ **1** Vermischung **2** Geschlechtsverkehr mit häufig wechselnden Partnern ohne gegenseitige Bindung auf längere Zeit **3** ⟨Zool.⟩ geschlechtliche Vermischung von Stämmen [<lat. *promiscuus* »gemischt, gemeinschaftlich«; zu *miscere* »mischen«]

promiskuitiv ⟨Adj.⟩ = promisk

Promontorium ⟨n.; -s, -ri|en⟩ der am meisten in das kleine Becken vorspringende Punkt der Wirbelsäule [lat., »Vorgebirge«, *pro* »vor« + *mons,* Gen. *montis* »Berg«]

promoten ⟨V.⟩ *jmdn. ~* als Promotor für jmdn. auftreten, jmdn. managen, fördern; *einen Sportler ~*

Promoter ⟨m.; -s, -; im Berufssport; bes. Boxen u. Ringen⟩ Veranstalter, Förderer; *oV* Promotor (2) [engl., »Förderer«; zu *promote* »fördern, begünstigen«]

Promotion[1] ⟨f.; -, -en⟩ Erlangen, Verleihung der Doktorwürde [<lat. *promotio* »Beförderung«; zu lat. *movere* »bewegen«]

Promotion[2] ⟨[prəmɔʃ(ə)n] f.; -; unz.⟩ Verkaufsförderung von Waren (durch Werbung); *die ~ für das neue Produkt war sehr erfolgreich* [engl.]

Promotor ⟨m.; -s, -to|ren⟩ **1** ⟨österr.⟩ Professor, der den Doktorgrad verleiht **2** = Promoter [lat.; → promovieren]

promovend ⟨[-vɛnd] m.; -en, -en⟩ jmd., der im Begriff steht, zu promovieren, Doktorand

promovieren ⟨[-vi:-] V.⟩ **1** die Doktorarbeit schreiben; *über ein Thema ~; bei Professor X ~* **2** *jmdn. ~* jmdm. die Doktorwürde verleihen [<lat. *promovere* »vorwärts bewegen«; zu *movere* »bewegen«]

prompt ⟨Adj.⟩ **1** rasch, unmittelbar, sofort; *~e Erledigung eines Auftrages; ich ließ ihn einen Augenblick los, und ~ fiel er herunter* **2** schlagfertig; *eine ~e Antwort* **3** ohne zu überlegen; *sie wollten mich veralbern, und ich bin auch ~ darauf hereingefallen* [frz., »bereit, geschwind« <lat. *promptus* »bereit, verfügbar«]

Promulgation ⟨f.; -, -en⟩ Verbreitung, Bekanntgabe, Veröffentlichung eines Gesetzes [<lat. *promulgatio* »Bekanntmachung«; zu *promulgare* »öffentlich anschlagen«]

promulgieren ⟨V.⟩ *ein Gesetz ~* verbreiten, bekannt geben, veröffentlichen [<lat. *promulgare* »öffentlich anschlagen«]

Pronation ⟨f.; -, -en; Med.⟩ anomale Einwärtsdrehung des Handtellers bzw. Absenkung des inneren Fußrandes [<spätlat. *pronatio*; zu *pronare* »nach vorne beugen«]

Pronomen ⟨n.; -s, - od. -mi|na; Gramm.⟩ Fürwort, Vertreter einer Klasse von Wörtern, die entweder anstelle eines Namens stehen, der dem Sprecher u. Hörer bekannt ist u. in der Rede nicht wiederholt werden soll, od. die auf bestimmte Individuen der mit einem folgenden Namen benannten Klasse von Sachen hinweisen; *Personal~; Indefinit~; Possessiv~; Relativ~; Interrogativ~; Demonstrativ~*

pronominal ⟨Adj.; Gramm.⟩ als Pronomen (gebraucht), in der Form eines Pronomens, fürwörtlich

Pronominaladjektiv ⟨n.; -s, -e; Gramm.⟩ wie ein Pronomen verwendetes Adjektiv, z. B. kein, viel

Pronominaladverb ⟨n.; -s, -en od. -bi|en; Gramm.⟩ für ein Nomen stehendes Adverb, z. B. da, daran

pronon|cieren ⟨[-nɔ̃si:-] V.⟩ **1** deutlich aussprechen **2** stark

prononciert

betonen, Nachdruck legen auf; *ein Wort prononciert aussprechen* [<frz. *prononcer* »aussprechen«]

pro|non|ciert ⟨[-nɔ̃siːrt] Adj.⟩ mit Nachdruck vorgebracht, scharf betont, deutlich ausgesprochen; *er war stets ein ~er Gegner dieses Plans; etwas ~ kritisieren*

pro|ny'scher Zaum *auch:* **Prony'scher Zaum** ⟨m.; -schen -(e)s, -schen Zäu|me⟩ Bremsdynamometer [nach dem frz. Ingenieur M. R. de *Prony*, 1755-1839]

Pro|ö|mi|on ⟨n.; -s, -mi|en; Antike⟩ = Proömium

Pro|ö|mi|um ⟨n.; -s, -mi|en⟩ *oV* Proömion **1** ⟨Antike⟩ Vorrede, Einleitung **2** homerische Hymne (da sie dem Vortrag der Rhapsoden vorangestellt wurde) [<grch. *prooimion* < *pro* »vor« + *oimos* »Gang, Weg«]

Pro|pa|gan|da ⟨f.; -; unz.⟩ werbende Tätigkeit zu Zielen, bes. auf politischem Gebiet [verkürzt <*Congregatio de propaganda fide* »(päpstl.) Gesellschaft zur Verbreitung des Glaubens«, 1622 in Rom gegründet; zu lat. *propagare* »weiter ausbreiten, ausdehnen«; → *propagieren*]

Pro|pa|gan|dist ⟨m.; -en, -en⟩ jmd., der Propaganda treibt

pro|pa|gan|dis|tisch ⟨Adj.⟩ in der Art der Propaganda, auf ihr beruhend

Pro|pa|ga|ti|on ⟨f.; -, -en; Biol.⟩ **1** Ausbreitung **2** Vermehrung, Fortpflanzung [<lat. *propagatio* »Erweiterung«; zu *propagare* »weiter ausbreiten«]

pro|pa|gie|ren ⟨V.⟩ *etwas ~* für etwas Propaganda machen, für etwas werben [<lat. *propagare* »weiter ausbreiten, ausdehnen«]

Pro|pan ⟨n.; -s; unz.; Chemie⟩ aliphatischer, gasförmiger Kohlenwasserstoff, Nebenprodukt der Kokereien u. Erdölraffinerien, das als Heizgas verwendet wird [verkürzt <*Propylen* + *Methan*]

Pro|pa|non ⟨n.; -s; unz.; Chemie⟩ fachsprachl. Bez. für Aceton [<*Propan* + ...*on*]

pro patria *auch:* **pro pa|tria** für das Vaterland [lat.]

Pro|pel|ler ⟨m.; -s, -⟩ **1** Luftschraube **2** Schiffsschraube [engl.; zu *propel* »vorwärts treiben« <lat. *propellere*]

Pro|pen ⟨n.; -s; unz.; Chemie⟩ ungesättigter Kohlenwasserstoff mit drei Kohlenstoffatomen, als Brenngas verwendet; *Sy* ⟨veraltet⟩ Propylen

pro|per ⟨Adj.⟩ sauber, ordentlich; *oV* propre; *~ aussehen; ~ gekleidet sein; eine ~e Wohnung* [<frz. *propre* »sauber«]

Pro|per|han|del ⟨m.; -s; unz.; Wirtsch.⟩ *oV* Proprehandel **1** Eigenhandel, Handel auf eigene Rechnung u. Gefahr **2** die Ein- u. Ausfuhr eines Landes (ohne Durchfuhr) [<frz. *propre* »eigen«]

Pro|pe|ri|spo|me|non *auch:* **Pro|pe|ris|po|me|non** ⟨n.; -s, -me|na; Phon.⟩ grch. Wort mit Zirkumflex auf der vorletzten Silbe [<*Pro*... + *Perispomenon*]

Pro|pha|se ⟨f.; -, -n; Genetik⟩ einleitende Phase der Kernteilung, in der die Chromosomen sichtbar werden [<*Pro*... + *Phase*]

Pro|phet ⟨m.; -en, -en⟩ **1** jmd., der etwas Zukünftiges vorhersagt, Wahrsager, Seher **2** Verkünder u. Deuter einer göttl. Botschaft **3** (im Islam Bez. für) Mohammed **4** *der ~ gilt nichts in seinem Vaterlande (nach Matth. 13,57)* in der Heimat werden bedeutende Leistungen oft nicht anerkannt [<lat. *propheta* <grch. *prophetes* »Verkünder u. Deuter der Orakelsprüche, Wahrsager, Prophet«]

Pro|phe|tie ⟨f.; -, -n⟩ **1** Weissagung **2** Verkündung des Propheten (2) [<mhd. *prophetie*, *prophezie* <lat. *prophetia*, grch. *propheteia* »Weissagung«]

Pro|phe|tin ⟨f.; -, -tin|nen⟩ **1** weibl. Person, die etwas Zukünftiges vorhersagt, Wahrsagerin, Seherin **2** Verkünderin u. Deuterin einer göttlichen Botschaft

pro|phe|tisch ⟨Adj.⟩ **1** weissagend **2** in der Art eines Propheten (2) [<lat. *propheticus* <grch. *prophetikos* »weissagend«]

pro|phe|zei|en ⟨V.⟩ **1** weissagen **2** in der Art eines Propheten (2) verkünden [<mhd. *prophetien*, *prophezien*; → *Prophetie*]

Pro|phe|zei|ung ⟨f.; -, -en⟩ Weissagung

Pro|phy|lak|ti|kum ⟨n.; -s, -ti|ka; Med.⟩ vorbeugendes Mittel [<lat. *prophylacticum* <grch. *prophylaktikos* »schützend«]

pro|phy|lak|tisch ⟨Adj.; Med.⟩ vorbeugend, verhütend

Pro|phy|la|xe ⟨f.; -, -n; Med.⟩ Vorbeugung, Verhütung (von Krankheiten) [<grch. *prophylaxis* »Vorsicht«]

Pro|po|lis ⟨f.; -; unz.⟩ Kittharz, Baustoff der Bienenwabe mit antibakterieller Wirkung, Vorwachs [<*Pro*... + grch. *polis* »Stadt, Staat«]

Pro|po|nent ⟨m.; -en, -en⟩ Antragsteller [<lat. *proponens*, Part. Präs. von *proponere* »öffentlich hinstellen, vorlegen«]

pro|po|nie|ren ⟨V.⟩ vorschlagen, beantragen [<lat. *proponere* »öffentlich hinstellen, vorlegen«]

Pro|por|ti|on ⟨f.; -, -en⟩ **1** Größenverhältnis; *Ggs* Disproportion; *die Zeichnung ist in den ~en falsch, richtig* **2** ⟨Math.⟩ Verhältnisgleichung [<lat. *proportio* »entsprechendes Verhältnis, Ebenmaß«; zu *portio* »Anteil«]

pro|por|ti|o|nal ⟨Adj.⟩ **1** hinsichtl. der Proportion, eine Proportion ausdrückend, im gleichen Verhältnis stehend **2** *~e Konjunktion* ⟨Gramm.⟩ K., die in Verbindung mit einer anderen K. das Verhältnis eines Sachverhaltes zu einem anderen ausdrückt, z. B. *je - desto* [<lat. *proportionalis*; → *Proportion*]

Pro|por|ti|o|na|le ⟨f. 2; Math.⟩ Glied einer Verhältnisgleichung

Pro|por|ti|o|na|li|tät ⟨f.; -; unz.⟩ Beschaffenheit hinsichtlich der Proportionen, richtiges Verhältnis

Pro|por|ti|o|nal|wahl ⟨f.; -, -en; Politik⟩ Wahl, bei der die Sitze auf die Listen der Parteien im Verhältnis der abgegebenen Stimmen verteilt werden, Verhältniswahl; *Ggs* Majoritätswahl

pro|por|ti|o|nell ⟨Adj.; österr.⟩ = proporzionell

pro|por|ti|o|niert ⟨Adj.⟩ im richtigen Verhältnis stehend; *Ggs* disproportioniert

Pro|por|ti|ons|glei|chung ⟨f.; -, -en; Math.⟩ mathematische Gleichung, die mit der Gleichsetzung von Zahlenverhältnissen arbeitet, z. B. ist die Gleichung a : b = c : d erfüllt für die Werte 4 : 9 = 8 : 18

Pro|porz ⟨m.; -es, -e; Politik⟩ **1** ⟨österr.⟩ Verteilung der Mandate, Ämter usw. nach dem Verhältnis der Stimmen bei der Proportionalwahl **2** ⟨unz.; schweiz.; Kurzwort für⟩ Proportionalwahl; *Ggs* Majorz [<lat. *proportio*; → *Proportion*]

pro|por|zi|o|nell ⟨Adj.; Politik; österr.⟩ dem Proporz entsprechend; *oV* proportionell [<frz. *proportionel* <lat. *proportio*; → *Proportion*]

Pro|po|si|tio ⟨f.; -, -nes [-ne:s]; Logik⟩ Urteil, Lehrsatz [lat., »Thema, Vordersatz«]

Pro|po|si|ti|on ⟨f.; -, -en; Sprachw.; bes. in der Sprechakttheorie⟩ Inhalt, Wahrheitswert der Bedeutung einer sprachl. Äußerung; →*a*. Illokution, Perlokution [<lat. *propositio* »Vorstellung, Vorsatz«; zu *proponere* »öffentl. vorlegen«]

pro|po|si|ti|o|nal ⟨Adj.; Sprachw.⟩ den Inhalt einer sprachlichen Äußerung betreffend [zu lat. *proponere* »öffentl. vorlegen«]

Pro|pos|ta ⟨f.; -, -pos|ten; Musik⟩ im Kanon die Stimme, die mit der Melodie beginnt; *Ggs* Risposta [ital., »Vordersatz«]

Pro|prä|tor ⟨m.; -s, -to|ren; im antiken Rom⟩ Statthalter einer Provinz, der vorher Prätor war [<*Pro*... + *Prätor*]

♦ Die Buchstabenfolge **pro|pr...** kann auch **prop|r...** getrennt werden.

♦ **pro|pre** ⟨Adj.⟩ = proper

♦ **Pro|pre|han|del** ⟨m.; -s; unz.; Wirtsch.⟩ = Properhandel

♦ **Pro|pri|e|tär** ⟨[-priə-] m.; -s, -e; veraltet⟩ Eigentümer [<frz. *propriétaire*]

♦ **pro|prio mo|tu** ⟨geh.⟩ aus eigenem Antrieb [lat.]

♦ **Pro|pri|um** ⟨n.; -s, -pria; Gramm.⟩ Eigenname [<lat. *proprius* »eigen«]

Pro|pusk ⟨a. [-'-] m.; -es, -e⟩ Ausweis, Passierschein [russ., »Ausweis«]

Pro|py|lä|en ⟨Pl.⟩ **1** von Säulen getragene Vorhalle griechischer Tempel od. anderer monumentaler Gebäude **2** ⟨danach⟩ mit Säulen versehener Eingang od. Durchgang [<grch. *propylaia* »Vorhalle«, *pro* »vor« + *pyle* »Tor«]

Pro|py|len ⟨n.; -s; unz.; Chemie⟩ = Propen [<grch. *protos* »erster« + *pion* »Fett« + *hyle* »Stoff«]

Pro|rek|tor ⟨m.; -s, -en⟩ Stellvertreter des Rektors

Pro|rek|to|rat ⟨n.; -(e)s, -e⟩ Amt, Büro des Prorektors

Pro|rek|to|rin ⟨f.; -, -rin|nen⟩ Stellvertreterin des Rektors bzw. der Rektorin

Pro|ro|ga|ti|on ⟨f.; -, -en⟩ **1** Verlängerung der Amtszeit **2** Aufschub, Vertagung [<lat. *prorogatio* »Verlängerung«]

pro|ro|ga|tiv ⟨Adj.; veraltet⟩ aufschiebend [<lat. *prorogativus* »Aufschub leidend«; zu *prorogare* »verlängern«]

pro|ro|gie|ren ⟨V.; veraltet⟩ **1** aufschieben, vertagen **2** verlängern [<lat. *prorogare* »verlängern«]

Pro|sa ⟨f.; -; unz.⟩ **1** ⟨Lit.⟩ nicht durch Verse, Rhythmus od. Reim gebundene Sprachform; *Ggs* Poesie (2); *er schreibt eine gute* ~ ⟨fig.⟩ Nüchternheit, Nüchternes; *Ggs* Poesie (3) [<lat. *prosa (oratio)* »geradeaus gerichtete (=schlichte) Rede«]

Pro|sa|iker ⟨m.; -s, -⟩ **1** ⟨Lit.⟩ = Prosaist **2** ⟨fig.; umg.⟩ prosaischer Mensch, nüchterner Mensch

pro|sa|isch ⟨Adj.⟩ **1** ⟨Lit.⟩ in Prosa (geschrieben); *Ggs* poetisch **2** ⟨fig.⟩ nüchtern, alltäglich

Pro|sa|ist ⟨m.; -en, -en; Lit.⟩ Prosa schreibender Schriftsteller; *Ggs* Poet

pro|sa|is|tisch ⟨Adj.⟩ nüchtern, ohne Emotionen berichtend [→ *Prosa*]

Pro|sec|co ⟨m.; - od. -s, -s⟩ leicht moussierender, trockener ital. Weißwein [ital.; zu *secco* »trocken«]

Pro|sek|tor ⟨m.; -s, -to|ren; Med.⟩ **1** ⟨früher⟩ der Assistent eines patholog. Instituts, der die Sektionen durchführt **2** ⟨heute⟩ der das patholog. Institut leitende Facharzt für Pathologie [<lat. *prosector* »Zerschneider«; zu *secare* »schneiden«; → *sezieren*]

Pro|sek|tur ⟨f.; -, -en; Med.⟩ pathologische Abteilung eines Krankenhauses, pathologisches Institut

Pro|se|ku|ti|on ⟨f.; -, -en; Rechtsw.⟩ gerichtl. Verfolgung [<lat. *prosecutio* »Fortsetzung, Verfolgung«; zu *prosequi* »verfolgen«]

Pro|se|ku|tor ⟨m.; -s, -to|ren; Rechtsw.⟩ Verfolger, Ankläger [<lat. *prosecutor* »Verfolger«; zu *prosequi* »verfolgen«]

Pro|se|lyt ⟨m.; -en, -en⟩ jmd., der eben zu einem anderen Glauben übergetreten ist, Neubekehrter; ~*en machen* andere rasch bekehren, ohne sie schon wirklich überzeugt zu haben [<grch. *proselytos* »hinzugekommen«]

Pro|se|mi|nar ⟨n.; -s, -e⟩ einführendes Seminar, Vorstufe zum Hauptseminar

Pro|sen|chym *auch:* **Pro|sen|chym** ⟨n.; -s, -e; Bot.⟩ Grundform des pflanzl. Gewebes mit lang gestreckten Zellen [<grch. *pros* »zu« + *en*... + grch. *chein* »gießen«]

pro|sen|chy|ma|tisch *auch:* **pro|sen|chy|ma|tisch** ⟨[-çy-] Adj.; Bot.⟩ aus Prosenchym gebildet, lang gestreckt u. an den Enden zugespitzt (von pflanzl. Gewebezellen)

pro|sit! wohl bekomm's, zum Wohl! (Zuruf beim Trinken, auch beim Niesen); *oV* prost; ~ *Neujahr!* ein glückliches neues Jahr!

Prosit ⟨n.; -s; unz.⟩ Trinkspruch; *ein* ~ *ausbringen (auf); ein* ~ *dem Hausherrn!* [lat., »es möge (dir) nützen«]

proskribieren

pro|skri|bie|ren auch: **pros|kri|bie-ren, pros|kri|bie|ren** ⟨V.⟩ (urspr. durch öffentliche Bekanntmachung) ächten [<lat. *proscribere* »öffentlich anschlagen, durch öffentlichen Anschlag ächten«]

Pro|skrip|ti|on auch: **Pros|krip|ti|on, Proskrip|ti|on** ⟨f.; -, -en⟩ Ächtung (urspr. im alten Rom durch öffentliche Bekanntmachung) [<lat. *proscriptio* »öffentl. Anschlag, Achterklärung«; → *proskribieren*]

Pro|so|dem auch: **Pro|so|dem** ⟨n.; -s, -e; Phon.⟩ Lautmerkmal eines sprachlichen Ausdrucks, das nicht durch die Phoneme geprägt wird, sondern durch das Zusammenwirken mehrerer phonolog. Faktoren wie Intonation, Dauer, Tonhöhe u. -stärke [→ *Prosodie*]

Pro|so|die auch: **Pro|so|die** ⟨f.; -, -n⟩ *Sy* Prosodik 1 ⟨Metrik⟩ Lehre von der Behandlung der Sprache im Vers 2 ⟨Musik⟩ Verhältnis zwischen Ton u. Wort, Betonung mit Hilfe von Musik u. Rhythmus [<grch. *prosodia*, eigtl. »Zugesang« <*pros* »zu« + *ode* »Gesang«]

Pro|so|dik auch: **Pro|so|dik** ⟨f.; -, -en; Metrik; Musik⟩ = Prosodie

pro|so|disch auch: **pro|so|disch** ⟨Adj.; Metrik; Musik⟩ auf Prosodie beruhend

Pro|so|po|pö|ie auch: **Pro|so|po|pö|ie** ⟨f.; -, -n⟩ = Personifikation (2) [<grch. *prosopon* »Gesicht, Person« + *...pöie*]

♦ Die Buchstabenfolge **pro|sp...** kann auch **pros|p...** getrennt werden. Davon ausgenommen sind Zusammensetzungen, in denen die fremdsprachigen bzw. sprachhistorischen Bestandteile deutlich als solche erkennbar sind, z. B. *-spermie*.

♦ **Pro|spekt** ⟨m.; -(e)s, -e⟩ 1 in der Form eines senkrecht halbierten Zylinders gespannte Leinwand als hinterer Abschluss des Bühnenraumes mit darauf gemalter od. projizierter Landschaft bei Szenen im Freien, Bühnenhimmel, Rundhorizont 2 meist perspektivisch übertriebene Ansicht, bildliche Darstellung (von Gebäuden, Straßen, Plätzen); →*a.* Vedute 3 meist bebilderte Werbeschrift 4 Preisliste 5 das kunstvoll gestaltete Gehäuse des Pfeifenwerks der Orgel [<lat. *prospectus* »Hinblick, Aussicht«; zu *specere* »schauen«]

♦ **pro|spek|tie|ren** ⟨V.; Geol.⟩ durch geolog. Beobachtung ohne größeres Schürfen u. Bohren aufsuchen; *Lagerstätten nutzbarer Mineralien* ~

♦ **Pro|spek|tie|rung** ⟨f.; -, -en; Geol.; Bgb.⟩ das Prospektieren, Prospektiertwerden

♦ **Pro|spek|ti|on** ⟨f.; -, -en; Geol.⟩ das Prospektieren

♦ **pro|spek|tiv** ⟨Adj.⟩ 1 eine Aussicht, Möglichkeit betreffend 2 vorausschauend 3 die Weiterentwicklung betreffend [<lat. *prospectivus* »die Aussicht betreffend«; → *Prospekt*]

♦ **Pro|spek|tor** ⟨m.; -s, -to|ren; Geol.; Bgb.⟩ jmd., der Bodenschätze erkundet u. auf ihre Abbauwürdigkeit hin untersucht

♦ **pro|spe|rie|ren** ⟨V.⟩ gedeihen, blühen, gut vorankommen (bes. wirtschaftlich) [<frz. *prospérer* »gedeihen« <lat. *prosperare* »gedeihen lassen«]

♦ **Pro|spe|ri|tät** ⟨f.; -; unz.⟩ das Blühen, Gedeihen (bes. wirtschaftlich), Erfolg, Wohlstand; *Ggs* Depression (3) [<lat. *prosperitas*, frz. *prospérité* »Gedeihen, Glück«, <lat. *prosper(us)* »günstig, glücklich«]

Pro|sper|mie ⟨f.; -; unz.; Med.⟩ vorzeitiger Samenerguss

prost! ⟨umg.⟩ = prosit!

♦ Die Buchstabenfolge **pro|st...** kann auch **pros|t...** getrennt werden.

♦ **Pro|sta|glan|di|ne** auch: **Pros|tag-lan|di|ne** ⟨Pl.; Biochemie⟩ Wirkstoffe, die in den Zellen bestimmter Gewebe gebildet werden und u. a. blutdrucksenkend u. wehenerregend wirken [<grch. *prostates* »Vorsteher« + lat. *glandula* »Drüse« (sie wurden erstmals im menschl. Sperma gefunden)]

♦ **Pro|sta|ta** ⟨f.; -; unz.; Anat.⟩ beim männl. Säugetier u. beim Mann am Anfang der Harnröhre gelegene Drüse, Vorsteherdrüse [<*Pro...* + grch. *statos* »stehend«]

♦ **Pro|stat|ek|to|mie** auch: **Pros|ta-tek|to|mie** ⟨f.; -, -n; Med.⟩ chirurgische Entfernung der Prostata (bei Prostatakarzinomen) [<*Prostata* + *Ektomie*]

♦ **Pro|sta|ti|tis** ⟨f.; -, -ti|ti|den; Med.⟩ Entzündung der Prostata

♦ **pro|sti|tu|ie|ren** ⟨Adj.⟩ 1 bloßstellen, preisgeben 2 *sich* ~ 2.1 Prostitution betreiben 2.2 ⟨fig.⟩ sich unter Verletzung moralischer Wertmaßstäbe für etwas hergeben, um einen persönlichen Vorteil zu erzielen [<frz. *prostituer* »der Unzucht preisgeben« <lat. *prostituere* »vorn hinstellen, öffentlich preisgeben«]

♦ **Pro|sti|tu|ier|te** ⟨f. 2 (m. 1)⟩ männl. od. weibl. Person, die sich gewerbsmäßig zum Geschlechtsverkehr zur Verfügung stellt

♦ **Pro|sti|tu|ti|on** ⟨f.; -; unz.⟩ gewerbsmäßige körperl. Hingabe zum Geschlechtsverkehr; *der* ~ *nachgehen* [frz., »gewerbsmäßige Unzucht« <lat. *prostitutio* »Preisgebung zur Unzucht«; zu *prostituere*; → *prostituieren*]

♦ **pro|sti|tu|tiv** ⟨Adj.⟩ die Prostitution anbelangend, mit ihr zusammenhängend

♦ **Pro|stra|ti|on** auch: **Pros|tra|ti|on** ⟨f.; -, -en⟩ 1 ⟨geh.⟩ Kniefall 2 ⟨Med.⟩ Erschöpfung [<lat. *prostratio* »das Niederwerfen«, <*pro* »für« + *status*, Part. Perf. zu *sternere* »hinbreiten, hinstreuen«]

Pro|sty|los ⟨m.; -, -sty|loi⟩ grch. Tempel mit Säulenvorhalle [grch., »vorn mit Säulen versehen«]

Pro|sze|ni|um ⟨n.; -s, -ni|en; Theat.⟩ vorderster Teil der Bühne zwischen Vorhang u. Orchester; *Ggs* Postszenium [<*Pro...* + grch. *skene* »Bühne«]

Pro|sze|ni|ums|lo|ge ⟨[-ʒə] f.; -, -n; Theat.⟩ Bühnenloge rechts u. links neben dem Proszenium

prot..., Prot... ⟨in Zus.⟩ = proto..., Proto...

Prot|ac|ti|ni|um auch: **Prot|ac|ti|ni|um** ⟨n.; -s; unz.; Chemie; Zeichen: Pa⟩ radioaktives chem. Element, Ordnungszahl 91 [<*Proto...* + *Actinium*]

Pro|ta|go|nist *auch:* **Pro|ta|go|nįst** ⟨m.; -en, -en⟩ **1** ⟨Theat.⟩ der erste Schauspieler des altgrch. Theaters; →*a.* Deuteragonist, Tritagonist **2** ⟨fig.⟩ Vorkämpfer, Bahnbrecher (für eine Sache); ~ *für eine Reform des Schulwesens* [<*Proto...* + grch. *agon* »Wettkampf«]

Pro|ta|min *auch:* **Pro|ta|mįn** ⟨n.; -s, -e; meist Pl.; Biochemie⟩ Polypeptid mit geringer Molekularmasse [<*Proto...* + *Amin*]

Pro|tan|drie *auch:* **Pro|tan|drie** ⟨f.; -; unz.; Biol.⟩ Reifung der männl. Geschlechtsprodukte vor den weiblichen (bei zwittrigen Pflanzen u. Tieren); *Ggs* Protogynie [<*Proto...* + *aner*, Gen. *andros* »Mann«]

pro|tan|drisch *auch:* **pro|tan|drisch** ⟨Adj.; Biol.⟩ vor den weibl. Geschlechtsprodukten reifend (von den männl. Geschlechtsprodukten zwittriger Pflanzen u. Tiere); *Ggs* protogyn

Pro|ta|sis ⟨f.; -, -ta|sen; Gramm.⟩ Vordersatz, bes. der bedingende Nebensatz eines Konditionalsatzes; *Ggs* Apodosis [<grch. *protasis* »vorgelegte Frage«; zu *protassein* »voranstellen, vorn hinstellen«]

Pro|te|a|se ⟨f.; -, -n; Biochemie⟩ Eiweiß spaltendes Enzym [→ *Protein*]

Pro|te|gé ⟨[-ʒeː] m.; -s, -s⟩ jmd., der protegiert wird, Schützling [frz., »Schützling; beschützt«, Part. Perf. zu *protéger* »schützen, beschützen«]

pro|te|gie|ren ⟨[-ʒiː-] V.⟩ fördern, begünstigen [<frz. *protéger* »schützen, beschützen«]

Pro|te|id ⟨n.; -(e)s, -e; Biochemie⟩ Eiweiß, das mit nicht eiweißartigen Stoffen zusammengesetzt ist [<*Protein* + ...*id*]

Pro|te|in ⟨n.; -s, -e; Biochemie⟩ chem. Verbindung aus einer Gruppe hochmolekularer organ. Stoffe, aus denen die lebende Substanz des pflanzl. u. tier. Körpers besteht, Eiweiß [<grch. *protos* »der erste«]

Pro|te|i|na|se ⟨f.; -, -n; Biochemie⟩ Proteine spaltendes Enzym, das bei der Verdauung mitwirkt [→ *Protein*]

Pro|tek|ti|on ⟨f.; -, -en⟩ Schutz, Förderung, Gönnerschaft [<frz. *protection* »Schutz« <lat. *protectio* »Schutz«]

Pro|tek|ti|o|nis|mus ⟨m.; -; unz.⟩ wirtschaftl. Abschirmung der Industrie eines Staates gegen ausländ. Konkurrenz

Pro|tek|ti|o|nist ⟨n.; -en, -en⟩ Vertreter, Anhänger des Protektionismus

pro|tek|ti|o|nis|tisch ⟨Adj.⟩ auf Protektionismus beruhend; ~*e Wirtschaftspolitik* = Protektionismus

Pro|tek|tor ⟨m.; -s, -to|ren⟩ **1** Gönner, Förderer, Ehrenvorsitzender **2** Schutzherr, Schirmherr [<lat. *protector* »Beschützer«; zu *protegere* »schützen, beschützen«]

Pro|tek|to|rat ⟨n.; -(e)s, -e⟩ **1** Gönnerschaft, Ehrenvorsitz **2** Schutzherrschaft

pro tem|po|re ⟨Abk.: p. t.⟩ für jetzt, vorläufig [lat., »zur Zeit«]

Pro|te|o|ly|se ⟨f.; -, -n; Biochemie⟩ Aufspaltung von Proteinen durch proteolytische Enzyme, z. B. bei der Verdauung [<*Protein* + ...*lyse*]

pro|te|o|ly|tisch ⟨Adj.; Biochemie⟩ die Proteolyse betreffend, auf ihr beruhend, Proteine spaltend

Pro|te|ro|zo|i|kum ⟨[-tsoː-i-] n.; -s; unz.; Geol.⟩ Erdurzeit, ältestes Zeitalter der Erdgeschichte mit Archaikum u. Algonkium vor 2,7-1,2 Milliarden Jahren, Kryptozoikum, Präkambrium [<grch. *proteros* »früher« + ...*kum*]

pro|te|ro|zo|isch ⟨Adj.; Geol.⟩ zum Proterozoikum gehörig; *Sy* präkambrisch

Pro|test ⟨m.; -(e)s, -e⟩ **1** Einspruch, Widerspruch; ~ *erheben (gegen); unter* ~ *den Saal verlassen* **2** Beurkundung der vergebl. Präsentation eines Wechsels auf diesem selbst od. auf einem angefügten Blatt; *Wechsel zu* ~ *gehen lassen* feststellen lassen, dass ein W. nicht angenommen od. nicht eingelöst worden ist [<ital. *protesto* »Widerspruch, Einspruch«; zu *protestare* <lat. *protestari* »öf-

fentlich bezeugen, erklären, eine Gegenerklärung abgeben, missbilligen«]

Pro|tes|tant ⟨m.; -en, -en; Theol.⟩ Angehöriger der protestant. Kirche [<lat. *protestans*, Part. Präs. zu *protestari* »öffentlich bezeugen, eine Gegenerklärung abgeben, missbilligen« (nach dem Protest der evang. Stände auf dem Reichstag zu Speyer 1529 gegen die Wiederherstellung des Wormser Edikts, das alle kirchl. Reformen verbot)]

Pro|tes|tan|tin ⟨f.; -, -tin|nen; Theol.⟩ Angehörige der protestant. Kirche

pro|tes|tan|tisch ⟨Adj.; Theol.⟩ auf dem Protestantismus beruhend, ihm angehörend; →*a.* evangelisch (2)

Pro|tes|tan|tis|mus ⟨m.; -; unz.; Theol.⟩ Gesamtheit der aus der Reformation hervorgegangenen christl. Kirchen

pro|tes|tie|ren ⟨V.⟩ widersprechen, Einspruch erheben gegen, sich gegen etwas verwahren; *gegen etwas od. jmdn.* ~ [<frz. *protester* »beteuern, versichern, Einspruch erheben« <lat. *protestari* »öffentlich als Zeuge auftreten, beweisen, dartun«]

Pro|test|no|te ⟨f.; -, -n; Politik⟩ offizieller schriftlicher Einspruch, Protest gegen die Verhaltensweise einer Partei od. Regierung; *eine* ~ *einreichen, verlesen* [→ *Protest*]

Pro|test|song ⟨m.; -s, -s; Musik⟩ gegen die bestehenden gesellschaftl. u. polit. Zustände protestierendes Lied, meist von einem einzelnen Sänger zur Gitarre vorgetragen

Pro|teus|na|tur ⟨f.; -, -en⟩ Person, die rasch ihre Gesinnung wechselt [nach dem grch. Meergreis *Proteus*, der sich in viele Gestalten verwandeln kann]

Pro|thal|li|um ⟨n.; -s, -thal|li|en; Biol.⟩ Vorkeim (der Farnpflanzen) [<grch. *pro* »vor« + *thallos* »grüner Spross«]

Pro|the|se ⟨f.; -, -n⟩ **1** ⟨Med.⟩ **1.1** künstlicher Ersatz für ein fehlendes Glied **1.2** Zahnersatz **2** ⟨Sprachw.⟩ Voransetzen eines

793

Prothetik

Lautes vor den Anfang des Wortes, ohne die Bedeutung zu verändern, z. B. frz. »esprit« aus lat. »spiritus« [<*Prothesis, Prosthesis* <grch. *prosthesis* »das Hinzufügen, das Ansetzen«]

Pro|the|tik ⟨f.; -; unz.; Med.⟩ Wissenschaft von der Herstellung u. Eingliederung von Prothesen u. künstlichen Organen in den Organismus

pro|the|tisch ⟨Adj.; Med.⟩ mit Hilfe einer Prothese, ersetzend

Pro|tist ⟨m.; -en, -en; Biol.⟩ einzelliges Lebewesen tierischer od. pflanzlicher Art [<grch. *protos* »der erste«]

Pro|ti|um ⟨n.; -s; unz.; Chemie⟩ Wasserstoffisotop mit der Atommasse 1,008, dessen Atomkern aus einem Proton besteht [zu grch. *protos* »der erste«]

pro|to..., Pro|to... ⟨vor Vokalen⟩ prot..., Prot... ⟨in Zus.⟩ erster, vorderster, wichtigster, erst..., Erst..., ur..., Ur... [<grch. *protos* »erster, vorderster, wichtigster, Ur...«]

pro|to|gen ⟨Adj.; Geol.⟩ zuerst entstanden, urzeitlich, am Fundort entstanden [<*proto...* + *...gen*¹]

pro|to|gyn ⟨Adj.; Biol.⟩ vor den männl. Geschlechtsprodukten reifend (von den weibl. Geschlechtsprodukten mancher zwittriger Pflanzen und Tiere); *Ggs* protandrisch [<*proto...* + grch. *gyne* »Weib«]

Pro|to|gy|nie ⟨f.; -; unz.; Biol.⟩ Reifung der weiblichen Geschlechtsprodukte vor den männlichen (bei zwittriger Pflanzen u. Tieren); *Ggs* Protandrie

Pro|to|kla|se ⟨f.; -, -n; Geol.⟩ Zertrümmerung eines magmat. Gesteins infolge tektonischer Pressungen in noch nicht ganz verfestigtem Magma; *Ggs* Kataklase [<*Proto...* + grch. *klasis* »das Abbrechen«; zu *klan* »zerbrechen«]

Pro|to|koll ⟨n.; -s, -e⟩ **1** gleichzeitig erfolgende od. erfolgte (wortgetreue) Niederschrift einer Verhandlung od. eines Verhörs; *das ~ führen; eine Aussage zu ~ geben, zu ~ nehmen* **2** Gesamtheit der Regeln für Höflichkeit u. angemessene Form im diplomat. Verkehr, diplomat. Etikette; *das ~ schreibt vor, dass...* [<mlat. *protocollum* <mgrch. *protokollon*, eigtl. »ein den amtl. Papyrusrollen vorgeleimtes Blatt mit Angaben über Entstehung u. Verfasser des Papyrus« <grch. *protos* »der erste« + *kolla* »Leim«]

Pro|to|koll|ant ⟨m.; -en, -en⟩ Protokollführer

Pro|to|koll|an|tin ⟨f.; -, -tin|nen⟩ Protokollführerin

pro|to|kol|la|risch ⟨Adj.⟩ aufgrund des Protokolls, mit Hilfe des Protokolls

pro|to|kol|lie|ren ⟨V.⟩ **1** zu Protokoll nehmen, urkundlich niederschreiben **2** das Protokoll führen [<mlat. *protocollare* »ein Protokoll anfertigen«]

Pro|to|ly|se ⟨f.; -, -n; Biochemie⟩ chem. Reaktion, bei der eine Säure an eine Base Protonen abgibt [<grch. *protos* »erster« + *lysis* »Lösung«]

Pro|ton ⟨n.; -s, -to|nen; Physik; Zeichen: p⟩ positiv geladenes Elementarteilchen, zusammen mit dem Neutron Baustein von Atomkernen [<grch. *proton* »das erste«]

Pro|to|nen|syn|chro|tron *auch:* **Pro|to|nen|syn|chro|tron** ⟨[-kro-] n.; -s, -e; Physik⟩ Gerät zum Beschleunigen von Protonen

Pro|to|phyt ⟨m.; -en, -en; Biol.⟩ einzellige Pflanze [<*Proto...* + *...phyt*¹]

Pro|to|phy|to|lo|gie ⟨f.; -; unz.⟩ Lehre von den einzelligen Pflanzen

Pro|to|plas|ma ⟨n.; -s; unz.; Biol.⟩ veraltet für⟩ Zytoplasma

Pro|to|plast ⟨m.; -en, -en; Bot.⟩ Lebensträger der Zelle, Zellleib der Pflanzenzelle

Pro|to|sto|mi|er *auch:* **Pro|tos|to|mi|er** ⟨m.; -s, -; Zool.⟩ Tier, bei dem der Urmund in den endgültigen Mund übergeht, während der After neu gebildet wird [<*Proto...* + *Stoma*]

Pro|to|typ ⟨m.; -s, -en⟩ **1** Urbild, Vorbild, Muster **2** Normalmaß **3** erster Abdruck **4** erste Ausführung eines Flugzeugs, Fahrzeugs od. einer Maschine, die so weit entwickelt ist, dass danach der Serienbau erfolgen kann

pro|to|ty|pisch ⟨Adj.⟩ in der Art eines Prototyps, vorbildlich, urbildlich

Pro|to|zo|o|lo|gie ⟨[-tso:ɔ-] f.; -; unz.; Zool.⟩ Lehre von den einzelligen Tieren

Pro|to|zo|on ⟨n.; -s, -zo|en; Zool.⟩ einzelliges Tier; *Ggs* Metazoon [<*Proto...* + *Zoon*]

Pro|tu|be|ranz ⟨f.; -, -en⟩ **1** ⟨Astron.⟩ Eruption von Gasmassen (auf der Sonne) **2** ⟨Anat.⟩ natürl. Vorsprung (an Organen, Knochen) [<lat. *protuberare* »hervorschwellen«]

Proust|it ⟨[pru-] m.; -(e)s, -e; Min.⟩ lichtes Rotgültigerz [nach dem frz. Chemiker J. J. Proust, 1754-1826]

Pro|ve|ni|enz ⟨[-ve-] f.; -, -en⟩ **1** Herkunft, Ursprung; *Komposition u. Künstler jeglicher ~* **2** ⟨Wirtsch.⟩ Ware, mit der gleichzeitig eine bestimmte Güteklasse gekennzeichnet wird [<lat. *provenire* »hervorkommen«]

pro|ven|za|lisch ⟨[-vɛn-] Adj.⟩ zu der südfranzös. Landschaft Provence gehörend, aus ihr stammend; *provenzalische Sprache* Langue d'oc, (früher: Limousinisch, im MA: lenga Romana), die noch heute in der Provence gesprochenen Mundarten; *~a.* okzitanisch

Pro|verb ⟨n.; -s, -en⟩ Sprichwort [<lat. *proverbium* »Sprichwort«]

pro|ver|bi|al ⟨[-vɛr-] Adj.⟩ sprichwörtlich; *oV* proverbiell [<lat. *proverbialis*; zu *proverbium* »Sprichwort«]

pro|ver|bi|ell ⟨[-vɛr-] Adj.⟩ = proverbial

Pro|vi|ant ⟨[-vi-] m.; -s; unz.⟩ Lebensmittel für einen begrenzten Zeitraum; *Reise~* [<mndrl. *provande* »Mundvorrat« (<afrz. *provende*) <ital. *provianda* »Mundvorrat« <vulgärlat. *probenda*, lat. *praebenda* »das Darzureichende«; zu *praebere* »darreichen«]

pro|vi|an|tie|ren ⟨[-vi-] V.⟩ mit Proviant, Mundvorrat versorgen

Pro|vi|denz ⟨[-vi-] f.; -; unz.⟩ Vorsehung [<lat. *providentia*

794

»Voraussicht, Vorsehung«; zu *providere* »vorhersehen«]
Pro|vi|der ⟨[-vaɪdə(r)] m.; -s, -⟩ Anbieter (bes. von Onlinediensten) [engl., eigtl. »Ernährer«]
Pro|vinz ⟨[-vɪnts] f.; -, -en⟩ **1** Verwaltungsbezirk; ~ *Sachsen* **2** ⟨fig.⟩ ländl. Gegend, im Unterschied zur Stadt; *aus der ~ kommen, stammen* [<lat. *provincia* »Herrschaftsbereich«, unter röm. Oberherrschaft u. Verwaltung stehendes erobertes Gebiet außerhalb Italiens; Gegend, Bereich«]
pro|vin|zi|al ⟨[-vɪn-] Adj.⟩ eine Provinz betreffend, zu ihr gehörend
Pro|vin|zi|al ⟨[-vɪn-] m.; -s, -e⟩ Vorsteher mehrerer, zu einer Provinz zusammengefasster Klöster [<lat. *provincialis* »zur Provinz gehörig, die Provinz betreffend«]
Pro|vin|zi|a|lis|mus ⟨[-vɪn-] m.; -, -lis|men⟩ mundartl. Ausdruck, z.B. Stulle (berlin.), Gaudi (bair.-österr.)
pro|vin|zi|ell ⟨[-vɪn-] Adj.⟩ kleinstädtisch; ~*e Ansichten haben*
Pro|vinz|ler ⟨[-vɪnts-] m.; -s, -; umg.; abwertend⟩ Bewohner der Provinz, Mensch mit engem Gesichtskreis
pro|vinz|le|risch ⟨[-vɪnts-] Adj.; umg.; abwertend⟩ *diese Stadt verfügt nur über ein ~es Kulturangebot*
Pro|vi|si|on ⟨[-vi-] f.; -, -en⟩ **1** Vermittlungsgebühr **2** Vergütung durch prozentualen Gewinnanteil; *auf ~ arbeiten* [<ital. *provvigione* »Vorsorge, Vorrat, Erwerb, Vergütung« <lat. *provisio* »Vorausschau, Vorsorge«; zu *providere* »vorhersehen«]
Pro|vi|sor ⟨[-viː-] m.; -s, -so̱|ren⟩ Verwalter einer Apotheke [lat., »Vorausseher, Vorsorger«; zu *providere* »vorhersehen«]
pro|vi|so|risch ⟨[-vi-] Adj.⟩ vorübergehend, vorläufig, behelfsmäßig [<frz. *provisoire* »vorläufig, einstweilen«]
Pro|vi|so|ri|um ⟨[-vi-] n.; -s, -ri|en⟩ behelfsmäßige Einrichtung, vorläufiger Zustand [→ *provisorisch* (mit latinisierter Endung)]

Pro|vit|a|min *auch:* **Pro|vi|ta|min** ⟨n.; -s, -e; Biochemie⟩ Vorstufe eines Vitamins
Pro|vo ⟨[-voː] m.; -s, -s; in den 60er-Jahren⟩ Jugendlicher, der sich durch Verhalten, äußere Werturteile (Verachtung von Konventionen u. staatl. Autorität, Bedürfnislosigkeit) bewusst in Gegensatz zu seiner Umgebung setzt u. seine (nicht klar umrissenen) polit. Ziele mit den organisator. Methoden der bestehenden Gesellschaftsordnung durchzusetzen sucht [<ndrl. *provocatie* »Provokation«, *provoceren* »provozieren«]
pro|vo|kant ⟨[-vo-] Adj.⟩ herausfordernd
Pro|vo|ka|teur ⟨[-vokatøːr] m.; -s, -e⟩ jmd., der andere zu unbedachten Handlungen, Sabotage, Widerstand od. polit. Gewalttaten provoziert; *Sy* Agent Provocateur [<frz. *provocateur* »Aufwiegler, Hetzer«]
Pro|vo|ka|ti|on ⟨[-vo-] f.; -, -en⟩ das Provozieren, Provoziertwerden [<lat. *provocatio* »Herausforderung, Aufreizung«]
pro|vo|ka|tiv ⟨[-vo-] Adj.⟩ = provokatorisch
pro|vo|ka|to|risch ⟨[-vo-] Adj.⟩ provozierend, in der Art eines Provokateurs, herausfordernd, zu unbedachten Handlungen aufreizend; *Sy* provokativ
pro|vo|zie|ren ⟨[-vo-] V.⟩ **1** etwas ~ heraufbeschwören, hervorrufen; *eine Krankheitserscheinung ~* **2** *jmdn. ~* jmdn. zu einer unbedachten Handlung veranlassen, jmdn. herausfordern; *Widerstand, Widerspruch ~; ein solches Verhalten wirkt ~d* herausfordernd [<lat. *provocare* »heraus-, hervorrufen«; zu *vocare* »rufen«]
pro|xi|mal ⟨Adj.⟩ nach dem Mittelpunkt des Körpers zu gelegen; *Ggs* distal [<lat. *proximus* »der nächste«]
Pro|ze|de|re ⟨n.; -, -; geh.⟩ Prozedur, Vorgehensweise; *oV* Procedere [→ *Prozedur*]
pro|ze|die|ren ⟨V.; veraltet⟩ verfahren, zu Werke gehen, vorgehen [<lat. *procedere* »vorrücken, fortschreiten, vor sich gehen« <*cedere* »einhergehen«]

Pro|ze|dur ⟨f.; -, -en⟩ **1** Behandlung, Verfahren **2** Rechtsgang [<lat. *procedere* »vorrücken, fortschreiten, vor sich gehen«; zu *cedere* »einhergehen«]
pro|ze|du|ral ⟨Adj.⟩ das Verfahren, den äußeren Ablauf betreffend [→ *Prozedur*]
Pro|zent ⟨n.; -(e)s, -e od. (bei Zahlenangaben) -; Abk.: p. c.; Zeichen: %⟩ **1** Hundertstel; *Sy* ⟨österr.; veraltet⟩ Perzent; *10 ~ Bedienungszuschlag; der Schnaps enthält 40 ~ Alkohol; es waren höchstens 75 ~ aller Mitglieder anwesend; das Kapital verzinst sich mit 4 ~* **2** ~*e* nach Prozenten berechneter Gewinnanteil **3** ~*e (beim Verkauf einer Ware)* = Rabatt [<pro cento, latinisiert <ital. *per cento* »für hundert«]
pro|zen|tisch ⟨Adj.; veraltet⟩ prozentual
Pro|zent|punkt ⟨m.; -(e)s, -e⟩ Differenzwert in Prozent beim Vergleich zweier Prozentzahlen; *eine Abweichung von vier ~*
Pro|zent|satz ⟨m.; -es, -sät|ze⟩ eine bestimmte Anzahl von Prozenten; *ein hoher ~ von Abiturienten nimmt ein Studium auf*
pro|zen|tu|al ⟨Adj.⟩ in Prozenten (ausgedrückt, gerechnet), im Verhältnis zum Ganzen (betrachtet); *Sy* ⟨österr.; veraltet⟩ perzentuell
pro|zen|tu|a|li|ter ⟨Adv.⟩ in Prozenten berechnet, im Verhältnis zum Gesamten gesehen
pro|zen|tu|ell ⟨Adj.⟩ österr.⟩ = prozentual

Prozess (*Laut-Buchstaben-Zuordnung*) Die im Deutschen übliche Kennzeichnung eines kurzen Vokals durch Verdoppelung des Folgekonsonanten wird auch auf Fremdwörter angewendet. Nach kurzem Vokal wird daher auch bei Fremdwörtern der Buchstabe »ß« durch die Schreibung »ss« ersetzt (→a. Showbusiness).

Pro|zęss ⟨m.; -es, -e⟩ **1** Gerichtsverfahren, Rechtsstreit; *einen ~ gegen jmdn. anstrengen, führen; einen ~ gewinnen, verlieren; jmdm. den ~ machen* jmdn. verklagen; *jetzt mache ich (mit*

prozessieren

ihm) kurzen ~ jetzt greife ich energisch, kurz entschlossen ein **2** Vorgang, Verlauf; *Entwicklungs~; Fäulnis~; ein langwieriger, schwieriger, schneller ~; chemischer* ~ Vorgang bei der Umwandlung von Stoffen [<lat. *processus* »Fortschreiten, Fortgang, Verlauf«, mlat. »Handlungsweise, Rechtsstreit«; zu lat. *procedere* »vorwärts schreiten«]
pro|zes|sie|ren ⟨V.⟩ einen Prozess anstrengen, führen; *gegen jmdn.* ~
Pro|zes|si|on ⟨f.; -, -en⟩ **1** ⟨kath. Kirche⟩ feierl. Umzug der Geistlichen u. der Gemeinde; *Fronleichnams~* **2** ⟨allg.⟩ feierl. Aufzug, Umzug [<lat. *processio* »das Vorrücken, feierl. Aufzug«; zu *procedere* »vorwärts schreiten«]
Pro|zes|sor ⟨m.; -s, -so|ren; EDV⟩ Recheneinheit einer Datenverarbeitungsanlage; *o*V Processor
Pro|zess|rech|ner ⟨m.; -s, -; EDV⟩ Großrechner einer Datenverarbeitungsanlage
pro|zes|su|al ⟨Adj.⟩ einen Prozess betreffend, zu ihm gehörend
pro|zöl ⟨Adj.; Anat.⟩ vorn ausgehöhlt (Wirbel) [<grch. *pro* »vorn« + *koilos* »hohl«]
prü|de ⟨Adj.⟩ übertrieben sittsam, zimperlich (in geschlechtlichen Dingen) [<frz. *prude* »prüde, geziert«]
Prü|de|rie ⟨f.; -, -n⟩ prüdes Wesen, Zimperlichkeit, Ziererei (in geschlechtl. Dingen) [<frz. *pruderie* »Prüderie, geheuchelte Sittsamkeit«]
Prü|nel|le ⟨f.; -, -n⟩ **1** vor der Reife geerntete, entsteinte, getrocknete u. gepresste Pflaume **2** daraus gewonnener Likör [<frz. *pruneau* »Backpflaume«, <lat. *prunum* »Pflaume«]
Pru|nus ⟨f.; -; unz.; Bot.⟩ Pflanzengattung der Pflaume mit den Arten Aprikose, Kirsche, Pfirsich u. Schlehe [lat., »Pflaumenbaum«]
pru|ri|gi|nös ⟨Adj.; Med.⟩ juckend (z. B. von Hautausschlag) [→ *Prurigo*]
Pru|ri|go ⟨f.; -; unz. od. m.; -s; unz.; Med.⟩ juckende Flechte [lat., »das Jucken«; zu *prurire* »jucken«]

Pru|ri|tus ⟨m.; -; unz.; Med.⟩ Hautjucken [lat., »das Jucken«; zu *prurire* »jucken«]
PS ⟨Abk. für⟩ Postskriptum
Psa|li|gra|fie ⟨f.; -; unz.⟩ = Psaligraphie
psa|li|gra|fisch ⟨Adj.⟩ = psaligraphisch
Psa|li|gra|phie ⟨f.; -; unz.⟩ Kunst des Scherenschnittes; *o*V Psaligrafie [<grch. *psalis* »Schere« + ...*graphie*]
psa|li|gra|phisch ⟨Adj.⟩ in der Art des Scherenschnitts; *o*V psaligrafisch
Psalm ⟨m.; -s, -en⟩ geistl. Lied aus dem Psalter; →*a.* Salm (2) [<ahd. *psalm(o)* <kirchenlat. *psalmus* <grch. *psalmos* »das Zupfen der Saiten eines Musikinstrumentes, Saitenspiel, zum Saitenspiel vorgetragenes Lied, Psalm«; zu *psallein* »berühren, betasten, die Saite zupfen«]
Psal|mist ⟨m.; -en, -en⟩ Dichter od. Sänger von Psalmen, bes. König David
Psal|mo|die *auch:* **Psal|mo|die** ⟨f.; -, -n; Musik⟩ Gesang von Psalmen im Rezitationston [<*Psalm* + grch. *ode* »Gesang«]
psal|mo|die|ren *auch:* **psal|mo|die|ren** ⟨V.; Musik⟩ in der Art der Psalmodie singen
psal|mo|disch *auch:* **psal|mo|disch** ⟨Adj.; Musik⟩ in der Art der Psalmodie
Psal|ter ⟨m.; -s, -⟩ **1** ⟨Rel.⟩ Buch der 150 geistlichen Lieder des AT **2** ⟨Musik⟩ = Psalterium **3** ⟨Zool.⟩ Blättermagen der Wiederkäuer [<kirchenlat. *psalterium* <grch. *psalterion*, (Name eines Saiteninstrumentes); → *Psalm*]
Psal|te|ri|um ⟨n.; -s, -ri|en; Musik⟩ mittelalterl. dreieckiges od. trapezförmiges Saiteninstrument, das mit kleinen Holzhämmern geschlagen wird, Hackbrett; *o*V Psalter (2) [lat. <grch. *psalterion;* → *Psalter*]
Psam|mit ⟨m.; -s, -e; Geol.⟩ klastisches Sedimentgestein aus Körnern von 2-0,02 mm Größe, z. B. Sandstein [zu grch. *psammos* »Sand«]
psam|mo|phil ⟨Adj.; Biol.⟩ sandige Lebensräume bevorzugend (von Tieren, Pflanzen) [<grch. *psammos* »Sand« + ...*phil*]

Psam|mo|phyt ⟨m.; -en, -en; Biol.⟩ Pflanze, die auf sandigem Boden gedeiht [<grch. *psammos* »Sand« + ...*phyt*]
Pse|phit ⟨m.; -s, -e; Geol.⟩ klastisches Gestein mit grober Körnung [zu grch. *psephos* »Steinchen«]
pseud..., Pseud... ⟨in Zus.⟩ = pseudo..., Pseudo...
Pseud|ar|thro|se *auch:* **Pseud|arth|ro|se** ⟨f.; -, -n; Med.⟩ nach schlecht verheilten Knochenbrüchen entstehendes Gelenk, falsches Gelenk
Pseu|de|pi|gra|fen *auch:* **Pseu|de|pi|graf|en** ⟨Pl.⟩ = Pseudepigraphen
pseu|de|pi|gra|fisch *auch:* **pseu|de|pi|graf|isch** ⟨Adj.⟩ = pseudepigraphisch
Pseu|de|pi|gra|phen *auch:* **Pseu|de|pi|graph|en** ⟨Pl.⟩ unter falschem Namen bekannte Schriften (aufgrund von Fälschungen od. falschen Überlieferungen); *o*V Pseudepigrafen [<*Pseudo...* + grch. *epigraphein* »aufschreiben«]
pseu|de|pi|gra|phisch *auch:* **pseu|de|pi|graph|isch** ⟨Adj.⟩ falsch überschrieben, untergeschoben, einem Verfasser fälschlich zugeschrieben; *o*V pseudepigrafisch
pseu|do..., Pseu|do... ⟨vor Vokalen⟩ pseud..., Pseud... ⟨in Zus.⟩ falsch, unecht, vorgetäuscht, schein..., Schein... [<grch. *pseudein* »belügen, täuschen«; zu *pseudos* »Lüge«]
pseu|do|gla|zi|al ⟨Adj.; Geol.⟩ eiszeitlichen Bildungen ähnlich, jedoch von anderen geologischen Faktoren hervorgerufen, z. B. bestimmte Schuttablagerungen in europ. Mittelgebirgen [<*pseudo...* + *glazial*]
Pseu|do|graf ⟨m.; -en, -en⟩ = Pseudograph
Pseu|do|graph ⟨m.; -en, -en⟩ Schriftfälscher; *o*V Pseudograf [<*Pseudo...* + ...*graph*]
Pseu|do|kon|kor|danz ⟨f.; -, -en; Geol.⟩ gleichmäßige, ungestörte Lagerung von jüngeren Schichten auf älteren, wenn zwischen beiden ein Sediment lag
Pseu|do|krupp ⟨m.; -s; unz.; Med.⟩ (bes. bei Kindern) durch

Luftverschmutzung verursachte Kehlkopfentzündung; →a. Krupp

Pseu|do|le|gie|rung ⟨f.; -, -en⟩ gesinterte Mischung zweier nicht legierbarer Metallpulver [<*Pseudo...* + *Legierung*]

Pseu|do|list ⟨m.; -en, -en; Psych.⟩ jmd., der eine krankhafte Neigung zum Lügen hat, bes. in Bezug auf sexuelle Erlebnisse [zu lat. *pseudolus* »Lügner«]

Pseu|do|lo|gie ⟨f.; -; unz.⟩ krankhaftes Lügen, das von dem Kranken selbst geglaubt wird u. mit dem sich entsprechende Handlungen verbinden [<*Pseudo...* + *...logie*]

pseu|do|lo|gisch ⟨Adj.; Psych.⟩ auf Pseudologie beruhend, sie betreffend

Pseu|do|mo|nas ⟨f.; -, -na|den; Med.⟩ Gattung begeißelter Stäbchenbakterien [<*Pseudo...* + grch. *monas* »Einheit«]

pseu|do|morph ⟨Adj.; Min.⟩ Pseudomorphose aufweisend, durch Pseudomorphose entstanden

Pseu|do|mor|pho|se ⟨f.; -, -n; Min.⟩ Umbildung eines Minerals durch chem. od. physikal. Mittel [<*pseudo...* + *...morph*]

pseu|do|nym auch: **pseu|do|nym** ⟨Adj.⟩ unter einem Pseudonym verfasst; *Ggs* orthonym

Pseu|do|nym auch: **Pseu|do|nym** ⟨n.; -s, -e⟩ Deckname (bes. von Schriftstellern); →a. Allonym, Nom de Plume [<*Pseudo...* + grch. *onyma* »Name«]

Pseu|do|po|di|um ⟨n.; -s, -di|en; Biol.⟩ vorübergehende Bildung eines Fortsatzes im Plasma, der vielen Wurzelfüßern die Fortbewegung ermöglicht, Scheinfüßchen [<*Pseudo...* + *...podium*]

pseu|do|re|li|gi|ös ⟨Adj.⟩ Religiosität vortäuschend, nur scheinbar religiös

Pseu|do|säu|re ⟨f.; -, -n; Chemie⟩ chem. Verbindung, die sich je nach Umgebungsbedingungen als Säure oder neutrale Verbindung verhalten kann

PS-Gram|ma|tik ⟨f.; -; unz.; Sprachw.; Abk. für⟩ Phrasenstrukturgrammatik

Psi ⟨n.; - od. -s, -s; Zeichen: ψ, Ψ⟩ grch. Buchstabe

Psi|lo|me|lan ⟨n.; -s, -e; Min.⟩ schwarzes Mineral, das zapfenu. krustenförmige Massen bilden kann, Hartmanganerz [<grch. *psilos* »kahl« + *melas* »schwarz«]

Psi|lo|se ⟨f.; -, -n; Med.⟩ Haarausfall, Kahlheit [<grch. *psilos* »kahl«]

Psit|ta|ko|se ⟨f.; -, -n; Med.⟩ durch ein Virus erregte, akute Infektionskrankheit, Papageienkrankheit [<grch. *psittakos* »Papagei«]

Pso|ri|a|sis ⟨f.; -, -ri|a|sen; Med.⟩ chron. Hautkrankheit, bei der sich scharf begrenzte, rötl. Flecken bilden, die mit matt silbrigen Schuppen bedeckt sind, Schuppenflechte [<grch. *psora* »Krätze, Räude«]

Pso|ri|a|ti|ker ⟨m.; -s, -; Med.⟩ jmd., der an Psoriasis erkrankt ist

psych..., Psych... ⟨in Zus.⟩ = psycho..., Psycho...

Psych|a|go|ge auch: **Psy|cha|go|ge** ⟨m.; -n, -n; Med.; Psych.⟩ Heilpädagoge mit vierjähriger theoretischer u. praktischer Ausbildung [<grch. *psyche* »Seele« + *agogos* »führend; Führer«; zu *agein* »führen«]

Psych|a|go|gik auch: **Psy|cha|go|gik** ⟨f.; -; unz.; Med.; Psych.⟩ Gesamtheit pädagogisch-therapeutischer Maßnahmen zur Behandlung von Verhaltensstörungen [→ *Psychagoge*]

Psych|a|go|gin auch: **Psy|cha|go|gin** ⟨f.; -, -gin|nen; Med.; Psych.⟩ Heilpädagogin mit vierjähriger theoret. u. prakt. Ausbildung

psych|a|go|gisch auch: **psy|cha|go|gisch** ⟨Adj.; Med.; Psych.⟩ die Psychagogik betreffend, zu ihr gehörend, auf ihr beruhend

Psych|al|gie auch: **Psy|chal|gie** ⟨f.; -, -n; Med.; Psych.⟩ seelisch bedingte Schmerzen ohne organische Ursache, z. B. Kopf- od. Herzschmerzen [<*Psych...* + *...algie*]

Psy|che ⟨f.; -, -n⟩ **1** Seele, seelisch-geistiges Leben **2** ⟨österr. a.⟩ dreiteiliger Spiegel [grch., »Lebensodem, -kraft, Seele«]

psy|che|de|lisch ⟨Adj.⟩ ~*e Droge* bewusstseinserweiternde Droge; *Sy* psychodelisch

Psych|i|a|ter auch: **Psy|chi|a|ter** ⟨m.; -s, -; Med.⟩ Facharzt für Psychiatrie [<*Psyche* + *...iater*]

Psych|i|a|te|rin auch: **Psy|chi|a|te|rin** ⟨f.; -, -rin|nen; Med.⟩ Fachärztin für Psychiatrie

Psych|i|a|trie auch: **Psy|chi|a|trie** ⟨f.; -; unz.; Med.⟩ **1** Lehre von den psychisch bedingten Krankheiten **2** ⟨umg. a.⟩ psychiatr. Klinik

psych|i|a|trie|ren auch: **psy|chi|a|trie|ren** ⟨V.; Med.; österr.⟩ *jmdn.* ~ jmdn. psychiatrisch untersuchen

psych|i|a|trisch auch: **psy|chi|a|trisch** ⟨Adj.; Med.⟩ zur Psychiatrie gehörend, auf ihr beruhend, mit ihrer Hilfe

psy|chisch ⟨Adj.⟩ die Psyche betreffend, zu ihr gehörend, seelisch

psy|cho..., Psy|cho... ⟨vor Vokalen⟩ psych..., Psych... ⟨in Zus.⟩ seelisch, seelen..., Seelen... [<grch. *psyche*; → *Psyche*]

Psy|cho|ana|ly|se ⟨f.; -, -n; Psych.⟩ Methode zur Heilung psychischer Krankheiten, Störungen od. Fehlleistungen durch Bewusstmachen der ins Unterbewusstsein verdrängten Komplexe, Ängste sowie Triebkonflikte

psy|cho|ana|ly|sie|ren ⟨V.⟩ mit dem Instrumentarium der Psychoanalyse therapieren, untersuchen

Psy|cho|ana|ly|ti|ker ⟨m.; -s, -⟩ Psychologe auf dem Gebiet der Psychoanalyse

Psy|cho|ana|ly|ti|ke|rin ⟨f.; -, -rin|nen⟩ Psychologin auf dem Gebiet der Psychoanalyse

psy|cho|ana|ly|tisch ⟨Adj.⟩ zur Psychoanalyse gehörend, mit ihrer Hilfe

Psy|cho|chir|ur|gie auch: **Psy|cho|chi|rur|gie** ⟨[-çir-] f.; -; unz.⟩ chirurg. Behandlung des Hirns bei sonst nicht beeinflussbaren Geisteskrankheiten

psy|cho|de|lisch ⟨Adj.⟩ = psychedelisch

Psy|cho|di|ag|nos|tik auch: **Psy|cho|di|a|gnos|tik** ⟨f.; -; unz.⟩ psycholog. Verfahren zum Erkennen u. Beurteilen einer Persönlichkeit hinsichtl. ihrer Anlagen, Fähigkeiten, Verhaltensweisen usw.

Psychodrama

Psy|cho|dra|ma ⟨n.; -s, -dra|men⟩ schauspielerische Darstellung von Konflikten, die deren Bewältigung bezweckt

psy|cho|gal|va|nisch ⟨[-va:-] Adj.; in der Wendung⟩ ~e Reaktion Verringerung des elektr. Widerstands der Haut bei seel. Erregung

psy|cho|gen ⟨Adj.⟩ seelisch bedingt

Psy|cho|ge|ne|se ⟨f.; -, -n⟩ Entwicklung der Seele, des Seelenlebens [<Psycho... + Genese]

Psy|cho|gra|fie ⟨f.; -, -n⟩ = Psychographie

Psy|cho|gramm ⟨n.; -s, -e; Psych.⟩ Versuch einer Persönlichkeitsbeschreibung anhand aller erfassbaren psychologischen Daten [<Psycho... + ...gramm]

Psy|cho|gra|phie ⟨f.; -, -n⟩ psycholog. Beschreibung einer Person aufgrund ihrer Äußerungen, schriftl. u. a. Werke sowie der Äußerungen anderer; oV Psychografie [<Psycho... + ...graphie]

Psy|cho|id ⟨n.; -(e)s; unz.⟩ seelenartige Kraft (bei niederen Lebewesen, die keine Seele i. e. S. besitzen) [<Psycho... + ...id]

Psy|cho|ki|ne|se ⟨f.; -; unz.; Parapsych.⟩ physikalisch nicht erklärbare mechan. Einwirkung des Menschen auf Gegenstände [<Psyche + grch. kinesis »Bewegung«]

psy|cho|ki|ne|tisch ⟨Adj.; Parapsych.⟩ auf Psychokinese beruhend, sie betreffend

Psy|cho|kri|mi ⟨m.; -s, -s; umg.⟩ spannender, auf psychologischen Motiven aufbauender Kriminalroman od. -film [<Psycho... + Krimi]

Psy|cho|lin|gu|is|tik ⟨f.; -; unz.⟩ Teilgebiet der Linguistik, das die psychischen Vorgänge beim Sprachgebrauch u. beim Sprechenlernen untersucht

psy|cho|lin|gu|is|tisch ⟨Adj.⟩ die Psycholinguistik betreffend, zu ihr gehörend, auf ihren Ergebnissen beruhend

Psy|cho|lo|ge ⟨f.; -, -n⟩ 1 Wissenschaftler auf dem Gebiet der Psychologie 2 ⟨umg.⟩ jmd., der Menschen zu beobachten u. entsprechend zu behandeln versteht

Psy|cho|lo|gie ⟨f.; -; unz.⟩ Wissenschaft vom Seelenleben [<Psycho... + ...logie]

Psy|cho|lo|gin ⟨f.; -, -gin|nen⟩ Expertin, Wissenschaftlerin auf dem Gebiet der Psychologie

psy|cho|lo|gisch ⟨Adj.⟩ die Psychologie betreffend, auf ihr beruhend, mit ihrer Hilfe; ~e Kampfführung K. durch psychische Beeinflussung von Freund u. Feind; *das ist ~ falsch, richtig (gedacht, gehandelt, geurteilt); ein ~es Gutachten erstellen; ~e Tests durchführen; eine Romanfigur ~ sorgfältig anlegen; über ~en Scharfblick verfügen*

psy|cho|lo|gi|sie|ren ⟨V.⟩ unter psychologischen Gesichtspunkten darstellen, die psycholog. Hintergründe, Beweggründe usw. deutlich machen

Psy|cho|lo|gis|mus ⟨m.; -; unz.⟩ Überbewertung psycholog. Erkenntnisse

psy|cho|lo|gis|tisch ⟨Adj.⟩ im Sinne des Psychologismus (verfahrend)

Psy|cho|ly|se ⟨f.; -, -n⟩ Therapie psychischer Krankheiten mit einer Kombination aus Psychoanalyse u. der Verabreichung von Halluzinogenen [<Psycho... + ...lyse]

Psy|cho|man|tie ⟨f.; -; unz.⟩ = Nekromantie [<Psycho... + ...mantie]

Psy|cho|me|trie *auch:* **Psy|cho|met|rie** ⟨f.; -, -n⟩ 1 Messung der zeitl. Dauer psychischer Vorgänge 2 messendes Erfassen psychischer Fähigkeiten, Funktionen usw. 3 ⟨Parapsych.⟩ Verwendung von Gegenständen, die auf die hellseherische Aufgabe des Mediums hinweisen, z. B. Fotografien usw. [<Psycho... + ...metrie]

psy|cho|me|trisch *auch:* **psy|cho|met|risch** ⟨Adj.⟩ auf Psychometrie beruhend, mit ihrer Hilfe

Psy|cho|mo|to|rik ⟨f.; -; unz.; Psych.; Med.⟩ Gesamtheit der psychisch bedingten u. vom Willen abhängigen Bewegungen, im Unterschied zu den vom Willen unabhängigen Bewegungen

psy|cho|mo|to|risch ⟨Adj.; Psych.; Med.⟩ auf Psychomotorik beruhend, durch Seele u. Willen bedingt

Psy|cho|neu|ro|se ⟨f.; -, -n; Psych.; Med.⟩ = Neurose

psy|cho|nom ⟨Adj.⟩ nach psychischen Gesetzen verlaufend, der Psyche, dem Bewusstsein u. Willen unterstehend [<psycho... + ...nom¹]

Psy|cho|path ⟨m.; -en, -en⟩ seelisch-charakterlich gestörte männl. Person

Psy|cho|pa|thie ⟨f.; -, -n⟩ seelisch-charakterl. Störung [<Psycho... + ...pathie]

Psy|cho|pa|thin ⟨f.; -, -thin|nen⟩ seelisch-charakterlich gestörte weibl. Person

psy|cho|pa|thisch ⟨Adj.⟩ auf Psychopathie beruhend, durch sie bewirkt, seel.-charakterl. gestört

Psy|cho|pa|tho|lo|gie ⟨f.; -; unz.⟩ Lehre vom kranken Seelenleben

Psy|cho|phar|ma|kon ⟨n.; -s, -ma|ka⟩ auf die Psyche wirkendes Medikament

Psy|cho|phy|sik ⟨f.; -; unz.⟩ Lehre von den Wechselbeziehungen zwischen physischen Reizen u. den dadurch hervorgerufenen Empfindungen

psy|cho|phy|sisch ⟨Adj.⟩ zur Psychophysik gehörend, auf ihr beruhend; ~er Parallelismus Theorie, nach der die physischen Reize von den Empfindungen unabhängig sind, aber mit ihnen parallel verlaufen

Psy|cho|se ⟨f.; -, -n; Med.⟩ seelische Krankheit [<grch. psyche »Seele«]

Psy|cho|so|ma|tik ⟨f.; -; unz.; Med.⟩ Lehre von den Beziehungen zwischen Körper u. Seele [<Psycho... + Soma]

Psy|cho|so|ma|ti|ker ⟨m.; -s, -; Med.⟩ Fachmann, Forscher auf dem Gebiet der Psychosomatik

psy|cho|so|ma|tisch ⟨Adj.; Med.⟩ die Psychosomatik betreffend, auf den Beziehungen zwischen Körper u. Seele beruhend

psy|cho|so|zi|al ⟨Adj.⟩ durch soziale u. psychische Faktoren bedingt

Psy|cho|tech|nik ⟨f.; -; unz.⟩ Anwendung der Psychologie u. ihrer Methoden auf die Bereiche des prakt. Lebens

Psy|cho|ter|ror ⟨m.; -s; unz.⟩ Bedrohung mit psychologisch wirksamen Mitteln; ~ *auf jmdn. ausüben*

Psy|cho|test ⟨m.; -(e)s, -e od. -s⟩ psychologischer Test, der Daten über bestimmte psychische Befindlichkeiten od. Gesetzmäßigkeiten erhebt

Psy|cho|the|ra|peut ⟨m.; -en, -en; Psych.; Med.⟩ Arzt, der Kranke mit den Verfahren der Psychotherapie behandelt

Psy|cho|the|ra|peu|tik ⟨f.; -; unz.; Psych.; Med.⟩ Gesamtheit der bei seelischen Erkrankungen angewandten Behandlungsmethoden

Psy|cho|the|ra|peu|tin ⟨f.; -, -tinnen; Psych.; Med.⟩ Ärztin, die Kranke mit den Verfahren der Psychotherapie behandelt

psy|cho|the|ra|peu|tisch ⟨Adj.; Psych.; Med.⟩ auf der Psychotherapie beruhend, zu ihr gehörend; *an einer ~en Behandlung teilnehmen*

Psy|cho|the|ra|pie ⟨f.; -, -n; Psych.; Med.⟩ Behandlung von Kranken (bei Neurosen, psychischen Fehlleistungen usw.) durch seelische Beeinflussung

Psy|cho|thril|ler ⟨[-θrɪl-] m.; -s, -; bes. Film⟩ mit psycholog. Mitteln arbeitender Thriller

Psy|cho|ti|ker ⟨m.; -s, -; Psych.; Med.⟩ an einer Psychose Erkrankter

Psy|cho|ti|ke|rin ⟨f.; -, -rin|nen; Psych.; Med.⟩ an einer Psychose Erkrankte

psy|cho|tisch ⟨Adj.; Psych.; Med.⟩ **1** auf einer Psychose beruhend, zum Krankheitsbild einer Psychose gehörend **2** an einer Psychose erkrankt

psy|cho|trop ⟨Adj.; Psych.; Med.⟩ bewusstseinsverändernd, auf die Psyche wirkend [<*psycho...* + *...trop*]

Psy|chro|me|ter ⟨[-kro-] n.; -s, -⟩ aus zwei Thermometern kombinierter Luftfeuchtigkeitsmesser [<grch. *psychros* »kalt« + *...meter*]

psy|chro|phil ⟨[-kro-] Adj.; Biol.⟩ Kälte liebend (von bestimmten Organismen) [<grch. *psychros* »kalt« + *...phil*]

Psy|chro|phyt ⟨[-kro-] m.; -en, -en⟩ Kälte liebende Pflanze

[<grch. *psychros* »kalt« + *...phyt*]

Pt ⟨chem. Zeichen für⟩ Platin
pt. ⟨Abk. für⟩ Pint
p. t. ⟨Abk. für⟩ pro tempore
pter..., Pter... ⟨in Zus.⟩ = ptero..., Ptero...

Pte|ra|no|don *auch:* **Pte|ra|no|don** ⟨n.; -s, -no|don|ten⟩ ein Pterosaurier aus der geolog. Abteilung der oberen Kreide Nordamerikas [<*Ptero...* + grch. *anodos* »Aufstieg«]

...pte|re ⟨Nachsilbe; zur Bildung männl. u. weibl. Subst.⟩ ...flügler, Fliege [<grch. *pteron* »Flügel«]

Pte|ri|do|phyt ⟨m.; -en, -en; Bot.⟩ Farnpflanze [<grch. *pteron* »Flügel« + *...phyt*]

Pte|ri|ne ⟨Pl.; Biochemie⟩ Gruppe stickstoffreicher organischer Verbindungen, die in vielen Enzymen u. Farbstoffen auftreten [<grch. *pteron* »Flügel« (sie kommen in Schmetterlingsflügeln vor)]

pte|ro..., Ptero... ⟨vor Vokalen⟩ pter..., Pter... ⟨in Zus.⟩ Flug, Flügel [<grch. *pteron* »Flügel«]

Pte|ro|dak|ty|lus ⟨m.; -, -ty|len⟩ ein Pterosaurier der Jura- u. der Kreidezeit [<*Ptero...* + grch. *daktylos* »Finger«]

Pte|ro|po|de ⟨f.; -, -n; Zool.⟩ Flossenfüßer, Flügelschnecke, ozeanische Schnecke mit flügelartigen Verbreiterungen am Schwimmfuß: Pteropoda [<*Ptero...* + *...pode*]

Pte|ro|sau|ri|er ⟨m.; -s, -⟩ Angehöriger einer Gruppe ausgestorbener Reptilien mit Flughäuten, Flugsaurier, Flugechse

Pte|ry|gi|um ⟨n.; -s, -gia; Zool.⟩ dreieckige Wucherung der Bindehaut zwischen (meist) innerem Augenwinkel u. Hornhaut, Flügelfell [<grch. *pteron* »Flügel«]

pte|ry|got ⟨Adj.; Zool.⟩ geflügelt (von Insekten) [<grch. *pteryx*, Gen. *pterygos* »Flügel«]

Pto|ma|in ⟨n.; -s; unz.⟩ Leichengift [<grch. *ptoma* »Fall, Gefallenes, Leichnam«]

Pto|sis ⟨f.; -, Pto|sen; Med.⟩ krankhaftes Herabhängen des Oberlids [grch., »Senkung«]

Pty|a|lin ⟨n.; -s; unz.; Biochemie⟩ Stärke abbauendes Enzym im Speichel des Menschen [<grch. *ptyalon* »Speichel«]

Pu ⟨chem. Zeichen für⟩ Plutonium

Pub ⟨[pʌb] n. od. m.; -s, -s⟩ kleine englische Gaststätte, gemütliche Kneipe [engl., Kurzwort für *pub*lic house »öffentliches Haus«]

pu|be|ral ⟨Adj.; selten⟩ = pubertär

pu|ber|tär ⟨Adj.⟩ zur Pubertät gehörig; *Sy* puberal

Pu|ber|tät ⟨f.; -; unz.⟩ Zeit des Eintritts der Geschlechtsreife [<lat. *pubertas* »Mannbarkeit, Geschlechtsreife«; zu *pubes* »mannbar, erwachsen«]

pu|ber|tie|ren ⟨V.⟩ in die Pubertät eintreten, in der Pubertät sein

Pu|bes ⟨f.; -, -; Anat.⟩ **1** Schamhaare **2** Schambereich [lat.]

pu|bes|zent ⟨Adj.; Med.⟩ heranwachsend, geschlechtsreif

Pu|bes|zenz ⟨f.; -; unz.; Med.⟩ Ausbildung der sekundären Geschlechtsmerkmale [<lat. *pubescere* »mannbar werden«]

pu|bisch ⟨Adj.; Anat.⟩ die Schambehaarung, die Schamgegend betreffend, zu ihr gehörig [→ *Pubes*]

◆ Die Buchstabenfolge **pu|bl...** kann auch **publ...** getrennt werden.

◆ **Public-Do|main-Soft|ware** ⟨[pʌblɪk dɒmeɪn sɒftweː(r)] f.; -; unz.⟩ Software, die jedem Computeranwender ohne eine Lizenz zugänglich ist [engl., <*public domain* »öffentlicher Zugang« + *Software*]

◆ **pu|bli|ce** ⟨[-tse:] Adv.⟩ öffentlich [lat., »öffentlich«]

◆ **Pu|bli|ci|ty** ⟨[pʌblɪsɪtɪ] f.; -; unz.⟩ Bekanntsein in der Öffentlichkeit, Werbung, die die Bekanntheit einer Person od. Sache sichern od. erhöhen soll [engl., »Öffentlichkeit«]

◆ **Pu|blic|ma|na|ge|ment** *auch:* **Public Ma|na|ge|ment** ⟨[pʌblɪkmænɪdʒmənt] n.; -s; unz.; Abk.: PM⟩ organisatorische u. personelle Bewertung u. Einrichtung der öffentlichen Verwaltung unter Gesichtspunkten der Effizienz u. Wirtschaftlichkeit, z. B. bei Hochschulen,

Publicrelations

Einwohnermeldeämtern u. Ministerien [engl., »öffentliche Verwaltung«]
◆ **Pu|blic|re|la|tions** auch: **Pu|blic Re|la|tions** ⟨[pʌblɪkrɪleɪʃənz] Pl.; Abk.: PR⟩ Arbeit mit der Öffentlichkeit, Bemühen um das Vertrauen der Öffentlichkeit [engl., »öffentl. Beziehungen«]
• **pu|blik** ⟨Adv.⟩ **1** öffentlich **2** allgemein bekannt [<frz. *public* <lat. *publicus* »öffentlich, staatlich, allgemein«]
◆ **Pu|bli|ka|ti|on** ⟨f.; -, -en⟩ Veröffentlichung, im Druck erschienene Schrift [<frz. *publication* »Veröffentlichung« <lat. *publicatio*; zu *publicare* »zum Staatseigentum machen, veröffentlichen«]
◆ **Pu|bli|kum** ⟨n.; -s; unz.⟩ **1** Allgemeinheit, Öffentlichkeit **2** Gesamtheit der an Kunst u. Wissenschaft interessierten Menschen; *er wendet sich mit seinen Büchern an ein großes, breites ~* **3** Gesamtheit der Zuhörer, Besucher; *das ~ lachte, pfiff, schrie, tobte; er hat in den Kindern ein dankbares ~ für seine Späße; in diesem Lokal verkehrt gutes, schlechtes ~; vor einem großen ~ sprechen; er braucht immer ein ~* ⟨umg.⟩ *er tut sich gern vor anderen hervor* **4** ⟨veraltet⟩ öffentl., gebührenfreie Vorlesung an der Universität [<lat. *publicum (vulgus)* »das gemeine Volk, die Öffentlichkeit«]
◆ **pu|bli|zie|ren** ⟨V.⟩ veröffentlichen, bekannt machen, bes. im Druck [<lat. *publicare* »zum Staatseigentum machen, veröffentlichen«]
◆ **Pu|bli|zie|rung** ⟨f.; -, -en⟩ das Publizieren, das Publiziertwerden
◆ **Pu|bli|zist** ⟨m.; -en, -en⟩ **1** Lehrer od. Student der Publizistik, Zeitungswissenschaftler **2** polit. Schriftsteller, der sich in der Presse äußert
◆ **Pu|bli|zis|tik** ⟨f.; -; unz.⟩ Lehre von der zwischenmenschl. Kommunikation (bes. in ihren öffentl. Funktionen der Information, Meinungsbildung u. Unterhaltung) u. Wirkung in der Gesellschaft, Zeitungswissenschaft [<frz. *publiciste* »Journalist« <lat. *publicus* »öffentlich«]
◆ **Pu|bli|zis|tin** ⟨f.; -, -tin|nen⟩ **1** Lehrerin od. Studentin der Publizistik, Zeitungswissenschaftlerin **2** polit. Schriftstellerin, die sich in der Presse äußert
• **pu|bli|zis|tisch** ⟨Adj.⟩ zur Publizistik gehörend, auf ihr beruhend, sie betreffend; *sich ~ betätigen* für die Presse schreiben
◆ **Pu|bli|zi|tät** ⟨f.; -; unz.⟩ Zugänglichkeit für die Öffentlichkeit, Offenkundigkeit [<frz. *publicité* »Öffentlichkeit«; zu lat. *publicus* »öffentlich«]
p. u. c. ⟨Abk. für lat.⟩ *post urbem conditam*
Puck ⟨m.; -s, -s; Sport; Eishockey⟩ Scheibe aus Hartgummi für Eishockey [engl.; <*poke* »stoßen, puffen«]
Pud ⟨n.; -, -⟩ altes russ. Gewicht, = 16,38 kg [russ.]
Pud|ding ⟨m.; -s, -e od. -s; Kochk.⟩ warme, gestürzte, salzige od. süße Speise, die im Wasserbad gegart wurde [engl., »feine, in einer Form gekochte Mehlspeise; Blutwurst« <lat. *botulus* »Wurst«]
pu|den|dal ⟨Adj.; Med.⟩ die Schamgegend betreffend, zu ihr gehörig [<lat. *pudendus*]
Pu|der ⟨m.; -s, -⟩ zur Körperpflege u. Heilung verwendetes, feines Pulver auf der Grundlage von Talkum, Stärke, Zinkoxid mit Zusätzen [<frz. *poudre* »Staub, Pulver, Puder« <lat. *pulvis* »Staub«]
Pu|e|blo¹ auch: **Pu|eb|lo¹** ⟨m.; - od. -s, - od. -s⟩ Indianer, der einem der vier Stämme (Zuni u. a.) im Südwesten der USA angehört [span. »Volk, Dorf« <lat. *populus* »Volk«]
Pu|e|blo² auch: **Pu|eb|lo²** ⟨n.; -s, -s⟩ Dorf der Pueblo¹ mit kastenförmigen, nebeneinander u. übereinander geschachtelten Häusern aus Stein [→ *Pueblo¹*]
pu|e|ril ⟨[puə-] Adj.; Psych.⟩ (noch) kindlich, kindisch, zurückgeblieben [<lat. *puerilis* »kindlich, knabenhaft«; zu *puer* »Knabe«]
Pu|e|ri|lis|mus ⟨[puə-] m.; -, -lis|men; Psych.⟩ situative od. altersbedingte, anormale kindische Verfasstheit von Intelligenz, Verhaltensäußerungen u. Gefühlsleben bei Erwachsenen [→ *pueril*]
Pu|e|ri|li|tät ⟨[puə-] f.; -; unz.⟩ (noch) kindl., kindisches Wesen [<lat. *puerilitas* »Knabenalter, kindl. Wesen«; zu *puer* »Knabe«]
pu|er|pe|ral ⟨[puər-] Adj.; Med.⟩ das Wochenbett betreffend, zu ihm gehörig, während des Wochenbetts [→ *Puerperium*]
Pu|er|pe|ral|fie|ber ⟨[puər-] n.; -s, -; Med.⟩ Kindbettfieber [<lat. *puer* »Knabe« + *parere* »gebären«]
Pu|er|pe|ri|um ⟨[puər-] n.; -s, -ri|en; Med.⟩ Wochenbett, 6-8 Wochen nach der Geburt des Kindes [lat., »Kindbett, Niederkunft«]
Pul|ci|nel|la ⟨[-tʃi-] m.; - od. -s, -nel|le⟩ Figur des gefräßigen u. listigen Dieners der neapolitan. Posse u. später der Commedia dell'Arte; *oV* Policinello [ital.; zu *pulcino* »Hühnchen«, <lat. *pullus* »Hühnchen« (nach der piependen Stimme u. der schnabelähnl. Nase der Maske des Pulcinella)]
Pulk ⟨m.; -s, -s od. -e⟩ Haufen, Trupp, Verband; *in einem ~ auftreten, erscheinen, randalieren* [<poln. *pulk*, russ. *polk* »Regiment, besonders leichter Reiter«]
Pull ⟨m.; -s, -s; Sport; Golf⟩ Schlag, der dem Ball einen Linksdrall verleiht [engl.]
pul|len ⟨V.⟩ **1** rudern **2** *das Pferd pullt* drängt vorwärts, legt sich aufs Gebiss [<engl. *pull* »ziehen«]
Pull|man|wa|gen auch: **Pull|man-Wa|gen** ⟨m.; -s, -⟩ bequem ausgestatteter Eisenbahnwagen [nach dem amerikan. Industriellen George Mortimer *Pullmann*, 1831-1897]
Pull|over auch: **Pull|over** ⟨m.; -s, -⟩ über den Kopf zu ziehendes, gestricktes Stück der Oberbekleidung; *Sy* Jumper [engl., eigtl. »zieh über«]
Pull|un|der auch: **Pull|un|der** ⟨m.; -s, -⟩ ärmelloser Pullover, unter dem man eine Bluse od. ein Hemd trägt [<engl. *pull* »ziehen« + *under* »unter«]

Pul|mo ⟨m.; - od. -s, -mo|nes [-neːs]; Anat.⟩ Lunge [lat.]
Pul|mo|lo|gie ⟨f.; -; unz.; Med.⟩ Teilgebiet der Medizin, das sich mit der Lunge u. ihren Erkrankungen befasst [< lat. *pulmo* »Lunge« + ...*logie*]
pul|mo|nal ⟨Adj.⟩ die Lunge betreffend, von ihr ausgehend, Lungen... [< lat. *pulmo* »Lunge«]
Pul|mo|na|te ⟨f.; -, -n; Zool.⟩ Lungenschnecke [< lat. *pulmo* »Lunge«]
Pulp ⟨m.; -s, -en⟩ Fruchtmark; *oV* Pulpe, Pülpe [< lat. *pulpa* »Fleisch«]
Pul|pa ⟨f.; -, Pul|pae⟩ **1** Mark **2** weiches, an Blutgefäßen u. Nerven reiches Gewebe in der Zahnhöhle, Zahnmark **3** Fruchtmark [lat., »Fleisch«]
Pul|pa|höh|le ⟨f.; -, -n; Anat.⟩ Zahnhöhle
Pul|pe ⟨f.; -, -n⟩ = Pulp
Pül|pe ⟨f.; -, -n⟩ = Pulp
Pulp|fic|tion *auch:* **Pulp Fiction** ⟨[pʌlpfɪkʃn] f.; -; unz.; Lit.⟩ (in Form von Groschenheften od. Zeitschriften verbreitete) anspruchslose Massenliteratur [< engl. *pulp* »Schund...«; wertlos« + *Fiction*]
Pul|pi|tis ⟨f.; -, -ti|den; Med.⟩ Entzündung der Pulpa
pul|pös ⟨Adj.; Med.⟩ fleischig, markig [< frz. *pulpeux*, lat. *pulposus* »fleischig«; zu *pulpa* »Fleisch«]
Pul|que ⟨[ˈpʊlkə] m.; - od. -s; unz.⟩ in Mexiko beliebtes alkohol. Getränk aus dem Saft der Agave [span.]
Puls ⟨m.; -es, -e⟩ **1** ⟨Med.⟩ durch rhythm. Zusammenziehungen des Herzens u. dadurch stoßweises Einfließen des Blutes in die Arterien erzeugter, leichter, an manchen Stellen des Körpers (Hals, Innenseite des Handgelenks) fühlbarer Schlag der Arterien; *jmdm. den ~ fühlen* (am Handgelenk, um die Tätigkeit des Herzens zu prüfen), ⟨a. fig.⟩ jmdn. testen, ausforschen, seine Gedanken prüfen; *der ~ geht ruhig, langsam, schnell;* ⟨fig.⟩ *am ~ der Zeit sein* auf der Höhe der Zeit, aktuell sein **2** regelmäßige Folge von gleichartigen Stößen [< mhd.

puls < lat. *pulsus* »Schlag (der Ader)«; zu *pellere* »schlagen, stoßen, treiben«]
Pul|sar ⟨m.; -s, -e; Astron.⟩ Stern, der in regelmäßiger Folge Radiostrahlung aussendet [→ *Puls*]
Pul|sa|ti|on ⟨f.; -, -en⟩ **1** ⟨Med.⟩ **1.1** rhythm. Tätigkeit des Herzens **1.2** der dadurch erzeugte rhythm. Druck im arteriellen Gefäßsystem **2** sich periodisch wiederholende Änderung bestimmter Größen eines elektr. Systems, z. B. regelmäßige Ab- oder Zunahme einer Spannung oder eines Stromes [< lat. *pulsatio* »das Stoßen, Schlagen«; zu *pulsare* »stoßen, schlagen«]
Pul|sa|tor ⟨m.; -s, -to|ren⟩ Melkmaschine [lat., »Klopfer, Schläger«; zu *pulsare* »schlagen, klopfen«]
Pulse-Code-Mo|du|la|ti|ons-Technik ⟨[pulsko:d-] f.; -; unz.⟩ = PCM-Technik
pul|sen ⟨V.⟩ durch Schlagen, Klopfen sein Leben, sein Vorhandensein zeigen; *das Blut pulst in den Adern* [→ *Puls*]
pul|sie|ren ⟨V.⟩ **1** durch Schlagen, Klopfen, Strömen sein Leben zeigen; *Sy* pulsen; *das Blut pulsiert in den Adern;* *~de Vakuole* sich periodisch nach außen entleerendes, mit Flüssigkeit gefülltes Bläschen vieler Protozoen zur Ausscheidung u. zur Aufrechterhaltung des isoton. Gleichgewichts; *~der Gleichstrom* gleichgerichteter Wechselstrom, der keine weiteren Umwandlungen erfahren hat **2** ⟨fig.⟩ hin und her wogen, *~des Leben (in der Stadt)* [< lat. *pulsare* »schlagen, stoßen«]
Pul|si|on ⟨f.; -, -en⟩ **1** Stoß, Schlag **2** schwingende Bewegung [< lat. *pulsare* »schlagen, stoßen«]
Puls|o|me|ter ⟨n.; -s, -; Technik⟩ Pumpe ohne Kolben, die durch Kondensation von Dampf arbeitet [< lat. *pulsus* »Schlag, Stoß« + ...*meter*]
Pul|ver ⟨[-fɐr] od. [-vɐr] n.; -s, -⟩ **1** in feinste Teilchen zerriebener, fester Stoff **2** Arznei in dieser Form; *Schlaf~* **3** explosive Mischung aus pulverförmigen Stoffen, die bei der Verbren-

nung Gas entwickeln, das sich plötzlich stark ausdehnt, Schießpulver **4** ⟨fig.; umg.⟩ Geld [< mhd. *pulver* »Pulver, Staub, Asche, Sand« < mlat. *pulver* < lat. *pulvis*, Gen. *pulveris* »Staub«]
Pul|ve|ri|sa|tor ⟨[-vɛ-] n.; -s, -to|ren⟩ Maschine zur Herstellung von Pulver [< frz. *pulvérisateur* »Zerstäuber« < lat. *pulvis* »Staub«]
pul|ve|ri|sie|ren ⟨[-vɛ-] V.⟩ zu Pulver zerkleinern [< frz. *pulvériser* »pulverisieren, zerstäuben« < lat. *pulvis* »Staub«]
Pul|ver|me|tall|ur|gie *auch:* **Pulvermetallurgie** ⟨f.; -; unz.; Met.⟩ Herstellung von Metallpulvern u. ihre Verarbeitung zu Halbzeug u. Werkstücken durch Sintern; *Sy* Metallkeramik
Pu|ma ⟨m.; -s, -s; Zool.⟩ gelblich bis silbergrau gefärbte Raubkatze: Puma concolor; *Sy* Kuguar [span. < Ketschua]
Pump|gun ⟨[ˈpʌmpɡʌn] f.; -, -s⟩ Repetiergewehr von großem Kaliber, bei dem das Repetieren manuell od. halbautomatisch durch Zurückziehen des Schaftes erfolgt, wodurch die verschossene Hülse ausgeworfen u. eine neue Patrone dem Lauf zugeführt wird [< engl. *pump* »Pumpe« + *gun* »Feuerwaffe, Gewehr«]
Pumps ⟨[pœmps] m.; -, -; meist Pl.⟩ geschlossener Damenschuh mit hohem od. halbhohem Absatz [engl.: Herkunft unbekannt]
Pu|na ⟨f.; -; unz.; Geogr.⟩ steppenartiges Hochland zwischen 3000 u. 4500 m in den Anden Argentiniens, Nordchiles, Boliviens u. Perus mit großen tägl. Temperaturunterschieden u. jahreszeitl. Niederschlagsschwankungen u. einer Vegetation aus Gräsern, Zwergsträuchern u. Polsterpflanzen [span.]
Punch[1] ⟨[pʌntʃ] m.; -s, -s⟩ **1** Hanswurst im engl. Puppenspiel u. in der engl. Komödie des 18. Jh. **2** ⟨unz.⟩ Name eines 1841 von Ch. Dickens mitgegründeten engl. Witzblattes [engl.; verkürzt < *punchinello* < ital. *pulcino;* → *Pulcinella*]

801

Punch² ⟨[pʌntʃ] m.; -s, -s; Boxen⟩ harter Faustschlag [<engl. *punch* »mit der Faust schlagen; Faustschlag«]

pun|chen ⟨[pʌntʃən] V.; bes. Sport⟩ mit der Faust schlagen, boxen [<engl. *punch*]

Pun|cheon ⟨[pʌntʃən] n.; -s, -⟩ 1 amerikan. Maß für Maismehl, 362,9 kg 2 engl. Hohlmaß für Wein, 381,6 l [<mengl. *poncion*, mfrz. *poinçon;* weitere Herkunft unbekannt]

Pun|cher ⟨[pʌntʃər] m.; -s, -; Sport; Boxen⟩ schlagkräftiger Boxer [→ *Punch²*]

Pun|ching|ball ⟨[pʌntʃɪŋ-] m.; -(e)s, -bäl|le⟩ frei beweglich aufgehängter Ball in Höhe des Kopfes zum Trainieren der Schnelligkeit u. der Treffsicherheit beim Boxen [<engl. *punching ball* »Stoßball«, <*punch* »mit der Faust schlagen, stoßen« + *ball* »Ball«]

Punc|tum Punc|ti ⟨n.⟩ der wesentliche Punkt, das Wesentliche, das Wichtigste (bes. bei finanziellen Angelegenheiten) [lat., »der Punkt der Punkte«]

Punc|tum sa|li|ens ⟨geh.⟩ der springende Punkt [lat.]

pu|ni|tiv ⟨Adj.; veraltet⟩ strafend [zu lat. *punire* »strafen«]

Punk ⟨[pʌŋk] 1 ⟨m.; -s; unz.⟩ Protestbewegung der Jugendlichen in den 70er- u. 80er-Jahren 2 ⟨m.; -s, -s⟩ = Punker (1) [<engl.-amerikan. *punk* »Landstreicher, junger Tunichtgut«; weitere Herkunft unsicher]

Pun|ker ⟨[pʌŋ-] m.; -s, -⟩ 1 Angehöriger einer von London ausgehenden Protestbewegung Jugendlicher gegen die Gesellschaft, die durch auffälliges Aussehen, z. B. grell gefärbte Haare, zerrissene Kleidung, Sicherheitsnadel im Gesicht, Metallketten als Schmuck) u. rüdes Benehmen provozieren wollen; *Sy* Punk (2) 2 Musiker des Punkrocks [→ *Punk*]

Pun|ke|rin ⟨[pʌŋ-] f.; -, -rin|nen⟩ weibl. Punker

pun|kig ⟨[pʌŋ-] Adj.⟩ in der Art des Punks, zu ihm gehörig, ihn betreffend

Punk|rock ⟨[pʌŋk-] m.; -s; unz.⟩ Rockmusik mit sehr schnellen, hämmernden Rhythmen

Punkt|al|glas® ⟨n.; -es, -gläser⟩ Brillenglas, das vorn konvex u. hinten konkav gewölbt ist, um eine scharfe Abbildung auch bei schrägem Durchblick zu ermöglichen

Punk|ta|ti|on ⟨f.; -, -en⟩ 1 vorläufige Festlegung (eines Vertrages) in den wichtigsten Punkten 2 Einsetzung von Punkten, die die Vokale ersetzen, unter od. über den Konsonanten der hebräischen Schrift [→ *Punkt*]

punk|tie|ren ⟨V.⟩ 1 *jmdn.* ~ ⟨Med.⟩ an jmdm. eine Punktion vornehmen 2 *etwas* ~ mit vielen Punkten versehen; *punktierte Linie* durch Punkte angedeutete L. [<mlat. *punctare* »Einstiche, Punkte machen«; zu lat. *pungere* »stechen«]

Punk|tier|ma|nier ⟨f.; -; unz.; Kunst⟩ Art des Kupferstiches, bei dem sich die Zeichnung aus feinen, mit der Punze gestochenen Punkten zusammensetzt

Punk|ti|on ⟨f.; -, -en; Med.⟩ Entnahme von Flüssigkeit od. Gewebe aus dem Körper mit einer Hohlnadel für diagnost. Zwecke [<lat. *punctio* »das Stechen«; zu *pungere* »stechen«]

Punkt|mu|ta|ti|on ⟨f.; -, -en; Genetik⟩ = Genmutation

punk|tu|ell ⟨Adj.⟩ an, in einzelnen Punkten, einzelne Punkte betreffend

Punk|tum! Schluss!; *und damit ~!; ~, so wird's gemacht (und nicht anders)!* [<lat. *punctum* »Punkt«]

Punk|tur ⟨f.; -, -en; Med.⟩ Einstich in Körpergewebe od. ein Organ zu therapeut. Zwecken

Punsch ⟨m.; -(e)s, -e⟩ Getränk aus Rum od. Arrak mit Wasser od. Tee, auch Wein, u. Zucker, meist heiß getrunken [<engl. *punch* <Hindi *pantsch* »fünf« (nach den fünf Zutaten)]

Punsch|glas ⟨n.; -es, -gläser⟩ Trinkglas mit Henkel ohne Fuß für Punsch

Pun|ze ⟨f.; -, -n⟩ 1 meißelartiger Stempel zum Anfertigen erhabener Muster in Metall od. Leder 2 ⟨österr.⟩ eingestanztes Zeichen zur Angabe des Goldgehalts 3 in Gegenstände aus Edelmetall vom amtl. Prüfer eingeschlagenes Zeichen als Bestätigung des Feingehaltes u. der Qualität, Beschauzeichen [<mhd. *punze* »Stichel« <ital. *punzone* »Stoß, Stempel« <lat. *punctio* »das Stechen« <*pungere* »stechen«]

pun|zen ⟨V.⟩ = punzieren

pun|zie|ren ⟨V.⟩ *Sy* punzen 1 mit der Punze stanzen, treiben (Metall, Leder) 2 mit dem Prüfungszeichen stempeln (Gold)

pu|pil|lar ⟨Adj.⟩ 1 ⟨Med.⟩ die Pupille betreffend, zu ihr gehörend 2 ⟨Rechtsw.⟩ = pupillarisch

pu|pil|la|risch ⟨Adj.; Rechtsw.⟩ das Mündel betreffend; ~ *sicher* mündelsicher; *oV* pupillar (2) [<lat. *pupillus* »Waisenkind«; zu *pupus* »Bübchen«]

Pu|pil|le ⟨f.; -, -n; Anat.⟩ die Öffnung der Regenbogenhaut des Auges, Sehloch [<lat. *pupilla* »Pupille«, Verkleinerungsform zu *pupa* »Mädchen, Puppe« (nach dem Püppchen, als das sich der Betrachter im Auge seines Gegenübers abbildet)]

pu|pi|par ⟨Adj.; Zool.⟩ Larven gebärend, die sich sofort verpuppen [<lat. *pupa* »Mädchen, Puppe« + ...*par* <lat. *parere* »gebären«]

Pu|pi|pa|rie ⟨f.; -; unz.; Zool.⟩ Erscheinung, dass sich Insektenlarven sofort nach der Geburt verpuppen [→ *pupipar*]

Pup|pet ⟨[pʌpət] n.; -s, -s⟩ Marionette [engl., »Puppe, Marionette«]

pur ⟨Adj.⟩ rein, lauter, unverfälscht, unverdünnt; ~*es Gold; aus* ~*er Neugierde sah er; es war* ~*er Zufall; den Whisky* ~ *trinken* [<lat. *purus* »rein«]

Pü|ree ⟨n.; -s, -s; Kochk.⟩ Brei, Mus; *Erbs*~; *Kartoffel*~ [<frz. *purée* »Brei aus Hülsenfrüchten«; zu *purer* »reinigen«; zu lat. *purus* »rein«]

Pur|gans ⟨n.; -, -gan|zi|en od. -gan|tia; Pharm.⟩ Abführmittel [→ *Purgation*]

Pur|ga|ti|on ⟨f.; -, -en; Rechtsw.⟩ (gerichtl.) Rechtfertigung [<lat. *purgatio* »Reinigung«; zu *purgare* »reinigen«]

pur|ga|tiv ⟨Adj.; Med.⟩ abführend [<lat. *purgativus* »reinigend«; zu *purgare* »reinigen«]

Pur|ga|tiv ⟨n.; -s, -e [-və]; Pharm.⟩ Abführmittel
Pur|ga|to|ri|um ⟨n.; -s; unz.⟩ Fegefeuer [<lat. *purgatorius* »reinigend«; zu *purgare* »reinigen«]
pur|gie|ren ⟨V.; Med.⟩ abführen [<lat. *purgare* »reinigen«]
pü|rie|ren ⟨V.⟩ zu Püree machen, fein zerkleinern
Pu|ri|fi|ka|ti|on ⟨f.; -, -en; kath. Kirche⟩ Reinigung (bes. des Kelches nach der Kommunion) [<lat. *purus* + ...*fikation*]
pu|ri|fi|zie|ren ⟨V.; kath. Kirche⟩ reinigen, läutern [<lat. *purus* »rein« + ...*fizieren*]
Pu|rim ⟨n.; -s; unz.; kurz für⟩ Purimfest
Pu|rim|fest ⟨n.; -(e)s; unz.⟩ jüd. Fest zur Erinnerung an die Abwendung eines pers. Pogroms gegen die Juden durch Esther; *Sy* Purim [hebr.; zu pers. *pur* »Los«]
Pu|rin ⟨n.; -s, -e; Biochemie⟩ organ.-chem. Verbindung, z. B. Coffein od. Theobromin, Bestandteil der Harnsäureverbindungen [<lat. *purus* »rein« + *urina* »Harn«]
Pu|ris|mus ⟨m.; -; unz.⟩ **1** ⟨allg.⟩ schlichter u. einfacher Stil, der bewusst auf zierendes Beiwerk verzichtet **2** ⟨Arch.⟩ Entfernen von stilfremden Elementen bei Bauwerken **3** ⟨Mal.⟩ Stilrichtung des 20. Jh., die rationale Gestaltungsprinzipien u. den Verzicht auf dekorative Elemente propagiert **4** ⟨Sprachw.⟩ (übertriebenes) Streben, die Sprache von Fremdwörtern zu reinigen [<lat. *purus* »rein«]
pu|ris|si|mum ⟨Adv.; Chemie⟩ von höchster Reinheit, so dass mit normalen chem. Analysemethoden keine Fremdstoffe mehr nachgewiesen werden können [→ *pur*]
Pu|rist ⟨m.; -en, -en⟩ Anhänger des Purismus
Pu|ris|tin ⟨f.; -, -tin|nen⟩ Anhängerin des Purismus
pu|ris|tisch ⟨Adj.⟩ auf Purismus beruhend, in der Art des Purismus
Pu|ri|ta|ner ⟨m.; -s, -⟩ **1** Vertreter, Anhänger des Puritanismus **2** ⟨fig.⟩ sittenstrenger Mensch
pu|ri|ta|nisch ⟨Adj.⟩ **1** zum Puritanismus gehörend, auf ihm beruhend, von ihm ausgehend **2** ⟨fig.⟩ sittenstreng
Pu|ri|ta|nis|mus ⟨m.; -; unz.⟩ seit etwa 1560 Bewegung in der engl. protestant. Kirche, die im Sinne Calvins die anglikan. Kirche von kath. Elementen reinigen, die bischöfliche durch eine Presbyterialverfassung ersetzen wollte u. ein sittenstrenges persönl. Leben erstrebte [<lat. *purus* »rein«]
Pu|ri|tät ⟨f.; -; unz.; veraltet⟩ Sittenreinheit, Unschuld [<lat. *puritas* »Reinheit«; zu *purus* »rein«]
Pur|pur ⟨m.; -s; unz.⟩ blaustichiger roter Farbstoff, ursprüngl. aus den im Mittelmeer lebenden Purpurschnecken gewonnen [<ahd. *purpura* <lat. *purpura* <grch. *porphyra* »Purpurschnecke, aus dem Saft der Purpurschnecke gewonnener Farbstoff«]
Pur|pur|bak|te|ri|en ⟨Pl.; Biol.⟩ fotosynthetisch aktive Bakterien, deren Pigmente einen purpurnen Farbeindruck vermitteln
Pur|pu|rin ⟨n.; -s; unz.⟩ roter Farbstoff aus der Wurzel der Färberröte, Krappfarbstoff
Pur|ser ⟨[pœːsə(r)] m.; -s, -; Flugw.⟩ Chefsteward, leitender Steward im Flugzeug [engl., eigtl. »Zahlmeister«]
Pur|se|ret|te ⟨[pəsərɛtə] f.; -, -n; Flugw.⟩ Chefstewardess, leitende Stewardess im Flugzeug [<*Purser* + engl. <frz. (fem.) Verkleinerungsendung -*ette*]
pu|schen ⟨V.⟩ *oV* pushen **1** antreiben, in Schwung bringen; *den Verkauf einer Ware* ~ **2** ⟨umg.⟩ dazu beitragen, dass jmd. beruflich weiterkommt, in der Hierarchie aufsteigt; *jmdn. dadurch* ~, *dass man ihn für einen bestimmten Posten vorschlägt* [<engl. *push* »stoßen, treiben«]
Pusch|tu ⟨n.; - od. -s; unz.⟩ afghanische Sprache; *oV* Paschtu
Push ⟨[puʃ] m.; -(e)s, -es [-ʃɪz]⟩ **1** ⟨umg.⟩ (nachdrückliche) Unterstützung eines Produktes od. einer Person durch Werbemaßnahmen, Sponsoring, Nutzen von Beziehungen usw. **2** ⟨Sport; Golf⟩ Schlag, der den Ball zu weit in die der Schlaghand entgegengesetzten Richtung treibt [<engl. *push* »Stoß; stoßen«]
Push-and-pull-Theo|rie ⟨[puʃ ænd pʊl-] f.; -; unz.; Geogr.⟩ Theorie zur Deutung von Bevölkerungswanderungen zwischen Gebieten mit unterschiedlichem Lebensstandards u. Arbeitsmöglichkeiten, z. B. Land u. Stadt [engl., eigtl. »Abstoßung und Anziehung«]
Push|ball ⟨[puʃbɔːl] m.; -s; unz.; Sport⟩ nordamerikan. Spiel, bei dem ein hohler Ball vom bis zu 180 cm Durchmesser durch das gegner. Tor getrieben, gestoßen od. gerollt wird [<engl. *push* »stoßen« + *ball* »Ball«]
pu|shen ⟨[puʃən] V.; umg.⟩ **1** mit »harten« Drogen handeln **2** puschen [<engl. *push* »stoßen«]
Pu|sher ⟨[puʃə(r)] m.; -s, -; umg.⟩ Händler mit »harten« Drogen, z. B. Heroin; →a. Dealer [zu engl. *push* »stoßen«]
Push-up-BH ⟨[puʃʌp-] m.; -s, -s⟩ den Busen (scheinbar) vergrößernder BH mit gepolsterten Körbchen; *Sy* Wonderbra [<engl. *push up* »hinaufschieben«]
pus|sie|ren ⟨V.⟩ = poussieren
Pus|tel ⟨f.; -, -n; Med.⟩ Bläschen, Pickel, Eiterblase auf der Haut [<lat. *pustula* »Hautbläschen«]
pus|tu|lös ⟨Adj.; Med.⟩ mit Pusteln einhergehend, mit Pusteln versehen [<frz. *pustuleux* »mit Pusteln behaftet«]
Pusz|ta ⟨f.; -; unz.; Geogr.⟩ ungar. Steppe [<ungar. *puszta* »Heide; öde, nackt, leer«]
pu|ta|tiv ⟨Adj.; Rechtsw.⟩ vermeintlich, irrtümlich [<lat. *putativus* »vermeintlich«; zu *putare* »vermuten, meinen«]
Pu|ta|tiv|ehe ⟨f.; -, -n; Rechtsw.; kath. Kirche⟩ ungültige Ehe, bei deren Zustandekommen jedoch wenigstens einer der Partner über das bestehende Ehehindernis nicht informiert war [→ *putativ*]
Pu|ta|tiv|not|wehr ⟨f.; -; unz.; Rechtsw.⟩ Notwehr, die auf der irrigen Annahme einer Bedrohung beruht
Pu|tre|fak|ti|on *auch:* **Pu|tre|fak|ti|on** ⟨f.; -, -en; Med.⟩ Verwesung, Fäulnis [<lat. *puter* »faul« + ...*faktion*]

Putrefaktion

803

Putreszenz

Pu|tres|zenz *auch:* **Put|res|zenz** ⟨f.; -, -en; Med.⟩ = Putrefaktion [→ *putreszieren*]
pu|tres|zie|ren *auch:* **put|res|zie|ren** ⟨V.; Med.⟩ verwesen, verfaulen [< lat. *putrescere* »in Fäulnis übergehen«; zu *puter* »faul«]
Putt ⟨m.; - od. -s, -s; Sport; Golf⟩ leichter, kurzer Schlag auf dem Grün [engl.; → *putten*]
Put|te ⟨f.; -, -n⟩ = Putto
put|ten ⟨V.; Sport; Golf⟩ einlochen [< engl. *put, putt* »(Golfball) mit bes. Schläger kurz u. leicht über das Grün schlagen, einlochen«]
Put|ter ⟨m.; -s, -; Sport⟩ Golfschläger zum Putten
Put|to ⟨m.; -s, Put|ti od. Put|ten; Kunst⟩ kleiner Engel in Gestalt eines Knaben mit od. ohne Flügel; *oV* Putte [< ital. *putto* »Knäblein« < lat. *putus* »Knabe«]
puz|zeln ⟨[pʌzln] od. [pʊzln] V.⟩ ein Puzzlespiel zusammensetzen
Puz|zle *auch:* **Puzz|le** ⟨[pʌzl] od. [pʊzl] n.; -s, -s⟩ Geduldsspiel, bei dem viele kleine Teile zu einem Bild zusammengesetzt werden müssen [< engl. *puzzle* »Rätsel, Geduldsspiel«, eigtl. »Verlegenheit«]
Puz|zo|lan ⟨n.; -s, -e⟩ natürlich vorkommende od. aus Hochofenschlacke gewonnene Tonerdeverbindung, die mit alkalisch reagierenden Anregern (Kalk, Zement, Gips) mit Wasser u. unter Wasser erhärtet; *oV* Pozzolan [nach dem urspr. Fundort *Pozzuolo* am Vesuv]
PVC ⟨Abk. für⟩ Polyvinylchlorid
pwt ⟨Abk. für⟩ Pennyweight
py..., Py... ⟨in Zus.⟩ = pyo..., Pyo...
Py|ä|mie ⟨f.; -, -n; Med.⟩ Blutvergiftung als Folge einer Verschleppung von Eiter erzeugenden Keimen [< *Pyo...* + *...haimía*]
Py|ar|thro|se *auch:* **Py|arth|ro|se** ⟨f.; -, -n; Med.⟩ eitrige Gelenkentzündung [< *Pyo...* + *Arthrose*]
Py|el|li|tis ⟨f.; -, -ti|den; Med.⟩ Nierenbeckenentzündung; *Sy* Nephropyelitis [< grch. *pyelos* »Becken«]

Py|e|lo|gra|fie ⟨f.; -, -n; Med.⟩ = Pyelographie
Py|e|lo|gramm ⟨n.; -s, -e; Med.⟩ Röntgenaufnahme des Nierenbeckens u. der Harnwege [< grch. *pyelos* »Becken« + *gramma* »Schriftzeichen«]
Py|e|lo|gra|phie ⟨f.; -, -n; Med.⟩ Darstellung des Nierenbeckens, der Nierenkelche, des Harnleiters u. der Blase mit Hilfe eines Röntgenkontrastmittels; *oV* Pyelografie [< grch. *pyelos* »Becken« + *...graphie*]
Pyg|mäe ⟨m.; -n, -n⟩ Angehöriger einer Gruppe verschiedener zwergwüchsiger Stämme in Afrika u. Südostasien [< lat. *pygmaeus* »Pygmäen betreffend« < grch. *pygmaios*; grch. *pygme* »Faust; Längenmaß«]
pyg|mä|isch ⟨Adj.⟩ **1** zu den Pygmäen gehörend, sie betreffend **2** zwergwüchsig
Py|ja|ma ⟨[pydʒaːma] m.; -s, -s od. österr. u. schweiz. n.; -s, -s⟩ Schlafanzug [engl. < Hindi *paejama* »lose, um die Hüften geknüpfte Hose«]
Pyk|ni|ker ⟨m.; -s, -⟩ gedrungener, zu Fettansatz neigender Konstitutionstyp; →*a*. Endomorphie [zu grch. *pyknos* »dicht, fest, stark, groß«]
pyk|nisch ⟨Adj.⟩ in der Art eines Pyknikers, untersetzt, gedrungen; →*a*. endomorph
Pyk|no|me|ter ⟨n.; -s, -⟩ Gerät zum Bestimmen der Dichte von Flüssigkeiten od. festen Stoffen mit eingesetztem Thermometer [< *pyknos* »dicht, fest« + *...meter*]
Pyk|no|se ⟨f.; -, -n; Med.⟩ Verdichtung von Zellkernen mit vielen Chromatinkörnchen beim Absterben der Zelle [zu grch. *pyknos* »dicht, fest«]
Py|lon ⟨m.; -en, -en⟩ *oV* Pylone **1** ⟨ägypt. Arch.⟩ Eingangstor zum Tempel mit zwei festungsartigen Türmen **2** ⟨danach⟩ das Seil tragende Stütze einer Hängebrücke [< grch. *pylon* »Tor«]
Py|lo|ne ⟨f.; -, -n⟩ = Pylon
Py|lo|ro|spas|mus ⟨m.; -, -spas|men⟩ Krampf des Magenpförtners [< *Pylorus* + *Spasmus*]
Py|lo|rus ⟨m.; -, -lo|ren; Anat.⟩ Schließmuskel am Ausgang des Magens, Magenpförtner [neulat. < grch. *pyloros* »Torhüter«]
py|o..., Py|o... ⟨vor Vokalen⟩ **py..., Py...** ⟨in Zus.⟩ eitrig, eiter..., Eiter... [< grch. *pyon* »Eiter«]
py|o|gen ⟨Adj.; Med.⟩ Eiterung erregend [< *pyo...* + *...gen*[1]]
Py|or|rhö ⟨f.; -, -en; Med.⟩ = Pyorröe
Py|or|rhöe ⟨[-røː] f.; -, -n; Med.⟩ Eiterfluss; *oV* Pyorrhö [< *Pyo...* + *...rrhö* < neulat. *...rhoea*; zu *rhein* »fließen«]
py|or|rho|isch ⟨Adj.⟩ mit Pyorrhö einhergehend
pyr..., Pyr... ⟨in Zus.⟩ = pyro..., Pyro...
py|ra|mi|dal ⟨Adj.⟩ **1** pyramidenförmig **2** ⟨fig.; umg.⟩ riesenhaft, gewaltig, überwältigend
Py|ra|mi|de ⟨f.; -, -n⟩ **1** altägypt. Grabbau **2** Gebilde in Form einer Pyramide *(Weihnachts~)* od. aus pyramidenförmig aufrecht zusammengestellten Einzelteilen *(Gewehr~)* **3** ⟨Geom.⟩ geometr. Körper mit einem Viereck als Basis u. dreieckigen Seitenflächen, die in einer Spitze zusammenlaufen [< grch. *pyramis*, vermutl. < altägypt. *mr* »Pyramide«]
Py|ra|no|me|ter *auch:* **Py|ra|no|me|ter** ⟨n.; -s, -⟩ meteorolog. Gerät zum Messen der Sonnen- u. Himmelsstrahlung sowie des Streulichts bei bedecktem Himmel [< grch. *pyr* »Feuer« + *...meter*]
Py|rar|gy|rit ⟨m.; -(e)s, -e; Min.⟩ dunkles Rotgültigerz [< grch. *pyr* »Feuer« + *argyros* »Silber«]
Py|re|thrum *auch:* **Py|reth|rum** ⟨n.; -s, -re|thra; Bot.⟩ Chrysanthemenart [< grch. *pyrethron*; zu *pyr* »Feuer«]
Py|re|ti|kum ⟨n.; -s, -ti|ka; Med.⟩ Fieber erzeugendes Mittel [< grch. *pyretos* »Fieber«; zu *pyr* »Feuer«]
py|re|tisch ⟨Adj.; Med.⟩ Fieber erzeugend [zu grch. *pyretos* »Fieber«]
Py|re|xie *auch:* **Py|rex|ie** ⟨f.; -, -n; Med.⟩ Fieberanfall [< grch. *pyressein* »fiebern«; zu *pyr* »Feuer«]
Pyr|ge|o|me|ter ⟨n.; -s, -⟩ Messgerät zur Bestimmung der von der Erdoberfläche ausgehen-

den elektromagnet. Strahlung [<*Pyro...* + *geo...* + *...meter*]
Pyr|he|li|o|me|ter ⟨n.; -s, -⟩ meteorolog. Gerät zum Messen der direkt einfallenden Sonnenstrahlung [<grch. *pyr* »Feuer« + *helios* »Sonne« + *...meter*]
Py|ri|din ⟨n.; -s; unz.; Chemie⟩ heterocyclische Verbindung, Derivat des Benzols, wobei ein Kohlenstoffatom durch ein Stickstoffatom ersetzt ist, Grundkörper vieler organischer Verbindungen, zur Herstellung von Arzneimitteln u. zum Vergällen von Alkohol verwendet [<grch. *pyr* »Feuer«]
Py|ri|mi|din ⟨n.; -s, -e; Chemie⟩ vom Pyridin abgeleitete heterocyclische Verbindung, die in Form zahlreicher Derivate als Bestandteil der Nucleinsäuren auftritt
Py|rit ⟨m.; -s, -e; Min.⟩ Schwefelkies, Eisenkies, im Volksmund Katzengold, gelbes, braun anlaufendes Mineral, dient zur Gewinnung von Schwefelsäure u. Eisenvitriol [<grch. *pyr* »Feuer«]
py|ro..., Py|ro... ⟨in Zus.⟩ durch Feuer, Hitze, Wärme bewirkt, feuer..., Feuer... [<grch. *pyr* »Feuer«]
py|ro|elek|trisch *auch:* **py|ro|elektrisch** ⟨Adj.; Physik⟩ durch Pyroelektrizität bewirkt, auf ihr beruhend, sie betreffend
Py|ro|elek|tri|zi|tät *auch:* **Py|ro|elektri|zi|tät** ⟨f.; -; unz.; Physik⟩ durch Temperaturänderungen bei manchen Kristallen auftretende elektrische Spannungen an den Kristalloberflächen
Py|ro|gal|lol ⟨n.; -s; unz.; Chemie⟩ = Pyrogallussäure
Py|ro|gal|lus|säu|re ⟨f.; -; unz.; Chemie⟩ zum Färben der Haare, früher auch als fotograf. Entwickler verwendetes Mittel zur Reduktion, das durch Erhitzen von Gallussäure entsteht, chem. Trioxibenzol; *Sy* Pyrogallol [<*Pyro...* + *Gallussäure*]
py|ro|gen ⟨Adj.⟩ **1** ⟨Med.⟩ Fieber erzeugend **2** ⟨Min.⟩ aus glühendem Magma entstanden [<*Pyro...* + *...gen¹*]
Py|ro|gen ⟨n.; -s, -e; Med.⟩ von Bakterien gewonnenes, Fieber hervorrufendes Protein [<*Pyro...* + *...gen*]
Py|ro|ly|se ⟨f.; -, -n; Chemie⟩ Zersetzung infolge Einwirkung höherer Temperaturen, z. B. zum Reinigen von Backöfen [<*Pyro...* + *...lyse*]
Py|ro|ly|se|an|la|ge ⟨f.; -, -n⟩ Anlage zum langsamen Verbrennen von Müll, wobei wiederverwertbare Gase u. Öle gewonnen werden
py|ro|ly|tisch ⟨Adj.; Chemie⟩ auf Pyrolyse beruhend, sie betreffend, mit ihrer Hilfe
Py|ro|ma|ne ⟨m.; -n, -n; Med.; Psych.⟩ jmd., der an Pyromanie leidet
Py|ro|ma|nie ⟨f.; -; unz.; Med.; Psych.⟩ krankhafter Trieb zur Brandstiftung [<*Pyro...* + *Manie*]
py|ro|ma|nisch ⟨Adj.; Med.; Psych.⟩ die Pyromanie betreffend, auf ihr beruhend, wie ein Pyromane
Py|ro|me|tall|ur|gie *auch:* **Py|ro|metall|ur|gie** ⟨f.; -; unz.; Met.⟩ Gewinnung von Metall bei höheren Temperaturen
Py|ro|me|ter ⟨n.; -s, -⟩ Gerät zum Messen hoher Temperaturen [<*Pyro...* + *...meter*]
Py|ro|mor|phit ⟨m.; -s, -e; Min.⟩ grünes, braunes, auch gelbes, leicht schmelzbares Mineral, Buntbleierz [<*Pyro...* + grch. *morphe* »Gestalt«]
Py|ro|my|zet ⟨m.; -en, -en; meist Pl.; Bot.⟩ Kernpilz, Angehöriger der formenreichen Gruppe der Schlauchpilze, die parasitisch in Pflanzen od. saprophytisch in faulem Holz od. Mist lebt: Pyromycetales [<*Pyro...* + *Myzet*]
Py|ron ⟨n.; -s, -e; Chemie⟩ vom Benzol abgeleitete heterocyclische Verbindung mit einem Sauerstoffatom im Ringgerüst [<grch. *pyr* »Feuer«]
Py|rop *auch:* **Py|rop** ⟨m.; -(e)s, -e; Min.⟩ dunkelroter, bräunlicher Granat [zu grch. *pyropos* »feuerähnlich«]
Py|ro|pho|bie ⟨f.; -; unz.; Psych.⟩ krankhafte Furcht vor Feuer
py|ro|phor ⟨Adj.⟩ selbstentzündlich [+ *...phor¹*]
Py|ro|phor ⟨m.; -s, -e; Chemie⟩ feinstes Metallpulver aus Eisen, Nickel od. Blei, das durch Reduktion von Oxiden im Wasserstoffstrom hergestellt wird u. bei Kontakt mit Luft sofort verbrennt [<*Pyro...* + *...phor*]
Py|ro|sis ⟨f.; -; unz.; Med.⟩ Sodbrennen [<grch. *pyr*, Gen. *pyros* »Feuer«]
Py|ro|stil|pnit ⟨m.; -s, -e; Min.⟩ dunkles Silbererz, Feuerblende [<*Pyro...* + grch. *stilpnos* »glänzend, leuchtend«; zu *stilbein* »glänzen, leuchten«]
Py|ro|tech|nik ⟨f.; -; unz.⟩ Feuerwerkerei
Py|ro|tech|ni|ker ⟨m.; -s, -⟩ Feuerwerker
py|ro|tech|nisch ⟨Adj.⟩ zur Pyrotechnik gehörend, auf ihr beruhend, mit ihrer Hilfe [<*pyro...* + *technisch*]
Py|ro|xen ⟨m.; -s, -e; Min.⟩ = Augit [<*Pyro...* + grch. *xenos* »fremd«]
Py|ro|xe|nit ⟨m.; -s, -e; Min.⟩ ein Tiefengestein [<*Pyro...* + grch. *xenos* »fremd«]
Pyr|rhi|chi|us ⟨m.; -, -chii⟩ **1** ⟨von Flötenmusik begleitete⟩ Waffentanz im antiken Griechenland **2** ⟨Metrik⟩ antiker Versfuß aus zwei Kürzen [<grch. *pyrrhichios* »zum Waffentanz gehörig«]
Pyr|rhus|sieg ⟨m.; -(e)s, -e; fig.⟩ mit zu großen Opfern erkaufter Sieg [nach dem Sieg des Königs *Pyrrhus* von Epirus über die Römer bei Asculum 279 v. Chr.]
Pyr|rol ⟨n.; -s; unz.; Chemie⟩ im Steinkohlenteer u. im Knochenfett vorkommende heterocyclische, organ. Base [<grch. *pyrros* »feuerartig, feuerfarben« + *...ol*]
py|tha|go|rä|isch ⟨Adj.⟩ = pythagoreisch
py|tha|go|re|isch ⟨Adj.⟩ von dem grch. Mathematiker Pythagoras stammend, zu seiner Lehre gehörig; *oV* pythagoräisch; ~*er Lehrsatz* angeblich von Pythagoras entdeckter, in Wirklichkeit bereits allen Kulturen des Altertums bekannter Lehrsatz über die Seitenverhältnisse in rechtwinkligen Dreiecken, nach dem die Summe der Fläche der Quadrate über den beiden Katheten u. b gleich der

Pythia

Fläche des Quadrates über der Hypotenuse c ist: $a^2 + b^2 = c^2$

Py|thia ⟨f.; -, Py|thi|en; fig.; umg.⟩ angebliche Weissagerin, geheimnisvolle Andeutungen machende Frau [nach der grch. Priesterin *Pythia* in *Pytho*, heute Delphi]

py|thisch ⟨Adj.⟩ orakelhaft, dunkel, rätselhaft

Python ⟨m.; -s, -s od. -tho|nen; Zool.⟩ Angehöriger einer Unterfamilie Eier legender Riesenschlangen: Pythonidae; *Sy* Pythonschlange [nach *Python*, dem von Apollo getöteten Ungeheuer der grch. Sage]

Py|thon|schlan|ge ⟨f.; -, -n; Zool.⟩ = Python

Py|u|rie ⟨f.; -, -n; Med.⟩ Ausscheiden von eitrigem Harn

Py|xis ⟨f.; -, -xi|den⟩ Hostienbehälter im Tabernakel [<grch. *pyxos* »Buchsbaum«]

q 1 ⟨nicht mehr zulässige Abk. für⟩ Flächen..., z. B. qm (= m²), qkm (= km²) **2** ⟨Abk. für⟩ Quintal

Q ⟨Zeichen für⟩ elektrische Ladung u. Wärmemenge

qcm ⟨nicht mehr zulässige Abk. für⟩ Quadratzentimeter

qdm ⟨nicht mehr zulässige Abk. für⟩ Quadratdezimeter

q. e. d. ⟨Abk. für lat.⟩ quod erat demonstrandum

Q-Fie|ber ⟨n.; -s, -; Med.⟩ gutartig verlaufende, akute, fieberhafte, grippeähnl. Infektionskrankheit [verkürzt <engl. *query* »Fragezeichen« od. zu *Queensland*]

qhm ⟨nicht mehr zulässige Abk. für⟩ Quadrathektometer

Qi|dusch ⟨m.; -, -im⟩ = Kiddusch

Qi|gong ⟨[tʃiguŋ] n.; - od. -s; unz.⟩ aus China stammende (Selbst-)Heilmethode, bei der Erkrankungen von Herz, Kreislauf od. Nervensystem über die Atmung, Bewegung u. Vorstellungskraft behandelt werden [nach dem philos. chines. Begriff *Qi* »Dunst, Äther, Stoff«]

Qi|gong|ku|gel ⟨[tʃiguŋ-] f.; -, -n⟩ Hohlkugel, in der eine innere Kugel durch bestimmte Bewegungen in der Hand in Drehungen versetzt wird, wodurch Vibrationen entstehen, die über die Hand- u. Armmuskulatur den Kreislauf anregen

Qind ⟨[kınt] m.; -s, -e od. (bei Zahlenangaben) -⟩ Währungseinheit in Albanien, $^1/_{100}$ Lek; *Sy* Qindar [alban.]

Qin|dar ⟨[kın-] m.; - od. -s, -dar|ka⟩ = Qind

qkm ⟨nicht mehr zulässige Abk. für⟩ Quadratkilometer

qm ⟨nicht mehr zulässige Abk. für⟩ Quadratmeter

qmm ⟨nicht mehr zulässige Abk. für⟩ Quadratmillimeter

qr. ⟨Abk. für⟩ Quarter, Quarters

qrs. ⟨Abk. für⟩ Quarter, Quarters

qua als, in der Eigenschaft als...; *~ Mediziner (muss ich sagen...)* [lat.]

Quack|sal|ber ⟨m.; -s, -; abwertend⟩ Arzt, der von seinem Handwerk nichts versteht, Kurpfuscher [<ndrl. *kwaksalver* »prahler. Salbenkrämer« <*kwakken* »schwatzen, prahlen« + *zalven* »salben«]

Qua|der ⟨m.; -s, -⟩ **1** rechteckig behauener Block **2** ⟨Math.⟩ Körper mit drei Paar kongruenten, in parallelen Ebenen liegenden Rechtecken als Oberfläche [<mhd. *quader* <mlat. *quadrus (lapis)* »viereckiger Stein«; zu lat. *quattuor* »vier«]

◆ Die Buchstabenfolge **qua|dr**... kann auch **quad|r**... getrennt werden.

◆ **Qua|dra|ge|si|ma** ⟨f.; -; unz.⟩ 40. Tag vor Karfreitag, Beginn der Fastenzeit [<lat. *quadragesima (dies)* »der 40. (Tag)«; zu *quadraginta* »vierzig«]

◆ **Qua|dran|gel** ⟨n.; -s, -⟩ **1** rechteckiger Platz ⟨veraltet⟩ **2** Viereck [<lat. *quadrangulum* »Viereck« <*quattuor* »vier« + *angulus* »Ecke, Winkel«]

◆ **qua|dran|gu|lär** ⟨Adj.⟩ viereckig

◆ **Qua|drant** ⟨m.; -en, -en⟩ **1** Viertelkreis **2** Messgerät für Höhenwinkel **3** ⟨Astron.; Nautik⟩ Gerät zum Bestimmen von Höhen im Meridian [<lat. *quadrans* »der vierte Teil«, Part. Präs. zu *quadrare* »viereckig machen«; zu *quadrus* »viereckig«]

◆ **Qua|drat** ⟨n.; -(e)s, -e⟩ **1** Viereck mit vier gleichen Seiten u. vier rechten Winkeln **2** ⟨Math.⟩ die 2. Potenz; *eine Zahl ins ~ erheben* [<lat. *quadratum* »Viereck«; → Quadrant]

◆ **Qua|drat|de|zi|me|ter** ⟨m. od. n.; -s, -; Zeichen: dm²⟩ Maßeinheit, Fläche eines Quadrates, dessen Seiten je 1 Dezimeter lang sind

◆ **Qua|drat|hek|to|me|ter** ⟨m. od. n.; -s, -; Zeichen: hm²⟩ Maßeinheit, Fläche eines Quadrates, dessen Seiten je 1 Hektometer lang sind

◆ **qua|dra|tisch** ⟨Adj.⟩ **1** in der Form eines Quadrats **2** ⟨Math.⟩ in der zweiten Potenz; *~e Gleichung* algebraische Gleichung zweiten Grades nach der Formel $ax^2 + bx + c = 0$

◆ **Qua|drat|ki|lo|me|ter** ⟨m. od. n.; -s, -; Zeichen: km²⟩ Maßeinheit, Fläche eines Quadrates, dessen Seiten je 1 Kilometer lang sind

◆ **Qua|drat|me|ter** ⟨m. od. n.; -s, -; Zeichen: m²⟩ Maßeinheit, Fläche eines Quadrates, dessen Seiten je 1 Meter lang sind

◆ **Qua|drat|mil|li|me|ter** ⟨m. od. n.; -s, -; Zeichen: mm²⟩ Maßeinheit, Fläche eines Quadrates, dessen Seiten je 1 Millimeter lang sind

◆ **Qua|dra|tur** ⟨f.; -, -en⟩ **1** ⟨Math.⟩ **1.1** Bestimmung einer von einer krummen Linie begrenzten ebenen Fläche durch Berechnung des Integrals **1.2** *~ des Kreises* ⟨fig.⟩ unlösbare Aufgabe (da ein Kreis mit geometrischen Mitteln nicht in ein Quadrat verwandelt werden kann) **2** ⟨Astron.⟩ Stellung eines Planeten, bei dem der Winkel zwischen ihm u. der Sonne, von der Erde aus gesehen, 90° beträgt [<lat. *quadrare* »viereckig machen«; → quadrieren]

qualifiziert

◆ **Qua|drat|wur|zel** ⟨f.; -, -n; Math.⟩ die Zahl b, deren 2. Potenz (b^2) gleich ist, b = √a
◆ **Qua|drat|zahl** ⟨f.; -, -en; Math.⟩ die 2. Potenz einer Zahl, z. B. 4 (= 2^2)
◆ **Qua|drat|zen|ti|me|ter** ⟨m. od. n.; -s, -; Zeichen: cm²⟩ Maßeinheit, Fläche eines Quadrates, dessen Seiten je 1 Zentimeter lang sind
◆ **qua|dri..., Qua|dri...** ⟨in Zus.⟩ vier [lat. *quattuor* »vier...«]
◆ **Qua|dri|en|na|le** ⟨f.; -, -n⟩ im Zyklus von vier Jahren stattfindende Ausstellung od. Veranstaltung im kulturellen Sektor [< *Quadri...* + lat. *analis* »die Jahre betreffend; Jahres...«]
◆ **Qua|dri|en|ni|um** ⟨n.; -s, -ni|en⟩ Zeitraum von vier Jahren [< *Quadri...* + lat. *annus* »Jahr«]
◆ **qua|drie|ren** ⟨V.⟩ *eine Zahl* ~ ins Quadrat erheben, mit sich selbst multiplizieren [< lat. *quadrare* »viereckig machen«; zu *quattuor* »vier«]
◆ **Qua|dri|ga** ⟨f.; -, -dri|gen⟩ **1** antikes zweirädriges Viergespann **2** ⟨fig.; bes. Politik⟩ Gruppe von vier Personen (als Führungsgremium); →a. Troika (3) [lat., < *quattuor* »vier« + *iugum* »Joch«]
◆ **Qua|dril|le** ⟨[-drɪljə] od. [kadrɪljə] od. österr. [kadrɪl] f.; -, -n⟩ **1** (18. bis Anfang 20. Jh.) Tanz mit vier Tänzern od. vier Paaren, die sich im Karree gegenüberstehen, Form des Kontertanzes **2** ⟨früher⟩ zu Musik gerittene (festliche) Dressurvorstellung von mindestens vier Reitern [< frz. *quadrille* < span. *cuadrilla* »Gruppe von vier Reitern, Quadrille« < lat. *cuadrus* »viereckig«]
◆ **Qua|dril|li|ar|de** ⟨f.; -, -n; Math.⟩ dritte Potenz einer Milliarde, 10^{27}
◆ **Qua|dril|li|on** ⟨f.; -, -en; Math.⟩ **1** 4. Potenz einer Million, 10^{24} **2** (USA) = Billiarde, 10^{15} [< lat. *quattuor* »vier« + *Million*]
◆ **Qua|dri|nom** ⟨n.; -s, -e; Math.⟩ aus vier Gliedern bestehende Größe [< *Quadri...* + ...*nom*²]
◆ **Qua|dri|vi|um** ⟨[-vi-] n.; -s; unz.⟩ die vier Lehrgang mittelalterlicher Universitäten, die vier höheren Wissensgebiete

der sieben Freien Künste: Arithmetik, Geometrie, Astronomie, Musik; →a. Trivium [lat., »Kreuzweg, Vierweg« < *quattuor* »vier« + *via* »Weg«]
◆ **qua|dro|fon** ⟨Adj.⟩ = quadrophon
◆ **Qua|dro|fo|nie** ⟨f.; -; unz.⟩ = Quadrophonie
◆ **qua|dro|fo|nisch** ⟨Adj.⟩ = quadrophonisch
◆ **qua|dro|phon** ⟨Adj.⟩ auf Quadrophonie beruhend, zu ihr gehörend; *oV* quadrofon, *Sy* quadrophonisch
◆ **Qua|dro|pho|nie** ⟨f.; -; unz.⟩ Stereophonie über vier Kanäle u. vier Lautsprecher (vorn links u. rechts, hinten links u. rechts); *oV* Quadrofonie [< lat. *quadro, quattuor* »vier« + *phone* »Stimme«]
◆ **qua|dro|pho|nisch** ⟨Adj.⟩ = quadrophon; *oV* quadrofonisch
◆ **Qua|dro|sound** ⟨[-saʊnd] m.; -s; unz.⟩ durch Quadrophonie erzeugter Klang [verkürzt < *Quadrophonie* + *Sound*]
◆ **Qua|dru|ma|ne** ⟨m.; -n, -n; Zool.; veraltet⟩ Vierhänder, Affe [< lat. *quadrumanis* »Vierhänder« < *quattuor* »vier« + *manus* »Hand«]
◆ **Qua|dru|pe|de** ⟨m.; -n, -n; Zool.⟩ Vierfüßer [< lat. *quadrupedus* »Vierfüßer« < *quattuor* »vier« *pes*, Gen. *pedis* »Fuß«]
◆ **Qua|dru|pel** ⟨n.; -s, -; Math.⟩ **1** vier zusammengehörige Zahlen od. Größen **2** ⟨allg.⟩ Vierfaches [< lat. *quadruplus* »vierfach«; zu *quattuor* »vier«]
◆ **Qua|dru|pol** ⟨m.; -s, -e; El.⟩ elektr. Schaltung mit vier Ein- od. Ausgängen, z. B. Zusammenschaltung von zwei Dipolen
Quaes|tio ⟨f.; -, -ti|o|nes⟩ **1** juristische Frage; ~ *Facti* Frage nach den Tatsachen, Vorgängen; ~ *Iuris* Frage nach der Strafbarkeit einer Handlung **2** ⟨Philos.⟩ scholastische Disputationsverfahren zur Entscheidung von Streitfragen in der mündlichen Diskussion u. in schriftlichen Abhandlungen [< lat. *quaestio* »Frage, Untersuchung«; lat. *factum*, Gen. *facti* »Tat, Handlung«; lat. *ius*, Gen. *iuris* »Recht«]

Quag|ga ⟨n.; -s, -s; Zool.⟩ ausgerotteter, zu den Zebras gehörender Einhufer in den Steppen Südafrikas: Equus quagga quagga [< Afrikaans *quagga, kwagga*, vermutl. < Bantu]
Quai ⟨[ke:] m.; -s, -s⟩ = Kai
Quä|ker ⟨m.; -s, -; Rel.⟩ Angehöriger einer evangel., aus der puritan. Bewegung hervorgegangenen, von George Fox 1649 in England gegründeten, von William Penn in den USA weiterentwickelten Gemeinschaft (eigener Name: Gesellschaft der Freunde) [< engl. *quaker* »Zitterer« (eigtl. Spottname, nachdem G. Fox bei einer Gerichtsverhandlung dem Richter zugerufen hatte, er solle Gott verehren u. vor dem Jüngsten Gericht zittern, worauf der Richter ihn spöttisch »Zitterer« nannte)]
Qua|li|fier ⟨[kwɔlɪfaɪə(r)] m.; -s, -; Sport⟩ Spieler od. Mannschaft, der od. die sich in einem Wettkampf für die Teilnahme an der nächsten Runde qualifiziert hat [engl.; zu *qualify* »qualifizieren«]
Qua|li|fi|ka|ti|on ⟨f.; -, -en⟩ **1** das Qualifizieren, Ausbildung **2** Fähigkeit, Eignung, Befähigung **3** Befähigungsnachweis [< frz. *qualification* »Eignung, Befähigung« < mlat. *qualificatio* < lat. *qualis* »wie beschaffen« + *facere* »machen«]
qua|li|fi|zie|ren ⟨V.⟩ **1** *jmdn.* ~ befähigen, fähig machen (zu etwas), durch Unterricht u. Übung ausbilden u. entwickeln (für etwas) **2** *sich* ~ sich ausbilden, sich durch Fleiß u. Übung entwickeln, sich als geeignet erweisen **3** *etwas* ~ **3.1** als geeignet anerkennen **3.2** beurteilen, kennzeichnen [< mlat. *qualificare* »bezeichnen, kennzeichnen, befähigen« < lat. *qualis* »wie beschaffen« + *facere* »machen«]
qua|li|fi|ziert ⟨Adj.⟩ durch Übung, Erfahrung geeignet, befähigt; ~*e Arbeit leisten* sehr gute, brauchbare Arbeit; ~*er Diebstahl* unter erschwerenden Umständen begangener u. deshalb strenger bestrafter Diebstahl; ~*e Mehrheit* für bestimmte

Qualifizierung

Parlamentsbeschlüsse notwendige Mehrheit (Zweidrittel-, Dreiviertelmehrheit) [< mlat. *qualificare* »bezeichnen, kennzeichnen, befähigen«]

Qua|li|fi|zie|rung ⟨f.; -, -en⟩ das Qualifizieren, Qualifikation

Qua|li|tät ⟨f.; -, -en⟩ →*a.* Quantität **1** Art, Beschaffenheit **2** Eigenschaft, Fähigkeit; *auch er hat seine ~en; er hat besondere ~en* **3** ⟨Phon.⟩ Vokalfärbung, z. B. e gegenüber o **4** Sorte, Güte, Brauchbarkeit; *ausgezeichnete, hervorragende, gute ~; beste, mittlere ~* [< lat. *qualitas* »Beschaffenheit, Verhältnis, Eigenschaft«; zu *qualis* »wie beschaffen«]

qua|li|ta|tiv ⟨Adj.⟩ die Qualität betreffend, der Güte, dem Werte nach [< mlat. *qualitativus* »der Beschaffenheit, dem Wert nach«; zu lat. *qualis* »wie beschaffen«]

qua|li|täts|ori|en|tiert ⟨Adj.⟩ auf die Güte u. hochwertige Beschaffenheit von Waren ausgerichtet; *~e Produktion*

Quant ⟨n.; -s, -en⟩ kleinster Wert physikalischer Größen, von denen nur ganz- od. halbzahlige Vielfache auftreten; *Energie~; Licht~; Wirkungs~* [< lat. *quantum*, Neutr. zu *quantus* »wie groß, wie viel«]

> **Quäntchen** (*Laut-Buchstaben-Zuordnung*) Aufgrund des Stammerhaltungsprinzips richtet sich die Schreibung abgeleiteter Wortarten nach dem Wortstamm. Deshalb wird das Substantiv »*Quäntchen*« künftig wie das zugrunde gelegte Substantiv »*Quantum*« mit (infolge des Diminutivs) umgelauteten »*a*« geschrieben.
> Diese Neuschreibung ist aus etymologischer Sicht umstritten, da der Diminutiv bislang auf »*Quent*« zurückgeführt wurde.

Quänt|chen ⟨n.; -s, -⟩ *ein ~* ein wenig, eine kleine Menge [urspr. < *Quent*; heute: → *Quantum*]

quan|teln ⟨V.; Math.⟩ bei der mathemat. Beschreibung physikalischer Vorgänge od. Theorien von der Art der Beschreibung der klass. Physik auf die der Quantentheorie übergehen; *Sy* quantisieren [→ *Quant*]

Quan|te|lung ⟨f.; -⟩ ⟨unz.; Physik; Biol.⟩ das Quanteln; *Sy* Quantisierung

Quan|ten|bio|lo|gie ⟨f.; -⟩ Anschauung, die entsprechend der Quantentheorie in der Physik auch in der Biologie Vorgänge sieht, bei denen Entwicklungen im Großen durch Prozesse an einzelnen Atomen gesteuert werden

Quan|ten|lo|gik ⟨f.; -; unz.⟩ Logik, die für den Bereich der Quantenmechanik u. Quantenphysik gültig ist

Quan|ten|me|cha|nik ⟨[-ça-] f.; -; unz.; Physik⟩ Mechanik atomarer Teilchen, die die zweifache Natur der Elektronen als Teilchen u. als Welle berücksichtigt

Quan|ten|phy|sik ⟨f.; -; unz.⟩ Teilgebiet der Physik, das sich mit der Entwicklung der Quantenmechanik u. Quantenstatistik befasst

quan|ten|phy|si|ka|lisch ⟨Adj.⟩ die Quantenphysik betreffend, auf ihr beruhend

Quan|ten|sprung ⟨m.; -(e)s, -sprün|ge; Physik⟩ Übergang, Veränderung eines Systems, das von einem Quantenzustand in einen anderen übergeht

Quan|ten|sta|tis|tik ⟨f.; -; unz.⟩ die statist. Behandlung sehr vieler Teilchen, die sich nach den Gesetzen der Quantentheorie bewegen

Quan|ten|theo|rie ⟨f.; -; unz.⟩ Physik⟩ Theorie, nach der die Energie der Strahlung nicht gleichmäßig, sondern sprunghaft in Portionen entsteht

Quan|ten|zahl ⟨f.; -, -en; Physik⟩ dimensionslose Zahl, die in der Quantenmechanik mögliche Energiezustände von Teilchen kennzeichnet

Quan|ten|zu|stand ⟨m.; -(e)s, -stän|de; Physik⟩ die im Rahmen einer Quantentheorie festgelegten Zustände eines Systems von Teilchen

quan|ti|fi|zie|ren ⟨V.⟩ mathematisch beschreibbar machen; *Eigenschaften ~* [< lat. *quantus* »wie groß, wie viel« + *facere* »machen«]

quan|ti|sie|ren ⟨V.; Math.⟩ = quanteln

Quan|ti|sie|rung ⟨f.; -, -en; Math.⟩ = Quantelung

Quan|ti|tät ⟨f.; -, -en⟩ →*a.* Qualität **1** Menge, Masse, Größe, Umfang; *die Qualität entspricht nicht der ~* **2** ⟨Phon.⟩ Dauer der Vokale (Länge bzw. Kürze) **3** Anzahl [< lat. *quantitas* »Größe, Menge, Zahl, Umfang«; zu *quantus* »wie groß, wie viel«]

quan|ti|ta|tiv ⟨Adj.⟩ hinsichtlich der Quantität, der Menge, Größe, Anzahl, dem Umfang nach; *~e Analyse* Gewichtsanalyse

Quantité négligeable *auch:* **Quantité négligeable** ⟨[kãtite: negliʒa:bl(ə)] f.; - -; unz.⟩ wegen ihrer Geringfügigkeit nicht zu berücksichtigende Menge, Größe, Anzahl [frz., »belanglose Größe«]

quan|ti|tie|ren ⟨V.; Metrik⟩ *Silben ~* S. im Vers nach ihrer Quantität (Länge bzw. Kürze) messen (nicht nach der Betonung) [< lat. *quantitas* »Größe, Menge«]

Quan|tor ⟨m.; -s, -to|ren; Math.⟩ mathemat. Symbol der Mengenlehre u. der algebraischen Logik

Quan|tum ⟨n.; -s, Quan|ten⟩ bestimmte Menge, Anzahl; *ein großes, kleines ~* [lat., Neutr. zu *quantus* »wie groß, wie viel«]

quan|tum sa|tis (geh.) in ausreichender Menge [lat.]

quan|tum vis ⟨[-vi:s]⟩ nach Belieben (Hinweis auf Rezepten) [lat.]

Qua|ran|tä|ne ⟨[karã-] od. [karan-] f.; -, -n⟩ Isolierung (von Personen od. Tieren) als Schutzmaßnahme gegen das Einschleppen od. Verbreiten epidemischer Krankheiten [< frz. *quarantaine* »Zeitraum von 40 Tagen«; zu *quarante* »vierzig«]

Quark ⟨[kwɔ:k] n.; -s, -s; Math.⟩ als kleinster unteilbarer Baustein der Materie angesehenes Elementarteilchen, das bisher nur in Form von Quark-Antiquark-Paaren nachgewiesen werden konnte, die Isolierung

808

eines einzelnen Quarks erscheint nach heutiger Kenntnis nicht möglich [Phantasiename nach einem von James Joyce geprägten Wort]

Quart[1] ⟨n.; -s, -e od. (bei Zahlenangaben) -⟩ **1** veraltetes Maß für Flüssigkeiten, 0,24-1,1 l **2** = Quarter **3** ⟨unz.; Typ.; Zeichen: 4°⟩ Buchformat von der Größe eines Viertelbogens; *oV* ⟨ital.⟩ Quarto; *Sy* Quartformat [<lat. *quartus* »der vierte«; zu *quattuor* »vier«]

Quart[2] ⟨f.; -, -en; Sport; Fechten⟩ Hieb von rechts nach links [→ *Quart*[1]]

Quar|ta ⟨f.; -, Quar|ten; veraltet⟩ dritte Klasse der höheren Schule [lat., Fem. zu *quartus* »der vierte«; zu *quattuor* »vier«]

Quar|tal ⟨n.; -s, -e⟩ Vierteljahr; *erstes, zweites ~; zum ~ kündigen* zum Ende des Vierteljahres [<mlat. *quartale (anni)* »Viertel (eines Jahres)«]

Quar|tals|säu|fer ⟨m.; -s, -; umg.⟩ jmd., der an periodisch auftretender Trunksucht leidet

Quar|ta|na|fie|ber ⟨n.; -s, -; Med.⟩ Malaria mit Fieberanfällen an jedem vierten Tag [<lat. *quartana*, Fem. zu *quartanus* »der vierte«]

Quar|ta|ner ⟨m.; -s, -; veraltet⟩ Schüler der Quarta

quar|tär ⟨Adj.⟩ **1** die vierte Stelle in einer Reihe einnehmend **2** ⟨Geol.⟩ zum Quartär gehörig [<frz. *quartaire* <lat. *quartus* »der vierte«]

Quar|tär ⟨n.; -s; unz.; Geol.⟩ jüngste Formation des Känozoikums mit den Eiszeiten, seit 700 000 Jahren [→ *quartär* (die vierte Stufe der Erdgeschichte nach alter Zählung)]

Quar|te ⟨f.; -, -n; Musik⟩ **1** vierte Stufe der diaton. Tonleiter **2** Intervall von vier Stufen [<lat. *quarta*, Fem. zu *quartus* »der Vierte«]

Quar|ter ⟨[kwɔ:tə(r)] m.; -s, -; Abk.: qr., Pl.: qrs.⟩ englisches Hohlmaß, 2 Pint, 1,136 l; *oV* Quart[1] (2) [engl. <afrz. *quartier* <lat. *quartarius* »Viertel«; zu *quattuor* »vier«]

Quar|ter|back ⟨[kwɔ:tə(r)bæk] m.; -s, -s; Sport; American Football⟩ zentral defensiv spielender Feldspieler, der aus der Abwehr heraus Angriffe der eigenen Mannschaft einleitet u. insbesondere für das Passspiel zuständig ist [<engl. *quarter* »Viertel« + *back* »Verteidiger«, da der Quarterback aus dem eigenen Viertel des Spielfeldes heraus agiert]

Quar|ter|deck ⟨n.; -s, -e od. -s; Mar.⟩ hinteres Deck (des Schiffes) [<engl. *quarter-deck* »Quarterdeck, Achterdeck«]

Quar|ter|horse ⟨[kwɔ:tə(r)hɔ:s] n.; -, -s [-sɪz]; Zool.⟩ kleinere, leistungsfähige Pferderasse, die bes. in den USA eingesetzt wird [engl.; <*quarter-mile* »Viertelmeile«, da diese Pferde urspr. für Viertelmeilenrennen gezüchtet wurden + *horse* »Pferd«]

Quar|ter|meis|ter ⟨m.; -s, -; Mar.⟩ Steuermann auf einem Handelsschiff

Quar|tett ⟨n.; -(e)s, -e⟩ **1** ⟨Musik⟩ Musikstück für vier Stimmen *(Vokal~)* od. Instrumente *(Bläser~; Streich~)* **2** ⟨Musik⟩ Gruppe von vier Sängern od. Instrumentalisten **3** ⟨Kart.⟩ Kartenspiel, bes. für Kinder, bei dem vier zusammengehörige Karten abgelegt werden, die man durch Fragen von den anderen Spielern zu erhalten sucht **4** ⟨Metrik⟩ vierzeilige Strophe eines Sonetts; *Sy* Quatrain (2) [<ital. *quartetto* <lat. *quattuor* »vier«]

Quart|for|mat ⟨n.; -(e)s; unz.⟩ = Quart[1] (3)

Quar|tier ⟨n.; -s, -e⟩ **1** Unterkunft; *Nacht~; Ferien~; Urlaubs~; Übergangs~* **2** ⟨Mil.⟩ Unterkunft von Truppen außerhalb einer Kaserne; *~e beziehen, nehmen; ~ machen* Unterkünfte für Truppen bestimmen; *bei einem Bauern im ~ liegen (von Soldaten)* **3** ⟨schweiz.; österr.⟩ Stadtviertel [<mhd. *quartier* <frz. *quartier* <lat. *quartarius* »Viertel«; zu *quattuor* »vier«]

quar|tie|ren ⟨V.⟩ in einem Quartier unterbringen

Quar|to ⟨n.; -; unz.⟩ = Quart[1] (3) [ital., »Viertel«]

Quar|to|le ⟨f.; -, -n; Musik⟩ Gruppe von vier zusammengehörigen Noten, die anstelle von drei Noten des gleichen Wertes treten [<lat. *quattuor* »vier« + *...ole*]

Quart|sext|ak|kord ⟨m.; -(e)s, -e; Musik⟩ zweite Umkehrung eines Dreiklangs aus der Grundstellung mit der Quinte als neuem Grundton u. darüber Quarte u. Sexte, z. B. g-c-e

Quarz ⟨m.; -es, -e; Min.⟩ eines der häufigsten Mineralien, besteht in reinem Zustand aus Siliciumdioxid, tritt aber meist als Bestandteil vieler Gesteine auf [vielleicht <slaw.]

quar|zen ⟨V.; umg.⟩ stark rauchen [vielleicht <poln. *kurzyc* »rauchen«]

Quar|zit ⟨m.; -s, -e; Min.⟩ Gestein aus Quarz u. einem kieseligen Bindemittel

Quarz|uhr ⟨f.; -, -en⟩ mit einem Quarzkristall als Frequenzgeber betriebene Uhr hoher Ganggenauigkeit mit Abweichungen von höchstens einigen tausendstel Sekunden je Tag

Qua|sar ⟨m.; -s, -e; Astron.⟩ sternähnl. Objekt mit intensiver Radiostrahlung [verkürzt <*quasistellare Radioquelle*]

qua|si ⟨Adv.⟩ gewissermaßen, gleichsam [lat., »gleichsam«]

Qua|si|mo|do|ge|ni|ti ⟨ohne Artikel⟩ erster Sonntag nach Ostern [<lat. *quasi modo geniti* »wie eben erst Geborene« (Eingangsworte der Messe)]

qua|si|op|tisch ⟨Adj.; Physik⟩ sich geradlinig wie Licht ausbreitend; *~e elektromagnetische Wellen*

qua|si|stel|lar ⟨Adj.; Astron.⟩ ähnlich dem Sternen, sternartig

Quas|sie ⟨[-sjə] f.; -, -n; Bot.⟩ **1** Bitterholzbaum **2** daraus gewonnenes Bittermittel, das als Magenbitter u. zur Bekämpfung von Fliegen u. pflanzl. Parasiten verwendet wird [angebl. nach dem Entdecker, dem Eingeborenen *Coassi* in Surinam]

Quäs|ti|on ⟨f.; -, -en; geh.⟩ in der wissenschaftl. Diskussion entwickelte u. gelöste Frage [<lat. *quaestio* »das Suchen, Befragung«; zu *quaerere* »suchen, fragen«]

Quäs|tor ⟨m.; -s, -to|ren⟩ **1** ⟨im alten Rom⟩ hoher Finanz-

Quästur

beamter 2 ⟨an Hochschulen⟩ oberster, für die Kasse verantwortl. Beamter 3 ⟨schweiz. a.⟩ Kassierer eines Vereins [<lat. *quaestor*; zu *quaerere* »suchen, fragen«]

Quäs|tur ⟨f.; -, -en⟩ 1 Amt eines Quästors 2 ⟨an Hochschulen⟩ Kasse [<lat. *quaestura* »Amt u. Würde des Quästors«]

Qua|tem|ber ⟨m.; -s, -⟩ 1 erster Tag eines Vierteljahres 2 ⟨kath. Kirche⟩ einer der drei Festtage (Mittwoch, Freitag u. Samstag) zu Beginn des Vierteljahres, nach dem 3. Advent, dem 1. Fastensonntag, nach Pfingsten u. nach dem 14. September (Kreuzerhöhung) [<mhd. *quatember* <kirchenlat. *quattuor tempora* »vier Zeiten«]

qua|ter|när ⟨Adj.; Chemie⟩ aus vier Teilen bestehend [<lat. *quarternarius* »je aus vieren bestehend, je vier enthaltend«; zu *quaterni* »je vier«]

Qua|ter|ne ⟨f.; -, -n; Lotto⟩ vier gewinnende Nummern [<ital. *quaterna* »Vierertreffer im Lotto« <lat. *quaterni* »je vier«; zu *quattuor* »vier«]

Qua|ter|nio ⟨m.; -s, -ni|o|nen⟩ 1 aus vier Einheiten bestehendes Ganzes; →a. Quaternion 2 zu vier Doppelbogen abgeheftete Lage mittelalterlicher Handschriften [lat., »die Vier, Vierzahl«; zu *quattuor* »vier«]

Qua|ter|ni|on ⟨f.; -, -en; Math.⟩ Satz von vier Größen zur Beschreibung der Bewegungsgleichung von dreidimensionalen (starren) Körpern, insbes. von deren Rotationen; →a. Quaternio (1)

Qua|train *auch:* **Quat|rain** ⟨[katrɛ̃:] n. od. m.; -s, -s od. -en [-trɛ̃:nən]⟩ 1 vierzeiliges Gedicht 2 = Quartett (4) [frz.]

Quat|tro|cen|tist *auch:* **Quatt|ro|cen|tist** ⟨[-tʃɛn-] m.; -en, -en; Kunst⟩ Künstler aus dem Quattrocento

Quat|tro|cen|to *auch:* **Quatt|ro|cen|to** ⟨[-tʃɛn-] n.; -s; unz.; Kunst⟩ die ital. Kunst im 15. Jh., frühe Renaissance [ital., »vierhundert (Jahre nach Chr.)«]

Que|bra|cho *auch:* **Queb|ra|cho** ⟨[kebratʃo] n.; -s; unz.⟩ 1 sehr hartes, schweres Holz des Quebrachobaumes 2 aus der Rinde des Quebrachobaumes gewonnener Gerbstoff [span. (amerikan.) <*quiebra(ha)cha* »Axtbrecher« <*quebrar* »brechen« + *hacha* »Axt«]

Que|chua[1] ⟨[-tʃua] m.; - od. -s, - od. -s⟩ = Ketschua[1]

Que|chua[1] ⟨[-tʃua] n.; -; unz.⟩ = Ketschua[2]

Queen ⟨[kwi:n] f.; -, -s⟩ 1 die engl. Königin 2 ⟨umg.⟩ im Mittelpunkt stehende, attraktive Frau od. junges Mädchen 3 attraktiver, bes. femininer Homosexueller [engl., »Königin«]

Quell|code ⟨[-ko:d] m.; -s, -s; EDV⟩ (in einfacher Maschinensprache verfassbare) Programmieranweisung, die mithilfe zweier Übersetzungsprogramme (Compiler u. Linker) zu einem Programmcode u. somit zu einer EDV-Anwendung umgesetzt wird; *Sy* Quellenprogramm

Quell|do|ku|ment ⟨n.; -(e)s, -e; EDV⟩ ursprüngliches Dokument, aus dem Daten entnommen sind

Quel|len|pro|gramm ⟨n.; -(e)s, -e; EDV⟩ = Quellcode

Quem|pas ⟨m.; -; unz.; kurz für⟩ Quempaslieder

Quem|pas|lie|der ⟨Pl.⟩ Lieder im Wechselgesang über die Geschichte der Christi Geburt, die früher von Jugendlichen im Gottesdienst u. bei Umzügen von Haus zu Haus gesungen wurden; *Sy* Quempas [nach den Anfangssilben des Liedes *Quem pastores laudavere* (Den die Hirten lobeten sehre)]

quen|chen ⟨V.; Chemie; umg.⟩ die Lumineszenz durch eine chem. Verbindung od. Verunreinigung löschen [<engl. *quench* »löschen«]

Quent ⟨n.; -(e)s, -e od. (bei Zahlenangaben) -⟩ altes dt. Gewicht, $1/10$ Lot = 1,67 g [<lat. *quintus* »der fünfte (Teil)«]

Quer|ce|tin ⟨n.; -s; unz.⟩ = Querzetin

Que|re|le ⟨f.; -, -n⟩ Klage, Streit [<lat. *querela* »Beschwerde, Klage«; zu *queri* »klagen«]

Que|ru|lant ⟨m.; -en, -en; abwertend⟩ jmd., der ständig queruliert, Nörgler, Quengler

Que|ru|lan|tin ⟨f.; -, -tin|nen; abwertend⟩ Nörglerin, Quenglerin

Que|ru|lanz ⟨f.; -; unz.; abwertend⟩ auf einem extrem übertriebenen Rechtsgefühl basierendes, dauerndes Querulieren

que|ru|lie|ren ⟨V.⟩ quengeln, nörgeln, ein eingebildetes Recht hartnäckig verteidigen [<lat. *querulus* »klagend«; zu *queri* »klagen«]

Que|ry ⟨[kwi:ri] f.; -, -s; EDV⟩ Datenbankabfrage, Anfrage an eine Datenbank [engl., »Nachfrage; Zweifel«]

Quer|ze|tin ⟨n.; -s; unz.⟩ in der Rinde der Eiche enthaltener gelber Farbstoff; *oV* Quercetin [<lat. *quercus* »Eiche« + frz. *citron* »Zitrone«]

Quer|zit ⟨m.; -s, -e⟩ in Eicheln enthaltener Zucker [<lat. *quercus* »Eiche«]

Quer|zi|tron *auch:* **Quer|zit|ron** ⟨n.; -s, -e⟩ Extrakt aus der Rinde der amerikanischen Färbereiche [<lat. *quercus* »Eiche« + frz. *citron* »Zitrone«]

Que|sal ⟨[kɛ-] m.; -s, -s od. (bei Zahlenangaben) -⟩ *oV* Quetzal

Quet|zal ⟨[kɛt-] m.; -s, -s⟩ = Quesal 1 mittelamerikan., zu den Trogons gehöriger Vogel mit langen, metallisch schimmernden grünen Schwanzfedern: Pharomachrus mocinno; *oV* Quezal 2 Währungseinheit in Guatemala, 100 Centavos [<span. *quetzal(e)* <Nahuatl *quetzalli* »Schwanzfeder«]

Queue[1] ⟨[kø:] n.; -s, -s⟩ Billardstock [frz., »Schwanz, Stiel, Schlange (von Menschen), Billardstock«]

Queue[2] ⟨[kø:] f.; -, -s; EDV⟩ Speicherstruktur, die Daten nach dem zeitlichen Prioritätsprinzip (Warteschlange) aufnimmt u. abgibt [engl.]

Que|zal ⟨[kɛza:l] m.; -s, -s⟩ = Quetzal

Quiche ⟨[kiʃ] f.; -, -s; Kochk.⟩ herzhafte Torte aus Mürbeoder Blätterteig; ~ *Lorraine* [lɔrɛ:n] lothringer Torte mit einer Auflage aus Speck, Käse, Eiern u. Milch [frz.]

Qui|ckie ⟨m.; -s, -s; umg.⟩ 1 etwas, das schnell u. leicht zu machen od. zu erledigen ist **2** rasch vollzogener Sexualverkehr [zu engl. *quick* »schnell«]

Quick|out ⟨[-aut] n.; -s, -s⟩ Autoradio, das sich zum Schutz vor Diebstahl schnell ausbauen u. mitnehmen lässt [engl.; <*quick* »schnell« + *out* »heraus«]

> **Quickstepp** (*Laut-Buchstaben-Zuordnung*) Analog zum Verb *steppen* wird jetzt auch das Substantiv »Stepp« und alle davon abgeleiteten Wörter mit »*pp*« geschrieben (→*a.* Stopp).

Quick|stepp ⟨m.; -s, -s⟩ schneller Foxtrott [engl., eigtl. »schneller Schritt«]

Quick|wert *auch:* **Quick-Wert** ⟨m.; -(e)s, -e; Med.⟩ Blutgerinnungsfaktor [nach dem amerikan. Physiologen Armand James *Quick*, 1894–1978]

Qui|dam ⟨m.; -; unz.; geh.⟩ ein gewisser Jemand, ein gewisser... [lat.]

Quid|di|tas ⟨f.; -; unz.; Philos.⟩ = Quiddität

Quid|di|tät ⟨f.; -; unz.; Philos.⟩ das Wesen (eines Dinges), das Was-Sein; *Sy* Quidditas; *Ggs* Entität [<lat. *quid* »was«]

Quid|pro|quo ⟨n.; -s, -s⟩ Verwechslung einer Sache mit einer andern, Missverständnis [lat., »was für was?«]

Qui|e|tis|mus ⟨[kvie-] m.; -; unz.⟩ **1** von der Welt abgewandte Lebenshaltung in völliger Ruhe des Gemüts **2** relig. Lehre, die die Verschmelzung mit Gott durch die wunsch- u. willenlose Ergeben in seinen Willen erstrebt [<lat. *quietus* »ruhig«]

Qui|e|tist ⟨[kvie-] m.; -en, -en⟩ Vertreter, Anhänger des Quietismus

Qui|e|tiv ⟨[kvie-] n.; -s, -e; Med.⟩ Beruhigungsmittel [zu lat. *quietus* »ruhig«]

qui|e|to ⟨[kvi-] Musik⟩ ruhig (zu spielen) [ital.]

Quil|la|ja ⟨f.; -, -s; Bot.⟩ in Südamerika heim. Baum, aus dem Quillajarinde gewonnen wird, Seifenbaum: Quillaja saponaria [<span.(-amerikan.) *quillai, quillay* <araukan.]

Quil|la|ja|rin|de ⟨f.; -, -n⟩ gelblich weiße Rinde des Seifenbaumes, die reinigende Saponine enthält u. deshalb zum Reinigen u. Entflecken dient, Seifenrinde; *Sy* Panamarinde

Quilt ⟨[kvɪlt] m.; -s, -s⟩ in Nordamerika hergestellte Steppdeckenart [engl.]

Qui|nar ⟨m.; -s, -e⟩ altröm. Silbermünze [<lat. *quinarius* »fünf enthaltend«; zu *quinque* »fünf«]

Quin|cunx ⟨m.; -; unz.⟩ **1** Anordnung von fünf Elementen in zwei sich schneidenden Diagonalen (wie die Fünf des Würfels, z. B. bei Säulen) **2** ⟨Astrol.⟩ Winkelabstand von 150° zwischen den Planeten [lat., »fünf Zwölftel«]

Quin|qua|ge|si|ma ⟨ohne Artikel⟩ 50. Tag vor Ostern [<lat. *quinquagesima (dies)* »der 50. (Tag)«]

Quin|quen|ni|um ⟨n.; -s, -ni|en⟩ Zeitraum von fünf Jahren [<lat. *quinque* »fünf« + *annus* »Jahr«]

Quin|quil|li|on ⟨f.; -, -en; Math.⟩ = Quintillion

Quint ⟨f.; -, -en⟩ **1** ⟨Musik⟩ = Quinte **2** ⟨Sport⟩ bestimmte Klingenlage beim Fechten [zu lat. *quintus* »der fünfte«]

Quin|ta ⟨f.; -, Quin|ten; veraltet⟩ zweite Klasse der höheren Schule [lat. Fem. zu *quintus* »der fünfte«; zu *quinque* »fünf«]

Quin|tal ⟨[kē-] m.; -s, -e od. (bei Zahlenangaben) -⟩; Abk.: q; (früher) Maßeinheit für das Gewicht in roman., mittel- u. südamerikan. Ländern, 1 Zentner [frz., »Zentner« <mlat. *quintale* <arab. *quintar*]

Quin|ta|na|fie|ber ⟨n.; -s; unz.; Med.⟩ periodisch in Abstand von fünf Tagen wiederkehrendes Fieber auf Grund einer Infektion mit dem Krankheitserreger Rickettsia quintana; *Sy* wolhynisches Fieber [<lat. *quintana*; Fem. zu *quintanus* »der fünfte«]

Quin|ta|ner ⟨m.; -s, -; veraltet⟩ Schüler der Quinta

Quin|te ⟨f.; -, -n; Musik⟩ *Sy* Quint (1) **1** fünfter Ton der diaton. Tonleiter **2** Intervall von fünf Stufen [<lat. *quinta*, Fem. zu *quintus* »der fünfte«; zu *quinque* »fünf«]

Quin|ten|zir|kel ⟨m.; -s, -; Musik⟩ kreisförmige Aufzeichnung sämtlicher Tonarten jeweils in Quinten fortschreitend, nach links die Kreuz-, nach rechts die Kreuz-Tonarten

Quin|ter|ne ⟨f.; -, -n; Lotto⟩ fünf gewinnende Nummern [<ital. *quinterna* <lat. *quinque* »fünf«]

Quin|tes|senz ⟨f.; -, -en⟩ Wesen (einer Sache), Kern, Auszug [<mlat. *quinta essentia* »das fünfte Seiende«]

Quin|tett ⟨n.; -(e)s, -e; Musik⟩ **1** Musikstück für fünf Singstimmen od. fünf Instrumente **2** Gruppe von fünf Sängern od. Instrumentalisten [<ital. *quintetto*; zu *quinto* »der fünfte« <lat. *quintus*]

Quin|til|li|ar|de ⟨f.; -, -n; Math.⟩ 1000 Quintillionen (geschrieben als 1 mit 33 Nullen) = 10^{33} [<lat. *quinque* »fünf« + *Milliarde*]

Quin|til|li|on ⟨f.; -, -en; Math.⟩ fünfte Potenz einer Million (eine 1 mit 30 Nullen) = 10^{30}; *oV* Quinquillion [<lat. *quinque* »fünf« + *Million*]

Quin|to|le ⟨f.; -, -n; Musik⟩ Gruppe von fünf zusammengehörenden Noten, die an die Stelle von vier (drei od. sechs) Noten des gleichen Wertes treten [<lat. *quinque* »fünf« + ...*ole*]

Quint|sext|ak|kord ⟨m.; -(e)s, -e; Musik⟩ erste Umkehrung des Septimenakkords, bei der die Terz der Grundton bildet

Quip|pu ⟨[-kɪ-] n.; - od. -s, - od. -s⟩ = Quipu

Qui|pro|quo ⟨n.; -s, -s; bes. im Lustspiel⟩ Verwechslung von Personen [lat., »wer fürwen?«]

Qui|pu ⟨[kɪ-] n.; - od. -s, - od. -s⟩ eine Reihe verschiedenfarbig geknoteter, an einem Stab befestigter Schnüre der Inkas (als Gedächtnisstütze, Schriftersatz, bes. für Zahlen); *oV* Quippu [<span. *quipo* <Ketschua *quipu*]

Qui|ri|nal ⟨m.; -s; unz.⟩ **1** (urspr.) einer der sieben Hügel Roms mit einer der ältesten Siedlungen, aus denen die spätere Stadt zusammenwuchs **2** (kurz für) Palazzo del Quirinale (seit 1870 Residenz des ital. Königs, seit 1948 des ital. Staatsprä-

Quirite

sidenten) [zu lat. *Quirinalis mons* »Quirinischer Hügel«]
Quiritte ⟨m.; -n, -n; Ehrentitel für⟩ röm. Bürger [<lat. *quiris*, Gen. *quiritis* »röm. Bürger in staatsbürgerl. Beziehung«]
Quisling ⟨m.; -s, -e; fig.; umg.⟩ Verräter, Kollaborateur [nach dem norweg. Faschistenführer Vidkun *Quisling*, 1887-1945, der mit der deutschen Besatzungsmacht im 2.Weltkrieg kollaborierte]
Quisquilien ⟨Pl.⟩ Kleinigkeiten, Nichtigkeiten, Abfall [<lat. *quisquiliae* »Ausschuss, Abfall«]
Quitoorange ⟨[ki:toorā:ʒə] f.; -, -n; Bot.⟩ = Lulo
quitt ⟨Adj.⟩ frei von allen Verbindlichkeiten, ausgeglichen, fertig, wett; *nun sind wir ~* [<afrz. *quite* »los, ledig, frei« <lat. *quietus* »ruhig«]
quittieren ⟨V.⟩ 1 *einen Betrag ~* den Empfang eines B. bescheinigen 2 *den Dienst ~* den D. aufgeben, das Amt niederlegen 3 *eine Rechnung ~* den Empfang des Betrages auf der R. bescheinigen 4 ⟨fig.; umg.⟩ *eine Bemerkung mit einem Lächeln ~* mit einem L. beantworten [<frz. *quitter* »frei machen, verlassen« <afrz. *quite*; → *quitt*]
Quittung ⟨f.; -, -en⟩ 1 Empfangsbescheinigung; *Sy* Acquit 2 ⟨fig.⟩ Antwort, bes. Strafe
Quivive ⟨[kivi:f] n.; -s, -s⟩ Ruf des frz. Postens, »Wer da?«; *auf dem ~ sein* ⟨fig.; umg.⟩ auf der Hut sein, aufpassen [<frz. *qui vive?* »wer lebe?«]
Quiz ⟨[kvɪs] n.; -, -⟩ unterhaltsames Frage- u. Antwort-Spiel [engl., »Scherz, Neckerei, Prüfung«]
Quizmaster ⟨[kvɪs-] m.; -s, -⟩ Leiter eines Quiz [<*Quiz* + engl. *master* »Herr, Meister«]
quizzen ⟨[kvɪsən] V.⟩ Quiz spielen; *jmdn. ~ mit jmdm. ein* Quiz veranstalten
Qumranrolle ⟨[kum-] f.; -, -n; Theol.⟩ eine der seit 1947 in den Höhlen in der Nähe von Qumran entdeckten Schriftrollen, die Texte des AT u. Kommentare enthalten, die Rückschlüsse über die Überlieferung des AT erlauben [<arab. *Qum-*

ran »Ruine von Qum« (Siedlung am Nordwestufer des Toten Meeres)]
quod erat demonstrandum *auch:* **quod erat demonstrandum** ⟨Abk.: q. e. d.⟩ was zu beweisen war [lat., auf Euklid zurückgehende Redensart als Schlusssatz eines mathemat. od. philosoph. Beweises]
Quodlibet ⟨n.; -s, -s⟩ 1 buntes Durcheinander, willkürl. Auswahl 2 ⟨Musik⟩ mehrstimmiger, humorist. Gesang mit lustigen Texten u. wechselnden Melodien [<lat. *quod libet* »was gefällt«]
quod licet Jovi, non licet bovi ⟨geh.⟩ eines schickt sich nicht für alle, (eigtl.) was dem Jupiter erlaubt ist, ist (darum noch lange) nicht dem Ochsen erlaubt [lat.]
Quorum ⟨n.; -s; unz.⟩ beschlussfähige Anzahl, die für einen Beschluss oder Körperschaft erforderl. Zahl anwesender Mitglieder [engl., eigtl. *quorum of justices of the peace* »zur Bildung eines Gerichtshofes nötige Zahl von Friedensrichtern« <lat. *quorum*, Gen. Pl. zu *qui* »wer«]
Quotation ⟨f.; -, -en⟩ Notierung des Kurses (an der Börse), Berechnung eines Anteils [→ *quotieren*]
Quote ⟨f.; -, -n⟩ 1 den Verhältnissen entsprechender Anteil, Teilbetrag 2 Zahl der Beteiligten [<mlat. *quota (pars)* »der wievielte (Teil)?«; zu *quot?* »wie viele?«]
Quotenfrau ⟨f.; -, -en; umg.⟩ Frau, die ihren Arbeitsplatz aufgrund der Quotenregelung erhalten hat
Quotenmethode ⟨f.; -, -n; Stat.⟩ Verfahren der Meinungsforschung, bei dem sowohl die Zahl als auch die Art der zu befragenden Personen (Stichprobe) durch statistische Berechnungen ermittelt wird
Quotenregelung ⟨f.; -, -en⟩ Festschreibung einer bestimmten Anzahl von Arbeitsplätzen od. Positionen, die von Frauen besetzt werden sollen
quotidian ⟨Adj.⟩ täglich [<lat. *quotidianus* »täglich«]

Quotidiana ⟨f.; -; unz.; Med.⟩ Form der Malaria mit unregelmäßigem Fieberverlauf [→ *quotidian*]
Quotient ⟨m.; -en, -en; Math.⟩ Zähler u. Nenner eines Bruches [<lat. *quoties?* »wie oft?«; zu *quot?* »wie viele?«]
quotieren ⟨V.; Börse⟩ *Kurse, Preise ~* angeben, mitteilen
Quotierung ⟨f.; -, -en; Börse⟩ das Quotieren
quotisieren ⟨V.⟩ *Betrag, Summe ~* in Quoten aufteilen, dem Anteil gemäß verteilen
quousque tandem? ⟨geh.⟩ wie lange noch (soll es dauern)? [lat., eigtl. *quousque tandem, Catilina, abutere patientia nostra?* »Wie lange noch, Catilina, wirst du unsere Geduld missbrauchen?« (Anfang einer Rede Ciceros)]
Quo vadis? ⟨[-va:-]⟩ Wohin gehst du? (Titel eines berühmten Romans von Sienkiewicz, 1896) [lat., eigtl. *Quo vadis, Domine?* »Wohin gehst du, Herr?« (Frage des aus dem Kerker entflohenen Petrus an den ihm erscheinenden Christus)]

r ⟨Zeichen für⟩ 1 ⟨veraltet⟩ Röntgen 2 ⟨Math.⟩ Radius (1)
R 1 ⟨Abk. für⟩ Reaumur, z. B. 20°R **2** ⟨Math.; Zeichen für⟩ Radius (1) **3** ⟨Formelzeichen für⟩ elektr. Widerstand **4** ⟨Abk. für⟩ Röntgen **5** ⟨auf der Stellscheibe von Uhren Abk. für⟩ Retard; *Ggs* A (3), F (1) **6** ⟨in Bibliotheken Abk. für⟩ rarus (= selten) **7** ⟨Abk. für⟩ Rand
Ra ⟨chem. Zeichen für⟩ Radium
Rabatt ⟨m.; -(e)s, -e⟩ prozentualer Nachlass des Preises; *Sy* Prozente (3) [<ital. *rabatto*; → *rabattieren*]

Ra|bat|te ⟨f.; -, -n⟩ **1** schmales Beet, bes. als Einfassung von Wegen u. Rasenflächen **2** Aufschlag an Ärmel od. Kragen, bes. von Uniformen [<ndrl. *rabar* »Randbeet« <frz. *rabat* »Umschlag an Kleid od. Tasche«]

ra|bat|tie|ren ⟨V.⟩ *eine Ware* ~ für eine W. Rabatt gewähren [<ital. *rabattere* »niederschlagen, Preisnachlass gewähren«]

Ra|batz ⟨m.; -es; unz.; umg.⟩ **1** Krach u. Unfug, lautes Allotria **2** Getümmel, Tumult [vielleicht <poln. *rabac* »hauen«; zu *raz* »Schlag« od. Nebenform zu *Rapuse* (Küpper, Wörterbuch der Umgangssprache)]

Ra|bau ⟨m.; -s od. -en, -e od. -en⟩ **1** ⟨Bot.⟩ unechte Renette **2** = Rabauke [<ndrl. *rabauw* <frz. *ribaud* »ausschweifender Mensch«]

Ra|bau|ke ⟨m.; -n, -n⟩ Rüpel [<ndrl. *rabauw* <frz. *ribaud* »ausschweifender Mensch«]

Rab|bi ⟨m.; - od. -s od. -s od. Rab|bi|nen; Ehrentitel für⟩ jüdischer Schriftgelehrter [<grch. *rhabbi* <hebr. *rabbi*, Anredeform zu *robb* »Herr, Lehrer«]

Rab|bi|nat ⟨n.; -(e)s, -e⟩ Amt u. Würde eines Rabbiners

Rab|bi|ner ⟨m.; -s, -⟩ **1** Geistlicher der jüd. Gemeinde **2** Lehrer der jüd. Gesetze u. der jüd. Religion [<mlat. *rabbinus* <hebr. *rabbuni*; → *Rabbi*]

rab|bi|nisch ⟨Adj.⟩ zum Rabbiner gehörend, in der Art eines Rabbiners

ra|bi|at ⟨Adj.; umg.⟩ wild vor Zorn, sehr wütend [<lat. *rabies* »Wut, Tollheit«; → *Rabulist*]

Ra|bi|es ⟨f.; -; unz.; Vet.⟩ Tollwut, durch Biss übertragbare Viruskrankheit warmblütiger Säugetiere u. des Menschen; *Sy* Lyssa [<lat. *rabies* »Wut«]

Ra|bu|list ⟨m.; -en, -en⟩ Rechtsverdreher, Haarspalter [<lat. *rabula* »mit geläufiger Zunge tobender Sachwalter«; zu *rabere* »toben«; vermutl. nach dem 1688 erschienenen Buch »Rabulist oder Zungendrescher«]

Ra|bu|lis|tik ⟨f.; -, -en⟩ Rechtsverdrehung, Haarspalterei

ra|bu|lis|tisch ⟨Adj.⟩ rechtsverdrehend, haarspalterisch

Ra|ce|mat ⟨[-tse-] n.; -(e)s, -e; Chemie⟩ Substanz, die zu gleichen Teilen aus einer die Polarisationsebene des Lichts nach links drehenden u. einer nach rechts drehenden Molekülart aufgebaut ist u. daher nach außen optisch inaktiv wirkt; *oV* Razemat [<lat. *racemus* »Traube«]

ra|ce|misch ⟨[-tse-] Adj.⟩ die Eigenschaft eines Racemats zeigend; *oV* razemisch

Ra|chi|tis ⟨[-xi-] f.; -, -ti|den; Med.⟩ Stoffwechselkrankheit, die auf Vitamin-D-Mangel beruht u. zur Erweichung der Knochen führt, engl. Krankheit; *oV* Rhachitis [<grch. *rhachis* »Rücken, Rückgrat, Wirbelsäule«]

ra|chi|tisch ⟨[-xi-] Adj.; Med.⟩ an Rachitis leidend, durch Rachitis hervorgerufen

Ra|cing ⟨[rɛɪsɪŋ] n.; -s, -s; Motorsport; engl. Bez. für⟩ Rennen

Ra|cing|rei|fen ⟨[rɛɪsɪŋ-] Pl.⟩ für Rennautos verwendete Reifen mit bes. widerstandsfähiger Lauffläche [<engl. *racing* »zum Rennen gehörig, Renn...«]

Rack ⟨[ræk] n.; -s, -s⟩ Regal, Gestell (bes. für Stereoanlagen) [engl.]

Ra|cket¹ ⟨[rækət] n.; -s, -s⟩ Tennisschläger; *oV* Rakett [engl. <frz. *raquette* <arab. *raha* »Handfläche«]

Ra|cket² ⟨[rækət] n.; -s, -s⟩ Bande von Verbrechern, Erpressern [engl. (amerikan.), »Erpressung, Überfall«]

Ra|cke|teer ⟨[rækəti:r] m.; -s, -s⟩ Erpresser, Schieber, Gangster [→ *Racket²*]

Rack|job|ber ⟨[rækdʒɔbə(r)] m.; -s, -; Wirtsch.⟩ Produzent od. Händler, der in Einzel- u. Großhandelsmärkten Verkaufs- u. Regalflächen anmietet, um dort seine eigenen Produkte anzubieten u. z. T. auch auf eigene Rechnung zu verkaufen [<engl. *rack* »Regal« + *jobber* »Händler]

Rack|job|bing ⟨[rækdʒɔbɪŋ] n.; -s, -s⟩ (das Sortiment ergänzender) Warenvertrieb in angemieteten Verkaufsflächen eines größeren Geschäftes; *Sy* Shop-in-Shop

Ra|clette¹ *auch:* **Rac|lette¹** ⟨[-klɛt]⟩ **1** ⟨m.; -s; unz.⟩ ein schweizer. Schnittkäse [frz.]

Ra|clette² *auch:* **Rac|lette²** ⟨[-klɛt]⟩ **1** ⟨f.; -, -s od. n.; -s, -s; schweiz. Kochk.⟩ Gericht aus erhitztem R. mit Brot od. Kartoffeln u. a. Zutaten **2** kleines Gerät zum Herstellen des Gerichts [frz.]

rad ⟨Math.; Abk. für⟩ Radiant (2) **2** ⟨Zeichen für⟩ Rad

Rad ⟨n.; - od. -s, -; Zeichen: rad⟩ (bis 31.12.1985 verwendete Bez. für) Strahlungseinheit, 1 rad entspricht einer absorbierten Energie von 100 erg je Gramm Substanz, ersetzt durch die Einheit Joule/Kilogramm (J/kg), 1 rad = 0,01 J/kg

Ra|dar ⟨m. od. n.; -s; unz.⟩ **1** Funkmesstechnik; *Sy* Radartechnik **2** Funkmessgerät [engl.; verkürzt <*radio detecting and ranging* (durch Funk auffinden u. Entfernung messen)]

Ra|dar|as|tro|no|mie *auch:* **Ra|dar|ast|ro|no|mie** ⟨f.; -; unz.; Astron.⟩ Untersuchung von Mond u. Planeten mittels Radarwellen

Ra|dar|ge|rät ⟨n.; -(e)s, -e; Technik⟩ Einrichtung zum Aussenden u. Empfangen von Radarwellen

Ra|dar|tech|nik ⟨f.; -; unz.⟩ = Radar (1)

Ra|dar|wel|len ⟨Pl.; Physik⟩ elektromagnet. Strahlung mit Wellenlängen im Zentimeterbereich

Rad|dop|pio ⟨m.; -s, -s; Sport⟩ eine Figur im Fechtsport [ital., »Verdoppeln, Verdoppelung«]

ra|di|al ⟨Adj.⟩ **1** in Richtung des Radius **2** strahlenförmig [<lat. *radius* »Strahl«]

Ra|di|al|ge|schwin|dig|keit ⟨f.; -, -en; Astron.⟩ Geschwindigkeit eines Gestirns in Richtung auf den Beobachter zu od. von ihm weg

Ra|di|a|li|tät ⟨f.; -; unz.⟩ Anordnung od. Aufstellung in radialer Form

Ra|di|al|li|nie ⟨[-njə] f.; -, -n; österr.⟩ Straßenbahn- od. Buslinie, die von der Stadtmitte zum Stadtrand führt

Ra|di|al|rei|fen ⟨m.; -s, -⟩ **1** Gürtelreifen **2** Fahrzeugreifen, dessen

Radialsymmetrie

Unterbau unter der Lauffläche durch kreisförmig angeordnete Stahl- od. Kunststofffäden verstärkt ist

Ra|di|al|sym|me|trie auch: **Ra|di|al|sym|met|rie** ⟨f.; -; unz.; Biol.⟩ Symmetrie, bei der die Symmetrieachsen vom Mittelpunkt ausgehende Strahlen sind, Strahlensymmetrie

Ra|di|al|tur|bi|ne ⟨f.; -, -n; Technik⟩ Wasserturbine, bei der das Wasser das Laufrad von innen nach außen durchströmt

Ra|di|ant ⟨m.; -en, -en⟩ **1** ⟨Astron.⟩ scheinbarer Ausgangspunkt eines Meteorstroms **2** ⟨Abk.: rad; Math.⟩ Winkel, zu dem das Bogenmaß = 1 ist [<lat. *radians*, Part Präs. zu *radiare* »Strahlen von sich geben, strahlen«]

ra|di|är ⟨Adj.⟩ strahlig [<frz. *radiaire* »strahlenförmig« <lat. *radius* »Strahl«]

Ra|di|äs|the|sie ⟨f.; -; unz.⟩ das Wahrnehmen von Wasseradern u. Ä. mit Hilfe von Pendeln od. Wünschelruten [<lat. *radius* »Strahl« + *Ästhesie*]

ra|di|äs|the|tisch ⟨Adj.⟩ die Radiästhesie betreffend, ihr zugehörig

Ra|di|a|ta ⟨Pl.; Zool.⟩ Tiere mit radiärsymmetrischem Bau, Hohltiere [→ *Radius*]

Ra|di|a|ti|on ⟨f.; -, -en⟩ **1** Strahlung **2** Ausstrahlung [<lat. *radiatio* »das Strahlen, Glanz«]

Ra|di|a|tor ⟨m.; -s, -to|ren⟩ Heizkörper, der die Luft in einem Raum vorwiegend durch Strahlung erwärmt; *Ggs* Konvektor [<lat. *radiare* »strahlen, Strahlen von sich geben«]

Ra|dic|chio ⟨[-dɪkjo] m.; -s, -chi [-ki]; Bot.⟩ als Salatpflanze genutzte Zichorienart mit rotweißen, bitter schmeckenden Blättern [ital. <lat. *radicula* »kleine Wurzel«]

Ra|di|en ⟨Pl. von⟩ Radius

ra|die|ren ⟨V.⟩ **1** mit einem Radiergummi od. Radiermesser entfernen **2** mit der Radiernadel in eine geätzte Kupferplatte ritzen; *eine Zeichnung ~* [<lat. *radere* »schaben, kratzen«]

Ra|die|rer ⟨m.; -s, -⟩ **1** Künstler, der Radierungen herstellt **2** ⟨umg.; salopp⟩ Radiergummi

Ra|die|rung ⟨f.; -, -en⟩ ⟨unz.⟩ Art des Kupferstichs, bei der die Zeichnung mit der Radiernadel in eine mit einer säurefesten Masse überzogenen Kupferplatte eingeritzt wird, die Platte wird dann mit einer Säure übergossen, die in die eingeritzten Stellen eindringt **2** ⟨zählb.⟩ Abdruck davon

ra|di|kal ⟨Adj.⟩ **1** bis auf die Wurzel, bis zum Äußersten (gehend) **2** von Grund auf; *eine Sache ~ ändern* **3** gründlich; *sie haben alles ~ ausgeräumt* **4** rücksichtslos, scharf; *etwas ~ beseitigen* **5** politisch extrem [<frz. *radical* <lat. *radicalis* »an die Wurzel gehend, von Grund auf, gründlich«; → *Radix*]

Ra|di|kal ⟨n.; -s, -e⟩ **1** das zur Bezeichnung des Wurzelziehens verwendete Zeichen √ **2** Resultat des Wurzelziehens **3** Gruppe von untereinander gebundenen Atomen mit einer nach außen hin ungesättigten Elektronenschale, die nur kurz beständig ist u. als Auslöser vieler chem. Reaktionen in Erscheinung tritt

Ra|di|ka|le(r) ⟨f. 2 (m. 1)⟩ Vertreter(in), Anhänger(in) des Radikalismus

Ra|di|kal|ins|ki ⟨m.; -s, -s; umg.; abwertend⟩ **1** politisch radikal eingestellter Mensch **2** rücksichtslos seine Forderungen durchsetzender, zu Gewalttaten neigender Mensch

ra|di|ka|li|sie|ren ⟨V.⟩ radikal machen

Ra|di|ka|li|sie|rung ⟨f.; -, -en⟩ das Radikalisieren; *eine zunehmende ~ des Strafvollzugs*

Ra|di|ka|lis|mus ⟨m.; -; unz.⟩ **1** bis zum Äußersten gehende Richtung in der Politik **2** radikales Denken, extreme Anschauungen

ra|di|ka|lis|tisch ⟨Adj.⟩ in der Art des Radikalismus, ihn betreffend, zu ihm gehörig

Ra|di|kand ⟨m.; -en, -en; Math.⟩ Zahl, aus der die Wurzel gezogen werden soll [<lat. *radicandus (numerus)* »die zu radizierende (Zahl)«; → *radizieren*]

Ra|di|ku|la ⟨f.; -; unz.; Bot.⟩ Keimwurzel der Samenpflanzen [→ *Radix*]

Ra|dio ⟨n.; -s, -s, schweiz. a. (bes. für das Gerät) m.; -s, -s⟩ **1** Rundfunkgerät **2** Rundfunk [engl.(-amerikan.); verkürzt <*radio*telegraphy »Übermittlung von Nachrichten durch Ausstrahlung elektromagnet. Wellen«, <lat. *radius* »Strahl«]

ra|dio..., **Ra|dio...** ⟨in Zus.⟩ **1** strahl(en)..., Strahl(en)... **2** Rundfunk... [<lat. *radius* »Strahl«]

ra|dio|ak|tiv ⟨Adj.; Physik; Chemie⟩ **1** unter Aussendung von Strahlen sich umwandelnd, Strahlen aussendend; *~e chem. Elemente, Isotope* **2** *~e Markierung* M. eines Moleküls mit einem radioaktiven Stoff **3** von Kernwaffen herrührend; *~er Niederschlag; ~e Verseuchung* = Kontamination (2) [<*radio... + aktiv*]

Ra|dio|ak|ti|vi|tät ⟨[-vi-] f.; -; unz.; Physik; Chemie⟩ radioaktive Beschaffenheit

Ra|dio|as|tro|no|mie auch: **Ra|dio|ast|ro|no|mie** ⟨f.; -; unz.; Astron.⟩ Messung u. Deutung der von Himmelskörpern u. aus dem Weltraum kommenden Strahlung

Ra|dio|bio|che|mie ⟨[-çe-] f.; -; unz.; Biochemie⟩ Arbeitsgebiet der Biologie u. Chemie, das sich sowohl mit der Untersuchung der Wirkung radioaktiver Strahlen auf lebende Gewebe befasst als auch Stoffwechselvorgänge durch die Verwendung von Radioindikatoren zu klären versucht

Ra|dio|bio|lo|gie ⟨f.; -; unz.; Biol.⟩ Teilgebiet der Biologie, das sich mit der Wirkung von Strahlung auf Lebewesen befasst, Strahlenbiologie

Ra|dio|che|mie ⟨[-çe-] f.; -; unz.; Chemie⟩ Chemie der radioaktiven Stoffe

Ra|dio|chro|no|lo|gie ⟨[-kro-] f.; -; unz.⟩ Wissenschaft von der Altersbestimmung eines Objekts mit Hilfe des radioaktiven Zerfalls

Ra|dio|ele|ment ⟨n.; -(e)s, -e; Chemie⟩ ein radioaktiv strahlendes Isotop eines chem. Elementes

Ra|dio|fre|quenz|strah|lung ⟨f.; -, -en; Physik⟩ = Radiowellen

ra|dio|gen ⟨Adj.; Physik; Chemie⟩ durch den Zerfall eines radioaktiven Stoffes entstanden; *~es Blei in Uranerzen* [*<radio... + ...gen¹*]

Ra|dio|gen ⟨n.; -s, -e; Physik; Chemie⟩ Element, das durch den Zerfall eines radioaktiven Stoffes entstanden ist

Ra|dio|gra|fie ⟨f.; -, -n⟩ = Radiographie

Ra|dio|gramm ⟨n.; -s, -e; Fot.⟩ Schwärzung fotograf. Schichten durch radioaktive Stoffe, die in Organismen enthalten sind

Ra|dio|gra|phie ⟨f.; -, -n⟩ Durchstrahlen von Werkstoffen mittels Röntgen- od. Gammastrahlen zur Werkstoffprüfung; *oV* Radiografie [*<Radio... + ...graphie*]

Ra|dio|im|mun|as|say ⟨[-əsɛɪ] n.; -s, -s; Chemie⟩ = Radioimmunoassay

Ra|dio|im|mu|no|as|say ⟨[-əsɛɪ] n.; -s, -s; Chemie⟩ Verfahren der analyt. Immunchemie, bei dem mithilfe eines radioaktiv markierten Antigens od. Antikörpers eine Immunreaktion erzeugt wird, die Schlüsse auf die Qualität u. Quantität der zu bestimmenden Stoffe zulässt; *oV* Radioimmunassay [verkürzt *<radio*aktiv + *Immuno*logie + engl. *assay* »Prüfung«]

Ra|dio|in|di|ka|tor ⟨m.; -s, -to|ren⟩ radioaktives Isotop eines von einem Lebewesen aufgenommenen chem. Elements, das anzeigt, an welcher Stelle eines Organismus das Element wirksam wird

Ra|dio|in|ter|fe|ro|me|ter ⟨n.; -s, -⟩ Gerät zur Erhöhung der Messgenauigkeit u. des Auflösungsvermögens von Radioteleskopen [*<Radio... + Interferometer*]

Ra|dio|iso|top ⟨n.; -s, -e; Chemie⟩ radioaktiv strahlendes Isotop eines chemischen Elements; *Sy* Radionuklid

Ra|dio|kar|bon|me|tho|de ⟨f.; -; unz.⟩ Verfahren zur Altersbestimmung organischer Stoffe durch Feststellung des Gehaltes an radioaktivem Kohlenstoff (C 14), dessen Halbwertszeit 5500 Jahre beträgt, wichtige Untersuchungsmethode u. a. in der Archäologie

Ra|dio|la|rie ⟨[-riə] f.; -, -n; meist Pl.; Zool.⟩ Strahlentierchen, vom Plankton des Meerwassers lebender Wurzelfüßer mit strahlenförmigem Skelett aus Strontiumsulfat od. Kieselsäure: Radiolaria [<lat. *radiolus*, Verkleinerungsform zu *radius* »Strahl«]

Ra|dio|la|ri|en|schlamm ⟨m.; -(e)s; unz.; Geol.⟩ = Radiolarit

Ra|dio|la|rit ⟨m.; -s; unz.; Geol.⟩ rotes, toniges, an Skeletten von Radiolarien reiches Meeressediment; *Sy* Radiolarienschlamm [→ *Radiolarien*]

Ra|dio|lo|ge ⟨m.; -n, -n; Med.⟩ Facharzt für Radiologie [*<Radio... + ...logie*]

Ra|dio|lo|gie ⟨f.; -; unz.; Med.⟩ Lehre von den Strahlen, bes. den Röntgen- u. radioaktiven Strahlen u. ihrer Anwendung; *Sy* Röntgenologie [*<Radio... + ...logie*]

Ra|dio|lo|gin ⟨f.; -, -gin|nen; Med.⟩ Fachärztin für Radiologie

ra|dio|lo|gisch ⟨Adj.; Med.⟩ die Radiologie betreffend, zu ihr gehörig

Ra|dio|ly|se ⟨f.; -, -n; Chemie⟩ durch radioaktive Strahlung ausgelöste chem. Reaktionen [*<Radio + ...lyse*]

Ra|dio|me|te|o|ro|lo|gie ⟨f.; -; unz.⟩ Erforschung von Vorgängen in der Atmosphäre mittels Rundfunkwellen

Ra|dio|me|ter ⟨n.; -s, -; Physik⟩ Lichtmühle, empfindl. Messgerät für Wärmestrahlung mit einem in einem evakuierten Gefäß befindlichen, leicht drehbaren Flügelrad, dessen Flügel auf einer Seite geschwärzt sind

Ra|dio|me|trie *auch:* **Ra|dio|met|rie** ⟨f.; -; unz.; Physik⟩ Untersuchung der Radioaktivität von Gesteinen in der Erdkruste [*<Radio... + ...metrie*]

Ra|dio|nu|klid *auch:* **Ra|dio|nuk|lid** ⟨n.; -s, -e; Chemie⟩ = Radioisotop

Ra|dio|nu|klid|bat|te|rie *auch:* **Ra|dio|nuk|lid|bat|te|rie** ⟨f.; -, -n⟩ mit der Energie, die beim Zerfall radioaktiver Stoffe frei wird, arbeitende elektr. Batterie; *Sy* Atombatterie, Atomgenerator, Isotopenbatterie

Ra|dio|quel|le ⟨f.; -, -n; Astron.⟩ Ausgangspunkt einer starken Radiostrahlung im Kosmos; *Sy* Radiostrahler

Ra|dio|re|cor|der ⟨m.; -s, -⟩ = Radiorekorder

Ra|dio|re|kor|der ⟨m.; -s, -⟩ (tragbares) Radio mit eingebautem Kassettenrekorder; *oV* Radiorecorder

Ra|dio|son|de ⟨f.; -, -n; Meteor.⟩ Gerät zur meteorolog. Beobachtung, das aus einem Ballon, Messgeräten für Luftdruck, Temperatur u. Feuchtigkeit u. einem Sender besteht, der die ermittelten Werte zur Erde funkt

Ra|dio|stern ⟨m.; -s, -e; Astron.⟩ Stern, der Radiostrahlungen aussendet

Ra|dio|strah|ler ⟨m.; -s, -; Astron.⟩ = Radioquelle

Ra|dio|strah|lung ⟨f.; -, -en; Astron.⟩ von der Radioastronomie untersuchte elektromagnet. Wellen

Ra|dio|tech|nik ⟨f.; -; unz.⟩ Zweig der Technik, der sich mit Sendung u. Empfang von Rundfunksendungen befasst

Ra|dio|te|le|skop *auch:* **Ra|dio|te|les|kop** ⟨n.; -s, -e⟩ zum Empfang u. zur Auswertung von Radiostrahlung aus dem Weltraum errichtetes Teleskop, das nicht mit optischen Linsen arbeitet, sondern mit einem Empfangsschirm ähnlich einer großen Radioantenne

Ra|dio|the|ra|pie ⟨f.; -, -n; Med.⟩ Strahlenbehandlung

Ra|dio|tho|ri|um ⟨n.; -s; unz.; Chemie; veraltete Bez. für⟩ das radioaktiv strahlende Thoriumisotop 228

Ra|dio|was|ser|stoff ⟨m.; -(e)s; unz.; Chemie⟩ = Tritium

Ra|dio|wel|len ⟨Pl.⟩ der Übertragung von Rundfunksendungen dienende elektromagnet. Wellen; *Sy* Radiofrequenzstrahlung

Ra|di|um ⟨n.; -s; unz.; chem. Zeichen: Ra⟩ radioaktives chem. Element, Ordnungszahl 88 [<lat. *radius* »Strahl«]

Ra|di|um|the|ra|pie ⟨f.; -, -n; Med.⟩ Strahlenbehandlung mit Radium

Ra|di|us 〈m.; -, Ra|di|en〉 **1** 〈Zeichen: r, R〉 Halbmesser eines Kreises od. einer Kugel **2** 〈Anat.〉 einer der Knochen des Unterarms, Speiche [lat., »Stab, Speiche, Strahl«]

Ra|di|us|vek|tor 〈[-vɛk-] m.; -s, -en; Math.〉 Verbindungslinie zwischen einem Punkt eines Kegelschnitts u. seinem Brennpunkt, Fahrstrahl, Leitstrahl

Ra|dix 〈f.; -, -di|zes〉 **1** 〈Bot.〉 Wurzel **2** 〈Anat.〉 Wurzel eines Organs, Nerv [lat., »Wurzel«]

ra|di|zie|ren 〈V.; Math.〉 *eine Zahl ~* eine Wurzel aus einer Zahl ziehen [< lat. *radicari* »wurzeln, auf seinen Ursprung zurückführen, die Wurzel einer Zahl suchen«; zu *radix* »Wurzel«]

Ra|dja *auch:* **Radja** 〈[-dʒa] m.; -s, -s〉 = Radscha

Ra|dom 〈n.; -s, -s〉 gegen Witterungseinflüsse schützende, aber für elektromagnet. Strahlung durchlässige Kunststoffkuppel für funktechnische Empfangs- od. Sendeeinrichtung [verkürzt < engl. *radar dome* »Radarkuppel«]

Ra|don 〈a. [-ˈ-] n.; -s; unz.; chem. Zeichen: Rn〉 chem. Element, radioaktives Edelgas, Ordnungszahl 86 [< lat. *radius* »Strahl«]

Ra|dscha *auch:* **Rad|scha** 〈m.; -s, -s〉 eingeborener ind. Fürst; *oV* Radja, Rajah [< Hindi *raja* »Fürst«]

Ra|du|la 〈f.; -, -lae [-lɛː]; Zool.〉 mit vielen Zähnchen besetzte Reibplatte auf der Zunge von Schnecken u. anderen Weichtieren [zu lat. *radere* »kratzen, schaben«]

R. A. F. 〈Abk. für〉 Royal Air Force

Raf|fia 〈f.; -, Raf|fi|en; Bot.〉 = Raphia

Raf|fi|na|de 〈f.; -, -n〉 reinster, durch Filtern u. Bleichen gereinigter Zucker; *Zucker~* [frz., »fein gemahlener, gereinigter Zucker«; → *raffinieren*]

Raf|fi|nat 〈n.; -(e)s, -e〉 durch Raffinieren Verfeinertes

Raf|fi|na|ti|on 〈f.; -, -en〉 **1** das Raffinieren, Verfeinerung **2** Reinigung (bes. von Zucker, Erdöl)

Raf|fi|ne|ment 〈[rafinəmãː] n.; -s, -s; geh.〉 **1** 〈unz.〉 Überfeinerung **2** Durchtriebenheit, Schlauheit **3** 〈zählb.〉 Feinheit, fein ausgedachte Sache; *mit allen ~s* [frz., »Verfeinerung; Durchtriebenheit«; → *raffinieren*]

Raf|fi|ne|rie 〈f.; -, -n〉 Fabrikanlage zur Reinigung von Zucker u. Erdöl; *Zucker~; Erdöl~* [frz.; → *raffinieren*]

Raf|fi|nes|se 〈f.; -, -n; umg.〉 **1** 〈unz.〉 = Raffinement (2) **2** 〈zählb.〉 = Raffinement (3); *mit allen ~n* mit allem prakt. u. bequemen Zubehör, mit allen Feinheiten [→ *raffiniert* (beeinflusst von *Finesse*)]

Raf|fi|neur 〈[-nøːr] m.; -s, -e; Technik〉 Maschine, in der Holzfasern zwischen Mühlsteinen zerkleinert werden [frz.; → *raffinieren*]

raf|fi|nie|ren 〈V.〉 *Zucker, Erdöl ~* reinigen, läutern [< frz. *raffiner* »verfeinern, läutern«; zu *fin* »fein«]

raf|fi|niert 〈Adj.〉 **1** schlau, durchtrieben; *er ist ~* **2** ausgeklügelt, fein ausgedacht; *~er Plan*

Raf|fi|niert|heit 〈f.; -; unz.〉 das Raffiniertsein, raffinierte Beschaffenheit, raffiniertes Wesen

Raf|fi|no|se 〈f.; -, -n; Chemie〉 in Melasse aus Zuckerrüben vorkommende Zuckerart, aus der Gruppe der Trisaccharide; *Sy* Melitose [→ *raffinieren*]

Raff|le|sie *auch:* **Raff|le|sie** 〈[-sja] f.; -, -si|en; Bot.〉 Riesenblume, zu einer Gattung der Schmarotzerblumengewächse gehörende Schmarotzerpflanze, die das Gewebe ihrer Wirtspflanze durchdringt u. Blüten mit einem Durchmesser bis zu 1 m bildet: Rafflesia [nach dem brit. Beamten H. S. *Raffles*, 1781-1826]

Raft 〈n.; -s, -s〉 schwimmende Insel [engl., »Floß«]

raf|ten 〈[rɑːf-] V.; Sport〉 Rafting betreiben; *auf der Salzach ~*

Rafting 〈[ˈrɑːftɪŋ] n.; - od. -s; unz.; Sport〉 Wildwasserfahren (als Sportart); →*a.* Snowrafting [< engl. *raft* »Floß«]

Rag 〈[ræg] m.; - od. -s; unz.; Musik〉 kurz für Ragtime

Ra|ge 〈[-ʒə] f.; -; unz.; umg.〉 Wut, Raserei; *jmdn. in ~ bringen; in ~ geraten; in ~ kommen* [frz.]

Ra|gi|o|ne 〈[-dʒoː-] f.; -, -n; schweiz.〉 im Handelsregister eingetragene Firma [ital. < lat. *ratio*, Gen. *rationis* »Berechnung, Geschäftsverhältnis«]

Ra|glan|är|mel *auch:* **Rag|lan|är|mel** 〈m.; -s, -〉 Ärmel, der bis an den Kragen bzw. Halsausschnitt reicht [< engl. *raglan sleeve*; nach Lord *Raglan*, 1788-1855, dem engl. Befehlshaber im Krimkrieg, der einen Mantel mit solchen Ärmeln trug]

Rag|na|rök 〈f.; -; unz.; nord. Myth.〉 Weltuntergang nach vergebl. Kampf der Götter mit bösen Mächten, in dem Edda-Lied »Völuspa« geschildert [< anord. *regin, rögn* »Götter« + *rök* »Ursprung, Geschichte«]

Ra|gout 〈[-guː] n.; -s, -s; Kochk.〉 Gericht aus fein geschnittenem Fleisch mit stark gewürzter Soße; *~ fin* [-fɛ̃ː] Ragout aus hellem Fleisch in einer hellen Soße [< frz. *ragoût* »Ragout«; zu frz. *fin* »fein«]

Rag|time 〈[ˈrægtaɪm] m.; - od. -s; unz.; seit 1850/1860; Musik〉 stark synkopierte Frühform des Jazz, bes. für Klavier [engl., eigtl. »zerrissener Takt« < *rag* »reißen« + *time* »Zeit; Takt«]

Raid 〈[reɪd] m.; -s, -s〉 **1** Streifzug, bewaffneter Ein-, Überfall **2** 〈Wirtsch.〉 Aufkauf von Aktien, um die Kontrolle über ein Unternehmen zu erlangen, feindliche Übernahme [engl., »Beutezug, Überfall«]

Rai|der 〈[ˈreɪ-] m.; -s, -; abwertend〉 jmd., der (gemeinsam mit finanzstarken Geldgebern) auf die feindliche Übernahme von Unternehmen spekuliert [engl., »Angreifer«]

Rai|gras 〈n.; -es, -gräser; Bot.〉 einer Gattung der Süßgräser angehörende Futterpflanze, Lolch: Lolium; *oV* Raygras [< engl. *raygrass* »Strahlengras«]

Rai|son 〈[rɛzɔ̃ː] f.; -; unz.〉 = Räson

Ra|jah 〈[-dʒa] m.; -s, -s〉 = Radscha

ra|jo|len 〈V.〉 = rigolen

Ra|kel 〈f.; -, -n〉 **1** 〈Siebdruck〉 Gerät aus Gummi, mit dem die

Druckfarbe durch das Sieb gequetscht wird **2** ⟨Tiefdruck⟩ scharfes, federndes Lineal aus Stahl, mit dem die überschüssige Druckfarbe von der Platte abgestrichen wird [<frz. *racle* »Schabeisen, Abstreichmesser«]

Ra|ke|te ⟨f.; -, -n⟩ durch Rückstoß angetriebener Flug- od. Feuerwerkskörper [<ital. *rocchetta*, eigtl. »kleine Spindel« (nach der Ähnlichkeit); zu *rocca* »Spinnrocken«]

Ra|ke|ten|ba|sis ⟨f.; -, -ba|sen; Mil.⟩ militär. Stützpunkt, von dem aus Raketen abgeschossen werden können

Ra|ke|ten|schlit|ten ⟨m.; -s, -⟩ auf Schienen laufender, durch Raketen beschleunigter Wagen zur Untersuchung von Vorgängen bei höchsten Geschwindigkeiten

Ra|kett ⟨n.; -(e)s, -e od. -s⟩ = Racket[1] [<engl. *racket*; → *Racket*]

Ra|ki ⟨m.; - od. -s; unz.⟩ Branntwein aus vergorenen Rosinen mit Anis [türk.]

rall. ⟨Musik; Abk. für⟩ rallentando

Ral|le ⟨f.; -, -n; Zool.⟩ Angehörige einer Familie kleiner Vögel mit kurzen Flügeln, langen Beinen u. großen Zehen: Rallidae [<frz. *râle*]

ral|len|tan|do ⟨Musik; Abk.: rall.⟩ langsamer werdend [ital., Part. Präs. zu *rallentare* »verlangsamen«]

Ral|ly ⟨[rælɪ] od. [ralɪ] n. od. f.; -, -s⟩ = Rallye

Ral|lye ⟨[rælɪ] od. [ralɪ] n. od. f.; -, -s⟩ sportl. Wettfahrt mit verschiedenen Etappen auf ein Ziel zu; *oV* Rally [frz., <engl. *rally* »Zusammenkunft, Treffen«]

Ral|lye-Cross ⟨[rælɪ-] od. [ralɪ-] n.; -, -; Motorsport⟩ Autorennen im Gelände [<*Rallye* + engl. *cross* »quer«]

RAM ⟨EDV; Abk. für engl.⟩ Random Access Memory, ein Direktzugriffsspeicher für EDV-Anlagen, bei dem die Daten in beliebiger Reihenfolge abgerufen od. eingegeben werden können

Ra|ma|dan ⟨m.; - od. -s; unz.⟩ **1** einen Monat dauernde Fastenzeit der Muslime **2** Monat des islam. Kalenders, Ende Febr./März [arab., eigtl. »der heiße Monat«; zu *ramida* »sehr heiß sein«]

Ra|ma|gé ⟨[-ʒeː] m.; -, -s; Textilw.⟩ halbseidenes Kreppgewebe mit Jacquardmuster [<frz. *ramages* »Rankenmuster«]

Ra|man|ef|fekt *auch:* **Ra|man-Effekt** ⟨m.; -(e)s, -e; Chemie⟩ bei der Streuung einfarbigen, zu einer einzigen Spektrallinie gehörigen Lichtes an Molekülen beobachtete Erscheinung, dass im gestreuten Licht außer der Frequenz des einfallenden Lichtes auch schwache Linien ein wenig verschobener Frequenzen auftreten [nach dem ind. Physiker S. V. Raman, 1888-1970]

Ra|man|spek|trum *auch:* **Ra|man-Spek|trum** ⟨n.; -s, -tren; Chemie⟩ durch den Raman-Effekt erzeugtes Spektrum

Ra|mas|su|ri ⟨f.; -; unz.; bair.; österr.⟩ Wirbel, Durcheinander, Trubel [<ital. *ramazza* »Besen«]

Ram|bla *auch:* **Ram|bla** ⟨f.; -, -s; Geogr.⟩ junger Boden in Auegebieten, der nur einen geringen Anteil an abgestorbener organischer Substanz aufweist [span. »Trockenflussbett, Straße (am Meer)«]

Ram|bo ⟨m.; -s, -s; umg.⟩ angriffslustiger Kämpfer, Rächer [nach dem Held des gleichnamigen amerikan. Spielfilms]

Ram|bouil|let|schaf ⟨[rãbujeː-] n.; -(e)s, -e; Zool.⟩ Schaf mit feiner Wolle [nach der nordfrz. Stadt *Rambouillet*]

Ram|bu|tan[1] ⟨m.; -s, -e; Bot.⟩ ein Seifenbaumgewächs, großer Baum mit gefiederten Blättern u. essbaren Früchten [malai.]

Ram|bu|tan[2] ⟨f.; -, -s⟩ in Südostasien verbreitete, der Litchi ähnliche Frucht des Rambutans[1] mit stacheliger Schale u. weißem Fruchtfleisch: Nephelium Lappaceum [engl., frz. *ramboutan* <malai.]

Ra|mé ⟨[-meː] m.; - od. -s, -s; Textilw.⟩ weißes Gewebe aus Makobaumwolle in feinfädiger Batistqualität [zu frz. *ramer* »(Stoff) auf einen Rahmen ziehen«]

Ra|mie ⟨f.; -, -n; Bot.⟩ **1** ostasiat. Nesselpflanze, die wegen ihrer Fasern gezüchtet wird: Boehmeria nivea **2** Bastfaser dieser Pflanze, Chinagras [<engl. *ra-mi(e)* <malai. *rami*]

Ra|mi|fi|ka|ti|on ⟨f.; -, -en; Biol.; Med.⟩ Verzweigung, Verästelung [<lat. *ramus* »Zweig, Ast« + ...*fikation*]

ra|mi|fi|zie|ren ⟨V.; Biol.⟩ verästeln, verzweigen [<lat. *ramus* »Ast, Zweig« + *facere* »machen«]

Ram|ming ⟨[ræmɪŋ] n.; - od. -s, -s; Nautik⟩ das Zusammenstoßen, Kollidieren zweier Schiffe [engl.]

Ram|pe ⟨f.; -, -n⟩ **1** schiefe Ebene als Auffahrt für Wagen zum Verladen von Gütern; *Lade~* **2** vorderer, etwas erhöhter Rand der Bühne, an dem innen die Lampen zum Beleuchten der Bühne von unten angebracht sind [frz., »geneigte Fläche, Abhang, Verladerampe«]

ram|po|nie|ren ⟨V.; umg.⟩ beschädigen [Seemannsspr., eigtl. »mit eisernen Haken bearbeiten«; zu ital. *rampone* »Enterhaken«]

Ramsch[1] ⟨m.; -(e)s, (selten) -e⟩ Plunder, Ausschuss, billige, alte Ware [entweder <hebr. *ramma'uth* »Betrug«, od. zu spätmnddt. *im rampe kopen* »in Bausch u. Bogen kaufen« (zu *ramp* »Menge bunt zusammengewürfelter Sachen«) od. <frz. *ramas* »wirre Menge von Dingen«; zu *ramasser* »sammeln«]

Ramsch[2] ⟨m.; -(e)s, -e⟩ **1** Spiel beim Skat, wenn niemand reizt **2** ⟨Studentenspr.⟩ zu einer Forderung führender Streit [<frz. *ramas* »das Auflesen, das Sammeln«; zu *ramasser* »sammeln«]

ram|schen[1] ⟨V.⟩ zu Schleuderpreisen aufkaufen [→ *Ramsch*[1]]

ram|schen[2] ⟨V.⟩ **1** Ramsch[2] (1) spielen **2** ⟨Studentenspr.⟩ jmdn. fordern [→ *Ramsch*[2]]

Ranch ⟨[raːntʃ] od. [ræntʃ] f.; -, -s od. -es [-ɪz]⟩ **1** landwirtschaftl. Betrieb mit Viehzucht im nordamerikan. Westen **2** (i. w. S.) = Farm [engl.-amerikan. <span. *rancho*]

Ran|cher ⟨[ˈrɑːntʃə(r)] od. [ˈræn-tʃə(r)] m.; -s, -⟩ Inhaber einer Ranch

Ran|ching ⟨[ˈrɑːntʃɪŋ] od. [ˈræn-tʃɪŋ] n.; - od. -s; unz.⟩ die Arbeit auf einer Ranch, das Führen einer Ranch [<engl.-amerikan. *ranch* »(Vieh-)Farm«]

Ran|cho ⟨[ˈrantʃo] m.; -s, -s; in Südamerika⟩ kleine Farm, Hütte [span.]

Rand ⟨[rænt] m.; -s, -s od. (bei Zahlenangaben) -; Abk.: R⟩ Währungseinheit der Republik Südafrika, 100 Cent

Ran|da|le ⟨f.; -; unz.; Jugendspr.⟩ Unfug, Lärm, Gejohle; ~ *machen* randalieren [→ *randalieren*]

ran|da|lie|ren ⟨V.⟩ zügellos lärmend Unfug treiben, mutwillig beschädigen [<*Randal* »lärmender Skandal«, Vermischung < *Skandal* + *Rant* »Auflauf« (zu *rinnen*)]

Ran|da|lie|rer ⟨m.; -s, -⟩ jmd., der randaliert

Ran|do|mi|sie|rung ⟨[ˈrændə-] f.; -, -en⟩ 1 zufällige Auswahl der Teilnehmer an einer statistischen Erhebung 2 ⟨Wirtsch.⟩ auf dem Zufallsprinzip basierendes Verfahren zur Beseitigung von Störfaktoren im Rahmen der Markt- u. Meinungsforschung [zu engl. *randomise* »nach dem Zufallsprinzip auswählen«]

Rang ⟨m.; -(e)s, Ränge⟩ **1** Stellung, Stufe innerhalb der Ordnung von Werten; *ein Mann ohne ~ u. Namen; ein Mann von hohem ~* **2** ⟨Mil.⟩ Gruppe von Dienstgraden; *Dienst~; Unteroffiziers~; Offiziers~; im ~ eines Stabsoffiziers* **3** ⟨Toto; Lotto⟩ Klasse von Gewinnen; *Gewinn im zweiten ~* **4** Stufe, Grad entsprechend der Leistung od. Qualität; *ein Lokal ersten (dritten) ~es; ein Dirigent ersten (minderen) ~es; jmdm. den ~ streitig machen mit jmdm. in Wettbewerb treten* **5** ⟨Theat.⟩ Stockwerk im Zuschauerraum; *Loge im ersten~; zweiter ~ Seite* [frz., »Reihe, Ordnung« <fränk. *(h)ring* »Kreis, Ring«]

Ran|ger ⟨[ˈreɪndʒə(r)] m.; -s, -⟩ **1** ⟨England⟩ Aufseher eines königl. Forstes **2** ⟨USA⟩ Angehöriger einer berittenen Schutztruppe **3** für den Nahkampf ausgebildeter Soldat [engl.; zu *range* »Gebiet, Bereich, Weide-, Jagdgebiet«]

ran|gie|ren ⟨[rãˈʒiː-] od. [ranˈʒiː-] V.⟩ **1** einen bestimmten Rang einnehmen, eine bestimmte Stellung innehaben; *er rangiert als Erster* **2** *Eisenbahnwagen ~* verschieben **3** ⟨umg.⟩ ordnen, (an eine bestimmte Stelle) bringen, setzen [<frz. *ranger* »ordnen, anordnen«; → *Rang*]

Ran|king ⟨[ˈræŋkɪŋ] n.; - od. -s, -s; Wirtsch.⟩ Eingruppierung, Bewertung, Rangliste; *das hohe ~ der neuen Aktie war erstaunlich* [engl.]

Ran|kü|ne ⟨f.; -, -n; geh.⟩ Groll, heiml. Feindschaft [<frz. *rancune*]

Ra|nu|la ⟨f.; -, -lae [-lɛː]; Med.⟩ kleine, kugelige, mit Flüssigkeit gefüllte Geschwulst unter der Zunge, Froschgeschwulst [<lat. *rana* »Frosch«]

Ra|nun|kel ⟨f.; -, -n; Bot.⟩ Hahnenfuß (Pflanzengattung) [<lat. *ranunculus* »Fröschchen«; zu *rana* »Frosch«]

Ra|nun|ku|la|zee ⟨[-tseːə] f.; -, -n; Bot.⟩ Hahnenfußgewächs [→ *Ranunkel*]

Rap ⟨[ræp] m.; -s, -s; unz.; Musik⟩ mechanischer Sprechgesang, der dem Rhythmus sich wiederholender Bass- u. Schlagzeugfiguren angepasst ist; *oV* Rapping [engl.]

Ra|phia ⟨f.; -, -phien; Bot.⟩ *oV* Raffia **1** einer afrikan. Gattung der Palmen angehörende Fiederpalme, deren Blätter Fasern liefern, Bambuspalme: Raphia **2** Bastfaser dieser Pflanze [<grch. *rhaphis* »Nadel«]

Ra|phia|bast ⟨m.; -(e)s, -e; Bot.⟩ aus den Raphiablättern gewonnener Bast

Ra|phi|den ⟨nur Pl.; Bot.⟩ in Bündeln auftretende, nadelförmige Kristalle, die in manche Pflanzenzellen eingelagert sind [<grch. *rhaphis* »Nadel« + ...*id*]

ra|pid ⟨Adj.⟩ = rapide

ra|pi|da|men|te ⟨Musik⟩ rasend, sehr schnell (zu spielen) [ital.]

ra|pi|de ⟨Adj.⟩ sehr schnell, blitzartig; *oV* rapid; *eine ~ Ausbreitung der Seuche; mit ihm geht es ~ abwärts* [<frz. *rapide* <lat. *rapidus* »schnell«]

Ra|pi|di|tät ⟨f.; -; unz.⟩ große Schnelligkeit [<frz. *rapidité* »Schnelligkeit« <lat. *rapiditas*; zu *rapidus* »schnell«]

ra|pi|do ⟨Musik⟩ reißend, schnell (zu spielen) [ital.]

Ra|pier ⟨n.; -s, -e⟩ Degen mit einer besonderen Art des Korbes [<frz. *rapière* »Rapier«]

rap|pen ⟨[ræp-] V.; Musik⟩ Rap spielen, sprechen [→ *Rap*]

Rap|per ⟨[ræp-] m.; -s, -; Musik⟩ jmd., der Rap spielt [→ *Rap*]

Rap|ping ⟨[ræp-] n.; - od. -s; unz.⟩ = Rap

Rap|port ⟨m.; -(e)s, -e⟩ **1** Bericht, Meldung, regelmäßiger Bericht an eine übergeordnete Stelle od. Behörde **2** Verbindung, Zusammenhang, Wechselbeziehung (bes. bei der Hypnose zwischen Hypnotiseur u. Medium) **3** sich regelmäßig wiederholendes Muster (auf Geweben, Teppichen usw.) [frz., »Bericht«]

rap|por|tie|ren ⟨V.⟩ berichten, melden [<frz. *rapporter* »berichten«]

Rap|tus ⟨m.; -, - [-tuːs]⟩ **1** ⟨Psych.⟩ Ausbruch, plötzl. auftretender u. rasch abklingender Wutanfall **2** ⟨Pl. a.: -se; umg.⟩ Koller, Rappel, Wutanfall [mlat., »Verzückung, Unsinn«, eigtl. »Beraubung (des Verstandes)«; zu lat. *rapere* »rauben«]

Ra|pu|sche ⟨f.; -; unz.; mdt.⟩ *oV* Rapuse **1** Raub, Plünderung **2** Beute; *in die ~ geben* preisgeben; *in die ~ kommen* verloren gehen **3** Wirrwarr **4** ein Kartenspiel [<mhd. *rabusch* »Kerbholz, Schulden im Wirtshaus« <tschech. *rabuše* »Kerbholz«; beeinflusst von *rapschen* »eilig wegnehmen«]

Ra|pu|se ⟨f.; -; unz.⟩ = Rapusche

rar ⟨Adj.⟩ selten, knapp (u. daher) begehrt, kostbar; *ein ~er Artikel; sich ~ machen* ⟨umg.⟩ sich selten blicken lassen, selten zu Besuch kommen [<lat. *rarus* »selten«]

Ra|ra ⟨Pl.; Abk.: RR; in Bibliotheken Bez. für⟩ seltene Bücher [lat., Neutr. Pl. zu *rarus* »selten«]

Ra|re|fi|ka|ti|on ⟨f.; -; unz.; Med.⟩ Gewebsschwund (bei Knochen) [<lat. *rarus* »locker, selten« + *facere* »machen«]

Ra|ri|tät ⟨f.; -, -en⟩ **1** Seltenheit **2** selten vorkommender, (u. daher) kostbarer Gegenstand [<lat. *raritas* »Seltenheit«; zu *rarus* »selten«]

ra|sant ⟨Adj.⟩ **1** flach verlaufend; *eine ~e Flugbahn eines Geschosses* **2** ⟨fig.; umg.⟩ rasend, schnell **3** ⟨umg.⟩ interessant, attraktiv; *eine ~e Frau* [frz., »den Erdboden streifend, niedrig, flach«; zu *raser* »über etwas hinstreichen, rasieren«, volksetymologisch beeinflusst von *rasend*]

Ra|sanz ⟨f.; -; unz.⟩ **1** (möglichst) flacher Verlauf (der Flugbahn eines Geschosses) **2** ⟨fig.; umg.⟩ rasende Geschwindigkeit, große Schnelligkeit [→ *rasant*]

Ra|ser ⟨[rɛ̱ɪzə(r)] m.; -s, -; Physik⟩ Apparat, der kohärente Röntgenstrahlen erzeugt u. verstärkt [<engl. *ratio a*mplification by *s*timulated *e*mission of *r*adiation »proportionale Verstärkung durch stimulierte Röntgenstrahlung«]

Rash ⟨[ræʃ] m.; - od. -s, -s; Med.⟩ flüchtige Hautrötung an der Innenseite der Oberschenkel, die einem akuten Exanthem vorausgeht [<engl. *rash* »zu schnell, rasch«]

ra|sie|ren ⟨V.⟩ *jmdn. od. sich ~* jmdm. od. sich mit dem Rasierapparat od. -messer unmittelbar an der Haut die Barthaare abschneiden; *sich ~ lassen; rasiertes Gesicht, Kinn; frisch, glatt, gut, schlecht rasiert sein; sich die Beine ~* sich die Haare auf den Beine völlig abschneiden; *jmdm. den Kopf ~* jmdm. die Kopfhaare völlig abschneiden [<frz. *raser* »rasieren«; verwandt mit *radieren, Raster*]

Rä|son ⟨[-zɔ̱ː] od. [-zɔŋ] f.; -; unz.⟩ Vernunft, Einsicht, Zucht; ⟨nur noch in der Wendung⟩ *jmdn. zur ~ bringen*; *oV* Raison [<frz. *raison* »Vernunft, Verstand«]

Rä|son|ne|ment ⟨[-mãː] n.; -s, -s; veraltet⟩ vernünftige Beurteilung, vernünftige Erwägung, Vernunftschluss [<frz. *raisonnement* »Urteil, Urteilskraft, Schlussfolgerung«]

Ras|se ⟨f.; -, -n⟩ **1** Gesamtheit der Angehörigen einer Art, die sich durch bestimmte erbliche Merkmale voneinander unterscheiden, mit Angehörigen anderer Rassen dieser Art aber fruchtbare Nachkommen zeugen können; *natürliche ~; Menschen~* **2** durch Züchtung ausgewählte Angehörige einer Art mit vom Menschen besonders geschätzten erblichen Eigenschaften; *Zucht~* **3** ⟨fig.⟩ ausgeprägtes, feuriges Wesen; *er hat ~* [<frz. *race* »Geschlecht, Stamm, Rasse« <ital. *razza;* zu arab. *ra's* »Kopf«]

ras|sig ⟨Adj.⟩ **1** von ausgeprägter, edler Rasse **2** ⟨fig.⟩ feurig, schwungvoll, temperamentvoll **3** mit ausgeprägten, edlen, schönen Zügen ausgestattet; *~es Gesicht*

ras|sisch ⟨Adj.⟩ die Rasse betreffend

Ras|sis|mus ⟨m.; -; unz.⟩ **1** Rassenhass **2** Unterdrückung von Menschen anderer Rasse

Ras|sist ⟨m.; -en, -en⟩ Vertreter, Anhänger des Rassismus

Ras|sis|tin ⟨f.; -, -tin|nen⟩ Vertreterin, Anhängerin des Rassismus

ras|sis|tisch ⟨Adj.⟩ auf Rassismus beruhend, zu ihm gehörend; *ein ~es Gesetz*

Ras|ta|fa|ri ⟨m.; - od. -s, -⟩ Anhänger einer afroamerikan. Religionsgemeinschaft (bes. auf Jamaica), die als Erlöser den äthiopischen König Haile Selassie verehrt u. in der das Kämmen u. Schneiden der Haare aufgrund eines religiösen Gebotes untersagt ist; *Sy* Rasti [<amharisch *Ras Tafari*, »Prinz, der zu fürchten ist« (Bez. für den König Haile Selassie)]

Ras|ta|fa|ri|lo|cken ⟨Pl.⟩ = Dreadlocks

Ras|ter[1] ⟨m.; -s, -⟩ zur Reproduktion von Halbtonbildern verwendetes Gerät aus zwei mit eingeätzten, geschwärzten Linien versehenen gläsernen Platten, die so zusammengekittet sind, dass sich die Linien kreuzen [lat., »Hacke, Karst«, mlat. auch »Rechen«; verwandt mit *radieren, rasieren*]

Ras|ter[2] ⟨n.; -s, -⟩ **1** genormte (punkt- oder strichförmige) Vorgabe **2** ⟨fig.⟩ vorgegebenes Schema; *er passt nicht in dieses ~* [→ *Raster*[1]]

Ras|ter|ät|zung ⟨f.; -, -en⟩ = Autotypie

Ras|ter|e|lek|tro|nen|mi|kro|skop *auch:* **Ras|ter|e|lek|tro|nen|mikros|kop** ⟨n.; -s, -e⟩ Elektronenmikroskop, das durch eine spezielle Führung u. Bündelung der abbildenden Elektronenstrahlen eine räumliche Darstellung der untersuchten Objekte ermöglicht

Ras|ter|fahn|dung ⟨f.; -, -en⟩ polizeiliche Fahndung, bei der die Daten einer größeren Personengruppe mittels Computers überprüft werden

ras|tern ⟨V.⟩ *ein Bild ~* mit Raster versehen, mit Raster aufnehmen, in Punkte zerlegen

Ras|ti ⟨m.; - od. -s, -; kurz für⟩ Rastafari

Ras|tral *auch:* **Rast|ral** ⟨n.; -s, -e⟩ Werkzeug mit fünf Zinken zum Ziehen der Notenlinien [→ *Raster*]

ras|trie|ren *auch:* **rast|rie|ren** ⟨V.⟩ **1** mit Hilfe des Rastrals mit Notenlinien versehen **2** ⟨österr.⟩ = karieren

Ra|sur ⟨f.; -, -en⟩ **1** das Rasieren **2** das Radieren **3** ausradierte Stelle [<lat. *rasura* »das Schaben, Kratzen, Abrasieren«; zu *radere* »schaben, kratzen«]

Ra|ta|touille ⟨[-tuj] f. od. n.; - od. -s, -s; frz. Kochk.⟩ Gericht aus verschiedenen Gemüsesorten (Auberginen, Zucchini, Tomaten u. a.) [frz., »Gemüseeintopf, schlechtes Ragout« <*ratouiller* + *tatouiller*; zu *touiller* »umrühren, mischen«]

Ra|te ⟨f.; -, -n⟩ **1** Teilzahlung, Teilbetrag; *Monats~; etwas in ~n zahlen* **2** Anzahl, Durchschnittswert; *Todes~* [<ital. *rata* <mlat. *rata (pars)* »berechneter (Anteil)« <lat. *ratus* »berechnet, bestimmt«, Part. Perf. zu *reri* »(im Geiste) ordnen, schätzen, meinen«]

Ra|ti|fi|ka|ti|on ⟨f.; -, -en⟩ das Ratifizieren, Bestätigung, Genehmigung (bes. von Staatsverträ-

ratifizieren

gen durch das Parlament) [<mlat. *ratificatio* »Bestätigung, Genehmigung« <lat. *ratus* »berechnet, gültig« + *facere* »machen«]

ra|ti|fi|zie|ren ⟨V.⟩ bestätigen (bes. von Staatsverträgen durch das Parlament) [<mlat. *ratificare* »bestätigen, genehmigen« <lat. *ratus* »berechnet, gültig« + *facere* »machen«]

Ra|ti|fi|zie|rung ⟨f.; -, -en⟩ = Ratifikation

Ra|ti|né ⟨[-ne:] m.; -s, -s; Textilw.⟩ flauschiges Gewebe od. Gewirke mit lockigem od. knotigem Flor [<frz. *ratine*]

Ra|ting ⟨[rɛɪtɪŋ] n.; - od. -s, -s⟩ ungefähre Berechnung, Beurteilung von Personen od. Sachverhalten anhand von Skalen [engl., »Schätzen, Einschätzen«]

Ra|ting|ska|la ⟨[rɛɪtɪŋ-] f.; -, -skalen; Psych.; Soziol.⟩ Skala zur Bewertung von Personen od. Sachverhalten; *eine ~ über den Fernsehkonsum von Kindern*

ra|ti|nie|ren ⟨V.⟩ *Wollstoff ~* ⟨Textilw.⟩ auf der Oberseite kräuseln [<frz. *ratiner*; → *Ratiné*]

Ra|tio ⟨f.; -; unz.⟩ **1** Vernunft, logisches Denkvermögen **2** Grund [lat., »Berechnung, Vernunft, Beweisführung«]

Ra|ti|on ⟨f.; -, -en⟩ zugeteiltes Maß, tägl. Bedarf [frz., »Zuteilung« <mlat. *ratio* »berechneter Anteil« <lat. *ratio*; → *Ratio*]

ra|ti|o|nal ⟨Adj.⟩ *Ggs* irrational **1** auf der Ratio beruhend **2** vernünftig **3** begrifflich (fassbar); *~es Denken* [<lat. *rationalis* »vernünftig«; zu *ratio* »Vernunft«]

Ra|ti|o|na|li|sa|tor ⟨m.; -s, -to|ren⟩ jmd., der ein Unternehmen, einen Betrieb rationalisiert

ra|ti|o|na|li|sie|ren ⟨V.⟩ wirtschaftlich gestalten; *Arbeitsvorgänge ~ A.* zweckmäßig gestalten zur Erhöhung der Wirtschaftlichkeit

Ra|ti|o|na|li|sie|rung ⟨f.; -; unz.⟩ das Rationalisieren

Ra|ti|o|na|lis|mus ⟨m.; -; unz.; Philos.⟩ **1** Auffassung, dass die Welt von vernünftiger, d. h. logischer, logisch berechenbarer Beschaffenheit sei **2** Richtung der Philosophie, die das abstrakte begriffl. Denken als Hauptquelle der Erkenntnis ansieht; *Ggs* Empirismus **3** durch Vernunft bestätigter Standpunkt, rein vernunftgemäßes Denken; *Ggs* Irrationalismus

Ra|ti|o|na|list ⟨m.; -en, -en⟩ **1** Vertreter, Anhänger des Rationalismus **2** jmd., für den nur die Vernunft, das vernünftige Denken maßgebend ist

ra|ti|o|na|lis|tisch ⟨Adj.⟩ **1** zum Rationalismus gehörend, auf ihm beruhend **2** = rational

Ra|ti|o|na|li|tät ⟨f.; -; unz.⟩ rationale Beschaffenheit, rationale Denkweise; *Ggs* Irrationalität

ra|ti|o|nell ⟨Adj.⟩ zweckmäßig, wirtschaftlich, sparsam, haushälterisch [<frz. *rationnel* »rational, vernunftgemäß« <lat. *ratio* »Vernunft«]

ra|ti|o|nie|ren ⟨V.⟩ planmäßig einteilen [<frz. *rationner* »rationieren, auf Rationen setzen«]

Rat|tan ⟨n.; -s; unz.⟩ = Peddigrohr [<engl. *rat(t)an* <malai. *rotan*]

Rau|ke ⟨f.; -, -n; Bot.⟩ einer Gattung der Kreuzblütler angehörende krautige Pflanze mit gelben Blüten u. Schotenfrüchten: *Sisymbrium* [<lat. *eruca* »Senfkohl«]

Raum|son|de ⟨f.; -, -n⟩ unbemannter Flugkörper zur Erforschung von Monden u. Planeten des Sonnensystems

Rausch|ge|ne|ra|tor ⟨m.; -s, -en; El.⟩ Gerät der Elektrotechnik, das über einen weiten Frequenzbereich Schwingungen genau gleicher Leistung erzeugt u. deshalb für Messzwecke eingesetzt werden kann

Rave ⟨[rɛɪv] m. od. n.; -s, -s; Musik⟩ **1** ⟨unz.⟩ ein Ende der 80er Jahre in England entstandener Musikstil, der klassischen Gitarrenpop mit schnellen Schlagzeugrhythmen u. Synthesizerklängen verbindet **2** große Tanzparty (vor allem mit Technomusik) [zu engl. *rave* »toben; begeistert, enthusiastisch, außer Kontrolle sein«]

ra|ven ⟨[rɛɪvən] V.; Musik⟩ **1** Ravemusik spielen **2** an einem Rave teilnehmen

Ra|ver ⟨[rɛɪvə(r)] m.; -s, -; Musik⟩ **1** jmd., der Ravemusik spielt **2** jmd., der an einem Rave (2) teilnimmt [→ *Rave*]

Ra|vi|o|li ⟨[-vio:-] Pl.; Kochk.⟩ mit Fleisch gefüllte kleine Vierecke aus Nudelteig [ital.]

Ra|yé ⟨[rɛje:] m.; -s, -s; Textilw.⟩ gestreiftes Gewebe [frz., »gestreift«]

Ray|gras ⟨n.; -es, -gräser; Bot.⟩ = Raigras

Ray|on[1] *auch:* **Ra|yon**[1] ⟨[rɛjɔ̃:] m.; -s, -s⟩ **1** Bereich, Bezirk **2** Abteilung (im Warenhaus) [frz., »Lichtstrahl, Radius, Fach, Regal, Abteilung, Bezirk«]

Ray|on[2] *auch:* **Ra|yon**[2] ⟨[rɛjɔ̃:] m. od. n.; -; unz.⟩ = Reyon

> **Rayon** (*Worttrennung am Zeilenende*) Im Französischen wird der Laut »y« verwendet, um einen vorausgehenden an einen folgenden Vokal zu binden. Im Deutschen bleibt es dem Schreibenden überlassen, ob er vor dem Konsonanten trennt oder die Buchstabengruppe »ay« als eigenen Laut [ej] auffasst und dementsprechend hinter dem Konsonanten trennt (→ *a.* Krayon).

Ray|on|chef *auch:* **Ra|yon|chef** ⟨[rɛjɔ̃:ʃɛf] m.; -s, -s⟩ Leiter einer Abteilung (im Warenhaus) [→ *Rayon*[1]]

Ra|ze|mat ⟨n.; -(e)s, -e; Chemie⟩ = Racemat

ra|ze|misch ⟨Adj.; Chemie⟩ = racemisch

ra|ze|mös ⟨Adj.; Bot.⟩ = razemös [→ *Racemat*]

ra|ze|mös ⟨Adj.; Bot.⟩ traubenförmig; *oV* razemos; *~e Blüte*

Raz|zia ⟨f.; -, Raz|zi|en⟩ Streife der Polizei bei der Fahndung nach verdächtigen Personen [frz., »Beutezug, Strafexpedition, Razzia« <arab. *ghazija* »Kriegszug eines Stammes gegen einen anderen«]

Rb ⟨chem. Zeichen für⟩ Rubidium

Rbl. ⟨Abk. für⟩ Rubel

Rc. ⟨Abk. für lat.⟩ recipe

Re[1] ⟨chem. Zeichen für⟩ Rhenium

Re[2] ⟨n.; -s, -s; Kart.⟩ Erwiderung auf Kontra [→ *re...*]

Realismus

Re³ ⟨n.; -, -; Musik; ital. u. frz. Bez. für⟩ Ton D, in der Tonika-Do-Methode jeweils der zweite Ton einer Tonleiter; →*a*. Solmisation

re..., Re... ⟨Vorsilbe⟩ zurück, wieder, noch einmal [lat.]

Rea|der ⟨[ri:də(r)] m.; -s, -⟩ aus wissenschaftlichen Beiträgen zu einem Thema (od. aus Abschnitten daraus) zusammengestelltes Buch od. Heft [zu engl. *read* »lesen«]

rea|dy ⟨[rɛdɪ] Adj.⟩ fertig, bereit [engl.]

Rea|dy|made ⟨[rɛdɪmeɪd] n.; - od. -s, -s⟩ als Kunstwerk betrachteter, industriell erzeugter, alltäglicher Gebrauchsgegenstand [engl., eigtl. »gebrauchsfertig«]

Rea|gens ⟨n.; -, -gen|zi|en; Chemie⟩ = Reagenz

Rea|genz ⟨n.; -, -zi|en; Chemie⟩ Stoff, der mit einem anderen eine bestimmte Reaktion herbeiführt u. ihn so identifiziert; *oV* Reagens [→ *reagieren*]

Rea|genz|glas ⟨n.; -es, -gläser⟩ schmales, röhrenförmiges Glas für chem. Untersuchungen

re|a|gie|ren ⟨V.⟩ eine Gegenwirkung zeigen; *auf einen Reiz ~; schnell, langsam, sofort ~; Chemikalien ~ miteinander* erfahren beim Zusammentreffen eine chem. Umwandlung; *sauer, basisch ~* ⟨Chemie⟩ die Eigenschaften einer Säure, Base zeigen [<lat. *re...* + *agieren* (<lat. *agere* »treiben, tun, handeln«)]

Re|akt ⟨m.; -(e)s, -e⟩ Handlung als Reaktion auf bestimmte Verhaltensweisen anderer

Re|ak|tant ⟨m.; -en, -en; Chemie⟩ Stoff, der mit einem anderen eine chem. Reaktion eingeht

Re|ak|tanz ⟨f.; -, -en; El.⟩ relativer Spannungsabfall an elektr. Maschinen [→ *Reaktion*]

Re|ak|ti|on ⟨f.; -, -en⟩ **1** Gegenwirkung, Rückwirkung **2** ⟨Physik; Chemie⟩ Vorgang, der eine stoffliche Umwandlung zur Folge hat; *chemische ~; Kern~* **3** das Streben, alte, nicht mehr zeitgemäße Einrichtungen, bes. auf polit. Gebiet, zu erhalten [<*Re...* + *Aktion*]

re|ak|ti|o|när ⟨Adj.⟩ rückschrittlich

Re|ak|ti|o|när ⟨m.; -s, -e; Politik⟩ jmd., der den (politischen od. sozialen) Rückschritt anstrebt [<frz. *réactionnaire* »Reaktionär; fortschrittsfeindlich«; → *Reaktion*]

Re|ak|ti|ons|ge|schwin|dig|keit ⟨f.; -, -en; Chemie⟩ die Geschwindigkeit, mit der eine chem. Reaktion abläuft, die von der Konzentration der Reaktionspartner, dem Aggregatzustand, vom Druck, von der Temperatur u. vom Katalysator abhängig ist

Re|ak|ti|ons|tur|bi|ne ⟨f.; -, -n; El.⟩ in zwei Stufen arbeitende Turbine, bei der die Energie des antreibenden Mediums zum Teil im Leitrad, zum Teil im Laufrad in Drehenergie umgesetzt wird

Re|ak|ti|ons|wär|me ⟨f.; -; unz.; Chemie⟩ Wärme, die bei chem. Reaktionen frei wird, Wärmetönung

re|ak|tiv ⟨Adj.⟩ als Reaktion auftretend, rückwirkend

re|ak|ti|vie|ren ⟨[-vi:-] V.⟩ **1** wieder in Tätigkeit setzen **2** wieder chemisch wirksam machen

Re|ak|ti|vi|tät ⟨[-vi-] f.; -; unz.⟩ Rückwirkung

Re|ak|tor ⟨m.; -s, -to|ren⟩ **1** ⟨allg.⟩ Gefäß od. Behälter, in dem großtechnische chemische Umsetzungen durchgeführt werden **2** ⟨kurz für⟩ Kernreaktor **3** ⟨Chemie⟩ Apparat, in dem chemische Reaktionen ablaufen [→ *Reaktion*]

Re|ak|tor|phy|sik ⟨f.; -; unz.; Physik⟩ Teilgebiet der Physik, das sich mit der Untersuchung physikalischer u. chemischer Gesetzmäßigkeiten in Kernreaktoren befasst

re|al ⟨Adj.⟩ *Ggs* irreal **1** sachlich, dinglich, stofflich **2** der Realität entsprechend, tatsächlich, wirklich; *~ denken* [<mlat. *realis* »sachlich, wesentlich«; zu lat. *res* »Sache, Ding«]

Re|al ⟨m.; -s, -en (span.) od. Re|is (portug.)⟩ **1** brasilian. Währungseinheit (100 Centavos) **2** alte span., portug. u. mexikan. Silbermünze [span., »königlich« zu lat. *res* »König«]

Re|al|akt ⟨m.; -(e)s, -e⟩ **1** tatsächliche Handlung **2** ⟨österr.⟩ gerichtliche Handlung, die ein Grundstück betrifft

Re|al|de|fi|ni|ti|on ⟨f.; -, -en⟩ Definition des Wesens einer Sache, Sacherklärung; *Ggs* Nominaldefinition [<*real* + *Definition*]

Re|al|ein|kom|men ⟨n.; -s, -⟩ Einkommen mit Berücksichtigung der Kaufkraft des Geldes; *Ggs* Nominaleinkommen

Re|al|en|zy|klo|pä|die *auch:* **Re|al|en|zyk|lo|pä|die** ⟨f.; -, -n⟩ = Reallexikon

Re|al|gar ⟨m.; -s, -e; Chemie⟩ monoklin-prismat. Arsen-Schwefel-Mineral, Rauschrot [<frz. *réalgar* <arab. *rahj-alghar* »Höhlenpulver«]

Re|al|gym|na|si|um ⟨n.; -s, -si|en; früher⟩ Gymnasium, in dem entweder neue Sprachen od. Mathematik u. Naturwissenschaft stärker betont wurden [→ *Realien*]

Re|a|li|en ⟨Pl.⟩ **1** wirkliche Dinge, Tatsachen **2** Sachkenntnisse **3** die Wissenschaft von der Wirklichkeit, neusprachliche u. naturwissenschaftliche Fächer [→ *real*]

Re|al|ign|ment ⟨[riəlaɪnmənt] n.; -s, -s⟩ neues Festlegen der Wechselkurse [<engl. *re...* »wieder« + *alignment* »Anordnung«]

Re|al|in|ju|rie ⟨[-riə] f.; -, -n; Rechtsw.⟩ tätliche Beleidigung

Re|a|li|sa|ti|on ⟨f.; -, -en⟩ = Realisierung

Re|a|li|sa|tor ⟨m.; -s, -to|ren⟩ jmd., der einen Film, ein Theaterstück o. Ä. herstellt, inszeniert [<frz. *réalisateur* »Filmregisseur, Sendeleiter, Moderator«]

re|a|li|sie|ren ⟨V.⟩ **1** in die Tat umsetzen, verwirklichen **2** in Geld umwandeln, gegen bares Geld verkaufen, zu Geld machen [<frz. *réaliser* »verwirklichen«]

Re|a|li|sie|rung ⟨f.; -, -en⟩ **1** Verwirklichung **2** Umwandlung in, Verkauf gegen bares Geld

Re|a|lis|mus ⟨m.; -; unz.⟩ **1** philosoph. Lehre, die die Wirklichkeit als außerhalb u. unabhängig vom Bewusstsein stehend betrachtet **2** Wirklichkeitssinn, Sachlichkeit; *Ggs* Idealismus (1) **3** ⟨allg.⟩ wirklichkeitsnahe Darstellung **4** ⟨Mal.⟩ Richtung der Kunst Mitte des 19. Jh., die die-

Realist

se Art der Darstellung vertrat 5 ⟨Scholastik⟩ Lehre, die besagt, dass die allgemeinen Begriffe die eigentlich realen Dinge sind; *Ggs* Nominalismus; →*a.* sozialistisch [→ *real*]

Re|a|list ⟨m.; -en, -en⟩ **1** Vertreter, Anhänger des Realismus **2** sachlich, nüchtern denkender u. handelnder Mensch; *Ggs* Idealist

Re|a|lis|tik ⟨f.; -; unz.⟩ **1** Wirklichkeitsnähe **2** realist. Art der Darstellung

Re|a|lis|tin ⟨f.; -, -tin|nen⟩ **1** Vertreterin, Anhängerin des Realismus; *Ggs* Idealistin (1) **2** sachlich, nüchtern denkende u. handelnde weibl. Person; *Ggs* Idealistin (3)

re|a|lis|tisch ⟨Adj.⟩ **1** auf dem Realismus beruhend, in der Art, im Sinne des Realismus **2** wirklichkeitsnah, naturgetreu **3** nüchtern, sachlich (denkend); *Ggs* idealistisch

Re|a|li|tät ⟨f.; -, -en⟩ **1** reale Beschaffenheit; *Ggs* Idealität (1) **2** Gesamtheit dessen, was real ist; *Ggs* Idealität (2) **3** Wirklichkeit, Tatsache; *Ggs* Irrealität [<frz. *réalité* »Wirklichkeit, Tatsächlichkeit«]

Re|a|li|tä|ten ⟨Pl.; österr.⟩ Immobilien, Grundeigentum

re|a|li|ter ⟨Adv.⟩ in Wirklichkeit [lat.; zu *realis* »sachlich, wesentlich«]

Re|a|li|ty|show ⟨[riæ̯lɪtɪʃou̯] f.; -, -s; TV⟩ Unterhaltungssendung, in der reale Begebenheiten gezeigt bzw. nachgespielt werden [engl.; <*reality* »Realität, Wirklichkeit« + *show* »Schau, Aufführung«]

Re|a|li|ty-TV ⟨[riæ̯lɪtɪtiːviː] n.; -s; unz.⟩ Sparte des Fernsehprogramms, zu der die Realityshows zählen; →*a.* Realityshow

Re|al|ka|pi|tal ⟨n.; -s; unz.⟩ angelegtes Kapital

Re|al|ka|ta|log ⟨m.; -(e)s, -e; Bibliothekswesen⟩ alphabetisch nach Sachbegriffen geordneter Katalog, Sach-, Schlagwortkatalog; *Ggs* Nominalkatalog

Re|al|kon|kur|renz ⟨f.; -, -en; Rechtsw.⟩ Verletzung mehrerer Strafgesetze durch verschiedene Handlungen, Tatmehrheit; *Ggs* Idealkonkurrenz

Re|al|kon|trakt ⟨m.; -(e)s, -e⟩ Vertrag, bei dem zum Vertragsabschluss die Übergabe von Geld od. Sachen gehört

Re|al|le|xi|kon ⟨n.; -s, -xi|ka⟩ Lexikon, das (nur) die Sachbegriffe eines Wissensgebietes erklärt; *Sy* Realenzyklopädie

Re|a|lo ⟨m.; -s, -s; Politik; umg.; kurz für⟩ Realpolitiker

Re|al|po|li|tik ⟨f.; -; unz.; Politik⟩ Politik, die die realen Gegebenheiten u. Tatsachen als ihre Grundlage betrachtet

Re|al|po|li|ti|ker ⟨m.; -s, -; Politik⟩ Politiker (bes. der Grünen), der Realpolitik betreibt

Re|al|po|li|ti|ke|rin ⟨f.; -, -rin|nen; Politik⟩ Politikerin (bes. der Grünen), die Realpolitik betreibt

re|al|po|li|tisch ⟨Adj.; Politik⟩ die Realpolitik betreffend, zu ihr gehörend

Re|al|schu|le ⟨f.; -, -n⟩ Mittelschule

Real|time ⟨[riːəltai̯m] f.; -; unz.; EDV⟩ Echtzeit, die vom Computer tatsächlich benötigte Zeit, um einen Rechenvorgang durchzuführen [engl.]

Real-Time-Pro|ces|sing ⟨[riːəltai̯mprɔsesɪŋ] n.; - od. -s; unz.; EDV⟩ Verfahren zur gleichzeitigen Dateneingabe u. -erfassung [engl., »Realzeitverfahren«]

Re|al|u|ni|on ⟨f.; -, -en⟩ Vereinigung zweier od. mehrerer Staaten (unter einem Herrscher u. mit gemeinsamen Einrichtungen), die völkerrechtl. als eine Einheit auftreten; *Ggs* Personalunion

re|a|ma|teu|ri|sie|ren ⟨[-tø-] V.⟩ einen Berufssportler wieder in den Stand eines Amateursportlers zurückversetzen

Re|a|ma|teu|ri|sie|rung ⟨[-tø-] f.; -, -en⟩ das Reamateurisieren

Re|a|ni|ma|ti|on ⟨f.; -; unz.; Med.⟩ Wiederbelebung durch Maßnahmen wie Herzmassage, künstliche Beatmung o. Ä. [<*Re...* + lat. *animatio* »Belebung«; zu *animare* »beleben«]

re|a|ni|mie|ren ⟨V.; Med.⟩ wiederbeleben; *einen Patienten ~* [<*Re...* + *animieren*]

Re|as|se|ku|ranz ⟨f.; -, -en⟩ Rückversicherung

Re|au|mur ⟨[reːomyːr] Abk.: R⟩ veraltete Gradeinteilung des Thermometers in °R [nach dem frz. Physiker R.-A. F. de *Réaumur*, 1683-1757]

Reb|bach ⟨m.; -s; unz.; Gaunerspr.⟩ = Reibach

Re|bell ⟨m.; -en, -en⟩ Anführer [<frz. *rebelle* »aufrührerisch; Rebell« <lat. *rebellis*, eigtl. »den Krieg erneuernd« <*re...* »zurück, wieder« + *bellum* »Krieg«]

re|bel|lie|ren ⟨V.⟩ sich empören, sich auflehnen [<lat. *rebellare* »sich auflehnen«]

Re|bel|li|on ⟨f.; -, -en⟩ Aufruhr [<lat. *rebellio* »Erneuerung des Krieges, Aufstand«; → *Rebell*]

re|bel|lisch ⟨Adj.⟩ aufrührerisch; *~ werden* sich empören, sich auflehnen

Re|bir|thing ⟨[rɪbœːθɪŋ] n.; -s, -s; Psych.⟩ Therapie, mit der Ereignisse vor od. während der Geburt bewusst gemacht u. dadurch hervorgerufene Traumata bewältigt werden sollen [<engl. *rebirth* »Wiedergeburt«]

Re|bound ⟨[rɪbau̯nd] m.; -s, -s; Sport; Basketball⟩ Ball, der vom Brett od. Korb abprallt [engl., »Rückprall; zurückprallen«]

Re|break ⟨[riːbrei̯k] m. od. n.; -s, -s; Sport; Tennis⟩ Gewinn des gegnerischen Aufschlagspiels direkt nach einem eigenen verlorenen Aufschlagspiel [→ *Break*[r]]

Re|bus ⟨m. od. n.; -, -se⟩ Bilderrätsel [<frz. *rébus* (de Picardie), in der Pikardie um 1600 von Studenten gezeichnete satir. Bilderrätsel <lat. *de rebus quae geruntur* »von Dingen, die sich ereignen«]

Rec. ⟨Abk. für⟩ recipe

Re|call ⟨[rɪkɔːl] m.; -s, -s⟩ **1** (schriftl.) Erinnerung, Mahnung **2** Rückruf (eines Firmenproduktes) wegen Fehlerhaftigkeit [engl., »Rückruf, Rückforderung«]

Re|call|test ⟨[rɪkɔːl-] m.; -s, -s od. -e⟩ Untersuchung der Einprägsamkeit von Werbebotschaften (mithilfe von Testpersonen) [<engl. *recall* »zurückrufen, erinnern; Zurücknahme, Widerruf« + *Test*]

Redoxpotential

Re|cei|ver ⟨[rɪsiːvə(r)] m.; -s, -⟩ **1** Behälter (in Verbunddampfmaschinen), der den Dampf aufnimmt, wenn er aus dem Zylinder mit hohem Druck in den mit niedrigem Druck strömt **2** Rundfunkempfänger mit Verstärker [engl., »Empfänger«]

Re|chaud ⟨[reʃoː] m. od. n.; -s, -s⟩ **1** (österr.) Gaskocher **2** Gerät, das die Speisen bei Tisch warm hält [< frz. *réchaud;* zu *réchauffer* »aufwärmen«]

Re|cher|che ⟨[reʃɛrʃə] f.; -, -n; meist Pl.⟩ Ermittlung, Nachforschung; ∼*n anstellen; Internet∼* Material- od. Informationssuche bezüglich eines bestimmten Themas od. Begriffes im Internet [frz., »Suche«]

Re|cher|cheur ⟨[reʃɛrʃøːr] m.; -s, -e⟩ jmd., der recherchiert, Ermittler

re|cher|chie|ren ⟨[reʃɛrʃiː-] V.⟩ nachforschen, ermitteln [< frz. *rechercher* »erforschen«]

Rechts|ex|tre|mis|mus *auch:* **Rechts|ex|tre|mis|mus** ⟨m.; -; unz.; Politik⟩ polit. Bewegung, die rechtsradikalen Positionen zuneigt; *Ggs* Linksextremismus

Rechts|ex|tre|mist *auch:* **Rechts|ex|tre|mist** ⟨m.; -en, -en; Politik⟩ jmd., der politisch extrem rechts steht; *Ggs* Linksextremist

Rechts|ex|tre|mis|tin *auch:* **Rechts|ex|tre|mis|tin** ⟨f.; -, -tin|nen; Politik⟩ weibl. Person, die politisch extrem rechts steht; *Ggs* Linksextremistin

rechts|ex|tre|mis|tisch *auch:* **rechts|ex|tre|mis|tisch** ⟨Adj.; Politik⟩ dem Rechtsextremismus nahe stehend, ihn betreffend, zu ihm gehörig; *Ggs* linksextremistisch

re|ci|pe ⟨[-peː] Abk.: Rc., Rec. od. Rp.; auf ärztl. Rezepten⟩ nimm! [lat., »empfange!« zu *cipere* »empfangen«]

Re|ci|tal ⟨[rɪsaɪtl] n.; -s, -s; Musik⟩ *oV* Récital **1** von nur einem Künstler bestrittenes Programm, Solistenkonzert **2** Vortrag der Werke nur eines Komponisten [engl., »Vortrag«; zu engl. *recite* »vortragen«]

Ré|ci|tal ⟨[resitɑl] n.; -s, -s; Musik⟩ = Recital [frz., »Vortrag«]

re|ci|tan|do ⟨[-tʃi-] Musik⟩ rezitierend, sprechend [ital.]

Re|con|quis|ta ⟨[rekɔnkɪsta] f.; -; unz.⟩ Kämpfe der Christen gegen die Araber im 8.-15. Jh. auf der iberischen Halbinsel [span., »Wiedereroberung«]

Re|cor|der ⟨m.; -s, -⟩ = Rekorder

Re|co|very ⟨[rɪkʌvərɪ] m.; -s, -s; Sport; Golf⟩ Schlag aus einem Hindernis heraus [engl.; zu *recover* »wiedererlangen«]

recte ⟨[-teː] Adv.⟩ mit Recht, zu Recht, recht [lat.]

rec|to fo|lio ⟨Buchw.⟩ auf der Vorderseite des Blattes stehend; *Ggs* verso folio [lat., »auf der richtigen Seite eines Blattes«]

Rec|tor ma|gni|fi|cen|tis|si|mus *auch:* **Rec|tor ma|gni|fi|cen|tis|si|mus** ⟨m.; - -, -to|res -si|mi⟩; früher Titel für⟩ Landesherr als Rektor der Hochschule [lat., »der sehr erhabene Leiter«]

Rec|tor ma|gni|fi|cus *auch:* **Rec|tor ma|gni|fi|cus** ⟨m.; - -, -to|res -fi|ci; früher Titel für⟩ Rektor der Hochschule [lat., »der erhabene Leiter«]

re|cy|celn ⟨[rɪsaɪkəln] V.⟩ wiederverwerten, aufarbeiten; *Altglas* ∼ [→ *Recycling*]

Re|cy|cling *auch:* **Re|cy|cling** ⟨[rɪsaɪklɪŋ-] n.; - od. -s; unz.⟩ Rückgewinnung u. Wiederverwendung von Stoffen aus Abfällen [<*Re...* + engl. *cycle* »Kreislauf«]

Re|cy|cling|pa|pier *auch:* **Re|cy|cling|pa|pier** ⟨[rɪsaɪklɪŋ-] n.; -s, -e⟩ aus Altpapier hergestelltes Papier, Umweltschutzpapier

Re|dak|teur ⟨[-tøː] m.; -s, -e⟩ (wissenschaftl. ausgebildeter) Angestellter einer Zeitung, eines Verlages od. des Rundfunks, der Manuskripte beurteilt u. bearbeitet, mit Autoren verhandelt usw. [< frz. *rédacteur* »Verfasser, Schriftleiter«]

Re|dak|teu|rin ⟨[-tøː-] f.; -, -rin|nen⟩ weibl. Redakteur

Re|dak|ti|on ⟨f.; -, -en⟩ **1** Bearbeitung des Manuskripts für ein Druckwerk **2** Gesamtheit der hierbei mitwirkenden Arbeitskräfte **3** die für diese Arbeit zur Verfügung stehenden Räume [< frz. *rédaction* »Abfassung, Ausarbeitung, Redaktion«]

re|dak|ti|o|nell ⟨Adj.⟩ zur Redaktion gehörend, auf ihr beruhend, in der Redaktion (vor sich gehend)

Re|dak|tor ⟨m.; -s, -to|ren; Sammelbez. für⟩ **1** Herausgeber, wissenschaftlicher Leiter **2** (schweiz.) = Redakteur

Re|demp|to|rist *auch:* **Re|demp|to|rist** ⟨m.; -en, -en⟩ Angehöriger eines 1732 gegründeten kath. Ordens für Seelsorge u. Volksmission [< lat. *Congregatio Sanctissimi Redemptoris* »Kongregation vom Allerheiligsten Erlöser«]

re|de|sig|nen *auch:* **re|de|sig|nen** ⟨[riːdɪzaɪnən] V.⟩ neu gestalten, mit einem neuen Design versehen [engl.]

re|di|gie|ren ⟨V.⟩ *ein Manuskript* ∼ bearbeiten, fertig machen zum Setzen bzw. im Rundfunk zum Senden [< frz. *rédiger* »ausarbeiten, verfassen«]

Re|din|go|te ⟨[redɛ̃gɔt] f.; -, -en; 18. Jh.⟩ taillierter Damenmantel [< frz. »Gehrock« < engl. *riding-coat* »Reitrock«]

Re|dis|kont ⟨m.; -s, -e; Wirtsch.⟩ erneuter Kauf od. Weiterverkauf (eines diskontierten Wechsels)

re|dis|kon|tie|ren ⟨V.; Wirtsch.⟩ *einen diskontierten Wechsel* ∼ erneut kaufen od. weiterkaufen

Re|dis|tri|bu|ti|on *auch:* **Re|dis|tri|bu|ti|on** ⟨f.; -, -en; Wirtsch.⟩ Neuverteilung der Einkommen, z. B. durch eine veränderte Besteuerung [< lat. *re...* »wieder« + *Distribution*]

re|di|vi|vus ⟨[-viːvʊs] Adj.⟩ wiedererstanden, erneuert [lat., »wieder lebendig geworden«]

Red|neck ⟨m.; -s, -s; umg.⟩ einfacher, ungeschliffener Mann aus ländlicher Gegend in den Vereinigten Staaten [engl., »Rothals«]

Re|dou|te ⟨[rəduːt(ə)] f.; -, -n⟩ **1** (veraltet) geschlossene Veranstaltung (besonders Ball) für geladene Gäste **2** trapezförmige Festung [frz., »geschlossene Schanze; Festraum, Fest« < ital. *ridotto* »Zufluchtsort«]

Red|ox|po|ten|ti|al *auch:* **Re|dox|po|ten|ti|al** ⟨n.; -s; unz.; Chemie⟩ = Redoxpotenzial

R

Redoxpotenzial

Red|ox|po|ten|zi|al auch: **Re|dox|po|ten|zi|al** ⟨n.; -s; unz.; Chemie⟩ Maß für die Fähigkeit eines chem. Systems, auf andere Stoffe oxidierend od. reduzierend zu wirken; oV Redoxpotential

Red|ox|re|ak|ti|on auch: **Re|dox|re|ak|ti|on** ⟨f.; -, -en; Chemie⟩ chem. Reaktion, die durch den gleichzeitigen Ablauf einer Reduktion u. einer Oxidation gekennzeichnet ist

Red|ox|sys|tem auch: **Re|dox|sys|tem** ⟨n.; -s; unz.; Chemie⟩ chem. System, in dem Oxidations- u. Reduktionsreaktionen nebeneinander ablaufen u. miteinander im Gleichgewicht stehen [verkürzt <*Re*duktions-*O*xidations-*System*]

Red|pow|er auch: **Red Pow|er** ⟨[ˈrɛd paʊə(r)] f.; - -; unz.⟩ Unabhängigkeitsbewegung nordamerikan. Indianer [<engl. *red* »rot« + *power* »Macht«]

Re|dres|se|ment ⟨[redrɛs(ə)mã:] n.; -s, -s; Med.⟩ **1** Einrenkung **2** orthopäd. Behandlung (von Missbildungen, bes. an Beinen u. Füßen) [frz., »Berichtigung, Wiedergutmachung«]

re|dres|sie|ren ⟨V.; Med.⟩ **1** einrenken **2** gerade richten [<frz. *redresser* »(wieder) aufrichten, richtig stellen, wieder in Ordnung bringen«]

Re|duk|ta|se ⟨f.; -, -n; Biochemie⟩ reduzierendes Enzym [→ *Reduktion*]

Re|duk|ti|on ⟨f.; -, -en⟩ **1** das Reduzieren, Herabsetzung; *Preis~* **1.1** Einschränkung **1.2** Minderung **2** das Zurückführen; *~ eines komplizierten Sachverhalts* od. *Begriffes auf einen einfachen* **3** ⟨Chemie⟩ Entzug von Sauerstoff aus einer chem. Verbindung od. Anlagerung von Elektronen an Atome od. Moleküle; *Ggs* Oxidation **4** ⟨Biol.⟩ die rückschreitende Umwandlung von Organen im Laufe der Stammesgeschichte od. der Entwicklung eines Individuums [<lat. *reductio* »Zurückführung«; zu *reducere* »zurückführen«]

Re|duk|ti|o|nis|mus ⟨m.; -; unz.; abwertend⟩ vereinfachende Analyse von einzelnen Elementen od. Strukturen eines Ganzen ohne die Komplexität des Gesamtzusammenhanges zu berücksichtigen (um etwas verständlicher zu machen od. aus der Auffassung heraus, dass alles auf einfache Begriffe reduziert werden kann) [→ *Reduktion*]

re|duk|ti|o|nis|tisch ⟨Adj.⟩ in der Art des Reduktionismus, auf ihm beruhend, vereinfachend; *eine ~e These*

Re|duk|ti|ons|di|ät ⟨f.; -; unz.⟩ Diät zur Gewichtsabnahme, zum Reduzieren des Körpergewichts

Re|duk|ti|ons|mit|tel ⟨n.; -s, -; Chemie⟩ Substanz, die eine andere Substanz reduziert, wobei sie selbst oxidiert wird

Re|duk|ti|ons|o|fen ⟨m.; -s, -öfen; Chemie⟩ chem. Vorrichtung zur Durchführung von Reduktionsvorgängen an Erzen od. anderen Rohstoffen

Re|duk|ti|ons|tei|lung ⟨f.; -, -en; Biol.⟩ Zellkernteilung, bei der der doppelte Chromosomensatz auf den einfachen verringert wird, Reifungsteilung, Reifeteilung, *Sy* Meiose

re|duk|tiv ⟨Adj.⟩ durch Reduktion bewirkt, von ihr stammend, sie betreffend

red|un|dant auch: **re|dun|dant** ⟨Adj.⟩ überflüssig, über das Notwendige (einer Information) hinausgehend

Red|un|danz auch: **Re|dun|danz** ⟨f.; -; unz.⟩ **1** Überflüssigkeit, über das Notwendige Hinausgehendes **2** derjenige Teil einer Nachricht, der keinen informativen Wert hat u. deshalb bei der Übermittlung weggelassen werden kann [<engl. *redundance* <lat. *redundare* »überfließen«]

Re|du|pli|ka|ti|on ⟨f.; -, -en; Sprachw.⟩ Wiederholung des anlautenden Buchstabens mit einem e-Laut (oft ai geschrieben) im Präteritum, z. B. got. *haitan* (heißen), Prät. *haihait* (hieß) [<lat. *reduplicatio* »Verdopplung«; zu *reduplicare* »verdoppeln«]

re|du|pli|zie|ren ⟨V.; Sprachw.⟩ **1** verdoppeln, wiederholen **2** *~de Verben* V., die im Präteritum den anlautenden Buchstaben mit einem e-Laut wiederholen; →*a.* Reduplikation [<lat. *reduplicare* »verdoppeln«; zu *duplex* »doppelt«]

Re|du|zent ⟨m.; -en, -en; Biol.⟩ Mikroorganismus, der organ. Stoffe in einfache, anorgan. Bestandteile zerlegt u. damit zur funktionellen Organismengruppe der Destruenten gehört [zu lat. *reducere* »zurückführen«]

re|du|zi|bel ⟨Adj.⟩ so beschaffen, dass man es reduzieren kann; *Ggs* irreduzibel

re|du|zie|ren ⟨V.⟩ **1** einschränken, herabsetzen; *die tägl. Dosis eines Arzneimittels (auf zehn Tropfen, drei Tabletten) ~; die Preise auf die Hälfte ~; Forderungen ~* **2** zurückführen **3** mindern, verkleinern; *die Zahl der Mitglieder, Teilnehmer ~; den Arbeitsaufwand auf ein Mindestmaß ~* **4** *eine Substanz ~ durch Entzug von Sauerstoff* od. *Anlagerung von Elektronen umwandeln; Wasserstoff reduziert Kupferoxid zu reinem Kupfer* [<lat. *reducere* »zurückführen«; zu *ducere* »führen«]

Re|du|zie|rung ⟨f.; -, -en⟩ das Reduzieren, Reduktion (1)

Re|du|zier|walz|werk ⟨n.; -(e)s, -e; Technik⟩ Walzwerk mit mehreren hintereinander angeordneten, enger werdenden Kaliberwalzpaaren zur Verringerung des Durchmessers nahtloser Rohre

Red|wood ⟨[ˈrɛdwʊd] n.; -s; unz.⟩ rotes Holz der Sequoie [engl., »Rotholz«]

re|ell ⟨Adj.⟩ **1** redlich, ehrlich, zuverlässig; *ein ~er Mensch; eine ~e Firma; ein ~er (sehr) ~; ~es Geschäft* anständiges G. ohne Übervorteilung des Käufers; *in diesem Geschäft wird man ~ bedient* **2** *~e Zahlen* rationale u. irrationale Zahlen [<frz. *réel* »tatsächlich, wirklich <mlat. *realis* »sachlich, wesentlich«; →*real*]

Re|el|li|tät ⟨f.; -; unz.; selten⟩ reelles Wesen, Redlichkeit, Zuverlässigkeit, Ehrlichkeit

Re|en|ga|ge|ment ⟨[-ãgaʒ(ə)mã:] n.; -s, -s⟩ Wiederverpflichtung, Wiederanstellung

re|en|ga|gie|ren ⟨[-āga-ʒiːrən] V.⟩ erneut, wieder verpflichten od. einstellen [<*re...* + *engagieren*]

ref. ⟨Abk. für⟩ reformiert

Re|fait ⟨[rəfɛː] n.; -s, -s⟩ Unentschieden beim Spiel [frz.; zu *refaire* »noch einmal machen«]

Re|fak|tie ⟨[-tsjə] f.; -, -n⟩ Nachlass des Preises bei beschädigter od. fehlerhafter Ware [ndrl., eigtl. »Wiederherstellung (des angemessenen Preises)« <lat. *re...* »wieder« + *facere* »machen«]

re|fak|tie|ren ⟨V.⟩ Refaktie gewähren

Re|fek|to|ri|um ⟨n.; -s, -ri|en⟩ Speisesaal (in Klöstern); *Sy* Zönakel [<mlat. *refectorium;* zu *reficere* »wiederherstellen«]

Re|fe|rat ⟨n.; -(e)s, -e⟩ **1** Bericht, Vortrag in der Art eines Gutachtens, Berichterstattung eines Fachkundigen **2** Vortrag zur Übung (in der Schule u. im Hochschulseminar) **3** Arbeitsgebiet; *Presse*~ [<lat. *referat* »es möge berichten...«; zu *referre* »berichten«; zu *ferre* »tragen«]

Re|fe|ree ⟨[refəriː] m.; -s, -s; Sport⟩ Schiedsrichter, Kampf-, Ringrichter [engl.]

Re|fe|ren|dar ⟨m.; -s, -e⟩ Anwärter auf die höhere Beamtenlaufbahn in der Vorbereitungsdienst nach der (ersten) Staatsprüfung; *Gerichts*~; *Studien*~ [<mlat. *referendarius* »einer, der Bericht zu erstatten hat«; zu *referendum* »das zu Berichtende«; → *Referendum*]

Re|fe|ren|da|ri|at ⟨n.; -(e)s, -e⟩ berufsvorbereitender Dienst für Referendare

Re|fe|ren|da|rin ⟨f.; -, -rin|nen⟩ Anwärterin auf die höhere Beamtenlaufbahn nach der Vorbereitungsdienst nach der (ersten) Staatsprüfung; *Gerichts*~; *Studien*~

Re|fe|ren|dum ⟨n.; -s, -ren|den od. -ren|da⟩ Volksentscheid [lat., »zu Berichtendes«, Gerundivum zu *referre* »berichten«]

Re|fe|rent ⟨m.; -en, -en⟩ **1** jmd., der ein Referat hält **2** jmd., der ein Referat bearbeitet, Sachbearbeiter [<lat. *referens,* Part. Präs. zu *referre* »berichten«]

re|fe|ren|ti|ell ⟨Adj.; Sprachw.⟩ = referenziell

Re|fe|ren|tin ⟨f.; -, -tin|nen⟩ **1** weibl. Person, die ein Referat hält **2** weibl. Person, die ein Referat bearbeitet, Sachbearbeiterin

Re|fe|renz ⟨f.; -, -en⟩ **1** Empfehlung **2** Person od. Stelle, auf die man sich berufen kann, bei der Auskünfte eingeholt werden können **3** ⟨unz.; Sprachw.⟩ Beziehung zwischen einem sprachlichen Ausdruck u. dem damit bezeichneten Inhalt [<frz. *référence* »Bezugnahme, Empfehlung« <lat. *referre;* → *referieren*]

Re|fe|renz|el|lip|so|id ⟨n.; -(e)s, -e; Geophysik⟩ Rotationsellipsoid, das statt des Geoides für Berechnungen auf der Erdoberfläche benutzt wird u. dessen Dimensionen je nach den zur Bestimmung benutzten Messungen verschieden sind; *Sy* Bezugsellipsoid

Re|fe|ren|zi|den|ti|tät ⟨f.; -, -en; Sprachw.⟩ = Korreferenz

re|fe|ren|zi|ell ⟨Adj.; Sprachw.⟩ die Referenz betreffend; *oV* referentiell; ~*e Bedeutung*

Re|fe|renz|kurs ⟨m.; -es, -e; Bankw.⟩ festgelegter Kurs, der einen Vergleichswert bezogen auf andere Währungen darstellt; *der* ~ *für den Euro betrug 1,1382 Dollar*

re|fe|rie|ren ⟨V.⟩ *über etwas* ~ über etwas in einem Referat, einen Vortrag halten, über etwas berichten; *über neue Erkenntnisse* ~ [<frz. *référer* »Bericht erstatten, berichten« <lat. *referre* »zurücktragen, überbringen, berichten«; zu *ferre* »tragen«]

re|fi|nan|zie|ren ⟨V.⟩ *Kredite* ~ durch Aufnahme von Krediten finanzieren

Re|fi|nan|zie|rung ⟨f.; -, -en⟩ Aufnahme von Krediten, um Kredite gewähren zu können

Re|fla|ti|on ⟨f.; -, -en; Wirtsch.⟩ die Erhöhung des Geldumlaufs als finanzpolit. Maßnahme [<*Re...* + lat. *flare* »blasen, blähen«; nach *Inflation* gebildet]

re|fla|ti|o|när ⟨Adj.; Wirtsch.⟩ die Reflation betreffend, auf ihr beruhend

Re|flek|tant ⟨m.; -en, -en⟩ jmd., der etwas, bes. auf einen Posten, reflektiert

re|flek|tie|ren ⟨V.⟩ **1** *auftretende Strahlen* ~ zurückwerfen; *reflektierte Strahlen* **2** ⟨fig.⟩ nachdenken, bes. über die eigenen Handlungen, Gedanken, Empfindungen; *auf etwas* ~ ⟨umg.⟩ etwas haben wollen, Interesse für etwas haben, bes. für eine Ware; ~ *Sie noch auf das bestellte Buch?*; *auf einen Posten, eine Stelle* ~ sich um einen P., eine S. bewerben [<lat. *reflectere* »zurückbiegen, umwenden«; zu *flectere* »beugen; auf etwas reflektieren«; nach lat. *animum reflectere* »seine Gedanken auf etwas hinwenden«]

Re|flek|tor ⟨m.; -s, -to|ren; Optik⟩ **1** Hohlspiegel hinter einer Lichtquelle **2** Spiegelfernrohr **3** Teil einer Richtantenne, der einfallende elektromagnet. Strahlen zur Sammlung nach einem Brennpunkt hin reflektiert [<frz. *réflecteur* »Reflektor«]

re|flek|to|risch ⟨Adj.⟩ durch einen Reflex bedingt, bewirkt

Re|flex ⟨m.; -es, -e⟩ **1** Widerschein; *Licht*~ **2** ⟨Physiol.⟩ Ansprechen auf einen Reiz; *bedingter* ~; *unbedingter* ~ [<frz. *réflexe* »unwillkürlich; Reflex« <lat. *reflexum* »das Zurückgeworfene«, Part. Perf. zu *reflectere;* → *reflektieren*]

Re|fle|xi|on ⟨f.; -, -en⟩ **1** ⟨Physik⟩ das Zurückwerfen von Strahlen an der Grenze zweier Medien **2** das prüfende, vergleichende Nachdenken, bes. über die eigenen Handlungen, Gedanken, Empfindungen [<frz. *réflexion* »Reflektion, Rückstrahlung, Überlegung« <lat. *reflexio* »Zurückbeugung«; → *reflektieren*]

Re|fle|xi|ons|win|kel ⟨m.; -s, -; Optik; Physik⟩ Winkel zwischen einem einfallenden u. einem reflektierten Strahl

re|fle|xiv ⟨Adj.; Gramm.⟩ **1** ~*es Pronomen* = Reflexivpronomen **2** ~*es Verbum* V., das mit einem Reflexivpronomen stehen muss (z. B. *sich schämen*) od. kann (z. B. *waschen*) [<lat. *reflexus,* Part. Perf. zu *reflectere* »zurückbiegen«; → *reflektieren*]

Re|fle|xiv ⟨n.; -s, -e; Gramm.⟩ **1** = Reflexivpronomen **2** = reflexives Verb

Reflexivität

Re|fle|xi|vi|tät ⟨[-vi-] f.; -; unz.; Gramm.⟩ reflexive Beschaffenheit, Eigenschaft

Re|fle|xiv|pro|no|men ⟨n.; -s, - od. -mi|na; Gramm.⟩ Personalpronomen, das als Objekt mit dem Subjekt eines Satzes identisch ist, rückbezügliches Fürwort, z. B. *sie beeilten sich*

Re|fle|xi|vum ⟨[-vum] n.; -s, -xi|va [-va]; Gramm.⟩ = Reflexivpronomen

Re|fle|xo|lo|gie ⟨f.; -; unz.⟩ Wissenschaft von den Reflexen [<*Reflex* + ... *logie*]

Re|flex|schal|tung ⟨f.; -, -en; El.⟩ Verwendung einer Elektronenröhre zur gleichzeitigen Verstärkung sowohl hoher als auch niederer Frequenzen

Re|fle|xzo|nen|mas|sa|ge ⟨[-ʒə] f.; -, -n; Med.⟩ Massage bestimmter Hautbezirke, über die auf reflektorischem Weg therapeutisch auf die ihnen entsprechenden Organe eingewirkt werden kann

Re|flux ⟨m.; -es, -e; Med.⟩ Rückfluss (z. B. von Harn aus der Blase über die Harnleiter in die Nierenbecken od. von Magensaft in die Speiseröhre) [<lat. *refluxum* »das Zurückgeflossene«; zu *refluere* »zurückfließen«]

Re|form ⟨f.; -, -en⟩ verbessernde Umgestaltung, planmäßige Neugestaltung; *Renten~* [<frz. *réforme* »Umgestaltung, Neugestaltung«; → *reformieren*]

Re|for|ma|tion ⟨f.; -, -en; Theol.⟩ **1** ⟨unz.; i. e. S.⟩ die durch Luther, Zwingli u. Calvin ausgelöste Bewegung zur Erneuerung der Kirche, wodurch die abendländ. Kirche gespalten wurde u. neue, vom Papst unabhängige evang. Kirchen (protestant., reformierte Kirche) entstanden **2** ⟨zählb.; i. w. S.⟩ Erneuerung, Neugestaltung [<lat. *reformatio* »Umgestaltung, Erneuerung«; zu *reformare*; → *reformieren*]

Re|for|ma|tor ⟨m.; -s, -to|ren; Theol.⟩ **1** ⟨i. e. S.⟩ Begründer der Reformation (1) (Luther, Zwingli, Calvin) **2** ⟨i. w. S.⟩ = Reformer [<lat. *reformator* »Umgestalter, Erneuerer«; → *reformieren*]

re|for|ma|to|risch ⟨Adj.; Theol.⟩ in der Art einer Reformation, erneuernd, umgestaltend, verbessernd

Re|for|mer ⟨m.; -s, -⟩ jmd., der eine Reform anstrebt od. durchführt; *Sy* Reformator (2)

re|for|me|risch ⟨Adj.⟩ nach Reformen, Umgestaltungen strebend; *~e Ansprüche erheben*

Re|form|haus ⟨n.; -es, -häu|ser⟩ Fachgeschäft für Lebensmittel zur Reformkost

re|for|mie|ren ⟨V.⟩ **1** verbessern, erneuern, umgestalten **2** *hoch siedende Erdölfraktionen ~* zur Gewinnung niedrig siedender Bestandteile (z. B. von Benzin od. Heizöl) mit Wasserstoff behandeln [<lat. *reformare* »umgestalten, umbilden, neu gestalten«; zu *forma* »Form, Gestalt«]

re|for|miert ⟨Adj.⟩ **1** verbessert, erneuert, umgestaltet; *die Zustände wurden ~* **2** ⟨Abk.: ref.⟩ der reformierten Kirche angehörend; *~e Kirche* die durch die Reformation Zwinglis u. Calvins entstandene Kirche

Re|for|mie|rung ⟨f.; -, -en⟩ Umgestaltung, Erneuerung, Verbesserung; *angestrebt wird eine ~ des Sozialsystems*

Re|for|mis|mus ⟨m.; -; unz.; Politik⟩ **1** ⟨i. w. S.⟩ Streben nach Umwandlung des Staates nicht durch Gewalt, sondern durch Reformen **2** ⟨i. e. S.⟩ gemäßigter Sozialismus **3** ⟨allg.⟩ Streben nach Reformen

Re|for|mist ⟨m.; -en, -en; Politik⟩ Vertreter, Anhänger des Reformismus

Re|for|mis|tin ⟨f.; -, -tin|nen; Politik⟩ Vertreterin, Anhängerin des Reformismus

re|for|mis|tisch ⟨Adj.; Politik⟩ in der Art des Reformismus, auf ihm beruhend

Re|form|ka|tho|li|zis|mus ⟨m.; -; unz.; Theol.⟩ dem Modernismus angehörende Richtung der röm.-kath. Kirche, die sich um 1900 der Kirche unterwarf

Re|form|kom|mu|nis|mus ⟨m.; -; unz.; bes. in der Sowjetunion⟩ gemäßigte Richtung des Kommunismus

Re|form|kon|zil ⟨n.; -s, -e; Theol.⟩ eines der Konzile von Pisa (1409), Konstanz (1414-18), Basel (1431-49) od. Rom (1512-17), die das Schisma u. andere kirchl. Missstände beseitigen sollten

Re|form|kost ⟨f.; -; unz.⟩ natürliche, leichte, vitamin- u. mineralreiche Kost

re|form|ori|en|tiert ⟨Adj.⟩ Reformen anstrebend, auf Erneuerung u. Umgestaltung hinwirkend

Re|form|pä|da|go|gik *auch:* **Re|form|pä|da|go|gik** ⟨f.; -; unz.⟩ der reinen Lernschule entgegenwirkende Richtung der Pädagogik

Re|form|po|li|tik ⟨f.; -; unz.⟩ polit. Richtung, die auf eine Erneuerung u. Umgestaltung des Gemeinwesens hinwirkt

re|form|po|li|tisch ⟨Adj.⟩ die Reformpolitik betreffend, zu ihr gehörend

re|for|mu|lie|ren ⟨V.⟩ neu formulieren, in andere Worte fassen; *einen Vorschlag ~*

◆ Die Buchstabenfolge **refr...** kann auch **ref|r...** getrennt werden. Davon ausgenommen sind Zusammensetzungen, in denen die fremdsprachigen bzw. sprachhistorischen Bestandteile deutlich als solche erkennbar sind, z. B. *-fraktion* (→ *a.* Diffraktion).

◆ **Re|frain** ⟨[rəfrɛ̃ː] m.; -s, -s; Musik⟩ am Schluss jeder Strophe eines Liedes od. Gedichtes regelmäßig wiederkehrende Worte od Sätze, Kehrreim [frz., eigtl. »Rückschlag der brandenden Wellen« <afrz. *refreindre* »brechen, zurückschlagen, unterbrechen«]

re|frak|tär ⟨Adj.; Med.⟩ unempfänglich, unempfindlich [<frz. *réfractaire* »aufsässig, widerspenstig« <lat. *refractarius* »halsstarrig«]

Re|frak|tär ⟨m.; -s, -s; schweiz.⟩ ausländ. Kriegsdienstverweigerer

Re|frak|ti|on ⟨f.; -, -en; Physik, Astron.⟩ **1** Brechung (von Lichtstrahlen) **2** Brechung des Lichts von Himmelskörpern durch die Atmosphäre der Erde

Regestum

Re|frak|to|me|ter ⟨n.; -s, -; Physik⟩ optisches Messgerät zum Bestimmen des Brechungsindexes bei der Ablenkung von Lichtstrahlen [<*Refraktion* + …*meter*]

Re|frak|tor ⟨m.; -s, -to|ren; Optik⟩ hauptsächl. zu astronom. Beobachtungen verwendetes Fernrohr mit achromatischen Sammellinsen [<*Re*… + lat. *fractor* »Brecher«; zu *frangere* »brechen«]

re|frak|tu|rie|ren ⟨V.⟩ einen gebrochenen u. schlecht verheilten *Knochen* ~ ⟨Med.⟩ wieder, nochmals zerbrechen [<*Re*… + lat. *fractura* »Bruch«]

Re|frak|tu|rie|rung ⟨f.; -, -en; Med.⟩ das Refrakturieren

◆**Re|fri|ge|ran|zi|en** ⟨Pl.; Med.⟩ abkühlende Mittel [→ *Refrigeration*]

◆**Re|fri|ge|ra|ti|on** ⟨f.; -, -en; Med.⟩ Abkühlung, Erkältung [<lat. *refrigeratio* »Abkühlung«; zu *refrigerare* »abkühlen«]

Re|fu|gi|al|ge|biet ⟨n.; -(e)s, -e; Biol.⟩ Rückzugsgebiet für vom Aussterben bedrohte Tier- u. Pflanzenarten, in dem diese bessere Lebensbedingungen als in ihrem angestammten Lebensraum vorfinden, Refugium; *Sy* Residualgebiet

Re|fu|gi|um ⟨n.; -s, -gi|en⟩ Zufluchtsort [lat.]

re|fun|die|ren ⟨V.⟩ **1** ⟨veraltet⟩ zurückzahlen, begleichen, ersetzen **2** ⟨Wirtsch.⟩ einen Bankkredit durch Emission von Aktien od. Obligationen zurückzahlen [<lat. *refundere* »zurückgießen, zurückgeben, -erstatten«; zu *fundere* »gießen«]

re|fü|sie|ren ⟨V.; schweiz.⟩ ablehnen, blockieren, die Zustimmung verweigern [<frz. *refuser*]

reg. ⟨Abk. für⟩ registered

Reg. ⟨Abk. für⟩ Regiment (1)

Re|gal[1] ⟨n.; -s, -e⟩ **1** Gestell mit Fächern (für Bücher od. Waren); *Bücher*~ **2** kleine, tragbare Orgel nur mit Zungenpfeifen u. leicht schnarrendem Ton **3** ⟨Typ.⟩ Gestell für Setzkästen [<nddt. *rijol, riole* »Bretterfach für Bücher, Waren, Küchengeschirr« < ital. *riga* »Zeile, Reihe« <ahd. *riga* »Reihe«]

Re|gal[2] ⟨n.; -s, -li|en⟩ = Regale

Re|ga|le ⟨n.; -s, -li|en; früher⟩ wirtschaftlich nutzbares Hoheitsrecht; *oV* Regal[2]; *Münz*~; *Post*~ [<lat. *regalis* »königlich«; zu *rex* »König«]

Re|ga|li|tät ⟨f.; -, -en⟩ Anspruch (des Staates) auf ein Regal[2]

Re|gat|ta ⟨f.; -, -gat|ten; Sport⟩ Wettfahrt von Booten; *Ruder*~; *Segel*~ [venezian., »Wettfahrten der Gondeln in Venedig«; zu ital. *riga* »Reihe« <ahd. *riga* »Reihe«]

Re|ge|la|ti|on ⟨f.; -, -en; Geogr.⟩ Umwandlung von Wasser in Eis bei niedrigen Temperaturen u. einer plötzlichen Abnahme des Drucks, unter dem es vorher (wegen des gegenüber dem Eis geringeren Volumens) flüssig war, verantwortlich für das Fließen von Gletschern u. das Entstehen von Erosionstälern [<lat. *regelare* »erkalten«]

Re|gel|de|tri auch: **Re|gel|de|tri** ⟨f.; -; unz.; Math.⟩ Dreisatzrechnung, einfache Schlussrechnung zum Finden einer unbekannten Größe, wenn drei andere, davon abhängige Größen gegeben sind [<lat. *regula de tribus (numeris)* »Regel von den drei (Zahlen)«]

Re|gel|trans|for|ma|tor ⟨m.; -s, -en; El.⟩ Transformator mit angezapften Wicklungen, um verschiedene Spannungen einstellen zu können

Régence ⟨[reʒɑ̃:s] f.; -; unz.⟩ Richtung der frz. Kunst zur Zeit Philipps von Orléans (1715–1725), Übergang vom Louis-Quattorze- zum Louis-Quinze-Stil in lockeren, zierlichen Formen [frz., »Regentschaft« (des Philipp von Orléans)]

Re|ge|ne|rat ⟨n.; -(e)s, -e; Biol.⟩ **1** Produkt der Regeneration **2** aus altem Gummi unter Zusatz von Mineralöl gewonnene, schwammige, plastische Masse [<lat. *regeneratum*, Part. Perf. neutr. zu *regenerare* »wiedererzeugen«]

Re|ge|ne|ra|ti|on ⟨f.; -, -en⟩ **1** Wiederherstellung, Erneuerung; *Ggs* Degeneration **2** ⟨Biol.⟩ natürliches Ersetzen verloren gegangener organischer Teile **3** ⟨Geol.⟩ Zurückführung erstarrter, konsolidierter Teile der Erdkruste in einen mobilen, faltbaren Zustand [<lat. *regeneratio* »Wiedererzeugung«; zu *regenerare* »wiedererzeugen«]

re|ge|ne|ra|tiv ⟨Adj.⟩ durch Regeneration bewirkt, entstanden; *oV* regeneratorisch [<lat. *regenerare* »wiedererzeugen«; → *regenerieren*]

Re|ge|ne|ra|tiv|feu|e|rung ⟨f.; -, -en; Technik⟩ Feuerung metallurgischer Öfen, bei der die Frischluft u. das Heizgas erwärmt werden

Re|ge|ne|ra|tiv|ver|fah|ren ⟨n.; -s, -; Technik⟩ Verfahren zur Rückgewinnung u. Nutzung der bei techn. Prozessen entstehenden Abwärme

Re|ge|ne|ra|tor ⟨m.; -s, -to|ren⟩ Einrichtung zum Erwärmen der Frischluft u. der Heizgase bei Regenerativfeuerungen [→ *regenerieren*]

re|ge|ne|ra|to|risch ⟨Adj.⟩ = regenerativ

re|ge|ne|rie|ren ⟨V.; Biol.⟩ **1** neu bilden; *Ggs* degenerieren; *verloren gegangene Körperteile* ~ *sich* **2** auffrischen, wiedererzeugen, erneuern [<lat. *regenerare* »wiedererzeugen«; zu *generare* »erzeugen«]

Re|gens ⟨m.; -, -gen|tes od. -gen|ten⟩ Leiter (bes. eines kath. Priesterseminars); *Studien*~ [lat., Part. Präs. zu *regere* »richten, lenken, leiten«]

Re|gens Cho|ri ⟨[ko:-] m.; - -, -gen|tes -; österr.⟩ = Regenschori

Re|gens|cho|ri ⟨[-ko:-] m.; -, -; österr.⟩ Dirigent eines (kath.) Kirchenchores; *oV* Regens Chori [lat., »Chorleiter«]

Re|gent ⟨m.; -en, -en⟩ regierender Fürst od. dessen Stellvertreter [<lat. *regens*, Part. Präs. zu *regere* »richten, lenken, leiten«]

Re|gent|schaft ⟨f.; -; unz.⟩ Amt, Amtszeit eines Regenten; *die* ~ *antreten, übernehmen; während seiner* ~

Re|ges|tum ⟨n.; -s, -ges|ten; meist Pl.⟩ Auszug von Urkunden [<lat. *regesta* »das Eingetragene«; zu *regerere* »zurückbringen, eintragen«]

827

Reggae

Reg|gae ⟨[rɛgeɪ] m.; - od. -s; unz.; Musik⟩ von der farbigen Bevölkerung Jamaicas entwickelte Stilrichtung der Popmusik mit starker Betonung des gleichbleibenden Rhythmus

Re|gie ⟨[-ʒiː] f.; -, -n⟩ **1** Leitung, Verwaltung; *ein Geschäft in eigener ~ führen; ein Unternehmen in fremde ~ geben* **2** Verwaltung der Betriebe, die Eigentum einer Gemeinde od. des Staates sind, durch Gemeinde od. Staat selbst; *die Arbeiten werden in städtischer ~ ausgeführt* **3** ⟨Theat.⟩ **3.1** Spielleitung **3.2** künstler. Gestaltung eines Dramas für die Aufführung auf der Bühne u. Leitung der Schauspieler bei den Proben **3.3** künstler. Gestaltung des Drehbuches für einen Film u. Leitung der Schauspieler u. des Kameramannes bei den Aufnahmen **3.4** künstler. Gestaltung einer Rundfunk- od. Fernsehsendung **4** ⟨österr.⟩ *~ fahren* (als Angestellter der Bahn) ermäßigt fahren [‹frz. *régie* »verantwortl. Leitung, Verwaltung«]

Re|gie|as|sis|tenz ⟨[-ʒiː-] f.; -; unz.; Theat.; Film⟩ Assistenz bei der Regie (3)

re|gie|ren ⟨V.⟩ **1** lenken, leiten, beherrschen; *eine Gemeinschaft, ein Land, ein Volk, einen Staat ~; diese Maschine lässt sich leicht, schwer ~* **2** ⟨Gramm.⟩ fordern, nach sich ziehen; *die Präposition »mit« regiert den Dativ* [‹mhd. *regieren* ‹afrz. *reger* »herrschen« ‹lat. *regere* »gerade richten, lenken, herrschen«; zu idg. **reg-* »aufrichten, richten, lenken«]

Re|gie|rung ⟨f.; -, -en⟩ Tätigkeit u. Dauer des Regierens, Ausübung der Staatsgewalt, Herrschaft, Regentschaft oberste staatl. Behörde, deren Mitglieder den Staat leiten; *die ~ antreten, niederlegen; eine (neue) ~ bilden; eine ~ stürzen, umbilden; starke, schwache ~; unter, während seiner ~*

Re|gime ⟨[-ʒiːm] n.; - od. -s, - [-ʒiːmə]⟩ Form der Regierung eines Staates; *ein totalitäres ~* [‹frz. *régime* »Regierungsform, Staatsform« ‹lat. *regimen* »Lenkung, Leitung, Regierung«; → *regieren*]

Re|gime|kri|tik ⟨[-ʒiː-m-] f.; -; unz.; Politik⟩ Kritik am (diktatorischen od. totalitären) Regime des eigenen Staates

Re|gime|kri|ti|ker ⟨[-ʒiː-m-] m.; -s, -⟩ jmd., der das Regime des eigenen Staates kritisiert, Systemkritiker; → *a.* Dissident

re|gime|kri|tisch ⟨[-ʒiː-m-] Adj.; Politik⟩ das (diktatorische od. totalitäre) Regime des eigenen Staates kritisierend

Re|gi|ment ⟨n.; -(e)s, -e od. -er⟩ **1** ⟨Mil.; Abk.: Reg., Regt.⟩ Verband aus zwei bis vier Bataillonen unter einem Obersten od. Oberstleutnant **2** ⟨unz.⟩ Herrschaft, Leitung; *das ~ führen* herrschen, die Leitung haben [‹lat. *regimentum* »Leitung, Oberbefehl«; → *regieren*]

Re|gi|o|lekt ⟨m.; -(e)s, -e; Sprachw.⟩ in einer Region übliche dialektale Ausdrucksweise [‹*Region* + *Dialekt*]

Re|gi|on ⟨f.; -, -en⟩ **1** Landstrich, Gebiet, Gegend **2** Bezirk [‹lat. *regio* »Richtung, Gegend, Bereich, Gebiet«; → *regieren*]

re|gi|o|nal ⟨Adj.⟩ die Region(en) betreffend, hinsichtlich der Region(en); *der Gebrauch dieses Wortes ist ~ verschieden* [‹lat. *regionalis* »zu einer Landschaft gehörig«; → *Region*]

re|gi|o|na|li|sie|ren ⟨V.⟩ auf eine bestimmte Region, eine Landschaft beziehen (u. begrenzen)

Re|gi|o|na|lis|mus ⟨m.; -; unz.⟩ **1** das Vertreten der eigenen Interessen einer Landschaft innerhalb des Staates **2** Bewegung der Heimatkunst Ende des 19. u. Anfang des 20. Jh.

Re|gi|o|na|list ⟨m.; -en, -en⟩ Vertreter, Anhänger des Regionalismus

re|gi|o|na|lis|tisch ⟨Adj.⟩ den Regionalismus betreffend, auf ihm beruhend

Re|gi|o|nal|li|ga ⟨f.; -, -ligen; Sport⟩ **1** (früher; heute nur selten) Spielklasse unter der Bundesliga **2** (heute meist) höchste Spielklasse des Amateurfußballs (unter der 2. Bundesliga)

Re|gi|o|nal|pro|gramm ⟨n.; -s, -e; Rundfunk; TV⟩ Programm für ein bestimmtes Gebiet eines Sendebereichs; *die ~e des Bayerischen, Österreichischen Rundfunks*

re|gi|o|när ⟨Adj.⟩ einen bestimmten Bereich des Körpers betreffend [→ *Region*]

Re|gis|seur ⟨[reʒɪsøːr] m.; -s, -e; Theat.⟩ derjenige, der die Regie (3) führt, Spielleiter [‹frz. *régisseur* »Gutsverwalter, Spielleiter«]

Re|gis|seu|rin ⟨[reʒɪsøː-] f.; -, -rin|nen; Theat.⟩ diejenige, die die Regie (3) führt, Spielleiterin

Re|gis|ter ⟨n.; -s, -⟩ **1** alphabet. Verzeichnis (der Namen od. Begriffe in einem Buch); *Namens~; Sach~* **2** amtl. Verzeichnis wichtiger Vorgänge; *Handels~; Standes~; etwas ins ~ eintragen* **3** durch Ausstanzen sichtbar gemachte Titel od. Buchstaben am Rande von Geschäfts-, Notiz-, Telefonbüchern zum schnellen Nachschlagen **4** ⟨EDV⟩ Anordnung zur vorübergehenden Speicherung kleiner Mengen von Informationen **5** genaues Aufeinanderpassen der Druckseiten auf Vorder- u. Rückseite; *~ halten* **6** genaues Aufeinanderpassen der einzelnen Farben beim Mehrfarbendruck **7** ⟨Musik⟩ **7.1** Stimme, Stimmlage, Klangfarbe **7.2** Bereich der mit gleicher Einstellung der Stimmbänder hervorgebrachten Töne, z. B. Brust-, Kopf-, Falsett-, gemischte Stimme **7.3** (an der Orgel) Gruppe von Tönen aus Pfeifen gleicher Klangfarbe u. Bauart, z. B. Stimmen der Labial- bzw. Zungenpfeifen **8** ⟨fig.⟩ *alle ~ ziehen* alle Mittel anwenden (um etwas zu erreichen) [‹mlat. *registrum* »Verzeichnis« ‹lat. *regesta* »Verzeichnis«; → *Regesten*]

re|gis|tered ⟨[rɛdʒɪstə(r)d] Abk.: reg.⟩ **1** in ein Register eingetragen *(Firma)* **2** gesetzlich geschützt *(Patent)* **3** eingetragen *(Warenzeichen)* **4** eingeschrieben *(Postsendung)*

Re|gis|ter|ton|ne ⟨f.; -, -n; Abk.: RT⟩ Raummaß für Schiffe, 2,8 m³

Re|gis|tra|tur *auch:* **Re|gis|tra|tur** ⟨f.; -, -en⟩ **1** das Eintragen in ein Register **2** Arbeitsstätte des Registrators **3** Aufbewahrungsraum für Briefe usw. **4** Aktenschrank **5** ⟨Musik; an der Orgel⟩ Gesamtheit der Registerzüge [<mlat. *registrare*; → *registrieren*]

re|gis|trie|ren *auch:* **re|gist|rie|ren** ⟨V.⟩ **1** in ein Register eintragen **2** ⟨fig.; umg.⟩ zur Kenntnis nehmen (ohne sich zu äußern) **3** ⟨Orgel⟩ Register ziehen [<mlat. *registrare* »in ein Verzeichnis eintragen«]

◆ Die Buchstabenfolge **regl...** kann auch **regl...** getrennt werden.

◆ **Re|gle|ment** ⟨[-mã:] n.; -s, -s od. schweiz. [-mɛnt] n.; -s, -e⟩ Vorschriften, Bestimmungen, Satzung, z. B. bei Sportarten; *das ~ sieht vor; nach dem ~* [<frz. *règlement* »Regelung, Abwicklung, Erledigung«; zu *régler* »regulieren«]

◆ **re|gle|men|ta|risch** ⟨[-mɛn-] Adj.⟩ dem Reglement gemäß, aufgrund des Reglements

◆ **re|gle|men|tie|ren** ⟨[-men-] V.⟩ durch ein Reglement, durch Vorschriften regeln

◆ **Re|gle|men|tie|rung** ⟨[-mɛn-] f.; -, -en⟩ behördl. Beaufsichtigung, Regelung, Anweisung

◆ **Re|glet|te** ⟨f.; -, -n; Typ.⟩ nicht druckender Streifen aus Metall zwischen den Zeilen zur Herstellung von Zwischenräumen; *Sy* Durchschuss [<frz. *réglette* »Durchschuss, Reglette«; zu *régler* »regulieren«]

◆ **Re|gleur** ⟨[-glø:r] m.; -s, -e; in Uhren⟩ Spirale, die den Gang regelt [<frz. *régleur*; zu *régler* »regulieren«]

re|gre|die|ren ⟨V.⟩ **1** (auf Früheres) zurückgreifen, (auf die Ursache) zurückgehen **2** ⟨Rechtsw.⟩ (auf den Hauptschuldner od. einen Bürgen) zurückgreifen [<lat. *regredi* »zurückgehen«, Rechtsw.: »Ersatzansprüche stellen«]

Re|gress ⟨m.; -es, -e⟩ **1** ⟨Philos.⟩ das Zurückgehen von der Wirkung zur Ursache **2** ⟨Rechtsw.⟩ **2.1** Ersatz, Entschädigung **2.2** Ersatzanspruch an den Hauptschuldner, Rückgriff (auf Bürgen od. an zweiter Stelle haftbar gemachte Personen); *auf jmdn. ~ nehmen* [<lat. *regressus* »Rückkehr, Rückhalt, Zuflucht«; zu *regredi* »zurückgehen«]

Re|gres|sat ⟨m.; -en, -en⟩ derjenige, auf den Regress genommen wird

Re|gres|sion ⟨f.; -, -en⟩ **1** Rückbildung **2** Rückbewegung [<lat. *regressio* »Rückgang«; zu *regredi* »zurückgehen«]

re|gres|siv ⟨Adj.⟩ **1** zurückgreifend (im Sinne eines Regresses) **2** ⟨Philos.⟩ von der Wirkung auf die Ursache zurückgehend [<lat. *regredi* »zurückgehen« u. *regressio* »Rückgang«]

Re|gres|si|vi|tät ⟨[-vi-] f.; -; unz.⟩ regressive Wesensart od. Beschaffenheit

re|gress|pflich|tig ⟨Adj.⟩ zum Regress (2) verpflichtet; *jmdn. ~ machen*

Regt. ⟨Abk. für⟩ Regiment (1)

Reg.-T. ⟨veraltet; Abk. für⟩ Registertorne

Re|gu|la Fal|si ⟨f.; - -; unz.; Math.⟩ mathematisches Näherungsverfahren zur Verbesserung der Lösungswerte einer mit normalen Mitteln nicht lösbaren mathematischen Gleichung [lat., »Regel des Falschen (= Vermeintlichen)«]

Re|gu|la Fi|dei ⟨[fi:dei] f.; - -; unz.; Theol.⟩ Glaubensbekenntnis, Glaubensregel [lat., »Regel des Glaubens«]

Re|gu|lar ⟨m.; -s, -e⟩ = Regulare

re|gu|lär ⟨Adj.⟩ der Regel entsprechend, üblich, gewöhnlich; *Ggs* irregulär (1) [<lat. *regularis* »einer Richtschnur gemäß, regelmäßig«]

Re|gu|la|re ⟨m.; -n, -n⟩ Mitglied eines Ordens nach Ablegung der Gelübde; *oV* Regular [<lat. *regularis* »einer Regel, Richtschnur gemäß«]

Re|gu|la|ri|en ⟨f.; Pl.⟩ regelmäßig anfallende od. auf der Tagesordnung stehende Sachverhalte u. Angelegenheiten, die abgewickelt werden müssen; *die monatliche Versammlung gehört zu den ~ des Vereins; die ~ beachten*

re|gu|la|ri|sie|ren ⟨V.⟩ regulär werden, offiziell regeln, legal machen, in eine bestimmte Ordnung bringen; *die Lage von illegalen Einwanderern ~*

Re|gu|la|ri|tät ⟨f.; -, -en⟩ reguläre Beschaffenheit; *Ggs* Irregularität (1)

Re|gu|lar|kle|ri|ker ⟨m.; -s, -⟩ **1** ⟨i. w. S.⟩ Ordensgeistlicher **2** ⟨i. e. S.⟩ Angehöriger eines Klosters ohne räuml. Bindung an das Kloster, in das er urspr. eingetreten ist

Re|gu|la|ti|on ⟨f.; -, -en⟩ das Regulieren, Regelung, Ausgleich [zu lat. *regulare*; → *regulieren*]

re|gu|la|tiv ⟨Adj.⟩ als Regel dienend, regelnd, aufgrund einer Regel

Re|gu|la|tiv ⟨n.; -s, -e⟩ allgemeine Anweisung, Verfügung [zu lat. *regulare*; → *regulieren*]

Re|gu|la|tor ⟨m.; -s, -to|ren⟩ **1** ⟨i. e. S.⟩ Uhrpendel **2** ⟨i. w. S.⟩ Wanduhr mit Pendel in geschlossenem Gehäuse [<lat. *regulare*; → *regulieren*]

re|gu|la|to|risch ⟨Adj.⟩ regulierend, lenkend; *ein wichtiger ~er Eingriff in das System*

re|gu|lie|ren ⟨V.⟩ **1** regeln, ordnen, gleichmäßig machen; *Ggs* deregulieren **2** nach einer Norm, einem Maß einrichten **3** *regulierter Kleriker* = Regularkleriker [<lat. *regulare* »regeln, einrichten«; zu *regula* »Maßstab, Regel«]

Re|gu|lie|rung ⟨f.; -, -en⟩ das Regulieren; *Ggs* Deregulierung

Re|gu|lus ⟨m.; -, -se od. -gu|li⟩ **1** ⟨Alchimie⟩ die beim Schmelzen unter der Schlacke entstehende Metallschicht **2** ⟨Met.⟩ kleinere Abscheidung von Metall **3** ⟨Handelsbez. für⟩ metallisches Antimon **4** ⟨Zool.⟩ Angehöriger einer einheimischen Familie von Singvögeln, Goldhähnchen [lat. *regulus* »König eines kleines Landes, kleiner König«, Verkleinerungsform zu *rex* »König«]

Re|ha|bi|li|tand ⟨m.; -en, -en⟩ jmd., der rehabilitiert wird

Re|ha|bi|li|ta|ti|on ⟨f.; -, -en⟩ **1** Wiedereinsetzung in frühere Rechte, in den früheren Stand **2** Wiederherstellung der verletzten Ehre **3** Wiedereingliede-

Rehabilitationszentrum

derung (von Kranken, Süchtigen usw.) in die Gesellschaft **4** Nachbehandlung, Wiederherstellung der Leistungsfähigkeit u. Gesundheit durch Bewegungstherapie, Gymnastik u. Ä. [→ *rehabilitieren*]
Re|ha|bi|li|ta|ti|ons|zen|trum *auch:* **Re|ha|bi|li|ta|ti|ons|zent|rum** ⟨n.; -s, -tren; Med.⟩ Einrichtung, die der Rehabilitation dient
re|ha|bi|li|ta|tiv ⟨Adj.⟩ der Rehabilitation dienend, sie betreffend; *~e Behandlung*
re|ha|bi|li|tie|ren ⟨V.⟩ **1** *jmdn. ~* **1.1** jmdn. in seinen früheren Stand, in seine früheren Rechte wiedereinsetzen **1.2** jmds. Ansehen wiederherstellen **1.3** (nach Krankheit, Unfall o. Ä.) wieder ins gesellschaftliche Leben zurückführen **2** *sich ~* sich rechtfertigen u. seinen Ruf wiederherstellen [‹*re... + habilitieren*]
Re|ha|bi|li|tie|rung ⟨f.; -, -en⟩ = Rehabilitation
Re|haut ⟨[rəoː] m.; -s, -s; Mal.⟩ lichte, hervorgehobene Stelle (auf Gemälden) [frz.; zu *haut* »hoch; hell, lebhaft« (Farbe)]
Re|ha|zen|trum *auch:* **Re|ha|zent|rum** ⟨n.; -s, -tren; Med.⟩; kurz für⟩ Rehabilitationszentrum
Reh|pos|ten ⟨m.; -s, -⟩ grober Schrot; *Sy* Posten (7) [‹*Reh* + frz. *poste* »Rehposten« ‹ital. *posta*; → *Posten*]
Rei|bach ⟨m.; -s; unz.⟩ Gewinn (bes. durch Betrug), Verdienst; *oV* Rebbach [‹jidd. *rewach* »Zins«]
Rei|bungs|ko|ef|fi|zi|ent ⟨m.; -en, -en; Physik⟩ Konstante als Koeffizient des Verhältnisses der Reibungskräfte fester Körper
Rei|fi|ka|ti|on ⟨f.; -, -en⟩ = Reifizierung
re|i|fi|zie|ren ⟨V.⟩ *etwas Abstraktes ~* so behandeln, als ob es real existiere, vergegenständlichen [‹engl. *reify* »verdinglichen«; zu lat. *res* »Sache«]
Rei|fi|zie|rung ⟨f.; -, -en⟩ das Reifizieren; *Sy* Reifikation
Re|im|plan|ta|ti|on ⟨f.; -, -en; Med.⟩ = Replantation
re|im|plan|tie|ren ⟨V.; Med.⟩ = replantieren
Re|im|port ⟨m.; -(e)s, -e; Wirtsch.⟩ = Reimportation

Re|im|por|ta|ti|on ⟨f.; -, -en; Wirtsch.⟩ Wiedereinführung von exportierten Gütern; *Sy* Reimport
re|im|por|tie|ren ⟨V.⟩ *exportierte Güter ~* wieder einführen
Rei|ne|clau|de ⟨[rɛnəkloːd] f.; -, -n; Bot.⟩ = Reneklode
Rei|net|te ⟨[rɛnɛtə] f.; -, -n; österr. u. schweiz. nur so; frz. Schreibung von⟩ Renette
Re|in|fek|ti|on ⟨f.; -, -en; Med.⟩ erneute Infektion
Re|in|force|ment ⟨[rinfɔːsmənt] n.; - od. -s; unz.; Psych.⟩ Bekräftigung des Gewohnten, Erlernten, z. B. durch Belohnung [engl. »Verstärkung, Bestätigung«]
Re|in|fu|si|on ⟨f.; -, -en; Med.⟩ Zurückführung körpereigener Flüssigkeiten ins Gefäßsystem; *Sy* Retransfusion
Re|in|kar|na|ti|on ⟨f.; -, -en; Buddhismus; Anthrop.⟩ Wiedergeburt (der Seele in einem neuen Leben)
re|in|stal|lie|ren *auch:* **re|ins|tal|lie|ren** ⟨V.⟩ **1** wieder einsetzen (in eine Position) **2** ⟨EDV⟩ erneut installieren, wieder aktivieren; *ein Programm ~*
Re|in|te|gra|ti|on *auch:* **Re|in|teg|ra|ti|on** ⟨f.; -, -en; Soziol.⟩ Wiedereingliederung (in die Gesellschaft); *die ~ von Strafgefangenen* [‹lat. *re...* »wieder« + *Integration*]
re|in|ves|tie|ren ⟨[-vɛs-] V.; Wirtsch.⟩ erneut investieren; *freigewordenes Kapital ~*
Reis ⟨[rɛɪs] Pl. von⟩ Real
Reiz|ker ⟨m.; -s, -; Bot.⟩ Milchling, Milchblätterschwamm, Gattung der Blätterpilze mit milchigem Saft, der bei Verletzung des Fruchtkörpers austritt: Lactarius [‹russ. *ryžik*, poln. *rydz*, tschech. *ryzec* »der Rötliche« (wegen seines roten Saftes)]
Re|jek|ti|on ⟨f.; -, -en; Rechtsw.⟩ Verwerfung, Abweisung [‹lat. *reiectio* »das Zurückwerfen«; zu *reicere* »zurückwerfen«]
Re|jek|to|ri|um ⟨n.; -s, -rien; Rechtsw.⟩ abweisendes Urteil eines Gerichts höherer Instanz [→ *Rejektion*]
re|ji|zie|ren ⟨V.; Rechtsw.⟩ verwerfen, abweisen, nicht zulas-

sen [‹lat. *reicere* »zurückwerfen«; zu *iacere* »werfen«]
re|ka|pi|ta|li|sie|ren ⟨V.; Wirtsch.⟩ erneut mit Finanzmitteln ausstatten, erneut Kapital zuführen
Re|ka|pi|tu|la|ti|on ⟨f.; -, -en⟩ zusammenfassende Wiederholung [‹lat. *recapitulatio* »Zusammenfassung in den Hauptpunkten, Wiederholung«; → *rekapitulieren*]
re|ka|pi|tu|lie|ren ⟨V.⟩ zusammenfassend wiederholen [‹lat. *recapitulare* »in den Hauptpunkten zusammenfassen, wiederholen«; zu *capitulum* »Köpfchen, Hauptabschnitt«; → *Kapitel*]
Re|kla|mant ⟨m.; -en, -en⟩ jmd., der eine Reklamation geltend macht, Beschwerdeführer [‹lat. *reclamans*, Part. Präs. zu *reclamare*; → *reklamieren*]
Re|kla|ma|ti|on ⟨f.; -, -en⟩ Beschwerde, Beanstandung von Mängeln einer Sache od. eines Rechts [‹lat. *reclamatio* »Gegenruf, das Neinrufen«; zu *reclamare*; → *reklamieren*]
Re|kla|me ⟨f.; -, -n⟩ Werbung für Waren durch Plakate, Zeitung, Film, Funk; *~ für etwas machen* [‹frz. *réclame* ‹*ré* »zurück« + afrz. *clamer* ‹lat. *clamare* »rufen«]
Re|kla|me|chef ⟨[-ʃɛf] m.; -s, -s⟩ Werbeleiter
Re|kla|me|che|fin ⟨[-ʃɛ-] f.; -, -finnen⟩ Werbeleiterin
re|kla|mie|ren ⟨V.⟩ **1** beanstanden, zurückfordern **2** sich beschweren [‹lat. *reclamare* »dagegen rufen, laut »nein« rufen«; zu *clamare* »laut rufen«]
Re|kli|na|ti|on ⟨f.; -, -en; Med.⟩ Zurückbiegen der verkrümmten Wirbelsäule [‹lat. *reclinatio*, »das Zurückbeugen«; zu *reclinare* »zurücklehnen, zurückbeugen«]
re|ko|gnos|zie|ren ⟨V.; Mil.⟩ erkunden, erforschen, aufklären [‹lat. *recognoscere* »wiedererkennen«, prüfend besichtigen«; zu *cognoscere* »kennen lernen«]
Re|kom|bi|na|ti|on ⟨f.; -, -en⟩ **1** ⟨Chemie; Physik⟩ Wiedervereinigung abgespaltener Elektronen mit den ihnen zugehö-

rigen Ionen 2 ⟨Genetik⟩ Umlagerung, neue Kombination von Erbgut im Rahmen der Zellteilungsvorgänge (Meiose)

re|kom|bi|nie|ren ⟨V.; Chemie; Physik; Genetik⟩ erneut vereinigen, neu kombinieren; ~ *von Erbgut während der Zellteilung*

Re|kom|man|da|ti|on ⟨f.; -, -en; veraltet⟩ 1 Empfehlung, Fürsprache 2 Einschreiben (einer Postsendung) [<frz. *recommandation* »Empfehlung«]

re|kom|man|die|ren ⟨V.; veraltet⟩ 1 empfehlen, einschärfen 2 einschreiben lassen (Postsendung) [<frz. *recommander* »dringend raten, empfehlen«]

Re|kom|pen|sa|ti|on ⟨f.; -, -en⟩ Entschädigung [<lat. *recompensatio* »Wiederausgleich«]

re|kom|pen|sie|ren ⟨V.⟩ entschädigen [<lat. *recompensare* »wieder ausgleichen«; zu *compensare* »abwägen, ausgleichen«]

re|kons|ti|tu|ie|ren *auch:* **re|kons|ti|tu|ie|ren** ⟨V.⟩ wiederherstellen

Re|kons|ti|tu|ti|on *auch:* **Re|kons|ti|tu|ti|on** ⟨f.; -, -en⟩ Wiederherstellung [<frz. *reconstitution*]

re|kons|tru|ie|ren *auch:* **re|kons|tru|ie|ren, re|konst|ru|ie|ren** ⟨V.⟩ 1 den ursprünglichen Zustand wiederherstellen 2 naturgetreu nachbilden 3 *einen Vorgang* ~ ihn nach der Erinnerung berichten

Re|kons|truk|ti|on *auch:* **Re|kons|truk|ti|on, Re|konst|ruk|ti|on** ⟨f.; -, -en⟩ 1 Wiederherstellung (des ursprünglichen Zustandes) 2 Wiederherstellung eines Kunstwerkes, dessen ursprünglicher Zustand nicht mehr erkennbar, nur noch erschließbar ist; →*a.* Restauration 3 das Ergebnis einer Wiederherstellung 4 Bericht eines Vorgangs nach der Erinnerung

re|kon|va|les|zent ⟨[-va-] Adj.; Med.⟩ genesend, auf dem Wege der Besserung befindlich

Re|kon|va|les|zent ⟨[-va-] m.; -en, -en; Med.⟩ Genesender [<lat. *reconvalescens*, Part. Präs. zu *reconvalescere* »wieder erstarken«; zu *valere* »bei Kräften sein, stark sein«]

Re|kon|va|les|zenz ⟨[-va-] f.; -; unz.; Med.⟩ Genesung, Zeit der Genesung [→ *Rekonvaleszent*]

re|kon|va|les|zie|ren ⟨[-va-] V.; Med.⟩ genesen; *nach einer Krankheit* ~

Re|kon|zi|li|a|ti|on ⟨f.; -, -en; Rel.⟩ Wiederaufnahme eines (religiös) Schuldigen in die kirchl. Gemeinschaft nach der Buße [<*reconciliatio* »Versöhnung«; zu *reconciliare* »wieder vereinigen, versöhnen«]

Re|kord ⟨m.; -(e)s, -e⟩ 1 (offiziell anerkannte) sportl. Höchstleistung; *einen* ~ *aufstellen, brechen, halten* 2 ⟨allg.⟩ Höchstleistung 3 Verzeichnis der Kämpfe eines Boxers [engl., »Aufzeichnung, Beurkundung, Urkunde; urkundl. Bestätigung einer sportl. Leistung, sportl. Höchstleistung« <lat. *recordari* »sich erinnern«]

Re|kor|der ⟨m.; -s, -⟩ Gerät zur elektromagnet. Ton- u./od. Bildaufzeichnung u. deren Wiedergabe; *Kassetten*~; *Video*~; *oV* Recorder [zu engl. *record* »aufnehmen«]

Re|kord|ni|veau ⟨[-vo:] n.; -s, -s⟩ *eine Leistung auf* ~ eine hervorragende Leistung, deren messbares Ergebnis im Bereich eines neuen Rekordes liegt (bes. im Sport)

◆ Die Buchstabenfolge **re|kr...** kann auch **rekr...** getrennt werden. Davon ausgenommen sind Zusammensetzungen, in denen die fremdsprachigen bzw. sprachhistorischen Bestandteile deutlich als solche erkennbar sind, z. B. *-kret* (→a. Dekret, Sekret) od. *-kreation, -kreieren, -kristallisation*

Re|kre|a|ti|on ⟨f.; -; unz.⟩ Erholung [<lat. *recreatio* »Erholung, Wiederherstellung«; zu *recreare* »kräftigen, sich erholen«]

re|kre|ie|ren ⟨V.⟩ *sich* ~ sich erholen, ausspannen [<lat. *recreare* »neu beschaffen, neu beleben«; zu *creare* »erschaffen«]

Re|kret ⟨n.; -(e)s, -e; Bot.⟩ von einer Pflanze aufgenommener u. unverändert ausgeschiedener Stoff [<*Re...* + *...kret*]

Re|kre|ti|on ⟨f.; -, -en; Bot.⟩ Ablagerung von nicht mehr benötigten Stoffwechselprodukten bei Pflanzen [<*Re...* + *...kret* + *...ion*]

Re|kris|tal|li|sa|ti|on ⟨f.; -, -en⟩ 1 das Wiederauskristallisieren eines Stoffes aus einer Lösung 2 ⟨Met.⟩ durch Erwärmen bewirkte Gefügeänderung eines durch Kaltbearbeitung verformten Materials

◆ **Re|kru|des|zenz** ⟨f.; -; unz.; Med.⟩ Wiederverschlimmerung (bei Krankheiten) [<lat. *recrudescens*, Part. Präs. zu *recrudescere* »wieder ausbrechen«]

◆ **Re|krut** ⟨m.; -en, -en; Mil.⟩ Soldat in der ersten Ausbildung, eben ausgehobener Soldat [<frz. *recrue* »Nachwuchs, Rekrut«, Part. Perf. zu *recroitre* »nachwachsen«]

◆ **re|kru|tie|ren** ⟨V.⟩ 1 ⟨Mil.⟩ Rekruten ausheben 2 *sich* ~ sich zusammensetzen, sich ergänzen (aus) [<frz. *recruter* »ausheben, rekrutieren«; → *Rekrut*]

Rek|ta ⟨Anat.; Pl. von⟩ Rektum

Rek|ta|klau|sel ⟨f.; -, -n; Wirtsch.⟩ auf einem Orderpapier vermerkte Klausel, die eine Übertragung durch Indossament verbietet [<lat. *recta (via)* »auf geradem (Weg)«]

rek|tal ⟨Adj.; Med.⟩ zum Mastdarm gehörig, im Mastdarm, durch den M.; *Sy* per rectum; *Temperatur* ~ *messen* [→ *Rektum*]

Rek|t|al|gie *auch:* **Rek|tal|gie** ⟨f.; -, -n; Med.⟩ Mastdarmschmerz [<*Rektum* + *...algie*]

Rek|tal|nar|ko|se ⟨f.; -, -n; Med.⟩ Betäubung durch Verabreichen eines Darmeinlaufs [<*rektal* + *Narkose*]

rek|tan|gu|lär *auch:* **rek|tan|gu|lär** ⟨Adj.⟩ rechtwinklig [<frz. *rectangulaire* »rechtwinklig, rechteckig« <lat. *rectus* »gerade« + *angulus* »Winkel«]

Rek|ta|pa|pier ⟨n.; -s, -e; Wirtsch.⟩ auf den Namen des Berechtigten lautendes Wertpapier, Namenpapier [→ *Rektaklausel*]

Rek|ta|scheck ⟨m.; -s, -s; Wirtsch.⟩ auf den Namen des Empfängers lautender Scheck mit Rektaklausel [→ *Rektaklausel*]

Rektaszension

Rek|ta|szen|si|on auch: **Rek|tas|zen|si|on** ⟨f.; -, -en; Astron.⟩ der Bogen des Himmelsäquators vom Frühlingspunkt in der Richtung der scheinbaren jährl. Sonnenbewegung bis zum Deklinationskreis des Sternes, »gerade Aufsteigung« [<lat. *rectus*, fem. *recta* »gerade« + *ascensio* »Aufstieg«]

Rek|ta|wech|sel ⟨m.; -s, -; Wirtsch.⟩ Wechsel mit Rektaklausel

Rek|ti|fi|ka|ti|on ⟨f.; -, -en⟩ **1** ⟨veraltet⟩ Berichtigung, Zurechtweisung **2** ⟨Chemie⟩ wiederholte Destillation **3** ⟨Math.⟩ Bestimmung der Bogenlänge einer Kurve [<lat. *rectus* »richtig, recht« + ...*fikation*]

rek|ti|fi|zie|ren ⟨V.⟩ **1** berichtigen, zurechtweisen **2** einer Rektifikation unterwerfen **3** eine Rektifikation vornehmen [<lat. *rectus* »richtig, recht« + ...*fizieren*]

Rek|ti|on ⟨f.; -, -en; Sprachw.⟩ Fähigkeit eines Wortes, den Kasus des von ihm abhängigen Wortes zu bestimmen, zu regieren, z. B. die Präposition »mit« hat als Rektion (regiert) den Dativ; →a. Valenz (3) [<lat. *rectio* »Lenkung, Leitung«; → *regieren*]

Rek|to ⟨n.; -s, -s⟩ Vorderseite, erste Seite (eines Blattes); *Ggs* Verso [<lat. *recto* (folio) »auf der rechten (Seite)«]

Rek|tor ⟨m.; -s, -to|ren⟩ **1** Leiter (einer Schule, Hochschule o. Ä.) **2** geistlicher Vorsteher einer Kirche od. eines Seminars [<kirchenlat. *rector scholae* »Leiter einer Schule«; → *regieren*]

Rek|to|rat ⟨n.; -(e)s, -e⟩ **1** Amt, Amtszeit eines Rektors **2** dessen Geschäftsstelle

Rek|to|rin ⟨f.; -, -rin|nen⟩ Leiterin (einer Schule, Hochschule)

Rek|to|skop auch: **Rek|tos|kop** ⟨n.; -s, -e; Med.⟩ ein etwa 30 cm langes, metallenes Rohr (mit einer elektrischen Lichtquelle, einer Optik u. einem Gebläse), das durch den After eingeführt wird u. eine detaillierte Untersuchung der Wand des Mastdarms gestattet, Mastdarmspiegel [<*Rektum* + ...*skop*]

Rek|to|sko|pie auch: **Rek|tos|ko|pie** ⟨f.; -, -n; Med.⟩ Untersuchung des Mastdarms mit Hilfe des Rektoskops, Mastdarmspiegelung

rek|to|sko|pisch auch: **rek|tos|ko|pisch** ⟨Adj.; Med.⟩ die Rektoskopie betreffend, durch den Einsatz des Rektoskops ermittelt

Rek|to|ze|le ⟨f.; -, -n; Med.⟩ Mastdarmvorfall [<*Rektum* + grch. *kele* »Bruch«]

Rek|tum ⟨n.; -s, Rek|ta; Anat.⟩ letzter Abschnitt des Darmes, der sich an den Blinddarm anschließt u. mit dem After endet, Mastdarm [verkürzt <lat. *rectum intestinum* »gerade verlaufender Darm«]

re|kul|ti|vie|ren ⟨[-vi:-] V.; Ökol.⟩ für die landwirtschaftl. Nutzung wiedergewinnen; *Bodenflächen ~* [<*re*... + *kultivieren*]

Re|kul|ti|vie|rung ⟨[-vi:-] f.; -, -en; Ökol.⟩ Wiederherstellung der ursprünglichen ökologischen Verhältnisse in Landesteilen, die durch menschliche Aktivitäten beeinträchtigt wurden

Re|ku|pe|ra|tor ⟨m.; -s, -to|ren; Technik⟩ Anlage zum Vorwärmen von Gasen od. Flüssigkeiten an techn. Feuerungsanlagen [<lat. *recuperator* »Wiedererwerber«]

Re|kur|rens|fie|ber ⟨n.; -s, -; Med.⟩ Rückfallfieber [<lat. *recurrens*, Part. Präs. von *recurrere* »zurücklaufen«]

re|kur|rent ⟨Adj.⟩ = rekursiv

Re|kur|renz ⟨f.; -; unz.; Sprachw.⟩ = Rekursivität [zu lat. *recurrere* »zurücklaufen, wiederkehren«]

re|kur|rie|ren ⟨V.⟩ **1** Bezug nehmen, anknüpfen, aufgreifen **2** ⟨Rechtsw.; veraltet; noch österr.⟩ Einspruch erheben, Berufung einlegen **3** ⟨veraltet⟩ seine Zuflucht nehmen; *auf etwas ~* auf etwas Bezug nehmen [<lat. *recurrere* »zurücklaufen, seine Zuflucht nehmen«; zu *currere* »laufen«]

Re|kurs ⟨m.; -es, -e⟩ **1** Rückgriff, Bezugnahme **2** ⟨Rechtsw.⟩ Beschwerde, Einspruch, Berufung [<lat. *recursus* »Rücklauf, Berufung«; → *rekurrieren*]

re|kur|siv ⟨Adj.⟩ **1** ⟨Math.; EDV⟩ auf bekannte Werte zurückgehend, in der Art einer Rekursion **2** ⟨Sprachw.⟩ (bei der Bildung von Sätzen) auf Regeln, die für vorangegangene Sätze gelten, zurückgreifend; *Sy* rekurrent [→ *rekurrieren*]

Re|kur|si|vi|tät ⟨[-vi-] f.; -; unz.; Sprachw.⟩ Möglichkeit einer Grammatik, mit einer endlichen Anzahl von Regeln eine unendliche Menge von Sätzen zu bilden; *Sy* Rekurrenz

Re|lais ⟨[rəlɛ:] n.; - [-lɛ:s], - [-lɛ:s]⟩ **1** ⟨früher⟩ Wechsel der Pferde, Stelle zum Auswechseln der Postpferde **2** ⟨Mil.⟩ Kette von Meldegängern **3** ⟨El.⟩ elektr. Schaltvorrichtung zum Steuern großer Strom- u. Spannungsstärken durch kleine Strom- u. Spannungsstärken [frz., »Staffel, Stafette, Relais«]

Re|lais|be|ben ⟨[rəlɛ-] n.; -s, -; Geophysik⟩ Erdbeben, das von einem anderen, möglicherweise auch weit entfernten Beben ausgelöst wird; *Sy* Simultanbeben

Re|lais|sta|ti|on ⟨[rəlɛ:-] f.; -, -en; Funkw.⟩ auf der Erde befindliche Funkstation zum Auffangen u. Weiterleiten von Funk- u. Fernsehwellen, die bei ihrer Ausbreitung nicht der Erdkrümmung folgen

Re|laps ⟨m.; -es, -e; Med.⟩ Wiederausbrechen einer Krankheit, Rückfall [<lat. *relapsio* »das Zurückgleiten«; zu *relabi* »zurückgleiten, -fallen«]

Re|la|ti|on ⟨f.; -, -en⟩ **1** Beziehung, Verhältnis; *in ~ zur Qualität ist der Preis zu hoch* **2** Bericht, Mitteilung [<lat. *relatio* »Bericht, Berichterstattung; Beziehung, Verhältnis«]

re|la|ti|o|nal ⟨Adj.⟩ die Relation betreffend, in einer Beziehung, einem Verhältnis stehen

re|la|tiv ⟨Adj.⟩ **1** in einem Verhältnis zu etwas stehend, im Verhältnis zu etwas anderem zu betrachten, bedingt verhältnismäßig; *Ggs* absolut **1.1** *~e Bewegung* B. innerhalb eines Bezugssystems **1.2** *~es Gehör* Fähigkeit, einen Ton durch Intervalle zu bestimmen **1.3** *~e Feuchtigkeit* Feuchtigkeitsgehalt der Luft unter Berück-

reliefieren

sichtigung der Tatsache, dass warme Luft mehr Wasser aufnimmt als kalte **1.4** ~e *Helligkeit* H. eines Sternes, wie sie sich dem Betrachter bietet, ohne Rücksicht auf die Entfernung, scheinbare Helligkeit **1.5** ~e *Mehrheit* Abstimmungsergebnis, bei dem der Wahlkandidat mehr Stimmen als die anderen erhalten hat, ohne aber die absolute Mehrheit erreicht zu haben **1.6** ~e *Zahl* mit einem negativen od. positiven Vorzeichen versehene Zahl **2** ⟨adv. u. präd.⟩ von den Umständen od. wechselnder Beurteilung abhängig; *er ist ~ groß; es ist ~ gut gegangen* [<frz. *relatif* <lat. *relativus* »sich beziehend, bezüglich«]

Re|la|tiv ⟨n.; -s, -e; Gramm.⟩ = Relativpronomen

re|la|ti|vie|ren ⟨[-viː-] V.⟩ **1** in Beziehung, in ein Verhältnis setzen zu **2** in Zweifel ziehen, einschränken

re|la|ti|visch ⟨[-vɪʃ] Adj.; Gramm.⟩ das Relativpronomen betreffend, als Relativpronomen verwendet

Re|la|ti|vis|mus ⟨[-vɪs-] m.; -; unz.; Philos.⟩ Lehre, dass alle Dinge für uns nur in ihren Beziehungen zueinander, nicht aber als die Dinge selbst erkennbar sind

Re|la|ti|vist ⟨[-vɪst] m.; -en, -en⟩ **1** ⟨Philos.⟩ Vertreter, Anhänger des Relativismus **2** ⟨geh.⟩ jmd., der alle Erkenntnis als subjektiv einstuft

re|la|ti|vis|tisch ⟨[-vɪs-] Adj.⟩ den Relativismus od. die Relativitätstheorie betreffend, auf ihm od. ihr beruhend

Re|la|ti|vi|tät ⟨[-vi-] f.; -, -en⟩ auf eine bestimmte Sache bezogene, bedingte Geltung

Re|la|ti|vi|täts|the|o|rie ⟨[-vi-] f.; -; unz.⟩ von A. Einstein formulierte Theorie, nach der Zeit u. Raum nicht unveränderlich, sondern vom Bezugssystem des jeweiligen Beobachters abhängig sind u. bes. bei Annäherung an die Lichtgeschwindigkeit starke Veränderungen erfahren (heute vielfach bewiesen)

Re|la|tiv|pro|no|men ⟨n.; -s, - od. -mi|na; Gramm.⟩ bezügliches Fürwort, Pronomen, das in einem untergeordneten Gliedsatz anstelle der Benennung einer Person od. Sache steht, z. B. der Mann, welcher… (der…)

Re|la|tiv|satz ⟨m.; -es, -sät|ze; Gramm.⟩ durch ein Relativpronomen an den Hauptsatz angeschlossener Nebensatz, Bezugssatz, z. B. ich kaufe mir das Buch, »von dem alle sprechen«

Re|la|ti|vum ⟨n.; -s, -ti|va; Gramm.⟩ = Relativpronomen [<lat. *(pronomen) relativum* »bezügliches (Fürwort)«]

Re|la|tiv|zahl ⟨f.; -, -en; Math.⟩ = Index (4)

Re|launch ⟨[riːlɔːntʃ] m. od. n.; -(e)s, -(e)s⟩ neue Werbekampagne für ein Produkt, das bereits längere Zeit auf dem Markt ist [<engl. *re-* »wieder, erneut« + *launch* »auf den Markt bringen«]

re|laun|chen ⟨[riːlɔːntʃən] V.⟩ einen Relaunch starten, neu bewerben; *ein Produkt ~*

Re|la|xans ⟨n.; -, -xan|tia od. -xan|zi|en; Med.⟩ Mittel zur Entspannung der Muskeln [<lat. *relaxans,* Part. Präs. zu *relaxare* »lockern, lösen«]

Re|la|xa|ti|on ⟨f.; -, -en⟩ **1** ⟨Physik⟩ Verminderung der Elastizität **2** ⟨Chemie⟩ Wiederherstellung eines chem. Gleichgewichts **3** ⟨Physiol.⟩ Entspannung der Muskulatur **4** ⟨Math.⟩ Verfahren zur näherungsweisen Lösung von Gleichungen [<lat. *relaxatio* »Entspannung«]

re|laxed ⟨[rilækst] Adj.; umg.⟩ ungezwungen, gelöst, entspannt; →*a.* relaxen

re|la|xen ⟨[rilæksən] V.; umg.⟩ sich entspannen, erholen; →*a.* relaxed [<engl. *relax* »entspannen«]

Re|la|xing ⟨[rilæksɪŋ] n.; -s; unz.; umg.⟩ das Entspannen, Erholen [→ *relaxen*]

Re|lease ⟨[riliːs] n.; -, -s [-sɪs] od. [-sɪz]⟩ **1** ⟨kurz für⟩ Releasezentrum **2** ⟨EDV⟩ (mit einer neuen Versionsnummer gekennzeichnete) überarbeitete Programmversion bzw. dessen Freigabe **3** ⟨Musik⟩ Zeitpunkt der Vermarktung eines neuen Produktes [engl., »freigeben, befreien; Freigabe, Befreiung«]

Re|lease|cen|ter ⟨[riliːssentə(r)] n.; -s, -⟩ = Releasezentrum

Re|lea|ser ⟨[riliːzə(r)] m.; -s, -; umg.⟩ Betreuer von Drogenabhängigen [<engl. *release* »Befreiung, Erlösung«]

Re|lease|zen|trum *auch:* **Re|leasezent|rum** ⟨[riliːs-] n.; -s, -zentren⟩ Einrichtung zur Heilung Drogenabhängiger; *Sy* Releasecenter [<engl. *release* »befreien«]

Re|le|ga|ti|on ⟨f.; -, -en⟩ Verweisung eines Studenten bzw. Schülers von der Hochschule bzw. Schule [<lat. *relegatio* »Fortschickung, Verweisung«; zu *relegare* »fortschicken, entfernen«]

Re|le|ga|ti|ons|spiel ⟨n.; -(e)s, -e; Sport⟩ entscheidendes Spiel einer schlechteren Mannschaft einer höheren Spielklasse gegen eine bessere Mannschaft der darunter liegenden Spielklasse um den Verbleib in derselben od. den Aufstieg in der höhere Spielklasse

re|le|gie|ren ⟨V.⟩ *einen Studenten, Schüler ~* von der Hochschule bzw. Schule verweisen [<lat. *relegare* »fortschicken, entfernen« <*re…* »zurück« + *legare* »entsenden«]

re|le|vant ⟨[-vant] Adj.⟩ wichtig, erheblich, belangvoll; *Ggs* irrelevant [<lat. *relevans,* Part. Präs. zu *relevare* »erleichtern, mildern, abhelfen«]

Re|le|vanz ⟨[-vants] f.; -, -en⟩ die Eigenschaft, relevant zu sein; *Ggs* Irrelevanz

Re|li|a|bi|li|tät ⟨f.; -; unz.; Psych.⟩ Zuverlässigkeit (eines psycholog. Tests) [<engl. *reliability* »Zuverlässigkeit«]

Re|li|ef ⟨n.; -s, -s od. -e⟩ **1** aus einer Fläche mehr od. minder erhaben herausgearbeitetes, in der ägyptischen Kunst auch eingegrabenes Bild **2** Form der Erdoberfläche **3** verkleinerte Nachbildung der Erdoberfläche [frz., »Relief, erhabene Arbeit«]

Re|li|ef|druck ⟨m.; -(e)s, -e⟩ Präge- od. Blinddruck, die Prägung (von Platten, bes. von Buchdeckeln)

re|li|e|fie|ren ⟨[-lje-] V.⟩ mit einem Relief versehen, verzieren,

Reliefumkehr

ein Relief herausarbeiten aus; *eine Fläche* ~

Re|li|ef|um|kehr ⟨f.; -; unz.; Geol.⟩ Umkehrung der Übereinstimmung zwischen Relief u. Struktur eines Faltengebirges, wenn in diesem die zerklüfteten, höher liegenden u. leichter abzutragenden Schichten von Faltensätteln durch Abtragung so weit verringert werden, dass die Erdoberfläche schließlich tiefer liegt als in den tektonischen Mulden; *Sy* Inversion (9)

Re|li|gi|on ⟨f.; -, -en⟩ **1** Glaube an u. Auseinandersetzung mit einer überirdischen Macht sowie deren kultische Verehrung **2** Gottesglaube, Gottesverehrung **3** Glaubensbekenntnis **4** Unterricht im Glaubensbekenntnis (als Schulfach) [< lat. *religio* »rücksichtsvolle, gewissenhafte Beachtung, Gewissensscheu«]

Re|li|gi|ons|phi|lo|so|phie ⟨f.; -, -n⟩ Teil der Philosophie, der Inhalt u. Bedeutung der Religion erforscht philosoph. Behandlung religiöser u. dogmat. Fragen vom Standpunkt der Theologie aus; *jüdische, katholische, protestantische* ~

re|li|gi|ös ⟨Adj.⟩ *Ggs* irreligiös **1** zur Religion gehörend, auf ihr beruhend **2** gläubig, fromm [< lat. *religiosus* »gewissenhaft, gottesfürchtig, fromm«; → *Religion*]

Re|li|gi|o|se(r) ⟨f. 2 (m. 1)⟩ Mitglied einer relig. Genossenschaft mit einfachen Gelübden

Re|li|gi|o|si|tät ⟨f.; -; unz.⟩ Gläubigkeit, Frömmigkeit; *Ggs* Irreligiosität

re|li|gi|o|so ⟨[-lidʒo:zo] Musik⟩ andachtsvoll, fromm [ital.]

re|likt ⟨Adj.; Biol.⟩ als Relikt vorkommend (von Tieren u. Pflanzen)

Re|likt ⟨n.; -(e)s, -e⟩ Überbleibsel, Rest [< lat. *relictum* Part. Perf. zu *relinquere* »zurücklassen«]

Re|lik|ten ⟨nur Pl.⟩ **1** Hinterbliebene **2** Hinterlassenschaft

Re|lik|ten|fau|na ⟨f.; -, -fau|nen; Zool.⟩ letzte Exemplare einer vormals lebenden Tierwelt

Re|lik|ten|flo|ra ⟨f.; -, -flo|ren; Bot.⟩ letzte Exemplare einer vormals lebenden Pflanzenwelt

Re|li|qui|ar ⟨n.; -s, -e; Rel.⟩ oft kunstvoll gearbeiteter Behälter zur Aufnahme von Reliquien, Reliquienbehälter, Reliquienschrein, Heiligenschrein

Re|li|quie ⟨[-kvjə] f.; -, -n⟩ körperl. Überrest eines Heiligen od. Gegenstand, der ihm einst gehörte [< lat. *reliquiae* »Zurückgelassenes, Überrest«; zu *relinquere* »zurück lassen, übrig lassen«]

Re|lish ⟨[rɛlɪʃ] n.; -s, -s od. -es [-ʃɪz]⟩ würzige Soße mit kleinen Gemüsestückchen [engl., »Gewürz, Geschmack«]

Re|luk|tanz ⟨f.; -, -en; Physik⟩ magnetischer Widerstand, Kehrwert der magnet. Induktivität [< lat. *reluctari* »sich widersetzen«]

Re|lu|xa|ti|on ⟨f.; -, -en; Med.⟩ wiederholte Ausrenkung eines Gelenks [< *Re…* + *Luxation*]

rem ⟨Zeichen für⟩ Rem

Rem ⟨n.; -, -; Physik; Zeichen: rem⟩ bis zum 31.12.1985 verwendete Maßeinheit der Röntgenstrahlung od. radioaktiven Strahlung, ersetzt durch die Einheit Joule/Kilogramm (J/kg), 1 rem = 0,01 J/kg; → *a.* rep [engl.; verkürzt <*r*oentgen *e*quivalent *m*an]

Re|mai|ling ⟨[rimɛɪl-] n.; -s; unz.; Wirtsch.⟩ Versand von Massenpost unter Ausnutzung der jeweils günstigsten Gebührenstruktur im In- u. Ausland (basiert darauf, dass Inlandspost unter Umständen ins Ausland transferiert wird, um von dort kostengünstiger wieder ins Inland geschickt zu werden) [<engl. *re* »zurück« + *mailing* »Postversand«]

Re|make ⟨[ri:mɛɪk] n.; -s, -s; Film⟩ Neuverfilmung eines bereits verfilmten Stoffes [<engl. *remake* »erneuern« <*re…* »wieder…« + *make* »machen«]

re|ma|nent ⟨Adj.⟩ zurückbleibend; *~er Magnetismus* [<lat. *remanens*, Part. Präs. von *remanere* »zurückbleiben«]

Re|ma|nenz ⟨f.; -; unz.⟩ **1** ⟨Physik⟩ in Körpern aus Stahl od. Eisen zurückbleibender Magnetismus, Restmagnetismus **2** Weiterbestehen eines Reizes [zu lat. *remanere* »zurückbleiben«]

Re|ma|te|ri|a|li|sa|ti|on ⟨f.; -, -en⟩ **1** ⟨Physik⟩ Bildung von Materie aus einer entsprechend energiereichen Strahlung **2** ⟨Parapsych.⟩ Rückkehr eines dematerialisierten Gegenstandes in seinen ursprüngl. materiellen Zustand

re|ma|te|ri|a|li|sie|ren ⟨V.⟩ **1** Materie bilden; *es entsteht ein Energieblitz, aus dem Teilchen* ~ *können* **2** Wiederherstellung von dematerialisierter (aufgelöster) Materie in den ursprünglichen materiellen Zustand; *sich in Luft auflösen, um andernorts zu* ~

Rem|bours ⟨[rãbu:r] m.; -, -⟩ Deckung, Erstattung (von Auslagen) [verkürzt <frz. *remboursement* »Rückzahlung, Rückerstattung«; zu *rembourser* »zurückzahlen«]

Rem|bours|ge|schäft ⟨[rãbu:r-] n.; -(e)s, -e; Bankw.⟩ Geschäft, bei dem man sich durch Wechsel teilweise Deckung für die in Kommission gegebenen Waren verschafft

Rem|bours|kre|dit ⟨[rãbu:r-] m.; -s, -e; Bankw.⟩ kurzfristiger, durch Waren gesicherter Kredit einer Bank an einen Importeur im Überseehandel

re|me|die|ren ⟨V.⟩ heilen, helfen [<lat. *remediari* »heilen«; zu *remedium* »Heilmittel«]

Re|me|di|um ⟨n.; -s, -di|en od. -dia⟩ **1** Heil-, Hilfsmittel **2** die gesetzlich gestattete geringe Abweichung von der normalen Feinheit u. vom Normalgewicht einer Münze [lat., »Heilmittel, Arznei, Hilfsmittel«]

Re|mi|grant *auch:* **Re|mi|grant** ⟨m.; -en, -en⟩ männl. Person, die remigriert

Re|mi|gran|tin *auch:* **Re|mi|gran|tin** ⟨f.; -, -tin|nen⟩ weibl. Person, die remigriert

re|mi|grie|ren *auch:* **re|mi|grie|ren** ⟨V.⟩ aus dem Exil zurückkehren [<*re…* + lat. *migrare* »wandern«]

re|mi|li|ta|ri|sie|ren ⟨V.⟩ *ein Land* ~ das Heerwesen eines Landes wiederherstellen, ein Land wieder bewaffnen

Re|mi|li|ta|ri|sie|rung ⟨f.; -; unz.⟩ das Remilitarisieren, die Wiederbewaffnung

Re|mi|nis|ce|re ⟨ohne Artikel⟩ zweiter Passionssonntag, fünfter Sonntag vor Ostern [lat., »gedenke«; nach dem Anfangswort des Messeingangs aus Psalm 24,6]

Re|mi|nis|zenz ⟨f.; -, -en⟩ Erinnerung, Anklang; *Kindheits~* [<lat. *reminiscentia* »Rückerinnerung«; zu *reminisci* »sich erinnern«]

Re|mi|nis|ze|re ⟨ohne Artikel⟩ zweiter Sonntag der Passionszeit, fünfter Sonntag vor Ostern [lat., »gedenke«; nach dem Anfangswort des Messeingangs aus Psalm 24,6]

re|mi|nis|zie|ren ⟨V.⟩ sich erinnern, eine Rückschau halten; *die Friedensbewegung ~* [→ *Reminiszenz*]

re|mis [rəmiː] Adj.; undekl.; nur präd. u. adv.⟩ unentschieden (bes. beim Schachspiel) [frz., »unentschieden«, eigtl. »aufgeschoben«, Part. Perf. zu *remettre* »aufschieben; einstellen«]

Re|mis ⟨[rəmiː] n.; -, - od. -en [-zən]⟩ unentschiedenes Spiel (bes. beim Schach)

Re|mi|se ⟨f.; -, -n⟩ **1** Einstellraum für Wagen u. Geräte **2** zum Schutz von Wild angelegtes, dichtes Gehölz [frz., »das Zurückstellen; das Einstellen«; zu *remettre*; → *remis*]

re|mi|sie|ren ⟨V.⟩ einen Wettkampf für unentschieden erklären (bes. beim Schachspiel)

Re|mis|si|on ⟨f.; -, -en⟩ **1** Rücksendung **2** Erlass, Vermittlung **3** Verminderung **4** vorübergehendes Zurückgehen von Krankheitserscheinungen [<lat. *remissio* »Zurücksendung, Unterbrechung, Erlassung«; zu *remittere* »zurückschicken, nachlassen«]

Re|mit|ten|de ⟨f.; -, -n; Buchw.⟩ vom Buchhändler dem Verlag zurückgeschicktes Buch [<lat. *remittenda* »zurückzuschickende«, Gerundivum zu *remittere* »zurückschicken«]

Re|mit|tent ⟨m.; -en, -en⟩ jmd., an den od. an dessen Order ein Wechsel gezahlt werden soll [<lat. *remittens* sendend, (wieder) zustellend«, Part. Präs. zu *remittere* »zurücksenden, (wieder) zustellen«; zu *mittere* »senden«]

re|mit|tie|ren ⟨V.⟩ **1** zurücksenden **2** übersenden, überweisen **3** vermindern **4** ⟨Med.⟩ nachlassen, zurückgehen; *eine Krankheitserscheinung remittiert* [<lat. *remittere* »zurücksenden, (wieder) zustellen«; zu *mittere* »senden«]

Re|mix ⟨[rɪ-] m.; -, -e; Musik⟩ **1** ⟨unz.⟩ Neueinspielung alter Musikstücke **2** ⟨zählb.⟩ das neu eingespielte, abgemischte Musikstück selbst [engl.]

re|mi|xen ⟨[rɪ-] V.; Musik⟩ alte Musikstücke neu gestalten u. einspielen; *ein Stück am Mischpult ~* [<engl. *remix*]

Re|mons|trant *auch:* **Re|monst|rant** ⟨m.; -en, -en; Theol.⟩ Angehöriger der Partei der niederländ. reformierten Kirche [<*Re...* + lat. *monstrare* »zeigen«]

re|mon|tant ⟨a. [-mõ-] Adj.; Bot.⟩ wiederkehrend, zum zweiten Mal blühend [frz., »zweimal (jährlich) blühend«; → *remontieren*]

Re|mon|te ⟨a. [-mõ-tə] f.; -, -n⟩ junges (drei- bis fünfjähriges) Pferd, bes. für das Militär [frz., »Gesamtheit der Nachwuchspferde«]

re|mon|tie|ren ⟨V.⟩ **1** wiedereinrichten **2** ⟨veraltet⟩ den Bestand an Pferden auffrischen, junge Pferde kaufen **3** ⟨Bot.⟩ nach dem Hauptflor am jungen Trieb zum zweiten Mal blühen [<frz. *remonter* »wieder hinaufsteigen, auffrischen, ergänzen; zweimal (im Jahr) blühen«]

Re|mor|queur ⟨[-køːr] m.; -s, -e; österr.⟩ kleiner Schleppdampfer [frz., »Schlepper, Schleppdampfer«]

re|mor|quie|ren ⟨[-kiː-] V.⟩ mit Schleppdampfer ziehen, schleppen [<frz. *remorquer* »schleppen, ins Schlepptau nehmen«]

Re|mote Sen|sing ⟨[rimoʊt -] n.; - -s; unz.⟩ **1** Führung von Anlagen od. techn. Verfahren durch Fernsteuerungseinrichtungen **2** ⟨Raumfahrt⟩ Erkundung von Planeten od. Sternen aus großer Entfernung **3** Fernerkundung aus der Luft, Erkundung mit dem Flugzeug [<engl. *remote* »weit entfernt« + *sensing* »das Fühlen«]

Re|mou|la|de ⟨[rəmu-] f.; -, -n; Kochk.⟩ pikante, dicke Soße aus Öl, Ei u. Gewürzen [<frz. *rémoulade* »Remoulade, Remouladensoße«]

REM-Pha|se ⟨f.; -, -n⟩ Traumphase des Schlafs, die durch schnelle Augenbewegungen u. eine auffallend starke Aktivität des Gehirns gekennzeichnet ist [Abk. für engl. *rapid eye movement* »schnelle Augenbewegung«]

Re|mu|ne|ra|ti|on ⟨f.; -, -en; veraltet; noch österr.⟩ Vergütung, Entschädigung [<lat. *remuneratio* »Erkenntlichkeit, Belohnung«; zu *remunerari* »belohnen«]

Ren[1] ⟨[reːn] n.; -s, -s od. -e; Zool.⟩ im Norden lebende Art der Hirsche, von denen beide Geschlechter ein Geweih tragen, Rentier: Rangifer tarandus [<norweg., dän., schwed. *ren* <germ. *hraina-* <idg. *kroino*; zur Wurzel *ker-* »Horn«]

Ren[2] ⟨m.; -, Re|nes; Anat.⟩ Niere [lat.]

Re|nais|san|ce ⟨[rənɛsɑ̃ː(ə)] f.; -, -n [-sən]⟩ **1** Wiedererweckung der antiken Kultur seit dem 14. Jh. in Europa **2** Wiedererweckung einer untergegangenen Kultur; *karolingische ~* [frz., »Wiedergeburt«]

re|nal ⟨Adj.; Med.⟩ zu den Nieren gehörig [zu lat. *ren* »Niere«]

re|na|tu|rie|ren ⟨V.; Ökol.⟩ in einen naturnahen Zustand zurückführen; *Ackerland ~*

Re|na|tu|rie|rung ⟨f.; -, -en; Ökol.⟩ Wiederherstellung naturnaher Verhältnisse [<lat. *re...* »wieder« + *Natur*]

Ren|con|tre *auch:* **Ren|con|tre** ⟨[rãkɔ̃ːtrə] n.; -s, -s⟩ = Renkontre

Ren|dant ⟨m.; -en, -en⟩ Rechnungsführer, Kassenverwalter, Rentmeister [frz., »Rechnungsablegender«]

Ren|de|ment ⟨[rɑ̃dəmãː] n.; -s, -s⟩ Ausbeute, Ertrag (bes. von Fertigwaren aus einem Rohstoff) [frz., »Ertrag, Nutzen«]

Ren|dez|vous ⟨[rãdevuː] n.; - [-vuːs], - [-vuːs]⟩ **1** Verabredung, Treffen, Stelldichein; *ein ~ haben; sich mit jmdm. ein ~ geben* 2 durch Änderung der Umlaufbahnen erreichte Begegnung bemannter od. unbemannter Satelliten oder Weltraumstationen [<frz. *rendezvous* »Verabredung, Stelldichein«]

Ren|dez|vous|ma|nö|ver ⟨[rāndevṳ:-] n.; -s, -⟩ Kurskorrektur von Satelliten, die zum Erreichen eines Rendezvous (2) notwendig sind

Ren|di|te ⟨f.; -, -n; Wirtsch.⟩ 1 Gewinn in der Zeiteinheit im Verhältnis zum eingesetzten Kapital 2 Ertrag im Verhältnis zum Kurs (eines Wertpapiers) [<ital. *rendita* »Einkünfte, Gewinn«]

Ren|di|ten|haus ⟨n.; -es, -häu|ser; schweiz.⟩ Mietshaus

Re|ne|gat ⟨m.; -en, -en⟩ Abtrünniger eines Glaubens od. einer polit. Überzeugung [<*Re...* + lat. *negare* »verneinen, verleugnen«]

Re|ne|ga|ti|on ⟨f.; -, -en⟩ das Abweisen der bisherigen Überzeugung, Glaubensabfall

Re|ne|klo|de auch: **Re|ne|klo|de** ⟨f.; -, -n; Bot.⟩ feste, grüne Pflaume; oV Reineclaude, ⟨österr.⟩ Ringlotte [<frz. *reineclaude* = *Reine Claude* »Königin Claudia (Gemahlin Franz' I. von Frankreich)«]

Re|nette ⟨f.; -, -n; Bot.⟩ fester, haltbarer grüner Apfel; oV Reinette [<frz. *reinette, rainette* »Laubfrosch« (wegen der gefleckten Schale)]

Ren|for|cé ⟨[rāforse:] m. od. n.; -s, -s; Textilw.⟩ feiner, gebleichter Baumwollstoff für Wäsche u. Hemden in Leinwandbindung; Sy Madapolam [frz., »verstärkt«]

re|ni|tent ⟨Adj.⟩ widerspenstig, widersetzlich [<frz. *rénitent* »dem Druck widerstehend« <lat. *renitens* »sich entgegenstemmend«, Part. Präs. zu *reniti* »sich entgegenstemmen«]

Re|ni|tenz ⟨f.; -; unz.⟩ Widerspenstigkeit, Widersetzlichkeit [<frz. *rénitence* »Widerstand gegen Druck, Widersetzlichkeit«]

Ren|kon|tre auch: **Ren|kont|re** ⟨[rākṏ:trǝ] n.; -s, -s⟩ oV Rencontre 1 Zusammenstoß, feindl. Begegnung 2 sich daraus entwickelnder Kampf [<frz. *rencontre* »Begegnung, Zusammenstoß«]

Re|no|gra|fie ⟨f.; -, -n; Med.⟩ = Renographie

Re|no|gra|phie ⟨f.; -, -n; Med.⟩ Röntgendarstellung der Nieren; oV Renografie [<*Ren*² + *...graphie*]

Re|nom|mee ⟨n.; -s, -s⟩ Ruf, Leumund, Ansehen, Prestige [frz., »(guter) Ruf, Leumund, Ansehen«]

re|nom|mie|ren ⟨V.⟩ angeben, aufschneiden, prahlen [<frz. *renommer* »wieder ernennen, loben, rühmen«]

re|nom|miert ⟨Adj.⟩ angesehen, anerkannt, gelobt, berühmt

Re|non|ce ⟨[rōṉ:sǝ] f.; -, -n; Kart.⟩ 1 Fehlfarbe, Spielkarte, die nicht Trumpf ist 2 Spielkarte, die einem Spieler fehlt [frz.; zu *renoncer* »verzichten«]

Re|no|va|ti|on ⟨[-va-] f.; -, -en⟩ Erneuerung, Renovierung [<lat. *renovatio* »Erneuerung«; zu *renovare* »erneuern«]

re|no|vie|ren ⟨[-vi:-] V.⟩ neu herrichten, instand setzen, erneuern; *Gebäude ~* [<lat. *renovare* »erneuern«; zu *novus* »neu«]

Re|no|vie|rung ⟨[-vi:-] f.; -, -en⟩ Instandsetzung, Erneuerung (von Wohnungen, Häusern)

ren|ta|bel ⟨Adj.⟩ 1 so geartet, dass es sich rentiert 2 einträglich, Gewinn bringend, vorteilhaft; *rentable Geschäfte* [<frz. *rentable*; zu *rente* → *Rente*]

Ren|ta|bi|li|tät ⟨f.; -; unz.⟩ rentable Beschaffenheit, Einträglichkeit, Verzinsung

Ren|te ⟨f.; -, -n⟩ regelmäßiges Einkommen aus Versicherung od. Vermögen; *Alters~; Invaliden~* [<mhd. *rente* <afrz. *rente* »Einkommen, Ertrag, Gewinn«]

Ren|tier¹ ⟨n.; -(e)s, -e; Zool.⟩ = Ren¹

Ren|tier² ⟨[-tje:] m.; -s, -s⟩ Rentenempfänger, Renteninhaber [frz.]

ren|tie|ren ⟨V.⟩ *sich ~* 1 Gewinn bringen, Ertrag abwerfen; *diese Ausgabe, das Geschäft rentiert sich nicht* 2 ⟨fig.⟩ sich lohnen; *das rentiert sich nicht* ist zwecklos, sinnlos [→ *Rente*]

Re|nu|me|ra|ti|on ⟨f.; -, -en⟩ Rückzahlung [<lat. *renumerare*; → *renumerieren*]

re|nu|me|rie|ren ⟨V.⟩ zurückzahlen [<lat. *renumerare* »wieder auszahlen«; zu *numerus* »Zahl«]

Re|nun|ti|a|ti|on ⟨f.; -, -en⟩ = Renunziation

Re|nun|zi|a|ti|on ⟨f.; -, -en⟩ Verzicht, Abdankung; oV Renuntiation; *~ eines Monarchen* [<lat. *renuntiatio* »Verkündigung, Aufkündigung«; zu *renuntiare* »verkündigen, aufkündigen«]

re|nun|zie|ren ⟨V.⟩ verzichten [<lat. *renuntiare* »verkündigen, aufkündigen«; zu *nuntius* »Bote«]

Ren|vers ⟨[rāvɛ:r] n.; -; unz.; Reitsport⟩ Seitengang der Dressur, bei dem die Vorhand des Pferdes in das Bahninnere zeigt u. das Pferd dahin tritt, wohin es gestellt ist; Ggs Travers [frz.; zu *renverser* »umkehren«]

Re|ok|ku|pa|ti|on ⟨f.; -, -en; Mil.⟩ erneute Okkupation, Wiederbesetzung; *~ eines Landes od. Landesteiles durch Truppen*

re|ok|ku|pie|ren ⟨V.; Mil.⟩ erneut okkupieren, wieder besetzen

Re|or|ga|ni|sa|ti|on ⟨f.; -, -en⟩ Neuordnung, Umgestaltung

Re|or|ga|ni|sa|tor ⟨m.; -s, -to|ren⟩ jmd., der etwas reorganisiert

re|or|ga|ni|sie|ren ⟨V.⟩ neuordnen, umgestalten

rep bis zum 31.12.1985 verwendete Maßeinheit für eine absorbierte radioaktive Strahlung von 93 erg/g; →a. rem [engl.; verkürzt <*r*oentgen *e*quivalent *p*hysical]

rep. ⟨Abk. für⟩ repetatur, es werde wiederholt (Hinweis auf ärztl. Rezepten, dass die Verordnung wiederholt angefertigt werden darf); Ggs ne rep.

re|pa|ra|bel ⟨Adj.⟩ ersetzbar, wiederherstellbar, so geartet, dass es wiedergutzumachen, zu reparieren ist; Ggs irreparabel; *reparable Schäden* [<lat. *reparabilis* »ersetzbar«; zu *reparare* »wiederherstellen, ersetzen«]

Re|pa|ra|teur ⟨[-tø:r] m.; -s, -e⟩ jmd., der Reparaturen ausführt [<frz. réparateur]

Re|pa|ra|ti|on ⟨f.; -, -en⟩ dem Besiegten auferlegte Geld-, Sachod. Arbeitsleistungen als Wiedergutmachung von Kriegsschäden [<lat. *reparatio* »Wiederherstellung«; zu *reparare* »wiederherstellen«]

Re|pa|ra|tur ⟨f.; -, -en⟩ Instandsetzung, Wiederherstellung, Ausbesserung [→ *reparieren*]

re|pa|rie|ren ⟨V.⟩ eine Reparatur ausführen an, instand setzen, wiederherstellen, ausbessern [<lat. *reparare* »wiederherstellen«; zu *parare* »bereiten«]

re|par|tie|ren ⟨V.⟩ *Kosten* ~ berechnen u. auf die Beteiligten umlegen [<frz. *répartir* »aufteilen, verteilen«]

Re|par|ti|ti|on ⟨f.; -, -en⟩ das Repartieren [<frz. *répartition* »Aufteilung, Verteilung«]

re|pas|sie|ren ⟨V.⟩ 1 *Rechnungen* ~ nochmals prüfen, wieder durchsehen 2 *eine Behandlung* ~ wiederholen 3 *Laufmaschen* ~ aufnehmen [<frz. *repasser* »wieder (vorbei)kommen, -gehen, nochmals nachsehen, überarbeiten«]

re|pa|tri|ie|ren auch: **re|pat|ri|ie|ren** ⟨V.⟩ 1 in den Heimatstaat zurückführen, dort aufnehmen 2 die frühere Staatsangehörigkeit wiedergeben [<frz. *rapatrier, rapatrier* »in das Heimatland zurückführen«]

Re|peat ⟨[rɪpi:t] n.; -s, -s; Musik⟩ Register an elektron. Orgeln zur raschen Wiederholung des angeschlagenen Tones od. Akkordes [engl., »Wiederholung«]

Re|peat|per|kus|si|on ⟨[rɪpi:t-] f.; -, -en; Musik⟩ rasche Wiederholung des angeschlagenen Tones od. Akkordes bei einer elektronischen Orgel

Re|pel|lents ⟨[ri-] Pl.⟩ chemische Mittel, die der Abschreckung u. dem Fernhalten von Schädlingen dienen, ohne sie zu töten [engl.; zu *repel* »abschrecken«]

Re|per|kus|si|on ⟨f.; -, -en⟩ 1 Rückprall 2 ⟨Musik⟩ Durchführung des Themas durch alle Stimmen der Fugen Tonwiederholung mit jeweils neuem Stimmansatz beim Vortrag bestimmter Neumen [<lat. *repercussio* »das Zurückschlagen«; zu *repercutere* »zurückschlagen«]

Re|per|kus|si|ons|ton ⟨m.; -(e)s, -töne; Musik⟩ durchlaufend wiederholter Ton des Mittelteils der Sprech- od. Gesangsmelodie beim Vortrag von Psalmen

Re|per|toire ⟨[-toa:r] n.; -s, -s; Theat.⟩ 1 Gesamtheit der Bühnenstücke in den Spielplan (eines Theaters) 2 Gesamtheit der einstudierten Rollen, Lieder (eines Künstlers) [<frz. *répertoire* »Verzeichnis, Textsammlung«]

Re|per|to|ri|um ⟨n.; -s, -rilen⟩ Verzeichnis, Register, Nachschlagewerk [lat., »Verzeichnis«; zu *reperire* »wiederfinden, auffinden«]

Re|pe|tent ⟨m.; -en, -en⟩ 1 ⟨veraltet⟩ = Repetitor 2 ⟨bes. Ch.⟩ sitzen gebliebener Schüler, der die Klasse wiederholt [<lat. *repetens,* Part. Präs. zu *repetere* »wiederholen«]

re|pe|tie|ren ⟨V.⟩ wiederholen, durch Wiederholen einüben [<lat. *repetere* »wiederholen«; zu *petere* »anstreben, zu erreichen suchen«]

Re|pe|tier|ge|wehr ⟨n.; -s, -e⟩ Mehrlader

Re|pe|tier|uhr ⟨f.; -, -en⟩ Taschenuhr mit Schlagwerk, das bei Druck auf einen Knopf die letzte volle Stunde u. die seitdem abgelaufenen Viertelstunden anzeigt

Re|pe|ti|ti|on ⟨f.; -, -en⟩ Wiederholung [<lat. *repetitio* »Wiederholung«; zu *repetere* »wiederholen«]

Re|pe|ti|ti|ons|me|cha|nik ⟨f.; -, -en; Musik⟩ die schnelle Wiederholung eines Tones ermöglichende Mechanik eines Klaviers, wobei der Hammer nach einem Tonanschlag abgefangen wird u. sofort wieder anschlagbereit ist

re|pe|ti|tiv ⟨Adj.⟩ sich wiederholend, einübend

Re|pe|ti|tor ⟨m.; -s, -to|ren⟩ jmd., der mit Schülern od. Studenten vor der Prüfung den Lehrstoff wiederholt u. einübt [lat., »Wiederholer«; zu *repetere* »wiederholen«]

Re|pe|ti|to|ri|um ⟨n.; -s, -rilen⟩ Unterricht od. Lehrbuch zur Wiederholung u. Festigung eines bereits erarbeiteten Stoffes [→ *Repetitor, Repetition*]

Re|place|ment ⟨[rɪpleɪsmənt] n.; -s, -s⟩ Ersatz, Vertretung, vor allem das Ersetzen von Arbeitskräften durch Maschinen [engl.]

Re|plan|ta|ti|on ⟨f.; -, -en; Med.⟩ Wiedereinpflanzung (eines vorher zur Behandlung entfernten Körperteils in den Organismus); *Sy* Reimplantation [<*Re...* + *plantare* »pflanzen«]

re|plan|tie|ren ⟨V.; Med.⟩ wieder einpflanzen; *Sy* reimplantieren

Re|plik ⟨f.; -, -en⟩ 1 Entgegnung, Erwiderung 2 ⟨Rechtsw.⟩ Gegenrede (bes. des Klägers auf die Verteidigung des Beklagten) 3 ⟨Kunst⟩ genaue Wiederholung eines Kunstwerks durch den Künstler selbst, im Unterschied zur Kopie [<frz. *réplique* »Antwort, Gegenrede«]

Re|pli|kat ⟨n.; -(e)s, -e; Kunst⟩ genaue Nachbildung einer Skulptur [→ *Replikation*]

Re|pli|ka|ti|on ⟨f.; -, -en; Genetik⟩ Kopieren der in der DNS gespeicherten genetischen Information als Voraussetzung für die Eiweiß-Biosynthese [<lat. *replicatio* »das Wiederaufrollen«; zu *replicare* »wieder aufrollen, entfalten«]

re|pli|zie|ren ⟨V.⟩ 1 antworten, entgegnen, erwidern 2 eine Replik herstellen [<lat. *replicare* »eine Replik machen«, eigtl. »wieder auseinanderfalten«; zu *plica* »Falte«]

re|po|nie|ren ⟨V.⟩ *ein gebrochenes od. verrenktes Glied* ~ ⟨Med.⟩ wiedereinrichten [<lat. *reponere* »zurücksetzen, -stellen, -legen«; zu *ponere* »setzen, stellen, legen«]

Re|port[1] ⟨m.; -(e)s, -e od. -s⟩ Bericht, Mitteilung, ausführliche, oft wissenschaftliche Darstellung od. Studie zu einem aktuellen od. gesellschaftlichen Thema [<engl. *report* »Bericht, Studie«]

Re|port[2] ⟨m.; -(e)s, -e; Börse⟩ Kurszulage bei Prolongations-

837

Reportage

geschäften [<frz. *report* »Kurszuschlag, Prolongation«]

Re|por|ta|ge ⟨[-ʒə] f.; -, -n⟩ Tatsachenbericht, anschauliche Schilderung eines Geschehens in Presse, Film, Funk [frz., »Berichterstattung« <engl. *reporter*; → *Reporter*]

Re|por|ter ⟨m.; -s, -⟩ Berichterstatter bei Presse, Film, Funk [engl., »Berichterstatter (einer Zeitung)« <lat. *reportare* »zurücktragen, überbringen«]

Re|por|te|rin ⟨f.; -, -rin|nen⟩ Berichterstatterin bei Presse, Film, Funk

re|por|tie|ren ⟨V.⟩ eine Reportage schreiben, Bericht erstatten; *von der Weltmeisterschaft ~ u. kommentieren die Sportredakteure live*

Re|pos ⟨[riː-] Pl.; Wirtsch.⟩ Rückkaufgeschäfte, Wertpapierpensionsgeschäfte [verkürzt <engl. *repurchase agreements* »Rückkaufvereinbarungen«]

Re|po|si|ti|on ⟨f.; -, -en; Med.⟩ Wiedereinrichtung (eines verrenkten od. gebrochenen Gliedes) [<lat. *reponere* »zurücksetzen, -stellen«]

re|prä|sen|ta|bel ⟨Adj.⟩ würdig, stattlich, wirkungsvoll; *ein repräsentable Opernaufführung* [<frz. *représentable* »darstellbar« <lat. *representare*; → *repräsentieren*]

Re|prä|sen|tant ⟨m.; -en, -en⟩ 1 jmd., der etwas repräsentiert, Vertreter 2 Volksvertreter, Abgeordneter [<lat. *repraesentans*, Part. Präs. zu *repraesentare*; → *repräsentieren*]

Re|prä|sen|tan|ten|haus ⟨n.; -(e)s; unz.; USA⟩ eine der zwei Kammern des Kongresses

Re|prä|sen|tan|tin ⟨f.; -, -tin|nen⟩ 1 weibl. Person, die etwas repräsentiert, Vertreterin 2 Volksvertreterin, Abgeordnete

Re|prä|sen|tanz ⟨f.; -, -en⟩ geschäftl. Vertretung das Repräsentativsein [→ *Repräsentant*]

Re|prä|sen|ta|ti|on ⟨f.; -, -en⟩ 1 Vertretung, Stellvertretung 2 würdiges Auftreten 3 (gesellschaftlicher) Aufwand [<lat. *repraesentatio* »Vergegenwärtigung«; → *repräsentieren*]

re|prä|sen|ta|tiv ⟨Adj.⟩ 1 würdig vertretend, wirkungsvoll 2 ⟨Statistik⟩ eine Auswahl aus einer Population betreffend, die so getroffen wurde, dass das Ergebnis der Teiluntersuchung auf die übergeordnete Gesamtheit übertragen werden kann [<frz. *représentatif* »vor-, darstellen«; → *repräsentieren*]

re|prä|sen|tie|ren ⟨V.⟩ 1 vertreten 2 darstellen; *das Grundstück repräsentiert einen Wert von 300 000 Euro* 3 würdig auftreten, bes. gesellschaftlich, etwas darstellen [<lat. *representare* »vergegenwärtigen, vorstellen, darstellen«; zu *praesens* »gegenwärtig«]

Re|pres|sa|lie ⟨[-ljə] f.; -, -n; meist Pl.⟩ 1 Vergeltung, Gegenmaßnahme 2 Druckmittel [<mlat. *repre(n)salia* »gewaltsame Zurücknahme dessen, was einem widerrechtlich genommen wurde« <lat. *reprehendere* »zurücknehmen«]

Re|pres|si|on ⟨f.; -, -en⟩ 1 Abwehr, Hemmung 2 Unterdrückung [<lat. *repressio* »das Zurückdrängen«; zu *reprimere* »zurückdrängen«]

re|pres|siv ⟨Adj.⟩ 1 hemmend, unterdrückend; *~e Maßnahmen ergreifen* 2 entgegenwirkend [→ *Repression*]

re|pri|mie|ren ⟨V.⟩ genetische Informationen hemmen, blockieren [zu lat. *reprimere* »zurückdrängen«]

Re|print ⟨[riː-] m.; -s, -s⟩ fotomechan. Nach-, Neudruck [engl., »Neudruck« <*re...* »wieder« + *print* »Druck«]

Re|pri|se ⟨f.; -, -n⟩ 1 ⟨Musik⟩ Wiederholung eines bes. bezeichneten Teils eines Musikstückes 2 ⟨Theat.⟩ Wiederaufnahme eines älteren (evtl. überarbeiteten) Bühnenstücks in den Spielplan 3 Wiederaufführung eines Films 4 ⟨Mil.⟩ Zurückeroberung einer Prise [frz., »Wiedereinnahme, -aufnahme«]

re|pri|va|ti|sie|ren ⟨[-va-] V.⟩ *verstaatlichte Unternehmen ~* in Privatbesitz zurückführen; Sy entnationalisieren

Re|pri|va|ti|sie|rung ⟨[-va-] f.; -, -en⟩ das Reprivatisieren; Sy Entnationalisierung

Re|pro ⟨n.; -s, -s⟩ 1 ⟨kurz für⟩ Reproduktion (1) 2 ⟨in Zus.⟩ eine drucktechn. Reproduktion betreffend [verkürzt <*Reproduktion*]

Re|pro|ba|ti|on ⟨f.; -, -en; veraltet⟩ 1 Zurückweisung 2 Gegenbeweis [<lat. *reprobatio* »Verwerfung«; zu *reprobare* »für untüchtig erkennen, verwerfen«]

Re|pro|duk|ti|on ⟨f.; -, -en⟩ 1 Wiedergabe, Nachbildung durch Fotografie od. Druck 2 ⟨Kunst⟩ Vervielfältigung 3 ⟨Biol.⟩ Fortpflanzung 4 ⟨Politik⟩ ständige Wiederholung u. Erneuerung des gesellschaftl. Produktionsprozesses 5 ⟨Päd.⟩ Wiedergabe von gelerntem Wissen als Gedächtnisleistung 6 ⟨Psych.⟩ das Sicherinnern [<*Re...* + *Produktion*]

Re|pro|duk|ti|ons|ka|me|ra ⟨f.; -, -s⟩ Kamera zur Vorbereitung von Druckvorlagen mittels Fotografie

Re|pro|duk|ti|ons|me|di|zin ⟨f.; -, unz.; Med.⟩ Forschungsgebiet, das die medizinischen Grundlagen der menschlichen Fortpflanzung untersucht

re|pro|duk|tiv ⟨Adj.⟩ mittels Reproduktion, auf ihr beruhend [<*re...* + *produktiv*]

re|pro|du|zier|bar ⟨Adj.⟩ so beschaffen, dass man es reproduzieren kann

re|pro|du|zie|ren ⟨V.⟩ eine Reproduktion herstellen von, (durch Fotografie od. Druck) wiedergeben, vervielfältigen [<*re...* + *produzieren*]

Re|pro|gra|fie ⟨f.; -, -n⟩ = Reprographie

re|pro|gra|fie|ren ⟨V.⟩ = reprographieren

re|pro|gra|fisch ⟨Adj.⟩ = reprographisch

Re|pro|gra|phie ⟨f.; -, -n⟩ alle Verfahren der originalgetreuen Wiedergabe von Dokumenten aller Art (Fotokopie, Mikroskopie, Lichtpause u. Ä.); *oV* Reprografie

re|pro|gra|phie|ren ⟨V.⟩ eine Reprographie erstellen; *oV* reprografieren

re|pro|gra|phisch ⟨Adj.⟩ die Reprographie betreffend, auf ihr beruhend, aus ihr hervorgegangen; *oV* reprografisch

Rep|til ⟨n.; -s, -li|en od. (selten) -e; Zool.⟩ Kriechtier, eine Klasse durch Lungen atmender, wechselwarmer Wirbeltiere mit Schuppen od. Schilden u. meist vier Gliedmaßen, die den Körper bei der schlängelnd-kriechenden Bewegung nur unvollkommen vom Boden abheben: Reptilia [<lat. *reptilis* »kriechend«; zu *repere* »kriechen«]

Re|pu|blik auch: **Re|pub|lik** ⟨f.; -, -en⟩ Staatsform, bei der die Regierung auf bestimmte Zeit gewählt wird [<frz. *république* <lat. *res publica* »Gemeinwesen, Staat«, eigtl. »öffentliche Angelegenheit«]

Re|pu|bli|ka|ner auch: **Re|pub|li|ka|ner** ⟨m.; -s, -⟩ Anhänger der republikan. Staatsform od. einer republikan. Partei

Re|pu|bli|ka|ne|rin auch: **Re|pub|li|ka|ne|rin** ⟨f.; -, -rin|nen⟩ Anhängerin der republikan. Staatsform od. einer republikan. Partei

re|pu|bli|ka|nisch auch: **re|pub|li|ka|nisch** ⟨Adj.⟩ zur Republik gehörig, auf ihr beruhend, für sie eintretend

Re|pug|nanz auch: **Re|pug|nanz** ⟨f.; -, -en; Philos.⟩ Gegensatz, Widerstreit [<lat. *repugnantia* »Widerstand«; zu *repugnare* »dagegen kämpfen, widerstreben, Widerstand leisten«]

Re|puls ⟨m.; -es, -e; veraltet⟩ Zurückweisung (eines Gesuches), abschlägige Antwort [<lat. *repulsus* »das Zurückstoßen«; zu *repellere* »zurücktreiben, zurückstoßen«]

Re|pul|si|on ⟨f.; -, -en⟩ **1** ⟨Technik⟩ das Zurückstoßen, Abstoßen **2** ⟨veraltet⟩ Abweisung [<lat. *repulsio* »Zurücktreibung«; zu *repellere* »zurücktreiben, zurückstoßen«]

Re|pul|si|ons|mo|tor ⟨m.; -s, -en; Technik⟩ einfacher Elektromotor für geringe Leistungen

re|pul|siv ⟨Adj.⟩ zurückstoßend, abstoßend [→ *Repulsion* (nach frz. *répulsif* »zurückstoßend«)]

Re|pun|ze ⟨f.; -, -n⟩ Stempel, bes. zur Angabe des Feingehalts an Edelmetall [<*Re...* + *Punze*]

re|pun|zie|ren ⟨V.⟩ mit einer Repunze versehen

Re|pu|ta|ti|on ⟨f.; -; unz.⟩ Ruf, Ansehen [<lat. *reputatio* »Berechnung, Erwägung, Betrachtung«; zu *reputare* »rechnen, erwägen«]

re|pu|tier|lich ⟨Adj.⟩ achtbar, ehrbar, ansehnlich [<frz. *réputé* »geschätzt, angesehen« mit deutscher Endung]

Re|qui|em ⟨n.; -s, -s od. -qui|en⟩ Totenmesse [nach den Anfangsworten des Introitus, lat. *requiem aeternam dona eis, Domine* »gib ihnen die ewige Ruhe, o Herr«]

re|qui|es|cat in pa|ce! ⟨[-kat -tse] Abk.: R. I. P.⟩ er (sie, es) ruhe in Frieden! (Grabaufschrift) [lat.]

re|qui|rie|ren ⟨V.⟩ **1** beschlagnahmen, herbeischaffen, besorgen (für Truppen) **2** untersuchen, (um Rechtshilfe) ersuchen **3** anfordern [<lat. *requirere* »aufsuchen, nach etwas fragen, erstreben, verlangen«; zu *quaerere* »suchen, erstreben«]

Re|qui|sit ⟨n.; -(e)s, -en; meist Pl.⟩ **1** Rüstzeug, Zubehör **2** ⟨Theat.⟩ bei einer Aufführung im Theater od. bei einer Filmaufnahme benötigter Gegenstand [<lat. *requisitus*, Part. Perf. zu *requirere*; → *requirieren*]

Re|qui|si|te ⟨f.; -, -en; Theat.; umg.⟩ **1** Requisitenkammer **2** für Requisiten zuständige Stelle

Re|qui|si|teur ⟨[-tø:r] m.; -s, -e⟩ Verwalter der Requisiten

Re|qui|si|ti|on ⟨f.; -, -en⟩ **1** Beschlagnahme (für Truppen), Herbeischaffung **2** Ersuchen um Rechtshilfe **3** Anforderung [<lat. *requisitio* »Nachfrage, das Ansuchen«; → *requirieren*]

RES ⟨Abk. für⟩ retikuloendotheliales System

Res ⟨f.; -, -; Philos.⟩ Ding, Sache; ~ *cogitans* ⟨nach Descartes⟩ das denkende Ding; ~ *extensa* ⟨nach Descartes⟩ das ausgedehnte Ding [lat.]

Re|search ⟨[rɪzœ:tʃ] n.; - od. -s, -s⟩ **1** Meinungsforschung **2** Erforschung des Verhaltens von Verbrauchern, Marktforschung [engl., »Forschung, Untersuchung«]

Re|sear|cher ⟨[rɪzœ:tʃə(r)] m.; -s, -; Soziol.⟩ Meinungsforscher, Marktforscher [<engl. *research* »Forschung, Untersuchung«]

Re|se|da ⟨f.; -, -s; Bot.⟩ *oV* Resede **1** ⟨i. w. S.⟩ Gattung der Resedagewächse mit gelblichen od. weißlichen Ähren als Blütenstand **2** ⟨i. e. S.⟩ angenehm duftende Zierpflanze: Reseda odorata [verkürzt <der lat. Formel *reseda, morbos reseda* »heile, heile die Krankheiten wieder« (Formel, mit der die Pflanze zum Heilen von Entzündungen benutzt wurde)]

Re|se|de ⟨f.; -, -n; Bot.⟩ = Reseda

Re|sek|ti|on ⟨f.; -, -en; Med.⟩ chirurg. Entfernung (eines Organs od. eines Teiles davon) [<lat. *resectio* »das Abschneiden«; zu *resecare*; → *resezieren*]

re|ser|vat ⟨[-va:t] Adj.; österr.⟩ unter das Amtsgeheimnis fallend [<lat. *reservatus*, Part. Perf. zu *reservare* »aufsparen, aufbewahren, behalten, vorbehalten«]

Re|ser|vat ⟨[-va:t] n.; -(e)s, -e⟩ **1** Schutzbezirk als Lebensraum für Ureinwohner; *Indianer*~ **2** ⟨Ökol.⟩ ausgewiesenes Schutzgebiet für Tiere u. Pflanzen **3** Vorrecht, Sonderrecht [<lat. *reservatus*, Part. Perf. zu *reservare* »aufsparen, aufbewahren, (vor)behalten«]

Re|ser|va|tio men|ta|lis ⟨[-va:-] f.; - -, -ti|o|nes -ta|les; geh.⟩ nur in Gedanken gemachter Vorbehalt [lat.]

Re|ser|va|ti|on ⟨[-va-] f.; -, -en⟩ **1** = Reservat **2** ⟨geh.⟩ Reservierung [<lat. *reservatio* »Vorbehalt«; zu *reservare* »aufsparen, aufbewahren, behalten«]

Re|ser|ve ⟨[-və] f.; -, -n⟩ **1** für den Notfall bestimmte Rücklage, Vorrat (Lebens-, Geldmittel); *Wasser*~; *Getreide*~ **2** ⟨Mil.⟩ Gesamtheit der Reservisten; *Leutnant der* ~ ⟨Abk.: d. R.⟩ **3** ⟨unz.; fig.⟩ Zurückhaltung, kühles Wesen; *ich versuchte vergebens, ihn aus der* ~ *herauszulocken* [<frz. *réserve* »Vorrat, Vorbehalt, Einschränkung«]

Re|ser|ve|fonds ⟨[-vəfõ:] m.; - [-fõ:s], - [-fõ:s]; Wirtsch.; veraltet⟩ Rücklagenkonto; → *a.* Fonds

re|ser|vie|ren ⟨[-vi:-] V.⟩ **1** vormerken, freihalten; *einen Platz*

reserviert

~ *lassen; für jmdn. einen Platz ~; dieser Tisch ist reserviert* **2** aufbewahren

re|ser|viert ⟨[-vi:rt] Adj.⟩ zurückhaltend, kühl, unnahbar; *er ist sehr ~; sich ~ verhalten* [< lat. *reservare* »aufsparen, aufbewahren, behalten«; zu *servare* »erhalten, bewahren«]

Re|ser|vie|rung ⟨[-vi:-] f.; -, -en⟩ das Reservieren, das Reserviertwerden

Re|ser|vist ⟨[-vɪst] m.; -en, -en⟩ ausgebildeter u. entlassener Wehrpflichtiger, der außer zu Wehrübungen erst im Notfall zur Verstärkung der Streitkräfte herangezogen wird [< frz. *réserviste* »Reservist«]

Re|ser|voir ⟨[-voa:r] n.; -s, -e⟩ **1** Sammelbecken (bes. für Wasser), Speicher **2** Vorrat [< frz. *réservoir*]

Re|set ⟨[rɪsɛt] m. od. n.; -s, -s; EDV⟩ Neustart eines Computers nach vorheriger Beendigung einer Arbeitssitzung [engl.]

re|se|zie|ren ⟨V.⟩ *ein krankes Organ od. einen Teil davon ~* ⟨Med.⟩ chirurgisch entfernen [< lat. *resecare* »abschneiden«; zu *secare* »schneiden«; → *sezieren*]

Re|si|dent ⟨m.; -en, -en⟩ **1** Gesandter auf der dritten Rangstufe **2** Vertreter einer Kolonialmacht bei einem eingeborenen Fürsten [< lat. *residens*, Part. Präs. zu *residere*; → *residieren*]

Re|si|denz ⟨f.; -, -en⟩ **1** Sitz eines weltl. od. kirchl. Oberhauptes **2** Hauptstadt [< mlat. *residentia* »Wohnsitz«; → *residieren*]

re|si|die|ren ⟨V.⟩ seinen Wohn-, Regierungssitz haben (von regierenden od. anderen hoch gestellten Personen) [< lat. *residere* »sitzend zurückbleiben; sitzen«; zu *sedere* »sitzen«]

re|si|du|al ⟨Adj.; Med.⟩ zurückbleibend, restlich [→ *Residuum*]

Re|si|du|al|ge|biet ⟨n.; -(e)s, -e⟩ = Refugialgebiet

Re|si|du|at ⟨n.; -(e)s, -e; Geol.⟩ nach Auswaschung od. Zersetzung der Begleitmineralien verbleibende Rückstandsmineralien

Re|si|du|um ⟨n.; -s, -du|en⟩ Rest, Rückstand [lat. zu *residere* »sitzen«]

Re|si|g|na|ti|on *auch:* **Re|sig|na|ti|on** ⟨f.; -, -en⟩ Verzicht, Entsagung, Ergebung (in das Schicksal) [< lat. *resignatio* »Entsagung, Verzicht«; → *resignieren*]

re|si|g|na|tiv *auch:* **re|sig|na|tiv** ⟨Adj.; geh.⟩ auf Resignation beruhend; *eine ~e Haltung*

re|si|g|nie|ren *auch:* **re|sig|nie|ren** ⟨V.⟩ verzichten, entsagen, sich in sein Schicksal ergeben, sich abfinden [< lat. *resignare* »entsiegeln, eröffnen, entsagen«; zu *signare* »besiegeln«]

re|si|g|niert *auch:* **re|sig|niert** ⟨Adj.⟩ niedergeschlagen, mutlos, sich fügend, kapitulierend, enttäuscht; *~ verließ er nach der Niederlage das Spielfeld*

Re|si|na ⟨f.; -, -nae [-nɛ:]; Biol.⟩ Ausscheidungsprodukt des pflanzl. Stoffwechsels, bes. der Nadelhölzer, mit charakteristischem Geruch, kompliziertes Gemisch von organischen Stoffen mit glasartig-amorphen od. festflüssigen Eigenschaften, Harz [lat.]

Re|si|nat ⟨n.; -(e)s, -e; Chemie⟩ Salz einer Harzsäure [< lat. *resina* »Harz«]

Re|si|pis|zenz ⟨f.; -, -en; Med.⟩ Wiedererwachen aus einer Ohnmacht [< lat. *resipiscens*, Part. Präs. zu *resipiscere* »wieder zu sich kommen, sich wieder erholen«]

Ré|sis|tance ⟨[rezistã:s(ə)] f.; -; unz.⟩ französ. Widerstandsbewegung im Zweiten Weltkrieg [frz., »Widerstand«]

re|sis|tent ⟨Adj.⟩ widerstandsfähig (bes. von Krankheitserregern) [< lat. *resistens*, Part. Präs. zu *resistere* »stehen bleiben, sich widersetzen«]

Re|sis|tenz ⟨f.; -, -en⟩ **1** Widerstand **2** ⟨Biol.; Med.⟩ Widerstandsfähigkeit, Zählebigkeit (bes. von Krankheitserregern) **3** Wirkwiderstand einer elektr. Schaltung [< lat. *resistentia* »Widerstand«; → *resistieren*]

re|sis|tie|ren ⟨V.⟩ **1** widerstehen **2** ausdauernd, zählebig sein [< lat. *resistere* »stehen bleiben, Widerstand leisten«; zu *sistere* »sich stellen«]

re|sis|tiv ⟨Adj.; Med.; Biol.⟩ resistierend, Widerstand leistend, zäh [→ *resistieren*]

Re|sis|ti|vi|tät ⟨[-vi-] f.; -; unz.; Med.; Biol.⟩ widerstandsfähige Beschaffenheit, Resistenz

re|skri|bie|ren *auch:* **res|kri|bie|ren, re|s|kri|bie|ren** ⟨V.⟩ schriftlich antworten [< lat. *rescribere* »wieder schreiben, zurückschreiben, eine rechtliche Antwort erteilen«; zu *scribere* »schreiben«]

Re|skript *auch:* **Res|kript, Re|s|kript** ⟨n.; -(e)s, -e⟩ schriftl. Bescheid, Verfügung [< lat. *rescriptum* »schriftl. Antwort des Landesherrn, Befehl, Erlass«; zu *rescribere*; → *reskribieren*]

re|so|lut ⟨Adj.⟩ beherzt, tatkräftig, entschlossen [< frz. *résolu* »entschlossen, beherzt«; in der Form beeinflusst von lat. *resolutus*, Part. Perf. zu *resolvere* »loslösen«]

Re|so|lu|ti|on ⟨f.; -, -en⟩ Entschließung, Beschluss [< frz. *résolution* »Beschluss, Entschließung«]

Re|sol|ven|te ⟨[-vɛn-] f.; -, -n; Math.⟩ Hilfsgleichung, die zur Ermittlung der Lösung einer anderen Gleichung aufgestellt wird [→ *resolvieren*]

re|sol|vie|ren ⟨[-vi:-] V.; veraltet⟩ **1** eine Resolution über etwas fassen, beschließen **2** eine Größe mit einer kleineren Maßeinheit darstellen, z. B. 1 kg durch 1000 g [< lat. *resolvere* »wieder auflösen, befreien«; zu *solvere* »lösen«]

Re|so|nanz ⟨f.; -, -en⟩ **1** ⟨Physik; Musik⟩ Erzeugung von Schwingungen in einem Körper, die mit einer seiner Resonanzschwingung entsprechenden Wellenlänge auf ihn einwirken, führt beim Auftreffen von Schallwellen zum Mittönen, kann beim ungebremsten Anwachsen zur Resonanzkatastrophe führen **2** ⟨fig.⟩ Widerhall, Anklang; *keine ~ finden (mit einem Bericht, Vorschlag usw.)* [< lat. *resonantia* »Widerhall«; zu *resonare* »einen Widerhall geben«]

Re|so|nanz|ab|sorp|ti|on ⟨f.; -, -en; Physik⟩ bes. starke Absorption einer Strahlung durch Atome od. Moleküle, wenn diese mit einer der Resonanzschwingung entsprechenden Wellenlänge auftreffen

Re|so|nanz|fre|quenz ⟨f.; -, -en; Physik⟩ Frequenz, bei der durch von außen einwirkende Schwingungen in einem Körper Resonanz auftritt

Re|so|nanz|ka|ta|stro|phe auch: **Re|so|nanz|ka|tas|tro|phe**, **Re|so|nanz|ka|tast|ro|phe** ⟨f.; -, -n⟩ Zerstörung eines Körpers durch immer stärker zunehmende, ungebremste Resonanzschwingungen

Re|so|nanz|kör|per ⟨m.; -s, -; bei Musikinstrumenten⟩ die Schwingungen verstärkender Körper

Re|so|nanz|schwin|gung ⟨f.; -, -en; Physik⟩ durch Schwingungen geeigneter Wellenlänge verursachtes Mitschwingen eines Körpers

Re|so|na|tor ⟨m.; -s, -to|ren⟩ Physik⟩ **1** Resonanz gebender, mitschwingender Körper **2** auf Resonanz beruhendes Gerät zur Untersuchung des Klanges

Re|so|pal® ⟨n.; -s; unz.⟩ aus Kunstharz u. Papier aufgebauter Schichtstoff, der im Inneren Phenolharz enthält, während die Oberfläche durch Melaminharz gebildet wird

Re|sor|bens ⟨n.; -, -ben|tia od. -ben|zi|en⟩ die Resorption anregendes Mittel [zu lat. resorbere »wieder einschlürfen«]

re|sor|bie|ren ⟨V.⟩ **1** ⟨Vet.⟩ eine Fehlgeburt haben, verwerfen **2** gelöste Stoffe ~ aufsaugen, aufnehmen [<lat. resorbere »wieder aufsaugen«]

Re|sor|cin ⟨n.; -s; unz.; Chemie⟩ zweiwertiges Phenol, zur Desinfektion u. zur Herstellung von Haarwasser u. Teerfarbstoffen [<lat. resina »Harz« + ital. oricella »Lackmusflechte«]

Re|sorp|ti|on ⟨f.; -, -en⟩ **1** ⟨Vet.⟩ das Resorbieren, Verwerfen **2** ⟨Chemie⟩ das Aufsaugen, Aufnahme (gelöster Stoffe) [<lat. resorbere; → resorbieren]

Re|sort ⟨[rizoːt] n.; -s, -s; geh.⟩ Urlaubsort, der den Bedürfnissen von Feriengästen entspricht; Wintersport~ [engl.]

re|so|zi|a|li|sie|ren ⟨V.; Soziol.⟩ wieder in die Gesellschaft eingliedern; Strafgefangene~

Re|so|zi|a|li|sie|rung ⟨f.; -, -en; Soziol.⟩ Wiedereingliederung (ehemaliger Strafgefangener) in die Gesellschaft

resp. ⟨Abk. für⟩ respektive

◆ Die Buchstabenfolge re|sp... kann auch res|p... getrennt werden.

◆ **Re|spekt** ⟨m.; -(e)s; unz.⟩ Achtung, Hochachtung, Ehrerbietung, Ehrfurcht, Scheu; (allen) ~! meine Anerkennung; sich ~ verschaffen [<frz. respect »Ehrfurcht, Hochachtung, Respekt« <lat. respectus »das Zurückblicken, Rücksicht«]

◆ **re|spek|ta|bel** ⟨Adj.⟩ so geartet, dass man es respektieren muss, Achtung einflößend; eine respektable Leistung [<frz. respectable »achtbar, ehrwürdig«]

◆ **Re|spek|ta|bi|li|tät** ⟨f.; -; unz.; geh.⟩ Achtbarkeit, Ansehen

◆ **Re|spekt|blatt** ⟨n.; -(e)s, -blätter⟩ leeres Blatt am Anfang eines Buches, nicht beschriebene Seite eines Briefbogens

◆ **re|spek|tie|ren** ⟨V.⟩ jmdn. od. etwas ~ vor jmdm. od. etwas Respekt haben, jmdn. od. etwas achten [<frz. respecter »achten« <lat. respectare »zurücksehen, sich umsehen«]

◆ **re|spek|ti|ve** ⟨[-və] Adv.; Abk.: resp.⟩ beziehungsweise

◆ **Re|spekts|per|son** ⟨f.; -, -en⟩ jmd., der Respekt genießt od. beanspruchen kann

◆ **Re|spi|ra|ti|on** ⟨f.; -; unz.; Med.⟩ Atmung [<lat. respiratio »das Atemholen«; zu respirare »Atem holen«]

◆ **Re|spi|ra|tor** ⟨m.; -s, -to|ren; Med.⟩ Gerät zum Beatmen

◆ **re|spi|ra|to|risch** ⟨Adj.; Med.⟩ auf Atmung bezüglich, zu ihr gehörend [→ Respiration]

◆ **re|spi|rie|ren** ⟨V.; Med.⟩ atmen [<lat. respirare »Atem holen«]

◆ **Re|spi|ro** ⟨m.; -s; unz.⟩ Zahlungsfrist, Nachfrist, Aufschub [ital., eigtl. »das Atemholen«]

◆ **re|spon|die|ren** ⟨V.⟩ **1** antworten **2** ⟨Musik⟩ (im Wechselgesang) den zweiten Part singen [lat. respondere »erwidern, entsprechen«; zu spondere »geloben«]

◆ **Re|spons** ⟨m.; -es, -e; geh.⟩ Reaktion auf eine Initiative, einen Vorschlag o. Ä. [<lat. responsio »Antwort, Entgegnung«]

◆ **re|spon|sa|bel** ⟨Adj.⟩ verantwortlich; Ggs irresponsabel [<frz. responsable]

◆ **Re|sponse** ⟨[rɪspɔns] f.; -, -s [-sɪz]; Psych.⟩ durch einen Reiz hervorgerufene Reaktion [engl., eigtl. »Antwort«]

◆ **Re|spon|si|on** ⟨f.; -, -en⟩ **1** ⟨Metrik⟩ Entsprechung zwischen einzelnen Teilen einer Dichtung in formaler (z. B. Versod. Strophenbau) od. motivischer Gestaltung **2** ⟨Rhet.⟩ antithetische Antwort, die ein Redner auf eine selbst gestellte Frage an einen Gegner selbst gibt [lat., »Antwort«]

◆ **Re|spon|so|ri|um** ⟨n.; -s, -ri|en; Musik⟩ Wechselgesang zwischen Geistlichen u. Chor bzw. Gemeinde [<lat. responsoria »Wiederholungen beim Gottesdienst«]

Res|sen|ti|ment ⟨[resɑ̃timɑ̃ː] n.; -s, -s⟩ **1** gefühlsmäßiges Vorurteil **2** ⟨Pl.⟩ ~s negative Gefühle, wie Abneigung, Groll, Hass, Rachegefühl [frz., »heimlicher Groll«]

Res|sort ⟨[rɛsoːr] n.; -s, -s⟩ **1** Geschäftsbereich einer Behörde, bes. eines Ministers **2** Aufgabenkreis [frz., »Zuständigkeit, Geschäftsbereich«]

res|sor|tie|ren ⟨V.⟩ ein Ressort haben, einem Ressort zugehören [<frz. ressortir »zur Zuständigkeit gehören, unterstehen«]

Res|source ⟨[rɛsursə] f.; -, -n; meist Pl.⟩ **1** Hilfs-, Geldmittel **2** Produktionsfaktor, Bestand an Bodenschätzen, Rohstoffen, Arbeitskraft [frz., »Hilfsquelle, Einnahmequelle«]

◆ Die Buchstabenfolge re|st... kann auch res|t... getrennt werden. Davon ausgenommen sind Zusammensetzungen, in denen die fremdsprachigen bzw. sprachhistorischen Bestandteile deutlich als solche erkennbar sind, z. B. -strukturieren, -strukturierung.

◆ **Re|stant** ⟨m.; -en, -en⟩ **1** rückständiger Schuldner **2** liegen

Restanz

gebliebene Ware, Restposten, Ladenhüter **3** ausgelostes od. gekündigtes, aber nicht abgehobenes Wertpapier **4** ⟨fig.⟩ Nachzügler [< ital. *restante* »rückständig; zurückstehend«]

◆**Re|stanz** ⟨f.; -, -en; schweiz.⟩ Restbetrag [→ *Restant*]

◆**Re|stau|rant** ⟨[rεstorā:] n.; -s, -s⟩ Gaststätte; *oV* ⟨österr.⟩ Restauration (3) [frz.]

◆**Re|stau|ra|teur** ⟨[rεstoratø:r] m.; -s, -e⟩ Gastwirt, Restaurantbesitzer, Inhaber einer Gaststätte [frz., »Gastwirt«]

◆**Re|stau|ra|ti|on** ⟨[-stau-] f.; -, -en⟩ ⟨Politik⟩ **1.1** Wiederherstellung eines früheren politischen od. wirtschaftlichen Zustandes **1.2** Wiedereinsetzung eines gestürzten Herrscherhauses **2** ⟨Kunst⟩ Wiederherstellung des ursprüngl. Zustandes eines Kunstwerkes; ~*a*. Rekonstruktion **3** ⟨[-sto:-] veraltet; noch österr.⟩ = Restaurant; *Bahnhofs*~ [< lat. *restauratio* »Erneuerung, Wiederherstellung«; zu *restaurare* »wiederherstellen«]

◆**re|stau|ra|tiv** ⟨[-stau-] Adj.⟩ in der Art der Restauration; ~*e und reaktionäre Tendenzen*

◆**Re|stau|ra|tor** ⟨[-stau-] m.; -s, -to|ren⟩ jmd., der Kunstwerke restauriert [lat., »Wiederhersteller, eines Bauwerkes u. a.«); zu *restaurare* »wiederherstellen«]

◆**re|stau|rie|ren** ⟨[-stau-] V.⟩ **1** wiederherstellen, erneuern, ausbessern (bes. Kunstwerke) **2** *sich* ~ ⟨umg.⟩ sich erholen, erfrischen [< lat. *restaurare* »wiederherstellen«]

◆**Re|stau|rie|rung** ⟨[-stau-] f.; -, -en⟩ das Restaurieren (von Kunstwerken)

◆**re|sti|tu|ie|ren** ⟨V.⟩ **1** wiederherstellen; *einen früheren Zustand* ~ **2** wiedereinsetzen **3** ersetzen [< lat. *restituere* »wieder hinstellen, an seinen früheren Stand stellen«]

◆**Re|sti|tu|ti|on** ⟨f.; -, -en⟩ **1** Wiederherstellung **2** Rückerstattung (beschlagnahmter od. geraubter Gegenstände) [< lat. *restitutio* »Wiederherstellung, Rückgabe«; zu *restituere* »wieder hinstellen«]

◆**Re|sti|tu|ti|ons|kla|ge** ⟨f.; -, -en; Rechtsw.⟩ Klage auf Wiederaufnahme eines durch rechtskräftiges Urteil geschlossenen Verfahrens, Wiederaufnahmeverfahren

Rest|ma|gne|tis|mus *auch:* **Rest|mag|ne|tis|mus** ⟨m.; -; unz.; Physik⟩ = Remanenz

◆**Re|strik|ti|on** *auch:* **Re|strik|tion** ⟨f.; -, -en⟩ Beschränkung, Einschränkung, Vorbehalt [< lat. *restrictio* »Einschränkung«; zu *restringere* »zurückziehen, beschränken«]

◆**Re|strik|ti|ons|en|zym** *auch:* **Re|strik|ti|ons|en|zym** ⟨n.; -s, -e; Biochemie⟩ Enzym, das die DNA an bestimmten Stellen spalten kann (wird zur Fragmentierung u. Dekodierung von Genomen genutzt)

◆**re|strik|tiv** *auch:* **re|strik|tiv** ⟨Adj.⟩ einengend, einschränkend; *Ggs* extensiv (2) [< frz. *restrictif* »einschränkend«; → *Restriktion*]

◆**re|strin|gie|ren** *auch:* **re|strin|gie|ren** ⟨V.⟩ einschränken, beschränken; *restringierter Kode* ⟨Sprachw.⟩ wenig differenzierte Sprache (der Unterschicht einer Gesellschaft); *Ggs* elaborierter Kode [< lat. *restringere* »zurückhalten, hemmen«]

re|struk|tu|rie|ren ⟨V.⟩ mit einer neuen Struktur versehen, neu ordnen, neu gestalten [< *re...* + *...strukturieren*]

Re|struk|tu|rie|rung ⟨f.; -, -en⟩ das Restrukturieren, Neuordnung, Neugestaltung

Re|sul|tan|te ⟨f.; -, -n; Math.⟩ die im Kräfteparallelogramm als Ergebnis zweier verschieden großer, in verschiedene Richtung wirkender Kräfte entstehende Kraft; *Sy* Resultierende

Re|sul|tat ⟨n.; -(e)s, -e⟩ **1** Ergebnis, z. B. einer Rechnung **2** Erfolg [< frz. *résultat* »Ergebnis« < mlat. *resultatum*, Part. Perf. neutr. zu lat. *resultare*; → *resultieren*]

re|sul|ta|tiv ⟨Adj.⟩ **1** ein Ergebnis herbeiführend **2** ⟨Sprachw.⟩ ~*e Aktionsart* das Ende eines Geschehens od. einer Tätigkeit ausdrückende Aktionsart eines Verbs (z. B. entdecken) [→ *Resultat*]

re|sul|tie|ren ⟨V.⟩ sich (als Schlussfolgerung) ergeben, folgen [< frz. *résulter* »hervorgehen, sich ergeben« < lat. *resultare* »zurückspringen, zurückprallen«; zu *saltare* »springen«]

Re|sul|tie|ren|de ⟨f. 2⟩ = Resultante

Re|su|mé ⟨[rezyme:] n.; -s, -s; österr.; schweiz.⟩ = Resümee

Re|sü|mee ⟨n.; -s, -s⟩ Zusammenfassung, Übersicht; *oV* ⟨österr.⟩ Resumé [< frz. *résumé* »Zusammenfassung«]

re|sü|mie|ren ⟨V.⟩ zusammenfassen, zusammenfassend wiederholen [< frz. *résumer* »zusammenfassen, kurz wiederholen«]

Re|su|pi|na|ti|on ⟨f.; -, -en; Bot.⟩ Drehung der Blüten während ihrer Entwicklung um 180° (z. B. bei Orchideen) [< lat. *resupinare* »zurückbeugen«]

Re|sur|rek|ti|on ⟨f.; -, -en⟩ Auferstehung [< lat. *resurrectio* »Wiederauferstehung«; zu *resurgere* »wieder aufstehen«]

Re|ta|bel ⟨n.; -s, -⟩ rückseitig angefügter Aufbau des Altars [< frz. *retable* »Altaraufsatz«]

Re|tail ⟨[rɪte̱ɪl] n.; -s; unz.; Bankw.; kurz für⟩ Retailbanking

Re|tail|ban|king ⟨[rɪte̱ɪl bæŋkɪŋ] n.; (-) - od. (-) -s; unz.; Bankw.⟩ Gesamtheit der Tätigkeiten einer Bank im breiten Privatkundengeschäft, Massengeschäft der Banken; *Sy* Retail [< engl. *retail* »Kleinhandel« < afrz. *retaille* »abgeschnittenes Stück«, zu *taillier* »Schneider« + engl. *banking* »Bankgeschäft«]

Re|tail|ge|schäft ⟨[rɪte̱ɪl-] n.; -(e)s, -e; Bankw.⟩ im Retailbanking getätigtes Geschäft einer Bank

Re|take ⟨[riːte̱ɪk] n.; - od. -s, -s⟩ nochmalige Aufnahme (einer nicht gelungenen Filmaufnahme) [< engl., »Neuaufnahme«, eigtl. »wiedernehmen«]

re|tard ⟨[rəta:r] Adj.; Pharm.⟩ mit verzögernd einsetzendem Wirkstoff (als Zusatzbezeichnung bei Arzneimitteln) [→ *Retardform*]

Re|tard ⟨[rəta:r] Abk.: R; Zeichen: -⟩ auf der Stellscheibe von Uhren⟩ Zeichen, dass man eine Schraube od. einen Hebel in der bezeichneten Richtung stellen muss, um ein Langsamergehen der Uhr zu bewirken; Ggs Advance [frz., »Verzögerung, Zurückbleiben«]

Re|tar|da|ti|on ⟨f.; -, -en⟩ **1** Verzögerung **2** ⟨Musik⟩ Verzögerung der oberen Stimme gegenüber der unteren [<lat. *retardatio* »Verzögerung«; zu *retardare*; → *retadieren*]

Re|tard|form ⟨[rəta:r-] f.; -, -en; Pharm.⟩ Arzneimittelzubereitung, die den Wirkstoff mit Verzögerung abgibt, um eine Langzeitwirkung zu erzielen [<frz. *retard* »Verzögerung«]

re|tar|die|ren ⟨V.⟩ verzögern; *~des Moment* ein Stilmittel, eingeschobene Beschreibung, Schilderung, um die Handlung aufzuhalten u. die Spannung zu vergrößern [<lat. *retardare* »verzögern, zurückhalten«; zu *tardus* »langsam, säumig«]

re|tar|diert ⟨Adj.; Med.; Psych.⟩ in der geistigen u. körperlichen Entwicklung zurückgeblieben

Re|ten|ti|on ⟨f.; -, -en⟩ **1** Zurückhaltung eines auszuscheidenden Stoffes im Körper **2** ⟨zeitweiliges⟩ Zurückbehalten einer geschuldeten Leistung **3** Fähigkeit, sich zu erinnern **4** ⟨veraltet⟩ Vorenthaltung [<lat. *retentio* »das Zurückhalten«; zu *retinere* »zurückhalten«]

Re|ten|ti|ons|recht ⟨n.; -(e)s; unz.; Rechtsw.⟩ Zurückbehaltungsrecht

Re|ti|kül ⟨m. od. n.; -s, -e⟩ = Ridikül

re|ti|ku|lar ⟨Adj.; Med.⟩ = retikulär

re|ti|ku|lär ⟨Adj.; Med.⟩ netzförmig, netzartig (gemustert); *oV* retikular; *Sy* retikuliert [<lat. *reticulum*, Verkleinerungsform zu *rete* »Netz«]

re|ti|ku|liert ⟨Adj.⟩ = retikulär

Re|ti|ku|lin|fa|sern ⟨Pl.; Anat.⟩ Netze bildende Fasern des Bindegewebes (Retikulum) der [→ *Retikulum*]

re|ti|ku|lo|en|do|the|li|al ⟨Adj.; Med.⟩ *~es System* ⟨Abk.: RES⟩ eine funktionelle Einheit bildende Zellen im Gerüst des Bindegewebes (Retikulum) der lymphatischen Organe u. in der inneren Wand (Endothel) der Kapillargefäße, die schädli-

che Stoffe aus dem Blut herauszunehmen vermögen [<*Retikulum* + *Endothel*]

Re|ti|ku|lom ⟨n.; -s, -e; Med.⟩ gutartige, knotige Wucherung [<lat. *reticulum* »kleines Netz«]

Re|ti|ku|lo|se ⟨f.; -, -n; Med.; Sammelbez. für⟩ verschiedenartige Wucherungen im Bereich von Milz, Lymphknoten, Knochenmark u. Leber [→ *Retikulum*]

Re|ti|ku|lum ⟨n.; -s, -ku|la; Med.⟩ **1** (i. e. S.) der Netzmagen der Wiederkäuer **2** (i. w. S.) feines Netz, netzartige Struktur (z. B. im Bindegewebe) [<lat. *reticulum* »kleines Netz«]

Re|ti|na ⟨f.; -, -nae [-ne:]; Anat.⟩ Netzhaut [<mlat. *retina* »Netzhaut« <lat. *rete* »Netz«]

re|ti|nie|ren ⟨V.; Med.⟩ eine Retention ausführen [zu lat. *retinere* »zurückhalten«]

Re|ti|ni|tis ⟨f.; -, -ti|den; Med.⟩ Netzhautentzündung [→ *Retina*]

Re|ti|no|blas|tom ⟨n.; -s, -e; Med.⟩ Netzhautgeschwulst [<*Retina* + *Blastom*]

re|ti|rie|ren ⟨V.⟩ sich (eilig) zurückziehen, zurückweichen [<frz. *retirer* »zurückziehen«]

Re|tor|si|on ⟨f.; -, -en; Rechtsw.⟩ Gegenmaßnahme, Vergeltung [<lat. *retorsio* »Zurückdrehung«; zu *retorquere* »zurückdrehen«]

Re|tor|te ⟨f.; -, -n⟩ **1** ⟨Chemie⟩ birnenförmiges Gefäß aus Glas mit langem, abgebogenem Hals zum Destillieren **2** geschlossener, eiserner Kessel mit ableitendem Rohr zur trockenen Destillation von Kohle, Holz u. a. Stoffen **3** *aus der ~* ⟨fig.; umg.⟩ künstlich erzeugt, hergestellt [<lat. *retortus*, Part. Perf. zu *retorquere* »zurückdrehen, verdrehen«]

Re|tor|ten|ba|by ⟨[-be:bi] n.; -s, -s; umg.⟩ Kind, das mittels IVF (In-vitro-Fertilisation) gezeugt wurde

Re|tor|ten|koh|le ⟨f.; -; unz.⟩ fette Steinkohle, bes. zur Herstellung von Leuchtgas geeignet

re|tour ⟨[rətu:r] Adv.⟩ zurück [frz.]

Re|tour ⟨[rətu:r] f.; -, -en od. ⟨österr. a.⟩ -en; österr.⟩ **1** ⟨kurz für⟩ Retourkarte **2** ⟨meist Pl.⟩ Rück-

sendung [<frz. *retour* »Rückkehr, -fahrt«]

Re|tou|ren ⟨[rətu:-] Pl.⟩ **1** ⟨Wirtsch.⟩ Rücksendungen an den Verkäufer, die mangelhafte od. unverkäufliche Waren enthalten Warensendungen, die zum Ausgleich bereits erfolgter Exportsendungen dienen **2** ⟨Bankw.⟩ Wechsel od. Schecks, die nicht eingelöst wurden [→ *retour*]

Re|tour|kut|sche ⟨[rətu:r-] f.; -, -n; fig.; umg.⟩ das Zurückgeben eines Vorwurfs mit den gleichen Worten; *das war eine billige ~* ⟨fig.⟩ eine geistlose Erwiderung [→ *retour*]

re|tour|nie|ren ⟨[-tur-] V.⟩ zurücksenden, zurückgeben [<frz. *retourner* »zurücksenden«]

◆ Die Buchstabenfolge **retr...** kann auch **retr...** getrennt werden. Davon ausgenommen sind Zusammensetzungen, in denen die fremdsprachigen bzw. sprachhistorischen Bestandteile deutlich als solche erkennbar sind, z. B. *-traktion, -tribution* (→ *a.* Kontraktion, Distribution).

Re|trak|ti|on ⟨f.; -, -en⟩ Schrumpfung, Zusammenziehung (bes. von Narben) [<lat. *retractio* »das Zurückziehen, Verminderung«; zu *retrahere* »zurückziehen«]

Re|trans|fu|si|on ⟨f.; -, -en; Med.⟩ = Reinfusion [<*Re...* + *Transfusion*]

Re|tri|bu|ti|on ⟨f.; -, -en⟩ Rückgabe, Vergütung [<lat. *retributio* »Rückgabe, Vergeltung«; zu *retribuere* »wiedergeben, zurückgeben«]

re|tri|bu|tiv ⟨Adj.⟩ die Retribution betreffend, auf ihr beruhend

◆ **Re|trie|val|sys|tem** ⟨[rɪtri:vəl-] n.; -s, -e⟩ Verfahren zum Wiederfinden elektronisch gespeicherter Daten [zu engl. *retrieve* »wiedergewinnen«]

◆ **Re|trie|ver** ⟨[rɪtri:vɐ(r)] m.; -s, -⟩ = Golden Retriever

◆ **re|tro** ⟨Adj.; undekl.; umg.⟩ rückwärts gewandt, zurückblickend, vergangene Trends u. Moden nachahmend; *die neue*

Retro[1]

Mode ist ~, aber gut; das neue Design wirkt ~

◆ **Re|tro**[1] ⟨m.; - od. -s; unz.; umg.; meist in Zus.⟩ Stilrichtung od. Mode, die Trends vergangener Epochen aufgreift; *eine rosa Brille im ~design* [engl.]

◆ **Re|tro**[2] ⟨m. od. n.; - od. -s; unz.; meist ohne Artikel⟩ Art der Popmusik, die frühere Stilrichtungen od. überliefertes Liedgut neu interpretiert; *seine Songs klingen nach ~* [engl.]

◆ **Re|tro**[3] ⟨f.; -, -s; kurz für⟩ Retrospektive

◆ **re|tro...**, **Re|tro...**, ⟨in Zus.⟩ **1** zurück..., rückwärts..., Rück..., Rückwärts... **2** ⟨Anat.; Med.⟩ hinten gelegen [< lat. *retro* »rückwärts, zurück«]

◆ **re|tro|ak|tiv** ⟨Adj.; fachsprachl.⟩ rückwirkend

◆ **re|tro|da|tie|ren** ⟨V.⟩ mit einem zurückliegenden Datum versehen, zurückdatieren

◆ **re|tro|flex** ⟨Adj.; Phon.⟩ mit zurückgebogener Zungenspitze gesprochen; *~e Laute*

◆ **Re|tro|flex** ⟨m.; -es, -e; Phon.⟩ mit zurückgebogener Zungenspitze gesprochener Laut [< lat. *retroflexio* »Rückwärtsbiegung, -krümmung«]

◆ **re|tro|grad** ⟨Adj.; Astron.⟩ (vom Nordpol der Ekliptik aus betrachtet) im Uhrzeigersinn verlaufend, rückläufig [< lat. *retrogradis* »rückwärts, zurückgehend«; zu *gradus* »Schritt«]

◆ **Re|tro|look** ⟨m.; -s; unz.; Mode⟩ Stilrichtung, die Formen, Farben u. modische Symbole vergangener Epochen aufgreift; *ganz aktuell sind Plateauschuhe u. Schlaghosen im ~* [< *Retro* + *Look*]

◆ **Re|tro|spek|ti|on** auch: **Retros|pek|ti|on** ⟨f.; -, -en⟩ = Retrospektive

◆ **re|tro|spek|tiv** auch: **retros|pek|tiv** ⟨Adj.⟩ rückschauend, zurückblickend [< frz. *rétrospectif*]

◆ **Re|tro|spek|ti|ve** auch: **Retros|pek|ti|ve** ⟨f.; -, -n⟩ Rückblick, Rückschau; *< Retro...* + lat. *specere* »schauen«]

◆ **Re|tro|spiel** ⟨n.; -(e)s, -e; Schach⟩ Spiel, bei dem durch die Zurücknahme einiger Züge eine bestimmte Ausgangskonstellation wiederhergestellt wird [< *Retro...* + *Spiel*]

◆ **Re|tro|ver|si|on** ⟨[-ver-] f.; -, -en⟩ **1** Rückwärtsbeugung **2** Rückübersetzung (in die Originalsprache) [< lat. *retroversio* »Zurückdrehung«; zu *retroversus* »zurück-, rückwärts gedreht«]

◆ **re|tro|ver|tie|ren** ⟨[-ver-] V.⟩ **1** zurückbeugen **2** rückübersetzen (in die Originalsprache) [< *retro...* + lat. *vertere* »wenden«]

Ret|si|na ⟨m.; -; unz.⟩ weißer, harzig schmeckender grch. Wein [zu grch. *retsina* »Harz« (da dem Wein, urspr. der besseren Haltbarkeit wegen, vor der Gärung Harz der Aleppokiefer zugesetzt wird)]

Re|turn ⟨[rɪtœːn] m.; -s, -s; Sport; Tennis⟩ Rückschlag des gegnerischen Balles; *das war ein guter ~* [engl.]

re|tur|nie|ren ⟨V.; Sport; Tennis⟩ einen Return ausführen, den gegnerischen Aufschlag zurückschlagen

Re|tu|sche ⟨f.; -, -n; Mal.; Fot.⟩ Überarbeitung von Bildern od. fotograf. Vorlagen, Verbesserung von Fehlern, Heraushebung od. Abschwächung von Einzelheiten usw. [< frz. *retouche*]

Re|tu|scheur ⟨[-ʃøːr] m.; -s, -e; Mal.; Fot.⟩ Facharbeiter für Retuschen [< frz. *retoucheur*]

re|tu|schie|ren ⟨V.; Mal.; Fot.⟩ Retuschen vornehmen an [< frz. *retoucher* »wieder berühren, retuschieren«]

Re|uni|on ⟨f.; -, -en; Politik⟩ Vereinigung, Wiedervereinigung [< frz. *réunion* »Wiedervereinigung«]

Re|uni|o|nen ⟨Pl.; Politik⟩ als Wiedervereinigung ausgegebene Annexionen Ludwigs XIV.

re|üs|sie|ren ⟨V.⟩ Erfolg haben [< frz. *réussir* »Erfolg haben, zum Ziel gelangen«]

Rev. ⟨Abk. für⟩ Reverend

Re|vak|zi|na|ti|on ⟨[-vak-] f.; -, -en; Med.⟩ Wiederimpfung

re|vak|zi|nie|ren ⟨[-vak-] V.; Med.⟩ wieder impfen

re|va|li|die|ren ⟨[-va-] V.; Rechtsw.⟩ rechtskräftig, wieder gültig werdern; →a. validieren

re|val|lie|ren ⟨[-va-] V.; Rechtsw.⟩ **1** sich schadlos halten **2** *eine Schuld ~* decken [< *re...* + lat. *valere* »stark, kräftig sein«]

Re|val|lie|rung ⟨[-va-] f.; -, -en; Rechtsw.⟩ Deckung (einer Schuld)

Re|va|lo|ri|sa|ti|on ⟨[-va-] f.; -, -en; Wirtsch.⟩ = Revalorisierung

re|va|lo|ri|sie|ren ⟨[-va-] V.⟩ *eine Währung ~* ⟨Wirtsch.⟩ auf den ursprünglichen Wert bringen

Re|va|lo|ri|sie|rung ⟨[-va-] f.; -, -en; Wirtsch.⟩ das Revalorisieren; *oV* Revalorisation

Re|val|va|ti|on ⟨[-valva-] f.; -, -en; Wirtsch.⟩ das Revalvieren

re|val|vie|ren ⟨[-valvi:-] V.⟩ *eine Währung ~* ⟨Wirtsch.⟩ durch Änderung des Wechselkurses aufwerten [< *re...* + *valvieren*]

Re|van|che ⟨[-vãː(ə)] f.; -, -n⟩ Rache, Vergeltung; *~ geben* ⟨Sport⟩ dem Gegner die Möglichkeit geben, seine Niederlage in einem neuen Kampf wettzumachen [frz., »Vergeltung«]

re|van|chie|ren ⟨[-vãːʃ-] V.⟩ *sich (für etwas) ~, sich bei jmdm. ~* jmdm. etwas vergelten; *sich für eine Beleidigung ~* sich rächen; *sich für eine Einladung, ein Geschenk ~* sich erkenntlich zeigen [→ *Revanche*]

Re|van|chis|mus ⟨[-vãʃɪs-] m.; -; unz.; Politik⟩ **1** polit. Haltung, deren Ziel die Rache für militär. Niederlagen ist, z. B. Irredentismus **2** Streben nach Rückgewinnung verlorener Landesteile od. Wiederherstellung früherer gesellschaftlicher Zustände mit militär. Mitteln [→ *Revanche*]

Re|van|chist ⟨[-vãʃɪst] m.; -en, -en; Politik⟩ Vertreter des Revanchismus (2)

re|van|chis|tisch ⟨[revãʃɪs-] Adj.; Politik⟩ den Revanchismus betreffend, zu ihm gehörig

Re|veil|le ⟨[rəvɛːjə] f.; -, -n; Mil.; früher⟩ Wecksignal, Weckruf; *die ~ blasen* [< frz. *réveil* »das Erwachen, Wecken«]

Re|ver|be|ra|ti|on ⟨[-ver-] f.; -, -en⟩ Rückstrahlung [< lat. *reverberatio* »das Zurückwerfen«; zu *reverberare* »zurückwerfen«]

re|ver|be|rie|ren ⟨[-ver-] V.⟩ zurückstrahlen [< lat. *reverberare*

Revolution

»zurückwerfen«; zu *verberare* »schlagen, treffen«]

Re|ver|be|rier|o|fen ⟨[-ver-] m.; -s, -öfen⟩ Flammofen, in dem das Metall durch zurückgestrahlte Hitze schmilzt

Re|ve|rend ⟨[-ve-] m.; -; unz.; Abk.: Rev.⟩ Ehr-, Hochwürden (Titel für evangel. Geistliche in angelsächs. Ländern) [engl., »ehrwürdig«; zu lat. *revereri* »verehren«]

Re|ve|renz ⟨[-ve-] f.; -, -en⟩ 1 Ehrerbietung 2 Ehrenbezeigung [<lat. *reverentia* »Ehrfurcht«; zu *revereri* »verehren«]

Re|ve|rie ⟨[rɛvə-] f.; -, -n; Musik⟩ Träumerei, träumerisch-elegisches Musikstück [<frz. *rêverie* »Träumerei«]

Re|vers[1] ⟨[rəvɛːr] n.; - [-vɛːrs], - [-vɛːrs]⟩ Aufschlag (an Jacke, Kleid od. Mantel) [frz., »Rückseite«]

Re|vers[2] ⟨[rəvɛrs] m.; -, -⟩ Rückseite einer Münze od. Medaille; *Ggs* Avers [→ *Revers*[1]]

Re|vers[3] ⟨[rəvɛrs] m.; -es, -e; Rechtsw.⟩ schriftl. Erklärung rechtl. Inhalts, Verpflichtung [<lat. *reversio* »Umkehr, Rückkehr«]

Re|verse ⟨[rivœːs] n.; -; unz.⟩ = Reverose

re|ver|si|bel ⟨[-ver-] Adj.⟩ umkehrbar; *Ggs* irreversibel; *eine reversible Entscheidung* [<frz. *réversible* »umkehrbar«]

Re|ver|si|bi|li|tät ⟨[-ver-] f.; -; unz.⟩ reversible Beschaffenheit

Re|ver|si|ble *auch:* **Re|ver|si|ble** ⟨[-vɛrsiːbl] m.; -s, -s; Textilw.⟩ Gewebe mit einer matten u. einer glänzenden Seite [frz. *réversible* »auf beiden Seiten verwendbar, doppelseitig zu tragen«]

re|ver|sie|ren ⟨[-ver-] V.; österr.⟩ beim Autofahren im Rückwärtsgang wenden [<frz. *reverser* »umkehren« <lat. *reversare* »umdrehen, rückwärts wenden«]

Re|ver|sing ⟨[rɪvœːsɪŋ] n.; - od. -s; unz.; Wirtsch.⟩ Handelsform des englischen Baumwolltermingeschäfts [<engl. *reverse* »umkehren, wenden«]

Re|ver|si|on ⟨[-ver-] f.; -, -en⟩ Umkehrung [<lat. *reversio*; zu *reverti* »umkehren«]

Re|ver|si|ons|pen|del ⟨[-ver-] n.; -s, -; Physik⟩ Pendel zur Messung der Erdbeschleunigung mit zwei verstellbaren Punkten zur Aufhängung u. verstellbaren Massen

Re|vi|dent ⟨[-vi-] m.; -en, -en⟩ 1 jmd., der etwas revidiert, Prüfer 2 ⟨Rechtsw.⟩ jmd., der Revision einlegt 3 ⟨österr.⟩ Beamtentitel [<lat. *revidens*, Part. Präs. zu *revidere*; → *revidieren*]

re|vi|die|ren ⟨[-vi-] V.⟩ prüfen, überprüfen; *seine Meinung ∼ nach besserem Wissen ändern* [<lat. *revidere* »wieder hinsehen«; zu *videre* »sehen«]

Re|vier ⟨[-viːr] n.; -s, -e⟩ 1 Bezirk, Gebiet 1.1 Gebiet, in dem Bodenschätze abgebaut werden; *Kohlen∼* 1.2 Teilgebiet eines Forstamtes 1.3 Jagdgebiet; *Jagd∼* 1.4 Tätigkeitsbereich; *∼ eines Kellners* 2 Polizeidienststelle, Meldestelle; *Polizei∼* 3 ⟨Mil.⟩ 3.1 von einer Truppe (in Kaserne od. Lager) belegter Raum 3.2 Krankenstube (in der Kaserne) [<mndrl. *riviere* <afrz. *rivière* »ebenes Land entlang einem Wasserlauf, Fluss« <vulgärlat. *riparia* »das am Ufer Befindliche«; zu *ripa* »Ufer«]

re|vie|ren ⟨[-vi-] V.; Jagd⟩ 1 das Revier begehen (vom Förster) 2 im Revier nach Wild suchen (vom Hund)

Re|view ⟨[rɪvjuː] f.; -, -s⟩ Übersicht, Rundschau (oft Titel englischer Zeitschriften) [engl., »Rückblick, Überblick, Rundschau«]

Re|vin|di|ka|ti|on ⟨[-vɪn-] f.; -, -en⟩ Zurückforderung einer Sache [→ *revindizieren*]

re|vin|di|zie|ren ⟨[-vɪn-] V.⟩ zurückfordern [<*re...* + lat. *vindicare* »in Anspruch nehmen«]

Re|vi|re|ment ⟨[revirəmãː] n.; -s, -s⟩ 1 Umbesetzung (von staatl. Ämtern) 2 Abrechnung zwischen Schuldnern u. Gläubigern [frz., »Umschwung, Schwenkung, Wendung«]

re|vi|si|bel ⟨[-vi-] Adj.; Rechtsw.⟩ durch die Revision (4) anfechtbar; *revisible Rechtsprechung*

Re|vi|si|on ⟨[-vi-] f.; -, -en⟩ 1 (nochmalige) Durchsicht, Prüfung, Überprüfung 2 Fahndung nach zollpflichtigen Gütern beim Grenzübertritt; *Zoll∼* 3 ⟨Rechtsw.⟩ Anrufung einer höheren Instanz zur nochmaligen Entscheidung einer Rechtsfrage 4 Überprüfung der Druckbogen auf die Ausführung der Korrekturen [<mlat. *revisio* »prüfende Wiederdurchsicht« <lat. *revidere* »wieder hinsehen«]

Re|vi|si|o|nis|mus ⟨[-vi-] m.; -; unz.; Politik⟩ 1 Bestrebung zur Änderung eines polit. Zustands, einer Verfassung 2 diejenige Richtung des Marxismus, die den Übergang vom Kapitalismus zum Sozialismus ohne Gewalt (Revolution) erstrebt u. insofern die Lehre von Marx revidiert

Re|vi|si|o|nist ⟨[-vi-] m.; -en, -en; Politik⟩ Anhänger, Vertreter des Revisionismus

re|vi|si|o|nis|tisch ⟨[-vi-] Adj.; Politik⟩ den Revisionismus betreffend, auf ihm beruhend

Re|vi|sor ⟨[-viː-] m.; -s, -soren⟩ 1 jmd., der die Revision vornimmt, Prüfer; *Bücher∼* 2 erfahrener Korrektor, der die letzte Korrektur vor dem Druck liest

re|vi|ta|li|sie|ren ⟨[-vi-] V.⟩ wieder kräftigen, erholen, wieder in ein natürliches Gleichgewicht bringen; *den Organismus ∼*

Re|vi|ta|li|sie|rung ⟨[-vi-] f.; -; unz.⟩ Erholung nach einer Erkrankung [<*Re...* + lat. *vita* »Leben«]

Re|vi|val ⟨[rɪvaɪvəl] n.; -s, -s⟩ Wiederbelebung, Wiedererweckung, Erneuerung [engl.]

Re|vo|ka|ti|on ⟨[-vo-] f.; -, -en⟩ Widerruf [<lat. *revocatio* »das Zurückrufen, das Abrufen«; zu *revocare* »zurück-, abrufen«]

Re|vo|ke ⟨[rɪvoʊk] f.; - od. -s, -s⟩ (beim Kartenspiel) unabsichtliches Legen einer falschen Karte [engl., »Widerruf«]

Re|vol|te ⟨[-vɔl-] f.; -, -n⟩ Aufruhr, Aufstand, Empörung [<frz. *révolte* »Aufruhr«]

re|vol|tie|ren ⟨[-vɔl-] V.⟩ sich empören, auflehnen [<frz. *révolter* »aufwiegeln«]

Re|vo|lu|ti|on ⟨[-vo-] f.; -, -en⟩ 1 ⟨allg.⟩ Umwälzung, grundlegende Änderung; *eine wissen-*

revolutionär

schaftliche, technische ~ **2** ⟨Politik⟩ gewaltsamer Sturz einer Gesellschaftsordnung; *Oktober*~ **3** ⟨Astron.; veraltet⟩ Umlauf eines Himmelskörpers um ein Zentralgestirn [<lat. *revolutio* »das Zurückwälzen, Umdrehung (der Gestirne)«; als *Volkserhebung*« von frz. *révolution* beeinflusst]

re|vo|lu|ti|o|när ⟨[-vo-] Adj.⟩ eine Revolution herbeiführend, für sie eintretend, umwälzend

Re|vo|lu|ti|o|när ⟨[-vo-] m.; -s, -e; Politik⟩ jmd., der eine Revolution (2) herbeiführt od. an ihr teilnimmt [<frz. *révolutionnaire*]

Re|vo|lu|ti|o|nä|rin ⟨[-vo-] f.; -, -rin|nen; Politik⟩ weibl. Person, die eine Revolution (2) herbeiführt od. an ihr teilnimmt

re|vo|lu|ti|o|nie|ren ⟨[-vo-] V.⟩ **1** (grundlegend) umwandeln **2** in Aufruhr bringen **3** ⟨Politik⟩ eine Revolution (2) herbeiführen [<frz. *révolutionner* »in Aufruhr versetzen, revolutionieren«]

Re|vo|luz|zer ⟨[-vo-] m.; -s, -; umg.; abwertend⟩ jmd. der sich für einen gesellschaftl. Umsturz einsetzt, Revolutionär [<ital. *rivoluzionario* »Revolutionär«]

Re|vol|ver ⟨[-vɔlvər] m.; -s, -⟩ **1** Pistole mit trommelförmigem Magazin; *Trommel*~ **2** ⟨Technik⟩ = Revolverkopf [engl., »Revolver«; zu *revolve* »sich drehen« <lat. *revolvere* »zurückrollen«]

Re|vol|ver|dreh|ma|schi|ne ⟨[-vɔl-] f.; -, -n; Technik⟩ Drehmaschine mit verschiedenen Werkzeugen für mehrere Arbeitsgänge

Re|vol|ver|kopf ⟨[-vɔl-] m.; -(e)s, -köp|fe; Technik⟩ an Revolverdrehmaschinen drehbare Vorrichtung zum Einsetzen mehrerer Werkzeuge, die nacheinander gebraucht werden

Re|vol|ver|pres|se ⟨[-vɔlvər-] f.; -; unz.; Zeitungsw.; umg.; abwertend⟩ reißerische, unsachliche Presse

re|vol|vie|ren ⟨[-vɔlvi̯-] V.⟩ **1** ⟨Technik⟩ zurückdrehen **2** ⟨Bankw.⟩ ~*der Kredit* kurzfristiger Kredit, der in einem bestimmten Rhythmus vom Kreditnehmer getilgt, aber gleichzeitig wieder erneuert wird [zu lat. *revolvere* »zurückrollen«]

Re|vol|ving|ge|schäft ⟨[rɪvɔlvɪŋ-] n.; -(e)s, -e; Wirtsch.⟩ (Bank-)Geschäft zur Finanzierung langfristiger Kredite mit Hilfe von aufeinander folgenden kurzfristigen Krediten [zu engl. *revolve* »sich drehen, sich erneuern«]

Re|vol|ving|kre|dit ⟨[rɪvɔlvɪŋ-] m.; -(e)s, -e; Wirtsch.⟩ **1** Kredit, der gemäß dem jährlichen Betriebsgewinn getilgt bzw. wiederholt in Anspruch genommen werden kann **2** langfristiger Kredit, der mit Hilfe von aufeinander folgenden kurzfristigen Krediten finanziert wird [<engl. *revolve* »sich drehen, sich erneuern«]

Re|vol|ving|sys|tem ⟨[rɪvɔlvɪŋ-] n.; -s, -e; Wirtsch.⟩ Finanzierungsverfahren für langfristige Geldanleihen durch aufeinander folgende kurzfristige Geldanleihen

re|vo|zie|ren ⟨[-vo-] V.; geh.⟩ widerrufen [<lat. *revocare* »zurückrufen, abrufen«; zu *vocare* »rufen«]

Re|vue ⟨[rəvyː] f.; -, -n⟩ **1** (veraltet) Heeres-, Truppenschau, Parade; *etwas ~ passieren lassen* (in Gedanken) an sich vorüberziehen lassen **2** ⟨heute⟩ musikal. Bühnenstück mit großer Ausstattung u. mit Ballett **3** bebilderte Zeitschrift mit allgemeinen Überblicken [frz., »Übersicht, Rundschau, Besichtigung«]

Re|wri|ter ⟨[riraɪtə(r)] m.; -s, -⟩ jmd., der Texte vor der Veröffentlichung überarbeitet [zu engl. *rewrite* »neu schreiben, umschreiben«]

Rex ⟨m.; -, Re|ges; im antiken Rom Titel für⟩ König [lat., »König«]

rey|nolds|sche Zahl *auch:* **Rey|nolds'sche Zahl** ⟨[rɛːnɔlds-] f.; -n -, -n -en; Physik⟩ eine dimensionslose Zahl, die den Strömungswiderstand in zähen Flüssigkeiten kennzeichnet u. als das Verhältnis der Trägheitskraft zur inneren Reibungskraft in der Flüssigkeit aufgefasst werden kann [nach dem engl. Physiker Osborne *Reynolds*, 1842–1912]

Rey|on *auch:* **Re|yon** ⟨[rɛjɔ̃ː] m. od. n.; -, -sei|den [rɛjɔ̃ː-]; Textilw.⟩ *oV* Rayon² **1** (i. e. S.) Kunstseide aus Viskose **2** (i. w. S.) Kunstseide aus Cellulose [<frz. *rayonne* »Kunstseide«]

Re|zen|sent ⟨m.; -en, -en⟩ Verfasser einer Rezension, Kritiker [<lat. *recensens* »musternd«, Part. Präs. zu *recensere*]

Re|zen|sen|tin ⟨f.; -, -tin|nen⟩ Verfasserin einer Rezension, Kritikerin

re|zen|sie|ren ⟨V.⟩ *Bücher, Filme, Theateraufführungen, Fernsehspiele* ~ in Zeitung od. Rundfunk kritisch besprechen [<lat. *recensere* »sorgfältig prüfen, mustern«; zu *censere* »begutachten, einschätzen«]

Re|zen|si|on ⟨f.; -, -en⟩ krit. Besprechung von Büchern, Filmen, Theateraufführungen, Fernsehsendungen u. Ä. in Zeitung od. Rundfunk [<lat. *recensio* »Musterung«; zu *recensere*; → *rezensieren*]

re|zent ⟨Adj.⟩ **1** neu, frisch, gegenwärtig **2** gegenwärtig noch lebend (von Tier- u. Pflanzenarten) [<lat. *recens* »frisch, neu, jung«]

Re|ze|pis|se ⟨n.; -s od. -s, - od. österr.: f.; -, -n⟩ Empfangsbescheinigung [<lat. *recepisse* »empfangen haben«]

Re|zept ⟨n.; -(e)s, -e⟩ **1** Vorschrift zum Zubereiten einer Speise; *Back~; Koch~* **2** ⟨Med.⟩ schriftl. Anweisung des Arztes an den Apotheker zur Abgabe eines Medikamentes **3** (fig.; umg.) Mittel; *das ist ein gutes ~ gegen deine Angst* [<lat. *receptum*, Part. Perf. zu *recipere* »zurück-, aufnehmen«; eigtl. »(es wurde) genommen«, Vermerk des Apothekers, dass er die Anordnung des Arztes, eingeleitet durch lat. *recipe ... »nimm ...«,* befolgt hat]

Re|zep|ta|ku|lum ⟨n.; -s, -ka|la; Biol.⟩ **1** die erheblich verkürzte u. verbreitete Blütenachse (bei Blütenpflanzen) **2** Teil der Pflanze, an dem die Geschlechtsorgane aufsitzen (bei Moosen) **3** sackartige Ausstülpung zur Aufnahme der Samenzellen (bei Würmern u. Insekten) [<lat. *receptaculum* »Behältnis, Behälter«]

re|zep|tie|ren ⟨V.; Med.⟩ *ein Medikament* ~ ein Rezept über ein M. ausschreiben

Re|zep|ti|on ⟨f.; -, -en⟩ **1** An-, Auf-, Übernahme; *die* ~ *einer Person; die* ~ *eines Gastes im Hotel, eines Kranken im Krankenhaus, eines Studenten in einer Verbindung* **2** ⟨Kunst; Lit.⟩ die Aufnahme, das Verstehen von Kunstwerken, bes. von literar. Werken beim Publikum bzw. Leser **3** Empfang, Stelle zur Aufnahme u. Weiterleitung von Kunden, Gästen od. Patienten [<lat. *receptio* »Aufnahme, Annahme«; zu *recipere* »aufnehmen«]

Re|zep|ti|ons|äs|the|tik ⟨f.; -; unz.; Lit.⟩ Erforschung der Wirkungsgeschichte von literarischen Werken

re|zep|ti|ons|äs|the|tisch ⟨Adj.; Lit.⟩ die Rezeptionsästhetik betreffend; *eine* ~*e Interpretation*

re|zep|tiv ⟨Adj.⟩ **1** (nur) aufnehmend, empfangend (Sinneseindrücke) **2** empfänglich [→ *Rezeption* (nach frz. *réseptif* »empfänglich«)]

Re|zep|ti|vi|tät ⟨[-vi-] f.; -; unz.⟩ Aufnahmefähigkeit, Empfänglichkeit (bes. für Sinneseindrücke)

Re|zep|tor ⟨m.; -s, -to|ren⟩ **1** (veraltet) Empfänger **2** Steuereinnehmer **3** ⟨Biol.⟩ Organ zur Aufnahme von mechanischen (*Mechano*~), chemischen (*Chemo*~), thermischen (*Thermo*~) u. von Licht ausgehenden (*Foto*~) Reizen [<lat. *receptor* »Empfänger«; zu *recipere* »auf-, annehmen«]

re|zep|to|risch ⟨Adj.⟩ von Rezeptoren (3) aufgenommen

Re|zep|tur ⟨f.; -, -en; Pharm.⟩ **1** Herstellung einer Arznei nach einem Rezept **2** der dafür bestimmte Raum in der Apotheke

Re|zess ⟨m.; -es, -e; Rechtsw.⟩ **1** Auseinandersetzung **2** Vergleich **3** schriftlich fixiertes Ergebnis einer Verhandlung [<lat. *recessus* »Rückgang«; zu *recedere* »zurückgehen«]

Re|zes|si|on ⟨f.; -, -en; Wirtsch.⟩ Phase des konjunkturellen Rückgangs, bei der die Wachstumsrate des realen Bruttosozialproduktes sinkt

re|zes|siv ⟨Adj.; Genetik⟩ von anderen Erbanlagen überdeckt; *Ggs* dominant (2) [<frz. *récessif* »rezessiv«; zu *Rezess*]

Re|zes|si|vi|tät ⟨[-vi-] f.; -; unz.; Genetik⟩ Zurücktreten bestimmter Merkmale; *Ggs* Dominanz

re|zi|div ⟨Adj.; Med.⟩ zeitweise wiederkehrend [<lat. *recidivus* »rückfällig«]

Re|zi|div ⟨n.; -s, -e; Med.⟩ Rückfall

re|zi|di|vie|ren ⟨[-vi-] V.; Med.⟩ wiederkehren, im Rückfall auftreten [→ *rezidiv*]

Re|zi|pi|ent ⟨m.; -en, -en⟩ **1** ⟨Physik⟩ Glasglocke, die (fast) luftleer gepumpt werden kann, z. B. zur Destillation **2** Platte aus Metall als Grundlage für den Schmelz (beim Emaillieren) **3** Empfänger einer Aussage, Hörer, Leser, Betrachter [<lat. *recipiens* »aufnehmend«, Part. Präs. zu *recipere*; → *rezipieren*]

Re|zi|pi|en|tin ⟨f.; -, -tin|nen⟩ Empfängerin einer Aussage, Hörerin, Leserin, Betrachterin

re|zi|pie|ren ⟨V.⟩ auf-, an-, übernehmen; *den Inhalt eines Satzes* ~ [<lat. *recipere* »zurücknehmen, annehmen, aufnehmen«; zu *capere* »fassen, greifen«]

re|zi|prok auch: **re|zip|rok** ⟨Adj.⟩ **1** wechselseitig **2** in Wechselbeziehung stehend **3** ⟨Gramm.⟩ ~*e Verben* V., bei denen das Reflexivpronomen eine wechselseitige Beziehung anzeigt, z. B. Anna und Michael begrüßen »sich«; → *a.* reflexives Verbum **4** ⟨Math.⟩ umgekehrt; ~*er Wert* durch Vertauschen von Zähler u. Nenner eines Bruches entstandener Wert, z. B. $^2/_3$ u. $^3/_2$, Kehrwert [<lat. *reciprocus* »auf derselben Bahn zurückkehrend«]

Re|zi|pro|zi|tät auch: **Re|zip|ro|zi|tät** ⟨f.; -, -en⟩ Wechselseitigkeit [→ *reziprok*]

Re|zi|ta|ti|on ⟨f.; -, -en⟩ künstlerischer (gesprochener) Vortrag, z. B. eines Gedichtes [<lat. *recitatio* »das Vorlesen, Vortrag«; zu *recitare* »laut vortragen«]

Re|zi|ta|tiv ⟨n.; -s, -e; Musik⟩ Sprechgesang in Oper, Oratorium, Kantate, auch Einleitung einer Arie [<ital. *recitativo* »Sprechgesang«]

re|zi|ta|ti|visch ⟨Adj.; Musik⟩ in der Art eines Rezitativs

Re|zi|ta|tor ⟨m.; -s, -to|ren⟩ jmd., der etwas rezitiert [<lat. *recitator* »Vorleser«; zu *recitare* »laut vortragen«]

re|zi|ta|to|risch ⟨Adj.⟩ in der Art einer Rezitation

re|zi|tie|ren ⟨V.⟩ künstlerisch vortragen; *Gedichte* ~ [<lat. *recitare* »laut vortragen«]

rf., rfz. ⟨Abk. für⟩ rinforzando

Rgt. ⟨Abk. für⟩ Regiment

Rh ⟨chem. Zeichen für⟩ Rhodium

Rha|bar|ber ⟨m.; -s; unz.; Bot.⟩ einer Gattung der Knöterichgewächse angehörende Nutzpflanze mit großen Blättern, deren Stiele für Kompott (*Pontischer* ~) od. als Abführmittel (*Gemeiner* ~) verwendet werden: Rheum [<ital. *rabarbaro* <lat. *rha barbarum* <rha »Rhabarber« (<grch. *rha, rheon*, vermutl. zu *Rha*, dem grch. Namen der Wolga) + *barbarus* »fremdländisch«]

rhab|do|i|disch ⟨Adj.; Biol.⟩ stabförmig [<grch. *rhabdos* »Stab« + ...*id*]

Rhab|dom ⟨n.; -s, -e; Zool.⟩ stabförmiges Organ in den Sehzellen von Facettenaugen [<grch. *rhabdos* »Stab«]

Rha|chi|tis ⟨[-xi-] f.; -, -ti|den; Med.⟩ = Rachitis

Rha|ga|de ⟨f.; -, -n; meist Pl.; Med.⟩ Hautriss [<grch. *rhagas*, Gen. *rhagados* »Hautriss«]

Rhap|so|de ⟨m.; -n, -n; im antiken Griechenland⟩ wandernder Sänger, der erzählende Gedichte vortrug [<grch. *rhaptein* »nähen, zusammenfügen« + *ode* »Gesang«]

Rhap|so|die ⟨f.; -, -n⟩ **1** ⟨urspr.⟩ von den Rhapsoden vorgetragene Dichtung **2** ⟨heute⟩ Gedicht in freier Form **3** ⟨Musik⟩ **3.1** balladenhaft-erzählender

Rhapsodik

Gesang 3.2 instrumentale Komposition über Volksweisen
Rhap|so|dik ⟨f.; -; unz.; Lit.⟩ Rhapsodiendichtung
rhap|so|disch ⟨Adj.⟩ **1** die Rhapsodie betreffend, einer Rhapsodie ähnlich **2** bruchstückhaft
Rhe|ma ⟨n.; -s, -ta; Sprachw.⟩ **1** Teil des Satzes, der die wesentliche (neue) Information, den Kern der Aussage enthält **2** Kommentar; *Sy* Fokus (3); *Ggs* Thema (4)
rhe|ma|tisch ⟨Adj.; Sprachw.⟩ das Rhema betreffend, auf ihm beruhend
Rhe|ma|ti|sie|rung ⟨f.; -, -en; Sprachw.⟩ Etablierung eines Teils des Satzes zum rhematischen Teil des (nächsten) Satzes (mit Hilfe der Wortstellung od. der Betonung), z. B. »Hans putzt die Schuhe. Die Schuhe sind schmutzig.« (Wortstellung: *Hans* putzt die Schuhe; Betonung: Hans putzt die *Schuhe*); *Sy* Fokussierung (2)
rhe|na|nisch ⟨Adj.⟩ rheinisch [<lat. *Rhenanus* »rheinisch«; zu *Rhenus* »Rhein«]
Rhen|cho|spas|mus ⟨[-ço-] m.; -, -spas|men; Med.⟩ Schnarchkrampf [<grch. *rhegkein* »schnarchen« + *Spasmus*]
Rhe|ni|um ⟨n.; -s; unz.; chem. Zeichen: Re⟩ chem. Element, edelmetallähnl. Schwermetall, Ordnungszahl 75 [<lat. *Rhenus* »Rhein«]
rheo..., Rheo... ⟨in Zus.⟩ Fluss, Strom, Wasser [<grch. *rheos* »Fluss«; zu *rheein* »fließen«]
Rhe|o|lo|gie ⟨f.; -; unz.; Physik⟩ Lehre vom Verhalten flüssiger bis plastischer Körper gegenüber von außen einwirkenden Kräften [<*Rheo...* + *...logie*]
Rhe|o|me|ter ⟨n.; -s, -; Physik⟩ Gerät zum Messen der Fließeigenschaften flüssiger od. plastischer Substanzen
Rhe|o|me|trie *auch:* **Rhe|o|met|rie** ⟨f.; -; unz.; Physik⟩ Gebiet der Technik, das sich mit den Messverfahren zur Bestimmung der rheologischen Eigenschaften befasst [<*Rheo...* + *...metrie*]
rhe|o|phil ⟨Adj.; Ökol.⟩ strömendes Wasser bevorzugend [<*rheo...* + *...phil*]

Rhe|o|stat *auch:* **Rhe|os|tat** ⟨m.; -(e)s, -e; El.⟩ mittels Schleifkontakts regelbarer elektr. Drahtwiderstand, Regelwiderstand [<*Rheo...* + *...stat*]
Rhe|o|ta|xis ⟨f.; -, -ta|xen; Biol.⟩ Ausrichtung von Tieren zur Richtung der Strömung [<*Rheo...* + *Taxis*]
Rhe|o|tro|pis|mus ⟨m.; -, -pis|men; Bot.⟩ Beeinflussung der Wachstumsrichtung von Pflanzen durch strömendes Wasser [<*Rheo...* + *Tropismus*]
Rhe|sus|af|fe ⟨m.; -n, -n; Zool.⟩ meerkatzenartiger Affe von mittlerer Größe (in Laboratorien beliebtes Versuchstier): Macaca mulatta
Rhe|sus|fak|tor ⟨m.; -s; unz.; Med.⟩ von der Blutgruppe unabhängige erbliche Eigenschaft des Blutes, die bei Blutübertragung u. Schwangerschaft berücksichtigt werden muss; *Sy* Rh-Faktor
Rhe|tor ⟨m.; -s, -to|ren⟩ **1** (im antiken Griechenland) Lehrer der Beredsamkeit **2** ⟨danach⟩ = Rhetoriker [<grch. *rhetor* »Redner«]
Rhe|to|rik ⟨f.; -; unz.⟩ **1** Kunst der Beredsamkeit, Redekunst **2** Lehre von der Redekunst [<grch. *rhetorike (techne)* »Redekunst«]
Rhe|to|ri|ker ⟨m.; -s, -⟩ Kenner, Beherrscher der Rhetorik, gewandter Redner; *oV* Rhetor (2) [→ *Rhetorik*]
rhe|to|risch ⟨Adj.⟩ die Rhetorik betreffend, auf ihr beruhend, rednerisch; *~e Frage* Stilmittel in Form einer Frage, auf die keine Antwort erwartet wird
Rheu|ma ⟨n.; -s; unz.; Med.; kurz für⟩ Rheumatismus
Rheum|ar|thri|tis *auch:* **Rheum|arth|ri|tis** ⟨f.; -, -ti|den; Med.⟩ Gelenkrheumatismus [<*Rheuma* + *Arthritis*]
Rheu|ma|ti|ker ⟨m.; -s, -; Med.⟩ jmd., der an Rheumatismus leidet
rheu|ma|tisch ⟨Adj.; Med.⟩ auf Rheumatismus beruhend [<grch. *rheumatikos* »den Rheumatismus betreffend«]
Rheu|ma|tis|mus ⟨m.; -, -tis|men; Med.⟩ schmerzhafte Entzündung von Gelenken, Muskeln u. serösen Häuten [<lat. *rheumatismus* <grch. *rheumatismos*, eigtl. »das Fließen«; zu *rheein* »fließen, strömen«]
Rheu|ma|to|lo|ge ⟨m.; -n, -n; Med.⟩ Facharzt od. Wissenschaftler der Rheumatologie
Rheu|ma|to|lo|gie ⟨f.; -; unz.; Med.⟩ Teilgebiet der Medizin, das sich mit den rheumatischen Erkrankungen befasst [verkürzt <*Rheuma*tismus + *...logie*]
Rheu|ma|to|lo|gin ⟨f.; -, -gin|nen; Med.⟩ Fachärztin, Wissenschaftlerin der Rheumatologie
rheu|ma|to|lo|gisch ⟨Adj.; Med.⟩ zur Rheumatologie gehörig, auf ihr beruhend
Rhe|xis ⟨f.; -; unz.; Med.⟩ Zerreißen (eines Gefäßes) [grch.]
Rh-Fak|tor ⟨m.; -s; unz.; Med.; kurz für⟩ Rhesusfaktor
rhin..., Rhin... ⟨in Zus.⟩ = rhino..., Rhino...
Rhin|al|gie *auch:* **Rhi|nal|gie** ⟨f.; -, -en; Med.⟩ Nasenschmerz [<grch. *rhis*, Gen. *rhinos* »Nase« + *algos* »Schmerz«]
Rhin|al|ler|go|se *auch:* **Rhi|nal|ler|go|se** ⟨f.; -, -n; Med.⟩ Heufieber, Heuschnupfen [<*Rhino...* + *Allergose*]
Rhi|ni|tis ⟨f.; -, -ti|den; Med.⟩ Entzündung der Nasenschleimhaut [<grch. *rhis*, Gen. *rhinos* »Nase«]
rhi|no..., Rhi|no... ⟨vor Vokalen⟩ rhin..., Rhin... ⟨in Zus.⟩ zur Nase gehörig, nasen..., Nasen... [<grch. *rhis*, Gen. *rhinos* »Nase«]
rhi|no|gen ⟨Adj.; Med.⟩ von der Nase ausgehend, in ihr entstanden [<grch. *rhis*, Gen. *rhinos* »Nase« + *gennan* »erzeugen«]
Rhi|no|lo|gie ⟨f.; -; unz.; Med.⟩ Lehre von den Krankheiten der Nase [<*Rhino...* + *...logie*]
Rhi|no|phym ⟨n.; -s, -e; Med.⟩ knollenartige Verdickung der Nase, Knollennase [<*Rhino...* + grch. *phyma* »Geschwür«]
Rhi|no|plas|tik ⟨f.; -, -en; Med.⟩ operativer Ersatz der äußeren Nase bzw. von Teilen davon bei Verletzungen od. Nasenkorrektur, Nasenplastik
Rhi|nor|rha|gie ⟨f.; -, -n; Med.⟩ heftiges Nasenbluten

Rhi|no|skop *auch:* **Rhi|nos|kop** ⟨n.; -s, -e; Med.⟩ durch den Mund eingeführter Spiegel zum Untersuchen des hinteren Nasenraumes, Nasenspiegel [<*Rhino...* + *skopein* »schauen«]
Rhi|no|sko|pie *auch:* **Rhi|nos|ko|pie** ⟨f.; -, -n; Med.⟩ Nasenspiegelung
Rhi|no|ze|ros ⟨n.; - od. -ses, -se; Zool.⟩ **1** Nashorn **2** ⟨fig.; umg.⟩ Dummkopf, Tölpel [<lat. *rhinoceros* <grch. *rhinokeros* <*rhis*, Gen. *rhinos* »Nase« + *keras* »Horn«]
Rhi|zo|der|mis ⟨f.; -, -der|men; Bot.⟩ der Stoffaufnahme dienende Wurzelzellschicht [<grch. *rhiza* »Wurzel« + *derma* »Haut«]
Rhi|zo|id ⟨n.; -(e)s, -e; Biol.⟩ wurzelartiges Gebilde (z. B. bei Algenpilzen) [zu grch. *rhiza* »Wurzel«]
Rhi|zom ⟨n.; -s, -e; Bot.⟩ unterird. Spross, mit dessen Hilfe die damit versehenen Pflanzen überwintern können, Wurzelstock, z. B. bei Schwertlilie u. Veilchen [<grch. *rhiza* »Wurzel«]
Rhi|zo|pho|re ⟨f.; -, -n; meist Pl.; Bot.⟩ = Mangrove [<grch. *rhiza* »Wurzel« + *...phor²*]
Rhi|zo|phyt ⟨m.; -en, -en; Bot.⟩ echte Wurzeln treibende Pflanze, z. B. Samen- od. Farnpflanzen [<grch. *rhiza* »Wurzel« + *...phyt*]
Rhi|zo|po|de ⟨m.; -n, -n; meist Pl.; Zool.⟩ Klasse einzelliger Tiere, die sich durch Scheinfüßchen fortbewegen, Wurzelfüßer [<grch. *rhiza* »Wurzel« + *...pode*]
Rhi|zo|sphä|re *auch:* **Rhi|zos|phä|re** ⟨f.; -, -n; Ökol.⟩ mit Wurzeln durchsetzte Bodenschicht [<grch. *rhiza* »Wurzel« + *Sphäre*]
Rh-ne|ga|tiv ⟨Adj.; Med.⟩ den Rhesusfaktor nicht aufweisend; *Ggs* Rh-positiv
...rhö ⟨in Zus.⟩ = *...rrhö*
Rho ⟨n.; - od. -s, -s; Zeichen: ρ, Ρ⟩ grch. Buchstabe
Rho|da|min *auch:* **Rho|da|min** ⟨n.; -s; unz.; Chemie⟩ lichtechter Triphenylmethanfarbstoff zum Färben von Wolle u. Seide, in der Kriminaltechnik zum Nachweis von Diebstählen, in der Papierindustrie u. zur Herstellung von Lippenstiften verwendet; →*a.* Xanthen [<grch. *rhodon* »Rose« + *Amin*]
Rho|dan|grup|pe ⟨f.; -, -n; Chemie⟩ die Molekülgruppe -SCN, die als Bestandteil vieler anorganischer Verbindungen auftritt u. mit Metallen die als Rhodanide bezeichneten Salze bildet [<lat. *rhodon* »Rose«]
Rho|da|nid ⟨n.; -s, -e; Chemie⟩ = Rhodansalz
Rho|dan|salz ⟨n.; -es, -e; Chemie⟩ mit Metallen gebildetes Salz der Rhodangruppe; *Sy* Rhodanid
Rho|de|län|der [ˈroːd-] ⟨m.; -s, -; Zool.⟩ Angehöriger einer roten bis dunkelbraunen Rasse von Haushühnern [nach *Rhode Island* benannt]
rho|di|nie|ren ⟨V.; Chemie⟩ mit Rhodium überziehen
Rho|di|um ⟨n.; -s; unz.; chem. Zeichen: Rh⟩ chem. Element, sehr hartes, platinähnl. Metall, Ordnungszahl 45 [<grch. *rhodon* »Rose«]
Rho|do|chro|sit ⟨[-kro-] m.; -en, -en; Min.⟩ Mineral, Manganspat, Himbeerspat, chem. Mangancarbonat
Rho|do|den|dron *auch:* **Rho|do|den|dron** ⟨n. od. m.; -s, -den|dren; Bot.⟩ einer immergrünen Gattung der Heidekrautgewächse angehörender Strauch od. kleiner Baum mit prächtigen Blüten, Alpenrose [<grch. *rhodon* »Rose« + *dendron* »Baum«]
Rho|do|phy|ze|en ⟨Pl.; Bot.⟩ rot bis violett gefärbte, hoch entwickelte Algen des Meer- u. vereinzelt des Süßwassers, Purpuralgen, Rotalgen: Rhodophyceae [<grch. *rhodon* »Rose« + *...phyzee*]
rhom|bisch ⟨Adj.; Geom.⟩ die Form eines Rhombus besitzend, in Form eines Rhombus (dargestellt)
Rhom|bo|eder ⟨n.; -s, -; Geom.⟩ von sechs Rhomben gebildeter Körper, von denen je zwei in parallelen Ebenen liegen
Rhom|bo|id ⟨n.; -(e)s, -e; Geom.⟩ ungleichseitiges, schiefwinkliges Parallelogramm [<*Rhombus* + *...id*]
Rhom|bus ⟨m.; -, Rhom|ben; Geom.⟩ schiefwinkliges Parallelogramm mit gleichen Seitenpaaren [<grch. *rhombos*, eigtl. »Umdrehung«]
Rho|ta|zis|mus ⟨m.; -, -zis|men; Sprachw.⟩ Wechsel zwischen stimmhaftem s u. r in Wörtern mit verwandter Wurzel, z. B. »gewesen« u. »waren« [<grch. *rhotakismos*, nach dem grch. Buchstaben *rho* »r«]
Rh-po|si|tiv ⟨Adj.; Med.⟩ den Rhesusfaktor besitzend; *Ggs* Rh-negativ
Rhyn|cho|te ⟨[-ˈçoː-] m.; -n, -n; meist Pl.; Zool.⟩ Blut od. Pflanzensaft saugendes Insekt mit schnabelartigem Mundwerkzeug, Schnabelkerfe [<grch. *rhynchos* »Rüssel, Schnauze«]
Rhy|o|lith ⟨m.; -s od. -en, -e od. -en; Min.⟩ meist helles Gemenge von Alkali-Feldspat u. Quarz mit saurem Plagioklas, das zu Werksteinen, Pflastern, Schotter u. Splitt verarbeitet wird; *Sy* Liparit [<grch. *rhyax* »Lavastrom« + *...lith*]
Rhythm and Blues ⟨[ˈrɪðəm ənd bluːz] m.; - - -; unz.; Musik⟩ stark rhythmisierte Bluesmusik der amerikan. Schwarzen [engl., »Rhythmus und Blues«]
Rhyth|men ⟨Pl. von⟩ Rhythmus
Rhyth|mik ⟨f.; -; unz.⟩ **1** Lehre von Rhythmus u. rhythmischer Bewegung **2** = rhythmische Gymnastik
Rhyth|mi|ker ⟨m.; -s, -⟩ Kenner der Rhythmik, moderner Musiker, der das rhythm. Element bes. betont
rhyth|misch ⟨Adj.⟩ **1** den Rhythmus, die Rhythmik betreffend, auf ihnen beruhend, in gleichen zeitl. Abständen erfolgend **2** ~*e Gymnastik* Umsetzung von musikal. Rhythmen in schwingende, natürl. Bewegungen zur harmon. Durchbildung des Körpers
rhyth|mi|sie|ren ⟨V.⟩ in einen Rhythmus bringen
Rhyth|mus ⟨m.; -, Rhyth|men⟩ **1** absichtlich gestaltete, in gleichen zeitlichen Abständen wiederkehrende Gliederung von Elementen der Tonstärke, -höhe u. Bewegung in Tanz, Musik u. Sprache; ~ *eines Tan-*

gos, Verses; freie Rhythmen reimlose, durch kein bestimmtes Versmaß u. nicht an eine Strophenform gebundene, stark rhythmisch bewegte Verszeilen **2** ⟨bildende Kunst⟩ Gliederung eines Kunstwerkes durch gleichmäßig wiederholte, gleiche od. ähnl. Formen **3** regelmäßige Wiederkehr von Vorgängen; *der ~ der Gezeiten, des Herzens* [<lat. *rhythmus* <grch. *rhythmos* »geregelte Bewegung, Zeitmaß, Gleichmaß«]

Rhyth|mus|gi|tar|re ⟨f.; -, -n; Musik⟩ Gitarre, die in einer Band den Beat erzeugt; →*a.* Leadgitarre

Rhyth|mus|gi|tar|rist ⟨m.; -en, -en; Musik⟩ Gitarrist, der die Rhythmusgitarre spielt; →*a.* Leadgitarrist

Rhyth|mus|grup|pe ⟨f.; -, -n; Musik⟩ aus Instrumenten bestehende Gruppe, die im Gegensatz zur melodieführenden Gruppe nur den Rhythmus eines Musikstückes erzeugen (z. B. bes. im Jazz das Schlagzeug, Percussion, Rhythmusgitarre, Bassgitarre u. Piano)

Rhy|ti|dek|to|mie *auch:* **Rhy|ti|dek|to|mie** ⟨f.; -, -n; Med.⟩ kosmetische Operation zur Beseitigung von Hautfalten im Gesicht [<grch. *rhytis* »Falte« + *Ektomie*]

Ria ⟨f.; -, -s; Geogr.⟩ = Riasküste

Ri|al ⟨m.; -, -s; Abk.: Rl⟩ iran. Münze, 100 Dinár [pers.]

Ri|as|küs|te ⟨f.; -, -n; Geogr.⟩ fjordartige, durch Senkung des Strandes entstandene Küste; *Sy* Ria [<span. *ria* »Flussmündung« + *Küste*]

Ri|bat|tu|ta ⟨f.; -, -tu|ten; Musik⟩ in ungleichem Rhythmus einsetzender trillerähnlicher Wechsel zwischen einer Note u. ihrer oberen Nebennote [<ital. *ribattuta(di gola)* »das Zurückschlagen (der Kehle)«]

Ri|bi|sel ⟨f.; -, -n; österr.⟩ = Ribisl

Ri|bisl ⟨f.; -, -n; österr.⟩ Johannisbeere; *oV* Ribisel [<arab. *ribas* »sauer schmeckende Pflanze«, *Rheum ribes* (die man fälschlich für unseren Johannisbeerstrauch hielt)]

Ri|bo|fla|vin ⟨[-vi:n] n.; -s, -e; Biochemie⟩ gelber organischer Naturstoff, Faktor des Vitamin-B$_2$-Komplexes; *Sy* Laktoflavin [<*Ribose* + lat. *flavus* »gelb«]

Ri|bo|nu|kle|in|säu|re *auch:* **Ri|bo|nu|kle|in|säu|re** ⟨f.; -, -n; Abk.: RNA, RNS; Biochemie⟩ im Protoplasma der Zellen befindlicher Stoff, der wesentlich an der Synthese der Eiweiße beteiligt ist

Ri|bo|se ⟨f.; -, -n; Biochemie⟩ Zuckerart mit fünf Sauerstoffatomen, wichtiger Bestandteil der Nukleinsäuren [durch Buchstabenvertauschung <*Arabin* »fester Bestandteil des Gummiarabikums«]

Ri|bo|som ⟨n.; -s, -en; meist Pl.; Biochemie⟩ nur mit dem Elektronenmikroskop sichtbare, aus Ribonukleinsäure u. Eiweiß bestehende Körnchen in den Zellen, Orte der Eiweiß-Biosynthese [<*Ribose* + *Soma*]

Ri|cer|car ⟨[-tʃɛr-] n.; -s, -ca|ri; Musik⟩ = Ricercare

Ri|cer|ca|re ⟨[-tʃɛr-] n.; -s, -ca|ri; Musik⟩ Instrumentalstück im 16. Jh. mit einer Folge von Imitationen, Vorform der Fuge; *oV* Ricercar [ital., »aufsuchen«]

Ri|che|lieu|sti|cke|rei ⟨[rɪʃəljø:-] f.; -, -en⟩ Weißstickerei, bei der Muster ausgeschnitten u. durch Stäbchen verbunden werden [nach dem frz. Kardinal *Richelieu*, 1585-1642]

Rich|ter|ska|la *auch:* **Rich|ter-Ska|la** ⟨f.; -; unz.⟩ nach oben offene Skala zum Messen der Stärke von Erdbeben [nach dem amerikan. Seismologen C. F. *Richter*, 1900-1985]

Ri|cin ⟨n.; -s, -e; Biochemie⟩ stark giftiges Protein aus der Ricinusstaude; *oV* Rizin

Ri|ckett|sie ⟨[-sjə] f.; -, -n; Med.⟩ Angehörige einer Gruppe bakterienähnl., geißelloser, stäbchenförmiger Organismen, die nur in lebenden Zellen wachsen, Erreger von Fleckfieber u. a. Krankheiten [nach dem US-amerikan. Pathologen H. Taylor *Ricketts*, 1871-1910]

Ri|ckett|si|o|se ⟨f.; -, -n; Med.⟩ Infektionskrankheit, die durch Rickettsien hervorgerufen u. bes. durch Läuse, Flöhe, Zecken u. Milben übertragen wird

Ri|deau ⟨[rido:] m.; -s, -s; schweiz.⟩ Vorhang [frz.]

ri|di|kül ⟨Adj.; veraltet⟩ lächerlich [<frz. *ridicule*]

Ri|di|kül ⟨M. od. n.; -s, -e; veraltet⟩ Handarbeitsbeutel, Handtäschchen; *oV* Retikül [<frz. *réticule* »Handtäschchen« <lat. *reticulum*; Verkleinerungsform zu *rete* »Netz«]

rien ne va plus ⟨[riɛ̃: nə va ply:]⟩ es geht nichts mehr, kann nichts mehr eingesetzt werden (beim Roulette) [frz.]

Rie|sen|sla|lom ⟨m.; -s, -s; Sport⟩ Riesentorlauf, Skirennen, bei dem die Wettkämpfer einer durch Kontrolltore bestimmten Strecke zu folgen haben, Höhenunterschied für Männer 400 m, Frauen 300 m

Riff ⟨m.; -; unz.; Musik⟩ Art des Drive, kurzes, mehrmals wiederholtes, rhythmisch betontes Motiv [engl., <*refrain* »Refrain« <mfrz. *refrain* <afrz. *refreindre*; → *Refrain*]

Ri|gau|don ⟨[rigodɔ̃:] m.; -s, -s; Musik⟩ **1** heiterer prov. Volkstanz des 16. Jh. im $^2/_4$- od. $^4/_4$-Takt **2** im 18. Jh. auch Satz der Suite [frz., »alter Tanz«, nach dem Namen eines Tanzlehrers *Rigaud* (nach J.J. Rousseau)]

Rigg ⟨n.; -s, -s; Mar.⟩ = Riggung

Rig|gung ⟨f.; -, -en; Mar.⟩ Masten u. Takelung (eines Schiffes); *Sy* Rigg [engl.]

Right or wrong, my coun|try! *auch:* **Right or wrong, my country!** ⟨[raɪt ɔːr rɔŋ maɪ kʌntrɪ]⟩ Recht od. Unrecht - mein Vaterland (geht über alles) [engl.]

ri|gid ⟨Adj.⟩ = rigide

ri|gi|de ⟨Adj.⟩ steif, starr, streng; *oV* rigid [<lat. *rigidus* »starr, steif«]

Ri|gi|di|tät ⟨f.; -; unz.⟩ Starrheit, Unnachgiebigkeit, Strenge

Ri|go|le ⟨f.; -, -n; Landw.⟩ Rinne, kleiner Graben zur Entwässerung [→ *rigolen*]

ri|go|len ⟨V.⟩ *Boden ~* ⟨Landw.⟩ bis 1 m Tiefe lockern, umpflügen, umgraben; *oV* rajolen [<nddt. *riolen* »tief umpflügen, umgraben« <frz. *rigoler* »mit

Rinnen, Furchen, Gräben durchziehen«]

Ri|go|ris|mus ⟨m.; -; unz.⟩ übertriebene Strenge, Härte, Unerbittlichkeit [<lat. *rigor* »Steifheit, Härte, Unbeugsamkeit«]

ri|go|ris|tisch ⟨Adj.⟩ übertrieben streng, unerbittlich, hart

ri|go|ros ⟨Adj.⟩ **1** streng, hart, unerbittlich; ~ *vorgehen; sich* ~ *durchsetzen* **2** scharf, rücksichtslos [<mlat. *rigorosus* »streng, hart« <lat. *rigor* »Steifheit, Härte«]

Ri|go|ro|si|tät ⟨f.; -; unz.⟩ Strenge, Härte, Rücksichtslosigkeit

ri|go|ro|so ⟨Musik⟩ streng (zu spielen) [ital.]

Ri|go|ro|sum ⟨n.; -s, -ro|sa⟩ mündl. Prüfung zur Erlangung des Doktorgrades, Doktorprüfung [<lat. *rigorosum (examen)* »strenge (Prüfung)«]

Rig|ve|da ⟨[-ve:-] m.; - od. -s; unz.⟩ älteste Sammlung ind. Hymnen [<Sanskrit *Rgveda*; zu *veda* »Wissen«]

Ri|kam|bio ⟨m.; -s, -bi|en⟩ = Ritratte [ital.]

Rik|scha ⟨f.; -, -s; in Ostasien⟩ zweirädriger Wagen zur Beförderung von Personen, der von einem Mann zu Fuß od. mit Fahrrad gezogen wird; *Sy* Jinrikischa [<jap. *jinrikischa* »durch Menschen bewegter Wagen«]

Riks|mål ⟨[-mo:l] n.; - od. -s; unz.⟩ norwegische, neben dem Landsmål gültige Schriftsprache auf dänischer Grundlage [norweg., »Reichssprache«]

ri|la|scian|do ⟨[-ʃando] Musik⟩ langsamer werdend, nachlassend (zu spielen) [ital.]

Ri|mes|sa ⟨f.; -, -mes|sen; Sport; Fechten⟩ Fortsetzung eines Angriffs aus der Ausfallstellung nach einer Parade des Gegners [zu ital. *rimettere* »wiederholen«]

Ri|mes|se ⟨f.; -, -n; Bankw.⟩ **1** Geldsendung **2** in Zahlung gegebener Wechsel [<ital. *rimessa* »Übersendung«]

Ri|na|sci|men|to ⟨[-naʃi-] n.; - od. -s; unz.; ital. Bez. für⟩ Renaissance [ital., »Wiedergeburt«]

rin|for|zan|do ⟨Abk.: rf., rfz.; Musik⟩ plötzlich stärker werdend (zu spielen) [ital., »verstärkend«]

rin|for|za|to ⟨Musik⟩ plötzlich verstärkt (zu spielen) [ital., »verstärkt«]

Rin|ger|lö|sung auch: **Rin|ger-Lösung** ⟨f.; -; unz.; Pharm.⟩ stark verdünnte Lösung von Kochsalz, Kaliumchlorid, Kalziumchlorid u. Natriumhydrogenkarbonat, die als Blutersatz verwendet werden kann [nach dem engl. Pharmakologen Sidney *Ringer*, 1835-1910]

Ring|git ⟨m.; -, -⟩ malaysische Währungseinheit [malai.]

Rin|glot|te auch: **Ring|lot|te** ⟨f.; -, -n; Bot.; österr.⟩ = Reneklode

Rio ⟨als Bestandteil geograph. Namen⟩ Fluss [span., portug.]

R. I. P. ⟨Abk. für⟩ requiescat in pace

Ri|pos|te ⟨f.; -, -n; Sport; Fechten⟩ sofort ausgeführter Nachstoß nach einer Parade des Gegners, Gegenstoß [zu ital. *ripore* <lat. *reponere* »dagegensetzen, dagegenstellen«]

ri|pos|tie|ren ⟨V.; Sport; Fechten⟩ eine Riposte ausführen

Rip|per ⟨m.; -s, -; umg.⟩ Frauenmörder [engl., »Aufschlitzer«, nach Jack the *Ripper*, der Ende des 19. Jahrhunderts in London Prostituierte ermordete]

Ri|pre|sa auch: **Rip|re|sa** ⟨f.; -, -pre|sen⟩ **1** ⟨Musik⟩ Wiederholung, Wiederholungszeichen **2** ⟨Sport; Fechten⟩ ~ *d'attacco* Wiederholung eines Angriffs aus der Fechtstellung [ital., »Wiederholung«]

Rips ⟨m.; -es, -e; Textilw.⟩ geripptes Gewebe mit feiner Kette u. starkem Schuss *(Quer~)* od. mit starker Kette u. feinem Schuss *(Längs~)* [<engl. *ribs* »Rippen, Schussfäden«]

ri|pu|a|risch ⟨Adj.⟩ am Rheinufer wohnend, bes. aus der Gegend um Köln; *~e Mundart* zu den mittelfränk. Mundarten gehörende M. um Köln u. Aachen [zu lat. *ripa* »Ufer«]

Ri|sa|lit ⟨m.; -s, -e; Arch.⟩ aus der Front eines Gebäudes senkrecht in ganzer Höhe (einschließlich Dach) vorspringender Teil [<ital. *risalto* »Vorsprung«; zu *risalire* »hervorspringen«]

RISC ⟨EDV; Abk. für engl.⟩ Reduced Instruction Set Compu-

ting, Prozessor, der über einen reduzierten Befehlssatz verfügt; →*a.* CISC

Ri|si|ko ⟨n.; -s, -s od. -si|ken od. österr. a.: Ris|ken⟩ **1** Gefahr; *etwas auf eigenes* ~ *hin tun* **2** Wagnis; *ein (kein)* ~ *eingehen; (k)ein* ~ *auf sich nehmen* [<ital. *risico, risco*; zu *riscare* »Gefahr laufen, wagen« <vulgärlat. zu *risicare* »Gefahr laufen, wagen« <vulgärlat. **risicare* »Klippen umschiffen« <grch. *riza* »Wurzel, Klippe«]

Ri|si|ko|fak|tor ⟨m.; -s, -en⟩ Faktor, der ein Risiko mit sich bringt, der für jmdn. od. etwas ein Risiko bedeutet

Ri|si|ko|pa|ti|ent ⟨[-patsjɛnt] m.; -en, -en; Med.⟩ bes. gefährdeter Patient

Ri|si|ko|prä|mie ⟨[-mjə] f.; -, -n; Wirtsch.⟩ **1** im Unternehmergewinn enthaltener Gegenwert für das von einer Firma eingegangene allgemeine Unternehmerrisiko **2** Gefahrenzulage bei erhöhtem Risiko, z. B. beim Transport von Gefahrgut

Ri|si|ko|stu|die ⟨[-djə] f.; -, -n⟩ Untersuchung über die möglichen Gefahren, die von großtechnischen Anlagen für die Bevölkerung ausgehen, z. B. von großen Chemiekomplexen od. von Kernkraftwerken

Ri|si|pi|si auch: **Ri|si-Pi|si** ⟨n.; - od. -s; unz.; Kochk.⟩ venezianische Spezialität aus Reis, grünen Erbsen, klein geschnittenem Schinken u. Fleischbrühe, gewürzt mit Knoblauch, Petersilie u. Parmesankäse [<ital. *riso* »Reis« + *piselli* »Erbsen«]

ris|kant ⟨Adj.⟩ mit einem Risiko verbunden, gewagt, gefährlich; *ein ~e Unternehmung* [<frz. *risquant* »wagend, Gefahr laufend«, Part. Präs. von *risquer* »wagen«]

ris|kie|ren ⟨V.⟩ *etwas* ~ ein Risiko für etwas eingehen, auf sich nehmen, etwas wagen; *den Kopf, den Kragen, sein Leben* ~ sich in große Gefahr begeben; ⟨fig.; umg.⟩ *eine (dicke) Lippe, ein Wort* ~ *eine Meinung* offen aussprechen, auch wenn es einem schaden kann [<frz. *risquer* »wagen«; zu *risque* »Wagnis« <ital. *risco*; → *Risiko*]

Risk|ma|nage|ment ⟨[-mænɪdʒmənt] n.; - od. -s; unz.; Wirtsch.⟩ Form der Unternehmensführung, die schwere Unfälle od. Fehler vorherzusehen u. zu vermeiden sucht [<engl. *risk* »Risiko« + *Management*]

Ris|kon|tro *auch:* **Risi|kon|tro** ⟨n.; -s; unz.⟩ = Skontro [<ital. *riscontro* »gegenseitige Abrechnung«]

ri|so|lu|to ⟨Musik⟩ energisch, entschlossen (zu spielen) [ital.]

Ri|sor|gi|men|to ⟨[-dʒi-] n.; - od. -s; unz.⟩ **1** Wiederbelebung, Wiederauferstehung **2** ⟨unz.⟩ die Bestrebungen zur Einigung in Italien 1815-1870 *(nach dem Titel einer Zeitung)* [ital., »Wiedererhebung, Auferstehung«]

Ri|sot|to ⟨m.; - od. -s, -s od. österr. u. schweiz. unng. n.; -, - od. -s; Kochk.⟩ italien. Gericht aus Reis, der zusammen mit gehackten Zwiebeln in Öl angeröstet u. dann in Fleischbrühe gegart wird [ital., »Reisgericht mit Parmesankäse u. anderen Zutaten«; zu *riso* »Reis«]

Ris|pos|ta ⟨f.; -, -pos|ten; Musik⟩ die nachfolgende Stimme im Kanon u. die antwortende Stimme in der Fuge; *Ggs* Proposta [ital., »Antwort«]

Ris|to|ran|te ⟨n.; -, -ti; ital. Bez. für⟩ Restaurant

ri|stor|nie|ren ⟨V.⟩ *eine Buchung* ~ ⟨Bankw.⟩ rückgängig machen [<ital. *ristornare* »zurückwenden«]

Ris|tor|no ⟨m. od. n.; -s, -s⟩ **1** das Ristornieren **2** Vergütung (bei Seeversicherungen) [ital., »Zurückschreibung, Gegenbuchung«]

rit. ⟨Abk. für⟩ ritardando

ri|tar|dan|do ⟨Abk.: rit.; Musik⟩ langsamer werdend (zu spielen) [ital., »zögernd«]

ri|te ⟨Adv.⟩ **1** ordnungsgemäß, wie es sich gehört, richtig **2** genügend (geringstes Prädikat bei der Doktorprüfung) [lat., »den bestehenden Bräuchen gemäß«; zu *ritus* »feierlicher religiöser Brauch«]

Ri|ten ⟨Pl. von⟩ Ritus

ri|ten. ⟨Musik; Abk. für⟩ ritenuto

ri|te|nu|to ⟨Abk.: riten.; Musik⟩ zurückhaltend, zurückgehalten, verlangsamt (zu spielen) [ital., »zurückhaltend«]

Ri|tor|nell ⟨n.; -s, -e; Musik⟩ **1** Form des ital. Volksliedes in Strophen zu drei metrisch verschiedenen Zeilen, deren erste u. dritte sich reimen **2** ⟨17./18. Jh.⟩ immer wiederkehrendes instrumentales Zwischenspiel zwischen den Strophen eines Liedes od. einer Arie **3** ⟨im Instrumentalkonzert⟩ homophones Vor-, Zwischen- u. Nachspiel [<ital. *ritornello* »wiederholter Vers, wiederholte Strophe«]

Ri|tratte ⟨f.; -, -n; Bankw.⟩ Rückwechsel, Wechsel, den der Gläubiger über den Betrag seiner Forderung an den Regressaten ausstellt; *Sy* Rikambio [ital., »Zurückziehung, Rückwechsel«]

ri|tu|al ⟨Adj.⟩ = rituell

Ri|tu|al ⟨n.; -s, -e od. -li|en⟩ Gesamtheit der Riten (eines Kultes) [<lat. *ritualis* »dem religiösen Brauch entsprechend«; zu *ritus* »feierlicher religiöser Brauch«]

Ri|tu|a|le Ro|ma|num ⟨n.; - -; unz.⟩ Buch, das die Vorschriften für die Riten der röm.-kath. Kirche enthält [lat., »röm. Ritual«]

ri|tu|a|li|sie|ren ⟨V.⟩ zum Ritual machen

Ri|tu|a|li|sie|rung ⟨f.; -, -en⟩ **1** das Ritualisieren **2** Übernahme von Instinkthandlungen eines Verhaltensbereichs in ein anderes Verhalten mit Signalfunktion bei artgleichen Tieren

Ri|tu|a|lis|mus ⟨m.; -; unz.; Rel.⟩ Bewegung in der anglikan. Kirche mit dem Bestreben, den kath. Kult wieder einzuführen; →*a.* Ritus [zu lat. *ritualis* »dem relig. Brauch entsprechend«]

Ri|tu|a|list ⟨m.; -en, -en⟩ Anhänger, Vertreter des Ritualismus

Ri|tu|al|mord ⟨m.; -(e)s, -e⟩ Tötung eines Menschen im Rahmen einer kult. Veranstaltung

ri|tu|ell ⟨Adj.⟩ zum Ritus gehörend, auf ihm beruhend; *oV* ritual [<frz. *rituel* »rituell« <lat. *ritualis* »dem religiösen Brauch entsprechend«; →*ritual*]

Ri|tus ⟨m.; -, Ri|ten⟩ **1** religiöser Brauch, kult. Handlung **2** Gesamtheit der Bräuche bei einem Gottesdienst **3** regelmäßig sich wiederholender Ablauf, Brauch, Gewohnheit [lat., »feierlicher religiöser Brauch«]

Ri|va|le ⟨[-va:-] m.; -n, -n⟩ Nebenbuhler, Mitbewerber [<frz. *rival* <lat. *rivalis*, eigtl. »an der Nutzung des Wassers nicht berechtigt, Bachnachbar«; zu *rivus* »Wasserrinne, Bach«]

Ri|va|lin ⟨[-va:-] f.; -, -in|nen⟩ Nebenbuhlerin, Mitbewerberin

ri|va|li|sie|ren ⟨[-va-] V.⟩ sich mitbewerben, wetteifern; *mit jmdm.* ~ [<frz. *rivaliser* »rivalisieren«; →*Rivale*]

Ri|va|li|tät ⟨[-va-] f.; -, -en⟩ Nebenbuhlerschaft [<frz. *rivalité* »Rivalität«; →*Rivale*]

Ri|ver|boat|shuffle *auch:* **Ri|ver|boat|shuf|fle** ⟨[rɪvə(r)boutʃəfəl] f.; -, -s⟩ Vergnügungsfahrt mit Musik auf einem Dampfer [<engl. *riverboat* »Flussboot« + *shuffle* »Tanz (mit schlurfenden Schritten)«]

Ri|vol|gi|men|to ⟨[-voldʒi-] n.; - od. -s; unz.; Musik⟩ Vertauschung od. Versetzung der Stimmen im doppelten Kontrapunkt [ital., »Umdrehung, Umkehrung«]

Ri|yal *auch:* **Riy|al** ⟨m.; -s, -s od. (bei Zahlenangaben) -⟩ Währungseinheit in Saudi-Arabien

Ri|zin ⟨n.; -s, -e; Biochemie⟩ = Ricin

Ri|zi|nus ⟨m.; -, - od. -se; Bot.⟩ tropisches, schnell wachsendes Wolfsmilchgewächs, Wunderbaum [<*ricinus* »Zecke« (weil der Same der Zecke ähnelt)]

Ri|zi|nus|öl ⟨n.; -s, -e⟩ aus den Rizinussamen gewonnenes Öl, das als starkes Abführmittel u. in der chem. Industrie verwendet wird

r.-k. ⟨österr.; Abk. für⟩ römisch-katholisch

RI ⟨Abk. für⟩ Rial

Rn ⟨chem. Zeichen für⟩ Radon

RNA ⟨Biochemie; engl. Abk. für⟩ Ribonukleinsäure [<engl. *ribonucleic acid*]

RNS ⟨Biochemie; Abk. für⟩ Ribonukleinsäure

Road|blo|cking ⟨[roud-] n.; - od. -s, -s⟩ Blockierung, Verhinderung eines Plans, Vorhabens o. Ä. [<engl. *roadblock*, eigtl. »Straßensperre«]

Roa|die ⟨[rou̯dɪ] m.; -s, -s⟩ jmd., der berufsmäßig für den Transport, Auf- u. Abbau der technischen Ausrüstung einer Popgruppe zuständig ist [engl.]

Road|ma|na|ger ⟨[rou̯dmænɪdʒə(r)] m.; -s, -⟩ jmd., der die Verantwortung für Transport, Auf- u. Abbau der techn. Ausrüstung während der Konzerttournee einer Popgruppe trägt [<engl. *road* »Straße« + *Manager*]

Road|mo|vie ⟨[rou̯dmuːvi] m. od. n.; -s, -s; Film⟩ Filmgenre, in dem die Protagonisten Abenteuer od. Konflikte während einer (oft ziellosen) längeren Autofahrt durchleben [<engl. *road* »Straße« + *movie* »Film«]

Road|show ⟨[rou̯dʃou̯] f.; -, -s⟩ Werbekampagne, die mit entsprechend ausgestatteten Fahrzeugen u. einem Werbeteam von Ort zu Ort zieht, um für ein bestimmtes Produkt, eine Partei o. Ä. zu werben [engl., »Straßenschau«]

Road|ster *auch:* **Roads|ter** ⟨[rou̯dstə(r)] m.; -s, -; Kfz⟩ offener, zweisitziger Personenkraftwagen [engl., »offener Tourenwagen, Sportzweisitzer«; zu *road* »Landstraße«]

roa|men ⟨[rou̯-] V.⟩ hin- u. hersenden, weiterleiten (innerhalb der Mobilfunknetze); *Anrufe von Handykunden über die Netze zurück nach Deutschland* ∼ [<engl. *roam* »umherstreifen, durchziehen«]

Roa|ring Twen|ties ⟨[rɔːrɪŋ twɛntiːz] Pl.⟩ = Golden Twenties

Roast|beef ⟨[rou̯stbiːf] n.; -s, -s⟩ nicht ganz durchgebratenes Rindsfilet [<engl. *roast beef* »Rinderbraten«]

Rob|ber ⟨m.; -s, -; Bridge u. Whist⟩ Spiel, zu dessen Abschluss der zweimalige Gewinn einer Partei gehört; *oV* Rubber [<engl. *robber* »Robber«]

Ro|be ⟨f.; -, -n⟩ **1** Amtstracht der Richter, Anwälte, Professoren, Geistlichen **2** Gesellschafts-, Abendkleid; *in feierlicher, großer* ∼ *erscheinen* **3** ⟨scherzh.⟩ (neues) Kleid; *sich in einer neuen* ∼ *zeigen* [frz., »Gewand, Kleid« <fränk. **rauba*, »erbeutetes (Kleid)«]

Ro|bi|nie ⟨[-njə] f.; -, -n⟩ falsche Akazie, einer Gattung der Schmetterlingsblütler angehörender Strauch od. Baum mit gefiederten Blättern u. weißen duftenden Blüten in Trauben: Robinia [nach dem frz. Botaniker J. *Robin*, † 1629]

Ro|bin|so|na|de ⟨f.; -, -n⟩ **1** Roman in der Art des Robinson Crusoe **2** Abenteuer eines Schiffbrüchigen [nach dem Helden des Abenteuerromans *Robinson Crusoe* von dem Engländer Daniel Defoe, 1719]

ro|bo|rie|rend ⟨Adj.; Med.⟩ stärkend, kräftigend (von Stoffen wie Vitaminen u. Traubenzucker) [<lat. *roborare* »kräftigen, stärken«]

ro|bo|ten ⟨[rɔbɔtən] V.; umg.⟩ schwer arbeiten, schuften [<mhd. *robaten, roboten* <tschech., poln. *robota* »Fronarbeit, Zwangsdienst«]

Ro|bo|ter ⟨m.; -s, -⟩ **1** künstlicher Mensch, Automat, der (ferngesteuert) bestimmte Tätigkeiten ausführt **2** ⟨fig.; umg.⟩ Schwerarbeiter [→ *roboten*]

ro|bo|te|ri|sie|ren ⟨V.⟩ Handlungen u. Vorgänge durch Roboter aus- u. durchführen lassen, automatisieren; *oV* robotisieren

ro|bo|ti|sie|ren ⟨V.⟩ = roboterisieren

ro|bust ⟨Adj.⟩ kräftig, derb, stark; *der Wagen ist äußerst* ∼; *eine* ∼*e Natur haben* [<lat. *robustus* »stark, kräftig«]

Ro|caille ⟨[rɔkaːj(ə)] n. od. f.; -, -s; im Rokoko⟩ Ornament aus Muscheln u. Steinen [frz., »Muschelwerk, Muschelvezierung«; → *Rokoko*]

Ro|cha|de ⟨[-xaː-] od. [-ʃaː-] f.; -, -n⟩ **1** ⟨Schachspiel⟩ doppelter Zug von König u. einem Turm **2** ⟨Sport⟩ Stellungswechsel der Spieler [→ *rochieren*]

Ro|chett ⟨[rɔʃɛt] n.; -s, -s⟩ Chorhemd (höherer kath. Geistlicher) [<frz. *rochet* »Chorhemd«]

ro|chie|ren ⟨[-xiː-] od. [-ʃiː-] V.⟩ eine Rochade ausführen [<frz. *roquer*]

Ro|chus ⟨m.; in der Wendung⟩ *auf jmdn. einen* ∼ *haben* auf jmdn. sehr wütend, böse sein [rotw. <jidd. *roges* »Zorn«]

Rock ⟨m.; -s od. -; unz.; Musik; kurz für⟩ Rock and Roll, Rockmusik; ∼ *spielen, tanzen*

Rock|a|bil|ly *auch:* **Ro|cka|bil|ly** ⟨[rɔkəbɪli] m.; -s; unz.; Musik⟩ amerikanischer Musikstil der 50er Jahre, der durch die Kombination von Rock und Roll u. Hillbillymusic geprägt ist [<*Rock* + *Hillbillymusic*]

Rock and Roll ⟨[rɔknrɔːl] m.; - - -; unz.; Musik⟩ **1** in den 50er Jahren in den USA aus Rythm and Blues u. Countrymusic entwickelter Musikstil mit schnellem Tempo u. starker Rhythmik **2** der Tanz dazu, stark synkopiert u. im 4/4-Takt; *oV* Rock 'n' Roll [engl., »wiegen und rollen«]

ro|cken ⟨V.; Musik⟩ Rock and Roll tanzen od. spielen

Ro|cker ⟨m.; -s, -⟩ Mitglied einer zu Gewalttätigkeiten neigenden Bande von Jugendlichen, die in Lederkleidung u. mit Motorrädern auftritt [engl., »Schaukelpferd«]

Rock|mu|si|cal ⟨[rɔkmjuːzɪkəl] n.; -s, -; Musik⟩ Musical, das aus Stücken der Rockmusik besteht, z. B. Starlight Express

Rock|mu|sik ⟨f.; -; unz.; Musik⟩ Musikstil, der sich aus Rock and Roll, Rhythm and Blues u. Blues entwickelt hat

Rock 'n' Roll ⟨[rɔknrɔːl] m.; - - -; unz.; Musik⟩ = Rock and Roll

Ro|den|ti|zid ⟨n.; -s, -e⟩ Mittel zur Bekämpfung schädlicher Nagetiere [<lat. *rodere* »(be)nagen« + ...*zid*[1]]

Ro|deo ⟨m. od. n.; -s, -s⟩ Wettkampf der Cowboys in den USA, bei dem es gilt, wilde Pferde zuzureiten [span., »Zusammentreiben (des Viehs)« <*rodear* »umzingeln, zusammentreiben« <*rueda* »Rad« <lat. *rota* »Rad«]

Ro|do|mon|ta|de ⟨f.; -, -n; veraltet⟩ Aufschneiderei, Prahlerei [<ital. *rodomontata* nach *Rodomonte*, einem großtuenden riesenhaften Helden in den ital. Roland-Epen (z. B. in Ariosts »Rasendem Roland«), eigtl. »Bergwälzer« <lombard. *rodare* »wälzen« + ital. *monte* »Berg«]

Ro|don|ku|chen ⟨[-dɔː-] m.; -s, -; Kochk.⟩ Napfkuchen [<frz.

Rodonkuchen

853

Rogate

raton »Art Käsekuchen«; zu mndrl. *rooste* »Rost«]

Ro|ga|te ⟨ohne Artikel⟩ fünfter Sonntag nach Ostern [lat., »bittet«, nach dem Eingangswort der Messe aus Joh. 16,24]

Ro|ga|ti|on ⟨f.; -, -en; veraltet⟩ Fürbitte [<lat. *rogatio* »Frage, Anfrage, Bitte«; zu *rogare* »fragen, ersuchen, bitten«]

ro|ger ⟨[rɔdʒə(r)] Adj.; bes. Funkw.⟩ verstanden!, in Ordnung! [engl.]

Ro|ko|ko ⟨a. [-'--] od. österr. [--'-] n. od. m.; -s; unz.; Kunst⟩ auf das Barock folgender Stil im 18. Jh., der durch zierliche, heitere, beschwingte Formen, bes. Rocaillen (daher der Name), gekennzeichnet ist [<frz. *rococo* (Pariser Künstlerjargon des 19. Jh. zur Verspottung der Zierweise des 18. Jh.) <*rocaille* »Geröll, aufgehäufte Steine, Grotten, Muschelwerk«; zu *roc* »Felsen«]

Rol|ler|blade® ⟨[roʊlə(r)bleɪd] m.; -s, -s; meist Pl.⟩ Rollschuh mit vier in einer Reihe hintereinander angeordneten Rollen; →a. Inlineskates [<engl. *roll* »Rolle; rollen« + *blade* »Klinge; Kufe«]

Rol|ler|bla|ding ⟨[roʊlə(r)bleɪ-] n.; - od. -s; unz.⟩ Rollschuhlaufen mit Rollerblades

Rol|ler|skate ⟨[roʊlə(r)skeɪt] m.; -s, -s⟩ Rollschuh mit (grellfarbigen) Schuhen, Diskoroller [engl., »Rollschuh«]

Rol|ler|ska|ting ⟨[roʊlə(r)skeɪ-] n.; - od. -s; unz.⟩ Rollschuhlaufen mit Rollerskates [engl.]

rol|lie|ren ⟨V.⟩ **1** = roulieren **2** nach einem bestimmten Schema regelmäßig wechseln, abwechseln [eindeutschende Bildung zu *roulieren*]

Rol|lo ⟨a. [-'-] n.; -s, -s⟩ = Rouleau

Roll-on-/Roll-off-Trans|port ⟨[roʊlɔn-] m.; -(e)s, -e; Kurzwort: RoRo-Transport⟩ Beförderungsverfahren für sperrige od. schwere Güter, die auf LKW geladen, mit diesen von Binnenschiffen aufgenommen u. weiterbefördert u. dann vom LKW an das Ziel gebracht werden [<engl. *roll on* »roll an« + *roll off* »roll weg«]

Roll|over *auch:* **Roll-over** ⟨[-oʊvə(r)] m.; -s od. -, -⟩ **1** Umschlagen ins Gegenteil, Umkehrung eines Ereignisses **2** doppelte Gewinnprämie bei Lotteriespielen **3** ⟨Wirtsch.⟩ **3.1** übergangsloser Transfer von Fonds aus einer Investition in eine andere **3.2** (kurz für) Roll-over-Kredit [zu engl. *roll over* »sich herumdrehen«]

Roll-over-Kre|dit ⟨[-oʊvə(r)-] m.; -(e)s, -e; Wirtsch.⟩ ein mittelbis langfristiger Kredit aus dem europäischen Geldmarkt, dessen Zinssatz periodisch an dem Markt angepasst wird; *Sy* Rollover (3.2)

Rolls-Royce® ⟨[roʊlzrɔɪs] m.; -, -; Kfz⟩ engl. Luxuslimousine [nach den Gründern der Automobilfabrik, Charles Stewart *Rolls* + Henry *Royce*]

Rom ⟨m.; -s, Ro|ma⟩ Angehöriger einer bes. in Südosteuropa beheimateten Gruppe eines aus Indien stammenden Volkes (ersetzt das als Diskriminierung empfundene Wort »Zigeuner« als Selbstbezeichnung) [Zigeunerspr., »Mensch«]

ROM ⟨EDV; Abk. für engl.⟩ Read Only Memory, ein Festwertspeicher für EDV-Anlagen, der nur über einen Reihenfolgenzugriff verfügt, eingegebene Daten können nur wieder gelesen, aber nicht mehr verändert werden [engl.]

Ro|ma|dur ⟨österr. [--'-] m.; - od. -s; unz.⟩ stangenförmiger, gereifter Weichkäse aus Schafod. Kuhmilch von Limburger Art [<frz. *romatour*]

Ro|man ⟨m.; -s, -e; Lit.⟩ **1** literar. Großform, umfangreicher in Prosa abgefasster, meist fiktionaler Text; *historischer, satirischer, utopischer* ~ **2** ⟨fig.⟩ abenteuerliche od. ereignisreiche Begebenheit; *sein Leben war ein* ~*; erzähl doch keine* ~*e!* ⟨fig.; umg.⟩ fasse dich kürzer! [frz., »Roman« <afrz. *romanz* <vulgärlat. *romanice* »auf romanische Art, in romanischer (d. h. nicht klassisch-lat.) Sprache«; zu lat. *Romanus* »römisch, romanisch«]

Ro|man|ci|er ⟨[rɔmɑ̃sje:] m.; -s, -s; Lit.⟩ Romanschriftsteller [frz.]

Ro|ma|ne ⟨m.; -n, -n⟩ Angehöriger eines Volkes mit einer romanischen Sprache [<lat. *Romanus* »römisch«; zu *Roma* »Rom«]

ro|ma|nesk ⟨Adj.⟩ **1** in der Art des Romans in Sprache od. Schrift breit u. detailliert ausgeführt; *sein Bericht über den Ausflug war sehr* ~ **2** nicht ganz der Realität u. Wahrheit entsprechend; *der Zeitungsartikel hat* ~*e Züge*

Ro|ma|ni ⟨n.; -; unz.⟩ Zigeunersprache

Ro|ma|nia ⟨f.; -; unz.⟩ Gesamtheit der Gebiete, in denen roman. Sprachen gesprochen werden

Ro|ma|nik ⟨f.; -; unz.; Kunst; bes. Arch.⟩ Stil der europäischen Kunst (etwa 1000-1250) mit (in der Baukunst) römischen Elementen [→ *romanisch*]

ro|ma|nisch ⟨Adj.⟩ **1** die Romanen betreffend, zu ihnen gehörig **2** zur Romanik gehörend, aus ihr stammend; ~*e Sprachen* aus dem Vulgärlateinischen entstandene Sprachen, z. B. Französisch, Italienisch, Spanisch, Rumänisch [<lat. *Romanus* »Römer, römisch«; zu *Roma* »Rom«]

ro|ma|ni|sie|ren ⟨V.⟩ mit romanischem Gedankengut durchsetzen, nach romanischer Art gestalten

Ro|ma|nis|mus ⟨m.; -; unz.; Mal.⟩ Richtung in der niederländ. Malerei im 16. Jh., die sich bes. eng an die italien. Kunst anschloss

Ro|ma|nist ⟨m.; -en, -en⟩ **1** Kenner, Lehrer, Student einer od. mehrerer roman. Sprachen u. Literaturen **2** Anhänger, Vertreter des Romanismus **3** Kenner, Lehrer des römischen Rechts

Ro|ma|nis|tik ⟨f.; -; unz.⟩ **1** Lehre von den roman. Sprachen u. Literaturen **2** Lehre des römischen Rechts

Ro|ma|nis|tin ⟨f.; -, -tin|nen⟩ **1** Kennerin, Lehrerin, Studentin einer od. mehrerer roman. Sprachen u. Literaturen **2** Kennerin, Lehrerin des römischen Rechts

ro|ma|nis|tisch ⟨Adj.⟩ **1** zur Romanistik gehörend **2** zum römischen Recht gehörend

Ro|man|tik ⟨f.; -; unz.⟩ **1** ⟨Kunst; Lit.; Musik⟩ die geistigen Kräfte u. das Gefühl betonende künstler.-philosoph. Bewegung in Europa, bes. in Deutschland zwischen 1794 u. etwa 1830 **2** ⟨fig.⟩ Hang zum Träumerischen, Abenteuerlichen, Fantastischen; *die ~ eines Bildes, einer Landschaft, einer Schilderung* **3** das Träumerische, Abenteuerliche, Fantastische selbst; *er hat keinen Sinn für ~* [→ *romantisch*]

Ro|man|ti|ker ⟨m.; -s, -⟩ **1** Anhänger, Vertreter der Romantik **2** ⟨fig.⟩ träumerischer, fantasievoller, schwärmerischer Mensch

Ro|man|ti|ke|rin ⟨f.; -, -rin|nen⟩ **1** Anhängerin, Vertreterin der Romantik **2** ⟨fig.⟩ träumerische, fantasievolle, schwärmerische weibl. Person

ro|man|tisch ⟨Adj.⟩ **1** ⟨urspr.⟩ romanhaft **2** zur Romantik gehörend, aus ihr stammend **3** ⟨fig.⟩ träumerisch, schwärmerisch, fantastisch, unwirklich **4** malerisch, wild; *~e Landschaft* [<frz. *romantique*, zunächst »dem Geist der mittelalterl. Ritterdichtung gemäß, romanhaft«, beeinflusst von engl. *romantic* (frz. *romantique*) »poetisch, fantastisch, stimmungsvoll, malerisch«]

ro|man|ti|sie|ren ⟨V.⟩ mit romantischen Elementen durchsetzen, romantisch machen, im Sinne der Romantik gestalten

Ro|man|ti|zis|mus ⟨m.; -; unz.⟩ Nachahmung der Romantik

ro|man|ti|zis|tisch ⟨Adj.⟩ den Romantizismus betreffend, auf ihm beruhend, aus ihm stammend

Ro|mantsch ⟨n.; -; unz.⟩ = Romauntsch

Ro|man|ze ⟨f.; -, -n⟩ **1** ⟨Lit.⟩ aus Spanien stammende (14. Jh.), volkstümliche, episch-lyrische Dichtung in vierzeiligen Strophen mit acht- od. später vierhebigem trochäischen Versmaß **2** ⟨Musik⟩ seit Ende des 18. Jh. zuerst in Frankreich aufkommendes strophisches Gesangsstück (für ein od. zwei Singstimmen u. Klavier), später stimmungsvolles Instrumentalstück **3** ⟨fig.; umg.⟩ Liebesabenteuer [<span. *romance* »episch-lyrisches Gedicht in frischem Volkston« <afrz. *romanz*; → *Roman*]

Ro|man|ze|ro ⟨m.; -s, -s⟩ span. Romanzensammlung [<span. *romancero* »Romanzensammlung«; → *Romanze*]

Ro|maunsch ⟨n.; -; unz.⟩ = Romauntsch

Ro|mauntsch ⟨n.; -; unz.⟩ Mundart der rätoroman. Sprache; *oV* Romaunsch [westräatoroman., »das Bündnerromanische« <lat. *Romanus* »römisch, romanisch«]

Ro|meo ⟨m.; -s, -s⟩ ⟨sentimentaler⟩ Liebhaber; *er spielt heute wieder ganz den ~* ⟨scherzh.⟩ [nach dem Drama »*Romeo und Julia*« von W. Shakespeare]

rö|misch-ka|tho|lisch ⟨Adj.; Abk.: röm.-kath.; österr.: r.-k.; Theol.⟩ zur kath. Kirche des Abendlandes gehörig

röm.-kath. ⟨Theol.; Abk. für⟩ römisch-katholisch

Rommé / Rommee (*Laut-Buchstaben-Zuordnung*) Diakritische Zeichen in Fremdwörtern können durch unmarkierte Buchstaben ersetzt werden. Dies gilt auch für das aus dem Französischen entlehnte »é«, das eine Vokallänge kennzeichnet, die im Deutschen durch die Doppelung des entsprechenden Vokals gekennzeichnet wird (→ a. Exposé / Exposee).

Rom|mé ⟨a. [-méː] n.; -s; unz.; Kart.⟩ = Rommee

Rom|mee ⟨a. [-méː] n.; -s; unz.; Kart.⟩ ein Kartenspiel mit französ. Karten; *oV* Rommé, ⟨österr.⟩ Rummy [<engl. *rummy*]

Ron|de ⟨a. [rɔ̃ːdə] f.; -, -n; veraltet⟩ **1** nächtl. Rundgang zur Überprüfung der Wachen **2** der diesen Rundgang ausführende Offizier mit seiner Gruppe [frz., »Runde, Kontrollgang«]

Ron|deau ⟨[rɔ̃dóː] n.; -s, -s⟩ **1** ⟨Musik⟩ aus zum Rundtanz gesungenen Lied entwickeltes, auf zwei Reime endendes Gedicht aus drei Versen mit je fünf Zeilen, wobei der Anfang der 1.Zeile des 1.Verses als Refrain für den 2. u. 3. Vers dient **2** ⟨österr.⟩ = Rondell [frz., »Ringelgedicht, Rondo«]

Ron|dell ⟨n.; -s, -e⟩ **1** rundes, mit Zierpflanzen besetztes Beet; *oV* Rundell **2** runder Turm (einer Festung) **3** kreisrunder Weg in einem Garten [<frz. *rondelle* »runder Gegenstand« <vulgärlat. **rotundella* »Kügelchen, runder Gegenstand« <lat. *rotundus* »rund«]

Ron|do ⟨n.; -s, -s; Musik⟩ aus dem Rundtanz entstandenes Instrumentalstück, bei dem das Kernstück immer wiederkehrt [ital., »Ringelgedicht, Rondo«]

rönt|gen ⟨V.; Med.⟩ mit Röntgenstrahlen durchleuchten, untersuchen; *Sy* ⟨österr.⟩ röntgenisieren [nach dem Physiker Wilhelm Conrad *Röntgen*, 1845-1923]

Rönt|gen ⟨n.; - od. -s, -; Physik; Zeichen: R (früher: r)⟩ bis zum 31.12.1985 verwendete Maßeinheit für Röntgenstrahlen, ersetzt durch die Einheit Coulomb/Kilogramm (C/kg), 1 R = $2{,}58 \cdot 10^{-14}$ C/kg

Rönt|gen|as|tro|no|mie *auch:* **Rönt|gen|ast|ro|no|mie** ⟨f.; -; unz.; Astron.⟩ Teilgebiet der Astronomie, das sich mit der Untersuchung von Sternen mittels Röntgenstrahlen befasst, nur durch außerhalb der Erdatmosphäre stationierte Satelliten möglich

Rönt|gen|auf|nah|me ⟨f.; -, -n; Med.⟩ **1** fotograf. Aufnahme eines Körpers bzw. Körperteils mit Röntgenstrahlen **2** das dabei hergestellte Negativbild; *Sy* Röntgenogramm

Rönt|gen|der|ma|ti|tis ⟨f.; -, -ti|den; Med.⟩ entzündl. Schädigung der Haut infolge Einwirkung von Röntgenstrahlen

Rönt|gen|di|ag|no|se *auch:* **Rönt|gen|diag|no|se** ⟨f.; -, -n; Med.⟩ Diagnose mit Hilfe von Röntgendurchleuchtung u. (od.) Röntgenaufnahme

rönt|ge|ni|sie|ren ⟨V.; Med.; österr.⟩ = röntgen

Rönt|gen|spek|tro|sko|pie *auch:* **Rönt|gen|spekt|ros|ko|pie** ⟨f.; -, -n; Chemie; Physik⟩ spektrograph. Untersuchung von Ob-

Röntgenspektrum

jekten mit Röntgenstrahlen zur Feststellung der Molekularstruktur

Rönt|gen|spek|trum auch: **Röntgen|spekt|rum** ⟨n.; -s, -spektren⟩ durch Einwirkung von Röntgenstrahlen auf Atome od. Moleküle erzeugtes Spektrum

Rönt|gen|strah|len ⟨m.; Pl.⟩ elektromagnet. Strahlen mit hohem Durchdringungsvermögen; *Sy* X-Strahlen

Rönt|gen|struk|tur|a|na|ly|se ⟨f.; -, -n; Chemie⟩ Untersuchungsverfahren der analyt. Chemie, das den inneren Aufbau von Molekülen mit Hilfe von Röntgenstrahlen aufklärt

Rönt|gen|te|le|skop auch: **Röntgen|te|les|kop** ⟨n.; -s, -e; Astron.⟩ Hilfsmittel der Röntgenastronomie, mit dem die von Sternen ausgehenden Röntgenstrahlen untersucht werden

Rönt|gen|un|ter|su|chung ⟨f.; -, -en; Med.⟩ Untersuchung von Stoffen, bes. des menschl. Körpers, mit Hilfe von Röntgendurchleuchtung u. -aufnahme; *Sy* Röntgenographie

Roo|ming-in ⟨[ˈruːmɪŋ-] n.; -s; unz.; Med.⟩ (auf Entbindungsstationen von Krankenhäusern) das Unterbringen des Neugeborenen im Zimmer der Mutter, die das Kind auch selbst versorgt [< engl. *room* »wohnen« + *in* »in«]

Room|ser|vice ⟨[ˈruːmsœːvɪs] m.; -, -s [-vɪsɪz]⟩ **1** Zimmerservice im Hotel; *den ~ rufen* **2** Person, die Gäste im Hotelzimmer bedient [engl.]

Rope|skip|ping ⟨[ˈroʊp-] n.; -s; unz.; Sport⟩ sportlich betriebenes Seilspringen [< engl. *rope* »Seil« + *skip* »hüpfen, mit dem Seil springen«]

Ro|que|fort ⟨[rɔkˈfoːr] m.; -s, -s⟩ fetter, von künstlichem Schimmel durchzogener französ. Schafskäse [nach dem Ort *Roquefort-sur-Soulzon* in Südfrankreich]

Ro|Ro-Trans|port ⟨m.; -(e)s, -e; Kurzwort für⟩ Roll-on-/Roll-off-Transport

ro|sa ⟨Adj.; undekl.⟩ blass-, zartrot; *Sy* rosé; *ein ~ Kleid; eine ~ Bluse* [lat., »Rose«]

Ro|sa ⟨n.; -s, -s⟩ blass-, zartrote Farbe

Ro|sa|lie ⟨[-ljə] f.; -, -n; Musik; abwertend⟩ mehrmalige auf- u. absteigende Wiederholung eines musikal. Motivs, das um jeweils einen Ton höher transponiert ist, Schusterfleck, Vetter Michel [nach dem ital. Volkslied »Rosalia mia cara«]

Ro|sa|ri|um ⟨n.; -s, -ri|en⟩ **1** Rosengarten **2** Rosenkranz [lat., »Rosengarten«; zu rosa »Rose«]

Ro|sa|zee ⟨[-tseə] f.; -, -n; Bot.⟩ Rosengewächs [< lat. *rosa* »Rose«]

ro|sé ⟨[-ˈseː] Adj.; undekl.⟩ = rosa [frz., »rosa«]

Ro|sé ⟨[-ˈseː] m.; -s, -s⟩ = Roséwein

Ro|sel|la|sit|tich ⟨m.; -s, -e; Zool.⟩ Sittich Südostaustraliens mit hauptsächlich rot-gelber Färbung, Buntsittich: Platycercus eximius

Ro|se|no|bel ⟨m.; -s, -⟩ alte engl. Goldmünze [< mengl. *rose noble* »edle Rose«]

Ro|se|o|la ⟨f.; -, -o|len; Med.⟩ Hautausschlag mit kleinen, hellroten Flecken, z. B. bei Typhus [< lat. *rosa* »Rose«]

Ro|set|te ⟨f.; -, -n⟩ **1** kreisrundes Ornament mit von einem Mittelpunkt strahlenförmig ausgehenden, blattförmigen Gebilden, ähnlich einer stilisierten Rose, häufig als Fensteröffnung **2** kleine, kreisrunde Schleife aus Stoff **3** Schliff von Edelsteinen, der eine runde od. ovale Grundfläche mit meist dreiseitigen Facetten ergibt **4** ⟨Bot.⟩ Blattanordnung der grundständigen Blätter einer Pflanze an der gestauchten Sprossachse [frz., »rosenförmige Bandschleife«, eigtl. »Röschen«; zu *rose* »Rose«]

Ro|sé|wein ⟨[-ˈseː-] m.; -(e)s, -e⟩ hellroter Wein aus roten Trauben, die fast ohne Schalen u. Stiele vergoren werden

Ro|si|nan|te ⟨f.; -, -n; fig.⟩ altes Pferd, Klepper [Name des Pferdes von Don Quichote < span. *Rocinante*]

Ro|si|ne ⟨f.; -, -n⟩ **1** getrocknete Weinbeere; *Sy* ⟨süddtsch.⟩ Zibebe **2** ⟨fig.; umg.⟩ etwas Gutes, das Beste; *die ~n aus dem Kuchen picken* sich das Beste nehmen; *~n im Kopf haben* große, unerfüllbare Pläne [< mhd. *rosin* < mnddt. *rosin(e)* < afrz. *(pineu) rosin* (= frz. *raisin*) »Weintraube« < lat. *racemus*]

Ros|ma|rin ⟨a. [ˈ---] m.; -s; unz.; Bot.⟩ zu einer in den Mittelmeerländern heim. Gattung der Lippenblütler gehörender kleiner Strauch, dessen Blätter als Gewürz verwendet werden [< lat. *ros marinus*, eigtl. »Meertau«]

Ros|tra auch: **Rost|ra** ⟨f.; -, -tren; im alten Rom⟩ Rednerbühne [lat., »Rednerbühne«]

ros|tral auch: **rost|ral** ⟨Adj.; Med.⟩ zum vorderen Körperende hin gelegen [< lat. *rostralis* »zum Schnabel gehörend«; zu *rostrum* »Schnabel«]

Ro|ta ⟨f.; -; unz.; kurz für⟩ Sacra Rota Romana (»Heiliges Röm. Rad«), die höchste Gerichtsbehörde der kath. Kirche [nach der runden Bank der Richter]

Ro|tang ⟨m.; -s, -e; Bot.⟩ zu den Palmen gehörende Kletterpflanze, aus der das spanische Rohr (Peddigrohr) liefert: Calamus [< mlat. *rotan*]

Ro|ta|print ⟨f.; -; unz.; Technik⟩ Druckmaschine, bei der der zu druckende Text mittels Fettfarbe aufgenommen u. dann auf Papier gedruckt wird [< lat. *rotare* »rotieren« + engl. *print* »drucken«]

Ro|ta|ri|er ⟨m.; -s, -⟩ Mitglied des Rotary Clubs

ro|ta|risch ⟨Adj.⟩ den Rotary Club betreffend, zu ihm gehörend, aus ihm hervorgehend

Ro|ta|ry Club ⟨engl. [ˈroːtəri klʌb] m.; - -s; unz.⟩ 1905 in Chicago gegründete, internationale, interkonfessionelle Vereinigung von Männern unter dem Ideal des sozialen Engagements [zu engl. *rotary* »rotierend, kreisend, sich drehend, abwechselnd«, da die Sitzungen urspr. reihum bei den Mitgliedern stattfanden]

Ro|ta|ry In|ter|na|tio|nal ⟨engl. [ˈroːtəri ɪntə(r)næʃənəl] m.; - - od. - -; unz.⟩ internationale Vereinigung der Rotary Clubs mit Hauptsitz in den USA

Ro|ta|ti|on ⟨f.; -, -en⟩ **1** Drehung, Umdrehung (eines Körpers od. einer Fläche) um eine Achse **2** Positionswechsel [<lat. *rotario* »kreisförmige Umdrehung«; zu *rotare* »wie ein Rad drehen«]

Ro|ta|ti|ons|druck ⟨m.; -s; unz.; Technik⟩ Druckverfahren für Hoch-, Flach- u. Tiefendruck, bei dem die rotierende Druckwalze über eine endlose Papierbahn läuft (bes. für billigen Zeitungs- u. Buchdruck in hohen Auflagen)

Ro|ta|ti|ons|el|lip|so|id ⟨n.; -(e)s, -e; Geom.⟩ der durch Rotation einer Ellipse entstehende Rotationskörper, *Sy* Sphäroid

Ro|ta|ti|ons|kör|per ⟨m.; -s, -; Geom.⟩ durch Drehung einer begrenzten Fläche um eine Achse entstehender Körper, z. B. Rotationsellipsoid

Ro|ta|ti|ons|ma|schi|ne ⟨f.; -, -n; Technik⟩ Druckmaschine für Rotationsdruck

Ro|ta|ti|ons|pa|ra|bo|lo|id ⟨n.; -(e)s, -e; Geom.⟩ durch Drehung einer Parabel od. Hyperbel um ihre Mittelachse erzeugter Körper

Ro|ta|ti|ons|prin|zip ⟨n.; -s; unz.; Politik⟩ Prinzip, nach dem Ämter nach Ablauf einer bestimmten Zeitspanne umbesetzt werden müssen

Ro|ta|to|ri|en ⟨nur Pl.; Zool.⟩ Rädertiere [<lat. *rota* »Rad«]

Ro|tel ⟨n.; -s, -s⟩ Omnibus mit Anhänger, in den Schlafkojen für die Reisenden eingebaut sind, bes. für Reisen über weite Entfernungen [verkürzt <*rollendes Hotel*]

ro|tie|ren ⟨V.⟩ **1** sich gleichmäßig u. anhaltend um eine Achse drehen **2** (bes. Politik) Positionen, Ämter wechseln **3** ⟨umg.⟩ Arbeit, Erledigungen unter starker Anspannung u. Nervosität verrichten; *er hat viel zu tun, er rotiert schon* [<lat. *rotare* »wie ein Rad drehen«; zu *rota* »Rad«]

Ro|tis|se|rie ⟨f.; -, -n⟩ **1** Restaurant mit Straßenverkauf **2** Restaurant, in dem Fleischgerichte auf dem Grill vor den Gästen zubereitet werden [frz. *rôtisserie* »Garküche«; zu *rôtir* »braten, rösten«]

Ro|ton|de ⟨f.; -, -n; Arch.⟩ = Rotunde

Ro|tor ⟨m.; -s, -to|ren; Technik⟩ **1** rotierender Teil elektrischer Maschinen, Läufer; *Ggs* Stator **2** rotierender Flügel (des Hubschraubers) [→ *rotieren*]

Ro|tun|de ⟨f.; -, -n; Arch.⟩ *oV* Rotonde **1** Rundbau **2** runder Raum [<lat. *rotunda*, Fem. zu *rotundus* »rund«]

Roué ⟨[ruˈeː] m.; -, -s; veraltet⟩ vornehmer Wüstling, Lebemann [frz.]

rouge ⟨[ruːʒ] Roulett⟩ rot; *Ggs* noir [frz.]

Rouge ⟨[ruːʒ] f.; - od. -s, -s⟩ rote Schminke [frz., »rot«]

Rouge et noir ⟨[ruːʒ eː noaːr] n.; - - -; unz.⟩ ein Glücksspiel mit sechs Kartenspielen zu 52 Blatt [<frz. *rouge et noir* »rot u. schwarz«]

Rough ⟨[rʌf] n.; -s, -s; Sport; Golf⟩ hohes Gras, Gestrüpp als Begrenzung des Grüns [<engl. *rough* »rau«]

Rou|la|de ⟨[ru-] f.; -, -n; Kochk.⟩ **1** dünne Scheibe Fleisch, die mit Speck u. Zwiebeln gefüllt, zusammengerollt u. geschmort wird **2** ⟨Musik⟩ schnell rollender, virtuoser Lauf [frz.]

Rou|leau ⟨[ruloː] n.; -s, -s⟩ aufrollbarer Vorhang; *oV* Rollo [frz., »Rolle«]

Rou|lett ⟨[ru-] n.; -(e)s, -e od. -s⟩ = Roulette

Rou|lette ⟨[ruˈlɛt] n.; -(e)s, -e od. -s⟩ ein Glücksspiel, bei dem eine Kugel in einem Apparat mit einer drehbaren Scheibe mit schwarzen u. roten nummerierten Feldern über den Gewinn entscheidet; *oV* Roulett [<frz. *roulette* »Rollrädchen, Roulett(spiel)«]

rou|lie|ren ⟨[ru-] V.⟩ *oV* rollieren (1) **1** ⟨veraltet⟩ umlaufen, von einer Hand in die andere gehen **2** ⟨schweiz.; Textilw.⟩ den Rand einrollen; *handroulierte Tücher* [<frz. *rouler* »rollen«]

Round|head ⟨[raʊndhɛd] m.; - od. -s, -s⟩ Spitzname für die Anhänger des engl. Parlaments im Bürgerkrieg 1642-1644 (wegen ihres kurz geschorenen Haars), Rundkopf [engl.]

Round|ta|ble|kon|fe|renz *auch:* **Round-Table-Kon|fe|renz** ⟨[raʊndteɪb(ə)l-] f.; -, -en⟩ Konferenz am runden Tisch, d. h. Konferenz gleichberechtigter Partner [<engl. *round table* »runder Tisch«]

Round-up *auch:* **Round|up** ⟨[raʊndʌp] n.; - od. -s; unz.⟩ alljährliches Zusammentreiben der amerikanischen Viehherden, um den Jungtieren die Brandmale ihrer Farmen einzubrennen [engl., »Zusammentreiben«]

Rou|te ⟨[ruːtə] f.; -, -n⟩ (vorgeschriebener od. geplanter) Reiseweg [frz.; »Landstraße, Reiseweg« <vulgärlat. *(via-)rupta* »gebrochener (= gebahnter) Weg«; zu lat. *rumpere* »brechen«]

Rou|ter ⟨[raʊ-] m.; -s, -; Technik⟩ Fräser, der die nicht zu druckenden Partien aus den Druckplatten entfernt [<engl. *rout out* eigtl. »(heraus)jagen«]

Rou|ti|ne ⟨[ru-] f.; -; unz.⟩ Übung, Geschicklichkeit, Erfahrung; *(keine) ~ in einer Sache haben* [frz., »Gewohnheit, Routine«; → *Route*]

Rou|ti|ne... ⟨[ru-] in Zus.⟩ regelmäßig stattfindend, zur Gewohnheit gehörend, Reihen...; *Routinemaßnahme; Routineuntersuchung*

Rou|ti|ni|er ⟨[rutiˈnje:] m.; -s, -s⟩ jmd., der Routine hat, in einer Arbeit od. Kunst gewandter, geübter, erfahrener Mensch [frz., »Gewohnheitsmensch«]

rou|ti|niert ⟨[ru-] Adj.⟩ geschickt, gewandt, geübt, erfahren [<frz. *routiné* »gewöhnt, durch Gewöhnung geschickt erfahren«; → *Routine*]

Row|dy ⟨[raʊdɪ] m.; -s, -s⟩ Streit suchender Mensch, Raufbold [engl.]

Row|land|git|ter *auch:* **Rowland-Git|ter** ⟨[roʊlənd-] n.; -s, -⟩ ein Beugungsgitter für Lichtwellen [nach dem US-amerikan. Physiker *Rowland*, 1848-1901]

roy|al *auch:* **ro|yal** ⟨[ʁoajaːl] Adj.⟩ **1** königlich **2** königstreu [frz., »königlich«]

Roy|al Air Force *auch:* **Ro|yal Air Force** ⟨[ʁɔɪəl ɛːr fɔːrs] f.; - - -; unz.; Abk.: R. A. F.⟩ brit. Luftwaffe [engl., »königliche Luftwaffe«]

Roya|lis|mus *auch:* **Ro|ya|lis|mus** ⟨[rɔaja-] m.; -; unz.⟩ königstreue Gesinnung, Befürwortung der Monarchie [<frz. *royalisme* »Königstreue«]

Roya|list *auch:* **Ro|ya|list** ⟨[rɔaja-] m.; -en, -en⟩ Vertreter des Royalismus, Anhänger der Monarchie

roya|lis|tisch *auch:* **ro|ya|lis|tisch** ⟨[rɔaja-] Adj.⟩ auf Royalismus beruhend, königstreu

Royal|ty *auch:* **Royal|ty** ⟨[rɔɪəltɪ] f. od. n.; -, -s⟩ **1** Abgabe einer Erdölgesellschaft an das Land, in dem sie Erdöl fördert **2** Zahlungen an einen Autoren od. Komponisten, Tantiemen **3** Vergütung für die Abgabe bzw. Überlassung des Verlagsrechtes, Lizenzgebühr [engl.]

Rp ⟨Abk. für⟩ **1** Rupiah **2** recipe

Rp. **1** ⟨Abk. für⟩ Rappen **2** ⟨Abk. für lat.⟩ recipe

RR ⟨Abk. für⟩ Rara

...rrha|gie ⟨Nachsilbe; zur Bildung weibl. Subst.⟩ Blutung (durch Reißen); *Hämorrhagie* [<grch. *rhegnynai* »brechen, zerreißen«]

...rrhö ⟨Nachsilbe; zur Bildung weibl. Subst.⟩ = ...rrhöe

...rrhöe ⟨Nachsilbe; zur Bildung weibl. Subst.⟩ Fließen; *oV* ...rrhö; *Diarrhöe; Menorrhöe* [<neulat. ...rrhoea <grch. ...rrhoia; zu *rheein* »fließen«]

RSI ⟨Abk. für engl.⟩ Repetitive Strain Injury, Krankheit aufgrund sich wiederholender Belastungen, tritt bes. als Folge einseitiger Bewegung u. Belastung am Arbeitsplatz auf

RT ⟨Abk. für⟩ Registertonne

Ru ⟨chem. Zeichen für⟩ Ruthenium

ru|ba|to ⟨Musik⟩ frei im Tempo, nicht streng an den Takt gebunden (zu spielen) [ital., »hingerissen, fortgerissen«]

Ru|ba|to ⟨n.; -s, -s od. -ba|ti; Musik⟩ freie Veränderung des Tempos

Rub|ber[1] ⟨[rʌbə(r)] m.; -s, -⟩ ein Kautschuk [engl.]

Rub|ber[2] ⟨[rʌbə(r)] m.; -s, -; Bridge u. Whist⟩ = Robber

Ru|bel ⟨m.; -s, -; Abk.: Rbl.⟩ Währungseinheit in Russland, Weißrussland u. Tadschikistan, 100 Kopeken [<russ. *rubl*;

zu *rubitj* »abschneiden, abhauen«]

Ru|be|o|la ⟨f.; -; unz.; Med.⟩ Röteln [lat.]

Ru|bi|di|um ⟨n.; -s; unz.; chem. Zeichen: Rb⟩ chem. Element, silberweißes Alkalimetall, Ordnungszahl 37 [<lat. *rubidus* »rot«]

Ru|bi|kon ⟨m.; -s; unz.⟩ den ~ überschreiten ⟨Sprichw.⟩ eine wichtige Entscheidung unwiderruflich treffen [nach dem gleichnamigen Fluss in Italien, den Cäsar 49 v. Chr. überschritt, wodurch er den Bürgerkrieg auslöste]

Ru|bin ⟨m.; -s, -e; Min.⟩ roter Korund, sehr wertvoller Edelstein von einem satten Rot [<mlat. *rubinus* <lat. *rubeus* »rot«]

Ru|bin|glas ⟨n.; -es; unz.⟩ Glas, das seinen tiefroten Farbton durch Beimischung von feinst verteiltem kolloidalen Goldstaub zur Glasschmelze erhält

Ru|bor ⟨m.; -s; unz.; Med.⟩ entzündliche Hautrötung [<lat. *rubor* »Röte«]

Ru|bren *auch:* **Rub|ren** ⟨Pl. von⟩ Rubrum

Ru|brik *auch:* **Rub|rik** ⟨f.; -, -en⟩ **1** Titel, Überschrift **2** ⟨fig.⟩ Spalte, Abschnitt **3** Klasse, Abteilung [<mhd. *rubrik(e)* »roter Schreibstoff; in Rot gehaltene Überschrift, die in mittelalterl. Handschriften die einzelnen Abschnitte trennte« <lat. *rubica (terra)* »rote (Erde), rote (Farbstoff)«; zu *ruber* »rot«]

ru|bri|zie|ren *auch:* **rub|ri|zie|ren** ⟨V.⟩ **1** ⟨urspr.⟩ mit Überschriften u. Initialen versehen **2** ⟨danach fig.⟩ einordnen (unter) [→ *Rubrik*]

Ru|brum *auch:* **Rub|rum** ⟨n.; -s, -bra od. -bren⟩ Aufschrift auf Akten, kurze Inhaltsangabe [lat., Neutr. zu *ruber* »rot«]

Ru|col|la ⟨f.; -; unz.; Bot.⟩ als Salatpflanze genutztes einjähriges Kraut; *oV* Rukola [ital.]

Rud|be|ckie ⟨[-kjə] f.; -, -n; Bot.⟩ Sonnenhut, zu einer Gattung der Korbblütler gehörende Gartenpflanze mit rauen Blättern u. goldgelben Blütenköpfen an langen Stielen: Rudbeckia [nach dem schwed. Botaniker Olaf *Rudbeck*, 1630–1702]

ru|de ⟨Adj.⟩ rau, ungeschliffen, roh [<frz. *rude* »roh, grob«]

Ru|de|ral|pflan|ze ⟨f.; -, -n; Bot.⟩ Pflanze, die auf stickstoffreichen Schuttplätzen wächst [<lat. *rudus*, Pl. *rudera* »Schutt«]

Ru|di|ment ⟨n.; -(e)s, -e⟩ **1** Rest, Überbleibsel, Bruchstück **2** ⟨Biol.⟩ verkümmertes Organ [<lat. *rudimentum* »der erste Anfang, der erste Versuch«]

ru|di|men|tär ⟨Adj.⟩ rückgebildet, verkümmert

Rufe ⟨f.; -, -n; schweiz.⟩ = Rüfe

Rü|fe ⟨f.; -, -n; schweiz.⟩ Bergrutsch; *oV* Rufe [<ladin., ital. *rovina* »Einsturz« <lat. *ruina* »Sturz, Niederlage«]

Rug|by ⟨[rʌgbɪ] n.; -s; unz.; Sport⟩ Spiel zwischen zwei Mannschaften mit einem eiförmigen Ball aus Leder, der mit Händen u. Füßen gespielt werden darf [nach dem engl. Ort *Rugby* bei Birmingham]

Ru|in ⟨m.; -s; unz.⟩ Zusammenbruch, Untergang, Verfall, völliger Verlust des Vermögens; *wirtschaftlicher ~* [→ *Ruine*]

Ru|i|ne ⟨f.; -, -n⟩ Reste eines zerstörten Bauwerks; *er ist nur noch eine ~* ⟨fig.; umg.⟩ ein körperlich völlig verfallener Mensch [<frz. *ruine* <lat. *ruina* »Einsturz, Zusammenbruch«]

ru|i|nie|ren ⟨V.⟩ **1** zerstören, (wirtschaftlich) zugrunde richten, vernichten; *du wirst noch deine Gesundheit ~; ich bin ruiniert* ich habe mein Vermögen, mein Ansehen verloren; *~* jmds. Ruin verursachen, ihm wirtschaftlich schweren Schaden zufügen, seine soziale Stellung untergraben **2** verwüsten, schwer beschädigen [<frz. *ruiner* »zerstören, vernichten«]

ru|i|nös ⟨Adj.⟩ zum Ruin führend [<frz. *ruineux* »verderblich, zum Ruin führend«]

Ru|ko|la ⟨f.; -; unz.; Bot.⟩ = Rucola

Ruk|ta|ti|on ⟨f.; -, -en; Med.⟩ = Eruktation

Rum ⟨m.; -s, -s⟩ Branntwein aus Rohrzucker [<engl. (Siedlersprache auf Barbados) *rum* »Zuckerbranntwein«]

Rum|ba ⟨m.; -s, -s, fachsprachl. f.; -, -s⟩ aus einem kuban.

Saccharase

Volkstanz hervorgegangener Gesellschaftstanz im ⁴/₄-Takt [kuban.-span., eigtl. »herausfordernder Tanz«]

Ru|mi|nan|tia ⟨Pl., Zool.⟩ (Unterordnung der) Wiederkäuer [zu lat. *ruminare* »wiederkäuen«]

Rum|my ⟨r∧mi⟩ n.; -s, -s; Kart.; österr.⟩ = Rommé

ru|mo|ren ⟨V.⟩ lärmen, poltern, dumpf tönen; *es rumort mir im Bauch* [zu mlat. *rumor* »Lärm«]

Rump|steak ⟨[r∧mpste:k] od. engl. ⟨r∧mpsteɪk⟩ n.; -s, -s; Kochk.⟩ kurz gebratene Scheibe von der Rindslende [<engl. *rump* »Hinterteil« + *Steak*]

Run ⟨[r∧n] m.; -s, -s; umg.⟩ **1** Ansturm (z. B. auf die Kasse, auf Banken) **2** ⟨Sport⟩ Abfahrts-, Hindernislauf **3** ⟨Drogenszene⟩ Sucht [engl., »Lauf, laufen«]

Run|dell ⟨n.; -s, -e; Arch.⟩ = Rondell (1)

Run|ning|gag *auch:* **Running Gag** ⟨[r∧nɪŋgæg] m.; -s, -s⟩ oft wiederholter Ulk, der beim Publikum zum beliebten Selbstläufer wird, z. B. in Sketchen od. Filmen [<engl. *run* »laufen« + *Gag*]

Ru|no|lo|ge ⟨m.; -n, -n⟩ Erforscher der Runen

Ru|no|lo|gie ⟨f.; -; unz.⟩ Lehre von den Runen u. Runeninschriften [<*Rune* + grch. *logos* »Lehre, Kunde«]

Ru|no|lo|gin ⟨f.; -, -gin|nen⟩ Erforscherin der Runen

Run|way ⟨[r∧nweɪ] m.; -s, -s⟩ Start- u. Landebahn für Flugzeuge [engl.]

Ru|pi|ah ⟨f.; -, -, Abk.: Rp⟩ Währungseinheit in Indonesien, 100 Sen [<ind. *rupijah* »Sanskrit *rupja* »Silber, Geld«]

Ru|pie ⟨[-pjə] f.; -, -n⟩ Währungseinheit in Indien, Pakistan u. auf Ceylon, 100 Cent [→ *Rupiah*]

Rup|tur ⟨f.; -, -en; Med.⟩ das Zerreißen von Gefäßen, Sehnen, Muskeln od. inneren Organen; *Herz~* [<lat. *ruptura* »Bruch«; zu *rumpere* »brechen«]

ru|ral ⟨Adj.⟩ ländlich, bäuerlich [<lat. *ruralis* »ländlich«; zu *rus* »Land«]

Rush ⟨[r∧ʃ] m.; - od. -s, -s⟩ **1** ⟨Sport⟩ plötzl. Vorstoßen eines Läufers od. Pferdes **2** ⟨Drogenszene⟩ plötzliches Wirken der Drogen nach der Injektion [engl., »Ansturm«]

Rush|hour ⟨[r∧ʃauə(r)] f.; -, -s; Pl. selten⟩ Zeit des größten Straßenverkehrs morgens u. nachmittags, Hauptverkehrszeit [<engl. *rush* »dahineilen; Ansturm« + *hour* »Stunde«]

Rus|ti|ka ⟨f.; -; unz.⟩ Mauerwerk aus roh, aber gleichmäßig behauenen Quadern [<lat. *rustica*, Fem. zu *rusticus* »ländlich, bäurisch«; zu *rus* »Land«]

rus|ti|kal ⟨Adj.⟩ ländlich, bäuerlich

Ru|the|ni|um ⟨n.; -s; unz.; chem. Zeichen: Ru⟩ silberweißes, platinähnliches Metall, chem. Element, Ordnungszahl 44 [<mlat. *Ruthenia* »Russland«]

Ru|til ⟨n.; -s, -e⟩ Mineral, chem. Titandioxid [<lat. *rutilis* »rötlich«]

Ru|ti|lis|mus ⟨m.; -; unz.; Med.⟩ Neigung zu erröten [→ *Rutil*]

Ru|tin ⟨n.; -s; unz.; Biochemie⟩ in zahlreichen Pflanzen vorkommender Naturstoff, der zur Behandlung von Venenerkrankungen u. Durchblutungsstörungen eingesetzt wird; *Sy* Rutosid, Sophorin [nach der Gartenraute, *Ruta graveolens*, aus der der Stoff erstmals isoliert wurde]

Ru|to|sid ⟨n.; -s; unz.; Biochemie⟩ = Rutin

Rye ⟨[raɪ] m.; -; unz.⟩ amerikanischer Whisky, dessen Getreidemaische zu mindestens 50% aus Roggen besteht [engl., »Roggen, Roggenwhiskey«]

s ⟨Abk. für⟩ **1** Shilling **2** Sekunde
S ⟨chem. Zeichen für⟩ Schwefel (Sulfur)
$ ⟨Zeichen für⟩ Dollar

S. ⟨Abk. für⟩ San, Sant', Santa, Santo, São
sa. ⟨Abk. für lat.⟩ sine anno
Sa. ⟨veraltet; Abk. für⟩ Summa (1) (vor das Endergebnis einer Rechnung gesetzt)

Sa|ba|dil|le ⟨f.; -, -n; Bot.⟩ Gattung der Liliengewächse mit zwiebelförmiger Knolle, grasähnlichen Blättern u. langen, mit kleinen Blüten besetzten Ähren, deren Samen ein Mittel zur Bekämpfung von Läusen u. Flöhen liefern; Sabadilla [<span. *cebadilla*, Verkleinerungsform zu *cebada* »Gerste«]

Sa|ba|oth ⟨im AT⟩ = Zebaoth

Sab|bat ⟨m.; -s, -e⟩ der jüd. Samstag (Freitag- bis Samstagabend), an dem alle Arbeit ruht; *Sy* Schabbes [<lat. *sabbatum* <grch. *sabbaton* <hebr. *schabbath* »Feiertag«]

Sab|ba|ta|ri|er ⟨m.; -s, -⟩ = Sabbatist

Sab|ba|tist ⟨m.; -en, -en⟩ Angehöriger einer christl. Sekte, die das Gebot des Sabbats befolgt; *Sy* Sabbatarier

Sab|bat|jahr ⟨n.; -(e)s, -e⟩ jedes 7. Jahr des jüd. Kalenders, in dem man das Land nicht bebaute u. alle Schulden erließ, Ruhejahr

Sä|bel ⟨m.; -s, -⟩ Hiebwaffe mit einschneidiger, spitzer, gekrümmter Klinge [<poln. *szabla* <magyar. *szablya* »Säbel«]

Sab|ha ⟨[zapxa] f.; -, -⟩ = Sebha

Sa|bot ⟨[-bo:] m.; -s, -s; meist Pl.⟩ **1** (früher) Holzschuh **2** lederne Herren- od. Damenpantolette [frz., »Holzschuh«]

Sa|bo|ta|ge ⟨[-ʒə] f.; -, -n⟩ planmäßige Vereitelung eines Zieles anderer, bes. durch Zerstören od. Beschädigen von Maschinen usw., meist zu polit. Zwecken [frz.; → *sabotieren*]

Sa|bo|teur ⟨[-tø:r] m.; -s, -e⟩ jmd., der Sabotage verübt

sa|bo|tie|ren ⟨V.⟩ planmäßig vereiteln, behindern [<frz. *saboter* »mit Holzschuhen klappern od. treten; pfuschen, sabotieren«; zu *sabot* »Holzschuh«]

Sac|cha|ra|se ⟨[-xa-] f.; -, -n; Biochemie⟩ Enzym, das Rohrzucker in Traubenzucker u. Fruchtzucker zerlegt; *oV* Sacharase [<grch. *sakcharon* »Zuckerrohrsaft«]

Sac|cha|rat ⟨[-xa-] n.; -(e)s, -e; Chemie⟩ Verbindung des Rohrzuckers mit Metallen

Sac|cha|rid ⟨[-xa-] n.; -s, -e; Chemie⟩ = Kohlenhydrat

Sac|cha|ri|me|ter ⟨[-xa-] n.; -s, -; Chemie⟩ Gerät zum Bestimmen des Anteils an Rohrzucker in einer Lösung; *oV* Sacharimeter [<grch. *sakcharon* »Zucker« + ...*meter*]

Sac|cha|ri|me|trie *auch:* **Sac|cha|ri|met|rie** ⟨[-xa-] f.; -; unz.; Chemie⟩ Bestimmung des Anteils an Rohrzucker in einer Lösung

Sac|cha|rin ⟨[-xa-] n.; -s; unz.; Chemie⟩ künstl. Süßstoff, chemisch ein Benzolsäuresulfimid; *oV* Sacharin [<grch. *sakcharon* »Zucker«]

Sac|cha|ro|my|ze|ten ⟨[-xa-] Pl.; systemat. Sammelbez. für⟩ bestimmte Hefen [<grch. *sakcharon* »Zucker« + *Myzet*]

Sac|cha|ro|se ⟨[-xa-] f.; -; unz.; Chemie⟩ Rohrzucker; *oV* Sacharose [<grch. *sakcharon* »Zucker«]

Sac|cha|rum ⟨[-xa-] n.; -s, -chara⟩ Zucker [lat. <grch. *sakcharon* »Zucker«]

Sa|cha|ra|se ⟨[-xa-] f.; -, -n; Biochemie⟩ = Saccharase

Sa|cha|ri|me|ter ⟨[-xa-] n.; -s, -; Chemie⟩ = Saccharimeter

Sa|cha|rin ⟨[-xa-] n.; -s; unz.; Chemie⟩ = Saccharin

Sa|cha|ro|se ⟨[zaxa-] f.; -; unz.⟩ = Saccharose

sa|cker|lot! ⟨umg.⟩ (Ausruf der Überraschung od. des Zorns); *oV* sapperlot! [<frz. *sacrelote* (<*sacre nom (de Dieu)* »heiliger Name (Gottes)«) od. <frz. *sacre lot* »verfluchtes Schicksal«, eigtl. »heiliges Schicksal«]

sa|cker|ment ⟨umg.⟩ (Ausruf der Überraschung od. des Zorns); *oV* sapperment! [<*Sakrament*]

Sa|cra Ro|ma|na Ro|ta *auch:* **Sac|ra Ro|ma|na Ro|ta** ⟨f.; - - -; unz.⟩ kurz: Rota, Sacra Rota⟩ oberste Gerichtsbehörde der kath. Kirche [lat., »heiliges römisches Rad«, wahrscheinl. nach der kreisförmigen Richterbank]

Sad|du|zä|er ⟨m.; -s, -⟩ Angehöriger einer altjüd. Partei, Gegner der Pharisäer [<hebr. *saddukim*, nach dem Hohenpriester *Sadduk*]

Sa|de|baum ⟨m.; -(e)s, -bäu|me; Bot.⟩ in den Gebirgen Südeuropas bis Zentralasien vorkommendes, giftiges Zypressengewächs: Juniperus sabina [entstellt <*Sebenbaum*, <lat. *herba sabina*]

Sa|dis|mus ⟨m.; -; unz.⟩ **1** ⟨i. e. S.⟩ Perversion, bei der durch Zufügen von Misshandlungen geschlechtl. Befriedigung gefunden wird; *Ggs* Masochismus **2** ⟨i. w. S.⟩ Lust an Grausamkeiten [nach dem frz. Schriftsteller Donatien-Alphonse-François Marquis de *Sade*, 1740-1814]

Sa|dist ⟨m.; -en, -en⟩ jmd., der geschlechtl. Befriedigung darin findet, andere Menschen zu quälen; *Ggs* Masochist

sa|dis|tisch ⟨Adj.⟩ auf Sadismus beruhend, grausam, Freude an Quälereien empfindend; *Ggs* masochistisch

Sa|do|ma|so|chis|mus ⟨[-xɪs-] m.; -; unz.⟩ Triebbefriedigung durch Misshandlungen u. Empfangen von Misshandlungen [<*Sadismus* + *Masochismus*]

Sa|do|ma|so|chist ⟨[-xɪst] m.; -en, -en⟩ jmd., der Sadomasochismus betreibt

sa|do|ma|so|chis|tisch ⟨[-xɪs-] Adj.⟩ auf dem Sadomasochismus beruhend, ihn betreffend

s. a. e. l. ⟨Abk. für⟩ sine anno et loco = sine loco et anno

Sa|fa|ri ⟨f.; -, -s⟩ **1** mehrtägiger Marsch mit Trägern in Afrika **2** mehrtägige Fahrt zur Jagd od. Beobachtung von Tieren in Afrika; *auf ~ gehen* [Suaheli, »Reise« <arab. *safar*]

Sa|fa|ri|park ⟨m.; -s, -s⟩ Gelände, auf dem exotische Wildtiere gehalten werden u. die vom Auto aus beobachtet werden können

Safe ⟨[sɛɪf] m.; -s, -s⟩ **1** feuerfester, stark gesicherter Behälter aus Stahl zum Aufbewahren von Geld od. Wertgegenständen; *Sy* Tresor (1) **2** ⟨mietbares⟩ Fach im Tresor einer Bank [engl., »sicher, geschützt; Geldschrank«]

Sa|fer|sex *auch:* **Sa|fer Sex** ⟨[sɛɪfə(r)-] m.; (-) -; unz.⟩ Vorsichtsmaßnahmen beim Geschlechtsverkehr zum Schutz vor der Ansteckung mit Aids, z. B. die Verwendung von Kondomen [<engl. *safer sex* »sichererer Sex«]

Saf|fi|an ⟨m.; -s; unz.⟩ feines, mit Sumach gegerbtes Ziegenleder [<poln. *safian* <türk. *sahtjan* <pers. *sachtijan* »Ziegenleder«; zu *sacht* »hart, stark«]

Saf|fi|an|le|der ⟨n.; -s; unz.⟩ feines, mit Sumach gegerbtes Ziegenleder [<poln. *safian* <türk. *sahtjan* <pers. *sachtijan* »Ziegenleder«]

Saf|flor *auch:* **Saff|lor** ⟨m.; -s, -e⟩ stacheliger Korbblütler mit längl. Blättern u. safrangelben, später roten Blüten, die früher zum Färben benutzt wurden, Färberdistel: Corthamus tinctorius; *oV* Saflor [<ital. *asf(i)ori* <arab., beeinflusst von lat. *flos*, Gen. *floris* »Blume«]

Sa|flor *auch:* **Saf|lor** ⟨m.; -s, -e; Bot.⟩ = Safflor

Sa|fran *auch:* **Saf|ran** ⟨m.; -s, -e; Bot.⟩ Gewürz u. gelber Farbstoff aus den getrockneten Narben des Safrankrokus [<mhd. *saffran*, *sapharan* <afrz. *Safran*, <arab. *za'faran* »aus Blütennarben von Crocus sativus hergestellter Farb- u. Würzstoff«]

Sa|fra|nin *auch:* **Saf|ra|nin** ⟨m.; -s, -e⟩ organ. Farbstoff zum Färben von Leder u. Papier, zur Herabsetzung der Empfindlichkeit fotograf. Platten gegen Tageslicht beim Entwickeln verwendet [→ *Safran*]

Sa|ga ⟨f.; -, -s⟩ isländ., in Prosa abgefasste Erzählung des 11./14. Jh. [anord., »(dargestellte od. erlebte) Geschichte«]

Sa|ga|zi|tät ⟨f.; -; unz.⟩ Scharfsinn [zu lat. *sagacitas* »Spürkraft, Scharfsinn«]

sa|git|tal ⟨Adj.; Biol.⟩ parallel zur Mittelachse [<lat. *sagitta* »Pfeil«]

Sa|git|tal|ebe|ne ⟨f.; -, -n⟩ **1** ⟨Anat.⟩ **1.1** ⟨i. w. S.⟩ parallel zur Mittelachse durch den Körper gelegte Ebene **1.2** ⟨i. e. S.⟩ der Pfeilnaht des Schädels parallele Ebene **2** ⟨Bot.⟩ der Mittellinie parallele Ebene

Sa|go ⟨m., österr. a.: n.; -s; unz.⟩ gekörnte Stärke aus dem Mark der Sagopalmen od. aus Kartoffelstärke (für Pudding od. Suppen) [<engl., ndrl. *Sago* <malai. *sagu*]

Sa|go|pal|me ⟨f.; -, -n; Bot.⟩ **1** ⟨i. w. S.⟩ Gattung hochstämmiger Fiederpalmen des Malaiischen Archipels u. Neuguineas: Metroxylon **2** ⟨i. e. S.⟩ Art dieser Gattung, aus deren Mark der Sago gewonnen wird: Metroxylon rumphii

Sa|hib ⟨m.; - od. -s, -s⟩ Herr (in Indien u. Pakistan Anrede für Europäer) [Hindi <arab. *sahib* »Herr«]

saint ⟨[sɛ̃] Adj.; vor frz. Heiligennamen⟩ der heilige…; ~ *François* der heilige Franz; *aber von Heiligennamen abgeleitete Ortsnamen:* →*a.* Saint (2) [frz., »heilig« <lat. *sanctus*]

Saint[1] **1** ⟨[sʌnt] Abk.: St.; vor engl. u. amerikan. Heiligennamen u. davon abgeleiteten Ortsnamen u. Ä.⟩ der (od. die) heilige…; ~ *Paul* [engl. <mfrz. *saint* »heilig« <lat. *sanctus*]

Saint[2] ⟨[sɛ̃] Abk.: St; vor frz. Ortsnamen, die auf Heiligennamen zurückgehen⟩ der heilige…; ~-*Bernard;* aber die Heiligennamen selbst: →*a.* saint; Sainte [→ *Saint'*]

sain|te ⟨[sɛ̃t(ə)] Adj.; vor frz. Heiligennamen⟩ die heilige…; ~ *Claire* die heilige Klara; *aber von Heiligennamen abgeleitete Ortsnamen:* →*a.* Sainte.; Fem. zu *saint*]

Sain|te ⟨[sɛ̃t(ə)] Abk.: Ste; vor frz. Ortsnamen, die auf Heiligennamen zurückgehen⟩ die heilige…; ~-*Hélène* die Insel Sankt Helena [→ *sainte*]

Saint-Si|mo|nis|mus ⟨[sɛ̃-…] m.; -; unz.⟩ relig. Sozialismus in Frankreich im 19. Jh. [nach dem Begründer, Claude Henri Graf von *Saint-Simon*, 1760-1825]

Sai|son ⟨[sɛzɔ̃] od. österr., süddt. [sɛzoːn] f.; -, -s od. (österr., süddt.) -en⟩ **1** (die richtige) Jahreszeit **2** jahreszeitlich bedingte Hauptgeschäftszeit, z. B. in Kurorten; →*a.* Season **3** Spielzeit des Theaters [frz., »Jahreszeit«]

sai|so|nal ⟨[sɛ-] Adj.⟩ zur Saison gehörig, während der Saison; *ein ~ bedingter Urlauberstrom*

Sai|son|be|trieb ⟨[sɛzɔ̃ː-], [sɛzɔ̃n-] od. [sɛzoːn-] m.; -(e)s, -e⟩ **1** Betrieb, der aus saisonbedingten Gründen nicht das ganze Jahr über seine Produktion, seinen Absatz od. sein Dienstleistungsangebot betreibt, z. B. in der landwirtschaftl. Produkten, Eisdielen, Hotels **2** durch die laufende Saison entstehender Zulauf, Andrang; *an den Skiliften herrschst reger ~*

Sai|so|nier ⟨[sɛzɔnjeː] m.; -s, -s⟩ = Saisonnier

Sai|son|nier ⟨[sɛzɔnjeː] m.; -s, -s; schweiz.⟩ Saisonarbeiter; *oV* Saisonier [<frz. *(travailleur) saisonnier*]

Sa|ke ⟨m.; -; unz.⟩ jap., stark alkohol. Getränk aus Reis, das meist heiß aus kleinen Schalen getrunken wird [jap.]

Sak|ko ⟨m., fachsprachl. meist, österr. nur n.; -s, -s⟩ Jacke zum Straßenanzug des Mannes [italienisierende Bildung zu *Sack* in der Bedeutung »kurzer modischer Männerrock ohne Taille, gleichsam sackförmig«, nach dem Vorbild von amerikan.-engl. *sack* »lose sitzender Rock«]

◆ Die Buchstabenfolge **sakr…** kann auch **sakr…** getrennt werden.

◆ **sa|kra!** ⟨derb⟩ verdammt! [verkürzt < *Sakrament*]

◆ **sa|kral** ⟨Adj.⟩ **1** ⟨Med.⟩ zum Kreuzbein gehörig, in der Gegend des Kreuzbeins gelegen **2** heilig, zum Gottesdienst, zur Kirche gehörig, kirchlich, der Kirche dienend; *Ggs* profan (1) [<lat. *os sacrum* »Kreuzbein«, eigtl. »heiliger Knochen«]

◆ **Sa|kral|bau** ⟨m.; -(e)s, -ten; Arch.⟩ dem Gottesdienst dienender Bau; *Ggs* Profanbau

◆ **Sa|kra|ment** ⟨n.; -(e)s, -e; Theol.⟩ **1** (auf Christus zurückgeführte) religiöse Handlung, bei der besondere Gnaden vermittelt werden **2** Symbol dieser Gnaden (Wasser, Wein, Brot, Öl); *ein ~ austeilen, empfangen; die sieben ~e der kath.* Kirche Taufe, Firmung, Altarsakrament, Buße, Letzte Ölung, Priesterweihe, Ehe; *die zwei ~e*

der evang. Kirche Taufe u. Abendmahl [<kirchenlat. *sacramentum* »religiöses Geheimnis« <lat. »Weihe, Verpflichtung (zum Kriegsdienst), Treueid«; zu *sacrare* »der Gottheit weihen, heilig machen«]

◆ **sa|kra|men|tal** ⟨Adj.; Theol.⟩ zu den Sakramenten gehörig

◆ **Sa|kra|men|ta|li|en** ⟨Pl.; kath. Kirche⟩ **1** den Sakramenten ähnl. kultische Handlungen, z. B. Besprengung mit Weihwasser **2** die geweihten Dinge selbst

◆ **Sa|kra|men|tar** ⟨n.; -s, -e⟩ = Sakramentarium

◆ **Sa|kra|men|ta|ri|um** ⟨n.; -s, -ri-en⟩ bis zum 10. Jh. verwendetes liturg. Buch des kath. Priesters mit den bei der Messe zu sprechenden Gebeten; *Sy* Sakramentar

◆ **Sa|kra|ments|häus|chen** ⟨n.; -s, -; Theol.⟩ Behälter für das Gefäß mit der geweihten Hostie, häufig turmartig u. bildhauerisch reich verziert

◆ **Sa|kri|fi|zi|um** ⟨n.; -s, -zi|en; Theol.⟩ Opfer, bes. Messopfer [<lat. *sacrificium* »Opfer«]

◆ **Sa|kri|leg** ⟨n.; -s, -e⟩ = Sakrilegium

◆ **Sa|kri|le|gi|um** ⟨n.; -s, -gi|en⟩ religiöser Frevel, Entweihung, Vergehen gegen Heiliges, z. B. Kirchenraub, Gotteslästerung; *Sy* Sakrileg [<lat. *sacrilegium* »Entweihung, Verletzung des Heiligen«]

◆ **sa|kri|le|gisch** ⟨Adj.⟩ in der Art eines Sakrilegs, frevelhaft, gotteslästerlich

◆ **Sa|kris|tan** ⟨m.; -s, -e; kath. Kirche⟩ Küster [<mlat. *sacristanus* »Küster, Messner«; → *Sakristei*]

◆ **Sa|kris|tei** ⟨f.; -, -en⟩ Nebenraum in der Kirche für den Geistlichen u. die gottesdienstl. Geräte [<mhd. *sacristie* <mlat. *sacristia* »Nebenraum der Kirche«; zu lat. *sacer* »heilig, geweiht«]

◆ **sa|kro|sankt** ⟨Adj.⟩ heilig, geheiligt, unverletzlich, unantastbar [<lat. *sacrosanctus* »hochheilig, unverletzlich« <*sacer* »geweiht, heilig« + *sanctus* »heilig«]

sä|ku|lar ⟨Adj.⟩ **1** alle hundert Jahre wiederkehrend **2** weltlich

Säkularfeier

[<lat. *saecularis* »dem Zeitalter, dem irdischen Leben zugehörig«; zu *saeculum*; → *Säkulum*]

Sä|ku|lar|fei|er ⟨f.; -, -n; geh.⟩ Feier zum hundertjährigen Bestehen od. zur 100. Wiederkehr eines Tages, Hundertjahrfeier; *Sy* Zentenarium

Sä|ku|la|ri|sa|ti|on ⟨f.; -, -en⟩ das Säkularisieren, die Säkularisierung [→ *säkular*]

sä|ku|la|ri|sie|ren ⟨V.⟩ **1** *kirchl.* Besitz ~ in weltl. Besitz überführen **2** ⟨fig.⟩ von der Kirche lösen u. weltlichen Einflüssen öffnen

Sä|ku|la|ri|sie|rung ⟨f.; -, -en⟩ das Säkularisieren, Säkularisiertwerden

Sä|ku|lar|kle|ri|ker ⟨m.; -s, -⟩ Geistlicher, der nicht im Kloster lebt, Weltgeistlicher

Sä|ku|lum ⟨n.; -s, -ku|la⟩ **1** Jahrhundert **2** Zeitalter [<lat. *saeculum* »Menschenalter, Zeitalter, Jahrhundert, die Welt, das irdische Leben«]

Sa|lam! ⟨Grußwort⟩ Friede! (mohammedan. Gruß); *oV* Salem!; →a. Selam [<arab. *salam* »Friede«]

Sa|la|man|der ⟨m.; -s, -⟩ **1** ⟨Zool.⟩ **1.1** (i. w. S.) Unterordnung der Schwanzlurche: Salamandroidae **1.2** (i. e. S.) Familie der Molche, die als Larven durch Kiemen atmen: Salamandridae **2** ⟨Studentenspr.; veraltet⟩ den ~ *reiben* zu Ehren einer Persönlichkeit die gefüllten Trinkgläser auf dem Tisch reiben [<mhd. *salamander* <lat. *salamandra* <grch. *salamandra*]

Sa|la|mi ⟨f.; -, -s od. -⟩ harte, geräucherte Wurst, meist aus Schweinefleisch (mit weißer Schutzhülle) [<ital. *salame* »Pökelfleisch, Schlackwurst«; zu *sale* »Salz« <lat. *sal*]

Sa|la|mi|tak|tik ⟨f.; -; unz.; umg.⟩ Taktik, (politische) Ziele in kleinen Schritten zu erreichen [nach einer in dünne Scheiben geschnittenen *Salami*]

Sa|lan|ga|ne ⟨f.; -, -n; Zool.⟩ Angehörige einer Gattung südasiat. Segler, die aus ihrem Speichel essbare Vogelnester herstellen: Collocalia [<malai.]

Sa|lär ⟨n.; -s, -e; schweiz.⟩ Gehalt, Lohn [<frz. *salaire* »Lohn«

<lat. *salarium* »im alten Rom die den Soldaten gelieferte Salzmenge; Salzzuteilung für reisende Beamte; Besoldung des Offiziers, Tagegelder des Beamten, Jahresgehalt«; zu *sal* »Salz«]

sa|la|rie|ren ⟨V.; schweiz.⟩ besolden, entlohnen [→ *Salär*]

Sa|lat ⟨m.; -(e)s, -e⟩ kaltes Gericht aus klein geschnittenen, rohen od. gekochten Gemüsen, Obst, Fleisch, Fisch u. a., mit Essig, Öl, Salz u. Gewürzen od. mit Majonäse angerichtet [<spätmhd. *salat* <ital. *insalata* »Eingesalzenes, Gewürztes, Salat«; zu *sale* <lat. *sal* »Salz«]

Sa|la|zi|tät ⟨f.; -; unz.; Med.⟩ gesteigerter Geschlechtstrieb [zu lat. *salax* »geil«]

Sal|chow ⟨[-ço:] m.; -s, -s; Eiskunstlauf; Rollkunstlauf⟩ rückwärts eingeleiteter Kürsprung; *einen einfachen, doppelten ~ springen* [nach dem schwed. Eiskunstläufer U. *Salchow*, 1877-1949]

Sal|den|bi|lanz ⟨f.; -, -en; Wirtsch.⟩ als Teil einer Abschlussübersicht am Ende einer Rechnungsperiode aus den Salden der einzelnen Konten zusammengefügte Aufstellung

sal|die|ren ⟨V.; Wirtsch.⟩ **1** den Saldo ermitteln von, ausgleichen; *ein Konto, eine Rechnung ~* **2** *eine Rechnung ~* ⟨österr.⟩ die Bezahlung einer Rechnung bestätigen [<ital. *saldare* »(Rechnung) abschließen, ausgleichen«; zu lat. *solidus* »fest«]

Sal|do ⟨m.; -s, -s od. Sal|den od. Sal|di⟩ Betrag, um den sich die eine Seite eines Kontos von der anderen unterscheidet, Restbetrag der Soll- od. Habenseite beim Abschluss [ital., »Rechnungsabschluss«; → *saldieren*]

Sale ⟨[seɪl] m.; -s; unz.⟩ Verkauf, Ausverkauf [engl.]

Sa|lem! ⟨Grußwort⟩ = Salam!; *~ aleikum* Friede sei mit euch [arab.]

Sa|lep ⟨m.; -s, -s⟩ aus den Knollen verschiedener Orchideen gewonnene Droge [<arab. *sahlab*]

Sales|ma|na|ger ⟨[seɪlzmændʒə(r)] m.; -s, -⟩ Verkaufsleiter [engl.]

Sales|man|ship ⟨[seɪlzmænʃɪp] n.; -s; unz.⟩ Kunst des erfolgreichen Verkaufens [engl.]

Sales|pro|mo|ter ⟨[seɪls-] m.; -s, -⟩ (in großen Betrieben) kaufmänn. Angestellter, der durch Schulung des Verkaufspersonals u. Beratung der Händler den Absatz steigern soll, Verkaufsförderer [<engl. *sale* »Verkauf« + *promote* »fördern, begünstigen«]

Sales|pro|mo|tion ⟨[seɪlzprɔmoʊʃn] f.; -, -s; Wirtsch.⟩ Absatz-, Verkaufsförderung [engl.]

Sa|let|tl ⟨n.; -s, -n; bair.; österr.; umg.⟩ Laube, Pavillon, kleines Gartenhaus [<ital. *saletta* »kleiner Saal«; Verkleinerungsform zu *sala* »Saal«]

Sa|li|cyl ⟨n.; -s; unz.; Chemie⟩ = Salicylsäure; *oV* Salizyl

Sa|li|cy|lat ⟨n.; -(e)s, -e; Chemie⟩ Salz der Salicylsäure; *oV* Salizylat

Sa|li|cyl|säu|re ⟨f.; -, -n; Chemie⟩ aromatische, in Pflanzen vorkommende Säure, als Konservierungsstoff u. Heilmittel verwendet; *oV* Salizylsäure [<lat. *salix* »Weide«]

Sa|li|ne ⟨f.; -, -n⟩ Anlage zur Gewinnung von Kochsalz aus Salzlösungen durch Verdunstung [<lat. *salinae* »Salzwerk, Salzgrube«; zu *sal* »Salz«]

sa|li|nisch ⟨Adj.⟩ **1** salzartig; *~e Kristalle* **2** salzhaltig; *~er Trunk*

sa|lisch ⟨Adj.; Geol.; Min.⟩ von hohem Kieselsäure- u. Tonerdegehalt (von Mineralien); *Ggs* femisch [<lat. *silex* »Kiesel, Feuerstein« + *Aluminium*]

Sa|li|va|ti|on ⟨[-va-] f.; -, -en; Med.⟩ Speichelfluss [<lat. *saliva* »Speichel«]

Sa|li|zyl ⟨n.; -s; unz.; Chemie⟩ = Salicyl

Sa|li|zy|lat ⟨n.; -(e)s, -e; Chemie⟩ = Salicylat

Sa|li|zyl|säu|re ⟨f.; -, -n; Chemie⟩ = Salicylsäure

Sal|jut ⟨[saju:t]⟩ Name sowjetischer Weltraumstationen, die seit 1973 in erdnahe Umlaufbahnen gebracht u. von mehreren wechselnden Besatzungen bewohnt werden bzw. wurden; *oV* Salut (2) [russ., »(Ehren-)Gruß, Salut«]

Salk|imp|fung *auch:* **Salk-Impfung** ⟨engl. [sɔːk-] f.; -; unz.; Med.⟩ eine 1954 entwickelte Injektionsschutzimpfung gegen epidem. Kinderlähmung mit abgetöteten Polioviren [nach dem US-amerikan. Bakteriologen u. Serologen J. E. *Salk*, *1914]

Salm¹ ⟨m.; -(e)s, -e; Zool.⟩ Lachs [<ahd. *salmo* <lat.-gall. *salmo* »Lachs«]

Salm² ⟨m.; -(e)s, -e; Pl. selten; umg.; abwertend⟩ Gerede; →a. Psalm; *einen langen ~ machen* [<nddt.; zu ahd. *salmo*, grch.-lat. *psalmus*]

Sal|mi|ak ⟨a. [--'-] m.; -s; unz.; Chemie⟩ aus Ammoniak u. Salzsäure entstehende Ammoniumverbindung, dient als Düngemittel u. ist in galvan. Trockenelementen enthalten, chemisch Ammoniumchlorid [<lat. *sal ammoniacus* »bei dem Tempel des *Jupiter Ammon* gefundenes Salz«]

Sal|mi|ak|geist ⟨a. ['----] m.; -(e)s; unz.⟩ wässrige Lösung von Ammoniak (als Reinigungsmittel); *Sy* Ammoniumhydroxid

Sal|mo|nel|la ⟨f.; -, -nel|len; meist Pl.; Med.⟩ infektiöse Krankheiten des Darms (z. B. Paratyphus, Fleischvergiftung) erregendes Bakterium [nach dem amerikan. Bakteriologen D. E. *Salmon*, 1850-1914]

Sal|mo|nel|lo|se ⟨f.; -, -n; Med.⟩ durch Salmonellen hervorgerufene Erkrankung

Sal|mo|ni|den ⟨Pl.; Zool.⟩ Lachsartige, Angehöriger einer Unterordnung der Heringsfische: Salmonoidei [<lat.-gall. *salmo* »Lachs« + grch. *eidos* »Gestalt, Aussehen«]

sa|lo|mo|nisch ⟨Adj.⟩ dem jüd. König Salomo (ca. 950 v. Chr.) ähnlich; *ein ~es Urteil* ein weises Urteil; *~e Weisheit besitzen*

Sa|lo|mon|loop *auch:* **Sa|lo|mon-Loop** ⟨[sæləmənluːp] f.; -; unz.; Physik⟩ Verfahren zur selbstreplikativen Energiegewinnung aus Antipoden [nach dem engl. Physiker A. *Salomon* (*1969) + engl. *loop* »Schleife«]

Sa|lon ⟨[-lɔ̃ː] od. [-lɔŋ], österr. a. [-loːn] m.; -s, -s⟩ **1** Empfangszimmer **2** ⟨17.-19. Jh.⟩ regelmäßige Empfänge für einen kleinen literar. u. künstler. interessierten, geselligen Kreis; *literarischer ~* **3** Modegeschäft od. Friseur; *Frisier~; Kosmetik~; Mode~* **4** Kunstausstellung [frz. <ital. *salone*, eigtl. »großer Saal«; zu *sala* »Saal«]

Sa|lon|mu|sik ⟨[-lɔ̃ː] od. [-lɔŋ-], österr. a. [-loːn-] f.; -; unz.⟩ gefällige, leicht süßliche Unterhaltungsmusik

Sa|loon ⟨[saluːn] m.; -s, -s⟩ im Stil der Wildwestfilme eingerichtetes Lokal [engl.-amerikan., »Kneipe, Saal«]

sa|lopp ⟨Adj.⟩ **1** ungezwungen **2** nachlässig, schlampig [<frz. *salope* »schmierig, dreckig«]

Sal|pe ⟨f.; -, -n; meist Pl.; Zool.⟩ Klasse glasartig durchsichtiger, frei schwimmender Manteltiere mit walzenförmigem Körperbau: Thaliacea [<lat. *salpa* <grch. *salpe* »Doppelreiher«]

Sal|pe|ter ⟨m.; -s; unz.; Chemie⟩ Salz der Salpetersäure; *Chile~; Natron~; Kali~* [<mhd. *salpeter* <*salniter* <lat. *sal nitrum* <*sal* »Salz« + *nitrum* »Natron« (<grch. *nitron* <ägypt. *ntr*)]

Sal|pe|ter|säu|re ⟨f.; -; unz.; Chemie⟩ farblose Säure des Stickstoffs

sal|pe|trig *auch:* **sal|pet|rig** ⟨Adj.; Chemie⟩ *~e Säure* eine Stickstoffsauerstoffsäure

Sal|pin|gi|tis ⟨f.; -, -ti|den; Med.⟩ Eileiterentzündung [zu grch. *salpigx* »Trompete«]

Sal|pin|go|gramm ⟨n.; -s, -e; Med.⟩ röntgenolog. Darstellung des Eileiters [<*Salpinx* + *...gramm*]

Sal|pinx ⟨f.; -, -pin|gen⟩ **1** altgrch. trichterförmige Trompete aus Bronze od. Eisen **2** ⟨Anat.⟩ **2.1** Eileiter **2.2** Ohrtrompete [<grch. *salpigx* »Trompete«]

Sal|sa¹ ⟨m.; -s, -s⟩ (paarweise getanzter) moderner lateinamerikanischer Gesellschaftstanz mit Jazz- u. Rockelementen [span.]

Sal|sa² ⟨f.; -, -s; texikan.-mexikan. Kochk.⟩ scharfe, dickflüssige Tomatensoße, Ketschup [span., »Soße«]

Sal|se ⟨f.; -, -n; Geogr.⟩ (in Sumpf- od. Erdölgebieten) kraterähnliches, aber nicht vulkan. Gebilde, das durch ausströmendes Gas Schlamm emporsprudelt, Schlammsprudel [<mhd. *salse* <afrz. *salse* »gesalzene Brühe«; zu lat. *sal* »Salz«]

SALT ⟨[sɔːlt] Abk. für engl.⟩ Strategic Arms Limitation Talks, Verhandlungen (zwischen den USA u. Russland) über Vereinbarungen zur Begrenzung strategischer Waffen

Sal|ta ⟨n.; -s; unz.⟩ Brettspiel für zwei Personen mit je 15 Steinen auf dem frz. Damebrett, die auf die gegnerische Seite gebracht werden müssen [<ital., lat. *salta!* »spring!«; zu ital. *saltare* »springen«]

Sal|ta|rel|lo ⟨m.; -s, -rel|li⟩ schneller italienischer Tanz im Dreiertakt, der bis ins 14. Jh. zurückgeht [ital., »Hüpftanz«; zu *saltare* »springen«]

sal|ta|to ⟨bei Streichinstrumenten; Musik⟩ mit springendem Bogen (zu spielen) [ital., »gesprungen«; zu *saltare* »springen«]

Sal|ta|to ⟨n.; -s, -s od. -ti; bei Streichinstrumenten; Musik⟩ Spiel mit springendem Bogen

sal|ta|to|risch ⟨Adj.; Med.⟩ sprunghaft; *~e Erregungsleitung* Erregungsleitung, bei der ein Reiz nicht kontinuierlich fortgeleitet wird, sondern in bestimmten Abständen weiterspringt [zu lat. *saltare* »springen«]

Sal|tim|boc|ca ⟨f.; -, -s; Kochk.⟩ zwei aufeinander gelegte Kalbfleischscheiben mit rohem Schinken u. Salbei dazwischen, paniert u. gebraten, mit Weißweinsoße serviert [<ital. *salta in bocca* »Spring in den Mund«]

Sal|to ⟨m.; -s, -s od. Sal|ti; Sport⟩ Sprung mit Überschlag in der Luft, Sprung mit Drehung um die waagerechte Achse [ital., »Sprung«]

Sal|to mor|ta|le ⟨m.; - -, - - od. Sal|ti -ta|li⟩ mehrfacher Salto [ital., »Todessprung«]

sa|lü! ⟨umg.; bes. schweiz.⟩ Guten Tag!, Auf Wiedersehen! (als Grußwort) [<frz. *salut* »Gruß; Heil, Wohl«]

sa|lu|ber ⟨Adj.; Med.⟩ heilsam, gesund [lat.]

Salubrität

Sa|lu|bri|tät *auch:* **Sa|lub|ri|tät** ⟨f.; -; unz.; Med.⟩ **1** gesunde Beschaffenheit (des Körpers) **2** Heilsamkeit [<lat. *salubritas* »Gesundheit, Heilsamkeit«]

Sa|lut ⟨m.; -(e)s, -e⟩ **1** militär. Ehrung durch eine Salve von Schüssen; ~ *schießen* **2** = Saljut [<lat. *salus*, Gen. *salutis* »Heil, Wohl, Gedeihen«]

sa|lu|tie|ren ⟨V.⟩ militär. grüßen [<lat. *salutare* »grüßen, begrüßen«]

Sa|lu|tist ⟨m.; -en, -en; schweiz.⟩ Angehöriger der Heilsarmee [<frz. *salutiste* »Angehöriger der Heilsarmee«; zu *Armée du Salut* »Heilsarmee«]

Sal|va|ti|on ⟨[-va-] f.; -, -en⟩ **1** Rettung **2** Verteidigung [<lat. *salvatio* »Rettung«; zu *salvare* »retten«]

Salvation Army ⟨sælvɛɪʃən aː(r)mɪ] f.; - -; unz.⟩ Heilsarmee, eine 1878 durch W. Booth in London gegr., straff organisierte christl. Bewegung, die sich seelsorgerisch u. karitativ um die Großstadtbevölkerung kümmert [engl.]

Sal|va|tor ⟨[-vaː-] m.; -s, -to|ren⟩ **1** ⟨unz.⟩ Jesus als Retter, Erlöser, Heiland **2** ⟨zählb.; allg.⟩ Retter, Erlöser [lat., »Erretter«, kirchenlat. »Erlöser«; zu *salvare* »retten«]

Sal|va|to|ri|a|ner ⟨[-va-] m.; -s, -⟩ Mitglieder einer 1881 in Rom gegründeten Ordensgemeinschaft, die sich die Seelsorge u. die Mission zur Aufgabe macht [zu lat. *SocietasDivini Salvatoris* »Gesellschaft vom göttlichen Heiland«, dem Namen des Ordens; → *Salvator*]

sal|va|to|risch ⟨[-va-] Adj.⟩ **1** nur stellvertretend, ergänzend vor Gültigkeit **2** ⟨Rechtsw.⟩ ~*e Klausel* Gesetzes- u. Vertragsbestimmung, die nur gilt, wenn nicht andere Rechtsnormen vorrangig zu behandeln sind

sal|va ve|nia ⟨[-va veː-] Abk.: s. v.⟩ mit Verlaub (zu sagen) [lat., »mit Vorbehalt der Verzeihung«]

sal|ve! ⟨[-və]⟩ sei gegrüßt!, heil! [lat.; zu *salvere* »gesund, wohlbehalten sein«]

Sal|ve ⟨[-və] f.; -, -n⟩ das gleichzeitige Abfeuern mehrerer Schusswaffen [frz., eigtl. »Begrüßungsschüsse« <lat. *salve!* »sei gegrüßt«!; zu *salvere* »sich gesund, wohl befinden«]

sal|vie|ren ⟨[-viː] V.; veraltet⟩ retten; *sich* ~ sich in Sicherheit bringen, retten, sich von einem Verdacht reinigen, sich entlasten [<ital. *salvare*]

sal|vis o|mis|sis ⟨[-vɪs -] Abk.: s. o.; geh.⟩ unter Vorbehalt von Auslassungen [lat.]

sal|vo er|ro|re ⟨[-vo-] Abk.: s. e.; geh.⟩ Irrtum vorbehalten [lat.]

sal|vo er|ro|re cal|cu|li ⟨[-vo-] Abk.: s. e. c.⟩ Rechenfehler vorbehalten [lat.]

sal|vo er|ro|re et o|mis|si|o|ne ⟨[-vo-] Abk.: s. e. e. o. od. s. e. et o.⟩ Irrtum u. Auslassung vorbehalten [lat.]

sal|vo ti|tu|lo ⟨[-vo-] Abk.: S. T.⟩ mit Vorbehalt des richtigen Titels [lat.]

SAM ⟨EDV; Abk. für engl.⟩ Sequential Access Method, serieller Zugriff (auf Dateien)

Sa|ma|ri|ter ⟨m.; -s, -⟩ freiwilliger Krankenpfleger, in selbstloser Weise helfender Mensch [nach dem barmherzigen Mann aus *Samaria*, Luk. 10,33]

Sa|ma|ri|um ⟨n.; -s; unz.; chem. Zeichen: Sm⟩ zu den Metallen der Seltenen Erden gehörendes chem. Element, Ordnungszahl 62 [nach dem Mineral *Samarskit*, das nach dem russ. Mineralogen *Samarski* benannt ist]

Sa|mar|kand ⟨m.; -s, -s⟩ aus Ostturkestan stammender Knüpfteppich mit chinesisch beeinflusstem Muster aus Medaillons, quadrat. Feldern u. mit Blütenstauden ausgefüllten Nischen [fälschlich nach der Stadt *Samarkand*]

Sam|ba[1] ⟨m.; -s, -s, fachsprachl. f.; -, -s⟩ aus dem Reigentanz brasilianischer Schwarzer hervorgegangener Gesellschaftstanz im $^2/_4$-Takt, um 1950 Modetanz, heute Turniertanz [portug. <afrikan.]

Sam|ba[2] ⟨f.; -, -s⟩ = Zamba

Sam|bal ⟨m.; -s, -s; Kochk.⟩ zur Reistafel gereichte, scharfe indones. Würzsoße [<indones.]

Sam|bo ⟨m.; -s, -s⟩ = Zambo

Sam|bu|ca ⟨m.; -s, -s od. f.; -, -s⟩ italienischer Anislikör

Sa|mi|el ⟨m.; -(e)s; unz.⟩ (in der dt. Sage u. in der jüd. Legende) Teufel, böser Geist [<aram. *sam-el* »Gift Gottes«]

sä|misch ⟨Adj.⟩ mit Öl od. Tran gegerbt [<türk. *semis* »fett« od. zu *Samland*]

Sa|mi|sen ⟨f.; -, -; Musik⟩ dreisaitige jap. Gitarre; *oV* Schamisen [jap.]

Sa|mo|je|de ⟨m.; -n, -n⟩ Angehöriger eines uralischen, mongoloiden Volkes, *eigener Name:* Nenze

Sa|mos ⟨m.; -; unz.⟩ Wein von der grch. Insel Samos

Sa|mo|war ⟨a. ['---] m.; -s, -s⟩ russ. Teemaschine aus Kupfer od. Messing [<russ. *samovar* <*samo...* »selbst« + *varit* »kochen«]

Sam|pan ⟨m.; -s, -s⟩ chinesisches Hausboot [<chines. *san pan* <*san* »drei« + *pan* »Brett«]

sam|peln ⟨[saːmpəln] V.; Kunst; bes. Musik⟩ mischen, mixen u. neu zusammenstellen (von Klängen, Trends, Techniken usw.); *sie* ~ *das Ganze u. bringen es als Remix neu heraus; der Künstler sampelt Ölmalerei u. Siebdruck*

Sam|ple *auch:* **Sample** ⟨[saːmpl] n.; -s, -s⟩ **1** ⟨Markt- u. Meinungsforschung⟩ repräsentative Auswahl von Gegenständen od. Personen **2** Warenmuster **3** = Sampler [engl., »Probe, Muster«]

Sam|pler *auch:* **Sampler** ⟨[saːmplə(r)] m.; -s, -⟩ Sammlung erfolgreicher Musiktitel einer bestimmten Stilrichtung, eines Zeitabschnitts, eines Sängers od. einer Gruppe (auf Tonträgern); *oV* Sample (3) [engl., »Auswahlplatte, -CD«]

Sam|pling *auch:* **Sampling** ⟨[saːmplɪŋ] n.; -s; unz.; Musik⟩ **1** das Sampeln **2** Aufnahmetechnik, bei der verschiedene Tonquellen wie z. B. Musikstücke, Alltagslärm, Kommentare usw. mittels eines Mischpultes auf einem Tonband zusammengeführt u. zu einem neuen Musikstück verarbeitet werden [<engl. *sample* »probieren; sammeln«]

Sa|mum ⟨a. [-'-] m.; -s, -s od. -e; Geogr.⟩ heißer, trockener

sanitized

Sandsturm in den Wüsten Vorderasiens u. Nordafrikas [arab.]

Sa|mu|rai ⟨m.; -s od. -, -s od. -; früher⟩ Angehöriger des jap. Kriegerstandes [jap., »die Dienenden«]

San ⟨vor ital. männl. Namen, die mit einem Konsonanten beginnen, außer vor Sp… u. St…, u. vor span. männl. Namen, die mit einem Konsonanten beginnen, außer vor Do… u. To…; Abk.: S.⟩ der heilige…, z. B. San Bernardo; →*a.* Sant', Santa, Sante, Santi, Santo, São [ital., span., portug. < lat. *sanctus* »heilig«]

sa|na|bel ⟨Adj.; Med.⟩ heilbar [< lat. *sanabilis* »heilbar«]

Sa|na|to|rium ⟨n.; -s, -ri|en⟩ klimatisch günstig gelegene Heilstätte für Kranke, die der Pflege, aber keiner Behandlung im Krankenhaus bedürfen [< lat. *sanare* »heilen«]

Sanc|ta Se|des ⟨f.; - -; unz.⟩ **1** der Heilige Stuhl **2** ⟨fig.⟩ Papst u. päpstl. Gewalt [lat.]

sanc|ta sim|pli|ci|tas ⟨geh.⟩ heilige Einfalt! (Ausruf des Unwillens angesichts einer von einem törichten Menschen begangenen Dummheit) [lat.]

Sanc|tus ⟨n.; -; unz.⟩ Lobgesang der kath. Messe (nach dem Wort des Anfangs) [lat., »heilig«]

San|da|le ⟨f.; -, -n⟩ leichter Schuh mit Oberteil aus Riemen od. durchbrochenem Leder [< lat. *sandalium* < grch. *sandalion*]

San|da|let|te ⟨f.; -, -n⟩ leichte, elegante Sandale [französ. Verkleinerungsform zu *Sandale*]

San|da|rak ⟨m.; -s; unz.⟩ zu fotograf. Lacken verwendetes Harz der Sandarakzypresse [< frz. *sandaraque* < lat. *sandaraca* < grch. *sandarake*]

San|del|holz ⟨n.; -es, -höl|zer⟩ wohlriechendes Holz der Sandelbaumgewächse [Herkunft unsicher, vielleicht < grch.]

San|dhi ⟨m. od. n.; - od. -s; unz.; Sprachw.⟩ lautliche Veränderung aufgrund des Zusammentreffens zweier Wörter od. Morpheme, z. B. »ist's« anstelle von »ist es« [zu Sanskrit *samdhi* »zusammenstellen«]

San|di|nis|mus ⟨m.; -; unz.; Politik; in den 70er u. 80er Jahren⟩ am Marxismus-Leninismus orientierte Befreiungsbewegung in Nicaragua, die die Bekämpfung des nordamerikan. Imperialismus u. der Oligarchie unterstützte [nach dem Guerillakämpfer A. C. *Sandino*, 1895-1934]

San|di|nist ⟨m.; -en, -en; Politik⟩ Vertreter des Sandinismus, Angehöriger der sozialist. Partei Nicaraguas

san|di|nis|tisch ⟨Adj.; Politik⟩ den Sandinismus betreffend, auf ihm beruhend

San|dschak *auch:* **Sand|schak** ⟨m.; -s, -s⟩ **1** türk. Standarte als Symbol der Souveränität **2** türk. Verwaltungsbezirk [< türk. *sancàk*, eigtl. »Fahne, Standarte«]

Sand|wich ⟨[sændwɪtʃ] n. od. m.; -s od. -es [-tʃɪz], -s od. -es [-tʃɪz]⟩ **1** zwei mit Butter bestrichene, aufeinander gelegte Scheiben Weißbrot mit einer Einlage von Wurst, Käse, Ei usw. **2** ⟨umg.; fig.⟩ über Brust u. Rücken gehängtes Schild od. Plakat, z. B. bei Demonstrationen [nach dem 4. Earl of *Sandwich*, 1718-1792, der solche Brotscheiben zubereiten ließ]

Sand|wich|bau|wei|se ⟨[sændwɪtʃ-] f.; -; unz.⟩ Bauweise bes. beim Bau von Flugzeugen, bei der Platten verschiedener Stärke u. aus verschiedenem Material zusammengefügt werden

Sand|wich|board ⟨[sændwɪtʃbɔːd] n.; -s, -s⟩ zwei mit Tragebändern verbundene, auf Holzbrettern befestigte Reklameplakate (die von einem Sandwichman getragen werden) [engl.]

Sand|wich|man ⟨[sændwɪtʃmæn] m.; -s, -men [-mən]⟩ Person, die zu Werbezwecken zwei miteinander verbundene Reklameschilder auf Brust u. Rücken trägt [engl.]

Sand|wich|mon|ta|ge ⟨[sændwɪtʃmɔntaːʒə] f.; -, -n⟩ eine durch zwei aufeinander gelegte Negative gebildete Fotomontage

san|fo|ri|sie|ren ⟨V.; Textilw.⟩ *Gewebe ~* durch trockene Hitze einschrumpfen lassen, damit es später beim Waschen nicht mehr einläuft [nach dem Erfinder, *Sanford* L. Cluett]

San|gria *auch:* **Sangría** ⟨a. [saŋ-] f.; -, -s⟩ in Spanien beliebtes Getränk aus eisgekühltem Rotwein mit Fruchtstücken [span.; zu *sangre* »Blut«]

San|gri|ta® *auch:* **Sangríta®** ⟨f.; -; unz.⟩ scharfes Getränk aus Tomaten-, Orangen- u. Zwiebelsaft [span.; zu *sangre* »Blut« mit Verkleinerungsendung]

San|gui|ni|ker ⟨m.; -s, -⟩ nach der antiken Temperamentenlehre Mensch von heiterem, lebhaftem Temperament

san|gui|nisch ⟨Adj.⟩ lebhaft, heiter [< lat. *sanguineus* »aus Blut bestehend, blutvoll«; zu *sanguis* »Blut«]

San|hed|rin *auch:* **San|hed|rin** ⟨m.; -s; unz.; hebr. Form von⟩ Synedrium

Sa|ni ⟨m.; -s, -s; umg.; kurz für⟩ Sanitäter

Sa|ni|din ⟨m.; -s, -e; Min.⟩ farbloser Feldspat, Eisspat [< grch. *sanis*, Gen. *sanidos* »Brettchen«]

sa|nie|ren ⟨V.⟩ **1** gesunde Verhältnisse (zum Leben u. Wohnen) schaffen **2** wieder leistungsfähig machen **3** den Herd einer Krankheit beseitigen [< lat. *sanare* »heilen, gesund machen«; zu *sanus* »gesund«]

Sa|nie|rung ⟨f.; -, -en⟩ das Sanieren

sa|ni|tär ⟨Adj.⟩ **1** das Gesundheitswesen betreffend **2** der Gesundheit, Hygiene dienend **3** gesundheitlich, hygienisch [< frz. *sanitaire* »gesundheitlich, sanitär«; zu lat. *sanitas* »Gesundheit«]

sa|ni|ta|risch ⟨Adj.; schweiz. für⟩ sanitär

Sa|ni|tät ⟨f.; -; unz.⟩ **1** (Zustand der) Gesundheit **2** Krankendienst, -pflege **3** ⟨schweiz.⟩ Dienst an Kranken, Sanitätswesen **4** ⟨österr.⟩ militär. Sanitätswaren [< lat. *sanitas* »Gesundheit«; zu *sanus* »gesund«]

Sa|ni|tä|ter ⟨m.; -s, -⟩ **1** Sanitätssoldat **2** Krankenpfleger **3** jmd., der in der ersten Hilfe ausgebildet ist [→ *Sanität*]

sa|ni|tized ⟨[sænɪtaɪzd] Adj.; undekl.⟩ keimfrei [engl.]

Sankt ⟨Abk.: St.; vor dt. Namen⟩ der od. die heilige...; ~ *Elisabeth;* ~ *Gallen;* ~-*Elisabeth-Kirche* od. *St.-Elisabeth-Kirche* [<lat. *sanctus* »heilig«]

Sank|ti|on ⟨f.; -, -en⟩ **1** Bestätigung, Anerkennung **2** Erhebung zum verbindl. Gesetz **3** ⟨Pl.⟩ *~en* Strafmaßnahmen, Zwangsmaßnahmen mehrerer Staaten gegen die Verletzung völkerrechtlicher Pflichten seitens eines anderen Staates; *~en verhängen (gegen)* [<frz. *sanctio* »Genehmigung, Zustimmung, natürl. Folge, Strafmaßnahme« <lat. *sanctio* »Billigung, geschärfte Verordnung, Strafgesetz, Vertragsklausel«; zu *sancire* »heiligen, als heilig u. unverbrüchlich festsetzen«]

sank|ti|o|nie|ren ⟨V.⟩ **1** bestätigen, gutheißen, anerkennen **2** zum verbindl. Gesetz erheben [<frz. *sanctionner* »billigen, Gesetzeskraft verleihen«; zu → *Sanktion*]

Sank|tis|si|mum ⟨n.; -s; unz.; kath. Kirche⟩ Allerheiligstes, geweihte Hostie [<lat. *sanctissimum* »das heiligste«; zu *sanctus* »heilig«]

Sank|tu|ar ⟨n.; -s, -e⟩ *Sy* Sanktuarium **1** Heiligtum **2** Raum mit dem Heiligtum, bei christl. Kirchen der Chor mit dem Hochaltar **3** Raum, in dem Reliquien aufbewahrt werden [<lat. *sanctuarium* »Heiligtum«; zu *sanctus* »heilig«]

Sank|tu|a|ri|um ⟨n.; -s, -ri|en⟩ = Sanktuar

Sans|cu|lot|te ⟨[sãky-] m.; -n, -n; Politik⟩ während der Französ. Revolution Spottname für die proletar. Revolutionäre, weil sie keine Kniehosen wie die höheren Stände, sondern lange Hosen trugen [<frz. *sans-culotte* »ohne Kniehose«]

San|se|vie|ria ⟨[-vi-] f.; -, -ri|en; Bot.⟩ Gattung trop. Liliengewächse mit fleischigen, langen Blättern, deren Fasern genutzt werden, auch Zierpflanze, Bogenhanf: Sansevieria [nach dem Fürstentum *San Severo* in Süditalien]

Sans|krit *auch:* **Sans|krit** ⟨a. [-'-] n.; -s; unz.; Sprachw.⟩ die altind., bis heute lebendig gebliebene Sprache der Literatur u. Wissenschaft; →*a.* Prakrit [zu aind. *sanskrta* »zusammengeordnet, vollendet«]

sans|kri|tisch *auch:* **sans|kri|tisch** ⟨Adj.; Sprachw.⟩ in Sanskrit abgefasst

Sans|kri|tist *auch:* **Sans|kri|tist** ⟨m.; -en, -en; Sprachw.⟩ Kenner u. Erforscher des Sanskrits

Sans|kri|tis|tik *auch:* **Sans|kri|tis|tik** ⟨f.; -; unz.; Sprachw.⟩ Wissenschaft, die das Sanskrit, die sanskrit. Literatur u. die altind. Kultur erforscht

Sans|kri|tis|tin *auch:* **Sans|kri|tis|tin** ⟨f.; -, -tin|nen; Sprachw.⟩ Kennerin u. Erforscherin des Sanskrits

Sans|sou|ci ⟨[sãsusi:] n.; -; unz.⟩ Name für Schlösser, bes. für das auf Veranlassung u. nach Plänen Friedrichs des Großen im Stil des Rokoko erbaute Schloss in Potsdam; *Schloss ~* [<frz. *sans souci* »ohne Sorge«]

Sant ⟨Abk.: S.; vor ital. männl. u. weibl. Namen, die mit einem Vokal beginnen⟩ der heilige... od. die heilige...; *~ Antonio;* *~ Agata;* →*a.* San, Santa, Sante, Santi, Santo, São [→ *San*]

San|ta ⟨Abk.: S.; vor ital., span. u. portug. weibl. Namen, die mit einem Konsonanten beginnen; Abk.: Sta.; italien. span. u. portug.⟩ die heilige...; *~ Maria;* →*a.* San, Sant', Sante, Santi, Santo, São [→ *San*]

San|ta Claus ⟨[sæntə klɔːz] m.; -; unz.⟩ Nikolaus, Weihnachtsmann [engl., »Heiliger Klaus«]

San|te ⟨Pl.; Abk.: SS.; vor ital. weibl. Namen⟩ die heiligen..., z. B. *~ Maria e Maddalena;* →*a.* San, Sant', Santa, Santi, Santo, São [→ *San*]

San|ti ⟨Pl.; Abk.: SS.; vor ital. männl. Namen⟩ die heiligen..., z. B. *~ Pietro e Paolo;* →*a.* San, Sant', Santa, Sante, Santo, São [→ *San*]

San|to ⟨Abk.: S.; vor ital. männl. Namen, die mit Sp... od. St... beginnen, vor span. männl. Namen, die mit Do... od. To... beginnen u. ausnahmslos vor portug. männl. Namen⟩ der heilige...; *~ Spirito;* *~ Stefano;* *~ Domingo;* →*a.* San, Sant', Santa, Sante, Santi, São [→ *San*]

São ⟨[sã:u] Abk.: S; vor portug. männl. Namen, die mit einem Konsonanten beginnen⟩ der heilige ...; *~ Paulo;* →*a.* San, Sant', Santa, Sante, Santi, Santo [→ *San*]

Sa|phir ⟨a. [-'-] m.; -s, -e; Min.⟩ Mineral u. Edelstein, hellblauer Korund [<mhd. *saphir(e)* <lat. *sapp(h)irus* <grch. *sappheiros* <hebr. *sappir* «Sanskrit *sanipriya,* eigtl. »dem Planeten Saturn teuer« «*Sani* »Saturn« + *priya* »lieb, wert, teuer«]

sa|phi|ren ⟨Adj.⟩ aus Saphiren bestehend

sa|pi|en|ti sat! ⟨geh.⟩ genug für den Eingeweihten, es ist keine weitere Erläuterung nötig [lat., »dem Weisen (ist es) genug«]

Sa|pin ⟨m.; -s, -e; österr.⟩ = Sapine

Sa|pi|ne ⟨f.; -, -n; österr.⟩ Werkzeug zum Wegziehen gefällter Bäume, Sappel; *oV* Sapin [frz., »Tannenholzbrett, Hebebaum«; zu *sapin* »Tanne«]

Sa|po|dil|la ⟨f.; -, -s; Bot.⟩ Westindische Mispel, eiförmige Frucht des Sapotillbaumes: Manilkara zapota; *oV* Sapote; →*a.* Sapotillbaum [engl., <span. *sapotille*]

Sa|po|na|ria ⟨f.; -; unz.; Bot.⟩ Seifenkraut [<lat. *sapo* »Seife«]

Sa|po|nin ⟨n.; -s, -e; Biochemie⟩ medizin. verwendeter, giftiger, organischer Stoff verschiedener Zusammensetzung (Glucosid), der in wässriger Lösung schäumt, ohne reinigende Wirkung zu besitzen [<lat. *sapo* »Seife«]

Sa|po|te ⟨f.; -, -n; Bot.⟩ = Sapodilla [<span. *zapote* <aztek.]

Sa|po|till|baum ⟨m.; -(e)s, -bäume; Bot.⟩ in Südamerika kultivierter, immergrüner, bis 20 m hoher Laubbaum mit essbaren Früchten, das aus dem Baumstoff gewonnene Latex dient als Grundstoff für die Herstellung von Kaugummi; →*a.* Sapodilla

sap|per|lot! ⟨umg.⟩ = sackerlot!
sap|per|ment! ⟨umg.⟩ = sackerment!

sap|phisch ⟨[zapfɪʃ] od. [zafɪʃ] Adj.⟩ **1** *~e Liebe* Homosexualität unter Frauen **2** *~e Strophe* von Sappho verwendete Strophenform aus drei elfsilbigen Versen u. einem Schlussvers [nach der grch. Dichterin *Sappho*, um 600 v. Chr.]

Sap|phis|mus ⟨[-fɪs-] m.; -; unz.⟩ = sapphische Liebe

◆ Die Buchstabenfolge **sa|pr...** kann auch **sap|r...** getrennt werden.

◆ **Sa|prä|mie** ⟨f.; -, -n; Med.⟩ schwere Blutvergiftung [< *Sapro...* + *...ämie*]

◆ **sa|pro..., Sa|pro...** ⟨in Zus.⟩ faul, Fäulnis... [< grch. *sapros* »faul«]

◆ **Sa|pro|bie** ⟨[-bjə] f.; -, -n; Biol.⟩ = Saprobiont

◆ **Sa|pro|bi|ont** ⟨m.; -en, -en; Biol.⟩ von faulenden Stoffen lebender tier. od. pflanzl. Organismus (Amöben, Infusorien); *Sy* Saprobie; *Ggs* Katharobie [< *Sapro...* + grch. *bios* »Leben«]

◆ **sa|pro|bisch** ⟨Adj.; Biol.⟩ **1** auf Fäulnis beruhend **2** in faulenden Stoffen lebend [< grch. *sapros* »faul«]

◆ **sa|pro|gen** ⟨Adj.; Biol.⟩ Fäulnis erregend [< *sapro...* + *...gen¹*]

◆ **Sa|pro|pel** ⟨n.; -s, -e; Geol.⟩ aus abgestorbenen Pflanzen u. Tieren bestehender, schlammiger Bodensatz stehender Gewässer, Faulschlamm [< *Sapro...* + grch. *pelein* »sich bewegen«]

◆ **Sa|pro|pe|lit** ⟨m.; -s, -e; Geol.⟩ Gestein, das sich aus Faulschlamm gebildet hat

◆ **sa|pro|pe|li|tisch** ⟨Adj.; Geol.⟩ in der Art des Faulschlamms, wie er beschaffen

◆ **Sa|pro|pha|ge** ⟨m.; -n, -n; Biol.⟩ Tier, das sich von faulenden Stoffen ernährt [< *Sapro...* + grch. *phagein* »essen«]

◆ **sa|pro|phil** ⟨Adj.; Biol.⟩ von faulenden, verwesenden Stoffen lebend [< *sapro...* + *...phil*]

◆ **Sa|pro|phyt** ⟨m.; -en, -en; Biol.⟩ auf faulenden Stoffen lebender pflanzl. Organismus [< *Sapro...* + *...phyt*]

◆ **Sa|pro|zo|on** ⟨n.; -s, -zo̱en; Biol.⟩ von faulenden Stoffen lebendes Tier [< *Sapro...* + *Zoon*]

Sa|ra|ban|de ⟨a. [-bã:d] f.; -, -n; Musik⟩ **1** aus einem altspan. Volkstanz entwickelter, ernstruhiger französ. Gesellschaftstanz im 17. u. 18. Jh. **2** Satz der Suite [frz. < span. *zarabanda*]

Sa|ra|fan ⟨m.; -s, -e⟩ zur russ. weibl. Tracht des 18. u. 19. Jh. gehörendes, ärmelloses Kleid mit tiefem Ausschnitt, das über einer weißen Bluse getragen wurde [russ. < pers. *serapa* »vom Kopf bis zu den Füßen«]

Sa|ra|ze|ne ⟨m.; -n, -n⟩ **1** ⟨im MA Name für⟩ Araber **2** ⟨später für⟩ Mohammedaner

Sar|del|le ⟨f.; -, -n; Zool.⟩ Familie bis 15 cm langer, meist eingesalzen verwendeter, heringsartiger Knochenfische: Engraulidae [< ital. *sardella*, Verkleinerungsform zu *sardina*; → *Sardine*]

Sar|di|ne ⟨f.; -, -n; Zool.⟩ bis 26 cm langer Heringsfisch der subtrop. u. gemäßigten Gebiete des Ostatlantiks u. Mittelmeers: Sardina pilchardus [< mhd. *sardien* < ital., lat. *sardina* < grch. *sardine*]

sar|do|nisch ⟨Adj.⟩ *~es Lachen* grimmiges, höhnisches Lachen ohne Freude od. Humor [nach dem Giftkraut *Sardonia*, das Gesichtsverzerrungen hervorrufen soll]

Sard|o|nyx *auch:* **Sar|do|nyx** ⟨m.; - od. -es, -e⟩ Mineral, fleischfarbener Onyx [lat., < grch. *sardonyx* »Mineral von Fingernagelfarbe«; zu *Sardes*, der Hauptstadt Lydiens (nach demersten Fundort der *Sardes*) + *onyx* »Fingernagel«]

Sa|ri ⟨m.; - od. -s, -s⟩ kunstvoll gewickeltes Gewand der indischen Frau [< Hindi *sāri* < Sanskrit *śati*]

Sar|kas|mus ⟨m.; -, -kas̱|men⟩ **1** ⟨unz.⟩ beißender Spott, bitterer Hohn **2** ⟨zählb.⟩ sarkast. Äußerung [< grch. *sarkasmos*; zu *sarkazein* »zerfleischen, Hohn sprechen«]

sar|kas|tisch ⟨Adj.⟩ beißendspöttisch, bissig-höhnisch

sar|ko|id ⟨Adj.; Med.⟩ sarkomähnlich [zu grch. *sarx*, Gen. *sarkos* »Fleisch« + *...id¹*]

Sar|ko|lemm ⟨n.; -s, -en; Anat.⟩ bindegewebige Umhüllung der Muskelfaser [< grch. *sarx*, Gen. *sarkos* »Fleisch« + *lemma* »Hülle«]

Sar|kom ⟨n.; -s, -e; Med.⟩ Fleischgeschwulst [< grch. *sarx*, Gen. *sarkos* »Fleisch«]

sar|ko|ma|tös ⟨Adj.; Med.⟩ in der Art eines Sarkoms

Sar|ko|ma|to|se ⟨f.; -, -n; Med.⟩ Bildung von Sarkomen

Sar|ko|phag ⟨m.; -s, -e⟩ prunkvoller, steinerner Sarg [< grch. *sarkophagos* »Fleischfresser«, urspr. Sarg aus dem Stein von Assos in Kleinasien, der das Fleisch der darin beigesetzten Leichen allmählich vernichtete; < grch. *sarx*, Gen. *sarkos* »Fleisch« + *phagein* »essen, fressen«]

Sa|rong ⟨m.; - od. -s, -s⟩ rockartig um den Körper gewickeltes buntes Tuch der indones. Frau [< malai. *saron*]

Sar|rass ⟨m.; -es, -e⟩ Säbel mit schwerer Klinge [< poln. *za* »für« + *raz* »Hieb, Stoß«]

Sar|ru|so|fon ⟨[sary-] n.; -s, -e; Musik⟩ = Sarrusophon

Sar|ru|so|phon ⟨[sary-] n.; -s, -e; Musik⟩ mit doppeltem Rohrblatt u. 18 Klappen ausgestattetes, in Militärkapellen verwendetes Blechblasinstrument; *oV* Sarrusofon [nach dem frz. Militärkapellmeister M. *Sarrus*, der das Instrument 1856 konstruierte]

Sar|sa|pa|ril|le ⟨f.; -, -n; Bot.⟩ verschiedene trop. Stechwinden (Smilax utilis, Smilax medica u. Smilax papyracea) aus Mittel- u. Südamerika, deren Wurzeln zum Anregen der Ausscheidung von Schweiß u. Harn u. als Mittel zur Blutreinigung verwendet werden; *oV* Sassaparille [< span. *zarzaparrilla*]

Sar|se|nett ⟨n.; -(e)s, -e; Textilw.⟩ dichter Futterstoff aus Baumwolle [< engl. *sarcenet*; zu mlat. *Saracenicus* »sarazenisch«]

Sar|zi|nen ⟨Pl.; Med.⟩ unbewegliche Rundkokken, Paketkokken [< lat. *sarcina* »Last, Gepäck«]

Sas|sa|fras *auch:* **Sas|sa|fras** ⟨m.; -, -; Bot.⟩ Nelkenzimtbaum, einer Gattung der Lorbeergewächse angehörender Baum mit blauen, ovalen od. dreilappigen Blättern, aus dessen Wurzeln ein äther. Öl gewonnen wird: Sassafras [< span. *sassafrás* < lat.

Sassaparille

saxifraga »Steinbrech« <*saxum* »Fels« + *frangere* »zerbrechen«]
Sas|sa|pa|ril|le ⟨f.; -, -n⟩ = Sarsaparille
Sa|tan ⟨m.; -s, -e⟩ 1 ⟨unz.⟩ Teufel, Widersacher Gottes; *oV* Satanas 2 ⟨zählb.⟩ böser, teuflischer Mensch [<ahd. *satanas* <kirchenlat. *satanas* <grch. *Satan,* Gen. *Satanas* <hebr. *satan* »Widersacher«]
Sa|ta|nas ⟨m.; -; unz.⟩ = Satan (1)
Sa|tang ⟨m.; - od. -s, - od. -s⟩ kleine Währungseinheit in Thailand, ¹/₁₀₀ Baht [<Thai *satan*]
Sa|ta|nie ⟨f.; -, -n; geh.⟩ teuflische Grausamkeit u. Bestialität
sa|ta|nisch ⟨Adj.⟩ in der Art des Satans, teuflisch, böse
Sa|ta|nis|mus ⟨m.; -; unz.⟩ 1 eingeborene Grausamkeit, Bösartigkeit u. Verderbtheit; *Sy* Dämonismus 2 Besessenheit vom, Neigung zum Bösen 3 Verehrung des Teufels als Travestie christlicher Riten, soweit ihnen ein Glaubens von Gut u. Böse zugrunde liegt
Sa|ta|nist ⟨m.; -en, -en⟩ jmd., der Satanismus betreibt, Anhänger des Satanismus
sa|ta|nis|tisch ⟨Adj.⟩ den Satanismus betreffend, auf ihm beruhend
Sa|tans|pilz ⟨m.; -es, -e; Bot.⟩ Giftpilz mit dickfleischigem, grauweißem od. gelbem bis grünlichem Hut: Boletus satanas
Sa|tel|lit ⟨m.; -en, -en⟩ 1 ⟨Astron.⟩ Himmelskörper, der einen Planeten umkreist, Mond; *Sy* Trabant (3) 2 künstl. Erdsatellit 3 = Trabant (2) [<frz. *satellite* <lat. *satelles*, Gen. *satellitis* »Leibwächter, Trabant«; vermutl. <etrusk.]
Sa|tel|li|ten|box ⟨f.; -, -en⟩ kleinere Lautsprecherbox, die die hohen u. mittleren Frequenzen eines Kanals übermittelt, während gleichzeitig eine große Box die tiefen Frequenzen beider Kanäle ausstrahlt, wodurch eine stereophone Wiedergabe erzielt wird
Sa|tel|li|ten|fern|se|hen ⟨n.; -s; unz.; TV⟩ mit Hilfe von Nachrichtensatelliten übermitteltes Fernsehen

Sa|tel|li|ten|flug|ha|fen ⟨m.; -s, -häfen; Flugw.⟩ an einen großen Flughafen angeschlossener kleiner Flughafen, der oft nur für bestimmte Fluggesellschaften reserviert ist
Sa|tel|li|ten|fo|to ⟨n.; -s, -s; Fot.⟩ von einem Satelliten aufgenommenes u. zur Erde übermitteltes Foto (z. B. der Erdoberfläche)
Sa|tel|li|ten|me|te|o|ro|lo|gie ⟨f.; -; unz.; Meteor.⟩ Meteorologie, die auf der Grundlage von Daten, die von Wettersatelliten erfasst werden, arbeitet
Sa|tel|li|ten|pro|gramm ⟨n.; -s, -e; TV⟩ Fernsehprogramm, das über einen Satelliten ausgestrahlt u. von einem Satellitenreceiver empfangen wird
Sa|tel|li|ten|re|cei|ver ⟨[-rɪsiːvə(r)] m.; -s, -; TV⟩ Gerät für den Empfang von Fernsehprogrammen, die über Satellit ausgestrahlt werden
Sa|tel|li|ten|rech|ner ⟨m.; -s, -; EDV⟩ kleine Rechenanlage, die für eine größere vorbereitende Aufgaben ausführt
Sa|tel|li|ten|staat ⟨m.; -(e)s, -en; Politik⟩ formalrechtlich unabhängiger, tatsächlich aber von einer Großmacht abhängiger Staat
Sa|tel|li|ten|stadt ⟨f.; -, -städ|te⟩ = Trabantenstadt
Sa|tel|li|ten|über|tra|gung ⟨f.; -, -en⟩ über einen Fernsehsatelliten geleitete Übertragung
Sa|tem|spra|chen ⟨Pl.; Sprachw.⟩ (nach früherer Unterscheidung) die östl. große Gruppe der indogerman. Sprachen, bei denen das Wort »hundert« (iran. *satem*) mit spirantischem Anlaut beginnt; die iran.-indischen, slawischen, baltischen Sprachen sowie die des Albanische, Armenische u. Thrakische; *Ggs* Kentumsprachen [zu avest. *satem* »hundert«]
Sa|tin ⟨[satɛ̃:] m.; -s, -s; Textilw.⟩ atlasartiger Stoff aus Baumwolle, Wolle, Seide od. Chemiefasern mit glatter, glänzender Oberfläche [<afrz. *satin* <arab. *atlas zaituni* »glattes Gewebe aus Zaitun« (arab. Bezeichnung des chines. Ausfuhrhafens *Tsau-tung*)]

Sa|ti|na|ge ⟨[-ʒə] f.; -, -n⟩ Glättung; *Papier*~; *Stoff*~ [frz., »das Glätten, Satinieren«; → *Satin*]
sa|ti|nie|ren ⟨V.⟩ glätten; *Papier* ~; *Stoff* ~ [frz., »das Glätten, Satinieren«; → *Satin*]
Sa|ti|nier|wal|ze ⟨f.; -, -n⟩ = Kalander
Sa|ti|re ⟨f.; -, -n⟩ literar. Gattung, die durch Ironie u. spöttische Übertreibung menschl. Schwächen, polit. Ereignisse u. Ä. kritisiert [<lat. *satira* »Satire« <*satura* »Fruchtschüssel als Gabe an die Götter, bunte Mischung, Gemengsel«]
Sa|ti|ri|ker ⟨m.; -s, -⟩ 1 Verfasser von Satiren 2 ⟨allg.⟩ jmd., der satirisch Kritik übt, Spötter
sa|ti|risch ⟨Adj.⟩ in der Art einer Satire, spöttisch, beißend-witzig
Sa|tis|fak|ti|on ⟨f.; -, -en⟩ Genugtuung (durch Duell od. Ehrenerklärung) [<lat. *satisfactio* »Genugtuung, Befriedigung«]
Sa|trap *auch:* Sat|rap ⟨m.; -en, -en; im antiken Persien⟩ Statthalter einer Provinz [<grch. *satrapes* »(pers.) Statthalter« <pers. *kshatrapāvan*]
Sa|tra|pie *auch:* Sat|ra|pie ⟨f.; -, -n⟩ durch einen Satrapen verwaltete Provinz
Sat|su|ma ⟨f.; -, -s; Bot.⟩ saftige Mandarinenart [jap.]
Sa|tu|ra|ti|on ⟨f.; -, -en; Chemie⟩ 1 Sättigung 2 Verfahren bei der Produktion von Zucker, wobei der zugesetzte Kalk durch schwefelige Säure od. andere Mittel wieder ausgefällt wird [<lat. *saturatio* »Sättigung«; → *saturieren*]
sa|tu|rie|ren ⟨V.⟩ 1 ⟨Chemie⟩ sättigen 2 ⟨fig.⟩ *jmdn.* ~ jmds. Ansprüche befriedigen [<lat. *saturare* »sättigen«; zu *satur* »satt«]
sa|tu|riert ⟨Adj.⟩ 1 befriedigt, ohne weitere Ansprüche 2 ⟨abwertend⟩ übersättigt, ohne geistige Ansprüche
Sa|tur|na|li|en ⟨nur Pl.⟩ altröm. Volksfest zu Ehren des Gottes Saturn, Mitte Dezember, später mit dem Neujahrsfest verbunden [<lat. *Saturnalia,* nach dem röm. Gott *Saturnus*]
sa|tur|nisch ⟨Adj.⟩ 1 uralt, altertümlich 2 groß u. schrecklich

868

Scalping Operations

3 ~*er Vers* ältestes röm. Versmaß mit sechs Hebungen 4 ~*es Zeitalter* goldenes Zeitalter [nach dem röm. Gott *Saturnus*]
Sa|tur|nis|mus ⟨m.; -s od. -; unz.; Med.⟩ Bleivergiftung [nach dem Planetennamen *Saturn,* mit dem das Metall Blei früher belegt wurde]
Sa|tyr ⟨m.; -s od. -n, -n od. -ty|re⟩ **1** ⟨grch. Myth.⟩ ein lüsterner Dämon im Gefolge des Dionysos mit Schwanz u. Beinen eines Pferdes **2** ⟨fig.⟩ wollüstiger Mensch [<grch. *Satyros*]
Sa|ty|ri|a|sis ⟨f.; -; unz.; Med.⟩ krankhaft gesteigerter Geschlechtstrieb beim Mann [→ *Satyr*]
Sa|tyr|spiel ⟨n.; -(e)s, -e; Theat.⟩ Gattung des grch. Dramas, Posse, bei der Satyrn den Chor bilden, als lustiger Schluss einer trag. Trilogie
Sau|ce ⟨[so:sə] f.; -, -n⟩ = Soße; ~ *béarnaise* [so:s bearnɛ:z] dickflüssige Soße aus Weißwein, Weinessig, Estragon, Kerbel, Butter, Eigelb, Salz u. Pfeffer; ~ *hollandaise* [so:s ɔlãdɛ:z] dickflüssige Soße aus Weißwein, Eigelb, Butter, Zitronensaft, Salz u. Pfeffer [<frz. *sauce* »Soße« u. *béarnaise* »aus (der südfrz. Landschaft) Béarn« u. *hollandaise* »holländisch«]

Sauce / Soße (*Laut-Buchstaben-Zuordnung*) In die Alltagssprache eingegangene Fremdwörter können in vielen Fällen künftig neben der in der Herkunftssprache üblichen Schreibung auch eine integrierte Schreibung aufweisen, die sich an der deutschen Laut-Buchstaben-Zuordnung orientiert. Häufig sind integrierte Schreibweisen schon seit längerem Bestandteil des Deutschen. (→*a.* Bravour / Bravur).

Sau|cie|re ⟨[sosjeːrə] f.; -, -n⟩ Soßenschüssel [<frz. *sauciére*]
sau|cie|ren ⟨[sosiːrən] V.⟩ *Tabak* ~ mit einer Soße behandeln
Sau|na ⟨f.; -, -s od. Sau|nen⟩ finn. Heißluft- u. Dampfbad, bei dem durch period. Übergießen heißer Steine Dampf entsteht [finn.]

sau|nen ⟨V.⟩ ein Bad in der Sauna nehmen; *Sy* saunieren
sau|nie|ren ⟨V.⟩ = saunen
Sau|ri|er ⟨m.; -s, -; meist Pl.⟩ ausgestorbenes, oft riesiges Reptil [<grch. *sauros* »Eidechse«]
Sau|ro|lith ⟨m.; -s od. -en, -e od. -en⟩ Versteinerung eines Sauriers [<grch. *sauros* »Eidechse« + ...*lith*]
Sau|ro|po|de ⟨m.; -en, -en; Zool.⟩ Pflanzen fressender Riesensaurier [<grch. *sauros* »Eidechse« + *pous,* Gen. *podos* »Fuß«]
Sau|rop|si|den *auch:* **Sau|rop|si|den** ⟨Pl.; Zool.; Sammelbez. für⟩ die beiden Wirbeltierklassen der Vögel u. Reptilien [<grch. *sauros* »Eidechse« + *opsis* »das Sehen, Aussehen«]
Sau|ter|nes ⟨[sotɛrn] m.; -, -⟩ ein französ. Weißwein [nach der Gemeinde *Sauternes* in der Gironde]
sau|tie|ren ⟨[so-] V.; Kochk.⟩ *Fleisch* ~ in Fett schwenken od. leicht braten [<frz. *sauter* »in Butter schwenken od. schmoren«]
sauve qui peut! ⟨[so:v ki pøː]⟩ rette sich, wer kann! [frz.]
Sa|van|ne ⟨[-van-] f.; -, -n; Geogr.⟩ Grasland mit Buschwerk u. Baumgruppen [<span. *zavana* <Taino *zabana*]
Sa|va|rin ⟨[-varɛ̃ː] m.; -s, -s; frz. Kochk.⟩ mit Alkohol getränkter, weicher Hefekuchen, Ringkuchen [nach dem frz. Feinschmecker *Brillat-Savarin,* 1755-1826]
Sa|voir-vi|vre *auch:* **Sa|voir-vi|vre** ⟨[savoaːviːvrə] n.; -; unz.⟩ Lebensart [frz., eigtl. »zu leben wissen«]
sa|voy|isch *auch:* **sa|voy|isch** ⟨[-vɔɪ-] Adj.⟩ die historische frz. Region Savoyen betreffend, zu ihr gehörig
Sa|xi|fra|ga *auch:* **Sa|xi|fra|ga** ⟨f.; -, -fra|gen; Bot.⟩ Gattung der Steinbrechgewächse mit rötlich weißen Blüten: Saxifraga [→ *Sassafras*]
Sa|xi|fra|ga|zee *auch:* **Sa|xi|fra|ga|zee** ⟨[-tseːə] f.; -, -n; Bot.⟩ Steinbrechgewächs [<lat. *saxum,* Gen. *saxi* »Stein, Klippe, Fels« + *frangere* »brechen«]
Sa|xo|fon ⟨n.; -s, -e; Musik⟩ = Saxophon

Sa|xo|fo|nist ⟨n.; -en, -en; Musik⟩ = Saxophonist
Sa|xo|fo|nis|tin ⟨f.; -, -tin|nen; Musik⟩ = Saxophonistin
Sa|xo|phon ⟨n.; -s, -e; Musik⟩ Blasinstrument aus einem metallenen, am Ende nach oben gebogenen Rohr mit dem Mundstück einer Klarinette u. weichem, klarinettenartigem Klang; *oV* Saxofon [nach dem belgischen Instrumentenbauer Adolph *Sax,* 1814-1894, + ...*phon*²]
Sa|xo|pho|nist ⟨m.; -en, -en; Musik⟩ Saxophon spielender Musiker; *oV* Saxofonist
Sa|xo|pho|nis|tin ⟨f.; -, -tin|nen; Musik⟩ Saxophon spielende Musikerin; *oV* Saxofonist
sa|zer|do|tal ⟨Adj.⟩ zum Sazerdotium gehörend [<lat. *sacerdotalis*]
Sa|zer|do|ti|um ⟨n.; -s; unz.⟩ **1** Amt des Priesters **2** geistl. Gewalt des Papstes [<lat. *sacerdotium* »Priesteramt, Priesterwürde«]
sb ⟨Zeichen für die nicht mehr zulässige Einheit⟩ Stilb
Sb ⟨chem. Zeichen für⟩ Antimon (Stibium)
S-Bahn-Sur|fen ⟨[-sœːfn] n.; -s; unz.⟩ von Jugendlichen als Mutprobe ausgeübtes Mitfahren auf S-Bahn-Dächern; *Sy* surfen [2]
Sbir|re ⟨m.; -n, -n; bis 1809⟩ ital. Vollstreckungsbeamter des Gerichts u. der Polizei [<ital. *sbirro*]
Sbrinz ⟨m.; -; unz.; schweiz.⟩ harter Reibkäse [nach der schweiz. Stadt *Brienz*]
Sc ⟨chem. Zeichen für⟩ Scandium
sc. ⟨Abk. für⟩ **1** scilicet **2** sculpsit
s. c. ⟨Abk. für⟩ subkutan
Sca|la ⟨f.; -; unz.⟩ Opernhaus in Mailand; *die Mailänder* ~; →*a.* Skala
Sca|ling ⟨[skeɪlɪŋ] n.; - od. -s; unz.⟩ Veränderung des Größenmaßstabes von Druckvorlagen (z. B. Bilder, Grafiken) entsprechend der in der Verwendung genommenen Druckmaterialien (z. B. Prospekte) [<engl. *scale* »Maßstab«]
Scal|ping O|pe|ra|tions ⟨[skælpɪŋ ɔpəreɪʃənz] Pl.⟩ Börsentrans-

S

869

Scampi

aktionen, die sehr kleine Kursschwankungen auszunutzen suchen [engl.]

Scam|pi ⟨Pl.; ital. Bez. für⟩ eine Krebsart, die als Speise dient

Scan ⟨[skæn] m. od. n.; -s, -s; kurz für⟩ Scanning

Scan|di|um ⟨n.; -s; unz.; chem. Zeichen: Sc⟩ chem. Element, hellgraues, glänzendes Metall der Seltenen Erden, Ordnungszahl 21; *oV* Skandium [neulat.; nach *Scandia*, der lat. Bezeichnung für *Südskandinavien*]

scan|nen ⟨[skæn-] V.⟩ mit einem Scanner abtasten, mit Hilfe eines Scanners einlesen [zu engl. *scan* »abtasten«]

Scan|ner ⟨[skænə(r)] m.; -s, -⟩ Gerät, das ein Objekt (z. B. ein Foto) mit einem feinen Elektronenstrahl punkt- od. zeilenweise abtastet u. die dabei anfallenden Messwerte in Schwarzweiß- od. Farbkontraste zur weiteren Verarbeitung umsetzt, u. a. in der Druckindustrie verwendet [engl.; zu *scan* »abtasten«]

Scan|ner|kas|se ⟨[skænə(r)-] f.; -, -n⟩ elektronische Kasse, die mit Hilfe eines Scanners die auf den Waren verschlüsselten Daten (z. B. Preise) abliest [zu engl. *scan* »abtasten«]

Scan|ning ⟨[skænɪŋ] n.; - od. -s; unz.⟩ Bearbeitung mit Hilfe eines Scanners; *Sy* Scan

Sca|ra|mouche ⟨[-muʃ] m.; -s, -s; Theat.⟩ = Skaramuz [frz. <ital. *scaramuccia* »Scharmützel«; → *Scharmützel, Skaramuz*]

Scart|ka|bel ⟨n.; -s, -; El.⟩ besondere Steckverbindung, z. B. zum Anschluss von Videogeräten u. DVD-Spielern

Scat ⟨[skæt] m.; -s; unz.; Musik; Jazz.⟩ improvisierender Gesang mit einzelnen, unzusammenhängenden Silben [→ *scatten*]

scat|ten ⟨[skæt-] V.; Musik⟩ Scat singen, Sprechgesang improvisieren [zu engl. *scat* »Schlag«]

Scat|te|ring-Ver|fah|ren ⟨[skætə-] n.; -s; unz.⟩ nachrichtentechnisches Verfahren zur Erhöhung der Reichweite von Kurz- u. Ultrakurzwellen [engl. *scatter* »ausbreiten, verteilen«]

Sce|na|rio ⟨[ʃɛ-] n.; -s, -s⟩ **1** ⟨in der Commedia dell'Arte⟩ in großen Zügen festgelegte, durch Improvisation weitergestaltete Handlung eines Theaterstücks mit angedeuteten Dialogen **2** ⟨Film⟩ = Szenarium (2) [ital.; zu *scena* »Szene«]

Scene ⟨[siːn] f.; -; unz.; Jugendspr.⟩ = Szene (4) [engl.]

Schab|bes ⟨m.; -, -⟩ = Sabbat [jidd. <hebr. *sabbath* »Sabbat«]

Scha|blo|ne *auch:* **Schab|lo|ne** ⟨f.; -, -n⟩ **1** ausgeschnittene od. ausgestanzte Vorlage; *Zeichen*~ **2** Muster **3** ⟨fig.⟩ übliche, herkömmliche, erstarrte Form; *er hält sich stets an die* ~; *nach der* ~ *arbeiten, handeln* [<mnddt. *schampelion, schamplun, schaplun* »Vorbild, Muster«, von unklarer Herkunft, beeinflusst von *schaben*]

scha|blo|nie|ren *auch:* **schab|lo|nie|ren** ⟨V.⟩ *oV* schablonisieren **1** mit, nach einer Schablone bearbeiten, behandeln, formen **2** jmdn. od. etwas in eine Schablone zwängen, in eine Schublade stecken

scha|blo|ni|sie|ren *auch:* **schab|lo|ni|sie|ren** ⟨V.⟩ = schablonieren

Scha|bot|te ⟨f.; -, -n; Technik⟩ Unterbau aus Stahl od. Beton für Maschinenhämmer [<frz. *chabotte* »Pflock aus Gusseisen, Unterbau für den Amboss«]

Scha|bra|cke *auch:* **Schab|ra|cke** ⟨f.; -, -n⟩ **1** ⟨reich verzierte⟩ lange Decke unter dem Sattel **2** ⟨danach umg.⟩ altes Pferd **3** ⟨salopp; abwertend⟩ abgenutzte Sache, baufälliger alter Gegenstand [<ungar. *csáprág* »Satteldecke« <türk. *caprak*]

Scha|bra|cken|hy|ä|ne *auch:* **Schab|ra|cken|hy|ä|ne** ⟨f.; -, -n; Zool.⟩ südafrikan. Hyäne mit langer, seitl. am Rücken herabhängender Mähne, Strandwolf: *Hyaena brunnea*

Scha|brun|ke *auch:* **Schab|run|ke** ⟨f.; -, -n; Mil.; veraltet⟩ Decke über den Packtaschen der Kavallerie [→ *Schabracke*]

Schach ⟨n.; - od. -s; unz.⟩ sehr altes, ursprüngl. oriental. Brettspiel für zwei Spieler mit je 16 teils verschiedenen Steinen; *jmdn. in od. im* ~ *halten* ⟨fig.⟩ jmdn. unter Druck od. in Furcht halten, ihn nicht gefährlich werden lassen [mhd.,

»König im Schachspiel, Schachbrett, Schach bietender Zug« <mndrl. *scaec* <afrz. *eschec* <pers. *šah* »König«; → *Schah*]

Scha|fi|it ⟨m.; -en, -en⟩ Angehöriger eines islam. Schule der Rechtswissenschaft [nach dem Gründer *Al Schafi'i*, 767-820]

Scha|fott ⟨n.; -(e)s, -e⟩ erhöhtes Gerüst für Hinrichtungen, Richtbühne, Blutgerüst [vermutl. <ndrl. *schavot* <mndrl. *scafaut, scafot* <afrz. *chafaud, chafout* »erhöhte Stätte für Hinrichtungen, Blutgerüst«, urspr. »Bau-, Schaugerüst«]

Schah ⟨m.; -s, -s; im Iran Titel für⟩ Herrscher [<pers. *šah* »König«]

Scha|kal ⟨a. ['--] m.; -s, -e; Zool.⟩ Angehöriger einer Gruppe gelblich grau gefärbter, hundeartiger Raubtiere, die im Körperbau zwischen Füchsen u. Wölfen stehen [<türk. *čakal* <pers. *šagāl* <Sanskrit *srgāla*]

Schal ⟨m.; -s, -s od. -e⟩ **1** langes, rechteckiges Halstuch **2** an der Seite des Fensters herabhängender Teil der Übergardine [<engl. *shawl*]

Schall|quant ⟨n.; -s, -en; Physik⟩ = Phonon

Schal|mei ⟨f.; -, -en; Musik⟩ **1** Holzblasinstrument der Hirten mit einem Rohr u. Doppelrohrblatt, Vorform der Oboe **2** Blechblasinstrument mit mehreren Rohren **3** Pfeife des Dudelsacks [<mhd. *schal(e)mîe* <afrz. *chalomie* <grch. *kala maia* »Rohrpfeife«; zu *kalamos* »Rohr«]

Scha|lom! Frieden! (hebräisches Grußwort) [hebr., eigtl. »Frieden«]

Scha|lot|te ⟨f.; -, -n; Bot.⟩ Lauch mit kleinen, eiförmigen Brutzwiebeln, die zusammen mit den Blättern als Gemüse dienen: *Allium ascalonicum* [<frz. *échalote*]

Scha|lup|pe ⟨f.; -, -n; Mar.⟩ **1** (bis 40 t großes) Fahrzeug der Fischerei od. Küstenschifffahrt **2** auf größeren Schiffen mitgeführtes Beiboot [<frz. *chaloupe*]

Schal|ma|ne ⟨m.; -n, -n; bei Naturvölkern⟩ Person, die in Ekstase Verbindung mit Geistern u. den Seelen Verstorbener auf-

Scheich

nimmt, um etwas zum Wohle der Gemeinschaft zu bewirken, z. B. Heilung von Kranken, Abwendung von Unglücksfällen, Glück bei der Jagd [<tungus. *šaman* »Schamane; buddhist. Mönch« <Pali *samana* »buddhist. Mönch« <Sanskrit *śramana* »buddhist. Mönch, Asket« <*śrama* »Strapaze, Anstrengung, religiöse Übung«]

Scha|ma|nis|mus ⟨m.; -; unz.⟩ Glaube an die Fähigkeit mancher Menschen, Geister zu beschwören [→ *Schamane*]

scha|ma|nis|tisch ⟨Adj.⟩ den Schamanismus betreffend, auf ihm beruhend

Scha|mi|sen ⟨f.; -, -⟩ = Samisen

Scha|mot|te ⟨f.; -; unz.⟩ feuerfester Ton (bes. für Feuerungsanlagen verwendet) [<ital. *sc(i)armotti*]

scha|mot|tie|ren ⟨V.; österr.⟩ mit Schamotte auskleiden

Scham|pus ⟨m.; -; unz.; umg.; scherzh. für⟩ Champagner; ~ *trinken* [österr.]

schang|hai|en ⟨V.; Seemannsspr.⟩ *Matrosen* ~ gewaltsam heuern; *oV* shanghaien [nach der chines. Stadt Schanghai]

Schan|ker ⟨m.; -s, -; Med.⟩ venerisches Geschwür an den Geschlechtsteilen; *harter* ~ Primäraffekt der Syphilis; *weicher* ~ durch eine Infektion hervorgerufene Geschwüre an den Geschlechtsteilen mit einer schmerzhafter Entzündung der Lymphknoten der Leisten, die in eitrigen Zerfall übergehen können [<frz. *chancre*]

Schan|tung|sei|de ⟨f.; -, -n; Textilw.⟩ genoppte Seide aus der chines. Provinz Schantung; *oV* Shantungseide

Schap|pe ⟨f.; -, -n⟩ *Sy* Schappseide **1** Abfall bei der Seidenverarbeitung **2** daraus hergestelltes Seidengarn

Schapp|sei|de ⟨f.; -, -n; Textilw.⟩ = Schappe

Scha|ra|de ⟨f.; -, -n⟩ Form des Silbenrätsels, bei der die Lösung der Silben u. des ganzen Wortes aus einem von Personen dargestellten lebenden Bild od. einer kurzen gespielten Szene erraten werden muss [<frz. *charade*]

Schä|re ⟨f.; -, -n; meist Pl.; Geogr.⟩ kleine Felseninsel, bes. vor den skandinavischen Ostseeküsten gelegen, die durch die Eiszeitgletscher abgerundet wurde [<mhd. *scherre* <ahd. *scerra* <anord. *sker*, schwed. *skär* »Klippe« <germ. *skarja* »Zerschnittenes«]

Scha|ria ⟨f.; -; unz.⟩ von Mohammed begründete Rechtsordnung der Moslems, die auch rituelle Vorschriften enthält; *oV* Scheria [<arab. *shari'ah* »heiliges Gesetz«]

Schar|lach ⟨m.; -s; unz.⟩ **1** leuchtend rote Farbe **2** ⟨Med.⟩ meldepflichtige, fieberige Infektionskrankheit mit rotem, fleckigem Ausschlag [<mlat. *scarlatum* »roter Stoff, rote Seide; roter Farbstoff, rote Farbe« <pers. *sagalāt* »ein kostbarer Stoff«]

Schar|la|tan ⟨a. [--'-] m.; -s, -e⟩ Schwindler, der Kenntnisse u. Fähigkeiten auf einem Gebiet vortäuscht [<frz. *charlatan* <ital. *ciarlatano* »Marktschreier, Schaumschläger«; zu *ciarlare* »schwatzen«]

Schar|la|ta|ne|rie ⟨f.; -, -n⟩ Schwindel eines Scharlatans

Scharm ⟨m.; -s; unz.⟩ = Charme

schar|mant ⟨Adj.⟩ = charmant

schar|mie|ren ⟨V.; veraltet⟩ durch Liebenswürdigkeit bezaubern, entzücken [<frz. *charmer*]

Schar|müt|zel ⟨n.; -s, -⟩ kleines Gefecht, Geplänkel [<mhd. *scharmutzel, -mützel* <ital. *scaramuccia*; → *Skaramuz*]

schar|müt|zeln ⟨V.⟩ ein kleines Gefecht liefern

Schar|nier ⟨n.; -s, -e⟩ Gelenk aus zwei Platten mit eingerollten Ösen, die mit einem Stift verbunden werden, zur bewegl. Befestigung von Türen, Fenstern usw. [<frz. *charnière*]

Schär|pe ⟨f.; -, -n⟩ **1** breites, um die Hüften od. schräg über Schulter u. Brust getragenes Band (als Teil einer Uniform od. Band bestimmter Orden) **2** breites, um die Taille od. Hüften getragenes u. zur Schleife geschlungenes Band (als Kleiderschmuck) [<frz. *écharpe*, eigtl. »Armbinde«]

Schar|pie ⟨f.; -; unz.⟩ gezupfte Leinwand (früher an Stelle von Watte benutzt); ~ *zupfen* [<frz. *charpie*]

Schar|rier|ei|sen ⟨n.; -s, -⟩ zum Handwerkszeug des Steinmetzen gehörender Steinmeißel

schar|rie|ren ⟨V.⟩ *Stein* ~ parallele Rillen in Stein schlagen [<frz. *chartre*?]

Schar|wen|zel ⟨m.; -s, -⟩ *oV* Scherwenzel **1** ⟨Kart.⟩ Bube, Unter; *Sy* Wenzel **2** ⟨fig.⟩ Schmeichler, Schöntuer, Liebediener **3** ⟨Jägerspr.⟩ Fehlschuss

schar|wen|zeln ⟨V.; umg.⟩ diensteifrig sein, liebedienern, sich übereifrig um jmdn. bemühen, den Hof machen; *oV* scherwenzeln; ⟨meist⟩ herum~ [<tschech. *červen* »rot« + *Vencl* »Wenzel (tschech. Vorname); Bube (im Kartenspiel)«; fälschlich (Volksetymologie) zu *červenec* »Juli«]

Schasch|lik ⟨m. od. n.; -s od. -; unz.; Kochk.⟩ (auf dem Grill) am Spieß mit Zwiebeln gebratene Würfel von Fleisch u. Speck [<russ. *šašlyk* <turktatar.]

schas|sen ⟨V.; umg.⟩ *jmdn.* ~ schimpflich, schmähvoll entlassen; *oV* ⟨schweiz.⟩ chassen [<frz. *chasser* <vulgärlat. *capitare* »zum Gefangenen machen; jagen«]

schas|sie|ren ⟨V.⟩ mit kurzen, gleitenden Schritten geradlinig tanzen [<frz. *chasser* »jagen«]

Scha|tul|le ⟨f.; -, -n⟩ **1** Kästchen, bes. für Geld od. Schmuck **2** private Kasse (eines Fürsten od. Staatsoberhauptes) [<mlat. *scatula* »Geldschein«, beeinflusst von frz. *chatouille* »Geldkassette, Schmuckkästchen«]

Scheck ⟨m.; -s, -s od. (selten) -e⟩ an eine bestimmte Form gebundene Zahlungsanweisung auf das Guthaben des Ausstellers [<engl. *cheque*, beeinflusst von amerikan. *check*]

Sched|dach ⟨n.; -(e)s, -dächer⟩ = Sheddach

Schee|lit ⟨m.; -s; unz.; Min.⟩ Mineral, chem. Calciumwolframit; *Sy* Tungstein [nach dem schwed. Chemiker C. W. *Scheele*, 1742-1786]

Scheich ⟨m.; -s, -e od. -s⟩ *oV* Scheik **1** Häuptling eines

Scheik

arab. Nomadenstammes **2** islam. Prediger einer Moschee **3** Ehrentitel im Vorderen Orient **4** ⟨fig.; umg.⟩ weichl., unangenehmer Kerl **5** ⟨scherzh.⟩ Bräutigam, ständiger Freund (eines Mädchens) [<arab. *shaykh*, eigtl. »Greis«]

Scheik ⟨m.; -s, -e od. -s⟩ = Scheich

Sche|kel ⟨m.; -s, -⟩ = Sekel

Schelf ⟨m. od. n.; -s, -e; Geogr.⟩ der vom Meer bis zu einer Tiefe von 200 m bedeckte Rand der Kontinente, Festlandsockel, Kontinentalsockel [<engl. *shelf*]

Schel|lack ⟨m.; -(e)s, -e⟩ harzige Ausscheidungen von Schildläusen auf den Zweigen verschiedener Bäume, die für die Herstellung von Lacken, Firnissen, Polituren, Kitten, Appreturen u. Kunststoffen verwendet werden [<ndrl. *schellak*; zu *schel* »Schuppe (des Fisches)«]

Sche|ma ⟨n.; -s, -s od. -ma|ta⟩ **1** Plan, Muster, Vorschrift; *etwas nach ~ F behandeln* (gedankenlos) auf stets dieselbe Weise, nach der übl. Ordnung **2** Übersicht, zeichner. Darstellung; *einen Sachverhalt durch ein ~ verdeutlichen* [grch., »Haltung, Stellung; Gestalt, Figur, Form«]

sche|ma|tisch ⟨Adj.⟩ **1** nach einem bestimmten Schema (1), an ein S. gebunden; *etwas (rein) ~ behandeln, betrachten, tun; das ist eine ganz ~e Arbeit, Tätigkeit* **2** gleichmacherisch **3** in der Art eines Schemas (2), durch, mit Hilfe eines S. (verdeutlicht, dargestellt); *~e Darstellung, Zeichnung; einen Vorgang ~ darstellen*

sche|ma|ti|sie|ren ⟨V.⟩ **1** nach einem Schema (1) behandeln, in ein Schema (1) bringen **2** durch ein Schema (2) darstellen

Sche|ma|tis|mus ⟨m.; -; unz.⟩ **1** übertrieben schematische Betrachtungsweise, Behandlung **2** gedankenlose Arbeit nach einem Schema, Gleichmacherei **3** ⟨österr.⟩ Rangliste für Amtspersonen **4** ⟨kath. Kirche⟩ Rangliste für Geistliche

Schen ⟨n.; -s, -s; Musik⟩ = Sheng [chines.]

Sche|ng ⟨n.; -s, -s; Musik⟩ = Sheng

Sche|ria ⟨f.; -; unz.⟩ = Scharia

Sche|rif ⟨m.; -s od. -en, -s od. -e od. -en; Titel für⟩ Nachkomme Mohammeds [zu arab. *sharif* »adlig, edel, erhaben«]

Sche|riff ⟨m.; -s, -s⟩ = Sheriff

Scher|wen|zel ⟨m.; -s, -⟩ = Scharwenzel

scher|wen|zeln ⟨V.⟩ = scharwenzeln

scher|zan|do ⟨[skɛr-] Musik⟩ scherzend, heiter (zu spielen) [ital.]

Scher|zan|do ⟨[skɛr-] n.; -s, -s od. -di; Musik⟩ heiterer Satz eines Musikstückes

Scher|zo ⟨[skɛr-] n.; -s, -s od. Scher|zi; Musik⟩ **1** heiterer, bewegter Satz der Sonate, auch der Sinfonie, im $^3/_4$-Takt **2** kurzes, heiteres Musikstück [ital., eigtl. »Spaß, Scherz«; zu *scherzare* »spaßen, scherzen«]

scher|zo|so ⟨[skɛr-] Musik⟩ scherzhaft [ital.]

Schi ⟨m.; -s, Schi|er⟩ = Ski

Schia ⟨f.; -; unz.; Rel.⟩ iranische Staatsreligion; →a. Schiit [arab., »Partei«]

Schib|bo|leth ⟨n.; -s, -s⟩ Erkennungszeichen, -wort, Losung [hebr., »Ähre«]

Schi|bob ⟨m.; -s, -s⟩ = Skibob

schick ⟨Adj.⟩ **1** modisch, elegant, geschmackvoll; *oV* chic **2** ⟨umg.⟩ großartig, sehr erfreulich [<frz. *chic*, im 16. Jh. <dt. *Schick*]

Schick ⟨m.; -s; unz.⟩ Eleganz, modische Feinheit; *oV* Chic [<mndt. *schick* »was sich schickt, richtige Ordnung«; zu *schicken* »etwas in Ordnung bringen«, seit 1850 beeinflusst von frz. *chic* »Eleganz, verfeinerte Lebensart; Geschick« (im 16. Jh. <dt. *Schick*)]

Schi|cke|ria ⟨f.; -; unz.; meist abwertend⟩ reiche, sich extravagant gebärdende, übertrieben schick gekleidete Gesellschaftsschicht [→ *schick*]

Schi|cki|mi|cki ⟨m.; -s, -s od. f.; -, -s; umg.; meist abwertend⟩ **1** Angehörige(r) der Schickeria; ⟨häufig in Zus.⟩ ein ~-Typ; eine ~-Frau **2** ⟨unz.; umg.; abwertend⟩ modischer Kleinkram, unnützes Beiwerk [→ *schick*]

Schick|se ⟨f.; -, -n; umg.⟩ lästige, unangenehme Person [<rotw. *Schickse* »Weibsperson«, Schimpfwort für Mädchen, Frau ⟨jidd. *skizo* »Christenmädchen«; in den dt. Mundarten wurde *Schickse* zu »Judenmädchen«]

Schi|er ⟨Pl. von⟩ Schi

schif|ten ⟨V.; Seemannsspr.⟩ **1** ein Segel vor dem Wind von der einen Seite auf die andere bringen **2** die Lage verändern, wechseln; *die Ladung schiftet* verrutscht bei Seegang [<engl. *shift* »verschieben, versetzen, (Lage) verändern«]

Schi|gym|nas|tik ⟨f.; -; unz.⟩ = Skigymnastik

Schi|is|mus ⟨m.; -; unz.; Rel.⟩ eine der beiden wesentlichen Glaubensrichtungen des Islams [→ *Schiit*]

Schi|it ⟨m.; -en, -en⟩ Mohammedaner, der Ali, den Schwiegersohn Mohammeds, als dessen rechtmäßigen Nachfolger anerkennt u. die drei ersten Propheten u. deren Sunna verwirft; *Ggs* Sunnit; →a. Schia [<arab. *schiʾatʾ Ali* »Partei Alis«]

schi|i|tisch ⟨Adj.; Rel.⟩ zu den Schiiten gehörig, von ihnen stammend

Schi|ka|ne ⟨f.; -, -n⟩ **1** böswillig bereitete Schwierigkeit (meist unter Ausnutzung einer Machtstellung) **2** *mit allen ~n* ⟨fig.; umg.⟩ mit allen Annehmlichkeiten, Feinheiten, technischen Extras; *ein Fahrrad mit allen ~n* [<frz. *chicane*]

Schi|ka|neur ⟨[-nøːr] m.; -s, -e⟩ jmd., der andere schikaniert [<frz. *chicaneur*]

schi|ka|nie|ren ⟨V.⟩ *jmdn. ~* jmdm. Schwierigkeiten in den Weg legen, jmdn. böswillig plagen [<frz. *chicaner*]

schi|ka|nös ⟨Adj.; umg.⟩ boshaft, Schikanen bereitend

Schi|kjö|ring ⟨[-jøː-] n.; -s, -s⟩ = Skikjöring

Schi|ko|ree ⟨f.; -; unz. od. m.; -s; unz.; Bot.⟩ = Chicorée

Schi|lift ⟨m.; -(e)s, -e⟩ = Skilift

Schill ⟨m.; -(e)s, -e; Zool.; österr.⟩ Hechtfisch, Zander, im Süßwasser lebender Barsch, der sich von Stinten u. Ukeleis ernährt, wertvoller Speisefisch:

Lucioperca lucioperco [vermutl. <ungar. *süllö* <türk. *šéla* <*šêl* »Zahn«]

Schi|ma|ra|thon ⟨n. od. m.; -s, -e⟩ = Skimarathon

Schi|mä|re ⟨f.; -, -n⟩ Trugbild, Hirngespinst; *oV* Chimäre (3) [<frz. *chimère* <lat. *chimaera* »Chimäre« <grch. *Chimaira*, in der grch. Sage Feuer speiendes Untier mit drei Köpfen, eigtl. »Ziege«]

schi|mä|risch ⟨Adj.⟩ fantastisch, trügerisch; *oV* chimärisch [<frz. *chimérique*; → *Chimära*]

Schim|pan|se ⟨m.; -n, -n; Zool.⟩ der am weitesten verbreitete große Menschenaffe, der gesellig in den Wäldern West- u. Zentralafrikas lebt: Pan troglodytes [<Kongosprache *chimpenzi, Kimpenzi*]

Schi|na|kel ⟨n.; -s, -n; österr.; umg.⟩ kleines Boot [<ungar. *csónak*]

Schin|to|is|mus ⟨m.; -; unz.; Rel.⟩ die urspr. Religion der Japaner, Glaube an Naturgottheiten, später mit Ahnenkult verbunden; *oV* Shintoismus [<jap. *shinto* »Weg der Götter« <*shin* »Geist, Gott« + *to* »Weg«]

Schin|to|ist ⟨m.; -en, -en; Rel.⟩ Anhänger, Vertreter des Schintoismus

schin|to|is|tisch ⟨Adj.; Rel.⟩ den Schintoismus betreffend, zu ihm gehörend, aus ihm stammend, auf ihm beruhend

Schi|rok|ko ⟨m.; -s, -s; Meteor.⟩ warmer Wind im Mittelmeergebiet aus der nordafrikan. Wüste, der oft Sand od. Staub mit sich führt [<ital. *scirocco*]

Schir|ting ⟨m.; - od. -s, -e od. -s; Textilw.⟩ locker gewebter, stark appretierter, leichter Baumwollstoff für Dekorationen u. Bucheinbände [<engl. *shirting*; zu *shirt* »Hemd«]

Schir|wan ⟨m.; -s, -s⟩ feiner kaukas. Knüpfteppich mit vielfältigem Muster, bes. Rautenfeldern [nach der kaukas. Landschaft *Schirwan*]

Schis|ma ⟨[ʃɪs-] od. [sçɪs-] n.; -s, -ma|ta od. Schis|men⟩ Kirchenspaltung, Spaltung der kirchlichen Einheit (in die grch.-orthodoxe u. röm.-kath. Kirche 1054 u. innerhalb der abendländischen Kirche 1378-1417) [grch., »Spaltung«]

Schis|ma|ti|ker ⟨[ʃɪs-] od. [sçɪs-] m.; -s, -⟩ **1** jmd., der ein Schisma verursacht **2** Anhänger einer von der allg. kirchl. Lehre abweichenden Richtung, Abtrünniger

schis|ma|tisch ⟨[ʃɪs-] od. [sçɪs-] Adj.⟩ in der Art eines Schismas, auf ihm beruhend

Schis|to|so|ma ⟨[ʃɪs-] od. [sçɪs-] n.; -s, -ma|ta; Biol.⟩ Pärchenegel, Saugwurm in den Eingeweide- u. Blasenvenen des Menschen schmarotzt [<grch. *schistos* »gespalten« + *soma* »Körper«]

Schis|to|so|mia|se ⟨[ʃɪs-] od. [sçɪs-] f.; -, -n; Med.⟩ durch den Pärchenegel Schistosoma hervorgerufene Wurmkrankheit [<grch. *schistos* »gespalten« + *soma* »Körper«]

Schi|wa ⟨m.; -s; unz.⟩ Gott der Fruchtbarkeit, der Zerstörung u. des Todes in der hinduistischen Götterdreiheit (Trimurti), als Herrscher über den Kosmos oft als Tänzer dargestellt u. für den ihn als einzigen Gott verehrenden Gläubigen auch ein Gott erlösender Gnade; *oV* Shiva [Sanskrit, »der Gnädige«]

Schi|zir|kus ⟨m.; -; unz.; salopp⟩ = Skizirkus

schi|zo..., Schi|zo... ⟨[ʃi-] od. [sçi-] in Zus.⟩ durch Spaltung, gespalten, Spalt... [<grch. *schizein* »spalten«]

schi|zo|gen ⟨Adj.; Biol.⟩ durch Spaltung entstanden [<*schizo...* + *...gen¹*]

Schi|zo|go|nie ⟨f.; -; unz.; Biol.⟩ ungeschlecht. Vermehrung (bes. der Sporentierchen) durch Teilung einer Zelle in mehr als zwei Zellen [<*Schizo...* + *...gonie*]

schi|zo|id ⟨Adj.; Psych.⟩ seelisch gespalten, zerrissen

Schi|zo|my|zet ⟨m.; -en, -en; meist Pl.; Biol.⟩ Bakterium, das sich durch Querteilung vermehrt, Spaltpilz [<*Schizo... + Myzet*]

schi|zo|phren ⟨Adj.⟩ **1** ⟨Psych.⟩ an Schizophrenie leidend **2** ⟨fig.; umg.⟩ zwiespältig

Schi|zo|phre|nie ⟨f.; -, -n; Psych.⟩ endogene Psychose mit einem völligen Auseinanderfallen der inneren seel. Zusammenhänge von Wollen, Fühlen u. Denken u. mit einer Entfremdung des eigenen Ichs [<*Schizo... + ...phrenie*]

Schi|zo|phyt ⟨m.; -en, -en; meist Pl.⟩ Pflanze aus den Abteilungen Bakterien u. Blaualgen, Spaltpflanze: Bacteriphyta od. Cyanophyta [<*Schizo... + ...phyt*]

Schi|zo|phy|zee ⟨[-tseːə] f.; -, -zeen; meist Pl.; Bot.⟩ Blaualge, Pflanze aus einer Abteilung autotropher, blau- od. olivgrüner Algen ohne Zellkern: Cyanophyta [<*Schizo... + ...phyzee*]

schi|zo|thym ⟨Adj.⟩ auf Schizothymie beruhend

Schi|zo|thy|mie ⟨f.; -; unz.⟩ zur Schizophrenie neigender Konstitutionstyp (nach Kretschmer) [<*Schizo...* + grch. *thymos* »Gemüt«]

Schlach|ta ⟨f.; -; unz.⟩ poln. Adel [<poln. *szlachta* <ahd. *slahta* »Geschlecht«]

Schla|mas|sel ⟨m.; -s, -; umg.⟩ **1** Missgeschick, lästige Angelegenheit **2** unangenehmes Durcheinander [<jidd. *schlimasel* <*schlimm mazol* »Missgeschick« <*schlimm* + neuhebr. *masol* »Stern, Schicksal«]

Schla|wi|ner ⟨m.; -s, -; umg.⟩ pfiffiger, durchtriebener Kerl [<*Slowene* (nach den slowen. Hausierern, die als sehr geschäftstüchtig galten)]

Schle|mihl ⟨m.; -s, -e⟩ **1** Pechvogel **2** durchtriebener Kerl [hebr.]

Schleu|se ⟨f.; -, -n⟩ **1** Anlage in Flüssen u. Kanälen für Schiffe zur Überwindung von Höhenunterschieden **2** Klappe zum Stauen u. Freigeben eines Wasserlaufs; *die ~n des Himmels öffneten sich* ⟨fig.; poet.⟩ es begann heftig zu regnen; *die ~n seiner Beredsamkeit öffnen* ⟨fig.⟩ schnell u. viel zu reden beginnen u. lange nicht mehr aufhören **3** Vorrichtung zum Ableiten von Wasserläufen od. Abwässern in Kanälen od. Rohren **4** Kammer mit zwei Türen, in der der Luftdruck langsam erhöht od. gesenkt werden kann, zur Überwindung von

Druckunterschieden zwischen zwei Räumen; *Luft~* [<ndrl. *sluis* <mndrl. *sluse, sluise* <afrz. *escluse* <mlat. *exclusa, sclusa*]

Schlipp ⟨m.; -s, -e; Mar.⟩ schiefe Ebene in der Werft; *oV* Slip (1) [<engl. *slip* »Helling«]

schlip|pen ⟨V.; Mar.⟩ *die Kette, Tresse vom Schlepper ~ lösen*, labwerfen [<engl. *slip*]

Schlot|te ⟨f.; -, -n; Bot.⟩ Schlauchblatt von Lauchgewächsen [<frz. *échalote*]

Schlup ⟨f.; -, -en; Bot.⟩ einmastiger (Fisch-)Kutter; *oV* Sloop, Slup [<engl. *sloop*]

Schmack ⟨m.; -(e)s, -e; Bot.⟩ 1 Gerberstrauch 2 aus dessen Blättern u. Zweigen hergestelltes Pulver zum Gerben u. Färben 3 = Sumach [<mnddt. *smacke,* vermutl. <ndrl., frz. *sumac*]

Schmalt ⟨m.; -s, -e⟩ = Email [<ital. *smalto*]

Schmal|te ⟨f.; -, -n; Chemie⟩ blaues Glas, chemisch Kobalt(II)-Kalium-Silicat, das als Schmelze für Glasuren verwendet wird; *oV* Smalte

schmal|ten ⟨V.; Chemie⟩ mit Schmalte überziehen; *oV* smalten

Schmet|ten ⟨m.; -s; unz.; österr.; schles.⟩ Sahne, Rahm [<tschech. *smetana*]

Schmie|re ⟨f.; umg.; nur in der Wendung⟩ *~ stehen* Wache stehen (bei Verbrechen od. bösen Streichen) [rotw. <jidd. *schmiro* »Bewachung« <hebr. *šamár* »bewachen«]

Schmir|gel ⟨m.; -s; unz.⟩ das Mineral Korund, das als Poliermittel verwendet wird [<ital. *smeriglio;* verwandt mit *schmieren*]

schmir|geln ⟨V.⟩ mit Schmirgel abreiben, schleifen, glätten

Schmock ⟨m.; -(e)s, -e od. -s⟩ gesinnungsloser Journalist [nach einer Gestalt aus Gustav Freytags »Journalisten«; eigtl. Scheltwort aus dem Prager Getto für den »verschrobenen jüdischen Fantasten« <slowen. *šmok* »Narr, Spaßmacher«]

Schmon|zes ⟨m.; -, -; umg.⟩ leeres albernes Geschwätz [wohl Weiterbildung von *Schmu(s)*]

Schmon|zet|te ⟨f.; -, -n; Theat.; Film; umg.; abwertend⟩ geistloses, albernes Theater- od. Fernsehstück od. ebensolche Geschichte [→ *Schmonzes*]

Schmu ⟨m.; -s; unz.; umg.⟩ leichter Betrug, unlauterer Vorteil; *~ machen* auf unlautere Weise einen Vorteil erlangen, (im Spiel) gewinnen [rotw. <hebr. *semu'a* »Gerede«; zu *sama* »hören«, eigtl. »leere Versprechung«]

Schmug|gel ⟨m.; -s; unz.⟩ gesetzwidrige Ein- od. Ausfuhr, Schleichhandel [→ *schmuggeln*]

schmug|geln ⟨V.⟩ Schmuggel treiben (mit); *etwas über die Grenze ~* [<nddt. *smuggeln,* engl. *smuggle,* eigtl. »sich ducken«; verwandt mit norweg. *smokla* »lauern, sich versteckt halten«]

Schmugg|ler ⟨m.; -s, -⟩ jmd., der Schmuggel betreibt

Schmus ⟨m.; -es; unz.; umg.⟩ Geschwätz, Schöntun, Schmeicheleien; *~ machen* schöntun, mit vielen Worten (zu einem Kauf) zureden [rotw. <hebr. *semu'oth* »Gerede«; verwandt mit *Schmu*]

schmu|sen ⟨V.; umg.⟩ 1 Komplimente machen, sich anbiedern 2 zärtlich sein [→ *Schmus*]

schna|bu|lie|ren ⟨V.; umg.; veraltet⟩ mit Behagen essen, schmausen [latinisiert <*Schnabel*]

Schnee|frä|se ⟨f.; -, -n⟩ Fahrzeug mit vorgespannter rotierender Schaufeltrommel zum Räumen von Schnee

Schnee|ka|no|ne ⟨f.; -, -n⟩ Vorrichtung zum Erzeugen von künstlichem Schnee für Skiabfahrten

Schnee|mo|bil ⟨n.; -s, -e⟩ kleines Fahrzeug mit Kettenantrieb zur Fortbewegung auf Eis- u. Schneeflächen; *Sy* Snowmobil

Schock ⟨m.; -s, -s⟩ 1 plötzl. gewaltsame Erschütterung, die den Organismus trifft u. ihn an die äußerste Grenze seiner Anpassungsfähigkeit bringt 2 großer, nachhaltiger Schreck [<frz. *choc;* zu *choquer* »anstoßen, beleidigen«; vermutl. <mndatl. *schokken* »stoßen«]

scho|cken ⟨V.⟩ 1 *jmdn. ~* jmdm. einen Schock (2) versetzen; *geschockt sein* ⟨umg.⟩ bestürzt, erschrocken, verstört sein 2 ⟨Sport⟩ *Ball, Kugel ~* mit gestrecktem Arm aus dem Stand od. nach kurzem Anlauf mit u. ohne Drehung werfen 3 ⟨Med.⟩ mit künstl. (meist elektr.) Schock behandeln [<mndrl. *schocken;* → *Schock*]

Scho|cker ⟨m.; -s, -; bes. Film u. TV⟩ etwas, das schockt, z. B. Gruselfilm, Psychothriller, Dokumentarfilm

scho|ckie|ren ⟨V.⟩ 1 in moralische Empörung, sittl. Entrüstung versetzen; *das war ein ~der Auftritt* 2 zutiefst erschrecken; *die Nachricht hat ihn schockiert* [<frz. *choquer;* → *Schock*]

Schock|the|ra|pie ⟨f.; -, -n⟩ Schockbehandlung, künstl. Erzeugung eines (meist elektr.) Schocks zur Behandlung bestimmter Geisteskrankheiten (bes. bei Schizophrenie u. Paranoia)

Scho|far ⟨m.; - od. -s, -fa|roth⟩ Horn eines Widders, das im jüd. Kult am Neujahrstag geblasen wird [hebr.]

scho|fel ⟨Adj.; umg.⟩ erbärmlich, schäbig, geizig, knauserig [rotw. <jidd. *schophol,* hebr. *safal* »niedrig«]

Scho|fel ⟨m.; -s, -; umg.⟩ schlechte Ware, wertloses Zeug

Schof|för ⟨m.; -s, -e; eindeutschend für⟩ Chauffeur

Scho|gun ⟨m.; -s, -e; eindeutschend für⟩ Shogun

Scho|ko|la|de ⟨f.; -, -n⟩ Nahrungs- u. Genussmittel aus Kakao, Milch od. Sahne, Gewürzen, meist Kakaobutter u. bis zu 60% Zucker, in Tafeln gewalzt od. in Figuren gegossen [<span. *chocolate* <azteck. *chocolatl* »Kakaogetränk«, vielleicht <*xococ* »sauer, bitter« + *atl* »Wasser, Getränk«]

scho|ko|lie|ren ⟨V.⟩ etwas mit Schokolade überziehen

Scho|la ⟨[sko:-] f.; -, Scho|lae; Abk. für: Schola cantorum⟩ im 7. Jh. am Hof des Papstes gegründeter Sängerchor, der sich bes. den liturgischen Gesängen widmete [lat., »Sängerschule«]

Scho|lar ⟨m.; -en, -en; im MA⟩ fahrender Schüler, Student; *Sy* Scholast [<mlat. *scholaris* »zur Schule gehörig, Student«]

Scholarch auch: **Schol|arch** ⟨m.; -en, -en; im MA⟩ Vorsteher, Aufseher an Klosterschulen [<lat. *schola* »Schule« + *...arch*]
Schol|ar|chat auch: **Schol|ar|chat** ⟨n.; -(e)s, -e; im MA⟩ Amt eines Scholarchen
Schol|ast ⟨m.; -en, -en⟩ = Scholar [<lat. *scholasticus* »Schüler«]
Scho|las|tik ⟨f.; -; unz.⟩ **1** die auf die antike Philosophie gestützte, christl. Dogmen verarbeitende Philosophie u. Wissenschaft des MA **2** ⟨fig.⟩ engstirnige Schulweisheit [<lat. *scholasticus* »zur Schule gehörig«]
Scho|las|ti|ker ⟨m.; -s, -⟩ **1** Anhänger der Scholastik **2** junger Ordensgeistlicher während des Studiums, bes. bei den Jesuiten **3** ⟨fig.⟩ Haarspalter, Buchstabengelehrter
scho|las|tisch ⟨Adj.⟩ **1** zur Scholastik gehörend, auf ihr beruhend, ihre Methode anwendend **2** ⟨fig.⟩ schulmäßig, schulmeisterlich, spitzfindig
Scho|las|ti|zis|mus ⟨m.; -; unz.⟩ **1** Überbewertung der Scholastik **2** Spitzfindigkeit, Wortklauberei
Schol|i|ast ⟨m.; -en, -en⟩ Verfasser von Scholien
Schol|lie ⟨[-ljə] f.; -, -n⟩ = Scholion
Schol|i|on ⟨n.; -s, -lien⟩ erklärende Randbemerkung, textkrit. Anmerkung in der Literatur der Antike; *oV* Scholie [<grch. *scholion* »Auslegung«]
Scho|ner ⟨m.; -s, -; Mar.⟩ Segelschiff mit mehreren Masten [<engl. *schooner*]
Schöps ⟨m.; -es, -e; ostmdt.; südostdt.⟩ Hammel (bes. Schimpfwort) [<mhd. *schöp(e)tz* <slaw. *skopec* »verschnittener Schafbock«; zu altslaw. *skopiti* »verschneiden«]
Scho|re ⟨f.; -; unz.⟩ **1** = Sore **2** ⟨Drogenszene⟩ Heroin
Scho|se ⟨f.; -, -n; umg.⟩ **1** Sache, Angelegenheit **2** (peinliches) Vorkommnis [<frz. *chose* »Sache, Angelegenheit« <lat. *causa* »Grund, Verhandlungsobjekt«]
schraf|fie|ren ⟨V.⟩ mit feinen, parallelen Strichen bedecken [<mndrl. *schraeffeeren* <ital. *sgraffiare* »kratzen, stricheln«]

Schraf|fur ⟨f.; -, -en⟩ schraffierte Fläche
Schrap|nell ⟨n.; -s, -e od. -s⟩ mit Bleikugeln u. einer Sprengladung gefülltes Geschoss der Artillerie, das kurz vor dem Ziel zerspringt; *das ~ laden* [nach dem Erfinder, dem engl. General H. *Shrapnel*, 1761-1842]
Shred|der ⟨m.; -s, -⟩ = Shredder
Shrimp ⟨m.; -s, -s; meist Pl.⟩ = Shrimp
schrin|ken ⟨V.; Textilw.⟩ Stoffe durch Anfeuchten weicher u. krumpfecht machen; *oV* shrinken [<engl. *shrink* »Stoff krumpfen, einlaufen lassen«]
Schu|bi|ack ⟨m.; -s, -s; norddt.⟩ **1** Schuft, Lump **2** ⟨urspr.⟩ Bettler, der sich unter der Jacke schubbt (kratzt) [<ndrl. *schobbejak*; zu *schobben*, nddt. *schubben* »reiben, sich kratzen« + *Jack* (<*Jakob*)]
Schwa ⟨n.; -s, - od. -s; Zeichen: ə; Sprachw.; in den idg. Sprachen⟩ Schwundstufe (von Vokalen), z. B. das unbetonte »e« in »Vase« [<hebr. *šwa* »Leere«]
Schwa|dron auch: **Schwad|ron** ⟨f.; -, -en; Mil.⟩ unterste takt. Einheit der Kavallerie; *Sy* Eskadron [<ital. *squadrone* »großes Viereck«; zu *squadra* »Geschwader«]
Schwa|dro|neur auch: **Schwad|ro|neur** ⟨[-nø:r] m.; -s, -e⟩ jmd., der schwadroniert
schwa|dro|nie|ren auch: **schwad|ro|nie|ren** ⟨V.⟩ wortreich prahlen, schwatzen
Schwer|ath|let ⟨m.; -en, -en; Sport⟩ Sportler, der Schwerathletik betreibt
Schwer|ath|le|tik ⟨f.; -; unz.; Sport; Sammelbez. für⟩ Boxen, Ringen, Judo u. Gewichtheben

Sciencefiction ⟨Getrennt- u. Zusammenschreibung⟩ Zusammengesetzte Begriffe aus Fremdsprachen werden grundsätzlich wie deutsche Komposita behandelt und aus diesem Grund zusammengeschrieben (→ a. Ghostwriter).

Sci|ence|fic|tion ⟨[saɪənsfɪkʃn] f.; -; unz.⟩ utopische, fantastische Prosadichtung auf naturwissenschaftlich-techn. Grundlage [<engl. *science* »Wissenschaft« + *fiction* »Erfindung; Erzählung«]
Sci|en|to|lo|ge ⟨[saɪən-] m.; -n, -n⟩ Anhänger, Vertreter der Scientology
Sci|en|to|lo|gin ⟨[saɪən-] f.; -, -gin|nen⟩ Anhängerin, Vertreterin der Scientology
Sci|en|to|lo|gy ⟨[saɪəntɔlədʒɪ] f.; -; unz.; Rel.⟩ Religionsgemeinschaft mit dem wissenschaftl. Anspruch einer geistigen u. seelischen Gesundung ihrer Anhänger [engl.]
scil. ⟨Abk. für⟩ scilicet
sci|li|cet ⟨Abk.: sc. od. scil.⟩ nämlich [<lat. *scire licet* »man kann wissen; selbstverständlich, freilich, nämlich«]
sciol|to ⟨[ʃɔlto] Musik⟩ ungebunden, frei im Vortrag (zu spielen) [ital.]
Sclaf|fing ⟨[sklæfɪŋ] n.; - od. -s, -s; Sport; Golf⟩ das Berühren des Bodens mit dem Golfschläger, bevor dieser den Ball trifft; *Sy* Duffing, Fluffing [engl. <schott. *sclaf* »schieben, schlürfen«]
Scoop ⟨[sku:p] m.; -s, -s; Presse⟩ aufreißerischer Bericht, aktuelle Nachricht, deren Meldungsrechte exklusiv bei einer Zeitung liegen [engl.]
Scoo|ter ⟨[sku:-] m.; -s, -⟩ Segelboot mit Stahlkufen für Eissegeln [→ Skooter]
Sco|ping ⟨[skoupɪŋ] n.; - od. -s; unz.; Ökol.⟩ Methode zur Ermittlung u. Einschätzung von Projektauswirkungen (auf die Umwelt) [engl. *scope* »Umfang, Reichweite«]
Scor|da|tu|ra ⟨f.; -; unz.; Musik⟩ = Skordatur
Score ⟨[skɔ:(r)] n.; -, -s⟩ *oV* Skore **1** ⟨Sport⟩ Punktzahl, Spielstand **2** in Zahlen ausgedrücktes Ergebnis (bei Experimenten od. Tests) **3** ⟨Lotto⟩ Zahl der erreichten Treffer [engl., »Kerbe, Rechnung, Spielergebnis, Spielstand«]
Score|board ⟨[skɔ:bɔ:(r)d] n.; -s, -s; bes. Sport⟩ Anzeigetafel; *das elektronische ~ zeigte den Spielstand an* [engl.]
Score|kar|te ⟨[skɔ:(r)-] f.; -, -n⟩ Karte, auf der die Punktzahl

scoren

für die von den Mitspielern gemachten Schläge (z. B. beim Minigolf) eingetragen werden; *oV* Skorekarte [<engl. *score* »Spielstand, Punktzahl«]

sco|ren ⟨[skɔː-] V.⟩ Treffer, Punkt o. Ä. erzielen; *oV* skoren [engl.]

Sco|rer ⟨[skɔː-] m.; -s, -; Sport⟩ *oV* Skorer **1** ⟨bes. Fußb.⟩ Torschütze **2** Aufschreiber od. Aufschreiberin der erzielten Punkte (z. B. beim Minigolf) [engl.]

Sco|ring ⟨[skɔː-] n.; - od. -s; unz.⟩ **1** ⟨Sport⟩ **1.1** Punktezählung, Punktestand **1.2** Erzielen von Treffern, Toren **2** ⟨Wirtsch.⟩ Verfahren, um die Zahlungssicherheit von Kunden zu ermitteln **3** ⟨Musik⟩ Instrumentierung [→ *Score*]

Scotch ⟨[skɔtʃ] m.; -; unz.⟩ aus Gerste hergestellter schottischer Whisky [engl., Kurzwort für *Scotch Whisky* »schottischer Whisky«]

Scotch|ter|ri|er ⟨[skɔtʃ-] m.; -s, -; Zool.⟩ schwarzer schottischer Terrier mit kurzen Beinen [<engl. *scotch* »schottisch« + *terrier* »Terrier«]

Scot|land Yard ⟨[skɔtlənd jaːd] m.; - -; unz.⟩ ⟨Hauptdienststelle der⟩ Londoner Kriminalpolizei [engl., »schottischer Platz« (nach dem Sitz des Dienstgebäudes in London)]

Scout ⟨[skaut] m.; -s, -s⟩ Pfadfinder [engl., »Weggefährte« <mengl. *scouten* <afrz. *escouter* »zuhören« < lat. *auscultare*]

scou|ten ⟨[skau-] V.⟩ auskundschaften, spähen, Ausschau halten nach; *einige Unternehmen ~ weltweit* [<engl. *scout*]

Scrab|ble® auch: **Scrabb|le®** ⟨[skræbl] n.; -s, -s⟩ Gesellschaftsspiel, bei dem Buchstaben zu Wörtern verbunden werden müssen [zu engl. *scrabble* »kritzeln«]

Scra|pie ⟨[skreɪpɪ] f.; -; unz.; Vet.⟩ der BSE ähnliche, vor allem bei Schafen auftretende Tierseuche, bei der das Zentralnervensystem mit tödlicher Folge erkrankt, Traberkrankheit [engl.; vielleicht zu *scrappy* »kratzen, schaben; sich (gerade noch) durchschlagen«]

Scraps ⟨[skræps] Pl.⟩ aus den unteren Blättern der Tabakpflanze gewonnener Tabak [<engl. »Überbleibsel«]

scratch ⟨[skrætʃ] Adj. ; undekl.; Sport⟩ ohne Vorgabe (beim Golf) [engl.]

scrat|chen ⟨[skrætʃən] V.; Musik⟩ verschiedene Musikstücke mittels Scratchings zusammenmischen [<engl. *scratch* »kratzen«]

Scrat|ching ⟨[skrætʃɪŋ] n.; - od. -s, -s; Musik⟩ das Erzielen bestimmter Klangeffekte durch rhythmisches Hin- u. Herbewegen einer laufenden Schallplatte [engl., »Kratzen«]

Scratch|spie|ler ⟨[skrætʃ-] m.; -s, -; Sport; Golf⟩ sehr guter Golfspieler von konstanter Form, nach dessen Leistung der Standard (4) festgelegt wird [engl.; zu *scratch* »Startlinie, Normalklasse«]

Screen ⟨[skriːn] m.; -s, -s; EDV⟩ Bildschirm [engl.]

scree|nen ⟨[skriː-] V.; Med.⟩ ein Screening durchführen

Scree|ning ⟨[skriː-] n.; -s, -s; Med.⟩ Verfahrenzur Reihenuntersuchung; *Massen~* [engl., »Durchsiebung«]

Screen|shot ⟨[skriːnʃɔt] m.; -s, -s; EDV⟩ Direktausdruck einer kompletten Bildschirmmaske, z. B. zur Dokumentation bei Fehlermeldungen od. Programmabstürzen; *Sy* Hardcopy [<engl. *screen* »Bildschirm« + *shot* »Schuss, Schnappschuss«]

Screw|ball|ko|mö|die ⟨[skruːbɔːlkomøːdjə] f.; -, -n⟩ ⟨aus den USA stammende⟩ Form der Komödie, in der die Schauspieler verrückte, exzentrische Rollen spielen [<engl. *screwball* »Spinner« + *Komödie*]

Scrip ⟨m.; -s, -s; Wirtsch.⟩ **1** Gutod. Zwischenschein für neu ausgegebene Wertpapiere (in England u. USA); *Dividenden~* ein Schuldschein für vorübergehend nicht ausgezahlte Dividende (in den USA) **2** Bescheinigung, die vorübergehende Schuldschreibungszinsen ausgleicht [<engl. *script* »Manuskript; Geschriebenes«]

Script ⟨n.; -(e)s, -en od. -s⟩ = Skript [engl.]

Script|girl ⟨[-gœːl] n.; -s, -s⟩ Sekretärin im Filmatelier, die für jede Aufnahme die Einstellung, Änderung des Textes usw. einträgt; *oV* Skriptgirl [<*Script* + engl. *girl* »Mädchen«]

scrol|len ⟨[skroulən] V.; EDV⟩ verschieben, bewegen, durchblättern bzw. durchrollen (von Dokumenten auf dem Bildschirm) [<engl. *scroll*; verkürzt <*screen* »Bildschirm« + *roll* »rollen«]

Scrol|ling ⟨[skroulɪŋ] n.; - od. -s, -s; EDV⟩ das Scrollen, Bildlauf [→ *scrollen*]

Scro|tum ⟨n., -s, Scro|ta⟩ = Skrotum

Scrub ⟨[skrʌb] m.; - od. -s, -s; Geogr.⟩ Strauchformation aus immergrünen, oft undurchdringlich dichten, hartlaubigen Dornbüschen in den austral. Trockengebieten [engl.]

SCSI ⟨EDV; Abk. für engl.⟩ Small Computer System Interface, eine genormte Hochgeschwindigkeits-Parallelschnittstelle

Scu|do ⟨m.; -s, Scu|di⟩ alte italien. Münze [ital., »Schild, Schildtaler« <lat. *scutum* »lederbezogener Langschild«]

sculps. ⟨Abk. für⟩ sculpsit

sculp|sit ⟨Abk.: sc. od. sculps.⟩ der hat (es) gestochen (Zusatz zum Namen des Stechers auf Kupfer- u. Stahlstichen) [lat.]

Scyl|la ⟨[stsyla] f.; -; unz.; grch. Myth.⟩ Meerungeheuer, das die Vorüberfahrenden verschlingt; *zwischen ~ und Charybdis* zwischen zwei gleich großen Gefahren od. Schwierigkeiten; *oV* Skylla [<lat. *Scylla* <grch. *Skylla*; antiker Name für eine gefährl. Felsklippe gegenüber der Charybdis in der Straße von Messina]

SDI ⟨a. engl. [ɛsdiaɪ] Mil.; Abk. für engl.⟩ Strategic Defense Initiative, Strateg. Verteidigungsinitiative der USA (Verteidigung aus dem Weltraum)

s. e. ⟨Abk. für⟩ salvo errore

Se ⟨chem. Zeichen für⟩ Selen

Seal ⟨[siːl] m. od. n.; -s, -s⟩ Fell der Robbe; *Sy* Sealskin (1) [engl., »Robbe«]

Sea|lab ⟨[siːlæb] n.; -s, -s⟩ (in den USA entwickeltes) Unterwasserlaboratorium [engl.; verkürzt *sea* »Meer« + *lab*oratory »Laboratorium«]

Seal|skin ⟨[siːl-] m. od. n.; -s, -s; Textilw.⟩ **1** = Seal **2** glänzender Plüsch [<engl. *seal* »Robbe« + *skin* »Haut«]

Sé|an|ce ⟨[seaːs(ə)] f.; -, -n⟩ spiritistische Sitzung [frz., »Sitz, Sitzung«; zu *seoir* »sitzen« <lat. *sedere* »sitzen«]

Sea|son ⟨[siːzn] f.; -, -s⟩ = Saison (2) [engl.]

Seb|cha ⟨[zɛpxa] f.; -, -s; Geogr.⟩ mit Salz u. Ton bedeckte Niederung in der Sahara, die in der Regel ausgetrocknet ist; *oV* Sabha; ~-*Oasen* [arab.]

Se|bor|rhö ⟨f.; -, -en; Med.⟩ = Seborrhoe

Se|bor|rhöe ⟨[-røː] f.; -, -n; Med.⟩ krankhaft vermehrte Absonderung der Talgdrüsen, führt zu fettig glänzender Haut, Mitessern u. Schuppen auf der Kopfhaut; *oV* Seborrhö [<lat. *sebum* »Talg« + ...*rrhö*]

Se|bo|sta|se *auch:* **Se|bos|ta|se** ⟨f.; -, -n; Med.⟩ trockene Haut infolge Talgmangels [<lat. *sebum* »Talg« + ...*stase*]

sec[1] ⟨Adj.⟩ herb (Wein) [frz., »trocken«]

sec[2] ⟨Zeichen für⟩ **1** Sekans **2** (nicht mehr zulässige Abk. für) Sekunde (1)

s. e. c. ⟨Abk. für⟩ salvo errore calculi

SECAM-Sys|tem ⟨n.; -s; unz.; Abk. für frz.⟩ Séquentielle à Mémoire (-System), System zeitlicher Aufeinanderfolge mit Speicherung (eine Technik des Farbfernsehens); →*a.* PAL-System

se|cco ⟨Adj.⟩ trocken, herb (von Wein) [ital.]

Sec|co|ma|le|rei ⟨f.; -, -en; Mal.⟩ = al secco; *oV* Sekkomalerei

Sec|co|re|zi|ta|tiv ⟨n.; -s, -e [-və]; Musik⟩ nur mit einem beziffterten Bass versehenes Rezitativ; *oV* Sekkorezitativ; *Ggs* Accompagnato [<ital. *secco* »trocken« + *Rezitativ*]

Se|cen|tis|mus ⟨[-tʃɛn-] m.; -; unz.; Lit.⟩ der schwülstige Stil in der ital. Literatur des 17.Jh.

Se|cen|tist ⟨[-tʃɛn-] m.; -en, -en; Lit.⟩ Dichter des Secentismus

Se|cen|to ⟨[-tʃɛn-] n.; - od. -s; unz.; Kunst⟩ das 17. Jh. in der ital. Kunst; *oV* Seicento [ital., »sechshundert (Jahre nach 1000 n. Chr.)«]

se|cond|hand ⟨[sɛkəndhænd] Adj.⟩ gebraucht, aus zweiter Hand; *Kleidung* ~ *kaufen* [<engl. *second-hand* »aus zweiter Hand, gebraucht«]

Se|cond|hand|shop *auch:* **Second-hand Shop** ⟨[sɛkəndhændʃɔp] m.; -(s), (-) -s⟩ Geschäft, das gebrauchte Waren (bes. Kleidung) verkauft [<engl. *second-hand* »aus zweiter Hand, gebraucht« + *Shop*]

se|con|do ⟨Musik⟩ zweite(r); *Ggs* primo; *violino* ~ zweite Geige [ital.]

se|con|do ⟨n.; - od. -s, -con|di; Musik; beim vierhändigen Klavierspiel⟩ zweite Stimme, Bass; *Ggs* Primo [ital.]

Se|cret Ser|vice *auch:* **Secret Service** ⟨[siːkrɪt sœːrvɪs] m.; - -; unz.⟩ britischer Geheimdienst [engl.]

Sec|tio cae|sa|rea ⟨f.; - -; unz.; Med.⟩ Schnittentbindung, Kaiserschnitt [mlat.; nach Plinius' Naturgeschichte kam *Cäsar* durch Kaiserschnitt zur Welt]

Se|da ⟨Pl. von⟩ Sedum

se|dat ⟨Adj.⟩ ruhig, gesetzt, von gesetztem Wesen [<lat. *sedatus* »ruhig, gelassen, still«; zu *sedere* »sich setzen lassen, beruhigen«]

se|da|tiv ⟨Adj.; Med.⟩ beruhigend, einschläfernd [<lat. *sedatus* »ruhig, gelassen, still«]

Se|da|tiv ⟨n.; -s, -e [-və]⟩ = Sedativum

Se|da|ti|vum ⟨[-vum] n.; -s, -ti|va [-va]⟩ Beruhigungsmittel, z. B. Baldrian; *oV* Sedativ

se|den|tär ⟨Adj.⟩ **1** sitzend **2** sesshaft **3** ansässig [<lat. *sedentarius* »im Sitzen arbeitend«]

Se|dez ⟨n.; -es, -e; Buchw.; Zeichen: 16°⟩ **1** ⟨unz.⟩ Buchformat mit 16 Blättern (32 Seiten) je Bogen **2** ⟨zählb.⟩ Buch in diesem Format [<lat. *sedecim* »sechzehn«]

se|die|ren ⟨V.; Med.⟩ durch Schlafmittel beruhigen [zu lat. *sedare* »beschwichtigen, beruhigen«]

Se|die|rung ⟨f.; -, -en; Med.⟩ Beruhigung, Dämpfung von Schmerzen

Se|di|ment ⟨n.; -(e)s, -e⟩ **1** ⟨Geol.⟩ Ablagerung von mechanisch im bewegten Wasser getragenen Teilen od. gelöst gewesenen Stoffen **2** ⟨Chemie; Med.⟩ Bodensatz, z. B. in der Harnblase [<lat. *sedimentum* »Bodensatz«; zu *sedere* »sitzen, sich setzen«]

se|di|men|tär ⟨Adj.; Geol.⟩ durch Ablagerung entstanden

Se|di|men|ta|ti|on ⟨f.; -, -en⟩ **1** ⟨Geol.⟩ Bildung von Sedimenten **2** Bildung von Bodensatz

se|di|men|tie|ren ⟨V.⟩ **1** *ein Feststoff-Flüssigkeitsgemisch* ~ durch Bildung eines Bodensatzes in seine Bestandteile trennen **2** sich durch Wind, Wasser od. Eis ablagern (von Staub oder Gesteinskörnchen)

Se|dis|va|kanz ⟨[-va-] f.; -, -en⟩ Zeitraum, während dessen das Amt des Papstes od. eines Bischofs nicht besetzt ist [<lat. *sedes* »Sitz« + *Vakanz*]

Se|duk|ti|on ⟨f.; -, -en⟩ Verführung [<lat. *seductio*; zu *seducere* »verführen«]

Se|dum ⟨n.; -s, Se|da; Bot.⟩ Gattung der Dickblattgewächse, Fetthenne [lat., »Hauswurz«]

s. e. e. o. ⟨Abk. für lat.⟩ salvo errore et omissione

Seer|su|cker ⟨[siːə(r)sʌkə(r)] m.; -s, -; Textilw.⟩ leichter Leinenstoff aus abwechselnd flachen u. gekräuselten Bereichen, wird bes. für Tafel-, Küchen- u. Bettwäsche verwendet [engl., »Krepp«]

s. e. et o. ⟨Abk. für lat.⟩ salvo errore et omissione

Seg|ment ⟨n.; -(e)s, -e⟩ **1** ⟨allg.⟩ Abschnitt, Teilstück **2** ⟨Math.⟩ Kreisabschnitt, Kugelabschnitt **3** jeder der hintereinander gelegenen Abschnitte, aus denen der (entwicklungsgeschichtl.) Körper zusammengesetzt ist, bes. bei Wirbelsäule u. Rückenmark **4** Teil, aus dem der Körper von Lebewesen aufgebaut ist [<lat. *segmentum* »Schnitt; Ein-, Abschnitt«; zu *secare* »(ab)schneiden«; → *sezieren*]

seg|men|tal ⟨Adj.⟩ als Segment, in Form eines Segments bestehend

seg|men|tar ⟨Adj.⟩ = segmentär

segmentär

seg|men|tär ⟨Adj.⟩ aus Segmenten gebildet; *o*V segmentar

Seg|men|ta|ti|on ⟨f.; -, -en⟩ Gliederung, Einteilung in einzelne Segmente (3); →*a.* Metamerie

seg|men|tie|ren ⟨V.⟩ in Abschnitte einteilen

Seg|men|tie|rung ⟨f.; -; unz.⟩ **1** das Segmentieren **2** ⟨Biol.⟩ Gliederung in einzelne Körperabschnitte

Se|gno *auch:* **Seg|no** ⟨[sɛnjo] n.; -s, -s od. -gni [-nji]; Musik⟩ Zeichen im Notentext zur Kennzeichnung der Stellen für die Wiederholung; *al ~* bis zum Zeichen (spielen); *dal ~* vom Zeichen an [<ital. <lat. *signum;* → *Signum*]

Se|gre|gat ⟨n.; -(e)s, -e⟩ das, was ausgeschieden wird [<lat. *segregatus,* Part. Perf. zu *segregare* »absondern, entfernen«]

Se|gre|ga|ti|on ⟨f.; -, -en⟩ **1** Ausscheidung **2** Trennung bestimmter gesellschaftl. Gruppen (nach Rasse, Sprache, Religion) von einer größeren sozialen Einheit **3** Trennung ungleicher Allele u. ihre Verteilung auf verschiedene Zellen bei Zellteilungsvorgängen

se|gre|gie|ren ⟨V.⟩ aufspalten, absondern [<lat. *segregare* »absondern, entfernen«]

Se|gui|dil|la ⟨[-gidɪlja] f.; -; unz.⟩ lebhafter span. Reigentanz im ³/₄-Takt mit gesungener Einleitung [span.]

Sei|cen|to ⟨[sɛɪtʃɛnto] n.; - od. -s; unz.; Kunst⟩ = Secento

Seiches ⟨[sɛːʃ] Pl.⟩ Schwankungen des Wasserspiegels in Binnenseen [<frz. *seiche,* eigtl. »Tintenfisch«]

Seig|net|te|salz *auch:* **Seig|nette|salz** ⟨[sɛnjɛt-] n.; -es, -e; umg.⟩ Kalium-Natrium-Salz der Weinsäure

Sei|gneur *auch:* **Seig|neur** ⟨[sɛnjœːr] m.; -s, -s⟩ **1** (im feudalen Frankreich) Grund-, Lehnsherr (auch als Titel) **2** ⟨heute fig.⟩ vornehmer Weltmann [frz. <lat. *senior* »der ältere«]

Sei|sing ⟨n.; -s, -e⟩ kurzes Tau zum Befestigen der Segel an den Rahen; *o*V Zeising [<ndrl. *seizing* »Zusammenbinden zweier nebeneinander liegender Taue mit einem Faden«]

Seis|mik ⟨f.; -; unz.; Geophysik⟩ = Seismologie

Seis|mi|ker ⟨m.; -s, -; Geophysik⟩ = Seismologe

Seis|mi|ke|rin ⟨f.; -, -rin|nen; Geophysik⟩ = Seismologin

seis|misch ⟨Adj.; Geophysik⟩ auf einem Erdbeben beruhend [<grch. *seismos* »Erderschütterung«]

Seis|mi|zi|tät ⟨f.; -; unz.; Geophysik⟩ über einen Zeitraum beobachtete Erdbebentätigkeit eines Ortes

seis|mo..., **Seis|mo...** ⟨Geophysik; in Zus.⟩ Erdbeben [<grch. *seismos* »Erderschütterung«]

Seis|mo|graf ⟨m.; -en, -en; Geophysik⟩ = Seismograph

seis|mo|gra|fisch ⟨Adj.; Geophysik⟩ = seismographisch

Seis|mo|gramm ⟨n.; -s, -e; Geophysik⟩ Aufzeichnung eines Erdbebens durch einen Seismographen

Seis|mo|graph ⟨m.; -en, -en; Geophysik⟩ Gerät zum Aufzeichnen von Erdbeben; *o*V Seismograf [<*Seismo...* + ...*graph*]

seis|mo|gra|phisch ⟨Adj.; Geophysik⟩ die Seismographie betreffend, mit Hilfe eines Seismographen festgehalten; *o*V seismografisch

Seis|mo|lo|ge ⟨m.; -n, -n; Geophysik⟩ Wissenschaftler auf dem Gebiet der Seismologie; *Sy* Seismiker

Seis|mo|lo|gie ⟨f.; -; unz.; Geophysik⟩ Lehre von den Erdbeben [<*Seismo...* + ...*logie*]

Seis|mo|lo|gin ⟨f.; -, -gin|nen; Geophysik⟩ Wissenschaftlerin auf dem Gebiet der Seismologie; *Sy* Seismikerin

seis|mo|lo|gisch ⟨Adj.; Geophysik⟩ die Seismologie betreffend, auf ihr beruhend

Seis|mo|me|ter ⟨n.; -s, -; Geophysik⟩ Gerät zum Messen der durch Erdbeben hervorgerufenen Schwingungen des Erdbodens; *Sy* Seismoskop

Seis|mo|nas|tie ⟨f.; -; unz.; Bot.⟩ durch Erschütterungen ausgelöste Bewegungserscheinungen bei Pflanzen, z. B. bei Mimosen [<*Seismo...* + *Nastie*]

Seis|mo|skop *auch:* **Seis|mos|kop** ⟨n.; -s, -e; Geophysik⟩ = Seismometer [<*Seismo...* + ...*skop*]

Sejm ⟨[sɛjm] od. [zaɪm] m.; -s, -e⟩ **1** ⟨im Königreich Polen⟩ Reichstag **2** ⟨heute⟩ polnische Volksvertretung [poln., »Versammlung«]

Sek. ⟨nicht mehr zulässige Abk. für⟩ Sekunde (1)

Se|kans ⟨m.; -, Se|kan|ten; Abk.: sec; Math.⟩ *o*V Sekante **1** Gerade, die eine Kurve schneidet **2** Winkelfunktion im Dreieck, Kehrwert des Kosinus eines Winkels [<lat. *secans,* Part. Präs. zu *secare* »schneiden«]

Se|kan|te ⟨f.; -, -n; Abk.: sec; Math.⟩ = Sekans

Se|kel ⟨m.; -s, -⟩ altes hebr., phöniz. u. babylon. Gewicht, bes. für Gold u. Silber, 14 bis 16 g; *o*V Schekel [<lat. *siclus* <grch. *siklos* <hebr. *sekel* »Gewicht; Silbermünze«; zu *sakal* »wägen«]

sek|kant ⟨Adj.; österr.⟩ **1** lästig, aufdringlich **2** ärgerlich, Ärgernis erregend [<ital. *seccante;* zu *seccare* »trocknen; belästigen, plagen«]

sek|kie|ren ⟨V.; veraltet; noch österr.⟩ belästigen, plagen [<ital. *seccare;* → *sekkant*]

Sek|ko|ma|le|rei ⟨f.; -, -en; Mal.⟩ = Seccomalerei

Sek|ko|re|zi|ta|tiv ⟨n.; -s, -e [-və]; Musik⟩ = Seccorezitativ

Se|kond ⟨f.; -, -en; Sport; Fechten⟩ bestimmte Klingenlage beim Fechten [zu ital. *sekondo* »der zweite« <lat. *secundus*]

se|kret ⟨Adj.; veraltet⟩ **1** geheim **2** abgesondert

Se|kret¹ ⟨n.; -(e)s, -e⟩ **1** ⟨Med.⟩ Absonderung, abgesonderte Flüssigkeit, bes. einer Drüse mit Ausführungsgang; →*a.* Inkret **2** ⟨Min.⟩ kristallisierte Bestandteile von Gesteinen, die einen Hohlraum ausfüllen [zu lat. *secretus* »abgesondert«, Part. Perf. zu *secernere* »absondern, ausscheiden«]

Se|kret² ⟨f.; -, -e; kath. Kirche⟩ stilles Gebet des Priesters während der Messe [→ *Sekret¹*]

Se|kre|tar ⟨m.; -s, -e⟩ Abteilungsleiter (wissenschaftlicher Gesellschaften)

Se|kre|tär ⟨m.; -s, -e⟩ **1** ⟨veraltet⟩ Titel für Kanzlei- u. höhere Staatsbeamte **2** Schriftführer, qualifizierter kaufmännischer

Sekundärspeicher

Angestellter für Korrespondenz, Verhandlungen, Organisation bei einer leitenden Persönlichkeit 3 ⟨Politik⟩ **3.1** leitender Funktionär einer Partei od. Organisation; ~ *des Zentralkomitees* **3.2** Dienstbezeichnung für Beamte; *Staats~* **4** Schrank, dessen Unterteil durch Türen u. dessen Oberteil durch eine Platte verschließbar ist, die heruntergeklappt als Unterlage zum Schreiben dient **5** ⟨Zool.⟩ Kranichgeier, afrikan. Raubvogel mit langen Läufen, langem Hals, Verlängerung des Gefieders am Hinterkopf zu einem Schopf: Sagittarius serpentarius [<mhd. *secretari* »Geheimschreiber« <mlat. *secretarius;* zu lat. *secretus;* beeinflusst von frz. *secrétaire* »Sekretär«; → *Sekret*]

Se|kre|ta|ri|at ⟨n.; -(e)s, -e⟩ **1** Amt, Dienststelle eines Sekretärs **2** Kanzlei, Geschäftsstelle [<mlat. *secretariatus* »Amt eines Geheimschreibers«; → *Sekretär*]

Se|kre|tä|rin ⟨f.; -, -rin|nen⟩ weibl. Sekretär (2, 3)

se|kre|tie|ren ⟨V.⟩ **1** ⟨Biol.⟩ absondern **2** verschließen, abschließen **3** der Geheimhaltung unterwerfen

Se|kre|tin ⟨n.; -s; unz.; Biochemie⟩ Gewebshormon des Zwölffingerdarms, das die Sekretionstätigkeit der Bauchspeicheldrüse anregt [→ *Sekret*]

Se|kre|ti|on ⟨f.; -, -en⟩ **1** ⟨Med.⟩ das Absondern, Absonderung, bes. von Sekret durch Drüsen **2** ⟨Min.⟩ von außen nach innen gewachsene mineral. Ausfüllung eines Hohlraumes im Gestein [→ *Sekret*]

se|kre|to|risch ⟨Adj.⟩ auf Sekretion beruhend

Sekt ⟨m.; -(e)s, -e⟩ Kohlensäure enthaltender Wein, der beim Öffnen der Flasche stärker schäumt als Schaumwein; *französischer ~* = Champagner [<frz. *vin sec* <ital. *vino secco* »süßer, schwerer Wein aus Beeren, am Stock getrocknet«, eigtl. »trockener Wein«; zu ital. *secco* »trocken« <lat. *siccus*]

Sek|te ⟨f.; -, -n; Rel.⟩ kleine relig. Gemeinschaft, die sich von einer großen Glaubensgemeinschaft losgelöst hat [<mlat. *secta* »befolgter Grundsatz; Denkweise; Partei; philosoph. Lehre«; zu lat. *sequi* »folgen«; beeinflusst von *secare* »schneiden«]

Sek|tie|rer ⟨m.; -s, -⟩ **1** Angehöriger einer Sekte **2** polit. Eigenbrötler, durch den sich eine Partei beeinflusst fühlt

sek|tie|re|risch ⟨Adj.⟩ in der Art des Sektierertums, eigenbrötlerisch, von der allgemeinen politischen Haltung abweichend [→ *Sekte*]

Sek|ti|on ⟨f.; -, -en⟩ **1** ⟨Med.⟩ Leichenöffnung **2** Abteilung, Unterabteilung, Gruppe [<lat. *sectio* »Abschnitt«]

Sek|ti|ons|chef ⟨[-ʃɛf] m.; -s, -s⟩ **1** Leiter einer Sektion (2) **2** ⟨österr.⟩ Leiter einer Abteilung in einem Ministerium **3** ⟨schweiz. a.⟩ militär. Aufsichtsbeamter der Gemeinde

Sek|tor ⟨m.; -s, -to|ren⟩ **1** Sachgebiet, Teilgebiet, Abschnitt, Bezirk, Bereich **2** ⟨Math.⟩ Kreisausschnitt, Kugelausschnitt **3** ⟨nach 1945⟩ jede der vier Besatzungszonen in Berlin u. (bis 1955) Wien [<lat. *sector* »Kreisausschnitt; Schneider, Abschneider«; zu *secare* »abschneiden«]

sek|to|ral ⟨Adj.⟩ einen Sektor, einen bestimmten Bereich betreffend, zu ihm gehörig; *oV* ⟨schweiz.⟩ sektoriell

sek|to|ri|ell ⟨Adj.; schweiz.⟩ = sektoral

Se|kun|da ⟨f.; -, -kun|den; veraltet⟩ **1** die sechste (*Unter~*) u. siebente *(Ober~)* Klasse eines Gymnasiums **2** ⟨Österreich⟩ die zweite Klasse des Gymnasiums [<lat. *secunda,* Fem. zu *secundus* »folgend, zweiter«; zu *sequi* »folgen«]

Se|kund|ak|kord ⟨m.; -(e)s, -e; Musik⟩ dritte Umkehrung des Septimenakkords

Se|kun|da|ner ⟨m.; -s, -; veraltet⟩ Schüler der Sekunda

Se|kun|dant ⟨m.; -en, -en⟩ **1** Betreuer, Beschützer **2** ⟨früher⟩ Beistand, Zeuge beim Duell **3** ⟨Sport⟩ Betreuer beim Boxkampf [<lat. *secundans* »der Unterstützende«; zu *secundare* »begleiten, begünstigen«; → *sekundieren*]

Se|kun|danz ⟨f.; -, -en⟩ das Sekundieren

se|kun|där ⟨Adj.⟩ **1** zur zweiten Ordnung gehörig, zweitrangig, in zweiter Linie in Betracht kommend, nachträglich hinzukommend; *Ggs* primär (3) **2** auf der Seite des Ausgangs eines Transformators liegend [<frz. *secondaire* <lat. *secundarius* »von der zweiten Sorte, Neben...«; → *Sekunda*]

Se|kun|där|arzt ⟨m.; -(e)s, -ärz|te; österr.⟩ Arzt im Krankenhaus ohne eigene Abteilung; *Ggs* Primararzt

Se|kun|där|elek|tron *auch:* **Se|kun|där|elek|tron** ⟨n.; -s, -en; El.⟩ durch eine Sekundäremission freigesetztes Elektron

Se|kun|där|elek|tro|nen|ver|viel|fa|cher *auch:* **Se|kun|där|elek|tro|nen|ver|viel|fa|cher** ⟨m.; -s, -; El.⟩ elektr. Schaltung, die eine auftreffende schwache Strahlung od. einen eintretenden schwachen Strom um ein Millionenfaches verstärkt

Se|kun|där|emis|si|on ⟨f.; -, -en; Physik⟩ durch eine Primärstrahlung bewirkte Freisetzung von Strahlung od. Elektronen aus einem Atom; *Sy* Sekundärstrahlung

Se|kun|där|ener|gie ⟨f.; -, -n⟩ die durch techn. Prozesse aus einem Primärenergieträger erzeugte Energie

Se|kun|där|ge|stein ⟨n.; -s, -; Min.⟩ durch Umwandlungsvorgänge aus einem Urgestein hervorgegangenes Gestein

Se|kun|där|in|fek|ti|on ⟨f.; -, -en; Med.⟩ zweite, andere Infektion (eines schon infizierten Organismus)

Se|kun|där|li|te|ra|tur ⟨f.; -; unz.; Lit.⟩ die Literatur über ein literar. Werk; *Ggs* Primärliteratur

Se|kun|där|roh|stoff ⟨m.; , -(e)s, -e⟩ durch Wiederverwertung von Abfallstoffen gewonnener Rohstoff; ~ *aus Altglas, Altpapier*

Se|kun|dar|schu|le ⟨f.; -, -en; schweiz.⟩ höhere Stufe der Volksschule

Se|kun|där|spei|cher ⟨m.; -s, -; EDV⟩ durch Platten- u. Mag-

879

Sekundärstrahlung

netbandspeicherung in einer Zentraleinheit realisierte zusätzliche Aufnahme von Daten u. Programmen, auf die aber nur durch Operationen im Primärspeicher zugegriffen werden kann, Hintergrundspeicher

Se|kun|där|strah|lung ⟨f.; -, -en; Physik⟩ = Sekundäremission

Se|kun|där|strom ⟨m.; -(e)s; unz.; El.⟩ in der Sekundärwicklung eines Transformators fließender Strom

Se|kun|dar|stu|fe ⟨f.; -, -n⟩ ~ *I* die Klassen 5-10; ~ *II* die Klassen 11-13

Se|kun|där|wick|lung ⟨f.; -, -en; El.⟩ äußere Wicklung eines Transformators, die Strom abgibt; *Ggs* Primärwicklung

Se|kun|de ⟨f.; -, -n⟩ **1** ⟨Physik; Abk.: s, früher: sec od. Sek.⟩ SI-Einheit der Zeit, seit 1968 definiert als das 9192631770fache der Periodendauer zwischen zwei Elektronensprüngen beim Caesiumatom 133, 1 Minute = 60 s, 1 Stunde = 3600 s **2** ⟨Math.; Zeichen: "⟩ 60. Teil einer Winkelminute **3** ⟨fig.; umg.⟩ sehr kurze Zeitspanne, Augenblick **4** ⟨Musik⟩ zweite Tonstufe der diaton. Tonleiter; zweistufiges Intervall **5** ⟨Typ.⟩ Signatur auf der dritten Seite eines Druckbogens; *Ggs* Prime (1) **6** ⟨Fechten⟩ von unten nach oben geführter Hieb [< lat. *secunda*; → *Sekunda*; 2: < lat. *pars minuta secunda* »kleinste Teil zweiter Ordnung, einer durch 60 teilbaren Größe« (im Sexagesimalsystem der Ptolemäus)]

Se|kun|den|pen|del ⟨n.; -s, -⟩ Pendel, dessen Schwingungsdauer genau eine Sekunde beträgt

se|kun|die|ren ⟨V.⟩ **1** *jmdm.* ~ beistehen; *jmdm. beim Boxkampf* ~ **2** ⟨veraltet⟩ helfen, (mit Worten) unterstützen, beispringen [< lat. *secundare* »begünstigen«; zu *secundus* »folgend, zweiter; günstig« (→ *Sekunda*), beeinflusst von frz. *seconder* »beim Duell Beistand leisten«]

se|kund|lich ⟨Adj.⟩ = sekündlich
se|künd|lich ⟨Adj.⟩ in jeder Sekunde; *oV* sekundlich; *die Pro-*

duktion beträgt ~ *20 Teile; er will* ~ *hier sein*

Se|kun|do|ge|ni|tur ⟨f.; -, -en⟩ **1** Erbfolge des zweitgeborenen Sohnes; *Ggs* Primogenitur **2** Gebiet u. Besitztum, für die dieses Recht galt, als Ersatz für das Stammgut [< lat. *secundus* »folgend, zweiter« + *genitus* »geboren«, Part. Perf. zu *gignere* »erzeugen, gebären«]

Se|ku|rit ⟨n.; -s; unz.⟩ nicht splitterndes Glas

se|la! ⟨umg.⟩ abgemacht!, in Ordnung!, Schluss!

Se|la ⟨n.; -s, -s⟩ Musikzeichen in den Psalmen des AT [hebr., »Finale«]

Se|la|chi|er ⟨[-xjər] m.; -s, -; Zool.⟩ = Hai [< neulat., < grch. *selachos* »Knorpelfisch«; zu *selas* »Licht, Helligkeit«]

Se|la|don ⟨[-dɔ̃:] m.; -s, -s⟩ sentimentaler, schmachtender Liebhaber [nach dem Helden eines frz. Schäferromans]

Se|la|don|por|zel|lan ⟨[-dɔ̃:-] n.; -s; unz.⟩ chines. Porzellan mit zartgrüner Glasur [→ *Seladon* (nach dessen grüner Kleiderfarbe)]

Se|la|gi|nel|le ⟨f.; -, -n; Bot.⟩ Moosfarn, Gattung bärlappähnlicher, tropischer Pflanzen, die wie Moos aussehen; Selaginella [< lat. *selago*]

Se|lam ⟨m.; -(e)s; unz.; Grußwort⟩ Wohlbefinden, Heil; → *a.* Salam [arab., »Friede«]

Se|lam|lik ⟨m.; -s, -s⟩ Empfangszimmer in mohammedan. Häusern [arab.]

se|lek|tie|ren ⟨V.⟩ aussuchen, auswählen (bes. zur Zucht von Pflanzen od. Tieren); *Sy* selektionieren

Se|lek|ti|on ⟨f.; -, -en⟩ Auslese, Auswahl, Zuchtwahl [< lat. *selectio* »Auswahl«]

se|lek|ti|o|nie|ren ⟨V.⟩ = selektieren

Se|lek|ti|ons|the|o|rie ⟨f.; -; unz.; Bot.⟩ Lehre von der natürl. u. künstl. Zuchtwahl

se|lek|tiv ⟨Adj.⟩ **1** auf Selektion beruhend, auswählend **2** trennscharf (vom Rundfunkempfänger)

Se|lek|ti|vi|tät ⟨[-vi-] f.; -; unz.⟩ Fähigkeit von Rundfunkempfängern, im Wellenbereich

dicht nebeneinander liegende Rundfunksender zu trennen, Trennschärfe

Se|len ⟨n.; -s; unz.; chem. Zeichen: Se⟩ chem. Element, graues Nichtmetall, Ordnungszahl 34 [< grch. *selene* »Mond«]

Se|le|nat ⟨n.; -(e)s, -e; Chemie⟩ Salz der Selensäure

Se|le|nit[1] ⟨m.; -s, -e; Min.⟩ Gips [< grch. *selenites (lithos)* »Mondschein«]

Se|le|nit[2] ⟨n.; -s, -e; Chemie⟩ Salz der selenigen Säure [→ *Selenit*[1]]

Se|le|no|gra|fie ⟨f.; -, -n⟩ = Selenographie

Se|le|no|gra|phie ⟨f.; -, -n⟩ Beschreibung u. Kartographie des Mondes; *oV* Selenografie [< grch. *selene* »Mond« + ...*graphie*]

Se|le|no|lo|ge ⟨m.; -n, -n⟩ Wissenschaftler auf dem Gebiet der Selenologie, Mondforscher [< grch. *selene* »Mond« + ...*loge*]

Se|le|no|lo|gie ⟨f.; -; unz.⟩ Wissenschaft vom Gesteinsaufbau des Mondes sowie der Entstehung der Formen seiner Oberfläche [< grch. *selene* »Mond« + *logos* »Wort, Vernunft«]

Se|len|zel|le ⟨f.; -, -n; Physik⟩ zur selbsttätigen Steuerung verwendete Fotozelle mit Selen, die bei einfallendem Licht dem Strom geringeren Widerstand entgegensetzt [→ *Selen*]

Self|ak|tor ⟨[-æktə(r)] m.; -s, -s; Technik⟩ automat. Spinnmaschine [zu engl. *self-acting* »automatisch«]

Self|ap|peal ⟨[-ɔpi:l] m.; -s; unz.⟩ Anziehungskraft, die ein Produkt durch sein bloßes Erscheinungsbild ausübt u. den Kunden zum Kauf anregen soll [< engl. *self* »selbst« + *appeal* »Anziehung«]

Self|ful|fil|ling Prophe|cy ⟨[- prɔfəsi] f.; - -; unz.; Psych.; Soziol.⟩ Phänomen, dass Entwicklungsprognosen durch ihr Bekanntwerden die vorhergesagte Wirkung noch verstärken [engl., »(sich) selbst erfüllende Prophezeiung«]

Self|go|vern|ment ⟨[-gʌvərnmənt] n.; -s, -s⟩ Selbstverwaltung [< engl. *self* »selbst« + *government* »Herrschaft«]

Selfmademan ⟨[-meɪdmæn] m.; -s, -men [-mən]⟩ jmd., der sich aus eigener Kraft zu einer bedeutenden Stellung hochgearbeitet hat; *er hat das Unternehmen als ~ aufgebaut* [<engl. *self* »selbst« + *made* »gemacht« + *man* »Mann, Mensch«]

Selfservice ⟨[-sœːvɪs] m.; -; unz.⟩ Selbstbedienung (im Restaurant) [engl.]

Seller ⟨[sɛlə(r)] m.; -s, -⟩ **1** ⟨kurz für⟩ Bestseller **2** Verkäufer(in) [engl.]

Sellerie ⟨m.; -s, - od. -s od. (österr. nur) f.; -, - od. -n; Bot.⟩ Doldengewächs, dessen Knollen als Gewürz, Salat u. Gemüse verwendet werden: *Apium* [<ital. *selleri*, Pl. zu *sellero*, frz. *céleri* <lat. *selinum* <grch. *selinon* »Eppich«]

Sem ⟨[zeːm] n.; -s, -e; Sprachw.⟩ kleinstes Bedeutungsmerkmal, Bedeutungskomponente; *die ~e »männlich« und »Knabe« bestimmen die Bedeutung von »Knabe«* [<grch. *sema* »Zeichen«]

Semantem ⟨n.; -s, -e; Sprachw.⟩ = Lexem [<grch. *sema* »Zeichen«]

Semantik ⟨f.; -; unz.; Sprachw.⟩ **1** Lehre von der Bedeutung von Zeichensystemen im Hinblick auf das durch die Zeichen Gemeinte **2** Lehre von der Bedeutung sprachlicher Zeichen (Wörter, Vor- u. Nachsilben u. a.) u. der Benennung von Begriffen; →a. Semasiologie, Onomasiologie [<grch. *semantikos* »bezeichnend, bedeutend«; zu *semainein* »Zeichen geben, zeigen«; zu *sema* »Zeichen«]

semantisch ⟨Adj.; Sprachw.⟩ die Semantik betreffend, auf ihr beruhend

semantisieren ⟨V.; Sprachw.⟩ Sinn u. Inhalt von sprachl. Zeichen bzw. Wörtern umschreiben u. bestimmen; →a. pharaphrasieren [<grch. *semainein* »Zeichen geben, zeigen«; zu *sema* »Zeichen«]

Semaphor ⟨n. od. m.; -s, -e; Eisenb.; Mar.⟩ Signalmast mit verstellbaren Flügeln, im 19. Jh. weit verbreitet [<grch. *sema* »Zeichen« + ...*phor*²]

Semasiologie ⟨f.; -; unz.; Sprachw.⟩ **1** ⟨veraltet⟩ = Semantik **2** als Teil der Semantik (2) Lehre von der Bedeutung sprachlicher Ausdrücke [<grch. *semasia* »Bezeichnen, Zeichengeben« (zu *sema* »Zeichen«) + ...*logie*]

Semeiografie ⟨f.; -, -n⟩ = Semeiographie

Semeiographie ⟨f.; -, -n⟩ *oV* Semeiografie **1** Zeichenschrift **2** Lehre von den musikal. Zeichen **3** Notenschrift [<grch. *semeion* (= *sema*) »Zeichen« + ...*graphie*]

Semeiotik ⟨f.; -; unz.; Sprachw.; veraltet⟩ = Semantik [<grch. *semeiotikos* »zum Zeichen, Bezeichnen, Andeuten geschickt«; zu *semeion*, *sema* »Zeichen«]

Semem ⟨n.; -s, -e; Sprachw.⟩ (aus Semen zusammengesetzte) Bedeutungseinheit des Wortschatzes, Lexem [<grch. *sema* »Zeichen«]

Semen ⟨n.; -s, -mi|na⟩ **1** ⟨Med.⟩ Sperma **2** ⟨Bot.⟩ Samen der Pflanzen [lat.]

Semester ⟨n.; -s, -⟩ **1** Hälfte eines Studien- od. Schuljahres; *Sommer~; Winter~* **2** ⟨fig.; umg.⟩ Student, Studentin; *älteres, jüngeres* ~ [<lat. *semestris* <*sexmenstris* »sechsmonatig«, <*sex* »sechs« + *mensis* »Monat«]

Semi ⟨n.; -s, -s; Sport; kurz für⟩ Semifinale

semi..., Semi... ⟨in Zus.⟩ halb [lat.]

semiarid ⟨Adj.; Geogr.⟩ halbtrocken (von Gebieten) [<lat. *semi* »halb« + *arid*]

semiautark ⟨Adj.⟩ sich zu großen Teilen autonom versorgend; *eine ~e Wirtschaft* [<*semi*... + *autark*]

Semifinale ⟨n.; -s, -; Sport⟩ Spielserie, in der die Teilnehmer am Endkampf ermittelt werden, Vorschlussrunde, Halbfinale; *Sy* Semi

Semikolon ⟨n.; -s, -s od. -ko|la; Gramm.; Sprachw.⟩ zwei Hauptsätze trennendes Satzzeichen, das stärker als das Komma, aber weniger stark als der Punkt trennt, Strichpunkt [<*Semi*... + grch. *kolon* »Glied (einer Satzperiode)«]

semilateral ⟨Adj.; Med.⟩ einseitig, halbseitig

semilunar ⟨Adj.⟩ in der Form eines Halbmondes [<*semi*... + *lunar* »Mond«]

Semilunarklappe ⟨f.; -, -n; Anat.⟩ Taschenklappe, halbmondförmige Membran, die am Übergang zwischen den Herzkammern u. den großen Arterien sitzt u. mit deren Wand Taschen bildet, in die das zurückströmende Blut fließt [<*Semi*... + lat. *luna* »Mond«]

Semiminima ⟨f.; -, -e; Musik⟩ Viertelnote [ital. <lat., »halbe kleinste (Note)«]

Seminar ⟨n.; -s, -e⟩ **1** Bildungsstätte für Geistlichen; *evang. Prediger~; kath. Priester~* **2** ⟨veraltet; noch schweiz.⟩ Bildungsstätte für Volksschullehrer **3** Kurs für Studierende innerhalb eines Fachgebietes unter Leitung eines Dozenten während eines Semesters **3.1** begleitender Lehrgang für Studienreferendare **4** die Räume hierfür (meist mit Handbibliothek) [<lat. *seminarium* »Pflanzenschule, Baumschule; Keim«; zu *semen* »Samen; Setzling«]

Seminarist ⟨m.; -en, -en⟩ Angehöriger eines Priester- od. Lehrerseminars

seminaristisch ⟨Adj.⟩ auf einem Seminar beruhend, in Form eines Seminars stattfindend

Semiologie ⟨f.; -; unz.⟩ = Symptomatologie [<grch. *semeion* (= *sema*) »Zeichen« + ...*logie*]

Semiotik ⟨f.; -; unz.⟩ **1** Lehre von den Zeichensystemen (z. B. Verkehrszeichen, Bilderschrift, Formeln, Sprache), ihren Strukturen u. den Beziehungen zu den dargestellten Gegenständen **2** = Symptomatologie

semiotisch ⟨Adj.⟩ zur Semiotik gehörend, auf ihr beruhend

semipermeabel ⟨Adj.; Biol.; Chemie⟩ (halb)durchlässig, einseitig durchlässig

Semipermeabilität ⟨f.; -; unz.; Biol.; Chemie⟩ Halbdurchlässigkeit

semisch ⟨Adj.; Sprachw.⟩ das Sem betreffend, auf ihm beruhend

Se|mit ⟨m.; -en, -en⟩ Angehöriger einer vorderasiat. u. nordafrikan. Sprach- u. Völkergruppe

se|mi|tisch ⟨Adj.⟩ die Semiten betreffend, zu ihnen gehörig, von ihnen stammend; ~*e Sprachen* Sprachfamilie in Vorderasien u. Nordafrika, z. B. die arab., hebräische Sprache

Se|mi|tist ⟨m.; -en, -en⟩ Wissenschaftler der Semitistik

Se|mi|tis|tik ⟨f.; -; unz.⟩ Lehre von den semit. Sprachen u. Literaturen

Se|mi|tis|tin ⟨f.; -, -tin|nen⟩ Wissenschaftlerin der Semitistik

se|mi|tis|tisch ⟨Adj.⟩ zur Semitistik gehörend, auf ihr beruhend

Se|mi|to|ni|um ⟨n.; -s, -to|nia od. -to|ni|en; Musik⟩ Halbton [<*Semi...* + *Tonus*]

Se|mi|vo|kal ⟨[-vo-] m.; -(e)s, -e; Phon.⟩ Halbvokal, Sprachlaut mit Merkmalen eines Vokals, der keinen Akzent trägt, z. B. dt. »j«, engl. »w«

sem|per a|li|quid hae|ret ⟨geh.⟩ Es bleibt immer etwas hängen (von bösem Gerede) [lat.]

sem|per i|dem ⟨geh.⟩ immer derselbe [lat.]

Sem|per|vi|vum ⟨[-vi:vum] n.; -s, -vi|va [-vi:va]; Bot.⟩ Hauswurz (Dickblattgewächs) [lat., »das immer Lebende«]

sem|pli|ce *auch:* **sem|pli|ce** ⟨[-tʃə] Musik⟩ einfach, schlicht, ohne Verzierung (zu spielen) [ital.]

sem|pre *auch:* **sem|pre** ⟨Musik⟩ immer [ital.]

Sem|stwo *auch:* **Sems|two** ⟨m.; -s, -s; 1864-1917⟩ Form der Selbstverwaltung der Kreise u. Gouvernements in Russland [russ., »Landstände, lokale Selbstverwaltung«; zu *semlja* »Erde, Land, Boden«]

Sen ⟨m.; -s od. -, -s od. -⟩ kleine jap. Münze, $^1/_{100}$ Rupiah [jap. <chines. *chi'en* »Münze, Geld«]

sen. (Abk. für) senior

Se|na|na ⟨f.; -, -s⟩ = Zenana

Se|nat ⟨m.; -(e)s, -e; im antiken Rom⟩ 1 oberste Regierungsbehörde 2 ⟨Politik⟩ 2.1 (in verschiedenen Staaten) eine Kammer des Parlaments 2.2 städt. Regierungsbehörde von Berlin, Bremen u. Hamburg 3 Verwaltungsbehörde an Hochschulen; *Universitäts*~ 4 ⟨Rechtsw.⟩ Entscheidungsgremium höherer deutscher Gerichte; *Straf*~ [<lat. *senatus* »Staatsrat, (erfahrener) Alter«; zu *senex* »Greis«]

Se|na|tor ⟨m.; -s, -to|ren⟩ Mitglied des Senats, Ratsherr

Se|na|to|rin ⟨f.; -, -rin|nen⟩ weibl. Mitglied des Senats

se|na|to|risch ⟨Adj.⟩ zum Senat gehörig, von ihm stammend

Se|na|tus Po|pu|lus|que Ro|ma|nus ⟨Abk.: S. P. Q. R.⟩ Senat u. Volk von Rom [lat.]

Se|nes|zenz ⟨f.; -; unz.; Med.⟩ das Altern, Altersschwäche [<lat. *senescere* »alt werden«]

Sen|hor *auch:* **Sen|hor** ⟨[sɛnjɔ:r] m.; -s, -es⟩ Herr (portugies. Anrede) [portug. <lat. *senior* »der ältere«]

Sen|ho|ra *auch:* **Sen|ho|ra** ⟨[sɛnjɔ:ra] f.; -, -s⟩ Herrin, Dame, Frau (portugies. Anrede)

Sen|ho|ri|ta *auch:* **Sen|ho|ri|ta** ⟨[sɛnjo-] f.; -, -s⟩ Fräulein (portugies. Anrede) [portug., Verkleinerungsform zu *Senhora*]

se|nil ⟨Adj.⟩ greisenhaft, altersschwach; *Ggs* juvenil (1) [<lat. *senilis* »greisenhaft«; zu *senes* u. *senex*; alt; Greis«]

Se|ni|li|tät ⟨f.; -; unz.⟩ Altersschwäche, Greisenhaftigkeit; *Ggs* Juvenilität

se|ni|or ⟨Adj.; Abk.: sen.⟩ hinter Personennamen: der Ältere; *Ggs* junior [lat., »älter«]

Se|ni|or ⟨m.; -s, -o|ren⟩ 1 der Ältere, Älteste; *Ggs* Junior (1) 2 ⟨Sport⟩ Angehöriger der Altersklasse von etwa 18-35 Jahren 3 Vorsitzender, Sprecher, Alterspräsident

Se|ni|o|rat ⟨n.; -(e)s, -e⟩ 1 ⟨veraltet⟩ Ansehen des Ältesten 2 Amt des Vorsitzenden 3 Ältestenrecht ohne Rücksicht auf den Grad der Verwandtschaft; *Ggs* Juniorat; →*a.* Majorat

Se|ni|or|chef ⟨[-ʃɛf] m.; -s, -s⟩ der ältere von zwei Chefs einer Firma; *Ggs* Juniorchef

Se|ni|o|rin ⟨f.; -, -rin|nen⟩ 1 ältere Frau 2 ⟨Sport⟩ Angehörige der Altersklasse von etwa 18-35 Jahren

Se|ni|um ⟨n.; -s; unz.; Med.; Psych.⟩ Greisenalter [lat.]

Sen|na ⟨f.; -; unz.; Bot.⟩ = Kassie [arab.]

Se|non ⟨n.; -s; unz.; Geol.⟩ Stufe der oberen Kreide [nach der frz. Stadt Sens im Departement Yonne]

se|no|nisch ⟨Adj.; Geol.⟩ zum Senon gehörig, aus ihm stammend die Senonen betreffend

Se|ñor ⟨[sɛnjɔ:r] m.; -s, -es⟩ Herr (span. Anrede) [span. <lat. *senior* »der ältere«]

Se|ño|ra ⟨[sɛnjɔ:-] f.; -, -s⟩ Herrin, Dame, Frau (span. Anrede)

Se|ño|ri|ta ⟨[sɛnjo-] f.; -, -s⟩ Fräulein (span. Anrede) [span., Verkleinerungsform zu *Señora*]

Sen|sa|ti|on ⟨f.; -, -en⟩ 1 Aufsehen 2 Aufsehen erregendes Ereignis [<frz. *sensation* »Empfindung, Sinneseindruck« <mlat. *sensatio* »Empfindung; Verstehen«; zu lat. *sensus* »Gefühl; Verstand«; zu *sentire* »fühlen, empfinden, wahrnehmen«]

sen|sa|ti|o|nell ⟨Adj.⟩ Aufsehen erregend

sen|si|bel ⟨Adj.⟩ *Ggs* unsensibel 1 reizempfänglich 2 empfindsam, feinfühlig; *ein sensibles Kind* [<frz. *sensible* <lat. *sensibilis* »sinnlich wahrnehmbar«; zu *sentire* »fühlen, empfinden, wahrnehmen«; → *Sensation*]

Sen|si|bi|li|sa|tor ⟨m.; -s, -to|ren; Fot.⟩ der fotograf. Schicht zugesetzter Farbstoff, der ihre Lichtempfindlichkeit erhöht

sen|si|bi|li|sie|ren ⟨V.⟩ 1 empfindlich(er) machen (bes. fotograf. Schichten für bestimmte Lichtwellen) 2 Empfindlichkeit gegenüber bestimmten Stoffen bei Mensch u. Tier hervorrufen

Sen|si|bi|li|sie|rung ⟨f.; -; unz.⟩ 1 (bes. Biol.) Befähigung des Organismus zur Bildung von Antikörpern 2 Empfindlich-, Empfänglichmachen (z. B. für die Tragweite polit. Entscheidungen)

Sen|si|bi|lis|mus ⟨m.; -; unz.⟩ große Empfindlichkeit für äußere Reize u. Eindrücke

Sen|si|bi|li|tät ⟨f.; -; unz.⟩ 1 *Ggs* Insensibilität 1.1 Fähigkeit, Reize wahrzunehmen 1.2 Empfindsamkeit, Feinfühligkeit 2 Lichtempfindlichkeit (von fotograf. Filmen od. Platten) 3 ⟨Rundf.⟩ Empfindlichkeit eines Empfangsgerätes

Sen|sil|le ⟨f.; -, -n; Biol.⟩ tier. Zelle, die auf die Aufnahme von Erregungsreizen spezialisiert ist, Sinneszelle [<lat. *sensus* »Gefühl, Verstand«]

sen|si|tiv ⟨Adj.⟩ **1** leicht reizbar, überempfindlich **2** feinnervig

Sen|si|ti|vi|tät ⟨[-vi-] f.; -; unz.⟩ **1** Überempfindlichkeit **2** Feinfühligkeit

Sen|si|ti|vi|ty|trai|ning ⟨[sɛnsɪtɪvɪtɪtreːnɪŋ] n.; -s; unz.; Psych.⟩ gruppendynamisches Schulungsverfahren, das die Fähigkeit des adäquaten Aufnehmens u. Beantwortens von Kommunikationssignalen schult, um so durch Selbstkonfrontation zu reifen, die Sozialwahrnehmung zu verbessern u. das Kooperationsvermögen zu fundieren [<engl. *sensitivity* »Sensibilität, Empfindsamkeit« + *training* »Ausbildung, Schulung«]

Sen|si|to|me|ter ⟨n.; -s, -; Fot.⟩ Gerät zum Messen der Lichtempfindlichkeit fotograf. Filme u. Platten [<lat. *sensus* »Empfindung« + *...meter*]

Sen|si|to|me|trie *auch:* **Sen|si|to|me|trie** ⟨f.; -; unz.; Fot.⟩ Messung der Empfindlichkeit fotograf. Schichten [<*sensibel* + *...metrie*]

Sen|so|mo|to|rik ⟨f.; -; unz.; Med.⟩ Zusammenwirken von Sinneswahrnehmungen u. Bewegungen

sen|so|mo|to|risch ⟨Adj.; Med.⟩ die Sensomotorik betreffend, auf ihr beruhend

Sen|sor ⟨m.; -s, -so|ren; Technik⟩ Meßfühler, Gerät zum Messen physikalischer Größen (z. B. in der Atmosphäre, im Weltraum), die als Zahlenwerte über Funk weitergeleitet werden [<lat. *sensus* »Gefühl«]

sen|so|ri|ell ⟨Adj.; Med.⟩ = sensorisch

sen|so|risch ⟨Adj.; Med.⟩ zu den Sinnen, Sinnesorganen gehörend, auf ihnen beruhend; *oV* sensoriell

Sen|so|ri|um ⟨n.; -s; unz.⟩ Bewusstsein [lat.]

Sen|sua|lis|mus ⟨m.; -; unz.; Philos.⟩ Lehre, nach der alle Erkenntnis nur auf den Sinneswahrnehmungen beruht [<lat. *sensualis* »sinnlich«; zu *sensus* »Gefühl, Verstand«; → *Sensation*]

sen|sua|lis|tisch ⟨Adj.; Philos.⟩ den Sensualismus betreffend, auf ihm beruhend

Sen|sua|li|tät ⟨f.; -; unz.; Med.⟩ Empfindungsvermögen, Sinnlichkeit

Sen|sus com|mu|nis ⟨m.; - -; unz.; geh.⟩ gesunder Menschenverstand; →a. Common Sense [<lat. *sensus* »Empfindung; Geduld; Verstand« + *communis* »gemeinsam; allgemein üblich«]

sen|su|ell ⟨Adj.; Med.⟩ die Sinne betreffend, auf ihnen beruhend, sinnlich, Sinnes...

sen|ten|ti|ös ⟨Adj.⟩ = sentenziös

Sen|tenz ⟨f.; -, -en⟩ **1** knapp formulierter Satz mit allgemein gültigem Sinn, Ausspruch, Denkspruch **2** ⟨Rechtsw.⟩ Urteilsspruch [<lat. *sententia* »Meinung, Urteil; Sinn-, Denkspruch«; zu *sentire* »fühlen, wahrnehmen«]

sen|ten|zi|ös ⟨Adj.⟩ in der Art einer Sentenz formuliert, knapp, zugespitzt; *oV* sententiös

Sen|ti|ment ⟨[sãtimã:] n.; -s, -s; veraltet⟩ Gefühl [frz.]

sen|ti|men|tal ⟨Adj.⟩ gefühlsselig, rührselig [engl., »(übertrieben) gefühlvoll, rührselig«; zu *sentiment* »Gefühl, Empfindung«]

Sen|ti|men|ta|le ⟨f. 2; Theat.⟩ Rollenfach des jungen, empfindsamen Mädchens

sen|ti|men|ta|lisch ⟨Adj.; Lit.⟩ ~*er Dichter* (nach Schiller) Dichter, der die durch Kultur u. Zivilisation verlorene ursprüngl. Natürlichkeit durch Reflexion auf höherer Ebene wiederzugewinnen sucht; *Ggs* naiver Dichter

sen|ti|men|ta|li|sie|ren ⟨V.⟩ sentimental, gefühlsselig machen, rührselig werden, verklären; *ihm widerstrebte es, die Geschichte zu* ~

Sen|ti|men|ta|li|tät ⟨f.; -, -en⟩ **1** ⟨unz.⟩ Gefühlsseligkeit, Rührseligkeit **2** ⟨zählb.⟩ gefühlsbetonte Äußerung

Se|nus|si ⟨m.; -, -od. -nus|sen; Rel.⟩ Anhänger des von Mohammed Ibn Ali es Senussi 1833 in Mekka gegründeten islam. Ordens

sen|za ⟨Musik⟩ ohne; ~ *misura* ohne Takt, rhythmisch frei; ~ *pedale* ohne Pedal; ~ *sordino* ohne Dämpfer [ital.]

Se|pa|lum ⟨n.; -s, -pa|len; Bot.⟩ Kelchblatt [<frz. *sépale* »Kelchblatt«]

se|pa|rat ⟨Adj.⟩ getrennt, abgesondert, einzeln, privat [<lat. *separatus* »abgesondert, getrennt«, Part. Perf. zu *separare* »trennen«]

Se|pa|rate ⟨[sɛpərət] n.; -s, -s; Mode⟩ zu einer mehrteiligen Kombination gehörendes Kleidungsstück (z. B. Jackett), das auch unabhängig von dieser getragen werden kann [zu engl. *separate* »getrennt, gesondert«]

Se|pa|ra|ti|on ⟨f.; -, -en⟩ **1** Trennung, Absonderung **2** ⟨früher⟩ Flurbereinigung

Se|pa|ra|tis|mus ⟨m.; -; unz.; bes. Politik⟩ Streben nach staatl., religiöser od. geistiger Absonderung

Se|pa|ra|tist ⟨m.; -en, -en; bes. Politik⟩ Anhänger, Vertreter des Separatismus

se|pa|ra|tis|tisch ⟨Adj.; bes. Politik⟩ den Separatismus betreffend, auf ihm beruhend; ~*e Auseinandersetzungen, Kämpfe*

Se|pa|ra|tor ⟨m.; -s, -to|ren; Technik⟩ Zentrifuge zum Trennen fester u. flüssiger Stoffe, z. B. Milchzentrifuge

Se|pa|ra|tum ⟨n.; -s, -ra|ta⟩ Sonderdruck einer wissenschaftl. Abhandlung [→ *separat*]

Sé|pa|rée *auch:* **Se|pa|ree** ⟨[separe:] n.; -s, -s⟩ abgetrennter Raum, Nische in Lokalen; →a. Chambre séparée [<frz. *chambre séparée*; zu *séparer* »trennen« <lat. *separare*]

se|pa|rie|ren ⟨V.⟩ trennen, absondern [<frz. *séparer*]

Se|phar|dim ⟨Pl.⟩ Angehörige einer Gruppe von Juden, die sich erst in Spanien u. Portugal niederließen u. sich dann nach Griechenland, in die Levante, nach England, den Niederlanden u. den USA ausbreiteten; *Sy* Spaniole [<hebr. *Sepharadh* »Spanien«; urspr. Bez. für ein Gebiet, wohl in Nordkleinasien, wo die Juden früher in Gefangenschaft gehalten wurden]

883

se|pia ⟨Adj.⟩ dunkelbraun
Se|pia ⟨f.; -, -pi|en⟩ **1** ⟨zählb.; Zool.⟩ = Sepie **2** ⟨unz.⟩ brauner Farbstoff der Sepien [<grch. *sepia* »Tintenfisch«; verwandt mit *Sepsis*]
Se|pia|zeich|nung ⟨f.; -, -en; Mal.⟩ Feder- od. Tuschzeichnung mit Sepia
Se|pie ⟨[-pjə] f.; -, -n; Zool.⟩ Kuttelfisch, Angehörige einer Gattung der Tintenfische, die Sepia produziert: Sepia; *oV* Sepia (1)
Se|pio|lith ⟨m.; -en, -en; Min.⟩ Meerschaum, für Tabakspfeifen u. Zigarettenspitzen verwendetes, in Kleinasien vorkommendes, weißes od. graues Mineral, chemisch wasserhaltiges Magnesiumsilicat [<grch. *sepion* »Rückenknochen des Tintenfisches, Meerschaum« + ...*lith*]
Se|poy ⟨[siː_pɔɪ] m.; -s, -s; früher⟩ Eingeborener als Soldat in den britischen Kolonialtruppen in Indien [engl. <portug. *sipae, sipaio* <Hindi, pers. *sipahi*; zu *sipah* »Armee«]
Sep|pu|ku ⟨n.; - od. -s, -s⟩ = Harakiri [jap.]
Sep|sis ⟨f.; -, Sep|sen; Med.⟩ Blutvergiftung [grch., »Fäulnis«]
Sept. ⟨Abk. für⟩ September
Sep|ta ⟨Pl. von⟩ Septum
Sept|ak|kord ⟨m.; -(e)s, -e; Musik⟩ = Septimenakkord
Sep|ta|rie ⟨[-riə] f.; -, -n; Geol.⟩ Ansammlung von Kalk in Mergel mit kammerartigen Hohlräumen [<lat. *saeptum* »Umzäunung«; → *Septum*]
Sep|te ⟨f.; -, -n; Musik⟩ = Septime
Sep|tem|ber ⟨m.; - od. -s, -; Abk.: Sept.⟩ neunter Monat des Jahres, Herbstmonat [lat., »der siebente (Monat)« das mit dem März beginnenden altrömischen Jahres; zu *septem* »sieben«]
Sep|ten|nat ⟨n.; -(e)s, -e; veraltet⟩ = Septennium
Sep|ten|ni|um ⟨n.; -s, -ni|en; veraltet⟩ Zeitraum von sieben Jahren; *oV* Septennat [<lat. *septem* »sieben« + *annus* »Jahr«]
Sep|tett ⟨n.; -(e)s, -e; Musik⟩ **1** Musikstück für sieben Stimmen od. Instrumente **2** Gruppe von sieben Sängern od. Instrumentalisten [<lat. *septem* »sieben«]
Sep|ti|kä|mie *auch:* **Sep|ti|kä|mie** ⟨f.; -, -n; Med.⟩ Blutvergiftung [<grch. *septikos* »faulend« + ...*hämie* <grch. *haima* »Blut«]
Sep|tim ⟨f.; -, -en; Sport⟩ bestimmte Klingenlage beim Fechten [zu lat. *septimus* »der siebente«]
Sep|ti|ma ⟨f.; -, unz.; österr.; veraltet⟩ siebente Klasse der Mittelschule [lat., Fem. zu *septimus* »der siebente«; zu *septem* »sieben«]
Sep|ti|me ⟨f.; -, -n; Musik⟩ *Sy* Septe **1** siebenter Ton der diaton. Tonleiter **2** Intervall von sieben Stufen [<lat. *septima*, Fem. zu *septimus* »der siebente«; zu *septem* »sieben«]
Sep|ti|men|ak|kord ⟨m.; -(e)s, -e; Musik⟩ Akkord aus Grundton, Terz, Quinte, Septime; *oV* Septakkord
sep|tisch ⟨Adj.; Med.⟩ **1** auf Sepsis beruhend **2** Krankheitserreger enthaltend, eine Blutvergiftung hervorrufend
sep|ti|zid ⟨Adj.; Bot.⟩ entlang der Verwachsungsnähte aufspaltend (bei den Fruchtblättern von Kapselfrüchten) [<*septum* + ...*zid*]
Sep|to|le ⟨f.; -, -n; Musik⟩ Gruppe von sieben Noten mit dem Taktwert von sechs od. acht Noten [<lat. *septem* »sieben«]
Sep|tu|a|ge|si|ma ⟨ohne Artikel⟩ 70. Tag (9. Sonntag) vor Ostern [lat., »die siebzigste«]
Sep|tu|a|gin|ta ⟨f.; -; unz.⟩ die grch. Bibelübersetzung aus dem 3. Jh. v. Chr. [lat., »siebzig« (nach den angebl. siebzig Übersetzern)]
Sep|tum ⟨n.; -s, Sep|ta od. Sep|ten; Anat.⟩ Scheidewand in einem Organ, z. B. im Herzen, in der Nase [<lat. *saeptum* »Gehege, Stall«, Pl. *saepta* »Mauern; Schranken«]
se|pul|kral *auch:* **se|pul|kral** ⟨Adj.⟩ zum Begräbnis od. Grabmal gehörend [<lat. *sepulcralis*; zu *sepulcrum* »Grab«]
seq. ⟨Abk. für⟩ sequens
seqq. ⟨Abk. für⟩ sequentes
Se|quel ⟨[siː_kwəl] n.; -s, -s⟩ Film, Roman od. Theaterstück, der bzw. das die Fortsetzung eines bereits vorhandenen Werkes ist [engl., »Folge«; zu <lat. *sequor* »folgen«]
se|quens ⟨Adj.; Abk.: seq., sq.; veraltet⟩ folgend, (die) folgende (Seite) [lat., Part. Präs. zu *sequi* »folgen«]
se|quen|tes ⟨Abk.: seqq., sqq.; veraltet⟩ (die) folgenden (Seiten) [lat., Pl. zu → *sequens*]
se|quen|ti|ell ⟨Adj.⟩ = sequenziell
Se|quenz ⟨f.; -, -en⟩ **1** Reihe, Folge **2** (in der mittelalterl. Liturgie) eingefügter, hymnusähnl. Gesang **3** ⟨Musik⟩ auf anderer Tonstufe wiederholte reine Tonfolge **4** ⟨Film⟩ Reihe von Einstellungen, die im Ablauf der Handlung unmittelbar aufeinander folgen **5** ⟨Kart.⟩ mindestens drei aufeinander folgende Karten gleicher Farbe **6** ⟨Biochemie⟩ Aufeinanderfolge (von Nukleotiden in einer Nukleinsäure od. von Nukleinsäuren in einem Protein) **7** ⟨EDV⟩ Reihenfolge, Befehlsfolge [<lat. *sequentia*]
Se|quenz|ana|ly|tik ⟨f.; -; unz.; Biochemie⟩ Erforschung der Reihenfolge der Aminosäuren in Eiweißverbindungen
Se|quen|zer ⟨engl. [siː_kwɒnzə(r)] m.; -s, -; Musik⟩ kleiner, häufig mit einem Synthesizer genutzter Computer, der eingegebene Tonsequenzen speichert u. jederzeit (auch z. B. in einer anderen Tonstufe) wiedergeben kann [<engl. *sequencer*]
se|quen|zi|ell ⟨Adj.⟩ *oV* sequentiell **1** eine Sequenz betreffend, nacheinander folgend **2** ⟨EDV⟩ ~*e Datei* D., in der die Daten in einer der Eingabe entsprechenden Reihenfolge gespeichert werden u. somit nur in einer bestimmten Reihenfolge ausgelesen werden können
se|quen|zie|ren ⟨V.; Musik⟩ eine Sequenz (3) wiederholen; *eine Tonfolge* ~
Se|ques|ter[1] ⟨n.; -s, -; Med.⟩ abgestorbener Teil eines Gewebes, meist vom Knochen [lat., »vermittelnd«]
Se|ques|ter[2] ⟨m.; -s, -⟩ von einer Behörde eingesetzter Verwalter od. Verwahrer [lat., »vermittelnd«]

Se|ques|tra|ti|on auch: **Se|quest|ra|ti|on** ⟨f.; -, -en⟩ Verwahrung od. Verwaltung von Sachen durch einen Sequester²
se|ques|trie|ren auch: **se|quest|rie|ren** ⟨V.⟩ durch einen Sequester² verwahren, verwalten (lassen)
Se|ques|trot|o|mie auch: **Se|quest|ro|to|mie** ⟨f.; -, -n⟩ operative Entfernung eines Sequesters¹ [<*Sequester* + ...*tomie*]
Se|quo|ie ⟨[-jə] f.; -, -n; Bot.⟩ Mammutbaum, bes. in Kalifornien heimische Gattung von Nadelhölzern, die riesige Bäume hervorbringt: Sequoia [nach dem amerikan.-indian. Gelehrten *Sequoya* (engl. Name: George Guess), † 1843]
Se|ra ⟨Pl. von⟩ Serum
Se|rac ⟨m.; -s, -s; Geogr.⟩ durch Aufbrechen der Oberfläche eines Gletschers entstehende bizarre Blöcke, Zacken u. Türme, bes. im Bereich von Querspalten [frz.]
Se|rail ⟨[-ra:j] n.; -s, -s⟩ Palast, Schloss des türk. Sultans [<frz. *sérail* <türk. *seraj* <pers. *saraj*]
Se|ra|pei|on ⟨n.; -s, -*peia*⟩ = Serapeum
Se|ra|pe|um ⟨n.; -s, -*pe|en*⟩ Tempel des ägypt. Gottes der Unterwelt Serapis; *oV* Serapeion [<grch. *Serapeion*; zu *Sarapis*]
Se|raph ⟨m.; -s, -e od. -*phim*; AT⟩ Gott anbetend umschwebender, sechsflügeliger Engel [<grch. *serapheim* <hebr. *seraphim* »Läuternde«; zu *saraph* »verbrennen«]
se|ra|phisch ⟨Adj.⟩ in der Art eines Seraphs, engelsgleich, erhaben
se|ren ⟨Adj.⟩ heiter [<lat. *serenus*]
Se|ren ⟨Pl. von⟩ Serum
Se|re|na|de ⟨f.; -, -n; Musik⟩ **1** freie instrumentale Komposition, meist mit mehreren Sätzen **2** Ständchen [<ital. *serenata* »Abendständchen«; zu *sera* »Abend«]
Se|re|ni|tät ⟨f.; -; unz.; veraltet⟩ Heiterkeit [<lat. *serenitas*]
Serge ⟨[zɛrʒ] f. od. m.; -, -n; Textilw.⟩ Kleider- od. Futterstoff aus Seide, Kunstseide, Baumwolle od. Wolle; *oV* Sersche [frz. <afrz. *sarge* <lat. *serica* »Seidenstoffe«]

Ser|geant ⟨[-ʒant] m.; -en -en od. engl. [saːdʒənt] m.; -s, -s⟩ erster Dienstgrad in der Hierarchie der Unteroffiziere, z. B. im engl. od. amerikan. Heer [<mhd. *serjant* (<afrz. *serjant* »Fußknecht«) od. <engl. *sergeant* (<lat. *serviens*, Part. Präs. zu *servire* »dienen«)]
Se|ri|al ⟨[ˈsiːrɪəl] n.; -s, -s⟩ **1** ⟨Radio- od. Fernsehsendung⟩ **2** Fortsetzungsroman, der in einzelnen Bänden als Serie veröffentlicht wird [engl.]
Se|rie ⟨[-riə] f.; -, -n⟩ Reihe, Folge, zusammengehörige Gruppe von Gegenständen in einer Sammlung; *Fernseh~* [<mhd. *serje* »Reihe(nfolge); Streifen; Zeitlauf« <lat. *series* »Reihe(nfolge)«; zu *serere* »fügen, reihen, knüpfen«]
se|ri|ell ⟨Adj.⟩ **1** ⟨allg.⟩ in Serien **2** ⟨EDV⟩ zeitlich u. logisch aufeinander folgend; *~e Daten* **3** *~e Musik* Musik einer Kompositionstechnik, bei der alle od. mehrere Toneigenschaften (Tonhöhe, -dauer, -stärke, Klangfarbe, Rhythmus) vom Komponisten stufenweise gegliedert u. in Zahlen- bzw. Proportionsreihen festgelegt werden, deren einzelne Elemente dann in Reihen geordnet u. in Beziehung zueinander gesetzt werden
Se|ri|fe ⟨f.; -, -n⟩ kleiner Querstrich an den Buchstaben der Antiquaschriften, z. B. an den Füßen des »m«, der Querstrich des »t« [vermutl. <ndrl. *schreef* »Strich« <lat. *scribere* »schreiben«]
Se|ri|gra|fie ⟨f.; -, -n⟩ = Serigraphie
Se|ri|gra|phie ⟨f.; -, -n⟩ *oV* Serigrafie **1** ⟨unz.⟩ Siebdruck **2** ⟨zählb.⟩ auf diese Weise hergestelltes Erzeugnis [<lat. *sericus* »seiden« + ...*graphie*]
se|rio ⟨Musik⟩ ernst [ital.]
se|ri|ös ⟨Adj.⟩ *Ggs* unseriös **1** ernst, ernsthaft, ernst gemeint **2** feierlich **3** gediegen, anständig [<frz. *sérieux* <mlat. *seriosus*; zu lat. *serius* »ernst«]
Se|ri|o|si|tät ⟨f.; -; unz.⟩ seriöses Wesen, Ernsthaftigkeit, Würde

Se|rir ⟨f.; -, -e; Geogr.⟩ flache, weite Aufschüttungssenke, die eine Sand- od. Kiesdecke trägt (bei Kiesbedeckung auch Kiesod. Geröllwüste); *oV* Sserir [arab., »flache Senke«]
Ser|mon ⟨m.; -s, -e⟩ **1** ⟨veraltet⟩ Rede, Predigt **2** ⟨heute meist⟩ Strafpredigt, langweilige Rede [<lat. *sermo* »Gespräch, Vortrag«]
Se|ro|di|a|gnos|tik auch: **Se|ro|di|ag|nos|tik** ⟨f.; -; unz.; Med.⟩ Erkennung von Krankheiten aus dem Blutserum od. der Rückenmarks-Gehirn-Flüssigkeit; *oV* Serumdiagnostik
se|ro|fi|bri|nös auch: **se|ro|fib|ri|nös** ⟨Adj.; Med.⟩ aus Blutserum u. Fibrin bestehend
Se|ro|lo|ge ⟨m.; -n, -n; Med.⟩ Wissenschaftler, Facharzt auf dem Gebiet der Serologie
Se|ro|lo|gie ⟨f.; -; unz.; Med.⟩ Lehre von den Eigenschaften u. Reaktionen des Blutserums [<*Serum* + ...*logie*]
Se|ro|lo|gin ⟨f.; -, -gin|nen; Med.⟩ Wissenschaftlerin, Fachärztin auf dem Gebiet der Serologie
se|ro|lo|gisch ⟨Adj.; Med.⟩ zur Serologie gehörend, mit ihrer Hilfe; *durch ~e Tests*
Se|rom ⟨n.; -s, -e; Med.⟩ Ansammlung einer serösen Flüssigkeit unter Narben u. verschlossenen Wunden [<*Serum* + ...*om*]
se|rös ⟨Adj.; Med.⟩ aus Blutserum bestehend, serumartig
Se|ro|si|tis ⟨f.; -, -ti|den; Med.⟩ (häufig bei rheumatischen Erkrankungen auftretende) Entzündung seröser Häute [<*Serum* + ...*itis*]
Ser|pent ⟨m.; -(e)s, -e; Musik⟩ schlangenförmig gebogenes Blechblasinstrument [frz., »Schlange«]
Ser|pen|tin ⟨m.; -s, -e; Min.⟩ dunkelgrünes Mineral, chem. ein Magnesium-Eisen-Silicat; *Sy* Ophit (2) [<lat. *serpens* »Schlange«]
Ser|pen|ti|ne ⟨f.; -, -n⟩ **1** in Schlangenlinien ansteigender Weg an Berghängen **2** Kurve, Kehre, Windung [<lat. *serpens* »Schlange«]
Ser|pu|li|den ⟨Pl.; Zool.⟩ Familie der Ringelwürmer, in Wohn-

röhren lebend [zu lat. *serpere* »kriechen«]

Ser|ra|del|la ⟨f.; -, -dęl|len; Bot.⟩ = Serradelle

Ser|ra|del|le ⟨f.; -, -n; Bot.⟩ Futterpflanze aus der Familie der Schmetterlingsblütler, Vogelfuß: Ornithopus sativus; *oV* Serradella [<portug. *serradela*]

Ser|sche ⟨f.; -, -n; Textilw.⟩ = Serge

Se̱|rum ⟨n.; -s, Se̱|ren od. Se̱|ra⟩ **1** der wässrige, nicht gerinnende, von Blutkörperchen u. Fibrin freie Bestandteil von Körperflüssigkeiten, bes. des Blutes **2** Immunkörper enthaltendes, als Impfstoff verwendetes Blutserum [lat., »Molke«]

Se̱|rum|di|a|gnos|tik *auch:* **Se̱|rum|di|ag|nos|tik** ⟨f.; -; unz.; Med.⟩ = Serodiagnostik

Ser|val ⟨[-val] m.; -s, -e od. -s; Zool.⟩ hochbeinige Raubkatze, in den Savannen u. Feldgebieten Afrikas: Leptailurus serval [frz. <portug. *cerval* »Luchs«]

Ser|van|te ⟨[-vạn-] f.; -, -n; veraltet⟩ **1** Anrichte **2** Glasschränkchen [frz.]

Serve-and-Vol|ley ⟨[sœːv ənd vɔ-lɪ] n.; -s; unz.; Sport; Tennis⟩ Spielweise, bei der der Spieler unmittelbar nach dem eig. Aufschlag ans Netz läuft, um den Gegner unter Druck zu setzen [engl., »Aufschlag u. Flugball«]

Ser|ve|la ⟨[-və-] f.; -, -s od. schweiz. m.; -s, -s; mundartl.; bes. schweiz.⟩ Zervelatwurst

Ser|ve|lat|wurst ⟨[-va-] f.; -, -würs|te⟩ = Zervelatwurst

Ser|ver ⟨[sœːvə(r)] m.; -s, -⟩ **1** (EDV) Rechner für besondere Funktionen in einem EDV-System, z. B. für die Steuerung eines Druckers **2** (Sport; Tennis) Spieler, der aufschlägt [engl.; zu *serve* »dienen, servieren«]

Ser|vice[1] ⟨[-viːs] n.; - od. -s [-viː-səs], - [-viːs] od. [-viːsə]⟩ zusammengehöriges Geschirr; Speise~ [frz., »Dienst(leistung); Tafelgeschirr« <lat. *servitium* »Sklavendienst«; zu *servus* »Sklave«]

Ser|vice[2] ⟨[sœː-vɪs] m.; -s, -s [-vɪ-sɪz]⟩ **1** Kundendienst, z. B. an Tankstellen **2** Bedienung in Gaststätten **3** ⟨Sport; Tennis⟩ Aufschlag; *First* ~ [fœːst-] erster Aufschlag (von zwei möglichen) [engl. <frz. *service*; → *Service*[1]]

Ser|vice|point ⟨[sœːvɪspɔɪnt] m.; -s, -s; bes. in Bahnhöfen⟩ Informationsschalter, Auskunftsstelle; *wir treffen uns am* ~ [engl.]

ser|vie|ren ⟨[-viː-] V.⟩ **1** *Speisen* ~ auftragen **2** bei Tisch bedienen **3** ⟨fig.; umg.⟩ vortragen, erklären (bes. etwas Unangenehmes) [<frz. *servir* »dienen« <lat. *servire* »Sklave sein; dienen«; zu *servus* »Sklave, Diener«]

Ser|vie|re|rin ⟨[-viː-] f.; -, -rin|nen⟩ Kellnerin, Bedienerin in einem Speiselokal

Ser|vi|et|te ⟨[-vi-] f.; -, -n⟩ zum Schutz der Kleider beim Essen benutztes Tuch, Mundtuch [frz.; zu *servir* »aufwarten«; → *servieren*]

ser|vil ⟨[-viːl] Adj.⟩ unterwürfig, kriecherisch, ergeben [<lat. *servilis*]

Ser|vi|lis|mus ⟨[-vi-] m.; -; unz.⟩ *Sy* Servilität **1** Unterwürfigkeit, Kriecherei **2** unterwürfige Gesinnung, Ergebenheit

Ser|vi|li|tät ⟨[-vi-] f.; -; unz.⟩ = Servilismus

Ser|vit ⟨[-viːt] m.; -en, -en⟩ Diener Mariens, Angehöriger des 1233 in Florenz gegründeten, nach der Augustinerregel lebenden Bettelordens, missionarisch u. wissenschaftlich tätig [<lat. Ordo *servorum* beatae Mariae Virginis »Orden der Diener der seligen Jungfrau Maria«]

Ser|vi|tin ⟨[-vi-] f.; -, -tin|nen⟩ Dienerin Marias, Angehörige des Servitenordens

Ser|vi|tut ⟨[-vi-] n.; -(e)s, -e; Rechtw.⟩ Nutzungsrecht [<lat. *servitus* »Stand des Sklaven«]

Ser|vo... ⟨[-vo] in Zus.⟩ die Einleitung von geringen Kräften in entsprechend gebaute Mechanismen zur Regelung u. Steuerung großer Kräfte; *Servobremse; Servolenkung* [<lat. *servus* »Diener«]

Ser|vo|an|trieb ⟨[-vo-] m.; -(e)s, -e⟩ zusätzlicher Antrieb, der die Leistungsstärke von Motoren verbessert

Ser|vo|brem|se ⟨[-vo-] f.; -, -n⟩ mit einem Bremskraftverstärker versehene Fahrzeugbremse

Ser|vo|ge|rät ⟨[-vo-] n.; -(e)s, -e⟩ Hilfsgerät, das großen Kraftaufwand erfordernde Maschinenbewegungen durch Zuschaltung entsprechender hydraulischer od. elektr. Aggregate erleichtert

Ser|vo|len|kung ⟨[-vo-] f.; -, -en⟩ durch ein hydraul. od. elektr. Hilfsaggregat unterstützte Fahrzeuglenkung

Ser|vo|mo|tor ⟨[-vo-] m.; -s, -en⟩ Hilfsmotor zur Erleichterung von Steuerungsvorgängen

Ser|vus! ⟨[-vus] bair.; österr.⟩ Guten Tag!, Auf Wiedersehen! (freundschaftl. Grußformel) [lat., eigtl. »(dein, Ihr) Diener!«]

Se|sam ⟨m.; -s, -s⟩ **1** ⟨Bot.⟩ zur Familie der Sesamgewächse gehörende Gattung krautiger Pflanzen mit oben aufspringenden Kapselfrüchten: Sesamum **2** ~, *öffne dich!* ⟨fig.⟩ Zauberwort, wirkungsvolles Wort (um etwas zu erreichen) [<lat. *sesamum* <grch. *sesame, sesamon* <semit.]

Se|sam|bein ⟨n.; -(e)s, -e; Anat.⟩ rundes Knöchelchen im Bereich der Sehnen von Hand- u. Fußgelenken

Se|sam|öl ⟨n.; -s; unz.⟩ aus den Samen der Sesamgewächse gewonnenes Öl

Se|schel|len|nuss ⟨f.; -, -nüs|se; Bot.⟩ Nuss einer Gattung der Fächerpalme (Lodoicea), die auf den Seschellen wächst; *oV* Seychellennuss

ses|sil ⟨Adj.; Biol.⟩ festsitzend, fest angewachsen [<lat. *sessilis* »zum Sitzen geeignet«]

Ses|si|li|tät ⟨f.; -; unz.; Biol.⟩ Sesshaftigkeit, Lebensweise vieler Wassertiere (Muscheln, Schwämme, Korallen), die fest auf einer Unterlage angewachsen sind [<lat. *sessilis* »zum Sitzen geeignet«]

Ses|si|on[1] ⟨f.; -, -en⟩ in regelmäßigen Abständen stattfindende Sitzung [<lat. *sessio*]

Ses|si|on[2] ⟨[sɛʃn] f.; -, -s⟩ **1** ⟨Musik⟩ Musikveranstaltung (von

Sexualität

Jazzmusikern) **2** ⟨umg.⟩ Zeitspanne eines Drogenrausches [engl., <lat. *sessio* »Sitzung«]

Ses|terz ⟨m.; -es, -e⟩ kleine altröm. Silbermünze, $^1/_4$ Denar [<lat. *sestertium*]

Ses|ti|ne ⟨f.; -, -n⟩ **1** sechszeilige Strophe **2** Gedichtform aus sechs Strophen zu je sechs Zeilen mit meist fünffüßigen Jamben mit festgelegter Ordnung der Schlusswörter, die in bestimmter Weise wiederkehren [<ital. *sestina*]

Set¹ ⟨n.; - od. -s, Set|ein|hei|ten od. (bei Zahlenangaben) -; Typ.⟩ Maßeinheit für die Dickten der Monotype [engl.; zu *set* »setzen«]

Set² ⟨n. od. m.; - od. -s, -s⟩ **1** mehrere zusammengehörige Gebrauchsgegenstände, Kleidungsstücke *(Twin~)*, Teppiche usw. **2** eins von mehreren, farblich aufeinander abgestimmten kleinen Unterlagen für ein Gedeck **3** ⟨Sport; Tennis⟩ Satz [engl., »Satz«]

Set³ ⟨m.; - od. -s, -s⟩ Bühnenbild, Kulissenaufbau (bei Film u. Fernsehen) [engl., »Gruppe (von Personen)«]

Set|te|cen|to ⟨[-tʃɛnto] n.; - od. -s; unz.; Kunst⟩ das 18. Jahrhundert in der ital. Kunst [ital., »siebenhundert« (nach 1000)]

Set|ter ⟨m.; -s, -; Zool.⟩ hochbeiniger Spürhund mit glänzend rotbraunem od. schwarzweißem, langhaarigem Fell [engl., »Setzer«]

Set|ting ⟨n.; - od. -s, -s⟩ **1** äußere Umgebung, Räumlichkeit, Atmosphäre **2** Umgebung eines Drogenabhängigen während des Rausches [engl., »Lage, Umgebung, Milieu«]

Set|tle|ment *auch:* **Sett|le|ment** ⟨[sɛtlmənt] n.; -s, -s⟩ Ansiedlung, Niederlassung, Kolonie [engl.]

Set-Top-Box ⟨f.; -, -en; TV⟩ = Set-Top-Decoder

Set-Top-De|co|der ⟨m.; -s, -; TV⟩ Entschlüsselungsgerät, das dazu dient, digitale Fernsehprogramme auf analogen Fernsehapparaten zu empfangen; *Sy* Set-Top-Box [engl.]

Set-up ⟨[sɛtʌp] n.; -s, -s; Golf⟩ Aufstellung zur Ausführung eines Schlages [engl., eigtl. »Aufbau, Anlage«]

Sè|vres|por|zel|lan *auch:* **Sèv|res-por|zel|lan** ⟨[sɛvrə-] n.; -s; unz.⟩ Porzellan aus der französ. Stadt Sèvres

Sex ⟨m.; -es; unz.; kurz für⟩ **1** Sexus **2** Sexualität **3** ⟨umg.⟩ Sexappeal; *sie hat viel, wenig ~* [→ *Sexus*]

Se|xa|ge|si|ma ⟨ohne Artikel⟩ achter Sonntag vor Ostern [<lat. *(dies) sexagesima* »60. Tag (vor Ostern)«]

se|xa|ge|si|mal ⟨Adj.⟩ sechzigteilig [<lat. *sexagesima* »der sechzigste (Teil)«]

Se|xa|ge|si|mal|sys|tem ⟨n.; -s; unz.⟩ auf die Zahl 60 aufgebautes Zahlensystem

Se|xa|gon ⟨n.; -s, -e; Geom.⟩ geometr. Figur mit sechs Ecken, Sechseck [<lat. *sex* »sechs« + grch. *gonia* »Winkel«]

Sex and Crime ⟨[-ænd kraɪm] ohne Artikel⟩ vorrangige Darstellung von Sexualität und Kriminalität in Filmen u. Zeitschriften [engl., »Sexualität und Verbrechen«]

Sex|ap|peal ⟨[-əpiːl] m.; -s; unz.⟩ körperl. Anziehungskraft [<engl. *sex* »Sex, Sexus« + *appeal* »Appell, Anziehungskraft, Reiz«]

Sex|idol ⟨n.; -s, -e⟩ jmd., der aufgrund seiner starken körperlichen Ausstrahlung u. Anziehungskraft zum Idol wurde, z. B. James Dean u. Marilyn Monroe in den fünfziger Jahren

Se|xis|mus ⟨m.; -; unz.⟩ Überbewertung der geschlechtlichen Unterschiede zwischen Mann u. Frau (die zur Benachteiligung der Frau im gesellschaftl. Leben führt)

Se|xist ⟨m.; -en, -en⟩ Anhänger, Vertreter des Sexismus

se|xis|tisch ⟨Adj.⟩ in der Art des Sexismus, ihn betreffend, auf ihm beruhend

Se|xo|lo|gie ⟨f.; -; unz.⟩ Sexualwissenschaft [<lat. *sexus* »Geschlecht« + ...*logie*]

Sex|shop ⟨[-ʃɔp] m.; -s, -s⟩ Laden, in dem Gegenstände zur sexuellen Betätigung u. Bücher erot. Inhalts verkauft werden [<*Sex* + engl. *shop* »Geschäft«]

Sext ⟨f.; -, -en; Musik⟩ = Sexte

Sex|ta ⟨f.; -, Sex|ten; veraltet⟩ erste Klasse der höheren Schule [<lat. *sexta*, Fem. zu *sextus* »der sechste« (früher begann die Zählung der Klassen des Gymnasiums mit der höchsten Zahl)]

Sext|ak|kord ⟨m.; -(e)s, -e; Musik⟩ Umkehrung eines Dreiklangs, Dreiklang aus Terz u. Sexte [<*Sexte* + *Akkord*]

Sex|ta|ner ⟨m.; -s, -; Astron.⟩ Schüler der Sexta

Sex|tant ⟨m.; -en, -en⟩ astronom. Instrument zur Winkelmessung [<lat. *sextans* »Sechstel«]

Sex|te ⟨f.; -, -n; Musik⟩ *oV* Sext **1** sechster Ton der diaton. Tonleiter **2** Intervall aus sechs Tönen [<lat. *sexta*, Fem. zu *sextus* »der sechste«; zu *sex* »sechs«]

Sex|tett ⟨n.; -(e)s, -e; Musik⟩ **1** Musikstück für sechs Stimmen od. Instrumentalisten **2** Gruppe von sechs Sängern od. Instrumentalisten [<frz. *sextetto*, ital. *sestetto* <lat. *sex* »sechs«]

Sex|to|le ⟨f.; -, -n; Musik⟩ Figur von sechs gleichwertigen Noten mit dem Zeitwert von vier Noten [<lat. *sex* »sechs« + ...*ole*]

Sex|tou|ris|mus ⟨[-tu-] m.; -; unz.⟩ Tourismus mit dem vorrangigen Ziel, sexuelle Beziehungen zu knüpfen

se|xu|al ⟨Adj.⟩ **1** = sexuell **2** ⟨in Zus.⟩ geschlechtlich, geschlechts..., Geschlechts... [<lat. *sexus* »Geschlecht«]

Se|xu|al|de|likt ⟨n.; -(e)s, -e⟩ Delikt auf sexuellem Gebiet, z. B. Unzucht mit Minderjährigen, Vergewaltigung

Se|xu|al|ethik ⟨f.; -; unz.⟩ die Ethik im Geschlechtsleben, Verhältnis des Geschlechtslebens zur Sittlichkeit

Se|xu|al|hor|mon ⟨n.; -s, -e; Biochemie⟩ in den Keimdrüsen gebildetes Geschlechtshormon

Se|xu|al|hy|gi|e|ne ⟨f.; -; unz.⟩ Gesundheitslehre auf dem Gebiet der menschlichen Sexualität

se|xu|a|li|sie|ren ⟨V.⟩ *etwas ~* bei etwas die Sexualität in den Vordergrund rücken

Se|xu|a|li|tät ⟨f.; -; unz.⟩ Geschlechtlichkeit

Sexualneurose

Se|xu|al|neu|ro|se ⟨f.; -, -n; Psych.⟩ aus Störungen des Geschlechtslebens entstandener seelischer Konflikt

Se|xu|al|ob|jekt ⟨n.; -(e)s, -e⟩ jmd., der jmdm. nur zur Befriedigung sexueller Wünsche dient, Lustobjekt

Se|xu|al|or|gan ⟨n.; -s, -e⟩ Geschlechtsorgan

Se|xu|al|pä|da|go|gik auch: **Se|xu|al|pä|da|go|gik** ⟨f.; -; unz.⟩ Belehrung über die sexuellen Vorgänge, ihre biolog. Hintergründe u. die mit ihnen verbundenen ethischen u. gesundheitl. Fragen

Se|xu|al|pa|tho|lo|gie ⟨f.; -; unz.; Med.⟩ Lehre von den krankhaften Störungen u. Abarten des Geschlechtslebens

Se|xu|al|psy|cho|lo|gie ⟨f.; -; unz.; Psych.⟩ Teil der Psychologie, die das Verhalten im Geschlechtsleben erforscht

Se|xu|al|zy|klus ⟨m.; -, -zy|klen; Biol.⟩ regelmäßiger period. Ablauf der Bereitschaft zur Fortpflanzung bei allen höheren Tierarten u. beim Menschen

se|xu|ell ⟨Adj.⟩ geschlechtlich, das Geschlecht betreffend, auf ihm beruhend; *oV* sexual [<lat. *sexus* »Geschlecht«]

Se|xus ⟨m.; -; unz.⟩ Geschlecht [<engl. *sex*, frz. *sexe* <lat. *sexus* »(männliches od. weibliches) Geschlecht«]

se|xy ⟨Adj.; undekl.⟩ sexuell anziehend, körperlich reizvoll, das Geschlecht betonend; ~ *aussehen* [engl., »erotisch«]

Sey|chel|len|nuss ⟨[zeʃɛlən-] f.; -, -nüs|se; Bot.⟩ = Seschellennuss

se|zer|nie|ren ⟨V.; Med.⟩ absondern, Umrissen [<lat. *secernere* »ausschneiden; abtrennen«; zu *cernere* »schneiden«]

Se|zes|si|on ⟨f.; -, -en⟩ **1** Abfall, Loslösung; ~ *eines Staates* **2** ⟨Mal.⟩ Name für eine Gruppe von Künstlern, die sich von einer bestehenden Künstlervereinigung loslösen, weil sie sich anderen Zielen zugewendet haben; *Berliner ~ (1899); Münchner ~ (1892); Wiener ~ (1897)* [<lat. *secessio* »Abseitsgehen, Absonderung«; zu *secedere* »beiseite/weggehen«]

Se|zes|si|o|nist ⟨m.; -en, -en; Mal.⟩ Angehöriger einer Sezession

se|zes|si|o|nis|tisch ⟨Adj.; Mal.⟩ zu einer Sezession gehörend, von ihr ausgehend

Se|zes|si|ons|krieg ⟨m.; -(e)s, -e; Pol.⟩ **1** ⟨allg.⟩ Krieg mit dem Ziel der Sezession (1) **2** ⟨unz.; i. e. S.⟩ Krieg zwischen den nördl. Staaten Nordamerikas 1861-1865

Se|zes|si|ons|stil ⟨m.; -(e)s; unz.⟩ Stil der Wiener Sezession, österr. Form des Jugendstils

se|zie|ren ⟨V.⟩ **1** ⟨Med.⟩ *eine Leiche ~* anatomisch zerlegen, untersuchen **2** ⟨fig.⟩ auseinander nehmen, genau untersuchen [<lat. *secare* »(ab)schneiden, zerlegen, operieren«]

sf ⟨Musik; Abk. für⟩ sforzando, sforzato

SFOR, Sfor ⟨f.; -; unz.⟩ Kurzwort für engl.⟩ Stabilization Force (Truppe zur Stabilisierung), multinationale Einsatztruppe unter UN-Mandat zur Verhinderung militärischer Konfrontationen u. zur Stabilisierung des Friedensprozesses durch ständige militärische Präsenz in Bosnien-Herzegowina; →*a.* IFOR

sfor|zan|do ⟨Musik⟩ = sforzato [ital., »zwingend«]

sfor|za|to ⟨Musik; Abk.; Zeichen: ʌ, <⟩ mit starkem Ton, betont, akzentuiert (zu spielen); *oV* forzando, forzato

Sfor|za|to ⟨n.; -s, -s od. -za|ti; Musik⟩ Betonung, Akzentuierung (eines Tons od. einer Tonfolge) [ital. *sforzato* »gezwungen«; zu *sforzare* »zwingen«]

sfu|ma|to ⟨Adj.; Mal.⟩ mit weichen, wie durch einen Schleier gesehen (gemalt) [ital., Part. Perf. zu *sfumare* »schattieren, tönen«; zu *fumo* »Rauch«]

SGML ⟨EDV; Abk. für engl.⟩ Standard(ized) Generalized Markup Language, zur strukturierten Darstellung von gegliederten Texten genormte Auszeichnungssprache [engl.]

Sgraf|fi|to ⟨n.; -s, -s od. -fi|ti; Mal.⟩ wetterbeständige Wandmalerei, wobei die Zeichnung in die noch feuchte Tünche eingeritzt wird; →*a.* Graffito [<ital. *sgraffiere* »einritzen« <grch. *graphein* »einritzen«]

sh ⟨Abk. für⟩ Shilling

Shag ⟨[ʃæg] m.; -s, -s⟩ fein geschnittener Pfeifentabak [engl., »Zottel«]

Shake¹ ⟨[ʃɛɪk] m.; -s, -s⟩ **1** moderner Gesellschaftstanz mit schüttelnden Körperbewegungen **2** Mixgetränk; *Milch~* **3** Zittern, Schüttelfrost (als Folge häufigen Drogenkonsums) [<engl. *shake* »schütteln«]

Shake² ⟨[ʃɛɪk] n.; -s, -s; Musik; Jazz⟩ Vibrato, Triller über einer Note [→ *Shake¹*]

Shake|hands ⟨[ʃɛɪkhændz] n.; -; unz.⟩ Händegruß, Händeschütteln; ~ *machen* [engl.]

Sha|ker ⟨[ʃɛɪkə(r)] m.; -s, -⟩ Mischbecher für alkohol. Getränke [zu engl. *shake* »schütteln«]

sha|kern ⟨[ʃɛɪkə(r)n] V.⟩ im Mischbecher durch Schüttelbewegungen mixen, vermengen [<engl. *shake* »schütteln«]

Sham|poo ⟨[ʃampu] n.; -s, -s⟩ Mittel zur Haarwäsche; *oV* Shampoon

Sham|poon ⟨[ʃampuːn] od. [ʃampoːn] n.; -s, -s⟩ = Schampoo

sham|poo|nie|ren ⟨[ʃampu-] od. [ʃampo-] V.⟩ mit Shampoo waschen; *jmdm. das Haar ~* [<engl. *shampoo* »Haare (mit Shampoon) waschen«; Shampoon«, eigtl. »massieren« <Hindi *champna* »kneten«]

Sham|rock ⟨[ʃæmrɔk] m.; - od. -s, -s⟩ irisches Nationalsymbol, das Blatt des Weißklees, anhand dessen der heilige Patrick die Dreieinigkeit erklärt haben soll [engl., »Kleeblatt«]

shang|hai|en ⟨V.⟩ = schanghaien

Shan|tung|sei|de ⟨[ʃan-] f.; -, -n; Textilw.⟩ = Schantungseide

Shan|ty ⟨[ʃæntɪ] n.; -s, -s⟩ von Seeleuten gesungenes u. für sie typisches Lied, Seemannslied [<engl. *shanty, shantey* <frz. *chanter* »singen«]

Sha|ping¹ ⟨[ʃɛɪpɪŋ] f.; -, -s; kurz für⟩ Shapingmaschine [<engl. *shaping*, Part. Präs. zu *shape* »eine Form geben, formen«]

Sha|ping² ⟨[ʃɛɪpɪŋ] n.; - od. -s; unz.; Psych.⟩ durch Verstärkung (z. B. Lob) nach u. nach erzielte Reaktionen, die zum gewünschten Verhalten führen [→ *Shaping¹*]

Shalping|ma|schi|ne ⟨[ʃeɪpɪŋ-] f.; -, -n; Technik⟩ Stoßmaschine mit waagerecht geführtem Meißel, Waagerechtstoßmaschine; *Sy* Shaping¹

Share ⟨[ʃɛː(r)] m.; - od. -s, -s; Wirtsch.⟩ Aktie [engl.]

Share|hol|der ⟨[ʃɛː(r)hoʊldə(r)] m.; -s, -; Wirtsch.⟩ Anteilseigner, Aktionär [<engl. *share* »Anteil, Anteilsschein« + *holder* »Eigner, Halter, Inhaber«]

Share|hol|der|va|lue ⟨[ʃɛː(r)hoʊldə(r)vælju:] m.; -s, -s; Wirtsch.⟩ Kapitalanteil von Aktionären, Unternehmenswert [<*Shareholder* + engl. *value* »Wert«]

Share|ware ⟨[ʃɛː(r)wɛː(r)] f.; -; unz.; EDV⟩ kostenlos od. preisgünstig angebotene Software mit eingeschränkter Funktionalität, die dem potenziellen Käufer die Möglichkeit geben soll, das Produkt vor Erwerb zu testen [<engl. *share* »Anteil« + *Software*]

Shairing ⟨[ʃɛːrɪŋ] n.; - od. -s; unz.; kurz für⟩ **1** Carsharing **2** Jobsharing [engl., »(das) Teilen«]

sharp ⟨[ʃɑː(r)p] Musik⟩ um einen halben Ton erhöht; *Ggs* flat [engl.]

Shed|dach ⟨[ʃɛd-] n.; -(e)s, -dächer⟩ Sägedach, Dachkonstruktion mit sägezahnartig gegeneinander gestellten Dachflächen; *oV* Scheddach [<engl. *shed* »Schuppen, Wetterdach«]

Sheng ⟨[ʃɛŋ] n.; -s, -s; Musik⟩ chines. Blasinstrument aus einer Kürbisschale mit seitl. Mundstück u. verschieden langen Bambuspfeifen, in denen durch frei schwingende Zungen der Ton hervorgebracht wird, Mundorgel; *oV* Schen, Scheng [chines.]

She|riff ⟨[ʃɛrɪf] m.; -s, -s; in England u. den USA⟩ höchster Vollstreckungsbeamter in einer Grafschaft, in den USA auch mit richterl. Befugnissen; *oV* Scheriff [<engl. *sheriff* »Landrat, Bezirksdirektor, Polizeichef« <arab. *sharif* »Nachkomme des Propheten Mohammed«]

Sher|pa ⟨[ʃɛr-] m.; -s, -s⟩ tibetanischer Lastenträger u. Bergführer im Himalaja [Name eines tibet. Volksstammes]

Sher|ry ⟨[ʃɛri] m.; -s, -s⟩ würziger Südwein; *Sy* Jerez [nach *Sherry*, der engl. Bez. der span. Stadt *Jerez* de la Fontera]

Shet|land|po|ny ⟨[ʃɛt-] n.; -s, -s; Zool.⟩ kleines, gedrungenes Pony mit relativ großem Kopf u. kleinen, spitzen Ohren [nach den *Shetlandinseln* bei Schottland]

Shet|land|wol|le ⟨[ʃɛt-] f.; -; unz.⟩ Wolle von Shetlandschafen

Shi|at|su ⟨n.; - od. -s; unz.⟩ Entspannungsmassage durch Druck mit den Fingern, jap. Form der Akupressur [jap., »Fingerdruck«]

Shift ⟨[ʃɪft] m. od. n.; -s, -s⟩ **1** (plötzliche) Verschiebung, Verlagerung; *es gibt einen ~ im Wertesystem* **2** ⟨EDV⟩ Umschalttaste auf der Computertastatur für die Schreibung in Großbuchstaben bzw. für die obere Belegung der Tastenreihen **3** ⟨Med.⟩ plötzliche Veränderung eines Virus, die zur Entstehung neuer Erregertypen führt [engl., »Verschiebung, Wechsel«]

Shift|a|na|ly|se ⟨[ʃɪft-] f.; -, -n⟩ auf das wirtschaftl. Wachstum eines Gesamtraumes bezogene Analyse der Unterschiede in den Entwicklungen in Teilräumen, die auch Rückschlüsse über die Ursachen für fort- od. rückschreitende Wachstumstendenzen geben soll [<engl. *shift* »schieben, umstellen; Verschiebung, Wechsel« + *Analyse*]

Shi|gel|le ⟨[ʃi-] f.; -, -n; Med.⟩ zu den Salmonellen gehörende Bakterie, die die Shigellose hervorruft [nach dem jap. Bakteriologen Kiyoshi *Shiga*, 1870-1957]

Shi|gel|lo|se ⟨[ʃi-] f.; -, -n⟩ durch Shigella-Bakterien hervorgerufene Bakterienruhr [nach dem jap. Bakteriologen K. *Shiga*]

Shi|i|ta|ke|pilz ⟨[ʃi-] f.; -es, -e; Bot.⟩ Blätterpilz mit rundem od. nierenförmigem Hut u. weißlichem Fleisch, der in Ostasien gewerbemäßig als Speisepilz angebaut wird [jap.]

Shil|ling ⟨[ʃɪl-] m.; -s, -s od. (bei Zahlenangaben) -; Abk.: s, sh; früher⟩ Währungseinheit in England, ¹⁄₂₀ $, 12 Pence [engl. <dt. *Schilling*]

Shim|my ⟨[ʃɪmi] m.; -s, -s⟩ nordamerikan. Gesellschaftstanz der 20er-Jahre im ²/₄-Takt [verkürzt <*shimmyshake* »Tanz mit Schüttelbewegungen«]

Shin|to|is|mus ⟨[ʃɪn-] m.; -; unz.; Rel.⟩ = Schintoismus

Shirt ⟨[ʃœːt] n.; -s, -s⟩ (meist kurzärmeliges) Hemd aus weichem Baumwollstoff; *T-~; Polo~* [engl., »Hemd«]

Shit ⟨[ʃɪt] n.; - od. -s; unz.; umg.⟩ Haschisch [engl.]

Shi|va ⟨[ʃiːva] m.; -s; unz.⟩ = Schiwa

Shoa ⟨f.; -; unz.⟩ = Holocaust

sho|cking ⟨[ʃɔkɪŋ] Adj.; undekl.⟩ anstößig, peinlich, schockierend [engl.; zu *shock* »schockieren«; → *Schock*]

Shod|dy ⟨[ʃɔdi] n.; -s, -s; Textilw.⟩ durch Reißen gewonnenes Garn aus wollenen Lumpen [Herkunft unbekannt]

Sho|gun ⟨[ʃoː-] m.; -s, -e; früher Bez. für⟩ jap. Feldherr; *oV* Schogun [jap., »Heerführer«]

Shoo|ting ⟨[ʃuː-] n.; -s, -s; Mode⟩ Fotoproduktion; *für ihre ~s reist sie um die ganze Welt* [zu engl. *shoot* »schießen«]

Shoo|ting|star ⟨[ʃuːtɪŋ-] m.; -s, -s⟩ Person, die schnell bekannt geworden ist, eine steile Karriere gemacht hat, Senkrechtstarter [<engl. *shoot* »schießen« + *Star*]

Shoot-out ⟨[ʃuːtaʊt] n. od. m.; -s, -s⟩ **1** ⟨Sport⟩ Spielentscheidung eines unentschieden beendeten Wettkampfes durch zusätzliches Toreschießen, z. B. beim Penalty u. Elfmeterschießen; *ein durch ~ erzielter Finalsieg* **2** ⟨bes. Film; TV⟩ abschließende Schießerei, entscheidender Schusswechsel (am Ende eines Films) [engl.]

Shop ⟨[ʃɔp] m.; -s, -s⟩ Laden, Geschäft; *Sex~* [engl.]

Shop-in-Shop ⟨[ʃɔp ɪn ʃɔp] m.; -s, -s⟩ = Rackjobbing

shoppen

shop|pen ⟨[ʃɔp-] V.; umg.⟩ einen Einkaufsbummel machen; *mit einer Freundin ~ gehen* [<engl. *shop* »einkaufen; Geschäft«]

Shop|ping ⟨[ʃɔpɪŋ] n.; - od. -s, -s; Pl. selten⟩ *~ gehen* einen Einkaufsbummel machen [engl., »Einkaufen«]

Shop|ping|cen|ter ⟨[ʃɔpɪŋsentə(r)] n.; -s, -⟩ Einkaufs-, Geschäftezentrum [engl.]

Shore|här|te *auch:* **Shore-Här|te** ⟨[ʃɔː(r)-] f.; -; unz.⟩ für bes. harte Werkstoffe angewandtes Härteprüfverfahren, bei dem die Rückprallhöhe einer aus einer bestimmten Höhe auf den Werkstoff fallenden Kugel das Maß für die Härte ist [nach dem Briten *Shore*]

Short|drink ⟨[ʃɔː(r)t-] m.; -s, -s⟩ viel Alkohol enthaltendes Getränk; *Ggs* Longdrink [<engl. *short* »kurz; in einem kleinen Glas serviert« + *Drink*]

Shorts ⟨[ʃɔː(r)ts] Pl.⟩ kurze, leichte Hose [engl.; zu *short* »kurz«]

Short|sel|ler *auch:* **Short Sel|ler** ⟨[ʃɔː(r)tselə(r)] m.; - (-) -s, (-) -; Wirtsch.⟩ jmd., der Aktien verkauft, die er zum Zeitpunkt eines Geschäftsabschlusses nicht besitzt, wobei er auf fallende Kurse der von ihm später am Markt einzukaufenden Aktien spekuliert, Leerverkäufer [zu engl. *sell short* »ohne Deckung verkaufen«]

Short|sto|ry *auch:* **Short Sto|ry** ⟨[ʃɔː(r)tstɔri] f.; (-) -, (-) -s; Lit.⟩ Kurzgeschichte (bes. engl. u. amerikan. Literatur) [engl.]

Short|track ⟨[ʃɔː(r)ttræk] m.; -s; unz.; Sport⟩ auf einer kurzen Bahn ablaufender Eisschnelllauf [<engl. *short* »kurz« + *track* »Bahn«]

Shor|ty ⟨[ʃɔː(r)ti] n. od. m.; -s, -s⟩ Damenschlafanzug mit sehr kurzen Ärmeln u. Höschen [engl.; zu *short* »kurz«]

Shot ⟨[ʃɔt] m.; -s, -s; Sport; Ballspiele⟩ Schuss [engl.]

Show ⟨[ʃoʊ] f.; -, -s⟩ Schau [zu engl. *show* »zeigen«]

Show|biz ⟨[ʃoʊbɪz] n.; -; unz.; umg.; kurz für⟩ Showbusiness

Show|block ⟨[ʃoʊ-] m.; -s, -blöcke⟩ kurze, unterhaltsame Zwischeneinlage (z. B. Gesangsauftritt, Sketch), die bei längeren Fernsehshows eingeschoben wird

Show|bu|si|ness ⟨[ʃoʊbɪsnɪs] n.; -; unz.⟩ = Showgeschäft [<engl. *show-business* »Unterhaltungsindustrie«]

Show-down *auch:* **Show|down** ⟨[ʃoʊdaʊn] n.; -s, -s od. -⟩ **1** ⟨Film; bes. Western⟩ abschließende, entscheidende (meist blutige) Auseinandersetzung zwischen den Haupthelden **2** ⟨Poker⟩ Aufdecken der Karten **3** ⟨allg.⟩ Kraft-, Machtprobe [<engl. *show* »zeigen« + *down* »nieder«]

Show|er... *auch:* **Sho|wer...** ⟨[ʃaʊə(r)] in Zus.⟩ Dusche..., Dusch...; *~gel;* *~cream* [engl.]

Show|ge|schäft ⟨[ʃoʊ-] n.; -(e)s; unz.⟩ die mit öffentl. Darbietungen verbundene Vergnügungsindustrie, Film, Fernsehen, Varieteé, Zirkus; *Sy* Showbusiness

Show|girl ⟨[ʃoʊgəːl] n.; -s, -s⟩ Tänzerin od. Sängerin, die bei einer Show mitwirkt [<engl. *show* »Schau« + *girl* »Mädchen«]

Show|man ⟨[ʃoʊmæn] m.; -s, -men [-mən]⟩ jmd., der im Showgeschäft tätig ist [<engl. *show* »Schau« + *man* »Mann, Mensch«]

Show|mas|ter ⟨[ʃoʊ-] m.; -s, -⟩ Conférencier, Moderator bei einer Show [<engl. *show* »Schau« + *master* »Meister«]

Show|view® ⟨[ʃoʊvjuː] n.; -s; unz.; TV⟩ Programm, das durch eine verschlüsselte Ziffernfolge die einfache Programmierung von Videogeräten ermöglicht [<engl. *show* »Schau; zeigen« + *view* »Sicht; betrachten«]

Shred|der ⟨[ʃrɛd-] m.; -s, -; Technik⟩ Zerkleinerungsanlage für zu verschrottende Fahrzeuge; *oV* Schredder [engl.]

Shrimp ⟨[ʃrɪmp] m.; -s, -s; meist Pl.⟩ Krabbe; *oV* Schrimp [engl.]

shrin|ken ⟨[ʃrɪŋ-] V.⟩ = schrinken

Shuffle|board *auch:* **Shuffle|board** ⟨[ʃʌflbɔːd] n.; -s; unz.⟩ Spiel, bei dem die Scheiben mit Holzstöcken in das dem Start gegenüberliegende Ziel geschoben werden müssen [<engl. *shuffle* »schlurfen, scharren« + *board* »Brett«]

Shunt ⟨[ʃʌnt] m.; -s, -s; El.⟩ elektr. Widerstand in Parallelschaltungen, z. B. zur Erweiterung des Messbereiches von Zählern u. Instrumenten [engl., »Nebengleis, elektr. Nebenschluss«]

shun|ten ⟨[ʃʌntən] V.; El.⟩ elektr. Widerstand in Parallelschaltungen zur Regulierung der Stromstärke einstellen

Shut-out ⟨[ʃʌtaʊt] n.; - od. -s, -s; Sport⟩ Spiel, bei dem kein Gegentor kassiert wurde, Zu-Null-Spiel; *der Torwart schaffte sein sechstes ~ der Saison* [zu engl. *shut out* »aussperren, nicht hereinlassen«]

Shut|ter ⟨[ʃʌt-] m.; -s, -⟩ **1** Steckdosenschutz **2** Kameraverschluss [engl., »Fensterladen; Schließklappe, Verschluss«]

Shut|tle *auch:* **Shutt|le** ⟨[ʃʌtl] n.; -s, -s; kurz für⟩ **1** Spaceshuttle **2** Fahrzeug für den Pendelverkehr [engl., eigtl. »Weberschiffchen«]

Shy|lock ⟨[ʃaɪlɔk] m.; - od. -s, -s⟩ hartherziger Gläubiger (nach dem jüd. Geldverleiher in Shakespeares »Kaufmann von Venedig«) [engl.]

Si[1] ⟨chem. Zeichen für⟩ Silicium

Si[2] ⟨n.; -, -; Musik⟩ Ton H, in der Tonika-Do-Methode der jeweils siebte Ton einer Tonleiter; →a. Solmisation [ital.; frz.]

SI → SI-System

Si|al ⟨n.; -s od. -; unz.; Geol.⟩ oberster Teil der Erdkruste (10-25 km) [nach den Hauptbestandteilen *Si*licium u. *Al*uminium]

Si|a|la|de|ni|tis ⟨f.; -, -ti|den; Med.⟩ Speicheldrüsenentzündung [<grch. *sialon* »Speichel« + *Adenitis*]

si|a|lisch ⟨Adj.; Geol.; Min.⟩ Gestein, das zum größten Teil aus Silizium u. Aluminium besteht, zum Sial gehörig

si|al|li|tisch ⟨Adj.; Geol.⟩ *~e* Verwitterung in eher feuchten Klimagebieten auftretende Verwitterungsform, bei der tonige Erde entsteht [nach dem hohen Anteil von *Si*licium u. *Al*uminium + grch. *lithos* »Stein«]

siamesisch ⟨Adj.⟩ zu Siam gehörig, aus Siam stammend; ~*e Zwillinge* zusammengewachsene Zwillinge [nach den Zwillingen Chang u. Eng aus *Siam*, 1811-1874]

Siamkatze ⟨f.; -, -n; Zool.⟩ cremefarbene Hauskatzenrasse mit hellblauen Augen [vermutlich aus *Siam* (heute Thailand) eingeführt]

Sibilant ⟨m.; -en, -en; Phon.⟩ Zischlaut, z. B. »s«, »sch« [zu lat. *sibilare* »zischen, pfeifen«]

sibilieren ⟨V.; Phon.⟩ Laute zischend aussprechen, sie zu Sibilanten machen

Sibylle ⟨f.; -, -n; im antiken Griechenland⟩ weissagende Frau [<grch. *Sibylla* <*sios boulle* »Gottesraterin«]

sibyllinisch ⟨Adj.⟩ **1** in der Art einer Sybille, von ihr stammend **2** ~*e Bücher* verschollene Sammlung von Orakeln der Sibylle von Erithrai **3** Sammlung jüd., auf heidn. Grundlage beruhender, von Christen bearbeiteter Orakel

sic! ⟨[sɪk]⟩ (wirklich) so! (als Randbemerkung bei ungewöhnl. Schreibung eines Wortes od. beim Zitieren eines ungewöhnl. od. unpassenden Ausdrucks) [lat.]

Siciliana ⟨[-tʃilja:-] f.; -, -nen; Musik⟩ langsamer Satz eines Musikstückes in wiegendem Rhythmus; *oV* Siziliana [ital., Fem. zu *siciliano* »sizilianisch«]

Siciliano ⟨[-tʃilja:-] m.; -s, -s od. -ani; Musik⟩ langsamer sizilianischer Tanz im ⁶/₈- od. ¹²/₈-Takt aus der Folklore der Hirten; *oV* Siziliano [ital., »sizilianisch«]

Sicilienne ⟨[-tʃiljɛn] f.; -, -s; frz. Bez. für⟩ Siciliana

Sick-out *auch:* **Sickout** ⟨[sɪkaʊt] od. [-'-] n.; -s, -s⟩ Krankmeldung [engl.]

sic transit gloria mundi ⟨[sɪk-]⟩ so vergeht der Ruhm der Welt [lat.]

Sideboard ⟨[saɪdbɔː(r)d] n.; -s, -s⟩ Anrichte, niedriger Geschirrschrank [engl.; <*side* »Seite« + *board* »Brett, Tafel«]

siderisch¹ ⟨Adj.; Astron.⟩ auf die Fixsterne bezüglich, zu den Fixsternen gehörig; ~*e Umlaufzeit* [<lat. *sidus*, Gen. *sideris* »Stern, Gestirn«]

siderisch² ⟨Adj.⟩ **1** ⟨Chemie⟩ auf Eisen reagierend, aus Eisen bestehend **2** ~*es Pendel* P., das bei manchen Menschen über einer Wasser- od. Metallader im Boden ausschlägt [<grch. *sideros* »Eisen«]

Siderit ⟨m.; -s, -e; Min.⟩ Eisenspat, Spateisenstein, ein Mineral, chemisch Eisencarbonat [<grch. *siderites* »zum Eisen gehörig«]

sidero..., Sidero ⟨in Zus.⟩ eisen..., Eisen... [<grch. *sideros* »Eisen«]

Siderolith ⟨m.; -s od. -en, -e od. -en; Min.⟩ Meteorit, der aus Silicaten, Nickel u. Eisen besteht [<*Sidero...* + *...lith*]

Siderologie ⟨f.; -; unz.⟩ Lehre vom Eisen u. seiner Gewinnung [<*Sidero...* + *...logie*]

Sideropenie ⟨f.; -; unz.; Med.⟩ Mangel an Eisen im Körpergewebe [<*Sidero...* + *penia* »Armut, Mangel«]

siderophil ⟨Adj.; Chemie⟩ Eisen an sich ziehend, mit Eisen leicht zu chemischen Verbindungen reagierend [<grch. *sideros* »Eisen« + *...phil*]

Siderophilin ⟨n.; -s; unz.; Med.⟩ im Blutserum enthaltenes Eiweiß, das sich mit Eisen verbinden kann [<*Sidero...* + grch. *philia* »Liebe«]

Siderose ⟨f.; -, -n; Med.⟩ Eisenablagerung im Körpergewebe [<grch. *sideros* »Eisen«]

Siderosphäre *auch:* **Siderosphäre** ⟨f.; -; unz.; Geol.⟩ Kern der Erde, von 2900 km Tiefe bis zum Erdmittelpunkt, wahrscheinlich aus Eisen u. Nickel, Platinmetallen, Kobalt u. Gold; *Sy* Nife [<*Sidero...* + *Sphäre*]

SI-Einheit ⟨f.; -, -en; Physik⟩ Maßeinheit des SI-Systems

Siena ⟨Adj.⟩ rotbraun [<ital. *(terra di) Siena* »(Erde von) Siena« (durch Eisenoxide braun gefärbte Erde um die ital. Stadt *Siena*)]

Sienaerde ⟨f.; -; unz.⟩ brauner Bolus, der zur Herstellung von sienafarbener Malerfarbe verwendet wird

Sierra ⟨f.; -, -s od. -erren; Geogr.⟩ Gebirge, Bergkette, z. B. die ~ *Nevada* in Spanien [span.]

Siesta ⟨[siɛsta] f.; -, -s od. -esten⟩ Mittagsruhe [span., <lat. *(hora) sexta* »sechste Stunde (nach Sonnenaufgang), heiße Mittagszeit«]

Sifflet *auch:* **Sifflet** ⟨[-flɛː] m.; -s, -s; Musik⟩ = Sifflöt

Sifflöt ⟨m.; -s, -s⟩ kleine Orgelpfeife, Flötenregister; *oV* Sifflet [<frz. *sifflet* »Pfeifchen«; zu *siffloter* »halbluat pfeifen« <ital. *zufolo* »Pfeife«]

Sigel ⟨n.; -s, -⟩ *oV* Sigle **1** festgelegte Abkürzung, Abkürzungszeichen **2** ⟨Stenografie⟩ Kürzel [<lat. *sigillum*, **sigiloм* »kleines Zeichen«, Verkleinerungsform zu *signum* »Zeichen, Kennzeichen«]

sigeln ⟨V.⟩ mit einem bestimmten Abkürzungszeichen kennzeichnen

Sightseeing ⟨[saɪtsiːɪŋ] n.; -s; unz.⟩ Besichtigung von Sehenswürdigkeiten [engl.; <*sight* »Ansicht; Sehenswürdigkeit« + *seeing*, Part. Präs. zu *see* »sehen«]

Sightseeingtour ⟨[saɪtsiːɪŋtuːr] f.; -, -s⟩ Ausflug zur Besichtigung von Sehenswürdigkeiten, Stadtrundfahrt; *eine* ~ *unternehmen*

Sigillarie ⟨[-riə] f.; -, -n; Bot.⟩ im Devon, Karbon u. Perm vorkommender Bärlappbaum, Siegelbaum: Sigillaria [<lat. *sigillom*, **signolom* »kleine Figur, kleines Bildnis, Siegel(ring)abdruck«; → *Sigel*]

Sigle *auch:* **Sigle** ⟨f.; -, -n⟩ = Sigel

Sigma ⟨n.; - od. -s, -s; Zeichen: σ, ς, Σ⟩ grch. Buchstabe

Sigmatismus ⟨m.; -; unz.; Med.⟩ Lispeln, gestörte Aussprache der s-Laute [<*Sigma* + *...ismus*]

sign. ⟨Abk. für⟩ signatum

◆ Die Buchstabenfolge **sign...** kann auch **sign...** getrennt werden.

◆ **Signa** ⟨Pl. von⟩ Signum
◆ **Signal** ⟨n.; -s, -e⟩ opt.od. akust. Zeichen mit festgelegter Bedeutung zur Übermittlung einer Nachricht, eines Befehls; *Horn~; Licht~; Warnungs~*

Signalhorn

[<lat. *signalis* »bestimmt, ein Zeichen zu geben«; zu *signum* »Zeichen, Siegel, Unterschrift in Form einer Abkürzung«]

◆ **Si|gnal|horn** ⟨n.; -(e)s, -hör|ner⟩ Horn zum Zeichengeben, Bügelhorn, Jagdhorn, Posthorn

◆ **si|gna|li|sie|ren** ⟨V.⟩ **1** durch Signal(e) übermitteln **2** ⟨fig.⟩ anzeigen, ankündigen [<frz. *signaler* »signalisieren« u. *signalisation* »Anbringen von Signalen«]

◆ **si|gna|tum** ⟨Abk.: sign.⟩ unterzeichnet [lat., Part. Perf. zu *signare* »unterzeichnen«]

◆ **Si|gna|tur** ⟨f.; -, -en⟩ **1** Kennzeichen in einem Ordnungssystem, meist Buchstaben u. Zahlen **2** auf Karten verwendetes Zeichen für die Darstellung wichtiger Gegenstände, Kartenzeichen **3** abgekürzte Unterschrift, Namenszeichen **4** ⟨Typ.⟩ **4.1** laufende Nummer eines Druckbogens auf dessen erster Seite links unten **4.2** abgerundete Einschnitt, Kerbe am Fuß einer Letter [<mlat. *signatura* »Siegelzeichen, Unterschrift« <lat. *signum* »Zeichen«, *signare* »mit einem Zeichen versehen, siegeln, unterzeichnen«]

◆ **Si|gnet** ⟨[zɪgnɛːt] od. [zɪnjeː] n.; -s, -s⟩ **1** Zeichen von Buchdrucker od. Verleger **2** Schutzmarke, (immer wiederkehrendes) Markenzeichen **3** ⟨veraltet⟩ Petschaft (Stempel zum Siegeln) [engl., »Siegel, Petschaft, Stempel« <lat. *signum* »Zeichen, Kennzeichen«]

◆ **si|gnie|ren** ⟨V.⟩ **1** mit dem Signum, der Signatur versehen **2** unterzeichnen [<lat. *signare* »mit einem Zeichen versehen«]

◆ **si|gni|fi|kant** ⟨Adj.⟩ bezeichnend, bedeutsam; *oV* signifikativ [<lat. *significans*, Part. Präs. zu *significare* »ein Zeichen geben, etwas anzeigen«]

◆ **Si|gni|fi|kant** ⟨m.; -en, -en; Sprachw.⟩ Ausdruck eines sprachl. Zeichens; *Ggs* Signifikat [→ *signifikant*]

◆ **Si|gni|fi|kanz** ⟨f.; -; unz.⟩ Bedeutsamkeit, Wichtigkeit, Tragweite; *die ~ einer Sache*

◆ **Si|gni|fi|kat** ⟨n.; -(e)s, -e; Sprachw.⟩ Inhalt, Bedeutung eines sprachliches Zeichens; *Ggs* Signifikant

◆ **si|gni|fi|ka|tiv** ⟨Adj.; selten für⟩ signifikant

◆ **Si|gnor** ⟨[zɪnjoːr] m.; -, -ri; nur vor dem Namen⟩ = Signore

◆ **Si|gno|ra** ⟨[zɪnjoːra] f.; -, -re od. -s⟩ Frau (italien. Anrede mit od. ohne Nachnamen) [ital., Fem. zu *signor*; → *Signor*]

◆ **Si|gno|re** ⟨[zɪnjoːre] m.; -, -ri; vor dem Namen⟩ Herr (italien. Anrede ohne Nachnamen) [ital. <lat. *senior* »der ältere«]

◆ **Si|gno|ria** ⟨[zɪnjoriːa] f.; -, -ri|en⟩ oberste Behörde der ital. Stadtstaaten, Rat der Stadt [→ *Signor*]

◆ **Si|gno|ri|na** ⟨[zɪnjo-] f.; -, -s od. -ne⟩ Fräulein (ital. Anrede mit od. ohne Nachnamen) [ital., Verkleinerungsform zu *signora*; → *Signora*]

◆ **Si|gno|ri|no** ⟨[zɪnjo-] m.; -, -ni; veraltet⟩ junger Herr (ital. Anrede mit od. ohne Nachnamen) [ital., Verkleinerungsform zu *Signor*]

◆ **Si|gnum** ⟨n.; -s, Signa⟩ **1** Marke, Zeichen **2** abgekürzte Unterschrift, Namenszeichen [lat., »Kennzeichen, Merkmal«]

Si|grist *auch:* **Si|grist** ⟨m.; -en, -en; veraltet; noch schweiz.⟩ Küster [<mhd. *sigrist(e)* <ahd. *sig(i)risto*, ital. *sagrestano*, frz. *sacristain* <mlat. *sacrista* »Kirchendiener«; zu lat. *sacrum* »das Heilige, Gottesdienst«; → *Sakristei*]

Sikh ⟨m.; - od. -s, -s; Rel.⟩ Vertreter, Anhänger des Sikhismus [Sanskrit, »Schüler«]

Si|khis|mus ⟨m.; -; unz.; Rel.⟩ von Nanak im 15. Jh. begründete ind. Religionsgemeinschaft, die versuchte, Hinduismus u. Islam zu vereinigen, u. sich später militärisch organisierte

Sik|ka|tiv ⟨n.; -s, -e [-və]; Chemie⟩ **1** Stoff, der als Katalysator das Trocknen von Ölfarben beschleunigt, Trockenstoff **2** Trockenmittel [<engl. *siccative* »trocknend« <lat. *siccare* »trocknen«]

Si|la|ge ⟨[-ʒə] f.; -; unz.; Landw.⟩ **1** ⟨zählb.⟩ Einsäuern von Futter **2** ⟨unz.⟩ eingesäuertes Futter [verkürzt <engl. *ensilage* »Gärfutter«; → *Silo*]

Si|lan ⟨n.; -s, -e; Chemie⟩ ein Siliciumwasserstoff [verkürzt <*Silic*on + Meth*an*]

Sild ⟨m.; -(e)s, - od. -e; Kochk.⟩ eingelegter, junger Hering; *oV* Sill [norweg., »Sardine«]

Si|len ⟨m.; -s, -e; grch. Myth.⟩ **1** dicker, glatzköpfiger, trunkener Begleiter des Bacchus **2** alter Satyr mit stumpfer Nase, wulstigen Lippen u. Glatze (mit starker Behaarung des Körpers) [<grch. *silenos* »Stumpfnasiger«]

Si|len|ti|um! ⟨geh.⟩ Still!, Schweigen!, Ruhe! (Aufforderung an die Gäste, bes. vor Trinksprüchen) [lat.]

Si|lent|mee|ting *auch:* **Silent Meeting** ⟨[saɪləntmiːtɪŋ] n.; (-) - od. (-) -s; unz.; Rel.⟩ Treffen der Quäker zu einem ruhigen Gottesdienst [engl., »stilles Treffen«]

Sil|hou|et|te ⟨[ziluɛtə] f.; -, -n⟩ **1** von einem helleren Hintergrund sich abhebender Umriss **2** Schattenriss **3** Scherenschnitt [nach dem frz. Finanzminister Etienne de *Silhouette*, 1709-1767, der die Mode der Porträtierung durch Schattenrisse einführte u. damit aus Sparsamkeitsgründen die kostspieligen Gemälde u. Miniaturen zu verdrängen suchte]

Si|li|cat ⟨n.; -(e)s, -e; Chemie⟩ Salz der Kieselsäure; *oV* Silikat [<lat. *silex* »Kieselstein«]

Si|li|ci|um ⟨n.; -s; unz.; chem. Zeichen: Si⟩ chem. Element, Halbmetall, Ordnungszahl 14, häufigstes chem. Element der Erde, zeigt halbleitende Eigenschaften; *oV* Silizium [<lat. *silex* »Kieselstein«]

Si|li|con ⟨n.; -s, -e; Chemie⟩ eine der polymeren Verbindungen des Siliciums mit Kohlenstoff u. Wasserstoff; *oV* Silikon

Silicon Val|ley ⟨[sɪlɪkən vælɪ] n.; - -s; unz.⟩ weltweit bedeutende Produktionsstätte für Mikroelektronik in Kalifornien [<engl. *silicon* »Silizium« + *valley* »Tal«]

si|lie|ren ⟨V.; Landw.⟩ *Grünfutter ~* ins Silo einbringen [zu span. *ensilar* »im Silo verwahren«]

Si|li|fi|ka|ti|on ⟨f.; -, -en; Min.; Technik⟩ Verkieselung

si|li|fi|zie|ren ⟨V.; Min.; Technik⟩ verkieseln [<lat. *silex* »Kieselstein« + ...*fizieren*]

Si|li|ka|gel® ⟨n.; -s, -e; Chemie⟩ kolloidale Lösung von Kieselsäure als Trockenmittel u. Träger von Katalysatoren, Kieselgel [<lat. *silex* »Kieselstein« + *Gel*]

Si|li|kat ⟨n.; -(e)s, -e; Chemie⟩ = Silicat

Si|li|ka|to|se ⟨f.; -, -n; Med.⟩ = Silikose

Si|li|kon ⟨n.; -s, -e; Chemie⟩ = Silicon

Si|li|ko|se ⟨f.; -, -n; Med.⟩ entzündl. Erkrankung der Atemwege durch Einatmen kieselsäurehaltigen Staubes, Quarzstaublunge; *Sy* Silikatose

Si|li|zi|um ⟨n.; -s; unz.; Chemie⟩ = Silicium

Silk[1] ⟨m.; -s, -s; Textilw.⟩ glänzender Kleiderstoff [engl., »Seide«]

Silk[2] ⟨m.; -(e)s; unz.; Bot.⟩ Petersilie [<lat. *selinum*; → *Sellerie*]

Silk|gras ⟨n.; -es; unz.; Bot.⟩ robuste Blattfasern der Ananaspflanze

Silk|screen ⟨[sɪlkskriːn] n.; -s; unz.; Textilw.⟩ Siebdruck [engl.]

Silk|worm ⟨[sɪlkwœːm] m.; -s, -s; Med.⟩ chirurg. Nähfaser aus der Spinnflüssigkeit der Seidenraupe [engl.]

Sill ⟨m.; -s, -e; Kochk.⟩ = Sild

Sil|li|ma|nit ⟨m.; -s; unz.; Chemie⟩ **1** natürlich vorkommendes Aluminiumsilicat mit einer dem Asbest ähnlichen faserigen Struktur **2** durch Zusammenschmelzen von Aluminium- u. Siliciumverbindungen gewonnener Kunststein hoher Feuerbeständigkeit [nach dem amerikan. Chemiker B. *Silliman*, † 1864]

Si|lo ⟨n.; -s, -s; Landw.⟩ **1** Behälter für Gärfutter **2** Getreidespeicher [span., »Getreidegrube«]

Si|lu|min ⟨n.; -s; unz.; Chemie⟩ zum Schweißen u. Gießen verwendbare Legierung aus Silicium u. Aluminium

Si|lur ⟨n.; -s; unz.; Geol.⟩ Formation des Paläozoikums vor 410-360 Mill. Jahren mit kaledonischer Gebirgsbildung u. ersten Landpflanzen; *Sy* Gotlandium [nach den *Silurern*, einem vorkelt. Volksstamm in Wales]

Sil|va|ner ⟨[-vaː-] m.; -s, -⟩ Rebensorte für Weißweine [<lat. *silvanus* »Wald...«]

Sil|ves|ter ⟨[-vɛs-] n.; -s, -⟩ letzter Tag des Jahres, 31. Dezember; *oV* Sylvester [Todes- u. Namenstag des Papstes *Silvester I.*, 314-335]

s'il vous plaît! ⟨[sɪl vu plɛ]⟩ bitte!, bitteschön! [frz., eigtl. »wenn es Ihnen gefällt«]

Si|ma ⟨f.; -, -s od. Si|men⟩ Traufe (am antiken Tempel) [lat., »Rinnleiste«]

Si|mi|la|ri|tät ⟨f.; -, -en⟩ Ähnlichkeit, Gleichartigkeit [zu lat. *similis* »ähnlich«]

si|mi|le ⟨[-leː] Adv.; Musik⟩ ebenso, in gleicher Weise [ital.]

Si|mi|li ⟨n. od. m.; -s, -s⟩ **1** Nachahmung (von Edelsteinen) **2** unechter Golddraht [zu lat. *similis* »ähnlich«]

sim|mern ⟨V.; Kochk.⟩ bei niedriger Temperatur kochen, unterhalb des Siedepunktes köcheln; *Tomatenwürfel im Kochtopf langsam ~ lassen* [<engl. *simmer*]

Si|mo|nie ⟨f.; -, -n⟩ **1** Kauf u. Verkauf von geistl. Ämtern **2** ⟨fig.⟩ Erschleichung eines Amtes um des eigenen Vorteils willen [nach *Simon Magus*, der im 1. Jh. n. Chr. als angebl. Wundertäter durch Palästina u. Italien zog]

si|mo|nisch ⟨Adj.⟩ auf Simonie beruhend

sim|pel ⟨Adj.⟩ **1** einfach **2** einfältig [<frz. *simple* <lat. *simplex* »einfach«]

Sim|pel ⟨m.; -s, -; umg.; abwertend⟩ Einfaltspinsel, Dummkopf

Sim|plex ⟨n.; -, -e od. -pli|zia; Sprachw.⟩ einfaches, nicht zusammengesetztes Wort; *Ggs* Kompositum [→ *simpel*]

Sim|plex|über|tra|gung ⟨f.; -, -en; EDV⟩ auf einem Datenweg in nur eine Richtung erfolgende Datenübertragung (gebräuchlich bei Datenverteilsystemen); *Ggs* Duplexübertragung

Sim|pli|fi|ka|ti|on ⟨f.; -, -en⟩ Vereinfachung, Vergröberung [<lat. *simplex* »einfach« + ...*fikation*]

sim|pli|fi|zie|ren ⟨V.⟩ vereinfachen [<lat. *simplex* »einfach« + ...*fizieren*]

Sim|pli|zi|a|de ⟨f.; -, -n⟩ Abart des Schelmen- u. Abenteuerromans mit einem einfältigen Helden, der das Treiben der Welt kennen lernt [nach Grimmelshausens Roman *Simplicissimus* (1668)]

Sim|pli|zi|tät ⟨f.; -; unz.⟩ **1** Einfachheit **2** Einfalt [<lat. *simplicitas* »Einfachheit, Natürlichkeit«]

Sim|sa|la|bim ⟨n.; -s; unz.⟩ Zauberwort; →*a.* Abrakadabra

sim|sen ⟨V.; EDV⟩ eine SMS verschicken; *sie lässt sich eine Nachricht auf das Handy ~; das Simsen ist eine Lieblingsbeschäftigung der mobilen Generation* [Ableitung von *SMS*]

Si|mu|la|kren *auch:* **Si|mu|la|kren** ⟨Pl.⟩ virtuelle Scheinbilder, die der Wirklichkeit nachempfunden sind; *~ triumphieren über die Wirklichkeit* [<engl. *simulacrum*, Pl. *simulacra* »Abbilder, Scheinbilder, hohle Formen« <lat. *simulacrum* »Abbild, Götterbild«]

Si|mu|lant ⟨m.; -en, -en⟩ jmd., der simuliert, sich verstellt

Si|mu|la|ti|on ⟨f.; -; unz.⟩ **1** Verstellung, Vortäuschung; *Ggs* Dissimulation; *~ einer Krankheit* **2** Nachahmung von Vorgängen mit Hilfe von Simulatoren [<lat. *simulatio* »Nachahmung, falscher Schein«]

Si|mu|la|tor ⟨m.; -s, -to|ren⟩ Vorrichtung, durch die wirklichkeitsgetreue Bedingungen u. Verhältnisse künstlich hergestellt werden können, z. B. zum Testen von Fahr- od. Flugzeugen [→ *simulieren*]

si|mu|lie|ren ⟨V.⟩ **1** sich verstellen **2** *eine Krankheit ~* vortäuschen; *Ggs* dissimulieren **3** *Vorgänge ~* wirklichkeitsgetreu nachahmen [<lat. *simulare* »ähnlich machen; sich verstellen«]

si|mul|tan ⟨Adj.⟩ **1** gleichzeitig **2** gemeinsam [<mlat. *simultaneus* »gemeinsam, gleichzeitig« <lat. *simul* »zugleich« <*similis* »gleich, ähnlich«]

Si|mul|tan|be|ben ⟨n.; -s, -; Geophysik⟩ = Relaisbeben

Si|mul|tan|büh|ne ⟨f.; -, -n; Theat.⟩ Bühne, auf der alle Schauplätze eines Stückes nebeneinander aufgebaut sind u. während der ganzen Spieldauer sichtbar bleiben, z. B. bei Passionsspielen

Si|mul|tan|dol|met|scher ⟨m.; -s, -⟩ Dolmetscher, der einen Text (meist durch Kopfhörer übertragen) zur gleichen Zeit übersetzt, während dieser noch gesprochen wird

Si|mul|tan|dol|met|sche|rin ⟨f.; -, -rin|nen⟩ Dolmetscherin, die einen Text (meist durch Kopfhörer übertragen) zur gleichen Zeit übersetzt, während dieser noch gesprochen wird

Si|mul|ta|ne|i|tät ⟨[-ne:i-] f.; -; unz.⟩ = Simultanität

Si|mul|ta|ne|ous|en|gi|nee|ring auch: **Si|mul|ta|ne|ous En|gi|nee|ring** ⟨[sɪməltɛɪnɪəs ɛndʒɪniːrɪŋ] n.; (-) - od. (-) -s; unz.; Wirtsch.⟩ zur Erreichung möglichst kurzer Innovationszeiten angewandte Arbeitsmethode, bei der alle Produktionsabläufe gleichzeitig entwickelt werden [<engl. *simultaneous* »gleichzeitig, simultan« + *engineering* »Maschinenbau«]

Si|mul|ta|ne|um ⟨n.; -s; unz.⟩ gleichzeitige Nutzung kirchlicher Einrichtungen durch Angehörige verschiedener Bekenntnisse [<mlat. *simultaneus*; → *simultan*]

Si|mul|ta|ni|tät ⟨f.; -; unz.⟩ *oV* Simultaneität **1** Gleichzeitigkeit **2** Gemeinsamkeit **3** gleichzeitige Darstellung von zeitlich u. räumlich auseinander liegenden Ereignissen [→ *simultan*]

Si|mul|tan|kir|che ⟨f.; -, -n⟩ Kirche, die für Gottesdienste mehrerer Konfessionen benutzt wird

Si|mul|tan|pla|nung ⟨f.; -, -en; Wirtsch.⟩ mit dem Ziel einer optimalen Gesamtplanung (unter Berücksichtigung verschiedener Zielvorstellungen u. gegenseitiger Beeinflussungen) gleichzeitig erfolgende Aufstellung aller Teilpläne

Si|mul|tan|schu|le ⟨f.; -, -n⟩ Schule für Kinder unterschiedlicher Konfessionen, Gemeinschaftsschule

Si|mul|tan|spiel ⟨n.; -(e)s, -e⟩ Schachspiel eines Spielers gegen mehrere Partner zugleich

sin ⟨Zeichen für⟩ Sinus (2)

Sin|an|thro|pus auch: **Si|nan|thro|pus** ⟨m.; -; unz.⟩ in China gefundene, ausgestorbene, eiszeitl. Spezies des Menschen, Pekingmensch: Sinanthropus pekinensis [<lat. *Sinae* »Chinesen« + grch. *anthropos* »Mensch«]

si|ne an|no ⟨Abk.: s. a.; veraltet⟩ ohne Jahr (Vermerk in Bibliografien, wenn im Buch kein Erscheinungsjahr angegeben ist) [lat.]

si|ne an|no et lo|co ⟨Abk.: s. a. e. l.⟩ = sine loco et anno

si|ne i|ra et stu|dio ohne Zorn u. Eifer (Vorliebe), unparteiisch, sachlich [lat., (nach Tacitus, der seine Annalen (I,1) in diesem Sinne schreiben wollte)]

Si|ne|ku|re ⟨f.; -, -n⟩ **1** Pfründe ohne Amtspflichten **2** ⟨fig.⟩ müheloses, aber einträgl. Amt [<lat. *sine cura*, »ohne Sorge«]

si|ne lo|co ⟨Abk.: s. l.; veraltet⟩ ohne Ort (Vermerk in Bibliografien, wenn im Buch kein Erscheinungsort angegeben ist) [lat.]

si|ne lo|co et an|no ⟨Abk.: s. l. e. a.; veraltet⟩ ohne Ort u. Jahr (Vermerk in Bibliografien, wenn im Buch weder Erscheinungsort noch -jahr angegeben sind) [lat.]

si|ne ob|li|go auch: **si|ne o|bli|go** ⟨Abk.: s. o.⟩ ohne Obligo

si|ne tem|po|re ⟨[-re:] Abk.: s. t.⟩ ohne das akadem. Viertel, pünktlich; *Ggs* cum tempore [lat., »ohne Zeit, sofort«]

Sin|fo|nie ⟨f.; -, -n; Musik⟩ großes Musikstück aus vier bis fünf Sätzen für Orchester; *oV* Symphonie [<grch. *symphonia* »Einklang« <syn »zusammen« + *phone* »Laut, Klang«]

Sin|fo|ni|et|ta ⟨f.; -, -et|ten; Musik⟩ kleine Sinfonie

Sin|fo|nik ⟨f.; -; unz.; Musik⟩ **1** Lehre von der sinfon. Gestaltung **2** sinfon. Schaffen

Sin|fo|ni|ker ⟨m.; -s, -; Musik⟩ Mitglied eines Sinfonieorchesters; *oV* Symphoniker

Sin|fo|ni|ke|rin ⟨f.; -, -rin|nen; Musik⟩ weibl. Mitglied eines Sinfonieorchesters; *oV* Symphonikerin

sin|fo|nisch ⟨Adj.; Musik⟩ in der Art einer Sinfonie; *oV* symphonisch; ~*e Dichtung* Instrumentalmusik für Orchester in einem Satz über eine Dichtung in der Art der Programmmusik

sin|gha|le|sisch ⟨Adj.⟩ die Singhalesen betreffend, zu ihnen gehörend, von ihnen stammend; ~*e Sprache* neuindische, von den Singhalesen gesprochene Sprache

Sin|gle[1] auch: **Single**[1] ⟨[sɪŋgl] n.; -s, -s; Sport⟩ **1** ⟨Tennis⟩ Einzelspiel (zweier Spieler) **2** ⟨Golf⟩ Zweierspiel (Loch- od. Zählspiel) [engl., »einzig, nur einer, eine(s)«]

Sin|gle[2] auch: **Single**[2] ⟨[sɪŋgl] m.; - od. -s, -s od. f.; -, -s⟩ allein u. selbständig lebende Person; *als ~ leben* [→ *Single*']

Sin|gle[3] auch: **Single**[3] ⟨[sɪŋgl] f.; -, -s⟩ kleine Schallplatte mit einem Titel auf jeder Seite [→ *Single*']

Sin|gle|ton auch: **Single|ton** ⟨[sɪŋgltɔn] m.; -, -s⟩ Trumpfkarte(n) im Kartenspiel [engl.]

Sing-out auch: **Sing|out** ⟨[sɪŋaʊt] n.; -s, -s; Musik⟩ lautes Singen von Protestliedern [<engl. *sing out* »aus voller Kehle singen«]

Sing-Sing ⟨n.; -s; unz.; umg.⟩ Gefängnis [nach dem ehemaligen New Yorker Staatsgefängnis]

Sin|gu|lar ⟨m.; -s, -e; Gramm.⟩ Numerus, der eine Einheit, etwas einmal Vorkommendes ausdrückt, Einzahl; *Ggs* Plural [<lat. *singularis* »einzeln«]

sin|gu|lär ⟨Adj.⟩ vereinzelt, einzeln auftretend, selten; *ein ~es Phänomen* [<lat. *singularis* »einzeln«]

Sin|gu|la|re|tan|tum ⟨n.; -s, -s od. -la|ri|a|tan|tum; Gramm.⟩ Substantiv, das nur im Singular vorkommt, z. B. Durst, Dank; *Ggs* Pluraletantum [<lat. *singularis* »Einzahl« + *tantum* »nur«]

sin|gu|la|risch ⟨Adj.; Gramm.⟩ im Singular (gebraucht, stehend)

Sin|gu|la|ris|mus ⟨m.; -; unz.; Philos.⟩ Lehre, nach der die Welt als Einheit aufzufassen ist, dass alle Erscheinungen der Welt

auf ein einziges Prinzip zurückzuführen sind; *Ggs* Dualismus (2), Pluralismus (1)
Sin|gu|la|ri|tät ⟨f.; -; unz.⟩ **1** singuläre Beschaffenheit **2** ⟨Physik⟩ einer unserer normalen Anschauung widersprechende Erscheinungsform der Materie, die mit herkömmlichen physikal. Gesetzmäßigkeiten nicht mehr beschreibbar ist **3** vereinzelte Erscheinung, Seltenheit
Sin|gu|lar|suk|zes|si|on ⟨f.; -, -en; Rechtsw.⟩ Antritt einer Rechtsnachfolge hinsichtlich eines einzelnen Rechtes, z. B. durch Übereignung einer Sache [<*singulär* + *Sukzession*]
Sin|gul|tus ⟨m.; -, -; Med.⟩ Schluckauf [zu lat. *singultare* »schluchzen«]
si|nis|ter ⟨Adj.⟩ böse, unheilvoll, unselig; *eine sinistre Sache* [lat.]
Sinn Fein ⟨[ʃin fɛːn] f.; - -; unz.⟩ 1905 gegründete nationalist. Partei u. Bewegung in Irland [irisch, »wir allein«]
Si|no|lo|ge ⟨m.; -n, -n; Sprachw.⟩ Wissenschaftler der Sinologie
Si|no|lo|gie ⟨f.; -; unz.; Sprachw.⟩ Lehre von der chines. Sprache u. Kultur [<lat. *Sinae* »Chinesen« + ...*logie*]
Si|no|lo|gin ⟨f.; -, -gin|nen; Sprachw.⟩ Wissenschaftlerin der Sinologie
sin|tern ⟨V.⟩ **1** *ein feuerfester Stoff sintert* backt beim Erhitzen auf hohe Temperaturen zusammen u. verfestigt sich; *ein im Wasser gelöster Stoff sintert* bildet Mineralien **2** ⟨V.⟩ *etwas* ~ durch starkes Erhitzen verfestigen; *ein Gemisch keramischer Stoffe* ~ [<engl. *sinter* »Tropfstein« <germ. *sendra*- »geronnene, sich verdichtende Flüssigkeit«]
Sin|ti (Pl. von) Sinto
Sin|to ⟨m.; -s, Sin|ti od. f.; -, Sin|ti⟩ Angehörige(r) eines Volkes deutschstämmiger Zigeuner
Si|nus ⟨m.; -, - od. -se⟩ **1** ⟨Med.⟩ Vertiefung, Höhlung, Ausbuchtung an einem Organ **2** ⟨Geom.; Zeichen: sin⟩ eine Winkelfunktion, das Verhältnis zwischen der einem Winkel im rechtwinkeligen Dreieck gegenüberliegenden Kathete u. der Hypotenuse [lat., »bauschige Rundung, Krümmung«]

Si|nu|si|tis ⟨f.; -, -ti|den; Med.⟩ Entzündung im Bereich der Nasennebenhöhlen [<*Sinus* + ...*itis*]
Si|nus|kur|ve ⟨f.; -, -n; Geom.⟩ zeichnerische Darstellung des Sinus (2)
Si|nus|schwin|gung ⟨f.; -, -en; Physik⟩ Schwingung, die in ihrem Verlauf einer Sinuskurve entspricht, die häufigste Erscheinungsform von Wellen
Si|pho ⟨m.; -s, -pho|nen; Zool.⟩ im Hohlraum der Kopffüßer befindliche verkalkte Röhre, durch deren Öffnung Wasser ein- u. ausströmt [<lat. *sipho*, grch. *siphon* »Röhre, hohler Körper«]
Si|phon ⟨[-fõː] österr. [-foːn] m.; -s, -s⟩ **1** Ausguss, Abfluss **2** Geruchsverschluss **3** Gefäß zum Ausschank von Getränken, die durch zugefügte Kohlensäure beim Öffnen eines Ventils herausgedrückt werden [frz. <lat. *sipho*, grch. *siphon* »Wasserröhre, Saugröhre«]
Si|pho|no|pho|re ⟨f.; -, -n; Zool.⟩ Staatsqualle [<*Siphon* + ...*phor*]
Sir ⟨[sœː] m.; -s, -s⟩ **1** ⟨i. w. S.⟩ Herr (engl. Anrede ohne Namen) **2** ⟨i. e. S.⟩ engl. Titel für Adlige, meist nur mit dem Vornamen gebraucht; →*a*. Lady [engl.]
Sire ⟨[siːr] m.; -s, -s⟩ Majestät (frz. Anrede) [<frz. *Sieur*, verkürzt <*Seigneur* »Herr«]
Si|re|ne ⟨f.; -, -n⟩ **1** ⟨grch. Myth.⟩ eins von mehreren auf einer Insel lebenden Mädchen mit dem Körper eines Vogels, die die Vorbeifahrenden durch ihren Gesang anlockten u. dann töteten **2** Warnanlage, die einen rhythmisch unterbrochenen Ton erzeugt **3** Dampfpfeife **4** ⟨Zool.⟩ an Meeresküsten u. Flussmündungen lebende Angehörige einer Ordnung der Säugetiere von plumpem Körperbau, Seekuh: Sirenia [<mhd. *siren(e)* <lat. *syren(e)* <mlat. *sirena* <grch. *seiren*]
Si|ri|o|me|ter ⟨n.; -s, -; Astron.⟩ keine gesetzliche, aber in der Astronomie verwendete Längeneinheit, 1 S. = 1,495 · 10^14 km [nach dem Fixstern *Sirius*]

Sir|ta|ki ⟨m.; - od. -s, -s⟩ ein grch. Tanz [grch.]
Si|rup ⟨m.; -s, -e; Pl. selten⟩ **1** konzentrierte, zähflüssige, bei der Gewinnung von Zucker entstehende Lösung, die überwiegend aus Rohr-, Rüben-, Invert- od. Stärkezucker besteht **2** eingedickter Fruchtsaft; *Himbeer*~ [<mhd. *sirup, syrop* <mlat. *siropus, -upus* <arab. *šárab* »Trank«]
Si|sal ⟨m.; -s; unz.; Textilw.⟩ **1** Blattfaser der Sisalagave **2** daraus hergestelltes Garn od. Gewebe [nach der mexikan. Hafenstadt *Sisal*]
Si|sal|aga|ve ⟨[-və] f.; -, -n; Bot.⟩ zu den Amaryllisgewächsen gehörende tropische Pflanze, deren Blätter Sisal liefern: Agave sisalana
sis|tie|ren ⟨V.⟩ **1** *Verfahren, Verordnung* ~ aufheben, einstellen, unterbrechen **2** *jmdn.* ~ festhalten u. zur Polizeiwache bringen (zur Überprüfung der Personalien) [<lat. *sistere* »zum Stehen bringen« <grch. *histanai* »zum Halten bringen«]
Sis|tie|rung ⟨f.; -, -en⟩ das Sistieren
Sis|trum auch: **Sist|rum** ⟨n.; -s, Sis|tren⟩ Rassel aus dem alten Ägypten [lat., »Klapperinstrument« <grch. *seistron*]
Si|sy|phus|ar|beit ⟨f.; -, -en⟩ sinnlose Anstrengung, schwere, vergebl. Arbeit [nach dem sagenhaften König von Korinth, *Sisyphos*, der von Zeus dazu verurteilt wurde, in der Unterwelt einen Felsbrocken einen Berg hinaufzurollen, der jedes Mal, wenn er oben ankam, wieder hinunterrollte]
SI-Sys|tem ⟨n.; -s; unz.; Physik; kurz für frz.⟩ Système Internationale, ein international empfohlenes u. seit 1970 in der Bundesrepublik Deutschland allein zulässiges Einheitensystem, das auf wenigen Grundeinheiten aufbaut (u. a. Meter, Kilogramm, Sekunde, Ampere) u. aus dem alle anderen Maßeinheiten abgeleitet werden können
Si|tar ⟨m.; - od. -s, - od. -s; Musik⟩ einer Laute ähnliches indisches Zupfinstrument [pers.]

SITC ⟨[es aı ti: siː] Abk. für engl.⟩ Standard International Trade Classification (Internationales Warenverzeichnis für den Außenhandel) [engl.]

Sit|com ⟨f.; -, -s; TV⟩ Fernsehserie, die wenig Handlung od. Ortswechsel bietet, sondern von der Komik der dargestellten Situationen u. Gespräche lebt, Situationskomödie [<engl. *situation* »Situation« + *comedy* »Komödie«]

Site ⟨[saɪt] f.; -, -s; EDV⟩ Bildschirmseite (im Internet); *Web~* [engl., eigtl. »Stelle, Stätte«]

Sit-in ⟨n.; - od. -s, -s⟩ Sitzstreik von Akademikern; →*a.* Go-in, Love-in, Teach-in [<engl. *sit* »sitzen« + *in* »in«]

Sit|tich ⟨m.; -s, -e; Zool.⟩ Angehöriger einer Gruppe von Papageien mit meist langen Schwänzen: Psittacinae [<lat. *psittacus* <grch. *psittakos, sittakos* »Papagei«]

Sit|ting|room ⟨[-ruːm] m.; -s, -s; engl. Bez. für⟩ Wohnzimmer

Situ|a|ti|on ⟨f.; -, -en⟩ **1** ⟨augenblickl.⟩ Lage, Zustand **2** ⟨Kartogr.⟩ die durch Signaturen in Form von Punkten, Linien od. Flächen dargestellten Gegebenheiten der Erdoberfläche im Grundriss [<frz. *situation*; zu *situer* »in die richtige Lage bringen«, <lat. *situs* »Lage, Stellung«]

Situ|a|ti|ons|ko|mik ⟨f.; -; unz.⟩ Komik, die durch eine lächerl. Situation (nicht durch Worte od. Handlungen) entsteht

Situ|a|ti|ons|ko|mö|die ⟨[-djə] f.; -, -n⟩ Komödie, die ihre Komik durch die turbulente Verkettung von ungewöhnlichen Ereignissen (Verwechselung, Intrige, Missverständnis) gewinnt; →*a.* Sitcom

situ|a|tiv ⟨Adj.⟩ durch eine Situation hervorgerufen

situ|ie|ren ⟨V.⟩ legen, platzieren, in die richtige Lage bringen

situ|iert ⟨Adj.⟩ in einer bestimmten Lebensstellung befindlich, in bestimmten wirtschaftlichen Verhältnissen lebend; *gut ~; wohl ~* [<frz. *situé*, Part. Perf. zu *situer* »in die richtige Lage bringen«; zu lat. *situs* »Lage«]

Situ|ie|rung ⟨f.; -, -en⟩ räumliche Anordnung, Lage [→ *situiert*]

Si|tu|la ⟨f.; -, -tu|len⟩ eimerartiges Gefäß der Bronzezeit [lat., »Eimer«]

Si|tus ⟨m.; -, -; Med.⟩ natürl. Lage (der Körperorgane od. des Fötus in der Gebärmutter) [lat., »Lage, Stellung«]

sit ve|nia ver|bo ⟨[-veː--vɛr-] Abk.: s. v. v.⟩ das (harte) Wort sei verziehen [lat., »es sei Verzeihung (gegeben) dem Wort«]

Six|days *auch:* **Six Days** ⟨[sɪks deɪz] Pl.; Radsport⟩ Sechstagerennen

Six|pack ⟨[sɪkspæk] m. od. n.; -s, -s⟩ Verpackungseinheit mit sechs Dosen od. Flaschen (bes.) Bier [engl., »Sechserpack«]

Sixt ⟨f.; -, -en; Fechten⟩ bestimmte Klingenlage [zu lat. *sextus* »der sechste«]

Six|ty-nine ⟨[sɪkstɪnaɪn] n.; - od. -s; unz.⟩ von zwei Partnern gleichzeitig ausgeübter oraler Geschlechtsverkehr; *Sy* Soixante-neuf [engl., eigtl. »neunundsechzig« (nach der Stellung der beiden Partner, die einer 69 gleicht)]

Si|zi|li|a|na ⟨f.; -, -nen; Musik⟩ = Siciliana

Si|zi|li|a|ne ⟨f.; -, -n; Metrik⟩ = Sizilienne

Si|zi|li|a|no ⟨m.; -s, -s od. -a|ni⟩ = Siciliano

Si|zi|li|enne ⟨[-ljɛn] f.; -, -n; Metrik⟩ aus Sizilien stammende Form der Stanze, bei der sich auch die letzten beiden Zeilen wechselnd (nicht paarig) reimen; *oV* Siziliane [→ *Siciliana* (mit frz. Endung)]

SJ ⟨Abk. für⟩ Societas Jesu (Zusatz hinter dem Namen von Angehörigen des Jesuitenordens); →*a.* Jesuit

Ska|bi|es ⟨f.; -; unz.; Med.⟩ durch die Krätzemilbe, die sich in die Haut einbohrt, hervorgerufene, juckende Hautkrankheit, Krätze [lat. *scabies* »Unreinheit, Aussatz«]

ska|bi|ös ⟨Adj.; Med.⟩ an Skabies erkrankt, mit Skabies einhergehend

Ska|bi|o|se ⟨f.; -, -n; Bot.⟩ Grindkraut, eine der Gattung der Kardengewächse angehörende, krautige Pflanze mit meist blauen Blütenköpfchen: Scabiosa [<lat. *scabies* »Rauheit, Aussatz«]

Skai® ⟨n.; -s; unz.⟩ ein Kunstleder

skål! ⟨[skɔl] skand. für⟩ Prost!, zum Wohl! [schwed.]

Ska|la ⟨f.; -, Ska|len⟩ **1** Einteilung in Maßeinheiten bei Messinstrumenten, Rechengeräten, Abstimmanzeigern **2** ⟨bes. Fot.⟩ Angaben der zu einem Druck od. einer fotograf. Wiedergabe verwendeten Farben; *Farb~* **3** Reihe, Folge zusammengehöriger Dinge [<ital. *scala* »Treppe, Leiter« <lat. *scala*; zu *scandere* »steigen«]

ska|lar ⟨Adj.⟩ an einer Skala abgelesen; *~e Größe* messbare od. physikal. G., die nur durch einen Zahlenwert gekennzeichnet ist; *Ggs* vektorielle Größe [<lat. *scalaris* »zur Leiter gehörig«]

Ska|lar ⟨m.; -s, -e⟩ **1** ⟨Math.⟩ = skalare Größe **2** ⟨Zool.⟩ hochrückiger Süßwasserfisch aus dem Amazonasgebiet, gehört zur Gattung der Segelflosser: Pterophyllum skalare [→ *skalar*]

Skal|de ⟨m.; -n, -n; Lit.⟩ altnord. Dichter u. Sänger im Gefolge eines Fürsten, den er auch auf Kriegszügen begleitete [<anord. *skald* »Dichter«; vermutl. <germ. **skaepla* »Dichtung« <idg. *seku-* »sagen«]

ska|lie|ren ⟨V.⟩ **1** ⟨Psych.; Soziol.⟩ (in eine Wertskala) Verhaltensweisen od. Leistungen für eine spätere statistische Auswertung einordnen **2** ⟨EDV⟩ vergrößern od. verkleinern (die Schriftgröße auf dem Bildschirm) [→ *Skala*]

Skalp ⟨m.; -s, -e; bei den nordamerikan. Indianern⟩ die abgezogene Kopfhaut des besiegten Gegners als Trophäe [<engl. *scalp* »abgezogene Kopfhaut« <mengl. *scalp* »Schädel« <idg. **skel-* »schneiden«]

Skal|pell ⟨n.; -s, -e; Med.⟩ kleines chirurg. Messer mit feststehender Klinge [<lat. *scalpellum*, Verkleinerungsform zu lat. *scalprum* »scharfes Messer«]

skal|pie|ren ⟨V.⟩ *jmdm. ~* jmdm. die Kopfhaut abziehen

Skan|dal ⟨m.; -s, -e⟩ **1** Aufsehen erregendes Ärgernis, unerhörtes Vorkommnis **2** etwas Unerhörtes, Empörendes [<grch. *skandalon* »das losschnellende Stellholz in der Falle«]
skan|da|li|sie|ren ⟨V.⟩ zu einem Skandal machen, aufbauschen
skan|da|lös ⟨Adj.⟩ **1** einen Skandal verursachend, ein Ärgernis bedeutend, großes Ärgernis erregend **2** unerhört, empörend
skan|die|ren ⟨V.; Metrik⟩ mit starker Betonung der Hebungen (Verse) lesen od. sprechen [<lat. *scandere* »sich erheben, emporsteigen«]
Skan|di|um ⟨n.; -s; unz.; Chemie⟩ = Scandium
Ska|po|lith ⟨m.; -s od. -en, -e od. -en; Min.⟩ farbloses od. weißes Mineral, chem. Aluminiumsilicat [<lat. *scapus* »Schaft« + ...*lith*]
Skal|pu|lier ⟨n.; -s, -e⟩ meist bis an die Füße reichender Überwurf über Brust u. Rücken in der Tracht mancher Mönchsorden [<mlat. *scalpula* »Schulter«, *scapulare* »Schulterkleid«]
Ska|ra|bä|us ⟨m.; -, -bä|en⟩ **1** ⟨Zool.⟩ **1.1** ⟨i. w. S.⟩ Angehöriger einer Gruppe der Blatthornkäfer: Scarabaeidae **1.2** ⟨i. e. S.⟩ Pillendreher, dunkelbrauner bis schwarzer Käfer, der aus Kot von Huftieren Kugeln formt, die er unter die Erdoberfläche befördert u. in denen er seine Eier ablegt: Scarabaeus **2** ⟨im alten Ägypten⟩ als Siegel, später als Amulett benutzte Nachbildung des Käfers aus Stein, Ton od. Metall [<lat. *scarabaeus*, grch. *skarabos* »Pillendreher«]
Ska|ra|muz ⟨m.; -es, -e; Theat.⟩ typische Figur der Commedia dell'Arte u. des französ. Lustspiels, prahlerischer Soldat; *oV* Scaramouche [<ital. *scaramuccia* »Scharmützel«; → *Scaramouche*, *Scharmützel*]
Ska|ri|fi|ka|ti|on ⟨f.; -, -en; Med.⟩ kleiner Einschnitt in die Haut, z. B. für Blutentnahme [<lat. *scarificare* »einritzen«]
Skarn ⟨m.; -s, -e; Min.⟩ metamorphes Gestein, vorwiegend aus Kalk-Eisen-Silicaten [schwed.]

skar|tie|ren ⟨V.; österr.⟩ aussortieren, ablegen [<ital. *scartare* »aussondern, wegwerfen«; verwandt mit *Skat*]
Skat ⟨m.; -(e)s, -e od. -s⟩ **1** deutsches Kartenspiel für drei Spieler **2** die zwei beiseite gelegten Karten [<ital. *scarto* »das Wegwerfen der Karten« (nach den zwei beiseite gelegten Karten); zu *carta* »Papier, Karte« <lat. *charta*; → *Charta*]
Skate|board ⟨[skɛɪtbɔ:d] n.; -s, -s⟩ kleines, ovales, auf vier Rollen laufendes Brett, auf dem der Fahrer frei steht, u. das durch Gewichtsverlagerung fortbewegt wird [<engl. *skate* »gleiten« + *board* »Brett«]
skate|board|en ⟨[skɛɪtbɔ:dn] V.⟩ mit dem Skateboard fahren
Skate|boar|der ⟨[skɛɪtbɔ:də(r)] m.; -s, -⟩ jmd., der mit einem Skateboard fährt
ska|ten[1] ⟨V.; umg.⟩ Skat spielen
ska|ten[2] ⟨[skɛɪ-] V.⟩ Rollschuh, Eiskunst laufen [<engl. *skate*]
Ska|ter[1] ⟨m.; -s, -; umg.⟩ Skatspieler
Ska|ter[2] ⟨[skɛɪ-] m.; -s, -⟩ Rollschuh-, Eiskunstläufer [engl.]
Ska|ting ⟨[skɛɪ-] n.; -s, -s; unz.⟩ **1** Rollschuhlauf, Eiskunstlauf **2** ⟨kurz für⟩ Skatingeffekt, Skatingkraft [engl.]
Ska|ting|ef|fekt ⟨[skɛɪ-] m.; -(e)s, -e⟩ durch die Skatingkraft hervorgerufener Effekt beim Abspielen einer Schallplatte; *Sy* Skating (2)
Ska|ting|kraft ⟨[skɛɪ-] f.; -, -kräf|te⟩ Kraft, die der Tonkopf eines Schallplattenspielers auf die innere Seite einer Schallplattenritze beim Abspielen einer Platte ausübt; *Sy* Skating (2)
Ska|ting|ring ⟨[skɛɪ-] m.; -s, -e; Sport⟩ Bahn für den Rollsport [engl.]
Ska|tol ⟨n.; -s; unz.; Chemie⟩ organische Verbindung (im Kot), die übel riecht [grch. *skor*, Gen. *skatos* »menschl. Kot« + ...*ol*]
Ska|to|lo|gie ⟨f.; -; unz.⟩ **1** ⟨Med.⟩ die Wissenschaft vom Kot **2** ⟨Psych.⟩ Vorliebe für Ausdrücke aus dem Fäkalbereich **3** Fäkalsprache [<grch. *skor, skatos* »Kot« + *logos* »Wort, Rede«]
ska|to|lo|gisch ⟨Adj.⟩ **1** ⟨Med.⟩ die Skatologie (1) betreffend

2 ⟨Psych.⟩ Ausdrücke der Fäkalsprache bevorzugend
ska|to|phag ⟨Adj.; Biol.⟩ = koprophag [<grch. *skor*, Gen. *skatos* »Kot« + ...*phag*]
Ska|to|pha|ge ⟨m.; -n, -n; Biol.⟩ = Koprophage
Skeet|schie|ßen ⟨[ski:t-] n.; -s; unz.; Sport⟩ Wettbewerbsart des Wurftauben- bzw. Tontaubenschießens, bei dem von 8 Positionen aus mit einem Schuss auf zwei gleichzeitig ausgeschleuderte, sich entgegenfliegende Tauben geschossen wird [<engl. *skeet shooting*]
Ske|le|ton ⟨[skɛlətn] m.; -s, -s; Sport⟩ niedriger Sportschlitten [engl.]
Ske|lett ⟨n.; -(e)s, -e; Anat.⟩ **1** Knochengerüst der Wirbeltiere **2** ⟨allg.⟩ inneres (*Knochen~; Knorpel~*) u. äußeres Gerüst (*Chitin~*) des tierischen od. menschl. Körpers [<grch. *skeletos* »ausgetrocknet«]
ske|let|tie|ren ⟨V.⟩ **1** *Menschen, Wirbeltiere* ~ ihr Skelett bloßlegen **2** *Blätter* ~ bis auf die Rippen fressen (von Schädlingen)
Ske|ne ⟨[-ne:] f.; -, -n; im altgrch. Theater⟩ Bühnenhaus, aus dem die Schauspieler heraustraten, sowie die erhöhte Spielfläche davor für die Schauspieler [grch., »Zelt, Hütte«]
Skep|sis ⟨f.; -; unz.⟩ Zweifel, Ungläubigkeit [grch., »Bedenken, Untersuchung«; zu *skeptesthai* »schauen, spähen«]
Skep|ti|ker ⟨m.; -s, -⟩ **1** jmd., der stets skeptisch ist, Zweifler **2** Vertreter, Anhänger des Skeptizismus
skep|tisch ⟨Adj.⟩ **1** misstrauisch, ungläubig **2** zum Zweifel neigend
Skep|ti|zis|mus ⟨m.; -; unz.; Philos.⟩ philosoph. Richtung, die den Zweifel, bes. an einer allgemein gültigen Wahrheit, zum Prinzip des Denkens erhebt, die Möglichkeit wirklicher Erkenntnis in Frage stellt u. sich auf die Erkenntnis von Tatsachen beschränkt
Sketch ⟨m.; -od. -es, -e; Theat.⟩ kurzes Bühnenstück mit meist witziger Pointe, bes.

Sketsch

im Kabarett; *oV* Sketsch [engl., »Skizze, Entwurf«; → *Skizze*]

Sketsch ⟨m.; - od. -es, -e od. -s; Theat.⟩ = Sketch

Ski ⟨[ʃiː] m.; -s, Skier; Sport⟩ an den Schuhen befestigtes, langes, schmales Brett zur Fortbewegung auf Schneeflächen (als Sportgerät 1,8-2,5 m lang u. 6-10 cm breit), elastisch, vorn aufgebogen, aus Holz, Metall od. Kunststoff; *oV* Schi; ~ fahren; ~ laufen [<norweg. *ski* »Schneeschuh« <anord. *skiot* »Scheit«]

Ski|a|sko|pie *auch:* **Ski|as|ko|pie** ⟨f.; -, -n; Med.⟩ Schattenprobe zur Beurteilung der Brechkraft des Auges [<grch. *skia* »Schatten« + *skopein* »schauen, sehen«]

Ski|board ⟨[ʃiːboː(r)d] n.; -s, -s; Sport⟩ 70 bis 120 cm langer Ski zum Fahren bzw. Gleiten auf Schneeflächen, Kreuzung aus Ski u. Snowboard; *Sy* Snowblade

Ski|bob ⟨[ʃiː-] m.; -s, -s; Sport⟩ fahrradähnliches Wintersportgerät mit zwei hintereinander laufenden kurzen Skiern; *oV* Schibob [<*Ski* + *Bob*]

Skiler ⟨Pl. von⟩ Ski

Skiff ⟨n.; -(e)s, -e; Mar.⟩ einsitziges nord. Ruderboot [engl., »schmales, leichtes Segelschiff, leichtes Ruderboot« <aengl. *scip*]

Skiffle *auch:* **Skiffle** ⟨[skɪfl] m. od. n.; -s; unz.; Musik⟩ auf einfachen Instrumenten (z. B. Mundharmonika u. Waschbrett) gespielter, volkstümlicher Jazz [engl.]

Ski|funi ⟨[ʃiː-] m.; -, -s; schweiz.⟩ Schlitten am Drahtseil im Pendelverkehr zum Befördern von Skiläufern [<*Ski* + ital. *funicolare* »Drahtseilbahn«]

Ski|gym|nas|tik ⟨[ʃiː-] f.; -; unz.⟩ gymnastisches Training, das den Körper auf das Skilaufen vorbereitet; *oV* Schigymnastik

Ski|kjö|ring ⟨[ʃiːjøː-] n.; - od. -s, -s⟩ Skilauf mit Vorspann von Pferden od. Motorfahrzeugen; *oV* Schikjöring [norweg., »Skifahren«]

Ski|lift ⟨[ʃiː-] m.; -(e)s, -e⟩ Seilbahn, mit der sich Skiläufer mit angeschnallten Skiern die Berge hinaufbefördern lassen können, Schlepplift, Sessellift; *oV* Schilift

Ski|ma|ra|thon ⟨[ʃiː-] n. od. m.; -s, -s; Sport⟩ Skilanglaufwettbewerb auf einer Strecke von 42,2 bis 110 km; *oV* Schimarathon

Skin ⟨m.; -s, -s; kurz für⟩ Skinhead

Skin|ef|fekt ⟨m.; -(e)s, -e; El.⟩ die Erscheinung, dass Wechselströme hoher Frequenz in einem Leiter im Wesentlichen nur in einer dünnen Schicht an der Oberfläche des Leiters fließen [<engl. *skin* »Haut« + *Effekt*]

Skin|head ⟨[-hed] m.; -s, -s⟩ Angehöriger einer Gruppe gewaltbereiter, dem Rechtsextremismus nahe stehender Jugendlicher mit kahl geschorenem Kopf u. meist schwarzer Kleidung; *Sy* Skin [engl., »Kahlkopf« <*skin* »Haut« + *head* »Kopf«]

Skink ⟨m.; -(e)s, -e; Zool.⟩ Familie lebend gebärender Echsen, Glattechse: Scincidae [<lat. *scincus* <grch. *skinkos*]

Skin|ner|box *auch:* **Skin|ner-Box** ⟨f.; -, -en; Psych.⟩ Versuchsanordnung zur Erforschung von Lernvorgängen bei Tieren [nach dem amerikan. Verhaltensforscher B. F. Skinner, 1904-1990 + engl. *box* »Schachtel«]

Skip ⟨m.; -s, -s⟩ **1** ⟨kurz für⟩ Skipper **2** ⟨Sport; bes. Curling⟩ Mannschaftskapitän, Chef

Skip|per ⟨m.; -s, -; Mar.⟩ Kapitän einer Jacht [engl.]

Ski|zir|kus ⟨[ʃiː-] m.; -, -; unz.; salopp⟩ *oV* Schizirkus **1** Gruppe der besten Skifahrer und ihre Begleiter, die im Winterhalbjahr ständig unterwegs sind, um an internationalen Skiwettkämpfen teilzunehmen **2** breit angelegtes System untereinander verbundener Skilifte in einem bestimmten Gebiet

Skiz|ze ⟨f.; -, -n⟩ **1** Entwurf, flüchtige Zeichnung **2** kurze Aufzeichnung in Andeutung, in Stichworten **3** kurze, fragmentar. Erzählung [<ital. *schizzo* »Spritzer«; → *Sketch*]

skiz|zie|ren ⟨V.⟩ in einer Skizze andeuten, darstellen

Skla|ve ⟨[-və] m.; -n, -n⟩ **1** unfreier, entrechteter Mensch im Besitz eines anderen **2** ⟨fig.⟩ jmd., der von einer anderen Person, einem Laster, einer Gewohnheit abhängig ist [<spätmhd. *sclave*, mhd. *slave* <mlat. *slavus, sclavus* <mgrch. *sklabos* »Slawe, Sklave«]

Skla|ve|rei ⟨[-və-] f.; -; unz.⟩ Zustand des Sklaveseins, Knechtschaft, Leibeigenschaft; *jmdn. aus der ~ befreien; in ~ geraten*

Skla|vin ⟨[-vɪn] m.; -, -vinnen [-vɪn-]⟩ **1** unfreie, entrechtete weibl. Person im Besitz eines anderen **2** ⟨fig.⟩ weibl. Person, die von einer anderen Person, einem Laster, einer Gewohnheit abhängig ist

skla|visch ⟨[-vɪʃ] Adj.⟩ **1** wie ein Sklave, unterwürfig, blind gehorchend, willenlos **2** ⟨fig.⟩ ohne eigene Erfindungsgabe, unselbständig; ~*e Nachahmung; sich* ~ *an eine Anordnung haltend*

Skle|ra ⟨f.; -, Skle|ren; Anat.⟩ Lederhaut des Auges: Sclera [<grch. *skleros* »hart«]

Skle|ra|de|ni|tis *auch:* **Skle|ra|de|ni|tis** ⟨f.; -, -ti|den; Med.⟩ Lymphknotenverhärtung [<grch. *skleros* »hart« + *Adenitis*]

Skle|rei|de ⟨f.; -, -n; Med.⟩ = Sklerenchymzelle

Skle|rem ⟨n.; -s, -e; Med.⟩ = Sklerodermie

Skle|ren|chym *auch:* **Skle|ren|chym** ⟨n.; -s, -e; Bot.⟩ nicht mehr wachstumsfähiges, totes Gewebe ausgewachsener Pflanzenteile, das der Festigung dient [<grch. *skleros* »hart« + *en...* + grch. *chymos* »Saft, Flüssigkeit«]

Skle|ren|chym|zel|le *auch:* **Skle|ren|chym|zel|le** ⟨f.; -, -n; Bot.⟩ stark verholzte Pflanzenzelle von hoher Druckfestigkeit, z. B. in den Schalen von Nüssen u. Steinfrüchten; *Sy* Sklereide

Skle|ri|tis ⟨f.; -, -ti|den; Med.⟩ Lederhautentzündung [→ *Sklera*]

Skle|ro|der|mie ⟨f.; -, -n; Med.⟩ Erkrankung des Bindegewebes, die zu einer allmählichen Verhärtung der Haut führt, Darrsucht; *Sy* Sklerem, Sklerom [<grch. *skleros* »hart« + *...dermie*]

Sklerom ⟨n.; -s, -e; Med.⟩ = Sklerodermie

Sklerometer ⟨n.; -s, -⟩ Gerät zur Bestimmung der Härte von Kristallen [<grch. *skleros* »hart, trocken« + ...*meter*]

Sklerophyllen ⟨Pl.; Bot.⟩ Pflanzen, die harte, ledrige Blätter besitzen, Hartlaubgewächse, z. B. Lorbeer [<grch. *skleros* »hart« + *phyllon* »Blatt«]

Sklerose ⟨f.; -, -n; Med.⟩ krankhafte Verhärtung od. Verkalkung eines Organs [<grch. *sklerosis* »Verhärtung«]

Sklerotiker ⟨m.; -s, -; Med.⟩ jmd., der an Sklerose erkrankt ist

sklerotisch ⟨Adj.; Med.⟩ an Sklerose erkrankt

Sklerotium ⟨n.; -s, -tien; Bot.⟩ bei einigen Pilzen (z. B. Mutterkorn) regelmäßig auftretender, fester Verband von Hyphen [<neulat. *sclerotium* <grch. *sklerotes* »Härte«; zu *skleros* »hart«]

Skolex ⟨m.; -, -lizes⟩ das vordere Ende eines Bandwurms, das mit Haftorganen zum Verankern in der Darmwand des Wirtes ausgerüstet ist [grch., »Wurm, Made«]

Skollion ⟨n.; -s, -lien⟩ altgrch. Trinklied mit vaterländ. od. relig. Inhalt, als Preis- od. Liebeslied, von den Gästen abwechselnd im Wettstreit gedichtet u. gesungen [<grch. *skolios* »krumm« (der Rundgesang wurde kreuz u. quer in beliebiger Reihenfolge gesungen)]

Skoliose ⟨f.; -, -n; Med.⟩ seitliche Rückgratskrümmung [<grch. *skolios* »krumm«]

Skolopender ⟨m.; -s, -; Zool.⟩ einer Gruppe der Hundertfüßer angehörendes, gelbbraunes Tier mit 21-23 Beinpaaren u. großen, Gift enthaltenden Klauen: Scolopendra [<lat. *scolopendra* »Tausendfuß«]

skontieren ⟨V.; Wirtsch.⟩ *eine Rechnung, einen Betrag ~* von einer R., einem B. das Skonto abziehen [<ital. *scontare* »abziehen«]

Skonto ⟨n.; -s, -s od. m.; -s, -s od. Skonti; Wirtsch.⟩ Abzug vom Rechnungsbetrag bei sofortiger Zahlung; 2% *~* gewähren [<ital. *sconto* »Abzug«]

Skontration auch: **Skontratation** ⟨f.; -, -en; Wirtsch.⟩ Vorgang, Ergebnis des Skontrierens

skontrieren auch: **skontrieren** ⟨V.; Wirtsch.⟩ **1** fortschreiben **2** einen neuen Bestand ermitteln, indem Zu- u. Abgänge mit dem alten Bestand verrechnet werden [<ital. *scontrare* »zusammenstoßen«]

Skontro auch: **Skontro** ⟨n.; -s; unz.; Wirtsch.⟩ Bestandsliste, in die die skontrierten Bestände eingetragen werden; *Sy* Riskontro [<ital. *scontro* »Zusammenstoß«]

Skooter ⟨[sku:-] m.; -s, -; auf Jahrmärkten⟩ *Sy* Autoskooter **1** Kleinauto **2** Fahrbahn dafür [<engl. *scooter*; zu *scoot* »schnell gehen«]

...skop ⟨Nachsilbe; zur Bildung sächl. Subst.⟩ **1** Beobachtungs-, Untersuchungsinstrument, Messgerät; *Mikroskop* **2** Gerät zur Aufnahme od. Wiedergabe von Bildern; *Diaskop; Episkop* [<grch. *skopein* »sehen«]

...skopie ⟨Nachsilbe; zur Bildung weibl. Subst.⟩ Untersuchung, Erforschung, Abbildung; *Demoskopie; Endoskopie* [<grch. *skopein* »sehen«]

Skopolamin ⟨n.; -s; unz.; Biochemie⟩ Alkaloid des Bilsenkrautes, das am Auge pupillenerweiternd u. narkotisch auf das Großhirn wirkt [<neulat. *Scopolia*, wissenschaftl. Name für »Tollkraut«; nach dem Trienter Abt A. Scopoli di Cavallese, 1723-1788]

Skopus ⟨m.; -, Skopen⟩ **1** ⟨Sprachw.⟩ Wirkungsbereich von Wörtern, die der näheren Bestimmung von Aussagen dienen **2** ⟨Theol.⟩ zentrale Aussage eines Bibeltextes [<grch. *skopos* »Ziel«]

Skorbut ⟨m.; -(e)s; unz.; Med.⟩ Krankheit infolge Mangels an Vitamin C (Blutungen am Zahnfleisch, in den Verdauungsorganen u. a.) [<*Scharbock* (mndrl. *schorbuck*), ndrl. *scheurbuik*, eigtl. »rissiger Mund«]

Skordatur ⟨f.; -, -en; Musik⟩ abweichende Stimmung, Umstimmen von Saiten, z. B. zum Erzielen von Klangeffekten; *oV* Scordatura [<ital. *scordatura* »Verstimmung«, <lat. *dis-* »miss-, ver-« + *chorda* »Darm, Saite«]

Skore ⟨[skɔːr] m.; -s, -s⟩ = Score

skoren ⟨[skɔː-] V.⟩ = scoren

Skorer ⟨[skɔː-] m.; -s, -⟩ = Scorer

Skorpion ⟨m.; -s, -e; Zool.⟩ Ordnung der Spinnentiere mit langem, gegliedertem Hinterleib, der eine Giftblase mit beweglichem Endstachel trägt: Scorpiones [<mhd. *sc(h)orpion* <ahd. *scorpion* <lat. *scorpio* <grch. *skorpios*]

Skotom ⟨n.; -s, -e; Med.⟩ **1** blinder Fleck **2** krankhafter Ausfall eines Teils des Gesichtsfeldes [<grch. *skotos* »Dunkelheit«]

Skotomisation ⟨f.; -, -en; Psych.⟩ auf Abwehrmechanismen beruhende Leugnung von realen Gegebenheiten, da Bewältigung als nicht mehr möglich erscheint [<grch. *skotos* »Dunkelheit« + *misein* »hassen«]

skotomisieren ⟨V.⟩ Teile der Realität leugnen, verdrängen

Skribent ⟨m.; -en, -en; abwertend⟩ Vielschreiber, Schreiberling [<lat. *scribens*, Part. Präs. zu *scribere* »schreiben«]

Skribifax ⟨m.; - od. -es, -e; abwertend⟩ Vielschreiber, Schmierer ⟨scherzh. (17. Jh.)⟩ <lat. *scribere* »schreiben« + *facere* »machen, tun«]

Skript ⟨n.; -(e)s, -en od. -s⟩ Schriftstück, schriftliche Ausarbeitung; *oV* Script [verkürzt <*Skriptum*]

Skriptgirl ⟨[-gœːl] n.; -s, -s⟩ = Scriptgirl

Skriptorium ⟨n.; -s, -rien; im MA⟩ Schreibstube eines Klosters [<lat. *scriptorium*]

Skriptum ⟨n.; -s, Skripten od. Skripta; veraltet⟩ = Skript [<lat. *scriptum* »das Geschriebene«]

skriptural ⟨Adj.; geh.⟩ **1** die Schrift betreffend **2** ⟨Kunst⟩ an Schriftzeichen erinnernd

Skrofel ⟨f.; -, -n; Med.⟩ **1** verdickte Lymphknoten des Halses **2** *~n* = Skrofulose [<lat. *scrofula* »Ferkel«; zu *scrofa* »trächtige Sau«]

skrofulös

skro|fu|lös ⟨Adj.; Med.⟩ an Skrofulose leidend

Skro|fu|lo|se ⟨f.; -; unz.; Med.⟩ tuberkulöse, allergische Reaktion im Kindesalter mit Schwellungen der Lymphknoten u. Katarrhen der oberen Luftwege, bei guter Hygiene u. Versorgung selten; *Sy* Skrofeln [→ *Skrofel*]

skro|tal ⟨Adj.; Med.⟩ zum Skrotum gehörend, von ihm ausgehend

Skro|tum ⟨n.; -s, Skro̱|ta; Anat.⟩ Hodensack; *oV* Scrotum [< lat. *scrotum* »Hodensack«]

Skrub|ber ⟨[skrʌbə(r)] m.; -s, -; Technik⟩ technische Anlage, die zur Reinigung von Gasen benutzt wird [engl.]

Skrubs ⟨[skrʌbs] Pl.⟩ minderwertige Blätter des Tabaks [< engl. *scrub* »Gestrüpp, Buschwerk«]

Skru|pel ⟨m.; -s, -; meist Pl.⟩ Zweifel, Bedenken, Gewissensbisse; ~ *haben* [< lat. *scrupulus* »spitzes Steinchen«; Ängstlichkeit«, Verkleinerungsform zu *scrupus* »spitzer, scharfer Stein«]

skru|pu|lös ⟨Adj.⟩ **1** voller Skrupel, ängstlich **2** peinlich genau

Skru|ti|ni|um ⟨n.; -s, -ni|en⟩ **1** Sammlung u. Prüfung der Stimmen, bes. bei einer kirchl. Wahl **2** Prüfung der Bewerber um ein geistl. Amt auf Fähigkeit u. Würdigkeit [< lat. *scrutinium* »Untersuchung, Visitation«]

Skua ⟨f.; -, -s; Zool.⟩ Raubmöwenart des Nordatlantiks [färöisch]

Skull|boot ⟨n.; -(e)s, -e; Mar.⟩ Sportboot mit je zwei Rudern (Skulls) für einen Ruderer; *Sy* Skuller (1) [< engl. *scull, skull* »kurzes Ruder«]

skul|len ⟨V.; Mar.⟩ im Skullboot rudern

Skul|ler ⟨m.; -s, -; Mar.⟩ **1** = Skullboot **2** Ruderer im Skullboot [< engl. *sculler* »Boot mit zwei Rudern«]

skulp|tie|ren ⟨V.; Kunst⟩ = skulpturieren

Skulp|tur ⟨f.; -, -en; Kunst⟩ **1** ⟨unz.⟩ Bildhauerkunst **2** ⟨zählb.⟩ Werk der Bildhauerkunst; *Holz*~; *Stein*~ [< lat. *sculptura*; zu *sculpere* »etwas

herausmeißeln, -schnitzen, -schneiden«]

skulp|tu|ral ⟨Adj.; Kunst⟩ in der Art einer Skulptur, die Form einer Skulptur betreffend; *ein ~ gestaltetes Glas*

skulp|tu|rie|ren ⟨V.; Kunst⟩ in der Art einer Skulptur darstellen, bearbeiten; *oV* skulptieren

Skunk ⟨m.; -s, -s; Zool.⟩ **1** Marder, der bei Gefahr ein widerlich riechendes Sekret seiner Afterdrüse verspritzt, Stinktier: Memphitis memphitis **2** Pelz des Skunks [engl. < Algonkin]

Skup|schti|na *auch:* **Skupsch|ti|na** ⟨f.; -, -s⟩ das jugoslaw. Parlament [< serbokr. *skupština* »Versammlung«]

skur|ril ⟨Adj.⟩ merkwürdig, verschroben; *ein ~er Mensch* [< lat. *scurrilis* »possenhaft«; vermutl. zu *scurra* »Witzereißer, Spaßmacher«]

Skur|ri|li|tät ⟨f.; -; unz.⟩ skurrile Beschaffenheit, skurriles Wesen, Verschrobenheit

Skus ⟨m.; -, -⟩ dem Joker entsprechende Karte im Tarock [< frz. *excuse* »Entschuldigung«]

Skye|ter|ri|er ⟨[skai-] m.; -s, -; Zool.⟩ kleine, raubeinige Terrierrasse [nach der schott. Insel Skye]

Sky|ja|cker ⟨[skaɪdʒækə(r)] m.; -s, -⟩ Flugzeugentführer [< engl. *sky* »Himmel«; Herkunft von *jacker* unsicher]

Sky|lab ⟨[skaɪlæb] n.; -s, -s⟩ US-amerikan. Weltraumstation, die ab 1973 von mehreren Besatzungen für längere Zeit bewohnt wurde, am 11.7.1979 in der Erdatmosphäre verglüht [verkürzt < engl. *sky laboratory* »Himmelslaboratorium«]

Sky|light ⟨[skaɪlaɪt] n.; -s, -s; Seemannsspr.⟩ Oberlicht, Luke auf Schiffen [engl.]

Sky|light|fil|ter ⟨[skaɪlaɪt-] m. od. ⟨fachsprachl. meist⟩ n.; -s, -; Fot.⟩ fotograf. Aufnahmefilter, der eine zu hohe Farbtemperatur des Lichtes ausgleicht u. auf diese Weise unangenehmen Blaustich verhindert

Sky|line ⟨[skaɪlaɪn] f.; -, -s⟩ Horizontlinie, Silhouette (einer Stadt) [engl., »Horizont« < *sky* »Himmel« + *line* »Linie«]

Sky|phos ⟨m.; -, -phoi⟩ altgrch. Trinkgefäß mit waagerechten Henkeln am Rand [grch.]

Sky|se|gel ⟨[skaɪ-] n.; -s, -; Mar.⟩ das oberste Rahsegel bei Schiffen

Sky|sur|fer ⟨[skaɪsœːfə(r)] m.; -s, -⟩ Drachenflieger, Segelflieger mit einem Fluggerät aus Segeltuch, das durch Gewichtsverlagerung gelenkt wird [< engl. *sky* »Himmel« + *surf* »wellenreiten«, nach dem Muster von *Surfen* gebildet]

Skyth ⟨n.; - od. -s; unz.; Geol.⟩ untere Stufe der Trias, die dem Buntsandstein entspricht; *oV* Skythian [nach den *Skythen*, Nomadenstämmen im 1. Jahrtausend v. Chr.]

Sky|the ⟨m.; -n, -n; in der Antike⟩ Bewohner der südruss. Steppe; *oV* Szythe

Sky|thi|an ⟨n.; - od. -s; unz.; Geol.⟩ = Skyth

sky|thisch ⟨Adj.⟩ die Skythen betreffend, zu ihnen gehörend, von ihnen stammend [< lat. *Scythae*, grch. *Skythes* »Nomaden nördl. des Schwarzen Meeres«]

s. l. ⟨Abk. für lat.⟩ sine loco

Sla|lom ⟨m.; -s, -s; Sport⟩ Skilauf bzw. Fahrt im Kanu durch von Fähnchen gebildete Tore, Torlauf [< norweg. *slalåm*, eigtl. »leicht abfallende Skispur«]

Slang ⟨[slæŋ] m.; -s, -s⟩ **1** nachlässige Umgangssprache, bes. im Englischen **2** = Jargon [engl.]

Slap|stick ⟨[slæp-] m.; -s, -s; bes. im Stummfilm⟩ grotesker (absurder) Einfall; *ein Film voller ~s* [engl. »Holzklapper« (mit der ein Schauspieler einen Schlag vortäuscht) < *slap* »Schlag, Klaps« + *stick* »Stock«]

Slash ⟨[slæʃ] m.; -s, -s; Zeichen: /⟩ Schrägstrich von links unten nach rechts oben; *Ggs* Backslash [engl., »Schrägstrich«]

Sla|we ⟨m.; -n, -n⟩ Angehöriger einer ost- u. südosteuropäischen Völkergruppe [→ *Sklave* (im mittelalterl. Orient waren meist Slawen die Opfer der Sklaverei)]

sla|wisch ⟨Adj.⟩ die Slawen betreffend, zu ihnen gehörend, von ihnen stammend; *~e Sprachen* zu den idg. Sprachen gehörende Sprachfamilie, umfasst u. a. die russ., bulgar., tschech., poln. Sprache

sla|wi|sie|ren ⟨V.⟩ nach slawischem Vorbild gestalten, der slaw. Kultur angleichen

Sla|wis|mus ⟨m.; -, -wis|men; Sprachw.⟩ in eine andere Sprache übernommene slawische Spracheigentümlichkeit

Sla|wist ⟨m.; -en, -en; Sprachw.⟩ Wissenschaftler auf dem Gebiet der Slawistik

Sla|wis|tik ⟨f.; -; unz.; Sprachw.⟩ Wissenschaft von den slaw. Sprachen u. Kulturen

Sla|wis|tin ⟨f.; -, -tin|nen; Sprachw.⟩ Wissenschaftlerin auf dem Gebiet der Slawistik

sla|wo|phil ⟨Adj.⟩ allem Slawischen zugeneigt [<*slawisch* + ...*phil*]

Sla|wo|phi|lie ⟨f.; -; unz.⟩ Vorliebe für alles Slawische [<*slawisch* + ...*philie*]

s. l. e. a. ⟨Abk. für⟩ sine loco et anno

Slee|per ⟨[sliːpə(r)] m.; -s, -⟩ 1 ⟨umg.⟩ vorderster, in der ersten Flugzeugklasse befindlicher Flugsessel, der durch seine stark zurückklappbare Rückenlehne besonderen Komfort bietet 2 Spion, der sich zunächst als unauffälliger Bürger an irgendeinem Ort (z. B. im Ausland) aufhält u. auf seinen Einsatz wartet [engl.]

Sli|bo|witz ⟨m.; - od. -es, -e⟩ = Sliwowitz

Slice ⟨[slais] m.; -, -s [-sɪz]; Sport; Tennis; Golf⟩ Schlag, bei dem der Ball angeschnitten wird [engl., »schneiden«]

sli|den ⟨[slai-] V.⟩ gleiten, rutschen, schlittern; *mit dem Skateboard* ~ [<engl. *slide*]

Sli|ding|stop *auch:* **Sliding Stop** ⟨[slaɪdɪŋstɔp] m.; (-) -s, (-) -s; Reitsport⟩ plötzliches Abbremsen des Pferdes aus dem Galopp (beim Westernreiten) [<engl. *slide* »schlittern« + *stop* »(an)halten«]

Sli|ding|tack|ling *auch:* **Sliding Tack|ling** ⟨[slaɪdɪŋtæklɪŋ] n.; (-) -s, (-) -s; Sport; Fußb.⟩ takt. Fußtritt des Abwehrspielers schräg zwischen die Beine des Angreifers, um so an den Ball zu gelangen [engl.]

slim ⟨Adj.⟩ schmal, schlank, mager [engl.]

Slip ⟨m.; -s, -s⟩ 1 = Schlipp 2 kurze, anliegende Unterhose 3 ⟨Bankw.⟩ Buchungs- u. Ausführungsbeleg von Bankaufträgen 3.1 Formularstreifen, aufgrund dessen Buchungen im Börsengeschäft erfolgen [<engl. *slip* »Schlüpfer; gleiten, rutschen, schlüpfen«]

slip|pen ⟨V.⟩ 1 ⟨Mar.⟩ eine Verbindungsleine absichtlich lösen u. loslassen 2 beim Fallschirmspringen eine andere Fallrichtung einnehmen 3 ⟨Flugw.⟩ zur Seite gleitend fliegen, wodurch das Flugzeug an Höhe verliert

Slip|per ⟨m.; -s, -⟩ 1 bequemer flacher Schuh ohne Schnürung 2 ⟨österr.⟩ leichter, lockerer Mantel [engl., »Hausschuh, Pantoffel«; zu *slip* »(hinein-) schlüpfen«]

Sli|wo|witz ⟨m.; - od. -es, -e⟩ Pflaumenbranntwein; *oV* Slibowitz [<serb. *sliva* »Pflaume«]

Slo|gan ⟨[slougən] m.; -s, -s⟩ Schlagwort, bes. in der Werbung; *Werbe~* [engl., »Werbeschlagwort« <gälisch *sluaghghairm* »Kriegsgeschrei«]

Sloop ⟨[sluːp] f.; -, -en⟩ = Schlup

Slot ⟨[slɔt] m.; -s, -s⟩ 1 ⟨TV⟩ (bestimmte) Zeitspanne, Zeittakt, Sendezeit 2 ⟨Flugw.⟩ Starterlaubnis auf einem Flughafen zu einer bestimmten Zeit 3 ⟨EDV⟩ Steckplatz, Einsteckschacht auf der Leiterplatte eines Microcomputers (z. B. für Bildschirmkarten) 4 ⟨Eishockey⟩ Angriffsraum vor dem gegnerischen Tor [engl., eigtl. »Schlitz«]

slow ⟨[sloː] od. engl. [slou] Adj.; Musik⟩ langsam zu spielen (Tonpassagen beim Jazz) [<engl. *slow* »langsam«]

Slow|fox ⟨[sloː-] od. engl. [slou-] m.; - od. -es, -e⟩ langsamer Foxtrott [<engl. *slow* »langsam« + *Fox(trott)*]

Slow|mo|tion ⟨[sloːmouʃən] od. engl. [slou-] f.; -; unz.⟩ in Zeitlupe abgespielter Film(ausschnitt) [engl.]

Slow-Scan|ning-Ver|fah|ren ⟨[sloːskænɪŋ-] od. engl. [slou-] n.; -s; unz.; Technik⟩ technisches Verfahren, das den An-

schein erweckt, als sei das Fernsehbild in Momentaufnahmen aufgeteilt [<engl. *slow* »langsam« + *scan* »abtasten, rastern«]

Slum ⟨[slʌm] m.; -s, -s; meist Pl.⟩ Elendsviertel [engl.]

Slump ⟨[slʌmp] m.; - od. -s, -s⟩ unerwartete Baisse an der Börse; *Ggs* Boom [engl., »Sturz, Tiefstand«]

Slup ⟨f.; -, -en⟩ = Schlup

Sm ⟨chem. Zeichen für⟩ Samarium

small ⟨[smɔːl] Adj.; Abk.: S⟩ klein (als Kennzeichnung der Konfessionsgröße) [engl.]

Small|band *auch:* **Small Band** ⟨[smɔːlbænd] f.; (-) -, (-) -s⟩ Jazzband mit einer kleinen Besetzung

Small|talk *auch:* **Small Talk** ⟨[smɔːltɔːk] n.; (-) -s, (-) -s⟩ 1 ⟨EDV⟩ objektorientierte Programiersprache 2 leichte, belanglose Unterhaltung [<engl. *small* »klein« + *talk* »Gespräch, Plauderei«]

Smal|te ⟨[-], -n⟩ = Schmalte

smal|ten ⟨V.⟩ = schmalten

Sma|ragd ⟨m.; -(e)s, -e; Min.⟩ ein Mineral, grüner Edelstein [<mhd. *smaragt*, *smarat* <ahd. *smaragdus* <lat. *smaragdus* <grch. *smaragdos*]

sma|rag|den ⟨Adj.⟩ 1 aus Smaragd, mit Smaragden besetzt; *ein ~es Armband* 2 grün wie ein Smaragd; *Sy* smaragdfarben

sma|ragd|far|ben ⟨Adj.⟩ = smaragden (2)

smart ⟨Adj.⟩ 1 ⟨salopp⟩ hübsch, elegant, attraktiv u. charmant 2 geschäftstüchtig, gewandt u. durchtrieben 3 ⟨EDV⟩ intelligent [engl., »beißend, scharf; schneidig geputzt; pfiffig, schlau« (im negativen Sinne); Adj. zu *smart* »schmerzen, büßen«]

Smart|card *auch:* **Smart Card** ⟨[-kaːrd] f.; (-) -, (-) -s; EDV⟩ = Chipkarte [<engl. *smart* »intelligent« + *card* »Karte«]

Smart|ter|mi|nal *auch:* **Smart Terminal** ⟨[-tœːminəl] n.; (-) -s, (-) -s; EDV⟩ intelligentes Terminal, das mit zusätzlichen Eigenschaften, wie z. B. einem Bildschirmspeicher, ausgestattet ist

Smash ⟨[smæʃ] m.; -s, -s; Sport; bes. Tennis⟩ Schmetterball [zu engl. *smash* »(zer)schmettern«]

Smeg|ma ⟨n.; - od. -s; unz.⟩ talghaltige Absonderung der Eichel- u. Vorhautdrüsen [grch., »Schmiere«]

Smi|ley ⟨[smaɪlɪ] m.; -s, -s; Zeichen: ⟩ gesichtsähnliches (urspr. gelbes) Symbol für Fröhlichkeit u. gute Laune; →a. Emoticon; *er grinst wie ein ~* [engl.; zu *smile* »lächeln«]

Smith|so|nit ⟨[smɪθ-] m.; -s, -en; Min.⟩ = Zinkspat

Smog ⟨m.; - od. -s; unz.⟩ dicker, mit Rauch vermischter Nebel, bes. über Industriestädten [<engl. *smoke* »Rauch« + *fog* »Nebel«]

smo|ken ⟨V.; Textilw.⟩ mit einem Zierstich nähen, bei dem der Stoff zugleich in kleine Fältchen gerafft wird [<slowen. *smok* »Hemd«]

Smo|king ⟨m.; -s, -s, österr. auch: -e⟩ Gesellschaftsanzug für Herren mit tief ausgeschnittener Jacke, deren Revers mit Seide belegt sind [verkürzt <engl. *smoking-suit* od. *smoking-jacket* »Rauchjackett, Rauchanzug«; zu *smoke* »rauchen«]

Smör|gås|bord ⟨[smøːrgɔːs-] m.; -s, -s; schwed. Kochk.⟩ kaltes Buffet [schwed.]

Smör|re|bröd ⟨n.; -s, -s; Kochk.⟩ gut belegtes Butterbrot [<dän. *smørrebrød* »Butterbrot«]

smor|zan|do ⟨Musik⟩ ersterbend, verklingend, erlöschend (zu spielen) [ital., Part. Präs. zu *smorzare* »dämpfen, löschen«]

SMS ⟨f.; -, -; EDV; Abk. für engl.⟩ Short Message Service, Kurznachricht, die per Handy od. Internet gesendet u. empfangen wird; →a. simsen

Smyr|na ⟨m.; -s, -s⟩ Handelsname für mehrere Arten türkischer Knüpfteppiche mit hohem Flor [nach der türk. Stadt *Smyrna*, heute Izmir]

Sn ⟨chem. Zeichen für⟩ Zinn (Stannum)

Snack ⟨[snæk] m.; -s, -s⟩ kleiner Imbiss, Kleinigkeit zu essen [engl.]

Snack|bar ⟨[snæk-] f.; -, -s⟩ Imbissstube [<engl. *snack* »kleiner Imbiss« + *Bar*]

sna|cken ⟨[snækən] V.⟩ Snacks zu sich nehmen, Kleinigkeiten (bes. zwischen den Mahlzeiten) essen, naschen; *in einer Bar trinken u. ~* [<engl. *snack*]

Snake|board ⟨[snɛɪkbɔː(r)d] n.; -s, -s⟩ Skateboard mit einem Gelenk in der Mitte, das extremen Slalom ermöglicht [<engl. *snake* »Schlange« + *board* »Brett«]

Snea|ker ⟨[sniːkə(r)] m.; -s, -s⟩ 1 ⟨scherzh.⟩ Schleicher, Leisetreter 2 ⟨Pl.; Mode⟩ sportlicher, dem Turnschuh ähnlicher modischer Laufschuh [engl.-amerikan.]

Sneak|pre|view *auch:* **Sneak Preview** ⟨[sniːkprɪvjuː] m. od. f.; (-) -, (-) -s⟩ Vorschau, Probeaufführung [engl.]

Sniff ⟨m.; -s, -s; umg.⟩ das Sniffen; →a. Sniffing

snif|fen ⟨V.; Drogenszene⟩ schnüffeln, schnupfen; *Rauschmittel ~* [<engl. *sniff* »schnüffeln, schnuppern«]

Sniffing ⟨n.; - od. -s; unz.⟩ Einatmen der Dämpfe bestimmter Stoffe (z. B. Klebstoffe, Lösungsmittel), um einen Rauschzustand herbeizuführen, Schnüffeln [engl., »Schnüffeln«]

Snob ⟨[snɔb] m.; -s, -s; abwertend⟩ vornehm tuender Mensch, der nach gesellschaftl. Ansehen strebt, das Extravagante, Exklusive liebt u. auf andere hinabblickt [<engl. *snob*, Ursprung unsicher, wahrsch. urspr. Kurzform von lat. *sine nobilitate* »ohne Adel« (angeblich wurden im 18. Jh. die nicht adeligen, bürgerl. Studenten an der Universität Cambridge mit diesem Vermerk in die Matrikel eingetragen)]

Sno|bie|ty ⟨[snɔbaɪətɪ] f.; -; unz.; kurz für⟩ = High Snobiety

Sno|bis|mus ⟨m.; -; unz.⟩ Verhalten wie ein Snob

sno|bis|tisch ⟨Adj.⟩ wie ein Snob

Snoe|zel|en ⟨[snuː-zə-] n.; - od. -s; unz.; Päd.⟩ Konzept zur Gestaltung von Innenräumen zum Wohlfühlen u. Entspannen, das z. B. zur Therapie psychischer, physischer, sozialer u. a. Beeinträchtigungen mithilfe der Unterstützung der Sinne (riechen, tasten, hören, sehen, schmecken) verwendet wird [ndrl.; verkürzt <*snuffelen* »schnuppern« + d*oezelen* »schlummern, dösen«]

Snoo|ker ⟨[snuːkə(r)] n.; -s, -s; kurz für⟩ Snookerpool

Snoo|ker|pool ⟨[snuːkə(r)puːl] n.; -s, -s⟩ (bes. in Großbritannien beliebte) Variante des Billards, bei der farbige Kugeln nach bestimmten Regeln in die 6 Löcher des Billardtisches eingespielt werden müssen; Sy Snooker [engl.]

Snow ⟨[snoʊ] m.; - od. -s; unz.; Drogenszene⟩ Kokain [engl., »Schnee«]

Snow|blade ⟨[snoʊbleɪd] m.; -s, -s; meist Pl.; Sport⟩ = Skiboard

Snow|board ⟨[snoʊbɔːd] n.; -s, -s; Sport⟩ Brett zum Fahren bzw. Gleiten auf dem Schnee [engl., »Schneebrett«]

snow|boar|den ⟨[snoʊbɔː-dən] V.; Sport⟩ Snowboard fahren

Snow|boar|der ⟨[snoʊbɔː-də(r)] m.; -s, -; Sport⟩ jmd., der Snowboard fährt

Snow|boar|de|rin ⟨[snoʊbɔː-] f.; -, -rin|nen; Sport⟩ weibl. Person, die Snowboard fährt

Snow|boar|ding ⟨[snoʊbɔː-dɪŋ] n.; -s, -s; Sport⟩ das Fahren bzw. Gleiten auf dem Schnee mit einem Snowboard [engl., »Schneebrettfahren«]

Snow|mo|bil ⟨[snoʊ-] n.; -s, -e⟩ = Schneemobil [<engl. *snowmobile*]

Snow|raf|ting ⟨[snoʊraːftɪŋ] n.; - od. -s; unz.⟩ mit einem Schlauchboot waghalsig die Schneeberge hinabgleiten; →a. Rafting

s. o. ⟨Abk. für lat.⟩ **1** sine obligo **2** salvis omissis

Soap ⟨[soʊp] f.; -, -s; TV; kurz für⟩ Soapopera

Soap|ope|ra ⟨[soʊpɔpəra] f.; -, -s; TV⟩ tägl. od. wöchentlich ausgestrahlte TV-Serie mit fortlaufender Handlung, Seifenoper; Sy Soap; *mit der »Lindenstraße« begann der Siegeszug der ~s im deutschen Fernsehen* [engl., »Seifenoper«]

so|a|ve ⟨[-və] Musik⟩ zart, mild, lieblich (zu spielen) [ital.]

So|a|ve ⟨[-və] m.; -; unz.⟩ trockener ital. Weißwein [aus den

Bergen um den Ort *Soave* östlich von Verona]

So|bran|je *auch:* **Sob|ran|je** ⟨f.; -, -n od. n.; -s, -n⟩ bulgar. Volksvertretung [<bulg. *sobran'e*, eigtl. »Versammlung«]

So|ca ⟨m.; -s, -s⟩ lateinamerikan. Modetanz, eine Mischung aus Soul u. Calypso, aus dem karib. Karnevalkalypso entstanden

Soc|cer ⟨m.; -s; unz.; Sport; amerikan. Bez. für⟩ Fußball(spiel) [<engl. *association football* »Fußballverband«]

So|cial|costs *auch:* **So|cial Costs** ⟨[soʊʃəlkɔsts] Pl.; Wirtsch.⟩ von der Gesellschaft getragene Kosten (für Wasser-, Luftverschmutzung usw.), die aufgrund industrieller Produktion entstanden sind

So|cial|en|gi|nee|ring *auch:* **Social Engineering** ⟨[soʊʃəlɛndʒɪnɪːrɪŋ] n.; (-) - od. (-) -s; unz.⟩ = Humanengineering [<engl. *social* »sozial« + *engineering* »Maschinenbau«]

So|cial|mar|ke|ting *auch:* **So|cial Mar|ke|ting** ⟨[soʊʃəl -] n.; (-) - od. (-) -s; unz.⟩ sozial ausgerichtetes, die Interessen der Gesellschaft berücksichtigendes Marketing [<engl. *social* »sozial« + *Marketing*]

So|cial|spon|so|ring *auch:* **So|cial Spon|so|ring** ⟨[soʊʃəlspɔnsərɪŋ] n.; (-) - od. (-) -s; unz.⟩ Maßnahmen zur finanziellen Unterstützung von sozialen Einrichtungen (z. B. Kinderheime) [<engl. *social* »sozial« + *Sponsoring*]

So|cie|tas Je|su ⟨[-tsiːə-] f.; - -; unz.; Abk.: SJ⟩ die Gesellschaft Jesu, der Jesuitenorden [lat.]

So|ci|e|ty ⟨[səsaɪəti] f.; -; unz.; kurz für⟩ Highsociety [engl., »Gesellschaft«]

So|cket ⟨[sɔkɪt] m.; -s, -s; Sport; Golf⟩ Fehlschlag, bei dem nur die Schlägerspitze den Ball trifft [engl., eigtl. »Hülse, Fassung«]

So|da ⟨f.; -; unz. od. n.; -s; unz.⟩ **1** in wässriger Lösung alkalisch regierendes Salz; *Sy* Natriumcarbonat; *kalzinierte* ~ weißes, keinWasser enthaltendes Pulver **2** ⟨kurz für⟩ Sodawasser [ital., ⟨Soda, Salzkraut« <arab. *suwwād*]

So|da|le ⟨m.; -n, -n; Theat.⟩ Genosse, Mitglied einer kath. Sodalität [<lat. *sodalis* »Gefährte, Genosse, Tischgenosse; Mitglied des Priesterkollegiums«]

So|da|li|tät ⟨f.; -, -en; Theat.⟩ kath. Bruderschaft, Genossenschaft [→ *Sodale*]

So|da|was|ser ⟨n.; -s; unz.⟩ Wasser mit Kohlensäuregehalt, Selterswasser; *Sy* Soda (2)

So|di|um ⟨n.; -s; unz.; engl. u. frz. Bez. für⟩ Natrium [→ *Soda*]

So|dom ⟨n.; -; unz.⟩ ~ *und Gomorr(h)a* ⟨sinnbildl. für⟩ Sünde u. Lasterhaftigkeit, Sündenpfuhl [nach der bibl. Stadt *Sodom*, die nach dem 1. Buch Mose 18-19 von Gott wegen ihrer Sünden vernichtet wurde]

So|do|mie ⟨f.; -; unz.⟩ Geschlechtsverkehr mit Tieren [<frz. *sodomie*, nach der bibl. Stadt *Sodom*]

So|do|mit ⟨m.; -en, -en⟩ jmd., der Sodomie treibt [<mlat. *sodomita* »einer, der so lasterhaft lebt, wie man es einst in Sodom tat«]

so|do|mi|tisch ⟨Adj.⟩ auf Sodomie beruhend

So|fa ⟨n.; -s, -s⟩ gepolstertes Sitzmöbel für mehrere Personen mit Rückenlehne u. Armlehnen; *Sy* Kanapee (1) [<frz. *sofa* <arab. *suffa* »Kissen auf dem Kamelsattel«]

Sof|fit|te ⟨f.; -, -n⟩ **1** vom Schnürboden herabhängende, bemalte Stoffbahnen zum Abschluss des Bühnenbildes nach oben **2** zum Anbringen hinter Abdeckungen geeignete, röhrenförmige Glühlampe mit Sockeln an beiden Enden [frz. <ital. *soffitta* <vulgärlat. *sufficus*, Part. Perf. zu *suffigere* »darunter heften«]

soft ⟨Musik; Jazz⟩ weich (zu spielen) [engl.]

Soft|ball ⟨[-bɔːl] m.; -s; unz.⟩ Sport⟩ ein aus dem Baseball vor allem für das Spiel in Hallen entwickeltes Schlagballspiel, das hauptsächlich von Jugendlichen u. Frauen gespielt wird [engl., »weicher Ball«]

Soft|co|py *auch:* **Soft Co|py** ⟨[-kɔpɪ] f.; (-) -, (-) -s; EDV⟩ Kopie von Texten od. Daten, die nicht ausgedruckt, sondern auf dem Bildschirm des Computers abgebildet wird; *Ggs* Hardcopy [engl., »weiche Kopie«]

Soft|co|ver *auch:* **Soft Co|ver** ⟨[-kʌvə(r)] n.; (-) -s, (-) -⟩ Buch mit weichem Bucheinband, Paperback; *Ggs* Hardcover [engl., »weicher Deckel od. Einband«]

Soft|drink *auch:* **Soft Drink** ⟨m.; (-) -s, (-) -s⟩ leicht alkohol. Getränk, z. B. Likör; *Ggs* Harddrink [engl., »weiches Getränk«]

Soft|drug *auch:* **Soft Drug** ⟨[sɔftdrʌg] f.; (-) -, (-) -s⟩ weiche Droge; *Ggs* Harddrug, Hardstuff [engl.]

Soft|eis ⟨n.; -es, -⟩ sahniges Milchspeiseeis [<engl. *soft* »weich« + *Eis*]

sof|ten ⟨V.; Fot.⟩ weichzeichnen von Bildern mit optischen Hilfsmitteln (z. B. Weichzeichner), die vor die Linse gebracht werden [engl., »weich machen«]

Sof|te|ner ⟨m.; -s, -; Textilw.⟩ Maschine, die die Faserbündel von Textilien zusammenquetscht, um das Fasergewebe weicher zu machen u. den Textilien einen weichen Griff zu geben [engl., »Weichmacher«]

Sof|tie ⟨m.; -s, -s; umg.⟩ sanfter, empfindsamer (junger) Mann [zu engl. *soft* »weich«]

Soft|por|no ⟨m.; -s, -s⟩ Film mit gemäßigter Darstellung pornografischer Szenen [<engl. *soft* »weich« + *Porno*]

Soft|rock *auch:* **Soft Rock** ⟨m.; (-) - od. (-) -s; unz.⟩ ruhigere, weniger rhythmisierte Variante der Rockmusik; →*a.* Hardrock [<engl. *soft* »weich« + *Rock*]

Soft|ware ⟨[-wɛːr] f.; -; unz.; EDV⟩ Gesamtheit der nicht materiellen Bestandteile eines EDV-Systems; *Ggs* Hardware [<engl. *soft* »weich« + *ware* »Ware«]

Soft|ware|en|gi|nee|ring ⟨[sɔftwɛːrɛndʒɪnɪːrɪŋ] n.; - od. -s; unz.; EDV⟩ Gesamtheit aller Verfahren zur Entwicklung u. Einsetzung von Programmen [<engl. *software* + *engineering* »Maschinenbau«]

Soft|ware|fir|ma ⟨[-wɛːr-] f.; -, -firmen; EDV⟩ Unternehmen, das Datenverarbeitungsprogramme entwickelt u. vertreibt

Soilerosion

Soil|e|ro|sion ⟨[sɔɪlɪroʊʒn] f.; -; unz.; Geogr.⟩ Bodenerosion [engl.]

Soi|ree ⟨[soa-] f.; -, -n⟩ **1** Abendgesellschaft **2** Abendvorstellung, Abendveranstaltung; *eine ~ veranstalten* [frz., »Abendzeit, -gesellschaft«; zu *soir* »Abend«]

Soi|xante-neuf ⟨[soasātnœf] n.; - od. -s; unz.⟩ = Sixty-nine [frz., »neunundsechzig«]

So|ja ⟨f.; -, So|jen; kurz für⟩ Sojabohne [<jap. *shj* <chines. *chi ang-yu*, eigtl. »Sojaöl«]

So|ja|boh|ne ⟨f.; -, -n; Bot.⟩ aus Ostasien stammende einjährige Nutzpflanze, deren ölhaltiger Samen bei uns seit dem 18. Jh. eingeführt wird: Glycine soja [→ *Soja*]

So|ja|so|ße ⟨f.; -, -n; Kochk.⟩ aus Sojabohnen gewonnene ostasiatische Würzsauce (gilt als älteste Würzsauce der Welt); *oV* Soyasauce

So|jus ⟨m.; -; unz.⟩ sowjet. Weltraumfahrzeug, früher als bemannte Weltraumstation genutzt, heute nur noch als Personen- u. Materialtransporter für Weltraumstationen vom Typ Saljut verwendet [russ., »Union«]

So|kra|tik *auch:* **Sok|ra|tik** ⟨f.; -; unz.; Philos.⟩ = Mäeutik

So|kra|ti|ker *auch:* **Sok|ra|ti|ker** ⟨m.; -s, -; Philos.⟩ Anhänger des Sokrates u. seiner Lehre

so|kra|tisch *auch:* **sok|ra|tisch** ⟨Adj.⟩ **1** ⟨Philos.⟩ auf Sokrates u. seiner Lehre beruhend, von ihm ausgehend **2** ⟨fig.⟩ weise, klug

Sol[1] ⟨m.; - od. -s, -s od Sol (bei Zahlenangaben) -⟩ Währungseinheit in Peru, 100 Centavos [span., »Sonne«]

Sol[2] ⟨n.; -s, -e⟩ kolloide Lösung [→ *Solutio*]

Sol[3] ⟨n.; -, -; Musik⟩ Ton G, in der Tonika-Do-Methode der jeweils fünfte Ton einer Tonleiter; →a. Solmisation [ital.]

So|la|nin ⟨n.; -s, -e; Biochemie⟩ giftiges Alkaloid verschiedener Nachtschattengewächse [<frz. *solanine* <lat. *solanum* »Nachtschatten«]

So|la|num ⟨n.; -s, -la|nen; Bot.⟩ Nachtschatten [lat.]

so|lar ⟨Adj.; Physik; Astron.; Ökol.; Med.⟩ auf die Sonne bezüglich, von ihr ausgehend, zu ihr gehörend; *oV* solarisch [<lat. *solaris* »zur Sonne gehörig«; zu *sol* »Sonne«]

So|lar ⟨n.; -s, -e; kurz für⟩ Solarjahr

So|lar|an|la|ge ⟨f.; -, -n; Ökol.⟩ mit Sonnenenergie betriebenes Kraftwerk od. Heizungssystem, Sonnenkraftwerk; *Sy* Solarkraftwerk

So|lar|bat|te|rie ⟨f.; -, -n; Ökol.⟩ = Solargenerator

So|lar|ener|gie ⟨f.; -; unz.; Ökol.⟩ Sonnenenergie

So|lar|farm ⟨f.; -, -en; Ökol.⟩ bes. Bauart einer Solaranlage

So|lar|ge|ne|ra|tor ⟨m.; -s, -en; Ökol.⟩ Sonnengenerator, Zusammenschaltung mehrerer Solarzellen zur Stromerzeugung; *Sy* Solarbatterie

So|lar|hei|zung ⟨f.; -, -en; Ökol.⟩ mit Sonnenenergie betriebene Heizung, Sonnenheizung

So|la|ri|me|ter ⟨n.; -s, -; Astron.⟩ Gerät zur Messung der von der Sonne u. anderen Himmelskörpern einfallenden Strahlung

So|la|ri|sa|ti|on ⟨f.; -, -en; Fot.⟩ Umkehr einer stark überbelichteten negativen fotograf. Schicht in eine positive [<engl. *solarization*; zu *solarize* »dem Sonnenlicht aussetzen« <lat. *solaris* »zur Sonne gehörig«]

so|la|risch ⟨Adj.⟩ = solar

So|la|ri|um ⟨n.; -s, -ri|en⟩ **1** Einrichtung zur Bestrahlung des Körpers mit einer dem Sonnenspektrum weitgehend ähnelnden, künstlichen Lichtquelle **2** Raum, in dem man mittels UV-Lichts eine Körperbräunung erreichen kann [zu lat. *solarius* »zur Sonne gehörig«; zu *sol* »Sonne«]

So|lar|jahr ⟨n.; -(e)s, -e⟩ Sonnenjahr, Zeitspanne, die die Erde für einen vollen Umlauf um die Sonne benötigt, etwa 365,25 Tage; *Sy* Solar

So|lar|kol|lek|tor ⟨m.; -s, -en; Ökol.⟩ Vorrichtung zur Nutzung der Sonnenenergie für die Erzeugung heißen Wassers, z. B. als Zusatzheizung od. in Schwimmbädern; *Sy* Sonnenkollektor

So|lar|kon|stan|te *auch:* **So|lar|kons|tan|te** ⟨f.; -, -n; Physik⟩ diejenige Energie, die in einer bestimmten Zeit von der Sonne auf einem Quadratzentimeter der Obergrenze der Atmosphäre auftritt

So|lar|kraft|werk ⟨n.; -(e)s, -e; Ökol.⟩ = Solaranlage

So|lar|öl ⟨n.; -s, -e⟩ aus Braunkohle gewonnenes Öl, das zwischen 130 u. 240 °C siedet u. als Lösungsmittel u. Treibstoff für Motoren verwendet wird

So|lar|ple|xus ⟨a. [--'--] m.; -, -; Anat.⟩ auf der Hauptschlagader dicht unter dem Zwerchfell aufliegendes Geflecht aus Fasern des vegetativen Nervensystems, von dem aus alle Eingeweide der oberen Bauchhöhle mit Nerven versorgt werden, Sonnengeflecht: Plexus solaris

So|lar|tech|nik ⟨f.; -; unz.⟩ neu entstandener Industriezweig, der sich mit der Nutzung der Sonnenenergie für Heizzwecke u. zur Stromerzeugung befasst

So|lar|zel|le ⟨f.; -, -n; Physik⟩ Halbleiterbauelement zur direkten Umwandlung von Strahlungsenergie (der Sonne) in elektrische Energie auf fotoelekt. Wege durch Freisetzen von Elektronen im Innern, Sonnenzelle

So|la|wech|sel ⟨[-ks-] m.; -s, -; Bankw.⟩ Wechsel, in dem sich der Aussteller zur Zahlung einer Geldsumme verpflichtet, Eigenwechsel [<lat. *solus* »allein«]

Sol|da|nel|le ⟨f.; -, -n; Bot.⟩ Troddelblume, Alpenglöckchen, einer in den Alpen od. höheren Mittelgebirgen heimischen Gattung der Primelgewächse angehörende Frühlingsblume mit sonnenförmigen Blättern u. zerschlitzten Kronblättern der bläul. od. rötl. violetten Blüten: Soldanella [<neulat., ital. *soldanella*]

Sol|dat ⟨m.; -en, -en⟩ **1** ⟨Mil.⟩ Angehöriger einer Streitkraft eines Staates; *Ggs* Zivilist **2** ⟨Schach⟩ Bauer **3** ⟨Zool.⟩ **3.1** auf die Verteidigung spezialisiertes Individuum eines Insektenstaates **3.2** Feuerwanze

[<ital. *soldato*, frz. *soldat*, span. *soldado* »der Besoldete«]
Sol|da|tes|ka ⟨f.; -; unz.⟩ Horde wilder, roher Soldaten [<ital. *soldatesca* »Kriegervolk«, 1792 durch Schiller zum negativen Schlagwort geworden]
Sol|da|tin ⟨f.; -, -tin|nen; Mil.⟩ Angehörige einer Streitkraft eines Staates; *Ggs* Zivilistin [→ *Soldat*]
sol|da|tisch ⟨Adj., Mil.⟩ wie ein Soldat, wie bei den Soldaten, straff; *~e Disziplin*
Sol|do ⟨m.; -s, Sol|di⟩ frühere ital. Münze [→ *solidus*]
Sol|eil ⟨[sɔlɛj] m.; - od. -s; unz.; Textilw.⟩ glänzendes, zart geripptes Kammgarngewebe mit hoher Kettdichte [frz., »Sonne«]
sol|lenn ⟨Adj.⟩ feierlich, festlich [<lat. *sollemnis, solennis* »festlich«]
Sol|en|ni|tät ⟨f.; -; unz.⟩ solenne Beschaffenheit, Festlichkeit, Feierlichkeit
Sol|e|no|id ⟨n.; -(e)s, -e; Physik⟩ lang gestreckte, zylindr. Spule, in deren Innerem bei Stromdurchfluss ein nahezu homogenes Magnetfeld entsteht [<grch. *solen* »Röhre« + *eidos* »Gestalt«]
Sol|fa|ta|re ⟨f.; -, -n; Geogr.⟩ vulkanisches Ausströmen von schwefeligen Gasen u. Wasserdampf [<ital. *solfatara*; zu *solfo* »Schwefel« <lat. *sulfur*]
sol|feg|gie|ren ⟨[-dʒi:-] V.; Musik⟩ ein Solfeggio singen
Sol|feg|gio ⟨[-dʒo] n.; -s, -feg|gien [-dʒɔn]; Musik⟩ virtuose Stimmübung auf Vokalen [<ital. *sol*, Tonname für *g*, + *fare* »machen«]
So|li 1 ⟨Pl. von⟩ Solo **2** ⟨umg.; kurz für⟩ Solidaritätszuschlag
so|lid ⟨Adj.⟩ = solide
So|li|dar|haf|tung ⟨f.; -; unz.; Rechtsw.⟩ Haftung mehrerer Personen, die als Gesamtschuldner gelten
so|li|da|risch ⟨Adj.⟩ **1** füreinander einstehend, fest verbunden; *ein ~es Verhalten* **2** gemeinsam, geschlossen **3** einig, übereinstimmend [<frz. *solidaire* »miteinander verbunden, füreinander haftend« <lat. *solidus* »echt, ganz und gar«]

so|li|da|ri|sie|ren ⟨V.⟩ *sich ~* sich verbinden, sich solidarisch erklären
So|li|da|ris|mus ⟨m.; -; unz.; bes. kath. Kirche⟩ Lehre von der Verbundenheit des Einzelnen mit der Gemeinschaft für das allgemeine Wohl
So|li|da|ri|tät ⟨f.; -; unz.⟩ Zusammengehörigkeit, Verbundenheit [→ *solidarisch*]
So|li|da|ri|täts|zu|schlag ⟨m.; -(e)s; unz.; Politik⟩ Zuschlag zur Einkommens- u. Körperschaftssteuer, der wegen der zusätzlichen finanziellen Belastung durch die deutsche Wiedervereinigung erhoben wird
So|li|dar|ność ⟨[-nɔʃ] f.; -; unz.; Politik⟩ polnischer Gewerkschaftsverband [poln., »Solidarität«]
So|li|dar|schuld|ner ⟨m.; -s, -; Rechtsw.⟩ Gesamtschuldner [→ *solidarisch*]
so|li|de ⟨Adj.⟩ *oV* solid **1** charakterfest, zuverlässig, maßvoll, einwandfrei **2** nicht ausschweifend, häuslich; *~ leben* **3** anständig, ordentlich, geordnet, gutbürgerlich; *ein ~s Mittagessen; in ~n Verhältnissen leben* **4** dauerhaft, haltbar, gut gebaut, fest; *ein ~s Paar Schuhe; ~ Arbeit leisten* [frz. <lat. *solidus* »echt, gediegen, haltbar«]
So|li|di|tät ⟨f.; -; unz.⟩ solide Beschaffenheit, solides Wesen
So|li|dus ⟨m.; -, -li|di⟩ altröm. Goldmünze [zu lat. *solidus* »echt«]
so|lie|ren ⟨V.; Musik⟩ **1** ein Solo singen od. spielen **2** ohne Begleitung singen od. spielen
so|li|flu|i|dal ⟨Adj.; Geogr.⟩ die Solifluktion betreffend, auf ihr beruhend
So|li|fluk|ti|on ⟨f.; -, -en⟩ Bodenfließen, durch wechselndes Gefrieren u. Abtauen der über einem Frostboden liegenden Bodenschichten werden diese mit Wasser durchtränkt u. in ihrer Struktur verlagert [<lat. *solidus* »echt, gediegen, haltbar« + *fluctuatio* »das Schwanken, Wogen«]
So|ling ⟨f.; -, -s od. m. od. n.; -s, -s; Segeln⟩ Kielboot für drei Personen

So|lip|sis|mus *auch:* **So|lip|sis|mus** ⟨m.; -; unz.; Philos.⟩ Lehre, dass das subjektive Ich das allein wirkliche sei u. alle anderen Ichs nur dessen Vorstellungen [<lat. *solus* »allein« + *ipse* »selbst«]
So|lip|sist *auch:* **So|lip|sist** ⟨m.; -en, -en⟩ Anhänger, Vertreter des Solipsismus
so|lip|sis|tisch *auch:* **so|lip|sis|tisch** ⟨Adj.⟩ auf dem Solipsismus beruhend
So|list ⟨m.; -en, -en; Musik⟩ (von Orchester od. Chor begleiteter) einzeln hervortretender Instrumentalist od. Sänger; *Violin~* [<ital. *solista*, frz. *soliste* <lat. *solus* »allein«]
So|lis|tin ⟨f.; -, -tin|nen; Musik⟩ (von Orchester od. Chor begleitete) einzeln hervortretende Instrumentalistin od. Sängerin; *Violin~*
so|lis|tisch ⟨Adj.; Musik⟩ **1** einen Solisten betreffend **2** als Solist auftretend; *eine ~e Einlage; ein ~er Auftritt*
so|li|tär ⟨Adj.⟩ einsam, allein, abgesondert (lebend); *~es Tier* allein lebendes Tier, das aber normalerweise gesellig lebt [<frz. *solitaire* <lat. *solitarius* »allein, abgesondert«]
So|li|tär ⟨m.; -s, -e⟩ **1** sehr großer, einzeln gefasster Diamant **2** Geduldspiel für eine Person [→ *solitär*]
So|li|tü|de ⟨f.; -, -n⟩ Einsamkeit (Name von Schlössern); *Schloss ~ bei Stuttgart* [<frz. *solitude* <lat. *solitudo*]
Sol|lux|lam|pe ⟨f.; -, -n⟩ Bestrahlungslampe zur örtlichen Wärmebehandlung [<lat. *sol* »Sonne« + *lux* »Licht« + *Lampe*]
Sol|mi|sa|ti|on ⟨f.; -; unz.; Musik⟩ **1** System von Silben, mit denen die Töne der diaton. Tonleiter bezeichnet werden; *→a.* Ut¹ **2** Verfahren, mit diesen Silben die Vorstellung von Tönen zu bilden u. zu festigen [<*sol* + *mi*, den beiden Tonsilben der Reihe: ut (später do), re, mi, fa, sol, la, si]
sol|mi|sie|ren ⟨V.; Musik⟩ das Verfahren der Solmisation anwenden
so|lo ⟨Adj.; Musik⟩ allein, einzeln; *~ singen, spielen; ich bin*

Solo

wieder ~ ⟨umg.; scherzh.⟩ ohne Partner, nicht mehr in einer Beziehung lebend [ital., »allein, einzig« <lat. *solus*]

So|lo ⟨n.; -s, -s od. So|li⟩ **1** ⟨Musik⟩ Vortrag eines einzelnen Sängers od. Instrumentalisten; *Ggs* Tutti **2** ⟨Kart.⟩ Spiel eines Einzelnen gegen mehrere Mitspieler [ital., »allein, einzig« <lat. *solus*]

So|lö|zis|mus ⟨m.; -, -zis|men; Sprachw.⟩ grober sprachlicher, bes. syntaktischer Fehler [<grch. *soloikismos* »sprachlich falscher Ausdruck«; zu *soloikos* »fehlerhaft sprechend«; zu *Soloi*, einer grch. Kolonie in Kilikien, in der sehr fehlerhaftes Griechisch gesprochen wurde]

Sol|st|ti|um ⟨n.; -s, -ti|en⟩ Sonnenwende [lat., eigtl. »Sonnenstand« <*sol* »Sonne« + *sistere* »stehen bleiben«]

so|lu|bel ⟨Adj.; Chemie⟩ löslich; *soluble Stoffe* [<frz. *soluble* <lat. *solubilis*; zu *solvere* »lösen«]

So|lu|bi|li|sa|ti|on ⟨f.; -, -en; Chemie⟩ Lösung eines Stoffes in einem Lösungsmittel, in dem er unter normalen Umständen nicht löslich ist, verursacht durch übermäßige Druck- od. Temperaturverhältnisse od. durch Substanzen, die die Lösung begünstigen

So|lu|tio ⟨f.; -, -o|nen; Pharm.; Chemie⟩ = Solution

So|lu|ti|on ⟨f.; -, -en; Pharm.; Chemie⟩ Lösung; *oV* Solutio [<frz. *solution* <lat. *solutio* »die Auflösung«]

So|lu|tré|en auch: **So|lut|ré|en** ⟨[solytreɛ̃ː] n.; -s od. -; unz.; Geol.⟩ Kulturstufe des Jungpaläolithikums [nach dem Fundort *Solutré*, im frz. Departement Saône-et-Loire]

sol|va|bel ⟨[-va:-] Adj.⟩ auflösbar; *eine solvable Mischung* [<frz. *solvable* »zahlungsfähig« <lat. *solvere* »auflösen; abzahlen«]

Sol|va|ta|ti|on ⟨[-va-] f.; -, -en; Chemie⟩ Anlagerung von Ionen aus Lösungsmitteln an Ionen od. Moleküle der darin gelösten Stoffe [nach dem belg. Chemiker Ernest *Solvay*, 1838–1922]

Sol|vens ⟨[-vɛns] n.; -, -ven|zi|en; Pharm.⟩ den Schleim lösendes Mittel [lat., Part. Präs. zu *solvere* »lösen«]

sol|vent ⟨[-vɛnt] Adj.; Wirtsch.⟩ zahlungsfähig; *Ggs* insolvent [<lat. *solvere* »(Schuld, Lohn) (ab)zahlen«]

Sol|venz ⟨[-vɛnts] f.; -; unz.; Wirtsch.⟩ Zahlungsfähigkeit; *Ggs* Insolvenz [→ *solvent*]

sol|vie|ren ⟨[-viː-] V.; Wirtsch.⟩ **1** lösen, auflösen **2** zahlen, abzahlen (Schuld) [<lat. *solvere*; → *Solvens*]

So|ma ⟨n.; -s, -ta; Med.⟩ Leib, Körper [neulat. <grch. *soma* »Körper«]

so|ma|tisch ⟨Adj.; Med.⟩ leiblich, körperlich [<grch. *somatikos* »den Körper betreffend«]

So|ma|to..., **So|ma|to...** ⟨in Zus.⟩ Körper..., Körper... [<grch. *soma*, Gen. *somatos* »Körper«]

so|ma|to|gen ⟨Adj.; Med.⟩ ~*e Eigenschaft* E., die vom Körper neu erworben u. nicht erblich sind [<*somato...* + ...*gen*¹]

So|ma|to|gramm ⟨n.; -s, -e; Med.⟩ Grafik od. Tabelle, die auf der Grundlage von physischen Werten (Alter, Gewicht, Größe) die Entwicklung von Säuglingen u. Kindern bis zur Pubertät veranschaulicht [<*Somato...* + ...*gramm*]

So|ma|to|lo|gie ⟨f.; -; unz.; Med.⟩ Lehre von den Eigenschaften des menschl. Körpers [<*Somato...* + ...*logie*]

So|ma|to|sko|pie auch: **So|ma|tos|ko|pie** ⟨f.; -, -n; Med.⟩ körperliche Untersuchung [<*Somato...* + ...*skopie*]

So|ma|to|tro|pin ⟨n.; -s; unz.; Biochemie⟩ im Vorderlappen der Hypophyse gebildetes, das Längenwachstum förderndes Hormon [<*Somato...* + ...*trop*¹]

So|ma|zel|le ⟨f.; -, -n; Genetik⟩ mit dem doppelten Chromosomensatz ausgestattete Zelle (jede Körperzelle mit Ausnahme der Keimzellen)

Som|bre|ro auch: **Som|bre|ro** ⟨m.; -s, -s⟩ breitrandiger mexikan. Hut [span., »Schattenspender«; zu *sombra* »Schatten«]

Som|me|lier ⟨[-ljeː] m.; -s, -s; Berufsbez.⟩ Weinkellner bzw. Weinkellner in einer Vinothek bzw. einem Restaurant [frz., »Weinkellner, Kellermeister« <altprov. *saumalier* »Führer von Saumtieren«]

Som|me|lier ⟨[-ljeː] m.; -s, -s; Berufsbez. für⟩ Weinberater bzw. Weinkellner in einer Vinothek od. einem Restaurant; *oV* Sommelière [<frz. *sommelière* »Weinkellner, Kellermeister« <altprov. *saumalier* »Führer von Saumtieren«]

Som|me|liè|re ⟨[-ljeːrə] f.; -, -n⟩ = Sommelier

som|nam|bul ⟨Adj.; Med.⟩ an Somnambulismus leidend, mondsüchtig; *Sy* lunatisch [frz. <lat. *somnus* »Schlaf« + *ambulare* »gehen«]

Som|nam|bu|le ⟨m. od. f.; -n, -n; Med.⟩ jmd., der an Somnambulismus leidet, Schlafwandler(in); *Sy* Lunatiker

som|nam|bu|lie|ren ⟨V.; Med.⟩ schlafwandeln

Som|nam|bu|lis|mus ⟨m.; -; unz.; Med.⟩ Ausführung, geordneter Handlungen u. Bewegungen in tiefem Schlaf, an die keine Erinnerung bleibt, Mondsüchtigkeit, Schlafwandeln; *Sy* Lunatismus, Noktambulismus [→ *somnambul*]

som|no|lent ⟨Adj.; Med.⟩ **1** benommen **2** schlafsüchtig, -trunken [frz., »schlaftrunken«; zu *somnus* »Schlaf«]

Som|no|lenz ⟨f.; -; unz.; Med.⟩ krankhafte Schläfrigkeit [→ *somnolent*]

So|na|graf ⟨m.; -en, -en; Technik⟩ = Sonagraph

so|na|gra|fisch ⟨Adj.; Technik⟩ = sonagraphisch

So|na|gramm ⟨n.; -s, -e; Technik⟩ mit dem Sonar gewonnene Aufzeichnung eines akustischen Vorganges

So|na|graph ⟨m.; -en, -en; Technik⟩ Gerät zur Aufzeichnung u. Sichtbarmachung von akustischen Vorgängen; *oV* Sonagraf [<lat. *sonare* »tönen« + ...*graph*]

so|na|gra|phisch ⟨Adj.; Technik⟩ mit Hilfe eines Sonagraphen festgehalten, festgestellt; *oV* sonagrafisch

So|nant ⟨m.; -en, -en; Phon.; Sprachw.⟩ Silben bildender Laut; →*a.* Vokal [<lat. *sonans*, Part. Präs. zu *sonare* »tönen«]

so|nan|tisch ⟨Adj.; Sprachw.; Phon.⟩ **1** Silben bildend **2** den Sonanten betreffend, zu ihm gehörig

So|nar ⟨n.; -s, -e; Technik; kurz für⟩ = Sonargerät

So|nar|ge|rät ⟨n.; -(e)s, -e; Technik⟩ Gerät zur Ortung von getauchten U-Booten od. Unterwasserhindernissen mittels Schallwellen, die von dem betreffenden Gegenstand reflektiert werden; *Sy* Sonar [<lat. *sonare* »tönen«]

So|na|ta ⟨f.; -, -te; Musik; ital. Bez. für⟩ Sonate

So|na|te ⟨f.; -, -n; Musik⟩ Musikstück für ein od. mehrere Instrumente aus drei od. vier Sätzen; *oV* Sonata; *Klavier*~; *Violin*~ [<ital. *sonata*; zu ital., lat. *sonare* »tönen, klingen«]

So|na|ti|ne ⟨f.; -, -n; Musik⟩ kleine Sonate [<ital. *sonatina*, Verkleinerungsform zu *sonata*; → *Sonate*]

so|na|tisch ⟨Adj.; Musik⟩ **1** in der Art der Sonate **2** die Sonate (u. ihre Form) betreffend, zu ihr gehörig

Son|de ⟨f.; -, -n⟩ **1** ⟨Med.⟩ stabod. schlauchförmiges Instrument zur Untersuchung von Körperhöhlen u. -gängen od. zum Entnehmen von Flüssigkeiten; *Blasen*~; *Gebärmutter*~ **2** ⟨Bgb.⟩ Bohrung geringen Durchmessers zur Entnahme einer Probe **3** ⟨kurz für⟩ Weltraumsonde **4** ⟨Biochemie⟩ markiertes, einzelsträngiges DNA- od. RNA-Molekül [<frz. *sonde* »Lot, Senkblei«]

son|die|ren ⟨V.⟩ **1** ⟨Med.⟩ mit einer Sonde untersuchen **2** ⟨fig.⟩ vorsichtig erkunden, erforschen; *die Lage, das Gelände* ~ [<frz. *sonder*; → *Sonde*]

So|ne ⟨f.; -, -; Physik; Zeichen: sone⟩ Maßeinheit der Lautheit, dem Lautstärkepegel von 40 phon entspricht 1 sone [zu lat. *sonare, sonere* »klingen«]

So|nett ⟨n.; -(e)s, -e; Metrik⟩ Gedichtform fester Bauart aus 14 variierend gereimten Versen, die in zwei vierzeilige (Quartette) u. zwei dreizeilige (Terzette) Strophen eingeteilt sind [<ital. *sonetto* <*sono* »Klang, Ton«; zu lat. *sonare* »klingen, tönen«]

Song ⟨m.; -s, -s; Musik⟩ **1** ⟨allg.⟩ Schlager, Lied **2** ⟨bes. bei B. Brecht u. K. Weill⟩ scharf satir. Lied im Stil des Bänkelsangs mit Elementen der Jazzmusik [engl., »Lied«]

Song|book ⟨[-buk] n.; -s, -s; Musik⟩ Schlager-, Liederbuch (eines Sängers) [engl.]

Song|wri|ter ⟨[-raɪtə(r)] m.; -s, -; Musik⟩ jmd., der die Musik u. manchmal auch Texte für (populäre) Songs komponiert [engl.]

Son|nen|kol|lek|tor ⟨m.; -s, -en; Ökol.⟩ = Solarkollektor

Son|ny|boy ⟨[-bɔɪ] m.; -s, -s⟩ überall beliebter, fröhlicher, charmanter junger Mann [<engl. *sonny* »Kleiner« (als Anrede), Koseform zu *son* »Sohn« + *boy* »Junge«]

So|no|graf ⟨m.; -en, -en; Med.⟩ = Sonograph

So|no|gra|fie ⟨f.; -, -n; Med.⟩ = Sonographie

So|no|graph ⟨m.; -en, -en; Med.⟩ Gerät zur Aufzeichnung u. Sichtbarmachung von akustischen Vorgängen; *oV* Sonograf [<lat. *sonor* »Ton, Klang« + ...*graph*]

So|no|gra|phie ⟨f.; -, -n; Med.⟩ Untersuchung mit Ultraschall; *oV* Sonografie [<lat. *sonor* »Ton, Klang« + ...*graphie*]

So|no|lu|mi|nes|zenz ⟨f.; -, -en; Physik⟩ durch Schallwellen hervorgerufene Leuchterscheinungen [<lat. *sonor* »Ton, Klang« + *Lumineszenz*]

So|no|me|ter ⟨n.; -s, -; Phon.⟩ Gerät zur Messung von Schallstärken [<lat. *sonor* »Ton, Klang« + ...*meter*]

so|nor ⟨Adj.⟩ tief. u. klangvoll, voll tönend (Stimme); ~*e Laute* ⟨Phon.⟩ Nasale u. Liquiden [<lat. *sonorus* »tönend«; zu *sonor* »Ton, Klang«]

So|nor ⟨m.; -s, -e; Phon.⟩ Laut, der sehr stimmhaft gesprochen wird; *Sy* Sonorlaut [→ *sonor*]

So|no|ri|tät ⟨f.; -; unz.⟩ sonore Beschaffenheit

So|nor|laut ⟨m.; -(e)s, -e; Phon.⟩ = Sonor

Soor ⟨m.; -(e)s, -e; Med.⟩ Pilzinfektion (bes. in der Mundhöhle bei Kindern) [<nddt.; Herkunft unsicher]

So|phia ⟨f.; -; unz.⟩ **1** ⟨Philos.⟩ das Wissen von den göttlichen Ideen (bei Plato) **2** ⟨Rel.⟩ im späten Juden- u. im Christentum die personifizierte Weisheit Gottes [grch., »Weisheit«]

...so|phie ⟨Nachsilbe; zur Bildung weibl. Subst.⟩ Weisheit, Lehre; *Anthroposophie*; *Philosophie* [<grch. *sophia* »Weisheit«]

So|phis|ma ⟨n.; -s, -phismen; geh.⟩ = Sophismus

So|phis|mus ⟨m.; -, -phismen; geh.⟩ Trugschluss, Scheinbeweis; *oV* Sophisma [<grch. *sophisma* »das klug Erdachte«; zu *sophos* »geschickt, klug, weise«]

So|phist ⟨m.; -en, -en⟩ **1** ⟨urspr.⟩ Denker, Weiser **2** ⟨dann⟩ Lehrer der Redekunst u. Philosophie **3** ⟨Philos.; seit Sokrates⟩ spitzfindiger Philosoph, der es für unmöglich hält, die Wahrheit zu finden **4** ⟨abwertend⟩ Wortklauber, Wortverdreher [<grch. *sophistes* »Mensch, der im Besitz einer besonderen Geschicklichkeit od. Kunst ist«; zu *sophos* »geschickt, klug«]

So|phis|te|rei ⟨f.; -, -en⟩ Klügelei, Wortklauberei, Spiegelfechterei, spitzfindige Philosophieren [<grch. *sophisteia* »Kniff, Verschlagenheit«]

so|phis|ti|ca|ted ⟨[səˈfɪstɪkeɪtɪd] Adj.⟩ **1** kultiviert, gepflegt, anspruchsvoll **2** hoch entwickelt, ausgeklügelt (Technik usw.) **3** intellektuell, weise [engl.]

So|phis|tik ⟨f.; -; unz.⟩ **1** ⟨Philos.⟩ Lehre der Sophisten **2** scheinbare, spitzfindige Weisheit, Spitzfindigkeit [<grch. *sophistike (techne)* »die Kunst des eleganten Stils u. des Wortverdrehens«; zu *sophos* »geschickt, klug, weise«]

So|phis|ti|ka|ti|on ⟨f.; -, -en; Philos.; nach I. Kant⟩ Schluss von etwas, was wir kennen, auf etwas, was wir nicht kennen u. nicht beweisen können

so|phis|tisch ⟨Adj.⟩ **1** in der Art eines Sophisten **2** spitzfindig

So|por ⟨m.; -s; unz.; Med.⟩ starke Benommenheit, Betäubung, Schlaftrunkenheit [lat., »tiefer Schlaf; Betäubung«]

soporös

so|po|rös ⟨Adj.; Med.⟩ stark benommen, schlaftrunken, betäubt [<lat. *soporus* »schlaftrunken; schlafbringend«; zu *sopor* »Schlaf«]

♦ Die Buchstabenfolge **so|pr**... kann auch **sop|r**... getrennt werden.

♦ **so|pra** ⟨Adv.; Musik⟩ oben, über (der anderen Hand zu spielen); *Ggs* sotto [ital.]

♦ **So|pran** ⟨m.; -s, -e; Musik⟩ 1 höchste Stimmlage (von Knaben u. Frauen); *Sy* Diskant (1) 2 = Sopranist(in) 3 Gesamtheit der Sopranstimmen im Chor [<ital. *soprano* <lat. *supremus* »der höchste«]

♦ **So|pra|nist** ⟨m.; -en, -en; Musik⟩ Knabe, der Sopran singt, eine Sopranstimme besitzt

♦ **So|pra|nis|tin** ⟨f.; -, -tin|nen; Musik⟩ Sängerin, die Sopran singt

♦ **So|pra|por|te** ⟨f.; -, -n⟩ bes. im Barock u. Rokoko⟩ Verzierung (Bild, Relief) über der Tür; *oV* Superport, Supraport, Supraporte [<ital. *sopra* »über, oberhalb« <lat. *supra*) + *porta* »Tür« (<lat. *porta*)]

Sor|bet ⟨[zɔrbeː] n. od. m.; -s, -s⟩ halb gefrorenes Speiseeis; *oV* Sorbett; Erdbeer~ [frz., <ital. *sorbetto* <türk.-pers. *scherbet* »süßer Kühltrunk«]

Sor|bett ⟨[zɔrbeː] n. od. m.; -s, -s⟩ = Sorbet

Sor|bin|säu|re ⟨f.; -, -n; Chemie⟩ zweifach ungesättigte, aliphatische Carbonsäure, die zum Konservieren von Lebens- u. Genussmitteln u. als Zusatz zu Kunststoffen u. Kautschuk verwendet wird [<lat. *sorbus* »Eberesche«]

Sor|bit ⟨m.; -s; unz.; Chemie⟩ sechswertiger, aliphat., kristalliner, süßer Alkohol [<lat. *sorbus* »Eberesche«]

Sor|bon|ne ⟨[zɔrbɔn] f.; -; unz.⟩ bedeutende Pariser Universität [nach dem Gründer Robert de Sorbon, 1201-1274]

Sor|bo|se ⟨f.; -; unz.⟩ durch Oxidation von Sorbit gebildeter Zucker

Sor|di|ne ⟨f.; -, -n; Biochemie⟩ *oV* Sordino 1 ⟨allg.⟩ Dämpfer 2 ⟨an Musikinstrumenten⟩ Vorrichtung zum Abschwächen des Tons 2.1 ⟨Klavier⟩ die Hämmer verschiebendes Pedal 2.2 ⟨Streichinstrumente⟩ auf die Saiten zu setzender hölzerner Bügel 2.3 ⟨Blasinstrumente⟩ durchbohrter hölzerner Kegel [<ital. *sordino* »Dämpfer«]

Sor|di|no ⟨m.; -s, -s; Musik⟩ = Sordine

sor|do ⟨Adj.; Musik⟩ dumpf, gedämpft (zu spielen) [ital.]

Sor|dun ⟨m. od. n.; -s, -e; Musik⟩ 1 Holzblasinstrument des 17. Jh., Vorläufer des Fagotts 2 ein Orgelregister [<ital. *sordo* »gedämpft« <lat. *surdus* »taub«]

So|re ⟨f.; -; unz.; Gaunerspr.⟩ Diebesgut, Diebesbeute [<jidd. *sechoro* »Ware«]

Sor|gho ⟨m.; -s, -s; Bot.⟩ Mohrenhirse, einer Gattung der Gräser angehörende Dauerpflanze mit einer breiten Rispe; *oV* Sorghum [<ital. *sorgo* »Hirse«]

Sor|ghum ⟨n.; -s, -s; Bot.⟩ = Sorgho [<ital. *sorgo* »Hirse«]

Sorp|ti|on ⟨f.; -, -en; Chemie⟩ Aufnahme eines Stoffes durch Adsorption u. (od.) Absorption [zu lat. *sorbere* »hinunterschlucken«]

sor|ry! ⟨[sɔrɪ]⟩ Entschuldigung, es tut mir Leid! [engl., »Entschuldigung; traurig«]

Sor|te ⟨f.; -, -n⟩ 1 Art, Gattung, Güteklasse (bes. von Waren); *beste, feinste, gute, mittlere, schlechte* ~; *er ist eine merkwürdige* ~ *von Mensch* ⟨umg.⟩ 2 ⟨nur Pl.; Bankw.⟩ ~*n* ausländ. Banknoten u. Münzen u. in fremder Währung ausgestellte Kupons ausländischer Effekten [<ital. *sorta*, frz. *sorte* »Art, Qualität« <lat. *sors* »Los; Art u. Weise«]

Sor|ter ⟨[sɔːtə(r)] m.; -s, -; Technik⟩ ⟨Kopiergerät mit⟩ Sortiermaschine [engl.]

sor|tie|ren ⟨V.⟩ ⟨nach Sorten⟩ ordnen, auslesen; *Gegenstände in verschiedene Fächer, Kästen* ~; *Gegenstände nach ihrer Farbe, Größe, Form* ~; *gut sortiert* reichhaltig, ein reichhaltiges Angebot aufweisend; *ein gut sortiertes Angebot; ein gut sortiertes Geschäft* [<ital. *sortire* <lat. *sortiri* »auswählen, auslosen«; → *Sorte*]

Sor|tie|rer ⟨m.; -s, -⟩ 1 Arbeiter, der etwas (Waren, Produkte) sortiert 2 jmd., der an einer Sortiermaschine arbeitet 3 Sortiermaschine; → *a.* Sorter

sor|tiert ⟨Adj.⟩ 1 eine bestimmte Auswahl (an Waren, Lebensmitteln) besitzend; *das Geschäft, Kaufhaus ist gut* ~ 2 hochwertig, von erlesener Qualität; ~*e* Ware

Sor|ti|le|gi|um ⟨n.; -s, -gi|en⟩ Weissagung durch Lose [<lat. *sors* »Los, Geschick« + *legere* »lesen«]

Sor|ti|ment ⟨n.; -(e)s, -e⟩ 1 Gesamtheit der vorhandenen Sorten, Angebot an Waren; *ein* ~ *an Wäsche* 2 ⟨Buchw.; kurz für⟩ Sortimentsbuchhandel [<ital. *sortimento* »Warenangebot«; → *Sorte*]

Sor|ti|men|ter ⟨m.; -s, -; Buchw.⟩ Buchhändler im Sortimentsbuchhandel

Sor|ti|ments|buch|han|del ⟨m.; -s; unz.; Buchw.⟩ Buchhandel in Ladengeschäften, die Bücher verschiedenster Arten u. Verlage vorrätig haben; *Sy* Sortiment (2)

SOS ⟨n.; -; unz.⟩ Hilferuf in Not, bes. von Schiffen u. Flugzeugen; ~ *funken* [die Buchstaben sind wegen der Auffälligkeit der entsprechenden Morsezeichen (abwechselnd drei Punkte u. drei Striche) gewählt worden; danach gedeutet als engl. *save our souls* »rettet unsere Seelen«]

So|ße ⟨f.; -, -n⟩ *oV* Sauce 1 angedickte Flüssigkeit (aus den verschiedensten Zutaten) zur Ergänzung bestimmter Gerichte; *holländische* ~; *Vanille*~ 2 Geschmacks- u. Duftstoff zum Aromatisieren von Tabakblättern; *Tabak*~ 3 ⟨scherzh.; umg.⟩ schmutzige Brühe, flüssiger Schmutz [<frz. *sauce* »Tunke, Brühe« <neulat. *salsa* <mhd. *salse* »die gesalzene (Brühe)« <lat. *salsus* »gesalzen«]

sost. ⟨Musik; Abk. für lat.⟩ sostenuto

sos|te|nu|to ⟨Abk.: sost.; Musik⟩ gehalten, breit, getragen, mit vollen, gebundenen Tönen (zu spielen) [ital., Part. Perf. zu *sostenere* »halten«]

So|ter ⟨m.; -, -e⟩ **1** ⟨im antiken Griechenland⟩ Retter, Erretter (Beiname von Göttern u. später Fürsten) **2** ⟨Rel.; im NT⟩ Erlöser, Heiland (Beiname Christi) [grch., »Erretter, Erlöser«]

So|te|ri|o|lo|gie ⟨f.; -; unz.; Rel.⟩ Lehre vom Erlösungswerk Christi [< *Soter* + ...*logie*]

so|te|ri|o|lo|gisch ⟨Adj.; Rel.⟩ die Soteriologie betreffend, auf ihr beruhend

sot|to ⟨Adv.; Musik⟩ unten, unter (der anderen Hand zu spielen); *Ggs* sopra [ital.]

sot|to vo|ce ⟨['vo:tʃə] Musik⟩ gedämpft, halblaut, mit gedämpftem Ton (zu spielen) [< ital. *sotto* »unter, unterhalb« + *voce* »Stimme«]

Sou ⟨[su:] m.; -, -s [su:]; früher; umg.⟩ französ. Münze, 5 Centimes [frz.]

Sou|bret|te *auch:* **Sou|bret|te** ⟨[su-] f.; -, -n; Musik⟩ Sopranistin in Oper u. Operette für heitere Rollen, z. B. Kammerzofen [frz., »Kammermädchen«]

Sou|che ⟨[suːʃə] f.; -, -n; Bankw.⟩ Teil eines Wertpapiers, das zum späteren Nachweis seiner Echtheit zurückbehalten wird [frz., »Grundstock«]

Sou|chong ⟨[sutʃɔŋ] m.; -s, -s⟩ eine Sorte Tee mittlerer Qualität [< chines. *hsiao chung* »kleine Sorte«]

Souf|flé *auch:* **Souf|flé** ⟨[sufleː] n.; -s, -s; Kochk.⟩ sehr lockerer Auflauf mit Eierschnee; *oV* Soufflee [frz., »Auflauf«; zu *souffler* »blasen«]

Souf|flee *auch:* **Souf|flee** ⟨[sufleː] n.; -s, -s; Kochk.⟩ = Soufflé

Souf|fleur *auch:* **Souf|fleur** ⟨[sufløːr] m.; -s, -e; Theat.⟩ jmd., der während des Spiels die Rollen flüsternd mitliest, um die Schauspieler vor dem Steckenbleiben zu bewahren, Einsager [frz., »Vorsager (durch Zuhauchen, Zuflüstern), Bläser«]

Souf|fleu|se *auch:* **Souf|fleu|se** ⟨[sufløːzə] f.; -, -n; Theat.⟩ weibl. Souffleur

souf|flie|ren *auch:* **souf|flie|ren** ⟨[su-] V.; Theat.⟩ **1** *jmdm.* ~ jmdm. einsagen, vorsagen **2** als Souffleur bzw. Souffleuse tätig sein [< frz. *souffler* »hauchen, blasen; flüstern« < lat. *sufflare* »hinblasen«; zu *flare* »wehen«]

Souf|fla|ki *auch:* **Souf|la|ki** ⟨[su-] m.; - od. -s, - od. -s; grch. Kochk.⟩ Fleischspießchen

Soul ⟨[soul] m.; -s; unz.; Musik⟩ gefühlsbetonter, ausdrucksstarker Jazz od. Beat [engl., »Seele«]

Sound ⟨[saund] m.; -s, -s; Musik; meist in Zus.⟩ Klang, Klangqualität; *im* ~ *der Rockmusik* [engl., »Ton, Klang«]

Sound|check ⟨[saundtʃɛk] m.; -s, -s; Musik⟩ Zusammenspiel einer Band vor dem Auftritt zur Überprüfung der technischen Anlagen [engl., »Tonüberprüfung«]

Sound|kar|te ⟨[saund-] f.; -, -n; EDV⟩ Steckkarte, die in einem PC installiert wird u. das Abspielen von digitalisierten Tönen u. anderen Tondatenträgern ermöglicht [< engl. *sound* »Ton, Klang«]

Sound|track ⟨[saundtræk] m.; -s, -s; Musik⟩ **1** Filmstreifen mit Ton **2** Musik zu einem Film [engl., »Tonspur«]

Sou|per ⟨[supeː] n.; -s, -s⟩ festl. Abendessen [frz., »Abendessen«]

sou|pie|ren ⟨[su-] V.⟩ festlich zu Abend essen [< frz. *souper* »zu Abend essen«; zu *soupe* »Brühe, Suppe«]

Sour ⟨[sauər] m.; - od. -s, -⟩ alkohol. Mixgetränk mit Zitronenod. Limonensaft; *Whisky-*~ [< engl. *sour* »sauer«]

Sou|sa|fon ⟨[suː-] n.; -s, -e; Musik⟩ = Sousaphon

Sou|sa|phon ⟨[suː-] n.; -s, -e; Musik⟩ (im Jazz verwendete) Art der Basstuba; *oV* Sousafon [nach dem amerikan. Komponisten J. Ph. Sousa, 1854-1932 + grch. *phone* »Stimme, Ton, Klang«]

Sous|chef ⟨[suːʃɛf] m.; -s, -s⟩ **1** dem Chef unmittelbar unterstellter Vertreter, z. B. in Großküchen **2** ⟨Schweiz⟩ Vertreter des Bahnhofvorstehers [< frz. *sous* »unter« + *Chef*]

Sou|ta|che ⟨[sutaʃə] f.; -, -n; Textilw.⟩ schmale (geflochtene) Schnur (als Besatz an Kleidern) [frz.]

sou|ta|chie|ren ⟨[sutaʃiː-] V.; Textilw.⟩ mit einer Soutache besetzen

Sou|ta|ne ⟨[su-] f.; -, -n; Rel.⟩ langer Rock der kath. Geistlichen [frz. < ital. *sottana* »Untergewand«; zu *sotto* »unter, unterhalb« < lat. *subtus* »unten, unterhalb«]

Sou|ta|nel|le ⟨[su-] f.; -, -n; Rel.⟩ kurze Soutane der kath. Geistlichen [< *Soutane* + ital. Verkleinerungssuffix -*ella*]

Sou|ter|rain ⟨[sutɛrɛː] n.; -s, -s⟩ etwa zur Hälfte unter dem Niveau der Straße liegendes Geschoss [frz., »unterird. Gewölbe« < frz. *sous* »unterhalb« + *terrain* »Erde, Boden«]

Sou|ve|nir ⟨[suvəniːr] n.; -s, -s⟩ Andenken [< frz. *se souvenir* »sich an etwas erinnern« < lat. *subvenire* »in die Gedanken kommen, einfallen«]

sou|ve|rän ⟨[suvə-] Adj.⟩ **1** unumschränkt herrschend, die Herrschergewalt, Oberherrschaft ausübend **2** ⟨fig.⟩ überlegen [< frz. *souverain* < mlat. *superanus* »überlegen«]

Sou|ve|rän ⟨[suvə-] m.; -s, -e⟩ Herrscher

Sou|ve|rä|ni|tät ⟨[suvə-] f.; -; unz.⟩ **1** höchste herrschaftliche Gewalt (eines Staates) **2** Hoheitsrechte, Unabhängigkeit [< frz. *souveraineté* »höchste Gewalt, Staatshoheit«]

So|ve|reign ⟨[sʌvərin] m.; -s, -s od. (bei Zahlenangaben) -⟩ ehemalige engl. Goldmünze im Wert von 20 Schilling (1 Pfund) [engl., »Landesherr, Herrscher« (da der erste geprägte S. das Bildnis des Königs Heinrich VIII. trug)]

Sow|chos ⟨[sɔfçɔs] m.; -, -e⟩ = Sowchose

Sow|cho|se ⟨[sɔfçoː-] f.; -, -n; in der UdSSR⟩ Staatsgut; *oV* Sowchos [russ.; verkürzt < *sowjetskoje chosjaistwo* »sowjet. Landwirtschaft«]

Sowjet

Sow|jet *auch:* **Sow|jet** ⟨m.; -s, -s⟩ **1** ⟨urspr.⟩ Arbeiter- u. Soldatenrat **2** ⟨dann⟩ staatl. Behörden u. Organe in der ehem. Sowjetunion **3** ⟨['--] umg.⟩ die Sowjetrussen **4** *Oberster* ~

sowjetisch

Volksvertretung in der ehem. Sowjetunion [<russ. *sowjet*]

so|wje|tisch *auch:* **sow|je|tisch** ⟨Adj.⟩ die Sowjetunion betreffend, zu ihr gehörend, aus ihr stammend

so|wje|ti|sie|ren *auch:* **sow|je|ti|sie|ren** ⟨V.⟩ nach sowjet. Muster organisieren, einrichten

So|wjet|re|pu|blik *auch:* **Sow|jet|re|pub|lik** ⟨f.; -, -en⟩ Republik der ehem. Sowjetunion

So|wjet|rus|se *auch:* **Sow|jet|rus|se** ⟨m.; -n, -n; seit der Oktoberrevolution 1917-1990 Bez. für⟩ Russe, Einwohner der ehem. Sowjetunion

So|ya|sauce ⟨[-so:sə] f.; -, -n⟩ = Sojasoße

So|zi ⟨m.; -s, -s; umg.; teilw. abwertend⟩ = Sozialdemokrat

so|zi|a|bel ⟨Adj.; Soziol.⟩ gesellig, umgänglich [<engl. *sociable* »gesellig«]

Sozi|a|bi|li|tät ⟨f.; -; unz.⟩ soziables Wesen, Verhalten, Geselligkeit, Umgänglichkeit

so|zi|al ⟨Adj.⟩ **1** die Gemeinschaft, Gesellschaft betreffend, dazu gehörend; *~e Lasten; ~e Verhältnisse; ~e Indikation* Veranlassung für einen Schwangerschaftsabbruch aus sozialen Gründen **2** die Normen einer Gesellschaft respektierend; *Ggs* asozial; *~ denken, empfinden, sich ~ verhalten* **3** der Gemeinschaft, Gesellschaft dienend; *~e Fürsorge; in der ~en Arbeit stehen; ~e Berufe; ~er Wohnungsbau* W. zur Linderung der Wohnungsnot mit staatl. Zuschüssen u. Steuerbegünstigungen **4** in Gemeinschaft, gesellig lebend; *~e Tiere* T., die die Gesellschaft anderer Tiere aus innerem Antrieb heraus suchen; *~e Bienen* Stechimmen aus der Familie der Bienen, die in Staaten leben, in denen ein befruchtetes Weibchen, die Königin, Eier legt, während kleine Weibchen mit unterentwickelten Geschlechtsorganen die Aufzucht der Brut u. alle Bau- u. Versorgungsarbeiten ausführen **5** die gesellschaftl. Stellung betreffend, auf ihr beruhend; *~es Ansehen, ~ aufsteigen, sinken* [<frz. *social* <lat. *socius* »Genos-

se, Gefährte; gemeinsam«; zu *sequi* »folgen«]

So|zi|al|char|ta ⟨[-kar-] f.; -; unz.; Politik⟩ Gemeinschaftscharta der sozialen Grundrechte der Arbeitnehmer, die 1989 von der EU beschlossen wurde u. lediglich als Absichtserklärung das sozialpolitische Anliegen der Gemeinschaft festschreibt [<*sozial* + *Charta*]

So|zi|al|de|mo|krat ⟨m.; -en, -en; Politik⟩ männl. Mitglied einer Sozialdemokrat. Partei

So|zi|al|de|mo|kra|tie ⟨f.; -; unz.; Politik⟩ **1** polit. Richtung, die die Grundsätze des Sozialismus u. der Demokratie zu verbinden sucht **2** Gesamtheit aller sozialdemokrat. Parteien

So|zi|al|de|mo|kra|tin ⟨f.; -, -tinnen; Politik⟩ weibl. Mitglied einer Sozialdemokrat. Partei

So|zi|al|de|mo|kra|tisch ⟨Adj.; Politik⟩ zur Sozialdemokratie gehörend, ihre Ziele verfolgend

So|zi|al|ethik ⟨f.; -; unz.; Soziol.⟩ **1** das sittl. Wollen auf der Grundlage des Solidaritätsgefühls **2** Lehre von den ethischen Pflichten des Einzelnen gegenüber der Gemeinschaft

So|zi|al|geo|gra|fie ⟨f.; -, -n; Geogr.⟩ = Sozialgeographie

So|zi|al|geo|gra|phie ⟨f.; -; unz.; Geogr.⟩ Teilgebiet der Geographie, das sich mit den wechselseitigen Beziehungen sozialer Gruppen u. den von ihnen bewohnten Lebensräumen befasst; *oV* Sozialgeografie; *Sy* Soziogeographie

So|zi|al|ge|schich|te ⟨f.; -; unz.⟩ Zweig der Geschichtswissenschaft, der sich bes. mit der Entwicklung der sozialen Verhältnisse befasst

So|zi|a|li|sa|tion ⟨f.; -; unz.; Soziol.⟩ Hineinwachsen des Menschen in die Gesellschaft; *Sy* Sozialisierung

so|zi|a|li|sie|ren ⟨V.⟩ **1** ⟨Soziol.⟩ vergesellschaften **2** ⟨Politik⟩ verstaatlichen (in Staaten mit sozialistischer Gesellschaftsordnung)

So|zi|a|li|sie|rung ⟨f.; -; unz.⟩ **1** das Sozialisieren **2** ⟨Soziol.⟩ = Sozialisation

So|zi|a|lis|mus ⟨m.; -; unz.; Politik⟩ Bewegung gegen den wirt-

schaftl. u. politischen Liberalismus, die dem Arbeitnehmer mehr Einfluss auf die Verwendung der Produktionsmittel u. damit eine größere persönl. Unabhängigkeit u. soziale Sicherheit geben will

So|zi|a|list ⟨m.; -en, -en; Politik⟩ Vertreter, Anhänger des Sozialismus

So|zi|a|lis|tin ⟨f.; -, -tinnen; Politik⟩ Vertreterin, Anhängerin des Sozialismus

so|zi|a|lis|tisch ⟨Adj.; Politik⟩ zum Sozialismus gehörend, auf ihm beruhend; *~er Realismus* (in kommunist. regierten Staaten) realist. Kunstrichtung mit marxist. Grundlage

So|zi|al|kri|tik ⟨f.; -; unz.; Politik⟩ Gesellschaftskritik

so|zi|al|kri|tisch ⟨Adj.; Politik⟩ die Sozialkritik betreffend, auf ihr beruhend, gesellschaftskritisch

So|zi|al|kun|de ⟨f.; -; unz.; Politik⟩ Unterrichtsfach, das polit. u. soziale Zusammenhänge der Gesellschaft behandelt

so|zi|al|li|be|ral ⟨Adj.; Politik⟩ soziale u. liberale Aspekte betreffend; *~e Regierungskoalition* Regierungskoalition aus einer sozialdemokratischen u. einer liberalen Partei

So|zi|al|me|di|zin ⟨f.; -; unz.; Med.⟩ Zweig der Medizin, der sich mit den Beziehungen zwischen Häufigkeit u. Verlauf von Krankheiten u. den sozialen Verhältnissen der Betroffenen befasst

So|zi|al|öko|lo|gie ⟨f.; -; unz.; Ökol.⟩ Teilgebiet der Ökologie, das sich mit den Wechselbeziehungen zwischen dem sozialen Verhalten des Menschen u. seiner Umwelt befasst

So|zi|al|öko|no|mie ⟨f.; -; unz.; Wirtsch.⟩ Volkswirtschaftslehre

So|zi|al|pä|da|go|ge *auch:* **So|zi|al|pä|da|go|ge** ⟨m.; -n, -n; Päd.⟩ jmd., der beruflich in der Sozialpädagogik tätig ist

So|zi|al|pä|da|go|gik *auch:* **So|zi|al|pä|da|go|gik** ⟨f.; -; unz.; Päd.⟩ in den Bundesländern unterschiedlich geregelter Berufszweig für die außerschul. Erziehung von Kindern u. Jugendlichen (Erziehung im Kindergarten, Erziehungsberatung, Bewährungshilfe usw.) mit drei- bis vierjähriger Ausbildung an einer Fachhochschule

So|zi|al|päd|a|go|gin *auch:* **So|zial|pä|d|a|go|gin** ⟨f.; -, -gin|nen; Päd.⟩ Frau, die beruflich in der Sozialpädagogik tätig ist

So|zi|al|part|ner ⟨Pl.; Politik; Gesamtbez. für⟩ Arbeitgeberverbände u. Gewerkschaften

So|zi|al|po|li|tik ⟨f.; -; unz.; Politik⟩ alle Maßnahmen (des Staates) zur Verbesserung der sozialen Verhältnisse, zur Unterstützung wirtschaftl. schwacher Schichten der Bevölkerung

so|zi|al|po|li|tisch ⟨Adj.⟩ die Sozialpolitik betreffend, zu ihr gehörend

So|zi|al|pres|tige ⟨[-ti:ʒ] n.; -s; unz.⟩ Prestige aufgrund der sozialen Stellung

So|zi|al|pro|dukt ⟨n.; -(e)s, -e; Wirtsch.⟩ volkswirtschaftl. Nettoprodukt, das sich aus der Summe aller produzierten Güter ergibt, Nationaleinkommen, Volkseinkommen

So|zi|al|psy|cho|lo|gie ⟨f.; -; unz.; Psych.⟩ Teil der Psychologie, der das Verhalten des Einzelnen gegenüber bzw. innerhalb der Gemeinschaft erforscht

So|zi|al|staat ⟨m.; -(e)s, -en; Politik⟩ Staat, der versucht, soziale Ungleichheiten zu verringern bzw. abzubauen

So|zi|al|struk|tur ⟨f.; -, -en; Soziol.⟩ soziale Struktur, Gliederung der Gesellschaft bzw. ihrer unterschiedlichen Gruppen u. Schichten, Gesellschaftsstruktur

so|zi|al|the|ra|peu|tisch ⟨Adj.⟩ die Sozialtherapie betreffend, zu ihr gehörend

So|zi|al|the|ra|pie ⟨f.; -, -n⟩ Behandlung von psychisch od. physisch Kranken zum Zwecke ihrer Wiedereingliederung in Familie u. Beruf

So|zi|al|wis|sen|schaft ⟨f.; -, -en⟩ = Soziologie

So|zi|e|tär ⟨m.; -s, -e⟩ Mitteilhaber, Mitglied einer Sozietät

So|zi|e|tät ⟨f.; -, -en⟩ **1** Gemeinschaft, Zusammenschluss, Teilhaberschaft (z. B. von Ärzten in einer gemeinsamen Praxis) **2** ⟨Biol.⟩ Form der Vergesellschaftung von Tieren, die für die beteiligten Tiere u. zur Erhaltung der Art notwendig ist [<lat. *societas* »Gemeinschaft, Bündnis«]

so|zi|ie|ren ⟨V.⟩ sich wirtschaftlich zusammenschließen, eine Sozietät bilden; *die beiden Anbieter wollen* ~

So|zi|o|ge|ne|se ⟨f.; -, -n; Biol.; Med.⟩ Entstehung u. Entwicklung von Krankheiten unter Berücksichtigung des sozialen Umfeldes, der Lebensumstände usw. [<lat. *socius* »Genosse, Gefährte« + *Genese*]

So|zi|o|geo|gra|fie ⟨f.; -; unz.; Geogr.⟩ = Sozialgeografie

So|zi|o|geo|gra|phie ⟨f.; -; unz.; Geogr.⟩ = Sozialgeographie

So|zi|o|gra|fie ⟨f.; -, -n; Soziol.⟩ = Soziographie

So|zi|o|gramm ⟨n.; -s, -e; Soziol.⟩ graf. Darstellung der Beziehungen von Angehörigen einer Gruppe zueinander hinsichtl. Art u. Häufigkeit ihrer Kommunikation [<lat. *socius* »Genosse, Gefährte« + ...*gramm*]

So|zi|o|gra|phie ⟨f.; -; unz.; Soziol.⟩ statist. od. andere Beschreibung gesellschaftlicher Erscheinungen, Bewegungen od. Zustände; *oV* Soziografie [<lat. *socius* »Genosse, der mit einer Gesellschaft Verbundene« + ...*graphie*]

so|zi|o|kul|tu|rell ⟨Adj.; Soziol.⟩ das soziale Gefüge u. die Kultur (einer Gruppe, Schicht, Gesellschaft) betreffend, dazu gehörend

So|zi|o|lekt ⟨m.; -s, -e; Sprachw.⟩ Sprachgebrauch einer sozialen Gruppe od. Schicht [<lat. *socius* »Genosse, Gefährte« + grch. *dialektos* »Redeweise«; gebildet nach *Dialekt*]

So|zi|o|lin|gu|is|tik ⟨f.; -; unz.; Sprachw.⟩ Zweig der Linguistik, der sich mit den Unterschieden im Sprachgebrauch verschiedener sozialer Schichten od. Gruppen befasst

So|zi|o|lo|ge ⟨m.; -n, -n; Soziol.⟩ Wissenschaftler, Student der Soziologie

So|zi|o|lo|gie ⟨f.; -; unz.; Soziol.⟩ *Sy* Sozialwissenschaft **1** ⟨i. e. S.⟩ Wissenschaft von den Formen des menschlichen Zusammenlebens u. den dadurch hervorgerufenen Verhaltensweisen, Gesellschaftslehre **2** ⟨i. w. S.⟩ Lehre von den Formen u. Veränderungen im Zusammenleben von Lebewesen; *Tier~* [<lat. *socius* »Genosse, Gefährte, der mit einer Gesellschaft Verbundene« + ...*logie*]

So|zi|o|lo|gin ⟨f.; -, -gin|nen; Soziol.⟩ Wissenschaftlerin, Studentin der Soziologie

so|zi|o|lo|gisch ⟨Adj.; Soziol.⟩ die Soziologie betreffend, zu ihr gehörend, auf ihrer Hilfe

So|zi|o|me|trie *auch:* **So|zi|o|me|t|rie** ⟨f.; -; unz.; Soziol.⟩ Untersuchung der sozialen Beziehungen innerhalb einer Gruppe hinsichtlich Art u. Häufigkeit [<lat. *socius* »Genosse, Gefährte« + grch. *metron* »Maß«]

So|zi|o|the|ra|pie ⟨f.; -, -n; Med.⟩ Behandlung der Krankheit eines Patienten mit dem gleichzeitigen Streben nach seiner Wiedereingliederung in die Gesellschaft [<lat. *socius* »Gefährte, Genosse« + *Therapie*]

So|zi|us ⟨m.; -, -us|se⟩ **1** Teilhaber (an einem Geschäft od. einer Praxis) **2** Beifahrer (auf dem Motorrad) [<lat. *socius* »Genosse, Gefährte«]

Space|lab ⟨[speɪslæb] n.; -s, -s⟩ europäisches Raumlabor, bemannte Raumstation für wissenschaftl. Untersuchungen, die im Raumschiff eingesetzt wird [engl.; verkürzt <*space laboratory*]

Space|shut|tle *auch:* **Space|shutt|le** ⟨[speɪsʃʌtl] n. od. m.; -s, -⟩ wiederverwendbares Raumfahrzeug der USA, Raumtransporter [<engl. *space* »Weltraum« + *shuttle* »rasch hin- u. herbefördern«]

Spa|da ⟨f.; -, -s⟩ degenähnl. Waffe zum Fechten [<span. *espada* <lat. *spatha* »Säbel« <grch. *spathe* »Klinge«]

Spa|dil|le ⟨[-lja] f.; -, -n; Kart.⟩ höchste Trumpfkarte im Lomber [frz., »Pikass« im Lomberspiel; zu lat. *spatha* »Spaten«]

Spa|dix ⟨m.; -; unz.; Bot.⟩ kolbenartiger Blütenstand [<grch., »Dattelpalmzweig«]

Spagat

Spa|gat ⟨m.; -(e)s, -e⟩ **1** ⟨Sport⟩ Figur beim Ballett u. Turnen, völliges Spreizen der Beine nach vor- u. rückwärts, so dass sie eine gerade Linie bilden **2** ⟨bair./österr.⟩ Bindfaden [<ital. *spago* »Bindfaden«]

Spaghetti / Spagetti (*Laut-Buchstaben-Zuordnung*) Im Zuge der Integration fremdsprachlicher Wörter in die deutsche Standardsprache kann neben die ursprüngliche, der Herkunftssprache folgende Orthografie eine integrierte Schreibweise mit angepasster Laut-Buchstaben-Zuordnung treten. Es bleibt dem Schreibenden überlassen, welche Schreibvariante er vorzieht (→*a.* Thunfisch / Tunfisch).

Spa|get|ti ⟨Pl.⟩ = Spaghetti
Spa|ghet|ti ⟨Pl.⟩ lange, dünne Nudeln; *oV* Spagetti, *a.* Bolognese [<ital. *spaghetti*, Verkleinerungsform zu ital. *spago*, Pl. *spaghi* »dünne Schnur«]
Spa|gi|rik ⟨f.; -; unz.; früher⟩ alchimistisches Verfahren bei der Zubereitung von Arzneimitteln [<neulat. *spagiricus* »Alchimist«, dazu frz. *spagirie* »Scheidekunst, Chemie«]
spa|gi|risch ⟨Adj.⟩ auf Spagirik beruhend; ~ *Arzneimittel* mithilfe der Spagirik hergestellte Arzneimittel
Spa|gno|lette *auch:* **Spag|no|lette** ⟨[ʃpanjɔlɛt] m.; -s; unz.; Textilw.⟩ weiches, beidseitig angerautes Baumwollgewebe mit mehrfarbiger Musterung [zu span. *espagnol* »spanisch«]
Spa|hi ⟨m.; -s, -s⟩ **1** ⟨urspr. in Mittelasien⟩ einem Fürsten zu Kriegsdiensten als berittener Soldat verpflichteter Adliger **2** ⟨danach⟩ berittener türk. Soldat **3** ⟨dann⟩ Angehöriger eines aus nordafrikan. Eingeborenen gebildeten französ. Reiterregiments [<türk., pers. *sipahi* »Krieger«; → *Sepoy*]
Spa|lier ⟨n.; -s, -e⟩ **1** Gitter an einer Mauer, an dem junge Obstbäume, Reben od. Kletterpflanzen hochgezogen werden **2** doppelte Reihe von Personen, die sich zu jmds. ehrenvollem Empfang so aufgestellt haben, dass der Betreffende zwischen ihnen hindurchschreiten kann; *ein* ~ *bilden;* ~ *stehen* [<ital. *spalliera* »Spalier; Rückenlehne«; zu *spalla* »Schulter«]

Spam ⟨[spæm] n.; - od. -s, -s; EDV⟩ als E-Mail verschickte, unerwünschte Werbung od. unwichtige Nachricht, Datenmüll [verkürzt <engl. spiced *p*ork *a*nd *ham* »gewürztes Schweinefleisch u. Schinken« (ein in den USA verbreitetes Dosenfleisch)]
Spam|ming ⟨[spæm-] n.; - od. -s; unz.; EDV⟩ Versenden von unerwünschter Werbung od. unwichtigen Nachrichten per E-Mail [→ *Spam*]
Span|dril|le *auch:* **Spand|ril|le** ⟨f.; -, -n; Arch.⟩ Fläche zwischen einem Bogen u. seiner rechteckigen Umrahmung, Bogenzwickel [<anglonormann. *spaundre* <afrz. *espandre* <lat. *expandere* »auseinander spannen«]
Spa|ni|el ⟨m.; -s, -s; Zool.⟩ kleiner, langhaariger Jagdhund mit hängenden Ohren u. kupiertem Schwanz [engl. <span. *español* <lat. *hispaniolus* »Spanier; aus Spanien stammender Hund«]
Spa|ni|ol ⟨m.; -s, -e⟩ spanischer Schnupftabak
Spa|ni|o|le ⟨m.; -n, -n⟩ = Sephardim [<frz. *Espagnol* »Spanier«]
Span|king ⟨[spæŋkɪŋ] n.; - od. -s; unz.⟩ Peitschen als erotische Spielart, bei der audiovisuelle Reize eine große Rolle spielen [engl., »Tracht Prügel«]
spar|ren ⟨V.; Sport; Boxen⟩ mit dem Sparring (2) trainieren
Spar|ring¹ ⟨n.; -s; unz.; Sport⟩ Boxtraining [engl.; zu *spar* »boxen, Scheinhiebe austeilen«]
Spar|ring² ⟨m.; -s, -s; Sport⟩ Übungsball für das Boxtraining [→ *Sparring*¹]
Spart ⟨m.; -(e)s, -e od. n.; -(e)s, -e; Bot.⟩ = Espartogras [<span. *esparto*]
Spar|ta|ki|a|de ⟨f.; -, -n; Sport; früher in den kommunistischen Ländern⟩ Veranstaltung von Wettkämpfen in verschiedenen Sportarten [nach dem Thrakier *Spartacus*, dem Führer des Sklavenaufstandes von 73-71 v. Chr. in Italien]
Spar|ta|kist ⟨m.; -en, -en; Politik⟩ Angehöriger des Spartakusbundes
Spar|ta|kus|bund *auch:* **Spartakus-Bund** ⟨m.; -es; unz.; Politik⟩ Zusammenschluss links stehender Sozialisten 1917 unter der Führung von K. Liebknecht u. R. Luxemburg, aus dem 1918 die Kommunistische Partei hervorging [→ *Spartakiade*]
spar|ta|nisch ⟨Adj.⟩ **1** Sparta betreffend, zu ihm gehörend, von ihm stammend **2** ⟨fig.⟩ streng, genügsam u. einfach, anspruchslos; *eine* ~*e Erziehung, Lebensweise;* ~ *leben*
Spar|te ⟨f.; -, -n⟩ **1** Abteilung, Fach, Gebiet **2** Geschäfts-, Wissenszweig, Fach; *das Rudern ist eine* ~ *des Wassersports* **3** Zeitungsspalte [<ital. *spartizione* »Abteilung, Wissens- u. Geschäftszweig, Fach«; zu *sparire* »teilen«]
Spar|te|in ⟨n.; -s; unz.; Pharm.⟩ in Schmetterlingsblütlern (Besen- u. Binsenginster) vorkommendes Alkaloid, das medizinisch z. B. zur Anregung des Atemzentrums u. zur Behandlung von Herzrhythmusstörungen genutzt wird [<lat. *spartum* <grch. *sparton* »Espartogras«]
Spar|te|rie ⟨f.; -, -n⟩ Flechtwerk aus Span od. Bast [frz., »Mattenfabrik«; zu *sparte* »Spartgras, Espartogras«]
Spar|ti|at ⟨m.; -en, -en⟩ Bürger von Sparta mit allen polit. Rechten
spar|tie|ren ⟨V.; Musik⟩ in Partitur setzen; *ein Musikwerk* ~*, von dem nur einzelne Stimmen vorhanden sind* [<ital. *spartire* »in Partitur setzen«]
spas|ma|tisch ⟨Adj.; Med.⟩ = spastisch
spas|mo|disch ⟨Adj.; Med.⟩ = spastisch
spas|mo|gen ⟨Adj.; Pharm.⟩ krampferzeugend [<grch. *spasmos* »Krampf« + *gennan* »erzeugen«]
Spas|mo|ly|ti|kum ⟨n.; -s, -ti|ka; Pharm.⟩ = Antispasmodikum [<grch. *spasmos* »Krampf« + *lytikos* »lösend«]

spas|mo|ly|tisch ⟨Adj.; Med.⟩ krampflösend [→ *Spasmolytikum*]

Spas|mo|phi|lie ⟨f.; -; unz.; Med.⟩ = Tetanie [<grch. *spasmos* »Krampf« + ...*philie*]

Spas|mus ⟨m.; -, Spas|men; Med.⟩ Krampf [<grch. *spasmos*]

Spas|ti|ker ⟨m.; -s, -; Med.⟩ spastisch gelähmter Mensch

spas|tisch ⟨Adj.; Med.⟩ krampfhaft; *Sy* spasmatisch, spasmodisch [<neulat. *spasmodicus*, frz. *spasmodique* <grch. *spasmodes* »krampfig, örtl. Krämpfen ausgesetzt«; zu *spaein* »ziehen, zucken«]

Spa|tha ⟨f.; -, Spa|then⟩ 1 großes Hochblatt an der Basis von Blütenständen (bes. bei Aronstabgewächsen u. Palmen) 2 zweischneidiges Langschwert [<grch. *spathe* »Stiel der Palmblätter u. der männl. Blüte des Palmbaums«]

Spa|ti|en ⟨Pl. von⟩ Spatium

spa|tio|nie|ren ⟨V.; Typ.⟩ Schriftsatz, Wörter ~ mit Spatium, Spatien versehen, sperren

spa|ti|ös ⟨Adj.; Typ.⟩ geräumig, weit

Spa|ti|um ⟨n.; -s, -ti|en; Typ.⟩ Zwischenraum (zwischen den Druckbuchstaben) [lat., »Strecke, Weite, Zwischenraum«]

spa|zie|ren ⟨V.⟩ 1 zur Erholung im Freien (umher)gehen 2 fröhlich, behaglich (umher)gehen 3 dreist, unbekümmert (umher)gehen [<ital. *spaziare* »umherwandern, sich ergehen« < lat. *spatiari* »lustwandeln, einherschreiten«; zu *spatium* »Raum, Zwischenraum; Spaziergang, Promenade«]

Spea|ker ⟨[ˈspiːkə(r)] m.; -s; unz.; Politik⟩ 1 Präsident des brit. Unterhauses 2 Präsident des Repräsentantenhauses der USA [engl., »Sprecher«]

Spe|cial ⟨[ˈspɛʃəl] n.; -s, -s; Radio; TV⟩ Radio- od. Fernsehsendung über ein bestimmtes (bes. aktuelles) Thema [engl.; zu *special* »Sonder..., Extra...«]

Spe|cial|ef|fect *auch:* **Spe|cial Ef|fect** ⟨[ˈspɛʃəlɪfɛkt] m.; (-) -s, (-) -s⟩ Technik zur effektvollen Dramatisierung von Kino- u. Fernsehfilmen, z. B. durch Computersimulation, Toneffekte, Make-up [engl., »besonderer Effekt«]

Spe|ci|es ⟨f.; -, -⟩ = Spezies

spe|die|ren ⟨V.⟩ 1 Waren ~ abschicken, versenden 2 *Güter, Möbel* ~ mit Lastwagen befördern [<ital. *spedire* »abfertigen, versenden« <lat. *expedire* »losmachen, losbinden; erledigen, besorgen«; → *expedieren*]

Spe|di|teur ⟨[-ˈtøːr] m.; -s, -e⟩ jmd., der gewerblich Waren od. Möbel befördert [→ *spedieren* (mit frz. Endung)]

Spe|di|ti|on ⟨f.; -, -en⟩ 1 das Spedieren 2 Versandabteilung (eines Betriebes) 3 Speditionsfirma [<ital. *spedizione* »Beförderung, Abfertigung«]

spe|di|tiv ⟨Adj.; schweiz.⟩ rasch (vorankommend), zügig [<ital. *speditivo*, »beschleunigend«; zu *spedire* »absenden«]

Speech ⟨[spiːtʃ] f.; -, -es; umg.; salopp⟩ Rede, Ansprache [engl., »Sprache, Rede«; zu *speak* »sprechen«]

Speed ⟨[spiːd] m.; -s, -s⟩ 1 Geschwindigkeit 2 Geschwindigkeitssteigerung 3 Aufputschmittel [engl., »Geschwindigkeit, Eile«]

Speed|ball ⟨[ˈspiːdbɔːl] m.; -s, -s; umg.⟩ Drogenmischung aus Kokain u. Morphium od. aus Kokain u. Heroin [engl.]

Speeds|ter ⟨[ˈspiːds-] m.; -s, -; Kfz⟩ 1 schnelles Auto 2 rasanter Fahrer [engl.]

Speed|way ⟨[ˈspiːdweɪ] m.; -s, -s⟩ Rennbahn beim Speedwayrennen [engl.]

Speed|way|ren|nen ⟨[ˈspiːdweɪ-] n.; -s, -; neuere Bez. für⟩ Dirt-Track-Rennen [<engl. *speed* »Geschwindigkeit« + *way* »Weg«]

Spek|ta|kel[1] ⟨n.; -s, -; veraltet⟩ Schauspiel [<lat. *spectaculum* »Schauspiel«; zu *spectare* »schauen«]

Spek|ta|kel[2] ⟨m.; -s, -; fig.; umg.⟩ 1 Lärm, Krach 2 Aufregung, Aufsehen 3 lauter Auftritt, Szene; *mach keinen (solchen)* ~! [<lat. *spectaculum* »Schauspiel«; zu *spectare* »schauen«]

spek|ta|keln ⟨V.⟩ ein Spektakel[2] veranstalten

spek|ta|ku|lär ⟨Adj.⟩ 1 großes Aufsehen erregend 2 als Sensation herausgestellt; *eine* ~*e Werbung*; *ein* ~*es Ereignis* [→ *Spektakel*]

Spek|ta|ku|lum ⟨n.; -s, -ku|la; scherzh.⟩ Spektakel, Aufsehen erregendes Ereignis; *ein* ~ *veranstalten* [<lat. *spectaculum* »Schauplatz, Theater«]

◆ Die Buchstabenfolge **spektr...** kann auch **spekt|r...** getrennt werden.

◆ **spek|tral** ⟨Adj.⟩ zum Spektrum gehörend, auf ihm beruhend [<lat. *spectralis*]

◆ **Spek|tral|ana|ly|se** ⟨f.; -, -n; Chemie⟩ chem. Analyse durch Untersuchung der von einem Stoff ausgestrahlten Spektralfarben

◆ **Spek|tral|ap|pa|rat** ⟨m.; -(e)s, -e⟩ Gerät zur Durchführung einer Spektralanalyse

◆ **Spek|tral|far|be** ⟨f.; -, -n⟩ 1 Licht einer einzigen Wellenlänge 2 ⟨Pl.⟩ ~n die durch Zerlegung von weißem Licht entstehenden Farben

◆ **Spek|tral|klas|se** ⟨f.; -, -n; Astron.⟩ Einteilungsmerkmal der Sterne nach dem Aussehen ihres Spektrums; *Sy* Spektraltyp

◆ **Spek|tral|li|nie** ⟨[-njə] f.; -, -n⟩ Linie bestimmter Farbe, die für eine bestimmte Lichtwellenlänge charakteristisch ist

◆ **Spek|tral|typ** ⟨m.; -s, -en; Astron.⟩ = Spektralklasse

◆ **Spek|tro|fo|to|me|trie** *auch:* **Spek|tro|fo|to|me|trie** ⟨f.; -; Physik⟩ = Spektrophotometrie

◆ **Spek|tro|graf** ⟨m.; -en, -en; Technik⟩ = Spektrograph

◆ **Spek|tro|gra|fie** ⟨f.; -, -n; Technik⟩ = Spektrographie

◆ **Spek|tro|graph** ⟨m.; -en, -en; Technik⟩ Gerät zum Zerlegen von Licht in die einzelnen Spektralfarben; *oV* Spektrograf; *Sy* Spektroskop, Spektrometer (3)

◆ **Spek|tro|gra|phie** ⟨f.; -, -n; Technik⟩ Zerlegung von Licht in die einzelnen Spektralfarben; *oV* Spektrografie; *Sy* Spektrometrie, Spektroskopie [<*Spektrum* + ...*graphie*]

◆ **Spek|tro|he|lio|graf** ⟨m.; -en, -en; Astron.⟩ = Spektroheliograph

Spektroheliograph

◆**Spek|tro|he|li|o|graph** ⟨m.; -en, -en; Physik⟩ Gerät zur fotograf. Aufnahme der Sonne, mit dem jeweils nur ein kleiner Teil des Sonnenspektrums erfasst wird; *oV* Spektroheliograf

◆**Spek|tro|he|li|o|skop** *auch:* **Spek|tro|he|li|os|kop** ⟨n.; -s, -e; Physik⟩ Gerät zur Beobachtung der Sonne in einem sehr eng begrenzten Wellenbereich

◆**Spek|tro|me|ter** ⟨n.; -s, -⟩ **1** ⟨El.⟩ elektr. Gerät zum Ermitteln der Wellenlängen von Schwingungen **2** ⟨Kernphysik⟩ Gerät zur Feststellung von Spektren ionisierter Strahlung **3** ⟨Optik⟩ = Spektrograph [< *Spektrum* + ...*meter*]

◆**Spek|tro|me|trie** *auch:* **Spek|tro|me|trie** ⟨f.; -, -n; Physik⟩ = Spektrographie

◆**Spek|tro|pho|to|me|trie** *auch:* **Spek|tro|pho|to|me|trie** ⟨f.; -, -n; Physik⟩ Gebiet der Spektroskopie, das sich besonders mit der Messung der Intensität der spektralen Bestandteile befasst; *oV* Spektrofotometrie

◆**Spek|tro|skop** *auch:* **Spek|tros|kop** ⟨n.; -s, -e; Technik⟩ = Spektrograph

◆**Spek|tro|sko|pie** *auch:* **Spek|tros|ko|pie** ⟨f.; -, -n; Technik⟩ = Spektrographie

◆**Spek|trum** ⟨n.; -s, Spęk|tren od. Spęk|tra⟩ **1** ⟨i. e. S.⟩ Aufspaltung von weißem Licht in verschiedene Farben **2** ⟨i. w. S.⟩ Gesamtheit der elektromagnet. Strahlung verschiedener Wellenlänge **3** ⟨fig.⟩ Vielfalt, Buntheit; *das ~ der modernen Literatur, Kunst* [< lat. *spectrum* »Abbild«; zu *spectare* »schauen«]

Spe|ku|lant ⟨m.; -en, -en⟩ **1** jmd., der spekuliert; *Börsen~* **2** jmd., der um hoher Gewinne willen sich in unsichere Geschäfte einlässt [< lat. *speculans*, Part. Präs. zu *speculari*; → *spekulieren*]

Spe|ku|la|ti|on ⟨f.; -, -en⟩ **1** Betrachtung **2** das Denken, das über die reine Erfahrung hinaus durch Überlegung Erkenntnis zu gewinnen sucht **3** nur auf Überlegung beruhende Erkenntnis **4** Kauf (bzw. Verkauf) von Gütern in der Erwartung, sie zu einem späteren Zeitpunkt mit Gewinn verkaufen (bzw. kaufen) zu können **5** auf Vermutungen beruhende Überlegung [< lat. *speculatio*; → *spekulieren*]

Spe|ku|la|ti|us ⟨m.; -, -⟩ knuspriges, flaches, mit Modeln geformtes, kleines Gebäck [vielleicht zu lat. *speculum* »Spiegelbild, Abbild« od. nach dem hl. Nikolaus, der den Beinamen *Speculator* (lat., »der Schauende«; → *spekulieren*) führte]

spe|ku|la|tiv ⟨Adj.⟩ **1** ⟨Philos.⟩ im Sinne der philosoph. Spekulation, die reine Erfahrung überschreitend, gedanklich; *~es Denken* **2** grübelnd, grüblerisch, nachdenkend [→ *spekulieren*]

spe|ku|lie|ren ⟨V.⟩ **1** ⟨Wirtsch.⟩ Handel aufgrund von Spekulationen treiben; *an der Börse ~; auf Hausse, auf Baisse ~* die H., B. für Spekulationen ausnutzen; *auf eine Stellung ~* ⟨umg.⟩ nach einer S. trachten **2** grübeln, nachsinnen, überlegen [< lat. *speculari* »Ausschau halten, belauern«; zu *specula* »Wartturm«; zu *specere* »sehen«]

Spe|ku|lum ⟨n.; -s, -ku|la⟩ meist röhren- od. trichterförmiges Instrument mit Spiegel zum Einblick in Hohlräume des Körpers [< lat. *speculum* »Spiegel«]

Spe|lä|o|lo|gie ⟨f.; -; unz.⟩ Lehre von den natürlich entstandenen Höhlen, ihren Erscheinungsformen u. den in ihnen stattfindenden Vorgängen, Höhlenkunde [< lat. *spelaeum* »Höhle« (< grch. *spelaion*) + ...*logie*]

Spe|lun|ke ⟨f.; -, -n⟩ **1** schlechte, verrufene Kneipe, Spielhölle **2** elender, schmutziger Wohnraum [< lat. *spelunca* »Höhle« < grch. *spelygx*]

spen|da|bel ⟨Adj.; umg.⟩ freigebig, großzügig; *eine spendable Gastgeberin* [→ *spendieren* (mit frz. Endung)]

spen|die|ren ⟨V.; umg.⟩ spenden, geben, ausgeben; *er hat den Kindern fünf Euro für das Sommerfest spendiert; eine Runde ~* [→ *spenden*]

Spen|ser ⟨m.; -s, -⟩ = Spenzer

Spen|zer ⟨m.; -s, -⟩ kurze, enge Jacke (mit Schoß); *oV* Spenser [nach dem engl. Minister George John *Spencer*, 1758-1834]

Spe|ren|zchen ⟨Pl.; umg.⟩ = Sperenzien

Spe|ren|zi|en ⟨Pl.; umg.⟩ Umstände, Ausflüchte, Schwierigkeiten; *oV* Sperenzchen; *~ machen* [< mlat. *sperentia* »Hoffnung«; zu lat. *sperare* »hoffen«; in der Bedeutung beeinflusst von *sperren*]

Sper|ma ⟨n.; -s, -ma|ta od. Sper|men; Biol.; Med.⟩ Samen (von Mensch u. Tier) [grch., »Same«; zu *speirein* »säen«]

Sper|ma|ti|de ⟨f.; -, -n; Biol.; Med.⟩ unreife männliche Keimzelle [→ *Sperma*]

Sper|ma|ti|tis ⟨f.; -, -ti|ti|den; Med.⟩ = Funikulitis

sper|ma|to..., Sper|ma|to... ⟨in Zus.⟩ samen..., Samen... [< grch. *sperma*, Gen. *spermatos*; → *Sperma*]

sper|ma|to|gen ⟨Adj.; Biol.; Med.⟩ Samenzellen bildend

Sper|ma|to|ge|ne|se ⟨f.; -, -n; Biol.; Med.⟩ = Spermiogenese

Sper|ma|to|pho|re ⟨f.; -, -n; Biol.; Med.⟩ durch Kittmasse zusammengefügter Haufen von Samenzellen, der bei manchen niederen Tieren der Samenübertragung dient [< *Spermato...* + ...*phor'*]

Sper|ma|to|phyt ⟨m.; -en, -en; Bot.⟩ Blüten-, Samenpflanze (Angiospermen u. Gymnospermen) [< *Sperma* + grch. *phyton* »Pflanze«]

Sper|ma|tor|rhö ⟨f.; -, -en; Med.⟩ = Spermatorrhöe

Sper|ma|tor|rhöe ⟨[-rø:] f.; -, -en; Med.⟩ Samenfluss ohne geschlechtl. Erregung; *oV* Spermatorrhö [< *Spermato...* + ...*rrhö*]

Sper|ma|to|zo|on ⟨n.; -s, -zo|en; Biol.; Med.⟩ = Spermium [< *Spermato...* + *Zoon*]

Sper|ma|zet ⟨n.; -(e)s; unz.⟩ = Walrat

Sper|ma|ze|ti ⟨n.; -s; unz.⟩ = Walrat [< *Spermato...* + lat. *cetus* »großes Seetier« < grch. *ketos* »großes Seetier, Wal«]

Sper|min ⟨n.; -s; unz.⟩ Bestandteil des Spermas mit charakteristischem Geruch

Spermiogenese ⟨f.; -, -n; Biol.; Med.⟩ Entwicklung von Spermien, die durch die Hormone der Hypophyse angeregt wird; *Sy* Spermatogenese [<*Spermium* + *Genese*]

Spermiogramm ⟨n.; -s, -e; Med.⟩ Gesamtschau aller bei der Untersuchung von Sperma angefallenen Befunde [<*Spermium* + ...*gramm*]

Spermium ⟨n.; -s, -mi|en; Biol.; Med.⟩ reife männl. Keimzelle, Samenzelle, Spermatozoon [neulat. <grch. *sperma*; → *Sperma*]

spermizid ⟨Adj.; Biol.; Med.⟩ samenabtötend (von der Beschichtung mechanischer Verhütungsmittel) [→ *Spermizid*]

Spermizid ⟨n.; -s, -e; Biol.; Med.⟩ samentötendes Mittel zur Empfängnisverhütung [<*Sperma* + ...*zid*²]

Spesen ⟨Pl.⟩ Nebenausgaben bei der Besorgung eines Geschäftes, die von den Auftraggebern zu erstatten sind; *außer ~ nichts gewesen* ⟨scherzh.⟩ es gab nur Unkosten [<ital. *spese* »Aufwand« <mlat. *spesa* <lat. *expensa*; zu *expendere* »aufwenden«]

Spezerei ⟨f.; -, -en; meist Pl.⟩ **1** feines Gewürz **2** feine überseeische Essware [<ital. *spezierie* »Gewürzwaren«, <lat. *species* »Art(Gewürz)«]

Spezi¹ ⟨m.; -s, -s; bair.-österr.⟩ vertrauter Freund, Kumpan [Kurzform von *speziell(er Freund)*]

Spezi² ⟨n.; -s, -s; umg.⟩ erfrischendes Mischgetränk aus Cola u. Orangenlimonade

spezial ⟨Adj.; fast nur in Zus. mit Substantiv⟩ = speziell [<lat. *specialis*, »einer bes. Art entsprechend, besonders«; zu *species* »Art (einer Gattung)«]

Spezial ⟨m.; -s, -e⟩ **1** guter Fasswein **2** ⟨in Zus.⟩ Einzel..., Sonder..., Fach...; *~karte; ~werkzeug*

Spezialien ⟨Pl.⟩ Besonderheiten, Einzelheiten

Spezialisation ⟨f.; -; unz.⟩ = Spezialisierung

spezialisieren ⟨V.⟩ gliedern, bestimmen, unterscheiden, sondern; *sich auf etwas ~* sich auf etwas (ein Teilgebiet) beschränken u. dieses bes. eingehend studieren [→ *spezial*]

Spezialisierung ⟨f.; -, -en⟩ *Sy* Spezialisation **1** das Spezialisieren **2** Beschränkung auf ein Fachgebiet u. dessen eingehendes Studium

Spezialist ⟨m.; -en, -en⟩ jmd., der sich auf ein Gebiet spezialisiert hat; *Ggs* Generalist [→ *spezial*]

Spezialistin ⟨f.; -, -tin|nen⟩ Frau, die sich auf ein Gebiet spezialisiert hat

Spezialität ⟨f.; -, -en⟩ **1** Besonderheit **2** bes. eingehend studiertes Fachgebiet **3** das, wovon man bes. viel versteht, was man bes. gut beherrscht **4** Liebhaberei, das, was man bes. gern hat od. tut **5** bes. kulinarischer Genuss, Delikatesse [<lat. *specialitas*; → *spezial*]

speziell ⟨Adj.⟩ einzeln, besonders, eigens; *Ggs* generell; *ein ganz ~er Freund; ein ~er Abend* [→ *spezial*]

Species ⟨f.; -, -⟩ *oV* Species **1** Art, Gattung **2** ⟨Biol.⟩ Art **3** Gestalt, Erscheinung, Erscheinungsform **4** ⟨Math.⟩ Grundrechenart **5** Mischung aus mehreren Sorten Tee [<lat. *species* »Blick, äußere Erscheinung, Art (einer Gattung)«; zu *specere* »sehen«]

Spezieskauf ⟨m.; -(e)s, -käu|fe⟩ Stückkauf, im Gegensatz zum Gattungskauf Erwerb einer genau bestimmten Sache, z. B. von 100 Flaschen Rüdesheimer Wein, Jahrgang 1959

Spezifik ⟨f.; -; unz.⟩ das Spezifische, Eigentümliche von etwas; *die ~ dieser Sache, dieses Problems*

Spezifikation ⟨f.; -, -en⟩ = Spezifizierung

Spezifikum ⟨n.; -s, -fi|ka⟩ **1** etwas Besonderes, Eigentümliches **2** besonderes Merkmal, Kennzeichen **3** Mittel gegen eine bestimmte Krankheit [→ *spezifisch*]

spezifisch ⟨Adj.⟩ **1** (art)eigen, eigentümlich **2** *~es Gewicht* Verhältnis zwischen dem Gewicht eines Körpers u. seinem Volumen; *Sy* Volumgewicht **3** *~e Wärme* die W., die benötigt wird, um 1g (od. 1kg) eines Stoffes um 1 °C zu erwärmen [<mlat. *specificus* »der Art entsprechend, besonders«; zu lat. *species* »Art«; → *Spezies*]

Spezifität ⟨f.; -, -en; geh.⟩ spezifische Eigenschaft, Art u. Weise, Beschaffenheit; *diese Skulptur besitzt eine extravagante ~*

spezifizieren ⟨V.⟩ **1** gliedern, unterscheiden **2** einzeln anführen, im Einzelnen darlegen; *eine Rechnung ~* [<lat. *species* »Art« + ...*fizieren*]

Spezifizierung ⟨f.; -, -en⟩ *Sy* Spezifikation **1** das Spezifizieren, genaue Gliederung **2** Aufzählung, Bezeichnung im Einzelnen

Spezimen ⟨n.; -s, -zi|mi|na⟩ Muster, Probe, Probearbeit [<lat. *specimen* »Beweis, Vorbild«; zu *specere* »sehen«]

Sphäre ⟨f.; -, -n⟩ **1** Kugel, Kreis **2** Himmelskugel **3** Bereich **4** Machtbereich, Wirkungskreis [<grch. *sphaira* »Kugel, Ball«]

Sphärenharmonie ⟨f.; -; unz.⟩ = Sphärenmusik

Sphärenmusik ⟨f.; -; unz.⟩ nach Pythagoras dem Ohr nicht hörbare, durch die Bewegung der Himmelskörper verursachte Töne; *Sy* Sphärenharmonie

Sphärik ⟨f.; -; unz.; Math.⟩ Übertragung geometr. Gesetzmäßigkeiten von der Ebene auf eine Kugeloberfläche [→ *Sphäre*]

sphärisch ⟨Adj.⟩ **1** zur Sphäre (2) gehörend **2** ⟨Math.⟩ kugelförmig; *~e Trigonometrie* T. auf der Oberfläche einer Kugel

Sphäroguss ⟨m.; -es; unz.⟩ sehr dehnbares, zug- u. verschleißfestes Gusseisen, bei dem der Graphit im Gefüge in Kugelform eingelagert ist

Sphäroid ⟨n.; -(e)s, -e; Geom.⟩ = Rotationsellipsoid [<*Sphäre* + ...*id*]

sphäroidisch ⟨Adj.; Geom.⟩ wie ein Rotationsellipsoid geformt

Sphärolith ⟨m.; -s od. -en, -e od. -en⟩ **1** ⟨Geol.⟩ kugelförmige Bildung mit radialem Aufbau in Eruptionsgesteinen **2** kugelförmiges Gebilde aus radial angeordneten Kristallen [<*Sphäre* + ...*lith*]

Sphärologie ⟨f.; -; unz.⟩ Lehre von der Kugel [<*Sphäre* + ...*logie*]

Sphärometer

Sphä|ro|me|ter ⟨n.; -s, -; Technik⟩ Gerät zum Messen der Krümmung von Kugelflächen [<*Sphäre* + ...*meter*]

Sphä|ro|si|de|rit ⟨m.; -s, -e; Min.⟩ Konkretion von Toneisenstein in Form von Knollen [<*Sphäre* + *Siderit*]

Sphen ⟨m.; -s, -e; Min.⟩ = Titanit [<grch. *sphen* »Keil« (nach der Form der Kristalle)]

sphe|no|id ⟨Adj.⟩ keilförmig; *oV* sphenoid [<grch. *sphen* »Keil« + ...*id*]

Sphe|no|id ⟨n.; -(e)s, -e; Anat.⟩ mittlerer Knochen der Schädelbasis, Keilbein: Os sphenoides

sphe|no|i|dal ⟨Adj.⟩ = sphenoid

Sphink|ter ⟨m.; -s, -te|re; Anat.⟩ Schließmuskel [<grch. *sphinkter; zu sphingein* »fest zusammenbinden«]

Sphinx[1] ⟨fachsprachl.: m.; - od. -es, Sphin|gen od. umg.: f.; -, -e⟩ ägypt. Fabelwesen mit dem Leib eines Löwen u. dem Kopf eines Menschen, meist eines Mannes [grch.]

Sphinx[2] ⟨f.; -, Sphin|gen⟩ **1** ⟨unz.; grch. Myth.⟩ weibl. Ungeheuer mit Flügeln, dem Leib eines Löwen u. dem Kopf einer Frau **2** ⟨zählb.; Zool.⟩ Abendpfauenauge [grch.]

Sphra|gis|tik ⟨f.; -; unz.⟩ Siegelkunde [<grch. *sphragistikos; zu sphragis* »Siegel«]

sphra|gis|tisch ⟨Adj.⟩ die Sphragistik betreffend, zu ihr gehörend

Sphyg|mo|graf ⟨m.; -en, -en; Med.⟩ = Sphygmograph

Sphyg|mo|gra|fie ⟨f.; -, -n; Med.⟩ = Sphygmographie

Sphyg|mo|gramm ⟨n.; -s, -e; Med.⟩ vom Sphygmographen aufgezeichnete Pulskurve [<grch. *sphygmos* »Puls« + ...*gramm*]

Sphyg|mo|graph ⟨m.; -en, -en; Med.⟩ Gerät zum Aufzeichnen des Pulses; *oV* Sphygmograf [<grch. *sphygmos* »Puls« + ...*graph*]

Sphyg|mo|gra|phie ⟨f.; -, -n; Med.⟩ Aufzeichnung einer Pulskurve durch einen Sphygmografen; *oV* Sphygmografie

Sphyg|mo|ma|no|me|ter ⟨n.; -s, -; Med.⟩ Gerät zum Messen des Blutdrucks [<grch. *sphygmos* »Puls« + *Manometer*]

spic|ca|to ⟨Musik⟩ in deutlich voneinander getrennten Tönen, (bei Streichinstrumenten) mit Springbogen (zu spielen) [ital., »abgebrochen, deutlich«]

Spi|der ⟨[spai-] m.; -s, -; Kfz⟩ offener (Renn-)Sportwagen [engl., »hoher, zweirädriger Wagen«, eigtl. »Spinne«]

Spie|lo|thek ⟨f.; -, -en⟩ Räumlichkeit mit großem Angebot an Spielen u. Spielautomaten

Spike ⟨[spaɪk] m.; -s, -s⟩ **1** Nagel aus Stahl an der Sohle von Rennschuhen u. Autoreifen **2** ⟨Pl.⟩ ~s Rennschuhe mit herausstehenden Nägelchen an der Sohle [engl., »langer Nagel«]

Spikes|rei|fen ⟨[spaɪks-] Pl.⟩ Autoreifen mit Spikes zum Fahren auf verschneiten od. vereisten Straßen

Spil|la|ge ⟨[spɪlaːʒə] od. [ʃpɪ-] f.; -, -n⟩ Verlust von Waren infolge schlechter Verpackung [engl., zu *spill* »verschütten«]

Spill-o|ver *auch:* **Spill|over** ⟨[spɪlouvə(r)] m.; -s, -s; Wirtsch.⟩ auf die Umgebung, Umwelt ausstrahlender, externer Effekt, der eine ökonomische Wirkung ausübt (z. B. Autobahnlärm senkt die Immobilienpreise in der näheren Umgebung) [zu engl. *spill over* »überlaufen, überquellen«]

Spin ⟨[spin] m.; -s, -s⟩ **1** ⟨Physik⟩ innerer Freiheitsgrad eines Elementarteilchens od. Atomkerns, der als Impuls einer drehenden Eigenbewegung des Teilchens angesehen werden kann **2** ⟨Sport; bes. Tennis⟩ Drall, Rotation des Balls [engl., »Drehung«]

Spi|na ⟨[spiː-] od. [ʃpiː-] f.; -, Spi|nen; Anat.⟩ Dorn, Stachel, z. B. an den Wirbeln [lat., »Dorn; Rückgrat«]

spi|nal ⟨Adj.; Med.⟩ die Wirbelsäule betreffend; *~e Kinderlähmung* [<lat. *spinalis*; → *Spina*]

Spi|nal|an|äs|the|sie *auch:* **Spi|nal|a|nä|sthe|sie** ⟨f.; -, -n; Med.⟩ Rückenmarkanästhesie

Spi|nal|pa|ra|ly|se ⟨f.; -, -n; Med.⟩ Lähmung durch Entzündung od. Entartung der Bahnen im Rückenmark

Spi|nal|punk|ti|on ⟨f.; -, -en; Med.⟩ Rückenmarkpunktion

Spi|nat ⟨m.; -(e)s, -e; Bot.⟩ einer Gattung der Gänsefußgewächse angehörende, eisenhaltige Gemüsepflanze: Spinacia oleracea [<arab. *isfinag* <pers. *äspänah*; volksetymolog. beeinflusst von lat. *spina* »Dorn« (wegen der spitzen Samenkörner)]

Spi|nell ⟨m.; -s, -e; Min.⟩ isomorphes Mineral, das kubisch kristallisiert [<ital. *spinelle* <lat. *spina* »Dorn« (nach der Form der Kristalle)]

Spi|nett ⟨n.; -(e)s, -e; Musik⟩ Vorläufer des Klaviers, bei dem die quer od. schräg zu den Tasten stehenden Saiten mit einem Keil angerissen werden [<ital. *spinetta;* nach dem Venezianer Giovanni *Spinetti* (um 1500) od. zu lat. *spina* »Dorn«]

Spin|na|ker ⟨m.; -s, -; Mar.⟩ leichtes, dreieckiges Segel, das vor dem Wind gesetzt wird [vermutl. nach *Sphinx,* dem Namen einer Segeljacht (1866)]

Spin|ning ⟨n.; - od. -s; unz.; Sport⟩ in Gruppen mit einem Trainer als Fitnesssport betriebenes Radfahren auf speziellen Trimmrädern [zu engl. *spin* »spinnen; drehen, wirbeln«]

Spin-off *auch:* **Spin|off** ⟨[spɪn-] n.; -s, -s⟩ Weiterentwicklung eines vorhandenen Produktes od. Aufbau eines weiteren Produktes aus Bestandteilen eines vorhandenen Produktes, Nebenprodukt [engl.]

Spi|nor ⟨m.; -s, -no|ren; Physik⟩ mathemat. Größe, die zur Beschreibung des Spins von Elementarteilchen dient [<engl. *spin* »Drehung«]

spi|nös ⟨Adj.⟩ **1** schwierig, knifflig, heikel **2** spitzfindig [<lat. *spinosus* »dornig«; zu *spina* »Dorn«]

Spi|no|zis|mus ⟨m.; -; unz.; Philos.⟩ Lehre des jüd.-portug. Philosophen Spinoza, 1632-1677

Spi|no|zist ⟨m.; -en, -en; Philos.⟩ Anhänger, Vertreter des Spinozismus

Spin|tha|ris|kop *auch:* **Spin|tha|ris|kop** ⟨n.; -(e)s, -e; Physik⟩ = Spintheriskop

Splanchnologie

Spin|the|ri|skop auch: **Spin|the|ris-kop** ⟨n.; -(e)s, -e; Physik⟩ Vorrichtung zum Beobachten von Blitzen, die beim Auftreten von einzelnen Alphateilchen auf bestimmte Substanzen ausgelöst werden; oV Spinthariskop; Sy Spintherometer [<grch. *spinther* »Funke« + ...*skop*]

Spin|the|ro|me|ter ⟨n.; -s, -; Physik⟩ = Spintheriskop [<grch. *spinther* »Funke« + ...*meter*]

spin|ti|sie|ren ⟨V.⟩ grübeln, nachdenken [<*spinnen*, beeinflusst von *sinnieren* + *simulieren* »grübelnd nachdenken«]

Spi|on ⟨m.; -s, -e⟩ **1** jmd., der Spionage treibt **2** ⟨fig.⟩ außen am Fenster angebrachter Spiegel, in dem man vom Zimmer aus die Straße überblicken kann **3** in Gefängniszellenbzw. Haustüren befindliches Spähloch [<frz. *espion* <ital. *spione;* zu *spia* <got. **spaiha* »Späher«; zu germ. **spehon* »spähen«]

Spi|o|na|ge ⟨[-ʒə] f.; -; unz.⟩ das heimstl. (u. strafbare) Auskundschaften von militär., polit. od. wirtschaftl. Geheimnissen eines Staates im Auftrag eines anderen [<frz. *espionnage;* → *Spion*]

spi|o|nie|ren ⟨V.⟩ Spionage treiben, etwas auskundschaften, zu erkunden suchen

Spi|räe ⟨f.; -, -n; Bot.⟩ Spierstrauch, einer Gattung der Rosengewächse angehörender Zierstrauch: Spiraea [<lat. *spiraea, spirea;* zu grch. *speira* »Windung, Schlinge«]

Spi|ra|le ⟨f.; -, -n⟩ **1** ⟨Math.⟩ ebene, sich unendlich um einen Punkt windende Kurve, die sich immer weiter von diesem Punkt entfernt, Schneckenlinie **2** ⟨allg.⟩ sich um eine Achse windende, räumliche Kurve, Schraubenlinie [<neulat. *spiralis;* zu lat. *spira* »Windung« <grch. *speira* »Windung, Schlinge«]

Spi|ral|ne|bel ⟨m.; -s, -; Astron.⟩ Sternsystem mit spiralig aus dem Innern herauslaufenden Armen

Spi|ral|tur|bi|ne ⟨f.; -, -n; Technik⟩ Wasserturbine mit spiralig geformtem Läufer

Spi|rans ⟨f.; -, -ran|ten; Phon.⟩ = Spirant

Spi|rant ⟨m.; -en, -en; Phon.⟩ Konsonant, der durch ein reibendes Geräusch an einer Verengung entsteht, Engelaut, Reibelaut, z. B. f, w, s, sch, ch, j; oV Spirans; Sy Frikativlaut [<lat. *spirans,* Part. Präs. zu *spirare* »hauchen, atmen«]

spi|ran|tisch ⟨Adj.; Phon.⟩ mit einem Spirans (gebildet)

Spi|ril|le ⟨f.; -, -n; Med.⟩ Bakterium in der Form eines Korkenziehers, Schraubenbakterie [<lat. *spirilla,* Verkleinerungsform zu lat. *spira* »Windung« <grch. *speira* »Windung«]

Spi|ril|lo|se ⟨f.; -, -n; Med.⟩ durch Spirillen hervorgerufene Infektionskrankheit

Spi|rit ⟨[spɪ-] m.; -s, -s⟩ Geist (eines Verstorbenen) [engl. <lat. *spiritus* »Hauch, Atem, Seele, Geist«; zu *spirare* »hauchen, atmen«]

Spi|ri|tis|mus ⟨m.; -; unz.⟩ Glaube an Geister u. an den möglichen Kontakt mit ihnen

Spi|ri|tist ⟨m.; -en, -en⟩ Anhänger, Vertreter des Spiritismus

Spi|ri|tis|tin ⟨f.; -, -tin|nen⟩ Anhängerin, Vertreterin des Spiritismus

spi|ri|tis|tisch ⟨Adj.⟩ zum Spiritismus gehörig, auf ihm beruhend

spi|ri|tu|al ⟨Adj.⟩ = spirituell

Spi|ri|tu|al[1] ⟨m.; -s od. -en, -en; in Klöstern u. kath. Seminaren⟩ Seelsorger, Beichtvater [→ *spirituell*]

Spi|ri|tu|al[2] ⟨[spɪrɪtjuəl] m. od. n.; -s, -s; Musik⟩ geistliches Lied der nordamerikan. Schwarzen mit synkopiertem Rhythmus [engl.]

Spi|ri|tu|a|li|en ⟨Pl.⟩ geistl. Dinge

spi|ri|tu|a|li|sie|ren ⟨V.⟩ vergeistigen [→ *spirituell*]

Spi|ri|tu|a|lis|mus ⟨m.; -; unz.⟩ Lehre, dass der Geist das einzig Wirkliche u. der Körper nur eine Erscheinungsform des Geistes sei [→ *spirituell*]

Spi|ri|tu|a|list ⟨m.; -en, -en⟩ Anhänger, Vertreter des Spiritualismus

spi|ri|tu|a|lis|tisch ⟨Adj.⟩ zum Spiritualismus gehörig, auf ihm beruhend

Spi|ri|tu|a|li|tät ⟨f.; -; unz.⟩ Geistigkeit; Ggs Materialität [<mlat. *spiritualitas;* → *spirituell*]

spi|ri|tu|ell ⟨Adj.⟩ geistig, übersinnlich; Ggs materiell (1) [<mlat. *spiritualis* »geistlich«, <lat. *spiritus;* → *Spiritus*]

spi|ri|tu|os ⟨Adj.⟩ Weingeist enthaltend

spi|ri|tu|ös ⟨Adj.⟩ **1** = spirituos **2** geistig [neulat. *spirituosus* <lat. *spiritus* in der Bedeutung »Weingeist«]

Spi|ri|tu|o|sen ⟨Pl.⟩ alkohol. Getränke

spi|ri|tu|o|so ⟨Musik⟩ geistvolllebhaft [ital., <lat. *spiritus*]

Spi|ri|tus[1] ⟨[spiː-] m.; -, -⟩ **1** Atem, Hauch **2** Leben **3** Geist **4** Zeichen für die Behauchung in der grch. Schrift; ~ *asper* ⟨Zeichen: ʽ⟩ Zeichen auf einem Vokal zur Aussprache mit anlautendem h; ~ *lenis* ⟨Zeichen: ʼ⟩ Zeichen zur Aussprache ohne h; ~ *rector* führender, belebender Geist, treibende Kraft (eines Unternehmens); ~ *sanctus* der Heilige Geist [<lat. *spiritus* »(Luft-)hauch, Wind, Atem, Seele, Geist, Gesinnung; Weingeist«; zu *spirare* »hauchen«; lat. *asper* »hart, rau«; lat. *lenis* »weich, sanft«; lat. *rector* »Lenker«; zu *regere* »richten, lenken«; lat.*sanctus* »heilig, unverletzlich«]

Spi|ri|tus[2] ⟨[ʃpiː-] m.; -, -se⟩ **1** = Äthylalkohol **2** Grundlage von Branntwein; Sy Sprit (1) **3** Weingeist [→ *Spiritus*[1]]

Spi|ro|chä|te ⟨[-çɛːtə] f.; -, -n; Zool.⟩ Angehöriger einer Gruppe schraubenförmiger, bewegl. Mikroorganismen: Spirochaetales [<grch. *speira* (lat. *spira*) »Windung, Schlinge« + *chaite* »langes Haar«]

Spi|ro|me|ter ⟨[spi-] od. [ʃpi-] n.; -s, -; Med.⟩ Gerät zur Bestimmung der Leistungsfähigkeit der Lunge bei der Aufnahme von Luft u. Abgabe von Abfallprodukten der Atmung [<lat. *spirare* »hauchen, atmen« + ...*meter*]

Splanch|no|lo|gie ⟨[splançˈ] f.; -; unz.; Med.⟩ Lehre von den Eingeweiden [<grch. *splanchnon* »Eingeweide« + ...*logie*]

Splatter

Splat|ter ⟨[splæta(r)] m.; - od. -s, -; umg.⟩ Horrorfilm od. Roman, in dem blutrünstige Gewalt im Vordergrund steht [engl., (umg.), eigtl. »plantschen, plätschern, platschen«]
Spleen ⟨[ʃpliːn] od. [spliːn] m.; -s, -e od. -s⟩ 1 ein wenig sonderbares, schrulliges, verschrobenes Wesen 2 überspannte, sonderbare Idee [engl. <grch. *splen* »Milz; Milzsucht; durch die Milzsucht hervorgerufener Geisteszustand«]
splee|nig ⟨[ʃpliː-] od. [spliː-] Adj.⟩ mit einem Spleen behaftet, verschroben, schrullig
Splen ⟨m.; -; unz.; Med.⟩ Milz [grch.]
splen|did ⟨Adj.; veraltet⟩ 1 freigebig, großzügig 2 prächtig 3 ⟨Typ.⟩ weitläufig, mit großen Zwischenräumen [<lat. *splendidus* »herrlich, prächtig«; zu *splendere* »glänzen«]
Splen|did I|so|la|tion ⟨[splɛndɪd aɪsəleɪʃən] f.; - -; unz.⟩ (von dem engl. Minister G. J. Göschen geprägtes Schlagwort für die) polit. Unabhängigkeit Englands von Europa [engl., »glänzende Isolierung«]
Splen|di|di|tät ⟨f.; -; unz.; veraltet⟩ 1 splendides Wesen, Verhalten, Freigebigkeit, Großzügigkeit 2 splendide Beschaffenheit, Weiträumigkeit 3 Pracht [<neulat. *splendiditas*; → *splendid*]
Splen|ek|to|mie ⟨f.; -, -n; Med.⟩ operative Entfernung der Milz [<*Splen* + *Ektomie*]
Sple|ni|tis ⟨f.; -, -ti|den⟩ Milzentzündung [<*Splen* + ...*itis*]
sple|no|gen ⟨Adj.; Med.⟩ von der Milz herrührend [<*Splen* + grch. *gennan* »erzeugen«]
Sple|nom ⟨n.; -s, -e; Med.⟩ gutartige Geschwulstform, die sich in der Milz bildet
Spline ⟨[splaɪn] f.; -, -s; EDV⟩ durch Kontrollpunkte bestimmte, mit minimaler Krümmung verlaufende Kurve, die mathematisch beschreibbar ist [engl., »Kurvenlineal«, eigtl. »Keil; Metall-, Holzfeder«]
Splint ⟨m.; -(e)s, -e⟩ 1 gebogener, zwieschenkliger Stift (zur Sicherung von Schraubenmuttern u. Bolzen) 2 Splintholz [engl.; mit eingeschobenem *n* zu *Splitt(er)*]
Split|bu|chung ⟨[splɪt-] f.; -, -en; EDV; Wirtsch.⟩ gleichzeitige Buchung mehrerer Beträge im Soll u. Haben durch die automatisch separierte Buchung der Mehrwertsteuer in der EDV [zu engl. *split* »spalten«]
split|ten ⟨[splɪt-] V.⟩ aufspalten, aufteilen [→ *Splitting*]
Split|ting ⟨[splɪt-] n.; -s; unz.⟩ Form der Besteuerung von Ehegatten, wobei zur Berechnung der Steuer beider Einkommen zusammengezählt u. durch zwei geteilt wird [engl.; zu *split* »spalten«]
Spo|di|um ⟨n.; -s; unz.; Chemie⟩ Aktivkohle aus Knochen [<grch. *spodos* »Asche«]
Spo|du|men ⟨m.; -s, -e; Min.⟩ hellgraues bis grünes Augit [<grch. *spodoumenos*, Part. Perf. zu *spodoun* »verbrennen«; zu *spodos* »Asche«]
Spoi|ler ⟨m.; -s, -⟩ 1 ⟨Kfz⟩ Luftleitblech am Heck von Autos zur Verbesserung der Bodenhaftung 2 zur Änderung der Strömungsverhältnisse an Flugzeugtragflächen dienende Klappe [engl., eigtl. »Plünderer«; zu *spoil* »rauben«]
Spoils|sys|tem ⟨[spɔɪlzsɪstəm] n.; - od. -s; unz.; Politik⟩ (in den USA) Besetzung von Beamtenstellen nach Parlamentswahlen mit Anhängern der siegreichen Partei [engl., »Beutesystem«]
Spo|li|um ⟨n.; -s, -li|en; meist Pl.⟩ 1 (im alten Rom) erbeutete Waffen 2 ⟨MA⟩ Nachlass (eines Geistlichen) 3 ⟨Arch.⟩ Teile eines Kunstwerks, die nicht für dieses geschaffen, sondern einem anderen entnommen worden sind [<lat. *spolium* »Beute«; zu *spoliare* »berauben, plündern«]
spon|de|isch ⟨Adj.; Metrik⟩ in Spondeen gedichtet
Spon|de|us ⟨m.; -, -de|en; Metrik⟩ Versfuß aus zwei langen Silben [lat. <grch. *spondeios (pous)*; zu *sponde* »Trankopfer« (nach der urspr. Verwendung für feierl. Opfergesänge)]
Spon|di|a|kus ⟨m.; -; unz.; Metrik⟩ Hexameter, in dem statt des normalen Daktylus ein Spondeus im fünften Fuß gesetzt ist [zu lat. *spondiacus* »spondeisch«]
Spon|dyl|ar|thri|tis *auch:* **Spon|dyl|ar|thri|tis** ⟨f.; -, -ti|den; Med.⟩ Entzündung der Wirbelsäule [<grch. *spondylos* »Rückgrat« + *Arthritis*]
Spon|dy|li|tis ⟨f.; -, -li|ti|den; Med.⟩ Entzündung eines od. mehrerer Wirbel, u. a. infolge von Tuberkulose [<grch. *spondylos* »Rückgrat«]
Spon|dy|lo|se ⟨f.; -, -n; Med.⟩ Zermürbung od. Abfaserung der Bandscheiben, Wirbelsäulenleiden [<grch. *spondylos* »Rückgrat«]
spon|dy|lo|tisch ⟨Adj.; Med.⟩ auf Spondylose beruhend
Spon|gia ⟨[spɔŋ-] f.; -, -gi|en; Zool.⟩ einfachst gebauter Angehöriger eines Stammes der vielzelligen Tiere, Schwamm [lat. <grch. *spoggos*]
spon|gi|form ⟨[spɔŋ-] Adj.⟩ schwammförmig [→ *Spongia*]
Spon|gin ⟨[spɔŋ-] n.; -s; unz.; Zool.⟩ hornige Substanz, aus der das Skelett der Hornschwämme gebildet ist [→ *Spongia*]
Spon|gi|o|lo|gie ⟨[spɔŋ-] f.; -; unz.; Zool.⟩ Wissenschaft von den Schwämmen, Erforschung der Schwämme [<*Spongia* + grch. *logos* »Lehre, Kunde«]
spon|gi|ös ⟨[spɔŋ-] Adj.; Zool.⟩ schwammig, schwammartig [→ *Spongia*]
Spon|gi|o|sa ⟨[spɔŋ-] f.; -; unz.; Zool.⟩ das schwammige Innengewebe der Knochen
spon|sern ⟨V.⟩ finanziell ermöglichen od. fördern; *einen Sportler ~* [→ *Sponsor*]
Spon|si|on ⟨f.; -, -en; österr.⟩ akadem. Feier zur Verleihung des Magistertitels [<lat. *sponsio* »Gelöbnis«]
Spon|sor ⟨m.; -s, -s od. -so|ren⟩ jmd., der eine Sache finanziell ermöglicht od. fördert, Geldgeber [engl., »Bürge«]
Spon|so|rin ⟨f.; -, -in|nen⟩ weibl. Person, die eine Sache finanziell ermöglicht od. fördert, Geldgeberin
Spon|so|ring ⟨n.; - od. -s; unz.⟩ das Sponsern [engl.]

Spon|sor|ship ⟨[-ʃip] f.; -; unz.⟩ Sponsorentum, (finanzielle) Unterstützung [engl.]

spon|tan ⟨Adj.⟩ **1** von selbst, aus eigenem Antrieb, von innen heraus (kommend) **2** plötzlich, aus plötzlicher Eingebung, plötzlichem Entschluss (erfolgend) [<lat. *spontaneus*; zu *sponte* »aus eigenem Willen«; zu **spons* »Antrieb«]

Spon|ta|ne|i|tät ⟨[-ne:i-] f.; -; unz.⟩ spontanes Handeln, Geschehen, Handeln aus eigenem Antrieb; *oV* Spontanität [<frz. *spontanéité*; zu *spontané* <lat. *spontaneus*; → *spontan*]

Spon|ta|ni|tät ⟨f.; -; unz.⟩ = Spontaneität

Spon|ti ⟨m.; -s, -s; umg.; bes. Ende der 70er- u. Anfang der 80er-Jahre⟩ Angehöriger einer spontan handelnden, politisch links gerichteten Gruppe von Jugendlichen [→ spontan]

Spool|ing ⟨[spu:-] n.; - od. -s; unz.; EDV; Abk. für engl.⟩ Simultaneous Peripheral Operations on Line, Zwischenspeicherung von Ein- u. Ausgabedaten bei simultaner Bearbeitung mehrerer Anwendungen [engl., das »Spulen«]

Spoon ⟨[spu:n] m.; -s, -s; Sport; Golf⟩ hölzerner Schläger für lange u. hohe Schläge [engl., eigtl. »Löffel«]

spo|ra|disch ⟨Adj.⟩ **1** vereinzelt, verstreut (vorkommend) **2** hin und wieder, nicht oft, unregelmäßig [<grch. *sporadikos* »verstreut«; zu *speirein* »aussäen«]

Spor|an|gi|um *auch:* **Spo|ran|gi|um** ⟨[spor-] n.; -s, -gi̯en; Bot.⟩ Behälter, in dem bei vielen Algen u. Pilzen die Sporen gebildet werden [neulat., <*Spore* + grch. *aggeion* »Gefäß«]

Spo|re ⟨f.; -, -n; Biol.⟩ **1** ungeschlechtl. Zelle zur Fortpflanzung vieler Algen u. Pilze **2** Dauerform von Bakterien [<neulat. *spora* <grch. *spora* »Same«; zu *speirein* »säen«]

spo|ro|gen ⟨Adj.; Biol.⟩ Sporen bildend [<grch. *sporos* »Same« + *gennan* »erzeugen«]

Spo|ro|go|nie ⟨f.; -; unz.; Biol.⟩ **1** Erzeugung von Sporen **2** Fortpflanzung durch Sporen [<*Spore* + ...*gonie*]

Spo|ro|phyt ⟨m.; -en, -en; Biol.⟩ Sporen bildende, ungeschlechtliche Generation bei Pflanzen mit Generationswechsel [<*Spore* + ...*phyt*]

Spo|ro|zo|on ⟨n.; -s, -zo̯en; Biol.; meist Pl.⟩ Sporentierchen, Protozoon, das parasitisch lebt u. sich durch eine besondere Dauerform, die Spore, auszeichnet [<*Spore* + *Zoon*]

Spo|ro|zys|te ⟨f.; -, -n⟩ Larvenstadium der Saugwürmer

Sport ⟨m.; -(e)s, -e⟩ **1** körperl. Betätigung nach bestimmten Regeln aus Freude daran od. zur Erhaltung der Gesundheit; ~ *treiben; einen* ~ *betreiben* **2** Gesamtheit der Leibesübungen **3** Leibesübung, im Unterschied zum Geräte- u. Bodenturnen u. zur Gymnastik; *Wasser~; Ski~* **4** ⟨fig.; umg.⟩ Liebhaberei, Steckenpferd [engl. <afrz. *desport* »Belustigung« <mlat. *disportare* »sich zerstreuen« <lat. *dis...* »auseinander« + *portare* »tragen«]

Spor|tel ⟨f.; -, -n; MA⟩ Gebühr für Amtshandlungen, bes. Gerichtskosten [<lat. *sportula* »Körbchen, kleines Geschenk«; Verkleinerungsform zu *sporta* »Korb« <grch. *spyris*]

spor|tiv ⟨Adj.⟩ sportlich [engl.]

Sports|wear ⟨[spɔ:tswe:(r)] f.; -; unz.⟩ legere, sportliche Kleidung; *→ a.* Streetwear, Wear [engl.]

Spot ⟨[spɔt] m.; -s, -s⟩ **1** kurze Sendung im Rundfunk od. Fernsehen, meist zur Werbung; *Fernseh~; Werbe~* **2** ⟨kurz für⟩ Spotlight **3** ⟨Sport⟩ zum Surfen geeigneter Küstenabschnitt; *einer der weltbesten ~s* [engl. »Punkt, Stelle«]

Spot|ge|schäft ⟨[spɔt-] n.; -(e)s, -e; Börse⟩ Geschäft gegen Barzahlung u. sofortige Lieferung

Spot|light ⟨[spɔtlait] n.; -s, -s⟩ stark konzentriertes Licht zur Beleuchtung nur einer Stelle, Punktlicht, z. B. im Theater, in Ausstellungsvitrinen [<engl. *spot* »Fleck« + *light* »Licht«]

Spot|markt ⟨m.; -(e)s, -märkte; Börse⟩ Markt für im Spotgeschäft gehandelte Ware

spot|ten ⟨[spɔt-] V.; umg.; salopp⟩ ausmachen, aufspüren, entdecken (u. beobachten); *sie hat einen gut aussehenden Typ gespottet* [<engl. *spot*]

S. P. Q. R. ⟨Abk. für⟩ Senatus Populusque Romanus

Sprach|bar|ri|e|re ⟨f.; -, -n; Sprachw.; Soziol.⟩ **1** Behinderung der sprachl. Entwicklung von Kindern aus Elternhäusern mit niedrigem Bildungsstand **2** Behinderung im gesellschaftl. Aufstieg von Angehörigen sozial niedriger Schichten infolge einer Ausdrucksweise, die nicht der Sprachnorm der Hochsprache entspricht

Sprach|ge|o|gra|fie ⟨f.; -; unz.; Sprachw.⟩ = Sprachgeographie

Sprach|ge|o|gra|phie ⟨f.; -; unz.; Sprachw.⟩ Wissenschaft von der geograph. Verbreitung von Sprachen, Mundarten u. sprachlichen Erscheinungen; *oV* Sprachgeografie; *Sy* Arealinguistik

Sprach|la|bor ⟨n.; -s, -e⟩ elektron. Anlage zum individuellen Lernen im fremdsprachl. Unterricht, in dem die Schüler über Kopfhörer, Tonband, Mikrofon das Lernprogramm aufnehmen u. wiedergeben

Spray ⟨engl. [sprei] od. [ʃpre:] m. od. n.; -s, -s⟩ **1** Apparat zum Zerstäuben von Flüssigkeiten **2** Flüssigkeit zum Zerstäuben; *Haar~; Insekten~* der dadurch erzeugte Sprühregen [zu engl. *spray* »sprühen, (be)spritzen«]

spray|en *auch:* **spra|yen** ⟨engl. [sprei-] od. [ʃpre:-] V.⟩ (Flüssigkeit) zerstäuben (auf) [→ *Spray*]

Spray|er *auch:* **Spra|yer** ⟨engl. [sprei-] od. [ʃpre:-] m.; -s, -⟩ jmd., der mittels eines Farbsprays Wände (mit Graffiti) besprüht [engl.]

Spread ⟨[sprɛd] m. od. n.; -s, -s; Bankw.⟩ Zinsaufschlag auf einen Basiszinssatz, der mit sinkender Bonität des Kreditnehmers u. sinkendem Wettbewerb aufseiten des Kreditgebers steigt [engl., »Verbreitung, Verteilung, Streuung«]

Sprea|der ⟨[sprɛdə(r)] m.; -s, -; Technik⟩ in der Flachsspinnerei benötigte Anlegemaschine

Sprinkler

Sprink|ler ⟨m.; -s, -⟩ Berieselungsanlage für größere Flächen [zu engl. *sprinkle* »besprengen«]
Sprint ⟨m.; -s, -s; Sport⟩ Rennen mit größtmögl. Geschwindigkeit über eine kurze Strecke [zu engl. *sprint* »schnell rennen«]
sprin|ten ⟨V.; Sport⟩ eine kurze Strecke mit größtmögl. Geschwindigkeit zurücklegen [→ *Sprint*]
Sprin|ter ⟨m.; -s, -; Sport⟩ Kurzstreckenläufer [engl.; → *Sprint*]
Sprin|te|rin ⟨f.; -, -rin|nen; Sport⟩ Kurzstreckenläuferin [engl.; → *Sprint*]
Sprit ⟨m.; -(e)s, -e⟩ **1** = Spiritus² (2) **2** ⟨umg.⟩ Benzin, Treibstoff [→ *Spiritus*; angelehnt an frz. *esprit* »Geist, Weingeist«]
Spu|man|te ⟨[spu-] m.; -s, -s⟩ ital. Schaumwein [ital., <lat. *spumare* »schäumen«]
Spunk ⟨[spʌŋk] m.; -s, -s; Jugendspr.⟩ Mut, Courage; *er hat keinen ~, wenn es Schwierigkeiten gibt* [engl., »Mut, Mumm«]
spun|ky ⟨[spʌŋkɪ] Adj.; Jugendspr.⟩ mutig, couragiert [engl.]
Spurt ⟨m.; -(e)s, -s od. (selten) -e; Sport⟩ plötzliche kurzfristige Beschleunigung des Tempos während od. gegen Ende eines Rennens; *Zwischen~; End~* [engl.; zu *spirt, spurt* »hervorspritzen«]
spur|ten ⟨V.; Sport⟩ das Tempo kurzfristig steigern [→ *Spurt*]
Spu|ta ⟨Med.; Pl. von⟩ Sputum
Sput|nik ⟨m.; -s, -s⟩ Name des ersten (russ.) künstlichen Erdsatelliten [russ., »Begleiter Weggefährte«]
sput|tern ⟨[spʌt-] V.; Technik⟩ Oberflächenmaterial eines Festkörpers durch Ionenbestrahlung zerstäuben, abspalten [<engl. *sputter*, eigtl. »zischen, brutzeln«]
Spu|tum ⟨[spu:-] n.; -s, Spu|ta; Med.⟩ = Expektoration (2) [lat., »das Ausgespiene; zu *spuere* »ausspeien«]
sq. ⟨Abk. für⟩ sequens
sqq. ⟨Abk. für⟩ sequentes
Square ⟨[skwɛ:(r)] m. od. n.; - od. -s, -s; engl. Bez. für⟩ **1** Quadrat, Platz; *Trafalgar ~* berühmter Platz in London **2** ⟨Golf⟩ Fuß- u. Körperhaltung beim Schlagen, die parallel zur Balllinie eingenommen wird
Square|dance ⟨[skwɛ:(r)dæns] od. [-da:ns] m.; -, -s [-sɪz]⟩ in Formationen getanzter amerikan. Volkstanz [<engl. *square* »Quadrat« + *dance* »Tanz«]
Squash ⟨[skwɔʃ] n.; - od. -s; unz.; Sport⟩ Rückschlagspiel zwischen zwei Spielern auf einer 6,40 × 9,75 m großen, von vier Wänden begrenzten Fläche [engl., »pressen« <vulgärlat. *exquassare* <lat. *ex* »aus, heraus« + *quassare* »schleudern«]
squa|shen ⟨[skwɔʃən] V.; Sport⟩ Squash spielen
Squaw ⟨[skwɔ:] f.; -, -s⟩ indian. Frau, Indianerin [Algonkin]
Squire ⟨[skwaɪə(r)] m.; - od. -s, -s⟩ engl. Gutsherr (auch als Titel) [engl. <afrz. *esquier, escuier* <lat. *scutarius* »Schildträger«; zu *scutum* »Schild«]
sr ⟨Abk. für⟩ Steradiant
Sr ⟨chem. Zeichen für⟩ Strontium
ss ⟨Abk. für lat.⟩ sequentes
SS ⟨Abk. für⟩ Sante, Santi
Sse|rir ⟨f.; -, -e⟩ = Serir
ssp. ⟨Biol.; Abk. für⟩ Subspezies
St ⟨Abk. für⟩ **1** Saint **2** ⟨Zeichen für⟩ Stokes
St. ⟨Abk. für⟩ Sankt, Saint
s. t. ⟨Abk. für⟩ sine tempore
S. T. ⟨Abk. für⟩ salvo titulo
Sta. ⟨span. u. portug. Abk. für⟩ Santa
Staats|ka|pi|ta|lis|mus ⟨m.; -; unz.; Politik⟩ Wirtschaftsordnung, in der der Staat als Hauptunternehmer auftritt, bes. in kommunistisch regierten Staaten
Staats|rä|son ⟨[-zõ:] od. [-zɔŋ] f.; -; unz.; Politik⟩ Grundsatz, nach dem das staatliche Handeln sich nach dem Befinden u. der Interessenlage des Staates unter Hintanstellung der Interessen Einzelner zu richten hat
Staats|se|kre|tär ⟨m.; -(e)s, -e; Politik⟩ **1** ⟨allg.⟩ hoher Staatsbeamter **2** ⟨in Deutschland seit 1919 bzw. in der BRD⟩ höchster Beamter eines Ministeriums unter dem Minister **3** ⟨DDR⟩ dem Minister gleichgestellter Staatsfunktionär mit eigenem Geschäftsbereich
Staats|se|kre|tä|rin ⟨f.; -, -rin|nen; Politik⟩ **1** ⟨allg.⟩ hohe Staatsbeamtin **2** ⟨in der BRD⟩ höchste Beamtin eines Ministeriums unter dem Minister bzw. der Ministerin
Sta|bat ma|ter (do|lo|ro|sa) ⟨n.; - - (-); unz.; Musik⟩ Marienlied aus dem 13. Jh., in die kath. Liturgie eingegangen, häufig vertont [lat., »Es stand die Mutter (schmerzerfüllt)«]
Sta|bel|le ⟨f.; -, -n; schweiz.⟩ Schemel [<lat. *scabellum* »Schemel«]
sta|bil ⟨Adj.⟩ Ggs instabil **1** dauerhaft, widerstandsfähig; Ggs labil; *~e Gesundheit* **2** fest, standfest; *~er Gegenstand* [<lat. *stabilis* »standfest«; zu *stare* »stehen«]
Sta|bi|le ⟨[-le:] n.; -s, -s; Kunst⟩ Metallplastik aus unbewegl. Elementen; Ggs Mobile
Sta|bi|li|sa|tor ⟨m.; -s, -to|ren⟩ **1** ⟨Techn.⟩ Einrichtung zum Konstanthalten bestimmter Größen o. zur Unterdrückung unerwünschter Fremdeinflüsse **2** ⟨Chemie⟩ Stoff zur Unterdrückung unerwünschter Reaktionen bzw. zum Haltbarmachen bestimmter Verbindungen
sta|bi|li|sie|ren ⟨V.⟩ stabil machen, befestigen
Sta|bi|li|sie|rung ⟨f.; -, -en⟩ das Stabilisieren; Ggs Destabilisierung, Labilisierung
Sta|bi|li|tät ⟨f.; -; unz.⟩ Ggs Instabilität **1** stabile Beschaffenheit, Festigkeit, Standfestigkeit **2** Beständigkeit, Dauerhaftigkeit [<lat. *stabilitas*; → *stabil*]
stac|ca|to ⟨[stak-] Musik⟩ jeder Ton einzeln kurz abgestoßen (zu spielen); oV stakkato [ital., »abgesondert«]
Stac|ca|to ⟨n.; - od. -s, -ca|ti; Musik⟩ (musikalischer) Vortrag mit kurz gestoßenen Tönen; oV Stakkato
sta|di|al ⟨Adj.⟩ abschnitt-, stufenweise [→ *Stadium*]
Sta|di|en ⟨Pl. von⟩ Stadion, Stadium
Sta|di|on ⟨n.; -s, Sta|di|en⟩ **1** Kampfbahn **2** gesamte Anlage von Sportplätzen; *Sport~* [grch., »Längenmaß (185 m); Rennbahn von Olympia; Kampfplatz«]

Sta|di|um ⟨n.; -s, Sta|di|en⟩ **1** Stand, Zustand **2** Entwicklungsstufe, Abschnitt [lat., »Rennbahn« (in der medizin. Fachsprache des 18./19. Jh. in der Bedeutung »Abschnitt im Verlauf einer Krankheit« gebraucht) ⟨grch. *stadion;* → *Stadion*]

Sta|fet|te ⟨f.; -, -n⟩ **1** ⟨früher⟩ reitender Bote **2** Gruppe von Fahrzeugen, Reitern o. Ä., bes. als Begleitung **3** ⟨Sport⟩ **3.1** Stab für den Staffellauf **3.2** ⟨veraltet für⟩ Staffellauf [<ital. *staffetta* »reitender Eilbote«; zu *staffa* »Steigbügel«]

Staf|fa|ge ⟨[-ʒə] f.; -, -n⟩ (schmückendes) Beiwerk, Nebensächliches [→ *staffieren*]

staf|fie|ren ⟨V.⟩ **1** ausstatten, ausrüsten **2** (österr.) *Hüte* ~ verzieren **3** Futter einnähen in [<mndt. *stafferen, stofferen* »ausschmücken« <afrz. *estoffer* (<frz. *étoffer*) »mit Stoff versehen«]

Stage ⟨[steɪdʒ] f.; -, -s [-dʒɪz]; meist Sg.; Jugendspr.; Musik⟩ Konzert- od. Veranstaltungsbühne (vor allem bei Rockkonzerten) [engl.]

Stage|diving ⟨[steɪdʒdaɪvɪŋ] n.; - od. -s; unz.⟩ während eines Konzertes das Springen eines Musikers od. Zuschauers von der Bühne in das Publikum [<engl. *stage* »Bühne« + *dive* »springen; tauchen«]

Stag|fla|ti|on ⟨f.; -, -en; Wirtsch.⟩ wirtschaftl. Baisse, verbunden mit allmählicher Geldentwertung [<*Stagnation* + *Inflation*]

Sta|gio|ne ⟨[stadʒo:-] f.; -, -n; Theat.⟩ Spielzeit beim ital. Theater [ital., »Saison«]

Sta|gna|ti|on *auch:* **Stag|na|ti|on** ⟨f.; -, -en; Wirtsch.⟩ das Stagnieren, Stockung, Stillstand; *die Wirtschaft befindet sich in einer Phase der ~; ~ der Aktienkurse*

sta|gnie|ren *auch:* **stag|nie|ren** ⟨V.; Wirtsch.⟩ stocken, stillstehen, beharren [<lat. *stagnare* »überschwemmt, gestaut sein«; zu *stagnum* »stehendes Gewässer«]

Sta|gnie|rung *auch:* **Stag|nie|rung** ⟨f.; -; unz.; Wirtsch.⟩ = Stagnation

Stain|less Steel ⟨[steɪnləs sti:l] m.; - -; unz.⟩ rostfreier Stahl [engl.]

Stake|hol|der ⟨[steɪkhoʊldə(r)] m.; -s, -; Wirtsch.⟩ Person(engruppe) außer den Unternehmenseignern, für die ein Unternehmen einen bestimmten Wert besitzt, z. B. für Lieferanten, Anwohner, Gemeindeverwaltung [engl., »Verwalter von Wetteinsätzen«]

Stake|hol|der Va|lue ⟨[steɪkhoʊldə(r) væljuː] m.; - -s, - -s; Wirtsch.⟩ Wert eines Unternehmens für alle anderen Personen außer den Unternehmenseignern [→ *Stakeholder*]

Stakes ⟨[steɪks] Pl.; Sport⟩ Einsätze (beim Pferderennen) [engl.]

Sta|ket ⟨n.; -(e)s, -e⟩ Lattenzaun, Lattenwerk [<ital. *stacchetta* »Pfahlwerk«; zu ital. *stacca* »Pfahl«]

Sta|ke|te ⟨f.; -, -n; österr.⟩ Holzlatte [→ *Staket*]

stak|ka|to ⟨[stak-] Musik⟩ = staccato

Stak|ka|to ⟨n.; - od. -s, -ka|ti; Musik⟩ = Staccato

Stal|ag|mit ⟨m.; -s od. -en, -e od. -en⟩ von unten nach oben wachsender, stehender Tropfstein; *Ggs* Stalaktit [<grch. *stalagmos* »Getröpfel, Tropfen«; zu *stalattein* »tropfen«]

sta|lag|mi|tisch ⟨Adj.⟩ aus Stalagmiten, wie Stalagmiten

Sta|lak|tit ⟨m.; -s od. -en, -e od. -en⟩ von oben nach unten wachsender, hängender Tropfstein; *Ggs* Stalagmit [zu grch. *stalaktos* »tropfend«]

Sta|lak|ti|ten|ge|wöl|be ⟨n.; -s, -; islam. Arch.⟩ Gewölbe mit stalaktitenähnl. Verzierungen

sta|lak|ti|tisch ⟨Adj.⟩ aus Stalaktiten, wie Stalaktiten

Sta|li|nis|mus ⟨m.; -; unz.; Politik⟩ der von J. W. Stalin (1879-1953) weitergebildete Marxismus

Sta|li|nist ⟨m.; -en, -en; Politik⟩ Vertreter, Anhänger des Stalinismus

Sta|li|nis|tin ⟨f.; -, -tin|nen; Politik⟩ Vertreterin, Anhängerin des Stalinismus

sta|li|nis|tisch ⟨Adj.; Politik⟩ zum Stalinismus gehörend, auf ihm beruhend

Sta|lin|or|gel ⟨f.; -, -n; Soldatenspr.⟩ von den sowjet. Truppen im 2. Weltkrieg (also zur Zeit Stalins) eingesetzte Vorrichtung zum gleichzeitigen Abfeuern mehrerer Raketengeschosse, die ihrem Aussehen u. dem Geräusch der abgefeuerten Raketen nach an eine Orgel erinnert

Stal|ker ⟨[stɔː-] m.; -s, -⟩ jmd., der Stalking betreibt

Stal|king ⟨[stɔːkɪŋ] n.; - od. -s; unz.⟩ auf einer seelischen Krankheit beruhendes, zwanghaftes Verfolgen u. Terrorisieren von bestimmten Personen (aus Rachegründen od. aufgrund unerwiderter Liebe) [zu engl. *stalk* »nachstellen, verfolgen«]

Sta|men ⟨n.; -s, Sta|mi|na; Bot.⟩ Staubblatt [lat.]

Sta|mi|no|di|um ⟨n.; -s, -di|en; Bot.⟩ umgebildetes od. rückgebildetes Staubblatt [→ *Stamen*]

Stam|pe|de ⟨engl. [stæmpiːd] f.; -, -s od. engl.: -s⟩ stürmisches, fliehendes Auseinanderlaufen einer Tierherde [engl.]

Stam|pi|glie *auch:* **Stam|pig|lie** ⟨[-ljə] f.; -, -n; österr.⟩ **1** Gerät zum Stempeln **2** Abdruck davon [<ital. *stampiglia* »Stempel«]

Stan|dard ⟨m.; -s, -s⟩ **1** Richt-, Eichmaß **2** Norm, Qualität; *Lebens~* **3** Feingehalt (der Münzen) **4** ⟨Sport; Golf⟩ für das Spielen einer Golfplatzrunde festgelegte Anzahl von Schlägen [<engl. *standard,* urspr. »Standarte, Fahne« <afrz. *estandart*]

stan|dar|di|sie|ren ⟨V.⟩ vereinheitlichen, normen

Stan|dar|di|sie|rung ⟨f.; -, -en⟩ das Standardisieren

Stan|dard|soft|ware ⟨[-wɛː(r)] f.; -; unz.; EDV⟩ Softwareprodukt, das ein Anbieter im Hinblick auf die Bedürfnisstruktur bei einer breiten Schicht von Nachfragern produziert u. anbietet

Stan|dard|spra|che ⟨f.; -, -n; Sprachw.⟩ allg. gültige Form einer Sprache, Hochsprache

Stan|dard|zeit ⟨f.; -, -en⟩ = Normalzeit

Standarte

Stan|dar|te ⟨f.; -, -n⟩ **1** kleine, viereckige Fahne **2** Flagge, die von Fürsten od. Staatsoberhäuptern geführt wird **3** Reiterfahne **4** (Jägerspr.) Schwanz (von Wolf u. Fuchs) [<mhd., mndrl. *stanthart* <afrz. *estandart* <afränk. *standord* »Sammelplatz der Soldaten«, dann »die um eine Fahne sich sammelnden Soldaten«, dann »Fahne, Fähnlein«]

Stand-by *auch:* **Standby** ⟨[stændbaɪ] m.; -, -s⟩ Fluggast ohne Reservierung, der auf einen freien Platz im Flugzeug wartet [engl., »Ersatz«]

Stand-by-Be|trieb ⟨[stændbaɪ-] m.; -(e)s; unz.⟩ Betriebsart eines elektr. Gerätes (z. B. Fernseher), bei der es eigentlich ausgeschaltet ist, aber durch die Fernbedienung jederzeit aktiviert werden kann [zu engl. *stand-by* »einsatzbereit«]

Stan|ding ⟨[stændɪŋ] n.; - od. -s; unz.⟩ (gesellschaftliches) Ansehen, Rang, Position [engl.]

> **Standingovations / Standing Ovations** ⟨*Getrennt- und Zusammenschreibung*⟩ Fremdsprachliche Zusammensetzungen mit Substantiven werden wie deutsche Komposita zusammengeschrieben. Besteht ein Kompositum aus einem Adjektiv und einem Substantiv kann in Anlehnung an die Herkunftssprache auch getrennt geschrieben werden. Hat der zweite Wortbestandteil die Funktion eines Substantivs, sind beide Bestandteile großzuschreiben (→*a.* Grandprix / Grand Prix; Happyend / Happy End).

Stan|ding o|va|tions *auch:* **Standing Ovations** ⟨[stændɪŋ oveɪʃnz] Pl.⟩ Beifallssturm, heftiges Beifallklatschen im Stehen; *für seine mitreißende Rede erhielt er* ~ [<engl. *standing* »stehend« + *ovations* »Ovationen«]

Sta|ni|za ⟨f.; -, -ni|zen od. -s⟩ Siedlung von Kosaken [<russ. *stanica* »großes Kosakendorf«; zu *stan* »Lager«]

Stan|nat ⟨n.; -s, -e; Chemie⟩ Salz der Zinnsäure [→ *Stannum*]

Stan|ni... ⟨Chemie; veraltet⟩ Vorsilbe zur Kennzeichnung von Verbindungen, in denen Zinn im vierwertigen Oxidationszustand auftritt, zu ersetzen durch die Kennzeichnung Zinn(IV)-

Stan|nin ⟨n.; -s; unz.; Min.⟩ metallisch glänzendes Mineral, ein Zinn-, Kupfer-Erz, Zinnkies [→ *Stanniol*]

Stan|ni|ol ⟨n.; -s, -e⟩ sehr dünn ausgewalzte Folie aus Zinn, (umg. auch) aus Aluminium [<neulat. *stanniolum* <lat. *stagnum, stannum* »Zinn« <kelt. *stagno*]

stan|ni|o|liert ⟨Adj.; österr.⟩ in Stanniol verpackt

Stan|num ⟨n.; -s; unz.; chem. Zeichen: Sn⟩ Zinn [lat.]

stan|te pe|de ⟨[stan-] geh.⟩ stehenden Fußes, sofort, umgehend [lat.; <*stare* »stehen« + *pes*, Gen. *pedis* »Fuß«]

Stan|ze ⟨f.; -, -n; Metrik⟩ achtzeilige Strophe, in Jamben u. meist in den letzten beiden Zeilen paarig reimend [<ital. *stanza* »Zimmer; Strophe« <mlat. *stantia* »Aufenthalt, Wohnung« <arab. *bait* »Zimmer; Vers«]

Sta|pe|lie ⟨[-ljə] f.; -, -n; Bot.⟩ Aasblume, Ekelblume, Ordensstern, einer Gattung der Schwalbenwurzgewächse angehörende, parasitäre südafrikanische Pflanze mit strahligen Blüten, die nach Aas riecht u. dadurch Insekten, besonders Schmeißfliegen, anzieht: Stapelia [nach dem niederländ. Arzt Jan Bode aus *Stapel*]

Sta|phy|le ⟨f.; -, -n; Anat.⟩ = Uvula [<grch. *staphyle* »Weintraube«]

Sta|phy|li|tis ⟨f.; -, -ti|den; Med.⟩ Entzündung des Gaumenzäpfchens [<*Staphyle* + ...*itis*]

Sta|phy|lo|kok|kus ⟨m.; -, -kok|ken; Biol.; Med.⟩ traubenförmiger Kokkus, der zu den gewöhnl. Eitererregern zählt, Traubenkokkus [<grch. *staphyle* »Weintraube« + *Kokkus*]

Sta|phy|lom ⟨n.; -s, -e; Med.⟩ **1** Beerengeschwulst **2** Hervorwölbung des Auges [grch.]

Star ⟨[staːr] od. [ʃtaːr] m.; -s, -s⟩ gefeierte Persönlichkeit (von Film, Bühne od. Sport); *Film~; Fußball~; Opern~* [engl., »Stern«]

Star|figh|ter ⟨[staːr]faɪtə(r)] m.; -s, -; Mil.⟩ amerikan. Jagdflugzeug [engl., »Sternenkämpfer«]

Star|let ⟨[staːr]lɛt] n.; -s, -s⟩ angehender Filmstar, Filmsternchen; *oV* Starlett [engl., »Sternchen«; → *Star*]

Star|lett ⟨[staːr]lɛt] n.; -s, -s⟩ = Starlet

Sta|rost ⟨m.; -en, -en⟩ **1** (früher in Polen) Inhaber eines vom König verliehenen Lehens **2** (seit dem 14. Jh.) Statthalter des Königs, dem die Gerichtsbarkeit übertragen war **3** (in Russland) Gemeindevorsteher [<russ. *starosta* »Ältester, Führer, Sprecher eines Kollektivs«; zu *star* »alt«]

Stars and Stripes ⟨[staːr]z ənd straɪps] Pl.⟩ Sternenbanner, Staatsflagge der USA [engl., »Sterne und Streifen« (die die Mitgliedstaaten symbolisieren)]

Start ⟨m.; -(e)s, -s od. (selten) -e⟩ **1** Beginn einer Fortbewegung von einem bestimmten Ausgangspunkt **1.1** Beginn eines Wettlaufs od. Rennens; *einen guten, einen schlechten* ~ *haben* **1.2** Abflug (von Flugzeugen, Raketen, Raumschiffen) **2** Startplatz **3** (fig.) Anfang, Beginn [<engl. *start* »loslaufen«]

Start|au|to|ma|tik ⟨f.; -; unz.; Kfz⟩ automatische Regelung des Choke in der Kfz-Technik

star|ten ⟨V.⟩ **1** eine Fortbewegung beginnen **1.1** bei einem Rennen, Wettkampf ablaufen, abfahren, abschwimmen, abspringen **1.2** abfliegen (Flugzeug) **1.3** (umg.) abreisen (bes. mit dem Auto) **2** *etwas* ~ beginnen lassen **2.1** *ein Flugzeug, eine Rakete* ~ **2.2** (fig.; umg.) *eine Rede* ~ mit einer R. beginnen **2.3** (fig.; umg.) *eine Veranstaltung* ~ stattfinden lassen [→ *Start*]

Star|ter ⟨m.; -s, -⟩ **1** jmd., der zum Rennbeginn das Startzeichen gibt **2** ⟨Kfz⟩ Anlasser **3** ⟨Kochk.⟩ Vorspeise, erster Gang eines Menüs

Star|ter|kit ⟨n.; -s, -s⟩ Erstausstattung, Grundausrüstung für den

Status

Beginn; *das ~ besteht aus der passenden Software, einer CD u. einer Kurzanleitung* [<*Starter* + engl. *kit* »Ausrüstung«]

Start-up 〈[-ʌp] m. od. n.; -, -s, -s; Wirtsch.〉 neu gegründetes, aufstrebendes Unternehmen; *das ~-Unternehmen wurde von der Muttergesellschaft finanziert* [zu engl. *start up* »aufspringen; entstehen«]

…stase 〈Nachsilbe; zur Bildung weibl. Subst.〉 Stehen, Stillstand; *Diastase* [<grch. *stasis* »Stehen, Feststehen«]

Stase 〈f.; -, -n〉 Stauung; *oV* Stasis [<grch. *stasis* »Stehen, Feststehen«]

Stasimorphie 〈f.; -, -n; Bot.〉 Hemmung der Entwicklung bei Pflanzen [<*Stasis* + *…morphie*]

Stasis 〈f.; -, Stasen〉 = Stase

…stat 〈Nachsilbe; zur Bildung männl. Subst.〉 **1** Feststehendes, Unveränderliches **2** Mess-, Beobachtungsgerät; *Thermostat* [<grch. *statos* »stehend, feststehend«]

statarisch 〈Adj.〉 stehend, verweilend, langsam fortschreitend [<lat. *statarius* »feststehend; ruhig«; zu *stare* »stehen«]

State Departement 〈[steɪt dɪpɑːtmənt] n.; - -s; unz.; Politik〉 Außenministerium der USA [amerikan., offiziell: *Department of State* »Außenministerium«]

Statement 〈[steɪt-] n.; -s, -s〉 öffentl. Feststellung, Erklärung; *ein ~ abgeben* [engl.]

state-of-the-art 〈[steɪt ɔf ðɪ aːt] Adj.; undekl.〉 modern, dem höchsten (technischen, methodischen, medizinischen usw.) Wissensstand entsprechend [engl., »Stand der Wissenschaft«]

Statik 〈f.; -; unz.〉 Lehre von den Kräften, die an ruhenden Körpern auftreten; *Ggs* Dynamik (1) [<grch. *statikos* »stellend, wägend, stehen machend«]

Statiker 〈m.; -s, -〉 Kenner, Fachmann auf dem Gebiet der Statik

Statikerin 〈f.; -, -rin|nen〉 Kennerin, Fachfrau auf dem Gebiet der Statik

Station 〈f.; -, -en〉 **1** Ort, an dem öffentl. Verkehrsmittel halten, Haltestelle, Bahnhof **2** Ort, an dem sich eine techn. Anlage befindet; *Funk~; Sende~; Wetter~* **3** 〈Med.〉 Abteilung eines Krankenhauses; *der Patient liegt auf ~ 4; Unfall~* **4** 〈fig.〉 Aufenthalt, Halt, Rast; *an einem Ort, bei jmdm. ~ machen; freie ~ haben* freie Kost u. Unterkunft haben [<lat. *statio* »Stillstand; Standort, Aufenthalt(sort)«]

stationär 〈Adj.〉 **1** in Ruhe befindlich, ruhend **2** bleibend **3** ortsfest; *Ggs* ambulant (1) **4** 〈Med.〉 zur Behandlung jeweils ein Krankenhaus aufsuchend, die Behandlung im Krankenhaus erhaltend; *Ggs* ambulant (3) [<frz. *stationnaire* <lat. *stationarius* »stillstehend; zum Standort gehörig«]

stationieren 〈V.〉 *etwas ~* an einen Standort stellen, an einer Stelle aufstellen **2** *jmdn. ~* jmdm. einen Standort zuweisen (bes. Truppen)

statiös 〈Adj.; veraltet; noch mundartl.〉 stattlich, prunkend

statisch 〈Adj.〉 *Ggs* dynamisch (1) **1** die Statistik betreffend, auf ihr beruhend **2** das Stehen od. das Gleichgewicht betreffend, ruhend; *~es Organ* Gleichgewichtsorgan **3** stillstehend, ruhend [<grch. *statikos*; → *Statik*]

Statist 〈m.; -en, -en; Theat.; Film〉 **1** ungenannter Darsteller einer stummen Nebenrolle **2** 〈fig.〉 Nebenperson, unbedeutende, unwichtige Person [zu lat. *stare* »stehen«]

Statisterie 〈f.; -, -n; Theat.; Film〉 Gesamtheit der Statisten

Statistik 〈f.; -, -en〉 **1** Wissenschaft, die aus dem massenhaften Auftreten bestimmter Erscheinungen auf empirische Gesetze schließt **2** Zusammenstellung der Ergebnisse von breit angelegten Untersuchungen [<lat. *status* »Stand«]

Statistiker 〈m.; -s, -〉 Kenner, Fachmann auf dem Gebiet der Statistik

Statistikerin 〈f.; -, -rin|nen〉 Kennerin, Fachfrau auf dem Gebiet der Statistik

Statistin 〈f.; -, -tin|nen; Theat.; Film〉 **1** ungenannte Darstellerin einer stummen Nebenrolle **2** 〈fig.〉 Nebenperson, unbedeutende, unwichtige weibl. Person

statistisch 〈Adj.〉 **1** die Statistik betreffend, auf ihr beruhend, mit ihrer Hilfe; *man hat ~ festgestellt, dass…* **2** durch Zahlen (belegt)

Stativ 〈n.; -s, -e [-və]; Fot.〉 dreibeiniges Gestell zum Aufstellen u. Festhalten von Geräten, z. B. einer Kamera [zu lat. *stativus* »fest stehend«]

Statoblast 〈m.; -en, -en; Biol.〉 Hibernakel von Moostierchen des Süßwassers [<grch. *statos* »stehend« + *…blast*]

Statolith 〈m.; -s od. -en, -e od. -en〉 Kristall od. ähnl. Körper, der auf den Haaren von Sinneszellen aufliegt u. Bestandteil von statischen Organen ist [<grch. *statos* »stehend« + *…lith*]

Stator 〈m.; -s, -to|ren; Technik〉 fest stehender Teil einer elektr. Maschine, Ständer; *Ggs* Rotor (1) [lat., eigtl. »Erhalter des Bestehenden«; zu *stare* »stehen«]

Statoskop *auch:* **Statos|kop** 〈n.; -s, -e; Technik〉 Gerät zum Messen von Höhendifferenzen während eines Fluges [<grch. *statos* »stehend« + *…skop*]

statuarisch 〈Adj.〉 statuenhaft [nach lat. *statuarius* »Bildgießer«; → *Statue*]

Statue 〈[-tuə] f.; -, -n〉 vollplastisch gestaltete, einzelne Figur, Standbild [<lat. *statua*; zu *stare* »stehen«]

Statuette 〈f.; -, -n〉 kleine Statue

statuieren 〈V.〉 feststellen, festsetzen, bestimmen; *ein Exempel ~* ein warnendes Beispiel geben [<lat. *statuere* »festsetzen«]

Statur 〈f.; -, -en〉 Wuchs, Gestalt; *von kräftiger ~* [<lat. *statura*; zu *stare* »stehen«]

Status 〈m.; -, -〉 **1** Zustand, Stand (der Dinge), Lage; *~ quo* gegenwärtiger Zustand; *~ quo ante* Zustand, in dem sich etwas vor einem bestimmten Ereignis od. bis zu einem bestimmten Zeitpunkt befunden hat; *~ Nascendi* Zustand, Au-

Statussymbol

genblick des Entstehens **2** soziale Stellung [tu:s]

Sta|tus|sym|bol ⟨n.; -s, -e⟩ Gegenstand, der den Status einer Person im Ansehen der Mitmenschen anzeigen soll, z. B. Auto, teure Kleidung, Segeljacht o. Ä.

Sta|tut ⟨n.; -(e)s, -en⟩ Satzung, Gesetz, Ordnung; *Vereins~* [<lat. *statutum*, Part. Perf. zu *statuere* »festsetzen«]

sta|tu|ta|risch ⟨Adj.⟩ dem Statut, den Statuten entsprechend

Stau|pe ⟨f.; -, -n; Vet.⟩ durch ein Virus hervorgerufene Seuche der Hunde, Füchse u. Frettchen [<ndrl. *stuip* »Krampf; Grille, Laune« < mndrl. *stuype* »Zuckung, Schüttelanfall«]

Stau|ro|lith ⟨m.; -s, -e; Min.⟩ in Tonschiefern u. Gneisen vorkommendes Mineral, chemisch ein Aluminium-Eisen-Silicat [<grch. *stauros* »Pfahl, Kreuz« + *lithos* »Stein« (nach der Form der Kristalle)]

Ste ⟨Abk. für frz.⟩ Sainte

Stea|dy|sel|ler ⟨[stɛdɪsɛlə(r)] m.; -s, -⟩ = Longseller

Stea|dy|state *auch:* **Stea|dy State** ⟨[stɛdɪsteɪt] m.; (-) - od. (-) -s, (-) -s⟩ **1** ⟨Physik⟩ Gleichbleiben der Materiedichte im Raum trotz der Expansion des Weltalls, d. h. dass fortlaufend eine bestimmte Menge an Materie neu entstehen muss, (nach dem engl. Astrophysiker F. Hoyle) **2** ⟨Sportmed.⟩ ein Zustand, bei dem Energieentwicklung bei Arbeit im Gleichgewicht sind, Stoffwechselgleichgewicht **3** ⟨Wirtsch.⟩ konstanter Wirtschaftszustand [engl., »stationärer (kosmischer) Zustand«]

Steak ⟨engl. [steɪk] od. [stɛːk] n.; -s, -s⟩ (gegrillte od. kurz gebratene) Scheibe Fleisch von Filet, Lende od. Keule; *Beef~; Rump~* [<engl., altisl. *steik* »Braten«; zu altisl. *steikja* »braten, an den Bratspieß stecken«]

Steak|house ⟨engl. [stɛɪkhaʊs] od. [stɛːk-] n.; -, -es [-sɪz]⟩ Restaurant, in dem hauptsächl. mehrere Arten von unterschiedlich zubereiteten Steaks angeboten werden [<*Steak* + engl. *house* »Haus«]

Steak|let ⟨engl. [stɛɪklət] od. [stɛːklət] n.; -s, -s⟩ Hacksteak [<engl. *steak* »Steak« + Verkleinerungsendung *-let*]

Stealth|bom|ber ⟨[stɛlθ-] m.; -s, -⟩ US-amerikan. Kampfflugzeug, das vom Radar nicht geortet werden kann [zu engl. *stealth* »List, Heimtücke«]

Stea|mer ⟨[stiː-] m.; -s, -⟩ Dampfer [engl.; <*steam* »Dampf, Rauch«]

Stea|rat ⟨n.; -s, -e; Chemie⟩ Salz der Stearinsäure, kommt in tier. u. pflanzl. Fetten vor

Stea|rin ⟨n.; -s, -e⟩ weiße Masse aus Stearin- u. Palmitinsäure, die für Kerzen, Lippenstifte u. kosmetische Salben verwendet wird [<grch. *stear*, Gen. *steatos* »stehendes Fett, Talg«]

Stea|rin|säu|re ⟨f.; -, -n; Chemie⟩ langkettige Fettsäure, die sich mit Glycerin verestert in allen festen u. halbfesten Fetten findet

Stea|tit ⟨m.; -s, -e⟩ keramischer Werkstoff, der aus 80-85% Speckstein, 5-15% Ton u. bis 5% Feldspat bei einer Temperatur um 1400 °C gebrannt wird [<grch. *stear*, Gen. *steatos* »Fett, Talg«]

Stea|tom ⟨n.; -s, -e⟩ Talggeschwulst [→ *Steatose*]

Stea|to|py|gie ⟨f.; -; unz.⟩ starker Fettansatz am Steiß [<grch. *stear*, Gen. *steatos* »Fett, Talg« + *pyx*, Gen. *pygos* »Steiß«]

Stea|to|se ⟨f.; -, -n⟩ Verfettung [<grch. *stear*, Gen. *steatos* »Fett«]

Steel|band *auch:* **Steel Band** ⟨[stiːlbænd] f.; (-) -, (-) -s; Musik⟩ aus. auf den karib. Inseln auftretende Form einer Musikgruppe, die alte Ölfässer als Schlaginstrumente für ihre Musik verwendet [<engl. *steel* »Stahl« + *Band*]

Steel|gui|tar *auch:* **Steel Gui|tar** ⟨[stiːlɡɪtaːr] f.; (-) -, (-) -s; Musik⟩ Gitarre ohne Korpus, die elektrisch verstärkt werden muss [<engl. *steel* »Stahl« + *guitar* »Gitarre«]

Steeple *auch:* **Steeple** ⟨[stiːpl] f.; -, -s; kurz für⟩ Steeplechase

Steep|le|chase *auch:* **Steeple|chase** ⟨[stiːpltʃeɪs] f.; -, -n⟩ *Sy* Steeple **1** ⟨Reitsport⟩ Hindernisrennen **2** ⟨Leichtathletik⟩ Laufdisziplin, bei der Hindernisse u. Wassergräben zu überwinden sind [engl., <*steeple* »Spitzturm« + *chase* »Jagd« (<frz. *chasse* <lat. *capere* »fangen«)]

Steep|ler ⟨[stiːp-] m.; -s, -⟩ Reitsport⟩ bes. geeignetes Pferd für Hindernisrennen

Ste|ga|no|gra|fie ⟨f.; -; unz.; EDV⟩ Verschlüsselungstechnik, bei der versteckte Mitteilungen in anderen Texten od. Bildern untergebracht werden; *oV* Steganographie [<grch. *steganographia* »Geheimschrift«; zu *steganos* »bedeckt«]

Ste|ga|no|gra|phie ⟨f.; -; unz.; EDV⟩ = Steganografie

Ste|go|don *auch:* **Ste|go|don** ⟨m.; -s, -o|don|ten⟩ ausgestorbener Vorgänger der heutigen Elefanten, dessen Zähne bis zu 14 niedrige, dachförmige Joche besaßen [<grch. *stegos* »Dach« + ... *odon*]

Ste|go|ke|pha|le ⟨m.; -n, -n⟩ ein ausgestorbener gepanzerter Lurch [<grch. *stegos* »Dach« + *kephale* »Kopf«]

Ste|go|sau|ri|er ⟨m.; -s, -⟩ 6-9 m langer Saurier, dessen stark gekrümmter Rücken zwei Reihen knöcherner Zacken trug [<grch. *stegos* »Dach« + *Saurier*]

Ste|go|ze|pha|le ⟨m.; -n, -n⟩ ein ausgestorbener Lurch [<grch. *stegos* »Dach« + *kephale* »Kopf«]

Ste|le ⟨f.; -, -n⟩ **1** frei stehender Pfeiler, als Grab- od. Gedenkstein, oft mit Bildnis des Toten **2** ⟨Bot.⟩ Gesamtheit der Leitbündelsysteme (Zentralzylinder) einer Pflanze [grch.]

Stel|la|ge ⟨[-ʒə] f.; -, -n⟩ **1** Gestell **2** ⟨Börse; kurz für⟩ Stellagegeschäft [<*stellen* + roman. Endung *-age*]

Stel|la|ge|ge|schäft ⟨[-ʒə-] n.; -(e)s, -e; Börse⟩ Börsentermingeschäft

stel|lar ⟨Adj.; Astron.⟩ die Fixsterne betreffend, zu ihnen gehörend [<lat. *stella* »Stern«]

Stel|lar|as|tro|no|mie *auch:* **Stel|lar-as|tro|no|mie** ⟨f.; -; unz.; Astron.⟩ Teilgebiet der Astronomie, das sich mit den Fixsternen beschäftigt

Stel|la|ra|tor ⟨m.; -s, -to|ren; Kernphysik⟩ Apparatur, mit der durch Erzeugung u. Einschluss sehr heißer Plasmen eine kontrollierte Kernfusion erzeugt wird; *oV* Stellerator

Stel|lar|dy|na|mik ⟨f.; -; unz.; Astron.⟩ Teilgebiet der Astronomie, das sich mit der Abteilung der den Fixsternbewegungen zugrunde liegenden Gesetze befasst

Stel|la|rie ⟨[-riə] f.; -, -n; Bot.⟩ Sternkraut, Sternniere, einer Gattung der Nelkengewächse angehörende Pflanze mit sternförmigen weißen Blüten: Stellaria [<lat. *stella* »Stern«]

Stel|le|ra|tor ⟨m.; -s, -to|ren; Kernphysik⟩ = Stellarator

Stel|lit ⟨n.; -(e)s, -e⟩ Hartmetall aus Kohlenstoff, Wolfram, Chrom u. Eisen [<lat. *stellans* »blitzend, schimmernd«]

Stem|ma ⟨n.; -s, -ma|ta; bes. Sprachw.⟩ **1** ⟨i. e. S.⟩ Stammbaum **2** (i. w. S.) endlicher, zusammenhängender Graph, der keinen Kreis enthält, z. B. zur Darstellung einer mehrgliedrigen (hierarchischen) Struktur, die durch Ableitung aus einer einzelnen Einheit entstanden ist [lat., »Stammbaum; Girlande« <grch.; zu *stephein* »krönen; bekränzen«]

sten..., **Sten...** ⟨in Zus.⟩ = steno..., Steno...

ste|no..., **Ste|no...** ⟨in Zus.⟩ eng..., Eng..., kurz..., Kurz...; *oV* sten..., Sten... [<grch. *stenos* »eng, schmal«]

Ste|no ⟨f.; umg.; Kurzwort für⟩ Stenografie

Ste|no|dak|ty|lo ⟨f.; -, -s; schweiz.; kurz für⟩ Stenodaktylographin

Ste|no|dak|ty|lo|gra|fin ⟨f.; -, -fin|nen; schweiz.⟩ = Stenodaktylographin

Ste|no|dak|ty|lo|gra|phin ⟨f.; -, -phin|nen⟩ = Stenotypistin; *oV* Stenodaktylografin [<*Steno...* + *daktylo...* + *...graph*]

Ste|no|graf ⟨m.; -en, -en⟩ jmd., der beruflich Verhandlungen, Debatten usw. stenografiert; *oV* Stenograph; *Landtags~*

Ste|no|gra|fie ⟨f.; -, -n⟩ Kurzschrift, Schrift mit verkürzten Schriftzeichen zur schnellen Niederschrift, bes. von Diktaten, Reden usw.; *oV* Stenographie [<*Steno...* + *...graphie*]

ste|no|gra|fie|ren ⟨V.⟩ *oV* stenographieren **1** Kurzschrift schreiben; *können Sie ~?* **2** in Kurzschrift nachschreiben, mitschreiben; *eine Rede, eine Verhandlung ~* [→ *Stenografie*]

Ste|no|gra|fin ⟨f.; -, -fin|nen⟩ Frau, die beruflich Verhandlungen, Debatten usw. stenografiert; *oV* Stenographin

ste|no|gra|fisch ⟨Adj.⟩ in Stenografie geschrieben; *oV* stenographisch

Ste|no|gramm ⟨n.; -s, -e⟩ Niederschrift in Stenografie [<*Steno...* + *...gramm*]

Ste|no|graph ⟨m.; -en, -en⟩ = Stenograf

Ste|no|gra|phie ⟨f.; -, -n⟩ = Stenografie

ste|no|gra|phie|ren ⟨V.⟩ = stenografieren

Ste|no|gra|phin ⟨f.; -, -phin|nen⟩ = Stenografin

ste|no|gra|phisch ⟨Adj.⟩ = stenografisch

sten|ök *auch:* **ste|nök** ⟨Adj.; Biol.⟩ auf Stenökie beruhend; *Ggs* euryök [<*steno...* + grch. *oikos* »Haus«]

Ste|no|kar|die ⟨f.; -, -n; Med.⟩ = Angina Pectoris [<*Steno...* + grch. *kardia* »Herz, Inneres«]

Sten|ö|kie *auch:* **Ste|nö|kie** ⟨f.; -; unz.; Biol.⟩ Eigenschaft von Lebewesen, die an ihre Umwelt in engen Grenzen angepasst sind; *Ggs* Euryökie [→ *stenök*]

Ste|no|se ⟨f.; -, -n; Med.⟩ Enge od. Verengung von Gängen od. Öffnungen des Körpers [zu grch. *stenos* »eng, schmal«]

ste|no|therm ⟨Adj.; Ökol.⟩ nur bei bestimmten Temperaturen lebensfähig; *Ggs* eurytherm [<*steno...* + *...therm*]

Ste|no|tho|rax ⟨m.; - od. -es, -e; Med.⟩ enger Brustkorb [<*Steno...* + *Thorax*]

ste|no|top ⟨Adj.; Med.⟩ nur in einem od. wenigen Lebensräumen vorkommend; *Ggs* eurytop [<*steno...* + grch. *topos* »Ort, Stelle, Platz, Gegend«]

Ste|no|ty|pie ⟨f.; -, -n⟩ Druck von stenografischer Schrift [<*Steno...* + *...typie*]

ste|no|ty|pie|ren ⟨V.⟩ in Kurzschrift aufnehmen u. dann in Maschinenschrift übertragen [<*steno...* + grch. *typos* »Schlag, Abdruck«]

Ste|no|ty|pist ⟨m.; -en, -en⟩ Angestellter, der Diktate in Kurzschrift aufnimmt u. in Maschinenschrift überträgt [→ *stenotypieren*]

Ste|no|ty|pis|tin ⟨f.; -, -tin|nen⟩ Angestellte, die Diktate in Kurzschrift aufnimmt u. in Maschinenschrift überträgt; *Sy* ⟨schweiz.⟩ Stenodaktylographin

Sten|tor ⟨m.; -s, -en; Zool.⟩ Wimpertierchen der Süßwassers von trichterförmiger Gestalt, Trompetentierchen [nach *Stentor*, einem Griechen vor Troja, der nach Homer (Ilias 5,785) so laut rufen konnte wie 50 Männer zusammen]

Sten|tor|stim|me ⟨f.; -, -n⟩ sehr laute Stimme

Ste|pha|nit ⟨m.; -s; unz.; Min.⟩ eisenschwarzes Mineral, Sprödglaserz [nach dem Erzherzog *Stephan* von Österreich]

Stepp ⟨m.; -s, -s⟩ Tanz in Schuhen mit Steppeisen in lockeren, schnellen Fußbewegungen, bei denen mit Spitzen u. Fersen der Rhythmus geschlagen wird; *Sy* Stepptanz [engl., »Schritt, Tritt, Tanzschritt«]

Step|pe ⟨f.; -, -n; Geogr.⟩ baumlose Formation, hauptsächlich mit Gräsern, die zusammen mit Stauden eine mehr od. minder geschlossene Pflanzendecke bilden, Grasland [<russ. *step*]

step|pen ⟨V.⟩ Stepp tanzen

Stepp|tanz ⟨m.; -es, -tän|ze⟩ = Stepp

Ster ⟨n.; -s, -⟩ Raummaß in der Holzwirtschaft, 1 S = 1 m³ aufgeschichtetes Holz [<frz. *stère* <grch. *stereos* »fest, massiv«]

Ste|ra|di|ant ⟨m.; -en, -en; Zeichen: sr⟩ Maßeinheit des räumlichen Winkels [<*Stereo...* + *Radiant*]

ste|reo ⟨Adj.; undekl.; kurz für⟩ stereophon; *ein Lied ~ hören*

Ste|reo ⟨n.; -s; unz.; kurz für⟩ Stereotypie (2)

ste|reo..., **Ste|reo...** ⟨in Zus.⟩ **1** starr, fest **2** Raum..., Körper... [<grch. *stereos* »fest, starr«]

Stereoakustik

Ste|re|o|akus|tik ⟨f.; -; unz.⟩ Erforschung des räumlichen Hörens

Ste|re|o|auf|nah|me ⟨f.; -, -n⟩ Aufnahme (z. B. Musik auf CD, Schallplatte od. Kassette), die stereophonisch abgespielt werden kann

Ste|re|o|au|to|graf ⟨m.; -en, -en⟩ = Stereoautograph

Ste|re|o|au|to|graph ⟨m.; -en, -en⟩ Gerät zum Auswerten von Fotogrammen; *oV* Stereoautograf

Ste|re|o|che|mie ⟨[-çe-] f.; -; unz.; Chemie⟩ Zweig der Chemie, der den räumlichen Aufbau von Molekülen untersucht

Ste|re|o|de|co|der ⟨m.; -s, -⟩ Gerät, das das Signal stereophoner Radiosendungen in die zwei unterschiedl. zur stereophonen Wiedergabe benötigten Signale entschlüsselt [<*Stereo...* + *Decoder*]

Ste|re|o|fern|seh|ap|pa|rat ⟨m.; -(e)s, -e⟩ Fernsehapparat mit stereophoner Tonwiedergabe

Ste|re|o|film ⟨m.; -s, -e; Kurzwort für⟩ stereoskop. Film

ste|re|o|fon ⟨Adj.⟩ = stereophon

Ste|re|o|fo|nie ⟨f.; -; unz.⟩ = Stereophonie

Ste|re|o|fo|to|gra|fie ⟨f.; -, -n⟩ **1** ⟨unz.⟩ fotograf. Verfahren zur Erzeugung dreidimensionaler Bilder **2** ⟨zählb.⟩ Aufnahme zweier Halbbilder, die zusammen betrachtet einen plastischen Eindruck vermitteln, Raumbild

Ste|re|o|fo|to|gramm|me|trie *auch:* **Ste|re|o|fo|to|gramm|me|trie** ⟨f.; -; unz.⟩ Verfahren zur Auswertung räumlich aufgenommener Landschaftsbilder für die Anfertigung von Landkarten; *oV* Stereophotogrammetrie

Ste|re|o|gnos|tik ⟨f.; -; unz.⟩ Fähigkeit, durch Betasten die Beschaffenheit eines Gebildes festzustellen, Fähigkeit zum Formerkennen [<*Stereo...* + *Gnostik*]

ste|re|o|gra|fisch ⟨Adj.⟩ = stereographisch

ste|re|o|gra|phisch ⟨Adj.⟩ räumlich (gezeichnet); *oV* stereografisch [<*stereo...* + *...graphisch*]

Ste|re|o|iso|me|rie ⟨f.; -; unz.; Biochemie⟩ Form der Isomerie, die aufgrund der unterschiedlichen Anordnung von Atomen od. Atomgruppen im Molekül bedingt ist

Ste|re|o|ka|me|ra ⟨f.; -, -s; Fot.⟩ Kamera mit zwei Objektiven im Augenabstand zur Belichtung zweier Halbbilder

Ste|re|om ⟨n.; -s, -e; Bot.⟩ Festigungsgewebe der Pflanzen [zu grch. *stereos* »fest, starr«]

Ste|re|o|me|ter ⟨n.; -s, -; Geom.⟩ Gerät zur Auswertung stereometrischer Aufnahmen [<*Stereo...* + *...meter*]

Ste|re|o|me|trie *auch:* **Ste|re|o|me|trie** ⟨f.; -; unz.; Geom.⟩ Lehre von der Berechnung der Oberflächen, Rauminhalte usw. von Körpern [<*Stereo...* + *...metrie*]

ste|re|o|me|trisch ⟨Adj.⟩ auf Stereophonie beruhend, mit ihrer Hilfe, zu ihr gehörig; *oV* stereofon

Stereophonie / Stereofonie (*Laut-Buchstaben-Zuordnung*) Für die Silben »-fon, -fot, -graf« kann die eingedeutschte (integrierte) Lautschreibung künftig generell verwendet werden. Die Schreibung mit »ph« bleibt jedoch auch künftig, vor allem in fachsprachlichen Texten, zulässig (→*a.* Quadrophonie / Quadrofonie).

Ste|re|o|pho|nie ⟨f.; -; unz.⟩ *oV* Stereofonie **1** räuml. Hören **2** elektroakustische Technik der räumlich wirkenden Wiedergabe von Tönen

Ste|re|o|pho|to|gramm|me|trie *auch:* **Ste|re|o|pho|to|gramm|me|trie** ⟨f.; -; unz.⟩ = Stereofotogrammetrie

Ste|re|o|skop *auch:* **Ste|re|o|skop** ⟨n.; -s, -e; Optik; Fot.⟩ optisches Gerät, durch das zwei Halbbilder durch Linsen od. Spiegel so dargeboten werden, dass mit jedem Auge nur das ihm entsprechende Bild gesehen wird, wodurch der Eindruck eines einheitlichen, dreidimensionalen Bildes entsteht

Ste|re|o|sko|pie *auch:* **Ste|re|o|sko|pie** ⟨f.; -; unz.; Optik; Fot.⟩ Technik zur fotograf. Wiedergabe räuml. wirkender Bilder

ste|re|o|sko|pisch *auch:* **ste|re|o|ko|pisch** ⟨Adj.; Optik; Fot.⟩ räumlich wirkend, körperlich erscheinend (Bild); ~*er Film* Film, der räumlich wirkende Bilder vermittelt, Raumfilm

Ste|re|o|tu|ner ⟨[-tju:nə(r)] m.; -s, -⟩ zur Stereoanlage gehörendes Abstimmgerät für den Stereoempfang

ste|re|o|typ ⟨Adj.⟩ *oV* stereotypisch **1** mit feststehender Schrift (gedruckt) **2** feststehend, unveränderlich **3** ⟨fig.⟩ ständig wiederkehrend, immer wieder gleich, formelhaft; ~*e Antwort, Redewendung* [→ *Stereotypie*]

Ste|re|o|typ ⟨n.; -s, -e⟩ eingewurzeltes Vorurteil

Ste|re|o|ty|peur ⟨[-pø:r] m.; -s, -e⟩ Facharbeiter, der Stereotypien (2) herstellt

Ste|re|o|ty|pie ⟨f.; -, -n⟩ **1** ⟨unz.⟩ Verfahren zum Abformen von Schriftsatz in Matern **2** ⟨zählb.⟩ aus einer Blei-Antimon-Zinn-Legierung bestehender Abguss einer Mater **3** ⟨nur Pl.⟩ ~*n* krankhafte, dauernde Wiederholung bzw. Beibehaltung immer derselben Bewegungen, Handlungen u. Gedanken [<*Stereo...* + *...typie*]

ste|re|o|ty|pie|ren ⟨V.⟩ Matern von Schriftsatz u. Druckplatten herstellen

ste|re|o|ty|pisch ⟨Adj.⟩ = stereotyp

Ste|re|o|typ|me|tall ⟨n.; -s, -e⟩ Legierung aus Antimon, Blei u. Zinn, die vor allem in der Stereotypie verwendet wird

ste|ril ⟨Adj.⟩ **1** ⟨Med.⟩ keimfrei **2** ⟨Biol.; Med.⟩ unfruchtbar; *Ggs* fertil **3** ⟨fig.⟩ übertrieben geistig, allzu intellektuell, nicht (mehr) natürlich empfindend [<frz. *stérile* <lat. *sterilis* »unfruchtbar, ertraglos«]

Ste|ri|li|sa|ti|on ⟨f.; -, -en⟩ **1** ⟨Med.⟩ Entkeimung, Vernichtung schädlicher Keime, z. B. an ärztl. Instrumenten **2** ⟨Biol.; Med.⟩ Unfruchtbarmachung durch Unterbrechung der Ausführungsgänge der Geschlechtsdrüsen

Ste|ri|li|sa|tor ⟨m.; -s, -to|ren; Med.⟩ Apparat zum Sterilisieren ärztlicher Instrumente u. a.

ste|ri|li|sie|ren ⟨V.⟩ **1** ⟨Med.⟩ keimfrei machen, entkeimen durch Erhitzen auf 100-130°C

Stilfigur

2 ⟨Biol.; Med.⟩ zeugungsunfähig machen bei Erhaltung der Keimdrüsen [<frz. *stériliser* <*stérile*; → *steril*]
Ste|ri|li|sie|rung ⟨f.; -, -en; Biol.; Med.⟩ = Sterilisation
Ste|ri|li|tät ⟨f.; -; unz.⟩ **1** ⟨Med.⟩ sterile Beschaffenheit, keimfreier Zustand **2** ⟨Biol.; Med.⟩ Unfruchtbarkeit; *Ggs* Fertilität **2.1** Unfähigkeit zu zeugen **2.2** Unfähigkeit, schwanger zu werden; →*a.* Infertilität **3** ⟨fig.⟩ Fehlen des natürl. Empfindens bei übertriebener Betonung des Geistigen
Ste|rin ⟨n.; -s, -e⟩ im Tierreich *(Zoo~)* u. im Pflanzenreich *(Phyto~)* vorkommende chem. Verbindung mit einem Gerüst aus Kohlenstoffatomen, das aus mehreren kondensierten Ringen besteht [zu grch. *stereos* »starr, hart«]
ster|ko|ral ⟨Adj.; Med.⟩ kothaltig [<lat. *stercus* »Kot«]
Ster|let ⟨m.; -s, -e; Zool.⟩ kleiner Stör: Acipenser ruthenus; *oV* Sterlett [<russ. *sterljad* »Stör«]
Ster|lett ⟨m.; -s, -e; Zool.⟩ = Sterlet
Ster|ling ⟨[stœː-] m.; -s, -e⟩ **1** altengl. Münze **2** *Pfund ~* ⟨Abk.: Pf. St.; Zeichen: £⟩ Währungseinheit in Großbritannien [engl., »Penny« <afrz. *esterlin*, *estrelin*, *estellin*, mhd. *sterlinc* <mlat. *sterlingus* <lat. *statera* <grch. *stater* »Stater, Goldmünze«]
ster|nal ⟨Adj.; Med.⟩ zum Brustbein gehörend, von ihm ausgehend [→ *Sternum*]
Ster|num ⟨n.; -s, Ster|na; Anat.⟩ Brustbein [lat., »Brustbein« <grch. *sternon* »Brust, Herz«]
Ste|ro|i|de ⟨Pl.⟩ biologisch bedeutende Klasse von chem. Verbindungen, deren Grundgerüst aus vier kondensierten Ringen bestehen (z. B. Hormone) [<grch. *stereos* »räumlich (ausgedehnt)« + *eidos* »Form«]
Ste|tho|skop *auch:* **Ste|thos|kop** ⟨n.; -s, -e; Med.⟩ Hörrohr zur Auskultation [<grch. *stethos* »Brust« + ...*skop*]
Stet|son ⟨[-sən] m.; - od. -s, -s⟩ hoher, breitkrempiger Filzhut, Texashut [engl.]

Ste|ward ⟨[stjuː|ərt] m.; -s, -s⟩ Betreuer der Fahrgäste (auf Schiffen u. in Flugzeugen) [engl., »Verwalter, Aufwärter« <aengl. *stigweard* »Hauswart«]
Ste|war|dess ⟨[stjuː|ərdɛs] f.; -, -en⟩ Betreuerin der Fahrgäste (auf Schiffen u. in Flugzeugen)
Sthe|nie ⟨f.; -; unz.; Med.⟩ Vollkraft [<grch. *sthenos* »Stärke, Kraft, Macht, Gewalt«]
sthe|nisch ⟨Adj.; Med.⟩ in Vollkraft befindlich, kraftvoll
Sti|bi|um ⟨n.; -s; unz.; chem. Zeichen: Sb⟩ = Antimon
Stib|nit ⟨m.; -s, -e; Min.⟩ = Antimonglanz [→ *Stibium*]
Sti|cho|man|tie ⟨[-ço-] f.; -; unz.⟩ **1** ⟨urspr.⟩ Wahrsagung aus Versen od. Zeilen (bei den Römern oft aus Virgil), die auf Zettel geschrieben, in einer Urne gemischt u. dann gezogen wurden **2** ⟨danach⟩ Wahrsagung aus willkürlich mit der Nadel aufgeschlagenen Stellen in Büchern [<grch. *stichos* »Vers, Zeile, Reihe« + ...*mantie*]
Sti|cho|my|thie ⟨[-ço-] f.; -, -n; Lit.⟩ dramat. Dialog, der mit jedem Vers zwischen Rede u. Gegenrede wechselt [<grch. *stichos* »Vers, Zeile, Reihe« + *mythos* »Rede, Wort, Erzählung«]
Stick ⟨m.; -s, -s⟩ **1** dünne Salzstange **2** Stäbchen; *Fisch~* **3** ⟨Kosmetik⟩ Stift; *Deo~* [engl., »Stange«]
Sti|cker ⟨m.; -s, -; umg.; Jugendspr.⟩ Aufkleber [zu engl. *stick* »kleben«]
Stick|o|xi|dul ⟨n.; -s; unz.; Chemie⟩ Stickstoff-Sauerstoff-Verbindung, die in der Medizin als leichtes Betäubungsmittel verwendet wird, Lachgas
stie|kum ⟨Adv.; umg.⟩ unbemerkt, heimlich, leise, sang- u. klanglos [<jidd. *schtiko* »Stillschweigen«]
Stig|ma ⟨n.; -s, -ma|ta od. Stig|men⟩ **1** Zeichen, Mal **2** Wundmal (Christi) **3** ⟨Zool.⟩ eine der seitlich am Körper liegenden Öffnungen der Tracheen (bei Insekten, Tausendfüßern u. Spinnen) **4** Augenflecke der Einzeller **5** ⟨Bot.⟩ Narbe (der Blütenpflanzen) [<grch. *stigma* »Stich, Punkt, Brandmal«]

Stig|ma|ti|sa|ti|on ⟨f.; -, -en⟩ Erscheinen der Wundmale Christi am Leib mancher Personen
stig|ma|tisch ⟨Adj.⟩ das Stigma betreffend; *~e Abbildung* ⟨Optik⟩ eine sehr geringe Aberration aufweisende optische Abbildung
stig|ma|ti|sie|ren ⟨V.; fast nur im Passiv gebraucht⟩ mit (den) Wundmalen (Christi) zeichnen jmdn. brandmarken; *seine Vorstrafen ~ ihn* [→ *Stigma*]
stig|ma|ti|siert ⟨Adj.⟩ mit Wundmalen (Christi) gezeichnet
Stig|ma|ti|sie|rung ⟨f.; -, -en⟩ das Stigmatisieren
Stil ⟨m.; -(e)s, -e⟩ **1** ⟨urspr.⟩ Schreibweise eines Dichters; *einen guten, schlechten ~ schreiben* **2** ⟨danach⟩ einheitl. Gepräge der künstler. Erzeugnisse einer Zeit, einer Persönlichkeit; *Bau~; Mal~; Barock~; gotischer, romanischer ~* **3** ⟨fig.⟩ bes. Gepräge einer menschl. Lebensweise; *Lebens~; der ~ einer Zeit; er hat ~* seine Art zu leben hat ein besonderes Gepräge (nur im positiven Sinn); *eine Veranstaltung großen ~s* eine in jeder Beziehung großzügige Veranstaltung; *im großen ~ leben* in finanziell großzügiger Weise leben **4** ⟨Sport⟩ Art, Technik der Ausübung einer Sportart; *Schwimm~* [<ital. *stile*, frz. *style* <lat. *stilus* »spitzer Pfahl, Stiel, Stängel; Schreibgerät, Griffel«]
Stilb ⟨n.; -s, -; chem. Zeichen: sb⟩ nicht mehr zulässige Maßeinheit der Leuchtdichte selbst nicht leuchtender Körper, zu ersetzen durch die Einheit Candela/Quadratmeter (Cd/m^2), 1 sb = 10^4 cd/m^2 [zu grch. *stilbein* »glänzen, leuchten«]
Sti|lett ⟨n.; -s, -e⟩ Dolch mit kurzer, schmaler, dreikantiger Klinge; *oV* Stiletto (1) [<ital. *stiletto*, Verkleinerungsform zu *stilo* »Pfriem, Dolch« <lat. *stilus* »Stiel, Stängel, Schreibgriffel«]
Sti|let|to ⟨n.; -s, -s⟩ **1** = Stilett **2** (offener) Damenschuh mit hohem, dünnem Absatz, Stöckelschuh [ital.]
Stil|fi|gur ⟨f.; -, -en; Rhet.⟩ sprachliche Form, die sich vom

stilisieren

normalen Sprachgebrauch abhebt u. so als rhetorisches Stilmittel eingesetzt wird

sti|li|sie|ren ⟨V.⟩ **1** stilvoll gestalten, formen **2** künstlerisch vereinfachen

Sti|li|sie|rung ⟨f.; -, -en⟩ das Stilisieren

Sti|list ⟨m.; -en, -en⟩ jmd., der die Formen des sprachl. Ausdrucks gut beherrscht

Sti|lis|tik ⟨f.; -; unz.⟩ Lehre von den Gesetzen des sprachl. Stils [<frz. *stylistique* »Stilkunde«]

Sti|lis|tin ⟨f.; -, -tin|nen⟩ weibl. Person, die die Formen des sprachl. Ausdrucks gut beherrscht

sti|lis|tisch ⟨Adj.⟩ den Stil (1) betreffend

Sti|lus ⟨m.; -, Sti|li⟩ antikes Schreibgerät, Griffel zum Schreiben auf der Wachstafel [lat.]

Sti|mu|lans ⟨n.; -, -lan|tia od. -lan|zi|en; Med.⟩ Anregungsmittel [zu lat. *stimulare* »stacheln, antreiben, reizen«]

Sti|mu|lanz ⟨f.; -, -en⟩ Antrieb, Anreiz, Anregung [→ *Stimulans*]

Sti|mu|la|ti|on ⟨f.; -, -en⟩ Anregung [<lat. *stimulatio* »Anreizung, Sporn«; → *Stimulans*]

Sti|mu|lie|rung ⟨f.; -, -en⟩ das Stimulieren

Sti|mu|la|tor ⟨m.; -s, -to|ren⟩ einen Reiz hervorrufende Vorrichtung

sti|mu|lie|ren ⟨V.⟩ anregen [<lat. *stimulare*; → *Stimulans*]

Sti|mu|lus ⟨m.; -, -mu|li⟩ **1** Stachel, Sporn **2** Antrieb, Reiz [lat., »Stachel, Treibstecken; Qual, Unruhe«; → *Stimulans*]

Stint ⟨m.; -(e)s, -e; nddt.⟩ dummer Kerl [<schwed. (mundartl.) *stinta* »halbwüchsiges Mädchen« <germ. **stenta* »gestutzt, kurz«]

Sti|pel ⟨f.; -, -n; Bot.⟩ Nebenblatt [<lat. *stipula* »Halm«]

Sti|pen|di|at ⟨m.; -en, -en⟩ Empfänger eines Stipendiums [<lat. *stipendiarius* »steuertributpflichtig, um Sold dienend«]

Sti|pen|di|a|tin ⟨f.; -, -tin|nen⟩ Empfängerin eines Stipendiums

Sti|pen|di|um ⟨n.; -s, -di|en⟩ finanzielle Unterstützung für Studierende [lat., »Steuer, Löhnung« <*stips* »Geldbeitrag, Spende« + *pendere* »wägen, zahlen«]

Sti|pu|la|ti|on ⟨f.; -, -en⟩ **1** mündl. Vertrag zwischen Gläubiger u. Schuldner **2** Übereinkunft, Vereinbarung [<lat. *stipulatio* »Zusage, Handgelöbnis, Kontrakt«]

sti|pu|lie|ren ⟨V.⟩ vereinbaren, sich ausbedingen, übereinkommen über [<lat. *stipulari* »sich ausbedingen«; → *Stipulation*]

Sti|pu|lie|rung ⟨f.; -, -en⟩ = Stipulation

Stoa ⟨f.; -; unz.; Philos.⟩ auf der Lehre Zenos beruhende grch. Schule der Philosophie um 300 v. Chr., die ein Leben im Einklang mit der Natur u. der göttl. Macht der »Weltseele« od. »Weltvernunft« erstrebte [<grch. *stoa poikile* »bunte Halle« (wo sich die Anhänger Zenos trafen); zu *stoa* »(Säulen-)Halle, Galerie«]

Sto|chas|tik ⟨[-xas-] f.; -; unz.; Math.⟩ Verfahren zur Ermittlung von Wahrscheinlichkeiten

sto|chas|tisch ⟨[-xas-] Adj.; Math.⟩ dem Zufall unterworfen, ihn betreffend, von ihm abhängig; *~er Prozess* P., der sich mittels der Wahrscheinlichkeitsrechnung berechnen lässt, Zufallsprozess; *~er Automat* ⟨Kyb.⟩ A., dessen Verhalten nicht genau vorhersagbar ist, sondern auf einer gewissen Wahrscheinlichkeit beruht [<grch. *stochastikos* »im Erraten geschickt«; zu *stochazesthai* »nach etwas zielen«]

Stö|chi|o|me|trie *auch:* **Stö|chi|o|me|trie** ⟨f.; [-çio-] f.; -; unz.; Chemie⟩ Arbeitsgebiet der Chemie, das sich mit der quantitativen rechnerischen Behandlung chemischer Vorgänge befasst [<grch. *stoichos, stichos* »Abteilung, Ordnung« + ...*metrie*]

stö|chi|o|me|trisch *auch:* **stö|chi|o|me|trisch** ⟨[-çio-] Adj.; Chemie⟩ zur Stöchiometrie gehörend, sie betreffend, auf ihr beruhend

Stock ⟨[stɔk] m.; -s, -s; Wirtsch.⟩ **1** Warenvorrat **2** Geldvorrat, Grundkapital [engl.]

Stock|car ⟨[stɔkka:(r)] m.; -s, -s⟩ als Rennwagen umgebautes Serienfahrzeug [engl., »Serienwagen«]

Stock|ex|change ⟨[stɔkıkstʃeındʒ] m.; -; unz.; Börse⟩ Effektenbörse [engl.]

Stock|job|ber ⟨[stɔkdjɔbə(r)] m.; -s, -; Börse⟩ Börsenspekulant, Aktienhändler [engl.]

Sto|i|ker ⟨[ʃtoːi-] m.; -s, -⟩ **1** ⟨Philos.⟩ Angehöriger der Stoa, Vertreter des Stoizismus **2** ⟨fig.⟩ Mensch von unerschütterlichem Gleichmut [→ *Stoa*]

sto|isch ⟨[ʃtoː-] Adj.⟩ **1** ⟨Philos.⟩ zur Stoa, dem Stoizismus gehörend, auf ihr bzw. ihm beruhend, ihn betreffend **2** ⟨fig.⟩ gleichmütig, unerschütterlich; *mit einer ~en Ruhe*

Sto|i|zis|mus ⟨[ʃtoːi-] m.; -; unz.⟩ **1** ⟨Philos.⟩ Lehre der Stoa **2** ⟨fig.⟩ beständige Ruhe, Gleichmut

Stokes ⟨[stouks] n.; -, -; Physik; Zeichen: St⟩ nicht mehr zulässige Einheit der Viskosität, zu ersetzen durch die Einheit Quadratmeter/Sekunde (m^2/s), 1 St = 10^{-4} m^2/s [nach dem engl. Physiker George Gabriel *Stokes*, 1819-1903]

Sto|la ⟨f.; -, Sto|len⟩ **1** altröm. langes, weißes mit Borten verziertes Gewand mit Ärmeln für Frauen **2** lose umgehängter, breiter Schal **3** langer, schmaler, über beide Schultern hängender Teil des priesterl. Messgewandes [lat., »langes Frauenoberkleid, Stola« <grch. *stole* »Kleidung«]

Sto|le ⟨f.; -, -n; selten⟩ = Stola

Stol|ge|büh|ren ⟨Pl.⟩ Gebühren für bestimmte Amtshandlungen eines Geistlichen, so z. B. Taufe, Trauung [→ *Stola*]

Sto|lo ⟨m.; -s, -lo|nen; meist Pl.⟩ *oV* Stolon **1** ⟨Bot.⟩ ober- od. unterirdischer Ausläufer bei Pflanzen **2** ⟨Zool.⟩ wurzelähnl. Auswuchs bei fest sitzenden Tieren (z. B. Polypen), aus dem durch Knospung neue Tiere entstehen [<lat. *stolo*, Gen. *stolonis* »Wurzelspross«]

Sto|lon ⟨m.; -s, -lo|nen; meist Pl.; Bot.; Zool.⟩ = Stolo

Sto|ma ⟨n.; -s, -ma|ta; Biol.⟩ Mund, Öffnung [grch.]

Sto|ma|chi|kum ⟨[-xi-] n.; -, -chika; Med.⟩ Appetit u. Verdauung anregendes Mittel [<lat. *stomachus* »Magen« <grch. *stomachos* »Mündung, Öffnung«]

Sto|ma|ti|tis ⟨f.; -, -ti|ti|den; Med.⟩ Entzündung der Schleimhaut des Mundes [<grch. *stoma*, Gen. *stomatos* »Mund, Öffnung«]

Sto|ma|to|lo|ge ⟨m.; -n, -n; Med.⟩ Facharzt auf dem Gebiet der Stomatologie

Sto|ma|to|lo|gie ⟨f.; -; unz.⟩ Lehre von den Krankheiten der Mundhöhle [<grch. *stoma* »Mund, Öffnung« + ...*logie*]

Sto|ma|to|lo|gin ⟨f.; -, -gin|nen; Med.⟩ Fachärztin auf dem Gebiet der Stomatologie

sto|ma|to|lo|gisch ⟨Adj.; Med.⟩ die Stomatologie betreffend, zu ihr gehörig

Stomp ⟨m.; - od. -s; unz.; Musik⟩ **1** ⟨urspr.⟩ afroamerikan. Tanzform (mit ständiger Wiederholung bestimmter Rhythmen) **2** ⟨Jazz⟩ rhythmische Formel, die der Melodie zugrunde liegt [engl., eigtl. »stampfen«]

sto|ned ⟨[stoʊnd] Adj.; umg.⟩ im Rauschzustand [engl.]

stone-washed ⟨[stoʊnwɔʃd] Adj.⟩ mit Steinen vorgewaschen (um dem Stoff ein gebrauchtes Aussehen zu geben); *~ Jeans* [engl., »mit Steinen gewaschen«]

stop ⟨[stɔp] I.⟩ **1** (in Telegrammen) Punkt **2** *~!* halt! [engl., »halten, anhalten«]

stop-and-go ⟨[stɔp ənd goʊ] Adj.; im Straßenverkehr⟩ (aufgrund eines Staus) häufiges Anhalten u. Anfahren erforderlich machend; *Stop-and-go-Verkehr* [engl., »halten und gehen, fahren«]

Stop-o|ver *auch:* **Stop|over** ⟨[stɔpoʊvə(r)] m.; -s, -s⟩ Zwischenaufenthalt bei einer Reise [<engl. *stopover*]

Stopp ⟨m.; -s, -s⟩ **1** ⟨kurz für⟩ Stoppball **2** das Anhalten von Kraftwagen, um mitgenommen zu werden **3** Pause während einer Fahrt; *einen ~ einlegen* [→ *stoppen*]

Stopp|ball ⟨m.; -(e)s, -bäl|le; Sport; Badminton; Tennis⟩ kurz hinter das Netz geschlagener Ball; *Sy* Stopp (1) [zu engl. *stop* »halten, anhalten«]

stop|pen ⟨V.⟩ **1** anhalten, stehen bleiben **2** *jmdn. od. etwas ~* aufhalten, anhalten, am Weiterfahren hindern **3** mit der Stoppuhr messen; *Laufzeit, Fahrzeit ~; Geschwindigkeit (beim Laufen) ~* [<engl. *stop*; → *stop*]

Stop|per ⟨m.; -s, -⟩ **1** ⟨Mar.⟩ Vorrichtung zum Befestigen eines Taus od. der Ankerkette **2** ⟨Sport; bes. Fußb.⟩ Mittelläufer, der mit der Bewachung eines bes. gefährlichen Stürmers beauftragt ist **3** Gummiplatte zum Stoppen am Rollschuh **4** Gummipfropfen zum Begrenzen geöffneter Türen

Stop|ping ⟨[stɔpɪŋ] n.; - od. -s, -s⟩ unerlaubte Anwendung von leistungsmindernden Medikamenten vor Wettkämpfen; *Ggs* Doping [engl.; zu *stop* »anhalten«]

Stop|time ⟨[stɔptaɪm] f.; -; unz.; Musik; Jazz⟩ plötzliche Pause des Metrums, die durch kurze Soli od. von der ganzen Band ausgeführte Akkordschläge nach rhythmischen Mustern ausgefüllt wird [engl.; <*stop* »anhalten« + *time* »Zeit«]

Sto|rage ⟨[stɔrɪdʒ] n.; -, -s [-dʒɪz]; EDV⟩ Speicher [engl.]

Sto|rax|baum ⟨m.; -(e)s, -bäu|me; Bot.⟩ = Styrax

Store[1] ⟨[stɔː(r)] m.; -s, -s; meist Pl.⟩ weiße, durchsichtige Gardine [frz.]

Store[2] ⟨[stɔː(r)] m.; -s, -s⟩ **1** Laden **2** Lager, Vorrat [engl., »Lager, Vorrat«]

Sto|re[3] ⟨f.; -, -n⟩ = Storen

Store|kee|per ⟨[stɔː(r)kiːpə(r)] m.; -s, -s; Seemannsspr.⟩ Lagerhalter, Lagerverwalter [<engl. *store* »Vorrat« + *keeper* »Verwalter«]

Sto|ren ⟨m.; -s, -⟩ Sonnenvorhang, der von außen od. innen an das Fenster angebracht wird (z. B. Rouleau, Markise); *oV* Store[3] [→ *Store*[1]]

Stor|nel|lo ⟨m.; -s, -s od. -nel|li; Musik⟩ dreizeiliges italien. Volksliedchen, bes. für dichter. Wettbewerbe auf dem Lande [Verkleinerungsform von prov. *estorn* »Kampf«]

stor|nie|ren ⟨V.⟩ **1** *eine Buchung, einen Betrag ~* berichtigen, ungültig machen, durch Gegenbuchung ausgleichen **2** ⟨österr.⟩ *einen Auftrag ~* rückgängig machen [<ital. *stornare* »zum Weichen bringen, ablenken; rückgängig machen«]

Stor|no ⟨m.; -s, Stor|ni⟩ **1** Rückbuchung, Löschung **2** ⟨österr.⟩ das Rückgängigmachen; *~ eines Auftrages* [<ital. *storno*; zu *stornare*; → *stornieren*]

Stor|ting ⟨n.; - od. -s, -e od. -s⟩ Volksvertretung (in Norwegen) [norweg., »großes Thing« (german. Volks- u. Gerichtsversammlung)]

Sto|ry ⟨[stɔːri] f.; -, -s⟩ kurze Erzählung, Kurzgeschichte [engl., »Geschichte, Erzählung«; verkürzt <*history* »Geschichte, Historie« <lat. *historia*]

Sto|ry|board ⟨[stɔːribɔːd] n.; -s, -s; Film; TV⟩ Serie von Bildern, Sketchen usw., die als Anweisung bzw. Erklärung zum Drehen eines Fernseh- od. Kinofilms dient [engl.]

Sto|ry|tel|ler ⟨[stɔːri-] m.; -s, -⟩ jmd., der (öffentl.) Geschichten erzählt bzw. vorträgt [engl., »Geschichtenerzähler«]

Sto|tin|ka ⟨[sto-] f.; -, -tin|ki⟩ bulgarische Münze, 1/100 Lew [bulg.]

Stout ⟨[staʊt] m.; -s, -s⟩ dunkles, bitteres engl. Bier [engl. <afrz. *estout* »keck, stolz«]

Stra|bis|mus ⟨m.; -; unz.; Med.⟩ das Schielen, Abweichung der Achsen des Augenpaares aus der parallelen Stellung beim Blick in die Ferne [<grch. *strabizein* »schielen«; zu *strabos* »scheel«]

Stra|bo|to|mie ⟨f.; -, -n; Med.⟩ Operation zur Behebung des Schielens [<*Strabismus* + ...*tomie*]

Strac|chi|no ⟨[strakiːno] m.; - od. -s; unz.⟩ Weichkäse aus der Gegend von Mailand [ital., <*vacche stracche* »(aus den Bergen zurückgekehrte) ermüdete Kühe« (zu *straccare* »ermüden«); die Milch dieser Kühe wird zu Stracchino verarbeitet]

Strac|cia|tel|la ⟨[stratʃa-] n.; - od. -s; unz.⟩ Vanilleeiscreme mit

Straddle

kleinen Schokoladestückchen [ital.]

Strad|dle *auch:* **Strad|dle** ⟨[strǣdəl] m.; -s, -s; Sport⟩ (Hoch-)Sprung seitlich über die Latte mit dem Kopf zuerst u. gespreizten Beinen [zu engl. *straddle* »die Beine spreizen«]

Stra|di|va|ri ⟨[-vɑː-] f.; -, -s; Musik⟩ in der Werkstatt des italienischen Geigenbauers A. Stradivari, 1644-1737, angefertigte Geige

Stra|gu|la® ⟨m.; -s; unz.⟩ linoleumähnl. Fußbodenbelag [<lat. *stragula vestis* »Decke, Teppich«; zu *stragulus* »zum Ausbreiten dienend«]

Strah|len|che|mie ⟨[-ç-e-] f.; -; unz.⟩ Teilgebiet der Chemie, das sich mit der Untersuchung der Eigenschaften radioaktiver Elemente u. Verbindungen befasst

Strah|len|the|ra|pie ⟨f.; -, -n; Med.⟩ Heilbehandlung mit Hilfe von radioaktiven Strahlen, z. B. bei Krebserkrankungen

straight ⟨[strɛɪt] Adj.; umg.⟩ **1** konsequent **2** ⟨abwertend⟩ lässig **3** ⟨Sexualität⟩ heterosexuell; *Ggs* gay **4** ⟨Drogenszene⟩ in Ordnung, sauber (von Drogen) [engl., »gerade, aufrecht, direkt«]

Straight|flush ⟨[strɛɪtflʌʃ] m.; -od. -s, -es [-ʃɪz]; Kart.⟩ beim Pokerspiel ein Blatt mit fünf Karten der gleichen Farbe [<engl. *straight* »aufrecht, direkt« + *flush* »Sequenz«]

Stra|min ⟨m.; -s, -e; Textilw.⟩ = Kanevas (1) [<ndrl. *stramijn* <afrz. *estamin(e)* <*estameigne <prov. *estamente* (frz. *étamine* »leichter Wollstoff«) <lat. *stamineus* »woll(fäd)ig«; zu *stamen* »Faden, Gewebe«]

Stran|ge|ness ⟨[strɛɪndʒnɛs] f.; -; unz.; Physik⟩ Eigenschaft, die die als Quarks bezeichneten Elementarteilchen aufweisen [engl., »Merkwürdigkeit«]

Stran|gu|la|ti|on ⟨f.; -, -en⟩ *Sy* Strangulierung **1** (Töten bzw. Hinrichten durch) Erhängen, Erdrosseln, Erwürgen **2** ⟨Med.⟩ Einschnürung, Abschnürung, z. B. einer Darmschlinge [<engl. *strangle*, afrz.

estrangler »erdrosseln« <lat. *strangulare* <grch. *straggaloein*; zu *straggale* »Strang, Strick«]

stran|gu|lie|ren ⟨V.⟩ erhängen, erwürgen, erdrosseln

Stran|gu|lie|rung ⟨f.; -, -en⟩ = Strangulation

Stran|gu|rie *auch:* **Stran|gu|rie** ⟨f.; -, -n; Med.⟩ Zwang zu häufigem Wasserlassen, das nur tropfenweise erfolgt u. außerordentlich schmerzhaft ist, Harnstrenge, Harnzwang [<lat. *stranguria* <grch. *straggouria* <*stranx* »Tropfen« + *ouron* »Urin«]

Stra|pa|ze ⟨f.; -, -n⟩ (große) Anstrengung, Beschwerlichkeit [<frühnhd. *strapatz* <ital. *strapazzo* »Abarbeitung«; zu *strapazare* »überanstrengen«; → *strapazieren*]

stra|pa|zie|ren ⟨V.⟩ **1** überanstrengen; *sich bei einer Arbeit* ~ **2** stark in Anspruch nehmen, beanspruchen; *jmdn. mit einer Arbeit* ~ **3** abnutzen, viel benutzen; *Kleider* ~ [<ital. *strapazzare* »überanstrengen« <lat. *extra* »außerdem, über… hinaus« + *patiare »leiden« (zu *pati* »leiden«) od. <ital. *strappare* »zerreißen, zerbrechen«]

stra|pa|zi|ös ⟨Adj.; umg.⟩ mit Strapazen verbunden, anstrengend; *eine* ~*e Arbeit*

Straps ⟨m.; -es, -e⟩ Strumpfhalter [Pl. zu engl. *strap* »Riemen, Gurt, Band«]

stra|sci|nan|do ⟨[straʃi-] Musik⟩ langsamer werdend, verschleppend (zu spielen) [ital.]

Strass ⟨m.; -es, - od. -e⟩ Nachbildung von Edelsteinen aus stark lichtbrechendem Bleiglas [nach dem Juwelier Joseph Straßer im 18. Jahrhundert]

Stra|te|ge ⟨m.; -n, -n⟩ **1** jmd., der sich auf Strategie versteht **2** Feldherr [<grch. *strategos* »Feldherr«, *stratos* »Herr« + *agein* »führen«]

Stra|te|gem ⟨n.; -s, -e⟩ Kriegslist [<frz. *stratagème* <grch. *strategema* »Kriegslist, Feindestäuschung«]

Stra|te|gie ⟨f.; -, -n⟩ **1** ⟨allg.⟩ Planung u. Führung in großem Rahmen **2** Kunst der militär. Kriegsführung, Feldherrnkunst **3** ⟨Kyb.⟩ Plan, der aufgestellt wird, um mittels aufeinander einwirkender dynamischer Systeme ein Ziel zu erreichen [<frz. *stratégie* <grch. *strategia* <*stratos* »Heer« + *agein* »führen«]

Stra|te|gin ⟨f.; -, -gin|nen⟩ weibl. Person, die sich auf Strategie versteht

stra|te|gisch ⟨Adj.⟩ die Strategie betreffend, auf ihr beruhend; ~*e Waffen* W. von großer Reichweite u. Wirkung; ~*es Controlling* die vorausschauende Sicherung der Unternehmensexistenz durch die Erarbeitung neuer Erfolgspotenziale vor dem Hintergrund einer sich stets verändernden Umwelt (z. B. durch die Globalisierung); ~*es Management* langfristige Zielfestlegung u. entsprechende Koordinierung der Unternehmenspolitik; *Sy* operativ; →*a.* taktisch

Stra|ti|fi|ka|ti|on ⟨f.; -, -en⟩ **1** ⟨Geol.⟩ Schichtenbildung, Ablagerung (von Gesteinen) in Schichten **2** ⟨Landw.⟩ das Vorkeimen [<lat. *stratum* »Decke« + …*fikation*]

Stra|ti|fi|ka|ti|ons|gram|ma|tik ⟨f.; -; unz.; Sprachw.⟩ Theorie der Grammatik, die Sprache als ein System hierachisch geordneter Schichten betrachtet

stra|ti|fi|zie|ren ⟨V.; Geol.⟩ **1** in Schichten ablagern **2** ⟨Landw.⟩ vorkeimen

Stra|ti|gra|fie ⟨f.; -; unz.; Geol.⟩ = Stratigraphie

stra|ti|gra|fisch ⟨Adj.; Geol.⟩ = stratigraphisch

Stra|ti|gra|phie ⟨f.; -; unz.; Geol.⟩ Lehre von der Schichtung der Gesteine; *oV* Stratigrafie [<lat. *stratum* »Decke« + …*graphie*]

stra|ti|gra|phisch ⟨Adj.; Geol.⟩ die Stratigraphie betreffend, auf ihr beruhend, zu ihr gehörig; *oV* stratigrafisch

Stra|to|ku|mu|lus ⟨m.; -, -muli; Meteor.⟩ Schichtwolke, die aus flachen, unscharf begrenzten Ballen besteht [<*Stratus* + *Kumulus*]

Stra|to|pau|se ⟨f.; -; unz.; Meteor.⟩ atmosphärische Schicht, die zwischen der Stratosphäre u. der Mesosphäre liegt [<lat. *stratum* »Decke« + *Pause*]

Stra|to|skop auch: **Stra|tos|kop** ⟨n.; -s, -e⟩ von einem unbemannten Ballon in die obere Atmosphäre getragenes Spiegelteleskop zur ferngesteuerten Beobachtung der Sonne; *Sy* Ballonteleskop [<lat. *stratum* »Decke« + ...*skop*]

Stra|to|sphä|re auch: **Stra|tos|phä|re** ⟨f.; -; unz.; Meteor.⟩ die mittlere Schicht der Lufthülle der Erde von etwa 10–80 km über der Erdoberfläche [<lat. *stratum* »Decke« + *Sphäre*]

Stra|to|sphä|ren|bal|lon auch: **Stra|tos|phä|ren|bal|lon** ⟨[-lɔ̃:] od. [-lɔn] od. österr. [-loːn] m.; -s, -s⟩ unbemannter Ballon, der durch die Stratosphäre fliegen kann; →*a.* Ballonastronomie, Ballonteleskop

Stra|tum ⟨n.; -s, Stra|ta⟩ **1** ⟨Soziol.⟩ Gesellschaftsschicht **2** ⟨Sprachw.; bes. in der Stratifikationsgrammatik⟩ Strukturebene, z. B. Phonetik, Morphologie, Semantik, Syntax **3** ⟨Biol.⟩ ausgebreitete Zellschicht, Lebensraum in Form einer Schicht, Wurzel-, Moos-, Kraut-, Strauch-, Baumschicht [<lat. *stratum* »Decke, Polster, Lager«]

Stra|tus ⟨m.; -, Stra|ti; Meteor.; kurz für⟩ Stratuswolke

Stra|tus|wol|ke ⟨f.; -, -n; Meteor.⟩ eine ungegliederte Schicht bildende, tief hängende, graue Wolke, Schichtwolke; *Sy* Stratus [<lat. *stratum* »Decke«]

Straz|za ⟨f.; -, Straz|zen; Textilw.⟩ Abfall bei der Bearbeitung von Seide [<ital. *stracciare* »zerreißen«]

Straz|ze ⟨f.; -, -n; bes. Kaufmannsspr.⟩ Buch für tägl. Eintragungen, geschäftliche Notizen, Kladde [<frühnhd. *stratzobuechlin* <ital. *stracciafoglio* »Bogen Papier zum Beschmutzen«, <*stracciare* »zerreißen, beschmutzen« (<mlat. *extractiare* »herauszerren«) + *foglio* »Blatt«]

Strea|mer ⟨[striːmə(r)] m.; -s, -; EDV⟩ Speichermedium, mit dessen Hilfe Datensicherungen größerer Datenmengen (z. B. einer ganzen Festplatte) vorgenommen werden können [<engl. *stream* »Strom, Flut«]

Strea|ming ⟨[striː-] n.; - od. -s; EDV⟩ Technik, mit deren Hilfe Multimediadaten in Echtzeitverarbeitung (unmittelbare Weiterverarbeitung der Daten) übertragen werden können [engl.; → *Streamer*]

Stream of Con|scious|ness ⟨[striːm ɔf kɔnʃəsnɪs] m.; - - -; unz.; Lit.⟩ (von J. Joyce u. V. Woolf entwickelte) Erzähltechnik, durch die Gedanken u. Gefühle einer literarischen Figur deutlich gemacht werden, indem der Gedankengang ohne zusätzl. Kommentar dargestellt wird [engl., »Bewusstseinsstrom«]

Street|ball ⟨[striːtbɔːl] m.; -s; unz.; Sport⟩ Form des Basketballs, die mit einer verkleinerten Mannschaft auf Plätzen, Schulhöfen o. Ä. gespielt wird [<engl. *street* »Straße« + Basket*ball*]

Street|wear ⟨[striːtwɛː(r)] f.; -; unz.⟩ betont lockere u. stabile Alltagskleidung für Jugendliche; →*a.* Sportswear, Wear [<engl. *street* »Straße« + *wear* »Kleidung«]

Street|work ⟨[striːtwœːk] f.; -; unz.⟩ Aufklärung, Beratung u. Hilfe für Drogenabhängige, die ein Sozialarbeiter vor Ort (innerhalb des Drogenmilieus) anbietet [engl., »Straßenarbeit«]

Street|wor|ker ⟨[striːtwœːkə(r)] m.; -s, -⟩ Angestellter des Jugendamtes, der gefährdete Jugendliche betreut u. berät [engl., »Straßenarbeiter«]

Streik ⟨m.; -(e)s, -s⟩ meist organisierte u. mit bestimmten Forderungen verknüpfte, vorübergehende Arbeitsniederlegung von Arbeitnehmern etc. Angehörigen des Dienstleistungsgewerbes; *in (den) ~ treten* [→ *streiken*]

strei|ken ⟨V.⟩ **1** in Streik treten, die Arbeit niederlegen **2** nicht mitmachen, sich weigern **3** ⟨umg.; fig.⟩ aufhören zu funktionieren, plötzlich aussetzen, versagen; *die Maschine, der Fernseher, mein Magen streikt* [<engl. *strike* »streichen; schlagen«; zu *strike work* »die Arbeit einstellen«]

Strep|to|ki|na|se ⟨f.; -, -n; Biochemie⟩ aus Streptokokken gebildetes Enzym, das aufgrund seiner fibrinlösenden Eigenschaften zur Auflösung von Blutgerinnseln angewendet wird [<grch. *streptos* »gekrümmt« + *kinesis* »Bewegung«]

Strep|to|kok|kus ⟨m.; -, -kok|ken; meist Pl.; Med.⟩ kugelförmiges, Ketten bildendes Bakterium, das zu den häufigsten Eitererregern gehört [<grch. *streptos* »gekrümmt« + *Kokkus*]

Strep|to|my|cin ⟨n.; -s; unz.; Med.⟩ aus dem Strahlenpilz Streptomyces griseus gewonnenes antibiot. Heilmittel, u. a. gegen Tuberkulose [<grch. *streptos* »gekrümmt« + *mykes* »Pilz«]

Stress (*Laut-Buchstaben-Zuordnung*) Die im Deutschen übliche Kennzeichnung eines kurzen Vokals durch Verdoppelung des Folgekonsonanten wird auch auf Fremdwörter angewendet. Nach kurzem Vokal wird daher auch bei Fremdwörtern der Buchstabe »ß« durch die Schreibung »ss« ersetzt (→*a.* Strass).

Stress ⟨m.; -es, -e; Pl. selten⟩ Belastung des Körpers durch zu lang andauernde od. ihm unangemessene Reize u. schädigende Einflüsse [<engl. *stress* <*distress* »Not, Bedrängnis, Erschöpfung«, <lat. *strictus* »zusammengeschnürt«]

stres|sen ⟨V.⟩ körperlich (u. geistig) stark beanspruchen, erschöpfen [→ *Stress*]

stres|sig ⟨Adj.; umg.⟩ anstrengend, aufreibend, erschöpfend; *der Tag war heute sehr ~*

Stres|sor ⟨m.; -s, -so|ren⟩ einen Stress ausübender Vorgang, Zustand, Einfluss o. Ä.

Stretch ⟨[strɛtʃ] m. od. n.; - od. -es, -es [-tʃɪs]; meist ohne Artikel; Textilw.⟩ elastisches Gewebe, das aus Stretchgarn gefertigt ist; *ein Kleid aus ~* [zu engl. *stretch* »dehnen, spannen«]

stret|chen ⟨[strɛtʃən] V.⟩ **1** auseinander ziehen, dehnen **2** ⟨Sport⟩ Dehnungsübungen

Stretchgarn

machen, Stretching betreiben [<engl. *stretch* »dehnen, spannen«]

Stretch|garn ⟨[strɛtʃ-] n.; -s, -e; Textilw.⟩ durch besonderes Herstellungsverfahren (Kräuseln und Schrumpfen) gewonnener Faden mit elastischen Eigenschaften

Stret|ching ⟨[strɛtʃɪŋ] n.; - od. -s, -s; Sport⟩ Streck-, Dehnungsübung zum Muskeltraining [engl., »das Strecken«]

Stretch|li|mou|sine ⟨[strɛtʃlimu-] f.; -, -n⟩ hochwertiger, luxuriös ausgestatteter geschlossener Personenkraftwagen mit stark verlängertem Mittelteil, das viel Platz für die Fahrgäste bietet

Stret|ta ⟨n.; -s, -s; Musik⟩ wirkungsvolle Steigerung od. Beschleunigung am Schluss eines Musikstücks, bes. einer Arie [ital., »Druck, Zusammenpressung« <lat. *stroctus*]

stret|to ⟨Musik⟩ eilig, schneller werdend (zu spielen) [ital.]

Stria ⟨a. [ˈʃtriːa] f.; -, Striae; Med.⟩ Streifen (z. B. Schwangerschaftsstreifen) [lat.]

Stri|dor ⟨a. [ˈʃtriː-] m.; -s; unz.; Med.⟩ durch Verengung der Luftwege entstehendes pfeifendes Atemgeräusch [<lat. *stridor* »das Pfeifen«]

Stri|du|la|ti|on ⟨f.; -; unz.; Zool.⟩ Erzeugung zirpender Töne (bei Insekten) [<lat. *stridulus* »zischend, sausend, schwirrend, knarrend«; zu *stridere* »zischen, schwirren«]

stri|du|lie|ren ⟨V.⟩ zirpen

Strike ⟨[straɪk] m.; -s, -s; Sport⟩ **1** ⟨Bowling⟩ vollständiges Abräumen mit dem ersten od. zweiten Wurf **2** ⟨Baseball⟩ verfehlter Schlag **3** ⟨umg.⟩ Glücksfall, Treffer (oft als Ausruf der Freude [<engl. *strike* »Treffer«]

strikt ⟨Adj.⟩ **1** streng, genau; *ein ~er Befehl* **2** = strikte [<lat. *strictus* »zusammengeschnürt; straff, eng, streng«; zu *stringere* »schnüren, zusammenziehen, straffen«]

strik|te ⟨Adv.⟩ streng, genau; *sich ~ an die Vorschriften halten*

Strik|ti|on ⟨f.; -, -en⟩ Zusammenziehung [<lat. *strictus*, Part. Perf. zu *stringere* »schnüren«]

Strik|tur ⟨f.; -, -en; Med.⟩ starke Verengung eines Kanals, z. B. der Harnröhre, durch Entzündung o. Ä. [<lat. *strictura*; zu *stringere* »schnüren«]

String ⟨[strɪŋ] m.; -s, -s; EDV⟩ aus mehreren alphanumerischen Zeichen bestehende Folge od. Feld [engl., »Zeichenfolge, Zeichenkette«]

string. ⟨Musik; Abk. für⟩ stringendo

strin|gen|do ⟨[strɪndʒɛn-] Abk.: string.; Musik⟩ schneller werdend, drängend [ital., <lat. *stringere* »schnüren«]

strin|gent ⟨Adj.⟩ bündig, zwingend [<lat. *stringens*, Part. Präs. zu *stringere* »schnüren«]

Strin|genz ⟨f.; -; unz.⟩ Schlüssigkeit, beweiskräftiger Zusammenhang [→ *stringent*]

Strin|ger ⟨m.; -s, -⟩ an Schiffsbzw. Flugkörpern längsseits angebrachte Versteifung aus Winkeleisen u. Platten [engl., »Tragbalken«; zu lat. *stringere* »schnüren«]

Strip ⟨m.; -s, -s⟩ **1** ⟨kurz für⟩ Striptease **2** zugeschnittener u. steril verpackter Streifen Heftpflaster **3** Bildergeschichte [zu engl., *strip* »abziehen«]

Strip|film ⟨m.; -(e)s, -e; Kurzwort für⟩ Strippingfilm

strip|pen ⟨V.⟩ **1** einen Striptease vorführen **2** *einen Stripfilm ~* abziehen u. auf eine grafische Vorlage montieren [<engl. *strip* »abziehen«]

Strip|per ⟨m.; -s, -; Kurzwort für⟩ Stripteasetänzer

Strip|pe|rin ⟨f.; -, -rin|nen; umg.; kurz für⟩ Stripteasetänzerin

Strip|ping ⟨n.; - od. -s, -s⟩ **1** ⟨Kernphysik⟩ eine Kernreaktion, bei der vom stoßenden od. gestoßenen Atomkern ein Nukleon abgestreift wird **2** ⟨Med.⟩ operatives Entfernen von Krampfadern [engl.; zu *strip* »abziehen«]

Strip|ping|film ⟨m.; -(e)s, -e; Kurzwort; für: Stripfilm⟩ Spezialfilm, dessen belichtete Schicht sich als feines Häutchen von einer Kunststoffunterlage abziehen lässt u. so die Montage unterschiedlicher Bildteile wie Schrift od. Zeichen auf einer grafischen Vorlage gestattet

Strips ⟨Pl.⟩ **1** ⟨Textilw.⟩ durch Arbeitswalzen in einer Spinnereimaschine abgetrennte Textilfasern **2** ⟨Lit.; kurz für⟩ Comicstrips [→ *Strip*]

Strip|tease ⟨[strɪptiːz] n. od. m.; -; unz.⟩ erotische, tänzerische Entkleidung vor Publikum in Nachtlokalen u. Ä.); *Sy* Strip (1) [<engl. *strip* »abstreifen« + *tease* »necken«]

Strip|tease|tän|zer ⟨[strɪptiː-] m.; -s, -; Kurzwort: Stripper⟩ Mann, der Striptease tanzt, sich vor Publikum erotisch-tänzerisch entkleidet

Strip|tease|tän|ze|rin ⟨[strɪptiː-] f.; -, -rin|nen; Kurzwort: Stripperin⟩ Frau, die Striptease tanzt, sich vor Publikum erotisch-tänzerisch entkleidet

stri|scian|do ⟨[strɪʃan-] Musik⟩ schleifend, gleitend (zu spielen) [<ital. *strisciare* »vorbeistreichen, streifen«]

Stri|zzi ⟨m.; -s, -; österr.⟩ **1** leichtsinniger Mensch, Strolch **2** Zuhälter

Stro|bo|light ⟨[ˈstrəʊb(ə)laɪt] n ; -s, -s⟩ in schnellen Abständen kurz aufleuchtende Lichtblitze, die den Eindruck von ruckartigen Bewegungen erwecken (z. B. in Diskos) [<engl. *stroboscopic light* »stroboskopisches Licht«]

Stro|bo|skop *auch:* **Stro|bos|kop** ⟨n.; -s, -e; Optik; Technik⟩ **1** sich drehender Zylinder, auf dessen innere Fläche Figuren in verschiedenen Phasen der Bewegung gezeichnet sind, die beim Betrachten durch einen fest stehenden Schlitz den Eindruck einer Bewegung vermitteln, Lebensrad **2** Gerät zum Messen schnell ablaufender Bewegungen [<grch. *strobos* »Wirbel, Drehung« + ...*skop*]

stro|bo|sko|pisch *auch:* **stro|bos|ko|pisch** ⟨Adj.; Optik; Technik⟩ auf dem Stroboskop, auf dessen Wirkung beruhend, mit dem Stroboskop erfolgend; *~er Effekt* Verschmelzung von rasch hintereinander aufgenommenen Bildern auf der Netzhaut zu einer fortlaufenden Bewegung

Stroke|play ⟨[ˈstroʊkpleɪ] n.; -s, -s; Sport; Golf⟩ Spielweise, bei

stuckieren

der die für sämtliche Löcher benötigten Schläge zusammengezählt werden, Zählspiel [engl. »Schlagspiel«]

Stro|ma ⟨n.; -s, -ma|ta⟩ **1** ⟨zählb.; Bot.⟩ farbloser Grundstoff der das Blattgrün enthaltenden Plastiden **2** ⟨unz.; Biol.⟩ Stützgewebe von Organen od. von Geschwülsten [lat., grch., »Lager, Bett«]

Stron|ti|a|nit ⟨m.; -s, -e; Min.⟩ Mineral, chemisch Strontiumcarbonat [nach dem Fundort *Strontian* in Schottland]

Stron|ti|um ⟨n.; -s; unz.; chem. Zeichen: Sr⟩ silberweißes Leichtmetall, Ordnungszahl 38; ~ 90 radioaktives Isotop des Strontiums [→ *Strontianit*]

Stroph|an|thin auch: **Stro|phan|thin** ⟨n.; -s; unz.; Pharm.⟩ Glykosid verschiedener Arten der Hundsgiftgewächse, das als Arzneimittel gegen Herzinsuffizienz verwendet wird [→ *Strophantus*]

Stroph|an|thus auch: **Stro|phan|thus** ⟨m.; -, -; Bot.⟩ einer Gattung der Hundsgiftgewächse angehörende Liane mit glockenförmigen Blüten: Strophantus [< grch. *strophe* »Wendung« & *anthos* »Blume«]

Stro|phe ⟨f.; -, -n⟩ **1** ⟨urspr.; in der grch. Tragödie⟩ Wendung des singenden u. tanzenden Chors zum Altar u. der dazu gesungene Abschnitt des Chorgesangs **2** ⟨dann; Metrik⟩ aus mehreren Versen bestehender, durch Länge der Zeilen, Rhythmus u. (meist) Reim bestimmter, sich in gleicher Form wiederholender Abschnitt eines Liedes od. Gedichtes; *ein Lied mit vier ~n* [< lat. *stropha* »List, Kunstgriff« < grch. *strophe* »Wendung«; zu *strephein* »drehen, wenden«]

...stro|phig ⟨Nachsilbe; zur Bildung von Adj.⟩ in einer bestimmten Art od. Zahl von Strophen gedichtet; *dreistrophig; langstrophig*

Stro|phik ⟨f.; -; unz.; Metrik⟩ Kunst des Strophenbaus, Lehre von der Strophengliederung u. -einteilung

stro|phisch ⟨Adj.; Metrik⟩ in Strophen (gegliedert)

Struck ⟨m. od. n.; -s; unz.; Textilw.⟩ dem Kord ähnliches, wollenes Gewebe [Herkunft unbekannt]

Struk|to|gramm ⟨n.; -s, -e; EDV⟩ grafische Darstellungsform für Computerprogrammentwürfe, Nassi-Shneiderman-Diagramm (nach I. Nassi u. B. Shneiderman, die 1973 diese Form entwickelten)

Struk|tur ⟨f.; -, -en⟩ **1** Gefüge **2** Bau, Aufbau; *Gewebe~* **3** innere Gliederung, Anordnung der Teile **4** Menge der Relationen, die die Elemente eines Systems miteinander verbinden [< lat. *structura* »Zusammenfügung, Schichtung, Gefüge; Bau(werk)«; zu *struere* »schichten, neben-, übereinander legen, zusammenfügen«]

struk|tu|ral ⟨Adj.⟩ = strukturell

Struk|tu|ra|lis|mus ⟨m.; -; unz.⟩ **1** mehreren Humanwissenschaften gemeinsame Richtung, die darauf abzielt, eine die Menschen betreffende Tatsache in Abhängigkeit von einem organisierten Ganzen zu bestimmen u. diese Beziehung durch math. Modelle darzustellen **2** ⟨Sprachw.⟩ synchron. Betrachtung von Sprachen unter dem Gesichtspunkt, dass sie Systeme sind, bei denen alle Einheiten u. Regeln als Ganzes voneinander abhängen

Struk|tu|ra|list ⟨m.; -en, -en⟩ Anhänger, Vertreter des Strukturalismus

struk|tu|ra|lis|tisch ⟨Adj.⟩ zum Strukturalismus gehörend, auf ihm beruhend

Struk|tur|ana|ly|se ⟨f.; -, -n⟩ Untersuchung des Aufbaus von Körpern, z. B. Kristallen

Struk|tur|bo|den ⟨m.; -s, -bö|den⟩ durch Sonderung grober u. feiner Bestandteile charakterisierter Boden in Bereichen periodisch auftretenden, stark wirksamen Bodenfrostes

struk|tu|rell ⟨Adj.⟩ die Struktur betreffend, der Struktur nach; Sy strukturell

Struk|tur|for|mel ⟨f.; -, -n; Chemie⟩ chem. Formel, die angibt, in welcher räuml. Anordnung sich die Atome in einem Molekül befinden

struk|tu|rie|ren ⟨V.⟩ *etwas ~* die Struktur von etwas maßgeblich bestimmen

Struk|tur|the|o|rie ⟨f.; -; unz.; Geol.⟩ geolog. Theorie, nach der das Erdöl sich in erhöhten Strukturen der Erdrinde anreichert

Stru|ma ⟨f.; -, Stru|men od. Stru|mae; Med.⟩ Vergrößerung der Schilddrüse, Kropf [lat., »angeschwollene Drüse; Kropf«]

Strum|ek|to|mie auch: **Stru|mek|to|mie** ⟨f.; -, -n; Med.⟩ Kropfoperation; Sy Plummerung

Stru|mi|tis ⟨f.; -, -ti|den; Med.⟩ Kropfentzündung

stru|mös ⟨Adj.; Med.⟩ mit einer Struma versehen, kropfartig

Strych|nin ⟨n.; -s; unz.; Pharm.⟩ Alkaloid der Brechnuss, das erregend auf Nervensystem, Atmung, Muskeln u. Kreislauf wirkt (u. Gegengift bei Schlafmittelvergiftungen) [< grch. *strychnos* »Nachtschatten«]

Stu|art|kra|gen auch: **Stu|art-Kra|gen** ⟨[stju:ərt-] m.; -s, -; im 16./17. Jh.⟩ steifer, hochgestellter Kragen aus Spitzen an Frauenkleidern [nach der schott. Hochadelsfamilie *Stuart*]

Stuck ⟨m.; -(e)s; unz.⟩ schnell härtende Masse aus Gips, Sand, Leim u. Wasser zum kunstplastischen Verzieren von Decken u. Wänden [< ital. *stucco* »Gips« < ahd. *stukki* »etwas Abgehauenes; Rinde«]

Stuckateur (*Laut-Buchstaben-Zuordnung*) Die Schreibung von abgeleiteten Wörtern richtet sich nach der Schreibung des zugrunde liegenden Substantivs. Nach dem Stammerhaltungsprinzip sind demzufolge die Wörter eines Wortfeldes mit gleichem Stamm zu schreiben. Folglich wird das Substantiv »Stuckateur« (früher: »Stukkateur«) wie das Substantiv »Stuck« mit »ck« geschrieben.

Stu|cka|teur ⟨[-tø:r] m.; -(e)s, -e⟩ Fachmann für Stuckaturen

Stu|cka|tur ⟨f.; -, -en⟩ dekorative Arbeit aus Stuck

stu|ckie|ren ⟨V.⟩ mit Stuck versehen

933

stud. ⟨Abk. für lat.⟩ Studiosus; ~ *iur. (iuris)* Student der Rechtswissenschaften; ~ *med. (medicinae)* Student der Medizin; ~ *phil. (philosophiae)* Student der Philosophie

Student ⟨m.; -en, -en⟩ **1** jmd., der an einer Hochschule studiert **2** ⟨österr.; schweiz. a.⟩ Schüler einer höheren Schule [<lat. *studens*, Part. Präs. zu *studere* »eifrig betreiben«]

Studentin ⟨f.; -, -tin|nen⟩ **1** Frau, die an der Hochschule studiert **2** ⟨österr.; schweiz. a.⟩ Schülerin einer höheren Schule

studentisch ⟨Adj.⟩ zu den Studenten gehörig, in der Art der Studenten; ~*e* Bräuche, Lebensweise

Studie ⟨[-djə] f.; -, -n⟩ **1** ⟨wissenschaftl.⟩ Arbeit, Übung, Untersuchung **2** Vorarbeit zu einem wissenschaftl. Werk **3** Entwurf zu einem Kunstwerk, bes. der Malerei [→ *Studium*]

Studienassessor ⟨m.; -s, -en; Amtsbez. für⟩ ausgebildeter, aber noch nicht planmäßig angestellter Lehrer an einer höheren Schule

Studienassessorin ⟨f.; -, -rinnen; Amtsbez. für⟩ ausgebildete, aber noch nicht planmäßig angestellte Lehrerin an einer höheren Schule

Studiendirektor ⟨m.; -s, -en⟩ **1** Leiter einer Fachschule **2** ⟨Amtsbez. für⟩ festangestellter Lehrer an einer höheren Schule (Besoldungsstufe zw. Oberstudienrat u. -direktor)

Studiendirektorin ⟨f.; -, -rinnen⟩ weibl. Studiendirektor

Studienkolleg ⟨n.; -s, -s⟩ Kurs zur Vorbereitung auf ein Studium an der Hochschule (bes. für ausländ. Studenten)

Studienprofessor ⟨m.; -s, -en; früher u. seit 1951 in Bayern wieder üblicher Titel für⟩ Studienrat nach einer gewissen Anzahl von Dienstjahren

Studienrat ⟨m.; -(e)s, -räte; Amtsbez. für⟩ fest angestellter (beamteter) Lehrer an einer höheren Schule

Studienrätin ⟨f.; -, -tin|nen; Amtsbez. für⟩ fest angestellte (beamtete) Lehrerin an einer höheren Schule

Studienreferendar ⟨m.; -s, -e; Amtsbez. für⟩ an der Hochschule ausgebildeter, im prakt. Dienst stehender Lehrer an einer höheren Schule vor der zweiten Staatsprüfung

Studienreferendarin ⟨f.; -, -rin|nen; Amtsbez. für⟩ Lehrerin vor der zweiten Staatsprüfung

studieren ⟨V.⟩ **1** etwas aufnehmen u. geistig verarbeiten **2** eine Hochschule besuchen; *er studiert in Hamburg* **3** sich durch geistige Arbeit Wissen, Kenntnisse auf einem bestimmten Gebiet aneignen; *Biologie, Germanistik, Jura ~* **4** etwas eingehend beobachten u. sich damit gründlich beschäftigen, eingehend erforschen u. sich damit wissenschaftlich auseinander setzen; *eine Frage, ein Problem ~* **5** ⟨umg.; scherzh.⟩ eingehend betrachten, aufmerksam lesen; *die Speisekarte, Zeitung ~* [<lat. *studere* »eifrig betreiben«]

Studiker ⟨m.; -s, -; umg.; scherzh. für⟩ Student (1)

Studio ⟨n.; -s, -s⟩ **1** Werkstatt eines Künstlers, Arbeitszimmer **2** ⟨Film; Funk; Fernsehen⟩ Raum für Bild- u. Tonaufnahmen **3** Experimentiertheater **4** Einzimmerwohnung [<ital. *studio* »Arbeitszimmer, Atelier«]

Studiomusiker ⟨m.; -s, -; Musik⟩ bei Aufnahmen im Tonstudio mitwirkender Musiker

Studioqualität ⟨f.; -; unz.; Musik⟩ aufgrund der technischen Ausstattung eigentlich nur in einem Tonstudio zu erzielende Qualität bei Einspielung u. Aufnahme; *die Liveaufnahme bietet nahezu ~*

Studiosus ⟨m.; -, -o|si od. -o|sen; Abk.: stud.⟩ = Student (1) [lat., »eifrig«]

Studium ⟨n.; -s, Stu|di|en⟩ **1** Aufnahme von Fakten od. vorgegebenem Wissen u. deren geistige Verarbeitung, wissenschaftl. Betrachtung, Untersuchung, Erforschung von Sachverhalten; *das ~ der menschlichen Verhaltensweisen* **2** zur Ausbildung dienende Beschäftigung mit bestimmten (wissenschaftl.) Gebieten; *Hochschul~; ~ der Mathematik; während meines ~s in Oldenburg* [lat., »Eifer, Streben«]

Studium generale ⟨n.; - -; unz.⟩ allgemein bildende Vorlesungen, die an keine bestimmte Fakultät od. einen bestimmten Studiengang gebunden sind [<lat. *Studium* + lat. *generalis* »allgemein«]

Stunt ⟨[stʌnt] m.; -s, -s⟩ gefährliche Filmszene, die von einem Stuntman dargestellt wird; *einen ~ drehen, spielen* [zu engl. *stunt* »Kunststück«]

Stuntfrau ⟨[stʌnt-] f.; -, -en⟩ = Stuntwoman

Stuntgirl ⟨[stʌntɡœːl] n.; -s, -s⟩ = Stuntwoman

Stuntman ⟨[stʌntmæn] m.; -s, -men [-mən]⟩ Ersatzmann für den Hauptdarsteller in gefährlichen Szenen im Film, die besonders akrobat. Können verlangen, z. B. Autokollisionen, Stürze aus großer Höhe [<engl. *stunt* »Kunststück« + *man* »Mann«]

Stuntwoman ⟨[stʌntwumən] f.; -, -men [-mən]⟩ Ersatzfrau für die Hauptdarstellerin in gefährlichen Filmszenen, die besonders akrobat. Können erfordern; *Sy* Stuntfrau, Stuntgirl [<engl. *stunt* »Kunststück« + *woman* »Frau«]

Stupa ⟨m.; -s, -s; Rel.⟩ buddhist., indischer Sakralbau (für Reliquien); *Sy* Tope [Sanskrit]

stupend ⟨Adj.⟩ erstaunlich, ungeheuer; *ein ~es Können, Wissen* [<lat. *stupere* »starr, steif sein, staunen«]

stupid ⟨Adj.⟩ = stupide

stupide ⟨Adj.⟩ *oV* stupid **1** beschränkt, dumm (Person) **2** stumpfsinnig, eintönig, langweilig (Arbeit) [<frz. *stupide* <lat. *stupidos* »betäubt, verdutzt, borniert«; zu *stupere* »starr sein«]

Stupidität ⟨f.; -; unz.⟩ **1** stupides Wesen, stupide Beschaffenheit, Dummheit, Beschränktheit **2** Stumpfsinn, Eintönigkeit

Stupor ⟨m.; -s; unz.; Med.⟩ Zustand völliger Regungslosigkeit, Stummheit u. Unempfindlichkeit gegenüber jeglichem Reiz bei erhaltenem Bewusstsein [<lat. *stupor* »Starrheit, Schwerfälligkeit, Stumpfsinn; Tölpel«; zu *stupere* »starr sein«]

Stuss ⟨m.; -es; unz.; umg.⟩ Unsinn, dummes, törichtes Zeug [<jidd. *schtuss* <hebr. *schtuth* »Dummheit, Torheit«]

sty|gisch ⟨Adj.⟩ **1** an den Styx erinnernd **2** schauerlich

Style ⟨[staɪl] m.; -s, -s; engl. Bez. für⟩ Stil

sty|len ⟨[staɪ-] V.⟩ (modisch) gestalten, entwerfen; *sich* ~ *sich aufwendig zurechtmachen* [<engl. *style* »benennen; gestalten, entwerfen«]

Sty|li ⟨Pl. von⟩ Stylus

Styl|ing ⟨[staɪ-] n.; - od. -s, -s⟩ Entwurf, modische Gestaltung, Design; ~ *eines Industrieproduktes; das* ~ *einer Dekoration* [<engl. *style* »Stil« <lat.; → *Stylus*]

Sty|list ⟨[staɪ-] m.; -en, -en⟩ jmd., der Stylings entwirft, bearbeitet

Sty|lis|tin ⟨[staɪ-] f.; -, -tin|nen⟩ Frau, die Stylings entwirft, bearbeitet

Sty|lit ⟨m.; -en, -en⟩ Säulenheiliger [<grch. *stylos* »Säule«]

Sty|lo|gra|fie ⟨f.; -; unz.⟩ = Stylographie

Sty|lo|gra|phie ⟨f.; -; unz.⟩ Herstellung von Druckplatten aus Kupfer; *oV* Stylografie [<lat. *stilus* (fälschl. *stylus*) »Griffel« + *...graphie*]

Sty|lus ⟨m.; -, Sty|li; meist Pl.⟩ **1** Arzneimittel in Form eines Stiftes, z. B. Ätzstift **2** Griffel (am Fruchtknoten) **3** Fortsatz am Hinterleib mancher Insekten [<lat. *stilus* (fälschl. *stylus*) »Griffel«]

Styp|ti|kum ⟨a. [ʃtyp-] n.; -s, -ti|ka; Pharm.⟩ Mittel zur Blutstillung [zu grch. *styptikos* »verdichtend, zusammenziehend«]

Sty|rax ⟨m.; - od. -es, -e; Bot.⟩ einer Gattung der Styraxgewächse angehörender, kleiner Baum, der duftendes Harz liefert; *Sy* Storaxbaum [lat., grch.]

Sty|rol ⟨n.; -s; unz.; Chemie⟩ farblose Flüssigkeit, Grundstoff zur Herstellung von Polystyrol; *Sy* Vinylbenzol [<lat., grch. *styrax* »Styrax« + *...ol*]

Sty|ro|por® ⟨n.; -s; unz.⟩ aus Styrol u. Treibmittel gewonnener Kunststoff mir sehr geringer Dichte, als Schaumstoff, Verpackungs- u. Isoliermittel verwendet [<*Styrol* + *porös*]

Styx ⟨m.; -; unz.; in der grch. Mythologie⟩ Fluss der Unterwelt

Su|a|da ⟨f.; -, -a|den⟩ = Suade

Su|a|de ⟨f.; -, -n⟩ Rede-, Wortschwall; *oV* Suada [<lat. *suadere* »Rat geben«]

Su|a|he|li[1] ⟨m.; -s od. -s, -s od. -⟩ Volksstamm an der ostafrikan. Küste [<arab. *sawahil* »Küste«]

Su|a|he|li[2] ⟨n.; - od. -s; unz.⟩ Sprache der Suaheli, Handels- u. Verkehrssprache in Ostafrika

su|a|so|risch ⟨Adj.; geh.⟩ überredend, zur Überredung geeignet [zu lat. *(oratio) suasoria;* zu *suasor* »Ratgebender«; zu *suadere* »Rat geben, überreden«]

su|a|ve ⟨[-və] Musik⟩ süß, lieblich (zu spielen) [ital.]

sub..., Sub... ⟨in Zus.⟩ unten, unter, niedriger als [lat., »unter(halb), von unten«]

sub|a|kut ⟨Adj.; Med.⟩ gemäßigter, weniger heftiger Verlauf von Krankheitsprozessen [<*sub...* + *akut*]

sub|al|pin ⟨Adj.; Geogr.⟩ unter der alpinen Höhe liegend

sub|al|tern ⟨Adj.⟩ untergeordnet; *ein* ~*er Beamter; eine* ~*e Stellung;* ~*es Benehmen* unterwürfiges B. [<mlat. *subalternus* <lat. *sub* »unter« + *alternus* »abwechselnd«]

Sub|al|ter|na|ti|on ⟨f.; -; unz.; Logik⟩ Unterordnung eines Begriffs unter einen anderen von weiterem Umfang od. eines Teilurteils unter ein allgemeines Urteil (z. B. ist der Begriff »Mensch« dem Begriff »Säugetier« untergeordnet)

sub|al|ter|nie|ren ⟨V.; Logik⟩ ein spezielleres Urteil unter ein allgemeineres Urteil unterordnen [→ *subaltern*]

sub|ant|ark|tisch ⟨Adj.; Geogr.⟩ zwischen der südlich gemäßigten Zone u. dem Südpolargebiet liegend

sub|ark|tisch ⟨Adj.; Geogr.⟩ zwischen der nördlich gemäßigten Zone u. dem Nordpolargebiet liegend

sub|a|to|mar ⟨Adj.; Physik⟩ **1** kleiner als ein Atom **2** auf Atomkerne u. Elementarteilchen bezogen [<*sub...* + *atomar*]

Sub|bot|nik ⟨m.; -s, -s; DDR⟩ (meist an Sonnabenden geleisteter) freiwilliger Arbeitseinsatz [zu russ. *subbota* »Sonnabend«]

sub|cu|tan ⟨Adj.; Med.⟩ = subkutan

Sub|cu|tis ⟨f.; -; unz.; Anat.⟩ = Subkutis

sub|der|mal ⟨Adj.⟩ = subkutan [<*sub...* + *dermal*]

Sub|do|mi|nan|te ⟨f.; -, -n; Musik⟩ **1** vierte Stufe (Quarte) einer Tonart **2** der darauf stehende Dreiklang [<*Sub...* + *Dominante*]

Sub|duk|ti|on ⟨f.; -, -en; Geol.⟩ Vorgang, bei dem sich eine Platte der Erdkruste unter eine andere schiebt [<lat. *subducere* »wegziehen«]

sub|du|zie|ren ⟨V.; Geol.⟩ der Subduktion unterliegen, sich darunter schieben; *die ozeanische Platte begann unter die kontinentalen Platten zu* ~ [<lat. *subducere* »wegziehen«]

Su|be|rin ⟨n.; -s, -e; Biol.⟩ Korksubstanz [<lat. *suber*, Gen. *suberis* »Korkeiche«]

sub|fe|bril *auch:* **sub|feb|ril** ⟨Adj.; Med.⟩ noch nicht fieberhaft, aber leicht erhöht (Körpertemperatur) [<*sub...* + *febril*]

sub|fos|sil ⟨Adj.; Biol.⟩ erst in histor. Zeit ausgestorben

sub|gla|zi|al ⟨Adj.; Geol.⟩ unter dem Eis befindlich [<*sub... + glazial*]

su|bi|to ⟨Musik⟩ sofort, plötzlich (in musikal. Vortragsanweisungen); ~ *piano* [ital.]

Sub|jekt ⟨n.; -(e)s, -e⟩ **1** wahrnehmendes, denkendes, wollendes Wesen; *Ggs* Objekt (2) **2** ⟨fig.; umg.; abwertend⟩ Person; *er ist ein verdächtiges, verkommenes* ~ **3** ⟨Logik⟩ Begriff, dem ein anderer beigelegt od. abgesprochen wird **4** ⟨Gramm.⟩ Satzteil, von dem etwas ausgesagt wird, Satzgegenstand; *Ggs* Objekt (3) **5** ⟨Musik; veraltete Bez. für⟩ Thema (bes. der Fuge) [<lat. *subiectum* »darunter gelegt; was der Aussage zugrunde liegt«, Part. Perf. zu

Subjektion

subicere »darunter werfen, legen, zugrunde legen«]

Sub|jek|ti|on ⟨f.; -, -en; Rhet.⟩ das Aufwerfen einer Frage, die der Redner selbst beantwortet [<lat. *subiectio* »das Darunterlegen«; → *Subjekt*]

sub|jek|tiv ⟨a. ['---] Adj.⟩ 1 ⟨Gramm.⟩ zum Subjekt gehörig, auf ihm beruhend, von ihm ausgehend, ihm entsprechend, gemäß 2 persönlich, nicht sachlich, unsachlich; *Ggs* objektiv (2); *ein ~es Urteil; etwas ~ betrachten, beurteilen*

sub|jek|ti|vie|ren ⟨[-vi:-] V.⟩ subjektivisch, aus persönlicher Sicht darstellen, beurteilen; *ein subjektivierter Bericht, Kommentar*

Sub|jek|ti|vis|mus ⟨[-vɪs-] m.; -; unz.⟩ *Ggs* Objektivismus 1 ⟨Philos.⟩ 1.1 Lehre, dass alle Erkenntnisse, Werte usw. nur für das Subjekt, nicht aber allgemein gültig sind 1.2 Auffassung, dass das Subjekt das Maß aller Dinge sei 2 ⟨allg.⟩ übertriebene Betonung der eigenen Persönlichkeit [→ *subjektiv*]

sub|jek|ti|vis|tisch ⟨[-vɪs-] Adj.⟩ in der Art des Subjektivismus, auf ihm beruhend

Sub|jek|ti|vi|tät ⟨[-vi-] f.; -; unz.⟩ persönl. Auffassung, Einstellung, Voreingenommenheit, Unsachlichkeit; *Ggs* Objektivität [→ *subjektiv*]

Sub|jekt|satz ⟨m.; -es, -sät|ze; Gramm.⟩ Nebensatz, der anstelle des Subjekts eines Satzes steht, Gegenstandssatz

Sub|junk|ti|on ⟨f.; -, -en; Gramm.⟩ 1 = Implikation (2) 2 = Hypotaxe 3 unterordnende Konjunktion, z. B. »damit«, »weil« [<lat. *subiunctio* »Anfügung«]

Sub|junk|tiv ⟨m.; -(e)s, -e; Gramm.; selten⟩ Konjunktiv [<neulat. *subiunctivus*; zu lat. *subiungere* »unten anfügen«]

Sub|kon|ti|nent ⟨m.; -(e)s, -e; Geogr.⟩ durch seine Größe u. geograph. Lage hervorgehobener Teil eines Kontinents; *der indische ~* Vorderindien

sub|krus|tal ⟨Adj.; Geol.⟩ unter der Erdkruste gebildet od. liegend; *Ggs* superkrustal [<*sub*... + lat. *crusta* »Rinde«]

Sub|kul|tur ⟨f.; -, -en⟩ Kultur einer Gruppe innerhalb eines größeren Kulturbereichs, die oft in bewusstem Gegensatz zu diesem entstanden ist

sub|kul|tu|rell ⟨Adj.⟩ zu einer Subkultur gehörend, sie betreffend, aus ihr hervorgehend; *eine ~e Sprache*

sub|ku|tan ⟨Adj.; Abk.: s. c.; Mal.⟩ unter der Haut, unter die Haut; *oV* subcutan; *Sy* subdermal; *~e Einspritzung* [<*sub*... + lat. *cutis* »Haut«]

Sub|ku|tis ⟨f.; -; unz.; Anat.⟩ Unterhautfettgewebe; *oV* Subcutis; *Sy* Hypoderm [<*sub*... + lat. *cutis* »Haut«]

♦ Die Buchstabenfolge **subl**... kann auch **sub|l**... getrennt werden. Davon ausgenommen sind Zusammensetzungen, in denen die fremdsprachigen bzw. sprachhistorischen Bestandteile deutlich als solche erkennbar sind, z. B. *-lunarisch*.

♦ **sub|lim** ⟨Adj.⟩ erhaben, verfeinert, nur einem feineren Verständnis zugänglich. Empfinden zugänglich [<lat. *sublimis* »in der Luft befindlich, erhaben«]

♦ **Sub|li|mat** ⟨n.; -(e)s, -e; Chemie⟩ 1 der nach einer Sublimation aus dem Dampf zurückerhaltene feste Niederschlag 2 eine chem. Verbindung des Quecksilbers [<lat. *sublimatus*, Part. Perf. zu *sublimare* »emporheben«]

♦ **Sub|li|ma|ti|on** ⟨f.; -, -en; Chemie⟩ unmittelbarer Übergang eines Stoffes aus dem festen in den gasförmigen Aggregatzustand u. umgekehrt, ohne dass die Stufe des flüssigen Aggregatzustandes durchlaufen wird [→ *sublimieren*]

♦ **sub|li|mie|ren** ⟨V.⟩ 1 ins Erhabene steigern, läutern, verfeinern 2 ⟨Chemie⟩ durch Sublimation trennen u. reinigen [<lat. *sublimare* »emporheben«]

♦ **Sub|li|mie|rung** ⟨f.; -, -en⟩ 1 Steigerung ins Erhabene, Verfeinerung, Läuterung 2 ⟨Chemie⟩ = Sublimation

♦ **Sub|li|mi|tät** ⟨f.; -; unz.⟩ Erhabenheit, Feinheit, Verfeinerung [<lat. *sublimitas*]

sub|lu|na|risch ⟨Adj.; Meteor.⟩ irdisch, (eigtl.) unter dem Mond befindlich [<*sub*... + lat. *luna* »Mond«]

sub|ma|rin ⟨Adj.; Biol.⟩ unter dem Meeresspiegel befindlich, vorkommend, lebend

sub|mers ⟨Adj.; Biol.⟩ unter Wasser lebend; *Ggs* emers [<lat. *submergere*, Perf. *submersus* »versenken«]

Sub|mer|si|on ⟨f.; -, -en; Geophysik⟩ Untertauchung, Überschwemmung; *Ggs* Emersion [<neulat. *submersio* <lat. *submergere* »untertauchen«]

sub|mi|kro|sko|pisch *auch:* **sub|mi|kros|ko|pisch** ⟨Adj.⟩ unterhalb der Beobachtungsgrenze eines Mikroskops liegend; *~e Teilchen*

Sub|mit|tend ⟨m.; -en, -en; Wirtsch.⟩ Bewerber bei einer Submission, Kaufmann, der sich um ausgeschriebene Aufträge bewirbt [zu lat. *submittere* »niederlassen, senken«]

Sub|mit|tent ⟨m.; -en, -en; Wirtsch.⟩ Bietender bei einer Submission, jmd., der ausgeschriebene Aufträge vergibt [<lat. *submittens*, Part. Präs. zu *submittere* »niederlassen, senken«]

sub|mon|tan ⟨Adj.; Geogr.⟩ in der unteren montanen Stufe der Vegetation liegend

sub|ni|val ⟨[-va:l] Adj.; Geogr.⟩ 1 unter dem Schnee od. durch ihn entstanden, unter dem Schnee gelegen 2 unterhalb der Schneegrenze liegend; *~e Pflanzenart* [<*sub*... + lat. *nivalis* »schneereich«]

sub|or|bi|tal ⟨Adj.; Raumf.⟩ nicht in eine Umlaufbahn führend, nicht in eine Umlaufbahn gelangend

Sub|or|di|na|ti|on ⟨f.; -; unz.⟩ 1 ⟨veraltet⟩ Unterordnung, Gehorsam; *Ggs* Insubordination 2 ⟨Gramm.⟩ das Unterordnen von Satzgliedern od. Sätzen durch subordinierende Konjunktionen; *Ggs* Koordination (4) [→ *subordinieren*]

sub|or|di|na|tiv ⟨Adj.; Gramm.⟩ das Unterordnen von Satzgliedern od. Sätzen betreffend

sub|or|di|nie|ren ⟨V.⟩ unterordnen; *Ggs* koordinieren (3);

Substanzialismus

~de Konjunktion K., die einen Nebensatz mit einem Hauptsatz verbindet [<mlat. *subordinare* <lat. *sub* »unter« + *ordinare* »(an)ordnen«]

Sub|o|xid ⟨n.; -(e)s, -e; Chemie⟩ Sauerstoffverbindung eines Elements, die weniger Sauerstoffatome aufweist als das normalerweise auftretende Oxid; *oV* Suboxyd

Sub|o|xyd ⟨n.; -(e)s, -e; Chemie⟩ = Suboxid

sub|po|lar ⟨Adj.; Geogr.⟩ zwischen Polargebiet u. gemäßigter Zone liegend

sub ro|sa unter dem Siegel der Verschwiegenheit [lat., »unter der Rose« (als einem Siegel)]

sub|se|quent ⟨Adj.; Geol.⟩ den durchlässigen, weniger widerstandsfähigen Gesteinsschichten folgend (besonders auf den Lauf von Wasser bezogen); ~*er Fluss* [<lat. *subsequi* »unmittelbar (nach)folgen«]

sub|si|di|är ⟨Adj.⟩ hilfsweise, unterstützend, behelfsmäßig, zur Aushilfe dienend; *Sy* subsidiarisch [<lat. *subsidiarius* »zur Reserve gehörend«; → *Subsidium*]

sub|si|di|a|risch ⟨Adj.⟩ = subsidiär

Sub|si|di|a|ris|mus ⟨m.; -; unz.; Politik⟩ Ablehnung staatl. Zentralismus u. Kollektivismus

Sub|si|di|a|ri|tät ⟨f.; -; unz.⟩ **1** ⟨Politik; Soziol.; kurz für⟩ Subsidiaritätsprinzip **2** ⟨kath. Kirche⟩ auf die Kirchenverfassung übertragener Subsidiarismus **3** ⟨Rechtsw.⟩ konkurrierender Zusammenprall von Rechtsnormen in Bezug auf Straftaten [→ *subsidiär*]

Sub|si|di|a|ri|täts|prin|zip ⟨n.; -s; unz.; Politik; Soziol.⟩ **1** Prinzip, nach dem eine übergeordnete Gruppe (z. B. der Staat) nur für den Aufgabenbereich zuständig sein soll, den eine nachgeordnete Gruppe (z. B. ein Bundesland) nicht bewältigen kann **2** staatliche Unterstützung, die aber nur auf eine Ergänzung der Eigenverantwortung abzielt

Sub|sis|tenz ⟨f.; -, -en⟩ **1** ⟨Philos.⟩ das Bestehen durch sich selbst **2** ⟨veraltet⟩ Lebensunterhalt [→ *subsistieren*]

sub|sis|tie|ren ⟨V.⟩ **1** ⟨Philos.⟩ durch sich selbst, unabhängig bestehen **2** ⟨veraltet⟩ seinen Lebensunterhalt haben [<lat. *subsistere* »stillstehen, standhalten«]

Sub|skri|bent *auch:* **Subs|kri|bent, Subs|kri|bent** ⟨m.; -en, -en; Buchw.⟩ jmd., der (auf etwas subkribiert [<lat. *subscribens*, Part. Präs. zu *subscribere* »unterschreiben«]

sub|skri|bie|ren *auch:* **subs|kri|bie|ren, sub|skri|bie|ren** ⟨V.⟩ **1** ⟨Buchw.⟩ ein neu zu erscheinendes Werk zu einem niedrigeren Preis vorbestellen u. sich zur Abnahme verpflichten; *ein Werk od. auf ein Werk ~* **2** Anleihen zeichnen [<lat. *subscribere* »unterschreiben«]

Sub|skrip|ti|on *auch:* **Subs|krip|ti|on, Subs|krip|ti|on** ⟨f.; -, -en⟩ **1** ⟨Buchw.⟩ Vorbestellung u. Verpflichtung zur Abnahme bei Neuerscheinungen, z. B. bei größeren, in mehreren Bänden erscheinenden Werken der Literatur; *das Werk steht zur ~* **2** Zeichnung von Anleihen [<lat. *subscriptio* »Unterschreibung«; zu *subscribere* »unterschreiben«]

sub|so|nisch ⟨Adj.; Physik⟩ unterhalb der Schallgeschwindigkeit liegend; *Ggs* supersonisch [<*sub...* + lat. *sonus* »Schall, Ton«]

sub spe|cie ae|ter|ni|ta|tis ⟨[-spe:tsje:-]⟩ **1** im Lichte der Ewigkeit **2** unter der Voraussetzung unbeschränkter Dauer [lat., »unter dem Anschein der Ewigkeit«]

Sub|spe|zies ⟨[-tsje:] f.; -, -; Abk.: ssp; Biol.⟩ Unterart

◆ Die Buchstabenfolge **subst...** kann auch **subs|t...** getrennt werden. Davon ausgenommen sind Zusammensetzungen, in denen die fremdsprachigen bzw. sprachhistorischen Bestandteile deutlich als solche erkennbar sind, z. B. *-standard* (→*a.* Standard).

Sub|stan|dard ⟨m.; -s; unz.; bes. österr.⟩ **1** sehr niedriger Standard, schlechte Qualität; ~*wohnung* **2** ⟨Sprachw.⟩ unterhalb der Hochsprache einzuordnende Sprachebene

◆**sub|stan|ti|al** ⟨Adj.⟩ = substanzial

◆**Sub|stan|ti|a|lis|mus** ⟨m.; -; unz.⟩ = Substanzialismus

◆**Sub|stan|ti|a|li|tät** ⟨f.; -; unz.⟩ = Substanzialität

◆**sub|stan|ti|ell** ⟨Adj.⟩ = substanziell

◆**sub|stan|ti|ie|ren** ⟨V.⟩ = substanziieren

◆**sub|stan|tiv** ⟨Adj.⟩ ~*e Farbstoffe* Gruppe von Textilfarbstoffen, die direkt aus der Farbstofflösung auf das Gewebe aufgetragen werden u. keine Hilfsmittel wie Beizen u. a. benötigen

◆**Sub|stan|tiv** ⟨n.; -s, -e [-və]; Gramm.⟩ Wort, das einen Gegenstand od. Begriff bezeichnet, Hauptwort, Dingwort [<lat. *(verbum) substantivum* »für sich selbst bestehendes (Wort)«; → *Substanz*]

◆**sub|stan|ti|vie|ren** ⟨[-vi:-] V.; Gramm.⟩ zum Substantiv machen, als Substantiv gebrauchen; *Sy* nominalisieren; *substantiviertes Verbum*

◆**Sub|stan|ti|vie|rung** ⟨[-vi:-] f.; -, -en; Gramm.⟩ Verwandlung in ein Substantiv, Gebrauch als Substantiv

◆**sub|stan|ti|visch** ⟨a. [--'-vɪʃ] Adj.; Gramm.⟩ wie ein Substantiv gebraucht, hauptwörtlich

◆**Sub|stanz** ⟨f.; -, -en⟩ **1** ⟨Philos.⟩ das Ding **1.1** das allen Dingen innewohnende Wesen **1.2** der Urgrund alles Seins **2** ⟨Physik⟩ = Materie (2) **3** ⟨allg.⟩ Stoff, das Stoffliche **4** das Bleibende **5** ⟨fig.⟩ innerstes Wesen, Kern (einer Sache), das Wesentliche **6** ⟨fig.; umg.⟩ das Vorhandene, Besitz, Vorrat, Kapital, Vermögen [<lat. *substantia* »Bestand, Beschaffenheit, Wesen«; zu *substare* »standhalten«]

◆**sub|stan|zi|al** ⟨Adj.; selten⟩ = substanziell; *oV* substantial [<lat. *substantialis* »wesentlich«]

◆**Sub|stan|zi|a|lis|mus** ⟨m.; -; unz.; Philos.⟩ Lehre, nach der das Sein in der Substanz besteht; *oV* Substantialismus [<*substanzial* + *...ismus*]

Substanzialität

◆ **Sub|stan|zi|a|li|tät** ⟨f.; -; unz.⟩ Eigenschaft, Wesen einer Substanz; *oV* Substantialität

◆ **sub|stan|zi|ell** ⟨Adj.⟩ *oV* substantial, substantiell **1** wesentlich, wesenhaft **2** stofflich [<lat. *substantialis*; → *Substanz*]

◆ **sub|stan|zi|ie|ren** ⟨V.⟩ *oV* substantiieren **1** mit Vollmacht ausstatten **2** durch Tatsachen belegen; *einen Fall ausführlich* ~ [→ *Substanz*]

◆ **Sub|sti|tu|ent** ⟨m.; -en, -en; Chemie⟩ Atom, das ein anderes in dem Molekül einer Verbindung ersetzen kann, ohne dieses zu zerstören

◆ **sub|sti|tu|ie|ren** ⟨V.⟩ **1** ersetzen, austauschen **2** (als Stellvertreter) einsetzen [<lat. *substituere* »dahinter stellen, ersetzen«]

◆ **Sub|sti|tu|ie|rung** ⟨f.; -, -en⟩ = Substitution (1)

◆ **Sub|sti|tut**[1] ⟨m.; -en, -en⟩ **1** Ersatzmann, Stellvertreter **2** Verkaufsleiter [→ *substituieren*]

◆ **Sub|sti|tut**[2] ⟨n.; -s, -e⟩ etwas, das als Ersatz dient, Ersatzmittel; →*a.* Surrogat [→ *substituieren*]

◆ **Sub|sti|tu|tion** ⟨f.; -, -en⟩ **1** Ersatz, Austausch; *Sy* Substituierung (1) **2** Stellvertretung [→ *substituieren*]

◆ **Sub|strat** *auch:* **Subst|rat** ⟨n.; -(e)s, -e⟩ **1** Grund-, Unterlage **2** (Biol.) Nährboden **2.1** Substanz, die bei enzymatischen Vorgängen abgebaut wird **3** (Sprachw.) Sprache eines unterworfenen Volkes, das seine Sprache der des Eroberers angleicht; *Ggs* Superstrat [<lat. *substratus*, Part. Perf. zu *substernere* »darunter legen«]

◆ **Sub|struk|tion** *auch:* **Subst|ruk|tion** ⟨f.; -, -en⟩ Unterbau, Grundbau [<lat. *substructio*; zu *substruere* »den Grund legen«]

sub|su|mie|ren ⟨V.⟩ **1** einordnen, (einem allg. Begriff) unterordnen, z. B. »Taschenuhr«, unter »bewegliche Sache« **2** zusammenfassen [<neulat. *subsumere* <lat. *sub* »unter« + *sumere* »nehmen«]

Sub|sum|ti|on ⟨f.; -, -en⟩ **1** Unterordnung (unter einen allgemeinen Begriff) **2** Zusammenfassung [→ *subsumieren*]

sub|sum|tiv ⟨Adj.⟩ **1** (einem allgemeinen Begriff) unterordnend **2** zusammenfassend [→ *subsumieren*]

Sub|sys|tem ⟨n.; -s, -e⟩ System innerhalb eines Systems

Sub|tan|gen|te ⟨f.; -, -n; Math.⟩ Projektion einer Tangente auf die x-Achse

Sub|teen ⟨[sʌbti:n] m.; -s, -s; umg.⟩ 10-12 Jahre altes Kind [engl.-amerikan.]

sub|ter|ran ⟨Adj.; Geogr.; Geol.⟩ unter der Erdoberfläche gelegen, unterirdisch; ~*e Höhlen* [<*sub*... + lat. *terra* »Erde«]

Sub|text ⟨engl. [sʌb-] m.; -(e)s, -e od. (engl.) -s⟩ zugrunde liegender Text, unterschwellig mitgeteilte Meinung od. Botschaft [<*Sub*... + *Text*]

sub|til ⟨Adj.⟩ **1** zart, fein **2** spitzfindig, scharfsinnig **3** schwierig [<lat. *subtilis*, eigtl. »fein gewebt«]

Sub|ti|li|tät ⟨f.; -; unz.⟩ **1** Zartheit, Feinheit **2** Schwierigkeit **3** Spitzfindigkeit, Scharfsinn; *eine Studie von immenser* ~

Sub|tra|hend ⟨m.; -en, -en; Math.⟩ von einer anderen abzuziehende Zahl; →*a.* Minuend [→ *subtrahieren*]

sub|tra|hie|ren ⟨V.; Math.⟩ *eine Zahl von einer anderen* ~ abziehen [<lat. *subtrahere* »unten wegziehen«]

Sub|trak|ti|on ⟨f.; -, -en; Math.⟩ eine der vier Grundrechenarten, das Abziehen [→ *subtrahieren*]

Sub|tro|pen ⟨Pl.; Geogr.⟩ Zonen zwischen den Tropen u. den beiderseitig liegenden gemäßigten Zonen

sub|tro|pisch ⟨Adj.; Geogr.⟩ zu den Subtropen gehörig, in ihnen befindlich, vorkommend

Sub|urb *auch:* **Su|burb** ⟨[sʌbœ:b] f.; -, -s⟩ Vorstadt, Randbezirk [engl.]

Sub|ur|ba|ni|sie|rung ⟨f.; -; unz.⟩ Verstädterung, Eingliederung der Vororte u. des Umlandes einer Stadt, das sich dadurch vergrößert [→ *Suburb*]

Sub|ur|bia *auch:* **Su|bur|bia** ⟨[səbœ:bɪə] f.; -; unz.⟩ **1** Gesamtheit der städtischen Randbezirke, Vororte **2** ⟨meist abwertend für⟩ (spießbürgerliche) Lebensweise, die für die Bewohner der Suburbia typisch sein soll [engl., »die Vororte«]

sub|ur|bi|ka|risch ⟨Adj.; kath. Kirche⟩ zu Rom gehörend; ~*es Bistum* [<lat. *suburbanus* »in der Nähe der Stadt (Rom)«]

Sub|ven|ti|on ⟨[-vɛn-] f.; -, -en⟩ (finanzielle) Hilfe, zweckgebundene Unterstützung, bes. aus öffentl. Mitteln [<lat. *subvenire* »zu Hilfe kommen«]

sub|ven|ti|o|nie|ren ⟨[-vɛn-] V.⟩ durch Subventionen unterstützen

Sub|ver|si|on ⟨[-vɛr-] f.; -, -en⟩ polit. Umsturz [<lat. *subvertere* »umstürzen«]

sub|ver|siv ⟨[-vɛr-] Adj.⟩ umstürzend, umstürzlerisch, zerstörend [→ *Subversion*]

sub|vo|ce ⟨[-vo:tsə] Abk.: s. v.⟩ unter dem Wort, Stichwort [lat.]

Sub|way ⟨[sʌbweɪ] m.; -s, -s⟩ **1** Untergrundbahn **2** Unterführung [engl.]

Sub|woo|fer ⟨[sʌbwu:fə(r)] m.; -s, -s; Musik⟩ großer Lautsprecher zur Bassverstärkung [engl.]

Suc|cu|bus ⟨m.; Suc|cu|ben⟩ = Sukkubus

Sucre *auch:* **Su|cre** ⟨m.; -, -⟩ Währungseinheit in Ecuador, 100 Centavos [nach dem südamerikan. Freiheitskämpfer Antonio José *Sucre* y de Alcala, 1795-1830]

Su|cus ⟨m.; -, Su|ci; Bot.⟩ Pflanzensaft [lat.]

Su|da|tion ⟨f.; -; unz.; Med.⟩ Absonderung von Schweiß; *Sy* Sudoration [→ *Sudatorium*]

Su|da|to|ri|um ⟨n.; -s, -ri|en⟩ **1** Schwitzbad **2** Schwitzkasten [lat., zu *sudare* »schwitzen«]

Sud|den|death *auch:* **Sud|den Death** ⟨[sʌdən dɛθ] m.; (-) - od. (-) -s, (-) -s; Pl. selten; Sport; Eishockey⟩ Regelung nach der ein in der regulären Spielzeit unentschiedenes Match durch das erste in der Verlängerung erzielte Tor entschieden wird; →*a.* Goldengoal [<engl. *sudden death* »plötzliches Ende«, eigtl. »plötzlicher Tod«]

Su|dor ⟨m.; -s; unz.; Med.⟩ Schweiß [lat.]

Su|do|ra|tion ⟨f.; -; unz.; Med.⟩ = Sudation

938

suf..., Suf... ⟨in Zus. vor f⟩ = sub..., Sub...

suf|fi|gie|ren ⟨V.; Sprachw.⟩ ein Suffix anfügen [<lat. *suffigere* »anheften«]

Süf|fi|san|ce ⟨[-zaːs(ə)] österr.; schweiz.⟩ = Süffisanz

Suf|fi|san|ce ⟨[zyfizɑ̃ːs(ə)] f.; -; unz.⟩ = Süffisanz

süf|fi|sant ⟨Adj.⟩ selbstgefällig, dünkelhaft; *ein ~es Lächeln* [<frz. *suffisant*; zu *suffire* »genügen«]

Süf|fi|sanz ⟨f.; -; unz.⟩ Dünkel, Selbstgefälligkeit, Spottsucht; *oV* Süffisance, Suffisance [<frz. *suffisance*; zu *suffire* »genügen«]

Suf|fix ⟨a. ['--] n.; -s, -e; Gramm.⟩ Nachsilbe [<lat. *suffixus*, Part. Perf. zu *suffigere* »anheften«]

suf|fi|xal ⟨Adj.; Gramm.⟩ durch Hinzunahme eines Suffixes gebildet, entstanden

suf|fi|xo|id ⟨Adj.; Gramm.⟩ in der Art eines Suffixes, einem Suffix ähnlich [< *Suffix* + ... *oid*]

Suf|fi|xo|id ⟨n.; -(e)s, -e; Gramm.⟩ eine Art Halbsuffix, das sich aus einem autonomen Lexem entwickelt hat u. gegenüber diesem in der neuen Wortbildung einen veränderten Bedeutungscharakter erhält, z. B. »verdächtig« in »rekordverdächtig« [< *Suffix* + ... *oid*]

suf|fi|zi|ent ⟨Adj.⟩ ausreichend, genügend, hinlänglich; *Ggs* insuffizient [<lat. *sufficiens*, Part. Präs. zu *sufficere* »darreichen, genügen«]

Suf|fi|zi|enz ⟨f.; -; unz.⟩ ausreichende Fähigkeit, Hinlänglichkeit; *Ggs* Insuffizienz [→ *suffizient*]

Suf|fo|ka|ti|on ⟨f.; -, -en; Med.⟩ Erstickung, Erstickungsanfall [<lat. *suffocatio* »das Ersticken«]

Suf|fra|gan *auch:* **Suf|fra|gan** ⟨m.; -s, -e; kath. Kirche⟩ einem Erzbischof unterstehender Bischof [<mlat. *suffraganeus episcopus* <lat. *suffragari* »zu einem Amt empfehlen«]

Suf|fra|get|te *auch:* **Suf|fra|get|te** ⟨f.; -, -n; in England u. Amerika; 1903-1914⟩ Frauenrechtlerin, die bes. für das Stimmrecht der Frauen kämpfte [<lat. *suffragium* »Stimmrecht«]

Suf|fu|si|on ⟨f.; -, -en; Med.⟩ unter der Haut liegender, flächenhafter Bluterguss; →*a.* Sugillation [<lat. *suffusio*; zu *suffundere* »benetzen, bedecken«]

Su|fi ⟨m.; - od. -s, -s; Rel.⟩ Vertreter, Anhänger des Sufismus; *Sy* Sufist [arab., »Mann im Wollkleid«]

Su|fis|mus ⟨m.; -; unz.; Rel.⟩ asket.-myst. Richtung des Islams, die nach Wiedervereinigung mit Gott strebt

Su|fist ⟨m.; -en, -en; Rel.⟩ = Sufi

Su|gar ⟨[ʃugə(r)] m.; -s; unz.; Drogenszene⟩ Rauschgift in Pulverform [engl., »Zucker«]

sug|ge|rie|ren ⟨V.⟩ *jmdn. etwas ~* jmdn. so beeinflussen, dass er etwas tut od. denkt, ihm etwas einreden, ihn zu etwas veranlassen [<lat. *suggerere* »von unten herantragen«]

sug|ges|ti|bel ⟨Adj.⟩ (leicht) beeinflussbar; *suggestible Menschen* [→ *suggerieren*]

Sug|ges|ti|bi|li|tät ⟨f.; -; unz.⟩ Beeinflussbarkeit, Empfänglichkeit für Beeinflussung [→ *suggestibel*]

Sug|ges|ti|on ⟨f.; -, -en⟩ seelische Beeinflussung, Übertragung des eigenen Willens auf eine andere Person [<lat. *suggestio*; zu *suggerere* »von unten herantragen«]

sug|ges|tiv ⟨Adj.⟩ seelisch beeinflussend; *eine ~e Wirkung auf jmdn. ausüben* [→ *Suggestion*]

Sug|ges|tiv|fra|ge ⟨f.; -, -n⟩ Frage, die dem Gefragten die Antwort bereits in den Mund legt

Sug|ges|ti|vi|tät ⟨[-vi-] f.; -; unz.⟩ Fähigkeit, Potenzial zur Beeinflussung; *seine ~ steigt mit dem Wachstum seiner Selbstsicherheit*

Sug|ges|to|pä|die ⟨f.; -; unz.; Päd.⟩ spielerisch-kreative Lernmethode für Fremdsprachen, mit der ein erhöhtes Lernpensum erzielt werden soll; →*a.* Superlearning [< *Suggestion* + grch. *peideia* »Erziehung, Übung«]

Su|gil|la|ti|on ⟨f.; -, -en; Med.⟩ unter der Haut liegender, schwacher Bluterguss, oberflächlich blutunterlaufene Stelle; →*a.* Suffusion [<lat. *sugillatio*; zu *sugillare* »grün u. blau schlagen«]

su|i|ci|dal ⟨Adj.⟩ = suizidal

Su|i|ci|da|li|tät ⟨f.; -; unz.⟩ = Suizidalität

sui ge|ne|ris ⟨geh.⟩ von eigener Art, nur durch sich selbst eine Klasse bildend, einzig, besonders [lat., »von seiner eigenen Art«]

Suit|case ⟨[sjuːtkeɪs] m. od. n.; -, -s [-sɪz]; bes. Flugw.⟩ kleiner Koffer (als Handgepäck) [engl., »Koffer«]

Sui|te ⟨[sviːt(ə)] f.; -, -n⟩ **1** ⟨Musik⟩ Folge von langsamen u. schnellen Sätzen gleicher Tonart; *Sy* Partita; *Tanz~* **2** militär. od. fürstl. Gefolge, Begleitung **3** ⟨in Hotels⟩ **3.1** Zimmerflucht **3.2** zwei Einzelzimmer mit gemeinsamem Bad [frz., »Folge, Reihenfolge, Gefolge«; zu *suivre* »folgen«]

Su|i|zid ⟨m. od. n.; -s, -e⟩ Selbstmord [<lat. *sui* »seiner selbst« + *caedes* »das Töten«]

su|i|zi|dal ⟨Adj.⟩ den Selbstmord betreffend, zu ihm gehörig, zu ihm neigend; *oV* suicidal; *Sy* suizidär

Su|i|zi|da|li|tät ⟨f.; -; unz.⟩ generell vorhandene Neigung, Bereitschaft zum Selbstmord; *oV* Suicidalität

Su|i|zi|dant ⟨m.; -en, -en⟩ jmd., der einen Selbstmordversuch unternommen hat; *oV* Suizident [→ *Suizid*]

su|i|zi|där ⟨Adj.⟩ = suizidal

Su|i|zi|dent ⟨m.; -en, -en⟩ = Suizidant

Su|i|zi|do|lo|gie ⟨f.; -; unz.⟩ mit der wissenschaftlichen Erforschung u. der möglichen Verhütung des Suizids befasstes Teilgebiet der Psychiatrie [< *Suizid* + ... *logie*]

Su|jet ⟨[syʒeː] od. [syʒɛ] n.; -s, -s⟩ Thema (einer künstler. Darstellung) [frz., »Subjekt«]

suk..., Suk... ⟨in Zus. vor k⟩ = sub..., Sub...

Suk|ka|de ⟨f.; -, -n⟩ kandierte Schale von Früchten, z. B. Zitronat [<mfrz. *succade, sucrade*; zu *sucre* »Zucker«]

Suk|ku|bus ⟨m.; -, Suk|ku|ben; mittelalterl. Volksglauben⟩ mit einem Mann buhlender weibl. Teufel; *oV* Succubus; *Ggs* Inkubus (2) [<lat. *succumbere* »unten liegen«]

sukkulent

suk|ku|lent ⟨Adj.; Biol.⟩ saftig, fleischig, kräftig [< lat. *suc(c)ulentus;* zu *suc(c)us* »Saft«]

Suk|ku|len|te ⟨f.; -, -n; Bot.⟩ Pflanze in Trockengebieten, deren Blätter, Achsen od. Wurzeln mit einem Wasser speicherndem Gewebe ausgestattet sind, Fettpflanze [→ *sukkulent*]

Suk|ku|lenz ⟨f.; -; unz.⟩ **1** Saftigkeit **2** ⟨Bot.⟩ Fähigkeit der Sukkulenten, Wasser in ihrem Gewebe zu speichern [→ *sukkulent*]

suk|ze|dan ⟨Adj.⟩ nachfolgend, nacheinander folgend [zu lat. *succedere* »nachfolgen«]

suk|ze|die|ren ⟨V.⟩ (in einem Amt) nachfolgen, die Rechtsnachfolge antreten [< lat. *succedere* »nachfolgen, gelingen«]

Suk|zes|si|on ⟨f.; -, -en⟩ **1** Rechtsnachfolge **2** Thronfolge **3** gesetzmäßige Folge von Pflanzengesellschaften [< lat. *successio* »Nachfolge«; zu *succedere* »nachfolgen, gelingen«]

suk|zes|siv ⟨Adj.⟩ allmählich (eintretend) [< lat. *successivus;* zu *succedere* »nachfolgen, gelingen«]

suk|zes|si|ve ⟨[-və] Adv.⟩ allmählich, nach u. nach

Suk|zes|sor ⟨m.; -s, -so|ren⟩ Amts-, Rechtsnachfolger [< lat. *successor* »Nachfolger«; zu *succedere* »nachfolgen, gelingen«]

Suk|zi|nat ⟨n.; -(e)s, -e; Chemie⟩ Salz der Bernsteinsäure [< lat. *sucinum, succinum* »Bernstein«]

Sul|fa|nil|säu|re ⟨f.; -, -n; Chemie⟩ Säure, die durch Erhitzen von Anilin mit Schwefelsäure entsteht, Grundstoff zur Synthese von Azofarbstoffen u. Heilmitteln (Sulfonamiden) [→ *Sulfur*]

Sul|fat ⟨n.; -(e)s, -e; Chemie⟩ Salz der Schwefelsäure [→ *Sulfur*]

Sul|fid ⟨n.; -(e)s, -e; Chemie⟩ Salz des Schwefelwasserstoffes [→ *Sulfur*]

sul|fi|disch ⟨Adj.; Chemie⟩ Schwefel enthaltend

Sul|fit ⟨n.; -(e)s, -e; Chemie⟩ Salz der schwefligen Säure

Sul|fon|amid *auch:* **Sul|fo|na|mid** ⟨n.; -(e)s, -e; Pharm.⟩ chemotherapeut. Heilmittel, das die Sulfonamidgruppe -SO$_2$NH$_2$ enthält, zur Bekämpfung bakterieller Infektionen [→ *Sulfur*]

Sul|fo|nat ⟨n.; -(e)s, -e; Chemie⟩ Salz u. Ester organischer Verbindungen der Schwefelsäure, wichtiger Waschmittelrohstoff

sul|fo|nie|ren ⟨V.; Chemie⟩ Schwefelatome ~ in organische od. anorganische Verbindungen einbauen; *Sy* sulfurieren

Sul|fur ⟨n.; -s; unz.; chem. Zeichen: S⟩ Schwefel [< lat. *sulfur, sulphur, sulpur;* vermutlich < oskisch]

sul|fu|rie|ren ⟨V.; Chemie⟩ = sulfonieren

Sul|fur|öl ⟨n.; -s, -e; Chemie⟩ Olivenöl, das durch Extraktion mit Schwefelkohlenstoff gewonnen worden ist

Sul|ky ⟨[sʌlkı] n.; -s, -s; Sport⟩ zweirädriger Einspänner (bes. für Trabrennen) [engl.]

Sul|tan ⟨m.; -s, -e; Titel für⟩ mohammedan. Herrscher [arab., »Herrschaft; Herrscher«]

Sul|ta|nat ⟨n.; -(e)s, -e⟩ Bereich der Herrschaft eines Sultans

Sul|ta|ni|ne ⟨f.; -, -n⟩ helle, große, kernlose Rosine [→ *Sultan* (da sie als fürstlich gilt)]

Su|mach ⟨m.; -s, -e; Bot.⟩ einer Gattung der Anacardiengewächse angehörendes Holzgewächs mit gefiederten Blättern u. harzhaltigen Steinfrüchten: Rhus; *Provenzalischer~* Myrtenblättriger Gerberstrauch; *Sy* Schmack (3) [< arab. *summaq*]

Sum|ma ⟨f.; -, Sum|men⟩ **1** ⟨veraltet; Abk.: Sa.⟩ = Summe (1) **2** ⟨Scholastik⟩ zusammenfassende systemat. Darstellung von Theologie u. Philosophie [→ *Summe*]

summa cum lau|de mit höchstem Lob (höchste Auszeichnung bei akadem. Prüfungen) [lat.]

Sum|mand ⟨m.; -en, -en; Math.⟩ Zahl, die zu einer anderen hinzugezählt werden soll; *Sy* Addend [< lat. *summare* »hinzuzählen«; zu *summa* »Summe«]

sum|ma|risch ⟨Adj.⟩ **1** kurz zusammengefasst, kurz gefasst, bündig **2** oberflächlich; *ein Thema ~ behandeln*

Sum|ma|ri|um ⟨n.; -s, -ri|en od. -ria⟩ **1** kurze Inhaltsangabe **2** Inbegriff [< lat. *summarium* »Hauptinhalt« < *summa* »Summe, Gesamtzahl«]

Sum|mary ⟨[sʌmərı] n.; -s, -s⟩ Zusammenfassung, kurzer Abriss, Übersicht [engl.]

sum|ma sum|ma|rum ⟨geh.⟩ insgesamt, alles in allem [lat., »die Summe der Summen«]

Sum|ma|ti|on ⟨f.; -, -en; veraltet⟩ Bildung einer Summe, Aufrechnung [→ *summieren*]

sum|ma|tiv ⟨Adj.; veraltet⟩ durch Summation erfolgend, sie betreffend; *~ betrachtet*

Sum|me ⟨f.; -, -n⟩ **1** ⟨Math.⟩ Ergebnis einer Addition **2** bestimmter Betrag an Geld; *eine beträchtliche, große, hohe, kleine ~; die runde ~ von 500 Euro* **3** ⟨fig.⟩ Gesamtheit, das Ganze; *~ aller Erkenntnis, des Wissens* [< lat. *summa* »oberste (Zahl)«; Gesamtzahl; Summe« (in der Antike wurde von unten nach oben addiert)]

sum|mie|ren ⟨V.⟩ **1** eine Summe bilden von, zusammenzählen, vereinigen **2** *sich ~* anwachsen, sich häufen, immer mehr werden [< lat. *summare*; → *Summand*]

Sum|mist ⟨m.; -en, -en⟩ scholastischer Schriftsteller, der seine Schriften in Form der Summa (2) abfasste u. publizierte

Sum|mum Bo|num ⟨n.; - -; unz.⟩ höchstes Gut [lat.]

Sum|mus E|pis|co|pus *auch:* **Sum|mus E|pis|ko|pus** ⟨m.; - -; unz.⟩ **1** höchster Bischof (= Papst) **2** (bis 1918) der Landesherr als Oberhaupt seiner (evang.) Landeskirche [lat.]

Su|mo ⟨n.; - od. -s; unz.; Sport⟩ eine jap. Form des Ringkampfs [jap.]

Sun|blo|cker ⟨[sʌn-] m.; - od. -s, -; Kosmetik; umg.⟩ Sonnenschutzmittel; *wir cremten uns dick mit ~ ein* [engl., »Sonnenschutzcreme«]

Sun|na ⟨f.; -; unz.; Rel.⟩ Sammlung von Aussprüchen u. Vorschriften Mohammeds u. der ersten vier Kalifen als Richtschnur des orthodoxen islamischen Lebens [< arab. *sunnah*]

Sun|nit ⟨m.; -en, -en; Rel.⟩ Anhänger der orthodoxen Sunna, zu der über 90% der Muslime gehören; *Ggs* Schiit [→ *Sunna*]

Superlearning

sun|ni|tisch ⟨Adj.; Rel.⟩ die Sunna, die Sunniten betreffend, aus ihnen hervorgehend
Sun|spots ⟨[sʌnspɔts] Pl.; Wirtsch.⟩ Phänomene, die fälschlicherweise als einflussreich für die Wirtschaft betrachtet werden u. durch die auf sie reagierenden Teilnehmer des Wirtschaftsgeschehens zu Einflussgrößen werden [engl. »Sonnenflecken«]
sup..., Sup... ⟨in Zus. vor p⟩ = sub..., Sub...
su|per ⟨Adj.; undekl.; umg.⟩ großartig, hervorragend, bestens; *das ist ~; ein ~ Mittagessen; er hat es ~ gemacht* [lat., »oben, zuoberst, darüber«]
Su|per[1] ⟨m.; -s, -; kurz für⟩ Superheterodynempfänger [→ *super..., Super...*]
Su|per[2] ⟨n.; -; unz.; kurz für⟩ Superbenzin [→ *super..., Super...*]
su|per..., Super... ⟨in Zus.⟩ **1** ober..., Ober..., über..., Über... **2** ⟨umg.⟩ sehr, besonders, höchst; *~klug* [lat., »oben, auf, darüber (hinaus)«]
su|per|ar|bi|trie|ren auch: **su|per|ar|bit|rie|ren** ⟨V.; österr.⟩ eine endgültige Entscheidung treffen, für dienstuntauglich erklären
Su|per|ar|bi|tri|um auch: **Su|per|ar|bit|ri|um** ⟨n.; -s, -tri|en; österr.⟩ endgültige Entscheidung
Su|per|a|zi|di|tät ⟨f.; -, -n; Med.⟩ Absonderung von Magensaft mit übermäßig hohem Säuregehalt, z. B. bei Magengeschwüren
su|perb ⟨[sy-] Adj.⟩ vorzüglich, prächtig; *oV* süperb; *dieses Essen schmeckt ~* [<frz. *superbe* »stolz, prächtig« <lat. *superbus*]
sü|perb ⟨Adj.⟩ = superb
Su|per|ben|zin ⟨n.; -s, -e⟩ Benzin mit einer Oktanzahl von über 96; *Sy* Super (2); →*a.* Normalbenzin
Su|per|bowl ⟨[sjuː|pə(r)boʊl] m.; -s; unz.; Sport⟩ Endspiel um die nordamerikan. Meisterschaft der Berufsspieler im American Football [<*Super...* + engl. *bowl* »Schale«]
Su|per|chip ⟨[-tʃɪp] m.; -s, -s; EDV⟩ leistungsstarker Chip mit vielen Schaltelementen

Su|per|com|pu|ter ⟨[-pjuː-] m.; -s, -; EDV⟩ Computer, der dem höchsten Wissensstand entspricht u. mit der schnellsten Prozessorgeschwindigkeit arbeitet
Su|per|cup ⟨[sjuː|pə(r)cʌp] m.; -s, -s; Sport; Fußb.⟩ (seit 1972) zwischen den Europapokalgewinnern im Landesmeisterwettbewerb u. Pokalmeisterwettbewerb zur Ermittlung eines Gesamtsiegers ausgetragenen Spiele [<*Super...* + engl. *cup* »Pokal«]
Su|per|di|vi|den|de ⟨[-vi-] f.; -, -n; Wirtsch.⟩ neben der Dividende gewährte besondere Vergünstigung für Aktionäre
Su|per|fe|kun|da|ti|on ⟨f.; -, -en; Biol.⟩ Befruchtung der Eier eines weibl. Tieres durch verschiedene männl. Tiere (z. B. beim Hund) [<*Super...* + lat. *fecundatus* »Fruchtbarkeit«]
Su|per|fe|ta|ti|on ⟨f.; -, -en; Biol.⟩ Befruchtung von Eiern aus zwei aufeinander folgenden Zyklen, was zum Heranreifen von Embryonen unterschiedlichen Alters im Muttertier führt [<*Super...* + lat. *foetus* »Leibesfrucht«]
su|per|fi|zi|ell ⟨Adj.; Med.⟩ oberflächlich [<lat. *superficialis*; zu *superficies* »Oberfläche«]
Su|per|flu|i|di|tät ⟨f.; -; unz.; Physik⟩ bisher nur vom Helium her bekannte Erscheinung, bei Temperaturen nahe dem absoluten Nullpunkt ohne jede innere Reibung zu fließen u. damit keinerlei Viskosität mehr aufzuweisen; *Sy* Suprafluidität
Su|per|fö|ta|ti|on ⟨f.; -, -en; Med.⟩ = Superfetation
Su|per-G ⟨[-dʒi] m.; - od. -s, - od. -s; Sport⟩ Skirennen, eine Kombination aus Abfahrtslauf u. Riesenslalom
Su|per|het ⟨m.; -s, -s; kurz für⟩ Superheterodynempfänger
Su|per|he|te|ro|dyn|emp|fän|ger ⟨m.; -s, -; kurz: Super od. Superhet⟩ Rundfunkempfänger, bei dem im Gegensatz zum Geradeausempfänger die aufgenommenen hochfrequenten Wellen vor ihrer Umwandlung in Niederfrequenz von Wellen einer konstanten Frequenz

überlagert werden, Überlagerungsempfänger [<*Super* + grch. *heteros* »verschieden« + grch. *dynamis* »Kraft« + *Empfänger*]
Su|per|in|fek|ti|on ⟨f.; -, -en; Med.⟩ wiederholte Infektion mit den gleichen Krankheitserregern
Su|per|in|ten|dent ⟨m.; -en, -en; Theol.⟩ evang. Geistlicher, der einem Bezirk vorsteht; *Sy* Ephorus [<kirchenlat. *superintendens*, Part. Präs. zu *superintendere* »die Aufsicht haben«]
Su|per|in|ten|den|tur ⟨f.; -, -en; Theol.⟩ Amtszimmer des Superintendenten
Su|pe|ri|or ⟨m.; -(e)s, -o|ren; Theol.⟩ Vorsteher eines Klosters od. Ordens [lat., »höher«]
Su|pe|ri|o|ri|tät ⟨f.; -; unz.⟩ *Ggs* Inferiorität **1** Überlegenheit **2** Übergewicht [<lat. *superior* »höher«]
Su|per|kar|go ⟨m.; -s, -s; Wirtsch.⟩ vom Versender ermächtigter Kontrolleur einer Fracht im Hafen
su|per|krus|tal ⟨Adj.; Geol.⟩ über bzw. auf der Erdkruste gebildet od. befindlich; *Sy* suprakrustal; *Ggs* interkrustal, subkrustal [<*super...* + lat. *crusta* »Rinde«]
Su|per|la|tiv ⟨m.; -s, -e [-və]⟩ **1** ⟨Gramm.⟩ Stufe der Komparation, die angibt, dass eine Eigenschaft einer Sache in größtem Maße zukommt, zweite Steigerungsstufe, Meiststufe; →*a.* Elativ **2** ⟨allg.⟩ übertriebener Ausdruck, übermäßiges Lob; *in (lauter) ~en reden; eine Ware in ~en anpreisen* [<lat. *superlativus* »darüber hinausgetragen«, <*super* »oben, auf, (darüber) hinaus« + *latus*, Part. Perf. zu *ferre* »tragen«]
su|per|la|ti|visch ⟨[-vɪʃ] Adj.⟩ **1** ⟨Gramm.⟩ in Form eines Superlativs **2** übertrieben
Su|per|la|ti|vis|mus ⟨[-vɪs-] m.; -; unz.⟩ übertriebene Verwendung von Superlativen
Su|per|lear|ning ⟨[sjuː|pə(r)lœːnɪŋ] n.; -s; unz.⟩ Methode zur Aneignung von Fremdsprachen mit Hilfe von gezielten Entspannungsübungen, die die Aufnahmebereit-

Superleiter

schaft des Lernenden steigern; →a. Suggestopädie [<*Super*... + engl. *learn* »lernen«]
Su|per|lei|ter ⟨m.; -s, -; Physik⟩ = Supraleiter
Su|per|leit|fä|hig|keit ⟨f.; -; unz.; Physik⟩ = Supraleitfähigkeit
Su|per|markt ⟨m.; -(e)s, -märk|te⟩ großes Geschäft mit Selbstbedienung, umfangreichem Sortiment u. günstigen Preisen nach amerikan. Vorbild
Su|per|na|tu|ra|lis|mus ⟨m.; -; unz.; Philos.⟩ = Supranaturalismus
su|per|na|tu|ra|lis|tisch ⟨Adj.; Philos.⟩ = supranaturalistisch
Su|per|no|va ⟨[-va] f.; -, -vä [-vɛ:]; Astron.⟩ durch millionenfache Erhöhung der normalen Helligkeit gekennzeichnete Sternexplosion [<*Super*... + lat. *nova*, Fem. zu *novus* »neu«]
Su|per|oxid ⟨n.; -(e)s, -e; Chemie⟩ Sauerstoffverbindung eines Elements, die mehr Sauerstoffatome aufweist als das normalerweise auftretende Oxid; *oV* Superoxyd
Su|per|oxyd ⟨n.; -(e)s, -e; Chemie⟩ = Superoxid
Su|per|phos|phat ⟨n.; -(e)s; unz.; Chemie⟩ phosphathaltiges Düngemittel
Su|per|port ⟨n.; -(e)s, -e⟩ = Sopraporte
Su|per|po|si|ti|on ⟨f.; -, -en⟩ 1 ⟨Physik⟩ Überlagerung von Kräften od. von Wellen 2 Überlagerung von Strukturen auf zweidimensionalen Röntgenbildern [<*Super*... + *Position*]
Su|per|po|si|ti|ons|au|ge ⟨n.; -s, -n; Zool.⟩ Einzelauge des Facettenauges, bei dem im Falle geringerer Lichtintensität die Isolierung durch Pigmentwanderung aufgehoben wird
Su|per|re|vi|si|on ⟨[-vi-] f.; -, -en; Wirtsch.⟩ nochmalige Nachprüfung [<*Super*... + *Revision*]
su|per|so|nisch ⟨Adj.; Physik⟩ über der Schallgeschwindigkeit liegend; *Sy* transsonisch; *Ggs* subsonisch [<engl. *supersonic* <lat. *super* »darüber« + *sonus* »Ton, Schall«]
Su|per|star ⟨m.; -s, -s; umg.⟩ herausragender Star; *er ist der ~ dieser Hinrunde*
Su|per|sti|ti|on ⟨f.; -; unz.⟩ Aberglaube [<lat. *superstitio*]

Su|per|strat ⟨n.; -(e)s, -e; Sprachw.⟩ Sprache eines erobernden Volkes, das seine Sprache dem des eroberten angleicht; *Ggs* Substrat (3) [<lat. *superstratus*, Part. Perf. zu *persternere* »darüber legen«]
Su|per|vi|si|on ⟨[-vi-] od. engl. [sjupə(r)vɪʃn] f.; -, -en⟩ 1 ⟨unz.; bes. Wirtsch.⟩ Überwachung, Aufsicht, Leistungskontrolle 2 ⟨zählb.; Psych.⟩ psychotherapeutische Betreuung, Sitzung [engl.]
Su|per|vi|sor ⟨[sjupə(r)vaɪzə(r)] m.; -s, -⟩ 1 ⟨EDV⟩ den Ablauf eines Betriebssystems lenkendes Hauptsteuerprogramm 2 ⟨Wirtsch.⟩ jmd., der Leistungskontrollen durchführt, Aufsichtführender 3 jmd., der eine Supervision (2) leitet [engl., eigtl. »Aufseher«]
Su|per|vi|so|rin ⟨f.; -, -rin|nen⟩ 1 ⟨Wirtsch.⟩ weibl. Person, die Leistungskontrollen durchführt, Aufsichtführende 2 weibl. Person, die eine Supervision (2) leitet [→ *Supervisor*]
Su|pi|num ⟨n.; -s, -pi|na; Gramm.⟩ Verbalsubstantiv des Lateinischen, z. B. lectum »um zu lesen« [<lat. *supinus* »nach oben gekehrt«]
Sup|pe|da|ne|um ⟨n.; -s, -nea⟩ Stütze unter den Füßen des Gekreuzigten [<*Sub*... + lat. *pes.*, Gen. *pedis* »Fuß«]
Sup|per ⟨[sapə(r)] n.; -s, -; engl. Bez. für⟩ Abendessen, Nachtmahl
Sup|ple|ant ⟨m.; -en, -en; schweiz.⟩ 1 Stellvertreter 2 Ersatzmann (in Behörden) [<frz. *suppléant*; zu *suppléer* »ergänzen«]
Sup|ple|ment ⟨n.; -(e)s, -e⟩ Ergänzung, Nachtrag (zu einem Werk) [<frz. *supplément*; zu *suppléer* »ergänzen«]
sup|ple|men|tär ⟨Adj.⟩ ergänzend, nachträglich (hinzugefügt)
Sup|ple|ment|win|kel ⟨m.; -s, -; Math.⟩ Winkel, der einen anderen Winkel zu 180° ergänzt; →a. Komplementwinkel
sup|ple|tiv ⟨Adj.; Sprachw.⟩ ergänzend, stellvertretend; *~er Kasus* [zu lat. *suppletivus* »ergänzend«]

Sup|ple|tiv ⟨m.; -s, -e [-və]; Gramm.; kurz für⟩ Suppletivform
Sup|ple|tiv|form ⟨f.; -, -en; Gramm.⟩ den Suppletivismus komplettierende grammatische Form eines Wortes; *Sy* Suppletiv [→ *supplement*]
Sup|ple|ti|vis|mus ⟨[-vɪs-] m.; -; unz.; Sprachw.⟩ Ergänzung von Flexionsformen durch Stämme anderer etymologischer Herkunft, z.B: bin, ist, war [<lat. *suppletivus* »ergänzend«]
sup|plie|ren ⟨V.⟩ 1 ergänzen, hinzufügen 2 vertreten [<lat. *supplere* »ergänzen«]
Sup|pli|ka|ti|on ⟨f.; -, -en; veraltet⟩ Bittgesuch [<lat. *supplicium*; zu *supplicare* »anflehen«]
sup|pli|zie|ren ⟨V.; veraltet⟩ ein Bittgesuch einreichen, (flehentlich) um etwas bitten [<lat. *supplicare* »anflehen«]
sup|po|nie|ren ⟨V.⟩ voraussetzen, unterstellen [<lat. *supponere* »darunter legen«]
Sup|port ⟨m.; -(e)s, -e⟩ Vorrichtung zur festen Führung des Werkzeuges od. Werkstückes an Werkzeugmaschinen [zu lat. *supportare* »nachführen«]
Sup|po|si|ti|on ⟨f.; -, -en⟩ 1 Voraussetzung, Annahme 2 Unterstellung [→ *supponieren*]
Sup|po|si|to|ri|um ⟨n.; -s, -ri|en; Pharm.⟩ in den Darm einzuführendes, zäpfchenförmiges Heilmittel, Zäpfchen [→ *supponieren*]
Sup|po|si|tum ⟨n.; -s, -si|ta⟩ Voraussetzung, Annahme [→ *supponieren*]
Sup|pres|si|on ⟨f.; -, -en⟩ Unterdrückung, Zurückdrängung, Verheimlichung [<lat. *suppressio*; zu *supprimere* »unterdrücken«]
sup|pres|siv ⟨Adj.⟩ unterdrückend, zurückdrängend
Sup|pres|sor ⟨m.; -s, -so|ren; Biol.⟩ die Mutationswirkung eines anderen Gens (nicht des Allels) unterdrückendes Gen [→ *Suppression*]
sup|pri|mie|ren ⟨V.⟩ unterdrücken, zurückdrängen [→ *Suppression*]
Sup|pu|ra|ti|on ⟨f.; -, -en; Med.⟩ Eiterung [<*Sub*... + lat. *pus* »Eiter«]

sup|pu|ra|tiv ⟨Adj.; Med.⟩ eitrig, eiternd

◆ Die Buchstabenfolge **su|pr...** kann auch **sup|r...** getrennt werden.

◆ **su|pra..., Su|pra...** ⟨in Zus.⟩ ober..., Ober..., über..., Über... [<lat. *supra* »oben, oberhalb, über«]
◆ **Su|pra|flu|i|di|tät** ⟨f.; -; unz.; Physik⟩ = Superfluidität
◆ **su|pra|krus|tal** ⟨Adj.; Geol.⟩ = superkrustal
◆ **su|pra|lei|tend** ⟨Adj.; Physik⟩ die Eigenschaft der Supraleitfähigkeit besitzend
◆ **Su|pra|lei|ter** ⟨m.; -s, -; Physik⟩ Stoff, der die Eigenschaft der Supraleitfähigkeit besitzt od. unter bestimmten Bedingungen besitzen kann; *Sy* Superleiter
◆ **su|pra|na|ti|o|nal** ⟨Adj.⟩ überstaatlich
◆ **su|pra|na|tu|ral** ⟨Adj.; Philos.⟩ übernatürlich [<*supra*... + *natural*]
◆ **Su|pra|na|tu|ra|lis|mus** ⟨m.; -; unz.; Philos.⟩ eine Richtung des Denkens, die ein übernatürl. Sein annimmt; *Sy* Supernaturalismus
◆ **su|pra|na|tu|ra|lis|tisch** ⟨Adj.; Philos.⟩ auf dem Supranaturalismus beruhend, ihn betreffend; *oV* supernaturalistisch
◆ **Su|pra|port** ⟨n.; -(e)s, -e⟩ = Soparporte
◆ **Su|pra|por|te** ⟨f.; -, -n⟩ = Soparporte
◆ **su|pra|re|nal** ⟨Adj.; Med.⟩ die Nebenniere betreffend, oberhalb der Niere liegend [<*supra*... + *renal*]
◆ **Su|pra|re|nin®** ⟨n.; -s; unz.; Pharm.⟩ synthet. Adrenalin [<*supra* + lat. *ren* »Niere«]
◆ **Su|pra|strom** ⟨m.; -s; unz.; El.⟩ in einem Supraleiter fließender Strom
◆ **su|pra|va|gi|nal** ⟨[-va-] Adj.; Med.⟩ oberhalb der Scheide gelegen [<*supra*... + *vaginal*]
◆ **Su|pre|mat** ⟨m. od. n.; -(e)s, -e⟩ *Sy* Suprematie **1** Oberherrschaft (des Papstes) **2** Überordnung, Vorrang [<lat. *supremus* »oberster«; Superlativ zu *superus* »obere(r, s)«]

◆ **Su|pre|ma|tie** ⟨f.; -, -n⟩ = Supremat
◆ **Su|pre|mats|eid** ⟨m.; -(e)s, -e; 1534-1829⟩ Eid der engl. Beamten, den König auch als obersten geistlichen Herrn anzuerkennen

Sur|di|tas ⟨f.; -; unz.; Med.⟩ Taubheit [lat.]

Sur|do|mu|ti|tas ⟨f.; -; unz.; Med.⟩ Taubstummheit [<lat. *surditas* »Taubheit« + *mutitas* »Stummheit«]

Su|re ⟨f.; -, -n; Rel.⟩ Abschnitt des Korans [<arab. *surah* »Stufe, Grad«]

Surf|board ⟨[sœːfbɔːd] n.; -s, -s; Sport⟩ = Surfbrett

Surf|brett ⟨[sœːf-] n.; -(e)s, -er; Sport⟩ Brett zum Surfen; *Sy* Surfboard; →*a.* Windsurfer (2)

sur|fen ⟨[sœː-] V.⟩ **1** ⟨Sport⟩ Surfing betreiben, auf dem Surfbrett segeln; *er ist über den See gesurft* **2** ~ *im Internet* ~ im Internet ein Angebot nach dem anderen anwählen **3** *durch Fernsehprogramme* ~ alle möglichen Fernsehkanäle durchschalten **4** ⟨kurz für⟩ S-Bahn-Surfen [<engl. *surf*]

Sur|fer ⟨[sœː-] m.; -s, -; Sport⟩ jmd., der das Surfen betreibt; →*a.* Windsurfer

Sur|fing ⟨[sœː-] n.; - od. -s; unz.; Sport⟩ Wassersport, bei dem man sich, auf einem Brett kniend od. stehend, von einer Welle über die Brandung tragen lässt; *Sy* Surfriding [→ *surfen*]

Surf|ri|ding ⟨[sœːfraɪ-] n.; - od. -s; unz.; Sport⟩ = Surfing [<engl. *surf* »Brandung« + *riding* »das Reiten«]

Sur|pri|mo|no ⟨n.; -s, -s; seit Ende des 18. Jh.⟩ Glückwunschblatt zu Neujahr, das oft in luxuriösem Privatdruck für den Tausch im Freundeskreis u. in literarischen Zirkeln entstanden ist [jap.]

sur|jek|tiv ⟨Adj.; Math.⟩ Abbildung od. Funktion, die die Eigenschaft aufweist, dass jedes Element der Menge in, in die Funktionswerte liegen, auch ein zugeordneter Wert der Funktion ist [frz. <lat. *iactare* »werfen«]

Sur|plus ⟨[sœːpləs] n.; -, -; Kaufmannsspr.⟩ Überschuss, Gewinn [engl. <frz. *surplus*]

sur|re|al ⟨a. [zyr-] Adj.⟩ überwirklich, traumhaft [<frz. *sur* »über« + *real*]

Sur|re|a|lis|mus ⟨a. [zyr-] m.; -; unz.; seit Anfang des 20. Jh.⟩ Strömung in Kunst u. Literatur, die das Übernatürliche u. Traumhafte u. seine Verschmelzung mit der Wirklichkeit darzustellen sucht [<frz. *sur* »über« + *Realismus*]

Sur|re|a|list ⟨a. [zyr-] m.; -en, -en⟩ Anhänger, Vertreter des Surrealismus

sur|re|a|lis|tisch ⟨a. [zyr-] Adj.⟩ in der Art des Surrealismus

Sur|ro|gat ⟨n.; -(e)s, -e⟩ Ersatz (bes. wenn er nicht vollwertig ist), Behelf; →*a.* Substitut (3) [<lat. *surrogare* »nachwählen lassen, ersetzen«]

Sur|ro|ga|ti|on ⟨f.; -, -en; Rechtsw.⟩ Einsetzung od. Nachrücken eines neuen Berechtigten od. eines zum Vermögen gehörenden Gegenstandes an Stelle eines alten [→ *Surrogat*]

sur|sum cor|da ⟨geh.⟩ empor die Herzen! (Beginn der Präfation in der kath. Liturgie) [lat.]

Sur|tax ⟨[sœːtæks] f.; -, -es [-sɪz]⟩ = Surtaxe [engl.]

Sur|ta|xe ⟨[zyrtaks] f.; -, -n [-sən]; Wirtsch.⟩ bei Überschreitung einer bestimmten Einkommensgrenze in Frankreich, Großbritannien u. den USA zu entrichtende Zusatzsteuer; *oV* Surtax [<frz. *sur* »über« + *taxe* »Steuer(betrag)«]

Sur|veil|lance ⟨[syrvejãːs] f.; -; unz.; Wirtsch.⟩ Überwachung, Beobachtung [frz.]

Sur|vey ⟨[sœːveɪ] m.; - od. -s, -s; Wirtsch.⟩ **1** Untersuchung, Erhebung im Bereich der Markt- u. Meinungsforschung **2** Streitfragen auflösendes Sachverständigen-Gutachten im Warenhandel [engl., »Überblick«]

Sur|vey|or *auch:* **Sur|vey|or** ⟨[sœːveɪə(r)] m.; -s, -; Name für⟩ amerikan. unbemannte Mondsonde [<engl. *survey* »überblicken, prüfen, begutachten«]

Sur|vi|val ⟨[sœːvaɪvəl] n.; -s, -s⟩ **1** aus einer älteren Kulturschicht erhaltenes Kulturelement 2 ⟨kurz für⟩ Survivaltraining [engl., »Überbleibsel, Überleben«]

Sur|vi|val|kit ⟨[sœːva̱ɪvəl-] n. od. m.; -s, -s⟩ Ausrüstung, Werkzeugkasten für das Überleben in extremen Notsituationen [<engl. *survival* »Überleben« + *kit* »Ausrüstung, Werkzeugkasten«]

Sur|vi|val|trai|ning ⟨[sœːva̱ɪvəltreːnɪŋ] n.; - od. -s, -s⟩ Training zum Überleben in extremen Notsituationen; *Sy* Survival (2) [engl., »Überlebenstraining«]

Su|shi ⟨[zu̱ːʃi] n.; -s, -s; jap. Kochk.⟩ Gericht aus rohem Fisch (u. einer Reisbeilage)

Su|si|ne ⟨f.; -, -n; Bot.⟩ gelbe od. rote Pflaume [<ital. *susina* »Pflaume«]

su|spekt *auch:* **sus|pekt** ⟨Adj.⟩ verdächtig [<lat. *suspectus*; zu *suspicere* »emporblicken, argwöhnen«]

sus|pen|die|ren ⟨V.⟩ 1 bis auf weiteres des Amtes entheben 2 ⟨zeitweilig⟩ aufheben 3 aufschieben, in der Schwebe lassen 4 ⟨Med.⟩ schwebend aufhängen 5 ⟨Chemie⟩ *feste Teilchen ~* in einer Flüssigkeit fein verteilen, so dass sie schweben [<lat. *suspendere* »aufhängen, schweben lassen, unterbrechen«]

Sus|pen|si|on ⟨f.; -, -en⟩ 1 ⟨zeitweilige⟩ Entlassung aus einem Amt 2 ⟨Med.⟩ schwebende Aufhängung 3 ⟨Chemie⟩ Aufschwemmung feinster Teilchen in einer Flüssigkeit [→ *suspendieren*]

sus|pen|siv ⟨Adj.⟩ 1 ⟨bis auf weiteres⟩ aufhebend 2 aufschiebend [→ *suspendieren*]

Sus|pen|so|ri|um ⟨n.; -s, -ri|en; Med.⟩ beutelartiger, tragender Verband, z. B. Armschlinge

Sus|tain ⟨[səste̱ɪn] n.; -s, -s; Musik⟩ Zeit, in der mit dem Synthesizer ein Ton ohne Abweichung gehalten wird, Abklingeffektschaltung [engl., »Ton halten«]

sus|zep|ti|bel ⟨Adj.⟩ empfänglich, empfindlich, reizbar [<lat. *suscipere* »aufnehmen«]

Sus|zep|ti|bi|li|tät ⟨f.; -; unz.⟩ Empfänglichkeit, Empfindlichkeit, Reizbarkeit; *elektrische (magnetische) ~* ⟨El.⟩ das Verhältnis der Elektrisierung (Magnetisierung) zu elektr. (magnet.) Feldstärke [→ *suszeptibel*]

sus|zi|pie|ren ⟨V.; veraltet⟩ 1 an-, übernehmen 2 ⟨Bot.⟩ *einen Reiz ~* aufnehmen [<lat. *suscipere* »aufnehmen«]

Su|ta|ne ⟨f.; -, -n⟩ langer Rock der kath. Geistlichen; *oV* Soutane [<frz. *soutane* <ital. *sottana* »Untergewand«; zu ital. *sotto* »unter, unterhalb«]

Su|ta|nel|le ⟨f.; -, -n⟩ kurze Sutane der kath. Geistlichen; *oV* Soutanelle [<*Sutane* + ital. Verkleinerungssuffix (f.) *-ella*]

Su|tra *auch:* **Sut|ra** ⟨n.; -, -s⟩ kurzer, einprägsamer Lehrsatz der altind. Literatur [Sanskrit, eigtl. »Faden«]

Su|tur ⟨f.; -, -en; Anat.⟩ Naht, die Knochen, bes. die des Schädels, miteinander verbindet [<lat. *suere* »zusammennähen«]

Su|um cu|ique ⟨[-ku̱ɪː-] geh.⟩ jedem das Seine (Wahlspruch Friedrichs I. von Preußen u. des preuß. Schwarzen Adlerordens) [lat.]

su|ze|rän ⟨Adj.; Politik⟩ 1 den Suzerän betreffend 2 auf Suzeränität beruhend [<frz. *suzerain* <lat. *sursum* »in der Höhe«]

Su|ze|rän ⟨m.; -s, -e; Politik⟩ 1 Herrscher, bes. über einen halbsouveränen Staat, Oberherr 2 die Suzeränität ausübender Staat [→ *suzerän*]

Su|ze|rä|ni|tät ⟨f.; -; unz.; Politik⟩ 1 Herrschaft einer Person über einen halbsouveränen Staat, Oberherrschaft 2 Oberherrschaft eines Staates über einen halbsouveränen Staat [→ *suzerän*]

s. v. ⟨Abk. für⟩ sub voce

sve|glia|to *auch:* **sveg|lia|to** ⟨[sveljaːto] Musik⟩ kühn, frisch, frei (zu spielen) [ital.]

s. v. v. ⟨Abk. für⟩ sit venia verbo

Swa|mi ⟨m.; -s, -s; Rel.⟩ hinduist. Lehrer, Mönch (als Anrede) [<Hindi *svami* »Inhaber, Gebieter«]

Swamps ⟨[swɔmps] Pl.; Geogr.⟩ 1 durch Bewässerung gewonnenes Fruchtland 2 Zypressensümpfe (am Golf von Mexiko) [<engl. *swamp* »Sumpf«]

Swan|boy ⟨[swɔnbɔɪ] m.; -s; unz.; Textilw.⟩ ein Moltongewebe [<engl. *swan* »Schwan« + *boy* »Junge«]

Swap ⟨[swɔp] m.; -s, -s; Bankw.⟩ 1 Differenz zwischen Kassa- u. Terminkurs 2 Tauschhandel [engl., »Tausch«]

Swap|ge|schäft ⟨[swɔp-] n.; -(e)s, -e; Wirtsch.⟩ Prolongationsgeschäft in Devisen; → *a.* Devisenswap [<engl. *swap* »austauschen, tauschen«]

SWAPO ⟨f.; -; unz.; Abk. für engl.⟩ South West African People's Organization (Unabhängigkeitsbewegung in Namibia), seit 1990 Regierungspartei

swap|pen ⟨[swɔp-] V.⟩ 1 umwandeln, verschieben, (aus)tauschen (von Rechten, Pflichten u. Ä.); *die meisten Kommunen u. Bundesländer ~* 2 ⟨EDV⟩ *Daten ~* umwandeln, verschieben [<engl. *swap* »(aus)tauschen«]

Swap|per ⟨[swɔpə(r)] m.; -s, -; umg.⟩ jmd., der (für sexuelle Beziehungen) den Partner wechselt [zu engl. *swap* »tauschen«]

Swap|ping ⟨[swɔp-] n.; - od. -s; unz.⟩ 1 das Swappen 2 ⟨EDV⟩ Verfahren zur Speicherverwaltung, bei dem Dateien zw. Speicher u. Datenträger verschoben werden [engl.; zu *swap* »austauschen, auslegen«]

Swas|ti|ka ⟨f.; -, -ti|ken⟩ altind. Symbol der Sonne in Form eines Hakenkreuzes [<Sanskrit *svastika* <su »gut« + *asti* »seiend«]

Swatch® ⟨[swɔtʃ] f.; -, -s od. -es [-tʃɪz]⟩ modische schweizer. Armbanduhr [<engl. *swiss* »schweizerisch« + *watch* »Uhr«]

Swea|ter ⟨[swɛtə(r)] m.; -s, -⟩ sportl. Pullover aus Baumwolltrikot [zu engl. *sweat* »schwitzen«]

Sweat|shirt ⟨[swɛtʃœːt] n.; -s, -s⟩ Sportpullover aus Baumwolltrikot [<engl. *sweat* »schwitzen« + *shirt* »Hemd«]

Sweat|shop ⟨[swɛtʃɔp] m.; -s, -s; umg.; bes. Textilw.⟩ kleine Fabrik, in der Arbeiter für wenig Geld unter schlechten Bedingungen viel arbeiten müssen, Ausbeuterbetrieb [<engl. *sweat* »schwitzen« + *shop* »Geschäft«]

Sweep|stake ⟨[swiːpsteɪk] n.; -s, -s⟩ Verlosung, bei der die Gewinnnummern u. Gewinne vorher festgesetzt worden sind [engl.]

Sweet ⟨[swiːt] m.; -; unz.; Musik⟩ jazzähnliche Tanz- u. Unterhaltungsmusik [engl., eigtl. »süß«]

Sweet|heart ⟨[swiːthaː(r)t] n.; - od. -s, -s⟩ ⟨Liebste(r), Schatz, Liebling [engl.]

Swim|ming|pool ⟨[-puːl] m.; -s, -s⟩ Schwimmbecken (im Garten od. Haus) [<engl. *swim* »schwimmen« + *pool* »Teich, Becken«]

Swing ⟨m.; - od. -s; unz.⟩ **1** ⟨Musik⟩ ruhig schwingender Stil im Jazz; →a. Chicagojazz **2** Tanz in diesem Stil **3** ⟨Wirtsch.⟩ höchste Grenze des Kredits, die sich zwei Staaten bei bilateralen Handelsverträgen gegenseitig einräumen [engl., »Schwingen, Rhythmus«; zu *swing* »schwingen«]

Swing|bo ⟨n.; -s, -s; Sport⟩ **1** ⟨zählb.⟩ dem Skateboard ähnliches Gerät (auf zwei Kufen befestigtes Brett mit Schlaufen für die Füße) zum Skifahren **2** ⟨unz.⟩ mit diesem Gerät betriebener Sport [zu engl. *swing* »schwingen«]

Swing-by *auch:* **Swing|by** ⟨[swɪŋbaɪ] n.; -s, -s; Raumf.⟩ = Fly-by [<engl. *swing by*, umg. »(kurz) vorbeischauen«]

swin|gen ⟨V.⟩ Swing (2) tanzen

Swin|ger ⟨m.; -s, -⟩ **1** ⟨Mode⟩ schwingender, nach unten weit fallender, kurzer Mantel **2** ⟨umg.⟩ jmd., der Gruppensex betreibt [engl.]

Swing|fox ⟨m.; - od. -es, -e⟩ Tanz, der in Anlehnung an den Foxtrott entstanden ist [engl.]

Swin|ging ⟨n.; - od. -s; unz.⟩ Gruppensex [engl.]

swit|chen ⟨[svɪtʃən] V.; TV⟩ **1** umschalten, (hin u. her) wechseln **2** mit der Fernbedienung von einem Fernsehprogramm zum nächsten schalten; →a. zappen **3** ⟨Skating⟩ von einem Fuß auf den anderen wechseln **4** ⟨Wirtsch.⟩ ein Switchgeschäft abschließen [<engl. *switch*]

Swit|cher ⟨[svɪtʃə(r)] m.; -s, -; TV; umg.⟩ jmd., der beim Fernsehen ständig von Kanal zu Kanal schaltet; Sy Zapper [engl., »Umschalter«]

Switch|ge|schäft ⟨[svɪtʃ-] n.; -(e)s, -e; Wirtsch.⟩ Im- od. Exportgeschäft, das zum Zweck der Ausnutzung von Kursdifferenzen über ein drittes Land geleitet wird [→ *switch*]

sy...., Sy... ⟨in Zus. vor s⟩ = syn..., Syn...

Sy|ba|rit ⟨m.; -en, -en⟩ **1** Einwohner der Stadt Sybaris im Altertum **2** ⟨fig.; veraltet⟩ Schlemmer, Schwelger [die Sybariten waren für ihre aufwändige Lebensführung bekannt]

sy|ba|ri|tisch ⟨Adj.; fig.; veraltet⟩ schwelgerisch, genusssüchtig, verweichlicht

Sy|e|nit ⟨m.; -s, -e; Min.⟩ gut zu polierendes, granitähnliches Tiefengestein [nach *Syene*, dem grch. Namen der Stadt Assuan]

Sy|ko|mo|re ⟨f.; -, -n; Bot.⟩ Maulbeerfeige, ostafrikan. Feigenbaum, der wertvolles Holz liefert: Ficus sykomorus [<grch. *sykon* »Feige« + *moron* »Brombeere«]

Sy|ko|phant ⟨m.; -en, -en⟩ **1** ⟨im antiken Athen⟩ gewerbsmäßiger Ankläger **2** ⟨fig.; veraltet⟩ Verleumder, Verräter [<grch. *sykophantes*, eigtl. »Feigenanzeiger« (jmd., der Übertretungen des Verbots, Feigen aus Attika auszuführen, aufspürt u. vor Gericht bringt bzw. jmd., der die Anklägerei als Gewerbe betreibt) <*sykon* »Feige« + *phainein* »anzeigen«]

syl..., Syl... ⟨in Zus. vor l⟩ = syn..., Syn...

syl|la|bie|ren ⟨V.⟩ **1** in Einzelsilben aussprechen; *Wörter ~* **2** ⟨veraltet⟩ buchstabieren [→ *syllabisch*]

syl|la|bisch ⟨Adj.⟩ **1** ⟨Sprachw.⟩ silbenweise **2** ⟨Musik⟩ mit einer Silbe auf einer Note (gesungen); Ggs melismatisch [<lat. *syllaba* »Silbe«]

Syl|la|bus ⟨m.; -, -od. -la|bi⟩ 1864 durch Papst Pius IX. veröffentlichtes Verzeichnis aller abzulehnenden modernen theolog. Lehren [neulat. <lat. *sittybas* (»an die Schriftrolle angehängter) Pergamentstreifen, Buchtitel« <grch. *sittabe*]

Syl|lep|se ⟨f.; -, -n; Rhet.⟩ Beziehung eines Attributs od. Prädikats auf mehrere, in Person, Numerus od. Genus verschiedene Subjekte; oV Syllepsis (1) [<grch. *syllepsis* »das Zusammenfassen«]

Syl|lep|sis ⟨f.; -, -lep|sen; Rhet.⟩ **1** = Syllepse **2** spezielle Methode der Statistik

syl|lep|tisch ⟨Adj.⟩ in der Art einer Syllepse

Syl|lo|gis|mus ⟨m.; -, -gis|men; Philos.⟩ logischer Schluss vom Allgemeinen aufs Besondere [<grch. *syllogismos* »das Zusammenrechnen« <*syn...* + *logizesthai* »rechnen«]

Syl|lo|gis|tik ⟨f.; -; unz.; Philos.⟩ Lehre von den Syllogismen (u. ihrer Anwendung)

syl|lo|gis|tisch ⟨Adj.; Philos.⟩ in der Art des Syllogismus

Syl|phe ⟨m.; -n, -n od. f.; -, -n; in der Myth. des MA⟩ Luftgeist [nach Paracelsus]

Syl|phi|de ⟨f.; -, -n⟩ **1** weibl. Luftgeist **2** ⟨a. fig.⟩ anmutiges, schlankes Mädchen [→ *Sylphe*]

Syl|va|nit ⟨[-va-] m.; -s, -e; Min.⟩ stahlgraues bis silberweißes, metallisch glänzendes Mineral, chemisch ein Gold-Silber-Tellurid, wichtig zur Gewinnung von Gold u. Silber [nach *Transsylvanien*, dem lat. Namen für Siebenbürgen]

Syl|ves|ter ⟨[-vɛs-] n.; -s, -⟩ = Silvester

Syl|vin ⟨[-viːn] n.; -s, -e; Min.⟩ farbloses bis weißes od. rötliches Mineral, chemisch Kaliumchlorid, wichtiges Kalisalz [nach dem dt. Arzt Franz *Sylvius*, eigtl. de la Boë, 1614-1672]

Syl|vi|nit ⟨[-vi-] n.; -s, -e; Chemie⟩ Gemenge aus Sylvin u. anderen Kalium-Natrium-Salzen, wird als Düngemittel verwendet

sym..., Sym... ⟨in Zus. vor b, p, m⟩ = syn..., Syn...

Sym|bi|ont ⟨m.; -en, -en; Biol.⟩ Lebewesen, das mit einem anderen in Symbiose lebt [zu

symbiontisch

grch. *symbion* »zusammenlebend«

sym|bi|on|tisch ⟨Adj.; Biol.⟩ = symbiotisch

Sym|bi|o|se ⟨f.; -, -n; Biol.⟩ dauerndes Zusammenleben zweier Lebewesen (Tiere, Pflanzen od. Tier u. Pflanze) zum beiderseitigen Nutzen [<*Syn...* + *...biose*]

sym|bi|o|tisch ⟨Adj.; Biol.⟩ in Symbiose (lebend); *Sy* symbiontisch

Sym|bol ⟨n.; -s, -e⟩ **1** einen tieferen Sinn andeutendes Zeichen, Sinnbild **2** ⟨Chemie; Physik⟩ für ein chem. Element od. einen physikal. Begriff stehendes Zeichen **3** ⟨Semiotik⟩ ein Ding od. ein Bild als Zeichen, das für ein Ding, eine Vorstellung od. ein Gefühl usw. steht **4** ⟨bildende Kunst˜ Dichtung⟩ bildhaftes, visuell wirkungsvolles Zeichen für einen Begriff od. Vorgang, oft ohne erkennbaren Zusammenhang mit diesem; *Ggs* Allegorie; *die blaue Blume als ~ für die Romantik* [<grch. *symbolon* »Erkennungszeichen«; zu *symballein* »zusammenwerfen, -halten«]

Sym|bol|fi|gur ⟨f.; -, -en⟩ Figur, Person, die symbolisch für etwas steht; *Elvis Presley als ~ des Rock 'n' Roll*

Sym|bo|lik ⟨f.; -; unz.⟩ **1** Sprache, Ausdruckskraft, Bedeutung der Symbole **2** Anwendung von Symbolen **3** ⟨veraltet⟩ Lehre von den verschiedenen christl. Bekenntnissen u. ihren dogmat. Unterschieden

sym|bo|lisch ⟨Adj.⟩ in der Art eines Symbols, dadurch ausgedrückt

sym|bo|li|sie|ren ⟨V.⟩ durch ein Symbol darstellen

Sym|bo|li|sie|rung ⟨f.; -, -en⟩ symbolische Darstellung

Sym|bo|lis|mus ⟨m.; -; unz.; Lit.⟩ Strömung des 19. Jh., die ihre Aussagen durch symbol. Darstellung zu vermitteln suchte

Sym|bo|list ⟨m.; -en, -en; Lit.⟩ Anhänger, Vertreter des Symbolismus

sym|bo|lis|tisch ⟨Adj.; Lit.⟩ den Symbolismus betreffend, auf ihm beruhend, ihm entsprechend

Sym|me|trie *auch:* **Sym|me|trie** ⟨f.; -, -n⟩ spiegelbildliches Gleichmaß, Spiegelgleichheit [<grch. *symmetria* »Ebenmaß«; zu *symmetros* »gleichmäßig«]

Sym|me|trie|ach|se *auch:* **Sym|met|rie|ach|se** ⟨f.; -, -n⟩ gedachte Linie durch die Mitte eines Körpers, Drehachse

Sym|me|trie|ebe|ne *auch:* **Sym|met|rie|ebe|ne** ⟨f.; -, -n; Geom.⟩ Ebene, auf deren beiden Seiten sich spiegelbildlich gleiche Körper befinden

sym|me|trisch *auch:* **sym|met|risch** ⟨Adj.⟩ in Bezug auf eine Achse gleich, spiegelgleich [→ *Symmetrie*]

Sym|path|ek|to|mie *auch:* **Sym|pathek|to|mie** ⟨f.; -, -n; Med.⟩ chirurgische Entfernung des Sympathikus [<*Sympathicus* + *Ektomie*]

sym|pa|the|tisch ⟨Adj.⟩ **1** mitfühlend **2** geheimnisvoll wirkend; *~e Kur* Heilverfahren durch sympathetische Mittel (Besprechen, Gesundbeten usw.); *~e Tinte* unsichtbar schreibende Tinte, die erst nach besonderer Behandlung die Schriftzüge zeigt [→ *Sympathie*]

Sym|pa|thie ⟨f.; -, -n⟩ *Ggs* Antipathie **1** Zuneigung **2** gefühlsmäßige Übereinstimmung, Seelenverwandtschaft [<grch. *sympathein* »mitleiden, mitempfinden« <*syn* »zusammen« + *pathos* »Leiden«]

Sym|pa|thie|streik ⟨m.; -(e)s, -s⟩ Streik zur Unterstützung einer anderen (ebenfalls streikenden) Gruppe

Sym|pa|thi|ko|to|nie ⟨f.; -, -n; Med.⟩ erhöhte Erregbarkeit des Sympathikus [<*Sympathikus* + *...tonie*]

Sym|pa|thi|kus ⟨m.; -, -thi|zi; Anat.⟩ einer der Lebensnerven der Säugetiere u. des Menschen: Nervus sympathicus [→ *Sympathie*]

Sym|pa|thi|sant ⟨m.; -en, -en⟩ jmd., der mit etwas od. jmdm. sympathisiert

Sym|pa|thi|san|tin ⟨f.; -, -tin|nen⟩ weibl. Person, die mit etwas od. jmdm. sympathisiert

sym|pa|thisch ⟨Adj.⟩ **1** auf Sympathie beruhend, von angenehmem, liebenswertem Wesen; *Ggs* unsympathisch; *ein ~er Mensch; er ist mir nicht ~* **2** den Sympathikus betreffend, auf ihm beruhend, mit ihm verbunden

sym|pa|thi|sie|ren ⟨V.⟩ übereinstimmen, gleich gestimmt sein; *mit jmdm. od. etwas ~* Neigung haben, geneigt sein zu jmdm. od. etwas [→ *Sympathie*]

Sym|pe|ta|len ⟨Pl.⟩ Blütenpflanzen mit verwachsenen Kronblättern [<grch. *syn* »zusammen« + *petalon* »Blatt«]

Sym|pho|nie ⟨f.; -, -n; Musik⟩ = Sinfonie

Sym|pho|ni|ker ⟨m.; -s, -; Musik⟩ = Sinfoniker

Sym|pho|ni|ke|rin ⟨f.; -, -rin|nen; Musik⟩ = Sinfonikerin

sym|pho|nisch ⟨Adj.; Musik⟩ = sinfonisch

Sym|phy|se ⟨f.; -, -n⟩ Verwachsung von Knochen (bes. der Schambeine) [<*Syn...* »mit, zusammen« + *...physe* <grch. *phaein* »wachsen«]

sym|phy|tisch ⟨Adj.; Med.⟩ zusammengewachsen [→ *Symphyse*]

Sym|po|si|on ⟨n.; -s, -si|en⟩ = Symposium

Sym|po|si|um ⟨n.; -s, -si|en⟩ *oV* Symposion **1** altgrch. Trinkgelage **2** (dabei geführtes) wissenschaftl. Gespräch **3** wissenschaftl. Tagung [<grch. *symposion*; zu *sympinein* »zusammen trinken«]

◆ Die Buchstabenfolge **sympt...** kann auch **symp|t...** getrennt werden.

◆ **Symp|tom** ⟨n.; -s, -e; bes. Med.⟩ Zeichen, Kennzeichen, Merkmal (bes. einer Krankheit, Entwicklung); *das ~ für Scharlach, Röteln* [<grch. *symptoma* »Zufall, Eigenschaft«; zu *sympiptein* »zusammenfallen, -treffen«]

◆ **Symp|to|ma|tik** ⟨f.; -; unz.⟩ **1** Gesamtheit der Symptome **2** Art der Symptome

◆ **symp|to|ma|tisch** ⟨Adj.⟩ auf bestimmten Symptomen beruhend, kennzeichnend, typisch; *das ist ~ für unsere Zeit*

◆ **Symp|to|ma|to|lo|gie** ⟨f.; -; unz.⟩ Lehre von den Krankheitszei-

chen; *Sy* Semiotik (2), Semiologie [<*Symptom* + ...*logie*]
◆ **Sym|pto|men|kom|plex** ⟨m.; -es, -e; Med.⟩ mehrere, zu einem Krankheitsbild gehörende Symptome
syn..., Syn... ⟨vor b, p, m⟩ sym..., Sym... ⟨vor l⟩ syl..., Syl... ⟨vor s⟩ sy..., Sy... ⟨Vorsilbe⟩ mit..., zusammen..., Mit..., Zusammen... [grch.]
Syn|a|go|ge auch: **Sy|na|go|ge** ⟨f.; -, -n; Rel.⟩ Gotteshaus der Juden [grch., »Versammlung(sort)«; zu *synagein* »zusammenführen«]
Syn|al|gie auch: **Sy|nal|gie** ⟨f.; -, -n; Med.⟩ Empfinden von Schmerzen in nicht erkrankten Körpergliedern [<*Syn...* + ...*algie*]
Syn|al|la|ge ⟨[-ge:] f.; -, -la|gen; Rechtsw.⟩ gegenseitiger Vertrag [<grch. *synallage* »Verkehr, Vermittlung« <*syn* »zusammen« + *allos* »der andere«]
Syn|a|lö|phe auch: **Sy|na|lö|phe** ⟨f.; -, -n; antike Metrik⟩ Verschmelzung eines auslautenden Vokals mit dem anlautenden des folgenden Wortes [<grch. *synaloiphe* »das Zusammenschmelzen«]
syn|an|drisch auch: **sy|nan|drisch** ⟨Adj.; Bot.⟩ mit verwachsenen Staubblättern versehen (Blüten) [<*syn...* + neulat. *androecium* »Gesamtheit der Staubblätter einer Blüte«, <grch. *aner*, Gen. *andros* »Mann« + *oikos* »Haus«]
Syn|an|dri|um auch: **Sy|nan|dri|um** ⟨n.; -s, -dri|en; Bot.⟩ durch die Verwachsung von Staubgefäßen entstehender Pflanzenteil (z. B. bei Glockenblumen- od. Lobeliengewächsen) [<*Syn...* + neulat. *androecium* »Gesamtheit der Staubblätter einer Blüte«]
Syn|an|thro|pie auch: **Sy|nan|thro|pie** ⟨f.; -, -n⟩ Vergesellschaftung von Organismen mit dem Menschen (z. B. durch das unmittelbare Zusammenleben in Siedlungsgebieten) [<*Syn...* + grch. *anthropos* »Mensch«]
Syn|ap|se auch: **Sy|nap|se** ⟨f.; -, -n; Anat.⟩ Kontaktstelle der Neuronen [zu grch. *synapsis* »eng verbunden«]

Syn|ap|sis auch: **Sy|nap|sis** ⟨f.; -; unz.; Biol.⟩ während der ersten Phase der Reduktionsteilung sich vollziehende Paarung der sich entsprechenden Chromosomen [<*Syn...* + grch. *hapsis* »Verbindung, Führung, Rundung, Wölbung«]
Syn|ä|re|se auch: **Sy|nä|re|se** ⟨f.; -, -n⟩ Zusammenziehung der Vokale zweier Silben zu einem, z. B. »sehen« – »sehn« [<grch. *synairesis; zu *synairein* »zusammennehmen«]
Syn|ar|thro|se auch: **Sy|narth|ro|se** ⟨f.; -, -n; Med.⟩ unbewegliche Knochenverbindung; *Sy* Synostose
Syn|äs|the|sie auch: **Sy|näs|the|sie** ⟨f.; -, -n; Med.⟩ Verknüpfung verschiedener Empfindungen, Erregung eines Sinnesorgans, die sich einem anderen Sinnesorgan mitteilt [zu grch. *synaisthanesthai* »zugleich wahrnehmen«]
syn|äs|the|tisch auch: **sy|näs|the|tisch** ⟨Adj.⟩ auf Synästhesie beruhend
Syn|cho|ro|lo|gie ⟨[-ço-] od. [-ko-] f.; -; unz.; Biol.⟩ **1** Wissenschaft von der Verbreitung der Lebewesen auf der Erde **2** Bereich der Pflanzensoziologie, der die räumliche Verteilung von Pflanzengesellschaften beschreibt [<*Syn...* + grch. *chora* »Gegend, Boden« + ...*logie*]
syn|chron ⟨[-kro:n] Adj.⟩ gleichlaufend, gleichzeitig, zeitlich übereinstimmend; *Ggs* asynchron [<*syn...* + grch. *chronos* »Zeit«]
Syn|chro|nie ⟨[-kro-] f.; -; unz.; Sprachw.⟩ **1** Sprachzustand zu einem bestimmten Zeitpunkt **2** Beschreibung, Untersuchung eines Sprachzustands; →a. Diachronie [→ *synchron*]
Syn|chro|ni|sa|ti|on ⟨[-kro-] f.; -, -en⟩ **1** ⟨Technik⟩ Vorgang u. Ergebnis des Synchronisierens **2** ⟨Film⟩ das Abstimmen von Bild u. Ton im Tonfilm, insbes. das akustische Einkopieren eines anderssprachl. Textes od. einer fremden Gesangsstimme [→ *synchronisieren*]
syn|chro|nisch ⟨[-kro:-] Adj.; Sprachw.⟩ Vorgänge, Zustände

eines bestimmten Zeitabschnitts betreffend, zusammenstellend; *Sy* synchronistisch; ~e *Sprachforschung*; →a. diachronisch
syn|chro|ni|sie|ren ⟨[-kro-] V.⟩ **1** zwei Vorgänge, Abläufe in gleichen Takt bringen **2** ⟨Film⟩ **2.1** Bild u. Ton zeitlich zusammenbringen, in Übereinstimmung bringen **2.2** einen fremdsprachigen Film mit Ton in der Landessprache unterlegen, der auf die Mundbewegungen u. den Ausdruck der Schauspieler abgestimmt ist; *Sy* doubeln (2); *einen Film, ein Tonband* ~ **3** ⟨Technik⟩ *ein Getriebe* ~ die Drehzahlen des Getriebes genau aufeinander abstimmen [→ *synchron*]
Syn|chro|ni|sie|rung ⟨[-kro-] f.; -, -en⟩ das Synchronisieren
Syn|chro|nis|mus ⟨[-kro-] m.; -, -nis|men⟩ **1** Gleichlauf **2** zeitliche Übereinstimmung [→ *synchron*]
syn|chro|nis|tisch ⟨[-kro-] Adj.⟩ = synchronisch
Syn|chron|mo|tor ⟨[-kro:n-] m.; -s, -to|ren; Technik⟩ elektrische Maschine, bei der sich der Läufer (synchron) mit dem Drehfeld dreht; *Ggs* Asynchronmotor
Syn|chron|op|se auch: **Syn|chro|nop|se** ⟨[-kro:n-] f.; -, -n⟩ Überblick über eine historische Entwicklung, Gegenüberstellung von Ereignissen (in tabellarischer Form); *eine* ~ *der Ereignisse in Wissenschaft u. Gesellschaft; eine* ~ *der europäischen Malerei* [<*synchron* + grch. *opsis* »Sehen«]
Syn|chron|uhr ⟨[-kro:n-] f.; -, -en⟩ elektr. Uhr, deren Drehzahl von der Frequenz des Netzes (meist 50 Hz) abhängt
Syn|chro|tron auch: **Syn|chrot|ron** ⟨[-kro-] n.; -s, -e⟩ Gerät zur Beschleunigung von geladenen Elementarteilchen auf sehr große Geschwindigkeiten
Syn|dak|ty|lie ⟨f.; -, -n; Med.⟩ erbliche, angeborene Verwachsung an Fingern od. Zehen [<*Syn...* + grch. *daktylos* »Finger«]
Syn|des|mo|se ⟨f.; -, -n; Med.⟩ Knochenverbindung durch

Syndesmose

947

Syndet

Syn|det ⟨n.; -s, -e; Chemie⟩ synthetisches Tensid [<engl. *synthetic detergens*] Bindegewebe [<*Syn...* + grch. *desmos* »Band«]

Syn|de|ti|kon® ⟨n.; -s; unz.; Chemie⟩ dickflüssiger Klebstoff aus Essigsäure u. gelöster Gelatine [grch., »Bindendes«; zu *syndein* »zusammenbinden«]

syn|de|tisch ⟨Adj.; Sprachw.⟩ mit Hilfe einer Konjunktion; ~ *verbundene Wörter* [<grch. *syndetos* »zusammengebunden«]

Syn|di|ka|lis|mus ⟨m.; -; unz.; Politik⟩ sozialist. Arbeiterbewegung mit genossenschaftlich-gewerkschaftlicher Charakter [→ *Syndikus*]

Syn|di|ka|list ⟨m.; -en, -en; Politik⟩ Anhänger, Vertreter des Syndikalismus

syn|di|ka|lis|tisch ⟨Adj.; Politik⟩ auf Syndikalismus beruhend, von ihm ausgehend

Syn|di|kat ⟨n.; -(e)s, -e⟩ **1** Amt eines Syndikus **2** Form des Kartells mit gemeinsamen Preisbestimmungen u. eigener Verkaufsorganisation **3** in roman. Ländern verbandsartiger Zusammenschluss von Arbeitgebern u. -nehmern nach Branchen [→ *Syndikus*]

Syn|di|kus ⟨m.; -, -se od. -di|zi⟩ ständiger Rechtsbeistand von Unternehmen der Wirtschaft, Verbänden, Vereinen usw. [<grch. *syndikos* »gerichtl. Beistand« <*syn...* + *dike* »Recht«]

syn|di|zie|ren ⟨V.⟩ zu einem Syndikat zusammenschließen

syn|di|ziert ⟨V.⟩ in bzw. zu einem Syndikat zusammengeschlossen; *es handelt sich dabei um mehrere ~e Unternehmen*

Syn|drom ⟨n.; -s, -e⟩ Zusammentreffen einzelner, für sich allein uncharakteristischer Symptome zu einem kennzeichnenden Krankheitsbild [<grch. *syndrome* »Zusammenlauf«; zu *syndramein* »zusammenlaufen«]

Syn|e|chie auch: **Sy|ne|chie** ⟨[-eçi:] f.; -, -n; Med.⟩ Verklebung, Verwachsung der Regenbogenhaut des Auges mit der Linse (*hintere* ~) od. der Hornhaut (*vordere* ~) [<grch. *synecheia* »das Zusammenhalten«; zu *synechein* »zusammenhalten«]

Syn|e|dri|on auch: **Sy|ne|dri|on** ⟨n.; -s, -dri|en⟩ **1** altgrch. Ratsversammlung **2** = Synedrium

Syn|e|dri|um auch: **Sy|ne|dri|um** ⟨n.; -s, -dri|en; im alten Jerusalem⟩ oberstes Gericht; *Sy* Synedrion (2) [<grch. *synedrion* <*syn* »zusammen« + *hedra* »Sitz«]

Syn|ek|do|che auch: **Sy|nek|do|che** ⟨[-dɔxe:] f.; -, -n; Rhet.⟩ Stilmittel, bei dem etwas Allgemeines durch etwas Besonderes (Abstraktes durch Konkretes, die Gattung durch ein Einzelwesen) od. umgekehrt ersetzt wird, z. B. »der Römer« statt »alle Römer« od. »das Schwert« statt »die Waffen« [<grch. *synekdechesthai* »mit verstehen«]

syn|er|ge|tisch auch: **sy|ner|ge|tisch** ⟨Adj.⟩ zusammenwirkend [→ *Synergie*]

Syn|er|gie auch: **Sy|ner|gie** ⟨f.; -, -n⟩ das Zusammenwirken [<*Syn...* + grch. *ergon* »Werk«]

Syn|er|gie|ef|fekt auch: **Sy|ner|gie|ef|fekt** ⟨m.; -(e)s, -e⟩ die sich aus der Zusammenarbeit zweier Unternehmen ergebenden positiven Auswirkungen wie z. B. eventuelle Kostenersparnisse

Syn|er|gis|mus auch: **Sy|ner|gis|mus** ⟨m.; -; unz.⟩ **1** ⟨Rel.⟩ Lehre von der Mitwirkung des Menschen bei seiner Erlösung durch Gottes Gnade (bes. bei den Anhängern Melanchthons) **2** die gleich gerichtete u. damit sich gegenseitig verstärkende Wirkung zweier od. mehrerer Kräfte, Stoffe, Lebewesen

Syn|er|gist auch: **Sy|ner|gist** ⟨m.; -en, -en⟩ **1** ⟨Rel.⟩ Anhänger, Vertreter des Synergismus (1) **2** ⟨nur Pl.; Med.⟩ ~*en* Organe, die zusammenwirken, z. B. Muskeln **3** ⟨nur Pl.; Chemie⟩ ~*en* sich in ihrer Wirkung ergänzende od. steigernde Substanzen [→ *Synergie*]

syn|er|gis|tisch auch: **sy|ner|gis|tisch** ⟨Adj.⟩ auf Synergismus beruhend, zusammenwirkend

Syn|e|sis auch: **Sy|ne|sis** ⟨f.; -, -e|sen; Sprachw.⟩ grammatisch falsche Bezeichnung, die aber der Bedeutung entspricht, z.B »die kleine Gretchen« [grch., »Einsicht«]

Syn|i|ze|se auch: **Sy|ni|ze|se** ⟨f.; -, -n; antike Metrik⟩ = Kontraktion (2) [zu grch. *synizein* »zusammensitzen«]

syn|karp ⟨Adj.; Bot.⟩ durch Synkarpie entstanden

Syn|kar|pie ⟨f.; -, -n; Bot.⟩ Verwachsung der Fruchtblätter einer Blüte zu einem einzigen Fruchtknoten [<neulat. *syncarpium* <grch. *syn* »zusammen« + *karpos* »Frucht«]

Syn|ki|ne|se ⟨f.; -, -n; Med.⟩ Mitbewegung (von Muskeln)

syn|kli|nal ⟨Adj.; Geol.⟩ muldenförmig [<grch. *synklinein* »zusammenneigen«]

Syn|kli|na|le ⟨f.; -, -n; Geol.⟩ = Synkline

Syn|kli|ne ⟨f.; -, -n; Geol.⟩ Mulde, Senke; *oV* Synklinale [→ *synklinal*]

Syn|ko|pe ⟨f.; -, -n⟩ **1** ⟨[zynkɔpe:]⟩ **1.1** ⟨Gramm.⟩ Ausfall eines unbetonten Vokals im Innern des Wortes, z. B. »ew'ger« statt »ewiger« **1.2** ⟨Metrik⟩ Ausfall einer Senkung **2** ⟨[zynkoːpə] Musik⟩ Verlagerung des Akzentes von einem betonten auf einen unbetonten Teil des Taktes durch Zusammenziehung beider (gleicher) Noten zu einer (größeren) Zusammenschlagen«] [<grch. *synkoptein* »zusammenschlagen«]

syn|ko|pie|ren ⟨V.⟩ **1** durch Auslassen eines Lautes od. einer Senkung zusammenziehen; *Wörter* ~ **2** ⟨Musik⟩ den Akzent verlagern von; *synkopierter Rhythmus* [→ *Synkope*]

syn|ko|pisch ⟨Adj.⟩ in der Art einer Synkope

Syn|kre|tis|mus ⟨m.; -; unz.⟩ **1** ⟨Rel.⟩ Verschmelzung mehrerer Religionen, verschiedener Auffassungen, Standpunkte usw. **2** ⟨Sprachw.⟩ Zusammenfall von mehreren ursprünglich unterschiedlichen Formen; *Kasus*~ [<grch. *synkretizein* »verbinden«]

Syn|kre|tist ⟨m.; -en, -en⟩ Anhänger, Vertreter eines Synkretismus

syn|kre|tis|tisch ⟨Adj.⟩ in der Art eines Synkretismus, auf ihm beruhend

Syn|kri|se ⟨f.; -, -n; Philos.⟩ Vergleichung, Verbindung; *oV* Synkrisis; *Ggs* Diakrise, Dia-

krisis [<grch. *synkrisis;* zu *synkrinein* »verbinden, vergleichen«]
Syn|kri|sis ⟨f.; -, -kri|sen; Philos.⟩ = Synkrise
syn|kri|tisch ⟨Adj.⟩ vergleichend, verbindend, in der Art einer Synkrise

◆ Die Buchstabenfolge syn|o... kann auch sy|no... getrennt werden. Davon ausgenommen sind Zusammensetzungen, in denen die fremdsprachigen bzw. sprachhistorischen Bestandteile deutlich als solche erkennbar sind, z. B. *-ökologie.*

◆ **Syn|od** ⟨m.; -(e)s, -e; bis 1917 in Russland⟩ höchste kirchl. Behörde; *der Heilige ~* [→ *Synode*]
◆ **syn|o|dal** ⟨Adj.; Theol.⟩ in der Art einer Synode, auf ihr beruhend; *Sy* ⟨selten⟩ synodisch (2)
◆ **Syn|o|da|le** ⟨f. 2 (m. 1); Theol.⟩ Mitglied einer Synode
◆ **Syn|o|dal|ver|fas|sung** ⟨f.; -; unz.; Theol.⟩ Verfassung evang. Kirchen, nach der eine aus Theologen u. Laien bestehende Synode die Kirche leitet
◆ **Syn|o|de** ⟨f.; -, -n; Theol.⟩ **1** Kirchenversammlung, bes. die evangelische, als Trägerin der Gesetzgebung **2** ⟨kath. Kirche⟩ = Konzil **3** die Körperschaft der evang. kirchl. Selbstverwaltung [<grch. *synodos* »Zusammenkunft« <*syn* »zusammen« + *hodos* »Weg«]
◆ **syn|o|disch** ⟨Adj.⟩ **1** ⟨Astron.⟩ auf die Stellung zu Sonne u. Erde bezogen, auf ihr beruhend **2** ⟨selten⟩ = synodal [→ *Synode*]
Syn|öko|lo|gie ⟨f.; -; unz.; Ökol.⟩ Lehre von den Lebensgemeinschaften u. ihren Wechselbeziehungen zur Umwelt
◆ **syn|o|nym** ⟨Adj.; Sprachw.⟩ sinnverwandt, von gleicher Bedeutung; *~e Wörter* [<grch. *synonymos* »gleichnamig« <*syn* »zusammen« + *onoma, onyma* »Name«]
◆ **Syn|o|nym** ⟨n.; -s, -e; Sprachw.⟩ sinnverwandtes Wort, Wort von gleicher od. ähnl. Bedeutung [→ *synonym*]
◆ **Syn|o|ny|mie** ⟨f.; -; unz.; Sprachw.⟩ Sinnverwandtschaft von Wörtern [→ *synonym*]

◆ **Syn|o|ny|mik** ⟨f.; -; unz.; Sprachw.⟩ **1** Sinnverwandtschaft **2** Lehre von der Sinnverwandtschaft der Wörter **3** Sammlung von Synonymen [→ *synonym*]
◆ **syn|o|ny|misch** ⟨Adj.; Sprachw.⟩ die Synonymie betreffend, zu ihr gehörig
◆ **Syn|op|se** ⟨f.; -, -n⟩ *oV* Synopsis **1** Zusammenstellung der Berichte gleichen Inhalts aus den Evangelien von Markus, Matthäus u. Lukas **2** Zusammenstellung von Schriften od. Stellen über den gleichen Gegenstand [<grch. *synopsis* »Übersicht« <*syn* »zusammen« + *opsis* »das Sehen«]
◆ **Syn|op|sis** ⟨f.; -, -op|sen⟩ = Synopse
◆ **Syn|op|tik** ⟨f.; -; unz.; Meteor.⟩ Teilgebiet der Meteorologie, das sich mit der Beschreibung des aktuellen Wetters, dessen Analyse u. der sich daraus ergebenden Prognosen befasst [→ *Synopse, Synopsis*]
◆ **Syn|op|ti|ker** ⟨nur Pl.; Theol.⟩ die Evangelisten Matthäus, Markus u. Lukas [→ *Synopse*]
◆ **syn|op|tisch** ⟨Adj.⟩ in der Art einer Synopse, zusammenstellend, zusammenschauend, nebeneinander stellend
◆ **Syn|os|to|se** ⟨f.; -, -n; Med.⟩ = Synarthrose [<*Syn*... + grch. *ostoun* »Knochen«]
◆ **Syn|o|via** ⟨[-via] f.; -; unz.; Med.⟩ Gelenkschmiere [<*Syn*... + lat. *ovum* »Eistoff«]
◆ **Syn|özie** ⟨f.; -, -n; Biol.⟩ das Zusammenleben zweier verschiedenartiger Organismen, wobei nur einer von ihnen Nutzen davon hat [<*Syn*... + *oikos* »Haus«]
◆ **syn|özisch** ⟨Adj.⟩ auf Synözie beruhend
Syn|se|man|ti|kon ⟨n.; -s, -ti|ka; Sprachw.⟩ = Synsemantikum
Syn|se|man|ti|kum ⟨n.; -s, -ti|ka; Sprachw.⟩ erst in der Zusammenfügung mit anderen Wörtern Bedeutung gewinnendes Wort, z. B. eine Präposition; *oV* Synsemantikon; *Ggs* Autosemantikum [<*Syn*... + *Semantik*]
Syn|tag|ma ⟨n.; -s, -ma|ta od. -tag|men⟩ **1** ⟨veraltet⟩ Samm-

synthetisch

lung von Schriften verwandten Inhalts **2** ⟨Sprachw.⟩ syntaktisch gefügte Gruppe von Wörtern, wobei jedes einzelne Wort erst durch die Fügung seinen Wert bekommt [grch., »Zusammenstellung«]
syn|tag|ma|tisch ⟨Adj.⟩ in der Art eines Syntagmas, auf ihm beruhend
Syn|tak|tik ⟨f.; -; unz.; Sprachw.⟩ derjenige Aspekt der Semiotik, der die Beziehung zwischen den Zeichen, ihre Anreihung usw. betrifft; →*a.* Syntax (2)
syn|tak|tisch ⟨Adj.; Sprachw.⟩ die Syntax betreffend, auf ihr beruhend
Syn|tax ⟨f.; -; unz.; Sprachw.⟩ **1** Lehre vom Satzbau, Satzlehre **2** ⟨Semiotik⟩ = Syntaktik [<grch. *syntaxis* »Anordnung«]
Syn|tax|ana|ly|se ⟨f.; -, -n; Sprachw.⟩ = Parsing
Syn|the|se ⟨f.; -, -n⟩ *Ggs* Analyse **1** ⟨allg.⟩ Aufbau eines Ganzen aus seinen Teilen; *oV* Synthesis **2** ⟨Philos.⟩ *oV* Synthesis **2.1** Verbindung zweier gegensätzlicher Begriffe (These u. Antithese) zu einem höheren dritten **2.2** dieser höhere (dritte) Begriff selbst **3** ⟨Chemie⟩ Aufbau einer chem. Verbindung aus ihren Bestandteilen [<grch. *synthesis* »Zusammensetzung«; zu *syntithenai* »zusammensetzen«]
Syn|the|sis ⟨f.; -, -the|sen⟩ = Synthese (1, 2)
Syn|the|si|zer ⟨[-saɪzə(r)] m.; -s, -; Musik⟩ Gerät zur Erzeugung künstlicher Töne mittels elektronischer Schaltungen, ermöglicht völlig neue Wege der musikalischen Komposition [zu engl. *synthesize* »verbinden, verschmelzen«]
Syn|the|tics ⟨Pl.; Textilw.⟩ Gewebe, Textilien aus Kunstfasern [zu engl. *synthetic* »künstlich, synthetisch«]
Syn|the|tik ⟨f.; -; unz.⟩ ganzheitliche, nicht zergliedernde Betrachtungsweise von Problemen; *Ggs* Analytik (2)
syn|the|tisch ⟨Adj.⟩ *Ggs* analytisch **1** auf Synthese beruhend, mittels Synthese **2** ⟨Sprachw.⟩ ganzheitlich; *~e Sprachen* S., in denen die Flexion durch an den

949

synthetisieren

Wortstamm angefügte Silben ausgedrückt wird, z. B. lat. »legi« im Unterschied zu dt. »ich habe gelesen«, oder lat. »patris« im Unterschied zu dt. »des Vaters«; *Ggs* analytische Sprachen **3** ⟨Chemie⟩ aus einfachsten Stoffen chem. hergestellt, künstlich hergestellt **4** ⟨Philos.⟩ ~*es Urteil* U., in dem von einem Gegenstand etwas Neues ausgesagt wird, das nicht bereits in seinem Begriff enthalten ist

syn|the|ti|sie|ren ⟨V.; Chemie⟩ aus einfacheren Stoffen chemisch herstellen

Syn|tro|pie ⟨f.; -, -n⟩ **1** ⟨Med.⟩ Auftreten von zwei verschiedenen Krankheiten bei einem Kranken **2** Zustandsgröße der Thermodynamik, die den Grad von freier Energie angibt, die sich in einem physikalischen System befindet; →*a.* Entropie [<*Syn...* + ...*tropie*]

Syn|u|rie *auch:* **Sy|nu|rie** ⟨f.; -, -n; Med.⟩ Ausscheiden von Fremdstoffen mit dem Harn [<*Syn...* + ...*urie*]

Syn|zy|ti|um ⟨n.; -s, -ti|en; Biol.⟩ durch Verschmelzung vieler Zellen entstandenes, vielkerniges Plasma [<neulat. *syncytium* <grch. *syn* »zusammen« + *kytos* »Hohlgefäß«]

Sy|phi|lis ⟨f.; -; unz.; Med.⟩ aufgrund ihrer sehr spät auftretenden Folgen besonders gefährliche Geschlechtskrankheit; *Sy* Lues [nach dem Schäfer *Syphilus* in Fracastoros Gedicht »Syphilis sive Morbus Gallicus« (1530)]

Sy|phi|li|ti|ker ⟨m.; -s, -; Med.⟩ an Syphilis Erkrankter; *Sy* Luiker

sy|phi|li|tisch ⟨Adj.; Med.⟩ an Syphilis leidend, durch sie hervorgerufen; *Sy* luisch

Sy|rin|ge ⟨f.; -, -n; Bot.⟩ Flieder [<*Syrinx* (da aus den Zweigen Flöten geschnitten wurden)]

Sy|rin|gen ⟨Pl. von⟩ Syringe, Syrinx

Sy|rin|gi|tis ⟨f.; -, -ti|den; Med.⟩ Entzündung der Ohrtrompete [<grch. *syrinx* »Röhre« + ...*itis*]

Sy|rinx ⟨f.; -, Sy|rin|gen⟩ **1** ⟨Zool.⟩ die Stimme erzeugendes Organ der Vögel **2** ⟨Musik⟩ = Panflöte [grch., eigtl. »Röhre«]

Sy|ro|lo|gie ⟨f.; -; unz.⟩ Lehre von der Geschichte, Kultur u. den Sprachen Syriens [<*Syrien* + ...*logie*]

sys|tal|tisch ⟨Adj.; Med.⟩ sich zusammenziehend [→ *Systole*]

Sys|tem ⟨n.; -s, -e⟩ **1** ein in sich geschlossenes, geordnetes u. gegliedertes Ganzes **2** Gesamtheit, Gefüge von Teilen, die voneinander abhängig sind, ineinander greifen od. zusammenwirken, z. B. von Straßen, Flüssen, Lauten (einer Sprache); *das* ~ *einer Wissenschaft* **3** ⟨Physik⟩ Gesamtheit von Körpern, Feldern usw., die voneinander abhängig sind u. als Ganzes betrachtet werden **4** Ordnung; *etwas (Ungeordnetes) in* ~ *bringen* **5** Gesellschaftsordnung, Staatsform; *das herrschende* ~ *ablehnen, bekämpfen, unterstützen* **6** Einteilung von Tieren u. Pflanzen in übersichtliche Gruppen, die entwicklungsgeschichtlich verwandt sind **7** Methode, Prinzip; *in seinem Verhalten liegt* ~; *nach einem bestimmten* ~ *arbeiten, aussortieren, verhandeln, vorgehen* [<grch. *systema* »Gebilde«, <*syn* »zusammen« + *histanai* »stellen«]

Sys|tem|ad|mi|nis|tra|tor *auch:* **Sys|tem|ad|mi|nist|ra|tor** ⟨m.; -s, -en; EDV⟩ Netzwerktechniker, der als Systemverwalter in einem Computernetzwerk uneingeschränkte Zugriffsrechte hat u. für die Pflege u. Verwaltung des Netzwerkes zuständig ist

Sys|tem|ana|ly|se ⟨f.; -, -n; EDV⟩ **1** Zerlegung einer gestellten Aufgabe in zahlreiche Einzelschritte u. deren computergerechte Programmierung **2** Untersuchung der Eignungsmöglichkeiten eines Computers für die Lösung eines speziellen Problems

Sys|tem|ana|ly|ti|ker ⟨m.; -s, -; EDV⟩ jmd., der Systemanalysen durchführt

Sys|te|ma|tik ⟨f.; -, -en⟩ **1** Aufbau eines Systems **2** Kunst, ein System aufzubauen **3** Lehre vom System einer Wissenschaft

Sys|te|ma|ti|ker ⟨m.; -s, -⟩ jmd., der ein System beherrscht, der systematisch verfährt, arbeitet

sys|te|ma|tisch ⟨Adj.⟩ **1** auf einem System beruhend, in ein System gebracht **2** nach einem bestimmten System geordnet, gegliedert **3** sinnvoll, folgerichtig

sys|te|ma|ti|sie|ren ⟨V.⟩ in ein System bringen, nach einem System ordnen, aufbauen, gliedern

Sys|tem|for|schung ⟨f.; -; unz.⟩ (mathematisch exakte) Erforschung von Strukturen u. Funktionen komplexer Erscheinungen aus unterschiedl. Gebieten von Wissenschaft, Technik u. ihren Anwendungsbereichen

sys|tem|im|ma|nent ⟨Adj.⟩ zu einem System gehörend, sich innerhalb eines Systems bewegend, abspielend, in ein System eingebaut

sys|tem|kon|form ⟨Adj.; Politik⟩ mit einem polit. System in Übereinstimmung

Sys|tem|kri|ti|ker ⟨m.; -s, -; Politik⟩ Kritiker des polit. Systems des eigenen Staates; →*a.* Dissident, Regimekritiker

sys|tem|ori|en|tiert ⟨Adj.⟩ auf ein bestimmtes System ausgerichtet, auf einem bestimmten Bezugssystem basierend; *die weiteren Schritte wurden* ~ *festgelegt*

Sys|tem|soft|ware ⟨[-sɔftwɛːr]⟩ f.; -; unz.⟩ EDV⟩ speziell auf ein EDV-System u. dessen Aufgabenbereich zugeschnittene Software

Sys|to|le *auch:* **Sys|to|le** ⟨[systoːlə] od. [-stoːlə] f.; -, -n [-stoːlən]; Med.⟩ Zusammenziehung des Herzmuskels; *Ggs* Diastole (1) [grch., »Einschränkung«, zu *systellein* »zusammenziehen«]

sys|to|lisch *auch:* **sys|to|lisch** ⟨Adj.; Med.⟩ auf der Systole beruhend; *Ggs* diastolisch

Sy|zy|gie ⟨f.; -, -n; Astron.⟩ = Syzygium

Sy|zy|gi|um ⟨n.; -s, -gi|en; Astron.⟩ *oV* Syzygie **1** = Konjunktion (3) **2** = Opposition (3) [<*Syn...* + grch. *zeugnynai* »verbinden«]

tabellarisch

Sze|nar ⟨n.; -s, -e⟩ **1** = Szenarium **2** = Szenario [<ital. *scenario*]
Sze|na|rio ⟨n.; -s, -s⟩ *oV* Szenar (2) **1** Beschreibung einer möglichen Abfolge von Ereignissen, Zukunftsmodell, Plan dafür, wie etwas ablaufen soll **2** Landschaft, Schauplatz [<ital. *scenario*]
Sze|na|ri|um ⟨n.; -s, -ri|en⟩ *oV* Szenar (1) **1** ⟨Theat.⟩ Verzeichnis aller zu einer Aufführung notwendigen Requisiten, Dekorationen, über die techn. Vorgänge usw. **2** ⟨Film⟩ literarischer Teil eines Drehbuches; *oV* Scenario (2); [→ *Szene*]
Sze|ne ⟨f.; -, -n⟩ **1** Schauplatz, Bühne; *Applaus auf, bei offener ~; das spielt sich hinter der ~ ab* im Verborgenen, nicht öffentlich; *sie beherrscht stets die ~* ⟨fig., umg.⟩ sie steht immer im Mittelpunkt **2** Teileines Aktes, Auftritt, Bild; *eine ~ filmen, proben; erster Akt, dritte ~; ein Stück in ~ setzen* zur Aufführung vorbereiten, inszenieren; *etwas in ~ setzen* ⟨fig.; umg.⟩ effektvoll ablaufen lassen; *sich in ~ setzen* ⟨fig.; umg.⟩ sich zur Geltung bringen, Eindruck machen **3** Vorgang, Anblick; *unseren Blicken bot sich eine hübsche, herzzerreißende, rührende ~* **4** Bereich, innerhalb dessen sich etwas abspielt; *Sy* Scene; *Musik~; Drogen~* **5** ⟨fig.; umg.⟩ *jmdm. eine ~ machen* heftige, laute Vorwürfe machen [<frz. *scène* »Szene« <grch. *skene* »Schattenraum, Zelt; Zelt hinter der Bühne; Bühnengerüst«]
Sze|ne|rie ⟨f.; -, -n⟩ **1** ⟨Theat.⟩ Bühnendekoration **2** ⟨bes. Mal.⟩ landschaftlich. Hintergrund, Gegend
sze|nisch ⟨Adj.⟩ **1** zu einer Szene gehörig od. notwendig **2** in der Art einer Szene, als Szene dargestellt
Szep|ter ⟨n.; -s, -⟩ = Zepter
szi|en|ti|fisch ⟨[stsi̯en-] Adj.⟩ wissenschaftlich [<lat. *scientificus*; zu *scientia* »Wissen(schaft)«]
Szi|en|ti|fis|mus ⟨[stsi̯en-] m.; -; unz.⟩ = Szientismus (1)
Szi|en|tis|mus ⟨[stsi̯en-] m.; -; unz.⟩ **1** nur auf Wissen u. Wissenschaft, nicht auf Glauben gegründete Anschauungsweise; *Ggs* Fideismus (2) **2** Lehre der Christian Science [→ *szientifisch*]
Szi|en|tist ⟨[stsi̯en-] m.; -en, -en⟩ **1** Anhänger des Szientismus (1) **2** Anhänger der Christian Science
Szi|en|tis|tin ⟨[stsi̯en-] f.; -, -tin|nen⟩ **1** Anhängerin des Szientismus (1) **2** Anhängerin der Christian Science
szi|en|tis|tisch ⟨[stsi̯en-] Adj.⟩ auf dem Szientismus beruhend
Szil|la ⟨f.; -, Szil|len; Bot.⟩ einer Gattung der Liliengewächse angehörende kleine Pflanze mit blauen, sternförmigen Blüten, Blaustern: Scilla; *oV* Zille [<neulat. *scilla* <grch. *skilla*]
Szin|ti|graf ⟨f.; -en, -en; Med.⟩ = Szintigraph
Szin|ti|gramm ⟨n.; -s, -e; Med.⟩ durch die Einwirkung radioaktiver Strahlung auf eine fluoreszierende Schicht erzeugtes Bild zur Untersuchung von Körpergeweben [<lat. *scintillare* »Funken sprühen« + grch. *gramma* »Schriftzeichen«]
Szin|ti|graph ⟨m.; -en, -en; Med.⟩ Gerät zur Herstellung von Szintigrammen; *oV* Szintigraf [<lat. *scintillare* »Funken sprühen, flackern« + grch. *graphein* »schreiben«]
Szin|til|la|ti|on ⟨f.; -, -en; Physik; Technik⟩ **1** das Aufblitzen, Schwanken von Lichtern, z. B. das Funkeln der Sterne **2** das Aufblitzen mineralischer Stoffe beim Auftreffen radioaktiver Strahlen [zu lat. *scintillare* »Funken sprühen, flackern«]
szin|til|lie|ren ⟨V.⟩ aufleuchten, aufblitzen, flimmern, funkeln [<lat. *scintillare* »Funken sprühen, flackern«]
Szin|til|lo|me|ter ⟨n.; -s, -⟩ **1** ⟨Physik⟩ Gerät zur Suche uranhaltiger Lagerstätten, das ähnlich wie ein Geigerzähler arbeitet **2** Gerät zur Beobachtung u. Auswertung der Szintillation von Sternen
Szir|rhus ⟨m.; -; unz.; Med.⟩ harte Krebsgeschwulst (hauptsächlich bei weiblichen Brustdrüsen) [zu grch. *skirros* »hart«]

Szis|si|on ⟨f.; -, -en⟩ Spaltung, Trennung [zu lat. *scindere* »zerspalten«]
Szyl|la ⟨f.; -; unz.⟩ = Scylla
Szy|the ⟨m.; -n, -n⟩ = Skythe

t ⟨Zeichen für⟩ Zeit
T 1 ⟨chem. Zeichen für⟩ Tritium **2** ⟨Abk. für⟩ Tara **3** ⟨Zeichen für⟩ **3.1** Tesla **3.2** Temperatur, Zeit **3.3** Tera...
Ta 1 ⟨chem. Zeichen für⟩ Tantal **2** ⟨Abk. für⟩ Tara
Tab ⟨[ta:b] od. engl. [tæb] m.; -s, -s⟩ **1** ⟨Abk. für⟩ Tabulator **2** Vorrichtung an Schreibmaschinen **3** vorspringender Teil einer Karteikarte zur Kennzeichnung [engl.]
Ta|bak ⟨a. [-'-] m.; -s, -e⟩ **1** ⟨unz.⟩ einer Gattung der Nachtschattengewächse angehörendes nikotinhaltiges Kraut: Niciotiana; *~ bauen* **2** ⟨zählb.⟩ aus dem Tabak (1) hergestelltes Genussmittel; *oV* Toback, Tobak; *Zigaretten~; Pfeifen~; Kau~; ~ kauen, rauchen, schnupfen* [<frz. *tabac, tobaco* <span. *tabaco*, vermutl. <Taino]
Ta|bak|mo|sa|ik|krank|heit ⟨f.; -, -en; Bot.⟩ Viruskrankheit der Tabakpflanze, kenntlich an gelbgrünen Flecken auf den Blättern
Ta|bas|co® ⟨n.; -; unz.⟩ Chiligewürz [nach dem mexikan. Bundesstaat *Tabasco*]
Ta|bas|co|sauce ⟨[-so:sə] f.; -, -n⟩ besonders aus Chili hergestellte, scharfe Würzsauce [→ *Tabasco®*]
Ta|ba|tie|re ⟨[-tje:rə] f.; -, -n⟩ Tabaksdose, Schnupftabaksdose [<frz. *tabatière*]
ta|bel|la|risch ⟨Adj.⟩ in Form einer Tabelle, in Tabellen angeordnet

951

tabellarisieren

ta|bel|la|ri|sie|ren ⟨V.⟩ in Tabellen aufzeichnen, anordnen

Ta|bel|le ⟨f.; -, -n⟩ Übersicht von Zahlen, Begriffen o. Ä. in der Form von Spalten od. Listen; *Sy* ⟨österr.⟩ Tableau (3) [<lat. *tabella* »Täfelchen«]

ta|bel|lie|ren ⟨V.⟩ Daten, Werte od. Begriffe ~ in Form einer Tabelle darstellen; *tabellierte Werte der Untersuchung*

Ta|ber|na|kel ⟨n. od. m.; -s, -; kath. Kirche⟩ Schrein auf dem Altar zur Aufbewahrung der geweihten Hostie [<lat. *tabernaculum*, Verkleinerungsform zu *taberna* »Hütte«]

Ta|ber|ne ⟨f.; -, -n⟩ = Taverne

Ta|bes ⟨f.; -; unz.; Med.⟩ Auszehrung, Schwund; ~ *dorsalis* Rückenmarksschwindsucht [lat., »Fäulnis«]

Ta|bes|zenz ⟨f.; -; unz.; Med.⟩ Auszehrung [<lat. *tabescere* »sich auflösen, hinsiechen«]

Ta|be|ti|ker ⟨m.; -s, -; Med.⟩ = Tabiker

ta|be|tisch ⟨Adj.; Med.⟩ = tabisch

Ta|bi|ker ⟨m.; -s, -; Med.⟩ jmd., der an Tabes (dorsalis) leidet; *Sy* Tabetiker

ta|bisch ⟨Adj.; Med.⟩ an Tabes (dorsalis) leidend; *Sy* tabetisch

◆ Die Buchstabenfolge **ta|bl...** kann auch **tabl...** getrennt werden.

◆**Ta|blar** ⟨n.; -s, -e; schweiz.⟩ Brett in Regalen u. Gestellen [<lat. *tabularium* »Archiv«; zu *tabula* »Brett«]

◆**Ta|bleau** ⟨[-bloː] n.; -s, -s⟩ **1** ⟨Theat.⟩ wirkungsvoll gruppiertes Bild **2** ⟨El.⟩ Tafel, auf der Ergebnisse angezeigt werden **3** ⟨österr.⟩ = Tabelle [frz. <lat. *tabula* »Tafel«]

◆**Ta|ble|top** ⟨[tɛɪbltɔp] n.; -s, -s⟩ Arrangement diverser Objekte als Stillleben für Fotografien od. Trickfilmaufnahmen [engl., »Tischplatte«]

◆**Ta|blett** ⟨n.; -(e)s, -e⟩ kleines Brett mit erhöhtem Rand zum Auftragen von Geschirr, Speisen usw. [<frz. *tablette* »Täfelchen«, Verkleinerungsform zu *table* »Tisch«; → *Tableau*]

◆**Ta|blet|te** ⟨f.; -, -n⟩ in eine runde, flache Form gepresstes Arzneimittel [<frz. *tablette*; → *Tablett*]

◆**ta|blet|tie|ren** ⟨V.⟩ in die Form von Tabletten bringen

◆**Ta|ble|wa|ter** ⟨[tɛɪblwɔːtə(r)] n.; -s, -s; geh.⟩ Mineralwasser [engl., »Tafelwasser«]

◆**Ta|bloid** ⟨[tæblɔɪd] n.; -s, -s od. -e; umg.⟩ ⟨kleinformatige⟩ Boulevardzeitung, Publikationsorgan der Revolverpresse [engl., »Tablette; (umg.) Sensationsblatt«; zu ⟨Adj.⟩ *tabloid* »knapp, konzentriert«]

Ta|bo|rit ⟨m.; -en, -en⟩ Angehöriger einer radikalen Strömung innerhalb der Hussiten [nach der Stadt *Tabor* (südl. von Prag), die 1420 als Lager der Hussiten gegründet wurde; zu türk.-slaw. *tabor* »Heerhaufen, Heerlager«]

Tä|bris *auch*: **Tab|ris** ⟨m.; -, -⟩ nordpers. Knüpfteppich mit Medaillon und feinem, elegantem Muster aus Ranken, Zweigen u. Blumen in großer Fülle [nach der pers. Stadt *Täbris*]

ta|bu ⟨Adj.⟩ **1** unantastbar, heilig, geheiligt **2** verboten; *etwas für* ~ *erklären* [<polynes. (Tonga-Inseln)]

Ta|bu ⟨n.; -s, -s⟩ **1** ⟨bei Naturvölkern⟩ Vorschrift, gewisse Gegenstände, Personen, Tiere, Pflanzen, Handlungen usw. zu meiden; *ein* ~ *verletzen* **2** ⟨allg.⟩ herkömmliche, übernommene Vorschrift, etwas nicht zu tun od. über etwas nicht zu sprechen; *ein* ~ *überschreiten* [→ *tabu*]

ta|bu|ie|ren ⟨V.⟩ für tabu erklären; *oV* tabuisieren

Ta|bu|ie|rung ⟨f.; -, -en⟩ = Tabuisierung

ta|bu|i|sie|ren ⟨V.⟩ = tabuieren

Ta|bu|i|sie|rung ⟨f.; -, -en⟩ das Tabuisieren; *oV* Tabuierung

ta|bu|is|tisch ⟨Adj.⟩ das Tabu betreffend, wie ein solches beschaffen; *diese ~e Regel verbietet das Halten dieser Tiere*

Ta|bu|la gra|tu|la|to|ria ⟨f.; - -, -lae -ri|ae⟩ Liste der Gratulanten (bes. in Festschriften für Hochschullehrer) [lat.]

Ta|bu|la ra|sa ⟨f.; - -; unz.⟩ **1** ⟨urspr.⟩ Tafel, von der die Schrift entfernt wurde **2** ⟨Philos.⟩ Seele ohne jede Erfahrung **3** *mit etwas ~ machen* reinen Tisch machen, grundlegend Ordnung schaffen [lat.]

Ta|bu|la|tor ⟨m.; -s, -to|ren; Abk.: Tab⟩ Einstelltaste an Schreibmaschinen od. EDV-Anlagen, die ein sprunghaftes Weiterrücken des Wagens od. Cursors bewirkt [<lat. *tabula* »Brett, Tafel«]

Ta|bu|la|tur ⟨f.; -, -en⟩ **1** ⟨14.-16. Jh.⟩ Tafel mit den Regeln für den Meistergesang **2** ⟨14.-18. Jh.⟩ System von Notenschriften für Instrumentalmusik [<lat. *tabula* »Brett, Tafel«]

Ta|bu|rett ⟨n.; -(e)s, -e; veraltet⟩ niedriger Stuhl ohne Lehne [<frz. *tabouret*; Verkleinerungsform zu *ta(m)bour* <arab. *tanbur* »Trommel«]

Ta|bu|the|ma ⟨n.; -s, -the|men⟩ Thema, das mit einem Tabu (2) belegt ist, Gegenstand od. Sachverhalt, über den nicht gesprochen wird

tac. ⟨Musik; Abk. für lat.⟩ tacet

ta|cet ⟨Musik⟩ »es schweigt«, d. h. ein Instrument od. eine Stimme hat Pause [lat.]

Ta|che|les ⟨[-xə-] nur in der Fügung⟩ ~ *reden* zur Sache kommen, von geschäftlichen Dingen reden, offen miteinander reden [<jidd. *tachlis* »Endzwecke«]

ta|chi|nie|ren ⟨[-xi-] V.; österr.; umg.⟩ faulenzen

Ta|chi|nie|rer ⟨[-xi-] m.; -s, -; österr.; umg.⟩ Faulenzer, Drückeberger

Ta|chis|mus ⟨[-ʃɪs-] m.; -; unz.; Mal.⟩ Richtung der Malerei nach dem 2. Weltkrieg, die Bilder nicht bewusst, sondern durch spontan aufgetragene Farbflecken gestalten will; *oV* Taschismus [zu frz. *tache* »Fleck«]

Ta|chist ⟨[-ʃɪst] m.; -en, -en; Mal.⟩ Vertreter, Anhänger des Tachismus; *oV* Taschist

ta|chis|tisch ⟨[-ʃɪs-] Adj.; Mal.⟩ in der Art des Tachismus; *oV* taschistisch

Ta|cho ⟨m.; -s, -s; kurz für⟩ Tachometer

ta|cho..., Ta|cho... ⟨in Zus.⟩ geschwindigkeits..., Geschwindigkeits... [<grch. *tachos* »Geschwindigkeit«]

952

Ta|cho|graf ⟨m.; -en, -en⟩ = Tachograph

Ta|cho|graph ⟨m.; -en, -en⟩ Gerät zum Aufzeichnen von Geschwindigkeiten; *oV* Tachograf, Tachygraph (2) [<*Tacho...* + *...graph*]

Ta|cho|me|ter ⟨n.; -s, -⟩ Geschwindigkeitsmesser [<*Tacho...* + *...meter*]

ta|chy..., Ta|chy... ⟨in Zus.⟩ schnell..., Schnell... [<grch. *tachys* »schnell«]

Ta|chy|graf ⟨m.; -en, -en⟩ = Tachygraph

Ta|chy|gra|fie ⟨f.; -, -n⟩ = Tachygraphie

Ta|chy|graph ⟨m.; -en, -en⟩ *oV* Tachygraf **1** ⟨Antike⟩ Schreiber, der die Schnelloder Kurzschrift beherrschte **2** = Tachograph

Ta|chy|gra|phie ⟨f.; -, -n⟩ Schnell-, Kurzschrift (bes. im Altertum); *oV* Tachygrafie [→ *Tachygraph*]

Ta|chy|kar|die ⟨f.; -, -n; Med.⟩ übermäßige Steigerung der Herztätigkeit [<*Tachy...* + grch. *kardia* »Herz«]

Ta|chy|me|ter ⟨n.; -s, -⟩ Messgerät zum Festlegen von Punkten im Gelände nach Richtung, Entfernung u. Höhenunterschied mit nur einer Einstellung

Ta|chy|me|trie *auch:* **Ta|chy|met|rie** ⟨f.; -; unz.⟩ geodät. Messverfahren mit Hilfe des Tachymeters [<*Tachy...* + *...metrie*]

Ta|chy|o|nen ⟨Pl.; Physik⟩ theoretisch mögliche, aber noch nicht nachgewiesene Elementarteilchen, die sich stets mit Überlichtgeschwindigkeit bewegen [<*Tachy...* + *Ion*]

Ta|cker ⟨m.; -s, -⟩ kleines Gerät zum Befestigen von Heftklammern [zu engl. *tack* »anheften, befestigen«]

ta|ckern ⟨V.; umg.⟩ mit dem Tacker anheften, etwas anheften

Tack|ling ⟨[tæk-] n.; - od. -s, -s; Sport; Fußball.⟩ Versuch, dem Gegner den Ball zwischen den Füßen hindurch wegzutreten [engl., »Angreifen«]

Tacks ⟨[tæks] n.; -es, -e⟩ metallener od. hölzerner Stift für Schuhe zum Verbinden von Oberleder u. Brandsohle; *oV* Täcks [<engl. *tacks* (Pl.); zu *tack* »anheften«]

Täcks ⟨m.; -es, -e⟩ = Tacks

Tac|tus ⟨m.; -; unz.; Med.⟩ Tastsinn [<lat., »Berührung«]

Tae-Bo® ⟨n.; -; unz.; Sport⟩ Fitnessprogramm mit Musik, das auf den asiatischen Kampfsportarten Taekwondo u. Karate basiert

Tae|kwon|do *auch:* **Taek|won|do** ⟨[tɛ-] n.; -; unz.; Sport⟩ korean. Form der waffenlosen Selbstverteidigung [<jap.-korean. *tae* »springen, schlagen« + *kwon* »Faust« + *do* »Weg«]

Tael ⟨[tɛːl] n.; -s, -s od. -⟩ alte chines. Münze u. Gewichtseinheit [portug. *tahil* »Gewicht, Tael«; vermutl. <Hindi]

taff ⟨Adj.; eindeutschend für⟩ tough

Taft ⟨m.; -(e)s, -e⟩ steifer, glänzender Stoff aus reiner od. mit einem anderen Material gemischter Seide für Kleider u. als Futter [zu mlat. *taffeta* <pers. *taftah* »gewebt«]

taf|ten ⟨Adj.; selten⟩ aus Taft

Tag ⟨[tæg] m. od. n.; -s, -s; EDV⟩ strukturierendes Zeichen innerhalb eines Textes (um bestimmte Textteile zu kennzeichnen u. deren automatische Sortierung o. Ä. zu ermöglichen) [engl., eigtl. »Schild, Etikett«]

Ta|ge|tes ⟨f.; -; unz.; Bot.⟩ zu den Korbblütlern gehörende Zierpflanze [nach *Tages*, Gen. *Tagetis*, einem etrusk. Gott]

tag|gen ⟨[tægən] V.; EDV⟩ mit einem Tag versehen, eindeutig kennzeichnen [→ *Tag*]

Tag|ging ⟨[tægɪŋ] n.; - od. -s, -s; EDV⟩ das Taggen, Kennzeichnen

Ta|glia|tel|le *auch:* **Tag|lia|tel|le** ⟨[taljatɛlə] Pl.; Kochk.⟩ ital. Bandnudeln [ital.]

Tag|mem ⟨n.; -s, -e; Sprachw.⟩ in einer grammatikal. Struktur die kleinste bedeutungstragende Einheit; →*a*. Episem, Grammem [zu grch. *tagma* »Ordnung«]

Tag|me|mik ⟨f.; -; unz.; Sprachw.⟩ Richtung des amerikan. Strukturalismus, die die Sprache auf der phonologischen, lexikalischen u. syntaktischen Ebene in Einheiten einteilt, die jeweils durch eine Einheit der gleichen Form- bzw. Wortklasse ersetzt werden können [→ *Tagmem*]

Tai-Chi ⟨[-tʃiː] n.; - od. -s; unz.⟩ **1** ⟨Philos.⟩ der Urgrund des Seins, aus dem alles hervorgeht **2** ⟨Sport⟩ Übungen mit langsamem, ruhigem Bewegungsablauf, Schattenboxen [chines., »das höchste Prinzip, der große Balken«]

Tai|fun ⟨m.; -s, -e; Meteor.⟩ Wirbelsturm, bes. an den Küsten Südostasiens [<chines. *tai fung* »großer Wind«, beeinflusst von engl. *typhoon* »Wirbelsturm« <grch. *typhon*]

Tai|ga ⟨f.; -; unz.; Geogr.⟩ waldiges u. sumpfiges Gebiet, bes. in Sibirien [<russ. *tajga* <türk. *dag* »Gebirge«]

Tail|gate ⟨[teɪlgeɪt] m.; - od. -s; unz.; Musik⟩ Spielweise der Posaune im New-Orleans-Jazz [amerikan., eigtl. »Hecktür; schieben«]

Tail|le ⟨[taljə] f.; -, -n⟩ **1** schmalste Stelle des Rumpfes zwischen dem unteren Bogen der Rippen u. der Hüfte **2** ⟨Kart.⟩ das Aufdecken der Blätter für Gewinn od. Verlust **3** ⟨in Frankreich vom 15. Jh. bis zur Frz. Revolution⟩ Einkommens- u. Vermögenssteuer der nicht privilegierten Stände (Bürger, Bauern) [frz., »Einschnitt«; zu *tailler* »schneiden«]

Tail|leur[1] ⟨[tajøːr] m.; -s, -s⟩ **1** Schneider **2** Bankhalter (bei Glücksspielen) [frz.; zu *tailler* »schneidern«]

Tail|leur[2] ⟨[tajøːr] n.; -s, -s; schweiz.⟩ Schneiderkostüm [→ *Tailleur*[1]]

tail|lie|ren ⟨[tajiːrən] V.⟩ **1** in der Taille eng anliegend arbeiten (Anzug, Kostüm) **2** ⟨Kart.⟩ die Karten aufdecken [→ *Taille*]

tai|lor|ma|de ⟨[teɪlɔrmeɪd] Adj.⟩ vom Schneider gearbeitet [engl.]

Tai|pan[1] ⟨m.; -s, -s; Zool.⟩ bis zu 4 m lang werdende Giftnatter Australiens: Oxyuranus scutellatus [einheimischer Name in Australien]

Tai|pan[2] ⟨m.; -s, -e; Wirtsch.⟩ Geschäftsführer eines ausländischen Unternehmens in China [chines.]

Ta|ke ⟨[tɛɪk] n.; -s, -s; Film⟩ zur Schleife geklebtes Band eines Tonfilms mit einer kleinen Szene, das bei der Synchronisation immer wieder abläuft, bis die Übersetzung den Bewegungen der Lippen entspricht [engl., »Aufnahme; nehmen, aufnehmen«]

Take-a|way auch: **Take|a|way** ⟨[tɛɪkəwɛɪ] m. od. n.; -s, -s⟩ Sy Takeout (2) **1** in einem Restaurant od. Imbiss zubereitete Mahlzeit zum Mitnehmen; ~ macht das Kochen überflüssig **2** Restaurant od. Imbiss mit Straßenverkauf; eine Bar mit ~ [zu engl. take away »weg-, fortnehmen«]

Ta|ke|la|ge ⟨[-ʒə] f.; -, -n; bei Segelschiffen⟩ die gesamte Segeleinrichtung einschließlich Masten, Segelwerk; Sy Takelung, Takelwerk [zu mnddt. takel; verwandt mit Zacken]

Ta|ke|lung ⟨f.; -, -en⟩ = Takelage

Ta|kel|werk ⟨n.; -es; unz.⟩ = Takelage

Take-off auch: **Take|off** ⟨[tɛɪkɔf] m. od. n.; -s, -s⟩ Start (einer Rakete od. eines Flugzeuges) [engl., »abnehmen, von Bord bringen«]

Take-out ⟨[tɛɪkaʊt] n. od. m.; - od. -s, -s⟩ **1** ⟨Sport; Curling⟩ Treffen des gegnerischen Spielsteins, so dass er vom Mittelpunkt des Zielkreises entfernt wird **2** = Take-away [zu engl. take out »entfernen, wegnehmen«]

Take-o|ver auch: **Take|o|ver** ⟨[tɛɪkoʊvə(r)] m.; -s, -s; Wirtsch.⟩ Kauf eines Unternehmens durch ein anderes mit dem Ziel, dessen Leistungskomponenten in den eigenen Besitz zu bringen u. Kontrolle über dessen Ressourceneinsatz zu gewinnen [engl., »Übernahme, Ablösung«]

Takt ⟨m.; -(e)s, -e⟩ **1** ⟨Musik⟩ rhythm. Maßeinheit eines Musikstücks, am Anfang durch Bruchzahlen (³/₄, ⁴/₄, ⁶/₈), innerhalb des Stückes durch senkrechte Taktstriche gekennzeichnet; Sy Metrum (2), Misura; den ~ halten; den ~ schlagen; ich bin aus dem ~ gekommen; jmdn. aus dem ~ bringen ⟨a. fig.⟩ verwirren **2** der zwischen den Taktstrichen eingeschlossene kleinste Teil eines aufgezeichneten Musikstücks; ein paar ~e des Liedes **3** regelmäßiger Schlag, regelmäßige Bewegung; der ~ von Maschinen; gegen den ~ marschieren; im ~ marschieren, turnen **4** Abschnitt bei der Arbeit am Fließband **5** ⟨EDV⟩ Zeit zwischen zwei Steuerungs- od. Arbeitsschritten einer EDV-Anlage **6** ⟨unz.⟩ Gefühl für richtiges Verhalten, Einfühlungsvermögen u. entsprechende Handlungsweise; viel, wenig ~ haben; eine Angelegenheit mit ~ behandeln [<lat. tactus »Berührung«; zu tangere »berühren«]

tak|tie|ren[1] ⟨V.; Musik⟩ den Takt schlagen, durch Handbewegungen angeben [→ Takt]

tak|tie|ren[2] ⟨V.⟩ taktisch vorgehen, eine bestimmte Taktik verfolgen [→ Taktik]

Tak|tik ⟨f.; -, -en⟩ **1** ⟨Mil.⟩ Theorie u. Praxis des Einsatzes von Einheiten, Truppenteilen u. Verbänden in Gefechten **2** ⟨allg.⟩ geschicktes Vorgehen, planvolles Ausnützen der Gegebenheiten zur Erreichung eines bestimmten Zieles [<grch. taktike (techne) »Kunst der Anordnung«; zu tattein »aufstellen«]

Tak|ti|ker ⟨m.; -s, -⟩ jmd., der die Taktik beherrscht

tak|til ⟨Adj.⟩ den Tastsinn betreffend, darauf beruhend; ~er Typ = motorischer Typ [<lat. tactilis; zu tactus, Part. Perf. zu tangere »berühren«]

tak|tisch ⟨Adj.⟩ die Taktik betreffend, auf ihr beruhend, mit ihrer Hilfe geplant; →a. strategisch

Ta|kyr ⟨m.; -s, -e; Geogr.⟩ aus austrocknenden Seen u. Niederungen entstehende Art der Salztonebene in Turkmenistan

Ta|lar ⟨m.; -s, -e⟩ mantelartiges, weites, bis zu den Knöcheln reichendes schwarzes Gewand, Amtstracht von Geistlichen, Richtern usw. [<lat. talaris (ornatus) »bis zum Knöchel reichendes (Gewand)«; zu talus »Knöchel«]

Ta|lent ⟨n.; -(e)s, -e⟩ **1** antikes Gewicht (60 Minen = 36 kg) u. ihm entsprechende Geldeinheit (6000 Drachmen) **2** ⟨fig.⟩ angeborene Begabung, Fähigkeit, doch keine schöpferische wie beim Genie **3** talentvoller Mensch [<lat. talentum <grch. talaton, eigtl. »Waage, das Gewogene«, im NT (Matth. 25,15ff.) »anvertrautes Gut«]

ta|len|tiert ⟨Adj.⟩ Talent besitzend, talentvoll, begabt; ein ~er Musiker, Pianist

Ta|li|on ⟨f.; -, -en; in älteren Rechtsformen⟩ Vergeltung durch eine gleichartige, gleichwertige Handlung [<lat. talio »Wiedervergeltung«; Herkunft nicht geklärt]

Ta|lis|man ⟨m.; -s, -e⟩ kleiner, meist am Körper getragener, vermeintlich schützender od. Glück bringender Gegenstand [<ital. talismano <arab. tilasm, Pl. tilisman »Zauberbild«]

Tal|je ⟨f.; -, -n; Mar.⟩ Winde zum Straffen von Tauen, Takel [<lat. talea »abgeschnittenes Stück«]

tal|jen ⟨V.; Mar.⟩ aufwinden, straffen [→ Talje]

Talk[1] ⟨m.; -(e)s; unz.; Min.⟩ Speckstein, sehr weiches, blättriges od. schuppiges Mineral, das sich fettig anfühlt, Bestandteil von Schminken u. Pudern [<arab. tal(a)q]

Talk[2] ⟨[tɔːk] m.; -s, -s; umg.⟩ Gespräch, Plauderei (in einer Talkshow) [engl.]

tal|ken ⟨[tɔːkən] V.; umg.⟩ **1** in einer Talkshow über ein Thema diskutieren, reden **2** sich unterhalten, Konversation betreiben **3** ⟨abwertend⟩ oberflächlich über etwas reden, plappern [zu engl. talk »reden«]

Tal|ker ⟨[tɔːkə(r)] m.; - od. -s, -; TV; umg.⟩ = Talkmaster

Talk|mas|ter ⟨[tɔːkˌmɑːstər] m.; -s, -; TV⟩ Leiter einer Talkshow; Sy ⟨umg.⟩ Talker [<Talk[2] + engl. master »Leiter«]

Talk|show ⟨[tɔːkʃoʊ] f.; -, -s; TV⟩ Fernsehsendung, in der ein Moderator einen Gast od. mehrere Gäste gesprächsweise dem Publikum vorstellt [<engl. talk »Gespräch« + Show]

Tal|kum ⟨n.; -s; unz.⟩ fein gemahlener Talk, als Streumittel u.

zum Glätten von Oberflächen verwendet

Tallöl ⟨n.; -s, -e; Chemie⟩ bei der Herstellung von Zellstoff aus dem Holz von Kiefern entstehendes Nebenprodukt aus Harz- u. Fettsäuren, das u. a. zur Herstellung von Lacken verwendet wird [<schwed. *tallolja* »Fichtenöl«]

tal|mi ⟨Adj., österr.⟩ = talmin

Tal|mi ⟨n.; -s; unz.⟩ **1** goldfarbige Legierung aus Kupfer, Zink u. 1% Gold für Schmuck **2** ⟨fig.⟩ Unechtes, Wertloses [verkürzt <frz. *Tallois-demi-or* »Tallois-Halbgold«; nach dem Erfinder *Tallois*]

tal|min ⟨Adj.⟩ **1** aus Talmi bestehend **2** ⟨fig.⟩ unecht, wertlos

Tal|mud ⟨m.; -s; unz.; Rel.⟩ Aufzeichnung (6. Jh. v. Chr. bis 9. Jh. n. Chr.) der jüd. Lehren, Vorschriften, Überlieferungen [hebr., »Gelerntes, Lehre«]

tal|mu|disch ⟨Adj.; Rel.⟩ den Talmud betreffend, auf ihm beruhend

Tal|mu|dis|mus ⟨m.; -; unz.; Rel.⟩ Weltanschauung u. Lehre, die aus dem Talmud hervorgeht bzw. aus ihm gewonnen wird

Tal|mu|dist ⟨n.; -en, -en; Rel.⟩ Kenner des Talmuds

tal|mu|dis|tisch ⟨Adj.⟩ **1** ⟨Rel.⟩ den Talmudismus betreffend, aus ihm hervorgehend **2** ⟨abwertend⟩ engstirnig am genauen Wortlaut festhaltend

Tallon ⟨[-lɔ̃] m.; -s, -s⟩ **1** ⟨Kaufmannsspr.⟩ **1.1** Gutschein **1.2** Erneuerungsschein (bei Wertpapieren) **1.3** Zinsleiste **2** ⟨Kart.⟩ der nach dem Geben übrig bleibende Stoß von Karten **3** Rest der Dominosteine nach dem Geben **4** ⟨Musik⟩ Ende des Griffs eines Bogens bei Streichinstrumenten [frz., eigtl. »Stamm, Rest« <lat. *talus* »Ferse«]

Ta|ma|got|chi® ⟨[-ʃi] n.; -s, -s⟩ das Verhalten eines Babys simulierendes elektronisches Spielzeug in Form u. Größe eines Hühnereis, das bei unzureichender Versorgung per Tastatur sein digitales Leben beendet [<jap. *tamago* »Ei« + engl. *watch* + Verkleinerungssuffix *-i* »kleine Uhr«]

Ta|ma|ril|lo ⟨[-ri:jo] f.; -, -s; Bot.⟩ Baumtomate, aus Peru stammendes Nachtschattengewächs mit leicht bitter schmeckenden Beerenfrüchten: Cyphomandra betacea [span.]

Ta|ma|rin|de ⟨f.; -, -n; Bot.⟩ **1** in Indien heimischer Baum mit gefiederten, immergrünen Blättern: Tamarindus indica **2** Frucht des gleichnamigen Baumes, liefert das Tamarindenmus, ein leichtes Abführmittel [<arab. *tamr hindī* »indische Dattel«]

Ta|ma|ris|ke ⟨f.; -, -n; Bot.⟩ einer Gattung der Tamariskengewächse angehörender Strauch der Salzsteppen mit kleinen, nadel- od. schuppenförmigen Blättern: Tamarix [<lat. *tamariscus* <arab. *tamr* »Dattel«]

Tam|bour ⟨[-bu:r] m.; -s, -e od. ⟨schweiz.⟩ -bou|ren [-bu:rən]⟩ **1** Trommler **2** ⟨Arch.⟩ von Fenstern durchbrochener Sockel einer Kuppel [<mhd. *tambur* <afrz. *ta(m)bo(u)r* <arab. *tanbur* »Trommel«]

Tam|bour|ma|jor ⟨[-bu:r-] m.; -s, -e; Mil.; veraltet⟩ Anführer u. Ausbilder der Spielleute [<*Tambour* + *Major*]

Tam|bur ⟨m.; -s, -e⟩ **1** Stickrahmen **2** = Tambour **3** = Tanbur

tam|bu|rie|ren ⟨V.⟩ Kettenstiche im Rahmen sticken **2** für den Scheitel einer Perücke zwischen Tüll u. Gaze Haare einknüpfen

Tam|bu|rin ⟨a. [-riːn] n.; -s, -e⟩ **1** ⟨Musik⟩ **1.1** ⟨im Orient u. in Südeuropa (bes. Spanien)⟩ kleine, flache Handtrommel mit am Rand befestigten Schellen **1.2** kleines, flaches, trommelartiges, unten offenes Gerät zum Ballspiel u. zum Schlagen des Taktes bei der Gymnastik **2** Stickrahmen [<frz. *tambourin*, Verkleinerungsform zu *tambour* »Handtrommel« <afrz. *ta(m)bo(u)r*; → *Tambour*]

Tam|bu|riz|za ⟨f.; -, -s; Musik⟩ mandolinenähnliches Saiten- (Zupf-)Instrument der Südslawen [<serbokr. *tamburica* »kleine Mandoline« <*tambur* »Trommel« <ital. *tamburo* <arab. *tanbur*; → *Tambour*]

Ta|mil ⟨n.; -s od. -; unz.⟩ zu den drawid. Sprachen gehörende Sprache der Tamilen

Ta|mi|le ⟨m.; -n, -n⟩ Angehöriger eines drawid. Volksstammes in Südvorderindien u. Nordceylon

Tamp ⟨m.; -(e)s, -e; Mar.⟩ = Tampen

Tam|pen ⟨m.; -s, -; Mar.⟩ Tauende; *oV* Tamp [ndrl., »Tauende«]

Tam|pon ⟨a. [-pɔ̃:] od. [-poːn] m. od. n.; -s, -s⟩ **1** mit Gaze, Mull o. Ä. überzogener Bausch aus Watte od. Zellstoff zum Aufsaugen von Flüssigkeiten, zur Stillegung des Blutes usw. **2** Ballen zum Einschwärzen der Druckplatte [frz., »Pfropfen«]

Tam|po|na|de ⟨f.; -, -n; Med.⟩ das Ausstopfen von Hohlräumen des Körpers mit Tampons

Tam|po|na|ge ⟨[-ʒə] f.; -, -n; Technik⟩ z. B. durch Zementieren erzielte Abdichtung eines Bohrlochs, um das Eindringen von Gas od. Wasser zu vermeiden [→ *Tampon*]

tam|po|nie|ren ⟨V.; Med.⟩ mit Tampons ausstopfen

Tam|tam ⟨n.; -s, -s⟩ **1** ⟨a. ['--] zählb.; Musik⟩ ostasiat. Musikinstrument, mit Klöppel geschlagenes, flaches Metallbecken, Gong **2** ⟨unz.; umg.⟩ Lärm, Aufhebens, Aufwand, aufdringl. Reklame; *jmdn. mit großem ~ empfangen; viel ~ um etwas machen* [Hindi]

tan ⟨Musik; Abk. für⟩ Tangens

Ta|na|gra|fi|gu|ren *auch:* **Ta|na|gra|fi|gu|ren** ⟨Pl.⟩ in der altgrch. Stadt Tanagra gefundene, zierliche, bemalte tönerne Figuren aus dem 4.-3. Jh. v. Chr.

Tan|bur ⟨m.; -s, -e od. -es, -es; Musik⟩ arab.-pers. lautenartiges Zupfinstrument mit 3 od. 4 Saiten aus Stahl; *oV* Tambur (3) [→ *Tambour*]

Tan|dem ⟨n.; -s, -s⟩ **1** Fahrrad mit zwei Sitzen hintereinander **2** Wagen mit zwei hintereinander gespannten Pferden [lat., »schließlich, endlich; der Länge nach«]

Tan|dem|ma|schi|ne ⟨f.; -, -n; Technik⟩ Maschine mit zwei hintereinander geschalteten Antrieben

tang

tang ⟨Musik; Zeichen für⟩ Tangens

Tan|ga ⟨m.; -s, -s; Mode⟩ sehr knapp geschnittener Bikini [portug., »Lendenschurz«]

Tan|ga|re ⟨f.; -, -n; meist Pl.; Zool.⟩ in Mittel- u. Südamerika heimischer, bunter Singvogel, der den Finken ähnelt: Thraupidae [< portug. *tangara* < Tupi]

Tan|gens ⟨m.; -, -; Math.; Zeichen: tan, tang, tg⟩ eine Winkelfunktion, das Verhältnis von dem Winkel gegenüberliegender u. anliegender Kathete; *Ggs* Kotangens [lat., Part. Präs. zu *tangere* »berühren«]

Tan|gent ⟨m.; -en, -en⟩ = Tangente (2)

Tan|gen|te ⟨f.; -, -n⟩ **1** ⟨Math.⟩ Gerade, die eine Kurve in einem Punkt berührt **2** ⟨Musik⟩ Plättchen aus Messing am Ende einer Taste, das beim Klavichord die Saiten anschlägt u. sie so zum Klingen bringt; *oV* Tangent [< lat. *tangens*; → *Tangens*]

Tan|gen|ten|bus|so|le ⟨f.; -, -n; El.⟩ Strommesser, mit dem die Stromstärke durch Abweichung einer Magnetnadel von der Nord-Süd-Richtung gemessen wird

tan|gen|ti|al ⟨Adj.; Math.⟩ eine Kurve od. gekrümmte Fläche berührend [→ *Tangente*]

Tan|gen|ti|al|ebe|ne ⟨f.; -, -n; Math.⟩ Ebene, die einen Körper in einem Punkt berührt

Tan|ge|ri|ne ⟨f.; -, -n; Bot.⟩ Mandarine [nach der marokkan. Stadt *Tanger*]

tan|gie|ren ⟨V.⟩ **1** ⟨Math.⟩ eine Kurve od. gekrümmte Fläche berühren **2** ⟨fig.⟩ **2.1** berühren, beeindrucken **2.2** betreffen, angehen; *das tangiert mich überhaupt nicht* [< lat. *tangere* »berühren«]

Tan|go ⟨m.; -s, -s⟩ aus einem argentinischen Volkstanz hervorgegangener europäischer Gesellschaftstanz im langsamen $^2/_4$-Takt [span. (südamerikan.); vermutl. < kongoles.]

Tan|gram *auch:* **Tang|ram** ⟨n.; -s; unz.⟩ aus sieben Teilen (Dreiecke, Quadrate) bestehendes Puzzle, das in verschiedenen Formen zusammengelegt werden kann [chines.-engl.; Herkunft unsicher]

Tä|nie ⟨[-njə] f.; -, -n; Biol.; Med.⟩ Gattung der Bandwürmer mit zahlreichen in Darm von Säugetieren schmarotzenden Arten: Taenia

Tank ⟨m.; -(e)s, -s od. -e⟩ **1** großer Behälter für (bes. feuergefährliche) Flüssigkeiten **2** ⟨Mil.; veraltet⟩ Panzer [vermutl. zu Hindi *tankh* »Wasserbehälter« (1915 in England als Deckname für die ersten Panzer gebraucht)]

Tan|ka ⟨f.; -, -s; Metrik⟩ aus zusammen 31 Silben bestehende japanische Kurzgedichtform mit einer dreizeiligen u. einer zweizeiligen Strophe [jap.]

Tan|nat ⟨n.; -(e)s, -e; Chemie⟩ Salz einer Gerbsäure [→ *Tannin*]

tan|nie|ren ⟨V.; Chemie⟩ mit Tannin behandeln, beizen

Tan|nin ⟨n.; -s, -e; Chemie⟩ in den Galläpfeln verschiedener Eichen- u. Sumacharten vorkommende organische Verbindung, die zum Gerben u. Beizen sowie für Tinten, Arzneimittel u. Klebstoffe verwendet wird [< frz. *tanin* »Gerbstoff«]

Tan|rek ⟨m.; -s, -s; Zool.⟩ Borstenigel, Madagaskarigel, in Erdhöhlen der Bergwälder Madagaskars lebender Angehöriger einer Familie von Insektenfressern: Teurecidae [madagass.]

Tan|tal ⟨n.; -s; unz.; chem. Zeichen: Ta⟩ chem. Element, hartes, widerstandsfähiges Metall, Ordnungszahl 73, wird u. a. für die Herstellung von Chips u. Kondensatoren in Computern u. Handys sowie für die Produktion von Linsen für optische Geräte benötigt; → *a.* Coltan [nach *Tantalus*, der grch. Sagengestalt (wegen der Schwierigkeiten bei der Herstellung)]

Tan|ta|lus|qua|len ⟨Pl.⟩ nach der Gestalt aus der grch. Mythologie benannte Qualen, die man aussteht, wenn man etwas Ersehntes unmittelbar vor sich sieht u. doch nicht erreicht

Tan|tie|me ⟨a. [tã-] f.; -, -n⟩ **1** prozentuale Gewinnbeteiligung von Autoren u. Komponisten bei der Veröffentlichung od. Aufführung ihrer Werke **2** Anteil am Gewinn eines Unternehmens, der den Vorstandsmitgliedern einer Aktiengesellschaft u. dem Aufsichtsrat zukommt [< frz. *tantième* »der sovielte Teil« < lat. *tantus* »so groß«]

tan|to ⟨Musik⟩ sehr; *allegro ma non ∼* lebhaft, rasch, aber nicht (zu) sehr (zu spielen) [ital.]

Tan|tra *auch:* **Tạnt|ra** ⟨n.; -s; unz.; Rel.⟩ Schrifttum der ind. Religion [Sanskrit]

Tan|tri|ker *auch:* **Tant|ri|ker** ⟨m.; -s, -; Rel.⟩ Vertreter, Anhänger des Tantrismus

tan|tri|sch *auch:* **tant|risch** ⟨Adj.; Rel.⟩ zur Tantra gehörend, auf ihr beruhend

Tan|tris|mus *auch:* **Tant|ris|mus** ⟨m.; -; unz.; Rel.⟩ in Indien entstandene Heilslehre, die von der mystischen Verflechtung aller existierenden Dinge ausgeht u. die rituelle Handlung als günstigen Einfluss auf Wohlergehen u. Seelenwanderung betrachtet [→ *Tantra*]

Tao ⟨a. [taʊ] n.; -; unz.; chines. Rel.⟩ **1** der Urgrund des Seins **2** der in mystischer Versenkung zu beschreitende Weg dorthin [chines., »Weg«]

Tao|is|mus ⟨a. [taʊ-] m.; -; unz.; Rel.⟩ wahrscheinlich von dem altchines. Philosophen Laotse begründete Lehre vom Tao

Tao|ist ⟨a. [taʊ-] m.; -en, -en; Rel.⟩ Vertreter, Anhänger des Taoismus

tao|is|tisch ⟨a. [taʊ-] Adj.; Rel.⟩ zum Taoismus gehörend, auf ihm beruhend

Ta|pa ⟨f.; -, -s; Textilw.; in Polynesien⟩ aus Baumrinde gewonnener Stoff für Kleidung [polynes., »Rindenstoff«]

Ta|pas ⟨Pl.; span. Kochk.⟩ (bes. in Bars angebotene) pikante Vorspeisen, Appetithäppchen

Tape ⟨[teɪp] n.; -s, -s⟩ **1** Papierstreifen zum Aufzeichnen von Signalen, z. B. Morsezeichen **2** Tonband, Kassette [engl., »(Ton-, Magnet-)Band, Streifen«]

Tape|deck ⟨[teɪp-] n.; -s, -s⟩ = Kassettendeck

Ta|pei|no|sis ⟨f.; -; unz.; Rhet.; Stilistik⟩ einer Sache die Wichtigkeit nehmender, abschwächender Begriff [grch., »Abschwächung«]

ta|pen ⟨[teɪpən] V.; Med.⟩ einen Tapeverband anbringen [<engl. *tape* »zu-, zusammenkleben«]

Ta|pe|na|de ⟨f.; -, -n; frz. Kochk.⟩ eine Würzpaste aus schwarzen Oliven, Kapern, Sardellen, Olivenöl u. a. Zutaten [frz., <prov. *tapenado* <*tapeno* »Kaper«]

Ta|pet ⟨n.; -(e)s, -e⟩ Bespannung von Konferenztischen; *etwas aufs ~ bringen* ⟨fig.⟩ zur Sprache bringen [<frz. *tapis* <mlat. *tapetum* »Wandteppich«]

Ta|pe|te ⟨f.; -, -n⟩ Wandverkleidung aus Gewebe, Leder od. (meist) Papier, häufig künstlerisch gestaltet [<mlat. *tapeta; zu tapetum* »Wandteppich«]

Ta|pe|tum ⟨n.; -s; unz.⟩ **1** ⟨Bot.⟩ das Archespor umgebende Zellschicht, die der Ernährung der Pollenkörner dient **2** ⟨Zool.⟩ stark reflektierende Schicht hinter dem lichtempfindlichen Teil des Auges von Nachtraubtieren u. Fischen, die Lichtstrahlen auf die davor liegenden Sehzellen zurückwirft [<lat. *tapetum* »Wandteppich«]

Tape|verband ⟨[teɪp-] m.; -(e)s, -bän|de; Med.⟩ selbstklebender Druckverband, der kurativ u. vorbeugend zur Einschränkung der Bewegungsmöglichkeit z. B. von Gelenken angelegt wird [→ *tapen*]

Ta|pe|zier ⟨m.; -s, -e⟩ = Tapezierer

ta|pe|zie|ren ⟨V.⟩ mit Tapete bekleben, verkleiden [<ital. *tappezzare*, frz. *tapisser* »tapezieren«]

Ta|pe|zie|rer ⟨m.; -s, -⟩ Handwerker, der Zimmer tapeziert; *oV* Tapezier

Ta|pi|o|ka ⟨f.; -; unz.⟩ Stärke aus den Wurzeln des südamerikan. Manioks [portug., span. <Tupi *typyoca, tapioca, tipioca*]

Ta|pir ⟨m.; -s, -e; Zool.⟩ Angehöriger einer Familie von Pflanzenfressern, die den Schweinen ähneln: Tapiridae [<Tupi *tapira*]

Ta|pis|se|rie ⟨f.; -, -n⟩ **1** Werkstatt, in der Teppiche u. Tapeten gewirkt werden **2** Geschäft für Handarbeiten **3** gewirkte Tapete, Wandteppich **4** Kreuzstichstickerei auf gitterartigem Gewebe [<frz. *tapis* »Teppich«]

Ta|ra ⟨f.; -, Ta|ren; Abk.: T, Ta⟩ **1** Gewicht der Verpackung **2** Verpackung (einer Ware) [ital. <arab. *tarh* »Abzug«]

Ta|ran|tel ⟨f.; -, -n; Zool.⟩ in Südeuropa vorkommende Wolfsspinne, deren Biss entgegen dem Volksglauben für den Menschen harmlos ist: Lycosa tarantula; *wie von der ~ gestochen aufspringen, davonrennen* ⟨fig.⟩ wie besessen, plötzlich u. heftig [<frühnhd. *tarantula*, ital. *tarantola*; zu *Taranto*, dem ital. Namen von *Tarent*]

Ta|ran|tel|la ⟨f.; -, -tel|len od. -s; Musik⟩ süditalien. Volkstanz im 3/4- od. 6/8-Takt [<ital. *tarantola* »Tarantel« od. <*Taranto*; → *Tarantel*]

Ta|rar ⟨m.; -s, -e; Landw.⟩ Maschine zum Reinigen von Getreide, bei der durch ein Flügelrad Wind erzeugt wird, der Staub u. Stroh aus dem Korn bläst [<frz. *tarare* »Getreidereinigungsmaschine«]

Tar|busch ⟨m.; -(e)s, -e; arab. Bez. für⟩ Fes [<arab. *tarbuš* »Schweißkappe« <türk. *ter* »Schweiß« + pers. *puš* »bedecken«]

tar|dan|do ⟨Musik⟩ zögernd (zu spielen) [zu ital. *tardare* »zögern, verzögern«]

Tar|de|noi|si|en ⟨[-noazjɛ̃:] n.; -s; unz.; Geol.⟩ Kulturstufe der Mittelsteinzeit [nach dem Fundort *Fère-en-Tardenois* im frz. Dep. Aisne]

tar|div ⟨Adj.; Med.⟩ sich langsam entwickelnd, erst später eintretend (von Krankheiten) [<lat. *tardare* »verzögern, säumen«]

tar|do ⟨Adj.; Musik⟩ langsam, schwerfällig (zu spielen) [ital.]

Tar|get ⟨n.; -s, -s; Kernphysik⟩ Material, auf das ein Teilchen od. ein Gammastrahl gelenkt wird, um z. B. Kernreaktionen in ihm zu erzeugen [engl., »Zielscheibe«]

ta|rie|ren ⟨V.⟩ **1** durch Gegengewichte das Reingewicht einer Ware auf der Waage ausgleichen **2** Gewicht der Tara feststellen von [→ *Tara*]

Ta|rier|waa|ge ⟨f.; -, -n⟩ Feinwaage, deren Nullpunkt vor Beginn des Wiegevorgangs durch Hinzufügen oder Wegnehmen von Tarierschrot (kleine Metallkugeln od. -plättchen) genau eingestellt wird

Ta|rif ⟨m.; -(e)s, -e⟩ **1** vertraglich od. gesetzlich festgelegte Summe für Preise, Löhne, Gehälter, Steuern usw. **2** amtl. Verzeichnis von Preisen, Löhnen, Steuern usw.; *Steuer~; Fracht~; Zoll~* [<ital. *tariffa*, span., portug. *tarifa*, arab. *taʾrīf(a)*; zu *ʾarafa* »wissen«]

Ta|rif|au|to|no|mie ⟨f.; -; unz.⟩ **1** Berechtigung, in eigener Verantwortung Tarifverträge zu schließen **2** Berechtigung, Tarife im öffentl. Verkehr selbständig festzusetzen

Ta|ri|feur ⟨[-fø:r] m.; -s, -e⟩ jmd., der Tarife einschätzt, bestimmt

ta|ri|fie|ren ⟨V.⟩ **1** in einen Tarif aufnehmen **2** den Tarif einschätzen, bestimmen von

Ta|rif|kom|mis|si|on ⟨f.; -, -en⟩ Kommission aus Vertretern der Gewerkschaften u. der Arbeitgeber, die beim Abschluss von Tarifverträgen verhandelt

ta|rif|lich ⟨Adj.⟩ dem Tarif gemäß

Ta|rif|part|ner ⟨Pl.⟩ an einem Tarifvertrag beteiligte Vertreter von Arbeitgebern u. Arbeitnehmern

Ta|rif|po|li|tik ⟨f.; -; unz.⟩ das Verhandeln u. Regeln der Einkommens- u. Arbeitsbedingungen zwischen gewerkschaftlich organisierten Arbeitnehmern u. den Arbeitgebern bzw. den Arbeitgeberverbänden, bes. bezüglich der Tarifverträge

ta|rif|po|li|tisch ⟨Adj.⟩ die Tarifpolitik betreffend, auf ihr beruhend

Ta|rif|ver|trag ⟨m.; -(e)s, -trä|ge⟩ schriftl. Vereinbarung zwischen Gewerkschaft u. Arbeitgeber od. Arbeitgeberverband über die Arbeitsbedingungen zwischen Arbeitgeber u. -nehmer bezüglich des Tarifs

Tar|la|tan ⟨m.; -s, -e; Textilw.⟩ steifes, durchsichtiges Gewebe

aus Baumwolle [<frz. *tarlatane*]
Ta|ro ⟨m.; -s, -s; Bot.⟩ Wasserbrotwurzel, Wurzelstock eines trop. Aronstabgewächses (Colocasia), der als Nahrungsmittel (Kartoffelersatz u. Mehl) dient [<polynes.]
Ta|rock ⟨n. od. m.; -s, -s; Kart.⟩ Kartenspiel für drei Spieler mit bes. Karten; →*a.* Tarot [<ital. *tarocco* <arab. *taraha*]
ta|ro|ckie|ren ⟨V.; Kart.⟩ **1** Tarock spielen **2** Trumpf ausspielen (im Tarock)
Ta|ro|gató ⟨[ta:rogɔto:] n.; -s, -s; Musik⟩ ungarisches Holzblasinstrument mit konischem Korpus [ungar.]
Ta|rot ⟨[-ro:] n. od. m.; -s, -s⟩ zu spekulativen Aussagen über die Zukunft verwendetes Kartenspiel; →*a.* Tarock [frz.]
Tar|pan ⟨m.; -s, -e; Zool.⟩ ausgestorbenes europ. Wildpferd [russ., <kirgis. *tarpan*]
Tar|pon ⟨m.; -s, -s; Zool.⟩ Gattung großer, zu den Heringen gehörender Fische: Megalops [Herkunft unbekannt]
Tar|ra|go|na ⟨m.; -s, -s⟩ ein spanischer Süßwein [nach der gleichnamigen nordostspan. Stadt]
tar|sal ⟨Adj.; Med.⟩ **1** zur Fußwurzel gehörend **2** zum Lidknorpel gehörend [→ *Tarsus*]
Tars|al|gie *auch:* **Tar|sal|gie** ⟨f.; -n; Med.⟩ Schmerz, der durch Plattfußbildung verursacht wird
Tar|si|tis ⟨f.; -, -ti|den; Med.⟩ Entzündung der Lidknorpels [<grch. *tarsos* »Fußblatt, Sohle, breite Fläche« + ...*itis*]
Tar|sus ⟨m.; -, Tar|sen⟩ **1** ⟨Zool.⟩ als Fuß dienendes Glied von Gliederfüßern **2** ⟨Anat.⟩ **2.1** Fußwurzel (der hinteren Gliedmaßen der vierfüßigen Wirbeltiere u. der Beine des Menschen) **2.2** im oberen Lid eingelassene Platte aus Fasern [<grch. *tarsos* »Fußblatt, Sohle, breite Fläche«]
Tar|tan ⟨a. [ta:rtən] m.; - od. -s, -s⟩ **1** = Plaid (2) **2** ⟨Textilw.⟩ bunt karierter Stoff, bunt kariertes Muster **3** bes. elastischer Belag für Laufbahnen [engl.-schott.]

Tar|ta|ne ⟨f.; -, -n; Mar.⟩ einmastiges Fischerboot im Mittelmeer [<ital. *tartana* »kleines Schiff« <arab.]
Tar|ta|ros ⟨m.; -; unz.; grch. Myth.⟩ Abgrund der Unterwelt, in den Zeus seine Feinde stürzte [grch.]
Tar|ta|rus[1] ⟨m.; -; unz.; lat. Form von⟩ Tartaros [→ *Tartaros*]
Tar|ta|rus[2] ⟨m.; -; unz.⟩ Weinstein [lat.]
Tar|trat *auch:* **Tart|rat** ⟨n.; -(e)s, -e; Chemie⟩ Salz der Weinsäure [→ *Tartarus*[2]]
Tar|tüff ⟨m.;-s, -e⟩ Heuchler, Scheinheiliger [nach der Komödienfigur *Tartuffe* von Molière]
Ta|schis|mus ⟨m.; -; unz.; Mal.⟩ = Tachismus
Ta|schist ⟨m.; -en, -en; Mal.⟩ = Tachist
ta|schis|tisch ⟨Adj.; Mal.⟩ = tachistisch
Task[1] ⟨m.; -s, -s; EDV⟩ selbständige, abgeschlossene Anwendung od. ein Unterprogramm als Teil eines Programms; *die ~leiste auf dem Computerbildschirm* [engl., »Aufgabe«]
Task[2] ⟨f.; -; allg.; umg.⟩ zu bewältigende Arbeit, zur Erledigung anstehende Aufgabe [engl., »Aufgabe«]
Task|force ⟨[-fɔːs] f.; -, -s [-sɪz]⟩ Gruppe, die für einen begrenzten Zeitraum zur Bewältigung einer bestimmten Aufgabe zusammengestellt wird; ~ *für die Einführung des Euros* [engl.], »Sondereinheit, Spezialeinheit«]
TASS ⟨f.; -; unz.; Abk. für russ.⟩ Telegrafnoje Agenstwo Sowjetskowo Sojusa (Nachrichtenagentur der früheren UdSSR, seit 1992 ITAR-TASS)
Tas|ta|tur ⟨f.; -, -en⟩ die Gesamtheit der Tasten
Tas|te ⟨f.; -, -n⟩ mit dem Finger herabzudrückender Hebel, z. B. am Klavier, an der Schreibmaschine [<ital. *tasto* »Taste«]
Tas|ter ⟨m.; -s, -⟩ **1** Zirkel zum Ausmessen von Innen- od. Außenweiten **2** der Schreibmaschine ähnlicher Teil von Setzmaschinen bzw. Datenangabegeräten, mit dem der Text gesetzt bzw. eingegeben wird

3 Setzer, der den Taster (2) bedient [→ *Taste*]
Tal|tar ⟨n.; - od. -s; unz.; Kochk.⟩ rohes, gehacktes, mit Pfeffer u. Salz, Essig u. Öl, Zwiebeln u. evtl. rohem Ei angemachtes Rindfleisch [nach dem mongol. Volksstamm der *Tataren*]
ta|tau|ie|ren ⟨V.⟩ = tätowieren
tä|to|wie|ren ⟨V.⟩ *jmdn.* ~ Farbstoff durch Nadelstiche in jmds. Haut bringen u. diese dadurch mit (nicht mehr entfernbaren) Figuren od. Mustern versehen; *oV* tatauieren [<tahit. *tatau* »Zeichen, Malerei«]
Tä|to|wie|rung ⟨f.; -, -en⟩ **1** ⟨unz.⟩ das Tätowieren **2** ⟨zählb.⟩ die durch Tätowieren entstandenen Figuren od. Muster auf der Haut; *Sy* Tattoo (2)
Tat|ter|sall ⟨m.; -s, -s⟩ Reitschule [nach dem engl. Trainer *Tattersall*, †1795]
Tat|too[1] ⟨[tatuː], engl. [tətuː] n.; - od. -s, -s⟩ Musikparade, Zapfenstreich [engl.]
Tat|too[2] ⟨[tatuː], engl. [tətuː] m. od. n.; -s, -s⟩ = Tätowierung (2) [engl.]
Tau ⟨n.; - od. -s, -s; Zeichen: τ, T⟩ grch. Buchstabe
taupe ⟨[toːp] Adj.; undekl.⟩ von maulwurfgrauem Farbton [frz., »Maulwurf«]
Tau|rin ⟨n.; -s, -e⟩ Neurotransmitterhemmstoff, der beim Abbau der Aminosäure Cystein entsteht [<grch. *tauros* »Stier«, weil es erstmals 1824 aus der Ochsengalle isoliert wurde]
tau|schie|ren ⟨V.⟩ *Metall* ~ mit anderem, meist edlerem u. farbigem Metall einlegen [<ital. *tausia* »Einlegearbeit« <arab. *taušija* »Färbung; Verzierung«]
Tau|ta|zis|mus ⟨m.; -, -zis|men; Rhet.; Stilistik⟩ unschöne Häufung ähnlicher Laute, bes. am Anfang aufeinander folgender Wörter [<grch. *ta auta* »das Gleiche«]
Tau|to|lo|gie ⟨f.; -, -n; Rhet.⟩ rhetor. Figur, bei der das bereits Gesagte durch ein sinnverwandtes Wort wiederholt wird, z. B. nackt u. bloß [<grch. *to auto* »das Gleiche« + ...*logie*]
tau|to|lo|gisch ⟨Adj.; Rhet.⟩ in der Art einer Tautologie, auf ihr beruhend

tau|to|mer ⟨Adj.; Chemie⟩ auf Tautomerie beruhend, durch sie entstanden [<grch. *to auto* »das Gleiche« + ...*mer*]

Tau|to|me|rie ⟨f.; -, -n; Chemie⟩ umkehrbare Umwandlung von miteinander im Gleichgewicht stehenden Isomeren

Ta|ver|ne ⟨[-vɛr-] f.; -, -n⟩ Schenke, Kneipe; *oV* Taberne [<lat. *taberna* »Hütte, Laden, Wirtshaus, Schaubude«]

Ta|xa|me|ter ⟨m. od. n.; -s, -⟩ Zählwerk im Taxi, Fahrpreisanzeiger [<frz. *taxerd* »taxieren« + ...*meter*]

Ta|xa|ti|on ⟨f.; -, -en⟩ das Taxieren, Schätzung, Ermittlung (eines Wertes)

Ta|xa|tor ⟨m.; -s, -to|ren⟩ jmd., der etwas taxiert, Schätzer

Ta|xe ⟨f.; -, -n⟩ **1** Schätzung (eines Wertes) **2** festgesetzter Preis **3** Gebühr, Abgabe; *Kur*~ **4** = Taxi [<frz. *taxe* <mlat. *taxa* »Schätzung, Anschlag, Satz«]

Ta|xem ⟨n.; -s, -e; Sprachw.⟩ in einer grammatikalischen Struktur die kleinste Einheit, die im Gegensatz zum Tagmem keine Bedeutung besitzt [zu grch. *taxis* »das Anordnen, Festsetzen«]

ta|xen ⟨V.⟩ = taxieren

Ta|xi ⟨n. od. (schweiz.) m.; -s, -s⟩ Personenkraftwagen, dessen Fahrer gegen Bezahlung Fahrgäste befördert; *oV* Taxe (4) [verkürzt <*Taxameter*]

Ta|xi|der|mie ⟨f.; -; unz.⟩ das Ausstopfen (von Tieren) [<grch. *taxis* »Anordnung, Aufstellung« + ...*dermie*]

Ta|xie ⟨f.; -, -n; Bot.⟩ durch einen Reiz ausgelöste Bewegung von Pflanzen in Richtung auf den Reiz zu *(positive* ~) od. vom Reiz weg *(negative* ~); *oV* Taxis (1); →*a.* Tropismus, Nastie [<grch. *taxis* »Anordnung, Aufstellung«]

ta|xie|ren ⟨V.⟩ *Sy* taxen **1** *den Wert* ~ schätzen; *jmdn.* ~ anschauen u. einschätzen **2** *einen Gegenstand* ~ den Wert eines Gegenstandes (durch Begutachtung) ermitteln [<frz. *taxer* <lat. *taxare* »berühren, antasten, im Wert abschätzen«]

Ta|xis ⟨f.; -, -xi|en⟩ **1** ⟨Bot.⟩ = Taxie **2** das Zurückbringen von Knochen- u. Eingeweidebrüchen

Ta|xo|die ⟨[-djə] f.; -, -n; Bot.⟩ in Nordamerika beheimatete Gattung von Sumpfzypressen [<grch. *taxos* »Eibe«]

Ta|xon ⟨n.; -s, Ta|xa; Biol.⟩ systematische Kategorie wie z. B. Stamm, Klasse, Ordnung, Familie, Gattung, Art [zu grch. *taxis* »Anordnung«]

ta|xo|nom ⟨Adj.; Biol.⟩ die Taxonomie betreffend, systematisch; *Sy* taxonomisch

Ta|xo|no|mie ⟨f.; -, -n; Biol.⟩ Einordnung in ein biolog. System; *die* ~ *der Pflanzen u. Tiere* [<grch. *taxis* »Anordnung« + ...*nomie*]

ta|xo|no|misch ⟨Adj.; Biol.⟩ = taxonom

Ta|xus ⟨m.; -, -; Bot.⟩ Baum mittlerer Größe mit immergrünen Nadeln, Eibe: Taxus baccata [lat.]

Tay|lo|ris|mus ⟨[tɛɪ-] m.; -; unz.; Wirtsch.⟩ auf wissenschaftlichen Ergebnissen beruhende Betriebsführung mit dem Ziel, den Betriebsablauf möglichst wirtschaftlich zu gestalten; →*a.* Fordismus [nach dem amerikan. Ingenieur u. Betriebsberater F. W. *Taylor*, 1856-1915]

Ta|zet|te ⟨f.; -, -n; Bot.⟩ in den Mittelmeerländern heim. Narzisse: Narcissus tazetta [<ital. *tazetta*]

Tb 1 ⟨chem. Zeichen für⟩ Terbium **2** = Tbc

Tbc ⟨Med.; Abk. für⟩ Tuberkulose

T-Bone-Steak ⟨[tiːbounstɛɪk] n.; -s, -s⟩ dünnes Rinderlendensteak mit einem t-förmigen Knochen; →*a.* Porterhousesteak [<engl. *t-bone* »T(-förmiger)-Knochen« + *Steak*]

Tc ⟨chem. Zeichen für⟩ Technetium

Te ⟨chem. Zeichen für⟩ Tellur

Teach-in ⟨[tiːtʃɪn] n.; - od. -s, -s⟩ polit. Diskussionsversammlung, bei der durch Aufklärung Missstände aufgedeckt werden sollen; →*a.* Go-in, Love-in, Sit-in [<engl. *teach* »lehren« + *in* »in, innen«]

Teak ⟨[tiːk] n.; -s; unz.; kurz für⟩ Teakholz

Teak|baum ⟨[tiːk-] m.; -(e)s, -bäu|me; Bot.⟩ trop. Baum, der ein gelblich braunes, sehr dauerhaftes Holz liefert: Textona grandis [<engl. *teak* <portug. *teca* <malai. *tekka*]

tea|ken ⟨[tiːken] Adj.⟩ aus Teakholz

Teak|holz ⟨[tiːk-] n.; -es, -höl|zer⟩ Holz des Teakbaumes

Team ⟨[tiːm] n.; -s, -s⟩ **1** ⟨Sport⟩ Mannschaft **2** Arbeitsgemeinschaft [engl., »Arbeitsgruppe, Mannschaft« <aengl. *team* »Nachkommenschaft, Familie; Gespann«]

Team|chef ⟨[tiːmʃɛf] m.; -s, -s; Sport⟩ Trainer einer Mannschaft, der keine offizielle Trainerausbildung absolviert hat; *Franz Beckenbauer wurde 1990 als* ~ *Weltmeister mit der deutschen Fußballnationalmannschaft*

Team|che|fin ⟨[tiːmʃɛ-] f.; -, -fin|nen⟩ Trainerin einer Mannschaft; →*a.* Teamchef

Team|geist ⟨[tiːm-] m.; -(e)s; unz.⟩ gleichgerichtetes Bestreben, guter Zusammenhalt eines Teams od. einer (Arbeits-)Gruppe, Mannschaftsgeist

Team|kol|le|ge ⟨[tiːm-] m.; -n, -n⟩ **1** ⟨Sport⟩ Kollege, Mitstreiter in einer Mannschaft **2** ⟨allg.⟩ Kollege, Partner in einer Gruppe, einer Abteilung

Team|kol|le|gin ⟨[tiːm-] f.; -, -gin|nen⟩ **1** ⟨Sport⟩ Kollegin, Mitstreiterin in einer Mannschaft **2** ⟨allg.⟩ Kollegin, Partnerin in einer Gruppe od. einer Abteilung

Team|tea|ching ⟨[tiːmtiːtʃɪŋ] n.; - od. -s; unz.; Päd.⟩ Form der Unterrichtsplanung u. -durchführung, die in einem Lehrerkollegium gemeinsam u. arbeitsteilig realisiert wird [<*Team* + engl. *teaching* »Unterrichten«]

Team|the|o|rie ⟨[tiːm-] f.; -, -n; Wirtsch.⟩ Theorie zur Verbesserung von Entscheidungsprozessen innerhalb eines Teams, nach der einzelne Teammitglieder aufgrund spezieller Informationen Teilhandlungen durchführen u. das Gesamtergebnis die Summe dieser Teilhandlungen ist

Team|work ⟨[ˈtiːmwœːk] n.; -s; unz.⟩ Arbeit eines gut aufeinander abgestimmten Teams [<engl. *team* + *work* »Arbeit«]

Tea|room ⟨[ˈtiːruːm] m.; -s, -s⟩ Raum in Hotels u. Restaurants, in dem Tee ausgeschenkt wird [<engl. *tea* »Tee« + *room* »Raum«]

Tea|ser ⟨[ˈtiːsə(r)] m.; -s, -⟩ Werbemittel, das die Aufmerksamkeit des Kunden auf das Produkt lenken u. die Kaufbereitschaft erhöhen soll (z. B. eine neue Verpackung) [engl., »Schelm, Schäker«; zu *tease* »reizen«]

Tech|ne|ti|um ⟨n.; -s; unz.; chem. Zeichen: Tc⟩ künstlich hergestelltes, radioaktives chem. Element, Ordnungszahl 43 [<grch. *technetos* »künstlich«]

Tech|ni|col|or® ⟨n.; -s; unz.; TV⟩ früheres Verfahren zur Erstellung von Farbfilmen, bei dem drei Schwarz-Weiß-Filme gleichzeitig belichtet werden u. aus denen über Farbfilter der eigentliche Farbfilm hergestellt wird

tech|ni|fi|zie|ren ⟨V.⟩ = technisieren

Tech|nik ⟨f.; -, -en⟩ **1** ⟨unz.; i. w. S.⟩ die Kunst, mit den zweckmäßigsten u. sparsamsten Mitteln ein bestimmtes Ziel od. die beste Leistung zu erreichen **2** ⟨unz.; i. e. S.⟩ **2.1** Gesamtheit aller Mittel, die Natur aufgrund der Kenntnis u. Anwendung ihrer Gesetze dem Menschen nutzbar zu machen **2.2** Gesamtheit der Kunstgriffe, Regeln, maschinellen Verfahren auf einem Gebiet; *Dramen~; Bühnen~; Bau~* **3** ⟨zählb.⟩ Art u. Weise der Herstellung, Verfahren **4** ⟨zählb.⟩ ausgebildete Fähigkeit, Kunstfertigkeit; *Fahr~; Schwimm~; Mal~* **5** ⟨zählb.; österr.⟩ = technische Hochschule [<frz. *technique* <grch. *technikos* »kunstvoll, kunstgemäß, sachverständig, fachmännisch«]

Tech|ni|ker ⟨m.; -s, -⟩ **1** Facharbeiter auf einem Gebiet der Technik (2.1) **2** wissenschaftlich ausgebildeter Fachmann auf einem Gebiet der Technik; →a. Ingenieur **3** auf techn.

Gebiet bes. begabter Mensch, im Unterschied zum Künstler od. Geisteswissenschaftler

Tech|ni|ke|rin ⟨f.; -, -rin|nen⟩ **1** Facharbeiterin auf einem Gebiet der Technik (2.1) **2** wissenschaftlich ausgebildete Fachfrau auf einem Gebiet der Technik; →a. Ingenieurin **3** auf technischem Gebiet bes. begabte Frau, im Unterschied zur Künstlerin od. Geisteswissenschaftlerin

Tech|ni|kum ⟨n.; -s, -s od. -ni|ken⟩ technische Fachschule

tech|nisch ⟨Adj.⟩ die Technik betreffend, auf ihr beruhend, mit ihrer Hilfe, in der Technik gebräuchlich; *~e Hochschule* ⟨Abk.: TH⟩ der Universität gleichgestellte Ausbildungs- u. Forschungsstätte der Technik; *~e Universität* ⟨Abk.: TU⟩ technische Hochschule mit auch nicht techn. Fakultäten

tech|ni|sie|ren ⟨V.⟩ auf techn. Betrieb umstellen, für techn. Betrieb einrichten

Tech|ni|zis|mus ⟨m.; -, -zis|men⟩ **1** ⟨zählb.⟩ techn. Ausdruck, techn. Redewendung **2** ⟨unz.⟩ Auffassung, die technischen Fortschritt als die wesentliche Grundlage für gesellschaftliche Fortentwicklung ansieht

tech|ni|zis|tisch ⟨Adj.⟩ in der Art des Technizismus, vom Technizismus bestimmt, in der technische Gestaltung (übermäßig) stark betonend; *eine architektonisch u. ~ kühne Bauweise*

Tech|no ⟨[ˈtɛknoː] m.; - od. -s; unz.; Musik⟩ (bes. in Diskotheken verbreitete) schnelle, stark rhythmisierte elektronische Popmusik; →a. Acidhouse [engl.]

tech|no|id ⟨Adj.⟩ stark durch die Technik (2.1) beeinflusst, durch sie bestimmt, aus ihr hervorgegangen [<*technisch* + *...id*]

Tech|no|krat ⟨m.; -en, -en⟩ Vertreter, Anhänger der Technokratie

Tech|no|kra|tie ⟨f.; -; unz.⟩ **1** aus den USA stammende Strömung, die die Vorherrschaft der Technik über das polit. u. wirtschaftl. Leben u. ihre größtmögliche Ausnutzung für den Wohlstand der Menschheit fordert **2** ⟨abwertend⟩ Herrschaft der Technik [<*Technik* + *...kratie*]

Tech|no|kra|tin ⟨f.; -, -tin|nen⟩ Vertreterin, Anhängerin der Technokratie

tech|no|kra|tisch ⟨Adj.⟩ zur Technokratie gehörend, auf ihr beruhend

Tech|no|lekt ⟨m.; -s, -e; Sprachw.⟩ Fachsprache [<*Technik* + Dia*lekt*]

Tech|no|lo|ge ⟨m.; -n, -n⟩ wissenschaftlich ausgebildeter Fachmann auf dem Gebiet der Technik, der Technologie

Tech|no|lo|gie ⟨f.; -, -gi|en⟩ **1** Lehre von den in der Technik angewendeten u. anwendbaren Produktionsverfahren **2** Gesamtheit der technolog. Prozesse u. Arbeitsvorgänge **3** Gesamtheit der Fachkenntnisse u. -methoden **4** Technik; *die Entwicklung u. Einführung neuer ~n* [<*Technik* + *...logie*]

Tech|no|lo|gie|park ⟨m.; -s, -s⟩ Gelände innerhalb einer Stadt, auf dem verschiedene technische Unternehmen angesiedelt werden (zur Förderung u. zum Austausch der Wissens)

Tech|no|lo|gie|sek|tor ⟨m.; -s; unz.; Wirtsch.⟩ Gesamtheit der Absatzmärkte im Bereich neuer Technologien; *den ~ ausbauen; sich auf den ~ konzentrieren; in den ~ investieren*

Tech|no|lo|gie|trans|fer ⟨m.; -s; unz.⟩ Weitergabe technischer u. wissenschaftlicher Kenntnisse u. Verfahren an andere (z. B. an Länder der Dritten Welt)

Tech|no|lo|gie|zen|trum *auch:* **Tech|no|lo|gie|zent|rum** ⟨n.; -s, -zen|tren; Wirtsch.⟩ Ballung technologieorientierter Unternehmen an einem Standort mit der Absicht, das Innovationspotenzial zu steigern u. Synergieeffekte auszulösen

Tech|no|lo|gin ⟨f.; -, -gin|nen⟩ wissenschaftlich ausgebildete Fachfrau auf dem Gebiet der Technik, der Technologie

tech|no|lo|gisch ⟨Adj.⟩ die Technologie betreffend, auf ihr beruhend

Tech|tel|mech|tel ⟨n.; -s, -⟩ Liebelei, Liebschaft [vielleicht <ital.

teco meco »ich mit dir, du mit mir; unter vier Augen«]

Ted ⟨m.; -s, -s; kurz für⟩ Teddyboy

TED ⟨m.; -s; unz.⟩ Hochrechnung von telefonischen Stimmabgaben od. Meinungsumfragen bei Fernsehsendungen per Computer [verkürzt < *Tele*d*ialog*]

Ted|dy ⟨m.; -s, -s⟩ = Teddybär [engl., nach dem Spitznamen des amerikan. Präsidenten Theodore *(Teddy)* Roosevelt, 1858-1919]

Ted|dy|bär ⟨m.; -en, -en⟩ Bär aus Stoff (als Kinderspielzeug) [<engl. *teddy bear* < *Teddy* + *bear* »Bär«]

Ted|dy|boy ⟨[-bɔɪ] m.; -s, -s⟩ **1** Jugendlicher, der die Mode der 50er-Jahre nachahmt **2** ⟨urspr.⟩ junger Mann, der die Mode der Zeit Edwards VII. (1901-1910) nachahmt [<engl. *Teddy* als Kosename für *Edward* + *boy* »Junge«]

Te|de|um ⟨n.; -s, -s; Musik⟩ **1** frühchristlicher Lobgesang **2** Chorwerk über diese Worte [lat., nach den Anfangsworten des Hymnus *Te Deum laudamus* »Dich, Gott, loben wir«]

TEE ⟨Abk. für⟩ Trans-Europa-Express

Tee[1] ⟨m.; -s, -s⟩ **1** die aufbereiteten jungen Blätter des Teestrauches **2** Aufguss daraus **3** Aufguss von getrockneten Teilen einer Pflanze als Heilmittel; *Kamillen~, Pfefferminz~* [<engl. *tea*, frz. *thé*, ndrl. *thee*, ital. *tè* <chines. *tscha*, südchines. Dialekt *te*]

Tee[2] ⟨[tiː] n.; -s, -s; Sport; Golf⟩ **1** Abschlagplatz für ein zu spielendes Loch **2** Holz- od. Plastikstift, auf den der Golfball zum Abschlag gelegt wird [engl., eigtl. »(Buchstabe) T«]

Teen ⟨[tiːn] m.; -s, -s; meist Pl.; umg.; kurz für⟩ Teenager

Tee|na|ger *auch:* **Tee|na|ger** ⟨[tiːneɪdʒə(r)] m.; -s, -⟩ Junge od. Mädchen zwischen 13 u. 19 Jahren [<engl. *thirteen* »dreizehn« bis *nineteen* »neunzehn«, also alle Zahlen, die mit der Endsilbe *...teen* gebildet werden + *age* »Alter«]

Tee|ner ⟨[tiː-] m.; -s, -; umg.; kurz für⟩ Teenager

Tee|nie ⟨[tiːniː] m.; -s, -s; umg.; kurz für⟩ Teenager

Tee|ny ⟨[tiːniː] m.; -s, -s; umg.; kurz für⟩ Teenager

Teer ⟨m.; -(e)s, -e⟩ bei der trockenen Destillation von Stein- u. Braunkohle, Torf u. Holz entstehende, braune bis schwarze, zähe Masse; *Holz~; Holzkohlen~; Braunkohlen~; Steinkohlen~* [<ndrl. *teer*, engl. *tar*; zu got. *triu* »Baum«, *trin* »Holz«]

tee|ren ⟨V.⟩ mit Teer bestreichen

Te|fil|la ⟨f.; -; unz.; Rel.⟩ jüd. Gebetbuch [<hebr. *tefillah*, *thefillah* »Gebet; Gebetbuch«; verkürzt <*siddur hatefilla* »Gebetordnung«]

Te|fil|lin ⟨Pl.; Rel.⟩ mit Bibelstellen beschriebene Streifen von Pergament, die in Kapseln gelegt u. beim Morgengebet mit Lederriemen an Stirn u. Arm gebunden werden [hebr., »Gebetsriemen«; Pl. zu *tefillah*; → *Tefilla*]

Teflon® *auch:* **Te|flon**® ⟨a. [-'-] n.; -s; unz.⟩ Polytetrafluoräthylen, ein hitzebeständiger Kunststoff

Teg|ment ⟨n.; -(e)s, -e; Bot.⟩ Knospenschuppe der Gehölze [<lat. *tegmentum* »Bedeckung, Schutz«]

Te|in ⟨n.; -s; unz.; Bot.⟩ in den Blättern des Teestrauchs enthaltenes Koffein; *oV* Thein [< *Tee*[1], beeinflusst von *Koffein*]

Teint ⟨[tɛ̃] m.; -s, -s⟩ **1** Gesichtsfarbe **2** Gesichtshaut [frz., »gefärbter Stoff, Färbung, Tönung« <*teindre* »färben« <lat. *tingere*]

Teis|te ⟨f.; -, -n; Zool.⟩ = Lumme

tek|tie|ren ⟨V.⟩ *Gedrucktes ~* durch Überkleben unkenntlich machen [<ahd. *decchiu* »Decke« <lat. *tectum* »Dach« <grch. *stegein* »decken« <aind. *sthagati* »verhüllt«]

tek|tisch ⟨Adj.; Geol.⟩ die Absonderung von Kristallen aus Schmelzen betreffend [→ *Tektit*]

Tek|tit ⟨m.; -s, -en; Geol.⟩ rundlicher, birnen- od. flaschenförmiger, grüner (selten brauner), glasartiger Körper mit über 70% Kieselsäure-Gehalt, Glasmeteorit [zu grch. *tektos* »geschmolzen«]

tek|to|gen ⟨Adj.; Geol.⟩ auf Tektogenese beruhend, sie betreffend, durch sie entstanden = Orogenese [<grch. *tekton* »Handwerker, Baumeister« + *Genese*]

Tek|to|ge|ne|se ⟨f.; -, -n; Geol.⟩ = Orogenese [<grch. *tekton* »Handwerker, Baumeister« + *Genese*]

Tek|to|nik ⟨f.; -; unz.⟩ **1** ⟨Geol.⟩ Lehre vom Bau u. von den Bewegungen der Erdkruste **2** ⟨Kunst⟩ Lehre vom inneren Aufbau eines Kunstwerkes **3** ⟨bes. Arch.⟩ Lehre vom harmon. Zusammenfügen von Einzelteilen zu einem Ganzen [<grch. *tektonikos* »die Baukunst betreffend«]

tek|to|nisch ⟨Adj.⟩ die Tektonik betreffend, auf ihr beruhend; *Ggs* atektonisch

Tek|to|nit ⟨n.; -s, -e; Geol.⟩ durch tektonische Vorgänge in seiner Struktur stark verändertes Gestein

Tek|tur ⟨f.; -, -en⟩ **1** Decke, Umschlag, Deckblatt **2** Berichtigung des Textes durch Überkleben [→ *tektieren*]

Tela ⟨f., -, Tellen; Anat.⟩ Gewebe, Bindegewebe [lat.]

Tel|an|thro|pus *auch:* **Tel|anth|ro|pus** ⟨m.; -, -pi⟩ in Südafrika gefundener fossiler Frühmenschentypus [<grch. *tele* »weit, fern« + *anthropos* »Mensch«]

tele..., Tele... ⟨in Zus.⟩ fern, weit [grch.]

Te|le|ban|king ⟨[-bæŋkɪŋ] n.; - od. -s; unz.⟩ = Electronic Banking; *→a.* Homebanking

Te|le|brief ⟨m.; -(e)s, -e⟩ Brief, bei dem der Text am Aufgabeort über Nachrichtenkabel zu einem dem Empfänger nahe gelegenen Postamt geleitet, dort ausgedruckt u. als normaler Brief zugestellt wird

Te|le|disc ⟨f.; -, -s⟩ eine Bildplatte zum Abspielen von Spielfilmen über das Fernsehgerät [< *Tele...* + engl. *disc* »(Schall-)Platte«]

Te|le|fax ⟨n.; -, -od. -e⟩ **1** ⟨unz.⟩ Übertragungsdienst der Dt. Telekom zur (Fern-)Kopie von Schriftstücken u. Zeichnungen durch spezielle Abtastgeräte über das Fernsprechnetz; *eine Sendung per ~ schicken* **2** ⟨zählb.⟩ per Telefax (1) übermittelte Fernkopie; *Sy* Fax **3** = Telekopierer [verkürzt

telefaxen

<*Telefon* + engl. *exchange* »Austausch« (analog zu *Telex* gebildet)]

te|le|fa|xen ⟨V.⟩ per Telefax übermitteln, fernkopieren; *Sy* faxen; *einen Brief ~*

Te|le|fon ⟨a. ['---] n.; -s, -e⟩ Fernsprecher; *oV* Telephon [<grch. *tele* »weit, fern« + *phone* »Stimme«]

Te|le|fon... ⟨in Zus.⟩ = Fernsprech...

Te|le|fo|nat ⟨n.; -(e)s, -e⟩ Telefongespräch, Anruf; *ein langes, kurzes, wichtiges ~ führen*

Te|le|fon|ban|king ⟨[-bæŋkŋ] n.; - od. -s; unz.; Bankw.⟩ Anlageberatung u. Abwicklung von persönlichen Bankangelegenheiten per Telefon

Te|le|fo|nie ⟨f.; -; unz.⟩ 1 elektromagnet. Übertragung des Schalls 2 Fernsprechwesen [<*Tele*... + ...*phonie*]

te|le|fo|nie|ren ⟨V.⟩ durch das Telefon (mit jmdm.) sprechen, fernsprechen; *oV* telephonieren; *mit jmdm. ~*

te|le|fo|nisch ⟨Adj.⟩ mit Hilfe des Telefons, fernmündlich

Te|le|fo|nist ⟨m.; -en, -en⟩ Angestellter im Fernsprechwesen, in Betrieben o. Ä., der ein Telefon bedient, Telefongespräche vermittelt

Te|le|fo|nis|tin ⟨f.; -, -tin|nen⟩ Angestellte im Fernsprechwesen, in Betrieben o. Ä., die ein Telefon bedient, Telefongespräche vermittelt

Te|le|fon|kar|te ⟨f.; -, -n⟩ Karte in der Größe einer Scheckkarte, auf der je nach Kaufpreis Gebühreneinheiten gespeichert sind, die beim Telefonieren mit einem Kartentelefon abgebucht werden

Te|le|fon|sex ⟨m.; -; unz.⟩ der sexuellen Erregung dienende Unterhaltung am Telefon

Te|le|fo|to ⟨n.; -s, -s; kurz für⟩ Telefotografie

Te|le|fo|to|gra|fie ⟨f.; -; unz.⟩ Fernfotografie; *Sy* Telefoto

te|le|gen ⟨Adj.⟩ wirkungsvoll im Fernsehen; *jmd. ist ~* [<*tele*... + ...*gen¹*]

Te|le|graf ⟨m.; -en, -en⟩ Gerät zur elektr., akust. od. opt. Übermittlung von Nachrichten in bestimmten Zeichen, z. B. der Morseapparat; *oV* Telegraph [<*Tele*... + ...*graph*]

Te|le|gra|fie ⟨f.; -; unz.⟩ Übermittlung von Nachrichten durch akust., elektr. od. opt. Geräte in bestimmten Zeichen, z. B. Morsezeichen; *drahtlose ~*

te|le|gra|fie|ren ⟨V.⟩ *eine Nachricht ~* telegrafisch übermitteln, weiterleiten [→ *Telegraf*]

te|le|gra|fisch ⟨Adj.⟩ auf Telegrafie beruhend, mit ihrer Hilfe

Te|le|gra|fist ⟨m.; -en, -en⟩ Angestellter, der Telegrafen bedient

Te|le|gramm ⟨n.; -s, -e⟩ mittels Telegrafie weitergeleitete Mitteilung; *ein ~ aufgeben* [<*Tele*... + ...*gramm*]

Te|le|graph ⟨m.; -en, -en⟩ = Telegraf

Te|le|ka|me|ra ⟨f.; -, -s; Fot.⟩ Kamera, die mit einem Teleobjektiv ausgerüstet ist

Te|le|ki|ne|se ⟨f.; -; unz.; Parapsych.⟩ angebl. Bewegung von Gegenständen durch übersinnliche Kräfte ohne Berührung [<*Tele*... + ...*kinese*]

te|le|ki|ne|tisch ⟨Adj.; Parapsych.⟩ die Telekinese betreffend, auf ihr beruhend, durch sie verursacht

Te|le|kol|leg ⟨n.; -s, -e; TV⟩ von schriftl. Texten begleitetes Unterrichtsprogramm im Fernsehen, das in der Art eines Kollegs bestimmte Wissensgebiete behandelt u. einen Abschlussprüfung ermöglicht

Te|le|kom ⟨f.; -; unz.⟩ Teilbereich der Dt. Post AG, der für die Nachrichtentechnik (Telefon, Telefax usw.) zuständig ist [verkürzt <*Telekom*munikation]

Te|le|kom|mu|ni|ka|ti|on ⟨f.; -; unz.⟩ Nachrichtenaustausch zw. Menschen, Maschinen u. anderen Systemen mit Hilfe nachrichtentechnischer Übermittlungsverfahren

te|le|kom|mu|ni|ka|tiv ⟨Adj.⟩ die Telekommunikation betreffend, zu ihr gehörig, mittels Telekommunikation

te|le|kom|mu|ni|zie|ren ⟨V.⟩ mittels Telekommunikation Nachrichten bzw. Informationen austauschen

Te|le|kon|fe|renz ⟨f.; -, -en⟩ = Videokonferenz

Te|le|kon|ver|ter ⟨[-vɐr-] m.; -s, -; Fot.⟩ Zwischenring mit Linsensystem zur Veränderung der Brennweite

te|le|ko|pie|ren ⟨V.⟩ mit einem Telekopierer Fernkopien anfertigen, fernkopieren

Te|le|ko|pie|rer ⟨m.; -s, -⟩ Fernkopierer, an die Fernsprechleitung angeschlossenes Kopiergerät zur Übermittlung von Fernkopien; *Sy* Telefax

Te|le|mark ⟨m.; -s, -s; Skisport; kurz für⟩ Telemarkschwung

Te|le|mark|schwung ⟨m.; -s, -schwün|ge; Skisport⟩ plötzlicher Schwung quer zum Hang; *Sy* Telemark [nach der norweg. Landschaft]

Te|le|mar|ke|ting ⟨n.; - od. -s; unz.; Wirtsch.⟩ Waren- u. Dienstleistungsangebot z. B. über Telefon od. Fernsehen; →a. Teleshopping

Te|le|ma|tik ⟨f.; -; unz.; EDV⟩ Verschmelzung der Datenverarbeitung mit der Nachrichtentechnik [<*Tele*... + Auto*matik*]

te|le|ma|tisch ⟨Adj.⟩ die Telematik betreffend, auf ihr beruhend

Te|le|me|ter ⟨a. ['----] n.; -s, -; Technik⟩ Entfernungsmesser [<*Tele*... + ...*meter*]

Te|le|me|trie *auch:* **Te|le|met|rie** ⟨f.; -; unz.; Technik⟩ Messung von Entfernungen

Te|le|no|vel|la ⟨[-vɛ-] f.; -, -s; TV⟩ rührselige Unterhaltungsserie brasilianischer Herkunft bzw. Machart [portug., »Fernsehroman« <*Tele*vision + *novela* »Roman«]

Te|len|ze|pha|lon *auch:* **Te|len|ze|phal|on** ⟨n.; -s, -pha|la; Anat.⟩ das die beiden Großhirnhälften umfassende Endhirn; *Sy* Akrenzephalon [<*Tele*... + *Encephalon*]

Te|le|ob|jek|tiv ⟨n.; -s, -e; Fot.⟩ Objektiv zur Aufnahme weit entfernter Gegenstände, Fernobjektiv

Te|le|o|lo|gie ⟨f.; -; unz.; Philos.⟩ Lehre, dass die Entwicklung von vornherein zweckmäßig u. zielgerichtet angelegt sei; *Ggs* Dysteleologie [<grch. *telos* »Ziel, Zweck« + ...*logie*]

te|le|o|lo|gisch ⟨Adj.; Philos.⟩ auf Teleologie beruhend

Te|le|os|ti|er ⟨m.; -s, -; meist Pl.; Zool.⟩ Fisch mit knöchernem Skelett, Knochenfisch: Teleostei [<grch. *teleos* »ganz, gänzlich« + *osty* »Knochen«]

Te|le|path ⟨m.; -en, -en; Parapsych.⟩ für Telepathie empfänglicher Mensch

Te|le|pa|thie ⟨f.; -; unz.; Parapsych.⟩ Übertragung von geistigen u. seel. Inhalten ohne Hilfe der Sinnesorgane [<*Tele…* + *…pathie*]

te|le|pa|thisch ⟨Adj.⟩ auf Telepathie beruhend, durch sie bewirkt

Te|le|phon ⟨n.; -s, -e; veraltet⟩ = Telefon

te|le|pho|nie|ren ⟨V.; veraltet⟩ = telefonieren

Te|le|por|ta|ti|on ⟨f.; -, -en⟩ Vorgang des Teleportierens

te|le|por|tie|ren ⟨V.⟩ **1** an einem Ort verschwinden u. an einem anderen wieder erscheinen lassen, beamen; *ein Photon ~* **2** mithilfe magischer od. übersinnlicher Kräfte bewegen; *sie würde sich gern auf die Malediven ~ lassen* [<*tele…* + lat. *portare* »tragen«]

Te|le|pro|ces|sing ⟨[-prɔsesɪŋ] n.; - od. -s, -s; EDV⟩ Datenfernübertragung [engl.]

Te|le|promp|ter® ⟨[-prɔmptə(r)] m.; -s, -; TV⟩ elektrische Vorrichtung, von der ein Redner (z. B. vor einer Fernsehkamera) für den Zuschauer unbemerkt den dort ablaufenden Text ablesen kann; *Sy* Autocue [<*Tele…* + engl. *prompter* »Souffleur, Souffleuse«]

Te|le|ran ⟨n.; -s; unz.; Flugw.⟩ Navigationsverfahren für Luftfahrzeuge, eine Kombination aus Radar u. Fernsehen

Te|le|satz ⟨m.; -es; unz.⟩ Herstellung des Satzes auf Setzmaschinen, die von einer örtlich getrennt liegenden Zentrale gesteuert werden, Fernsatz [<*Tele…* + *Satz*]

Te|le|shop|ping ⟨[-ʃɔpɪŋ] n.; - od. -s; unz.⟩ Einkaufen durch Bestellung von Artikeln, die im Fernsehen od. anderen elektronischen Medien angeboten werden; *Sy* Homeshopping; →*a.* Telemarketing [<*Tele… + Shopping*]

Te|le|skop *auch:* **Te|les|kop** ⟨n.; -s, -e⟩ Fernrohr [<*Tele… +* grch. *skopein* »sehen«]

Te|le|skop|an|ten|ne *auch:* **Te|les|kop|an|ten|ne** ⟨f.; -, -n⟩ Antenne, die aus mehreren ineinander verschiebbaren Metallrohren besteht

Te|le|skop|au|ge *auch:* **Te|les|kop|au|ge** ⟨n.; -s, -n; Zool.⟩ bei manchen Fischen (bes. der Tiefsee) wie auf einem Hügel stehendes, vorgeschobenes Auge

Te|le|skop|fisch *auch:* **Te|les|kop|fisch** ⟨m.; -(e)s, -e; Zool.⟩ Goldfischrasse mit Teleskopaugen

Te|le|sko|pie *auch:* **Te|les|ko|pie** ⟨f.; -; unz.; TV⟩ Technik zur Ermittlung von Einschaltquoten bei Fernsehsendungen [<*Television* + grch. *skopein* »schauen, blicken«]

te|le|sko|pisch *auch:* **te|les|ko|pisch** ⟨Adj.⟩ mit Hilfe eines Teleskops

Te|le|skop|kran *auch:* **Te|les|kop|kran** ⟨m.; -s, -kräne⟩ Autokran mit ineinander schiebbaren Tragarmen

Te|le|spot ⟨m.; -s, -s; TV⟩ kurzer, manchmal heiterer Werbefilm [<*Television* + engl. *spot* »Fleck; Stückchen«]

Te|le|sti|chon *auch:* **Te|les|ti|chon** ⟨n.; -s, -sti|cha -sti|cha; Metrik⟩ aus den Endbuchstaben od. -wörtern eines Gedichts o. Ä. gebildetes Wort od. Satz [<grch. *telos* »Ende« + *stichos* »Vers«]

Te|le|test ⟨m.; -(e)s, -e od. -s; TV⟩ Befragung von Fernsehschauern, welche Sendungen sie in einer bestimmten Zeit eingeschaltet haben [<*Television + Test*]

Te|le|tex ⟨n.; -; unz.⟩ von der Deutschen Telekom entwickelter Übertragungsdienst, wodurch an elektron. Speicherschreibmaschinen erfasste Nachrichten über das Fernsprechnetz zu einer entsprechenden Empfangsstation übertragen werden können, auch eine Umsetzung in das Telexnetz ist möglich

Te|le|text ⟨m.; - od. -(e)s; unz.⟩ Oberbegriff für alle Verfahren elektronischer Textübermittlung wie Videotext, Bildschirmtext

Te|le|type|set|ter ⟨[-taɪp-] m.; -s, -⟩ durch Lochstreifen od. Magnetband automatisch gesteuerte Setzmaschine [<*Tele…* + engl. *type-setter* »Setzer(in)«]

Te|le|vi|si|on ⟨[-vi-] f.; -; unz.; Abk.: TV⟩ Fernsehen [<*Tele… + Vision*]

Te|lex ⟨n.; -; unz.⟩ Fernschreiben [verkürzt <engl. *teleprinter exchange* »Austausch über Fernschreiber«]

te|le|xen ⟨V.⟩ mit Hilfe von Telex übermitteln; *einen Brief ~*

Te|lex|netz ⟨n.; -es; unz.⟩ Fernschreibnetz (in der Bundesrepublik Deutschland)

Tel|lur ⟨n.; -s; unz.; chem. Zeichen: Te⟩ braunschwarzes, nicht metallisches chem. Element, Ordnungszahl 52 [<lat. *tellus* »Erde, Erdreich, Boden«]

Tel|lu|rat ⟨n.; -(e)s, -e; Chemie⟩ dem Sulfat entsprechendes Salz des Tellurs

tel|lu|rig ⟨Adj.⟩ *~e Säure* Sauerstoffsäure des Tellurs

tel|lu|risch ⟨Adj.⟩ die Erde betreffend, aus ihr hervorgehend [→ *Tellur*]

Tel|lu|rit ⟨n.; -s, -e; Chemie⟩ dem Sulfit entsprechendes Salz des Tellurs

Tel|lu|ri|um ⟨n.; -s, -ri|en; Astron.⟩ Modell als Lehrmittel, das die Bewegungen von Erde, Sonne u. Mond veranschaulicht [<lat. *tellus* »Erde«]

Te|lo|pha|se ⟨f.; -, -n; Genetik⟩ Endphase der Kernteilung [<grch. *telos* »Ende« + *Phase*]

Te|los ⟨n.; -; unz.; Philos.⟩ Ziel, Zweck [grch.]

Temp ⟨m.; -s, -s⟩ **1** ⟨Abk. für⟩ Temperatur **2** ⟨Meteor.⟩ Kennwort für verschlüsselte Meldungen einer Landstation

Tem|pel ⟨m.; -s, -⟩ **1** (urspr.) als heilig erachtete, kult. Zwecken dienende Stätte **2** (dann) einer Gottheit geweihter (nicht christl.) Bau; *jüdische, heidnischer ~* **3** (fig.) heiliger, verehrenswürdiger Ort; *ein ~ der Kunst* **4** *jmdn. zum ~ hinausjagen* (fig.; umg.) jmdn. hinauswerfen [<mhd., ahd. *tempal* <lat. *templum* »ausgeschnitte-

Tempelherr

nes Stück (von den Auguren abgegrenzter Bezirk zum Beobachten des Vogelfluges); geweihte Stätte«; vielleicht zu grch. *temnein* »schneiden«, *temenos* »abgegrenztes Gut«]

Tem|pel|herr ⟨m.; -en, -en⟩ = Templer

tem|peln ⟨V.; Kart.⟩ das Tempeln spielen

Tem|peln ⟨n.; -s; unz.; Kart.⟩ ein Kartenglücksspiel

Tem|pe|ra|far|be ⟨f.; -, -n⟩ Farbe, deren mit Wasser verdünnte Bindemittel (Eigelb, Leim, Honig u. a.) nach dem (sehr raschen) Trocknen wasserfest werden [< ital. *tempera* »Auflösungsmittel (für Farben)« < lat. *temperare* »richtig mischen«]

Tem|pe|ra|ma|le|rei ⟨f.; -, -en; Mal.⟩ Malerei mit Temperafarben, ohne die weichen Übergänge der Ölmalerei, aber von großer Leuchtkraft

Tem|pe|ra|ment ⟨n.; -(e)s, -e⟩ **1** Gemütsart, Wesensart; *ein feuriges, sprühendes, ruhiges ~ haben* **2** die vorherrschende Art u. die individuelle Eigenart des Ablaufs seelischer Vorgänge; *cholerisches, melancholisches, phlegmatisches, sanguinisches ~* **3** ⟨fig.⟩ Erregbarkeit, Lebhaftigkeit, Munterkeit; *(kein) ~ haben; sich von seinem ~ hinreißen lassen; sein ~ ist mit ihm durchgegangen* und hat die Beherrschung verloren [< frz. *tempérament* »Wesensart, Gemütsart, Lebhaftigkeit, Schwung, Feuer« < lat. *temperamentum* »das richtige Verhältnis gemischter Dinge, das rechte Maß«; zu *temperare* »in das gehörige Maß setzen, in das richtige Mischungsverhältnis bringen«]

Tem|pe|ran|tium ⟨n.; -s, -tia od. -zi|en; Med.⟩ Beruhigungsmittel [< lat. *temperare* »lindern, mildern«]

Tem|pe|ra|tur ⟨f.; -, -en⟩ **1** Grad der Wärme (eines Gases, einer Flüssigkeit, eines Körpers) **2** ⟨Med.⟩ Körperwärme; *die ~ messen; die ~ ist gestiegen, gesunken, gefallen; erhöhte ~ haben* **3** ⟨Musik⟩ = temperierte Stimmung [< lat. *temperatura*

»gehörige Mischung, Beschaffenheit«; zu *temperare* »in das gehörige Maß bringen«, richtig leiten, Maß halten«]

Tem|pe|renz ⟨f.; -; unz.; geh.⟩ Mäßigkeit (im Alkoholgenuss) [< lat. *temperantia* »Mäßigung, Maßhalten«; → *Temperatur*]

Tem|per|guss ⟨m.; -es, -güs|se⟩ Verfahren zur Gewinnung eines kohlenstoffarmen, schmiedbaren Eisens [→ *tempern*]

tem|pe|rie|ren ⟨V.⟩ **1** gleichmäßige, gemäßigte Temperatur herbeiführen; *einen Raum ~; der Raum ist gut, angenehm temperiert* **1.1** die Wärme ausgleichen **1.2** die Temperatur u. die Feuchtigkeit der Luft regeln **2** ⟨fig.⟩ mäßigen, mildern **3** ⟨Musik⟩ *temperierte Stimmung* S. aufgrund der in 12 gleiche Halbtöne eingeteilten Oktave; Sy *Temperatur* (3) [< lat. *temperare* »mäßigen, in das rechte Maß bringen«]

tem|pern ⟨V.⟩ *Gussstahl ~* durch Glühen bei Temperaturen von 850-1000 °C leichter bearbeitbar machen [< engl. *temper* »richtig mischen; mäßigen, mildern; (Metall) härten«]

tem|pie|ren ⟨V.⟩ *ein Geschoss ~* den Zeitzünder eines Geschosses einstellen [< lat. *tempus* »Zeit«]

Tem|pi pas|sa|ti ⟨geh.⟩ vergangene Zeiten [ital., < *tempo* »Zeit« + *passare* »vorbeigehen, vorübergehen«]

Tem|plei|se *auch:* **Templ|ei|se** ⟨m.; -n, -n⟩ Gralsritter aus der Parzivalsage [< mhd. *tempelære* < afrz. *tempeleise, templeise* < mlat. *templarii* »Templer, Tempelherren, Tempelbrüder«; von W. von Eschenbach auf die Ritter des Grals in der Parzivalsage übertragen]

Temp|ler ⟨m.; -s, -⟩ Angehöriger des Templerordens; Sy *Tempelherr*

Temp|ler|or|den ⟨m.; -s; unz.⟩ 1119 in Palästina gegründeter geistl. Ritterorden zum Schutz des Heiligen Grabes gegen Ungläubige [nach ihrem Wohnsitz, dem *Tempel* Salomons, einem Palast, der angeblich auf der Stätte dieses Tempels stand]

tem|po ⟨Musik; in den Fügungen⟩ ~ *di marcia* [-ˈmartʃa] Marschtempo; ~ *di Valsa* Walzertempo; ~ *giusto* [-ˈdʒusto] in angemessener Bewegung; ~ *primo* erstes, früheres Zeitmaß; ~ *rubato* im willkürlichen Zeitmaß; →a. Tempo, a tempo [→ *Tempo*]

Tem|po ⟨n.; -s, Tem|pi⟩ **1** Grad der Geschwindigkeit; *das ~ angeben, beschleunigen, verringern; schnelles, langsames ~* **2** ⟨unz.; fig.⟩ Schnelligkeit; *~!* (Anfeuerung zu größerer Schnelligkeit); *mach ein bisschen ~!* ⟨umg.⟩ beschleunige die Sache ein bisschen **3** ⟨Musik⟩ Zeitmaß; →*a. tempo, a tempo; ~ di marcia, di valsa* Marschtempo, Walzertempo [ital., »Zeit« < lat. *tempus*]

Tem|po|li|mit ⟨n.; -s, -s⟩ Geschwindigkeitsbegrenzung (bes. auf Autobahnen)

Tem|po|ra ⟨Pl. von⟩ Tempus

tem|po|ral¹ ⟨Adj.⟩ das Tempus, die Zeit betreffend, zeitlich [< lat. *tempus* »Zeit«]

tem|po|ral² ⟨Adj.⟩ zur Temporalis gehörend, von ihr ausgehend

Tem|po|ra|li|en ⟨Pl.⟩ mit einem kirchl. Amt verbundene Rechte u. Einnahmen [< lat. *(bona) temporalia* »weltl. Vorteile«]

Tem|po|ra|lis ⟨f.; -, -ra|les; Anat.⟩ Schlagader der Schläfe [< lat. *tempus*, Pl. *tempora* »Schläfe«]

Tem|po|ral|satz ⟨m.; -es, -sät|ze; Gramm.⟩ Umstandssatz der Zeit (z. B. eingeleitet durch als, bevor od. während)

tem|po|ra mu|tan|tur ⟨geh.⟩ die Zeiten ändern sich [< lat. *Tempora mutantur, nos et mutamur in illis* »Die Zeiten ändern sich, und wir ändern uns mit ihnen« (nach einem Ausspruch des dt. Kaisers Lothar I.)]

tem|po|rär ⟨Adj.⟩ zeitweise, zeitweilig, vorübergehend

tem|po|rell ⟨Adj.⟩ **1** zeitlich, vergänglich **2** irdisch [< frz. *temporel(le)* »zeitlich, vergänglich, irdisch, weltlich«; zu lat. *tempus* »Zeit«]

tem|po|ri|sie|ren ⟨V.; veraltet⟩ **1** innhalten, hinauszögern, zögern **2** sich den Zeitumständen fügen [< frz. *temporiser* »zögern,

964

zaudern, die Zeit abwarten«; zu lat. *tempus* »Zeit«]

Tem|pus 〈n.; -, -po|ra; Gramm.〉 Zeitform des Verbums, z. B. Präsens, Perfekt [lat., »Zeit«]

ten. 〈Musik; Abk. für〉 tenuto

Te|na|kel 〈n.; -s, -〉 Gerät zum Halten des Manuskripts beim Setzen [< lat. *tenax* »festhaltend«; zu *tenere* »halten«]

Ten|al|gie *auch:* **Ten|al|gie** 〈f.; -, -n; Med.〉 Sehnenschmerz [< grch. *tenon* »Sehne« + ...*algie*]

Te|na|zi|tät 〈f.; -; unz.〉 **1** Zähigkeit **2** Hartnäckigkeit [zu lat. *tenax* »festhaltend, zäh«]

Ten|denz 〈f.; -, -en〉 **1** Neigung, Hang, Streben **2** erkennbare Absicht (eines Buches, Theaterstücks) **3** 〈Börse〉 Entwicklung der Kurse u. Umsätze im Geschäft mit Wertpapieren [< frz. *tendance* »Richtung, Trachten, Streben, Hang« < neulat. **tendentia;* zu *tendere* »spannen, ausstrecken, sich hinneigen«]

ten|den|zi|ell 〈Adj.〉 der Tendenz nach

ten|den|zi|ös 〈Adj.〉 **1** eine Tendenz erkennen lassend **2** (partei-)politisch gefärbt [< frz. *tendancieux* »tendenziös«; → *Tendenz*]

Ten|der 〈m.; -s, -〉 **1** mit der Lokomotive gekoppelter Wagen für Kohle od. Wasser **2** 〈Mar.〉 Begleitschiff eines Schiffes od. eines Verbandes von Schiffen für Kohle, Wasser, Proviant usw. [engl., »Begleitboot, Tender«]

ten|die|ren 〈V.〉 streben (nach), neigen (zu) [< *Tendenz* u. lat. *tendere* »spannen, ausstrecken, abzielen«]

Ten|di|ni|tis 〈f.; -, -ti|den; Med.〉 Sehnenentzündung [< neulat. *tendo,* Gen. *tendinis* »Sehne« (zu lat. *tendere* »spannen«) + ...*itis*]

Ten|do|va|gi|ni|tis 〈[-va-] f.; -, -ti|den〉 Sehnenscheidenentzündung [< neulat. *tendo* »Sehne« (zu lat. *tendere* »spannen«) + *Vaginitis*]

te|ne|ra|men|te 〈Musik〉 zärtlich, schmeichelnd (zu spielen) [ital.]

Te|nes|mus 〈m.; -; unz.; Med.〉 fortwährender, schmerzhafter Stuhl- od. Harndrang [< grch. *teinein* »spannen«]

Ten|nis 〈n.; -; unz.; Sport〉 Ballspiel zwischen zwei od. vier Spielern, die mit einem Schläger den Ball über ein etwa 1 m hohes Netz hin u. zurück schlagen; → *a.* Tiebreak, Deuce [< afrz. *tenez* »nehmt, haltet«; zu *tenere* »halten«]

Ten|no 〈m.; -s, -s; Titel für〉 jap. Kaiser [jap., »Erhabener, Herrscher des Himmels«]

Te|nor¹ 〈m.; -s; unz.〉 **1** Inhalt, Wortlaut, Sinn **2** Haltung, Einstellung **3** 〈Rechtsw.〉 entscheidender Teil eines Urteils [lat., »ununterbrochener Lauf, Fortgang, Zusammenhang, Sinn, Inhalt«]

Te|nor² 〈m.; -s, -nö|re; Musik.〉 **1** hohe Stimmlage der Männer **2** Sänger mit hoher Stimmlage **3** Gesamtheit dieser Sänger im Chor [< ital. *tenore* »Stimme, die die anderen Stimmen hält«; zu *tenere* »halten«]

Te|no|ra 〈f.; -, -s; Musik〉 katalanische Tenorschalmei mit stark nasalem Klang [→ *Tenor²*]

te|no|ral 〈Adj.; Musik.〉 in der Art einer Tenorstimme, in Tenorlage

Te|nor|buf|fo 〈m.; -s, -s od. -buf|fi; Musik.〉 Rollenfach des komischen Tenors

Te|no|rist 〈m.; -en, -en; Musik.; selten〉 Sänger, der Tenor singt

Te|no|to|mie 〈f.; -, -n; Med..〉 Sehnendurchschneidung [< grch. *tenon* »Sehne« + ...*tomie*]

Ten|sid 〈n.; -(e)s, -e; meist Pl.; Chemie〉 die Oberflächenspannung von Flüssigkeiten herabsetzende Substanz, Bestandteil vieler Wasch- u. Reinigungsmittel [→ *Tension*]

Ten|si|on 〈f.; -, -en〉 Spannung, Druck (von Gasen, Dämpfen) [< ital. *tensione* »Spannung« < lat. *tendere* »halten, spannen«]

Ten|sor 〈m.; -s, -so|ren〉 **1** 〈Math.〉 ein mathematischer Vektor **2** 〈Anat.〉 Spannmuskel [< lat. *tendere,* Perf. *tensus* »(an)spannen«]

Ten|ta|kel 〈m. od. n.; -s, -; meist Pl.; Zool.〉 zum Ertasten u. Ergreifen der Beute u. zur Abwehr von Feinden dienender, schlauchförmiger Körperteil der Hohltiere, Fangarm [< neulat. *tentaculum* < lat. *temptare, tentare* »angreifen, betasten, berühren«]

Ten|ta|ku|lat 〈m.; -en, -en; Zool.〉 Tentakeltier, Angehöriger eines Stammes von im Wasser lebenden, meist festsitzenden Urleibeshöhlentieren, die mit einem Kranz von Tentakeln ausgestattet sind: Tentaculata [< neulat. *tentaculum;* → *Tentakel*]

Ten|ta|ku|lit 〈m.; -en, -en; Arch.〉 ausgestorbenes, vermutlich zu den Mollusken gehöriges, marines Tier des Obersilurs u. Devons mit schlankem, konischem, ungekammertem Kalkgehäuse

ten|ta|tiv 〈Adj.; geh.〉 versuchsweise, probeweise [< frz. *tentatif*]

te|nu|is 〈Adj.; Med.〉 dünn, zart, fein [→ *Tenuis*]

Te|nu|is 〈f.; -, -nu|es; Phon.〉 stimmloser Explosivlaut, z. B. p, t, k; *Ggs* Media (1) [lat., »dünn, fein, zart«]

te|nu|to 〈Abk.: ten.; Musik〉 ausgehalten, getragen (zu spielen) [ital., Part. Perf. zu *tenere* »halten«]

Te|pa|len 〈Pl.; Bot.〉 gleich gestaltete Blütenblätter, die nicht in Kelch- u. Kronblätter differenziert sind

Te|phrit *auch:* **Teph|rit** 〈m.; -s, -e; Geol.〉 Basalt ohne Nephelin, Plagioklas u. Augit [< grch. *tephra* »Asche«]

Te|pi|da|ri|um 〈n.; -s, -ri|en〉 **1** lauwarmer Raum im römischen Bad **2** 〈veraltet〉 Gewächshaus mit mittlerer Temperatur [zu lat. *tepere* »lau, warm sein«]

Te|qui|la 〈[-ki:la] m.; - od. -s, -s〉 aus Pulque hergestellter mexikan. Branntwein [nach der mexikan. Stadt *Tequila*]

Te|ra... 〈in Zus.; Zeichen: T〉 Vorsilbe vor Maßeinheiten, bezeichnet das 10^{12}fache (Billionenfache) der betreffenden Grundeinheit, z. B. 1 TW = 10^{12} Watt [< grch. *teras* »Zeichen, Vorzeichen«]

te|ra|to|gen 〈Adj.; Med.; Biol.〉 Missbildungen hervorrufend; ~e *Stoffe, Mittel* [< grch. *teras,*

Teratogenese

Gen. *teratos* »Zeichen, Vorzeichen, Schreckbild« + ...*gen*ʳ]

Te|ra|to|ge|ne|se ⟨f.; -, -n; Med.; Biol.⟩ Entstehung von Missbildungen [<grch. *teras*, Gen. *teratos* »Zeichen, Vorzeichen, Schreckbild« + *Genese*]

Te|ra|to|lo|gie ⟨f.; ; unz.; Med.; Biol.⟩ Lehre von den Missbildungen der Lebewesen [<grch. *teras,*Gen. *teratos* »Zeichen, Vorzeichen, Schreckbild« + ...*logie*]

te|ra|to|lo|gisch ⟨Adj.; Med.; Biol.⟩ die Teratologie betreffend, zu ihr gehörig

Te|ra|tom ⟨n.; -s, -e; Med.⟩ Geschwulst aus verschiedenartigen Geweben [<grch. *teras* »Zeichen«]

Ter|bi|um ⟨n.; -s; unz.; chem. Zeichen: Tb⟩ chem. Element, Metall der Seltenen Erden, Ordnungszahl 65 [<neulat., nach dem schwed. Ort *Ytterby*]

Te|re|bin|the ⟨f.; -, -n; Bot.⟩ in den Mittelmeerländern heim. Pistazie, aus der Terpentin gewonnen wird: Pistacia terebinthus [<mhd. *terebint* <mlat. *terebintina (resina)* »Harz der Terebinthe«; zu *terebinthus* »Terpentinbaum«]

Term ⟨m.; -s, -e⟩ **1** ⟨Math.⟩ Glied einer Summe od. Reihe od. eines Produktes **2** ⟨Atomphysik⟩ = Niveau (4) **3** = Terminus (2) [<frz. *terme*, engl. *term* »Ziel« <lat. *terminus* »Grenze, Grenzstein, Ziel«]

Ter|min ⟨m.; -s, -e⟩ **1** bestimmter Zeitpunkt; *Fälligkeits~; Liefer~; Start~; einen ~ anberaumen, vereinbaren, versäumen* **2** ⟨Rechtsw.⟩ (vom Gericht festgesetzter Zeitpunkt für eine) Verhandlung; *am 20. ist ~; einen ~ haben* [<lat. *terminus* »Grenzstein, Grenzstein, Grenze« < grch. *terma* »Ende, Ziel«]

ter|mi|nal ⟨Adj.⟩ die Grenze, das Ende betreffend [→ *Termin, Terminus*]

Ter|mi|nal **1** ⟨[tœːmɪnəl] m. od. n.; -s, -s⟩ meist von der Zentraleinheit räumlich getrennte Ein- u. Ausgabeeinheit einer Datenverarbeitungsanlage **2** Zielbahnhof, Endstation **3** ⟨auf Flughäfen⟩ Halle, in der die Flugreisenden abgefertigt werden [engl., »Endstation«]

Ter|mi|na|ti|on ⟨f.; -, -en⟩ Begrenzung

ter|mi|na|tiv ⟨Adj.; Gramm.⟩ den Endpunkt einer Handlung ausdrückend (bei Verben) [zu lat. *terminatum*, Part. Perf. zu *terminare* »begrenzen, abgrenzen, beenden«; → *Termin*]

Ter|mi|na|tor ⟨m.; -s, -to̱ren; Astron.⟩ Grenzlinie zwischen Licht u. Dunkelheit auf dem Mond od. einem Planeten [spätlat., »Abgrenzer«; zu *terminare* »begrenzen«]

Ter|mi|ner ⟨m.; -s, -; Wirtsch.⟩ für die Koordination von Lieferterminen u. Produktionsablauf verantwortlicher Angestellter eines Industriebetriebes [→ *Termin*]

Ter|mi|ne|rin ⟨f.; -, -rin|nen; Wirtsch.⟩ weibl. Terminer [→ *Termin*]

Ter|min|ge|schäft ⟨n.; -(e)s, -e; Wirtsch.⟩ Geschäft, das nicht bei Vertragsabschluss, sondern zu einem späteren Termin, aber zum gleichen Kurs erfolgen soll, Zeitgeschäft

ter|mi|nie|ren ⟨V.⟩ *eine Sache ~ einer S. einen Termin setzen, eine S. befristen*

Ter|mi|nis|mus ⟨m.; -; unz.; Philos.⟩ Lehre, dass alles Denken nur in Begriffen (Termini) vor sich gehe, da ihresreits nur Zeichen der wirklichen Dinge seien [→ *Terminus*]

Ter|mi|no|lo|ge ⟨m.; -n, -n⟩ **1** Bearbeiter einer Terminologie **2** Angestellter, der damit beschäftigt ist, die Terminologie für bestimmte Fachgebiete nach sprachwissenschaftl. u. sachl. Gesichtspunkten zu arbeiten

Ter|mi|no|lo|gie ⟨f.; -, -n⟩ Gesamtheit der Fachausdrücke (eines Kunst- od. Wissensgebietes) [<mlat. *terminus* »Grenze, Ziel, Ende« + ...*logie*]

ter|mi|no|lo|gisch ⟨Adj.⟩ die Terminologie betreffend, auf ihr beruhend, ihr entsprechend

Ter|mi|nus ⟨m.; -, -mi|ni⟩ **1** Grenze, Stichtag **2** ~ *(technicus)* Fachausdruck; Sy Term (3) [<mlat. *terminus* »inhaltlich abgegrenzter, fest umrissener Begriff« <lat. *terminus* »Grenze, Grenzzeichen, Ziel, Ende« <grch. *terma* »Ende, Ziel«]

Ter|mi|te ⟨f.; -, -n; Zool.⟩ Angehörige einer den Schaben nahe stehenden Ordnung der Insekten, die in hoch entwickelten Staaten leben: Isoptera [<lat. *termes* »abgeschnittener Zweig« (vermutl. wegen ihrer Gestalt)]

Ter|mon ⟨n.; -s, -e; Biochemie⟩ das Geschlecht bestimmender Wirkstoff bei Pflanzen [<*terminieren* + *Hormon*]

ter|när ⟨Adj.⟩ dreifach, dreigliedrig, aus drei Einheiten, Stoffen bestehend [<frz. *ternaire* »dreimal« <lat. *ternarius*]

Ter|ne ⟨f.; -, -n; Lotto⟩ *oV* ⟨österr.⟩ Terno **1** Zusammenstellung von drei Nummern **2** dreifacher Treffer [<ital. *terno* <lat. *terni* »je drei«]

Ter|no ⟨m.; -s, -s; österr.⟩ = Terne [ital.]

Ter|pen ⟨n.; -s, -e; Chemie⟩ hydroaromatische Verbindung, die sich aus einer zehngliedrigen Kohlenstoff-Grundstruktur ableitet [zu grch. *terpein* »sättigen«]

Ter|pen|tin ⟨n.; -s; unz.; Chemie⟩ dickflüssiges Harz bestimmter Kiefern, das feste Anteile an Harz u. Terpentinöl enthält [<mhd. *terebint* <mlat. *terebintina (resina)* »Harz der Terebinthe«]

Ter|pen|tin|öl ⟨n.; -s; unz.; Chemie⟩ aus dem Terpentin gewonnene, scharf riechende Flüssigkeit, Lösungsmittel für Farbanstriche u. Reinigungsmittel

Ter|ra ⟨f.; -; unz.; Geogr.⟩ Land, Erde [lat.]

Ter|ra|cot|ta ⟨f.; -, -cot|ten⟩ = Terrakotta (1)

Ter|rain ⟨[-rɛ̃ː] n.; -s, -s⟩ **1** Gebiet, Gelände; *das ~ sondieren, erkunden* **2** Grundstück, Baugrundstück [frz., »Gebiet, Gelände, Boden« <lat. *terrenum* »Erde, Acker«; zu *terra* »Erde, Sand«, eigtl. »die Trockene«]

Ter|ra in|co|gni|ta *auch:* Ter|ra in|co|gni|ta ⟨f.; - ~ ; unz.⟩ **1** unbekanntes Land **2** ⟨fig.⟩ etwas Unbekanntes, Unerforschtes [lat., »unbekanntes Land«

Tertiär

‹*terra* »Erde, Land« + *incognita* »unbekannt« ‹zu *cognoscere* »kennen, erkennen«›]

Ter|ra|kot|ta 〈f.; -, -kot|ten〉 **1** 〈unz.〉 gebrannter Ton; *oV* Terracotta **2** 〈zählb.〉 kleine Figur aus gebranntem Ton; *oV* Terrakotte [ital.; zu ital., Lat. *terra* »Erde« u. ital. *cotta*, Part. Perf. Fem. zu *cuocere* »kochen« ‹‹lat. *coquere* »kochen, brennen«›]

Ter|ra|kot|te 〈f.; -, -n〉 = Terrakotta (2)

Ter|ra|my|cin 〈n.; -s; unz.; Pharm.; fachsprachl.〉 = Terramyzin

Ter|ra|my|zin 〈n.; -s; unz.; Pharm.〉 bei Bakterien- u. Virusinfektionen verwendetes Antibiotikum aus dem Strahlenpilz Streptomyces rimosus; *oV* 〈fachsprachl.〉 Terramycin [‹lat. *terra* »Erde, Land« + *mykes* »Pilz«]

Ter|ra|ri|um 〈n.; -s, -ri|en; Zool.〉 Behälter zur Pflege u. Zucht von Amphibien u. Reptilien [‹lat. *terra* »Erde, Land«]

Ter|ra ros|sa 〈f.; -, Ter|re ros|se; Geol.〉 in wärmeren Klimagebieten, bes. im Mittelmeerraum zu findender roter Tonboden, der sehr eisenoxidreich ist, Kalksteinrotlehm [ital., »rote Erde«]

Ter|ras|se 〈f.; -, -n〉 **1** waagerechte Stufe im Gelände, Absatz **2** nicht überdachter, gepflasterter, an das hintere Ende des Erdgeschosses eines Hauses angebauter Platz **3** große, überdachte, offener Balkon [‹frz. *terrasse* »Stufe, Absatz« ‹galloroman. *terracea* »Erdaufhäufung« ‹lat. *terra* »Erde«]

ter|ras|sie|ren 〈V.〉 stufenförmig anlegen (Gebäude, Garten) [‹frz. *terrasser* »niederwerfen, mit Erde um-, beschütten«]

Ter|raz|zo 〈m.; - od. -s, -raz|zi〉 mosaikartiger Fußboden aus kleinen, farbigen Steinen aus Marmor od. Zement [ital., »Terrasse, Altan« ‹lat. *terra* »Erde, Boden«; → *Terrasse*]

terre des hommes 〈[tɛrdezɔm] f.; - - -; unz.〉 internationale Kinderhilfsorganisation [frz., »Erde der Menschen«]

ter|res|trisch *auch:* **ter|rest|risch** 〈Adj.〉 **1** zum Festland gehörend, auf dem Festland entstanden **2** zur Erde gehörend, Erd… [‹lat. *terrestris*; zu *terra* »Erde, Land«]

Ter|ri|er 〈m.; -s, -; Zool.〉 meist stichelhaarige, kleine bis mittelgroße Rasse von Hunden; Airedale~; Fox~; Scotch~; Welsh~ [‹engl. *terrier (dog)* »Erdhund« (wegen seiner Eignung für die Erdwildjagd) ‹lat. *terrarius*; zu *terra* »Erde«]

ter|ri|gen 〈Adj.; Biol.; Geol.〉 vom Festland stammend [‹lat. *terra* »Erde, Land« + …*gen¹*]

ter|ri|kol 〈Adj.; Biol.〉 erdbewohnend; *~e Lebewesen* [lat.]

Ter|ri|ne 〈f.; -, -n〉 Schüssel, bes. Suppenschüssel mit Deckel; Suppen~ [‹frz. *terrine* »Schüssel« ‹afrz. *terrin* »irden« ‹vulgärlat. **terrinus* »irden« ‹lat. *terra* »Erde«]

ter|ri|to|ri|al 〈Adj.〉 zu einem Territorium gehörig, es beherrschend [‹frz. *territorial* »zu einem (Staats-)Gebiet gehörig« ‹*territoire* »Territorium« ‹lat. *territorium*; → *Territorium*]

Ter|ri|to|ri|a|lis|mus 〈m.; -; unz.〉 = Territorialsystem

Ter|ri|to|ri|a|li|tät 〈f.; -; unz.〉 Zugehörigkeit zu einem Territorium

Ter|ri|to|ri|a|li|täts|prin|zip 〈n.; -(e)s, -e〉 **1** Grundsatz, dass ein erworbenes Staatsgebiet in die Gewalt des erwerbenden Staates übergeht **2** Grundsatz, dass jeder, der sich in einem Staat aufhält, dessen Gewalt untersteht **3** Anwendung der Rechtsordnung eines Staates auf Vorgänge u. Handlungen, die sich in seinem Territorium abgespielt haben

Ter|ri|to|ri|al|sys|tem 〈n.; -s; unz.; im Zeitalter des Absolutismus〉 Abhängigkeit der Kirche vom Staatsoberhaupt; *Sy* Territorialismus

Ter|ri|to|ri|um 〈n.; -s, -ri|en〉 **1** Gebiet, Land **2** Herrschafts-, Hoheitsgebiet [lat., »zu einer Stadt gehörendes Ackerland, Stadtgebiet«; zu *terra* »Erde, Land«]

Ter|ror 〈m.; -s; unz.〉 **1** gewalttätiges, rücksichtsloses Vorgehen, das die Betroffenen in Angst u. Schrecken versetzen soll **2** 〈umg.〉 aufgeregtes Gehabe; *mach nicht solchen ~!* [lat.; zu *terrere* »schrecken, erschrecken«]

ter|ro|ri|sie|ren 〈V.〉 durch Anwendung von Gewalt einschüchtern, in Schrecken u. Furcht versetzen [‹frz. *terroriser* ‹lat. *terrere* »schrecken, erschrecken«; → *Terror*]

Ter|ro|ris|mus 〈m.; -; unz.〉 **1** Ausübung von Terror **2** System der Schreckensherrschaft [‹frz. *terrorisme* »Schreckensherrschaft« ‹lat. *terrere* »schrecken, erschrecken«]

Ter|ro|rist 〈m.; -en, -en〉 männl. Person, die Terror ausübt, Terroranschläge verübt usw.

Ter|ro|ris|tin 〈f.; -, -tin|nen〉 weibl. Person, die Terror ausübt, Terroranschläge verübt usw.

ter|ro|ris|tisch 〈Adj.〉 **1** auf Terrorismus beruhend, mit seiner Hilfe **2** Terror ausübend, verbreitend

Ter|tia 〈[-tsja] f.; -, -ti|en; veraltet〉 vierte *(Unter~)* u. fünfte *(Ober~)* Klasse eines Gymnasiums **2** 〈österr.〉 dritte Klasse des Gymnasiums [lat., Fem. zu *tertius* »der dritte«; zu *tres* »drei«]

Ter|ti|al 〈[-tsja:l] n.; -s, -e〉 Drittel eines Jahres [‹lat. *tertius* »der dritte«]

ter|ti|an 〈[-tsja:n] Adj.; Med.〉 dreitägig, alle drei Tage auftretend (z. B. von Fieberanfällen) [‹lat. *tertianus* »dreitägig«]

Ter|ti|a|na 〈[-tsja:-] f.; -; unz.〉 Med.; kurz für〉 Tertianafieber

Ter|ti|a|na|fie|ber 〈[-tsja:-] n.; -s; unz.; Med.〉 Malaria mit Fieberanfällen an jedem dritten Tag [‹lat. *tertiana febris* »Fieber, das alle drei Tage wiederkehrt«; zu *tertianus* »dreitägig«]

Ter|ti|a|ner 〈[-tsja:-] m.; -s, -; veraltet〉 Schüler der Tertia

ter|ti|är 〈[-tsjɛ:r] Adj.〉 **1** die dritte Stelle in einer Reihe einnehmend **2** 〈Geol.〉 zum Tertiär gehörig [‹frz. *tertiaire* »von einer dritten Epoche herrührend« ‹lat. *tertius* »der dritte«]

Ter|ti|är 〈[-tsjɛ:r] n.; -s; unz.; Geol.〉 Formation des Känozoikums vor 60 Mill. bis 700 000

Tertiarier

Jahren mit alpinischer Gebirgsbildung, Entstehung von Braunkohle [→ *tertiär*]

Ter|ti|a|ri|er ⟨[-tsja:-] m.; -s, -⟩ Angehöriger eines Ordens, dessen Mitglieder nach einer sog. dritten, nicht so streng bindenden Regel leben [<lat. *tertius* »der dritte«]

Ter|ti|a|wech|sel ⟨[-tsja-] m.; -s, -⟩ dritte Ausfertigung eines Wechsels [<lat. *tertius* »der dritte«]

Ter|ti|um Com|pa|ra|ti|o|nis ⟨[-tsjum] n.; - -, -tia -⟩ das zum Vergleich herangezogene Dritte, der Vergleichspunkt [<lat. *tertium* »das dritte« + *comparationis*, Gen. zu *comparatio* »Vergleich«]

Ter|ti|us gau|dens ⟨[-tsjus -] m.; - -; unz.⟩ der lachende Dritte [lat., eigentlich: *tertius gaudens duobus litigantibus* »der Dritte freut sich, wenn zwei sich streiten« < *tertius* »der Dritte« + *gaudens*, Part. Präs. von *gaudere* »sich freuen«]

Ter|y|len® ⟨[-le:n] n.; -s; unz.; Textilw.⟩ aus Äthylenglykol u. Terephthalsäure hergestellte, wetterfeste, gegen Säuren, Bleichmittel, Motten u. Pilze resistente Kunstfaser

Terz ⟨f.; -, -en⟩ **1** ⟨Musik⟩ dritter Ton der diaton. Tonleiter **2** Intervall von drei Stufen **3** ⟨Sport; Fechten⟩ Hieb von rechten Ohr des Gegners zu dessen linker Hüfte **4** Stunde des Gebets (9 Uhr), dritter Teil des Stundengebets [<ital. *terza* <lat. *tertia*, Fem. zu *tertius* »der dritte«]

Ter|zel ⟨m.; -s, -⟩ zum Jagen abgerichteter (männl.) Falke [<ital. *terzuolo* »Männchen einiger Raubvögel«]

Ter|ze|rol ⟨n.; -s, -e⟩ kleine Pistole mit zwei Läufen [<ital. *terzeruolo*]

Ter|zett ⟨n.; -(e)s, -e; Musik⟩ **1** Musikstück für drei Singstimmen od. drei gleiche Instrumente **2** Gruppe von drei Sängern od. drei Instrumentalisten [<ital. *terzetto* <lat. *tertius* »der dritte«]

Ter|zi|ne ⟨f.; -, -n; Metrik⟩ italien. Strophenform aus drei elfsilbigen jambischen Zeilen, von denen sich die 1. u. 3. reimen u. die 2. Zeile jeweils mit der 1. u. 3. Zeile der folgenden Strophe [<ital. *terzina* »dreizeiliger Vers«; zu *terzo* »dritter« <lat. *tertius* »der dritte«]

Ter|zo ⟨Wirtsch.; Abk. für⟩ *Geschäft a terzo* ein Gelegenheitsgeschäft, für dessen Durchführung sich drei Rechtspersonen kurzfristig zusammenschließen (bes. im Wertpapierbereich) [→ *Terz*]

Te|sching ⟨n.; -s, -e od. -s⟩ Kleinkalibergewehr bzw. -pistole [vielleicht nach *Tesching*, einem Deutschböhmen, nach dem eine Handfeuerwaffe (Zimmerpistole, Salonflinte) benannt ist]

Tes|la ⟨n.; -, -; Physik; Zeichen: T⟩ SI-Einheit der magnetischen Flussdichte, 1 T = 1 Weber/Quadratmeter (Wb/m^2) [nach dem serb. Physiker Nicola *Tesla*, 1856-1943, dem Erfinder des Tesla-Transformators]

Tes|la|strom *auch:* **Tes|la-Strom** ⟨m.; -(e)s; Physik⟩ hochfrequenter elektr. Strom hoher Spannung

Tes|sar® ⟨n.; -s, -e; Fot.⟩ sehr scharf zeichnendes u. lichtstarkes Fotoobjektiv

tes|sel|la|risch ⟨Adj.; Kunst⟩ gewürfelt (bei Mosaiken) [zu lat. *tessera*, *tesserula* »Würfel(chen), Mosaikstein(chen)«]

Tes|se|ra ⟨f.; -, -rae⟩ **1** ⟨Geol.⟩ kleiner, begrenzter Raum, dessen Dreidimensionalität hinsichtlich seines vertikalen Metabolismus untersucht wird **2** antike Wertmarke aus Bronze od. Blei, die als Eintrittsmarke zu Theater, Zirkus od. Gasthäusern diente u. somit oft einen Geldcharakter besaß [lat., »Viereck«]

Test ⟨m.; -(e)s, -e od. -s⟩ experimentelle Untersuchung zur Feststellung bestimmter Eigenschaften, Leistungen u. Ä. [engl., »Probe, Prüfung« <afrz. *test* »irdener Topf, Tiegel (für alchimist. Experimente)« <lat. *testum* »Geschirr, Schüssel«]

Test|al|ler|gen *auch:* **Test|al|ler|gen** ⟨n.; -s, -e; meist Pl.; Pharm.⟩ Antigene enthaltendes Arzneimittel zur Erkennung spezifischer Abwehr- od. Schutzstoffe bei Menschen od. Tieren

Tes|ta|ment ⟨n.; -(e)s, -e⟩ **1** schriftl. Erklärung, mit der jmd. für den Fall seines Todes die Verteilung seines Vermögens festlegt, letzter Wille, letztwillige Verfügung; *ein ~ anfechten; sein ~ machen* **2** Teil der Bibel; *das Alte, Neue ~* [<kirchenlat. *testamentum* »Ordnung Gottes, Bund Gottes mit den Menschen« <lat. *testari* »bezeugen, als Zeugen nehmen; ein Testament machen«; zu *testis* »Zeuge«]

tes|ta|men|ta|risch ⟨Adj.⟩ durch Testament; *jmdn. ~ als Erben einsetzen; etwas ~ verfügen*

Tes|tat ⟨n.; -(e)s, -e⟩ Bescheinigung, Beglaubigung, schriftl. Bestätigung (bes. des Besuchs einer Vorlesung) [<lat. *testatus*, Perf. zu *testari* »bezeugen«; zu *testis* »Zeuge, Mitwisser«]

Tes|ta|tor ⟨m.; -s, -to|ren⟩ **1** jmd., der ein Testament macht od. gemacht hat **2** jmd., der ein Testat gibt od. gegeben hat

Tes|ta|zee ⟨[-tse:ə] f.; -, -n; Zool.⟩ einer Ordnung der Wurzelfüßer angehörende Amöbe mit einer Schale, in der oft Fremdkörper eingelagert sind: Testacea [<lat. *testaceus* »aus Backsteinen«; zu *testa* »Schale, Muschel, Backstein«]

tes|ten ⟨V.⟩ mit Hilfe eines Tests prüfen [<engl. *test* »prüfen, erproben, ausprobieren«]

Tes|ter ⟨m.; -s, -⟩ **1** jmd., der jmdn. od. etwas testet (bes. Waren, Material) **2** Warenprobe zum Testen für Kunden [engl.]

Tes|te|rin ⟨f.; -, -rin|nen⟩ weibl. Person, die jmdn. od. etwas testet (bes. Waren, Material) [engl.]

tes|tie|ren ⟨V.⟩ **1** durch Testament, letztwillig verfügen **2** ein Testat geben über, bescheinigen, schriftlich bestätigen [<lat. *testari* »bezeugen«]

Tes|ti|kel ⟨m.; -s, -; Anat.⟩ Hoden [<lat. *testiculus*, Verkleinerungsform zu *testes*, Gen. *testis* »Hoden«]

Tes|ti|kel|hor|mon ⟨n.; -s, -e; Med.⟩ männliches Keimdrüsenhormon

Testimonial ⟨[-mo:njəl] n.; -s, -s⟩ in Werbeanzeigen u. -spots eingefügtes Empfehlungsschreiben eines zufriedenen Kunden od. eines Prominenten, das die Wertschätzung eines Produktes od. eines Unternehmens zum Ausdruck bringt [<engl. *testimonial* »Referenz, Wertschätzung« <lat. *testimonium* »Zeugenaussage, Beweis«]

Testimonium ⟨n.; -s, -ni|en⟩ Zeugnis; ~ *Paupertatis* Bescheinigung über die Mittellosigkeit von Prozessführenden, das Gerichtsverfahren zu bezahlen, Armutszeugnis [lat.]

Testo ⟨m.; -, Testi; Musik⟩ seit dem 17. Jh. im ital. Oratorium der erzählende Text od. die Rolle des Erzählers, die zumeist solistisch gestaltet ist [ital., »Text«]

Testosteron *auch:* **Testosteron** ⟨n.; -s; unz.; Med.⟩ Geschlechtshormon des Mannes [<lat. *testis* »Hoden« + grch. *stereos* »starr, hart, fest«]

Testperson ⟨f.; -, -en⟩ Person, mit der od. an der ein Test durchgeführt wird

Testpilot ⟨m.; -en, -en⟩ Flugzeugführer, der ein Flugzeug in der Erprobung fliegt

Testserie ⟨[-riə] f.; -, -n⟩ **1** Serie von Tests; *eine ~ starten* **2** eine bestimmte Anzahl eines Produktes, die nur zu qualitativen Testzwecken hergestellt wurde; *bei den Autos der ~ A traten gravierende Mängel auf*

Testudo ⟨f.; -, -tu|di|nes⟩ **1** ⟨Antike⟩ Schutzdach (bei Belagerungen) **2** dachziegelartig gewickelter Verband [lat., »Wölbung, (hölzernes) Schutzdach (für den Rammbock bei Belagerungen)«; zu *testa* »Dachziegel«]

Tetanie ⟨f.; -, -n; Med.⟩ durch Krämpfe in den Extremitäten u. Überempfindlichkeit des Nervensystems gekennzeichnete Krankheit; *Sy* Spasmophilie [→ *Tetanus*]

tetanisch ⟨Adj.; Med.⟩ in der Art des Tetanus, starrkrampfartig

Tetanus ⟨m.; -; unz.; Med.⟩ Wundstarrkrampf [<grch. *tetanos*; zu *teinein* »strecken, spannen«]

Tete ⟨frz. [tɛːt] f.; -, -n; bes. Mil.⟩ Spitze (einer Kolonne); *an der ~ marschieren, reiten* [<frz. *tête* »Kopf, Haupt« <vulgärlat. *testa* »Kopf« <lat. *testa* »Scherbe«]

Tête-à-tête ⟨[tɛtatɛːt] n.; -, -s⟩ trauliches, vertrautes Beisammensein [frz., eigtl. »Kopf an (bei) Kopf«]

Tethys ⟨f.; -; unz.⟩ **1** ⟨Astron.⟩ dritter Saturnmond **2** ⟨Geol.⟩ vom Paläozoikum bis zum Alttertiär bestehendes Mittelmeer, von dem das heutige europäische Mittelmeer sowie das Schwarze u. Kaspische Meer Reste sind [nach der grch. Göttin des Titanengeschlechts, der Urmutter aller Gewässer]

◆ Die Buchstabenfolge **tetr**... kann auch **tetr**... getrennt werden.

◆ **tetra..., Tetra...** ⟨vor Vokalen⟩ tetr..., Tetr... ⟨in Zus.⟩ vier..., Vier... [<grch. *tessares, tettares* »vier«]

◆ **Tetrachlorethan** ⟨[-klo:r-] n.; -s; unz.; Chemie⟩ farblose, unbrennbare, giftige Flüssigkeit, die aus Acetylen u. Chlorgas gewonnen wird, löst Harze, Fette, Lacke, Phosphor, Halogene u. Schwefel, chemisch Acetylentetrachlorid

◆ **Tetrachlorethylen** ⟨[-klo:r-] n.; -s; unz.⟩ = Perchlorethylen

◆ **Tetrachlorkohlenstoff** ⟨[-klo:r-] m.; -(e)s; unz.; Chemie⟩ farblose, giftige, süßlich riechende Flüssigkeit, als Lösungsmittel u. zum Feuerlöschen verwendet; *Sy* Tetrachlormethan

◆ **Tetrachlormethan** ⟨[-klo:r-] n.; -s; unz.; Chemie⟩ = Tetrachlorkohlenstoff

◆ **Tetrachord** ⟨[-kɔrd] m. od. n.; -(e)s, -e; Musik⟩ Hälfte einer Oktave [<*Tetra*... +...*chord*]

◆ **Tetrachromie** ⟨[-kro:-] f.; -, -n⟩ Vierfarbendruck [<*Tetra*... +...*chromie*]

◆ **Tetrade** ⟨f.; -, -n⟩ aus vier Teilen bestehendes Ganzes [zu grch. *tessares, tettares* »vier«]

◆ **Tetraeder** ⟨n.; -s, -; Geom.⟩ platonischer Körper, begrenzt von vier gleichseitigen Dreiecken, Vierflach, Vierflächner [<*Tetra*... +...*eder*]

◆ **Tetraedrit** *auch:* **Tetraedrit** ⟨m.; -s, -e; Min.⟩ graues bis schwarzes, metallisch glänzendes Mineral, Silber- u. Kupfererz, Fahlerz [→ *Tetraeder*]

◆ **Tetragon** ⟨n.; -s, -e; Geom.⟩ Viereck [<*Tetra*... +...*gon*]

◆ **tetragonal** ⟨Adj.; Geom.⟩ in der Art eines Tetragons, viereckig

◆ **Tetralin** ⟨n.; -s; unz.; Chemie⟩ farbloses Mittel zum Lösen u. Verdünnen, chemisch Tetrahydronaphthalin [zu grch. *tessares, tettares* »vier«]

◆ **Tetralogie** ⟨f.; -, -n⟩ **1** ⟨im altgrch. Theater⟩ Folge von vier Dramen (drei Tragödien u. ein Satyrspiel) **2** aus vier selbständigen Teilen bestehendes literar. Werk od. Musikdrama [<*Tetra*... +...*logie*]

◆ **tetramer** ⟨Adj.; Bot.⟩ vierzählig [<*tetra*... +...*mer*]

◆ **Tetrameter** ⟨m.; -s, -; Metrik⟩ altgrch. Vers aus vier Versfüßen [<*Tetra*... +...*meter*]

◆ **Tetra Pak®** *auch:* **Tetrapak** ⟨m.; (-) -s, (-) -s⟩ meist quaderförmiger Verpackungskarton, bes. für Milch o. Getränke

◆ **Tetraplegie** ⟨f.; -, -n; Med.⟩ Lähmung aller vier Gliedmaßen [<*Tetra*... + grch. *plege* »Schlag«]

◆ **Tetrapode** ⟨m.; -n, -n; Zool.⟩ Vierfüßer [<*Tetra*... +...*pode*]

◆ **Tetrarch** ⟨m.; -en, -en; Antike⟩ Herrscher über ein Viertel des Landes [<*Tetra*... +...*arch*]

◆ **Tetrarchie** ⟨f.; -, -n; Antike⟩ einem Tetrarchen unterstelltes Viertel eines Landes

◆ **Tetrode** ⟨f.; -, -n; El.⟩ Elektronenröhre mit den vier Polen Anode, Kathode, Steuergitter u. Schirmgitter [<*Tetra*... +...*ode*]

◆ **Tetryl** ⟨n.; -s, -e; Chemie⟩ am Licht hellgelbe, ansonsten farblose u. giftige kristalline Substanz, die als Sprengstoff verwendet wird [verkürzt <*Tetra*nitro-N-methylanilin]

Teuro ⟨m.; - od. -s, -s; umg.; scherzh.⟩ (im Vergleich zur

D-Mark scheinbar) teure europäische Währungseinheit

Tex ⟨n.; -, -; Textilw.; Zeichen: tex⟩ nicht gesetzliche, aber in der Textilindustrie übliche Maßeinheit für die längenbezogene Masse von Garnen, 1 tex = 1 g/km [→ *Textil*]

Te|xas|fie|ber ⟨n.; -s; unz.; Med.⟩ durch Einzeller hervorgerufene, seuchenhafte Blutinfektion bei Rindern [nach dem US-Bundesstaat *Texas*]

Text ⟨m.; -(e)s, -e⟩ **1** Folge von Wörtern, die eine sprachl. Äußerung in einer aktuellen (geschichtl.) Situation darstellt **2** genauer Wortlaut einer Aufzeichnung **3** genauer Wortlaut eines Werkes als Grundlage der Literaturwissenschaft **4** inhaltl. Hauptteil eines Buches im Unterschied zu Vor- u. Nachwort **5** zusammenhängendes Schriftbild einer bedruckten od. beschriebenen Seite im Unterschied zu Überschrift, Fußnote, Illustration **6** die begleitenden Worte zu einer musikalischen Komposition; *Opern~; Lied~* **7** (erklärende) Beschriftung von Abbildungen, Karten usw. **8** Bibelstelle als Thema einer Predigt; *über einen ~ predigen, sprechen* [<lat. *textus* »Gewebe, Geflecht«; zu *texere* »weben, flechten, fügen, kunstvoll zusammenfügen«]

Text|e|di|tor ⟨[-ɛdɪtɔ(r)] m.; -s, -s; EDV⟩ = Editor² [engl.]

Tex|tem ⟨n.; -s, -e; Sprachw.⟩ noch nicht realisierte sprachliche Struktur, aus der ein Text hervorgeht [→ *Text*]

tex|ten ⟨V.⟩ einen Werbe- od. Liedtext verfassen

Tex|ter ⟨m.; -s, -⟩ Verfasser von Werbe- od. Liedtexten

Tex|te|rin ⟨f.; -, -rin|nen⟩ Verfasserin von Werbe- od. Liedtexten

tex|til ⟨Adj.⟩ zu Textiltechnik od. -industrie gehörend

Tex|ti|li|en ⟨Pl.⟩ **1** Stoffe, Tuche, Gewebe, Gewirke, Faserstoffe **2** Kleidung, Wäsche [<lat. *textile* »gewebt, gewirkt« <lat. *textilis*; → *Text*]

Text|kri|tik ⟨f.; -; unz.⟩ Prüfung eines schriftlich überlieferten Literaturwerkes, um seine ursprüngliche Fassung wiederherzustellen

Text|lin|gu|is|tik ⟨f.; -; unz.⟩ Sprachwissenschaft, die sich mit der Analyse von Texten beschäftigt

text|lin|gu|is|tisch ⟨Adj.⟩ die Textlinguistik betreffend, auf ihr beruhend

Tex|tur ⟨f.; -, -en⟩ **1** Gewebe, Faserung **2** Zusammenfügung, Anordnung [<lat. *texere* »weben, flechten, fügen«]

tg ⟨Zeichen für⟩ Tangens

Th ⟨chem. Zeichen für⟩ Thorium

TH ⟨Abk. für⟩ Technische Hochschule

Tha|la|mo|phor ⟨m.; -s, -e; Zool.⟩ Foraminifere [<grch. *thalamos* »Schlafgemach, Höhle« + ...*phor* <grch. *pherein* »tragen«]

Thal|la|mus ⟨m.; -, -la|mi; Anat.⟩ Ansammlung grauer Substanz im Gehirn, durch die alle zur Großhirnrinde ziehenden Nervenstränge verlaufen, Sehhügel [<grch. *thalamos*]

thal|las|so|gen ⟨Adj.⟩ durch die Tätigkeit des Meeres entstanden [<grch. *thalassa* »Meer« + ...*gen*]

Thal|las|so|gra|fie ⟨f.; -; unz.⟩ = Thalassographie

Thal|las|so|gra|phie ⟨f.; -; unz.⟩ Meereskunde; *oV* Thalassografie [<grch. *thalassa* »Meer« + ...*graphie*]

Thal|las|so|me|ter ⟨n.; -s, -⟩ Gerät zum Messen des Wasserstandes des Meeres [<grch. *thalassa* »Meer« + ...*meter*]

Thal|las|so|the|ra|pie ⟨f.; -; unz.; Med.⟩ Teilgebiet der Medizin, das sich mit den Heilwirkungen von Seeluft u. Bädern im Meerwasser befasst [<grch. *thalassa* »Meer« + *Therapie*]

Thal|lat|ta, Thal|lat|ta! »das Meer, das Meer!« [grch. *thalassa, thalatta* »Meer« (nach Xenophon Freudenruf der Griechen, als sie 401 v. Chr. das heimatliche Meer wiedererblickten)]

Thal|li|do|mid ⟨n.; -s; unz.; Pharm.; wissenschaftl. Bez. für⟩ Contergan

Thal|li|um ⟨n.; -s; unz.; chem. Zeichen: Tl⟩ chem. Element, weißes, giftiges Metall, Ordnungszahl 81 [neulat. <grch. *thallos* »grüner Zweig« (nach der grünen Spektrallinie)]

Thal|lo|phyt ⟨m.; -en, -en; Bot.⟩ Lagerpflanze, vielzellige, niedere Pflanze, die nicht in Wurzel u. Spross gegliedert ist, sondern einen Thallus als Pflanzenkörper besitzt, z. B. Alge, Pilz, Flechte: Thallophyta; *Ggs* Kormophyt [<grch. *thallos* »Spross« + ...*phyt*]

Thal|lus ⟨m.; -, Thal|li; Bot.⟩ Pflanzenkörper der Lagerpflanzen, Lager; *Ggs* Kormus [<grch. *thallos* »Spross«]

Tha|na|to|lo|gie ⟨f.; -; unz.⟩ Lehre vom Tod [<grch. *thanatos* »Tod« + *logos* »Wort, Lehre, Kunde«]

Tha|na|to|ma|nie ⟨f.; -, -n; Med.; Psych.⟩ krankhafte Neigung zum Selbstmord [<grch. *thanatos* »Tod« + *Manie*]

Tha|na|to|pho|bie ⟨f.; -, -n⟩ krankhafte Furcht vor dem Tode [<grch. *thanatos* »Tod, Todesgott« + *Phobie*]

Thanks|gi|ving Day ⟨[θæŋksgɪvɪŋ deɪ] m.; - -s, - -s⟩ amerikanischer Feiertag im November, an dem Gott für die Ernte gedankt wird [<engl. *thanksgiving* »Dankbarkeit« + *day* »Tag«]

Thau|ma|to|lo|gie ⟨f.; -; unz.; Theol.⟩ Lehre von den Wundern [<grch. *thauma* »Wunder« + ...*logie*]

Thau|ma|turg ⟨m.; -en, -en⟩ Wundertäter [<grch. *thauma* »Wunder« + *ergein* »machen«]

The|a|ter ⟨n.; -s, -⟩ **1** jede vor Zuschauern vorgeführte (künstler.) Darstellung äußerer od. innerer Vorgänge (mit Hilfe von Figuren od.) durch Menschen selbst **2** Aufführung eines Bühnenstückes; *das ~ beginnt um 20 Uhr; wir treffen uns nach dem ~* **3** ⟨fig.⟩ Schauspielerei, Getue, Aufregung; *das ist doch alles nur ~!; mach nicht so ein, so viel ~!; ~ spielen* ⟨a. fig.; umg.⟩ heucheln, etwas vortäuschen **4** Gesamtheit aller Einrichtungen, die mit der Schauspielkunst zusammenhängen u. der Aufführung eines Bühnenstückes vor Zuschauern dienen **5** Institution für die Aufführung von Büh-

Theobroma

nenstücken; *beim ~ (angestellt) sein; zum ~ gehen* Schauspieler(in) werden **6** Ort, an dem Bühnenstücke aufgeführt werden; *was wird heute im ~ gegeben?; ins ~ gehen* **7** Gesamtheit der Zuschauer bei der Aufführung eines Bühnenstückes; *das ganze ~ lachte* **8** Gesamtheit der dramat. Werke eines Volkes od. einer Epoche; *griechisches, römisches, deutsches, englisches, französisches ~; Barock~* [<frz. *théâtre* <lat. *theatrum* »Zuschauerraum, Theater« <grch. *theatron* »Schauplatz, Theater«; zu *thea* »das Anschauen, die Schau; Schauspiel«]

The|a|ter|re|gis|seur ⟨[-reʒisøːr] m.; -s, -e⟩ Spielleiter bei der Theateraufführung eines Bühnenstückes

The|a|ti|ner ⟨m.; -s, -⟩ Angehöriger eines 1524 in Rom gegründeten Ordens von Chorherren [nach *Teate*, dem lat. Namen der Stadt *Chieti*]

the|a|tral auch: **the|a|t|ral** ⟨Adj.⟩ = theatralisch

The|a|tra|lik auch: **The|a|t|ra|lik** ⟨f.; -; unz.⟩ theatral. Wesen, Gespreiztheit, Unnatürlichkeit

the|a|tra|lisch auch: **the|a|t|ra|lisch** ⟨Adj.⟩ *oV* theatral **1** zum Theater gehörig, ihm entsprechend, bühnengerecht, Bühnen…, Theater… **2** ⟨fig.⟩ gespreizt, unnatürlich, geziert [<lat. *theatralis* »das Theater betreffend«]

the|a|tra|li|sie|ren auch: **the|a|t|ra|li|sie|ren** ⟨V.⟩ **1** bühnengerecht gestalten **2** ⟨fig.⟩ aufbauschen, übertreiben; *ein Missgeschick, Versehen ~*

The|a|trum Mun|di auch: **The|at|rum Mun|di** ⟨n.; - -; unz.; 17./18. Jh.⟩ Titel von Geschichtswerken [<lat. *theatrum* »Theater« + *mundi*, Gen. zu *mundus* »Welt«]

The|in ⟨n.; -s; unz.⟩ = Tein

The|is|mus ⟨m.; -; unz.; Rel.⟩ Lehre von einem höchsten, überweltl., persönl. Gott, der die Welt erschaffen hat u. noch lenkt; →a. Deismus [<grch. *theos* »Gott«]

The|ist ⟨m.; -en, -en; Rel.⟩ Anhänger, Vertreter des Theismus

the|is|tisch ⟨Adj.; Rel.⟩ auf dem Theismus beruhend

…thek ⟨Nachsilbe; zur Bildung weibl. Subst.⟩ Sammlung; *Phonothek; Videothek* [<grch. *theke* »Behältnis, Kasten«]

The|ka ⟨f.; -, The|ken⟩ **1** ⟨Biol.⟩ **1.1** (bei Hydrozoen) die chitinartige Decke des Ektoderms **1.2** Kalkskelett der Steinkoralle **1.3** Knochenpanzer der Schildkröte **1.4** Becher der Graptolithen aus Chitin **2** ⟨Bot.⟩ Teil des Staubbeutels, der zwei Pollensäcke enthält **3** ⟨Med.⟩ Hülle eines Organes, die aus Bindegewebe besteht [<lat. *theca*; → *Theke*]

The|ke ⟨f.; -, -n⟩ **1** Schanktisch **2** Ladentisch [<lat. *theca* »Hülle, Decke, Kästchen, Schachtel« <grch. *theke* »Behältnis, Aufbewahrungsort; Kasten, Kiste«; zu *tithenai* »setzen, stellen, legen«]

The|ken|dis|play ⟨[-pleɪ] n.; -s, -s⟩ Thekenaufsteller, Werbematerial, das auf einer Ladentheke aufgestellt werden kann; *Sy* Counterdisplay [<*Theke* + *Display*]

The|l|al|gie auch: **The|l|al|g|ie** ⟨f.; -, -n; Med.⟩ Schmerzen in den Brustwarzen [<grch. *thele* »Brustwarze« + *…algie*]

The|le|ma ⟨n.; -s, -le|ma|ta; Philos.⟩ Wille, Eigenwille [grch.; zu *thelesthai* »wollen, bereit sein, wünschen«]

The|le|ma|tis|mus ⟨m.; -; unz.; Philos.⟩ = Voluntarismus

The|le|ma|to|lo|gie ⟨f.; -; unz.; Philos.⟩ = Voluntarismus [<*Thelema* + *…logie*]

the|le|ma|to|lo|gisch ⟨Adj.; Philos.⟩ die Thelematologie betreffend, auf ihr beruhend

The|lis|mus ⟨m.; -; unz.; Philos.⟩ = Voluntarismus [<grch. *thelesthai* »wollen« → *Thelema*]

the|lis|tisch ⟨Adj.; Philos.⟩ den Thelismus betreffend, zu ihm gehörend, auf ihm beruhend

The|l|i|tis ⟨f.; -, -ti|den; Med.⟩ Brustwarzenentzündung [<grch. *thele* »Brustwarze« + *…itis*]

The|ly|ge|nie ⟨f.; -; unz.; Biol.⟩ = Thelytokie

The|ly|to|kie ⟨f.; -; unz.; Biol.⟩ Erzeugung ausschließlich weiblicher Nachkommen; *Sy* Thelygenie; *Ggs* Arrhenogenie, Arrhenotokie [<grch. *thelys* »weiblich« + *tokos* »Geburt«)]

the|ly|to|kisch ⟨Adj.; Biol.⟩ nur weibliche Nachkommen besitzend [<grch. *thelys* »weiblich« + *tokos* »Geburt«]

The|ma ⟨n.; -s, The|men od. The|ma|ta⟩ **1** behandelter od. zu behandelnder Gegenstand, Stoff (bes. einer wissenschaftl. Arbeit, eines Vortrags usw.); *Aufsatz~, Gesprächs~; ein ~ behandeln* **2** ⟨Musik⟩ aus mehreren Motiven bestehender wesentl. Inhalt eines Musikstücks od. eines Teils davon, bei Variationen die zugrunde liegende Melodie, die abgewandelt wird; *musikalisches ~* **3** ⟨allg.⟩ Leit-, Grundgedanke **4** ⟨Sprachw.⟩ *Ggs* Rhema ⟨Gegs⟩ **4.1** Teil des Satzes, der die bereits bekannte, geringste Information enthält **4.2** Gesprächsgegenstand [lat. <grch. *thema* »das Aufgestellte, Satz; zu behandelnder Gegenstand«; zu *tithenai* »setzen, stellen, legen«]

The|ma-Rhe|ma-Glie|de|rung ⟨f.; -; unz.; Sprachw.⟩ die enge Verknüpfung von Thema (Bekanntes od. den Gegenstand benennender Teil) u. Rhema (etwas zum Thema aussagender Teil) im Satz

The|ma|tik ⟨f.; -; unz.⟩ **1** Gruppe, Auswahl von Themen **2** Formulierung eines Themas **3** ⟨Musik⟩ Kunst der Behandlung u. Ausführung eines musikalischen Themas

the|ma|tisch ⟨Adj.⟩ *Ggs* athematisch **1** das Thema betreffend, auf ihm beruhend, ihm entsprechend **2** *~ es Verb* Verb mit Themavokal

the|ma|ti|sie|ren ⟨V.⟩ zum Thema machen, diskutieren, erörtern; *Probleme ~*

The|ma|vo|kal ⟨[-vo-] m.; -s, -e; Sprachw.⟩ Vokal, der bei der Verbflexion zwischen Wurzel u. Flexionsendung steht, z. B. das *e* in *er schneidet*

theo…, Theo… ⟨in Zus.⟩ gott…, Gottes…, Götter… [<grch. *theos* »Gott«]

Theo|bro|ma ⟨n.; -s od. -; unz.; Bot.⟩ Kakaobaum [<grch. *theos*

Theobromin

»Gott« + *broma* »Speise, Nahrung«]

The|o|bro|min ⟨n.; -s; unz.; Pharm.⟩ Alkaloid der Kakaobohne, Mittel gegen Ödeme, Angina pectoris u. Kopfweh [→ *Theobroma*]

The|o|di|zee ⟨f.; -, -n; Rel.⟩ Rechtfertigung Gottes, Versuch, den Glauben an die Gerechtigkeit, Güte u. Weisheit Gottes mit dem Bösen in der Welt in Einklang zu bringen [< *Theo...* + grch. *dikazein* »Recht sprechen, richten«]

The|o|do|lit ⟨m.; -(e)s, -e⟩ Gerät zur Winkelmessung [< engl. *theodolite*, vielleicht < *the alidade* »die Alhidade« < mlat. *alhidada* < arab. *al-hidadah*]

The|o|gno|sie *auch:* **The|og|no|sie** ⟨f.; -; unz.; Rel.⟩ = Theognosis

The|o|gno|sis *auch:* **The|og|no|sis** ⟨f.; -; unz.; Rel.⟩ Erkenntnis Gottes; *oV* Theognosie [< *Theo...* + grch. *gnosis*]

The|o|go|nie ⟨f.; -, -n; grch. Philos.⟩ Lehre von der Abstammung der Götter

The|o|krat ⟨m.; -en, -en⟩ Vertreter, Anhänger der Theokratie

The|o|kra|tie ⟨f.; -, -n⟩ Staatsform, in der staatl. u. kirchl. Gewalt vereinigt sind, wobei die Regierungsgewalt meist von Priestern ausgeübt (Lamaismus) od. der Herrscher als Vertreter Gottes betrachtet wird (altes Ägypten, altes China) [< *Theo...* + ...*kratie*]

the|o|kra|tisch ⟨Adj.⟩ in der Art einer Theokratie

The|o|la|trie *auch:* **The|o|lat|rie** ⟨f.; -, -n; Rel.⟩ Gottesverehrung [< *Theo...* + ...*latrie*]

The|o|lo|ge ⟨m.; -n, -n⟩ Vertreter der Theologie, Religionswissenschaftler

The|o|lo|gie ⟨f.; -; unz.⟩ Lehre von der Religion, besonders von der christlichen [< *Theo...* + ...*logie*]

The|o|lo|gin ⟨f.; -, -gin|nen⟩ Vertreterin der Theologie, Religionswissenschaftlerin

the|o|lo|gisch ⟨Adj.⟩ die Theologie betreffend, zu ihr gehörend, auf ihr beruhend

the|o|lo|gi|sie|ren ⟨V.⟩ sich mit Fragen der Theologie beschäftigen, Theologie betreiben

The|o|lo|gu|me|non ⟨n.; -s, -mena⟩ theologischer Lehrsatz, der allerdings noch nicht von allgemeiner Verbindlichkeit ist [grch., »was von Gott gesagt wird«]

The|o|ma|nie ⟨f.; -; unz.⟩ religiöser Wahnsinn [< grch. *theomanes* »von den Göttern rasend gemacht, gottverblendet« < *Theo...* + *Manie*]

The|o|man|tie ⟨f.; -, -n⟩ vermeintl. Weissagung durch göttliche Eingebung [< *Theo...* + ...*mantie*]

the|o|morph ⟨Adj.⟩ in göttl. Gestalt auftretend od. dargestellt [< *theo...* + ...*morph*]

The|o|no|mie ⟨f.; -; unz.; Philos.⟩ Ausrichtung des sittl. Handelns nach dem Willen u. den Geboten Gottes; →*a.* Autonomie [grch., »Gottgesetzlichkeit«; < *Theo...* + ...*nomie*]

The|o|pha|nie ⟨f.; -, -n⟩ = Epiphanie [< *Theo...* + ...*phanie*]

The|o|phyl|lin ⟨n.; -s; unz.; Pharm.⟩ im Tee vorkommendes Alkaloid, als Heilmittel zur Ausscheidung von Wasser bei Ödemen u. als Antispasmodikum verwendet [< *Thein* + grch. *phyllon* »Laub, Blatt, Kraut«]

The|o|pneus|tie *auch:* **The|op|neus|tie** ⟨f.; -, -n⟩ göttl. Eingebung [< *Theo...* + grch. *pneuma* »Hauch, Wind, Atem, Leben, Seele, Geist; Ekstase«]

The|or|be ⟨f.; -, -n; Musik⟩ größere Form der Basslaute mit 14 bis 24 Saiten [< frz. *théorbe* < ital. *tiorba, tuorba* »eine Art Basslaute«]

The|o|rem ⟨n.; -s, -e⟩ Lehrsatz [< grch. *theorema* »das Angeschaute; Lehrsatz, Grundsatz, Regel«]

The|o|re|ti|ker ⟨m.; -s, -⟩ **1** jmd., bes. Wissenschaftler, der eine Sache od. ein Wissensgebiet gedanklich, betrachtend bearbeitet; *Ggs* Praktiker **2** ⟨fig.⟩ männl. Person, die die Dinge nur gedanklich, begrifflich erfasst u. der die Einsicht in die Praxis, ins prakt. Leben fehlt [zu grch. *theoretikos* »beschauend, beschaulich«; → *Theorie*]

The|o|re|ti|ke|rin ⟨f.; -s, -⟩ **1** weibl. Person, bes. Wissenschaftlerin, die eine Sache od. ein Wissensgebiet gedanklich, betrachtend bearbeitet; *Ggs* Praktikerin **2** ⟨fig.⟩ weibl. Person, die die Dinge nur gedanklich, begrifflich erfasst u. der die Einsicht in die Praxis, ins prakt. Leben fehlt

the|o|re|tisch ⟨Adj.⟩ nur auf den Denken, auf der Theorie beruhend, (rein) gedanklich, begrifflich; *Ggs* praktisch (1); *rein ~es (kein praktisches) Wissen haben*

the|o|re|ti|sie|ren ⟨V.⟩ Theorie treiben, die Dinge nur gedanklich betrachten, ohne sie praktisch anzuwenden od. sie so zu erkennen, wie sie in Wirklichkeit sind

The|o|rie ⟨f.; -, -n⟩ **1** wissenschaftliche, rein gedankl. Betrachtungsweise, wissenschaftliches Denken; *Ggs* Praxis (1.1) **2** System von Hypothesen; *eine (neue) ~ aufstellen* **3** ⟨Naturwissenschaft⟩ Erkenntnis von gesetzl. Zusammenhängen, Erklärung von Tatsachen; *Relativitäts~* [< grch. *theoria* »das Anschauen, Untersuchung, Forschung«; zu *theorein* »schauen, überlegen, untersuchen«]

The|o|soph ⟨m.; -en, -en⟩ Vertreter, Anhänger der Theosophie

The|o|so|phie ⟨f.; -, -n⟩ Lehre vom unmittelbaren Erschauen u. Erkennen des Göttlichen, Absoluten als des ewigen Urgrunds allen Seins, Werdens u. Vergehens, bes. in der Mystik [< *Theo...* + ...*sophie*]

The|o|so|phin ⟨f.; -, -phin|nen⟩ Vertreterin, Anhängerin der Theosophie

the|o|so|phisch ⟨Adj.⟩ auf Theosophie beruhend

The|ra|peut ⟨m.; -en, -en; Med.⟩ Wissenschaftler, der eine Therapie anwendet, behandelnder Arzt; *Physio~; Psycho~* [< grch. *therapeutes* »Diener, Wärter, Pfleger; Waffengefährte«; zu *therapeuein* »dienen, behandeln«]

The|ra|peu|tik ⟨f.; -; unz.; Med.⟩ Lehre von der Behandlung der Krankheiten [< grch. *therapeutikos* »dienstwillig, heilend«]

The|ra|peu|ti|kum ⟨n.; -s, -ti|ka; Med.⟩ Heilmittel

Thelra|peu|tin ⟨f.; -, -tin|nen; Med.⟩ Wissenschaftlerin, die eine Therapie anwendet, behandelnde Ärztin

the|ra|peu|tisch ⟨Adj.; Med.⟩ zu einer Therapie gehörend, auf ihr beruhend

The|ra|pie ⟨f.; -, -n; Med.⟩ heilende Behandlung von Kranken; *Radium~; Stoß~* [<grch. *therapeia* »Dienst, Behandlung, Pflege, Heilung«]

the|ra|pier|bar ⟨Adj.; Med.⟩ so beschaffen, dass man es therapieren kann; *eine ~e Krankheit*

the|ra|pie|ren ⟨V.; Med.⟩ mit jmdm. eine Therapie machen, ihn therapeutisch behandeln

the|ra|pie|re|sis|tent ⟨Adj.; Med.⟩ eine Resistenz gegenüber jeglicher Therapie aufweisend, auf keine Therapie ansprechend

...therm ⟨Nachsilbe; zur Bildung von Adj.⟩ ...warm, Wärme betreffend; *isotherm* [<grch. *therme* »Wärme«]

therm|ak|tin *auch:* **ther|mak|tin** ⟨Adj.; Physik⟩ sich im thermodynamischen Gleichgewicht befinden; *~er Strahlungsvorgang* [<*thermo...* + grch. *aktinos* »Strahl«]

ther|mal ⟨Adj.⟩ **1** durch Wärme bewirkt, Wärme... **2** mit Hilfe warmer Quellen [<grch. *thermos* »warm, heiß«; → *Therme*]

Ther|mal|quel|le ⟨f.; -, -n⟩ warme Quelle

Ther|me ⟨f.; -, -n⟩ **1** warme Quelle **2** ⟨Pl.⟩ *~n die zuwege nach Bäder im antiken Rom für jedermann* [grch., »Wärme, Hitze, warme Quelle«]

Ther|mik ⟨f.; -; unz.; Meteor.⟩ durch unregelmäßige Erwärmung der Luft entstandener Aufwind [<grch. *thermos* »warm, heiß«]

Ther|mi|o|nen *auch:* **Ther|mi|o|nen** ⟨Pl.; Physik⟩ aus glühenden Metallen freigesetzte Ionen (vor allem Elektronen) [<*Thermo...* + *Ion*]

Ther|mi|o|nik|ge|ne|ra|tor *auch:* **Ther|mi|o|nik|ge|ne|ra|tor** ⟨m.; -s, -en; Physik⟩ Apparatur zur Erzeugung elektrischen Stroms mittels Thermionen

ther|mi|o|nisch ⟨Adj.; Physik⟩ die Thermionen betreffend, von ihnen ausgehend

ther|misch ⟨Adj.⟩ auf Wärme beruhend [→ *thermal, Therme*]

Ther|mis|tor ⟨m.; -s, -to|ren; El.⟩ Stoff, der den elektr. Strom in heißem Zustand wesentlich besser leitet als in kaltem, Heißleiter [<*Thermo...* + neulat. *resistor* »Widerstand«]

Ther|mit® ⟨n.; -s, -e; Chemie⟩ Gemisch aus Aluminiumpulver u. Eisenoxid, zum Verschweißen von Eisenteilen (vor allem Gleisen) u. als Füllung für Brandbomben verwendet [→ *Therme*]

ther|mo... Ther|mo... ⟨in Zus.⟩ wärme..., Wärme... [<grch. *thermos* »warm, heiß«]

Ther|mo|che|mie ⟨[-çe-] f.; -; unz.; Chemie⟩ Zweig der Chemie, der sich mit der bei chem. Reaktionen auftretenden Wärme befasst

Ther|mo|chro|mie ⟨[-kro-] f.; -; unz.⟩ Änderung der Farbe eines Stoffes bei Änderung der Temperatur [<*Thermo...* + *...chromie*]

Ther|mo|chro|se ⟨[-kro:-] f.; -, -n⟩ bei Wärme entstandene Färbung [<*Thermo...* + grch. *chroxein* »berühren, färben«]

Ther|mo|dru|cker ⟨m.; -s, -⟩ Drucker, der durch punktförmiges Erwärmen die Zeichen auf Spezialpapier ausdruckt

Ther|mo|dy|na|mik ⟨f.; -; unz.⟩ theoret. Wärmelehre, die sich mit den Beziehungen zwischen Wärme u. Kraft befasst

ther|mo|dy|na|misch ⟨Adj.⟩ auf Thermodynamik beruhend; *~es Gleichgewicht*

Ther|mo|ef|fekt ⟨m.; -(e)s, -e; El.⟩ Auftreten einer elektrischen Spannung in einem Thermoelement

ther|mo|elek|trisch *auch:* **ther|mo|elek|trisch** ⟨Adj.; El.⟩ auf Thermoelektrizität beruhend, durch sie bewirkt, aus ihr entstanden

Ther|mo|elek|tri|zi|tät *auch:* **Ther|mo|elek|tri|zi|tät** ⟨f.; -; unz.; El.⟩ Elektrizität, die durch Erhitzen der Lötstelle, mit der zwei Drähte aus verschiedenen Metallen verbunden sind, entsteht

Ther|mo|ele|ment ⟨n.; -(e)s, -e; El.⟩ elektr. Element, in dem Thermoelektrizität erzeugt wird

Thermometer

ther|mo|fi|xie|ren ⟨V.⟩ *synthetische Faserstoffe ~* durch Behandlung mit Wärme an einer späteren Verformung hindern

Ther|mo|gal|va|no|me|ter ⟨[-va-] n.; -s, -⟩ auf Thermoelektrizität beruhendes Galvanometer

Ther|mo|graf ⟨m.; -en, -en; Meteor.⟩ = *Thermograph*

Ther|mo|gra|fie ⟨f.; -; unz.⟩ = *Thermographie*

Ther|mo|gramm ⟨n.; -s, -e⟩ durch Infrarotstrahlen erzeugtes Wärmebild eines Körpers [<*Thermo...* + *...gramm*]

Ther|mo|graph ⟨m.; -en, -en; Meteor.⟩ Temperaturschreiber; *oV* Thermograf [<*Thermo...* + *...graph*]

Ther|mo|gra|phie ⟨f.; -; unz.⟩ *oV* Thermografie **1** Verfahren zum Sichtbarmachen der Wärmestrahlung von Körpern **2** Methode zur Untersuchung von Patienten, bei der die Wärmestrahlung von Körpergeweben ausgenutzt wird [<*Thermo...* + *...graphie*]

Ther|mo|ho|se ⟨f.; -, -n⟩ mit Wollstoff gefütterte Baumwollhose

Ther|mo|kaus|tik ⟨f.; -; unz.; Med.⟩ Verschorfen von Gewebe durch Hitze

Ther|mo|kau|ter ⟨m.; -s, -; Med.⟩ Gerät zum Verschorfen von Gewebe durch Hitze

Ther|mo|kraft ⟨f.; -; unz.; El.⟩ durch den Thermoeffekt bewirkte elektrische Kraft

ther|mo|la|bil ⟨Adj.⟩ nicht wärmebeständig; *Ggs* thermostabil [<*thermo...* + *labil*]

Ther|mo|lu|mi|nes|zenz ⟨f.; -, -en; Physik⟩ durch Erwärmen bewirktes Leuchten einer Substanz

Ther|mo|ly|se ⟨f.; -, -n; Chemie⟩ durch Erwärmen bewirkte Zersetzung einer Substanz [<*Thermo...* + *...lyse*]

Ther|mo|mag|ne|tis|mus *auch:* **Ther|mo|mag|ne|tis|mus** ⟨m.; -; unz.; El.⟩ in elektr. Leitern bei Wärme auftretender Magnetismus

Ther|mo|me|ta|mor|pho|se ⟨f.; -, -n; Geol.⟩ durch Erwärmung bewirkte Umwandlung eines Gesteins

Ther|mo|me|ter ⟨n.; -s, -⟩ Gerät zum Messen der Temperatur;

973

Thermometrie

Fieber~; Zimmer~; das ~ fällt, steigt [< *Thermo*... + ...*meter*]

Ther|mo|me|trie *auch:* **Ther|mo|metrie** ⟨f.; -, -n; Meteor.⟩ Messung der Temperatur

ther|mo|me|trisch *auch:* **ther|mo|metrisch** ⟨Adj.; Meteor.⟩ zur Thermometrie gehörend, auf ihr beruhend

Ther|mo|nas|tie ⟨f.; -; unz.; Bot.⟩ durch Wärme ausgelöste Nastie

ther|mo|nu|kle|ar *auch:* **ther|mo|nuk|le|ar** ⟨Adj.; Kernphysik⟩ auf der durch eine Kernreaktion hervorgerufenen Wärme beruhend

Ther|mo|nu|kle|ar|waffe *auch:* **Ther|mo|nuk|le|ar|waffe** ⟨f.; -, -n; Kernphysik⟩ Kernwaffe, die ihre Wärmeenergie aus dem raschen Ablauf einer kernspaltenden Kettenreaktion bezieht

Ther|mo|pane® ⟨[-peːn] od. engl. [-peɪn] n.; -; unz.⟩ Fensterglas mit isolierender Wirkung [<*Thermo*... + engl. *pane* »Glas-, Fensterscheibe«]

Ther|mo|pa|pier ⟨n.; -s, -e⟩ Spezialpapier mit einer sich unter Wärmeeinwirkung verfärbenden Schicht für bestimmte Druckverfahren (auch für Faxgeräte)

ther|mo|phil ⟨Adj.; Biol.⟩ Wärme bevorzugend [<*thermo*... + ...*phil*]

Ther|mo|phi|lie ⟨f.; -; unz.; Biol.⟩ Vorliebe für warme Lebensräume [→ *thermophil*]

Ther|mo|phor ⟨m.; -s, -e⟩ Körper, der Wärme speichert; *Sy* Kalorifer [<*Thermo*... + ...*phor*²]

Ther|mo|plast ⟨m.; -(e)s, -e⟩ Kunststoff, der in der Wärme formbar ist, ohne dabei seine Eigenschaften zu verändern

ther|mo|plas|tisch ⟨Adj.⟩ aus Thermoplast bestehend

Ther|mo|re|zep|tor ⟨m.; -s, -to|ren; Biol.⟩ Organ zur Aufnahme von thermischen Reizen

Ther|mo|schal|ter ⟨m.; -s, -⟩ elektrischer Schalter mit einer temperaturabhängigen Schalterstellung

Ther|mos|fla|sche ⟨f.; -, -n⟩ Gefäß mit doppeltem Boden, in dem Speisen od. Getränke ihre Temperatur lange behalten [<grch. *thermos* »warm, heiß«]

Ther|mo|skop *auch:* **Ther|mos|kop** ⟨n.; -s, -e⟩ ein meist zu Demonstrationszwecken verwendetes Gerät zur Darstellung von Temperaturunterschieden, das nicht zur quantitativen Messung dient [<*Thermo*... + ...*skop*]

ther|mo|sta|bil ⟨Adj.; Physik; Technik⟩ gegenüber extremen Temperaturen stabil. Temperaturschwankungen unempfindlich, sich nicht wesentlich verändernd, temperaturbeständig; *Ggs* thermolabil

Ther|mo|stat *auch:* **Ther|mos|tat** ⟨m.; -(e)s od. -en, -e od. -en⟩ Regler, der die Temperatur in einem Raum auf einem bestimmten, einstellbaren Wert hält [<*Thermo*... + ...*stat*]

Ther|mo|strom ⟨m.; -s; unz.; El.⟩ als Thermoelektrizität entstandener elektr. Strom

Ther|mo|the|ra|pie ⟨f.; -, -n; Med.⟩ heilende Behandlung mit Wärme

The|ro|phyt ⟨m.; -en, -en; Bot.⟩ einjährige Pflanze, die den Winter in Form von Samen überdauert [<grch. *theros* »Sommer, Wärme« + ...*phyt*]

the|sau|rie|ren ⟨V.⟩ ansammeln, horten; *Geld, Edelmetall* ~ [<grch. *thesaurizein* »ansammeln, aufhäufen, speichern, aufbewahren, aufheben«; → *Thesaurus*]

The|sau|rus ⟨m.; -, -sau|ri od. -sau|ren⟩ Wissensschatz, wissenschaftl. Sammlung, z. B. umfassendes Wörterverzeichnis einer Sprache mit Redewendungen usw.; ~ *linguae Latinae* seit 1894 in München bearbeitetes u. herausgegebenes, umfassendes Wörterbuch der lat. Sprache [lat. <grch. *thesauros* »Schatzhaus; Schatz, Vorrat«]

The|se ⟨f.; -, -n⟩ Behauptung, Lehrsatz, Leitsatz; ~ *u. Antithese; eine ~ aufstellen* [<grch. *thesis* »das Setzen, Lehrsatz, Behauptung«]

The|sis ⟨f.; -, The|sen⟩ **1** ⟨altgrch. Metrik⟩ betonter, langer Teil des Versfußes; *Ggs* Arsis (2) **2** ⟨röm. Metrik⟩ unbetonter, kurzer Teil des Versfußes **3** ⟨moderne Metrik⟩ betonte Silbe im Vers, Hebung **4** ⟨Musik⟩ betonter, vom Senken der Hand begleiteter Teil eines Taktes [grch.; → *These*]

Thes|pis|kar|ren *auch:* **Thes|pis-Kar|ren** ⟨m.; -s; unz.; scherzh.⟩ Wanderbühne [nach *Thespis*, dem Begründer des attischen Dramas; »Anlass zu dieser Bez. gab die irrtüml. Auffassung des Horaz (Ars poetica, 275ff.), Thespis habe sich zur Darstellung eines Karrens als erhöhter Bühne bedient, mit dem er u. seine Gehilfen später als Wanderschauspieler im Lande herumzogen.« (Wilpert, Sachwörterbuch der Literatur)]

The|ta ⟨n.; - od. -s, -s; Zeichen: Θ, θ⟩ grch. Buchstabe

The|tik ⟨f.; -; unz.⟩ Lehre von den Thesen od. dogmat. Lehren [<grch. *thesis* »Lehrsatz, Behauptung«; zu *tithesthai* »setzen, stellen, legen«]

the|tisch ⟨Adj.⟩ in der Art einer These, behauptend

The|urg ⟨m.; -en, -en⟩ jmd., der die Theurgie beherrscht, Zauberer

The|ur|gie ⟨f.; -; unz.⟩ vermeintl. Fähigkeit, sich durch Magie mit Göttern u. Geistern in Verbindung zu setzen [<grch. *theos* »Gott, Gottheit« + *ergon* »Arbeit, Werk«]

the|ur|gisch ⟨Adj.⟩ die Theurgie betreffend, auf ihr beruhend; *er besitzt ~e Kräfte*

Thi|a|min ⟨n.; -s, -e; Biochemie; internat. Freiname für⟩ Vitamin B₁ [<*Thio*... + *Amin*]

Thi|a|mi|na|se ⟨n.; -n, -n; Biochemie⟩ Vitamin B₁ spaltendes Enzym

Thi|a|zin|farb|stoff ⟨m.; -(e)s, -e⟩ organ. Farbstoff zum Färben von Textilien [<*Thio*... + *Azogruppe*]

Thig|mo|ta|xis ⟨f.; -, -ta|xen; Bot.⟩ durch Berührung ausgelöste Taxie [<grch. *thigma* »Berührung« (zu *thigganein* »berühren, anfassen, verletzen«) + *Taxis*]

thio..., thio... ⟨in Zus.⟩ schwefel..., Schwefel... [<grch. *theion* »Schwefel, Schwefelgeruch«]

Thi|o|al|ko|hol ⟨m.; -(e)s, -e; Chemie⟩ = Thiol

Thi|o|äther ⟨m.; -s, -; Chemie⟩ zwei Alkylgruppen enthaltender Abkömmling des Schwefelwasserstoffes, der einen unangenehmen Geruch hat [<*Thio...* + *Äther*]

Thi|o|harn|stoff ⟨m.; -(e)s, -e; Chemie⟩ weiße, wasserlösliche Kristalle aus Calciumcyanamid u. Sulfiden zur Herstellung von Kunststoffen u. Arzneimitteln

Thi|ol ⟨n.; -s, -e; Chemie⟩ organisch-chem. Schwefelverbindung, bei der das Sauerstoffatom der Hydroxylgruppe eines Alkohols durch ein Schwefelatom ersetzt wurde; *Sy* Mercaptan, Merkaptan, Thioalkohol [<grch. *thio* »Schwefel« + ...*ol*]

Thi|o|phen ⟨n.; -s; unz.; Chemie⟩ heterozyklische Verbindung des Schwefels, farblose Flüssigkeit, die im Steinkohlenteer vorkommt u. als Schädlingsbekämpfungsmittel u. Anästhetikum verwendet wird [<*Thio...* + grch. *phainein* »zeigen«]

Thi|o|plast ⟨m.; -(e)s, -e; Chemie⟩ kautschukähnl., schwefelhaltiger Kunststoff, der bes. unempfindlich gegen organ. Lösungsmittel ist

Thi|o|salz ⟨n.; -es, -e; Chemie⟩ Salz einer Thiosäure

Thi|o|säu|re ⟨f.; -, -n; Chemie⟩ Säure, bei der Sauerstoffatome durch Schwefelatome ersetzt sind

Thi|o|sul|fat ⟨n.; -(e)s, -e; Chemie⟩ Sulfat, bei dem ein od. zwei Sauerstoffatome durch Schwefelatome ausgetauscht sind

thi|xo|trop ⟨Adj.; Chemie⟩ auf Thixotropie beruhend

Thi|xo|tro|pie ⟨f.; -; unz.; Chemie⟩ die Eigenschaft mancher verfestigter Kolloide, unter dem Einfluss mechanischer Kräfte vorübergehend flüssig zu werden [<grch. *thixis* »Berührung« (zu *thigganein* »berühren«) + ...*tropie*]

Tho|los ⟨m.; -, Tho|loi⟩ von Säulen umgebener altgrch. Rundbau [grch., »Wölbung, Kuppeldach, Rundbau«]

Tho|mas|stahl *auch:* **Tho|mas-Stahl** ⟨m.; -s; unz.; Met.⟩ aus phosphorreichem Roheisen im Thomasverfahren gewonnener Stahl [nach dem engl. Metallurgen Sidney Gilchrist *Thomas*, 1850-1885]

Tho|mas|ver|fah|ren *auch:* **Tho|mas-Ver|fah|ren** ⟨n.; -s; unz.⟩ Verfahren zur Stahlgewinnung in einem mit gebranntem Dolomit ausgekleideten Konverter [→ *Thomasstahl*]

Tho|mis|mus ⟨m.; -; unz.; Philos.⟩ Lehre des Thomas von Aquin

Tho|mist ⟨m.; -en, -en; Philos.⟩ Vertreter, Anhänger des Thomismus

tho|mis|tisch ⟨Adj.; Philos.⟩ zum Thomismus gehörend, auf ihm beruhend

Thon ⟨m.; -s; unz.; schweiz.⟩ = Thunfisch (1) [frz.]

Tho|ra ⟨f.; -; unz.; hebr. Bez. für⟩ die fünf Bücher Mose [hebr., »Lehre«]

tho|ra|kal ⟨Adj.; Med.⟩ zum Thorax gehörend

tho|ra|ko..., Tho|ra|ko... ⟨Med.; in Zus.⟩ Brust, Brustkorb [<grch. *thorax*, Gen. *thorakos* »Brustkorb«]

Tho|ra|ko|plas|tik ⟨f.; -, -en; Med.⟩ Operation, bei der Rippen od. Teile der Rippen entfernt werden, um die Brust zum Einsinken u. die an dieser Stelle tuberkulös erkrankte) Lunge zum Schrumpfen zu bringen

Tho|ra|ko|skop *auch:* **Tho|ra|kos|kop** ⟨n.; -s, -e; Med.⟩ Gerät zum Ausleuchten der Brustfellhöhle [<*Thorako...* + ...*skop*]

Tho|ra|ko|to|mie ⟨f.; -, -n; Med.⟩ operative Öffnung der Brusthöhle [<*Thorako...* + *Plastik*]

Tho|ra|ko|zen|te|se ⟨f.; -, -n; Med.⟩ Punktion der Brusthöhle [<*Thorako...* + grch. *kentein* »durchbohren, stechen, martern«]

Tho|rax ⟨m.; - od. -es, -e⟩ **1** ⟨Anat.⟩ Brustkasten **2** ⟨Biol.⟩ mittlerer Abschnitt des Körpers von Gliederfüßern [grch., »Rumpf, Brustkorb, Panzer«]

Tho|ri|um ⟨n.; -s; unz.; chem. Zeichen: Th⟩ chem. Element, weiß glänzendes, radioaktives Metall, Ordnungszahl 90 [nach dem nord. Gott *Thor*]

Tho|ron ⟨n.; -s; unz.; Chemie⟩ beim radioaktiven Zerfall des Thoriums auftretendes Isotop des Radons

Thre|no|die ⟨f.; -, -n⟩ = Threnos

Thre|nos ⟨m.; -, Thre|noi⟩ altgrch. Totenklage; *Sy* Threnodie [<grch. *threnodia* »Anstimmen des Klageliedes, Klagelied«; zu *threnos* »Wehklage, Klagelied, Totenklage«]

Thrill ⟨[θrɪl] m.; -s, -s; umg.⟩ Nervenkitzel, packende Hochspannung; →*a.* Kick (2); *Freeclimbing bringt einen tollen* ~ [→ *Thriller*]

Thril|ler ⟨[θrɪlə(r)] m.; -s, -; Film; Theat.; Lit.⟩ auf Spannung u. Nervenkitzel hin angelegtes Werk [engl.; zu *thrill* »durchbohren, durchdringen, zittern machen«]

Thrips ⟨m.; -, -; Zool.⟩ einer Ordnung der Insekten angehörende Fliege mit ringsum gefransten Flügeln, Fransenflügler: Thysanoptera [grch.]

Throm|bin ⟨n.; -s; unz.; Biochemie⟩ Gerinnungsenzym im Blutplasma, das die Umwandlung von Fibrinogen in Fibrin bewirkt [→ *Thrombose*]

Throm|bo|pe|nie ⟨f.; -; unz.; Med.⟩ Mangel an Blutplättchen [<grch. *thrombos* »geronnene Masse, Klumpen« + *penia* »Armut, Mangel«]

Throm|bo|se ⟨f.; -, -n; Med.⟩ Blutgerinnung innerhalb der Venen [<grch. *thrombos* »geronnene Masse, Klumpen (bes. vom Blut)«]

throm|bo|tisch ⟨Adj.; Med.⟩ die Thrombose betreffend, zu ihr gehörig

Throm|bo|zyt ⟨m.; -en, -en; Med.⟩ zur Eigenbewegung befähigtes Blutkörperchen, dessen Zerfall die Blutgerinnung einleitet, Blutplättchen [<*Thrombose* + ...*zyt*]

Throm|bo|zy|to|ly|se ⟨f.; -, -n; Med.⟩ Auflösung von Blutplättchen [<*Thrombozyt* + ...*lyse*]

Throm|bo|zy|to|se ⟨f.; -, -n; Med.⟩ Vermehrung der Thrombozyten

Throm|bus ⟨m.; -, Throm|ben; Med.⟩ Pfropf aus geronnenem Blut innerhalb eines Blutgefäßes [lat. <grch. *thrombos*; → *Thrombose*]

Thuja

Thu|ja ⟨f.; -, Thu|jen; Bot.⟩ = Thuje

Thu|je ⟨f.; -, -n; Bot.⟩; österr.⟩ Lebensbaum, einer Gattung der Zypressengewächse angehörender Baum mit schuppigen Blättern: Thuja; *oV* Thuja [<grch. *thyon* »Lebensbaum, afrikan. Thujabaum« <grch. *thyos* »Räucherwerk; etwas, das Duft ausströmt«]

Thu|ja|öl ⟨n.; -(e)s, -e⟩ ätherisches Öl, das aus den Blättern u. Zweigen des Lebensbaumes gewonnen wird [→ *Thuja*]

Thul|li|um ⟨n.; -s; unz.⟩; chem. Zeichen: Tm⟩ chem. Element, Metall der Seltenen Erden, Ordnungszahl 69 [nach dem nordländ. Sagenland *Thule*]

Thun|fisch ⟨m.; -(e)s, -e; Zool.⟩ *oV* Tunfisch **1** großer Fisch warmer Meere mit schmackhaftem Fleisch: Thunnus thynnus; *Sy* ⟨schweiz.⟩ Thon **2** ⟨i. w. S.⟩ Angehöriger einer Unterordnung der Knochenfische: Thunnidae [<ital. *tonno*, frz. *thon*, engl. *tunny* <lat. *thunnus* <grch. *thynnos* <phön.-arab. *tannin* <aram.-hebr. *tannin* »großer Fisch«]

Thu|rin|git ⟨m.; -s, -e; Min.⟩ stark eisenhaltiges, schwärzlich grünes Mineral, das zu den Chloriten gehört [<lat. *Thuringia* »Thüringen«]

Thyl|le ⟨f.; -, -n; Bot.⟩ in die Tracheen von Hölzern wachsende, sackartige Wucherung, die die wasserleitenden Gefäße ganz od. teilweise verschließt [<grch. *thyllis* »Sack, Beutelstoff«]

Thy|mi|an ⟨m.; -s, -e; Bot.⟩ **1** einer Gattung der Lippenblütler angehörende kleine Dauerpflanze, deren Blätter äther. Öl enthalten: Thymus **2** die als Gewürz verwendeten Blätter dieser Pflanze [→ *Thymus*]

Thy|min ⟨n.; -s, -e; Biochemie⟩ Purinbase, wichtiger Bestandteil des genetischen Kodes der Nukleinsäuren; →a. Adenin [<lat. *thymus*, grch. *thymos* »Lebenskraft, Gemüt«]

Thy|mi|tis ⟨f.; -, -ti|den; Med.⟩ Entzündung der Thymusdrüse

thy|mo|gen ⟨Adj.⟩ **1** ⟨Med.⟩ von der Thymusdrüse ausgehend **2** ⟨Psych.⟩ durch eine Veränderung der Befindlichkeit ausgelöst od. veranlasst [<*Thymus* + ...*gen*[1]]

Thy|mol ⟨n.; -s; unz.⟩ als Aromastoff u. Antiseptikum verwendetes äther. Öl des Thymians [<*Thymian* + ...*ol*]

Thy|mom ⟨n.; -s, -e; Med.⟩ Tumor, der von der Thymusdrüse ausgeht [→ *Thymus*]

Thy|mo|pa|thie ⟨f.; -, -n; Med.; Psych.⟩ Gemütsleiden [<grch. *thymos* »Lebenskraft, Gemüt« + ...*pathie*]

Thy|mo|se ⟨f.; -, -n; Psych.⟩ durch Gereiztheit u. gesteigerte Empfindlichkeit charakterisierter Zustand in der Pubertät [zu grch. *thymosis* »Zornmütigkeit«; zu *thymos* »Lebenskraft, Gemüt, Seele«]

Thy|mus ⟨m.; -, Thy|mi; Anat.⟩ = Thymusdrüse

Thy|mus|drü|se ⟨f.; -, -n; Anat.⟩ Drüse innerer Sekretion von Menschen u. Wirbeltieren im vorderen Teil der Brusthöhle: Glandula thymus; *Sy* Thymus [<grch. *thymos* »Lebenskraft« (deren Sitz man im Zwerchfell vermutete)]

Thy|ra|tron *auch:* **Thy|rat|ron** ⟨n.; -s, -tro|ne; El.⟩ elektrische Schaltung zur Erzeugung von Kippschwingungen [<grch. *thyra* »Tür«]

thy|reo..., Thy|reo... ⟨in Zus.⟩ schild..., Schild... [<grch. *thyreos* »Schild«]

thy|re|o|gen ⟨Adj.; Med.⟩ von der Schilddrüse herrührend [<grch. *thyreos* »großer Schild« + *gennan* »erzeugen«]

Thy|re|o|i|dea ⟨f.; -; unz.; Anat.⟩ Schilddrüse [grch.]

Thy|re|o|id|ek|to|mie *auch:* **Thy|re|o|i|dek|to|mie** ⟨f.; -, -n; Med.⟩ operative Entfernung der Schilddrüse [<grch. *thyreos* »Schild« + *Ektomie*]

Thy|re|o|sta|ti|kum *auch:* **Thy|re|os|ta|ti|kum** ⟨n.; -s, -ti|ka; Pharm.⟩ Stoff, der die Thyroxinbildung hemmt; *oV* Thyrostatikum [<*Thyreo...* + grch. *stasis* »Stehen, Stillstand«]

Thy|re|o|to|xi|ko|se ⟨f.; -, -n; Med.⟩ Überfunktion der Schilddrüse [<grch. *thyreos* »Schild« + *Toxikose*]

thy|re|o|to|xisch ⟨Adj.; Med.⟩ durch Überfunktion der Schilddrüse bedingt [<*thyreo...* + *toxisch*]

thy|re|o|trop ⟨Adj.; Med.⟩ die Schilddrüsentätigkeit steuernd [<*thyreo...* + grch. *trepein* »wenden«]

Thy|ris|tor ⟨m.; -s, -to|ren; El.⟩ elektron. Schaltelement aus einer vierschichtigen Siliciumscheibe [<grch. *thyra* »Tür, Tor, Eingang« + lat. *resistor* »Widerstand«]

Thy|ro|sta|ti|kum *auch:* **Thy|ros|ta|ti|kum** ⟨n.; -s, -ti|ka; Pharm.⟩ = Thyreostatikum

Thy|ro|xin *auch:* **Thy|ro|xin** ⟨n.; -s; unz.; Biochemie⟩ Schilddrüsenhormon [<grch. *thyra* »Tür, Tor, Eingang« + *oxys* »scharf, spitz, hell«]

Thyr|sos ⟨m.; -, Thyr|soi; kurz für⟩ Thyrsosstab

Thyr|sos|stab ⟨m.; -(e)s, -stä|be⟩ von Efeu od. Weinlaub umwundener Stab der Bacchantinnen; *oV* Thyrsusstab; *Sy* Thyrsos [<grch. *thyrsos*]

Thyr|sus ⟨m.; -, Thyr|si; kurz für⟩ Thyrsusstab

Thyr|sus|stab ⟨m.; -(e)s, -stä|be⟩ = Thyrsosstab

Ti ⟨chem. Zeichen für⟩ Titan

Ti|a|ra ⟨f.; -, Ti|a|ren⟩ **1** hohe, spitze Kopfbedeckung der altpers. Könige **2** außerliturgische Kopfbedeckung des Papstes, eine dreifache Krone [grch., »Kopfbund, Turban, kegelförm. Kopfbedeckung (der Perser)« <pers.]

Ti|bet ⟨m.; -(e)s, -e⟩ **1** Fell eines in Nordchina lebenden Fettsteißschafes **2** Reißwolle aus Lumpen von Kammgarn [nach dem asiat. Land *Tibet*]

Ti|bia ⟨f.; -, Ti|bi|ae⟩ **1** ⟨Anat.⟩ Schienbein **2** ⟨Musik⟩ **2.1** urspr. eine Knochenflöte, später altröm. Doppelrohrblattinstrument **2.2** Flötenregister der Orgel [lat., »Schienbein; Flöte«]

Tic ⟨m.; -s, -s⟩ in kurzen Abständen zwanghaft wiederholte Bewegung; *oV* Tick (1) [frz., »Zucken der Glieder, wunderl. Gewohnheit« <ital. *ticchio* »fehlerhafte Gewohnheit, bes. der Pferde, ungewöhnl. Bewegungen zu machen«]

Tick ⟨m.; -s, -s⟩ **1** = Tic **2** ⟨fig.⟩ Angewohnheit, Schrulle, Klaps, kleine Verrücktheit; *einen ~ haben* **3** ⟨EDV⟩ periodisches Signal [<frz. *tic*]

Ticker ⟨m.; -s, -⟩ **1** ⟨umg.⟩ Nachrichten u. Börsenkurse empfangender vollautomatischer Fernschreiber; *diese Nachricht ist gerade über den ~ reingekommen* **2** ⟨Med.; umg.⟩ die Pulsfrequenz überwachendes Gerät [engl., »Fernschreiber; Pumpe (Herz)«]

tickern ⟨V.⟩ **1** mithilfe eines Tickers übermitteln bzw. übermittelt werden; *über den Bildschirm ~ die Infoprogramme der Nachrichtenagenturen* **2** tickende, klopfende Geräusche erzeugen; *die Nähmaschine tickert über den Stoff*

Ticket ⟨n.; -s, -s⟩ Eintritts-, Fahrkarte [engl.]

Tiebreak *auch:* **Tie-Break** ⟨ˈtaɪbreɪk⟩ m. od. n.; -s, -s; Sport; Tennis⟩ bes. Zählweise zur Entscheidung eines Satzes bei Punktegleichstand (6:6) [<engl. *tie* »punktgleich sein« + *break* »Bruch«]

Tiers-état ⟨ˌtjɛrzeˈta⟩ m.; -; unz.⟩ der dritte Stand, Teil des frz. Volkes, der unter dem Ancien Régime weder dem Adel noch dem Klerus angehörte [frz.; <*tiers* »dritte(r, -s)« + *état* »Stand«]

Tiffanylampe *auch:* **Tiffany-Lampe** ⟨ˈtɪfəni-⟩ f.; -, -n⟩ Lampe mit einem Glasschirm, der aus vielen, kunstvoll zusammengesetzten, buntfarbigen Glasstückchen besteht [nach dem amerikan. Kunsthandwerker Louis Comfort *Tiffany*, 1848–1933]

Tiki ⟨m.; - od. -s, -s⟩ monumentale menschliche Figur aus Holz od. Stein in Polynesien, die einen vergöttlichten Ahnen darstellt u. ursprünglich zu dessen Repräsentation diente [polynes.]

Tilapia ⟨m.; -s, -s; Zool.⟩ Angehöriger einer ursprünglich nur in Afrika u. Asien verbreiteten Gattung der Buntbarsche [lat.]

Tilbury ⟨ˈ[-bəri] m.; -s, -s⟩ leichter, zweirädriger, einspänniger Wagen mit Verdeck zum Aufklappen [nach dem engl. Wagenbauer *Tilbury*]

Tilde ⟨f.; -, -n; Zeichen: ~⟩ **1** Aussprachebezeichnung, im Span. über dem n zur mouillierten Aussprache [nj], z. B. in Señor, im Portugies. über a, e, o zur nasalen Aussprache, z. B. in São Paulo **2** ⟨in Wörterbüchern⟩ Wiederholungszeichen für ein Wort od. den Teil eines Wortes [span. <lat. *titulus* »Überschrift«]

Tilliazee ⟨[-tseˑə] f.; -, -n; Bot.⟩ Lindengewächs [<lat. *tilia* »Linde«]

Tillit ⟨m.; -s, -e; Geol.⟩ aus vorpleistozänen Eiszeiten stammende verfestigte Moränenablagerung [zu engl. *till* »Geschiebelehm«]

Timbal ⟨f.; -, -es; meist Pl.; Musik⟩ Trommel eines aus Mittelamerika stammenden Trommelpaares, das auf einem Ständer befestigt ist u. besonders in Tanzorchestern verwendet wird [span., »Pauke«]

Timbre *auch:* **Timbre** ⟨ˈtɛ̃ːbr(ə)] n.; - od. -s, - od. -s⟩ Klangfarbe (der Singstimme) [frz., »Klang, Schall, Schmelz«]

timbrieren *auch:* **timbrieren** ⟨tɛ̃-⟩ V.⟩ mit einem bestimmten Timbre ausstatten

timbriert *auch:* **timbriert** ⟨tɛ̃-⟩ Adj.⟩ mit einem bestimmten Timbre ausgestattet; *dunkel ~e Stimme; schön ~er Bariton*

Timelag ⟨ˈtaɪmlæg] n.; -s, -s; Wirtsch.⟩ Zeitdifferenz zwischen dem Auftreten einer wirtschaftlichen Veränderung u. ihren Auswirkungen; *das ~ zwischen der Einführung des Euros u. seiner Auswirkung auf die Preise* [engl., »Zeitverzögerung«]

timen ⟨ˈtaɪ-⟩ V.⟩ mit der Stoppuhr messen; *Abläufe ~* aufeinander abstimmen, um den günstigsten Zeitpunkt für eine Unternehmung festlegen zu können [zu engl. *time* »Zeit«]

Time-out *auch:* **Timeout** ⟨ˌtaɪmˈaʊt] n.; -, -s; Sport⟩ bes. im Hand- u. Basketball übliche Auszeit, kurze Spielunterbrechung [engl.]

Timer ⟨ˈtaɪmə(r)] m.; -s, -⟩ **1** Zeitmesser, Zeitschaltuhr; *~ eines Videorekorders* **2** Terminkalender, Zeitplaner [engl.]

Timesharing ⟨ˈtaɪmʃɛː-⟩ n.; - od. -s; unz.; EDV⟩ Methode der Zeitzuteilung für die verschiedenen Benutzer einer großen Rechenanlage, die eine optimale Ausnutzung der Anlage gewährleisten soll [<engl. *time* »Zeit« + *sharing* »das Teilen«]

timid ⟨Adj.⟩ = timide [frz.]

timide ⟨Adj.⟩ schüchtern, zaghaft; *oV* timid [frz.]

Timing ⟨[ˈtaɪ-] n.; - od. -s, -s⟩ das Timen

Timokratie ⟨f.; -, -n; Politik⟩ Staatsform, in der die Rechte u. Pflichten des Bürgers nach seinem Vermögen bemessen werden [<grch. *time* »Preis, Wert, Ehre« + *...kratie*]

timokratisch ⟨Adj.; Politik⟩ in der Art einer Timokratie, auf ihr beruhend

Timotheusgras ⟨n.; -es, -gräser; Bot.⟩ Heuschnupfen u.ä. Allergien hervorrufendes Gras, Wiesenlieschgras; Phleum pratense [nach dem Amerikaner *Timothy* Hanson]

Timpano ⟨m.; -s, -pani; meist Pl.⟩ Pauke [ital. <grch. *tympanon* »Handpauke, Handtrommel«]

Tin ⟨n.; -s, -s; Sport; Squash⟩ mit Blech verkleidete, 48 cm hohe Fehlerzone an der unteren Frontwand; *Sy* Playboard [engl., »Blech«]

tingieren ⟨V.⟩ färben, eintauchen [<lat. *tingere* <grch. *teggein* »benetzen, fließen lassen, vergießen«]

tingiert ⟨Adj.⟩ **1** ⟨Chemie⟩ gefärbt **2** ⟨Med.⟩ blutig gefärbt, mit geringem Blutzusatz **3** mit einer dünnen Silberschicht überzogen (bei Münzen) [→ *tingieren*]

Tinktion ⟨f.; -, -en; Chemie⟩ Färbung [→ *tingieren*]

Tinktur ⟨f.; -, -en⟩ **1** Auszug aus pflanzl. od. tier. Stoffen **2** Färbemittel [→ *tingieren*]

Tinnef ⟨m.; -s; unz.; umg.⟩ **1** wertloses Zeug, Plunder **2** Unsinn, dummes Gerede [<aram. *tinnuf* »Schmutz«]

Tinnitus ⟨m.; -, -; Med.⟩ *~ Aurium* Ohrklingeln, Ohrpfeifen

Tins

[<lat. *tinnitus* »Klingeln, Geklingel« + *auris* »Ohr«]
Tins ⟨Pl.; Kurzwort; umg.⟩ beruflich erfolgreiche Ehepartner, die sexuell wenig aktiv sind [<engl. *two incomes, no sex* »zwei Einkommen, kein Sex«]
...tion → *...ion*
Ti|pi ⟨n.; -s, -s⟩ spitzes Zelt der Indianer der nordamerikan. Prärie; →*a.* Wigwam [Dakota, <*ti* »wohnen« + *pi* »benutzen«]
Ti|pi|ta|ka ⟨n.; -; unz.⟩ = Tripitaka

Tipp (*Laut-Buchstaben-Zuordnung*)
Analog zum Verb *tippen* wird jetzt auch das Substantiv mit »*pp*« geschrieben (→*a.* Stepp).

Tipp ⟨m.; -s, -s⟩ **1** ⟨allg.⟩ Wink, Hinweis, Rat; *jmdm. einen ~ geben; das war ein guter ~* **2** ⟨Toto; Lotto⟩ Wette auf den Sieger od. die zu ziehende Zahl [<engl. *tip* »Anstoß, Hinweis«]
tip|pen ⟨V.⟩ **1** mit dem Finger od. auch mit der Zehe, dem Fuß leicht berühren **2** auf der Maschine schreiben **3** ⟨Sport; Toto; Lotto⟩ wetten **4** etwas erraten, voraussagen [<engl. *tip* »leicht berühren, anstoßen«]
Tipp-Ex® ⟨n.; -, -⟩ weiße Flüssigkeit od. beschichteter Zettel für die Korrektur von Tippfehlern
tipp|topp ⟨Adj.; undekl.; umg.⟩ tadellos, völlig zufrieden stellend, absolut brillant [<engl. *tiptop* »Spitze der Spitze« <*tip* »Spitze« + *top* »Spitze«]
Tips|ter ⟨m.; -s, -⟩ jmd., der bei Sportwetten (bes. Pferderennen) Wetttipps verkauft [engl.]
T. I. R. ⟨Abk. für frz.⟩ Transport International Routier (Internationaler Ferntransport), Kennzeichen an Lastkraftwagen für schnellere Zollabfertigung beim Durchfahren mehrerer Länder
Ti|ra|de ⟨f.; -, -n⟩ **1** ⟨Gesangskunst⟩ Lauf schnell aufeinander folgender Töne **2** ⟨allg.⟩ Wortschwall [frz., »länger anhaltendes Ziehen; lang gezogener Vortrag« <*tirer* »ziehen« od. <ital. *tirata* »Ziehung, Zug, Strecke, Schluck« ⟨zu *tirare* »ziehen, sich hinziehen«⟩]

Ti|ra|mi|su ⟨n.; -s, -s; ital. Kochk.⟩ aus mehreren (mit Alkohol u. Kaffee verfeinerten) Sahne- u. Biskuitschichten bestehende cremige Süßspeise [ital., eigtl. »zieh mich hoch«]
Ti|rol|li|en|ne ⟨[tiroljɛn] f.; -, -n⟩ auf Tiroler Liedern beruhender Rundtanz im $^3/_4$-Takt; *oV* Tyrolienne [frz., »Tiroler Tanz«]
Ti|ro|lit ⟨m.; -s, -e; Min.⟩ rhombisches Kupfer-Arsen-Mineral, das durch Verwitterung von Fahlerzen entsteht; *Sy* Kupferschaum [nach dem Land *Tirol*]
ti|ro|ni|sche No|ten ⟨Pl.⟩ Kurzschrift des Römers u. Sekretärs von Cicero, Marcus Tullius Tiro, 103-4 v. Chr.
Ti|tan[1] ⟨m.; -en, -en⟩ **1** ⟨grch. Myth.⟩ Angehöriger eines göttl. Geschlechts von Riesen, das sich gegen Zeus erhob u. von ihm in den Tartaros gestürzt wurde **2** ⟨allg.⟩ Riese [grch.; zu *titainein* »spannen, ausspannen, ausstrecken«]
Ti|tan[2] ⟨n.; -s; unz.; chem. Zeichen: Ti⟩ chem. Element, weißes, hartes, glänzendes Metall, Ordnungszahl 22 [→ *Titan*[1]]
Ti|tan|ei|sen ⟨n.; -s; unz.; Min.⟩ = Ilmenit
Ti|ta|ni|de ⟨m.; -n, -n; grch. Myth.⟩ Nachkomme der Titanen
ti|ta|nisch ⟨Adj.⟩ **1** zu den Titanen gehörend, in der Art eines Titanen **2** riesenhaft, von großer Stärke
Ti|ta|nit ⟨m.; -s, -e; Min.⟩ Mineral, chemisch Calcium-Titan-Silicat; *Sy* Sphen [→ *Titan*]
Ti|ta|no|ma|chie ⟨[-xi] f.; -; unz.; grch. Myth.⟩ Kampf der Titanen gegen Zeus [<*Titan* + grch. *mache* »Kampf, Streit«]
Ti|tan|ra|ke|te ⟨f.; -, -n⟩ von den USA eingesetzte Weltraumrakete
Ti|tan|stahl ⟨m.; -s; unz.; Met.⟩ Stahllegierung mit Titanzusatz zur Erhöhung der Korrosionsbeständigkeit
Ti|tel ⟨m.; -s, -⟩ **1** Bezeichnung des Ranges einer Person; *einen ~ führen; jmdn. mit seinem ~ anreden* **1.1** ehrenvoller, durch eine Prüfung erworbener od. für Verdienste verliehener Zusatz zum Namen; *Doktor~;*

akademischer ~ **1.2** durch Geburt erworbene Bezeichnung des Ranges als Zusatz zum Namen; *Grafen~; Herzogs~* **1.3** Amtsbezeichnung, z. B. Regierender Bürgermeister **1.4** in sportl. Wettkämpfen errungene Bezeichnung des Ranges; *~ des Europameisters im Boxen* **2** kennzeichnender Name eines Buches od. Kunstwerkes; *Buch~; Film~; Opern~* **3** Name od. Ziffer des Abschnitts eines Gesetzes od. einer Verordnung; *diese Mittel sind unter ~ 5 des Haushaltsplanes ausgewiesen* [<mhd. *tit(e)l* <ahd. *titul(o)* »Überschrift, Name eines Buches; Ehrenbezeichnung« <lat. *titulus* »der an die Schriftrolle angehängte Zettel« <grch. *titlos* »Aufschrift«]
Ti|tel|ei ⟨f.; -, -en; Buchw.⟩ die dem Text vorausgehenden Seiten mit Titelblatt, Schmutztitel usw.
ti|teln ⟨V.⟩ *einen Zeitungsartikel, ein Buch, einen Film ~* einen Titel geben
Ti|tel|part ⟨m.; -s, -s⟩ Titelrolle, Rolle (meist die Hauptrolle), deren Name mit dem Titel des Schauspiels übereinstimmt, z. B. Don Carlos, Iphigenie
Ti|tel|song ⟨[-sɔŋ] m.; -s, -s; Musik⟩ Lied, das in einem Film, einer CD o. Ä. vorkommt u. nach dessen Titel der Film, die CD o. Ä. benannt ist
Ti|ter ⟨m.; -s, -⟩ **1** ⟨Chemie⟩ Feingehalt an gelöstem Stoff in Grammäquivalenten **2** ⟨Textilw.⟩ Maß für die Feinheit von Fasern u. Verbänden von Fasern als Verhältnis zwischen Gewicht u. Länge [<frz. *titre* »Feingehalt, Korn, Feinheitsgrad«]
Ti|thon ⟨n.; -s; unz.; Geol.⟩ oberste Stufe des Malms, die den Übergang zur Kreide bildet [nach *Tithonos*, dem unsterblichen Greis der grch. Sage]
Ti|tra|ti|on *auch:* **Ti|tra|tion** ⟨f.; -, -en; Chemie⟩ Bestimmung des Titers
Ti|tre *auch:* **Ti|tre** ⟨m.; -s, -s⟩ = Titer
Ti|trier|ana|ly|se *auch:* **Ti|trier|ana|ly|se** ⟨f.; -, -n⟩ = Maßanalyse; *Sy* Volumetrie [→ *Titer*]

Tokogenie

ti|trie|ren *auch:* **tit|rie|ren** 〈V.〉 den Titer bestimmen von

Ti|tri|me|trie *auch:* **Tit|ri|met|rie** 〈f.; -, -n〉 = Maßanalyse [<frz. *titre* »Feingehalt« + ...*metrie*]

Ti|tu|lar 〈m.; -s, -e〉 jmd., der ein Amt nur dem Titel nach innehat, es aber nicht wirklich ausübt, z. B. Titularbischof [<neulat. *titularis* <lat. *titulus* »Titel«]

Ti|tu|la|tur 〈f.; -, -en〉 das Titulieren, Anrede mit sämtlichen Titeln [<neulat. *titulatura*]

ti|tu|lie|ren 〈V.〉 **1** mit einem Titel versehen, benennen (Buch) **2** mit einem Titel anreden (Person) **3** 〈umg.; scherzh.〉 bezeichnen, nennen [<spätmhd. *titelen* »einen Titel geben, mit einem Titel versehen« <lat. *titulare*]

Ti|tu|lus 〈m.; -, -tu|li〉 **1** 〈MA〉 Text zu einem Bild, meist in der Form eines Verses **2** 〈veraltet〉 Amtsbezeichnung, Ehrenname [lat.]

Ti|vo|li[1] 〈[-vo-] n.; -s, -s〉 italien. Kugelspiel [nach dem Ort *Tivoli*, dem antiken *Tibur*, an den Wasserfällen des Anio (Sommerfrische der Römer)]

Ti|vo|li[2] 〈[-vo-] m. od. n.; -s, -s〉 Vergnügungspark, Freilufttheater; *der ~ in Kopenhagen* [→ *Tivoli*[1]]

ti|zi|an|rot 〈Adj.〉 goldrot, golden purpurrot [nach dem ital. Maler *Tizian*]

Tjä|le 〈f.; -, -〉 Geol.〉 in sehr kalten Regionen der Erde entstehender Dauerfrostboden [schwed.]

Tjalk 〈f.; -, -en; Mar.〉 einmastiges Küstenfahrzeug [ndrl. <nord.]

Tjost 〈f.; -, -en; MA〉 Zweikampf beim Turnier mit scharfen Waffen [<afrz. *jouste* »Turnier«]

tkm 〈Zeichen für〉 Tonnenkilometer

Tl 〈chem. Zeichen für〉 Thallium

Tm 〈chem. Zeichen für〉 Thulium

Tme|sis 〈f.; -, Tme|sen; Sprachw.〉 Trennung eines zusammengesetzten Wortes durch dazwischentretende Wörter, z. B. »ich behalte es bei« [<grch. *tmesis* »Schnitt«; zu *temnein* »schneiden«]

TNT 〈Abk. für〉 Trinitrotuluol (ein Sprengstoff)

Toast 〈[to:st] m.; -(e)s, -e〉 **1** geröstete Scheibe Weißbrot **2** Trinkspruch; *einen ~ auf jmdn. ausbringen* [engl. <afrz. *toster* »rösten« <lat. *tostus* »gedörrt, getrocknet«]

toas|ten 〈[to:-] V.〉 **1** jmdm. zutrinken, einen Trinkspruch ausbringen **2** *Brot ~* rösten

Toas|ter 〈[to:-] m.; -s, -〉 elektr. Gerät zum Toasten (2)

To|back 〈m.; -s, -e; umg.; scherzh.〉 = Tabak

To|bak 〈m.; -s, -e; umg.; scherzh.〉 = Tabak; →*a.* Anno Tobak

To|bog|gan 〈[tɔbɔɡən] m.; -s, -s〉 längl., flacher Schlitten der kanad. Indianer, vorn mit aufgebogenem Brett od. einem Paar von Brettern [engl. <frz. (kanad.) *tobogan* <Algonkin] = Tokkata

Toc|ca|ta 〈f.; -, -ca|ten; Musik〉 = Tokkata

to|cha|risch 〈Adj.〉 zu den Tocharern gehörig, von ihnen stammend; *~e Sprache* (fälschl. Bez. für) eine isoliert stehende, ausgestorbene indogerman. Sprache, in der einige in Turkestan gefundene Handschriftenreste buddhist. Inhalts aus dem 6./8. Jh. abgefasst sind; →*a.* Tocharisch

To|cha|risch 〈n.; - od. -s; unz.; Sprachw.〉 ausgestorbene indogerman. Sprache; →*a.* tocharisch

to|ckie|ren 〈V.〉 = tokkieren

Tod|dy 〈m.; - od. -s, -s〉 **1** Palmwein **2** grog- od. punschartiges Getränk [<Hindi *tari* »Saft aus der Palmyrapalme«; zu *tar* »Palmyra«]

Toe|loop 〈[tu:lu:p] od. engl. [toulu:p] m.; -s, -s; Sport; Roll-, Eiskunstlauf〉 vorwärts eingeleiteter Drehsprung beim Kürlauf [<engl. *toe* »Zehe« + *loop* »Schleife, Windung«]

Tof|fee 〈[tɔfi] n.; -s, -s〉 weiche Karamelle [engl., Nebenform zu *taffy*]

To|fu 〈m.; - od. -s; unz.〉 Käse aus Sojabohnenmilch [jap.]

To|ga 〈f.; -, To|gen〉 weites altröm. Gewand für Männer [lat.; zu *tegere* »decken, verhüllen« <grch. *stegein* »decken«]

To|hu|wa|bo|hu 〈n.; - od. -s, -s〉 Durcheinander, Wirrwarr, Verwüstung; *ein ~ veranstalten* [<hebr. *tohu w'a-bohu* »(die Erde war) wüst und leer«]

Toile 〈[toa:l] m.; -s, -s; Textilw.〉 weicher, seidener Stoff für Wäsche, Kleider u. Blusen in Leinwandbindung [frz., »Leinwand, Tuch«]

Toi|let|te 〈a. [toa-] f.; -, -n〉 **1** (Waschraum mit) Abort; *auf die ~ gehen* 〈unz.〉 Körperpflege, Ankleiden u. Frisieren (bes. für festl. Gelegenheiten); *bei der ~ sein; ~ machen* sich sorgfältig anziehen u. zurechtmachen **3** Möbelstück, das mit allen für die Körperpflege u. zum Frisieren benötigten Gegenständen versehen ist; *Frisier~* **4** Damenkleidung samt Zubehör (bes. für festl. Gelegenheiten); *die Damen erschienen in großer ~* [frz., Verkleinerungsform zu frz. *toile* »Tuch« <lat. *tela* »Tuch«]

To|kai|er 〈a. [tɔ-] m.; -s, -〉 = Tokajer

To|ka|jer 〈a. [tɔ-] m.; -s, -〉 ungar. naturreiner Südwein; *oV* Tokaier [nach *Tokaj*, einem Ort im ungar. Komitat Zemplen]

To|ka|mak 〈m. od. n.; -s, -s; Kernphysik〉 Apparatur, mit der eine kontrollierte künstliche Kernfusion erreicht werden soll; →*a.* Stellerator

To|ken 〈[toukən] n.; -s, -s〉 **1** 〈EDV〉 **1.1** Wort eines Textes od. Zeichenfolge, das bzw. die zwischen zwei Wortbegrenzungszeichen steht; →*a.* String **1.2** Chipkarte für Computer, die bei Netzwerken als Erkennungs- u. Berechtigungsmarke dient **2** Wertmarke, Gutschein od. Bon (z. B. für Leergut) [engl., »Zeichen«]

Tok|ka|ta 〈f.; -, -ka|ten; Musik〉 stark bewegtes, der Fantasie ähnliches Musikstück, besonders für Tasteninstrumente; *oV* Toccata [<ital. *toccata* »Berührung, Vorspiel«]

tok|kie|ren 〈V.; selten〉 in kurzen Pinselstrichen skizzenhaft malen; *oV* tockieren [<ital. *toccare* »berühren«]

To|ko|ge|nie 〈f.; -, -n; Biol.〉 Erzeugung von Individuen durch

Tokologie

Eltern, geschlechtliche Fortpflanzung, Elternzeugung [<grch. *tokos* »Geburt, Nachkommenschaft« + ...*genie*]

To|ko|lo|gie ⟨f.; -, -n; Med.⟩ Lehre von der Geburt, Geburtshilfe [<grch. *tokos* »Geburt« +...*logie*]

to|le|ra|bel ⟨Adj.⟩ so beschaffen, dass man es tolerieren kann, duldbar, erträglich; *tolerable Grenzwerte*

to|le|rant ⟨Adj.⟩ duldsam, nachsichtig, weitherzig, großzügig; *Ggs* intolerant [<frz. *tolérant* »duldsam, nachsichtig, großzügig« <lat. *tolerare* »ertragen«]

To|le|ranz ⟨f.; -, -en⟩ **1** ⟨unz.⟩ tolerantes Wesen, Duldsamkeit; *Ggs* Intoleranz **2** ⟨zählb.⟩ zulässige Abweichung von Maßen [<lat. *tolerantia* »das Ertragen, das Erdulden, Geduld, Duldsamkeit«]

To|le|ranz|do|sis ⟨f.; -, -do|sen⟩ international festgelegte, zulässige Dosis an (radioaktiven) Strahlen, denen Personen ausgesetzt werden dürfen

to|le|rie|ren ⟨V.⟩ mit Toleranz behandeln, nachsichtig dulden, großzügig ertragen [<lat. *tolerare* »ertragen, erdulden«]

To|lu|bal|sam ⟨m.; -s; unz.⟩ Balsam des Perubalsambaumes, der pharmazeutisch, kosmetisch u. als Räuchermittel verwendet wird [nach der Stadt *Tolú* in Kolumbien]

To|lu|i|din ⟨n.; -s; unz.; Chemie⟩ aromat. Amin, kristalline Substanz, zur Herstellung verschiedener Farbstoffe verwendet

To|lu|ol ⟨n.; -s; unz.; Chemie⟩ durch Destillation von Steinkohlenteer u. Erdöl gewonnene, farblose, stark lichtbrechende Flüssigkeit, die zur Herstellung von Saccharin u. des Sprengstoffs Trinitrotoluol, außerdem als Lösungsmittel für Lacke verwendet wird

Tom. ⟨Abk. für⟩ Tomus

To|ma|hawk ⟨[tɔmahɔːk] m.; -s, -s⟩ Streitaxt der nordamerikan. Indianer [engl. <Algonkin (nordamerikan. Indianersprache) *tomahack*]

To|ma|te ⟨f.; -, -n; Bot.⟩ *Sy* Paradeiser **1** Nachtschattengewächs mit roten, auch gelben Früchten: Lycopersicum esculentum **2** Frucht dieses Gewächses [<span. *tomate* <mexikan. Indianerspr. Nahuatl *tomatl*]

Tom|bak ⟨m.; -s; unz.⟩ Kupfer-Zink-Legierung für unechten Schmuck [<frz. *tombac* »Tombak, Rotguss, Prinzmetall« <span. *tumbaga* <Philippinenspr. *tumbaga* »Mischung aus Gold u. Kupfer«]

Tom|bo|la ⟨f.; -, -s od. -bo|len⟩ Verlosung von Gegenständen (bei Festen u. Wohltätigkeitsveranstaltungen) [ital., »Warenlotterie, Lottospiel«; zu *tombolare* »hinkullern«]

...to|mie ⟨Nachsilbe; zur Bildung weibl. Subst.⟩ **1** Schneiden, Schnitt; *Gastrotomie* **2** Zerlegung, Zergliederung, Verstümmelung; *Anatomie* [<grch. *tome* »Schnitt«; zu *temnein* »schneiden«]

Tom|my ⟨m.; -s, -s; umg.; scherzh.⟩ engl. Soldat [Kurzform zu *Thomas* (nach dem Unterschriftenbeispiel in engl. Soldbüchern »Thomas Atkins« gebildeter Spitzname)]

To|mo|gra|fie ⟨f.; -, -n; Med.⟩ = Tomographie

To|mo|gra|phie ⟨f.; -, -n; Med.⟩ Gesamtheit mehrerer (Röntgen-)Aufnahmen, bei denen ein Organ in mehreren, unterschiedlich tiefen Schichten aufgenommen wird; *oV* Tomografie [<grch. *tome* »Schnitt« + ...*graphie*]

To|mus ⟨m.; -, To|mi; Abk.: Tom.⟩ Teil eines Schriftwerkes, Abschnitt, Band [<grch. *tomos* »Teil, abgeschnittenes Stück«]

to|nal ⟨Adj.; Musik⟩ auf die Tonalität beruhend; *Ggs* atonal; *~e Musik* [frz., »dem Tone gemäß«]

To|na|li|tät ⟨f.; -; unz.; Musik⟩ Bezogenheit der Töne auf die Tonika der Tonart, in der sie stehen; *Ggs* Atonalität [<frz. *tonalité* »Tonart, Klangfähigkeit«]

Ton|do ⟨n.; -s, -s od. Ton|di; Mal.⟩ kreisrundes Gemälde od. Relief [ital., »Kugel, Teller« <lat. *rotundus* »rund«]

To|ner ⟨m.; -s, -⟩ **1** elektrisch geladener, farbabgebender Bestandteil in elektrofotograf. Entwicklern **2** Druckfarbe (für Bürokopierer, Laserdrucker u. Ä.) [engl.]

Ton|fre|quenz ⟨f.; -, -en⟩ Frequenz von Schallwellen zwischen 16 u. 20000 Hz, die für das menschliche Ohr wahrnehmbar sind

To|nic ⟨[tɔnɪk] n.; - od. -s, -s; kurz für⟩ Tonicwater

To|nic|wa|ter *auch:* **To|nic Wa|ter** ⟨[tɔnɪkwɔːtə(r)] n.; (-) - od. (-) -s, (-) -s⟩ chininhaltige Limonade; *Sy* Tonic [engl., »Selterswasser« <*tonic* »stärkend« + *water* »Wasser«]

...to|nie ⟨Nachsilbe; zur Bildung weibl. Subst.⟩ **1** Spannung; *Myotomie* **2** Blutdruck; *Hypertonie* [<grch. *tonos* »Spannung«]

To|ni|ka ⟨f.; -, -ni|ken; Musik⟩ Grundton einer Tonleiter [<ital. *tonica* »Grundton«]

To|ni|ka-Do-Me|tho|de ⟨f.; -; unz.; Musik⟩ Methode für den Gesangsunterricht, bei der nach den Solmisationssilben gesungen wird, zum Schulen des Gehörs für Töne u. Intervalle

To|ni|kum ⟨n.; -s, -ni|ka; Med.⟩ stärkendes Mittel [<grch. *tonos* »Spannung, Spannkraft«]

to|nisch ⟨Adj.⟩ **1** ⟨Musik⟩ auf dem Grundton (der Tonika) aufgebaut (Dreiklang) **2** ⟨Med.⟩ **2.1** kräftigend, stärkend **2.2** durch anhaltende Muskelspannung gekennzeichnet [→ *Tonus*]

to|ni|sie|ren ⟨V.; Med.⟩ kräftigen [→ *Tonus*]

Ton|ka|baum ⟨m.; -(e)s, -bäu|me; Bot.⟩ südamerikan. Baum, dessen Samen in der Parfüm u. Tabak herstellenden Industrie verwendet werden: Dipteryx odorato [vermutl. <Tupi *tonka*]

Ton|na|ge ⟨[-ʒə] f.; -, -n⟩ in Registertonnen gemessener Rauminhalt (eines Schiffes) [frz.]

Ton|nen|ki|lo|me|ter ⟨m. od. n.; -s, -; Zeichen: tkm⟩ Produkt aus befördertem Gut in Tonnen u. Weg in Kilometern, Maß für die Arbeitsleistung im Güterverkehr

To|no|me|ter ⟨n.; -s, -; Med.⟩ **1** Blutdruckmesser **2** Gerät zum Messen des Augeninnendrucks

Toponomastik

[<grch. *tonos* »Spannung« + ...*meter*]

ton|sil|lar ⟨Adj.; Med.⟩ = tonsillär

ton|sil|lär ⟨Adj.; Med.⟩ von den Tonsillen ausgehend, zu ihnen gehörend; *oV* tonsillar

Ton|sil|le ⟨f.; -, -n; Anat.⟩ mandelförmiges (paariges) Organ aus Bindegewebe in den Nischen der Gaumenbögen (Gaumenmandel) u. am Dach des Rachens (Rachenmandel), Mandel [<neulat. *tonsilla* »Mandel« <lat. *tonsillae*]

Ton|sil|lek|to|mie *auch:* **Ton|sil|lek|to|mie** ⟨f.; -, -n; Med.⟩ operative Entfernung der Tonsillen [<neulat. *tonsilla* »Mandel« + *Ektomie*]

Ton|sil|li|tis ⟨f.; -, -ti|den; Med.⟩ Mandelentzündung [<*Tonsille* + ...*itis*]

Ton|sil|lo|to|mie ⟨f.; -, -n; Med.⟩ das Kappen der Tonsillen [<neulat. *tonsilla* »Mandel« + ...*tomie*]

Ton|sur ⟨f.; -, -en⟩ kreisrund geschorene Stelle auf dem Scheitel kath. Mönche [<lat. *tonsura* »das Scheren, Schur«; zu *tondere* »scheren, den Bart scheren«]

ton|su|rie|ren ⟨V.⟩ jmdm. die Tonsur schneiden [zu lat. *tondere* »scheren, den Bart scheren«]

To|nus ⟨m.; -, To|ni⟩ **1** ⟨Med.⟩ Zustand der Spannung od. Aktivität **2** ⟨Musik⟩ Ganzton, große Sekunde [<grch. *tonos* »Seil, Tau, Saite; Spannung, Spannkraft«]

Tool ⟨[tu:l] n.; -s, -s; EDV⟩ Programm, mit dessen Hilfe das Programmieren bestimmter Abläufe erleichtert wird, Hilfsprogramm [engl., eigtl. »Werkzeug«]

Tool|box ⟨[tu:l-] f.; -, -en; EDV⟩ **1** = Toolkit **2** Symbolleiste [engl., eigtl. »Werkzeugkasten«]

Tool|kit ⟨[tu:l-] m. od. n.; - od. -s, -s; EDV⟩ ergänzende Programmeinheit (z. B. in Form einer Sammlung von mehreren Programmroutinen) zu Toolbox (1) [engl., eigtl. »Werkzeug(ausrüstung)«]

top ⟨Adj.; undekl.; salopp⟩ sehr gut, herausragend, spitzenmäßig; *diese Idee ist ~; du siehst ~ aus* [engl., »oberst, höchst«; zu *top* »Spitze«]

Top ⟨n.; -s, -s⟩ (unter festlicher Abendbekleidung getragenes) ärmelloses Damenoberteil aus feinem, meist seidigem Gewebe [engl., eigtl. »Spitze«]

...top ⟨Nachsilbe; zur Bildung sächl. Subst.⟩ den Ort, die Gegend betreffend, ...*orts*; *Biotop; Isotop* [<grch. *topos* »Ort«]

top..., Top... ⟨in Zus.⟩ höchst, oberst, Spitzen..., z. B. Topmanager [engl., »Spitze«]

Top|act ⟨[-ækt] m.; -s, -s; bes. Musik⟩ Hauptnummer einer Veranstaltung; *als ~ spielten R. E. M.* [engl.]

To|pas ⟨m.; -es, -e; Min.⟩ Edelstein, Halbedelstein, chemisch Aluminium-Fluor-Silicat [<lat. *toparus, topazius* <grch. *topazos, topazios, topazion* »Topas, Chrysolith«]

to|pa|sen ⟨V.; Min.⟩ aus (einem) Topas bestehend, mit Topas(en) besetzt

Top|class ⟨[-kla:s] f.; -; unz.⟩ Spitzenklasse; *ein Sportler der ~* [engl.]

To|pe ⟨f.; -, -n⟩ = Stupa [Hindi, vielleicht <Sanskrit *stupa*]

top|fit ⟨Adj.; undekl.; umg.⟩ in bester körperlicher Verfassung; *~ sein; sich ~ fühlen* [<*top*... + *fit*]

To|pik ⟨a. [tɔ-] f.; -; unz.⟩ **1** ⟨antike Rhetorik⟩ Lehre von der Zusammenstellung von Gesichtspunkten (»Gemeinplätzen«), die zur Erörterung eines Themas dienen sollen **2** ⟨veraltet⟩ Lehre von der Stellung von Worten u. Sätzen **3** Lehre von der Lage der einzelnen Organe zueinander [<grch. *topos* »Ort, Stelle, Platz, Gegend, Örtlichkeit; Gemeinplatz; Kapitel (einer Wissenschaft)«]

to|pi|kal ⟨Adj.; Sprachw.⟩ themen- bzw. sachbezogen [→ *Topik*]

To|pi|ka|li|sie|rung ⟨f.; -, -en; Sprachw.⟩ durch eine bestimmte Anordnung im Satz (z. B. an den Satzanfang) erzielte Akzentuierung einzelner Wörter od. Satzglieder [→ *Topik*]

To|pi|nam|bur ⟨a. [---'-] m.; -s, -s od. -e od. f.; -, -en; Bot.⟩ violette, essbare Knolle einer Sonnenblume, die wie die Kartoffel verwendet u. zubereitet wird, Erdapfel [frz., portug. *tupinambor, (babuta) tupinamba;* nach den Indianerstämmen der *Tupinambá*]

to|pisch ⟨Adj.; Med.⟩ örtlich, äußerlich wirkend [<grch. *topos;* → *Topik*]

Top|la|der ⟨m.; -s, -s⟩ oberste Waschmaschine, die von oben mit Wäsche gefüllt wird; →*a.* Frontlader [<*Top*... + *Lader*]

top|less ⟨Adj.; nur adv.⟩ mit entblößtem Oberkörper, oben ohne (bei Frauen) [engl., »oben ohne«]

Top|ma|nage|ment ⟨[-mænɪdʒmənt] n.; - od. -s, -s⟩ oberste Leitung (eines Unternehmens) [<engl. *top* »Spitze« + *Management*]

Top|ma|na|ger ⟨[-mænɪdʒə(r)] m.; -s, -⟩ Angehöriger des Topmanagements

to|po... To|po... ⟨in Zus.⟩ orts..., Orts... [<grch. *topos* »Ort«]

To|po|graf ⟨m.; -en, -en; Geogr.⟩ = Topograph

To|po|gra|fie ⟨f.; -, -n; Geogr.⟩ = Topographie

to|po|gra|fisch ⟨Adj.⟩ = topographisch

To|po|graph ⟨m.; -en, -en; Geogr.⟩ Vermessungsingenieur; *oV* Topograf [<*Topo*... + ...*graph*]

To|po|gra|phie ⟨f.; -, -n; Geogr.⟩ *oV* Topografie **1** Beschreibung einer geografn. Örtlichkeit **2** Landesaufnahme [→ *Topograph*]

to|po|gra|phisch ⟨Adj.; Geogr.⟩ die Topographie betreffend, auf ihr beruhend; *oV* topografisch; *~e Karte* Landkarte in den Maßstäben bis etwa 1:200 000, die vorwiegend Ergebnisse von Forschung u. Beobachtung der Topographie enthält

To|poi ⟨Pl. von⟩ Topos

To|po|lo|gie ⟨f.; -; unz.; Math.⟩ Lehre von der Anordnung geometrischer Gebilde im Raum [<*Topo*... + ...*logie*]

To|po|no|mas|tik *auch:* **To|po|no|mas|tik** ⟨f.; -; unz.; Sprachw.; Geogr.⟩ = Toponymik [<*Topo*... + grch. *onomazein* »nennen, benennen«]

Toponymie

To|po|ny|mie *auch:* **To|po|ny|mie** ⟨f.; -; unz.; Sprachw.; Geogr.⟩ Gruppe aller Ortsnamen einer bestimmten Region [→ *Toponymik*]

To|po|ny|mik *auch:* **To|po|ny|mik** ⟨f.; -; unz.; Sprachw.; Geogr.⟩ Kunde von den Ortsnamen; *Sy* Toponomastik [<*Topo*... + grch. *onoma, onyma* »Name, Benennung«]

To|po|pho|bie ⟨f.; -, -n; Psych.⟩ Unbehagen gegenüber bestimmten Plätzen, Platzangst [<*Topo*... + *Phobie*]

To|pos ⟨m.; -, To|poi⟩ **1** ⟨Antike⟩ allgemein anerkannter Gesichtspunkt, Redewendung **2** ⟨Lit.⟩ feste Formel, traditionelles Motiv [grch., »Ort, Stelle; Gemeinplatz«]

top|pen ⟨V.⟩ **1** Benzin durch Destillation von Rohöl scheiden **2** ⟨Sport⟩ *den Golfball* ~ oberhalb der Mitte treffen **3** ⟨umg.⟩ übertreffen, verbessern; *diese Leistung ist nicht zu* ~ [<engl. *top* »zu hoch treffen, übertreffen; zu *top* »Spitze«]

top|se|cret *auch:* **top|secret** ⟨[-siː-krɪt] Adj.; undekl.; umg.⟩ streng geheim; *die Angelegenheit ist* ~ [engl.]

Top|spin ⟨m.; -s, -s; Sport; Tennis⟩ überschnittener Ball [<engl. *top* »Spitze« + *spin* »sich drehen«]

Top|star ⟨m.; -s, -s⟩ ganz bes. beliebter Star, Spitzenstar [engl.]

Top|ten *auch:* **Top Ten** ⟨[-tɛn] Pl.⟩ die ersten zehn Titel einer Erfolgsliste (Hitparade, Bestsellerliste o. Ä.); *zu den* ~ *gehören*; *unter den* ~ *sein* [engl., <*top* »Spitze« + *ten* »zehn«]

Toque ⟨[tɔk] f.; -, -s⟩ **1** ⟨16. Jh.⟩ kleiner, barettartiger Hut **2** ⟨um 1900⟩ Damenhut ohne Krempe [frz., »Mütze, Barett, Samthut«]

Tord|alk *auch:* **Tor|dalk** ⟨m.; -(e)s od. -en, -e od. -en; Zool.⟩ zu den Alken gehörender arktischer Seevogel mit schwarzer Oberseite u. weißem Bauch: Alca torda [schwed.]

tor|die|ren ⟨V.; Physik⟩ verdrehen, eine Torsion durchführen, erleiden

To|re|a|dor ⟨m.; -s, -e⟩ berittener Stierkämpfer [<span. *torear* »mit dem Stier kämpfen«; zu *toro* »Stier« <lat. *taurus* <grch. *tauros* »Stier, Ochse«]

To|re|ra ⟨f.; -, -s⟩ Stierkämpferin, die zu Fuß kämpft [→ *Torero*]

To|re|ro ⟨m.; -s, -s⟩ Stierkämpfer, der zu Fuß kämpft [span. <lat. *taurarius* »Stierkämpfer«]

To|reut ⟨m.; -en, -en; Met.⟩ Künstler, der Metalle ziseliert, hämmert, treibt [<grch. *toreutes* »Graveur«; zu *toreuein* »ziselieren, gravieren«]

To|reu|tik ⟨f.; -; unz.; Met.⟩ Kunst der Metallbearbeitung auf kaltem Wege [<grch. *toreutikos* »die Gravierkunst betreffend«; → *Toreut*]

To|rii ⟨n.; - od. -s, - od. -s⟩ aus zwei leicht gegeneinander geneigten Trägern u. zwei Querbalken gebildeter Torbogen vor Schinto-Schreinen u. a. Heiligtümern [jap., »Ruhestätte der Vögel«]

Tor|kret ⟨m.; -s; unz.⟩ als Verputz verwendeter flüssiger Beton [verkürzt <lat. *tectorium concretum* »verdichtete Tünche«]

tor|kre|tie|ren ⟨V.⟩ mit Torkret verputzen

Tor|men|till ⟨n.; -s; unz.⟩ in der Wurzel der Blutwurz enthaltener Gerbstoff [<lat. *tormentum* »Folter, Qual, Pein« (wegen ihrer adstringierenden Wirkung)]

Törn ⟨m.; -s, -s⟩ Fahrt, Ausflug mit dem Segelboot; *Segel*~ [<engl. *turn* »Drehung, Wendung, Spaziergang, -fahrt«]

Tor|na|do ⟨m.; -s, -s⟩ **1** ⟨Meteor.⟩ nordamerikan. Wirbelsturm **2** ⟨Typenbezeichnung für⟩ seit 1982 eingeführtes Kampfflugzeug der Bundeswehr [<span. *tronada* »Gewitter, Donner«]

Tor|nis|ter ⟨m.; -s, -⟩ **1** Ranzen aus Segeltuch od. Fell **2** Schulranzen [<tschech. *tanystra*, slowak. *tanistra* »Ranzen« <ungar. *tágistron* »Futtersack (der Reitpferde)«]

To|ro ⟨m.; -s, -s⟩ Stier [span.]

tor|pe|die|ren ⟨V.⟩ **1** ⟨Mil.⟩ mit einem Torpedo beschießen **2** ⟨fig.; umg.⟩ zu verhindern suchen, stören; *Maßnahmen, Pläne* ~

Tor|pe|do ⟨m.; -s, -s; Mil.⟩ durch eigene Kraft sich fortbewegendes, unter Wasser eingesetztes Geschoss gegen Schiffe, das von Schiffen u. von U-Booten aus einem Rohr durch Pressluft ausgestoßen wird [lat., span., »Zitterrochen« (da dieser Fisch seine Gegner durch elektr. Schläge lähmt); zu *torpere* »erstarren«]

tor|pid ⟨Adj.; Med.⟩ **1** regungslos, schlaff **2** träge, schwer erregbar, stumpfsinnig [<lat. *torpidus* »starr, erstarrt, betäubt«; zu *torpere* »erstarren«]

Tor|por ⟨m.; -s; unz.; Med.⟩ torpide Beschaffenheit [lat., »Erstarrung, Lähmung, Untätigkeit, Schlaffheit«]

tor|quie|ren ⟨V.⟩ quälen, peinigen, foltern [<lat. *torquere*]

Torr ⟨n.; -s, -; Physik⟩ nicht mehr zulässige Maßeinheit des Luftdrucks, zu ersetzen durch die Einheit Millibar (mbar), 1 Torr = 1,333 mbar [nach dem ital. Mathematiker u. Erfinder des Barometers Evangelista *Torricelli*, 1608-1647]

Tor|ren|te ⟨m.; -, -n; Geogr.⟩ Trockenfluss im Mittelmeergebiet, der aufgrund seiner tendenziell flachen Schottersohle im Sommer komplett ausdörrt; →*a.* Bajado [ital., »Sturzbach, Wildbach«]

Tor|si|on ⟨f.; -, -en⟩ Drehung eines eingespannten Stabes um seine Längsachse [<lat. *torsio* »Drehung«; zu *torquere* »drehen, winden«]

Tor|si|ons|mo|dul ⟨m.; -s, -n⟩ Materialkonstante, die bei der Torsion auftritt, Drillsteife

Tor|si|ons|waa|ge ⟨f.; -, -n⟩ hoch empfindliche Waage zur Messung kleinster Kräfte, misst die Verdrillung eines Fadens durch auf ihn einwirkende Kräfte

Tor|so ⟨m.; -s, -s; Kunst⟩ *Sy* Fragment (3) **1** nicht vollendete od. nicht vollendet erhaltene Statue, die (meist) nur aus Rumpf u. Kopf besteht **2** ⟨fig.⟩ unvollendetes Werk [ital., »Strunk (vom Obst), Rumpf (einer verstümmelten Bildsäule)« <lat. *tursus* <*thyrsus* »Stängel (eines Gewächses), Strunk« <grch. *thyrsos* »Bacchusstab, Thyrsusstab«]

Tort ⟨m.; -(e)s; unz.⟩ Kränkung, etwas Unrechtes, Unangenehmes; *jmdm. einen ~ antun* [frz., »Unrecht« <lat. *torquere* »drehen, winden; martern«]

Torte ⟨f.; -, -n⟩ kreisrunder, gefüllter od. mit Obst belegter Kuchen; *Buttercreme~; Obst~* [<ital. *torta* »Torte, Feingebäck« <lat. *torta* »rundes Brot, Brotgebäck« <*tortus*, Part. Perf. zu *torquere* »drehen, winden«]

Tor|te|lett ⟨[-lɛt] n.; -s, -s⟩ = Tortelette

Tor|te|lette ⟨[-lɛt] n.; -s, -s⟩ Törtchen mit einem Belag von Obst od. Käse; *oV* Tortelett [<ital. *tortelletta*, Verkleinerungsform zu *torta*; → *Torte*]

Tor|tel|li|ni ⟨Pl.; ital. Kochk.⟩ Gericht aus kleinen Nudelteigringen, die mit einer Fleisch- od. Gemüsemasse gefüllt sind [ital.]

Tor|til|la ⟨[-ˈtiːja] od. [-ˈtɪlja] f.; -, -s; span. Kochk.⟩ mit Kartoffeln od. anderen Zutaten gefüllte Omelette

Tor|tur ⟨f.; -, -en⟩ 1 Folter 2 ⟨fig.⟩ Qual, Quälerei, Plage [<mlat. *tortura* »Folterung, Marter, Peinigung« <lat. *tortura* »Krümmung, Verrenkung«; zu *tortus*, Part. Perf. zu *torquere* »drehen, winden; martern, quälen«]

To|rus ⟨m.; -, -*To|ri*⟩ 1 Rotationsfläche, die durch die Drehung eines Kreises um eine außerhalb von ihm verlaufende, mit ihm in einer Ebene liegenden Achse entsteht, Kreiswulst 2 Wulst, z. B. Knochen-, Hautwulst [lat., »Polster, Wulst«]

To|ry ⟨m.; -s, -s; in England⟩ *Ggs* Whig 1 ⟨seit 1679⟩ Mitglied der Königspartei 2 ⟨seit Mitte 19. Jh.⟩ Partei mit konservativer Tradition im britischen Oberhaus [engl. <irisch *toraidhe* »Verfolger, Räuber« (Name der seit 1646 von ihrem Besitz vertriebenen kath. Iren, die von Straßenraub lebten u. bes. die Besitzungen der protestant. Engländer plünderten)]

tos|to ⟨Musik⟩ eilig, sofort, hurtig (zu spielen) [ital.]

to|tal ⟨Adj.⟩ ganz, gänzlich, vollständig [frz., »ganz u. gar, vollständig, Gesamt...« <mlat. *totalis* »gänzlich, in vollem Umfang«]

To|tal ⟨n.; -s, -e; schweiz.⟩ Gesamtheit, Summe

To|ta|le ⟨f.; -, -n; Film; TV⟩ Aufnahme der gesamten Szene

To|ta|li|sa|tor ⟨m.; -s, -*to|ren*⟩ 1 Einrichtung zum Wetten bei Rennen u. Turnieren; *der ~ gibt folgende Quoten aus* 2 ⟨Meteor.⟩ an schwer zugänglichen Orten aufgestellter Niederschlagsmesser [<frz. *totalisateur* »amtl. Wettstelle auf Pferderennplätzen«]

to|ta|li|sie|ren ⟨V.⟩ zusammenzählen [<frz. *totaliser* »alles zusammenzählen, addieren«]

to|ta|li|tär ⟨Adj.⟩ 1 die Gesamtheit umfassend 2 ⟨Politik⟩ sich alles unterwerfend; *~er Staat; ~es Regime; ~ regieren* [→ *total* (mit frz. Endung)]

To|ta|li|ta|ris|mus ⟨m.; -, -*ris|men*; Politik⟩ Streben nach totalitärer Regierung [<mlat. *totalis* »gänzlich«]

To|ta|li|tät ⟨f.; -, -en⟩ Gesamtheit, Vollständigkeit, Ganzheit [<frz. *totalité* »Gesamtheit«]

to|ta|li|ter ⟨Adv.; geh.⟩ ganz u. gar, insgesamt; *das ergibt ~ ein Umsatzplus von 5%* [lat., »gänzlich«]

To|tal|re|fle|xi|on ⟨f.; -, -en; Physik⟩ vollständiges Zurückwerfen des Lichtes an der Fläche, die ein optisch dichteres von einem optisch dünneren Medium abgrenzt

To|tem ⟨n.; -s, -s; bei Naturvölkern⟩ Wesen (Pflanze, Tier) od. Ding, das als Ahne eines Menschen od. Clans verehrt wird, als zauberischer Helfer dient u. nicht verletzt werden darf [engl. <Algonkin (nordamerikan. Indianersprache) *ototeman;* zu *ote* »Sippe, Clan«]

To|te|mis|mus ⟨m.; -; unz.⟩ 1 Glaube an die übernatürliche Kraft eines Totems 2 Verehrung von Totems

to|te|mis|tisch ⟨Adj.⟩ in der Art des Totemismus, zu ihm gehörend, auf ihm beruhend

To|tem|pfahl ⟨m.; -s, -*pfäh|le*⟩ großer Holzpfosten, in den das Abbild eines Totems geschnitzt u. anschließend bemalt wird

to|ti|po|tent ⟨Adj.⟩ *~e Zellen* ⟨Genetik; Med.⟩ noch nicht differenzierte Zellen, die zu einem ganzen Organismus heranwachsen können; *die befruchtete Eizelle ist in ihrer ersten Entwicklungsphase ~* [<lat. *totus* »ganz, völlig« + *potent*]

To|to ⟨n. od. m.; -s, -s⟩ Wette im Fußball [engl.; verkürzt <*Totalisator*]

Touch ⟨[tʌtʃ] m.; -s, -s⟩ Anflug, Hauch, besondere Note; *mit dem ~ eines Weltmannes* [engl., »Berührung«]

Touch|down ⟨[ˈtʌtʃdaʊn] m.; -s, -s; Sport⟩ 1 ⟨Rugby⟩ Niederlegen des Balles im eigenen Malfeld, Handauf 2 ⟨American Football⟩ Ball, der auf den Boden hinter der Torraumlinie geht u. Punkte bringt [engl.; <*touch* »berühren« + *down* »unten, herunter«]

tou|ché ⟨[tuʃeː] Adj.; präd.; Sport; Fechten⟩ vom Gegner berührt, getroffen [<frz. *toucher* »berühren«]

tou|chie|ren ⟨[tuˈʃiː-] V.⟩ 1 ⟨Sport⟩ leicht berühren; *ein Pferd mit der Gerte ~* 2 ⟨Med.⟩ mit dem Finger untersuchen 3 mittels Ätzstiftes entfernen [<frz. *toucher* »berühren«]

Touch|screen ⟨[ˈtʌtʃskriːn] m.; -s, -s; EDV⟩ berührungsempfindlicher Computerbildschirm, auf dem durch das Berühren bestimmter Sensorfelder auf der Oberfläche die Programmfunktionen gesteuert werden [<engl. *touch* »berühren« + *screen* »Bildschirm«]

tough ⟨[tʌf] Adj.; umg.⟩ hart, streng, tüchtig, selbstsicher, bestimmt; *oV* taff; *die Verhandlungen waren sehr ~; ihr Auftreten ist ~* [engl., »hart, zäh«]

Tou|pet ⟨[tuˈpeː] n.; -s, -s⟩ Haarersatz zum Abdecken od. Verstärken [frz., »Büschel, Schopf; Haube«]

tou|pie|ren ⟨[tu-] V.⟩ *das Haar ~* mit dem Kamm aufbauschen [→ *Toupet*]

Tour ⟨[tuːr] f.; -, -en⟩ 1 kreisförmige Bewegung; *in einer ~* ⟨fig.; umg.⟩ immer wieder, unaufhörlich 2 ⟨Techn.⟩ Umdrehung einer Welle; *der Motor läuft auf vollen ~en* mit voller

Tour de Force

Leistung; *auf ~en kommen* ⟨fig.; umg.⟩ in Schwung kommen **3** Rundgang, -fahrt; *Auto~* **4** Runde **5** in sich geschlossener Abschnitt eines Tanzes **6** Reihe (beim Stricken od. Häkeln) **7** ⟨fig.; umg.⟩ Art u. Weise (im sozialen Verhalten); *er hat wieder mal seine ~* [frz., *auf die krumme ~ versuchen* **8** anfallweise auffälliges Benehmen; *er hat wieder mal seine ~* [frz., »Umfang, Kreislauf, Fahrt, Reihe« ‹ lat. *tornus* »Dreheisen, Drechseleisen« ‹ grch. *tornos* »Achse einer sich drehenden Kugel, Dreheisen, Zirkel«]

Tour de Force ⟨[tu:r də fɔrs] f.; - - -, -s [tu:r] - -⟩ mit einer enormen (Kraft-)Anstrengung verbundenes Handeln, Gewaltakt [frz.]

Tour de France ⟨[tu:r də frã:s] f.; - - -, -s [tu:r] - -; Radsport⟩ Radrennen von Berufssportlern in mehreren Etappen durch Frankreich [frz.]

Tour de Suisse ⟨[tu:r də svis] f.; - - -, -s [tu:r] - -; Radsport⟩ Radrennen von Berufsfahrern durch die Schweiz [frz.]

Tour d'Horizon ⟨[turdɔrizõ:] f.; - -, -s [tur-] -⟩ informativer Gesamtüberblick, übersichtliche Zusammenfassung [frz.]

touren ⟨[tu:-] V.; umg.⟩ **1** als Tourist reisen; *durch Afrika ~* **2** eine Tournee machen, auf Tournee gehen

Tourer ⟨[tu:-] m.; -s, -; Kfz⟩ Auto od. Motorrad, das bes. für Langstreckenfahrten ausgestattet ist [engl.]

Tourismus ⟨[tu-] m.; -; unz.⟩ Fremdenverkehr, das Reisen der Touristen [→ *Tourist*]

Tourist ⟨[tu-] m.; -en, -en⟩ jmd., der eine Vergnügungsreise macht, bes. im Ausland [engl.; zu *tour* »Ausflug«; → *Tour*]

Touristclass ⟨[tu:rɪstkla:s] f.; -; unz.⟩ = Touristenklasse [engl.]

Touristenklasse ⟨[tu-] f.; -; unz.⟩ billige Klasse (auf Dampfern, in Zügen u. in Flugzeugen); *oV* Touristclass

Touristik ⟨[tu-] f.; -; unz.⟩ Gesamtheit der touristischen Einrichtungen u. Veranstaltungen

Touristin ⟨[tu-] f.; -, -tin|nen⟩ weibl. Person, die eine Vergnügungsreise macht

touristisch ⟨[tu-] Adj.⟩ zur Touristik, zum Tourismus gehörend, auf ihnen beruhend

Tournai ⟨[turnɛ] m.; -s, -s⟩ auf der Jacquardmaschine hergestellter Teppich [nach der belg. Stadt *Tournai*]

Tourné ⟨[turne:] n.; -s, -s; Kart.⟩ als Trumpf umgeschlagene Karte [frz., »umgedreht, umgeschlagen«; → *tournieren*]

Tournedos ⟨[turnədo:] n.; - [-do:s], - [-do:s]; Kochk.⟩ kleine, runde, kurz gebratene Rinderfilet- od. Lendenschnitte (auf Toast) [frz., eigtl. »dreh dich um, dreh mir den Rücken zu« ‹ *tourner* »drehen« + *dos* »Rücken«]

Tournee ⟨[turne:] f.; -, -s od. -n⟩ Rundreise (von Künstlern), Gastspielreise [frz., »Rund-, Amtsreise; Ausflug«]

tournieren ⟨[tur-] V.⟩ **1** ⟨Kart.⟩ die Spielkarte(n) wenden, aufdecken **2** ⟨Kochk.⟩ **2.1** *Kartoffeln, Butter ~* in Formen ausstechen **2.2** *Gemüse ~* G. eine bestimmte Form (zum Garnieren) geben [‹ frz. *tourner* »sich drehen, verdrehen, lenken; drechseln; umkehren« ‹ lat. *tornare* »drechseln, runden«]

Tourniquet ⟨[turnike:] n.; -s, -s⟩ **1** Instrument zum zeitweiligen Abklemmen von Blutgefäßen **2** ⟨veraltet⟩ Drehkreuz (an Eingängen, Bahnübergängen) [frz., »Drehscheibe, Hebewinde«; zu *tourner* »sich drehen«]

Towarischtsch ⟨m.; -, -od. -i; russ. Bez. für⟩ Genosse [‹ russ. *tovarišč*]

Tower (*Worttrennung am Zeilenende*) Im Englischen wird der Laut »w« verwendet, um einen vorausgehenden an einen folgenden Vokal zu binden. Im Deutschen bleibt es dem Schreibenden überlassen, ob er vor dem Konsonant trennt oder die Buchstabengruppe »ow« als eigenen Laut [au] auffasst und dementsprechend hinter den Konsonanten trennt (→a. Power).

Tower *auch:* **To|wer** ⟨[tauə(r)] m.; -s, -; Flugw.⟩ Kontrollturm eines Flughafens [engl., »Turm«]

Township ⟨[taʊnʃɪp] n.; -s, -s; in Südafrika⟩ Stadtteil, in dem ausschließlich Schwarze wohnen [‹ engl. *town* »Stadt« + *...ship* »...schaft«]

tox..., Tox... ⟨in Zus.⟩ = toxi..., Toxi...

Toxalbumin *auch:* **Toxalbumin** ⟨n.; -s, -e; Biochemie⟩ giftiger Eiweißstoff [‹ *Tox...* + *Albumin*]

Toxämie *auch:* **Toxämie** ⟨f.; -, -n; Med.⟩ = Toxhämie

Toxhämie ⟨f.; -, -n; Med.⟩ Blutvergiftung, *oV* Toxämie, Toxikämie; → *a.* Toxinämie [‹ *Tox...* + *...(h)ämie*]

toxi..., Toxi... ⟨vor Vokalen und h⟩ tox..., Tox... ⟨in Zus.⟩ gift..., Gift... [‹ grch. *toxikon* »Pfeilgift«]

Toxidermie ⟨f.; -, -n; Med.⟩ durch Gifteinwirkung hervorgerufene Hauterkrankung [‹ *Toxi...* + *...dermie*]

toxigen ⟨Adj.; Med.⟩ **1** Giftstoffe erzeugend **2** durch Vergiftung entstanden; *oV* toxogen [‹ *toxi...* + *...gen¹*]

Toxikämie *auch:* **Toxikämie** ⟨f.; -, -n; Med.⟩ = Toxhämie [‹ *Toxiko...* + *...ämie*]

toxiko..., Toxiko... ⟨in Zus.⟩ = toxi..., Toxi...

Toxikologe ⟨m.; -n, -n; Med.⟩ Wissenschaftler auf dem Gebiet der Toxikologie

Toxikologie ⟨f.; -; unz.; Med.⟩ Lehre von den Giften u. Vergiftungen, ihrer Erkennung u. Behandlung [‹ *Toxikum* + *...logie*]

Toxikologin ⟨f.; -, -gin|nen; Med.⟩ Wissenschaftlerin auf dem Gebiet der Toxikologie

toxikologisch ⟨Adj.; Med.⟩ zur Toxikologie gehörend, auf ihr beruhend

Toxikose ⟨f.; -, -n; Med.⟩ Vergiftung [‹ *Toxikum*]

Toxikum ⟨n.; -s, -xi|ka; Med.⟩ Gift [‹ lat. *toxicum* »Pfeilgift« ‹ grch. *toxikon (pharmakon)* »zum Pfeil gehöriges Gift«; ‹ *toxon* »Bogen, Pfeil«]

Toximeter ⟨n.; -s, -; Technik⟩ Gerät zur Messung der gasförmigen Luftverschmutzung [‹ *Toxi...* + *...meter*]

Toxin ⟨n.; -s, -e; Biol.; Med.⟩ organ. Giftstoff, bes. von Bakterien [<grch. *toxon* »Bogen, Pfeil«; → *Toxikum*]

To|xin|ä|mie *auch:* **To|xi|nä|mie** ⟨f.; -, -n; Med.⟩ Durchsetzung des Blutes mit Toxinen; →*a.* Toxämie, Toxhämie

to|xisch ⟨Adj.⟩ **1** ⟨Med.⟩ durch Toxine verursacht (Krankheit) **2** giftig

To|xi|zi|tät ⟨f.; -; unz.; Med.⟩ Giftigkeit

to|xo..., **To|xo...** ⟨in Zus.⟩ = toxi..., Toxi...

to|xo|gen ⟨Adj.; Med.⟩ = toxigen

To|xo|id ⟨n.; -(e)s, -e; Med.⟩ entgiftetes Toxin, das im menschlichen Körper keine Schäden, aber die Bildung von Antitoxinen bewirkt [<*Toxo...* + *...id*]

To|xo|plas|mo|se ⟨f.; -, -n; Med.⟩ von Tieren auf den Menschen übertragbare Seuche, deren Erreger das Toxoplasma gondii ist [<*Toxikum* + *Plasma*]

Toy ⟨[tɔɪ] n.; -s, -s⟩ **1** Spielzeug **2** Gegenstand zur sexuellen Stimulierung [engl., »Spielzeug«]

Tra|bant ⟨m.; -en, -en⟩ **1** ⟨veraltet⟩ Leibwächter **2** ⟨heute⟩ von jmdm. abhängiger, bevormundeter Begleiter; *Sy* Satellit (3) **3** ⟨Astron.⟩ = Satellit (1) [<frühnhd. *drabant* »Krieger zu Fuß, Landsknecht, Leibwächter«; vermutl. <tschech. *drabant*; zu *dráb* »Krieger zu Fuß«]

Tra|ban|ten|stadt ⟨f.; -, -städ|te⟩ in der Nähe einer Großstadt entstandene Siedlung mit Geschäften usw.; *Sy* Satellitenstadt

Tra|cer ⟨[trɛɪsə(r)] m.; -s, -⟩ radioaktiver Markierungsstoff, mit dem biochemische, im Organismus ablaufende Vorgänge verfolgt werden können [<engl. *trace* »nachspüren, verfolgen«]

Tra|chea ⟨[-xeːa] f.; -, -che|en [-xeːən]; Anat.⟩ Luftröhre [lat. <grch. *tracheia* »Luftröhre«]

tra|che|al ⟨[-xe-] Adj.; Med.⟩ zur Luftröhre gehörig [→ *Trachea*]

Tra|chee ⟨[-xeː] f.; -, -n⟩ **1** ⟨Zool.⟩ Atmungsorgan von Insekten, Tausendfüßern u. manchen Spinnen **2** ⟨Bot.⟩ röhrenförmige Zelle, deren Querwände aufgelöst sind (im Leitgewebe der Pflanzen) [<lat. *trachea*; → *Trachea*]

Tra|che|ide ⟨[-xeiː-] f.; -, -n; Bot.⟩ röhrenförmige Zelle, deren Querwände reichlich mit Tüpfeln versehen sind (im Leitgewebe der Pflanzen) [<*Trachea* + *...id*]

Tra|che|i|tis ⟨[-xeiː-] f.; -, -ti|den; Med.⟩ Luftröhrenentzündung

Tra|che|o|skop *auch:* **Tra|che|os|kop** ⟨[-xe-] n.; -s, -e; Med.⟩ Gerät mit Spiegel zur Untersuchung der Luftröhre [<*Trachea* + *...skop*]

Tra|che|o|sko|pie *auch:* **Tra|che|os|ko|pie** ⟨[-xe-] f.; -, -n; Med.⟩ Spiegelung der Luftröhre mit dem Tracheo- od. Bronchoskop [<*Trachea* + *...skopie*]

tra|che|o|sko|pie|ren *auch:* **tra|che|os|ko|pie|ren** ⟨[-xe-] V.; Med.⟩ eine Tracheoskopie durchführen

Tra|che|o|ste|no|se ⟨[-xe-] f.; -, -n; Med.⟩ Luftröhrenverengung [<*Trachea* + *Stenose*]

Tra|che|o|to|mie ⟨[-xe-] f.; -, -n; Med.⟩ Luftröhrenschnitt [<grch. *tracheia* »Luftröhre« + *...tomie*]

Tra|chom ⟨[-xoːm] n.; -s, -e; Med.⟩ ägyptische Augenkrankheit, Körnerkrankheit [<grch. *trachoma* »Rauheit«; zu *trachys* »rau«]

Tra|chyt ⟨[-xyːt] m.; -s, -e; Geol.⟩ tertiäres, rötl. bis graues Ergussgestein [<grch. *trachys* »rau«]

Track ⟨[træk] m.; -s, -s; Technik⟩ **1** Zugelement, z. B. Kette, Riementrieb od. Seil bei Maschinen **2** Reiseroute eines Schiffes **3** ⟨Musik⟩ Titel, Stück (auf einer CD od. Platte); →*a.* Soundtrack **4** ⟨EDV⟩ Spur [engl., »Spur, Weg, Fährte«]

Track|ball ⟨[trækboːl] m.; -s, -s; EDV⟩ Bedienungsgerät mit ähnlichen Funktionen wie eine Maus, das jedoch nicht insgesamt bewegt, sondern durch Rollen einer Kugel bedient wird, Rollkugel [<engl. *track* »Spur, Weg« + *ball* »Ball«]

Tractus ⟨m.; -, -; Med.⟩ Strang, Zug, (Nerven-)Bahn; →*a.* Traktus [<lat. *tractus*, Part. Perf. zu *trahere* »ziehen, schleppen«]

Trade|mark ⟨[trɛɪdmaːk] f.; -, -s; engl. Bez. für⟩ Markenzeichen [engl., »Handelsmarke«]

Trades|kan|tie ⟨[-tsjə] f.; -, -n; Bot.⟩ einer Gattung der Commelinengewächse angehörende Dauerpflanze mit langen, lanzettförmigen Blättern: Tradescantia [nach dem engl. Gärtner John *Tradescant*, † 1638]

Trade|uni|on ⟨[trɛɪdjuːnjən] f.; -, -s⟩ engl. Gewerkschaft [<engl. *trade* »Handel, Geschäft, Gewerbe« + *union* »Vereinigung«]

tra|die|ren ⟨V.⟩ überliefern, weitergeben [<lat. *tradere* »überliefern, mitteilen, berichten«]

Tra|di|ti|on ⟨f.; -, -en⟩ Überlieferung, Herkommen, Gewohnheit, Brauch, Gepflogenheit; *eine ~ fortsetzen, bewahren* [<lat. *traditio* »Übergabe, Bericht«; zu *tradere*; → *tradieren*]

Tra|di|ti|o|na|lis|mus ⟨m.; -; unz.⟩ geistige Haltung, die bewusst an der Tradition festhält u. Neuem abgeneigt ist

Tra|di|ti|o|na|list ⟨m.; -en, -en⟩ Vertreter, Anhänger des Traditionalismus

Tra|di|ti|o|na|lis|tin ⟨f.; -, -tin|nen⟩ Vertreterin, Anhängerin des Traditionalismus

tra|di|ti|o|na|lis|tisch ⟨Adj.⟩ den Traditionalismus betreffend, auf ihm beruhend

Tra|di|ti|o|nal|jazz *auch:* **Tra|di|tio|nal Jazz** ⟨[trədɪʃənəldʒæz] m.; (-) -; unz.; Musik⟩ Sammelbezeichnung für die Stile des Jazz bis etwa 1930 (New Orleans, Dixieland, Chicago) [engl., »traditioneller Jazz«]

tra|di|ti|o|nell ⟨Adj.⟩ der Tradition entsprechend [<frz. *traditionnel* »überliefert, herkömmlich, üblich, dem Brauch entsprechend«; zu *tradition* »Tradition« <lat. *traditio*; → *Tradition*]

Traf|fic-Mes|sage-Chan|nel ⟨[træfɪk mɛsɪdʒ tʃænəl] m.; -s, -s⟩ Verkehrsfunkkanal, der an bestimmte Empfangssysteme gekoppelt ist [<engl. *traffic* »Verkehr« + *message* »Mitteilung, Nachricht« + *channel* »Kanal, Programm«]

Tra|fik ⟨m.; -s, -s od. (österr.) f.; -, -en⟩ **1** Handel mit Tabak **2** Laden, in dem Tabak verkauft wird [<ital. *traffico*, frz. *trafic* »Handel« <arab. *tafrīq* »das

Trafikant

Verteilen, Kleinverkauf«, beeinflusst von lat. *traficere* »übermachen«]

Tra|fi|kant ⟨m.; -en, -en; österr.⟩ Besitzer einer Trafik

Tra|fo ⟨m.; -s, -s; Kurzwort für⟩ Transformator

Tra|gant ⟨m.; -(e)s, -e; Bot.⟩ einer Gattung der Schmetterlingsblütler angehörendes Kraut od. niederer Strauch: Astragalus [<ahd. *dragant* »Bocksdorn, Bockshorn« <mlat. *tragantum* <lat. *tragacanthum* <grch. *tragos* »Bock, Ziegenbock« + *akantha* »Dorn(strauch)«]

Tra|ge|laph auch: **Tra|ge|laph** ⟨m.; -en, -en⟩ **1** altgrch. Fabeltier mit Eigenschaften mehrerer Tiere **2** ⟨Lit.⟩ literar. Werk, das mehreren Gattungen zugeordnet werden kann [<grch. *tragelaphos* »Bockhirsch« <*tragos* »Bock, Ziegenbock« + *elaphos* »Hirsch«]

tra|gie|ren ⟨V.⟩ (eine Rolle) tragisch spielen [→ *Tragik, Tragödie*]

Tra|gik ⟨f.; -; unz.⟩ **1** schweres, schicksalhaftes Leid **2** erschütterndes, Leid bringendes, unausweichl. Geschehen [<lat. *tragicus* »tragisch, aus dem Trauerspiel« <grch. *tragikos* »tragisch, überschwänglich, der Tragödie eigen; (eigtl.) bocksartig«; zu *tragos* »Bock«; → *Tragödie*]

Tra|gi|ker ⟨m.; -s, -⟩ Dichter von Tragödien

Tra|gi|ko|mik ⟨a. ['----] f.; -; unz.⟩ **1** Komik, die auf einem im Grunde tragischen Geschehen beruht, bzw. Tragik, die auch eine komische Seite hat **2** halb tragische, halb komische Beschaffenheit

tra|gi|ko|misch ⟨a. ['----] Adj.⟩ halb tragisch, halb komisch

Tra|gi|ko|mö|die ⟨[-djə] od. ['-----] f.; -, -n; Theat.⟩ Schauspiel, das Tragisches mit Komischem verbindet

tra|gisch ⟨Adj.⟩ **1** auf Tragik beruhend **2** unabwendbaren, bes. unverschuldeten Untergang bringend **3** erschütternd, ergreifend [<lat. *tragicus*; → *Tragik*]

Tra|gö|de ⟨m.; -n, -n; Theat.⟩ tragische Rollen spielender Schauspieler [zu grch. *tragodein* »eine Tragödie aufführen; etwas als Schauspieler mit tragischem Pathos darstellen«]

Tra|gö|die ⟨[-djə] f.; -, -n⟩ **1** ⟨Theat.⟩ ein tragisches Geschehen schilderndes Schauspiel, Schauspiel vom tragischen Untergang eines Menschen, Trauerspiel **2** ⟨fig.⟩ herzzerreißendes Unglück [<lat. *tragoedia* »Trauerspiel« <grch. *tragodia* »Tragödie, Trauerspiel, tragisches Ereignis«, eigtl. »Bocksgesang, Lied beim Opfer eines Bockes am Dionysosfest« <*tragos* »Bock« + *ode* »Gesang«]

Tra|gö|din ⟨f.; -, -din|nen; Theat.⟩ tragische Rollen spielende Schauspielerin

Trai|ler ⟨[trɛɪlə(r)] m.; -s, -⟩ **1** nicht belichtetes Ende eines Filmstreifens **2** einige Szenen eines Films als Werbung od. Voranzeige, die von einem anderen Film gezeigt werden **3** Autoanhänger für den Transport von kleinen Sportbooten [engl., «Anhänger, Voranzeige«; zu *trail* »nachschleppen, hinter sich herziehen«]

Train ⟨[trɛ̃:], österr. a. [trɛɪn] m.; -s, -s⟩ = Tross (1) [frz. <lat. *trahere* »ziehen, schleppen«]

Trai|nee ⟨[trɛɪniː] m.; -s, -s; Wirtsch.⟩ jmd., der (nach abgeschlossenem Hochschulstudium) in einem Unternehmen alle Abteilungen durchläuft u. so auf seinen späteren Beruf vorbereitet wird [engl.; zu *train* »ausbilden, trainieren«]

Trai|ner ⟨[trɛː-] od. [trɛː-] m.; -s, -; Sport⟩ jmd., der Sportler, auch Pferde, auf einen Wettkampf vorbereitet [engl., »Sportlehrer«; → *trainieren*]

Trai|ne|rin ⟨[trɛː-] od. [trɛː-] f.; -, -rin|nen; Sport⟩ weibl. Trainer [engl., »Sportlehrer«; → *trainieren*]

trai|nie|ren ⟨[trɛ-] od. [trɛ-] V.; Sport⟩ **1** sich auf einen Wettkampf vorbereiten, sich üben **2** *jmdn. ~* jmdn. auf einen Wettkampf vorbereiten, mit ihm üben [<engl. *train* <frz. *trainer* »ziehen, nachziehen, nachschleppen« <lat. *trahere* »ziehen, schleppen«]

Trai|ning ⟨[trɛː-] od. [trɛː-] n.; -s, -s; Sport⟩ systemat. Vorbereitung auf einen Wettkampf [engl., »Ausbildung«]

Training on the Job ⟨[trɛɪ- ɔn ðə dʒɔb] n.; - - -, - - -⟩ gezielt praktische Aus- od. Weiterbildung direkt am Arbeitsplatz [engl.]

Tra|jek|to|rie ⟨[-riə] f.; -, -n; Math.⟩ Kurve, die sämtl. Kurven einer Schar schneidet [<lat. *traiectus* »Überfahrt, -gang«; zu *traicere* »hinüberwerfen, -bringen; überschreiten«]

Trakt ⟨m.; -(e)s, -e⟩ **1** größerer Teil eines Gebäudes, Flügel; *Seiten~* **2** Strecke, Längsausdehnung [<lat. *tractus* »Ausdehnung, Reihe, Zug«; zu *trahere* »ziehen«]

trak|ta|bel ⟨Adj.; veraltet⟩ fügsam, leicht zu behandeln [<lat. *tractabilis* »behandelbar« zu *tractare*; → *traktieren*]

trak|tan|die|ren ⟨V.; schweiz.⟩ verhandeln, besprechen; *eine vertragliche Vereinbarung in einer Sitzung ~* [<lat. *tractare* »behandeln, verhandeln«]

Trak|tan|dum ⟨n.; -s, -tan|den; schweiz.⟩ Gegenstand der Verhandlung [<lat. *tractandum*; zu *tractare* »behandeln«]

Trak|tat ⟨n.; -(e)s, -e⟩ **1** Abhandlung **2** (religiöse od. polit.) Flugschrift [<lat. *tractare* »erörtern, besprechen, behandeln«]

Trak|tät|chen ⟨n.; -s, -; abwertend⟩ relig. Erbauungsschrift

trak|tie|ren ⟨V.⟩ schlecht behandeln, plagen, quälen; *jmdn. mit Vorwürfen ~* ⟨umg.⟩ ihm ständig bis zum Überdruss Vorwürfe machen; *jmdn. mit Fragen ~* ⟨umg.⟩ ihn mit Fragen quälen [<lat. *tractare* »behandeln«]

Trak|ti|on ⟨f.; -; -en; Geburtshilfe; schweiz. a.: Eisenb.⟩ Zug, Ziehen [zu lat. *tractus*, Part. Perf. von *trahere* »ziehen«]

Trak|tor ⟨m.; -s, -en⟩ meist durch Dieselmotor angetriebenes Fahrzeug zum Schleppen [<lat. *tractus*; → *Traktion*]

Trak|to|rist ⟨m.; -en, -en; DDR⟩ Fahrer eines Traktors

Trak|trix auch: **Trak|ti|rix** ⟨f.; -, -trizes; Math.⟩ Kurve, die der Bewegung eines am Ende eines

Fadens befindl. schweren Punktes entspricht, wenn der Anfang des Fadens horizontal auf einer Geraden bewegt wird [<neulat. *tractrix* <*tractus*; → *Traktion*]

Trak|tur 〈f.; -, -en; Musik; an der Orgel〉 Zug, Vorrichtung, die den Tastendruck vom Manual bzw. Pedal weiterleitet [<lat. *tractus*; → *Traktion*]

Trak|tus 〈m.; -, -; Musik〉 im Solo gesungener (nicht vom Chor unterbrochener) Teil der Messe; →a. Tractus [lat., eigtl. *cantus tractus*, »gezogener Gesang«; zu *trahere* »ziehen«]

Tral|je 〈f.; -, -n〉 Gitterstab (an Fenstern, Geländern) [<nddt. *trallie* »Gitter« < mlat. *tralia* »Gitterwerk«]

Tram 〈f.; -, -s, schweiz.: n.; -s, -s; kurz für〉 Trambahn

Tram|bahn 〈f.; -, -en〉 Straßenbahn [<engl. *tramway* »Straßenbahn«, eigtl. »Schienenweg«]

Trame 〈[traːm] f.; -; unz.; Textilw.〉 duplierte Fäden aus Rohseide, die als Schuss verwendet werden [<lat. *trama* »Kette des Gewebes«]

Tra|mi|ner 〈m.; -s, -〉 **1** Rebsorte für edle Weißweine **2** Südtiroler Rotwein [nach dem Ort *Tramin* in Südtirol]

Tra|mon|ta|na 〈f.; -, -talnen; Meteor.〉 = Tramontane

Tra|mon|ta|ne 〈f.; -, -n; Meteor.〉 über die Alpen einbrechender Nordwind in Oberitalien; *oV* Tramontana [ital., »Nordwind« <*tra* »zwischen« + *montagna* »Gebirge«]

Tramp 〈a. [træmp] m.; -s, -s〉 Landstreicher, umherziehender Gelegenheitsarbeiter [<engl. *tramp* »Landstreicher«; zu engl. *trampen* »spazieren gehen«]

tram|pen 〈[træm-] V.〉 reisen, indem man auf den Landstraßen Autos anhält u. sich von ihnen mitnehmen lässt, per Anhalter reisen [→ *Tramp*]

Tram|per 〈[træm-] m.; -s, -〉 männl. Person, die trampt, per Anhalter fährt; *Sy* Hitchhiker

Tram|pe|rin 〈[træm-] f.; -, -rinnen〉 weibl. Person, die trampt, per Anhalter fährt

Tram|po|lin 〈a. ['---] n.; -s, -e; Sport〉 federndes Sprungtuch für sportl. Übungen [span., »Sprungbrett« <ital. *trampolino*]

Tramp|ree|de|rei 〈f.; -, -en; Mar.〉 Reederei, die Trampschifffahrt betreibt

Tramp|schiff|fahrt 〈f.; -; unz.; Mar.〉 nicht nach festen Verkehrsplänen verkehrende Schifffahrt, bei der nur solche Häfen angelaufen werden, an denen das betreffende Schiff Waren abzuliefern od. abzuholen hat

Tram|way 〈[tramvai], engl. [træmweɪ] f.; -, -s; österr.〉 Straßenbahn, Straßenbahnwagen [engl., eigtl. »Schienenweg«]

Tran|ce 〈[trãːs(ə)] f.; -, -n〉 **1** schlafähnl. Dämmerzustand **2** schlafähnl. Zustand der Entrückung (von Medien) [engl. <afrz. *transe* »Hinübergehen; Angstzustand«; zu *transir* »hinübergehen« <lat. *transire*]

Tran|che 〈[trãːʃ(ə)] f.; -, -n〉 **1** fingerdicke Scheibe von Fleisch od. Fisch **2** Teil einer Anleihe [frz.; → *tranchieren*]

Tran|cheur 〈[trãʃøːr] m.; -s, -e〉 jmd., der Fleisch tranchiert

tran|chie|ren 〈[trãʃiː-] V.〉 in Scheiben schneiden (Fleisch), zerlegen (gebratenes Geflügel); *oV* tranchieren [<frz. *trancher* »abschneiden, zerschneiden« <lat. *truncare* »beschneiden«]

Tran|quil|li|tät 〈f.; -; veraltet〉 Ruhe, Gelassenheit [<lat. *tranquilitas* »Windstille«; zu *tranquilitat* »ruhigen«]

Tran|qui|li|zer 〈[træŋkɪlaɪzə(r)] m.; -s, -〉 beruhigendes Arzneimittel [<engl. *tranquilize* »beruhigen«]

tran|quillo 〈Musik〉 ruhig (zu spielen) [ital.]

trans..., Trans... 〈in Zus.〉 hindurch, (hin)über, jenseits des, von [lat., »über, über ... hin(aus), jenseits«]

trans-..., Trans-... 〈in Zus.; Chemie; Med.〉 jenseits..., sich gegenüber stehend; Trans-Form; *Ggs* cis-...

Trans|ak|ti|on 〈f.; -, -en〉 **1** Unternehmung **2** großes Geld- od. Bankgeschäft; *Börsen~*; *Geld~* [<lat. *transactio* »Vermittlung«]

trans|al|pin 〈Adj.〉 jenseits der Alpen (von Rom aus gesehen)

Trans|a|mi|na|se 〈f.; -, -n; Biochemie〉 Enzym, das die Aminogruppe - NH₂ einer Aminosäure auf andere Säuren überträgt [<*Trans...* + *Amin*]

trans|at|lan|tisch 〈Adj.〉 den Atlant. Ozean überquerend

tran|schie|ren 〈V.〉 = tranchieren

Trans|duk|ti|on 〈f.; -, -en; Genetik〉 das Erbgut verändernder Prozess bei Bakterien, bei dem genetische Merkmale durch Bakteriophagen übertragen werden [zu lat. *transductus*, Part. Perf. von *transducere* »hinüberführen«]

Trans|duk|tor 〈m.; -s, -tolren; Technik〉 = Magnetverstärker [<lat. *transductus*, Part. Perf. zu *transducere* »hinüberführen«]

Tran|sept 〈m. od. n.; -(e)s, -e〉 Querschiff (einer Kirche) [frz., <lat. *trans* »über ...hin« + *septum* »Umzäunung, Schranke«]

Trans|fer 〈m.; -s, -s〉 **1** Beförderung im Reiseverkehr; *der ~ vom Flughafen zum Hotel ist im Preis inbegriffen* **2** 〈allg.〉 Übertragung, Übermittlung; *~ von Daten, von Wissen*; →a. Technologietransfer **3** Übertragung von Geld ins Ausland in der fremden Währung **4** 〈Sport〉 Wechsel eines Berufsspielers zu einem anderen Verein (nach Zahlung einer Ablösesumme) [engl., <lat. *transferre* »hinübertragen«]

trans|fe|ra|bel 〈Adj.〉 so beschaffen, dass man es transferieren kann

Trans|fe|ra|se 〈f.; -, -n; Biochemie〉 chem. Stoff aus einer umfangreichen Klasse von Enzymen, die chem. Gruppen einer Verbindung auf andere übertragen, nach der allg. Gleichung: AX + B → A + BX

Trans|fe|renz 〈f.; -, -en; Sprachw.〉 Entlehnung aus einer anderen Sprache [→ *Transfer*]

trans|fe|rie|ren 〈V.〉 in fremde Währung umwechseln, ins Ausland zahlen, übertragen

Trans|fer|stra|ße 〈f.; -, -n〉 automatische Fertigungsstraße der

Serienfertigung, bei der das Werkstück auf einem Förderband an verschiedenen Werkzeugmaschinen vorbeigeführt wird

Trans|fi|gu|ra|ti|on 〈f.; -, -en〉 Verklärung Christi u. ihre Darstellung in der Kunst [<lat. *transfigurare* »verwandeln«]

trans|fi|nit 〈Adj.; Math.; Philos.〉 unendlich [<*trans...* + lat. *finitus* »begrenzt«]

Trans|flu|enz 〈f.; -; unz.; Geol.〉 das Übertreten eines Gletschers in ein benachbartes Tal [<lat. *transfluere* »hinüberfließen«]

Trans|flu|xor 〈m.; -s, -xo|ren; El.〉 Speicherelement, dessen zentraler Bestandteil ein ringförmiger Ferritkern ist [<*Trans...* + lat. *fluxus* »fließend, wallend«]

Trans|fo|ka|tor 〈m.; -s, -to|ren; Fot.〉 fotograf. Objektiv mit veränderlicher Brennweite [<*Trans...* + *Fokus*]

Trans-Form 〈f.; -, -en; Chemie; Med.〉 eine der beiden möglichen isomeren Formen bei der Cis-trans-Isomerie; *Sy* Antiform [<*Trans-...*]

Trans|for|ma|ti|on 〈f.; -, -en〉 Tätigkeit od. Ergebnis des Transformierens

trans|for|ma|ti|o|nell 〈Adj.; Sprachw.〉 die Transformationsgrammatik betreffend, auf ihr beruhend, zu ihr gehörig

Trans|for|ma|ti|ons|gram|ma|tik 〈f.; -, -en; Sprachw.〉 Grammatik, die Transformationen anwendet; →a. transformieren (5)

Trans|for|ma|tor 〈m.; -s, -to|ren; El.; Kurzwort: Trafo〉 aus zwei Wicklungen mit Eisenkernen bestehendes elektr. Gerät zum Erhöhen od. Herabsetzen der Spannung bei Dreh- od. Wechselstrom [<frz. *transformateur* <lat. *transformare* »umgestalten«]

trans|for|mie|ren 〈V.〉 **1** umwandeln, umgestalten, umformen **2** in einen anderen mathem. Ausdruck umwandeln **3** *Dreh-, Wechselstrom ~* 〈El.〉 seine Spannung erhöhen od. verringern **4** in seelische Regungen umwandeln; *sexuelle Triebe ~* **5** 〈Sprachw.〉 *einen grammat.*

Ausdruck ~ nach bestimmten Regeln in einen anderen Ausdruck mit demselben Inhalt verwandeln, z. B. »das schöne Buch« → »das Buch ist schön« **6** 〈Genetik〉 das Übertragen der genetischen Information von einer Zelle auf die andere durch die extrahierte DNS [<lat. *transformare* »umwandeln, umgestalten«]

trans|fun|die|ren 〈V.〉 *Blut ~* 〈Med.〉 übertragen [<lat. *transfundere* »umgießen«]

Trans|fu|si|on 〈f.; -, -en; Med.〉 intravenöses Einbringen (von Blut u. Ä.) in den Körper, Übertragung; *Blut~* [<lat. *transfusio* »Vermischung«]

trans|ga|lak|tisch 〈Adj.; Astron.〉 außerhalb des Milchstraßensystems befindlich

trans|gen 〈Adj.〉 *~es Tier* 〈Med.〉 Tier, dessen Zellen genetisches Material anderer Lebewesen enthalten

trans|gre|di|ent 〈Adj.; Philos.〉 über etwas hinausgehen, eine Grenze überschreitend [→ *transgredieren*]

trans|gre|die|ren 〈V.; Geogr.〉 weite Teile des Festlandes überfluten [zu lat. *transgredior* »hinübergehen«; übergehen«]

Trans|gres|si|on 〈f.; -, -en〉 **1** 〈Geogr.〉 langsame Überflutung sich senkender Teile des Festlands durch das Meer **2** 〈Genetik〉 Erscheinung, dass Genotypen vorkommen, die bezüglich ihrer Leistungsfähigkeit die Eltern- u. Tochtergeneration übertreffen [<lat. *transgressus* »Übergang«]

trans|hu|mant 〈Adj.〉 mit Viehherden wandernd [→ *Transhumanz*]

Trans|hu|manz 〈f.; -, -en〉 Schäferei mit jahreszeitlichem Wechsel der Weide zwischen Hochland u. Ebene [<frz. *transhumer* »auf die Gebirgsweide führen, wandern« (von Herden) <*trans...* + lat. *humus* »Boden«]

Tran|sis|tor 〈m.; -s, -to|ren; El.〉 aus drei verschiedenen Halbleiterschichten bestehendes Bauelement der Elektronik zum Verstärken von Spannungen u. Strömen [<engl. *transfer* »umwandeln« + *resistor* »elektr.

Widerstand« (<lat. *resistere* »sich widersetzen«)]

Tran|sis|tor|ge|rät 〈n.; -(e)s, -e; El.〉 mit Transistoren statt Elektronenröhren bestücktes Rundfunk- od. Fernsehgerät

tran|sis|to|rie|ren 〈V.; El.〉 = transistorisieren

tran|sis|to|ri|sie|ren 〈V.; El.〉 mit Transistor (statt mit Röhren) ausstatten; *oV* transistorieren; *ein voll transistorierter Fernsehempfänger*

Tran|sit 〈a. ['-] m.; -s, -e〉 **1** Durchfuhr (von Waren durch ein Land); *im ~* **2** Durchfahrt von Personen [<lat. *transitus,* Part. Perf. zu *transire* »hinübergehen«]

Tran|sit|han|del 〈a. ['----] m.; -s; unz.〉 Handelsbeziehung zwischen zwei Ländern, wobei Güter durch ein drittes Land befördert werden müssen

tran|si|tie|ren 〈V.〉 hindurchführen; *Waren (durch ein Land) ~* [→ *Transit*]

Tran|si|ti|on 〈f.; -, -en〉 Übergang [<lat. *transitus,* Part. Perf. zu *transire* »hinübergehen«]

tran|si|tiv 〈Adj.; Gramm.〉 zielend; *Ggs* intransitiv; *~e Verben* Verben, die ein Akkusativobjekt verlangen [<lat. *transitus,* Part. Perf. zu *transire* »(hin)übergehen« (auf das Objekt)]

Tran|si|tiv 〈n.; -s, -e; Gramm.〉 = Transitivum

Tran|si|ti|vum 〈n.; -s, -ti|va; Gramm.〉 transitives Verb; *oV* Transitiv; *Ggs* Intransitiv, Intransitivum

tran|si|ti|vie|ren 〈[-vi:-] V.; Gramm.〉 *ein intransitives Verb ~* in ein transitives Verb umwandeln (z. B. werfen in bewerfen); *Ggs* intransitivieren

Tran|si|ti|vi|tät 〈[-vi-] f.; -; unz.; Gramm.〉 das Transitivsein, das Transitivum, transitive Beschaffenheit (von Verben); *Ggs* Intransitivität

tran|si|to|risch 〈Adj.〉 vorübergehend, später wegfallend [<lat. *transitus,* Part. Perf. zu *transire* »(hin)übergehen«]

Tran|si|to|ri|um 〈n.; -s, -ri|en〉 einmalige Bewilligung von Ausgaben im Staatshaushalt

Tran|si|tron *auch:* **Tran|sit|ron** 〈n.; -s, -tro|ne; El.〉 elektrische

Schaltung zur Erzeugung von Sägezahn- u. Kippschwingungen

Tran|sit|vi|sum ⟨[-vi-] n.; -s, -vi|sa od. -vi|sen⟩ zur Durchreise durch bestimmte Länder benötigtes Visum

trans|kon|ti|nen|tal ⟨Adj.⟩ den Kontinent überquerend

trans|kri|bie|ren *auch:* **trans|kri-bie|ren, trans|kri|bie|ren** ⟨V.⟩ **1** einer Transkription unterziehen, lautgetreu in eine andere Schrift übertragen **2** für ein anderes Instrument umschreiben (Tonstück) [<*trans...* + lat. *scribere* »schreiben«]

Tran|skript *auch:* **Trans|kript, Transk|ript** ⟨n.; -(e)s, -e⟩ das Resultat einer Transkription

Tran|skrip|ti|on *auch:* **Trans|krip|ti-on** *auch:* **Transk|rip|ti|on** ⟨f.; -, -en⟩ **1** das Transkribieren, Umwandlung einer Schrift in eine andere, wobei die ursprüngl. Sprache möglichst lautgetreu wiedergegeben werden soll, im Unterschied zur Transliteration **2** die andere Schrift selbst, Umschrift; *internationale* ∼ **3** ⟨Musik⟩ Umschreibung für ein (anderes) Instrument möglichst ohne Veränderung des klanglichen Bildes

trans|ku|tan ⟨Adj.; Med.⟩ durch die Haut hindurch (wirkend)

Trans|la|ti|on ⟨f.; -, -en⟩ **1** Übertragung, Übersetzung **2** parallele Verschiebung [<lat. *translatio* »Übertragung«]

Trans|la|tiv ⟨m.; -s, -e; Sprachw.⟩ Kasus in einigen Sprachen (z. B. im Finnischen), der eine bestimmte Bewegungsrichtung zum Ausdruck bringt [→ *Trantation*]

Trans|li|te|ra|ti|on ⟨f.; -, -en; Sprachw.⟩ Umwandlung einer Buchstabenschrift in eine andere, so dass die ursprüngliche Sprache (im Unterschied zur Transkription) buchstabengetreu wiedergegeben wird [<*trans...* + lat. *littera* »Buchstabe«]

trans|li|te|rie|ren ⟨V.; Sprachw.⟩ einer Transliteration unterziehen, buchstabengetreu in eine andere Schrift übertragen

Trans|lo|ka|ti|on ⟨f.; -, -en⟩ **1** (veraltet) Veränderung des Aufenthaltsortes **2** ⟨Genetik⟩ Verlagerung eines Bruchstücks von einem Chromosom in das Gefüge eines anderen [<*trans...* + lat. *locare* »stellen, legen«; zu *locus* »Ort«]

trans|lo|zie|ren ⟨V.; Genetik⟩ eine Translokation vornehmen mit, verlagern

trans|lu|nar ⟨Adj.; Astron.⟩ = translunarisch

trans|lu|na|risch ⟨Adj.; Astron.⟩ jenseits des Mondes, der Mondumlaufbahn gelegen, dorthin gelangend; *oV* translunar [<*trans...* + *lunar*]

trans|ma|rin ⟨Adj.⟩ überseeisch

Trans|mis|si|on ⟨f.; -, -en; Optik⟩ Durchgang von Lichtstrahlen durch einen Stoff ohne Änderung der Wellenlänge [<lat. *transmissio* »Überfahrt«]

Trans|mis|si|ons|wel|le ⟨f.; -, -n; Technik⟩ Welle zur Kraftübertragung in Transmissionen

Trans|mis|si|vi|tät ⟨[-vi-] f.; -; unz.⟩ Faktor für die Durchlässigkeit einer nicht homogenen Bodenschicht [→ *Transmission*]

Trans|mit|ter ⟨m.; -s, -⟩ **1** Übertrager od. Umformer, der z. B. einen mechanischen Druck in eine elektrische Größe umsetzt **2** ⟨Biochemie⟩ Überträgersubstanz, Stoff für die Erregungsübertragung an den Synapsen; *Sy* Transmittersubstanz

trans|mit|tie|ren ⟨V.⟩ übertragen, übersenden [<lat. *transmittere* »hinüberschicken«]

trans|mon|tan ⟨Adj.⟩ jenseits der Berge liegend [<*trans...* + *montan*]

Trans|mu|ta|ti|on ⟨f.; -, -en; Genetik⟩ = Genmutation

trans|na|tio|nal ⟨Adj.⟩ länder-, nationenübergreifend

trans|neu|ro|nal ⟨Adj.; Med.; Biol.⟩ seinen Verlauf durch das Neuron nehmend

trans|ob|jek|tiv ⟨Adj.; Philos.⟩ über das bloße Objektsein eines Gegenstandes hinausgehend [<*trans...* + *objektiv*]

trans|oze|a|nisch ⟨Adj.⟩ jenseits des Ozeans liegend, über den Ozean hinweg

trans|pa|rent ⟨Adj.⟩ durchsichtig [<frz. »durchsichtig« <mlat. *transparere* »durchscheinen«]

Trans|pa|rent ⟨n.; -(e)s, -e⟩ **1** Spruchband, das aufgespannt od. auf Demonstrationen mitgeführt wird **2** Bild auf durchsichtigem Material (Glas, Pergament, Stoff), das von hinten beleuchtet wird

Trans|pa|renz ⟨f.; -; unz.⟩ transparente Beschaffenheit, Durchsichtigkeit

Trans|phras|tik ⟨f.; -; unz.; Sprachw.⟩ satzübergreifende Analyse sprachl. Strukturen [<*Trans...* + grch. *phrastikos* »dem Ausdruck dienend«]

trans|phras|tisch ⟨Adj.; Sprachw.⟩ die Transphrastik betreffend, auf ihr beruhend

Trans|pi|ra|ti|on *auch:* **Trans|pi|ra|ti-on** ⟨f.; -; unz.⟩ **1** ⟨Med.⟩ Absonderung von Schweiß **2** ⟨Biol.⟩ Abgabe von Wasserdampf (von Pflanzen u. Tieren) [<lat. *Trans...* + lat. *spirare* »hauchen«]

trans|pi|rie|ren *auch:* **trans|pi|rie-ren** ⟨V.⟩ **1** ⟨Med.⟩ schwitzen (Person) **2** ⟨Biol.⟩ Wasserdampf abgeben (Pflanze, Tier)

Trans|plan|tat ⟨n.; -(e)s, -e; Med.⟩ verpflanztes Gewebestück od. Organ

Trans|plan|ta|ti|on ⟨f.; -, -en; Med.⟩ Gewebs- od. Organverpflanzung, Ersetzung von fehlendem Körpergewebe od. Organen; *Herz*∼; *Haut*∼; *Drüsen*∼ [<neulat. *transplantatio* »Überpflanzung«, <lat. *trans* »hinüber« + *planta* »Steckling, Pflanze«]

trans|plan|tie|ren ⟨V.; Med.⟩ verpflanzen (Gewebe od. Organe)

Trans|pon|der ⟨m.; -s, -; Technik⟩ automatisch arbeitende Funkanlage, die von einem Sender auf einer bestimmten Frequenz einfallende Welle auf einer anderen Frequenz wieder abstrahlt [→ *transponieren*]

trans|po|nie|ren ⟨V.; Musik⟩ in eine andere Tonart setzen [<lat. *transponere* »hinüberbringen, hinübersetzen«]

Trans|po|nie|rung ⟨f.; -, -en; Musik⟩ das Transponieren; *Sy* Transposition

Trans|port ⟨m.; -(e)s, -e⟩ **1** Beförderung (von Menschen, Tieren, Gegenständen) **2** die beförderten Menschen, Tiere, Gegen-

transportabel

stände selbst [< frz. *transport;* → *transportieren*]

trans|por|ta|bel ⟨Adj.⟩ so beschaffen, dass es transportiert werden kann, beweglich; *transportabler Ofen*

Trans|por|ter ⟨m.; -s, -⟩ Kraftfahrzeug, Flugzeug od. Schiff, das große Mengen von Gütern transportiert

Trans|por|teur ⟨[-tøːr] m.; -s, -e⟩ **1** jmd., der etwas befördert **2** mit Gradeinteilung versehenes Gerät zum Messen u. Übertragen von Winkeln, Winkelmesser **3** Vorrichtung an der Nähmaschine, die den Stoff schrittweise unter der Nadel hindurchbefördert [→ *transportieren*]

trans|por|tie|ren ⟨V.⟩ befördern [< frz. *transporter* < lat. *transportare* »hinüberbringen«]

Trans|por|tie|rung ⟨f.; -, -en⟩ das Transportieren, Beförderung

Trans|po|si|ti|on ⟨f.; -, -en; Musik⟩ = Transponierung

Trans|ra|pid ⟨m.; -(e)s, -e⟩ Magnetschwebezug, der Spitzengeschwindigkeiten bis zu 400 km/h erreicht

Trans|se|xu|a|lis|mus ⟨m.; -; unz.; Psych.; Med.⟩ Bedürfnis nach operativer Umwandlung des eigenen Geschlechts [< *Trans...* + lat. *sexus* »Geschlecht«]

trans|se|xu|ell ⟨Adj.; Psych.; Med.⟩ auf Transsexualismus beruhend

Trans|se|xu|el|le(r) ⟨f. 2 (m. 1); Psych.; Med.⟩ Frau bzw. Mann mit transsexuellen Neigungen

trans|so|nisch ⟨Adj.; Physik⟩ = supersonisch [< *trans...* + lat. *sonus* »Klang, Laut, Schall«]

Trans|sub|stan|ti|a|ti|on auch: **Trans|sub|stan|ti|a|ti|on** ⟨f.; -, -en; Theol.⟩ die Wandlung der Substanz von Brot u. Wein in Leib u. Blut Christi beim Abendmahl [< *Trans...* + lat. *substantia* »Vorhandensein; Körper«]

Trans|u|ran ⟨n.; -s; unz.; Chemie⟩ eines der radioaktiven Elemente, die eine höhere Ordnungszahl als Uran haben u. zum Teil künstlich hergestellt worden sind

trans|u|ra|nisch ⟨Adj.; Chemie⟩ im periodischen System der chemischer Elemente nach dem Uran stehend

trans|ver|sal ⟨[-vɛr-] Adj.⟩ **1** quer zur Längsachse eines Organismus verlaufend **2** ⟨Physik⟩ senkrecht zu der Richtung verlaufend, in der sich eine Welle ausbreitet [< *trans...* + lat. *versus,* Part. Perf. zu *vertere* »drehen, wenden«]

Trans|ver|sa|le ⟨[-vɛr-] f.; -, -n; Geom.⟩ Dreieck od. Gerade, das bzw. die eine mathemat. Figur schneidet

Trans|ver|sal|schwin|gung ⟨[-vɛr-] f.; -, -en; Physik⟩ = Transversalwelle

Trans|ver|sal|wel|le ⟨[-vɛr-] f.; -, -n; Physik⟩ Querwelle, Welle, die sich transversal ausbreitet; *Sy* Transversalschwingung

trans|ves|tie|ren ⟨[-vɛs-] V.⟩ sich wie ein Transvestit kleiden od. benehmen

Trans|ves|tis|mus ⟨[-vɛs-] m.; -; unz.⟩ Bedürfnis, sich wie ein Angehöriger des anderen Geschlechts zu kleiden und zu benehmen; *oV* Transvestitismus

Trans|ves|tit ⟨[-vɛs-] m.; -en, -en⟩ Mann, der sich wie eine Frau kleidet, schminkt u. benimmt

Trans|ves|ti|tis|mus ⟨[-vɛs-] m.; -; unz.⟩ = Transvestismus

tran|szen|dent auch: **trans|zen|dent** ⟨Adj.⟩ **1** ⟨Philos.⟩ die Grenzen der Erfahrung u. des sinnlich Wahrnehmbaren überschreitend; *Ggs* immanent (1) **2** ~*e Zahl* ⟨Math.⟩ Z., die sich nicht als ganze Zahl, Wurzel od. Bruch ausdrücken lässt, z. B. π [< lat. *transcendens,* Part. Präs. zu *transcendere* »hinübersteigen«]

tran|szen|den|tal auch: **trans|zen|den|tal** ⟨Adj.; Philos.⟩ **1** ⟨Scholastik⟩ alle Kategorien u. Gattungsbegriffe übersteigend **2** ⟨bei I. Kant⟩ vor aller Erfahrung liegend

Tran|szen|den|ta|lis|mus auch: **Trans|zen|den|ta|lis|mus** ⟨m.; -; unz.; Philos.⟩ gegen Rationalismus u. Puritanismus gerichtete, vom dt. Idealismus beeinflusste, philosoph. u. literar. Strömung in Nordamerika um 1835-60, die von Emerson, Hawthorne, Thoreau u. a. getragen wurde

Tran|szen|den|tal|phi|lo|so|phie auch: **Trans|zen|den|tal|phi|lo|so|phie** ⟨f.; -; unz.; Philos.; nach I. Kant⟩ auf apriorischen Grundbegriffen u. Prinzipien der reinsten Vernunft basierende philosophische Erkenntniskritik

Tran|szen|denz auch: **Trans|zen|denz** ⟨f.; -; unz.; Philos.⟩ **1** transzendente Beschaffenheit; *Ggs* Immanenz **2** das Transzendieren

tran|szen|die|ren auch: **trans|zen|die|ren** ⟨V.; Philos.⟩ **1** über Erfahrung u. sinnl.iche Wahrnehmung hinausgehen **2** aus einem philosophischen Bereich in einen anderen übergehen

Tra|pez ⟨n.; -es, -e⟩ **1** ⟨Math.⟩ Viereck mit zwei parallelen Seiten **2** (im Turnen u. in der Artistik verwendete) kurze, an Seilen hängende Stange aus Holz, Schwebereck, Schaukelreck [< lat. *trapezium* »ungleichseitiges Viereck, Tischchen« < grch. *trapezion,* Verkleinerungsform zu *trapeza* »Vierfuß, Tisch«]

Tra|pez|akt ⟨m.; -(e)s, -e; Artistik⟩ Übung am Trapez

Tra|pe|zo|e|der ⟨n.; -s, -; Geom.⟩ von Trapezen begrenzter geometr. Körper

Tra|pe|zo|id ⟨n.; -(e)s, -e; Geom.⟩ Viereck, dessen ungleich lange Seiten nicht parallel sind [< lat. *trapezium* »ungleichseitiges Viereck, Tischchen« + *...id;* → *Trapez*]

Trapp ⟨m.; -s, -e; Geol.⟩ hauptsächlich Basalte enthaltendes, dunkles Eruptivgestein, das in terrassenförmigen Schichten vorkommt; *Sy* Plateaubasalt [schwed., »Treppe«]

Trap|per ⟨m.; -s, -⟩ nordamerikan. Fallensteller, der Pelztiere jagt [engl., »Fallensteller«; zu *trap* »Falle«]

Trap|pist ⟨m.; -en, -en⟩ Angehöriger des Trappistenordens

Trap|pis|ten|or|den ⟨m.; -s; unz.⟩ 1664 innerhalb des Zisterzienserordens gegründeter Orden mit strenger Regel (Verbot zu reden, vegetar. Nahrung, Feldarbeit) [nach dem Gründungsort, der Abtei *La Trappe* im französ. Departement Orne]

Traps ⟨m.; -es, -e; Technik⟩ U-förmig gekrümmtes, mit Wasser gefülltes Rohrstück in Abwasserleitungen, das den Durchtritt von Gasen aus der Kanalisation verhindert, Geruchverschluss; *Sy* Siphon [<engl., Pl. zu *trap* »Falle«]

tra|scinan|do ⟨[-ʃi-] Musik⟩ nachlassend, schleppend (zu spielen) [ital.]

Trash ⟨[træʃ] m.; - od. -s; unz.; abwertend⟩ **1** minderwertige Ware, Massenprodukt **2** minderwertige, seichte Unterhaltung, Literatur od. Kunst; *im Fernsehen wurde unterhaltsamer ~ geboten* **3** (amerikan.) Unterschicht **4** ⟨Musik⟩ Stilrichtung der Popmusik; *ein Vorreiter des deutschen ~* [engl., »Abfall, Schund«]

tra|shen ⟨[træʃən] V.; umg.⟩ Trash produzieren

tra|shig ⟨[træʃɪg] Adj.; umg.⟩ billig, minderwertig, geschmacklos, der Unterschicht entstammend [<engl. *trashy*; → *Trash*]

Tra|shing ⟨[træʃɪŋ] n.; - od. -s, -s; EDV⟩ Systemüberlastung durch eine zu hohe Anzahl der simultan bearbeiteten Programme [zu engl. *trash* »Abfall, Schund«]

Trash|kul|tur ⟨[træʃ-] f.; -; unz.; umg.⟩ Trend zu billigen, kitschigen u. geschmacklosen Dingen, zu seichter Unterhaltung u. Ä.

Trass ⟨m.; -es, -e; Min.⟩ verfestigter Tuff' aus Bimsstein, der fein gemahlen als hydraul. Zuschlag zu Beton verwendet wird [<ital. *terrazzo* »Terrasse, Altan«]

Tras|sant ⟨m.; -en, -en; Bankw.⟩ Aussteller eines gezogenen Wechsels [→ *Trassat*]

Tras|sat ⟨m.; -en, -en; Bankw.⟩ Akzeptant eines Wechsels, Bezogener [<ital. *trattario, trassato* »Bezogener«; → *Tratte*]

Tras|se ⟨f.; -, -n⟩ durch Trassieren festgelegte Linie für Straßen- u. Eisenbahnen; *Sy* ⟨schweiz.⟩ Trassee [<ital. *trassare* »trassieren« <frz. *trace* »Spur, Fährte, Fluchtlinie«, <lat. *tractus*, Part. Perf. zu *trahere* »ziehen«]

Tras|see ⟨n.; -s, -s; schweiz.⟩ = Trasse

tras|sie|ren ⟨V.⟩ **1** *Straßenbahnen, Eisenbahnen ~* ihre Linienführung im Gelände vermessen, markieren u. in Lagepläne eintragen **2** *einen Wechsel ~ auf jmdn.* ziehen od. ausstellen [→ *Trasse*]

Tras|sie|rung ⟨f.; -, -en⟩ **1** das Trassieren **2** = Trasse

Trat|te ⟨f.; -, -n; Bankw.⟩ auf eine andere Person gezogener Wechsel [<ital. *tratta* »Zug, Riss, gezogener Wechsel« <lat. *tractus*, Part. Perf. zu *trahere* »ziehen«]

Trat|to|ria ⟨f.; -, -ri|en⟩ kleines ital. Speisehaus, Gastwirtschaft [ital., <lat. *tractare* »bewirten«]

Trau|ma ⟨n.; -s, Trau|men od. -ma|ta⟩ **1** Wunde, Verletzung durch Einwirkung von Gewalt **2** Schock, seelische Erschütterung [grch., »Wunde«]

Trau|ma|tin ⟨n.; -s; unz.; Biochemie⟩ pflanzl. Hormon, das Regeneration bei Verletzungen bewirkt [zu grch. *trauma* »Wunde«]

trau|ma|tisch ⟨Adj.⟩ in der Art eines Traumas

trau|ma|ti|sie|ren ⟨V.⟩ **1** ⟨Med.⟩ durch Einwirkung von Gewalt verletzen **2** ⟨Psych.⟩ ein Trauma verursachen, seelisch verletzen

Trau|ma|ti|zin ⟨n.; -s; unz.⟩ Lösung aus Guttapercha u. antiseptischen Bestandteilen zum Verschließen kleiner Wunden [→ *Trauma*]

Trau|ma|to|lo|ge ⟨m.; -n, -n; Med.⟩ Facharzt, Wissenschaftler auf dem Gebiet der Traumatologie

Trau|ma|to|lo|gie ⟨f.; -; unz.; Med.⟩ Zweig der Medizin, der sich mit Unfällen befasst [<grch. *trauma* »Wunde« + ...*logie*]

Trau|ma|to|lo|gin ⟨f.; -, -gin|nen; Med.⟩ Fachärztin, Wissenschaftlerin auf dem Gebiet der Traumatologie

trau|ma|to|lo|gisch ⟨Adj.; Med.⟩ die Traumatologie betreffend, auf ihr beruhend, zu ihr gehörend

Trau|to|ni|um ⟨n.; -s, -ni|en; Musik⟩ elektron. Musikinstrument [nach seinem Erfinder, Friedrich *Trautwein*, 1888-1956]

Tra|vel|ler ⟨[trævələ(r)] m.; -s, -⟩ **1** Reisende(r) **2** ⟨Segeln⟩ Vorrichtung, durch die die Schote des Großsegels läuft [engl.]

Tra|vel|ler|scheck ⟨[trævələ(r)-] m.; -s, -s⟩ Reisescheck [<engl. *traveller* »Reisender« + *Scheck*]

tra|vers ⟨[-vɛrs] Adj.⟩ quer, quer gestreift [frz. <lat. *transversarius* »quer liegend«]

Tra|vers ⟨[travɛːr] n.; -; unz.; Reitsport⟩ Seitengang in der Dressur, bei dem die Hinterhand des Pferdes in das Bahninnere zeigt u. das Pferd dahin tritt, wohin es gestellt ist; *Ggs* Renvers [→ *travers*]

Tra|ver|sa|le ⟨[-vɛr-] f.; -, -n; Reitsport⟩ Seitwärtsgang in der Dressur, bei dem das Pferd in die Bewegungsrichtung gestellt ist; →*a.* Travers [→ *travers*]

Tra|ver|se ⟨[-vɛr-] f.; -, -n⟩ **1** Schutzwall auf Schießständen **2** ⟨Arch.⟩ Querbalken, Ausleger **3** ⟨Maschinenbau⟩ Querverbindung von Ständern, Querhaupt **4** ⟨Flussbau⟩ quer angeordnete Buhne [→ *travers*]

Tra|vers|flö|te ⟨[-vɛrs-] f.; -, -n; Musik⟩ Querflöte

tra|ver|sie|ren ⟨[-vɛr-] V.⟩ **1** quer durchschreiten **1.1** ⟨Reitsport⟩ eine Traversale reiten **1.2** sich waagerecht an einer Felswand vorwärts bewegen **2** durchkreuzen, hindern **3** ⟨Fechten⟩ dem Hieb des Gegners seitlich ausweichen [→ *travers*]

Tra|ver|tin ⟨[-vɛr-] m.; -s, -e; Min.⟩ poröse Kalksteinabscheidung bei Quellen u. Bächen, Kalksinter [<ital. *travertino*]

Tra|ves|tie ⟨[-vɛs-] f.; -, -n⟩ satir. Verspottung eines literar. Werkes, bei der (im Unterschied zur Parodie) zum Inhalt beibehalten u. die Form verändert wird [<frz. *travesti* »Verkleidung« <lat. *trans* »hinüber« + *vestire* »kleiden«]

tra|ves|tie|ren ⟨[-vɛs-] V.⟩ in einer Travestie verspotten

Trawl ⟨[trɔːl] n.; -s, -s; Fischerei⟩ Grundschleppnetz [engl., »Schleppnetz« <afrz. *trôler* »mit einem Schleppnetz fischen«]

Trawler ⟨[trɔːlə(r)] m.; -s, -; Mar.⟩ Fischdampfer, der mit einem Trawl arbeitet

Trax® ⟨m.; - od. -es, - od. -e; schweiz.⟩ Bagger, Schaufellader [verkürzt < engl. *Traxcavator*]

Trea|su|ry ⟨[trɛʒərɪ] f. od. n.; -; unz.; Wirtsch.⟩ **1** Finanzmanagement einer Firma **2** Schatzamt, Finanzministerium eines Staates [engl., eigtl. »Schatzkammer« < *treasure* < afrz. *trésor* < lat. *thesaurus*; → *Thesaurus*]

Treat|ment ⟨[triːt-] n.; -s, -s; Film; TV⟩ literar. Vorstufe des Drehbuchs, in der die Handlung in großen Zügen u. die wichtigsten Szenen in Dialogen ausgearbeitet sind [engl., »Behandlung«; zu *treat* < lat. *tractare* »behandeln«]

Tre|cen|tist ⟨[-tʃɛn-] m.; -en, -en; Kunst⟩ Maler des Trecento

Tre|cen|to ⟨[-tʃɛn-] n.; - od. -s; unz.; Kunst⟩ künstler. Stil in Italien im 14. Jh. [ital., »dreihundert (Jahre nach 1000 n. Chr.)«]

Tre|cking ⟨n.; - od. -s; unz.; Kunst⟩ Trecking

Treff ⟨n.; -s, -s⟩ frz. Spielkartenfarbe, Kleeblatt [Rückbildung von schweiz. *Treffle* < frz. *trèfle* »Klee, Dreiblatt (im Kartenspiel)« < lat. *trifolium*]

trei|fe ⟨Adj.⟩ unrein (von Speisen); *Ggs* koscher (1) [hebr.]

trek|ken ⟨V.⟩ Trekking betreiben, im Hochgebirge wandern; *sie sind mit Pferden getrekkt*

Trek|ker ⟨m.; -s, -⟩ **1** jmd., der Trekking betreibt **2** = Trekkie

Trek|kie ⟨m.; -s, -s; umg.; salopp⟩ Anhänger, Fan der Sciencefictionfilme bzw. -serie »Star Trek«; *Sy* Trekker (2)

Trekking / Trecking ⟨*Laut-Buchstaben-Zuordnung*⟩ Viele aus Fremdsprachen übernommene Begriffe weisen im Laufe der sprachlichen Entwicklung neben der normierten Schreibung auf der Grundlage der Herkunftssprache eine standardsprachliche, integrierte Schreibung nach deutschen Lautungsregeln auf. Es bleibt dem Schreibenden überlassen, welche Schreibweise er vorzieht.

Trek|king ⟨n.; - od. -s; unz.⟩ Wandern im Hochgebirge (bes. in Asien) mit Trägern; *oV* Trecking [ndrl.]

Trek|king|bike ⟨[-baɪk] n.; -s, -s⟩ Tourenfahrrad mit stabilem Rahmen u. geländetauglichen Reifen [< engl. *trek* »trecken, wandern; anstrengender Weg od. Marsch« + *bike* »Fahrrad«]

Tre|ma ⟨n.; -s, -s od. -ma|ta⟩ **1** ⟨Zeichen: ⟩ Zeichen über einem von zwei Vokalen, die nebeneinander stehen u. eine getrennte Aussprache (= Diärese) fordern, z. B. Aläuten **2** ⟨Pl. nur: -s; Med.⟩ (nicht angeborene) Zahnlücke [grch., »Loch, Öffnung«; zu *tetrainein* »durchbohren«]

Tre|ma|to|de ⟨f.; -, -n; Zool.⟩ als Schmarotzer lebender Plattwurm, Saugwurm [< grch. *trema*, Gen. *trematos* »Loch, Öffnung«]

tre|mo|lan|do ⟨Musik⟩ zitternd, bebend (zu spielen) [ital.; zu *tremolare*; → *tremolieren*]

tre|mo|lie|ren ⟨V.; Musik⟩ (technisch halbrich) bebend singen od. spielen [< ital. *tremolare* »zittern« < lat. *tremere*]

Tre|mo|lo ⟨n.; -s, -s od. -mo|li; Musik⟩ **1** Beben, schnelle Wiederholung desselben Tones, um Erregung darzustellen **2** fehlerhaftes Beben der Singstimme, im Unterschied zum natürl. Vibrato [ital., »ich bebe, zittere«; zu *tremolare* »beben, zittern«]

Tre|mor ⟨m.; -s, -mo|res; Med.⟩ Zittern, Wackeln infolge unwillkürl. abwechselnden Zusammenziehens u. Erschlaffens antagonistisch wirkender Muskeln [lat., »das Zittern, Beben«; zu *tremere* »zittern«]

Tre|mu|lant ⟨m.; -en, -en; Musik; an der Orgel⟩ Vorrichtung, um einen vibrierenden Ton (Schwebung) hervorzubringen

Trench|coat ⟨[trɛntʃkoːt] m.; -s, -s; Mode⟩ Regenmantel aus Gabardine od. Popeline, oft mit warmem Futter [engl., »Schützengrabenmantel« < *trench* »Grube, Rinne, Schützengraben« + *coat* »Mantel«]

Trend ⟨[trɛnd] m.; -s, -s⟩ **1** Richtung einer neuen, modischen (statistisch erfassbaren) Entwicklung; *der ~ der 90er-Jahre; mit dieser Frisur liegt sie voll im ~* ⟨umg.⟩ stimmt sie genau mit der neuesten Mode überein **2** ⟨Biol.⟩ Tendenz in der Entwicklung [engl., »Richtung, Neigung; sich neigen, richten, erstrecken«]

Trend|set|ter ⟨[trɛnd-] m.; -s, -⟩ Person od. Sache, die das Entstehen einer neuen Mode, eines neuen Trends anregt [< engl. *trend* »Richtung, Mode« + *set* »setzen«]

tren|dy ⟨[trɛndi] Adj.; umg.⟩ im Trend liegend [engl.]

Tren|se ⟨f.; -, -n; Reitsport⟩ Mundstück des Pferdezaumes, bestehend aus zwei beweglichen, durch ein Gelenk miteinander verbundenen Metallstangen u. zwei an den Enden befestigten Ringen zum Einschnallen der Zügel [< ndrl. *trens(e)* »Seil, Fessel« < span. *trenza* »Flechte, Seil« < lat. **trinicare* »aus drei Strängen flechten«]

Trente-et-qua|rante ⟨[trãtekarãːt] n.; -; unz.; Kart.⟩ Glücksspiel mit Karten [frz., »dreißig und vierzig«]

Tre|pan ⟨m.; -s, -e; Med.⟩ chirurg. Gerät zum Anbohren des Schädels [< frz. *trépan* < mlat. *trepanum* < grch. *trypanon* »Drillbohrer«]

Tre|pa|na|ti|on ⟨f.; -, -en; Med.⟩ das Trepanieren

Tre|pang ⟨m.; -s, -s od. -e; Kochk.⟩ gekochte u. getrocknete essbare Seewalzen [< frz. *trépang* < malai. *tripang, taripan*]

tre|pa|nie|ren ⟨V.; Med.⟩ mit dem Trepan den Schädel öffnen

Tre|sor ⟨m.; -s, -e⟩ **1** = Safe (1) **2** ⟨in Banken⟩ gepanzerter unterirdischer Raum mit Schränken u. Fächern aus Stahl zum sicheren Aufbewahren von Geld, Schmuck u. Wertpapieren, Stahlkammer [< frz. *trésor* »Schatz, Tresor« < lat. *thesaurus* < grch. *thesauros* »Schatz«]

Tres|se ⟨f.; -, -n⟩ Besatz, Borte an Kleidungsstücken, bes. Livreen u. (als Rangabzeichen) Uniformen [frz., »Schnur, Borte« < ital. *treccia* »Flechte«, span. *trenza* »Trense« < grch. *tricha* »dreifach«]

tres|sie|ren ⟨V.⟩ *Haare* ~ Haare für eine Perücke mit Fäden aneinander knüpfen

très vite ⟨[trɛ vit] Musik⟩ sehr rasch, schnell (zu spielen) [frz.]

Treu|ga Dei ⟨[de:i] f.; - -; unz.; MA⟩ Gottesfriede [<mlat. *treuga* »Landfrieden« (<germ. **trewwa* »treu«) + lat. *Dei,* Gen. zu *Deus* »Gott«]

Tre|vi|ra® ⟨[-vi:-] n.; -s; unz.; Textilw.⟩ Faserstoff aus Polyester

Tri ⟨n.; -; unz.; kurz für⟩ Trichloräthen

tri..., **Tri...** ⟨in Zus.⟩ drei..., Drei..., dreimalig, dreifach [<grch. *treis, tria* »drei« bzw. lat. *tres, tria* »drei«]

Tri|a|de ⟨f.; -, -n⟩ **1** drei zusammengehörige, gleichartige Dinge **2** ⟨Philos.; nach Hegels Auffassung⟩ Form der histor. Entwicklung in drei Stufen (in These, Antithese, Synthese) [<grch. *trias* »Dreiheit«]

tri|a|disch ⟨Adj.; selten⟩ die Triade betreffend, auf ihr beruhend

Tri|a|ge ⟨[-a:ʒ(ə)] f.; -, -n; Textilw.⟩ Ware, aus der das Beste ausgesondert worden ist [zu frz. *trier* »auslesen«]

Tri|a|kis|do|de|ka|e|der ⟨n.; -s, -; Geom.⟩ Kristallform, von 36 Flächen begrenzter Körper, von Pyramiden begrenztes Dodekaeder, Sechsunddreißigflächner [<grch. *tiralis dodeka* »dreimal zwölf« + ...*eder*]

Tri|a|kis|ok|ta|e|der ⟨n.; -s, -; Geom.⟩ von 24 Flächen begrenzter Körper, von acht Pyramiden begrenztes Oktaeder, Vierundzwanzigflach, Vierundzwanzigflächner [<grch. *tiralis okta* »dreimal acht« + ...*eder*]

Tri|al ⟨[traɪəl] n.; -s, -s⟩ **1** ⟨Motorsport⟩ Geschicklichkeitsprüfung **2** ⟨Pferderennen⟩ Proberennen [engl., »Probe«]

Trial-and-Error-Methode (*Schreibung mit Bindestrich*) In mehrteiligen Zusammensetzungen, die eine Wortgruppe mit Bindestrich enthalten, setzt man zwischen jeden einzelnen Bestandteil einen Bindestrich (→ *a.* Cash-and-carry-Klausel).

Tri|al-and-Er|ror-Me|tho|de ⟨[traɪəl ənd ɛrə(r)-] f.; -; unz.⟩ Methode, um die Arbeitsweise einer Blackbox zu testen, indem man Eingabewerte so lange verändert, bis ein gewünschtes Ziel erreicht ist

Tri|an|gel ⟨m. od. n.; -s, -; Musik⟩ **1** Schlaginstrument aus einem zum Dreieck gebogenen Stab aus Stahl, der mit einem metallenen Stäbchen geschlagen wird **2** ⟨umg.⟩ Dreieck [<*Tri...* + lat. *angulus* »Winkel, Ecke«]

tri|an|gu|lär ⟨Adj.⟩ in der Art eines Triangels, dreieckig

Tri|an|gu|la|ti|on ⟨f.; -, -en; Geodäsie⟩ Landvermessung größerer Gebiete mit Hilfe einer Grundlinie u. eines Netzes von Dreiecken, deren Eckpunkte trigonometr. Punkte darstellen [<*Tri...* + lat. *angulus* »Winkel, Ecke«]

Tri|an|gu|la|ti|ons|punkt ⟨m.; -(e)s, -e; Geom.⟩ = trigonometrischer Punkt

tri|an|gu|lie|ren ⟨V.; Geodäsie⟩ mit Hilfe von Dreiecken vermessen

Tri|a|ri|er ⟨m.; -s, -; meist Pl.⟩ schwer bewaffneter Veteran im dritten Glied der altröm. Legion [<lat. *triarii* (Pl.) »drittes Treffen, die Kämpfer im dritten Treffen«]

Tri|as ⟨f.; -, -; Geol.⟩ älteste Formation des Mesozoikums vor 200-160 Mill. Jahren mit wüstenartigem Festland u. ersten Säugetieren [lat., »Dreiheit« (nach den drei Abteilungen Buntsandstein, Muschelkalk u. Keuper)]

Tri|as|for|ma|ti|on ⟨f.; -; unz.⟩ **1** ⟨Geol.⟩ geolog. Formation zwischen Perm u. Jura, älteste Formation des Erdmittelalters **2** ⟨Sprachw.⟩ Satz, der aus einem dreiteiligen Gefüge besteht, z. B. alles rennt, rettet, flüchtet (Schiller, »Die Glocke«) [<grch. *trias* »Dreizahl, Dreiheit«]

tri|as|sisch ⟨Adj.; Geol.⟩ zur Trias gehörend, aus ihr stammend

Tri|äth|a|nol|a|min ⟨n.; -s; unz.; Chemie⟩ aliphatischer Aminoalkohol, dickes, farbloses Öl, das aus Ammoniak u. Äthylenoxid hergestellt u. wegen seiner guten emulgierenden Wirkung als Wasch- u. Reinigungsmittel, in der Kosmetik, für Lacke, Polituren, Schmiermittel u. Ä. verwendet wird

Tri|ath|let ⟨m.; -en, -en; Sport⟩ Triathlon betreibender Mann

Tri|ath|le|tin ⟨f.; -, -tin|nen; Sport⟩ Triathlon betreibende Frau

Tri|ath|lon ⟨m.; -s; unz.; Sport⟩ Mehrkampfdisziplin, die aus Schwimmen, Radfahren u. Laufen besteht [<*Tri...* + grch. *athlon* »Kampf«]

Tri|ba|de ⟨f.; -, -n⟩ = Lesbierin [<lat. *tribas,* Gen. *tribadis* »Lesbierin«; zu grch. *tribein* »reiben«]

Tri|ba|die ⟨f.; -; unz.⟩ = lesbische Liebe; *Sy* Tribadismus

Tri|ba|dis|mus ⟨m.; -; unz.⟩ = Tribadie [zu lat. *tribas,* Gen. *tribadis* »Lesbierin«; zu grch. *tribein* »reiben«]

Tri|ba|lis|mus ⟨m.; -; unz.⟩ Stammesbewusstsein, Gefühl der Zugehörigkeit zu einem Stamm [<engl. *tribalism;* zu *tribe* (<lat. *tribus*) »Volksstamm«]

tri|ba|lis|tisch ⟨Adj.⟩ den Tribalismus betreffend, zu ihm gehörig, auf ihm beruhend

Tri|bo|e|lek|tri|zi|tät *auch:* **Tri|bo|e|lek|tri|zi|tät** ⟨f.; -; unz.; Physik⟩ durch das Berühren od. Aneinanderreiben zweier verschiedener Isolierstoffe entstehende elektrische Ladung auf der Oberfläche dieser Stoffe, Reibungselektrizität [<grch. *tribein* »reiben« + *Elektrizität*]

Tri|bo|lo|gie ⟨f.; -; unz.; Technik⟩ Wissenschaft, die sich mit der Reibung, Schmierung u. dem Verschleiß gegeneinander bewegter Teile beschäftigt [<grch. *tribein* »reiben« + ...*logie*]

Tri|bo|lu|mi|nes|zenz ⟨f.; -, -en; Physik⟩ durch Reibungsvorgänge verursachte Leuchterscheinungen von Substanzen [<grch. *tribein* »reiben« + *Lumineszenz*]

Tri|bra|chys *auch:* **Tri|bra|chys** ⟨[-xys] m.; -, -; Metrik⟩ aus drei Kürzen bestehender Vers [<grch. *treis, tria* »drei« + *brachys* »kurz«]

Tri|bun ⟨m.; -s od. -en, -e od. -en⟩ **1** von der Volksversammlung gewählter altrömischer

Tribunal

Beamter zum Schutz des Volkes gegen Willkür von Beamten; *Volks*~ 2 der zweithöchste Offizier der röm. Legion; *Militär*~ [<lat. *tribunus* »Vorsteher eines Tribus«; zu *tribus* »Gau, Bezirk«]

Tri|bu|nal ⟨n.; -s, -e⟩ 1 ⟨im antiken Rom⟩ erhöhter Platz für den Richterstuhl 2 Gerichtshof [lat.]

Tri|bu|nat ⟨n.; -(e)s, -e⟩ Amt, Würde eines Tribuns

Tri|bü|ne ⟨f.; -, -n⟩ 1 erhöhter Platz für den Redner; *Redner*~ 2 Gerüst mit Sitzplätzen für Zuschauer; *Zuschauer*~ 3 die Zuschauer selbst [<frz. *tribune*, ital. *tribuna* »Rednerbühne, Galerie« <lat. *tribunal*; → *Tribunal*]

Tri|but ⟨m.; -(e)s, -e⟩ 1 Steuer, Beitrag; *jmdm. einen* ~ *auferlegen*; ~ *zahlen* 2 Entschädigung an den Sieger 3 ⟨fig.⟩ Hochachtung, Ehrerbietung; *jmds. Leistung, Arbeit, Kunst den schuldigen* ~ *zollen* [<mhd. *tribut* »öffentliche Abgabe« <lat. *tributum*; zu *tribus* »Gau, Bezirk« + *tribuere* »zu-, einteilen«]

Tri|ce|ra|tops ⟨m.; -, -; Zool.⟩ Angehöriger einer Gattung der Dinosaurier, die bis acht Meter lang, 2,50 Meter hoch u. 10 Tonnen schwer waren [<*tri...* + grch. *keras* »Horn« + *ops* »Gesicht, Auge«]

trich..., **Trich...** ⟨in Zus.⟩ = tricho..., Tricho...

Trich|al|gie auch: **Tri|chal|gie** ⟨f.; -, -n; Med.⟩ Berührungsschmerz im Bereich der Kopfhaare [<*Tricho*... + ...*algie*]

Tri|chi|a|sis ⟨f.; -; unz.; Med.⟩ Einwärtskehrung der Wimpern, was ein Reiben auf der Hornhaut hervorruft [<grch. *thrix*, Gen. *trichos* »Haar«]

Tri|chi|ne ⟨f.; -, -n; Zool.⟩ parasitärer Fadenwurm, den Bär, Schwein, Dachs, Ratte, Hund, Katze, Fuchs, Marder u. a. Tiere in eingekapseltem Zustand in ihrer Muskulatur beherbergen: Trichinella spiralis [<grch. *trichinos* »aus Haaren bestehend, haarartig«; zu *thrix*, Gen. *trichos* »Haar«]

tri|chi|nös ⟨Adj.⟩ Trichinen enthaltend (Fleisch)

Tri|chi|no|se ⟨f.; -, -n; Med.⟩ durch Trichinen verursachte Krankheit bei Tieren u. Menschen, mit Magen-Darm-Beschwerden, Fieber, Steifheit, Herzbeschwerden

Tri|chit ⟨m.; -s u. -en, -e od. -en; Geol.⟩ kleines, haarförmiges Mineralindividuum, dessen Natur auch mikroskopisch kaum zu bestimmen ist [→ *Tricho*...]

Tri|chlor|äthen ⟨[-klo:r-] n.; -s; unz.; Chemie⟩ = Trichloräthylen

Tri|chlor|äthy|len ⟨[-klo:r-] n.; -s; unz.; Chemie; Kurzwort: Tri⟩ Halogenkohlenwasserstoff mit drei Atomen Chlor im Molekül, Flüssigkeit mit chloroformartigem Geruch, die u. a. als Lösungsmittel für Fette u. Öle sowie zum Zwecke der Extraktion verwendet wird; *oV* Trichloräthen

tri|cho..., **Tri|cho...** ⟨vor Vokalen⟩ trich..., Trich... ⟨in Zus.⟩ haar..., Haar... [<grch. *thrix*, Gen. *trichos* »Haar«]

Tri|cho|gram|ma ⟨Pl.; Zool.⟩ einer Gattung der Zehrwespen angehörender, sehr kleiner Hautflügler, dessen Eier in den Larven anderer Insekten schmarotzen u. der zur biolog. Bekämpfung von Schadinsekten eingesetzt wird [<*Tricho*... + grch. *gramma* »Zeichnung«]

Tri|chom ⟨[-co:m] n.; -s, -e⟩ 1 ⟨Med.⟩ Verfilzung der Kopfhaare durch Läuse 2 ⟨Bot.⟩ haarförmiger Anhang der pflanzl. Oberhaut [<grch. *trichoma* »Behaarung, Haarwuchs«]

Tri|cho|mo|na|den|seu|che ⟨f.; -; unz.; Med.⟩ durch in der Scheide der Säugetiere u. des Menschen sich ansiedelnde Trichomonaden (Trichomonas vaginalis) hervorgerufener, sehr heftiger, schaumiger, übel riechender Ausfluss

Tri|cho|phy|tie ⟨f.; -, -n; Med.⟩ Pilzerkrankung der Haare, der Haut u. der Nägel, Scherpilzflechte [<*tricho*... + grch. *phyton* »Pflanze«]

Tri|chop|te|re auch: **Tri|chop|te|re** ⟨m.; -n, -n; Zool.⟩ Köcherfliege, Frühlingsfliege, Angehöriger einer Ordnung kleiner bis mittelgroßer, schmetterlingsähnlicher Insekten mit vier dicht behaarten Flügeln, langen, fadenförmigen Fühlern u. saugendleckenden Mundwerkzeugen [<*Tricho*... + ...*ptere*]

Tri|cho|ptilo|se auch: **Tri|chop|ti|lo|se** ⟨f.; -, -n; Med.⟩ Brüchigkeit, Aufspaltung der Haare [<*Tricho*... + grch. *ptilon* »Feder«]

Tri|cho|se ⟨f.; -, -n; Med.⟩ Haarerkrankung, Erkrankung, die sich durch zu starke Haarentwicklung an Stellen, wo sonst kein od. nur geringer Haarwuchs normal ist, od. durch zu geringe Behaarung u. Haarausfall bemerkbar macht, Haarkrankheit [<grch. *thrix*, Gen. *trichos* »Haar«]

Tri|cho|spo|rie auch: **Tri|chos|po|rie** ⟨f.; -, -n; Med.⟩ durch einen Pilz hervorgerufene Haarkrankheit [<*Tricho*... + *Spore*]

Tri|cho|to|mie ⟨f.; -, -n⟩ 1 ⟨unz.; Theol.⟩ Dreiteilung des Menschen in Leib, Seele u. Geist 2 ⟨Rechtsw.⟩ Einteilung von Straftaten in Übertretung, Vergehen, Verbrechen 3 ⟨zählb. fig.⟩ Haarspalterei [<*Tricho*... + ...*tomie*]

tri|cho|to|misch ⟨Adj.⟩ auf Trichotomie beruhend

Tri|cho|ze|pha|lus ⟨m.; -, -pha|len; Zool.⟩ zu den Nematoden gehörender Peitschenwurm [<*Tricho*... + ...*zephal*]

Trich|u|ri|a|sis auch: **Tri|chu|ri|a|sis** ⟨f.; -; unz.; Med.⟩ Wurmkrankheit des Menschen, hervorrufen durch Würmer der Gattung Trichuris [<*Tricho*... + grch. *oura* »Schwanz«]

Tri|ci|ni|um ⟨n.; -s, -nia od. -ni|en; Musik; 15./16. Jh.⟩ kurzes Tonstück für drei Singstimmen a cappella od. für drei Instrumente, dem heutigen Trio bzw. Terzett entsprechend [<*Tri*... + lat. *canere* »singen, spielen, tönen«]

Trick ⟨m.; -s, -s⟩ 1 Kunstgriff, List 2 ⟨Kart.⟩ höherer Stich beim Whist [engl. <frz. (picard.) *trique* »Stock«; zu *estriquer* <ndrl. *striken* »aufeinander legen«]

Trick|schi[1] ⟨m.; -s, -schi|er⟩ = Trickski[1]

Trick|schi² ⟨n.; -s; unz.⟩ = Trickski²

trick|sen ⟨V.⟩ **1** Tricks (1) anwenden **2** ⟨Sport, bes. Fußb.⟩ *den Gegner ~* geschickt umspielen

Trick|ser ⟨m.; -s, -; umg.⟩ jmd., der sehr listenreich vorgeht u. sich dabei einiger Tricks bedient [→ *Trick*]

Trick|ski¹ ⟨[-ʃiː] m.; -s, -ski|er⟩ breiter, bes. elastischer Ski; *oV* Trickschi¹

Trick|ski² ⟨[-ʃiː] n.; -s; unz.⟩ das Laufen mit Trickskiern; *oV* Trickschi²

Trick|ster ⟨m.; -s, -⟩ mythologisches Wesen, das einen betrügerischen Charakter besitzt u. in Volkserzählungen vor allem als schelmischer Geist erscheint

Trick|track ⟨n.; -s; unz.⟩ ein Brett- u. Würfelspiel, Puff [<frz. *trictrac*, lautmalend]

tricky ⟨Adj.; undekl.; umg.⟩ **1** listig, raffiniert, trickreich; *er ist sehr ~* **2** heikel, schwierig; *die Situation ist sehr ~* [engl.]

Trident ⟨m.; -(e)s, -e⟩ Dreizack (Waffe Poseidons) [<*Tri…* + lat. *dens*, Gen. *dentis* »Zahn«]

tri|den|ti|nisch ⟨Adj.⟩ Trient betreffend, zu ihm gehörend, aus ihm stammend

Tri|du|um ⟨n.; -s, -du|en⟩ Zeitraum von drei Tagen [<*tri…* + lat. *dies* »Tag«]

Tri|dy|mit ⟨m.; -s, -e; Min.⟩ ein bei hoher Temperatur hexagonal, später rhombisch umkristallisiertes Mineral [<*Tri…* + grch. *didymos* »doppelt«]

tri|en|nal ⟨Adj.⟩ alle drei Jahre stattfindend [→ *Triennium*]

Tri|en|na|le ⟨f.; -, -n⟩ alle drei Jahre stattfindende Veranstaltung [→ *Triennium*]

Tri|en|ni|um ⟨n.; -s, -ni|en⟩ Zeitraum von drei Jahren [<*Tri…* + lat. *annus* »Jahr«]

Tri|e|re ⟨f.; -, -n⟩ Kriegsschiff der alten Griechen mit drei übereinander liegenden Ruderbänken; *Sy* Trireme [<grch. *trieres* »dreifach versehen«]

Tri|eur ⟨[triøːr] m.; -s, -e; Landw.⟩ Maschine zum Trennen der Körnerfrucht von Samen des Unkrautes, zum Reinigen von Saatgut [frz.; zu *trier* »auslesen, sortieren«]

Trifle *auch:* **Trifle** ⟨[traɪf(ə)l] m.; -s, -s; engl. Kochk.⟩ Nachspeise, die aus drei Schichten besteht, z. B. Göttersprise, Vanillesauce u. Sahne

Tri|fo|kal|glä|ser ⟨Pl.; Optik⟩ durch besonderen Schliff für drei verschiedene Entfernungen verwendbare Brillengläser; →*a.* Bifokalgläser [<*Tri…* + *fokal*]

Tri|fo|li|um ⟨n.; -s, -li|en; Bot.⟩ Klee [<*Tri…* + lat. *folium* »Blatt«]

Tri|fo|ri|um ⟨n.; -s, -ri|en; in roman. u. got. Kirchen⟩ Galerie mit dreifachen Bogenstellungen unter den Fenstern des Mittel-, Querschiffs od. Chores [<*Tri…* + lat. *foris* »Türflügel«]

Tri|ga ⟨f.; -, -s od. Tri|gen⟩ **1** Dreigespann **2** mit drei Pferden bespannter Wagen [<*Tri…* + lat. *iugum* »Joch, Gespann«]

Tri|ge|mi|nus ⟨m.; -; unz.; Anat.⟩ der 5. Hirnnerv des Menschen u. der Wirbeltiere, der das Gesicht u. die Kaumuskeln versorgt: Nervus trigeminus [<lat. *trigeminis* »Drillings…«]

Trig|ger ⟨m.; -s, -; El.⟩ eine elektr. od. elektron. Schaltung auslösender Impuls [engl., »Abzug einer Feuerwaffe«]

Tri|glyph ⟨m.; -s, -e⟩ = Triglyphe

Tri|gly|phe ⟨f.; -, -n⟩ schlitzförmig senkrecht dreigeteiltes Feld, das mit den Metopen am dorischen Fries abwechselt, Dreischlitz; *oV* Triglyph [<*Tri…* + grch. *glyhis* »Kerbe«; zu *glyphein* »eingravieren, einschneiden«]

Tri|gon ⟨n.; -s, -e; Geom.⟩ Dreieck [<*Tri…* + *…gon*]

tri|go|nal ⟨Adj.; Geom.⟩ dreieckig

Tri|go|no|me|trie *auch:* **Tri|go|no|met|rie** ⟨f.; -; unz.; Math.⟩ Berechnung u. Messung von Dreiecken [<*Trigon* + *…metrie*]

tri|go|no|me|trisch *auch:* **tri|go|no|met|risch** ⟨Adj.; Math.⟩ auf der Trigonometrie beruhend, mit ihrer Hilfe; ~*er Punkt* für Zwecke der Triangulation festgelegter Punkt; *Sy* Triangulationspunkt

tri|klin ⟨Adj.⟩ drei ungleich lange Achsen aufweisend, die nicht im Winkel von 90° zueinander stehen (Kristallsystem) [<*tri…* + grch. *klinein* »neigen, beugen, lehnen«]

Tri|kli|ni|um ⟨n.; -s, -ni|en⟩ **1** altröm. Speisezimmer mit dem an drei Seiten von Polstern zum Liegen umgebenen Esstisch **2** der Esstisch selbst [lat.; → *triklin*]

Tri|ko|li|ne ⟨f.; -; unz.; Textilw.⟩ feines, meist gerripptes Gewebe aus Baumwolle in Leinwandbindung, wobei die Kette doppelt so dicht ist wie der Schuss [→ *Trikot*]

tri|ko|lor ⟨Adj.⟩ dreifarbig [<frz. *tricolore* »dreifarbig« <lat. *tri…* »drei« + *color* »Farbe«]

Tri|ko|lo|re ⟨f.; -, -n⟩ die dreifarbige Fahne (blau, weiß, rot) der französ. Republik

Tri|kom|po|si|tum ⟨n.; -s, -ta; Sprachw.⟩ aus drei selbständigen Teilen zusammengesetztes Wort (z. B. Einbahnstraße) [<*Tri…* + *Kompositum*]

Tri|kot ⟨[-koː] n.; -s, -s; Textilw.⟩ **1** Gewebe, das die Eigenschaften von Wirkwaren hat **2** dehnbare Wirkware zur Herstellung von Trikotagen **3** fest anliegendes, dehnbares Kleidungsstück; *Bade~* [<frz. *tricot* »gestrickter Stoff«; nach dem nordfrz. Ort *Tricot*]

Tri|ko|ta|ge ⟨[-ʒə] f.; -, -n; meist Pl.⟩ Kleidungsstück aus Strick- u. Wirkware [<frz. *tricotage* »gestrickte Arbeit«; → *Trikot*]

tri|la|te|ral ⟨a. [---'-] Adj.; Politik⟩ von drei Seiten ausgehend, drei Seiten betreffend, berührend [<*tri…* + *lateral*]

Tri|lem|ma ⟨n.; -s, -s od. -ma|ta; Logik⟩ Urteil, das einem Gegenstand od. Sachverhalt sich ausschließende Eigenschaften zuschreibt; →*a.* Dilemma [<*Tri…* + *Lemma*]

tri|lin|gu|isch ⟨Adj.; Sprachw.⟩ dreisprachig [verkürzt <*tri…* + *lingu*istisch]

Trill|er ⟨m.; -s, -⟩ **1** ⟨Abk.: tr; Musik; Zeichen: tr⟩ rascher mehrmaliger Wechsel eines Tones mit dem nächsthöheren halben od. ganzen Ton **2** dem Triller ähnl. Vogelruf [<ital. *trillo* »Triller«, urspr. »Vibrato«; lautmalend]

Trilliarde

Trilli|ar|de ⟨f.; -, -n⟩ 1000 Trillionen [<ital. *Tri...* + *Milliarde*]

Tril|li|on ⟨f.; -, -en⟩ **1** eine Million Billionen, 10^{18} **2** ⟨Frankreich bis 1948; Sowjetunion; USA⟩ = Billion [<*Tri...* + *Million*]

Tri|lo|bit ⟨m.; -en, -en⟩ Angehöriger einer ausgestorbenen Klasse der Gliederfüßler, deren Panzer aus Chitin dreigeteilt ist [<*Tri...* + grch. *lobos* »Lappen, Schotenhülse«]

Tri|lo|gie ⟨f.; -, -n⟩ literar. Werk aus drei selbständigen, gleichartigen, stofflich zusammengehörigen Teilen; *Dramen~; Roman~* [<*Tri...* + *...logie*]

Tri|ma|ran ⟨m.; -s, -e; Mar.⟩ Segelboot mit drei Rümpfen [<*Tri...* + *Katamaran*]

tri|mer ⟨Adj.; Bot.⟩ dreiteilig [<*tri...* + *...mer*]

Tri|mes|ter ⟨n.; -s, -⟩ dritter Teil eines Studienjahres [<lat. *trimestris, trimenstris* »dreimonatig« <*tri...* »drei...« + *mensis* »Monat«]

Tri|me|ter ⟨m.; -s, -; Metrik⟩ Vers aus drei Metren, bes. Vers aus drei jambischen Dipodien [<*Tri...* + *...meter*]

Trimm ⟨m.; -(e)s; unz.; Mar.⟩ **1** gepflegter Zustand eines Schiffes **2** Lage eines Schiffes in Bezug auf Tiefgang u. Schwerpunkt [<engl. *trim* »Schwimmlage«; → *trimmen*]

trim|men ⟨V.⟩ **1** *einen Hund ~* einem H. das Fell scheren **2** *Kohlen ~* ⟨Mar.⟩ K. aus den Bunkern zu den Kesseln bringen **3** *das Ruder ~* ⟨Flugw.⟩ das R. so einstellen, dass eine günstige Lage entsteht **4** *ein Schiff, ein Flugzeug ~* die Gewichte so verteilen, dass eine günstige Lage erreicht wird **5** *einen Schwingkreis ~* einen S. genau auf die gewünschte Frequenz einstellen **6** *sich ~* sich körperlich fit halten [<engl. *trim* »putzen« <asächs. *trymman* »fest, stark machen, in Ordnung bringen«; zu *trum* »fest, sicher«]

Trim|mer ⟨m.; -s, -⟩ **1** Arbeiter, der Kohlen trimmt **2** verstellbarer Kondensator zum Trimmen von Schwingkreisen

tri|morph ⟨Adj.; Bot.⟩ dreigestaltig (Blüten) [<*tri...* + *morph*]

Tri|mor|phie ⟨f.; -; unz.; Bot.⟩ = Trimorphismus

Tri|mor|phis|mus ⟨m.; -; unz.; Bot.⟩ Dreigestaltigkeit (von Blüten); *Sy* Trimorphie

tri|när ⟨Adj.; fachsprachl.⟩ dreifach, aus drei Teilen bzw. Gliedern bestehend [zu lat. *trinarius* »aus (je) dreien bestehend«]

tri|na|tio|nal ⟨Adj.⟩ drei Nationen betreffend; *ein ~es Abkommen* [<*tri...* + *national*]

Tri|ni|ta|ri|er ⟨m.; -s, -⟩ Angehöriger des 1198 zum Loskauf christlicher Sklaven gegründeten Ordens [<*Ordo SS. Trinitatis* de redemption captivorum »Trinitarierorden, Dreifaltigkeitsorden«]

tri|ni|ta|risch ⟨Adj.⟩ zur Trinität gehörig

Tri|ni|tät ⟨f.; -; unz.⟩ Dreieinigkeit (Einheit von Vater, Sohn u. Heiligem Geist) [<lat. *trinitas* »Dreiheit«]

Tri|ni|ta|tis ⟨ohne Artikel⟩ Sonntag nach Pfingsten, Dreifaltigkeitsfest [<lat. *trinitas*; → *Trinität*]

Tri|ni|tro|phe|nol *auch:* **Tri|ni|tro|phe|nol** ⟨n.; -s, -e; Chemie⟩ = Pikrinsäure [<*Tri...* + *nitro...* + *Phenol*]

Tri|ni|tro|to|lu|ol *auch:* **Tri|ni|tro|to|lu|ol** ⟨n.; -s; unz.; Abk.: TNT; Chemie⟩ stoßsicherer Sprengstoff für Granaten, Bomben u. Torpedos; *Sy* Trotyl [<*Tri...* + *nitro...* + *Toluol*]

Tri|nom ⟨n.; -s, -e⟩ **1** dreigliedriger Ausdruck **2** ⟨Math.⟩ Bezeichnung einer Rasse durch drei Wörter aus der biolog. Systematik **3** ⟨Biol.⟩ dreigliedriger, durch Addition od. Subtraktion verbundener Ausdruck [<*Tri...* + *nom*²]

tri|no|misch ⟨Adj.⟩ aus drei Gliedern bestehend

Trio ⟨n.; -s, -s⟩ **1** ⟨Musik⟩ **1.1** Musikstück für drei verschiedene Instrumente **1.2** Gruppe von drei Sängern od. Instrumentalisten **1.3** ruhiges Mittelstück eines musikal. Satzes **2** ⟨umg.; oft abwertend⟩ drei zusammengehörige Personen; *die drei sind ein anstrengendes ~* [ital.; zu *tre* »drei«]

Tri|o|de ⟨f.; -, -n; El.⟩ Elektronenröhre mit den drei Elektroden Anode, Kathode u. Gitter [<*Tri...* + *...ode*]

Tri|o|le ⟨f.; -, -n; Musik⟩ Gruppe von drei Noten in der Einheit eines Taktes von regulär zwei (od. vier) Noten [vermutl. <ital. *trio*; → *Trio*]

Tri|o|le|in ⟨n.; -s; unz.; Chemie⟩ Triolsäureester des Glycerins, ölige Flüssigkeit, die in Fetten sowie in fetten Ölen vorkommt

Tri|o|lett ⟨n.; -(e)s, -e; Metrik⟩ achtzeiliges Gedicht mit nur zwei Reimen, in dem die 1. Zeile als 4. u. die ersten beiden Zeilen als 7. u. 8. wiederholt werden [<frz. *triolet*; mit frz. Verkleinerungsendung zu ital. *trio*; → *Trio*]

Tri|o|let|so|na|te ⟨f.; -, -n; Musik⟩ Sonate für zwei Melodie-Instrumente u. Continuo

Tri|o|lis|mus ⟨m.; -; unz.⟩ Geschlechtsverkehr zwischen drei Partnern

tri|o|lis|tisch ⟨Adj.⟩ den Triolismus betreffend, auf ihm beruhend, zu ihm gehörig

Tri|ö|zie ⟨f.; -; unz.; Bot.⟩ Dreihäusigkeit, Vorkommen von zwittrigen, männlichen u. weiblichen Blüten auf drei Pflanzen derselben Art [<*Tri...* + grch. *oikein* »wohnen, bewohnen«]

tri|ö|zisch ⟨Adj.; Bot.⟩ in der Art einer Triözie, dreihäusig

Trip ⟨m.; -s, -s⟩ **1** Ausflug, kleine Reise **2** Zustand des Rausches nach dem Genuss von Drogen [engl.]

Tri|pal|mi|tin ⟨n.; -s; unz.; Biochemie⟩ mit drei Palmitinsäureresten verestertes Glycerin, Bestandteil vieler tierischer u. pflanzlicher Fette u. Öle

Tri|pel ⟨m.; -s; unz.; Geol.⟩ sehr leichtes, aus den kieselsäurehaltigen Panzern von Diatomeen bestehendes Pulver, das zum Isolieren gegen Wärme u. Schall verwendet wird, Kieselgur [nach der Stadt *Tripolis* in Libyen]

tri|pel..., Tri|pel... ⟨in Zus.⟩ *drei..., Drei..., dreifach;* oV triple..., Triple [<frz. *triple...* »dreifach« <lat. *triplex*]

Tri|pel|al|li|anz ⟨f.; -, -en; Politik⟩ Bündnis dreier Staaten; *Sy* Tripelentente

Tri|pel|en|ten|te ⟨[-ātä:t(ə)] f.; -, -n; Politik⟩ = Tripelallianz
Tri|pel|fu|ge ⟨f.; -, -n; Musik⟩ Fuge mit drei zuerst nacheinander, dann miteinander erklingenden Themen
Tri|pel|kon|zert ⟨n.; -(e)s, -e; Musik⟩ Konzert für drei verschiedene Instrumente, z. B. Klavier, Violine u. Violoncello
Tri|pel|punkt ⟨m.; -(e)s, -e; Physik; Chemie⟩ im Zustandsdiagramm eines Stoffes der Temperaturpunkt, an dem die feste, flüssige u. gasförmige Phase des Stoffes miteinander im thermodynamischen Gleichgewicht stehen
Tri|pel|takt ⟨m.; -(e)s, -e; Musik⟩ dreiteiliger Takt, z. B. $^3/_2$, $^3/_4$, $^9/_6$
Tri|pep|tid ⟨n.; -(e)s, -e; Chemie⟩ Verbindung aus drei Aminosäuren [<*Tri...* + *Peptid*]
Tri|phthong auch: **Triph|thong** ⟨m.; -s, -e; Phon.⟩ Dreilaut, drei nebeneinander stehende Vokale mit der Funktion eines einzigen, z. B. in Mundarten [<*Tri...* + grch. *phthoggos* »Ton, Klang, Laut«]
Tri|pi|ta|ka ⟨n.; -; unz.⟩ der aus drei Teilen (»Körben«) bestehende buddhist. Kanon; oV Tipitaka [Pali, »Dreikorb«]

◆ Die Buchstabenfolge **tripl...** kann auch **tripl...** getrennt werden. Davon ausgenommen sind Zusammensetzungen, in denen die fremdsprachigen bzw. sprachhistorischen Bestandteile deutlich als solche erkennbar sind, z. B. *-plett, -plik, -plikat* (→a. Duplett, Replik, Duplikat).

◆ **tri|ple..., Tri|ple...** ⟨[trɪpl]⟩ = tripel..., Tripel...
Tri|plett ⟨n.; -s, -e⟩ **1** ⟨Physik⟩ aus drei eng benachbarten Spektrallinien bestehende Linie im Spektrum eines Stoffes **2** ⟨Genetik⟩ Aufeinanderfolge von drei Basen einer Nukleinsäure, die den Aufbau einer Aminosäure bestimmt [<frz. *triple* »dreifach«]
Tri|plik ⟨f.; -, -en⟩ Antwort des Klägers auf eine Duplik des Beklagten [<frz. *triplique*

<neulat.; zu lat. *triplicare* »dreimal sagen«]
Tri|pli|kat ⟨n.; -(e)s, -e⟩ dritte Ausfertigung
Tri|pli|ka|tion ⟨f.; -, -en⟩ dreimaliges Anführen eines Wortes od. einer Gruppe von Wörtern
Tri|pli|zi|tät ⟨f.; -, -en⟩ dreifaches Vorkommen, dreifaches Vorhandensein
◆**tri|plo|id** ⟨Adj.; Genetik⟩ mit einem dreifachen Satz von Chromosomen versehen [<grch. *triploos* »dreifach« + ...id]
Trip|ma|dam ⟨f.; -, -en; Bot.⟩ als Gewürz od. Gemüse verwendete Art der Fetthenne: Sedum reflexum [<frz. *trip-madame, trique-madame* »Hauswurz« <*tétin(e)-madame* »weibl. Brustwarze« <*tétin* »Brustwarze« <fränk. **titto*; verwandt mit *Zitze*) + *Madame*]
Tri|po|den ⟨Pl. von⟩ Tripus
Tri|po|die ⟨f.; -, -n; Metrik⟩ Einheit aus drei gleichen Versfüßen; →a. Monopodie, Dipodie [<*Tri...* + grch. *pous*, Gen. *podos* »Fuß«]
Trip|ty|chon auch: **Trip|ty|chon** ⟨[-çɔn] n.; -s, -chen od. -cha⟩ drei beweglich miteinander verbundene Tafelbilder, meist als Altarbild [<*Tri...* + grch. *ptyche, ptyx* »Schicht«]
Tri|pus ⟨m.; -, Tri|po|den⟩ altgrch. dreifüßiges Gestell für Gefäße, Dreifuß [<*Tri...* + grch. *pous* »Fuß«]
Tri|re|me ⟨f.; -, -n⟩ = Triere [<lat. *triremis* <*tri* »drei« + *remus* »Ruder«]
Tri|sac|cha|rid ⟨[-xa-] n.; -(e)s, -e; Biochemie⟩ Art des Zuckers, die aus drei Monosacchariden aufgebaut ist, z. B. die Raffinose [<*Tri...* + grch. *sakcharon* »Zucker« + ...id]
Tri|sek|ti|on ⟨f.; -, -en; Math.⟩ Dreiteilung (des Winkels)
Tri|set ⟨n. od. m.; - od. -s, -s⟩ **1** aus drei zusammengehörenden Dingen bestehendes Set (2.1) **2** drei zusammengehörende Ringe, von denen zwei die Eheringe eines Paares sind u. der dritte ein dazu passender Diamantring für die Ehefrau [<*Tri...* + *Set*]
Tris|mus ⟨m.; -, Tris|men; Med.⟩ Kaumuskelkrampf, Kiefer-

sperre [<grch. *trizein* »knirschen, knacken«]
Tri|so|mie ⟨f.; -, -n; Med.⟩ anormale Überzahl an Chromosomen, die Missbildungen verursacht [<*Tri...* + grch. *soma* »Körper«]
trist ⟨Adj.⟩ traurig, öde, grau in grau; *eine ~e Gegend; ~es Wetter* [<frz. *triste* »traurig« <lat. *tristis*]
Tris|tesse ⟨[-tɛs] f.; -; unz.; geh.⟩ Traurigkeit, Schwermut [frz.]
Tris|ti|chon auch: **Tris|ti|chon** ⟨[-çɔn] n.; -s, -sti|chen [-çən]; Metrik⟩ Vers od. Gedicht aus drei Zeilen [<*Tri...* + grch. *stichos* »Vers«]
tri|syl|la|bisch ⟨Adj.; Sprachw.⟩ dreisilbig
Tri|syl|la|bum ⟨n.; -s, -ba od. -la|ben; Sprachw.⟩ dreisilbiges Wort [<*Tri...* + grch. *syllabe* »Silbe«]
Tri|ta|go|nist auch: **Tri|ta|go|nist** ⟨m.; -en, -en; Theat.⟩ dritter Schauspieler des altgrch. Theaters [<grch. *tritagonistes* »Schauspieler, der die 3. Rolle spielt« <*tritos* »der dritte« + *agonistes* »Wettkämpfer«]
Tri|the|is|mus ⟨m.; -; unz.⟩ Glaube an die Dreieinigkeit als drei getrennte göttliche Personen [<*Tri...* + *Theismus*]
Tri|ti|cum ⟨n.; -s; unz.; Bot.⟩ die Pflanzengattung Weizen mit zahlreichen Arten [lat.]
Tri|ti|um ⟨n.; -s; unz.; chem. Zeichen: T⟩ Radiowasserstoff, schwerstes Isotop des Wasserstoffs, enthält einen Atomkern, der aus einem Proton u. zwei Neutronen besteht [nlat; zu grch. *tritos* »der dritte«]
Tri|ton[1] ⟨m.; -to|nen, -to|nen; grch. Myth.⟩ Meergott, halb Mensch, halb Fisch [nach grch. *Triton*, Sohn des Poseidon]
Tri|ton[2] ⟨n.; -s; unz.; Physik⟩ Atomkern des Tritiums [grch., Neutr. zu *tritos* »der dritte«]
Tri|tons|horn ⟨n.; -s, -hör|ner; Zool.⟩ im Meer lebende große, räuberische Schnecke, Trompetenschnecke: Tritonium [→ *Triton*[1]]
Tri|to|nus ⟨m.; -; unz.; Musik⟩ aus drei ganzen Tönen bestehendes Intervall, übermäßige Quarte [lat., »Dreiklang«]

Trituration

Tri|tu|ra|ti|on ⟨f.; -, -en; Med.⟩ Pulverisieren eines Feststoffes [zu lat. *tritus* »abgerieben«; zu *terre* »reiben«]

Tri|umph ⟨m.; -(e)s, -e⟩ **1** ⟨urspr.⟩ festl. Einzug römischer Feldherren nach erfolgreicher Schlacht **2** ⟨allg.⟩ Freude, Genugtuung über einen Sieg od. Erfolg **3** mit Jubel gefeierter Sieg od. Erfolg [<lat. *triumphus*, vermutl. <etrusk.]

tri|um|phal ⟨Adj.⟩ Triumph bereitend, herrlich, großartig

Tri|um|pha|tor ⟨m.; -s, -to|ren; im antiken Rom⟩ der feierlich einziehende siegreiche Feldherr

Tri|umph|bo|gen ⟨m.; -s, -bö|gen⟩ **1** ⟨im antiken Rom⟩ steinernes Tor für den Einzug des siegreichen Feldherrn **2** ⟨Arch.; in der Basilika⟩ das Kirchenschiff vom Chor trennender Bogen, oft mit der Darstellung des Triumphes Christi

tri|um|phie|ren ⟨V.⟩ über einen Sieg od. Erfolg frohlocken, jubeln

Tri|umph|kreuz ⟨n.; -es, -e⟩ unter dem Triumphbogen angebrachtes Kruzifix

Tri|um|vir ⟨[-vir] m.; -s od. -n, -n⟩ Mitglied eines Triumvirats [<lat. *trium*, Gen. zu *tres* »drei« + *vir* »Mann«]

Tri|um|vi|rat ⟨[-vi-] n.; -(e)s, -e; im antiken Rom⟩ Kollegium von drei Männern zur Lenkung des Staates

tri|va|lent ⟨[-va-] Adj.; Chemie⟩ dreiwertig [<*tri*... + *valent*]

tri|vi|al ⟨[-vi-] Adj.⟩ **1** gewöhnlich, ohne wertvollen Gehalt **2** platt, abgedroschen, bis zum Überdruss bekannt, seicht [frz. <lat. *trivialis* »gewöhnlich, allbekannt, jedem zugänglich, Gassen...«; zu *trivium* »Ort, an dem drei Wege zusammenstoßen, Kreuzung; öffentlich viel begangener Weg« <*tri*... »drei...« + *via* »Weg«]

tri|vi|a|li|sie|ren ⟨[-vi-] V.⟩ etwas trivial machen, mit einer trivialen Beschaffenheit versehen; *die Schauspieler ~ bewusst ihre Darstellung*

Tri|vi|a|li|tät ⟨[-vi-] f.; -, -en⟩ **1** triviale Äußerung, Redensart, Schilderung

Tri|vi|al|li|te|ra|tur ⟨[-vi-] f.; -; unz.; Lit.⟩ Literatur, die keinen künstlerischen Anspruch erhebt u. sich an ein breites Publikum richtet

Tri|vi|um ⟨[-vi-] n.; -s; unz.⟩ der untere Lehrgang mittelalterlicher Universitäten, die ersten drei der sieben freien Künste: Grammatik, Dialektik u. Rhetorik; →*a.* Quadrivium [lat., »Ort, an dem drei Wege zusammenstoßen« <*tri*... »drei...« + *via* »Weg, Straße«]

Tri|zeps ⟨m.; -, -e; Anat.⟩ **1** ⟨i. w. S.⟩ dreiköpfiger Muskel: Triceps **2** ⟨i. e. S.⟩ dreiköpfige Streckmuskel des Oberarms: Triceps Brachii [<lat. *triceps* »dreiköpfig« <*tri*... »drei...« + *caput*]

tro|chä|isch ⟨[-xɛ:-] Adj.; Metrik⟩ in der Art eines Trochäus, aus Trochäen bestehend

Tro|chan|ter ⟨[-xan-] m.; -s, -; Anat.⟩ knöcherner Ursprung am Oberschenkelknochen, Rollhügel [<grch. *trochazein* »laufen, drehen«]

Tro|chä|us ⟨[-xɛ:-] m.; -, -chä|en; Metrik⟩ Versfuß aus einer langen, betonten u. einer kurzen, unbetonten Silbe; *Sy* Choreus [<grch. *trochaios* »laufend, schnell«]

Tro|chit ⟨[-xi:t] m.; -s od. -en, -en⟩ versteinerter Teil des Stieles einer Seelilie [<grch. *trochos* »Rad, runde Scheibe«]

Tro|chi|ten|kalk ⟨[-xi:-] m.; -s; unz.; Geol.⟩ einer der oberen Schichten des Muschelkalks mit darin enthaltenen Trochiten

Tro|cho|i|de ⟨[-xo-] f.; -, -n; Math.⟩ besondere Form einer Zykloide [<grch. *trochos* »Rad, runde Scheibe« + ...*id*]

Tro|cho|pho|ra ⟨[-xo:fo-] f.; -, -pho|ren; Zool.⟩ Wimpernschopflarve, Typ von Larven, der vor allem unter den Ringelwürmern verbreitet ist, mit einem Schopf aus Wimpern auf dem Scheitel [<grch. *trochos* »Rad, runde Scheibe« + *pherein, phorein* »tragen«]

Tro|cho|ze|pha|lie ⟨[-xo-] f.; -, -n; Med.⟩ runde Schädelform [<grch. *trochos* »Rad, runde Scheibe« + ...*kephal*]

Tro|glo|dyt *auch:* **Trog|lo|dyt** ⟨m.; -en, -en⟩ Höhlenbewohner [<grch. *troglodytes* <*trogle* »Höhle« + *duesthai* »untertauchen, sich verkriechen«]

Tro|gon ⟨m.; -s, -s od. -go|nten; Zool.⟩ prächtig bunter Vogel der trop. u. subtrop. Urwälder Amerikas, Asiens u. Afrikas: Trogonidae [<grch. *trogein* »nagen«]

Troi|cart ⟨[troaka:r] m.; -s, -s od. -e⟩ = Trokar

Troi|ka ⟨f.; -, -s⟩ **1** russ. Dreigespann **2** mit drei Pferden bespannter Wagen **3** ⟨fig.; bes. Politik⟩ Gruppe von drei Personen (als Führungsgremium); →*a.* Quadriga [russ., »Dreier«; zu *tri* »drei«]

tro|ja|nisch ⟨Adj.⟩ **1** die antike Stadt Troja betreffend, zu ihr gehörend, aus ihr stammend **2** ⟨in der grch. Sage⟩ **2.1** *Trojanischer Krieg* zehn Jahre während Krieg der Griechen um Troja zur Befreiung der von Paris geraubten Helena **2.2** *Trojanisches Pferd* hölzernes Pferd, in dessen Bauch sich im Trojanischen Krieg mehrere grch. Krieger verbargen u.in dem sie sich von den Trojanern in die Stadt bringen ließen [nach der grch. Stadt Troja]

Tro|kar ⟨m.; -s, -s od. -e; Med.⟩ dreikantige chirurg. Nadel mit Hülse zur Entfernung von Flüssigkeit od. Eiter aus dem Körper; *oV* Troicart [<frz. *trois* »drei« + *carre* »Winkel«]

tro|kie|ren ⟨V.⟩ Waren ~ austauschen [<frz. *troquer* »tauschen, ver-, umtauschen« <lat. *torquere* »drehen, wenden«]

Trok|to|lith ⟨m.; -(e)s od. -en, -e od. -en; Min.⟩ wie die Haut einer Forelle schimmernder Gabbro aus Plagioklas u. Olivin, Forellenstein [<grch. *troktes* »Forelle« + ...*lith*]

Tro|li|tul® ⟨n.; -s; unz.⟩ ein aus Polystyrol bestehender, hauptsächlich in der Elektrotechnik verwendeter Kunststoff

Trol|ley|bus ⟨[trɔli-] m.; -ses, -se⟩ elektr. Oberleitungsomnibus [<eng. *troll* »rollen«]

Trom|be ⟨f.; -, -n; Meteor.⟩ Windhose, Wirbelwind, der um eine senkrechte Achse

Troposphäre

kreist u. dabei Staub, kleinere Gegenstände od. Wasser mitführt [frz. <ital. *tromba* od. frz. *trompe* »Trompete«]

Trom|bi|ku|lo|se ⟨f.; -, -n; Med.⟩ durch Milbenlarven der Gattung Trombicula hervorgerufene, juckende Hautkrankheit, Ernte-, Heukrätze

Trom|pe ⟨f.; -, -n; Arch.⟩ von einem Bogen überwölbte Nische im Winkel zweier rechtwinklig aneinander stoßender Mauern

Trompe-l'Œil ⟨[trɔ̃plœ:j] m. od. n.; -s, -s; Mal.⟩ naturgetreue Wiedergabe eines Objektes mithilfe perspektiv. Mittel, sodass zwischen Wirklichkeit u. gemaltem Objekt nicht mehr unterschieden werden kann [frz., »Augentäuschung«]

Trom|pe|te ⟨f.; -, -n; Musik⟩ Blechblasinstrument mit oval gebogenem Rohr [< mhd. *trum(b)et* < frz. *trompette*, ital. *trombetta* < frz. *trompe* < ahd. *trumba*]

trom|pe|ten ⟨V.⟩ **1** ⟨Musik⟩ auf der Trompete blasen **2** ⟨fig.⟩ Laut geben (vom Elefanten) **3** ⟨fig.; umg.⟩ laut u. triumphierend od. fröhlich rufen **4** ⟨fig.; umg.; scherzh.⟩ sich laut die Nase schnäuzen

Trom|pe|ter ⟨m.; -s, -; Musik⟩ Musiker, der die Trompete bläst

Trom|pe|te|rin ⟨f.; -, -rin|nen; Musik⟩ Musikerin, die die Trompete bläst

...tron ⟨Nachsilbe; zur Bildung sächl. Subst.⟩ **1** Elektron; *Klystron; Magnetron* **2** Beschleuniger von Elektronen od. Elementarteilchen; *Betatron; Synchrotron* [< grch. *...tron* »Werkzeug« (z. B. *arotron* »Pflug«)]

...trop[1] ⟨Nachsilbe; zur Bildung von Adj.⟩ bestimmte Eigenschaften aufweisend, in bestimmten Modifikationen vorkommend, sich wendend; *heliotrop; laktotrop* [< grch. *trepein* »wenden«]

...trop[2] ⟨Nachsilbe; zur Bildung sächl. Subst.⟩ Lebewesen od. Gegenstand, das (der) sich zu etwas hinwendet; *Heliotrop* [→ *...trop[1]*]

Tro|pa|ri|on ⟨n.; -s, -ri|en od. -ria; Musik⟩ einstrophiger Liedhymnus mit freier Metrik im orthodoxen Gottesdienst [zu grch. *tropos* »Ton, Tonart«]

Tro|pa|ri|um ⟨n.; -s, -ri|en; Biol.⟩ Gebäude mit tropischem Klima zur Haltung bestimmter Tiere u. Pflanzen [→ *Tropen*; analog zu *Aquarium* gebildet]

Tro|pe ⟨f.; -, -n; Rhet.; Stilistik⟩ bildl. Ausdruck, poet. Wendung, poet. Bild; *oV* Tropos [< grch. *tropos* »Drehung, Wendung«]

Tro|pen ⟨Pl.; Geogr.⟩ heiße Zone auf beiden Seiten des Äquators zwischen den Wendekreisen [< grch. *tropos* »Drehung, Wendung«]

...troph ⟨Nachsilbe; zur Bildung von Adj.⟩ sich ernährend von, ernährt, gewachsen, Nährstoffe enthaltend; *dystroph; entroph; oligotroph* [< grch. *trophe* »Nahrung«; zu *trephein* »ernähren, aufziehen«]

Tro|phäe ⟨f.; -, -n⟩ **1** Gegenstand als Zeichen des Siegs, z. B. Waffe, Fahne, Pokal **2** Teil der Jagdbeute als Zeichen der erfolgreichen Jagd, z. B. Geweih, Fell; *Jagd~* [< grch. *tropaion* »Siegeszeichen«]

...tro|phie ⟨Nachsilbe; zur Bildung weibl. Subst.⟩ **1** Ernährung, Wachstum, Vergrößerung, Vorhandensein von Nahrung od. Nährstoffen; *Atrophie; Eutrophie* [→ *...troph*]

tro|phisch ⟨Adj.⟩ die Ernährung von Gewebe betreffend, auf ihr beruhend, sie bewirkend [< grch. *trophikos* »nährend«]

tro|pho..., Tro|pho... ⟨in Zus.⟩ ernährungs..., Ernährungs... [< grch. *trephein* »ernähren«]

Tro|pho|bi|o|se ⟨f.; -, -n; Biol.⟩ Symbiose, bei der ein Tier einem anderen Nahrung liefert u. dafür von diesem geschützt wird, z. B. Ameisen u. Blattläuse [< *Tropho...* + *...biose*]

Tro|pho|blast ⟨m.; -en, -en; Med.; Biol.⟩ äußere Schicht der Keimblase, über die die Ernährung des Embryos erfolgt

Tro|pho|lo|ge ⟨m.; -n, -n⟩ Wissenschaftler auf dem Gebiet der Ernährung

Tro|pho|lo|gie ⟨f.; -; unz.⟩ Ernährungswissenschaft [< *Tropho...* + *...logie*]

Tro|pho|lo|gin ⟨f.; -, -gin|nen⟩ Wissenschaftlerin auf dem Gebiet der Ernährung

tro|pho|lo|gisch ⟨Adj.⟩ die Trophologie betreffend, zu ihr gehörig [< *tropho...* + *...logisch*]

Tro|phy ⟨[troufi] f.; -s, -s; engl. Bez. für⟩ Trophäe

Tro|pi|cal ⟨[trɔpikəl] m.; -s, -s; Textilw.⟩ (als Sommerstoff verwendetes) poröses Gewebe aus hart gedrehten Zwirnen mit freskenartiger Oberfläche [zu engl. *tropical* »tropisch«]

...tro|pie ⟨Nachsilbe; zur Bildung weibl. Subst.⟩ Veränderung, Verschiedenheit; *Phototropie* [→ *...trop[1]*]

Tro|pi|ka ⟨f.; -; unz.; Med.⟩ schwere Form der Malaria [→ *Tropen*]

tro|pisch ⟨Adj.; Geogr.⟩ zu den Tropen gehörend, aus ihnen stammend, wie in den Tropen

Tro|pis|mus ⟨m.; -, -pis|men⟩ **1** ⟨Bot.⟩ durch einen Reiz ausgelöste Bewegung festgewachsener Pflanzen, z. B. Krümmung von Organen, bei der die Richtung des Reizes die Richtung der Bewegung bestimmt; →a. Taxie, Nastie; *Chemo~; Foto~* **2** ⟨Lit.⟩ Schilderung seelischer, durch Reize der Außenwelt hervorgerufener Vorgänge od. Zustände, so dass der Leser die Außenwelt durch das Medium der (anonym bleibenden) Gestalten sieht, z. B. im Nouveau Roman [< grch. *tropos* »Drehung, Wendung«]

Tro|po|pau|se ⟨f.; -; unz.; Meteor.⟩ Grenze zwischen Troposphäre u. Stratosphäre [< grch. *tropos* »Drehung, Wendung« + *pauein* »aufhören«]

Tro|po|phyt ⟨m.; -en, -en; Bot.⟩ an einen periodischen Wechsel zwischen Trockenheit u. Feuchtigkeit angepasste Pflanze [< grch. *tropos* »Drehung, Wendung« + *...phyt*]

Tro|pos ⟨m.; -, -poi; Rhet.; Stilistik⟩ = Trope

Tro|po|sphä|re auch: **Tro|pos|phä|re** ⟨f.; -; unz.; Meteor.⟩ untere Schicht der Erdatmosphäre, in der sich das Wetter abspielt, bis zur Höhe von 9-12 km [< grch. *tropos* »Drehung, Wendung« + *Sphäre*]

999

trop|po ⟨Musik⟩ zu viel, zu sehr; *allegro ma non ~* schnell, lebhaft (zu spielen), aber nicht zu sehr [ital.]

Tro|pus ⟨m.; -, Tro|pen; Musik⟩ **1** (urspr.) Erweiterung der Melodie od. des Textes im gregorian. Kirchengesang **2** ⟨dann⟩ Erweiterung des Textes der Liturgie [<grch. *tropos* »Drehung, Wendung, Weise, Melodie«]

Tross ⟨m.; -es, -e⟩ **1** die Gepäck, Verpflegung u. Ausrüstung der Truppe mitführenden Fahrzeuge; *Sy* Train **2** ⟨fig.⟩ Gefolge, Gesamtheit der Anhänger [<spätmhd., mnddt. *trosse* »Heeresgepäck« <frz. *trousse* »Bündel«]

Tros|se ⟨f.; -, -n⟩ starkes Tau aus Hanf od. Draht [<mnddt. *trosse*, ndrl. *tros* »Tau« <frz. *trousse* »Bündel«]

Trott|eur ⟨[-tø:r] m.; -s, - od. -s; Mode⟩ bequemer Schuh mit flachem Absatz, Laufschuh [frz., »Traber«]

Trott|i|nett ⟨n.; -s, -e; schweiz.⟩ Roller (Kinderspielzeug) [<frz. *trotter* »traben« + frz. Verkleinerungsendung *-et, -ette*]

Trott|toir ⟨[-toa:r] n.; -s, -s od. -e⟩ Bürgersteig, erhöhter Fußweg neben der Fahrstraße [frz., <*trotter* »traben, trippeln«]

Tro|tyl ⟨n.; -s; unz.; Chemie⟩ = Trinitrotoluol [<*Trinitrotoluol* + ...*yl*]

Trotz|kis|mus ⟨m.; -; unz.; Politik⟩ auf der polit. Anschauung Trotzkis beruhende Richtung der marxist.-leninist. Ideologie [nach L. D. *Trotzki*, 1879-1940]

Trotz|kist ⟨m.; -en, -en; Politik⟩ Anhänger des Trotzkismus

Trotz|kis|tin ⟨f.; -, -tin|nen; Politik⟩ Anhängerin des Trotzkismus

trotz|kis|tisch ⟨Adj.; Politik⟩ den Trotzkismus betreffend, auf ihm beruhend

Trou|ba|dour ⟨[trubadu:r] m.; -s, -e od. -s⟩ prov. höfischer Minnesänger u. Dichter des 11. bis 14. Jh.; →a. Trouvère [<prov. *trobador*; zu *trobar* (frz. *trouver* »finden«) »(Verse) finden, erfinden«]

Trou|ble *auch:* **Trou|ble** ⟨[trʌbl] m.; -s; unz.; umg.⟩ Schwierigkeiten, mühevolle Umstände; *viel ~ mit etwas haben* [engl., »Sorge, Verdruss«]

Trou|ble|shoo|ter *auch:* **Trou|ble|shoo|ter** ⟨[trʌblʃu:tə(r)] m.; -s, -⟩ jmd., der versucht, Probleme (z. B. bei Maschinen) zu lösen od. in Konfliktsituationen zu vermitteln [engl., »Störungssucher«]

Trou|pi|er ⟨[trupje:] m.; -s, -s; Soldatenspr.⟩ Offizier, der lange in der Truppe (nicht in höheren Stäben) Dienst getan hat u. zum ausgesprochenen Praktiker geworden ist [frz., <*troupe* »Truppe«]

Trou|vaille ⟨[truva:jə] f.; -, -n; veraltet⟩ glücklicher Fund, Glücksfund [frz.]

Trou|vère ⟨[truvɛ:r] m.; -s, -s; Musik⟩ nordfrz. Minnesänger des 12.-14. Jh.; →a. Troubadour [frz.; <*trouver* »finden«]

Troy|er *auch:* **Tro|yer** ⟨[trɔi.ə(r)] m.; -s, -; Mode⟩ **1** wollenes Unterhemd **2** wollene Weste der Seeleute mit Ärmeln [vermutl. nach der frz. Stadt *Troyes*]

Troy|ge|wicht ⟨[trɔi-] n.; -(e)s, -e⟩ engl. u. nordamerikan. Gewicht für Edelmetalle u. Edelsteine [nach der frz. Stadt *Troyes*]

Tru|bel ⟨m.; -s; unz.⟩ lebhaftes, lärmendes Durcheinander, geschäftiges od. lustiges Treiben vieler Personen [<frz. *trouble*; zu *troubler* »verwirren« <mlat. *turbulare*, lat. *turbare* »verwirrung«; → *turbulent*]

Truck ⟨[trʌk] m.; -s, -s; Kfz⟩ schwerer Lastwagen

Truck|er ⟨[trʌkə(r)] m.; -s, -; Kfz⟩ Fahrer eines Trucks

Truck|e|rin ⟨[trʌkə-] f.; -, -rin|nen; Kfz⟩ Fahrerin eines Trucks [engl.-amerikan.]

Truck|sys|tem ⟨[trʌk-] n.; -s; unz.; Wirtsch.⟩ Bezahlung des Arbeitnehmers durch Waren, die er selbst hergestellt hat, od. durch Gutscheine, die zum Kauf von Waren berechtigen, die der Arbeitgeber verkauft [<engl. *truck* »Tauschhandel«]

Trüf|fel ⟨f.; -, -n, umg. m.; -s, -; Bot.⟩ **1** unter der Erdoberfläche wachsender, fleischiger, knolliger Pilz: Tuberales **2** Praline, die mit einer festen, aber geschmeidigen Masse gefüllt ist [<ndrl. *truffel*, frz. *truffe*, engl. *truffle* <lat. *tuber* »Höcker, Beule«]

Trul|lo ⟨m.; -s, Trul|li; Arch.⟩ besonders in Apulien verbreiteter Rundbau aus mörtellosem Mauerwerk, ohne Fenster, mit kuppelförmigem, spitz zulaufendem Scheingewölbe [ital.]

Tru|meau ⟨[trymo:] m.; -s, -s⟩ **1** Fensterpfeiler **2** Pfeilerspiegel [frz.]

Trupp ⟨m.; -s, -s⟩ **1** zusammengehörige Gruppe, kleine Schar **2** ⟨Mil.⟩ kleinere militär. Einheit, die für besondere Aufgaben herangezogen wird; *Stoß~* [→ *Truppe*]

Trup|pe ⟨f.; -, -n⟩ **1** ⟨Mil.⟩ **1.1** Gesamtheit der Soldaten, die für die Durchführung von Kampfhandlungen vorgesehen sind **1.2** ⟨Pl.⟩ *~n* größere Anzahl von militär. Einheiten, Heeresteil **2** ⟨Theat.⟩ Gruppe von Schauspielern (aller Rollenfächer) od. Artisten; *Wander~* [<frz. *troupe* <afrz. *trope* <galloroman. *troppus* »Herde«]

Trust ⟨[trʌst] m.; -(e)s, -e od. -s; Wirtsch.⟩ Zusammenschluss mehrerer Unternehmungen od. Firmen zu einem Großunternehmen unter Verlust ihrer Selbständigkeit [engl. <mengl. *trust, trost* »Vertrauen« <anord. *traust*]

Trus|tee ⟨[trʌsti:] m.; -s, -s; angelsächs. Recht⟩ Bevollmächtigter, Treuhänder [engl.]

Try|pa|no|so|ma ⟨n.; -s, -so|men; Zool.⟩ Gattung der Geißeltierchen, die im Blut von Wirbeltieren schmarotzen, Erreger ansteckender Krankheiten bei Mensch u. Tier: Trypanosomida [<grch. *trypanon* »Drillbohrer« + *soma* »Körper«]

Try|pa|no|so|mi|a|sis ⟨f.; -; unz.; Med.⟩ Schlafkrankheit, hervorgerufen durch Trypanosomen

Tryp|sin ⟨n.; -s; unz.; Biochemie⟩ Enzym der Bauchspeicheldrüse, das Eiweiß spaltet [<grch. *tryein* »aufreiben« + *Pepsin*]

Tsan|tsa *auch:* **Tsant|sa** ⟨f.; -, -s⟩ Schrumpfkopf, nach Entfernung der Knochen eingetrockneter u. geschrumpfter Kopf als Trophäe bei den südamerikan. Indianern [Jivaro]

Tsa|tsi|ki auch: **Tsat|si|ki** ⟨m. od. n.; -s, -s; grch. Kochk.⟩ (meist als Vorspeise gereichte) Speise aus Joghurt, geriebener Gurke u. Knoblauch; *oV* Zaziki

Tscha|ko ⟨m.; -s, -s⟩ milit. Kopfbedeckung mit Schild u. zylinderförmigem Oberteil [<ungar. *csákr* »Husarenhelm«]

Tscha|ma|ra ⟨f.; -, -s od. -ma|ren⟩ geschnürter Rock der tschech. u. poln. Volkstracht mit niedrigem Stehkragen [tschech.]

Tschan|du ⟨n.; -s; unz.⟩ Opium, das bes. für das Rauchen zubereitet ist [Hindi]

Tschap|ka ⟨f.; -, -s⟩ Kopfbedeckung der Ulanen mit viereckigem Oberteil [<poln. *czapka* »Mütze, Kappe«]

Tschar|dasch ⟨m.; - od. -es, -e⟩ = Csárdás

tschau! ⟨Grußwort⟩ leb wohl! [<ital. *ciao!* <*schiavo* »Diener«]

Tsche|ka ⟨f.; -; unz.; 1917-1922⟩ die politische Polizei der Sowjetunion [russ. verkürzt <*Wserossiskaja Tschrewytschainaja Kommissija po borbe s Kontrrewoljuzijei i sabotaschem* »Allrussische Kommission zur Bekämpfung der Konterrevolution u. der Sabotage«]

Tsche|kist ⟨m.; -en, -en⟩ **1** ⟨i. e. S.⟩ Mitarbeiter der Tscheka **2** ⟨i. w. S.⟩ Mitarbeiter eines Staatssicherheitsdienstes in einem sozialistischen Land des ehemaligen Ostblocks

Tsche|ren|kow|ef|fekt auch: **Tsche|ren|kow-Ef|fekt** ⟨m.; -(e)s; unz.; Physik⟩ Leuchterscheinung an wassergekühlten Kernreaktoren, die durch den Austritt von Elektronen aus dem Reaktorkern mit einer über der Lichtgeschwindigkeit im Wasser liegenden Geschwindigkeit verursacht wird [nach dem russ. Physiker P. A. Tscherenkow, *1904]

Tscher|kes|ska ⟨f.; -, -s⟩ langer, mit Patronentaschen besetzter Überrock der Tscherkessen

Tscher|no|sem ⟨[-zjɔm] n.; -s; unz.⟩ = Tschernosjom

Tscher|no|sjom auch: **Tscher|nos|jom** ⟨n.; -s; unz.⟩ dunkler, fruchtbarer Humusboden, Schwarzerde; *oV* Tschernosem [russ.]

Tscher|wo|nez ⟨m.; -, -won|zen⟩ **1** ⟨urspr.⟩ russ. Goldmünze **2** ⟨1922-47⟩ durch Gold gedeckte Banknote von zehn Rubel [<russ. *červonez;* zu *červonnyj* »hellrot«]

Tschi|buk ⟨m.; -s, -s⟩ lange türk. Tabakspfeife mit einem kleinen Kopf aus Ton od. Meerschaum [türk.]

Tschi|kosch ⟨m.; -, -⟩ = Csikós

Tschis|men ⟨Pl.⟩ niedrige, farbige ungar. Stiefel [<ungar. *csizma* »Stiefel«]

Tschi|tra|ka auch: **Tschi|tra|ka** ⟨n.; - od. -s, -s; Rel.⟩ Sektenzeichen auf der Stirn der Hindus, das täglich erneuert wird u. die Erinnerung an Gott u. all sein Tun symbolisiert

Tse|tse|flie|ge ⟨f.; -, -n; Zool.⟩ in Zentralafrika vorkommende, Blut saugende Stechfliege, die die Erreger der Schlafkrankheit überträgt: Glossina [Bantu]

T-Shirt ⟨[tiːʃœːt] n.; -s, -s; Mode⟩ kurzärmeliges, meist kragenloses Oberhemd aus Trikot [engl.; verkürzt <*tricot* »Trikot« + *shirt* »Hemd«]

Tsu|ga ⟨f.; -, -s od. Tsu|gen; Bot.⟩ einer Gattung der Kieferngewächse angehörende Tanne mit lichter Krone u. zimtfarbenem Stamm, Schierlingstanne, Hemlocktanne: Tsuga [jap.]

Tsu|na|mi ⟨m.; -, -s⟩ durch Seebeben erzeugte, plötzlich auftretende Flutwelle im Pazifik, die an den Küsten oft große Verwüstungen anrichten kann [<jap. *tsu* »Hafen« + *nami* »lange Welle«]

TTL ⟨Fot.; Abk. für engl.⟩ through the lense (durch die Linse); *eine Kamera mit ~-Messung*

TU ⟨Abk. für⟩ Technische Universität

tua res agi|tur ⟨geh.⟩ dich geht es an [lat., »deine Sache wird behandelt, betrieben, es handelt sich um deine Sache«]

Tub ⟨[tʌb] n.; -s, -s od. (bei Zahlenangaben) -⟩ engl. Gewichtseinheit für Tee (27,216 kg) u. Butter (38,102 kg) [engl., »Fass, Bütte«]

Tu|ba ⟨f.; -, Tu|ben⟩ **1** ⟨Anat.⟩ *oV* Tube (2) **1.1** gewundener, trompetenförmiger Gang im Ohr **1.2** Eileiter **2** ⟨Musik⟩ tiefstes Blechblasinstrument mit weitem, oval gewundenem Rohr, nach oben gerichtetem Trichter u. seitlich hervorragendem Mundstück [lat., »Röhre«]

Tu|bar|gra|vi|di|tät ⟨[-vi-] f.; -, -en; Med.⟩ Eileiterschwangerschaft [<*Tuba* + *Gravidität*]

Tüb|bing ⟨m.; -s, -s⟩ stählerner Bogen zum Abstützen von Vortriebsstrecken im Berg- u. Tunnelbau [ndrl.]

Tu|be ⟨f.; -, -n⟩ **1** röhrenförmiger, biegsamer, an einem Ende flach auslaufender Behälter aus Aluminium, Zinn od. Kunststoff mit Schraubverschluss für teigige Stoffe, z. B. Farbe, Zahnpasta, Salbe; *auf die ~ drücken* ⟨fig.; umg.⟩ Gas geben **2** ⟨Anat.⟩ = Tuba (1) [engl., frz. <lat. *tubus* »Röhre«]

Tu|ber ⟨m.; -s, -⟩ **1** ⟨Anat.⟩ Höcker, Vorsprung, Knoten **2** ⟨Pharm.⟩ Knolle [lat., »Höcker, Beule«]

Tu|ber|kel ⟨m.; -s, -, österr. a. f.; -, -n; Med.⟩ Geschwulst, Knötchen [<lat. *tuberculum* »kleiner Höcker«, Verkleinerungsform zu *tuber* »Höcker, Beule«]

Tu|ber|kel|bak|te|ri|um ⟨n.; -s, -ri|en; Med.⟩ Erreger der Tuberkulose: Mycobacterium tuberculosis

tu|ber|ku|lar ⟨Adj.; Med.⟩ knotig

Tu|ber|ku|lid ⟨n.; -(e)s, -e; Med.⟩ gutartige Tuberkulose der Haut, die auf dem Blutweg entsteht

Tu|ber|ku|lin ⟨n.; -s; unz.⟩ gelöste Gifte u. Zerfallsprodukte der Tuberkelbakterien, die zum Nachweis der Tuberkulose verwendet werden können

Tu|ber|ku|lom ⟨n.; -s, -e; Med.⟩ Geschwulst aus tuberkulösem Gewebe

tu|ber|ku|los ⟨Adj.; Med.; österr.; umg.⟩ = tuberkulös

tu|ber|ku|lös ⟨Adj.; Med.⟩ *oV* tuberkulos **1** an Tuberkulose erkrankt **2** mit Tuberkeln durchsetzt

Tu|ber|ku|lo|se ⟨f.; -, -n; Abk.: Tb, Tbc; Med.⟩ mit Bildung von Knötchen verbundene, von Tuberkelbakterien hervorgerufene Krankheit

1001

Tuberkulostatikum

Tu|ber|ku|lo|sta|ti|kum *auch:* **Tuberkulostatikum** ⟨n.; -s, -ti|ka; Med.⟩ das Wachstum der Tuberkelbakterien hemmendes Heilmittel, z. B. Streptomycin [<*Tuberkel* + grch. *statikos* »stehen machend«]

tu|be|ros ⟨Adj.; Med.⟩ = tuberös

tu|be|rös ⟨Adj.; Med.⟩ knötchenartig, geschwulstartig; *oV* tuberos [zu lat. *tuber* »Höcker, Beule«]

Tu|be|ro|se ⟨f.; -, -n; Bot.⟩ einer Gattung der Agavengewächse angehörende Pflanze mit weißen, stark duftenden Blüten: Polianthes [<lat. *tuberosus* »knötchenreich«; zu *tuber* »Höcker, Beule«]

Tu|bi|fex ⟨m.; -, -fi|ces; Zool.⟩ 3-8 cm langer, rot gefärbter Ringelwurm aus der Gruppe der im Wasser lebenden Oligochäten, Brunnenwurm [<lat. *tubus* »Röhre« + *facere* »machen«]

tu|bu|lar ⟨Adj.; Anat.⟩ = tubulös

tu|bu|lös ⟨Adj.; Anat.⟩ von der Form eines Tubus, röhren-, schlauchförmig; *Sy* tubulär [<lat. *tubulus* »kleine Röhre, Schlauch«]

Tu|bus ⟨m.; -, -se *od.* Tu|ben⟩ **1** Röhre **1.1** ⟨i. e. S.⟩ die innen geschwärzte Röhre optischer Instrumente **2** Katheter zum Beatmen [lat., »Röhre«]

Tu|dor|bo|gen ⟨[tjuːdə(r)-] m.; -s, -bögen; Arch.⟩ sehr flacher Spitzbogen der späten englischen Gotik [→ *Tudorstil*]

Tu|dor|stil ⟨[tjuːdə(r)-] m.; -(e)s; unz.; Arch.⟩ aus Elementen der späten Gotik u. der deutschen u. italien. Renaissance gemischter Baustil in England von etwa 1530 bis zum Anfang des 17.Jh. [nach dem Königsgeschlecht *Tudor*, 1485-1604]

Tuff[1] ⟨m.; -s, -e; Min.⟩ Sediment aus vulkanischen Auswürfen [<ahd. *tuf-, tubstein* <altital. *tufo* <lat. *tophus, tofus*, vermutl. <oskisch]

Tuff[2] ⟨m.; -s, -e⟩ **1** fest gebundener, dekorativer Strauß aus kurzstieligen Blumen **2** in mehreren Lagen gebundene, dekorative Schleife, z. B. an Geschenkpackungen [<frz. *touffe* <alemann.; verwandt mit *Zopf*]

Tuf|ting|tep|pich ⟨[tʌf-] m.; -s, -e⟩ Teppich, bei dem in ein Gewebe Schlingen eingenäht werden [<engl. *tuft* »Büschel« <afrz. *tufe* (frz. *touffe*) »Büschel«]

Tu|kan ⟨m.; -s, -e; Zool.⟩ Pfefferfresser, zu den Spechten gehörender, häher- bis rabengroßer Vogel, der sich hauptsächlich von saftigen Früchten ernährt: Rhamphastidae [<Tupi]

Tu|la|rä|mie *auch:* **Tu|la|rä|mie** ⟨f.; -, -n; Vet.⟩ ähnlich der Pest verlaufende, durch Tularienbakterien hervorgerufene Krankheit der Nagetiere, Hasenpest [nach der kaliforn. Landschaft *Tulare* + ...*ämie*]

Tul|pe ⟨f.; -, -n⟩ **1** ⟨Bot.⟩ **1.1** ⟨i. w. S.⟩ zu einer Gattung der Liliengewächse gehörende Zierpflanze der Alten Welt mit aufrechten u. einzelnen Blüten: Tulipa **1.2** ⟨i. e. S.⟩ *Garten*~ T. gesneriana **2** ⟨fig.⟩ Bierglas mit Stiel; *Bier*~ [<nhd. *tulipan* <*tulipant, tulipane, tulipe(n)* <frz. *tulipe*, ital. *tulipano* <türk. *tülbant, dülbent* »Turban«; → *Turban*]

Tum|ba ⟨f.; -, Tum|ben⟩ sarkophagartiges, verziertes Grabdenkmal, meist mit der liegenden, halbplastischen *od.* als Relief gestalteten Figur des Toten auf der Oberseite [lat.; zu grch. *tymbos* »Grabhügel«]

Tu|mes|zenz ⟨f.; -, -en; Med.⟩ nicht begrenzte Anschwellung (von Körperteilen) [<lat. *tumescere* »anschwellen«]

Tümm|ler ⟨m.; -s, -; Zool.⟩ **1** Zahnwal in den Küstengewässern von Nordatlantik u. Nordpazifik, wandert oft bis in die Flussmündungen, Meerschwein, Braunfisch: Phocaena phocaena; *Großer* ~ zu den Delphinen gehörender, 4 m langer Zahnwal: Tursiops truncatus **2** Rasse der Haustauben [<ndrl. *tuimelaar*, engl. *dumbler*, dän. *tumler* »Taumler«]

Tu|mor ⟨m.; -s, -mo|ren; Med.⟩ Geschwulst [lat., »Geschwulst, Anschwellung«]

Tu|mor|mar|ker ⟨m.; -s, -; Med.⟩ Substanz, die sich an Krebszellen heftet, um sie besser erkennbar zu machen [<*Tumor* + *Marker*]

Tu|mu|li ⟨Pl. von⟩ Tumulus

Tu|mult ⟨m.; -(e)s, -e⟩ Aufruhr, lärmendes Durcheinander erregter Menschen, Getümmel [<lat. *tumultus* »Lärm, Aufruhr«]

Tu|mul|tu|ant ⟨m.; -en, -en⟩ jmd., der an einem Tumult beteiligt ist

tu|mul|tu|a|risch ⟨Adj.⟩ in der Art eines Tumults, erregt u. lärmend; *Sy* tumultuös

tu|mul|tu|ie|ren ⟨V.⟩ einen Tumult verursachen, anzetteln, auslösen

tu|mul|tu|ös ⟨Adj.⟩ = tumultuarisch

tu|mul|tu|o|so ⟨Musik⟩ stürmisch, äußerst lebhaft (zu spielen) [ital.]

Tu|mu|lus ⟨m.; -, -mu|li⟩ vorgeschichtl. Hügelgrab [lat., »Erdhügel, Grabhügel«]

Tun|dra *auch:* **Tund|ra** ⟨f.; -, Tun|dren; Geogr.⟩ jenseits der polaren Baumgrenze gelegene, baumlose Formation (4), häufig auf Dauerfrostboden, Kältesteppe [russ. <finn.-ugr.]

Tu|nell ⟨n.; -s, -e; bair.-österr.⟩ = Tunnel

tu|nen ⟨[tjuː-] V.; Kfz⟩ *ein Kraftfahrzeug* ~ nachträglich seine Leistung durch Umbau des Motors steigern [<engl. *tune* »abstimmen, einstellen«]

Tu|ner ⟨[tjuːnə(r)] m.; -s, -; Radio; TV⟩ **1** Teil von Rundfunk- u. Fernsehempfängern zur Einstellung der Wellenlänge (Frequenz) **2** Teil der Stereoanlage, die den Rundfunkempfänger enthält [engl., »Abstimmgerät«]

Tun|fisch ⟨m.; -(e)s, -e; Zool.⟩ = Thunfisch

Tung|baum ⟨m.; -(e)s, -bäu|me; Bot.⟩ chines. Baum, aus dem Holzöl gewonnen wird

Tung|öl ⟨n.; -s, -e⟩ sehr schnell trocknendes, fettes Öl aus den Früchten des Tungbaumes, für Firnisse, Lacke u. Kitt, Holzöl [<chines. *t'ung* »Tungbaum«]

Tung|stein ⟨m.; -s; unz.; Min.⟩ = Scheelit

Tung|sten *auch:* **Tungs|ten** ⟨m.; -; unz.; Chemie; nur u. skand. Bez. für⟩ Wolfram [<engl. <schwed. *tungsten* »Wolfram« <*tung* »schwer« + *sten* »Stein«]

Tu|ni|ka ⟨f.; -, -ni|ken; im antiken Rom⟩ langes Gewand aus weißer Wolle für Männer u. Frauen, im Hause ungegürtet, auf der Straße gegürtet getragen [<lat. *tunica*]

Tu|ni|ka|te ⟨f.; -, -n; Zool.⟩ Manteltier, im Meer lebende Klasse meist festsitzender Wirbeltiere mit sackähnlicher, gallert- oder knorpelartiger Umhüllung des Körpers: Tunicata [<lat. *tunicatus* »mit einer Tunika bekleidet«]

Tu|ning ⟨[tjuː-] n.; - od. -s; unz.; Kfz⟩ das Tunen

Tun|nel ⟨m.; -s, - od. -s⟩ unterirdisches Bauwerk zur Führung von Straßen, Bahnen od. Kanälen; *oV* Tunell [engl., »unterirdischer Gang, Stollen« <afrz. *tonnel* (frz. *tonelle*) »Tonnengewölbe, Fass«; zu *tonneau* »Fass, Tonne«]

tun|ne|lie|ren ⟨V.⟩ einen Tunnel durch etwas (hindurch)bauen; *einen Berg ~*

Tu|pa|ma|ro ⟨m.; - od. -s, -s; Politik⟩ Angehöriger einer radikalen, gewalttätigen, oppositionellen Gruppe in Montevideo (Uruguay), Vorbild der Stadtguerilla [nach *Tupac Amarú*, einem Nachkommen der Inkas, Führer eines Aufstandes gegen die Spanier im 18. Jh.]

Tu|pan ⟨m.; -s, -e; Musik⟩ zweifellige Röhrentrommel in den Balkanländern

Tu|pi[1] ⟨m.; - od. -s, -s⟩ Angehöriger eines südamerikanischen Indianervolkes

Tu|pi[2] ⟨n.; -; unz.⟩ die Sprache der Tupi[1]

Tu|ra|ko ⟨m.; -s, -s; Zool.⟩ mit dem Kuckuck verwandte Familie farbenprächtiger afrikan. Vögel, die sich von Früchten ernähren: Musophagidae [aus einer westafrikan. Sprache]

Tur|ban ⟨m.; -s, -e⟩ **1** Kopfbedeckung der Mohammedaner (nicht mehr in der Türkei) aus einem kappenartigen Mittelteil u. (od.) aus einem breiten, langen, um den Kopf geschlungenen Streifen aus Stoff **2** um den Kopf geschlungener Schal als modische Kopfbedeckung für Frauen [<rumän. *turban* <türk. *tülbend, dülbend* <pers. *dulband*; zu *dil* »Herz« (wegen der roten Farbe des kappenartigen Teils) + *bästān* »binden«]

Tur|bel|la|rie ⟨[-riə] f.; -, -n; Zool.⟩ Strudelwurm, frei lebender Plattwurm, der sich ähnlich den Schnecken kriechend od. mit Hilfe von Wimpern am Bauch vorwärts bewegt: Turbellaria [<lat. *turbellae* »Lärm, Unfug«; zu *turba* »sich drehendes Gewimmel«]

Tur|bi|ne ⟨f.; -, -n; Technik⟩ Kraftmaschine mit einem in ständig drehender Bewegung befindlichen, mit gekrümmten Schaufeln besetzten Laufrad, angetrieben durch Dampf, durch Verbrennung erzeugtes Gas, Wasser od. Wind; *Gas~; Dampf~; Wasser~; Wind~* [<lat. *turbo, Gen. turbinis* »Wirbel, Wirbelwind, Windung, Kreisel«]

tur|bo..., Turbo... ⟨in Zus.⟩ durch Turbinen angetrieben [<lat. *turbo*; → *Turbine*]

tur|bo|elek|trisch *auch:* **tur|bo|elek|trisch** ⟨Adj.⟩ *~er Antrieb* ⟨El.⟩ A. durch Elektromotoren, deren Strom von Turbogeneratoren erzeugt wird

Tur|bo|ge|ne|ra|tor ⟨m.; -s, -en; Technik⟩ von einer Dampfturbine angetriebener Generator meist hoher Leistung, der Drehstrom erzeugt

Tur|bo|ka|pi|ta|lis|mus ⟨m.; -; unz.; Wirtsch.⟩ zeitlich sehr schnelle Umstellung von vorher sozialistischen Wirtschaftssystemen auf eine kapitalistische Ausrichtung (z. B. in der Endphase der DDR) [<*Turbo...* + *Kapitalismus*]

Tur|bo|kom|pres|sor ⟨m.; -s, -en; Technik⟩ mit einer Turbine gekoppelter Luftverdichter

Tur|bo|la|der ⟨m.; -s, -; Technik; bes. Kfz⟩ Einrichtung zur Vorverdichtung des Benzin-Luft-Gemisches vor dem Eintritt in den Verbrennungsraum unter Verwendung des Drucks der Abgase

Tur|bo|mo|tor ⟨m.; -s, -en; Technik; bes. Kfz⟩ mit einem Turbolader ausgerüsteter Verbrennungsmotor

Tur|bo|prop ⟨m.; - od. -s, -s; kurz für⟩ Propellerturbine

tur|bu|lent ⟨Adj.⟩ **1** wirbelnd; *~e Strömung* durch Wirbelbildung gekennzeichnete Strömung; *Ggs* laminare Strömung **2** ⟨fig.⟩ durcheinander wirbelnd, stürmisch, sehr unruhig [<lat. *turbulentus* »unruhig, aufgeregt, stürmisch«; zu *turburare* »aufwühlen, verwirren«]

Tur|bu|lenz ⟨f.; -, -en⟩ **1** Bildung von Wirbeln in Strömungen von Gasen u. Flüssigkeiten **2** ⟨fig.⟩ Unruhe, Durcheinander [<mlat. *turbulentia* »Verwirkung«]

Turf ⟨m.; -s; unz.⟩ **1** Pferderennbahn **2** Pferderennen **3** ⟨Golf⟩ Rasenfläche der Golfbahn [engl., »Rasen«]

Tur|ges|zenz ⟨f.; -, -en; Bot.⟩ durch den Turgor bewirkte Straffheit der pflanzlichen Zellen

tur|ges|zie|ren ⟨V.; Bot.⟩ anschwellen (von pflanzl. Zellen) [<lat. *turgescere* »anschwellen«]

Tur|gor ⟨m.; -s; unz.; Bot.⟩ Spannungszustand von Geweben, der durch den Wasser- u. Elektrolythaushalt der Zellen aufrechterhalten wird [zu lat. *turgere* »schwellen«]

Tu|ring|ma|schi|ne *auch:* **Tu|ring-Ma|schi|ne** ⟨[tjuː-] f.; -, -n; Math.⟩ idealisierte Rechenmaschine mit unendlich großem Speicher [nach dem engl. Mathematiker Alan Mathison *Turing*, 1912-1952]

Tu|ring|test *auch:* **Tu|ring-Test** ⟨[tjuː-] m.; -(e)s, -e od. -s; Math.⟩ Test zur Beurteilung maschineller Intelligenz [entwickelt von dem engl. Mathematiker Alan Mathison *Turing*, 1912-1952]

Tu|ri|o|ne ⟨f.; -, -n; Bot.⟩ Wasserpflanzenknospe, die überwintern kann u. im Frühjahr zu einer neuen Pflanze heranwächst [zu lat. *turio* »Spross«]

Tur|key ⟨[tœːk] m.; -s, -s; Drogenszene⟩ Zustand von Drogenabhängigen, in dem er Entzugserscheinungen hat; *auf ~ sein* Entzugserscheinungen haben [engl., »Truthahn«, amerikan. (umg.) »Pleite«]

Tür|kis ⟨m.; -es, -e; Min.⟩ heller, blaugrüner, undurchsichtiger Edelstein, chem. wasserhalti-

türkisen ges Kupfer-Aluminium-Phosphat [<mhd. *turkis, turkoys* <frz. *turquoise* »türkischer (Edelstein)«; zu *turquois* »türkisch«]

tür|ki|sen ⟨Adj.⟩ **1** aus Türkisen bestehend **2** türkisfarbig

tur|ki|sie|ren ⟨V.⟩ nach türkischem Muster gestalten

Turk|me|ne ⟨m.; -n, -n⟩ **1** Angehöriger eines Turkvolkes in Mittelasien **2** ein Orientteppich

Turk|me|nin ⟨f.; -, -nin|nen⟩ Angehörige eines Turkvolkes in Mittelasien

Tur|ko ⟨m.; -s, -s; früher⟩ farbiger Fußsoldat des französ. kolonialen Heeres in Algerien [<frz. *turco* »türkisch; Türke«]

Tur|ko|lo|ge ⟨m.; -n, -n; Sprachw.⟩ Wissenschaftler auf dem Gebiet der Turkologie

Tur|ko|lo|gie ⟨f.; -; unz.; Sprachw.⟩ Lehre von den Turksprachen u. türkischen Kulturen [<mlat. *Turcus* »Türke« + ...*logie*]

Tur|ko|lo|gin ⟨f.; -, -gin|nen; Sprachw.⟩ Wissenschaftlerin auf dem Gebiet der Turkologie

tur|ko|lo|gisch ⟨Adj.; Sprachw.⟩ die Turkologie betreffend, auf ihr beruhend, zu ihr gehörig

Tur|ma|lin ⟨m.; -s, -e; Min.⟩ **1** Mineral, das Gesteine bildet, chemisch ein bor- u. fluorhaltiges Silicat **2** Edelstein von unterschiedlicher Farbe [<frz., engl. *tourmaline* <singhales. *turmale, turamali*]

Turn ⟨[tœːn] m.; -s, -s⟩ **1** ⟨Kunstflug⟩ hochgezogene, gewendete Kurve **2** Drogenrausch; *Fünf-Minuten-~* **3** ⟨umg.⟩ Dransein, an der Reihe sein; *das ist jetzt dein ~* [engl., »Drehung«]

Turn|a|round *auch:* **Tur|na|round** ⟨[tœːnəraʊnd] m.; -s, -s; Wirtsch.⟩ **1** Regenerierung eines Unternehmens, das der Existenzbedrohung ausgesetzt war u. nun wieder überlebensfähig ist Ende einer wirtschaftlichen Verlustperiode **2** Umlaufzeit, Umschaltzeit [<engl. *turn around* »umdrehen, wenden«]

tur|nen ⟨[tœː-] V.; umg.⟩ Spaß bringen, machen, berauschen, anregen; *die Musik turnt ungeheuer an;* →*a.* anturnen [<engl. *turn on* »antörnen«, eigtl. »andrehen«]

Tur|nier ⟨n.; -s, -e⟩ **1** mittelalterl. Kampfspiel der Ritter nach festen Regeln mit stumpfen (selten auch scharfen) Waffen zum Erproben der Kampffähigkeit **2** ⟨Sport⟩ neuzeitlicher sportl. Wettkampf mit einer großen Teilnehmerzahl; *Schach~; Reit- u. Fahr~; Tanz~; Tennis~* [<mhd. *turnier, turnir* <afrz. *torn(e)ier* »Drehungen machen, Rosse tummeln«; zu *torn* »Dreheisen; Wendung« <lat. *tornus* »Zirkel, Dreheisen, Kreisbewegung«]

Turn|ta|ble *auch:* **Turn|tab|le** ⟨[tœːnteɪbəl] m.; - od. -s, -⟩ Teil des CD-Spielers bzw. Schallplattenspielers, der die CD bzw. Schallplatte trägt [engl., »Plattenteller, Drehscheibe«]

Tur|nü|re ⟨f.; -, -n; Ende 19. Jh.⟩ unter dem Rock getragene Gesäßauflage zum Hochraffen des Kleides [<frz. *tournure*]

Tur|nus ⟨m.; -, -nus|se⟩ **1** festgelegte Wiederkehr, Reihenfolge **2** regelmäßiger Wechsel, regelmäßig sich wiederholender Ablauf einer Tätigkeit [<mlat. *turnus* »Wechsel, Reihenfolge« <lat. *tornus* »Zirkel, Dreheisen, Kreisbewegung«]

Tu|ron ⟨n.; -s; unz.; Geol.⟩ zweitälteste Stufe der oberen Kreide [nach der frz. Landschaft *Touraine*]

tu|ro|nisch ⟨Adj.; Geol.⟩ zum Turon gehörend, aus ihm stammend

Tur|ri|ze|pha|lie ⟨f.; -; unz.; Med.⟩ abnorm hohe Schädelform, Turmschädel [<lat. *turris* »Turm« + ...*kephal*]

Tur|tle *auch:* **Turt|le** ⟨[tœːtl] f.; -, -s; EDV⟩ kleiner fahrbarer Zeichenroboter mit Tastsensoren, der häufig im computerunterstützten Schulunterricht eingesetzt wird [engl., »Schildkröte«]

Tur|zis|mus ⟨m.; -, -zis|men; Sprachw.⟩ türkische Spracheigentümlichkeit, die in einer anderen Sprache nachgebildet wird

Tu|sche ⟨f.; -, -n; Mal.⟩ farbige, schwarze od. weiße Flüssigkeit mit Bindemitteln (z. B. Gummiarabikum) u. fein verteiltem Farbstoff [→ *tuschieren*]

tu|schie|ren ⟨V.⟩ *Metall* ~ unebene Stellen auf Metall durch Aufdrücken einer mit Tusche bestrichenen Platte sichtbar machen u. dann durch Abschaben glätten [<frz. *toucher* »(schwarze) Farbe auftragen« <ital. *toccare* »berühren«]

Tus|ku|lum ⟨n.; -s, -ku|la⟩ ruhiger, behaglicher Wohnsitz od. Landsitz [nach der altröm. Stadt *Tusculum* in Latium]

Tus|sah|sei|de ⟨f.; -, -n; Textilw.⟩ vom Tussahspinner gewonnene, grobe, bräunl. Seide, Eichenseide [<Hindi *tasar* <Sanskrit *tasara, trasara* »Weberschiffchen; hin und her fahren«]

Tus|sah|sei|den|spin|ner ⟨m.; -s, -; Zool.⟩ Augenspinner, der die Eichenseide erzeugt, Eichenspinner: Lasiocampa quercus

Tus|sis ⟨f.; -; unz.; Med.⟩ Husten [lat.]

Tu|tand ⟨m.; -en, -en⟩ Schüler od. Student, der von einem Tutor (2) betreut wird [<lat. *tutatus* »beschützt«]

Tu|tan|din ⟨f.; -, -din|nen⟩ Schülerin od. Studentin, die von einem Tutor (2) betreut wird

Tu|tel ⟨f.; -, -en⟩ Vormundschaft [<lat. *tutela* »Fürsorge, Vormundschaft«]

tu|te|la|risch ⟨Adj.⟩ vormundschaftlich

Tu|ti|o|ris|mus ⟨m.; -; unz.⟩ religiöse od. philosoph. Einstellung, die sich immer für die sichere von zwei Möglichkeiten entscheidet [<lat. *tutior*, Komparativ zu *tutus* »sicher«]

Tu|tor ⟨m.; -s, -to|ren⟩ **1** ⟨röm. Recht⟩ Vormund, Erzieher **2** ⟨allg.⟩ Lehrer, Ratgeber (von Studenten) [engl. <lat. *tutor* »Vormund«]

Tu|to|ri|al ⟨[tjuːtɔrɪəl] n.; - od. -s, -s⟩ **1** Betreuung einer Gruppe von Studenten (zur Einführung in neue Studienfächer od. -inhalte) **2** ⟨EDV⟩ Dokumentation eines bestimmten Softwaresystems, in der im Sinne einer Einführung die wichtigsten Systemfunktionen erläutert werden [engl., »Tutorium« <lat. *tutor* »Vormund, Beschützer«]

Tu|to|rin ⟨f.; -, -rin|nen⟩ Lehrerin, Ragerberin (von Studenten)

Tu|to|ri|um ⟨n.; -s, -ri|en; an Hochschulen⟩ von einem Tutor (2) geleitete (zusätzliche) Übung od. Seminar

tut|ta la for|za ⟨Musik⟩ die ganze Kraft [ital.]

tut|ti ⟨Musik⟩ alle (Instrumente zusammen) [ital., »alle«]

Tut|ti ⟨n.; - od. -s, - od. -s; Musik⟩ Spiel des ganzen Orchesters; *Ggs* Solo (1)

Tut|ti|frut|ti ⟨n.; - od. -s, - od. -s; Kochk.⟩ **1** Süßspeise aus verschiedenen Früchten **2** Gefrorenes mit verschiedenen Früchten [ital., »alle Früchte«]

TV ⟨Abk. für⟩ Television

Tweed ⟨[twi:d] m.; -s, -e od. -s; Textilw.⟩ **1** ⟨urspr.⟩ Gewebe aus mit der Hand gesponnener schott. Schafwolle **2** ⟨heute⟩ klein gemusterter, locker gewebter Stoff aus Streichgarn [nach dem schottisch-nordengl. Fluss *Tweed*]

Twen ⟨m.; - od. -s, -s⟩ junger Mann od. junges Mädchen zwischen 20 u. 29 Jahren [<engl. *twenty* »zwanzig«]

Twill ⟨m.; -s, -s od. -e; Textilw.⟩ Stoff aus Baumwolle od. Seide in doppelter Köperbindung [engl., <mengl. *twylle;* zu altengl. *twi* »zwei«]

Twin|set ⟨m.; - od. -s, -s; Mode⟩ meist kurzärmeliger Pullover mit dazu passender Jacke [<engl. *twin* »Zwilling, Doppel-« + *set* »Garnitur«]

Twist[1] ⟨m.; -es, -e; Textilw.⟩ locker gedrehtes Garn aus mehreren Fäden [engl., »drehen, flechten«]

Twist[2] ⟨m.; -s, -s⟩ **1** ⟨Musik⟩ in den 60er Jahren in den USA entstandener Modetanz im $^4/_4$-Takt **2** ⟨Sport; Tennis⟩ mit Seiten- u. Vorwärtsdrall geschlagener (Aufschlag-)Ball [engl., »drehen, flechten«]

twis|ten ⟨V.⟩ Twist[2] (1) tanzen

Twist-off-De|ckel ⟨[-ɔf-] m.; -s, -⟩ Deckel mit Schraubverschluss [zu engl. *twist off* »abschrauben«]

Two|beat ⟨[tu:bi:t] m.; - od. -s; unz.; Musik⟩ Jazzmusik mit Betonung auf zwei Schlägen des Viertertaktes [engl., »Zweischlag«]

Two|step ⟨[tu:stɛp] m.; -s, -s; um 1920⟩ ruhiger nordamerikan. Tanz im $^2/_4$-Takt [<engl. *two* »zwei« + *step* »Schritt«]

Ty|che ⟨[-çə] f.; -; unz.; geh.⟩ Schicksal, Vorsehung, glücklicher Zufall [grch.]

Ty|chis|mus ⟨[-çɪs-] m.; -; unz.; Philos.⟩ philos. Lehre, nach der die Welt vom Zufall beherrscht wird [<grch. *tyche* »Zufall«]

Ty|coon ⟨[taɪku:n] m.; -s, -s⟩ **1** mächtiger, einflussreicher Geschäftsmann **2** eigenmächtiger Parteiführer [engl. <jap. *taikun* <chines. *ta* »groß« + *chün* »Führer«]

Ty|lom ⟨n.; -s, -e; Med.⟩ Schwiele [<grch. *tylos* »Wulst«]

Tym|pa|nal|or|gan ⟨n.; -s, -e; Zool.⟩ Gehörorgan bei Insekten aus einem den Schall leitenden Apparat unter dünner Haut (Trommelfell) mit einer angrenzenden Tracheenblase u. dem Sinnesorgan [→ *Tympanum*]

Tym|pa|nie ⟨f.; -; unz.; Vet.⟩ durch ungeeignetes Futter hervorgerufenes Aufblähen des Bauches von Wiederkäuern u. Nagetieren, die als Haustiere gehalten werden, Blähsucht, Trommelsucht [→ *Tympanum*]

Tym|pa|non ⟨n.; -s, -na; mittelalterl. Kirchenarchitektur⟩ (kunstvoll gestaltete) Fläche zwischen dem Bogen über der Tür u. dem Türsturz, besonders über den Portalen, Bogenfeld [→ *Tympanum*]

Tym|pa|num ⟨n.; -s, -na⟩ **1** ⟨Anat.⟩ Trommelfell **2** ⟨Musik⟩ Pauke [<lat. *tympanum*, grch. *tympanon* »Trommelfell, Pauke«]

Tyn|dall|ef|fekt *auch:* **Tyn|dall-Effekt** ⟨[tɪndəl-] m.; -(e)s; unz.; Physik⟩ Erscheinung, dass Licht zerstreut wird, wenn es durch ein (trübes) Medium geht [nach dem irischen Physiker J. *Tyndall,* 1820-1893]

Typ ⟨m.; -s, -en⟩ *oV* Typus **1** Urbild, Grundform **2** Gattung, Schlag; *blonder, dunkler, brünetter ~; norddeutscher, südlän-*

discher ~; kräftiger, zarter ~ **3** Muster, Modell, Bauart; *BMW vom ~ »Z3«* **4** Gepräge, das eine Person mit anderen gemeinsam hat; *fröhlicher, melancholischer ~* **5** die Person selbst, die in ihrem Gepräge, in einer Reihe von Eigenarten od. Merkmalen mit anderen Personen übereinstimmt; *sie ist (nicht) mein ~* ⟨umg.⟩ sie gefällt mir (nicht), passt (nicht) zu mir **6** ⟨umg.⟩ männliche Person, Kerl, Bursche [<grch. *typos* »Schlag; Gestalt; Muster, Vorbild«]

Ty|pe ⟨f.; -, -n⟩ **1** gegossener Druckbuchstabe, Letter **2** Buchstabe od. Zeichen auf Büromaschinen **3** Grad der Ausmahlung des Mehls **4** ⟨umg.⟩ komischer, ulkiger Mensch; *das ist ja eine ganz besondere ~!* [→ *Typ*]

ty|pen ⟨V.⟩ nur in bestimmten Größen herstellen (Industriewaren); *Sy* typisieren (3)

Ty|pen|dru|cker ⟨m.; -s, -; kurz für⟩ Typenraddrucker

Ty|pen|leh|re ⟨f.; -; unz.⟩ Lehre von den Konstitutionstypen; *Sy* Typik (2)

Ty|pen|psy|cho|lo|gie ⟨f.; -; unz.; Psych.⟩ Zweig der Psychologie, der sich mit der Einteilung der Menschen nach typischen Merkmalen des Charakters u. der Konstitution beschäftigt; *Sy* Typik (1)

Ty|pen|rad|dru|cker ⟨m.; -s, -⟩ Schreibmaschine, bei der die Buchstaben am Umfang eines Rades angeordnet sind und durch entsprechende Drehung des Rades zum Anschlag gebracht werden

Ty|phli|tis *auch:* **Typh|li|tis** ⟨f.; -, -ti|den; Med.⟩ Entzündung des Typhlons (nicht dessen Appendix)

Ty|phlon *auch:* **Typh|lon** ⟨n.; -s, -e; Anat.⟩ blind endender Teil des Dickdarms, Blinddarm; *→a.* Appendix [grch., »Blinddarm«: zu *typhlos* »dunkel, geheim, unsichtbar«]

Ty|phlo|to|mie *auch:* **Typh|lo|to|mie** ⟨f.; -, -n; Med.⟩ Blinddarmschnitt [<*Typhlon* + ...*tomie*]

Ty|phon[1] ⟨n.; -s, -e; Mar.⟩ Sirene von Schiffen, Leuchttürmen

Typhon²

od. Fabriken mit bewegter Membran [grch., »Wirbelwind«]
Ty|phon² ⟨m.; -s, -e⟩ Wirbelwind [grch., »Wirbelwind«]
ty|phös ⟨Adj.; Med.⟩ typhusartig, zum Typhus gehörend
Ty|phus ⟨m.; -; unz. Med.⟩ **1** vom Typhusbakterium (Salmonella typhi) hervorgerufene Infektionskrankheit mit Störungen der Verdauung u. des Bewusstseins, Fieber u. Entwicklung roter Flecken, Bauchtyphus: Typhus abdominalis **2** schwere, sehr ansteckende Infektionskrankheit mit Zuständen der Verwirrung, Fieber u. fleckigem Hautausschlag, Fleckfieber [<grch. *typhos* »Nebel, Rauch, Dampf«]
...ty|pie ⟨Nachsilbe; zur Bildung weibl. Subst.⟩ Druck, Druckverfahren; *Monotypie; Stenotypie* [<grch. *typos* »Druck«]
Ty|pik ⟨f.; -, -en⟩ **1** = Typenpsychologie **2** = Typenlehre
ty|pisch ⟨Adj.⟩ **1** einen Typus darstellend, mustergültig, vorbildlich **2** zu einem bestimmten Typ gehörig, kennzeichnend, bezeichnend, eigentümlich, unverkennbar
ty|pi|sie|ren ⟨V.⟩ **1** typisch, als Typ (nicht als individuelle Persönlichkeit) darstellen, z. B. Gestalten im Roman od. Drama **2** nach Typen einteilen **3** = typen
Ty|pi|zi|tät ⟨f.; -; unz.⟩ das Typischsein, typische Beschaffenheit
ty|po..., Ty|po... ⟨in Zus.⟩ Druck [<grch. *typos* »Druck«]
Ty|po|ge|ne|se ⟨f.; -, -n; Biol.⟩ Formenbildung im Verlauf der Stammesgeschichte [<*Typo...* + *Genese*]
Ty|po|graf ⟨m.; -en, -en; in Druckereien u. Verlagen⟩ *oV* Typograph **1** Gestalter des Schriftsatzes **2** ⟨veraltet⟩ Zeilensetzmaschine
Ty|po|gra|fie ⟨f.; -, -n⟩ *oV* Typographie **1** Buchdruck **2** Buchdruckerkunst [<*Typo...* + *...grafie*]
ty|po|gra|fisch ⟨Adj.⟩ die Typografie betreffend, zu ihr gehörend, auf ihr beruhend; *oV* typographisch; *~es Maßsystem*

auf dem typograf. Punkt beruhendes M.; *~er Punkt* kleinste Maßeinheit in der Typografie, 0,3759 mm
Ty|po|graph ⟨m.; -en, -en⟩ = Typograf
Ty|po|gra|phie ⟨f.; -, -n⟩ = Typografie
ty|po|gra|phisch ⟨Adj.⟩ = typografisch
Ty|po|lo|gie ⟨f.; -, -n⟩ Lehre von den menschl. Typen hinsichtlich ihrer Lebensform, Konstitution, Weltanschauung u. a. [<*Typ* + *...logie*]
ty|po|lo|gisch ⟨Adj.⟩ die Typologie betreffend, zu ihr gehörend, auf ihr beruhend
Ty|po|me|ter ⟨a. ['----] n.; -s, -⟩ Maßstab für typograf. Maßsystem [<*Type* + *...meter*]
Ty|po|skript *auch:* **Ty|pos|kript**
Ty|po|skript ⟨n.; -(e)s, -e⟩ Manuskript, das mit der Schreibmaschine geschrieben ist [<grch. *typos* »Druck« + *Skript*]
Ty|pung ⟨f.; -, -en⟩ das Typen
Ty|pus ⟨m.; -, Ty|pen⟩ = Typ (1-5)
Ty|rann ⟨m.; -en, -en⟩ **1** Gewaltherrscher **2** ⟨fig.⟩ strenger, herrschbegieriger Mensch **3** Angehöriger einer artenreichen u. vielgestaltigen Familie amerikan. Sperlingsvögel: Tyrannidae [<grch. *tyrannos* »Gewaltherrscher«]
Ty|ran|nei ⟨f.; -, -en⟩ **1** Herrschaft eines Tyrannen **2** Gewaltherrschaft
Ty|ran|nis ⟨f.; -; unz.; bes. im alten Griechenland⟩ Gewaltherrschaft [grch., »Allein-, Gewaltherrschaft«]
ty|ran|nisch ⟨Adj.⟩ **1** in der Art eines Tyrannen, herrschbegierig, selbstherrlich **2** gewaltsam, durch Gewalt wirkend; *er übt zu Hause eine ~e Herrschaft aus; sie ist eine ~e Chefin*
ty|ran|ni|sie|ren ⟨V.⟩ *jmdn. ~* jmdm. den eigenen Willen aufzwingen, jmdn. beherrschen, unterdrücken
Ty|ran|no|sau|rus Rex ⟨m.; - -; unz.⟩ bis zu 10m langer u. 5m hoher Angehöriger einer räuberischen Gattung der Dinosaurier ausder Oberkreide [<*Tyrann* + grch. *sauros* »Eidechse« + lat. *Rex* »König« (als Titel)]

Ty|ro|li|enne ⟨[-ljɛn] f.; -, -n; Musik⟩ dem Ländler ähnlicher Rundtanz nach Tiroler Liedern im $^3/_4$-Takt; *oV* Tirolienne [frz., Fem. zu *tyrolien* »tirolisch«]
Ty|ro|sin ⟨n.; -s; unz.; Abk.: Tyr; Biochemie⟩ eine aromatische Aminosäure, die Bestandteil fast aller Eiweißkörper ist (bes. in Käse) [zu grch. *tyros* »Käse«]
Ty|ro|sis ⟨f.; -; unz.; Med.⟩ Verkäsung [zu grch. *tyros* »Käse«]

U 1 ⟨chem. Zeichen für⟩ Uran **2** ⟨Zeichen für⟩ elektr. Spannung
Über|mi|kro|skop *auch:* **Über|mikros|kop** ⟨n.; -s, -e⟩ Elektronenmikroskop
U|bi be|ne, i|bi pa|tria *auch:* **U|bi be|ne, i|bi pa|tria** ⟨geh.⟩ Wo (es mir) gut (geht), dort (ist mein) Vaterland [lat.]
U|bi|ka|ti|on ⟨f.; -, -en; österr.⟩ Militärunterkunft, Kaserne [zu lat. *ubi* »wo«]
U|bi|quist ⟨m.; -en, -en; Biol.⟩ über die ganze Erde verbreitete Pflanzen- od. Tierart [zu lat. *ubique* »überall«]
u|bi|qui|tär ⟨Adj.; Biol.⟩ überall vorkommend (Pflanzen, Tiere) [<lat. *ubique* »überall«]
U|bi|qui|tät ⟨f.; -, -en⟩ **1** ⟨unz.⟩ Allgegenwart (Gottes) **2** ⟨zählb.⟩ Wirtschaftsartikel, der überall u. in jeder Menge zu haben ist [zu lat. *ubique* »überall«]
U|cha ⟨[-xa] f.; -; unz.; Kochk.⟩ russische Fischsuppe [russ.]
Ud ⟨m. od. f.; -s od. -, -s; Musik⟩ arabische Laute mit kurzem Hals [arab., eigtl. »Holz«]
U|di|to|re ⟨m.; - od. -n, -n od. -to|ri⟩ **1** Richter an der päpstlichen Gerichtsbehörde **2** Geistlicher im diplomat.

Ultramarin

Dienst [ital., »Hörer, Zuhörer«; zu *udire* »zuhören«]

Ud|mur|te ⟨m.; -n, -n⟩ Angehöriger eines ostfinnischen Volkes westl. des Urals (früher: Wotjake) [<udmurt. *udmurdi* »Menschen«]

ud|mur|tisch ⟨Adj.⟩ die Udmurten betreffend, zu ihnen gehörend, von ihnen stammend; ~*e Sprache* zur finn. Gruppe der finn.-ugr. Sprachen gehörende Sprache der Udmurten (früher: wotjak. Sprache)

U|do|me|ter ⟨n.; -s, -⟩ Regenmesser [<grch. *hydor* »Wasser« + ...*meter*]

UEFA, Ue|fa ⟨f.; -; unz.; Sport; Abk. für frz.⟩ Union Européenne de Football Associations, (od. engl.) Union of European Football Associations (Europäischer Fußballverband)

UFO, Ufo ⟨n.; -s, -s; Kurzwort für⟩ unbekanntes Flugobjekt [verkürzt <engl. *unidentified flying object*]

Ufo|lo|ge ⟨m.; -n, -n⟩ jmd., der sich mit Ufologie befasst

Ufo|lo|gie ⟨f.; -; unz.⟩ (wissenschaftliche) Beschäftigung mit Ufos

u. i. ⟨Abk. für lat.⟩ ut infra

U|kas ⟨m.; -es od. -ses, -e od. -se⟩ **1** (früher) Erlass des Zaren **2** ⟨allg.⟩ Verordnung, Befehl [<russ. *ukazat'* »befehlen«]

U|ke|lei ⟨m.; -s, -s od. -e; Zool.⟩ länglicher Karpfenfisch, Laube: Alburnus alburnus [<poln. *ukleja*]

U|ku|le|le ⟨f.; -, -n; Musik⟩ kleine Gitarre portug. Ursprungs mit vier Saiten [<hawaiisch *ukulele* <*uku* »Floh; kleine Person« + *lele* »springend«; vermutl. nach einem Spitznamen des britischen Offiziers Edward Purvis, der das Instrument im 19. Jh. in Hawaii popularisierte]

UKW ⟨Abk. für⟩ Ultrakurzwelle

U|lan ⟨m.; -en, -en⟩ **1** ⟨urspr.⟩ Angehöriger der in Polen aufgestellten leichten, mit Lanzen bewaffneten Kavallerie **2** ⟨in Preußen u. Dtschld. bis zum 2. Weltkrieg⟩ Angehöriger der schweren Kavallerie [<türk. *oghlan* »junger Mann«]

U|lan|ka ⟨f.; -, -s⟩ kurzer, zweireihiger Waffenrock des Ulanen

Ul|cus ⟨n.; -, Ul|ce|ra; Med.⟩ = Ulkus

U|le|ma ⟨m.; -s, -s⟩ islam. Rechtsod. Gottesgelehrter [arab., Pl. zu *alim* »Gelehrter, Wissender«]

Ul|i|tis ⟨f.; -, -ti|den; Med.⟩ Zahnfleischentzündung [<grch. *oulon* »Zahnfleisch« + ...*itis*]

Ul|kus ⟨n.; -, Ul|ze|ra; Med.⟩ Geschwür; oV Ulcus [<lat. *ulcus*, Gen. *ulceris*]

Ul|na ⟨f.; -, -nae [-nɛː]; Anat.⟩ Elle, den Ellenbogen bildender Vorderarmknochen [lat]

ul|nar ⟨Adj.; Anat.⟩ zur Elle gehörend [<lat. *ulna* »Elle, Ellenbogen«]

Ul|na|ris ⟨m.; -; unz.; Anat.⟩ Ellennerv [→ *ulnar*]

U|lo|se ⟨f.; -, -n; Med.⟩ Narbenbildung [<grch. *oule* »Narbe«]

Uls|ter ⟨engl. [ˈʌlstə(r)] m.; -s, -⟩ **1** zweireihiger Herrenmantel **2** ⟨Textilw.⟩ (oft doppelt gewebter) schwerer Stoff für Mäntel [nach dem alten Namen Nordirlands]

ult. ⟨Abk. für⟩ ultimo

Ul|ti|ma ⟨f.; -, -ti|mæ od. -ti|men⟩ letzte Silbe (eines Wortes) [lat., Fem. zu *ultimus* »der letzte«]

Ultima Ratio (Groß- und Kleinschreibung) In fremdsprachlichen Fügungen, die als Ganzes die Funktion eines Substantivs haben, werden alle substantivischen Bestandteile großgeschrieben (→a. Corpus Delicti).

Ul|ti|ma Ra|tio ⟨[-tsjo] f.; - -; unz.⟩ letztes Mittel, letzter Ausweg [<lat. *ultimus* »letzte(r, -s)« + *ratio* »Berechnung, Erwägung; Denken, Vernunft«]

ul|ti|ma|tiv¹ ⟨Adj.⟩ **1** in Form eines Ultimatums **2** ⟨fig.⟩ nachdrücklich, als Ultimatum ausgesprochen [→ *Ultima*]

ul|ti|ma|tiv² ⟨Adj.; umg.⟩ unerlässlich, perfekt; *der* ~*e Film* [<engl. *ultimate* »vollendet, perfekt«]

Ul|ti|ma|tum ⟨n.; -s, -s od. -ma|ten⟩ mit der Androhung von repressiven Maßnahmen verbundene, befristete Forderung; *ein* ~ *setzen* [<lat. *ultimus* »der letzte«]

ul|ti|mo ⟨Adv.; Abk.: ult.⟩ am Letzten (des Monats); ~ *April* [ital., »der letzte, letzt«; zu lat. *ultimus*]

Ul|ti|mo ⟨m.; -s, -s⟩ der Letzte (des Monats); *bis* ~ *April* bis zum 30. April; *per* ~ zum Letzten des Monats

---

◆ Die Buchstabenfolge **ultr...** kann auch **ultr...** getrennt werden.

◆**Ul|tra** ⟨m.; -s, -s⟩ Anhänger, Vertreter einer extremen polit. Richtung [zu lat. *ultra* »jenseits, über ... hinaus«]

◆**ultra..., Ultra...** ⟨in Zus.⟩ jenseits (von), über ... hinaus [lat.]

◆**Ul|tra|fiche** ⟨[-fiʃ] m.; -s, -s⟩ im Rahmen der Mikrodokumentation angefertigte, stark verkleinerte Vorlage [<*Ultra...* + frz. *fiche* »Zettel«]

◆**Ul|tra|fil|ter** ⟨m.; -s, -⟩ für die Ultrafiltration geeigneter Filter

◆**Ul|tra|fil|tra|ti|on** *auch:* **Ul|tra|filt|ra|ti|on** ⟨f.; -, -en⟩ Filtrierverfahren mit Filtern sehr kleiner Porenweite, die auch Bakterien u. andere Kleinstlebewesen zurückhalten

◆**Ul|tra|fo|to|me|trie** *auch:* **Ul|tra|fo|to|met|rie** ⟨f.; -; unz.⟩ oV Ultraphotometrie **1** ⟨Chemie⟩ Messung der Infrarotabsorption von chemischen Verbindungen zur Klärung ihres molekularen Aufbaus **2** Messung von Sternhelligkeiten im roten u. infraroten Wellenbreich

◆**ul|tra|kon|ser|va|tiv** ⟨Adj.⟩ äußerst konservativ [<*ultra...* + *konservativ*]

◆**ul|tra|kurz** ⟨Adj.⟩ im Wellenbereich kürzer als elektromagnetische Kurzwellen

◆**Ul|tra|kurz|wel|le** ⟨f.; -, -n; Abk.: UKW⟩ elektromagnetische Welle mit einer Wellenlänge unter 10 m [<*Ultra...* + *Kurzwelle*]

◆**ul|tra|ma|rin** ⟨Adj.⟩ kornblumenblau, lasurblau

◆**Ul|tra|ma|rin** ⟨n.; -s; unz.⟩ **1** kornblumenblaue Farbe **2** ⟨Chemie⟩ Farbstoff aus schwefelhaltigem Natriumaluminiumsilicat, natürlich vorkommend als Lapislazuli,

1007

Ultramikroskop

künstlich durch Erhitzung von Kaolin mit Natriumcarbonat u. Schwefel hergestellt

◆**Ul|tra|mi|kro|skop** auch: **Ul|tra|mi|kros|kop** ⟨n.; -s, -e; Technik⟩ Mikroskop zum Erkennen kleinster Teilchen, die das gewöhnliche Mikroskop nicht sichtbar machen kann

◆**Ul|tra|mi|kro|sko|pie** auch: **Ul|tra|mi|kros|ko|pie** ⟨f.; -; unz.; Technik⟩ Betrachtung, Untersuchung mit dem Ultramikroskop

◆**ul|tra|mon|tan** ⟨Adj.⟩ streng katholisch, streng päpstlich gesinnt [< lat. *ultra...* + lat. *mons*, Gen. *montis* »Berg« (gemeint sind die Alpen)]

◆**Ul|tra|mon|ta|nis|mus** ⟨m.; -; unz.; Bez. für den⟩ päpstlichen Absolutismus, streng katholische, streng päpstliche Einstellung [→ *ultramontan*]

◆**ul|tra|mun|dan** ⟨Adj.⟩ außerhalb der Welt, überweltlich, jenseitig

◆**Ul|tra|pho|to|me|trie** auch: **Ul|tra|pho|to|met|rie** ⟨f.; -; unz.⟩ = Ultrafotometrie

◆**ul|tra|rot** ⟨Adj.⟩ = infrarot

◆**Ul|tra|rot** ⟨n.; -s; unz.⟩ = Infrarot

◆**Ul|tra|schall** ⟨m.; -s; unz.; Physik⟩ Schwingungen des Schalls, die oberhalb der Grenze der Hörbarkeit liegen

◆**Ul|tra|so|no|gra|fie** ⟨f.; -, -n⟩ = Ultrasonographie

◆**Ul|tra|so|no|gra|phie** ⟨f.; -, -n⟩ Einsatz von Ultraschallwellen in der Werkstoffprüfung u. Medizin; oV Ultrasonografie [< *Ultra...* + lat. *sonus* »Ton, Klang« + *...graphie*]

◆**Ul|tra|so|no|skop** auch: **Ul|tra|so|nos|kop** ⟨n.; -s, -e⟩ Gerät, das Ultraschallwellen erzeugt [< *Ultra...* + lat. *sonus* »Ton, Klang« + *...skop*]

◆**Ul|tra|strah|lung** ⟨f.; -; unz.⟩ Höhenstrahlung

◆**ul|tra|vio|lett** ⟨[-vi-] Adj.; Abk.: UV⟩ im Spektrum jenseits des sichtbaren Violetts liegend; ~e *Strahlen*

◆**Ul|tra|vio|lett** ⟨[-vi-] n.; -s; unz.⟩ Bereich des elektromagnet. Spektrums mit Wellenlängen unterhalb des sichtbaren Violetts

Ul|ze|ra ⟨Med.; Pl. von⟩ Ulkus

Ul|ze|ra|ti|on ⟨f.; -, -en; Med.⟩ Geschwürbildung [→ *Ulkus*]

ul|ze|rie|ren ⟨V.; Med.⟩ geschwürig werden, Geschwür bilden [→ *Ulkus*]

ul|ze|rös ⟨Adj.; Med.⟩ in der Art eines Ulkus, geschwürig

Um|bel|li|fe|re ⟨f.; -, -n; Bot.⟩ Doldengewächs [< lat. *umbella* »Sonnenschirm« (Verkleinerungsform zu *umbra* »Schatten«) + *ferre* »tragen«]

Um|ber ⟨m.; -s; unz.⟩ = Umbra (2)

Um|bra auch: **Umb|ra** ⟨f.; -; unz.⟩
1 Zentrum der Sonnenflecke
2 dunkelbraune Farbe, entstanden durch Verwitterung manganhaltiger Eisenerze; oV Umber [lat., »Schatten«]

Um|bra|er|de auch: **Umb|ra|er|de** ⟨f.; -; unz.⟩ eisen- od. manganhaltiger Ton

Um|bral|glas auch: **Umb|ral|glas** ⟨n.; -es, -gläser⟩ Glas für Sonnenbrillen, das vor dem ultravioletten Licht der Sonnenstrahlen schützt

um|de|ko|rie|ren ⟨V.⟩ umgestalten, mit einer neuen Dekoration versehen; *einen Saal* ~

um|fir|mie|ren ⟨V.⟩ den Firmennamen verändern, unter einem neuen Geschäftsnamen firmieren als vorher

um|for|mu|lie|ren ⟨V.⟩ neu, anders formulieren als vorher; *ein Bewerbungsschreiben* ~

um|funk|tio|nie|ren ⟨V.⟩ *eine Sache* ~ einer Sache eine andere Funktion geben, einer anderen Funktionen zuführen

um|ori|en|tie|ren ⟨V.⟩ *sich* ~ den eigenen Standpunkt neu festlegen, sich neu, anders orientieren als vorher

umo|ris|ti|co ⟨Musik⟩ humoristisch, lustig [ital.]

Um|pire ⟨[ˌʌmpaɪə(r)] m.; -, -s; Sport⟩ Schiedsrichter, Unparteiischer [zu engl. *nompere* »nicht gleich« < altfrz. < lat. *non* »nicht« + *par* »gleich«]

um|pol|en ⟨V.⟩ *eine elektrische Schaltung* ~ ihren Plus- u. Minuspol austauschen

um|quar|tie|ren ⟨V.⟩ *jmdn.* ~ jmdn. ein anderes Quartier geben, jmdn. in ein anderes Quartier legen

UMTS ⟨Abk. für engl.⟩ Universal Mobile Telecommunication System (universelles mobiles Telekommunikationssystem mit direktem Zugang zum Internet)

Um|welt|au|dit ⟨a. [-ɔ:dɪt] m. od. n.; -s, -s⟩ = Ökoaudit

UN ⟨Abk. für engl.⟩ United Nations

una cor|da ⟨Musik⟩ Anweisung beim Betätigen des linken Pedals am Klavier od. Flügel, wodurch der Klang (durch verschobenen Anschlag der Saiten) gedämpft wird [ital., »eine Saite«]

Un|a|ni|mi|tät ⟨f.; -; unz.; geh.⟩ Einmütigkeit, Einhelligkeit [< frz. *unanimité* < lat. *unanimitas* < *unus* »eins« + *animus* »Geist«]

un|är ⟨Adj.; Math.⟩ einen einzelnen Operanden betreffend; *Sy* monadisch [zu lat. *unus* »ein, einer«]

un|ar|ti|ku|liert ⟨Adj.⟩ nicht artikuliert, undeutlich; ~e *Laute ausstoßen*

Una Sanc|ta ⟨f.; - -; unz.⟩ die eine heilige (christliche Kirche) [lat.]

un|äs|the|tisch ⟨Adj.⟩ 1 nicht ästhetisch, unschön, nicht angenehm anzusehen 2 unappetitlich, Widerwillen erregend; *ein ~er Anblick*

un|at|trak|tiv ⟨Adj.⟩ nicht attraktiv, nicht anziehend, ohne Anziehungskraft; *Ggs* attraktiv; *ein ~es Angebot*

Un|cle Sam auch: **Uncle Sam** ⟨[ˌʌŋk(ə)l sæm] ohne Artikel; scherzh. Bez. für⟩ die USA [nach *US-Amerikaner*]

un|cool ⟨[-ku:l] Adj.; ugs.⟩ *Ggs* cool 1 nicht cool, verkrampft; ~*es Verhalten* 2 nicht toll, langweilig; *ein ~er Film* 3 nicht in Mode, nicht auf der Höhe der Zeit; ~*e Klamotten* [engl., »nicht kühl« (Wetter od. Stimmung)]

UNCTAD ⟨Abk. für engl.⟩ United Nations Conference on Trade and Development (Konferenz der Vereinten Nationen über Handel u. Entwicklung).

Un|da|ti|on ⟨f.; -, -en; Geol.⟩ großräumige, vertikale Krustenbewegung, die eine Verbie-

Unikum

gung der Erdkruste in Schwellen u. Senken zur Folge hat [zu lat. *unda* »Welle«]

un|de|fi|nier|bar ⟨Adj.⟩ so beschaffen, dass man es nicht definieren kann; *Ggs* definierbar

un|de|mo|kra|tisch ⟨Adj.⟩ nicht demokratisch, den Grundsätzen der Demokratie nicht entsprechend; *Ggs* demokratisch

Un|der|co|ver... ⟨[ʌndə(r)kʌvə(r)] in Zus.⟩ Geheim..., Spitzel... [engl.]

Un|der|co|ver|agent ⟨[ʌndə(r)kʌvə(r)-] m.; -en, -en⟩ verdeckt, mit einer falschen Identität observierender Ermittler [< *Undercover...* + *Agent*]

Un|der|dog ⟨[ʌndə(r)dɔg] m.; -s, -s; umg.⟩ Unterprivilegierter, z. B. Obdachloser [engl.-amerikan., eigtl. »Benachteiligter, Zukurzgekommener«]

Un|der|flow ⟨[ʌndə(r)flou] m.; -s, -s; EDV⟩ Fehlermeldung beim Auftritt eines Zahlenwertes, der kleiner ist als der kleinste von der EDV-Anlage noch darstellbare Wert [engl., < *under* »unter, darunter« + *flow* »fließen«]

Un|der|ground ⟨[ʌndə(r)graund] m.; -s; unz.⟩ **1** Unterwelt, Verbrecherwelt, Bereich außerhalb der Legalität u. Konvention **2** literar. Richtung in den USA, die sich mit aktuellen sozialen sowie als tabu geltenden Themen (Schwarzenproblem, Sex) befasst [engl., »Untergrund«]

Un|der|ground|li|te|ra|tur ⟨[ʌndə(r)graund-] f.; -, -en; Lit.⟩ subkulturelle Literatur, für die eine provokatorische Ablehnung bürgerlicher Normen charakteristisch ist

Un|der|state|ment ⟨[ʌndə(r)steɪtmənt] n.; -s, -s⟩ Untertreibung, Nüchternheit; *Ggs* Overstatement [engl.]

Un|der|wri|ter ⟨[ʌndəraɪtə(r)] m.; -s, -; Wirtsch.⟩ ein Unternehmen (Finanzinstitut, Makler) in Großbritannien, das sich verpflichtet, bei nicht vollständiger Absetzung einer Emission den Restbestand selbst zu übernehmen [engl., eigtl. »Unterzeichner«]

Un|de|zi|me ⟨f.; -, -n; Musik⟩ **1** der elfte Ton vom Grundton aus **2** Intervall von elf Tönen [< lat. *undecima*, Fem. zu *undecimus* »der elfte« < *unus* »der erste« + *decimus* »der zehnte«]

un|dis|zi|pli|niert *auch:* **un|dis|zip|li|niert** ⟨Adj.⟩ nicht diszipliniert, unbeherrscht, zuchtlos

un|dog|ma|tisch ⟨Adj.⟩ nicht dogmatisch, nicht starr an einem Dogma festhaltend; *Ggs* dogmatisch

un|do|tiert ⟨Adj.⟩ nicht dotiert, ohne Bezahlung, nicht mit Einkünften versehen; *ein ~er Kunstpreis*

Un|du|la|ti|on ⟨f.; -, -en⟩ **1** wellenförmige Bewegung **2** ⟨Physik⟩ Bewegung von Wellen [< neulat. **undulatio* < lat. *undula*, Verkleinerungsform zu *unda* »Welle«]

Un|du|la|ti|ons|the|o|rie ⟨f.; -; unz.; Physik⟩ Wellenmechanik

un|du|la|to|risch ⟨Adj.; Physik⟩ wellenförmig

un|du|lie|ren ⟨V.⟩ wellenartig verlaufen, hin- u. herwogen [→ *Undulation*]

un|e|ro|tisch ⟨Adj.⟩ nicht sinnlich, nicht erotisch, das Liebes- und Geschlechtsleben nicht betreffend; *Ggs* erotisch

UNESCO ⟨f.; -; unz.; Abk. für engl.⟩ United Nations Educational, Scientific and Cultural Organization (Organisation der Vereinten Nationen für Erziehung, Wissenschaft u. Kultur)

un|fair ⟨[-fɛːr] Adj.⟩ nicht anständig, nicht ehrlich (bes. im Sport), bewusst gegen die sportl. Regeln u. Sitten verstoßend; *Ggs* fair; *~es Spiel; ~ handeln; ~ spielen*

un|ghe|re|se ⟨Musik⟩ ungarisch; → *a.* all'ungherese [ital.]

Un|gu|en|tum ⟨n.; -s, -ta; Pharm.; Med.⟩ Salbe [zu lat. *unguere* »salben, bestreichen«]

Un|gu|lat ⟨m.; -en, -en; Zool.⟩ Huftier [< lat. *ungula* »Pferdehuf; Kralle«]

u|ni ⟨[y-] Adj.⟩ einfarbig (Stoffe) [frz., »einig, gleich«]

u|ni..., U|ni... ⟨in Zus.⟩ ein..., Ein... [< lat. *unus* »ein«]

UNICEF ⟨[uːnitsɛf] f.; -; unz.; Abk. für engl.⟩ United Nations International Children's Emergency Fund (Internationales Kinderhilfswerk der Vereinten Nationen)

UNIDO ⟨f.; -; unz.; Abk. für engl.⟩ United Nations Industrial Development Organisation (Organisation der Vereinten Nationen für industrielle Entwicklung)

u|nie|ren ⟨V.⟩ vereinigen [< lat. *unire*; zu *unus* »ein«]

Uni|fi|ka|ti|on ⟨f.; -, -en⟩ Vereinigung, Vereinheitlichung; *Sy* Unifizierung [< lat. *unus* »ein« + ...*fikation*]

u|ni|fi|zie|ren ⟨V.⟩ vereinigen, vereinheitlichen [< lat. *unus* »ein« + ...*fizieren*]

U|ni|fi|zie|rung ⟨f.; -, -en⟩ = Unifikation

u|ni|form ⟨Adj.⟩ einheitlich, einförmig [< frz. *uniforme* < lat. *uniformis* < *unus* »ein« + *forma* »Gestalt«]

U|ni|form ⟨a. ['---] f.; -, -en⟩ einheitl. Dienstkleidung, z. B. der Soldaten, Eisenbahn- u. Postbeamten, Polizisten usw.; *Ggs* Zivil

u|ni|for|mie|ren ⟨V.⟩ in Uniform kleiden, einheitlich machen, einheitlich kleiden

Uni|for|mis|mus ⟨m.; -; unz.⟩ Tendenz, Streben nach Einheitlichkeit, Gleichförmigkeit

U|ni|for|mist ⟨m.; -en, -en⟩ Mann, der zum Uniformismus neigt od. durch ihn geprägt ist

U|ni|for|mis|tin ⟨f.; -, -tinnen⟩ Frau, die zum Uniformismus neigt od. durch ihn geprägt ist

U|ni|for|mi|tät ⟨f.; -; unz.⟩ Einheitlichkeit, Gleichmäßigkeit, Einförmigkeit [< neulat. *uniformitas* < lat. *uniformis* »einheitlich«]

u|ni|kal ⟨Adj.⟩ nur einmal vorhanden, einmalig existierend; *~es Kleid* [→ *Unikum*]

U|ni|kat ⟨n.; -(e)s, -e⟩ Urschrift, einzige Ausfertigung (eines Schriftstückes) [zu lat. *unicus* »einzig; analog zu *Duplikat* gebildet]

U|ni|kum ⟨n.; -s, -s od. -ni|ka⟩ **1** etwas in seiner Art Einmaliges, Seltenes, etwas Einzigartiges **2** nur einmal hergestelltes Buch **3** ⟨fig., umg.⟩ Sonderling [zu lat. *unicus* »einzig, allein«; zu *unus* »ein«]

U

1009

unilateral

u|ni|la|te|ral ⟨Adj.⟩ einseitig, nur auf einer Seite befindlich [‹*uni...* + *lateral*]

un|in|spi|riert *auch:* un|ins|pi|riert ⟨Adj.⟩ ohne jede Inspiration, nicht anregend, langweilig; *der Kinofilm wirkte ziemlich ~*

Unio mys|ti|ca ⟨f.; - -; unz.; Mystik⟩ die geheimnisvolle Vereinigung (der Seele mit Gott) [lat.]

Uni|on ⟨f.; -, -en⟩ Vereinigung, Verbindung, Zusammenschluss [‹lat. *unio;* zu *unire* »vereinigen«; zu *unus* »ein«]

Uni|o|nist ⟨m.; -en, -en⟩ Anhänger, Vertreter einer Union

uni|o|nis|tisch ⟨Adj.⟩ eine Union betreffend, einer Union angehörend, in der Art einer Union

Uni|on Jack ⟨[ˈjuːnjən dʒæk] m.; - -s, - -s; volkstüml. Bez. für⟩ die britische Nationalflagge [engl.]

u|ni|pe|tal ⟨Adj.; Bot.⟩ einblättrig [‹*uni...* + grch. *petalon* »Blatt«]

uni|po|lar ⟨Adj.; El.⟩ einpolig; *Ggs* multipolar

Uni|po|lar|ma|schi|ne ⟨f.; -, -n; El.⟩ elektr. Generator zur Erzeugung starker Gleichströme bei kleinen Spannungen

Uni|sex ⟨a. [ˈjuːnɪ-] m.; - od. -es; unz.⟩ 1 Aufhebung der Unterschiede zwischen dem männlichen u. dem weiblichen Erscheinungsbild (z. B. lange Hosen bei Frauen od. Röcke bei Männern) [‹engl. *unisex* ‹lat. *unus* »ein« + *sexus* (männl. od. weibl.) Geschlecht]

u|ni|se|xu|ell ⟨Adj.⟩ 1 den Unisex betreffend, auf ihm beruhend 2 eingeschlechtlich

u|ni|son ⟨Adv.; Musik⟩ einstimmig od. in Oktaven singend, tönend; *oV* all'unisono

u|ni|so|no ⟨Adv.; Musik⟩ im Einklang, einstimmig od. in Oktaven singend, tönend [ital., »einstimmig« ‹lat. *unus* »ein« + *sonus* »Ton«]

Uni|so|no ⟨n.; -s, -s od. -so|ni; Musik⟩ einstimmiger Gesang, einstimmiges Spiel od. Gesang, Spiel in Oktaven [ital., »einstimmig« ‹lat. *unus* »ein« + *sonus* »Ton«]

Unit ⟨[ˈjuːnɪt] f.; -, -s⟩ 1 Lerneinheit, Lernschritt (in Unterrichtsprogrammen) 2 (bei techn. Geräten) fertige Einheit 3 ⟨allg.⟩ Arbeitsgruppe, Team [engl., »Einheit«]

uni|tär ⟨Adj.⟩ Einigung bezweckend, Einheit erstrebend; *Sy* unitarisch [→ *Unität*]

Uni|ta|ri|er ⟨m.; -s, -⟩ Anhänger einer protestant. Gruppe, die die Lehre der Trinität ablehnt u. die Einheit Gottes betont [‹neulat. *unitarius;* zu lat. *unitus*, Part. Perf. zu *unire* »vereinigen«]

uni|ta|risch ⟨Adj.⟩ = unitär

Uni|ta|ri|sie|rung ⟨f.; -; unz.⟩ Erweiterung der Befugnisse eines Bundesstaates auf Kosten der Autonomie der Gliedstaaten (Bundesländer); *Ggs* Föderalisierung [→ *Unität*]

Uni|ta|ris|mus ⟨m.; -; unz.⟩ Streben nach einem Einheitsstaat od. einem Bundesstaat auf Kosten der Selbständigkeit der Gliedstaaten; *Ggs* Föderalismus

Uni|ta|rist ⟨m.; -en, -en⟩ Vertreter, Anhänger des Unitarismus [→ *Unität*]

uni|ta|ris|tisch ⟨Adj.⟩ zum Unitarismus gehörend, darauf beruhend

Uni|tät ⟨f.; -; unz.⟩ Einheit, Einigkeit, Übereinstimmung [‹lat. *unitas;* zu *unus* »ein«]

United Nations ⟨[juˈnaɪtɪd ˈneɪʃənz] Pl.; Abk.: UN; kurz für⟩ United Nations Organization (Vereinte Nationen) [engl.]

United Na|tions Or|ga|ni|za|tion ⟨[juˈnaɪtɪd ˈneɪʃənz ɔː(r)ɡənaɪˈzeɪʃən] f.; - - -; unz.; Abk.: UNO⟩ Organisation der Vereinten Nationen, 1945 gegründete internationale Organisation zur Erhaltung des Weltfriedens, mit kollektiven Maßnahmen bei Bruch od. Bedrohung des Friedens [engl.]

u|ni|va|lent ⟨[-va-] Adj.; Chemie⟩ einwertig

Uni|ver|bie|rung ⟨[-vɛr-] f.; -, -en; Sprachw.⟩ das Zusammenwachsen zweier od. mehrerer Wörter zu einem Wort, z. B. »ob« und »wohl« zu »obwohl« [‹*Uni...* + *Verb*]

u|ni|ver|sal ⟨[-vɛr-] Adj.⟩ gesamt, umfassend, allgemein; *oV* universell (1); *~er Frieden; eine ~e Ordnung* [‹lat. *universalis* »allgemein«]

Uni|ver|sal|emp|fän|ger ⟨[-vɛr-] m.; -s, -; Med.⟩ Person mit der Blutgruppe AB, auf die Blut jeder Gruppe übertragen werden kann; →*a.* Universalspender

Uni|ver|sal|er|be ⟨[-vɛr-] m.; -en, -en; Rechtsw.⟩ alleiniger Erbe

Uni|ver|sal|ge|nie ⟨[-vɛrzaːlʒeː-] n.; -s, -s⟩ jmd., der auf den verschiedensten Gebieten überragend begabt ist

Uni|ver|sal|ge|schich|te ⟨[-vɛr-] f.; -; unz.⟩ Weltgeschichte

Uni|ver|sa|li|en ⟨[-vɛr-] Pl.⟩ 1 ⟨Philos.⟩ allgemeine Begriffe, Gattungsbegriffe 2 ⟨Sprachw.⟩ Merkmale, die allen natürliche Sprachen eigen sind, z. B. Vokale [‹mlat. *universalia* ‹lat. *universalis* »allgemein«]

Uni|ver|sal|in|stru|ment *auch:* **Uni|ver|sal|ins|tru|ment, Uni|ver|sal|instru|ment** ⟨[-vɛr-] n.; -(e)s, -e; Technik⟩ 1 elektr. Messinstrument, mit dem sich Spannungen, Stromstärken, Widerstände u. Kapazitäten messen lassen 2 kleines, transportables astronomisches u. geodätisches Instrument zum Messen von Höhe u. Azimut eines Sterns

u|ni|ver|sa|li|sie|ren ⟨[-vɛr-] V.⟩ allgemein verbreiten, für allgemein gültig erklären, universelle Gültigkeit besitzen, verallgemeinern; *eine Erscheinung, die sich weiter ~ u. globalisieren sollte*

Uni|ver|sa|lis|mus ⟨[-vɛr-] m.; -; unz.⟩ 1 Vielseitigkeit, Betätigung od. Wissen auf sehr vielen Gebieten 2 Lehre, dass das Ganze, das Allgemeine dem Einzelnen übergeordnet sei od. sein müsse [→ *universal*]

u|ni|ver|sa|lis|tisch ⟨[-vɛr-] Adj.⟩ in der Art des Universalismus, auf dem Universalismus beruhend, verallgemeinernd, generalisierend; *ein ~er Anspruch*

Uni|ver|sa|li|tät ⟨[-vɛr-] f.; -; unz.⟩ Vielseitigkeit, vielseitiges, umfassendes Wissen

Uni|ver|sal|spen|der ⟨[-vɛr-] m.; -s, -; Med.⟩ Person mit der Blutgruppe o, die für jede andere Person Blut spenden kann; →*a.* Universalempfänger

1010

Upgrade

u|ni|ver|sell ⟨[-vɛr-] Adj.⟩ **1** = universal **2** ~*e Konstante* Naturkonstante

U|ni|ver|si|a|de ⟨[-ver-] f.; -, -n; Sport; seit 1959 Bez. für⟩ internationale Wettkämpfe der Studenten [verkürzt <*Universität* + *Olympi*ade]

u|ni|ver|si|tär ⟨[-vɛr-] Adj.⟩ die Universität betreffend, zu ihr gehörig; ~*e Angelegenheiten*

U|ni|ver|si|tas Lit|te|ra|rum ⟨[-vɛr-] lat. Bez. für⟩ Universität [mlat., »Körperschaft der Wissenschaften«]

U|ni|ver|si|tät ⟨[-vɛr-] f.; -, -en⟩ **1** Hochschule für alle Wissensgebiete **2** Gesamtheit der Lehrer, Angestellten u. Studenten einer Universität [<mlat. *universitas* »Körperschaft (der Lehrenden u. Lernenden)«]

U|ni|ver|sum ⟨[-vɛr-] n.; -s; unz.⟩ Weltall [lat.; zu *universus* »sämtlich«]

u|ni|vok ⟨[-voːk] Adj.; geh.; Philos.⟩ einstimmig, eindeutig [<*uni...* + lat. *vox,* Gen. *vocis* »Stimme, Sprache«]

U|ni|vo|zi|tät ⟨[-vo-] f.; -; unz.; Philos.⟩ Einstimmigkeit, Eindeutigkeit [→ *univok*]

UNIX ⟨[ˈjuːnɪks] EDV⟩ Betriebssystem für Computer, das zum großen Teil in der Programmiersprache C geschrieben ist [engl.]

un|kal|ku|lier|bar ⟨Adj.⟩ nicht zu kalkulieren, unberechenbar; Ggs kalkulierbar; *ein ~es Risiko eingehen*

un|kom|for|ta|bel ⟨Adj.⟩ nicht komfortabel, unbequem, unpraktisch; Ggs komfortabel; *eine beengte u. unkomfortable Wohnung*

un|kom|men|tiert ⟨Adj.⟩ ohne Kommentar, kommentarlos, nicht erläutert; *etwas ~ zur Diskussion stellen; ~e Gesamtausgabe eines Schriftstellers*

un|kon|zen|triert ⟨Adj.; auch: **un|kon|zen|triert**⟩ ⟨Adj.⟩ ohne Konzentration, nicht aufmerksam; Ggs konzentriert; *~e Schülerinnen*

un|ko|or|di|niert ⟨Adj.⟩ nicht koordiniert, nicht aufeinander abgestimmt **2** ungleichmäßig; *~er Herzschlag*

un|kor|rekt ⟨Adj.⟩ = inkorrekt

un|kre|a|tiv ⟨Adj.⟩ nicht kreativ, nicht schöpferisch, einfallslos, fantasielos; Ggs kreativ

Unk|ti|on ⟨f.; -, -en; Med.⟩ Salbung, Ölung [<lat. *unctio;* zu *ungere* »salben«]

un|mo|ra|lisch ⟨Adj.⟩ nicht moralisch, unsittlich; Ggs moralisch (1, 2); *~ handeln*

UNO ⟨f.; -; unz.; Abk. für⟩ United Nations Organization; →*a.* UN

un|or|ga|nisch ⟨Adj.⟩ nicht organisch, ungegliedert; Ggs organisch (4)

un|pa|the|tisch ⟨Adj.⟩ nicht pathetisch, ohne Pathos, schlicht, unspektakulär; Ggs pathetisch; *die Inszenierung war sehr kühl, routiniert u. ~*

un|pa|tri|o|tisch ⟨Adj.⟩ nicht patriotisch, nicht national od. vaterländisch gesinnt; Ggs patriotisch

un|plugged ⟨[ʌnplʌgd] Adj.; undekl.; Popmusik⟩ mit unverfälschtem Klang, ohne elektrische Instrumente u. aufwändige Studiotechnik (produziert) [<engl. *unplug,* eigtl. »den Stecker herausziehen«]

un po|co ⟨Musik⟩ ein wenig (im Sinne einer Spielanweisung) [ital.]

un|po|pu|lär ⟨Adj.⟩ nicht populär; *~e Maßnahmen; eine ~e Meinung äußern*

un|prak|tisch ⟨Adj.⟩ nicht praktisch, unzweckmäßig, ungeschickt; Ggs praktisch (2)

un|prä|ten|ti|ös ⟨Adj.⟩ nicht prätentiös, anspruchslos, sachlich, schlicht; Ggs prätentiös; *eine ~ erzählte Geschichte*

un|prak|ti|ka|bel ⟨Adj.⟩ nicht praktikabel, unbrauchbar, undurchführbar; Ggs praktikabel; *ein unpraktikabler Vorschlag*

un|pro|duk|tiv ⟨Adj.⟩ nicht produktiv, nicht schöpferisch; *~e Arbeit; er hat eine ~e Phase*

un|pro|fi|ta|bel ⟨Adj.⟩ keinen Profit, Gewinn, Nutzen bringend, unrentabel; Ggs profitabel; *ein unprofitables Geschäft*

un|sen|si|bel ⟨Adj.⟩ unempfindlich, unempfänglich; *oV* insensibel; Ggs sensibel

un|se|ri|ös ⟨Adj.⟩ nicht seriös, nicht ernsthaft, unanständig; Ggs seriös; *ein ~er Geschäftspartner*

un|sym|pa|thisch ⟨Adj.⟩ nicht sympathisch, Abneigung hervorrufend, nicht auf Sympathie beruhend; Sy antipathisch; Ggs sympathisch (1); *er ist mir extrem ~*

un|ter|mi|nie|ren ⟨V.⟩ **1** zur Sprengung vorbereiten; *feindliche Stellungen ~* **2** ⟨fig.⟩ langsam, unmerklich zerstören; *jmds. Ansehen, Stellung ~* [→ *Mine*ʳ]

Un|ze ⟨f.; -, -n; Zool.⟩ = Irbis [<frz. *once* <ital. *lonza* <lat. *lyncea* »Luchs«]

un|zen|siert ⟨Adj.⟩ **1** nicht zensiert, ohne Zensur; Ggs zensiert **2** tabulos

Un|zi|a|le ⟨f.; -, -n⟩ abgerundete, grch. (seit dem 3. Jh. v. Chr.) u. röm. (seit dem 3. Jh. n. Chr.) Schrift aus großen Buchstaben [<lat. *uncialis* »ein Zoll hoch«; zu *uncia* »Zoll«]

UP ⟨[juːpiː] Abk. für engl.⟩ United Press, Nachrichtenagentur der USA

U|pa|ni|schad ⟨f.; -, -scha|den; meist Pl.⟩ altindische philosophisch-religiöse Schrift [Sanskrit, »Geheimlehre, Geheimsitzung«]

Up|date ⟨[ʌpdeɪt] n.; -s, -s; EDV⟩ neue, überarbeitete Fassung, Ausgabe (eines EDV-Programmes); *ein ~ erarbeiten, verschicken* [<engl. *update* »auf den neuesten Stand bringen, modernisieren«]

up|da|ten ⟨[ˈʌpdeɪtən] V.⟩ **1** ⟨EDV⟩ ein Update installieren, ein Programm aufrüsten, auf einen verbesserten Stand bringen, aktualisieren **2** ⟨fig.⟩ aktualisieren, auf den neuesten Stand bringen; *die Hits der 90er Jahre ~* [→ *Update*]

U|pe|ri|sa|ti|on ⟨f.; -, -en⟩ Konservierungsverfahren für Milch, bei dem Bakterien durch kurzfristiges Einleiten von Dampf abgetötet werden [Kurzwort <*Ultrapasteurisation*]

u|pe|ri|sie|ren ⟨V.⟩ durch Uperisation keimfrei machen

Up|grade ⟨[ˈʌpgreɪd] n.; -s, -s; EDV⟩ verbesserte, leistungsfähigere Version eines Produkts (besonders eines Computerprogramms) [<engl. *upgrade* »verbessern, nachrüsten«]

UPI ⟨[juːpiaɪ] Abk. für engl.⟩ United Press International, ein US-amerikan. Nachrichtendienst

Up|load ⟨[ʌploʊd] n.; -s, -s; EDV⟩ Programm, das ein Aufladen von Dateien auf die Festplatte ermöglicht; *Ggs* Download [engl.; <*up* »auf, hinauf« + *load* »laden«]

up|loa|den ⟨[ʌploʊdən] V.; EDV⟩ ein Upload durchführen, eine Datei auf die zentrale Festplatte laden; *Ggs* downloaden [→ *Upload*]

Up|mar|ket ⟨[ʌp-] m.; -s; unz.; Wirtsch.⟩ Markt für Waren von hohem Preis- u. Qualitätsniveau; *Ggs* Downmarket [engl.]

Up|per|class *auch:* **Up|per Class** ⟨[ʌpə(r)klaːs] f.; (-) -, (-) -es [-sɪz]; geh.⟩ Oberschicht [<engl. *upper* »obere(r, -s)« + *class* »Klasse, Schicht, Stand«]

Up|per|cut ⟨[ʌpə(r)kʌt] m.; -s, -s; Sport; Boxen⟩ Aufwärtshaken gegen das Kinn des Gegners [<engl. *upper* »obere(r, -s) + *cut* (eigtl.) »Schnitt«]

Up|pers ⟨[ʌp-] Pl.⟩ = Ups

Up|per|ten *auch:* **Up|per Ten** ⟨[ʌpə(r)ten] Pl.; geh.⟩ die oberen Zehntausend, die oberste Gesellschaftsschicht [<engl. *upper ten (thousand)* »die oberen Zehn(tausend)«]

Ups ⟨[ʌps] Pl.⟩ anregende Drogen; *Sy* Uppers [zu engl. *up* »auf, hinauf«]

UPS® ⟨[juːpiɛs] Abk. für engl.⟩ United Parcel Service (Vereinigter Paketdienst)

UPS ⟨[juːpiɛs] EDV; Abk. für engl.⟩ Uninterruptible Power Supplies (unterbrechungsfreie Stromversorgung), Gerät, das zwischen Computer u. Steckdose geschaltet wird

up to date ⟨[ʌp tu deɪt]⟩ zeitgemäß, auf dem Laufenden, modisch; *sie ist in der Mode immer ~* [engl.]

Ura|cil ⟨n.; -s, -e; Biochemie⟩ Purinbase, wichtiger Bestandteil der Ribonukleinsäure

Ur|ämie *auch:* **Ur|ä|mie** ⟨f.; -, -n; Med.⟩ Erkrankung, die durch mangelhafte Ausscheidung des Harns verursacht wird, Harnvergiftung [<*Urin* + *...ämie*]

ur|ä|misch *auch:* **ur|ä|misch** ⟨Adj.;

Med.⟩ mit Urämie einhergehend

U|ran ⟨n.; -s; unz.; chem. Zeichen: U⟩ chem. Element, radioaktives, silberweißes Metall, Ordnungszahl 92 [im 18. Jh. *Uranium;* zum Namen des entdeckten Planeten *Uranus* <grch. *ouranos* »Himmel«]

U|ra|ni|nit ⟨n.; -s; unz.; Chemie⟩ pechschwarzes Mineral, chemisch Urandioxid, Pechblende; *Sy* Uranpecherz [→ *Uran*]

U|ra|nis|mus ⟨m.; -; unz.; Med.⟩ männliche Homosexualität; →*a.* Urlinde [nach *Uranos,* Vater der aus dem Meeresschaum geborenen Aphrodite]

U|ra|nist ⟨m.; -en, -en; Med.⟩ homosexuell veranlagter Mensch

u|ra|no..., U|ra|no... ⟨in Zus.⟩ himmels..., Himmels... [<grch. *ouranos* »Himmel«]

U|ra|no|gra|fie ⟨f.; -, -n; Astron.⟩ = Uranographie

U|ra|no|gra|phie ⟨f.; -, -n; Astron.⟩ Beschreibung des Himmels; *oV* Uranografie [<*Urano...* + *...graphie*]

U|ra|no|lo|gie ⟨f.; -; unz.; Astron.⟩ Astronomie [<*Urano...* + *...logie*]

U|ra|no|me|trie *auch:* **U|ra|no|met|rie** ⟨f.; -; unz.; Astron.⟩ Bestimmung von Sternörtern u. ihre Erfassung in Katalogen [<*Urano...* + *...metrie*]

U|ra|no|skop *auch:* **U|ra|nos|kop** ⟨n.; -s, -e; Astron.⟩ Fernrohr zum Beobachten des Sternhimmels [<*Urano...* + *...skop*]

U|ra|no|sko|pie *auch:* **U|ra|nos|ko|pie** ⟨f.; -; unz.; Astron.⟩ Beobachtung des Sternhimmels

U|ran|pech|erz ⟨n.; -es; unz.; Min.⟩ = Uraninit

U|rat ⟨n.; -(e)s, -e; Chemie⟩ Salz der Harnsäure, z. B. Natriumurat [<grch. *ouron* »Harn«]

u|ra|tisch ⟨Adj.; Med.⟩ durch Harnsäure verursacht [→ *Urat*]

U|rä|us|schlan|ge ⟨f.; -, -n; Zool.⟩ zu den Kobras gehörende afrikanische Giftschlange, Sonnensymbol der altägyptischen Kultur [<grch. *Ouraios* <*oura* »Schwanz«]

ur|ban ⟨Adj.⟩ **1** höflich, weltmännisch **2** gebildet, fein **3** städtisch, städtebaulich erschlossen; *eine Region ~ machen* [<lat.

urbanus »städtisch«; zu *urbs* »Stadt«]

Ur|ba|ni|sa|ti|on ⟨f.; -, -en⟩ **1** die Zunahme der Zahl städtischer Siedlungen u. des Anteils der in Städten lebenden Bevölkerung **2** die Ausbreitung städtischer Lebens- u. Siedlungsformen in ländliche Räume [→ *urban*]

ur|ba|ni|sie|ren ⟨V.⟩ urban machen

Ur|ba|ni|sie|rung ⟨f.; -, -en⟩ das Urbanisieren

ur|ba|nis|tisch ⟨Adj.; bes. schweiz.⟩ städtebaulich; *ein architektonisch u. ~ höchst problematisches Projekt*

Ur|ba|ni|tät ⟨f.; -; unz.⟩ urbanes Benehmen, Bildung, Höflichkeit

ur|ba|ri|sie|ren ⟨V.; schweiz.⟩ urbar machen; *das Moor ~*

ur|bi et or|bi der Stadt (Rom) u. dem Erdkreis; *den päpstl. Segen ~ erteilen; etwas ~ bekannt machen, verkünden* allen, aller Welt [lat.]

Ur|du ⟨n.; - od. -s; unz.⟩ neuind. pers. Mischsprache, Amtssprache Pakistans; →*a.* Hindustani

U|rea ⟨f.; -; unz.; Biochemie⟩ Harnstoff [zu grch. *ouron* »Harn«]

U|re|a|se ⟨f.; -, -n; Biochemie⟩ Harnstoff spaltendes Enzym [zu grch. *ouron* »Harn«]

U|re|id ⟨n.; -(e)s, -e; Chemie⟩ ein durch Kondensation von Harnstoff mit meist alkylierten zweibasischen Carbonsäuren gewonnenes Säurederivat des Harnstoffes [<*Urin* + *...id*]

U|re|se ⟨f.; -; unz.; Med.⟩ das Harnen [zu grch. *ourein* »harnen«]

U|re|ter ⟨m.; -s, -te|ren; Anat.⟩ Harnleiter [<grch. *oureter* »Harnleiter«; zu *ouron* »Harn«]

U|re|te|ri|tis ⟨f.; -, -ti|den; Med.⟩ Harnleiterentzündung [<*Ureter* + *...itis*]

U|re|than ⟨n.; -s, -e; Chemie⟩ stabiler Ester der instabilen Carbamidsäure, Schlaf- u. Beruhigungsmittel [→ *Ureter*]

U|re|thra *auch:* **U|reth|ra** ⟨f.; -, -re|thren; Anat.⟩ Harnröhre [<grch. *ourethra* »Harnröhre«]

u|re|thral *auch:* **u|reth|ral** ⟨Adj.; Anat.⟩ zur Harnröhre gehörend

Ure|thri|tis auch: **Ureth|ri|tis** ⟨f.; -, -thri|ti|den; Med.⟩ Entzündung der Harnröhre [→ *Urethra*]

Ure|thro|skop auch: **Ureth|ros|kop** ⟨n.; -s, -e; Med.⟩ Gerät zur Untersuchung der Harnröhre [<*Urethra* + ...*skop*]

Ure|thro|to|mie auch: **Ureth|ro|to|mie** ⟨f.; -, -n; Med.⟩ Harnröhrenschnitt [<*Urethra* + ...*tomie*]

ure|tisch ⟨Adj.; Med.⟩ **1** zum Ureter, Harnleiter gehörend **2** harntreibend

ur|gent ⟨Adj.; veraltet⟩ dringend, unaufschiebbar [<lat. *urgens*, Part. Präs. zu *urgere* »drängen«]

Ur|genz ⟨f.; -; unz.; veraltet⟩ Dringlichkeit, Unaufschiebbarkeit [→ *urgent*]

ur|gie|ren ⟨V.; selten; noch österr.⟩ dringlich machen, beschleunigen (Gesuch, Lieferung) [<lat. *urgere* »drängen«]

Ur|hid|ro|se auch: **Ur|hid|ro|se** ⟨f.; -, -n; Med.⟩ Absonderung von harnstoffhaltigem Schweiß; *o*V Uridrose [<grch. *ouron* »Harn« + *hidros* »Schweiß«]

Uri|an ⟨m.; -s, -e⟩ **1** ⟨unz.⟩ der Teufel **2** ⟨zählb.⟩ unwillkommener Gast [vermutl. Personenname]

Uri|as|brief auch: **Uri|as-Brief** ⟨m.; -(e)s, -e⟩ Brief, der den Überbringer ins Verderben schickt [nach *Uria* (dem Heerführer Davids), der einen solchen Brief erhielt]

Uri|ca|se ⟨f.; -, -n; Biochemie⟩ Enzym, das in Anwesenheit von Sauerstoff aus Harnsäure Allantoin u. Wasserstoffperoxid bildet [→ *Urin*]

Uri|din ⟨n.; -s, -e; Biochemie⟩ in der Ribonucleinsäure enthaltenes Nukleosid [→ *Urin*]

Uri|dro|se auch: **Urid|ro|se** ⟨f.; -, -n; Med.⟩ = Urhidrose

...urie ⟨Nachsilbe; zur Bildung weibl. Subst.⟩ Harnlassen, Ausscheidung von bestimmten Stoffen im Harn; *Hämaturie* [<grch. *ouron* »Harn«]

Uri|kos|ta|ti|kum auch: **Uri|kos|ta|ti|kum** ⟨n.; -s, -ti|ka; Pharm.⟩ Präparat, das der Bildung von Harnsäure im Blut entgegenwirkt

Uri|ko|su|ri|kum auch: **Uri|ko|su|ri|kum** ⟨n.; -s, -ti|ka; Pharm.⟩ Präparat, das die Ausscheidung von Harnsäure mit dem Harn verbessert [<neulat. *uricus* »Harn...« + ...*urie*]

Urin ⟨m.; -s, -e⟩ Harn [<lat. *urina* <grch. *ouron* »Harn«]

uri|nal ⟨Adj.⟩ zum Urin gehörend

Uri|nal ⟨n.; -s, -e⟩ Gefäß zum Aufnehmen des Urins

uri|nie|ren ⟨V.⟩ Wasser lassen, harnen

uri|nös ⟨Adj.⟩ harnstoffhaltig, harnähnlich [→ *Urin*]

URL ⟨f.; -, -s; EDV; Abk. für engl.⟩ Uniform Resource Locator (Anzeiger für gleichförmige Dokumente), Standard für Adressen im Internet

Ur|lin|de ⟨f.; -, -; geh.; selten⟩ Lesbierin, die im (sexuellen) Verhältnis der Partnerinnen die aktive Rolle spielt [grch., eigtl. *Urninde*; → *Uranismus*]

Ur|me|ter ⟨n.; -s; unz.⟩ Normmaß für das Meter (in Paris aufbewahrt)

Ur|ne ⟨f.; -, -n⟩ **1** Gefäß mit Deckel zur Aufnahme der Asche nach der Verbrennung des Toten **2** Kasten zum Einwerfen des Stimmzettels bei Wahlen; *Wahl~* [<lat. *urna* »Krug, Topf, Gefäß«]

uro..., Uro... ⟨in Zus.⟩ harn..., Harn... [<grch. *ouron* »Harn«]

Uro|bi|lin ⟨n.; -s; unz.; Biochemie⟩ bei Gelbsucht im Harn ausgeschiedenes Abbauprodukt des Hämoglobins [<*Urin* + lat. *bilis* »Galle«]

Uro|chrom ⟨[-kro:m] n.; -s; unz.; Med.⟩ natürlicher gelber Harnfarbstoff [<*Urin* + ...*chrom*]

Uro|dy|nie auch: **Uro|dy|nie** ⟨f.; -, -n; Med.⟩ Schmerz beim Harnlassen [<*Urin* + grch. *odyne* »Schmerz«]

uro|ge|ni|tal ⟨Adj.; Anat.⟩ zu den Harn- u. Geschlechtsorganen gehörend [<*Urin* + *genital*]

Uro|ge|ni|tal|sys|tem ⟨n.; -s, -e; Anat.⟩ die (in engem Zusammenhang stehenden) Harn- u. Geschlechtsorgane

Uro|hä|ma|tin ⟨n.; -s; unz.; Med.⟩ Harnfarbstoff; *Sy* Uromelanin [<*Urin* + *Hämatin*]

Uro|lith ⟨m.; -s od. -en, -e od. -en; Med.⟩ Harnstein [<*Urin* + ...*lith*]

Usambaraveilchen

Uro|li|thi|a|sis ⟨f.; -, -a|sen; Med.⟩ Harnsteinkrankheit, Harnsteinbildung [<*Urin*... + ...*lith*]

Uro|lo|ge ⟨m.; -n, -n; Med.⟩ Facharzt für Erkrankungen der Harnorgane [<*Uro*... + ...*loge*]

Uro|lo|gie ⟨f.; -; unz.; Med.⟩ Lehre von den Erkrankungen der Harnorgane [<*Urin* + ...*logie*]

uro|lo|gisch ⟨Adj.; Med.⟩ die Urologie betreffend, zu ihr gehörend, mit ihrer Hilfe

Uro|me|la|nin ⟨n.; -s; unz.; Med.⟩ = Urohämatin [<*Urin* + *Melanin*]

Uro|me|ter ⟨n.; -s, -; Med.⟩ Gerät zum Messen des spezif. Gewichts von Harn [<*Urin* + ...*meter*]

Uro|pe|nie ⟨f.; -; unz.; Med.⟩ verminderte Harnausscheidung [<*Urin* + grch. *penia* »Armut, Mangel«]

Uro|sep|sis ⟨f.; -, -sep|sen; Med.⟩ Harnfäule, die durch die bakterielle Zersetzung des Harns in der Blase entsteht [<*Uro*... + *Sepsis*]

Uro|sko|pie auch: **Uros|ko|pie** ⟨f.; -, -n; Med.⟩ Untersuchung des Harns [<*Urin* + ...*skopie*]

Uro|tro|pin auch: **Urot|ro|pin** ⟨n.; -s; unz.; Pharm.⟩ Medikament zur Behandlung bakterieller Infektionen der Harnwege u. zur Lösung von Harnsäure, z. B. bei Gicht, chem. Hexamethylentetramin [<*Urin* + *Atropin*]

Ur|pas|sat ⟨m.; -(e)s; unz.; Meteor.⟩ konstante Ostwindzone, die an beiden Seiten des Äquators maximal bis zum 30. Breitengrad reicht [→ *Passat*]

Ur|su|li|ne ⟨f.; -, -n⟩ = Ursulinerin

Ur|su|li|ne|rin ⟨f.; -, -rin|nen⟩ Angehörige des nach der hl. Ursula benannten, 1535 gegründeten weibl. Ordens nach der Augustinerregel; *o*V Ursuline

Ur|ti|ka|ria ⟨f.; -; unz.; Med.⟩ Nesselausschlag [<lat. *urtica* »Nessel«]

u. s. ⟨Abk. für lat.⟩ ut supra

US(A) ⟨Abk. für⟩ United States (of America), Vereinigte Staaten (von Amerika) [engl.]

Usam|ba|ra|veil|chen ⟨n.; -s, -; Bot.⟩ äußerlich einem Veilchen ähnelnde, aus Ostafrika stam-

US-Amerikaner

mende Zierpflanze: Saintpaulia ionantha [nach der Landschaft *Usambara* im Nordosten von Tansania]

US-A|me|ri|ka|ner ⟨m.; -s, -⟩ Einwohner der USA

US-A|me|ri|ka|ne|rin ⟨f.; -, -rinnen⟩ Einwohnerin der USA

US-a|me|ri|ka|nisch ⟨Adj.⟩ die USA u. ihre Einwohner betreffend, zu ihnen gehörig

U|san|ce ⟨[yzã:s(ə)] f.; -, -n; bes. Kaufmannsspr.⟩ Brauch, bes. Handelsbrauch, Herkommen, Gewohnheit; *oV* Usanz [frz., < lat. *usus* »Gebrauch«]

U|san|cen|han|del ⟨[yzã:sən-] m.; -s; unz.; Wirtsch.⟩ Devisenhandel in fremder Währung

U|sanz ⟨f.; -, -en; schweiz.⟩ = Usance

U|ser ⟨[ju:zə(r)] m.; -s, -; umg.⟩ **1** jmd., der regelmäßig Rauschmittel nimmt **2** ⟨EDV⟩ Benutzer, Bediener (eines Computers) [engl. »Benutzer«; zu *use* »benutzen, gebrauchen«]

U|so ⟨m.; -s, -s; Kaufmannsspr.⟩ Brauch, Gewohnheit [→ *Usus*]

U|so|wech|sel ⟨[-ks-] m.; -s, -; Bankw.⟩ Wechsel, dessen Fälligkeit sich nach dem am Ort der Zahlung üblichen Brauch richtet [→ *Usus*]

u|su|ell ⟨Adj.⟩ gebräuchlich, üblich, herkömmlich [< lat. *usualis*]

U|su|kal|pi|on ⟨f.; -, -en; im röm. Recht⟩ Erwerb von Eigentum durch langen Gebrauch, durch langen Eigenbesitz [< lat. *usucapio*]

U|sur ⟨f.; -, -en; Med.⟩ Abnutzung, Schwund [< frz. *usure* < lat. *usura* »Gebrauch«]

U|sur|pa|ti|on ⟨f.; -, -en⟩ widerrechtl. Aneignung (bes. des Thrones), widerrechtl. Macht-, Besitzergreifung [< lat. *usurpatio* »Gebrauch«]

U|sur|pa|tor ⟨m.; -s, -to|ren⟩ jmd., der etwas usurpiert, Thronräuber

u|sur|pa|to|risch ⟨Adj.⟩ aufgrund, mit Hilfe einer Usurpation

u|sur|pie|ren ⟨V.⟩ durch Usurpation in Besitz nehmen, gewaltsam nehmen, rauben [→ *Usurpation*]

U|sus ⟨m.; -; unz.⟩ Brauch, Sitte, Gewohnheit, Herkommen; *es*

ist so ~; es ist ~, dass ... [< lat. *usus*, Part. Perf. von *uti* »gebrauchen, brauchen«]

U|sus|fruk|tus ⟨m.; -; unz.; Rechtsw.⟩ Nießbrauch [< *Usus* + lat. *fructus* »Frucht«]

Ut[1] ⟨n.; -, -; Musik; im MA ital. u. frz. Bez.⟩ Ton C, in der Tonika-Do-Methode jeweils der Grundton einer Tonleiter, wurde im 17. Jh. durch *do* ersetzt; →*a*. Solmisation (1)

Ut[2] ⟨[yt] m.; -, -; Musik⟩ der Ton c [frz.]

Ut[3] ⟨n.; -(e)s, -e⟩ Urschrift, einzige Ausfertigung (eines Schriftstückes) [< lat. *unicare* »einzig machen« < lat. *unicus* »einzig«]

U|ten|si|li|en ⟨Pl.⟩ (kleine, notwendige) Geräte, Gegenstände, Werkzeuge; *Schreib~* [< lat. *utensilia* »Werkzeuge«]

u|te|rin ⟨Adj.; Anat.⟩ zum Uterus gehörend, von ihm ausgehend

U|te|ros|kop *auch:* **U|te|ro|skop** ⟨n.; -s, -e; Med.⟩ Gerät zur Untersuchung der Gebärmutter [< *Uterus* + ...*skop*]

U|te|rus ⟨m.; -, -te|ri; Anat.⟩ Gebärmutter [lat., »Bauch, Unterleib«]

u|ti|li|sie|ren ⟨V.; veraltet⟩ Nutzen ziehen aus, gebrauchen [< frz. *utiliser*; zu *utile* »nützlich« < lat. *utilis*]

U|ti|lis|mus ⟨m.; -; unz.⟩ = Utilitarismus

u|ti|li|tär ⟨Adj.; veraltet⟩ auf den Nutzen ausgerichtet

U|ti|li|ta|ri|er ⟨m.; -s, -; Philos.⟩ = Utilitarist

U|ti|li|ta|ris|mus ⟨m.; -; unz.; Philos.⟩ Lehre, dass der Zweck des menschlichen Handelns der Nutzen des Einzelnen u. der Gemeinschaft sei od. sein sollte; *oV* Utilismus [→ *utilisieren*]

U|ti|li|ta|rist ⟨m.; -en, -en; Philos.⟩ Anhänger, Vertreter des Utilitarismus; *Sy* Utilitarier

u|ti|li|ta|ris|tisch ⟨Adj.; Philos.⟩ auf dem Utilitarismus beruhend, ihn betreffend;

U|ti|li|tät ⟨f.; -; unz.; veraltet⟩ Nützlichkeit

U|ti|li|ty ⟨[juːtɪlɪtɪ] m. od. n.; -s, -s; EDV⟩ Computerprogramm für die Ausführung von Wartungsarbeiten [engl., eigtl. »Nutzen, Nützlichkeit«]

ut in|fra *auch:* **ut in|fra** ⟨Abk.: u. i.; Musik⟩ wie unten (angegeben) [lat.]

U|to|pia ⟨n.; -s; unz.⟩ erdachtes ideales Land, Wunsch-, Traumland; *oV* Utopien [nach dem Roman *Utopia* des Engländers Th. Morus, 1516, eigtl. »nirgendwo« < grch. *ou* »nicht« + *topos* »Ort«]

U|to|pie ⟨f.; -, -n⟩ **1** Schilderung eines künftigen gesellschaftl. Zustandes **2** ⟨allg.⟩ Wunschtraum, Hirngespinst, Schwärmerei [→ *Utopia*]

U|to|pi|en ⟨n.; -s; unz.⟩ = Utopia

u|to|pisch ⟨Adj.⟩ **1** nur in der Vorstellung möglich oder befindlich, erträumt, erhofft **2** nach Unmöglichem strebend

U|to|pis|mus ⟨m.; -, -pis|men⟩ **1** ⟨unz.⟩ Hang zu Utopien **2** ⟨zählb.⟩ utop. Vorstellung

U|to|pist ⟨m.; -en, -en⟩ **1** Verkünder, Anhänger einer Utopie **2** jmd., der zu Utopien neigt, Schwärmer [→ *Utopia*]

U|tra|quis|mus *auch:* **Ut|ra|quis|mus** ⟨m.; -; unz.⟩ gemäßigte Richtung der Hussiten, die das Abendmahl in beiderlei Gestalt (Brot u. Wein) forderten [zu lat. *utraque* »jede von beiden«]

U|tra|quist *auch:* **Ut|ra|quist** ⟨m.; -en, -en⟩ Anhänger, Vertreter des Utraquismus; *Sy* Kalixtiner

u|tra|quis|tisch *auch:* **ut|ra|quis|tisch** ⟨Adj.⟩ auf dem Utraquismus beruhend, ihn betreffend

u|tri|us|que iu|ris doc|tor *auch:* **ut|ri|us|que iu|ris doc|tor** Doktor des römischen u. kanonischen Rechts [lat.]

U|trum *auch:* **Ut|rum** ⟨n.; -s, U|tra; Sprachw.⟩ gemeinsames grammatisches Genus von Maskulinum u. Femininum, z. B. im Dänischen u. Niederländischen [lat., »eines von beiden«]

ut su|pra *auch:* **ut su|pra** ⟨Musik; Abk.: u. s.⟩ wie oben (angegeben) [lat.]

Ut|te|rance ⟨[ʌtərəns] f.; -, -s [-sɪz]; Sprachw.⟩ Umsetzung eines gedachten od. hypothetischen Satzes in der wirklichen Rede [engl., »Äußerung«]

UV ⟨Abk. für⟩ Ultraviolett

U|va|la ⟨[-vaː-] f.; -, -s; Geol.⟩ durch Vereinigung mehrerer Dolinen entstehende wannenartige, manchmal talartig gewundene Vertiefung mit unebener Sohle [serbokr.]

UV-be|strahlt ⟨Adj.⟩ ultravioletten Strahlen ausgesetzt; ~e Haut

U|vi|ol|glas® ⟨[-vi-] n.; -es; unz.⟩ Glas, das ultraviolette Strahlen durchlässt [verkürzt <*Ultraviolett*]

UV-Strah|len ⟨Pl.; kurz für⟩ ultraviolette Strahlen; ~-*geschädigt* durch das Bestrahlen mit ultravioletten Strahlen (gesundheitlich) geschädigt

U|vu|la ⟨[-vu-] f.; -, -lae [-lɛː]; Anat.⟩ Gaumenzäpfchen; *Sy* Staphyle [mlat., Verkleinerungsform zu lat. *uva* »Traube«]

u|vu|lar ⟨[-vu-] Adj.; Phon.⟩ mit Hilfe des Gaumenzäpfchens gebildet (bei der Lautbildung) [→ *Uvula*]

U|vu|lar ⟨[-vu-] m.; -s, -e; Phon.⟩ mit Hilfe des Gaumenzäpfchens gebildeter Konsonant, z. B. das Zäpfchen-r [→ *Uvula*]

U|vu|la|ria ⟨[-vu-] f.; -, -ri|en; Bot.⟩ Angehörige einer Gattung der Liliengewächse mit kriechendem Erdstamm, nur oben beblättertem Stängel u. gelben Blüten, Goldsiegel [→ *Uvula*]

U|wa|ro|wit ⟨m.; -s, -e; Min.⟩ smaragdgrünes Mineral aus der Gruppe der Granate [nach dem russ. Staatsmann *Uwarow*, 1785-1855]

v 1 ⟨Abk. für lat.⟩ **1.1** verte! **1.2** vide! **2** ⟨Physik; Zeichen für⟩ Geschwindigkeit

V 1 ⟨röm. Zahlzeichen für⟩ 5 **2** ⟨Zeichen für⟩ Volt, Volumen **3** ⟨chem. Zeichen für⟩ Vanadin **4** ⟨Abk. für lat.⟩ vertatur!

V. ⟨Abk. für⟩ Vers
VA ⟨Zeichen für⟩ Voltampere

Vabanque / va banque (spielen) ⟨*Getrennt- und Zusammenschreibung*⟩ Fremdsprachliche Zusammensetzungen mit Substantiven werden wie deutsche Komposita zusammengeschrieben. In Anlehnung an die Herkunftssprache kann dieses Gefüge auch getrennt geschrieben werden. Es bleibt dem Schreibenden überlassen, welche Variante er bevorzugt.

Va|banque *auch:* **va banque** ⟨[vabãːk]⟩ **1** es gilt die Bank (beim Glücksspiel) **2** ~ *spielen* **2.1** um den gesamten Einsatz der Bank spielen **2.2** ⟨fig.⟩ ein Wagnis eingehen [frz.]

Va|banque|spiel ⟨[vabãːk-] n.; -(e)s; unz.; fig.⟩ gefährl. Spiel, Wagnis, bei dem alles aufs Spiel gesetzt wird

va|cat ⟨[vaː-]⟩ es fehlt, ist nicht vorhanden, leer; →*a.* Vakat [lat.]

Vac|ci|na|ti|on ⟨[vaktsi-] f.; -, -en; Med.⟩ = Vakzination

Vac|ci|ne ⟨[vaktsiː-] f.; -, -n; Med.⟩ = Vakzine

Vach|e|le|der ⟨[vaʃ-] n.; -s, -⟩ Rindleder für Schuhsohlen [<frz. *vache* »Kuh«]

Va|de|me|kum ⟨[va-] n.; -s, -s⟩ kleines Lehrbuch, Taschenbuch, Leitfaden; *oV* Vademecum [<lat. *vade mecum* »geh mit mir«]

Va|di|um ⟨[vaː-] n.; -s, -di|en; im alten dt. Recht⟩ **1** Gegenstand, der dem Gläubiger als symbol. Pfand vom Schuldner überreicht wird; *oV* Wadium **2** Anzahlung [mlat. <germ.]

va|dos ⟨[va-] Adj.⟩ in der Erdkruste zirkulierend; ~es Wasser [<lat. *vadosus* »flach«]

Vae victis! ⟨[veːvɪktiːs]⟩ Wehe den Besiegten! (Ausruf des gallischen Feldherrn Brennus nach dem Sieg über die Römer 390 v. Chr.) [lat.]

vag ⟨[vaːg] Adj.⟩ = vage

Va|ga|bon|da|ge ⟨[vagabõdaːʒə] f.; -; unz.; österr.⟩ = Vagabundage [frz.]

Va|ga|bund ⟨[va-] m.; -en, -en⟩ **1** ⟨veraltet⟩ Landstreicher

2 ⟨fig.⟩ rastloser, ruheloser, umhergetriebener Mensch [<frz. *vagabond*; verwandt mit *vage*]

Va|ga|bun|da|ge ⟨[vagabundaːʒə] f.; -; unz.; veraltet⟩ **1** Landstreicherei **2** Vagabundenleben [→ *Vagabund*]

va|ga|bun|die|ren ⟨[va-] V.⟩ **1** als Vagabund leben, umherziehen **2** ⟨fig.⟩ ruhelos, rastlos leben

Va|gant ⟨[va-] m.; -en, -en; im MA⟩ fahrender Spielmann, fahrender Schüler [frz.; verwandt mit *vage*]

va|ge ⟨[vaː-] Adj.⟩ unbestimmt, ungenau, verschwommen; *oV* vag; ~ *Vorstellung* [<frz. *vague* <lat. *vagus*; zu *vagari* »umherschweifen«]

va|gie|ren ⟨[va-] V.veraltet⟩ umherziehen, -schweifen, -streifen [→ *vage*]

va|gil ⟨[va-] Adj.; Biol.⟩ fähig, sich frei zu bewegen; ~e Tierart [<lat. *vagilis*; → *vage*]

Va|gi|li|tät ⟨[va-] f.; -; unz.; Biol.⟩ **1** Fähigkeit zur freien Bewegung **2** Zustand freier Beweglichkeit (einer Tierart)

Va|gi|na ⟨a. [va-] f.; -, -gi|nen; Anat.⟩ Teil des weibl. Geschlechtsorgans bei Mensch u. Tier, Verbindung zwischen Gebärmutter u. äußerem Geschlechtsteil, Scheide [lat.]

va|gi|nal ⟨[va-] Adj.; Anat.⟩ zur Vagina gehörig

Va|gi|nis|mus ⟨[va-] m.; -; unz.; Med.⟩ Scheidenkrampf

Va|gi|ni|tis ⟨f.; -, -ti|den; Med.⟩ Scheidenentzündung

Va|go|to|mie ⟨[va-] f.; -, -n; Anat.⟩ Durchtrennung des Vagus [<*Vagus* +...*tomie*]

Va|go|to|nie ⟨[va-] f.; -, -n; Med.⟩ erhöhte Erregbarkeit des parasympathischen Nervensystems [<*Vagus* + grch. *teinein* »spannen«]

Va|go|to|ni|ker ⟨[va-] m.; -s, -; Med.⟩ an Vagotonie Leidender

Va|go|to|ni|ke|rin ⟨[va-] f.; -, -rin|nen; Med.⟩ an Vagotonie Leidende

va|go|trop ⟨[va-] Adj.; Med.⟩ auf den Vagus einwirkend [<*Vagus* +...*trop*¹]

Va|gus ⟨[vaː-] m.; -, Va|gi [vaː-]⟩ Hauptnerv des parasympathi-

vakant

schen Nervensystems: Nervus vagus [lat., »wandernder (Nerv)«]

va|kant ⟨[va-] Adj.⟩ offen, unbesetzt; ~*e Stelle* [<lat. *vacans*, Part. Präs. zu *vacare* »leer sein«]

Va|kanz ⟨[va-] f.; -, -en⟩ **1** offene, unbesetzte Stelle **2** ⟨veraltet; noch mundartl.⟩ Ferien

Va|kat ⟨[va̲-] n.; - od. -s, -s⟩ leere Seite in einem Druckbogen [<lat. *vacatus*, Part. Perf. zu *vacare* »leer sein«]

Va|ku|o|le ⟨[va-] f.; -, -n; Biol.⟩ mit Flüssigkeit gefülltes Bläschen im Zellplasma [<frz. <lat. *vacuum*; → *Vakuum*]

Va|ku|um ⟨[va̲:-] n.; -s, -kua od. -ku|en; Physik⟩ Raum, der (nahezu) luftleer ist, luftleerer Raum [<lat. *vacuus* »leer«]

Va|ku|um|ap|pa|rat ⟨[va̲:-] m.; -(e)s, -e; Technik⟩ Apparat, der mit Vakuum arbeitet, z. B. beim Filtern einer Flüssigkeit od. beim Destillieren, Herabsetzen des Siedepunktes

Va|ku|um|brem|se ⟨[va̲:-] f.; -, -n; Technik⟩ Bremsanlage, deren Wirkung auf der Erzeugung eines Unterdruckes im Bremszylinder beruht

Va|ku|um|de|stil|la|ti|on *auch:* **Va-ku|um|destillation** ⟨[va̲:-] f.; -, -en; Chemie⟩ Destillation im luftverdünnten Raum

Va|ku|um|me|ter ⟨[va̲:-] n.; -s, -; Technik⟩ Manometer für niedrigen Druck

Va|ku|um|pum|pe ⟨[va̲:-] f.; -, -n; Technik⟩ Pumpe zum Erzeugen eines Vakuums

Va|ku|um|spek|tro|graf *auch:* **Va-ku|um|spektrograf** ⟨[va̲:-] m.; -en, -en; Technik⟩ = Vakuumspektrograph

Va|ku|um|spek|tro|graph *auch:* **Va-ku|um|spektrograph** ⟨[va̲:-] m.; -en, -en; Technik⟩ in ein Vakuum eingebauter Apparat zum Messen des Spektrums ultravioletter Strahlungen; *oV* Vakuumspektrograf

Va|ku|um|stahl ⟨[va̲:-] m.; -s; unz.⟩ Stahl, dessen Sauerstoff- u. Wasserstoffgehalt im Vakuum in flüssigem Zustand stark herabgesetzt wurde

Vak|zin ⟨[vak-] n.; -s, -e; Med.⟩ = Vakzine

Vak|zi|na|ti|on ⟨f.; -, -en; Med.⟩ Impfung mit Vakzinen; *oV* Vaccination; *Sy* Vakzinierung

Vak|zi|ne ⟨[vak-] f.; -, -n; Med.⟩ *oV* Vakzin, Vaccine **1** = Lymphe (2) **2** Impfstoff [<lat. *vaccinus* »von Kühen stammend«]

vak|zi|nie|ren ⟨[vak-] V.; Med.⟩ mit einer Vakzine impfen

Vak|zi|nie|rung ⟨[vak-] f.; -, -en; Med.⟩ = Vakzination

Val ⟨[va̲:l] Chemie; Zeichen für⟩ Grammäquivalent [→ *äquivalent*]

va|la|bel ⟨[va-] Adj.; schweiz.⟩ **1** von hoher Wertigkeit, wertvoll; *ein valabler Künstler* **2** seriös, gültig, rechtskräftig [<frz. *valable*]

va|le! ⟨[va̲:le]⟩ lebe wohl [lat.]

Va|len|ci|en|nes|spit|ze *auch:* **Va-len|ciennes-Spitze** ⟨[valã:sjɛn-] f.; -, -n; Textilw.⟩ sehr feine Spitze mit zierlichen Blumenmustern [nachder nordfrz. Industriestadt *Valenciennes*]

va|lent ⟨[va-] Adj.;Chemie; Biol.; Sprachw.⟩ mit einer od. mehreren Valenzen ausgestattet [<lat. *valere* »stark, wert sein«]

Va|lenz ⟨[va-] f.; -, -en⟩ **1** ⟨Chemie⟩ Wertigkeit **2** ⟨Biol.⟩ Stärke, Tüchtigkeit **3** ⟨Sprachw.⟩ die Eigenschaft von Wörtern od. Morphemen, andere Einheiten zu verlangen, z. B. müssen bei vielen Verben bestimmte Arten von Objekten stehen; →*a.* Rektion [<lat. *valentia* »Kraft, Fähigkeit«; → *valent*]

Va|lenz|elek|tron *auch:* **Va|lenz|e-lek|tron** ⟨[va-] n.; -s, -en; meist Pl.; Physik⟩ das Elektron der äußersten Schale des Atoms, das die chem. Eigenschaften des Atoms bestimmt

Va|lenz|zahl ⟨[va-] f.; -, -en; Chemie⟩ die Wertigkeit, die den Atomen bzw. Ionen in chemischen Verbindungen zugeordnet ist

Va|le|ri|a|na ⟨[va-] f.; -; unz.; Bot.⟩ Baldrian [<lat. *valerianus* »aus der Provinz Valeria«]

Va|le|ri|an|säu|re ⟨[va-] f.; -, -n; Chemie⟩ aliphat. Carbonsäure, farbloses Öl, das nach Baldrian riecht u. z. B. in der Baldrianwurzel vorkommt; *Sy* Pentansäure

Va|let¹ ⟨[valɛt] od. [-le̲:t] n.; -s, -s⟩ Gruß zum Abschied, Lebewohl [lat.]

Va|let² ⟨[vale̲:] m.; -s, -s; frz. Kart.⟩ Bube [frz., »Vasall«]

va|le|te! ⟨[vale̲:tə]⟩ Lebt wohl! [lat.]

va|le|tie|ren ⟨[valɛ-] V.; schweiz.⟩ aufbügeln [<frz. *valet* »Vasall, Diener«]

Va|leur ⟨[valø̲:r] m.; -s, -s⟩ **1** ⟨Kaufmannsspr.⟩ Wert, Wertpapier **2** ⟨nur Pl.; Mal.⟩ ~*s* Wert eines Farbtons, Abstufungen von Licht u. Schatten [frz., »Wert«]

va|lid ⟨[va-] Adj.⟩ **1** kräftig **2** rechtskräftig [<lat. *validus*; zu *valere* »stark sein«]

Va|li|da|ti|on ⟨[va-] f.; -, -en⟩ **1** ⟨veraltet⟩ Gültigkeitserklärung **2** das Validieren (2)

va|li|die|ren ⟨[va-] V.⟩ **1** ⟨veraltet⟩ gültig, rechtskräftig machen **2** *eine wissenschaftliche Methode* ~ ihren Wert (für einen bestimmten Zweck) bestimmen

Va|li|di|tät ⟨[va-] f.; -⟩ Gültigkeit, Rechtskraft

Va|lin ⟨n.; -s; unz.⟩ Biochemie⟩ eine lebenswichtige Aminosäure [→ *Valeriansäure*]

Val|lis|ne|ria ⟨[val-] f.; -, -ri|en; Bot.⟩ Sumpfschraube, eine Aquarienpflanze, die zur Gattung der Froschbissgewächse gehört [nach dem ital. Arzt u. Naturforscher A. *Vallisnieri*, 1661-1730]

Va|lor ⟨[va̲:lɔr] m.; -s, -lo̲|ren; veraltet⟩ **1** ⟨unz.; Kaufmannsspr.⟩ Wert, Gehalt **2** ⟨nur Pl.⟩ ~*en* Wertgegenstände, Wertpapiere [lat., »Wert«]

Va|lo|ri|sa|ti|on ⟨[va-] f.; -, -en⟩ Aufwertung, Hebung des Preises einer Ware (durch Aufkaufen, Stapeln, Einschränkung der Produktion); *Sy* Valorisierung [→ *Valor*]

va|lo|ri|sie|ren ⟨[va-] V.⟩ aufwerten, den Wert, Preis heben von

Va|lo|ri|sie|rung ⟨[va-] f.; -, -en⟩ = Valorisation

Val|po|li|cel|la ⟨[valpolitʃɛla] m.; - od. -s; unz.⟩ ital. Rotwein, der besonders aus dem gleichnamigen Tal nördlich von Verona stammt

Va|lu|ta ⟨[va-] f.; -, -lu̲|ten; Bankw.⟩ **1** Wert einer Wäh-

Varianz

rung, Ware (an einem bestimmten Tag) **2** (ausländ. Währung) **3** Termin, an dem eine Verzinsung od. Frist einer Zahlung beginnt [ital.; zu *valere* »gelten, wert sein« < lat. *valere* »stark sein«]

Va|lu|ta|klau|sel ⟨[va-] f.; -, -n; Bankw.⟩ Vereinbarung, dass eine Schuld gemäß dem Kurs in einer bestimmten ausländ. Währung zu zahlen ist

Va|lu|ta|ver|si|che|rung ⟨[va-] f.; -, -en; Bankw.⟩ Form der Versicherung, bei der zum Schutz vor Schwankungen der Inlandswährung die Prämien u. Leistungen für den Versicherten an eine Auslandswährung gebunden werden, Fremdwährungsversicherung

va|lu|tie|ren ⟨[va-] V.; Bankw.⟩ **1** bewerten, den Wert angeben **2** einen Termin festsetzen, an dem die Verzinsung od. Zahlungsfrist beginnt

Val|va|ti|on ⟨[valva-] f.; -, -en; Bankw.⟩ Bestimmung des Wertes, bes. von fremden Münzen [< mfrz. *valuation* »Bewertung«; zu *valuer* < lat. *valere*; → *Valuta*]

Vamp ⟨[væmp] m.; -s, -s; abwertend⟩ erotisch stark anziehende, kalt berechnende Frau [engl.; zu *Vampir*]

Vam|pir ⟨a. [vam-] m.; -s, -pi̱re⟩ **1** ⟨Zool.⟩ Angehöriger einer Familie der Fledermäuse, der kein Blut saugt, sondern es nur aufleckt: Desmodontidae **2** ⟨Volksglaube⟩ Blut saugendes Nachtgespenst **3** ⟨fig.⟩ jmd., der sich auf Kosten anderer rücksichtslos bereichert [< slaw.]

Va|na|dat ⟨[va-] n.; -(e)s, -e; Chemie⟩ Salz der Vanadinsäure

Va|na|din ⟨[va-] n.; -s; unz.⟩ chem. Zeichen: V⟩ sprödes graues, korrosionsbeständiges Metall, Ordnungszahl 23; *oV* Vanadium [nach *Vanadis*, einem Beinamen der germ. Göttin Freia]

Va|na|di|nit ⟨[va-] n.; -s; unz.⟩ zusammen mit Apatit auftretendes, vanadinhaltiges Mineral, chemisch ein Bleivanadat, das zur Gewinnung von Vanadin abgebaut wird

Va|na|din|stahl ⟨m.; -s; unz.⟩ mit Vanadin legierter Stahl zur Erhöhung der Härte u. Korrosionsbeständigkeit

Va|na|di|um ⟨[va-] n.; -s; unz.; Chemie⟩ = Vanadin

Van-Al|len-Gür|tel ⟨[væn ælən-] Pl.⟩ von den ersten amerikan. Erdsatelliten entdeckte Strahlungsgürtel um die Erde in Höhen zwischen 2000 u. 4000 bzw. 10 000 u. 20 000 km [nach dem amerikan. Physiker J. A. *van Allen*, *1914]

Van|car|ri|er ⟨[vænkærɪə(r)] m.; (-) -s, (-) -; Technik⟩ Steuermaschine zum Transport bzw. Umladen von Containern (z. B. im Hafen); *Sy* Carrier [< engl. *van* »Transporter« + *carrier* »Beförderer«]

Van|da|le ⟨[van-] m.; -n, -n⟩ = Wandale

van|da|lisch ⟨[van-] Adj.⟩ = wandalisch

Van|da|lis|mus ⟨[van-] m.; -; unz.⟩ = Wandalismus

va|nil|la ⟨[vənɪlə] Adj.; undekl.⟩ in einfacher, schlicht gehaltener Grundausstattung; ~ *Software* [engl., »einfach, schlicht; langweilig«]

va|nille ⟨[vanɪl(j)ə] Adj.⟩ hellgelb

Va|nille ⟨[vanɪl(j)ə] f.; -; unz.; Bot.⟩ Gattung der Orchideen: Vanilla; *echte* ~ Pflanze mit zylindrischen Früchten, aus dem Fermentieren ein charakterist. Aroma erhalten, das für Süßspeisen beliebt ist: Vanilla planifolia [frz., < span. *vanilla* »kleine Schote« < lat. *vagina* »Scheide; Schote«]

Va|nil|lin ⟨[va-] n.; -s; unz.⟩ in der echten Vanille enthaltener od. künstlich hergestellter Aromastoff, chemisch ein Phenolätheraldehyd

va|ni|tas va|ni|ta|tum ⟨[va̱ː- va-] geh.⟩ Eitelkeit der Eitelkeiten, alles ist eitel [lat.; nach den Anfangsworten des »Predigers Salomo« im Alten Testament]

Va|peur ⟨[vapø:r] m.; -s, -s⟩ **1** ⟨unz.; Textilw.⟩ feines Gewebe aus Baumwolle **2** ⟨nur Pl.; veraltet⟩ ~*s* **2.1** Blähungen **2.2** ⟨fig.⟩ (angeblich dadurch verursachte) üble Laune [frz., »Dampf«]

Va|po|ri|me|ter ⟨[va-] n.; -s, -; Technik⟩ Gerät, mit dem man den Gehalt an Alkohol in Flüssigkeiten aus dem Dampfdruck beim Siedepunkt bestimmt [< lat. *vapor* »Dampf« + ...*meter*]

Va|po|ri|sa|ti|on ⟨[va-] f.; -; unz.⟩ **1** Verdampfung **2** Bestimmung des Gehalts an Alkohol einer Flüssigkeit **3** altes Heilverfahren, mit Wasserdampf Blutungen zu stillen [< lat. *vapor* »Dampf«]

va|po|ri|sie|ren ⟨[va-] V.⟩ **1** ⟨veraltet⟩ verdunsten, verdampfen; *eine Flüssigkeit* ~ *lassen* **2** den Alkoholgehalt einer Flüssigkeit ermitteln

Va|que|ro ⟨[vake̱ro], span. [bake̱ro] m.; - od. -s, -s⟩ berittener Rinderhirt in Spanien, Mexiko u. im Südwesten der USA; →*a.* Cowboy [span.; zu lat. *vacca* »Kuh«]

var. ⟨Bot.; Zool.; Abk. für⟩ varietas; →*a.* Varietät (2)

Va|ria ⟨[va̱-] Pl.⟩ Allerlei, Verschiedenes, Mannigfaltiges [lat.]

va|ri|a|bel ⟨[va-] Adj.⟩ wandelbar, veränderlich; *Ggs* konstant, invariabel; *variable Größen* [< frz. *variable* < lat. *variabilis*; zu *variare* »sich verändern«]

Va|ri|a|bi|li|tät ⟨[va-] f.; -, -en⟩ **1** Veränderlichkeit, Wandelbarkeit **2** ⟨Fähigkeit zur⟩ Abweichung vom Typus (bei Lebewesen)

Va|ri|a|ble *auch:* **Va|ri|able** ⟨[va-] f.; -n, -n⟩ *Ggs* Konstante **1** ⟨Math.⟩ veränderliche Größe **2** ⟨Logik⟩ Symbol, das stellvertretend für Zahlen, Quantitäten, Aussagen u. Werte eines Objektbereichs steht, die diesen zugeordnet werden kann

va|ri|ant ⟨[va-] Adj.⟩ bei bestimmten Vorgängen veränderlich; *Ggs* invariant

Va|ri|an|te ⟨[va-] f.; -, -n⟩ veränderte Form, Abart, Spielart [→ *Varianz*]

Va|ri|anz ⟨[va-] f.; -; unz.; Stat.⟩ Größenmaß für die durchschnittl. Abweichung eines Einzelwertes von einem Mittelwert [< lat. *varians*, Part. Präs. zu *variare* »sich verändern«]

Variation

Va|ri|a|ti|on ⟨[va-] f.; -, -en⟩ 1 Veränderung, Abwandlung 2 ⟨Biol.⟩ Abweichung von der Art 3 ⟨Musik⟩ melod., harmon. od. rhythm. Veränderung, Abwandlung eines Themas

Va|ri|a|ti|ons|rech|nung ⟨[va-] f.; -; unz.; Math.⟩ mathemat. Verfahren zur Berechnung von Maximal- u. Minimalwerten einer Funktion, Teilgebiet der Analysis

Va|ri|el|le ⟨[va-] f.; -, -n; meist Pl.⟩ Windpocke [<lat. *varicella*, Verkleinerungsform zu *varus* »Knoten«]

Va|ri|e|tät ⟨[varie-] f.; -, -en⟩ 1 ⟨allg.⟩ Verschiedenheit, andersartige Beschaffenheit 2 ⟨Bot.; Zool.; Abk.: var.⟩ in einem od. mehreren Merkmalen von einem Standardtyp abweichende Form eines Lebewesens 3 ⟨Sprachw.⟩ (vom Standard) abweichende sprachliche Form, sprachliche Variante [<lat. *varietas* »Verschiedenheit«]

Varieté / Varietee (*Laut-Buchstaben-Zuordnung*) Diakritische Zeichen in Fremdwörtern können durch markierte Buchstaben ersetzt werden. Dies gilt auch für das aus dem Französischen entlehnte »é«, das eine Vokallänge kennzeichnet, die im Deutschen durch die Doppelung des entsprechenden Vokals gekennzeichnet wird. Es bleibt dem Schreibenden überlassen, welche Variante er bevorzugt (→*a.* Séparé / Separee; Soufflé / Sufflee).

Va|ri|e|té ⟨[varie:te:] n.; -s, -s⟩ = Varietee

Va|ri|e|tee ⟨[varie:te:] n.; -s, -s⟩ Theater, Bühne für akrobat., tänzer., musikal. u. a. Vorführungen; *oV* Varieté [frz.]

va|ri|ie|ren ⟨[va-] V.⟩ 1 verschieden, anders sein, abweichen 2 verändern, abwandeln, abwechslungsreich gestalten 3 ⟨Musik⟩ melodisch, harmonisch od. rhythmisch abwandeln (Thema) [<frz. *varier* <lat. *variare* »sich verändern«]

va|ri|kös ⟨[va-] Adj.; Med.⟩ in Form von Varizen, mit Varizen behaftet [<lat. *varicosus*; zu *varix* »Krampfader«]

Va|ri|ko|se ⟨[va-] f.; -, -n; Med.⟩ Krampfaderleiden [zu lat. *varix* »Krampfader«]

Va|ri|ko|si|tät ⟨[va-] f.; -, -en; Med.⟩ Bildung von Varizen

Va|ri|ko|ze|le ⟨[va-] f.; -, -n; Med.⟩ krankhafte Erweiterung u. Schlängelung der Blutadern des Samenstranges, Krampfaderbruch [<lat. *varix* »Krampfader« + *cela* »Geschwulst« <grch. *kele*]

Va|ri|o|graf ⟨[va-] m.; -en, -en⟩ = Variograph

Va|ri|o|graph ⟨[va-] m.; -en, -en⟩ Gerät zur automat. Aufzeichnung der Werte eines Variometers; *oV* Variograf [<lat. *varius* »verschieden« + ...*graph*]

Va|ri|o|la ⟨[va-] f.; -, -lae [-le:] od. -ri|o|len; Med.⟩ Pocken [mlat., Verkleinerungsform zu lat. *varus* »Knoten«]

Va|ri|o|la|ti|on ⟨[va-] f.; -, -en; Med.⟩ Impfung gegen Pocken

Va|ri|o|me|ter ⟨[va-] n.; -s, -⟩ 1 ⟨Meteor.⟩ Messgerät, das angezeigt, mit welcher Geschwindigkeit ein Luftfahrzeug steigt od. sinkt 2 ⟨El.⟩ Spule mit verschiebbarem Kern 3 Spule, in die eine andere beweglich eingebracht werden kann [<lat. *varius* »verschieden« + ...*meter*]

Va|ri|o|ob|jek|tiv ⟨[va:-] n.; -s, -e; Fot.⟩ = Zoomobjektiv [<lat. *varius* »verschieden« + *Objektiv*]

va|ris|kisch ⟨[va-] Adj.; Geol.⟩ = variszisch

va|ris|tisch ⟨[va-] Adj.; Geol.⟩ = variszisch

Va|ris|tor ⟨[va-] m.; -s, -to|ren; Physik⟩ spannungsabhängiger Widerstand, der zur Stabilisierung der Spannung eingesetzt wird [<lat. *varius* »mannigfaltig« + engl. *resistor* »Widerstand«]

va|ris|zisch ⟨[va-] Adj.⟩ ~*e Gebirgsbildung* ⟨Geol.⟩ im Karbon erfolgte, großflächige Bildung von Hochgebirgen, die heute durch Abtragung u. tekton. Veränderungen einen großen Teil unserer Mittelgebirge bilden; *oV* varistisch, variskisch [nach dem Volksstamm der *Varisker* im Vogtland]

Va|ris|zit ⟨[va-] m.; -s, -e; Min.⟩ aus Aluminiumphosphat bestehendes farbloses, rhombisches Mineral; *Sy* Callainit [→ *variszisch*]

Va|rix ⟨[va:-] f.; -, Va|ri|zen; Med.⟩ = Varize

Va|ri|ze ⟨[va-] f.; -, -n; Med.⟩ Krampfader; *oV* Varix [<lat. *varix*, Gen. *varicis*]

Va|ri|zel|len ⟨[va-] Pl.; Med.⟩ Windpocken [<lat. *varicella*, Verkleinerungsform zu *varus* »Knoten«]

Var|so|vi|en|ne ⟨[varsɔvjɛn] f.; -, -n⟩ polnischer Gesellschaftstanz des 19. Jh.; →*a.* Mazurka [frz.; zum lat. Namen *Varsovia* der poln. Stadt Warschau]

vas..., **Vas...** ⟨in Zus.⟩ = vaso..., Vaso...

va|sal ⟨[va-] Adj.; Med.⟩ zu den Blutgefäßen gehörend [<lat. *vas* »Gefäß«]

Va|sall ⟨[va-] m.; -en, -en⟩ 1 Gefolgsmann 2 Lehnsmann [mlat. *vasallus* <kelt.]

Va|sal|len|staat ⟨[va-] m.; -(e)s, -en⟩ formell selbständiger, in Wirklichkeit aber von einer Großmacht abhängiger Staat

va|sal|lisch ⟨[va-] Adj.⟩ 1 einem Vasallen gemäß, für ihn bezeichnend 2 auf Vasallendienst beruhend

Va|sal|li|tät ⟨[va-] f.; -; unz.; im MA⟩ die vertraglich begründete persönliche Bindung des Vasallen an seinen Lehnsherrn

Va|se ⟨[va:-] f.; -, -n⟩ kunstvoll gearbeitetes Gefäß aus Ton, Porzellan od. Glas für Schnittblumen [<frz. *vase* <lat. *vas* »Gefäß«]

Vas|ek|to|mie *auch:* **Va|sek|to|mie** ⟨[vas-] f.; -, -n; Med.⟩ *Sy* Vasoresektion, Vasotomie 1 (i. w. S.) operative Entfernung von Teilen der Gefäße 2 (i. e. S.) operative Entfernung eines Teiles des Samenleiters zur Unfruchtbarmachung des Mannes [<*Vaso...* + *Ektomie*]

Va|se|lin ⟨[va-] n.; -s; unz.; Pharm.⟩ = Vaseline

Va|se|li|ne ⟨[va-] f.; -; unz.; Pharm.⟩ halbfestes, salbenartiges Gemisch gesättigter aliphatischer Kohlenwasserstoffe von gelber od. (gebleicht) weißer Farbe, das hauptsächlich in der pharmazeut. u. kosmet. Industrie verarbeitet wird; *oV* Vaselin [Kunstwort <dt. *Wasser* + grch. *elaton* »Öl«]

Va|se|nol ⟨[va-] n.; -s; unz.; Pharm.⟩ eine Mischung von Vaselin mit Fettalkoholen, die ein Mehrfaches ihres Gewichtes an Wasser aufnehmen kann u. deshalb als Grundlage für Salben dient [verkürzt <*Vaselin* + *Lanolin*]

vas|ku|lar ⟨[vas-] Adj.; Med.⟩ die (kleinen) Blutgefäße betreffend, zu ihnen gehörig, mit ihnen versehen; *oV* vaskulär [<lat. *vascularis*; zu *vasculum* »kleines Gefäß«]

vas|ku|lär ⟨[vas-] Adj.; Med.⟩ = vaskular

Vas|ku|la|ri|sa|ti|on ⟨[vas-] f.; -; unz.; Med.⟩ Versorgung mit kleinen Blutgefäßen

vas|ku|lös ⟨[vas-] Adj.; Med.⟩ reich an Blutgefäßen [→ *vaskular*]

va|so..., Va|so... ⟨[va-] vor Vokalen⟩ vas..., Vas... ⟨in Zus.⟩ gefäß..., Gefäß... [<lat. *vas* »Gefäß«]

Va|so|di|la|ta|tor ⟨[va-] m.; -s, -to|ren; Pharm.⟩ Arzneimittel, das die Erweiterung u. damit die bessere Durchblutung verengter Gefäße bewirkt; *Ggs* Vasokonstriktor [<*Vaso...* + lat. *dilatare* »erweitern«]

Va|so|kon|strik|tor *auch:* **Va|so|konst|rik|tor** ⟨[va-] m.; -s, -to|ren; Pharm.⟩ Arzneimittel, das die Zusammenziehung von Blutgefäßen bewirkt, damit den Blutdruck erhöht; *Ggs* Vasodilatator [<*Vaso...* + lat. *constringere* »zusammenziehen«]

Va|so|li|ga|tur ⟨[va-] f.; -, -en⟩ Abschnüren eines Gefäßes

Va|so|mo|to|ren ⟨[va-] Pl.; Anat.⟩ Gefäßnerven [<*Vaso...* + lat. *motor* »Beweger«]

va|so|mo|to|risch ⟨[va-] Adj.⟩ zu den Vasomotoren gehörig, auf ihnen beruhend; ~*e Reaktionen* Erweiterung od. Verengung der Blutgefäße durch verschiedene Spannungszustände der glatten Muskeln unter der Wirkung der Gefäßnerven

Va|so|ple|gie ⟨[va-] f.; -, -n; Anat.; Med.⟩ Gefäßlähmung [<*Vaso...* lat. + grch. *plege* »Schlag«]

Va|so|pres|sin ⟨[va-] n.; -s, -e; Abk.: ADH; Biochemie⟩ ein Peptidhormon des Hypophysenhinterlappens, das die Rückresoption von Wasser (tägl. zwischen 15-30 l) in den Nieren bewirkt; *Sy* antidiuretisches Hormon, Adiuretin

Va|so|re|sek|ti|on ⟨[va-] f.; -, -en; Med.⟩ = Vasektomie

Va|so|to|mie ⟨[va-] f.; -, -n; Med.⟩ = Vasektomie [<*Vaso...* + ...*tomie*]

Va|ti|kan ⟨[va-] m.; -s; unz.; kath. Kirche⟩ **1** Palast, Residenz des Papstes in Rom **2** die päpstliche Regierung

va|ti|ka|nisch ⟨[va-] Adj.⟩ zum Vatikan gehörig, auf ihm beruhend, aus ihm stammend

Va|ti|kan|stadt ⟨[va-] f.; -; unz.⟩ Stadtstaat innerhalb Roms mit den Gebäuden der päpstlichen Regierung, der Bibliothek u. der Peterskirche

Vau|de|ville ⟨[vo:dəvi:l] n.; -s, -s; Musik⟩ **1** possenhaftes Singspiel, im 18. Jh. in Frankreich aufgekommen **2** Lied, Schlager eines Vaudevilles (1) [<frz. *vaude-Vire*, nach der Stadt *Vire* in Westfrankreich, mit späterer volksetymolog. Angleichung an *ville* »Stadt«]

Ve|da ⟨[ve-] f.; - od. -s, -s od. Veden [ve-]⟩ = Weda

Ve|den ⟨[ve-] Pl.⟩ = Weden

Ve|det|te ⟨[ve-] f.; -, -n⟩ **1** Vortrupp von Reitern, berittener Vorposten **2** Wache [<ital. *vedetta*]

Ve|du|te ⟨[ve-] f.; -, -n⟩ **1** ⟨Mal.⟩ getreue Wiedergabe der Ansicht einer Stadt od. Landschaft mit geringer perspektivischer Wirkung; →*a.* Prospekt (2) **2** ⟨im Festungsbau des 15.-18. Jh.⟩ hoch gelegener od. vorgeschobener Beobachtungsposten [ital.]

ve|gan ⟨[ve-] Adj.⟩ den Veganismus betreffend, auf ihm beruhend

Ve|ga|ner ⟨[ve-] m.; -s, -⟩ Vegetarier, der zusätzlich auf alle tier. Produkte verzichtet

Ve|ga|ne|rin ⟨[ve-] f.; -, -rin|nen⟩ Vegetarierin, die zusätzlich auf alle tier. Produkte verzichtet

Ve|ga|nis|mus ⟨[ve-] m.; -; unz.⟩ Form des Vegetarismus, die ausdrücklich auch den Verzicht auf jede Art von tierischen Produkten (z. B. Milch, Eier) einschließt

ve|ge|ta|bil ⟨[ve-] Adj.; Bot.⟩ = vegetabilisch

Ve|ge|ta|bi|li|en ⟨[ve-] nur Pl.; Bot.⟩ pflanzl. Stoffe, pflanzl. Nahrungsmittel

ve|ge|ta|bi|lisch ⟨[ve-] Adj.; Bot.⟩ pflanzlich, von Pflanzen stammend; *oV* vegetabil [<mlat. *vegetabilis*; zu *vegetari* »wachsen, gedeihen« <lat. *vegetus* »belebt«; zu *vegere* »züchten, erregen, beleben, tätig sein«]

Ve|ge|ta|ri|a|nis|mus ⟨[ve-] m.; -; unz.⟩ = Vegetarismus

Ve|ge|ta|ri|er ⟨[ve-] m.; -s, -⟩ Mann, der bei seiner Ernährung auf Fleisch verzichtet

Ve|ge|ta|ri|e|rin ⟨[ve-] f.; -, -rin|nen⟩ Frau, die bei ihrer Ernährung auf Fleisch verzichtet

ve|ge|ta|risch ⟨[ve-] Adj.⟩ auf dem Vegetarismus beruhend; ~ *leben* in der Ernährung auf Fleisch verzichten

Ve|ge|ta|ris|mus ⟨[ve-] m.; -; unz.⟩ Ernährung durch fleischfreie Kost

Ve|ge|ta|ti|on ⟨[ve-] f.; -, -en; Bot.⟩ **1** Leben, Wachstum der Pflanzen **2** Gesamtheit der in einem Gebiet vorkommenden Pflanzen [<mlat. *vegetatio*; → *vegetabilisch*]

Ve|ge|ta|ti|ons|ke|gel ⟨[ve-] m.; -s, -; Bot.⟩ Wachstumszone der Spross- u. Wurzelspitze einer Pflanze

Ve|ge|ta|ti|ons|or|gan ⟨[ve-] n.; -s, -e; Bot.⟩ der Erhaltung des Organismus u. nicht der Fortpflanzung dienendes Pflanzenorgan

Ve|ge|ta|ti|ons|pe|ri|o|de ⟨[ve-] f.; -, -n; Bot.⟩ Zeitraum, in dem die Pflanze am kräftigsten wächst

Ve|ge|ta|ti|ons|punkt ⟨[ve-] m.; -(e)s, -e; Bot.⟩ Ende einer Pflanzenachse od. Wurzel, von der das Wachstum hauptsächlich ausgeht

ve|ge|ta|tiv ⟨[ve-] Adj.⟩ **1** ⟨Bot.⟩ pflanzlich **2** ⟨Physiol.⟩ unbewusst, nicht dem Willen unterliegend (von Nerven); ~*es Ner-*

vegetieren

vensystem alle Nerven, die bewusst nicht beeinflusst werden können, autonomes, unwillkürliches Nervensystem, Lebensnervensystem 3 〈Biol.〉 ungeschlechtlich [< mlat. *vegetativus*; → *vegetabilisch*]

ve|ge|tie|ren 〈[ve-] V.〉 (kümmerlich) dahinleben

ve|he|ment 〈[ve-] Adj.〉 heftig, ungestüm [< lat. *vemens, vehemens* »stürmisch, leidenschaftlich«, eigtl. »nicht besonnen« ‹*ve...* »zu wenig« + *mens* »Verstand«]

Ve|he|menz 〈[ve-] f.; -; unz.〉 Heftigkeit, Ungestüm

Ve|hi|kel 〈[ve-] n.; -s, -〉 1 (altes, altmodisches, schlechtes) Fahrzeug 2 〈fig.〉 Mittel (zu einem Zweck) [< lat. *vehiculum* »Fahrzeug«; zu *vehi* »fahren«]

Vei|ling 〈[veɪ-] n.; - od. -s, -s〉 Methode der Versteigerung von Obst, Gemüse u. Blumen, bei der auf einer Versteigerungsuhr ein Zeiger langsam über eine fallende Preisskala läuft, bis er durch das erste (u. damit höchste) Käuferangebot angehalten wird [engl., ‹*veil* »Verschleierung«; zu *veil* »verschleiern, verhüllen«]

Vek|tor 〈[vɛk-] m.; -s, -to|ren〉 1 〈Math.〉 math. Größe, die als Strecke bestimmter Länge u. Richtung definiert ist 2 〈Genetik〉 Träger (z. B. Plasmid) für die Einführung neuer Gene in eine Zelle [< lat. *vector* »Träger«; zu *vehere* »tragen«]

Vek|tor|feld 〈[vɛk-] n.; -(e)s, -er; Math.〉 durch einheitliche Ausrichtung aller Vektoren gekennzeichneter Teil eines Raumes

vek|to|ri|ell 〈[vɛk-] Adj.; Math.〉 Vektoren betreffend, auf Vektoren bezogen, zu ihnen gehörig; *~e Größe* auf Vektoren bezogene G.; *Ggs* skalare Größe

Vek|tor|kar|di|o|gra|fie 〈[vɛk-] f.; -n; Med.; Abk.: VKG〉 = Vektorkardiographie

Vek|tor|kar|di|o|gra|phie 〈[vɛk-] f.; -, -n; Abk.: VKG; Med.〉 kontinuierliche Aufzeichnung der Bewegungsabläufe der Herzmuskelfasern; *oV* Vektorkardiografie [< *Vektor* + *kardio...* + *...graphie*]

Vek|tor|rech|ner 〈[vɛk-] m.; -s, -; Math.〉 in Form von Vektoren operierender Rechner, der mit mehreren Rechenwerken parallele Operationen vornehmen kann

Vek|tor|rech|nung 〈[vɛk-] f.; -, -en〉 Rechnung mit Vektoren

Ve|la 〈[ve:-] Pl. von〉 Velum

ve|lar 〈[ven-] Adj.; Phon.〉 am Gaumensegel gebildet, gesprochen (Laute) [< lat. *velaris* »das Tuch, Segel betreffend«; zu *velum* »Tuch, Segel«]

Ve|lar 〈[ve-] m.; -s, -e; Phon.〉 Hintergaumenlaut, Kehllaut, Gaumensegellaut, mit der hinteren Zunge am Gaumensegel gebildeter Konsonant, z. B. g, k, ng, ch (nach a, o, u)

Ve|li|ger|lar|ve 〈[ve:-] f.; -, -n; Zool.〉 Larve mariner Muscheln u. zahlreicher Schnecken, die mit einem Segel frei umherschwimmt [< lat. *velum* »Tuch, Segel« + *Larve*]

Ve|lin 〈[vəli̯ːn] n.; -s; unz.; Buchw.〉 weiches, weißes, pergamentartiges Papier für kostbare Bucheinbände [< frz. *vélin* ‹afrz. *veel* »Kalb« < lat. *vitellus*]

Vel|le|i|tät 〈[vele:i-] f.; -; unz.〉 unwirksame Regung des Willens, kraftloses Wünschen [< lat. *velle* »wünschen«]

Ve|lo 〈[ve:-] n.; -s, -s; schweiz.〉 Fahrrad [verkürzt ‹*Velozipeď*]

ve|lo|ce 〈[velo:tʃə] Musik〉 schnell (zu spielen) [ital.]

Ve|lo|ci|rap|tor 〈[ve-] m.; -s, -s od. -en; Zool.〉 Angehöriger einer kleinen, Fleisch fressenden Gattung der Dinosaurier mit großen Krallen an den Hinterfüßen [< lat. *velox*, Gen. *velocis* »schnell«]

Ve|lo|drom 〈[ve-] n.; -s, -e; Sport〉 Radrennbahn in einer Halle [< frz. *vélodrome* < *Velo* + grch. *dromos* »Lauf«]

Ve|lours¹ 〈[vəlu:r] m.; - [-lu:rs], - [-lu:rs]; Textilw.〉 samtartiges Gewebe aus Streichgarn [frz. ‹lat. *villosus* »behaart«]

Ve|lours² 〈[vəlu:r] n.; - [-lu:rs], - [-lu:rs]; Textilw.〉 auf der Fleischseite bearbeitetes Leder mit samtartiger Oberfläche; *Sy* Veloursleder [→ *Velours¹*]

Ve|lours|le|der 〈[vəlu:r-] n.; -s; unz.; Textilw.〉 = Velours²

Ve|lours|tep|pich 〈[vəlu:r-] m.; -(e)s, -e; Textilw.〉 gewebter Teppich mit samtartigem Flor

Ve|lou|ti|ne 〈[vəluti:n] m.; - od. -s, -s; Textilw.〉 halbseidener, ripsartiger Kleiderstoff in Leinwandbindung [zu frz. *velout* »samtartig«]

Ve|lo|zi|ped 〈[ve-] n.; -s, -s; kurz: Velo〉 Fahrrad [< frz. *vélocipède* < lat. *velos* »schnell« + *pedis*, Gen. zu *pes* »Fuß«]

Velt|li|ner 〈[vɛlt-] m.; -s, -〉 1 〈Bot.〉 berühmte Rebsorte (Sammelbez. für die Rebsorten roter V., grüner V. u. frühroter V.) 2 Weinsorte von meist nur mittlerer Qualität [nach der ital. Landschaft Veltlin]

Ve|lum 〈[ve-] n.; -s, Ve|la [ve:-]〉 1 〈Rel.〉 1.1 rechteckiges Tuch, das dem Priester beim Sakrament Schulter u. Hände verhüllt 1.2 Tuch zum Bedecken der Abendmahlsgeräte 2 〈Anat.〉 2.1 weicher Gaumen, Gaumensegel (*~ palatinum*) 2.2 halbmondförmiges Segel der Herzklappen 3 〈Zool.〉 schirmartiger Rand mancher Medusen [< lat. *velum* »Tuch, Segel«]

Vel|vet 〈[vɛlvət] m.; -s, -s〉 1 〈Textilw.〉 Samt aus Baumwolle 2 〈Fot.〉 fotografisches Papier mit samtartiger Oberfläche [engl.]

Vel|ve|ton 〈[vɛlvətɔ:] m.; -s, -s; Textilw.〉 durch Rauen eines kräftigen, in Atlasbindung gewebten Baumwollstoffes erzielte Imitation von Samt [frz., ‹engl. *velvet* »Samt«]

Ven|det|ta 〈[vɛn-] f.; -, -det|ten〉 Blutrache [ital., »Rache«]

Ve|ne 〈[ve:-] f.; -, -n; Anat.〉 zum Herzen führendes Blutgefäß, Blutader; *Ggs* Arterie [< lat. *vena* »Ader«]

Ven|ek|ta|sie *auch:* **Ve|nek|ta|sie** 〈[ve-] f.; -, -n; Med.〉 Venenerweiterung durch Erschlaffen der Gefäßwände [< *Vene* + *Ektasie*]

ve|ne|nös 〈[ve-] Adj.; Med.〉 giftig [< lat. *venenum* »Gift«]

Ve|le|num 〈[ve-] n.; -s, -ne|na; Med.〉 Gift [lat.]

ve|ne|ra|bel 〈[ve-] Adj.; geh.〉 ehrwürdig, verehrungswürdig; *eine venerable Frau* [< lat. *venerabilis*; zu *venerari* »verehren«]

Ve|ne|ra|bi|le ⟨[ve---le:] n.; - od. -s; unz.; kath. Kirche⟩ Allerheiligstes [→ *venerabilis*]

ve|ne|ra|bi|lis ⟨[ve-] Adj.⟩ hoch-, ehrwürdig (bes. im Titel kath. Geistlicher) [lat.]

ve|ne|risch ⟨[ve-] Adj.; Med.⟩ eine Geschlechtskrankheit betreffend, auf ihr beruhend; ~*es Leiden* [nach der Liebesgöttin *Venus*, Gen. *Veneris*]

Ve|ne|ro|lo|ge ⟨[ve-] m.; -n, -n; Med.⟩ Facharzt auf dem Gebiet der Venerologie

Ve|ne|ro|lo|gie ⟨[ve-] f.; -; unz.; Med.⟩ Lehre von den Geschlechtskrankheiten [<*venerisch* + grch. *logos* »Lehre«]

ve|ne|ro|lo|gisch ⟨[ve-] Adj.; Med.⟩ die Venerologie betreffend, zu ihr gehörig

Ve|ne|zia|nisch|rot ⟨[ve-] n.; -(e)s; unz.⟩ = Caput mortuum

Ve|nia Le|gen|di ⟨[ve:-] f.; - -; unz.⟩ Berechtigung, an Hochschulen Vorlesungen zu halten [lat., *venia* »Erlaubnis« + *legendi*, Gerundium zu *legere* »lesen«]

ve|ni, vi|di, vi|ci ⟨[ve:ni vi:di vi:tsi]⟩ ich kam, ich sah, ich siegte [lat., Cäsars Meldung nach Rom nach der Schlacht bei Zela 47 v. Chr.]

Venn|dia|gramm *auch:* **Venn-Dia|gramm** ⟨[vɛn-] n.; -(e)s, -e; EDV⟩ Diagramm, das Mengen u. ihre Überschneidungen bildlich darstellt [nach dem engl. Logiker J. *Venn*, 1834-1923]

Ve|no|le ⟨[ve-] f.; -, -n; Anat.⟩ kleinste Vene

ve|nös ⟨[ve-] Adj.; Anat.⟩ zu den Venen gehörend, auf ihnen beruhend, von ihnen getragen [→ *Vene*]

Ven|til ⟨[vɛn-] n.; -s, -e⟩ 1 Vorrichtung zum Absperren von Flüssigkeiten u. Gasen; *Kugel~; Kegel~; Nadel~; ein ~ öffnen, schließen* 2 ⟨bei Blechblasinstrumenten⟩ Mechanismus, der die urspr. Stimmung verändert 3 ⟨bei der Orgel⟩ die Luftzufuhr regelnde Klappe 4 ⟨El.⟩ Gleichrichter 5 ⟨fig.⟩ Möglichkeit, einer Gefühlsaufwallung Ausdruck zu verleihen; *er braucht, sucht ein ~ für seinen Zorn* [<mlat. *ventile* »Kanalschleuse« <lat. *ventus* »Wind«]

Ven|ti|la|ti|on ⟨[vɛn-] f.; -, -en⟩ 1 Bewegung von Luft od. von Gasen 2 Lüftung 3 ⟨Zool.⟩ der Atmung dienende Bewegung [→ *Ventil*]

Ven|ti|la|tor ⟨[vɛn-] m.; -s, -to̱ren⟩ Vorrichtung zur Lüftung von Räumen, Bewetterung von Bergwerken, zur Kühlung von Motoren usw. [→ *Ventil*]

ven|ti|lie|ren ⟨[vɛn-] V.⟩ 1 Wind erzeugen 2 lüften 3 ⟨fig.⟩ überlegen, sorgfältig erwägen [<frz. *ventiler* <lat. *ventilare*; zu *ventus* »Wind«]

Ven|ti|lie|rung ⟨[vɛn-] f.; -, -en⟩ das Ventilieren

ven|tral *auch:* **vent|ral** ⟨[vɛn-] Adj.; Med.⟩ zum Bauch gehörig, in seiner Gegend gelegen [<lat. *ventralis*; zu *venter* »Bauch, Unterleib«]

Ven|tri|kel *auch:* **Vent|ri|kel** ⟨[vɛn-] m.; -s, -; Anat.⟩ Hohlraum, Kammer, z. B. Herzkammer, Hirnkammer, Magen [<lat. *ventriculus*; zu *venter* »Bauch, Unterleib«]

ven|tri|ku|lär *auch:* **vent|ri|ku|lär** ⟨[vɛn-] Adj.; Med.⟩ zum Ventrikel gehörig, auf ihm beruhend

Ven|tri|lo|quis|mus *auch:* **Vent|ri|lo|quis|mus** ⟨[vɛn-] m.; -; unz.⟩ das Bauchreden [→ *Ventriloquist*]

Ven|tri|lo|quist *auch:* **Vent|ri|lo|quist** ⟨[vɛn-] m.; -en, -en⟩ Bauchredner [<lat. *venter* »Bauch« + *loqui* »reden«]

Ven|ture|ca|pi|tal ⟨[vɛntʃə(r)kæpɪtəl] n.; -s; unz.; Wirtsch.⟩ Finanzierungsform, die Investoren haftendes Kapital zur Verfügung stellt, um Gewinne für Kapitalnehmer u. -geber zu erwirtschaften [engl., »Risikokapital«]

ver|ab|so|lu|tie|ren ⟨V.⟩ als absolut gültig betrachten od. hinstellen; *jmds. Meinung ~*

Ve|ran|da ⟨[ve-] f.; -, -ran|den; Arch.⟩ vor- od. eingebauter, überdachter, meist mit Glaswänden versehener Raum an einem Haus [<engl. <portug. *varanda*]

Ve|ra|trin *auch:* **Ve|rat|rin** ⟨[ve-] n.; -s; unz.; Chemie⟩ Gift, das den systolischen Stillstand des Herzens bewirkt, Mischung von Alkaloiden, die im Samen der Sabadille enthalten sind [<lat. *veratrum* »Nieswurz«]

Verb ⟨[vɛrp] n.; -s, -en; Gramm.⟩ flektierbares Wort, das Tätigkeiten, Vorgänge u. Zustände bezeichnet, z. B. gehen; *oV* Verbum; *Sy* Tätigkeitswort, Zeitwort [<lat. *verbum* »Wort«]

ver|bal ⟨[vɛr-] Adj.⟩ 1 ⟨Gramm.⟩ zum Verb gehörig, auf ihm beruhend 2 mündlich, durch Worte mitgeteilt [<lat. *verbalis*; zu *verbum* »Wort«]

Ver|bal ⟨[vɛr-] n.; -s, -e; schweiz.⟩ Bericht

Ver|bal|ab|strak|tum *auch:* **Ver|bal|abs|trak|tum** ⟨[vɛr-] n.; -s, -strak|ta; Gramm.⟩ = Verbalsubstantiv

Ver|bal|ad|jek|tiv ⟨[vɛr-] n.; -s, -e [-və]; Gramm.⟩ aus einem Verb gebildetes Adjektiv, z. B. das »weinende« Kind

Ver|ba|le ⟨[vɛr-] n.; -s, -li|en; meist Pl.⟩ 1 ⟨veraltet⟩ wörtl. Äußerung 2 ⟨Gramm.⟩ von einem Verbum abgeleitetes Wort (z. B. Redner von reden)

Ver|bal|ero|ti|ker ⟨[vɛr-] m.; -s, -; Psych.⟩ jmd., der ständig über sexuelle Handlungen u. Erlebnisse redet, die er allerdings in den meisten Fällen nicht vollzieht u. erlebt

Ver|bal|in|ju|rie ⟨[-riə] f.; -, -n⟩ Beleidigung durch Worte

Ver|bal|in|spi|ra|ti|on *auch:* **Ver|bal|ins|pi|ra|ti|on** ⟨[vɛr-] f.; -; unz.⟩ die wörtl. Eingebung des biblischen Textes durch Gott in das Bewusstsein eines Bibelautors

ver|ba|li|sie|ren ⟨[vɛr-] V.⟩ 1 ⟨Gramm.⟩ zu einem Verb umbilden; *ein Substantiv* ~ z. B. »Luft« zu »lüften« 2 in Worte fassen, mit Worten ausdrücken; *ein Gefühl* ~

Ver|ba|list ⟨[vɛr-] m.; -en, -en⟩ jmd., der viele Worte macht, der mehr Wert auf Wort u. Formulierung als auf die Sache legt

ver|ba|lis|tisch ⟨[vɛr-] Adj.⟩ in der Art des Verbalismus, auf ihm beruhend, durch Worte

Ver|ba|lis|mus ⟨[vɛr-] m.; -; unz.⟩ Neigung zur Wortemacherei, Übergewicht der Worte über die Sache

ver|ba|li|ter ⟨[vɛr-] Adv.⟩ wörtlich [lat.]

Ver|bal|kom|po|si|tum ⟨[vɛr-] n.; -s, -si|ta; Gramm.⟩ Verb, das aus zwei od. mehreren selbständigen Verben zusammengesetzt ist (z. B. standhalten)

Ver|bal|kon|kor|danz ⟨[vɛr-] f.; -, -en; Buchw.⟩ alphabet. Verzeichnis von Ausdrücken od. Redewendungen, die in den Werken eines od. mehrerer Schriftsteller verwendet werden

Ver|bal|no|men ⟨[vɛr-] n.; -s, -no|mi|na; Gramm.⟩ Verb, das als Nomen gebraucht wird, z. B. das Können, das Gehen

Ver|bal|no|te ⟨[vɛr-] f.; -, -n⟩ mündlich vorgetragene, meist vertraul. diplomat. Note

Ver|bal|phra|se ⟨[vɛr-] f.; -, -n; Abk.: VP; Gramm.⟩ von einem Verb bestimmte Wortgruppe im Satz; →a. Nominalphrase

Ver|bal|stil ⟨[vɛr-] m.; -s; unz.⟩ Verben bevorzugender Schreibstil; Ggs Nominalstil

Ver|bal|sub|stan|tiv auch: **Ver|bal|subs|tan|tiv** ⟨[vɛr-] n.; -(e)s, -e [-və]; Gramm.⟩ aus einem Verb gebildetes Substantiv, z. B. das Gehen; Sy Verbalabstraktum

ver|bar|ri|ka|die|ren ⟨V.⟩ mit Barrikaden sperren, verrammeln; *die Straße, die Tür* ~; *sich* ~ sich durch eine Barrikade schützen; *sich hinter Stühlen, Tischen* ~

Ver|bas|kum ⟨[vɛr-] n.; -s, -bas|ken; Bot.⟩ Königskerze [<lat. *verbascum*]

Ver|be|ne ⟨[vɛr-] f.; -, -n; Bot.⟩ Eisenkraut [<lat. *verbena* »heiliger Oliven-, Lorbeer- od. Myrtenzweig«]

ver|bos ⟨[vɛr-] Adj.; geh.⟩ wortreich, weitläufig, weitschweifig; zu *verbum* »Wort«]

Ver|bum ⟨[vɛr-] n.; -s, Ver|ba [vɛr-]; Gramm.⟩ = Verb; ~ *finitum* = finites Verb; ~ *infinitum* = infinites Verb [lat., »Wort«]

ver|char|tern ⟨[-tʃa:r-] V.⟩ *ein Flugzeug, ein Schiff* ~ für eine gewisse Zeitspanne vermieten [→ *chartern*]

Ver|dikt ⟨[vɛr-] n.; -(e)s, -e⟩ Entscheidung, Urteil [<engl. *verdict* »Urteil (der Geschworenen), Wahrspruch« <lat. *vere dictum* »Wahrspruch« <*verus* »wahr« + *dictum* »Äußerung, Spruch, Befehl, Versprechen«]

Ver|dü|re ⟨[vɛr-] f.; -, -n; MA bis 18. Jh.⟩ gewirkter Wandteppich in überwiegend grünen Farben mit Darstellungen von Pflanzen, gelegentlich auch Tieren [<frz. *(tapis de) verdure* »Rasenteppich, Teppich mit Ranken- u. Blütenmustern«; zu *verdure* »grünes Laub; Rasen; Kräuter«; zu *vert* »grün«]

Ver|genz ⟨[vɛr-] f.; -, -en; Geol.⟩ die Richtung der Faltenlagerung in Faltengebirgen [zu lat. *vergere* »sich wohin neigen«]

Ve|ri|fi|ka|ti|on ⟨[ve-] f.; -, -en⟩ das Verifizieren, Nachweis der Wahrheit, Bestätigung; Ggs Falsifikation (2) [<lat. *verus* »wahr, wirklich, echt« + ...*fikation*]

ve|ri|fi|zier|bar ⟨[ve-] Adj.⟩ so beschaffen, dass man es verifizieren kann, nachprüfbar

Ve|ri|fi|zier|bar|keit ⟨[ve-] f.; -; unz.⟩ Nachprüfbarkeit; *dieser Fall ist in seiner* ~ *sehr undurchsichtig*

ve|ri|fi|zie|ren ⟨[ve-] V.⟩ die Wahrheit nachweisen, bestätigen; *eine Hypothese* ~ bei Überprüfung als richtig erkennen; Ggs falsifizieren (2) [<lat. *verus* »wahr, wirklich, echt« + ...*fizieren*]

Ve|ris|mo ⟨[ve-] m.; -; unz.; Kunst; Lit.⟩ italien., vom französ. Naturalismus beeinflusste Richtung in Literatur u. Film, die sich bes. mit sozialen Problemen auseinander setzt [ital.; → *Verismus*]

Ve|ris|mus ⟨[ve-] m.; -; unz.; Kunst; Lit.⟩ Strömung in Literatur, bildender Kunst, Malerei u. Schauspiel, die die Wirklichkeit krass naturalistisch u. unreflektiert darstellt [<lat. *verus* »wahr, wirklich, echt«]

Ve|rist ⟨[ve-] m.; -en, -en; Kunst; Lit.⟩ Vertreter, Anhänger des Verismus

Ve|ris|tin ⟨[ve-] f.; -, -tin|nen; Kunst; Lit.⟩ Vertreterin, Anhängerin des Verismus

ve|ris|tisch ⟨[ve-] Adj.; Kunst; Lit.⟩ zum Verismus gehörend, auf ihm beruhend, in der Art des Verismus

ve|ri|ta|bel ⟨[ve-] Adj.⟩ **1** wahrhaft, echt, aufrichtig; *ein veritabler Freund* **2** die eigentliche Bedeutung (eines Wortes) betreffend [<frz. *véritable* »echt, wahr, wahrhaft, wirklich« <lat. *veritas* »Wahrheit, Wirklichkeit, Aufrichtigkeit«]

ver|jaz|zen ⟨V.; Musik⟩ mit Elementen des Jazz verändern; *klassische Musik* ~

ver|kad|men ⟨V.; Chemie⟩ = cadmieren

ver|kit|schen[1] ⟨V.⟩ künstlerisch verderben, kitschig gestalten; *verkitscht* kitschig, ins Kitschige abgeglitten [→ *Kitsch*]

ver|kit|schen[2] ⟨V.; umg.⟩ verkaufen, bes. billig verkaufen, verschleudern [<rotw. *verklitschen* »verkaufen« <mhd. *verkiuten, verkuten* »vertauschen«]

ver|klau|su|lie|ren ⟨V.⟩ **1** durch Klauseln, Vorbehalte einschränken **2** ⟨fig.; umg.⟩ in schwierigem Satzbau darstellen, verwickelt, schwierig formulieren; *eine verklausulierte Erklärung* [→ *Klausel*]

ver|ko|ken ⟨V.⟩ = koken

ver|lin|ken ⟨V.; EDV⟩ mithilfe eines Links verknüpfen, verbinden; *Internetseiten miteinander* ~

Ver|lin|kung ⟨f.; -, -en; EDV⟩ das Verlinken (von Internetseiten)

ver|ma|le|dei|en ⟨V.⟩ verfluchen; ⟨noch erhalten in partizipialen Wendungen wie⟩ *wo ist der vermaledeite Schuhanzieher geblieben?* [<mhd. *(ver)maledîen* »(ver)fluchen« <afrz. *maldire* »verfluchen« <lat. *maledicere* »lästern, schmähen« <*male* (Adv. zu *malus*) »schlecht, übel, schlimm« + *dicere* »reden, sprechen, sagen«]

Ver|meil ⟨[vɛrme:j] n.; -s; unz.⟩ vergoldetes Silber

ver|meil ⟨[vɛrme:j] Adj.⟩ hochrot [frz., »hochrot, blühend, frisch; vergoldet« <ital. *vermigliare* »rot färben« <lat. *vermiculus* »Scharlachfarbe«]

Ver|mi|cu|lit ⟨[vɛr-] n.; -s, -e; Min.⟩ durch Verwitterung von Glimmern entstehendes Tonmineral, das aufgrund seiner hohen Absorptionsfähigkeit auch als Wärmeisoliermaterial eingesetzt wird [zu lat. *vermi-*

culus »Würmchen« (aufgrund des wurmartigen Krümmens beim Erhitzen)]
Ver|mi|fu|gum ⟨[vɛr-] n.; -s, -fu̱ga; Pharm.⟩ wurmabtreibendes Arzneimittel [‹lat. *vermis* »Wurm« + *fugare* »in die Flucht schlagen, vertreiben«]
Ver|mil|lon ⟨[vɛrmijǭ:] n.; -s; unz.⟩ sehr fein gemahlener Zinnober [frz. »Zinnober« ‹ital. *vermiglio* »rot, korallenfarbig«, *vermiglione* »Karmesinfarbe, gemahlener Zinnober« ‹lat. *vermiculus* »Scharlachfarbe«]
ver|mi|zid ⟨[vɛr-] Adj.; Pharm.⟩ wurmtötend (z. B. bei Arzneimitteln) [→ *Vermizid*]
Ver|mi|zid ⟨[vɛr-] n.; -s, -e; Pharm.⟩ wurmtötendes Arzneimittel [‹lat. *vermis* »Wurm« + ...*zid*ᵉ]
ver|mu̱|ren ⟨V.; Mar.⟩ vor zwei Anker legen; *ein Schiff* ∼ [‹engl. *moor* »vertäuen, festmachen«]
Ver|na|li|sa|ti|on ⟨[vɛr-] f.; -, -en; Landw.⟩ = Jarowisation [‹lat. *ver*, Gen. *veris* »Frühling« (Adj. *vernus*); zu *vernare* »sich verjüngen«]
ver|na|li|sie|ren ⟨[vɛr-] V.; Landw.⟩ = jarowisieren
Ver|na|ti|on ⟨[vɛr-] f.; -, -en, Bot.⟩ Lage der einzelnen Knospenblätter [‹lat. *vernare* »sich verjüngen«]
Ver|nis|sa̱|ge ⟨[vɛrnɪsa̱:ʒə] f.; -, -n; Mal.⟩ **1** Ausstellung neuer Bilder eines lebenden Malers **2** ⟨allg.⟩ das Vorstellen (eines Künstlers) vor einem Publikum [‹frz. *vernis* »Firnis«, also die »frisch gefirnissten Bilder«]
Ve|ro̱|ni|ka ⟨[ve-] f.; -, -ni̱|ken; Bot.⟩ einer Gattung der Rachenblütler angehörendes Kraut mit in der Regel blauen Blüten, Männertreu, Ehrenpreis: Veronica [‹grch. *berenikion* ‹*Berenike, Bherenike* (weibl. Vorname)]
ver|pö̱nt ⟨Adj.⟩ nach herrschender Sitte untersagt, nicht gern gesehen [Part. Perf. zum veralteten *verpönen* »verbieten, untersagen« ‹mhd. *verpenen* »mit einer Geldstrafe bedrohen, bei Strafe verbieten, missbilligen«; zu mhd. *pen(e)* »Stra-

fe« ‹lat. *poena* »Buße, Sühnegeld; Strafe, Kummer«]
Ver|ril|lon ⟨[vɛrijǭ:] n.; - od. -s, -s⟩ Glasspiel [frz.]
Ver|ru|ca ⟨[vɛr-] f.; -, -cae [-tsɛ:]; Med.⟩ Warze [lat.]
Ver|ru|ca̱|no ⟨[vɛr-] m.; -s; unz.; Min.⟩ buntes Quarzkonglomerat im Perm der Alpen u. des Apennin [nach dem Berg *Verruca* bei Pisa]
ver|ru|kös ⟨[vɛr-] Adj.; Med.⟩ warzenförmig [zu lat. *verruca* »Warze«]
Vers ⟨[fɛrs] m.; -es, -e; Abk.: V.⟩ **1** ⟨Metrik⟩ durch das Metrum gegliederte, oft mit dem Reim versehene Einheit einer Dichtung in gebundener Rede, Zeile einer Strophe; *Roman, Epos in* ∼*en*; *einen Gedanken, einen Text in* ∼ *e bringen; darauf kann ich mir keinen* ∼ *machen* ⟨fig.; umg.⟩ das begreife ich nicht, das kann ich mir nicht erklären **2** ⟨umg.; fälschlich für⟩ Strophe, Gedicht **3** Abschnitt in der Bibel [‹lat. *versus* »das Umwenden; gepflügte Furche; Reihe, Linie, Vers«; zu *vertere* »kehren, wenden, drehen«]
Ver|sal ⟨[vɛr-] m.; -s, -li|en⟩ groß geschriebener Buchstabe, Großbuchstabe [‹*Vers* »Zeile«]
Ver|sal|schrift ⟨[vɛr-] f.; -; unz.⟩ nur aus Versalien, Ziffern u. Interpunktionszeichen bestehende Schriftart, Großschreibung
ver|sa|til ⟨[vɛr-] Adj.; veraltet⟩ beweglich, geschmeidig, wandelbar [‹lat. *versatilis* »beweglich, gewandt, vielseitig«]
Ver|sa|ti|li|tät ⟨[vɛr-] f.; -; unz.; veraltet⟩ versatile Beschaffenheit, versatiles Wesen
Ver|sett ⟨[vɛr-] n.; -s, -e; Musik⟩ = Versetto
Ver|set|to ⟨[vɛr-] n.; -s, -s od. -set̠|ti; Musik⟩ kurzes Orgelzwischenspiel, das einen gesungenen liturgischen Melodieabschnitt ersetzt; *oV* Versett [ital., »kleiner Vers«]
Vers|fuß ⟨m.; -(e)s, -füße; Metrik⟩ aus mindestens je einer Hebung u. Senkung bestehende, kleinste rhythm. Einheit eines Verses
ver|siert ⟨[vɛr-] Adj.⟩ in einer Sache bewandert, erfahren, gut unterrichtet; *ein* ∼*er Fachmann*

[Part. Perf. vom veralteten Verb *versieren* »sich mit etwas beschäftigen« ‹frz. *versé* ‹lat. *versatus* »vertraut«; zu *versari* »verweilen, sich mit etwas befassen«, eigtl. »sich herumdrehen«]
Ver|si|fi|ka|ti|on ⟨[vɛr-] f.; -, -en; Metrik⟩ das Versifizieren [‹*Vers* + ...*fikation*]
ver|si|fi|zie|ren ⟨[vɛr-] V.; Metrik⟩ in Verse bringen [‹*Vers* + ...*fizieren*]
Ver|si|on ⟨[vɛr-] f.; -, -en⟩ Fassung, Lesart [‹frz. *version* »Übersetzung, Lesart, Darstellung«; zu lat. *vertere* »wenden, drehen«]
ver|slu̱|men ⟨[-slʌ-] V.⟩ zunehmend Slums aufweisen, verwahrlosen; *diese Stadt verslumt zunehmend*
ver|snobt ⟨Adj.⟩ zum Snob geworden
Ver|so ⟨[vɛr-] n.; -s, -s⟩ *Ggs* Rekto **1** Rückseite (eines Blattes) **2** auf der Rückseite Stehendes (bei Handschriften, Papyri) [‹lat. *verso folio* »auf der Rückseite des Blattes« ‹*folium* »Blatt« + *vertere* »wenden«]
ver|sus ⟨[vɛr-] Präp. mit Akk.; Abk.: vs.⟩ gegen, gegenüber, im Gegensatz zu, im Vergleich mit [lat., »gegen...hin«]
vert. ⟨Abk. für⟩ vertatur!
ver|ta̱|tur ⟨[vɛr-] Abk.: vert.; Typ.; Zeichen: V⟩ man wende! (bei auf dem Kopf stehenden Buchstaben) [lat.; zu *vertere* »wenden«]
ver|te ⟨[vɛr-] Abk.: v.⟩ wende (um)!, (bitte) wenden! [lat., Imperativ zu *vertere* »wenden, drehen«]
ver|te|bral *auch:* **ver|te|bra̱l** ⟨[vɛr-] Adj.; Anat.⟩ zu den Wirbeln (der Wirbelsäule) gehörend [‹lat. *vertebralis* »zum Wirbel gehörig«; zu *vertebra* »Wirbel«; zu *vertere* »drehen, wenden«]
Ver|te|brat *auch:* **Ver|te|bra̱t** ⟨[vɛr-] m.; -en, -en; meist Pl.; Zool.⟩ Wirbeltier; *Ggs* Evertebrat, Invertebrat [‹lat. *vertebra*; → *vertebral*]
ver|te|bra|gen *auch:* **ver|te|bra|ge̱n** ⟨[vɛr-] Adj.; Med.⟩ wirbelsäulenbedingt [‹lat. *vertebra* »Wirbel« + grch. *gennan* »erzeugen«]

1023

Vertex

Ver|tex ⟨[vɛr-] m.; -, -ti|ces [-tseːs]⟩ **1** ⟨Anat.⟩ Scheitel, der höchstgelegene Teil des Schädeldachs **2** ⟨unz.; Astron.⟩ Punkt der Sphäre, auf den sich die Mitglieder eines Sternstromes scheinbar zubewegen [lat., »Wirbel, Drehpunkt«]

ver|ti|gi|nös ⟨[vɛr-] Adj.; Med.⟩ schwindelig [zu lat. *vertere* »drehen«]

ver|ti|kal ⟨[vɛr-] Adj.⟩ senkrecht; *Ggs* horizontal [<ital. *verticale* »senkrecht« < lat. *vertex* »Wirbel, Drehpunkt«]

Ver|ti|ka|le ⟨[vɛr-] f. 2⟩ Senkrechte, senkrechte Linie, senkrechte Stellung; *Ggs* Horizontale

Ver|ti|kal|e|be|ne ⟨[vɛr-] f.; -, -n⟩ zu einer gegebenen Ebene senkrecht verlaufende Ebene

Ver|ti|kal|in|ten|si|tät ⟨[vɛr-] f.; -; unz.; Geophysik⟩ Komponente des erdmagnetischen Feldes, die senkrecht zur Erdoberfläche wirkt; *Ggs* Horizontalintensität

Ver|ti|ka|lis|mus ⟨[vɛr-] m.; -; unz.; Arch.⟩ Bestreben, die Vertikale gegenüber der Horizontalen zu betonen, z. B. in der Gotik

Ver|ti|kal|kreis ⟨[vɛr-] m.; -es, -e; Astron.⟩ **1** durch den Fußpunkt des Beobachters u. den Scheitelpunkt des Himmels verlaufender Kreis **2** Instrument zum Messen der Höhe eines Gestirns

Ver|ti|kal|schnitt ⟨[vɛr-] m.; -(e)s, -e⟩ Schnitt senkrecht zu einer gegebenen Ebene

Ver|ti|ko ⟨[vɛr-] n.; -s, -s; früher⟩ kleiner Schrank mit Aufsatz [angeblich nach seinem ersten Verfertiger, einem Berliner Tischler namens *Vertikow*]

ver|ti|ku|lie|ren ⟨[vɛr-] V.; Gartenbau⟩ = vertikutieren

ver|ti|ku|tie|ren ⟨[vɛr-] V.; Gartenbau⟩ den Boden von Grasflächen (mit Hilfe eines speziellen Gerätes) lockern, lüften u. von Unkraut reinigen, so dass Wasser u. Nährstoffe vordringen; *oV* vertikulieren [< lat. *vertikale* »senkrecht« + frz. *coutre* »Pflugeisen«]

Ver|ti|ku|tie|rer ⟨[vɛr-] m.; -s, -; Gartenbau⟩ Rechen, Gerät zum Vertikutieren

ver|trus|ten ⟨[-trʌs-] V.; bes. Wirtsch.⟩ zum Trust vereinigen

Ver|tum|na|li|en ⟨[vɛr-] Pl.⟩ altröm. Fest zu Ehren des Vertumnus, des Gottes der Jahreszeiten (auch der Veränderlichkeit u. des Handelsverkehrs) [zu lat. *vertere* »wenden, drehen, kehren«]

Ver|ve ⟨[vɛrvə] f.; -; unz.⟩ Feuer, Schwung, Begeisterung; *etwas mit großer ~ vortragen* [<frz. *verve* »Schwung, Begeisterung, Sprühen (des Witzes)«]

Ve|si|ca ⟨[veː-] f.; -, -cae [-tseː]; Anat.⟩ Blase, bes. Harnblase [lat.]

ve|si|kal ⟨[ve-] Adj.; Anat.⟩ die Harnblase betreffend, zu ihr gehörig [→ *Vesica*]

Ve|si|ka|to|ri|um ⟨[ve-] n.; -s, -ri|en; Pharm.⟩ Blasen ziehendes Mittel, Zugpflaster [→ *Vesica*]

ve|si|ku|lär ⟨[ve-] Adj.; Med.⟩ bläschenartig, Bläschen… [→ *Vesica*]

Ves|per ⟨[fɛs-] f.; -, -n⟩ **1** ⟨urspr.⟩ die vorletzte der kath. Gebetsstunden am späten Nachmittag od. frühen Abend **2** ⟨danach⟩ Gottesdienst am frühen Abend *(Christ~)* **3** Vesperbrot, Nachmittagsmahlzeit **4** nachmittägl. Arbeitspause, Feierabend [<mhd. *vesper* <ahd., kirchenlat. *vespera* »die vorletzte kanon. Stunde (6 Uhr abends)« <lat. *vesper* »Abend, Abendstern, Westen«; entspricht grch. *hesperos* »Abendstern, Abend, Westen«]

Ves|per|bild ⟨[fɛs-] n.; -(e)s, -er⟩ Darstellung der Maria mit Christi Leichnam auf dem Schoß, Pietà

Ves|per|brot ⟨[fɛs-] n.; -(e)s, -e⟩ Brot für die Vesper, für die Nachmittagsmahlzeit

ves|pern ⟨[fɛs-] V.⟩ die Vesper, die Nachmittagsmahlzeit einnehmen

Ves|ta|lin ⟨[vɛs-] f.; -, -lin|nen⟩ Priesterin der Vesta, der altröm. Göttin des Herdfeuers [< lat. *Vestalis* der Vesta geweiht, Vestapriesterin«; zu *Vesta* »Göttin Vesta, heiliger Herd, heiliges Herdfeuer«]

Ves|ti|bül ⟨[vɛs-] n.; -s, -e⟩ **1** Vorhalle **2** Halle, durch die man

ein Theater betritt (u. in der sich die Kasse befindet) [<frz. *vestibule* »Hausflur, Diele, Vorhof« < lat. *vestibulum* »Vorplatz«]

Ves|ti|bu|lar|ap|pa|rat ⟨[ve-] m.; -(e)s, -e; Anat.⟩ Gleichgewichtsorgan im Ohr [<*Vestibulum* + *Apparat*]

Ves|ti|bu|lum ⟨[ve-] n.; -s, -bu|la⟩ **1** altröm. Haus, der Eingang u. Atrium verbindet **2** ⟨Anat.⟩ Eingang in einen Hohlraum [lat., »Vorplatz, Vorhof«]

Ves|ti|tur ⟨[vɛs-] f.; -, -en⟩ = Investitur

Ves|ton ⟨[vɛstɔ̃ː] m.; -s, -s; Mode; schweiz.⟩ Herrenjackett, Sakko [<frz. *veste* »ärmelloser Pullover« <ital. *veste* »Kleid, Gewand« <lat. *vestis* »Kleid, Gewand«; zu *vestire* »bekleiden«]

Ve|su|vi|an ⟨[vezuvi-] n.; -s, -e; Min.⟩ meist grünes od. braunes Calcium-Tonerde-Silicat; *Sy* Idokras [nach dem *Vesuv*, in dessen Auswürflingen das Vesuvian vorkommt]

Ve|te|ran ⟨[ve-] m.; -en, -en; Mil.⟩ altgedienter Soldat, Teilnehmer an einem früheren Feldzug [<frz. *vétéran* »Veteran, ausgedienter Soldat od. Beamter« <lat. *veteranus* »altgedient, ausgedienter Soldat«; zu *vetus* »alt, ehemalig«]

ve|te|ri|när ⟨[ve-] Adj.⟩ zur Veterinärmedizin gehörend, tierärztlich [<frz. *vétérinaire* »zur Tierarzneikunst gehörig, Tierarzneikunst, Tierarzt« <lat. *veterina animalia* »Last-, Zugvieh«; zu *veterinus* »tragend, ziehend« + *animalia* (Pl.) »Vieh, Lebewesen, Tiere«]

Ve|te|ri|när ⟨[ve-] m.; -s, -e⟩ Tierarzt

Ve|te|ri|nä|rin ⟨[ve-] f.; -, -rin|nen⟩ Tierärztin

Ve|te|ri|när|me|di|zin ⟨[ve-] f.; -; unz.⟩ Tiermedizin, Tierheilkunde; →*a.* Humanmedizin

Ve|te|ri|när|me|di|zi|ner ⟨[ve-] m.; -s, -⟩ Tierarzt, Student der Veterinärmedizin

Ve|te|ri|när|me|di|zi|ne|rin ⟨[ve-] f.; -, -rin|nen⟩ Tierärztin, Studentin der Veterinärmedizin

Ve|to ⟨[veː-] n.; -s, -s⟩ **1** Einspruch **2** Einspruchsrecht; *sein*

~ *einlegen* Einspruch erheben, von seinem Einspruchsrecht Gebrauch machen [frz., »Weigerung, Einspruchsrecht, Verbot« <lat. *veto* »ich verbiete« (Formel der Tribunen in Rom bei Amtshandlungen); zu *vetare* »verbieten«]

Ve|to|recht ⟨[ve̱-] n.; -(e)s; unz.⟩ = Veto (2)

Ve|xa|ti|on ⟨[vɛ-] f.; -, -en; veraltet⟩ **1** Quälerei **2** Neckerei [<frz. *vexation* »Bedrückung, Neckerei, Schererei« <lat. *vexatio* »Beschwerde, Strapaze, Misshandlung, Plage«; → *vexieren*]

Ve|xier|bild ⟨[vɛ-] n.; -(e)s, -er⟩ Bilderrätsel

ve|xie|ren ⟨[vɛ-] V.⟩ *jmdn.* ~ necken, hänseln, ärgern, quälen [<frz. *vexer* <lat. *vexare* »plagen, quälen«]

Ve|xier|glas ⟨[vɛ-] n.; -es, -gläser⟩ absonderlich geformtes Glas, aus dem zu trinken Geschicklichkeit erfordert

Ve|xier|rät|sel ⟨[vɛ-] n.; -s, -⟩ Bilderrätsel

Ve|xier|schloss ⟨[vɛ-] n.; -es, -schlös|ser⟩ **1** Buchstabenschloss **2** Zahlenschloss

Ve|xier|spie|gel ⟨[vɛ-] m.; -s, -⟩ verzerrender Spiegel, Zerrspiegel

Ve|xil|lo|lo|gie ⟨[vɛ-] f.; -; unz.⟩ die historische u. soziale Hilfswissenschaft der Fahnen- u. Flaggenkunde [<*Vexillum* + ...*logie*]

Ve|xil|lum ⟨[vɛ-] n.; -s, -xil|la od. -xil|len⟩ altröm. Fahne [lat. *vexillum* »Fahne, Signalflagge«; zu *velum*, **vexlum* »Segel, Tuch«]

Ve|zier ⟨[vezi̱ːr] m.; -s, -e⟩ = Wesir

vez|zo|so ⟨Musik⟩ lieblich (zu spielen) [ital.]

VGA ⟨Abk. für engl.⟩ Video Graphics Array, ein Videoadapter mit hoher Auflösung

VHS ⟨Abk. für⟩ **1** Volkshochschule **2** Verhandlungssache **3** Video Home System (Videoheimsystem), ein Videoaufzeichnungssystem

via ⟨[vi̱ːa] Adv.⟩ (auf dem Wege) über; *nach Hamburg ~ Hannover fahren* [<lat. *via* »Weg, Straße«]

Via ⟨[vi̱ːa] f.; -; Philos.⟩ Methode, Vorgehensweise [→ *via*]

Vi|a|dukt ⟨[via-] m.; -(e)s, -e⟩ **1** Brücke, die über ein Tal führt **2** Überführung [<frz. *viaduc* »Landbrücke, Viadukt, Bahnbrücke« <lat. *via* »Weg, Straße« + *ductum* Part. Perf. zu *ducere* »führen, leiten«]

Vi|a|gra® *auch:* **Vi|ag|ra**® ⟨[vi-] n.; -s; unz.; Pharm.⟩ Medikament zur Behandlung von Potenzstörungen u. zur Steigerung der männl. Potenz

Vi|a|ti|kum ⟨[vi̱a-] n.; -s, -ti|ka od. -ti|ken⟩ **1** Zehrgeld **2** letzte Kommunion für Sterbende, Wegzehrung [<lat. *viaticum* »Reisegeld, Reisekasse, Sparpfennig«; zu *via* »Weg, Straße«]

◆ Die Buchstabenfolge **vibr...** kann auch **vib|r...** getrennt werden.

◆ **Vib|ra|fon** ⟨[vi-] n.; -s, -e; Musik⟩ = Vibraphon
◆ **Vib|ra|fo|nist** ⟨[vi-] m.; -en, -en; Musik⟩ = Vibraphonist
◆ **Vib|ra|fo|nis|tin** ⟨[vi-] f.; -, -tin|nen; Musik⟩ = Vibraphonistin
◆ **Vib|rant** ⟨[vi-] m.; -en, -en; Phon.⟩ Laut, bei dem die Zungenspitze u. Gaumen schwingen, Zitterlaut, z. B. r [<lat. *vibrare* »schwingen«]
◆ **Vib|ra|phon** ⟨[vi-] n.; -s, -e; Musik⟩ Musikinstrument aus metallenen Stäben, die mit Hämmerchen geschlagen werden u. unter denen sich Schallbecher befinden, die elektromotorisch geöffnet u. geschlossen werden, wodurch ein Vibrato entsteht; *oV* Vibrafon [<lat. *vibrare* »schwingen, zittern« + ...*phon²*]
◆ **Vib|ra|pho|nist** ⟨[vi-] m.; -en, -en; Musik⟩ Musiker, der das Vibraphon spielt
◆ **Vib|ra|pho|nis|tin** ⟨[vi-] f.; -, -tin|nen; Musik⟩ Musikerin, die das Vibraphon spielt
◆ **Vib|ra|ti|on** ⟨[vi-] f.; -, -en⟩ das Vibrieren, Schwingung, Zittern, leichte Erschütterung; →a. Vibrations [<frz. *vibration* »Vibrieren, Schwingung, Zittern, Klang; zu lat. *vibrare* »schwingen, zittern«]

◆ **Vib|ra|tions** ⟨[vaɪbreɪʃəns] Pl.⟩ **1** ⟨Drogenszene⟩ körperliche Empfindung, Gefühlsempfindung während des Drogenrausches **2** ⟨Musik; umg.; Kurzwort: Vibes [vaɪbs]⟩ von etwas od. jmdm. ausgehende Ausstrahlung, Atmosphäre, Schwingungen; *der Song hat gute ~;* →a. Vibration [engl., »Schwingungen«]
◆ **vib|ra|to** ⟨[vi-] Musik⟩ bebend
◆ **Vib|ra|to** ⟨[vi-] n.; -s, -s od. -bra|ti; Musik⟩ leichtes Beben des Tons der Singstimme u. der Streich- u. Holzblasinstrumente [ital., Pert. Perf. zu *vibrare* »schwingen, zittern« <lat. *vibrare*]
◆ **Vib|ra|tor** ⟨[vi-] m.; -s, -to|ren⟩ Erzeuger von Schwingungen [→ *Vibration, vibrieren*]
◆ **vib|rie|ren** ⟨[vi-] V.⟩ beben, schwingen (Saite, Stimme, Ton) [<lat. *vibrare* »schwingen, zittern«]
◆ **Vib|rio** ⟨[vi̱-] m.; -, -o|nen; Med.⟩ in Süß- u. Salzwasser vorkommende Kommabakterie (Erreger der Cholera) [zu lat. *vibrare* »schwingen, zittern«]
◆ **Vib|ro|graf** ⟨[vi-] m.; -en, -en⟩ = Vibrograph
◆ **Vib|ro|graph** ⟨[vi-] m.; -en, -en⟩ Gerät zum Messen der Schwingungen von Bauwerken, Brücken u. Schiffen bei deren Belastung; *oV* Vibrograf [<*vibrieren* + ...*graph*]

Vi|bur|num ⟨[vi-] n.; -s; unz.; Bot.⟩ einer Gattung der Geißblattgewächse angehörender Strauch mit weißen Blüten u. roten Beerenfrüchten, Schneeball [lat.]

vi|ce ver|sa ⟨[vi̱ːtsə vɛrsa] Abk.: v. v.⟩ umgekehrt [lat., <*vicis* (Gen.) »Wechsel« + *versus*, Perf. zu *vertere* »wenden, umkehren«]

Vi|chy ⟨[viʃiː] m.; - od. -s, -s; Textilw.⟩ klein karierter Baumwollstoff in Leinwandbindung [nach der gleichnamigen frz. Stadt]

Vi|ckers|här|te *auch:* **Vi|ckers-Här|te** ⟨[vi-] f.; -; unz.; Abk.: HV⟩ Kennwert für die Härte von Stoffen, der durch die Eindringtiefe eines belasteten Diamantkegels in den betreffen-

Vicomte

den Werkstoff bestimmt wird [nach dem engl. Maschinenbaukonzern *Vickers*]

Vi|comte ⟨[vikɔ̃ːt] m.; -s, -s; frz. Titel für⟩ Adliger zwischen Baron u. Graf [frz., »Vizegraf« ‹afrz. *visconte* ‹lat. *vice* »an Stelle, wie, für, um« + *comes* »Begleiter, Gefährte«]

Vi|com|tes|se ⟨[vikɔ̃tɛs(ə)] f.; -, -n⟩ weibl. Vicomte

Vi|co|sol ⟨[viko-] m.; -s; unz.; Geol.⟩ durch Aufschichtung von organischem Abfall in frühgeschichtlichen Siedlungen entstandener schwarzer Humusboden mit einer dünnen jüngeren Sedimentschicht

vid. ⟨Abk. für⟩ videatur

vi|de! ⟨[viː-] Abk.: v.⟩ siehe! [lat.]

vi|de|a|tur ⟨[vi-] Abk.: vid.⟩ man sehe nach [lat., »es werde (nach)gesehen«; zu *videre* »sehen«]

Vi|deo ⟨[viː-]⟩ **1** ⟨n.; -s, -s; kurz für⟩ Videotechnik **2** ⟨m.; -s, -s; kurz für⟩ Videorecorder, Videofilm

vi|deo..., Vi|deo... ⟨[viː-] in Zus.⟩ fernseh..., Fernseh..., bild..., Bild... [über engl. *video...* ‹lat. *videre* »sehen«]

Vi|deo|band ⟨[viː-] n.; -(e)s, -bänder⟩ Magnetband für die Videotechnik

Vi|deo|cas|set|te ⟨[viː-] f.; -, -n⟩ = Videokassette

Vi|deo|clip ⟨[viː-] m.; -s, -s; Musik⟩ mit Musik unterlegter, kurzer Videofilm, z. B. von einem Popsänger od. einer Popgruppe [‹*Video* + engl. *clip* »beschneiden, stutzen«]

Vi|deo|de|co|der ⟨[viː-] m.; -s, -; TV⟩ Zusatzteil für Fernsehgeräte, das den Empfang von Videotext ermöglicht

Vi|deo|film ⟨[viː-] m.; -(e)s, -e⟩ Film, der mit einer Videokamera aufgenommen wurde

vi|deo|gra|fie|ren ⟨[vi-] V.⟩ = videographieren

vi|deo|gra|phie|ren ⟨[vi-] V.⟩ Filme mit einer Videokamera aufnehmen, herstellen; *oV* videografieren

Vi|deo|in|stal|la|tion *auch:* **Vi|deo-in|stal|la|tion** ⟨[viː-] f.; -, -en; Kunst; Musik⟩ künstlerisch gestaltete Veranstaltung od. Happening mittels Videotechnik

Vi|deo|jo|ckei ⟨[viːdeodʒɔki] od. [-dʒɔke] m.; -s, -s; Abk.: VJ; TV⟩ Ansager von Videoclips u. Musikbeiträgen; *oV* Videojockey

Vi|deo|jo|ckey ⟨[viːdeodʒɔki] od. [-dʒɔke] m.; -s, -s; Abk.: VJ; TV⟩ = Videojockei

Vi|deo|ka|me|ra ⟨[viː-] f.; -, -s⟩ kleine, tragbare Fernsehkamera zur Anfertigung eigener Filme, die auf Videokassetten gespeichert werden

Vi|deo|kas|set|te ⟨[viː-] f.; -, -n⟩ auf eine Spule gewickeltes Magnetband zur Aufzeichnung und Wiedergabe von Bild u. Ton; *oV* Videocassette; *Sy* Videotape

Vi|deo|kon|fe|renz ⟨[viː-] f.; -, -en⟩ Konferenz, bei der mehrere Personen durch vernetzte Computer miteinander in Verbindung treten können, Telekonferenz

Vi|deo|me|ter ⟨[viː-] m.; -s, -; Wirtsch.⟩ Gerät der Werbemittelforschung, das zur stückweisen Präsentation z. B. von Werbefilmen (Bild- u. Tonpräsentation werden z. T. voneinander getrennt) gegenüber später befragten Personen dient [‹*Video...* + ...*meter*]

Vi|deo|re|cor|der ⟨[viː-] m.; -s, -⟩ = Videorekorder

Vi|deo|re|kor|der ⟨[viː-] m.; -s, -⟩ Gerät zur Aufzeichnung u. Wiedergabe von Bild u. Ton durch Videokassetten od. Videoplatten; *oV* Videorecorder

Vi|deo|si|gnal *auch:* **Vi|deo|sig|nal** ⟨[viː-] n.; -s, -e⟩ ein Fernsehsignal zur exakten Steuerung von Bild u. Ton

Vi|deo|tape ⟨[viːdeoteɪp] n.; -s, -s; engl. Bez. für⟩ Videokassette

Vi|deo|tech|nik ⟨[viː-] f.; -; unz.⟩ Sammelbez. für⟩ alle Verfahren zur Aufzeichnung u. Wiedergabe von Bild u. Ton auf Videokassetten sowie deren Wiedergabe über Videorekorder od. Fernsehapparate

Vi|deo|te|le|fon ⟨[viː-] n.; -s, -e⟩ Telefon, bei dem der Gesprächspartner auch bildlich zu sehen ist, Bildtelefon

Vi|deo|text ⟨[viː-] m.; -(e)s, -e⟩ von den Fernsehanstalten angebotenes Zusatzprogramm, das nur mit einem entsprechenden Videorekorder empfangen werden kann u. zur Übermittlung von Hintergrundinformationen über Fernsehsendungen sowie zur Übertragung von Textteilen für Hörgeschädigte dient

Vi|deo|thek ⟨[viː-] f.; -, -en⟩ Sammlung von Filmen u. Fernsehaufzeichnungen, die auch (gegen Gebühr) ausgeliehen werden [‹*Video...* + ...*thek*]

Vi|di ⟨[viː-] n.; - od. -s, - od. -s⟩ Bescheinigung, Zeichen des Kenntnisnahme u. des Einverständnisses [lat., »ich habe gesehen«]

Vi|di|kon ⟨[viː-] n.; -s, -s od. -e; El.⟩ spezielle Elektronenröhre mit lichtempfindlicher Halbleiterschicht, die zur Bildaufnahme in Fernsehkameras verwendet wird [‹*Video* + *Konus*]

Vi|di|ma|ti|on ⟨[vi-] f.; -, -en⟩ **1** Bestätigung durch das Vidi **2** Zustimmung Beglaubigung [‹neulat. *vidimatio* »Beglaubigung«; zu *vidimare* »mit dem Vidi versehen, beglaubigen«; → *Vidi*]

Vi|en|na|le ⟨[viː-] f.; -, -n; Film⟩ in Wien veranstaltete internationale Filmfestwochen [nach *Vienna*, der engl. Bez. für Wien]

vif ⟨[viːf] Adj.⟩ lebhaft, aufgeweckt [frz. ‹lat. *vivus* »lebend, lebendig, am Leben«]

vi|gil ⟨[viː-] Adj.⟩ wachend, schlaflos [lat. *vigil* »wachend, munter«]

Vi|gil ⟨[viː-] f.; -, -gi|li|en⟩ Vorabend hoher kath. Feste; *oV* Vigilie [‹lat. *vigilia* »das Wachen, Nachtwache, Viertel der Nacht«; zu *vigil* »Wächter; wachsam, munter«]

vi|gi|lant ⟨[vi-] Adj.; Med.⟩ wach [‹lat. *vigilans*, Part. Präs. zu *vigilare* »wachen«; → *Vigil*]

Vi|gi|lanz ⟨[vi-] f.; -; unz.; Med.⟩ Wachheit (bezogen auf die Bewusstseinslage) [→ *vigilant*]

Vi|gi|lie ⟨[viˈgiːliə] f.; -, -n⟩ **1** = Vigil **2** ⟨beim altröm. Heer⟩ Nachtwache [‹lat. *vigilia*; → *Vigil*]

Vi|gnet|te *auch:* **Vig|net|te** ⟨[vɪnjɛtə] f.; -, -n⟩ **1** ⟨schweiz.⟩ Bescheinigung über eine pauschal abgegoltene jährliche Autobahngebühr für Kraftfahrzeuge (selbstklebend auf der Windschutzscheibe) **2** ⟨Fot.⟩ Schablone als Vorsatz vor ein Kameraobjektiv od. ein Negativ **3** ⟨Buchw.⟩ kleine Verzierung auf dem Titelblatt, am Ende des Kapitels u. a. [‹frz. *vignette* »Verzierungsbildchen, Buchdruckerleiste, Waldrebe«, Verkleinerungsform zu *vigne* »Rebe, Weingarten, Weinstock« ‹lat. *vinea, vinetum* »Weinstock«; zu *vinum* »Wein«]

Vig|net|tie|rung *auch:* **Vig|nett|tie|rung** ⟨[vɪnjɛ-] f.; -, -en; Fot.⟩ Effekt bei mehrlinsigen opt. Systemen, der bewirkt, dass der Bildrand des Fotos unterbelichtet wird [→ *Vignette*]

Vi|go|gne *auch:* **Vi|gog|ne** ⟨[vi-gɔnjə] f.; -, -n; Textilw.⟩ Garn für Strümpfe aus Baumwolle u. Wolle [‹frz. *vigogne* »Schafkamel«; → *Vikunja*]

Vi|gor ⟨[viːgɔr] m.; -s; unz.; veraltet⟩ Lebenskraft, Rüstigkeit, Frische [lat., »Leben, Frische, Kraft«; zu *vigere* »stark, lebenskräftig sein, blühen, mächtig sein«]

vi|go|rös ⟨[vi-] Adj.; veraltet⟩ kräftig, rüstig [‹frz. *vigoureux* ‹lat. *vigere* »stark, lebhaft sein«; → *Vigor*]

vi|go|ro|so ⟨[vi-] Musik⟩ kraftvoll, stark (zu spielen) [ital.]

Vi|kar ⟨[vi-] m.; -s, -e; Theol.⟩ **1** Stellvertreter im weltl. od. kirchl. Amt, bes. junger Geistlicher als Gehilfe des Pfarrers; *Pfarr*~ **2** ⟨schweiz.⟩ stellvertretender Lehrer [‹mhd. *vikar(i)* »Stellvertreter, Verweser« ‹lat. *vicarius* »stellvertretend; Stellvertreter«; zu *vicis* (Gen.) »Stelle, Wechsel, Platz«; → *Vize*...]

Vi|ka|ri|at ⟨[vi-] n.; -(e)s, -e⟩ **1** Stellvertretung **2** ⟨Theol.⟩ Amt eines Vikars

vi|ka|ri|ie|ren ⟨[vi-] V.; selten⟩ *für etwas* ~ stellvertretend für etwas stehen [‹lat. *vicarius* »stellvertretend; Stellvertreter«]

Vi|ka|rin ⟨[vi-] f.; -, -rin|nen⟩ weibl. Vikar

Vik|ti|mo|lo|gie ⟨[vɪk-] f.; -; unz.⟩ Teilgebiet der Kriminologie, das die Beziehungen zwischen Opfer u. Verbrecher untersucht [‹engl. *victim* »Opfer« (‹lat. *victima* »Opfer, Opfertier«) + ...*logie*]

Vik|to|ria ⟨[vɪk-] f.; -, -s⟩ Sieg; ~ *rufen, schießen* (als Zeichen des Sieges) [‹lat. *victoria*]

vik|to|ri|a|nisch ⟨[vɪk-] Adj.⟩ zur Regierungszeit der englischen Königin Viktoria (1837-1901) gehörend; *die ~e Mode, Literatur; (aber) das Viktorianische Zeitalter*

Vik|to|ria|nis|mus ⟨[vɪk-] m.; -; unz.⟩ Zeitalter der engl. Königin Victoria, 1819-1901; *im Stil des* ~

Vik|tu|a|li|en ⟨[vɪk-] Pl.; veraltet⟩ Lebensmittel [‹frz. *victuaille* »Esswaren, Lebensmittel, Mundvorrat« ‹lat. *victus* »Unterhalt, Nahrung, Lebensart«; zu *vivere* »leben«]

Vik|tu|a|li|en|brü|der ⟨[vɪk-] Pl.⟩ = Vitalienbrüder

Vi|kun|ja ⟨[vi-] f.; -, -ku̯n|jen; Zool.⟩ Art des Lamas mit feinem, seidigem Haar, das wertvolle Wolle liefert: Lama vicugna [‹span. *vicuña*]

Vil|la ⟨[vɪl-] f.; -, Vil|len [vɪl-]⟩ **1** Landhaus **2** größeres Einfamilienhaus [ital., »Landhaus« ‹lat. *villa* »Landhaus, Landgut, Meierei«]

Vil|la|nel|la ⟨[vil-] f.; -, -nel|len; Musik; 16. Jh.⟩ = Villanelle

Vil|la|nel|le ⟨[vil-] f.; -, -n; Musik; 16. Jh.⟩ Liedchen, das aus den Tänzen ital. Bauern u. Hirten hervorgegangen ist; *oV* Villanella [‹ital. *villanella* »junges Hirten-, Bauernmädchen« (Verkleinerungsform zu *villano* »Bauer«), frz. *villanelle* »Hirtenliedchen, Bauerntanz mit Gesang« ‹lat. *villa* »Landhaus«]

vil|lös ⟨[vɪl-] Adj.; Med.⟩ zottenreich (z. B. Darmschleimhaut) [‹lat. *villus* »Zotte«]

Vin|aig|ret|te *auch:* **Vin|ai|gret|te** ⟨[vinɛgrɛt(ə)] f.; -, -n; Kochk.⟩ mit Essig bereitete, würzige Soße [‹frz. *vinaigre* »Essig, Säure« ‹*vin* »Wein« (lat. *vinum*) + *aigre* »sauer, scharf« (‹lat. *acidus*)]

Vin|di|ka|ti|on ⟨[vɪn-] f.; -, -en; Rechtsw.⟩ Anspruch auf Herausgabe von Eigentum gegenüber dem Besitzer [‹lat. *vindicatio* »Inanspruchnahme, Rechtsanspruch«; zu *vindicare* »beanspruchen, befreien, bestrafen, rächen«]

Vin|di|ka|ti|ons|le|gat ⟨[vɪn-] n.; -(e)s, -e; Rechtsw.⟩ Vermächtnisform, bei der der Bedachte im Todesfall des Vermachenden Inhaber des vermachten Gegenstandes wird

Vin|di|ka|ti|ons|zes|si|on ⟨[vɪn-] f.; -, -en; Rechtsw.⟩ Abtretung des Herausgabeanspruchs (bei Übereignung beweglicher Sachen)

vin|di|zie|ren ⟨[vɪn-] V.⟩ eine Vindikation geltend machen [‹lat. *vindicare*; → *Vindikation*]

Vin|di|zie|rung ⟨[vɪn-] f.; -, -en⟩ = Vindikation

Vingt-et-un ⟨[vɛ̃teœ̃ː] n.; -; unz.; Kart.⟩ = Vingt-un

Vingt-un ⟨[vɛ̃tœ̃ː] n.; -; unz.; Kart.⟩ Glücksspiel mit Karten, bei dem derjenige, der mehr als 21 Punkte hat, verliert; *Sy* Vingt-et-un [frz., »einundzwanzig«]

Vi|ni|dur® ⟨[vi-] n.; -s; unz.; Chemie⟩ ein Kunststoff aus Polyvinylchlorid ohne Zusatz von Weichmachern

vi|ni|fi|zie|ren ⟨[vi-] V.; schweiz.⟩ keltern u. zu Wein verarbeiten [‹frz. *vinifier*]

Vin|ku|la|ti|on ⟨[vɪŋ-] f.; -, -en; Wirtsch.⟩ Verpflichtung, Aktien nur mit Genehmigung der Aktiengesellschaft zu veräußern [‹lat. *vinculum* »Band, Fessel«]

Vin|ku|la|ti|ons|ge|schäft ⟨[vɪŋ-] n.; -(e)s, -e; Wirtsch.⟩ Form der Bevorschussung bzw. Kreditgewährung, bei der das Duplikat des Frachtbriefes einer sich auf dem Transport befindenden Ware als Sicherung dient

vin|ku|lie|ren ⟨[vɪŋ-] V.; Wirtsch.⟩ der Vinkulation unterwerfen; *vinkulierte Namensaktien* [‹lat. *vinculare* »binden, fesseln«]

Vin|ku|lie|rung ⟨[vɪŋ-] f.; -, -en; Wirtsch.⟩ = Vinkulation

Vi|no|thek ⟨[vi-] f.; -, -en⟩ **1** Sammlung wertvoller Weine **2** Weinkeller, in dem auch

Vintage

Wein ausgeschenkt wird [<lat. *vinum* »Wein« + *Theke*]

Vin|tage ⟨[vɪntɪdʒ-] m.; -; unz.⟩ Reproduktion, originalgetreue Herstellung od. Vertrieb eines in der Vergangenheit erfolgreichen od. traditionellen Produktes (Fotos, Kleidung, Musik, Uhren, Wein) [<engl. *vintage* »Jahrgang«]

Vin|tage|mo|del|le ⟨[vɪntɪdʒ-] Pl.; Wirtsch.⟩ Modelle des investitionsgebundenen technischen Fortschritts, nach denen sich ein Produktivitätswachstum nur in dem jeweiligen Investitionsjahr festmachen lässt [<engl. *vintage* »Jahrgang« + *Modell*]

Vin|tage|print ⟨[vɪntɪdʒ-] m.; -, -s; Fot.⟩ Originalabzug aus der Zeit der Aufnahmeherstellung [<engl. *vintage* »Jahrgang« + *print* »Druck«]

Vi|nyl ⟨[vi-] n.; -s; unz.; Musik; umg.⟩ Schallplatte; *das Lied habe ich auf ~* [verkürzt <Polyvinylchlorid (PVC), dem Kunststoff, aus dem Schallplatten hergestellt werden]

Vi|nyl... ⟨[vi-] Chemie; in Zus.⟩ einen vom Ethylen abgeleiteten Kohlenwasserstoffrest CH_2 = CH- (Vinylgruppe) enthaltend [<lat. *vinum* »Wein« + grch. *hyle* »Stoff«]

Vi|nyl|ben|zol ⟨[vi-] n.; -s; unz.; Chemie⟩ = Styrol

Vi|nyl|chlo|rid ⟨[vinylklo:-] n.; -s, -e; Chemie⟩ aus Acetylen u. Chlorwasserstoff entstehendes Gas, das, zu Polyvinylchlorid polymerisiert, Ausgangsstoff für viele Kunststoffe ist

Vi|nyl|grup|pe ⟨[vi-] f.; -, -n; Chemie⟩ vom Äthylen abgeleitete Molekülgruppe zur Zusammensetzung -CH = CH_2, Bestandteil vieler Kunststoffe [<lat. *vinum* »Wein« + ...*yl*]

Vin|zen|ti|ner ⟨[vɪn-] m.; -s, -⟩ = Lazarist

Vi|o|la[1] ⟨[vi-] f.; -, -olen; Bot.⟩ zu einer über die ganze Erde verbreiteten Gattung der Veilchengewächse gehörende, früh blühende, meist kleine Blume, Veilchen [<ital. *viola* »Viole, Veilchen, Levkoje«]

Vi|o|la[2] ⟨[vi-] f.; -, -s od. -olen; Musik⟩ **1** (i. e. S.) = Bratsche

2 ⟨i. w. S.⟩ aus der Fidel entwickelte Art von Streichinstrumenten **2.1** *~ d'Amore* Geige mit 6-7 Darmsaiten, die gestrichen werden, u. je einer Saite aus Messing, die nur mitklingt **2.2** *~ da Braccio* = Bratsche **2.3** *~ da Gamba* = Gambe [<ital. *viola* »Viole, Veilchen, Levkoje« (wohl der Form wegen auf das Musikinstrument übertragen); ital. *amore* »Liebe« (wohl wegen des lieblichen Tones), *da* »für, zu«; *braccio* »Arm«; *gamba* »Bein«]

Vi|o|la tri|co|lor ⟨[vi-] f.; - -; unz.; Bot.⟩ Stiefmütterchen [<*Viola*[1] + lat. *tricolor* »dreifarbig«]

Vi|o|la|ze|en ⟨[vi-] Pl.; Bot.⟩ Veilchengewächse [→ *Viola*[1]]

Vi|o|le ⟨[vio:lə] f.; -, -n; Musik⟩ = *Viola*[2] (2)

vi|o|len|to ⟨[vi-] Musik⟩ heftig, gewaltsam (zu spielen) [ital.]

vi|o|lett ⟨[vi-] Adj.⟩ blaurot, veilchenblau [<mhd. *fiolet* »veilchenblau« <frz. *violet*, Fem. *violette*; zu *violette*, Verkleinerungsform zu frz. *viole* »Veilchen« <lat. *viola* »Veilchen, Levkoje«]

Vi|o|lett ⟨[vi-] n.; -s; unz.⟩ Veilchenfarbe

Vi|o|let|ta ⟨[vi-] f.; -, -letten; Musik⟩ kleine Bratsche [ital. Verkleinerungsform von *viola*]

Vi|o|li|ne ⟨[vi-] f.; -, -n⟩ Geige [<ital. *violino*, Verkleinerungsform zu ital. *viola* »Bratsche«; → *Viola*[2]]

Vi|o|li|nist ⟨[vi-] m.; -en, -en; Musik⟩ Geiger

Vi|o|li|nis|tin ⟨[vi-] f.; -, -tin|nen; Musik⟩ Geigerin

Vi|o|li|no ⟨[vi-] m.; -s, -li|ni; Musik⟩ Geige [ital.]

Vi|o|lon|cel|list ⟨[violontʃɛl-] m.; -en, -en; Musik⟩ = Cellist

Vi|o|lon|cel|lo ⟨[violontʃɛlo] n.; -s, -s od. -celli; Musik⟩ = Cello [ital., Verkleinerungsform zu *violone*; → *Violone*]

Vi|o|lo|ne ⟨[vi-] m.; - od. -s, -s od. -lo|ni; Musik⟩ = Kontrabass [ital., »große Viola«, Vergrößerungsform zu *viola*; → *Viola*[2]]

VIP ⟨[vɪp] Abk. für⟩ very important person (sehr wichtige Person); *die ~s treffen sich in der ~-Lounge; seit ihrem letzten Erfolg ist auch sie ein ~* [engl.]

Vi|per ⟨[vi:-] f.; -, -n; Zool.⟩ **1** Familie der Schlangen mit Giftzähnen, Otter: Viperidae **2** ⟨Drogenszene⟩ Drogensüchtiger im fortgeschrittenen Stadium der Abhängigkeit [<lat. *vipera* »Schlange, Natter« <*vipara* »lebendige Junge gebärend« (Volksglaube) <*vivus* »lebend« + *parere* »gebären, hervorbringen«]

Vi|ra|gi|ni|tät ⟨[vi-] f.; -; unz.; Med.⟩ männliches Sexualempfinden bei einer Frau [<lat. *virago* »Mannweib«; zu *vir* »Mann«]

vi|ral ⟨[vi-] Adj.; Med.⟩ durch ein Virus entstanden

Vi|re|ment ⟨[vir(ə)mã:] n.; -s, -s⟩ Übertragung eines Titels im Staatshaushalt auf einen anderen od. in ein anderes Jahr [frz., »Wendung, Abrechnung«]

Vi|ren ⟨[vi:-] Pl. von⟩ Virus

Vi|ren|scan|ner ⟨[vi:rənskænə(r)] m.; -s, -; EDV⟩ Programm, das zur Abwehr von Computerviren eingesetzt wird; →a. Virus (2)

Vi|ren|zeit|pe|ri|o|de ⟨[vi-] f.; -, -n⟩ von einer beschleunigten Evolution der Organismen gekennzeichneter Zeitabschnitt [<lat. *virens* »grünend, blühend« + *Periode*]

Vir|ga|ti|on ⟨[vɪr-] f.; -, -en; Geol.⟩ in Faltengebirgen das Auseinanderstreben gebündelter Faltenketten in mehrere Gebirgszüge (z. B. Ostalpen); Ggs Scharung [<lat. *virga* »Zweig«]

Vir|gel ⟨[vɪr-] f.; -, -n; Schriftw.; Zeichen: /⟩ Schrägstrich [<spätlat. *virgula* »Aktenzeichen, Zweiglein« <*virga* »Zweig«]

Vir|gi|nal ⟨[vɪr-] n.; -s, -e; Musik⟩ rechteckiges, dunkel klingendes Klavier, dessen Saiten durch Kiele angerissen werden (bes. in England u. den Niederlanden vom 16.-18. Jh.) [<lat. *virga* »Stab, Reißstock«]

Vir|gi|nia ⟨[vɪrgi:-] od. [vədʒɪ-] f.; -, -s⟩ lange, dünne Zigarre mit Mundstück aus Stroh [nach dem Herkunftsland, dem amerikan. Bundesstaat *Virginia*]

Vir|gi|ni|tät ⟨[vɪr-] f.; -; unz.; Med.⟩ Jungfräulichkeit [<lat.

virginatis; zu *virgo,* Gen. *virginis* »Jungfrau«]
vi|ril ⟨[vi-] Adj.; Med.⟩ männlich [<frz. *viril* »männlich« <lat. *virilis;* zu *vir* »Mann«]
Vi|ri|lis|mus ⟨[vi-] m.; -; unz.; Med.⟩ hormonell bedingte Vermännlichung der Frau [zu lat. *virilis* »männlich«; zu *vir* »Mann«]
Vi|ri|li|tät ⟨[vi-] f.; -; unz.; Med.⟩ **1** Männlichkeit **2** Manneskraft **3** Mannbarkeit [<lat. *virilitas* »Mannheit«; zu *vir* »Mann«]
Vi|ril|stim|me ⟨[vi-] f.; -, -n⟩ einzelne Stimme der Fürsten (im Reichstag bis 1806 u. im Bundestag 1815-1866); *Ggs* Kuriatstimme
Vi|ro|lo|ge ⟨[vi-] m.; -n, -n; Med.⟩ Wissenschaftler auf dem Gebiet der Virologie
Vi|ro|lo|gie ⟨[vi-] f.; -; unz.; Med.⟩ Lehre von den Viren u. den durch sie hervorgerufenen Krankheiten [<*Virus* + ... *logie*]
Vi|ro|lo|gin ⟨[vi-] f.; -, -gin|nen; Med.⟩ Wissenschaftlerin auf dem Gebiet der Virologie
vi|ro|lo|gisch ⟨[vi-] Adj.; Med.⟩ die Virologie betreffend, zu ihr gehörig
vi|rös ⟨[vi-] Adj.; Med.⟩ durch einen Virus hervorgerufen
Vi|ro|se ⟨[vi-] f.; -, -n; Med.⟩ durch einen Virus hervorgerufene Krankheit
vir|tu|a|li|sie|ren ⟨[vir-] V.⟩ **1** ⟨EDV⟩ mithilfe der Computertechnik die Realität nachbilden; *Computer ~ die Welt* **2** bildhaft simulieren u. damit anschaulich machen; *ein Beratungsangebot ~* [→ *Virtualität*]
Vir|tu|a|li|tät ⟨[vir-] f.; -; unz.⟩ (innewohnende) Kraft od. Möglichkeit [<frz. *virtualité* »Wirkungskraft, Wirkungsvermögen« <lat. *virtus* »Mannhaftigkeit, Tüchtigkeit, Tapferkeit, Tugend«; zu *vir* »Mann«]
Virtual Reality ⟨[vœːtʃual ˈreːlətɪ] f.; - -; unz.; Abk.: VR⟩ durch Computertechnik simulierte Realität, in die jmd. mit Hilfe von techn. Geräten (z. B. Joystick, Datenhandschuh) interaktiv eingebunden wird [engl., »virtuelle Wirklichkeit«]
vir|tu|ell ⟨[vɪr-] Adj.⟩ **1** der Kraft od. Möglichkeit nach (vorhanden) **2** ⟨Optik⟩ *~es Bild* scheinbares Bild **3** ⟨EDV⟩ *~er Speicher* scheinbare Vergrößerung des Primärspeichers durch die Verschmelzung mit dem Sekundärspeicher zu einem homogenen Speicher **4** ⟨Wirtsch.⟩ *~e Unternehmung* aus mehreren Unternehmenseinheiten zusammengesetztes künstliches Unternehmen, bei dem sich das Kernunternehmen auf einige wenige Unternehmensaspekte (z. B. Entwicklung u. Marketing) konzentriert, die restlichen Aspekte (z. B. Produktion u. Vertrieb) aber kontrolliert an Partnerfirmen weiterleitet [<frz. *virtuel* »wirkungsfähig, unerforscht wirkend«; zu lat. *virtus* »Tugend, Tapferkeit, Mannhaftigkeit«; zu *vir* »Mann«]
vir|tu|os ⟨[vɪr-] Adj.; bes. Musik⟩ meisterhaft, kunstfertig; *ihr Geigenspiel ist ~* [→ *Virtuose*]
Vir|tu|o|se ⟨[vɪr-] m.; -n, -n; bes. Musik⟩ Meister in (einer Kunst), bes. Musiker mit glänzender Technik; *Klavier~* [<ital. *virtuoso* »ausübender Künstler (bes. Musiker), der seine Kunst mit vollendeter Meisterschaft beherrscht; tüchtig«; zu *virtù* »Mannhaftigkeit, Tüchtigkeit, Tugend« <lat. *virtus;* zu *vir* »Mann«]
Vir|tu|o|sin ⟨[vɪr-] f.; -, -sin|nen; bes. Musik⟩ hervorragende Vertreterin (einer Kunst), bes. Musikerin
Vir|tu|o|si|tät ⟨[vɪr-] f.; -; unz.; bes. Musik⟩ meisterhafte Beherrschung der Technik (einer Kunst, bes. in der Musik)
vi|ru|lent ⟨[vi-] Adj.; Med.⟩ *Ggs* avirulent **1** Krankheit erregend **2** ansteckend **3** giftig **4** (fig.) dringlich [<lat. *virulentus* »giftig«; zu *virus* »Schleim, Gift«]
Vi|ru|lenz ⟨[vi-] f.; -; unz.; Med.⟩ **1** Fähigkeit zur Ansteckung **2** ⟨bei Bakterien⟩ Fähigkeit, eine Krankheit hervorzurufen [→ *virulent*]
Vi|rus ⟨[viː-] n. od. umg. a. m.; -, Vi|ren [viː-]⟩ **1** ⟨Med.⟩ kleinster, nichtzelliger Erreger einer übertragbaren Krankheit, dessen Vermehrung nur in lebenden Wirtszellen erfolgt **2** ⟨EDV⟩ sich in andere Programme einpflanzendes Computerprogramm, das diese durch falsche Befehle behindern u. zerstören kann [lat., »Geifer, Schleim, Gift«]
Vi|rus|in|fek|ti|on ⟨[viː-] f.; -, -en; Med.⟩ durch Viren hervorgerufene Infektion
Vi|sa ⟨[viː-]⟩ **1** ⟨Pl. von⟩ Visum **2** ⟨EDV; Bankw.⟩ internationale Interbankvereinigung, die Kreditkarteninstituten Dienstleistungen bezüglich der Abwicklung des Zahlungsverkehrs mit Visa-Zahlungskarten anbietet
Vi|sa|ge ⟨[vizaːʒə] f.; -, -n; umg.; abwertend⟩ Gesicht [frz., »Gesicht, Aussehen« <lat. *visus* »Sehen, Anblick, Erscheinung, Gesicht«; zu *videre* »sehen«]
Vi|sa|gist ⟨[vizaʒɪst] m.; -en, -en⟩ Kosmetiker für vorteilhaftes Schminken u. Gestalten des Gesichts (z. B. für Fernsehauftritte) [<frz. *visage* »Gesicht«]
Vi|sa|gis|tin ⟨[vizaʒɪs-] f.; -, -tin|nen⟩ Gesichtskosmetikerin [→ *Visagist*]
vis-a-vis *auch:* **vis-à-vis** ⟨[vizaviː] Adv.⟩ gegenüber; *~ unserem Haus* [<afrz. *vis* »Antlitz« + *à* »zu« <lat. *visus* »Sehen, Anblick, Erscheinung, Gesicht«; zu *videre* »sehen«]
Vis|a|vis *auch:* **Vis|à|vis** ⟨[vizaviː] n.; - [-viː:] od. [-viːs], - [-viː:] od. [-viːs]⟩ Gegenüber
Vis|ze|ra ⟨[vɪstsera] Pl.; Anat.⟩ Eingeweide; *oV* Viszera [lat.]
Vis|con|te ⟨[vɪskɔnte] m.; -, -con|ti [-kɔn-] *ital.* Titel für⟩ Adliger zwischen Graf u. Baron [ital., *<vece* »Stellvertretung« + *conte* »Graf« <lat. *vice* + *comes;* → *Vicomte*]
Vis|con|tes|sa ⟨[vɪs-] f.; -, -tes|se⟩ weibl. Visconte
Vis|co|se ⟨[vɪs-] f.; -; unz.; Textilw.⟩ = Viskose
Vis|count ⟨[vaɪkaʊnt] m.; -s, -s; *engl.* Titel für⟩ Adliger zwischen Graf u. Baron [engl., »Vicomte, Vizegraf« <afrz. *visconte;* → *Vicomte*]
Vis|coun|tess ⟨[vaɪkaʊntɪs] f.; -, -es [-tɪsɪz]⟩ weibl. Viscount [→ *Viscount*]
Vi|sen ⟨[viː-] Pl. von⟩ Visum

visibel

vi|si|bel ⟨[vi-] Adj.⟩ sichtbar; *Ggs* invisibel [<frz. *visible* »offenbar« <lat. *visibilis* »sichtbar, wahrnehmbar«; zu *videre* »sehen, wahrnehmen«]

Vi|sier ⟨[vi-] n.; -s, -e⟩ **1** Teil des mittelalterl. Helms zum Schutz des Gesichtes **2** Vorrichtung bei Feuerwaffen zum Zielen [<frz. *visière* »Helmgitter, Augenschirm, Zielvorrichtung an Handfeuerwaffen«; zu *viser* »zielen, ins Auge fassen« <afrz. *vis* »Antlitz, Gesicht« <lat. *videre* »sehen«]

vi|sie|ren ⟨[vi-] V.⟩ **1** zielen, in eine bestimmte Richtung sehen **2** eichen **3** mit einem Visum versehen; *einen Pass ~* **4** ⟨veraltet⟩ beglaubigen [<frz. *viser* »zielen, ins Auge fassen« <vulgärlat. *visare* <lat. *videre* »sehen«]

Vi|sier|li|nie ⟨[vi--njə] f.; -, -n⟩ gedachte Linie zwischen Kimme u. Korn, die beim Zielen genau ineinander greifen müssen

Vi|sie|rung ⟨[vi-] f.; -, -en⟩ MA u. Renaissance⟩ Entwurf, Riss

Vi|si|on ⟨[vi-] f.; -, -en⟩ **1** Traumgesicht, Erscheinung, Trugbild **2** eine (schwärmerisch entworfene) Idee oder Vorstellung für die Zukunft, Zukunftsperspektive; *eine ~ für das nächste Jahrtausend entwerfen* [<mhd. *vision* »Traumgesicht« <lat. *visio* »das Sehen, Anblick, Erscheinung«]

vi|si|o|när ⟨[vi-] Adj.⟩ **1** in der Art einer Vision, als Vision erschaut, traumhaft **2** seherisch

Vi|si|o|när ⟨[vi-] m.; -s, -e⟩ jmd., der mit visionären Fähigkeiten ausgestattet ist

Vi|si|o|nä|rin ⟨[vi-] f.; -, -rin|nen⟩ weibl. Person, die mit visionären Fähigkeiten ausgestattet ist

vi|si|o|nie|ren ⟨[vi-] V.⟩ **1** als Vision entwerfen, Zukunftsperspektiven entwickeln; *Computerwissenschaftler ~ über neuartige Automodelle* **2** vorsehen **3** Filme od. Videoaufzeichnungen *~* anschauen (u. begutachten) [→ *Vision*]

Vi|sit ⟨[vɪ-] m.; -s, -s; EDV⟩ Besuch einer Internetadresse, Seitenzugriff; *mehr als 1,5 Millionen ~s im Monat* [engl., »Besuch«]

Vi|si|ta|ti|on ⟨[vi-] f.; -, -en⟩ **1** Durchsuchung, Untersuchung, Nachprüfung durch Besuch; *Schul~* [frz., »Heimsuchung, Durchsuchung« <lat. *visitatio* »Besichtigung«; zu *visitare* »häufig besuchen, besichtigen«; zu *videre* »sehen, wahrnehmen«]

Vi|si|ta|tor ⟨[vi-] m.; -s, -to|ren⟩ jmd., der eine Visitation vornimmt

Vi|si|te ⟨[vi-] f.; -, -n; Med.⟩ Besuch zwecks Untersuchung, bes. von Kranken; *Kranken~* [frz., »Besuch, Krankenbesuch des Arztes«; zu *visiter* »besuchen, besichtigen, durchsuchen« <lat. *visitare* »oft sehen, besichtigen; zu *videre* »sehen«]

Vi|si|ten|kar|te ⟨[vi-] f.; -, -n⟩ Karte mit Aufdruck des Namens (sowie der Adresse, der Firma usw.), die man bei einem offiziellen Besuch abgibt

vi|si|tie|ren ⟨[vi-] V.; veraltet⟩ **1** durch Visite nachprüfen **2** prüfend besichtigen, durchsuchen, untersuchen

Vi|sit|kar|te ⟨[vi-] f.; -, -n; österr.⟩ Visitenkarte

vis|kös ⟨[vɪs-] Adj.⟩ = viskos

vis|kos ⟨[vɪs-] Adj.⟩ leimartig, zähflüssig; *oV* viskös [<lat. *viscum* »Mistel, Vogelleim«]

Vis|ko|se ⟨[vɪs-] f.; -; unz.; Textilw.⟩ Faser aus Zellstoff; *oV* Viscose [→ *viskos*]

Vis|ko|si|me|ter ⟨[vɪs-] n.; -s, -; Technik⟩ Gerät zum Messen der Viskosität von Flüssigkeiten [<*Viskose* + ...*meter*]

Vis|ko|si|me|trie *auch:* **Vis|ko|si|me|trie** ⟨[vɪs-] f.; -; unz.⟩ Verfahren zur Bestimmung der Viskosität von Stoffen [<*viskos* + ...*metrie*]

Vis|ko|si|tät ⟨[vɪs-] f.; -; unz.; Chemie⟩ Zähigkeit (von Flüssigkeiten) [<frz. *viscosité* »Klebrigkeit, Zähigkeit« <lat. *viscum* »Mistel, Vogelleim«]

Vis ma|jor ⟨[vɪs-] f.; -; unz.; geh.⟩ höhere Gewalt [<lat. *vis* »Macht, Gewalt« + *major*, Komp. von *magnus* »groß, hoch«]

Vis|ta ⟨[vɪs-] f.; -; unz.⟩ **1** Ansicht, Sicht **2** Vorzeigen (eines Wechsels); →*a.* a vista, a prima vista [<ital. *vista* »Gesicht, Anblick«; zu *vedere* <lat. *videre* »sehen«]

Vis|ta|wech|sel ⟨[vɪs-] m.; -s, -; Bankw.⟩ Sichtwechsel

Vis|tra *auch:* **Vist|ra** ⟨[vɪs-] f.; -; unz.; Textilw.⟩ Zellwolle aus Viskose

vi|su|a|li|sie|ren ⟨[vi-] V.⟩ *etwas ~* sichtbar machen. *bes.* herausstellen, um Aufmerksamkeit zu erregen [<engl. *visualize* »sichtbar machen«]

Vi|su|a|li|zer ⟨[vɪzjuəlaɪzə(r)] m.; -s, -⟩ Werbegrafiker [engl.]

vi|su|ell ⟨[vi-] Adj.⟩ das Sehen od. den Gesichtssinn betreffend, durch Sehen hervorgerufen, optisch (2); *~er Eindruck; ~er Typ* jmd., der Gesehenes leichter im Gedächtnis behält als Gehörtes; *Ggs* akustischer Typ; →*a.* motorischer Typ [<frz. *visuel*, Fem. *visuelle* »auf das Sehen bezüglich, Gesichts...« <lat. *videre* »sehen, schauen, wahrnehmen«]

Vi|sum ⟨[vi:-] n.; -s, Vi|sa od. Vi|sen [vi:-]⟩ **1** Erlaubnis zur Ein- u. Ausreise in einen bzw. aus einem fremden Staat **2** Sichtvermerk (auf dem Pass für den Aufenthalt in einem fremden Staat) [<lat. *visum* »gesehen«, Perf. zu *videre* »sehen«]

Vi|sus ⟨[vi:-] m.; -; unz.; Med.⟩ **1** Sehschärfe **2** Gesichtssinn [zu lat. *videre* »sehen«]

Vis|ze|ra ⟨[vɪs-] Pl.; Anat.⟩ = Viscera

vis|ze|ral ⟨[vɪs-] Adj.; Anat-⟩ zu den Eingeweiden gehörend, Eingeweide... [<frz. Adj. *viscéral* <lat. *viscera* »Eingeweide«]

Vis|ze|ro|pto|se ⟨[vɪs-] f.; -, -n; Med.⟩ Senkung der Baucheingeweide [<*Viscera* + grch. *ptosis* »Fall«]

Vi|ta ⟨[vi:-] f.; -, Vi|ten od. Vi|tae [-tɛ:]⟩ **1** ⟨allg.⟩ Lebensbeschreibung. Lebenslauf; *seine ~ erzählen* **2** ⟨im MA⟩ Lebensbeschreibung von Heiligen, Märtyrern od. weltlichen Herrschern [lat., »Leben«]

Vi|tae, non scho|lae dis|ci|mus ⟨geh.⟩ Für das Leben, nicht für die Schule lernen wir; →*a.* Non scholae, sed vitae discimus [lat.]

vi|tal ⟨[vi-] Adj.⟩ **1** zum Leben gehörend, lebens… **2** lebenswichtig; *~e Körperfunktionen* **3** lebenskräftig; *er wirkt sehr ~* [<frz. *vital* »lebenskräftig, munter, lebenswichtig« <lat. *vitalis* »zum Leben gehörig«; zu *vita* »Leben«]

Vi|tal|funk|ti|on ⟨[vi-] f.; -, -en; Med.⟩ lebenswichtige Kreislauffunktion (z. B. Atmung, Kreislauf)

Vi|ta|li|en|brü|der ⟨[vi-] Pl.⟩ eine Gruppe von Seeräubern um 1400, die urspr. im Auftrag der Hanse das von den Dänen belagerte Stockholm (1389-92) mit Lebensmitteln versorgten, dann aber (bes. unter Klaus Störtebeker) eigenmächtig Handelsschiffe kaperten u. 1401 von der Hanse überwältigt wurden; *oV* Viktualienbrüder [nach *Vitalien*, Nebenform zu *Viktualien*]

vi|ta|li|sie|ren ⟨[vi-] V.; geh.⟩ beleben, kräftigen; *gymnastische Übungen ~ den Organismus* [→ *vital*]

Vi|ta|lis|mus ⟨[vi-] m.; -; unz.; Philos.⟩ Lehre, dass allem organischen Leben eine besondere, über die physikal.-chem. Vorgänge hinausgehende Lebenskraft innewohne [<frz. *vitalisme* <lat. *vitalis* »Leben spendend, Lebens…«; zu *vita* »Leben«]

Vi|ta|list ⟨[vi-] m.; -en, -en; Philos.⟩ Vertreter, Anhänger des Vitalismus

Vi|ta|lis|tin ⟨[vi-] f.; -, -tin|nen; Philos.⟩ Vertreterin, Anhängerin des Vitalismus

vi|ta|lis|tisch ⟨[vi-] Adj.; Philos.⟩ auf dem Vitalismus beruhend

Vi|ta|li|tät ⟨[vi-] f.; -; unz.⟩ Lebenskraft, Lebensfähigkeit [<frz. *vitalité* »Lebenskraft, Lebendigkeit« <lat. *vitalitas* »Lebenskraft«; zu *vita* »Leben«]

Vi|tal|ka|pa|zi|tät ⟨[vi-] f.; -, -en; Med.⟩ *~ der Lunge* Volumenunterschied zwischen tiefster Ein- u. Ausatmung

Vi|ta|min *auch:* **Vi|ta|min** ⟨[vɪt-] n.; -s, -e; Biochemie⟩ meist von Pflanzen gebildeter Wirkstoff, der für Tiere u. Menschen zur Steuerung bestimmter organ. Prozesse benötigt wird [<lat. *vita* »Leben« + *Amin*]

Vitamin (*Worttrennung am Zeilenende*) Bei fremdsprachlichen Zusammensetzungen, deren einzelne Bestandteile für den deutschen Muttersprachler nicht unbedingt ersichtlich sind, kann zwischen den einzelnen Bestandteilen (Morphemen) *Vit-a-min* oder nach Sprechsilben *Vi-ta-min* getrennt werden.

vi|ta|mi|nie|ren *auch:* **vi|ta|mi|nie|ren** ⟨[vɪt-] V.; Biochemie⟩ mit Vitaminen anreichern; *Lebensmittel, Arzneimittel ~*

Vi|ti|li|go ⟨[vi-] f.; -, -li|gi|nes; Med.⟩ durch das Fehlen von Pigmenten hell erscheinender, scharf umgrenzter Hautbezirk, Scheckhaut [<lat. *vitiligo* »Hautausschlag«; zu *vitium* »Fehler, Mangel«]

vi|ti|ös ⟨[vɪtsjø:s] Adj.⟩ **1** (veraltet) fehlerhaft, lasterhaft **2** bösartig [<lat. *vitiosus* »krankhaft, fehlerhaft, lasterhaft«; zu *vitium* »Fehler, Mangel, Laster«]

Vi|ti|um ⟨[vi:-] n.; -s, Vi|tia [vi:-]; Med.⟩ Fehler, Übel [lat., »Fehler, Laster, Mangel«]

◆ Die Buchstabenfolge **vitr…** kann auch **vit|r…** getrennt werden.

◆ **Vi|tra|ge** ⟨[vɪtra:ʒə] f.; -, -n; früher⟩ undurchsichtiger, meist weißer Vorhang [<frz. *vitrage* »Glaswand, Glasarbeit«; zu *vitre* »Glasscheibe« <lat. *vitrum* »Glas, Kristall«]

◆ **Vi|tri|ne** ⟨[vi-] f.; -, -n⟩ **1** Glasschrank **2** Schaukasten [<frz. *vitrine*; zu *vitre* »Glasscheibe« <lat. *vitrinus* »gläsern«; zu *vitrum* »Glas«]

◆ **Vi|tri|ol** ⟨[vi-] n.; -s, -e; Chemie; veraltete Bez. für⟩ die kristallwasserhaltigen Sulfate der Schwefelsäure mit zweiwertigen Metallen, z. B. Kupfervitriol = Kupfersulfat [frz. <mlat. *vitriolum*]

◆ **Vi|trit** ⟨[vi-] m.; -(e)s, -e; Geol.⟩ als glänzende Streifen in die Steinkohle eingelagerte verkokbare Masse, verbrennt mit sehr geringer Aschebildung, Glanzkohle [evtl. <lat. *vitreus* »gläsern, kristallhell, klar, gleißend«; zu *vitrum* »Glas«]

◆ **Vi|tro|id** ⟨[vi-] n.; -(e)s, -e; meist Pl.; Geol.⟩ glasartig durchsichtigen Schmelzfluss bildender Stoff [zu lat. *vitrum* »Glas« + …*id*]

◆ **Vi|tro|phyr** ⟨[vi-] m.; -s, -e; Geol.⟩ mit Einsprenglingen in einer glasartigen Grundmasse durchsetztes vulkanisches Erdgussgestein [<lat. *vitrum* »Glas« + grch. *phyrein* »vermengen«]

◆ **Vi|trum** ⟨[vi:-] n.; -s, Vi|tra [vi:-]⟩ Arzneiflasche [<lat. *vitrum* »Glas«]

Vitz|li|putz|li ⟨[vɪts-] m.; - od. -s; unz.⟩ **1** Schreckgestalt, Kinderschreck **2** ⟨volkstüml. a.⟩ Teufel [verstümmelt aus dem Namen des Aztekengottes *Huitzilopochtli*]

vi|va|ce ⟨[viva:tʃə] Musik⟩ lebhaft (zu spielen) [ital., »lebhaft, munter, stark« <lat. *vivax* »langlebig, lebenskräftig«]

Vi|va|ce ⟨[viva:tʃə] n.; -, -; Musik⟩ **1** Musikstück od. Teil eines Musikstückes im lebhaften Tempo **2** lebhaftes Tempo

vi|va|cis|si|mo ⟨[vivatʃis-] Musik⟩ sehr lebhaft (zu spielen) [Superlativ zu ital. *vivace*; → *vivace*]

vi|vant! ⟨[vi:-]⟩ sie sollen leben!; *~ sequentes!* die Folgenden (die nach uns Lebenden) sollen leben! [lat.]

Vi|va|ri|um ⟨[viva:-] n.; -s, -ri|en; Zool.⟩ Behälter für kleine Tiere, z. B. Aquarium, Terrarium [<lat. *vivarium* »Tierpark, Pferch (in dem Schwarzwild gemästet wurde)«; zu *vivus* »lebend, frisch«]

Vi|vat ⟨[vi:vat] n.; -s, -s⟩ Hochruf

vi|vat! ⟨[vi:vat]⟩ er lebe!; *~, crescat, floreat!* er (sie, es) lebe, wachse u. blühe! [lat.]

Vi|vi|a|nit ⟨[vivi-] n.; -s, -e; Min.⟩ Blaueisenerz [nach dem engl. Mineralogen J. G. *Vivian*, 19. Jh.]

vi|vi|par ⟨[vivi-] Adj.; Biol.⟩ lebend gebärend; *Ggs* ovipar [<lat. *vivus* »lebend, lebendig« + …*par*]

Vivipa|rie ⟨[vivi-] f.; -, -n; Biol.⟩ Lebendgeburt nach vollendeter embryonaler Entwicklung im Mutterleib; *Ggs* Oviparie [→ *vivipar*]

Vi|vi|sek|ti|on ⟨[vivi-] f.; -, -en; Biol.⟩ Eingriff am lebenden Tier (zu Zwecken der Forschung) [<lat. *vivus* »lebend, lebendig« + *Sektion*]

vi|vi|se|zie|ren ⟨[vivi-] V.; Biol.⟩ *ein Tier* ~ an einem T. eine Visektion vornehmen

Vize... ⟨[fi:] od. [vi:-] in Zus.⟩ stellvertretende(r)..., z. B. Vizekanzler [<lat. *vicis* »Wechsel, Platz, Stelle«]

Vize|kanz|ler ⟨[fi:-] od. [vi:-] m.; -s, -⟩ Stellvertreter des Kanzlers/der Kanzlerin

Vize|kanz|le|rin ⟨[fi:-] od. [vi:-] f.; -, -rin|nen⟩ Stellvertreterin des Kanzlers/der Kanzlerin

Vize|prä|si|dent ⟨[fi:-] od. [vi:-] m.; -en, -en⟩ Stellvertreter des Präsidenten/der Präsidentin

Vize|prä|si|den|tin ⟨[fi:-] od. [vi:-] f.; -, -tin|nen⟩ Stellvertreterin des Präsidenten/der Präsidentin

vi|zi|nal ⟨[vi-] Adj.⟩ **1** nachbarlich **2** die Gemeinde betreffend [<lat. *vicinalis* »nachbarlich«; zu *vicinus* »benachbart, nahe«; zu *vicus* »Hof, Gehöft, Dorf«]

Viz|tum ⟨[fits-] od. [vi:ts-] m.; -s, -e⟩ Verwalter (von kirchl., später auch weltl. Besitz) [<lat. *vicedominus* »Stellvertreter des Herrn, des Fürsten«]

VJ ⟨Abk. für engl.⟩ Videojockei

Vlies ⟨[fli:s] n.; -es, -e⟩ *oV* Vließ **1** Schaffell **2** Rohwolle vom Schaf **3** ⟨Textilw.⟩ eine weiche Stoffart; *~pullover* [<mhd. *vlius, vlus,* ndrl. *vlies* »Schaffell«]

Vlie|se|li|ne® ⟨f.; -; unz.; Textilw.⟩ an Stelle von Steifleinen verwendete, vliesartige Mischung verschiedener Fasern mit Kunstharzen u. Kautschuk [→ *Vlies*]

Vließ ⟨[fli:s] n.; -es, -e⟩ = Vlies

Vo|cals ⟨[voukɔlz] Pl.; Musik⟩ Gesangspart eines Musikstückes; *die Schlichtheit ihrer Musik unterstützen die zarten ~* [engl.]

vo|ce ⟨[vo:tʃə] Musik⟩ Stimme [ital.]

Vo|co|der ⟨[vo-] m.; -s, -; El.; EDV⟩ Gerät zur Erzeugung einer künstlichen Sprache, eingesetzt in Computern [<*vokal* + *Code*]

Vogue ⟨[vo:g] f.; -; unz.⟩ **1** Bewegung, Antrieb **2** Beliebtheit; *→a.* en vogue [<frz. *vogue* »Zulauf, Schwung; Ansehen, Beifall; Glück, Ruf«; zu *voguer* »fahren, schwimmen, rudern«]

voi|là! ⟨[voalà] ⟩ sieh da! da ist es ja! da haben wir es ja! [<frz. *voir* »sehen« + *là* »dort, da«]

Voile ⟨[voa:l] m.; -, -s; Textilw.⟩ dünnes, schleierartiges Gewebe [frz., »Schleier«]

Vo|ka|bel ⟨[vo-] f.; -, -n⟩ einzelnes Wort (bes. aus einer fremden Sprache); *~n lernen* [<lat. *vocabulum* »Name, Wort«; zu *vocare* »nennen, rufen«; → *Vokal*]

Vo|ka|bu|lar ⟨[vo-] n.; -s, -e⟩ **1** Wörterverzeichnis **2** Wortschatz; *das ~ einer Sprache, eines Dichters*

vo|kal ⟨[vo-] Adj.; Musik⟩ für Singstimme(n) geschrieben, Gesangs... [zu lat. *vocalis* »tönend, redend«]

Vo|kal ⟨[vo-] m.; -s, -e; Phonetik⟩ Selbstlaut, Laut, bei dem der Atemstrom ungehindert aus dem Mund entweicht, Selbstlaut; *Ggs* Konsonant [<lat. *vocalis* »tönend, klangreich«; zu *vox*, Gen. *vocis* »Laut, Ton, Stimme«]

Vo|kal|har|mo|nie ⟨[vo-] f.; -; unz.; Phonetik⟩ in manchen Sprachen, z. B. in den ural.-altaischen u. finn.-ugr., die Einheitlichkeit der Vokale von Stammsilben u. Ableitungsbzw. Flexionssilben hinsichtlich ihrer Qualität, so dass in ihnen nur solche Vokale vorkommen dürfen, die vorn im Mund (i, e, ö, ü) bzw. hinten (a, o, u) gesprochen werden

Vo|ka|li|sa|ti|on ⟨[vo-] f.; -, -en⟩ **1** ⟨Musik⟩ Bildung u. Aussprache der Vokale **2** ⟨Sprachw.⟩ Bezeichnung der Vokale durch Punkte od. Striche unter den zugehörigen Konsonanten, z. B. in hebräischen od. arab. Schriften [<frz. *vocalisation* »Vokalisierung, Stimmübung« <lat. *vocalis*; → *Vokal*]

vo|ka|lisch ⟨[vo-] Adj.; Phon.⟩ *Ggs* konsonantisch **1** in der Art eines Vokals, selbstlautend **2** mit einem Vokal; *~er Anlaut, Auslaut eines Wortes*

Vo|ka|li|se ⟨[vo-] f.; -, -n; Musik⟩ Stimmübung nur auf Vokalen [<frz. *vocalise* »Singstück, Stimmübung« <lat. *vocalise;* → *Vokal*]

vo|ka|li|sie|ren ⟨[vo-] V.⟩ **1** ⟨Musik⟩ als Vokal bilden, aussprechen **2** ⟨Sprachw.⟩ *Texte ~* mit Vokalisation (2) versehen

Vo|ka|li|sie|rung ⟨[vo-] f.; -, -en; Musik; Sprachw.⟩ das Vokalisieren

Vo|ka|lis|mus ⟨[vo-] m.; -; unz.; Phon.⟩ **1** Bestand an Vokalen *einer Sprache od. Sprachstufe* **2** Bildung u. Entwicklung der Vokale; *~ einer Sprache;* →a. Konsonantismus

Vo|kal|mu|sik ⟨[vo-] f.; -; unz.; Musik⟩ Musik für Singstimme(n) mit od. ohne Instrumentalbegleitung; *Ggs* Instrumentalmusik

Vo|ka|ti|on ⟨[vo-] f.; -, -en⟩ Berufung (bes. in ein Amt) [<lat. *vocatus* »das Rufen, Ruf, Einladung«; zu *vocare* »(be)rufen«]

Vo|ka|tiv ⟨[vo:-] m.; -s, -e; Gramm.⟩ für die Anrede bestimmter Beugungsfall, z. B. im Lateinischen, Anredefall [<lat. *(casus) vocativus;* zu *vocare* »rufen, anreden«]

Vol. ⟨Abk. für⟩ Volumen (2)

Vol.-% ⟨Abk. für⟩ Volumprozent

Vo|lant ⟨[vɔlà:] m.; -s, -s⟩ **1** ⟨Textilw.⟩ gefälteter Besatz an Kleidungsstücken; *Sy* Falbel **2** Lenkrad [frz.]

Vo|la|pük ⟨[vo-] n.; -s; unz.; Sprachw.⟩ von dem Konstanzer Pfarrer M. Schleyer (1831–1912) erfundene Welthilfssprache [<engl. *world* »Welt« + *speak* »sprechen«]

vo|lar ⟨[vo-] Adj.; Anat.⟩ auf der Innenseite der Hand liegend [<lat. *volaris* »zur Hand gehörig«]

Vo|la|ta ⟨[vo-] f.; -, -|ten; Musik⟩ kleiner, verzierender Teil od. Lauf im Gesang [ital., »Lauf, Läufer, Roulade«]

Vo|la|ti|li|tät ⟨[vo-] f.; -, -en; Bankw.; Börse⟩ Schwankungsrisiko von Aktien- u. Devisenkursen sowie von Handelsmärkten, Kursschwankung; *Aktien mit hohen ~en sind teurer als solche mit geringen ~en* [zu lat. *volatil* »flüchtig«]

Vol|au|vent ⟨[vɔlovã:] m.; -s, -s; Kochk.⟩ Fleischpastete aus Blätterteig [frz., <*vol* »Flug« + *au* »im« + *vent* »Wind«]

Vol|ie|re ⟨[vɔljɛ:rə] f.; -, -n; Zool.⟩ Vogelhaus, großes Vogelbauer [<frz. *volière;* zu *voler* »fliegen, segeln« <lat. *volare* »fliegen«]

volley ⟨[vɔle:] od. engl. [vɔli] Adj.; Sport⟩ aus der Luft geschlagen od. geschossen, ohne dass der Ball zuvor Bodenkontakt hatte [engl.]

Vol|ley ⟨[vɔle:] od. engl. [vɔli] m.; -s, -s; Sport; bes. Tennis⟩ aus dem Flug zurückgeschlagener Ball, der vorher nicht den Boden berührt hat, Flugball [<engl. *volley* »Flugschlag«; im Fluge schlagen«]

Vol|ley|ball ⟨[vɔle:-] od. engl. [vɔli-] m.; -s; unz.; Sport⟩ Ballspiel zwischen zwei Mannschaften zu je sechs Spielern, die versuchen, den Ball so über ein in etwa 2,40 m Höhe gespanntes, 1 m breites Netz zu schlagen, dass er den Boden im Spielfeld der gegnerischen Mannschaft berührt [→ *Volley*]

vol|lie|ren ⟨[vɔl-] V.; Sport; bes. Tennis⟩ *einen Ball ~* im Flug schlagen, einen Volley spielen

Vo|lon|tär ⟨[vɔlɔn-] od. [-lɔ̃:-] m.; -s, -e⟩ jmd., der unentgeltlich od. gegen geringes Gehalt zur Ausbildung in einem Betrieb arbeitet, ohne in einem Lehrverhältnis zu stehen [<frz. *volontaire* »freiwillig« <lat. *voluntarius* »freiwillig«; zu *voluntas* »(freier) Wille«]

Vo|lon|ta|ri|at ⟨[vɔlɔn-] od. [-lɔ̃:-] n.; -(e)s, -e⟩ **1** Zeit der Ausbildung eines Volontärs **2** Stelle eines Volontärs

Vo|lon|tä|rin ⟨[vɔlɔn-] od. [-lɔ̃:-] f.; -, -rin|nen⟩ weibl. Person, die unentgeltlich od. gegen geringes Gehalt zur Ausbildung in einem Betrieb arbeitet, ohne im Lehrverhältnis zu stehen

vo|lon|tie|ren ⟨[vɔlɔn-] od. [-lɔ̃:-] V.⟩ als Volontär bzw. Volontärin arbeiten

Volt ⟨[vɔlt] n.; - od. -(e)s, -; El.; Physik; Zeichen: V⟩ SI-Einheit der elektr. Spannung, definiert als diejenige Spannung zwischen zwei Punkten eines Leiters, in der bei einer Stromstärke von 1 Ampere (A) die Leistung von 1 Watt (W) umgesetzt wird, 1 V = 1 W/1 A [nach dem italien. Physiker A. Graf *Volta*, 1745-1827]

vol|ta ⟨[vɔl-] Musik⟩ Mal (bei Wiederholungen); *prima ~* das erste Mal; *seconda ~* das zweite Mal [ital., »Wendung, Drehung, Richtung; mal«; zu *voltare* »wenden, drehen«]

Vol|ta ⟨[vɔl-] f.; -, Vol|ten [vɔl-]; 16./17. Jh.⟩ schneller höfischer Tanz aus der Provence in dreiteiligem Takt mit Sprüngen [→ *volta*]

Vol|ta|ele|ment ⟨[vɔl-] n.; -(e)s, -e⟩ galvanisches Element aus Kupfer- u. Zinkblechen in einem wässerigen Elektrolyten; *Sy* voltasche Säule [→ *Volt*]

Vol|ta|me|ter ⟨[vɔl-] n.; -s, -; El.; Physik⟩ Gerät zur Bestimmung der Stromstärke; →*a.* Voltmeter [<*Volt* + ...*meter*]

Volt|am|pere ⟨[vɔltampɛ:r] n.; - od. -s, -; El.; Physik; Zeichen: VA⟩ Produkt aus Spannung u. Stromstärke, Einheit der elektrischen Arbeit

vol|ta|sche Säu|le *auch:* **Vol|ta'sche Säu|le** ⟨[vɔl-] f.; -n -, -n -n⟩ = Voltaelement

Vol|te ⟨[vɔl-] f.; -, -n⟩ **1** ⟨Kart.⟩ Kunstgriff beim Mischen der Karten, durch den eine Karte an eine bestimmte Stelle zu liegen kommt; *die ~ schlagen* **2** ⟨Reitsport⟩ kreisförmige Figur; *eine ~ reiten* **3** ⟨Fechten⟩ das Voltieren [<ital. *volta* »Wendung, Umlauf«]

vol|tie|ren ⟨[vɔl-] V.; Sport; Fechten⟩ von einem gegner. Hieb od. Stoß dadurch ausweichen, dass man einen Fuß aus der Gefechtslinie ausscheren lässt

Vol|ti|geur ⟨[vɔltiʒø:r] m.; -s, -e; Reitsport⟩ = Voltigierer [<frz. *voltigeur;* zu *voltiger* »Schwünge, Sprünge ausführen, herumflattern«]

vol|ti|gie|ren ⟨[vɔltiʒi:-] V.; Reitsport⟩ auf dem (galoppierenden) Pferd turnen

Vol|ti|gie|rer ⟨[vɔltiʒi:-] m.; -s, -; Reitsport⟩ jmd., der voltigiert; *Sy* Voltigeur

Volt|me|ter ⟨[vɔlt-] n.; -s, -; El.; Physik⟩ Gerät zur Bestimmung der elektr. Spannung; →*a.* Voltameter

Volt|se|kun|de ⟨[vɔlt-] f.; -, -n; El.; Physik; Zeichen: Vs⟩ SI-Einheit des magnetischen Flusses, Weber

Vo|lu|men ⟨[vo-] n.; -s, - od. -lu|mi|na⟩ **1** ⟨Physik; Zeichen: V⟩ Rauminhalt **2** ⟨Abk.: Vol.⟩ Band (eines mehrbändigen Schriftwerkes) **3** Gesamtmenge, Umfang, Ausmaß von etwas; *Auftrags~; Handels~* [<lat. *volumen* »Krümmung, Windung, Schriftrolle, Buch«; zu *volvere* »rollen, drehen, wälzen, wirbeln«]

Vo|lu|men|ein|heit ⟨[vo-] f.; -, -en; Physik⟩ Maßeinheit für das Volumen, Raumeinheit

Vo|lu|men|ge|wicht ⟨[vo-] n.; -(e)s, -e; Physik⟩ = Volumgewicht

Vo|lu|me|trie *auch:* **Vo|lu|met|rie** ⟨[vo-] f.; -; unz.; Chemie⟩ = Titrieranalyse [<*Volumen* + ...*metrie*]

vo|lu|me|trisch *auch:* **vo|lu|met|risch** ⟨[vo-] Adj.; Chemie⟩ **1** das Volumen eines Körpers betreffend **2** die Bestimmung des Volumens betreffend, darauf beruhend

Vo|lum|ge|wicht ⟨[vo-] n.; -(e)s, -e; Physik⟩ spezifisches Gewicht, Raumgewicht; *oV* Volumengewicht

vo|lu|mi|nös ⟨[vo-] Adj.⟩ umfangreich [→ *Volumen*]

Vo|lum|pro|zent ⟨[vo-] n.; -(e)s, -e; Abk.: Vol.-%⟩ Prozent, bezogen auf den Rauminhalt; *Ggs* Gewichtsprozent

Vo|lun|ta|ris|mus ⟨[vo-] m.; -; unz.; Philos.⟩ Lehre, dass der Wille das Grundprinzip des Seins u. des seelischen Lebens sei; *Sy* Thelematismus, Thelematologie, Thelismus; →*a.* Intellektualismus (1) [<lat. *voluntas* »Wille, Wunsch, Absicht«; zu *velle* »wollen, wünschen, beabsichtigen«]

Vo|lun|ta|rist ⟨[vo-] m.; -en, -en; Philos.⟩ Anhänger, Vertreter des Voluntarismus

Voluntaristin

Vo|lun|ta|ris|tin ⟨[vo-] f.; -, -tinnen; Philos.⟩ Anhängerin, Vertreterin des Voluntarismus
vo|lun|ta|ris|tisch ⟨[vo-] Adj.; Philos.⟩ zum Voluntarismus gehörend, auf ihm beruhend
vo|lun|ta|tiv ⟨[vo-] Adj.⟩ **1** ⟨Philos.⟩ den Willen betreffend **2** ⟨Gramm.⟩ den Modus (2) des Wunsches zum Ausdruck bringend
vo|lup|tu|ös ⟨[vo-] Adj.⟩ Begierde erregend [<lat. *voluptuosus* »voll Wonne, voll Vergnügen«; zu *voluptas* »Vergnügen, Lust, Genuss«]
Vo|lu|te ⟨[vo-] f.; -, -n; Arch.⟩ Bauornament in Form einer Spirale; *Sy* Konvolute [<lat. *volutare* »herumwälzen, drehen«; zu *volvere* »wälzen, rollen«]
vol|vie|ren ⟨[vɔlvi:rən] V.; geh.⟩ **1** rollen, wälzen; *etwas ~* **2** abwägen, durchdenken, überlegen; *einen Sachverhalt ~* [zu lat. *volvere* »rollen, drehen«]
Vol|vox ⟨[vɔlvɔks] f.; -; unz.; Bot.⟩ Kugelalge [<lat. *volvere* »wälzen, rollen«]
Vol|vu|lus ⟨[vɔlvu-] m.; -, -vu|li [-vu-]; Med.⟩ Darmverschlingung [<lat. *volvere* »wälzen, rollen«]
vo|mie|ren ⟨[vo-] V.; Med.⟩ sich erbrechen, speien [<lat. *vomere*]
Vo|mi|tiv ⟨[vo-] n.; -s, -e; Pharm.⟩ = Vomitorium
Vo|mi|to|ri|um ⟨n.; -s, -ri|en; Pharm.⟩ Brechmittel; *Sy* Vomitiv [<lat. *vomitio* od. *vomitus* »das Erbrechen«]
Vo|mi|tus ⟨[vo:-] m.; -; unz.; Med.⟩ das Erbrechen [lat.]
Voo|doo ⟨[vudu:] m.; -s; unz.⟩ = Wodu
...vor ⟨[-vo:r] Nachsilbe; zur Bildung von Adj.⟩ fressend; *herbivor; omnivor* [<lat. *vorare* »verschlingen«]
Vo|ra|zi|tät ⟨[vo-] f.; -; unz.⟩ Gier, Gefräßigkeit [<lat. *voraxis* »gefräßig«; zu *vorare* »hinunterschlingen, fressen«]
...vo|re ⟨[-vo:rə] Nachsilbe; zur Bildung männl. Subst.⟩ Lebewesen, das bestimmte Stoffe frisst; *Herbivore; Omnivore* [→ *...vor*]
Vor|ti|zis|mus ⟨[vɔr-] m.; -; unz.; Mal.; ca. 1912-1915⟩ kurzlebige künstlerische u. literarische Bewegung in England, die an den ital. Futurismus anknüpfte u. sich als Gegenbewegung gegen die Neuromantik verstand [<engl. *vorticism* <lat. *vortex* »Wirbel, Strudel«]

Vos|tro|kon|to auch: **Vos|tro|kon|to** ⟨[vɔs-] n.; -s, -s od. -kon|ten od. -kon|ti; Bankw.⟩ = Lorokonto [<ital. *vostro* »euer« + *Konto*]

Vo|tant ⟨[vo-] m.; -en, -en⟩ **1** jmd., der votiert, Wähler **2** ⟨österr. a.⟩ Schöffe [<lat. *votans*, Part. Präs. zu *votare*; → *votieren*]
Vo|ta|tion ⟨[vo-] f.; -, -en⟩ das Votieren, Abstimmung [<neulat. *votatio*; → *votieren*]
vo|tie|ren ⟨[vo-] V.⟩ **1** abstimmen, sich entscheiden; *der Abgeordnete votierte für die Vorlage* **2** ⟨österr.⟩ eine Meinung äußern [<lat. *votare*; → *Votum*]
Vo|tiv|bild ⟨[vo-] n.; -(e)s, -er⟩ einem Heiligen aufgrund eines Gelübdes geweihtes Bild [<lat. *votivus* »geweiht, versprochen«; → *Votum*]
Vo|tiv|ga|be ⟨[vo-] f.; -, -n⟩ als Weihgeschenk für Götter od. Heilige dargebrachte Gabe, z. B. Bild, Darstellung eines Tieres, Schmuckgegenstand [→ *Votivbild*]
Vo|tiv|ka|pel|le ⟨[vo-] f.; -, -n⟩ Kapelle, die einem Heiligen aufgrund eines Gelübdes gestiftet wurde [→ *Votivbild*]
Vo|tiv|mes|se ⟨[vo-] f.; -, -n⟩ Messe, die für ein bestimmtes Anliegen od. eine bestimmte Person gelesen wird [→ *Votivbild*]
Vo|tum ⟨[vo:-] n.; -s, Vo|ten od. Vo|ta [vo:-]⟩ **1** Gelübde **2** Abgabe der Stimme **3** Äußerung einer Meinung **4** Gutachten, Urteil; *sein ~ abgeben* [lat., eigtl. »das Versprochene, feierlich abgegebene Stimme«; zu *vovere* »versprechen, wünschen«]
Vou|cher ⟨[vautʃə(r)] n. od. m.; -s, -s⟩ Buchungsbestätigung [engl., »Beleg, Zeugnis«; zu *vouch* »bezeugen, belegen«]
Vou|dou ⟨[vudu:] m.; -s; unz.⟩ = Wodu
Voû|te ⟨[vu:t(ə)] f.; -, -n; Arch.⟩ **1** Gewölbe **2** Hohlkehle zwischen Decke u. Wand [<frz. *voûte* <lat. *volutus*, Perf. zu *volvere*; → *Volute*]

Vox ⟨[vɔks] f.; -, Vol|ces [vo:tse:s]⟩ **1** ⟨allg.⟩ menschliche od. tierische Stimme **2** ⟨Musik⟩ **2.1** Gesangsstimme **2.2** Klang von Instrumenten **2.3** einzelner Ton in einer Tonfolge **2.4** Einzelstimme in mehrstimmiger Musik **2.5** unterschiedliche Register der Orgel [lat., »Stimme«]
Vox ni|hi|li ⟨[vɔks-] f.; - -; unz.; geh.⟩ = Ghostword [lat., »Wort des Nichts«]
vox po|pu|li, vox dei ⟨[vɔks de:i]⟩ Volkes Stimme (ist) Gottes Stimme [lat.; von Seneca, nach Hesiod]
Vox prin|ci|pa|lis ⟨[vɔks-] f.; - -; unz.; Musik⟩ = Prinzipal[2]
Voy|a|ger auch: **Vo|ya|ger** ⟨[vɔɪədʒə(r)] m.; -s, -⟩ US-amerikan. Raumsonde, die die Planeten Jupiter, Saturn u. Uranus erforschte [<engl. *voyage* »Reise«]
Voy|a|geur auch: **Vo|ya|geur** ⟨[voajaʒø:r] m.; -s, -s od. -e; geh.⟩ Reisender, Handelsreisender; → *a.* Commis Voyageur [frz.]
Voy|eur auch: **Vo|yeur** ⟨[voajø:r] m.; -s, -e⟩ jmd., der aus einem Versteck andere bei deren geschlechtl. Betätigung beobachtet u. dabei Befriedigung erfährt [frz., urspr. »Augenzeuge«; zu *voir* »sehen« <lat. *videre*]
Voy|eu|ris|mus auch: **Vo|yeu|ris|mus** ⟨[voajø-] m.; -; unz.⟩ Verhalten, Empfindungsweise eines Voyeurs
voy|eu|ris|tisch auch: **vo|yeu|ris|tisch** ⟨[voajø-] Adj.⟩ zum Voyeurismus neigend, ihn betreffend
vo|zie|ren ⟨[vo-] V.; Rechtsw.⟩ berufen, vorladen [<lat. *vocare* »rufen«]
VR 1 ⟨Abk. für⟩ Volksrepublik **2** ⟨Abk. für engl.⟩ Virtual Reality
Vs ⟨Zeichen für⟩ Voltsekunde
vs. ⟨Abk. für⟩ versus
V. S. O. P. ⟨auf Weinbrandflaschen Abk. für⟩ Very Superior Old Product, ausgezeichnetes altes Erzeugnis (Gütezeichen)
VTOL-Flug|zeug ⟨n.; -(e)s, -e; Flugw.⟩ Senkrechtstarter [ver-

kürzt ‹engl. *vertical take-off and landing* »senkrechtes Starten und Landen«›

vul|gär ‹[vul-] Adj.› gemein, gewöhnlich, ordinär [‹lat. *vulgaris* »(all)gemein«; zu *vulgus* »Menge, Volk«]

vul|ga|ri|sie|ren ‹[vul-] V.› **1** ‹veraltet› allgemein zugänglich u. bekannt machen **2** ‹geh.› oberflächlich, nicht wissenschaftlich darstellen, stark vereinfachen; *eine ~de Analyse* [zu frz. *vulgariser*]

Vul|ga|ris|mus ‹[vul-] m.; -, -rismen; Sprachw.› vulgärer Ausdruck, vulgäre Wendung

Vul|ga|ri|tät ‹[vul-] f.; -, -en› **1** vulgäre Beschaffenheit, Gewöhnlichkeit **2** vulgäre Äußerung

Vul|gär|la|tein ‹[vul-] n.; -s; unz.; Sprachw.› die umgangssprachl. Form der latein. Sprache als Vorstufe der roman. Sprachen

Vul|gär|spra|che ‹[vul-] f.; -, -n› **1** vulgäre, gewöhnliche Sprache **2** ‹Sprachw.› nicht lateinische Umgangssprache eines europ. Volkes im MA

Vul|ga|ta ‹[vul-] f.; -; unz.› in der kath. Kirche maßgeb. Bibelübersetzung des Kirchenvaters Hieronymus (um 400) aus dem Hebräischen u. Griechischen ins Lateinische [‹mlat. *versio vulgata* »allgemein gebräuchl. Ausgabe« ‹lat. *vulgare* »unter das Volk bringen«; zu *vulgus* »Volk«]

vul|go ‹[vu̯l-] Adv.; geh.› **1** gemeinhin, gewöhnlich **2** ‹vor Personennamen› genannt; *X, ~ Y* [lat.; zu *vulgus* »Volk«]

Vul|kan ‹[vul-] m.; -s, -e; Geol.› **1** Berg, durch den heiße Dämpfe u. glühende Lava an die Oberfläche dringen; *auf einem ~ tanzen* ein gefährliches Spiel treiben **2** durch Vulkanismus entstandener Berg [nach dem italienischen Feuergott *Vulcanus (Volcanus)*]

Vul|kan|fi|ber ‹[vul-] f.; -, -n› durch Behandeln von Papierbahnen mit Zinkchlorid u. anschließendes Zusammenpressen mehrerer Bahnen gewonnener, hornartiger Kunststoff für Koffer, Verkleidungen u. Isoliermaterialien; *Sy* Fiber (2)

Vul|ka|ni|sat ‹[vul-] n.; -(e)s, -e› vulkanisierter Kautschuk

Vul|ka|ni|sa|ti|on ‹[vul-] f.; -, -en› das Vulkanisieren

vul|ka|nisch ‹[vul-] Adj.; Geol.› von einem Vulkan (herrührend); *~es Gestein*

Vul|ka|ni|seur ‹[vul-sø:r] m.; -s, -e› jmd., der Gummireifen u. andere Gummierzeugnisse repariert u. erneuert

vul|ka|ni|sie|ren ‹[vul-] V.› *Naturkautschuk ~* zur Herstellung elastischen Kautschuks mit Schwefel o.ä. chem. Verbindungen behandeln [→ *Vulkan*]

Vul|ka|ni|sie|rung ‹[vul-] f.; -, -en› das Vulkanisieren

Vul|ka|nis|mus ‹[vul-] m.; -; unz.; Geol.› alle mit dem Emporringen von Stoffen aus dem Erdinneren zusammenhängenden Kräfte u. Erscheinungen [→ *Vulkan*]

Vul|ka|nit ‹[vul-] m.; -s, -e; Geol.› an der Erdoberfläche verhältnismäßig schnell abgekühltes u. erstarrtes Magma (Basalt, Porphyr u. a.), Effusivgestein, Ergussgestein [→ *Vulkan*]

Vul|ka|no|lo|ge ‹[vul-] m.; -n, -n; Geol.› Wissenschaftler auf dem Gebiet der Vulkanologie

Vul|ka|no|lo|gie ‹[vul-] f.; -; unz.; Geol.› Lehre von den Vulkanen, Erforschung der Vulkane [‹*Vulkan* + *...logie*]

Vul|ka|no|lo|gin ‹[vul-] f.; -, -ginnen; Geol.› Wissenschaftlerin auf dem Gebiet der Vulkanologie

vul|ka|no|lo|gisch ‹[vul-] Adj.; Geol.› die Vulkanologie betreffend, auf ihr beruhend

vul|ne|ra|bel ‹[vul-] Adj.; Med.› verletzbar, verletzlich [‹lat. *vulnerare* »verwunden«]

Vul|ne|ra|bi|li|tät ‹[vul-] f.; -; unz.; Med.› vulnerable Beschaffenheit, Verletzbarkeit

Vul|va ‹[vu̯lva] f.; -, Vulven [vu̯lvən]; Anat.› äußere weibl. Geschlechtsteile: Introitus vaginae [lat.; zu *volvere* »sich drehen, wölben«]

Vul|vi|tis ‹[vulvi:-] f.; -, -ti|den; Med.› Entzündung der Vulva

Vul|vo|va|gi|ni|tis ‹[vulvova-] f.; -, -ti|den; Med.› Entzündung der Vulva u. der Vagina

vu|o|ta ‹[vu-] Musik› auf der leeren Saite, ohne Fingerberührung des Griffbretts, zu spielen [ital., »leer«]

v. v. ‹Abk. für lat.› vice versa

W ‹Zeichen für› Watt

Wad ‹n.; -s; unz.; Geol.› weiches, erdiges Psilomelan [engl.; Herkunft unbekannt]

Wa|di ‹n.; -s, -s; Geogr.› nur bei heftigem Regen Wasser führendes, sonst trockenes Flussbett in der Wüste [arab.]

Wa|di|um ‹n.; -s, -di|en› = Vadium (1)

Wa|fer ‹[we̯ɪfə(r)] m.; -s, -; EDV› elektron. Halbleiterschaltung [engl.]

Wag|gon ‹[vagɔ̃:] m.; -s, -s› Eisenbahnwagen; *oV* Wagon [engl. (mit frz. Aussprache); verwandt mit *Wagen*]

Wa|gon ‹[vagɔ̃:] m.; -s, -s› = Waggon

Wake|board ‹[we̯ɪkbɔ:d] n.; -s, -s; Sport› Brett zum Wasserskifahren, Wellenreiten u. Springen auf dem Wasser [‹engl. *wake* »Kielwasser« + *Board*]

wake|boar|den ‹[we̯ɪkbɔ:-] V.; Sport› mit dem Wakeboard fahren u. gleiten

Wake|boar|ding ‹[we̯ɪkbɔ:-] n.; - od. -s; unz.; Sport› Wasserskifahren mit dem Wakeboard

Walkie-Talkie (*Schreibung mit Bindestrich*) Zwischen den Bestandteilen substantivisch gebrauchter Zusammensetzungen wird ein Bindestrich gesetzt, bes. bei Aneinanderreihungen (→ *a.* Go-go-Girl).

Wal|kie-Tal|kie ‹[wɔ:kɪtɔ:kɪ] n.; -s, -s› kleines tragbares Funksprechgerät, das man bei sich

1035

trägt [<engl. Verkleinerungsform zu *walk* »gehen« + *talk* »sprechen«]

Wal|king ⟨[wɔ̯ːkɪŋ] n.; - od. -s; unz.; Sport⟩ schnelles Gehen, Vorstufe des Joggings [zu engl. *walk* »gehen«]

Wal|king|bass ⟨[wɔ̯ːkɪŋbɛɪs] m.; -; unz.; Musik⟩ gleichförmig modulierte, fortlaufende Basslinie [<*Walking* + engl. *bass* »Bass«]

Walk|man® ⟨[wɔ̯ːkmæn] m.; -s, -men [-mən]⟩ kleiner Kassettenrekorder mit Kopfhörern, den man bes. gut unterwegs benutzen kann [<engl. *walk* »gehen, spazieren gehen« + *man* »Mann, Mensch«]

Wal|kü|re ⟨a. [-'--] f.; -, -n; germ. Myth.⟩ Jungfrau, die in einer Schlacht diejenigen auswählt, die sterben sollen [nach anord. *Valkyrja*; zu germ. *wala- »tot, gefallen«, a. zu mhd. *walstat* <ahd. *wal* »Schlachtfeld« + *kiesen* »küren, auswählen«]

Wall ⟨m.; -(e)s, Wälle⟩ **1** lang gestreckte Aufschüttung von Erde zur Befestigung u. Einfriedigung **2** ⟨fig.⟩ Bollwerk [<lat. *vallum* »Lagerwall, -zaun«; zu *vallus* »Pfahl«]

Wal|la|by ⟨[wɔləbɪ] n.; - od. -s, -s; Zool.⟩ **1** Gattung mittelgroßer Kängurus: Wallabia **2** deren Fell [engl. <austral. Eingeborenenspr. in Neusüdwales]

Wall|pa|per ⟨[wɔ̯ːlpeɪpə(r)] f.; -, - od. -s; EDV⟩ Bildschirmhintergrund [engl., eigtl. »Tapete«]

Wall Street ⟨[wɔ̯ːl striːt] f.; -; unz.; Bankw.⟩ Banken- u. Finanzzentrum der USA [nach der gleichnamigen Straße in New York]

Wal|lo|ne ⟨f.; -, -n; Bot.⟩ Gerbstoff enthaltender Fruchtbecher der Eiche [<ital. *vallonia* <grch. *balanos* »Eichel«]

Wal|rat ⟨m. od. n.; -(e)s; unz.; Zool.⟩ ölige, weiße Masse aus Stirnhöhle u. einem vom Kopf bis zum Schwanz der Pottwale verlaufenden Kanal: Cetaceum; *Sy* Spermazet [<nord. *hvalrav* <*Wal* + anord. *raf* »Bernstein« (aufgrund der Farbe); wegen der Verwendung als Heilmittel zu *-rat* (mhd. »Hilfe«) umgedeutet]

Wam|pum ⟨m.; -s, -e⟩ Gürtel od. Kette aus Muscheln u. Schnecken als Zahlungsmittel u. Schmuck der nordamerikan. Indianer [<Algonkin *wanpanpiag* <*wab* »weiß« + *umpe* »Schnur«]

Wan|da|le ⟨m.; -n, -n⟩ **1** Angehöriger eines ostgermanischen Volkes in Schlesien u. Westpolen **2** ⟨fig.; abwertend⟩ grober, zerstörungswütige Person; *wie die ~n hausen*; *oV* Vandale; → *a.* Wandalismus

wan|da|lisch ⟨Adj.⟩ die Wandalen betreffend, zu ihnen gehörend, von ihnen stammend; *~e Sprache* ausgestorbene, zu den ostgerman. Sprachen gehörende Sprache der Wandalen; *oV* vandalisch

Wan|da|lis|mus ⟨m.; -; unz.⟩ rohe Zerstörungswut; *oV* Vandalismus [nach der Plünderung Roms durch die *Wandalen* im Jahre 454 n. Chr.]

WAP ⟨Abk. für engl.⟩ Wireless Application Protocol, Einrichtung, mit der über Mobiltelefone Internetseiten abrufbar sind

Wa|pi|ti ⟨m.; - od. -s, -s; Zool.⟩ in den Rocky Mountains heimischer Rothirsch mit mächtigem Geweih: Cervus canadensis [Algonkin <*wapitiu, wapiti* »blass, weiß«]

Wa|ran ⟨m.; -s, -e; Zool.⟩ Familie großer Echsen mit langer Schnauze, starken Krallen u. kräftigem Schwanz: Varanidae [<arab. *uaran*]

War|dein ⟨m.; -(e)s, -e; früher⟩ jmd., der den Metallgehalt von Erzen od. Münzen prüft; *Berg~*; *Münz~* [<mlat. *guardianus* »Aufsichtsführender«]

war|die|ren ⟨V.; nordwestdt.⟩ *Münzen, Erze ~* prüfen, bewerten [→ *Wardein*]

War|lord ⟨[wɔ̯ːloːd] m.; -s, -s⟩ militärischer Machthaber, der (bes. in einem Bürger- od. Guerillakrieg) außerhalb der offiziellen Regierungsmacht agiert; *er lebt wie ein ~ im Dschungel* [engl.]

War|ming-up *auch:* **War|ming|up** ⟨[wɔːmɪŋʌp] m.; -s, -s⟩ *Sy* Warm-up **1** ⟨TV⟩ einleitender Teil eines Werbespots od. einer Fernsehsendung, das das Interesse u. die Aufmerksamkeit bei dem Zuschauer bzw. Zuhörer wecken soll **2** ⟨Sport⟩ **2.1** Phase kurz vor einem Autorennen, die zum Warmlaufenlassen der Motoren dient **2.2** Phase des Warmlaufens [engl., »das Warmlaufen«]

Warm-up *auch:* **Warm|up** ⟨[wɔːmʌp] n.; -, -s⟩ = Warming-up

Warp ⟨m.; -s, -e⟩ **1** Kettfaden **2** ⟨Mar.⟩ leichte Trosse [engl., »Weberkette, Aufzug«]

Warp|an|ker ⟨m.; -s, -; Mar.⟩ kleiner Anker

War|rant ⟨m.; -s, -s⟩ Lagerschein [engl., »Vollmacht. Bürgschaft, Lagerschein«]

War|ve ⟨[-və] f.; -, -n; Geol.⟩ eine dünne, innerhalb eines Jahres abgelagerte Sedimentschicht, die aus einer hellen Sommer- u. einer dunklen Winterlage, Bänderton; *oV* Warwe [<schwed.]

War|ven|schie|fer ⟨[-vən-] m.; -s; unz.; Geol.⟩ = Warvit

War|vit ⟨[-viːt] m.; -s, -e; Geol.⟩ dem Bänderton ähnliches Gestein, das in den Eiszeiten vor dem Quatär gebildet wurde; *oV* Warwit, Warvenschiefer [schwed.-neulat.; → *Warve*]

War|we ⟨f.; -, -n; Geol.⟩ = Warve

War|wit ⟨m.; -s, -e; Geol.⟩ = Warvit

wash and wear ⟨[wɔʃ ənd wɛː(r)] Textilw.⟩ Vermerk in Kleidungsstücken aus knitterarmen, pflegeleichten Baumwollgeweben, die leicht zu waschen u. ohne Bügeln wieder zu tragen sind [engl., »waschen und tragen«]

Wash|board ⟨[wɔʃbɔːd] n.; -s, -s; Musik⟩ in der Jazzmusik als Hintergrund- und Rhythmusinstrument verwendetes Waschbrett, auf dem mittels eines Löffels o. Ä. ein scheuernder Takt erzeugt wird [engl., »Waschbrett«]

Wash|pri|mer ⟨[wɔʃpraɪmə(r)] m.; -s, -⟩ Untergrundanstrich für Metalle, der vor der eigentlichen Lackierung aufgetragen wird u. als Korrosionsschutz wirkt [<engl. *wash* »waschen, abwaschen« + *primer* »Grundiermasse«; zu *prime* »erst...«]

Was|ser|stoff|per|o|xid ⟨n.; -(e)s, -e; Chemie⟩ farblose, stark oxidierende, besonders zum Bleichen verwendete Flüssigkeit; *Sy* Wasserstoffsuperoxid

Was|ser|stoff|su|per|o|xid ⟨n.; -(e)s, -e; Chemie⟩ = Wasserstoffperoxid

Wa|ter|gate ⟨[wɔːtə(r)geɪt] n.; -s; unz.; kurz für⟩ Watergate-Affäre

Wa|ter|gate-Af|fä|re ⟨[wɔːtə(r)geɪt-] f.; -; unz.⟩ innenpolit. Skandal (1972 in den USA), der zum Rücktritt des Präsidenten Richard Nixon führte; *Sy* Watergate [nach dem *Watergate Building*, dem Sitz der Demokratischen Partei, in dem während des Wahlkampfes Abhörgeräte installiert wurden]

Wa|ter|loo ⟨[-loː] od. engl. [wɔːtə(r)luː] n.; -s; unz.⟩ vernichtende Niederlage, Fiasko, Debakel; *der Verein erlebte ein sportliches ~* [nach der Schlacht bei *Waterloo*, wo die Armee Napoleons am 18.6.1815 vernichtend geschlagen wurde]

wa|ter|proof ⟨[wɔːtə(r)pruːf] Adj.; undekl.⟩ wasserdicht (von Uhren) [engl.]

Wa|ter|proof ⟨[wɔːtə(r)pruːf] m.; -s, -s; Textilw.⟩ wasserdichter Stoff für Jacken u. Mäntel [engl.; <*water* »Wasser« + *proof* »Stärke«]

Watt ⟨n.; -s, -; Physik; Zeichen: W⟩ SI-Einheit der elektr. Leistung, definiert als diejenige Leistung, die bei einer Spannung von 1 Volt (V) u. einem Stromfluss von 1 Ampere (A) zwischen zwei Punkten eines Leiters umgesetzt wird, 1 W = 1 V · 1 A

wat|tie|ren ⟨V.⟩ mit Watte füttern, polstern; *wattierter Mantel*

Watt|me|ter ⟨n.; -s, -; El.⟩ Gerät zum Messen der von Maschinen erzeugten Leistung

Watt|se|kun|de ⟨f.; -, -n; Physik; Zeichen: Ws⟩ Maßeinheit der Energie, gibt die in einer Sekunde übertragene Leistung in Watt an

Watt|stun|de ⟨f.; -, -n; Physik; Zeichen: Wh⟩ Maßeinheit der Energie, gibt die in einer Stunde übertragene Leistung in

Watt an, 1 Wh = 3600 Wattsekunden (Ws), wird meist in der Größe von Kilowattstunden (kWh) angegeben, 1 kWh = 1000 Wh [nach dem engl. Ingenieur James *Watt*, 1736-1819]

Way of Life ⟨[weɪ ɔf laɪf] m.; - - -; unz.⟩ Art u. Weise zu leben, Lebensstil; →*a.* American Way of Life [engl.]

WC ⟨Abk. für⟩ Wasserklosett [<engl. *watercloset*]

Weal|den ⟨[wiːl-] n.; -s; unz.; Geol.⟩ limnisch-terrestrische Ablagerung mit Kohlenflözen in der Unteren Kreide [nach *Weald*, einer Landschaft in Südostengland]

Wear ⟨[wɛː(r)] f.; -; unz.; meist in Zus.⟩ Kleidung; *Home~; Sports~; Street~* [engl.]

Web ⟨n.; -s; unz.; umg.; häufig in Zus., Abk. für engl.⟩ World Wide Web; *~phone; ~site* [engl., »Netz(-werk)«]

Web|cam ⟨[-kæm] f.; -, -s; EDV⟩ digitale Kamera, deren Bilder direkt ins Internet eingespeist werden; *er berichtet live mit einer ~ von der Messe* [<*Web* + engl. *camera* »Kamera«]

Web|de|sign ⟨[-dɪzaɪn] n.; -s, -s; EDV⟩ werbewirksame Gestaltung von Websites [<*Web* + *Design*]

Web|mas|ter ⟨m.; -s, -; EDV; Berufsbez.⟩ jmd., der Websites gestaltet, organisiert u. wartet [<*Web* + engl. *master* »Herr, Meister«]

Web|sei|te ⟨f.; -, -n; EDV⟩ eine im Internet anwählbare Einzelseite (als Teil einer Website); →*a.* Homepage

Web|site ⟨[-saɪt] f.; -, -s; EDV⟩ Gruppe mehrere zusammengehöriger Dokumente (Webseiten) im WWW mit Informationen zu einem bestimmten Thema; →*a.* Homepage [<*Web* + engl. *site* »Ansicht, Ort, Stätte«]

Weck|a|min *auch:* **We|cka|min** ⟨n.; -s, -e; Pharm.⟩ denKreislauf anregendes Mittel [Kunstwort <*wecken* + *Amin*]

We|da ⟨m.; - od. -s, -s od. Weden⟩ eine der vier ältesten religiösen Schriften der Inder; *Rig~* Weda der Verse; *Sama~* Weda der Lieder; *Jadschur~*

Weda der Sprüche; *Atharwa~* Weda des Priesters; *oV* Veda [<Sanskrit *veda* »Wissen«]

We|den ⟨Pl. von⟩ Weda; *oV* Veden

Wedge ⟨[vɛdʒ] m.; - od. -s, -s; Sport; Golf⟩ Schläger, dessen Schlagfläche wesentlich breiter als die normale Golfschläger ist [<engl. *wedge* »Keil«]

Wedg|wood ⟨[wɛdʒwʊd] n.; - od. -s; unz.⟩ feines, (meistens einfarbig) verziertes Steingut [nach dem engl. Kunsttöpfer J. *Wedgwood*, 1730-1795]

we|disch ⟨Adj.⟩ zu den Weden gehörend, auf ihnen beruhend

Week|end ⟨[wiːk-] n.; - od. -s, -s⟩ Wochenende [engl.]

Weft ⟨n.; -s, -e; Textilw.⟩ Schussgarn, hart gedrehtes Kammgarn für Möbelstoffe [engl., »Gewebe; Einschlag«]

Wei|muts|kie|fer ⟨f.; -, -n; Bot.⟩ = Weymouthskiefer

Well|ness ⟨f.; -; unz.⟩ Gesundheit, Fitness (durch wohltuende körperliche Betätigung u. gesunde Lebensführung); *~hotel; ~programm* [engl.; zu *well* »gut«]

Welsh Cor|gi ⟨[wɛlʃ kɔːgɪ] m.; - - od. - -s, - -s, Zool.⟩ Angehöriger einer aus Wales stammenden Rasse von Zwergschäferhunden [<engl. *welsh* »walisisch« + walisisch *cor* »Zwerg« + *ci* »Hund«]

Welsh Rab|bit ⟨[wɛlʃ ræbɪt] m.; - - od. - -s, - -s⟩ = Welsh Rarebit

Welsh Rare|bit ⟨[wɛlʃ rɛː(r)bɪt] m.; - - od. - -s, - -s⟩ mit einer Mischung aus geriebenem Chesterkäse, Cayennepfeffer u. Bier belegte u. überbackene Weißbrotscheibe; *oV* Welsh Rabbit [<engl. *welsh* »walisisch« + *rabbit* »Hase« bzw. *rare* »selten« + *bit* »Bissen«]

Wen|zel ⟨m.; -s, -⟩ = Scharwenzel (2)

Wer|be|spot ⟨[-spɔt] m.; -s, -s⟩ durchschnittlich 10-30 Sekunden langer Werbebeitrag in einem extra dafür vorbehaltenen Teil des Fernseh- od. Rundfunkprogramms

Wer|din|git ⟨n.; -s; unz.; Min.⟩ Mineral, eine Magnesium/Eisen-Aluminium-Borsilikat-

Werst

Verbindung [nach dem Wissenschaftler Günter *Werding*]

Werst ⟨f.; -, -en od. (bei Zahlenangaben) -⟩ russ. Längenmaß, etwa 1 km [<russ. *versta*, Gen. Pl. *verst*]

We|sir ⟨m.; -s, -e; früher⟩ Minister islamischer Staaten; *o V* Vezier [frz. *vizir* <türk. *wezir* <arab. *wazir* »Träger, Stütze« <arab. *wazara* »tragen, überwinden«]

We|si|rat ⟨n.; -(e)s, -e⟩ Amt, Würde eines Wesirs

Wes|ley|a|ner *auch:* **Wes|le|ya|ner** ⟨[vɛsliː-] m.; -s, -⟩ = Methodist [nach dem engl. Theologen John *Wesley*, 1703-1791, u. seinem Bruder Charles *Wesley*, 1707-1788]

West|end ⟨n.; -s, -s⟩ Stadtteil od. Bezirk einer Großstadt, in dem besonders viele Angehörige der höheren gesellschaftlichen Schichten leben [nach dem Londoner Stadtteil *Westend*, der früher die bevorzugte Wohnlage der höheren Gesellschaftsschichten war]

Wes|tern ⟨m.; - od. -s, -; Film⟩ Wildwestfilm [amerikan.-engl., »Westlicher«]

Wes|ting|house|brem|se *auch:* **Wes|ting|house-Brem|se** ⟨[-tɪŋhaʊs-] f.; -, -n⟩ über Druckluft wirkende Eisenbahnbremse [nach dem amerikan. Ingenieur G. *Westinghouse*, 1846-1914]

Wes|ton|e|le|ment *auch:* **Wes|ton-E|le|ment** ⟨[-tən-] n.; -(e)s, -e; Physik⟩ ein galvanisches Normalelement, das wegen seiner konstanten Spannung für Eichzwecke verwendet wird [nach dem amerikan. Physiker E. *Weston*, 1850-1936]

Wey|mouths|kie|fer ⟨[wɛɪməθs-] f.; -, -n; bot.⟩ nordamerikan. Kiefer mit weichen, langen Nadeln: Pinus strobus; *oV* Weimutskiefer [nach Thomas Thynne, Viscount of *Weymouth*, † 1714]

Wh ⟨Zeichen für⟩ Wattstunde

wheat|stone|sche Brü|cke *auch:* **Wheat|stone'sche Brü|cke** ⟨[wiːtstən-] f.; -n -, -n -n; Physik⟩ Meßbrücke zur Messung von Widerständen, Strömen od. Spannungen [nach dem

engl. Physiker Sir C. *Wheatstone*, † 1875]

Whig ⟨[vɪk] od. engl. [wɪg] m.; -s, -s; Politik⟩ Angehöriger der Partei mit liberaler Tradition (von den beiden Parteien des brit. Oberhauses); Ggs Tory [engl., eigtl. Bez. für Vieh- u. Pferdediebe in England, später wurden die schott. Gegner der Königspartei so genannt u. im 18./19. Jh. die Angehörigen englischer politischer Gruppen, die die königl. Gewalt einschränken u. die Macht des Parlaments stärken wollten; schließlich übernahmen sie die Bez. für sich selbst]

Whip ⟨[vɪp] od. engl. [wɪp] m.; -s, -s⟩ **1** (im engl. Parlament) Abgeordneter, der für die Anwesenheit der Mitglieder seiner Partei u. für Ruhe u. Ordnung bei Sitzungen zu sorgen hat, Einpeitscher **2** (allg.) polit. Hetzredner **3** (süddt. u. österr.) Einpauker [engl., »Peitsche; peitschen«]

Whip|cord ⟨[vɪpkɔː(r)t] od. engl. [wɪpkɔː(r)d] m.; -(e)s, -e; Textilw.⟩ garbadineähnliches Gewebe aus Kammgarn [engl., »Peitschenschnur« <*whip* »Peitsche« + *cord* »Seil, Tau, Strick«]

Whip|pet ⟨[wɪpət] m.; -s, -s; Zool.⟩ engl. Windhunderasse (für Hunderennen)

Whirl|pool® ⟨[wœːlpuːl] m.; -s, -s⟩ kleines Wasserbecken mit sprudelndem Wasser (für Massage) [<engl. *whirl* »Strudel« + *pool* »Bassin«]

Whis|ker ⟨m.; -s, -⟩ aus Schmelzen gezogener, dünner Kristall mit einem völlig geordneten Kristallgitter, dient zur Herstellung von Werkstoffen höchster Festigkeit [<engl. *whiskers* »Backenbart, Schnurrhaare«]

Whis|key ⟨[vɪski] od. engl. [wɪski] m.; -s, -s⟩ irischer od. amerikanischer Whisky; →*a.* Whisky

Whis|ky ⟨[vɪski] od. engl. [wɪski] m.; -s, -s⟩ engl. od. schott. Kornbranntwein; →*a.* Whiskey [<engl., *whisky*, Kurzform von *whiskybae* <gälisch *uisge-beatha* »Lebenswasser«]

Whist ⟨n.; -(e)s; unz.; Kart.⟩ urspr. engl. Kartenspiel für vier Spieler mit französ. Karten, Vorläufer des Bridge [engl., Nebenform zu älterem *whisk* »schnell wegnehmen« (nämlich den Stich)]

Whist|ler ⟨[wɪslə(r)] m.; -s, -; El.⟩ durch Blitze verursachte elektromagnet. Wellen großer Wellenlänge, die sich durch Pfeifgeräusche in Rundfunkgeräten bemerkbar machen [zu engl. *whistle* »pfeifen«]

White|col|lar|kri|mi|na|li|tät *auch:* **White-Col|lar-Kri|mi|na|li|tät** ⟨[waɪtkɔlə(r)-] f.; -, -en⟩ Kriminalität innerhalb der gehobenen Schichten, bes. im Bereich der Wirtschaft [<engl. *white collar* »weißer Kragen« (als Zeichen einer gehobenen berufl. Stellung)]

Whit|worth|ge|win|de *auch:* **Whitworth-Gewinde** ⟨[wɪtwœːθ-] n.; -s, -; Technik⟩ Schraubengewinde, das auf der Maßeinheit Zoll beruht [nach dem Erfinder Sir Joseph *Witworth*, 1803-1887]

WHO ⟨Abk. für engl.⟩ World Health Organization (Weltgesundheitsorganisation)

Who|dun|it *auch:* **Who|du|nit** ⟨[hudʌnɪt] n.; -s, -s ; umg.⟩ Roman, Film od. Theaterstück, in dem die Lösung eines Kriminalfalles (meistens eines Mordes) im Vordergrund steht; *der Roman entspricht dem klassischer.* ~ [engl. (umg.); verkürzt <*who (has) done it?* »wer hat es getan?«]

Who's Who ⟨[huːs huː] n.; - -, - -⟩ jährlich erscheinendes Verzeichnis der wichtigsten Personen des öffentl. Lebens [engl., »Wer ist wer?«]

Wig|wam ⟨m.; -s, -s⟩ kuppelförmige Behausung der nordamerikan. Indianer; →*a.* Tipi [engl., »Indianerhütte« <Algonkin *wikiwam* »Haus, Hütte«]

Wi|la|jet ⟨n.; -(e)s, -s⟩ türk. Provinz, türk. Verwaltungsbezirk [türk., »Provinz« <türk., arab. *wali* (Titel des Generalgouverneurs für eine Provinz)]

Wild|card ⟨[waɪldkaː(r)d] f.; -, -s; Sport; Tennis⟩ vom Veranstal-

Workfactorverfahren

ter eines Tennisturnieres frei vergebene Platz an einen Spieler, der sich nicht über die Tennisrangliste qualifiziert hat [engl., »Ersatzzeichen, Jokerzeichen«]

Wild|life ⟨[waɪldlaɪf] n.; -s; unz.; Biol.⟩ das Leben von Tieren u. Pflanzen in einer vom Menschen unberührten u. freien Wildbahn [engl., »Tierwelt«]

Wil|liams Christ ⟨[wɪljəmz krɪst] m.; - -, - -⟩ Branntwein, der aus Williams Christbirnen hergestellt wird

Wil|liams Christ|bir|ne ⟨[wɪljəmz krɪst-] f.; -, -n; Bot.⟩ große, aromatische Birnensorte

Wimp ⟨m.; -s, -s; umg.; salopp; abwertend⟩ Schwächling, Feigling, Waschlappen [engl.]

WIMP[1] ⟨Physik; Abk. für engl.⟩ Weakly Interacting Massive Particle (schwach wechselwirkendes schweres Teilchen), hypothetisch angenommenes subatomares Teilchen

WIMP[2] ⟨EDV; Abk. für engl.⟩ Windows, Icons, Mice, and Pull-down-Menus, eine benutzerfreundlich gestaltete grafische Oberfläche für Computer

Wind|jam|mer ⟨m.; -s, - od. f.; -, -n; Mar.⟩ großes Segelschiff [zu engl. *jam* »pressen«]

Win|dow|col|our ⟨[wɪndoʊkʌlə(r)] f.; -, -s; meist ohne Artikel⟩ aus Tuben aufmalbare Farbe für Fensterbilder, die in getrocknetem Zustand zu abziehbare Folien wird [engl., »Fensterfarbe«]

Win|dows®, WINDOWS® ⟨[wɪndoʊz] ohne Artikel; EDV⟩ weit verbreitetes Betriebssystem für Computer mit einer in Form von Fenstern gestalteten Benutzeroberfläche [<engl. *window* »Fenster«]

wind|sur|fen ⟨[-sœː-] V.⟩ Windsurfing betreiben

Wind|sur|fer ⟨[-sœː-] m.; -s, -; Sport⟩ **1** jmd., der Windsurfing betreibt; →a. Surfer **2** für das Windsurfing verwendetes stromlinienförmiges Kunststoffbrett mit Segel; →a. Surfbrett

Wind|sur|fing ⟨[-sœː-] n.; - od. -s; unz.; Sport⟩ Wassersport für ei-

ne Person mit einem Kunststoffbrett als Schwimmkörper u. Segel; →a. Surfing

Win|ner ⟨[wɪnə(r)] m.; -s, -; Sport; Tennis⟩ den Punkt u. den Sieg einbringender Schlag; *der Aufschlag ist sein ~* [engl., »Sieger«]

wob|beln ⟨V.; Physik⟩ *eine Frequenz ~* geringfügig um einen Mittelwert schwanken lassen [<engl. *wobble* »wanken, wackeln«]

Wobb|ler ⟨m.; -s, -; Physik⟩ Gerät, mit dem eine Frequenz gewobbelt wird [→ *wobbeln*]

Wod|ka ⟨m.; -s, -s⟩ russ. Branntwein [<russ. *vodka* »Wässerchen«; zu *voda* »Wasser«]

Wo|du ⟨m.; -s; unz.; bes. auf Haiti⟩ westafrikan. religiöser Kult, für den u. a. der Opferritus u. das Erlangen eines Trancezustandes kennzeichnend sind; *Sy* Voodoo, Voudou [<westafrikan. *vodu* »schützende Gottheit, Dämon«]

Wog|ging ⟨n.; - od. -s; unz.; Sport⟩ als Sportart betriebenes Gehen [verkürzt <Walking + Jogging]

Woi|lach ⟨m.; -s, -e⟩ Pferdedecke [<russ. *voilak* »Filz«, poln. *wojlok* »Filzdecke unter dem Sattel«]

Woi|wo|de ⟨m.; -n, -n⟩ **1** ⟨früher in Polen, Siebenbürgen, der Moldau u. Walachei u. im Banat⟩ Herzog **2** ⟨dann⟩ gewählter Führer **3** ⟨in Polen 1918-50⟩ oberster Beamter einer Provinz [<poln. *wojewoda* »Anführer im Krieg, Gouverneur« <*wojna* »Krieg« + *wodzic* »führen«]

Woi|wod|schaft ⟨f.; -, -en⟩ polnischer Verwaltungsbezirk [→ *Woiwode*]

Wok ⟨m.; -s, -s; chines. Kochkunst⟩ schalenförmiger Kochtopf zum Anbraten u. Garen von Gerichten

Wolf|ra|mat ⟨n.; -(e)s, -e; Chemie⟩ Salz der Wolframsäure

Wolf|ra|mit ⟨n.; -s; unz.; Min.⟩ dunkelbraunes bis schwarzes, fettig metallglänzendes Wolframmineral

wol|hy|nisch ⟨Adj.; Med.⟩ *~es Fieber* = Quintanafieber [die Krankheit wurde während der beiden Weltkriege besonders

in *Wolhynien* (Ukraine) beobachtet]

Wol|las|to|nit ⟨n.; -s, -e; Min.⟩ weißes od. leicht gelblich gefärbtes Mineral, chemisch ein Calciumsilicat [nach dem engl. Chemiker W. H. *Wollaston*, 1766-1828]

Wol|ma|ni|zer ⟨[wʊmənaɪzə(r)] m.; -s, -; umg.; salopp⟩ Frauenheld, Schürzenjäger [engl.]

Wom|bat ⟨m.; -s, -s; Zool.⟩ in Australien u. Tasmanien verbreitete Familie der Beuteltiere, die mit ihren starken Krallen unterirdische Baue anlegen: Phascolomidae [engl. <austral. Eingeborenenspr.]

Wo|men's Lib ⟨[wɪmənz lɪb] f.; - -; unz.⟩ (in den USA entstandene) Frauenrechtsbewegung [verkürzt <engl. *Women's Liberation Movement* »Befreiungsbewegung der Frauen«]

Won|der|bra ⟨[wʌndə(r)braː] m.; -s, -s⟩ = Push-up-BH [engl., »Wunderbüstenhalter«]

Woods ⟨[wʊdz] Pl.; Sport; Golf⟩ Holzschläger; *Ggs* Irons [<engl. *wood* »Holz«]

Wood|stock ⟨[wʊdstɔk] ohne Artikel⟩ 1969 veranstaltetes, legendäres Musik- u. Rockfestival [nach der gleichnamigen Stadt in den USA]

Woo|fer ⟨[wuː-] m.; -s, -; Musik; kurz für⟩ Subwoofer

Worces|ter|so|ße ⟨[wʊstə(r)-] f.; -, -n⟩ scharfe Soße zum Würzen [nach der urspr. in Nordamerika u. *Worcester* hergestellten Speisewürze]

Word®, WORD® ⟨[wœːd] ohne Artikel; EDV; kurz für⟩ MS-WORD

Work|a|ho|lic *auch:* **Work|a|ho|lic** ⟨[wœːkəhɔlɪk] m.; -s, -s⟩ **1** jmd., der unter Arbeitszwang steht **2** ⟨scherzh. für⟩ jmd., der gern u. viel arbeitet [engl.; verkürzt <*work* »Arbeit« + *alcoholic* »Alkoholiker«]

Work|camp ⟨[wœːkkæmp] n.; -s, -s⟩ Ferienlager, in dem bes. Jugendliche mit ihrem Arbeitseinsatz soziale u. politische Projekte unterstützen [engl. *work* »Arbeit« + *camp* »Lager«]

Work|fac|tor|ver|fah|ren *auch:* **Work-Fac|tor-Ver|fah|ren** ⟨[wœːkfæktə(r)-] n.; -s, -;

1039

Workflow

Wirtsch.) System vorbestimmter Zeiten, bei dem sich die Vorgabezeit aus der Summe der Arbeitszeiten für die einzelnen Bewegungsabläufe ergibt [< engl. *work* »Arbeit« + *factor* »Faktor«]

Work|flow ⟨[wœ:kflou] m.; -s, -s; Wirtsch.⟩ (Verwaltung der) Arbeitsabläufe, -organisation; *den ~ beschleunigen, optimieren* [< engl. *work* »Arbeit; arbeiten« + *flow* »Fluss; fließen«]

Work-out *auch:* **Work|out** ⟨[wœ:kaut] n.; -s, -s; Sport⟩ die körperliche Konstitution u. Leistungsfähigkeit verbessernde sportliche Übung [< engl. *work out* »trainieren«]

Work|shop ⟨[wœ:kʃɔp] m.; -s, -s⟩ **1** Seminar, in dem durch Diskussion u. praktische Vorführungen Kenntnisse vermittelt u. erarbeitet werden **2** Ort, an dem ein solches Seminar stattfindet [< engl. *work* »Arbeit« + *shop* »Laden, Geschäft«]

Work|sta|tion ⟨[wœ:ksterʃən] f.; -, -s; EDV⟩ (an ein Netz angeschlossener) leistungsfähiger, eigenständiger Computer zur individuellen Arbeit am Arbeitsplatz [engl., »Arbeitsplatz«]

World|cup ⟨[wœ:ldcʌp] m.; -s, -s; Sport; bes. Fußb.⟩ internationale (Welt-)Meisterschaft [< engl. *world* »Welt« + *cup* »Pokal«]

World Wide Web ⟨[wœ:ld waıd wɛb] Abk.: WWW⟩ weltweit verbreitetes Computernetz, Internet [< engl. *worldwide* »weltweit« + *web* »Netz«]

WORM ⟨[wɔ:(r)m] f.; -, -s; EDV; Abk. für engl.⟩ Write Once Read Many Times (schreib einmal, lies mehrfach), optische Speicherplatte mit hohem Speichervolumen

Worst Case ⟨[wœ:st keıs] m.; - -; unz.⟩ die am wenigsten erwünschte, schlimmste Entwicklung, die denkbar schlechteste Lage, Situation [< engl. *worst* »schlimmste(r, -s)« + *case* »Lage, Fall«]

wow! ⟨[wau] Int.; umg.⟩ (Bewunderung od. Überraschung ausdrückender Ausruf) [engl., »klasse! super! spitze!«]

Wrest|ler ⟨[rɛslə(r)] m.; -s, -; Sport⟩ Ringer, der Wrestling betreibt

Wrest|ling ⟨[rɛslɪŋ] n.; - od. -s; unz.; Sport⟩ Abart des Freistilringens, die showmäßig veranstaltet wird [< engl. *wrestle* »ringen«]

Wru|cke ⟨f.; -, -n⟩ = Wruke

Wru|ke ⟨f.; -, -n⟩ Kohlrübe; *oV* Wrucke [vielleicht entlehnt < poln. *brukier* »Kohlrübe«]

Ws ⟨Zeichen für⟩ Wattsekunde

Wul|fe|nit ⟨n.; -s; unz.; Min.⟩ gelbes, selten orangerotes, glänzendes Mineral, Gelbbleierz [nach dem österr. Mineralogen F. X. von Wulfen, † 1805]

Wur|lit|zer|or|gel ⟨f.; -, -n; Musik⟩ = Kinoorgel

WWF ⟨Abk. für engl.⟩ World Wide Fund for Nature (weltweite Naturschutzorganisation)

WWW ⟨Abk. für engl.⟩ World Wide Web

Wy|an|dot|te ⟨[vaıən-] n.; -, -s od. f.; -, -n; Zool.⟩ Angehöriges einer Rasse der Haushühner [engl., nach dem nordamerikan. Indianerstamm der *Wyandots*]

Wysiwyg, WYSIWYG ⟨[vısıvık] EDV; Abk. für engl.⟩ what you see is what you get (was Sie sehen ist das, was Sie bekommen), exakte Darstellung der Druckvorlage auf dem Bildschirm

x ⟨in algebraischen Gleichungen Zeichen für⟩ eine Unbekannte

X ⟨röm. Zahlzeichen für⟩ zehn

x-Ach|se ⟨f.; -, -n; Math.⟩ = Abszissenachse

xanth..., Xanth... ⟨in Zus.; vor Vokalen⟩ = xantho..., Xantho...

Xanth|e|las|ma *auch:* **Xan|the|las|ma** ⟨n.; -s, -ma|ta od. -las|men; Med.⟩ Bildung gelber Knötchen an den Augenlidern infolge von Cholesterinablagerungen [< grch. *xanthos* »gelb« + grch. *elasma* »Platte«]

Xan|then ⟨n.; -s; unz.; Chemie⟩ chem. Stoff aus farblosen Blättchen, die in Wasser schwer, in Äther, Chloroform u. Benzol leicht löslich sind. der gleichzeitig das Grundgerüst für die Rhodamine bildet [→ *Xanthin*]

Xan|thin ⟨n.; -s; unz.; Biochemie⟩ pflanzl. u. tierisches Alkaloid [< grch. *xanthos* »gelb, gelbrot«]

Xan|thin|urie *auch:* **Xan|thi|nu|rie** ⟨f.; -, -n; Med.⟩ vermehrte Ausscheidung von Xanthin im Harn [< *Xanthin* + ... *urie*]

Xan|thip|pe ⟨f.; -, -n; umg.⟩ zänkisches Weib [wohl fälschlich nach *Xanthippe*, der Frau des Sokrates]

xantho..., Xantho... ⟨vor Vokalen⟩ xanth... Xanth... ⟨in Zus.⟩ gelb..., Gelb... [< grch. *xanthos* »gelb, gelblich«]

xan|tho|chrom ⟨[-kro:m] Adj.⟩ gelbfarbig [< *xantho...* + grch. *chroma* »Farbe«]

xan|tho|derm ⟨Adj.; Med.⟩ gelbhäutig [< grch. *xanthos* »gelb« + *derma* »Haut«]

Xan|tho|der|mie ⟨f.; -, -n; Med.⟩ Gelbfärbung der Haut [< grch. *xanthos* »gelb« + ... *dermie*]

Xan|tho|ge|nat ⟨n.; -(e)s, -e; Chemie⟩ Salz der Xanthogensäure

Xan|tho|gen|säu|re ⟨f.; -, -n⟩ organ. Verbindung, ein Ester der Dithiokohlensäure, zeigt schwache Säureeigenschaften, Ausgangsstoff für viele Synthesen [< grch. *xanthos* »gelb, gelbrot« + ... *gen²*]

Xan|thom ⟨n.; -s, -e; Med.⟩ infolge von Cholesterin- u. Lipoidspeicherung gelb gefärbte Hautgeschwulst [zu grch. *xanthos* »gelb«]

Xan|tho|ma|to|se ⟨f.; -, -n; Med.⟩ ausgedehnte Bildung von Xanthomen

Xan|tho|phyll ⟨n.; -s; unz.; Biochemie⟩ gelber Farbstoff von Pflanzen [< grch. *xanthos* »gelb, gelbrot« + *phyllon* »Blatt, Laub, Kraut«]

X-Chro|mo|som ⟨[-kro-] n.; -s, -en; Genetik⟩ eines der beiden Geschlechtschromosome; *Ggs* Y-Chromosom
Xe ⟨chem. Zeichen für⟩ Xenon
XE ⟨Zeichen für⟩ X-Einheit
X-Ein|heit ⟨f.; -, -en; Physik; Zeichen: XE⟩ nicht mehr zulässige Längeneinheit für Röntgenstrahlen, 1 XE entspricht 1,002 · 10⁻¹³ cm
Xe|nie ⟨[-njə] f.; -, -n⟩ **1** ⟨Antike⟩ Geschenk für einen Gast **2** ⟨Rhet.⟩ Sinnspruch; *Sy* Xenion **3** Spottgedicht [<grch. *xenion* »Gastgeschenk; Gastfreundschaft«]
Xe|ni|on ⟨n.; -s, -ni|en; Rhet.⟩ = Xenie (2)
xe|no..., Xe|no... ⟨in Zus.⟩ fremd..., fremden..., Fremd..., Fremden... [<grch. *xenos* »fremd, Fremder«]
Xe|no|bi|o|ti|kum ⟨n.; -s, -ti|ka; Biol.⟩ Stoff, der in einem bestimmten Ökosystem natürlich nicht vorkommt [<grch. *xenon* »das Fremde« + *bios* »Leben«]
Xe|no|blast ⟨m.; -en, -en; Min.⟩ neu- od. umkristallisiertes Mineral ohne charakteristische Form; *Ggs* Idioblast [<*Xeno...* + *...blast*]
xe|no|blas|tisch ⟨Adj.; Min.⟩ den Xenoblasten betreffend, in seiner Form; *Ggs* idioblastisch; *von ~er Form*
Xe|no|ga|mie ⟨f.; -, -n; Bot.⟩ Fremd- od. Kreuzbestäubung (von Blüten) [<*Xeno...* + *...gamie*]
Xe|no|kra|tie ⟨f.; -, -n⟩ Fremdherrschaft [<*Xeno...* + *...kratie*]
Xe|no|lith ⟨m.; -(e)s od. -en, -e od. -en; Geol.⟩ in magmatischem Gestein eingeschlossenes Fremdgestein [<*Xeno...* + *...lith*]
xe|no|morph ⟨Adj.; Geol.⟩ durch Xenomorphie betroffen, sie aufweisend; *Ggs* idiomorph [<*xeno...* + *...morphie*]
Xe|no|mor|phie ⟨f.; -; unz.; Geol.⟩ untypische Erscheinungsform von Mineralen, die in ihrem Wachstum Behinderungen ausgesetzt waren [<*Xeno...* + *...morphie*]
Xe|non ⟨n.; -s; unz.; chem. Zeichen: Xe⟩ chem. Grundstoff, Edelgas, Ordnungszahl 54 [<grch. *xenos* »fremd«]
xe|no|phil ⟨Adj.⟩ allem Fremden gegenüber aufgeschlossen [<*xeno...* + *...phil*]
Xe|no|phi|lie ⟨f.; -; unz.⟩ Vorliebe für Fremdes, Fremdartiges [<*Xeno...* + *...philie*]
xe|no|phob ⟨Adj.⟩ Fremdes ablehnend, fürchtend [<*xeno...* + *...phob*]
Xe|no|pho|bie ⟨f.; -; unz.⟩ Furcht vor allem Fremden, Ablehnung von Fremdem [<*Xeno...* + *Phobie*]
Xe|no|tim ⟨m.; -s, -e; Min.⟩ gelblich bis hellgraues, fettglänzendes Mineral, das durch Spuren von Uran od. Thorium radioaktiv ist, chemisch Yttriumphosphat; *Sy* Ytterspat [zu grch. *xenotimos* »gastfreundlich, Fremde ehrend«]
Xe|no|trans|plan|ta|ti|on ⟨f.; -, -en; Med.⟩ artfremde Transplantation, Transplantieren von Organen od. Geweben von einer Spezies auf die andere (z. B. bei Herztransplantationen) [<grch. *xenos* »fremd« + *Transplantation*]
xer..., Xer... ⟨in Zus.; vor Vokalen⟩ = xero..., Xero...
Xe|res ⟨[xɛːrɛθ] od. [çɛːrɛθ] m.; -; unz.⟩ = Jerez; →*a.* Sherry
xe|ro..., Xe|ro... ⟨in Zus.⟩ trocken..., Trockenheit; *oV* xer..., Xer... [<grch. *xeros* »trocken«]
Xe|ro|der|ma ⟨n.; -s, -ma|ta od. -der|men; Med.⟩ *~ pigmentosum* erblich bedingte, meist schon im Kindesalter tödlich verlaufende Hautkrankheit mit anfänglicher Flecken- u. späterer Warzen- u. Karzinombildung [<*Xero...* + *Derma*]
Xe|ro|der|mie ⟨f.; -, -n; Med.⟩ Trockenheit der Haut
Xe|ro|gra|fie ⟨f.; -; unz.; Technik⟩ = Xerographie
xe|ro|gra|fie|ren ⟨V.; Technik⟩ = xerographieren
xe|ro|gra|fisch ⟨Adj.; Technik⟩ = xerographisch
Xe|ro|gra|phie ⟨f.; -; unz.; Technik⟩ elektrostatisches Verfahren zum Vervielfältigen u. Drucken; *oV* Xerografie
xe|ro|gra|phie|ren ⟨V.; Technik⟩ mit Hilfe der Xerographie vervielfältigen; *oV* xerografieren
xe|ro|gra|phisch ⟨Adj.; Technik⟩ die Xerographie betreffend, mit ihrer Hilfe; *oV* xerografisch
Xe|ro|ko|pie ⟨f.; -, -n; Technik⟩ durch Xerographie hergestellte Kopie
xe|ro|morph ⟨Adj.; Bot.⟩ Schutzvorrichtungen gegen Austrocknung besitzend (von Pflanzen) [<grch. *xeros* »trocken« + *morphe* »Gestalt«]
xe|ro|phil ⟨Adj.; Bot.⟩ die Trockenheit liebend; *Ggs* hygrophil; *~e Pflanzen* [<*xero...* + *...phil*]
Xe|ro|phi|lie ⟨f.; -; unz.; Bot.⟩ Vorliebe für trockene Standorte (von Pflanzen); *Ggs* Hygrophilie [<*Xero...* + *...philie*]
Xe|ro|phthal|mie *auch:* **Xe|roph|thal|mie** ⟨f.; -, -n; Med.⟩ = Xerophthalmus
Xe|ro|phthal|mus *auch:* **Xe|roph|thal|mus** ⟨m.; -, -phthal|men; Med.⟩ Austrocknung der Binde- u. Hornhaut des Auges; *oV* Xerophthalmie, Augendarre [<*Xero...* + *Ophthalmie*]
Xe|ro|phyt ⟨m.; -en, -en; Bot.⟩ Trockenheit liebende Pflanze; *Ggs* Hygrophyt [<*Xero...* + *...phyt*]
Xe|ro|se ⟨f.; -, -n; Med.⟩ Trockenheit, Aus- bzw. Vertrocknung von Geweben od. Schleimhäuten [<grch. *xeros* »trocken« + *...ose*]
xe|ro|tisch ⟨Adj.; Med.⟩ trocken [<grch. *xeros* »trocken«]
X-Games ⟨[ˈɪksɡeɪms] Pl.; Abk. für engl.⟩ Extreme Games (extreme Spiele), in den USA veranstaltete internationale Wettbewerbe in den Fun- u. Extremsportarten
Xi ⟨Zeichen: ξ, Ξ⟩ grch. Buchstabe [grch.]
XL ⟨Abk. für engl.⟩ extra large, sehr groß (als Konfektionsgröße)
XS ⟨Abk. für engl.⟩ extra small, sehr klein (als Konfektionsgröße)
X-Strah|len ⟨Pl.; Physik⟩ = Röntgenstrahlen [die ihrem Wesen nach zunächst unbekannten Strahlen wurden von Röntgen *X-Strahlen* genannt]
XXL ⟨Abk. für engl.⟩ extra extra large, übermäßig groß (als Konfektionsgröße)

XXS 〈Abk. für engl.〉 extra extra small, besonders klein (als Konfektionsgröße)

Xy|lan 〈n.; -s; unz.; Biochemie〉 aus Xylose u. Pentose aufgebaute Cellulose, natürliches Vorkommen in Bäumen, Stroh u. Kleie [<grch. *xylon* »Holz«]

Xy|lem 〈n.; -s, -e; Bot.〉 Holz-, Gefäßteil der Leitbündel von Pflanzen; *Sy* Hadrom [<grch. *xylon* »Holz«]

Xy|lit 〈m.; -(e)s, -e; Chemie〉 fünfwertiger, aliphat., kristalliner Alkohol, der als Feuchthaltungsmittel u. Süßungsmittel für Bonbons u. Kaugummis verwendet wird [zu grch. *xylon* »Holz«]

xy|lo..., **Xy|lo...** 〈in Zus.〉 holz..., Holz... [<grch. *xylon* »Holz«]

Xy|lo|fon 〈n.; -s, -e; Musik〉 = Xylophon

Xy|lo|graf 〈m.; -en, -en〉 = Xylograph

Xy|lo|gra|fie 〈f.; -, -n〉 = Xylographie

Xy|lo|gra|fin 〈f.; -, -fin|nen〉 = Xylographin

xy|lo|gra|fisch 〈Adj.〉 = xylographisch

Xy|lo|graph 〈m.; -en, -en〉 Künstler, der Holzschnitte herstellt, Holzschneider; *oV* Xylograf [<grch. *xylon* »Holz« + *graphein* »einritzen, einschneiden; schreiben«]

Xy|lo|gra|phie 〈f.; -, -n〉 *oV* Xylografie **1** 〈unz.〉 Holzschneidekunst **2** 〈zählb.〉 Holzschnitt [<*Xylo...* + *...graphie*]

Xy|lo|gra|phin 〈f.; -, -phin|nen〉 Künstlerin, die Holzschnitte herstellt, Holzschneiderin; *oV* Xylografin [→ *Xylograph*]

xy|lo|gra|phisch 〈Adj.〉 auf der Xylographie beruhend, mit ihrer Hilfe; *oV* xylografisch

Xy|lol 〈n.; -s; unz.; Chemie〉 im Steinkohlenteer u. im Erdöl vorkommende aromat. Verbindung [<grch. *xylon* »Holz« + *...ol*]

Xy|lo|lith 〈m.; -s od. -en, -e od. -en〉 Kunststoff für Fußböden [<*Xylo...* + *...lith*]

Xy|lo|me|ter 〈n.; -s, -〉 Gerät zur Bestimmung des Rauminhalts unregelmäßig geformter Holzstücke [<grch. *xylon* »Holz« + *...meter*]

Xy|lo|pha|ge 〈m.; -n, -n; Zool.〉 = Lignivore [<*Xylo...* + grch. *phagein* »fressen«]

Xy|lo|phon 〈n.; -s, -e; Musik〉 Musikinstrument, bei dem kleine, nach Tonleitern angeordnete, auf einem Rahmen ruhende Holzstäbe mit hölzernen Klöppeln angeschlagen werden; *oV* Xylofon [<*Xylo...* + *...phon*²]

Xy|lo|se 〈f.; -; unz.; Biochemie〉 Zucker mit fünf Atomen Kohlenstoff, Holzzucker [<grch. *xylon* »Holz«]

y 〈in algebraischen Gleichungen Zeichen für〉 eine zweite, neben der Unbekannten x auftretende Unbekannte

Y 〈chem. Zeichen für〉 Yttrium

YAC 〈Abk. für engl.〉 Yeast Artficial Chromosome, künstliches Hefechromosom, das für die DNA-Verdoppelung verwendet wird [engl.]

y-Ach|se 〈f.; -, -n; Math.〉 = Ordinatenachse

Ya|gi|an|ten|ne auch: **Ya|gi-An|ten|ne** 〈f.; -, -n; Technik〉 für UKW- und Kurzwellenempfang besonders geeignete Antenne mit speziellen Dipolen [nach dem jap. Erfinder *Yagi*]

Yak 〈m.; -s, -s; Zool.〉 = Jak

Ya|ki|mo|no 〈n.; -s, -s〉 keram. Produkt [jap., »Gebranntes«]

Ya|ku|za 〈[-za] f.; -, -〉 Gruppe, die der organisierten Kriminalität in Japan angehört [jap.]

Ya|ma|shi|ta 〈[-ʃita] m.; -s, -s; Sport〉 Sprung am Pferd [nach dem jap. Kunstturner H. *Yamashita*, 1938]

Yams|wur|zel 〈f.; -, -n; Bot.〉 = Jamswurzel

Yan|kee 〈[jæŋkɪ] m.; -s, -s; Spottname für〉 Nordamerikaner [engl., Verkleinerungsform des ndrl. Vornamens *Jan*, urspr. Spitzname der holländischen Siedler]

Yan|kee|doo|dle auch: **Yan|kee Doo|dle** 〈[jæŋkɪduːdəl] m.; (-) - od. (-) -s; unz.; Musik〉 volkstüml. vaterländ. Lied der USA aus dem 18. Jh. [<*Yankee* + engl. *doodle* »Dudelsack spielen« (<dt. *dudeln*)]

Yard 〈n.; -s, -s od. (bei Zahlenangaben) -; Abk.: yd.〉 englisches u. nordamerikanisches Längenmaß, entspricht 0,91 m [engl., »Gerte, Messrute«]

Yawl 〈[jɔːl] f.; -, -e od. -s; Mar.〉 Segelboot mit einem großen u. einem kleinen, hinter dem Ruder befindl. Mast [engl.]

Yb 〈chem. Zeichen für〉 Ytterbium

Y-Chro|mo|som 〈[-kro-] n.; -s, -en; Genetik〉 eines der beiden Geschlechtschromosome; *Ggs* X-Chromosom

yd. 〈Abk. für〉 Yard

Yel|low|press auch: **Yel|low Press** 〈[jɛloʊ-] f.; (-) -; unz.〉 Boulevardpresse [engl.]

Yen 〈m.; - od. -s, - od. -s (bei Zahlenangaben Pl.: -)〉 japan. Währungseinheit, 100 Sen; *oV* Jen [jap. <chines. *yuan*; → *Yuan*]

Yeo|man 〈[joʊmæn] m.; -s, -men [-mən]; in England〉 **1** (früher) freier, nicht adeliger Bauer od. Landeigner **2** (danach) Leibgardist, dem u. a. die Bewachung der britischen Kronjuwelen obliegt; ~ *of the Guard* [engl.]

Yer|ba 〈f.; -; unz.〉 = Mate [span.]

Ye|ti 〈m.; -s, -s〉 angeblich im Himalaya lebender, urtümlicher Mensch [nepales.]

Ygg|dra|sil 〈[jyk-] m.; -s; unz.; nord. Myth.〉 Weltesche, ein immergrüner Baum im Mittelpunkt der Welt, unter dessen Wurzeln die Welten der Menschen verborgen begraben liegen [anordr., eigtl. »Pferd des Schrecklichen« <*yggr* »schrecklich« + *drasill* »Pferd«]

Yin und Yang 〈n.; - - -; unz.〉 = Jin und Jang

Yip|pie 〈[jɪpɪ] m.; -s, -s〉 radikaler, politisch engagierter Hippie [<*Y. I. P.* (Abk. für engl.

Youth International Party) + Diminutivsuffix -*ie*]

...yl ⟨Nachsilbe; zur Bildung männl. Subst.⟩ chem. Verbindung; *Methyl; Phenyl* [<grch. *hyle* »Stoff«]

Y|lang-Y|lang ⟨[iː- iː-] n.; -s, -s⟩ zur Familie der Anonengewächse gehörender Baum, aus dessen Blüten aromat. Öl gewonnen wird: Cananga; *oV* Ilang-Ilang [malai.]

YMCA ⟨[waɪɛmsiːɛɪ] Abk. für engl.⟩ Young Men's Christian Association (Christlicher Verein junger Männer) [engl.]

Yoga / Joga (*Laut-Buchstaben-Zuordnung*) Im Zuge der Integration fremdsprachlicher Wörter in die deutsche Standardsprache kann neben der ursprünglichen, der Herkunftssprache folgende Orthographie eine weitere Schreibweise mit angepasster Laut-Buchstaben-Zuordnung treten. Es bleibt dem Schreibenden überlassen, welche Schreibweise er vorzieht (→a. Yacht / Jacht).

Yo|ga ⟨m. od. n.; -s; unz.⟩ = Joga
Yo|gi ⟨m.; -s, -s⟩ = Jogi
Yo|him|bin ⟨n.; -s; unz.; Pharm.⟩ ein gefäßerweiterndes Alkaloid [<Bantu]
York|shire|ter|ri|er *auch:* **Yorkshire-Ter|ri|er** ⟨[jɔːkʃə(r)-] m.; -s, -; Zool.⟩ englische langhaarige Zwergterrierrasse [nach der nordostengl. Grafschaft *Yorkshire*]
Youngs|ter ⟨[jʌŋs-] m.; -s, - od. -s⟩ **1** Jugendlicher **2** junger Sportler **3** ⟨Reitsport⟩ zweijähriges Pferd [engl., »Kind, Jugendlicher«; zu *young* »jung«]
Yo-Yo ⟨n.; -s, -s⟩ = Jo-Jo
Yp|si|lon ⟨n.; -s, -s; Zeichen: ε, Ε⟩ grch. Buchstabe [grch.]
Y|sop ⟨[iː-] m.; -(e)s, -e; Bot.⟩ in Südeuropa heimische Gattung der Lippenblütler: Hyssopus [<grch. *hyssopus* <hebr. *ezob*]
Y|tong® ⟨[iː-] m.; -s, -s⟩ durch Zusatz von Blähmitteln zu normalem Beton gewonnener Leichtbeton, der unter Druck u. bei etwa 180 °C in Formen ausgehärtet u. z. B. als Mauerstein verwendet wird

Yt|ter|bi|um ⟨n.; -s; unz.; chem. Zeichen: Yb⟩ zu den Metallen der Seltenen Erden gehörendes chem. Element, Ordnungszahl 70 [nach dem schwed. Fundort *Ytterby*]
Yt|ter|er|de ⟨f.; -; unz.; Chemie⟩ natürlich vorkommendes Gemisch aus Oxiden der Metalle der Seltenen Erden, das als Ausgangsstoff für die Isolierung der einzelnen Elemente dient [→ *Ytterbium*]
Yt|ter|spat ⟨m.; -(e)s, -e; Min.⟩ = Xenotim
Yt|tri|um *auch:* **Yttri|i|um** ⟨n.; -s; unz.; Chemie; Zeichen: Y⟩ metallisches chem. Element, Ordnungszahl 39 [→ *Ytterbium*]
Yu|an ⟨m.; - od. -s, -s od. (bei Zahlenangaben) -⟩ Währungseinheit der Volksrepublik China [chines., »rund, Kreis«]
Yuc|ca ⟨f.; -, -s; Bot.⟩ Palmlilie [neulat. <span. *yuca*]
Yup|pie ⟨m.; -s, -s⟩ junger, gewandter, gepflegter Mensch, der im Management Karriere gemacht hat [engl., Verkleinerungsform zu *yup*, Abk. für *young urban professional* »junger städtischer Fachmann«]
Yu|sho|krank|heit ⟨[juːʃo-] f.; -; unz.; Med.⟩ in Japan infolge von Vergiftung mit PCB auftretende Krankheit mit Hautveränderungen u. Tumorbildungen
YWCA ⟨[waɪdʌblju:siːɛɪ] Abk. für engl.⟩ Young Women's Christian Association (Christlicher Verein junger Frauen) [engl.]

Za|ba|gli|o|ne *auch:* **Za|bagli|o|ne** ⟨[-baɪjoː-] f.; -, -s; ital. Kochk.⟩ = Zabaione
Za|ba|i|o|ne ⟨[-joː-] f.; -, -s; ital. Kochk.⟩ schaumige Weincreme (besonders mit Marsala); *oV* Zabaglione

Zad|dik ⟨m.; -es, -di|kim; jüd. Mystik⟩ im Judentum urspr. der Fromme, im Chassidismus als wundertätiger Meister u. Lehrer verehrt [hebr., »Gerechter, Vollkommener«]
Zä|kum ⟨n.; -s, Zä|ka; Anat.⟩ Blinddarm; *oV* Caecum, Zökum [<lat. *caecus* »blind«]
Za|mak® ⟨n.; -s; unz.⟩ für Haushaltswaren u. technische Artikel vielfach verwendete Legierung aus Zink, Aluminium, Magnesium u. Kupfer [Kunstwort aus den Anfangsbuchstaben *Z, A, Ma, K*]
Zam|ba ⟨a. [θam-] f.; -, -s⟩ weibl. Nachkomme von einem Schwarzen u. einer Indianerin in Brasilien; *oV* Samba²
Zam|bo ⟨a. [θam-] m.; -s, -s⟩ männl. Nachkomme von einem Schwarzen u. einer Indianerin in Brasilien; *oV* Sambo
Zam|pa|no ⟨m.; -s, -s⟩ Anführer (einer Gruppe), jmd., der sich wichtig tut, Erfolg hat [nach der gleichnamigen Figur in Fellinis Film »La Strada«]
...zän ⟨Nachsilbe; zur Bildung männl. Subst.⟩ Abteilung des Tertiärs od. Quartärs (Erdneuzeit); *Holozän* [<grch. *kainos* »neu, jung«]
Za|nel|la ⟨m.; -s; unz.; Textilw.⟩ haltbares Gewebe in Atlasbindung mit glänzender Oberfläche, Futtersatin [ital.]
Zä|no|ge|ne|se ⟨f.; -, -n; Biol.⟩ durch die Anpassung an spezielle Umweltbedingungen auftretende Veränderung der normalen Stammesentwicklung bei Tieren [<grch. *kainos* »neu« + *Genese*]
zä|no|ge|ne|tisch ⟨Adj.; Biol.⟩ die Zänogenese betreffend, zu ihr gehörig, auf sie bezogen
Zä|no|zo|i|kum ⟨n.; -s; unz.; Geol.⟩ = Känozoikum; *Sy* Neozoikum
Zan|te|des|chia ⟨[-dɛskja] f.; -, -chi|en; Bot.⟩ als Zier- u. Zimmerpflanze gezogene Gattung der Aronstabgewächse; *Sy* Kalla (3) [nach dem ital. Physiker F. *Zantedeschi*, † 1846]
Za|pa|te|a|do ⟨[sa-] m.; - od. -s, -s; Musik⟩ flotter spanischer

1043

zapatistisch

Solotanz im ⁶/₈-Takt, dessen Rhythmus mit der Hacke gestampft wird [span.]

za|pa|tis|tisch ⟨Adj.⟩ den mexikanischen Revolutionär Emiliano Zapata betreffend, von ihm stammend, von ihm geprägt

za|pon|ie|ren ⟨V.⟩ mit Zaponlack behandeln

Za|pon|lack® ⟨m.; -s, -e⟩ farbloser Lack für Metalle aus Nitro- od. Acetylcellulose; →a. Nitrolack

zap|pen ⟨[zæp] V.; TV⟩ zwischen verschiedenen Fernsehprogrammen schnell u. häufig hin- u. herschalten; →a. switchen [<engl. *zap*, eigtl. »schnellen; schnell, zackig erledigen«]

Zap|per ⟨[zæp-] m.; -s, -; TV⟩ = Switcher [engl.]

Zap|ping ⟨[zæpɪŋ] n.; - od. -s, -s; TV⟩ häufiges Hin- u. Herschalten zwischen verschiedenen Fernsehprogrammen, das Zappen; →a. Channelsurfing

Zar ⟨m.; -en, -en⟩ in Russland bis 1917⟩ Herrscher [<russ. *car* <altruss. *tsisari, tsesari* <got. *kaiser*, grch., lat. *Caesar*]

Za|re|witsch ⟨m.; - od. -(e)s, -e⟩ Sohn des Zaren; *Sy* Zessarewitsch

Za|rew|na ⟨f.; -, -s⟩ Tochter des Zaren

Za|ris|mus ⟨m.; -; unz.⟩ Herrschaft eines Zaren, Zarenherrschaft

za|ris|tisch ⟨Adj.⟩ zum Zarismus gehörend, in der Zeit des Zarismus (bestehend); *das* ~*e Russland*

Za|ri|za ⟨f.; -, -s⟩ Gemahlin bzw. Witwe eines Zaren

zä|sie|ren ⟨V.⟩ eine Zäsur, einen Einschnitt machen, in einzelne Abschnitte, Bereiche o. Ä.. unterteilen; *einen Text mithilfe von Zeichnungen* ~

Zä|si|um ⟨n.; -s; unz.; Chemie⟩ = Caesium

Zas|ter ⟨m.; -s; unz., umg.⟩ Geld [<Gaunerspr. <Zig. *saster* »Eisen« <altind. *sastra* »Wurfgeschoss«]

Zä|sur ⟨f.; -, -en⟩ Einschnitt, Ruhepunkt, z. B. im Vers, in der musikal. Tonfolge; *an dieser Stelle machte er eine* ~ [<lat. *caesura*, eigtl. »Hieb, Schnitt«; zu *caedere* »hauen, schneiden«]

Za|zi|ki ⟨m. od. n.; -s, -s; grch. Kochk.⟩ = Tsatsiki

z. D. ⟨Abk. für⟩ zur Disposition

Zea ⟨f.; -; unz.; Bot.⟩ Mais [grch.]

Ze|a|xan|thin ⟨n.; -s; unz.; Biochemie⟩ gelber Farbstoff des Maiskorns [< *Zea* + *Xanthin*]

Ze|ba|ot ⟨im AT⟩ = Zebaoth

Ze|ba|oth ⟨im AT⟩ ⟨bes. in den Prophetenbüchern⟩ Beiname Gottes als »Herr der Heerscharen«; *oV* Sabaoth, Zebaot [hebr., »Heerscharen«]

Zeb|ra *auch:* **Ze|bra** ⟨n.; -s, -s; Zool.⟩ Angehöriges einer Gruppe schwarz-weiß gestreifter, in Steppen od. Bergen Afrikas heimischer Wildpferde, Tigerpferd [ital. <span. *cebra* <altspan. *zebra, zebro, enzebro* »wilder Esel«]

Zeb|ra|holz *auch:* **Ze|bra|holz** ⟨n.; -es, -hölzer⟩ dunkel gestreiftes Holz der Dattel- u. Kokospalme; *Sy* Zebrano

Zeb|ra|no *auch:* **Ze|bra|no** ⟨n.; -s; unz.⟩ = Zebraholz

Zeb|ri|ne *auch:* **Ze|bri|ne** ⟨f.; -, -n; Bot.⟩ Gattung der Scheibenblumengewächse, mexikan. Pflanze mit gestreiften Blättern: Zebra-Tradescantia

Zeb|ro|id *auch:* **Ze|bro|id** ⟨n.; -s, -e; Zool.⟩ Kreuzung zwischen Zebra u. Pferd bzw. Esel

Ze|bu ⟨n.; -s, -s; Zool.⟩ Buckelrind, indisches u. ostafrikanisches Hausrind mit einem fetten Höcker über den Schultern: Bos indicus; →a. Kips [<frz. *zébu*, vermutlich <tibet. *zen, zeba* »Höcker von Zebu od. Kamel«]

Ze|chi|ne ⟨f.; -, -n⟩ alte venezian. Goldmünze, in Europa (= Dukaten) u. dem Vorderen u. Mittleren Orient [<mhd. *zesin* <ital. *zecchono*; zu *zecca* »Münzstätte (von Venedig)« <arab. *dar assikka* »Münzstätte«; zu *sikka* »Münze; Prägestock«]

Ze|dent ⟨m.; -en, -en⟩ Gläubiger, der eine Forderung an jmdn. abtritt [<lat. *cedens*, Part. Präs. zu *cedere*; → zedieren]

Ze|der ⟨f.; -, -n; Bot.⟩ Gattung von Nadelhölzern der Mittelmeergebiete: Cedrus [<mhd. *zeder, ceder* <ahd. *cedarboum* <lat. *cedrus* <grch. *kedros* »Zeder; Wacholder« <hebr. *katar* »räuchern«]

ze|die|ren ⟨V.⟩ Ansprüche, Forderungen ~ abtreten [<lat. *cedere* »(zurück)geben; abtreten; verzichten«]

Ze|dre|la|holz *auch:* **Zedre|la|holz** ⟨n.; -es, -hölzer⟩ rotes, aromatisches, für Zigarrenkisten verwendetes Holz der Zedrele

Ze|dre|le *auch:* **Zedre|le** ⟨f.; -, -n; Bot.⟩ zu einer Gattung der Zedrachgewächse gehörender Baum im trop. Amerika: Cedrela [<grch. *ked-os* »Zeder«]

Zee|mann|ef|fekt *auch:* **Zee|mann-Effekt** ⟨[ze:-] m.; -(e)s, -e; Physik⟩ die Erscheinung, dass sich eine Spektrallinie unter Einwirkung eines starken magnetischen Feldes in mehrere Einzellinien aufspaltet [nach dem niederländ. Physiker P. Zeeman, 1865-1943]

Ze|in ⟨n.; -s; unz.; Biochemie⟩ Protein im Mais [<neulat. *zea* »Mais« <grch. *zea, zeia* »einkörniger Weizen«]

Zei|sing ⟨n.; -s, -e; Mar.⟩ = Seising

Ze|le|brant *auch:* **Ze|leb|rant** ⟨m.; -en, -en; kath. Kirche⟩ die Messe lesender kath. Priester [<lat. *celebrans*, Part. Präs. zu *celebrare*; → zelebrieren]

Ze|le|bra|ti|on *auch:* **Ze|leb|ra|ti|on** ⟨f.; -, -en; kath. Kirche⟩ Feier (des Messopfers) [<lat. *celebratio* »Heiligung; Feier«]

Ze|leb|ret *auch:* **Ze|leb|ret** ⟨n.; -s, -s; kath. Kirche⟩ die Genehmigung, dass ein Priester in fremden Kirchen die Messe halten darf; *oV* Celebret [<lat. *celebret* »er möge zelebrieren«]

ze|le|brie|ren *auch:* **ze|leb|rie|ren** ⟨V.⟩ feiern; *die Messe* ~ die Messe lesen [<lat. *celebrare* »heiligen: feiern«]

Ze|le|bri|tät *auch:* **Ze|leb|ri|tät** ⟨f.; -, -en⟩ **1** Feierlichkeit **2** ⟨selten⟩ Berühmtheit [<lat. *celebritas* »Belebtheit eines Ortes«; Häufigkeit; Berühmtheit«]

Zel|la ⟨f.; -, -lae [-lɛ:]⟩ = Cella

Zell|hyb|ri|di|sie|rung *auch:* **Zellhyb|ri|di|sie|rung** ⟨f.; -, -en; Biochemie⟩ Verschmelzen von Zellen zweier unterschiedlicher Organismen [<lat. *cella* »Zelle« + *Hybride(r)*]

1044

Zell|mem|bran *auch:* **Zell|memb-ran** ⟨f.; -, -en; Biol.⟩ die das Zytoplasma umgebende, dünne Grenzschicht der Zelle [<lat. *cella* »Zelle« + *Membran*]

Zel|lo|bi|o|se ⟨f.; -; unz.; Biochemie⟩ beim Abbau von Cellulose entstehender Doppelzucker [<*Cellulose* + grch. *bios* »Leben«]

Zel|lo|phan ⟨n.; -s; unz.⟩ = Cellophan

zel|lu|lar ⟨Adj.⟩ = zellulär

zel|lu|lär ⟨Adj.⟩ *oV* zellular **1** aus Zellen bestehend **2** in der Form von Zellen [<lat. *cellularis* »zellenförmig«; zu *cellula* »kleine Zelle«; zu *cella* »Zelle«]

Zel|lu|lar|pa|tho|lo|gie ⟨f.; -; unz.; Med.⟩ medizin. Lehre, nach der Krankheiten Störungen des normalen Lebens von Zellen sind

Zel|lu|lar|the|ra|pie ⟨f.; -, -n; Med.⟩ Behandlung von Krankheiten durch Einspritzen von lebenden Organzellen, Frischzellentherapie

Zel|lu|la|se ⟨f.; -, -n; Biochemie⟩ Zellulose spaltendes Enzym

Zel|lu|li|tis ⟨f.; -, -ti|den; Med.⟩ Verdickung, Entzündung des Unterhautgewebes (bes. bei Frauen); *oV* Cellulitis [<lat. *cellula* »kleine Zelle« + …*itis*]

Zel|lu|lo|id *auch:* **Zel|lu|lo|id** ⟨n.; -(e)s; unz.⟩ durchsichtiger, elastischer Kunststoff aus Dinitrocellulose u. Kampfer, Zellhorn; *oV* Celluloid [<lat. *cellula* »kleine Zelle« + …*id*]

Zel|lu|lo|se ⟨f.; -; unz.; Biochemie⟩ Hauptbestandteil der Wände pflanzl. Zellen, chem. ein aus Glucose aufgebautes Polysaccharid; *oV* Cellulose [<lat. *cellula* »kleine Zelle«]

Zel|lu|lo|se|ni|trat *auch:* **Zel|lu|lo|se|nit|rat** ⟨n.; -(e)s, -e⟩ = Cellulosenitrat

ze|lo|so ⟨Adj.; Musik⟩ eifrig, feurig (zu spielen) [grch.]

Ze|lot ⟨m.; -en, -en⟩ **1** Angehöriger einer von 6 bis 70 n. Chr. bestehenden jüd. Partei, die mit Waffengewalt gegen die röm. Herrschaft kämpfte **2** ⟨fig.⟩ jmd., der sich von übertriebenen Glaubenseifer leiten lässt [<grch. *zelotes* »Nacheiferer, Bewunderer, Anhänger«; zu *zelos* »Eifer, Eifersucht, Neid«]

ze|lo|tisch ⟨Adj.⟩ **1** zu den Zeloten (1) gehörend, von ihnen stammend **2** ⟨fig.⟩ in der Art eines Zeloten (2), fanatisch

Ze|lo|tis|mus ⟨m.; -; unz.⟩ übersteigerter Glaubenseifer

Ze|ment ⟨m.; -(e)s, -e⟩ **1** an der Luft od. im Wasser erhärtendes, nach dem Erhärten wasserfestes Bindemittel aus Mörtel u. Beton **2** die Zahnwurzel umgebende harte Substanz **3** Masse für Zahnfüllungen [<frz. *cément* »Zement, Kitt« <lat. *caementum* »Bruchstein, Mörtel«; zu *caedere* »schlagen«]

Ze|men|tie|rung ⟨f.; -; unz.⟩ *Sy* Zementierung **1** Ausgießen mit Zement (1) **2** Härtung der Oberfläche von Stahl durch Erhitzen in einem Kohlenstoff abgebenden Material **3** Ausfällen von Kupfer aus kupferhaltigen Lösungen durch Zugabe von Eisenschrott

ze|men|tie|ren ⟨V.⟩ **1** der Zementation unterwerfen **2** ⟨fig.⟩ endgültig u. unwiderruflich festlegen, starr, unveränderbar machen; *einen Standpunkt, Zustand ~*

Ze|men|tie|rung ⟨f.; -; unz.⟩ = Zementation

Ze|men|tit ⟨m.; -s; unz.; Min.⟩ harte, kristalline Gefügebestandteile des Gusseisens u. des Stahls, chem. Eisencarbid

Zen ⟨a. [ʦɛn] n.; - od. -s; unz.⟩ auf Meditation beruhende japanische Form des Buddhismus [<Sanskrit *dhyana* »Meditation«]

Ze|na|kel ⟨n.; -s, -⟩ = Zönakel

Ze|na|na ⟨[ze-] f.; -, -s⟩ der Wohnbereich der moslemischen u. hinduistischen Frauen in Indien, zu dem Fremde keinen Zutritt haben; *oV* Senana [Hindi]

Ze|ner|di|o|de *auch:* **Ze|ner-Di|o|de** ⟨f.; -, -n; Min.⟩ ein Halbleiterbauelement, das bei Übersteigen einer bestimmten Spannung einen sehr starken Stromabfall zeigt, verwendet in Regelstrecken u. zur Konstanthaltung von Gleichspannungen [nach dem amerikan. Physiker C. *Zener*, *1905]

Ze|nit ⟨m.; -(e)s; unz.⟩ **1** ⟨Astron.⟩ Schnittpunkt einer über dem Beobachtungspunkt gedachten senkrechten Linie mit der Himmelskugel, Scheitelpunkt; *Ggs* Nadir **2** ⟨fig.⟩ Höhepunkt; *im ~des Lebens stehen; den ~ überschritten haben* [<ital. *zenit*, durch Schreibfehler fälschlich für *zemt* <arab. *(as-)samt* »Richtung der Köpfe«]

ze|ni|tal ⟨Adj.⟩ auf den Zenit bezogen

Ze|ni|tal|re|gen ⟨m.; -s, -; Geogr.⟩ starker tropischer Regen, der nach dem (halb-)jährlichem Sonnenhöchststand beginnt od. seine größte Intensität erreicht [→ *zenital*]

Ze|nit|dis|tanz *auch:* **Ze|nit|dis|tanz** ⟨f.; -; unz.; Astron.⟩ Winkelabstand eines Sterns vom Zenit

Ze|no|taph ⟨m.; -s, -e⟩ Grabmal auf einem leeren Grab zur Erinnerung an einen (woanders gestorbenen) Toten; *oV* Kenotaph [<grch. *kenos* »leer« + *taphos* »Grab«]

zen|sie|ren ⟨V.⟩ **1** mit einer Zensur (3) versehen; *die Arbeit mit »Gut«, mit einer Zwei ~* **2** der Zensur (2) unterwerfen; *einen Roman, Briefe ~* [<lat. *censere* »zählen, schätzen«]

zen|siert ⟨Adj.⟩ mit einer Zensur versehen, der Zensur unterworfen; *Ggs* unzensiert

Zen|sor ⟨m.; -s, -so|ren⟩ **1** ⟨im antiken Rom⟩ für den Zensus (1) zuständiger Beamter **2** ⟨heute⟩ jmd., der die Zensur (2) ausübt [<lat. *censor*; zu *censere* »zählen, schätzen«]

zen|so|risch ⟨Adj.⟩ den Zensor (2) betreffend

Zen|sur ⟨f.; -, -en⟩ **1** ⟨unz.; im antiken Rom⟩ Amt des Zensors **2** ⟨heute⟩ staatl. Kontrolle von Kunstwerken u. Schriftstücken; *die Briefe gehen durch die ~* **3** ⟨zählb.⟩ Note, mit der eine Leistung beurteilt wird; *gute, schlechte ~en schreiben* [<lat. *censura*; zu *censere* »zählen, schätzen«]

zen|su|rie|ren ⟨V.; schweiz.; österr.⟩ zensieren (2) [→ *Zensur*]

Zen|sus ⟨m.; -, -⟩ **1** ⟨im alten Rom⟩ Schätzung der Bürger nach ihrem Vermögen **2** Volkszählung [<lat. *census* »Schät-

Zent

zung; Steuerliste; Vermögen«; zu *censere* »zählen, schätzen«]
Zent ⟨f.; -, -en⟩ **1** Hundertschaft **2** ⟨im fränk. Reich⟩ Bezirk einer Grafschaft, dessen Vorsteher zugleich Vorsitzender des Gerichtes war [<mhd. *zente* <mlat. *centa* <lat. *centena* »Hundertschaft«; zu *centum* »hundert«]
Zen|taur ⟨m.; -en, -en; grch. Myth.⟩ Fabelwesen mit Kopf u. Brust eines Menschen u. dem Leib eines Pferdes; *oV* Kentaur [<grch. *Kentauros*, vielleicht <*kentor* »Reiter« (zu *kentein* »spornen«), beeinflusst von *tauros* »Stier«, od. <Sanskrit *Gandharwar* »Halbgötter der Fruchtbarkeit, des Gesangs u. der Musik«]
Zen|te|nar ⟨m.; -s, -e⟩ hundert Jahre alter Mensch; *oV* Centenar [<lat. *centenarius* »Hundert...«; zu *centum* »hundert«]
Zen|te|nar|feier ⟨f.; -, -n⟩ = Säkularfeier; *oV* Centenarfeier [→ *Zentenar*]
Zen|te|na|rium ⟨n.; -s, -ri|en⟩ = Säkularfeier [<lat. *centenarius*; → *Zentenar*]
zen|tern ⟨V.; Sport; Fußb.; österr.⟩ den Ball ~ zur Mitte spielen, zur Mitte schießen [→ *Zentrum*]
zen|te|si|mal ⟨Adj.⟩ aus hundert Teilen bestehend [zu lat. *centesimus* »der hundertste«; zu *centum* »hundert«]
Zen|te|si|mal|waa|ge ⟨f.; -, -n⟩ Brückenwaage, bei der ein Gewicht des hundertsten Teils der Last das Gleichgewicht hält
Zent|ge|richt ⟨n.; -(e)s, -e⟩ Gericht der Zent
Zent|graf ⟨m.; -en, -en⟩ Vorsteher der Zent u. Vorsitzender des Zentgerichts
zen|ti..., Zen|ti... ⟨in Zus.; Zeichen: c; vor Maßeinheiten⟩ 100. Teil der betreffenden Grundeinheit, z. B. 1 Zentimeter (cm) = $^1/_{100}$ Meter [<lat. *centum* »hundert«]
Zen|ti|fo|lie ⟨[-ljə] f.; -, -n; Bot.⟩ eine stark gefüllte Rose aus dem Kaukasus [<lat. *centifolia* »hundertblättrig (e Rose)« <*centum* »hundert« + *folium* »Blatt«]

Zen|ti|grad ⟨a. ['---] n.; -(e)s, -e⟩ hundertster Teil eines Winkelgrades [<*Zenti...* + *Grad*]
Zen|ti|gramm ⟨a. ['---] n.; -s, -e; Zeichen: cg⟩ $^1/_{100}$ Gramm
Zen|ti|li|ter ⟨a. ['----] m. od. n.; -s, -; Zeichen: cl⟩ $^1/_{100}$ Liter = 10 cm^3
Zen|ti|me|ter ⟨a. ['----] m. od. n.; -s, -; Zeichen: cm⟩ $^1/_{100}$ Meter
Zen|ti|me|ter-Gramm-Se|kun|den-Sys|tem ⟨n.; -s; unz.⟩ = CGS-System

◆ Die Buchstabenfolge **zen|tr...** kann auch **zent|r...** getrennt werden.

◆ **zen|tral** ⟨Adj.⟩ **1** im Mittelpunkt (gelegen); *Ggs* dezentral **2** hauptsächlich, wesentlich, im Mittelpunkt stehend, äußerst wichtig; *das ~e Problem ist ...*; *sich zu einem ~en Punkt, Thema äußern* [<lat. *centralis*; zu *centrum* »Mittelpunkt«; → *Zentrum*]
◆ **zen|tral..., Zen|tral...** ⟨in Zus.⟩ **1** in der Mitte liegend, mittel..., Mittel... **2** haupt..., Haupt...
◆ **Zen|tral|abi|tur** *auch:* **Zen|tral|a|bi|tur** ⟨n.; -s, -e⟩ zentral durchgeführtes, einheitliches Abitur
◆ **Zen|tral|be|we|gung** ⟨f.; -, -en; Astron.; Physik⟩ Bewegung eines Körpers um einen anderen Körper auf einer immer wiederholten Bahn, z. B. die Bewegung der Erde um die Sonne
◆ **Zen|tra|le** ⟨f.; -, -n⟩ **1** ⟨a. fig.⟩ Mittelpunkt, Ausgangspunkt **2** Hauptgeschäftsstelle **3** Teil eines Unternehmens, in dem bestimmte Arbeitsgänge zusammengeführt werden; *in der ~ laufen alle Fäden zusammen* **4** Fernsprechvermittlung; *Telefon~* [→ *zentral*]
◆ **Zen|tral|hei|zung** ⟨f.; -, -en⟩ für das ganze Haus von einer Stelle aus betriebene Heizung
◆ **Zen|tra|li|sa|tion** ⟨f.; -, -en⟩ *Sy* Zentralisierung; *Ggs* Dezentralisation **1** das Zentralisieren, Zusammenziehung, Vereinigung in einem Punkt (bes. im Mittelpunkt) **2** planmäßig zusammengefasste Leitung von einer übergeordneten Stelle aus

zen|tra|li|sie|ren ⟨V.⟩ *Ggs* dezentralisieren **1** zusammenziehen, in einem Punkt (bes. im Mittelpunkt) vereinigen **2** planmäßig zusammenfassen u. von einer Stelle aus leiten lassen; *die Verwaltung ~* [→ *zentral*]
◆ **Zen|tra|li|sie|rung** ⟨f.; -, -en⟩ = Zentralisation
◆ **Zen|tra|lis|mus** ⟨m.; -; unz.; Politik⟩ Streben nach Einheitlichkeit, nach zentraler Lenkung des Staates, der Verwaltung usw.; *Ggs* Föderalismus
◆ **zen|tra|lis|tisch** ⟨Adj.; Politik⟩ in der Art des Zentralismus, ihm entsprechend
◆ **Zen|tra|li|tät** ⟨f.; -; unz.⟩ das Sichbefinden, Lage im Mittelpunkt [→ *zentral*]
◆ **Zen|tral|ko|mi|tee** ⟨n.; -s, -s; Abk.: ZK; Politik⟩ führendes Gremium, meist in kommunistischen u. manchen sozialistischen Parteien
◆ **Zen|tral|kraft** ⟨f.; -, -kräfte; Physik⟩ von einem Körper ausgehende Anziehungskraft, die einen anderen Körper zu einer Zentralbewegung zwingt
◆ **Zen|tral|ner|ven|sys|tem** ⟨n.; -s; unz.; Abk.: ZNS; Anat.⟩ aus Gehirn u. Rückenmark bestehender Teil des Nervensystems
◆ **Zen|tral|or|gan** ⟨n.; -s, -e; DDR⟩ offizielles Presseorgan (Zeitung, Zeitschrift) der machthabenden Partei
◆ **Zen|tral|pers|pek|ti|ve** *auch:* **Zen|tral|per|spek|ti|ve** ⟨[-vǝ] f.; -; unz.⟩ Verfahren zur Darstellung räumlicher Gebilde mittels Zentralprojektion
◆ **Zen|tral|pro|jek|ti|on** ⟨f.; -, -en⟩ Abbildung eines Gegenstandes auf einer Ebene eines Bildes mittels Strahlen, die von einem Mittelpunkt ausgehen
◆ **Zen|tral|ver|schluss** ⟨m.; -es, -schlüs|se; Fot.⟩ Verschluss an Kameras, der im Mittelpunkt des Objektivs angeordnet ist, Schlitzverschluss
◆ **zen|trie|ren** ⟨V.⟩ auf die Mitte, den Mittelpunkt einstellen, darauf ausrichten; *Ggs* dezentrieren [→ *Zentrum*]
◆ **zen|tri|fu|gal** ⟨Adj.⟩ *Ggs* zentripetal **1** auf der Wirkung der Zentrifugalkraft beruhend **2** ⟨Med.⟩ vom Mittelpunkt

Zeremonie

wegstrebend [<*Zentrum* + lat. *fugere* »fliehen«]
◆ **Zen|tri|fu|gal|kraft** ⟨f.; -, -kräf|te; Physik⟩ die bei drehender Bewegung nach außen wirkende Kraft, Fliehkraft; *Ggs* Zentripetalkraft
◆ **Zen|tri|fu|gal|pum|pe** ⟨f.; -, -n⟩ aus einem mit Schaufeln besetzten Rotor bestehende Pumpe, die die Fliehkraft zur Förderung von Gasen u. Flüssigkeiten nutzt
◆ **Zen|tri|fu|ge** ⟨f.; -, -n⟩ zylindrisches Gerät, das um seine Mittelachse in Bewegung gesetzt wird, um Stoffe verschiedener Dichte voneinander zu trennen; *Milch~* [→ *zentrifugal*]
◆ **zen|tri|fu|gie|ren** ⟨V.⟩ mit Hilfe der Zentrifuge voneinander trennen
◆ **Zen|tri|ol** ⟨n.; -s, -e; Biol.⟩ Zellorganell, das im Dienste der Kernteilung steht; *Sy* Zentrosom [→ *Zentrum*]
◆ **zen|tri|pe|tal** ⟨Adj.⟩ *Ggs* zentrifugal **1** ⟨Adj.⟩ auf der Wirkung der Zentripetalkraft beruhend **2** ⟨Med.⟩ zum Mittelpunkt hinstrebend [<*Zentrum* + lat. *petere* »nach etwas streben«]
◆ **Zen|tri|pe|tal|kraft** ⟨f.; -, -kräf|te; Physik⟩ nach einem Mittelpunkt hin wirkende Kraft; *Ggs* Zentrifugalkraft
◆ **zen|trisch** ⟨Adj.⟩ im Mittelpunkt gelegen, zum Mittelpunkt hin [→ *Zentrum*]
◆ **Zen|tris|mus** ⟨m.; -; unz.; Politik⟩ gemäßigt linkssozialistische Bewegung innerhalb der Arbeiterschaft
◆ **zen|tris|tisch** ⟨Adj.⟩ den Zentrismus betreffend, zu ihm gehörig, in der Art des Zentrismus
◆ **Zen|tri|win|kel** ⟨m.; -s, -; Geom.⟩ durch zwei Halbmesser eines Kreises gebildeter Winkel, dessen Scheitel im Mittelpunkt liegt [<*Zentrum* + *Winkel*]
◆ **Zen|tro|mer** ⟨n.; -s, -e; Biol.⟩ Ansatzstelle der bei der Kernteilung entstehenden Spindelfasern am Chromosom [<*Zentrum* + ...*mer*]
◆ **Zen|tro|som** ⟨n.; -s, -e⟩ = Zentriol; *oV* Centrosom [<*Zentrum* + grch. *soma* »Körper«]

◆ **Zen|trum** ⟨n.; -s, Zen|tren⟩ *oV* Centrum **1** Mitte, Mittelpunkt **2** ⟨kurz für⟩ Zentrumspartei **3** Stadtmitte, Innenstadt [<lat. *centrum* <grch. *kentron* »Stachel«, (fig.) »Einstich des Zirkels, Kreismittelpunkt«]
◆ **Zen|trums|par|tei** ⟨f.; -, -en; Politik⟩ polit. kathol. Partei [nach ihren mittleren Plätzen im Parlament]
Zen|tu|rie ⟨[-riə] f.; -, -n; im antiken Rom⟩ Hundertschaft; *oV* Centurie [<lat. *centuria;* zu *centum* »hundert«]
Zen|tu|rio ⟨m.; -s, -ri|o|nen; im antiken Rom⟩ Befehlshaber einer Zenturie
Zen|tu|ri|um ⟨n.; -s; unz.; Chemie⟩ = Fermium [<lat. *centum* »hundert« (nach der Ordnungszahl des Elementes)]
Ze|o|lith ⟨m.; -s od. -en, -e od. -en; Min.⟩ kristallisiertes, wasserreiches, farbloses od. hell gefärbtes Mineral, z. B. Natrolith [<grch. *zein* »sieden, kochen« + ...*lith*]
...ze|phal ⟨Nachsilbe; zur Bildung von Adj.⟩ = ...kephal
...ze|pha|le ⟨Nachsilbe; zur Bildung männl. Subst.⟩ = ...kephale
...ze|pha|lie ⟨Nachsilbe; zur Bildung weibl. Subst.⟩ = ...kephalie
ze|pha|lo..., Ze|pha|lo... ⟨in Zus.⟩ = kephalo..., Kephalo...; *oV* cephalo..., Cephalo...
Ze|pha|lo|po|de ⟨m.; -n, -n; Zool.⟩ = Kephalopode
Ze|phir ⟨m.; -s, -e⟩ *oV* Zephyr **1** ⟨unz.; Meteor.⟩ **1.1** ⟨in der Antike⟩ warmer Westwind **1.2** ⟨allg.⟩ milder, warmer Wind **2** ⟨zählb.; Textilw.⟩ leichter, feiner Baumwollstoff [<grch. *zephyros* »Westwind, Westen«]
Ze|phir|garn ⟨n.; -(e)s, -e; Textilw.⟩ weich gedrehtes Kammgarn aus Merinowolle; *oV* Zephyrgarn; *Sy* Zephirwolle [→ *Zephir*]
ze|phi|risch ⟨Adj.; veraltet⟩ lieblich, säuselnd, mild; *~e* Lyrik
Ze|phir|wol|le ⟨f.; -; unz.; Textilw.⟩ = Zephyrgarn; *Sy* Zephyrgarn
Ze|phyr ⟨[-fir] m.; -s, -e⟩ = Zephir

Ze|phyr|garn ⟨[-fir-] n.; -(e)s, -e⟩ = Zephirgarn; *Sy* Zephirwolle
Zep|ter ⟨n.; -s, -⟩ *oV* Szepter **1** verzierter Stab als Sinnbild der kaiserl. od. königl. Macht u. Würde; *das ~ führen, schwingen* ⟨fig.⟩ bestimmen, zu bestimmen haben **2** ⟨fig.⟩ höchste Gewalt, Herrschaft [<lat. *sceptrum* <grch. *skeptron* »Stab«; zu *skeptein* »stützen«]
Zer ⟨n.; -s; unz.; Chemie⟩ = Cer
Ze|rat ⟨n.; -(e)s, -e; Pharm.⟩ mit Wachs zubereitetes Arzneimittel [<lat. *ceratus* »mit Wachs überzogen«; zu *cera* »Wachs«]
Zer|be|rus ⟨m.; -, -se⟩ strenger Wächter; *oV* Cerberus [nach *Kerberos,* dem Höllenhund am Eingang der Unterwelt in der grch. Sage]
Ze|re|a|li|en ⟨Pl.⟩ = Cerealien
ze|re|bel|lar ⟨Adj.; Anat.⟩ zum Zerebellum gehörend, von ihm ausgehend
Ze|re|bel|lum ⟨n.; -s, -bel|la; Anat.⟩ Kleinhirn; *oV* Cerebellum [<lat. *cerebellum,* Verkleinerungsform zu *cerebrum* »Gehirn«]

◆ Die Buchstabenfolge **ze|re|br...** kann auch **ze|rebr...** getrennt werden.

◆ **ze|re|bral** ⟨Adj.⟩ zum Zerebrum gehörend, von ihm ausgehend; *oV* cerebral [<neulat. *cerebralis* <lat. *cerebrum* »Gehirn«]
◆ **Ze|re|bral|i|sa|ti|on** ⟨f.; -, -en⟩ Ausbildung u. Differenzierung des Gehirns in der Embryonalentwicklung [→ *Zerebrum*]
◆ **Ze|re|bral|laut** ⟨m.; -(e)s, -e; Phon.⟩ mit der Zungenspitze am Gaumen gebildeter Laut
◆ **Ze|re|bral|skle|ro|se** ⟨f.; -, -n; Med.⟩ Verhärtung der Gehirnsubstanz
◆ **ze|re|bro|spi|nal** ⟨Adj.; Anat.⟩ zum Hirn u. Rückenmark gehörend, von ihnen ausgehend [<*Zerebrum* + *spinal*]
◆ **Ze|re|brum** ⟨n.; -s, -re|bra; Anat.⟩ Großhirn; *oV* Cerebrum [<lat. *cerebrum* »Großhirn«]
Ze|re|mo|nie ⟨a. [-mo:njə] f.; -, -n⟩ feierliche, an bestimmte Regeln od. Vorschriften gebundene Handlung; *Begrüßungs~* [<lat. *caerimonia, caeremonia*

1047

zeremoniell

»Verehrung, Ehrfurcht; Heiligkeit; Religionsbrauch«]

ze|re|mo|ni|ell ⟨Adj.⟩ **1** in der Art einer Zeremonie, nach einer bestimmten Zeremonie (verlaufend) **2** förmlich, feierlich

Ze|re|mo|ni|ell ⟨n.; -s, -e⟩ Gesamtheit der Zeremonien bei feierlichen Anlässen, Förmlichkeiten, die eingehalten werden müssen; *Hof~; diplomatisches ~; höfisches ~*

Ze|re|mo|ni|en|meis|ter ⟨m.; -s, -;⟩ früher) bei Hof angestellter Beamter, der für die Einhaltung des Zeremoniells zu sorgen hat

ze|re|mo|ni|ös ⟨Adj.⟩ gemessen, steif, förmlich [< frz. *cérémonieux*; → *Zeremonie*]

Ze|re|sin ⟨n.; -s; unz.⟩ = Ceresin

Ze|re|vis ⟨[-vi:s] n.; -, -; veraltet⟩ kleine, schirmlose Mütze der Verbindungsstudenten [< lat. *cer(e)visia*, eigtl. eine Bierart]

Ze|rit ⟨m.; -s, -e; Min.⟩ = Cerit

Ze|ri|um ⟨n.; -s; unz.; Chemie⟩ = Cer

Zer|ka|rie ⟨[-riə] f.; -, -n; Zool.⟩ Larve des Leberegels mit gegabeltem Ruderschwanz [< lat. *cercaria* < grch. *kerkos* »Schwanz«]

Ze|ro ⟨[ze:-] f.; -, -s od. n.; -s, -s⟩ **1** Null, Nichts **2** ⟨Roulett⟩ Null, Feld, auf dem der Bankhalter im Vorteil ist [< frz. *zéro* < ital. *zero* < arab. *sifr* »leer«]

Ze|ro|graf ⟨m.; -en, -en⟩ = Zerograph

Ze|ro|gra|fie ⟨f.; -, -n⟩ = Zerographie

Ze|ro|graph ⟨m.; -en, -en⟩ Wachsgravierer; *oV* Zerograf [< grch. *keros* (lat. *cera*) »Wachs« + ...*graph*]

Ze|ro|gra|phie ⟨f.; -, -n⟩ Wachsgravierung; *oV* Zerografie [< grch. *keros* (lat. *cera*) »Wachs« + ...*graphie*]

Ze|ro|plas|tik ⟨f.; -, -en⟩ *oV* Keroplastik **1** ⟨unz.⟩ Wachsbildnerei **2** ⟨zählb.⟩ Wachsfigur [< grch. *keros* »Wachs« + *Plastik*]

Ze|ro|tin|säu|re ⟨f.; -; unz.; Chemie⟩ organische Säure, die u. a. in Bienenwachs enthalten ist; *oV* Cerotinsäure [< grch. *keros* (lat. *cera*) »Wachs«]

Zer|ti|fi|kat ⟨n.; -(e)s, -e⟩ **1** amtliche Bescheinigung, Bestätigung; *ein ~ ausstellen, erhalten*

2 Anteilschein an Investmenttrusts [→ *zertifizieren*]

Zer|ti|fi|ka|ti|on ⟨f.; -; unz.⟩ das Zertifizieren, Ausstellung eines Zertifikats (1)

zer|ti|fi|zie|ren ⟨V.⟩ ein Zertifikat (1) ausstellen über, amtlich bescheinigen, bestätigen [< lat. *certus* »sicher« + ...*fizieren*]

Zer|ti|fi|zie|rung ⟨f.; -; unz.⟩ = Zertifikation

Ze|ru|men ⟨n.; -s; unz.; Med.⟩ Ohrenschmalz; *oV* Cerumen [lat.]

Ze|rus|sit ⟨m.; -s, -e; Min.⟩ = Cerussit

Zer|ve|lat|wurst ⟨[sɛrvə-] f.; -; unz.⟩ Dauerwurst aus Speck, Rind- u. Schweinefleisch; *oV* Servelatwurst; *→ a.* Cervelat [< ital. *cervellata* »Hirnwurst«; zu *cervello* »Gehirn« < lat. *cerebellum*, Verkleinerungsform zu *cerebrum* »Gehirn«]

zer|vi|kal ⟨[-vi-] Adj.; Anat.⟩ **1** zum Hals, Nacken gehörend **2** zum Gebärmutterhals gehörend, am Gebärmutterhals liegend [< neulat. *cervicalis*; zu *cervix* »Hals, Nacken«]

Zes|sa|li|en ⟨Pl.⟩ = Zissalien

Zes|sa|re|witsch ⟨m.; -(e)s, -e⟩ = Zarewitsch

zes|si|bel ⟨Adj.; Rechtsw.⟩ übertragbar, abtretbar; *zessible Ansprüche* [→ *zessieren*]

Zes|si|bi|li|tät ⟨f.; -; unz.; Rechtsw.⟩ Übertragbarkeit, Abtretbarkeit; *~ einer Forderung, eines Anspruches* [→ *zessieren*]

zes|sie|ren ⟨V.⟩ aufhören, wegfallen [< lat. *cessare*, Intensivbildung zu *cedere*; → *zedieren*]

Zes|si|on ⟨f.; -, -en⟩ Abtretung, Übertragung; *~ eines Anspruchs* [< lat. *cessio*; zu *cedere*; → *zedieren*]

Zes|si|o|nar ⟨m.; -s, -e⟩ jmd., der durch Zession einen Anspruch erwirbt

Zes|to|de ⟨f.; -, -n; Zool.⟩ Bandwurm [< grch. *kestos* »Band, gestickter Gürtel«; zu *kentein* »sticken«]

Ze|ta ⟨neugrch. [zi:ta] n.; -s, -s; Zeichen: ζ, Ζ⟩ griechischer Buchstabe

Ze|ta|zee ⟨[-tse:ə] f.; -, -n; Zool.⟩ Wal [< lat. *cetus* »Wal« < grch. *ketos* »Seeungeheuer, Wal«]

Ze|ta|zis|mus ⟨m.; -, -zis|men; Sprachw.⟩ = Assibilation [→ *Zeta*]

Ze|tin ⟨n.; -s; unz.; Biochemie⟩ Bestandteil des Walrats [< lat. *cetus*; → *Zetazee*]

Zeug|ma ⟨n.; -s, -s od. -ta⟩ Redefigur, Verbindung zweier Sätze, in der ein Satzteil (meist das Prädikat) nur einmal gesetzt wird, z. B. *»Der See kann sich, der Landvogt nicht erbarmen« (Schiller, Wilhelm Tell)* [grch., »Joch«; zu *zeugnynai* »verbinden«]

Ze|zi|die ⟨[-djə] f.; -, -n; Bot.⟩ von tierischen (seltenen pflanzl.) Parasiten verursachte Anomalie in Wachstum u. Gestalt von Pflanzen, Galle; *oV* Cecidie [grch. *kekidion* »Galläpfelchen«; wahrscheinlich zu *kekis*; Gen. *kekidos* »das Hervorquellende, Saft«; zu *kekiein* »hervorquellen«]

Zi|be|be ⟨f.; -, -n; südostdt.⟩ = Rosine (1) [< arab. *zibiba* »Rosine«]

Zi|be|li|ne ⟨f.; -; unz.; Textilw.⟩ Wollstoff für Damenkleider aus Kamm- od. Streichgarn mit weißer, fellartiger Faserdecke auf dunklem Grund [frz., eigtl. »Zobel..., den Zobel betreffend« < russ. *sobol* »Zobel«; → *Zobel*]

Zi|bet ⟨m.; -s; unz.⟩ Sekret der Afterdrüse der Zibetkatze [< ital. *zibetto* < arab. *zabad* »Schaum«]

Zi|bet|kat|ze ⟨f.; -, -n; Zool.⟩ Schleichkatze mit wertvollem Fell; *Afrikanische ~:* Viverra civetta; *Sy* Zivette; *Asiatische ~:* Viverra zibetha

Zi|be|ton ⟨n.; -s; unz.⟩ stark riechendes Drüsensekret der Zibetkatze, als Duftstoff verwendet [→ *Zibet*]

Zi|bo|ri|um ⟨n.; -s, -ri|en⟩ *oV* Ciborium **1** Gefäß, in dem die Hostie aufbewahrt wird, in Form eines Kelches, Türmchens od. einer Taube **2** baldachinähnlicher Überbau auf vier Säulen über dem Altar [< lat. *ciborium* »Gefäß« < grch. *kiborion* »Hülse einer Bohnenart«, die als Trinkgefäß benutzt wurde]

Zi|cho|rie ⟨[tsiço:riə] f.; -, -n; Bot.⟩ als Kaffee-Ersatz u. als

Chicorée verwendete gezüchtete Form der Wegwarte: Cichorium intybus [<mlat. *cichorea* <grch. *kichorion*; weitere Herkunft ungeklärt]

...zid[1] ⟨Nachsilbe; zur Bildung von Adj.⟩ (ab)tötend; *bakterizid* [<lat. *caedere* »fällen, töten«]

...zid[2] ⟨Nachsilbe; zur Bildung männl. od. sächl. Subst.⟩ (ab)tötendes Mittel, Tötung; *Genozid; Insektizid* [→ ...*zid*[1]]

Zi|der ⟨m.; -s; unz.⟩ Obstwein, bes. Apfelwein; →a. Cidre

Ziff. ⟨Abk. für⟩ Ziffer (2)

Zif|fer ⟨f.; -, -n⟩ **1** schriftl. Zahlzeichen; *arabische ~; römische ~* ⟨Abk.: Ziff.⟩ mit einer Ziffer (1) versehener Teil eines Paragraphen od. Absatzes [<mlat. *cifra* »Null« <arab. *sifr* »leer«]

Zif|fern|rech|ner ⟨m.; -s, -⟩ = Digitalrechner

Zi|ga|ret|te ⟨f.; -, -n⟩ Papierhülse mit fein geschnittenem, leicht gepresstem Tabak [<frz. *cigarette*, Verkleinerungsform zu *cigare* »Zigarre«]

Zi|ga|ril|lo ⟨n. od. m.; -s, -s⟩ kleine Zigarre [<span. *cigarillo*, Verkleinerungsform zu *cigarro* »Zigarre«]

Zi|gar|re ⟨f.; -, -n⟩ **1** stabförmig gewickelte Tabakblätter **2** ⟨fig.; umg.; veraltet⟩ Verweis, Rüge, Anpfiff; *eine ~ bekommen* [<span. *cigarro* »Maya *siqar* »gerollte Tabakblätter rauchen«]

Zi|ka|de ⟨f.; -, -n; Zool.⟩ Zirpe, Untergruppe der Pflanzensauger, deren Männchen mit einem Stridulationsorgan ausgerüstet sind: Cicadina [<lat. *cicada*]

Zik|ku|rat ⟨f.; -, -s⟩ = Zikkurrat

Zik|kur|rat ⟨f.; -, -s⟩ stufenförmiger Tempel der sumer., babylon. u. assyr. Baukunst; *oV* Zikkurat [<akkad. *ziqqurratu* »Spitze, Tempelturm«; zu *zaqara* »erhöhen« (das Bauwerk stammt urspr. von den Sumerern, die es *e-kur* »Berghaus« nannten)]

zi|li|ar ⟨Adj.; Med.⟩ die Wimpern betreffend, an den Wimpern befindlich [<neulat. *ciliaris*; zu lat. *cilium* »Augenlid«, Pl. »Wimpern«]

Zi|li|ar|kör|per ⟨m.; -s, -; Anat.⟩ Aufhängeapparat der Augenlinse, Strahlenkörper

Zi|li|ar|mus|kel ⟨m.; -s, -; Anat.⟩ im Ziliarkörper enthaltener Muskel, der die Augenlinse zur Naheinstellung wölbt

Zi|li|at ⟨m.; -en, -en; meist Pl.; Biol.⟩ Wimpertierchen [→ *Zilie*]

Zi|lie ⟨[-ljə] f.; -, -n⟩ feines Haar, z. B. Augenwimper [<lat. *cilium* »Augenlid«, Pl. »Wimpern«]

Zi|li|zi|um ⟨n.; -s, -zi|en⟩ Büßerhemd der Israeliten [nach der antiken kleinasiat. Landschaft *Zilizien*]

Zil|le ⟨f.; -, -n⟩ = Szilla

Zim|bal ⟨n.; -s, -e od. -s; Musik⟩ *oV* Zymbal (1) **1** ⟨im MA⟩ Glockenspiel **2** dem Glockenspiel ähnliches Register der Orgel [<lat. *cymbala*; → *Zimbel*]

Zim|bel ⟨f.; -, -n; Musik⟩ kleines Becken; *oV* Zymbal (2) [<lat. *cymbala* »gegeneinander zu schlagende Holz- od. Metallteller« <grch. *kymbalon* <*kymbe* »Topf, Becken« + *ballein* »werfen, schlagen«]

Zi|me|lie ⟨[-ljə] f.; -, -n⟩ *oV* Zimelium **1** Kleinod (eines Kirchenschatzes) **2** wertvolle antike Handschrift, Papyrus o. Ä. (in einer Bibliothek) [<grch. *keimelion* »Kleinod«]

Zi|me|li|um ⟨n.; -s, -li|en⟩ = Zimelie

Zi|ment ⟨n.; -(e)s, -e; bair.-österr.⟩ geeichtes, metallenes, zylindr. Hohlmaß (der Gastwirte) [<ital. *cimento* »Probe«; zu *cimentare* »auf die Probe stellen«]

zi|men|tie|ren ⟨V.; bair.-österr.⟩ mit dem Ziment messen

Zi|mier ⟨n.; -s, -e⟩ Helmschmuck [<frz. *cimier* »Helmstutz, Rückenstück des Wildes«]

Zin|der ⟨m.; -s, -⟩ ausgeglühte Steinkohle [<engl. *cinder*; verwandt mit *Sinter*]

Zi|ne|ra|ria ⟨f.; -, -ri|en; Bot.⟩ = Zinerarie

Zi|ne|ra|rie ⟨[-riə] f.; -, -n; Bot.⟩ zur Gattung Kreuzkraut gehörende, im Frühjahr blühende Zimmerpflanze: Cineraria; *oV* Zineraria [<lat. *cinis*, Gen. *cineris* »Asche« (wegen des häufigen Befalls mit Blattläusen, die ein ascheartiges Aussehen hervorrufen)]

Zin|ga|res|ca ⟨f.; -, -s; Musik⟩ Tanzlied der Zigeuner [ital.]

zin|ga|re|se ⟨Adj.; Musik⟩ die Zingaresca betreffend, in der Art u. Weise der Zigeunermusik

Zin|gel ⟨m.; -s, -⟩ Ringmauer einer Burg [<lat. *cingulum, cingulus* »Gürtel«]

Zin|gu|lum ⟨n.; -s, -s od. -gu|la⟩ *oV* Cingulum **1** Schnur zum Gürten der Alba **2** schärpenartiger Gürtel der Soutane [<lat. *cingulum*; → *Zingel*]

Zink ⟨n.; -(e)s; unz.; chem. Zeichen: Zn⟩ bläulich weißes Metall, chem. Element mit der Ordnungszahl 30 [<neulat. *zincum*, von Paracelsus so benannt]

Zink|blen|de ⟨f.; -; unz.; Min.⟩ braunes, metallisch glänzendes Mineral

Zink|kit ⟨m.; -s; unz.; Min.⟩ rotes, hexagonales Zinkoxidmineral, Rotzinkerz [→ *Zink*]

Zin|ko ⟨n.; -s, -s; kurz für⟩ Zinkographie

Zin|ko|gra|fie ⟨f.; -, -n⟩ = Zinkographie

Zin|ko|gra|phie ⟨f.; -, -n⟩ Zinkdruck; *oV* Zinkografie [<*Zink* + ...*graphie*]

Zink|oxid ⟨n.; -s; unz.; Chemie⟩ chemische Verbindung des Zinks mit Sauerstoff, Zinkweiß, wird zur Herstellung von Farben u. Lacken sowie in der Gummiindustrie verwendet

Zink|spat ⟨m.; -(e)s; unz.; Min.⟩ meist gelbl. Mineral, chem. Zinkcarbonat

Zink|spi|nell ⟨m.; -s, -e; Min.⟩ = Gahnit

Zink|sul|fat ⟨n.; -(e)s, -e; Chemie⟩ = Zinkvitriol

Zink|vi|tri|ol *auch:* **Zink|vi|tri|ol** ⟨[-vi-] f.; -s; unz.; Chemie⟩ als medizinisches Ätzmittel verwendete chem. Verbindung, Zinksulfat

Zin|na|mom ⟨n.; -(e)s; unz.⟩ Zimt (Gewürz) [<mlat. *cinnamomum* <lat. *cinnamum* »Zimt, Zimtrinde«]

Zin|nie ⟨[-njə] f.; -, -n; Bot.⟩ aus Mexiko stammender Korbblütler mit weißen od. farbigen, oft zungenförmigen Blüten: Zin-

1049

Zinnober

nia elegans [nach dem Botaniker J. G. *Zinn*, 1727-1759]
Zin|no|ber ⟨m.; -s, -⟩ **1** ⟨Min.⟩ diamanten glänzendes Erz, chemisch Quecksilbersulfid **2** gelbliches Rot **3** ⟨fig.; umg.⟩ **3.1** Kram, dummes, wertloses Zeug **3.2** Umstände, Redensarten, Getue [< lat. *cinnabaris* < grch. *kinnabari* < pers. *šängärf* »Mennig«]

Zi|o|nis|mus ⟨m.; -; unz.; Rel.; Politik⟩ **1** ⟨urspr.⟩ jüd. Bewegung zum Aufbau eines selbständigen jüd. Staates Israel **2** ⟨heute⟩ polit. Bewegung in Israel, die die Heimatrechte der benachbarten arab. Staaten nicht akzeptiert [nach *Zion*, Tempelberg in Jerusalem, auch Jerusalem selbst]

Zi|o|nist ⟨m.; -en, -en; Rel.; Politik⟩ Vertreter, Anhänger des Zionismus

Zi|o|nis|tin ⟨f.; -, -tin|nen; Rel.; Politik⟩ Vertreterin, Anhängerin des Zionismus

zi|o|nis|tisch ⟨Adj.; Rel.; Politik⟩ den Zionismus betreffend, zu ihm gehörend, auf ihm beruhend

Zi|polle ⟨f.; -, -n; Bot.⟩ Zwiebel [< ital. *cipolla* »Zwiebel«]

ZIP, Zip ⟨[zɪp] n.; -s, -s; häufig in Zus.; EDV⟩ Programm zur Komprimierung von Daten; ~-*Datei*, ~-*Format*; ~-*Laufwerk*; ~-*Programm* [→ *zippen*]

Zipp® ⟨engl. [zɪp] m.; -s, -s; österr.⟩ Reißverschluss [zu engl. *zip* »mit einem Reißverschluss schließen«]

zip|pen ⟨[zɪp-] V.; EDV⟩ *Daten* ~ mithilfe eines Zipprogramms komprimieren; *gezippte Dateien versenden* [< engl. *zip* »komprimieren«]

Zip|per ⟨engl. [zɪp-] m.; -s, -; Mode⟩ Reißverschluss; *taillierte Jacken mit aufwendigem* ~ [engl.]

Zipp|ver|schluss ⟨m.; -es, -schlüsse; bes. österr.⟩ Reißverschluss

zir|ka ⟨Adv.; Abk.: ca.⟩ ungefähr, (in) etwa [< lat. *circa* »um ... herum«]

Zir|kel ⟨m.; -s, -⟩ **1** Gerät aus zwei an einem Ende beweglich verbundenen Schenkeln, deren einer in eine scharfe Spitze (zum Einstechen ins Papier) ausläuft u. deren anderer eine Mine trägt, zum Zeichnen von Kreisen **2** ⟨Geom.⟩ ähnliches Gerät mit zwei Spitzen zum genauen Messen von Entfernungen (in geometrischen Figuren, auf Landkarten usw.), Stechzirkel **3** ⟨fig.⟩ Kreisform, Bewegung; *der ~ schließt sich* **4** durch gemeinsame Interessen verbundene Gruppe von Personen; *literarischer* ~; *spirituueller* ~ **5** ⟨Reitsport⟩ kreisförmige Strecke; *auf dem ~ reiten* **6** monogrammartig verschlungener Schriftzug (als Abzeichen einer studentischen Verbindung) [< ahd. *zirkil* < lat. *circulus*, Verkleinerungsform zu *circus* »Kreis«, grch. *kirkos*; in der Bedeutung »Gerät zum Kreiszeichnen« < lat. *circinus*, grch. *kirkinos* »Zirkel«]

Zir|kel|de|fi|ni|ti|on ⟨f.; -, -en⟩ Philos.⟩ Definition, die den Gegenstand, der definiert werden soll, mit in der Erklärung benutzt

Zir|kel|ka|non ⟨m.; -s, -s; Musik⟩ häufigste Form des Kanons, bei der die Stimmen immer wieder einsetzen u. der Text beliebig oft wiederholt werden kann

zir|keln ⟨V.⟩ **1** genau (ab)messen **2** tüfteln, austüfteln [→ *Zirkel*]

Zir|kel|schluss ⟨m.; -es, -schlüsse⟩ = Circulus vitiosus

Zir|kel|trai|ning ⟨[-tre:-] n.; -s, -s; Sport⟩ = Circuittraining

Zir|kon ⟨m.; -s, -e; Min.⟩ Zirkonium enthaltendes, diamanten glänzendes Mineral; *Sy* Hyazinth [< pers. *zargun* »goldfarben«]

Zir|ko|ni|um ⟨n.; -s; unz.; chem. Zeichen: Zr⟩ stahlgraues bis silberweißes Metall, chem. Element, Ordnungszahl 40 [neulat.; → *Zirkon*]

zir|ku|lar ⟨Adj.⟩ = zirkulär

zir|ku|lär ⟨Adj.⟩ *oV* zirkular **1** in der Art eines Zirkels, kreisförmig **2** periodisch wiederkehrend

Zir|ku|lar ⟨n.; -s, -e⟩ Rundbrief; *einen* ~ *senden*

Zir|ku|lar|note ⟨f.; -, -n⟩ an mehrere Empfänger gerichtete diplomatische Nachricht [zu lat. *circulus*; Verkleinerungsform zu *circus* »Kreis«]

Zir|ku|la|ti|on ⟨f.; -, -en⟩ das Zirkulieren, Umlauf, Kreislauf; *Blut*~

zir|ku|lie|ren ⟨V.⟩ sich ständig im Kreis bewegen, umlaufen [→ *Zirkel*]

zir|kum..., Zir|kum... ⟨in Zus.⟩ um..., herum..., Um..., Herum... [< lat. *circum* < in *circum* »im Kreise, umher«]

Zir|kum|fe|renz ⟨f.; -, -en; geh.⟩ Umfang, Ausbreitung [< lat. *circumferre* »herumtragen, verbreiten«]

zir|kum|flek|tie|ren ⟨V.; Phon.⟩ mit Zirkumflex versehen

Zir|kum|flex ⟨m.; -es, -e; Zeichen: ˆ; Phon.⟩ Dehnungszeichen über einem Vokal, z. B. im Französ.: fenêtre; *Sy* Accent circonflexe [< lat. *circumflexus* »Wölbung«; zu *circumflectere* »umbiegen«]

zir|kum|po|lar ⟨Adj.⟩ **1** um den Pol herum (bis zur Baumgrenze) gelegen **2** ~*e Sterne* Sterne, die für einen bestimmten Beobachtungsort nicht untergehen

zir|kum|skript *auch:* **zir|kums|kript, zir|kumsk|ript** ⟨Adj.; Med.⟩ umschrieben, (scharf) abgegrenzt; *der Hautausschlag ist* ~ [< *zirkum*..., *Zirkum*... + lat. *scriptus*, Part. Perf. zu *scribere* »schreiben«]

Zir|kum|skrip|ti|on *auch:* **Zir|kums|krip|ti|on, Zir|kumsk|rip|ti|on** ⟨f.; -, -en⟩ Umschreibung, Beschränkung, Umgrenzung [< *zirkum*... + lat. *scriptio* »das Schreiben« (zu *scribere* »schreiben«)]

Zir|kum|zi|si|on ⟨f.; -, -en; bei manchen Völkern⟩ Kürzen od. Einschneiden der Vorhaut des männlichen Gliedes, Beschneidung [< lat. *circumcisio*; zu *circumcidere* »rundherum abschneiden«; zu *caedere* »abschlagen«]

Zir|kus ⟨m.; -, -se⟩ **1** (im antiken Rom) Rennbahn in der Form eines Ovals (für Wagen- u. Pferderennen) **2** ⟨heute⟩ Unternehmen, das Dressurakte, Artistik u. a. Darbietungen zeigt; *oV* Circus; *Wander*~ **3** Zelt od. Halle für diese Darbietungen **4** ⟨fig.; umg.⟩ Aufregung, Aufhebens, große Umstände; *mach* *doch bitte keinen solchen ~!* [<lat. *circus* »Kreis, Arena« <grch. *kirkos*]

Zir|rho|se ⟨f.; -, -n; Med.⟩ auf Entzündung beruhende Wucherung des Bindegewebes, die drüsiges Gewebe angreift: Zirrhosis; *Leber~* [<neulat. *cirrhosis* <grch. *kirrhos* »orangefarben«]

zir|rho|tisch ⟨Adj.⟩ durch Zirrhose hervorgerufen, sie betreffend

Zir|ro|ku|mu|lus ⟨m.; -, -mu|li; Meteor.⟩ kleine Haufenwolke in großer Höhe, Schäfchenwolke [<*Zirrus* + *Kumulus*]

Zir|ro|stra|tus ⟨m.; -, -stra|ti; Meteor.⟩ Schichtwolke in großer Höhe [<*Zirrus* + *Stratus*]

Zir|rus ⟨m.; -, - od. Zir|ren⟩ **1** ⟨Zool.⟩ **1.1** rankenartiger Körperfortsatz bestimmter Wassertiere, z. B. der Rankenfüßer **1.2** Begattungsorgan der Plattwürmer **2** ⟨Bot.⟩ Ranke **3** ⟨Meteor.; kurz für⟩ Zirruswolke [<lat. *cirrus* »Haarlocke«]

Zir|rus|wol|ke ⟨f.; -, -n; Meteor.⟩ feine, weiße Wolke in großer Höhe von faserigem od. federartigem Aufbau, Federwolke; *oV* Cirruswolke

zir|zen|sisch ⟨Adj.⟩; im antiken Rom⟩ den Zirkus betreffend, im Zirkus stattfindend; *oV* circensisch; *~e Spiele* Wagen- u. Pferderennenim altröm. Zirkus [<lat. *circensis*; → *Zirkus*]

zis|al|pin ⟨Adj.⟩ = zisalpinisch

zis|al|pi|nisch ⟨Adj.⟩ diesseits der Alpen (von Rom her gesehen), südlich der Alpen; *oV* zisalpin [<lat. *Cicalpinus* <*cis* »diesseits« + *alpinus* »die Alpen betreffend«]

Zi|se|leur ⟨[-løːr] m.; -s, -e⟩ Künstler, der Ornamente in Metall sticht; *Sy* Ziselierer [<frz. *ciseleur*; → *ziselieren*]

zi|se|lie|ren ⟨V.⟩ mit Meißel, Stichel, Punze verzieren, Ornamente einstechen; *Metall ~* [<frz. *ciseler* »ausmeißeln, ziselieren«; zu *ciselet* »kleiner Meißel«; zu *ciseau* »Meißel«]

Zi|se|lie|rer ⟨m.; -s, -⟩ = Ziseleur

Zis|sa|li|en ⟨Pl.⟩ *oV* Zessalien **1** fehlerhafte od. mangelhaft geprägte Münzen; *er sammelt ~* **2** missglückte Münzen, die wieder eingeschmolzen werden [<lat. *cessare* »aussetzen, nachlassen«]

Zis|so|i|de ⟨f.; -, -n; Geom.⟩ ebene Kurve dritter Ordnung, geometr. Ort für die Fußpunkte aller Lote, die vom Scheitel einer Parabel auf die Tangenten gefällt werden, Efeublattkurve [<grch. *kissos* »Efeu«]

Zis|ta ⟨f.; -, Zis|ten⟩ *oV* Ziste **1** etruskisches zylindrisches Gefäß aus Bronze mit Deckel im 4./3. Jh. v. Chr. **2** etruskische Urne aus Alabaster, Marmor od. Ton im 3. bis 1. Jh. v. Chr. [<lat. *cista* <grch. *kiste* »Kiste, Korb«]

Zis|te ⟨f.; -, -n⟩ = Zista

Zis|ter|ne ⟨f.; -, -n⟩ unterird., gemauerter Behälter zum Speichern von Regenwasser [<lat. *cisterna*]

Zis|ter|zi|en|ser ⟨m.; -s, -⟩ Angehöriger eines 1098 gegründeten benediktin. Mönchsordens, heute bes. in Seelsorge u. Unterricht tätig [nach dem Gründungskloster in *Citeaux* <mlat. *Cistercium*]

Zis|tro|se ⟨f.; -, -n; Bot.⟩ zur Familie der Zistrosengewächse gehörender Strauch: Cistus [<neulat. *cystacea* <grch. *kystis* »Blase«]

Zi|ta|del|le ⟨f.; -, -n⟩ (Kern einer) Festung od. befestigten Stadt [<ital. *cittadella* »Stadtfestung«, Verkleinerungsform zu *città* »Stadt« <lat. *civitas* »Bürgerschaft, Stadt«; zu *civis* »Bürger«]

Zi|tat ⟨n.; -(e)s, -e⟩ **1** wörtlich angeführte Stelle aus einem Buch **2** oft zitierter Ausspruch [<lat. *citatus*, Part. Perf. zu *citare*; → *zitieren*]

Zi|ta|ti|on ⟨f.; -, -en; veraltet⟩ Vorladung vor Gericht, vor eine Behörde [<spätlat. *citatio* »das Herbeirufen«]

Zi|ther ⟨f.; -, -n; Musik⟩ Zupfinstrument mit flachem Resonanzkörper u. fünf Saiten, auf denen die Melodie gespielt wird, sowie 24-42 Saiten zur Begleitung [<lat. *cithara* <grch. *kithara* <pers. *sihtar* »Instrument mit drei Saiten«; verwandt mit *Gitarre*]

zi|tie|ren ⟨V.⟩ **1** wörtlich wiedergeben, anführen; *Ausspruch,*

Stelle aus einem Buch ~ **2** herbeirufen, vorladen, zum Erscheinen auffordern; *jmdn. vor Gericht ~* [<lat. *citare* »in Bewegung setzen, herbeirufen«; zu *citus* »schnell«; zu *ciere* »bewegen«]

◆ Die Buchstabenfolge **zitr...** kann auch **zit|r...** getrennt werden.

◆ **Zi|trat** ⟨n.; -(e)s, -e; Chemie⟩ Salz der Zitronensäure; *oV* Citrat

◆ **Zi|trin** ⟨m.; -s, -e; Min.⟩ gelber Bergkristall; *oV* Citrin [<frz. *citrin* »zitronenfarben«]

◆ **Zi|tro|nat** ⟨n.; -(e)s; unz.⟩ kandierte Schale der Zitronatzitrone

◆ **Zi|tro|nat|zi|tro|ne** *auch:* **Zi|tro|nat|zi|tro|ne** ⟨f.; -, -n; Bot.⟩ aus Ostindien stammende Zitrusfrucht: Citrus medica

◆ **Zi|tro|ne** ⟨f.; -, -n; Bot.⟩ **1** zu den Zitrusgewächsen gehörender mittelgroßer Baum mit weißen Blüten: Citrus limonium **2** gelbe, eiförmige, saure Frucht des Zitronenbaumes mit hohem Gehalt an Vitamin C [<ital. *citrone* <lat. *citrus* »Zitronenbaum« (verwandt mit grch. *kedros* »Zeder«)]

◆ **Zi|trul|le** ⟨f.; -, -n; Bot.⟩ Wassermelone, einjähriges Kürbisgewächs, dessen essbare Früchte eine grüne Schale u. schwarze Kerne haben: Citrullus vulgaris [<vulgärlat. *citriolum* »kleine Zitronengurke«; zu lat. *citrus* »Zitronenbaum«]

◆ **Zi|trus|frucht** ⟨f.; -, -früch|te; Bot.⟩ Frucht der Pflanzengattung Citrus, zu der Zitrone, Apfelsine, Mandarine, Pampelmuse u. a. gehören; *oV* Citrusfrucht [<lat. *citrus* »Zitronenbaum«]

Zit|wer ⟨m.; -s, -; Bot.⟩ die Wurzel des Kurkuma; *Deutscher ~* Wurzel des Gemeinen Kalmus [<arab. *zidwar* <pers. *žädwar*]

Zitz ⟨m.; -es, -e; Textilw.⟩ eine Art des Kattuns, Chintz [<ndrl. *sits* <bengal. *chits* »bunter Kattun« <aind. *citra* »bunt«]

Zi|vet|te ⟨[-vɛtə] f.; -, -n; Zool.⟩ = Afrikanische Zibetkatze

Zi|vi ⟨[-vi] m.; -s, -s; umg.; kurz für⟩ 1 Zivildienstleistende(r) 2 Polizist in Zivil

zi|vil ⟨[-vi:l] Adj.⟩ 1 bürgerlich; *Ggs* militärisch 2 ⟨fig.⟩ angemessen, mäßig; ~*e Preise* [<lat. *civilis* »bürgerlich«; zu *civis* »Bürger«]

Zi|vil ⟨[-vi:l] n.; -s; unz.⟩ bürgerl. Kleidung; *Ggs* Uniform

Zi|vil|cou|ra|ge ⟨[-vi:lkura:ʒə] f.; -; unz.⟩ Mut, die eigene Überzeugung zu vertreten

Zi|vil|dienst ⟨[-vi:l-] m.; -(e)s; unz.⟩ Wehrersatzdienst, waffenloser, meist sozialer Dienst für Kriegsdienstverweigerer

Zi|vil|e|he ⟨[-vi:l-] f.; -, -n; Rechtsw.⟩ auf dem Standesamt, nicht in der Kirche geschlossene Ehe

Zi|vi|li|sa|ti|on ⟨[-vi-] f.; -, -en⟩ die technisch fortgeschrittenen, verfeinerten äußeren Formen des Lebens u. der Lebensweise eines Volkes, im Unterschied zur Kultur [→ *zivil*]

Zi|vi|li|sa|ti|ons|krank|heit ⟨[-vi-] f.; -, -en⟩ Krankheit, die infolge der Zivilisation u. der daraus folgenden geringeren Widerstandsfähigkeit stärker hervortritt, z. B. Erkältung, Verdauungs-, Kreislaufstörungen

zi|vi|li|sa|to|risch ⟨[-vi-] Adj.⟩ zur Zivilisation gehörend, sie fördernd

zi|vi|li|sie|ren ⟨[-vi-] V.⟩ die Zivilisation einführen bei, in; *ein Volk* ~

zi|vi|li|siert ⟨[-vi-] Adj.⟩ die Errungenschaften der Zivilisation besitzend, technisch u. in den äußeren Lebensformen fortgeschritten, entwickelt

Zi|vi|li|sie|rung ⟨[-vi-] f.; -; unz.⟩ das Zivilisieren

Zi|vi|list ⟨[-vi-] m.; -en, -en⟩ Angehöriger des bürgerlichen Standes; *Ggs* Soldat (1) [→ *zivil*]

Zi|vi|lis|tin ⟨[-vi-] f.; -, -tin|nen⟩ Angehörige des bürgerlichen Standes; *Ggs* Soldatin [→ *zivil*]

Zi|vil|kam|mer ⟨[-vi:l-] f.; -, -n; Rechtsw.⟩ Kammer der ordentlichen Gerichtsbarkeit für Zivilsachen beim Landgericht; *Ggs* Strafkammer [→ *zivil*]

Zi|vil|pro|zess ⟨[-vi:l-] m.; -es, -e; Rechtsw.⟩ Prozess zur Entscheidung über Fragen des Privatrechts; *Ggs* Strafprozess

Zi|vil|stand ⟨[-vi:l-] m.; -es; unz.⟩ 1 Stand der nicht dem Militär angehörenden Personen, der Zivilisten 2 ⟨schweiz. a.⟩ Familien-, Personenstand

Zi|vil|stands|amt ⟨[-vi:l-] n.; -(e)s, -äm|ter; schweiz.⟩ Standesamt [→ *Zivilstand*]

ZK ⟨Abk. für⟩ Zentralkomitee

Zl ⟨Abk. für⟩ Złoty

Zło|ty ⟨[zwɔti] m.; -s, -s od. (bei Zahlenangaben) -; Abk.: Zł⟩ poln. Währungseinheit, 100 Groszy [poln., »golden«]

Zn ⟨chem. Zeichen für⟩ Zink

ZNS ⟨Abk. für⟩ Zentralnervensystem

Zo|bel ⟨m.; -s, -; Zool.⟩ 1 Marder mit wertvollem Fell (Martes zibellina) sowie dessen Pelz 2 mit dem Blei verwandter Knochenfisch: Abramis sapa [<russ. *sobol*]

zo|cken ⟨V.; umg.⟩ um Geld spielen, Glücksspiele machen; *er hat wieder die ganze Nacht gezockt* [jidd.]

Zo|cker ⟨m.; -s, -; umg.⟩ jmd., der zockt [jidd.]

zo|di|a|kal ⟨Adj.⟩ zum Zodiakus gehörend, von ihm ausgehend

Zo|di|a|kal|licht ⟨n.; -(e)s, -er⟩ von der Sonne ausgehender, kegelförmiger Lichtkegel längs des Tierkreises, Tierkreislicht

Zo|di|a|kal|zei|chen ⟨n.; -s, -⟩ Tierkreiszeichen

Zo|di|a|kus ⟨m.; -; unz.⟩ Tierkreis [<lat. *zodiacus* <grch. *zodiakos(kyklos)* »tierischer (Kreis)«; zu *zoon* »Lebewesen, Tier«]

Zoff ⟨m.; -s; unz.; Jugendspr.⟩ Ärger, Streit; *er hat zu Hause immer* ~ [<rotw. *Zoof*, *Sof* »Ende (einer Sache); Ende einer Freundschaft« <hebr.]

...zo|i|kum ⟨Nachsilbe; zur Bildung sächl. Subst.⟩ Gruppe, Ära der Erdgeschichte; *Paläozoikum* [<grch. *zoon* »Lebewesen«]

Zö|kum ⟨n.; -s, Zö|ka; Anat.⟩ = Zäkum; *oV* Coecum

Zöl|len|te|rat *auch:* **Zöl|en|te|rat** ⟨m.; -en, -en; Zool.⟩ Hohltier [<grch. *koilos* »hohl« + *enteron* »das Innere, Eingeweide«]

Zö|les|tin ⟨m.; -s, -e; Min.⟩ farbloses, perlmuttartig glänzendes Mineral, dient zur Darstellung von Verbindungen des Strontiums [→ *zölestisch*]

zö|les|tisch ⟨Adj.⟩ himmlisch [<lat. *caelestis*; zu *caelum* »Himmel«]

Zöl|i|a|kie ⟨f.; -, -n; Med.⟩ Verdauungsstörung infolge einer Allergie gegen das im Getreide vorhandene Klebereiweiß [<grch. *koilia* »Bauch(höhle), Magen«]

Zö|li|bat ⟨n. od. m.; -(e)s; unz.⟩ Ehelosigkeit der kath. Geistlichen [<lat. *caelibatus*; zu *caelebs* »ehelos«]

zö|li|ba|tär ⟨Adj.⟩ im Zölibat; ~*es Leben;* ~ *leben*

Zö|li|ba|tär ⟨m.; -s, -e⟩ jmd., der im Zölibat lebt

Zö|lom ⟨n.; -s, -e; Biol.⟩ Leibeshöhle der Tiere [<grch. *koiloma* »Höhle«; zu *koilos* »hohl«]

Zö|lo|stat *auch:* **Zö|los|tat** ⟨m.; -s od. -en, -en; Astron.⟩ astronom. Beobachtungsgerät, mit dem das von einem Stern einfallende Licht unabhängig von der Erddrehung immer in die gleiche Richtung, z. B. in ein fest montiertes Fernrohr, gelenkt wird [<grch. *koilos* »hohl« + ...*stat*]

Zom|bie ⟨m.; -s, -s⟩ 1 ⟨Wodukult⟩ 1.1 Gottheit 1.2 willenloses Individuum, ein angeblich wiederbelebter Toter 2 ⟨urspr.; Jugendspr.⟩ (durch Drogen) zerstörter willenloser Mensch 3 ⟨danach allg.⟩ willensschwacher, schlaffer, energieloser Mensch; *diese* ~*s lassen sich für nichts mehr begeistern* [<westafrikan. *zumbi* »schönes Götzenbild«; zu *nzambi* »Gott«]

Zö|me|te|ri|um ⟨n.; -s, -ri|en⟩ 1 Ruhestätte, Kirchhof 2 = Katakombe [<lat. *coemeterium* <grch. *koimeterion*; zu *koiman* »zur Ruhe bringen«]

Zö|na|kel ⟨n.; -s, -; in Klöstern⟩ Speisesaal; *oV* Zenakel; *Sy* Refektorium [<lat. *cenaculum* »Speisezimmer«; zu *cenare* »essen«]

zo|nal ⟨Adj.⟩ zu einer Zone gehörend

Zo|ne ⟨f.; -, -n⟩ 1 nach bestimmten Gesichtspunkten eingeteiltes Gebiet; *Gefahren*~; *raucherfreie* ~ 2 Teilgebiet eines nicht souveränen Staates; *Besatzungs~* **3** Stufe der Entfernung, nach der die Preise für die Beförderung von Gütern u. die Fernsprechgebühren berechnet werden; *erste, zweite ~; Nahverkehrs~; Orts~* **4** ⟨Geogr.⟩ von zwei parallelen Kreisen begrenzter Streifen der Erdoberfläche; *gemäßigte ~* Gebiet zwischen Wendekreis u. Polarkreis; *heiße ~* Gebiet zwischen beiden Wendekreisen; *kalte ~* Gebiet zwischen Polarkreis u. Pol **5** ⟨Geol.⟩ kleinste Unterabteilung einer Formation [grch., »Gürtel, Gebiet«]

Zo|nen|zeit ⟨f.; -; unz.⟩ = Normalzeit

zonked ⟨[zɔŋkt] Adj.; Drogenszene⟩ von Drogen berauscht [engl.]

Zö|no|bit ⟨m.; -en, -en⟩ im Kloster lebender Mönch; *oV* Coenobit; *Ggs* Eremit (1) [⟨lat. *coenobita*; → *Zönobium*⟩]

zö|no|bi|tisch ⟨Adj.⟩ in der Klostergemeinschaft lebend

Zö|no|bi|um ⟨n.; -s, -bi|en⟩ *oV* Coenobium **1** Kloster **2** Vereinigung einzelliger Pflanzen od. Tiere [⟨lat. *coenobium* ⟨grch. *koinos* »gemeinsam« + *bios* »Leben«⟩]

Zö|no|karp ⟨n.; -s, -e; Bot.⟩ aus mehreren Fruchtblättern zusammengewachsener Fruchtknoten [⟨grch. *koinos* »gemeinsam« + *...karp*¹⟩]

Zoo ⟨[tsoː] m.; -s od. -s, -s; kurz für⟩ zoologischer Garten, Einrichtung zur Haltung u. Schaustellung von einheimischen u. exotischen Tieren zu belehrenden u. wissenschaftl. Zwecken

zoo..., Zoo... ⟨[tsoː] in Zus.⟩ tier..., Tier... [⟨grch. *zo(i)on* »Lebewesen, Tier«⟩]

Zoo|chlo|rel|le ⟨[tsoːoklo-] f.; -, -n; Biol.⟩ in Lebensgemeinschaft mit niederen Tieren lebende Grünalge [⟨*Zoo...* + *Chorella*⟩]

Zoo|cho|rie ⟨[tsoːoko-] f.; -; unz.; Biol.⟩ Verbreitung von Samen u. Früchten durch Tiere [⟨*Zoo...* + grch. *chora* »Land, Gegend«⟩]

zoo|gen ⟨[tsoːo-] Adj.; Biol.⟩ aus tierischen Resten gebildet; *~es Gestein* [⟨*zoon...* + *...gen*¹⟩]

Zoo|geo|gra|fie ⟨[tsoː-o-] f.; -s; unz.; Zool.⟩ = Zoogeographie

zoo|geo|gra|fisch ⟨[tsoː-o-] Adj.; Zool.⟩ = zoogeographisch

Zoo|geo|gra|phie ⟨[tsoː-o-] f.; -; unz.; Zool.⟩ = Geozoologie; *oV* Zoogeografie

zoo|geo|gra|phisch ⟨[tsoː-o-] Adj.; Zool.⟩ die Zoogeographie betreffend, dazu gehörend, darauf beruhend; *oV* zoogeografisch

Zoo|gra|fie ⟨[tsoː-o-] f.; -; -n; Zool.⟩ = Zoographie

Zoo|gra|phie ⟨[tsoː-o-] f.; -, -n; Zool.⟩ Benennung u. Einordnung der Tiere in eine biolog. Systematik; *oV* Zoografie [⟨*Zoo...* + *...graphie*⟩]

Zoo|la|trie *auch:* **Zoo|lat|rie** ⟨[tsoː-o-] f.; -, -n⟩ **1** relig. Verehrung von Tieren, Tierkult **2** Verehrung von Göttern in tierischer Gestalt

Zoo|lith ⟨[tsoː-o-] m.; -s od. -en, -e od. -en⟩ aus Tieren entstandene Versteinerung [⟨*Zoo...* + *...lith*⟩]

Zoo|lo|ge ⟨[tsoː-o-] m.; -n, -n⟩ Wissenschaftler, Student der Zoologie

Zoo|lo|gie ⟨[tsoː-o-] f.; -; unz.⟩ Lehre von den Tieren, Tierkunde [⟨*Zoo...* + *...logie*⟩]

Zoo|lo|gin ⟨[tsoː-o-] f.; -, -gin|nen⟩ Wissenschaftlerin, Studentin der Zoologie

zoo|lo|gisch ⟨[tsoː-o-] Adj.⟩ **1** die Zoologie betreffend, zu ihr gehörend, auf ihr beruhend **2** *~er Garten* = Zoo

Zoom ⟨[zuːm] n.; -s, -s; Fot.⟩ = Zoomobjektiv

zoo|men ⟨[zuː-] V.; Fot.⟩ mit einem Zoomobjektiv den Betrachtungspunkt dichter heranholen od. weiter entfernen [→ *Zoomobjektiv*]

Zoom|ob|jek|tiv ⟨[zuːm-] n.; -s, -e; Fot.⟩ Objektiv mit stufenlos verstellbarer Brennweite; *Sy* Varioobjektiv, Zoom [⟨engl. *zoom* »schnell ansteigen (vom Flugzeug); sich mit der Kamera zum Objekt bewegen od. sich davon entfernen« + *Objektiv*⟩]

zoo|morph ⟨[tsoː-o-] Adj.; Biol.⟩ die Gestalt eines Tieres aufweisend [⟨*zoo...* + *...morph*⟩]

Zo|on ⟨[tsoːn] n.; -, (nur in Zus. üblich)⟩ ...zo|en⟩ Lebewesen; *~ politikon* ⟨bei Aristoteles⟩ (der Mensch als) geselliges Wesen [grch. *zoon* »Lebewesen«; grch. *politikon* »gesellig, Gemeinschafts...«]

Zoo|no|se ⟨[tsoː-o-] f.; -, -n; Med.⟩ von Tieren auf Menschen übertragbare Krankheit [⟨*Zoo...* + grch. *nosos* »Krankheit«⟩]

Zoo|pa|ra|sit ⟨[tsoː-o-] m.; -en, -en; Biol.⟩ Schmarotzer, der in od. auf Tieren lebt [⟨*Zoo...* + *Parasit*⟩]

zoo|phag ⟨[tsoː-o-] Adj.; Biol.⟩ Fleisch fressend [⟨*zoo...* + *...phag*⟩]

Zoo|pha|ge ⟨[tsoː-o-] m.; -n, -n; Biol.⟩ Fleisch fressendes Lebewesen

Zoo|pho|bie ⟨[tsoː-o-] f.; -, -n; Psych.⟩ Angst vor Tieren [⟨*Zoo...* + *Phobie*⟩]

Zoo|phyt ⟨[tsoː-o-] m.; -en, -en; veraltet⟩ festsitzendes Hohltier [⟨*Zoo...* + grch. *phyton* »Pflanze«⟩]

Zoo|plank|ton ⟨[tsoː-o-] n.; -s; unz.; Zool.⟩ Gesamtheit der im Wasser schwebenden Tiere

Zoo|sper|mie ⟨[tsoː-o-] f.; -; unz.; Med.⟩ das Vorhandensein beweglicher Samenzellen im Ejakulat [⟨*Zoo...* + *Sperma*⟩]

Zoo|spo|re ⟨[tsoː-o-] f.; -, -n; Bot.⟩ frei bewegliche Zelle zur Fortpflanzung bei Algen u. einigen Pilzen

Zoo|tech|nik ⟨[tsoː-] f.; -; unz.; DDR⟩ Sammelbegriff für die Methoden der Tierhaltung

Zoo|to|mie ⟨[tsoː-o-] f.; -; unz.; Zool.⟩ Zerlegen u. Zerschneiden von tierischen Körpern zum Studium ihres inneren Baus [⟨*Zoo...* + *...tomie*⟩]

Zoo|to|xin ⟨[tsoː-o-] n.; -s, -e; Biol.⟩ tierisches Gift [⟨*Zoo...* + *Toxin*⟩]

Zo|o|zö|no|lo|gie ⟨[tsoː-o-] f.; -; unz.; Zool.⟩ Tiersoziologie, Wissenschaft vom Zusammenleben der Tiere [⟨*Zoo...* + grch. *koinos* »gemeinsam« + *...logie*⟩]

Zo|pho|ros ⟨m.; -, -pho|ren; Arch.⟩ Fries in der altgriechischen Baukunst, der mit Reliefs geschmückt ist; *oV* Zophorus [grch.]

Zo|pho|rus ⟨m.; -, -pho|ren; Arch.⟩ = Zophoros [lat.]

zoppo ⟨(Musik) lahm, schleppend (zu spielen)⟩ [ital.]

Zo|res ⟨m.; -; unz.⟩ **1** ⟨jidd.⟩ Not, Bedrängnis **2** ⟨umg.; bes. südwestdt.⟩ Ärger, Durcheinander, Wirrwarr [<hebr. *zarah* »Not«]

Zo|ril|la ⟨m.; -s, -s; Zool.⟩ mit dem Marder verwandtes Tier, das bei Gefahr ein übel riechendes Sekret verspritzt: Ictonyx striatus [<span. *zorilla*, Verkleinerungsform zu *zorra* »Fuchs«]

zo|ro|as|trisch *auch:* **zo|ro|ast|risch** ⟨Adj.; Philos.⟩ zur Lehre des Zoroaster gehörend, darauf beruhend, auf ihr gründend [nach *Zoroaster*, der grch. Form von *Zarathustra* (altpersischer Philosoph, gestorben um 630 v. Chr.)]

Zo|te ⟨f.; -, -n⟩ grob unanständiger Witz, unanständige Redensart [vielleicht <frz. *sotie* »(unflätiges) Narrenspiel« od. nach *Zotte* in der Bedeutung »Schamhaare«]

Zr ⟨chem. Zeichen für⟩ Zirkonium

Zu|a|ve ⟨[tsuaːvə] m.; -n, -n⟩ **1** ⟨urspr.⟩ Angehöriger eines Kabylenstammes in Algerien **2** ⟨nach 1831⟩ Angehöriger einer aus Zuaven bestehenden, ehemaligen französischen Infanterietruppe in Algerien [<frz. *zouave*]

Zuc|chet|to ⟨[tsukɛto] m.; -s, -chet|ti; Bot.⟩ = Zucchini [ital.]

Zuc|chi|ni ⟨[tsukiː-] Pl.; Bot.⟩ gurkenähnliche Früchte, die als Gemüse verwendet werden; *Sy* Zucchetto [ital.]

Zu|fo|lo ⟨m.; -s, -s od. -fo|li; Musik⟩ Hirtenflöte mit sehr hohen Tönen [ital.]

Zy|an ⟨n.; -s; unz.; Chemie⟩ giftiges, nach bitteren Mandeln riechendes Gas; *oV* ⟨fachsprachl.⟩ Cyan [<lat. *cyanus* »dunkelblau« <grch. *kyaneos*]

Zy|a|nat ⟨n.; -(e)s, -e; Chemie⟩ = Cyanat

Zy|a|ne ⟨f.; -, -n; Bot.⟩ Kornblume [<lat. *cyanus* <grch. *kyaneos* »dunkelblau«]

Zy|an|grup|pe ⟨f.; -, -n; Chemie⟩ = Cyangruppe

Zy|a|ni|de ⟨Pl.; Chemie⟩ = Cyanide

Zy|a|nin ⟨n.; -s, -e; Chemie⟩ blauer Farbstoff [<lat. *cyanus* <grch. *kyaneos* »dunkelblau«]

Zy|a|ni|sa|ti|on ⟨f.; -; unz.; Chemie⟩ = Kyanisation

zy|a|ni|sie|ren ⟨V.; Chemie⟩ = kyanisieren

Zy|a|nit ⟨m.; -(e)s; unz.; Chemie⟩ = Disthen [→ *Zyan*]

Zy|an|ka|li ⟨n.; -s; unz.; Chemie⟩ sehr giftiger Stoff, der aus farblosen, hygroskopischen Kristallen besteht; *oV* Cyankali; *Sy* Kaliumcyanid, Zyankalium [<*Zyan* + *Kalium*]

Zy|an|ka|li|um ⟨n.; -s; unz.; Chemie⟩ = Zyankali; *oV* Cyankalium

Zy|a|no|phy|zee ⟨[-tseːə] f.; -, -n; Bot.⟩ Blaualge [<grch. *kyaneos* »dunkelblau« + ...*phyzee*]

Zy|a|no|se ⟨f.; -, -n; Med.⟩ blaurote Färbung infolge mangelnder Sauerstoff-Sättigung des Blutes, die bes. deutlich an den Lippen u. den Fingernägeln hervortritt, Blausucht [<grch. *kyaneos* »dunkelblau« + *nosos* »Krankheit«]

zy|a|no|tisch ⟨Adj.; Med.⟩ die Zyanose betreffend, auf ihr beruhend, mit ihr verbunden

Zy|a|no|ty|pie ⟨f.; -, -n⟩ bläuliche Kopie einer durchsichtigen Vorlage auf lichtempfindl. Papier, Blaupause [<grch. *kyaneos* »dunkelblau« + ...*typie*]

Zy|an|säu|re ⟨f.; -; unz.; Chemie⟩ = Cyansäure

Zy|an|was|ser|stoff ⟨m.; -(e)s; unz.; Chemie⟩ = Cyanwasserstoff

Zy|a|thus ⟨m.; -, -⟩ = Kyathos

Zy|gä|ne ⟨f.; -, -n; Zool.⟩ **1** mittelgroßer, dickleibiger Schmetterling, dessen stahlblaue Flügel rote Flecken aufweisen, Blutströpfchen **2** Hammerhai [<grch. *zygaina* »Hammerfisch«]

Zy|go|ma ⟨n.; -s, -ma|ta; Anat.⟩ knöcherner Bogen des Gesichtsschädels der Säugetiere u. des Menschen, der von Oberkiefer, Schläfenbein u. Keilbein mit Hilfe des Jochbeins gebildet wird, Jochbogen [<grch. *zygoun* »verbinden«; zu *zygon* »Joch«]

zy|go|morph ⟨Adj.; Biol.⟩ eine Symmetrieachse besitzend, die in Richtung der Längsachse liegt, zweiseitig symmetrisch [<grch. *zygoun* »verbinden« + ...*morph*]

Zy|go|te ⟨f.; -, -n; Biochemie⟩ bei der Verschmelzung von Keimzellen entstehender organ. Verband [<grch. *zygotos* »verbunden«; zu *zygoun* »verbinden«; zu *zygon* »Joch«]

Zy|ka|da|zee ⟨[-tseːə] f.; -, -n; Bot.⟩ = Zykadee

Zy|ka|dee ⟨[-deːə] f.; -, -n; Bot.⟩ einer Familie der Nacktsamer angehörende tropische od. subtropische Pflanze mit großen, gefiederten Blättern, Palmfarn: Cycadaceae; *oV* Zykadazee [neulat., vielleicht <grch. *kykas, koikas*, Akk. Pl. zu *koix* »Ägyptische Palmenart (Hyphaene thebaica)«]

Zy|kas ⟨f.; -, -; Bot.⟩ Angehörige einer Gattung der Palmfarne [<neulat. *cycas*]

◆ Die Buchstabenfolge **zyk|l...** kann auch **zy|kl...** getrennt werden.

◆ **zy|klam** ⟨Adj.; undekl.⟩ von kräftiger leuchtend rosavioletter Farbe; *oV* cyclam [→ *Zyklamen*]

◆ **Zy|kla|mat** ⟨n.; -(e)s, -e; meist Pl.; Chemie⟩ = Cyclamat

◆ **Zy|kla|me** ⟨f.; -, -n; Bot.; österr.; schweiz.⟩ = Zyklamen

Zy|kla|men ⟨n.; -s, -; Bot.⟩ Alpenveilchen; *oV* Cyclame, Cyclamen, ⟨österr.; schweiz.⟩ Zyklame [<neulat. *cyclamen* <grch. *kyklaminos*]

◆ **Zy|kli|ker** ⟨m.; -s, -; meist Pl.⟩ Angehöriger einer Gruppe von altgrch. epischen Dichtern, die nach Homer ähnliche Stoffe bearbeiteten u. deren Werke zu einem Zyklus zusammengefasst wurden; *oV* Kykliker [→ *zyklisch*]

◆ **zy|klisch** ⟨Adj.⟩ in der Art eines Zyklus, im Kreislauf regelmäßig wiederkehrend; ~*e Verbindung* = cyclische Verbindung [<lat. *cyclicus* <grch. *kyklikos*; zu *kyklos* »Kreis, Zyklus«]

◆ **Zy|kli|tis** ⟨f.; -, -ti|den; Med.⟩ Entzündung des Ziliarkörpers [<lat. *cyclus* <grch. *kyklos* »Kreis« + ...*itis*]

◆**zy|klo..., Zy|klo...** ⟨in Zus.⟩ kreis..., Kreis..., zyklisch [<lat. *cyclus*, grch. *kyklos* »Kreis«]

◆**Zy|klo|al|ka|ne** ⟨Pl.; Chemie⟩ = Cycloalkane

◆**Zy|klo|ge|ne|se** ⟨f.; -, -n; Meteor.⟩ Entstehung eines Tiefdruckgebiets [<*Zyklo*... + *Genese*]

◆**zy|klo|id** ⟨Adj.⟩ einem Kreis ähnlich [<*zyklo*... + ...*id*]

◆**Zy|klo|i|de** ⟨f.; -, -n; Math.⟩ Radkurve, Kurve, die ein Punkt eines Kreises beschreibt, der auf einer Geraden abrollt; *oV* Kykloide [→ *zykloid*]

◆**Zy|klo|ly|se** ⟨f.; -, -n; Meteor.⟩ Auflösung eines Tiefdruckgebiets [<*Zyklo*... + ... *lyse*]

◆**Zy|klo|me|ter** ⟨n.; -s, -; veraltet⟩ Gerät, das die Anzahl der Drehungen eines rollenden Rades feststellt [<grch. *kyklos* (lat. *cyclus*) »Kreis« + *metron* »Maß«]

◆**Zy|klo|me|trie** *auch:* **Zy|klo|metrie** ⟨f.; -; unz.; veraltet⟩ Winkelbestimmungen an Kreisbögen [<*Zyklo*... + ...*metrie*]

◆**zy|klo|me|trisch** *auch:* **zy|klome|trisch** ⟨Adj.; veraltet⟩ zur Zyklometrie gehörend, auf ihr beruhend; ~*e Funktion* eine Umkehrfunktion der trigonometrischen Funktionen

◆**Zy|klon** ⟨m.; -s, -e⟩ **1** ⟨Meteor.⟩ Wirbelsturm in trop. Gebieten; *oV* Kyklon **2** ⟨Technik⟩ Gerät zum Trennen feinkörniger Gemische mit Hilfe der Fliehkraft [<lat. *cyclus* <grch. *kyklos* »Kreis«]

◆**zy|klo|nal** ⟨Adj.; Meteor.⟩ durch eine Zyklone bestimmt, niedrigen Luftdruck verursachend

◆**Zy|klo|ne** ⟨f.; -, -n; Meteor.⟩ Gebiet niedrigen Luftdrucks, Depression (4), Tiefdruckgebiet; *Ggs* Antizyklone

◆**Zy|klo|no|se** ⟨f.; -, -n; Med.; Psych.⟩ durch Wetterfühligkeit bedingte Krankheit [<*Zyklo*... + grch. *nosos* »Krankheit«]

◆**Zy|klop** ⟨m.; -en, -en; grch. Myth.⟩ einäugiger Riese; *oV* Kyklop [<lat. *Cyclops* <grch. *Kyklops* <*kyklos* »Kreis« + *opsis* »Auge«]

◆**Zy|klo|pen|mau|er** ⟨f.; -, -n⟩ frühgeschichtl. Mauer aus unbehauenen, unterschiedlich großen, aber fugenlos zusammengefügten Steinen, z. B. bei den Bauten der Inka in Peru [der Sage nach von *Zyklopen* erbaut]

◆**zy|klo|pisch** ⟨Adj.⟩ in der Art eines Zyklopen, riesenhaft

◆**Zy|klo|sto|me** *auch:* **Zy|klos|to|me** ⟨f.; -, -n; Zool.⟩ fischähnliches Wirbeltier, Rundmaul [<lat. *cyclus* <grch. *kyklos* »Kreis«+ *Stoma*]

◆**zy|klo|thym** ⟨Adj.; Med.; Psych.⟩ aufgeschlossen, umgänglich u. zu wechselnden Stimmungen neigend [<*zyklo*... + grch. *thymos* »Lebenskraft, Stimmung«]

◆**Zy|klo|thy|mie** ⟨f.; -; unz.; Med.; Psych.⟩ aufgeschlossenes, geselliges Temperament, verbunden mit einer Neigung zu abwechselnd niedergeschlagener u. freudig erregter Stimmung

◆**Zy|klo|tron** *auch:* **Zy|klo|tron** ⟨n.; -s, -e; Physik⟩ kreisförmiger Beschleuniger für Elementarteilchen [<*Zyklo*... + ...*tron*]

◆**zy|klo|tro|nisch** *auch:* **zy|klo|tronisch** ⟨Adj.; Physik⟩ auf das Zyklotron bezogen, mit ihm beschleunigt

◆**Zy|klus** ⟨m.; -, Zy|klen⟩ **1** sich regelmäßig wiederholender Ablauf **2** Folge inhaltlich zusammenhängender Schrift- od. Musikwerke **3** ⟨Med.⟩ Regelblutungen der Frau u. die zwischen ihnen liegenen Zeiträume [<lat. *cyclus* <grch. *kyklos* »Kreis«]

Zy|lin|der ⟨m.; -s, -⟩ **1** walzenförmiger Körper mit kreisförmigem Querschnitt **2** in Dampfmaschinen u. Verbrennungskraftmaschinen der Raum, in dem Dampf od. verbrannte Gase einen Kolben hin u. her bewegen **3** beiderseits offener, walzenförmiger Körper aus Glas, der über eine brennende Flamme gestülpt wird **4** hoher, röhrenförmiger, meist schwarzer Hut für Herren [<lat. *cylindrus* <grch. *kylindros* »Walze«; zu *kylindein* »wälzen«]

Zy|lin|der|glas ⟨n.; -es, -gläser; Optik⟩ nur auf einer Seite gekrümmtes Brillenglas

Zy|lin|der|pro|jek|ti|on ⟨f.; -, -en; Kartogr.⟩ Kartenprojektion, bei der die Erdoberfläche auf die Innenfläche eines Zylinders projiziert u. so in einer Ebene dargestellt wird

...zy|lin|drig *auch:* **...zy|lind|rig** ⟨Nachsilbe; zur Bildung von Adj.⟩ mit einer bestimmten Zahl von Zylindern versehen (Kraftwagen); *achtzylindrig*

zy|lin|drisch *auch:* **zy|lind|risch** ⟨Adj.⟩ in der Form eines Zylinders

Zy|lin|drom ⟨n.; -s, -e; Med.⟩ Tumor an Speichel- u. Schleimdrüsen der Mundhöhle mit zylindrischen Hohlräumen, in denen sich eine schleimig-glasartige Masse sammelt [zu grch. *kylindros* »Walze«]

Zy|ma|se ⟨f.; -, -n; Biochemie⟩ aus Hefe gewonnenes Gemisch von Enzymen, das eine alkoholische Gärung verursacht [<grch. *zyme* »Sauerteig, Gärungsstoff«]

Zym|bal ⟨n.; -s od. -e; Musik⟩ **1** = Zimbal (1) **2** = Zimbel

zy|misch ⟨Adj.⟩ auf Gärung beruhend [→ *Zymase*]

Zy|mo|gen ⟨n.; -s, -e; Biochemie⟩ der enzymatisch noch inaktive Vorstufe eines Eiweiß spaltenden Enzyms [<*Zymase* + grch. *gennan* »erzeugen«]

Zy|mo|lo|gie ⟨f.; -; unz.; Biochemie⟩ Lehre von der Gärung [<*Zymase* + ...*logie*]

zy|mös ⟨Adj.; Bot.⟩ ~*e Verzweigung* V., bei der der verkümmernde Hauptspross durch Nebensprosse übergipfelt wird, die das Wachstum fortsetzen

Zy|mo|tech|nik ⟨f.; -; unz.; Biochemie⟩ Technik der Gärung [<*Zymase* + *Technik*]

zy|mo|tisch ⟨Adj.; Biochemie⟩ Gärung bewirkend [<grch. *zymotikos*; zu *zymosis* »Gärung«; zu *zyme* »Sauerteig, Gärungsstoff«]

Zy|ne|ge|tik *auch:* **Zy|ne|ge|tik** ⟨f.; -; unz.⟩ Kunst, Hunde zu dressieren; *oV* Kynegetik [<grch. *kyon*, Gen. *kynos* »Hund« + *hegeisthai* »führen«]

zy|ne|ge|tisch *auch:* **zy|ne|ge|tisch** ⟨Adj.⟩ die Zynegetik betreffend, zu ihr gehörend, auf ihr beruhend

Zy|ni|ker ⟨m.; -s, -⟩ **1** = Kyniker **2** ⟨fig.⟩ zynischer Mensch [→ *zynisch*]

zynisch ⟨Adj.⟩ bissig-pietätlos, schamlos-spöttisch; *ein ~er Kommentar; eine ~e Bemerkung machen;* →*a.* kynisch [<lat. *cynicus* <grch. *kynikós* »hündisch, bissig, schamlos«; zu *kyon*, Gen. *kynos* »Hund«]

Zy|nis|mus ⟨m.; -, -nis|men⟩ Art eines Zynikers, bissig-pietätlose Haltung; *sein ganzes Handeln ist von seinem ~ geprägt*

Zy|per|gras ⟨n.; -es, -grä|ser; Bot.⟩ einer Gattung der Riedgräser angehörende Sumpfpflanze in tropischen u. subtropischen Gegenden: Cyperus [<grch. *kýpeiros* »Schilfgras«]

Zy|per|kat|ze ⟨f.; -, -n; Zool.⟩ gestreifte Hauskatze

Zy|pres|se auch: **Zyp|res|se** ⟨f.; -, -n; Bot.⟩ einer Gattung der Zypressengewächse angehörender, kegelförmiger Baum mit kleinen, sehr dichten Blättern: Cupressus [<mhd. *cipres(se)* <lat. *cupressus*, grch. *kypárissos* <kleinasiat. Spr.]

zy|pres|sen auch: **zyp|res|sen** ⟨Adj.⟩ aus Zypressenholz bestehend

zy|ril|lisch ⟨Adj.⟩ = kyrillisch

Zyst|al|gie auch: **Zys|tal|gie** ⟨f.; -, -n; Med.⟩ Schmerzhaftigkeit der Blase [<*Zyste* + ...*algie*]

Zys|te ⟨f.; -, -n⟩ **1** ⟨Med.⟩ durch eine Membran abgeschlossener Hohlraum im Gewebe mit flüssigem Inhalt **2** ⟨Zool.⟩ meist mit derber Haut umgebene Hülle niederer Tiere [<neulat. *cystis* »Harnblase« <grch. *kystis*]

Zys|te|in ⟨n.; -s; unz.; Biochemie⟩ eine Aminosäure

Zys|tin ⟨n.; -s; unz.; Biochemie⟩ in den Keratinen enthaltene, schwefelhaltige Aminosäure [→ *Zyste*]

Zys|tis ⟨f.; -, Zys|ten; Med.⟩ Blase, Harnblase [<grch. *kystis*]

zys|tisch ⟨Adj.; Med.⟩ blasenartig

Zys|ti|tis ⟨f.; -, -ti|ti|den; Med.⟩ katarrhalische Entzündung der Schleimhaut der Blase, Blasenentzündung [<neulat. *cystis* »Harnblase« <grch. *kystis*]

Zys|to|skop auch: **Zys|tos|kop** ⟨n.; -s, -e; Med.⟩ Gerät zur Untersuchung der Harnblase, Blasenspiegel [<grch. *kystis* (neu-lat. *cystis*) »Harnblase« + *skopeín* »schauen«]

Zys|to|sko|pie auch: **Zys|tos|ko|pie** ⟨f.; -, -n; Med.⟩ Untersuchung der Harnblase mit dem Zystoskop

Zys|to|spas|mus ⟨m.; -, -spas|men; Med.⟩ Blasenkrampf [<*Zyste* + *Spasmus*]

Zys|to|sto|mie auch: **Zys|tos|to|mie** ⟨f.; -, -n; Med.⟩ Anlegen einer Blasenfistel [<*Zyste* + *Stoma*]

Zys|to|to|mie ⟨f.; -, -n; Med.⟩ operative Öffnung der Harnblase, Blasenschnitt [<*Zyste* + ...*tomie*]

Zys|to|ze|le ⟨f.; -, -n; Med.⟩ Blasenbruch [<*Zyste* + grch. *kele* »Bruch«]

...zyt ⟨Nachsilbe; zur Bildung männl. Subst.⟩ Zelle, Blutkörperchen; *Leukozyt* [<neulat. *cytus* »Zelle« <grch. *kytos* »Höhlung, Urne«]

Zy|ti|sin ⟨n.; -s, -e; Biochemie⟩ giftiges Alkaloid, das im Goldregen enthalten ist u. eine dem Nikotin ähnliche Wirkung hat [<lat. *cytisus* »Geißklee« (zu dem auch der Goldregen gezählt wurde) <grch. *kytisos* »Schneckenklee«]

Zy|ti|sus ⟨m.; -, -; Bot.⟩ zu den Schmetterlingsblütlern gehörender Zierstrauch, Goldregen [grch.]

zy|to..., Zy|to... ⟨in Zus.⟩ Zelle [<neulat. *cytus;* → ...*zyt*]

Zy|to|blast ⟨m.; -en, -en; Biol.⟩ Zellkern [<neulat. *cytus* »Zelle« + grch. *blastós* »Spross, Keim«]

Zy|to|blas|tom ⟨n.; -s, -e; Med.⟩ bösartige Geschwulst aus unreifen Zellen [<*Zyto...* + *Blastom*]

Zy|to|chrom ⟨[-kro:m] n.; -s, -e; Biochemie⟩ in allen Zellen vorkommender Farbstoff, der für die Atmungskette von Bedeutung ist [<neulat. *cytus* »Zelle« + ...*chrom*]

Zy|to|de ⟨f.; -, -n; Biol.⟩ Zelle ohne Kern [<neulat. *cytus* »Zelle« <grch. *kytos* »Höhlung, Urne«]

Zy|to|di|a|gnos|tik auch: **Zy|to|dia|gnos|tik** ⟨f.; -, -; Med.⟩ mikroskopische Untersuchung von Zellen zur (frühzeitigen) Erkennung von Krankheiten [<neulat. *cytus* »Zelle« + *Diagnostik*]

zy|to|gen ⟨Adj.; Biol.⟩ von einer Zelle gebildet [<*zyto...* + ...*gen*[1]]

Zy|to|ge|ne|tik ⟨f.; -; unz.; Biol.⟩ Teilgebiet der Genetik, das die Zusammenhänge zwischen Feinbau der Zelle u. Vererbung erforscht

Zy|to|ki|ne|se ⟨f.; -; unz.; Med.⟩ Lehre vom Wachstumsverhalten der Zellen [<*Zyto...* + ...*kinese*]

Zy|to|lo|ge ⟨m.; -n, -n; Med.⟩ Wissenschaftler, der sich mit der Zytologie befasst

Zy|to|lo|gie ⟨f.; -; unz.; Med.⟩ Bereich der Biologie, der die Struktur u. Erscheinungsvarianten der Zelle untersucht; →*a.* Exfoliativzytologie [<neulat. *cytus* »Zelle« + ...*logie*]

Zy|to|lo|gin ⟨f.; -, -gin|nen; Med.⟩ Wissenschaftlerin, die sich mit der Zytologie befasst

zy|to|lo|gisch ⟨Adj.; Med.⟩ zur Zytologie gehörend, auf ihr beruhend

Zy|to|ly|se ⟨f.; -, -n; Biol.⟩ Auflösung, Abbau von Zellen

Zy|to|ly|sin ⟨n.; -s, -e; Med.⟩ Substanz, die Zellen auflösen kann [<*Zyto...* + ...*lysin*]

Zy|to|plas|ma ⟨n.; -s, -plas|men; Biol.⟩ das in der Zelle enthaltene Plasma ohne den Zellkern, Zellplasma

Zy|to|som ⟨n.; -s, -en; Biol.⟩ Bestandteil der Zelle [<*Zyto...* + *Soma*]

Zy|to|sta|ti|kum auch: **Zy|tos|ta|ti|kum** ⟨n.; -s, -ti|ka; Pharm.⟩ zytostatisch wirkendes Arzneimittel [→ *zytostatisch*]

zy|to|sta|tisch auch: **zy|tos|ta|tisch** ⟨Adj.; Pharm.⟩ das Zellwachstum (bes. der Krebszellen) hemmend [<*zyto...* + *statisch*]

Zy|to|stom auch: **Zy|tos|tom** ⟨n.; -s, -e; Biol.⟩ = Zytostoma

Zy|to|sto|ma auch: **Zy|tos|to|ma** ⟨n.; -s, -ta; Biol.⟩ Stelle, an der die Einzeller ihre Nahrung aufnehmen; *oV* Zytostom [<neulat. *cytus* »Zelle« + *Stoma*]

Zy|to|to|xin ⟨n.; -s, -e; Biol.; Med.⟩ Zellgift

zy|to|to|xisch ⟨Adj.; Biol.; Med.⟩ giftig, schädlich für die Zellen

zy|to|zid ⟨Adj.; Med.⟩ zelltötend [<*zyto...* + lat. *cidere* »schlagen, töten«]